PONS

Schülerwörterbuch
Klausurausgabe

SPANISCH

+ App

Spanisch – Deutsch
Deutsch – Spanisch

Neubearbeitung 2019

PONS GmbH
Stuttgart

PONS

Schülerwörterbuch
Klausurausgabe
Spanisch + App

Entwickelt auf der Basis des
PONS Schülerwörterbuchs Klausurausgabe Spanisch
ISBN 978-3-12-517957-8

Bearbeitet von: Anette Dralle, María del Carmen Almendros de la Rosa,
Dr. Christiane Wirth

App zum Buch
Die App zu diesem Titel können Sie im Rahmen unserer PONS Wörterbuch Bibliothek kostenfrei herunterladen. Bei Verwendung der App gelten die Nutzungsbedingungen, die Sie auch unter www.pons.de/app-zum-buch einsehen können.

PONS verpflichtet sich, die dieses Buch ergänzende App mindestens bis Ende 2022 bereitzustellen. Einen Anspruch der Nutzung, der darüber hinaus geht, gibt es nicht. Weitere Informationen entnehmen Sie bitte den Nutzungsbedingungen, die Sie unter www.pons.de/app-zum-buch einsehen können.

1. Auflage 2019 (1,03 - 2020)

www.pons.com
E-Mail: kundenservice@pons.de

Projektleitung: Christiane Mackenzie
Gestaltung: Petra Michel, Essen
Sprachdatenverarbeitung: Dr. Wolfgang Schindler
Titelfoto: Shutterstock/Antonio Guillem
Logoentwurf: Erwin Poell, Heidelberg
Logoüberarbeitung: Sabine Redlin, Ludwigsburg
Satz: Olaf Mangold Text & Typo, Stuttgart
Druck: CPI – Clausen & Bosse, Leck
Printed in Germany

ISBN 978-3-12-516181-8

Inhalt
Índice

Hinweise zur Benutzung des Wörterbuchs
Indicaciones para el uso del diccionario

1. Die Stichwörter

Alle Stichwörter sind alphabetisch geordnet und farbig hervorgehoben. Die deutschen Umlaute *ä, ö, ü* werden wie die entsprechenden nicht umgelauteten Vokale behandelt, *ß* wie *ss*.

Amokläufer(in) *m(f)* loco, -a *m, f* homicida
a-Moll *nt* <-, *ohne Pl*> (MUS) la *m* menor
amoralisch ['amora:lɪʃ] *adj* amoral

Bindestriche, Punkte, Kommas und Wortzwischenräume werden bei der alphabetischen Einordnung ignoriert. In Klammern stehende, fakultative Buchstaben werden dagegen berücksichtigt.

hipertrofia [iper'trofja] *f* Hypertrophie *f*
hip-hop [xiᵖ-xoᵖ] *m* Hip-Hop *m*, Hiphop *m*
hípica ['ipika] *f sin pl* Pferdesport *m*

Die spanischen *ch* und *ll* werden nach der neuen Sprachregelung in Spanien wie Doppelbuchstaben behandelt. Das *ñ* wird hinter *nz* eingeordnet.

Für alle Substantive, die ein natürliches Geschlecht haben und Personen bezeichnen, wird die feminine neben der maskulinen Form angegeben.

Anwalt, -wältin ['anvalt, *pl:* 'anvɛltə] *m, f* <-(e)s, -wälte; -nen> ❶ (JUR) abogado, -a *m, f;* [...]
Fahrer(in) ['fa:rɐ] *m(f)* <-s, -; -nen> (*Auto-, Busfahrer*) conductor(a) *m(f)* [...]

actor[2] [ak'tor, ak'triθ] *m*, **actriz** *f* (TEAT, CINE) Schauspieler(in) *m(f);* [...]
doctor(a) [dok'tor(a)] *m(f)* Doktor(in) *m(f)*

Grundwortschatz

Die wichtigsten und gebräuchlichsten spanischen Stichwörter sind blau hinterlegt. Diese Wörter gehören zum Grundwortschatz, der für die alltägliche Kommunikation auf Spanisch unerlässlich ist.

escuela [es'kwela] *f* ❶ (*institución, edificio*) Schule *f;* [...]
ganar [ga'nar] **I.** *vi* ❶ (*en el juego*) gewinnen [...]

Homonyme

Hochgestellte arabische Ziffern machen gleich geschriebene Wörter mit unterschiedlicher Bedeutung (Homonyme) kenntlich.

beschaffen[1] *adj:* **gut/schlecht ~ sein** estar en buenas/malas condiciones; **so ~ sein, dass ...** estar hecho de manera que...
beschaffen*[2] *vt* procurar, proporcionar

trompa[1] ['trompa] *f* ❶ (ZOOL: *elefante*) Rüssel *m;* [...]
trompa[2] ['trompa] *mf* ❶ (*músico*) Hornist(in) *m(f)* ❷ (*CSur: fam: patrón*) Boss *m*

2. Aufbau der Wörterbucheinträge

Römische Ziffern

Römische Ziffern untergliedern ein Stichwort in verschiedene Wortarten und Verben in transitiven, intransitiven und reflexiven Gebrauch.

um|ziehen *irr* **I.** *vi sein* mudarse (*nach* a) **II.** *vr:* **sich ~** cambiarse (de ropa)

rector(a) [rrek'tor(a)] **I.** *adj* leitend **II.** *m(f)* Rektor(in) *m(f)*

Arabische Ziffern

Arabische Ziffern kennzeichnen die unterschiedlichen Bedeutungen eines Stichworts innerhalb einer Wortart.

doppelseitig *adj* ❶ (*auf einer Doppelseite*) en dos páginas, a doble página ❷ (MED: *beidseitig*) doble; **~e Lähmung** hemiplejía bilateral ❸ (*mit zwei Seiten*) de dos caras; **eine ~e Jacke** una chaqueta reversible

gravitar [graβi'tar] *vi* ❶ (FÍS) gravitieren ❷ (*un cuerpo*) ruhen (*sobre* auf +*dat*) ❸ (*recaer*) lasten (*sobre* auf +*dat*)

Beispiele

Anwendungsbeispiele, Redewendungen, Sprichwörter und mehrgliedrige Ausdrücke sind in der Regel unter dem ersten bedeutungstragenden Stichwort eingeordnet. Redewendungen und Sprichwörter, die keiner Grundbedeutung des Stichworts zuzuordnen sind, werden im deutschen Teil mit dem Zusatz *Wend*, im spanischen mit dem Zusatz *loc* unter einer gesonderten arabischen Ziffer aufgeführt.

Tracht [traxt] *f* <-en> ❶ (*von Berufsgruppen*) uniforme *m;* (*bei Volksgruppen*) traje *m* regional ❷ (*Wend*): **eine ~ Prügel** (*fam*) una tunda, una zumba *Am*

pingo ['piŋgo] *m* ❶ (*fam: harapo*) Fetzen *m* ❷ (*fam pey: mujer*) Schlampe *f* ❸ (*CSur: caballo*) Pferd *nt* ❹ (*loc, fam*): **ir de ~** die Zeit vertrödeln; **poner a alguien hecho un ~** jdn ordentlich herunterputzen

Erklärende Zusätze

Sowohl in der Ausgangs- als auch in der Zielsprache können erklärende Zusätze Bedeutung und Anwendung eines Worts näher bestimmen:

- in Klammern stehende Zusätze für Synonyme und Definitionen, für typische Subjekte und Objekte und andere Erklärungen
- Fachgebietsangaben, besonders wenn verschiedene Bedeutungen unterschieden werden
- Angaben zur regionalen Verbreitung zur Markierung aller Wörter, Bedeutungen und Wendungen, die einem regionalen Gebrauch unterliegen
- Stilangaben zur Markierung aller Wörter, Bedeutungen und Wendungen, die keiner neutralen Stilebene angehören: *geh, formal, fam, sl, vulg* im deutschen Teil und *elev, formal, fam, argot, vulg* im spanischen Teil
- rhetorische Angaben, wenn eine besondere Sprechhaltung markiert wird: *fig, iron, abw* im deutschen Teil und *fig, irón, pey* im spanischen Teil

Das Abkürzungsverzeichnis im hinteren Buchdeckel enthält eine vollständige Liste der Markierungen.

3. Grammatische Informationen

Substantive

Bei Substantiven wird grundsätzlich das Geschlecht (Genus) angegeben. Unregelmäßige Pluralformen sind in Spitzklammern angegeben.

Fuchs [fʊks, *pl:* 'fʏksə] *m* <-es, Füchse> […]

récord ['rrekor$^{(d)}$] <récords> *m* […]

Bei Substantiven, bei denen sowohl die maskuline als auch die feminine Form angegeben wird, wird zuerst die Genitivform Singular und die Pluralform der Maskulinform, dann, durch ein Semikolon getrennt, die Pluralform der Femininform angegeben.

Lehrer(in) *m(f)* <-s, -; -nen> […]

Die Angabe *sin pl* bzw. *ohne pl* bedeutet, dass das Wort nicht im Plural gebraucht wird.

Après-Ski *nt* <-, *ohne Pl*> […]

gastronomía [gastrono'mia] *f sin pl* […]

Adjektive und Adverbien

Adjektive sind in ihrer unflektierten Form angegeben. Besitzt das deutsche Adjektiv keine unflektierte Form, wird es nach dem Muster *erste(r, s)* dargestellt. Besitzt das spanische Adjektiv eine weibliche Form, so wird die entsprechende Endung angehängt.

größte(r, s) ['grøːstə, -tɐ, -təs] *adj* […]

juguetón, -ona [xuɣe'ton, -ona] *adj* […]

Unveränderliche Adjektive werden mit *inv* gekennzeichnet.

beiderlei ['baɪdɐlaɪ, '--'-] *adj inv* […]

cazavirus [kaθa'βirus] *adj inv* (INFOR) […]

Unregelmäßige Steigerungsformen und solche mit morphologischen Besonderheiten im Deutschen wie z. B. Umlautung des Stammvokals werden in spitzen Klammern angegeben.

Hafen ['ha:fen, *pl:* 'hɛ:fən] *m* <-s, Häfen> […]

grande ['gran̦de] **I.** *adj* <más grande *o* mayor, grandísimo> […]

Im deutschen Teil werden Adverbien, die von der Form her mit dem Adjektiv identisch sind, nicht explizit aufgeführt. Entspricht die Form des Adverbs nicht der des Adjektivs, so wird es als eigener Eintrag aufgeführt. Im spanischen Teil sind regelmäßig gebildete Adverbien auf *-mente* oft nicht als eigenes Stichwort aufgeführt. Ist ein solches Wort nicht als selbstständiger Eintrag zu finden, kann auf die Übersetzung zurückgegriffen werden, die beim jeweiligen Adjektiv angegeben ist.

Verben

Die grammatischen Angaben *vt, vi, vr* und *vunpers* bzw. *vimpers* kennzeichnen ein Stichwort als Verb. Ist die reflexive Form nicht schon als Stichwort aufgenommen, folgt diese auf die Angabe *vr*. Wird ein Verb in mehreren dieser Konstruktionsmöglichkeiten gebraucht, ist der Eintrag in der Regel mit römischen Ziffern untergliedert.

baden ['ba:dən] **I.** *vi* ❶ (*schwimmen*) bañarse ❷ (*ein Bad nehmen*) tomar un baño **II.** *vt* (*waschen*) bañar

relevar [rrele'βar] **I.** *vt* ❶ (*acentuar*) hervorheben ❷ (*liberar*) befreien; […] **II.** *vr:* ~**se** sich abwechseln

Unmittelbar auf das Stichwort folgen in spitzen Klammern die Angaben zu unregelmäßigen Verbformen. Es werden im Deutschen die 3. Person Singular Präsens und Imperfekt sowie das Partizip Perfekt angegeben.

lesen ['le:zən] <liest, las, gelesen> […]

Ein feiner Strich kennzeichnet die abtrennbare Vorsilbe bei unfest zusammengesetzten deutschen Verben.

zusammen|bauen *vt* […]

Ein hochgestelltes Sternchen zeigt an, dass das Partizip Perfekt des deutschen Verbs ohne *ge* gebildet wird.

frustrieren* [frʊs'tri:rən] *vt* […]

Alle deutschen Verben, die die zusammengesetzten Zeiten nicht ausschließlich mit *haben* bilden, haben nach der Wortartangabe den Zusatz *sein* bzw. *haben o sein*.

laufen ['laʊfən] <läuft, lief, gelaufen> **I.** *vi sein* ① (*rennen, fließen*) correr; [...]

Es werden im Spanischen Vokalveränderungen, Betonungsverschiebungen sowie orthografische Abweichungen angegeben.

nevar [ne'βar] <e→ie> *vimpers* [...]
fotografiar [fotoɣrafi'ar/fotoɣra'fjar] <*1. pres:* fotografío> [...]
adelgazar [aðelɣa'θar] <z→c> **I.** *vi, vr:* [...]

Bei den übrigen unregelmäßigen Verben, die in keine der vorherigen Kategorien fallen, wird auf eine im Anhang alphabetisch geordnete Verbtabelle verwiesen. Insofern das entsprechende Verb in dieser Tabelle aufgeführt ist, wird es mit *irr* gekennzeichnet. Andernfalls erfolgt zusätzlich die Nennung eines in der Tabelle erfassten, analog konjugierten Verbs.

traducir [traðu'θir] *irr vt* [...]
mantener [man̪te'ner] *irr como tener* [...]

Die Präpositionen, mit denen Verben verbunden sein können, werden mit ihrer Entsprechung nach der Übersetzung dann angegeben, wenn der Gebrauch beider Sprachen voneinander abweicht. Nach der deutschen Präposition wird der Kasus angegeben. Der regelmäßige Gebrauch der Präposition *a* im Spanischen vor Personen wird als bekannt vorausgesetzt und in der Regel nicht aufgeführt.

Präpositionen

Ist eine Präposition ein Stichwort, wird im Deutschen der von ihr regierte Kasus angegeben.

angesichts *präp +gen* (*geh*) [...]

Bei Präpositionen wie an, auf, hinter, in, neben, über, unter, vor und zwischen, die den Dativ oder den Akkusativ regieren, werden beide Kasus angegeben.

an [an] **I.** *präp +dat* [...]

4. Die Lautschrift

Die Aussprache ist in eckigen Klammern angegeben. Zur Bezeichnung der Aussprache wurden die Lautschriftzeichen des IPA (International Phonetic Alphabet) verwendet. Ganz vorn und ganz hinten im Wörterbuch befinden sich ausklappbare Seiten mit einer Übersicht über die phonetischen Zeichen.

5. Deutsche Rechtschreibung

Dieses Wörterbuch berücksichtigt die Neuregelung der deutschen Rechtschreibung mit den vom Rat für deutsche Rechtschreibung vorgeschlagenen Änderungen, gültig seit 01.08.2006.

Aa

A, a [a] *f* A, a *nt;* ~ **de Antonio** A wie Anton

a [a] *prep* ① *(dirección)* zu +*dat;* **ir ~ Barcelona/Suiza** nach Barcelona/in die Schweiz fahren; **llegar ~ Madrid** in Madrid ankommen; **ir ~ casa de alguien** zu jdm gehen; **ir ~ la escuela** in die Schule gehen; **voy ~l cine/~l servicio** ich gehe ins Kino/aufs Klo; **aún tengo que ir ~ correos/~l banco** ich muss noch zur Post/zur Bank ② *(posición)* an +*dat;* **estar sentado ~ la mesa** am Tisch sitzen; **~ la mesa** *(comiendo)* bei Tisch; **esperar ~ la puerta de la casa** an der Haustür warten; **~ la derecha** rechts; **~l sur** (**de**) südlich (von); **~l sol** in der Sonne ③ *(distancia)* **~ 10 kilómetros de aquí** 10 Kilometer von hier (entfernt) ④ *(tiempo)* um +*akk; (hasta)* bis; **~ las tres** um drei (Uhr); **~ mediodía** mittags; **~ los veinte años** mit zwanzig Jahren; **~l poco rato** kurz danach; **¿~ cuántos estamos?** den Wievielten haben wir heute? ⑤ *(modo)* **~ pie** zu Fuß; **~ mano** mit der Hand; **~ oscuras** im Dunkeln; **~ la española** nach spanischer Art ⑥ *(precio)* **¿~ cómo está?** wie teuer ist das?; **~ 2 euros el kilo** 2 Euro das Kilo ⑦ *(complemento (in)directo)* **he visto ~ tu hermano** ich habe deinen Bruder gesehen; **dio su fortuna ~ los pobres** er vermachte sein Vermögen den Armen ⑧ *(con infinitivo)* zu; **empezó ~ correr** er/sie fing an zu laufen ⑨ *(complemento de verbo)* **oler ~ gas** nach Gas riechen; **jugar ~ los dados** Würfel spielen ⑩ *(loc)* **el partido terminó dos ~ dos** das Spiel endete zwei zu zwei; **¡~ que llueve mañana!** wetten, dass es morgen regnet!; **~ Pedro le gusta mucho nadar, ¿~ que sí, Pedro?** Pedro schwimmt sehr gerne; nicht wahr, Pedro?

a/f [a fa'βor] *abr de* **a favor** zugunsten, zu Gunsten

AA. EE. [a'sun̩tos este'rjores] *abr de* **Asuntos Exteriores: Ministerio de ~** Außenministerium *nt*

abacado [aβa'kaðo] *m (Am: aguacate)* Avokado *f*

abacería [aβaθe'ria] *f* Lebensmittelgeschäft *nt*

ábaco ['aβako] *m* Abakus *m*

abacorar [aβako'rar] *vt (Am: acosar)* hetzen

abad(esa) [a'βa^ð, aβa'ðesa] *m(f)* Abt *m,* Äbtissin *f*

abada [a'βaða] *f* (ZOOL) Nashorn *nt,* Rhinozeros *nt*

abadejo [aβa'ðexo] *m* (ZOOL) ① *(pez similar al bacalao) kabeljauähnlicher Fisch* ② *(reg: bacalao)* Kabeljau *m*

abadía [aβa'ðia] *f* Abtei *f*

abajo [a'βaxo] **I.** *adv* ① *(movimiento)* hinunter; **calle ~** die Straße hinunter; **cuesta ~** bergab; **de arriba ~** von oben nach unten ② *(estado)* unten; **boca ~** auf dem Bauch; **hacia ~** nach unten; **el ~ firmante** der Unterzeichnete; **de veinte para ~** unter zwanzig; **véase más ~** siehe unten **II.** *interj* **¡~ el dictador!** nieder mit dem Diktator!

abalanzarse [aβalan̩'θarse] <z → c> *vr* sich stürzen (**sobre/contra** auf +*akk*); **~ a la ventana** zum Fenster stürzen

abalear [aβale'ar] *vt (Am: disparar)* **~ a alguien** auf jdn schießen

abalizamiento [aβaliθa'mjen̩to] *m* Markierung *f (mit Baken, Tonnen, Schildern u.Ä.)*

abalizar [aβali'θar] <z → c> *vt* markieren *(mit Baken, Tonnen, Schildern u.Ä.)*

abalorio [aβa'lorjo] *m* Glasperle *f;* **llenarse de ~s** sich mit wertlosem Zeug behängen

abanderado, -a [aβan̩de'raðo, -a] *m, f* ① *(en actos públicos)* Fahnenträger(in) *m(f)* ② *(pionero)* Vorkämpfer(in) *m(f)*

abanderar [aβan̩de'rar] *vt* ① *(adornar)* mit Fahnen schmücken ② (NÁUT) das Flaggenrecht verleihen +*dat;* **un barco abanderado en Panamá** ein unter panamaischer Flagge fahrendes Schiff ③ *(guiar)* leiten

abandonado, -a [aβan̩do'naðo, -a] *adj* ① *estar (solo)* verlassen, einsam; **niño ~** Findelkind *nt* ② *ser (descuidado)* nachlässig; *(desaseado)* schlampig

abandonar [aβan̩do'nar] **I.** *vi* (DEP) aufgeben **II.** *vt* ① *(dejar)* verlassen; *(desamparar)* im Stich lassen; *(niño)* aussetzen; **niño abandonado** Findelkind *nt;* **le ~on sus fuerzas** seine Kräfte verließen ihn; **estar abandonado a sí mismo** sich *dat* selbst überlassen sein ② *(renunciar)* aufgeben ③ *(interrumpir)* unterbrechen **III.** *vr:* **~se** ① *(entregarse)* sich hingeben (**a** +*dat*) ② *(ir desaliñado)* sich gehen lassen

abandono [aβan̩'dono] *m* ① *(abandonamiento)* Verlassen *nt; (de un niño)* Aussetzung *f;* **~ de servicio** Quittieren des Dienstes; **~ de la víctima** Fahrerflucht *f*

A

❷ *(renuncia)* Verzicht *m;* *(de una empresa, idea)* Aufgabe *f* ❸ *(descuido)* Vernachlässigung *f;* **en un momento de ~** in einem schwachen Augenblick

abanicar [aβani'kar] <c → qu> **I.** *vt* zufächeln +*dat* **II.** *vr:* **~se** sich *dat* (Luft) zufächeln

abanico [aβa'niko] *m* Fächer *m;* **en (forma de) ~** fächerförmig; **un ~ de posibilidades** eine Fülle von Möglichkeiten

abaratamiento [aβarata'mjen̩to] *m* *(de bienes)* Verbilligung *f;* *(de los precios)* Herabsetzung *f;* **~ de la vida** Sinken der Lebenshaltungskosten

abaratar [aβara'tar] **I.** *vt* *(bienes)* verbilligen; *(precios)* herabsetzen; **~ costes** Kosten senken **II.** *vr:* **~se** billiger werden

abarca [a'βarka] *f* Sandale *f*

abarcar [aβar'kar] <c → qu> *vt* ❶ *(comprender)* umfassen; **~ con la vista** überschauen; **~ muchas cosas a la vez** alle Hände voll zu tun haben; **quien mucho abarca poco aprieta** *(prov)* wer viel beginnt, zu nichts es bringt ❷ *(contener)* enthalten

abarquillarse [aβarki'ʎarse] *vr* *(papel)* sich wellen; *(madera)* sich werfen

abarrancar [aβarraŋ'kar] <c → qu> **I.** *vt* ❶ (GEO) Schluchten bilden (in +*dat*); *(lluvia)* auswaschen ❷ *(persona)* in eine schwierige Lage bringen **II.** *vi, vr:* **~se** ❶ *(coche)* stecken bleiben; *(barco)* stranden ❷ *(persona)* in Schwierigkeiten kommen

abarrocado, -a [aβarro'kaðo, -a] *adj* (ARTE: *elev)* barock, im Barockstil

abarrotar [aβarro'tar] *vt* überfüllen (**de** mit +*dat*)

abarrote [aβa'rrote] *m* ❶ (NÁUT) Staugut *nt* ❷ *(Cuba, Méx: tienda)* Lebensmittelgeschäft *nt* ❸ *pl* *(Cuba, Méx: comestibles)* Lebensmittel *ntpl*

abarrotería [aβarrote'ria] *f* ❶ *(Am: ferretería)* Eisenwarenhandlung *f* ❷ *(Guat: abacería)* Lebensmittelgeschäft *nt*

abastecedor(a) [aβasteθe'ðor(a)] *m(f)* Lieferant(in) *m(f)*

abastecer [aβaste'θer] *irr como crecer* **I.** *vt* *(proveer)* versorgen (**de/con** mit +*dat*); (COM) beliefern (**de/con** mit +*dat*) **II.** *vr:* **~se** sich versorgen (**de/con** mit +*dat*)

abastecimiento [aβasteθi'mjen̩to] *m* ❶ *(provisión)* Versorgung *f* (**de/con** mit +*dat*); **~ de aguas** Trinkwasserversorgung *f* ❷ (COM) Lieferung *f* (**de/con** von +*dat*)

abasto [a'βasto] *m* ❶ *(abastecimiento)* Versorgung *f* ❷ *(provisiones)* Vorrat *m* ❸ *(abundancia)* Fülle *f;* **dar ~** ausreichen

abatí [aβa'ti] *m sin pl* *(Arg: maíz)* Mais *m*

abatible [aβa'tiβle] *adj* **asiento ~** Liegesitz *m*

abatido, -a [aβa'tiðo, -a] *adj* ❶ *(desanimado)* niedergeschlagen ❷ *(mercancía)* minderwertig

abatimiento [aβati'mjen̩to] *m* ❶ *(derribo)* Niederreißen *nt* ❷ *(desmontaje)* Abbau *m* ❸ *(desánimo)* Niedergeschlagenheit *f* ❹ *(humillación)* Erniedrigung *f*

abatir [aβa'tir] **I.** *vt* ❶ *(muro, casa)* niederreißen; *(árbol)* umstürzen; *(velas)* einholen; *(avión)* abschießen; **~ el respaldo** die Rückenlehne herunterklappen ❷ *(desmontar)* abbauen ❸ *(humillar)* demütigen ❹ *(debilitar)* entkräften **II.** *vr:* **~se** ❶ *(precipitarse)* sich stürzen (**sobre** auf +*akk*) ❷ *(ceder)* nachgeben ❸ *(desanimarse)* den Mut verlieren

abdicación [aβðika'θjon] *f* Abdankung *f;* **~ al trono** Thronverzicht *m*

abdicar [aβði'kar] <c → qu> *vt* ❶ *(monarca)* abdanken; **la reina abdicó la corona en su hija** die Königin dankte zugunsten ihrer Tochter ab; **~ la presidencia** den Vorsitz abgeben ❷ *(ideales)* aufgeben

abdomen [aβ'ðomen] *m* ❶ (ANAT) Unterleib *m* ❷ (ZOOL) Hinterleib *m*

abdominal [aβðomi'nal] **I.** *adj* Bauch- **II.** *m* (DEP) Bauchmuskelübung *f*

abducción [aβðuᵞ'θjon] *f* ❶ (MED) Abduktion *f* ❷ (JUR) Entführung *f* ❸ *(por extraterrestres)* Entführung *f* durch Außerirdische

abductor [aβðuk'tor] *m* (ANAT) Abduktor *m*

abecé [aβe'θe] *m* Abc *nt;* **el ~ de la matemática** die Grundlagen der Mathematik; **no saber el ~** *(fig)* keinen (blassen) Schimmer haben; **ser el ~ de algo** das A und O einer Sache sein

abecedario [aβeθe'ðarjo] *m* Alphabet *nt*

abedul [aβe'ðul] *m* (BOT) Birke *f;* *(madera)* Birkenholz *nt*

abeja [a'βexa] *f* Biene *f;* **~ maes(tr)a** [*o* **reina**] Bienenkönigin *f;* **~ neutra** [*o* **obrera**] Arbeitsbiene *f;* **ser como una ~** bienenfleißig sein; **estar como ~ en flor** glücklich und zufrieden sein

abejón [aβe'xon] *m* Drohne *f*

abejorro [aβe'xorro] *m* ❶ *(insecto)* Hummel *f* ❷ *(escarabajo)* Maikäfer *m* ❸ *(fam: persona)* Nervensäge *f*

abellacado, -a [aβeʎa'kaðo, -a] *adj* gemein, niederträchtig

abemolar [aβemo'lar] *vt* ❶ *(hacer más suave)* weicher machen ❷ (MÚS: *poner bemoles*) (um einen Halbton) erniedrigen

dach *nt;* **al ~ de** unter dem Schutz +*gen* ③*(loc)* **ropa de ~** warme Kleidung; **traje de poco ~** dünner Anzug; **ser de ~** *(fig)* es in sich *dat* haben

abril [a'βril] *m* April *m;* **tener trece ~es** *(fam)* dreizehn Lenze zählen; *v. t.* **marzo**

abrileño, -a [aβri'leɲo, -a] *adj* April-

abrillantador[1] [aβriʎaṇta'ðor] *m (producto)* Poliermittel *nt*

abrillantador(a)[2] [aβriʎaṇta'ðor(a)] *m(f) (persona)* Edelsteinschleifer(in) *m(f)*

abrillantar [aβriʎaṇ'tar] *vt* ①*(piedras preciosas)* schleifen ②*(hacer brillar)* polieren

abrir [a'βrir] *irr* **I.** *vt* ①*(algo cerrado)* öffnen; *(paraguas)* aufspannen; *(libro)* aufschlagen; *(piernas)* spreizen; *(grifo)* aufdrehen; *(con la llave)* aufschließen; *(luz)* anmachen; *(silla plegable)* aufklappen; **~ una calle al tráfico** eine Straße für den Verkehr freigeben; **~ de par en par** sperrangelweit öffnen; **a medio ~** *(puerta)* angelehnt; **~ a golpes** aufschlagen; **~ camino a alguien** jdm den Weg bahnen; **~ paso** Platz machen; **~ la cabeza a alguien** jdm den Schädel einschlagen; **~ el apetito** den Appetit anregen; **~ la curiosidad** die Neugier wecken ②*(canal, túnel)* bauen; *(agujero)* graben ③*(perspectivas)* eröffnen; *(mercado)* erschließen ④*(comenzar, inaugurar)* eröffnen; *(curso)* anfangen (mit +*dat*) ⑤*(ir en cabeza)* anführen **II.** *vi* ①*(tiempo)* sich aufklären ②*(loc)* **en un ~ y cerrar de ojos** im Nu **III.** *vr:* **~se** ①*(puerta, herida)* sich öffnen; **la ventana se abre al patio** das Fenster geht zum Hof ②*(confiar)* sich anvertrauen +*dat* ③*(perspectivas)* sich eröffnen ④*(argot: irse)* abhauen

abrochador [aβrotʃa'ðor] *m* Haken *m*

abrochar [aβro'tʃar] *vt (con broches)* zuhaken; *(con hebillas)* zuschnallen; *(con botones)* zuknöpfen; **abróchense los cinturones (de seguridad)** legen Sie die Sicherheitsgurte an

abroncar [aβroŋ'kar] <c → qu> *vt (fam)* ①*(echar una bronca)* herunterputzen ②*(abuchear)* auspfeifen

abrumador(a) [aβruma'ðor(a)] *adj* ①*(agobiador)* bedrückend ②*(apabullante)* überwältigend

abrumar [aβru'mar] *vt* ①*(agobiar)* bedrücken ②*(de trabajo, elogios)* erdrücken (**de/con** mit +*dat*)

abrupción [aβruβ'θjon] *f* (MED: *fractura*) Bruch *m; (desgarro)* Ruptur *f*

abrupto, -a [a'βrupto, -a] *adj* ①*(camino, abismo)* steil ②*(carácter)* schroff

abrutado, -a [aβru'taðo, -a] *adj* grob, roh

absceso [a$^{\beta}$s'θeso] *m* Abszess *m*

absentismo [aβseṇ'tismo] *m* Abwesenheit *f;* **~ laboral** Fehlen *nt* (am Arbeitsplatz)

ábside ['aβsiðe] *m* (ARQUIT) Apsis *f*

absolución [aβsolu'θjon] *f* ①(JUR) Freispruch *m;* **~ por falta de pruebas** Freispruch mangels Beweisen ②(REL) Absolution *f;* **dar la ~ a alguien** jdm die Absolution erteilen

absolutamente [aβsoluta'meṇte] *adv* absolut; *(completamente)* völlig; *(negación, prohibición)* strikt; **está ~ de acuerdo con nosotros** er/sie stimmt uns völlig zu; **es ~ posible** es ist durchaus möglich; **~ nada** überhaupt nichts

absolutismo [aβsolu'tismo] *m sin pl* (POL) Absolutismus *m*

absolutista [aβsolu'tista] **I.** *adj* (POL) absolutistisch **II.** *mf* (POL) Absolutist(in) *m(f)*

absoluto, -a [aβso'luto, -a] *adj* (*t.* FÍS) absolut; *(completo)* völlig; *(prohibición)* strikt; **en ~** keineswegs; **nada en ~** gar nichts

absolver [aβsol'βer] *vt irr como volver* ①(JUR) freisprechen ②(REL) lossprechen

absorbente [aβsor'βeṇte] *adj* ①*(esponja, trapo)* saugfähig ②*(película, libro)* fesselnd; *(trabajo)* zeitraubend; **eres una persona muy ~** du nimmst einen völlig in Anspruch

absorber [aβsor'βer] *vt* ①*(tierra, esponja, aspiradora)* aufsaugen ②(FÍS) absorbieren ③*(ocupar)* in Anspruch nehmen; *(cautivar)* fesseln; **~ la atención de alguien** jds Aufmerksamkeit beanspruchen ④*(incorporar)* eingliedern; *(empresa)* aufkaufen

absorción [aβsor'θjon] *f* ①*(de líquidos)* Aufsaugen *nt* ②(FÍS) Absorption *f* ③(ECON) Übernahme *f*

absorto, -a [aβ'sorto, -a] *adj* ①*(pasmado)* verblüfft ②*(entregado)* versunken (**en** in +*akk*)

abstemio, -a [a$^{\beta}$s'temjo, -a] **I.** *adj* abstinent **II.** *m, f* Antialkoholiker(in) *m(f)*

abstención [a$^{\beta}$steṇ'θjon] *f* Enthaltung *f;* (POL) Stimmenthaltung *f*

abstencionismo [aβsteṇθjo'nismo] *m* (POL) Stimmenthaltung *f*

abstencionista [aβsteṇθjo'nista] *mf* Nichtwähler(in) *m(f);* **el número de ~s creció en los últimos años** die Anzahl der Nichtwähler ist in den letzten Jahren gestiegen

abstenerse [a$^{\beta}$ste'nerse] *vr irr como tener* (*t.* POL) sich enthalten; **~ de algo** auf etw verzichten; **~ de votar** sich der Stimme enthalten; **~ del tabaco** auf das Rauchen verzichten; **rogamos que se abstengan de realizar visitas** wir bitten Sie, von einem Besuch abzusehen

abstinencia [a$^{\beta}$sti'neṇθja] *f* Enthaltsam-

A

keit *f; (de alcohol)* Abstinenz *f;* ~ **de consumo** Konsumverzicht *m*
abstinente [aᵝsti'neṇte] *adj* enthaltsam; *(de alcohol)* abstinent
abstracción [aᵝstraˠ'θjon] *f* Abstraktion *f*
abstracto, -a [aᵝs'trakto, -a] *adj* abstrakt; **en** ~ abstrakt betrachtet
abstraer [aᵝstra'er] *irr como traer* **I.** *vt* abstrahieren **II.** *vr* **~se en algo** sich in etw vertiefen; **~se de algo** auf etw verzichten; **consigue ~se de los gritos en la calle** er/sie lässt sich von den Schreien auf der Straße nicht ablenken
abstraído, -a [aᵝstra'iðo, -a] *adj* in Gedanken versunken; **estar ~ en algo** in etw versunken sein
abstruso, -a [aᵝs'truso, -a] *adj* verworren
absurdidad [aβsurði'ðaᵈ] *f* Absurdität *f,* Widersinn *m*
absurdo[1] [aβ'surðo] *m* Absurdität *f;* **reducir algo al ~** etw ad absurdum führen
absurdo, -a[2] [aβ'surðo, -a] *adj* absurd
abubilla [aβu'βiʎa] *f* Wiedehopf *m*
abuchear [aβuʧe'ar] *vt* ausbuhen; *(silbando)* auspfeifen
abucheo [aβu'ʧeo] *m* Buhrufe *mpl; (silbidos)* Pfeifkonzert *nt*
abuelo, -a [a'βwelo, -a] *m, f* Großvater, -mutter *m, f;* **los ~s** die Großeltern; **éramos pocos y parió la abuela** *(fam)* der/die hatte uns gerade noch gefehlt
abulense [aβu'lense] **I.** *adj* aus Ávila **II.** *mf* Bewohner(in) *m(f)* von Ávila
abúlico, -a [a'βuliko, -a] *adj* willensschwach
abultado, -a [aβuḷ'taðo, -a] *adj* groß, massig
abultamiento [aβuḷta'mjeṇto] *m* ❶ *(bulto)* Beule *f* ❷ *(hinchazón)* (An)schwellung *f*
abultar [aβuḷ'tar] **I.** *vi* viel Raum einnehmen **II.** *vt* ❶ *(aumentar)* vergrößern ❷ *(exagerar)* aufbauschen
abundancia [aβuṇ'daṇθja] *f* *(cantidad)* Fülle *f; (de bienes)* Überangebot *nt;* **vivir en la ~** im Überfluss leben; **nadar en la ~** im Geld schwimmen; **en ~** in Hülle und Fülle
abundante [aβuṇ'daṇte] *adj* reichlich; **~ en algo** reich an etw *dat*
abundar [aβuṇ'dar] *vi* reichlich vorhanden sein; **~ en algo** reich an etw *dat* sein
abur [a'βur] *interj (adiós)* tschüs(s)
aburguesado, -a [aβurɣe'saðo, -a] *adj* verbürgerlicht, spießig *abw fam*
aburguesarse [aβurɣe'sarse] *vr* verbürgerlichen
aburrido, -a [aβu'rriðo, -a] *adj* ❶ *ser (pesado)* langweilig ❷ *estar (harto)* überdrüssig (**de** *+gen*); **estar ~ de algo** etw satthaben; **tus chistes me tienen ~** ich kann deine Witze nicht mehr hören
aburrimiento [aβurri'mjeṇto] *m* ❶ *(tedio)* Langeweile *f* ❷ *(fastidio)* Überdruss *m*
aburrir [aβu'rrir] **I.** *vt* ❶ *(hastiar)* langweilen ❷ *(fastidiar)* auf die Nerven gehen *+dat* **II.** *vr:* **~se** sich langweilen (**con** bei *+dat*); **~se de algo** etw sattbekommen; **~se como una ostra** *(fam)* sich zu Tode langweilen
abusar [aβu'sar] *vi* ❶ *(usar indebidamente)* missbrauchen (**de** *+akk*) ❷ *(aprovecharse)* ausnutzen (**de** *+akk*); **~ de una mujer** eine Frau vergewaltigen; **~ de su salud** sich überanstrengen
abusivo, -a [aβu'siβo, -a] *adj* missbräuchlich; *(precios)* überhöht
abuso [a'βuso] *m* Missbrauch *m;* **~ de autoridad** Amtsmissbrauch *m;* **~ deshonesto** Unzucht *f;* **este precio es un ~** dieser Preis ist unverschämt hoch
abusón, -ona [aβu'son, -ona] **I.** *adj (fam)* schmarotzerhaft **II.** *m, f (fam)* Schmarotzer(in) *m(f)*
abyección [aβɟeˠ'θjon] *f* ❶ *(bajeza)* Niederträchtigkeit *f* ❷ *(deshonra)* Schande *f*
abyecto, -a [aβ'ɟekto, -a] *adj* ❶ *(bajo)* niederträchtig ❷ *(deshonroso)* schändlich
a. C. ['aṇtes (ðe) 'kristo] *abr de* **antes de Cristo** v. Chr.
acá [a'ka] *adv* hier; **para ~** hierher; **¡ven ~!** komm her!; **~ y allá** mal hier, mal dort
acabado[1] [aka'βaðo] *m* (TÉC) Finish *nt*
acabado, -a[2] [aka'βaðo, -a] *adj* ❶ *(completo)* fertig ❷ *(salud)* kraftlos ❸ *(sin posibilidades)* erledigt
acaballar [akaβa'ʎar] *vt (caballo, burro)* decken, beschälen
acabar [aka'βar] **I.** *vi* ❶ *(terminar)* enden (**en** auf *+akk,* **en** mit *+dat*); **~ bien/mal** gut/schlecht ausgehen; **~ en punta** spitz zulaufen ❷ *(una acción)* **ella acaba de llegar** sie ist gerade angekommen; **el libro acaba de publicarse** das Buch ist soeben erschienen ❸ *(destruir, agotar)* **~ con algo** etw zunichtemachen; **~ con alguien** jdn fertigmachen; **este niño ~á conmigo** dieses Kind macht mich noch völlig fertig; **este hombre acaba con la paciencia de un santo** dieser Mensch bringt den stärksten Geduldsfaden zum Reißen ❹ *(finalmente)* **~ás por comprenderlo** du wirst es schließlich einsehen; **~ás por volverme loco** du machst mich noch verrückt **II.** *vt* ❶ *(terminar)* beenden ❷ *(consumir)* aufbrauchen; **~ todas las galletas** alle Kekse aufessen **III.** *vr:* **~se** enden; **la mantequilla se ha acabado** die Butter ist alle; **todo**

se acabó alles ist vorbei; **¡se acabó!** und damit basta!
acabose [aka'βose] *m (fam)* **¡esto es el ~!** das ist (doch) das Letzte!
acacia [a'kaθja] *f* Akazie *f*
academia [aka'ðemja] *f* ❶ *(corporación)* Akademie *f* ❷ *(colegio)* (Privat)schule *f;* **~ militar** Militärakademie *f;* **~ de noche** Abendschule *f*
académico, -a [aka'ðemiko, -a] *adj* akademisch
acaecer [akae'θer] *vi irr como crecer* sich ereignen
acaecimiento [akaeθi'mjen̪to] *m* Ereignis *nt*
acahual [aka'wal] *m (Méx: girasol)* Sonnenblume *f*
acallar [aka'ʎar] *vt* ❶ *(hacer callar)* zum Schweigen bringen ❷ *(apaciguar)* beschwichtigen; *(conciencia)* beruhigen; *(hambre)* stillen
acalorado, -a [akalo'raðo, -a] *adj* hitzig
acaloramiento [akalora'mjen̪to] *m* ❶ *(de calor)* Erhitzen *nt* ❷ *(de pasión)* Eifer *m*
acalorar [akalo'rar] **I.** *vt* ❶ *(dar calor)* ins Schwitzen bringen ❷ *(enfadar)* aufregen **II.** *vr:* **~se** ❶ *(sofocarse)* **se acaloró al correr** ihm/ihr wurde beim Laufen warm ❷ *(apasionarse)* sich ereifern (**con** über +*akk*) ❸ *(enfadarse)* in Wut geraten (**por** wegen +*gen/dat*); **se acalora por nada** er/sie regt sich wegen Nichtigkeiten auf
acampada [akam'paða] *f* Zelten *nt*
acampanado, -a [akampa'naðo, -a] *adj* glockenförmig
acampar [akam'par] *vi* campen; *(tropa)* lagern
acanaladura [akanala'ðura] *f* Rinne *f,* Rille *f;* (TÉC) Auskehlung *f*
acanalar [akana'lar] *vt* ❶ *(hacer canales)* furchen ❷ (TÉC) auskehlen
acanallar [akana'ʎar] **I.** *vt* verderben **II.** *vr:* **~se** verwahrlosen
acantilado[1] [akan̪ti'laðo] *m* Steilküste *f*
acantilado, -a[2] [akan̪ti'laðo, -a] *adj* steil
acanto [a'kan̪to] *m* (BOT) Akanthus *m,* Bärenklau *m*
acantonamiento [akan̪tona'mjen̪to] *m* (MIL) Einquartierung *f*
acaparamiento [akapara'mjen̪to] *m* Hamsterkauf *m*
acaparar [akapa'rar] *vt* ❶ *(objetos)* hamstern ❷ *(apoderarse)* (für sich) beanspruchen; **~ todas las miradas** alle Blicke auf sich ziehen
acapillar [akapi'ʎar] *vt (Méx: atrapar)* fassen, erwischen *fam*
acaramelado, -a [akarame'laðo, -a] *adj* ❶ *(pastel)* mit Karamell überzogen ❷ *(fam: voz, comportamiento)* zuckersüß
acaramelar [akarame'lar] **I.** *vt* mit Karamell überziehen **II.** *vr:* **~se** zuckersüß sein; *(novios)* turteln
acariciar [akari'θjar] *vt* ❶ *(persona, animal)* streicheln ❷ *(idea, plan)* hegen
ácaro ['akaro] *m* (ZOOL) Milbe *f*
acarrear [akarre'ar] *vt* ❶ *(trasportar)* transportieren ❷ *(ocasionar)* verursachen
acarreo [aka'rreo] *m* ❶ *(trasporte)* Transport *m* ❷ *(importe)* Frachtgebühr *f*
acarroñar [akarro'ɲar] **I.** *vt (Col: amilanar)* einschüchtern **II.** *vr:* **~se** *(acobardarse)* den Mut verlieren
acartonado, -a [akarto'naðo, -a] *adj* ❶ *(ropa)* steif ❷ *(persona)* hager
acartonarse [akarto'narse] *vr* ❶ *(tela)* steif werden ❷ *(persona)* abmagern ❸ *(cutis)* austrocknen
acaso [a'kaso] **I.** *m* Zufall *m;* **el ~ hizo que...** +*subj* der Zufall wollte es, dass ... **II.** *adv* vielleicht; **¿está ~ enfermo?** ist er etwa krank?; **por si ~** *(en caso de)* falls; *(en todo caso)* vorsichtshalber
acatamiento [akata'mjen̪to] *m* ❶ *(respeto)* Ehrfurcht *f* ❷ *(de las leyes)* Befolgung *f*
acatar [aka'tar] *vt* ❶ *(respetar)* achten ❷ *(obedecer)* befolgen ❸ *(Col, Guat, PRico: caer en cuenta)* begreifen
acatarrarse [akata'rrarse] *vr* sich erkälten
acaudalado, -a [akau̯ða'laðo, -a] *adj* wohlhabend
acaudalar [akau̯ða'lar] *vt* erwerben
acaudillar [akau̯ði'ʎar] *vt* anführen
acceder [aᵞθe'ðer] *vi* ❶ *(consentir)* einwilligen (**a** in +*akk*); **~ a una petición** einer Bitte entsprechen ❷ *(tener acceso)* Zugang haben (**a** zu +*dat*) ❸ *(ascender)* aufsteigen; **~ a la presidencia** den Vorsitz übernehmen; **~ a un cargo** ein Amt antreten; **~ al trono** den Thron besteigen
accesible [aᵞθe'siβle] *adj* ❶ *(persona, lugar)* zugänglich ❷ *(precios)* erschwinglich ❸ *(explicación)* verständlich
accesión [aᵞθe'sjon] *f (consentimiento)* Einwilligung *f*
accésit [aᵞ'θesiᵗ] *m inv* Trostpreis *m*
acceso [aᵞ'θeso] *m* ❶ *(a pie)* Zugang *m* (**a** zu +*dat*); *(en vehículo)* Zufahrt *f* (**a** zu +*dat*); **de fácil ~** leicht zugänglich; **libre ~** freier Zutritt ❷ *(ataque)* Anfall *m* ❸ (INFOR) Zugriff *m* ❹ *(unión sexual)* **~ carnal** Beischlaf *m*
accesorio[1] [aᵞθe'sorjo] *m* ❶ *(de vestidos)* Accessoire *nt* ❷ *(utensilio)* Utensil *nt* ❸ *pl (de máquinas)* Zubehör *nt*

A

A

accesorio, -a² [aʸθe'sorjo, -a] *adj* nebensächlich
accidentado, -a [aʸθiðen̩'taðo, -a] **I.** *adj* ❶ *(terreno)* holp(e)rig ❷ *(difícil)* schwierig **II.** *m, f* Verunglückte(r) *mf*
accidental [aʸθiðen̩'tal] *adj* ❶ *(no esencial)* nebensächlich ❷ *(casual)* zufällig ❸ *(loc)* **director ~** amtierender Direktor *m*
accidentarse [aʸθiðen̩'tarse] *vr* verunglücken
accidente [aʸθi'ðen̩te] *m* ❶ *(suceso desgraciado)* Unfall *m;* **~ en cadena** Massenkarambolage *f;* **~ de circulación** Verkehrsunfall *m;* **sufrir un ~** einen Unfall haben; **por ~** zufällig ❷ (MED) Ohnmachtsanfall *m* ❸ *(desnivel)* Unebenheit *f;* **~s geográficos** Relief *nt*
acción [aʸ'θjon] *f* ❶ *(acto, t.* LIT) Handlung *f;* (POL) Aktion *f;* **¡~!** (CINE) Aufnahme!; **un hombre de ~** ein Mann der Tat; **entrar en ~** eingreifen; **poner en ~** in Betrieb setzen ❷ *(influencia)* (Ein)wirkung *f;* **~ recíproca** Wechselwirkung *f;* **de rápida ~** rasch wirkend; **de ~ retardada** *(bomba)* mit Zeitzünder ❸ (MIL) Gefecht *nt* ❹ (FIN) Aktie *f;* **~ común** Stammaktie *f;* **~ preferente** Vorzugsaktie *f* ❺ (JUR) Klage *f;* **~ por daños y perjuicios** Schadenersatzklage *f;* **~ popular** Nebenklage *f*
accionamiento [aʸθjona'mjen̩to] *m* (TÉC) Betätigung *f*
accionar [aʸθjo'nar] **I.** *vi* gestikulieren **II.** *vt* (TÉC) betätigen; **~ un cohete** einen Feuerwerkskörper zünden
accionariado [aʸθjona'rjaðo] *m* (FIN) Aktionäre *mpl*
accionario, -a [aʸθjo'narjo, -a] *adj* Aktien-
accionista [aʸθjo'nista] *mf* Aktionär(in) *m(f)*
acebo [a'θeβo] *m* Stechpalme *f*
acechadero [aθeʧa'ðero] *m* Hinterhalt *m*
acechanza [aθe'ʧan̩θa] *f* Belauerung *f*
acechar [aθe'ʧar] *vt* belauern
acecho [a'θeʧo] *m* Lauern *nt;* **estar al ~** auf der Lauer liegen; **ponerse al ~** sich auf die Lauer legen
acecinado, -a [aθeθi'naðo, -a] *adj (salado)* gepökelt; *(secado)* getrocknet; *(ahumado)* geräuchert
acecinar [aθeθi'nar] **I.** *vt (salar)* pökeln; *(secar)* dörren; *(ahumar)* räuchern **II.** *vr:* **~se** abmagern
acedera [aθe'ðera] *f* (BOT) Sauerampfer *m*
acedo, -a [a'θeðo, -a] *adj* sauer
aceitar [aθei̯'tar] *vt* ❶ *(motor, gozne)* ölen ❷ *(ensalada)* mit Öl anmachen; *(pan)* mit Öl bestreichen
aceite [a'θei̯te] *m* Öl *nt;* **~ bruto** Rohöl *nt;* **~ comestible** Speiseöl *nt;* **~ esencial** ätherisches Öl; **~ lubrificante** Schmieröl *nt;* **~ de oliva** Olivenöl *nt;* **~ usado** Altöl *nt;* **echar ~ al fuego** *(t. fig)* Öl ins Feuer gießen
aceitera [aθei̯'tera] *f* ❶ *(recipiente)* Ölkanne *f* ❷ *pl (vinagreras)* Menage *f*
aceitoso, -a [aθei̯'toso, -a] *adj* ölig
aceituna [aθei̯'tuna] *f* Olive *f;* **llegar a las ~s** zu spät zum Essen kommen
aceitunado, -a [aθei̯tu'naðo, -a] *adj* oliv(grün)
aceituno [aθei̯'tuno] *m* Olivenbaum *m*
aceleración [aθelera'θjon] *f* Beschleunigung *f*
acelerado, -a [aθele'raðo, -a] *adj* rasch, schnell
acelerador [aθelera'ðor] *m* ❶ (AUTO) Gaspedal *nt;* **pisar el ~** Gas geben ❷ (FÍS) **~ de partículas** Teilchenbeschleuniger *m*
aceleramiento [aθelera'mjen̩to] *m* ❶ *(aceleración)* Beschleunigung *f* ❷ *(prisa)* Eile *f* ❸ (INFOR) **~ de vídeo** Grafikbeschleuniger *m*
acelerar [aθele'rar] **I.** *vi* beschleunigen; (AUTO) Gas geben; **¡no aceleres tanto!** gib nicht so viel Gas! **II.** *vt* beschleunigen; **~ el paso** schneller gehen
acelerón [aθele'ron] *m* (AUTO) plötzliches Beschleunigen *nt;* **dar acelerones al motor** den Motor aufheulen lassen
acelga [a'θelɣa] *f* Mangold *m*
acendrado, -a [aθen̩'draðo, -a] *adj* aufrichtig, lauter *geh*
acento [a'θen̩to] *m* ❶ *(prosódico)* Betonung *f;* **el ~ cae en la primera sílaba** die Betonung liegt auf der ersten Silbe ❷ *(pronunciación, signo)* Akzent *m;* **hablar alemán sin ~** akzentfrei Deutsch sprechen; **esta palabra se escribe sin ~** dieses Wort schreibt man ohne Akzent ❸ *(entonación)* Tonfall *m* ❹ *(énfasis)* Nachdruck *m;* **poner especial ~ en algo** Nachdruck auf etw legen
acentuación [aθen̩twa'θjon] *f (prosódica)* Betonung *f; (ortográfica)* Akzentsetzung *f*
acentuado, -a [aθen̩tu'aðo, -a] *adj* ❶ *(al pronunciar)* betont; *(al escribir)* mit Akzent; **no ~** unbetont; *(sin tilde)* ohne Akzent ❷ *(marcado)* ausgeprägt
acentuar [aθen̩tu'ar] <*1. pres* acentúo> **I.** *vt* ❶ *(al pronunciar)* betonen; *(al escribir)* einen Akzent setzen (auf +*akk*) ❷ *(resaltar)* hervorheben ❸ *(aumentar)* verschärfen **II.** *vr:* **~se** *(Am: una enfermedad)* sich verschlimmern
acepción [aθeβ'θjon] *f* Bedeutung *f*
aceptable [aθep'taβle] *adj* annehmbar
aceptación [aθepta'θjon] *f* ❶ *(aproba-

ción) Zustimmung *f;* **tener ~** Beifall finden ❷ (COM, JUR) Annahme *f*

aceptado [aθep'taðo] *interj (Am: vale)* einverstanden

aceptar [aθep'tar] *vt* ❶ *(recibir)* annehmen ❷ *(aprobar, conformarse)* akzeptieren; **~ un compromiso** eine Einladung annehmen; **no ~ excusas** keine Entschuldigung gelten lassen

acequia [a'θekja] *f* ❶ *(canal de riego)* Bewässerungsgraben *m* ❷ *(Méx: albañal)* Abwasserkanal *m*

acera [a'θera] *f* Bürgersteig *m;* **ser de la ~ de enfrente** *(fam)* vom anderen Ufer sein

acerado, -a [aθe'raðo, -a] *adj* ❶ *(de acero)* stählern ❷ *(mordaz)* bissig

acerbo, -a [a'θerβo, -a] *adj* ❶ *(gusto)* herb ❷ *(despiadado)* bitter; *(crítica, tono)* hart

acerca [a'θerka] *prep* **~ de** *(sobre)* über +*akk; (en relación a)* in Bezug auf +*akk*

acercamiento [aθerka'mjen̩to] *m* Annäherung *f* (**a** an +*akk*)

acercar [aθer'kar] <c → qu> **I.** *vt* ❶ *(poner más cerca)* näher bringen (**a** +*dat*); **acerca la silla a la mesa** rück den Stuhl an den Tisch ❷ *(traer)* (her)bringen; *(dar)* geben ❸ *(fam: llevar)* bringen (**a** zu +*dat*) **II.** *vr:* **~se** ❶ *(aproximarse)* sich nähern (**a** +*dat*) ❷ *(ir)* vorbeischauen (**a** bei +*dat*); **~se a la tienda a por patatas** Kartoffeln kaufen gehen

acería [aθe'ria] *f* Stahlwerk *nt*

acerico [aθe'riko] *m* Nadelkissen *nt*

acero [a'θero] *m* Stahl *m;* **tener nervios de ~** Nerven wie Drahtseile haben

acérrimo, -a [a'θerrimo, -a] **I.** *superl de* **acre II.** *adj (defensor)* hartnäckig; *(enemigo)* erbittert; *(partidario)* begeistert

acertado, -a [aθer'taðo, -a] *adj* ❶ *(correcto)* richtig ❷ *(atinado)* treffend ❸ *(conveniente)* ratsam

acertante [aθer'tan̩te] *mf* Gewinner(in) *m(f)*

acertar [aθer'tar] <e → ie> **I.** *vi* ❶ *(dar)* treffen; **~ al blanco** ins Schwarze treffen ❷ *(hacer con acierto)* das Richtige tun; **acertaste en protestar** es war richtig von dir, zu protestieren ❸ *(por casualidad)* **~ a hacer algo** zufällig etw tun ❹ *(conseguir)* **no acerté a encontrar la respuesta** es gelang mir nicht, die Lösung zu finden ❺ *(encontrar)* finden (**con** +*akk*) **II.** *vt* ❶ *(dar en el blanco)* treffen ❷ *(encontrar)* finden ❸ *(adivinar)* erraten

acertijo [aθer'tixo] *m* Rätsel *nt*

acervo [a'θerβo] *m* Vermögen *nt;* **~ cultural** Kulturgut *nt*

acético, -a [a'θetiko, -a] *adj* Essig-

acetona [aθe'tona] *f* Aceton *nt*

acezar [aθe'θar] <z → c> *vi (jadear)* keuchen, schnaufen

achacar [aʧa'kar] <c → qu> *vt* zuschreiben (**a** +*dat*)

achachay [aʧa'ʧai̯] *interj (Col, Ecua)* toll

achacoso, -a [aʧa'koso, -a] *adj* anfällig; **estar ~** kränkeln

achalay [aʧa'lai̯] *interj (Arg, Perú)* toll

achancharse [aʧan'ʧarse] *vr (Arg, Col, Ecua, Perú)* ❶ *(emperezarse)* faul werden, träge werden ❷ *(repantingarse)* sich rekeln, sich räkeln ❸ *(vaguear)* faulenzen

achantar [aʧan̩'tar] **I.** *vt (fam)* einschüchtern **II.** *vr:* **~se** *(fam)* sich einschüchtern lassen; *(no atreverse)* kalte Füße bekommen

achaparrado, -a [aʧapa'rraðo, -a] *adj* ❶ *(persona)* untersetzt ❷ *(objeto)* niedrig (und breit)

achaparrarse [aʧapa'rrarse] *vr (persona)* in die Breite gehen, pummelig werden *fam*

achaque [a'ʧake] *m* ❶ *(dolencia)* Beschwerde *f* ❷ *(excusa)* Vorwand *m*

acharolado, -a [aʧaro'laðo, -a] *adj* Lack-

acharolar [aʧaro'lar] *vt* lackieren

achatado, -a [aʧa'taðo, -a] *adj* platt; **nariz achatada** Stumpfnase *f; (como un boxeador)* Boxernase *f*

achatar [aʧa'tar] **I.** *vt* abflachen; **~ la nariz a alguien** jdm die Nase brechen **II.** *vr:* **~se** flacher werden

achicado, -a [aʧi'kaðo, -a] *adj* ❶ *(aniñado)* kindisch ❷ *(intimidado)* eingeschüchtert, kleinlaut

achicar [aʧi'kar] <c → qu> **I.** *vt* ❶ *(empequeñecer)* verkleinern ❷ *(intimidar)* einschüchtern ❸ *(agua)* auspumpen **II.** *vr:* **~se** ❶ *(empequeñecerse)* kleiner werden; *(ropa)* einlaufen ❷ *(acoquinarse)* sich einschüchtern lassen; *(no atreverse)* zurückschrecken; *(ceder)* klein beigeben ❸ *(Am: humillarse)* sich erniedrigen (**ante** vor +*dat*)

achicharrar [aʧiʧa'rrar] **I.** *vt* ❶ *(calor)* verbrennen; *(comida)* anbrennen lassen; **estoy achicharrado** ich komme vor Hitze um ❷ *(atosigar)* zusetzen +*dat* **II.** *vr:* **~se** ❶ *(comida)* anbrennen ❷ *(persona)* vor Hitze umkommen; *(planta)* (vor Hitze) eingehen

achichiguar [aʧiʧi'ɣwar] *vt (Méx)* ❶ *(servir de niñera)* hüten ❷ *(malcriar)* verwöhnen

achicoria [aʧi'korja] *f* Zichorie *f*

achinado, -a [aʧi'naðo, -a] *adj* ❶ *(rasgos)* chinesenhaft; *(usos)* wie in China; **ojos ~s** Schlitzaugen *ntpl* ❷ *(CSur: aplebeyado)* pöbelhaft

achiquillado, -a [aʧiki'ʎaðo, -a] *adj*

A

❶ *(Méx: infantil)* kindisch ❷ *(Chil: como un muchacho)* knabenhaft
achís [a'tʃis] *interj* hatschi
achispado, -a [atʃis'paðo, -a] *adj* beschwipst
achispar [atʃis'par] **I.** *vt* leicht betrunken machen **II.** *vr:* **~se** sich *dat* einen Schwips antrinken *fam*
acholado, -a [atʃo'laðo, -a] *adj (CSur)* ❶ *(mestizo)* dunkelhäutig ❷ *(acobardado)* eingeschüchtert
acholar [atʃo'lar] **I.** *vt (Chil, Perú)* ❶ *(avergonzar)* beschämen ❷ *(amilanar)* einschüchtern **II.** *vr:* **~se** *(Arg, Chil, Perú: acobardarse)* verzagen
achuchado, -a [atʃu'tʃaðo, -a] *adj (fam)* ❶ *(duro)* schwierig ❷ *(de dinero)* blank ❸ *(débil)* angeschlagen
achuchar [atʃu'tʃar] *vt* ❶ *(fam: persona)* aufhetzen (**contra** gegen *+akk*); *(perro)* hetzen (**contra** auf *+akk*) ❷ *(fam: estrujar)* zerdrücken ❸ *(atosigar)* drängen ❹ *(fam: acariciar)* liebkosen; *(abrazar)* (zärtlich) an sich drücken; *(manosear)* betatschen
achuchón [atʃu'tʃon] *m (fam)* ❶ *(empujón)* Stoß *m* ❷ *(abrazo)* heftige Umarmung *f* ❸ *(achaque)* (leichtes) Unwohlsein *nt*; *(súbito)* Anfall *m*
achucutado, -a [atʃuku'taðo, -a] *adj (Am: abatido)* niedergeschlagen; *(Col: triste)* traurig
achucutarse [atʃuku'tarse] *vr (Col, Ecua)*, **achucuyarse** [atʃuku'ɟarse] *vr (AmC)* ❶ *(humillarse)* sich erniedrigen ❷ *(acobardarse)* den Mut verlieren
achulado, -a [atʃu'laðo, -a] *adj*, **achulapado, -a** [atʃula'paðo, -a] *adj* angeberisch, prahlerisch
achularse [atʃu'larse] *vr* prahlerisch werden
achumado, -a [atʃu'maðo, -a] *adj (Am)* betrunken
achumarse [atʃu'marse] *vr (Am)* sich betrinken
achunchar [atʃun'tʃar] *vt (Am: avergonzar, amedrentar)* einschüchtern
achurador(a) [atʃura'ðor(a)] *m(f) (Arg, Bol, Urug)* Schlachter(in) *m(f)*, Fleischer(in) *m(f)*
achurar [atʃu'rar] *vt (CSur)* ❶ *(res)* ausweiden ❷ *(persona)* kaltblütig erstechen
aciago, -a [a'θjaɣo, -a] *adj* unheilvoll; **un día ~** ein Unglückstag
aciano [a'θjano, -a] *m* (BOT) Korn-Flockenblume *f*
acicalado, -a [aθika'laðo, -a] *adj* herausgeputzt
acicalarse [aθika'larse] *vr* sich herausputzen
acicate [aθi'kate] *m* ❶ *(espuela)* Sporn *m* ❷ *(estímulo)* Ansporn *m*
acícula [a'θikula] *f* (BOT) ❶ *(hoja)* Nadel *f* ❷ *(espina)* weicher Dorn *m*
acidez [aθi'ðeθ] *f* ❶ *(cualidad)* Säure *f* ❷ *(cantidad)* Säuregehalt *m*; **~ de estómago** Sodbrennen *nt*
ácido[1] ['aθiðo] *m* ❶ (QUÍM) Säure *f*; **~ cianhídrico** Blausäure *f*; **~ clorhídrico** Salzsäure *f*; **~s grasos insaturados** ungesättigte Fettsäuren ❷ *(fam: droga)* Acid *nt*
ácido, -a[2] ['aθiðo, -a] *adj* ❶ *(agrio)* sauer ❷ *(mordaz)* bissig
acierto [a'θjerto] *m* ❶ *(en el tiro)* Treffsicherheit *f* ❷ *(éxito)* Treffer *m*; *(en la lotería)* Richtige(r) *m fam*; **el casarte ha sido un ~** mit deiner Ehe hast du einen guten Griff getan ❸ *(habilidad)* Geschick *nt*; **hacer algo con ~** sich bei etw *dat* geschickt anstellen
aciguatado, -a [aθiɣwa'taðo, -a] *adj* ❶ *(Am: padeciendo ciguatera)* an einer Fischvergiftung leidend ❷ *(Ant, Méx: tonto)* dumm ❸ *(Méx, Par, Ven: enfermizo)* kränklich
aclamación [aklama'θjon] *f* ❶ *(aplauso)* Beifall(s)ruf *m* ❷ (POL) **por ~** per Akklamation
aclamar [akla'mar] *vt* ❶ *(vitorear)* zujubeln *+dat* ❷ (POL) durch Zuruf wählen
aclaración [aklara'θjon] *f* ❶ *(clarificación)* Aufhellung *f* ❷ *(explicación)* Erklärung *f* ❸ *(de un crimen/un secreto)* Aufklärung *f*
aclarado [akla'raðo] *m* (Aus)spülen *nt*; **la lavadora está en la fase de ~** die Waschmaschine ist gerade im Spülgang
aclarar [akla'rar] **I.** *vt* ❶ *(hacer más claro)* aufhellen; **~ el bosque** den Wald lichten; **~ la voz** sich räuspern ❷ *(un líquido)* verdünnen ❸ *(la ropa)* spülen ❹ *(explicar)* erklären ❺ *(crimen, secreto)* aufklären **II.** *vr:* **~se** ❶ *(problema, cuestión)* sich aufklären ❷ *(fam: entender)* klarkommen; **no te aclaras contigo mismo** du weißt auch nicht, was du willst **III.** *vimpers* **está aclarando** es heitert auf
aclaratorio, -a [aklara'torjo, -a] *adj* (er)klärend
aclimatación [aklimata'θjon] *f* Akklimatisierung *f*
aclimatar [aklima'tar] **I.** *vt* gewöhnen (**a** an *+akk*); *(en un lugar)* eingewöhnen (**en** in *+dat*) **II.** *vr:* **~se** sich gewöhnen (**a** an *+akk*); *(en un lugar)* sich eingewöhnen (**en** in *+dat*)
acne ['aɣne] *m o f sin pl* (MED) Akne *f*
acné [aɣ'ne] *m o f sin pl* Akne *f*
acobardado, -a [akoβar'ðaðo, -a] *adj* verzagt

acobardar [akoβar'ðar] **I.** *vt* Angst einjagen +*dat;* *(con palabras)* einschüchtern; **le acobarda el fuego** er hat Angst vor Feuer **II.** *vr:* **~se** ❶ *(desanimarse)* den Mut verlieren (**ante/frente a** angesichts +*gen*) ❷ *(intimidarse)* sich einschüchtern lassen; **se acobarda de sí misma** sie bekommt vor sich *dat* selbst Angst

acocharse [ako'ʧarse] *vr* sich ducken

acodado, -a [ako'ðaðo, -a] *adj* gebogen, winkelförmig

acogedor(a) [akoxe'ðor(a)] *adj* freundlich

acoger [ako'xer] <g → j> **I.** *vt* aufnehmen; *(recibir)* empfangen **II.** *vr:* **~se** ❶ *(refugiarse)* sich flüchten (**en** in +*akk*) ❷ *(ampararse)* Schutz suchen (**a** bei +*dat*) ❸ *(basarse)* sich berufen (**a** auf +*akk*); *(como pretexto)* vorschieben (**a** +*akk*)

acogida [ako'xiða] *f* Aufnahme *f;* *(recibimiento)* Empfang *m;* **encontrar una buena ~** Zustimmung finden; **el cantante tuvo una buena ~** der Sänger wurde mit Beifall empfangen; **el proyecto no tuvo una buena ~** das Projekt fand keinen Beifall

acogotar [akoɣo'tar] *vt* ❶ *(oprimir)* unterwerfen ❷ *(intimidar)* einschüchtern ❸ *(derribar)* am Genick packen und zu Boden werfen

acojonado, -a [akoxo'naðo, -a] *adj* *(vulg)* ❶ *(asustado)* verängstigt; *(acobardado)* feige; **ahora está ~** jetzt bekommt er kalte Füße *fam* ❷ *(impresionado)* beeindruckt; *(asombrado)* (völlig) baff *fam*

acojonante [akoxo'nante] *adj* *(vulg)* ❶ *(fantástico)* geil *fam* ❷ *(impresionante)* tierisch *fam*

acojonar [akoxo'nar] **I.** *vt* *(vulg)* ❶ *(asustar)* Angst einjagen +*dat;* *(intimidar)* einschüchtern ❷ *(impresionar)* beeindrucken; *(asombrar)* verblüffen **II.** *vr:* **~se** *(vulg)* ❶ *(asustarse)* Schiss kriegen *fam;* *(acobardarse)* sich einschüchtern lassen; **no ~se** sich nicht ins Bockshorn jagen lassen *fam* ❷ *(alucinar)* beeindruckt sein; *(asombrarse)* (völlig) baff sein

acolchado [akol'ʧaðo] *m* Polster *nt*

acolchar [akol'ʧar] *vt* polstern

acólito [a'kolito] *m* ❶ *(monaguillo)* Ministrant *m* ❷ *(pey: seguidor)* Getreue(r) *m*

acometer [akome'ter] **I.** *vi* angreifen **II.** *vt* ❶ *(embestir)* angreifen ❷ *(emprender)* in Angriff nehmen ❸ *(ataque de tos, fiebre)* befallen; *(risa)* überkommen; *(sueño)* überfallen

acometida [akome'tiða] *f* ❶ *(embestida)* Angriff *m* ❷ *(acceso)* Anfall *m* ❸ (TÉC) Anschluss *m*

acometimiento [akometi'mjento] *m* (TÉC) Rohrmündung *f*

acomodable [akomo'ðaβle] *adj* anpassungsfähig

acomodación [akomoða'θjon] *f* ❶ *(a costumbres)* Anpassung *f* (**a** an +*akk*) ❷ *(de un piso)* Einrichtung *f;* *(de muebles)* Anordnung *f*

acomodado, -a [akomo'ðaðo, -a] *adj* ❶ *(cómodo)* bequem ❷ *(rico)* wohlhabend; **tiene una vida acomodada** es fehlt ihm/ihr an nichts ❸ *(apropiado)* passend ❹ *(precio)* moderat

acomodador(a) [akomoða'ðor(a)] *m(f)* (TEAT, CINE) Platzanweiser(in) *m(f)*

acomodamiento [akomoða'mjento] *m* ❶ *(adaptación)* Anpassung *f* ❷ *(convenio)* Abmachung *f*

acomodar [akomo'ðar] **I.** *vt* ❶ *(adaptar)* anpassen (**a** +*dat,* **a** an +*akk*) ❷ *(colocar)* (auf)stellen ❸ *(albergar)* unterbringen ❹ *(proporcionar empleo)* einstellen (**de** als +*akk*) ❺ *(conciliar)* versöhnen; *(doctrinas)* in Einklang bringen **II.** *vi* **si te acomoda** wenn es dir passt **III.** *vr:* **~se** ❶ *(adaptarse)* sich anpassen (**a** an +*akk,* **a** +*dat*); **~se con todo** mit allem zurechtkommen ❷ *(ponerse cómodo)* es sich *dat* bequem machen

acomodaticio, -a [akomoða'tiθjo, -a] *adj* ❶ *(adaptable)* anpassungsfähig ❷ *(pey: oportunista)* opportunistisch

acomodo [ako'moðo] *m* ❶ *(adaptación)* Anpassung *f* (**a** an +*akk*) ❷ *(alojamiento)* Unterkunft *f* ❸ *(ocupación)* Anstellung *f;* **buscar ~** eine Stelle suchen ❹ *(Am: soborno)* Bestechung *f*

acompañado, -a [akompa'ɲaðo, -a] *adj* ❶ *(concurrido)* belebt ❷ *(personas)* in Begleitung (**por** +*gen*); **bien/mal ~** in guter/schlechter Begleitung; **iba acompañada por su padre** sie war in Begleitung ihres Vaters

acompañamiento [akompaɲa'mjento] *m* ❶ (*t.* MÚS) Begleitung *f* ❷ *(cortejo)* Gefolge *nt* ❸ (TEAT) Komparserie *f* ❹ *(de comidas)* Beilage *f*

acompañante [akompa'ɲante] *mf* Begleiter(in) *m(f);* *(en el coche)* Beifahrer(in) *m(f)*

acompañar [akompa'ɲar] *vt* ❶ (*t.* MÚS) begleiten; **~ a alguien a casa/en un viaje** jdn nach Hause/auf einer Reise begleiten; **~ a alguien de compras** mit jdm einkaufen (gehen); **~ a alguien con la guitarra/al piano** jdn auf der Gitarre/auf dem Klavier begleiten; **~ el pollo con arroz y verduras** Reis und Gemüse als Beilage zum Hühnchen reichen; **te acompaño en el**

sentimiento herzliches Beileid ② *(hacer compañía)* Gesellschaft leisten +*dat* ③ *(adjuntar)* beilegen ④ *(ir incluido)* **el informe acompaña a la carta** der Bericht liegt dem Brief bei

acompasado, -a [akompa'saðo, -a] *adj* ① (MÚS) rhythmisch ② *(pausado)* ruhig

acompasar [akompa'sar] *vt* ① (MÚS) rhythmisch gestalten ② *(adaptar)* anpassen (**a**/**con** +*dat*)

acomplejado, -a [akomple'xaðo, -a] *adj* voller Komplexe

acomplejamiento [akomplexa'mjeṇto] *m* Komplexbeladenheit *f*

acomplejar [akomple'xar] **I.** *vt* Komplexe verursachen +*dat* **II.** *vr:* **~se** Komplexe bekommen

aconchabarse [akonʧa'βarse] *vr* *(fam)* paktieren (**con** mit +*dat*), sich verbünden (**con** mit +*dat*)

aconchar [akon'ʧar] **I.** *vt* ① *(guarecer)* schützen, in Sicherheit bringen ② *(Méx: reprender)* rügen **II.** *vr:* **~se** ① *(arrimarse)* sich unterstellen ② *(Chil, Perú: sedimentarse)* sich ablagern ③ *(Chil, Perú: serenarse)* sich legen

acondicionado, -a [akoṇdiθjo'naðo, -a] *adj* **bien/mal ~** in gutem/schlechtem Zustand; **la habitación tiene aire ~** das Zimmer hat eine Klimaanlage

acondicionador [akoṇdiθjona'ðor] *m* ① *(de aire)* Klimaanlage *f* ② *(para el pelo)* (Pflege)spülung *f*

acondicionamiento [akoṇdiθjona'mjeṇto] *m* ① *(preparación)* Herrichtung *f*; *(trasformación)* Umwandlung *f*; **el ~ de un piso en oficina** die Umwandlung einer Wohnung in ein Büro ② *(equipo)* Ausstattung *f*

acondicionar [akoṇdiθjo'nar] *vt* ① *(preparar)* herrichten; *(trasformar)* umwandeln ② *(equipar)* ausstatten ③ *(climatizar)* klimatisieren

aconfesional [akoɱfesjo'nal] *adj* konfessionslos

acongojante [akoŋgo'xaṇte] *adj* bedrückend; **la situación de los niños sin techo es ~** die Situation der Straßenkinder ist bedrückend

acongojar [akoŋgo'xar] *vt* bekümmern

aconsejable [akonse'xaβle] *adj* ratsam

aconsejar [akonse'xar] *vt* beraten; **~ algo a alguien** jdm etw raten; **esto aconseja prudencia** hier ist Vorsicht geboten

acontecer [akoṇte'θer] *vi irr como crecer* sich ereignen

acontecimiento [akoṇteθi'mjeṇto] *m* Ereignis *nt*

acopiar [ako'pjar] *vt* ansammeln

acopio [ako'pjo] *m* ① *(de comida, bienes)* Vorrat *m;* **hacer ~ de algo** einen Vorrat an etw *dat* anlegen; **hacer ~ de paciencia** sich mit Geduld wappnen; **hacer ~ de valor** all seinen Mut zusammennehmen ② *(compra)* Aufkauf *m*

acoplado [ako'plaðo] *m* *(RíoPl)* Anhänger *m*

acoplamiento [akopla'mjeṇto] *m* ① *(de máquinas, vagones)* Kupp(e)lung *f* ② (ELEC) Schaltung *f*

acoplar [ako'plar] **I.** *vt* ① *(ajustar)* anpassen (**a** an +*akk*); *(juntar)* zusammenfügen ② *(piezas, remolque)* koppeln ③ (ELEC) schalten ④ *(adaptar)* anpassen (**a** an +*akk*, **a** +*dat*) **II.** *vr:* **~se** sich anpassen (**a** an +*akk*, **a** +*dat*)

acoquinar [akoki'nar] **I.** *vt* einschüchtern **II.** *vr:* **~se** sich einschüchtern lassen

acorazado [akora'θaðo] *m* (MIL) Panzerkreuzer *m*

acorazar [akora'θar] <z → c> **I.** *vt* panzern; **cámara acorazada** Panzerschrank *m* **II.** *vr:* **~se** sich wappnen

acordado, -a [akor'ðaðo, -a] *adj* vereinbart, beschlossen

acordar [akor'ðar] <o → ue> **I.** *vt* ① *(convenir)* vereinbaren ② *(decidir)* beschließen ③ (MÚS) stimmen **II.** *vr:* **~se** sich erinnern (**de** an +*akk*); **si mal no me acuerdo** wenn ich mich recht erinnere; **¡acuérdate de decírselo!** denk daran, es ihm/ihr zu sagen!

acorde [a'korðe] **I.** *adj* ① *(conforme)* übereinstimmend; **~ con alguien** in Übereinstimmung mit jdm; **estar ~ con alguien** mit jdm übereinstimmen; **~ con el medio ambiente** umweltgerecht ② (MÚS) harmonisch **II.** *m* (MÚS) Akkord *m;* **~ mayor/menor** Dur-/Mollakkord *m;* **a los ~s de un vals** zu den Klängen eines Walzers

acordeón [akorðe'on] *m* Akkordeon *nt*

acordonamiento [akorðona'mjeṇto] *m* Absperrung *f*

acordonar [akorðo'nar] *vt* ① *(botas)* schnüren ② *(un sitio)* absperren

acorralamiento [akorrala'mjeṇto] *m* ① *(del ganado)* Einpferchen *nt* ② *(cerco)* Einkreisung *f*

acorralar [akorra'lar] *vt* ① *(ganado)* einpferchen ② *(cercar)* einkreisen ③ *(intimidar)* einschüchtern; *(con preguntas)* in die Enge treiben

acorrer [ako'rrer] *vt* *(acudir)* zu Hilfe eilen +*dat; (socorrer)* helfen +*dat*

acortamiento [akorta'mjeṇto] *m* Abkürzung *f*

acortar [akor'tar] **I.** *vt* kürzen; *(camino)* abkürzen; *(duración)* verkürzen; *(distancia)* verringern; ~ **un pantalón unos centímetros** eine Hose (um) ein paar Zentimeter kürzen **II.** *vr:* **~se** kürzer werden

acosar [ako'sar] *vt* ❶ *(perseguir)* hetzen ❷ *(asediar)* bedrängen; ~ **a alguien a preguntas** jdn mit Fragen bombardieren ❸ *(perseguir y molestar)* belästigen

acoso [a'koso] *m* Verfolgung *f;* ~ **laboral** Mobbing *nt;* ~ **sexual** sexuelle Belästigung

acostado, -a [akos'taðo, -a] *adj* liegend; **estar** ~ im Bett sein

acostar [akos'tar] <o → ue> **I.** *vt* ins Bett bringen **II.** *vr:* **~se** ❶ *(descansar)* sich hinlegen; *(ir a la cama)* ins Bett gehen; **estar acostado** im Bett sein; **~se con alguien** mit jdm schlafen ❷ *(AmC, Méx: dar a luz)* entbinden

acostumbrado, -a [akostum'braðo, -a] *adj* gewohnt; **mal** ~ verwöhnt

acostumbrar [akostum'brar] **I.** *vi* ~ **a hacer algo** gewöhnlich etw tun; **como se acostumbra a decir** wie man zu sagen pflegt **II.** *vt* ~ **a alguien a hacer algo** jdn daran gewöhnen, etw zu tun **III.** *vr:* **~se** ❶ *(soler)* sich *dat* angewöhnen (**a** +*akk*) ❷ *(no extrañar)* sich gewöhnen (**a** an +*akk*)

acotación [akota'θjon] *f* ❶ *(nota)* Randbemerkung *f* ❷ (TEAT) Bühnenanweisung *f* ❸ *(cota)* Höhenangabe *f*

acotado, -a [ako'taðo, -a] *adj* ❶ *(reservado)* abgegrenzt; **terreno** ~ Privatbesitz *m* ❷ *(con notas)* gekennzeichnet

acotamiento [akota'mjen̪to] *m* Abgrenzung *f*

acotar [ako'tar] *vt* ❶ *(delimitar)* abgrenzen; **terreno acotado** Privatbesitz *m* ❷ *(un plano)* die Höhenangaben eintragen (in +*akk*) ❸ *(un texto)* mit Randbemerkungen versehen

acracia [a'kraθja] *f* ❶ *(anarquía)* Anarchie *f* ❷ *(anarquismo)* Anarchismus *m*

ácrata ['akrata] **I.** *adj* ❶ *(anárquico)* anarchisch ❷ *(anarquista)* anarchistisch **II.** *mf* Anarchist(in) *m(f)*

acre ['akre] *adj* <acérrimo> ❶ *(áspero)* herb ❷ *(ácido)* ätzend ❸ *(mordaz)* bissig; *(tono)* scharf

acrecentamiento [akreθen̪ta'mjen̪to] *m* Vermehrung *f,* Vergrößerung *f*

acrecentar [akreθen̪'tar] <e → ie> *vt,* **acrecer** [akre'θer] *vt irr como crecer* vermehren

acreditación [akreðita'θjon] *f* Ausweis *m;* ~ **de periodista** Presseausweis *m*

acreditado, -a [akreði'taðo, -a] *adj (reputado)* angesehen

acreditar [akreði'tar] **I.** *vt* ❶ *(atestiguar)* bestätigen ❷ *(autorizar)* autorisieren ❸ *(diplomático)* akkreditieren (**en/ante** bei +*dat*); ~ **como embajador** zum Botschafter ernennen ❹ *(dar reputación)* Ansehen verleihen +*dat* ❺ (FIN) gutschreiben **II.** *vr:* **~se** ❶ *(adquirir reputación)* Ansehen erwerben ❷ *(dar crédito de uno mismo)* sich bewähren

acreditivo [akreði'tiβo, -a] *m* (FIN, ECON) Beleg *m*

acreedor(a) [akre(e)'ðor(a)] **I.** *adj* würdig (**a** +*gen*) **II.** *m(f)* (FIN) Gläubiger(in) *m(f)*

acribillar [akriβi'ʎar] *vt* ❶ *(abrir agujeros)* durchlöchern; **acribillado a balazos** von Kugeln durchsiebt ❷ *(importunar)* bedrängen; ~ **a alguien a preguntas** jdn mit Fragen überhäufen

acrílico, -a [a'kriliko, -a] *adj* Akryl-; **fibra acrílica** Acryl *nt*

acrimonia [akri'monja] *f* Schärfe *f*

acristalar [akrista'lar] *vt* verglasen

acristianar [akristja'nar] *vt (fam)* ❶ *(bautizar)* taufen ❷ *(cristianizar)* christianisieren

acrobacia [akro'βaθja] *f* Akrobatik *f;* ~ **aérea** Kunstflug *m*

acróbata [a'kroβata] *mf* Akrobat(in) *m(f)*

acrobático, -a [akro'βatiko, -a] *adj* akrobatisch

acrónimo [a'kronimo] *m* Akronym *nt*

acrópolis [a'kropolis] *f inv* Akropolis *f*

acta ['akta] *f* ❶ *(de una reunión)* Protokoll *nt;* **levantar** ~ **de algo** etw protokollieren; **hacer constar en** ~ zu Protokoll geben ❷ *(certificado)* Urkunde *f* ❸ (JUR) Akte *f;* ~ **de acusación** Anklageschrift *f;* **A~ Única Europea** Einheitliche Europäische Akte

actitud [akti'tu^ð] *f* ❶ *(corporal)* Haltung *f;* ~ **de ataque** Drohgebärde *f;* ~ **de extrema cautela en cuanto a algo** äußerste Zurückhaltung bei etw *dat* ❷ *(disposición)* Einstellung *f;* **adoptar una** ~ **reservada** eine reservierte Haltung einnehmen ❸ *(comportamiento)* Verhalten *nt;* **adoptar una** ~ **incomprensible** ein unverständliches Verhalten an den Tag legen

activación [aktiβa'θjon] *f* ❶ *(intensificación)* Belebung *f* ❷ (QUÍM, FÍS) Aktivierung *f*

activamente [aktiβa'men̪te] *adv* tatkräftig

activar [akti'βar] *vt* ❶ *(avivar)* beleben ❷ *(acelerar)* beschleunigen; ~ **la digestión** die Verdauung fördern ❸ (QUÍM, FÍS, INFOR) aktivieren; ~ **una bomba** eine Bombe zünden

actividad [aktiβi'ða^ð] *f* ❶ *(general)* Tätigkeit *f;* *(ocupación)* Beschäftigung *f;* ~ **comercial** Geschäftszweig *m;* ~ **profesional** Beruf *m;* **las ~es artísticas de una ciu-**

A

dad das Kulturprogramm einer Stadt; **en ~** tätig; **volcán en ~** aktiver Vulkan; **entrar en ~** tätig werden ② *(diligencia)* Geschäftigkeit *f* ③ (QUÍM) Aktivität *f*

activista [akti'βista] *mf* Aktivist(in) *m(f)*

activo[1] [ak'tiβo] *m* (FIN) Aktiva *ntpl*; **~ circulante** Umlaufvermögen *nt*; **~ fijo** Anlagevermögen *nt*

activo, -a[2] [ak'tiβo, -a] *adj* aktiv; *(sustancia, medicamento)* wirksam

acto ['akto] *m* ① *(acción)* Handlung *f*; **~ de cortesía** Gefälligkeit *f*; **~ jurídico** *(válido)* Rechtshandlung *f*; *(negocio)* Rechtsgeschäft *nt*; **~ penal** Straftat *f*; **~ sexual** Geschlechtsakt *m*; **~ de violencia** Gewalttat *f*; **~ de voluntad** Willenserklärung *f*; **cometer ~s de gamberrismo** randalieren; **hacer ~ de presencia** anwesend sein; **~ seguido...** gleich darauf ...; **en el ~** auf der Stelle ② *(ceremonia)* Festakt *m*; **~ conmemorativo** Gedenkfeier *f*; **~ estatal** Staatsakt *m*; **~ necrológico** Trauerfeier *f* ③ (TEAT) Akt *m*

actor(a)[1] [ak'tor(a)] *m(f)* (JUR) Kläger(in) *m(f)*

actor, actriz[2] [ak'tor, ak'triθ] *m, f* (TEAT, CINE) Schauspieler(in) *m(f)*; **~ de cine** Filmschauspieler *m*; **primer ~** Hauptdarsteller *m*

actuación [aktwa'θjon] *f* ① *(conducta)* Handeln *nt*; **la ~ de la policía** das Vorgehen der Polizei ② *(actividad)* Tätigkeit *f*; *(desempeño de un cargo)* Amtstätigkeit *f* ③ (TEAT, MÚS) Auftritt *m*; **~ en directo** Liveauftritt *m* ④ *pl* (JUR) Prozessakten *fpl*

actual [aktu'al] *adj* ① *(de ahora)* aktuell ② (FILOS) wirklich

actualidad [aktwali'ðað] *f* ① *(presente)* Gegenwart *f*; **en la ~** heutzutage ② *(cualidad)* Aktualität *f*; **de ~** aktuell; **estar de ~** modern sein

actualización [aktwaliθa'θjon] *f* Aktualisierung *f*; **~ de archivos** (INFOR) Dateiaktualisierung *f*

actualizar [aktwali'θar] <z → c> *vt* aktualisieren

actualmente [aktwal'mente] *adv* zurzeit, augenblicklich

actuar [aktu'ar] <*1. pres* actúo> *vi* ① *(obrar, hacer)* handeln ② *(tener efecto)* wirken (**sobre** auf +*akk*) ③ (TEAT) auftreten; **~ en directo** live auftreten; **~ de Don Juan** den Don Juan spielen; **ella no actúa en esta función** sie spielt in dieser Aufführung nicht mit ④ (JUR) auftreten (**de/como** als +*nom*); **~ contra alguien** gegen jdn vorgehen

actuario, -a [ak'twarjo, -a] *m, f* Schriftführer(in) *m(f)*; **~ de seguros** Versicherungskalkulator(in) *m(f)*

acuache [a'kwatʃe] *m* *(Méx: compinche)* Kumpel *m*

acuafortista [akwafor'tista] *mf* (ARTE) Radierer(in) *m(f)*

acuarela [akwa'rela] *f* Aquarell *nt*

acuario[1] [a'kwarjo] *m* Aquarium *nt*

acuario[2] [a'kwarjo] **I.** *m* (ASTR: *persona*) Wassermann *m* **II.** *adj* (ASTR: *persona*) im Zeichen Wassermann geboren

Acuario [a'kwarjo] *m* (ASTR: *signo*) Wassermann *m*

acuartelamiento [akwartela'mjento] *m* Einquartierung *f*

acuartelar [akwarte'lar] *vt* ① (MIL) einquartieren ② *(dividir)* vierteln

acuatar [akwa'tar] *vt* *(Méx: añadir)* hinzufügen

acuático, -a [a'kwatiko, -a] *adj* Wasser-; **parque ~** Freizeitbad *nt*, Wasserpark *m*

acuchillar [akutʃi'ʎar] *vt* ① *(herir)* niederstechen; *(matar)* erstechen ② *(parqué)* abziehen; *(muebles)* glatt schleifen

acuciante [aku'θjante] *adj* dringend

acuciar [aku'θjar] *vt* ① *(dar prisa)* drängen ② *(incitar)* anspornen

acuclillarse [akukli'ʎarse] *vr* in die Hocke gehen

acudir [aku'ðir] *vi* ① *(ir)* sich einfinden (**a** in +*dat*, **a** bei +*dat*); **~ a una cita** zu einem Rendezvous gehen; **~ al trabajo/a la puerta** zur Arbeit/an die Tür gehen; **~ a las urnas** wählen gehen; **~ a la memoria de alguien** jdm einfallen ② *(corriendo)* herbeieilen; **~ en socorro (de alguien)** (jdm) zu Hilfe eilen ③ *(enfermedad)* befallen ④ *(desgracias)* heimsuchen; **las desgracias la acuden** sie wird vom Unglück heimgesucht ⑤ *(recurrir)* sich wenden (**a** an +*akk*)

acueducto [akwe'ðukto] *m* Aquädukt *m o nt*

acuerdo [a'kwerðo] *m* ① *(convenio)* Vereinbarung *f*; **llegar a un ~** sich einigen ② *(político)* Abkommen *nt*; **A~ Económico y Social** Sozialpakt *m*; **A~ General sobre Aranceles y Comercio** Allgemeines Zoll- und Handelsabkommen; **A~ Monetario Europeo** Europäisches Währungsabkommen ③ *(decisión)* Beschluss *m*; **tomar un ~** einen Beschluss fassen ④ *(conformidad)* Übereinstimmung *f*; **de ~** einverstanden; **de común ~** in gegenseitigem Einverständnis; **de ~ con** gemäß +*dat*; **estar de ~ con alguien** mit jdm einer Meinung sein; **ponerse de ~** sich einigen; **sin ponerse de ~** ohne eine Einigung zu erzielen

acuícola [a'kwikola] *adj* Wasser-; **animal ~** Wassertier *nt*

acuífero[1] [a'kwifero] *m* (GEO) Grundwasservorkommen *nt*
acuífero, -a[2] [a'kwifero, -a] *adj* wasserführend
acullá [aku'ʎa] *adv* *(elev)* ❶ *(lugar)* dort ❷ *(dirección)* dorthin
acullicar [akuʎi'kar] *vi* *(Arg, Bol, Chil, Perú: mascar coca)* *die Blätter des Kokastrauchs kauen*
acumulación [akumula'θjon] *f* ❶ *(amontonamiento)* Anhäufung *f* ❷ *(de cosas reunidas)* Ansammlung *f*
acumulador [akumula'ðor] *m* (ELEC) Akku(mulator) *m*
acumular [akumu'lar] *vt* ❶ *(reunir)* ansammeln; *(amontonar)* anhäufen ❷ (ELEC) speichern
acumulativo, -a [akumula'tiβo, -a] *adj* kumulativ; **intereses ~s** (FIN) anfallende Zinsen
acunar [aku'nar] *vt* wiegen
acuñación [akuɲa'θjon] *f* Prägung *f*; **~ de moneda** Münzprägung *f*
acuñar [aku'ɲar] *vt* ❶ *(monedas, palabras)* prägen ❷ (TÉC) verkeilen
acuoso, -a [aku'oso, -a] *adj* wäss(e)rig; *(fruta)* saftig
acupuntor(a) [akupuṇ'tor(a)] *m(f)* Akupunkteur(in) *m(f)*
acupuntura [akupuṇ'tura] *f* Akupunktur *f*
acure [a'kure] *m* (ZOOL) Meerschweinchen *nt*
acurrucarse [akurru'karse] <c → qu> *vr* sich kauern; *(a causa del frío)* sich zusammenkauern; **~ en un sillón** sich in einen Sessel kuscheln
acusación [akusa'θjon] *f* ❶ *(inculpación)* Beschuldigung *f*; **~ de corrupción** Korruptionsvorwurf *m* ❷ (JUR: *en juicio*) Anklage *f*; *(escrito)* Anklageschrift *f*; **~ constitucional** Verfassungsbeschwerde *f*; **~ particular** Nebenklage *f*
acusado, -a [aku'saðo, -a] **I.** *adj* ❶ *(claro, evidente)* klar ❷ *(marcado)* ausgeprägt **II.** *m, f* (JUR) Angeklagte(r) *mf*
acusador(a) [akusa'ðor(a)] *m(f)* (JUR) Ankläger(in) *m(f)*
acusar [aku'sar] *vt* ❶ *(culpar)* beschuldigen; **le acusan de asesinato** er wird des Mordes beschuldigt ❷ *(en juicio)* anklagen ❸ *(en la escuela)* verpetzen ❹ *(traslucir)* verraten; *(indicar)* anzeigen; (TÉC) registrieren ❺ (ECON) bestätigen; **~ recibo de algo** den Empfang von etw bestätigen; **~ recibo de un pedido** einen Auftrag bestätigen
acusativo [akusa'tiβo] *m* (LING) Akkusativ *m*
acusatorio, -a [akusa'torjo, -a] *adj* Anklage-; *(mirada, tono)* anklägerisch
acuse [a'kuse] *m* **~ de recibo** Empfangsbestätigung *f*
acústica [a'kustika] *f* Akustik *f*
acústico, -a [a'kustiko, -a] *adj* akustisch
adagio [a'ðaxjo] *m* ❶ *(proverbio)* Spruch *m* ❷ (MÚS) Adagio *nt*
adalid [aða'liᵈ] *m* *(guía, cabeza)* Anführer(in) *m(f)*
adamantino, -a [aðamaṇ'tino, -a] *adj* hart (wie ein Diamant)
adaptabilidad [aðaptaβili'ðaᵈ] *f* Anpassungsfähigkeit *f* (**a** an +*akk*)
adaptable [aðap'taβle] *adj* anpassungsfähig
adaptación [aðapta'θjon] *f* ❶ *(acomodación)* Anpassung *f* (**a** an +*akk*) ❷ (LIT, MÚS, TEAT) Bearbeitung *f*; **la ~ de una obra de teatro al cine** die Verfilmung eines Theaterstückes
adaptador [aðapta'ðor] *m* (TÉC) Adapter *m*
adaptar [aðap'tar] **I.** *vt* ❶ *(acomodar)* anpassen (**a** an +*akk*, **a** +*dat*); **adaptado bien al grupo** gut in die Gruppe integriert ❷ *(edificio)* umbauen; **~ un piso para oficina** eine Wohnung zum Büro umbauen ❸ *(ajustar)* einpassen; **~ algo a algo** etw auf etw abstimmen ❹ (LIT, MÚS, TEAT, CINE) bearbeiten (**a** für +*akk*); **~ una novela a la pantalla** einen Roman verfilmen **II.** *vr:* **~se** sich anpassen (**a** +*dat*, **a** an +*akk*); *(a un grupo)* sich einfügen (**a** in +*akk*); **se han adaptado muy bien el uno al otro** sie sind sehr gut aufeinander eingespielt
a. de (J.) C. ['aṇtes (ðe) (xesu)'kristo] *abr de* **antes de (Jesu)cristo** v. Chr. (G.)
adecentar [aðeθeṇ'tar] **I.** *vt* herrichten **II.** *vr:* **~se** sich zurechtmachen
adecuación [aðekwa'θjon] *f* ❶ *(conveniencia)* Angemessenheit *f* ❷ *(adaptación)* Anpassung *f*; **~ al perfil del puesto** Erfüllen des Anforderungsprofils
adecuado, -a [aðe'kwaðo, -a] *adj* *(conveniente)* angemessen; *(apto)* geeignet; *(palabras)* passend; **la decoración de tu casa es muy adecuada** die Ausstattung deiner Wohnung ist sehr zweckmäßig
adecuar [aðe'kwar] **I.** *vt* anpassen (**a** an +*akk*) **II.** *vr:* **~se** sich anpassen (**a** an +*akk*)
adefesio [aðe'fesjo] *m* ❶ *(prenda)* Fummel *m fam* ❷ *(persona)* Vogelscheuche *f*; **estar hecho un ~** wie eine Vogelscheuche aussehen
adelantado, -a [aðelaṇ'taðo, -a] *adj* ❶ *(precoz)* frühreif ❷ *(avanzado)* fortgeschritten; **estar muy ~** weit fortgeschritten sein ❸ *(loc)* **por ~** im Voraus
adelantamiento [aðelaṇta'mjeṇto] *m* ❶ *(avance)* Vorrücken *nt*; *(progreso)* Fort-

A

A

schritt *m* ② *(del coche)* Überholen *nt;* **realizar un ~** überholen

adelantar [aðelan̩'tar] **I.** *vi* ① *(reloj)* vorgehen ② *(progresar)* vorwärtskommen; **no adelanto nada en sueco** ich mache keine Fortschritte im Schwedischen ③ *(coche)* überholen **II.** *vt* ① *(avanzar)* vorrücken; **~ unos pasos** ein paar Schritte vorgehen ② *(coche, persona)* überholen ③ *(reloj)* vorstellen ④ *(viaje, partida)* vorverlegen ⑤ *(idea)* vorwegnehmen ⑥ *(paga)* vorstrecken ⑦ *(obtener ventaja)* gewinnen; **¿qué adelantas con esto?** was bringt dir das? **III.** *vr:* **~se** ① *(avanzarse)* vorangehen ② *(llegar antes)* früher eintreffen ③ *(aventajar)* zuvorkommen; **te has adelantado a mis deseos** du bist meinen Wünschen zuvorgekommen ④ *(reloj)* vorgehen

adelante [aðe'lan̩te] *adv* vor(wärts); **¡~!** herein!; **de hoy en ~** von heute an; **llevar un plan ~** einen Plan in die Tat umsetzen; **sacar una familia ~** eine Familie durchbringen; **seguir ~** weitergehen; **véase más ~** siehe unten

adelanto [aðe'lan̩to] *m* ① *(progreso)* Fortschritt *m;* **~s técnicos** technische Neuerungen ② *(anticipo)* Vorschuss *m*

adelfa [a'ðelfa] *f* (BOT) ① *(arbusto)* Rosenlorbeer *m* ② *(flor)* Rosenlorbeerblüte *f*

adelgazamiento [aðelɣaθa'mjen̩to] *m* Abnehmen *nt*

adelgazante [aðelɣa'θan̩te] **I.** *adj* Abmagerungs- **II.** *m* Schlankheitsmittel *nt*

adelgazar [aðelɣa'θar] <z → c> **I.** *vi, vr:* **~se** abnehmen **II.** *vt* ① *(cosas)* dünner machen ② *(peso)* abnehmen

ademán [aðe'man] *m* ① *(gesto)* Gebärde *f;* **hacer ~ de salir** sich anschicken zu gehen ② *(actitud)* Haltung *f;* **en ~ de** bereit zu

además [aðe'mas] *adv* außerdem, ferner

adenda [a'ðen̩da] *f* Nachtrag *m*

adensar [aðen'sar] **I.** *vt* ① *(convertir en líquido o sólido)* kondensieren ② *(hacer más denso)* komprimieren, verdichten **II.** *vr:* **~se** ① *(convertirse en líquido o sólido)* kondensieren ② *(hacerse más denso)* sich verdichten

adentrarse [aðen̩'trarse] *vr* ① *(entrar)* hineingehen (**en** in +*akk*); *(penetrar)* eindringen (**en** in +*akk*) ② *(en un tema)* sich vertiefen (**en** in +*akk*)

adentro [a'ðen̩tro] *adv* ① *(lugar)* darin ② *(lugar y movimiento)* hinein; **mar ~** seewärts; **tierra ~** landeinwärts; **el grito le salió de muy ~** sein/ihr Schrei kam aus tiefster Seele

adentros [a'ðen̩tros] *mpl* Innere(s) *nt;* **para sus ~** innerlich; **guardar algo para sus ~** etw für sich behalten

adepto, -a [a'ðepto, -a] *m, f* ① *(afiliado)* Mitglied *nt* ② *(partidario)* Anhänger(in) *m(f)*

aderezar [aðere'θar] <z → c> *vt* ① *(preparar)* herrichten ② *(guisar)* zubereiten ③ *(condimentar)* würzen; *(ensalada)* anmachen

aderezo [aðe'reθo] *m* ① *(de un guiso)* Zubereitung *f* ② *(condimentación)* Würzen *nt; (de una ensalada)* Anmachen *nt* ③ *(condimento)* Gewürz *nt; (para ensalada)* Dressing *nt* ④ *(joyas)* Schmuckgarnitur *f*

adeudado, -a [aðeu̯'ðaðo, -a] *adj* verschuldet

adeudar [aðeu̯'ðar] **I.** *vt* ① *(deber)* schulden ② *(cargar)* belasten; **~ una cantidad en cuenta** ein Konto mit einem Betrag belasten **II.** *vr:* **~se** sich verschulden; **~se mucho** sich hoch verschulden

adeudo [a'ðeu̯ðo] *m* ① *(en aduana)* Zoll *m* ② (FIN) Lastschrift *f*

adherencia [aðe'ren̩θja] *f* ① *(cohesión)* Haftung *f;* (AUTO) Bodenhaftung *f* ② *(conexión)* Verbindung *f*

adherente [aðe'ren̩te] *adj* anhaftend

adherir [aðe'rir] *irr como sentir* **I.** *vt (sello)* (auf)kleben (**a** auf +*akk*); *(cartel, póster)* (an)kleben (**a** an +*akk*) **II.** *vr:* **~se** ① *(pegarse)* haften (**a** an +*dat*, **a** auf +*dat*) ② *(a una opinión)* zustimmen (**a** +*dat*) ③ *(a un partido)* beitreten (**a** +*dat*)

adhesión [aðe'sjon] *f* ① *(adherencia)* Haftung *f* ② *(a una opinión)* Zustimmung *f* (**a** zu +*dat*); *(apoyo)* Unterstützung *f* (**a** +*gen*) ③ *(a una asociación)* Beitritt *m* (**a** zu +*dat*)

adhesivo[1] [aðe'siβo] *m* ① *(sustancia)* Klebstoff *m;* **~ multiuso** Alleskleber *m* ② *(pegatina)* Aufkleber *m*

adhesivo, -a[2] [aðe'siβo, -a] *adj* Klebe-

adicción [aðiʸ'θjon] *f* Sucht *f;* **~ a las drogas** Drogenabhängigkeit *f*

adición [aði'θjon] *f* ① *(añadidura)* Zusatz *m* (**a** zu +*dat*) ② (MAT) Addition *f*

adicional [aðiθjo'nal] *adj* zusätzlich

adicionar [aðiθjo'nar] *vt* hinzufügen (**a** zu +*dat*)

adicto, -a [a'ðikto, -a] **I.** *adj* ① *(leal)* ergeben ② *(que tiene adicción)* süchtig; **~ a las drogas** drogensüchtig; **~ a la televisión** *(fam)* fernsehsüchtig **II.** *m, f* ① *(dependiente)* Süchtige(r) *mf* ② *(CSur: adherente)* Anhänger(in) *m(f)* (**a** +*gen*); *(partidario)* Befürworter(in) *m(f)* (**a** +*gen*)

adiestrador(a) [aðjestra'ðor(a)] *m(f)* ① *(instructor)* Lehrer(in) *m(f),* Ausbil-

der(in) *m(f)* ② *(domador)* Dompteur(in) *m(f)*
adiestramiento [aðjestra'mjeṇto] *m* ① *(instrucción)* Schulung *f* ② *(de animales)* Dressur *f*
adiestrar [aðjes'trar] *vt* ① *(personas)* schulen (**en** in +*dat*, **para** für +*akk*) ② *(animales)* abrichten (**para** zu +*dat*); *(para el circo)* dressieren
adifés [aði'fes] **I.** *adj (Guat: difícil)* schwierig **II.** *adv (Ven: adrede)* absichtlich
adinerado, -a [aðine'raðo, -a] *adj* vermögend
adiós [a'ðjos] **I.** *interj* ① *(despedida)* auf Wiedersehen ② *(sorpresa)* ach (Gott) **II.** *m* Abschied *m;* **decir ~ a alguien** von jdm Abschied nehmen
adiposidad [aðiposi'ðað] *f* Fettleibigkeit *f*
adiposo, -a [aði'poso, -a] *adj* fetthaltig; **tejido ~** Fettgewebe *nt*
aditamento [aðita'meṇto] *m* ① *(añadidura)* Zusatz *m* ② *(complemento)* Ergänzung *f*
aditivo[1] [aði'tiβo] *m* Zusatzstoff *m*
aditivo, -a[2] [aði'tiβo, -a] *adj* Zusatz-
adivinación [aðiβina'θjon] *f* ① *(del futuro)* Wahrsagung *f* ② *(de un enigma)* (Er)raten *nt*
adivinanza [aðiβi'naṇθa] *f* Rätsel *nt*
adivinar [aðiβi'nar] *vt* ① *(el futuro)* wahrsagen ② *(conjeturar)* raten; *(acertar)* erraten; **¡adivina cuántos años tengo!** rat mal, wie alt ich bin! ③ *(vislumbrar)* erahnen
adivino, -a [aði'βino, -a] *m, f* Wahrsager(in) *m(f)*
adjetivar [aðxeti'βar] *vt* (LING) adjektivieren
adjetivo [aðxe'tiβo] *m* Adjektiv *nt;* **~ numeral** Zahladjektiv *nt*
adjudicación [aðxuðika'θjon] *f* ① *(de un premio)* Verleihung *f; (de un pedido/una beca)* Vergabe *f* ② *(en una subasta)* Zuschlag *m*
adjudicar [aðxuði'kar] <c → qu> **I.** *vt* ① *(premio)* verleihen; *(encargo, beca)* vergeben ② *(en una subasta)* zuschlagen **II.** *vr:* **~se** ① *(apropiarse)* sich *dat* aneignen ② *(victoria, premio)* erringen
adjuntar [aðxuṇ'tar] *vt* beilegen
adjunto, -a [að'xuṇto, -a] *adj* ① *(junto)* beiliegend ② *(auxiliar)* stellvertretend; **profesora adjunta** (UNIV) ≈ Assistentin *f*
administración [aðministra'θjon] *f* ① *(dirección, organización)* Verwaltung *f;* **~ de una cuenta** Kontoführung *f;* **~ de fincas** Haus- und Grundstücksverwaltung *f;* **~ local** örtliche Verwaltung; **~ municipal** Stadtverwaltung *f* ② *(órgano)* Behörde *f;* **la ~ de correos** die Post; **la ~ española** die spanischen Behörden ③ *(de medicamentos)* Verabreichung *f; (de sacramentos)* Spenden *nt* ④ *(Arg: gobierno)* Regierung *f*
administrado, -a [aðminis'traðo, -a] *m, f* (Staats)bürger(in) *m(f)*
administrador(a) [aðministra'ðor(a)] *m(f)* Verwalter(in) *m(f); (gerente)* Geschäftsführer(in) *m(f);* **~ de la masa** Konkursverwalter *m*
administrar [aðminis'trar] *vt* ① *(dirigir, cuidar)* verwalten; **~ justicia** Recht sprechen ② *(racionar)* einteilen; *(suministrar)* verteilen ③ *(medicamentos)* verabreichen; *(sacramentos)* spenden
administrativo, -a [aðministra'tiβo, -a] **I.** *adj* Verwaltungs- **II.** *m, f* Verwaltungsangestellte(r) *mf*
admirable [aðmi'raβle] *adj* bewundernswert
admiración [aðmira'θjon] *f* ① *(respeto, adoración)* Bewunderung *f* ② *(asombro)* Verwunderung *f* ③ *(signo)* Ausrufezeichen *nt; (frase)* Ausrufesatz *m*
admirado, -a [aðmi'raðo, -a] *adj* erstaunt; **me quedé admirada de tus conocimientos** ich war erstaunt über deine Kenntnisse
admirador(a) [aðmira'ðor(a)] *m(f)* Bewunderer, -in *m, f*
admirar [aðmi'rar] **I.** *vt* ① *(adorar, apreciar)* bewundern ② *(asombrar)* verwundern **II.** *vr:* **~se** sich wundern (**de** über +*akk*)
admirativo, -a [aðmira'tiβo, -a] *adj* bewundernd; **una mirada admirativa** ein bewundernder Blick
admisible [aðmi'siβle] *adj* zulässig
admisión [aðmi'sjon] *f* ① *(en una asociación)* Aufnahme *f* (**en** in +*akk*); (UNIV) Zulassung *f* (**en** zu +*dat*) ② (TÉC) Zufuhr *f*
admitir [aðmi'tir] *vt* ① *(en una asociación)* aufnehmen (**en** in +*akk*); (UNIV) zulassen (**en** zu +*dat*) ② *(aceptar)* annehmen; *(aprobar)* billigen; **~ los métodos de alguien** jds Methoden billigen ③ *(reconocer)* zugeben ④ *(permitir)* zulassen; **~ una queja** (JUR) einer Klage stattgeben; **el asunto no admite dilación** die Sache duldet keinen Aufschub; **es cosa admitida que...** es ist allgemein anerkannt, dass ... ⑤ *(tener capacidad)* fassen
admonición [aðmoni'θjon] *f* Ermahnung *f;* (ADMIN) Verwarnung *f,* Abmahnung *f*
ADN [aðe'ene] *m abr de* **ácido desoxirribonucleico** DNS *f*
adobar [aðo'βar] *vt* ① *(con salsa)* marinie-

A

ren; *(con sal)* pökeln ❷ *(piel)* gerben ❸ *(fam: amañar)* deichseln

adobe [a'ðoβe] *m* Luftziegel *m*

adobo [a'ðoβo] *m* ❶ *(salsa)* Marinade *f* ❷ *(con salsa)* Marinieren *nt; (con sal)* Pökeln *nt* ❸ *(de pieles)* Gerben *nt*

adocenado, -a [aðoθe'naðo, -a] *adj* mittelmäßig

adoctrinamiento [aðoktrina'mjen̩to] *m* Indoktrinierung *f*

adoctrinar [aðoktri'nar] *vt* indoktrinieren; ~ **a alguien sobre algo** jdm etw beibringen

adolecer [aðole'θer] *vi irr como crecer* ❶ *(ponerse enfermo)* erkranken (**de** an +*dat*); *(padecer)* leiden (**de** an +*dat*); **este chico adolece de ser aburrido** dieser Junge ist einfach nur langweilig ❷ *(carecer)* nicht haben (**de** +*akk*)

adolescencia [aðoles'θen̩θja] *f* Jugend *f*

adolescente [aðoles'θen̩te] **I.** *adj* halbwüchsig **II.** *mf* Jugendliche(r) *mf*

adonde [a'ðon̩de] *adv (relativo)* wohin; **el pueblo ~ iremos es muy bonito** das Dorf, in das wir fahren werden, ist sehr schön

adónde [a'ðon̩de] *adv (interrogativo)* wohin

adondequiera [aðon̩de'kjera] *adv* ~ **que** +*subj (estado)* wo auch immer; *(dirección)* wohin auch immer

adopción [aðoβ'θjon] *f* ❶ *(de niños)* Adoption *f* ❷ *(de nacionalidad/religión)* Annahme *f* ❸ *(de medidas)* Ergreifen *nt* ❹ *(de actitudes)* Einnehmen *nt*

adoptar [aðop'tar] *vt* ❶ *(niño)* adoptieren ❷ *(nacionalidad, costumbre, religión)* annehmen ❸ *(medida)* ergreifen; *(acuerdo, resolución)* fassen ❹ *(actitud)* einnehmen

adoptivo, -a [aðop'tiβo, -a] *adj* ❶ *(personas)* Adoptiv- ❷ *(cosas)* Wahl-

adoquín [aðo'kin] *m* ❶ *(piedra)* Pflasterstein *m* ❷ *(fam: persona)* Tölpel *m*

adoquinado [aðoki'naðo] *m* ❶ *(suelo)* Pflaster *nt* ❷ *(acción)* Pflastern *nt*

adoquinar [aðoki'nar] *vt* pflastern

adorable [aðo'raβle] *adj* entzückend

adoración [aðora'θjon] *f* (*t.* REL) Verehrung *f*

adorar [aðo'rar] *vt* anbeten; *(idolatrar)* vergöttern

adormecer [aðorme'θer] *irr como crecer* **I.** *vt* ❶ *(personas)* einschläfern ❷ *(dolor)* stillen **II.** *vr:* **~se** einschlafen

adormidera [aðormi'ðera] *f* (BOT) Schlafmohn *m*

adormilarse [aðormi'larse] *vr* einnicken

adornar [aðor'nar] **I.** *vt* schmücken (**con/de** mit +*dat*); *(con ornamentos)* verzieren (**con/de** mit +*dat*) **II.** *vr:* **~se** sich schmücken (**con** mit +*dat*)

adorno [a'ðorno] *m* Schmuck *m; (ornamento)* Verzierung *f;* **árbol de ~** Zierbaum *m;* **la lámpara solo está de ~** die Lampe dient nur zur Zierde; **estar de ~** *(fig)* fehl am Platz(e) sein

adosado, -a [aðo'saðo, -a] *adj* **casa adosada** Reihenhaus *nt*

adosar [aðo'sar] *vt* ❶ *(apoyar)* anlehnen (**a** an +*akk*) ❷ (ARQUIT) anbauen (**a** an +*akk*) ❸ *(Am: adjuntar)* beilegen

adquirir [aðki'rir] *vt irr* ❶ *(conseguir)* erlangen; **~ un hábito** eine Gewohnheit annehmen ❷ *(comprar)* erwerben

adquisición [aðkisi'θjon] *f* Erwerb *m; (de una empresa)* Übernahme *f; (negocios)* **~ de (nuevos) clientes** Kundenakquise *f;* **~ de lenguas** Spracherwerb *m;* **este coche es una buena ~** mit diesem Auto haben wir einen guten Kauf gemacht

adquisidor(a) [aðkisi'ðor(a)] *m(f)* (ECON) Erwerber(in) *m(f)*

adquisitivo, -a [aðkisi'tiβo, -a] *adj* Kauf-; **poder ~** Kaufkraft *f*

adrede [a'ðreðe] *adv* absichtlich

adrenalina [aðrena'lina] *f* Adrenalin *nt*

adriático, -a [a'ðrjatiko, -a] *adj* **costa adriática** Adriaküste *f;* **mar A~** Adria *f*

Adriático [a'ðrjatiko] *m* Adria *f*

adscribir [a^ðskri'βir] *vt irr como escribir* ❶ *(atribuir)* zuschreiben ❷ *(destinar)* zuteilen

adscripción [a^ðskriβ'θjon] *f* Zuschreibung *f,* Zuteilung *f,* Zuweisung *f*

aduana [a'ðwana] *f* ❶ *(tasa)* Zoll *m;* **declaración de ~s** Zollerklärung *f;* **despacho de ~** Zollabfertigung *f;* **sin ~** zollfrei ❷ *(oficina)* Zollamt *nt;* **pase por la ~, por favor** gehen Sie bitte durch den Zoll ❸ *(juego)* Würfelspiel *nt*

aduanero, -a [aðwa'nero, -a] **I.** *adj* Zoll-; **exento de derechos ~s** zollfrei; **sujeto a derechos ~s** zollpflichtig **II.** *m, f* Zollbeamte(r) *m,* -beamtin *f*

aducir [aðu'θir] *vt irr como traducir (razón, motivo)* anführen; *(prueba)* beibringen

adueñarse [aðwe'ɲarse] *vr* sich bemächtigen (**de** +*gen*); **~ del poder** die Macht an sich reißen; **el pánico se adueñó de él** Panik ergriff ihn

adulación [aðula'θjon] *f* Schmeichelei *f*

adulador(a) [aðula'ðor(a)] **I.** *adj* schmeichlerisch **II.** *m(f)* Schmeichler(in) *m(f)*

adular [aðu'lar] *vt* schmeicheln +*dat*

adulteración [aðul̩tera'θjon] *f* Verfälschung *f; (de bebidas)* Panschen *nt;* **~ de moneda** (FIN) Münzverschlechterung *f*

A

adulterar [aðul̩te'rar] *vt* verfälschen; *(bebidas)* panschen
adulterio [aðul̩'terjo] *m* Ehebruch *m*
adúltero, -a [a'ðul̩tero, -a] **I.** *adj* ehebrecherisch **II.** *m, f* Ehebrecher(in) *m(f)*
adulto, -a [a'ðul̩to, -a] **I.** *adj* ❶ *(persona)* erwachsen; *(animal)* ausgewachsen ❷ *(desarrollado)* entwickelt **II.** *m, f* Erwachsene(r) *mf*
adunar [aðu'nar] **I.** *vt* ❶ *(juntar)* zusammenfügen ❷ *(unificar: personas o cosas)* vereinen; **era imposible ~ a tantas personas tan distintas** es war unmöglich, so viele derart unterschiedliche Personen unter einen Hut zu bringen **II.** *vr:* **~se** ❶ *(juntarse)* sich zusammenfügen ❷ *(unificarse)* sich vereinen
adusto, -a [a'ðusto, -a] *adj* ❶ *(persona)* spröde ❷ *(paisaje)* rau ❸ *(región, casa)* finster ❹ *(clima)* heiß
advenedizo, -a [aðβene'ðiθo, -a] **I.** *adj* fremd **II.** *m, f* ❶ *(forastero)* Fremde(r) *mf* ❷ *(pey: arribista)* Emporkömmling *m*
advenidero, -a [aðβeni'ðero, -a] *adj (próximo)* nächste(r, s), kommend
advenimiento [aðβeni'mjen̩to] *m* Ankunft *f; (de un monarca)* Thronbesteigung *f;* **esperar algo como el santo ~** voller Ungeduld auf etw warten
advenir [aðβe'nir] *irr como venir vi (venir, llegar)* ankommen; *(entrar)* eintreten; *(suceder)* sich ereignen; *(guerra)* ausbrechen
adventicio, -a [aðβen̩'tiθjo, -a] *adj* zufällig
adverbial [aðβer'βjal] *adj* adverbial
adverbio [að'βerβjo] *m* Adverb *nt;* **~ de modo/de lugar/de tiempo** Modal-/Lokal-/Temporaladverb *nt*
adversario, -a [aðβer'sarjo, -a] *m, f* Gegner(in) *m(f)*
adversativo, -a [aðβersa'tiβo, -a] *adj* (LING) adversativ
adversidad [aðβersi'ðaᵈ] *f* ❶ *(contrariedad)* Widrigkeit *f* ❷ *(desgracia)* Unglück *nt*
adverso, -a [að'βerso, -a] *adj* widrig; *(enemigo)* feindlich; *(clima)* ungünstig
advertencia [aðβer'ten̩θja] *f* ❶ *(amonestación)* Warnung *f* ❷ *(indicación)* Hinweis *m*
advertido, -a [aðβer'tiðo, -a] *adj (experto)* erfahren; **estar ~ del peligro** sich *dat* der Gefahr bewusst sein
advertir [aðβer'tir] *vt irr como sentir* ❶ *(reparar)* bemerken; **advirtió mis intenciones** er/sie erriet meine Absichten ❷ *(indicar)* hinweisen (auf +*akk*); *(llamar la atención)* aufmerksam machen (auf +*akk*) ❸ *(amenazar)* warnen (**de** vor +*dat*); *(aconsejar)* raten

Adviento [að'βjen̩to] *m* Advent *m*
adyacencia [aðɟa'θen̩θja] *f (RíoPl: proximidad)* Nähe *f;* **en las ~s** in der Umgebung
adyacente [aðɟa'θen̩te] *adj* angrenzend
aéreo, -a [a'ereo, -a] *adj* ❶ *(del aire)* Luft-; **base aérea** (MIL) Luftstützpunkt *m;* **compañía aérea** Fluggesellschaft *f;* **por vía aérea** per Luftpost ❷ *(ligero)* leicht
aeróbic [ae'roβiᵏ] *m* Aerobic *nt*
aerobús [aero'βus] *m* Airbus *m*
aerodinámica [aeroði'namika] *f* Aerodynamik *f*
aerodinámico, -a [aeroði'namiko, -a] *adj* aerodynamisch; *(vehículo)* stromlinienförmig
aeródromo [ae'roðromo] *m* Flugplatz *m*
aeroespacial [aeroespa'θjal] *adj* Luft- und Raumfahrt-
aerogenerador [aeroxenera'ðor] *m* (TÉC) Wind(kraft)generator *m,* Windkraftanlage *f*
aerolínea [aero'linea] *f* Fluggesellschaft *f*
aerolito [aero'lito] *m* Meteorit *m*
aeromodelismo [aeromoðe'lismo] *m sin pl* Modellflugzeugbau *m*
aeromoza [aero'moθa] *f (Méx, AmS: azafata)* Stewardess *f*
aeronauta [aero'nau̯ta] *mf* Pilot(in) *m(f)*
aeronáutica [aero'nau̯tika] *f* Luftfahrt *f*
aeronáutico, -a [aero'nau̯tiko, -a] *adj* Luftfahrt-; **ingeniero ~** Luftfahrtingenieur *m*
aeronave [aero'naβe] *f* Luftfahrzeug *nt;* **~ espacial** Raumschiff *nt*
aeroplano [aero'plano] *m* Flugzeug *nt*
aeroportuario, -a [aeropor'twarjo, -a] *adj* Flughafen-
aeropuerto [aero'pwerto] *m* Flughafen *m*
aerosfera [aeros'fera] *f* (GEO: *atmósfera*) Atmosphäre *f*
aerosol [aero'sol] *m* ❶ *(suspensión)* Aerosol *nt* ❷ *(espray)* Spray *m o nt* ❸ *(recipiente)* Spraydose *f*
aerostática [aeros'tatika] *f* (FÍS) Aerostatik *f*
aerostato [aeros'tato] *m,* **aeróstato** [ae'rostato] *m* Ballon *m*
aerovía [aero'βia] *f (aerolínea)* Fluglinie *f*
afabilidad [afaβili'ðaᵈ] *f* Umgänglichkeit *f*
afable [a'faβle] *adj* umgänglich (**con/para con** gegenüber +*dat*)
afamado, -a [afa'maðo, -a] *adj* berühmt
afamar [afa'mar] *vt* berühmt machen
afán [a'fan] *m* ❶ *(ahínco)* Eifer *m; (ambición)* Streben *nt* (**de** nach +*dat*); **~ de lucro** Gewinnstreben *nt;* **con ~** eifrig; **poner mucho ~ en algo** etw mit viel Eifer machen ❷ *(anhelo)* Sehnsucht *f* (**de** nach

+*dat*); ~ **de notoriedad** Geltungsbedürfnis *nt*

afanado, -a [afa'naðo, -a] *adj* strebsam, eifrig

afanar [afa'nar] **I.** *vi* schwer arbeiten **II.** *vt* *(fam)* klauen **III.** *vr:* **~se** *(esforzarse)* sich abmühen; *(atarearse)* sich abplagen

afanoso, -a [afa'noso, -a] *adj* ① *(trabajoso)* mühsam ② *(persona)* strebsam

afarolarse [afaro'larse] *vr (Chil, Perú)* sich ärgern

afeamiento [afea'mjen̩to] *m* ① *(desfiguración)* Verunstaltung *f* ② *(censura)* Tadel *m*

afear [afe'ar] *vt* ① *(desfigurar)* verunstalten ② *(censurar)* tadeln

afeblecerse [afeβle'θerse] *irr como crecer vr (debilitarse)* schwach [*o* matt] werden, an Kraft verlieren

afección [afeɣ'θjon] *f* ① (MED) Leiden *nt* ② *(inclinación)* Zuneigung *f*

afeccionarse [afeɣθjo'narse] *vr (Chil, RíoPl)* mögen (**de** +*akk*)

afectable [afek'taβle] *adj* empfindlich, feinfühlig

afectación [afekta'θjon] *f* Affektiertheit *f*; **comportarse con** ~ sich affektiert benehmen

afectado, -a [afek'taðo, -a] *adj (amanerado)* affektiert

afectar [afek'tar] **I.** *vt* ① *(aparentar)* vortäuschen ② *(atañer)* betreffen ③ *(dañar)* schädigen; (MED) angreifen ④ *(impresionar)* nahegehen +*dat* ⑤ *(Am: destinar dinero)* bestimmen (**a** für +*akk*); *(girar)* überweisen (**a** an +*akk*) **II.** *vr:* **~se** *(Am)* sich anstecken

afectísimo, -a [afek'tisimo, -a] *adj* **suyo** ~ hochachtungsvoll

afectividad [afektiβi'ðað] *f* ① *(emoción)* Gemütsbewegung *f* ② *(cariño)* Zärtlichkeit *f* ③ (PSICO) Affektivität *f*

afectivo, -a [afek'tiβo, -a] *adj* ① *(de afecto)* Gemüts- ② *(sensible)* sensibel ③ *(cariñoso)* liebevoll

afecto¹ [a'fekto] *m* ① *(pasión)* Gemütsbewegung *f* ② *(cariño)* Zuneigung *f* (**a** für +*akk*)

afecto, -a² [a'fekto, -a] *adj* ① *(inclinado)* zugetan (**a** +*dat*) ② *(agregado)* zugeteilt (**a** +*dat*) ③ *(sujeto)* **estar ~ al pago de impuestos** der Steuerpflicht unterliegen ④ *(afectado)* **estar ~ de algo** von etw *dat* betroffen sein

afectuosidad [afektwosi'ðað] *f* ① *(cariño)* Zärtlichkeit *f* ② *(cordialidad)* Herzlichkeit *f*

afectuoso, -a [afektu'oso, -a] *adj* ① *(cariñoso)* liebevoll ② *(cordial)* herzlich; **afectuosamente** mit freundlichen Grüßen

afeitado [afei̯'taðo] *m* Rasur *f*, Rasieren *nt*

afeitadora [afei̯ta'ðora] *f* Rasierapparat *m*

afeitar [afei̯'tar] **I.** *vt (persona)* rasieren; **máquina de** ~ Rasierapparat *m* **II.** *vr:* **~se** sich rasieren

afeite [a'fei̯te] *m* ① *(cosmético)* Kosmetikum *nt* ② *(adorno)* Schmuck *m*

afelpado, -a [afel'paðo, -a] *adj* Plüsch-, plüschig

afelpar [afel'par] *vt* mit Plüsch beziehen

afeminación [afemina'θjon] *f* Verweiblichung *f*

afeminado¹ [afemi'naðo] *m (como una mujer)* femininer Mann *m*; *(blando)* Weichling *m*

afeminado, -a² [afemi'naðo, -a] *adj* feminin; *(pey)* weibisch

afeminar [afemi'nar] *vt, vr:* **~se** *(hacer(se) afeminado)* verweiblichen; *(blando)* verweichlichen

afer [a'fer] *m* Affäre *f*; ~ **político** politischer Skandal

aferrado, -a [afe'rraðo, -a] *adj (fig: empeñado)* beharrlich, hartnäckig

aferrar [afe'rrar] **I.** *vt* fest halten **II.** *vr:* **~se** ① *(agarrarse)* sich fest halten (**a** an +*dat*) ② *(obstinarse)* hartnäckig bestehen (**a** auf +*dat*)

affaire [a'fer] *m* Affäre *f*

afgani [af'ɣani] *m* (FIN) Afghani *m*

Afganistán [afɣanis'tan] *m* Afghanistan *nt*

afgano, -a [af'ɣano, -a] **I.** *adj* afghanisch **II.** *m, f* Afghane, -in *m, f*

afianzamiento [afjan̩θa'mjen̩to] *m* ① *(sujeción)* Befestigung *f* ② *(aseguramiento)* Sicherung *f* ③ *(firmeza)* Bestärkung *f* ④ (JUR) Bürgschaft *f*

afianzar [afjan̩'θar] <z → c> **I.** *vt* ① *(sujetar)* befestigen; *(con clavos)* annageln; *(con puntales)* abstützen; *(con tornillos)* anschrauben ② *(dar firmeza)* bestärken (**en** in +*dat*); *(asegurar)* absichern **II.** *vr:* **~se** ① *(apoyarse)* sich stützen (**en** auf +*akk*) ② *(afirmarse)* sich behaupten

afiche [a'fiʧe] *m (CSur)* Plakat *nt*

afición [afi'θjon] *f* ① *(inclinación)* Vorliebe *f*; **cobrar** [*o* **tomar**] **una ~ por** [*o* **a**] **algo** eine Vorliebe für etw entwickeln; **tener** [*o* **sentir**] **una ~ hacia** [*o* **a**] **algo** eine Vorliebe für etw haben ② *(pasatiempo)* Steckenpferd *nt*; **de** ~ Hobby-; **hacer algo por** ~ etw als Hobby betreiben ③ *(afecto)* Zuneigung *f* ④ *(hinchada)* Anhängerschaft *f*

aficionado, -a [afiθjo'naðo, -a] **I.** *adj* ① *(no profesional)* Hobby- ② *(que siente afición)* **ser ~ a la arquitectura** sich für Architektur begeistern; **ser ~ a tocar la flauta** ein begeisterter Flötenspieler sein

II. *m, f* ❶ *(amante)* Liebhaber(in) *m(f);* (DEP) Fan *m;* ~ **a la ópera** Opernliebhaber *m* ❷ *(no profesional)* Amateur(in) *m(f)*

aficionar [afiθjo'nar] **I.** *vt* ~ **a alguien a algo** bei jdm besonderes Interesse für etw wecken **II.** *vr* **~se a algo** *(acostumbrarse)* sich *dat* etw angewöhnen; *(prendarse)* etw gerne tun; **~se a alguien** jdn lieb gewinnen

afilado, -a [afi'laðo, -a] *adj* ❶ *(nariz)* spitz; *(dedos)* dünn; *(cara)* schmal; **tener uñas afiladas** *(fam fig)* gerne mal was mitgehen lassen ❷ *(mordaz)* bissig; **lengua afilada** *(fig)* spitze Zunge

afilador [afila'ðor] *m* *(instrumento)* Schleifmaschine *f;* ~ **de acero** Wetzstahl *m*

afilalápices [afila'lapiθes] *m inv* Bleistiftspitzer *m*

afilar [afi'lar] **I.** *vt* ❶ *(cuchillo)* schärfen; *(lápiz)* (an)spitzen ❷ *(sentidos)* schärfen **II.** *vr:* **~se** ❶ *(sentido)* sich schärfen ❷ *(adelgazarse)* schmaler werden

afiliación [afilja'θjon] *f* ❶ *(acto)* Beitritt *m* (**a** zu +*dat*) ❷ *(pertenencia)* Mitgliedschaft *f;* ~ **política** Parteimitgliedschaft *f*

afiliado, -a [afi'ljaðo, -a] **I.** *adj* angeschlossen (**a** +*dat*) **II.** *m, f* Mitglied *nt;* ~ **a un sindicato** Gewerkschaftsmitglied *nt*

afiliar [afi'ljar] **I.** *vt* *(incorporar)* aufnehmen (**a** in +*akk*) **II.** *vr:* **~se** beitreten (**a** +*dat*)

afín [a'fin] *adj* verwandt

afinado [afi'naðo] *m* ❶ *(pulimiento)* Verfeinerung *f* ❷ *(de metales)* Läuterung *f* ❸ (MÚS) Stimmen *nt*

afinar [afi'nar] **I.** *vi* *(cantando)* richtig singen; *(tocando)* richtig spielen **II.** *vt* ❶ *(hacer más fino)* verfeinern; *(perfeccionar)* den letzten Schliff geben +*dat;* ~ **la puntería** sich einschießen ❷ *(lápiz)* (an)spitzen ❸ *(metales)* läutern ❹ (MÚS) stimmen

afincar [afiŋ'kar] <c → qu> **I.** *vi* Grundbesitz erwerben **II.** *vr:* **~se** sich niederlassen (**en** in +*dat*)

afinidad [afini'ðað] *f* ❶ *(semejanza)* Ähnlichkeit *f;* ~ **de caracteres** Wesensverwandtschaft *f* ❷ *(por parentesco)* Verschwägerung *f;* **son parientes por** ~ sie sind verschwägert

afirmación [afirma'θjon] *f* ❶ *(confirmación)* Bestätigung *f;* *(de preguntas)* Bejahung *f;* **contestar algo con afirmaciones** etw bejahen ❷ *(aseveración)* Behauptung *f*

afirmar [afir'mar] **I.** *vt* ❶ *(decir sí)* bejahen; *(dar por cierto)* bestätigen; ~ **con la cabeza** zustimmend nicken ❷ *(aseverar)* behaupten ❸ *(asentar)* befestigen **II.** *vr:* **~se** ❶ *(confirmarse)* sich bestätigen ❷ *(ratificarse)* bestätigen (**en** +*akk*)

afirmativamente [afirmatiβa'mente] *adv* bejahend; **responder** ~ ja sagen; **responder** ~ **a algo** etw bejahen

afirmativo, -a [afirma'tiβo, -a] *adj* bejahend; **en caso** ~ gegebenenfalls; **respuesta afirmativa** positive Antwort

aflicción [afliɣ'θjon] *f* Kummer *m* (**por** über +*akk*); **dar** ~ **a alguien** jdm Kummer bereiten

aflictivo, -a [aflik'tiβo, -a] *adj,* **afligente** [afli'xente] *adj (Am)* betrüblich

afligido, -a [afli'xiðo, -a] *adj* betrübt (**con/por/de** über +*akk*)

afligir [afli'xir] <g → j> **I.** *vt* ❶ *(atormentar)* quälen ❷ *(apenar)* betrüben **II.** *vr:* **~se** betrübt sein (**con/por/de** über +*akk*)

aflojamiento [afloxa'mjento] *m* ❶ *(distensión)* Lockern *nt* ❷ *(debilitación)* Nachlassen *nt*

aflojar [aflo'xar] **I.** *vi* nachlassen **II.** *vt* ❶ *(cuerda, nudo)* lockern ❷ *(fam: dinero)* herausrücken ❸ *(velocidad)* drosseln; ~ **el paso** langsamer gehen; **un tira y afloja** ein Tauziehen **III.** *vr:* **~se** sich lockern

afloración [aflora'θjon] *f* ~ **de plusvalías** (FIN) Aktivierung stiller Reserven

aflorar [aflo'rar] *vi* ❶ *(salir a la superficie)* zutage treten; *(agua subterránea)* austreten ❷ *(apuntar)* sich abzeichnen

afluencia [a'flwenθja] *f* ❶ *(gente)* Andrang *m;* ~ **de votantes** Wahlbeteiligung *f* ❷ *(abundancia)* Fülle *f*

afluente [a'flwente] *m* Nebenfluss *m*

afluir [aflu'ir] *vi irr como huir* ❶ *(río, calle)* münden (**a** in +*akk*) ❷ *(gente)* herbeiströmen; ~ **a un concierto/a un congreso/a Madrid** in ein Konzert/zu einem Kongress/nach Madrid strömen

afluxionarse [afluɣsjo'narse] *vr* ❶ *(AmC: hincharse)* anschwellen ❷ *(Col, Cuba: acatarrarse)* sich erkälten; **levemente afluxionado** leicht erkältet

afma. [afek'tisima], **afmo.** [afek'tisimo] *abr de* **afectísima, -o** hochachtungsvoll

afogarar [afoɣa'rar] **I.** *vt* ❶ *(agobiar)* beunruhigen ❷ *(abrasar: plantas, cultivos)* verdorren lassen ❸ *(abrasar: alimentos)* anbrennen lassen **II.** *vr:* **~se** ❶ *(achicharrarse)* verbrennen ❷ *(abrasarse: plantas, cultivos)* verdorren

afondar [afon'dar] **I.** *vt* *(hundir)* versenken **II.** *vi, vr:* **~se** *(hundirse)* sinken, untergehen

afonía [afo'nia] *f* Heiserkeit *f;* **tener** ~ heiser sein

afónico, -a [a'foniko, -a] *adj* heiser

aforado, -a [afo'raðo, -a] *adj* privilegiert

A

aforamiento [afora'mjeṇto] *m* (JUR) Verleihung *f* von Sonderrechten
aforar [afo'rar] *vt* ① *(cantidad)* (ab)messen ② *(mercancía)* taxieren ③ *(instrumentos de medida)* eichen
aforismo [afo'rismo] *m* Aphorismus *m*
aforo [a'foro] *m* ① *(de una cantidad)* Messung *f* ② *(en un estadio/teatro)* Kapazität *f;* **la sala tiene un ~ de 300 personas** der Saal fasst 300 Personen ③ (TÉC) Eichung *f*
afortunado, -a [afortu'naðo, -a] *adj* glücklich; **¡qué afortunada eres!** hast du ein Glück!
afrenta [a'freṇta] *f* ① *(vergüenza)* Schande *f* ② *(ofensa)* Beleidigung *f;* **hacer ~ a alguien** jdn beleidigen
afrentar [afreṇ'tar] **I.** *vt* beleidigen **II.** *vr:* **~se** sich schämen (**de/por** für +*akk*)
afrentoso, -a [afreṇ'toso, -a] *adj* ① *(ofensivo)* beleidigend ② *(vergonzoso)* beschämend
África ['afrika] *f* Afrika *nt*
africano, -a [afri'kano, -a] **I.** *adj* afrikanisch **II.** *m, f* Afrikaner(in) *m(f)*
afrikáans ['afrikans] *m* Afrikaans *nt*
afro *adj inv* afrikanisch; **música ~** afrikanische Musik; **peinado ~** Afrolook *m*
afroamericano, -a [afroameri'kano, -a] **I.** *adj* afroamerikanisch **II.** *m, f* Afroamerikaner(in) *m(f)*
afrodisiaco [afroði'sjako] *m,* **afrodisíaco** [afroði'siako] *m* Aphrodisiakum *nt*
afrontar [afroṇ'tar] *vt* ① *(enfrentar)* einander gegenüberstellen ② *(hacer frente)* die Stirn bieten +*dat;* **~ un problema** ein Problem in Angriff nehmen
afrutado, -a [afru'taðo, -a] *adj* fruchtig
aftershave [after'ʃeif, after'seif] *m* Rasierwasser *nt,* Aftershave *nt*
afuera [a'fwera] *adv* ① *(estado)* draußen; **la parte de ~** der äußere Teil ② *(movimiento)* hinaus; **¡~!** *(fam)* raus!
afueras [a'fweras] *fpl* Umgebung *f;* **~ de la ciudad** Stadtrand *m*
agachar [aɣa'ʧar] **I.** *vt* beugen **II.** *vr:* **~se** ① *(encogerse)* sich bücken ② *(Am: ceder)* nachgeben
agache [a'ɣaʧe] *m (Col: mentira)* Lüge *f*
agalla [a'ɣaʎa] *f (de un pez)* Kieme *f;* **tener ~s** *(fig)* Mut haben
ágape ['aɣape] *m* ① (REL) Agape *f* ② *(banquete)* Festmahl *nt*
agarrada [aɣa'rraða] *f (fam)* Krach *m;* **tener una ~** Krach haben
agarradera [aɣarra'ðera] *f (Am),* **agarradero** [aɣarra'ðero] *m* ① *(asidero)* Griff *m* ② *(enchufe)* Beziehung *f* ③ *(excusa)* Vorwand *m*
agarrado, -a [aɣa'rraðo, -a] *adj* geizig
agarrador [aɣarra'ðor] *m* Griff *m; (para cosas calientes)* Topflappen *m*
agarrar [aɣa'rrar] **I.** *vi* ① *(echar raíces)* Wurzeln schlagen ② *(comida)* anbrennen ③ *(coche)* haften ④ *(loc)* **agarró y salió** *(fam)* er/sie ging plötzlich hinaus **II.** *vt* ① *(asir)* packen (**de/por** an +*dat*); *(tomar)* nehmen ② *(delincuente, oportunidad)* ergreifen ③ *(enfermedad, rabieta)* bekommen; **~ una borrachera** sich *dat* einen Rausch antrinken; **~ una pulmonía** sich *dat* eine Lungenentzündung zuziehen **III.** *vr:* **~se** ① *(asirse)* sich fest halten (**a** an +*dat*); **¡agárrate! que te voy a contar qué me pasó ayer** *(fam)* halt dich fest, ich erzähl dir, was mir gestern passiert ist! ② *(reñir)* sich zanken ③ *(comida)* anbrennen (**a** an +*dat*) ④ *(fam: tomar como pretexto)* zum Vorwand nehmen; **~se al retraso del tren para justificarse** sich mit der Verspätung des Zuges entschuldigen ⑤ *(Am: coger)* ergreifen; *(frutas)* pflücken
agarre [a'ɣarre] *m* ① *(de neumáticos)* Haftung *f* ② *(excusa)* Vorwand *m*
agarrón [aɣa'rron] *m* kräftiger Ruck *m*
agarrotado, -a [aɣarro'taðo, -a] *adj* steif
agarrotar [aɣarro'tar] **I.** *vt* ① *(atar)* fest zusammenbinden ② *(entumecer)* lähmen ③ *(oprimir)* unterdrücken **II.** *vr:* **~se** ① *(entumecerse)* steif werden ② *(por el miedo)* erstarren ③ (TÉC) sich festfressen
agasajar [aɣasa'xar] *vt* ① *(recibir)* liebenswürdig empfangen ② *(con comida)* fürstlich bewirten; **el embajador fue agasajado con un banquete** zu Ehren des Botschafters wurde ein Bankett gegeben ③ *(con regalos)* reichlich beschenken
agasajo [aɣa'saxo] *m* ① *(recibimiento)* liebenswürdiger Empfang *m* ② *(con comida)* Bewirtung *f* ③ *(regalo)* Geschenk *nt*
agatas [a'ɣatas] *adv (Par, RíoPl)* ① *(con dificultad)* mühsam ② *(casi no)* kaum, nicht einmal; **~ sabe leer** er kann kaum [*o* noch nicht einmal] richtig lesen ③ *(escasamente)* erst, knapp
agavanzo [aɣa'βaṇθo] *m* (BOT: *escaramujo*) Hagebutte *f*
agave [a'ɣaβe] *f* Agave *f*
agavillar [aɣaβi'ʎar] *vt* in Garben binden
agazaparse [aɣaθa'parse] *vr* ① *(fam: agacharse)* sich ducken ② *(esconderse)* sich verstecken
agcha ['aɣʧa] *m (Col: cabello)* Haar *nt; (cabello en desorden)* zerzaustes Haar *nt*
age ['axe] *m (Cuba, Perú)* Süßkartoffel *f*
agencia [a'xeṇθja] *f* ① *(empresa)* Agentur *f;* **~ de colocaciones** Stellenvermittlungsbüro *nt;* **~ de prensa** Presseagen-

tur *f;* ~ **inmobiliaria** Immobilienbüro *nt;* ~ **de noticias** Nachrichtenagentur *f;* ~ **de publicidad** Werbeagentur *f;* ~ **de trasportes** Spedition *f;* **A~ Tributaria** Finanzamt *nt;* ~ **de viajes** Reisebüro *nt* ❷ *(sucursal)* Zweigstelle *f*

agenciar [axeṇ'θjar] **I.** *vt* beschaffen **II.** *vr:* **~se** sich *dat* beschaffen; **agenciárselas** sich *dat* zu helfen wissen; **agénciatelas como puedas** sieh zu, wie du zurechtkommst

agenciero, -a [axeṇ'θjero, -a] *m, f* ❶ *(Arg: de negocios)* Vertreter(in) *m(f); (de lotería)* Lotterieeinnehmer(in) *m(f)* ❷ *(Chil: prestamista)* Pfandleiher(in) *m(f)*

agenda [a'xeṇda] *f* ❶ *(calendario)* Terminkalender *m;* ~ **de bolsillo** Taschenkalender *m;* **tener una ~ apretada** einen vollen Terminkalender haben ❷ *(cuaderno)* Notizbuch *nt* ❸ *(orden del día)* Tagesordnung *f*

agente[1] [a'xeṇte] *m* ❶ *(cosa)* wirkende Kraft *f* ❷ (MED) Erreger *m*

agente[2] [a'xeṇte] *mf* ❶ *(representante)* Vertreter(in) *m(f); (de un artista/escritor)* Agent(in) *m(f); (corredor)* Makler(in) *m(f);* ~ **autorizado** Vertragshändler *m;* ~ **de bolsa** Börsenmakler *m;* ~ **exclusivo** Alleinvertreter *m;* ~ **de la propiedad inmobiliaria** Immobilienmakler *m;* ~ **de trasportes** Spediteur *m* ❷ *(funcionario)* ~ **de aduanas** Zollbeamte(r) *m,* -beamtin *f;* ~ **judicial** Gerichtsvollzieher(in) *m(f);* ~ **de policía** Polizist(in) *m(f)* ❸ *(espía)* Agent(in) *m(f)*

agigantado, -a [axiɣaṇ'taðo, -a] *adj* riesig, riesenhaft

ágil ['axil] *adj* ❶ *(de movimiento)* flink ❷ *(mental)* (geistig) agil ❸ *(hábil)* geschickt; *(estilo)* flüssig

agilidad [axili'ða^{d}] *f* ❶ *(física)* Flinkheit *f;* ~ **de dedos** Fingerfertigkeit *f* ❷ *(mental)* (geistige) Agilität *f* ❸ *(habilidad)* Geschick *nt*

agilipollado, -a [axilipo'ʎaðo, -a] *adj* *(vulg)* dämlich, saudumm

agilización [axiliθa'θjon] *f* ❶ *(aceleración)* Beschleunigung *f* ❷ *(simplificación)* Vereinfachung *f*

agilizar [axili'θar] <z → c> *vt* ❶ *(facilitar)* erleichtern ❷ *(dar rapidez)* beschleunigen ❸ *(simplificar)* vereinfachen ❹ *(hacer ágil)* ~ **el cuerpo** sich fit halten

agitación [axita'θjon] *f* ❶ *(movimiento)* heftige Bewegung *f; (de un líquido)* Schütteln *nt* ❷ *(excitación)* Aufregung *f; (intranquilidad, t.* POL) Unruhe *f*

agitado, -a [axi'taðo, -a] *adj* *(vida)* hektisch

agitador[1] [axita'ðor] *m* *(utensilio)* Schüttelbecher *m;* (TÉC) Rührwerk *nt*

agitador(a)[2] [axita'ðor(a)] **I.** *adj* ❶ (TÉC) Rühr- ❷ (POL) agitatorisch **II.** *m(f)* Agitator(in) *m(f),* Unruhestifter(in) *m(f)*

agitar [axi'tar] **I.** *vt* ❶ *(mover)* hin und her bewegen; *(bandera, pañuelo)* schwenken; *(botella)* schütteln; **agítese antes de usarlo** vor Gebrauch schütteln ❷ *(intranquilizar)* in Unruhe versetzen; *(excitar)* aufregen ❸ *(sublevar)* aufhetzen **II.** *vr:* **~se** ❶ *(moverse)* sich hin und her bewegen; *(con el cuerpo)* zappeln; *(bandera)* flattern; *(mar, día)* stürmisch werden ❷ *(excitarse)* sich aufregen; *(preocuparse)* sich beunruhigen

aglomeración [aɣlomera'θjon] *f* Anhäufung *f;* ~ **de gente** Menschenauflauf *m;* ~ **urbana** Ballungsgebiet *nt*

aglomerante [aɣlome'raṇte] *m* (TÉC) Bindemittel *nt*

aglomerar [aɣlome'rar] **I.** *vt* *(reunir)* sammeln; *(amontonar)* anhäufen **II.** *vr:* **~se** sich ansammeln

aglutinación [aɣlutina'θjon] *f* ❶ *(unión)* Verbindung *f* ❷ (MED) Agglutination *f*

aglutinante [aɣluti'naṇte] **I.** *adj* ❶ (TÉC) Binde-; **sustancia ~** Bindemittel *nt* ❷ (LING) agglutinierend; **lengua ~** agglutinierende Sprache **II.** *m* (TÉC) Bindemittel *nt*

aglutinar [aɣluti'nar] *vt* ❶ *(pegar)* binden ❷ *(unir)* verbinden; *(fig)* in Einklang bringen

agnosticismo [aɣnosti'θismo] *m* *sin pl* (FILOS) Agnostizismus *m*

agobiado, -a [aɣo'βjaðo, -a] *adj* ❶ *(espalda)* gebeugt; **estoy ~ de deudas** ich bin hoch verschuldet ❷ *(cansado)* erschöpft; ~ **por los años** altersschwach

agobiante [aɣo'βjaṇte] *adj* ❶ *(trabajo)* mühsam ❷ *(silencio)* bedrückend ❸ *(persona)* aufdringlich ❹ *(calor)* drückend

agobiar [aɣo'βjar] **I.** *vt* ❶ *(abrumar)* bedrücken; **¡no me agobies!** lass mich in Ruhe!; ~ **a alguien con alabanzas** jdn mit Lobreden in Verlegenheit bringen ❷ *(de trabajo)* überhäufen (**de** mit +*dat*) ❸ *(encorvar)* biegen; *(el cuerpo)* nach vorne beugen **II.** *vr:* **~se** ❶ *(encorvarse)* sich bücken ❷ *(sentirse confundido)* verlegen werden ❸ *(atarearse)* sich überarbeiten ❹ *(angustiarse)* deprimiert sein (**con/por** wegen +*gen/dat*)

agobio [a'ɣoβjo] *m* ❶ *(encorvamiento)* Beugen *nt* ❷ *(carga)* Last *f; (pena)* Mühsal *f* ❸ *(de trabajo)* Überlastung *f; (cansancio)* Erschöpfung *f* ❹ *(angustia)* Niedergeschlagenheit *f*

agolpamiento [aɣolpa'mjeṇto] *m* Andrang *m*

agolparse [aɣol'parse] *vr* ① *(personas)* zusammenlaufen ② *(líquido)* strömen; **se agolparon las lágrimas en sus ojos** die Tränen stiegen ihm/ihr in die Augen ③ *(sucesos, pensamientos)* sich überstürzen

agonía [aɣo'nia] *f* ① *(del moribundo)* Todeskampf *m;* **acompañante en la ~** Sterbebegleiter *m* ② *(angustia)* Kummer *m* ③ *(de una civilización)* Untergang *m*

agónico, -a [a'ɣoniko, -a] *adj* **período ~** Todesstunde *f;* **estar ~** im Sterben liegen

agonizar [aɣoni'θar] <z → c> **I.** *vi* ① *(morir)* im Sterben liegen ② *(terminar)* dem Ende zugehen **II.** *vt* bedrängen; **¡no me agonices con tantas preguntas!** löchere mich nicht mit so vielen Fragen!

agorafobia [aɣora'foβja] *f* (MED, PSICO) Agoraphobie *f,* Platzangst *f*

agorar [aɣo'rar] *vt irr* voraussagen

agorero, -a [aɣo'rero, -a] **I.** *adj* Unheil verkündend **II.** *m, f* Schwarzseher(in) *m(f)*

agosteño, -a [aɣos'teɲo] *adj* August-

agosto [a'ɣosto] *m* ① *(mes)* August *m; v. t.* **marzo** ② *(recolección)* Erntezeit *f;* **hacer su ~** sein Schäfchen ins Trockene bringen

agotado, -a [aɣo'taðo, -a] *adj (libro)* vergriffen

agotador(a) [aɣota'ðor(a)] *adj* anstrengend; **hace un calor ~** die Hitze macht einem zu schaffen

agotamiento [aɣota'mjeṇto] *m* Erschöpfung *f*

agotar [aɣo'tar] **I.** *vt* ① *(existencias)* aufbrauchen ② *(mercancía)* ausverkaufen ③ *(paciencia, tema, posibilidad)* erschöpfen ④ *(cansar)* erschöpfen **II.** *vr:* **~se** ① *(mercancía)* ausgehen; **esta edición se agotó enseguida** diese Ausgabe war sofort vergriffen ② *(pilas)* leer werden ③ *(fuerzas, tema)* sich erschöpfen; *(conversación)* versiegen ④ *(cansarse)* sich verausgaben

agraciado, -a [aɣra'θjaðo, -a] *adj* ① *(gracioso)* anmutig ② *(bien parecido)* gut aussehend ③ *(afortunado)* begünstigt (**por** von +*dat*); **salir ~ en la lotería** in der Lotterie gewinnen

agraciar [aɣra'θjar] *vt* ① *(vestido, adorno)* gut stehen +*dat;* **este traje le agracia la figura** in diesem Anzug hat er/sie eine gute Figur ② *(conceder)* auszeichnen; **fue agraciado con un premio** er gewann einen Preis

agradable [aɣra'ðaβle] *adj* ① *(ameno)* angenehm; *(lugar)* gemütlich; **~ al paladar** wohlschmeckend; **es ~ a la vista** das ist ein schöner Anblick ② *(persona)* freundlich (**con/para con** zu +*dat*)

agradar [aɣra'ðar] *vi* gefallen +*dat;* **me agrada oír música** ich höre gern Musik; **me agrada esta gente** ich finde diese Leute nett; **quieres ~ a todos** du willst es allen recht machen

agradecer [aɣraðe'θer] *vt irr como crecer* danken (für +*akk*); **te agradezco la invitación** ich danke dir für die Einladung; **les agradezco que me lo hayan dicho** ich danke Ihnen, dass Sie es mir gesagt haben; **le ~ía mucho si...** +*subj* ich wäre Ihnen sehr dankbar, wenn ...; **no sabes ~ mi trabajo** du weißt meine Arbeit nicht zu schätzen; **el campo ha agradecido la lluvia** der Regen hat den Feldern gutgetan

agradecido, -a [aɣraðe'θiðo, -a] *adj* ① *(que agradece)* dankbar (**por** für +*akk*); **le estaría muy ~ que me contestara lo antes posible** ich wäre Ihnen sehr dankbar, wenn Sie mir so schnell wie möglich antworten würden; **le estoy sumamente ~** ich bin Ihnen unendlich dankbar; **le quedamos muy ~s** wir sind Ihnen sehr dankbar ② *(que compensa)* lohnend

agradecimiento [aɣraðeθi'mjeṇto] *m* Dank *m* (**por** für +*akk*)

agrado [a'ɣraðo] *m* ① *(afabilidad)* Freundlichkeit *f;* **tratar a alguien con ~** jdn freundlich behandeln ② *(complacencia)* Wohlgefallen *nt;* **decidir según su ~** nach Belieben entscheiden; **he recibido con ~ su carta** ich habe mich über Ihren Brief sehr gefreut; **esto no es de mi ~** das gefällt mir nicht

agrandar [aɣraṇ'dar] **I.** *vt* vergrößern; **~ la importancia de algo** etw *dat* zu viel Bedeutung beimessen **II.** *vr:* **~se** sich vergrößern

agranujado, -a [aɣranu'xaðo, -a] *adj (fam)* frech, unverschämt

agrario, -a [a'ɣrarjo, -a] *adj* landwirtschaftlich; **crédito ~** Agrarkredit *m;* **población agraria** Landbevölkerung *f*

agravación [aɣraβa'θjon] *f* Verschlimmerung *f;* **~ del riesgo** Risikoerhöhung *f*

agravamiento [aɣraβa'mjeṇto] *m* ① (MED) Verschlimmerung *f* ② *(recrudecimiento)* Verschärfung *f*

agravante [aɣra'βaṇte] **I.** *adj* erschwerend **II.** *m o f* erschwerender Umstand *m*

agravar [aɣra'βar] *vt, vr:* **~se** ① *(enfermedad)* (sich) verschlimmern ② *(situación)* (sich) verschärfen

agravatorio, -a [aɣraβa'torjo, -a] *adj* ① (JUR) Mahn-; **despacho ~** Mahnschreiben *nt* ② *(que agrava)* erschwerend

agraviar [aɣra'βjar] **I.** *vt* ① *(ofender)* beleidigen ② (JUR) schädigen **II.** *vr:* **~se** beleidigt sein (**por** wegen +*gen/dat*)

agravio [a'ɣraβjo] *m* ① *(ofensa)* Beleidigung *f* ② (JUR) Beeinträchtigung *f;* ~ **material** materieller Schaden; **sufrir ~s** Unrecht erleiden

agredir [aɣre'ðir] *vt* angreifen; ~ **a alguien de palabra** jdn beschimpfen

agregación [aɣreɣa'θjon] *f* Hinzufügung *f* (**a** zu +*dat*); ~ **de un municipio** Eingemeindung *f*

agregado[1] [aɣre'ɣaðo] *m* ① *(conglomerado)* Mischung *f* ② *(aditamento)* Zusatz *m* (**a** zu +*dat*)

agregado, -a[2] [aɣre'ɣaðo, -a] *m, f* ① *(diplomático)* Attaché *m;* ~ **comercial** Handelsattaché *m;* ~ **militar** Militärattaché *m* ② *(adjunto)* Gehilfe, -in *m, f* ③ (UNIV) außerordentlicher Professor, außerordentliche Professorin *m, f*

agregaduría [aɣreɣaðu'ria] *f* ① *(cargo diplomático)* Amt *nt* eines Attachés ② *(profesor)* Stellung *f* eines außerordentlichen Professors

agregar [aɣre'ɣar] <g → gu> **I.** *vt* ① *(añadir)* hinzufügen (**a** +*dat*) ② *(destinar)* zuteilen (**a** +*dat*) **II.** *vr:* **~se** sich anschließen; **~se a alguien** sich jdm anschließen

agremiar [aɣre'mjar] *vt, vr:* **~se** (sich) (in einem Verband) zusammenschließen

agresión [aɣre'sjon] *f* Angriff *m;* ~ **con lesiones** (JUR) Körperverletzung *f*

agresividad [aɣresiβi'ðaᵈ] *f* Aggressivität *f*

agresivo, -a [aɣre'siβo, -a] *adj* aggressiv

agresor[1] [aɣre'sor] *m* (POL) Aggressor *m*

agresor(a)[2] [aɣre'sor(a)] *adj* Angreifer(in) *m(f)*

agreste [a'ɣreste] *adj* ① *(campestre)* ländlich ② *(terreno)* holp(e)rig ③ *(vegetación)* wild ④ *(persona)* grob

agriar [a'ɣrjar] **I.** *vt* ① *(alimentos)* säuern ② *(persona)* verbittern **II.** *vr:* **~se** ① *(alimentos)* sauer werden ② *(persona)* verbittert werden

agrícola [a'ɣrikola] *adj* landwirtschaftlich; **cooperativa** ~ Agrargenossenschaft *f*

agricultor(a) [aɣrikul̩'tor(a)] *m(f)* ① *(labrador)* Bauer, Bäuerin *m, f* ② *(empresario)* Landwirt(in) *m(f)*

agricultura [aɣrikul̩'tura] *f* Landwirtschaft *f;* ~ **biodinámica** biodynamische Landwirtschaft

agridulce [aɣri'ðul̩θe] *adj* süß-sauer

agrietado, -a [aɣrje'taðo, -a] *adj* rissig; *(tela, pared)* brüchig; *(piel, labios)* aufgesprungen

agrietar [aɣrje'tar] **I.** *vt* rissig machen **II.** *vr:* **~se** rissig werden; *(tela, pared)* brüchig werden; *(piel, labios)* aufspringen

agrimensor(a) [aɣrimen'sor(a)] *m(f)* Vermessungsingenieur(in) *m(f)*

agrimensura [aɣrimen'sura] *f* Landvermessung *f*

agrio, -a ['aɣrjo, -a] *adj* ① *(sabor)* sauer ② *(crítica)* herb ③ *(carácter)* mürrisch

agrisado, -a [aɣri'saðo, -a] *adj* gräulich

agro ['aɣro] *m* Acker *m*

agroindustria [agroin̩'dustrja] *f* Industrie *f* zur Verarbeitung landwirtschaftlicher Produkte

agronomía [aɣrono'mia] *f* Agronomie *f*

agrónomo, -a [a'ɣronomo, -a] *m, f* Diplomlandwirt(in) *m(f)*

agropecuario, -a [aɣrope'kwarjo, -a] *adj* Agrar-

agroturismo [aɣrotu'rismo] *m* Ferien *pl* auf dem Bauernhof

agrupación [aɣrupa'θjon] *f* ① *(agrupamiento)* Gruppierung *f* ② *(conjunto)* Gruppe *f;* ~ **de municipios** Gemeindeverband *m* ③ *(asociación)* Verein *m;* ~ **de productores** (ECON) Erzeugergemeinschaft *f* ④ (MIL) Verband *m*

agrupamiento [aɣrupa'mjen̩to] *m* Zusammenstellung *f*

agrupar [aɣru'par] **I.** *vt* gruppieren; ~ **algo por temas** etw nach Themen zusammenstellen **II.** *vr:* **~se** sich gruppieren

agua ['aɣwa] *f* ① *(líquido)* Wasser *nt;* ~ **de Colonia** Kölnischwasser *nt;* ~ **dentífrica** Mundwasser *nt;* **~s depuradas** Klärwasser *nt;* ~ **con gas** kohlensäurehaltiges Wasser; ~ **del grifo** Leitungswasser *nt;* ~ **mineral** Tafelwasser *nt,* stilles Mineralwasser; ~ **de nieve** Schmelzwasser *nt;* ~ **potable** Trinkwasser *nt;* **~s residuales** Abwässer *nt pl;* **¡hombre al ~!** Mann über Bord!; **rompió ~s** ihre Fruchtblase ist geplatzt; **hacer ~** *(buque)* lecken; *(negocio)* den Bach runtergehen *fam;* **claro como el ~** sonnenklar; **como ~ de mayo** wie ein Geschenk des Himmels; **es ~ pasada** das ist Schnee von gestern; **estar entre dos ~s** zwischen zwei Stühlen sitzen; **estoy con el ~ hasta el cuello** das Wasser steht mir bis zum Hals; **no hallar ~ en el mar** sich dumm anstellen; **llevar el ~ a su molino** nur an sich selbst denken; **quedar en ~ de borrajas** ins Wasser fallen *fam;* **sacar ~ a las piedras** aus nichts Geld machen; ~ **pasada no mueve molino** *(prov)* was vorbei ist, ist vorbei ② *(lluvia)* Regen *m;* ~ **nieve** Schneeregen *m;* **esta noche ha caído mucha ~** heute Nacht hat es viel geregnet ③ *pl (mar, río)* Gewässer *nt;* **~s interiores** Binnengewässer *nt;* **~s jurisdiccionales** Hoheitsgewässer *nt;* **~s abajo/arriba** stromabwärts/-aufwärts ④ *pl (orina)* Wasser *nt;* **~s menores** Urin *m;* **hacer ~s** Wasser lassen ⑤ *pl (manantial)* Quelle *f;*

A

~s termales Thermalbad *nt;* **tomar las ~s** eine Badekur machen

aguacate [aɣwa'kate] *m* Avocado *f*

aguacero [aɣwa'θero] *m* Platzregen *m;* **cayó un ~** es ging ein Wolkenbruch nieder

aguachento, -a [aɣwa'ʧen̦to, -a] *adj (Am) v.* **aguado**

aguachirle [aɣwa'ʧirle] *f (pey)* Spülwasser *nt*

aguacil [aɣwa'θil] *m (CSur:* ZOOL) Libelle *f*

aguada [a'ɣwaða] *f* ❶ *(lugar)* Wasserstelle *f* ❷ *(provisión)* Wasservorrat *m*

aguadar [aɣwa'ðar] *vt (Guat)* ❶ *(aguar)* mit Wasser verdünnen ❷ *(debilitar)* schwächen

aguado, -a [a'ɣwaðo, -a] *adj* verwässert; *(fruta)* wäss(e)rig

aguaducho [aɣwa'ðuʧo] *m* Kiosk *m*

aguafiestas [aɣwa'fjestas] *mf inv* Spielverderber(in) *m(f)*

aguafuerte [aɣwa'fwerte] *m* Radierung *f;* **grabar al ~** radieren

aguamarina [aɣwama'rina] *f* Aquamarin *m*

aguamiel [aɣwa'mjel] *f* ❶ *(bebida)* Honigwasser *nt* ❷ *(Am: jugo del maguey) süßer Saft der Agave*

aguanieve [aɣwa'njeβe] *f* Schneeregen *m*

aguantable [aɣwan̦'taβle] *adj* erträglich

aguantar [aɣwan̦'tar] **I.** *vt* ❶ *(sostener)* halten; *(sujetar)* fest halten ❷ *(soportar)* ertragen; *(tolerar)* hinnehmen; **no aguanto más** mir reicht's; **no poder ~ a alguien** jdn nicht ausstehen können; **esta película no se aguanta** dieser Film ist unerträglich; **~ la mirada de alguien** jds Blick standhalten ❸ *(durar)* halten; **este abrigo ~á mucho** dieser Mantel wird lange halten ❹ *(contener)* zurückhalten; **~ la risa** sich *dat* das Lachen verkneifen **II.** *vr:* **~se** ❶ *(contenerse)* sich beherrschen ❷ *(soportar)* es aushalten; *(tener paciencia)* Geduld haben ❸ *(conformarse)* sich zufriedengeben ❹ *(sostenerse)* sich halten; **~se de pie** sich aufrecht halten

aguante [a'ɣwan̦te] *m* ❶ *(paciencia)* Geduld *f* ❷ *(tolerancia)* Duldsamkeit *f;* **tener mucho ~** ein dickes Fell haben *fam* ❸ *(resistencia)* Ausdauer *f*

aguar [a'ɣwar] <gu → gü> **I.** *vt* ❶ *(mezclar con agua)* verwässern ❷ *(frustrar)* verderben **II.** *vr:* **~se** ❶ *(llenarse de agua)* sich mit Wasser füllen; **no pude evitar que se me ~an los ojos** ich konnte nicht verhindern, dass mir Tränen in die Augen traten; **nuestras vacaciones se ~on** unsere Ferien waren total verregnet ❷ *(estropearse)* ins Wasser fallen *fam*

aguardar [aɣwar'ðar] **I.** *vt* warten; **~ unos días** einige Tage warten; **~ algo/a alguien** auf etw/jdn warten **II.** *vr:* **~se** (ab)warten

aguardentoso, -a [aɣwarðen̦'toso, -a] *adj* Schnaps-

aguardiente [aɣwar'ðjen̦te] *m* Schnaps *m*

aguarrás [aɣwa'rras] *m* Terpentin *nt*

aguasca [a'ɣwaska] *f (Bol, Col)* Gewebe *nt*

aguatinta [aɣwa'tin̦ta] *f* (ARTE) Aquatinta *f*

aguazal [aɣwa'θal] *m (pequeño)* Pfütze *f,* Wasserlache *f; (más grande) Senke, in der sich Regenwasser gesammelt hat;* **después de tanta lluvia se había formado un ~** nach dem starken Regen stand die Senke voller Wasser

agudeza [aɣu'ðeθa] *f* ❶ *(del cuchillo, de la crítica)* Schärfe *f;* **~ visual** Sehschärfe *f* ❷ *(perspicacia)* Scharfsinn *m* ❸ *(ingenio)* Witz *m*

agudización [aɣuðiθa'θjon] *f* Verschärfung *f*

agudizar [aɣuði'θar] <z → c> **I.** *vt* ❶ *(hacer agudo)* schärfen ❷ *(agravar)* verschärfen **II.** *vr:* **~se** *(situación)* sich verschärfen; *(enfermedad)* sich verschlimmern

agudo, -a [a'ɣuðo, -a] *adj* ❶ *(afilado)* spitz ❷ *(sagaz)* scharfsinnig; **vista aguda** scharfer Blick ❸ *(ingenioso)* geistreich; *(mordaz)* spitz ❹ *(intenso: dolor)* stechend; *(enfermedad)* akut; *(olor)* scharf ❺ *(sonido)* hoch ❻ *(grave)* schwer ❼ (LING) endbetont

agüero [a'ɣwero] *m* Vorbedeutung *f;* **de mal ~** Unheil verkündend; **ser de buen ~** Glück bringen

aguerrido, -a [aɣe'rriðo, -a] *adj (fuerte)* abgehärtet

aguijada [aɣi'xaða] *f* Stachel *m* zum Viehtreiben

aguijar [aɣi'xar] *vt* ❶ *(animales)* antreiben ❷ *(estimular)* anspornen; **~ el paso** den Schritt beschleunigen

aguijón [aɣi'xon] *m* ❶ *(punta)* Stachelspitze *f* ❷ (ZOOL, BOT) Stachel *m* ❸ *(estímulo)* Ansporn *m*

aguijonazo [aɣixo'naθo] *m* (Stachel)stich *m*

aguijonear [aɣixone'ar] *vt* ❶ *(animales)* antreiben ❷ *(estimular)* anspornen ❸ *(inquietar)* beunruhigen

águila ['aɣila] *f* ❶ *(animal)* Adler *m;* **~ real** Steinadler *m* ❷ *(persona)* Ass *nt;* **ser un ~ para los negocios** ein erstklassiger Geschäftsmann/eine erstklassige Geschäftsfrau sein

aguileño, -a [aɣi'leɲo, -a] *adj* Adler-; **rostro ~** kantiges Gesicht

aguilucho [aɣi'luʧo] *m* (ZOOL) Jungadler *m*

aguinaldo [aɣi'nal̦do] *m* ≈ Weihnachtsgeld *nt*

agüita [a'ɣwita] *f (Perú)* Geld *nt*
agüitado, -a [aɣwi'taðo, -a] *adj (Méx)* traurig
aguja [a'ɣuxa] *f* ❶ *(general)* Nadel *f;* **~ de ganchillo** Häkelnadel *f;* **~ de punto** Stricknadel *f;* **buscar una ~ en un pajar** eine Stecknadel im Heuhaufen suchen ❷ *(de una jeringa)* Kanüle *f* ❸ *(del reloj)* Zeiger *m; (de otros instrumentos de medición)* Nadel *f* ❹ (NÁUT) **~ (de marear)** Kreiselkompass *m* ❺ (FERRO) Weiche *f* ❻ *(de una torre)* (Turm)spitze *f;* **~ de la iglesia** Kirchturmspitze *f;* **las torres de esa catedral terminan en ~s** die Türme dieser Kathedrale laufen spitz zu ❼ (BOT) Nadel *f* ❽ (GASTR) **carne de ~** Vorderrippenstück *nt*
agujerear [aɣuxere'ar] *vt* lochen; *(con taladro)* durchbohren; *(hacer muchos agujeros)* durchlöchern
agujero [aɣu'xero] *m* Loch *nt;* **~ (en la capa) de ozono** Ozonloch *nt;* **tapar un ~** ein Loch stopfen
agujetas [aɣu'xetas] *fpl* Muskelkater *m*
agusanado, -a [aɣusa'naðo, -a] *adj* wurmig, wurmstichig
agusanarse [aɣusa'narse] *vr* wurmstichig werden
aguzado, -a [aɣu'θaðo, -a] *adj* ❶ *(puntiagudo)* spitz ❷ *(sagaz)* scharfsinnig
aguzar [aɣu'θar] <z → c> *vt* ❶ *(afilar)* wetzen ❷ *(sacar punta)* spitzen ❸ *(avivar)* **~ la atención** die Aufmerksamkeit erhöhen; **~ los sentidos** die Sinne schärfen; **~ la vista** scharf hinsehen
ah [a] *interj* ah; *(asombrado)* ach, oh
ahechar [ae'ʧar] *vt* (AGR: *semilla, grano*) sieben
aherrojar [aerro'xar] *vt* unterdrücken
ahí [a'i] **I.** *adv* ❶ *(lugar)* dort; **llámame de ~** ruf mich von dort aus an; **me voy por ~** ich gehe kurz spazieren ❷ *(loc)* **por ~, por ~** ungefähr; **¡~ es nada!** nicht schlecht! **II.** *conj* **de ~ que** *+ind o subj* deshalb
ahijado, -a [ai'xaðo, -a] *m, f* ❶ *(hijo adoptivo)* Adoptivkind *nt* ❷ *(del padrino)* Patenkind *nt*
ahijar [ai'xar] *vt, vr irr como airar* **~se** adoptieren
ahínco [a'iŋko] *m* ❶ *(afán)* Eifer *m* ❷ *(empeño)* Nachdruck *m* ❸ *(insistencia)* Beharrlichkeit *f*
ahíto, -a [a'ito, -a] *adj* (über)satt
ahogado, -a [ao'ɣaðo, -a] *adj* ❶ *(estrecho)* eng; *(sin ventilación)* stickig ❷ *(loc)* **estar ~ de trabajo** mit Arbeit überhäuft sein
ahogamiento [aoɣa'mjen̪to] *m* ❶ *(morir en el agua)* Ertrinken *nt; (para matar)* Ertränken *nt* ❷ *(por asfixia)* Ersticken *nt*
ahogar [ao'ɣar] <g → gu> **I.** *vt* ❶ *(en el agua)* ertränken ❷ *(estrangular)* erwürgen ❸ *(asfixiar)* ersticken ❹ *(angustiar)* bedrücken **II.** *vr:* **~se** ❶ *(en el agua)* ertrinken; **~se en un vaso de agua** *(fig)* wegen jeder Kleinigkeit den Mut verlieren ❷ *(asfixiarse)* ersticken; **~se de calor** vor Hitze umkommen ❸ *(motor)* absaufen *fam*
ahogo [a'oɣo] *m* ❶ *(sofocación)* Atemnot *f* ❷ *(asfixia)* Erstickung *f* ❸ *(angustia)* Beklemmung *f* ❹ *(apuro)* Bedrängnis *f;* **~s económicos** finanzielle Schwierigkeiten
ahombrado, -a [aom'braðo, -a] *adj (fam: hombruno)* männlich [*o* maskulin] (wirkend); **era una mujer ahombrada de espaldas muy anchas** sie war eine maskulin wirkende Frau mit sehr breiten Schultern
ahondamiento [aon̪da'mjen̪to] *m* Vertiefung *f*
ahondar [aon̪'dar] **I.** *vi* ❶ *(raíces)* treiben (**en** in *+akk*) ❷ *(tema, cuestión)* sich intensiv beschäftigen (**en** mit *+dat*) **II.** *vt* ❶ *(profundizar)* vertiefen ❷ *(introducir)* tief hineinstecken **III.** *vr:* **~se** sich vertiefen (**en** in *+akk*)
ahora [a'ora] *adv* jetzt; *(dentro de un momento)* gleich; **~ bien** allerdings; **de ~ en adelante** von nun an; **hasta ~** bisher; **por ~** einstweilen; **~ ríe, ~ llora** bald lacht er/sie, bald weint er/sie; **¡~ (lo entiendo)!** jetzt begreife ich es!; **¡~ sí que hemos tenido suerte!** da haben wir aber Glück gehabt!; **~ mismo vengo** ich komme gleich; **acaba de salir ~ mismo** er/sie ist gerade weggegangen; **¡ven ~ mismo!** komm sofort!; **¿y ~ qué?** was nun?
ahorcado, -a [aor'kaðo, -a] *m, f* Erhängte(r) *mf; (en la horca)* Gehenkte(r) *mf*
ahorcamiento [aorka'mjen̪to] *m* Erhängen *nt*
ahorcar [aor'kar] <c → qu> **I.** *vt* erhängen; **~ los libros** das Studium an den Nagel hängen **II.** *vr:* **~se** sich erhängen (**en/de** an *+dat*)
ahorita [ao'rita] *adv (Am) v.* **ahora**
ahorrador(a) [aorra'ðor(a)] **I.** *adj* sparsam **II.** *m(f)* Sparer(in) *m(f)*
ahorrar [ao'rrar] **I.** *vt* sparen; *(economizar)* einsparen; **~ fuerzas** seine Kräfte schonen; **~ esfuerzos a alguien** jdm die Mühe ersparen; **ahórrame explicaciones** verschone mich mit Erklärungen **II.** *vr:* **~se** *(evitar)* sich *dat* (er)sparen
ahorrativo, -a [aorra'tiβo, -a] *adj* sparsam

A

ahorrista [ao'rrista] *mf (Am)* Sparer(in) *m(f)*
ahorro [a'orro] *m* ① *(acción)* Sparen *nt* ② *(cantidad)* Ersparte(s) *nt*
ahuacatl [awa'kaðl] *m (Méx:* BOT) Avocado *f*
ahuecar [awe'kar] <c → qu> **I.** *vt* ① *(vaciar)* aushöhlen ② *(tierra)* (auf)lockern; *(colchón)* aufschütteln **II.** *vr:* **~se** ① *(aves)* sich aufplustern ② *(envanecerse)* sich aufblähen ③ *(papel pintado)* Blasen ziehen
ahumado, -a [au'maðo, -a] *adj* ① *(color)* rauchfarben; *(cristal)* getönt ② *(fam: borracho)* beschwipst
ahumar [au'mar/au̯'mar] **I.** *vi* rauchen **II.** *vt* ① (GASTR) räuchern ② *(llenar de humo)* verrauchen; *(una colmena)* ausräuchern **III.** *vr:* **~se** ① *(ennegrecerse)* vom Rauch schwarz werden ② *(un guiso)* Rauchgeschmack annehmen ③ *(fam: emborracharse)* sich *dat* einen Schwips antrinken
ahuyentar [au̯ɟen̪'tar] *vt* ① *(espantar)* verscheuchen ② *(asustar)* abschrecken
ai [ai̯] *m (Arg, Par)* Faultier *nt*
aikido [ai̯'kiðo] *m* (DEP) Aikido *nt*
airado, -a [ai̯'raðo, -a] *adj* zornig
airar [ai̯'rar] *irr* **I.** *vt* erzürnen **II.** *vr:* **~se** zornig werden
airbag ['erβaɣ] *m* Airbag *m*
aire ['ai̯re] *m* ① *(atmósfera)* Luft *f;* **~ acondicionado** Klimaanlage *f;* **Ejército del A~** Luftwaffe *f;* **al ~ libre** unter freiem Himmel; **echar una moneda al ~** eine Münze werfen; **tomar el ~** Luft schnappen; **dejar una pregunta en el ~** eine Frage offenlassen; **cambiar de ~s** umziehen; **¡~!** verschwinde! ② *(viento)* Wind *m;* **corriente de ~** Luftzug *m;* **corre ~** es zieht; **hoy hace ~** heute ist es windig ③ *(aspecto)* Aussehen *nt;* **no me gusta el ~ de este hombre** irgendetwas an diesem Mann gefällt mir nicht; **tener ~ de despistado** ziemlich zerstreut aussehen; **darse ~s de grandeza** großtun; **darse ~s de intelectual** den Intellektuellen spielen; **¡tiene unos ~s!** der/die macht immer ein Getue! ④ *(garbo)* Anmut *f* ⑤ (MÚS) Tempo *nt* ⑥ *(Arg, Par: cuello)* steifer Hals *m*
aireado, -a [ai̯re'aðo, -a] *adj (lugar)* belüftet
airear [ai̯re'ar] **I.** *vt* lüften **II.** *vr:* **~se** ① *(ventilarse)* an die (frische) Luft gehen ② *(coger aire)* im Zug sitzen; *(resfriarse)* sich erkälten
airón [ai̯'ron] *m* ① (ZOOL) Fischreiher *m* ② *(penacho, adorno)* Federbusch *m*
airosidad [ai̯rosi'ða^ð] *f* Anmut *f,* Grazie *f*
airoso, -a [ai̯'roso, -a] *adj* anmutig; **salir ~ de algo** bei etw *dat* gut abschneiden
aislacionismo [ai̯slaθjo'nismo] *m sin pl* (POL) Isolationismus *m*
aislado, -a [ai̯s'laðo, -a] *adj (individual)* einzeln
aislador[1] [ai̯sla'ðor] *m* Isolator *m*
aislador(a)[2] [ai̯sla'ðor(a)] *adj* isolierend
aislamiento [ai̯sla'mjen̪to] *m* ① *(apartamiento, t.* TÉC) Isolation *f;* **~ acústico** Schalldämmung *f* ② *(retiro)* Abgeschiedenheit *f*
aislante [ai̯s'lan̪te] **I.** *adj* isolierend; **cinta ~** Isolierband *nt* **II.** *m* Isolator *m*
aislar [ai̯s'lar] **I.** *vt* isolieren; **aislado contra el ruido** schalldicht **II.** *vr:* **~se** sich isolieren
ajá [a'xa] *interj* aha
ajado, -a [a'xaðo, -a] *adj (persona)* verbraucht; *(cara)* faltig
ajar [a'xar] *vt* ① *(cosa)* abnutzen ② *(persona)* altern lassen
ajardinado, -a [axarði'naðo, -a] *adj* begrünt
ajardinar [axarði'nar] *vt* ① *(hacer un jardín)* einen Garten anlegen (in +*dat*) ② *(una ciudad)* Grünzonen anlegen (in +*dat*)
ajedrecista [axeðre'θista] *mf* Schachspieler(in) *m(f)*
ajedrez [axe'ðreθ] *m sin pl* ① (DEP) Schach *nt* ② *(tablero y figuras)* Schachspiel *nt*
ajedrezado, -a [axeðre'θaðo, -a] *adj* schachbrettartig
ajenjo [a'xeŋxo] *m* Wermut *m*
ajeno, -a [a'xeno, -a] *adj* ① *(de otro)* fremd; **la felicidad ajena** das Glück anderer ② *ser (impropio)* untypisch; **esto es ~ a su carácter** das ist nicht typisch für ihn/sie ③ *estar (ignorante)* unwissend; **estar ~ a** [*o* **de**] **algo** von etw *dat* nichts wissen; **vivía ~ a todo lo que pasaba en el mundo** er führte ein abgeschiedenes Leben ④ *(carente, exento)* **~ a** [*o* **de**] ohne; **~ de piedad** unbarmherzig; **~ de preocupaciones** sorglos; **él es ~ a todo eso** er hat damit nichts zu tun
ajetrear [axetre'ar] **I.** *vt* schinden **II.** *vr:* **~se** sich abmühen; *(darse prisa)* sich abhetzen
ajetreo [axe'treo] *m (de personas)* Hetzerei *f;* *(en un sitio)* geschäftiges Treiben *nt*
ají [a'xi] *m (AmS, Ant)* ① *(arbusto)* Pfefferstrauch *m* ② *(pimentón)* Paprika *m;* *(de las Indias)* Cayennepfeffer *m*
ajilimoje [axili'moxe] *m,* **ajilimójili** [axili'moxili] *m* (GASTR) pikante Knoblauch-

tunke *f;* **con todos sus ~s** mit allem Drum und Dran

ajillo [a'xiʎo] *m* (GASTR) **al ~** mit gehacktem Knoblauch und Petersilie gebraten

ajo ['axo] *m* ❶ (BOT) Knoblauch *m; (diente)* Knoblauchzehe *f* ❷ *(taco)* Fluch *m;* **andar (metido) en el ~, estar en el ~** seine Hände (mit) im Spiel haben; **andar tieso como un ~** die Nase hoch tragen

ajorca [a'xorka] *f* Armreif *m,* Armring *m*

ajotar [axo'tar] *vt* ❶ *(AmC, Ant: azuzar)* hetzen ❷ *(Cuba: desdeñar)* verschmähen

ajuar [a'xwar] *m* ❶ *(de la novia)* Aussteuer *f* ❷ *(de una casa)* Ausstattung *f*

ajumarse [axu'marse] *vr (fam: ligeramente)* sich *dat* einen Schwips antrinken; *(mucho)* sich betrinken

ajuntar [axun̪'tar] **I.** *vt (fam)* versammeln **II.** *vr:* **~se** *(fam)* in wilder Ehe leben

ajuntarse [axun̪'tarse] *vr (fam)* in wilder Ehe leben

ajustable [axus'taβle] *adj* verstellbar

ajustado, -a [axus'taðo, -a] *adj* ❶ *(ropa)* eng (anliegend) ❷ *(adecuado)* angemessen

ajustar [axus'tar] **I.** *vi* genau passen **II.** *vt* ❶ *(adaptar)* anpassen (**a** an +*akk*); **~ un vestido** ein Kleid enger machen; **~ una correa** einen Riemen umschnallen ❷ (TÉC) einstellen; *(balanza)* justieren ❸ *(una pieza dentro de otra)* einpassen (**a** in +*akk*) ❹ *(acordar)* vereinbaren; **~ cuentas** abrechnen; **~ las cuentas a alguien** *(fig)* jdm die Rechnung präsentieren **III.** *vr:* **~se** ❶ *(ponerse de acuerdo)* übereinkommen ❷ *(adaptarse)* sich anpassen (**a** an +*akk*); **no ~se al tema** vom Thema abschweifen; **~se a la verdad** sich an die Wahrheit halten

ajuste [a'xuste] *m* ❶ *(adaptación)* Anpassung *f* (**a** an +*akk*); **~ financiero** Finanzausgleich *m* ❷ *(graduación)* Einstellung *f;* **~ de brillo** Helligkeitseinstellung *f* ❸ *(encaje)* Passung *f* ❹ *(acuerdo)* Vereinbarung *f;* **~ de cuentas** Abrechnung *f*

ajusticiamiento [axustiθja'mjen̪to] *m* Hinrichtung *f*

ajusticiar [axusti'θjar] *vt* hinrichten

al [al] = **a + el** *v.* **a**

ala ['ala] *f* Flügel *m;* **~ de la hélice** Propellerblatt *nt;* **~ de la mesa** Tischklappe *f;* **~ del sombrero** Hutkrempe *f;* **~ del tejado** Vordach *nt;* **ahuecar el ~** sich auf die Socken machen; **cortar las ~s a alguien** jdm die Flügel stutzen; **estar tocado del ~** *(fam)* einen Dachschaden haben; **dar ~s a alguien** jdn beflügeln; **le faltan ~s para triunfar** ihm/ihr fehlt der Mut, um Erfolg zu haben; **tener demasiadas ~s** sich *dat* zu viel herausnehmen

Alá [a'la] *m* Allah *m*

alabanza [ala'βan̪θa] *f* Lob *nt;* **deshacerse en ~s para con alguien** jdn in den Himmel heben; **hacer una ~ de alguien** ein Loblied auf jdn singen

alabar [ala'βar] **I.** *vt* loben (**por** für +*akk*); **alabado sea el Señor** gepriesen sei der Herr **II.** *vr:* **~se** prahlen (**de** mit +*dat*)

alabastro [ala'βastro] *m* Alabaster *m*

alabeado, -a [alaβe'aðo, -a] *adj* krumm; *(madera)* verzogen

alabear [alaβe'ar] **I.** *vt* krümmen **II.** *vr:* **~se** sich krümmen; *(madera)* sich verziehen

alacena [ala'θena] *f* Speiseschrank *m*

alacrán [ala'kran] *m* ❶ (ZOOL) Skorpion *m;* **ser un ~** *(fig)* eine spitze Zunge haben ❷ *(gancho)* Öse *f*

ala delta ['ala 'del̪ta] *f* (DEP: *disciplina deportiva*) Drachenfliegen *nt; (aparato)* Deltagleiter *m*

alado, -a [a'laðo, -a] *adj* ❶ *(con alas)* beflügelt ❷ *(ligero)* flink

alambicado, -a [alambi'kaðo, -a] *adj* ❶ *(sutil)* ausgeklügelt ❷ *(rebuscado)* gekünstelt

alambicar [alambi'kar] <c → qu> *vt* ❶ *(destilar)* destillieren ❷ *(una expresión)* nuancieren; *(el lenguaje)* ausfeilen; **diálogos alambicados** geschliffene Dialoge

alambique [alam'bike] *m* Destillierkolben *m*

alambrada [alam'braða] *f (valla)* (Draht)zaun *m; (con espinas)* Stacheldrahtzaun *m; (red)* Drahtgitter *nt;* **~ eléctrica** Elektrozaun *m*

alambrado [alam'braðo] *m (red)* Drahtgitter *nt; (valla)* Drahtzaun *m*

alambrar [alam'brar] *vt* mit Draht einzäunen

alambre [a'lambre] *m* Draht *m;* **~ de espinas** Stacheldraht *m*

alambrera [alam'brera] *f* ❶ *(de ventana)* Fliegengitter *nt* ❷ *(de brasero/chimenea)* Ofenschirm *m* ❸ *(de alimentos)* Glocke *f*

alameda [ala'meða] *f* ❶ *(lugar)* Pappelwald *m* ❷ *(paseo)* Allee *f; (de álamos)* Pappelallee *f*

álamo ['alamo] *m* ❶ (BOT) Pappel *f;* **~ temblón** Zitterpappel *f* ❷ *(madera)* Pappelholz *nt*

alarde [a'larðe] *m* Prahlerei *f;* **hacer ~ de algo** *(presumir)* mit etw *dat* angeben; *(ostentar)* etw zur Schau tragen

alardear [alarðe'ar] *vi* **~ de algo** *(presumir)* mit etw *dat* angeben; *(ostentar)* etw zur Schau tragen

alargado, -a [alar'ɣaðo, -a] *adj* länglich

alargador [alarɣa'ðor] *m* Verlänge-

A

rungsstück *nt; (cable)* Verlängerungsschnur *f*

alargamiento [alarɣa'mjen̪to] *m* Verlängerung *f; (temporal t.)* Ausdehnung *f*

alargar [alar'ɣar] <g → gu> **I.** *vt* ① *(la extensión)* verlängern; ~ **la pierna** das Bein ausstrecken; ~ **el cuello** den Hals recken; ~ **la mano** die Hand hinhalten ② *(la duración)* ausdehnen ③ *(retardar, diferir)* verzögern ④ *(el dinero)* gut einteilen **II.** *vr:* **~se** ① *(en la extensión)* länger werden; **no te alargues** fass dich kurz; **~se en cumplidos** Süßholz raspeln; **alárgate hasta la gasolinera a por tabaco** lauf zur Tankstelle und hol Zigaretten ② *(retardarse)* sich verzögern

alarido [ala'riðo] *m* Geschrei *nt*

alarife [ala'rife] *m* ① *(arquitecto)* Baumeister *m* ② *(albañil)* Maurer *m* ③ *(Arg: persona lista)* kluger Kopf *m,* Pfiffikus *m fam*

alarma [a'larma] *f* ① *(general)* Alarm *m;* ~ **por ozono** Ozonalarm *m;* **falsa** ~ blinder Alarm; **dar la** ~ Alarm geben; **ha saltado la** ~ **del banco** der Alarm der Bank wurde ausgelöst ② *(susto)* Schrecken *m; (inquietud)* Unruhe *f;* ~ **social** Unruhe in der Bevölkerung

alarmante [alar'man̪te] *adj* alarmierend; **noticia** ~ Schreckensbotschaft *f*

alarmar [alar'mar] **I.** *vt* ① *(dar la alarma)* alarmieren ② *(inquietar)* beunruhigen; *(asustar)* erschrecken; **noticia alarmante** Schreckensnachricht *f* **II.** *vr:* **~se** *(inquietarse)* unruhig werden; *(asustarse)* sich erschrecken

alarmismo [alar'mismo] *m* Schwarzmalerei *f,* Panikmache *f*

alarmista [alar'mista] *mf* Schwarzseher(in) *m(f)*

alavés, -esa [ala'βes, -esa] **I.** *adj* aus Álava **II.** *m, f* Einwohner(in) *m(f)* von Álava

alazán, -ana [ala'θan, -ana] *adj* zimtfarben; *(caballo)* rotbraun

alba ['alβa] *f* Morgendämmerung *f;* **al rayar** [*o* **romper**] **el** ~ bei Tagesanbruch

albacea [alβa'θea] *mf* Testamentsvollstrecker(in) *m(f)*

albaceazgo [alβaθe'aθɣo] *m* Amt *nt* des Testamentsvollstreckers

albaceteño, -a [alβaθe'teɲo, -a] **I.** *adj* aus Albacete **II.** *m, f* Einwohner(in) *m(f)* von Albacete

albahaca [al'βaka/alβa'aka] *f* Basilikum *nt*

albanés, -esa [alβa'nes, -esa] **I.** *adj* albanisch **II.** *m, f* Albaner(in) *m(f)*

Albania [al'βanja] *f* Albanien *nt*

albañal [alβa'ɲal] *m* ① *(conducto)* Kloake *f* ② *(lugar)* Saustall *m fam*

albañil [alβa'ɲil] *mf* Maurer(in) *m(f)*

albañilería [alβaɲile'ria] *f* Maurerhandwerk *nt;* **obra de** ~ Maurerarbeit *f*

albar [al'βar] *adj (elev: blanco)* (schnee)weiß

albarán [alβa'ran] *m* Lieferschein *m*

albarca [al'βarka] *f* Sandale *f*

albarda [al'βarða] *f* Packsattel *m;* ~ **sobre** ~ Redundanz *f;* **esto es un burro con dos ~s** *(fig)* das ist doppelt gemoppelt

albardón [alβar'ðon] *m* ① *(silla)* Packsattel *m* ② *(CSur, Bol: elevación)* Wall *m*

albaricoque [alβari'koke] *m* Aprikose *f*

albaricoquero [alβariko'kero] *m* Aprikosenbaum *m*

albatros [al'βatros] *m inv* Albatros *m*

albazo [al'βaθo] *m* ① *(Ecua, Méx: acción de guerra)* Kriegshandlung im Morgengrauen ② *(Perú: serenata)* Serenade *f*

albear [alβe'ar] *vi (Arg)* (sehr) früh [*o* bei Tagesanbruch] aufstehen

albedrío [alβe'ðrio] *m* Willkür *f;* **libre** ~ freier Wille; **a** [*o* **según**] **mi** ~ nach meinem Belieben

alberca [al'βerka] *f* Wasserbecken *nt*

albérchigo [al'βerʧiɣo] *m (reg)* ① *(melocotón)* Pfirsich *m* ② *(albaricoque)* Aprikose *f*

albergar [alβer'ɣar] <g → gu> **I.** *vt* beherbergen **II.** *vr:* **~se** absteigen

albergue [al'βerɣe] *m (refugio)* Obdach *nt; (fonda)* Herberge *f;* ~ **juvenil** Jugendherberge *f;* ~ **de montaña** Berghütte *f*

albero [al'βero] *m* (TAUR) Arena *f;* **saltó al** ~ er/sie sprang in die Arena

albino, -a [al'βino, -a] **I.** *adj* albinotisch **II.** *m, f* Albino *m*

albo, -a ['alβo, -a] *adj (elev)* weiß

albóndiga [al'βon̪diɣa] *f (de carne)* Fleischkloß *m; (de pescado)* Fischkloß *m*

albor [al'βor] *m* ① *(luz)* Dämmerlicht *nt* ② *(blancor)* Weiße *f* ③ *(comienzo)* Beginn *m*

alborada [alβo'raða] *f* ① *(alba)* Morgendämmerung *f* ② *(canción)* Morgenlied *nt* ③ (MIL) Weckruf *m*

alborear [alβore'ar] *vi* ① *(por la mañana)* dämmern; **al** ~ **el día** bei Tagesanbruch ② *(acontecimiento)* sich ankündigen

albornoz [alβor'noθ] *m (de baño)* Bademantel *m*

alborotado, -a [alβoro'taðo, -a] *adj* ① *(excitado)* aufgeregt ② *(irreflexivo)* unüberlegt

alborotador(a) [alβorota'ðor(a)] *m(f)* Unruhestifter(in) *m(f)*

alborotar [alβoro'tar] **I.** *vi* lärmen; *(niños)* toben **II.** *vt* ① *(excitar)* erregen ② *(desordenar)* durcheinanderbringen ③ *(sublevar)* aufrühren **III.** *vr:* **~se** ① *(excitarse)* sich aufregen ② *(sublevarse)* sich erheben

alboroto [alβo'roto] *m* ① *(vocerío)* Stimmengewirr *nt; (ruido)* Krach *m* ② *(bulla)* Krawall *m; (disturbio)* Tumult *m* ③ *(inquietud, zozobra)* Aufregung *f*

alborozar [alβoro'θar] <z → c> **I.** *vt* sehr erfreuen; **veros me alboroza** es freut mich sehr, euch zu sehen **II.** *vr:* **~se** jubeln

alborozo [alβo'roθo] *m* Freude *f*

albricias [al'βriθjas] *fpl (fam)* **¡~!** super!, das ist ja spitze!

albufera [alβu'fera] *f* Lagune *f*

álbum ['alβun] *m* <álbum(e)s> Album *nt;* **~ infantil** Bilderbuch *nt*

albúmina [al'βumina] *f* (BIOL) Albumin *nt*

alcachofa [alka'ʧofa] *f* ① (BOT) Artischocke *f* ② *(de ducha/regadera)* Brause *f,* Duschkopf *m*

alcachofera [alkaʧo'fera] *f* (BOT) Artischocke *f*

alcahuete, -a [alka'wete, -a] *m, f* ① *(celestina)* Kuppler(in) *m(f)* ② *(encubridor)* Hehler(in) *m(f)* ③ *(chismoso)* Klatschmaul *nt fam*

alcahuetear [alkawete'ar] *vi (servir, hacer de alcahuete)* kuppeln; **¿por qué consientes que él alcahuetee entre ti y ese muchacho?** warum lässt du es zu, dass er dich mit diesem Typen verkuppelt?

alcahuetería [alkawete'ria] *f sin pl* ① *(celestineo)* Kuppelei *f* ② *(fam fig: encubrimiento)* Hehlerei *f*

alcaldable [alkal̪'daβle] *adj rechtlich als Kandidat für die Bürgermeisterwahl infrage kommend*

alcalde(sa) [al'kal̪de, alkal̪'desa] *m(f)* Bürgermeister(in) *m(f); (de una ciudad grande)* Oberbürgermeister(in) *m(f)*

alcaldía [alkal̪'dia] *f* Bürgermeisteramt *nt*

álcali ['alkali] *m* (QUÍM) Alkali *nt*

alcalino, -a [alka'lino, -a] *adj* (QUÍM) alkalisch

alcamonero, -a [alkamo'nero, -a] *adj (Ven: entrometido)* aufdringlich; *(de novedades)* sehr neugierig

alcance [al'kan̪θe] *m* ① *(distancia)* Reichweite *f;* **misil de corto ~** Kurzstreckenrakete *f;* **de ~ limitado** von geringer Reichweite; **al ~ de la mano** in Reichweite; **al ~ de todos los bolsillos** für jedermann erschwinglich; **tener la victoria a su ~** dem Sieg sehr nah sein ② *(importancia)* Tragweite *f;* **de mucho/poco ~** bedeutend/unbedeutend ③ *(déficit)* Fehlbetrag *m* ④ *(loc)* **ser persona de pocos ~s** ein einfältiger Mensch sein; **la noticia de último ~** die neueste Meldung; **dar ~ a alguien** jdn einholen

alcancía [alkan̪'θia] *f* Sparbüchse *f*

alcanfor [alkaɱ'for] *m* Kampfer *m*

alcantarilla [alkan̪ta'riʎa] *f* ① *(canal)* Abwasserkanal *m* ② *(sumidero)* Gully *m o nt*

alcantarillado [alkan̪tari'ʎaðo] *m* Kanalisationssystem *nt*

alcantarillar [alkan̪tari'ʎar] *vt* kanalisieren

alcanzable [alkan̪'θaβle] *adj* möglich

alcanzar [alkan̪'θar] <z → c> **I.** *vi* reichen (**a/hasta** bis (zu) +*dat,* **para** für +*akk*); **este cañón alcanza 10 kilómetros** dieses Geschütz hat eine Reichweite von 10 km; **el dinero no alcanza para pagar la comida** das Geld reicht nicht für das Essen aus; **no alcanzo a todo el trabajo** ich komme mit der Arbeit nicht nach **II.** *vt* ① *(dar alcance)* einholen; **el ladrón fue alcanzado** der Dieb wurde gefasst; **ve tirando, ya te ~é** geh vor, ich komme nach ② *(llegar)* erreichen; **~ un acuerdo** ein Abkommen schließen; **el disparo le alcanzó en la pierna** der Schuss traf ihn ins Bein; **~ fama** berühmt werden; **mis padres ~on la guerra civil** meine Eltern haben den Bürgerkrieg miterlebt ③ *(entender)* verstehen **III.** *vr:* **~se: no se me alcanza qué intentas con ello** ich verstehe nicht, was du damit beabsichtigst

alcaparra [alka'parra] *f (planta)* Kapernstrauch *m; (fruto)* Kaper *f*

alcazaba [alka'θaβa] *f* Festung *f* (innerhalb einer befestigten Stadt)

alcázar [al'kaθar] *m* Festung *f*

alce ['al̪θe] *m* Elch *m*

alcista [al̪'θista] **I.** *adj* **mercado ~ de la bolsa** Haussebörse *f;* **movimiento ~ de los precios** Preisauftrieb *m* **II.** *mf* Haussier *m*

alcoba [al'koβa] *f* Schlafzimmer *nt*

alcohol [al'kol/alko'ol] *m* Alkohol *m;* **~ de quemar** Brennspiritus *m;* **bebida sin ~** alkoholfreies Getränk; **no tomo ~** ich trinke keinen Alkohol; **estar bajo los efectos del ~** unter Alkohol(einfluss) stehen

alcoholemia [alko(o)'lemja] *f* Blutalkohol *m;* **prueba de ~** Alkoholtest *m*

alcoholero, -a [alko(o)'lero, -a] *adj* **industria alcoholera** Alkoholindustrie *f*

alcohólico, -a [al'koliko/alko'oliko, -a] **I.** *adj* ① *(con/del alcohol)* alkoholisch ② *v.* **alcoholizado II.** *m, f* Alkoholiker(in) *m(f)*

alcoholímetro [alko(o)'limetro] *m* Alkoholmesser *m*

alcoholismo [alko(o)'lismo] *m sin pl* Alkoholismus *m*

alcoholizado, -a [alko(o)li'θaðo, -a] *adj* alkoholabhängig

alcoholizar [alko(o)li'θar] <z → c> **I.** *vt* al-

A

koholisieren **II.** *vr:* **~se** zum Alkoholiker werden

Alcorán [alko'ran] *m* Koran *m*

alcoránico, -a [alko'raniko, -a] *adj* (REL) Koran-; **los preceptos ~s** die Koranvorschriften

alcornoque [alkor'noke] *m* ① (BOT) Korkeiche *f* ② *(persona)* (**pedazo de**) ~ Dummkopf *m*

alcurnia [al'kurnja] *f* Abstammung *f;* **de ~** von Adel

aldaba [al̦'daβa] *f* ① *(picaporte)* Türklopfer *m* ② *(para ventanas)* Fensterriegel *m; (para puertas)* Türriegel *m* ③ *(loc)* **tener buenas ~s** *(fam)* gute Beziehungen haben

aldea [al̦'dea] *f* Dorf *nt*

aldeano, -a [al̦de'ano, -a] **I.** *adj* ① *(de la aldea)* dörflich ② *(ignorante)* ungeschliffen **II.** *m, f* ① *(de la aldea)* Dorfbewohner(in) *m(f)* ② *(inculto)* ungehobelter Mensch *m*

alderredor [al̦derre'ðor] *adv (alrededor)* um ... herum, rings [*o* rund] um

ale ['ale] *interj* auf

aleación [alea'θjon] *f* Legierung *f;* **~ ligera** Aluminiumlegierung *f*

alear [ale'ar] *vt* legieren; **ir aleando** *(fig)* auf dem Weg der Besserung sein

aleatoriedad [aleatorje'ðaᵈ] *f sin pl* Zufall *m,* Zufälligkeit *f*

aleatorio, -a [alea'torjo, -a] *adj* zufällig

alebrestado, -a [aleβes'traðo, -a] *adj* ① *(Hond: enamorado)* verliebt ② *(Méx: de mal humor)* schlecht gelaunt

alebrestar [aleβes'trar] <e → ie> **I.** *vt* warnen (**contra** vor +*dat*) **II.** *vr:* **~se** ① *(Col, Ven: animal)* sich aufbäumen ② *(Col, Ven: persona)* wütend sein ③ *(Hond: enamorarse)* sich verlieben ④ *(Méx: inquietarse)* unruhig werden ⑤ *(Méx, Ven: entusiasmarse)* sich begeistern

aleccionador(a) [aleᵞθjona'ðor(a)] *adj* lehrreich

aleccionamiento [aleᵞθjona'mjen̦to] *m* Unterweisung *f*

aleccionar [aleᵞθjio'nar] *vt* unterweisen; **esto te ~á para no volver a hacer lo mismo** das wird dich lehren, nicht noch einmal das Gleiche zu tun

aledaño, -a [ale'ðaɲo, -a] *adj* angrenzend

aledaños [ale'ðaɲos] *mpl* Umgebung *f*

alegación [aleɣa'θjon] *f* ① (JUR: *declaración*) Behauptung *f; (escrito)* Beweisschrift *f;* **~ de culpabilidad** Schuldigsprechung *f* ② *pl (objeciones)* Einwände *mpl*

alegal [ale'ɣal] *adj* illegal

alegar [ale'ɣar] <g → gu> **I.** *vt* vorbringen; *(pruebas)* beibringen; **~ dolor de cabeza** Kopfschmerzen vorschützen **II.** *vi (Am: discutir)* streiten

alegato [ale'ɣato] *m* ① *(escrito)* Schriftsatz *m; (oral)* Plädoyer *nt* ② *(Am: disputa)* Auseinandersetzung *f*

alegoría [aleɣo'ria] *f* Allegorie *f*

alegórico, -a [ale'ɣoriko, -a] *adj* allegorisch

alegraesposas [aleɣraes'posas] *m inv* Hausfreund *m*

alegrar [ale'ɣrar] **I.** *vt* ① *(a personas)* erfreuen ② *(cosas)* beleben **II.** *vr:* **~se** ① *(sentir alegría)* sich freuen (**de/con** über +*akk*); **me alegro de verle de nuevo** ich freue mich (darauf), Sie wiederzusehen; **nos alegramos de que haya aceptado la invitación** wir freuen uns, dass Sie die Einladung angenommen haben; **me alegro (por ti)** das freut mich (für dich) ② *(beber)* sich *dat* einen Schwips antrinken *fam*

alegre [a'leɣre] *adj* ① *(contento)* fröhlich; *(divertido)* lustig; *(color)* lebhaft; *(habitación)* freundlich; **un espíritu/una cara ~** ein heiteres Gemüt/Gesicht; **estoy ~ de que...** +*subj* ich freue mich, dass …; **estar más ~ que unas pascuas** sich freuen wie ein Schneekönig ② *(frívolo)* leichtfertig; **~ de cascos** leichtsinnig; **llevar una vida ~** einen lockeren Lebenswandel führen ③ *(fam: achispado)* angeheitert; **estar ~** einen Schwips haben

alegremente [aleɣre'men̦te] *adv* ① *(satisfecho)* froh, fröhlich ② *(frívolamente)* leichthin, unbesonnen

alegría [ale'ɣria] *f* ① *(gozo)* Freude *f,* Heiterkeit *f; (buen humor)* Fröhlichkeit *f;* **llevarse una gran ~** sich sehr freuen ② (BOT) Sesam *m*

alegrón¹ [ale'ɣron] *m (fam)* Riesenfreude *f;* **con esta noticia me has dado un ~** mit dieser Nachricht hast du mir eine riesige Freude bereitet; **con esta noticia me he llevado un ~** über diese Nachricht habe ich mich sehr gefreut

alegrón, -ona² [ale'ɣron, -ona] *adj (Arg)* beschwipst

alejado, -a [ale'xaðo, -a] *adj (lugar)* abgelegen; **vive ~ de la política** er ist nicht mehr politisch aktiv

alejamiento [alexa'mjen̦to] *m* Entfernung *f; (fig)* Distanz *f*

alejar [ale'xar] **I.** *vt* ① *(distanciar)* entfernen (**de** von +*dat*) ② *(ahuyentar)* vertreiben (**de** aus +*dat*); **aleja estos pensamientos de tu cabeza** denk nicht länger darüber nach **II.** *vr:* **~se** sich entfernen (**de** von +*dat*); *(retirarse)* sich zurückziehen

(**de** von +*dat*); **todos se alejan de él** alle gehen ihm aus dem Weg
alelado, -a [ale'laðo, -a] *adj* blöd
alelar [ale'lar] *vt, vr:* **~se** verblöden
aleluya [ale'luʝa] **I.** *interj* halleluja **II.** *m o f* (REL) Halleluja *nt;* **estar de ~** jubeln
alemán[1] [ale'man] *m (lengua)* Deutsch(e) *nt;* **alto ~** Hochdeutsch *nt;* **decir algo en ~** etw auf Deutsch sagen
alemán, -ana[2] [ale'man, -ana] **I.** *adj* deutsch **II.** *m,f* Deutsche(r) *mf*
Alemania [ale'manja] *f* Deutschland *nt;* **República Federal de ~** Bundesrepublik *f* Deutschland
alemanita [alema'nita] *f (vulg)* **hacerse una ~** sich *dat* einen abwichsen
alentado, -a [alen̩'taðo, -a] *adj (valiente)* mutig
alentador(a) [alen̩ta'ðor(a)] *adj* ermutigend
alentar [alen̩'tar] <e → ie> **I.** *vi* ❶ *(respirar)* atmen ❷ *(estar vivo)* am Leben sein **II.** *vt* ermutigen **III.** *vr:* **~se** ❶ *(animarse)* Mut fassen ❷ *(Hond, Méx: restablecerse)* sich erholen
alerce [a'lerθe] *m* Lärche *f*
alergia [a'lerxia] *f* Allergie *f* (**a** gegen +*akk*); **~ alimentaria** Lebensmittelallergie *f;* **~ al polen** Heuschnupfen *m;* **esto me da ~** dagegen bin ich allergisch
alérgico, -a [a'lerxiko, -a] *adj* allergisch (**a** gegen +*akk*); **es ~ a estos temas** *(fam)* auf diese Themen reagiert er allergisch
alergólogo, -a [aler'ɣoloɣo, -a] *m,f* Allergologe, -in *m,f*
alero [a'lero] *m* ❶ (ARQUIT) Vordach *nt* ❷ (AUTO) Kotflügel *m* ❸ (DEP) Außenstürmer(in) *m(f)*
alerón [ale'ron] *m* ❶ (AERO) Querruder *nt* ❷ (AUTO) Spoiler *m;* **~ delantero/trasero** Front-/Heckspoiler *m*
alerta [a'lerta] **I.** *adj* wachsam; **estar ~ de algo** etw aufmerksam verfolgen **II.** *f* Alarm *m;* **dar la ~** Alarm schlagen; **poner en ~ a alguien** jdn in Alarmzustand versetzen **III.** *interj* Vorsicht
alertar [aler'tar] *vt* warnen
aleta [a'leta] *f* ❶ (ZOOL, NÁUT) Flosse *f; (de un buzo)* Schwimmflosse *f* ❷ (ANAT) Nasenflügel *m* ❸ (AUTO) Kotflügel *m*
aletargado, -a [aletar'ɣaðo, -a] *adj* schläfrig
aletargar [aletar'ɣar] <g → gu> **I.** *vt* einschläfern **II.** *vr:* **~se** schläfrig werden
aletazo [ale'taθo] *m* Flügelschlag *m*
aletear [alete'ar] *vi* ❶ *(ave)* mit den Flügeln schlagen ❷ *(pez)* zappeln ❸ *(fam: cobrar fuerza)* zu Kräften kommen
aleteo [ale'teo] *m* ❶ *(de un ave)* Flügelschlag *m* ❷ *(de un pez)* Zappeln *nt*
alevín [ale'βin] *m* ❶ *(pez)* Fischbrut *f* ❷ *(principiante)* Neuling *m*
alevosía [aleβo'sia] *f* Hinterlist *f;* **con ~** hinterlistig
alevoso, -a [ale'βoso, -a] *adj* hinterlistig
alfa ['alfa] *f* Alpha *nt;* **~ y omega** *(fig)* Anfang und Ende
alfabético, -a [alfa'βetiko, -a] *adj* alphabetisch; **estar por orden ~** alphabetisch geordnet sein
alfabetización [alfaβetiθa'θjon] *f* Alphabetisierung *f*
alfabetizar [alfaβeti'θar] <z → c> *vt* alphabetisieren
alfabeto [alfa'βeto] *m* Alphabet *nt*
alfalfa [al'falfa] *f* Luzerne *f*
alfanumérico, -a [alfanu'meriko, -a] *adj* alphanumerisch
alfar [al'far] *m* Töpferei *f*
alfarería [alfare'ria] *f* ❶ *(obrador)* Töpferei *f* ❷ *(oficio)* Töpferhandwerk *nt*
alfarero, -a [alfa'rero, -a] *m, f* Töpfer(in) *m(f)*
alféizar [al'fei̯θar] *m* (ARQUIT) ❶ *(reborde de una puerta)* (Tür)laibung *f; (de una ventana)* (Fenster)laibung *f* ❷ *(saliente de una ventana)* Fensterbrüstung *f*
alfeñique [alfe'ɲike] *m (persona)* Schwächling *m*
alférez [al'fereθ] *m* (MIL) Leutnant *m*
alfil [al'fil] *m (en ajedrez)* Läufer *m*
alfiler [alfi'ler] *m* ❶ *(aguja)* Stecknadel *f;* **no caber un ~** *(fig)* vollgestopft sein ❷ *(broche)* Anstecknadel *f;* **~ de corbata** Krawattennadel *f;* **~ de gancho** *(Arg)* Sicherheitsnadel *f;* **ir de veinticinco ~es** geschniegelt und gebügelt sein ❸ *(pinza)* Wäscheklammer *f;* **llevo la lección prendida con ~es** *(fig)* ich habe mich auf die Prüfung schlecht vorbereitet
alfilerazo [alfile'raθo] *m* ❶ *(pinchazo)* Stich *m* mit der Stecknadel ❷ *(fig: pulla)* Stichelei *f;* **lanzar a alguien un ~** jdm einen (verbalen) Nadelstich versetzen
alfiletero [alfile'tero] *m* Nadelbüchse *f*
alfombra [al'fombra] *f* Teppich *m;* **~ persa** Perserteppich *m*
alfombrado [alfom'braðo] *m (Am: alfombra)* Teppichboden *m*
alfombrar [alfom'brar] *vt* mit Teppich auslegen
alfombrilla [alfom'briʎa] *f* ❶ *(estera)* Fußmatte *f;* **~ de baño** Bademattte *f* ❷ (MED) Röteln *pl* ❸ (INFOR) Mousepad *nt*
alforja [al'forxa] *f* Tasche *f; (de caballería)* Satteltasche *f;* **sacar los pies de las ~s** *(fig)* aus sich *dat* herausgehen

A

alga ['alɣa] *f* Alge *f*

algarabía [alɣara'βia] *f* ❶ *(gritería)* Geschrei *nt* ❷ *(lengua)* Kauderwelsch *nt; (escritura)* unleserliche Schrift *f* ❸ (BOT) Besenheide *f*

algarada [alɣa'raðа] *f* Krawall *m*

algarroba [alɣa'rroβa] *f* ❶ (BOT) Futterwicke *f* ❷ *(fruto del algarrobo)* Johannisbrot *nt*

algarrobo [alɣa'rroβo] *m* Johannisbrotbaum *m*

algazara [alɣa'θara] *f* Geschrei *nt; (de alegría)* Freudengeschrei *nt*

álgebra ['alxeβra] *f* (MAT) Algebra *f*

álgido, -a ['alxiðo, -a] *adj* ❶ *(muy frío)* eisig; **fiebre álgida** (MED) Schüttelfrost *m* ❷ *(culminante)* **el período ~ del Barroco** die Blütezeit des Barocks; **la crisis está en su momento más ~** die Krise hat ihren Höhepunkt erreicht

algo ['alɣo] **I.** *pron indef* etwas; **~ es ~** besser das als nichts; **¿quieres ~?** möchtest du (et)was?; **¿apostamos ~?** wollen wir wetten?; **esta película es ~ aparte** dieser Film ist ein Meisterstück; **me suena de ~** das kommt mir irgendwie bekannt vor; **se cree ~** er/sie macht sich wichtig; **por ~ lo habrá dicho** er/sie wird es aus gutem Grund gesagt haben **II.** *adv* ein bisschen; **aún falta ~ hasta llegar** bis dahin fehlt noch ein Stückchen; **~ así como** ungefähr

algodón [alɣo'ðon] *m* ❶ *(planta, tejido)* Baumwolle *f*; **una camisa de ~** ein Baumwollhemd ❷ *(cosmético)* Watte *f*; **~ hidrófilo** Verbandswatte *f*; **criado entre algodones** *(fig)* verhätschelt ❸ *(dulce)* Zuckerwatte *f*

algodonal [alɣoðo'nal] *m* Baumwollfeld *nt*

algodonero, -a [alɣoðo'nero, -a] **I.** *adj* Baumwoll- **II.** *m, f* ❶ *(comerciante)* Baumwollhändler(in) *m(f)* ❷ *(cultivador)* Baumwollpflanzer(in) *m(f)*

algodonoso, -a [alɣoðo'noso, -a] *adj* wollig, flauschig

algoritmo [alɣo'ri^{d}mo] *m* (MAT) Algorithmus *m*

alguacil [alɣwa'θil] *m* ❶ (JUR) Gerichtsbote *m* ❷ (ADMIN) Gemeindediener *m* ❸ *(garfio)* Brecheisen *nt*

alguien ['alɣjen] *pron indef* jemand; **¿hay ~ aquí?** ist da jemand?; **~ me lo ha contado** irgendjemand hat es mir erzählt; **se cree ~** er/sie spielt sich auf

algún [al'ɣun] *adj v.* **alguno**[1]

alguno, -a[1] [al'ɣuno, -a] *adj* <algún> ❶ *(antepuesto: indef)* irgendein; **¿alguna pregunta?** irgendwelche Fragen?; **de alguna manera** irgendwie; **en algún sitio** irgendwo; **alguna vez** gelegentlich; **algún día** eines Tages ❷ *(pospuesto: ninguno)* kein(e); **en sitio ~** nirgendwo; **persona alguna** niemand

alguno, -a[2] [al'ɣuno, -a] *pron indef* jemand; **~s de los presentes** einige der Anwesenden; **~s ya se han ido** manche sind schon gegangen; **¿tienes caramelos? – sí, me quedan ~s** hast du Bonbons? – ja, ich habe noch welche übrig; **los niños han vuelto a hacer alguna de las suyas** die Kinder haben schon wieder etwas angestellt

alhaja [a'laxa] *f* ❶ *(de piedras preciosas)* Juwel *nt; (de bisutería)* Modeschmuck *m* ❷ *(objeto de valor)* Prachtstück *nt*; **¡esta chica es una ~!** dieses Mädchen ist ein Juwel!; **¡menuda ~, este niño!** dieser Junge ist ja ein sauberes Früchtchen!

alhajado, -a [ala'xaðo, -a] *adj (Col: rico)* vermögend

alhajera [ala'xera] *f (Arg, Chil)* Schmuckschatulle *f*

alhelí [ale'li] *m* <alhelíes> Levkoje *f*

aliado, -a [ali'aðo, -a] **I.** *adj* verbündet; (POL) alliiert **II.** *m, f* Verbündete(r) *mf*; **los ~s** (POL) die Alliierten

alianza [ali'an̪θa] *f* ❶ *(pacto)* Bündnis *nt*; **~ Atlántica** Atlantikpakt *m* ❷ *(anillo)* Ehering *m*

aliar [ali'ar] <*1. pres* alío> **I.** *vt* verbinden **II.** *vr:* **~se** sich verbünden

alias ['aljas] **I.** *adv* alias **II.** *m inv* Spitzname *m*

aliblanca [ali'βlaŋka] *f (Col: gandulería)* Faulheit *f; (de movimientos)* Trägheit *f*, Schwerfälligkeit *f*

alicaído, -a [alika'iðo, -a] *adj* matt; *(deprimido)* deprimiert

alicantino, -a [alikan̪'tino, -a] *adj* aus Alicante

alicatar [alika'tar] *vt* kacheln

alicates [ali'kates] *mpl* Greifzange *f*; **~ universales** Kombizange *f*

aliciente [ali'θjen̪te] *m* Anreiz *m*

alicuz(a) [ali'kuθ(a)] *adj (Hond)* ❶ *(vivo)* lebhaft, quirlig; *(despierto)* aufgeweckt ❷ *(ventajista)* skrupellos

alienación [aljena'θjon] *f* ❶ *(de propiedades)* Veräußerung *f* ❷ (PSICO) Geistesgestörtheit *f* ❸ *(distanciamiento)* Entfremdung *f*

alienado, -a [alje'naðo, -a] *adj* ❶ (PSICO) geistesgestört ❷ *(distanciado)* entfremdet (**de** + *dat*)

alienar [alje'nar] **I.** *vt* veräußern **II.** *vr:* **~se** ❶ *(distanciarse)* sich entfremden (**de** + *dat*) ❷ (PSICO) geistesgestört werden

A

alienígena [alje'nixena] *m* außerirdisches Wesen *nt*
alienismo [alje'nismo] *m* (PSICO, MED) ❶ *(ciencia)* Psychiatrie *f* ❷ *(profesión)* Beruf *m* des Psychiaters
alienista [alje'nista] *mf* Psychiater(in) *m(f)*
aliento [a'ljen̪to] *m* ❶ *(respiración)* Atem *m;* **mal ~** Mundgeruch *m;* **sin ~** außer Atem; **cobrar ~** wieder zu Atem kommen; **esto me quita el ~** das verschlägt mir den Atem; **tomar ~** Atem holen ❷ *(vaho)* Hauch *m* ❸ *(ánimo)* Mut *m;* **dar ~ a alguien** jdm Mut einflößen
alifafe [ali'fafe] *m (fam)* Wehwehchen *nt*
aligátor [ali'ɣator] *m* Alligator *m*
aligeramiento [alixera'mjen̪to] *m* ❶ *(de cargas)* Verminderung *f* ❷ *(alivio)* Erleichterung *f* ❸ *(aceleramiento)* Beschleunigung *f*
aligerar [alixe'rar] **I.** *vi* sich beeilen **II.** *vt* ❶ *(cargas)* erleichtern ❷ *(aliviar)* lindern ❸ *(acelerar)* beschleunigen; **~ el paso** schneller gehen
alijar [ali'xar] **I.** *m* ❶ *(dehesa)* Weide *f; (terreno inculto)* Brachland *nt* ❷ *(cortijo)* Gutshof *m* **II.** *vt* (NÁUT: *un barco*) löschen
alilaya[1] [ali'laɟa] *mf (Méx)* ❶ *(persona lista)* gerissene Person *f* ❷ *(persona chismosa)* Klatschbase *f* ❸ *(persona embustera)* Flunkerer, -in *m, f fam*
alilaya[2] [ali'laɟa] *f (Col, Cuba: excusa)* faule Ausrede *f*
alimaña [ali'maɲa] *f* ❶ *(animal)* Raubzeug *nt* ❷ *(persona)* Schurke, -in *m, f*
alimañero [alima'ɲero] *m (cazador de alimañas)* Jäger *m* von Raubzeug
alimentación [alimen̪ta'θjon] *f* ❶ *(nutrición)* Ernährung *f; (aprovisionamiento)* Verpflegung *f;* **industria de la ~** Nahrungsmittelindustrie *f* ❷ *(de animales)* Fütterung *f* ❸ *(de un horno/una caldera)* Beschicken *nt; (de una máquina)* Zufuhr *f* (**con** von +*dat*); **~ de energía** Energiezufuhr *f;* **~ de papel** (INFOR) Papierzuführung *f*
alimentador[1] [alimen̪ta'ðor] *m* (TÉC) Zuleitung *f;* (ELEC) Speisekabel *nt;* **~ de hojas sueltas** (INFOR) Einzelblatteinzug *m*
alimentador(a)[2] [alimen̪ta'ðor(a)] *adj* (TÉC) Zufuhr-; **tubo ~** Zuleitung *f*
alimentar [alimen̪'tar] **I.** *vi* nahrhaft sein **II.** *vt* ❶ *(nutrir)* ernähren; *(aprovisionar)* verpflegen; **~ el odio** den Hass schüren ❷ *(animales)* füttern ❸ *(horno, caldera)* beschicken; *(máquina)* speisen; **~ la máquina con energía** der Maschine Energie zuführen ❹ (INFOR) **~ un ordenador con datos** Daten in einen Computer eingeben **III.** *vr:* **~se** sich ernähren (**de** von +*dat*)
alimentario, -a [alimen̪'tarjo, -a] *adj* Ernährungs-; **industria alimentaria** Nahrungsmittelindustrie *f*
alimenticio, -a [alimen̪'tiθjo, -a] *adj* ❶ *(nutritivo)* nahrhaft ❷ *(alimentario)* Nahrungs-; **industria alimenticia** Nahrungsmittelindustrie *f;* **pensión alimenticia** Unterhalt *m;* **productos ~s** Nahrungsmittel *ntpl*
alimenticios [alimen̪'tiθjos] *mpl* Nahrungsmittel *ntpl*
alimentista [alimen̪'tista] *mf* (JUR) Unterhaltsempfänger(in) *m(f)*
alimento [ali'men̪to] *m* ❶ *(sustancia)* Nahrung *f;* **los ~s** die Nahrungsmittel; **~ básico** Grundnahrungsmittel *nt;* **~s congelados** Tiefkühlkost *f;* **~s genéticamente modificados** gentechnisch veränderte Lebensmittel; **~ orgánico** Biolebensmittel *nt* (aus ökologischer Landwirtschaft) ❷ *(alimentación)* Ernährung *f;* **de mucho/poco ~** sehr/wenig nahrhaft ❸ *pl (manutención)* Alimente *pl*
alimón [ali'mon] *m* **al ~** mit vereinten Kräften, zusammen
alindar [alin̪'dar] **I.** *vi* angrenzen (**con** an +*akk*); **nuestras fincas alindan** unsere Landgüter grenzen aneinander **II.** *vt* abgrenzen
alineación [alinea'θjon] *f,* **alineamiento** [alinea'mjen̪to] *m* ❶ *(general)* Ausrichtung *f* (**con** auf +*akk*); **no ~** (POL) Blockfreiheit *f* ❷ (DEP) Mannschaftsaufstellung *f*
alinear [aline'ar] **I.** *vt* ❶ *(poner en línea)* (in Reih und Glied) aufstellen ❷ (DEP) in die Mannschaft aufnehmen; *(para un partido)* aufstellen ❸ (POL) **país no alineado** blockfreies Land **II.** *vr:* **~se** ❶ *(ponerse en fila)* sich (in Reih und Glied) aufstellen; *(estar en fila)* in einer Reihe stehen ❷ (POL) sich anschließen (**con** +*dat*); *(orientarse)* sich orientieren (**con** an +*dat*)
aliñar [ali'ɲar] *vt* ❶ *(condimentar)* würzen; *(ensalada)* anmachen ❷ *(preparar)* zubereiten
aliño [a'liɲo] *m* ❶ *(acción)* Zubereitung *f* ❷ *(condimento)* Gewürz *nt; (para ensalada)* Dressing *nt*
alioli [ali'oli] *m* Knoblauchölsoße *f*
alisar [ali'sar] *vt* ❶ *(una superficie)* glätten; *(un terreno)* einebnen ❷ *(el pelo)* auskämmen
alisio [a'lisjo] *adj* **vientos ~s** Passatwinde *mpl*
aliso [a'liso] *m* ❶ (BOT) Erle *f* ❷ *(madera)* Erlenholz *nt*

alistado, -a [alis'taðo, -a] *adj* gestreift; **camisa alistada** Streifenhemd *nt*

alistamiento [alista'mjen̩to] *m* ① *(inscripción)* Einschreibung *f* ② *(lista)* Auflistung *f* ③ (MIL) Musterung *f; (en la marina)* Anheuerung *f*

alistar [alis'tar] **I.** *vt* ① *(inscribir)* einschreiben ② *(enumerar)* auflisten ③ (MIL) mustern; *(enrolar)* anwerben; *(en la marina)* anheuern **II.** *vr:* **~se** ① *(inscribirse)* sich einschreiben ② (MIL) sich (freiwillig) melden; *(en la marina)* anheuern

aliteración [alitera'θjon] *f* Alliteration *f*

aliviar [ali'βjar] **I.** *vi* den Schritt beschleunigen **II.** *vt* ① *(carga)* leichter machen; **tienes que ~ la maleta** du musst das Gewicht des Koffers reduzieren ② *(persona)* entlasten; *(de una preocupación)* erleichtern; **estar aliviado** erleichtert sein ③ *(dolor, pena)* mildern; **~ un bloqueo económico** eine Wirtschaftsblockade lockern **III.** *vr:* **~se** ① *(dolor, pena)* nachlassen ② *(de una enfermedad)* sich erholen

alivio [a'liβjo] *m* ① *(aligeramiento)* Erleichterung *f* ② *(de una enfermedad)* Erholung *f; (mejoría)* Besserung *f* ③ *(loc)* **vestir de ~** Trauer tragen; **he pescado un catarro de ~** *(fam)* ich habe mich schwer erkältet; **sus amigos son de ~** *(fam)* seine/ihre Freunde sind bösartig

aljibe [al'xiβe] *m* ① *(cisterna)* Zisterne *f* ② *(tanque)* Wassertank *m* ③ *(barco)* Tanker *m*

allá [a'ʎa] *adv* ① *(lugar)* dort; **el más ~** (REL) das Jenseits ② *(dirección)* dorthin; **¿cuánto se tarda de aquí ~?** wie lange braucht man bis dorthin?; **ponte más ~** stelle dich weiter weg ③ *(tiempo)* damals; **~ por el año 64** um das Jahr 64 herum; **~ en tiempos de Maricastaña** anno dazumal ④ *(loc)* **¡~ tú!** *(fam)* das ist deine Sache!

allanamiento [aʎana'mjen̩to] *m* ① *(de un terreno)* (Ein)ebnen *nt* ② *(de dificultades)* Behebung *f* ③ (JUR) **~ de morada** Hausfriedensbruch *m*

allanar [aʎa'nar] **I.** *vt* ① *(terreno, camino)* ebnen ② *(construcción)* niederreißen ③ *(dificultades)* beheben ④ (JUR) **~ una casa** Hausfriedensbruch begehen **II.** *vr:* **~se** sich fügen (**a** +*dat*); **no se allana nunca** er/sie gibt nie nach; **~se a las órdenes** die Anordnungen befolgen

allegado, -a [aʎe'ɣaðo, -a] **I.** *adj* nahestehend **II.** *m, f* Verwandte(r) *mf*

allegar [aʎe'ɣar] <g → gu> *vt (recursos)* aufbringen; *(pruebas, datos)* sammeln

allende [a'ʎen̩de] *adv* jenseits; **~ las montañas** jenseits der Berge; **~ de ser guapa, es agradable** sie ist nicht nur hübsch, sondern auch noch nett

allí [a'ʎi] *adv* ① *(lugar)* dort; **~ cerca, por ~** dort in der Nähe; **¡~ viene!** da kommt er/sie! ② *(dirección)* dorthin; **hasta ~** bis dahin

alma ['alma] *f* ① *(espíritu, persona)* Seele *f;* **~ de cántaro** Einfaltspinsel *m;* **un ~ de Dios** eine Seele von Mensch; **~ en pena** armer Mensch; **¡~ mía!** mein Liebling!; **agradecer con el ~** von Herzen danken; **no tener ~** herzlos sein; **me arranca el ~** das zerreißt mir das Herz; **me llega al ~** das geht mir sehr nahe; **lo siento en el ~** ich bedauere es von ganzem Herzen; **fue el ~ de la fiesta** er/sie brachte die Fete in Schwung; **se le cayó el ~ a los pies** *(fam)* er/sie warf die Flinte ins Korn; **como ~ que lleva el diablo** *(fam)* wie ein geölter Blitz; **estar con el ~ en un hilo** *(fam)* (wie) auf (glühenden) Kohlen sitzen ② *(ánimo)* Gemüt *nt* ③ (TÉC) Kern *m*

almacén [alma'θen] *m* ① *(depósito)* Lager *nt;* **~ de diapositivas** Diamagazin *nt;* **~ al por mayor** Großhandlung *f;* **franco en ~** ab Lager; **tener en ~** auf Lager haben ② *(tienda)* **grandes almacenes** Kaufhaus *nt*

almacenable [almaθe'naβle] *adj* lagerfähig

almacenaje [almaθe'naxe] *m,* **almacenamiento** [almaθena'mjen̩to] *m* ① *(de mercancías)* (Ein)lagerung *f* ② (INFOR) Speicherung *f* ③ *(tasa)* Lagergebühr *f*

almacenar [almaθe'nar] *vt* ① *(mercancías)* (ein)lagern ② (INFOR) speichern; **~ en disco duro** auf der Festplatte (ab)speichern

almacenero, -a [almaθe'nero, -a] *m, f* *(CSur: dueño)* Lebensmittelhändler(in) *m(f)*

almacenista [almaθe'nista] *mf* Großhändler(in) *m(f)*

almagre [al'maɣre] *m* Rötel *m*

almanaque [alma'nake] *m* Almanach *m*

almeja [al'mexa] *f* Venusmuschel *f*

almena [al'mena] *f* Zinne *f*

almendra [al'men̩dra] *f* ① *(fruta)* Mandel *f;* **~s garapiñadas** gebrannte Mandeln ② *(semilla)* Mandelkern *m* ③ *(fam: guijarro)* Kieselstein *m*

almendrado[1] [almen̩'draðo] *m* *(AmC:* GASTR) Mandelsauce *f*

almendrado, -a[2] [almen̩'draðo, -a] *adj* mandelförmig; **ojos ~s** Mandelaugen *ntpl*

almendral [almen̩'dral] *m* Mandelbaumpflanzung *f*

almendro [al'men̩dro] *m* Mandelbaum *m*

almeriense [alme'rjense] *adj* aus Almería

almíbar [al'miβar] *m* Sirup *m;* **melocotón en ~** Pfirsichkompott *nt*
almibarar [almiβa'rar] *vt* in Sirup einlegen; **~ a alguien** jdm schmeicheln
almidón [almi'ðon] *m* Stärke *f; (para telas)* Wäschestärke *f; (alimento)* Stärkemehl *nt; (cola)* Leim *m*
almidonado, -a [almiðo'naðo, -a] *adj (acicalado)* geschniegelt
almidonar [almiðo'nar] *vt* stärken
alminar [almi'nar] *m* Minarett *nt*
almirantazgo [almiran̪'taθɣo] *m* ❶ *(grado)* Admiralsrang *m* ❷ *(tribunal)* Admiralität *f*
almirante [almi'ran̪te] *m* Admiral *m*
almirez [almi'reθ] *m* Mörser *m*
almizcle [al'miθkle] *m* Moschus *m*
almizclero [almiθ'klero] *m* Moschustier *nt*
almohada [almo'aða] *f* ❶ *(cojín)* Kissen *nt; (de la cama)* Kopfkissen *nt;* **consultar algo con la ~** *(fam)* etw überschlafen ❷ *(funda)* Kopfkissenbezug *m*
almohadilla [almoa'ðiʎa] *f (cojín)* Kissen *nt; (acerico)* Nadelkissen *nt;* **~ de tinta** Stempelkissen *nt*
almohadillado[1] [almoaði'ʎaðo] *m* ❶ *(con forma de almohadilla)* Kissen *nt* ❷ (ARQUIT: *sillar*) Bossenquader *m; (sillería)* Bossage *f*
almohadillado, -a[2] [almoaði'ʎaðo, -a] *adj* gepolstert
almohadón [almoa'ðon] *m* Kissen *nt; (del sofá)* Sofakissen *nt*
almoneda [almo'neða] *f* ❶ *(subasta)* Versteigerung *f* ❷ *(saldo)* Ausverkauf *m*
almorranas [almo'rranas] *fpl* Hämorrhoiden *fpl*
almorzar [almor'θar] *vi, vt irr como forzar* ❶ *(a mediodía)* zu Mittag essen ❷ *(reg: desayunar)* frühstücken
almuerzo [al'mwerθo] *m* ❶ *(al mediodía)* Mittagessen *nt;* **~-coloquio** Arbeitsessen *nt;* **~ de negocios** Geschäftsessen *nt;* **¿qué hay de ~?** was gibt es zum Mittagessen? ❷ *(reg: desayuno)* Frühstück *nt*
almunia [al'munja] *f (huerto)* (Nutz)garten *m; (granja)* Bauernhof *m*
alnado, -a [al'naðo, -a] *m, f (hijastro)* Stiefkind *nt,* Stiefsohn, -tochter *m, f*
aló [a'lo] *interj (AmC, AmS: conversación telefónica)* hallo; **~, ¿quién es?** hallo, wer spricht (da)?
alocado, -a [alo'kaðo, -a] *adj* ❶ *(loco)* verrückt ❷ *(imprudente)* leichtfertig ❸ *(revoltoso)* ausgelassen
alocarse [alo'karse] <c → qu> *vr (volverse loco)* verrückt werden; *(atolondrarse)* überschnappen
alocución [aloku'θjon] *f* Ansprache *f*
alojamiento [aloxa'mjen̪to] *m* ❶ *(lugar)* Unterkunft *f* ❷ *(acción)* Unterbringung *f;* (MIL) Einquartierung *f* ❸ (INFOR) **~ web** Webhosting *nt*
alojar [alo'xar] **I.** *vt* ❶ *(albergar)* beherbergen ❷ *(procurar alojamiento)* unterbringen; *(tropa)* einquartieren ❸ *(cosa)* hineinstecken (**en** in +*akk*) **II.** *vr:* **~se** ❶ *(hospedarse)* unterkommen; *(en un hotel)* absteigen; (MIL) sich einquartieren ❷ *(meterse)* stecken (**en** in +*dat*)
alondra [a'lon̪dra] *f* Lerche *f*
alongado, -a [aloŋ'gaðo, -a] *adj (alargado)* lang, länglich
alopecia [alo'peθja] *f sin pl* Haarausfall *m*
alpaca [al'paka] *f* ❶ *(tela, t.* ZOOL) Alpaka *nt* ❷ *(aleación)* Neusilber *nt*
alpargata [alpar'ɣata] *f* ≈ Espadrille *f;* **no tener ni para ~s** *(fig)* ein armer Schlucker sein
alpargatería [alparɣate'ria] *f* ❶ *(obrador)* (Leinen)schuhwerkstatt *f* ❷ *(zapatería)* (Leinen)schuhgeschäft *nt*
Alpes ['alpes] *mpl* Alpen *pl*
alpinismo [alpi'nismo] *m sin pl* Bergsteigen *nt*
alpinista [alpi'nista] *mf* Bergsteiger(in) *m(f)*
alpino, -a [al'pino, -a] *adj* Alpen-; **refugio ~** Alpenhütte *f*
alpiste [al'piste] *m* ❶ (BOT) Kanariengras *nt* ❷ *(para pájaros)* Vogelfutter *nt* ❸ *(loc, fam)* **no tener para ~** bettelarm sein; **le gusta mucho el ~** er/sie ist ein Schluckspecht
alquequenje [alke'keŋxe] *m* (BOT) Physalis *f*
alquería [al'keria] *f* Aussiedlerhof *m*
alquilado, -a [alki'laðo, -a] *m, f (PRico: sirviente)* Bedienstete(r) *f(m)*
alquilador(a) [alkila'ðor(a)] *m(f)* ❶ *(persona que toma en alquiler)* Mieter(in) *m(f)* ❷ *(persona que alquila)* Vermieter(in) *m(f)*
alquilar [alki'lar] **I.** *vt* ❶ *(dejar)* vermieten ❷ *(tomar en alquiler)* mieten **II.** *vr:* **~se** *(destinado a ser alquilado)* zu vermieten sein; **se alquila** zu vermieten
alquiler [alki'ler] *m* ❶ *(acción)* Mieten *nt; (de parte del dueño)* Vermieten *nt;* **~ de coches** Autoverleih *m;* **~ con opción de compra** (AUTO) Leasing *nt;* **de ~** Miet- ❷ *(precio)* Miete *f*
alquimia [al'kimja] *f* Alchimie *f*
alquimista [alki'mista] *mf* Alchimist(in) *m(f)*
alquitrán [alki'tran] *m* Teer *m*
alquitranar [alkitra'nar] *vt* teeren
alrededor [alrreðe'ðor] *adv* ❶ *(local)* ringsherum; **~ de la plaza** rings um den Platz; **un viaje ~ de la tierra** eine Reise

rund um die Welt ② *(aproximadamente)* **~ de** um

alrededores [alrreðe'ðores] *mpl* Umgebung *f*

Alsacia [al'saθja] *f* Elsass *nt;* **~-Lorena, Alsacia y Lorena** Elsass-Lothringen *nt*

alsaciano, -a [alsa'θjano, -a] **I.** *adj* elsässisch **II.** *m, f* Elsässer(in) *m(f)*

alta ['al̪ta] *f* ① *(documento)* Entlassungsschein *m;* **dar el ~** gesundschreiben; **dar de ~ del hospital** aus dem Krankenhaus entlassen ② *(inscripción)* Anmeldung *f; (ingreso)* Beitritt *m;* **darse de ~ en (el registro de) una ciudad** sich beim Einwohnermeldeamt anmelden; **darse de ~ en una asociación** einem Verein beitreten; **dar de ~ a alguien en un partido** jdn als Mitglied in eine Partei aufnehmen

altamente [al̪ta'men̪te] *adv* äußerst; **~ contaminado** hochgradig verseucht; **~ cualificado** hoch qualifiziert

altanería [al̪tane'ria] *f* Überheblichkeit *f*

altanero, -a [al̪ta'nero, -a] *adj* überheblich

altar [al̪'tar] *m* Altar *m;* **~ mayor** Hochaltar *m;* **poner a alguien en los ~es** *(fig)* jdn über den grünen Klee loben; **quedarse para adornar ~es** *(fig)* als alte Jungfer enden; **tener a alguien en los ~es** *(fig)* jdm größte Hochachtung entgegenbringen

altavoz [al̪ta'βoθ] *m* Lautsprecher *m*

alterabilidad [al̪teraβili'ða$^{\eth}$] *f* ① *(variabilidad)* Veränderlichkeit *f; (de alimentos)* Verderblichkeit *f* ② *(irritabilidad)* Erregbarkeit *f*

alterable [al̪te'raβle] *adj* ① *(plan)* (ver)änderbar ② *(alimento)* verderblich ③ *(irritable)* erregbar

alteración [al̪tera'θjon] *f* ① *(de planes)* (Ver)änderung *f;* (FIN) Schwankung *f;* **~ del horario** Fahrplanänderung *f* ② *(perturbación)* Störung *f* ③ *(turbación)* Unruhe *f* ④ *(irritación)* Erregung *f* ⑤ *(altercado)* Auseinandersetzung *f* ⑥ *(adulteración)* Verfälschung *f*

alterado, -a [al̪te'raðo, -a] *adj (aturdido)* durcheinander; *(demudado)* verstört

alterar [al̪te'rar] **I.** *vt* ① *(cambiar)* ändern ② *(perturbar)* stören ③ *(turbar)* in Unruhe versetzen; *(irritar)* aufregen ④ *(adulterar)* verfälschen ⑤ *(alimentos)* verderben **II.** *vr:* **~se** ① *(cambiar)* sich ändern ② *(aturdirse)* sich beunruhigen (**por** wegen +*gen/dat*); *(irritarse)* sich aufregen (**por** über +*akk*) ③ *(alimentos)* verderben; *(leche)* sauer werden

altercado [al̪ter'kaðo] *m* Auseinandersetzung *f*

altercar [al̪ter'kar] <c → qu> *vi* streiten

alteridad [al̪teri'ða$^{\eth}$] *f sin pl* (FILOS) Andersartigkeit *f,* Anderssein *nt*

alternador [al̪terna'ðor] *m* (ELEC) Wechselstromgenerator *m*

alternancia [al̪ter'nan̪θja] *f* Abwechslung *f,* Wechsel *m*

alternante [al̪ter'nan̪te] *adj* abwechselnd

alternar [al̪ter'nar] **I.** *vi* ① *(turnarse)* sich abwechseln (**en** bei +*dat*); **los veranos cálidos han alternado con los lluviosos** heiße und regnerische Sommer haben sich abgewechselt; **~ en el volante** sich beim Fahren abwechseln ② *(tratar)* **~ con alguien** mit jdm verkehren; **es persona que alterna** er/sie verkehrt mit der Creme der Gesellschaft ③ *(en un club nocturno)* animieren **II.** *vt* abwechseln; **~ el trabajo con la diversión** abwechselnd arbeiten und frei haben **III.** *vr:* **~se** sich abwechseln (**en** bei +*dat*)

alternativa [al̪terna'tiβa] *f* ① *(opción)* Alternative *f;* **poner en la ~** vor die Alternative stellen; **no le queda otra ~ que...** er/sie hat keine andere Wahl als … ② (TAUR) Zulassung *f* als Matador; **dar la ~ a alguien para algo** *(fig)* jdn für reif genug für etw halten

alternativamente [al̪ternatiβa'men̪te] *adv* abwechselnd

alternativo, -a [al̪terna'tiβo, -a] *adj* ① *(opcional)* alternativ ② *(con alternación)* wechselnd

alterne [al̪'terne] *m* **chica de ~** Animierdame *f;* **bar de ~** Animierlokal *nt*

alterno, -a [al̪'terno, -a] *adj* wechselnd; **cultivo ~** (AGR) Wechselwirtschaft *f;* **en días ~s** jeden zweiten Tag

alteza [al̪'teθa] *f* ① *(tratamiento)* Hoheit *f;* **Su A~ Real** Ihre Königliche Hoheit ② *(calidad)* Erhabenheit *f*

altibajos [al̪ti'βaxos] *mpl* ① *(de un terreno)* Unebenheiten *fpl* ② *(cambios)* Auf und Ab *nt;* **es una persona con muchos ~ en su estado de ánimo** seine/ihre Stimmung ändert sich ständig

altillo [al̪'tiʎo] *m* ① *(piso)* Zwischengeschoss *nt* ② *(desván)* Mansarde *f*

altímetro [al̪'timetro] *m* Höhenmesser *m*

altiplanicie [al̪tipla'niθje] *f,* **altiplano** [al̪ti'plano] *m* Hochebene *f*

Altísimo [al̪'tisimo] *m* **el ~** Gott *m*

altisonante [al̪tiso'nan̪te] *adj* hochtrabend

altitud [al̪ti'tu$^{\eth}$] *f* Höhe *f;* **a una ~ de 1500 metros** in 1500 Meter Höhe; **Madrid está a una ~ de 640 metros sobre el nivel del mar** Madrid liegt 640 Meter über dem Meeresspiegel

altivez [al̪ti'βeθ] *f* Überheblichkeit *f*

altivo, **-a** [al̪'tiβo, -a] *adj (soberbio)* überheblich

alto[1] ['al̪to] **I.** *interj* halt; **¡~ el fuego!** Feuer einstellen! **II.** *m* ❶ *(descanso)* Pause *f;* **~ el fuego** Waffenstillstand *m;* **dar el ~** zum Anhalten auffordern ❷ *(altura)* Höhe *f;* **medir 8 metros de ~** 8 Meter hoch sein ❸ *(collado)* Anhöhe *f* ❹ *pl (piso alto)* Obergeschoss *nt* **III.** *adv* ❶ *(en voz alta)* laut ❷ *(en un lugar elevado)* hoch; **ponlo en lo más ~** stell es ganz nach oben; **de ~ abajo** von oben nach unten ❸ *(loc)* **pasar un saludo por ~** eine Begrüßung übersehen; **pasar una pregunta por ~** eine Frage übergehen; **por todo lo ~** prächtig

alto, **-a**[2] ['al̪to, -a] *adj* ❶ *(en general)* hoch; **~s cargos** Führungskräfte *fpl;* **un ~ cargo** eine hohe Stellung; **notas altas** (MÚS) hohe Töne; **de alta calidad** von erstklassiger Qualität; **~s funcionarios** hohe Beamte; **tener un ~ concepto de alguien** eine hohe Meinung von jdm haben ❷ *(ser viviente)* groß ❸ *(en la parte superior)* obere(r, s); **clase alta** Oberschicht *f* ❹ (GEO: *territorio*) Hoch-; *(río)* Ober-; **la alta montaña** das Hochgebirge; **el ~ Rin** der Oberrhein; **el ~ Tajo** der Oberlauf des Tajos ❺ *(idioma, época)* Hoch-; **la alta Edad Media** das hohe Mittelalter ❻ *(tiempo)* spät; **a altas horas de la noche** spätabends ❼ *(río)* Hochwasser führend; *(mar)* aufgewühlt; **el río está ~** der Fluss ist gestiegen ❽ *(sonido)* laut; **hablar en voz alta** laut sprechen

altoparlante [al̪topar'lan̪te] *m (Am)* Lautsprecher *m*

altramuz [al̪tra'muθ] *m* Lupine *f*

altruismo [al̪tru'ismo] *m sin pl* Selbstlosigkeit *f*

altruista [al̪tru'ista] **I.** *adj* selbstlos **II.** *mf* Altruist(in) *m(f)*

altura [al̪'tura] *f* ❶ *(altitud, de un sonido)* Höhe *f;* **de gran ~** hoch; **de poca ~** niedrig; **a gran ~** in großer Höhe; **una montaña de 2000 metros de ~** ein 2000 Meter hoher Berg; **el avión pierde ~** das Flugzeug verliert an Höhe; **estar a la ~ de Valencia** auf der Höhe von Valencia liegen; **estar a la ~ de las circunstancias** der Situation gewachsen sein; **estar a la ~ del betún** *(fam)* ein schlechtes Bild abgeben; **a estas ~s** zu diesem Zeitpunkt ❷ *(estatura)* Größe *f* ❸ *(excelencia)* Erhabenheit *f* ❹ *pl (cielo)* Himmel *m*

alubia [a'luβja] *f* Bohne *f*

alucinación [aluθina'θjon] *f* Halluzination *f*

alucinado, **-a** [aluθi'naðo, -a] *adj (fam: asombrado)* **miraba ~ a la chica** er starrte wie gebannt auf das Mädchen; **me quedé ~ al leerlo en el periódico** ich war ganz platt, als ich es in der Zeitung las

alucinante [aluθi'nan̪te] *adj (fam: fantástico)* klasse; *(increíble)* unglaublich

alucinar [aluθi'nar] **I.** *vi (fam)* ❶ *(hablando)* halluzinieren; **¡tú alucinas!** *(fig)* red doch kein Unsinn! ❷ *(quedar fascinado)* verblüfft sein; **aluciné con sus conocimientos de chino** ich war baff über seine/ihre Chinesischkenntnisse **II.** *vt (fam)* ❶ *(deslumbrar)* blenden; *(cautivar)* fesseln ❷ *(entusiasmar)* begeistern

alucinógeno[1] [aluθi'noxeno] *m* (MED) Halluzinogen *nt*

alucinógeno, **-a**[2] [aluθi'noxeno, -a] *adj* halluzinogen

alud [a'luᵈ] *m* Lawine *f;* **un ~ de gente** eine große Menschenmenge

aludir [alu'ðir] *vi (referirse)* anspielen (**a** auf +*akk*); *(mencionar)* erwähnen (**a** +*akk*); **darse por aludido** sich betroffen fühlen; **no darse por aludido** sich *dat* nichts anmerken lassen

alumbrado [alum'braðo] *m* Beleuchtung *f;* **~ público** Straßenbeleuchtung *f*

alumbramiento [alumbra'mjen̪to] *m* ❶ *(iluminación)* Beleuchtung *f* ❷ *(parto)* Entbindung *f*

alumbrar [alum'brar] **I.** *vi* ❶ *(iluminar)* leuchten; **la lámpara alumbra poco** die Lampe gibt wenig Licht ❷ *(parir)* entbinden **II.** *vt* ❶ *(iluminar)* beleuchten; *(a alguien)* anleuchten ❷ *(parir)* zur Welt bringen **III.** *vr:* **~se** *(fam)* sich beschwipsen

aluminio [alu'minjo] *m* Aluminium *nt*

alumnado [alum'naðo] *m (de escuela)* Schülerschaft *f;* *(de universidad)* Studentenschaft *f*

alumno, **-a** [a'lumno, -a] *m, f (de escuela)* Schüler(in) *m(f); (de universidad)* Student(in) *m(f)*

alunado, **-a** [alu'naðo, -a] *adj* ❶ *(lunático)* verrückt ❷ *(Am: caballo)* verschlagen ❸ *(Arg: malhumorado)* schlecht gelaunt ❹ *(CRi: gata, perra)* läufig; *(hembras salvajes)* brünstig

alunizaje [aluni'θaxe] *m* Mondlandung *f*

alunizar [aluni'θar] <z → c> *vi* auf dem Mond landen

alusión [alu'sjon] *f* ❶ *(insinuación)* Anspielung *f* (**a** auf +*akk*); **hacer una ~ a algo** etw andeuten ❷ *(mención)* Erwähnung *f* (**a** +*gen*)

alusivo, **-a** [alu'siβo, -a] *adj* anspielend (**a** auf +*akk*); **dijo una frase alusiva a la situación** er/sie sagte kurz etwas über die Lage

aluvión [alu'βjon] *m* ❶ *(inundación)* Überschwemmung *f* ②*(sedimento)* Ablagerung *f;* **tierra de ~** Schwemmland *nt* ③*(cantidad)* Schwall *m*

alveolar [alβeo'lar] *adj* ①*(forma)* wabenförmig ②(LING) alveolar

alveolo [alβe'olo] *m,* **alvéolo** [al'βeolo] *m* ①(ANAT) Alveole *f;* **~ pulmonar** Lungenbläschen *nt* ②*(del panal)* Bienenzelle *f*

alza ['al̥θa] *f* ①*(elevación)* Anstieg *m;* **~ abusiva de los precios** Preiswucher *m;* **ir** [*o* **estar**] **en ~** *(precios)* steigen; *(persona)* an Ansehen gewinnen ②*(de un zapato)* Leistenaufschlag *m* ③*(de un arma)* Visier *nt*

alzada [al̥'θaða] *f* ①*(de un caballo)* Stockmaß *nt* ②(JUR) Einspruch *m*

alzado[1] [al̥'θaðo] *m* (ARQUIT) Aufriss *m*

alzado, -a[2] [al̥'θaðo, -a] *adj* ①*(fijado)* pauschal ②*(sublevado)* aufständisch ③*(Am: montaraz)* wild; *(en celo)* brünstig

alzamiento [al̥θa'mjen̥to] *m* Aufstand *m*

alzaprima [al̥θa'prima] *f* ①*(palanca)* Hebel *m;* *(más grande)* Hebebaum *m* ②*(cuña)* Keil *m* ③(MÚS) Steg *m*

alzar [al̥'θar] <z → c> **I.** *vt* ①*(levantar)* heben; *(precio)* erhöhen; *(puño, voz)* erheben; **~ pelo** *(AmC, Méx)* Angst haben ②*(poner vertical)* aufrichten ③*(sostener)* hochhalten ④*(quitar)* abnehmen; *(colcha, mantel)* abziehen; *(mesa)* abräumen; *(sello)* entfernen; *(campamento)* abbrechen ⑤*(construir)* errichten ⑥(AGR: *cosecha*) einbringen; *(tierra)* ackern ⑦*(loc)* **~ el vuelo** *(pájaro)* losfliegen; *(persona)* das Elternhaus verlassen **II.** *vr:* **~se** ①*(levantarse, destacar)* sich erheben; **allí se alza la universidad** dort ragt das Universitätsgebäude empor ②(JUR) Einspruch erheben ③*(Am: animales)* verwildern ④*(Am: sublevarse)* sich auflehnen ⑤*(Am: robar)* stehlen; **~se con la pasta** *(fam)* mit der Kohle durchbrennen

alzheimer [al̥'θei̯mer/al'sai̯mer] *m sin pl* (MED) Alzheimerkrankheit *f*

a.m. [a'eme] *abr de* **ante meridiem** a. m. *(vormittags)*

ama ['ama] *f* *(dueña)* Herrin *f;* *(propietaria)* Besitzerin *f;* **~ de casa** Hausfrau *f;* **~ de cría** Amme *f;* **~ de llaves** Haushälterin *f*

amabilidad [amaβili'ðaᵈ] *f* Freundlichkeit *f;* **tuvo la ~ de avisarme** er/sie war so freundlich, mir Bescheid zu sagen; **le agradezco su ~** das ist sehr freundlich von Ihnen

amable [a'maβle] *adj* freundlich, liebenswürdig; **ser ~ (para) con alguien** freundlich zu jdm sein; **¿sería Ud. tan ~ de explicármelo?** wären Sie so freundlich, es mir zu erklären?

amado, -a [a'maðo, -a] **I.** *adj (elev)* geliebt, teuer; **me despedí de mi hijo ~** ich nahm Abschied von meinem geliebten Sohn **II.** *m, f (elev)* Geliebte(r) *f(m),* Liebste(r) *f(m)*

amador(a) [ama'ðor(a)] *m(f)* Liebhaber(in) *m(f)*

amadrinar [amaðri'nar] *vt* Patin sein (von +*dat*)

amaestramiento [amaestra'mjen̥to] *m* ①*(de animales)* Abrichten *nt* ②*(de personas)* Training *nt;* **~ en el manejo de ordenadores** Unterweisung im Umgang mit Computern

amaestrar [amaes'trar] *vt* ①*(animales)* abrichten; *(caballos)* zureiten; *(para el circo)* dressieren ②*(pey: niños)* dressieren ③*(instruir)* unterweisen (**en** in +*dat*)

amagar [ama'ɣar] <g → gu> **I.** *vi* ①*(amenazar)* drohen; **estaba amagando la guerra cuando...** der Krieg stand bevor, als ... ②*(enfermedad)* sich andeuten **II.** *vt* ①*(indicar)* Anstalten machen; **amagó un golpe** er/sie machte Anstalten, zuzuschlagen ②*(amenazar)* drohen; **~ a alguien con algo** jdm mit etw *dat* drohen

amago [a'maɣo] *m* ①*(amenaza)* Drohung *f* ②*(indicio)* Anzeichen *nt* (**de** für +*akk*) ③(DEP) Finte *f*

amainar [amai̯'nar] **I.** *vi* nachlassen **II.** *vt* (NÁUT) einholen

amalaya [ama'laʝa] *interj (Am)* hoffentlich

amalgama [amal'ɣama] *f* ①(QUÍM) Amalgam *nt* ②*(mezcla)* Gemisch *nt*

amalgamar [amalɣa'mar] **I.** *vt* verquicken, vermengen **II.** *vr:* **~se** sich vermengen

amamantar [amaman̥'tar] *vt (bebé)* stillen; *(cachorro)* säugen

amancebarse [aman̥θe'βarse] *vr* in wilder Ehe leben

amanecer [amane'θer] **I.** *vimpers* dämmern; **está amaneciendo** es dämmert **II.** *vi irr como crecer* aufwachen **III.** *m* Tagesanbruch *m;* **al ~** bei Tagesanbruch

amanecida [amane'θiða] *f (Am)* Tagesanbruch *m*

amanerado, -a [amane'raðo, -a] *adj* ①*(persona)* geziert ②*(estilo)* gekünstelt

amaneramiento [amanera'mjen̥to] *m* ①*(afectación)* Geziertheit *f* ②*(de un estilo)* Manieriertheit *f*

amanerarse [amane'rarse] *vr (persona)* sich zieren

amanezquera [amaneθ'kera] *f (Méx, PRico: alba)* (Morgen)dämmerung *f,* Tagesanbruch *m;* **en la ~** früh morgens, am frühen Morgen

amansar [aman'sar] **I.** *vt* ①*(animal)* zäh-

A

men ❷ *(persona)* bändigen; *(sosegar)* besänftigen **II.** *vr:* **~se** zahm werden

amante [a'mante] **I.** *adj* **soy poco ~ de hablar en público** ich spreche nicht gerne vor Publikum **II.** *mf* ❶ *(querido)* Liebhaber(in) *m(f)* ❷ *pl (pareja)* Liebespaar *nt* ❸ *(aficionado)* Liebhaber(in) *m(f)*; **un ~ de la naturaleza** ein Naturfreund

amanuense [ama'nwense] *mf* ❶ *(secretario)* Sekretär(in) *m(f)* ❷ *(copista)* Schreiber(in) *m(f)*

amañar [ama'ɲar] **I.** *vt* ❶ *(plan, asunto)* deichseln *fam;* **~ una solución** eine Notlösung finden ❷ *(resultado, documento)* fälschen **II.** *vr* **~se con alguien** mit jdm gut auskommen; **amañárselas** (**para todo**) sich (bei allem) geschickt anstellen

amaño [a'maɲo] *m* Geschick *nt;* **con ~** geschickt

amapola [ama'pola] *f* Klatschmohn *m;* **ponerse como una ~** knallrot werden

amar [a'mar] *vt* lieben

amaraje [ama'raxe] *m* Wasserung *f;* **efectuar el ~** wassern

amarar [ama'rar] *vi* wassern (**en** auf +*dat*)

amargado, -a [amar'ɣaðo, -a] **I.** *adj* verbittert **II.** *m, f* verbitterter Mensch *m*

amargamente [amarɣa'mente] *adv* bitter, bitterlich

amargar [amar'ɣar] <g → gu> **I.** *vt* verbittern; **~ la vida a alguien** jdm das Leben schwer machen **II.** *vi* bitter schmecken; **la verdad amarga** die Wahrheit tut weh **III.** *vr:* **~se** verbittert werden

amargo, -a [a'marɣo, -a] *adj* bitter

amargor [amar'ɣor] *m,* **amargura** [amar'ɣura] *f* ❶ *(sabor)* bitterer Geschmack *m* ❷ *(sentimiento)* Verbitterung *f; (aflicción)* Betrübnis *f;* **llorar con ~** bitterlich weinen

amariconado, -a [amariko'naðo, -a] *adj (vulg pey)* weibisch

amarillear [amariʎe'ar] *vi* vergilben

amarillecer [amariʎe'θer] *vi irr como crecer* vergilben

amarillento, -a [amari'ʎento, -a] *adj* gelblich; *(fotografía, papel)* vergilbt

amarillismo [amari'ʎismo] *m sin pl* Sensationsmache *f*

amarillista [amari'ʎista] *adj* (PREN) **prensa ~** Sensationspresse *f,* Boulevardpresse *f*

amarillo, -a [ama'riʎo, -a] *adj* ❶ *(color)* gelb ❷ *(pálido)* blass

amarra [a'marra] *f* ❶ (NÁUT) Tau *nt* ❷ *pl (apoyo)* Beziehungen *f pl*

amarradero [amarra'ðero] *m* ❶ *(poste)* Pfosten *m* ❷ *(argolla)* Metallring *m* ❸ (NÁUT) Anlegeplatz *m*

amarrado, -a [ama'rraðo, -a] *adj* ❶ *(Arg, Par, PRico, Urug: tacaño)* geizig; *(innoble)* gemein ❷ *(loc)* **estar** [*o* **ir**] **~** *(haber empollado)* gepaukt haben; *(tener enchufe)* gute Beziehungen haben

amarrar [ama'rrar] **I.** *vt* ❶ *(atar)* festbinden (**a** an +*dat*); **tener a alguien muy amarrado** *(fig)* jdm wenig Freiraum lassen ❷ (NÁUT) vertäuen ❸ *(fam: empollar)* büffeln **II.** *vr:* **~se** *(Am)* heiraten

amarre [a'marre] *m* ❶ *(sujeción)* Festbinden *nt* ❷ (NÁUT) Vertäuen *nt*

amartelarse [amarte'larse] *vr* ❶ *(enamorarse)* sich bis über beide Ohren verlieben (**de** in +*akk*) ❷ *(ponerse cariñoso)* turteln

amartillar [amarti'ʎar] *vt* ❶ *(arma)* spannen ❷ *(fam: negocio)* absichern

amartizaje [amarti'θaxe] *m* Marslandung *f*

amasadora [amasa'ðora] *f* Knetmaschine *f*

amasandería [amasande'ria] *f (AmS)* Bäckerei *f*

amasar [ama'sar] *vt* ❶ *(masa)* kneten ❷ *(fortuna)* anhäufen ❸ *(pey: tramar)* anzetteln

amasijo [ama'sixo] *m* ❶ *(para hacer pan)* (Knet)teig *m* ❷ *(acción de amasar)* Kneten *nt* ❸ *(argamasa)* Mörtel *m* ❹ *(fam: mezcla)* Kuddelmuddel *m o nt* ❺ *(fam: intriga)* Machenschaft *f*

amate(u)r [ama'ter] **I.** *adj* Amateur- **II.** *mf* <amaters> Amateur(in) *m(f)*

amateurismo [amate'rismo] *m sin pl* Amateursport *m*

amatista [ama'tista] *f* Amethyst *m*

amatorio, -a [ama'torjo, -a] *adj* Liebes-

amazacotado, -a [amaθako'taðo, -a] *adj* ❶ *(colchón)* hart ❷ *(recargado)* überladen; **un informe ~ de datos** ein mit Daten vollgepackter Bericht; **estuvimos ~s en el tranvía** wir standen dicht gedrängt in der Straßenbahn

amazona [ama'θona] *f* ❶ *(mujer)* Amazone *f* ❷ *(traje)* Reitkostüm *nt*

Amazonas [ama'θonas] *m* Amazonas *m*

amazónico, -a [ama'θoniko, -a] *adj* ❶ *(del Amazonas)* Amazonas- ❷ *(de las amazonas)* Amazonen-

ámbar ['ambar] **I.** *m* Bernstein *m* **II.** *adj inv* bernsteinfarben

Amberes [am'beres] *f* Antwerpen *nt*

ambición [ambi'θjon] *f* Ehrgeiz *m;* **~ de poder** Machthunger *m;* **sin ambiciones** anspruchslos; **mi ~ en la vida es...** mein Lebensziel ist (es) ...

ambicionar [ambiθjo'nar] *vt* streben (nach +*dat*); **solamente ambiciono salud** ich wünsche mir nur Gesundheit

A

ambicioso, **-a** [ambi'θjoso, -a] *adj* ehrgeizig

ambidiestro, **-a** [ambi'djestro, -a] **I.** *adj* beidhändig **II.** *m, f* Beidhänder(in) *m(f)*

ambientación [ambjeṇta'θjon] *f* ❶(LIT) Milieuschilderung *f* ❷(TEAT) Bühnenbild *nt* ❸(CINE) Szenenausstattung *f* ❹*(adaptación)* Anpassung *f* (**a** an +*akk*)

ambientador [ambjeṇta'ðor] *m* Raumspray *m o nt*

ambiental [ambjeṇ'tal] *adj* Umwelt-; **organización** ~ Umweltorganisation *f*

ambientalista [ambjeṇta'lista] **I.** *adj* Umweltschutz-; **movimiento** ~ Naturschutzbewegung *f,* Umweltschutzbewegung *f* **II.** *mf* Naturschützer(in) *m(f),* Umweltschützer(in) *m(f)*

ambientar [ambjeṇ'tar] **I.** *vt* ❶*(novela)* ansiedeln; ~ **la acción de una novela en el siglo pasado** die Handlung eines Romans ins vergangene Jahrhundert verlegen; **la novela está ambientada en Lima** der Roman spielt in Lima ❷*(fiesta)* Stimmung machen (bei +*dat*) **II.** *vr:* **~se** ❶*(aclimatarse)* sich eingewöhnen (**en** in +*dat*) ❷*(en una fiesta)* in Stimmung kommen

ambiente [am'bjeṇte] *m* ❶*(aire)* Luft *f* ❷*(medio)* Milieu *nt;* **medio** ~ Umwelt *f;* **nocivo para el medio** ~ umweltschädlich ❸*(social)* Kreis *m* ❹*(atmósfera)* Atmosphäre *f,* Stimmung *f;* **dar** ~ Stimmung machen; **hay** ~ **para este proyecto** dieses Projekt hat gute Aussichten, angenommen zu werden; **el proyecto no encontró buen** ~ das Projekt fand keinen Anklang; **no había** ~ **en la calle** es war nicht viel los auf der Straße; **el** ~ **en la reunión estaba caldeado** bei der Versammlung herrschte dicke Luft ❺*(CSur: habitación)* Raum *m;* **un departamento de cuatro ~s** eine Vierzimmerwohnung

ambigüedad [ambiɣwe'ða^{ð}] *f* ❶*(de doble significado)* Zweideutigkeit *f;* **sin ~es** eindeutig ❷*(de más significados)* Mehrdeutigkeit *f*

ambiguo, **-a** [am'biɣwo, -a] *adj* ❶*(de doble significado)* zweideutig ❷*(de más significados)* mehrdeutig ❸(LING) doppelgeschlechtig

ámbito ['ambito] *m* ❶*(contorno)* Umkreis *m* ❷*(espacio)* Bereich *m;* **en el** ~ **nacional** auf nationaler Ebene

ambivalencia [ambiβa'leṇθja] *f* Zwiespältigkeit *f*

ambivalente [ambiβa'leṇte] *adj* ambivalent

ambos, **-as** ['ambos, -as] *adj* beide

ambulancia [ambu'laṇθja] *f* ❶*(vehículo)* Krankenwagen *m* ❷(MIL) Feldlazarett *nt* ❸(FERRO) ~ **de correos** Bahnpost *f*

ambulante [ambu'laṇte] **I.** *adj* umherziehend; **circo** ~ Wanderzirkus *m;* **vendedor** ~ Hausierer *m;* **venta** ~ fahrendes Gewerbe **II.** *mf* ~ **de correos** Angestellte(r) *mf* der Bahnpost

ambulatorio[1] [ambula'torjo] *m* Ambulanz *f*

ambulatorio, **-a**[2] [ambula'torjo, -a] *adj* ambulant

ameba [a'meβa] *f* Amöbe *f*

amechar [ame'ʧar] *vt* (GASTR) spicken

amedrentamiento [ameðreṇta'mjeṇto] *m* Angst *f,* Verängstigung *f*

amedrentar [ameðreṇ'tar] **I.** *vt* ❶*(asustar)* einschüchtern ❷*(intimidar)* Angst machen +*dat* **II.** *vr:* **~se** ❶*(asustarse)* sich erschrecken ❷*(intimidarse)* sich ängstigen

amelcochar [amelko'ʧar] **I.** *vt* *(Arg, Méx, Par: almíbar)* eindicken **II.** *vi* ❶*(Cuba: enamorarse)* sich verlieben ❷*(Méx: reblandecerse)* sich geziert benehmen

amén [a'men] **I.** *m* Amen *nt;* **decir** ~ **a todo** zu allem ja und amen sagen; **no decir ni** ~ kein Sterbenswörtchen sagen; **en un decir** ~ *(fam)* im Handumdrehen **II.** *prep* ~ **de** außer +*dat*

amenaza [ame'naθa] *f* ❶*(intimidación)* Drohung *f;* ~ **de bomba** Bombendrohung *f;* **bajo la** ~ **de violencia** unter der Androhung von Gewalt ❷*(peligro)* Bedrohung *f;* ~ **en línea** Internet-Bedrohung *f*

amenazador(a) [amenaθa'ðor(a)] *adj* ❶*(tono)* drohend; **gesto** ~ Drohgebärde *f* ❷*(que anuncia peligro)* bedrohlich

amenazante [amena'θaṇte] *adj* drohend

amenazar [amena'θar] <z → c> **I.** *vt* *(intimidar)* bedrohen; **el jefe le ha amenazado con despedirle** der Chef hat ihm angedroht, ihn zu entlassen; **¿me está amenazando?** soll das eine Drohung sein? **II.** *vi, vt* *(presagiar)* drohen; **amenaza tormenta** ein Gewitter droht; **está amenazando lluvia** es sieht nach Regen aus

amenguar [ameŋ'gwar] <gu → gü> **I.** *vi* *(empequeñecer)* kleiner werden; *(jersey, falda)* einlaufen, eingehen; *(intensidad, claridad)* abnehmen **II.** *vt* ❶*(valor)* beeinträchtigen ❷*(honor)* schänden

amenizar [ameni'θar] <z → c> *vt* ❶*(hacer agradable)* angenehm machen ❷*(entretener)* (gut) unterhalten ❸*(conversación)* beleben

ameno, **-a** [a'meno, -a] *adj* ❶*(agradable)* angenehm; *(paisaje)* lieblich ❷*(entretenido)* unterhaltsam

América [a'merika] *f* Amerika *nt;* ~ **Central** Mittelamerika *nt;* ~ **Latina** Lateinamerika *nt;* ~ **del Norte/del Sur** Nord-/Südamerika *nt;* **hacer las ~s** *(fig)* ein Vermögen machen

americana [ameri'kana] *f* Sakko *m o nt*

americanismo [amerika'nismo] *m* (LING) Lateinamerikanismus *m*

americanista [amerika'nista] *mf* Amerikanist(in) *m(f)*

americanizar [amerikani'θar] <z → c> **I.** *vt* amerikanisieren **II.** *vr:* **~se** den amerikanischen Lebensstil annehmen

americano, -a [ameri'kano, -a] **I.** *adj (de América del Sur)* südamerikanisch; *(estadounidense)* amerikanisch; **el estilo de vida** ~ der American way of life **II.** *m, f (de América del Sur)* Südamerikaner(in) *m(f); (estadounidense)* Amerikaner(in) *m(f)*

amerindio, -a [ame'ri̪ndjo, -a] **I.** *adj* indianisch **II.** *m, f* Indianer(in) *m(f)*

amerizaje [ameri'θaxe] *m* (AERO) *v.* **amaraje**

amerizar [ameri'θar] <z → c> *vi* wassern

ametrallador(a) [ametraʎa'ðor(a)] *adj* (MIL) Maschinen-; **fusil** ~ (leichtes) Maschinengewehr

ametralladora [ametraʎa'ðora] *f* Maschinengewehr *nt*

ametrallar [ametra'ʎar] *vt* (mit dem Maschinengewehr) schießen (auf *+akk*); *(matar)* (mit dem Maschinengewehr) erschießen

amianto [a'mja̪nto] *m* Asbest *m*

amigable [ami'ɣaβle] *adj* ❶ *(persona, relación)* freundschaftlich ❷ *(cosa, carácter)* freundlich; **ambiente ~ para los niños** kinderfreundliches Umfeld ❸ *(ordenador, máquina)* benutzerfreundlich

amigablemente [amiɣaβle'me̪nte] *adv* freundschaftlich; **discutir** ~ in aller Freundschaft diskutieren

amígdala [a'miɣðala] *f* Mandel *f*

amigdalitis [amiɣða'litis] *f inv* Mandelentzündung *f*

amigo, -a [a'miɣo, -a] **I.** *adj* ❶ *(que tiene la amistad)* befreundet; **es muy amiga mía** sie ist eine sehr gute Freundin von mir; **somos (muy) ~s desde la infancia** wir sind seit unserer Kindheit (sehr gut) befreundet; **¡y tan ~s!** und damit hat sich's! ❷ *(amistoso)* freundschaftlich ❸ *(aficionado, partidario)* **ser ~ de algo** etw mögen; **soy más ~ de veranear en el campo que en la costa** ich verbringe den Sommer lieber auf dem Land als an der Küste; **soy ~ de decir las cosas claras** ich bin sehr dafür, die Dinge beim Namen zu nennen; **este tipo es muy ~ de lucir** dieser Kerl glänzt gern nach außen hin **II.** *m, f* ❶ *(general)* Freund(in) *m(f);* ~ **de lo ajeno** Dieb *m;* ~ **por correspondencia** Brieffreund *m;* **hacerse ~ de alguien** sich mit jdm anfreunden; **poner a alguien cara de pocos ~s** jdn mit verbissener Miene ansehen ❷ *(amante)* Geliebte(r) *mf* ❸ *(adepto)* Anhänger(in) *m(f)*

amigocracia [amiɣo'kraθja] *f sin pl* Vetternwirtschaft *f*

amigovio, -a [ami'ɣoβjo, -a] *m, f (Arg, Méx, Par, Urug)* Freund (in) *m(f)* mit gewissen Vorzügen *fam*

amiguete [ami'ɣete] *m (fam)* Kumpel *m*

amiguismo [ami'ɣismo] *m sin pl* Vetternwirtschaft *f*

amilanar [amila'nar] **I.** *vt* ❶ *(intimidar)* einschüchtern ❷ *(desanimar)* entmutigen **II.** *vr:* **~se** ❶ *(acobardarse)* verzagen ❷ *(abatirse)* sich entmutigen lassen

aminoácido [amino'aθiðo] *m* Aminosäure *f*

aminoración [aminora'θjon] *f* Verringerung *f; (viento, fiebre)* Nachlassen *nt; (fiebre, peligro)* Sinken *nt;* ~ **de la velocidad** Verringerung der Geschwindigkeit, Abbremsen *nt*

aminorar [amino'rar] **I.** *vi* nachlassen **II.** *vt* verringern; ~ **el paso** den Schritt verlangsamen

amistad [amis'ta^{d}] *f* ❶ *(entre amigos)* Freundschaft *f;* **tener ~ con alguien** mit jdm befreundet sein; **trabar ~ con alguien** mit jdm Freundschaft schließen; **hacer las ~es con alguien** sich mit jdm versöhnen ❷ *pl (amigos)* Freunde *mpl*

amistar [amis'tar] **I.** *vi (Méx)* Freundschaft schließen **II.** *vr:* **~se** *(CSur)* sich anfreunden

amistoso, -a [amis'toso, -a] *adj* ❶ *(persona)* freundlich ❷ *(cosa)* freundschaftlich; **partido** ~ Freundschaftsspiel *nt* ❸ *(discusión)* friedlich; **llegar a un acuerdo** ~ sich gütlich einigen

amitosis [ami'tosis] *f inv* (BIOL) Amitose *f*

amnesia [am'nesja] *f sin pl* Gedächtnisverlust *m*

amnésico, -a [am'nesiko, -a] **I.** *adj* (MED) ❶ *(que padece amnesia)* Amnesie-; **pacientes ~s** Amnesiepatienten *mpl* ❷ *(de la amnesia)* amnestisch **II.** *m, f* (MED) an Amnesie Leidende(r) *mf*

amnios ['amnjos] *m inv* (ZOOL, MED) Amnion *nt,* Eihaut *f*

amniota [am'njota] *m* (ZOOL) Lebewesen *nt* aus der Gruppe der Amnioten

amnistía [amnis'tia] *f* Amnestie *f;* **A~ Internacional** Amnesty International; **conceder ~ a alguien** jdn amnestieren

amnistiar [amnis'tjar] <*1. pres* amnistío> *vt* amnestieren

A

amo ['amo] *m* ① *(de la casa)* Hausherr *m;* ~ **de casa** Hausmann *m* ② *(propietario)* Besitzer *m* ③ *(patrón)* Arbeitgeber *m* ④ *(loc)* **hacerse el ~ (de la asociación)** sich *dat* (im Verein) Autorität verschaffen; **ser el ~ en algo** der Beste in etw *dat* sein; **ser el ~ del cotarro** *(fam)* das Regiment führen

amodorrado, -a [amoðo'rraðo, -a] *adj* schläfrig

amodorramiento [amoðorra'mjen̩to] *m* Schläfrigkeit *f*

amodorrarse [amoðo'rrarse] *vr* schläfrig werden

amohinar [amoi'nar] *irr como airar* **I.** *vt* *(enfadar)* ärgern **II.** *vr:* **~se** *(enfadarse)* sich ärgern

amojonar [amoxo'nar] *vt* vermessen, abstecken

amolar [amo'lar] <o → ue> **I.** *vt* ① *(afilar)* schleifen ② *(fam: molestar)* nerven **II.** *vr:* **~se** *(vulg: críticas, sinsabores)* hinunterschlucken *fam;* **¡que se amuele!** zum Teufel mit ihm/ihr! *fam*

amoldable [amol̩'daβle] *adj* ① *(moldeable)* formbar, modellierbar ② *(acomodaticio)* anpassungsfähig

amoldamiento [amol̩da'mjen̩to] *m* ① *(modelado)* Formgebung *f* ② *(acomodación)* Anpassung *f* (**a** an +*akk*)

amoldar [amol̩'dar] **I.** *vt* ① *(ajustar al molde)* einpassen (**a** in +*akk*) ② *(moldar)* formen ③ *(acomodar)* anpassen (**a** +*dat*) **II.** *vr:* **~se** sich anpassen (**a** +*dat*)

amonestación [amonesta'θjon] *f* ① *(advertencia)* Ermahnung *f;* *(reprensión)* Verwarnung *f;* **tarjeta de ~** (DEP) Gelbe Karte ② *(de los novios)* Aufgebot *nt;* **correr las amonestaciones** das Aufgebot verlesen

amonestar [amones'tar] **I.** *vt* ① *(advertir)* ermahnen; *(reprender)* verwarnen ② *(los novios)* aufbieten **II.** *vr:* **~se** das Aufgebot bestellen

amoniaco [amo'njako] *m,* **amoníaco** [amo'niako] *m* Ammoniak *nt*

amontonamiento [amon̩tona'mjen̩to] *m* ① *(de tierra, heno)* Aufhäufen *nt;* *(de periódicos, cajas)* (Auf)stapeln *nt;* *(montón)* Haufen *m* ② *(de conocimientos, dinero)* Anhäufung *f*

amontonar [amon̩to'nar] **I.** *vt* ① *(tierra, heno)* aufhäufen; *(periódicos, cajas)* stapeln ② *(conocimientos, dinero)* anhäufen; **los refugiados estaban amontonados en el trasbordador** die Flüchtlinge waren auf der Fähre zusammengepfercht **II.** *vr:* **~se** ① *(cosas)* sich häufen ② *(personas)* sich drängen ③ *(sucesos, noticias)* sich überstürzen

amor [a'mor] *m* Liebe *f;* ~ **al prójimo** Nächstenliebe *f;* ~ **propio** Ehrgefühl *nt;* ~ **a primera vista** Liebe auf den ersten Blick; **¡~ mío!** mein Liebling!; **mi gran ~ es el cine** meine große Leidenschaft ist der Film; **hacer el ~ con alguien** *(fam)* mit jdm schlafen; **hacer algo con ~** etw liebevoll machen; **con** [*o* **de**] **mil ~es** mit (dem größten) Vergnügen; **en ~ y compaña** in Frieden und Eintracht; **por ~ al arte** umsonst; **¡por ~ de Dios!** um Gottes willen!; **~ con ~ se paga** *(prov)* wie man in den Wald hineinruft, so schallt es heraus

amoral [amo'ral] *adj* amoralisch

amoratado, -a [amora'taðo, -a] *adj* dunkelviolett; **un ojo ~** ein blaues Auge; **tengo los labios ~s de frío** meine Lippen sind blau vor Kälte; **tengo el brazo ~ de la caída** ich habe von dem Sturz einen blauen Fleck am Arm

amoratarse [amora'tarse] *vr* ① *(una cosa)* dunkelviolett werden ② *(el cuerpo)* blau werden; **se le amoratό el muslo** er/sie bekam einen blauen Fleck am Oberschenkel

amordazar [amorða'θar] <z → c> *vt* knebeln; *(fig)* mundtot machen

amorfo, -a [a'morfo, -a] *adj* formlos

amorío(s) [amo'rio(s)] *m(pl)* *(pey)* Affäre *f*

amoroso, -a [amo'roso, -a] *adj* ① *(de amor)* Liebes- ② *(cariñoso)* liebevoll (**con/para con** zu +*dat*) ③ *(tierra, tela)* weich ④ *(tiempo)* mild

amorrar [amo'rrar] **I.** *vi* *(fam)* ① *(bajar la cabeza)* den Kopf hängen lassen ② *(mostrar enfado)* schmollen **II.** *vr:* **~se** ① *(fam: enfadarse)* mürrisch werden ② *(loc)* **~se a la botella** die Flasche an die Lippen setzen

amorriñarse [amorri'ɲarse] *vr* melancholisch [*o* wehmütig] werden

amortajar [amorta'xar] *vt* *(difunto)* ankleiden

amortecer [amorte'θer] *irr como crecer* **I.** *vt* *(ruido, color, luz)* (ab)dämpfen; *(dolor)* mildern; *(pasión, sentimiento)* abtöten **II.** *vr:* **~se** ohnmächtig werden, in Ohnmacht fallen

amortiguador [amortiɣwa'ðor] *m* (AUTO) Stoßdämpfer *m*

amortiguar [amorti'ɣwar] <gu → gü> *vt* dämpfen; *(golpe, caída)* auffangen; *(pena, dolor)* mildern; *(sentimiento)* abtöten; **~ los faros** (AUTO) abblenden

amortización [amortiθa'θjon] *f* ① *(de una deuda)* Tilgung *f* ② *(fiscal)* Abschreibung *f*

amortizar [amorti'θar] <z → c> *vt* ① *(deuda)* tilgen ② *(fiscalmente)* abschrei-

ben ❸*(inversión)* amortisieren ❹*(empleos)* abbauen
amoscarse [amos'karse] <c → qu> *vr*; **amostazarse** [amosta'θarse] <z → c> *vr* *(fam)* einschnappen
amotinamiento [amotina'mjen̩to] *m* ❶(MIL) Meuterei *f* ❷*(sublevación, levantamiento)* Aufstand *m*
amotinar [amoti'nar] **I.** *vt* aufhetzen **II.** *vr:* **~se** sich auflehnen
amovible [amo'βiβle] *adj* *(empleado)* kündbar; *(cambio de lugar)* versetzbar; *(sustituible)* austauschbar
amparar [ampa'rar] **I.** *vt* (be)schützen (**contra/de** vor +*dat*); **~ a alguien** jdm Schutz gewähren; **la constitución ampara la libertad de religión** die Verfassung gewährleistet die Religionsfreiheit **II.** *vr:* **~se** sich schützen (**contra/de** vor +*dat*); **~se bajo algo** unter etw *dat* Zuflucht suchen; **se ampara en una ley antigua** er/sie beruft sich auf ein altes Gesetz; **el espía se amparó en la oscuridad para escapar** der Spion entkam im Schutz der Dunkelheit
amparo [am'paro] *m* ❶*(protección)* Schutz *m*; **estar al ~ de alguien** unter jds Schutz stehen; **al ~ de la oscuridad** im Schutz der Dunkelheit ❷*(refugio)* Zuflucht *f*
amperímetro [ampe'rimetro] *m* (ELEC) Amperemeter *nt*
amperio [am'perjo] *m* Ampere *nt*
ampimpado, -a [ampim'paðo, -a] *adj* *(Am)* betrunken
ampliable [amplja'βle] *adj* ❶*(extensible)* ausdehnbar ❷*(aumentable)* vergrößerungsfähig; *(ordenador)* erweiterbar
ampliación [amplja'θjon] *f* Vergrößerung *f*; *(de conocimientos)* Erweiterung *f*; *(de un número, el capital)* Erhöhung *f*; *(de un territorio)* Ausdehnung *f*; *(de un edificio/una carretera)* Ausbau *m*; *(de un sonido)* Verstärkung *f*; **~ de RAM** (INFOR) RAM-Erweiterung *f*; **~ del surtido** Sortimentserweiterung *f*
ampliadora [amplja'ðora] *f* (FOTO) Vergrößerungsapparat *m*
ampliamente [amplja'men̩te] *adv* ❶*(cumplidamente)* reichlich ❷*(extensamente)* ausführlich; **las condiciones han mejorado ~** die Bedingungen sind jetzt weitaus besser
ampliar [ampli'ar] <*1. pres* amplío> *vt* vergrößern; *(conocimientos)* erweitern; *(capital, número)* erhöhen; *(territorio)* ausdehnen; *(edificio, carretera)* ausbauen; *(sonido)* verstärken; **edición ampliada** erweiterte Ausgabe
amplificación [amplifika'θjon] *f* ❶*(de sonidos)* Verstärkung *f* ❷*(en retórica)* Amplifikation *f*, Ausschmückung *f*
amplificador [amplifika'ðor] *m* Verstärker *m*
amplificar [amplifi'kar] <c → qu> *vt* verstärken
amplio, -a ['ampljo, -a] *adj* ❶*(casa)* geräumig; *(jardín, parque)* weitläufig ❷*(vestido)* weit ❸*(informe)* ausführlich; *(experiencia, oferta)* umfangreich; *(poderes, influencias)* weit reichend; *(red de comunicaciones)* weit verzweigt; *(interés)* vielfältig; **una derrota amplia** eine schwere Niederlage; **amplias partes de la población** weite Teile der Bevölkerung; **en un sentido más ~** im weiteren Sinne
amplitud [ampli'tu^ð] *f* ❶*(extensión)* Ausdehnung *f*; *(de conocimientos)* Umfang *m*; *(de un informe)* Ausführlichkeit *f*; **~ de miras** (Welt)offenheit *f*; **~ del surtido** (ECON) Sortimentsbreite *f*; **de gran ~** weit reichend ❷*(de una casa)* Geräumigkeit *f*; *(de un jardín/parque)* Weitläufigkeit *f* ❸(FÍS) Amplitude *f*
ampolla [am'poʎa] *f* ❶*(en la piel, burbuja)* Blase *f*; **tener ~s en los pies** Blasen an den Füßen haben; **algo levanta ~s** *(fig)* etw zieht Blasen ❷*(garrafa)* Karaffe *f* ❸*(para inyecciones)* Ampulle *f*
ampolleta [ampo'ʎeta] *f* *(Arg)* Glühbirne *f*
ampuloso, -a [ampu'loso, -a] *adj* schwülstig
amputación [amputa'θjon] *f* Amputation *f*
amputar [ampu'tar] *vt* amputieren
amuchar [amu'ʧar] *vt* *(Arg, Bol, Chil)* multiplizieren, vervielfachen
amueblar [amwe'βlar] *vt* möblieren; **amueblado** möbliert
amuermado, -a [amwer'maðo, -a] *adj* *(fam)* ❶*ser* todlangweilig ❷*estar* (zu Tode) gelangweilt
amuermar [amwer'mar] **I.** *vt* *(fam)* ❶*(aburrir)* anöden ❷*(droga)* bedröhnen ❸*(calor)* schlaff machen **II.** *vr:* **~se** *(fam)* sich anöden
amuleto [amu'leto] *m* Amulett *nt*
amurallar [amura'ʎar] *vt* mit einer Mauer umgeben
anabolizante [anaβoli'θan̩te] *m* Anabolikum *nt*
anacarado, -a [anaka'raðo, -a] *adj* perlmutterfarben
anacardo [ana'karðo] *m* ❶(BOT) Nierenbaum *m* ❷*(fruto)* Cashewnuss *f*
anaconda [ana'kon̩da] *f* Anakonda *f*

A

anacrónico, -a [ana'kroniko, -a] *adj* anachronistisch
anacronismo [anakro'nismo] *m* Anachronismus *m*
ánade ['anaðe] *m o f* Ente *f*
anagrama [ana'ɣrama] *m* Anagramm *nt*
anal [a'nal] *adj* anal
analepsia [ana'leβsja] *f* (MED: *restablecimiento*) Wiederherstellung *f*, Genesung *f*
anales [a'nales] *mpl* ❶ (HIST) Annalen *pl* ❷ *(de una universidad/sociedad)* Jahrbuch *nt*
analfa [a'nalfa] *mf (fam)* Analphabet(in) *m(f)*
analfabetismo [analfaβe'tismo] *m sin pl* ❶ *(estado)* Analphabetismus *m* ❷ *(analfabetos)* Analphabetentum *nt*
analfabeto, -a [analfa'βeto, -a] *m, f* Analphabet(in) *m(f)*
analgésico [anal'xesiko] *m* Schmerzmittel *nt*
análisis [a'nalisis] *m inv* ❶ *(general)* Analyse *f*; **~ de sistemas** (INFOR) Systemanalyse *f*; **~ de la situación económica** Konjunkturanalyse *f*; **¿qué ~ haces de la situación?** wie beurteilst du die Lage? ❷ (MED) Untersuchung *f*; **~ de sangre** Blutuntersuchung *f*; **~ del grupo sanguíneo** Blutgruppenbestimmung *f* ❸ (MAT) Analysis *f*
analista [ana'lista] *mf* ❶ *(de anales)* Chronist(in) *m(f)* ❷ *(que analiza)* Analytiker(in) *m(f)*; **~ político** politischer Beobachter; **~ de productos alimenticios** Lebensmittelchemiker(in) *m(f)*; **~ de sistemas** (INFOR) Systemanalytiker(in) *m(f)*; **el médico mandó las pruebas al ~** der Arzt schickte die Proben ins Labor
analítica [ana'litika] *f* ❶ *(lógica)* Analytik *f* ❷ (MED) klinische Untersuchung *f*
analítico, -a [ana'litiko, -a] *adj* analytisch
analizador[1] [analiθa'ðor] *m* (FÍS) Analysator *m*; **~ sintáctico** (INFOR) Parser *m*
analizador(a)[2] [analiθa'ðor(a)] *m(f)* Kritiker(in) *m(f)*
analizar [anali'θar] <z → c> *vt* ❶ *(examinar)* analysieren ❷ (MED) untersuchen ❸ *(situación)* beurteilen; *(resultado)* auswerten
analogía [analo'xia] *f* Analogie *f*; **por ~ con algo** in Analogie zu etw *dat*
analógico, -a [ana'loxiko, -a] *adj* analog; (LING) analogisch; **computador ~** Analogrechner *m*
análogo, -a [a'naloɣo, -a] *adj* analog (**a** zu +*dat*)
ananá(s) [ana'na(s)] *m (Am)* Ananas *f*
anaquel [ana'kel] *m (en la pared)* Wandbrett *nt; (de una estantería)* Regalbrett *nt; (de un armario)* Schrankbrett *nt*
anaquelería [anakele'ria] *f* Regal *nt*
anaranjado, -a [anaraŋ'xaðo, -a] *adj* orange
anarquía [anar'kia] *f* Anarchie *f*
anárquico, -a [a'narkiko, -a] *adj* ❶ *(desorganizado)* anarchisch ❷ *(relativo al anarquismo)* anarchistisch
anarquismo [anar'kismo] *m sin pl* Anarchismus *m*
anarquista [anar'kista] **I.** *adj* anarchistisch **II.** *mf* Anarchist(in) *m(f)*
anatematizar [anatemati'θar] <z → c> *vt* ❶ *(maldecir)* verfluchen ❷ *(condenar)* verdammen
anatomía [anato'mia] *f* Anatomie *f*
anatómico, -a [ana'tomiko, -a] *adj* ❶ (MED) anatomisch ❷ *(adaptado al cuerpo)* körpergerecht
anca ['aŋka] *f* ❶ *(de animal)* Hinterbacke *f*; **~s de rana** Froschschenkel *mpl*; **montar a las ~s** hinten aufsitzen ❷ *(cadera)* Hüfte *f* ❸ *pl (fam: nalgas)* Hintern *m*
ancestral [aṇθes'tral] *adj* ❶ *(relativo a los antepasados)* Ahnen- ❷ *(tradicional)* überliefert; *(antiguo)* uralt
ancestro [aṇ'θestro] *m* Vorfahr *m*
ancho[1] ['antʃo] *m* Breite *f*; **~ de vía** (AUTO, FERRO) Spurweite *f*; **tener** [*o* **medir**] **cinco metros de ~** fünf Meter breit sein
ancho, -a[2] ['antʃo, -a] *adj* ❶ *(vasto)* breit; *(vestidos)* weit; **~ de espaldas** breitschult(e)rig; **a lo ~** der Breite nach; **un árbol tumbado a lo ~ de la calle** ein Baum, der quer auf der Straße liegt ❷ *(loc)* **se queda tan ~ cuando dice tonterías** es macht ihm nichts, aus Blödsinn zu reden; **¡me quedé ~ después del examen!** nach der Prüfung war ich sehr erleichtert; **el trabajo le viene muy ~** er/sie ist dieser Arbeit nicht gewachsen; **me despaché a mis anchas con él** ich habe ihm die Wahrheit ins Gesicht gesagt; **estar a sus anchas** ganz in seinem Element sein; **en este pueblo estoy a mis anchas** ich fühle mich in diesem Dorf wie zu Hause
anchoa [an'tʃoa] *f* Anchovis *f*
anchura [an'tʃura] *f* Breite *f*; *(de un vestido)* Weite *f*
ancianidad [aṇθjani'ða[d]] *f* Alter *nt*
anciano, -a [aṇ'θjano, -a] **I.** *adj* alt **II.** *m, f* Alte(r) *mf*
ancla ['aŋkla] *f* Anker *m*; **echar ~s** vor Anker gehen; **levar ~s** den Anker lichten
ancladero [aŋkla'ðero] *m* Ankerplatz *m*
anclaje [aŋ'klaxe] *m* ❶ *(acción)* Verankern *nt* ❷ *(fondeadero)* Ankerplatz *m*

A

❸ *(pago)* Hafengebühr *f,* Liegegebühr *f* ❹ (TÉC, NÁUT) Verankerung *f*
anclar [aŋ'klar] **I.** *vi* ankern; **estar anclado** vor Anker liegen **II.** *vt* verankern
áncora ['aŋkora] *f* (*t.* NÁUT) Anker *m;* ~ **de salvación** Rettungsanker *m*
ancuviña [aŋku'βiɲa] *f (Chil)* ❶ *(sepelio)* Bestattung *f,* Begräbnis *nt* ❷ *(tumba)* Grab *nt*
anda ['an̪da] *interj (fam: sorpresa)* na, so was; *(admiración)* bravo, super; *(desconfianza)* also, ich weiß nicht; *(incredulidad)* ach, komm; *(estimulación)* los, auf (geht's); **¡~!, ¡ven conmigo!** los, komm mit!
andadas [an̪'daðas] *fpl* **volver a las ~** in alte Gewohnheiten verfallen
andador[1] [an̪da'ðor] *m (para bebés)* Laufstuhl *m*
andador(a)[2] [an̪da'ðor(a)] *adj* wanderlustig; **ser buen/mal ~** gut/schlecht zu Fuß sein
ándale ['an̪dale] *interj (Méx)* na, los, also los
Andalucía [an̪dalu'θia] *f* Andalusien *nt*
andalucista [an̪dalu'θista] *adj* andalusisch *(mit lokalpatriotischer Färbung)*
andaluz(a) [an̪da'luθ(a)] **I.** *adj* andalusisch **II.** *m(f)* Andalusier(in) *m(f)*
andamiaje [an̪da'mjaxe] *m,* **andamio** [an̪'damjo] *m* (Bau)gerüst *nt*
andana [an̪'dana] *f* Reihe *f*
andanada [an̪da'naða] *f* Breitseite *f;* **lanzar una ~ contra alguien** *(fig)* jdm den Marsch blasen; **por ~s** *(Arg)* reichlich
andando [an̪'dan̪do] *interj (fam: afirmándose, recalcando el final)* basta; *(recalcando el comienzo)* auf geht's; **ya es la hora, así que ¡~!** es ist Zeit, also los!
andante [an̪'dan̪te] *adj* umherziehend; **parecer un cadáver ~** wie eine wandelnde Leiche aussehen
andanza [an̪'dan̪θa] *f* ❶ *(peripecia)* Ereignis *nt; (aventura)* Abenteuer *nt* ❷ *(suerte)* **buena ~** Glück *nt;* **mala ~** Unglück *nt*
andar [an̪'dar] *irr* **I.** *vi* ❶ *(caminar)* (zu Fuß) gehen; **~ a caballo** reiten; **~ a gatas** auf allen Vieren gehen; *(bebés)* krabbeln; **~ con paso majestuoso** stolzieren; **~ de prisa** schnell gehen; **~ detrás de algo** hinter etw *dat* her sein; **desde la estación hay 10 minutos andando** vom Bahnhof aus sind es 10 Minuten zu Fuß; **esta niña andaba ya a los ocho meses** dieses Mädchen lief schon mit acht Monaten ❷ *(reloj)* gehen; *(coche)* fahren; *(máquina)* laufen ❸ *(tiempo)* vergehen ❹ *(estar)* **¿dónde está el periódico? – ~á por ahí** wo ist die Zeitung? – sie liegt da irgendwo herum; **~ atareado** sehr beschäftigt sein; **~ metido en un asunto** in eine Sache verwickelt sein; **~ haciendo algo** gerade dabei sein, etw zu tun; **anda mucha gente buscando empleo** es gibt viele Leute, die eine Stelle suchen; **te ando llamando desde hace una hora** ich versuche dich seit einer Stunde anzurufen; **~ con gente de bien** mit den oberen Zehntausend verkehren; **los precios andan por las nubes** die Preise sind unerschwinglich; **~ mal de dinero** schlecht bei Kasse sein; **andar mal de inglés** schlecht in Englisch sein ❺ *(loc)* **~ a golpes** sich prügeln; **~ a tiros** sich beschießen; **~ a una** sich einig sein; **~ a la que salta** die Gelegenheit beim Schopf(e) packen; **~ a la greña con alguien** sich mit jdm balgen; **~ con cuidado** sich vorsehen; **no hay que ~ con bromas con él** mit ihm ist nicht zu spaßen; **~ con miramientos** rücksichtsvoll vorgehen; **~ con rodeos** Umschweife machen; **no andes en mi escritorio** wühl nicht auf meinem Schreibtisch herum; **~ en pleitos** einen Prozess führen; **~emos por los 30 grados** wir haben ungefähr 30 Grad; **~ por los 30** so um die 30 sein; **¡anda!** sag bloß!; **dime con quien andas y te diré quien eres** *(prov)* sage mir, mit wem du umgehst, und ich sage dir, wer du bist **II.** *vt* **he andado toda la casa para encontrarte** ich habe das ganze Haus nach dir abgesucht **III.** *m* Gang *m*
andariego, -a [an̪da'rjeɣo, -a] **I.** *adj* wanderlustig **II.** *m, f* Wanderer, -in *m, f*
andas ['an̪das] *fpl* Traggestell *nt;* **llevar a alguien en ~** *(fig)* jdn in Watte packen
andén [an̪'den] *m* ❶ (FERRO) Bahnsteig *m* ❷ *(de muelle)* Kai *m* ❸ *(corredor)* Gang *m* ❹ *(de un puente)* Gehweg *m*
Andes ['an̪des] *mpl* Anden *pl*
andinismo [an̪di'nismo] *m sin pl (Am)* Bergsteigen *nt*
andinista [an̪di'nista] *mf (Am)* Bergsteiger(in) *m(f)*
andino, -a [an̪'dino, -a] *adj* Anden-, andin
Andorra [an̪'dorra] *f* Andorra *nt*
andorrano, -a [an̪do'rrano, -a] **I.** *adj* andorranisch **II.** *m, f* Andorraner(in) *m(f)*
andrajo [an̪'draxo] *m* Fetzen *m*
andrajoso, -a [an̪dra'xoso, -a] *adj* zerlumpt
andrógino, -a [an̪'droxino, -a] **I.** *adj* androgyn, zwittrig **II.** *m, f* Zwitter *m,* Hermaphrodit *m*
andurrial [an̪du'rrjal] *m* ❶ *(Arg, Ecua, Perú: paraje pantanoso)* Morast *m* ❷ *pl (paraje extraviado)* unwegsames Gelände *nt*

A

andurrial(es) [an̪du'rrjal(es)] *m(pl)* unwegsames Gelände *nt*
anécdota [a'neɣðota] *f* Anekdote *f*
anecdótico, -a [aneɣ'ðotiko, -a] *adj* anekdotenhaft
anegar [ane'ɣar] <g → gu> **I.** *vt* ❶ *(inundar)* überschwemmen ❷ *(ahogar)* ertränken; ~ **una sublevación en sangre** einen Aufstand blutig niederschlagen **II.** *vr:* **~se** überschwemmt werden; **~se en lágrimas** in Tränen aufgelöst sein
anejo[1] [a'nexo] *m* ❶ *(edificio)* Anbau *m* ❷ *(carta)* Anlage *f* ❸ *(libro, revista)* Beiheft *nt* ❹ *(en un libro)* Anhang *m* ❺ *(pueblo)* Gemeindebezirk *m* ❻ (INFOR) ~ **de datos** Dateianhang *m*
anejo, -a[2] [a'nexo, -a] *adj (a edificios)* angebaut; *(a cartas)* beiliegend
anemia [a'nemja] *f sin pl* Blutarmut *f*
anémico, -a [a'nemiko, -a] *adj* (MED) blutarm
anémona [a'nemona] *f* Anemone *f*
anestesia [anes'tesja] *f* Betäubung *f;* ~ **local** örtliche Betäubung *f,* Lokalanästhesie *f;* ~ **total** Vollnarkose *f*
anestesiar [aneste'sjar] *vt* betäuben
anestésico [anes'tesiko] *m* Betäubungsmittel *nt*
anestesista [aneste'sista] *mf* Anästhesist(in) *m(f)*
anexión [aneᵞ'sjon] *f* Annexion *f*
anexionar [aneᵞsjo'nar] *vt* annektieren
anexo[1] [a'neᵞso] *m v.* **anejo**[1]
anexo, -a[2] [a'neᵞso, -a] *adj v.* **anejo**[2]
anfetamina [aɱfeta'mina] *f* (MED) Amphetamin *nt*
anfibio[1] [aɱ'fiβjo] *m* ❶ (ZOOL) Amphibie *f* ❷ *(vehículo)* Amphibienfahrzeug *nt; (avión)* Amphibienflugzeug *nt*
anfibio, -a[2] [aɱ'fiβjo, -a] *adj* amphibisch; **animal** ~ amphibisches Lebewesen; **vehículo** ~ Amphibienfahrzeug *nt*
anfiteatro [aɱfite'atro] *m* ❶ *(local)* Amphitheater *nt* ❷ *(piso)* Rang *m*
anfitrión, -ona [aɱfi'trjon, -ona] *m, f* Gastgeber(in) *m(f)*
ánfora ['aɱfora] *f* ❶ *(cántaro)* Amphore *f* ❷ *(Méx: electoral)* Wahlurne *f*
angarillas [aŋga'riʎas] *f pl* Trage *f,* Traggestell *nt*
ángel ['aŋxel] *m* Engel *m;* ~ **de la guarda** Schutzengel *m;* **tener mucho** ~ viel Charme haben
angelical [aŋxeli'kal] *adj* engelhaft; **rostro** ~ Engelsgesicht *nt*
angelote [aŋxe'lote] *m (fam)* ❶ *(niño obeso)* Dickerchen *nt* ❷ *(buenazo)* gutmütiger Mensch *m*
angina [aŋ'xina] *f* ~ **de pecho** Angina pectoris *f;* **~s** Angina *f*
anglicanismo [aŋglika'nismo] *m sin pl* Anglikanismus *m*
anglicano, -a [aŋgli'kano, -a] **I.** *adj* anglikanisch **II.** *m, f* Anglikaner(in) *m(f)*
anglicismo [aŋgli'θismo] *m* Anglizismus *m*
anglista [aŋ'glista] *mf* Anglist(in) *m(f)*
angloamericano, -a [aŋgloameri'kano, -a] **I.** *adj* angloamerikanisch **II.** *m, f* Angloamerikaner(in) *m(f)*
anglófilo, -a [aŋ'glofilo, -a] *adj* anglophil
anglófono, -a [aŋ'glofono, -a] *adj* anglofon
anglohablante [aŋgloa'βlan̪te] *adj* englischsprachig
anglosajón, -ona [aŋglosa'xon, -ona] **I.** *adj* angelsächsisch **II.** *m, f* Angelsachse, -sächsin *m, f*
ango ['aŋgo] *m (Col)* ❶ (ANAT: *tendón)* Sehne *f* ❷ *(látigo)* Peitsche *f*
Angola [aŋ'gola] *f* Angola *nt*
angoleño, -a [aŋgo'leɲo, -a] **I.** *adj* angolanisch **II.** *m, f* Angolaner(in) *m(f)*
angosto, -a [aŋ'gosto, -a] *adj* eng
angostura [aŋgos'tura] *f* ❶ *(estrechez)* Enge *f;* ~ **intelectual** Engstirnigkeit *f* ❷ *(paso estrecho)* Engpass *m*
anguila [aŋ'gila] *f* ❶ (ZOOL) Aal *m* ❷ (NÁUT) Stapel *m*
anguilero, -a [aŋgi'lero, -a] **I.** *adj* Aal-; **cesto** ~ Aalkorb *m* **II.** *m, f* ❶ *(pescador)* Aalfischer(in) *m(f)* ❷ *(vendedor)* Aalverkäufer(in) *m(f)*
angula [aŋ'gula] *f* Glasaal *m*
angular [aŋgu'lar] **I.** *adj* Winkel- **II.** *m* ❶ (FOTO) **gran** ~ Weitwinkelobjektiv *nt* ❷ *(herramienta)* Winkeleisen *nt*
ángulo ['aŋgulo] *m* ❶ (MAT) Winkel *m;* ~ **recto** rechter Winkel; **en** ~ winkelförmig; ~ **de tiro** (DEP) Schusswinkel *m* ❷ *(rincón)* Ecke *f* ❸ *(arista)* Kante *f* ❹ *(de vista)* Blickwinkel *m*
anguloso, -a [aŋgu'loso, -a] *adj* ❶ *(lugar)* wink(e)lig ❷ *(cara)* kantig
angurria [aŋ'gurrja] *f (Am: fam)* ❶ *(ganas)* Gelüste *nt pl; (hambre)* Heißhunger *m; (pey: glotonería)* Gefräßigkeit *f* ❷ *(codicia)* Habgier *f*
angurriento, -a [aŋgu'rrjen̪to, -a] *adj (Am)* ❶ *(pey: glotón)* essgierig, gefräßig *fam; (hambriento)* heißhungrig ❷ *(codicioso)* habgierig
angustia [aŋ'gustja] *f* ❶ *(aprieto)* Beklemmung *f* ❷ *(temor)* Angst *f;* ~ **vital** Lebensangst *f* ❸ *(aflicción)* Kummer *m;* **dar** ~ bedrücken
angustiar [aŋgus'tjar] **I.** *vt* ❶ *(acongojar)*

beklemmen ❷ *(causar temor)* verängstigen ❸ *(afligir)* bekümmern **II.** *vr:* **~se** ❶ *(afligirse)* beklommen sein ❷ *(atemorizarse)* sich ängstigen

angustioso, -a [aŋgus'tjoso, -a] *adj* ❶ *(lleno de angustia)* angstvoll ❷ *(inquietante)* beängstigend ❸ *(sofocante)* beklemmend

anhelante [ane'lan̪te] *adj (ansioso)* sehnsüchtig; **estar ~ por algo** etw herbeisehnen

anhelar [ane'lar] **I.** *vi* keuchen **II.** *vt* sich sehnen (nach +*dat*)

anhelo [a'nelo] *m* Sehnsucht *f* (**de** nach +*dat*)

anidar [ani'ðar] **I.** *vi* ❶ *(hacer nido)* nisten ❷ *(morar)* wohnen **II.** *vt* aufnehmen

aniegue [a'njeɣe] *m (Méx)* Überschwemmung *f*

anilla [a'niʎa] *f* ❶ *(aro)* Ring *m; (para pájaros)* Fußring *m; (de puro)* Bauchbinde *f* ❷ *pl* (DEP) Ringe *mpl*

anillo [a'niʎo] *m* Ring *m;* **~ de boda** Ehering *m;* **~ (de crecimiento)** (BOT) Jahresring *m;* **a alguien no se le caen los ~s** *(fig)* jdm fällt kein Zacken aus der Krone; **este vestido te viene como ~ al dedo** dieses Kleid passt dir wie angegossen; **esta solución me viene como ~ al dedo** diese Lösung kommt mir wir gerufen

ánima ['anima] *f (alma)* Seele *f;* **a las ~s** abends

animación [anima'θjon] *f* ❶ *(acción de animarse)* Belebung *f;* **dar ~** beleben ❷ *(viveza)* Lebhaftigkeit *f* ❸ *(actividad)* Betrieb *m;* **había mucha ~ en la calle** die Straße war sehr belebt ❹ (CINE, INFOR) Animation *f*

animado, -a [ani'maðo, -a] *adj* ❶ *(persona)* fröhlich; **no estar muy ~** nicht besonders bei Laune sein ❷ *(lugar)* belebt ❸ *(actividad)* lebhaft ❹ *(concurrido)* stark besucht ❺ *(tener ganas)* **estar ~ a hacer algo** Lust haben, etw zu tun; **no estar muy ~** keine rechte Lust haben ❻ (INFOR) **~ por ordenador** computeranimiert

animador(a) [anima'ðor(a)] **I.** *adj* ermutigend **II.** *m(f)* ❶ *(artista)* Alleinunterhalter(in) *m(f)* ❷ *(de turistas)* Animateur(in) *m(f)* ❸ *(presentador)* Moderator(in) *m(f)*

animadversión [animaðβer'sjon] *f* Abneigung *f;* **sentir ~ por alguien** eine Abneigung gegen jdn haben

animal [ani'mal] **I.** *adj* ❶ *(relativo a los animales)* tierisch; **comportamiento ~** Tierverhalten *nt* ❷ *(grosero)* roh; **el aspecto ~ del hombre** das Tier im Menschen **II.** *m* ❶ (ZOOL) Tier *nt;* **~es de caza** Wild *nt;* **~ de compañía** Haustier *nt;* **~ de presa** Raubtier *nt;* **comer como un ~** *(fam)* wie ein Scheunendrescher essen ❷ *(pey: persona ignorante)* Primitivling *m; (bruta)* Rohling *m*

animalada [anima'laða] *f (fam)* ❶ *(disparate)* Unsinn *m* ❷ *(barbaridad)* Barbarei *f;* **¡qué ~!** Wahnsinn! ❸ *(cantidad)* Unmenge *f*

animalucho [anima'luʧo] *m (pey)* Vieh *nt*

animar [ani'mar] **I.** *vt* ❶ *(infundir vida)* beleben; *(dar ánimo)* animieren; *(algo aburrido)* in Schwung bringen ❷ *(alentar)* ermutigen ❸ *(persona triste)* aufmuntern ❹ *(habitación)* aufheitern; *(economía)* ankurbeln **II.** *vr:* **~se** ❶ *(cobrar vida)* sich beleben ❷ *(atreverse)* Mut fassen ❸ *(decidirse)* sich entschließen; **¡por fin te has animado a escribir (una carta)!** endlich hast du dich zu einem Brief durchgerungen!; **¿te animas?** machst du mit? ❹ *(alegrarse)* in Stimmung kommen

anímico, -a [a'nimiko, -a] *adj* seelisch

ánimo ['animo] *m* ❶ *(espíritu)* Gemüt *nt;* **no estoy con ~s de...** ich bin nicht in der Verfassung, zu ... ❷ *(energía)* Kraft *f; (valor)* Mut *m;* **¡~!** Kopf hoch!; **cobrar ~** Mut fassen; **dar ~** Mut einflößen ❸ *(intención)* Absicht *f* (**de** zu +*dat*); **con ~ de...** in der Absicht, zu ...; **sin ~ de lucro** gemeinnützig; **sin ~ de ofender a nadie** ohne jemandem zu nahe treten zu wollen

animosidad [animosi'ðaᵈ] *f (animadversión)* Abneigung *f*

animoso, -a [ani'moso, -a] *adj (valeroso)* mutig

aniñado, -a [ani'ɲaðo, -a] *adj* kindlich; *(pey)* kindisch

aniquilamiento [anikila'mjen̪to] *m* Vernichtung *f;* **el ~ de la salud** die Zerstörung der Gesundheit

aniquilar [aniki'lar] **I.** *vt* ❶ *(destruir)* vernichten; **~ todas las esperanzas** alle Hoffnungen zunichtemachen ❷ *(salud)* ruinieren ❸ *(desanimar)* fertigmachen **II.** *vr:* **~se** ❶ *(desaparecer)* vernichtet werden ❷ *(deteriorarse)* zerstört werden

anís [a'nis] <anises> *m* Anis *m;* **~ estrellado** Sternanis *m*

anisado, -a [ani'saðo] *adj* Anis-, mit Anis; **una infusión anisada** ein Anistee

aniversario [aniβer'sarjo] *m* Jahrestag *m;* **~ de boda(s)** Hochzeitstag *m;* **~ de (la) muerte** Todestag *m*

ano ['ano] *m* (ANAT) After *m;* **~ artificial** künstlicher Darmausgang

anoche [a'noʧe] *adv (al atardecer)* gestern Abend; *(entrada la noche)* gestern Nacht; **antes de ~** vorgestern Abend; **~ no pude**

dormir letzte Nacht konnte ich nicht schlafen

anochecer [anotʃe'θer] **I.** *vimpers irr como crecer* **anochece** es wird dunkel **II.** *vi irr como crecer* **anochecimos en Burgos** bei Einbruch der Dunkelheit waren wir in Burgos **III.** *m* Abenddämmerung *f;* **al ~** bei Einbruch der Dunkelheit

anochecida [anotʃe'θiða] *f* Einbruch *m* der Nacht, Abenddämmerung *f*

anodino, -a [ano'ðino, -a] *adj* ❶ *(cosa)* nichts sagend ❷ *(persona)* fade ❸ (MED) schmerzstillend

ánodo ['anoðo] *m* Anode *f*

anomalía [anoma'lia] *f* Anomalie *f;* **¿has observado alguna ~ en mi actitud?** hast du an meinem Verhalten etwas Ungewöhnliches bemerkt?

anómalo, -a [a'nomalo, -a] *adj* abnorm

anonadación [anonaða'θjon] *f,* **anonadamiento** [anonaða'mjeṇto] *m* ❶ *(aniquilamiento)* Vernichtung *f* ❷ *(pasmo)* Verblüffung *f* ❸ *(descorazonamiento)* Entmutigung *f*

anonadar [anona'ðar] **I.** *vt* ❶ *(aniquilar)* vernichten ❷ *(pasmar)* verblüffen; *(maravillar)* überwältigen; **la noticia me dejó anonadado** ich war über die Nachricht verblüfft ❸ *(descorazonar)* entmutigen **II.** *vr:* **~se** ❶ *(aniquilarse)* vernichtet werden ❷ *(descorazonarse)* entmutigt werden

anonimato [anoni'mato] *m* Anonymität *f;* **mantener el ~** die Anonymität wahren

anonimia [ano'nimja] *f* Anonymität *f*

anónimo[1] [a'nonimo] *m* ❶ *(autor)* Anonymus *m* ❷ *(escrito)* anonymer Brief *m* ❸ *(anonimato)* Anonymität *f;* **guardar el ~** die Anonymität wahren

anónimo, -a[2] [a'nonimo, -a] *adj* anonym; *(datos)* anonymisiert; **sociedad anónima** (ECON) Aktiengesellschaft *f*

anorak [ano'rak] <anoraks> *m* Anorak *m*

anorexia *f sin pl* (MED) Appetitlosigkeit *f,* Anorexie *f*

anoréxico, -a [ano'reˠsiko, -a] **I.** *adj* an Anorexie leidend **II.** *m, f* (MED) an Anorexie leidender Mensch

anormal [anor'mal] *adj (no normal)* anormal; **~ (físico)** körperlich zurückgeblieben; **~ (síquico)** geistig zurückgeblieben

anotación [anota'θjon] *f* ❶ *(acción de anotar)* Aufschreiben *nt; (en un registro)* Eintragung *f* ❷ *(nota)* Notiz *f* ❸ (FIN) Buchung *f;* **~ de intereses** Zinsgutschrift *f*

anotador(a) [anota'ðor(a)] *m(f)* ❶ (DEP) Schütze, -in *m, f; (en baloncesto)* Korbschütze, -in *m, f; (en balonmano y fútbol)* Torschütze, -in *m, f* ❷ (CINE) Protokollführer(in) *m(f); (chica)* Skriptgirl *nt*

anotar [ano'tar] *vt (apuntar)* notieren; *(en un registro)* eintragen

anquilosamiento [aŋkilosa'mjeṇto] *m* ❶ *(de las articulaciones)* Versteifung *f* ❷ *(paralización)* Stockung *f,* Lähmung *f* ❸ *(mental)* Verknöcherung *f*

anquilosar [aŋkilo'sar] **I.** *vt* versteifen **II.** *vr:* **~se** ❶ *(las articulaciones)* steif werden ❷ *(paralizarse)* stocken ❸ *(mentalmente)* verknöchern

ánsar ['ansar] *m* (ZOOL) Gans *f*

ansia ['ansja] *f* ❶ *(angustia)* Angst *f* ❷ *(intranquilidad)* Unruhe *f* ❸ *(afán)* Sehnsucht *f* (**de** nach +*dat*); **~ de poder** Machthunger *m* ❹ *(náusea)* Übelkeit *f*

ansiar [an'sjar] <*1. pres* ansío> *vt* sich sehnen (nach +*dat*); **el momento ansiado** der ersehnte Augenblick; **lograr la tan ansiada copa** den heiß ersehnten Pokal gewinnen; **~ el regreso de alguien** sehnsüchtig auf jds Rückkehr warten; **~ el fin de la guerra** das Ende des Krieges herbeisehnen

ansiedad [ansje'ðaᵈ] *f* Angst *f*

ansioso, -a [an'sjoso, -a] *adj* ❶ *(intranquilo)* beunruhigt ❷ *(anheloso)* sehnsuchtsvoll ❸ *(impaciente)* ungeduldig; *(deseoso)* begierig ❹ *(codicioso)* gierig

anta ['aṇta] *f* (ZOOL) Elch *m*

antagónico, -a [aṇta'ɣoniko, -a] *adj* ❶ *(opuesto)* gegensätzlich ❷ *(rival)* gegnerisch

antagonismo [aṇtaɣo'nismo] *m (oposición)* Gegensatz *m; (rivalidad)* Gegnerschaft *f*

antagonista [aṇtaɣo'nista] *mf* Gegner(in) *m(f)*

antaño [aṇ'taɲo] *adv* früher

antártico, -a [aṇ'tartiko, -a] *adj* antarktisch; **Polo A~** Südpol *m;* **océano Glacial A~** Südpolarmeer *nt*

Antártida [aṇ'tartiða] *f* Antarktis *f*

ante ['aṇte] **I.** *m* ❶ (ZOOL) Elch *m* ❷ *(piel)* Wildleder *nt* **II.** *prep* ❶ *(posición)* vor +*dat* ❷ *(con movimiento)* vor +*akk* ❸ *(en vista de)* angesichts +*gen* ❹ *(en comparación con)* neben +*dat*

anteanoche [aṇtea'notʃe] *adv* vorgestern Abend

anteayer [aṇtea'ɟer] *adv* vorgestern

antebrazo [aṇte'βraθo] *m* (ANAT) Unterarm *m*

antecámara [aṇte'kamara] *f* Vorzimmer *nt*

antecedente [aṇteθe'ðeṇte] **I.** *adj* vorhergehende(r, s) **II.** *m* ❶ (LING) Bezugswort *nt* ❷ *pl (circunstancias)* Vorgeschichte *f; (de una persona)* Vorleben *nt;* **~s penales** Vorstrafe *f;* **estar en ~s (de algo)** (über

A

etw) im Bilde sein; **poner a alguien en ~s (de algo)** jdn (über etw) ins Bild setzen
anteceder [an̪teθe'ðer] *vt v.* **preceder**
antecesor(a) [an̪teθe'sor(a)] *m(f)* ① *(en un cargo)* Vorgänger(in) *m(f)* ② *(antepasado)* Vorfahr(e), -in *m, f*
antecesores [an̪teθe'sores] *mpl* Vorfahren *mpl*, Ahnen *mpl*
antedatar [an̪teða'tar] *vt* (zu)rückdatieren
antedicho, -a [an̪te'ðiʧo, -a] *adj* oben genannt
antediluviano, -a [an̪teðilu'βjano, -a] *adj* vorsintflutlich
anteguerra [an̪te'ɣerra] *f* Vorkriegszeit *f*
antelación [an̪tela'θjon] *f* **con ~** im Voraus; **con la debida ~** rechtzeitig
antemano [an̪te'mano] *adv* **de ~** im Voraus; **calcular de ~** vorausberechnen
antena [an̪'tena] *f* ① *(de telecomunicaciones)* Antenne *f*; **~ colectiva** Gemeinschaftsantenne *f*; **~ interior** Zimmerantenne *f*; **~ de (la) radio** Funkantenne *f*; **~ parabólica** Satellitenschüssel *f*; **estar en ~** senden; **el programa lleva un año en ~** das Programm wird seit einem Jahr ausgestrahlt ② (NÁUT) Rah(e) *f* ③ (ZOOL) Fühler *m*; **estar con las ~s puestas** *(irón)* die Ohren spitzen
anteojeras [an̪teo'xeras] *fpl* Scheuklappen *fpl*
anteojo [an̪te'oxo] *m* ① *(catalejo)* Fernrohr *nt* ② *pl (gemelos)* Opernglas *nt*; *(prismáticos)* Fernglas *nt*; *(lentes)* Brille *f*
antepalco [an̪te'palko] *m* Vorzimmer *nt* der Loge
antepasado, -a [an̪tepa'saðo, -a] *m, f* Vorfahr(e), -in *m, f*
antepecho [an̪te'peʧo] *m* ① *(barandilla)* Geländer *nt* ② *(pretil)* Brüstung *f*
antepenúltimo, -a [an̪tepe'nul̪timo, -a] *adj* vorvorletzte(r, s)
anteponer [an̪tepo'ner] *irr como poner* **I.** *vt* ① *(poner delante)* **~ algo a algo** etw vor etw stellen ② *(dar preferencia)* den Vorrang geben (+*dat* **a** vor +*dat*) **II.** *vr:* **~se** ① *(ponerse delante)* **~se a alguien** sich vor jdn stellen ② *(tener preferencia)* den Vorrang haben (**a** vor +*dat*)
anteproyecto [an̪tepro'ɟekto] *m* Vorentwurf *m*
anterior [an̪te'rjor] **I.** *adj* vorige(r, s); **la noche ~ había llovido** in der Nacht zuvor hatte es geregnet; **en la página ~** auf der vorhergehenden Seite; **el presidente ~** der vorige Präsident **II.** *prep* **~ a** vor +*dat*
anterioridad [an̪terjori'ðaᵈ] **I.** *f* Vorzeitigkeit *f* **II.** *prep* **con ~ a** vor +*dat*
anteriormente [an̪terjor'men̪te] *adv* vorher; *(antiguamente)* früher
antes ['an̪tes] **I.** *adv* ① *(de tiempo)* vorher; *(hace un rato)* vorhin; *(antiguamente)* früher; *(primero)* zuerst; **poco ~** kurz vorher; **piénsate ~ lo que dices** überlege dir vorher, was du sagst; **ahora como ~** nach wie vor; **~ con ~, cuanto ~** so schnell wie möglich; **~ de nada** zuerst; **~ que nada** vor allem; **los cardenales van ~ que los obispos** die Kardinäle kommen vor den Bischöfen ② *(comparativo)* lieber **II.** *prep* **~ de** vor +*dat* **III.** *conj* ① *(temporal)* bevor; **~ (de) que llegues** bevor du kommst ② *(adversativo)* sondern; **no estoy satisfecho con el examen, ~ bien decepcionado** ich bin nicht zufrieden mit der Prüfung, um nicht zu sagen enttäuscht **IV.** *adj* **ya habíamos visto a esta chica el día ~** wir hatten dieses Mädchen schon am Tag zuvor gesehen
antesala [an̪te'sala] *f* Vorzimmer *nt*; **hacer ~** im Vorzimmer warten
antiácido¹ [an̪ti'aθiðo] *m* Mittel *nt* gegen Sodbrennen
antiácido, -a² [an̪ti'aθiðo, -a] *adj* säurebeständig
antiaéreo, -a [an̪tja'ereo, -a] *adj* (MIL) Flugabwehr-
antialérgico¹ [an̪tja'lerxiko] *m* (MED) Antiallergikum *nt*
antialérgico, -a² [an̪tja'lerxiko, -a] *adj* allergiehemmend
antiatómico, -a [an̪tja'tomiko, -a] *adj* **refugio ~** Atombunker *m*
antibalas [an̪ti'βalas] *adj inv* kugelsicher; **cristales ~** kugelsichere (Glas)scheiben
antibelicismo [an̪tiβeli'θismo] *m sin pl* Pazifismus *m*
antibelicista [an̪tiβeli'θista] *mf* Kriegsgegner(in) *m(f)*
antibiótico [an̪ti'βjotiko] *m* Antibiotikum *nt*
antibloqueo [an̪tiβlo'keo] *m* **sistema ~ de frenos** Antiblockiersystem *nt*
anticalcáreo, -a [an̪tikal'kareo] *adj* entkalkend
anticaspa [an̪ti'kaspa] *adj inv* Antischuppen-; **champú ~** Schuppenshampoo *nt*
anticiclón [an̪tiθi'klon] *m* Hoch(druckgebiet) *nt*
anticipación [an̪tiθipa'θjon] *f* ① *(de una fecha)* Vorverlegung *f* ② *(de un suceso)* Vorwegnahme *f* ③ *(a la acción de otro)* Vorgriff *m* (**de** auf +*akk*) ④ *(llegada adelantada)* Verfrühung *f* ⑤ *(loc)* **con ~** *(pago)* im Voraus
anticipadamente [an̪tiθipaða'men̪te] *adv* im Voraus; **jubilar ~ a alguien** jdn vorzeitig in den Ruhestand versetzen
anticipado, -a [an̪tiθi'paðo, -a] *adj (elec-*

A

ciones) vorgezogen; **pagar por ~** im Voraus (be)zahlen

anticipar [aṇtiθi'par] **I.** *vt* ① *(fecha)* vorverlegen ② *(suceso)* vorwegnehmen; **no anticipemos los acontecimientos** lassen wir die Ereignisse auf uns zukommen ③ *(dinero)* vorstrecken; **~ una paga sobre el sueldo** einen Vorschuss auf das Gehalt geben **II.** *vr* **~se a alguien** jdm zuvorkommen; **el verano se ha anticipado este año** der Sommer hat früh angefangen; **los invitados se han anticipado** die Gäste haben sich verfrüht

anticipo [aṇti'θipo] *m* ① *(del sueldo)* Vorschuss *m;* **~ sobre el sueldo** Gehaltsvorschuss *m* ② *(de un pago)* Anzahlung *f*

anticlerical [aṇtikleri'kal] *adj* antiklerikal, kirchenfeindlich

anticlericalismo [aṇtiklerika'lismo] *m sin pl* Antiklerikalismus *m*

anticomunitario, -a [aṇtikomuni'tarjo, -a] *adj* EU-feindlich

anticoncepción [aṇtikoṇθeβ'θjon] *f* Empfängnisverhütung *f*

anticonceptivo[1] [aṇtikoṇθep'tiβo] *m* Verhütungsmittel *nt*

anticonceptivo, -a[2] [aṇtikoṇθep'tiβo, -a] *adj* empfängnisverhütend; **píldora anticonceptiva** Antibabypille *f*

anticongelante [aṇtikoŋxe'laṇte] *m* Frostschutzmittel *nt*

anticonstitucional [aṇtikoⁿstituθjo'nal] *adj* verfassungswidrig

anticontaminante [aṇtikoṇtami'naṇte] *adj* umweltfreundlich

anticorrosivo [aṇtikorro'siβo] *m* Rostschutzmittel *nt*

anticuado, -a [aṇti'kwaðo, -a] *adj* ① *(método, ideas)* veraltet, antiquiert ② *(vestido, estilo, costumbre)* altmodisch

anticuario, -a [aṇti'kwarjo, -a] *m, f (vendedor)* Antiquitätenhändler(in) *m(f)*

anticuarse [aṇti'kwarse] *vr* ① *(método, ideas)* veralten ② *(vestido, estilo, costumbre)* aus der Mode kommen

anticucho [aṇti'kuʧo] *m (Perú)* Fleischspieß *m*

anticuerpo [aṇti'kwerpo] *m* Antikörper *m*

antidemocrático, -a [aṇtiðemo'kratiko, -a] *adj* antidemokratisch

antideportivo, -a [aṇtiðepor'tiβo, -a] *adj* unsportlich

antidepresivo [aṇtiðepre'siβo] *m* (MED) Antidepressivum *nt*

antiderrapante [aṇtiðerra'paṇte] *adj* schleudersicher

antideslizante [aṇtiðesli'θaṇte] *adj* rutschfest

antidisturbios [aṇtiðis'turβjos] *adj inv* **fuerzas ~** Antiterroreinheiten *f pl*

antidopaje [aṇtiðo'paxe] *adj inv*, **antidoping** [aṇti'ðopin] *adj inv* **control ~** Dopingkontrolle *f*

antídoto [aṇ'tiðoto] *m* ① (MED) Gegengift *nt* ② *(para evitar errores)* Gegenmittel *nt*

antieconómico, -a [aṇtjeko'nomiko, -a] *adj* unwirtschaftlich

antier [aṇ'tjer] *adv (Am: fam)* vorgestern

antiespasmódico[1] [aṇtjespas'moðiko] *m* (MED) krampflösendes Mittel *nt*

antiespasmódico, -a[2] [aṇtjespas'moðiko, -a] *adj* (MED) krampflösend

antiestético, -a [aṇtjes'tetiko, -a] *adj* unästhetisch

antifascismo [aṇtifas'θismo] *m sin pl* Antifaschismus *m*

antifascista [aṇtifas'θista] **I.** *adj* antifaschistisch **II.** *mf* Antifaschist(in) *m(f)*

antifaz [aṇti'faθ] *m* Augenmaske *f*

antigás [aṇti'ɣas] *adj inv* **máscara ~** Gasmaske *f*

antigripal [aṇtiɣri'pal] *adj* **remedio ~** Grippemittel *nt*

antigualla [aṇti'ɣwaʎa] *f (pey)* ① *(objeto)* (alter) Plunder *m* ② *(costumbre, estilo)* alter Zopf *m*

antiguamente [aṇtiɣwa'meṇte] *adv* früher

Antigua República Yugoslava de Macedonia *f* ehemalige jugoslawische Republik Mazedonien *f*

Antigua y Barbuda *f* Antigua und Barbuda *nt*

antigubernamental [aṇtiɣuβernameṇ'tal] *adj* regierungsfeindlich

antigüedad [aṇtiɣwe'ðaᵈ] *f* ① *(edad antigua)* Altertum *nt;* **la ~ clásica** die Antike ② *(objeto)* Antiquität *f* ③ *(edad)* Alter *nt;* **tener una ~ de 100 años** 100 Jahre alt sein ④ *(en una empresa)* Betriebszugehörigkeit *f;* **tengo 5 años de ~ (en el trabajo)** ich bin seit 5 Jahren in diesem Betrieb

antiguo, -a [aṇ'tiɣwo, -a] *adj* <antiquísimo> ① *(de muchos años)* alt; *(relación)* langjährig ② *(anticuado)* überholt; *(muy anticuado)* altertümlich; **a la antigua** nach alter Art; **está chapado a la antigua** er ist altmodisch ③ *(de la antigüedad)* antik ④ *(anterior)* ehemalig ⑤ *(en un cargo)* **es el más ~ en esta empresa** er ist der Dienstälteste in dieser Firma

antihéroe [aṇti'eroe] *m* Antiheld *m*

antihigiénico, -a [aṇti(i)'xjeniko, -a] *adj* unhygienisch

antiinflamable [aṇti(i)ɱfla'maβle] *adj* nicht entflammbar

antiinflamatorio, -a [an̪ti(i)ɱflama'torjo, -a] *adj* entzündungshemmend
antiinsectos [an̪ti(i)n'sektos] *adj inv* **espray** ~ Insektenspray *nt*
antilogía [an̪tilo'xia] *f* Widerspruch *m*
antílope [an̪'tilope] *m* Antilope *f*
antimilitarista [an̪timilita'rista] **I.** *adj* antimilitaristisch **II.** *mf* Antimilitarist(in) *m(f)*
antinatural [an̪tinatu'ral] *adj* unnatürlich
antinomia [an̪ti'nomja] *f* Widerspruch *m*
antinuclear [an̪tinukle'ar] *adj* Anti-Atom(kraft)-; **manifestación** ~ Anti-Atomkraft-Demonstration *f*
antioxidante [an̪tjoˠsi'ðan̪te] **I.** *adj* (QUÍM) die Oxidation verhindernd **II.** *m* (QUÍM) Antioxidationsmittel *nt*
antiparras [an̪ti'parras] *f pl (fam)* Brille *f*
antipatía [an̪tipa'tia] *f* Abneigung *f* (**a/contra/hacia** gegen +*akk*)
antipático, -a [an̪ti'patiko, -a] *adj* unsympathisch
antípodas [an̪'tipoðas] *mpl* (GEO) Antipoden *mpl*
antiprogresista [an̪tiproɣre'sista] **I.** *adj* fortschrittsfeindlich; *(reaccionario)* reaktionär; *(atrasado)* rückständig **II.** *mf* Fortschrittsfeind(in) *m(f)*; *(reaccionario)* Reaktionär(in) *m(f)*
antiquísimo, -a [an̪ti'kisimo, -a] *adj superl de* **antiguo**
antirreglamentario, -a [an̪tirreɣlamen̪'tarjo, -a] *adj* regelwidrig; **entrada antirreglamentaria** (DEP) Foul *nt*
antirrobo [an̪ti'rroβo] *m* Diebstahlschutz *m*
antisemita [an̪tise'mita] **I.** *adj* antisemitisch **II.** *mf* Antisemit(in) *m(f)*
antisemítico, -a [an̪tise'mitiko, -a] *adj* antisemitisch
antisemitismo [an̪tisemi'tismo] *m sin pl* Antisemitismus *m*
antiséptico, -a [an̪ti'septiko, -a] *adj* antiseptisch
antisísmico, -a [an̪ti'sismiko, -a] *adj* erdbebensicher
antisocial [an̪tiso'θjal] *adj* unsozial
antisolar [an̪tiso'lar] *adj* Sonnenschutz-
antitabaco [an̪tita'βako] *adj inv* **campaña** ~ Antiraucherkampagne *f*
antitérmico[1] [an̪ti'termiko] *m* (MED) fiebersenkendes Mittel *nt*, Antipyretikum *nt*
antitérmico, -a[2] [an̪ti'termiko, -a] *adj* (MED) fiebersenkend, antipyretisch
antiterrorista [an̪titerro'rista] *adj* Antiterror-; **lucha** ~ Kampf gegen den Terrorismus
antítesis [an̪'titesis] *f inv* ❶ (LIT, FILOS) Antithese *f* ❷ *(contrario)* Gegenteil *nt*
antitético, -a [an̪ti'tetiko, -a] *adj* gegensätzlich
antivirus [an̪ti'βirus] *m inv* Antivirus *nt*
antojadizo, -a [an̪toxa'ðiθo, -a] *adj* launenhaft
antojarse [an̪to'xarse] *vimpers* ❶ *(encapricharse)* **se le antojó comprarse un coche nuevo** er/sie wollte unbedingt ein neues Auto kaufen; **se me antojó un helado** ich bekam Lust auf ein Eis; **hace siempre lo que se le antoja** er/sie macht immer, wozu er/sie Lust hat ❷ *(tener la sensación)* **se me antoja que no vas a venir** ich habe das Gefühl, dass du nicht kommen wirst; **se me antoja que va a nevar** ich glaube, es wird bald schneien
antojo [an̪'toxo] *m* ❶ *(capricho)* Laune *f*; **a mi** ~ wie es mir gefällt ❷ *(de una embarazada)* Gelüst(e) *nt*; **tener ~s** *(ganas)* Gelüste haben; *(CSur: estar embarazada)* schwanger sein ❸ *(mancha)* Muttermal *nt* ❹ *(Méx: apetito)* Appetit *m*
antología [an̪tolo'xia] *f* Anthologie *f*; **de** ~ *(memorable)* hervorragend
antológico, -a [an̪to'loxiko, -a] *adj* ❶ *(relativo a la antología)* anthologisch ❷ *(extraordinario)* hervorragend
antónimo [an̪'tonimo] *m* (LING) Antonym *nt*
antonomasia [an̪tono'masja] *f* **por** ~ schlechthin
antorcha [an̪'tortʃa] *f* Fackel *f*
antracita [an̪tra'θita] *f* Anthrazit *m*
antro ['an̪tro] *m* ❶ *(caverna)* Höhle *f* ❷ *(pey: local)* Spelunke *f*; **un ~ de corrupción** eine Lasterhöhle
antropófago, -a [an̪tro'pofaɣo, -a] *m, f* Kannibale, -in *m, f*
antropoide [an̪tro'poi̯ðe] *m* (ZOOL) Anthropoid(e) *m*
antropología [an̪tropolo'xia] *f* Anthropologie *f*
antropólogo, -a [an̪tro'poloɣo, -a] *m, f* Anthropologe, -in *m, f*
anual [anu'al] *adj* ❶ *(que dura un año)* Jahres- ❷ *(que sucede cada año)* jährlich; **informe** ~ Jahresbericht *m* ❸ *(planta)* einjährig
anualidad [anwali'ðaᵈ] *f* Jahresrate *f*; ~ **de(l) seguro** Versicherungsjahr *nt*
anualmente [anwal'men̪te] *adv* jährlich
anuario [anu'arjo] *m* Jahrbuch *nt*
anubarrado, -a [anuβa'rraðo, -a] *adj* bewölkt
anublar [anu'βlar] **I.** *vt* ❶ *(ocultar)* verdecken; **las nubes anublan el sol** die Wolken verdecken die Sonne ❷ *(empañar)* trüben; ~ **la alegría** die Freude trüben **II.** *vr:* **~se** ❶ *(el cielo)* sich bewölken ❷ *(planta)* welken
anudar [anu'ðar] **I.** *vt* ❶ *(hacer un nudo)*

A

A

(ver)knoten ❷ *(juntar)* verknüpfen (**a** mit +*dat*) **II.** *vr:* **~se** sich verknoten; *(la voz)* versagen

anuencia [a'nweṇθja] *f* Zustimmung *f*, Einwilligung *f*

anuente [a'nweṇte] *adj* zustimmend, einwilligend

anulación [anula'θjon] *f* ❶ *(de una ley)* Aufhebung *f* ❷ *(de una sentencia/un matrimonio)* Annullierung *f* ❸ *(de un contrato)* Auflösung *f*; *(de un pedido)* Stornierung *f*; *(de una subscripción)* Kündigung *f* ❹ *(de una decisión/un permiso)* Widerruf *m*

anular [anu'lar] **I.** *vt* ❶ *(ley)* aufheben ❷ *(sentencia, matrimonio)* annullieren ❸ *(contrato)* auflösen; *(pedido)* stornieren; *(subscripción)* kündigen ❹ *(decisión, permiso)* widerrufen ❺ *(cita)* absagen ❻ *(tren, autobús)* streichen ❼ (DEP: *gol*) nicht anerkennen ❽ *(persona)* unterjochen **II.** *vr:* **~se** sich erniedrigen **III.** *adj* ❶ *(relativo al anillo)* Ring- ❷ *(de forma de anillo)* ringförmig

anulativo, -a [anula'tiβo, -a] *adj* aufhebend

anunciación [anuṇθja'θjon] *f* Verkündigung *f*

anunciante [anuṇ'θjaṇte] *mf* Inserent(in) *m(f)*

anunciar [anuṇ'θjar] **I.** *vt* ❶ *(dar noticia de algo)* bekannt geben; *(de antemano)* ankündigen; *(por teléfono/radio)* durchsagen; **acaban de ~ la llegada del vuelo** die Ankunft des Fluges ist soeben gemeldet worden ❷ *(dar publicidad)* werben (für +*akk*) ❸ *(concurso, oposiciones)* ausschreiben ❹ *(un visitante)* melden ❺ *(presagiar)* vorhersagen **II.** *vr:* **~se** ❶ *(hacerse publicidad)* werben ❷ *(el verano)* sich ankündigen

anuncio [a'nuṇθjo] *m* ❶ *(de una noticia)* Bekanntgabe *f*; *(de antemano)* Ankündigung *f* ❷ *(en el cine/la TV)* (Werbe)spot *m*; *(en un periódico)* Anzeige *f*; **~ por palabras** Kleinanzeigen *fpl* ❸ *(en internet)* **~ en internet** Werbebanner *nt*

anverso [am'berso] *m* Vorderseite *f*

anzuelo [aṇ'θwelo] *m* ❶ *(para pescar)* Angelhaken *m*; **echar el ~** den Köder auswerfen; **morder el ~** anbeißen ❷ *(fam: aliciente)* Köder *m*; **picar en** [*o* **tragar**] **el ~** anbeißen; **echar el ~ a alguien** jdn ködern

añadido [aɲa'ðiðo] *m* ❶ *(cosa añadida)* Zusatz *m* ❷ *(postizo)* Haarteil *nt*

añadidura [aɲaði'ðura] *f* Zusatz *m* (**a** zu +*dat*); *(en una compra)* Zugabe *f* (**a** zu +*dat*); **por ~** außerdem

añadir [aɲa'ðir] *vt* ❶ *(agregar)* hinzufügen (**a** +*dat*); **a esto hay que ~ que...** hinzu kommt, dass ... ❷ *(alargar)* verlängern; **~ dos centímetros a las mangas** die Ärmel um zwei Zentimeter verlängern

añal [a'ɲal] **I.** *adj (anual)* jährlich **II.** *m (cordero, becerro, carnero)* Jährling *m*

añares [a'ɲares] *mpl (Arg)* lange Zeit *f*, viele Jahre *ntpl*

añejo, -a [a'ɲexo, -a] *adj* alt; *(vino)* gealtert

añicos [a'ɲikos] *mpl* Scherben *fpl*; **hacer algo ~** etw zertrümmern; **estoy hecho ~** *(fam)* ich bin fix und fertig

añil [a'ɲil] *m* ❶ (BOT) Indigopflanze *f* ❷ *(color)* Indigoblau *nt*

año ['aɲo] *m* Jahr *nt*; **~ bisiesto** Schaltjahr *nt*; **~ civil** Kalenderjahr *nt*; **~ luz** Lichtjahr *nt*; **~ natural** Kalenderjahr *nt*; **~ nuevo** Neujahr *nt*; **la víspera de ~ nuevo** der Silvesterabend; **~ de publicación** Erscheinungsjahr *nt*; **~ de servicio** Dienstjahr *nt*; **los ~s 60** die 60er Jahre; **por los ~s 60** in den 60er-Jahren; **en el ~ 1960** (im Jahre) 1960; **el ~ de la pera** anno dazumal; **cumplir ~s** Geburtstag haben; **cumplir 60 ~s** 60 Jahre alt werden; **¿cuántos ~s tienes?** wie alt bist du?; **Juan le saca cinco ~s a Pepe** Juan ist fünf Jahre älter als Pepe; **un hombre entrado en ~s** ein älterer Mann; **a mis ~s** in meinem Alter; **necesitar ~s** ewig brauchen; **los ~s no pasan en balde** die Zeit geht nicht spurlos vorbei; **los ~s corren que vuelan** die Jahre fliegen nur so dahin; **por él no pasan los ~s** er sieht für sein Alter jung aus; **quitarse ~s** sich jünger machen; **estar de buen ~** *(saludable)* gut aussehen; *(gordo)* dick sein

añoranza [aɲo'raṇθa] *f* Sehnsucht *f*; *(morriña)* Heimweh *nt*

añorar [aɲo'rar] *vt* sich sehnen (nach +*dat*); *(tener morriña)* Heimweh haben (**de** nach +*dat*); **~ los viejos tiempos** den alten Zeiten nachtrauern

añoso, -a [a'ɲoso, -a] *adj* sehr alt

aorta [a'orta] *f* Hauptschlagader *f*

aovado, -a [ao'βaðo, -a] *adj* oval

aovar [ao'βar] *vi* Eier legen

aovillarse [aoβi'ʎarse] *vr* sich zusammenkauern

AP [a'pe] *f abr de* **Alianza Popular** *rechte Partei Spaniens zur Zeit des Übergangs zur Demokratie nach Franco*

apabullante [apaβu'ʎaṇte] *adj* überwältigend

apabullar [apaβu'ʎar] *vt* ❶ *(achicar)* einschüchtern; *(confundir)* verwirren; *(abatir)* am Boden zerstören; **me quedé apabullado cuando oí la noticia** ich war einfach platt, als ich die Nachricht hörte ❷ *(humillar)* demütigen

apacentar [apaθeṇ'tar] <e → ie> **I.** *vt* ❶ *(ganado)* auf die Weide treiben ❷ *(pasiones, deseos)* schüren **II.** *vr:* **~se** weiden

apachar [apa'ʧar] *vt (Perú: robar)* rauben

apacheta [apa'ʧeta] *f (Arg, Bol, Chil, Perú)* ❶ *(adoratorio incásico)* Kapelle *f* der Inkas ❷ *(amontonamiento)* Anhäufung *f;* **~ de gente** Menschenauflauf *m* ❸ *(montón de dinero)* Haufen *m* Geld; **hacer la ~** sich bereichern

apacible [apa'θiβle] *adj* ❶ *(persona)* sanftmütig ❷ *(temperamento)* ruhig ❸ *(tiempo, viento)* mild

apaciguador(a) [apaθiɣwa'ðor(a)] *adj* beschwichtigend, besänftigend

apaciguamiento [apaθiɣwa'mjeṇto] *m* ❶ *(aplacamiento)* Beschwichtigung *f;* *(del dolor)* Milderung *f* ❷ *(calma)* Beruhigung *f*

apaciguar [apaθi'ɣwar] <gu → gü> **I.** *vt* ❶ *(aplacar)* besänftigen ❷ *(calmar)* beruhigen; *(dolor)* mildern **II.** *vr:* **~se** sich beruhigen

apadrinar [apaðri'nar] *vt* ❶ *(en un bautizo)* Pate stehen (bei +*dat*); *(en una boda)* Trauzeuge sein (bei +*dat*) ❷ *(proteger)* protegieren ❸ *(patrocinar)* die Schirmherrschaft übernehmen (über +*akk*)

apagado, -a [apa'ɣaðo, -a] *adj* ❶ *(volcán)* erloschen ❷ *(sonido)* gedämpft ❸ *(persona)* niedergeschlagen ❹ *(color)* trüb

apagar [apa'ɣar] <g → gu> **I.** *vt* ❶ *(luz, cigarrillo)* ausmachen ❷ *(fuego, cal)* löschen; **~ el fuego con una manta** das Feuer mit einer Decke ersticken ❸ *(sed, hambre)* stillen ❹ *(protesta, disturbio)* ersticken ❺ *(televisor, radio)* ausmachen ❻ *(vela)* ausblasen ❼ *(color, bríos)* dämpfen ❽ *(loc)* **¡apaga y vámonos!** jetzt reicht's aber!; **hoy está apagado** heute ist er nicht in Form **II.** *vr:* **~se** ❶ *(fuego, pipa, luz)* ausgehen ❷ *(sonido)* abklingen ❸ *(color)* verblassen

apagón [apa'ɣon] *m* Stromausfall *m*

apaisado, -a [apai̯'saðo, -a] *adj* im Querformat

apalabrar [apala'βrar] *vt* verabreden

apalancado, -a [apalaŋ'kaðo, -a] *adj* etabliert

apalancamiento [apalaŋka'mjeṇto] *m* Heben *nt* mit einer Brechstange; (ECON: *en una empresa*) Verhältnis *nt* von Eigenkapital zu Fremdkapital

apalancar [apalaŋ'kar] <c → qu> **I.** *vt* mit einer Brechstange hochheben **II.** *vr:* **~se** *(fam)* herumlungern

apaleada [apale'aða] *f (Arg, Méx),* **apaleamiento** [apalea'mjeṇto] *m* Prügel *mpl*

apalear [apale'ar] *vt* ❶ (AGR) worfeln ❷ *(dinero)* scheffeln ❸ *(a alguien)* verprügeln ❹ *(una alfombra)* ausklopfen ❺ *(un árbol)* schlagen (gegen +*akk*); **~ un manzano** Äpfel vom Baum abschlagen

apalizar [apali'θar] <z → c> *vt* verprügeln; **el equipo fue apalizado** *(fig)* die Mannschaft erlitt eine vernichtende Niederlage

apantallado, -a [apaṇta'ʎaðo, -a] *adj (Méx)* dumm, blöd, töricht

apañado, -a [apa'ɲaðo, -a] *adj* ❶ *(hábil)* geschickt ❷ *(adecuado)* geeignet ❸ *(fam: equivocado)* **estás ~ si crees que te voy a ayudar** wenn du glaubst, dass ich dir helfe, bist du schiefgewickelt; **aquí está ~** hier hat er nichts zu lachen

apañar [apa'ɲar] **I.** *vt* ❶ *(remendar)* flicken ❷ *(loc)* **¡ya te ~é yo!** dir werde ich helfen! **II.** *vr:* **~se** ❶ *(darse maña)* sich geschickt anstellen ❷ *(arreglárselas)* zurechtkommen; **no sé cómo te las apañas** ich weiß nicht, wie du das machst; **¡apáñatelas como puedas!** sieh selbst zu, wie du zurechtkommst!

apaño [a'paɲo] *m* ❶ *(acción de apañar)* Flicken *nt* ❷ *(remiendo)* Flickarbeit *f* ❸ *(chanchullo)* Schiebung *f* ❹ *(amorío)* Verhältnis *nt* ❺ *(loc)* **encontrar un ~** eine Notlösung finden

aparador [apara'ðor] *m* ❶ *(mueble)* Anrichte *f* ❷ *(escaparate)* Schaufenster *nt* ❸ *(taller)* Werkstatt *f*

aparato [apa'rato] *m* ❶ *(utensilio, t.* DEP) Gerät *nt;* **~ indicador** Zähler *m;* **~ de precisión** Feinmessinstrument *nt;* **~ de televisión** Fernsehgerät *nt;* **~ para la ventilación** Lüftung *f;* **gimnasia de ~s** Geräteturnen *nt* ❷ (TEL) Apparat *m;* **ponerse al ~** ans Telefon gehen; **el señor X está al ~** Herr X ist am Apparat ❸ *(avión)* Maschine *f* ❹ (MED: *vendaje*) Verband *m;* *(para la dentadura)* **~ de ortodoncia** Zahnspange *f* ❺ (ANAT) **~ digestivo** Verdauungsapparat *m* ❻ *(pompa)* Prunk *m* ❼ (POL: *de un partido*) Apparat *m*

aparatosidad [aparatosi'ðaᵈ] *f* ❶ *(ostentación)* Prunk *m* ❷ *(desmesura)* Maßlosigkeit *f*

aparatoso, -a [apara'toso, -a] *adj* ❶ *(ostentoso)* prunkvoll ❷ *(desmedido)* maßlos; **un accidente ~** ein spektakulärer Unfall

aparcabicis [aparka'biθis] *m inv* Fahrradständer *m*

aparcamiento [aparka'mjeṇto] *m* ❶ *(acción)* Parken *nt* ❷ *(lugar)* Parkplatz *m;*

A

~ **para discapacitados** Behindertenparkplatz *m*

aparcar [apar'kar] <c → qu> *vt* ① *(coche)* parken ② *(decisión)* vertagen

aparcero, -a [apar'θero, -a] *m, f* Teilpächter(in) *m(f)*

apareamiento [aparea'mjen̪to] *m* Paarung *f*

aparear [apare'ar] **I.** *vt* ① *(animales)* paaren ② *(formar un par)* paarweise anordnen; ~ **personas** Paare bilden **II.** *vr:* **~se** ① *(animales)* sich paaren ② *(formar un par)* ein Paar bilden

aparecer [apare'θer] *irr como crecer* **I.** *vi* erscheinen; *(algo inesperado)* auftauchen; ~ **ante la opinión pública** in der Öffentlichkeit auftreten; **han aparecido casos de difteria** es gab einige Diphtheriefälle **II.** *vr:* **~se** erscheinen

aparecido [apare'θiðo] *m* Erscheinung *f*

aparejado, -a [apare'xaðo, -a] *adj (adecuado)* geeignet, zweckmäßig; **llevar** [*o* **traer**] ~ mit sich bringen, zur Folge haben

aparejador(a) [aparexa'ðor(a)] *m(f)* Bauführer(in) *m(f)*

aparejar [apare'xar] *vt* ① *(una caballería)* anschirren ② *(un barco)* auftakeln ③ *(imprimar)* grundieren

aparejo [apa'rexo] *m* ① *(arnés)* Pferdegeschirr *nt* ② *(poleas)* Flaschenzug *m* ③ *(jarcia)* Takelage *f* ④ *(imprimación)* Grundierung *f* ⑤ *(construcción)* Verband *m* ⑥ *pl (utensilios)* Ausrüstung *f*

aparentar [aparen̪'tar] *vt* vorgeben; **trata de ~ que es rico** er tut so als sei er reich; ~ **estar enfermo** sich krank stellen; **no aparentas la edad que tienes** du siehst jünger aus als du bist

aparente [apa'ren̪te] *adj* ① *(que parece y no es)* scheinbar ② *(perceptible a la vista)* sichtbar ③ *(adecuado)* passend ④ *(de buen aspecto)* reizvoll

aparentemente [aparen̪te'men̪te] *adv* anscheinend

aparición [apari'θjon] *f* ① *(acción)* Erscheinen *nt; (de algo inesperado)* Auftauchen *nt;* (TEAT) Auftritt *m* ② *(visión)* Erscheinung *f*

apariencia [apa'rjen̪θja] *f* ① *(aspecto)* Aussehen *nt* ② *(signos)* (An)schein *m;* **en ~** dem Anschein nach; **guardar las ~s** den Schein wahren; **las ~s engañan** *(prov)* der Schein trügt

aparrandado, -a [aparran̪'daðo, -a] *adj (Col)* ① *(comida)* verdorben ② *(idea, plan)* überholt

apartadero [aparta'ðero] *m* ① *(de un camino, canal)* Ausweiche *f* ② (FERRO) Ausweichgleis *nt*

apartado[1] [apar'taðo] *m* ① *(cuarto)* Hinterzimmer *nt* ② *(párrafo)* Absatz *m* ③ *(loc)* ~ **de correos** [*o* **postal**] Postfach *nt*

apartado, -a[2] [apar'taðo, -a] *adj* ① *(lugar)* abgelegen ② *(persona)* ungesellig

apartamento [aparta'men̪to] *m* Wohnung *f,* Appartement *nt;* **un ~ compartido** eine Wohngemeinschaft

apartamiento [aparta'mjen̪to] *m* ① *(separación)* Trennung *f* ② *(apartamento)* Wohnung *f*

apartar [apar'tar] **I.** *vt* ① *(separar)* trennen ② *(poner a un lado)* beiseitelegen; ~ **a alguien para decirle algo** jdn zur Seite nehmen, um ihm etw zu sagen; ~ **el plato** den Teller wegschieben; **¡aparta la mano del taladro!** komm mit deiner Hand nicht an den Bohrer! ③ *(de un cargo)* entfernen (**de** aus +*dat*) ④ *(de un propósito)* abbringen ⑤ *(la vista)* abwenden ⑥ *(la atención)* ablenken **II.** *vr:* **~se** ① *(separarse)* sich trennen ② *(de un camino)* abweichen; **¡apártate!** geh aus dem Weg! ③ *(del tema)* abschweifen

aparte [a'parte] **I.** *adv (en otro sitio)* beiseite; **por correo ~** mit getrennter Post; **he sumado los euros y, ~, los dólares** ich habe die Euro und die Dollar getrennt addiert; **esta cuestión debe tratarse ~** auf diese Frage muss gesondert eingegangen werden **II.** *prep* ① *(separado)* **él estaba ~ del grupo** er war abseits der Gruppe ② *(además de)* ~ **de** abgesehen von +*dat;* **esta sopa ~ de mala está fría** diese Suppe schmeckt nicht nur schlecht, sie ist auch noch kalt; ~ **de esto, perdí las llaves** außerdem verlor ich noch die Schlüssel **III.** *m (de un escrito)* Absatz *m;* **punto y ~** Punkt und neuer Absatz **IV.** *adj inv* ① *(singular)* einzigartig ② *(separado)* separat; **en un plato ~** auf einem extra Teller

apartheid [apar'^{t}xei̯^{ð}] *m sin pl* Apartheid *f*

apartidismo [aparti'ðismo] *m sin pl* Parteilosigkeit *f*

apartidista [aparti'ðista] *adj* parteilos

apasionado, -a [apasjo'naðo, -a] **I.** *adj* ① *(con pasión)* leidenschaftlich ② *(entusiasta)* begeistert ③ *(temperamento)* lebhaft **II.** *m, f* Anhänger(in) *m(f)*

apasionamiento [apasjona'mjen̪to] *m* ① *(entusiasmo)* Begeisterung *f* ② *(vehemencia)* Leidenschaftlichkeit *f;* **con ~** mit Leib und Seele

apasionante [apasjo'nan̪te] *adj (libro, película)* spannend; *(música)* mitreißend; *(sensación)* überwältigend

apasionar [apasjo'nar] **I.** *vt* begeistern

II. *vr:* **~se** ① *(entusiasmarse)* sich begeistern (**por** für +*akk*) ② *(enamorarse)* sich leidenschaftlich verlieben (**en** in +*akk*)

apatía [apa'tia] *f* Teilnahmslosigkeit *f*

apático, -a [a'patiko, -a] *adj* apathisch

apátrida [a'patriða] *adj* staatenlos

apatusco [apa'tusko] *m (Ven)* ① *(intriga)* Intrige *f* ② *(fingimiento)* Schwindel *m*

apeadero [apea'ðero] *m* ① *(poyo)* Trittstein *m* ② (FERRO) Haltepunkt *m* ③ *(en un camino)* Haltebucht *f*

apear [ape'ar] **I.** *vt* ① *(árbol)* fällen ② *(disuadir)* abbringen (**de** von +*dat*) **II.** *vr:* **~se** *(de un vehículo)* aussteigen (**de** aus +*dat*); *(de un caballo)* absitzen (**de** von +*dat*)

apechugar [apetʃu'ɣar] <g → gu> *vi* sich abfinden; **~ con las consecuencias** die Konsequenzen tragen; **~ con una tarea complicada** sich eine schwere Arbeit aufladen

apedazar [apeða'θar] <z → c> *vt* flicken

apedrear [apeðre'ar] **I.** *vimpers* hageln **II.** *vt* mit Steinen bewerfen; *(lapidar)* steinigen **III.** *vr:* **~se** *(cosecha)* verhageln

apegado, -a [ape'ɣaðo, -a] *adj* **estar ~ a alguien** an jdm hängen

apegarse [ape'ɣarse] <g → gu> *vr* lieb gewinnen (**a** +*akk*)

apego [a'peɣo] *m* Zuneigung *f* (**a** zu +*dat*); **tener un gran ~ a algo** etw sehr mögen

apelación [apela'θjon] *f* ① (JUR: *recurso*) Berufung *f* ② *(invocación)* Appell *m* (**a** an +*akk*) ③ *(loc)* **esto no tiene ~** da ist nichts zu machen; **este resultado no tiene ~** an diesem Ergebnis gibt es nichts zu rütteln

apelar [ape'lar] *vi* ① *(invocar)* appellieren (**a** an +*akk*); *(referirse)* sich berufen (**a** auf +*akk*) ② *(recurrir: a alguien)* sich wenden (**a** an +*akk*); *(a algo)* greifen (**a** zu +*dat*); **~ a todos los medios** kein Mittel unversucht lassen ③ (JUR: *recurrir*) Berufung einlegen (**de** gegen +*akk*); **la sentencia ha sido apelada** gegen das Urteil wurde Berufung eingelegt

apelativo [apela'tiβo] *m* ① *(apellido)* Nachname *m* ② *(sobrenombre)* Beiname *m;* **~ cariñoso** Kosename *m* ③ (LING) Gattungsname *m*

apellidar [apeʎi'ðar] **I.** *vt* nennen **II.** *vr:* **~se** (mit Familiennamen) heißen; **se apellida Martínez** sein/ihr Nachname ist Martínez

apellido [ape'ʎiðo] *m* Familienname *m,* Nachname *m;* **~ de soltera** Mädchenname *m;* **primer ~** Familienname des Vaters; **por el ~ no caigo** der Name sagt mir nichts

apelmazado, -a [apelma'θaðo, -a] *adj* ① *(cojín, colchón)* hart ② *(nieve)* pappig ③ *(harina)* klumpig ④ *(escritura)* schwer lesbar

apelmazar [apelma'θar] <z → c> **I.** *vt* zusammenpressen **II.** *vr:* **~se** ① *(colchón, cojín)* hart werden ② *(nieve)* verharschen ③ *(harina)* verklumpen ④ *(lana, pelo)* verfilzen

apelotonar [apeloto'nar] **I.** *vt* ① *(cosas)* zusammenballen ② *(personas)* zusammenpferchen **II.** *vr:* **~se** ① *(formarse grumos)* verklumpen ② *(personas)* sich zusammendrängen; **~se en la entrada** sich am Eingang drängen ③ *(loc)* **en esta calle se apelotonan los coches** auf dieser Straße knäu(e)lt sich der Verkehr

apenar [ape'nar] **I.** *vt* bekümmern **II.** *vr:* **~se** ① *(afligirse)* sich grämen (**por** über +*akk*) ② *(Am: sentir vergüenza)* sich schämen (**por** für +*akk,* wegen +*gen/dat*)

apenas [a'penas] **I.** *adv* ① *(casi no)* kaum; **~ había nadie** es war kaum jemand da ② *(tan solo)* erst; *(escasamente)* knapp; **~ hace un mes que estudio alemán** ich lerne erst seit einem Monat Deutsch; **~ hace una hora** vor knapp einer Stunde; **tengo ~ 10 euros en el bolsillo** ich habe gerade mal 10 Euro in der Tasche; **~ llegué a tiempo** ich kam gerade noch rechtzeitig an **II.** *conj (tan pronto como)* kaum; **~ salí a la calle, se puso a llover** ich war kaum auf der Straße, als es anfing zu regnen; **~ llegó, se tomó una ducha** er/sie kam und nahm sofort eine Dusche

apéndice [a'pen̩diθe] *m* ① *(de un libro)* Anhang *m; (tomo separado)* Ergänzungsband *m* ② *(complemento)* Anhängsel *nt* ③ (ANAT) **~ vermiforme** Appendix *m*

apendicitis [apen̩di'θitis] *f inv* Blinddarmentzündung *f*

apepsia [a'peβsja] *f* (MED) Verdauungsstörung *f*

apercibimiento [aperθiβi'mjen̩to] *m* ① *(advertencia)* Warnung *f* ② *(amonestación)* Verwarnung *f*

apercibir [aperθi'βir] **I.** *vt* ① *(avisar)* aufmerksam machen (**de** auf +*akk*); *(advertir)* warnen (**de** vor +*dat*) ② *(amonestar)* tadeln (**por** wegen +*gen/dat,* **por** für +*akk*); (JUR) verwarnen; **le han apercibido con el despido** sie haben ihm mit seiner Entlassung gedroht **II.** *vr:* **~se** ① *(prepararse)* sich vorbereiten (**a/para** auf +*akk*) ② *(percatarse)* sich *dat* bewusst werden (**de** +*gen*); **me he apercibido de lo impor-**

A

A

tante que es el examen mir ist die Wichtigkeit der Prüfung klar geworden

aperitivo [aperi'tiβo] *m* ❶ *(bebida)* Aperitif *m;* **¡y esto es tan solo el ~!** *(fig)* und das ist nur der Anfang! ❷ *(comida)* Appetithappen *m*

aperreado, -a [aperre'aðo, -a] *adj* mühsam, mühselig; **una vida aperreada** ein mühseliges Leben; **un día ~** ein anstrengender Tag

aperrear [aperre'ar] **I.** *vt* überanstrengen **II.** *vr:* **~se** ❶ *(fatigarse)* sich überanstrengen ❷ *(emperrarse)* hartnäckig bestehen (**en** auf +*dat*)

apertura [aper'tura] *f* Öffnen *nt; (reunión, teatro, cuenta, testamento, en ajedrez)* Eröffnung *f;* **~ de un crédito** Krediteinräumung *f*

apesadumbrar [apesaðum'brar] **I.** *vt* bekümmern **II.** *vr:* **~se** sich grämen (**por** über +*akk*)

apestar [apes'tar] **I.** *vi* ❶ *(oler mal)* stinken (**a** nach +*dat*) ❷ *(estar lleno)* wimmeln (**de** von +*dat*) **II.** *vt* ❶ *(fam: fastidiar)* nerven ❷ *(llenar)* überschwemmen; **el mercado está apestado de gente** der Markt wimmelt nur so von Menschen **III.** *vr:* **~se** *(Am: contagiarse)* sich anstecken

apestoso, -a [apes'toso, -a] *adj* ❶ *(que apesta)* stinkend ❷ *(fastidioso)* lästig

apetecer [apete'θer] *vi irr como crecer* ❶ *(tener ganas de)* Lust haben (**de** auf +*akk*); **¿qué te apetece?** was möchtest du?; **¿un viaje? – sí, me apetece la idea** eine Reise? – ja, ich habe Lust dazu; **me apetece un helado** ich habe Lust auf ein Eis ❷ *(gustar)* **una copa de vino siempre apetece** ein Glas Wein schmeckt immer; **este libro me apetece más** dieses Buch sagt mir mehr zu

apetecible [apete'θiβle] *adj* wünschenswert; *(objetivo)* erstrebenswert

apetencia [ape'tenθja] *f* ❶ *(apetito)* Appetit *m* ❷ *(deseo)* Verlangen *nt* (**de** nach +*dat*)

apetito [ape'tito] *m* ❶ *(de comida)* Appetit *m* (**de** auf +*akk*); **abrir el ~** Appetit machen ❷ *(deseo)* Verlangen *nt* (**de** nach +*dat*); **~ sexual** Fleischeslust *f*

apetitoso, -a [apeti'toso, -a] *adj* ❶ *(que despierta el apetito)* appetitlich ❷ *(sabroso)* köstlich ❸ *(deseable)* wünschenswert

API ['api] *m abr de* **Agente de la Propiedad Inmobiliaria** Makler(in) *m(f)*

apiadar [apja'ðar] **I.** *vt* Mitleid erregen; **su mala suerte apiada a sus vecinos** sein Unglück erregt das Mitleid der Nachbarn **II.** *vr:* **~se** bemitleiden (**de** +*akk*); **¡Dios, apiádate de nosotros!** Herr, erbarme dich unser!

ápice ['apiθe] *m* ❶ *(punta)* Spitze *f* ❷ *(cúspide)* Gipfel *m* ❸ *(nada)* **no ceder un ~** keinen Zollbreit nachgeben; **no entender un ~** nicht das Geringste verstehen

apicultor(a) [apikul'tor(a)] *m(f)* Imker(in) *m(f)*

apicultura [apikul'tura] *f* Bienenzucht *f*

apilamiento [apila'mjento] *m (de tierra, melones)* Aufhäufen *nt; (de periódicos)* (Auf)stapelung *f; (de madera)* Aufschichtung *f*

apilar [api'lar] **I.** *vt* aufhäufen; *(periódicos)* (auf)stapeln; *(madera)* (auf)schichten; *(cajas)* (auf)türmen **II.** *vr:* **~se** sich stapeln

apiñamiento [apiɲa'mjento] *m* Gedränge *nt*

apiñar [api'ɲar] **I.** *vt* ❶ *(cosas)* aufeinanderstapeln; **apiñó las cosas en el maletero y partieron** er/sie stopfte die Sachen in den Kofferraum und sie fuhren los ❷ *(personas)* zusammendrängen; *(animales)* zusammenpferchen **II.** *vr:* **~se** sich drängen

apio ['apjo] *m* Sellerie *m o f*

apisonadora [apisona'ðora] *f* Straßenwalze *f*

apisonar [apiso'nar] *vt* walzen

aplacamiento [aplaka'mjento] *m* ❶ *(de otra persona)* Besänftigung *f* ❷ *(del dolor)* Milderung *f* ❸ *(del hambre, la sed)* Stillen *nt* ❹ *(de uno mismo)* Beruhigung *f*

aplacar [apla'kar] <c → qu> **I.** *vt* ❶ *(persona)* besänftigen ❷ *(dolor)* lindern ❸ *(hambre, sed)* stillen **II.** *vr:* **~se** sich beruhigen

aplanamiento [aplana'mjento] *m* ❶ *(allanamiento)* Einebnen *nt* ❷ *(desánimo)* Entmutigung *f*

aplanar [apla'nar] **I.** *vt* ❶ *(allanar)* ebnen ❷ *(aplastar)* zerdrücken ❸ *(desanimar)* entmutigen **II.** *vr:* **~se** den Mut verlieren

aplastamiento [aplasta'mjento] *m* (*t.* MED: *acción*) Zerquetschen *nt; (resultado)* Quetschung *f*

aplastante [aplas'tante] *adj* überwältigend; *(derrota)* vernichtend; *(lógica, prueba)* zwingend

aplastar [aplas'tar] *vt* ❶ *(chafar)* zerquetschen; **el desprendimiento de piedras aplastó a dos personas** der Steinschlag erschlug zwei Menschen ❷ *(con la mano)* zerdrücken; **~ un cigarrillo** eine Zigarette ausdrücken ❸ *(con el pie)* zertreten ❹ *(derrotar)* (vernichtend) schlagen ❺ *(abatir)* entmutigen

aplatanado, -a [aplata'naðo, -a] *adj* träge, phlegmatisch

aplatanarse [aplata'narse] *vr (entregarse a la indolencia)* sich gehen lassen

A

aplaudir [aplau̯'ðir] **I.** *vi* applaudieren; **el publico rompió a ~** das Publikum fing an zu klatschen **II.** *vt* ❶ *(palmear)* applaudieren +*dat* ❷ *(aprobar)* begrüßen; *(alabar)* loben

aplauso [a'plau̯so] *m* Applaus *m;* **salva de ~s** Beifallssturm *m;* **digno de ~** *(fig)* lobenswert

aplazable [apla'θaβle] *adj (fecha prevista)* verschiebbar; *(plazo)* aufschiebbar; *(pago)* stundbar

aplazamiento [aplaθa'mjen̩to] *m* ❶ *(fecha)* Verlegung *f* (**a/hasta** auf +*akk*) ❷ *(viaje, partido)* Verschiebung *f* (**a/hasta** auf +*akk*); *(conferencia, negociación)* Vertagung *f* (**a/hasta** auf +*akk*) ❸ *(decisión)* Aufschub *m* (**a/hasta** bis zu +*dat*)

aplazar [apla'θar] <z → c> *vt* ❶ *(fecha)* verlegen ❷ *(viaje, partido)* verschieben (**a/hasta** auf +*akk*); *(conferencia, negociación)* vertagen (**a/hasta** auf +*akk*); **~ el viaje una semana** die Reise um eine Woche verschieben; **la reunión se aplaza hasta nueva orden** die Sitzung wird bis auf Weiteres vertagt ❸ *(decisión)* aufschieben ❹ *(Am: suspender)* durchfallen lassen

aplicable [apli'kaβle] *adj* anwendbar (**a** auf +*akk*); **ser ~** Anwendung finden

aplicación *f* (INFOR) Applikation *f,* Anwendung *f*

aplicación [aplika'θjon] *f* ❶ *(pintura, crema)* Auftragen *nt* ❷ *(venda)* Anlegen *nt* ❸ *(teoría, método)* Anwendung *f;* **las múltiples aplicaciones del plástico** die vielen Verwendungsmöglichkeiten von Kunststoffen ❹ *(conocimientos, habilidades)* Verwendung *f* ❺ *(en el estudio)* Fleiß *m* ❻ *(adorno)* Applikation *f* ❼ *(Am: petición)* Bitte *f;* *(formal)* Antrag *m*

aplicado, -a [apli'kaðo, -a] *adj (trabajador)* fleißig

aplicar [apli'kar] <c → qu> **I.** *vt* ❶ *(pintura, crema)* auftragen (**a** auf +*akk*); **~ dando un ligero masaje** leicht einmassieren; **aplicado con regularidad...** bei regelmäßiger Anwendung ... ❷ *(venda)* anlegen ❸ *(teoría, método)* anwenden (**a** auf +*akk*) ❹ *(conocimientos, habilidades)* verwenden (**a** für +*akk*); **~ una máquina para un trabajo** eine Maschine für eine Tätigkeit einsetzen ❺ (JUR) **~ una sanción** eine Geldstrafe auferlegen; **la ley no se puede ~ en este caso** das Gesetz ist auf diesen Fall nicht anwendbar ❻ *(loc)* **~ el freno** die Bremse ziehen; **~ un lazo a un vestido** eine Schleife an ein Kleid annähen; **~ un tipo de interés** einen Zinssatz in Anwendung bringen; **~ el oído a la puerta** an der Tür horchen **II.** *vr:* **~se** ❶ *(esforzarse)* sich bemühen; **~se al estudio** sich dem Studium intensiv widmen ❷ *(emplearse)* Anwendung finden

aplique [a'plike] *m* ❶ *(lámpara)* Wandleuchte *f* ❷ (TEAT) Requisit *nt*

aplomado, -a [aplo'maðo, -a] *adj (persona)* selbstsicher

aplomar [aplo'mar] **I.** *vt* ❶ *(comprobar la verticalidad)* loten ❷ *(construir verticalmente)* nach dem Lot ausrichten **II.** *vr:* **~se** an Selbstsicherheit gewinnen

aplomo [a'plomo] *m (seguridad)* Selbstsicherheit *f;* **perder el ~** die Fassung verlieren

apnea [aβ'nea] *f* (MED) Apnoe *f,* Atemstillstand *m*

apocado, -a [apo'kaðo, -a] *adj* verzagt

apocalipsis [apoka'liβsis] *m sin pl* Apokalypse *f*

apocalíptico, -a [apoka'liptiko, -a] *adj* apokalyptisch

apocamiento [apoka'mjen̩to] *m* Verzagtheit *f*

apocar [apo'kar] <c → qu> **I.** *vt* einschüchtern **II.** *vr:* **~se** verzagen

apócrifo[1] [a'pokrifo] *m* (REL) Apokryph(on) *nt*

apócrifo, -a[2] [a'pokrifo, -a] *adj* ❶ *(supuesto)* vermeintlich ❷ (REL) apokryph

apodar [apo'ðar] **I.** *vt (dar un sobrenombre)* einen Beinamen geben +*dat;* *(un apodo)* einen Spitznamen geben +*dat* **II.** *vr* **~se...** *(tener el sobrenombre)* den Beinamen ... haben; *(el apodo)* den Spitznamen ... haben

apoderado, -a [apoðe'raðo, -a] *m, f* Bevollmächtige(r) *mf;* (COM) Prokurist(in) *m(f)*

apoderamiento [apoðera'mjen̩to] *m* ❶ (*t.* JUR: *autorización*) Vollmacht *f,* Bevollmächtigung *f* ❷ (COM) Erteilung *f* der Vollmacht

apoderar [apoðe'rar] **I.** *vt* bevollmächtigen **II.** *vr:* **~se** sich bemächtigen (**de** +*gen*); **el espía se apoderó del maletín** der Spion brachte den Aktenkoffer an sich; **~se de los clientes de la competencia** die Kunden der Konkurrenz abwerben; **~se del liderato** die Führung übernehmen

apodíctico, -a [apo'ðiktiko, -a] *adj* unwiderlegbar, apodiktisch

apodo [a'poðo] *m* Spitzname *m*

apogeo [apo'xeo] *m (cumbre)* Gipfel *m;* **estar en el ~ de su carrera** auf dem Höhepunkt seiner Laufbahn stehen; **el ~ del Barroco** die Blütezeit des Barocks

apolillado, -a [apoli'ʎaðo, -a] *adj* ❶ *(de polilla)* mottenzerfressen ❷ *(anticuado)* altmodisch

A

apolillar [apoli'ʎar] **I.** *vt* zerfressen **II.** *vr:* **~se** von Motten zerfressen werden

apolillo [apo'liʎo] *m (Arg)* Schlaf *m*

apolíneo, -a [apo'lineo, -a] *adj (atractivo)* attraktiv, gut aussehend

apolismado, -a [apolis'maðo, -a] *adj* ① *(Am: magullado)* gequetscht ② *(Col, Méx, PRico: raquítico)* mick(e)rig *fam* ③ *(CRi: holgazán)* faul ④ *(Méx, Ven: deprimido)* bekümmert, bedrückt ⑤ *(PRico: tonto)* dumm; *(simple)* einfältig

apolismar [apolis'mar] **I.** *vt (Am: magullar)* quetschen **II.** *vr:* **~se** ① *(CRi, PRico, Ven: acobardarse)* den Mut verlieren (**ante/frente a** vor +*dat*, angesichts +*gen*) ② *(AmC, Col, Cuba, PRico: consumirse)* ausgezehrt werden

apolítico, -a [apo'litiko, -a] *adj* unpolitisch

apología [apolo'xia] *f* Verteidigung *f*

apoltronarse [apoltro'narse] *vr* ① *(emperezarse)* träge werden ② *(repantigarse)* es sich *dat* bequem machen

apoplejía [apople'xia] *f* Schlaganfall *m*

apopléjico, -a [apo'plexiko, -a] *adj* (MED) apoplektisch

apoquinar [apoki'nar] *vt (fam)* blechen; **apoquina lo que me debes** gib mir die Kohle, die du mir (noch) schuldest

aporrear [aporre'ar] **I.** *vt* ① *(dar golpes)* heftig schlagen; **~ el piano/la máquina de escribir** auf dem Klavier/auf der Schreibmaschine hämmern; **~ la puerta** gegen die Tür hämmern ② *(molestar)* belästigen; **esta música me aporrea los oídos** *(por estar muy alta)* bei dieser Musik platzt einem ja das Trommelfell; *(por ser mala)* diese Musik ist nicht zum Aushalten ③ *(moscas)* verscheuchen **II.** *vr:* **~se** sich prügeln

aportación [aporta'θjon] *f* ① *(contribución)* Beitrag *m* (**a/para** zu +*dat*); **hacer una ~ a un trabajo** einen Beitrag zu einer Arbeit leisten ② *(donación)* Spende *f* (**a/para** für +*akk*) ③ (ECON: *capital*) Einlage *f;* **~ dineraria** Bareinlage *f;* **~ en especie** Sacheinlage *f*

aportar [apor'tar] **I.** *vt* ① *(traer)* (mit)bringen; **~ al matrimonio** in die Ehe einbringen ② *(contribuir)* beitragen (**a** zu +*dat*); **he aportado algo a la fiesta** ich habe einen Beitrag zum Fest geleistet ③ *(argumento, propuesta)* vorbringen ④ *(información)* liefern; *(evidencia, testigos)* beibringen ⑤ *(pruebas)* erbringen ⑥ *(capital)* einbringen ⑦ *(loc)* **no aporta nada ir a esa conferencia** es bringt nichts, diese Konferenz zu besuchen **II.** *vi* ① *(llegar a puerto)* einlaufen ② *(recalar)* auftauchen; **hace tiempo que no aporta por aquí** er/sie hat sich schon lange nicht mehr hier sehen lassen

aporte [a'porte] *m* ① *(contribución)* Beitrag *m* (**a/para** zu +*dat*) ② *(donación)* Spende *f* (**a/para** für +*akk*) ③ (ECON: *capital*) Einlage *f* ④ (GEO) Ablagerung *f;* **~ de un río** Flussablagerung *f*

aposentar [aposen'tar] **I.** *vt (albergar)* beherbergen; *(procurar alojamiento)* unterbringen **II.** *vr:* **~se** unterkommen; (MIL) sich einquartieren

aposento [apo'sento] *m* ① *(hospedaje)* Unterkunft *f;* **nos dieron ~** sie nahmen uns bei sich *dat* auf ② *(cuarto)* Zimmer *nt*

aposición [aposi'θjon] *f* Apposition *f*

apósito [a'posito] *m (vendaje)* Wundverband *m; (adhesivo)* (Heft)pflaster *nt*

aposta [a'posta] *adv* absichtlich

apostador(a) [aposta'ðor(a)] *m(f)* Wetter(in) *m(f)*

apostante [apos'tante] *mf* Wettteilnehmer(in) *m(f); (jugador)* Spieler(in) *m(f);* **~s de las quinielas** Totospieler *mpl*

apostar [apos'tar] <o → ue> **I.** *vi* setzen (**por** auf +*akk*); **~las a** [*o* **con**] **alguien** gegen jdn antreten **II.** *vt, vr:* **~se** ① *(hacer una apuesta)* wetten (um +*akk*); **¿qué/cuánto apostamos?** worum/um wie viel wetten wir?; **¿qué te apuestas a que no lo hace?** wetten, dass er/sie es nicht tut?; **apuesto cualquier cosa a que...** ich gehe jede Wette ein, dass ...; **~ doble contra sencillo que...** zwei zu eins wetten, dass ...; **puedes ~ la cabeza que...** du kannst Gift darauf nehmen, dass ... ② *(poner)* (sich) aufstellen

apostasía [aposta'sia] *f* Abfall *m,* Lossagung *f*

apóstata [a'postata] *mf* Abtrünnige(r) *mf*

apostatar [aposta'tar] *vi* sich lossagen; **~ de la fe cristiana** vom christlichen Glauben abfallen

a posteriori [a poste'rjori] *adv* nachträglich

apostilla [apos'tiʎa] *f* Randbemerkung *f*

apóstol [a'postol] *m* Apostel *m;* **Hechos de los A~es** Apostelgeschichte *f;* **ser un buen ~** *(fig)* mit allen Wassern gewaschen sein

apostólico, -a [apos'toliko, -a] *adj* apostolisch; **la Santa Sede Apostólica** der Apostolische Stuhl

apóstrofe [a'postrofe] *m o f (insulto)* Beleidigung *f*

apóstrofo [a'postrofo] *m* (LING) Apostroph *m*

apoteósico, -a [apote'osiko, -a] *adj* enorm; **éxito ~** Riesenerfolg *m*

apoteosis [apote'osis] *f inv* ① *(de un*

héroe) Vergöttlichung *f* ❷ *(de un espectáculo)* Höhepunkt *m*

apoyabrazos [apoɟa'βraθos] *m inv* Armlehne *f*

apoyacabezas [apoɟaka'βeθas] *m inv* Kopfstütze *f*

apoyar [apo'ɟar] **I.** *vt* ❶ *(colocar sobre)* stützen (**en** auf +*akk*); *(contra)* lehnen (**en** an +*akk*) ❷ *(fundar)* stützen (**en** auf +*akk*); ~ (**con pruebas**) belegen ❸ *(confirmar)* bestätigen ❹ *(patrocinar)* unterstützen; *(ayudar)* beistehen +*dat;* ~ **una moción/un ascenso** einen Antrag/eine Beförderung befürworten; ~ **una reforma** für eine Reform eintreten **II.** *vi* (ARQUIT) ruhen (**sobre** auf +*dat*) **III.** *vr:* **~se** ❶ *(descansar sobre)* sich stützen (**en** auf +*akk*); *(contra)* sich lehnen (**en/contra** gegen +*akk*); **~se con los brazos** sich mit den Armen aufstützen; **~se con la mano** sich mit der Hand abstützen ❷ *(fundarse)* beruhen (**en** auf +*dat*)

apoyatura [apoɟa'tura] *f* (MÚS) Vorschlag *m*

apoyo [a'poɟo] *m* ❶ *(sostén)* Halt *m; (soporte)* Stütze *f* ❷ *(respaldo)* Unterstützung *f; (ayuda)* Hilfe *f;* **prestar ~ a un plan** einen Plan unterstützen; **tener un ~ en alguien** von jdm unterstützt werden; **cuenta con mi ~** du kannst dich auf mich verlassen; **en ~ de** zur Unterstützung +*gen*

app [ap] *mf* (INFOR) App *f*

apreciable [apre'θjaβle] *adj* ❶ *(observable)* wahrnehmbar; ~ **al oído** hörbar ❷ *(considerable)* beträchtlich ❸ *(digno de estima)* schätzenswert

apreciación [apreθja'θjon] *f* ❶ *(de una moneda)* Bewertung *f* ❷ *(de una casa)* Schätzung *f* ❸ *(del tamaño)* Abschätzung *f* ❹ *(juicio)* Einschätzung *f* ❺ *(captación)* Wahrnehmung *f*

apreciado, **-a** [apre'θjaðo, -a] *adj (en cartas)* **~s Sres:** sehr geehrte Herren,

apreciar [apre'θjar] *vt* ❶ *(estimar)* schätzen; **aprecio los perros** ich mag Hunde gern; **si aprecias tu vida, ¡desaparece de aquí!** wenn dir dein Leben lieb ist, dann verschwinde von hier!; **aprecio la libertad** ich lege auf meine Freiheit großen Wert ❷ *(una moneda)* bewerten ❸ *(una casa)* schätzen ❹ *(tamaño, distancia)* abschätzen ❺ *(captar)* wahrnehmen; **de lejos no se aprecia ningún sonido** von Weitem kann man nichts hören; **este cronómetro aprecia centésimas de un segundo** dieser Chronometer gibt Hundertstelsekunden an; **el médico apreció una contusión en el pecho** der Arzt stellte eine Prellung in der Brust fest ❻ *(valorar)* einschätzen

apreciativo, **-a** [apreθja'tiβo, -a] *adj* Schätzungs-, schätzend

aprecio [a'preθjo] *m* ❶ *(afecto)* Zuneigung *f;* **te tengo un gran ~** ich mag dich sehr ❷ *(estima)* Wertschätzung *f;* **gran ~** Hochachtung *f;* **tengo un gran ~ por este político** ich schätze diesen Politiker sehr ❸ (FIN) Schätzung *f*

aprehender [apre(e)ṇ'der] *vt* ❶ *(coger)* fassen; *(botín, contrabando)* beschlagnahmen ❷ *(percibir)* wahrnehmen; *(comprender)* begreifen

aprehensible [apre(e)n'siβle] *adj* wahrnehmbar, begreiflich

aprehensión [apre(e)n'sjon] *f* ❶ *(acción de coger)* Ergreifung *f; (del botín)* Beschlagnahmung *f* ❷ *(percepción)* Wahrnehmung *f; (comprensión)* Begreifen *nt*

aprehensivo, **-a** [apre(e)n'siβo, -a] *adj* wahrnehmungsfähig

apremiante [apre'mjaṇte] *adj* dringend

apremiar [apre'mjar] **I.** *vt* ❶ *(acuciar)* (be)drängen ❷ *(compeler)* zwingen (**a/para** zu +*dat*) **II.** *vi (urgir)* eilen; **el tiempo apremia** die Zeit drängt

apremio [a'premjo] *m* ❶ *(situación apremiante)* Dringlichkeit *f;* **por ~ de tiempo** aus Zeitnot ❷ *(coacción)* Zwang *m* ❸ (JUR) Mahnung *f*

aprender [apreṇ'der] *vt* lernen; **fácil de ~** leicht erlernbar; **~ a leer** lesen lernen; **~ de la historia** aus der Geschichte lernen; **~ de memoria** auswendig lernen; **estoy aprendiendo a conducir** ich lerne gerade Auto fahren; **¿dónde has aprendido estos malos modales?** wo hast du dir diese schlechten Manieren angewöhnt?; **siempre se aprende algo nuevo** man lernt nie aus

aprendiz(a) [apreṇ'diθ(a)] *m(f)* Lehrling *m;* **entrar de ~** in die Lehre gehen; **trabajar de ~** in der Lehre sein; **ser ~ de mucho, maestro de nada** ein Hansdampf in allen Gassen sein

aprendizaje [apreṇdi'θaxe] *m* ❶ *(acción de aprender)* (Er)lernen *nt;* **~ en línea** Online-Lernen *nt* ❷ *(formación profesional)* Lehre *f;* **contrato de ~** Lehr(lings)vertrag *m;* **puesto de ~** Lehrstelle *f;* **tiempo de ~** Lehrzeit *f;* **terminar el ~** auslernen

aprensión [apren'sjon] *f* ❶ *(recelo)* Bedenken *ntpl;* **me da ~ decírtelo** ich traue mich nicht, es dir zu sagen ❷ *(asco)* Ekel *m;* **he cogido ~ a la leche** ich finde Milch ek(e)lig; **me da ~ beber de este vaso** es ekelt mich, aus diesem Glas zu trinken ❸ *(temor)* Befürchtung *f; (impre-*

A

A

sión) Gefühl *nt;* **tener la ~ de que...** *(temer)* befürchten, dass ...; *(creer)* das Gefühl haben, dass ... ④ *(figuración)* Einbildung *f;* **son aprensiones suyas** er/sie bildet sich *dat* das nur ein

aprensivo, -a [apren'siβo, -a] *adj* überängstlich

apresamiento [apresa'mjen̩to] *m* ① *(de un delincuente)* Verhaftung *f* ② *(de una nave)* Kapern *nt*

apresar [apre'sar] *vt* ① *(hacer presa)* packen ② *(delincuente)* verhaften ③ *(nave)* kapern

aprestar [apres'tar] **I.** *vt (preparar)* vorbereiten; *(habitación)* herrichten **II.** *vr:* **~se** sich vorbereiten (**para** auf/für +*akk*), sich bereit machen (**para** für +*akk,* **para** zu +*dat*)

apresto [a'presto] *m* ① *(preparación)* Vorbereitung *f* ② *(de una tela)* Appretur *f*

apresurado, -a [apresu'raðo, -a] *adj* ① *(con prisa)* eilig; **con paso ~** eiligen Schrittes ② *(con excesiva prisa)* übereilt

apresuramiento [apresura'mjen̩to] *m* ① *(rapidez)* Schnelligkeit *f* ② *(acción)* Beschleunigung *f*

apresurar [apresu'rar] **I.** *vt* ① *(dar prisa)* drängen ② *(acelerar)* beschleunigen; **~ el paso** das Tempo beschleunigen; **~ la salida del viaje** übereilt abreisen **II.** *vr:* **~se** sich beeilen; **¡no te apresures!** lass dir nur Zeit!

apretado, -a [apre'taðo, -a] *adj* ① *(oprimido)* dicht ② *(tapón, tornillo)* fest sitzend; *(vestido)* eng; *(cinta, cuerda)* straff ③ *(personas)* dicht gedrängt ④ *(loc)* **un caso ~** ein heikler Fall; **verse** [*o* **estar**] **muy ~** in großer Bedrängnis sein; **estar ~ de dinero** schlecht bei Kasse sein; **estar ~ de tiempo** keine Zeit haben

apretar [apre'tar] <e → ie> **I.** *vi* ① *(calor)* drückender werden; *(dolor)* schlimmer werden; *(lluvia)* heftiger werden ② *(vestido)* eng sitzen; **la americana me aprieta por detrás** die Jacke spannt am Rücken ③ *(deudas, problemas)* schwer lasten (**a** auf +*dat*) ④ *(loc)* **tenemos que ~ si queremos aprobar** wenn wir durchkommen wollen, müssen wir uns mehr Mühe geben; **si aprietas un poco puedes ganar el partido** wenn du noch ein bisschen an Tempo zulegst, kannst du das Spiel gewinnen; **este profesor aprieta mucho en los exámenes** dieser Lehrer stellt sehr schwierige Prüfungen **II.** *vt* ① *(hacer presión)* drücken; **~ un botón/el timbre** auf einen Knopf/die Klingel drücken; **~ algo contra el pecho** etw an die Brust drücken; **~ el tubo de la pasta de dientes** die Zahnpastatube ausdrücken; **~ el acelerador** das Gaspedal durchtreten; **~ la ropa en la maleta** die Kleider in den Koffer stopfen ② *(acosar)* bedrängen ③ *(loc)* **~ las cuerdas de la guitarra** die Gitarrensaiten spannen; **~ los dientes** die Zähne zusammenbeißen; **~ filas** zusammenrücken; **~ la goma del pantalón** das Gummiband der Hose straffen; **~ las letras** enger schreiben; **~ las manos** die Hände zusammenpressen; **~ el paso** den Schritt beschleunigen; **~ el puño** die Faust ballen; **~ un nudo/un tornillo** einen Knoten/eine Schraube fester anziehen **III.** *vr:* **~se** ① *(estrecharse)* enger werden ② *(agolparse)* sich drängen ③ *(ceñirse)* **~se el cinturón** den Gürtel enger schnallen

apretón [apre'ton] *m* ① *(presión)* Druck *m* ② *(esprín)* Spurt *m* ③ *(aprieto)* Bedrängnis *f* ④ *(apretura)* Gedränge *nt*

apretujar [apretu'xar] **I.** *vt (fam)* zerknautschen **II.** *vr:* **~se** drängeln

apretura [apre'tura] *f* ① *(de gente)* Gedränge *nt* ② *(escasez)* Not *f* ③ *(aprieto)* Bedrängnis *f*

aprieto [a'prjeto] *m* Bedrängnis *f;* **~ económico** finanzieller Engpass; **estar en un ~** in der Klemme sein; **poner en un ~ con una pregunta** mit einer Frage in Verlegenheit bringen; **sacar a alguien de un ~** jdm aus der Klemme helfen

a priori [a pri'ori] *adv* von vorn(e)herein

aprisa [a'prisa] *adv* schnell

aprisionar [aprisjo'nar] *vt* ① *(poner en prisión)* einsperren ② *(sujetar con cadenas)* in Ketten legen ③ *(atar)* festbinden ④ *(inmovilizar)* festhalten; *(pillar)* einklemmen; **quedarse aprisionado en el barro** im Lehm festsitzen

aprobación [aproβa'θjon] *f (de una decisión)* Billigung *f; (de un proyecto)* Genehmigung *f; (de una moción)* Annahme *f; (de una ley)* Verabschiedung *f;* **murmullo de ~** beifälliges Gemurmel; **encontrar la ~ de alguien** jds Zustimmung finden

aprobado [apro'βaðo] *m* (ENS) **he sacado un ~ en mates** ich habe die Matheprüfung bestanden

aprobar [apro'βar] <o → ue> **I.** *vt* ① *(decisión, propuesta)* billigen, gutheißen; *(proyecto)* genehmigen; *(moción)* annehmen; *(ley)* verabschieden; **~ las condiciones** mit den Bedingungen einverstanden sein; **la censura no aprobaba muchas películas** die Zensur gab viele Filme nicht frei; **la solicitud fue aprobada** der Antrag wurde genehmigt ② *(examen)* bestehen ③ *(a un alumno)* bestehen lassen **II.** *vi* (ENS) bestehen

A

aprobatorio, -a [aproβa'torjo, -a] *adj* anerkennend, zustimmend

aproches [a'protʃes] *mpl (Am)* ❶ *(proximidad)* Nähe *f* ❷ *(parentesco)* Verwandschaftsgrad *m* ❸ *(vía de acceso)* Zugang *m*

apronte [a'pron̦te] *m (Am)* Vorbereitung *f*

apropiación [apropja'θjon] *f* ❶ *(adaptación)* Anpassung *f* ❷ *(aplicación adecuada)* angemessene Verwendung *f* ❸ *(apoderamiento)* Aneignung *f;* ~ **indebida** Unterschlagung *f*

apropiado, -a [apro'pjaðo, -a] *adj* ❶ *(adecuado)* geeignet (**a/para** für +*akk*) ❷ *(oportuno)* angebracht; *(precio)* angemessen

apropiar [apro'pjar] **I.** *vt* ❶ *(adaptar)* anpassen (**a** +*dat*) ❷ *(Am: premio)* verleihen; *(encargo, beca)* vergeben **II.** *vr:* **~se** sich *dat* aneignen (**de** +*akk*)

aprovechable [aproβe'tʃaβle] *adj (material)* brauchbar; *(residuos)* verwertbar

aprovechado, -a [aproβe'tʃaðo, -a] *adj* ❶ *(alumno)* strebsam ❷ *(trabajador)* tüchtig ❸ *(calculador)* berechnend

aprovechamiento [aproβetʃa'mjen̦to] *m* Nutzung *f; (de una idea/residuos)* Verwertung *f;* ~ **del espacio** Platzausnutzung *f;* ~ **del tiempo libre** Freizeitgestaltung *f*

aprovechar [aproβe'tʃar] **I.** *vi* ❶ *(valer)* von Nutzen sein ❷ *(sentar bien)* gut bekommen; **¡que aproveche!** guten Appetit! ❸ *(progresar)* **mi hijo no aprovecha en los estudios** mein Sohn kommt mit dem Studium nicht voran **II.** *vt* nutzen; *(abusar)* ausnutzen; ~ **una idea** einen Einfall verwerten; ~ **un invento** sich *dat* eine Erfindung zunutze machen; ~ **el máximo de algo** den größtmöglichen Nutzen aus etw *dat* ziehen **III.** *vr:* **~se** ❶ *(sacar provecho)* profitieren (**de** von +*dat*); **ellos hacen el trabajo sucio y luego los otros se aprovechan** sie machen die schmutzige Arbeit und die anderen profitieren dann davon ❷ *(abusar)* ausnutzen (**de** +*akk*); *(explotar)* ausbeuten (**de** +*akk*); **~se de una mujer** eine Frau missbrauchen

aprovisionamiento [aproβisjona'mjen̦to] *m* Versorgung *f*

aprovisionar [aproβisjo'nar] *vt* versorgen (**de/con** mit +*dat*)

aproximación [aproˠsima'θjon] *f* ❶ *(acercamiento)* Annäherung *f* (**a** an +*akk*) ❷ *(en una lotería)* Trostpreis *m*

aproximadamente [aproˠsimaða'men̦te] *adv* circa, ungefähr, etwa, rund

aproximado, -a [aproˠsi'maðo, -a] *adj* ungefähr

aproximar [aproˠsi'mar] **I.** *vt* heranrücken; **aproxima la silla a la mesa** rück den Stuhl an den Tisch (heran); ~ **opiniones** Meinungen einander annähern **II.** *vr:* **~se** näher kommen; *(a un punto)* sich nähern (**a** +*dat*); **~se con la silla a la ventana** mit dem Stuhl näher an das Fenster rücken; **~se a los 50** auf die 50 zugehen; **se aproxima a la realidad** das kommt der Wirklichkeit sehr nahe; **se aproxima agosto** der August naht; **las tropas se aproximan** die Truppen rücken näher

aproximativo, -a [aproˠsima'tiβo, -a] *adj* approximativ; **valor** ~ Annäherungswert *m*

aptitud [apti'tuᵈ] *f* Eignung *f* (**para** für +*akk*, **para** zu +*dat*); ~ **para el servicio militar** Wehrdiensttauglichkeit *f;* **tener ~es físicas para la natación** für den Schwimmsport alle körperlichen Voraussetzungen mitbringen

apto, -a ['apto, -a] *adj* geeignet (**para** für +*akk*, **para** zu +*dat*); ~ **para el servicio militar** wehrdiensttauglich; **la película no es apta para menores** der Film ist nicht jugendfrei

apuesta [a'pwesta] *f* ❶ *(juego)* Wette *f;* **corredor de ~s** Buchmacher *m* ❷ *(cantidad)* Einsatz *m*

apuesto, -a [a'pwesto, -a] *adj* gut aussehend

apuntado, -a [apun̦'taðo, -a] *adj (agudo)* spitz

apuntador(a) [apun̦ta'ðor(a)] *m(f)* (TEAT) Souffleur, Souffleuse *m, f;* **en esta película no se salva ni el** ~ in diesem Film bleibt keiner verschont

apuntalamiento [apun̦tala'mjen̦to] *m* (ARQUIT) (Ab)stützen *nt*

apuntalar [apun̦ta'lar] *vt* abstützen

apuntamiento [apun̦ta'mjen̦to] *m* ❶ *(acción)* Aufzeichnung *f,* Niederschreiben *nt* ❷ (JUR) Aktenauszug *m*

apuntar [apun̦'tar] **I.** *vi* sich zeigen; *(día)* anbrechen; *(barba, trigo)* sprießen; *(estación)* beginnen; **apunta la primavera** es wird Frühling; **la recuperación económica empieza a** ~ es deutet sich eine Wiederbelebung der Wirtschaft an **II.** *vt* ❶ *(con un arma)* zielen (**a** auf +*akk*); **¡apunten!** legt an! ❷ *(con el dedo)* zeigen (**a** auf +*akk*) ❸ *(anotar)* notieren ❹ *(inscribir)* anmelden (**en** in +*dat*); *(en una lista)* eintragen (**en** in +*akk*) ❺ *(naipes)* setzen (**a** auf +*akk*) ❻ *(tela)* (an)heften ❼ *(dictar)* vorsagen; (TEAT) soufflieren ❽ *(insinuar)* andeuten; ~ **algo y no dar** etw versprechen und nicht halten ❾ *(indicar)* hinweisen (**a** auf +*akk*); ~ **a que...** darauf hinweisen, dass ...; **todo apunta en esta dirección** alles weist in diese Richtung

III. *vr:* **~se** ① *(inscribirse)* sich anmelden (**a** zu *+dat*); *(en una lista)* sich eintragen (**en** in *+akk*); *(a un club)* beitreten (**a** *+dat*) ② *(el vino)* einen Stich bekommen ③ *(éxito, tanto)* verbuchen ④ *(victoria)* erringen ⑤ *(fam: emborracharse)* sich *dat* einen ansäuseln

apunte [a'pun̪te] *m* ① *(escrito)* Notiz *f;* **tomar ~s** mitschreiben; **¿me dejas los ~s de mates?** kannst du mir die Matheunterlagen leihen? ② *(bosquejo)* Skizze *f* ③ (FIN) Buchung *f*

apuñalar [apuɲa'lar] *vt* erstechen

apuradamente [apuraða'men̪te] *adv* ① *(exactamente)* genau ② *(con dificultad)* mit Schwierigkeiten

apurado, -a [apu'raðo, -a] *adj* ① *(agotado)* erschöpft; **~ de dinero** knapp bei Kasse ② *(con esmero)* sorgfältig ③ *(dificultoso)* schwierig; **verse ~** in der Klemme sitzen ④ *(Am: apresurado)* eilig; **estar ~** es eilig haben; **hacer un trabajo a las apuradas** eine Arbeit stümperhaft ausführen

apurar [apu'rar] **I.** *vt* ① *(investigación)* genau untersuchen ② *(vaso)* austrinken; *(plato)* leer essen ③ *(paciencia, reservas)* erschöpfen; **~ todos los medios** nichts unversucht lassen ④ *(angustiar)* quälen; *(atosigar)* plagen; **¡no me apures, mi paciencia tiene un límite!** treib es nicht auf die Spitze, meine Geduld hat bald ein Ende!; **ya vendrás cuando te apure el hambre** du wirst schon kommen, wenn du hungrig bist ⑤ *(con alabanzas)* verlegen machen; **me apura decirle que no tengo dinero** es ist mir peinlich, ihm/ihr zu sagen, dass ich kein Geld habe ⑥ *(Am: dar prisa)* drängen **II.** *vr:* **~se** ① *(preocuparse)* sich *dat* Sorgen machen; **¡no te apures por eso!** mach dir deswegen keine Sorgen! ② *(Am: darse prisa)* sich beeilen; **¡no te apures!** es eilt nicht!

apuro [a'puro] *m* ① *(aprieto)* Bedrängnis *f;* *(dificultad)* Schwierigkeit *f;* **estar en un ~** in der Patsche sitzen; **sacar a alguien de un ~** jdm aus der Patsche helfen; **poner en ~** in Verlegenheit bringen ② *(estrechez)* finanzielle Notlage *f;* **sufrir grandes ~s** große Not leiden ③ *(vergüenza)* Scham *f;* **me da ~ pedirle el dinero** es ist mir peinlich, ihn/sie um das Geld zu bitten ④ *(Am: prisa)* Eile *f*

aquárium [a'kwariun] <aquáriums> *m* Aquarium *nt*

aquejar [ake'xar] *vt* ① *(afligir)* bekümmern ② *(enfermedad)* quälen; **le aqueja una enfermedad grave** er/sie leidet an einer schweren Krankheit

aquel, aquella, aquello [a'kel, a'keʎa, a'keʎo] *pron dem* <aquellos, -as> diese(r, s); *(que vemos allí)* der/die/das dort; **~ me gusta, este no** der dort gefällt mir, dieser hier nicht; **¿qué es aquello?** was ist das (dort)?; **como decía ~** wie jener sagte; **solo pueden participar aquellos que sepan inglés** nur diejenigen, die Englisch können, dürfen daran teilnehmen; **esta teoría se diferencia de aquella** diese Theorie unterscheidet sich von jener; **~ que colabore recibirá un premio** jeder, der mitmacht, bekommt eine Belohnung; **oye, ¿qué hay de aquello?** und, wie steht's damit?; *v. t.* **aquel[2], aquella**

aquel[1] [a'kel] *m* **tener un ~** das gewisse Etwas haben

aquel, -ella[2] [a'kel, -eʎa] **I.** *adj* <aquellos, -as> diese(r, s); *(que vemos allí)* der/die/das dort; **aquella casa es nuestra** das Haus dort gehört uns; **¿qué fue del hombre ~?** was ist aus diesem Mann geworden?; **¿estabais de acuerdo en ~ punto?** wart ihr euch in dem Punkt einig?; **en aquellos tiempos** zu jener Zeit **II.** *pron dem v.* **aquel, aquella, aquello**

aquella(s) [a'keʎa(s)] **I.** *adj v.* **aquel[2], aquella** **II.** *pron dem v.* **aquel, aquella, aquello**

aquello(s) [a'keʎo(s)] **I.** *adj o pron dem v.* **aquel[2], aquella** **II.** *pron dem v.* **aquel, aquella, aquello**

aquí [a'ki] *adv* ① *(de lugar)* hier; *(con movimiento)* hierher; **(por) ~ cerca** hier in der Nähe; **~ dentro** darin; **este de ~** der hier; **¡ah, ~ estás!** da bist du ja!; **andar de ~ para allá** hin und her laufen; **mira ~ dentro** schau hier rein; **de ~ hasta allí hay 10 minutos a pie** bis dahin sind es 10 Minuten zu Fuß; **mejor ir por ~** besser hier entlang ② *(de tiempo)* **de ~ en adelante** von nun an; **de ~ a una semana** heute in einer Woche; **hasta ~** bis jetzt

aquietar [akje'tar] **I.** *vt* ① *(apaciguar)* beruhigen ② *(aliviar)* lindern **II.** *vr:* **~se** sich beruhigen; **~se con una explicación** sich mit einer Erklärung zufriedengeben

Aquisgrán [akis'ɣran] *m* Aachen *nt*

ara[1] ['ara] *f* ① *(altar)* Altar *m* ② *(loc)* **acogerse a las ~s de alguien** bei jdm Zuflucht suchen; **en ~s de la paz** um des Friedens willen; **dar la vida en ~s de una idea** das Leben für eine Idee opfern

ara[2] ['ara] *m (Am)* Papagei *m*

árabe ['araβe] **I.** *adj* arabisch **II.** *mf* Araber(in) *m(f)*

arabesco[1] [ara'βesko] *m* (ARTE) Arabeske *f*

arabesco, -a[2] [ara'βesko, -a] *adj* arabisch

Arabia [a'raβja] *f* Arabien *nt;* **~ Saudí** [*o* **Saudita**] Saudiarabien *nt*

arábigo, -a [a'raβiɣo, -a] *adj* arabisch
arado [a'raðo] *m* Pflug *m*
Aragón [ara'ɣon] *m* Aragonien *nt*
aragonés, -esa [araɣo'nes, -esa] **I.** *adj* aragonisch **II.** *m, f* Aragonier(in) *m(f)*
arancel [aran̪'θel] *m* Tarif *m*
arancelario, -a [aran̪θe'larjo, -a] *adj* Zoll-
arándano [a'ran̪dano] *m* Heidelbeere *f;* ~ **agrio** Preiselbeere *f*
arandela [aran̪'dela] *f* ❶ (TÉC: *disco*) Metallring *m;* *(para una junta)* Dichtungsring *m* ❷ *(Méx, Perú: volante)* Volant *m*
araña [a'raɲa] *f* ❶ (ZOOL) Spinne *f;* **tela de** ~ Spinnennetz *nt* ❷ *(candelabro)* Kronleuchter *m*
arañar [ara'ɲar] **I.** *vt* ❶ *(rasguñar)* kratzen; *(dañar)* zerkratzen; **el gato está arañando el sillón** die Katze kratzt am Sessel ❷ *(fam: reunir)* zusammenkratzen; **con un poco de suerte ~é un aprobado** mit ein bisschen Glück komme ich bei der Prüfung durch ❸ *(loc)* ~ **la guitarra** Gitarre spielen **II.** *vi* kratzen **III.** *vr:* **~se** sich *dat* zerkratzen
arañazo [ara'ɲaθo] *m* Kratzer *m;* **dar un ~ a alguien** jdn kratzen; **defenderse a ~ limpio** sich hartnäckig verteidigen
arar [a'rar] *vt* pflügen
arbitraje [arβi'traxe] *m* ❶ *(juicio)* Schiedsspruch *m* ❷ *(de una disputa)* Schlichtung *f*
arbitral [arβi'tral] *adj* schiedsrichterlich; **jurisdicción** ~ Schiedsgerichtbarkeit *f*
arbitrar [arβi'trar] **I.** *vt* ❶ *(disputa)* schlichten ❷ *(medios, recursos)* aufbringen ❸ (DEP) pfeifen **II.** *vi* (JUR) einen Schiedsspruch fällen
arbitrariedad [arβitrarje'ðaᵈ] *f* ❶ *(cualidad)* Willkür *f* ❷ *(acción)* Willkürmaßnahme *f*
arbitrario, -a [arβi'trarjo, -a] *adj* ❶ *(inconsistente)* beliebig ❷ *(voluble)* willkürlich
arbitrio [ar'βitrjo] *m* ❶ *(decisión de un juez)* Schiedsspruch *m* ❷ *(voluntad)* Ermessen *nt;* **estar al ~ de alguien** in jds Ermessen liegen; **dejar al ~ de alguien** in jds Ermessen stellen ❸ *(salida)* Ausweg *m* ❹ *pl (impuesto)* **~s municipales** Gemeindesteuer *f*
árbitro, -a ['arβitro, -a] *m, f* ❶ *(mediador)* Schlichter(in) *m(f)* ❷ (JUR, DEP) Schiedsrichter(in) *m(f); (boxeo)* Ringrichter(in) *m(f); (yudo, wrestling)* Kampfrichter(in) *m(f)*
árbol ['arβol] *m* ❶ (BOT) Baum *m;* ~ **frutal** Obstbaum *m;* ~ **de Navidad** Weihnachtsbaum *m;* **los ~es no le dejan ver el bosque** er/sie sieht den Wald vor lauter Bäumen nicht; **del ~ caído todos hacen leña** *(prov)* wenn der Baum fällt, bricht jedermann Holz ❷ (TÉC: *eje*) Welle *f* ❸ (NÁUT) Mast *m* ❹ *(loc)* ~ **de la ciencia** Baum der Erkenntnis; ~ **genealógico** Stammbaum *m*
arbolado [arβo'laðo] *m,* **arboleda** [arβo'leða] *f* Baumgruppe *f*
arbóreo, -a [ar'βoreo, -a] *adj* ❶ *(relativo al árbol)* Baum-; **masa arbórea** Baumbestand *m* ❷ *(parecido)* baumähnlich
arboricultura [arβorikul̪'tura] *f* Baumzucht *f*
arbusto [ar'busto] *m* Strauch *m*
arca ['arka] *f* Truhe *f; (para dinero)* Tresor *m;* ~ **de la alianza** (REL) Bundeslade *f;* **las ~s del estado** die Staatskasse; ~ **de Noé** Arche Noah; ~ **del pan** *(fam)* Bauch *m;* **ser un ~ cerrada** *(fig)* sehr verschlossen sein
arcada [ar'kaða] *f* ❶ (ARQUIT) Arkade *f* ❷ *(basca)* Brechreiz *m*
arcaico, -a [ar'kai̯ko, -a] *adj (anticuado)* veraltet
arcaísmo [arka'ismo] *m* (LING, ARTE) Archaismus *m*
arcángel [ar'kaŋxel] *m* Erzengel *m*
arcano[1] [ar'kano] *m* Geheimnis *nt*
arcano, -a[2] [ar'kano, -a] *adj* geheim
arce ['arθe] *m* Ahorn *m*
arcén [ar'θen] *m* Rand *m; (de carretera)* Randstreifen *m*
archiconocido, -a [artʃikono'θiðo, -a] *adj (fam)* überall bekannt
archiduque(sa) [artʃi'ðuke, artʃiðu'kesa] *m(f)* Erzherzog(in) *m(f)*
archimillonario, -a [artʃimiʎo'narjo, -a] *m, f* Multimillionär(in) *m(f)*
archipiélago [artʃi'pjelaɣo] *m* Archipel *m;* **el ~ canario** die Kanarischen Inseln
archisabido, -a [artʃisa'βiðo, -a] *adj (fam)* äußerst bekannt; **esto está ya ~** wir können es schon nicht mehr hören
archivador [artʃiβa'ðor] *m* ❶ *(mueble)* Aktenschrank *m* ❷ *(carpeta)* (Akten)ordner *m;* ~ **de correspondencia** Briefordner *m*
archivar [artʃi'βar] *vt (documentos)* ablegen; *(en una carpeta)* abheften; (INFOR) speichern; *(un asunto)* zu den Akten legen
archivero, -a [artʃi'βero, -a] *m, f* ❶ *(de archivo histórico)* Archivar(in) *m(f)* ❷ *(de oficina)* Angestellte(r) *mf* in der Registratur
archivo [ar'tʃiβo] *m* ❶ *(documentos, lugar)* Archiv *nt;* ~ **colgante** Hängeregister *nt;* ~ **fotográfico** Bildarchiv *nt;* **constar en los ~s** aktenkundig sein ❷ (INFOR) Datei *f;* ~ **de comando** Befehlsdatei *f;* ~ **digital** digitale Datei; ~ **multimedia** Multimediadatei *f;* **compartir/intercambiar ~s**

A

Dateien gemeinsam nutzen/austauschen ③ *(Col: oficina)* Büro *nt*

arcilla [ar'θiʎa] *f* Ton *m*

arcilloso, -a [arθi'ʎoso, -a] *adj* ① *(con arcilla)* tonhaltig ② *(parecido)* tonartig

arco ['arko] *m* ① *(arma, t.* ARQUIT, ELEC) Bogen *m;* ~ **de medio punto** Rundbogen *m;* ~ **parlamentario** Parteienspektrum *nt;* ~ **voltaico** Lichtbogen *m* ② (MAT) Kreisbogen *m* ③ (MÚS) (Geigen)bogen *m* ④ *(de una cuba)* Fassreif(en) *m* ⑤ (METEO) ~ **iris** Regenbogen *m* ⑥ (TÉC) ~ **segueta** Laubsäge *f* ⑦ (ANAT) ~ **del pie** Fußgewölbe *nt*

arcoíris [arko'iris] *m* Regenbogen *m*

arcón [ar'kon] *m* große Truhe *f*

arder [ar'ðer] *vi* brennen; ~ **con fuerza** lodern; ~ **sin llama** glimmen; ~ **por los cuatro costados** lichterloh brennen; ~ **de fiebre** ganz heiß sein; ~ **de amor/pasión** von Liebe/Leidenschaft entbrannt sein; ~ **de odio** von Hass erfüllt sein; ~ **de rabia** vor Wut rasen; **ardo en deseos de conocerte** ich brenne darauf, dich kennenzulernen; **Valencia arde en fiestas** in Valencia herrscht festlicher Trubel; **el país arde en guerra** der Krieg wütet im Land; **la sesión parlamentaria está que arde** auf dieser Parlamentssitzung geht es heiß her; **estoy que ardo** *(enfadado)* ich bin wütend

ardid [ar'ðið] *m* List *f*

ardiente [ar'ðjeṇte] *adj* ① *(sed)* brennend ② *(pasión, deseo, fiebre)* glühend ③ *(persona)* leidenschaftlich ④ *(rosa)* feuerrot

ardilla [ar'ðiʎa] *f* Eichhörnchen *nt*

ardite [ar'ðite] *m* (HIST) *frühere Scheidemünze Kastiliens;* **no me importa un ~** *(fam)* das ist mir völlig wurscht

ardor [ar'ðor] *m* Hitze *f;* ~ **de estómago** Sodbrennen; **el ~ de su mirada** die Glut seines/ihres Blickes; **en el ~ del combate** in der Hitze des Gefechts

ardoroso, -a [arðo'roso, -a] *adj* ① *(caliente)* heiß; *(calor)* sengend ② *(apasionado)* leidenschaftlich; *(agitado)* hitzig

arduo, -a ['arðwo, -a] *adj* mühsam; *(vida)* mühselig

área ['area] *f* ① *(superficie, extensión)* Fläche *f* ② *(terreno)* Gelände *nt;* ~ **de servicio** (AUTO) Autobahnraststätte *f* ③ (DEP) ~ **de gol** Torraum *m;* ~ **de castigo** [*o* **penalti**] Strafraum *m* ④ *(zona)* Gebiet *nt;* ~ **metropolitana** Großstadtgebiet *nt;* ~ **de no fumadores** Nichtraucherzone *f* ⑤ *(ámbito)* Bereich *m* ⑥ *(100 metros²)* Ar *m o nt*

arelar [are'lar] *vt* (AGR) sieben

arena [a'rena] *f* ① *(material)* Sand *m;* **~s movedizas** Treibsand *m;* **edificar sobre ~** *(fig)* auf Sand bauen; **sembrar en ~** *(fig)* Holz in den Wald tragen ② *(lugar)* Arena *f*

arenal [are'nal] *m* Sandfläche *f*

arenga [a'reŋga] *f* ① *(discurso)* Ansprache *f* ② *(fam: discurso tedioso)* Tirade *f*

arenisca [are'niska] *f* Sandstein *m*

arenoso, -a [are'noso, -a] *adj* ① *(con arena)* sandig ② *(parecido)* sandartig

arenque [a'reŋke] *m* Hering *m*

arequipa [are'kipa] *f* *(Col, Méx)* Milchreis *m*

arete [a'rete] *m* Ohrring *m*

argamasa [arɣa'masa] *f* Mörtel *m*

Argel [ar'xel] *m* Algier *nt*

Argelia [ar'xelja] *f* Algerien *nt*

argelino, -a [arxe'lino, -a] **I.** *adj* algerisch **II.** *m, f* Algerier(in) *m(f)*

argentado, -a [arxeṇ'taðo, -a] *adj* versilbert

Argentina [arxeṇ'tina] *f* Argentinien *nt*

argentino, -a [arxeṇ'tino, -a] **I.** *adj* argentinisch **II.** *m, f* Argentinier(in) *m(f)*

argolla [ar'ɣoʎa] *f* Ring *m*

argot [ar'ɣo[t]] <argots> *m* Jargon *m*

argucia [ar'ɣuθja] *f* Spitzfindigkeit *f*

argüende [ar'ɣweṇde] *m* *(Méx)* ① *(chisme)* Klatsch *m,* Gerede *nt* ② *(haciendo pesquisas)* Ermittlung *f,* Untersuchung *f;* *(discurriendo)* Erforschung *f*

argüir [arɣu'ir] *irr como huir* **I.** *vt* ① *(deducir)* schließen (**de** aus +*dat*) ② *(probar)* erkennen lassen ③ *(echar en cara)* vorwerfen ④ *(alegar)* anführen (**como** als +*akk*) **II.** *vi* argumentieren

argumentación [arɣumeṇta'θjon] *f* Argumentation *f*

argumental [arɣumeṇ'tal] *adj* Argumentations-; **la trama ~** die Handlung

argumentar [arɣumeṇ'tar] **I.** *vt* ① *(deducir)* schließen ② *(defender)* begründen **II.** *vi* argumentieren

argumentativo, -a [arɣumeṇta'tiβo, -a] *adj* argumentativ

argumento [arɣu'meṇto] *m* ① *(razonamiento)* Argument *nt;* **los ~s en pro y en contra de una teoría** die Argumente für und gegen eine Theorie ② (LIT, CINE, TEAT) Handlung *f* ③ *(Am: discusión)* Diskussion *f* ④ *(Am: alegato)* Auseinandersetzung *f*

aria ['arja] *f* Arie *f*

aridez [ari'ðeθ] *f* Trockenheit *f*

árido, -a ['ariðo, -a] *adj* trocken; *(terreno)* karg

aries ['arjes] *m* (ASTR: *Person*) Widder *m*

Aries ['arjes] *m* (ASTR: *signo*) Widder *m*

ariete [a'rjete] *m* (DEP) Mittelstürmer(in) *m(f)*

ario, -a ['arjo, -a] **I.** *adj* arisch **II.** *m, f* Arier(in) *m(f)*
arisco, -a [a'risko, -a] *adj* widerspenstig
arista [a'rista] *f* ❶ *(de los cereales)* Granne *f* ❷ *(borde)* Kante *f* ❸ (ARQUIT: *línea*) Grat *m* ❹ (MAT) Schnittlinie *f*
aristocracia [aristo'kraθja] *f* Aristokratie *f*
aristócrata [aris'tokrata] *mf* Aristokrat(in) *m(f)*
aristocrático, -a [aristo'kratiko, -a] *adj* aristokratisch
aritmética [ariᵈ'metika] *f* Arithmetik *f*
aritmético, -a [ariᵈ'metiko, -a] *adj* arithmetisch
arlequín [arle'kin] *m* ❶ *(de la comedia)* Harlekin *m* ❷ *(ridículo)* Hanswurst *m*
arma ['arma] *f* ❶ *(instrumento)* Waffe *f;* ~ **blanca** Stichwaffe *f;* ~ **de fuego** Schusswaffe *f;* ~ **homicida** Tatwaffe *f;* ~ **de reglamento** Dienstwaffe *f;* **¡apunten ~s!** legt an!; **¡descansen ~s!** Gewehr ab!; **llegar a las ~s** handgreiflich werden; **pasar por las ~s** standrechtlich erschießen; **rendir las ~s** die Waffen niederlegen; **tomar las ~s** zu den Waffen greifen ❷ *(sección del ejército)* Truppengattung *f* ❸ *pl (blasón)* Wappen *nt* ❹ *pl (fuerzas armadas)* Streitkräfte *f pl* ❺ *(loc)* **un hombre de ~s tomar** ein streitbarer Mann; **mi novio es de ~s tomar** mein Freund lässt sich *dat* nichts gefallen
armada [ar'maða] *f* ❶ *(fuerzas navales)* Kriegsmarine *f* ❷ *(escuadra)* Kriegsflotte *f;* (HIST) Armada *f*
armadijo [arma'ðixo] *m (caza)* Falle *f; (construcción)* (Holz)gestell *nt*
armadillo [arma'ðiʎo] *m* Gürteltier *nt*
armado, -a [ar'maðo, -a] *adj* ❶ *(con armas)* bewaffnet; **conflicto** ~ bewaffneter Konflikt ❷ *(provisto de)* ausgestattet (**de** mit +*dat*) ❸ *(loc)* **hormigón** ~ armierter Beton
armador(a) [arma'ðor(a)] *m(f)* Reeder(in) *m(f)*
armadura [arma'ðura] *f* ❶ *(de caballero)* (Ritter)rüstung *f* ❷ *(de un objeto)* Gestell *nt* ❸ *(de una casa)* (Grund)gerippe *nt; (de un tejado)* Dachstuhl *m* ❹ *(de máquinas)* Armatur *f*
armamentismo [armameṇ'tismo] *m* Aufrüstung *f*
armamentista [armameṇ'tista] *adj* Rüstungs-; **carrera** ~ Wettrüsten *nt*
armamento [arma'meṇto] *m* ❶ *(de una persona)* Bewaffnung *f; (de un país)* Aufrüstung *f* ❷ *(armas, equipo)* Ausrüstung *f*
armar [ar'mar] **I.** *vt* ❶ *(proveer de armas)* bewaffnen ❷ *(embarcación)* ausrüsten ❸ *(cama)* aufstellen; *(tienda de campaña)* aufschlagen ❹ *(fam: jaleo, pelea)* anzetteln; **~la** *(fig)* Krach schlagen ❺ *(loc)* ~ **caballero** zum Ritter schlagen **II.** *vr:* **~se** ❶ *(con armas)* sich bewaffnen ❷ *(de paciencia/valor)* sich wappnen (**de** mit +*dat*) ❸ *(loc)* **se va a ~ la gorda** *(fam)* es wird einen Riesenkrach geben
armario [ar'marjo] *m* Schrank *m;* ~ **empotrado** Einbauschrank *m;* ~ **ropero** Kleiderschrank *m;* ~ **auxiliar** Beistellschrank *m;* ~ **colgante** Hängeschrank *m;* **salir del** ~ *(fam)* sich outen
armatoste [arma'toste] *m* Trödel *m*
armazón [arma'θon] *m o f* ❶ *(armadura)* Gestell *nt* ❷ *(esqueleto)* Skelett *nt*
Armenia [ar'menja] *f* Armenien *nt*
armenio, -a [ar'menjo, -a] **I.** *adj* armenisch **II.** *m, f* Armenier(in) *m(f)*
armería [arme'ria] *f* ❶ *(tienda)* Waffenladen *m* ❷ *(museo)* Waffenmuseum *nt* ❸ *(arte)* Waffenschmiedekunst *f*
armero [ar'mero] *m* ❶ *(fabricante)* Waffenhersteller *m* ❷ *(vendedor)* Waffenhändler *m*
armiño [ar'miɲo] *m* ❶ (ZOOL) Hermelin *nt* ❷ *(piel)* Hermelinpelz *m*
armisticio [armis'tiθjo] *m* Waffenstillstand *m*
armonía [armo'nia] *f* ❶ *(consonancia)* Harmonie *f* ❷ *(relación armoniosa)* Eintracht *f;* **falta de** ~ Missstimmung *f;* **su comportamiento no estuvo en ~ con la solemnidad del acto** sein/ihr Benehmen entsprach nicht der Feierlichkeit des Aktes
armónica [ar'monika] *f* Mundharmonika *f*
armónico, -a [ar'moniko, -a] *adj* harmonisch
armonioso, -a [armo'njoso, -a] *adj* harmonisch; *(sonido, lengua)* wohlklingend
armonización [armoniθa'θjon] *f* Harmonisierung *f;* ~ **fiscal** (FIN) Steuerharmonisierung *f*
armonizar [armoni'θar] <z → c> **I.** *vi* harmonieren; **estos dos objetos armonizan** diese zwei Gegenstände passen zusammen **II.** *vt* harmonisieren; ~ **colores** Farben aufeinander abstimmen; ~ **ideas** Ideen miteinander in Einklang bringen
ARN [aerre'ene] *m abr de* **ácido ribonucleico** (BIOL) RNS *f*
árnica ['arnika] *f* Arnika *f; (tintura)* Arnikatinktur *f;* **pedir** ~ *(fig)* das Handtuch werfen
aro ['aro] *m* ❶ *(argolla)* Ring *m;* **le haré pasar por el** ~ *(fig)* ich werde ihn schon dazu bringen; **ahora tienes que pasar por el** ~ *(fig)* nun musst du es durchstehen ❷ (BOT) Aron(s)stab *m* ❸ *(CSur, PRico: arete)* Ohrring *m*

A

aroma [a'roma] *m (olor)* Duft *m; (sabor)* Aroma *nt*

aromaterapia [aromate'rapja] *f* (MED) Aromatherapie *f*

aromático, -a [aro'matiko, -a] *adj (fragante)* duftend

aromatizar [aromati'θar] <z → c> *vt* ❶ *(dar aroma)* aromatisieren ❷ (GASTR) würzen

arpa ['arpa] *f* Harfe *f*

arpía [ar'pia] *f* ❶ *(figura mitológica)* Harpyie *f* ❷ *(bruja)* Hexe *f* ❸ *(mujer fea)* hässliche Frau *f*

arpillera [arpi'ʎera] *f* Sackleinen *nt*

arpón [ar'pon] *m (de pesca)* Harpune *f*

arponear [arpone'ar] *vi, vt* harpunieren

arqueado, -a [arke'aðo, -a] *adj* krumm

arquear [arke'ar] **I.** *vt* ❶ *(doblar)* biegen; *(espalda)* krümmen; **el gato arqueó su lomo** die Katze machte einen Buckel ❷ *(cejas)* hochziehen ❸ *(techo)* wölben **II.** *vr:* **~se** sich biegen

arqueo [ar'keo] *m (curvatura)* Krümmung *f; (de un techo)* Wölbung *f*

arqueología [arkeolo'xia] *f* Archäologie *f*

arqueológico, -a *adj* archäologisch

arqueólogo, -a [arke'oloɣo, -a] *m, f* Archäologe, -in *m, f*

arquero, -a [ar'kero, -a] *m, f* ❶ *(con arco)* Bogenschütze, -in *m, f* ❷ *(portero)* Torwart, -frau *m, f*

arquetípico, -a [arke'tipiko, -a] *adj* archetypisch, urbildlich

arquetipo [arke'tipo] *m* Archetypus *m*

arquitecto, -a [arki'tekto, -a] *m, f* Architekt(in) *m(f);* ~ **interiorista** Innenarchitekt(in) *m(f);* ~ **de la web** Webmaster(in) *m(f),* Webarchitekt(in) *m(f)*

arquitectónico, -a [arkitek'toniko, -a] *adj* architektonisch

arquitectura [arkitek'tura] *f* Architektur *f*

arrabal [arra'βal] *m* Vorstadt *f*

arrabalero, -a [arraβa'lero, -a] **I.** *adj* ❶ *(de un arrabal)* vorstädtisch ❷ *(grosero)* ungehobelt **II.** *m, f* ❶ *(habitante)* Vorstädter(in) *m(f)* ❷ *(grosero)* Rohling *m*

arracachada [arraka'ʧaða] *f (Col)* Dummheit *f,* Unsinn *m*

arraigar [arrai̯'ɣar] <g → gu> **I.** *vi, vr:* **~se** *(echar raíces)* Wurzeln schlagen **II.** *vi (costumbre)* zur festen Gewohnheit werden (**en** bei +*dat*)

arraigo [a'rrai̯ɣo] *m* Verwurzelung *f;* **tener ~** *(influencia)* einflussreich sein

arramblar [arram'blar] **I.** *vi (apoderarse)* an sich reißen (**con** +*akk*) **II.** *vt* ❶ *(río)* Sand anspülen (an +*akk*) ❷ *(arrastrar)* mit sich *dat* reißen **III.** *vr:* **~se** versanden

arrancar [arraŋ'kar] <c → qu> **I.** *vi* ❶ *(vehículo)* starten ❷ *(embestir)* angreifen ❸ *(iniciar)* anfangen; ~ **a correr** zu laufen anfangen ❹ *(provenir)* ausgehen (**de** von +*dat*); *(comenzar)* beginnen (**de** in +*dat*) **II.** *vt* ❶ *(plantas)* (her)ausreißen; **el viento arrancó el árbol** der Wind entwurzelte den Baum ❷ *(pegatina, póster)* abreißen ❸ *(quitar con violencia)* entreißen; **le ~on el arma** sie entrissen ihm/ihr die Waffe; **el ladrón le arrancó el bolso de la mano** der Dieb riss ihr die Handtasche aus der Hand; **la granada le arrancó un brazo** die Granate zerfetzte ihm/ihr einen Arm; **la corriente arrancó el puente** die Strömung riss die Brücke fort ❹ *(muela)* ziehen ❺ (AUTO) anlassen ❻ *(loc)* ~ **aplausos** Beifall auslösen; ~ **una promesa a alguien** jdm ein Versprechen abringen; ~ **un secreto** ein Geheimnis entlocken; ~ **una victoria** einen Sieg erzwingen

arranque [a'rraŋke] *m* ❶ *(energía)* Energie *f; (decisión)* Initiative *f;* **tomar ~** Anlauf nehmen ❷ *(comienzo)* Beginn *m;* **punto de ~** Ausgangspunkt *m* ❸ *(arrebato)* Anwandlung *f;* **no tengas esos ~s** reagier nicht so heftig ❹ (AUTO) Anlassen *nt;* **dispositivo de ~** (**automático**) (elektrischer) Anlasser *m* ❺ (INFOR) Start *m*

arrasar [arra'sar] **I.** *vt* ❶ *(allanar)* einebnen ❷ *(edificios)* dem Erdboden gleichmachen; *(región)* verwüsten ❸ *(vaso)* bis zum Rand füllen **II.** *vi (cielo)* aufklaren **III.** *vr:* **~se** ❶ *(cielo)* aufklaren ❷ *(loc)* **se le ~on los ojos de lágrimas** er/sie zerfloss in Tränen

arrastrado, -a [arras'traðo, -a] *adj* **una vida arrastrada** ein Hundeleben

arrastrar [arras'trar] **I.** *vt* ❶ *(tirar)* ziehen (**de** aus +*dat*); *(algo pesado)* schleifen; *(remolcar)* schleppen; **~on la caja montaña arriba** sie zogen die Kiste den Berg hinauf; **el agua arrastra las piedras** das Wasser reißt die Steine mit; **el viento arrastra las hojas** der Wind fegt die Blätter weg; ~ **a alguien a hacer algo** jdn dazu verleiten, etw zu tun; **le pude ~ al cine** ich konnte ihn mit ins Kino schleifen ❷ *(acarrear)* nach sich *dat* ziehen; **eso le arrastró dolores de cabeza** das verursachte ihm/ihr Kopfschmerzen ❸ *(arrebatar)* mitreißen ❹ (INFOR) ~ **y soltar** ziehen und ablegen **II.** *vi (cartas)* einen Trumpf ausspielen **III.** *vr:* **~se** kriechen

arrastre [a'rrastre] *m (de algo pesado)* Schleifen *nt; (remolque)* Fortschleppen *nt;* (GEO) Transport *m;* **estar para el ~** *(fam: cosa)* kaputt sein; *(persona)* völlig erledigt sein

arre ['arre] *interj* hü

arrear [arre'ar] **I.** *vt* ❶ *(ganado)* antreiben ❷ *(golpe)* versetzen; *(bofetada)* verpassen **II.** *vi* sich beeilen; **¡arrea!** *(rápido)* Tempo!; *(atiza)* Donnerwetter!

arrebañar [arreβa'ɲar] *vt* ❶ *(un plato)* leer essen ❷ *(objetos)* zusammenraffen

arrebatadamente [arreβataða'mente] *adv* ❶ *(precipitadamente)* überstürzt ❷ *(violentamente)* heftig ❸ *(loc)* **hablar ~** *(apasionadamente)* voller Leidenschaft sprechen; *(rápidamente)* hastig sprechen

arrebatado, -a [arreβa'taðo, -a] *adj* ❶ *(alocado)* hastig ❷ *(irreflexivo)* unüberlegt ❸ *(impetuoso)* ungestüm ❹ *(irritado)* unbeherrscht; **con un rostro ~** rot vor Zorn

arrebatador(a) [arreβata'ðor(a)] *adj* bezaubernd

arrebatamiento [arreβata'mjento] *m* Wutanfall *m,* Zornausbruch *m*

arrebatar [arreβatar] **I.** *vt* ❶ *(arrancar)* entreißen; **el viento le arrebató el sombrero** der Wind riss seinen Hut fort; **fue arrebatado por la corriente** die Strömung trieb ihn ab; **~ la vida a alguien** jdn umbringen; **~ la victoria** den Sieg erringen ❷ *(extasiar)* bezaubern ❸ *(conmover)* mitreißen **II.** *vr:* **~se** *(enfurecerse)* wütend werden (**por** auf/über +*akk*)

arrebato [arre'βato] *m* ❶ *(arranque)* Anfall *m;* **~ de cólera** Zornausbruch *m* ❷ *(éxtasis)* Ekstase *f*

arrebol [arre'βol] *m* ❶ *(elev: nubes)* Rotfärbung *f; (de la mañana)* Morgenröte *f; (del atardecer)* Abendröte *f;* **¡mira el ~ de las nubes!** sieh mal das leuchtende Rot der Wolken! ❷ *(elev: rostro)* Rötung *f,* (Gesichts)röte *f* ❸ *(cosmético)* Rouge *nt*

arrechucho [arre'ʧuʧo] *m (fam)* ❶ *(de mal humor)* Rappel *m* ❷ *(de salud)* Unpässlichkeit *f*

arreciar [arre'θjar] *vi* ❶ (METEO) stärker werden ❷ *(críticas)* schärfer werden

arrecife [arre'θife] *m* Riff *nt;* **~ de coral** Korallenriff *nt*

arredrar [arre'ðrar] **I.** *vt* ❶ *(retraer)* zurückschrecken lassen ❷ *(asustar)* erschrecken **II.** *vr:* **~se** ❶ *(echarse atrás)* zurückschrecken (**ante** vor +*dat*); **~se ante alguien** vor jdm zurückweichen ❷ *(asustarse)* den Mut verlieren; **sin ~se** beherzt

arreglado, -a [arre'ɣlaðo, -a] *adj* ❶ *(ordenado)* ordentlich ❷ *(cuidado)* gepflegt ❸ *(moderado)* mäßig; *(precio)* erschwinglich ❹ *(loc)* **¡estamos ~s!** jetzt sitzen wir ganz schön in der Tinte!

arreglar [arre'ɣlar] **I.** *vt* ❶ *(ordenar)* in Ordnung bringen; **~ la habitación para los invitados** das Zimmer für die Gäste herrichten; **~ la (desordenada) habitación** das Zimmer aufräumen ❷ *(acicalar)* **~ una mesa con flores** einen Tisch mit Blumen schmücken; **~ a los niños para salir** die Kinder zum Weggehen fertigmachen; **¡ya te ~é yo!** *(fig)* wenn ich dich erwische! ❸ *(acordar)* vereinbaren; **~ las cuentas con alguien** mit jdm abrechnen ❹ *(reparar)* reparieren; *(ropa, zapatos)* flicken; **esta sopa te ~á el estómago** diese Suppe wird deinem Magen guttun ❺ *(aliñar)* anmachen; *(condimentar)* würzen ❻ (MÚS) arrangieren ❼ *(loc)* **estás arreglado si crees que te ayudaré** wenn du glaubst, dass ich dir helfe, irrst du dich **II.** *vr:* **~se** ❶ *(vestirse, peinarse)* sich zurechtmachen ❷ *(componérsela)* **no sé cómo te las arreglas** ich weiß nicht, wie du das machst; **¿cómo te has arreglado para convencerle?** wie hast du es geschafft, ihn zu überreden? ❸ *(ponerse de acuerdo)* sich einigen ❹ *(avenirse)* auskommen ❺ *(loc)* **el día se está arreglando** der Himmel klärt sich auf

arreglista [arre'ɣlista] *mf* (MÚS) Arrangeur(in) *m(f)*

arreglo [a'rreɣlo] *m* ❶ *(ajuste)* Regelung *f;* **con ~ a lo convenido** gemäß der Vereinbarung; **obré con ~ a las normas** ich habe mich an die Regeln gehalten ❷ *(reparación)* Reparatur *f; (mejora)* Verbesserung *f;* **no tienes ~** bei dir ist Hopfen und Malz verloren *fam;* **este trabajo ya no tiene ~** diese Arbeit ist völlig verpfuscht ❸ *(de una habitación)* Einrichtung *f* ❹ *(acuerdo)* Vereinbarung *f* ❺ *(amoroso)* Liebschaft *f* ❻ (MÚS) Arrangement *nt*

arrellanarse [arreʎa'narse] *vr* es sich *dat* bequem machen

arremangar [arreman'gar] <g → gu> *vt, vr:* **~se** hochkrempeln; **~se la camisa** (sich *dat*) die Hemdsärmel hochkrempeln

arremetedor(a) [arremete'ðor(a)] *adj* angriffslustig

arremeter [arreme'ter] *vi* ❶ *(atacar)* anstürmen ❷ *(despotricar)* wettern

arremetida [arreme'tiða] *f* Ansturm *m*

arremolinarse [arremoli'narse] *vr* ❶ *(hojas, polvo)* aufgewirbelt werden ❷ *(agua)* strudeln ❸ *(gente)* sich zusammendrängen

arrendador(a) [arrenda'ðor(a)] *m(f)* Vermieter(in) *m(f); (de un terreno/negocio)* Verpächter(in) *m(f)*

arrendamiento [arrenda'mjento] *m* ❶ *(arriendo)* Miete *f; (de un terreno/negocio)* Pacht *f;* **~ financiero** Leasingvertrag *m;* **~ rústico** Landpacht *f* ❷ *(contrato)* Mietvertrag *m; (de un terreno/nego-*

A

cio) Pachtvertrag *m* ③ *(precio)* Miete *f;* *(de un terreno/negocio)* Pachtzins *m*

arrendar [arren̪'dar] <e → ie> *vt* ① *(ceder)* vermieten; *(terreno, negocio)* verpachten ② *(tomar)* mieten; *(terreno, negocio)* pachten

arrendatario, -a [arren̪da'tarjo, -a] *m, f* Mieter(in) *m(f); (de un terreno/negocio)* Pächter(in) *m(f)*

arreos [a'rreos] *mpl (de las caballerías)* Geschirr *nt*

arrepentido, -a [arrepen̪'tiðo, -a] *adj* reuevoll

arrepentimiento [arrepen̪ti'mjen̪to] *m* Reue *f*

arrepentirse [arrepen̪'tirse] *vr irr como sentir (lamentar)* Reue empfinden; ~ **de algo** etw bereuen

arrestado, -a [arres'taðo, -a] *adj* kühn

arrestar [arres'tar] **I.** *vt* festnehmen **II.** *vr:* **~se** sich heranwagen (**a** an +*akk*)

arresto [a'rresto] *m* ① *(detención)* Festnahme *f* ② *(reclusión)* Arrest *m;* ~ **domiciliario** Hausarrest *m* ③ *(arrojo)* Verwegenheit *f;* **tener ~s** Mut haben

arrevesado, -a [arreβe'saðo, -a] *adj (CSur, PRico: enrevesado)* verwickelt, verworren

arriar [arri'ar] <*1. pres* arrío> **I.** *vt* ① *(bandera)* einholen ② *(cabo, cadena)* lockern ③ *(inundar)* überschwemmen **II.** *vr:* **~se** überschwemmt werden

arriate [arri'ate] *m* ① *(bancal)* Blumenbeet *nt* ② *(camino)* Weg *m*

arriba [a'rriβa] *adv* ① *(posición)* oben; **más ~** weiter oben; **de ~ abajo** von oben nach unten; **caerse por las escaleras de ~ abajo** die Treppe hinunterstürzen; **leer un libro de ~ abajo** ein Buch vom Anfang bis zum Ende lesen; **ensuciarse de ~ abajo** sich von Kopf bis Fuß beschmutzen; **lo ~ mencionado** das Obenerwähnte; **¡manos ~!** Hände hoch!; **los que están ~** (**de la sociedad**) die oberen Zehntausend; **los que están ~** (**de una empresa**) die Führungsspitze; **la habitación de ~** *(de encima)* das Zimmer darüber; **el piso de ~** *(el último)* das oberste Stockwerk ② *(más de)* **tener de 60 años para ~** über 60 Jahre alt sein; **precios de 50 euros para ~** Preise ab 50 Euro (aufwärts) ③ *(con movimiento)* **río ~** flussaufwärts; **¡~!** auf! ④ *(CSur)* **de ~** *(gratis)* kostenlos; *(sin merecerlo)* grundlos

arribada [arri'βaða] *f* (NÁUT) Einlaufen *nt*

arribar [arri'βar] *vi (barco)* einlaufen

arribismo [arri'βismo] *m* Karrierismus *m*

arribista [arri'βista] *mf* Emporkömmling *m*

arribo [a'rriβo] *m (llegada)* Ankunft *f; (de una persona)* Eintreffen *nt*

arriendo [a'rrjen̪do] *m v.* **arrendamiento**

arriero [a'rrjero] *m* Maultiertreiber *m*

arriesgado, -a [arrjes'ɣaðo, -a] *adj* ① *(peligroso)* riskant ② *(atrevido)* tollkühn

arriesgar [arrjes'ɣar] <g → gu> **I.** *vt* ① *(vida, reputación)* aufs Spiel setzen ② *(en el juego)* setzen ③ *(hipótesis, afirmación)* wagen **II.** *vr:* **~se** sich einer Gefahr aussetzen

arrimar [arri'mar] **I.** *vt* ① *(acercar)* heranrücken (**a** an +*akk*) ② *(apoyar)* anlehnen (**a** an +*akk*) ③ *(golpe)* versetzen; *(bofetada)* verpassen ④ *(loc)* ~ **el ascua a su sardina** die Gelegenheit nutzen; ~ **el hombro** zupacken; ~ **los libros** das Studium abbrechen **II.** *vr:* **~se** ① *(acercarse)* näher treten; **~se a algo** näher an etw herangehen; **~se al poder** sich von Regierungskreisen protegieren lassen; **~se al sol que más calienta** sein Fähnchen nach dem Wind drehen ② *(apoyarse)* sich anlehnen (**a** an +*akk*); **el niño se arrimó a su madre** das Kind schmiegte sich an seine Mutter ③ *(Am: amancebarse)* in wilder Ehe leben

arrimo [a'rrimo] *m* ① *(acción)* Annäherung *f* ② *(sostén)* Stütze *f* ③ *(ayuda)* Hilfe *f;* **al ~ de alguien** unter jds Schutz; **buscar ~** Schutz suchen

arrinconado, -a [arriŋko'naðo, -a] *adj* ① *(apartado)* abgelegen ② *(desatendido)* vernachlässigt ③ *(olvidado)* vergessen

arrinconar [arriŋko'nar] **I.** *vt* ① *(un objeto)* in die Ecke stellen ② *(dinero)* beiseitelegen ③ *(acosar)* in die Enge treiben ④ *(de un cargo)* aus dem Verkehr ziehen ⑤ *(rehuir a alguien)* links liegen lassen **II.** *vr:* **~se** sich zurückziehen

arriscado, -a [arris'kaðo, -a] *adj* ① *(arriesgado)* riskant ② *(escabroso)* felsig ③ *(atrevido)* kühn

arritmia [a'rriᵈmja] *f* (*t.* MED) A(r)rhythmie *f*

arroba [a'rroβa] *f* ① *(medida de peso) Gewichtseinheit zwischen 11 und 12 Kilo* ② *(medida de capacidad) Hohlmaß für Öl, um die 13 Liter;* **tener dinero por ~s** einen Haufen Geld haben, in Geld schwimmen ③ (INFOR) Klammeraffe *m,* at

arrobamiento [arroβa'mjen̪to] *m* Verzückung *f*

arrobar [arro'βar] **I.** *vt* entzücken **II.** *vr:* **~se** entzückt sein

arrocera [arro'θera] *f* Reiskocher *m;* ~ **eléctrica** elektrischer Reiskocher

arrocero, -a [arro'θero, -a] **I.** *adj* Reis- **II.** *m, f* Reisbauer, -bäuerin *m, f*

A

arrodillarse [arroði'ʎarse] *vr* (sich) niederknien
arrogancia [arro'ɣaṇθja] *f* Arroganz *f*
arrogante [arro'ɣaṇte] *adj* ① *(altivo)* arrogant ② *(apuesto)* stattlich
arrogarse [arro'ɣarse] <g → gu> *vr* sich *dat* anmaßen; ~ **la facultad de juzgar a los demás** sich *dat* anmaßen, über andere zu urteilen
arrojadizo, -a [arroxa'ðiθo, -a] *adj* Wurf-; **arma arrojadiza** Wurfwaffe *f*
arrojado, -a [arro'xaðo, -a] *adj* verwegen
arrojar [arro'xar] **I.** *vt* ① *(lanzar)* werfen; **el caballo arrojó al jinete** das Pferd warf den Reiter ab ② *(emitir)* ausstoßen; **la chimenea arroja humo** der Schornstein raucht; ~ **un mal olor** schlecht riechen ③ *(expulsar)* vertreiben ④ *(vomitar)* erbrechen ⑤ *(un resultado)* ergeben; ~ **beneficios** Gewinne abwerfen; ~ **fallos** Fehler aufweisen; **mi cuenta arroja un saldo de 100 euros** mein Konto weist einen Saldo von 100 Euro auf **II.** *vr:* **~se** sich stürzen; **~se al agua** ins Wasser springen
arrojo [a'rroxo] *m* Verwegenheit *f*
arrollador(a) [arroʎa'ðor(a)] *adj* ① *(fuerza)* umwerfend; *(mayoría)* überwältigend ② *(persona)* hinreißend
arrollar [arro'ʎar] *vt* ① *(enrollar)* aufwickeln ② *(atropellar)* überfahren ③ *(derrotar)* (vernichtend) schlagen ④ *(las leyes)* missachten
arropar [arro'par] **I.** *vt* zudecken **II.** *vr:* **~se** ① *(en la cama)* sich zudecken ② *(abrigarse)* sich warm anziehen; **¡arrópate bien!** zieh dich warm an!; **¡arrópate con eso!** *(fam fig)* das kannst du dir an den Hut stecken!
arrorró [arro'rro] *m (AmS)* Schlaflied *nt*
arrostrado, -a [arros'traðo, -a] *adj* **bien/mal** ~ gut aussehend/hässlich
arroyo [a'rroɟo] *m* ① *(río pequeño)* Bach *m;* **~s de sangre/lágrimas** Ströme von Blut/Tränen ② *(cuneta)* Rinnstein *m;* **plantar a alguien en el** ~ *(fig)* jdn vor die Tür setzen; **salir del** ~ *(fig)* aus der Gosse herauskommen
arroz [a'rroθ] *m* Reis *m;* ~ **basmati** Basmatireis *m;* ~ **integral** Naturreis *m;* ~ **silvestre** Wildreis *m;* ~ **con leche** Milchreis *m;* **habrá ~ y gallo muerto** *(fig)* es wird hoch hergehen
arrozal [arro'θal] *m* Reisfeld *nt*
arruga [a'rruɣa] *f* Falte *f;* ~ **en la frente** Stirnfalte *f;* **este vestido hace ~s** dieses Kleid knittert
arrugado, -a [arru'ɣaðo, -a] *adj* ① *(vestido, papel)* zerknittert ② *(piel)* runz(e)lig
arrugar [arru'ɣar] <g → gu> **I.** *vt* ① *(papel, vestido)* zerknittern ② *(loc)* ~ **la frente** die Stirn runzeln; ~ **la nariz** die Nase rümpfen **II.** *vr:* **~se** ① *(papel, vestido)* knittern ② *(piel)* faltig werden ③ *(achicarse)* den Mut verlieren
arruinar [arrwi'nar] **I.** *vt* ① *(causar ruina)* ruinieren ② *(destruir)* zerstören ③ *(fiesta, vacaciones)* verderben; *(plan)* zunichtemachen **II.** *vr:* **~se** ① *(quedarse en la ruina)* sich ruinieren ② *(malograrse)* sich *dat* verderben
arrullar [arru'ʎar] **I.** *vt (a un niño)* in den Schlaf wiegen **II.** *vi* (ZOOL) gurren **III.** *vr:* **~se** turteln
arrullo [a'rruʎo] *m* ① (ZOOL) Gurren *nt* ② *(para niños)* Schlaflied *nt*
arrumar [arru'mar] **I.** *vt* (NÁUT: *carga*) stauen **II.** *vr:* **~se** (NÁUT: *cielo*) sich bewölken
arrumbamiento [arrumba'mjeṇto] *m* (NÁUT) Kurs *m*
arrumbar [arrum'bar] *vt* ① *(una cosa)* ausrangieren ② *(a alguien)* aus dem Weg gehen *+dat*
arsenal [arse'nal] *m* ① *(de municiones)* (Waffen)arsenal *nt* ② (NÁUT) Werft *f*
arsénico [ar'seniko] *m* Arsen *nt*
art. [ar'tikulo] *abr de* **artículo** Art.
art déco [ar'ðe'ko] *m sin pl* (ARTE) Art déco *m o nt*
arte ['arte] *m o f* ① *(pintura, escultura, facultad)* Kunst *f;* **las bellas ~s** die schönen Künste; ~ **culinario** Kochkunst *f;* ~ **narrativo** Erzählkunst *f;* **las ~s plásticas** die bildenden Künste; **el séptimo** ~ die Filmkunst; **escuela de ~s y oficios** Gewerbeschule *f* ② *(habilidad)* Geschick *nt* ③ *(maña)* Trick *m;* **como por ~ de magia** wie durch Hexerei; **conseguir algo por malas ~s** sich *dat* etw erschleichen; **desplegó todas sus ~s para convencerlo** er/sie ließ alle seine/ihre Künste spielen, um ihn zu überzeugen; **no tener ~ ni parte en algo** mit etw *dat* nichts zu tun haben
artefacto [arte'fakto] *m (aparato)* Apparat *m;* *(mecanismo)* Vorrichtung *f;* ~ **explosivo** Sprengkörper *m*
arteria [ar'terja] *f* ① (ANAT) Arterie *f* ② *(de tráfico)* Verkehrsader *f*
arterial [arte'rjal] *adj* arteriell
arterio(e)sclerosis [arterjo(e)skle'rosis] *f inv* Arteriosklerose *f*
artesanado [artesa'naðo] *m* ① *(conjunto de artesanos)* Handwerkerschaft *f* ② *(clase social)* Handwerksstand *m*
artesanal [artesa'nal] *adj* handwerklich
artesanía [artesa'nia] *f* ① *(arte)* Handwerkskunst *f* ② *(obra)* Kunsthandwerk *nt;*

jarrón de ~ in Handarbeit hergestellte Vase

artesano, -a [arte'sano, -a] *m, f* Handwerker(in) *m(f)*

artesonado [arteso'naðo] *m* Kassettendecke *f*

ártico, -a ['artiko, -a] *adj* arktisch; **Polo Ártico** Nordpol *m*

articulación [artikula'θjon] *f* ① (TÉC, ANAT) Gelenk *nt* ② (LING) Artikulation *f*

articulado[1] [artiku'laðo] *m* ① *(conjunto de artículos)* Artikel *mpl* ② (ZOOL) Gliedertier *nt*

articulado, -a[2] [artiku'laðo, -a] *adj* ① *(con articulaciones)* Gelenk-, gelenkig; **vehículo** ~ Gelenkfahrzeug *nt* ② *(lenguaje)* artikuliert

articular [artiku'lar] **I.** *vt* ① *(unir)* miteinander verbinden ② (LING) artikulieren **II.** *adj* Gelenk-

articulista [artiku'lista] *mf* Artikelschreiber(in) *m(f)*

artículo [ar'tikulo] *m* ① *(mercancía)* (Verkaufs)artikel *m;* ~ **invendible** Ladenhüter *m;* ~ **en oferta** Sonderangebot *nt;* **~s de primera necesidad** Güter des täglichen Bedarfs ② (PREN) (Zeitungs)artikel *m* ③ (JUR, LING) Artikel *m* ④ *(en un diccionario)* Eintrag *m*

artífice [ar'tifiθe] *mf* ① *(autor)* Urheber(in) *m(f)* ② *(artista)* Künstler(in) *m(f)*

artificial [artifi'θjal] *adj* ① *(no natural)* künstlich; **seda** ~ Kunstseide *f* ② *(falso)* gekünstelt

artificiero [artifi'θjero] *m* *(pirotécnico)* Feuerwerker *m;* **los ~s de la policía** das Sprengkommando der Polizei

artificio [arti'fiθjo] *m* ① *(mecanismo)* Vorrichtung *f; (aparato)* Apparat *m* ② *(habilidad)* Geschick *nt; (truco)* Kniff *m;* **un** ~ **técnico** ein technischer Kunstgriff

artificioso, -a [artifi'θjoso, -a] *adj* gekünstelt, unecht

artillería [artiʎe'ria] *f* (MIL) Artillerie *f;* **una** ~ **de medidas** *(fig)* eine ganze Batterie (von) Maßnahmen

artillero [arti'ʎero] *m* Artillerist *m*

artilugio [arti'luxjo] *m* ① *(pey: artificio)* Ding *nt* ② *(ardid)* List *f*

artimaña [arti'maɲa] *f* List *f*

artista [ar'tista] *mf* ① (ARTE) Künstler(in) *m(f);* ~ **callejero** Straßenkünstler *m* ② *(de circo)* Artist(in) *m(f)* ③ (TEAT) Schauspieler(in) *m(f)* ④ *(loc)* **es un** ~ **en su especialidad** er ist ein Meister seines Fachs

artístico, -a [ar'tistiko, -a] *adj* ① *(del arte)* künstlerisch ② *(del circo)* artistisch ③ *(hecho con arte)* kunstvoll

artritis [ar'tritis] *f inv* Arthritis *f*

artrosis [ar'trosis] *f inv* Arthrose *f*

arveja [ar'βexa] *f* (BOT) Saatwicke *f*

arzobispado [arθoβis'paðo] *m* ① *(diócesis)* Erzbistum *nt* ② *(edificio)* Sitz *m* des Erzbischofs

arzobispo [arθo'βispo] *m* Erzbischof *m*

as [as] *m* Ass *nt*

asa ['asa] *f* Henkel *m; (de maleta)* Griff *m*

asado [a'saðo] *m* Braten *m*

asador [asa'ðor] *m* ① *(pincho)* Bratspieß *m* ② *(parrilla)* Grill *m*

asadura [asa'ðura] *f (de una res)* Eingeweide *ntpl*

asalariado, -a [asala'rjaðo, -a] *m, f* (ECON) Lohnempfänger(in) *m(f)*

asalariar [asala'rjar] *vt* Lohn zahlen (**a** +*dat*); *(servicio público)* besolden; **todavía no le han asalariado** sie haben ihm noch keinen Lohn gezahlt

asaltante [asal̪'tan̪te] **I.** *adj* angreifend **II.** *mf* Angreifer(in) *m(f)*

asaltar [asal̪'tar] *vt* ① *(fortaleza, ciudad)* stürmen ② *(a una persona: robar)* überfallen; *(atacar)* angreifen; ~ **con preguntas** mit Fragen bestürmen ③ *(pensamiento)* überkommen; **me asaltó el pánico** ich geriet in Panik

asalto [a'sal̪to] *m* ① *(a una fortaleza/ciudad)* Sturm(angriff) *m* (**a** auf +*akk*); **tomar por** ~ in einem Handstreich einnehmen ② *(a un banco/alguien)* Überfall *m* (**a** auf +*akk*); ~ **con allanamiento** (JUR) Einbruch *m* ③ (DEP: *boxeo*) Runde *f; (esgrima)* Durchgang *m*

asamblea [asam'blea] *f* Versammlung *f;* ~ **general** Hauptversammlung *f;* ~ **plenaria** Vollversammlung *f;* ~ **de trabajadores** Betriebsversammlung *f*

asar [a'sar] **I.** *vt* ① (GASTR) braten; **cochinillo asado** Spanferkel *nt;* ~ **a fuego lento** schmoren; ~ **a la parrilla** grillen ② *(con preguntas)* löchern **II.** *vr:* **~se: en esta casa se asa uno vivo** *(fam)* in diesem Haus kommt man um vor Hitze

asaz [a'saθ] *adv* ① *(elev: bastante)* ziemlich ② *(elev: muy)* sehr, äußerst

asbesto [as'βesto] *m* Asbest *m*

ascalonia [aska'lonja] *f* (BOT, GASTR) Schalotte *f*

ascendencia [asθen̪'den̪θja] *f* ① *(antepasados)* Vorfahren *mpl* ② *(procedencia)* Herkunft *f*

ascendente [asθen̪'den̪te] **I.** *adj* aufsteigend; **en orden** ~ in aufsteigender Reihenfolge **II.** *m* (ASTR) Aszendent *m*

ascender [asθen̪'der] <e → ie> *vi* ① *(subir)* steigen; *(cuesta)* ansteigen; (DEP) aufsteigen; **el equipo ascendió a primera**

die Mannschaft stieg in die erste Liga auf ② *(de empleo)* aufsteigen (**a** zu +*dat*) ③ (COM: *cantidad, cuenta*) sich belaufen (**a** auf +*akk*)

ascendiente[1] [asθeņ'djeņte] *m (influencia)* Einfluss *m*

ascendiente[2] [asθeņ'djeņte] *mf* Vorfahr(e), -in *m, f*

ascensión [asθen'sjon] *f* ① *(a una montaña)* Aufstieg *m* ② *(de Cristo)* Himmelfahrt *f;* **el día de la A~** der Himmelfahrtstag ③ *(del rey)* Thronbesteigung *f*

ascensional [asθensjo'nal] *adj* Aufwärts-, nach oben; **fuerza ~** Auftrieb *m,* Auftriebskraft *f*

ascensionista [asθensjo'nista] *mf* ① (DEP: *escalador*) Bergsteiger(in) *m(f)* ② *(en globo)* Ballonfahrer(in) *m(f)*

ascenso [as'θenso] *m* ① *(subida)* Anstieg *m;* (DEP) Aufstieg *m;* **el ~ a primera** der Aufstieg in die erste Liga ② *(promoción)* Beförderung *f*

ascensor [asθen'sor] *m* Aufzug *m;* **tomar el ~** mit dem Aufzug fahren

ascensorista [asθenso'rista] *mf* ① *(el que lo maneja)* Aufzugführer(in) *m(f); (chico)* Liftboy *m* ② *(mecánico)* Aufzugmechaniker(in) *m(f)*

asceta [as'θeta] *mf* Asket(in) *m(f)*

ascética [as'θetika] *f sin pl* Aszetik *f,* Asketik *f*

asco ['asko] *m* ① *(de algo)* Ekel *m* (**de** vor +*dat*); **este olor me da ~** bei diesem Geruch wird mir übel; **las espinacas me dan ~** ich kann Spinat nicht ausstehen ② *(de alguien)* Abscheu *m o f* (**de** vor +*dat*); **este hombre me da ~** dieser Mann stößt mich ab ③ *(loc, fam)* **¡qué ~ de gente!** diese Leute sind unerträglich!; **estoy hecho un ~** ich bin dreckig; **estoy muerto de ~** ich langweile mich zu Tode

ascua ['askwa] *f* Glut *f;* **estar limpio como un ~** blitzsauber sein; **estar sobre ~s** (wie) auf glühenden Kohlen sitzen; **pasar algo sobre ~s** etw oberflächlich abhandeln; **tener a alguien en ~s** jdn zappeln lassen

aseado, -a [ase'aðo, -a] *adj* ① *(limpio)* sauber; *(arreglado)* ordentlich ② *(cuidadoso)* sorgfältig

asear [ase'ar] **I.** *vt* sauber machen **II.** *vr:* **~se** sich zurechtmachen

asechanza [ase'ʧaņθa] *f* ① *(trampa)* Falle *f* ② *pl* Intrigen *fpl,* Ränke *mpl geh*

asediar [ase'djar] *vt* ① *(ciudad)* belagern ② *(con preguntas)* bestürmen; *(con peticiones)* plagen

asedio [a'sedjo] *m* Belagerung *f*

aseguración [aseɣura'θjon] *f* Versicherung *f*

asegurado, -a [aseɣu'raðo, -a] *m, f* Versicherungsnehmer(in) *m(f)*

asegurador(a) [aseɣura'ðor(a)] *m(f)* Versicherungsgeber(in) *m(f)*

aseguramiento [aseɣura'mjeņto] *m* ① *(de la paz, del puesto de trabajo)* Sicherung *f;* **~ de datos** Datensicherung *f* ② *(afirmación)* Versicherung *f*

asegurar [aseɣu'rar] **I.** *vt* ① *(fijar)* festmachen; **~ un nudo** einen Knoten festziehen; **~ una puerta** eine Tür zumachen; *(con llave)* eine Tür zuschließen; **~ una puerta con una cadena** eine Tür mit einer Kette sichern ② *(afirmar)* versichern; *(prometer)* versprechen; *(garantizar)* zusichern; **tienes la vida asegurada** deine Zukunft ist gesichert ③ *(concertar un seguro)* versichern **II.** *vr:* **~se** ① *(contra un peligro)* sich absichern ② *(comprobar)* nachsehen; *(cerciorarse)* sich vergewissern ③ *(hacerse un seguro)* sich versichern

asemejarse [aseme'xarse] *vr* ähneln (**a** +*dat*)

asenso [a'senso] *m (formal)* Zustimmung *f,* Einwilligung *f;* **dar su ~** zustimmen, einwilligen

asentaderas [aseņta'ðeras] *fpl (fam)* Hintern *m;* **tener buenas ~** Sitzfleisch haben

asentado, -a [aseņ'taðo, -a] *adj* ① *(juicioso)* vernünftig ② *(estable)* fest

asentamiento [aseņta'mjeņto] *m* Siedlung *f*

asentar [aseņ'tar] <e → ie> **I.** *vt* ① *(poner)* hinstellen; *(campamento)* aufschlagen; **~ los cimientos** das Fundament legen; **la lluvia ha asentado el polvo** durch den Regen hat sich der Staub gelegt ② *(sentar)* setzen (**en** auf +*akk*); **~ en el trono** auf den Thron erheben ③ *(población)* gründen ④ *(alisar)* glätten ⑤ *(afirmar)* behaupten ⑥ *(pedido)* (ver)buchen **II.** *vi (vestido)* gut stehen **III.** *vr:* **~se** ① *(en un sitio)* sich niederlassen ② *(polvo, líquidos)* sich setzen

asentimiento [aseņti'mjeņto] *m* Zustimmung *f* (**a** zu +*dat*)

asentir [aseņ'tir] *vi irr como sentir* ① *(aprobar)* zustimmen (**a** +*dat*); **~ con la cabeza** nicken ② *(consentir)* einwilligen (**a** in +*akk*)

aseñorado, -a [aseɲo'raðo, -a] *adj (Am)* vornehm

aseo [a'seo] *m* ① *(acción)* Saubermachen *nt* ② *(estado)* Sauberkeit *f;* **~ personal** Körperpflege *f;* (**cuarto de**) **~** Badezimmer *nt*

aséptico, **-a** [a'septiko, -a] *adj* keimfrei, steril

asequible [ase'kiβle] *adj* ① *(alcanzable)* erreichbar ② *(precio)* erschwinglich; **no ~** unerschwinglich; **esta casa no es ~ para nosotros** wir können uns dieses Haus nicht leisten ③ *(persona)* zugänglich

aserción [aser'θjon] *f* Behauptung *f*

aserradero [aserra'ðero] *m* Sägewerk *nt*

aserradora [aserra'ðora] *f* Sägemaschine *f*

aserrar [ase'rrar] <e → ie> *vt* sägen

aserto [a'serto] *m* Behauptung *f*

asesinar [asesi'nar] *vt* ermorden

asesinato [asesi'nato] *m* Mord *m* (**de** an +*dat*); **robo con ~** Raubmord *m*

asesino, **-a** [ase'sino, -a] **I.** *adj* Mörder-; *(fig)* mörderisch **II.** *m, f* Mörder(in) *m(f)*; **~ (a sueldo)** Killer *m*

asesor(a) [ase'sor(a)] **I.** *adj* beratend **II.** *m(f)* ① *(consejero)* Berater(in) *m(f)*; **~ fiscal** (FIN) Steuerberater *m*; **~ legal** [*o* **jurídico**] Rechtsberater *m*; **~ de empresas** Unternehmensberater(in) *m(f)*; **~ financiero** Finanzberater(in) *m(f)* ② (JUR) Beisitzer(in) *m(f)*

asesoramiento [asesora'mjeṇto] *m* Beratung *f*; **~ de empresas** (ECON) Unternehmensberatung *f*

asesorar [aseso'rar] **I.** *vt* beraten **II.** *vr*: **~se** sich beraten (**de** über +*akk*)

asesoría [aseso'ria] *f* ① *(oficio)* Beratung *f* ② *(oficina)* Beratungsstelle *f*

asestar [ases'tar] *vt* ① *(apuntar)* richten (**a** auf +*akk*) ② *(propinar)* versetzen; **~ un tiro a alguien** einen Schuss auf jdn abgeben

aseveración [aseβera'θjon] *f* Behauptung *f*

aseverar [aseβe'rar] *vt* *(afirmar)* behaupten; *(asegurar)* versichern; *(con energía)* beteuern

asfaltar [asfal̦'tar] *vt* asphaltieren

asfalto [as'fal̦to] *m* Asphalt *m*

asfixia [as'fiʸsja] *f* Ersticken *nt*

asfixiante [asfiʸ'sjaṇte] *adj* erstickend; **una atmósfera ~** stickige Luft; **hace un calor ~** es ist erstickend heiß

asfixiar [asfiʸ'sjar] *vt, vr*: **~se** ersticken; **~ de cuajo** im Keim ersticken

así [a'si] **I.** *adv* ① *(de modo)* so; **~ ~** einigermaßen; **~ que ~**, **~ o asá** so oder so; **~ y todo** trotz allem; **¿~ qué?** und nun?; **~, ¿lo haces o no?** also, machst du es oder nicht?; **¡~ es!** ja, genau!; **¡ah, ~ es!** ach, so ist das!; **soy ~** so bin ich nun einmal; **no puedes decir esto ~ como ~** du kannst das nicht ohne Weiteres sagen; **no puedes tomar esta decisión ~ como ~** du musst dir diese Entscheidung genau überlegen ② *(expresión de deseo)* **¡~ revientes!** hoffentlich krepierst du! ③ *(de extrañeza)* **¿~ me dejas?** du verlässt mich wirklich? ④ *(de cantidad)* **~ de grande** so groß ⑤ *(elev: temporal)* **~ que se fueron, lavamos los platos** kaum waren sie gegangen, spülten wir das Geschirr **II.** *conj* ① *(concesiva)* **~ lo ahorques no dará su brazo a torcer** da kannst du dich auf den Kopf stellen, er wird nicht nachgeben ② *(consecutiva)* **empezó a llover y ~ nos quedamos en casa** es fing an zu regnen, und so blieben wir zu Hause; **solo hay una plaza libre, ~ (es) que decídete pronto** es ist nur noch ein Platz frei, entscheide dich also bald; **te esperaré en la calle; ~ pues, no te retrases** ich warte auf der Straße auf dich, komm also nicht zu spät ③ *(comparativa)* **~ el uno como el otro** sowohl der eine als auch der andere; **~ en la tierra como en el cielo** wie im Himmel, so auf Erden **III.** *adj* solch; **un sueldo ~** solch ein Gehalt; **una cosa ~** etwas Derartiges

Asia ['asja] *f* Asien *nt*; **~ menor** Kleinasien *nt*

asiático, **-a** [a'sjatiko, -a] **I.** *adj* asiatisch; **lujo ~** orientalische Pracht **II.** *m, f* Asiat(in) *m(f)*

asidero [asi'ðero] *m* ① *(agarradero)* Griff *m* ② *(pretexto)* Vorwand *m* ③ *(influencia)* gute Beziehungen *fpl*

asiduidad [asiðwi'ðaᵈ] *f* ① *(frecuencia)* Häufigkeit *f* ② *(regularidad)* Regelmäßigkeit *f* ③ *(perseverancia)* Beständigkeit *f*

asiduo, **-a** [a'siðwo, -a] *adj* ① *(frecuente)* häufig ② *(regular)* regelmäßig; **un ~ cliente de este local** ein Stammgast dieses Lokals ③ *(perseverante)* ausdauernd

asiento [a'sjeṇto] *m* ① *(sitio)* Sitz *m*; **~ eyectable** (AERO) Schleudersitz *m*; **~ del conductor** (AUTO) Fahrersitz *m*; **~ del copiloto** (AUTO) Beifahrersitz *m*; **un culo de mal ~** ein unruhiger Geist; **calentar el ~** *(ocupar un cargo)* lange denselben Posten bekleiden; *(vaguear)* faulenzen; **tomar ~** Platz nehmen ② *(localidad)* Sitzplatz *m* ③ *(de una vasija/botella)* Boden *m* ④ *(poso)* (Boden)satz *m* ⑤ *(en una cuenta)* (Ver)buchung *f*; **~ de cierre** Jahresabschlussbuchung *f*

asignación [asiɣna'θjon] *f* ① *(de un trabajo)* Zuweisung *f* (**a** zu +*dat*); **~ de recursos** Mittelzuweisung *f* ② *(de una fecha/un sueldo)* Festsetzung *f* ③ (INFOR) Zuordnung *f* (**a** zu +*dat*); **~ de una tecla** Tastenbelegung *f*; **~ al teclado** Tastaturbelegung *f*

asignar [asiɣ'nar] *vt* ① *(destinar, conceder)* zuweisen ② *(fijar)* festsetzen

asignatura [asiɣna'tura] *f* (ENS) Fach *nt;* ~ **pendiente** noch zu bestehendes Fach
asilado, -a [asi'laðo, -a] *m, f* ❶ (POL) Asylant(in) *m(f)* ❷ *(anciano)* Heiminsasse, -in *m, f*
asilar [asi'lar] **I.** *vt* ❶ (POL) Asyl gewähren *+dat* ❷ *(albergar en un asilo)* in ein Heim einweisen **II.** *vr:* **~se** Asyl suchen
asilo [a'silo] *m* ❶ (POL) Asyl *nt* ❷ *(de ancianos)* Altenheim *nt* ❸ *(de huérfanos)* Waisenhaus *nt* ❹ *(refugio)* Zuflucht *f*
asimetría [asime'tria] *f* Asymmetrie *f*
asimétrico, -a [asi'metriko, -a] *adj* asymmetrisch
asimilación [asimila'θjon] *f* ❶ *(nivelación)* Gleichstellung *f* (**a** mit *+dat*) ❷ (BOT, LING) Assimilation *f*
asimilar [asimi'lar] *vt* ❶ *(igualar)* gleichstellen (**a** mit *+dat*) ❷ *(conocimientos)* aufnehmen ❸ (BIOL) assimilieren
asimismo [asi'mismo] *adv* auch
asir [a'sir] *irr* **I.** *vt* *(sujetar)* fassen; *(con fuerza)* packen **II.** *vi* *(plantas)* Wurzeln schlagen **III.** *vr:* **~se** sich fest halten (**a** an *+dat*)
asistencia [asis'ten̩θja] *f* ❶ *(ayuda)* Hilfe *f;* ~ **financiera** Beihilfe *f;* ~ **letrada** (JUR) juristischer Beistand; ~ **médica** ärztliche Betreuung; ~ **social** Sozialarbeit *f* ❷ *(presencia)* Anwesenheit *f;* **sin la ~ del presidente** in Abwesenheit des Präsidenten ❸ *(participación)* Teilnahme *f* (**a** an *+dat*) ❹ *(concurrencia)* Teilnehmerzahl *f;* *(participantes)* Teilnehmer *mpl*
asistencial [asisten̩'θjal] *adj* *(sanitaria)* Pflege-; *(social)* Fürsorge-; **servicios ~es** Pflegedienste *mpl*
asistenta [asis'ten̩ta] *f* *(para todo)* Haushaltshilfe *f;* *(para limpiar)* Putzfrau *f*
asistente [asis'ten̩te] *mf* ❶ *(auxiliar)* Assistent(in) *m(f);* ~ **social** Sozialarbeiter(in) *m(f)* ❷ *(participante)* Teilnehmer(in) *m(f)*
asistido, -a [asis'tiðo, -a] *adj* ~ **por ordenador** computergestützt; **dirección asistida** Servolenkung *f;* **fecundación/respiración asistida** künstliche Befruchtung/Beatmung
asistir [asis'tir] **I.** *vi* teilnehmen (**a** an *+dat*) **II.** *vt* helfen *+dat;* **fue asistido de un tirón** er wurde wegen einer Muskelzerrung ärztlich behandelt; ~ **a un enfermo** einen Kranken pflegen; **esta señora se dedica a ~** diese Frau arbeitet als Haushaltshilfe; **¡que Dios nos asista!** Gott steh uns bei!
asma ['asma] *m sin pl* Asthma *nt*
asmático, -a [as'matiko, -a] **I.** *adj* asthmatisch **II.** *m, f* Asthmatiker(in) *m(f)*
asnada [as'naða] *f* *(fam: bobada)* Dummheit *f,* Eselei *f*
asnal [as'nal] *adj* ❶ *(de asno)* Esel(s)-; **rebuznos ~es** Eselsschreie *mpl* ❷ *(fam: persona, acción)* brutal, gewalttätig
asno ['asno] *m* Esel *m;* **apearse de su ~** *(fig)* seinen Irrtum einsehen; **no ver siete sobre un ~** *(fig)* die Hand vor den Augen nicht sehen
asociable [aso'θjaβle] *adj* vereinbar; *(combinable)* verknüpfbar
asociación [asoθja'θjon] *f* ❶ *(acción)* Vereinigung *f* ❷ *(mental)* Assoziation *f;* ~ **de ideas** Gedankenassoziation *f;* **siempre pienso en él en ~ con...** ich denke immer in Zusammenhang mit ... an ihn ❸ *(organización)* Verband *m;* ~ **ecologista** Umweltverband *m;* **A~ Europea de Libre Cambio** Europäische Freihandelszone; **A~ de Padres de Alumnos** Elternausschuss *m;* ~ **de vecinos** ≈ Bürgerinitiative *f*
asociacionismo [asoθjaθjo'nismo] *m sin pl* ❶ (SOCIOL) Vereinsbewegung *f* ❷ (FILOS, PSICO) Assoziationspsychologie *f*
asociado, -a [aso'θjaðo, -a] *m, f* ❶ *(de una asociación)* Mitglied *nt* ❷ (COM: *de una empresa*) Gesellschafter(in) *m(f)*
asocial [aso'θjal] *adj* asozial
asociar [aso'θjar] **I.** *vt* ❶ *(juntar)* vereinen (**a** zu *+dat*); (POL) assoziieren (**a/con** mit *+dat*) ❷ *(mental)* assoziieren; **la asocio con alguien** ich bringe sie mit jdm in Zusammenhang ❸ *(a un negocio)* zum Gesellschafter machen **II.** *vr:* **~se** sich zusammenschließen; **~se con alguien** *(hacer compañía)* sich zu jdm gesellen
asolamiento [asola'mjen̩to] *m* Verwüstung *f*
asolar [aso'lar] <o → ue> *vt* *(destruir)* verwüsten
asolear [asole'ar] **I.** *vt* der Sonne aussetzen **II.** *vr:* **~se** ❶ *(acalorarse)* sich erhitzen ❷ *(ponerse moreno)* sich sonnen
asomar [aso'mar] **I.** *vt* ❶ *(mostrar)* zeigen ❷ *(parte del cuerpo)* hinausstrecken; ~ **la cabeza por la ventana** den Kopf zum Fenster hinausstrecken **II.** *vi* *(aparecer)* auftauchen; *(fig)* sich abzeichnen; **asoma el día** der Tag bricht an **III.** *vr:* **~se** ❶ *(mostrarse)* sich zeigen; **~se al balcón** auf dem Balkon erscheinen ❷ *(una parte del cuerpo)* hinausgestreckt werden
asombrar [asom'brar] **I.** *vt* ❶ *(pasmar)* in Erstaunen versetzen; **estar asombrado** erschrocken sein ❷ *(sombrear)* beschatten **II.** *vr:* **~se** sich wundern (**de** über *+akk*)
asombro [a'sombro] *m* Staunen *nt;* **poner cara de ~** ein erstauntes Gesicht machen;

A

no salir de su ~ aus dem Staunen nicht herauskommen

asombroso, -a [asom'broso, -a] *adj* erstaunlich; *(increíble)* unglaublich

asomo [a'somo] *m* Spur *f;* **hay ~s de recuperación económica** es gibt Anzeichen für eine Wiederbelebung der Wirtschaft; **no pienso en ello ni por ~** ich denke nicht im Entferntesten daran; **¿tienes miedo? – ni por ~** hast du Angst? – keine Spur; **sin el menor ~ de...** ohne die leiseste Spur von …

asonancia [aso'nan̪θja] *f* Assonanz *f*

aspa ['aspa] *f* ① *(figura)* Kreuz *nt;* **marcar con un ~** ankreuzen ② *(de molino)* Flügel *m*

aspecto *m* ① *(apariencia)* Erscheinung *f; (de una persona)* Aussehen *nt,* Erscheinungsbild *nt* ② *(punto de vista)* Gesichtspunkt *m*

aspereza [aspe'reθa] *f* ① *(superficie)* Rauheit *f* ② *(terreno)* Unebenheit *f* ③ *(trato)* Barschheit *f;* **nos trató con mucha ~** er/sie war sehr barsch zu uns

áspero, -a ['aspero, -a] *adj* ① *(superficie)* rau ② *(terreno)* holp(e)rig ③ *(sabor)* bitter ④ *(persona)* barsch ⑤ *(lenguaje)* derb

aspersor [asper'sor] *m* (Rasen)sprenger *m*

aspiración [aspira'θjon] *f* ① *(inspiración)* Einatmen *nt* ② *(pretensión)* Streben *nt* (**a** nach +*dat*); *(deseo)* Wunsch *m* (**a** nach +*dat*); **tener grandes aspiraciones** hoch hinauswollen ③ (TÉC) Saugen *nt* ④ (LING) Aspiration *f*

aspirador[1] [aspira'ðor] *m* Staubsauger *m*

aspirador(a)[2] [aspira'ðor(a)] *adj* Saug-, (an)saugend

aspiradora [aspira'ðora] *f* Staubsauger *m*

aspirante [aspi'ran̪te] *mf* Anwärter(in) *m(f)* (**a/para** auf +*akk*)

aspirar [aspi'rar] *vt* ① *(inspirar)* einatmen; **salir a ~ aire fresco** rausgehen, um frische Luft zu schnappen ② *(aspirador)* saugen ③ (LING) behauchen ④ *(pretender)* streben (**a** nach +*dat*); **~ a mucho en la vida** im Leben hoch hinauswollen

aspirina® [aspi'rina] *f* Aspirin® *nt*

asqueado, -a [aske'aðo, -a] *adj* überdrüssig (**de** +*gen*); **estoy asqueada de tanto estudiar** ich bin es leid, so viel zu studieren

asquear [aske'ar] **I.** *vt* ① *(dar asco)* anwidern ② *(fastidiar)* anöden *fam* **II.** *vi* Ekel empfinden

asquerosidad [askerosi'ða^{ð}] *f* Schweinerei *f*

asqueroso, -a [aske'roso, -a] *adj* ① *(repugnante)* ekelhaft ② *(ordinario)* ordinär

asta ['asta] *f* ① *(de lanza)* Schaft *m; (de martillo/pincel)* Stiel *m; (de bandera)* Fahnenstange *f;* **a media ~** auf halbmast ② *(cuerno)* Horn *nt;* **dejar a alguien en las ~s del toro** *(fig)* jdn im Stich lassen; **verse en las ~s del toro** *(fig)* sich in großer Gefahr befinden

asterisco [aste'risko] *m* Sternchen *nt*

asterismo [aste'rismo] *m* (ASTR) Sternbild *nt*

asteroide [aste'roi̯ðe] **I.** *adj* sternförmig **II.** *m* Asteroid *m*

astigmatismo [astiɣma'tismo] *m sin pl* (MED) Astigmatismus *m*

astil [as'til] *m* ① *(de azada)* Stiel *m* ② *(de pluma)* Federkiel *m* ③ *(de la balanza)* Waagebalken *m*

astilla [as'tiʎa] *f* ① *(esquirla)* Splitter *m;* **clavarse una ~** sich *dat* einen Splitter einreißen; **de tal palo tal ~** *(prov)* der Apfel fällt nicht weit vom Stamm ② *(para fuego)* (Holz)span *m;* **sacar ~s de algo** *(fig fam)* aus etw *dat* Nutzen ziehen

astillar [asti'ʎar] **I.** *vt (partir)* spalten **II.** *vr:* **~se** ① *(hacerse astillas)* zersplittern ② *(rajarse)* sich spalten

astillero [asti'ʎero] *m* (Schiffs)werft *f*

astracanada [astraka'naða] *f* Posse *f*

astringir [astriŋ'xir] <g → j> *vt* zusammenziehen

astro ['astro] *m* Stern *m;* **~ de la pantalla** Filmstar *m*

astrología [astrolo'xia] *f* Astrologie *f*

astrológico, -a [astro'loxiko, -a] *adj* astrologisch

astrólogo, -a [as'troloɣo, -a] *m, f* Astrologe, -in *m, f*

astronauta [astro'nau̯ta] *mf* Astronaut(in) *m(f)*

astronáutica [astro'nau̯tika] *f* Raumfahrt *f*

astronave [astro'naβe] *f* Raumschiff *nt*

astronomía [astrono'mia] *f* Astronomie *f*

astronómico, -a [astro'nomiko, -a] *adj* astronomisch

astrónomo, -a [as'tronomo, -a] *m, f* Astronom(in) *m(f)*

astroso, -a [as'troso, -a] *adj* ① *(sucio)* schmutzig ② *(vil)* widerlich *abw*

astucia [as'tuθja] *f* ① *(sagacidad)* Schläue *f* ② *(ardid)* Trick *m*

asturiano, -a [astu'rjano, -a] **I.** *adj* asturisch **II.** *m, f* Asturier(in) *m(f)*

Asturias [as'turjas] *f* Asturien *nt;* **la princesa de ~** die spanische Kronprinzessin

asturleonés[1] [asturleo'nes] *m sin pl (dialecto)* Dialekt *m* von Asturien und Leon

asturleonés, -esa[2] [asturleo'nes, -esa] *adj* von Asturien und Leon

astuto, -a [as'tuto, -a] *adj* schlau

asueto [a'sweto] *m (descanso)* Pause *f;*

(vacaciones) Urlaub *m;* (**día de**) ~ (ENS) schulfreier Tag; **un rato de** ~ eine kurze Pause

asumir [asu'mir] *vt* ❶ *(hacerse cargo)* übernehmen; *(una carga/deuda)* sich *dat* aufbürden ❷ *(alcanzar)* erreichen; **la catástrofe está asumiendo proporciones espantosas** die Katastrophe nimmt erschreckende Ausmaße an ❸ *(Am: suponer)* annehmen

asunción [asun̪'θjon] *f* Übernahme *f*

Asunción *f* (REL) Mariä Himmelfahrt *f*

asuntillo [asun̪'tiʎo] *m (irón, pey)* ❶ *(relación amorosa)* Techtelmechtel *nt* ❷ *(negocio)* krummes Geschäft *nt*

asunto [a'sun̪to] *m* ❶ *(cuestión)* Angelegenheit *f;* **y ~ despachado** und damit ist die Sache erledigt ❷ *(negocio)* Geschäft *nt;* **tener ~s en el extranjero** im Ausland Geschäfte betreiben; **el ministro está envuelto en un ~ sucio** der Minister ist in eine dunkle Affäre verwickelt ❸ (LIT: *tema*) Thema *nt; (argumento)* Handlung *f* ❹ (ARTE) Motiv *nt* ❺ *(lío amoroso)* (Liebes)affäre *f* ❻ (POL) **Ministerio de A~s Exteriores** Auswärtiges Amt *nt;* **Ministro de A~s Exteriores** Außenminister *m*

asustadizo, -a [asusta'ðiθo, -a] *adj* schreckhaft

asustar [asus'tar] **I.** *vt* ❶ *(sobresaltar)* erschrecken; *(atemorizar)* Angst machen +*dat;* **la responsabilidad no me asusta** die Verantwortung schreckt mich nicht ❷ *(de un propósito)* abschrecken ❸ *(ahuyentar)* verscheuchen ❹ *(escandalizar)* Anstoß erregen (bei +*dat*) **II.** *vr:* **~se** ❶ *(sobresaltarse)* sich erschrecken (**por/de/con** über +*akk*); *(tener miedo)* Angst bekommen; **no te asustes** (hab) keine Angst ❷ *(de un propósito)* sich abschrecken lassen ❸ *(escandalizarse)* Anstoß nehmen (**de** an +*dat*)

atacado, -a [ata'kaðo, -a] *adj* ❶ *(cohibido)* gehemmt, unsicher ❷ *(cobarde)* feige ❸ *(tacaño)* geizig, knaus(e)rig

atacante [ata'kan̪te] *mf* Angreifer(in) *m(f);* (DEP) Stürmer(in) *m(f)*

atacar [ata'kar] <c → qu> **I.** *vt* ❶ *(embestir, criticar, t.* QUÍM) angreifen; **~ por la espalda** hinterrücks angreifen ❷ *(sueño)* überkommen ❸ *(tema)* in Angriff nehmen ❹ *(recalcar)* stopfen **II.** *vi* (DEP) angreifen; **~ por las bandas** von der Flanke her angreifen

ataché [ata'ʧe] *m (AmC, PRico)* Büroklammer *f*

atadero [ata'ðero] *m* ❶ *(cuerda)* Seil *nt,* Leine *f; (gancho)* Haken *m; (anillo)* Ring *m* ❷ *(loc)* **esto no tiene ~** man wird nicht schlau daraus; **este hombre no tiene ~** *(fam)* dieser Mann spinnt

atadura [ata'ðura] *f* ❶ *(acción)* Binden *nt* ❷ *(cosa para atar)* Fessel *f*

atajar [ata'xar] **I.** *vi* den Weg abkürzen; **por este camino atajamos mucho** dieser Weg kürzt die Strecke erheblich ab **II.** *vt* ❶ *(agua)* eindämmen; **~ un mal de raíz** ein Übel an der Wurzel bekämpfen ❷ *(a un orador)* unterbrechen ❸ *(cortar el paso)* den Weg versperren +*dat* ❹ *(detener)* aufhalten

atajo [a'taxo] *m (camino)* Abkürzung *f;* **echar por el ~** *(fam)* den schnellsten Weg nehmen

atalaya [ata'laɟa] *f* ❶ *(torre)* Wach(t)turm *m* ❷ *(lugar elevado)* Aussichtspunkt *m*

atañer [ata'ɲer] <*3. pret* atañó> *vimpers* angehen; **eso no te atañe** das geht dich nichts an; **por lo que atañe a tu empleo** was deine Stelle angeht

ataque [a'take] *m* ❶ *(embestida, crítica)* Angriff *m;* **~ por sorpresa** Überraschungsangriff *m* ❷ (DEP: *delantera*) Sturm *m* ❸ (MED: *acceso*) Anfall *m;* **~ al** [*o* **de**] **corazón** Herzinfarkt *m;* **~ de piedra** Nierenkolik *f*

atar [a'tar] *vt* ❶ *(sujetar)* festbinden (**a** an +*dat*); *(juntar)* zusammenbinden; *(a un cautivo)* fesseln; **~ las manos a la espalda** die Hände hinter dem Rücken zusammenbinden; **~ al perro** den Hund an die Leine legen; **~ corto a alguien** jdn kurzhalten; **estar atado de pies y manos** an Händen und Füßen gefesselt sein ❷ *(cerrar)* zubinden; *(un paquete)* verschnüren ❸ *(comprometer)* **esta profesión ata mucho** dieser Beruf beansprucht einen sehr ❹ *(loc)* **no ata ni desata** *(hablar sin concierto)* er/sie redet dummes Zeug; *(no resolver nada)* ihm/ihr gelingt nichts; **dejar algo atado y bien atado** etw unter Dach und Fach bringen; **está de ~** er/sie ist total verrückt

atarazana [atara'θana] *f* Werft *f*

atardecer [atarðe'θer] **I.** *vimpers irr como crecer* **atardece** es wird dunkel **II.** *m* (Abend)dämmerung *f;* **al ~** bei Einbruch der Dunkelheit

atareado, -a [atare'aðo, -a] *adj* beschäftigt; **andar muy ~** sehr beschäftigt sein

atarear [atare'ar] **I.** *vt* beschäftigen **II.** *vr:* **~se** ❶ *(trabajar mucho)* hart arbeiten ❷ *(afanarse)* sich abmühen

atarugar [ataru'ɣar] <g → gu> **I.** *vt* ❶ *(carpintería)* verzapfen, verbolzen ❷ *(tapar)* verschließen; *(botella)* zustöpseln; *(agujero)* zustopfen ❸ *(fam fig: henchir)*

A

vollstopfen; *(muñeca)* ausstopfen (**de** mit +*dat*) ④ *(fam fig: turbar)* aus der Fassung bringen, irritieren **II.** *vr:* **~se** *(fam fig)* durchdrehen

atascamiento [ataska'mjeṇto] *m v.* **atasco**

atascar [atas'kar] <c → qu> **I.** *vt* ① *(cañería)* verstopfen ② *(rueda, proceso)* blockieren **II.** *vr:* **~se** ① *(cañería)* verstopfen; **el desagüe se ha atascado** der Ausguss ist verstopft ② *(coche)* stecken bleiben ③ *(mecanismo)* blockieren ④ *(en un discurso)* stocken; **se le atascó la palabra** er/sie bekam das Wort nicht heraus ⑤ *(negociaciones)* sich festfahren

atasco [a'tasko] *m* ① *(de una cañería)* Verstopfung *f;* **~ de papel** (INFOR) Papierstau *m* ② *(de un mecanismo)* Blockierung *f* ③ *(traba)* Hindernis *nt* ④ *(de tráfico)* (Verkehrs)stau *m*

ataúd [ata'uᵈ] *m* Sarg *m*

ataviar [ataβi'ar] <*1. pres* (me) atavío> *vt, vr:* **~se** *(arreglar)* (sich) herausputzen; *(adornar)* (sich) schmücken

atávico, -a [a'taβiko, -a] *adj* atavistisch

atavío [ata'βio] *m (adorno)* Schmuck *m; (atuendo)* Aufmachung *f*

ateísmo [ate'ismo] *m inv* Atheismus *m*

atemorizado, -a [atemori'θaðo, -a] *adj* verängstigt

atemorizar [atemori'θar] <z → c> **I.** *vt* ängstigen **II.** *vr:* **~se** sich ängstigen

atemperar [atempe'rar] **I.** *vt* ① *(cólera)* mäßigen ② *(temperatura)* temperieren ③ *(acomodar)* anpassen (**a** an +*akk*) **II.** *vr:* **~se** sich anpassen (**a** an +*akk*)

Atenas [a'tenas] *f* Athen *nt*

atenazar [atena'θar] <z → c> *vt* quälen, peinigen; **estaba atenazada por los remordimientos** sie wurde von Gewissensbissen gequält; **estaba atenazado por los nervios** seine Nerven waren zum Zerreißen gespannt

atención [ateṇ'θjon] *f* ① *(atender)* Aufmerksamkeit *f;* **falta de ~** Unaufmerksamkeit *f;* **digno de ~** beachtenswert; **en ~ a este hecho** in Anbetracht dieser Tatsache; **¡~, por favor!** Achtung, Achtung!; **el profesor me llamó la ~** der Lehrer tadelte mich; **los coches no me llaman la ~** ich mache mir nichts aus Autos; **estamos llamando la ~** wir fallen auf; **llamar la ~ de alguien sobre** [*o* **a**] **algo** jdn auf etw aufmerksam machen; **mantener la ~ de alguien** jds Aufmerksamkeit fesseln; **prestar ~** beachten; *(escuchar)* zuhören ② *(cartas)* **a la ~ de...** zu Händen von ... ③ *pl (cortesías)* Aufmerksamkeiten *f pl* ④ *pl (obligaciones)* Verpflichtungen *f pl* ⑤ *(servicio)* **~ médica** ärztliche Versorgung; **~ (médica) de seguimiento** (medizinische) Nachversorgung *f;* **~ al cliente** Kundendienst *m*

atender [ateṇ'der] <e → ie> **I.** *vt* ① *(prestar atención)* beachten; *(escuchar)* zuhören +*dat* ② *(tener en cuenta)* berücksichtigen ③ *(seguir)* befolgen; *(deseo, petición)* nachkommen +*dat;* **~ una solicitud** einem Antrag stattgeben; **atendiendo a las circunstancias actuales** unter den derzeitigen Umständen ④ *(cuidar)* sich kümmern (**a** um +*akk*) ⑤ *(tratar)* behandeln ⑥ *(despachar)* bedienen; **¿le atienden?** werden Sie schon bedient? ⑦ *(llamada)* entgegennehmen **II.** *vi* ① *(perro)* **~ por...** auf den Namen ... hören ② *(tener en cuenta)* beachten (**a** +*akk*); *(concentrarse)* sich konzentrieren (**a** auf +*akk*); *(escuchar)* zuhören (**a** +*dat*)

atendible [ateṇ'diβle] *adj* beachtlich

ateneo [ate'neo] *m* Kulturverein *m*

atenerse [ate'nerse] *vr irr como tener* sich halten (**a** an +*akk*); **~ a lo seguro** auf Nummer Sicher gehen; **me atengo a lo que dije antes** ich bleibe bei meiner Meinung; **saber a qué ~** mit sich *dat* selbst im Reinen sein; **si no lo haces, atente a las consecuencias** wenn du es nicht tust, musst du die Folgen tragen; **yo vivo atenido a mi sueldo** ich bin auf mein Gehalt angewiesen

ateniense [ate'njense] **I.** *adj* athenisch **II.** *mf* Athener(in) *m(f)*

atenorado, -a [ateno'raðo, -a] *adj* (MÚS) Tenor-, tenoral

atentado [ateṇ'taðo] *m* Attentat *nt* (**contra** auf +*akk*); **~ terrorista** Terroranschlag *m,* Terrorangriff *m;* **el autor de un ~** der Attentäter; **ser víctima de un ~** einem Attentat zum Opfer fallen; **esta ley es un ~ contra la libertad de expresión** dieses Gesetz verstößt gegen die Meinungsfreiheit

atentamente [ateṇta'meṇte] *adv (final de carta)* (**muy**) **~** mit freundlichen Grüßen

atentar [ateṇ'tar] *vi* ① *(cometer atentado)* ein Attentat verüben (**contra** auf +*akk*) ② *(infringir)* verstoßen

atentatorio, -a [ateṇta'torjo, -a] *adj* verletzend; **~ a la libertad** freiheitsgefährdend, freiheitsfeindlich

atento, -a [a'teṇto, -a] *adj* aufmerksam; **estar ~ a la conversación** dem Gespräch aufmerksam folgen; **es muy ~ de su parte** das ist sehr aufmerksam von Ihnen; **estuvo muy ~ con nosotros** er hat sich sehr um uns gekümmert; **es muy ~ con las mujeres** er ist Frauen gegenüber sehr galant

atenuación [atenwa'θjon] *f* Abschwächung *f;* *(del dolor, t.* JUR) Milderung *f*

atenuante [atenu'an̪te] **I.** *adj* (JUR) (straf)mildernd **II.** *m* ① (JUR) mildernder Umstand *m* ② *(Am: perdón)* Entschuldigung *f*

atenuar [atenu'ar] <*1. pres* (me) atenúo> **I.** *vt* abschwächen; *(dolor, t.* JUR) mildern **II.** *vr:* **~se** schwächer werden; *(dolor, t.* JUR) sich mildern

ateo, -a [a'teo, -a] **I.** *adj* atheistisch **II.** *m, f* Atheist(in) *m(f)*

aterciopelado, -a [aterθjope'laðo, -a] *adj* ① *(tela)* samtartig ② *(voz)* samtig

aterirse [ate'rirse] *vr irr como abolir* erstarren; **quedarse aterido** starr vor Kälte sein

aterrador(a) [aterra'ðor(a)] *adj* schreckenerregend; **noticias ~as** Schreckensnachrichten *f pl*

aterrar [ate'rrar] **I.** *vt* *(atemorizar)* Angst machen *+dat;* *(sobresaltar)* erschrecken **II.** *vr:* **~se** *(sobresaltarse)* (sich) erschrecken; *(tener miedo)* Angst bekommen

aterrizaje [aterri'θaxe] *f* Landung *f;* **~ con daños** (**para el avión**) Bruchlandung *f;* **~ forzoso** Notlandung *f;* **~ movido/suave** harte/glatte Landung

aterrizar [aterri'θar] <z → c> *vi* landen

aterrorizar [aterrori'θar] <z → c> **I.** *vt* ① (POL, MIL) terrorisieren ② *(causar terror)* Angst einjagen *+dat;* **me aterroriza volar** ich habe schreckliche Angst vor dem Fliegen **II.** *vr:* **~se** *(tener miedo)* Angst bekommen; *(sobresaltarse)* sich erschrecken

atesoramiento [atesora'mjen̪to] *m* (ECON) Horten *nt*

atesorar [ateso'rar] *vt* ① *(tesoros)* ansammeln; **este museo atesora pinturas de gran valor** dieses Museum hat eine Sammlung wertvoller Gemälde ② (ECON) horten ③ *(virtudes)* in sich *dat* vereinigen

atestado [ates'taðo] *m* **~** (**policial**) (Polizei)protokoll *nt*

atestar [ates'tar] *vt* ① (JUR) bezeugen ② *(llenar)* bis oben hin füllen (**de** mit *+dat*); **el maletero está atestado** der Kofferraum ist bis oben hin voll; **el palacio de deportes estaba atestado de gente** die Sporthalle war brechend voll

atestiguar [atesti'ɣwar] <gu → gü> *vt* bezeugen

atezar [ate'θar] <z → c> **I.** *vt* ① *(alisar)* glätten ② *(broncear)* bräunen ③ *(ennegrecer)* schwarz färben, schwärzen **II.** *vr:* **~se** ① *(broncearse)* braun werden ② *(ennegrecerse)* schwarz werden

atiborrar [atiβo'rrar] *vt, vr:* **~se** (sich) vollstopfen (**de** mit *+dat*)

ático ['atiko] *m* Dachwohnung *f;* *(de lujo)* Penthouse *nt*

atiesar [atje'sar] **I.** *vt* *(almidonar)* stärken; *(planta)* befestigen (**con** mit *+dat*), anbinden (**con** an *+akk*) **II.** *vr:* **~se** steif werden, fest werden; *(planta)* standfest werden

atildar [atil̪'dar] *vt, vr:* **~se** (sich) zurechtmachen

atinado, -a [ati'naðo, -a] *adj* richtig

atinar [ati'nar] **I.** *vi* ① *(a tiento)* ertasten (**con** *+akk*) ② *(encontrar)* (durch Zufall) finden (**con** *+akk*) ③ *(acertar)* erraten (**con** *+akk*); **no atiné con la respuesta** die Antwort fiel mir nicht ein ④ *(al disparar)* ins Schwarze treffen **II.** *vt* finden

atípico, -a [a'tipiko, -a] *adj* untypisch

atisbar [atis'βar] **I.** *vt* erspähen **II.** *vr:* **~se** sich abzeichnen

atisbo [a'tisβo] *m* Anzeichen *nt;* **un ~ de esperanza** ein Fünkchen Hoffnung; **en Marte hay ~s de vida** es gibt Lebenszeichen auf dem Mars

atizador [atiθa'ðor] *m* Schürhaken *m*

atizar [ati'θar] <z → c> **I.** *vt* ① *(fuego, pasión)* schüren ② *(bofetada)* verpassen ③ *(loc)* **¡atiza!** Donnerwetter! **II.** *vr* **~se un trago** einen Schluck nehmen

atlántico, -a [a^{ð}'lan̪tiko, -a] *adj* atlantisch; **el océano A~** der Atlantische Ozean

Atlántico [a^{ð}'lan̪tiko] *m* Atlantik *m*

atlantista [a^{ð}lan̪'tista] *mf* Befürworter(in) *m(f)* der NATO

atlas ['a^{ð}las] *m inv* Atlas *m*

atleta [a^{ð}'leta] *mf* (Leicht)athlet(in) *m(f)*

atlético, -a [a^{ð}'letiko, -a] *adj* athletisch

atletismo [a^{ð}le'tismo] *m sin pl* Leichtathletik *f*

atmosfera [a^{ð}mos'fera] *f,* **atmósfera** [a^{ð}'mosfera] *f* Atmosphäre *f;* **~ viciada** verbrauchte Luft

atmosférico, -a [a^{ð}mos'feriko, -a] *adj* atmosphärisch; **presión atmosférica** Luftdruck *m*

atocinado, -a [atoθi'naðo, -a] *adj* *(pey)* ① *(obeso)* fett ② *(aborregado)* verblödet

atolladero [atoʎa'ðero] *m* ① *(atascadero)* Morast *m* ② *(apuro)* Verlegenheit *f;* **estar en un ~** in der Patsche sitzen; **sacar a alguien de un ~** jdm aus der Patsche helfen

atollar [ato'ʎar] *vi, vr:* **~se** stecken bleiben

atolón [ato'lon] *m* Atoll *nt*

atolondrado, -a [atolon̪'draðo, -a] *adj* *(insensato)* töricht; *(tonto)* dumm

atolondramiento [atolon̪dra'mjen̪to] *m* ① *(de los sentidos)* Benommenheit *f* ② *(por una desgracia)* Bestürzung *f* ③ *(irreflexión)* Gedankenlosigkeit *f*

atolondrar [atolon̪'drar] **I.** *vt* ① *(un golpe)* betäuben ② *(una desgracia)* bestürzen, verwirren **II.** *vr:* **~se** ❶ *(los sentidos)* betäubt [*o* benommen] sein ❷ *(por una desgracia)* bestürzt sein ❸ *(pasmarse)* verblüfft sein

atómico, -a [a'tomiko, -a] *adj* atomar; **refugio ~** Atombunker *m*

atomizador [atomiθa'ðor] *m* Zerstäuber *m*

atomizar [atomi'θar] <z → c> *vt* ❶ *(material)* atomisieren ❷ *(líquido)* (ver)sprühen, zerstäuben

átomo ['atomo] *m* Atom *nt*

atónito, -a [a'tonito, -a] *adj* verblüfft

átono, -a ['atono, -a] *adj* unbetont

atontado, -a [atoṇ'taðo, -a] *adj* ❶ *(tonto)* dumm ❷ *(distraído)* zerstreut; **estaba ~ y no te he entendido** ich war nicht bei der Sache und habe dich nicht verstanden

atontamiento [atoṇta'mjeṇto] *m* ❶ *(aturdimiento)* Betäubung *f* ❷ *(pasmo)* Verblüffung *f* ❸ *(entontecimiento)* Verdummung *f*

atontar [atoṇ'tar] **I.** *vt* ❶ *(aturdir)* betäuben ❷ *(pasmar)* verblüffen ❸ *(entontecer)* verdummen **II.** *vr:* **~se** ❶ *(pasmarse)* verblüfft sein ❷ *(entontecer)* verdummen

atontolinado, -a [atoṇtoli'naðo, -a] *adj* *(fam)* blöd, bescheuert

atorar [ato'rar] **I.** *vt* verstopfen **II.** *vr:* **~se** ❶ *(atascarse)* verstopfen ❷ *(al hablar)* stocken

atormentar [atormeṇ'tar] **I.** *vt* ❶ *(torturar)* foltern ❷ *(molestar)* plagen; *(mortificar)* quälen **II.** *vr:* **~se** sich (ab)quälen

atornillador [atorniʎa'ðor] *m* Schraubenzieher *m*

atornillar [atorni'ʎar] *vt* *(sujetar)* festschrauben; *(fijar)* anschrauben; *(juntar)* zusammenschrauben; **~ en la pared** an die Wand schrauben; **~ la tapa del frasco** den Deckel auf das Glas schrauben; **~ fuertemente** die Schraube fest anziehen

atorozarse [atoro'θarse] <z → c> *vr* *(AmC)* ❶ *(atascarse)* verstopfen ❷ *(al hablar)* stocken

atorrante [ato'rraṇte] *mf* *(CSur: fam)* Penner(in) *m(f)*

atortolado, -a [atorto'laðo, -a] *adj* verliebt; **están ~s** sie sind die reinsten Turteltauben

atosigamiento [atosiɣa'mjeṇto] *m* Drängen *nt*

atosigar [atosi'ɣar] <g → gu> **I.** *vt* ❶ *(apremiar)* drängen ❷ *(importunar)* belästigen ❸ *(inquietar)* sehr beschäftigen **II.** *vr:* **~se** ❶ *(apresurarse)* sich abhetzen; **no te atosigues** immer mit der Ruhe ❷ *(inquietarse)* beunruhigt sein

atrabiliario, -a [atraβi'ljarjo, -a] *adj* ❶ (MED) melancholisch, schwermütig ❷ *(carácter)* mürrisch, griesgrämig

atracadero [atraka'ðero] *m* Pier *m o f*

atracador(a) [atraka'ðor(a)] *m(f)* Straßenräuber(in) *m(f)*

atracar [atra'kar] <c → qu> **I.** *vi* (NÁUT) anlegen **II.** *vt* ❶ (NÁUT) festmachen ❷ *(asaltar)* überfallen ❸ *(fam: de comida)* vollstopfen (**de** mit +*dat*) **III.** *vr:* **~se** *(fam)* sich vollstopfen (**de** mit +*dat*)

atracción [atraɣ'θjon] *f* ❶ *(atractivo, t.* FÍS*)* Anziehungskraft *f;* **~ universal** Schwerkraft *f* ❷ *(circense)* Attraktion *f* ❸ *pl (diversiones)* Vergnügungen *f pl;* **parque de atracciones** Vergnügungspark *m*

atraco [a'trako] *m* (Raub)überfall *m* (**a** auf +*akk*); **~ a un banco** Banküberfall *m;* **~ a mano armada** bewaffneter Überfall

atracón [atra'kon] *m* *(fam)* Schlemmerei *f;* **darse un ~ de dulces** unheimlich viele Süßigkeiten essen; **darse un ~ de televisión** bis zum Überdruss fernsehen

atractivo[1] [atrak'tiβo] *m* Anziehungskraft *f*

atractivo, -a[2] [atrak'tiβo, -a] *adj* attraktiv; *(tarea)* reizvoll

atraer [atra'er] *irr como traer* **I.** *vt* *(cautivar, t.* FÍS*)* anziehen; *(ganarse)* für sich gewinnen; *(atención)* auf sich ziehen; **~ a los inversores** die Investoren anlocken; **~ a alguien a su bando** jdn auf seine Seite ziehen; **el cebo atrae a los peces** der Köder lockt die Fische an; **sentirse atraído hacia alguien** sich zu jdm hingezogen fühlen **II.** *vr* *(ganarse)* für sich gewinnen; **~se las simpatías de alguien** jds Zuneigung gewinnen; **~se las iras del público** sich *dat* den Zorn des Publikums zuziehen

atragantamiento [atraɣaṇta'mjeṇto] *m* Verschlucken *nt*

atragantar [atraɣaṇ'tar] **I.** *vr:* **~se** ❶ *(al comer)* sich verschlucken (**con** an +*dat*); **me he atragantado con una espina** mir ist eine Gräte im Hals stecken geblieben ❷ *(al hablar: atascarse)* stecken bleiben; *(trabucarse)* sich versprechen ❸ *(loc)* **este profesor se me ha atragantado** ich mag diesen Lehrer nicht **II.** *vt* mühsam hinunterschlucken

atrancar [atraŋ'kar] <c → qu> **I.** *vt* verriegeln **II.** *vr:* **~se** ❶ *(tubo)* verstopfen ❷ *(un coche, al hablar)* stecken bleiben ❸ *(encerrarse)* sich einschließen

atranco [a'traŋko] *m* Verstopfung *f*

atrapamoscas [atrapa'moskas] *m inv* (BOT) Venusfliegenfalle *f*

atrapar [atra'par] *vt* fangen; *(ladrón)* fassen; *(animal escapado)* einfangen; **el portero atrapó la pelota** der Torwart hielt den Ball; **~ una novia** *(fam)* sich *dat* eine

Frau angeln; ~ **un empleo** eine Stelle kriegen; **~on al ladrón en plena faena** der Dieb wurde auf frischer Tat ertappt

atrás [a'tras] *adv* ① *(hacia detrás)* nach hinten; **¡~!** zurück(treten)!; **contar ~** rückwärtszählen; **dar un paso ~** einen Schritt zurücktreten; **ir marcha ~** (**con el coche**) rückwärtsfahren; **quedar ~** zurückfallen; **volver ~** umkehren; **volverse ~** umkehren; *(fig)* einen Rückzieher machen ② *(detrás)* hinten; **rueda de ~** Hinterrad *nt;* **dejar ~ a los perseguidores** die Verfolger hinter sich *dat* lassen; **quedarse ~** zurückbleiben; **sentarse ~** hinten sitzen ③ *(de tiempo)* **años ~** vor Jahren; **la amistad venía de ~** sie waren schon jahrelang befreundet ④ *(loc)* **echarse ~ de un acuerdo** von einer Vereinbarung zurücktreten; **volver la vista ~** in die Vergangenheit zurückblicken

atrasado, -a [atra'saðo, -a] *adj* ① *(en el estudio/desarrollo)* zurückgeblieben; *(país)* unterentwickelt; **viven 20 años ~s** sie liegen in ihrer Entwicklung 20 Jahre zurück ② *(pago)* rückständig ③ *(tarde)* spät; **llegué ~ a la reunión** ich kam zu spät zur Sitzung ④ *(loc)* **el reloj va ~** die Uhr geht nach

atrasar [atra'sar] **I.** *vt* ① *(aplazar)* verschieben; **la historia atrasa unos años esta batalla** die Geschichte siedelt diese Schlacht einige Jahre früher an ② *(reloj)* zurückstellen ③ *(progreso)* hemmen **II.** *vr:* **~se** ① *(quedarse atrás)* zurückbleiben ② *(retrasarse)* sich verspäten; **el tren se ha atrasado** der Zug hatte Verspätung; **~se en los plazos** mit den Raten in Rückstand geraten

atraso [a'traso] *m* ① *(en una carrera)* Zeitrückstand *m* ② *(de un tren)* Verspätung *f* ③ *(de un país)* Rückständigkeit *f* ④ (FIN) Rückstand *m*

atravesado, -a [atraβe'saðo, -a] *adj* ① *(cruzado)* schräg; **un coche ~ en la calle** ein quer auf der Straße stehendes Auto ② *(bizco)* schielend ③ *(persona)* böse ④ *(animal)* gekreuzt

atravesar [atraβe'sar] <e → ie> **I.** *vt* ① *(persona)* **~ la calle/la frontera** die Straße/die Grenze überqueren; **~ la sala/la ciudad** den Saal/die Stadt durchqueren; **~ un río nadando** einen Fluss durchschwimmen; **hemos atravesado Alemania** (**con el coche**) wir sind quer durch Deutschland gefahren; **~ un momento difícil** eine schwere Zeit durchmachen ② *(cuerpo)* **~ algo con una aguja** etw mit einer Nadel durchstechen; **~ algo taladrando** etw durchbohren; **la bala le atravesó el corazón** die Kugel hat ihm/ihr das Herz durchbohrt; **el avión atraviesa las nubes** das Flugzeug durchstößt die Wolken; **la lluvia atravesó el abrigo** der Regen drang durch den Mantel; **una cicatriz le atraviesa el pecho** eine Narbe verläuft quer über seine/ihre Brust ③ *(poner de través)* quer legen; **~ un coche en medio de la calle** ein Auto quer über die Straße stellen **II.** *vr:* **~se** ① *(ponerse entremedio)* **no te atravieses en mi camino** komm mir nicht in die Quere; **se me ha atravesado una miga en la garganta** mir ist ein Stückchen Brot im Hals stecken geblieben; **cuando estoy nervioso se me atraviesan las palabras** wenn ich aufgeregt bin, bekomme ich kein Wort mehr heraus ② *(en una conversación)* sich einmischen (**en** in +*akk*) ③ *(no soportar)* **se me atraviesa ese tipo** ich ertrage diesen Typ nicht

atrayente [atra'ɟen̪te] *adj* attraktiv

atreverse [atre'βerse] *vr* ① *(osar)* sich trauen; **~ a hacer algo** sich trauen, etw zu tun; **~ a afrontar un problema** sich an ein Problem heranwagen ② *(insolentarse)* sich *dat* erlauben; **¿cómo te atreves a hablarme así?** wie kannst du dir nur erlauben, in so einem Ton mit mir zu sprechen?; **no me atrevería a decir nada malo de él** ich werde mich hüten, etwas Schlechtes über ihn zu sagen; **¡no te atreverás!** du wirst dich hüten!

atrevido, -a [atre'βiðo, -a] *adj* ① *(audaz)* kühn ② *(insolente)* frech; *(vestido)* gewagt ③ *(arriesgado)* riskant

atrevimiento [atreβi'mjen̪to] *m* ① *(audacia)* Kühnheit *f* ② *(descaro)* Frechheit *f*

atrez(z)o [a'treðso] *m* (TEAT) Requisiten *fpl*

atribución [atriβu'θjon] *f* ① *(de un hecho)* Zuschreibung *f* ② *(competencia)* Befugnis *f;* **atribuciones de un empleado** Amtsbefugnisse *fpl;* **tiene atribuciones mías para llevar las negociaciones** ich habe ihn/sie ermächtigt, die Verhandlungen zu führen

atribuible [atriβu'iβle] *adj* **ser ~ a alguien** jdm zuzuschreiben sein

atribuir [atriβu'ir] *irr como huir* **I.** *vt* ① *(hechos, cualidades)* zuschreiben; **~ la culpa de algo a alguien** jdm die Schuld an etw *dat* zuschreiben; **~ a alguien grandes facultades** jdm große Fähigkeiten nachsagen; **atribuye el accidente a un defecto de los frenos** er/sie führt den Unfall auf einen Defekt der Bremsen zurück ② *(funciones)* übertragen **II.** *vr:* **~se** ① *(hechos, cualidades)* sich *dat* zuschreiben ② *(facul-*

A

A

tades) **~se todo el poder** die Macht völlig übernehmen

atribulación [atriβula'θjon] *f* ❶ *(aflicción)* Bedrückung *f,* Bedrücktheit *f* ❷ *(preocupación)* Sorge *f,* Besorgnis *f* ❸ *(pena)* Kummer *m,* Leid *nt*

atribular [atriβu'lar] **I.** *vt* ❶ *(apesadumbrar)* betrüben, bekümmern ❷ *(atormentar)* quälen, bedrücken **II.** *vr:* **~se** ❶ *(apenarse)* sich grämen (**en**/**con**/**por** über +*akk,* **en**/**con**/**por** wegen +*gen*) ❷ *(atormentarse)* sich quälen (**en**/**con**/**por** mit +*dat*)

atributivo, -a [atriβu'tiβo, -a] *adj* (LING) attributiv; **oración atributiva** Attributsatz *m*

atributo [atri'βuto] *m* ❶ *(propiedad)* Eigenschaft *f* ❷ *(emblema, t.* LING) Attribut *nt*

atril [a'tril] *m* ❶ (MÚS) Notenständer *m* ❷ *(de mesa)* Lesepult *nt*

atrincheramiento [atrintʃera'mjen̪to] *m* Verschanzung *f*

atrincherar [atrintʃe'rar] *vt, vr:* **~se** (sich) verschanzen

atrio ['atrjo] *m* Atrium *nt*

atrocidad [atroθi'ðað] *f* ❶ *(cosa atroz)* Scheußlichkeit *f* ❷ *(crimen)* Gräueltat *f* ❸ *(disparate)* Unsinn *m;* **¡no digas ~es!** red doch keinen Unsinn!; **este artículo está lleno de ~es** in diesem Artikel stehen die unglaublichsten Dinge ❹ *(gran cantidad)* **tener una ~ de dinero** in Geld schwimmen

atrofia [a'trofja] *f* (MED) Atrophie *f;* **~ muscular** Muskelschwund *m*

atrofiar [atro'fjar] **I.** *vt* schwinden lassen **II.** *vr:* **~se** verkümmern; (MED) atrophieren; **no dejes que tu talento se atrofie** du darfst dein Talent nicht verkümmern lassen

atronador(a) [atrona'ðor(a)] *adj* ohrenbetäubend; *(aplauso)* donnernd

atronar [atro'nar] <o → ue> **I.** *vt (ruido a una persona)* betäuben; **me atruena con sus gritos** seine/ihre Schreie dröhnen mir im Kopf **II.** *vr:* **~se** völlig benommen sein

atropellado, -a [atrope'ʎaðo, -a] *adj* ❶ *(precipitado)* überstürzt; **voy muy ~ de tiempo** ich habe keine Zeit ❷ *(persona)* heruntergekommen

atropellador(a) [atropeʎa'ðor(a)] *adj* rücksichtslos

atropellar [atrope'ʎar] **I.** *vt* ❶ *(vehículo)* überfahren; **por poco me atropellan** beinahe wäre ich überfahren worden ❷ *(empujar)* anrempeln; *(derribar)* umrennen ❸ *(agraviar)* beleidigen ❹ *(leyes)* missachten; **~ la lengua** die Sprache vergewaltigen ❺ *(un trabajo)* hastig erledigen **II.** *vi* **~ por todo** sich über alles hinwegsetzen **III.** *vr:* **~se** sich überstürzen

atropello [atro'peʎo] *m* ❶ *(colisión)* Zusammenstoß *m; (accidente)* Verkehrsunfall *m* ❷ *(empujón)* Schubs *m; (derribo)* Umrennen *nt* ❸ *(insulto)* Beleidigung *f* ❹ *(injusticia)* Ungerechtigkeit *f;* **¡esto es un ~!** das ist ein Unding! ❺ *(prisa)* Überstürzung *f;* **tomar una decisión sin prisas ni ~s** eine Entscheidung nicht überstürzen

atroz [a'troθ] *adj* ❶ *(horroroso)* grässlich ❷ *(cruel)* grausam ❸ *(inhumano)* unmenschlich ❹ *(muy grande)* riesig

atte. [aten̪ta'men̪te] *adv abr de* **atentamente** hochachtungsvoll

atuendo [a'twen̪do] *m (atavío)* Aufmachung *f*

atufar [atu'far] **I.** *vt* ❶ *(marear)* benebeln ❷ *(enfadar)* ärgern **II.** *vr:* **~se** ❶ *(marearse)* benommen sein ❷ *(enfadarse)* sich ärgern

atún [a'tun] *m* Thunfisch *m*

atur(r)ullamiento [atur(r)uʎa'mjen̪to] *m* ❶ *(confusión)* Verwirrung *f* ❷ *(atolondramiento)* Gedankenlosigkeit *f,* Unbesonnenheit *f*

atur(r)ullar [atur(r)u'ʎar] **I.** *vt* verwirren **II.** *vr:* **~se** verwirrt sein

aturdido, -a [atur'ðiðo, -a] *adj* ❶ *(irreflexivo)* gedankenlos ❷ *(pasmado)* verblüfft

aturdidor(a) [aturði'ðor(a)] *adj* betäubend

aturdimiento [aturði'mjen̪to] *m* ❶ *(por un golpe)* Betäubung *f* ❷ *(por una mala noticia)* Bestürzung *f* ❸ *(irreflexión)* Gedankenlosigkeit *f*

aturdir [atur'ðir] **I.** *vt* ❶ *(los sentidos)* betäuben ❷ *(una mala noticia)* bestürzen ❸ *(pasmar)* verblüffen **II.** *vr:* **~se** ❶ *(los sentidos)* benommen sein ❷ *(por una desgracia)* bestürzt sein ❸ *(pasmarse)* verblüfft sein

aturquesado, -a [aturke'saðo, -a] *adj* türkis(farben)

atusar [atu'sar] **I.** *vt* ❶ *(el peinado)* richten ❷ *(el pelo)* nachschneiden; *(la barba)* stutzen **II.** *vr:* **~se** sich herausputzen

audacia [au̯'ðaθja] *f* Kühnheit *f*

audaz [au̯'ðaθ] *adj* kühn

audible [au̯'ðiβle] *adj* hörbar

audición [au̯ði'θjon] *f* ❶ *(acción)* Hören *nt* ❷ *(facultad)* Gehör *nt* ❸ *(concierto)* Konzert *nt; (lectura)* Lesung *f* ❹ (TEAT) Vorsprechen *nt; (músico)* Vorspielen *nt; (cantante)* Vorsingen *nt;* **pasar una ~** *(actor)* vorsprechen; *(instrumentista)* vorspielen; *(cantante)* vorsingen

audiencia [au̯'ðjen̪θja] *f* ❶ (TEL, RADIO) Zuhörerschaft *f;* **nivel de ~** Einschaltquote *f*

A

❷ (POL) Audienz *f* ❸ (JUR: *sesión*) Anhörung *f; (sala)* Gerichtssaal *m; (tribunal)* Gerichtshof *m*

audífono [au̯'ðifono] *m* ❶ *(para sordos)* Hörgerät *nt* ❷ *(Am: auricular)* (Telefon)hörer *m*

audio ['au̯ðjo] *adj inv* Audio-; **materiales ~** Tonmaterial *nt*

audioguía [au̯ðjo'gia] *f* Audioführer *m*

audiolibro [au̯ðjo'liβro] *m* Hörbuch *nt*

audiovisual [au̯ðjoβi'swal] *adj* audiovisuell

auditar [au̯ði'tar] *vt* (ECON, FIN) prüfen

auditivo[1] [au̯ði'tiβo] *m* (TEL) Hörmuschel *f*

auditivo, -a[2] [au̯ði'tiβo, -a] *adj* (ANAT) Gehör-

auditor(a) [au̯ði'tor(a)] *m(f)* (ECON, FIN) Wirtschaftsprüfer(in) *m(f)*

auditoría [au̯ðito'ria] *f* ❶ *(de la contabilidad)* Wirtschaftsprüfung *f;* **~ de cuentas** Rechnungsprüfung *f;* **~ externa** Außenprüfung *f;* **~ financiera** Kassenprüfung *f;* **~ fiscal** Steuerprüfung *f* ❷ *(despacho)* Wirtschaftsprüfungsbüro *nt; (sociedad)* Wirtschaftsprüfungsgesellschaft *f*

auditorio [au̯ði'torjo] *m* ❶ *(público)* Zuhörerschaft *f* ❷ *(sala)* (Konzert)saal *m*

auditórium [au̯ði'torjun] <auditorios> *m* (Konzert)saal *m*

auge ['au̯xe] *m* ❶ *(cumbre)* Höhepunkt *m; (de una época)* Blütezeit *f;* **en el ~ de su belleza** in der Blüte seiner/ihrer Schönheit ❷ *(mejora)* Aufschwung *m*

augurar [au̯ɣu'rar] *vt* voraussagen

augurio [au̯'ɣurjo] *m* Vorzeichen *nt*

aula ['au̯la] *f* ❶ *(de escuela)* Klassenzimmer *nt* ❷ *(de universidad)* Hörsaal *m;* **~ magna** Audimax *nt*

aullar [au̯'ʎar] *vi irr (animal)* heulen

aullido [au̯'ʎiðo] *m* Heulen *nt*

aumentable [au̯men̪'taβle] *adj* ❶ *(de tamaño)* ausbaufähig ❷ *(de cantidad)* steigerungsfähig

aumentar [au̯men̪'tar] **I.** *vi* ❶ *(en intensidad)* zunehmen; *(miedo)* größer werden; *(temperatura)* steigen; *(aplausos)* anschwellen; *(resistencia)* wachsen; **~ de volumen** umfangreicher werden; **~ de velocidad** schneller werden ❷ *(en cantidad)* zunehmen (um +*akk*); *(precios, número)* steigen (um +*akk*); **~ de altura** höher werden; **~ de peso** an Gewicht zunehmen; **los disturbios aumentan** die Unruhen weiten sich aus ❸ *(en extensión)* vergrößern; **~ mucho** stark vergrößern **II.** *vt* ❶ *(intensidad)* steigern; *(esfuerzos)* verstärken ❷ *(subir)* steigern; *(multiplicar)* vermehren; *(precios)* erhöhen ❸ *(de extensión)* vergrößern; **~ el poder/el dominio** die Macht/die Herrschaft ausweiten **III.** *vr:* **~se** ❶ *(en cantidad)* erhöht werden ❷ *(en extensión)* größer werden

aumentativo [amen̪ta'tiβo] *m* (LING) Augmentativ *nt*

aumento [au̯'men̪to] *m* ❶ *(en la intensidad)* Zunahme *f; (de los esfuerzos)* Verstärkung *f; (de las disputas)* Eskalation *f;* **ir en ~** ständig zunehmen ❷ *(en la cantidad)* Zunahme *f* (**de** um +*akk*); *(de población)* Zuwachs *m* (**de** um +*akk*); *(de precio, suma)* Erhöhung *f* (**de** um +*akk*); *(de valor, ventas)* Steigerung *f* (**de** um +*akk*); *(en los negocios)* Erweiterung *f; (de la temperatura)* Anstieg *m* (**de** um +*akk*) ❸ *(en la extensión)* Vergrößerung *f*

aun [au̯n] **I.** *adv* ❶ *(hasta)* sogar ❷ *(loc)* **~ así** (aber) trotzdem; **ni ~** nicht einmal **II.** *conj* **~ cuando** selbst wenn; **~ no comprando nada, no me llega el dinero** selbst wenn ich nichts kaufe, reicht das Geld nicht aus

aún [a'un] *adv* ❶ *(todavía)* (immer) noch; **~ no** noch nicht ❷ *(con comparativo)* noch

aunar [au̯'nar] *irr como aullar* **I.** *vt* ❶ *(unir)* vereinen; **~ esfuerzos** gemeinsame Anstrengungen machen ❷ *(unificar)* vereinigen ❸ *(armonizar)* in Übereinstimmung bringen **II.** *vr:* **~se** sich zusammentun

aunque ['au̯ŋke] *conj* ❶ *(concesiva: a pesar de que, incluso si)* auch wenn; **~ es viejo, aún puede trabajar** obwohl er alt ist, kann er immer noch arbeiten; **la casa, ~ pequeña, está bien** wenn das Haus auch klein ist, ist es doch schön; **tengo que conseguirte ~ me cueste la vida** ich muss dich haben, auch wenn es mich das Leben kostet; **~ parezca extraño** so seltsam es auch scheinen mag; **tengo que regalarle algo ~ sea un boli** ich muss ihm/ihr unbedingt etwas schenken, und wenn es nur ein Kuli ist ❷ *(adversativa)* aber

aúpa [a'upa] *interj* auf, hoch; **ser de ~** gefährlich sein

au pair [o'per] *mf* Aupairmädchen *nt,* Aupairboy *m;* **puesto de ~** Aupairstelle *f*

aupar [au̯'par] *vt irr como aullar* ❶ *(a un niño)* hochheben ❷ *(ayudar a subir)* hinaufhelfen +*dat;* **~ a alguien a la presidencia** jdm zum Amt des Präsidenten verhelfen

aura ['au̯ra] *f (atmósfera)* Aura *f;* **tiene una ~ misteriosa** eine geheimnisvolle Aura umgibt ihn/sie; **exhalar una ~ de tranquilidad** Ruhe ausstrahlen

áureo, -a ['au̯reo, -a] *adj* golden

aureola [au̯re'ola] *f (sagrada)* Heiligenschein *m*

aurícula [au̯'rikula] *f* ① (ANAT: *del corazón*) Vorhof *m* ② (ANAT: *de la oreja*) Ohrmuschel *f* ③ *(planta)* Aurikel *f*

auricular [au̯riku'lar] **I.** *adj (de la oreja)* Ohren-; **testigo ~** Ohrenzeuge *m;* **dedo ~** kleiner Finger **II.** *m* ① (TEL) (Telefon)hörer *m;* **coger/colgar el ~** den Hörer abnehmen/auflegen ② *(de música)* Kopfhörer *m*

aurora [au̯'rora] *f* ① *(alba)* Morgenröte *f* ② *(principios)* Anfänge *mpl*

auscultación [au̯skul̪ta'θjon] *f* (MED) Abhorchen *nt*

auscultar [au̯skul̪'tar] *vt* ① (MED) abhorchen ② *(sondear)* ausloten

ausencia [au̯'sen̪θja] *f* ① *(estado ausente)* Abwesenheit *f;* **brillar por su ~** durch Abwesenheit glänzen; **hacer a alguien buenas/malas ~s** gut/schlecht über jdn reden; **en ~ del gato bailan los ratones** *(prov)* wenn die Katze aus dem Haus ist, tanzen die Mäuse (auf dem Tisch) ② *(falta)* Mangel *m* (**de** an +*dat*); **~ de interés** mangelndes Interesse; **en ~ de algo mejor** in Ermangelung eines Besseren ③ (PSICO) (Geistes)abwesenheit *f*

ausentarse [au̯sen̪'tarse] *vr (irse)* weggehen; **~ de la ciudad** die Stadt verlassen

ausente [au̯'sen̪te] *adj* ① *(no presente)* abwesend; **estar ~** nicht da sein; **estar ~ del trabajo** am Arbeitsplatz fehlen ② *(distraído)* (geistes)abwesend

auspiciar [au̯spi'θjar] *vt* ① *(presagiar)* voraussagen ② *(patrocinar)* die Schirmherrschaft übernehmen (über +*akk*)

auspicio [au̯s'piθjo] *m* ① *(protección)* Schirmherrschaft *f;* **bajo los ~s del presidente** unter der Schirmherrschaft des Präsidenten ② *pl (presagio)* Vorzeichen *nt*

austeridad [au̯steri'ðað] *f* ① *(de las costumbres)* Strenge *f* ② *(del modo de vida)* Enthaltsamkeit *f* ③ *(de un lugar)* Kargheit *f* ④ *(de un estilo)* Einfachheit *f*

austero, -a [au̯s'tero, -a] *adj* ① *(costumbre)* streng ② *(modo de vida)* enthaltsam ③ *(lugar)* karg ④ *(estilo)* einfach

austral [au̯s'tral] *adj* südlich, Süd-

Australia [au̯s'tralja] *f* Australien *nt*

australiano, -a [au̯stra'ljano, -a] **I.** *adj* australisch **II.** *m, f* Australier(in) *m(f)*

Austria ['au̯strja] *f* Österreich *nt*

austriaco, -a [au̯s'trjako, -a], **austríaco, -a** [au̯s'triako, -a] **I.** *adj* österreichisch **II.** *m, f* Österreicher(in) *m(f)*

autarquía [au̯tar'kia] *f* Autarkie *f*

autárquico, -a [au̯'tarkiko, -a] *adj* (*t.* POL) autark

autenticar [au̯ten̪ti'kar] <c → qu> *vt* ① *(legitimar)* beglaubigen, authentifizieren *geh* ② (JUR) authentisieren

autenticidad [au̯ten̪tiθi'ðað] *f* Echtheit *f;* **sobre la ~ de tus palabras tengo mis dudas** ich bezweifle den Wahrheitsgehalt deiner Worte; **no creo en la ~ de esta información** ich glaube nicht, dass es sich hier um eine zuverlässige Information handelt

auténtico, -a [au̯'ten̪tiko, -a] *adj* ① *(verdadero)* echt; **un ~ fracaso** ein glatter Fehlschlag; **hacía un calor ~** es war wirklich warm; **es un ~ maestro en su especialidad** er ist ein wahrer Meister in seinem Fach ② *(palabra)* glaubwürdig ③ *(información)* zuverlässig; *(datos)* verbürgt

autismo [au̯'tismo] *m sin pl* (MED) Autismus *m*

autista [au̯'tista] **I.** *adj* autistisch **II.** *mf* Autist(in) *m(f)*

auto ['au̯to] *m* ① *(resolución)* Beschluss *m* ② *pl (actas)* (Prozess)akten *fpl;* **constar en ~s** aktenkundig sein; **estar en ~s** *(fig)* im Bilde sein; **poner en ~s** *(fig)* ins Bild setzen ③ *(automóvil)* Auto *nt*

autoabastecerse [au̯toaβaste'θerse] *vr irr como crecer* sich selbst versorgen

autoadhesivo, -a [au̯toaðe'siβo, -a] *adj* selbstklebend; **papel ~** Selbstklebefolie *f*

autoaprendizaje [au̯toapren̪di'θaxe] *m* Selbststudium *nt*

autobiografía [au̯toβjoɣra'fia] *f* Autobiografie *f*

autobiográfico, -a [au̯toβjo'ɣrafiko, -a] *adj* autobiografisch

autobombo [au̯to'βombo] *m* Selbstlob *nt,* Eigenlob *nt;* **se da mucho ~** er/sie lobt sich gerne selbst

autobús [au̯to'βus] *m* (Auto)bus *m,* Omnibus *m;* **~ de línea** Linienbus *m*

autocar [au̯to'kar] <autocares> *m* (Reise)bus *m;* **~ escolar** Schulbus *m*

autocaravana [au̯tokara'βana] *f* Wohnmobil *nt*

autocarril [au̯toka'rril] *m (Bol, Chil, Nic: autovía)* Schnellstraße *f*

autochoque [au̯to'ʧoke] *m* (Auto)skooter *m*

autocine [au̯to'θine] *m* Autokino *nt*

autocompasión [au̯tokompa'sjon] *f* Selbstmitleid *nt*

autoconfianza [au̯tokoɱ'fjan̪θa] *f* Selbstvertrauen *nt*

autoconservación [au̯tokonserβa'θjon] *f* Selbsterhaltung *f*

autocontención [au̯tokon̪ten̪'θjon] *f* Selbstbeherrschung *f*

autocontrol [au̯tokon̪'trol] *m* Selbstbeherrschung *f;* (INFOR) Selbstkontrolle *f*

autocontrolarse [au̯tokon̪tro'larse] *vr* sich beherrschen
autocracia [au̯to'kraθja] *f* Autokratie *f*
autócrata [au̯'tokrata] *mf* Autokrat(in) *m(f)*
autocrático, -a [au̯to'kratiko, -a] *adj* autokratisch
autocrítica [au̯to'kritika] *f* Selbstkritik *f*
autocrítico, -a [au̯to'kritiko, -a] *adj* selbstkritisch
autóctono, -a [au̯'toktono, -a] *adj* einheimisch
autodecepción [au̯toðeθeβ'θjon] *f* Enttäuschung *f* über sich selbst
autodefensa [au̯toðe'fensa] *f* Selbstverteidigung *f*
autodespido [au̯toðes'piðo] *m* Kündigung *f* durch den Arbeitnehmer
autodestructivo, -a [au̯toðestruk'tiβo, -a] *adj* selbstzerstörerisch
autodeterminación [au̯toðetermina'θjon] *f* Selbstbestimmung *f;* **derecho de ~** Selbstbestimmungsrecht *nt*
autodidacto, -a [au̯toði'ðakto, -a] **I.** *adj* autodidaktisch **II.** *m, f* Autodidakt(in) *m(f)*
autodisciplina [au̯toðisθi'plina] *f* Selbstdisziplin *f*
autodominarse [au̯toðomi'narse] *vr* sich selbst beherrschen
autodominio [au̯toðo'minjo] *m* Selbstbeherrschung *f*
autódromo [au̯'toðromo] *m* Autodrom *nt*
autoengaño [au̯toeŋ'gaɲo] *m* Selbstbetrug *m,* Selbsttäuschung *f*
autoescuela [au̯toes'kwela] *f* Fahrschule *f*
autoestima [au̯toes'tima] *f* Selbstwertgefühl *nt*
autoestimación [au̯toestima'θjon] *f* Selbsteinschätzung *f*
autoestop [au̯toes'top] *m* **viajar en** [*o* **hacer**] **~** per Anhalter fahren [*o* trampen]
autoestopista [au̯toesto'pista] *mf* Anhalter(in) *m(f)*
autofinanciación [au̯tofinan̪θja'θjon] *f* Eigenfinanzierung *f*
autofinanciarse [au̯tofinan̪'θjarse] *vr* sich selbst finanzieren
autofoto [au̯to'foto] *f* Selfie *nt fam*
autógeno, -a [au̯'toxeno, -a] *adj* autogen
autogestión [au̯toxes'tjon] *f* Selbstverwaltung *f*
autognosis [autoɣ'nosis] *f inv* Selbsterkenntnis *f*
autogobierno [au̯toɣo'βjerno] *m* Selbstverwaltung *f*
autogol [au̯to'ɣol] *m* (DEP) Eigentor *nt*
autogolpe [au̯to'ɣolpe] *m* Staatsstreich *m* durch den Präsidenten, Putsch *m* von oben, Umsturz *m* von oben
autógrafo [au̯'toɣrafo] *m (firma)* Autogramm *nt*
autoinmune [au̯toi'ɱune] *adj* autoimmun; **sistema ~** Autoimmunsystem *nt*
autojustificación [au̯toxustifika'θjon] *f* Rechtfertigung *f* vor sich selbst
autolavado [au̯tola'βaðo] *m* Selbstreinigung *f;* **túnel de ~** (AUTO) Waschstraße *f*
automación [au̯toma'θjon] *f* Automatisierung *f,* Automation *f*
autómata [au̯'tomata] *m* ❶ *(aparato)* Automat *m* ❷ *(robot)* Roboter *m* ❸ *(pey: persona)* Marionette *f*
automática [au̯to'matika] *f* Automatik *f*
automático[1] [au̯to'matiko] *m* Druckknopf *m*
automático, -a[2] [au̯to'matiko, -a] *adj* automatisch; **caja de cambios automática** (AUTO) Automatikgetriebe *nt;* **dispositivo ~** Automatik *f;* **fusil ~** Selbstladegewehr *nt;* **la puerta se cierra de modo ~** die Tür schnappt ins Schloss; *(en un metro)* die Tür schließt selbsttätig; **su despido fue ~ después** er/sie wurde fristlos entlassen
automatismo [au̯toma'tismo] *m* Automatismus *m*
automatizar [au̯tomati'θar] <z → c> *vt* automatisieren
automotor[1] [au̯tomo'tor] *m* (FERRO) Triebwagen *m*
automotor(a)[2] [au̯tomo'tor(a)] *adj* selbstangetrieben, mit Selbstantrieb
automóvil [au̯to'moβil] *m* Auto *nt;* **~ de carreras** Rennwagen *m;* **~ eléctrico** Elektroauto *nt;* **~ todo terreno** Geländefahrzeug *nt;* **Salón del A~** Automobilmesse *f*
automovilismo [au̯tomoβi'lismo] *m* (DEP) Rennsport *m*
automovilista [au̯tomoβi'lista] *mf* Autofahrer(in) *m(f)*
automovilístico, -a [au̯tomoβi'listiko, -a] *adj* Auto-; **la industria automovilística** die Automobilindustrie; **parque ~** Fuhrpark *m*
autonomía [au̯tono'mia] *f* ❶ (POL) Autonomie *f;* **~ colectiva** Tarifautonomie *f;* **~ municipal** kommunale Selbstverwaltung ❷ *(de una persona)* Unabhängigkeit *f;* **en esta empresa no tengo ~ para tomar decisiones** in dieser Firma kann ich keine eigenen Entscheidungen treffen ❸ *(territorio)* autonome Region *f*
autonómico, -a [au̯to'nomiko, -a] *adj* autonom(isch); **proceso ~** Autonomieprozess *m;* **política autonómica** Regi-

A

onalpolitik *f;* **elecciones autonómicas** Wahlen in den autonomen Regionen

autonomista [au̯tono'mista] *mf* Autonomist(in) *m(f),* Anhänger(in) *m(f)* der Autonomie

autónomo, -a [au̯'tonomo, -a] *adj* ① (POL) autonom; **la comunidad autónoma de Galicia** die autonome Region Galicien ② *(trabajador)* selb(st)ständig; **trabajar de ~** selb(st)ständig arbeiten; **¿cuánto pagas de ~s?** wie viel zahlst du für deine private Krankenversicherung?

autopiloto [au̯topi'loto] *m* (AERO) Autopilot *m*

autopista [au̯to'pista] *f* Autobahn *f;* **~ de datos** Datenautobahn *f;* **~ de la información** Dateninfobahn *f;* **~ de peaje** gebührenpflichtige Autobahn

autoprogramable [au̯toproɣra'maβle] *adj* selbstprogrammierbar

autopromoción [au̯topromo'θjon] *f* Werbung *f* in eigener Sache, Eigenwerbung *f*

autopropulsión [au̯topropul'sjon] *f* (TÉC) Eigenantrieb *m*

autoprotección [au̯toproteᵞ'θjon] *f* Selbstschutz *m*

autopsia [au̯'toβsja] *f* (MED) Autopsie *f*

autor(a) [au̯'tor(a)] *m(f)* ① (LIT) Autor(in) *m(f);* (MÚS) Komponist(in) *m(f);* **derechos de ~** Urheberrechte *ntpl;* **una novela de ~ desconocido** ein Roman eines unbekannten Verfassers ② *(de un acto)* Urheber(in) *m(f); (de una conspiración)* Anstifter(in) *m(f); (de un crimen)* Täter(in) *m(f);* **el ~ del atentado** der Attentäter ③ *(de un invento)* Erfinder(in) *m(f); (de un descubrimiento)* Entdecker(in) *m(f)*

autoría [au̯to'ria] *f* ① *(de un texto, acto)* Urheberschaft *f;* **admite la ~ del artículo** er/sie bekennt [*o* gibt zu], den Artikel geschrieben zu haben ② *(de un crimen)* Täterschaft *f*

autoridad [au̯tori'ðaᵈ] *f* ① *(poder)* Macht *f; (de alguien)* Autorität *f;* **~ del estado** Staatsgewalt *f;* **~ judicial** richterliche Gewalt; **~ de los padres** elterliche Autorität; **estar bajo la ~ de alguien** jdm unterstehen; **¡aquí soy yo la ~!** hier bestimme ich! ② *(institución estatal)* Behörde *f* ③ *(pl) (policía)* Polizei *f;* **desacato a la ~** Widerstand gegen die Staatsgewalt ④ *(experto)* Autorität *f*

autoritario, -a [au̯tori'tarjo, -a] *adj* autoritär

autoritarismo [au̯torita'rismo] *m sin pl* Autoritarismus *m*

autorización [au̯toriθa'θjon] *f* ① *(permiso)* Erlaubnis *f* (**para** zu +*dat*); **~ para vender alcohol** Schankkonzession *f* ② *(facultad)* Ermächtigung *f* (**para** zu +*dat*) ③ *(derecho)* Berechtigung *f* (**para** zu +*dat*) ④ *(de un documento)* Beglaubigung *f; (de una firma)* Bestätigung *f*

autorizado, -a [au̯tori'θaðo, -a] *adj* ① *(facultado)* befugt; **persona no autorizada** Unbefugte(r) *m;* **~ para firmar** zeichnungsberechtigt ② *(competente)* kompetent; **de fuentes autorizadas** aus sicherer Quelle ③ *(oficial)* offiziell

autorizar [au̯tori'θar] <z → c> *vt* ① *(consentir)* genehmigen; **mi jefe me ha autorizado para ausentarme** mein Chef hat mir freigegeben ② *(facultar)* ermächtigen (**a/para** zu +*dat*) ③ *(dar derecho)* berechtigen (**a/para** zu +*dat*); **que sea mi jefe no le autoriza para insultarme** auch wenn Sie mein Chef sind, haben Sie kein Recht, mich zu beschimpfen; **este hecho nos autoriza a pensar que...** diese Tatsache berechtigt uns zu der Annahme, dass ... ④ *(documentos)* beglaubigen

autorradio [au̯to'rraðjo] *m* Autoradio *nt*

autorrealización [au̯torrealiθa'θjon] *f* Selbstverwirklichung *f*

autorretrato [au̯torre'trato] *m* Selbstporträt *nt,* Selbstbildnis *nt*

autorzuelo [au̯tor'θwelo] *m (pey)* Schreiberling *m*

autoservicio [au̯toser'βiθjo] *m* Selbstbedienung *f*

autostop [au̯tos'top] *m* **hacer ~** trampen

autostopista [au̯tosto'pista] *mf* Anhalter(in) *m(f)*

autosuficiencia [au̯tosufi'θjen̩θja] *f* ① *(condición)* Selbstgenügsamkeit *f;* **~ económica** (ECON) wirtschaftliche Selbstversorgung ② *(presunción)* Selbstgefälligkeit *f*

autosuficiente [au̯tosufi'θjen̩te] *adj* ① *(condición)* selbstgenügsam ② *(presuncioso)* selbstgefällig

autotrén [au̯to'tren] *m* Auto(reise)zug *m*

autovía [au̯to'βia] *f (carretera)* Schnellstraße *f*

auxiliar[1] [au̯ᵞsi'ljar] *m* (LING) Hilfsverb *nt*

auxiliar[2] [au̯ᵞsi'ljar] **I.** *adj* Hilfs-; **profesor ~** (UNIV) Assistent *m; (en la escuela)* Aushilfslehrer *m* **II.** *mf* Assistent(in) *m(f);* **~ administrativo** Beamter im unteren Dienst; **~ de cátedra** *(en Alemania)* wissenschaftliche Hilfskraft; **~ de clínica** Krankenpfleger, Krankenschwester *m, f;* **~ técnico sanitario** medizinisch-technische(r) Assistent(in) *m(f);* **~ de vuelo** Flugbegleiter(in) *m(f)* **III.** *vt* ① *(dar auxilio)* helfen +*dat* ② (REL) versehen

auxilio [au̯ᵞ'siljo] *m* Hilfe *f;* **~s espirituales** (REL) Sterbesakramente *ntpl;* **prime-**

ros ~s erste Hilfe; **pedir ~** um Hilfe rufen; **pedir ~ a alguien** jdn zu Hilfe rufen

aval [a'βal] *m* (COM, JUR) Wechselbürgschaft *f;* **~ bancario** Bankbürgschaft *f*

avalancha [aβa'lanʧa] *f* Lawine *f*

avalar [aβa'lar] *vt* ❶ (COM) eine (Wechsel)bürgschaft leisten (für *+akk*); **~ una deuda** eine Bürgschaft für eine Schuld leisten ❷ *(a alguien)* bürgen (**a** für *+akk*)

avaluar [aβalu'ar] <*1. pres* avalúo> *vt* bewerten

avalúo [aβa'luo] *m* Bewertung *f,* Wertbestimmung *f*

avance [a'βan̪θe] *m* ❶ *(movimiento)* Vorrücken *nt;* (MIL) Vormarsch *m;* **~ de los precios** Preissteigerung *f* ❷ *(anticipo)* Vorschuss *m* ❸ *(progreso)* Fortschritt *m* ❹ *(avanzo)* Bilanz *f* ❺ *(presupuesto)* (Kosten)voranschlag *m* ❻ (CINE, TV) Vorschau *f* (**de** auf *+akk*); **~ informativo** Nachrichtenüberblick *m*

avanzado, -a [aβan̪'θaðo, -a] *adj* ❶ *(estado, nivel, edad)* fortgeschritten ❷ *(método)* fortschrittlich ❸ *(modelo)* weiterentwickelt

avanzar [aβan̪'θar] <z → c> **I.** *vi* ❶ *(seguir adelante)* weitergehen; (MIL) vorrücken; *(lava)* sich vorwärtsbewegen; **~ por una calle** eine Straße entlanggehen; **~ hacia alguien** auf jdn zugehen; **a medida que el tiempo avanzaba** mit der Zeit ❷ *(progresar)* vorankommen; **no ~ nada** keine Fortschritte machen; **esta tendencia está avanzando** dieser Trend ist auf dem Vormarsch **II.** *vt* ❶ *(mover hacia adelante)* vorrücken; **~ un pie** einen Fuß vorsetzen ❷ *(sueldo)* vorschießen ❸ *(propuesta)* vorbringen

avanzo [a'βan̪θo] *m* (ECON) ❶ *(balance)* Bilanz *f* ❷ *(presupuesto)* (Kosten)voranschlag *m*

avaricia [aβa'riθja] *f* ❶ *(codicia)* Habgier *f* ❷ *(tacañería)* Geiz *m*

avaricioso, -a [aβari'θjoso, -a] *adj,* **avariento, -a** [aβa'rjen̪to, -a] *adj* ❶ *(codicioso)* habgierig ❷ *(tacaño)* geizig

avaro, -a [a'βaro, -a] **I.** *adj* geizig; **ser muy ~ de algo** mit etw *dat* geizen **II.** *m, f* Geizhals *m*

avasallador(a) [aβasaʎa'ðor(a)] *adj* überwältigend

avasallamiento [aβasaʎa'mjen̪to] *m* Unterwerfung *f*

avasallar [aβasa'ʎar] **I.** *vt* ❶ *(subyugar)* unterwerfen ❷ *(atropellar)* überrollen **II.** *vr:* **~se** sich unterwerfen

avatares [aβa'tares] *mpl* **los ~es de la vida** die Wechselfälle des Lebens; **los ~es de la suerte** die Launenhaftigkeit des Glücks

Avda. [aβe'niða] *f abr de* **avenida** Allee *f*

ave ['aβe] *f* Vogel *m;* **~s de corral** Geflügel *nt;* **~ de paso** Zugvogel *m*

AVE ['aβe] *m abr de* **Alta Velocidad Española** ≈ ICE *m*

avecinarse [aβeθi'narse] *vr* bevorstehen; *(tormenta)* aufziehen

avecindar [aβeθin̪'dar] **I.** *vt* ansiedeln **II.** *vr:* **~se** sich niederlassen, sich ansiedeln

avefría [aβe'fria] *f* (ZOOL) Kiebitz *m*

avellana [aβe'ʎana] *f* Haselnuss *f*

avellanado[1] [aβeʎa'naðo] *m* (TÉC) (Ver)senkung *f*

avellanado, -a[2] [aβeʎa'naðo, -a] *adj* haselnussfarben

avellano [aβe'ʎano] *m* Hasel(nuss)strauch *m*

avemaría [aβema'ria] *f* ❶ *(oración)* Ave-Maria *nt* ❷ *(loc)* **al ~** bei Einbruch der Nacht; **en un ~** im Handumdrehen; **saberse algo como el ~** etw wie am Schnürchen können

avena [a'βena] *f* Hafer *m*

avenado, -a [aβe'naðo, -a] *adj* verrückt, wahnsinnig

avenencia [aβe'nen̪θja] *f* ❶ *(acuerdo)* Übereinkunft *f* ❷ *(armonía)* Eintracht *f;* **en buena ~** in Eintracht ❸ (JUR) Vergleich *m*

avenida [aβe'niða] *f* ❶ *(de un río)* Hochwasser *nt* ❷ *(calle)* Allee *f* ❸ *(de gente o cosas)* Zustrom *m*

avenido, -a [aβe'niðo, -a] *adj* **dos personas bien avenidas** zwei gut befreundete Menschen; **una pareja mal avenida** ein unglückliches Paar

avenir [aβe'nir] *irr como venir* **I.** *vt* versöhnen **II.** *vr:* **~se** ❶ *(entenderse)* sich verstehen ❷ *(ponerse de acuerdo)* sich einigen (**en** über *+akk*) ❸ *(conformarse)* einverstanden sein; **no ~se a...** nicht damit einverstanden sein, zu … ❹ *(armonizar)* miteinander in Einklang stehen ❺ *(prestarse a)* sich bereit erklären; **~se a dialogar** sich zu Gesprächen bereit erklären

aventajado, -a [aβen̪ta'xaðo, -a] *adj* *(alumno)* hervorragend; **de estatura aventajada** hochgewachsen

aventajar [aβen̪ta'xar] *vt* ❶ *(ser mejor)* übertreffen (**en** an *+dat*) ❷ *(en una carrera)* überholen; **~ a todos** alle hinter sich *dat* lassen ❸ *(anteponer)* bevorzugen

aventar [aβen̪'tar] <e → ie> **I.** *vt* ❶ *(echar aire a algo)* belüften ❷ *(dispersar el viento)* fortwehen ❸ *(el grano)* worfeln **II.** *vr:* **~se** ❶ *(fam: pirárselas)* abhauen ❷ *(las velas)* sich blähen

A

aventura [aβeṇ'tura] *f* ① *(extraordinaria)* Abenteuer *nt;* **espíritu de ~** Abenteuerlust *f* ② *(arriesgada)* Wagnis *nt* ③ *(amorosa)* (Liebes)affäre *f*

aventurado, -a [aβeṇtu'raðo, -a] *adj* gewagt

aventurar [aβeṇtu'rar] **I.** *vt* ① *(arriesgar)* riskieren ② *(algo atrevido)* wagen **II.** *vr:* **~se** sich wagen; **perdieron dinero al ~se en el mundo editorial** sie verloren Geld bei dem Versuch, ins Verlagswesen einzusteigen

aventurero, -a [aβeṇtu'rero, -a] **I.** *adj* abenteuerlich; *(fig)* gewagt; **espíritu ~** Abenteuerlust *f* **II.** *m, f* Abenteurer(in) *m(f)*

avergonzado, -a [aβerɣoṇ'θaðo, -a] *adj* *(sonrisa)* verschämt; **sentirse ~** sich schämen

avergonzar [aβerɣoṇ'θar] *irr* **I.** *vt* beschämen **II.** *vr:* **~se** sich schämen (**de/por** wegen *+gen/dat*)

avería [aβe'ria] *f* ① (AUTO) Panne *f* ② *(de una mercadería)* Schaden *m* ③ (TÉC) Störung *f* ④ (NÁUT) Havarie *f;* **~ gruesa/simple** schwere/leichte Havarie

averiar [aβeri'ar] <*1. pres* averío> **I.** *vt* beschädigen **II.** *vr:* **~se** ① (AUTO) eine Panne haben ② (TÉC) gestört sein ③ (NÁUT) havarieren

averiguación [aβeriɣwa'θjon] *f* ① *(haciendo pesquisas)* Ermittlung *f* ② *(discurriendo)* Erforschung *f* ③ *(al dar con)* Ausfindigmachen *nt*

averiguar [aβeri'ɣwar] <gu → gü> *vt* ① *(inquiriendo)* ermitteln ② *(discurriendo)* erforschen ③ *(dar con)* ausfindig machen; **averigua a qué hora sale el tren** sieh nach, um wie viel Uhr der Zug abfährt

averigüetas [aβeri'ɣwetas] *m inv (Méx)* Schnüffler(in) *m(f)*

averno [a'βerno] *m* Hölle *f*

aversión [aβer'sjon] *f* Abneigung *f* (**a** gegen *+akk*)

avestruz [aβes'truθ] *m* Strauß *m*

avezado, -a [aβe'θaðo, -a] *adj* erfahren; **~ en los negocios** geschäftstüchtig; **~ en política** in der Politik versiert

avezar [aβe'θar] <z → c> **I.** *vt* gewöhnen (**a** an *+akk*); **~ a los niños** den Kindern gute Manieren angewöhnen **II.** *vr:* **~se** sich gewöhnen (**a** an *+akk*)

aviación [aβja'θjon] *f* ① (AERO) Luftfahrt *f;* **compañía de ~** Fluggesellschaft *f* ② (MIL) Luftwaffe *f*

aviador(a) [aβja'ðor(a)] *m(f)* (AERO, MIL) Flieger(in) *m(f)*

aviar [aβi'ar] <*1. pres* avío> **I.** *vt* ① *(habitación)* herrichten; *(maleta)* packen; *(comida)* zubereiten; *(mesa)* decken ② *(dar)* versehen (**de** mit *+dat*) ③ *(apresurar)* sich beeilen; **diles que vayan aviando** sag ihnen, sie sollen sich beeilen ④ *(AmS: prestar)* (aus)leihen ⑤ *(loc)* **estar aviado** *(en un apuro)* in der Klemme sitzen **II.** *vr:* **~se** ① *(arreglarse)* sich zurechtmachen ② *(espabilarse)* auskommen

avícola [a'βikola] *adj* Geflügel-

avicultor(a) [aβikuḷ'tor(a)] *m(f)* Geflügelzüchter(in) *m(f)*

avicultura [aβikuḷ'tura] *f* Geflügelzucht *f*

avidez [aβi'ðeθ] *f* ① *(ansia)* Gier *f* (**de** nach *+dat*) ② *(codicia)* Habgier *f*

ávido, -a ['aβiðo, -a] *adj* ① *(ansioso)* gierig (**de** nach *+dat*) ② *(codicioso)* habgierig

avieso, -a [a'βjeso, -a] *adj* ① *(objeto)* krumm, schief ② *(persona)* boshaft, gehässig

avilantarse [aβilaṇ'tarse] *vr* frech [*o* unverschämt] werden

avilantez [aβilaṇ'teθ] *f* Unverschämtheit *f,* Frechheit *f*

avilés, -esa [aβi'les, -esa] **I.** *adj* aus Ávila **II.** *m, f* Einwohner(in) *m(f)* von Ávila

avinagrado, -a [aβina'ɣraðo, -a] *adj* missmutig

avinagrarse [aβina'ɣrarse] *vr* ① *(vino)* sauer werden ② *(persona)* missmutig werden

avío [a'βio] *m* ① *(apresto)* Vorbereitung *f;* *(de una habitación)* Herrichten *nt* ② *(provisión)* Proviant *m* ③ *(AmS: de dinero)* Darlehen *nt;* *(de utensilios)* Ausleihen *nt* ④ *pl (utensilios)* **~s de coser** Nähzeug *nt;* **~s de escribir** Schreibwaren *fpl* ⑤ *(loc)* **¡al ~!** an die Arbeit!

aviofobia [aβjo'foβja] *f* Flugangst *f*

avión [aβi'on] *m* ① (AERO) Flugzeug *nt;* **~ de línea** Verkehrsflugzeug *nt;* **por ~** *(correos)* per Luftpost; **ir en ~ a Mallorca** nach Mallorca fliegen ② (ZOOL) Mauersegler *m*

avioneta [aβjo'neta] *f* Sportflugzeug *nt*

avisado, -a [aβi'saðo, -a] *adj* ① *(prudente)* umsichtig ② *(sagaz)* schlau; **mal ~** unklug

avisador[1] [aβisa'ðor] *m* **~ de movimientos** Bewegungsmelder *m*

avisador(a)[2] [aβisa'ðor(a)] **I.** *adj* avisierend **II.** *m(f)* Bote, -in *m, f;* **trabajar de ~** Botengänge machen

avisar [aβi'sar] *vt* ① *(dar noticia)* benachrichtigen; **avísame cuando estés de vuelta** sag mir Bescheid, wenn du wieder da bist; **avisó que venía a cenar** er/sie kündigte sich zum Abendessen an; **llegar sin ~** unangemeldet kommen ② *(advertir)* aufmerksam machen (**de** auf *+akk*) ③ *(poner sobre aviso)* warnen ④ *(llamar)* rufen

aviso [a'βiso] *m* ❶ *(notificación)* Benachrichtigung *f; (en una cartelera)* Anschlag *m; (por el altavoz)* Durchsage *f;* ~ **legal** *(en páginas web)* Impressum *nt;* ~ **de llegada** (COM) Empfangsbestätigung *f;* ~ **de salida** (FERRO) Abfahrtssignal *nt;* ~ **de siniestro** Schadensmeldung *f;* **hasta nuevo** ~ bis auf Widerruf; **sin previo** ~ unangemeldet ❷ *(advertencia)* Warnung *f;* ~ **de bomba** Bombendrohung *f;* **estar sobre** ~ auf der Hut sein; **poner sobre** ~ warnen; **servir a alguien de** ~ jdm eine Lehre sein ❸ *(consejo)* Rat *m* ❹ *(prudencia)* Umsicht *f* ❺ *(Am: en el periódico)* Anzeige *f; (en otros medios)* Werbung *f*

avispa [a'βispa] *f* Wespe *f*

avispado, -a [aβis'paðo, -a] *adj* aufgeweckt

avispar [aβis'par] **I.** *vt* ❶ *(caballo)* antreiben ❷ *(persona)* munter machen, aufrütteln **II.** *vr:* ~**se** ❶ *(hacerse avispado)* munter werden ❷ *(Méx: asustarse)* sich erschrecken (**de/por** bei/vor +*dat*)

avispero [aβis'pero] *m* ❶ *(nido)* Wespennest *nt;* **meterse en un** ~ *(fig)* in ein Wespennest stechen ❷ *(avispas)* Wespenschwarm *m*

avispón [aβis'pon] *m* Hornisse *f*

avistar [aβis'tar] *vt* sichten

avituallamiento [aβitwaʎa'mjen̪to] *m* Versorgung *f;* **zona de** ~ (DEP) Versorgungsstation *f*

avituallar [aβitwa'ʎar] *vt* versorgen

avivar [aβi'βar] *vt (dar viveza)* beleben; *(fuego, pasión)* schüren; *(color)* aufhellen; *(luz)* verstärken; *(sentidos)* schärfen; ~ **el paso** den Schritt beschleunigen

avizor [aβi'θor] *adj* **estar ojo** ~ auf der Hut sein

avutarda [aβu'tarða] *f* (ZOOL) Trappe *f*

axial [aɣ'sjal] *adj* Achsen-, axial

axila [aɣ'sila] *f* ❶ (ANAT) Achsel(höhle) *f* ❷ (BOT) Achsel *f*

axilar [aɣsi'lar] *adj* (ANAT, BOT) axillar

axioma [aɣ'sjoma] *m* Axiom *nt*

ay [ai̯] *interj* ❶ *(de dolor)* autsch ❷ *(de pena)* ach ❸ *(de miedo)* oh, mein Gott ❹ *(de sorpresa)* oh; **¡~, qué divertido!** ach, wie lustig! ❺ *(de amenaza)* wehe; **¡~, si vienes tarde!** wehe dir, wenn du zu spät kommst!; **¡~ del que...!** +*subj* wehe dem, der …!

ayatollah [aɟato'la] *m* Ajatollah *m*

ayer [a'ɟer] *adv* gestern; ~ (**por la**) **noche** gestern Abend; ~ **hace una semana** gestern vor einer Woche; **de** ~ **acá** in kurzer Zeit; **¡parece que fue ~!** mir ist, als ob es erst gestern gewesen wäre!; **no he nacido** ~ ich bin nicht von gestern

ayo, -a ['aɟo, -a] *m, f* ❶ *(que cuida de la educación)* Erzieher(in) *m(f); (que da clases)* Hauslehrer(in) *m(f)* ❷ *(niñera)* Kindermädchen *nt*

ayote [a'ɟote] *m (AmC, Méx),* **ayotli** [a'ɟoᵈli] *m (AmC)* Kürbis *m*

ayto. [aɟun̪ta'mjen̪to] *m abr de* **ayuntamiento** Rathaus *nt*

ayuda[1] [a'ɟuða] *f* ❶ *(auxilio)* Hilfe *f;* **perro de** ~ Wachhund *m;* **con** ~ **de su amigo** mit (der) Hilfe seines/ihres Freundes; **eso no me sirve de ninguna** ~ das nützt mir nichts ❷ *(lavativa)* Einlauf *m*

ayuda[2] [a'ɟuða] *m* Gehilfe *m*

ayudado, -a [aɟu'ðaðo, -a] *m, f (Col: brujo)* Zauberer, -in *m, f,* Hexenmeister(in) *m(f); (de tribu)* Medizinmann, Medizinfrau *m, f*

ayudante [aɟu'ðan̪te] *mf* ❶ *(que ayuda)* Helfer(in) *m(f)* ❷ *(cargo)* Assistent(in) *m(f); (en una escuela)* Hilfslehrer(in) *m(f)*

ayudantía [aɟuðan̪'tia] *f* Assistentenstelle *f*

ayudar [aɟu'ðar] **I.** *vt* ❶ *(socorrer)* helfen +*dat;* ~ **a alguien en el trabajo** jdm bei der Arbeit helfen; ~ **a alguien a levantarse** jdm aufhelfen; ~ **a alguien a salir del coche** jdm aus dem Auto helfen; ~ **a pasar la calle** über die Straße helfen; ~ **a misa** ministrieren; **¡Dios me ayude!** so wahr mir Gott helfe!; **¿le puedo ~ en algo?** kann ich Ihnen behilflich sein?; ~ **a conseguir un trabajo** zu einer Stellung verhelfen ❷ *(temporalmente)* aushelfen +*dat* ❸ *(contribuir)* beitragen (**a** zu +*dat*) **II.** *vr:* ~**se** ❶ *(mutuamente)* einander helfen ❷ *(valerse de)* sich bedienen

ayunar [aɟu'nar] *vi* fasten

ayunas [a'ɟunas] *adv* **en** ~ nüchtern; **siempre está en** ~ *(fig)* er/sie kapiert nie etwas

ayuno[1] [a'ɟuno] *m* Fasten *nt*

ayuno, -a[2] [a'ɟuno, -a] *adj* nüchtern; **estar ~ de experiencia** keine Erfahrung haben; **estoy ~ de lo que aquí se dice** ich habe keine Ahnung, worum es hier geht

ayuntamiento [aɟun̪ta'mjen̪to] *m* ❶ *(corporación)* Gemeinderat *m; (de una ciudad)* Stadtrat *m* ❷ *(edificio)* Rathaus *nt*

ayurveda [aɟur'βeða] *m* Ayurveda *m*

ayuyunes [aɟu'ɟunes] *mpl (Chil)* Liebkosung *f*

azabache [aθa'βaʧe] *m* Jet(t) *m o nt;* **ojos de** ~ pechschwarze Augen

azada [a'θaða] *f* Hacke *f*

azadón [aθa'ðon] *m* (große) Hacke *f*

azadonada [aθaðo'naða] *f,* **azadonazo** [aθaðo'naθo] *m* Schlag *m* mit der Hacke

azafata [aθa'fata] *f* ① (AERO) Stewardess *f;* **~ de congresos** (Messe)hostess *f* ② *(Chil: bandeja)* Tablett *nt*
azafato [aθa'fato] *m (fam)* Steward *m*
azafrán [aθa'fran] *m* ① *(condimento)* Safran *m* ② *(color)* Safrangelb *nt*
azahar [a'θar/aθa'ar] *m* Orangenblüte *f*
azalea [aθa'lea] *f* Azalee *f*
azar [a'θar] *m* ① *(casualidad)* Zufall *m;* **juegos de ~** Glücksspiele *ntpl;* **al ~** aufs Geratewohl; **por ~** zufällig ② *(imprevisto)* Missgeschick *nt;* **los ~es de la vida** die Wechselfälle des Lebens
azaramiento [aθara'mjen̩to] *m* Scham *f*
azaroso, -a [aθa'roso, -a] *adj (proyecto)* gefährlich; **un viaje ~** eine strapazenreiche Reise; **una vida azarosa** ein Leben mit vielen Höhen und Tiefen
Azerbaiján [aθerβai̯'xan] *m* Aserbaidschan *nt,* Aserbeidschan *nt*
Azerbaiyán [aθerβa'ɟan] *m* Aserbaidschan *nt*
azófar [a'θofar] *m (latón)* Messing *nt*
azogado, -a [aθo'ɣaðo, -a] *adj* unruhig, zappelig
azogue [a'θoɣe] *m* (QUÍM) Quecksilber *nt;* **tener ~ en el cuerpo** *(fig)* keine Minute ruhig sitzen können; **ser uno como el ~** ein unruhiger Geist sein; **temblar como ~** zittern wie Espenlaub
azor [a'θor] *m* Hühnerhabicht *m*
azoramiento [aθora'mjen̩to] *m* ① *(nerviosismo)* Aufregung *f; (ante un acto público)* Lampenfieber *nt* ② *(turbación)* Verwirrung *f*
azorar [aθo'rar] **I.** *vt* ① *(poner nervioso)* in Aufregung versetzen, beunruhigen ② *(turbar)* verwirren **II.** *vr:* **~se** ① *(alterarse)* sich aufregen, unruhig werden; *(ante un acto público)* Lampenfieber bekommen ② *(turbarse)* in Verwirrung geraten
Azores [a'θores] *fpl* Azoren *pl*
azoro [a'θoro] *m* ① *(AmC: fantasma)* Kobold *m* ② *(AmC: aparición)* Gespenst *nt,* Geist *m* ③ *(Méx, Perú, PRico) v.* **azoramiento**
azotaina [aθo'tai̯na] *f* Tracht *f* Prügel; **dar una ~** übers Knie legen
azotamiento [aθota'mjen̩to] *m* ① *(paliza)* Tracht *f* Prügel ② *(de un prisionero)* Auspeitschen *nt*
azotar [aθo'tar] *vt* ① *(con un látigo)* auspeitschen; *(con nudos)* geißeln; *(con la mano)* verprügeln; **el viento me azota (en) la cara** der Wind peitscht mir ins Gesicht ② *(producir daños)* verwüsten; **una epidemia azota la región** eine Seuche wütet in der Region
azote [a'θote] *m* ① *(látigo)* Peitsche *f; (con nudos)* Geißel *f* ② *(golpe)* Peitschenhieb *m; (golpe en las nalgas)* Klaps *m* auf den Po ③ *(plaga)* Geißel *f*
azotea [aθo'tea] *f* Dachterrasse *f;* **estar mal de la ~** *(fam)* einen Dachschaden haben
azteca [aθ'teka] **I.** *adj* aztekisch **II.** *mf* Azteke, -in *m, f*
azúcar [a'θukar] *m* Zucker *m;* **~ de cortadillo** Kandiszucker *m;* **~ en polvo** Puderzucker *m;* **tener el ~ muy alto** (MED) einen sehr hohen Blutzuckerspiegel haben
azucarar [aθuka'rar] **I.** *vt* zuckern **II.** *vr:* **~se** *(cristalizarse)* kristallisieren
azucarera [aθuka'rera] *f* ① *(recipiente)* Zuckerdose *f* ② *(fábrica)* Zuckerfabrik *f*
azucarero [aθuka'rero] *m (recipiente)* Zuckerdose *f*
azucarillo [aθuka'riʎo] *m* ① *(golosina)* Schaumzuckerstange *f* ② *(terrón)* Würfelzucker *m*
azucena [aθu'θena] *f* Lilie *f*
azufre [a'θufre] *m* Schwefel *m*
azul [a'θul] *adj* blau; **~ marino** Dunkelblau *nt;* **~ celeste** himmelblau; **~ verdoso** blaugrün; **~ cian** Cyan *nt*
azulado, -a [aθu'laðo, -a] *adj* bläulich
azulejar [aθule'xar] *vt* kacheln
azulejo [aθu'lexo] *m* ① *(para pared)* Kachel *f; (para suelos)* Fliese *f* ② *(carraca)* Blauracke *f* ③ *(aciano)* Kornblume *f*
azulete [aθu'lete] *m* Waschblau *nt*
azulgrana [aθul'ɣrana] *adj* blau-rot; **el equipo ~** (DEP) der F.C. Barcelona
azuzar [aθu'θar] <z → c> *vt* aufhetzen

Bb

B, b [be] *f* B, b *nt;* ~ **de Barcelona** B wie Berta

baba ['baβa] *f* ❶ *(de la boca)* Geifer *m* ❷ *(del caracol)* Schleim *m*

babasfrías [baβas'frias] *m inv (Col: fam)* Trottel *m*

babastibias [baβas'tiβjas] *m inv (Ecua)* einfacher, lieber Mann *m*

babear [baβe'ar] *vi* geifern

babel [ba'βel] *m o f* ❶ *(desorden)* Durcheinander *nt* ❷ *(sitio)* Tollhaus *nt*

babélico, -a [ba'βeliko, -a] *adj (fig: confuso)* wirr

babero [ba'βero] *m* Lätzchen *nt*

Babia ['baβja] *f* **estar en** ~ geistesabwesend sein

babieca [ba'βjeka] **I.** *adj* schwachsinnig **II.** *mf* Dummkopf *m*

babilla [ba'βiʎa] *f* ❶ *(babada de vaca)* Kugel *f; (de ternera)* Nussstück *nt* ❷ *(mucosidad)* Schleim *m*

bable ['baβle] *m asturischer Dialekt*

babor [ba'βor] *m* (NÁUT) Backbord *nt;* **a** ~ backbord(s)

babosa [ba'βosa] *f* ❶ (ZOOL) Nacktschnecke *f* ❷ *(Am: tontería)* Blödsinn *m*

babosear [baβose'ar] **I.** *vt* begeifern **II.** *vi (fam)* faseln

baboso, -a [ba'βoso, -a] **I.** *adj* ❶ *(lleno de baba)* voller Sabber ❷ *(zalamero)* schleimig ❸ *(Am: tonto)* dämlich **II.** *m, f* ❶ *(joven)* Grünschnabel *m* ❷ *(zalamero)* Schleimer(in) *m(f)*

babucha [ba'βuʧa] *f* Pantoffel *m*

babuino [ba'βwino] *m* (ZOOL) Babuin *m*

baby ['bei̯βi] *mf* Säugling *m,* Baby *nt*

baby-sitter [bei̯βi-'siter] *mf* Babysitter(in) *m(f)*

baca ['baka] *f* ❶ *(portaequipajes)* (Dach)gepäckträger *m* ❷ *(cubierta)* (Wagen)plane *f* ❸ *(fruto)* Beere *f* (des Lorbeerbaums)

bacalao [baka'lao] *m* ❶ *(pez, pescado)* Kabeljau *m; (salado)* Stockfisch *m;* **cortar el** ~ *(fig)* den Ton angeben ❷ (MÚS: *argot)* Techno *m*

bacán [ba'kan] *m* ❶ *(Arg, Urug, Col: rico)* reicher Mann *m* ❷ *(Cuba:* GASTR) Pastete *f* ❸ *(Col, Cuba: mantenido) Mann, der sich von der Ehefrau unterhalten lässt* ❹ *(Urug: chulo)* Zuhälter *m*

bacanal [baka'nal] *f* (Trink)gelage *nt; (orgía)* Orgie *f*

bachata [ba'ʧata] *f (Am)* Party *f*

bachatear [baʧate'ar] *vi (Am)* eine Zechtour machen

bache ['baʧe] *m* ❶ *(en la calle)* Schlagloch *nt* ❷ (AERO) Luftloch *nt* ❸ *(en la producción)* Rückgang *m; (para precios)* Senkung *f* ❹ *(psíquico)* Tief *nt*

bacheado, -a [baʧe'aðo, -a] *adj* holp(e)rig, voller Schlaglöcher

bachicha [ba'ʧiʧa] *mf (CSur, Perú: pey: italiano)* Italiener(in) *m(f)*

bachiller [baʧi'ʎer] *mf* Abiturient(in) *m(f);* **título de** ~ Abiturzeugnis *nt*

bachillerato [baʧiʎe'rato] *m* ≈ Abitur *nt,* Reifeprüfung *f*

bacía [ba'θia] *f* ❶ *(recipiente)* Behälter *m* ❷ *(para animales)* (Fress)napf *m*

bacilo [ba'θilo] *m* Bazillus *m*

backgammon [bak'gamoŋ] *m* <-(e)s> *(juego de mesa)* Backgammon *nt*

backstage [bak^e s'tei̯ʧ] *m* Backstage *f*

bacon ['bei̯kon] *m v.* **beicon**

bacteria [bak'terja] *f* Bakterie *f*

bactericida [bakteri'θiða] **I.** *adj* keimtötend **II.** *m* keimtötendes Mittel *nt*

bacteriología [bakterjolo'xia] *f* (BIOL) Bakteriologie *f*

bacteriológico, -a [bakterjo'loxiko, -a] *adj* bakteriologisch

bacteriólogo, -a [bakte'rjoloɣo, -a] *m, f* Bakteriologe, -in *m, f*

badajo [ba'ðaxo] *m* ❶ *(de campana)* Klöppel *m* ❷ *(fam: persona)* Schwätzer(in) *m(f)*

badajocense [baðaxo'θense] **I.** *adj* aus Badajoz **II.** *mf* Einwohner(in) *m(f)* von Badajoz

badana [ba'ðana] *f* gegerbtes Schafleder *nt;* **zurrar la** ~ **a alguien** *(fam)* jdn verprügeln

Baden-Wurtemberg ['baðem 'burtemberˠ] *m* Baden-Württemberg *nt*

badil [ba'ðil] *m* Feuerschaufel *f*

bádminton ['baðminton] *m* (DEP) Badminton *nt*

bafle ['bafle] *m* Lautsprecher *m*

bag(u)el [ba'ɣel] *m* <-(e)s> Bagel *m*

bagaje [ba'ɣaxe] *m* (MIL) Marschgepäck *nt;* ~ **intelectual** *(fig)* Wissen *nt*

bagamán [baɣa'man] *m (Col, RDom)* Vagabund *m,* Landstreicher *m*

bagatela [baɣa'tela] *f* Kleinigkeit *f*

bagayo [ba'ɣaʝo] *m* ❶ *(Arg: fam: equipaje)* Gepäck *nt; (carga)* Last *f* ❷ *(Arg: fam: objetos robados)* heiße Ware *f*

bagre ['baɣre] **I.** *adj* ❶ *(Bol, Col: cursi)* kit-

B

schig ❷ *(Guat, Hond, ElSal: inteligente)* klug, aufgeweckt **II.** *m* ❶ *(Am:* ZOOL) Wels *m* ❷ *(And: antipático)* unbeliebter Mensch *m* ❸ *(And: mujer fea)* Vogelscheuche *f* ❹ *(CRi: prostituta)* Hure *f*

bah [ba] *interj* ❶ *(incredulidad)* ach was! ❷ *(desprecio)* bah! ❸ *(conformidad)* na gut!

Bahamas [ba'amas] *fpl* **Las (islas) ~** die Bahamas, die Bahamainseln

bahía [ba'ia] *f* (Meeres)bucht *f*

bailador(a) [baịla'ðor(a)] **I.** *adj* tanzlustig **II.** *m(f)* Tänzer(in) *m(f)*

bailaor(a) [baịla'or(a)] *m(f)* Flamencotänzer(in) *m(f)*

bailar [baị'lar] **I.** *vi* ❶ *(danzar)* tanzen; **le tocó ~ con la más fea** *(fig)* er zog den Kürzeren ❷ *(caballo)* tänzeln ❸ *(objetos)* wackeln; *(peonza)* sich drehen; (TÉC) Spiel haben; **hacer ~ una peonza** einen Kreisel drehen **II.** *vt* tanzen

bailarín, -ina [baịla'rin, -ina] **I.** *adj* Tanz- **II.** *m, f* Tänzer(in) *m(f); (de ballet)* Balletttänzer(in) *m(f)*

bailarina [baịla'rina] *f (zapato muy plano)* Ballerina *m*

baile ['baịle] *m* ❶ *(acto)* Tanzen *nt* ❷ *(danza)* Tanz *m* ❸ *(fiesta)* Tanzfest *nt; (de etiqueta)* Ball *m;* **~ de graduación** (Schul)abschlussball *m* ❹ (MED) **tener el ~ de San Vito** zappelig sein

bailongo [baị'loŋgo] *m (argot)* Tanzparty *f*

bailotear [baịlote'ar] *vi* ❶ *(argot: bailar)* schwofen ❷ *(brincar)* herumhüpfen

baja ['baxa] *f* ❶ *(disminución)* Rückgang *m; (de precio)* Senkung *f; (de valor, de temperatura)* Sinken *nt* ❷ *(cese de trabajo: temporal)* Beurlaubung *f; (definitivo)* Entlassung *f;* **~ por maternidad** Erziehungsurlaub *m,* Mutterschaftsurlaub *m;* **darse de ~** *(temporalmente)* sich beurlauben lassen; *(por enfermedad)* sich krankmelden; *(definitivamente)* kündigen; **estar de ~ (por enfermedad)** krankgeschrieben sein ❸ *(en una asociación)* Abmeldung *f;* **dar de ~** aus einer Liste streichen ❹ *(documento)* Kündigungsschreiben *nt; (del médico)* Krankschreibung *f* ❺ (MIL) Verlust *m* ❻ (FIN) Baisse *f*

bajada [ba'xaða] *f* ❶ *(descenso)* Abstieg *m;* **~ de tipos** (ECON) Zinssenkung *f;* **~ de bandera** Grundpreis im Taxi ❷ *(camino)* (hinunterführender) Weg *m* ❸ *(pendiente)* Gefälle *nt*

bajamar [baxa'mar] *f* Ebbe *f*

bajar [ba'xar] **I.** *vi* ❶ *(ir hacia abajo)* hinuntergehen; *(venir hacia abajo)* herunterkommen; **~ en ascensor** im Aufzug hinunterfahren ❷ *(desmontar)* (ab)steigen (**de** von +*dat*); *(del coche)* (aus)steigen (**de** aus +*dat*) ❸ *(las aguas)* abfließen ❹ *(disminuir)* abnehmen; *(temperatura)* sinken; *(hinchazón)* abschwellen; **ha bajado la luz** der Strompreis ist gefallen ❺ *(adelgazar)* abnehmen **II.** *vt* ❶ *(trasportar)* herunterbringen; *(coger)* herunterholen; **~ las persianas** die Rollläden herunterlassen ❷ *(escaleras)* heruntergehen ❸ *(precios)* senken ❹ *(voz)* senken; *(radio)* leise(r) stellen ❺ *(ojos)* niederschlagen **III.** *vr:* **~se** ❶ *(desmontarse)* (ab)steigen (**de** von +*dat*); *(del coche)* (aus)steigen (**de** aus +*dat*) ❷ *(inclinarse)* sich bücken

bajel [ba'xel] *m (elev)* Schiff *nt*

bajeza [ba'xeθa] *f* ❶ *(humildad)* Niedrigkeit *f* ❷ *(carácter)* Niedertracht *f* ❸ *(acción humillante)* Erniedrigung *f; (acción vil)* Gemeinheit *f*

bajinis [ba'xinis] **por lo ~** *(fam: a escondidas)* heimlich, im Geheimen; *(en voz baja)* im Flüsterton; **me lo dijo por lo ~** er/sie hat es mir (heimlich) zugeflüstert

bajista [ba'xista] **I.** *adj* (FIN) Baisse-; **tendencia ~** Abwärtstrend *m* **II.** *mf* ❶ (MÚS) Bassist(in) *m(f)* ❷ (FIN) Baissier *m*

bajo[1] ['baxo] **I.** *m* ❶ *(instrumento)* Bass *m* ❷ *(persona)* Bassist *m* ❸ *pl (piso)* Erdgeschoss *nt* ❹ *pl (banco de arena)* Sandbank *f* ❺ *pl (parte inferior)* unterer Teil *m; (de una prenda)* Saum *m* **II.** *adv* ❶ *(posición)* niedrig ❷ *(voz)* leise **III.** *prep* ❶ *(colocar debajo)* unter +*akk* ❷ *(por debajo de)* unter +*dat;* **~ llave** unter Verschluss; **~ la lluvia** im Regen; **~ fianza** gegen Kaution; **~ la condición de que** +*subj* unter der Bedingung, dass …

bajo, -a[2] ['baxo, -a] <más bajo *o* inferior, bajísimo> *adj* ❶ *estar (en lugar inferior)* tief (liegend) ❷ *ser (de temperatura)* niedrig; *(de estatura)* klein(gewachsen); **baja tensión** (ELEC) Niederspannung *f;* **con la cabeza baja/los ojos ~s** mit hängendem Kopf/gesenktem Blick; **tener la moral baja** niedergeschlagen sein ❸ *(voz)* leise; (MÚS) tief ❹ *(color)* matt ❺ *(metal)* unedel ❻ *(comportamiento)* niederträchtig ❼ *(clase social)* untere ❽ *(calidad)* gering ❾ (GEO) **Baja Sajonia** Niedersachsen *nt* ❿ (GASTR) **~ en grasas** fettarm

bajón [ba'xon] *m* ❶ *(descenso)* (rapider) Rückgang *m; (de precios)* Preissturz *m;* (FIN) Kurssturz *m* ❷ *(de la salud)* Verschlechterung *f* ❸ (MÚS) Fagott *nt*

bajuno, -a [ba'xuno, -a] *adj* gemein, niederträchtig

bakalao [baka'lao] *m* (MÚS: *argot)* Techno *m*

bala ['bala] *f* ① *(proyectil)* (Gewehr)kugel *f;* **como una** ~ blitzschnell ② *(fardo)* Ballen *m*
balacear [balaθe'ar] *vt (Am)* schießen (auf +*akk*)
balada [ba'laða] *f* Ballade *f*
baladrar [bala'ðrar] *vi (chillar)* kreischen; *(gritar)* schreien
baladrero, -a [bala'ðrero, -a] *adj* laut, geräuschvoll
baladro [ba'laðro] *m* Schrei *m*
baladrón, -ona [bala'ðron, -ona] **I.** *adj* angeberisch, großtuerisch; **no conozco a nadie tan** ~ **como él** ich kenne niemanden, der so großspurig ist wie er **II.** *m, f* Angeber(in) *m(f),* Großsprecher(in) *m(f)*
baladronada [balaðro'naða] *f* Prahlerei *f*
balalaica [bala'laịka] *f* (MÚS) Balalaika *f*
balance [ba'lan̦θe] *m* ① *(vaivén)* Schwanken *nt; (en la danza)* Wiegen *nt;* (NÁUT) Schlingern *nt* ② (COM: *resultado*) Bilanz *f;* **hacer un** ~ eine Bilanz aufstellen ③ *(comparación)* Gegenüberstellung *f;* **hacer (el)** ~ Bilanz ziehen ④ *(vacilación)* Unentschlossenheit *f*
balancear [balan̦θe'ar] **I.** *vt* ① *(mecer)* schaukeln; *(acunar)* wiegen ② *(equilibrar)* ins Gleichgewicht bringen **II.** *vr:* **~se** ① *(columpiarse)* schaukeln ② (NÁUT) schlingern
balanceo [balan̦'θeo] *m* ① *(vaivén)* Schwanken *nt;* (NÁUT) Schlingern *nt* ② *(vacilación)* Unentschlossenheit *f*
balancín [balan̦'θin] *m* ① *(de los equilibristas)* Balancierstange *f* ② *(columpio)* Wippe *f* ③ *(silla)* Schaukelstuhl *m; (para varias personas)* Hollywoodschaukel *f* ④ *(yugo)* Joch *nt*
balandra [ba'lan̦dra] *f* Kutter *m*
balandrista [balan̦'drista] *mf* Schiffer(in) *m(f)*
balandro [ba'lan̦dro] *m* Jolle *f*
balanza [ba'lan̦θa] *f* ① *(pesa)* Waage *f;* **inclinar el fiel de la** ~ *(fig)* den Ausschlag geben ② (COM) Bilanz *f;* ~ **comercial** (Außen)handelsbilanz *f;* ~ **de pagos** Zahlungsbilanz *f*
Balanza [ba'lan̦θa] *f* (ASTR) Waage *f*
balar [ba'lar] *vi (oveja)* blöken; *(cabra)* meckern; *(ciervo)* röhren
balasto [ba'lasto] *m sin pl,* **balastro** [ba'lastro] *m sin pl* Schotter *m*
balaustrada [balaụs'traða] *f* Brüstung *f*
balazo [ba'laθo] *m* ① *(tiro)* Schuss *m* ② *(herida)* Einschuss *m*
balboa [bal'βoa] *m (unidad monetaria de Panamá)* Balboa *m*
balbucear [balβuθe'ar] *vi, vt v.* **balbucir**
balbuceo [balβu'θeo] *m* Gestammel *nt; (de niños)* Lallen *nt*
balbuciente [balβu'θjen̦te] *adj* stammelnd; *(niño)* lallend
balbucir [balβu'θir] *vi, vt* stammeln; *(niño)* lallen
Balcanes [bal'kanes] *mpl* Balkan *m*
balcánico, -a [bal'kaniko, -a] *adj* balkanisch; **país** ~ Balkanland *nt*
balcón [bal'kon] *m* ① *(de casas)* Balkon *m* ② *(mirador)* Aussichtspunkt *m*
balconada [balko'naða] *f* Balkonreihe *f; (balcón corrido)* Galerie *f*
balconaje [balko'naxe] *m* Balkonreihe *f*
balda ['bal̦da] *f* Regalbrett *nt*
baldado, -a [bal̦'daðo, -a] *adj* ① *(extremidades)* gelähmt ② *(muy cansado)* erschöpft
baldaquín [bal̦da'kin] *m* Baldachin *m*
baldar [bal̦'dar] **I.** *vt* ① *(paralizar)* lähmen; *(lisiar)* zum Krüppel machen ② *(perjudicar)* schaden +*dat* **II.** *vi (naipes)* trumpfen
balde ['bal̦de] *m* ① *(cubo)* Kübel *m* ② *(loc)* **obtener algo de** ~ etw umsonst bekommen
baldear [bal̦de'ar] *vt* (NÁUT) reinigen
baldío[1] [bal̦'dio] *m* Brache *f*
baldío, -a[2] [bal̦'dio, -a] *adj* ① *(terreno)* brach ② *(inútil)* zwecklos; *(en balde)* vergeblich
baldón [bal̦'don] *m (acción)* Beleidigung *f; (situación)* Schande *f*
baldonar [bal̦do'nar] *vt (ofender)* verletzen, kränken; *(insultar)* beleidigen
baldosa [bal̦'dosa] *f* Fliese *f*
baldosado [bal̦do'saðo] *m (Col, Chil: suelo)* Fliesenboden *m,* Fliesenbelag *m*
baldosín [bal̦do'sin] *m* Kachel *f*
balear [bale'ar] **I.** *vt (Am: disparar)* schießen (auf +*akk*); *(herir)* anschießen; *(matar)* erschießen **II.** *vr:* **~se** *(Am)* ① *(disparar)* aufeinander schießen ② *(disputar)* sich herumstreiten **III.** *adj* balearisch **IV.** *mf* Baleare, -in *m, f*
Baleares [bale'ares] *fpl* **las Islas** ~ die Balearen, die Balearischen Inseln
baleo [ba'leo] *m* ① *(alfombrilla)* Matte *f* ② *(aventador)* Fächer *m (aus Espartogras)*
balero [ba'lero] *m (Am: juego)* Boccia *nt*
balido [ba'liðo] *m (oveja)* Blöken *nt; (la cabra)* Meckern *nt; (ciervo)* Röhren *nt*
balín [ba'lin] *m* ① *(bala)* kleinkalibriges Geschoss *nt* ② *(bolita de plomo)* Schrotkugel *f*
balística [ba'listika] *f sin pl* Ballistik *f*
baliza [ba'liθa] *f* Bake *f;* (NÁUT) Boje *f;* (AERO) Leuchtfeuer *nt;* (FERRO) Lichtsignal *nt;* (AUTO) Warnsignal *nt*
balizaje [bali'θaxe] *m* Hafengebühr *f*

B

ball [bal] *f (Am)* ❶ (DEP: *balón*) Ball *m;* ~ **de goma** Gummiball *m* ❷ *(proyectil)* Kugel *f*

ballena [ba'ʎena] *f* Wal *m*

ballenero [baʎe'nero] *m* ❶ *(barco)* Walfangschiff *nt* ❷ *(pescador)* Walfänger *m*

ballesta [ba'ʎesta] *f* ❶ (TÉC) Blattfeder *f* ❷ (HIST) Armbrust *f*

ballet [ba'le] <ballets> *m* Ballett *nt*

balneario [balne'arjo] *m* ❶ *(baños)* Heilbad *nt* ❷ *(estación)* Kurort *m*

balompié [balom'pje] *m* Fußball *m*

balón [ba'lon] *m* ❶ (DEP) Ball *m;* ~ **de fútbol** Fußball *m* ❷ *(recipiente para gases)* Ballon *m* ❸ *(botella esférica)* Ballon *m* ❹ (NÁUT) Spinnaker *m* ❺ *(en los tebeos)* Sprechblase *f*

balonazo [balo'naθo] *m* Schuss *m* mit dem Ball

baloncestístico, -a [baloṇθes'tistiko, -a] *adj* Basketball-

baloncesto [baloṇ'θesto] *m* Basketball *m*

balonmano [baloᵐ'mano/baloᵐ'mano] *m* Handball *m*

balonvolea [balombo'lea] *m* Volleyball *m*

balota [ba'lota] *f* Kugel *f (die zu Abstimmungen verwendet wird)*

balotaje [balo'taxe] *m (Méx)* Stimmenauszählung *f*

balsa ['balsa] *f* ❶ *(charca)* Tümpel *m; (estanque)* Wasserbecken *nt* ❷ (NÁUT: *barca*) Fähre *f; (plataforma)* Floß *nt;* ~ **neumática** Schlauchboot *nt*

balsámico, -a [bal'samiko, -a] *adj* balsamisch

bálsamo ['balsamo] *m* Balsam *m;* ~ **labial** Lippenpflegestift *m*

balsero, -a [bal'sero, -a] *m, f* Flößer(in) *m(f)*

báltico, -a ['baḷtiko, -a] **I.** *adj* baltisch; **el mar** ~ die Ostsee; **los países ~s** das Baltikum **II.** *m, f* Balte, -in *m, f*

baluarte [ba'lwarte] *m* Schutzwall *m;* **un** ~ **de la libertad** ein Bollwerk der Freiheit

balumba [ba'lumba] *f* ❶ *(montón)* Haufen *m* ❷ *(AmS: barullo)* großer Lärm *m,* Spektakel *m fam*

bamba ['bamba] *f* ❶ *(acierto casual)* Zufallstreffer *m* ❷ *(pastel)* ≈ Windbeutel *m* ❸ *(reg: columpio)* Schaukel *f* ❹ *(baile) lateinamerikanischer Tanzrhythmus*

bambalina [bamba'lina] *f* (TEAT) Soffitte *f;* **entre ~s** hinter den Kulissen

bambolear [bambole'ar] **I.** *vt* schwingen **II.** *vr:* **~se** schaukeln; *(desde arriba)* (herab)baumeln

bamboleo [bambo'leo] *m* Schaukeln *nt; (desde arriba)* (Herab)baumeln *nt*

bambollero, -a [bambo'ʎero, -a] **I.** *adj* protzig **II.** *m, f* Protz *m,* Angeber(in) *m(f)*

bambú [bam'bu] *m* Bambus *m; (caña)* Bambusrohr *nt*

banal [ba'nal] *adj* banal

banalidad [banali'ðaᵈ] *f* Banalität *f*

banalizar [banali'θar] <z → c> *vt* banalisieren

banana [ba'nana] *f (Am)* Banane *f*

bananero, -a [bana'nero, -a] *adj* Bananen-

banano [ba'nano] *m* Bananenstaude *f*

banca ['baŋka] *f* ❶ *(en el mercado)* Verkaufstisch *m* ❷ *(asiento)* Schemel *m* ❸ (FIN) Bankwesen *nt;* ~ **electrónica** Electronic Banking *nt;* ~ **en línea** [*o* **online**] Onlinebanking *nt* ❹ *(en juegos de azar)* Bank *f* ❺ *(AmS: influencia)* Beziehungen *f pl*

bancal [baŋ'kal] *m (en un jardín)* Beet *nt; (en una pendiente)* Terrasse *f*

bancario, -a [baŋ'karjo, -a] *adj* Bank-; **cuenta bancaria** Bankkonto *nt*

bancarrota [baŋka'rrota] *f* Bankrott *m*

banco ['baŋko] *m* ❶ *(asiento)* (Sitz)bank *f* ❷ (TÉC) Werkbank *f;* ~ **de pruebas** Prüfstand *m; (fig)* Bewährungsprobe *f* ❸ (FIN) Bank *f;* ~ **en casa** Homebanking *nt;* **B~ Central Europeo** Europäische Zentralbank; ~ **emisor** Notenbank *f;* **B~ Europeo de Inversiones** Europäische Investitionsbank; **B~ Mundial** Weltbank *f* ❹ (GEO) Schicht *f* ❺ *(de peces)* Schwarm *m* ❻ *(loc)* ~ **de datos** (INFOR) Datenbank *f;* ~ **de sangre** Blutbank *f*

banda ['baṇda] *f* ❶ *(cinta)* Band *nt; (franja)* Streifen *m* ❷ (GEO: *de montaña*) (Hang)seite *f; (de río)* Ufer *nt* ❸ *(pandilla)* Bande *f;* ~ **terrorista** Terrororganisation *f* ❹ *(de música)* (Musik)kapelle *f; (de música moderna)* Band *f* ❺ (FIN) ~ **de fluctuación** Bandbreite *f* ❻ *(billar)* Bande *f* ❼ *(como insignia)* Schärpe *f* ❽ *(loc)* ~ **de frecuencia** (RADIO) Frequenzskala *f;* ~ **sonora** (CINE) Soundtrack *m;* **estar fuera de** ~ (DEP) im Aus sein

bandada [baṇ'daða] *f* ❶ *(de peces)* Schwarm *m* ❷ *(de personas)* (große) Menge *f*

bandazo [baṇ'daθo] *m* ❶ (NÁUT) starke Schlingerbewegung *f;* **dar ~s** *(fam)* taumeln ❷ *(cambio)* plötzlicher Umschwung *m*

bandeado, -a [baṇde'aðo, -a] *adj* gestreift

bandear [baṇde'ar] **I.** *vt* ❶ *(AmC: perseguir a alguien)* verfolgen; *(herir de gravedad)* schwer verletzen ❷ *(Arg, Par, Urug: taladrar)* durchbohren ❸ *(Arg, Par, Urug: un río)* überqueren **II.** *vr:* **~se** ❶ *(mecerse)* schaukeln ❷ *(en la vida)* sich durchschlagen

bandeja [baṇ'dexa] *f* ❶ *(para servir)* Tablett *nt; (para el horno)* Backblech *nt;* **pasar la ~** (Geldspenden) sammeln ❷ *(en la maleta)* Fach *nt; (en muebles)* Schubfach *nt* ❸ (INFOR) **~ de entrada (de correos)** Inbox *f*

bandera [baṇ'dera] *f (de una nación)* Fahne *f; (en un barco)* Flagge *f;* **~ azul** Blaue Fahne *(Kennzeichen für Strandqualität);* **estar hasta la ~** zum Brechen voll sein

banderilla [baṇde'riʎa] *f* (TAUR) Banderilla *f;* **poner** [*o* **clavar**] **~s a alguien** *(fig)* jdn reizen

banderín [baṇde'rin] *m* ❶ *(bandera)* Banner *nt; (triangular)* Wimpel *m;* (DEP) Fähnchen *nt* ❷ *(persona)* Bannerträger *m*

banderola [baṇde'rola] *f* ❶ *(como señal)* Wimpel *m* ❷ (MIL) Stander *m* ❸ *(CSur: ventana)* Oberlicht *nt*

bandido, -a [baṇ'diðo, -a] **I.** *adj* ruchlos **II.** *m, f* ❶ *(criminal)* Verbrecher(in) *m(f)* ❷ *(persona pilla)* Gauner(in) *m(f)*

bando ['baṇdo] *m* ❶ *(edicto)* Erlass *m* ❷ *(proclama)* Bekanntmachung *f* ❸ *(partido)* Partei *f* ❹ *(de peces)* Schwarm *m*

bandolera [baṇdo'lera] *f* ❶ *(correa)* Schulterriemen *m* ❷ *(mujer)* Gangsterbraut *f*

bandolerismo [baṇdole'rismo] *m sin pl* Gangstertum *nt*

bandolero [baṇdo'lero] *m* (Straßen)räuber *m*

bandolina [baṇdo'lina] *f* (MÚS) Mandoline *f*

bandoneón [baṇdone'on] *m* (MÚS) Bandoneon *nt*

bandurria [baṇ'durrja] *f* (MÚS) *zwölfseitiges Zupfinstrument*

Bangladés [baŋgla'des] *m* Bangladesch *nt*

bangladesí [baŋglaðe'si] **I.** *adj* bangalisch **II.** *mf* Bangale, -in *m, f*

banjo ['baŋxo/'bandʒo] *m* (MÚS) Banjo *nt*

banquero, -a [baŋ'kero, -a] *m, f* ❶ (FIN) Bankier *m* ❷ *(en juegos de azar)* Bankhalter(in) *m(f)*

banqueta [baŋ'keta] *f* ❶ *(taburete)* Hocker *m; (para los pies)* Fußschemel *m* ❷ *(AmC: acera)* Gehsteig *m*

banquete [baŋ'kete] *m* Festessen *nt*

banquillo [baŋ'kiʎo] *m* ❶ *(banco pequeño)* Bänkchen *nt; (para los pies)* Fußbank *f; (de los acusados)* Anklagebank *f* ❷ (DEP) Reservebank *f,* Auswechselbank *f*

bañada [ba'ɲaða] *f* ❶ *(Am: baño)* Bad(en) *nt,* Schwimmen *nt* ❷ *(de pintura)* Anstrich *m*

bañadera [baɲa'ðera] *f (Am)* Badewanne *f*

bañador [ba'ɲaðor] *m (de mujer)* Badeanzug *m; (de hombre)* Badehose *f*

bañar [ba'ɲar] **I.** *vt* ❶ *(lavar)* baden ❷ *(sumergir)* eintauchen ❸ *(río)* fließen (durch +*akk*); *(mar)* angrenzen (an +*akk*) ❹ *(recubrir)* überziehen (**con/en** mit +*dat*); **bañado en sudor** schweißgebadet ❺ *(iluminar)* scheinen (auf +*akk*) **II.** *vr:* **~se** ❶ *(lavarse)* (sich) baden ❷ *(en el mar)* baden

bañera [ba'ɲera] *f* Badewanne *f*

bañero, -a [ba'ɲero, -a] *m, f* Bademeister(in) *m(f)*

bañista [ba'ɲista] *mf* ❶ *(en una playa)* Badende(r) *mf* ❷ *(en un balneario)* Badegast *m*

baño ['baɲo] *m* ❶ *(acto)* Bad *nt;* **~ de color** Haartönung *f;* **~ de fijación** (FOTO) Fixierbad *nt;* **~ (de) María** (GASTR) Wasserbad *nt;* **~ de sangre** Blutbad *nt* ❷ *(cuarto)* Bad(ezimmer) *nt;* **ir al ~** auf die Toilette gehen ❸ *(capa de pintura)* Anstrich *m; (de chocolate)* Überzug *m* ❹ *pl (wellness)* Heilbad *nt;* **~s termales** Thermalbad *nt;* **~ turco** Dampfbad *nt;* **ir a los ~s** eine (Bade)kur machen

baptista [bap'tista] *mf* (REL) Baptist(in) *m(f)*

baptisterio [baptis'terjo] *m* ❶ *(pila bautismal)* Taufbecken *nt* ❷ *(lugar)* Taufkapelle *f*

baqueta [ba'keta] *f* ❶ *(vara)* Gerte *f; (de los picadores)* Reitgerte *f;* **tratar a alguien a la ~** jdn hart anfassen ❷ (MIL) Ladestock *m* ❸ (ARQUIT) Zierleiste *f* ❹ *pl (de tambor)* Trommelstöcke *mpl*

baquetear [bakete'ar] *vt* plagen, belästigen

baquiano, -a [ba'kjano, -a] *adj (experto)* sachkundig, versiert (**en** in +*dat*); *(en baquía)* ortskundig

bar [bar] *m* ❶ *(café)* (Steh)café *nt; (tasca)* Kneipe *f* ❷ (FÍS) Bar *nt*

baraja [ba'raxa] *f* Kartenspiel *nt;* **una ~ de posibilidades** verschiedene Möglichkeiten

barajar [bara'xar] *vt* ❶ *(los naipes)* mischen ❷ *(mezclar)* durcheinanderbringen ❸ *(varias posibilidades)* in Betracht ziehen; **se barajan varios nombres** einige Namen sind im Gespräch ❹ *(caballo)* zügeln ❺ *(Am: detener)* verhindern

baranda [ba'raṇda] *f* ❶ *(de balcón)* Geländer *nt* ❷ *(de billar)* Bande *f*

barandilla [baraṇ'diʎa] *f* ❶ *(de balcón)* Geländer *nt* ❷ *(pasamanos)* Handlauf *m*

B

barata [ba'rata] *f* (ECON: *trueque*) Tausch *m; (usura)* Wuchergeschäft *nt*

baratija [bara'tixa] *f (de poco valor)* wertlose Sache *f; (de poco precio)* Billigware *f;* **~s** Ramsch *m abw*

baratillo [bara'tiʎo] *m* ① *(tienda)* Trödelladen *m* ② *(puesto)* Sonderangebotstisch *m* ③ *(artículo)* Billigware *f*

barato[1] [ba'rato] **I.** *m* ① *(venta)* Ausverkauf *m* ② *(artículos)* Trödelware *f* **II.** *adv* billig

barato, -a[2] [ba'rato, -a] *adj* billig

barba ['barβa] *f* ① *(mentón)* Kinn *nt* ② *(pelos)* Bart *m;* **dejarse ~** sich *dat* einen Bart wachsen lassen; **por ~** pro Nase ③ *(de espiga)* Granne *f* ④ *pl (de peces)* Barte *f* ⑤ *pl (de papel)* ungleichmäßiger Rand *m* ⑥ *pl* (TÉC) Grat *m*

barbacana [barβa'kana] *f* ① *(saetera)* Schießscharte *f* ② *(fortificación)* (Vor)werk *nt*

barbacoa [barβa'koa] *f* ① *(parrilla)* (Brat)rost *m* ② *(carne)* Grillfleisch *nt* ③ *(fiesta)* Grillparty *f*

barbado [bar'βaðo] *m* ① *(plantón)* Setzling *m* ② *(hijuelo)* Spross *m*

Barbados [bar'βaðos] *fpl* Barbados *nt*

barbar [bar'βar] *vi* ① *(hombres)* einen Bart bekommen ② *(plantas)* Wurzeln treiben

barbaridad [barβari'ðaᵈ] *f* ① *(crueldad)* Grausamkeit *f*, Barbarei *f;* **¡qué ~!** wie schrecklich! ② *(temeridad)* Wahnsinn *m* ③ *(disparate)* Unsinn *m* ④ *(fam: cantidad)* (Riesen)menge *f*

barbarie [bar'βarje] *f* Barbarei *f*

barbarismo [barβa'rismo] *m* (LING) Barbarismus *m*

barbarizar [barβari'θar] <z → c> *vi (fig)* Unsinn [*o* dummes Zeug] reden

bárbaro, -a ['barβaro, -a] **I.** *adj* ① *(cruel)* grausam ② *(fam: estupendo)* großartig, toll ③ (HIST) barbarisch **II.** *m, f* ① *(grosero)* brutaler Mensch *m* ② (HIST) Barbar(in) *m(f)*

barbear [barβe'ar] *vt* ① *(afeitar)* rasieren ② *(alcanzar)* (mit dem Kinn) erreichen ③ *(AmC: adular)* schmeicheln *+dat* ④ *(AmC: acariciar)* streicheln

barbecho [bar'βetʃo] *m* Brachfeld *nt;* **estar en ~** brachliegen

barbería [barβe'ria] *f* Herrensalon *m*

barbero [bar'βero] *m* Herrenfriseur *m*

barbilampiño, -a [barβilam'piɲo, -a] **I.** *adj* bartlos **II.** *m, f* Grünschnabel *m*

barbilla [bar'βiʎa] *f* ① *(mentón)* Kinn *nt* ② *(barba)* Kinnbart *m*

barbitúrico [barβi'turiko] *m* Barbiturat *nt*

barbo ['barβo] *m* (ZOOL) Barbe *f*

barbudo, -a [bar'βuðo, -a] *adj* bärtig

barca ['barka] *f* ① *(embarcación)* Kahn *m*, Boot *nt;* **dar un paseo en ~** eine Bootsfahrt machen ② *pl (columpio)* Schiffschaukel *f*

Barça ['barsa] *m* (DEP) **el ~** der F.C. Barcelona

barcaza [bar'kaθa] *f* Leichter *m*

barcelonés, -esa [barθelo'nes, -esa] **I.** *adj* aus Barcelona **II.** *m, f* Einwohner(in) *m(f)* von Barcelona

barco ['barko] *m* Schiff *nt;* **~ cisterna** Tanker *m;* **~ deportivo** Sportboot *nt*

Baréin [ba'rejn] *m* Bahrain *nt*

baremo [ba'remo] *m* ① *(tabla de cuentas)* Rechentafel *f* ② *(cuaderno)* Rechnungsbuch *nt* ③ *(de tarifas)* Tariftabelle *f* ④ *(escala de valores)* Kriterienkatalog *m*

baria ['barja] *f* (FÍS) Bar *nt*

baricentro [bari'θen̩tro] *m* (FÍS) Schwerpunkt *m*, Baryzentrum *nt*

bario ['barjo] *m* (QUÍM) Barium *nt*

barista [ba'rista] *mf* Barista *m*, Baristin *f*

barítono [ba'ritono] *m* (MÚS) Bariton *m*

barlovento [barlo'βen̩to] *m* (NÁUT) Windseite *f;* **ganar el ~** *(fig)* jdn in den Schatten stellen

barman ['barman] *m* <bármanes> Barkeeper *m*

Barna ['barna] *abr de* **Barcelona** Barcelona *nt*

barniz [bar'niθ] *m* ① *(laca)* Lack *m; (para madera)* Firnis *m* ② *(para loza)* Glasur *f* ③ *(afeite)* Schminke *f*

barnizado [barni'θaðo] *m (efecto)* Lackierung *f; (acción)* Lackieren *nt*

barnizar [barni'θar] <z → c> *vt* ① *(pintar)* lackieren; *(madera)* firnissen ② *(loza)* glasieren

barométrico, -a [baro'metriko, -a] *adj* (METEO) barometrisch; **altura barométrica** Barometerstand *m*

barómetro [ba'rometro] *m* Barometer *nt*

barón, -onesa [ba'ron, baro'nesa] *m, f* ① *(título)* Baron(in) *m(f)* ② *(en una asociación)* Boss *m*

barquero, -a [bar'kero, -a] *m, f (en un bote)* Ruderer, -in *m, f; (en una barca de pasaje)* Fährmann, -frau *m, f*

barquilla [bar'kiʎa] *f* ① *(barca)* kleiner Kahn *m* ② *(de un globo)* Gondel *f* ③ (NÁUT) Log *nt* ④ *(AmC: galleta)* (Eis)waffel *f*

barquillo [bar'kiʎo] *m* (Eis)waffel *f*

barra ['barra] *f* ① *(pieza larga)* Stange *f;* **~s asimétricas** (DEP) Stufenbarren *m;* **~ de ejercicios** (DEP) Schwebebalken *m;* **~ fija** (DEP) Reck *nt;* **~ de labios** Lippenstift *m;* **~s paralelas** (DEP) Barren *m;* **~ de equilibrio** (DEP) Schwebebalken *m;* **~ de pesas** Langhantel *f* ② *(de pan)* Baguette *f o nt;*

(de chocolate) Tafel *f* ❸ *(en un bar)* Theke *f;* ~ **americana** intimes Nachtlokal ❹ *(raya)* Querstreifen *m; (signo gráfico)* Schrägstrich *m;* (MÚS) Taktstrich *m* ❺ *(de metales nobles)* Barren *m* ❻ *(barrera)* Schranke *f* ❼ *(palanca)* Hebebaum *m* ❽ *(bajío estrecho)* Sandbank *f* ❾ (INFOR) ~ **de comandos** Befehlsleiste *f;* ~ **de desplazamiento** Scrollbalken *m,* Bildlaufleiste *f;* ~ **de inversa** Backslash *m;* ~ **progreso** Fortschrittsbalken *m;* ~ **de tareas** Taskleiste *f;* ~ **espaciadora** Leertaste *f* ❿ *(Am: de abogados)* Anwaltskammer *f* ⓫ *(AmS: público)* Auditorium *nt*

barrabasada [barraβa'saða] *f* Streich *m*

barraca [ba'rraka] *f* ❶ *(vivienda provisional)* Baracke *f* ❷ *(chabola)* Hütte *f* ❸ *(reg: vivienda rústica)* (mit Schilfrohr gedecktes) Bauernhaus *nt* ❹ *(Am:* MIL) Kaserne *f* ❺ *(Am: almacén)* Lager *nt* ❻ *(barracón)* Bude *f*

barracón [barra'kon] *m* Baracke *f; (en la feria)* (Jahrmarkts)bude *f*

barracuda [barra'kuða] *f* (ZOOL) Barrakuda *m*

barrado, -a [ba'rraðo, -a] *adj* gestreift

barranco [ba'rraŋko] *m* ❶ *(precipicio)* Abgrund *m; (despeñadero)* Schlucht *f* ❷ *(cauce)* Bachbett *nt* ❸ *(dificultad)* Schwierigkeit *f*

barredera [barre'ðera] *f* (Straßen)kehrmaschine *f*

barredero[1] [barre'ðero] *m* Handfeger *m*

barredero, -a[2] [barre'ðero, -a] *adj* Schlepp-; **red barredera** Schleppnetz *nt*

barredor(a) [barre'ðor(a)] *m(f)* Straßenkehrer(in) *m(f)*

barreminas [barre'minas] *m inv* (MIL) Minensuchboot *nt*

barrena [ba'rrena] *f* ❶ *(taladrador)* Bohrer *m* ❷ (AERO) Trudeln *nt*

barrenado, -a [barre'naðo, -a] *adj (fam)* verrückt, übergeschnappt; **estar** ~ übergeschnappt sein, nicht mehr alle Tassen im Schrank haben

barrenar [barre'nar] *vt* ❶ *(perforar)* (durch)bohren ❷ *(planes)* durchkreuzen; *(leyes)* missachten

barrendero, -a [barreṇ'dero, -a] *m, f* Straßenkehrer(in) *m(f)*

barreno [ba'rreno] *m* ❶ *(barrena grande)* Bohrhammer *m* ❷ *(perforación)* Bohrloch *nt; (lleno de pólvora)* Sprengloch *nt* ❸ *(obsesión)* Zwangsvorstellung *f*

barreño [ba'rreɲo] *m* Waschtrog *m*

barrer [ba'rrer] *vt* ❶ *(habitación)* kehren; ~ **para dentro** auf seinen eigenen Vorteil bedacht sein ❷ *(luz de un foco)* (hinweg)gleiten (über *+akk*) ❸ *(un obstáculo)* beseitigen ❹ *(fam: derrotar)* haushoch schlagen

barrera [ba'rrera] *f* ❶ *(barra)* Schranke *f; (en la frontera)* Schlagbaum *m;* ~ **comercial** Handelsschranke *f;* ~ **lingüística** Sprachbarriere *f;* ~ **del sonido** Schallmauer *f* ❷ *(valla)* Absperrung *f* ❸ (DEP) Mauer *f* ❹ (TAUR) erste Sitzreihe *f*

barrero [ba'rrero] *m* ❶ *(alfarero)* Töpfer *m* ❷ *(barrizal)* Lehmgrube *f*

barriada [ba'rrjaða] *f* ❶ *(barrio)* (Stadt)viertel *nt* ❷ *(Am: barrio pobre)* Elendsviertel *nt;* ~ **de chabolas** Elendsviertel *nt,* Slum *m*

barrica [ba'rrika] *f* kleines Fass *nt*

barricada [barri'kaða] *f* Barrikade *f*

barriga [ba'rriɣa] *f* ❶ *(vientre)* Bauch *m;* **rascarse la** ~ faulenzen ❷ *(de una vasija)* Wölbung *f* ❸ *(de una pared)* Ausbuchtung *f*

barrigón[1] [barri'ɣon] *m* dicker Bauch *m*

barrigón, -ona[2] [barri'ɣon, -ona] **I.** *adj* dickbäuchig **II.** *m, f* Dicke(r) *mf*

barrigudo, -a [barri'ɣuðo, -a] *adj o m, f v.* **barrigón**[2]

barril [ba'rril] *m* ❶ *(cuba)* Fass *nt;* **cerveza de** ~ Fassbier *nt* ❷ *(unidad de medida)* Barrel *nt* ❸ *(Am: cometa)* Drachen *m*

barrila [ba'rrila] *f (reg)* bauchiger Krug *m*

barrilete [barri'lete] *m* ❶ *(barril pequeño)* Fässchen *nt* ❷ *(que usan los carpinteros)* Zwinge *f* ❸ *(en un revolver)* Trommel *f* ❹ *(Am: cometa)* Drachen *m*

barrillo [ba'rriʎo] *m* Pickel *m*

barrio ['barrjo] *m* ❶ *(zona de una ciudad)* (Stadt)viertel *nt;* ~ **chino** Rotlichtviertel *nt;* ~ **comercial** Einkaufsviertel *nt;* **irse al otro** ~ *(fam fig)* abkratzen ❷ *(arrabal)* Vorstadt *f*

barriobajero, -a [barrjoβa'xero, -a] *adj* ❶ *(de un barrio bajo)* aus einem Arbeiterviertel; *(en un barrio bajo)* in einem Arbeiterviertel ❷ *(común)* gewöhnlich ❸ *(vulgar)* vulgär

barrita *f* ~ **de cereales** [*o* **muesli**] Müsliriegel *m;* ~ **energética** Energieriegel *m,* Power-Riegel *m*

barrita [ba'rrita] *f* Riegel *m;* ~ **de chocolate** Schokoriegel *m;* ~ **de muesli** Müsliriegel *m*

barritar [barri'tar] *vi (elefante)* trompeten

barrizal [barri'θal] *m* Sumpf *m*

barro ['barro] *m* ❶ *(lodo)* Schlamm *m* ❷ *(arcilla)* (Töpfer)ton *m;* **de** ~ irden ❸ *(granito)* Pickel *m*

barroco [ba'rroko] *m sin pl* Barock *m o nt*

barroso, -a [ba'rroso, -a] *adj* ❶ *(lodoso)* schlammig ❷ *(granuloso)* pickelig

barrote [ba'rrote] *m* ❶ *(barra)* (Ei-

B

sen)stange *f;* **entre ~s** *(fam)* hinter Gittern ❷ *(para reforzar)* Querlatte *f*

barruntar(se) [barrun̪'tar(se)] *vt, vr* ahnen

barrunte [ba'rrun̪te] *m* Hinweis *m,* (An)zeichen *nt*

barrunto [ba'rrun̪to] *m* ❶ *(conjetura)* (Vor)ahnung *f;* *(sospecha)* Verdacht *m* ❷ *(indicio)* (An)zeichen *nt*

bartola [bar'tola] *f (fam)* **tumbarse a la ~** sich auf die faule Haut legen; **tomarse algo a la ~** etw auf die leichte Schulter nehmen

bártulos ['bartulos] *mpl* (Sieben)sachen *fpl*

barullo [ba'ruʎo] *m (fam)* ❶ *(ruido)* Krach *m* ❷ *(desorden)* Durcheinander *nt;* *(ruidoso)* Tumult *m*

basa ['basa] *f* ❶ *(de una columna)* Sockel *m* ❷ *(base)* Basis *f*

basalto [ba'sal̪to] *m* Basalt *m*

basamento [basa'men̪to] *m (de una columna)* Sockel *m;* *(de una casa)* Fundament *nt*

basar [ba'sar] **I.** *vt* ❶ *(asentar)* aufstellen (**sobre** auf +*dat*) ❷ *(fundar)* stützen (**sobre/en** auf +*dat*) **II.** *vr:* **~se** *(teoría)* basieren (**en** auf +*dat*); *(persona)* sich stützen (**en** auf +*akk*)

basca ['baska] *f* ❶ (MED: *espasmo*) Übelkeit *f;* **tener ~s** Brechreiz haben ❷ *(fam: arrebato)* Wutanfall *m* ❸ *(en animales)* Tollwut *f* ❹ *(fam: gentío)* Haufen *m*

bascosidad [baskosi'ðaᵈ] *f* ❶ *(suciedad)* Schmutz *m* ❷ *(Ecua: insulto)* Schimpfwort *nt*

bascoso, -a [bas'koso, -a] *adj* ❶ (MED) Übelkeit verspürend ❷ *(Col, Ecua: nauseabundo)* Ekel erregend ❸ *(Col, Ecua: indigno)* gemein ❹ *(Col, Ecua: obsceno)* obszön

báscula ['baskula] *f* ❶ *(para medir pesos)* (Schnell)waage *f* ❷ *(en una fortificación)* Hebebaum *m*

bascular [basku'lar] *vi* ❶ *(inclinarse)* kippen ❷ *(oscilar)* schwingen

base ['base] *f* ❶ *(lo fundamental)* Grundlage *f;* **~ de datos** (INFOR) Datenbank *f;* **a ~ de bien** *(fam)* sehr gut; **elaborado a ~ de algo** mit etw *dat* hergestellt; **partir de la ~ de que ..** davon ausgehen, dass … ❷ (ARQUIT) Unterbau *m* ❸ (POL) Basis *f* ❹ (MAT) Grundzahl *f;* *(superficie)* Grundfläche *f;* *(línea)* Grundlinie *f* ❺ (MIL) Stützpunkt *m* ❻ (QUÍM) Base *f* ❼ (DEP: *béisbol*) Mal *nt*

básico, -a ['basiko, -a] *adj* ❶ *(fundamental)* grundlegend ❷ (QUÍM) basisch

Basilea [basi'lea] *f* Basel *nt*

basílica [ba'silika] *f* Basilika *f*

basilisco [basi'lisko] *m (Am:* ZOOL) Leguan *m*

basket ['baskeᵗ] *m sin pl* Basketball *m*

básquet(bol) ['basket(βol)] *m sin pl* Basketball *m*

basta ['basta] *f* ❶ *(hilván)* Heftstich *m;* *(línea)* Heftnaht *f* ❷ *(Am: bastilla)* Saum *m*

bastante [bas'tan̪te] **I.** *adj* genügend (**para** für +*akk,* um zu +*inf*); **tengo ~ frío** mir ist ziemlich kalt **II.** *adv (suficientemente)* genug; *(considerablemente)* ziemlich; **con esto tengo ~** das genügt mir

bastanteo [bastan̪'teo] *m* (FIN) **~ de poderes** Überprüfung *f* von Vollmachten

bastar [bas'tar] **I.** *vi* genügen; **¡basta!** genug! **II.** *vr* **~se** (**uno**) **solo** alleine zurechtkommen

bastardilla [bastar'ðiʎa] *f* (TIPO) Kursivschrift *f*

bastardo, -a [bas'tarðo, -a] **I.** *adj* ❶ *(hijo)* unehelich ❷ (BOT) hybrid ❸ *(vil)* schändlich **II.** *m, f* Bastard *m*

bastear [baste'ar] *vt* heften

bastidor [basti'ðor] *m* ❶ (TÉC) Gestell *nt;* *(de coche)* Fahrgestell *nt* ❷ *(de puerta)* Türrahmen *m;* *(de ventana)* Fensterrahmen *m* ❸ (TEAT) Kulisse *f;* **entre ~es** hinter den Kulissen

bastilla [bas'tiʎa] *f* Saum *m*

bastimento [basti'men̪to] *m* ❶ *(provisión)* Proviant *m* ❷ *(embarcación)* Schiff *nt*

bastión [bas'tjon] *m* Bollwerk *nt*

basto, -a ['basto, -a] *adj* ❶ *(grosero)* grob; *(vulgar)* vulgär ❷ *(superficie)* rau ❸ *(mal hecho)* minderwertig

bastón [bas'ton] *m* ❶ *(para andar)* Spazierstock *m;* *(para esquiar)* Skistock *m* ❷ *(de mando)* Stab *m;* **empuñar el ~** das Kommando übernehmen

bastonazo [basto'naθo] *m* Stockschlag *m*

bastoncillo [baston̪'θiʎo] *m dim de* **bastón** Stäbchen *nt;* **~s de algodón** Wattestäbchen *ntpl*

bastonear [bastone'ar] *vt* prügeln

bastonero[1] [basto'nero] *m (Ven: chulo)* Zuhälter *m;* *(granuja)* Gauner *m*

bastonero, -a[2] [basto'nero, -a] *m, f (maestro de ceremonias)* Zeremonienmeister(in) *m(f)*

bastos ['bastos] *mpl spanische Spielkartenfarbe;* **as de ~** ≈ Kreuzass *nt;* **pintar ~** *(fam fig)* in Schwierigkeiten stecken

basura [ba'sura] *f* ❶ *(desperdicios)* Abfall *m;* **~ del hogar** Hausmüll *m;* **~ orgánica** Biomüll *m;* **echar algo a la ~** etw wegwerfen ❷ *(lo despreciable)* Schund *m*

basural [basu'ral] *m (Am)* Mülldeponie *f*

basurero[1] [basu'rero] *m* ① *(vertedero)* Mülldeponie *f* ② *(recipiente)* Mülleimer *m*

basurero, -a[2] [basu'rero, -a] *m, f* Müllwerker(in) *m(f)*

basurita [basu'rita] *f (Am: partícula)* ≈ Schmutzpartikel oder anderer Fremdkörper im Auge

bata ['bata] *f* ① *(albornoz)* Morgenrock *m* ② *(guardapolvos)* Kittel *m* ③ *(vestido)* Kleid *nt* ④ *(quirúrgica)* OP-Mantel *m*

batacazo [bata'kaθo] *m* ① *(golpe)* Bums *m fam* ② *(caída)* Sturz *m;* **se pegó un ~** *(fam)* er/sie ist auf die Nase gefallen ③ *(CSur: golpe de suerte)* Glückstreffer *m*

bataclán [bata'klan] *m (Am)* Stripteasevorführung *f*

batalla [ba'taʎa] *f* ① (MIL: *episodio bélico*) Schlacht *f; (combate)* Gefecht *nt;* **~ campal** Feldschlacht *f; (fig)* heftige Auseinandersetzung ② *(lucha interior)* Kampf *m* ③ (AUTO) Achsabstand *m*

batallar [bata'ʎar] *vi* ① *(con armas)* kämpfen ② *(disputar)* streiten

batallita [bata'ʎita] *f* Anekdote *f*

batallón [bata'ʎon] *m* ① (MIL) Bataillon *nt* ② *(fam: grupo)* Horde *f*

batán [ba'tan] *m* ① *(máquina)* Walke *f* ② *(Am: piedra lisa)* Mühlstein *m* ③ *(Chil: tintorería)* Färberei *f*

batanear [batane'ar] *vt* schlagen

batata [ba'tata] **I.** *adj (CSur: tímido)* kleinmütig **II.** *f* ① *(planta)* Batate *f* ② *(tubérculo)* Süßkartoffel *f* ③ *(CSur: susto)* Schreck(en) *m* ④ *(CSur: vergüenza)* Scham *f* ⑤ *(Am)* **~ de la pierna** Wade *f*

batazo [ba'taθo] *m* (DEP: *béisbol*) Schlag *m* (mit dem Baseballschläger)

bate ['bate] *m* (DEP) Schlagholz *nt;* **~ de béisbol** Baseballschläger *m*

batea [ba'tea] *f (bandeja)* Tablett *nt*

bateador(a) [batea'ðor(a)] *m(f)* (DEP) Schläger(in) *m(f)*

batear [bate'ar] *vt* (DEP) (mit dem Schlagholz) schlagen

batería[1] [bate'ria] *f* ① (*t.* TÉC) Batterie *f;* **~ de cocina** (Koch)topf-Set *nt;* **~ solar** Solarzelle *f;* **aparcar en ~** quer parken ② (TEAT) Rampenlicht *nt* ③ (MÚS) Schlagzeug *nt*

batería[2] [bate'ria] *mf,* **baterista** [bate'rista] *mf* Schlagzeuger(in) *m(f)*

batiborrillo [batiβo'rriʎo] *m* ① *(mezcla)* Mischmasch *m* ② *(desorden)* Durcheinander *nt*

batida [ba'tiða] *f* ① *(de los cazadores)* Treibjagd *f* ② *(de la policía)* Razzia *f* ③ *(Am: paliza)* Prügel *mpl,* Schläge *mpl*

batido [ba'tiðo] *m* ① *(bebida)* Mixgetränk *nt;* **~ de fresa** Erdbeershake *m;* **~ de fruta** Fruchtshake *m* ② *(masa)* Teig *m* ③ *(de huevos)* geschlagene Eier *ntpl; (de claras)* Eischnee *m*

batidor [bati'ðor] *m* ① *(instrumento)* Schneebesen *m* ② *(en la caza)* Treiber *m* ③ *(explorador)* Späher *m* ④ *(peine)* großzinkiger Kamm *m* ⑤ *(Arg: soplón)* Verräter(in) *m(f)*

batidora [bati'ðora] *f* Mixer *m;* **~ de mano** Handrührgerät *nt;* **~ de pie** Pürierstab *m*

batiente [ba'tjeṇte] **I.** *adj* schlagend **II.** *m* ① *(de ventanas)* Leiste *f; (de puertas)* (Tür)pfosten *m* ② *(hoja de puerta)* (Tür)flügel *m; (hoja de ventana)* (Fenster)flügel *m* ③ (MÚS) Dämpfer *m* ④ *(roca)* Klippe *f; (dique)* Wellenbrecher *m*

batifondo [bati'foṇdo] *m (CSur: fam: alboroto)* Krach *m; (disturbio)* Aufruhr *m; (zozobra)* Aufregung *f*

batik [ba'tik] *m sin pl* Batik *m o f*

batín [ba'tin] *m* Morgenrock *m (für Männer)*

batir [ba'tir] **I.** *vt* ① *(golpear)* schlagen; **~ palmas** (Beifall) klatschen ② *(viento)* stürmen (gegen +*akk*); *(olas)* branden (an/gegen +*akk*); *(lluvia)* prasseln (auf/an/gegen +*akk*) ③ *(metal)* schmieden ④ *(moneda)* prägen ⑤ *(casa)* niederreißen ⑥ *(toldo)* abbauen ⑦ *(privilegio)* abschaffen ⑧ *(enemigo)* schlagen; **~ un récord** einen Rekord brechen ⑨ (MIL) unter Feuer nehmen ⑩ *(un terreno)* erkunden; *(en busca de algo/alguien)* durchkämmen ⑪ *(CSur: denunciar)* denunzieren ⑫ *(Am: aclarar)* ausspülen **II.** *vr:* **~se** ① *(combatir)* kämpfen ② *(en duelo)* sich schlagen

batiscafo [batis'kafo] *m* Bathyskaph *m*

batista [ba'tista] *f* Batist *m*

bato[1] ['bato] *m* Tölpel *m*

bato, -a[2] ['bato, -a] *m, f (argot)* Alte(r) *f(m)*

batracio [ba'traθjo] *m* Froschlurch *m*

baturrillo [batu'rriʎo] *m* Mischmasch *m*

baturro, -a [ba'turro, -a] **I.** *adj* ① *(testarudo)* dickköpfig ② *(aragonés)* aragonisch **II.** *m, f* ① *(aragonés)* aragonischer Bauer, aragonische Bäuerin *m, f* ② *(persona tosca)* ungehobelte Person *f*

batuta [ba'tuta] *f* (MÚS) Taktstock *m;* **llevar la ~** *(fam fig)* den Ton angeben

baúl [ba'ul] *m* ① *(mueble)* Truhe *f;* **~ de viaje** Schrankkoffer *m* ② *(Am: portamaletas)* Kofferraum *m* ③ *(fam: vientre)* Wanst *m*

bausán, -ana [bau̯'san, -ana] **I.** *adj* ① *(tonto)* dumm ② *(Am: perezoso)* faul **II.** *m, f* Strohpuppe *f*

bautismal [bau̯tis'mal] *adj* Tauf-; **pila ~** Taufbecken *nt*
bautismo [bau̯'tismo] *m* Taufe *f;* **~ de sangre** Märtyrertod *m*
bautista [bau̯'tista] *mf* Baptist(in) *m(f);* **San Juan B~** Johannes der Täufer
bautizar [bau̯ti'θar] <z → c> *vt* ① (REL) taufen ② *(fam: mojar)* bespritzen ③ *(fam: leche)* verwässern; **~ el vino** Wein panschen
bautizo [bau̯'tiθo] *m* Taufe *f; (ceremonia)* Taufakt *m; (fiesta)* Tauffeier *f*
bauxita [bau̯ˠ'sita] *f* Bauxit *m*
bávaro, -a ['baβaro, -a] **I.** *adj* bay(e)risch **II.** *m, f* Bayer(in) *m(f)*
Baviera [ba'βjera] *f* Bayern *nt*
baya ['baɟa] *f* (BOT) Beere *f*
bayeta [ba'ɟeta] *f* ① *(tela de lana)* grober Flanell *m* ② *(para fregar)* Scheuerlappen *m,* Putzlappen *m*
bayoneta [baɟo'neta] *f* Bajonett *nt*
baza ['baθa] *f* ① *(naipes)* Stich *m;* **meter ~** *(fam)* sich einmischen (**en** in +*akk*) ② *(provecho)* Nutzen *m;* **sacar ~ de algo** seinen Vorteil aus etw *dat* ziehen
bazar [ba'θar] *m* ① *(mercado)* Basar *m* ② *(gran almacén)* Warenhaus *nt*
bazo ['baθo] *m* (ANAT) Milz *f*
bazofia [ba'θofja] *f* ① *(restos de comida)* Speisereste *mpl* ② *(comida)* Fraß *m fam abw* ③ *(cosa)* Schund *m*
bazuca [ba'θuka] *f* Bazooka *f*
bazucar [baθu'kar] <c → qu> *vt* schütteln
be [be] **I.** *interj* mäh! **II.** *f* B *nt*
beata [be'ata] *f* ① (REL) Laienschwester *f* ② *(pey: mujer devota)* Betschwester *f* ③ (HIST: *fam: moneda)* Pesete *f*
beatificación [beatifika'θjon] *f* Seligsprechung *f*
beatificar [beatifi'kar] <c → qu> *vt* seligsprechen
beato, -a [be'ato, -a] **I.** *adj* ① *(elev: feliz)* glücklich ② *(beatificado)* selig ③ *(piadoso)* fromm **II.** *m, f* ① *(persona beatificada)* Selige(r) *mf* ② *(exageradamente devota)* Frömmler(in) *m(f)*
bebe, -a ['beβe, -a] *m, f (Am)* Baby *nt*
bebé [be'βe] *m* Baby *nt;* **~ prematuro** Frühchen *nt*
bebedera [beβe'ðera] *f (Méx)* Besäufnis *f o nt*
bebedero [beβe'dero] *m* ① *(para animales)* Tränke *f; (para animales domésticos)* Trinkschale *f* ② *(de jarro)* Schnabel *m*
bebedizo [beβe'ðiθo] *m (medicinal)* Heiltrunk *m; (enamoradizo)* Liebestrank *m*
bebedor(a) [beβe'ðor(a)] **I.** *adj* trinkfreudig **II.** *m(f)* Trinker(in) *m(f)*
bebé probeta [be'βe pro'βeta] *m* <bebés probeta> Retortenbaby *nt*
beber [be'βer] **I.** *vi, vt* ① *(líquido)* trinken; **~ de la botella** aus der Flasche trinken ② *(información)* begierig aufnehmen **II.** *vr:* **~se** trinken; *(completamente)* austrinken; **bebérselo todo** ganz austrinken
bebible [be'βiβle] *adj* trinkbar
bebida [be'βiða] *f* ① *(lo que se bebe)* Getränk *nt;* **~ energética** Energiedrink *m* ② *(el beber alcohol)* Trinken *nt; (como vicio)* Trunksucht *f;* **darse a la ~** dem Alkohol verfallen
bebido, -a [be'βiðo, -a] *adj* angetrunken
bebienda [be'βjen̪da] *f (fam)* Getränk *nt*
beca ['beka] *f* ① *(de estudios)* Stipendium *nt;* **conceder una ~ a alguien** jdm ein Stipendium gewähren ② *(de capa)* Kapuze *f*
becada [be'kaða] *f* (ZOOL) Waldschnepfe *f*
becado, -a [be'kaðo, -a] *m, f v.* **becario**
becar [be'kar] <c → qu> *vt* ein Stipendium gewähren +*dat*
becario, -a [be'karjo, -a] *m, f* Stipendiat(in) *m(f)*
becerro[1] [be'θerro] *m* Kalb(s)leder *nt*
becerro, -a[2] [be'θerro, -a] *m, f* Kalb *nt;* **el ~ de oro** das Goldene Kalb
bechamel [betʃa'mel] *f* Béchamelsoße *f*
bedel(a) [be'ðel(a)] *m(f)* Hausmeister(in) *m(f)*
beduino, -a [be'ðwino, -a] **I.** *adj* beduinisch **II.** *m, f* Beduine, -in *m, f*
befa ['befa] *f* Spott *m,* Hohn *m;* **hacer ~ de alguien/algo** seinen Spott mit jdm/etw treiben, jdn/etw verspotten, sich über jdn/etw lustig machen
befar [be'far] **I.** *vt (elev)* verspotten **II.** *vr:* **~se** *(elev)* sich lustig machen (**de** über +*akk*), spotten (**de** über +*akk*)
befo[1] ['befo] *m* Unterlippe *f (des Pferdes)*
befo, -a[2] ['befo, -a] *adj* ① *(belfo)* dicklippig ② *(zambo)* krummbeinig
begonia [be'ɣonja] *f* (BOT) Begonie *f*
beicon ['bei̯kon] *m* Bacon *m,* Schinkenspeck *m,* (geräucherter) Speck *m*
beis [bei̯s] **I.** *adj* beige **II.** *m* Beige *nt*
béisbol ['beisβol] *m sin pl* (DEP) Baseball *m*
bejuco [be'xuko] *m* Liane *f*
Belcebú [bel̞θe'βu] *m* Beelzebub *m*
beldad [bel̞'da^{ð}] *f (elev)* Schönheit *f*
belén [be'len] *m* ① *(nacimiento)* (Weihnachts)krippe *f* ② *(fam: confusión)* Durcheinander *nt*
Belén [be'len] *m* Bethlehem *nt*
belfo ['belfo] *m* ① *(de animales)* Unterlippe *f; (de perros)* Lefze *f* ② *(de personas)* dicke Unterlippe *f*

belga ['belɣa] **I.** *adj* belgisch **II.** *mf* Belgier(in) *m(f)*
Bélgica ['belxika] *f* Belgien *nt*
Belgrado [bel'ɣraðo] *m* Belgrad *nt*
Belice [be'liθe] *m* Belize *nt*
belicismo [beli'θismo] *m* kriegerische Gesinnung *f*
belicista [beli'θista] **I.** *adj* kriegshetzerisch **II.** *mf* Kriegstreiber(in) *m(f)*
bélico, -a ['beliko, -a] *adj* kriegerisch
belicoso, -a [beli'koso, -a] *adj (población)* kriegerisch; *(persona)* kampflustig
beligerancia [belixe'ran̪θja] *f* Kriegszustand *m*
beligerante [belixe'ran̪te] **I.** *adj* Krieg führend; **actitud** ~ aggressive Haltung **II.** *mf* Kriegführende(r) *mf*
bellaco, -a [be'ʎako, -a] **I.** *adj* gemein **II.** *m, f* Schurke, -in *m, f*
belladona [beʎa'ðona] *f* (BOT) Tollkirsche *f,* Belladonna *f*
bellaquear [beʎake'ar] *vi* ❶ *(persona)* betrügen ❷ *(Am: caballo)* sich bäumen
bellaquería [beʎake'ria] *f* ❶ *(acción)* Gaunerei *f* ❷ *(cualidad)* Gemeinheit *f*
belleza [be'ʎeθa] *f* Schönheit *f*
bello, -a ['beʎo, -a] *adj* schön; *(de forma)* wohlgeformt
bellota [be'ʎota] *f* ❶ *(fruto)* Eichel *f* ❷ *(capullo)* Nelkenknospe *f*
bellotero, -a [beʎo'tero, -a] *m, f* Eichelsammler(in) *m(f)*
bemba ['bemba] *f (Am: pey)* dicklippiger Mund *m*
bembo, -a ['bembo, -a] *adj (Am)* dumm
bemol [be'mol] **I.** *adj* (MÚS) vermindert **II.** *m* (MÚS) Erniedrigungszeichen *nt*
benceno [ben̪'θeno] *m* (QUÍM) Benzol *nt*
bencina [ben̪'θina] *f* Benzin *nt*
bendecir [ben̪de'θir] *vt irr como decir* ❶ *(sacerdote)* segnen; ~ **la mesa** das Tischgebet sprechen ❷ *(alabar)* loben ❸ *(consagrar)* weihen ❹ *(una cosa)* absegnen
bendición [ben̪di'θjon] *f* ❶ *(acto)* (Ein)segnung *f; (palabras)* Segensspruch *m* ❷ *(efecto)* Segen *m* ❸ *(cosa magnífica)* Wohltat *f* ❹ *pl (casamiento)* kirchliche Trauung *f*
bendito, -a [ben̪'dito, -a] **I.** *adj* ❶ (REL) gesegnet; *(agua)* geweiht; *(santo)* heilig; **¡~ sea!** *(fam)* verflixt noch mal! ❷ *(dichoso)* (glück)selig ❸ *(simple)* einfältig **II.** *m, f* (gutmütiger) Trottel *m*
benedicite [beneði'θite] *m,* **benedícite** [bene'ðiθite] *m* (REL) Tischgebet *nt*
benedictino, -a [beneðik'tino, -a] **I.** *adj* (REL) Benediktiner- **II.** *m, f* (REL) Benediktiner(in) *m(f)*
benefactor(a) [benefak'tor(a)] **I.** *adj* wohltätig **II.** *m(f)* Wohltäter(in) *m(f)*
beneficencia [benefi'θen̪θja] *f* ❶ *(organización)* Wohlfahrtspflege *f* ❷ *(virtud)* Wohltätigkeit *f*
beneficiado, -a [benefi'θjaðo, -a] **I.** *adj* begünstigt **II.** *m, f* Begünstigte(r) *mf*
beneficiar [benefi'θjar] **I.** *vt* ❶ *(favorecer)* zustattenkommen +*dat,* nützen +*dat* ❷ *(tierra)* bebauen ❸ *(mina)* abbauen ❹ *(mineral)* aufbereiten ❺ *(Am: animal)* (für den Verkauf) schlachten **II.** *vr:* **~se** ❶ *(sacar provecho)* Nutzen ziehen (**de/con** aus +*dat*) ❷ *(pey: enriquecerse)* sich bereichern (**de/con** an +*dat*)
beneficiario, -a [benefi'θjarjo, -a] *m, f* Nutznießer(in) *m(f); (de una letra de crédito)* Begünstigte(r) *mf;* ~ **de la pensión** Rentenbezieher *m*
beneficio [bene'fiθjo] *m* ❶ *(bien)* Wohltat *f* ❷ *(provecho)* Nutzen *m;* **a ~ de** zugunsten +*gen* ❸ (FIN) Gewinn *m* ❹ *(cargo eclesiástico)* Pfründe *f* ❺ *(espectáculo)* Benefizveranstaltung *f* ❻ *(Am: matanza)* Schlachten *nt*
beneficioso, -a [benefi'θjoso, -a] *adj* ❶ *(favorable)* vorteilhaft ❷ *(útil)* nützlich ❸ *(productivo)* einträglich
benéfico, -a [be'nefiko, -a] *adj* ❶ *(que hace bien)* wohltuend ❷ *(caritativo)* wohltätig
beneplácito [bene'plaθito] *m* ❶ *(permiso)* Genehmigung *f* ❷ *(consentimiento)* Zustimmung *f*
benevolencia [beneβo'len̪θja] *f* Wohlwollen *nt;* **con** ~ wohlwollend
benévolo, -a [be'neβolo, -a] *adj* ❶ *(favorable)* wohlgesinnt ❷ *(clemente)* nachsichtig
bengala [beŋ'gala] *f* Leuchtrakete *f; (pequeña)* Wunderkerze *f*
benignidad [beniɣni'ðað] *f* ❶ *(de una persona)* Güte *f* ❷ *(del clima)* Milde *f*
benigno, -a [be'niɣno, -a] *adj* ❶ *(persona)* gütig (**con** zu +*dat*) ❷ *(clima)* mild ❸ (MED) gutartig
Benín [be'nin] *m* Benin *nt*
benjamín[1] [beŋxa'min] *m* Pikkolo *m*
benjamín, -ina[2] [beŋxa'min, -ina] *m, f* ❶ *(hijo menor)* Benjamin *m* ❷ *(de un grupo)* Jüngste(r) *mf*
benzol [ben̪'θol] *m sin pl* (QUÍM) Benzol *nt*
beodo, -a [be'oðo, -a] **I.** *adj* betrunken **II.** *m, f* Trinker(in) *m(f)*
berberecho [berβe'retʃo] *m* Herzmuschel *f*
berberisco, -a [berβe'risko, -a] **I.** *adj* Berber-, berberisch **II.** *m, f* Berber(in) *m(f)*
berbiquí [berβi'ki] *m* Drillbohrer *m*

B

bereber [bere'βer], **beréber** [be'reβer] **I.** *adj* berberisch **II.** *mf* Berber(in) *m(f)*
berebere [bere'βere] *adj* berberisch
berenjena [bereŋ'xena] *f* (BOT) Aubergine *f*
berenjenal [bereŋxe'nal] *m* Auberginenfeld *nt;* **meterse en un ~** *(fig)* sich in die Nesseln setzen
bergamota [berɣa'mota] *f* (BOT) ❶ *(lima)* Bergamotte *f* ❷ *(pera)* Bergamotte(birne) *f*
bergante [ber'ɣan̪te] *m* Gauner *m*
bergantín [ber'ɣan̪te] *m* (NÁUT) Brigg *f*
berilio [be'riljo] *m* (QUÍM) Beryllium *nt*
Berlín [ber'lin] *m* Berlin *nt*
berlina [ber'lina] *f* ❶ *(vehículo)* Limousine *f;* **~ de dos volúmenes** Fließhecklimousine *f* ❷ *(Am: pastel)* Berliner *m*
berlinés, **-esa** [berli'nes, -esa] **I.** *adj* berlinerisch, Berliner **II.** *m, f* Berliner(in) *m(f)*
bermejo, **-a** [ber'mexo, -a] *adj* scharlachrot; *(de cabello)* rotblond; *(de animales)* rotbraun
bermellón [berme'ʎon] *m* Zinnober *m*
bermudas [ber'muđas] *mpl* Bermudashorts *pl*
Berna ['berna] *f* Bern *nt*
berrear [berre'ar] *vi* ❶ *(animal)* brüllen; *(oveja)* blöken ❷ *(llorar)* plärren ❸ *(fam: cantar desentonadamente)* grölen ❹ *(chillar)* kreischen
berrido [be'rriđo] *m* ❶ *(de animales)* Brüllen *nt; (de ovejas)* Blöken *nt* ❷ *(lloro)* Plärren *nt* ❸ *(fam: canto desentonado)* Grölen *nt* ❹ *(chillido)* Kreischen *nt*
berrinche [be'rrintʃe] *m (fam)* ❶ *(llorera)* Geplärre *nt* ❷ *(enfado)* Wutanfall *m*
berrinchudo, **-a** [berrin'tʃuđo, -a] *adj (Am)* jähzornig
berro ['berro] *m* (BOT) (Brunnen)kresse *f*
berza ['berθa] *f* Kohl *m*
berzal [ber'θal] *m* Kohlfeld *nt*
berzas ['berθas] *mf inv (fam)* Flasche *f;* **eres una ~** du bist eine Vollidiotin
berzotas [ber'θotas] *mf inv (fam)* Niete *f*
besamanos [besa'manos] *m inv* ❶ *(recepción)* (königliche) Audienz *f* ❷ *(saludo)* Handkuss *m*
besar [be'sar] **I.** *vt* ❶ *(personas)* küssen ❷ *(fam: objetos)* berühren **II.** *vr:* **~se** ❶ *(personas)* sich küssen ❷ *(tocarse dos objetos)* sich berühren; *(chocar)* aneinanderstoßen
beso ['beso] *m* ❶ *(entre personas)* Kuss *m* ❷ *(entre objetos)* Zusammenstoß *m*
bestia¹ ['bestja] *f* ❶ (ZOOL) Tier *nt* ❷ *(animal salvaje)* Bestie *f*
bestia² ['bestja] **I.** *adj* brutal **II.** *mf* ❶ *(persona bruta)* Rohling *m; (grosera)* Rüpel *m* ❷ *(ignorante)* Dummkopf *m*
bestial [bes'tjal] *adj* ❶ *(propio de una bestia)* viehisch ❷ *(muy brutal)* bestialisch ❸ *(fam: muy intensivo)* tierisch; *(muy grande)* riesengroß; *(muy bueno)* (wahnsinnig) toll
bestialidad [bestjali'đa^đ] *f* ❶ *(cualidad)* Bestialität *f* ❷ *(crueldad)* Gräueltat *f* ❸ *(fam: gran cantidad)* Unmenge *f*
besucón, **-ona** [besu'kon, -ona] *adj (fam)* verschmust
besugo [be'suɣo] *m* ❶ (ZOOL) Brasse *f* ❷ *(fam: persona)* Schwachkopf *m*
besuquear [besuke'ar] *vt* (ab)küssen
besuqueo [besu'keo] *m* Knutscherei *f fam*
beta ['beta] *f* Beta *nt;* **la ~ griega** der griechische Buchstabe Beta
betabel [beta'βel] *f (Méx: remolacha)* Rübe *f;* **~ forrajera** Futterrübe *f*
betarraga [beta'rraɣa] *f (Am)* Rote Bete *f*
bético, **-a** ['betiko, -a] *adj (elev)* andalusisch
betún [be'tun] *m* ❶ (QUÍM) Bitumen *nt* ❷ *(para el calzado)* Schuhcreme *f;* **negro como el ~** pechschwarz
bezo ['beθo] *m* ❶ *(labio abultado)* dicke Lippe *f* ❷ *(de una herida)* wildes Gewebe *nt*
biaba ['bjaβa] *f (Arg, Urug: cachetada)* Ohrfeige *f; (paliza)* Tracht *f* Prügel; **dar la ~** *(pegar)* verprügeln; *(derrotar)* besiegen
bianual [bianu'al] *adj* halbjährlich
biatlón [bia^đ'lon] *m* (DEP) Biathlon *nt*
biberón [biβe'ron] *m* (Saug)flasche *f*
Biblia ['biβlja] *f* Bibel *f*
bíblico, **-a** ['biβliko, -a] *adj* biblisch
bibliobús [biβljo'bus] *m* Bücherbus *m*
bibliófilo, **-a** [bi'βljofilo, -a] *m, f* Bücherliebhaber(in) *m(f)*
bibliografía [biβljoɣra'fia] *f* Bibliografie *f*
bibliográfico, **-a** [biβljo'ɣrafiko, -a] *adj* bibliografisch
bibliógrafo, **-a** [bi'βljoɣrafo, -a] *m, f* Bibliograf(in) *m(f)*
biblioteca [biβljo'teka] *f* ❶ *(local)* Bücherei *f;* **~ de consulta** Präsenzbibliothek *f* ❷ *(mueble)* Bücherschrank *m* ❸ *(estantería)* Bücherregal *nt*
bibliotecario, **-a** [biβljote'karjo, -a] *m, f* Bibliothekar(in) *m(f)*
BIC [bik] *m inv* (FIN) *abr de* **Business Identifier Code** BIC *m*
bicampeón, **-ona** [bikampe'on, -ona] *m, f* zweifacher Champion *m*
bicarbonatado, **-a** [bikarβona'tađo, -a] *adj* (QUÍM) Bikarbonat-

bicarbonato [bikarβo'nato] *m* (QUÍM) Bikarbonat *nt;* ~ **sódico** Natron *nt*
bicéfalo, -a [bi'θefalo, -a] *adj* doppelköpfig
bíceps ['biθeβs] *m inv* (ANAT) Bizeps *m*
bicha ['bitʃa] *f* ❶ *(fam: serpiente)* Schlange *f* ❷ *(figura)* Fabeltier *nt*
bicharraco [bitʃa'rrako] *m* ❶ *(pey: bicho)* Vieh(zeug) *nt* ❷ *(persona)* Scheusal *nt*
bicho ['bitʃo] *m* ❶ *(animal)* (kleines) Tier *nt* ❷ (TAUR) (Kampf)stier *m* ❸ *(persona)* Kerl *m;* ~ **raro** komischer Kauz; **mal** ~ Aas *nt* ❹ *(vulg: pene)* Schwanz *m fam* ❺ *pl (insectos)* Ungeziefer *nt*
bici ['biθi] *f abr de* **bicicleta** *(fam)* Rad *nt*
bicicleta [biθi'kleta] *f* Fahrrad *nt;* ~ **de carreras** Rennrad *nt;* ~ **estática** Hometrainer *m;* ~ **de montaña** Mountainbike *nt;* ~ **de carretera** Tourenfahrrad *nt;* ~ **eléctrica** Elektrofahrrad *nt;* ~ **de alquiler** Leihfahrrad *nt*
bicicross [biθi'kros] *m sin pl* Mountainbiking *nt*
bicisenda [biθi'seṇda] *f (Arg)* Fahrradweg *m*
bicoca [bi'koka] *f* ❶ *(fam: pequeñez)* Lappalie *f* ❷ *(fam: ganga)* Schnäppchen *nt* ❸ *(Am: de eclesiásticos)* (Scheitel)käppchen *nt*
bicolor [biko'lor] *adj* zweifarbig
bidé [bi'ðe] *m* <bidés>, **bidet** [bi'ðe] *m* <bidets> Bidet *nt*
bidimensional [biðimensjo'nal] *adj* zweidimensional
bidireccional [biðireʸθjo'nal] *adj* (INFOR) bidirektional
bidón [bi'ðon] *m* Kanister *m;* ~ **de aceite** Ölkanister *m;* ~ **de basura** Mülltonne *f*
biela [bi'ela] *f* ❶ (TÉC) Pleuelstange *f* ❷ *(de la bicicleta)* Tretkurbel *f*
bielda ['bjeḷda] *f* (AGR) ❶ *(bieldo)* Strohgabel *f* ❷ *(acción de bieldar)* Worfeln *nt*
bieldo ['bjeḷdo] *m (en forma de tenedor)* Heugabel *f; (en forma de rastrillo)* Rechen *m*
Bielorrusia [bjelo'rrusja] *f* Weißrussland *nt*
bielorruso, -a [bjelo'rruso, -a] **I.** *adj* weißrussisch **II.** *m, f* Weißrusse, -in *m, f*
bien ['bjen] **I.** *m* ❶ *(bienestar)* Wohl *nt* ❷ *(bondad moral)* Gute(s) *nt* ❸ *(provecho)* Nutzen *m* ❹ (ECON) Gut *nt* ❺ *pl (posesiones)* Güter *ntpl; (riqueza)* Vermögen *nt;* ~**es inmuebles** Immobilien *fpl;* ~**es de la tierra** landwirtschaftliche Erzeugnisse **II.** *adv* ❶ *(de modo conveniente)* gut; *(correctamente)* richtig; **ahora** ~ also; **y** ~ nun; ~ **mirado** eigentlich; **estar** ~ **de salud** gesund sein; **estar (a)** ~ **con alguien** mit jdm auf gutem Fuß stehen; **hacer algo** ~ etw richtig machen; **hacer** ~ **en...** *+inf* gut daran tun, zu ... *+inf;* **¡pórtate ~!** benimm dich!; **tener a ~...** *+inf* es für richtig halten, zu ... *+inf;* **te está** ~ das geschieht dir recht ❷ *(con gusto)* wohl; *(agradable)* schön ❸ *(seguramente)* sicher ❹ *(muy)* sehr; *(bastante)* recht; **es ~ fácil** es ist ganz einfach ❺ *(asentimiento)* einverstanden; **¡está ~!** in Ordnung! ❻ *(loc)* ~ **es verdad que...** es ist wohl wahr, dass ...; ~ **que mal** jedenfalls **III.** *adj* vornehm **IV.** *conj* ❶ *(aunque)* ~ **que** obschon; **si** ~ obwohl ❷ *(o... o)* ~**...** ~**...** entweder ... oder ... ❸ *(apenas)* **no** ~**... (cuando...)** kaum ... (als ...) **V.** *interj* prima!
bienal [bie'nal] **I.** *adj (durante dos años)* zweijährig; *(cada dos años)* zweijährlich **II.** *f* Biennale *f*
bienandante [bjenaṇ'daṇte] *adj* glücklich
bienandanza [bjenaṇ'daṇθa] *f* Glück *nt*
bienaventurado, -a [bjenaβeṇtu'raðo, -a] **I.** *adj* ❶ *(afortunado)* (über)glücklich ❷ (REL) selig ❸ *(inocente)* einfältig **II.** *m, f* ❶ (REL) Selige(r) *mf* ❷ *(inocente)* Einfaltspinsel *m*
bienaventuranza [bjenaβeṇtu'raṇθa] *f* ❶ (REL: *gloria*) Seligkeit *f* ❷ *(fortuna)* Glück *nt* ❸ *pl* (REL: *las ocho*) Seligpreisung *f*
bienestar [bjenes'tar] *m* ❶ *(estado)* Wohlbefinden *nt* ❷ *(sentimiento)* Wohlgefühl *nt* ❸ *(riqueza)* Wohlstand *m;* **estado del** ~ Wohlfahrtsstaat *m*
bienhablado, -a [bjena'βlaðo, -a] *adj* redegewandt
bienhadado, -a [bjena'ðaðo, -a] *adj* glücklich, vom Glück begünstigt
bienhechor(a) [bjene'tʃor(a)] **I.** *adj* wohltätig **II.** *m(f)* Wohltäter(in) *m(f)*
bienintencionado, -a [bjeniṇteṇθjo'naðo, -a] *adj* gut gemeint
bienio [bi'enjo] *m* Biennium *nt*
bienmandado, -a [bjeⁿmaṇ'daðo, -a/ bjeᵐmaṇ'daðo, -a] *adj (fam)* gehorsam
bienpensante [bjempen'saṇte] **I.** *adj* strenggläubig **II.** *mf* strenggläubiger Mensch *m*
bienquerer [bjeŋke'rer] *irr como querer* **I.** *vt irr* mögen **II.** *m* ❶ *(afecto)* Zuneigung *f* ❷ *(buena voluntad)* Wohlwollen *nt*
bienquisto, -a [bjeŋ'kisto, -a] *adj* beliebt (**de/por** bei *+dat*), geschätzt (**de/por** von *+dat*)
bienvenida [bjembe'niða] *f* ❶ *(llegada)* glückliche Ankunft *f* ❷ *(saludo)* Willkommen *nt;* **dar la** ~ **a alguien** jdn willkommen heißen
bienvenido, -a [bjembe'niðo, -a] **I.** *interj* willkommen!; **¡~ a España/a casa!** will-

B

kommen in Spanien/zu Hause! **II.** *adj* willkommen

bife ['bife] *m* *(Am)* ❶ *(carne)* Steak *nt* ❷ *(sopapo)* Ohrfeige *f*

bifocal [bifo'kal] *adj* bifokal

bifurcación [bifurka'θjon] *f* *(de una carretera)* Abzweigung *f*; *(de un camino)* Gab(e)lung *f*

bifurcado, -a [bifur'kaðo, -a] *adj* gabelförmig

bifurcarse [bifur'karse] <c → qu> *vr* sich gabeln

bigamia [bi'ɣamja] *f* Doppelehe *f*

bígamo, -a ['biɣamo, -a] **I.** *adj* in Doppelehe lebend **II.** *m, f* Bigamist(in) *m(f)*

bigardo, -a [bi'ɣarðo, -a] **I.** *adj* ❶ *(vago)* müßig, untätig ❷ *(licencioso)* liederlich, ausschweifend **II.** *m, f* ❶ *(vago)* Müßiggänger(in) *m(f)* ❷ *(libertino)* ausschweifend lebender Mensch *m*, Wüstling *m abw*

big bang [biɣ βaŋ] *f* Urknall *m*

bigote [bi'ɣote] *m* ❶ *(de hombre)* Schnurrbart *m*; **estar de ~(s)** *(fam)* toll sein ❷ *pl* (ZOOL) Schnurrhaare *ntpl* ❸ *(Am: croqueta)* Krokette *f*

bigotudo, -a [biɣo'tuðo, -a] *adj* schnauzbärtig

bigudí [biɣu'ði] *m* Lockenwickler *m*

bikini [bi'kini] *m* Bikini *m*

bilateral [bilate'ral] *adj* bilateral

biliar [bi'ljar] *adj* Gallen-

bilingüe [bi'liŋgwe] **I.** *adj* zweisprachig **II.** *mf* zweisprachige Person *f*

bilingüismo [biliŋ'gwismo] *m sin pl* Zweisprachigkeit *f*

bilis ['bilis] *f inv* ❶ (ANAT) Galle *f* ❷ *(cólera)* Wut *f*

billar [bi'ʎar] *m* ❶ *(juego)* Billard(spiel) *nt*; **~ americano** Pool(billard) *nt* ❷ *(mesa)* Billardtisch *m*

billete [bi'ʎete] *m* ❶ *(pasaje)* Fahrschein *m*; **~ de ida y vuelta** Rückfahrkarte *f*; **sacar un ~** eine Fahrkarte lösen ❷ *(entrada)* Eintrittskarte *f* ❸ (FIN) (Geld)schein *m* ❹ *(en una rifa)* (Lotterie)los *nt*; **~ premiado** Treffer *m*; **~ no premiado** Niete *f* ❺ *(mensaje breve)* kurze Mitteilung *f*

billetera [biʎe'tera] *f*, **billetero** [biʎe'tero] *m* Brieftasche *f*

billón [bi'ʎon] *m* Billion *f*

billonario, -a [biʎo'narjo, -a] *m, f* Billionär(in) *m(f)*

bimba ['bimba] *f* ❶ *(fam: sombrero)* Zylinder(hut) *m* ❷ *(Am: embriaguez)* Rausch *m*

bimensual [bimen'swal] *adj* zweimal im Monat stattfindend

bimestral [bimes'tral] *adj* *(duración)* zweimonatig; *(repetición)* zweimonatlich

bimetalismo [bimeta'lismo] *m* (ECON) Doppelwährung *f*, Bimetallismus *m*

binar [bi'nar] *vt* zum zweiten Male tun

binario, -a [bi'narjo, -a] *adj* binär; **compás ~** (MÚS) Zweivierteltakt *m*

bingo ['biŋgo] *m* Bingo *nt*

binocular [binoku'lar] *adj* binokular

binoculares [binoku'lares] *mpl* Fernglas *nt*

binóculo [bi'nokulo] *m* Kneifer *m*

binomio [bi'nomjo] *m* (MAT) Binom *nt*

bioactivo, -a [bioak'tiβo, -a] *adj* bioaktiv

bioagricultura [bioaɣrikul̩'tura] *f* (AGR) biologische Landwirtschaft *f*

bioalgodón [bioalɣo'ðon] *m* Biobaumwolle *f*

biobasura [bioβa'sura] *f* (ECOL) Biomüll *m*

biocarburante [biokarβu'ran̩te] *m* Biobenzin *nt*

biodegradable [bioðeɣra'ðaβle] *adj* biologisch abbaubar

biodegradar [bioðeɣra'ðar] *vt* (BIOL) biologisch abbauen

biodiversidad [bioðiβersi'ða^ð] *f* Artenvielfalt *f*; **Tratado de B~** Artenschutzabkommen *nt*

bioelectricidad [bioelektriθi'ða^ð] *f* (BIOL) Bioelektrizität *f*

bioenergía [bioener'xia] *f* Bioenergie *f*

bioética [bio'etika] *f* Bioethik *f*

biofísica [bio'fisika] *f* Biophysik *f*

biogas [bio'ɣas] *m* Biogas *nt*

biogenética [bioxe'netika] *f* Biogenetik *f*

biografía [bjoɣra'fia] *f* Biografie *f*

biográfico, -a [bjo'ɣrafiko, -a] *adj* biografisch

biógrafo[1] [bi'oɣrafo] *m* *(Am)* Kino *nt*

biógrafo, -a[2] [bi'oɣrafo, -a] *m, f* Biograf(in) *m(f)*

bioinformática [bioiɱfor'matika] *f* Bioinformatik *f*

bioingeniería [bioiŋxenje'ria] *f* Biotechnik *f*

biología [biolo'xia] *f* Biologie *f*

biológico, -a [bio'loxiko, -a] *adj* biologisch, Bio-; **guerra biológica** biologische Kriegsführung

biólogo, -a [bi'oloɣo, -a] *m, f* Biologe, -in *m, f*

biomasa [bio'masa] *f* (BIOL) Biomasse *f*

biombo [bi'ombo] *m* spanische Wand *f*

biomecánica [biome'kanika] *f* Biomechanik *f*

biomedicina [biomeði'θina] *f* Biomedizin *f*

biometría [biome'tria] *f* Biometrie *f*

biométrico, -a [bio'metriko] *adj* biometrisch

biopsia [bi'oβsja] *f* (MED) Biopsie *f*

bioquímica [bio'kimika] *f* Biochemie *f*
bioquímico, -a [bio'kimiko, -a] *adj* biochemisch
biorritmo [bio'rriðmo] *m* Biorhythmus *m*
biosfera [bios'fera] *f* Biosphäre *f*
biosíntesis [bio'sin̩tesis] *f inv* Biosynthese *f*
biosistema [biosis'tema] *m* Biosystem *nt*
biotecnología [bioteknolo'xia] *f* Biotechnologie *f*
biotopo ['biotopo] *m* Biotop *m o nt*
bióxido [bi'oˠsiðo] *m* (QUÍM) Dioxyd *nt*
bipartidismo [biparti'ðismo] *m* (POL) Zweiparteiensystem *nt*
bípedo, -a ['bipeðo, -a] **I.** *adj* zweibeinig **II.** *m, f* Zweifüßer *m*
biplano [bi'plano] *m* Doppeldecker *m*
biplaza [bi'plaθa] **I.** *adj* zweisitzig **II.** *m* Zweisitzer *m*
bipolar [bipo'lar] *adj* (FÍS, ELEC) bipolar, zweipolig
bipolaridad [bipolari'ðaᵈ] *f* (FÍS) Bipolarität *f*
biquini [bi'kini] *m* Bikini *m*
birdie ['berði] *m* (DEP: *golf*) Birdie *nt*
birlar [bir'lar] *vt* *(fam)* ① *(hurtar)* wegschnappen; **Carlos le birló la novia** Carlos hat ihm die Freundin ausgespannt ② *(derribar)* niederschlagen
birmano, -a [bir'mano, -a] **I.** *adj* birmanisch **II.** *m, f* Birmane, -in *m, f*
birome [bi'rome] *f (Arg)* Kugelschreiber *m*
birote [bi'rote] *m (AmC)* Weißbrot *nt*
birra ['birra] *f (argot)* Bier *nt*
birrete [bi'rrete] *m* ① *(de clérigos)* Birett *nt* ② *(de catedráticos, jueces)* Barett *nt*
birria ['birrja] *f* ① *(persona)* Vogelscheuche *f* ② *(objeto)* Plunder *m* ③ *(obra)* Schund *m*
biruje [bi'ruxe] *m (Am)*, **biruji** [bi'ruxi] *m* eisiger Wind *m*
bis [bis] **I.** *interj* noch einmal! **II.** *m* (MÚS) Wiederholung *f* **III.** *adv* ① (MÚS) da capo ② *(añadido a un número)* a; **7 ~** 7a
bisabuelo, -a [bisa'βwelo, -a] *m, f* Urgroßvater, -mutter *m, f*
bisagra [bi'saɣra] *f* ① *(charnela)* Scharnier *nt* ② *(quicio)* Türangel *f*
bisar [bi'sar] *vt* (MÚS, TEAT) wiederholen
bisbis(e)ar [bisβise'ar/bisβi'sar] *vt (fam)* ① *(musitar)* murmeln ② *(cuchichear)* flüstern
biscote [bis'kote] *m* Zwieback *m*
biscuit [bis'kwit] <biscuits> *m* ① (GASTR: *bizcocho*) Biskuit *nt o m* ② *(porcelana)* Biskuitporzellan *nt*
bisecar [bise'kar] <c → qu> *vt* (MAT) halbieren
bisección [biseˠ'θjon] *f* (MAT) Halbierung *f*
biselar [bise'lar] *vt* abschrägen
bisexual [biseˠ'swal] *adj* ① *(persona)* bisexuell ② (BIOL) doppelgeschlechtig
bisexualidad [biseˠswali'ðaᵈ] *f sin pl* ① *(de una persona)* Bisexualität *f* ② (BIOL) Doppelgeschlechtigkeit *f*
bisiesto [bi'sjesto] *adj* **año ~** Schaltjahr *nt*
bisílabo, -a [bi'silaβo, -a] *adj* zweisilbig
bismuto [bis'muto] *m* (QUÍM) Wismut *nt*
bisnieto, -a [bis'njeto, -a] *m, f* Urenkel(in) *m(f)*
bisonte [bi'son̩te] *m (americano)* Bison *m; (europeo)* Wisent *m*
bisoñé [biso'ɲe] *m* Toupet *nt*
bisoño, -a [bi'soɲo, -a] **I.** *adj* ① *(inexperto)* unerfahren ② *(nuevo)* neu **II.** *m, f (novato)* Neuling *m*
bisté [bis'te] *m* <bistés>, **bistec** [bis'te] *m* <bistecs> (Beef)steak *nt*
bisturí [bistu'ri] *m* Skalpell *nt*
bisunto, -a [bi'sun̩to, -a] *adj* ① *(grasiento)* schmierig ② *(sucio)* schmutzig
bisutería [bisute'ria] *f* ① *(joyas)* Modeschmuck *m* ② *(tienda)* Geschäft *nt* für Modeschmuck ③ *(industria)* Modeschmuckindustrie *f*
bit [biᵗ] *m* <bits> (INFOR) Bit *nt;* **~ de parada** Stoppbit *nt*
bita ['bita] *f* (NÁUT) Beting *f*
bitácora [bi'takora] *f* ① (NÁUT) Kompasshaus *nt;* **cuaderno de ~** Logbuch *nt* ② (INFOR) Blog *nt o m*
bitio ['bitjo] *m* (INFOR) Bit *nt*
bitoque [bi'toke] *m* ① *(tapón)* Spund *m* ② *(AmC: cloaca)* Kloake *f* ③ *(Am: cánula de jeringa)* Kanüle *f* ④ *(Méx, RíoPl: grifo)* Hahn *m* ⑤ *(loc)* **ojos de ~** schielende Augen
bizantino, -a [biθan̩'tino, -a] **I.** *adj* ① *(de Bizancio)* byzantinisch ② *(fig: baldío)* überflüssig; **discusión bizantina** Haarspalterei *f* **II.** *m, f* Byzantiner(in) *m(f)*
bizarría [biθa'rria] *f* ① *(valentía)* Tapferkeit *f; (valor)* Mut *m*, Schneid *m* ② *(gallardía)* Stattlichkeit *f* ③ *(generosidad)* Großzügigkeit *f*
bizarro, -a [bi'θarro, -a] *adj* ① *(valiente)* tapfer; *(valeroso)* mutig ② *(apuesto)* stattlich ③ *(generoso)* großzügig ④ *(extravagante)* bizarr
bizco, -a ['biθko, -a] *adj* schielend
bizcocho [biθ'kotʃo] **I.** *adj (Méx)* feige **II.** *m* ① *(biscote)* Zwieback *m* ② *(biscuit)* Biskuit *m o nt* ③ *(Am: torta)* (Rühr)kuchen *m* ④ *(porcelana)* Biskuitporzellan *nt*
Bizkaia [biθ'kaɟa] *f* Biskaya *f*
biznieto, -a [biθ'njeto, -a] *m, f* Urenkel(in) *m(f)*

bizquear [biθke'ar] *vi* schielen

blanca ['blaŋka] *f* ① (MÚS) halbe Note *f* ② *(pieza de dominó)* Null *f* ③ *(loc)* **estar sin ~** *(fam)* kein Geld haben

Blancanieves [blaŋka'njeβes] *f* Schneewittchen *nt*

blanco[1] ['blaŋko] *m* ① *(color)* Weiß *nt;* **película en ~ y negro** Schwarzweißfilm *m* ② *(de animal)* Blesse *f* ③ *(espacio en un escrito)* leerer Zwischenraum *m;* **cheque en ~** (ECON) Blankoscheck *m;* **tener la mente en ~** ein Blackout haben ④ *(diana)* Zielscheibe *f;* **dar en el ~** ins Schwarze treffen ⑤ *(loc)* **pasar la noche en ~** eine schlaflose Nacht verbringen

blanco, -a[2] ['blaŋko, -a] **I.** *adj* ① *(de tal color)* weiß ② *(cerveza)* hell ③ *(tez)* bleich **II.** *m, f (persona)* Weiße(r) *mf*

blancura [blaŋ'kura] *f* Weiße *f*

blandear [blaṇde'ar] **I.** *vt* umstimmen **II.** *vi, vr:* **~se** nachgeben

blandengue [blaṇ'deŋge] *adj (pey)* weichlich

blandiporno [blaṇdi'porro] *m* Softporno *m*

blandir [blaṇ'dir] **I.** *vt* schwingen **II.** *vi, vr:* **~se** schwanken

blando, -a ['blaṇdo, -a] *adj* ① *(objeto)* weich ② *(carácter: suave)* nachsichtig; *(pey: blandengue)* weichlich; *(cobarde)* feige; **~ de corazón** weichherzig ③ *(constitución)* schwach ④ *(clima)* mild ⑤ *(lluvia, tono)* sanft ⑥ *(luz)* weich ⑦ (ECON) **créditos ~s** günstige Kredite

blandorro, -a [blaṇ'dorro, -a] *m, f* Schwächling *m*

blandura [blaṇ'dura] *f* ① *(de una cosa)* Weichheit *f* ② *(del carácter: suavidad)* Sanftheit *f;* *(blandenguería)* Weichlichkeit *f* ③ *(lisonja)* Schmeichelei *f* ④ *(del aire)* Tauwetter *nt* ⑤ *(emplasto)* Zugpflaster *nt*

blanquear [blaŋke'ar] **I.** *vi* ① *(volverse blanco)* weiß werden ② *(perder el color)* verblassen; *(el pelo)* ergrauen ③ *(presentarse blanco)* weiß(lich) schimmern **II.** *vt* ① *(poner blanco)* weißen ② *(pared)* tünchen ③ *(dinero)* waschen ④ *(tejido)* bleichen ⑤ *(metal)* blank putzen

blanquecino, -a [blaŋke'θino, -a] *adj* weißlich

blanquiazul [blaŋkja'θul] **I.** *adj* blauweiß **II.** *m* Blauweiß *nt*

blanquillo[1] [blaŋ'kiʎo] *m* ① *(Chil, Perú: melocotón)* Pfirsich *m (mit weißlicher Haut)* ② *(Am: pez)* Weißfisch *m* ③ *(Guat, Méx: huevo)* (Hühner)ei *nt*

blanquillo, -a[2] [blaŋ'kiʎo, -a] *adj* ① *(blanquecino)* weißlich ② *(pan, trigo)* weiß

blasfemar [blasfe'mar] *vi* ① (REL) lästern ② *(maldecir)* fluchen (**de** auf/über +*akk*)

blasfemia [blas'femja] *f* ① (REL) Gotteslästerung *f* ② *(injuria)* Lästerung *f* ③ *(taco)* Fluch *m*

blasfemo, -a [blas'femo, -a] **I.** *adj* gotteslästerlich **II.** *m, f* Gotteslästerer, -in *m, f*

blasón [bla'son] *m* ① *(escudo de armas)* Wappen(schild) *nt* ② *(figura)* Wappenbild *nt* ③ *(honor)* Ehre *f;* *(gloria)* Ruhm *m* ④ *pl (abolengo)* adlige Herkunft *f*

blasonar [blaso'nar] **I.** *vt* ein Wappen entwerfen **II.** *vi* prahlen (**de** mit +*dat*)

blazer ['blei̯ser] *m* Blazer *m*

bledo ['bleðo] *m* ① (BOT) Amaranth *m* ② *(loc)* (**no**) **me importa un ~** das ist mir völlig schnuppe *fam*

blindado[1] [bliṇ'daðo] *m* (MIL) Panzer(wagen) *m*

blindado, -a[2] [bliṇ'daðo, -a] *adj* gepanzert; **cristal ~** Panzerglas *nt*

blindaje [bliṇ'daxe] *m* Panzer *m*

blindar [bliṇ'dar] *vt* panzern

bloc [blo^{k}] *m* <blocs> ① *(cuaderno)* (Schreib)block; *(de notas)* Notizbuch *nt* ② *(calendario)* Kalenderblock *m*

blocar [blo'kar] <c → qu> *vt v.* **bloquear**

blofear [blofe'ar] *vi (Am)* ① *(engañar)* bluffen ② *(exagerar)* aufschneiden

blofista [blo'fista] *mf (AmC, PRico)* Aufschneider(in) *m(f)*

blog ['blog] *m* (INFOR) Blog *nt o m*

bloguear [bloge'ar] *vi* (INFOR) bloggen

bloguero, -a [blo'ɣero, -a] *m, f* (INFOR) Blogger(in) *m(f)*

blonda ['bloṇda] *f* Seidenspitze *f*

blondo, -a ['bloṇdo, -a] *adj (elev)* blond

bloque ['bloke] *m* ① *(de cosas)* Block *m;* **~ de viviendas** Wohnblock *m* ② *(de madera)* (Holz)klotz *m*

bloqueante [bloke'aṇte] **I.** *adj* hemmend **II.** *m* Hemmstoff *m*

bloquear [bloke'ar] **I.** *vt* ① *(cortar el paso)* (ver)sperren ② *(aislar)* einschließen ③ (TÉC) blockieren ④ (MIL: *asediar*) belagern ⑤ (FIN) sperren ⑥ (DEP) (ab)blocken ⑦ *(obstaculizar)* aufhalten ⑧ *(interrumpir)* unterbrechen **II.** *vr:* **~se** ① *(una cosa)* blockieren ② *(una persona)* sich sperren

bloqueo [blo'keo] *m* ① *(de un paso)* Sperre *f;* **~ comercial** (COM) Handelsembargo *nt* ② *(aislamiento)* Abgeschlossenheit *f* ③ (TÉC: *de un mecanismo*) Blockierung *f;* **~ de teclado** Tastatursperre *f* ④ (MIL) Blockade *f* ⑤ (DEP) (Ab)blocken *nt* ⑥ *(de un proceso: estancamiento)* Stockung *f;* *(interrupción)* Unterbrechung *f* ⑦ *(mental)* Sperrung *f*

blues [blus] *m inv* Blues *m*

bluf(f) [bluf] *m* <bluf(f)s> ① *(finta)* Bluff *m;* **ser puro ~** falsch sein ② *(Am: fanfarronería)* Prahlerei *f; (chulería)* Aufschneiderei *f*

blusa ['blusa] *f* ① *(de mujer)* Bluse *f* ② *(bata)* Kittel *m*

blusón [blu'son] *m* Kittel *m*

boa ['boa] *f* Boa *f*

boato [bo'ato] *m* Prunk *m*

bobada [bo'βaða] *f* Dummheit *f;* **decir ~s** albernes Zeug reden

bobalicón, -ona [boβali'kon, -ona] **I.** *adj* ① *(tonto)* dumm ② *(simple)* einfältig **II.** *m, f* ① *(tonto)* Dummkopf *m* ② *(simplón)* Einfaltspinsel *m*

bobear [boβe'ar] *vi* ① *(hacer bobadas)* herumalbern ② *(decir bobadas)* dummes Zeug reden

bóbilis ['boβilis] *adv* **de ~ ~** *(fam)* mir nichts, dir nichts, einfach so

bobina [bo'βina] *f* ① (*t.* ELEC) Rolle *f* ② (FOTO) Filmspule *f* ③ (CINE) Filmrolle *f*

bobinar [boβi'nar] *vt* aufspulen, aufwickeln

bobo, -a ['boβo, -a] **I.** *adj* ① *(tonto)* albern ② *(simple)* einfältig **II.** *m, f* ① *(tonto)* Dummkopf *m* ② *(simplón)* Einfaltspinsel *m*

boca ['boka] *f* ① (ANAT) Mund *m; (de animal)* Maul *nt;* **~ abajo** bäuchlings; **~ arriba** rücklings; **andar de ~ en ~** in aller Munde sein; **partirle la ~ a alguien** *(vulg)* jdm die Visage polieren *fam;* **quedarse con la ~ abierta** mit offenem Mund dastehen ② *(abertura)* Öffnung *f;* **~ de metro** Eingang zur Metrostation ③ *(agujero)* Loch *nt* ④ *(de cañón)* Mündung *f* ⑤ *(de río)* (Fluss)mündung *f* ⑥ *(de volcán)* Schlund *m* ⑦ *(de vino)* Blume *f* ⑧ (TÉC: *herramienta*) Maul *nt; (hidrante)* **~ de incendio** Hydrant *m* ⑨ (ZOOL: *de crustáceo*) Schere *f* ⑩ (MÚS) Mundstück *nt* ⑪ (INFOR) Schnittstelle *f*

boca a boca [boka(a)'βoka] *m sin pl* Mund-zu-Mund-Beatmung *f;* **le hicieron el ~** er/sie wurde von Mund zu Mund beatmet

bocacalle [boka'kaʎe] *f* ① *(entrada de una calle)* Straßeneinmündung *f* ② *(calle secundaria)* Seitenstraße *f*

bocadillo [boka'ðiʎo] *m* ① *(sandwich)* belegtes Brötchen *nt* ② *(refrigerio)* Imbiss *m*

bocadito [boka'ðito] *m (Cuba: cigarrillo)* (mit einem Tabakblatt gedrehte) Zigarette *f*

bocado [bo'kaðo] *m* ① *(mordisco)* Bissen *m;* **~ de Adán** Adamsapfel *m* ② *(freno)* Zaum *m* ③ *(caballos)* Kandare *f*

bocajarro [boka'xarro] *adv* **a ~** *(tiro)* aus nächster Nähe; **decir algo a ~** etw geradeheraus sagen

bocallave [boka'ʎaβe] *f* Schlüsselloch *nt*

bocamanga [boka'maŋga] *f* ① *(abertura)* Ärmelloch *nt* ② *(puño)* Ärmelaufschlag *m*

bocana [bo'kana] *f* ① *(entrada)* schmale Hafeneinfahrt *f* ② *(Am: desembocadura)* Flussmündung *f*

bocanada [boka'naða] *f* ① *(de comida)* Mund *m* voll; *(de bebida)* Schluck *m;* **echar ~s** *(fig)* prahlen ② *(de humo)* Rauchwolke *f*

bocata [bo'kata] *m (fam) v.* **bocadillo**

bocatero, -a [boka'tero, -a] *m, f (Am),* **bocaza(s)** [bo'kaθa(s)] *m, f inv* Großmaul *nt,* Angeber(in) *m(f)*

bocera [bo'θera] *f* ① *(restos de comida)* Speiserand *m* um den Mund; *(restos de bebida)* Trinkrand *m* um den Mund ② *(pupa)* Griebe *f*

boceras [bo'θeras] *mf inv* Schwätzer(in) *m(f)*

boceto [bo'θeto] *m* Skizze *f*

bochar [bo'ʧar] *vt (fam)* ① *(Am: rechazar)* eine Abfuhr erteilen *+dat* ② *(Arg: fracasar)* durchfallen lassen

boche ['boʧe] *m* ① *(hoyo)* Mulde *f* ② *(Arg: alemán)* Deutsche(r) *m* ③ *(CSur: fam: bronca)* Ärger *m* ④ *(Am: fam: repulsa)* Abfuhr *f*

bochinche [bo'ʧinʧe] *m* ① *(tumulto)* Tumult *m; (alboroto)* Aufruhr *m* ② *(Am: chisme)* Klatsch *m*

bochinchero, -a [boʧin'ʧero, -a] **I.** *adj (fam)* aggressiv, streitsüchtig **II.** *m, f (fam)* Unruhestifter(in) *m(f),* Krawallmacher(in) *m(f)*

bochorno [bo'ʧorno] *m* ① (METEO) Schwüle *f* ② *(sofocación)* (Hitze)wallung *f* ③ *(vergüenza)* Scham *f;* **me da ~ que esté mirando** es ist mir peinlich, dass er/sie zuschaut

bochornoso, -a [boʧor'noso, -a] *adj* ① (METEO) schwül ② *(vergonzoso)* beschämend

bocina [bo'θina] *f* ① *(caracola)* Muschel *f* ② (MÚS) Horn *nt* ③ *(megáfono)* Megafon *nt* ④ *(de gramófono)* Schalltrichter *m* ⑤ (AUTO) Hupe *f;* **tocar la ~** hupen

bocinazo [boθi'naθo] *m* ① *(de cuerno)* Hornsignal *nt* ② (AUTO) Hupsignal *nt*

bocio ['boθjo] *m* Kropf *m*

boda ['boða] *f (ceremonia)* Hochzeit *f; (fiesta)* Hochzeitsfest *nt;* **noche de ~s** Hochzeitsnacht *f*

bodega [bo'ðeɣa] *f* ① *(depósito de vino)* Weinkeller *m; (establecimiento)* (Wein)kellerei *f; (tienda)* Weinhandlung *f; (taberna)* Weinschenke *f* ② *(despensa)*

B

Vorratskammer *f* ③ (NÁUT: *en un puerto*) Lagerschuppen *m; (en un buque)* Frachtraum *m*
bodegón [boðe'ɣon] *m* ① *(taberna)* (Wein)schenke *f* ② *(casa de comidas)* einfaches Speiselokal *nt* ③ (ARTE) Stillleben *nt*
bodeguero, -a [boðe'ɣero, -a] *m, f* ① *(en una bodega)* Kellermeister(in) *m(f)* ② *(Am: en una abacería)* Lebensmittelhändler(in) *m(f)*
bodi ['boði] *m* Body(suit) *m*
bodoque [bo'ðoke] *m* ① *(en un bordado)* Noppe *f* ② *(Méx: chichón)* Beule *f* ③ *(Méx: pelota de papel, de lana)* Knäuel *m o nt; (de lodo, de masa)* Klumpen *m* ④ *(Méx: cosa mal hecha)* Pfuscharbeit *f* ⑤ *(fam: persona tonta)* Dummkopf *m*
bodrio ['boðrjo] *m* ① *(comida mala)* (Schlangen)fraß *m abw* ② *(cosa de mala calidad)* Schund *m* ③ *(confusión)* Durcheinander *nt*
body ['boði] *m v.* **bodi**
bodyboarding [boði'boarðiŋ] *m* (DEP) Bodyboarden *nt*
bodybuilding [boði'βildiŋ] *m sin pl* (DEP) Bodybuilding *nt*
BOE ['boe] *m abr de* **Boletín Oficial del Estado** ≈ Bundesgesetzblatt *nt*
bofe ['bofe] *m* Lunge *f;* **echar los ~s (por algo)** sich (für etw) abrackern
bofetada [bofe'taða] *f* Ohrfeige *f;* **dar una ~ a alguien** jdn ohrfeigen
bofetón [bofe'ton] *m* kräftige Ohrfeige *f*
bofia ['bofja] *f (vulg)* Polente *f fam,* Bullen *mpl fam*
boga ['boɣa] *f* ① (NÁUT) Rudern *nt* ② *(moda)* Mode *f;* **esta canción está en ~** dieses Lied ist in
bogador(a) [boɣa'ðor(a)] *m(f)* Ruderer, -in *m, f*
bogar [bo'ɣar] <g → gu> *vi* ① *(remar)* rudern ② *(navegar)* segeln
bogavante [boɣa'βante] *m* (ZOOL) Hummer *m*
bogotano, -a [boɣo'tano, -a] **I.** *adj* aus Bogotá **II.** *m, f* Einwohner(in) *m(f)* von Bogotá
bohemia [bo'emja] *f* Boheme *f*
Bohemia [bo'emja] *f* Böhmen *nt*
bohemio, -a [bo'emjo, -a] **I.** *adj* ① (GEO) böhmisch ② *(pey: gitano)* zigeunerhaft *abw* **II.** *m, f* ① (GEO) Böhme, -in *m, f* ② *(pey: gitano)* Zigeuner(in) *m(f) abw* ③ *(artista)* Bohemien *m*
bohena [bo'ena] *f* ① *(pulmón de res)* Lunge *f* ② (GASTR) Lungenwurst *f*
boicot [boi̯'ko(t)] <boicots> *m* Boykott *m*
boicotear [boi̯kote'ar] *vt* boykottieren
boicoteo [boi̯ko'teo] *m* Boykott *m*
boina ['boi̯na] *f* Baskenmütze *f*
boj [box] *m* (BOT) Buchs(baum) *m*
bol [bol] *m* ① *(tazón)* Schale *f* ② *(red de pesca)* Schleppnetz *nt; (lance de red)* Fischzug *m* ③ *(bolo)* Kegel *m*
bola ['bola] *f* ① *(cuerpo esférico)* Kugel *f;* **~ del mundo** Erdkugel *f;* **~ de helado** Eiskugel *f;* **~ de nieve** Schneeball *m* ② *(canica)* Murmel *f;* **jugar a las ~s** klickern ③ *(en los naipes)* Schlemm *m* ④ *(fam: mentira)* Lüge *f; (rumor)* Gerücht *nt* ⑤ *pl (vulg: testículos)* Eier *ntpl fam* ⑥ *(loc)* **en ~s** *(fam)* nackt; **no dar pie con ~** überhaupt nicht zurechtkommen
bolada [bo'laða] *f* ① *(en los bolos)* (Kugel)wurf *m; (en el billar)* Stoß *m* ② *(Am: suerte)* Glücksfall *m*
bolado [bo'laðo] *m (Am: asunto)* Angelegenheit *f*
bolazo [bo'laθo] *m (CSur: fam)* ① *(disparate)* Quatsch *m* ② *(mentira)* Lüge *f*
bolchevique [boltʃe'βike] **I.** *adj* (POL) bolschewistisch **II.** *mf* (POL) Bolschewist(in) *m(f)*
bolchevismo [boltʃe'βismo] *m sin pl* (POL) Bolschewismus *m*
boleadoras [bolea'ðoras] *fpl (AmS)* Bola *f*
bolear [bole'ar] **I.** *vi* ① *(en el billar)* zum Spaß spielen ② *(contar mentiras)* flunkern **II.** *vt* ① *(la pelota)* (zu)werfen, schleudern ② *(CSur: cazar)* (mit einer Bola) jagen; *(atrapar)* (ein)fangen ③ *(alumno)* durchfallen lassen
bolera [bo'lera] *f* Kegelbahn *f*
bolero [bo'lero] *m (t.* MÚS) Bolero *m*
boleta [bo'leta] *f* ① *(entrada)* Eintrittskarte *f* ② *(pase)* Passierschein *m* ③ *(libranza)* Bezugsschein *m* ④ (MIL) Quartierschein *m* ⑤ *(Am: documento)* Urkunde *f* ⑥ *(Am: para votar)* Stimmzettel *m*
boletería [bolete'ria] *f (Am)* Schalter *m; (de venta anticipada)* Kartenvorverkaufsstelle *f; (al comenzar)* Abendkasse *f*
boletín [bole'tin] *m* ① *(publicación)* Bulletin *nt;* **~ informativo** Mitteilungsblatt *nt* ② *(informe)* Bericht *m;* **~ de noticias** Nachrichten *fpl* ③ *(cédula)* Schein *m*
boleto [bo'leto] *m* ① *(Am: entrada)* Eintrittskarte *f* ② *(Am: billete)* Fahrschein *m* ③ *(de quiniela)* Totoschein *m* ④ *(Arg: mentira)* Lüge *f*
boli ['boli] *m abr de* **bolígrafo** *(fam)* Kuli *m*
boliche [bo'litʃe] *m* ① *(bola)* kleine Bocciakugel *f* ② *(juego de bochas)* Boccia(spiel) *nt; (de bolos)* Kegelspiel *nt*

❸ *(bolera)* Kegelbahn *f* ❹ *(Am: establecimiento)* Krämerladen *m* mit Ausschank
bólido ['boliðo] *m* ❶ (ASTR) Bolid *m* ❷ *(coche de carreras)* Rennwagen *m*
bolígrafo [bo'liɣrafo] *m* Kugelschreiber *m*
bolillo [bo'liʎo] *m* ❶ *(para hacer encajes)* Klöppel *m;* **trabajar al ~** klöppeln ❷ *(Am: de tambor)* Trommelstock *m* ❸ *(Am: panecillo)* kleines Weißbrot *nt*
bolita [bo'lita] *f* ❶ *(CSur: canica)* Murmel *f* ❷ *(Chil: balota)* Kugel *f (die zu Abstimmungen verwendet wird)*
bolívar [bo'liβar] *m* Bolivar *m*
Bolivia [bo'liβja] *f* Bolivien *nt*
boliviano[1] [boli'βjano] *m* Boliviano *m*
boliviano, -a[2] [boli'βjano, -a] **I.** *adj* bolivianisch **II.** *m, f* Bolivianer(in) *m(f)*
bollera [bo'ʎera] *f (fam pey)* Lesbierin *f,* Lesbe *f fam*
bollería [boʎe'ria] *f* Feinbäckerei *f*
bollo ['boʎo] *m* ❶ *(panecillo)* Brötchen *nt; (pastelillo)* Hefegebäck *nt* ❷ *(abolladura)* Ausbeulung *f; (chichón)* Beule *f* ❸ *(adorno)* Noppe *f* ❹ *(confusión)* Durcheinander *nt;* **tener un ~ mental** *(fam)* ein Chaos im Kopf haben ❺ *(Am: puñetazo)* Faustschlag *m* ❻ *(loc)* **no está el horno para ~s** das ist nicht der (geeignete) Moment dafür
bolo ['bolo] *m* ❶ (DEP) Kegel *m* ❷ *(en los naipes)* Schlemm *m* ❸ *(píldora)* große Pille *f* ❹ *(tonto)* Dummkopf *m* ❺ (TEAT: *compañía*) Wandertruppe *f; (papel)* stumme Rolle *f* ❻ *pl (juego)* Kegeln *nt*
bolsa ['bolsa] *f* ❶ *(saco, recipiente)* Beutel *m;* **~ de agua (caliente)** Wärmflasche *f;* **~ de basura** Müllbeutel *m,* Abfalltüte *f;* **~ de plástico** Plastiktüte *f;* **~ de la compra** Einkaufstüte *f;* **~ para congelados** Gefrierbeutel *m* ❷ *(monedero)* Geldbeutel *m* ❸ *(bolso)* **~ autocierre** wiederverschließbare Tüte, (Trage)tasche *f;* **~ de viaje** Reisetasche *f;* **~ portatrajes** Kleidersack *m* ❹ *(pliegue en la ropa)* Falte *f* ❺ *(caudal)* Vermögen *nt;* **~ de estudios** Stipendium *nt* ❻ (FIN) Börse *f;* **~ de trabajo** Stellenvermittlung *f* ❼ *(Am: bolsillo)* Tasche *f;* **~ negra** Schwarzmarkt *m* ❽ (ANAT) **~ amniótica** Fruchtblase *f* ❾ **bolsita de té** Teebeutel *m*
bolsillo [bol'siʎo] *m* ❶ *(en una prenda de vestir)* Tasche *f;* **edición de ~** Taschenausgabe *f* ❷ *(monedero)* Geldbeutel *m;* **rascarse el ~** (tief) in die Tasche greifen ❸ *(dinero)* Geld *nt*
bolsista [bol'sista] *mf* ❶ (FIN) Börsenspekulant(in) *m(f)* ❷ *(AmC: carterista)* Taschendieb(in) *m(f)*
bolso ['bolso] *m* ❶ *(bolsa pequeña)* Tasche *f* ❷ *(en una vela)* Ausbauchung *f*
boludo, -a [bo'luðo, -a] **I.** *adj (Arg, Urug: fam: imbécil)* saudumm, idiotisch **II.** *m, f (Arg, Urug: fam: imbécil)* Idiot(in) *m(f),* Schwachkopf *m*
bomba ['bomba] *f* ❶ (*t.* MIL) Bombe *f;* **~ antipersonas** Antipersonenmine *f;* **~ de mano** Handgranate *f;* **~ de relojería** Zeitbombe *f* ❷ (TÉC) Pumpe *f;* **~ de gasolina** Benzinpumpe *f;* **~ neumática** Druckluftpumpe *f;* **dar a la ~** pumpen ❸ *(de lámpara)* (Glas)ballon *m* ❹ (INFOR) **~s lógicas** Computerviren *m pl* ❺ *(Am: bola)* Kugel *f* ❻ *(Am: pompa)* Seifenblase *f* ❼ *(Am: borrachera)* Rausch *m* ❽ *(súper)* **éxito ~** Bombenerfolg *m;* **a prueba de ~s** *(fig)* bombensicher; **está ~** *(una mujer)* sie sieht bombig aus; *(comida)* das schmeckt super
bombacha [bom'batʃa] *f (CSur: ropa interior)* Unterhose *f*
bombacho [bom'batʃo] *adj* **pantalón ~** Pumphose *f*
bombardear [bombarðe'ar] *vt* ❶ (MIL) bombardieren ❷ *(abrumar)* überhäufen ❸ (FÍS) beschießen
bombardeo [bombar'ðeo] *m* ❶ (MIL) Bombardierung *f;* **~ aéreo** Luftangriff *m* ❷ (FÍS) Beschuss *m*
bombardero [bombar'ðero] *m* ❶ *(avión)* Bomber *m* ❷ *(soldado)* Artillerist *m*
bombástico, -a [bom'bastiko, -a] *adj* bombastisch
bombazo [bom'baθo] *m* ❶ *(explosión)* Bombenexplosion *f* ❷ *(fam: sensación)* Knüller *m*
bombear [bombe'ar] **I.** *vt* ❶ (MIL) bombardieren ❷ *(un líquido)* pumpen ❸ *(un balón)* hochschießen ❹ *(elogiar)* in den Himmel heben ❺ *(CSur: explorar)* auskundschaften **II.** *vr:* **~se** ❶ *(persona)* sich aufspielen ❷ *(objeto)* sich wölben
bombeo [bom'beo] *m* ❶ *(de líquidos)* Pumpen *nt* ❷ *(convexidad)* Wölbung *f*
bombero [bom'bero] *m* ❶ *(oficio)* Feuerwehrmann *m* ❷ *pl (cuerpo)* Feuerwehr *f*
bombilla [bom'biʎa] *f* ❶ (ELEC) Glühbirne *f;* **~ de bajo consumo** Energiesparlampe *f* ❷ *(AmS: caña)* Trinkhalm *m*
bombillo [bom'biʎo] *m (AmC, Ant, Col, Ven)* Glühbirne *f;* **~ ahorrador** Energiesparlampe *f*
bombín [bom'bin] *m* ❶ *(sombrero)* Melone *f* ❷ *(bomba de aire)* Luftpumpe *f*
bombo ['bombo] *m* ❶ (MÚS: *tambor grande*) große Trommel *f; (timbal)* (Kessel)pauke *f;* **tengo la cabeza hecha un ~** mir dröhnt der Kopf ❷ *(en un sorteo)* (Los)trommel *f* ❸ *(elogio)* über-

B

schwängliches Lob *nt;* **dar mucho ~ a algo** viel Aufheben(s) von etw *dat* machen

bombón [bom'bon] *m* Praline *f;* **es un ~** *(fig)* sie ist Zucker

bombona [bom'bona] *f* ❶ *(vasija)* Korbflasche *f* ❷ *(de gas)* Gasflasche *f*

bombonera [bombo'nera] *f* ❶ *(caja de bombones)* Pralinenpackung *f* ❷ *(vivienda)* kleine hübsche Wohnung *f*

bombonería [bombone'ria] *f* Konfiserie *f*

bómper ['bomper] *m (Am: parachoques)* Stoßstange *f*

bonachón, -ona [bona'tʃon, -ona] *adj* ❶ *(buenazo)* gutmütig ❷ *(crédulo)* leichtgläubig ❸ *(cándido)* einfältig

bonaerense [bonae'rense] **I.** *adj* aus Buenos Aires **II.** *mf* Einwohner(in) *m(f)* von Buenos Aires

bonancible [bonaṇ'θiβle] *adj* (METEO: *elev: mar, tiempo)* ruhig; *(viento)* sanft

bonanza [bo'naṇθa] *f* ❶ (NÁUT) Windstille *f* ❷ (MIN) reiche Erzader *f* ❸ *(prosperidad)* Wohlstand *m*

bondad [boṇ'da^{ð}] *f* ❶ *(cualidad de bueno)* Güte *f* ❷ *(amabilidad)* Freundlichkeit *f;* **tenga la ~ de seguirme** seien Sie so freundlich und folgen Sie mir

bondadoso, -a [boṇda'ðoso, -a] *adj* gütig

bonete [bo'nete] *m* ❶ *(gorro)* Birett *nt* ❷ (ZOOL) Netzmagen *m*

bonetería [bonete'ria] *f (Am: mercería)* Kurzwarenhandlung *f*

bóngalo ['boŋgalo] *m (Am)* Bungalow *m*

bongo ['boŋgo] *m (Am: canoa)* Kanu *nt; (balsa)* (Schlepp)kahn *m*

boniato [bo'njato] *m* Süßkartoffel *f*

bonificación [bonifika'θjon] *f* ❶ *(abono)* Gutschrift *f* ❷ *(gratificación)* Vergütung *f* ❸ *(rebaja)* Rabatt *m*

bonificar [bonifi'kar] <c → qu> *vt* ❶ *(abonar)* gutschreiben ❷ *(gratificar)* vergüten

bonito[1] [bo'nito] **I.** *m* (ZOOL) Bonito *m* **II.** *adv (Am)* gut

bonito, -a[2] [bo'nito, -a] *adj* hübsch, schön

bonitura [boni'tura] *f (Am)* Schönheit *f*

bono ['bono] *m* ❶ *(vale)* Gutschein *m;* **~ de disfrute** Genussschein *m* ❷ (COM) Schuldverschreibung *f*

bonobús [bono'βus] *m* Fahrscheinheft *nt* für den Bus

bonoloto [bono'loto] *f* Dauerlos *nt* der Lotterie

bonometro [bono'metro] *m* Mehrfahrtenkarte *f* (für die U-Bahn)

bonsái [bon'sai̯] *m* <bonsais> Bonsai *m*

bonzo ['boṇθo] *m* (REL) Bonze *m*

boñiga [bo'ɲiɣa] *f* Mist *m*

boñigo [bo'ɲiɣo] *f* Großviehmist *m; (de vaca)* Kuhfladen *m; (de caballo)* Pferdeapfel *m*

boom [bun] *m v.* **bum**

boquear [boke'ar] **I.** *vi* ❶ *(abrir la boca)* den Mund öffnen ❷ *(estar muriéndose)* im Sterben liegen ❸ *(estar acabándose)* zu Ende gehen **II.** *vt (palabras)* hervorbringen

boquera [bo'kera] *f* ❶ *(en un canal de riego)* Öffnung *f* für den Wasserablauf ❷ *(en un pajar)* Luke *f* ❸ *(en los labios)* Griebe *f*

boqueras [bo'keras] *mf inv* Schwätzer(in) *m(f)*

boquerón [boke'ron] *m* ❶ *(abertura grande)* weite Öffnung *f* ❷ (ZOOL) Sardelle *f*

boquete [bo'kete] *m (abertura estrecha)* enge Öffnung *f; (en una pared)* Durchbruch *m*

boquiabierto, -a [bokja'βjerto, -a] *adj* ❶ *(con la boca abierta)* mit offenem Mund ❷ *(admirado)* verblüfft; **dejar a alguien ~** jdn verblüffen

boquifresco, -a [boki'fresko, -a] *adj* direkt, unverblümt; **es un ~** er nimmt kein Blatt vor den Mund

boquilla [bo'kiʎa] *f* ❶ (MÚS) Mundstück *nt* ❷ *(de cigarrillos)* Zigarettenspitze *f; (de pipa)* Mundstück *nt;* **~ de filtro** Filter *m* ❸ *(de un bolso)* Verschluss *m* ❹ *(de una lámpara)* Fassung *f* ❺ (TÉC) Düse *f* ❻ *(loc)* **decir algo de ~** etw unverbindlich sagen

borboll(e)ar [borβoʎe'ar/borβo'ʎar] *vi* sprudeln

Borbón [bor'βon] *m* (HIST) Bourbon *m*

borbónico, -a [bor'βoniko, -a] *adj* bourbonisch

borborigmo [borβo'riɣmo] *m* Kollern *nt,* Rumoren *nt* (im Darm)

borbotar [borβo'tar] *vi v.* **borboll(e)ar**

borbotón [borβo'ton] *m* Sprudeln *nt*

borda ['borða] *f* ❶ (NÁUT: *borde del costado*) Reling *f;* **motor fuera (de) ~** Außenbordmotor *m;* **echar algo por la ~** *(t. fig)* etw über Bord werfen ❷ (NÁUT: *vela mayor*) Großsegel *nt* ❸ *(choza)* (Berg)hütte *f*

bordada [bor'ðaða] *f* (NÁUT) Schlag *m;* **dar ~s** *(un barco)* kreuzen; *(una persona)* auf und ab gehen

bordado[1] [bor'ðaðdo] *m* Stickarbeit *f*

bordado, -a[2] [bor'ðaðo, -a] *adj* ❶ *(adornado)* bestickt; *(motivo)* gestickt ❷ *(perfecto)* hervorragend

bordador(a) [borða'ðor(a)] *m(f)* Sticker(in) *m(f)*

bordar [bor'ðar] *vt* ❶ *(adornar)* besticken; *(un motivo)* sticken ❷ *(ejecutar con primor)* hervorragend ausführen

borde ['borðe] **I.** *adj* ❶ *(planta)* wild

B

❷ *(hijo)* unehelich ❸ *(fam: torpe)* dumm **II.** *m* ❶ *(de camino)* Rand *m; (de mesa)* Kante *f* ❷ *(de río)* Ufer *nt* ❸ *(de vestido)* Saum *m; (como adorno)* Borte *f* ❹ *(de sombrero)* Krempe *f*

bordear [borðe'ar] **I.** *vt* ❶ *(ir por el borde)* entlanggehen; *(en coche)* entlangfahren ❷ *(hallarse en el borde)* sich entlangziehen (an +*dat*) ❸ *(aproximarse a un estado)* sich nähern +*dat;* **su comportamiento bordea la locura** sein/ihr Benehmen grenzt an Wahnsinn **II.** *vi* (NÁUT) kreuzen

bordillo [bor'ðiʎo] *m* Bordstein *m*

bordo ['borðo] *m* ❶ (NÁUT) Bord *m;* **ir a ~** sich einschiffen ❷ *(Am: presa)* (Stau)wehr *nt*

bordón [bor'ðon] *m* ❶ *(bastón)* Pilgerstab *m* ❷ *(estribillo)* Kehrreim *m; (muletilla)* stereotype Redensart *f* ❸ (MÚS: *cuerda*) Basssaite *f; (de tripa)* Darmsaite *f* ❹ (TIPO) Leiche *f*

bordoneo [borðo'neo] *m* (MÚS) Klang *m* der Basssaite

boreal [bore'al] *adj* nördlich; **hemisferio ~** Nordhalbkugel *f*

borgoña [bor'ɣoɲa] *m* Burgunder(wein) *m*

borla ['borla] *f* ❶ *(adorno)* Quaste *f;* **tomar la ~** *(fam fig)* seinen Doktor machen ❷ *(para empolvarse)* Puderquaste *f*

borne ['borne] *m* (ELEC) Klemme *f*

bornear [borne'ar] **I.** *vt* *(dar vuelta)* (um)drehen; *(torcer)* biegen; *(ladear)* zur Seite neigen **II.** *vi* (NÁUT) schwojen **III.** *vr:* **~se** sich verziehen

boro ['boro] *m* (QUÍM) Bor *nt*

borona [bo'rona] *f (Am)* Brotkrümel *m*

borra ['borra] *f* ❶ *(relleno)* Polsterfüllung *f* ❷ *(pelusa)* Flusen *f pl* ❸ *(sedimento)* Bodensatz *m* ❹ *(palabras sin sustancia)* leeres Gerede *nt*

borracha [bo'rratʃa] *f* lederne Weinflasche *f*

borrachera [borra'tʃera] *f* ❶ *(ebriedad)* Rausch *m;* **agarrar una ~** sich betrinken ❷ *(banquete)* (Trink)gelage *nt* ❸ *(exaltación)* Rausch *m* ❹ *(disparate)* großer Unsinn *m*

borrachín, -ina [borra'tʃin, -ina] *m, f* Trunkenbold *m*

borracho, -a [bo'rratʃo, -a] **I.** *adj* ❶ *ser (alcohólico)* trunksüchtig; **es un ~** er ist ein Trinker ❷ *estar (ebrio)* betrunken; **está ~ como una cuba** *(fam)* er ist sternhagelvoll ❸ *(exaltado)* trunken (**de** von +*dat*, vor +*dat*) ❹ *(color)* violett ❺ *(pastel)* in Likör getränkt **II.** *m, f* ❶ *(alcohólico)* Trinker(in) *m(f)* ❷ *(ebrio)* Betrunkene(r) *mf*

borrador [borra'ðor] *m* ❶ *(primer escrito)* Konzept *nt* ❷ *(cuaderno)* Schmierheft *nt* ❸ *(para la pizarra: trapo)* Tafellappen *m; (esponja)* Tafelschwamm *m*

borradura [borra'ðura] *f* Streichung *f*

borrar [bo'rrar] **I.** *vt* ❶ *(con goma de borrar)* ausradieren; *(con esponja)* auswischen ❷ *(tachar)* (durch)streichen ❸ (INFOR) löschen ❹ *(huellas)* beseitigen ❺ *(difuminar)* verwischen **II.** *vr:* **~se** ❶ *(volverse no identificable)* sich verwischen ❷ *(retirarse)* austreten (**de** aus +*dat*)

borrasca [bo'rraska] *f* ❶ *(temporal)* Gewitter *nt; (tempestad)* Sturm *m;* (METEO) Sturmtief *nt* ❷ *(peligro)* Gefahr *f; (riesgo)* Risiko *nt; (contratiempo)* Rückschlag *m* ❸ *(orgía)* Orgie *f*

borrascoso, -a [borras'koso, -a] *adj* ❶ (METEO) stürmisch ❷ *(desenfrenado)* liederlich

borratintas [borra'tiṇtas] *m inv (fam)* Tintenkiller *m*

borregada [borre'ɣaða] *f* (ZOOL) Herde *f* von Jährlingsschafen, Lämmerherde *f*

borrego, -a [bo'rreɣo, -a] *m, f* ❶ *(cordero)* (ein- bis zweijähriges) Lamm *nt* ❷ *(persona)* Schafskopf *m abw* ❸ *(Am: pajarota)* Ente *f*

borrico[1] [bo'rriko] *m* Sägebock *m*

borrico, -a[2] [bo'rriko, -a] *m, f* Esel(in) *m(f)*

borrón [bo'rron] *m* ❶ *(mancha)* Klecks *m* ❷ *(defecto)* Schandfleck *m* ❸ *(borrador)* Entwurf *m; (de un cuadro)* Skizze *f* ❹ *(loc)* **~ y cuenta nueva** Schwamm drüber

borronear [borrone'ar] *vt* *(borrajear)* (hin)kritzeln; *(papel)* bekritzeln

borroso, -a [bo'rroso, -a] *adj* ❶ *(escrito, dibujo)* verschwommen; **escritura borrosa** unleserliche Schrift ❷ *(foto)* unscharf ❸ *(líquido)* trübe

boscaje [bos'kaxe] *m* ❶ *(bosque denso)* Dickicht *nt* ❷ *(pintura)* Landschaft *f*

boscoso, -a [bos'koso, -a] *adj* bewaldet

Bósforo ['bosforo] *m* Bosporus *m*

Bosnia ['bosnja] *f* Bosnien *nt*

Bosnia-Herzegovina ['bosnja (x)erθeɣo'βina] *f* Bosnien-Herzegowina *nt*

bosnio, -a ['bosnjo, -a] **I.** *adj* bosnisch **II.** *m, f* Bosnier(in) *m(f)*

bosque ['boske] *m* ❶ *(lugar)* Wald *m;* **~ frondoso/de coníferas** Laub-/Nadelwald *m;* **~ pluvial** Regenwald *m;* **~ primario** Urwald *m* ❷ *(barba)* dichter (Voll)bart *m*

bosquejar [boske'xar] *vt* skizzieren

bosquejo [bos'kexo] *m* Skizze *f*

bosquimano, -a [boski'mano, -a] **I.** *adj* Buschmann-; **una tribu bosquimana** ein

Stamm aus dem Volk der Buschmänner **II.** *m, f* Buschmann *m*

bosta ['bosta] *f* ① *(vacuna)* Kuhfladen *m* ② *(CSur: caballar)* Pferdeapfel *m*

bostezar [boste'θar] <z → c> *vi* gähnen

bostezo [bos'teθo] *m* Gähnen *nt*

bota ['bota] **I.** *adj (Méx)* ① *(torpe)* unbeholfen ② *(borracho)* betrunken **II.** *f* ① *(calzado)* Stiefel *m;* ~ **de agua** Gummistiefel *m;* ~ **de fútbol** Fußballschuh *m;* ~ **de montaña** Wanderschuh *m;* ~ **de montar** Reitstiefel *m;* **estar con las ~s puestas** *(fig)* abfahrtbereit sein; **ponerse las ~s** *(fig fam)* das große Geld machen ② *(especie de botella) lederne Weinflasche* ③ *(cuba)* (Wein)fass *nt*

botador(a) [bota'ðor(a)] *adj (Am: derrochador)* verschwenderisch

botadura [bota'ðura] *f* Stapellauf *m*

botalón [bota'lon] *m* (NÁUT) Klüverbaum *m,* Ladebaum *m;* ~ **del foque** Gösch *f*

botánica [bo'tanika] *f sin pl* Botanik *f*

botánico, -a [bo'taniko, -a] **I.** *adj* botanisch **II.** *m, f* Botaniker(in) *m(f)*

botar [bo'tar] **I.** *vi* ① *(pelota)* aufprallen ② *(persona)* hüpfen; **está que bota** er/sie tobt vor Wut ③ *(caballo)* tänzeln **II.** *vt* ① *(lanzar)* werfen; *(la pelota contra el suelo)* prellen ② (NÁUT: *barco*) vom Stapel lassen; *(el timón)* herumwerfen ③ *(Am: tirar)* wegwerfen ④ *(Am: expulsar)* entlassen; **le ~on del colegio** er/sie ist von der Schule geflogen ⑤ *(Am: derrochar)* verschwenden ⑥ *(Am: extraviar)* verlieren **III.** *vr:* **~se** *(caballo)* sich aufbäumen

botarate [bota'rate] *m* ① *(hombre alborotado)* unbesonnener Mensch *m* ② *(Am: derrochador)* Verschwender *m*

botavara [bota'βara] *f* (NÁUT) Giekbaum *m*

bote ['bote] *m* ① *(golpe)* Stoß *m* ② *(salto)* Sprung *m;* **pegar un** ~ mit einem Satz aufspringen ③ *(de pelota)* Aufprall *m;* **la pelota dio cuatro ~s** der Ball ist viermal aufgeprallt ④ *(vasija)* Dose *f;* ~ **de cuestación** Sammelbüchse *f;* **chupar del** ~ *(fam)* absahnen; **tener a alguien en el** ~ *(fam)* jdn in der Tasche haben ⑤ *(en la lotería)* Jackpot *m* ⑥ *(en los bares)* Trinkgeldkasse *f* ⑦ (NÁUT) Boot *nt;* ~ **salvavidas** Rettungsboot *nt* ⑧ *(loc)* **a ~ pronto** *(adj)* plötzlich; *(adverbial)* sofort; **darse el** ~ abhauen; **el cine estaba de ~ en ~** das Kino war brechend voll

botella [bo'teʎa] *f* Flasche *f;* ~ **de cerveza** Flasche Bier; **cerveza de** ~ Flaschenbier *nt*

botellazo [bote'ʎaθo] *m* Schlag *m* mit einer Flasche

botellero [bote'ʎero] *m* ① *(fabricante)* Flaschenfabrikant *m* ② *(estantería)* Flaschengestell *nt*

botellín [bote'ʎin] *m* Fläschchen *nt*

botepronto [bote'pronto] *m* (DEP) Volley *m*

botica [bo'tika] *f* ① *(farmacia)* Apotheke *f* ② *(tienda)* Kurzwarengeschäft *nt*

boticario, -a [boti'karjo, -a] *m, f* Apotheker(in) *m(f)*

botija [bo'tixa] *f* ① *(vasija)* (Ton)krug *m* ② *(fam: persona gorda)* Dickwanst *m* ③ *(Am: tesoro)* vergrabener Schatz *m*

botijo [bo'tixo] *m* ① *(vasija)* (Wasser)krug *m* ② *(tren)* Bummelzug *m*

botín [bo'tin] *m* ① *(calzado)* Schnürstiefel *m* ② (MIL) (Kriegs)beute *f*

botina [bo'tina] *f* Halbstiefel *m*

botiquín [boti'kin] *m* ① *(en casa)* Hausapotheke *f; (para el viaje)* Reiseapotheke *f* ② *(de emergencia)* Verband(s)kasten *m;* ~ **de primeros auxilios** Erste-Hilfe-Kasten *m*

botón [bo'ton] *m* ① *(en vestidos)* Knopf *m* ② (ELEC) (Druck)knopf *m;* ~ **de muestra** *(fig)* Beispiel *nt;* ~ **de opciones** (INFOR) Optionsschalter *m; (de alarma)* Notrufknopf *m; (de parada)* Halteknopf *m; (de llamada)* Rufknopf *m* ③ *(en instrumentos de viento)* Klappe *f* ④ (BIOL: *brote*) Knopf *m; (capullo)* Knospe *f;* ~ **de oro** Butterblume *f* ⑤ *(CSur: pey: policía)* Bulle *m fam*

botonadura [botona'ðura] *f* Knopfreihe *f*

botones [bo'tones] *m inv* ① *(en un hotel)* Page *m* ② *(pey: recadero)* Laufbursche *m*

Botsuana [bot'swana] *f* Botswana *nt*

botulismo [botu'lismo] *m sin pl* Lebensmittelvergiftung *f;* (MED) Botulismus *m*

bouquet [bu'ke] *m* ① *(ramo de flores)* Blumenstrauß *m* ② *(aroma del vino)* Bukett *nt*

boutique [bu'ti^k] *f* Boutique *f*

bóveda ['boβeða] *f* ① (ARQUIT) Gewölbe *nt;* ~ **celeste** Himmelsgewölbe *nt* ② *(cripta)* Krypta *f* ③ *(forma abombada)* Wölbung *f*

bovedilla [boβe'ðiʎa] *f* ① *(bóveda pequeña)* kleines Gewölbe *nt* ② (NÁUT: *parte de la fachada de popa*) Gilling *f*

bóvido, -a ['boβiðo, -a] *adj* (ZOOL) Horntier-

bóvidos ['boβiðos] *mpl* (ZOOL) Horntiere *ntpl,* Hornträger *mpl*

bovino, -a [bo'βino, -a] *adj* Rind(er)-; **locura bovina** Rinderwahnsinn *m*

bovinos [bo'βinos] *mpl* (ZOOL) Rinder *ntpl*

bowling ['boulin] *m sin pl* Bowling *nt*

box [bo$^{\gamma}$s] *m* ① *(para caballos)* Box *f*

② *(Am: boxeo)* Boxkampf *m* ③ *(AmC: postal)* Postfach *nt*

boxeador(a) [boˠsea'ðor(a)] *m(f)* Boxer(in) *m(f)*

boxear [boˠse'ar] *vi* boxen

boxeo [boˠ'seo] *m* Boxkampf *m*

bóxer ['boˠser] <bóxers> *m* (ZOOL: *raza canina*) Boxer *m*

boxístico, -a [boˠ'sistiko, -a] *adj* boxerisch

boya ['boɟa] *f* (NÁUT) Boje *f*; *(en una red)* Schwimmer *m*

boyante [bo'ɟan̪te] *adj* ① *(flotante)* schwimmend; *(barco)* mit geringem Tiefgang ② *(próspero)* erfolgreich; **el negocio va ~** das Geschäft floriert ③ *(toro)* (leicht) lenkbar

boy scout ['boi̯ es'kau̯^{t}] *mf v.* **escultista**

bozal [bo'θal] *m* ① *(de perro)* Maulkorb *m* ② *(Am: cabestro)* Halfter *m o nt*; *(cuerda)* Halfterriemen *m*

bozo ['boθo] *m* ① *(labios)* Lippen *fpl* ② *(vello)* Flaum(bart) *m* ③ *(cabestro)* Halfter *m o nt*; *(cuerda)* Halfterriemen *m*

bps [bepe'ese] *mpl* (INFOR) *abr de* **bits por segundo** Bit/s

bracear [braθe'ar] *vi* ① *(mover los brazos)* mit den Armen um sich schlagen ② *(nadar)* kraulen ③ *(esforzarse)* sich bemühen ④ *(forcejear)* sich wehren ⑤ (NÁUT) brassen

bracero [bra'θero] *m* ① *(jornalero)* Tagelöhner *m* ② *(peón)* Hilfsarbeiter *m*

bracista [bra'θista] *mf* (DEP) Brustschwimmer(in) *m(f)*

braga ['braɣa] *f* ① *(de bebé)* Windel *f* ② *(cuerda)* Hebeseil *nt* ③ *pl (de mujer)* Schlüpfer *m* ④ *pl (de hombre)* Kniehose *f*; **dejar a alguien en ~s** *(fig fam)* jdn ausnehmen; **estar en ~s** *(fig fam)* völlig pleite sein

bragado, -a [bra'ɣaðo, -a] *adj* ① *(malintencionado)* tückisch ② *(decidido)* entschlossen

bragapañal [braɣapa'ɲal] *m* Windelhöschen *nt*

bragazas [bra'ɣaθas] *m inv* Pantoffelheld *m*

braguero [bra'ɣero] *m* (MED) Bruchband *nt*

bragueta [bra'ɣeta] *f* Hosenschlitz *m*

braguetazo [braɣe'taθo] *m* Geldheirat *f*; **dar el ~** eine gute Partie machen

braguita(s) [bra'ɣita(s)] *f(pl)* Slip *m*

brahmán [bra'man] *m* (REL) Brahmane *m*

braille ['brai̯le] *m* Brailleschrift *f*

brainstorming [brei̯^{n}s'tormiŋ] *m sin pl* Brainstorming *nt*

bramante [bra'man̪te] *m* Bindfaden *m*

bramar [bra'mar] *vi* ① *(animal)* brüllen; *(ciervo)* röhren ② *(persona)* rasen; **está que brama** er/sie tobt vor Wut ③ *(viento)* heulen ④ *(oleaje)* tosen

bramido [bra'miðo] *m* ① *(animales)* Gebrüll *nt*, Brüllen *nt*; *(ciervos)* Röhren *nt* ② *(persona)* Wüten *nt*, Toben *nt* ③ *(viento)* Heulen *nt* ④ *(oleaje)* Tosen *nt*

Brandeburgo [bran̪de'βurɣo] *m* Brandenburg *nt*

brandi, brandy ['bran̪di] *m* Weinbrand *m*

branquia ['braŋkja] *f* Kieme *f*

branquial [braŋ'kjal] *adj* Kiemen-

braquial [bra'kjal] *adj* (ANAT) brachial

brasa ['brasa] *f (de leña)* (Holz)glut *f*; *(de carbón)* (Kohlen)glut *f*; **a la ~** gegrillt

brasear [brase'ar] *vt* grillen

brasero [bra'sero] *m* ① *(como calefacción)* Kohlenbecken *nt* ② *(Am: fuego)* Feuerstelle *f*; *(hogar)* (Küchen)herd *m*

Brasil [bra'sil] *m* (**el**) ~ Brasilien *nt*

brasileño, -a [brasi'leɲo, -a] **I.** *adj* brasilianisch **II.** *m, f* Brasilianer(in) *m(f)*

brava ['braβa] *f* *(Cuba: golpe)* Säbelhieb *m*; **dar una ~** einschüchtern; **a la ~, por las ~s** *(Arg, Cuba, Méx, PRico)* mit Gewalt

bravata [bra'βata] *f* ① *(amenaza)* leere Drohung *f* ② *(bravuconada)* Angeberei *f*

braveza [bra'βeθa] *f* ① *(valentía)* Mut *m*, Tapferkeit *f* ② *(fiereza)* Wildheit *f* ③ *(fuerza de los elementos)* Toben *nt*; *(ímpetu)* Heftigkeit *f*, Gewalt *f*

bravío[1] [bra'βio] *m* Wildheit *f*

bravío, -a[2] [bra'βio, -a] *adj* ① *(animal: salvaje)* wild; *(sin domar)* ungezähmt ② *(planta)* wild (wachsend) ③ *(persona: indómita)* ungestüm; *(rústica)* grob

bravo[1] ['braβo] **I.** *interj* bravo! **II.** *m* Bravo *nt*

bravo, -a[2] ['braβo, -a] *adj* ① *(valiente)* tapfer; *(valeroso)* mutig ② *(bueno)* großartig ③ *(salvaje: animal)* wild; *(persona)* wütend; *(mar)* stürmisch; *(terreno)* unwegsam ④ *(áspero)* grob ⑤ *(fanfarrón)* prahlerisch ⑥ *(Am: picante)* scharf

bravosía [braβo'sia] *f*, **bravosidad** [braβosi'ða^{ð}] *f* ① *(valentía)* Mut *m* ② *(arrogancia)* Überheblichkeit *f*

bravucón, -ona [braβu'kon, -ona] **I.** *adj* prahlerisch **II.** *m, f* Prahlhans *m*

bravuconada [braβuko'naða] *f* Prahlerei *f*

bravura [bra'βura] *f* ① *(de los animales)* Wildheit *f* ② *(de las personas)* Tapferkeit *f* ③ *(pey: bravata)* Prahlerei *f*

braza ['braθa] *f* ① (NÁUT: *unidad de longitud*) ≈ Faden *m (1,80 m)*; *(cabo)* Brasse *f* ② (DEP) Brustschwimmen *nt*

brazada [bra'θaða] *f* ① *(movimiento de los brazos)* Armbewegung *f*; *(al nadar)* Zug *m* ② *(cantidad)* Armvoll *m*

B

brazalete [braθa'lete] *m* ❶ *(pulsera)* Armband *nt* ❷ *(banda)* Armbinde *f*
brazo ['braθo] *m* ❶ (ANAT) Arm *m;* ~ **derecho** *(fig)* rechte Hand; ~ **de gitano** *(fig: pastel)* Biskuitrolle *f;* **cruzarse de ~s** *(fig)* die Hände in den Schoß legen; **dar el ~ a torcer** klein beigeben; **ir cogidos del ~** Arm in Arm laufen ❷ *(de una silla)* Armlehne *f* ❸ (GEO: *del río*) (Fluss)arm *m; (del mar)* (Meeres)arm *m* ❹ (ZOOL) Vorderbein *nt* ❺ (BIOL) Zweig *m* ❻ *(poder)* Gewalt *f* ❼ *pl (jornaleros)* Arbeiter *mpl* ❽ *pl (protectores)* Beschützer *mpl*
brea ['brea] *f* ❶ *(alquitrán)* Teer *m* ❷ *(pez)* Pech *nt*
breakdance ['breik'ðans] *m sin pl* Breakdance *m*
brear [bre'ar] *vt* ❶ *(maltratar)* plagen; ~ **a alguien a golpes** jdn verprügeln ❷ *(burlarse)* sich lustig machen (**a** über +*akk*)
brebaje [bre'βaxe] *m* ❶ *(bebida)* Gesöff *nt* ❷ *(medicina)* Mixtur *f*
brecha ['bretʃa] *f* ❶ (MIL) Bresche *f* ❷ *(abertura)* Öffnung *f; (en una pared)* Mauerdurchbruch *m* ❸ *(impresión)* Eindruck *m* ❹ *(herida en la cabeza)* klaffende Wunde *f* ❺ (GEO) Breccie *f* ❻ *(loc)* **estar en la ~** (sehr) engagiert sein
brécol(es) ['brekol(es)] *m(pl)* Brokkoli *pl*
brega ['breɣa] *f* ❶ *(riña)* Streit *m* ❷ *(lucha)* Kampf *m* ❸ *(trabajo duro)* Rackerei *f* ❹ *(burla)* Streich *m*
bregar [bre'ɣar] <g → gu> **I.** *vi* ❶ *(reñir)* sich streiten (**con** mit +*dat*) ❷ *(luchar)* kämpfen (**con** gegen +*akk*) ❸ *(trabajar duro)* sich abrackern **II.** *vt* einrühren
brenca ['breŋka] *f* (BOT: *fibra*) Narbe *f,* Stigma *nt*
breque ['breke] *m* (FERRO) ❶ *(Am: freno)* Bremse *f;* **apretar el ~** *(fig)* sich bemühen ❷ *(Am: vagón)* Gepäckwagen *m*
brescar [bres'kar] <c → qu> *vt (panales de miel)* ausnehmen, ausschneiden
Bretaña [bre'taɲa] *f* Bretagne *f;* **Gran ~** Großbritannien *nt*
brete ['brete] *m* Klemme *f;* **estar en un ~** in der Patsche sitzen; **poner a alguien en un ~** jdn in eine schwierige Lage bringen
bretón, -ona [bre'ton, -ona] **I.** *adj* bretonisch **II.** *m, f* Bretone, -in *m, f*
breva ['breβa] *f* ❶ *(higo)* (frühe) Feige *f* ❷ *(cigarro)* flache Zigarre *f; (Am: tabaco)* Kautabak *m* ❸ *(ganga)* Glücksfall *m;* **no caerá esa ~** daraus wird nichts werden
breve ['breβe] **I.** *adj* ❶ *(de duración)* kurz; **en ~** in Kürze ❷ *(de extensión)* knapp; **ser ~** sich kurzfassen **II.** *m* (PREN) Kurzmeldung *f*
brevedad [breβe'ða^ð] *f* ❶ *(corta duración)* Kürze *f;* **a la mayor ~ posible** baldmöglichst ❷ *(corta extensión)* Knappheit *f*
brevemente [breβe'men̦te] *adv* kurz; **permítame interrumpir ~** lassen Sie mich kurz unterbrechen
breviario [bre'βjarjo] *m* ❶ *(libro de rezos)* Brevier *nt* ❷ *(compendio)* Abriss *m*
brexit ['bre^ɣsit] *m* (POL) Brexit *m*
brezal [bre'θal] *m* Heidelandschaft *f*
brezo ['breθo] *m* (BOT) Heidekraut *nt*
briago, -a ['brjaɣo, -a] *adj (Méx: fam)* besoffen
bribón, -ona [bri'βon, -ona] **I.** *adj* ❶ *(vago)* faul ❷ *(pícaro)* verschlagen **II.** *m, f* ❶ *(bellaco)* Schurke, -in *m, f* ❷ *(pícaro)* Gauner(in) *m(f)* ❸ *(niño)* Strolch *m*
bribonada [briβo'naða] *f* Gaunerei *f*
bribonzuelo, -a [briβon̦'θwelo, -a] *adj o m, f (fam) dim de* **bribón**
bricolaje [briko'laxe] *m* Basteln *nt*
brida [bri'ða] *f* ❶ *(de la caballería)* Zaum *m* ❷ *(del sombrero)* Kinnband *nt* ❸ (TÉC: *reborde*) Flansch *m; (arandela)* Schelle *f* ❹ *pl* (MED) Verwachsung *f*
brie [brje] *m* (GASTR) (**queso**) ~ Brie(käse) *m*
briefing ['brifiŋ] *m (en publicidad)* Briefing *nt*
brigada¹ [bri'ɣaða] *m* (MIL) ≈ Feldwebel *m*
brigada² [bri'ɣaða] *f* ❶ (MIL) Brigade *f* ❷ *(de obreros)* Kolonne *f* ❸ *(de policía)* Einheit *f*
brillante [bri'ʎan̦te] *m* Brillant *m*
brillantez [briʎan̦'teθ] *f* ❶ *(de un objeto)* Glanz *m* ❷ *(de un acto)* Brillanz *f*
brillantina [briʎan̦'tina] *f* (Haar)pomade *f*
brillar [bri'ʎar] *vi* funkeln, glänzen; ~ **por su ausencia** *(irón)* durch Abwesenheit glänzen
brillo ['briʎo] *m* ❶ *(reflejo de luz)* Glanz *m;* **dar ~ a algo** etw (auf Hochglanz) polieren ❷ *(gloria)* Ruhm *m* ❸ *(excelencia)* Vortrefflichkeit *f* ❹ *(para labios)* Lipgloss *m o nt*
brincar [briŋ'kar] <c → qu> *vi* ❶ *(saltar)* hüpfen; *(hacia arriba)* hochschnellen ❷ *(pasar de un tema a otro)* übergehen (**a** zu +*dat*) ❸ *(alterarse)* außer sich *dat* sein; ~ **de alegría/de rabia** außer sich *dat* vor Freude/vor Wut sein
brinco ['briŋko] *m* Sprung *m;* **dar ~s** springen; **de un ~** mit einem Satz
brindar [brin̦'dar] **I.** *vi (levantar la copa)* anstoßen; ~ **por alguien** auf jdn anstoßen **II.** *vt* ❶ *(ofrecer)* (an)bieten, darbieten ❷ (TAUR) widmen **III.** *vr:* **~se** sich anbieten
brindis ['brin̦dis] *m inv* ❶ *(el levantar los vasos)* Zutrinken *nt* ❷ *(frase con que se*

brinda) Trinkspruch *m;* **echar un ~** einen Toast ausbringen

brío ['brio] *m* ❶ *(energía)* Energie *f* ❷ *(pujanza)* Schwung *m* ❸ *(garbo)* Anmut *f*

brioso, -a [bri'oso, -a] *adj* ❶ *(con energía)* energisch ❷ *(con pujanza)* schwungvoll ❸ *(con garbo)* anmutig

briqueta [bri'keta] *f* Brikett *nt*

brisa ['brisa] *f* Brise *f*

británico, -a [bri'taniko, -a] **I.** *adj* britisch **II.** *m, f* Brite, -in *m, f*

brit pop ['brit pop] *m* (MÚS) Britpop *m*

brizna ['briθna] *f* ❶ *(hebra)* Fädchen *nt* ❷ (BOT) Faser *f; (de judías)* Faden *m* ❸ *(porción diminuta)* Krume *f;* **no tiene ni una ~ de humor** er/sie hat kein bisschen Humor ❹ *(Am: llovizna)* Sprühregen *m*

broca ['broka] *f* (TÉC) (Drill)bohrer *m*

brocado [bro'kaðo] *m* Brokat *m*

brocal [bro'kal] *m* (Brunnen)rand *m*

brocha ['brotʃa] *f* ❶ *(pincel grueso)* (Maler)pinsel *m;* **pintor de ~ gorda** Maler *m* ❷ *(de afeitar)* Rasierpinsel *m* ❸ *(fam: mal pintor)* Pins(e)ler *m*

brochazo [bro'tʃaθo] *m* (grober) Pinselstrich *m*

broche ['brotʃe] *m* ❶ *(en la ropa)* Druckknopf *m; (de adorno)* Anstecknadel *f;* **~ de oro** *(fig)* krönender Abschluss ❷ *(Am: sujetapapeles)* Büroklammer *f* ❸ *pl (Am: gemelos)* Manschettenknöpfe *mpl*

brocheta [bro'tʃeta] *f* (Brat)spieß *m*

brócoli ['brokoli] *m* (BOT) Brokkoli *m*

bróker ['broker] *m* (FIN) Broker *m*

brollar [bro'ʎar] *vi* sprudeln

broma ['broma] *f (gracia)* Scherz *m; (tontería)* Unfug *m;* **~s aparte...** Spaß beiseite ...; **no estoy para ~s** ich bin nicht zum Scherzen aufgelegt

bromatología [bromatolo'xia] *f* (MED) Bromatologie *f*

bromear [brome'ar] *vi, vr:* **~se** spaßen

bromista [bro'mista] **I.** *adj* witzig **II.** *mf* Spaßvogel *m*

bromo ['bromo] *m* (QUÍM) Brom *nt*

bromuro [bro'muro] *m* (QUÍM) Bromid *nt*

bronca ['broŋka] *f* ❶ *(riña)* Streit *m;* **se armó una ~ tremenda** es gab einen Riesenkrach ❷ *(reprimenda)* Zurechtweisung *f* ❸ *(tumulto)* Krawall *m* ❹ *(Am: enfado)* Ärger *m;* **me da ~** das macht mich ärgerlich

bronce ['bron̪θe] *m* Bronze *f*

bronceado[1] [bron̪θe'aðo] *m* ❶ *(de un objeto)* Bronzieren *nt* ❷ *(de la piel: efecto)* (Sonnen)bräune *f; (acción)* Bräunen *nt*

bronceado, -a[2] [bron̪θe'aðo, -a] *adj* ❶ *(objeto)* bronzefarbig ❷ *(piel)* (sonnen)gebräunt

bronceador [bron̪θea'ðor] *m* Sonnenschutzmittel *nt*

broncear [bron̪θe'ar] **I.** *vt* ❶ *(un objeto)* bronzieren ❷ *(la piel)* bräunen **II.** *vr:* **~se** sich bräunen

bronco, -a ['broŋko, -a] *adj* ❶ *(voz)* heiser ❷ *(metal: tosco)* roh; *(quebradizo)* spröde, brüchig ❸ *(genio)* schroff ❹ *(Am: caballo)* wild

bronconeumonía [broŋkoneu̯mo'nia] *f* (MED) Bronchopneumonie *f*

bronquial [broŋ'kjal] *adj* (ANAT, MED) bronchial

bronquio ['broŋkjo] *m* (ANAT) Bronchie *f*

bronquítico, -a [broŋ'kitiko, -a] *m, f* (MED) Bronchitiker(in) *m(f)*

bronquitis [broŋ'kitis] *f inv* (MED) Bronchitis *f*

brontosaurio [bron̪to'sau̯rjo] *m* (ZOOL) Brontosaurus *m*

broquel [bro'kel] *m* ❶ *(escudo)* Schild *nt* ❷ *(amparo)* Schutz *m*

broqueta [bro'keta] *f* (Brat)spieß *m*

brota ['brota] *f* (BOT) Knospe *f*

brotar [bro'tar] **I.** *vi* ❶ (BOT) knospen; *(árbol)* ausschlagen; *(semilla)* aufkeimen ❷ *(agua)* (hervor)quellen (**de** aus +*dat*) ❸ *(enfermedad)* sich zeigen **II.** *vt* hervorbringen

brote ['brote] *m* ❶ (BOT) Knospe *f* ❷ *(comienzo)* Aufkeimen *nt* ❸ *(erupción)* Ausbruch *m* ❹ (GASTR) **~ de soja** Sojaspross *m*

broza ['broθa] *f* ❶ *(hojas)* dürres Laub *nt; (ramas)* Reisig *nt* ❷ *(arbustos)* Dickicht *nt* ❸ *(palabras inútiles)* leeres Gerede *nt* ❹ *(bruza)* Bürste *f*

bruces ['bruθes] *adv* **caer de ~** auf die Nase fallen; **darse de ~ con alguien** *(chocar)* mit jdm zusammenstoßen; *(hallar casualmente)* auf jdn stoßen

bruja ['bruxa] *f* ❶ *(hechizera)* Hexe *f* ❷ *(lechuza)* Eule *f*

Brujas ['bruxas] *f* Brügge *nt*

brujería [bruxe'ria] *f* Hexerei *f*

brujo ['bruxo] *m* ❶ *(hechizero)* Hexenmeister *m* ❷ *(Am: médico)* Medizinmann *m*

brújula ['bruxula] *f* ❶ *(compás)* Kompass *m; (aguja)* Magnetnadel *f;* **perder la ~** *(t. fig)* die Orientierung verlieren ❷ *(mira)* Visier *nt*

brulote [bru'lote] *m (AmS: taco)* Schimpfwort *nt*

bruma ['bruma] *f* leichter Nebel *m*

brumoso, -a [bru'moso, -a] *adj* neblig

Brunéi [bru'nej] *m* Brunei *nt*

bruno, -a ['bruno, -a] *adj* dunkel(braun)

B

B

bruñido [bru'ɲiðo] *m* ❶ *(acto)* Polieren *nt* ❷ *(brillo)* Politur *f*
bruñir [bru'ɲir] <3. *pret* bruñó> *vt* ❶ *(sacar brillo)* polieren ❷ *(fig fam: maquillar)* schminken ❸ *(Am: molestar)* belästigen
brusco, -a ['brusko, -a] *adj* ❶ *(repentino)* plötzlich; **un ~ aumento** ein sprunghafter Anstieg ❷ *(áspero)* schroff
Bruselas [bru'selas] *fpl* Brüssel *nt*
brusquedad [bruske'ðaᵈ] *f* ❶ *(de un suceso)* Unvermitteltheit *f* ❷ *(de un comportamiento)* Schroffheit *f*; **con ~** schroff
brutal [bru'tal] *adj* ❶ *(violento)* brutal ❷ *(desconsiderado)* schonungslos ❸ *(fam: enorme)* ungeheuerlich ❹ *(fam: estupendo)* toll
brutalidad [brutali'ðaᵈ] *f* ❶ *(calidad)* Brutalität *f* ❷ *(acción violenta)* Gewalttat *f*; *(cruel)* Ungeheuerlichkeit *f* ❸ *(cantidad excesiva)* Übermaß *nt* ❹ *(estupidez)* Dummheit *f*
bruto[1] ['bruto] *adj* ❶ *(tosco)* roh; **diamante en ~** Rohdiamant *m* ❷ *(peso)* brutto
bruto, -a[2] ['bruto, -a] **I.** *adj* ❶ *(brutal)* brutal ❷ *(rudo)* grob ❸ *(estúpido)* dumm **II.** *m, f* ❶ *(persona brutal)* Rohling *m* ❷ *(idiota)* Dummkopf *m*
bucal [bu'kal] *adj* Mund-; **por vía ~** oral
bucanero [buka'nero] *m* Seeräuber *m*
búcaro ['bukaro] *m (jarra)* Wasserkrug *m*; *(florero)* (Blumen)vase *f*
buceador(a) [buθea'ðor(a)] *m(f)* (Sport)taucher(in) *m(f)*
bucear [buθe'ar] *vi* ❶ *(nadar)* tauchen ❷ *(investigar)* forschen (**en** in +*dat*)
buceo [bu'θeo] *m* (Sport)tauchen *nt*
buchada [bu'ʧaða] *f (de comida)* Mund *m* voll; *(de bebida)* Schluck *m*
buche ['buʧe] *m* ❶ *(en las aves)* Kropf *m* ❷ *(fam: estómago)* Magen *m* ❸ *(bocanada)* Schluck *m* ❹ *(pliegue en la ropa)* Falte *f* ❺ *(lo más íntimo)* Herz *nt*; **guardar algo en el ~** mit etw *dat* hinter dem Berg halten
bucle ['bukle] *m* ❶ *(rizo de cabello)* (Ringel)locke *f* ❷ *(onda, t.* INFOR) Schleife *f*
bucólico, -a [bu'koliko, -a] *adj* Hirten-; (LIT) bukolisch
buda ['buða] *m* Buddha *m*
budin ['buðin] *m* (GASTR) Pudding *m*
budín [bu'ðin] *m* (GASTR) Pudding *m*
budismo [bu'ðismo] *m sin pl* Buddhismus *m*
budista [bu'ðista] **I.** *adj* buddhistisch **II.** *mf* Buddhist(in) *m(f)*
buen [bwen] *adj v.* **bueno**[2]
buenamente [bwena'mente] *adv* ❶ *(fácilmente)* mühelos ❷ *(voluntariamente)* freiwillig
buenaventura [bwenaβen'tura] *f* ❶ *(suerte)* Glück *nt* ❷ *(adivinación)* Wahrsagung *f*; **echar la ~ a alguien** jdm die Zukunft voraussagen
buenazo, -a [bwe'naθo, -a] **I.** *adj* herzensgut **II.** *m, f* herzensguter Mensch *m*
bueno[1] ['bweno] *interj* na gut!
bueno, -a[2] ['bweno, -a] *adj* <mejor *o* más bueno, el mejor *o* bonísimo *o* buenísimo> *(delante de un sustantivo masculino: buen)* ❶ *(calidad)* gut; *(tiempo)* schön; *(constitución)* kräftig; *(decisión)* richtig; **~s días** guten Morgen; **buenas** (**tardes**/**noches**) guten Tag/Abend; **buen viaje** gute Reise; **hace ~** es ist schönes Wetter; **dar algo por ~** etw gutheißen; **estar de buenas** gut aufgelegt sein; **lo que tiene de ~ es que...** das Gute daran ist, dass ...; **por las buenas o por las malas** wohl oder übel ❷ *(apropiado)* geeignet ❸ *(fácil)* leicht; **el libro es ~ de leer** das Buch liest sich gut ❹ *(honesto)* anständig; *(bondadoso)* gütig; *(niño)* lieb; **es buena gente** das sind anständige Leute ❺ *(sano)* gesund ❻ *(fam: atractivo)* attraktiv; **está buenísima** sie sieht klasse aus ❼ *(bastante)* beträchtlich ❽ *(bonito)* schön; **¡buena la has hecho!** *(fig)* da hast du etwas Schönes angerichtet!; **¡estaría ~!** *(fig)* das wäre noch schöner!
buey [bwei̯] *m* ❶ (ZOOL) Ochse *m* ❷ *(AmC: cornudo)* betrogener Ehemann *m*
bufa ['bufa] *f* ❶ *(burla)* Spott *m* ❷ *(bufonada)* dummer Streich *m*, Unfug *m*; **estoy harta de tus ~s** ich habe deine Faxen satt
búfalo ['bufalo] *m* Büffel *m*
bufanda [bu'fanda] *f* Schal *m*
bufar [bu'far] *vi* ❶ *(resoplar)* schnauben; *(gato)* fauchen; **está que bufa** er/sie ist außer sich *dat* ❷ *(Am: oler mal)* stinken
bufé [bu'fe] *m* ❶ *(comida)* (kaltes) Büfett *nt* ❷ *(mesa)* Büfett *nt* ❸ *(local)* Bahnhofsrestaurant *nt*
bufeo [bu'feo] *m (Ant, Hond, Méx: delfín)* Delfin *m*; *(tonina)* Tümmler *m*
bufet [bu'fe] *m (Am)* ❶ *(aparador)* Büfett *nt* ❷ *(cena fría)* kaltes Büfett *nt* ❸ *(restaurante)* Hotelrestaurant *nt*
bufete [bu'fete] *m* ❶ *(escritorio)* Schreibtisch *m* ❷ *(de abogado)* (Rechts)anwaltskanzlei *f*; **abrir ~** sich als Anwalt niederlassen ❸ *(clientela)* Klientel *f* ❹ *(aparador)* Büfett *nt*
buffer ['bafer] *m* (INFOR) Puffer *m*; **~ de impresión** Druckausgabepuffer *m*
bufido [bu'fiðo] *m* ❶ *(resoplido, t. fig)* (Wut)schnauben *nt* ❷ *(exabrupto)* Rüffel *m*

bufón, -ona [bu'fon, -ona] **I.** *adj* närrisch **II.** *m, f* ① *(bromista)* Spaßmacher(in) *m(f)* ② (TEAT) Narr *m*
bufonada [bufo'naða] *f* ① *(burla)* Narrheit *f* ② (TEAT) Posse *f*
buganvilla [buɣam'biʎa] *f* (BOT) Bougainvillea *f*
buggy ['buɣi] *m* Buggy *m*
buhardilla [bwar'ðiʎa] *f* ① *(ventana)* Dachluke *f* ② *(desván)* Dachboden *m* ③ *(vivienda)* Mansarde *f*
búho ['buo] *m* ① (ZOOL) Uhu *m* ② *(persona)* mürrischer Mensch *m* ③ *(línea de autobús)* Nachtbus *m*
buhonero [buo'nero] *m* Hausierer *m*
buitre ['bwitre] *m* *(t. fam: persona)* (Aas)geier *m*
buitrear [bwitre'ar] *vi* ① *(Am: cazar)* (Geier) jagen ② *(CSur: vomitar)* erbrechen
bujarrón [buxa'rron] **I.** *adj* *(pey)* warm, schwul **II.** *m* *(pey)* Homo *m,* warmer Bruder *m*
bujía [bu'xia] *f* ① *(vela)* (Wachs)kerze *f* ② *(candelero)* Leuchter *m* ③ (AUTO) Zündkerze *f* ④ (FÍS) Candela *f*
bula ['bula] *f* (päpstliche) Bulle *f*
bulbo ['bulβo] *m* (BOT) (Blumen)zwiebel *f,* Knolle *f*
bulboso, -a [bul'βoso, -a] *adj* (BOT) Zwiebel-; **los tulipanes son plantas bulbosas** Tulpen sind Zwiebelpflanzen
bulevar [bule'βar] *m* Boulevard *m*
Bulgaria [bul'ɣarja] *f* Bulgarien *nt*
búlgaro, -a ['bulɣaro, -a] **I.** *adj* bulgarisch **II.** *m, f* Bulgare, -in *m, f*
bulimia [bu'limja] *f sin pl* (MED) Bulimie *f*
bulla ['buʎa] *f* ① *(ruido)* Krach *m* ② *(aglomeración)* Gedränge *nt;* *(confusión)* Tumult *m* ③ *(Am: pelea)* Schlägerei *f*
bullabesa [buʎa'βesa] *f* (GASTR) Bouillabaisse *f*
bullaje [bu'ʎaxe] *m* Gedränge *nt,* (Menschen)gewühl *nt*
bullanguero, -a [buʎaŋ'gero, -a] **I.** *adj* aufrührerisch **II.** *m, f* Unruhestifter(in) *m(f)*
bulldozer [bul̩'ðoθer] *m,* **bulldózer** [bul̩'ðoθer] *m* Bulldozer *m*
bullicio [bu'ʎiθjo] *m* ① *(ruido)* Lärm *m* ② *(sedición)* Aufstand *m* ③ *(tumulto)* Tumult *m*
bullicioso, -a [buʎi'θjoso, -a] *adj* laut
bullidor(a) [buʎi'ðor(a)] *adj* zapp(e)lig, unruhig
bullir [bu'ʎir] *<3. pret* bulló> **I.** *vi* ① *(hervir)* kochen; *(borbotar)* sprudeln; **~le a alguien la sangre (en las venas)** *(fig)* voller Tatendrang sein ② *(agitarse)* sich tummeln; *(moverse)* sich regen ③ *(pulular)* wimmeln **II.** *vt* bewegen **III.** *vr:* **~se** sich bewegen
bulo ['bulo] *m* Gerücht *nt*
bulto ['bul̩to] *m* ① *(tamaño)* Umfang *m;* **de ~** sperrig ② *(importancia)* Bedeutung *f;* *(esencia)* Kern *m;* **un error de ~** ein bedeutender Fehler ③ *(cuerpo indistinguible)* undeutliche Gestalt *f* ④ *(fardo)* Bündel *nt* ⑤ *(paquete)* Gepäckstück *nt* ⑥ (MED) Geschwulst *f* ⑦ *(loc)* **a ~** ungefähr; **escurrir el ~** *(fam)* sich verdrücken
bum [bun] *m* Boom *m,* Aufschwung *m*
bumerán [bume'ran] *m,* **bumerang** [bume'ran] *m* Bumerang *m;* **efecto ~** Bumerangeffekt *m*
bungaló [buŋga'lo] *m,* **bungalow** [buŋga'lo] *m* Bungalow *m*
búnker ['bunker] *m* (MIL) Bunker *m*
buñuelo [bu'ɲwelo] *m* ① *(pastel)* ≈ Krapfen *m;* **~ de viento** Windbeutel *m* ② *(chapuza)* Pfuscharbeit *f*
BUP [bup] *m abr de* **Bachillerato Unificado Polivalente** (HIST) ≈ (gymnasiale) Oberstufe *f*
buque ['buke] *m* ① *(barco)* Schiff *nt;* **~ de pasajeros** Passagierdampfer *m;* **~ portacontenedores** Containerschiff *nt* ② *(casco)* Schiffsrumpf *m* ③ *(cabida)* Fassungsvermögen *nt*
buqué [bu'ke] *m* Bukett *nt*
buque cisterna ['buke θis'terna] *m* <buques cisterna> Tanker *m*
buraco [bu'rako] *m* *(Arg, Par, Urug)* Loch *nt*
burata [bu'rata] *f* *(Ven)* Geld *nt*
burbuja [bur'βuxa] *f* (Luft)blase *f;* **~ financiera** Finanzblase *f;* **~ inmobiliaria** Immobilienblase *f*
burbujeante [burβuxe'an̩te] *adj* sprudelnd
burbujear [burβuxe'ar] *vi* sprudeln
burbujeo [burβu'xeo] *m* Sprudeln *nt*
burdel [bur'ðel] *m* Bordell *nt*
burdeos [bus'ðeos] **I.** *adj* bordeaux(rot); **unos guantes (de color) ~** bordeauxrote Handschuhe **II.** *m inv* Bordeaux(wein) *m*
Burdeos [bur'ðeos] *m* Bordeaux *nt*
burdo, -a ['burðo, -a] *adj* *(tosco)* grob; *(excusa)* plump
bureo [bu'reo] *m* Vergnügen *nt;* **ir de ~** einen draufmachen *fam*
burgalés, -esa [burɣa'les, -esa] **I.** *adj* aus Burgos **II.** *m, f* Einwohner(in) *m(f)* von Burgos
burgo ['burɣo] *m* ① *(aldea)* Weiler *m* ② (HIST: *castillo*) Burg *f*
burgomaestre [burɣoma'estre] *m* Bürgermeister(in) *m(f)*
burgués, -esa [bur'ɣes, -esa] **I.** *adj* ① *(de*

la clase media) bürgerlich ② *(pey: mediocre)* spießerhaft **II.** *m, f* ① *(ciudadano)* Bürger(in) *m(f)* ② *(persona mediocre)* Spießer(in) *m(f)*

burguesía [burɣe'sia] *f* Bürgertum *nt*

burguesismo [burɣe'sismo] *m* (SOCIOL) Bürgerlichkeit *f,* bürgerliche Lebensweise *f*

Burkina Faso [bur'kina 'faso] *f* Burkina Faso *nt*

burla ['burla] *f* ① *(mofa)* Spott *m;* **hacer ~ de alguien** sich über jdn lustig machen ② *(broma)* Scherz *m;* **~s aparte** Spaß beiseite ③ *(engaño)* (übler) Streich *m*

burlador(a) [burla'ðor(a)] **I.** *adj* spöttisch **II.** *m(f)* ① *(mofador)* Spötter(in) *m(f)* ② *(bromista)* Spaßmacher(in) *m(f)* ③ *(seductor)* Verführer(in) *m(f)*

burlar [bur'lar] **I.** *vt* ① *(mofarse)* verspotten ② *(engañar)* täuschen ③ *(frustrar)* zunichtemachen ④ *(eludir)* umgehen; *(orden)* missachten; *(bloqueo)* brechen ⑤ *(seducir)* verführen **II.** *vr:* **~se** Spaß machen

burlesco, -a [bur'lesko, -a] *adj* ① *(jocoso)* spaßig ② (LIT) possenhaft

burlón, -ona [bur'lon, -ona] **I.** *adj* spöttisch **II.** *m, f* ① *(mofador)* Spötter(in) *m(f)* ② *(guasón)* Witzbold *m*

buró [bu'ro] *m* ① *(escritorio)* Schreibtisch *m* ② *(Am: mesa de noche)* Nachttisch *m*

burocracia [buro'kraθja] *f* Bürokratie *f*

burócrata [bu'rokrata] *mf* Bürokrat(in) *m(f)*

burocrático, -a [buro'kratiko, -a] *adj* bürokratisch

burocratismo [burokra'tismo] *m sin pl* Bürokratismus *m*

burocratizar [burokrati'θar] <z → c> *vt* bürokratisieren

burra ['burra] *f (argot: motocicleta)* (alte) Mühle *f*

burrada [bu'rraða] *f* ① *(manada)* Eselherde *f* ② *(fam: disparate)* Unsinn *m;* **decir ~s** dummes Zeug reden ③ *(fam: cantidad grande)* Unmenge *f*

burro[1] ['burro] *m* ① *(armazón)* (Säge)bock *m* ② *(AmC: escalera)* Zimmerleiter *f* ③ *(AmC: columpio)* Schaukel *f*

burro, -a[2] ['burro, -a] **I.** *adj* ① *(tonto)* dumm ② *(obstinado)* stur **II.** *m, f* ① (ZOOL) Esel(in) *m(f);* **~ de carga** *(t. fig)* Packesel *m* ② *(persona tonta)* Trottel *m;* **~ cargado de letras** Fachidiot *m* ③ *(persona obstinada)* Starrkopf *m* ④ *(persona trabajadora)* Arbeitstier *nt* ⑤ *(loc)* **apearse del ~** nachgeben; **no ver tres en un ~** stockblind sein

bursátil [bur'satil] *adj* Börsen-; **información ~** Börsenbericht *m*

Burundi [buruṇ'di] *m* Burundi *nt*

bus [bus] *m* (*t.* INFOR) Bus *m*

busaca [bu'saka] *f* ① *(Col, Ven: bolsa)* Tasche *f* ② *(Ven: cartera)* Schulmappe *f*

busca ['buska] *f* Suche *f;* **en ~ de alguien** auf der Suche nach jdm

buscabullas [buska'βuʎas] **I.** *adj* Unruhe stiftend **II.** *mf inv* Unruhestifer(in) *m(f)*

buscador[1] [buska'ðor] *m* (INFOR) Suchmaschine *f*

buscador(a)[2] [buska'ðor(a)] **I.** *adj* Such-, suchend **II.** *m(f)* Sucher(in) *m(f);* **los ~es de oro** die Goldsucher

buscapié [buska'pje] *m* Bemerkung *f*

buscapleitos [buska'plei̯tos] *mf inv (Am)* Unruhestifter(in) *m(f)*

buscar [bus'kar] <c → qu> *vi, vt* suchen; **enviar a alguien a ~ algo** jdn nach etw *dat* schicken; **ir a ~** (ab)holen; **él se la ha buscado** er hat es nicht anders gewollt

buscavidas [buska'βiðas] *mf inv* ① *(curioso)* Schnüffler(in) *m(f)* ② *(diligente)* Lebenskünstler(in) *m(f)*

buscona [bus'kona] *f* Hure *f*

búsqueda ['buskeða] *f* (*t.* INFOR) Suche *f*

bustier [bus'tjer] *m* Bustier *nt*

busto ['busto] *m* ① *(escultura)* Büste *f* ② *(cuadro)* Porträt *nt* ③ (ANAT) Oberkörper *m*

butaca [bu'taka] *f* ① *(silla)* Lehnstuhl *m* ② *(de cine, de teatro)* Parkettsitz *m*

Bután [bu'tan] *m* Bhutan *nt*

butano [bu'tano] **I.** *adj* orange(n) **II.** *m* ① (QUÍM) Butan(gas) *nt* ② *(color)* Orange *nt*

buten ['buten] *m* **de ~** *(fam)* toll, großartig

butifarra [buti'farra] *f* ① *(embutido) katalanische Presswurst* ② *(salchicha)* Bratwurst *f* ③ *(Am: media)* zu weiter Strumpf *m*

butrón [bu'tron] *m (fam)* Einbruch *m*

buzo ['buθo] *m* ① *(buceador)* Taucher *m* ② *(mono)* Overall *m*

buzón [bu'θon] *m* ① *(de correos)* Briefkasten *m; (de casa)* (Haus)briefkasten *m;* **~ (electrónico)** (INFOR) Mailbox *f;* **~ de voz** Voicemail *f* ② *(canal)* Abzugskanal *m* ③ *(tapón)* Stöpsel *m*

buzoneo [buθo'neo] *m* Briefkastenwerbung *f*

buzonfia [bu'θoɱfja] *f* (INFOR: *fam)* Spam *nt*

byte [bai̯ᵗ] *m* (INFOR) Byte *nt;* **~ de control** Prüfbyte *nt*

Cc

C, c [θe] *f* C, c *nt;* ~ **de Carmen** C wie Cäsar

C/ ['kaʎe] *abr de* **calle** Str.

cabal [ka'βal] **I.** *adj* ❶ *(completo)* vollständig ❷ *(persona)* redlich **II.** *m* **no estar en sus ~es** nicht alle Tassen im Schrank haben *fam*

cabalgada [kaβal'ɣaða] *f* ❶ *(jornada a caballo)* (Tages)ausritt *m;* **después de la ~ me dolían los huesos** nach dem Tag im Sattel taten mir alle Knochen weh ❷ (HIST, MIL) Reitertrupp *m*

cabalgadura [kaβalɣa'ðura] *f (de montura)* Reittier *nt; (de carga)* Lasttier *nt*

cabalgar [kaβal'ɣar] <g → gu> **I.** *vi* reiten **II.** *vt* ❶ *(a caballo)* reiten ❷ *(el macho a la hembra)* bespringen

cabalgata [kaβal'ɣata] *f* Umzug *m*

cabalístico, -a [kaβa'listiko, -a] *adj* ❶ *(incomprensible)* unverständlich ❷ *(misterioso)* geheimnisvoll

caballa [ka'βaʎa] *f* Makrele *f*

caballar [kaβa'ʎar] *adj* Pferde-; **cría ~** Pferdezucht *f*

caballeresco, -a [kaβaʎe'resko, -a] *adj* ❶ (HIST) Ritter- ❷ *(galante)* ritterlich

caballería [kaβaʎe'ria] *f* ❶ *(montura)* Reittier *nt* ❷ (MIL) Kavallerie *f*

caballeriza [kaβaʎe'riθa] *f* Reitstall *m*

caballero [kaβa'ʎero] *m* ❶ *(señor)* Herr *m* ❷ *(galán)* Gentleman *m* ❸ (HIST) Ritter *m*

caballerosidad [kaβaʎerosi'ða^ð] *f* ❶ *(galantería)* Höflichkeit *f* ❷ *(generosidad)* Großmut *f*

caballeroso, -a [kaβaʎe'roso, -a] *adj* ❶ *(galante)* höflich ❷ *(generoso)* großmütig

caballeta [kaβa'ʎeta] *f* (ZOOL) Heuschrecke *f*

caballete [kaβa'ʎete] *m* ❶ *(de mesa)* Bock *m* ❷ *(de cuadro)* Staffelei *f* ❸ *(bicicletas, motos)* Ständer *m;* ~ **lateral** Seitenständer *m*

caballito [kaβa'ʎito] *m* ❶ (ZOOL) ~ **del diablo** Libelle *f;* ~ **de mar** Seepferdchen *nt* ❷ *(juguete: mecedor)* Schaukelpferd *nt; (de palo)* Steckenpferd *nt* ❸ *pl (en una feria)* Karussell *nt*

caballo [ka'βaʎo] *m* ❶ *(animal)* Pferd *nt;* **a ~** zu Pferde; **ir a ~** reiten; ~ **de batalla** *(fig)* Kernpunkt *m* ❷ *(ajedrez)* Springer *m* ❸ (DEP) ~ **de carreras** Rennpferd *nt;* ~ **de saltos** Sprungpferd *nt* ❹ *(naipes)* ≈ Dame *f* ❺ *(argot: heroína)* Heroin *nt* ❻ **caballito de mar** Seepferdchen *nt*

cabaña [ka'βaɲa] *f* ❶ *(choza)* Hütte *f* ❷ (AGR) Viehbestand *m*

cabaré [kaβa're] *m*, **cabaret** [kaβa're] *m* <cabarets> Kabarett *nt*

cabecear [kaβeθe'ar] **I.** *vi* ❶ *(mover la cabeza)* den Kopf schütteln ❷ *(dormitar)* einnicken **II.** *vt* (DEP) köpfen

cabeceo [kaβe'θeo] *m* Hin- und Herbewegung *f;* (NÁUT) Stampfen *nt; (con la cabeza)* Nicken *nt*

cabecera [kaβe'θera] *f* ❶ *(de una cama)* Kopfende *nt* ❷ *(de la mesa)* Stirnseite *f; (plaza de honor)* Ehrenplatz *m;* **médico de ~** Hausarzt *m* ❸ *(del periódico)* Zeitungskopf *m*

cabecilla [kaβe'θiʎa] *mf* Anführer(in) *m(f)*

cabellera [kaβe'ʎera] *f* ❶ *(de la cabeza)* Haare *nt pl; (abundante)* Mähne *f* ❷ (ASTR) Schweif *m*

cabello [ka'βeʎo] *m* Haar(e) *nt(pl);* **se le pusieron los ~s de punta** ihm/ihr standen die Haare zu Berge; **traído por los ~s** an den Haaren herbeigezogen

caber [ka'βer] *vi irr* ❶ *(tener espacio)* (hinein)passen (**en** in +*akk*); **no ~ en sí de...** außer sich *dat* sein vor ...; **no me cabe en la cabeza** ich kann es nicht fassen; **esta falda no me cabe** dieser Rock passt mir nicht ❷ *(pasar)* durchgehen (**por** durch +*akk*) ❸ *(loc)* **cabe la posibilidad de que...** +*subj* es besteht die Möglichkeit, dass ...; **no cabe duda (de que...)** es steht außer Zweifel(, dass ...)

cabestrillo [kaβes'triʎo] *m* Schlinge *f*

cabestro [ka'βestro] *m* ❶ *(ronzal)* Halfter *m o nt* ❷ *(cuerda)* Strick *m* ❸ *(animal)* Leitochse *m (einer Stierherde)*

cabeza[1] [ka'βeθa] *f* ❶ (*t.* ANAT, TÉC) Kopf *m;* ~ **de ajo** Knoblauchknolle *f;* ~ **atómica** Atomsprengkopf *m;* ~ **de lectura** [*o* **lectora**] (INFOR) Lesekopf *m;* ~ **de partido** Bezirkshauptstadt *f;* ~ **abajo** auf dem Kopf (stehend); ~ **arriba** aufrecht; **de ~** kopfüber; **por ~** pro Kopf; **abrirse la ~** sich *dat* den Kopf einschlagen; **asentir con la ~** nicken; **negar con la ~** den Kopf schütteln; **se me va la ~** mir wird schwindelig; **de la ~ a los pies** von Kopf bis Fuß; **estar mal de la ~** *(fam)* einen Vogel haben; **jugarse la ~** Kopf und Kragen riskieren; **métetelo en la ~** schreib's dir hinter die Ohren; **algo se le pasa a alguien por la ~** jdm geht etw durch den Kopf; **quitarse algo de la ~** sich *dat* etw aus dem Kopf schlagen; **sentar (la) ~** sich in geordnete Bahnen bege-

C

ben; **tener buena/mala** ~ ein gutes/schlechtes Gedächtnis haben; **tener la ~ dura** dickköpfig sein; **traer de** ~ Kummer machen; **levantar** ~ sein Tief überwinden; **este chico tiene** ~ dieser Junge ist ein kluger Kopf; **tener ~ para los negocios** geschäftstüchtig sein ② *(extremo)* Spitze *f;* **ir en** ~ (DEP) führen ③ (AGR: *res*) Stück *nt*

cabeza[2] [ka'βeθa] *m* (An)führer *m;* ~ **de familia** Familienoberhaupt *nt;* ~ **rapada** Skinhead *m*

cabezada [kaβe'θaða] *f* Schlag *m* (auf den Kopf); **dar** [*o* **echar**] **una** ~ *(fam)* ein Nickerchen machen

cabezal [kaβe'θal] *m* ① *(almohada)* Kopfkissen *nt* ② (TÉC) Kopf *m;* ~ **de escritura** (INFOR) Schreibkopf *m;* ~ **de grabación** (INFOR) Druckkopf *m*

cabezazo [kaβe'θaθo] *m* ① *(golpe)* Schlag *m* (auf den Kopf); **darse un** ~ sich *dat* den Kopf anstoßen ② (DEP) Kopfball *m*

cabezón, -ona [kaβe'θon, -ona] **I.** *adj* ① *(de cabeza grande)* großköpfig ② *(fam: obstinado)* dickköpfig **II.** *m, f* Dickkopf *m*

cabezonería [kaβeθone'ria] *f (fam)* Dickköpfigkeit *f*

cabezudo[1] [kaβe'θuðo] *m Figur bei Festumzügen mit einem riesigem Pappkopf*

cabezudo, -a[2] [kaβe'θuðo, -a] *adj v.* **cabezón**

cabida [ka'βiða] *f* Fassungsvermögen *nt*

cabildo [ka'βildo] *m* ① *(ayuntamiento)* Gemeinderat *m; (en las islas Canarias)* Inselrat *m;* ~ **abierto** Gemeinderatssitzung *f* ② *(en la Iglesia católica)* Domkapitel *nt* ③ *(cofradía)* Zunft *f*

cabillo [ka'βiʎo] *m* (BOT) Stängel *m,* Stiel *m*

cabina [ka'βina] *f* Kabine *f; (en la playa)* Umkleidekabine *f;* ~ **de control** (TÉC) Regieraum *m;* ~ **del piloto** Cockpit *nt;* ~ **del maquinista** Führerstand *m;* ~ **de proyección** Filmvorführraum *m;* ~ **de teléfonos** Telefonzelle *f*

cabinera [kaβi'nera] *f (Col)* Flugbegleiterin *f,* Stewardess *f*

cabizbajo, -a [kaβiθ'βaxo, -a] *adj* mit gesenktem Kopf; *(triste)* niedergeschlagen

cable ['kaβle] *m* ① (ELEC) Kabel *nt;* ~ **de alimentación** Stromkabel *nt;* ~ **USB** (INFOR) USB-Kabel *nt;* **televisión por** ~ Kabelfernsehen *nt;* **se le cruzaron los ~s** *(fam)* er/sie ist durchgedreht; **echar un ~ a alguien** *(fam)* jdm aus der Klemme helfen ② *(telegrama)* Telegramm *nt*

cableado [kaβle'aðo] *m* Verkabelung *f*

cablegrafiar [kaβleɣrafi'ar] <*1. pres* cablegrafío> *vt* telegrafieren

cabo ['kaβo] *m* ① *(extremo)* Ende *nt;* **al fin y al** ~ letzten Endes; **de ~ a rabo** von A bis Z; **llevar a** ~ vollbringen; **no dejar ningún ~ suelto** keinen Punkt außer Acht lassen ② (GEO) Kap *nt;* **cabo de Buena Esperanza** Kap der Guten Hoffnung; **cabo de Hornos** Kap Hoorn; **C~ Verde** Kap Verde *nt;* **Ciudad del C~** Kapstadt *nt* ③ (MIL) Gefreite(r) *m* ④ (NÁUT) Seil *nt* ⑤ *(loc)* **al ~ de** nach +*dat*

cabotaje [kaβo'taxe] *m* ① (NÁUT) Küstenschifffahrt *f* ② (JUR) Kabotage *f*

cabra ['kaβra] *f* Ziege *f;* ~ **montés** Steinbock *m;* **estar como una** ~ *(fam)* spinnen

cabrajo [ka'βraxo] *m* (ZOOL) Hummer *m*

cabreante [kaβre'an̪te] *adj (fam)* (sehr) ärgerlich; **¡ésto sí que es ~!** das ist wirklich ärgerlich!

cabrear [kaβre'ar] **I.** *vt (fam)* wütend machen; **estar cabreado** stinksauer sein **II.** *vr:* **~se** *(fam)* wütend sein

cabreo [ka'βreo] *m (fam)* Wut *f;* **¡qué ~!** so ein Ärger!

cabrero, -a [ka'βrero, -a] *m, f* Ziegenhirt(in) *m(f)*

cabrestante [kaβres'tan̪te] *m* ① (TÉC) Winde *f* ② (NÁUT) Spill *nt*

cabria ['kaβrja] *f* Hebekran *m,* Winde *f*

cabriola [ka'βrjola] *f* Kapriole *f;* **hacer ~s** herumspringen

cabriolé [kaβrjo'le] *m* Cabrio(let) *nt*

cabritilla [kaβri'tiʎa] *f* Glacéleder *nt*

cabritillo, -a [kaβri'tiʎo, -a] *m, f* Zicklein *nt*

cabrito, -a [ka'βrito, -a] *m, f* ① *(animal)* Zicklein *nt* ② *(vulg pey: persona)* Arschloch *nt*

cabro ['kaβro] *m (AmS)* Junge *m*

cabrón[1] [ka'βron] *m* ① *(animal)* Ziegenbock *m* ② *(vulg pey: cornudo)* Hahnrei *m*

cabrón, -ona[2] [ka'βron, -ona] *m, f (vulg pey)* Arschloch *nt*

cabronada [kaβro'naða] *f (vulg pey)* Sauerei *f fam*

caca ['kaka] *f (fam)* ① *(excremento)* Kot *m; (lenguaje infantil)* Aa *nt* ② *(chapuza)* Mist *m,* Kacke *f*

cacahuatl [kaka'waᵊl] *m sin pl (Méx)* Kakao *m*

cacahuete [kaka'wete] *m* Erdnuss *f*

cacalote [kaka'lote] *m (AmC)* ① (GASTR) Popcorn *nt,* Puffmais *m* ② *(fam: disparate)* Quatsch *m*

cacao [ka'kao] *m* ① *(planta)* Kakao *m* ② *(fam: jaleo)* Radau *m;* **pedir** ~ *(Am)* sich ergeben

cacarear [kakare'ar] **I.** *vi* ① *(gallinas)* gackern ② *(fam: presumir)* aufschneiden **II.** *vt (fam)* ① *(presumir)* angeben (mit +*dat*) ② *(pregonar)* ausposaunen

cacareo [kaka'reo] *m (gallina)* Gackern *nt;*

(gallo) Krähen *nt;* **el ~ del gallo me despertó** vom Krähen des Hahns wurde ich wach

cacastle [ka'kasᵈle] *m (AmC, Méx)* Skelett *nt*

cacatúa [kaka'tua] *f* ❶ (ZOOL) Kakadu *m* ❷ *(fam: mujer)* Vogelscheuche *f*

cacería [kaθe'ria] *f* ❶ *(partida)* Jagd *f* ❷ *(piezas)* Jagdbeute *f*

cacerola [kaθe'rola] *f* (flacher) Kochtopf *m*

cacha ['katʃa] *f* Ummantelung *f (eines Schaftes)*

cachafaz [katʃa'faθ] *adj (AmS)* frech

cachalote [katʃa'lote] *m* (ZOOL) Pottwal *m*

cachano [ka'tʃano] *m (fam: demonio)* Teufel *m*

cachar [ka'tʃar] *vt* ❶ *(AmC, Col, Chil: cornear)* auf die Hörner nehmen ❷ *(Arg, Nic, Urug: asir)* (an)fassen ❸ *(AmC: hurtar)* stehlen ❹ *(Arg, Chil: agarrar)* erwischen ❺ *(Am: al vuelo)* auffangen

cacharrazo [katʃa'rraθo] *m* ❶ *(golpe)* Aufprall *m* ❷ *(sonido)* Geklirr *nt*

cacharrería [katʃarre'ria] *f* ❶ *(tienda)* Töpferladen *m;* **como un elefante en una ~** wie ein Elefant im Porzellanladen ❷ *(trastos)* Krempel *m fam;* **vete con tu ~ a otra parte** scher dich mit deinem Krempel woandershin *fam*

cacharro [ka'tʃarro] *m* ❶ *(recipiente)* Topf *m* ❷ *(fam pey: aparato)* Schrott *m* ❸ *(fam pey: trasto)* Kram *m;* **¡quita ese ~ de ahí!** nimm das Zeug da weg!

cachas[1] ['katʃas] **I.** *adj inv* ❶ *(fam: fuerte)* kräftig ❷ *(vulg: sexi)* scharf *fam* **II.** *fpl (fam)* Hintern *m*

cachas[2] ['katʃas] *mf inv (fam: hombre)* Muskelpaket *nt; (fam: mujer)* muskulöse Frau *f*

cachaza [ka'tʃaθa] *f* ❶ *(sosiego)* Gelassenheit *f* ❷ *(flema)* Phlegma *nt*

cachazudo, -a [katʃa'θuðo, -a] *adj* gelassen

cachear [katʃe'ar] *vt* durchsuchen

cachemir [katʃe'mir] *m* ❶ *(tejido)* Kaschmir *m* ❷ *(estampado)* Paisley(muster) *nt*

cacheo [ka'tʃeo] *m* Leibesvisitation *f*

cachetada [katʃe'taða] *f* Ohrfeige *f*

cachete [ka'tʃete] *m* ❶ *(golpe)* Klaps *m* ❷ *(carrillo)* Pausbacke *f*

cachidiablo [katʃi'ðjaβlo] *m (fam)* Verkleidung *f* als Teufel

cachigordo, -a [katʃi'ɣorðo, -a] *adj (fam)* pummelig

cachimba [ka'tʃimba] *f (Am)* ❶ *(pipa)* Pfeife *f* ❷ *(cartucho)* Patronenhülse *f*

cachiporra [katʃi'porra] *f* Knüppel *m*

cachivache [katʃi'βatʃe] *m (fam)* ❶ *(pey: persona)* Trottel *m* ❷ *pl (trasto)* Krempel *m*

cacho ['katʃo] *m* ❶ *(fam: pedazo)* Brocken *m; (de cristal)* Scherbe *f* ❷ *(Arg, Col, Méx, Perú: cuerno)* Horn *nt*

cachondear [katʃoṇde'ar] **I.** *vi (vulg)* knutschen *fam* **II.** *vt (vulg)* aufgeilen *fam* **III.** *vr:* **~se** *(vulg)* verarschen (**de** +*akk*)

cachondeo [katʃoṇ'deo] *m* ❶ *(fam: broma)* Ulk *m; (juerga)* Heidenspaß *m;* **tomar algo a ~** etw auf die leichte Schulter nehmen; **esto es un ~** hier geht es zu wie im Affenkäfig ❷ *(vulg: burla)* Spott *m*

cachondo, -a [ka'tʃoṇdo, -a] **I.** *adj* ❶ *(vulg: sexual)* geil *fam;* **poner a alguien ~** jdn aufgeilen *fam* ❷ *(fam: gracioso)* witzig ❸ *(perra)* läufig **II.** *m, f* ❶ *(vulg: juerguista)* Lebemann *m,* Lebedame *f* ❷ *(fam: gracioso)* Witzbold *m;* **es un ~** er ist immer zu Späßen aufgelegt

cachorro, -a [ka'tʃorro, -a] **I.** *adj (Am)* verächtlich **II.** *m, f* Junge(s) *nt; (de perro, lobo)* Welpe *m*

cachureco, -a [katʃu'reko, -a] *adj* ❶ *(AmC: político)* konservativ ❷ *(Méx: torcido)* heuchlerisch

cacica [ka'θika] *f* ❶ *(mujer de cacique)* Frau *f* des Kaziken ❷ *(jefa)* Kazikin *f*

cacicazgo [kaθi'kaθɣo] *m* ❶ *(cargo)* Amt *nt* eines Kaziken; *(rango)* Kazikenwürde *f* ❷ *(territorio)* Machtbereich *m* (eines Kaziken)

cacique [ka'θike] *m* ❶ *(jefe indio)* Kazike *m* ❷ *(tirano)* Dorftyrann *m*

caciquismo [kaθi'kismo] *m (pey)* Bonzokratie *f*

caco ['kako] *m (argot)* Langfinger *m*

cacofonía [kakofo'nia] *f* ❶ *(disonancia)* Missklang *m* ❷ (LING) Kakofonie *f*

cactáceo, -a [kak'taθeo, -a] *adj* (BOT) Kaktus-, Kakteen-; **planta cactácea** Kaktusgewächs *nt*

cacto ['kakto] *m,* **cactus** ['kaktus] *m inv* Kaktus *m*

cada ['kaða] *adj* jede(r, s); **~ uno/una** jeder/jede; **libros a 10 euros ~ uno** Bücher à 10 Euro (das Stück); **~ hora** stündlich; **~ día** täglich; *(fig)* immer wieder; **~ vez más/peor** immer mehr/schlimmer; **~ vez que...** immer wenn ...; **¿~ cuánto?** wie oft?

cadalso [ka'ðalso] *m* ❶ *(tarima)* Podest *nt* ❷ *(patíbulo)* Schafott *nt*

cadañero, -a [kaða'ɲero, -a] *adj* ❶ *(una vez al año)* (all)jährlich, Jahres- ❷ *(hembra)* jährlich gebärend

cadáver [ka'ðaβer] *m (de personas)* Leiche *f; (de animales)* Kadaver *m*

cadavérico, -a [kaða'βeriko, -a] *adj* ❶ *(muerto)* Leichen- ❷ *(pálido)* leichenblass

caddie ['kaði] *m* (DEP) Caddie *m*
cadena [ka'ðena] *f* ① *(objeto, t. fig)* Kette *f;* ~ **alimentaria** (BIOL) Nahrungskette *f;* ~ (**antideslizante**) (AUTO) Schneekette *f;* ~ **hotelera** Hotelkette *f;* ~ **humana** Menschenkette *f;* ~ **perpetua** (JUR) lebenslängliche Gefängnisstrafe; **atar un perro con** ~ einen Hund an die Kette legen ② *(sucesión)* Serie *f;* **choque en** ~ Massenkarambolage *f;* **reacción en** ~ Kettenreaktion *f* ③ (GEO) Bergkette *f* ④ (RADIO, TV) (gemeinsames) Programm *nt;* ~ **de sonido** Stereoanlage *f* ⑤ *(impedimento)* Fesseln *fpl* ⑥ (TÉC) ~ **de montaje** Fließband *nt;* **trabajo en** ~ Fließbandarbeit *f*
cadencia [ka'ðeṇθja] *f* ① *(ritmo)* Rhythmus *m* ② (LING, MÚS) Kadenz *f*
cadencioso, **-a** [kaðeṇ'θjoso, -a] *adj* ① *(acompasado)* rhythmisch ② *(movimiento, voz)* harmonisch
cadera [ka'ðera] *f* Hüfte *f*
cadete [ka'ðete] *m* (MIL) Kadett *m*
cadillo [ka'ðiʎo] *m* ① *(verruga)* Warze *f* ② (BOT: *planta umbelífera*) Haftdolde *f* ③ (BOT: *planta compuesta*) Spitzklette *f*
cadmio ['kaðmjo] *m* (QUÍM) Kadmium *nt*
caducar [kaðu'kar] <c → qu> *vi* ① *(documento)* ungültig werden; **este pasaporte está caducado** dieser Pass ist abgelaufen ② *(producto)* verfallen; **la leche está caducada** das Haltbarkeitsdatum der Milch ist abgelaufen
caducidad [kaðuθi'ða^{d}] *f* ① *(de un documento)* Gültigkeit *f;* **fecha de** ~ Gültigkeitsdauer *f* ② *(de productos)* Haltbarkeit *f;* **fecha de** ~ Haltbarkeitsdatum *nt*
caduco, **-a** [ka'ðuko, -a] *adj* ① *(personas)* altersschwach ② *(perecedero)* vergänglich ③ *(árbol)* Laub abwerfend
caer [ka'er] *irr* **I.** *vi* ① *(objeto, persona)* (herunter)fallen, (hin)fallen; *(fecha, precio)* fallen (**en** auf +*akk*); ~ **al suelo** auf den Boden fallen; ~ (**en**) **redondo** *(fam)* umkippen; ~ **en cama** [*o* **enfermo**] krank werden; ~ **en la bebida** dem Alkohol verfallen; ~ **en la cuenta** begreifen; ~ **en manos de alguien** in jds Hände geraten; ~ **en saco roto** auf taube Ohren stoßen; **dejarse** ~ *(fam: abandonarse)* sich fallen lassen; *(presentarse)* sich sehen lassen; **tu amigo me cae bien/mal** ich kann deinen Freund gut leiden/nicht leiden ② *(presidente)* stürzen ③ *(comida)* bekommen ④ *(vestidos)* stehen ⑤ *(fam: encontrarse)* liegen; **¿por dónde cae Jerez?** wo liegt Jerez? ⑥ *(atacar)* überfallen (**sobre** +*akk*) ⑦ *(empezar)* beginnen; **estar al** ~ *(fam)* kurz bevorstehen **II.** *vr:* **~se** ① *(desplomarse)* stürzen; *(un avión)* abstürzen; *(pelo, dientes)* ausfallen; *(casa)* verfallen; **~se de culo** auf den Hintern fallen; **se me ha caído el pañuelo** mir ist mein Taschentuch heruntergefallen; **~se de sueño** todmüde sein ② *(loc)* **se le cae la cara de vergüenza** er/sie schämt sich zu Tode; **no tener dónde ~se muerto** *(fam)* arm wie eine Kirchenmaus sein
café [ka'fe] *m* ① *(bebida)* Kaffee *m;* ~ **con leche** Milchkaffee *m;* ~ **solo** Espresso *m;* ~ **con hielo** Kaffee *m* mit Eiswürfeln; ~ **helado** Eiskaffee *m;* **tomar un** ~ einen Kaffee trinken ② *(local)* Café *nt* ③ *(planta)* Kaffeestrauch *m; (semilla)* Kaffeebohne *f*
cafeína [kafe'ina] *f* Koffein *nt*
cafetal [kafe'tal] *m* Kaffeeplantage *f*
café teatro [ka'fe te'atro] *m* <cafés teatro> Kulturcafé *nt*
cafetera [kafe'tera] *f* Kaffeekanne *f;* ~ **eléctrica** Kaffeemaschine *f*
cafetería [kafete'ria] *f* ① *(local)* Café *nt; (autoservicio)* Cafeteria *f* ② *(tienda)* Kaffeegeschäft *nt*
cafetero, **-a** [kafe'tero, -a] *adj* Kaffee-; **es muy cafetera** *(fam)* sie ist eine richtige Kaffeetante
cafre ['kafre] *mf* Barbar(in) *m(f)*
cafúa [ka'fua] *m (Arg, Urug: argot: cárcel)* Knast *m*
cagada [ka'ɣaða] *f (vulg)* ① *(excremento)* Scheiße *f;* ~ **de perro** Hundescheiße *f* ② *(acción)* Reinfall *m fam;* **mandarse una** ~ *(AmS)* Scheiße bauen
cagado, **-a** [ka'ɣaðo, -a] **I.** *adj (vulg)* feige; **estar** ~ (**de miedo**) *(fam)* die Hose(n) voll haben, sich *dat* (vor Angst) in die Hose(n) machen **II.** *m, f (vulg)* Schisser *m fam;* **es un** ~ er ist ein Schisser
cagalera [kaɣa'lera] *f (vulg)* ① *(diarrea)* Dünnschiss *m* ② *(miedo)* Schiss *m fam;* **le entró la** ~ da kriegte er/sie Schiss
cagar [ka'ɣar] <g → gu> **I.** *vi (vulg)* scheißen **II.** *vt (vulg)* versauen *fam;* **¡ya la hemos cagado!** jetzt ist alles im Arsch **III.** *vr:* **~se** *(vulg: de miedo)* Schiss haben *fam;* **¡me cago en diez!** verdammt noch mal! *fam*
cagón, **-ona** [ka'ɣon, -ona] *m, f (fam)* Schisser(in) *m(f)*
cagueta [ka'ɣeta] *mf (fam)* Angsthase *m*
caída [ka'iða] *f* ① *(bajada brusca)* Fall *m,* Sturz *m; (de aviones)* Absturz *m;* ~ **del cabello** Haarausfall *m;* ~ **de gobierno** Regierungssturz *m;* ~ **del sistema** (INFOR) Systemabsturz *m;* **la** ~ **del Muro de Berlín** der Fall der Berliner Mauer; **esta calle tiene mucha** ~ diese Straße ist sehr steil; **las cortinas tienen una bonita** ~ die Vorhänge fallen schön ② *(de agua)* Wasser-

fall *m* ❸ (FIN) Kursverfall *m* ❹ *(ocurrencia)* Einfall *m* ❺ *(de un imperio, del sol)* Untergang *m*

caído, -a [ka'iðo, -a] **I.** *adj (flojo)* schlaff; *(abatido)* niedergeschlagen **II.** *m, f* Gestürzte(r) *mf; (en la guerra)* Gefallene(r) *mf*

caigo ['kai̯ɣo] *1. pres de* **caer**

caimán [kai̯'man] *m* (ZOOL) Kaiman *m*

Cairo ['kai̯ro] *m* **El** ~ Kairo *nt*

caja ['kaxa] *f* ❶ *(recipiente)* Kasten *m; (de madera)* (Holz)kiste *f; (de cartón: pequeña)* (Papp)schachtel *f; (grande)* Karton *m; (de lata)* Dose *f;* ~ **fuerte** Tresor *m;* ~ **de herramientas** Werkzeugkasten *m;* ~ **de fusibles** Sicherungskasten *m;* (INFOR) Toolbox *f;* ~ **de música** Spieldose *f;* ~ **negra** (AERO) Flugschreiber *m;* ~ **tonta** *(fam)* Glotze *f* ❷ *(carcasa)* Gehäuse *nt;* ~ **de cambios** (AUTO) Getriebe *nt;* ~ **torácica** (ANAT) Brustkorb *m* ❸ *(en comercios, bancos, t.* FIN) Kasse *f;* **C~ (Postal) de Ahorros** (Post)sparkasse *f;* ~ **de autocobro** Selbstbedienungskasse *f*

cajero, -a [ka'xero, -a] *m, f* Kassierer(in) *m(f);* ~ **automático** Geldautomat *m*

cajetilla [kaxe'tiʎa] *f (caja pequeña)* Schachtel *f; (de cigarrillos)* (Zigaretten)schachtel *f*

cajista [ka'xista] *mf* (TIPO) (Schrift)setzer(in) *m(f)*

cajón [ka'xon] *m (caja grande)* (großer) Kasten *m,* (große) Kiste *f; (deslizante)* Schublade *f;* ~ **de salida** (DEP) Startbox *f; (en la lavadora)* ~ **(dosificador)** Waschmittelkammer *f;* **eso es de** ~ *(fam)* das versteht sich von selbst

cajonera [kaxo'nera] *f* Rollcontainer *m*

cajuela [ka'xwela] *f (Méx)* Kofferraum *m*

cake [kei̯ᵏ] *m (Am)* Kuchen *m*

cal [kal] *f* Kalk *m;* **cerrar a ~ y canto** fest verschließen

cala ['kala] *f* ❶ *(bahía)* Bucht *f* ❷ (NÁUT) Kielboden *m* ❸ *(en el terreno)* Probebohrung *f*

calabacín [kalaβa'θin] *m* Zucchini *f*

calabaza [kala'βaθa] *f* ❶ (BOT) Kürbis *m* ❷ *(pey: persona)* Trottel *m* ❸ *(loc, fam)* **dar ~s a alguien** *(un suspenso)* jdm einen Sechser geben; *(una negativa)* jdm einen Korb geben

calabobos [kala'βoβos] *m inv (fam)* Nieselregen *m*

calabozo [kala'βoθo] *m* ❶ *(mazmorra)* Kerker *m* ❷ *(celda)* Gefängniszelle *f*

calada [ka'laða] *f (fam)* Zug *m;* **¿me das una ~?** lässt du mich mal ziehen?

calado [ka'laðo] *m* ❶ *(bordado)* Hohlsaum *m* ❷ (NÁUT) Tiefgang *m*

calamar [kala'mar] *m* Tintenfisch *m*

calambrazo [kalam'braθo] *m* Stromschlag *m*

calambre [ka'lambre] *m* ❶ *(muscular)* (Muskel)krampf *m;* ~ **de estómago** Magenkrampf *m* ❷ *(eléctrico)* Stromschlag *m*

calamidad [kalami'ðaᵈ] *f* ❶ *(catástrofe)* Katastrophe *f; (desastre)* Unglück *nt* ❷ *(miseria)* Not *f* ❸ *(fam: persona)* Niete *f*

calamitoso, -a [kalami'toso, -a] *adj (persona)* jämmerlich; *(situación)* schrecklich

calandra [ka'landra] *f* (AUTO: *parte del radiador*) Kühlergrill *m*

calandrar [kalan'drar] *vi* (TÉC) kalandern

calandria [ka'landrja] *f* ❶ (ZOOL) Heidelerche *f* ❷ *(máquina)* Kalander *m; (para ropa)* Mangel *f*

calaña [ka'laɲa] *f* **ser de mala ~** bösartig sein

calar [ka'lar] **I.** *vi* ❶ *(líquido)* durchdringen ❷ *(material)* durchlässig sein ❸ (NÁUT) Tiefgang haben **II.** *vt* ❶ *(líquido)* durchnässen; **el chaparrón me ha calado la chaqueta** der Regen ist durch meine Jacke gedrungen ❷ *(con un objeto)* durchbohren ❸ *(afectar)* nahegehen (**a** +*dat*) ❹ *(una prenda)* mit Hohlsaum besticken ❺ *(cortar)* anschneiden ❻ *(fam: desenmascarar)* durchschauen ❼ *(motor)* abwürgen *fam* **III.** *vr:* **~se** ❶ *(mojarse)* nass werden ❷ *(motor)* absaufen *fam* ❸ *(gorra)* aufsetzen

calato, -a ['ka'lato, -a] *adj (Perú)* nackt

calavera [kala'βera] *f* Totenkopf *m*

calazón [kala'θon] *f* (NÁUT) Tiefgang *m*

calcado [kal'kaðo] *m* (Durch)pausen *nt*

calcáneo [kal'kaneo] *m* (ANAT) Fersenbein *nt*

calcañar [kalka'ɲar] *m* (ANAT) Ferse *f*

calcar [kal'kar] <c → qu> *vt* ❶ *(dibujar)* abpausen ❷ *(imitar)* nachahmen; **es calcado a su padre** er ist seinem Vater wie aus dem Gesicht geschnitten

calcáreo, -a [kal'kareo, -a] *adj* kalkig

calceta [kal̩'θeta] *f* Strickarbeit *f*

calcetar [kal̩θe'tar] *vi* stricken

calcetín [kal̩θe'tin] *m* Socke *f*

cálcico, -a ['kal̩θiko, -a] *adj* (QUÍM) Kalzium-; **el aporte ~ de la leche** der Kalziumanteil der Milch

calcificación [kal̩θifika'θjon] *f* Verkalkung *f*

calcificar [kal̩θifi'kar] <c → qu> **I.** *vt* verkalken lassen **II.** *vr:* **~se** verkalken

calcinación [kal̩θina'θjon] *f* ❶ *(carbonización)* Verbrennung *f;* **quedar deshecho por ~** verbrennen ❷ (QUÍM) Kalzination *f*

calcinar [kal̩θi'nar] **I.** *vt* ❶ *(carbonizar)*

C

verbrennen ❷ (QUÍM) kalzinieren **II.** *vr:* **~se** verbrennen
calcio ['kal̪θjo] *m* Kalzium *nt*
calco ['kalko] *m* ❶ *(de dibujos)* Durchschlag *m* ❷ *(imitación)* Abklatsch *m abw* ❸ (LING) Lehnwort *nt*
calcografiar [kalkoɣrafi'ar] <*1. pres* calcografío> *vt* (TIPO) in Kupfer stechen
calcomanía [kalkoma'nia] *f* Abziehbild *nt*
calculable [kalku'laβle] *adj* (*t.* MAT) berechenbar; **ser ~** zu berechnen sein
calculador(a) [kalkula'ðor(a)] *adj* berechnend
calculadora [kalkula'ðora] *f* Rechenmaschine *f;* **~ de bolsillo** Taschenrechner *m*
calcular [kalku'lar] **I.** *vi* rechnen **II.** *vt* ❶ *(computar)* berechnen; *(de antemano)* kalkulieren ❷ *(aproximadamente)* (ab)schätzen; **calculo que llegaré sobre las diez** ich schätze, dass ich gegen zehn Uhr ankommen werde
cálculo ['kalkulo] *m* ❶ *(matemático)* Rechnen *nt;* **~ diferencial** Differenzialrechnung *f;* **~ mental** Kopfrechnen *nt;* **~ de probabilidades** Wahrscheinlichkeitsrechnung *f* ❷ *(cómputo)* Berechnung *f;* **hacer un ~ de algo** etw berechnen ❸ (*t.* ECON) Kalkulation *f* ❹ *(suposición)* (Ein)schätzung *f* ❺ (MED) Stein *m*
calda ['kal̪da] *f* ❶ *(caldear: acción)* Heizen *nt,* Wärmen *nt; (resultado)* Wärme *f* ❷ *(horno de fundición)* Befeuerung *f,* Beheizen *nt*
caldear [kal̪de'ar] **I.** *vt* ❶ *(calentar)* erwärmen; *(con estufa)* beheizen ❷ *(acalorar)* anheizen **II.** *vr:* **~se** ❶ *(calentarse)* sich aufwärmen ❷ *(acalorarse)* sich erhitzen
caldera [kal̪'dera] *f* (*t.* TÉC) Kessel *m*
calderilla [kal̪de'riʎa] *f* Kleingeld *nt*
caldero [kal̪'dero] *m* (kleiner) Kessel *m*
caldo ['kal̪do] *m* ❶ (GASTR) Brühe *f* ❷ *(vino)* Wein *m* ❸ (BIOL) **~ de cultivo** Nährflüssigkeit *f; (fig)* Nährboden *m* (**de/para** für +*akk*)
calducho [kal̪'dutʃo] *m* *(fam pey)* fade [*o* wässrige] Brühe *f*
calé [ka'le] **I.** *adj* Zigeuner- **II.** *mf* Zigeuner(in) *m(f)*
calefacción [kalefaᵞ'θjon] *f* Heizung *f;* **~ central** Zentralheizung *f;* **~ de suelo radiante** Fußbodenheizung *f*
calefactor [kalefak'tor] *m* ❶ *(aparato)* Heizlüfter *m* ❷ *(persona)* Heizungsmonteur *m*
calefón [kale'fon] *m* *(Arg)* Boiler *m*
caleidoscopio [kalei̯ðos'kopjo] *m* Kaleidoskop *nt*
calendario [kalen̪'darjo] *m* Kalender *m;* **~ gregoriano** Gregorianischer Kalender; **~ de taco** Abreißkalender *m;* **~ de trabajo** Terminkalender *m*
caléndula [ka'len̪dula] *f* Ringelblume *f*
calentador [kalen̪ta'ðor] *m* Heizgerät *nt; (para la cama)* Wärmflasche *f*
calentamiento [kalen̪ta'mjen̪to] *m* ❶ *(caldeamiento)* Erwärmen *nt,* Erhitzen *nt;* **~ global** globale Erwärmung; **~ del planeta** Erderwärmung *f* ❷ (DEP) Aufwärmen *nt*
calentar [kalen̪'tar] <e → ie> **I.** *vi* *(dar calor)* wärmen **II.** *vt* ❶ *(caldear)* (er)wärmen, erhitzen; *(con calefacción)* heizen; **~ agua** Wasser heiß machen; **~ al rojo vivo** bis zur Glut erhitzen ❷ *(enfadar)* aufregen; *(excitar)* erregen ❸ *(vulg: sexualmente)* aufgeilen *fam* ❹ *(fam: pegar)* versohlen **III.** *vr:* **~se** ❶ *(caldearse)* sich (er)wärmen ❷ *(enfadarse)* sich aufregen ❸ (DEP) sich warm machen
calentito, -a [kalen̪'tito, -a] *adj* ❶ *(pan)* ofenfrisch, frisch gebacken ❷ *(noticia)* brandheiß ❸ *(agradable)* mollig warm
calentorro, -a [kalen̪'torro, -a] *adj* *(vulg)* sexhungrig, geil
calentura [kalen̪'tura] *f* ❶ *(fiebre)* Fieber *nt* ❷ *(en los labios)* Fieberbläschen *nt*
calenturiento, -a [kalen̪tu'rjen̪to, -a] *adj* ❶ *(febril)* fiebrig ❷ *(exaltado)* lebhaft
calesita [kale'sita] *f* *(Arg, Par)* Karussell *nt*
caleta [ka'leta] *f* ❶ *(cala)* kleine Bucht *f* ❷ *(Am: barco)* Küstenschiff *nt*
calibrado [kali'βraðo] *m* Kalibrierung *f*
calibrar [kali'βrar] *vt* ❶ *(medir)* messen; (TÉC) kalibrieren ❷ *(calcular)* abschätzen
calibre [ka'liβre] *m* ❶ *(diámetro)* Kaliber *nt;* **eso es una mentira de ~** *(fam)* das ist eine ungeheure Lüge ❷ *(instrumento)* Kalibermaß *nt*
calidad [kali'ðaᵈ] *f* ❶ *(clase)* Qualität *f;* **de alta ~** hochwertig; **de primera ~** erstklassig ❷ *(característica)* Eigenschaft *f; (naturaleza)* Beschaffenheit *f;* **en ~ de** als ❸ *(prestigio)* Bedeutung *f*
calidez [kali'ðeθ] *f* ❶ *(cálido)* Wärme *f; (fig: de espíritu)* Warmherzigkeit *f* ❷ (MED) erhöhte Temperatur *f*
cálido, -a ['kaliðo, -a] *adj* warm
calientaplatos [kaljen̪ta'platos] *m inv* Warmhalteplatte *f*
caliente [ka'ljen̪te] *adj* ❶ *(cálido)* warm; *(ardiente)* heiß ❷ *(acalorado)* hitzig; **poner(se) ~** *(vulg)* (sich) aufgeilen *fam*
califa [ka'lifa] *m* Kalif *m*
califato [kali'fato] *m* Kalifat *nt*
calificable [kalifi'kaβle] *adj* bestimmbar; **un acto ~ como traición** eine Tat, die als Verrat bezeichnet werden muss
calificación [kalifika'θjon] *f* ❶ *(denomina-*

ción) Bezeichnung *f; (evaluación)* Beurteilung *f* ② *(cualificación)* Qualifizierung *f;* ~ **profesional** berufliche Qualifikation ③ *(nota)* Note *f*

calificado, -a [kalifi'kaðo, -a] *adj* ① *(cualificado, t.* JUR) qualifiziert ② *(reconocido)* angesehen

calificar [kalifi'kar] <c → qu> *vt* ① *(definir)* bezeichnen (**de** als +*akk*); *(evaluar)* beurteilen ② *(atribuir una cualidad)* kennzeichnen (**de** als +*akk*) ③ (ENS) benoten

calificativo [kalifika'tiβo] *m* Bezeichnung *f*

California [kali'fornja] *f* Kalifornien *nt*

caligrafía [kaliɣra'fia] *f* Kalligrafie *f*

caligrafiar [kaliɣrafi'ar] <*1. pres* caligrafío> *vt* (TIPO) in Schönschrift abfassen

calima [ka'lima] *f v.* **calina**

calimocho [kali'motʃo] *m (fam)* Korea *nt (Mischgetränk aus Wein und Cola)*

calina [ka'lina] *f* ① *(neblina)* Dunst *m* ② *(polución)* Smog *m*

cáliz ['kaliθ] *m* ① (REL) Kelch *m* ② (BOT) Blumenkelch *m*

caliza [ka'liθa] *f* Kalkstein *m*

calla ['kaʎa] *f (Am:* AGR) Pflanzholz *nt*

callada [ka'ʎaða] *f* Stillschweigen *nt;* **dar la ~ por respuesta** keine Antwort geben

callado, -a [ka'ʎaðo, -a] *adj* ① *estar (sin hablar)* schweigend; *(silencioso)* still ② *ser (reservado)* schweigsam

callampa [ka'ʎampa] *f* ① *(Col, Chil, Perú: seta)* Speisepilz *m* ② *(Chil: sombrero)* Filzhut *m*

callar [ka'ʎar] **I.** *vi, vr:* **~se** schweigen (**de/por** vor/aus +*dat*); *(enmudecer)* verstummen (**de/por** vor/aus +*dat*); **¡cállate de una vez!** halt endlich den Mund! **II.** *vt* ① *(un asunto)* verschweigen; *(un secreto)* bewahren ② *(hacer callar)* zum Schweigen bringen

calle ['kaʎe] *f* Straße *f; (arbolada)* Allee *f; (en la autopista)* Fahrbahn *f;* (DEP) Bahn *f;* ~ **comercial** Einkaufsstraße *f;* ~ **de dirección única** Einbahnstraße *f;* ~ **peatonal** Fußgängerzone *f;* **traje de** ~ Straßenanzug *m;* ~ **arriba/abajo** straßauf/straßab; **quedarse en la** ~ *(fig fam)* auf der Straße sitzen; **hacer la** ~ *(fam)* auf den Strich gehen

callejear [kaʎexe'ar] *vi* herumbummeln

callejero [kaʎe'xero] *m* Straßenverzeichnis *nt*

callejón [kaʎe'xon] *m* Gasse *f;* ~ **sin salida** Sackgasse *f*

callejuela [kaʎe'xwela] *f* Gässchen *nt*

callista [ka'ʎista] *mf* Fußpfleger(in) *m(f)*

callo ['kaʎo] *m* ① *(callosidad)* Hornhaut *f,* Schwiele *f; (ojo de gallo)* Hühnerauge *nt;* **dar el** ~ *(fam)* schuften ② *pl* (GASTR) Kaldaunen *f pl*

callosidad [kaʎosi'ða^{ð}] *f* Hornhaut *f*

calloso, -a [ka'ʎoso, -a] *adj* schwielig; **manos callosas** schwielige Hände

calma ['kalma] *f* ① *(tranquilidad)* Ruhe *f; (silencio)* Stille *f;* ~ **chicha** (NÁUT) Flaute *f* ② *(serenidad)* Gelassenheit *f;* **¡(con) ~!** immer mit der Ruhe! ③ *(fam: indolencia)* Trägheit *f*

calmante [kal'man̪te] **I.** *adj (que tranquiliza)* beruhigend; *(para dolores)* schmerzstillend **II.** *m (tranquilizante)* Beruhigungsmittel *nt; (analgésico)* Schmerzmittel *nt*

calmar [kal'mar] **I.** *vi (viento)* abflauen **II.** *vt* ① *(tranquilizar)* beruhigen ② *(dolor, hambre)* stillen **III.** *vr:* **~se** ① *(tranquilizarse)* sich beruhigen ② *(dolor)* nachlassen

calmo, -a ['kalmo, -a] *adj* ruhig, still

calmoso, -a [kal'moso, -a] *adj* ① *(tranquilo)* ruhig ② *(fam: indolente)* träge

caló [ka'lo] *m Sprache der Roma im Süden Spaniens*

calología [kalolo'xia] *f* (FILOS) Ästhetik *f,* Kallologie *f*

calor [ka'lor] *m* ① *(de un cuerpo)* Wärme *f* ② *(clima)* Hitze *f;* ~ **sofocante** Schwüle *f;* **hace mucho** ~ es ist sehr heiß ③ *(entusiasmo)* Eifer *m* ④ *(afecto)* Wärme *f*

caloría [kalo'ria] *f (t.* FÍS) Kalorie *f;* **bajo en ~s** kalorienarm

calórico, -a [ka'loriko, -a] *adj* (FÍS) kalorisch

calorífico, -a [kalo'rifiko, -a] *adj (que distribuye calor)* Wärme abgebend; *(que produce calor)* Wärme erzeugend; **poder** ~ Heizkraft *f*

calote [ka'lote] *m (RíoPl)* Schwindel *m,* Betrug *m*

calumnia [ka'lumnja] *f* Verleumdung *f*

calumniar [kalum'njar] *vt* verleumden

caluroso, -a [kalu'roso, -a] *adj (caliente)* heiß; *(cálido)* warm; **un recibimiento** ~ ein herzlicher Empfang

calva ['kalβa] *f* ① *(en la cabeza)* Glatze *f* ② *(en un tejido)* kahle Stelle *f*

calvar [kal'βar] *vt (fam: burlar)* reinlegen, hinters Licht führen

calvario [kal'βarjo] *m* (REL) Kreuzweg *m;* **pasar un** ~ großes Leid erfahren

calvicie [kal'βiθje] *f* Kahlköpfigkeit *f*

calvo, -a ['kalβo, -a] **I.** *adj* ① *(en la cabeza)* kahlköpfig; **estar** ~ eine Glatze haben ② *(tejido)* abgewetzt ③ *(sin vegetación)* kahl **II.** *m, f* Kahlkopf *m fam*

calza ['kal̪θa] *f* ① *(media)* Strumpf *m* ② *(cuña)* (Stütz)keil *m*

calzada [kal̪'θaða] *f* ① *(carretera)* (gepflasterte) Straße *f* ② *(carril)* Fahrbahn *f*

calzado [kaḷ'θaðo] *m* Schuhwerk *nt*, Schuhe *mpl*

calzador [kaḷθa'ðor] *m* Schuhlöffel *m*

calzar [kaḷ'θar] <z → c> **I.** *vt* ① *(poner zapatos)* anziehen; *(esquís)* anschnallen ② *(llevar puesto)* tragen ③ *(poner una cuña)* verkeilen **II.** *vr:* **~se** *(zapatos)* (sich *dat*) anziehen; *(esquís)* sich *dat* anschnallen

calzón [kaḷ'θon] *m (Am: pantalón)* Hose *f*

calzonarias [kaḷθo'narjas] *fpl (Col: tirantes)* Träger *mpl; (de pantalones)* Hosenträger *mpl*

calzonazos [kaḷθo'naθos] *m inv (pey)* ① *(débil)* Schwächling *m* ② *(marido)* Pantoffelheld *m*

calzoncillo(s) [kaḷθon̩'θiʎo(s)] *m(pl)* Herrenunterhose *f*

calzones [kaḷ'θones] *mpl (Am)* Hose *f;* **~ de baño** Badehose *f*

cama ['kama] *f* ① *(mueble)* Bett *nt;* **~ de matrimonio** [*o* **doble**] Doppelbett *nt;* **~ individual** Einzelbett *nt;* **~ supletoria** Zustellbett *nt;* **~ elástica** Trampolin *nt;* **caer en ~** krank werden ② *(de animales)* Lager *nt*

camada [ka'maða] *f* ① *(de animales)* Wurf *m* ② *(pey: cuadrilla)* Haufen *m,* Bande *f*

camafeo [kama'feo] *m* Kamee *f*

camaleón [kamale'on] *m (t. fig)* Chamäleon *nt*

cámara[1] ['kamara] *f* ① (FOTO) Kamera *f;* **~ fotográfica** [*o* **de fotos**] Fotoapparat *m;* **~ Polaroid®** Sofortbildkamera *f;* **~ réflex** Spiegelreflexkamera *f;* **~ digital** Digitalkamera *f;* **~ de vídeo** Videokamera *f;* **~ web** Webcam *f;* **~ de usar y tirar** Einwegkamera *f;* **~ de vigilancia** Überwachungskamera *f;* **a ~ lenta** in Zeitlupe ② *(consejo)* Kammer *f;* **C~ Alta** (POL) Oberhaus *nt;* **C~ Baja** (POL) Abgeordnetenhaus *nt* ③ *(receptáculo)* Kammer *f;* **~ frigorífica** Kühlhaus *nt* ④ *(en un arma)* Patronenkammer *f*

cámara[2] ['kamara] *mf* (CINE) Kameramann, -frau *m, f*

camarada [kama'raða] *mf* ① *(compañero)* Freund(in) *m(f);* **me voy al cine con mis ~s** ich gehe mit meinen Kumpels ins Kino ② (POL) Parteifreund(in) *m(f); (de socialistas)* Genosse, -in *m, f*

camaradería [kamaraðe'ria] *f* Kameradschaft *f*

camarera [kama'rera] *f (de la reina)* Hofdame *f*

camarero, -a [kama'rero, -a] *m, f* ① *(en restaurantes)* Kellner(in) *m(f),* Bedienung *f;* **¡~!** Herr Ober! ② *(en la barra)* Barman, -dame *m, f* ③ *(de habitación)* Zimmerkellner(in) *m(f),* Zimmermädchen *nt* ④ *(en un barco)* Steward, Stewardess *m, f*

camarilla [kama'riʎa] *f* (*t.* POL: *pey)* Clique *f*

camarín [kama'rin] *m* ① *(vestuario)* Ankleideraum *m* ② *(camerino)* (Künstler)garderobe *f*

camarista [kama'rista] *mf (Arg)* Richter(in) *m(f)* am Berufungsgericht

camarógrafo, -a [kama'roɣrafo, -a] *m, f* Kameramann, -frau *m, f*

camarón [kama'ron] *m* Garnele *f*

camarote [kama'rote] *m* Kabine *f*

camastro [ka'mastro] *m* Pritsche *f*

camastrón, -ona [kamas'tron, -ona] *adj (fam)* hinterlistig, intrigant

cambalache [kamba'latʃe] *m* Schacher *m abw*

cámbaro ['kambaro] *m* (ZOOL) Krebs *m*

cambiable [kam'bjaβle] *adj* ① (COM) umtauschbar ② *(intercambiable)* austauschbar

cambiador [kambja'ðor] *m* ① *(para bebés)* Wickeltisch *f* ② *(Chil, Méx: guardagujas)* Weichensteller(in) *m(f)*

cambiante [kam'bjan̩te] *adj* ① *(irisado)* schillernd ② *(inestable)* wechselhaft ③ *(pey: veleidoso)* launisch

cambiar [kam'bjar] **I.** *vi* ① *(trasformarse)* sich (ver)ändern ② *(con 'de': alterar)* ändern; **~ de casa** umziehen; **~ de coche** sich *dat* ein neues Auto kaufen; **~ de marcha** (AUTO) schalten **II.** *vt* ① *(trocar)* auswechseln, austauschen; *(algo comprado)* umtauschen; **~ dinero** Geld wechseln; **~ unas palabras con alguien** mit jdm ein paar Worte wechseln; **quisiera ~ este jersey por una camiseta** ich möchte diesen Pullover gegen ein T-Shirt umtauschen ② *(variar)* (ver)ändern; **~ algo de lugar** etw umstellen **III.** *vr* ① *(trasformarse)* sich verwandeln (**en** in +*akk*) ② *(de ropa)* sich umziehen; *(de casa)* umziehen; **~se a otra ciudad** in eine andere Stadt ziehen

cambiazo [kam'βjaθo] *m (fam)* **dar el ~ a alguien** jdn übers Ohr hauen

cambio ['kambjo] *m* ① *(alteración)* (Ver)änderung *f;* **~ climático** Witterungsänderung *f; (globalmente)* Klimaveränderung *f;* **~ de domicilio** Wohnungswechsel *m;* **hay un ~ en el horario** der Zeitplan ändert sich; **en ~** dagegen, stattdessen; **a las primeras de ~** bei der ersten Gelegenheit ② *(sustitución)* Auswechs(e)lung *f,* Austausch *m;* **~ de aceite** (AUTO) Ölwechsel *m* ③ *(trasformación, intercambio)* Wandel *m;* **~ político** politischer Wandel; **~ de tendencia** Trendwende *f;* ~ **de impresiones** Meinungsaustausch *m;* **Libre** ~ (COM) Freihandel *m;* **a ~ de algo** für etw ❹ *(en un comercio)* Umtausch *m* ❺ (FIN) (Wechsel)kurs *m;* ~ **de divisa** [*o* **de moneda**] Geldwechsel *m;* **al ~ del día** zum Tageskurs ❻ *(suelto)* Kleingeld *nt;* **¿tiene ~ de 50 euros?** können Sie 50 Euro wechseln? ❼ (TÉC) Schaltung *f;* ~ **de marchas** Gangschaltung *f;* ~ **de marchas automático** Automatikschaltung *f* ❽ (DEP) Auswechs(e)lung *f*

cambista [kam'bista] *mf* ❶ *(que cambia dinero)* Geldwechsler(in) *m(f)* ❷ *(en la banca)* Devisenhändler(in) *m(f)*

Camboya [kam'boɟa] *f* Kambodscha *nt*

cambucho [kam'buʧo] *m (Chil)* ❶ *(cesta: para papeles)* Papierkorb *m; (para ropa)* Wäschekorb *m* ❷ *(habitación)* ärmliche Behausung *f*

cambujo, -a [kam'buxo, -a] *adj (Am: persona morena)* dunkelhäutig

cambullón [kambu'ʎon] *m* ❶ *(AmS: engaño)* Intrige *f* ❷ *(Col: cambalache)* Tausch *m*

cambur [kam'bur] *m (Col, Ecua, Ven)* Banane *f; (para cocinar)* Kochbanane *f*

cambuto, -a [kam'buto] *adj (Perú: menudo y rechoncho)* pummelig

camelar [kame'lar] *vt (fam)* ❶ *(engañar)* beschwatzen ❷ *(seducir)* verführen

camelia [ka'melja] *f* Kamelie *f*

camélido[1] [ka'meliðo] *m* (ZOOL) Kamel *nt*

camélido, -a[2] [ka'meliðo, -a] *adj* (ZOOL) zur Familie der Kamele gehörend

camella [ka'meʎa] *f* ❶ *v.* **camello** ❷ (AGR) Kamm *m,* Furchenrücken *m* ❸ *(pesebre)* (Futter)trog *m*

camellero [kame'ʎero] *m* Kameltreiber *m*

camello, -a [ka'meʎo, -a] *m, f* ❶ (ZOOL) Kamel *nt; (hembra)* Kamelstute *f* ❷ *(argot: persona)* Pusher(in) *m(f)*

camelo [ka'melo] *m (fam)* ❶ *(adulación)* Schmeichelei *f* ❷ *(timo)* Gaunerei *f*

camembert ['kamember] *m sin pl* (GASTR) Camembert *m*

camerino [kame'rino] *m* (TEAT) Künstlergarderobe *f*

camero, -a [ka'mero] *adj* **sábana camera** Bettlaken *nt* mit Überbreite

Camerún [kame'run] *m* Kamerun *nt*

camilla [ka'miʎa] *f (angarilla)* Krankenbahre *f; (consulta médica)* Untersuchungsliege *f*

camillero, -a [kami'ʎero, -a] *m, f* Sanitäter(in) *m(f)*

caminante [kami'nante] *mf* Wanderer, -in *m, f*

caminar [kami'nar] **I.** *vi* ❶ *(ir)* gehen; *(a pie)* zu Fuß gehen ❷ *(río)* strömen ❸ *(astro)* seine Bahn ziehen ❹ *(Am: funcionar)* gehen **II.** *vt* zurücklegen

caminata [kami'nata] *f* (beschwerlicher) langer Fußmarsch *m*

camino [ka'mino] *m* ❶ *(senda)* Weg *m; (más estrecho)* Pfad *m; (calle)* Straße *f;* **C~ de Santiago** Jakobsweg *m;* **a medio ~** halbwegs; **de ~ a Magdeburgo** auf dem Weg nach Magdeburg; **abrirse ~** sich *dat* Raum schaffen; **ponerse en ~** sich auf den Weg machen; **ir por buen/mal ~** *(fig)* auf dem rechten/falschen Weg sein ❷ *(distancia)* Strecke *f;* **está a dos horas de ~** es sind zwei Wegstunden von hier ❸ *(manera)* Art und Weise *f* ❹ (INFOR) Pfad *m;* ~ **de instalación** Installationspfad *m*

camión [ka'mjon] *m* ❶ (AUTO) Laster *m,* Lkw *m;* ~ **articulado** Sattelzug *m;* ~ **de la basura** Müllwagen *m;* ~ **cisterna** Tankwagen *m;* ~ **volquete** Kipplaster *m* ❷ *(Méx: autobús)* Bus *m*

camionaje [kamjo'naxe] *m* ❶ *(transporte)* Transport *m* mit LKW ❷ *(precio)* Roll(fuhr)geld *nt*

camionero, -a [kamjo'nero, -a] *m, f* Lastwagenfahrer(in) *m(f),* Lkw-Fahrer(in) *m(f)*

camioneta [kamjo'neta] *f* ❶ *(furgoneta)* Kleinlaster *m;* ~ **de reparto** Lieferwagen *m* ❷ *(Am: autobús)* Bus *m*

camisa [ka'misa] *f* ❶ *(prenda)* (Ober)hemd *nt;* ~ **de fuerza** Zwangsjacke *f;* **cambiar de ~** *(fig)* den Mantel nach dem Wind hängen; **no me llegaba la ~ al cuerpo** *(fam)* ich machte mir vor Angst fast in die Hosen ❷ *(funda)* Hülle *f* ❸ *(de reptil)* abgestreifte Haut *f*

camisería [kamise'ria] *f* ❶ *(tienda)* Hemdengeschäft *nt* ❷ *(taller)* Hemdenfabrik *f*

camisero, -a [kami'sero, -a] **I.** *adj* Hemd-; **vestido ~** Hemdblusenkleid *nt* **II.** *m, f* Hemdenschneider(in) *m(f)*

camiseta [kami'seta] *f* ❶ *(exterior)* T-Shirt *nt* ❷ *(interior)* Unterhemd *nt* ❸ (DEP) Trikot *nt*

camisón [kami'son] *m* Nachthemd *nt*

camomila [kamo'mila] *f* Kamille *f*

camorrear [kamorre'ar] *vi (RíoPl)* sich streiten

camorrista [kamo'rrista] **I.** *adj* rauflustig **II.** *mf (pendenciero)* Raufbold *m*

camote [ka'mote] *m (Am)* ❶ *(batata)* Süßkartoffel *f* ❷ *(molestia)* Nervtöter *m* ❸ *(amante)* Geliebte(r) *mf*

campamento [kampa'mento] *m* Lager *nt;* ~ **de veraneo** Ferienlager *nt*

campana [kam'pana] *f* Glocke *f;* ~ **extractora de humos** Dunstabzugshaube *f;* **el coche dio tres vueltas de ~** das Auto überschlug sich dreimal; **echar las ~s a**

C

vuelo *(fam)* etw feierlich (und frühzeitig) verkünden

campanada [kampa'naða] *f* Glockenschlag *m;* **dar la ~** *(fig)* den Vogel abschießen *fam*

C

campanario [kampa'narjo] *m* Glockenturm *m*

campanilla [kampa'niʎa] *f* ❶ *(campana pequeña)* Glöckchen *nt; (de la puerta)* Klingel *f* ❷ (ANAT) Zäpfchen *nt* ❸ (BOT) Glockenblume *f*

campante [kam'pan̪te] *adj (fam)* ❶ *(satisfecho)* zufrieden ❷ *(tranquilo)* ungerührt; **quedarse tan ~** sich nicht erschüttern lassen

campaña [kam'paɲa] *f* ❶ *(campo)* Land *nt;* **tienda de ~** Zelt *nt* ❷ (MIL) Feldzug *m;* (POL, AGR) Kampagne *f;* **~ de acoso y derribo** Schmutzkampagne *f;* **~ antitabaco** Antiraucherkampagne *f;* **~ electoral** Wahlkampf *m* ❸ (COM, FIN) Wirtschaftsjahr *nt*

campañista [kampa'ɲista] *mf (Chil: pastor)* Hirte, -in *m, f*

campañol [kampa'ɲol] *m* (ZOOL: *roedor*) Feldmaus *f*

campar [kam'par] *vi* lagern

campear [kampe'ar] *vi* ❶ *(Am: ir de acampada)* zelten ❷ *(fam: arreglárselas)* **ir campeando** sich (gerade so) durchschlagen ❸ *(sobresalir)* vorherrschen

campechano, -a [kampe'ʧano, -a] *adj* ❶ *(llano)* leutselig ❷ *(cordial)* freundlich

campeón, -ona [kampe'on, -ona] *m, f* ❶ *(vencedor)* Sieger(in) *m(f);* (DEP) Meister(in) *m(f);* **~ del mundo** [*o* **mundial**] Weltmeister *m* ❷ *(defensor)* Vorkämpfer(in) *m(f)*

campeonato [kampeo'nato] *m* Meisterschaft *f;* **de ~** *(fam)* mordsmäßig

campesina [kampe'sina] *adj o f v.* **campesino**

campesinado [kampesi'naðo] *m* ❶ *(conjunto)* Bauern *mpl* ❷ *(estamento)* Bauernstand *m*

campesino, -a [kampe'sino, -a] **I.** *adj* ❶ *(del campo)* ländlich ❷ *(de la gente del campo)* bäuerlich **II.** *m, f* ❶ *(que trabaja)* Bauer, Bäuerin *m, f* ❷ *(que vive)* Landbewohner(in) *m(f);* **los ~s** die Landbevölkerung

campestre [kam'pestre] *adj* Land-; **vida ~** Landleben *nt*

campin(g) ['kampi(ŋ)] *m* ❶ *(campamento)* Campingplatz *m* ❷ *(acampada)* Zelten *nt;* **hacer ~** zelten

campiña [kam'piɲa] *f (campo)* Feld *nt; (de cultivo)* Ackerland *nt*

campirano, -a [kampi'rano, -a] *adj* ❶ *(Am: patán, rural)* ländlich ❷ *(Méx: campesino)* bäuerisch ❸ *(Méx: entendido en el campo)* auf landwirtschaftlichem Gebiet erfahren ❹ *(Méx: que maneja bien caballos)* geschickt im Umgang mit Pferden

campo ['kampo] *m* ❶ *(opuesto a ciudad)* Land *nt; (de cultivo)* Acker *m,* Feld *nt;* **gente del ~** Landbevölkerung *f;* **ir al ~** ins Grüne fahren; **tener ~ libre** *(fig)* freie Bahn haben ❷ *(terreno)* Feld *nt,* Platz *m;* (DEP) (Sport)platz *m;* **medio ~** Halbfeld *nt* ❸ (*t.* POL, MIL: *campamento*) Lager *nt,* Camp *nt;* **~ de concentración** (HIST) Konzentrationslager *nt;* **~ de refugiados** Flüchtlingslager *nt;* **~ de trabajo** (Jugend)workcamp *nt* ❹ (MIL: *terreno*) Feld *nt;* **~ de tiro** Schießplatz *m* ❺ (FÍS, INFOR) Feld *nt;* **~ visual** Sichtfeld *nt;* **~ para entradas** (INFOR) Eingabefeld *nt;* **~ de opción** (INFOR) Optionsfeld *nt* ❻ *(área del saber)* Gebiet *nt;* **~ de actuación** Tätigkeitsfeld *nt*

camposanto [kampo'san̪to] *m* Friedhof *m*

campus ['kampus] *m inv* Campus *m*

camuflaje [kamu'flaxe] *m* Tarnung *f*

camuflar [kamu'flar] *vt* tarnen; *(fig)* verbergen

can [kan] *m* ❶ *(perro)* Hund *m* ❷ *(gatillo)* Hahn *m*

cana ['kana] *f* graues Haar *nt;* **echar una ~ al aire** *(fig)* sich *dat* eine Eskapade leisten

canaco, -a [ka'nako, -a] *m, f* Kanake *mf*

Canadá [kana'ða] *m* (**el**) ~ Kanada *nt*

canadiense **I.** *adj* kanadisch **II.** *mf* Kanadier(in) *m(f)*

canal [ka'nal] *m o f* ❶ *(cauce artificial)* Kanal *m* ❷ (GEO: *paso natural*) Meerenge *f;* **el ~ de la Mancha** der Ärmelkanal; **el ~ de Panamá** der Panamakanal ❸ *(canalón)* Dachrinne *f* ❹ (TV) Sender *m;* **~ de televisión** Fernsehsender *m* ❺ (TEL, ANAT) Kanal *m*

canalización [kanaliθa'θjon] *f* ❶ *(de un río)* Kanalisierung *f* ❷ *(alcantarillado)* Kanalisation *f; (infraestructura)* Kanalsystem *nt*

canalizar [kanali'θar] <z → c> *vt* ❶ *(un río)* kanalisieren ❷ *(encauzar)* gezielt lenken

canalla [ka'naʎa] *mf (pey)* Schurke, -in *m, f*

canallada [kana'ʎaða] *f* Gemeinheit *f*

canallesco, -a [kana'ʎesko, -a] *adj* schurkisch

canalón [kana'lon] *m* Dachrinne *f*

canana [ka'nana] *f* ❶ *(cinturón)* Patronengurt *m* ❷ *(Am: fam: canallada)* Schweinerei *f*

canapé [kana'pe] *m* Canapé *nt*

canaria [ka'narja] *adj o f v.* **canario²**
Canarias [ka'narjas] *f pl* **las islas ~** die Kanaren, die Kanarischen Inseln
canario¹ [ka'narjo] *m* Kanarienvogel *m*
canario, -a² [ka'narjo, -a] **I.** *adj* kanarisch **II.** *m, f (de Canarias)* Kanarier(in) *m(f)*
canasta [ka'nasta] *f* ❶ *(cesto)* Henkelkorb *m* ❷ (DEP) Korb *m*
canastilla [kanas'tiʎa] *f* ❶ *(cestita)* Körbchen *nt;* **~ para cubiertos** Besteckkorb *m* ❷ *(del bebé)* Babyausstattung *f* ❸ *(en una freidora)* Frittierkorb *m*
cancán [kaŋ'kan] *m* ❶ (MÚS) Cancan *m* ❷ *(enagua)* Cancanunterrock *m*
cancelación [kan̪θela'θjon] *f* ❶ *(anulación)* Streichung *f; (de una cita)* Absage *f* ❷ (FIN: *de una cuenta*) Löschung *f; (de una deuda)* Tilgung *f; (de un cheque)* Sperrung *f;* **~ de un pedido** Stornierung eines Auftrags
cancelar [kan̪θe'lar] *vt* ❶ *(anular)* streichen; **~ una cita** eine Verabredung absagen ❷ *(rescindir)* aufheben ❸ (FIN: *una cuenta*) löschen; *(una deuda)* tilgen; *(un cheque)* sperren
cancelario [kan̪θe'larjo] *m (Bol)* Rektor *m (einer Universität)*
cáncer ['kan̪θer] *m* ❶ (MED, ASTR: *persona*) Krebs *m* ❷ *(vicio)* Hauptübel *nt*
Cáncer ['kan̪θer] *m* (ASTR: *signo*) Krebs *m*
cancerígeno, -a [kan̪θe'rixeno, -a] *adj* Krebs erzeugend; (MED) kanzerogen
cancerología [kan̪θerolo'xia] *f* (MED) Onkologie *f*
canceroso, -a [kan̪θe'roso, -a] *adj* krebs(art)ig; (MED) kanzerös; **tumor ~** Krebsgeschwulst *f*
cancha ['kantʃa] *f* ❶ *(de deporte)* Sportplatz *m;* **~ de bádminton** Badmintonplatz *m* ❷ *(Am: hipódromo)* Pferderennbahn *f* ❸ *(Am: de un río)* breites Flussbett *nt* ❹ *(Am: espacio)* Platz *m,* Raum *m*
canchero, -a [kan'tʃero, -a] *m, f (Arg)* Angeber(in) *m(f)*
canciller [kan̪θi'ʎer] *mf* ❶ *(Jefe de Gobierno (Federal))* (Bundes)kanzler(in) *m(f)* ❷ (HIST: *en el Imperio Alemán*) Reichskanzler *m* ❸ *(en el Cuerpo Diplomático)* Kanzler(in) *m(f)* ❹ *(Am: de Asuntos Exteriores)* Außenminister(in) *m(f)*
cancillería [kan̪θiʎe'ria] *f* ❶ *(Jefatura del Gobierno (Federal))* (Bundes)kanzleramt *nt* ❷ *(oficina)* Kanzlei *f* ❸ *(Am: Asuntos Exteriores)* Außenministerium *nt*
canción [kan̪'θjon] *f* ❶ *(canto)* Lied *nt;* **~ de moda** Schlager *m;* **~ popular** Volkslied *nt;* **(es) siempre la misma ~** es ist immer das alte Lied ❷ (LIT, MÚS) Kanzone *f*
cancionero [kan̪θjo'nero] *m* ❶ (MÚS) Liederbuch *nt* ❷ (LIT) Liederhandschrift *f*
candado [kan̪'daðo] *m* Vorhängeschloss *nt*
candar [kan̪'dar] *vt (cerrar con llave)* zuschließen, abschließen
candeal [kan̪de'al] *adj* **pan ~** Dinkelbrot *nt;* **trigo ~** Dinkel *m*
candela [kan̪'dela] *f* Kerze *f*
candelabro [kan̪de'laβro] *m* Kerzenleuchter *m*
candelejón, -ona [kan̪dele'xon, -ona] *adj (Chil, Col, Perú: inocente)* naiv, einfältig
candelero [kan̪de'lero] *m* Kerzenständer *m;* **estar en el ~** *(fig)* hoch im Kurs stehen
candente [kan̪'den̪te] *adj* ❶ *(al rojo)* glühend ❷ *(palpitante)* brennend
candidato, -a [kan̪di'ðato, -a] *m, f* ❶ *(aspirante)* Bewerber(in) *m(f)* ❷ (POL) Kandidat(in) *m(f);* **~ al título** (DEP) Titelanwärter *m*
candidatura [kan̪diða'tura] *f* ❶ *(presentación)* Bewerbung *f;* (POL) Kandidatur *f* ❷ *(lista)* Kandidatenliste *f* ❸ *(papeleta)* Stimmzettel *m*
candidez [kan̪di'ðeθ] *f v.* **candor**
cándido, -a ['kan̪diðo, -a] *adj v.* **candoroso**
candil [kan̪'dil] *m* ❶ *(lámpara)* Öllampe *f* ❷ *(Am: candelabro)* Kerzenleuchter *m*
candileja [kan̪di'lexa] *f* Rampenlicht *nt;* **se crio entre ~s** er/sie ist im Rampenlicht aufgewachsen
candinga [kan̪'diŋga] *f* ❶ *(Chil: necedad)* Dummheit *f* ❷ *(Hond: maraña)* Wirrwarr *m,* Durcheinander *nt*
candor [kan̪'dor] *m* ❶ *(inocencia)* Unschuld *f* ❷ *(ingenuidad)* Naivität *f; (simplicidad)* Einfalt *f*
candoroso, -a [kan̪do'roso, -a] *adj* ❶ *(inocente)* unschuldig ❷ *(ingenuo)* naiv; *(simple)* einfältig
caneca [ka'neka] *f* ❶ *(licorera)* Likörflasche *f (aus glasierter Keramik)* ❷ *(Col: basurero)* Mülleimer *m* ❸ *(Cuba: agua caliente)* Wärmflasche *f* ❹ *(Am: barril)* Fass *nt; (balde)* Eimer *m*
caneco, -a [ka'neko, -a] *adj (Bol: embriagado)* betrunken
canela [ka'nela] *f* ❶ *(especia)* Zimt *m;* **~ en rama** Zimtrinde *f;* **¡esto es ~ fina!** *(fig)* das ist das Feinste vom Feinen! ❷ *(color)* Zimtfarbe *f*
canelón [kane'lon] *m* ❶ *(desagüe)* Dachrinne *f* ❷ *pl* (GASTR) Cannelloni *pl* ❸ *(carámbano)* Eiszapfen *m* ❹ *(charretera)* Raupe *f*
canfín [kaɱ'fin] *m (AmC: petróleo)* (Erd)öl *nt*

C

cangrejo [kaŋ'grexo] *m (crustáceo)* Krebs *m;* ~ **de mar** Krabbe *f;* ~ **de río** Flusskrebs *m*
cangrina [kaŋ'grina] *f (Col)* Beschwerde *f*
cangro ['kaŋgro] *m (Col, Guat:* MED: *cáncer)* Krebs *m*
canguelo [kaŋ'gelo] *m (fam)* Heidenangst *f*
canguis ['kaŋgis] *m inv v.* **canguelo**
canguro [kaŋ'guro] **I.** *m* (ZOOL) Känguru *nt* **II.** *mf (fam: persona)* Babysitter(in) *m(f);* **hacer de** ~ babysitten
caníbal [ka'niβal] **I.** *adj* kannibalisch **II.** *mf* Kannibale, -in *m, f*
canibalismo [kaniβa'lismo] *m* ❶ *(antropofagia)* Kannibalismus *m* ❷ *(salvajismo)* Grausamkeit *f*
canica [ka'nika] *f* Murmel *f*
caniche [ka'niʧe] *m* Pudel *m*
canícula [ka'nikula] *f* ❶ *(período)* Hundstage *mpl* ❷ (ASTR) Sirius *m*
canijo, -a [ka'nixo, -a] *adj* ❶ *(pey: endeble)* kümmerlich; *(pequeñajo)* mick(e)rig ❷ *(Am: malvado)* bösartig
canilla [ka'niʎa] *f* ❶ (ANAT: *hueso alargado*) Röhrenknochen *m; (tibia)* Schienbein *nt* ❷ (TÉC: *carrete*) Spule *f*
canino [ka'nino] *m* ❶ *(humano)* Eckzahn *m* ❷ *(de animales)* Fang(zahn) *m*
canje ['kaŋxe] *m* ❶ *(intercambio)* Austausch *m* ❷ *(de un vale)* Einlösen *nt*
canjeable [kaŋxe'aβle] *adj* umtauschbar (**por** gegen +*akk*)
canjear [kaŋxe'ar] *vt* ❶ *(intercambiar)* austauschen ❷ *(cambiar)* einlösen
cannabis ['kanaβis] *m sin pl* Cannabis *m*
cano, -a ['kano, -a] *adj v.* **canoso**
canoa [ka'noa] *f* ❶ *(bote a remo)* Kanu *nt; (tronco)* Einbaum *m;* (DEP: *piragua*) Kajak *m o nt; (canadiense)* Kanadier *m* ❷ *(a motor)* Motorboot *nt* ❸ *(Am: artesa)* Trog *m*
canódromo [ka'noðromo] *m* Hunderennbahn *f*
canon ['kanon] *m* ❶ *(precepto)* Gesetz *nt;* (REL) Kanon *m* ❷ (ARTE, LIT: *modelo*) Kanon *m* ❸ *pl (reglas)* Vorschriften *f pl*
canónico, -a [ka'noniko, -a] *adj* kanonisch
canónigo [ka'noniɣo] *m* ❶ (REL) Kanoniker *m* ❷ (BOT, GASTR) Feldsalat *m*
canonizar [kanoni'θar] <z → c> *vt* (REL) heiligsprechen
canoso, -a [ka'noso, -a] *adj* grauhaarig
cansado, -a [kan'saðo, -a] *adj* ❶ *estar (fatigado)* müde; **vista cansada** müde Augen ❷ *estar (harto)* überdrüssig (**de** +*gen*) ❸ *ser (fatigoso)* ermüdend; **un viaje** ~ eine anstrengende Reise ❹ *ser (aburrido)* langweilig ❺ *ser (molesto)* lästig ❻ *(Am)* **a las cansadas** sehr spät, nach langem Warten
cansador(a) [kansa'ðor(a)] *adj (Arg)* ❶ *ser (fatigoso)* anstrengend ❷ *ser (aburrido)* langweilig ❸ *ser (molesto)* lästig
cansancio [kan'saṇθjo] *m* ❶ *(fatiga)* Müdigkeit *f; (agotamiento)* Ermüdung *f;* **estoy muerto de** ~ ich bin todmüde ❷ *(hastío)* Überdruss *m*
cansar [kan'sar] **I.** *vi* ❶ *(fatigar)* anstrengend sein ❷ *(hastiar)* langweilig werden **II.** *vt* ❶ *(fatigar)* müde machen ❷ *(hastiar)* langweilen **III.** *vr:* **~se** ❶ *(fatigarse)* müde werden ❷ *(hartarse)* **~se de algo** etw *gen* überdrüssig werden
cansino, -a [kan'sino, -a] *adj* ❶ *(cansado)* kraftlos ❷ *(lento)* langsam ❸ *(desganado)* lustlos
cántabra ['kaṇtaβra] *adj o f v.* **cántabro**
Cantabria [kaṇ'taβrja] *f* Kantabrien *nt*
cantábrico, -a [kaṇ'taβriko, -a] *adj* kantabrisch; **el mar C~** das Kantabrische Meer
cántabro, -a ['kaṇtaβro, -a] **I.** *adj* kantabrisch **II.** *m, f* Kantabrer(in) *m(f)*
cantada [kaṇ'taða] *f* (MÚS) Kantate *f*
cantamañanas [kaṇtama'ɲanas] *mf inv (fam)* Luftikus *m*
cantante [kaṇ'taṇte] **I.** *adj* singend; **llevar la voz** ~ *(fig)* die erste Geige spielen **II.** *mf* Sänger(in) *m(f);* ~ **de ópera** Opernsängerin *f;* ~ **callejero, -a** Straßenmusiker(in) *m(f)*
cantaor(a) [kaṇta'or(a)] *m(f)* Flamencosänger(in) *m(f)*
cantar [kaṇ'tar] **I.** *vi, vt* ❶ *(personas, pájaros)* singen; *(gallo)* krähen; *(grillo)* zirpen; *(ranas)* quaken; **en menos que canta un gallo** *(fam)* im Nu ❷ *(alabar)* (an)preisen ❸ *(argot: confesar)* singen ❹ *(en el juego)* ansagen ❺ *(fam: oler mal)* stinken **II.** *m* Lied *nt; (copla popular)* Volkslied *nt*
cántaro ['kaṇtaro] *m* (Henkel)krug *m;* **está lloviendo a ~s** es gießt in Strömen
cantautor(a) [kaṇtau̯'tor(a)] *m(f)* Liedermacher(in) *m(f)*
cante ['kaṇte] *m* ❶ *(general)* Volkslied *nt;* **dar el** ~ *(denunciar)* singen *fam; (llamar la atención)* hervorstechen; **dio el ~ con el color de su vestido** die Farbe ihres Kleides sprang ins Auge ❷ *(andaluz)* Flamenco *m*
cantera [kaṇ'tera] *f* ❶ *(pedrera)* Steinbruch *m* ❷ (*t.* DEP: *cuna*) Kaderschmiede *f*
cantero [kaṇ'tero] *m* ❶ *(picapedrero)* Steinmetz *m* ❷ *(Am: sembradío)* Beet *nt*
cántico ['kaṇtiko] *m* (REL) Lobgesang *m*
cantidad [kaṇti'ðaᵈ] **I.** *f* ❶ *(porción)* Menge *f; (número)* Anzahl *f;* **una gran ~ de**

eine Vielzahl von; **¿qué ~ necesitas?** wie viel brauchst du? ❷ *(suma de dinero)* Betrag *m* **II.** *adv (fam)* sehr viel

cantimplora [kaṇtim'plora] *f* ❶ *(botella de campaña)* Feldflasche *f* ❷ *(sifón)* Weinheber *m*

cantina [kaṇ'tina] *f* ❶ *(en estaciones, cuarteles)* Kantine *f* ❷ *(bodega)* Weinkeller *m*

cantinela [kaṇti'nela] *f (pey)* Leier *f;* **siempre la misma ~** immer die alte Leier

canto ['kaṇto] *m* ❶ *(cantar)* Singen *nt; (canción)* Gesang *m;* **~ gregoriano** Gregorianischer Gesang; **~ de los pájaros** Vogelgesang *m;* **estudia ~** er/sie studiert Gesang ❷ *(alabanza)* Lobgesang *m* ❸ (LIT) Gesang *m* ❹ *(arista)* Kante *f; (esquina)* Ecke *f* ❺ *(borde)* Rand *m; (de un vestido)* Saum *m* ❻ *(en un cuchillo)* Rücken *m; (en un libro)* Schnitt *m;* **poner de ~** hochkant stellen ❼ *(grosor)* Dicke *f* ❽ *(guijarro)* Kiesel(stein) *m*

cantón [kaṇ'ton] *m* ❶ *(esquina)* Ecke *f* ❷ (ADMIN, POL) Kanton *m* ❸ (MIL) Quartier *nt*

cantonal [kaṇto'nal] *adj* (ADMIN, POL) kantonal

cantonalismo [kaṇtona'lismo] *m* (POL) ❶ *(sistema)* Kantonalsystem *nt* ❷ *(debilitamiento) radikaler Föderalismus, der zur Zersetzung eines Staates führt*

cantonear [kaṇtone'ar] *vi (vagar)* herumschlendern, umherschweifen

cantonera [kaṇto'nera] *f* Kantenschutz *m; (de metal)* Eckbeschlag *m; (en una culata)* Kolbenbeschlag *m*

cantor(a) [kaṇ'tor(a)] **I.** *adj* ❶ *(canoro)* Sing- ❷ *(cantarín)* sangesfroh; **los canarios son muy ~es** Kanarienvögel singen viel **II.** *m(f) (elev)* Sänger(in) *m(f)*

cantoral [kaṇto'ral] *m* (REL) Chorbuch *nt*

canturrear [kaṇturre'ar] *vi, vt* trällern

cánula ['kanula] *f* ❶ *(caña)* Röhrchen *nt* ❷ (MED) Drainageröhre *f* ❸ *(jeringa)* Injektionsnadel *f,* Kanüle *f*

canutas [ka'nutas] *adj (fam)* **pasarlas ~** allerhand durchmachen

canuto [ka'nuto] *m* ❶ *(tubo)* Röhre *f* ❷ *(argot: porro)* Joint *m*

caña ['kaɲa] *f* ❶ (AGR, BOT) Rohr *nt; (tallo de cereal)* Halm *m; (junco)* Schilf *nt;* **~ de azúcar** Zuckerrohr *nt;* **~ de bambú** Bambusrohr *nt* ❷ (ANAT: *de la pierna*) Schienbein *nt; (tuétano)* Mark *nt* ❸ *(de pescar)* Angel(rute) *f* ❹ *(de un arma, una columna)* Schaft *m* ❺ *(en el calzado)* Beinling *m* ❻ *(de cerveza)* Glas *nt* gezapftes Bier

cañada [ka'ɲaða] *f* ❶ *(barranco)* Hohlweg *m* ❷ (AGR: *camino de ganado*) Weideweg *m*

cañamazo [kaɲa'maθo] *m* ❶ *(arpillera)* Sackleinen *nt* ❷ *(para bordar)* Stramin *m*

cáñamo ['kaɲamo] *m* ❶ *(planta)* Hanf *m* ❷ *(tejido)* Hanfgarn *nt;* **de ~** hanfen, hänfen

cañaveral [kaɲaβe'ral] *m* ❶ *(cañizar)* Ried *nt,* Röhricht *nt* ❷ *(plantío)* Zuckerrohrfeld *nt*

cañería [kaɲe'ria] *f* Rohrleitung *f;* **~ del agua** Wasserleitung *f*

cañí [ka'ɲi] *adj* Zigeuner-, zigeunerisch; **la España ~** *die folkloristische, klischeehafte Seite Spaniens*

cañizal [kaɲi'θal] *m,* **cañizar** [kaɲi'θar] *m* Röhricht *nt*

caño ['kaɲo] *m* ❶ *(tubo)* Röhre *f; (de la fuente)* Ausflussrohr *nt; (chorro)* Wasserstrahl *m* ❷ *(desagüe)* Abflussrohr *nt*

cañón [ka'ɲon] *m* ❶ *(tubo)* Rohr *nt;* **~ de escopeta** Gewehrlauf *m;* **de dos cañones** doppelläufig ❷ (MIL) Kanone *f; (artillería)* Geschütz *nt;* **~ de nieve** Schneekanone *f;* **carne de ~** Kanonenfutter *nt* ❸ *(de la barba)* Stoppel *f* ❹ *(de una pluma)* Federkiel *m* ❺ (GEO) Cañon *m;* **el C~ del Colorado** der Grand Canyon

caoba [ka'oβa] **I.** *adj* (**color**) **~** mahagonibraun **II.** *f* ❶ *(madera)* Mahagoni(holz) *nt* ❷ *(árbol)* Mahagonibaum *m*

caos ['kaos] *m inv* Chaos *nt*

caótico, -a [ka'otiko, -a] *adj* chaotisch

capa ['kapa] *f* ❶ *(prenda)* Cape *nt,* Umhang *m;* **defender a ~ y espada** aufs Äußerste verteidigen; **andar** [*o* **estar de**] **~ caída** heruntergekommen sein ❷ (TAUR) Capa *f* ❸ *(cobertura)* Auflage *f; (recubrimiento)* Belag *m; (baño)* Überzug *m;* **~ aislante** Isolierschicht *f;* **~ de nieve** Schneedecke *f* ❹ *(estrato)* Schicht *f;* **~ de ozono** Ozonschicht *f* ❺ (GEO, MIN) Flöz *nt*

capacha [ka'paʧa] *f* Tragekorb *m*

capacho [ka'paʧo] *m* Tragekorb *m*

capacidad [kapaθi'ðað] *f* ❶ *(cabida)* Fassungsvermögen *nt* ❷ (FÍS: *potencia*) Leistung(sfähigkeit) *f* ❸ *(aptitud)* Fähigkeit *f* (**para** zu +*dat*); **~ adquisitiva** Kaufkraft *f;* **~ negociadora** Verhandlungsgeschick *nt;* **~ de persuasión** Überredungskunst *f* ❹ (JUR) Berechtigung *f* ❺ *(Am: persona dotada)* Kapazität *f*

capacitación [kapaθita'θjon] *f (capacidad)* Befähigung *f; (formación)* Qualifikation *f;* (JUR: *habilitación*) Berechtigung *f*

capacitado, -a [kapaθi'taðo, -a] *adj* befähigt (**para** zu +*dat*), qualifiziert (**para** für +*akk*)

capacitar [kapaθi'tar] **I.** *vt* ❶ *(formar)* schulen; *(preparar)* befähigen (**para** zu +*dat*) ❷ *(Am:* JUR: *habilitar*) bevollmächti-

C

gen **II.** *vr:* **~se** den Befähigungsnachweis erbringen (**para** für +*akk*)

capanga [ka'paŋga] *m (CSur)* Leibwächter *m*

capar [ka'par] *vt* ❶ *(fam: un pollo)* kappen; *(animal o persona)* kastrieren ❷ *(limitar)* einschränken

caparazón [kapara'θon] *m* ❶ *(de una tortuga)* Panzer *m; (de insectos)* Deckflügel *mpl* ❷ *(protección)* Schutz *m; (capa)* (Schutz)schicht *f* ❸ *(de un ave)* Gerippe *nt*

caparrón [kapa'rron] *m* (BOT) Knospe *f,* Auge *nt*

capataz [kapa'taθ] *m* Vorarbeiter *m*

capaz [ka'paθ] *adj* ❶ *(con cabida)* geräumig ❷ *(apto)* befähigt ❸ *(en condiciones)* fähig; **no fui ~ de hacerlo** ich war nicht dazu fähig ❹ *(Am: tal vez)* vielleicht; (**es**) **~ que llueva** vielleicht regnet es bald

capazo [ka'paθo] *m* ❶ *(espuerta)* (geflochtener) Tragekorb *m* ❷ *(de bebé)* Babytragetasche *f*

capción [kaβ'θjon] *f* (JUR: *arresto*) Festnahme *f,* Verhaftung *f*

capcioso, -a [kaβ'θjoso, -a] *adj (engañoso)* tückisch; *(insidioso)* verfänglich

capea *f Amateurstierkampf mit jungen Rindern, die am Leben gelassen werden*

capear [kape'ar] *vt* ❶ (TAUR) mit der Capa reizen ❷ *(entretener)* hinhalten ❸ *(esquivar)* meiden

capellán [kape'ʎan] *m* ❶ *(con capellanía)* Kaplan *m* ❷ *(clérigo)* Geistliche(r) *m*

Caperucita (Roja) [kaperu'θita ('rroxa)] *f* Rotkäppchen *nt;* **no me cuentes el cuento de ~** *(fig)* erzähl mir keine Märchen

caperuza [kape'ruθa] *f* Kappe *f; (protección)* Haube *f*

capi ['kapi] *m* ❶ *(AmS: maíz)* Mais *m* ❷ *(Bol: harina)* weißes Maismehl *nt*

capicúa [kapi'kua] *m* ❶ *(número)* symmetrische Zahl *f* ❷ *(palabra)* Palindrom *nt*

capilar [kapi'lar] **I.** *adj* ❶ *(del cabello)* Haar-; **tratamiento ~** Haarpflegesystem *nt* ❷ *(fino)* haarfein; **vasos ~es** Kapillargefäße *ntpl* **II.** *m* Kapillare *f*

capilla [ka'piʎa] *f* (REL) Kapelle *f;* **~ ardiente** Aufbahrung *f*

capirotazo [kapiro'taθo] *m* Kopfnuss *f*

capital[1] [kapi'tal] **I.** *adj* wesentlich, Haupt-; **letra ~** *(Am)* Großbuchstabe *m;* **pena ~** Todesstrafe *f;* **de ~ importancia** von höchster Wichtigkeit **II.** *m* (ECON, FIN) Kapital *nt;* **~ fijo** festliegendes Kapital; **~ a plazo** Termingeld *nt;* **bienes de ~** Kapitalvermögen *nt*

capital[2] [kapi'tal] *f (ciudad)* Hauptstadt *f; (gran ciudad)* Großstadt *f;* **~ de partido/de distrito/de provincia** Kreis-/Bezirks-/Provinzhauptstadt *f*

capitalismo [kapita'lismo] *m* Kapitalismus *m*

capitalista [kapita'lista] **I.** *adj* kapitalistisch **II.** *mf* Kapitalist(in) *m(f);* (ECON, FIN: *financiero*) Geldgeber(in) *m(f),* Finanzier *m*

capitalización [kapitaliθa'θjon] *f* (ECON, FIN) Kapitalisierung *f;* **~ bursátil** Börsenkapitalisierung *f*

capitalizar [kapitali'θar] <z → c> *vt* ❶ (ECON, FIN) kapitalisieren ❷ *(copar)* an sich reißen

capitán [kapi'tan] *m* ❶ (MIL) Hauptmann *m;* **~ general** Oberbefehlshaber *m* ❷ (NÁUT) Kapitän *m,* Kommandant *m;* (AERO) Flugkapitän *m* ❸ (DEP) Mannschaftskapitän *m* ❹ *(de una banda)* Anführer *m*

capitanear [kapitane'ar] *vt* ❶ (MIL) befehligen ❷ *(dirigir)* anführen

capitanía [kapita'nia] *f* ❶ (MIL) Kapitänsgrad *m;* **~ general** Generalkapitanat *nt* ❷ *(liderazgo)* Führerschaft *f*

capitel [kapi'tel] *m* (ARQUIT) ❶ *(en una columna)* Kapitell *nt* ❷ *(chapitel)* Turmspitze *f*

capitolio [kapi'toljo] *m* ❶ (HIST) Kapitol *nt* ❷ *(edificio)* Parlamentsgebäude *nt; (consistorio)* Rathaus *nt*

capitulación [kapitula'θjon] *f* ❶ (MIL) Kapitulation *f* ❷ *(acuerdo)* Vereinbarung *f*

capitular [kapitu'lar] **I.** *adj* (REL) Kapitel- **II.** *vi* ❶ *(acordar)* eine Vereinbarung treffen ❷ *(rendirse)* kapitulieren **III.** *m* ❶ (REL) Kapitular *m* ❷ (ADMIN, POL) Stadtrat *m*

capítulo [ka'pitulo] *m* (*t.* REL) Kapitel *nt*

capo[1] ['kapo] *m (jefe mafioso)* Pate *m*

capo, -a[2] ['kapo] *m, f (Arg, Urug: jefe)* Führer(in) *m(f); (autoridad en la materia)* Experte, -in *m, f*

capó [ka'po] *m* Motorhaube *f*

capoeira [kapo'e̯ira] *f (danza)* Capoeira *f*

capón [ka'pon] **I.** *adj* kastriert **II.** *m* ❶ *(pollo)* Kapaun *m* ❷ *(coscorrón)* Kopfnuss *f*

caporal [kapo'ral] *m* ❶ (MIL) Korporal *m,* Gefreite(r) *m* ❷ *(jefe)* Anführer *m* ❸ (AGR) Viehaufseher *m*

capot [ka'po] *m v.* **capó**

capota [ka'pota] *f* (AUTO) Verdeck *nt*

capotar [kapo'tar] *vi (coche)* sich überschlagen; *(avión)* abstürzen

capote [ka'pote] *m* ❶ *(abrigo sin mangas)* Cape *nt;* **~ de monte** *(Am)* Poncho *m* ❷ (TAUR) große Capa *f;* **echar un ~ a alguien** *(fig)* jdm einen Rettungsanker zuwerfen

capricho [ka'pritʃo] *m* ❶ *(antojo)* Laune *f;* **a ~** nach Belieben; **darse un ~** sich *dat* etwas gönnen ❷ *(adorno)* Zierrat *m;* *(pey)* Schnickschnack *m* ❸ (MÚS) Capriccio *nt*

caprichoso, -a [kapri'ʧoso, -a] *adj* ❶ *(antojadizo)* eigensinnig ❷ *(pey: inconstante)* launenhaft ❸ *(pey: arbitrario)* willkürlich

capricornio [kapri'kornjo] *m* (ASTR: *persona*) Steinbock *m*

Capricornio [kapri'kornjo] *m* (ASTR: *signo*) Steinbock *m*

cápsula ['kaβsula] *f* ❶ *(receptáculo, t.* ANAT) Kapsel *f;* ~ **espacial** (AERO) Raumkapsel *f* ❷ (BOT: *membrana*) Hülse *f* ❸ *(tapón)* Kronenkorken *m*

captación [kapta'θjon] *f* ❶ *(obtención)* Gewinnung *f* ❷ *(registro)* Erfassung *f;* ~ **de datos** (INFOR) Datenerfassung *f* ❸ *(atracción)* Erschleichung *f*

captar [kap'tar] **I.** *vt* ❶ *(recoger)* sammeln; *(aprovechar)* nutzbar machen; *(capital)* aufbringen ❷ *(percibir)* wahrnehmen ❸ (TEL) empfangen ❹ (CINE, FOTO) einfangen ❺ (INFOR) erfassen ❻ *(comprender)* begreifen **II.** *vr:* **~se** gewinnen; *(pey)* erschmeicheln

captura [kap'tura] *f* ❶ *(apresamiento)* Ergreifung *f* ❷ *(detención)* Festnahme *f* ❸ (NÁUT) Aufbringen *nt* ❹ *(piezas cobradas)* Fang *m* ❺ ~ **de pantalla** (INFOR) Screenshot *m*

capturar [kaptu'rar] *vt* ❶ *(apresar)* ergreifen ❷ *(detener)* festnehmen ❸ (NÁUT) aufbringen ❹ *(cazar, pescar)* fangen

capucha [ka'puʧa] *f* ❶ *v.* **capuchón** ❷ (TIPO) Zirkumflex *m*

capuchino[1] [kapu'ʧino] *m (café)* Cappuccino *m*

capuchino, -a[2] [kapu'ʧino, -a] **I.** *adj* Kapuziner- **II.** *m, f* Kapuziner(mönch), Kapuzinerin *m, f*

capuchón [kapu'ʧon] *m* ❶ *(para la cabeza)* Kapuze *f* ❷ *(tapa)* (Verschluss)kappe *f*

capullo [ka'puʎo] *m* ❶ (BOT: *de flor*) Knospe *f* ❷ (ZOOL) Kokon *m;* **hacer el** ~ sich einspinnen; **salir del** ~ ausschlüpfen ❸ *(fam: prepucio)* Vorhaut *f* ❹ *(vulg: canalla)* Arschloch *nt*

caqui ['kaki] **I.** *adj* kakifarben **II.** *m* ❶ *(color)* Kaki *nt* ❷ *(tela)* Kaki *m* ❸ (BOT) Kakifrucht *f*

cara ['kara] **I.** *f* ❶ *(rostro)* Gesicht *nt;* ~ **a** ~ von Angesicht zu Angesicht; **a ~ descubierta** unverhüllt; (**no**) **dar la** ~ (nicht) zu etwas stehen; **echar en** ~ vorwerfen; **hacer** [*o* **plantar**] ~ die Stirn bieten; **partir** [*o* **romper**] **la ~ a alguien** *(fam)* jdm die Fresse polieren ❷ *(expresión)* Miene *f;* ~ **de póquer** Pokerface *nt;* **una ~ larga** ein langes Gesicht; **una ~ de pocos amigos** *(fam)* ein unfreundliches Gesicht; **salvar la** ~ den Schein wahren ❸ *(aspecto)* Aussehen *nt;* **tener buena/mala** ~ *(fam)* gut/schlecht aussehen ❹ *(lado)* Seite *f;* *(de una moneda)* Kopf *m* ❺ *(fam: osadía)* Stirn *f;* **¡qué ~!** was für eine Frechheit!; **tener mucha** ~ unverschämt sein **II.** *prep (en dirección a)* (**de**) ~ **a** gegenüber; **de ~ al futuro** in Hinblick auf die Zukunft **III.** *conj* **de ~ a** +*inf* um ... zu +*inf*

carabela [kara'βela] *f* (NÁUT) Karavelle *f*

carabina [kara'βina] *f* ❶ *(fusil)* Karabiner *m* ❷ *(fam: acompañanta)* Anstandsdame *f*

carabinero [karaβi'nero] *m* Karabiniere *m*

caracol [kara'kol] *m* ❶ (ZOOL) Schnecke *f* ❷ *(concha)* Schneckenhaus *nt* ❸ (ANAT) Schnecke *f* ❹ *(de pelo)* Löckchen *nt*

caracola [kara'kola] *f* Meeresschnecke *f*

carácter [ka'rakter] <caracteres> *m* ❶ *(personalidad)* Charakter *m,* Wesen *nt* ❷ *(temperamento fuerte)* Charakterstärke *f;* (**no**) **tiene** ~ er/sie zeigt (keinen) Charakter; **sin** ~ charakterlos ❸ *(índole)* Art *f;* **con ~ de** als ❹ (BIOL) Merkmal *nt* ❺ (TIPO) Buchstabe *m* ❻ (INFOR) Zeichen *nt;* ~ **de separación** Trennzeichen *nt* ❼ *(Am: personaje)* Rolle *f*

característica [karakte'ristika] *f* ❶ *(atributo)* Merkmal *nt* ❷ *(peculiaridad)* Eigenart *f* ❸ *(cualidad)* Eigenschaft *f*

característico, -a [karakte'ristiko, -a] **I.** *adj* charakteristisch; **rasgo** ~ Merkmal *nt* **II.** *m, f* (CINE, TEAT) Charakterdarsteller(in) *m(f)*

caracterización [karakteriθa'θjon] *f* ❶ *(acción)* Charakterisierung *f* ❷ *(descripción)* Charakterbild *nt* ❸ (TEAT) Darstellung *f*

caracterizado, -a [karakteri'θaðo, -a] *adj* ❶ *(prestigioso)* anerkannt ❷ *(distinguido)* ausgezeichnet ❸ *(marcado)* gekennzeichnet (**por** durch +*akk*)

caracterizar [karakteri'θar] <z → c> **I.** *vt* ❶ *(marcar)* charakterisieren ❷ *(describir)* schildern (**como** als +*akk*) ❸ (TEAT) darstellen **II.** *vr:* **~se** ❶ *(destacar)* sich auszeichnen (**por** durch +*akk*) ❷ (CINE, TEAT) eine Rolle überzeugend spielen

caradura [kara'ðura] *mf (fam)* unverschämter Mensch *m*

carajo [ka'raxo] *m (vulg: pene)* Schwanz *m fam;* **¡~!** Scheiße!; **¡vete al ~!** *(fam)* scher dich zum Teufel!; **me importa un** ~ *(fam)* es ist mir scheißegal; **no vale un** ~ *(fam)* es ist keinen Heller wert; **¿y tú qué ~ quieres?** *(fam)* und was zum Teufel willst du?; **del** ~ *(fam)* Mords-

caramba [ka'ramba] *interj (fam)* **¡**(**qué**) **~!**

(enfado) verdammt noch mal!; *(extrañeza)* herrje!; *(admiración)* Donnerwetter!

carámbano [ka'rambano] *m* Eiszapfen *m*

carambola [karam'bola] *f* ① *(fam: trampa)* Schwindel *m* ② *(en el billar)* Karambole *f;* **de** [*o* **por**] ~ *(fam)* mit etwas Glück ③ (BOT) Sternfrucht *f*

caramelizar [karameli'θar] <z → c> **I.** *vi* (GASTR: *el azúcar*) karamellieren **II.** *vt* (GASTR: *recubrir*) karamellisieren; ~ **el fondo de un molde** eine Form mit Karamellzucker ausgießen

caramelo [kara'melo] *m* ① *(azúcar quemado)* Karamell(zucker) *m;* (**de**) **color** ~ karamellfarben ② *(golosina)* Bonbon *m o nt;* ~ **de menta** Pfefferminzbonbon *m o nt*

caramillo [kara'miʎo] *m* ① *(flauta)* Pfeife *f* ② *(fam: chisme)* Klatsch *m* ③ *(fam: riña)* Zank *m*

carantoña [karaṇ'toɲa] *f (zalamería)* Schmuserei *f;* **hacer ~s** schmusen

caraota [kara'ota] *f (Ven: haba)* Bohne *f*

caraqueño, -a [kara'keɲo, -a] **I.** *adj* aus Caracas **II.** *m, f* Einwohner(in) *m(f)* von Caracas

carátula [ka'ratula] *f* ① *(careta)* Maske *f* ② *(pey: farándula)* Schauspielervolk *nt* ③ *(portada)* Titelblatt *nt; (de un disco)* Plattencover *nt*

caravana [kara'βana] *f* ① *(recua)* Karawane *f* ② *(embotellamiento)* Stau *m* ③ *(vehículo)* Wohnmobil *nt; (remolque)* Wohnwagen *m*

carbohidrato [karβoi'ðrato] *m* Kohle(n)hydrat *nt*

carbón [kar'βon] *m* Kohle *f;* ~ **de leña** [*o* **vegetal**] Holzkohle *f;* **dibujo al** ~ (ARTE) Kohlezeichnung *f;* **papel** ~ Kohlepapier *nt*

carbonado[1] [karβo'naðo] *m* (GEO: *diamante*) Karbonado *m*

carbonado, -a[2] [karβo'naðo, -a] *adj* Kohlenstoff-, kohlenstoffhaltig

carbonatado, -a [karβona'taðo, -a] *adj* kohlensäurehaltig; **agua carbonatada** Mineralwasser mit Kohlensäure

carbonato [karβo'nato] *m* (QUÍM) Karbonat *nt*

carboncillo [karβoṇ'θiʎo] *m* Kohlestift *m;* **dibujo al** ~ Kohlezeichnung *f*

carbonera [karβo'nera] *f* ① *(horno)* Kohlenmeiler *m* ② *(almacén)* Kohlenkeller *m*

carbonero, -a [karβo'nero, -a] **I.** *adj* Kohlen- **II.** *m, f* ① *(productor)* Köhler(in) *m(f)* ② *(vendedor)* Kohlenhändler(in) *m(f)*

carbonilla [karβo'niʎa] *f* ① *(polvo de carbón)* Kohlenstaub *m* ② *(Am: carboncillo)* Kohlestift *m*

carbonizar [karβoni'θar] <z → c> **I.** *vt* ① *(abrasar)* verkohlen ② (QUÍM) karbonisieren **II.** *vr:* **~se** verbrennen

carbono [kar'βono] *m* (QUÍM) Kohlenstoff *m;* **dióxido de** ~ Kohlendioxyd *nt*

carbonoso, -a [karβo'noso, -a] *adj* (QUÍM: *que contiene carbón*) kohlehaltig; *(similar al carbón)* kohleartig

carburación [karβura'θjon] *f* ① (AUTO) Zerstäubung *f* ② (QUÍM) Aufkohlung *f*

carburador [karβura'ðor] *m* (TÉC) Vergaser *m*

carburante [karβu'raṇte] *m* (QUÍM, TÉC) Kraftstoff *m,* Treibstoff *m*

carburar [karβu'rar] **I.** *vt* (QUÍM, TÉC) karburieren **II.** *vi (fam: funcionar)* gehen

carburo [kar'βuro] *m* (QUÍM) Karbid *nt*

carcajada [karka'xaða] *f* Gelächter *nt;* **reírse a ~s** lauthals lachen; **soltar una** ~ laut auflachen

carcajear [karkaxe'ar] *vi, vr:* **~se** ① *(reírse a carcajadas)* lauthals lachen ② *(fam: no respetar)* pfeifen (**de** auf +*akk*)

carcamal [karka'mal] *m (fam pey)* alter Knacker *m;* **está hecho un** ~ er ist ein Wrack

cárcamo ['karkamo] *m (foso)* Grube *f; (zanja)* Graben *m*

carcañal [karka'ɲal] *f* (ANAT) Ferse *f*

carcasa [kar'kasa] *f* (TÉC) Gehäuse *nt; (del ordenador)* Computergehäuse *nt*

cárcel ['karθel] *f* Gefängnis *nt;* ~ **de régimen abierto** offene Haft; **tres años de** ~ drei Jahre Gefängnis; **estar en la** ~ im Gefängnis sitzen; **ir a parar a la** ~ ins Gefängnis kommen

carcelero, -a [karθe'lero, -a] *m, f* Gefängniswärter(in) *m(f)*

carcinoma [karθi'noma] *m* (MED) Karzinom *nt*

carcoma [kar'koma] *f* ① (ZOOL) Holzwurm *m* ② *(polvillo)* Holzmehl *nt* ③ *(destrucción lenta)* Zermürbung *f*

carcomer [karko'mer] **I.** *vt* ① *(corroer)* zerfressen ② *(minar)* untergraben **II.** *vr:* **~se** zerfallen

cardador[1] [karða'ðor] *m* (ZOOL) Schnurfüßer *m*

cardador(a)[2] [karða'ðor(a)] *m(f) (oficio)* Wollkämmer(in) *m(f)*

cardamomo [karða'momo] *m* Kardamom *m o nt*

cardar [kar'ðar] *vt* ① *(proceso textil)* karden ② *(el pelo)* toupieren

cardenal [karðe'nal] *m* ① (REL, ZOOL) Kardinal *m* ② *(hematoma)* blauer Fleck *m*

cardiaco, -a [kar'ðjako, -a] *adj,* **cardíaco, -a** [kar'ðiako, -a] *adj* Herz-; (MED) Kardio-; **ataque** ~ Herzanfall *m;* **paro** ~ Herzstillstand *m*

cardinal [karði'nal] *adj* Haupt-; **los cuatro puntos ~es** die vier Himmelsrichtungen; **número ~** (LING) Kardinalzahl *f*
cardiocirujano, -a [karðjoθiru'xano, -a] *m, f* (MED) Herzchirurg(in) *m(f)*
cardiograma [karðjo'ɣrama] *m* (MED) Kardiogramm *nt*
cardiología [karðjolo'xia] *f* (MED) Kardiologie *f*
cardiólogo, -a [kar'ðjoloɣo, -a] *m, f* (MED) Herzspezialist(in) *m(f)*, Kardiologe, -in *m, f*
cardiovascular [karðjoβasku'lar] *adj* (MED) kardiovaskulär
cardo ['karðo] *m* ❶ *(silvestre)* Distel *f* ❷ *(verdura)* Kardone *f* ❸ *(fam pey: desabrido)* kratzbürstige Person *f*
cardume(n) [kar'ðume(n)] *m* ❶ *(banco de peces)* Fischschwarm *m* ❷ *(CSur: abundancia)* Fülle *f*
carear [kare'ar] **I.** *vt* ❶ (JUR: *confrontar*) gegenüberstellen ❷ *(cotejar)* gegeneinanderhalten **II.** *vr:* **~se** *(enfrentarse)* sich auseinandersetzen; (JUR) konfrontiert werden
carecer [kare'θer] *vi irr como crecer* nicht haben (**de** +*akk*); **carece de importancia/de sentido** es ist belanglos/sinnlos; **tu afirmación carece de lógica** deine Behauptung entbehrt jeder Logik
carencia [ka'reṇθja] *f* ❶ *(falta)* Fehlen *nt* (**de** von +*dat*) ❷ (*t.* ECON, MED: *escasez*) Mangel *m* (**de** an +*dat*)
carencial [kareṇ'θjal] *adj* (MED) Mangel-; **estado ~** Mangelzustand *m*
carente [ka'reṇte] *adj* frei (**de** von +*dat*), ohne (**de** +*akk*); **~ de escrúpulos** skrupellos; **~ de interés** uninteressant
careo [ka'reo] *m* (*t.* JUR) Konfrontation *f*
carestía [kares'tia] *f sin pl* ❶ *(escasez)* Mangel *m* (**de** an +*dat*); *(necesidad)* Not *f* ❷ (ECON: *encarecimiento*) (Über)teuerung *f*, Preisanstieg *m;* **tasa de ~** Teuerungsrate *f;* **la ~ de la vida** der Anstieg der Lebenshaltungskosten
careta [ka'reta] *f* Maske *f;* **quitar la ~ a alguien** jdm die Maske vom Gesicht reißen; *(fig)* jdn entlarven
carga ['karɣa] *f* ❶ *(llenado)* Beladung *f;* **permitida ~ y descarga** Be- und Entladen gestattet ❷ *(cargamento)* (Trag)last *f;* *(flete)* Fracht *f;* **animal de ~** Lasttier *nt;* **buque de ~** Frachter *m* ❸ *(obligación)* Verpflichtung *f;* **ser una ~ para alguien** jdm zur Last fallen ❹ (FOTO, MIL: *cargador*) Magazin *nt; (munición)* Ladung *f;* **~ explosiva** Sprengladung *f* ❺ (DEP, MIL: *ataque*) **~ policial** Eingreifen der Polizei; **¡a la ~!** (MIL) Attacke! ❻ (FIN) Belastung *f;* **~ fiscal** [*o* **impositiva**] Steuerlast *f*
cargada [kar'ɣaða] *f* ❶ *(Arg: broma)* Streich *m* ❷ *(Méx: loc)* **ir a la ~** auf den Favoriten setzen
cargado, -a [kar'ɣaðo, -a] *adj* ❶ *(con cargamento)* beladen; *(lleno)* voll (**con/de** mit +*dat*); **~ de problemas** problembeladen ❷ (FÍS, TÉC) geladen; **la batería está cargada** die Batterie ist geladen ❸ *(pesado)* drückend; **aire ~** schlechte Luft; **un ambiente ~** *(fig)* eine geladene Stimmung ❹ *(fuerte)* kräftig; **un café muy ~** ein sehr starker Kaffee ❺ *(fam: borracho)* blau, besoffen
cargador [karɣa'ðor] *m* ❶ *(oficio)* (Ver)lader *m* ❷ *(en un arma)* Magazin *nt*
cargamento [karɣa'meṇto] *m* Ladung *f,* Fracht *f*
cargante [kar'ɣaṇte] *adj (importuno)* aufdringlich; *(pesado)* lästig
cargar [kar'ɣar] <g → gu> **I.** *vi* ❶ *(llevar)* tragen (**con** +*akk*) ❷ (MIL: *atacar*) angreifen (**contra/sobre** +*akk*) ❸ *(reposar)* lasten (**en/sobre** auf +*dat*); (ARQUIT) ruhen (**en/sobre** auf +*dat*); **~ en cuenta** (FIN) das Konto belasten **II.** *vt* ❶ *(para el trasporte)* (be)laden; (MIL: *arma*) laden; **~ las tintas** *(fig)* zu dick auftragen ❷ *(achacar)* belasten; **~ a alguien con las culpas** jdm die Schuld in die Schuhe schieben ❸ (FIN: *en una cuenta*) mit einem Betrag belasten ❹ *(fam: irritar)* reizen; **este tipo me carga** dieser Typ geht mir auf die Nerven ❺ *(argot: suspender)* **a Paco le han cargado las mates** Paco ist in Mathe durchgefallen ❻ (INFOR) hochladen, uploaden; **~ datos en internet** Daten ins Internet hochladen ❼ *(Am: llevar)* tragen; **¿cargas dinero?** hast du Geld dabei? **III.** *vr:* **~se** ❶ *(llenarse)* sich füllen (**con/de** mit +*dat*) ❷ *(fam: romper)* kaputt machen; **¡te la vas a ~!** *(fig)* das wird dir noch leidtun! ❸ *(fam: matar)* umbringen
cargo ['karɣo] *m* ❶ (FIN: *cantidad debida*) Soll *nt;* **~ a cuenta** Lastschrift *f;* **con ~ a nosotros** auf unsere Kosten ❷ *(reproche)* Vorwurf *m;* **~ de conciencia** Gewissensbisse *mpl* ❸ *(puesto)* Amt *nt,* Posten *m;* **desempeñar un ~** ein Amt innehaben ❹ *(responsabilidad)* Verantwortung *f;* *(deber)* Verpflichtung *f;* **estoy a ~ de las correcciones** ich bin für die Korrektur zuständig
cargoso, -a [kar'ɣoso, -a] *adj* ❶ *(fastidioso)* lästig ❷ *(costoso)* kostspielig ❸ *(AmS: cargante)* aufdringlich, penetrant; **el tipo es realmente ~** dieser Kerl geht mir total auf den Wecker *fam*
carguero [kar'ɣero] *m* (NÁUT) Frachter *m;* *(de contenedores)* Containerschiff *nt*
cariado, -a [ka'rjaðo, -a] *adj (diente,*

C

C

hueso) kariös; **tiene los dientes ~s** er/sie hat kariöse Zähne

cariar [kari'ar/ka'rjar] <*1. pres* carío> **I.** *vt* (MED) Karies verursachen (an +*dat*) **II.** *vr:* **~se** (MED) von Karies befallen werden

caribe [ka'riβe] **I.** *adj* ❶ *(Am: caribeño)* karibisch ❷ *(Am: antropófago)* kannibalisch ❸ *(Am: cruel)* grausam ❹ *(Ant: furioso)* zornig **II.** *m* ❶ *(indígena)* Karibe *m* ❷ *(Am: cruel)* grausamer Mensch *m*

Caribe [ka'riβe] *m* **el (mar) ~** die Karibik, das Karibische Meer

caribeño, -a [kari'βeɲo, -a] **I.** *adj* karibisch **II.** *m, f* Einwohner(in) *m(f)* der Karibik

caricatura [karika'tura] *f (dibujo)* Karikatur *f*

caricaturista [karikatu'rista] *mf* Karikaturist(in) *m(f)*

caricaturizar [karikaturi'θar] <z → c> *vt* karikieren

caricia [ka'riθja] *f* Liebkosung *f;* **hacer ~s a alguien** jdn streicheln

caridad [kari'ðað] *f (amor al prójimo)* Nächstenliebe *f; (generosidad)* Wohltätigkeit *f; (limosna)* Almosen *nt;* **hacer obras de ~** Wohltätigkeit üben; **¡una limosna, por ~!** eine milde Gabe!

caries ['karjes] *f inv* (MED) Karies *f*

carilla [ka'riʎa] *f* ❶ *(careta)* Maske *f* ❷ (TIPO: *página*) Seite *f*

carillón [kari'ʎon] *m* (*t.* MÚS) Glockenspiel *nt*

Carintia [ka'ri̯ntja] *f* Kärnten *nt*

cariño [ka'riɲo] *m* ❶ *(afecto)* Zuneigung *f; (amor)* Liebe *f;* **hacer algo con ~** etw liebevoll machen; **sentir ~ por alguien** jdn lieb haben ❷ *(persona querida)* **¡~ (mío)!** (mein) Liebling! ❸ *(mimo)* Liebkosung *f;* **hacer ~s** *(fam)* liebkosen

cariñoso, -a [kari'ɲoso, -a] *adj* liebevoll (**con** zu +*dat*), zärtlich (**con** zu +*dat*)

carioca [ka'rjoka] **I.** *adj* aus Rio de Janeiro; *(brasileño)* brasilianisch **II.** *mf* Einwohner(in) *m(f)* von Rio de Janeiro

carisma [ka'risma] *m* (*t.* REL) Charisma *nt*

carismático, -a [karis'matiko, -a] *adj* charismatisch; **un político ~** ein charismatischer Politiker

caritativo, -a [karita'tiβo, -a] *adj* karitativ, wohltätig

cariz [ka'riθ] *m* ❶ *(aspecto)* Eindruck *m; (situación)* Lage *f;* **esto toma buen ~** das sieht rosig aus ❷ (METEO) Wetterlage *f*

carlinga [kar'liŋga] *f* (AERO: *cabina*) Pilotenkabine *f,* Cockpit *nt*

carlismo [kar'lismo] *m* (HIST) Karlismus *m,* Karlistentum *nt*

carlista [kar'lista] **I.** *adj* (HIST) karlistisch, Karlisten-; **las Guerras Carlistas** die Karlistenkriege **II.** *mf* (HIST) Karlist(in) *m(f)*

Carlomagno [karlo'maɣno] *m* (HIST) Karl der Große

carmelito, -a [karme'lito, -a] *adj (Am: marrón claro)* hellbraun

carmesí [karme'si] *adj* karmesinrot, karminrot

carmín [kar'min] **I.** *adj* karminrot **II.** *m* ❶ *(color)* Karmin(rot) *nt* ❷ *(tinte)* Karmin *nt* ❸ *(pintalabios)* **(barra de) ~** Lippenstift *m*

carnada [kar'naða] *f* Köder *m (aus Fisch oder Fleisch)*

carnal [kar'nal] *adj* ❶ (REL) fleischlich; **trato ~** Beischlaf *m* ❷ *(consanguíneo)* leiblich; **somos primos ~es** wir sind Cousins ersten Grades

carnaval [karna'βal] *m* Karneval *m,* Fasching *m*

carnavalesco, -a [karnaβa'lesko, -a] *adj* Karnevals-; **ambiente ~** Karnevalsstimmung *f*

carnaza [kar'naθa] *f* Köder *m*

carne ['karne] *f* ❶ *(del cuerpo)* Fleisch *nt;* **~ de gallina** Gänsehaut *f;* **de ~ y hueso** *(auténtico)* leibhaftig; *(humano)* menschlich; **echar ~s** Fett ansetzen; **ser uña y ~** ein Herz und eine Seele sein; **los placeres de la ~** die fleischlichen Wonnen ❷ *(alimento)* Fleisch *nt; (plato)* Fleischgericht *nt;* **~ asada** Braten *m;* **~ de cerdo/de ternera/vacuna** Schweine-/Kalb-/Rindfleisch *nt;* **~ picada** Hackfleisch *nt* ❸ *(pulpa)* Fruchtfleisch *nt*

carné [kar'ne] *m* <carnés> Ausweis *m;* **~ de estudiante/de identidad** Studenten-/Personalausweis *m;* **~ de conducir, ~ de manejo** *(Am)* Führerschein *m*

carnear [karne'ar] *vt* ❶ *(CSur: matar: un animal)* schlachten; *(a alguien)* hinrichten ❷ *(Chil: engañar)* hereinlegen ❸ *(Méx: apuñalar)* erstechen

carnero [kar'nero] *m* ❶ (ZOOL) Widder *m* ❷ *(CSur: débil)* Schwächling *m; (desertor de huelga)* Streikbrecher *m*

carnet [kar'ne] *m* <carnets> *v.* **carné**

carnicera [karni'θera] *adj o f v.* **carnicero**

carnicería [karniθe'ria] *f* ❶ *(tienda)* Metzgerei *f,* Fleischerei *f* ❷ *(masacre)* Blutbad *nt,* Gemetzel *nt*

carnicero, -a [karni'θero, -a] **I.** *adj* ❶ *(carnívoro)* Fleisch fressend ❷ *(sanguinario)* blutrünstig **II.** *m, f* ❶ *(oficio)* Fleischer(in) *m(f),* Metzger(in) *m(f)* ❷ *(pey: cirujano)* Metzger(in) *m(f)* ❸ *(pey: persona brutal)* Schinder(in) *m(f)*

cárnico, -a ['karniko, -a] *adj* Fleisch-;

industria cárnica Fleischindustrie *f;* **productos ~s** Fleischwaren *fpl*

carnívoro, -a [kar'nißoro, -a] *adj* Fleisch fressend; **animal ~** Fleischfresser *m*

carnosidad [karnosi'ða^{ð}] *f* ① *(gordura)* Fettpolster *nt* ② (MED) überschießendes Granulationsgewebe *nt*

carnoso, -a [kar'noso, -a] *adj* fleischig

caro[1] ['karo] *adv* teuer; **esto nos costará ~** *(fig)* das wird uns teuer zu stehen kommen

caro, -a[2] ['karo, -a] *adj* ① *(costoso)* teuer ② *(elev: querido)* lieb, teuer

carótida [ka'rotiða] *f* (ANAT) Halsschlagader *f*

carozo [ka'roθo] *m (Am)* Stein *m,* Kern *m*

carpa ['karpa] *f* ① (ZOOL) Karpfen *m* ② *(entoldado gigante)* Zelt *nt;* **~ del circo** Zirkuszelt *nt* ③ *(Am: tienda de campaña)* Zelt *nt* ④ *(Am: puesto de mercado)* Marktstand *m*

Cárpatos ['karpatos] *mpl* **los (Montes) ~** die Karpaten

carpeta [kar'peta] *f* ① *(portafolios)* (Schreib)mappe *f;* **~ de anillas** Ringbuch *nt* ② *(de un disco)* Plattencover *nt* ③ *(cubierta)* Decke *f*

carpintear [karpin̩te'ar] *vi* zimmern, tischlern; **en los momentos de ocio se dedica a ~** in seinen Mußestunden zimmert er gerne

carpintería [karpin̩te'ria] *f* Tischlerei *f,* Schreinerei *f*

carpintero, -a [karpin̩'tero, -a] *m, f* Tischler(in) *m(f),* Schreiner(in) *m(f);* **~ de obra** Zimmermann *m;* **pájaro ~** Specht *m*

carpir [kar'pir] *vt (Am)* jäten

carpo ['karpo] *m* (ANAT) Handwurzel *f*

carraca [ka'rraka] *f* ① *(pey: objeto)* Schrott *m; (vehículo)* Klappermühle *f fam* ② *(carcamal)* Wrack *nt* ③ *(matraca)* Knarre *f* ④ (ZOOL) Blauracke *f*

carramplón [karram'plon] *m (Col, Ven: arma)* Gewehr *nt,* Flinte *f*

carrancudo, -a [karraŋ'kuðo, -a] *adj (carácter)* stolz; *(pey)* hochmütig

carraspear [karraspe'ar] *vi* hüsteln, sich räuspern

carraspeño, -a [karras'peɲo, -a] *adj* rau, heiser

carrasposo, -a [karras'poso, -a] *adj* ① *(ronco)* heiser ② *(Col, Ecua, Ven: áspero)* rau

carrera [ka'rrera] *f* ① *(movimiento)* Laufen *nt* ② *(recorrido)* Lauf *m; (de un astro)* Bahn *f* ③ (DEP: *competición*) (Wett)rennen *nt;* **~ de armamento (nuclear)** (atomares) Wettrüsten *nt;* **~ de relevos** Staffellauf *m;* **coche de ~s** Rennwagen *m* ④ *(profesión)* Karriere *f,* Laufbahn *f;* **~ profesional** beruflicher Werdegang ⑤ *(estudios superiores)* Studium *nt;* **persona de ~** Akademiker(in) *m(f);* **hacer una ~** studieren ⑥ *(calle)* Straße *f; (Am: avenida)* Allee *f;* **hacer la ~** *(fam)* auf den Strich gehen ⑦ *(en un tejido)* Laufmasche *f*

carrerilla [karre'riʎa] *f* **de ~** *(fam)* (in- und) auswendig

carrerista [karre'rista] *mf* ① (DEP: *aficionado*) Liebhaber(in) *m(f)* von Pferderennen; *(corredor)* Rennreiter(in) *m(f)* ② *(apostador)* Wetter(in) *m(f)*

carreta [ka'rreta] *f* Karre *f,* Karren *m*

carretada [karre'taða] *f* ① *(carga)* Fuhre *f* ② *(cantidad)* Fuder *nt;* **a ~s** massenweise

carrete [ka'rrete] *m* (*t.* FOTO, TÉC: *bobina*) Rolle *f,* Spule *f;* **~ de película** Filmrolle *f*

carretera [karre'tera] *f* (Land)straße *f,* (Schnell)straße *f;* **~ de circunvalación/de salida** Ring-/Ausfallstraße *f*

carretilla [karre'tiʎa] *f* Schubkarre *f; (mecanizada)* **~ elevadora (de horquilla)** Gabelstapler *m*

carril [ka'rril] *m* ① *(en el tráfico)* Spur *f;* **~ de adelantamiento/lento** Überhol-/Kriechspur *f;* **~ bici** Fahrradweg *m* ② *(raíl)* Schiene *f;* (*t.* TÉC: *riel*) Führungsschiene *f*

carril bici(cleta) [ka'rril βiθi('kleta)] *m* <carriles bici(cleta)> (Fahr)radweg *m*

carril bus [ka'rril βus] *m* <carriles bus> Busspur *f*

carrillo [ka'rriʎo] *m (fam)* Backe *f*

carrito [ka'rrito] *m* Wägelchen *nt;* **~ de la compra/del servicio** Einkaufs-/Servierwagen *m;* **~ de equipajes** [*o* **portaequipajes**] Gepäckwagen *m,* Kofferkuli *m*

carro ['karro] *m* ① *(vehículo)* Fuhrwerk *nt; (armazón)* Fahrgestell *nt; (carreta)* Karren *m;* **~ acorazado** [*o* **blindado**] Panzer *m;* **el C~ Mayor/Menor** (ASTR) der Große/Kleine Wagen; **¡para el ~!** *(fam)* mach mal halblang! ② *(Am: coche)* Wagen *m* ③ (FOTO) Magazin *nt*

carrocería [karroθe'ria] *f* (TÉC) Karosserie *f*

carromato [karro'mato] *m* Karren *m; (entoldado)* Planwagen *m; (roulotte)* Wohnwagen *m; (pey: coche)* (alte) Karre *f*

carroña [ka'rroɲa] *f* Aas *nt*

carroza[1] [ka'rroθa] *f* ① *(carro)* Karosse *f,* Staatskutsche *f* ② *(de Carnaval, de los Reyes Magos)* Prunkwagen *m* ③ *(coche fúnebre)* Leichenwagen *m*

carroza[2] [ka'rroθa] *mf (pey argot)* **ser un/una ~** in der Steinzeit leben, von gestern sein

carruaje [ka'rrwaxe] *m* Fuhrwerk *nt; (de caballos)* Kutsche *f*

carrusel [karru'sel] *m* ① *(tiovivo)* Karussell *nt* ② *(ecuestre)* Kavalkade *f*

cart [kar^{t}] *m* <carts> ① (DEP) (Go)kart *m* ② *pl (competición)* Karting *nt*

carta ['karta] *f* ① *(misiva)* Brief *m; (escrito)* Schreiben *nt;* ~ **certificada** Einschreibebrief *m;* ~**s al director** Leserbriefe *mpl;* ~ **de porte** (**aéreo**) (Luft)frachtbrief *m;* ~ **de presentación** [*o* **de recomendación**] Empfehlungsschreiben *nt;* ~ **registrada** *(Am)* Einschreiben *nt;* **echar una** ~ einen Brief einwerfen ② (*t.* JUR: *documento*) Urkunde *f;* ~ **credencial** Akkreditiv *nt;* **C**~ **Magna** Grundgesetz *nt;* **tomar** ~**s en un asunto** sich in eine Angelegenheit einschalten ③ *(naipes)* Spielkarte *f;* **jugar a las** ~**s** Karten spielen; **echar las** ~**s a alguien** jdm wahrsagen ④ (GEO: *mapa*) Karte *f;* ~ **astral** (ASTR) Horoskop *nt* ⑤ *(menú)* Speisekarte *f* ⑥ (TV) ~ **de ajuste** Testbild *nt*

carta bomba ['karta 'βomba] *f* <cartas bomba> Briefbombe *f*

cartabón [karta'βon] *m* Winkelmaß *nt*

cartaginés[1] [kartaxi'nes] *m sin pl* Punisch(e) *nt*

cartaginés, -esa[2] [kartaxi'nes, -esa] **I.** *adj* ① (HIST) karthagisch ② *(cartagenero)* aus Cartagena; **mi prima es cartaginesa** meine Kusine ist aus Cartagena **II.** *m, f* ① (HIST) Karthager(in) *m(f)* ② *(cartagenero)* Einwohner(in) *m(f)* von Cartagena

cartapacio [karta'paθjo] *m* ① *(cuaderno)* Notizbuch *nt* ② *(carpeta)* Schulmappe *f* ③ *(en una mesa)* Schreibtischunterlage *f*

cartear [karte'ar] **I.** *vi (juego)* niedrige Karten ausspielen **II.** *vr:* ~**se** sich *dat* (Briefe) schreiben; **nos carteamos con frecuencia** wir schreiben uns oft

cartearse [karte'arse] *vr* sich *dat* schreiben

cartel [kar'tel] *m* Plakat *nt; (aviso)* Anschlag *m; (rótulo)* Schild *nt;* **prohibido fijar** ~**es** Plakate anbringen verboten; **tener buen** ~ einen guten Ruf haben

cártel ['kartel] *m* (ECON) Kartell *nt*

cartela [kar'tela] *f* ① *(tarjeta)* Kärtchen *nt* ② (ARQUIT: *ménsula*) Kragstein *m,* Konsole *f* ③ *(balcón)* (Balkon)träger *m*

cartelera [karte'lera] *f* ① *(armazón)* Kinoplakatwand *f; (columna)* Litfaßsäule *f* ② *(en el periódico)* Veranstaltungsprogramm *nt;* **estar en** ~ aufgeführt werden

cartelero, -a [karte'lero, -a] *adj (exitoso)* populär, publikumswirksam; **un artista** ~ ein beliebter Künstler

carteo [kar'teo] *m* ① *(correspondencia)* Briefwechsel *m* ② *(en el juego)* Ausspielen *nt* niedriger Karten

cárter ['karter] *m* (TÉC) Gehäuse *nt*

cartera [kar'tera] *f (de bolsillo)* Brieftasche *f; (de mano)* (Damen)handtasche *f; (de herramientas)* Satteltasche *f; (portafolios)* Aktentasche *f; (escolar)* Schultasche *f; (mochila)* Schulranzen *m;* **ministro sin** ~ (POL) Minister ohne Ressort; ~ **de valores** (FIN) Anlagepapiere *ntpl,* Portfolio *nt;* ~ **de pedidos** (ECON) Auftragsbestand *m*

cartería [karte'ria] *f* ① *(oficio)* Arbeit *f* als Briefträger ② *(oficina)* Post(hilfs)stelle *f;* **pregunta en** ~ frag in der Poststelle nach

carterista [karte'rista] *mf* Taschendieb(in) *m(f)*

cartero, -a [kar'tero, -a] *m, f* Briefträger(in) *m(f),* Postbote, -in *m, f; (repartidor)* Zusteller(in) *m(f)*

cartilaginoso, -a [kartilaxi'noso, -a] *adj* knorpel(art)ig; **tejido** ~ Knorpelgewebe *nt*

cartílago [kar'tilaɣo] *m* Knorpel *m*

cartilla [kar'tiʎa] *f* ① *(catón)* (ABC-)Fibel *f* ② *(cuaderno)* Notizbuch *nt;* ~ **de ahorros** Sparbuch *nt;* ~ **sanitaria** Krankenversicherungskarte *f* ③ *(tratado)* Handbuch *nt* ④ *(Am: carné)* Ausweis *m*

cartografía [kartoɣra'fia] *f* Kartografie *f*

cartografiar [kartoɣrafi'ar] <*1. pres* cartografío> *vt* (GEO) kartieren

cartógrafo, -a [kar'toɣrafo, -a] *m, f* Kartograf(in) *m(f)*

cartomancia [karto'man̦θja] *f,* **cartomancía** [kartoman̦'θia] *f* Kartenlegen *nt*

cartón [kar'ton] *m* ① *(material)* Pappe *f;* **caja de** ~ Karton *m;* ~ **piedra** Pappmaché *nt* ② *(envase)* Packung *f;* ~ **de leche** Milchtüte *f;* **un** ~ **de tabaco** eine Stange Zigaretten ③ (ARTE) Karton *m* ④ *(Am: en periódicos)* Cartoon *m o nt*

cartonaje [karto'naxe] *m* Kartonage *f*

cartuchera [kartu'ʧera] *f (canana)* Patronengurt *m; (bolsa)* Patronentasche *f*

cartucho [kar'tuʧo] *m* ① *(carga)* Patrone *f;* (MIL: *de artillería*) Kartusche *f;* ~ **de tinta** Tintenpatrone *f;* ~ **de tóner** Tonerkartusche *f;* ~ **de fogueo** Platzpatrone *f* ② *(envoltura: en forma de cucurucho)* Tüte *f; (en forma de tubo)* Rolle *f*

cartuja [kar'tuxa] *f* Kartause *f*

cartulina [kartu'lina] *f* (feine) Pappe *f;* ~ **amarilla** (DEP) Gelbe Karte

carvajo [kar'βaxo] *m* Eiche *f*

casa ['kasa] *f* ① *(edificio)* Haus *nt;* ~ **adosada** Reihenhaus *nt;* ~ **individual** Einzelhaus *nt;* ~ **plurifamiliar** Mehrfamilienhaus *nt;* ~**s contiguas** Doppelhaus *nt;* ~ **de campo** Landhaus *nt;* ~ **de citas** Bordell *nt;* ~ **rodante** Wohnwagen *m;* ~ **de socorro** Unfallstation *f;* ~ **de cambio** Wechselstube *f;* **venta de** ~ **en** ~ Haus-zu-Haus-Verkauf *m;* **echar** [*o* **tirar**] **la** ~ **por la ventana** *(fam)* das Geld zum Fenster hinauswerfen; *(festejar)* auf den

Putz hauen ❷ *(vivienda)* Wohnung *f;* ~ **de nueva construcción** Neubau *m* ❸ *(hogar)* Zuhause *nt;* **a** ~ nach Haus(e); **¿vienes a mi ~?** kommst du zu mir?; **vengo de** ~ ich komme von zu Haus(e); **en** ~ zu Haus(e); **estoy en ~ de Paco** ich bin bei Paco; **¿cuándo sales de ~?** wann musst du aus dem Haus?; **llevar la** ~ den Haushalt führen; **no parar en** ~ immer unterwegs sein; **todo queda en** ~ es bleibt alles in der Familie ❹ (ECON: *empresa*) Firma *f;* ~ **discográfica** Schallplattenfirma *f;* ~ **editorial** Verlagshaus *nt* ❺ *(estirpe)* ~ **real** Dynastie *f,* Haus *nt* ❻ *(en un juego)* Haus *nt*

casaca [ka'saka] *f (de hombre)* Gehrock *m; (de mujer)* Kasack *m*

casal [ka'sal] *m* ❶ (AGR) Landhaus *nt; (de labranza)* Bauernhaus *nt* ❷ *(casa solariega)* Stammsitz *m* ❸ *(AmS: pareja)* Pärchen *nt;* **un ~ de águilas** ein Adlerpärchen

casalicio [kasa'liθjo] *m (edificio)* Gebäude *nt; (conjunto en el campo)* Gehöft *nt*

casamiento [kasa'mjen̩to] *m* ❶ *(matrimonio)* Ehe *f* ❷ *(boda)* Trauung *f*

casar [ka'sar] **I.** *vi* ❶ *(elev: casarse)* sich verehelichen ❷ *(combinar)* zusammenpassen **II.** *vt* ❶ *(unir en matrimonio)* verheiraten; **estar** [*o* **ser**] **casado** verheiratet sein; **los recién casados** das frisch vermählte Paar ❷ *(combinar)* kombinieren; *(piezas)* zusammenfügen ❸ (JUR: *anular*) aufheben **III.** *vr:* **~se** heiraten (**con** +*akk*); **estar** [*o* **ser**] **casado** verheiratet sein; **~se en** [*o* **por**] **la Iglesia** kirchlich heiraten; **~se por lo civil** standesamtlich heiraten

cascabel [kaska'βel] *m* Schelle *f;* **serpiente de** ~ Klapperschlange *f*

cascabelero[1] [kaskaβe'lero] *m* Rassel *f*

cascabelero, -a[2] [kaskaβe'lero, -a] *adj (fam fig: frívolo)* gedankenlos, leichtfertig

cascada [kas'kaða] *f* Wasserfall *m; (artificial)* Kaskade *f*

cascado, -a [kas'kaðo, -a] *adj* ❶ *(roto)* zerbrochen; *(fam: estropeado)* kaputt ❷ *(decrépito)* hinfällig ❸ *(voz)* brüchig

cascajo [kas'kaxo] *m* ❶ *(pedazo)* Scherbe *f* ❷ *(persona)* Wrack *nt; (cosa)* Plunder *m;* **~s** Schrott *m* ❸ *(gravilla)* Schotter *m*

cascanueces [kaska'nweθes] *m inv* Nussknacker *m*

cascar [kas'kar] <c → qu> **I.** *vi* ❶ *(fam: charlar)* schwatzen ❷ *(vulg: morir)* verrecken *fam* **II.** *vt* ❶ *(romper)* zerschlagen; ~ **un huevo** ein Ei aufschlagen; ~ **una nuez** eine Nuss knacken ❷ *(fam: pegar)* (ver)hauen **III.** *vr:* **~se** ❶ *(romperse)* zerbrechen; *(estropearse)* kaputtgehen ❷ *(fam: envejecer)* alt und grau werden

cáscara ['kaskara] *f* Schale *f;* ~ **de huevo/de limón** Eier-/Zitronenschale *f;* **¡~s!** *(fig fam)* Manometer!

cascarón [kaska'ron] *m* ❶ *(de huevo)* leere Eierschale *f* ❷ (NÁUT) Nussschale *f*

cascarrabias [kaska'rraβjas] *mf inv (fam)* Meckerfritze *m,* Meckertante *f*

cascarrón[1] [kaska'rron] *m* (NÁUT: *viento*) Sturm *m*

cascarrón, -ona[2] [kaska'rron, -ona] *adj* ❶ *(desabrido, desagradable)* barsch, mürrisch ❷ *(viento)* stark

casco ['kasko] *m* ❶ *(para la cabeza)* Helm *m;* ~ **de bombero** Feuerwehrhelm *m;* ~ **de motorista** Motorradhelm *m;* **los ~s azules** die Blauhelme ❷ *(fam: cabeza)* Rübe *f;* **ligero de ~s** leichtsinnig; **calentarse los ~s** sich *dat* das Hirn zermartern ❸ *(pezuña)* Huf *m* ❹ *(de un avión/barco)* Rumpf *m* ❺ *(cascote)* Bauschutt *m* ❻ *(botella)* Leergut *nt* ❼ *(centro ciudad)* Stadtmitte *f;* ~ **antiguo** Altstadt *f* ❽ (TÉC: *cuerpo*) Körper *m;* ~ **de presión** Druckkörper *m* ❾ *pl (auriculares)* Kopfhörer *m*

cascote [kas'kote] *m* Schuttbrocken *m;* **~s** Schutt *m*

caseico, -a [ka'sei̯ko, -a] *adj (elev)* ❶ *(del queso)* Käse- ❷ (QUÍM) käsig

caseína [kase'ina] *f* (QUÍM) Kasein *nt*

caserío [kase'rio] *m* ❶ *(granja)* Aussiedlerhof *m* ❷ *(aldea)* Weiler *m*

casero, -a [ka'sero, -a] **I.** *adj* ❶ *(hecho en casa)* hausgemacht; **cocina casera** Hausmannsküche *f;* **remedio** ~ Hausmittel *nt* ❷ *(hogareño)* häuslich **II.** *m, f* ❶ *(propietario)* Hausbesitzer(in) *m(f)* ❷ *(administrador)* (Haus)verwalter(in) *m(f)*

caserón [kase'ron] *m* großes (verwahrlostes) Haus *nt*

caseta [ka'seta] *f* ❶ *(barraca)* Häuschen *nt; (de feria)* Jahrmarktsbude *f; (de muestras)* Messestand *m;* ~ **de playa** Strandhäuschen *nt;* ~ **del perro** Hundehütte *f;* ~ **de tiro** Schießbude *f* ❷ *(cabina)* Kabine *f*

casete[1] [ka'sete] *m (aparato)* Kassettenrecorder *m; (pletina)* Kassettendeck *nt*

casete[2] [ka'sete] *m o f (cinta)* Kassette *f;* ~ **de vídeo** Videokassette *f*

casi ['kasi] *adv* fast, beinahe; ~ ~ so gut wie

casilla [ka'siʎa] *f* ❶ *(caseta)* Häuschen *nt;* **sacar a alguien de sus ~s** *(fig)* jdn aus dem Häuschen bringen ❷ *(en la cuadrícula)* Kästchen *nt* ❸ *(en un tablero)* Feld *nt* ❹ *(en un casillero)* Fach *nt*

casillero [kasi'ʎero] *m* Fächerregal *nt*

casino [ka'sino] *m* ❶ *(casa de juego)* (Spiel)casino *nt* ❷ *(club)* Klub *m*

casis [ka'sis] *f inv* schwarze Johannisbeere *f*
casita [ka'sita] *f* Häuschen *nt;* **jugar a las ~s** Vater-Mutter-Kind spielen; *(irón)* das Hausmütterchen spielen
caso ['kaso] *m* ① *(hecho)* (Vor)fall *m; (circunstancia)* Umstand *m;* (JUR) Rechtsfall *m;* ~ **aislado** Einzelfall *m;* ~ **de dependencia** Pflegefall *m;* ~ **de fuerza mayor** höhere Gewalt; **¡eres un ~!** *(fam)* du bist mir einer/eine!; **yo, en tu ~...** ich an deiner Stelle ...; **en ~ de...** *+inf* falls ...; **dado** [*o* **llegado**] **el ~** gegebenenfalls; **dado el ~ de que...** *+subj* vorausgesetzt, dass ...; **en ~ contrario** ansonsten; **en cualquier ~** auf jeden Fall; **en ningún ~** auf keinen Fall; **en último ~** notfalls; **en tal ~** in diesem Fall; **en todo ~** allenfalls ② *(atención)* Aufmerksamkeit *f;* **hacer ~ a alguien** *(considerar)* jdn beachten; *(obedecer)* auf jdn hören; *(creer)* jdm glauben ③ (LING: *flexión*) Kasus *m,* Fall *m*
caspa ['kaspa] *f* (Kopf)schuppen *f pl*
Caspio ['kaspjo] *m* (**el**) **mar ~** das Kaspische Meer
cáspita ['kaspita] *interj (admiración)* Donnerwetter; *(extrañeza)* herrje
casposo, -a [kas'poso, -a] *adj* schuppig
casquete [kas'kete] *m* ① *(casco)* Helm *m* ② *(gorrilla)* Kappe *f;* ~ **polar** Polarzone *f*
casquillo [kas'kiʎo] *m* (TÉC) Zwinge *f;* ~ **de bala** Patronenhülse *f;* ~ **de bombilla** Sockel *m*
casquivano, -a [kaski'βano, -a] *adj (fam)* leichtfertig
casta ['kasta] *f* ① *(raza)* Rasse *f;* **de ~ le viene al galgo** *(fig)* das liegt in der Familie ② *(linaje)* Geschlecht *nt* ③ *(clase social)* Kaste *f*
castaña [kas'taɲa] *f* ① *(fruto)* Kastanie *f,* Marone *f;* **~s asadas** heiße Maronen ② *(fam: golpe)* Bums *m;* **darse una ~ contra algo** gegen etw knallen ③ *(fam: bofetada)* Ohrfeige *f; (puñetazo)* (Faust)hieb *m* ④ *(fam: borrachera)* Rausch *m* ⑤ *(fam: rápido)* **a toda ~** volle Pulle
castañal [kasta'ɲal] *m,* **castañar** [kasta'ɲar] *m* Kastanienwald *m*
castañazo [kasta'ɲaθo] *m (fam)* Bums *m;* **darse** [*o* **pegarse**] **un ~ con algo** gegen etw knallen
castañetear [kastaɲete'ar] *vi* ① *(chasquear)* (mit den Fingern) schnalzen; **me castañeteaban los dientes de frío** mir klapperten vor Kälte die Zähne ② *(tocar las castañuelas)* mit den Kastagnetten klappern
castaño¹ [kas'taɲo] *m* Kastanienbaum *m*
castaño, -a² [kas'taɲo, -a] *adj* kastanienbraun; *(pelo)* brünett
castañuela [kasta'ɲwela] *f* Kastagnette *f*
castellana [kaste'ʎana] *f* ① *v.* **castellano²** ② (LIT) *Vierzeiler mit achtsilbigen Versen*
castellanismo [kasteʎa'nismo] *m* ① (LING: *modo de hablar*) kastilische Spracheigentümlichkeit *f* ② (LING: *vocablo, expresión*) *aus dem Kastilischen übernommener Ausdruck* ③ *(apego a lo castellano)* kastilischer Nationalstolz *m*
castellanización [kasteʎaniθa'θjon] *f (conversión en castellano)* Hispanisierung *f;* **la ~ de los términos ingleses es muy frecuente** englische Begriffe werden sehr häufig hispanisiert
castellano¹ [kaste'ʎano] *m* (LING: *español*) Spanisch(e) *nt; (variedad)* kastilische Mundart *f*
castellano, -a² [kaste'ʎano, -a] **I.** *adj* kastilisch; **la lengua castellana** die spanische Sprache **II.** *m, f* Kastilier(in) *m(f)*
castellanohablante [kasteʎanoa'βlante] *adj* Spanisch sprechend, spanischsprachig
casticismo [kasti'θismo] *m* ① *(tipismo)* Urwüchsigkeit *f; (autenticidad)* Authentizität *f* ② *(purismo)* Purismus *m*
castidad [kasti'ðaᵈ] *f* Keuschheit *f;* **cinturón de ~** Keuschheitsgürtel *m*
castigador(a) [kastiɣa'ðor(a)] *adj* verführerisch
castigar [kasti'ɣar] <g → gu> **I.** *vt* ① *(punir)* (be)strafen (**por** für *+akk*); **¡castigado sin postre!** zur Strafe bekommst du keinen Nachtisch! ② *(físicamente)* züchtigen; *(dañar)* zurichten ③ *(seducir)* verführen **II.** *vr:* **~se** sich kasteien
castigo [kas'tiɣo] *m* ① *(punición)* Bestrafung *f,* Strafe *f* ② *(aflicción)* Heimsuchung *f*
Castilla [kas'tiʎa] *f* Kastilien *nt*
Castilla-La Mancha [kas'tiʎa la 'mantʃa] *f* Kastilien-La Mancha *nt*
Castilla y León [kas'tiʎa le'on] *f* Kastilien und Leon *nt*
castillo [kas'tiʎo] *m* ① *(fortaleza)* Burg *f; (palacio)* Schloss *nt;* ~ **de arena** Sandburg *f;* ~ **de naipes** Kartenhaus *nt;* **hacer ~s en el aire** Luftschlösser bauen ② (NÁUT) Kastell *nt*
castizo, -a [kas'tiθo, -a] *adj* ① *(típico)* volkstümlich ② *(auténtico)* authentisch
casto, -a ['kasto, -a] *adj* keusch
castor [kas'tor] *m* Biber *m*
castración [kastra'θjon] *f* (AGR, MED) Kastration *f; (hombre)* Entmannung *f*
castrado, -a [kas'trado, -a] *adj* kastriert; **gato ~** kastrierter Kater

castrar [kas'trar] *vt* (*t.* AGR, MED) kastrieren; *(hombre)* entmannen
castrense [kas'trense] *adj* soldatisch; **médico** ~ Militärarzt *m*
casual [ka'swal] *adj* zufällig; **por un** ~ *(fam)* zufällig(erweise)
casualidad [kaswali'ða^{d}] *f* Zufall *m;* **de** [*o* **por**] ~ zufällig(erweise); **¡qué ~!** so ein Zufall!; **da la ~ que conozco a tu mujer** zufällig kenne ich deine Frau
casualmente [kaswal'mente] *adv* ① *(por casualidad)* durch Zufall ② *(precisamente)* genau; ~ **por eso** eben deshalb
casulla [ka'suʎa] *f* ① (REL) Kasel *f* ② *(prenda femenina)* Chasuble *nt*
cata ['kata] *f* Kosten *nt,* Probieren *nt;* ~ **de vinos** Weinprobe *f*
catabolismo [kataβo'lismo] *m* (BIOL, MED) Katabolismus *m*
cataclismo [kata'klismo] *m* ① (GEO) Kataklysmus *m* ② *(desastre)* Katastrophe *f* ③ *(alteración)* Umsturz *m*
catacumbas [kata'kumbas] *fpl* Katakomben *fpl*
catador(a) [kata'ðor(a)] *m(f)* ① *(que cata)* Weinprüfer(in) *m(f)* ② *(conocedor)* (Wein)kenner(in) *m(f)*
catadura [kata'ðura] *f* ① *(cata)* Kosten *nt,* Probieren *nt* ② *(expresión)* Gesichtsausdruck *m; (aspecto)* Aussehen *nt;* **sujeto de mala** ~ finsterer Typ
catafalco [kata'falko] *m* Katafalk *m*
catalán[1] [kata'lan] *m* *(lengua)* Katalanisch(e) *nt*
catalán, -ana[2] [kata'lan, -ana] **I.** *adj* katalanisch **II.** *m, f* Katalane, -in *m, f*
catalanismo [katala'nismo] *m* ① (POL) *katalanischer Nationalismus* ② (LING) Katalanismus *m*
catalejo [kata'lexo] *m* Fernrohr *nt*
catalizador [kataliθa'ðor] *m* (*t.* QUÍM, TÉC) Katalysator *m*
catalizar [katali'θar] <z → c> *vt* (QUÍM) katalysieren
catalogable [katalo'ɣaβle] *adj* ① *(registrable)* katalogisierbar ② *(clasificable)* einstufbar
catalogación [kataloɣa'θjon] *f* ① *(registración)* Katalogisierung *f* ② *(clasificación)* Einstufung *f*
catalogar [katalo'ɣar] <g → gu> *vt* ① *(registrar)* katalogisieren ② *(clasificar)* einordnen; ~ **a alguien de algo** jdn als etw einstufen
catálogo [ka'taloɣo] *m* Katalog *m;* ~ **de materias/por autores** Schlagwort-/Verfasserverzeichnis *nt;* **casa de ventas por** ~ Versandhaus *nt;* **en** ~ lieferbar
Cataluña [kata'luɲa] *f* Katalonien *nt*
catamarán [katama'ran] *m* (DEP) Katamaran *m*
cataplasma [kata'plasma] *f* ① (MED) Kataplasma *nt,* Wickel *m* ② *(fam: pesado)* Nervensäge *f*
cataplún [kata'plun] *interj* plumps
catapulta [kata'pulta] *f* (*t.* AERO, TÉC) Katapult *m o nt*
catapultar [katapul'tar] *vt* katapultieren
catar [ka'tar] *vt* ① *(probar)* kosten, probieren ② *(experimentar)* erleben
Catar [ka'tar] *m* Katar *nt*
catarata [kata'rata] *f* ① *(salto de agua)* Wasserfall *m;* **las ~s del Iguazú/del Niágara** die Iguazu-/Niagarafälle ② (MED) grauer Star *m*
catarro [ka'tarro] *m* *(enfriamiento)* Erkältung *f;* (MED) Katarrh *m;* ~ **de nariz** Schnupfen *m*
catarsis [ka'tarsis] *f inv* ① (LIT, PSICO) Katharsis *f* ② (MED) Entschlackung *f*
catastro [ka'tastro] *m* Kataster *m o nt;* **oficina del** ~ Katasteramt *nt*
catástrofe [ka'tastrofe] *f* Katastrophe *f; (accidente)* Unglück *nt;* ~ **ambiental** Umweltkatastrophe; ~ **natural** Naturkatastrophe
catastrófico, -a [katas'trofiko, -a] *adj* katastrophal; **zona catastrófica** Katastrophengebiet *nt*
catastrofista [katastro'fista] *adj* schwarzmalerisch
catatónico, -a [kata'toniko, -a] **I.** *adj* (MED) katatonisch **II.** *m, f* (MED) Katatoniker(in) *m(f);* **un hospital especializado en ~s** ein Spezialkrankenhaus für Katatoniker
catchup ['ketʃup] *m* <catchups> Ketchup *m o nt*
cate ['kate] *m* *(fam)* ① *(bofetada)* Backpfeife *f* ② *(suspenso)* **me han dado dos ~s** sie haben mich zweimal durchfallen lassen
catear [kate'ar] *vt* *(fam: suspender)* durchfallen lassen
catecismo [kate'θismo] *m* (REL) Katechismus *m*
cátedra ['kateðra] *f* ① (ENS: *púlpito*) Katheder *m o nt* ② (ENS: *docencia*) Lehrstuhl *m,* Professur *f;* **sentar** ~ neue Richtlinien setzen; *(irón)* schulmeisterlich reden
catedral [kate'ðral] *f* Kathedrale *f;* **como una** ~ *(fig)* riesig; *(alto)* haushoch
catedrático, -a [kate'ðratiko, -a] *m, f* (ENS) Professor(in) *m(f);* ~ **de instituto** Studienrat *m*
categoría [kateɣo'ria] *f* ① *(clase, t.* FILOS*)* Kategorie *f,* Gruppe *f;* ~ **fiscal** Steuerklasse *f* ② *(calidad)* Qualität *f;* **de primera** ~ erstklassig ③ *(rango)* (Dienst)rang *m;*

C

dar ~ Prestige geben; **tener poca/mucha** ~ unbedeutend/bedeutend sein
categórico, **-a** [kate'ɣoriko, -a] *adj* (*t.* FILOS) kategorisch; **un sí/no** ~ ein kategorisches Ja/Nein
categorizar [kateɣori'θar] <z → c> *vt* kategorisieren
catenaria [kate'narja] **I.** *adj* (MAT) **curva** ~ Kettenlinie *f* **II.** *f* (ELEC, FERRO) Fahrdraht *m*; *(sistema)* Oberleitung *f*
catequesis [kate'kesis] *f inv* ❶ (REL) Katechese *f* ❷ *(clase)* Religionsunterricht *m*
caterva [ka'terβa] *f (pey)* Masse *f*; *(de personas)* Bande *f*
catete [ka'tete] *m (Chil)* ❶ (GASTR) *Mehlbrei mit Schweinsbrühe* ❷ *(diablo)* Teufel *m*
catéter [ka'teter] *m* (MED) Katheter *m*
cateto [ka'teto] *m* (MAT) Kathete *f*
catino [ka'tino] *m (escudilla)* Schüssel *f*
catire, **-a** [ka'tire, -a] **I.** *adj (Col, Cuba, Ven: rubio)* blond (und grünäugig) **II.** *m, f (Col, Cuba, Ven: rubio)* Blonde(r) *f(m)* mit grünen Augen
catódico, **-a** [ka'toðiko, -a] *adj* (ELEC, FÍS) kathodisch; **rayos ~s** Kathodenstrahlen *mpl*
cátodo ['katoðo] *m* (ELEC, FÍS) Kathode *f*
católica [ka'tolika] *adj o f v.* **católico**
catolicismo [katoli'θismo] *m* (REL) Katholizismus *m*
católico, **-a** [ka'toliko, -a] **I.** *adj* (römisch-)katholisch **II.** *m, f* Katholik(in) *m(f)*
catolizar [katoli'θar] <z → c> *vt* (REL) katholisieren
catorce [ka'torθe] **I.** *adj inv* vierzehn **II.** *m* Vierzehn *f*; **el ~ de marzo** der vierzehnte März; *v. t.* **ocho**
catorceavo [katorθe'aβo], **catorzavo** [kator'θaβo] *m* Vierzehntel *nt*
catorceavo, **-a** [katorθe'aβo, -a], **catorzavo**, **-a** [kator'θaβo, -a] *adj* vierzehntel; *v. t.* **octavo**
catorcena [kator'θena] *f* Einheit *f* aus 14 Stück
catre ['katre] *m (t. pey)* Pritsche *f*; *(de campaña)* Feldbett *nt*; *(fam: cama)* Falle *f*
Cáucaso ['kau̯kaso] *m* **el** ~ der Kaukasus
cauce ['kau̯θe] *m* ❶ (GEO: *lecho*) Flussbett *nt* ❷ *(acequia)* Wassergraben *m* ❸ *(camino)* Bahn *f*; ~ **jurídico** [*o* **legal**] (JUR) Rechtsweg *m*; ~ **reglamentario** Dienstweg *m*
caucho ['kau̯ʧo] *m* (BOT) Kautschuk *m*; **árbol del** ~ Kautschukbaum *m*
caución [kau̯'θjon] *f* ❶ *(cautela)* Vorsicht *f* ❷ (JUR) Bürgschaft *f*
caudal [kau̯'ðal] **I.** *adj* Schwanz- **II.** *m* ❶ *(de agua)* Wassermenge *f*; *(de una fuente)* Ergiebigkeit *f* ❷ *(dinero)* Vermögen *nt*; **caja de ~es** Tresor *m* ❸ *(abundancia)* Fülle *f*; **un ~ de conocimientos** ein umfangreiches Wissen
caudaloso, **-a** [kau̯ða'loso, -a] *adj* ❶ *(río)* wasserreich ❷ *(rico)* reich ❸ *(cantidad)* reichlich
caudillo [kau̯'ðiʎo] *m* (MIL, POL) (An)führer *m*
caula ['kau̯la] *f (Am: amaño, estratagema)* List *f*, Trick *m*
causa ['kau̯sa] *f* ❶ *(origen)* Ursache *f*; *(motivo)* Grund *m*; ~ **del despido** Entlassungsgrund *m* ❷ *(ideal, t.* POL) Ideal *nt*; **morir por la** ~ für seine Überzeugung sterben ❸ (JUR) Rechtssache *f*; *(asunto)* Angelegenheit *f*; **entender en una** ~ einen Fall bearbeiten; **instruir una** ~ ein Verfahren leiten ❹ *(loc)* **a** [*o* **por**] ~ **de** wegen *+gen/dat*
causal [kau̯'sal] *adj* (LING) kausal; **oración** ~ Bedingungssatz *m*
causalidad [kau̯sali'ðaᵈ] *f sin pl* (*t.* FILOS) Kausalität *f*
causante [kau̯'san̦te] **I.** *adj* verursachend **II.** *mf* Urheber(in) *m(f)*; *(culpable)* Verursacher(in) *m(f)*
causar [kau̯'sar] *vt* verursachen; ~ **alegría** Freude machen; ~ **daño** Schaden anrichten; ~ **efecto** wirken; ~ **problemas** Probleme bereiten; ~ **risa** zum Lachen bringen; ~ **trabajo** Arbeit machen
causídico, **-a** [kau̯'siðiko, -a] *adj* (JUR) Prozess-
cáustica ['kau̯stika] *f* (FÍS) Brennfläche *f*
causticidad [kau̯stiθi'ðaᵈ] *f* ❶ (QUÍM) ätzende Wirkung *f* ❷ *(mordacidad)* Bissigkeit *f*
cáustico, **-a** ['kau̯stiko, -a] *adj* ❶ (QUÍM) kaustisch, ätzend ❷ *(mordaz)* bissig
cautela [kau̯'tela] *f* ❶ *(precaución)* Vorsicht *f*; *(cuidado)* Behutsamkeit *f*; *(reserva)* Vorbehalt *m* ❷ *(malicia)* Arglist *f*
cautelar [kau̯te'lar] *adj* (JUR) **medida** ~ Vorsichtsmaßnahme *f*
cauteloso, **-a** [kau̯te'loso, -a] *adj* ❶ *(prudente)* vorsichtig; *(cuidadoso)* behutsam; *(desconfiado)* misstrauisch ❷ *(malicioso)* arglistig
cauterizar [kau̯teri'θar] <z → c> *vt* (MED) kauterisieren
cautivador(a) [kau̯tiβa'ðor(a)] *adj* ❶ *(fascinante)* fesselnd ❷ *(seductor)* verführerisch
cautivar [kau̯ti'βar] *vt* ❶ *(apresar)* gefangen nehmen ❷ *(fascinar)* bannen ❸ *(seducir)* verführen
cautiverio [kau̯ti'βerjo] *m*, **cautividad** [kau̯tiβi'ðaᵈ] *f* Gefangenschaft *f*

cautivo, -a [kau̯'tiβo, -a] **I.** *adj* gefangen **II.** *m, f* Gefangene(r) *mf*
cauto, -a ['kau̯to, -a] *adj* ❶ *(prudente)* vorsichtig; *(cuidadoso)* behutsam ❷ *(malicioso)* arglistig
cava ['kaβa] *m* (spanischer) Sekt *m*
cavadura [kaβa'ðura] *f* *(zanja)* Grube *f;* *(excavación)* Vertiefung *f*
cavar [ka'βar] *vi, vt* graben
caverna [ka'βerna] *f* ❶ *(cueva)* Höhle *f;* *(gruta)* Grotte *f;* **los hombres de las ~s** die Höhlenmenschen ❷ (MED) Kaverne *f*
cavernícola [kaβer'nikola] *mf* ❶ *(troglodita)* Höhlenbewohner(in) *m(f)* ❷ *(fam: retrógrado)* Reaktionär(in) *m(f)*
cavernidad [kaβerni'ðaᵈ] *f* Hohlraum *m*
cavernoso, -a [kaβer'noso, -a] *adj* ❶ (GEO) höhlenreich ❷ (MED) kavernös; **tos cavernosa** röchelnder Husten
caviar [ka'βjar] *m sin pl* Kaviar *m*
cavidad [ka'βiðaᵈ] *f* ❶ *(oquedad)* Hohlraum *m,* Aushöhlung *f* ❷ (MED) Höhle *f*
cavilación [kaβila'θjon] *f* Grübelei *f*
cavilar [kaβi'lar] *vt* (nach)grübeln (über +*akk*)
cavilosidad [kaβilosi'ðaᵈ] *f* ❶ *(calidad)* Argwohn *m,* Misstrauen *nt* ❷ *(sospecha)* unbegründeter Verdacht *m*
cayado [ka'ɟaðo] *m* ❶ *(del pastor)* Hirtenstab *m* ❷ *(del prelado)* Stab *m*
cayuco [ka'ɟuko] *m* (NÁUT) Kajak *m*
caza[1] ['kaθa] *f* ❶ *(montería)* Jagd *f;* **ir de** [*o* **a la**] ~ auf die Jagd gehen ❷ *(animales)* Wild *nt;* ~ **mayor** Hochwild *nt;* **carne de** ~ Wildbret *nt*
caza[2] ['kaθa] *m* (MIL) Jagdflugzeug *nt*
cazabombardero [kaθaβombar'ðero] *m* (MIL) Jagdbomber *m*
cazacerebros [kaθaθe'reβros] *mf inv* (ECON) Headhunter *m*
cazador(a) [kaθa'ðor(a)] **I.** *adj* Jagd- **II.** *m(f)* *(persona)* Jäger(in) *m(f);* ~ **furtivo** Wilderer *m*
cazadora [kaθa'ðora] *f* (Wind)jacke *f;* *(de piloto)* Bomberjacke *f;* ~ **de piel** Lederjacke *f*
cazar [ka'θar] <z → c> *vt* ❶ *(atrapar)* jagen; *(perseguir)* verfolgen; *(con una trampa)* fangen; *(matar)* erlegen ❷ *(conseguir)* einen guten Fang machen (mit +*dat*) ❸ *(probar la culpabilidad)* schnappen *fam;* *(sorprender)* ertappen; *(capturar)* fassen ❹ *(fam: engañar)* hereinlegen ❺ *(apercibirse rápidamente)* mitbekommen
cazarrecompensas [kaθarrekom'pensas] *mf inv* Kopfgeldjäger(in) *m(f)*
cazatalentos [kaθata'len̪tos] *mf inv* (ECON) Headhunter *m*
cazavirus [kaθa'βirus] *adj inv* (INFOR) Antiviren-; **programa** ~ Antivirenprogramm *nt*
cazo ['kaθo] *m* ❶ *(puchero)* Topf *m* (mit Stiel) ❷ *(cucharón)* Schöpflöffel *m* ❸ *(argot: chulo)* Zuhälter *m*
cazoleta [kaθo'leta] *f* ❶ *(cacerola pequeña)* kleiner Topf *m* ❷ *(de pipa)* Pfeifenkopf *m* ❸ *(en la pistola de pintar)* Farbbehälter *m* ❹ *(del pedernal)* Pfanne *f* ❺ *(de un cañón de avancarga)* Zündloch *nt*
cazuela [ka'θwela] *f* Kasserolle *f*
cazurro, -a [ka'θurro, -a] **I.** *adj* ❶ *(hosco)* mürrisch ❷ *(taciturno)* schweigsam; *(cerrado)* (nach außen hin) verschlossen ❸ *(torpe)* schwerfällig **II.** *m, f* ❶ *(hosco)* Griesgram *m* ❷ *(taciturno)* wortkarger Mensch *m* ❸ *(astuto)* verschlossener Mensch *m*
c.c. ['kwen̪ta korrjen̪te], **C.C.** ['kwen̪ta korrjen̪te], **c/c** ['kwen̪ta korrjen̪te] *f abr de* **cuenta corriente** (COM) Kontokorrent *nt*
CD[1] [kompakᵗ ðisk] *m inv abr de* **compact disc** CD *f*
C. D. [θe'ðe] *m* ❶ (POL) *abr de* **Cuerpo Diplomático** CD *nt* ❷ (POL: *partido*) *abr de* **Centro Democrático** Demokratische Zentrumspartei *f* ❸ (DEP) *abr de* **club deportivo** SC *m,* SV *m*
CD-ROM [θeðe'rrom] <CD-ROMs> *m inv abr de* **compact disc read-only memory** (INFOR) CD-ROM *f*
CDS [θeðe'ese] *m abr de* **Centro Democrático y Social** (HIST) *demokratische und soziale Zentrumspartei*
ce [θe] *f* C *nt;* ~ **de Carmen** C wie Caesar
CE[1] [θe'e] *f abr de* **Comunidad Europea** (HIST) EG *f*
CE[2] [θe'e] *m abr de* **Consejo de Europa** Europarat *m*
cebada [θe'βaða] *f* (BOT) Gerste *f*
cebar [θe'βar] **I.** *vt* ❶ *(engordar)* mästen ❷ *(horno)* heizen; *(encender)* anzünden ❸ *(un arma)* mit Zündmasse versehen ❹ *(el anzuelo, una trampa)* mit einem Köder versehen ❺ *(máquina)* starten; *(cohete)* zünden ❻ *(esperanza)* nähren; *(cólera)* schüren **II.** *vr:* **~se** ❶ *(entregarse)* völlig aufgehen (**en** in +*dat*) ❷ *(ira)* auslassen (**en** an +*dat*); **se cebó en él** er/sie ließ seine/ihre ganze Wut an ihm aus ❸ *(ensangrentarse)* sich weiden (**con** an +*dat*)
cebiche [θe'biʧe] *m* (*AmS:* GASTR) *Gericht aus roh in Zitronensaft und Gewürzen eingelegten Stücken Fisch und Meeresfrüchte*
cebo ['θeβo] *m* ❶ *(alimento)* Mastfutter *nt* ❷ *(de un anzuelo)* Köder *m* ❸ *(en un arma)* Zündstoff *m* ❹ *(en un horno)*

Brennstoff *m* ⑤ *(algo atractivo)* Lockmittel *nt; (fig)* Lockvogel *m* ⑥ *(pábulo)* Nährboden *m; (comienzo)* Anlass *m; (alimento)* Anreiz *m*

cebolla [θe'βoʎa] *f* ① (BOT: *comestible*) (Gemüse)zwiebel *f* ② (BOT: *bulbo*) Blumenzwiebel *f* ③ *(argot: cabeza)* Birne *f,* Rübe *f*

cebolleta [θeβo'ʎeta] *f* ① (BOT: *cebolla tierna*) Frühlingszwiebel *f; (cebollino)* Lauchzwiebel *f* ② (BOT: *tallo fino, muy aromático*) Schnittlauch *m* ③ *(vulg: pene)* Schwanz *m fam*

cebollino [θeβo'ʎino] *m* (BOT) ① *(tallo)* Schnittlauch *m;* **¡anda, vete a escardar ~s!** ach, geh doch hin, wo der Pfeffer wächst! ② *(simiente)* Samenzwiebel *f*

cebollón[1] [θeβo'ʎon] *m (fam: borrachera)* Alkoholrausch *m*

cebollón, -ona[2] [θeβo'ʎon, -ona] *m, f (CSur: solterón)* alter Junggeselle *m,* alte Jungfer *f*

cebra ['θeβra] *f* (ZOOL) Zebra *nt;* **paso de ~** (AUTO) Zebrastreifen *m*

ceca ['θeka] *f* ① *(casa de moneda)* Münze *f,* Münzstätte *f* ② *(fecha)* Münz(prägungs)datum *nt*

cecear [θeθe'ar] *vi* ① *(en algunas regiones)* ‚S' als ‚C' aussprechen ② *(defecto)* lispeln, mit der Zunge anstoßen

ceceo [θe'θeo] *m* Lispeln *nt*

cedazo [θe'ðaθo] *m* ① *(para cribar)* Sieb *nt* ② *(para pescar)* großes Fischfangnetz *nt*

cedé [θe'ðe] *m* CD *f*

ceder [θe'ðer] **I.** *vi* ① *(renunciar)* verzichten (**de** auf +*akk*); *(de una pretensión)* abrücken (**de** von +*dat*) ② *(disminuir)* abnehmen; **cedió la fiebre** das Fieber ging zurück; **cedió la lluvia** der Regen ließ nach ③ *(capitular)* nachgeben (**a/ante/en** +*dat*) ④ *(aceptar)* nachkommen (**a/ante/en** +*dat*) ⑤ *(cuerda, rama)* nachgeben; *(edificio, puente)* einstürzen **II.** *vt* ① *(dar)* abgeben (**a** an +*akk*) ② *(trasferir)* abtreten, überlassen ③ (DEP: *balón*) passen ④ (AUTO) **"ceda el paso"** „Vorfahrt gewähren"

cederrón [θeðe'rron] *m* CD-ROM *f*

cedilla [θe'ðiʎa] *f* Cedille *f*

cedro ['θeðro] *m* (BOT) Zeder *f*

cédula ['θeðula] *f* Urkunde *f,* Dokument *nt;* **~ de ahorro** Sparbrief *m;* **~ de cambio** Wechsel *m;* **~ de citación** Vorladung *f;* **~ personal** Personalausweis *m;* **~ real** königliche Verfügung

CEE [θee'e] *f abr de* **Comunidad Económica Europea** (HIST) EWG *f*

cefalea [θefa'lea] *f* (MED) einseitige Kephalgie *f*

cefálico, -a [θe'faliko, -a] *adj* (MED) Kopf-

cefalópodo [θefa'lopoðo] *m* (ZOOL) Zephalopode *m*

cegador(a) [θeɣa'ðor(a)] *adj* blendend

cegar [θe'ɣar] *irr como fregar* **I.** *vi* erblinden **II.** *vt* ① *(quitar la vista)* blenden; **le ciega la ira** er/sie ist blind vor Wut ② *(alucinar)* verblüffen ③ *(ventana)* zumauern; *(con clavos)* zunageln; *(pozo)* zuschütten **III.** *vr:* **~se** ① *(ofuscarse)* blind sein (**de/por** vor +*dat*), geblendet sein (**de/por** von +*dat*); **~se de ira** blind vor Wut sein ② *(tubo)* (sich) verstopfen

cegato, -a [θe'ɣato, -a] *adj (fam)* blind wie ein Maulwurf

cegatón, -ona [θeɣa'ton, -ona/] **I.** *adj* ① *(fam pey: corto de vista)* kurzsichtig ② *(Am: irón)* blind wie ein Maulwurf **II.** *m, f (fam pey)* Kurzsichtige(r) *f(m)*

ceguedad [θeɣe'ðað] *f sin pl* ① (MED: *pérdida de vista*) Erblindung *f; (ceguera)* Blindheit *f* ② *(fam fig: de la razón)* Verblendung *f*

ceguera [θe'ɣera] *f* ① *(invidencia)* Blindheit *f* ② *(de la razón)* Verblendung *f*

CEI ['θei̯] *f abr de* **Comunidad de Estados Independientes** (POL) GUS *f*

Ceilán [θei̯'lan] *m* Ceylon *nt*

ceja ['θexa] *f* ① *(entrecejo)* (Augen)braue *f;* **fruncir las ~s** die Augenbrauen zusammenziehen; **tener a alguien entre ~ y ~** *(fam)* jdn nicht leiden können ② *(borde)* vorstehender Rand *m* ③ (MÚS: *instrumento de cuerda*) Sattel *m; (instrumento de teclado)* Drucksteg *m* ④ (MÚS: *para elevar el tono*) Kapodaster *m*

cejar [θe'xar] *vi* ① *(en discusiones)* nachgeben ② *(cesar)* aufgeben (**en** +*akk*); **sin ~** unaufhörlich

cejijunto, -a [θexi'xun̩to, -a] *adj* ① *(fisonomía)* mit eng beieinanderliegenden Augenbrauen ② *(adusto)* mürrisch

cejudo, -a [θe'xuðo, -a] *adj* mit buschigen Augenbrauen

celada [θe'laða] *f* ① *(yelmo)* Helm *m* ② *(emboscada)* Hinterhalt *m* ③ *(encerrona)* Hinterlist *f*

celador(a) [θela'ðor(a)] *m(f)* Aufseher(in) *m(f); (de aparcamientos)* Parkwächter(in) *m(f); (de cárcel)* Gefängniswärter(in) *m(f); (de escuela)* Aufsichtführende(r) *mf*

celaje [θe'laxe] *m* ① (METEO) ≈ Schleierwolken *f pl* ② *(Am: fantasma)* Geist *m*

celar [θe'lar] *vt* ① *(encubrir)* verbergen, verstecken, überspielen; *(con malicia)* verheimlichen ② *(vigilar)* überwachen, wachen (über +*akk*), ein wachsames Auge haben (auf +*akk*) ③ *(en metal)* eingravieren;

(en madera) einschnitzen ④ *(de piedra)* meißeln; *(de madera)* schnitzen

celda ['θel̪da] *f* ① *(pequeño espacio)* Zelle *f; (en convento, colegio)* Klosterzelle *f; (en prisión)* Gefängniszelle *f;* ~ **de castigo** Einzelhaftzelle *f* ② *(de colmena)* Bienenzelle *f*

celdilla [θel̪'diʎa] *f* ① *(de colmena)* Bienenzelle *f* ② (ARQUIT) Nische *f* ③ (BOT) Samenkapsel *f*

celebración [θeleβra'θjon] *f* ① *(acto)* Feiern *nt;* **la ~ de una misa** die Abhaltung eines Gottesdienstes ② *(festividad)* Feier *f* ③ *(aplausos)* Beifall *m* ④ *(organización)* Durchführung *f*

celebrar [θele'βrar] **I.** *vt* ① *(mérito, acontecimiento)* feiern; **todos ~on su triunfo** alle feierten seinen/ihren Sieg; ~ **la misa** den Gottesdienst (feierlich) abhalten ② *(aplaudir)* applaudieren +*dat* ③ *(llegada)* willkommen heißen ④ *(ventajas)* preisen ⑤ *(un chiste)* sehr witzig finden ⑥ *(reuniones, audiencia)* abhalten; ~ **una subasta** eine Versteigerung durchführen ⑦ *(alegrarse)* sich freuen (über +*akk*) ⑧ *(tratado)* abschließen **II.** *vi* (REL) Gottesdienst abhalten **III.** *vr:* **~se** ① *(fiesta)* gefeiert werden ② *(reunión, partido)* stattfinden

célebre ['θeleβre] <celebérrimo> *adj* ① *(famoso)* berühmt (**por** für +*akk*); *(popular)* gefeiert ② *(fam: gracioso)* lustig

celebridad [θeleβri'ðaᵈ] *f* ① *(alguien ilustre)* Berühmtheit *f* ② *(renombre)* Ruhm *m* ③ *(festejo)* Feierlichkeit *f*

celeque [θe'leke] *adj (AmC: fruta tierna)* unreif

celeridad [θeleri'ðaᵈ] *f* Schnelligkeit *f*

celeste [θe'leste] *adj* ① *(célico)* Himmels-; **cuerpos ~s** Himmelskörper *mpl* ② *(color)* himmelblau

celestial [θeles'tjal] *adj* ① *(del cielo, delicioso)* himmlisch ② *(irón fam: tonto)* dumm, einfältig

celibato [θeli'βato] *m* ① (REL) Zölibat *m o nt* ② *(soltería)* Singledasein *nt* ③ *(fam: solterón)* Junggeselle *m*

célibe ['θeliβe] **I.** *adj* ① (REL) zölibatär ② *(soltero)* ledig **II.** *mf* Junggeselle, -in *m, f*

celo ['θelo] *m* ① *(afán)* Eifer *m* ② *pl (por amor)* Eifersucht *f;* **tener ~s** eifersüchtig sein ③ *pl (sospecha)* Misstrauen *nt* ④ *pl (envidia)* Neid *m* ⑤ *(animales)* Brunstzeit *f;* **estar en ~** *(caza)* brünstig sein; *(perra)* läufig sein; *(gata)* rollig sein ⑥ *(autoadhesivo)* Tesafilm® *m*

celofán® [θelo'fan] *m* ① *(para envolver)* Cellophan® *nt* ② *(autoadhesivo)* Klebeband *nt*

celosía [θelo'sia] *f* ① *(rejilla)* Gitter *nt* ② *(contraventanas)* Fensterladen *m; (persianas)* Rollladen *m*

celoso, -a [θe'loso, -a] *adj* ① *(con fervor)* eifrig (**en** bei +*dat*) ② *(con celos)* eifersüchtig (**de** auf +*akk*) ③ *(con envidia)* neidisch (**de** auf +*akk*) ④ *(con dudas)* misstrauisch ⑤ *(exigente)* bedacht (**de** auf +*akk*)

celta ['θel̪ta] **I.** *adj* keltisch **II.** *mf* Kelte, -in *m, f*

céltico, -a ['θel̪tiko, -a] *adj* keltisch

célula ['θelula] *f* (BIOL, POL) Zelle *f;* ~ **fotoeléctrica** Fotozelle *f;* ~ **solar** Solarzelle *f*

celular [θelu'lar] *adj* ① (BIOL) Zell-, zellulär ② *(cárcel)* **prisión** ~ Einzelhaft *f;* **coche** ~ Polizeitransporter *m*

celulitis [θelu'litis] *f inv* (MED) Zellulitis *f*

celuloide [θelu'loi̯ðe] *m* Zelluloid *nt;* **llevar una historia al** ~ (CINE) eine Geschichte auf Zelluloid bringen

celulosa [θelu'losa] *f* (QUÍM) Zellulose *f*

cementación [θemen̪ta'θjon] *f* (TÉC) Zementierung *f*

cementar [θemen̪'tar] *vt* (TÉC) zementieren

cementerio [θemen̪'terjo] *m* ① *(camposanto)* Friedhof *m;* ~ **de coches** Autofriedhof *m* ② *(depósito)* Endlagerstätte *f;* ~ **nuclear** Endlager für atomare Abfälle

cemento [θe'men̪to] *m* ① (ARQUIT) Zement *m;* ~ **armado** Stahlbeton *m* ② (ANAT) Zement *nt*

cena ['θena] *f* Abendessen *nt;* **la Ultima C~** das heilige Abendmahl

cenáculo [θe'nakulo] *m* ① *(tertulia)* Stammtisch *m; (reunión)* Treffen *nt* ② *(de literatura)* Literaturzirkel *m,* Literaturkreis *m* ③ *(camarilla)* Clique *f* ④ *(lugar)* Treffpunkt *m*

cenador [θena'ðor] *m* ① *(comedor)* Speisesaal *m* ② *(en el jardín)* Gartenlaube *f*

cenagal [θena'ɣal] *m* ① *(con cieno)* Morast *m* ② *(fam: problema)* Patsche *f,* Klemme *f;* **estar en un** ~ in der Patsche sitzen

cenagoso, -a [θena'ɣoso, -a] *adj* schlammig, morastig

cenar [θe'nar] *vi, vt* zu Abend essen; **hoy hemos cenado lentejas** heute gab es Linsen zum Abendessen

cenceño, -a [θen̪'θeɲo, -a] *adj (personas, animales)* dünn, schlank; *(excesivamente)* dürr, knochig; *(vegetales)* dürr; *(pey)* mick(e)rig

cencerro [θen̪'θerro] *m (de res)* Kuhglocke *f;* **estar como un** ~ *(fam)* völlig übergeschnappt sein

C

cenefa [θe'nefa] *f* ① *(adorno)* Borte *f;* *(encaje de bolillos)* Klöppelspitze *f* ② *(de techos, muros)* Stuckverzierung *f*
cenicero [θeni'θero] *m* Aschenbecher *m*
cenicienta [θeni'θjeṇta] *f,* **Cenicienta** [θeni'θjeṇta] *f* Aschenbrödel *nt,* Aschenputtel *nt*
ceniciento, -a [θeni'θjeṇto, -a] *adj* aschfarben
cenit [θe'nit] *m* ① (ASTR) Zenit *m* ② *(apogeo)* Höhepunkt *m*
cenital [θeni'tal] *adj* Zenit-
ceniza [θe'niθa] *f* ① *(residuo de algo quemado)* Asche *f;* **Miércoles de C~** Aschermittwoch *m;* **reducir algo a ~s** etw in Schutt und Asche legen ② *pl (restos)* Überreste *mpl*
cenizo [θe'niθo] *m* ① (BOT) Gänsefuß *m* ② *(que trae mala suerte)* Unglücksbringer *m*
cenobio [θe'noβjo] *m* (REL) Kloster *nt*
censar [θen'sar] **I.** *vi* eine Volkszählung durchführen **II.** *vt* zählen, erfassen
censo ['θenso] *m* ① *(de habitantes)* Volkszählung *f;* *(estadística)* statistische Erhebung *f;* **~ electoral** (POL) Wählerliste *f* ② (FIN: *gravamen*) Pachtzins *m*
censor(a) [θen'sor(a)] *m(f)* Zensor(in) *m(f)*
censorio, -a [θen'sorjo, -a] *adj (de la censura)* Zensur-; *(del censor)* Zensor-
censual [θensu'al] *adj* ① *(pensión)* Renten-, Rentenschuld- ② *(gravamen)* Erbzins-
censura [θen'sura] *f* ① *(crítica)* Zensur *f;* **~ cinematográfica** Filmzensur *f;* **someter a la ~** zensieren ② *(entidad)* Zensurbehörde *f* ③ (FIN) Prüfung *f;* **~ de cuentas** Buchprüfung *f* ④ (POL) **moción de ~** Misstrauensantrag *m* ⑤ *(vituperación)* Kritik *f*
censurable [θensu'raβle] *adj (reprobable)* tadelnswert
censurar [θensu'rar] *vt* ① *(juzgar)* zensieren; **~on todas las escenas violentas** alle Gewaltszenen wurden herausgeschnitten ② *(vituperar)* kritisieren
centauro [θeṇ'tau̯ro] *m* Zentaur *m*
centavo [θeṇ'taβo] *m* ① *(centésima parte)* Hundertstel *nt* ② *(céntimo)* ≈ Cent *m* ③ *(AmC, CSur:* FIN: *moneda)* Centavo *m*
centavo, -a [θeṇ'taβo, -a] *adj* hundertstel; *v. t.* **octavo**
centell(e)ar [θeṇteʎe'ar/θeṇte'ʎar] *vi* ① *(relámpago)* blitzen ② *(fuego)* Funken sprühen ③ *(estrella)* funkeln ④ *(ojos, gema)* glänzen
centella [θeṇ'teʎa] *f* ① *(rayo)* Blitz *m* ② *(chispa)* Funke *m* ③ *(destello)* Funkeln *nt*
centellar [θeṇte'ʎar] *vi,* **centellear** [θeṇteʎe'ar] *vi* ① *(relámpago)* blitzen ② *(fuego)* Funken sprühen ③ *(estrella)* funkeln ④ *(ojos)* glänzen, leuchten, strahlen
centelleante [θeṇteʎe'aṇte] *adj (brillante)* sprühend; **con una mirada ~** mit strahlendem Blick
centelleo [θeṇte'ʎeo] *m* ① *(del relámpago)* Blitzen *nt* ② *(de las llamas)* Funkensprühen *nt* ③ *(de las estrellas)* Funkeln *nt* ④ *(de los ojos, de una gema)* Glänzen *nt*
centena [θeṇ'tena] *f* Hundert *nt*
centenada [θeṇte'naða] *f* Hundert *nt;* **vinieron a ~s** sie kamen zu Hunderten
centenar [θeṇte'nar] *m* ① *(cien)* Hundert *nt* ② *(centenario)* Jahrhundert *nt* ③ (AGR) Roggenfeld *nt*
centenario[1] [θeṇte'narjo] *m (conmemoración)* hundertster Jahrestag *m;* *(festividad)* Jahrhundertfeier *f*
centenario, -a[2] [θeṇte'narjo, -a] **I.** *adj* hundertjährig **II.** *m, f* Hundertjährige(r) *mf*
centeno [θeṇ'teno] *m* (BOT) Roggen *m*
centésima [θeṇ'tesima] *adj o f v.* **centésimo**[2]
centésimo[1] [θeṇ'tesimo] *m (Chil, Pan, Urug:* FIN: *moneda)* Centésimo *m*
centésimo, -a[2] [θeṇ'tesimo, -a] **I.** *adj (parte)* hundertstel; *(numeración)* hundertste(r, s); **la centésima parte de...** ein Hundertstel von ... **II.** *m, f* Hundertstel *nt;* *v. t.* **octogésimo**
centígrado [θeṇ'tiɣraðo] *m* Zentigrad *nt,* hundertstel Grad *nt;* **grado ~** Celsiusgrad *nt*
centigramo [θeṇti'ɣramo] *m* Zentigramm *nt*
centilitro [θeṇti'litro] *m* Zentiliter *m*
centímetro [θeṇ'timetro] *m* Zentimeter *m o nt*
céntimo[1] ['θeṇtimo] *m* ① *(centésima parte)* Hundertstel *nt* ② (FIN) Cent *m;* **C~ de euro** Eurocent *m* ③ (FIN, HIST: *moneda*) hundertstel Peseta *f;* *(CRi, Par, Ven)* Céntimo *m;* **estar sin un ~** kein Geld haben
céntimo, -a[2] ['θeṇtimo, -a] *adj* hundertstel
centinela [θeṇti'nela] *mf* ① *(de museo, banco)* Wächter(in) *m(f)* ② (MIL) Wach(t)posten *m*
centli ['θeṇᵈli] *m (Méx)* Mais *m*
centollo, -a [θeṇ'toʎo, -a] *m, f* (ZOOL) Meerspinne *f*
centrado, -a [θeṇ'traðo, -a] *adj* ① *(en el centro)* zentriert, mittig ② *(forma de ser)* ausgeglichen
central [θeṇ'tral] **I.** *adj* ① *(en el centro)* Zentral-, Mittel-; **Europa C~** Mitteleuro-

pa *nt* ② *(esencial)* zentral, wesentlich ③ *(principal)* Zentral-, Haupt-; **comité ~** Zentralkomitee *nt;* **estación ~** Hauptbahnhof *m* **II.** *f* ① *(oficina)* Zentrale *f,* Hauptstelle *f;* **~ de correos** Hauptpost *f;* **~ telefónica** (TEL) Fern(sprech)amt *nt; (de una empresa)* Telefonzentrale *f* ② (TÉC) Werk *nt,* Anlage *f;* **~ depuradora** Kläranlage *f;* **~ eléctrica** Elektrizitätswerk *nt;* **~ hidroeléctrica** Wasserkraftwerk *nt;* **~ nuclear** Kernkraftwerk *nt;* **~ térmica** Wärmekraftwerk *nt*

centralismo [θeṇtra'lismo] *m* (POL) Zentralismus *m*

centralista [θeṇtra'lista] **I.** *adj* (POL) zentralistisch **II.** *mf* ① (POL) Zentralist(in) *m(f)* ② *(AmC, Ant: del ingenio azucarero)* Zuckerfabrikant(in) *m(f)*

centralita [θeṇtra'lita] *f* (TEL) Telefonzentrale *f*

centralización [θeṇtraliθa'θjon] *f* Zentralisierung *f*

centralizar [θeṇtrali'θar] <z → c> *vt* zentralisieren

centrar [θeṇ'trar] **I.** *vt* ① (TÉC: *colocar*) zentrieren ② *(aunar esfuerzos)* konzentrieren (**en** auf +*akk*) ③ *(interés, atención)* bündeln ④ *(lo esencial)* in den Mittelpunkt stellen **II.** *vi, vt* (DEP: *fútbol*) flanken **III.** *vr:* **~se** ① *(basarse)* beruhen (**en** auf +*dat*) ② *(familiarizarse)* sich einleben (**en** in +*dat*); *(en un trabajo)* sich einarbeiten (**en** in +*akk*) ③ *(interés, atención, miradas)* sich richten (**en** auf +*akk*)

céntrico, -a ['θeṇtriko, -a] *adj* im Mittelpunkt (liegend); (TÉC) zentrisch; **punto ~** Mittelpunkt *m;* **piso ~** zentral gelegene Wohnung

centrifugación [θeṇtrifuɣa'θjon] *f* Schleudern *nt;* **programa de ~** Schleuderprogramm *nt*

centrifugador(a) [θeṇtrifuɣa'ðor(a)] *adj* Schleuder-; **hormigón ~** Schleuderbeton *m*

centrifugadora [θeṇtrifuɣa'ðora] *f* Schleuder *f,* Zentrifuge *f*

centrifugar [θeṇtrifu'ɣar] <g → gu> *vt* schleudern, zentrifugieren

centrífugo, -a [θeṇ'trifuɣo, -a] *adj* Schleuder-, Zentrifugal-; **fuerza centrífuga** Schleuderkraft *f*

centrismo [θeṇ'trismo] *m* (POL) Zentrismus *m*

centrista [θeṇ'trista] **I.** *adj* (POL) Zentrums-; **partido ~** Zentrumspartei *f* **II.** *mf* (POL) Zentrumspolitiker(in) *m(f)*

centro ['θeṇtro] *m* ① *(el medio, t.* POL) Zentrum *nt,* Mitte *f; (de la ciudad)* Stadtzentrum *nt;* **~ comercial** Handelszentrum *nt; (tiendas)* Einkaufszentrum *nt;* **~ comercial virtual** virtuelles Einkaufszentrum; **~ de gravedad** Schwerpunkt *m;* **~ industrial** Industriezentrum *nt* ② *(institución)* Zentrum *nt;* **~ de computación** (INFOR) Rechenzentrum *nt;* **~ de enseñanza** Ausbildungsstätte *f;* **~ de relación con los clientes** Kundenbetreuung *f,* Kundenservice *m* ③ (DEP) Mitte *f* ④ (ANAT) **~ nervioso** Nervenzentrum *nt*

centroafricano, -a [θeṇtroafri'kano, -a] **I.** *adj* zentralafrikanisch **II.** *m, f* Zentralafrikaner(in) *m(f)*

Centroamérica [θeṇtroa'merika] *f* Mittelamerika *nt*

centroamericano, -a [θeṇtroameri'kano, -a] **I.** *adj* mittelamerikanisch **II.** *m, f* Mittelamerikaner(in) *m(f)*

centrocampista [θeṇtrokam'pista] *mf* (DEP) Mittelfeldspieler(in) *m(f)*

Centroeuropa [θeṇtroeu̯'ropa] *f* Mitteleuropa *nt*

centroeuropeo, -a [θeṇtroeu̯ro'peo, -a] **I.** *adj* mitteleuropäisch **II.** *m, f* Mitteleuropäer(in) *m(f)*

centuplicar [θeṇtupli'kar] <c → qu> *vt* verhundertfachen

centuria [θeṇ'turja] *f* Jahrhundert *nt*

centurión [θeṇtu'rjon] *m* (HIST) Zenturio *m*

ceñideras [θeɲi'ðeras] *fpl* Schürze *f*

ceñido, -a [θe'ɲiðo, -a] *adj* ① *(vestido)* eng (anliegend), knapp ② *(curva)* eng

ceñidor [θeɲi'ðor] *m* ① *(faja)* Mieder *nt* ② *(cinturón)* Gürtel *m; (fajín)* Schärpe *f*

ceñir [θe'ɲir] *irr* **I.** *vt* ① *(rodear)* umgeben; (MIL) einkreisen ② *(ponerse)* anlegen; *(cinturón)* umschnallen ③ *(costura)* enger nähen; *(acortar)* kürzen ④ *(abreviar)* kürzen **II.** *vr:* **~se** ① *(ajustarse)* sich beschränken (**a** auf +*akk*); *(al hablar)* sich kurzfassen; **~se al presupuesto** sich strikt auf das Budget beschränken ② *(vestido)* eng anliegen (**a** um +*akk*) ③ *(ponerse)* anlegen; **se ciñó el cinturón** er/sie schnallte sich *dat* den Gürtel um

ceño ['θeɲo] *m* Stirnrunzeln *nt;* **fruncir** [*o* **arrugar**] **el ~, mirar con ~** *(disgustado)* die Stirn runzeln; *(enojado)* finster dreinschauen

CEOE [θeeo'e] *f abr de* **Confederación Española de Organizaciones Empresariales** *Dachverband der spanischen Wirtschaftsverbände*

cepa ['θepa] *f* ① (BOT: *tronco*) Strunk *m; (en la vid)* (Wein)stock *m* ② *(origen)* Stamm *m,* Familie *f;* **de pura ~** waschecht

cepellón [θepe'ʎon] *m* Erde *f* des Wurzelballens

cepillar [θepi'ʎar] **I.** *vt* ① *(cabello, traje)*

C

bürsten ❷ (TÉC: *madera*) hobeln ❸ *(argot: robar)* klauen ❹ *(Am: argot: adular)* kriechen (**a** vor +*dat*) ❺ *(argot: ganar)* abzocken **II.** *vr:* **~se** ❶ *(argot: robar)* mitgehen lassen ❷ *(fam: devorar)* verschlingen ❸ *(fam: gastarse dinero)* verschleudern ❹ *(argot: con pistola)* umlegen; *(con cuchillo)* abstechen ❺ *(vulg: seducir)* vernaschen *fam;* **~se a una chica** ein Mädchen flachlegen *fam*

cepillo [θe'piʎo] *m* ❶ *(para el cabello)* (Haar)bürste *f; (para un traje)* (Kleider)bürste *f; (de limpiar)* Schrubber *m;* **~ de barrer** Kehrbesen *m;* **~ de dientes** Zahnbürste *f;* **pasar el ~** kehren ❷ (TÉC: *para madera*) Hobel *m* ❸ *(en misa)* Klingelbeutel *m*

cepo ['θepo] *m* ❶ *(caza)* Fangeisen *nt; (emboscada)* Falle *f;* **caer en el ~** in die Falle gehen ❷ *(grilletes)* Fußschellen *fpl* ❸ (AUTO) (Park)kralle *f*

ceporro, -a [θe'porro, -a] **I.** *adj* ❶ *(ignorante)* einfältig, dumm ❷ *(torpe)* ungeschickt ❸ *(tosco)* grob **II.** *m, f* ❶ *(ignorante)* Dummkopf *m* ❷ *(tosco)* Grobian *m*

cera ['θera] *f* Wachs *nt; (de vela)* (Kerzen)wachs *nt;* **~ de los oídos** Ohrenschmalz *nt;* **~ para suelos** Bohnerwachs *nt;* **museo de ~** Wachsfigurenkabinett *nt;* **blanco como la ~** kreidebleich

cerámica [θe'ramika] *f* Keramik *f; (industria)* Keramikindustrie *f*

cerámico, -a [θe'ramiko, -a] *adj* keramisch

ceramista [θera'mista] *mf* Keramiker(in) *m(f)*

cerbatana [θerβa'tana] *f* Blasrohr *nt*

cerca ['θerka] **I.** *adv* ❶ *(en el espacio)* nah(e); **aquí ~** hier in der Nähe; **mirar de ~** aus der Nähe betrachten ❷ *(en el tiempo)* bald **II.** *prep* ❶ *(lugar)* **~ de** nahe bei +*dat,* in der Nähe von +*dat* ❷ *(cantidad)* fast, annähernd **III.** *f* Umzäunung *f,* Zaun *m*

cercado [θer'kaðo] *m* ❶ *(valla)* Umzäunung *f,* Zaun *m* ❷ *(recinto)* umzäuntes Grundstück *nt*

cercanía [θerka'nia] *f* ❶ *(proximidad)* Nähe *f; (vecindad)* Nachbarschaft *f* ❷ *pl (alrededores)* Umgebung *f;* **tren de ~s** (FERRO) Nahverkehrszug *m*

cercano, -a [θer'kano, -a] *adj* nahe

cercar [θer'kar] <c → qu> *vt* ❶ *(vallar)* einzäunen; *(rodear)* umgeben ❷ *(rodear)* umringen, einkreisen ❸ (MIL: *sitiar*) belagern; *(rodear)* umzingeln

cercén [θer'θen] *adv* **cortar a ~** ganz [*o* vollständig] abschneiden

cercenar [θerθe'nar] *vt* ❶ *(a cercén)* völlig abschneiden ❷ (MED: *miembro*) amputieren ❸ *(sueldo)* kürzen

cerciorar [θerθjo'rar] **I.** *vt* überzeugen (**de** von +*dat*) **II.** *vr:* **~se** sich *dat* Gewissheit verschaffen (**de** über +*akk*)

cerco ['θerko] *m* ❶ *(círculo)* Kreis *m; (anillo)* Ring *m; (borde)* Rand *m* ❷ *(valla)* Zaun *m,* Umzäunung *f* ❸ *(de barril)* Fassreifen *m* ❹ (ASTR, METEO) Hof *m* ❺ (MIL) Belagerung *f*

cerda ['θerða] *f* ❶ (ZOOL) Sau *f* ❷ *(pelo)* Borste *f; (de cerdo)* Schweinsborsten *fpl*

Cerdeña [θer'ðeɲa] *f* Sardinien *nt*

cerdo, -a ['θerðo, -a] **I.** *adj (sucio)* schweinisch, schmutzig **II.** *m, f* ❶ (ZOOL) Schwein *nt; (hembra)* Sau *f;* **carne de ~** Schweinefleisch *nt* ❷ *(insulto)* (Dreck)schwein *nt,* (Dreck)sau *f*

cereal [θere'al] *adj* Getreide-

cereales [θere'ales] *mpl* Getreide *nt; (para desayunar)* Frühstücksflocken *fpl*

cerebelo [θere'βelo] *m* (ANAT) Kleinhirn *nt*

cerebral [θere'βral] *adj* (ANAT) Gehirn-; **irrigación ~** Gehirndurchblutung *f*

cerebro [θe'reβro] *m* ❶ (ANAT: *en su totalidad*) (Ge)hirn *nt; (parte mayor)* Großhirn *nt* ❷ *(inteligencia)* Intelligenz *f,* Verstand *m*

ceremonia [θere'monja] *f* ❶ *(acto)* Zeremonie *f; (celebración)* Feierlichkeiten *fpl; (misa)* Gottesdienst *m* ❷ *(cortesía)* Förmlichkeit *f;* **sin ~s** ohne viel Aufhebens

ceremonial [θeremo'njal] **I.** *adj* feierlich **II.** *m* ❶ *(ritual)* Zeremoniell *nt* ❷ *(fórmulas)* Höflichkeitsformen *fpl*

ceremonioso, -a [θeremo'njoso, -a] *adj* ❶ *(solemne)* feierlich; *(formal)* förmlich ❷ *(persona)* steif

cereza [θe'reθa] *f* Kirsche *f*

cerezal [θere'θal] *m* Kirschgarten *m*

cerezo [θe'reθo] *m* ❶ *(árbol)* Kirschbaum *m* ❷ *(madera)* Kirschholz *nt*

cerífica [θe'rifika] *adj* (ARTE) Wachs-; **pintura ~** Wachsmalerei *f*

cerilla [θe'riʎa] *f* ❶ *(fósforo)* Streichholz *nt* ❷ *(vela)* sehr dünne Wachskerze *f* ❸ *(de oídos)* Ohrenschmalz *nt*

cerillero [θeri'ʎero] *m (Am: cajita)* Streichholzschachtel *f*

cerner [θer'ner] <e → ie> **I.** *vimpers (llover)* nieseln **II.** *vt* ❶ *(cribar)* sieben ❷ *(observar)* beobachten; **~ el horizonte** den Horizont absuchen **III.** *vr:* **~se** ❶ *(planear)* schweben, in der Luft segeln [*o* gleiten] ❷ *(amenazar)* schweben (**sobre** über +*dat*)

cernícalo [θer'nikalo] *m* ❶ (ZOOL) Turmfalke *m* ❷ *(persona)* Grobian *m*

cernidor [θerni'ðor] *m* Sieb *nt*

cernir [θer'nir] *vt irr* ❶ *(cribar)* sieben ❷ *(observar)* beobachten; *(cielo, horizonte)* absuchen

cero ['θero] *m* ❶ (MAT) Null *f* ❷ *(punto inicial)* Nullpunkt *m;* **ocho grados bajo/sobre ~** acht Grad unter/über null; **partir de ~** bei null anfangen ❸ *(valor)* Niete *f* ❹ *(argot: coche policía)* Polizeiauto *nt*

cerote [θe'rote] *m* ❶ *(fam: miedo)* Muffensausen *nt* ❷ (TÉC: *cera y pez*) Schusterpech *nt* ❸ *(AmC, Méx: argot: excremento)* Scheiße *f;* **estar hecho un ~** völlig verdreckt sein

cerquita [θer'kita] *adv dim de* **cerca** ganz [*o* ziemlich] nah(e) (**de** bei +*dat*), ganz in der Nähe (**de** von +*dat*)

cerrado, -a [θe'rraðo, -a] *adj* ❶ *estar (no abierto)* geschlossen; *(con llave)* abgeschlossen; **la puerta está cerrada** die Tür ist zu; **a puerta cerrada** hinter verschlossenen Türen; **aquí huele a ~** hier muffelt es ❷ *estar* (METEO: *cielo*) (wolken)bedeckt ❸ *ser (actitud)* verschlossen ❹ *ser (espeso)* geschlossen, dicht; *(denso)* undurchdringlich; **noche cerrada** schwarze Nacht ❺ *ser (característico)* typisch; *(acento)* stark, breit ❻ (LING: *fonética*) geschlossen ❼ *ser (curva)* scharf, eng ❽ *ser (dentro)* eingeschlossen (**de** von +*dat*) ❾ *ser (tosco)* ungeschliffen; **~ de mollera** *(fam)* begriffsstutzig

cerradura [θerra'ðura] *f* ❶ *(dispositivo)* Schloss *nt;* **~ antirrobo** Lenkradschloss *nt* ❷ *(acción)* Schließen *nt; (con llave)* Abschließen *nt*

cerraja [θe'rraxa] *f* Schloss *nt*

cerrajería [θerraxe'ria] *f* ❶ *(taller)* Schlosserei *f* ❷ *(oficio)* Schlosserhandwerk *nt*

cerrajero, -a [θerra'xero, -a] *m, f* Schlosser(in) *m(f)*

cerramiento [θerra'mjen̩to] *m* ❶ *(acción)* Schließung *f* ❷ *(alrededor)* Umschließung *f*

cerrar [θe'rrar] <e → ie> **I.** *vt* ❶ *(paraguas, ojos)* schließen; *(pegar)* zukleben; **~ los oídos** die Ohren verschließen; **~ el pico** *(fam)* den Schnabel halten; **~ archivo** (INFOR) Datei schließen ❷ *(con llave)* abschließen ❸ *(carretera, puerto)* sperren; **~ el paso a alguien** jdm den Weg versperren ❹ *(agujero, brecha)* abdecken; *(agua)* abdrehen ❺ *(terreno)* einschließen; *(con un cerco)* einzäunen ❻ *(establecimiento)* schließen ❼ *(actividad, ciclo, negociación)* abschließen **II.** *vi* ❶ *(puerta, ventana)* schließen ❷ *(atacar)* angreifen (**contra** +*akk*) ❸ *(acabar)* enden **III.** *vr:* **~se** ❶ *(puerta)* **la puerta se cerró sola** die Türe ist von allein zugefallen ❷ *(herida)* verheilen ❸ *(obstinarse)* sich versteifen (**en** auf +*akk*) ❹ *(el cielo)* sich zuziehen ❺ *(ser intransigente)* sich verschließen (**a** gegenüber +*dat*) ❻ *(agruparse)* sich (zusammen)schließen (**en torno a** um +*akk*)

cerrazón [θerra'θon] *f* ❶ *(torpeza)* Begriffsstutzigkeit *f* ❷ *(obstinación)* Eigensinn *m* ❸ (METEO: *nubes*) dichtes Wolkenband *nt*

cerril [θe'rril] *adj* ❶ *(terreno)* uneben ❷ *(obstinado)* eigensinnig ❸ *(torpe)* begriffsstutzig ❹ *(tosco)* ungeschliffen, grob ❺ *(caballerías)* wild, ungezähmt

cerro ['θerro] *m* ❶ (ZOOL: *cuello*) Tiernacken *m; (espinazo)* Tierrücken *m* ❷ *(alto)* Anhöhe *f; (colina)* Hügel *m; (peñasco)* felsige Erhebung *f;* **irse por los ~s de Úbeda** *(fam)* vom Thema abkommen; *(decir tonterías)* eine Menge Unsinn reden

cerrojazo [θerro'xaθo] *m* **echar ~ a algo** etw unverzüglich schließen; *(fig)* etw *dat* einen Riegel vorschieben

cerrojo [θe'rroxo] *m* Riegel *m;* **echar el ~ a la puerta** die Tür verriegeln

certamen [θer'tamen] *m* ❶ *(competición)* Wettbewerb *m* ❷ *(exposición)* Ausstellung *f* ❸ *(feria)* Messe *f*

certero, -a [θer'tero, -a] *adj* ❶ *(acertado)* zutreffend ❷ *(diestro en tirar)* treffsicher ❸ *(informado)* gut informiert

certeza [θer'teθa] *f* Gewissheit *f*

certidumbre [θerti'ðumbre] *f* Gewissheit *f*, Sicherheit *f*

certificación [θertifika'θjon] *f* ❶ *(acción, documento)* Bescheinigung *f* ❷ (JUR: *atestación*) Beglaubigung *f*

certificado[1] [θertifi'kaðo] *m* Bescheinigung *f*, Zertifikat *nt;* **~ de aptitud** Befähigungsnachweis *m;* **~ de asistencia** Teilnahmebescheinigung *f;* **~ escolar** Schulzeugnis *nt;* **~ médico** ärztliches Attest

certificado, -a[2] [θertifi'kaðo, -a] *adj* ❶ (JUR) beglaubigt ❷ *(correos)* per Einschreiben; **carta certificada** Einschreibebrief *m*

certificar [θertifi'kar] <c → qu> *vt* ❶ *(afirmar)* bescheinigen ❷ (JUR: *autenticar*) beglaubigen ❸ *(correos)* per Einschreiben verschicken

cerúleo, -a [θe'ruleo, -a] *adj* himmelblau

cerumen [θe'rumen] *m* Ohrenschmalz *nt*

cervato [θer'βato] *m* Hirschkalb *nt*

cervecería [θerβeθe'ria] *f* ❶ *(fábrica)* Brauerei *f* ❷ *(bar)* Kneipe *f*

cervecero[1] [θerβe'θero] *m* Braumeister *m*

cervecero, -a[2] [θerβe'θero, -a] *adj* Bier-, Brauerei-

cerveza [θer'βeθa] *f* Bier *nt;* **~ de barril** Fassbier *nt;* **~ negra** dunkles Bier; **~ de**

C

trigo Hefeweizen *nt;* ~ (**tipo**) **pilsener** Pils *nt;* ~ **sin** (**alcohol**) alkoholfreies Bier
cervical [θerβi'kal] *adj* (ANAT) Nacken-, Genick-
cervicular [θerβiku'lar] *adj* (ANAT: *cervical*) zervikal
Cervino [θer'βino] *m* **Monte** ~ Matterhorn *nt*
cerviz [θer'βiθ] *f* (ANAT) Nacken *m,* Genick *nt*
cesante [θe'sante] **I.** *adj* ❶ *(suspendido)* suspendiert ❷ *(parado)* arbeitslos **II.** *mf* Beamte(r) *m* im Wartestand, Beamtin *f* im Wartestand
cesantía [θesan'tia] *f* ❶ *(situación)* Wartestand *m; (paro)* Arbeitslosigkeit *f* ❷ *(suspensión)* Suspendierung *f* ❸ *(paga)* Wartegeld *nt*
cesar [θe'sar] **I.** *vi* ❶ *(parar)* enden, aufhören; **sin** ~ unaufhörlich ❷ *(en una profesión)* (aus)scheiden (**en** aus +*dat*) **II.** *vt* ❶ *(pagos)* einstellen ❷ *(despedir)* entlassen; *(funcionario)* des Amtes entheben
cesárea [θe'sarea] *f* Kaiserschnitt *m*
cese ['θese] *m* ❶ *(que termina)* Beendigung *f; (interrupción)* Unterbrechung *f;* ~ **de pagos** Zahlungseinstellung *f* ❷ *(de obrero)* Kündigung *f; (de funcionario)* Suspendierung *f;* ~ **en el cargo** Ausscheiden aus dem Amt ❸ (JUR: *proceso*) Einstellung *f*
cesio ['θesjo] *m* (QUÍM) Cäsium *nt*
cesión [θe'sjon] *f* ❶ *(entrega)* Abtretung *f* ❷ (JUR) Zession *f*
césped ['θespeᵈ] *m* Rasen *m;* **"prohibido pisar el ~"** „Rasen betreten verboten"
cesta ['θesta] *f* Korb *m; (de la compra)* Einkaufskorb *m; (de la ropa)* Wäschekorb *m*
cestería [θeste'ria] *f* ❶ *(tienda)* Korbwarengeschäft *nt* ❷ *(artesanía)* Korbflechtkunst *f* ❸ *(artículos)* Korbwaren *f pl*
cestillo [θes'tiʎo] *m* ❶ *(cesto)* Körbchen *nt* ❷ (ZOOL) ~ **del polen** Pollenkörbchen *nt*
cesto ['θesto] *m* (großer) Korb *m;* (DEP) (Basketball)korb *m;* ~ **de los papeles** Papierkorb *m*
cesura [θe'sura] *f* Einschnitt *m,* Zäsur *f*
ceta ['θeta] *f* Z *nt*
cetáceo [θe'taθeo] *m* (ZOOL) Meeressäugetier *nt*
cetrería [θetre'ria] *f* ❶ *(amaestramiento)* Falknerei *f* ❷ *(caza)* Falkenjagd *f* ❸ *(cría)* Falkenzucht *f*
cetrero, -a [θe'trero, -a] *m, f (caza)* Falkner(in) *m(f)*
cetrino, -a [θe'trino, -a] *adj* ❶ *(amarillento, verdoso)* gelblich grün ❷ *(melancólico)* schwermütig
cetro ['θetro] *m* ❶ *(vara)* Zepter *nt;* **empuñar el** ~ den Thron besteigen ❷ *(supremacía)* Herrschaft *f* ❸ (DEP) Meistertitel *m;* **ostentar el** ~ den Meistertitel innehaben
ceutí [θeu̯'ti] **I.** *adj* aus Ceuta **II.** *mf* Einwohner(in) *m(f)* von Ceuta
cf. [kom'parese] *abr de* **compárese** vgl.
CFC [θe(e)fe'θe] *m* (QUÍM, ECOL) FCKW *nt;* **sin** ~ FCKW-frei
chabacano, -a [tʃaβa'kano, -a] *adj* vulgär, unanständig
chabola [tʃa'βola] *f* ❶ *(casucha)* Baracke *f,* Slumhütte *f* ❷ *pl (barrio)* Elendsviertel *nt,* Slums *m pl*
chacal [tʃa'kal] *m* (ZOOL) Schakal *m*
chácara ['tʃakara] *f (Am)* ❶ *(granja)* Landgut *nt* ❷ (MED) Geschwür *nt*
chacarero, -a [tʃaka'rero, -a] *m, f (Am)* Bauer, Bäuerin *m, f; (dueño)* Landbesitzer(in) *m(f); (trabajador)* Feldarbeiter(in) *m(f)*
chacha ['tʃatʃa] *f (fam: niñera)* Kindermädchen *nt; (criada)* Dienstmädchen *nt; (de limpieza)* Putzfrau *f*
cháchara ['tʃatʃara] *f (fam: charla)* Schwatz *m;* **andar** [*o* **estar**] **de** ~ ein Schwätzchen halten
chacharear [tʃatʃare'ar] *vi (fam)* schwatzen, plappern
chachi ['tʃatʃi] *adj (fam)* ❶ *(muy bueno)* genial, geil; **llevas un vestido muy** ~ du hast ein tolles Kleid an ❷ *(muy bien)* toll, super; **me lo pasé ~ en la fiesta** auf dem Fest habe ich mich super amüsiert
chacho, -a ['tʃatʃo, -a] *m, f (fam: muchacho, muchacha)* Kleine(r) *mf; (en lenguaje infantil)* großer Bruder *m,* große Schwester *f*
chacotear [tʃakote'ar] **I.** *vi* ausgelassen sein, fröhlich sein **II.** *vr* **~se de algo/alguien** seine Späße über etw/jdn machen, sich über etw/jdn lustig machen
chacra ['tʃakra] *f (Am: granja)* kleine Farm *f; (finca)* kleines (Land)gut *nt*
Chad [tʃaᵈ] *m* Tschad *m*
chafado, -a [tʃa'faðo, -a] *adj (fam)* ❶ *(aplastado)* zerquetscht, zerdrückt; *(roto)* kaputt ❷ *(bloqueado)* sprachlos, platt ❸ *(desanimado)* bedrückt, niedergeschlagen
chafar [tʃa'far] **I.** *vt* ❶ *(aplastar)* platt drücken; *(arrugar)* zerknittern; *(deshacer)* zerquetschen ❷ *(desmoralizar)* erschüttern ❸ *(confundir)* verwirren; **quedar**(**se**) **chafado** sprachlos sein ❹ *(estropear)* zunichtemachen; **le ~on sus proyectos** sie haben seine/ihre Pläne über den Haufen geworfen **II.** *vr:* **~se** *(aplastarse)* platt ge-

drückt werden; *(deshacerse)* zerquetscht werden; *(arrugarse)* (zer)knittern

chaflán [ʧa'flan] *m* ① *(bisel)* Schrägkante *f* ② *(plano)* Schräge *f* ③ *(en una calle)* Straßenecke *f; (en un edificio)* Hausecke *f*

chagra ['ʧaɣra] *mf (Ecua: labriego)* Bauer, Bäuerin *m, f*

chal [ʧal] *m* ① *(pañoleta)* Schal *m; (pañuelo)* Halstuch *nt* ② *(mantón)* (Schulter)tuch *nt*

chalado, -a [ʧa'laðo, -a] **I.** *adj (fam)* verrückt; **estar ~ por alguien** verrückt nach jdm sein **II.** *m, f (fam)* Spinner(in) *m(f)*

chaladura [ʧala'ðura] *f (fam)* ① *(locura)* verrückter Einfall *m* ② *(enamoramiento)* Vernarrtheit *f*

chalán, -ana [ʧa'lan, -ana] **I.** *adj* gerissen **II.** *m, f* ① *(tratante)* (Pferde)händler(in) *m(f)* ② *(timador)* Betrüger(in) *m(f)* ③ *(Am: picador)* Zureiter(in) *m(f)*

chalanear [ʧalane'ar] **I.** *vi* ① *(traficar)* handeln ② *(regatear)* schachern **II.** *vt (Am: un caballo)* zureiten; *(adiestrar)* dressieren

chalanería [ʧalane'ria] *f (fam pey: engaño)* Rosstäuschertrick *m*

chalar [ʧa'lar] **I.** *vt (fam)* verrückt machen **II.** *vr:* **~se** *(fam)* verrückt werden; **~se por alguien** sich in jdn verknallen

chalé [ʧa'le] *m (casa unifamiliar)* Einfamilienhaus *nt; (de campo)* Landhaus *nt; (villa)* Villa *f*

chaleco [ʧa'leko] *m* Weste *f; (de punto)* Pullunder *m;* **~ salvavidas** Schwimmweste *f;* **~ reflectante** (AUTO) Warnweste *f*

chalet [ʧa'le] *m* <chalets> *v.* **chalé**

chalote [ʧa'lote] *m* Schalotte *f*

chalupa [ʧa'lupa] *f* Schaluppe *f*

chamaco, -a [ʧa'mako, -a] *m, f (Méx)* ① *(muchacho)* Junge *m; (muchacha)* Mädchen *nt* ② *(novio)* Freund(in) *m(f)*

chamán [ʧa'man] *m* Schamane *m*

chamariz [ʧama'riθ] *m* (ZOOL) Gartenzeisig *m*

chambelán [ʧambe'lan] *m* Kammerherr *m*

chambón, -ona [ʧam'bon, -ona] *adj (fam)* ① *(afortunado)* glücklich ② *(descuidado)* schlampig

chambra ['ʧambra] *f* ① *(bata)* Hausjacke *f* ② *(fam: blusa)* Bluse *f*

chamizo [ʧa'miθo] *m* ① *(árbol)* versengter Baum *m; (leño)* verkohltes Holzscheit *nt* ② *(choza)* Hütte *f (mit Schilfdach)* ③ *(pey: vivienda)* Loch *nt*

champán [ʧam'pan] *m,* **champaña** [ʧam'paɲa] *m* Champagner *m*

Champaña [ʧam'paɲa] *f* Champagne *f*

champiñón [ʧampi'ɲon] *m* Champignon *m*

champú [ʧam'pu] *m* Shampoo *nt;* **~ anticaspa** Anti-Schuppen-Shampoo *nt*

chamuscado, -a [ʧamus'kaðo, -a] *adj* ① *(quemado)* angesengt ② *(fam: receloso)* argwöhnisch ③ *(fam: amoscado)* eingeschnappt

chamuscar [ʧamus'kar] <c → qu> **I.** *vt (quemar)* ansengen; *(aves)* absengen **II.** *vr:* **~se** ① *(quemarse)* ansengen ② *(fam: ponerse receloso)* argwöhnisch werden ③ *(fam: amoscarse)* einschnappen

chamusquina [ʧamus'kina] *f* ① *(quemadura)* Ansengen *nt; (de aves)* Absengen *nt;* **esto huele a ~** *(sospechoso)* das sieht verdächtig aus; *(peligroso)* das wird zu brenzlig ② *(fam: riña)* Streit *m; (pelea)* Rauferei *f*

chanada [ʧa'naða] *f* ① *(engaño)* Schwindel *m,* Betrug *m* ② *(chasco)* Streich *m*

chancar [ʧaŋ'kar] <c → qu> *vt* ① *(Am: pulverizar)* zermahlen, zerkleinern ② *(Chil, Perú: golpear)* schlagen, misshandeln ③ *(Chil, Perú: fig: abrumar)* bombardieren ④ *(Chil, Ecua: hacer algo mal o incompleto)* herummurksen (an +*dat*) *fam,* herumstümpern (an +*dat*) *fam* ⑤ *(Perú: fig: estudiar)* büffeln *fam,* pauken *fam*

chancear [ʧaṇθe'ar] **I.** *vi* scherzen, spaßen **II.** *vr:* **~se** sich lustig machen (**de** über +*akk*)

chanchería [ʧanʧe'ria] *f (Am)* Metzgerei *f* (für Schweinefleisch)

chanchi ['ʧanʧi] *adj inv (fam)* genial, geil

chancho[1] ['ʧanʧo] *m (Am)* Schwein *nt*

chancho, -a[2] ['ʧanʧo, -a] *adj (Am)* ① *(marrano)* schmutzig ② *(desaseado)* liederlich

chanchullero, -a [ʧanʧu'ʎero, -a] **I.** *adj (fam)* falsch; **no seas ~** versuche nicht, mich reinzulegen **II.** *m, f (fam)* Gauner(in) *m(f)*

chanchullo [ʧan'ʧuʎo] *m (fam)* ① *(trampa)* Schwindel *m,* Betrug *m* ② *(manejo)* Machenschaft *f*

chancla ['ʧaŋkla] *f* ① *(zapato viejo)* ausgetretener (Haus)schuh *m* ② *(zapatilla)* Pantoffel *m*

chancleta [ʧaŋ'kleta] *f* ① *(chinela)* Schlappen *m fam* ② *(Am: bebé)* Baby *nt* ③ *(fam pey: persona inepta)* Tölpel *m* ④ *(Am: pey: mujer)* Frauenzimmer *nt*

chanclo ['ʧaŋklo] *m* ① *(zueco)* Holzschuh *m* ② *(zapato de goma)* Überschuh *m*

chándal ['ʧaṇdal] *m* <chándals> Jogginganzug *m*

changa ['ʧaŋga] *f* ① *(fam: trato)* (kleines) Geschäft *nt* ② *(Arg: ocupación)* Gelegenheitsarbeit *f* ③ *(AmS: trasporte)* Tragen

C

nt von Lasten ④ *(AmS, Cuba: broma)* Scherz *m*

changador [ʧaŋga'ðor] *m* ① *(AmS: cargador)* Lastenträger *m* ② *(Arg: temporero)* Gelegenheitsarbeiter *m*

changar [ʧaŋ'ɣar] <g → gu> *vt (romper)* zerbrechen; *(descomponer)* zerlegen; *(destrozar)* zerstückeln

chango ['ʧaŋo] *m (Arg)* Einkaufswagen *m;* **~ de bebe** Kinderwagen *m*

changüí [ʧaŋ'gwi] *m* ① *(fam: broma)* Scherz *m,* Spaß *m* ② *(fam: engaño)* Schwindel *m,* Betrug *m;* **dar ~ a alguien** *(engañar)* jdn hereinlegen; *(bromear)* seine Scherze mit jdm treiben

chanquete [ʧaŋ'kete] *m* Weißfisch *m*

chantaje [ʧaṇ'taxe] *m* Erpressung *f*

chantajear [ʧaṇtaxe'ar] *vt* erpressen

chantajista [ʧaṇta'xista] *mf* Erpresser(in) *m(f)*

chantar [ʧaṇ'tar] *vt* ① *(poste)* einschlagen ② *(fam: vestir)* anziehen ③ *(verdad, impertinencia)* ins Gesicht sagen; **se lo ha chantado** er/sie hat es ihm gesteckt *fam* ④ *(Chil: golpe)* versetzen

chantillí [ʧaṇti'ʎi] *m* Schlagsahne *f*

chanza ['ʧaṇθa] *f* Scherz *m,* Spaß *m;* **estar de ~** scherzen

chao ['ʧao] *interj* tschüs, ciao

chapa ['ʧapa] *f* ① *(metal)* Blech *nt* ② *(lámina)* Platte *f;* *(de madera)* Furnier *nt* ③ *(tapón)* Kron(en)korken *m* ④ *(carmín)* Rouge *nt;* *(chapeta)* Wangenröte *f* ⑤ *(placa)* Dienstmarke *f* ⑥ *(Am: cerradura)* (Tür)schloss *nt* ⑦ *pl (juego)* ≈ Münzspiel *nt*

chapado, -a [ʧa'paðo, -a] *adj v.* **chapeado²**

chapar [ʧa'par] *vt* ① *(con un metal)* plattieren; *(con un metal precioso)* dublieren; *(con oro)* vergolden; *(con madera)* furnieren; *(con baldosines)* belegen (**con/de** mit +*dat*) ② *(comentario)* entgegenschleudern

chaparra [ʧa'parra] *f* Kermeseiche *f*

chaparral [ʧapa'rral] *m* (Kermes)eichenwald *m*

chaparrear [ʧaparre'ar] *vi, vimpers (llover mucho)* gießen, schütten

chaparro¹ [ʧa'parro] *m* Eichenstrauch *m*

chaparro, -a² [ʧa'parro, -a] **I.** *adj (fam)* pumm(e)lig **II.** *m, f (fam)* Pummelchen *nt*

chaparrón [ʧapa'rron] *m* ① *(lluvia fuerte)* Regenguss *m;* *(chubasco)* Platzregen *m* ② *(fam: cantidad grande)* Unmenge *f*

chapeado¹ [ʧape'aðo] *m* ① *(de metal)* Plattierung *f;* **~ de oro** Doublé(gold) *nt* ② *(de madera)* Furnier *nt* ③ *(de baldosines)* Belag *m*

chapeado, -a² [ʧape'aðo, -a] *adj* ① *(de metal)* plattiert; *(de un metal precioso)* dubliert; *(de oro)* vergoldet ② *(de madera)* furniert ③ *(de baldosines)* belegt ④ *(loc)* **~ a la antigua** altmodisch

chapear [ʧape'ar] **I.** *vt* ① *(con un metal)* plattieren; *(con oro)* vergolden; *(con madera)* furnieren; *(con baldosines)* belegen (**con/de** mit +*dat*) ② *(Am: la tierra)* jäten **II.** *vi (chacolotear)* klappern

chapeca [ʧa'peka] *f (Arg)* ① *(trenza)* Zopf *m* ② *(ristra de ajos)* Knoblauchzopf *m*

chapero [ʧa'pero] *m (argot)* ① *(homosexual)* Schwule(r) *m* ② *(prostituto)* Stricher *m,* Strichjunge *m*

chapetón¹ [ʧape'ton] *m (Am: chaparrón)* Regenguss *m*

chapetón, -ona² [ʧape'ton, -ona] **I.** *adj (Am)* ① *(español recién llegado)* neu angekommen *(aus Spanien)* ② *(inexperto)* unerfahren **II.** *m, f (Am: español recién llegado)* Neuankömmling *m (aus Spanien)*

chapetonada [ʧapeto'naða] *f* ① (HIST, MED) *durch Klimawechsel hervorgerufene Erkrankung* ② *(Am: equivocación)* Versehen *nt,* Irrtum *m (durch Unkenntnis)*

chapistería [ʧapiste'ria] *f* ① *(planchistería)* Blechschmiede *f* ② *(de carrocería)* Karosseriewerkstatt *f*

chapitel [ʧapi'tel] *m* (ARQUIT: *de una torre*) (Turm)helm *m;* *(de una columna)* Kapitell *nt*

chapó [ʧa'po] **I.** *interj* **¡~!** Hut ab! **II.** *m Billardspiel mit in der Regel vier Mitspielern*

chapona [ʧa'pona] *f (RíoPl: chaqueta)* Jacke *f,* Sakko *m o nt*

chapopote [ʧapo'pote] *m (Ant, Méx: asfalto)* Asphalt *m*

chapotear [ʧapote'ar] **I.** *vi (persona)* planschen; *(agua)* plätschern **II.** *vt* anfeuchten

chapoteo [ʧapo'teo] *m* ① *(chapaleo)* Planschen *nt;* *(del agua)* Plätschern *nt* ② *(humidificación)* Anfeuchten *nt*

chapucear [ʧapuθe'ar] **I.** *vt* ① *(hacer mal y rápido)* stümperhaft erledigen ② *(engañar)* betrügen **II.** *vi (trabajar mal y rápido)* stümpern

chapucería [ʧapuθe'ria] *f (fam)* ① *(trabajo mal rematado)* Pfuscharbeit *f* ② *(imperfección)* Mangel *m;* **el trabajo está lleno de ~s** die Arbeit ist sehr mangelhaft ausgeführt

chapucero, -a [ʧapu'θero, -a] **I.** *adj* ① *(mal y rápido)* pfuscherhaft *fam;* *(sin saber)* stümperhaft ② *(embustero)* lügnerisch **II.** *m, f* ① *(chambón)* Pfuscher(in) *m(f)* *fam* ② *(embustero)* Lügner(in) *m(f)*

chapulín [tʃapu'lin] *m* ① *(Am: langosta)* Heuschrecke *f* ② *(AmC: niño)* (kleiner) Junge *m*, Knabe *m*
chapurr(e)ar [tʃapurre'ar/tʃapu'rrar] *vt* ① *(idioma)* radebrechen ② *(fam: bebidas)* mischen
chapuza [tʃa'puθa] *f* ① *(chapucería)* Pfusch *m fam* ② *(trabajo)* Gelegenheitsarbeit *f*
chapuzón [tʃapu'θon] *m* Sprung *m* ins Wasser; **darse un ~** kurz schwimmen gehen
chaqué [tʃa'ke] *m* Cut(away) *m*
chaqueta [tʃa'keta] *f (cazadora)* Jacke *f*; *(americana)* Jackett *nt*; **~ de punto** Strickjacke *f*; **cambiar de** [*o* **la**] **~** *(fig)* umschwenken
chaquetero, -a [tʃake'tero, -a] **I.** *adj* wetterwendisch **II.** *m, f* wetterwendischer Mensch *m*
chaquetilla [tʃake'tiʎa] *f* Bolero *m*
chaquetón [tʃake'ton] *m* Winterjacke *f*; *(cazadora)* (Wind)jacke *f*; *(de loden)* Joppe *f*
chaquiñán [tʃaki'ɲan] *m (Ecua: atajo)* Abkürzung *f*
charada [tʃa'raða] *f* Scharade *f*
charanga [tʃa'raŋga] *f* ① *(banda)* (kleine) Musikkapelle *f* ② *(Am: baile)* Tänzchen *nt*
charango [tʃa'raŋgo] *m (AmS) fünfsaitige Mandoline der Indianer*
charca ['tʃarka] *f* Tümpel *m*
charco ['tʃarko] *m* Pfütze *f*, Lache *f*
charcón, -ona [tʃar'kon, -ona] *adj (Arg, Bol, Urug: flaco)* mager, dünn
charcutería [tʃarkute'ria] *f* ① *(productos)* Wurstwaren *fpl* ② *(tienda)* Metzgerei *f*
charla ['tʃarla] *f* ① *(conversación)* Plauderei *f*; *(en internet)* Chat *m*; **sala de ~** Chatroom *m*; **estar de ~** plaudern ② *(conferencia)* (unförmlicher) Vortrag *m*
charlar [tʃar'lar] *vi* ① *(conversar)* plaudern ② *(parlotear)* schwatzen
charlatán, -ana [tʃarla'tan, -ana] **I.** *adj* ① *(hablador)* schwatzhaft ② *(chismoso)* klatschhaft ③ *(embaucador)* schwindlerisch **II.** *m, f* ① *(hablador)* Schwätzer(in) *m(f)* ② *(chismoso)* Klatschmaul *nt* ③ *(vendedor)* Marktschreier(in) *m(f)* ④ *(curandero)* Quacksalber(in) *m(f)*
charlatanear [tʃarlatane'ar] *vi (hablar mucho)* schwatzen
charlatanería [tʃarlatane'ria] *f* ① *(locuacidad)* Schwatzhaftigkeit *f* ② *(palabrería)* leeres Gerede *nt* ③ *(curanderismo)* Quacksalberei *f*
charlotada [tʃarlo'taða] *f* ① (TAUR) *komischer Stierkampf mit Clowns* ② *(actuación)* komisches Schauspiel *nt*
charlotear [tʃarlote'ar] *vi v.* **charlar**
charloteo [tʃarlo'teo] *m v.* **charla**
charnego, -a [tʃar'neɣo, -a] *m, f (pey) in Katalonien, Einwanderer aus südlichen spanischen Regionen*
charol [tʃa'rol] *m* ① *(barniz)* Lack *m* ② *(cuero)* Lackleder *nt* ③ *(Am: bandeja)* Tablett *nt*
charolado, -a [tʃaro'laðo, -a] *adj* ① *(de charol)* Lack-, lackiert ② *(parecido al charol)* glänzend; **con ojos ~s** mit leuchtenden Augen
charretera [tʃarre'tera] *f* ① *(insignia)* Epaulette *f* ② *(liga)* Strumpfband *nt*
charro, -a ['tʃarro, -a] **I.** *adj* ① *(salmantino)* aus Salamanca ② *(pey: rústico)* bäu(e)risch, plump; *(habla)* ungeschliffen ③ *(de mal gusto)* geschmacklos; *(chillón)* grell, schrill **II.** *m, f* ① *(campesino)* Bauer *m*/Bäuerin *f* aus Salamanca ② *(pey: tosco)* Bauer(ntölpel) *m*
chárter ['tʃarter] *adj inv* Charter-; **vuelo ~** Charterflug *m*
chasca ['tʃaska] *f* ① *(ramaje)* Reisig *nt* ② *(Am: pelo)* wirres Haar *nt*
chascar [tʃas'kar] <c → qu> **I.** *vi* ① *(con la lengua)* schnalzen; *(con el látigo)* knallen ② *(madera)* knarren; *(fuego)* knistern **II.** *vt (comida)* verschlingen
chascarrillo [tʃaska'rriʎo] *m* Anekdote *f*
chasco[1] ['tʃasko] *m* ① *(burla)* Streich *m* ② *(decepción)* Enttäuschung *f*; *(fracaso)* Reinfall *m fam*
chasco, -a[2] ['tʃasko, -a] *adj (Am)* zott(e)lig, wirr
chasis ['tʃasis] *m inv* ① (AUTO) Fahrgestell *nt* ② (ELEC) Rahmen *m* ③ (FOTO) Kassette *f*
chasque ['tʃaske] *m (AmS: mensajero)* Bote *m*
chasquear [tʃaske'ar] **I.** *vt* ① *(burlar)* einen Streich spielen +*dat* ② *(decepcionar)* enttäuschen ③ *(faltar)* im Stich lassen **II.** *vi* ① *(con la lengua)* schnalzen; *(con el látigo)* knallen ② *(madera)* knarren; *(fuego)* knistern
chasquido [tʃas'kiðo] *m* ① *(de lengua)* Schnalzen *nt*; *(de látigo)* Knallen *nt* ② *(de la madera)* Knarren *nt*
chat [tʃat] *m* (INFOR) Chat *nt*
chatarra [tʃa'tarra] *f* ① *(escoria)* Schlacke *f* ② *(metal viejo)* Alteisen *nt*
chatarrería [tʃatarre'ria] *f* Schrotthandel *m*
chatarrero, -a [tʃata'rrero, -a] *m, f* Schrotthändler(in) *m(f)*
chatear [tʃate'ar] *vi* ① (INFOR) chatten ② *(fam: beber)* sich *dat* ein paar Gläschen genehmigen
chateo [tʃa'teo] *m (fam)* Tavernen-

C

C

bummel *m;* **irse por los bares de** ~ einen Zug durch die Weinlokale machen

chato, -a ['ʧato, -a] **I.** *adj* ❶ *(nariz)* platt; *(redondeada)* stumpf ❷ *(persona)* plattnasig, stumpfnasig ❸ *(objeto)* flach; *(aplastado)* platt **II.** *m, f (fam: tratamiento cariñoso)* Kleiner *m,* Kleine *f,* Kleines *nt*

chatre ['ʧatre] *adj (Chil, Ecua: elegante)* schick, herausgeputzt

chaucha ['ʧau̯ʧa] *f (AmS)* ❶ *(judía verde)* grüne Bohne *f* ❷ *(patata)* Pflanzkartoffel *f,* Saatkartoffel *f* ❸ *pl (calderilla)* (Kupfer)münzen *fpl,* Kleingeld *nt*

chauchera [ʧau̯'ʧera] *f (Chil, Ecua: monedero)* Geldbeutel *m,* Portemonnaie *nt*

chauvinismo [ʧoβi'nismo] *m* Chauvinismus *m*

chauvinista [ʧoβi'nista] **I.** *adj* chauvinistisch **II.** *mf* Chauvinist(in) *m(f)*

chaval(a) [ʧa'βal(a)] *m(f)* ❶ *(chico)* Junge *m,* Bursche *m; (chica)* Mädchen *nt; (joven)* junger Mann *m,* junge Frau *f* ❷ *(fam: novio)* Freund(in) *m(f)*

chavalería [ʧaβale'ria] *f (fam)* junge Leute *pl,* junges Gemüse *nt fam*

chavalín, -ina [ʧaβa'lin, -ina] *m, f* kleiner Junge *m,* kleines Mädchen *nt*

chaveta [ʧa'βeta] *f* ❶ *(remache)* Splint *m* ❷ *(pasador)* Bolzen *m,* Zapfen *m;* **estar mal de la** ~ *(fam)* nicht (ganz) richtig im Kopf sein

chazar [ʧa'θar] <z → c> *vt* (DEP: *detener*) halten

che [ʧe] **I.** *interj (AmS)* he **II.** *f Name des Buchstabens ‚ch'*

chécheres ['ʧeʧeres] *mpl (Col, CRi)* Krimskrams *m fam*

checo, -a ['ʧeko, -a] **I.** *adj* tschechisch; **República Checa** Tschechische Republik **II.** *m, f* Tscheche, -in *m, f*

checo(e)slovaco, -a [ʧeko(e)slo'βako, -a] **I.** *adj* tschechoslowakisch **II.** *m, f* Tschechoslowake, -in *m, f*

chef [ʧef] <chefs> *m* Küchenchef *m*

cheli ['ʧeli] *m Madrider Argot*

chelín [ʧe'lin] *m (moneda)* Schilling *m*

chelista [ʧe'lista] *mf* Cellist(in) *m(f)*

chelo ['ʧelo] *m* Cello *nt*

chepa ['ʧepa] *f (fam)* Buckel *m,* Höcker *m*

cheque ['ʧeke] *m* Scheck *m;* ~ **bancario** Bankscheck *m;* ~ **en blanco** Blankoscheck *m;* ~ **cruzado** Verrechnungsscheck *m;* ~ **sin fondo** ungedeckter Scheck; ~ **de viaje** Reisescheck *m;* **cobrar un** ~ einen Scheck einlösen; **librar** [*o* **extender**] **un** ~ einen Scheck ausstellen

chequear [ʧeke'ar] **I.** *vt (Am: la salud)* untersuchen; *(un documento)* prüfen; *(un mecanismo)* überprüfen **II.** *vr:* **~se** sich untersuchen lassen

chequeo [ʧe'keo] *m (de la salud)* Check-up *m o nt; (de un mecanismo)* Inspektion *f*

Chequia ['ʧekja] *f* Tschechien *nt*

chercha ['ʧerʧa] *f* ❶ *(Hond: algazara)* Ausgelassenheit *f,* fröhlicher Radau *m* ❷ *(Ven: mofa)* Spott *m; (broma)* Scherz *m*

chévere ['ʧeβere] **I.** *adj (AmC: fam)* erstklassig **II.** *mf (Cuba, PRico, Ven)* Angeber(in) *m(f)*

chibcha ['ʧiβʧa] **I.** *adj* (HIST) Chibcha- **II.** *mf* (HIST) Chibcha *mf*

chic [ʧik] **I.** *adj inv (guapo)* schick, flott; *(elegante)* elegant **II.** *m sin pl* Schick *m,* Eleganz *f*

chica ['ʧika] **I.** *adj* ❶ *(pequeña)* klein ❷ *(joven)* jung **II.** *f* ❶ *(niña)* Mädchen *nt* ❷ *(joven)* junge Frau *f; (tratamiento cariñoso)* Kleine *f fam* ❸ *(criada)* Dienstmädchen *nt*

chicano, -a [ʧi'kano, -a] *Einwohner(in) der USA mit mexikanischen Vorfahren*

chicarrón, -ona [ʧika'rron, -ona] **I.** *adj* kräftig **II.** *m, f* kräftiger Junge *m,* kräftiges Mädchen *nt*

chicha ['ʧiʧa] **I.** *f (fam: carne)* Fleisch *nt;* **tener pocas ~s** *(delgado)* dürr sein; *(sin fuerzas)* schwächlich sein; **no ser ni ~ ni limonada** *(fig)* weder Fisch noch Fleisch sein **II.** *adj* **calma** ~ völlige Windstille *f*

chicharra [ʧi'ʧarra] *f* ❶ (ZOOL) Zikade *f* ❷ *(juguete)* Schnarre *f* ❸ (ELEC) Summer *m* ❹ (TÉC) Ratsche *f*

chicharrón [ʧiʧa'rron] *m* ❶ *(gorrón)* Griebe *f* ❷ *(carne) zu stark geröstetes Fleisch* ❸ *(fam: persona)* stark sonnengebräunter Mensch *m* ❹ (GASTR) *knusprig gebratene Schweineschwarten*

chichi ['ʧiʧi] *adj (AmC: fácil)* leicht; **no fue muy** ~ es war nicht gerade einfach

chichón [ʧi'ʧon] *m* Beule *f*

chicle ['ʧikle] *m* Kaugummi *m o nt*

chico[1] ['ʧiko] *m* ❶ *(niño)* Junge *m* ❷ *(joven)* junger Mann *m; (tratamiento cariñoso)* Kleiner *m fam* ❸ *(para los recados)* Laufbursche *m*

chico, -a[2] ['ʧiko, -a] *adj* ❶ *(pequeño)* klein ❷ *(joven)* jung

chicoleo [ʧiko'leo] *m (piropo)* Kompliment *nt; (lisonja)* Schmeichelei *f;* **estar de** ~ kokettieren

chicote [ʧi'kote] *m* ❶ *(fam: chico)* strammer Junge *m* ❷ (NÁUT) Tauende *nt* ❸ *(cigarro)* Zigarre *f* ❹ *(Am: látigo)* Peitsche *f*

chiflado, -a [ʧi'flaðo, -a] **I.** *adj (fam)* übergeschnappt; **estar ~ por alguien** verrückt nach jdm sein **II.** *m, f (fam)* Spinner(in) *m(f)*

chifladura [tʃifla'ðura] *f* ① *(locura)* Verrücktheit *f;* *(empeño)* Versessenheit *f* ② *(antojo)* Spinnerei *f fam*

chiflar [tʃi'flar] **I.** *vt (fam: gustar)* gefallen *+dat;* **me chiflan las aceitunas** ich esse für mein Leben gerne Oliven **II.** *vr:* **~se** *(fam)* ① *(pirrarse)* versessen sein (**por** auf *+akk*) ② *(volverse loco)* verrückt werden

chifle ['tʃifle] *m* ① *(silbato)* Pfeife *f* ② *(silbido)* Lockpfeife *f*

chihuahua [tʃi'wawa] *m* Chihuahua *m*

chiíta [tʃi'ita] **I.** *adj* schiitisch **II.** *mf* Schiit(in) *m(f)*

chilaba [tʃi'laβa] *f* Dschellaba *f*

chile ['tʃile] *m* (BOT) Chili *m;* *(especia)* Cayennepfeffer *m*

Chile ['tʃile] *m* Chile *nt*

chileno, **-a** [tʃi'leno, -a] **I.** *adj* chilenisch **II.** *m, f* Chilene, -in *m, f*

chillar [tʃi'ʎar] *vi* ① *(persona)* kreischen, schreien; **¡no me chilles!** schrei mich nicht an! ② *(animal salvaje)* heulen; *(ave)* kreischen ③ *(frenos, puerta)* quietschen ④ *(colores)* grell sein ⑤ *(Am: sollozar)* schluchzen

chilli ['tʃili] *m (Méx:* BOT) Chili *m*

chillido [tʃi'ʎiðo] *m* ① *(de persona)* Kreischen *nt* ② *(de animal salvaje)* Heulen *nt;* *(de ave)* Kreischen *nt* ③ *(de frenos, puerta)* Quietschen *nt* ④ *(Am: sollozo)* Schluchzen *nt*

chillón, -ona [tʃi'ʎon, -ona] **I.** *adj* ① *(persona)* kreischend, schreiend ② *(voz)* schrill ③ *(color)* grell **II.** *m, f* Schreihals *m fam*

chilmole [tʃil'mole] *m (Méx:* GASTR) Chilisauce *f*

chilpayate [tʃilpa'ɟate] *m (Méx: muchacho)* kleiner Junge *m*

chimenea [tʃime'nea] *f* ① *(de un edificio)* Schornstein *m* ② *(hogar)* Kamin *m;* *(tiro)* Rauchfang *m* ③ (*t.* GEO) Schlot *m*

chimpancé [tʃimpaṇ'θe] *mf* Schimpanse, -in *m, f*

china ['tʃina] *f* ① *(piedra)* Kieselstein *m;* **le ha tocado la ~** *(fig)* er/sie hat Pech gehabt ② *(traba)* Hindernis *nt* ③ *(Am: india)* junge indianische Frau *f;* *(mestiza)* Mestizin *f* ④ *(Am: amante)* Geliebte *f*

China ['tʃina] *f* (**la**) ~ China *nt*

chinchar [tʃin'tʃar] **I.** *vt* ① *(fam: molestar)* belästigen, stören; *(fastidiar)* nerven ② *(argot: matar)* umlegen **II.** *vr:* **~se** *(fam)* sich ärgern; **¡chínchate!** das hast du davon!

chinche[1] ['tʃintʃe] *m o f* ① (ZOOL) Wanze *f;* **~ apestosa** Stinkwanze *f* ② *(chincheta)* Reißzwecke *f*

chinche[2] ['tʃintʃe] *mf (fam)* Nervensäge *f*

chincheta [tʃin'tʃeta] *f* Reißzwecke *f*

chinchilla [tʃin'tʃiʎa] *f* (ZOOL) Chinchilla *f;* *(piel)* Chinchilla *nt*

chinchín [tʃin'tʃin] *interj* prost

chinchinear [tʃintʃine'ar] *vi (brindar)* anstoßen

chinchón [tʃin'tʃon] *m (chichón)* Beule *f*

chinchorrear [tʃintʃorre'ar] **I.** *vi* klatschen *fam,* tratschen *fam* **II.** *vt* belästigen, stören

chinchorrería [tʃintʃorre'ria] *f* ① *(impertinencia)* Zudringlichkeit *f* ② *(habladuría)* Klatsch *m,* Gerede *nt*

chinear [tʃine'ar] **I.** *vt* ① *(AmC: cargar en brazos)* (auf den Armen) tragen; *(llevar a cuestas)* auf dem Rücken tragen ② *(CRi: tratar con cuidado)* pflegen, pfleglich behandeln ③ *(CRi, Guat: criar niños)* betreuen **II.** *vr:* **~se** *(Guat: fig: obsesionarse)* sich *dat* große Sorgen machen (**por** um *+akk*)

chinela [tʃi'nela] *f* Hausschuh *m*

chinesco[1] [tʃi'nesko] *m* (MÚS) Schellenbaum *m*

chinesco, -a[2] [tʃi'nesko, -a] *adj* chinesisch; **a la chinesca** *(al uso de)* nach chinesischem Brauch; *(al modo de)* nach chinesischer Art

chingado, **-a** [tʃiŋ'gaðo, -a] *adj (fam)* ① *(borracho)* besoffen ② *(Am: frustrado)* misslungen ③ *(Am: estropeado)* kaputt

chingar [tʃiŋ'gar] <g → gu> **I.** *vt* ① *(fam: bebidas alcohólicas)* saufen ② *(fam: molestar)* auf die Nerven gehen *+dat* ③ *(vulg: joder)* ficken **II.** *vr:* **~se** *(fam)* ① *(emborracharse)* sich besaufen ② *(Am: fam: frustrarse)* in die Hose gehen ③ *(Am: fallar)* versagen

chino[1] ['tʃino] *m (Am: indio)* junger indianischer Mann *m;* *(mestizo)* Mestize *m;* **engañar a alguien como a un ~** *(fam)* jdn gewaltig übers Ohr hauen

chino, -a[2] ['tʃino, -a] **I.** *adj* chinesisch **II.** *m, f* Chinese, -in *m, f*

chip [tʃip] *m* ① (INFOR) Chip *m* ② (GASTR) **~s,** (**patatas**) ~ Kartoffelchips *mpl*

chipé(n) [tʃi'pe] *adj inv adv (fam)* (**de**) ~ toll, klasse, prima

chipirón [tʃipi'ron] *m* kleiner Tintenfisch *m*

Chipre ['tʃipre] *f* Zypern *nt*

chipriota [tʃi'prjota] **I.** *adj* zypriotisch, zyprisch **II.** *mf* Zypriot(in) *m(f),* Zypr(i)er(in) *m(f)*

chiquear [tʃike'ar] *vt (Cuba, Méx: mimar)* verwöhnen; *(de palabra)* schmeicheln (**a** *+dat*)

chiquillada [tʃiki'ʎaða] *f* ① *(broma)* Kinderei *f* ② *(travesura)* Kinderstreich *m*

chiquillería [tʃikiʎe'ria] *f* Kinderschar *f*

chiquillo, -a [tʃi'kiʎo, -a] **I.** *adj* klein **II.** *m, f*

C

(niño) (kleines) Kind *nt; (chico)* (kleiner) Junge *m; (chica)* (kleines) Mädchen *nt*

chiquirritín, -ina [tʃikirri'tin, -ina] **I.** *adj (fam)* winzig **II.** *m, f (fam)* Winzling *m*

chiquito[1] [tʃi'kito] *m* kleines Glas *nt* Wein

chiquito, -a[2] [tʃi'kito, -a] **I.** *adj* winzig, sehr klein **II.** *m, f* kleines Kind *nt,* Kleine(r) *f(m);* **no andarse con chiquitas** *(actuar sin miramiento)* den Stier bei den Hörnern packen; *(consecuentemente)* Nägel mit Köpfen machen

chirigota [tʃiri'ɣota] *f* Jux *m,* Scherz *m*

chirimbolo [tʃirim'bolo] *m (fam)* ❶ *(chisme)* Ding *nt* ❷ *pl* Kram *m,* Zeug *nt*

chirimoya [tʃiri'moɟa] *f* Rahmapfel *m,* Chirimoya *f*

chiringuito [tʃiriŋ'gito] *m* Imbiss(stand) *m; (en la playa)* Strandbar *f*

chiripa [tʃi'ripa] *f* ❶ *(fam: suerte)* Glück *nt; (casualidad favorable)* glücklicher Zufall *m* ❷ *(en el juego)* Zufallstreffer *m*

chiripá [tʃiri'pa] *m (Arg: pañal)* Windel *f*

chirivía [tʃiri'βia] *f* ❶ (BOT) Pastinak *m,* Pastinake *f* ❷ (ZOOL) Bachstelze *f*

chirlar [tʃir'lar] *vi (fam)* kreischen

chirle ['tʃirle] *adj* ❶ *(soso)* fad(e), geschmacklos; **una sopa ~** eine wässrige Suppe ❷ *(fam: sin interés)* unbedeutend; *(sin substancia)* gehaltlos, nichts sagend

chirlo ['tʃirlo] *m* ❶ *(herida)* Schnittwunde *f* (im Gesicht) ❷ *(cicatriz)* Schmarre *f fam*

chirona [tʃi'rona] *f (fam)* Kittchen *nt,* Knast *m*

chirriar [tʃirri'ar] <*1. pres* chirrío> *vi* ❶ *(al freír)* zischen ❷ *(metal)* quietschen; *(madera)* knarren ❸ *(pájaros)* zwitschern

chirrido [tʃi'rriðo] *m* ❶ *(al freír)* Zischen *nt* ❷ *(del metal)* Quietschen *nt; (de la madera)* Knarren *nt* ❸ *(de los pájaros)* Zwitschern *nt*

chisguete [tʃis'ɣete] *m (chorro)* Strahl *m*

chisme ['tʃisme] *m* ❶ *(habladuría)* Klatsch *m fam,* Gerede *nt;* **andar** [*o* **ir**] **con ~s** tratschen *fam* ❷ *(objeto)* Ding *nt;* **recoge esos ~s** räum diesen Kram weg

chismear [tʃisme'ar] *vi (fam: cotillear)* klatschen, tratschen

chismorrear [tʃismorre'ar] *vi* tratschen *fam*

chismorreo [tʃismo'rreo] *m* Geklatsche *nt fam*

chismoso, -a [tʃis'moso, -a] **I.** *adj* klatschhaft **II.** *m, f* Klatschmaul *nt fam*

chispa ['tʃispa] *f* ❶ (*t.* ELEC) Funke(n) *m;* **echar ~s** Funken sprühen; *(fig)* fuchsteufelswild sein ❷ *(rasgo de ingenio)* Geistesblitz *m; (ingenio)* Geist *m,* Esprit *m; (gracia)* Witz *m;* **ser una ~** sehr aufgeweckt sein ❸ *(gota)* (Regen)tropfen *m* ❹ *(fam: borrachera)* Schwips *m* ❺ *(una pizca)* **una ~ de...** ein bisschen ...

chispazo [tʃis'paθo] *m* ❶ (*t.* ELEC) Funke(n) *m; (descarga)* Funkenentladung *f* ❷ *(chisme)* Klatsch *m fam,* Gerede *nt*

chispear [tʃispe'ar] **I.** *vi* ❶ *(centellear)* Funken sprühen ❷ *(brillar)* funkeln **II.** *vimpers (lloviznar)* nieseln

chisporrotear [tʃisporrote'ar] *vi (despedir chispas)* Funken sprühen; *(el fuego)* prasseln

chisporroteo [tʃisporro'teo] *m (centelleo)* Sprühen *nt* (von Funken); *(del fuego)* Prasseln *nt; (del aceite)* Spritzen *nt*

chistar [tʃis'tar] *vi* mucksen *fam;* **no ~** keinen Ton sagen

chiste ['tʃiste] *m* ❶ *(cuento)* Witz *m; (broma)* Scherz *m;* **~ verde** unanständiger Witz; **no tiene ~ la cosa** das ist gar nicht witzig ❷ *(gracia)* Pointe *f*

chistera [tʃis'tera] *f* ❶ *(cesta)* (Fisch)korb *m* ❷ *(fam: sombrero)* Zylinder *m*

chistoso, -a [tʃis'toso, -a] **I.** *adj* witzig, spaßig **II.** *m, f* Witzbold *m fam*

chita ['tʃita] *f* (ANAT) Sprungbein *nt;* **a la ~ callando** *(fig)* im Geheimen

chitón [tʃi'ton] *interj* **¡~!** pst!, still!

chivar [tʃi'βar] **I.** *vt* ❶ *(fastidiar)* ärgern; *(molestar)* belästigen ❷ *(engañar)* betrügen **II.** *vr:* **~se** *(fam)* ❶ *(hablar)* petzen ❷ *(Am: enojarse)* sich ärgern

chivatazo [tʃiβa'taθo] *m (fam)* Tipp *m,* Wink *m;* **dar el ~** petzen

chivateo [tʃiβa'teo] *m (Am)* Lärm *m,* Getöse *nt*

chivato, -a [tʃi'βato, -a] *m, f (fam)* Petze *f*

chivo, -a ['tʃiβo, -a] *m, f* Zicklein *nt;* **~ expiatorio** Sündenbock *m*

chocante [tʃo'kante] *adj* ❶ *(raro)* merkwürdig; *(sorprendente)* verwunderlich ❷ *(escandaloso)* anstößig ❸ *(Am: fastidioso)* ärgerlich; *(repugnante)* abstoßend

chocar [tʃo'kar] <c → qu> **I.** *vi* ❶ *(vehículos)* kollidieren; *(dar)* aufprallen (**contra** auf +*akk*); *(coches)* auffahren (**contra** auf +*akk*) ❷ *(proyectil)* knallen (**contra** gegen +*akk*) ❸ *(encontrarse)* stoßen (**con** auf +*akk*); *(personas)* zusammenstoßen; *(discutir)* aneinandergeraten; **chocó con su jefe** er/sie hat sich mit seinem/ihrem Chef angelegt **II.** *vt* ❶ *(entrechocar)* aneinanderstoßen; **~ las copas** anstoßen; **¡chócala!** *(fam)* schlag ein! ❷ *(sorprender)* erstaunen ❸ *(perturbar)* erschüttern; *(escandalizar)* schockieren ❹ *(Am: repugnar)* abstoßen; **me chocan sus opiniones** ich finde seine/ihre Ansichten unmöglich

chochear [tʃotʃe'ar] *vi* ❶ *(por vejez)* senil

werden; *(fam: atontar)* vertrotteln ❷ *(sentir cariño)* vernarrt sein

chochez [tʃo'tʃeθ] *f* ❶ *(senilidad)* Senilität *f* ❷ *(fam: tontería)* Trott(e)ligkeit *f*

chocho, -a ['tʃotʃo, -a] *adj* ❶ *(senil)* senil; *(fam: lelo)* trott(e)lig ❷ *(chiflado)* vernarrt

choclo ['tʃoklo] *m* ❶ *(zueco)* Holzschuh *m* ❷ *(AmS: maíz)* Zuckermais *m; (mazorca tierna)* zarter Maiskolben *m* ❸ *(AmS:* GASTR) *Gericht aus Süßmais*

chocolate [tʃoko'late] *m* ❶ *(para comer, beber)* Schokolade *f;* ~ **amargo extrafino** Zartbitterschokolade *f;* ~ (**frío**) **con helado** Eisschokolade *f* ❷ *(argot: hachís)* Shit *m o nt*

chocolatería [tʃokolate'ria] *f* ❶ *(fábrica)* Schokoladenfabrik *f* ❷ *(establecimiento)* ≈ Café *nt*

chocolatina [tʃokola'tina] *f* Schokoladenriegel *m*

chofer [tʃo'fer] *m,* **chófer** ['tʃofer] *m (de un automóvil)* Fahrer *m; (personal)* Chauffeur *m; (de un camión)* (Kraft)fahrer *m*

cholla ['tʃoʎa] *f (fam)* ❶ *(cabeza)* Birne *f,* Rübe *f* ❷ *(entendimiento)* Grips *m*

chollo ['tʃoʎo] *m (fam)* ❶ *(suerte)* Glück *nt,* Glücksfall *m* ❷ *(ganga)* Schnäppchen *nt*

cholo, -a ['tʃolo, -a] *m, f (Am)* ❶ *(indio) in die kreolische Gesellschaft integrierte(r) Indianer(in)* ❷ *(mestizo)* Mestize, -in *m, f*

chongo ['tʃoŋgo] *m* ❶ *(Méx: fam: trenza)* Zopf *m; (moño)* Haarknoten *m* ❷ *(Chil: cuchillo)* stumpfes Messer *nt*

chopera [tʃo'pera] *f* Pappelhain *m*

chopo ['tʃopo] *m* (BOT) Pappel *f*

choque ['tʃoke] *m* ❶ *(golpe)* Stoß *m* ❷ *(impacto)* Aufprall *m* ❸ *(colisión)* Kollision *f;* ~ **de frente** Frontalzusammenstoß *m* ❹ *(encuentro)* Zusammenstoß *m; (disputa)* Streit *m,* Reiberei *f* ❺ *(susto, t.* MED) Schock *m*

chorar [tʃo'rar] *vt (argot: hurtar)* klauen

choricear [tʃoriθe'ar] *vt (fam)* mitgehen lassen

chorizada [tʃori'θaða] *f (fam: engaño)* Schwindel *m,* Betrug *m; (hurto)* Diebstahl *m*

chorizar [tʃori'θar] <z → c> *vt (vulg) v.* **choricear**

chorizo¹ [tʃo'riθo] *m* ❶ *(embutido)* luftgetrocknete Paprikawurst *f* ❷ *(contrapeso)* Balancierstange *f*

chorizo, -a² [tʃo'riθo, -a] *m, f (fam)* ❶ *(ladrón)* Dieb(in) *m(f); (carterista)* Taschendieb(in) *m(f)* ❷ *(idiota)* Idiot(in) *m(f)*

chorlito [tʃor'lito] *m* (ZOOL) Regenpfeifer *m;* **cabeza de** ~ *(fig)* Wirrkopf *m*

chorra ['tʃorra] **I.** *f* ❶ *(fam: suerte)* Glück *nt;* **¡qué ~!** was für ein Glück! ❷ *(vulg: pene)* Schwanz *m fam* ❸ *(argot: imbécil)* Vollidiot *m* **II.** *adv* **de** ~ zufällig, durch Zufall

chorrada [tʃo'rraða] *f* ❶ *(chorrillo)* extra Schuss *m* ❷ *(fam: tontería)* Unfug *m* ❸ *(fam: cosa superflua)* unnützes Zeug *nt*

chorreada [tʃorre'aða] *f* Schuss *m*

chorrear [tʃorre'ar] *vi* ❶ *(fluir)* rinnen ❷ *(gotear)* tropfen ❸ *(concurrir lentamente)* tröpfchenweise eintreffen

chorro ['tʃorro] *m* ❶ *(hilo)* Strahl *m; (porción)* Guss *m; (de un ingrediente)* Schuss *m* ❷ *(torrente)* Strom *m; (montón)* Schwall *m;* **beber a ~s** in großen Zügen trinken; **llover a ~s** in Strömen regnen

chota¹ ['tʃota] *f v.* **choto**

chota² ['tʃota] *mf (fam)* ❶ *(soplón)* Petze *f* ❷ *(parásito)* Schmarotzer(in) *m(f)* ❸ *(pelotillero)* Kriecher(in) *m(f)*

chotear [tʃote'ar] **I.** *vi* ausgelassen sein **II.** *vr:* **~se** *(fam)* spotten (**de** über +*akk*)

choteo [tʃo'teo] *m* ❶ *(diversión)* Spaß *m,* Vergnügen *nt* ❷ *(burla)* Spott *m*

choto, -a ['tʃoto, -a] *m, f* ❶ *(cría de la cabra)* Zicklein *nt* ❷ *(de la vaca)* Kalb *nt*

chovinismo [tʃoβi'nismo] *m v.* **chauvinismo**

chovinista [tʃoβi'nista] *adj o mf v.* **chauvinista**

choza ['tʃoθa] *f,* **chozo** ['tʃoθo] *m* ❶ *(cabaña)* Hütte *f* ❷ *(vivienda)* Bruchbude *f*

chubasco [tʃu'βasko] *m* ❶ *(aguacero)* Regenschauer *m; (chaparrón)* Platzregen *m* ❷ *(contratiempo)* schwierige Phase *f; (revés)* Rückschlag *m*

chubasquero [tʃuβas'kero] *m* Regenmantel *m*

chuchería [tʃutʃe'ria] *f* ❶ *(bocado)* Leckerei *f; (dulce)* Süßigkeit *f* ❷ *(menudencia)* Kleinigkeit *f*

chucho ['tʃutʃo] *m* ❶ *(fam: perro)* Köter *m* ❷ *(Am: escalofrío)* Schüttelfrost *m; (fiebre)* Wechselfieber *nt*

chuchurrido, -a [tʃutʃu'rriðo, -a] *adj (fam: estropeado)* ramponiert; *(ropa)* abgetragen

chucrú [tʃu'kru] *m,* **chucrut** [tʃu'kru] *m,* **chucruta** [tʃu'kruta] *f sin pl* Sauerkraut *nt*

chueco, -a ['tʃweko, -a] *adj (Am)* ❶ *(pies)* krummbeinig ❷ *(fam: torcido)* krumm

chufa ['tʃufa] *f* (BOT) Erdmandel *f*

chufar [tʃu'far] **I.** *vi (fam: mentir)* lügen **II.** *vr:* **~se** *(fam: burlarse)* sich lustig machen (**de** über +*akk*)

chufla ['tʃufla] *f* Witz *m,* Scherz *m*

chula ['tʃula] *f* ❶ *v.* **chulo¹** ❷ (HIST) Dirne *f* *(junges freches Mädchen aus der Madrider Arbeiterklasse um die Jahrhundertwende)*

C

chulada [tʃu'laða] *f* ❶ *(insolencia)* Frechheit *f* ❷ *(fam: cosa estupenda)* tolle Sache *f*
chulear [tʃule'ar] **I.** *vi, vr:* **~se** *(jactarse)* angeben **II.** *vr:* **~se** sich lustig machen (**de** über +*akk*)
chulería [tʃule'ria] *f* ❶ *(jactancia)* Angeberei *f* ❷ *(frescura)* Dreistigkeit *f*
chulesco, -a [tʃu'lesko, -a] *adj (pey)* großspurig
chuleta [tʃu'leta] **I.** *f* ❶ *(costilla)* Kotelett *nt* ❷ *(remiendo)* Flicken *m* ❸ *(fam: apunte)* Spickzettel *m* ❹ *(fam: bofetada)* Ohrfeige *f* **II.** *adj (fam)* frech, unverschämt; **ponerse ~** frech werden
chuletón [tʃule'ton] *m* (T-Bone-)Steak *nt*
chuli ['tʃuli] *adj (fam)* schick, flott
chullo[1] ['tʃuʎo] *m (AmS: gorro)* Wollmütze *f*
chullo, -a[2] ['tʃuʎo, -a] **I.** *adj (AmS: clase media)* Mittelschicht-; *(clase baja)* Unterschicht- **II.** *m, f (AmS: clase media)* Angehörige(r) *f(m)* der Mittelschicht; *(clase baja)* Angehörige(r) *f(m)* der Unterschicht
chulo[1] ['tʃulo] *m* ❶ *(gandul)* Tunichtgut *m; (mal educado)* Flegel *m* ❷ *(argot: proxeneta)* Zuhälter *m* ❸ *(dandi)* Dandy *m*
chulo, -a[2] ['tʃulo, -a] **I.** *adj* ❶ *(jactancioso)* angeberisch; *(presumido)* eingebildet ❷ *(fresco)* frech, unverschämt; **ponerse ~** frech werden ❸ *(fam: elegante)* schick, flott; *(lindo)* hübsch **II.** *m, f* ❶ *(fanfarrón)* Angeber(in) *m(f)* ❷ *(exagerador)* Aufschneider(in) *m(f)*
chumbera [tʃum'bera] *f* (BOT) Feigenkaktus *m*
chumbo ['tʃumbo] *m (fruto)* Kaktusfeige *f*
chuminada [tʃumi'naða] *f (fam)* ❶ *(bobada)* Blödsinn *m* ❷ *(objeto sin valor)* wertloses Ding *nt*
chunga ['tʃuŋga] *f (fam)* Scherz *m,* Spaß *m;* **estar de ~** scherzen
chungo, -a ['tʃuŋgo, -a] *adj (fam)* ❶ *(malo)* schlecht, mies; *(comida)* verdorben ❷ *(persona: rara)* komisch; *(enfermiza)* angeschlagen
chungón, -ona [tʃuŋ'gon, -ona] **I.** *adj* spaßig **II.** *m, f* Witzbold *m fam*
chunguearse [tʃuŋge'arse] *vr (bromear)* scherzen; *(embromar)* sich necken; *(burlarse)* sich lustig machen (**de** über +*akk*); **~ de alguien** jdn auf den Arm nehmen
chupa ['tʃupa] *f* ❶ (HIST) Rock *m;* **poner a alguien como ~ de dómine** *(fam)* jdn heruntermachen ❷ *(chaqueta)* Jacke *f; (chaleco)* Weste *f* ❸ *(AmC: borrachera)* Rausch *m*
chupachup(s) [tʃupa' tʃuβs] *m inv* Lolli *m*
chupada [tʃu'paða] *f* Zug *m*
chupado, -a [tʃu'paðo, -a] *adj* ❶ *(flaco)* mager; *(consumido)* ausgemergelt ❷ *(vestido)* eng (anliegend) ❸ *(fam: fácil)* kinderleicht ❹ *(Am: borracho)* betrunken
chupaflor [tʃupa'flor] *m (AmC:* ZOOL) Kolibri *m*
chupar [tʃu'par] **I.** *vt* ❶ *(extraer)* aussaugen; *(aspirar)* einsaugen; *(absorber)* aufsaugen ❷ *(caramelo)* lutschen; *(helado)* schlecken ❸ *(cigarrillo)* ziehen (an +*dat*) ❹ *(salud)* zehren (an +*dat*); *(debilitar)* schwächen **II.** *vi* ❶ *(fam: mamar)* (an der Mutterbrust) trinken ❷ *(aprovecharse)* schmarotzen; **~ del bote** auf Kosten anderer leben ❸ *(Am: fam: beber)* trinken, saufen *abw; (fumar)* qualmen **III.** *vr:* **~se** ❶ *(secarse)* abmagern ❷ *(fam: permanecer)* absitzen ❸ *(loc, fam)* **~se los dedos** *(fig)* sich *dat* die Finger lecken
chupatintas [tʃupa'tiṇtas] *m inv (pey)* ❶ *(escritor)* Schreiberling *m* ❷ *(oficinista)* Bürohengst *m*
chupe ['tʃupe] *m* ❶ *(fam: chupete)* Schnuller *m; (chupador)* Beißring *m* ❷ *(Am:* GASTR) *Gericht aus Kartoffeln mit Fleisch oder Fisch in einer Soße aus Meeresfrüchten, Paprika, Tomaten, Eiern, Cayennepfeffer usw.*
chupete [tʃu'pete] *m* ❶ *(del bebé)* Schnuller *m; (del biberón)* Sauger *m* ❷ *(Am: pirulí)* Lolli *m*
chupetear [tʃupete'ar] *vi, vt* lutschen
chupetón [tʃupe'ton] *m* ❶ *(chupada)* kräftiger Zug *m* ❷ *(fam: marca de un beso)* Knutschfleck *m*
chupi ['tʃupi] *adj (fam)* prima, großartig
chupinazo [tʃupi'naθo] *m* (*t.* DEP) gezielter Schuss *m*
chupito [tʃu'pito] *m (de vino, licor)* Schlückchen *nt*
chupón, -ona [tʃu'pon, -ona] **I.** *adj* ❶ *(chupador)* saugend ❷ *(parásito)* schmarotzerisch **II.** *m, f* Schmarotzer(in) *m(f)*
chuquisa [tʃu'kisa] *f (Chil, Perú: prostituta)* Prostitutierte *f*
churrascar [tʃurras'kar] <c → qu> **I.** *vt* anbrennen lassen **II.** *vr:* **~se** anbrennen
churrasco [tʃu'rrasko] *m* ❶ *(barbacoa)* Barbecue *nt* ❷ *(carne)* gegrilltes Fleisch *nt*
churrería [tʃurre'ria] *f Stand, an dem „churros“ gemacht und verkauft werden*
churrete [tʃu'rrete] *m* Fleck *m*
churretón [tʃurre'ton] *m aum de* **churrete**
churri ['tʃurri] *f (argot)* Freundin *f;* **mi ~** mein Mädchen
churro[1] ['tʃurro] *m* ❶ *(fritura) frittiertes Spritzgebäck;* **¡vete a freír ~s!** geh hin, wo der Pfeffer wächst! ❷ *(chapuza)*

Murks *m* ❸ *(suerte)* Glück *nt* ❹ *(flotador)* **~ (de piscina)** Schwimmnudel *f*

churro, -a[2] ['ʧurro, -a] *adj* ❶ *(lana)* grob ❷ *(cordero)* einjährig

churumbel [ʧurum'bel] *m (voz gitana)* Kind *nt*

chusco[1] ['ʧusko] *m* ❶ *(mendrugo)* Stück *nt* trockenes Brot ❷ *(pan de munición)* Kommissbrot *nt*

chusco, -a[2] ['ʧusko, -a] **I.** *adj* drollig **II.** *m, f* Witzbold *m fam*

chusma ['ʧusma] *f* ❶ *(gentuza)* Pöbel *m* ❷ *(muchedumbre)* Menschenmasse *f*

chut [ʧut] <chut(e)s> *m* (DEP: *fútbol*) Schuss *m*

chutar [ʧu'tar] **I.** *vt* schießen; **esto va que chuta** *(fam)* das klappt wie geschmiert **II.** *vr:* **~se** *(argot)* sich *dat* einen Schuss setzen

chute ['ʧute] *m (argot)* Schuss *m*

chuzo ['ʧuθo] *m* Spieß *m;* **caen ~s** *(fig: lluvia)* es regnet wie wild; *(nieve)* es schneit wie wild

chuzón[1] [ʧu'θon] *m* Spieß *m*

chuzón, -ona[2] [ʧu'θon, -ona] **I.** *adj* ❶ *(astuto)* schlau, gerissen *abw* ❷ *(burlón)* spöttisch **II.** *m, f* ❶ *(astuto)* Schlaukopf *m fam* ❷ *(burlón)* Spötter(in) *m(f)*

cía ['θia] *f (Arg)* Silo *m o nt*

Cía. ['θia] *abr de* **compañía** Co.

cianuro [θja'nuro] *m* (QUÍM) Zyanid *nt*

ciática [θi'atika] *f* (MED) Ischias *m o nt o f*

ciático, -a [θi'atiko, -a] *adj* (ANAT) **nervio ~** Ischiasnerv *m*

ciberacoso [θiβera'koso] *m* (INFOR) Cybermobbing *nt,* Cyberstalking *nt*

ciberbar [θiβer'βar] *m,* **cibercafé** [θiβerka'fe] *m* (INFOR) Internetcafé *nt*

cibercriminalidad [θiβerkriminali'ðað] *f* (INFOR) Computerkriminalität *f,* Cyberkriminalität *f*

ciberespacio [θiβeres'paθjo] *m* (INFOR) Cyberspace *m*

ciberhostigamiento [θiβerostiɣa'mjen̩to] *m* (INFOR) Cybermobbing *nt,* Cyberstalking *nt*

ciberlibro [θiβer'liβro] *m* (INFOR) E-Book *nt*

cibernauta [θiβer'nau̯ta] *mf* (INFOR) Netsurfer(in) *m(f)*

cibernética [θiβer'netika] *f* (ELEC, MED) Kybernetik *f*

cibernético, -a [θiβer'netiko, -a] **I.** *adj* (ELEC, MED) kybernetisch **II.** *m, f* (ELEC, MED) Kybernetiker(in) *m(f)*

ciberpirado [θiβerpi'raðo] *m* (INFOR) Netzpirat *m*

cicatriz [θika'triθ] *f* Narbe *f; (en el ánimo)* Spur *f*

cicatrización [θikatriθa'θjon] *f* Vernarbung *f*

cicatrizar [θikatri'θar] <z → c> **I.** *vi, vr:* **~se** vernarben **II.** *vt* heilen lassen

ciclamen [θi'klamen] *m* (BOT) Alpenveilchen *nt*

cíclico, -a ['θikliko, -a] *adj* zyklisch

ciclismo [θi'klismo] *m* (DEP) Radsport *m*

ciclista [θi'klista] **I.** *adj* Rad- **II.** *mf* Radfahrer(in) *m(f);* (DEP) Radsportler(in) *m(f)*

ciclo ['θiklo] *m* ❶ *(período, t.* ECON) Zyklus *m;* **~ económico** Wirtschaftszyklus *m* ❷ (LIT) Sage *f;* **~ del rey Arturo** Artussage *f*

ciclomotor [θiklomo'tor] *m* Moped *nt*

ciclón [θi'klon] *m* ❶ (METEO: *huracán*) Zyklon *m,* Wirbelsturm *m; (borrasca)* Bö(e) *f* ❷ (TÉC) Zyklon® *m*

ciclope [θi'klope] *m,* **cíclope** ['θiklope] *m* Zyklop *m*

cicuta [θi'kuta] *f* (BOT) Schierling *m*

cidra ['θiðra] *f* Zitronatzitrone *f;* **~ confitada** Zitronat *nt*

ciega ['θjeɣa] *adj o adv o f v.* **ciego**

ciego, -a ['θjeɣo, -a] **I.** *adj* ❶ *(privado de la vista)* blind; **quedarse ~** erblinden ❷ *(taponado)* verstopft **II.** *m, f* Blinde(r) *mf* **III.** *adv* **a ciegas** blindlings; **obrar a ciegas** unüberlegt handeln

cielo ['θjelo] **I.** *m* ❶ *(atmósfera)* Himmel *m;* **a ~ raso** unter freiem Himmel; **reino de los ~s** Himmelreich *nt;* **como caído del ~** wie gerufen! ❷ *(apelativo cariñoso)* Schatz *m* **II.** *interj* **¡~s!** (ach) du lieber Himmel!

ciemo ['θjemo] *m* (AGR) Dünger *m*

ciempiés [θjem'pjes] *m inv* (ZOOL) Tausendfüß(l)er *m*

cien [θjen] *adj inv* hundert; **al ~ por ~** hundertprozentig; *v. t.* **ochocientos**

ciénaga ['θjenaɣa] *f* Morast *m*

ciencia ['θjen̩θja] *f* ❶ *(saber)* Wissen *nt;* **a** [*o* **de**] **~ cierta** mit Sicherheit ❷ *(disciplina)* Wissenschaft *f;* **~s físicas** Physik *f;* **~s políticas** Politikwissenschaft *f;* **~s (naturales)** Naturwissenschaften *f pl;* **~s empresariales** Betriebswirtschaftslehre *f*

ciencia ficción ['θjen̩θja fiʸ'θjon] *f sin pl* Science-Fiction *f*

cieno ['θjeno] *m* Schlick *m*

científica [θjen̩'tifika] *adj o f v.* **científico**

científico, -a [θjen̩'tifiko, -a] **I.** *adj* wissenschaftlich **II.** *m, f* Wissenschaftler(in) *m(f)*

ciento ['θjen̩to] **I.** *adj* <cien> *inv* hundert; *v. t.* **ochenta** **II.** *m* **~s de huevos** Hunderte von Eiern; **el cinco por ~** fünf Prozent

cierre ['θjerre] *m* ❶ *(conclusión, t.* ECON, FIN) Schließen *nt; (clausura)* Schließung *f;* (PREN) Redaktionsschluss *m;* **~ del ejerci-**

cio Jahresabschluss *m;* ~ **patronal** Aussperrung *f* ❷ *(dispositivo, sistema)* Verschluss *m;* ~ **centralizado** (AUTO) Zentralverriegelung *f;* ~ **de velcro** Klettverschluss *m* ❸ *(Arg)* ~ (**relámpago**) Reißverschluss *m*

cierro ['θjerro] *m (Chil: sobre)* Briefumschlag *m*

ciertamente [θjerta'mente] *adv* gewiss, sicherlich

cierto[1] ['θjerto] *adv* gewiss; **por** ~ übrigens

cierto, -a[2] ['θjerto, -a] *adj* <certísimo> ❶ *(verdadero)* wahr; *(seguro)* sicher; **una información cierta** eine richtige Information; **estar en lo** ~ Recht haben; **lo** ~ **es que...** ehrlich gesagt ... ❷ *(alguno)* gewiss; ~ **día** eines Tages

ciervo, -a ['θjerβo, -a] *m, f* Hirsch, Hirschkuh *m, f*

cierzo ['θjerθo] *m* Nordwind *m*

cifra ['θifra] *f* ❶ *(guarismo)* Ziffer *f;* ~ **de inmigración** Einwanderungszahl *f;* ~ **de negocios** (ECON) Umsatz *m;* ~ **de ventas** (ECON) Absatz *m* ❷ *(clave)* Code *m;* **en** ~ verschlüsselt ❸ *(monograma)* Monogramm *nt* ❹ *(resumen)* Inbegriff *m* (**de** +*gen*)

cifrar [θi'frar] **I.** *vt* ❶ *(codificar)* verschlüsseln ❷ *(calcular)* berechnen ❸ *(resumir)* setzen (**en** auf +*akk*) **II.** *vr:* **~se** sich belaufen (**en** auf +*akk*)

cigala [θi'ɣala] *f* (ZOOL) Kronenhummer *m*

cigarra [θi'ɣarra] *f* ❶ (ZOOL) Zikade *f* ❷ *(bolsa)* Geldbeutel *m*

cigarral [θiɣa'rral] *m (reg)* Landgut *nt*

cigarrillo [θiɣa'rriʎo] *m* Zigarette *f*

cigarro [θi'ɣarro] *m* Zigarre *f*

cigarrón [θiɣa'rron] *m* (ZOOL) Heuschrecke *f*

cigüeña [θi'ɣweɲa] *f* ❶ *(ave)* Storch *m* ❷ *(manivela)* Kurbel *f*

cigüeñal [θiɣwe'ɲal] *m* (AUTO) Kurbelwelle *f*

cilantro [θi'lantro] *m* Koriander *m*

cilindrada [θilin'draða] *f* (AUTO) Hubraum *m*

cilíndrico, -a [θi'lindriko, -a] *adj* zylindrisch

cilindro [θi'lindro] *m* Zylinder *m; (en un reloj)* Trommel *f*

cilio ['θiljo] *m* (BIOL) Flagelle *f*

cima ['θima] *f* ❶ *(cumbre)* Spitze *f;* ~ **del árbol** (Baum)wipfel *m;* ~ **del monte** (Berg)gipfel *m* ❷ *(cúspide)* Höhepunkt *m*

cimarrón, -ona [θima'rron, -ona] *adj (Am: animal salvaje)* wild (lebend); *(planta salvaje)* wild (wachsend); *(animales domésticos)* verwildert

cimarronada [θimarro'naða] *f (Am)* Rudel *nt* verwilderter Tiere

címbalo ['θimbalo] *m* (MÚS) Zimbel *f*

cimbrar [θim'brar], **cimbrear** [θimbre'ar] **I.** *vt* ❶ *(agitar)* schwingen ❷ *(golpear)* schlagen ❸ *(doblar)* biegen **II.** *vr:* **~se** ❶ *(agitarse)* schwingen ❷ *(doblarse)* sich biegen

cimbreo [θim'breo] *m* ❶ *(agitación)* Schwingung *f* ❷ *(golpe)* Schlag *m*

cimbronazo [θimbro'naθo] *m* ❶ *(golpe)* Schlag *m* auf den Rücken ❷ *(Am: temblor nervioso)* Zusammenzucken *nt*

cimentación [θimenta'θjon] *f* ❶ *(fundamento)* Fundamentierung *f* ❷ *(edificación)* Gründung *f*

cimentar [θimen'tar] <e → ie> *vt* ❶ *(fundar)* gründen ❷ *(fundamentar)* fundamentieren ❸ *(afinar oro)* läutern ❹ *(consolidar)* begründen

cimiento [θi'mjento] *m* Fundament *nt*

cimitarra [θimi'tarra] *f* Krummsäbel *m*

cinc [θiŋ] *m* Zink *nt*

cincel [θin'θel] *m* Meißel *m*

cincelador(a) [θinθela'ðor(a)] *m(f) (metal)* Ziseleur(in) *m(f)*

cincelar [θinθe'lar] *vt* ziselieren

cincha ['θintʃa] *f* Sattelgurt *m*

cinchar [θin'tʃar] *vt* gurten

cinco ['θiŋko] **I.** *adj inv* fünf; **estar sin** ~ blank sein **II.** *m* Fünf *f; v. t.* **ocho**

cincuenta [θiŋ'kwenta] *adj inv* fünfzig; *v. t.* **ochenta**

cincuentavo [θiŋkwen'taβo] *m* Fünfzigstel *nt*

cincuentavo, -a [θiŋkwen'taβo, -a] *adj* fünfzigstel; *v. t.* **octavo**

cincuentena [θiŋkwen'tena] *f Einheit aus fünfzig Teilen;* **una ~ de personas** (etwa) fünfzig Personen

cincuentenario [θiŋkwente'narjo] *m* fünfzigster Jahrestag *m*

cincuentón, -ona [θiŋkwen'ton, -ona] **I.** *adj* in den Fünfzigern **II.** *m, f* Fünfzigjährige(r) *mf*

cine ['θine] *m* ❶ *(sala)* Kino *nt;* ~ **de barrio** Vorstadtkino *nt* ❷ *(séptimo arte)* Film *m,* Filmkunst *f;* ~ **mudo** Stummfilm *m*

cineasta [θine'asta] *mf* Cineast(in) *m(f)*

cineclub [θine'kluᵝ] *m* <cineclubs> Filmklub *m*

cinéfilo, -a [θi'nefilo, -a] *m, f* Kinoliebhaber(in) *m(f)*

cinegético, -a [θinexe'tiko, -a] *adj* Jagd-; **huésped** ~ Jagdgast *m*

cinema [θi'nema] *m* ❶ *(cine)* Kino *nt* ❷ *(cinemática)* Kinematik *f*

cinemateca [θinema'teka] *f* Filmarchiv *nt*

cinematografía [θinematoɣra'fia] *f* Filmkunst *f*
cinematografiar [θinematoɣrafi'ar] <*1. pres* cinematografío> *vt* (CINE) filmen
cinematográfico, -a [θinemato'ɣrafiko, -a] *adj* filmisch; **industria cinematográfica** Filmindustrie *f*
cinematógrafo [θinema'toɣrafo] *m* ❶ *(proyector)* Kinematograf *m* ❷ *(cine)* Lichtspieltheater *nt*
cinético, -a [θi'netiko, -a] *adj* (ARTE, FÍS) kinetisch
cingalés, -esa [θiŋga'les, -esa] **I.** *adj* ceylonesisch **II.** *m, f* Ceylonese, -in *m, f*
cíngaro, -a ['θiŋgaro, -a] **I.** *adj (pey)* zigeunerisch *abw* **II.** *m, f (pey)* Zigeuner(in) *m(f) abw*
cínico, -a ['θiniko, -a] **I.** *adj* ❶ *(desvergonzado)* zynisch ❷ (FILOS) kynisch **II.** *m, f* ❶ *(desvergonzado)* Zyniker(in) *m(f)* ❷ (FILOS) Kyniker(in) *m(f)*
cinismo [θi'nismo] *m* ❶ *(desvergüenza)* Zynismus *m* ❷ (FILOS) Kynismus *m*
cinta ['θiṇta] *f* ❶ *(tira)* Band *nt;* ~ **adhesiva** Klebeband *nt;* ~ **aislante** Isolierband *nt;* ~ **de enmascarar** Abdeckband *nt;* ~ **métrica** Messband *nt;* ~ **del pelo** Haarband *nt;* ~ **de vídeo** Videoband *nt* ❷ *(hilera de baldosas)* Abschlussleiste *f (aus Kacheln)* ❸ *(red de pesca)* Thunfischnetz *nt* ❹ *(planta)* Grünlilie *f* ❺ *(dispositivo)* ~ **tra(n)sportadora** (Förder)band *nt;* (DEP: *para correr*) Laufband *nt*
cinto ['θiṇto] *m* ❶ *(cinturón)* Gürtel *m* ❷ *(cintura)* Taille *f*
cintura [θiṇ'tura] *f* Taille *f;* ~ **de avispa** Wespentaille *f*
cinturilla [θiṇtu'riʎa] *f* Band *nt*
cinturón [θiṇtu'ron] *m* ❶ *(ceñidor)* Gürtel *m;* ~ **salvavidas** Rettungsring *m;* **apretarse el** ~ *(fig)* den Gürtel enger schnallen ❷ *(correa)* Gurt *m;* ~ **de seguridad** Sicherheitsgurt *m;* **ponerse el** ~ sich anschnallen ❸ (ASTR) Ring *m* ❹ *(carretera)* Ringstraße *f*
cipo ['θipo] *m* ❶ *(pilastra funeraria)* Grabstein *m* ❷ *(poste)* Meilenstein *m* ❸ *(mojón)* Grenzstein *m*
ciprés [θi'pres] *m* ❶ *(árbol)* Zypresse *f* ❷ *(madera)* Zypressenholz *nt*
circense [θir'θense] *adj* **espectáculo** ~ Zirkusvorstellung *f*
circo ['θirko] *m* ❶ *(arena)* Zirkus *m;* ~ **ambulante** Wanderzirkus *m* ❷ (GEO) Senke *f*
circuir [θirku'ir] *irr como huir vt* umgeben
circuito [θirku'ito] *m* ❶ *(perímetro)* Umkreis *m* ❷ *(trayecto de carrera)* Rennstrecke *f* ❸ *(recorrido)* Rundfahrt *f* ❹ (ELEC) Stromkreis *m;* ~ **integrado** integrierter Schaltkreis; **corto** ~ Kurzschluss *m*
circulación [θirkula'θjon] *f* ❶ *(ciclo)* Kreislauf *m;* ~ **sanguínea** Blutkreislauf *m* ❷ *(tránsito)* Verkehr *m* ❸ (ECON) Umlauf *m;* ~ **paralela (de las monedas)** (UE) Parallelumlauf *m;* **retirar de la** ~ aus dem Verkehr ziehen
circular [θirku'lar] **I.** *adj* kreisförmig **II.** *vi* ❶ *(recorrer)* zirkulieren ❷ *(personas)* hin und her gehen; **¡circulen!** (bitte) weitergehen! ❸ *(vehículos)* hin und her fahren **III.** *f* Rundschreiben *nt*
circulatorio, -a [θirkula'torjo, -a] *adj* (MED) Kreislauf-
círculo ['θirkulo] *m* Kreis *m;* ~ **de amistades** Freundeskreis *m;* ~ **vicioso** Teufelskreis *m*
circuncidar [θirkuṇθi'ðar] *vt* beschneiden
circuncisión [θirkuṇθi'sjon] *f* Beschneidung *f*
circunciso[1] [θirkuṇ'θiso] *m* ❶ *(circuncidado)* Beschnittene(r) *m* ❷ *(judío)* Jude *m*
circunciso, -a[2] [θirkuṇ'θiso, -a] **I.** *pp de* **circuncidar II.** *adj* beschnitten
circundante [θirkuṇ'daṇte] *adj* umgebend; **mundo** ~ Umgebung *f*
circundar [θirkuṇ'dar] *vt* umgeben
circunferencia [θirkumfe'reṇθja] *f* (MAT) ❶ *(círculo)* Kreis *m* ❷ *(contorno)* Umfang *m*
circunferir [θirkumfe'rir] *irr como sentir vt* begrenzen
circunloquio [θirkun'lokjo] *m* Umschweife *mpl*
circunscribir [θirkuⁿskri'βir] *irr como escribir* **I.** *vt* ❶ *(concretar)* beschränken (**a** auf +*akk*) ❷ (MAT) umschreiben **II.** *vr:* **~se** sich beschränken (**a** auf +*akk*)
circunscripción [θirkuⁿskriβ'θjon] *f* ❶ *(concreción)* Einschränkung *f* ❷ (MAT) Umschreibung *f* ❸ *(distrito)* Bezirk *m*
circunscrito, -a [θirkuⁿs'krito, -a] *pp de* **circunscribir**
circunspección [θirkuⁿspeʸ'θjon] *f* Umsicht *f*
circunstancia [θirkuⁿs'taṇθja] *f* Umstand *m;* **en estas ~s** unter diesen Umständen
circunstancial [θirkuⁿstaṇ'θjal] *adj* umstandsbedingt
circunvalación [θirkumbala'θjon] *f* ❶ *(acción de circunvalar)* Umgehung *f;* **carretera de** ~ Umgehungsstraße *f* ❷ (MIL) Umwallung *f*
circunvalar [θirkumba'lar] *vt* umgehen
cirílico, -a [θi'riliko, -a] *adj* kyrillisch
cirio ['θirjo] *m* ❶ *(vela)* (lange, dicke)

C

C

Wachskerze *f* ❷ *(fam: jaleo)* Durcheinander *nt*

cirro ['θirro] *m* ❶ (MED) Knoten *m* ❷ (BOT) Ranke *f* ❸ (METEO) Zirruswolke *f*, Federwolke *f*

cirrosis [θi'rrosis] *f inv* (MED) Zirrhose *f*

cirrótico, -a [θi'rrotiko, -a] *adj* (MED) zirrhotisch

ciruela [θi'rwela] *f* Pflaume *f*; ~ **pasa** Backpflaume *f*

ciruelo [θi'rwelo] *m* ❶ *(pruno)* Pflaumenbaum *m* ❷ *(fam: tonto)* Dummkopf *m*

cirugía [θiru'xia] *f* (MED) Chirurgie *f*

cirujano, -a [θiru'xano, -a] *m, f* (MED) Chirurg(in) *m(f)*

ciscar [θis'kar] <c → qu> **I.** *vt (fam)* besudeln **II.** *vr:* **~se** *(fam)* sein großes Geschäft machen

cisco ['θisko] *m* ❶ *(carbón)* (Kohlen)grus *m*; **estar hecho un ~** *(fam)* fix und fertig sein ❷ *(jaleo)* Krach *m*

Cisjordania [θisxor'ðanja] *f* Westjordanland *nt*

cisma ['θisma] *m* ❶ (REL) Schisma *nt* ❷ *(desacuerdo)* Zwist *m*

cismar [θis'mar] *vt (reg)* Zwietracht stiften (zwischen +*dat*)

cisne ['θisne] *m* Schwan *m*

cister [θis'ter] *m*, **císter** ['θister] *m* (REL) Zisterzienserorden *m*

cisterna [θis'terna] **I.** *adj* Tank-; **barco ~** Tanker *m* **II.** *f* ❶ *(aljibe)* Zisterne *f* ❷ *(de un retrete)* Spülkasten *m*

cistitis [θis'titis] *f inv* (MED) Blasenentzündung *f*

cisura [θi'sura] *f* ❶ *(fisura)* Riss *m* ❷ *(cicatriz)* Narbe *f* ❸ *(incisión)* Einstich *m*

cita ['θita] *f* ❶ *(convocatoria)* Termin *m* ❷ *(encuentro)* Verabredung *f*; **~ anual** jährliches Treffen; **~ a ciegas** Blind date; **tener una ~ con alguien** mit jdm verabredet sein ❸ *(mención)* Zitat *nt*

citación [θita'θjon] *f* ❶ (JUR) Vorladung *f* ❷ *(el mencionar)* Zitieren *nt*

citar [θi'tar] **I.** *vt* ❶ *(convocar)* zu einem Termin einladen ❷ *(mencionar)* zitieren ❸ (JUR) (vor)laden **II.** *vr:* **~se** sich verabreden

cítara ['θitara] *f* (MÚS) Zither *f*

citología [θitolo'xia] *f* (BIOL, MED) Zytologie *f*

cítrico, -a ['θitriko, -a] *adj* Zitrus-; **aceite ~** Zitrusöl *nt*

cítricos ['θitrikos] *mpl* ❶ *(frutas)* Zitrusfrüchte *fpl* ❷ *(plantas)* Zitruspflanzen *fpl*

citricultura [θitrikuḷ'tura] *f* Anbau *m* von Zitrusfrüchten

ciudad [θju'ða$^{\eth}$] *f* Stadt *f*; **~ hermanada** Partnerstadt *f*; **~ industrial** Industriestadt *f*; **~ de origen** Heimatstadt *f*; **~ universitaria** Campus *m*

ciudadana [θjuða'ðana] *adj o f v.* **ciudadano**

ciudadanía [θjuðaða'nia] *f* ❶ *(nacionalidad)* Staatsangehörigkeit *f* ❷ *(conjunto de ciudadanos)* Bürgerschaft *f* ❸ *(civismo)* Bürgersinn *m*

ciudadano, -a [θjuða'ðano, -a] **I.** *adj* ❶ *(de la ciudad)* städtisch ❷ *(del ciudadano)* bürgerlich **II.** *m, f* ❶ *(residente)* Städter(in) *m(f)* ❷ *(súbdito)* Staatsbürger(in) *m(f)*; *(referente a una ciudad)* Bürger(in) *m(f)*

ciudadela [θjuða'ðela] *f* Zitadelle *f*

ciudad estado [θju'ðað es'taðo] <ciudades estado> *f* Stadtstaat *m*

ciudadrealeño, -a [θjuða$^{\eth}$rrea'leɲo, -a] **I.** *adj* aus Ciudad Real **II.** *m, f* Einwohner(in) *m(f)* von Ciudad Real

cívico, -a ['θiβiko, -a] *adj* ❶ *(de la ciudad)* städtisch ❷ *(del ciudadano)* bürgerlich ❸ *(del civismo)* zivilisiert

civil [θi'βil] **I.** *adj* ❶ *(cívico)* bürgerlich, zivil; **derecho ~** Zivilrecht *nt*; **guerra ~** Bürgerkrieg *m* ❷ *(correcto)* zivilisiert, gesittet **II.** *mf* ❶ *(fam: guardia civil)* Angehörige(r) *mf* der Guardia civil ❷ *(paisano)* Zivilist(in) *m(f)*

civilización [θiβiliθa'θjon] *f* ❶ *(progreso)* Zivilisation *f* ❷ *(cultura)* Kultur *f*

civilizador(a) [θiβiliθa'ðor(a)] *adj* zivilisatorisch

civilizar [θiβili'θar] <z → c> *vt* zivilisieren

civismo [θi'βismo] *m* ❶ *(espíritu cívico)* Bürgersinn *m* ❷ *(cortesía)* Höflichkeit *f*

cizalla [θi'θaʎa] *f* ❶ *(recorte)* Verschnittblech *nt* ❷ *pl (tijeras)* Blechschere *f*

cizallar [θiθa'ʎar] *vt* schneiden

cizaña [θi'θaɲa] *f* ❶ (BOT) Taumellolch *m* ❷ *(adversidad)* Widrigkeit *f* ❸ *(enemistad)* Zwietracht *f*

cizañar [θiθa'ɲar] *vt* Zwietracht säen (zwischen +*dat*)

cl [θeṇti'litro] *m abr de* **centilitro** cl

clamar [kla'mar] **I.** *vi* flehen **II.** *vt* fordern

clamor [kla'mor] *m* ❶ *(lamento)* Jammern *nt* ❷ *(clamoreo)* Geschrei *nt* ❸ *(toque de campana)* Totengeläut(e) *nt*

clamoreo [klamo'reo] *m* Geschrei *nt*

clamoroso, -a [klamo'roso, -a] *adj* ❶ *(acompañado de clamor)* **triunfo ~** Triumphgeschrei *nt* ❷ *(sensacional)* grandios

clan [klan] *m* Clan *m*

clandestinidad [klaṇdestini'ða$^{\eth}$] *f* ❶ *(secreto)* Heimlichkeit *f* ❷ (POL) Untergrund *m*

clandestino, -a [klaṇdes'tino, -a] *adj* ❶ *(secreto)* heimlich; **reunión clandesti-**

na geheimes Treffen ❷ *(ilegal)* **movimiento ~** Untergrundbewegung *f*

claqué [kla'ke] *f* Stepp(tanz) *m*

claqueta [kla'keta] *f* (CINE) Klappe *f*

clara ['klara] *f* ❶ *(del huevo)* Eiweiß *nt* ❷ *(bebida)* Radler *m südd,* Alsterwasser *nt nordd*

claraboya [klara'βoɟa] *f* *(en el techo)* (Dach)luke *f; (en la pared)* Oberlicht *nt*

claramente [klara'mente] *adv* deutlich

clarear [klare'ar] **I.** *vi* ❶ *(amanecer)* hell werden; **al ~ el día** bei Tagesanbruch ❷ *(despejarse)* aufklaren ❸ *(concretarse)* deutlich werden **II.** *vt* aufhellen **III.** *vr:* **~se** ❶ *(gastarse)* fadenscheinig werden ❷ *(trasparentarse)* durchsichtig werden ❸ *(descubrirse)* sich verraten

clarete [kla'rete] *m* Rosé(wein) *m*

claridad [klari'ða^{d}] *f* ❶ *(luminosidad)* Helligkeit *f* ❷ *(lucidez)* Klarheit *f* ❸ *(claror)* fernes Leuchten *nt* ❹ *(loc)* **decir cuatro ~es a alguien** jdm gehörig die Meinung sagen

clarificador(a) [klarifika'ðor(a)] *adj* klärend

clarificar [klarifi'kar] <c → qu> *vt* ❶ *(iluminar)* erhellen ❷ *(aclarar)* klären

clarín [kla'rin] *m* ❶ *(instrumento)* Bügelhorn *nt* ❷ *(músico)* Bügelhornbläser *m*

clarinete [klari'nete] *m* ❶ *(instrumento)* Klarinette *f* ❷ *(músico)* Klarinettist *m*

clarinetista [klarine'tista] *mf* Klarinettist(in) *m(f)*

clarividencia [klariβi'ðenθja] *f* ❶ *(perspicacia)* Hellsichtigkeit *f* ❷ *(instinto)* Gespür *nt* ❸ *(percepción)* hellseherische Fähigkeit *f*

clarividente [klariβi'ðente] **I.** *adj* ❶ *(perspicaz)* hellsichtig ❷ *(que percibe)* hellseherisch **II.** *mf* ❶ *(adivino)* hellsichtige Person *f* ❷ *(persona que percibe)* Hellseher(in) *m(f)*

claro[1] ['klaro] **I.** *interj* (na) klar!, natürlich!; **¡~ que no!** natürlich nicht! **II.** *m* ❶ *(hueco)* Lücke *f* ❷ *(calvero)* Lichtung *f* ❸ *(calva)* kahle Stelle *f* **III.** *adv* deutlich

claro, -a[2] ['klaro, -a] *adj* ❶ *(iluminado)* hell; **azul ~** hellblau ❷ *(ilustre)* berühmt ❸ *(evidente)* klar; **poner** [*o* **sacar**] **en ~** klarstellen ❹ *(fino)* dünn ❺ *(franco)* offen, freimütig

claroscuro [klaros'kuro] *m* ❶ (ARTE, FOTO) Helldunkel *nt* ❷ *(indecisión)* Unschlüssigkeit *f*

clase ['klase] *f* ❶ *(tipo)* Sorte *f,* Art *f;* **sin ninguna ~ de...** ohne jede Art von ...; **trabajos de toda ~** Arbeiten jeder Art ❷ (BIOL) Klasse *f* ❸ *(grupo social)* (Gesellschafts)schicht *f;* **~ alta** Oberschicht *f;* **~ media** Mittelschicht *f* ❹ (ENS: *grupo de alumnos*) Klasse *f; (curso)* Unterricht *m;* **~ magistral** (UNIV) Vorlesung *f;* **dar ~** unterrichten; *(materia)* **~ de artes plásticas** Kunstunterricht *f;* **~ de repaso** Nachhilfe *f* ❺ *(categoría)* Klasse *f;* **~ turista** Touristen-/Economyklasse *f;* **~ preferente** [*o* **business**] Businessklasse *f*

clásica ['klasika] *adj o f v.* **clásico**

clasicismo [klasi'θismo] *m* ❶ (ARTE, LIT) Klassik *f* ❷ (ARQUIT: *neoclasicismo*) Klassizismus *m*

clasicista [klasi'θista] *adj* ❶ (ARTE, LIT) klassizistisch ❷ (ARQUIT) neoklassizistisch

clásico, -a ['klasiko, -a] **I.** *adj* klassisch **II.** *m, f* Klassiker(in) *m(f)*

clasificable [klasifi'kaβle] *adj* klassifizierbar

clasificación [klasifika'θjon] *f* ❶ *(ordenación)* Sortierung *f;* **~ en grupos** Einteilung in Gruppen ❷ (BIOL) Klassifikation *f*

clasificado[1] [klasifi'kaðo] *m* Anzeige *f,* Inserat *nt*

clasificado, -a[2] [klasifi'kaðo, -a] *adj* ❶ *(ordenado)* klassifiziert, sortiert; (DEP) qualifiziert ❷ (JUR, POL) vertraulich

clasificador [klasifika'ðor] *m* ❶ *(archivador)* Aktenschrank *m* ❷ *(separación)* Register *nt* ❸ *(carpeta)* Ordner *m*

clasificar [klasifi'kar] <c → qu> **I.** *vt* ❶ *(ordenar)* sortieren (**por** nach +*dat*) ❷ (BIOL) klassifizieren (**por** nach +*dat*) **II.** *vr:* **~se** sich qualifizieren

clasificatorio, -a [klasifika'torjo, -a] *adj* ❶ *(ordenar)* sortierend ❷ (BIOL) klassifizierend

clasismo [kla'sismo] *m* Standesdünkel *m abw*

clasista [kla'sista] **I.** *adj* ❶ *(peculiar de una clase)* schicht(en)spezifisch ❷ *(consciente de su clase)* klassenbewusst **II.** *mf* Anhänger(in) *m(f)* der Klassengesellschaft

claudicar [klau̯ði'kar] <c → qu> *vi* ❶ *(fallar)* weich werden ❷ *(ceder)* nachgeben

claustro ['klau̯stro] *m* ❶ *(galería)* Kreuzgang *m* ❷ *(conjunto de profesores)* Lehrkörper *m* ❸ *(reunión de profesores)* Lehrerversammlung *f* ❹ *(convento)* Kloster *nt*

claustrofobia [klau̯stro'foβja] *f* (PSICO) Klaustrophobie *f*

claustrofóbico, -a [klau̯stro'foβiko, -a] *adj* (PSICO) klaustrophobisch

cláusula ['klau̯sula] *f* ❶ (JUR) Klausel *f* ❷ (LING) Satz *m*

clausura [klau̯'sura] *f* ❶ *(cierre)* Schließung *f;* **sesión de ~** Schlusssitzung *f* ❷ *(en un convento)* Klausur *f*

clausurar [klau̯su'rar] *vt* schließen

clava ['klaβa] *f* Keule *f*

clavado, -a [kla'βaðo, -a] *adj* ❶ *(semejante)* sehr ähnlich ❷ *(exacto)* genau ❸ *(confuso)* verblüfft
clavar [kla'βar] **I.** *vt* ❶ *(hincar)* einschlagen ❷ *(enclavar)* annageln ❸ *(fijarse)* fixieren; **tener la vista clavada en algo** den Blick starr auf etw richten ❹ *(fam: engañar)* ausnehmen ❺ *(acertar)* treffen ❻ *(engastar)* (ein)fassen ❼ *(fam: dar)* verpassen ❽ *(fam: cobrar)* abknöpfen **II.** *vr* **~se una astilla en el dedo** sich *dat* einen Span in den Finger treiben
clave ['klaβe] **I.** *adj inv* Schlüssel- **II.** *f* ❶ (ARQUIT) Schlussstein *m* ❷ *(código)* Code *m;* **~ de acceso** Passwort *nt;* **en ~** codiert ❸ *(secreto)* Schlüssel *m* (**de** +*gen*) ❹ (MÚS) (Noten)schlüssel *m;* **~ de fa** Bassschlüssel *m;* **~ de sol** Violinschlüssel *m*
clavecín [klaβe'θin] *m* (Clavi)cembalo *nt*
clavel [kla'βel] *m* (BOT) Nelke *f*
clavetear [klaβete'ar] *vt* ❶ *(guarnecer)* beschlagen ❷ *(terminar)* abschließen ❸ *(clavar clavos)* vernageln
clavicémbalo [klaβi'θembalo] *m* (Clavi)cembalo *nt*
clavicordio [klaβi'korðjo] *m* Klavichord *nt*
clavícula [kla'βikula] *f* (ANAT) Schlüsselbein *nt*
clavija [kla'βixa] *f* ❶ (TÉC) Stift *m* ❷ (MÚS: *de guitarra*) Wirbel *m* ❸ *(enchufe)* Stecker *m* ❹ *(loc)* **apretar las ~s a alguien** mit jdm ein ernstes Wörtchen reden
clavillo [kla'βiʎo] *m* ❶ (TÉC) Stift *m* ❷ *(especia)* (Gewürz)nelke *f*
clavo ['klaβo] *m* ❶ *(punta)* Nagel *m;* **dar en el ~** den Nagel auf den Knopf treffen ❷ *(especia)* (Gewürz)nelke *f* ❸ *(callo)* Hühnerauge *nt* ❹ *(jaqueca)* Migräne *f*
claxon ['klaᵞson] *m* Hupe *f*
clemencia [kle'men̩θja] *f* Milde *f,* Nachsicht *f*
clemente [kle'men̩te] *adj* mild, nachsichtig
clementina [klemen̩'tina] *f* Klementine *f*
cleptomanía [kleptoma'nia] *f* (PSICO) Kleptomanie *f*
cleptómano, -a [klep'tomano, -a] **I.** *adj* (PSICO) kleptomanisch **II.** *m, f* (PSICO) Kleptomane, -in *m, f*
clerecía [klere'θia] *f* ❶ *(clero)* Geistlichkeit *f; (solo Iglesia católica)* Klerus *m* ❷ *(profesión)* Priesteramt *nt*
clerical [kleri'kal] *adj* geistlich
clérigo ['kleriɣo] *m* Geistliche(r) *m; (solo Iglesia católica)* Kleriker *m*
clero ['klero] *m* Geistlichkeit *f; (solo Iglesia católica)* Klerus *m*
clic [klik] *m* Klicken *nt;* **hacer ~** klicken (**sobre** auf +*akk*), anklicken (**sobre** +*akk*)
cliché [kli'ʧe] *m* ❶ *(lugar común, t.* TIPO) Klischee *nt* ❷ (FOTO) Negativ *nt*
cliente, -a ['kljen̩te, -a] *m, f* Kunde, -in *m, f; (de un abogado)* Mandant(in) *m(f);* **~ fijo** Stammkunde *m*
clientela [kljen̩'tela] *f* Kundschaft *f; (de un abogado)* Klientel *f*
clima ['klima] *m* ❶ *(atmósfera)* Klima *nt;* **~ continental** Kontinentalklima *nt;* **~ templado** gemäßigtes Klima; **~ tropical** Tropenklima *nt* ❷ (GEO) Breitengrad *m*
climaterio [klima'terjo] *m* Wechseljahre *ntpl*
climático, -a [kli'matiko, -a] *adj* klimatisch, Wetter-; **zona climática** Klimazone *f*
climatización [klimatiθa'θjon] *f* Klimatisierung *f*
climatizador [klimatiθa'ðor] *m* Klimaanlage *f*
climatizar [klimati'θar] <z → c> *vt* klimatisieren
climatología [klimatolo'xia] *f* Klimatologie *f*
climatológico, -a [klimato'loxiko, -a] *adj* klimatologisch
climatólogo, -a [klima'toloɣo, -a] *m, f* Klimaforscher(in) *m(f)*
clímax ['klimaᵞs] *m inv* Klimax *f*
clínex ['klineᵞs] *m inv* Tempo® *nt,* Papiertaschentuch *nt*
clínica ['klinika] *f* Klinik *f*
clínico ['kliniko] *m* Krankenhaus *nt*
clip [klip] *m* ❶ *(sujetapapeles)* Büroklammer *f* ❷ *(pinza)* Klipp *m* ❸ (TV) (Video)clip *m*
clisé [kli'se] *m v.* **cliché**
clítoris ['klitoris] *m inv* (ANAT) Klitoris *f*
cloaca [klo'aka] *f* (*t.* ZOOL) Kloake *f*
clon [klon] *m* ❶ (BIOL) Klon *m* ❷ *(payaso)* Clown *m*
clonación [klona'θjon] *f* (BIOL) Klonierung *f*
clonar [klo'nar] *vt* (BIOL) klonen, klonieren
clónico, -a ['kloniko, -a] *adj* (BIOL) geklont
cloración [klora'θjon] *f* (QUÍM) Chlorierung *f*
clorar [klo'rar] *vt* (QUÍM) ❶ *(una síntesis)* chlorieren ❷ *(una piscina)* chloren
clorato [klo'rato] *m* (QUÍM) Chlorat *nt*
cloro ['kloro] *m* (QUÍM) Chlor *nt*
clorofila [kloro'filja] *f* (BOT, QUÍM) Chlorophyll *nt,* Blattgrün *nt*
cloroformo [kloro'formo] *m* (QUÍM) Chloroform *nt*
cloruro [klo'ruro] *m* (QUÍM) Chlorid *nt*
clown [klau̯n] <clowns> *m* Clown *m*
club [kluᵝ] <clubs *o* clubes> *m* Klub *m;* **~ de alterne** Animierlokal *nt;* **~ deportivo** Sportverein *m*

cm [θeṇ'timetro] *abr de* **centímetro** cm

coacción [koaʸ'θjon] *f (coerción)* Zwang *m;* (JUR) Nötigung *f*

coaccionar [koaʸθjo'nar] *vt (coercer)* zwingen; (JUR) nötigen

coach [ko'atʃ] *mf* ① *(asesor)* Coach *m* ② (DEP) Trainer(in) *m(f)*

coacusado, -a [koaku'saðo, -a] **I.** *adj* mitangeklagt **II.** *m, f* Mitangeklagte(r) *f(m)*

coadquirir [koaðki'rir] *irr como adquirir vt* gemeinsam [*o* gemeinschaftlich] erwerben

coadyuvar [koaðɟu'βar] *vt* helfen +*dat,* unterstützen

coagente [koa'xeṇte] **I.** *adj* mitwirkend, unterstützend **II.** *mf* Mitwirkende(r) *f(m)*

coagulación [koaɣula'θjon] *f* ① *(sangre)* Gerinnung *f* ② (QUÍM) Koagulation *f*

coagular [koaɣu'lar] **I.** *vt* (MED, QUÍM) koagulieren, gerinnen lassen **II.** *vr:* **~se** (MED) koagulieren, gerinnen

coágulo [ko'aɣulo] *m* (MED) Gerinnsel *nt*

coala [ko'ala] *m* (ZOOL) Koala *m*

coalición [koali'θjon] *f* Koalition *f*

coaligarse [koali'ɣarse] <g → gu> *vr* sich zusammenschließen (**con** mit +*dat*), sich verbünden (**con** mit +*dat*)

coartación [koarta'θjon] *f* ① *(coartar)* Beschränkung *f,* Einschränkung *f* ② (MED) Koarktation *f*

coartada [koar'taða] *f* Alibi *nt*

coartar [koar'tar] *vt* ① *(libertad)* einschränken ② *(persona)* einengen

coautor(a) [koau̯'tor(a)] *m(f)* ① *(de una acción)* Miturheber(in) *m(f); (de un libro)* Mitverfasser(in) *m(f)* ② (JUR) Mittäter(in) *m(f)*

coba ['koβa] *f* Schmeichelei *f;* **darle ~ a alguien** jdm Honig um den Bart schmieren *fam*

cobalto [ko'βaḷto] *m* (QUÍM) Kobalt *nt*

cobarde [ko'βarðe] **I.** *adj* feige **II.** *m* Feigling *m*

cobardía [koβar'ðia] *f* Feigheit *f*

cobardica [koβar'ðika] **I.** *adj (fam)* ängstlich **II.** *mf (fam)* Feigling *m,* Memme *f*

cobardón, -ona [koβar'ðon, -ona] *m, f (fam)* Angsthase *m,* Schisser(in) *m(f)*

cobaya [ko'βaɟa] *m o f* Meerschweinchen *nt*

cobertera [koβer'tera] *f (de olla)* (Topf)deckel *m*

cobertizo [koβer'tiθo] *m* ① *(tejado)* Vordach *nt* ② *(cabaña)* Schuppen *m*

cobertor [koβer'tor] *m* Bettdecke *f*

cobertura [koβer'tura] *f* ① *(cobertor)* Decke *f; (que cubre)* Bedeckung *f; (de azúcar)* Zuckerguss *m; (que protege)* Abdeckung *f* ② (COM: *acción*) Deckung *f* ③ *(de un teléfono móvil)* **tener ~** Empfang haben

cobija [ko'βixa] *f* ① *(cubierta)* Bedeckung *f* ② (ARQUIT: *teja*) Firstziegel *m* ③ *pl (Am: ropa de cama)* Bettwäsche *f;* **pegársele a alguien las ~s** verschlafen

cobijar [ko'βixar] **I.** *vt* ① *(cubrir)* bedecken, zudecken ② *(proteger)* (be)schützen ③ *(acoger)* Unterschlupf bieten +*dat* ④ *(albergar)* beherbergen **II.** *vr:* **~se** *(protegerse)* Unterschlupf finden (**bajo** unter +*dat*); *(bajo un tejado)* sich unterstellen (**bajo** unter +*dat*); *(de algún peligro)* in Deckung gehen (**de** vor +*dat*)

cobijo [ko'βixo] *m (protección concreta)* Deckung *f; (amparo)* Unterschlupf *m*

cobista [ko'βista] **I.** *adj (argot: adulador)* schmeichlerisch; *(pelotillero)* schleimig; *(servil)* kriecherisch **II.** *mf (argot: zalamero)* Schmeichler(in) *m(f); (pelotillero)* Schleimer(in) *m(f); (lameculos)* Kriecher(in) *m(f)*

cobo ['koβo] *m (AmC, Ant)* ① (ZOOL) Seemuschel *f* ② *(persona)* Einsiedler *m;* **ser un ~** schüchtern sein

cobra ['koβra] *f* (ZOOL) Kobra *f*

cobrador(a) [koβra'ðor(a)] *m(f)* ① (COM: *que cobra*) Kassierer(in) *m(f)* ② *(de tranvía)* Schaffner(in) *m(f)*

cobrar [ko'βrar] **I.** *vt* ① *(recibir)* erhalten; *(suma)* kassieren; *(cheque)* einlösen; *(sueldo)* verdienen; **¿me cobra, por favor?** zahlen, bitte! ② *(exigir)* verlangen, berechnen; *(intereses)* erheben; *(deudas)* eintreiben ③ *(conseguir)* **~ ánimos** Kraft schöpfen; **~ fama** zu Ruhm gelangen ④ *(cuerda)* einholen **II.** *vi* ① *(sueldo)* Zahltag haben ② *(fam: paliza)* Prügel beziehen; **¡que vas a ~!** du fängst dir gleich eine! **III.** *vr:* **~se** abkassieren; *(fig)* fordern

cobre ['koβre] *m* ① (QUÍM) Kupfer *nt* ② *pl* (MÚS) Blechmusik *f* ③ *(Am: moneda)* Kupfermünze *f*

cobrizo, -a [ko'βriθo, -a] *adj* kupferfarben

cobro ['koβro] *m* ① *(como fuente financiera)* Einnahme *f* ② *(acto de cobrar)* (Ein)kassieren *nt,* Berechnung *f* ③ (FIN: *impuestos*) Erhebung *f; (pago)* Zahlung *f; (por el banco)* Einziehung *f;* **~ por adelantado** Vorauszahlung *f;* **~ pendiente** ausstehende Zahlung; **a ~ revertido** zulasten des Empfängers ④ *pl* (COM) Außenstände *mpl*

coca ['koka] *f* ① (BOT) Kokastrauch *m* ② *(droga)* Kokain *nt* ③ *(de pelo)* Haarknoten *m* ④ *(fam: cabeza)* Rübe *f*

coca-cola® [koka'kola] *f* Coca-Cola® *f o nt*

cocaína [koka'ina] *f* Kokain *nt*

C

C

cocainómano, -a [kokai̯'nomano, -a] *m, f* Kokainsüchtige(r) *mf*
cocción [koˠ'θjon] *f* ① *(acto)* Kochen *nt* ② *(duración)* Kochzeit *f; (en el horno)* Backzeit *f*
cóccix ['koˠθiˠs] *m inv* (ANAT) Steißbein *nt*
cocear [koθe'ar] *vi* ① *(dar coces)* ausschlagen ② *(repugnar)* sich sträuben
cocer [ko'θer] *irr* **I.** *vt* ① *(cocinar)* kochen; *(hervir)* sieden; *(al horno)* backen ② *(cerveza)* brauen; *(ropa)* kochen; *(cerámica)* brennen **II.** *vi* ① *(hervir)* kochen ② *(fermentar)* (ver)gären **III.** *vr:* **~se** ① *(cocinarse)* gekocht werden ② *(tramarse)* sich zusammenbrauen ③ *(sufrir)* unsäglich leiden ④ *(fam: pasar calor)* vor Hitze eingehen
cochambre [ko'ʧambre] *f (fam)* Dreck *m;* **caer en la ~** in der Gosse landen
cochambroso, -a [koʧam'broso, -a] *adj (fam: sucio)* dreckig; *(asqueroso)* eklig; *(maloliente)* stinkig
coche ['koʧe] *m* ① *(automóvil)* Auto *nt;* **~ de bomberos** Feuerwehrwagen *m;* **~ de carreras** (DEP) Rennwagen *m;* **~ antiguo** Oldtimer *m;* **~ deportivo** Sportwagen *m;* **~ familiar** Kombiwagen *m;* **~ de línea** Linienbus *m;* **ir en ~** fahren ② (FERRO) Wagon *m;* **~ de equipajes** Gepäckwagen *m* ③ *(de caballos)* Kutsche *f*
coche bomba ['koʧe 'βomba] <coches bomba> *m* Autobombe *f*
coche cama ['koʧe 'kama] <coches cama> *m* (FERRO) Schlafwagen *m*
coche caravana ['koʧe kara'βana] <coches caravana> *m* Wohnmobil *nt*
cochecito [koʧe'θito] *m* Kinderwagen *m*
coche patrulla ['koʧe pa'truʎa] <coches patrulla> *m* Streifenwagen *m*
cochera [ko'ʧera] *f* Garage *f;* **~ de tranvías** *(almacén)* Straßenbahndepot *nt*
coche restaurante ['koʧe restau̯'ran̩te] <coches restaurante> *m* (FERRO) Speisewagen *m*
cochero [ko'ʧero] *m* Kutscher *m*
cochinada [koʧi'naða] *f,* **cochinería** [koʧine'ria] *f (fam)* Schweinerei *f*
cochinilla [koʧi'niʎa] *f* ① (ZOOL: *insecto*) Koschenille(schildlaus) *f* ② (ZOOL: *crustáceo*) Kellerassel *f*
cochinillo [koʧi'niʎo] *m* Ferkel *nt*
cochino, -a [ko'ʧino, -a] **I.** *adj (fam)* schweinisch **II.** *m, f* ① (ZOOL: *macho*) Schwein *nt; (hembra)* Sau *f* ② *(fam: guarro)* (Dreck)schwein *nt*
cochón, -ona [ko'ʧon, -ona] *m, f (argot pey: maricón)* Schwule(r) *m,* Schwuchtel *f abw; (tortillera)* Lesbe *f*
cocido [ko'θiðo] *m* Kichererbseneintopf *m*
cociente [ko'θjen̩te] *m* (MAT) Quotient *m*
cocina [ko'θina] *f* ① *(estancia)* Küche *f;* **~ americana** Einbauküche *f* ② *(aparato)* Herd *m* ③ *(arte)* Kochkunst *f;* **la ~ alemana** die deutsche Küche; **libro de ~** Kochbuch *nt*
cocinar [koθi'nar] **I.** *vt (guisar)* kochen; *(aderezar)* zubereiten **II.** *vi* ① *(guisar)* kochen ② *(fam: inmiscuirse)* sich in fremde Angelegenheiten mischen
cocinero, -a [koθi'nero, -a] *m, f* Koch *m,* Köchin *f*
coco ['koko] *m* ① (BOT: *fruto*) Kokosnuss *f* ② (BOT: *árbol*) Kokospalme *f* ③ *(fam: cabeza)* Birne *f,* Schädel *m; (cerebro)* Hirn *nt;* **comerse el ~** sich *dat* den Kopf zerbrechen ④ *(fam: ogro)* schwarzer Mann *m* ⑤ (ZOOL: *larva*) Kokon *m* ⑥ (BIOL: *bacteria*) Kokke *f*
cocodrilo [koko'ðrilo] *m* (ZOOL) Krokodil *nt*
cocotero [koko'tero] *m* Kokospalme *f*
coctel [kok'tel] <coctels> *m,* **cóctel** ['koktel] <cócteles> *m* Cocktail *m*
coctelera [kokte'lera] *f* Cocktailbecher *m*
coctelería [koktele'ria] *f* Cocktailbar *f*
cocuyo [ko'kuɟo] *m (Am)* ① (ZOOL) Glühwürmchen *nt,* Leuchtkäfer *m* ② (AUTO) Rücklicht *nt*
codal [ko'ðal] **I.** *adj* Ell(en)bogen- **II.** *m* ① (ARQUIT: *tapial*) Spreizstange *f* ② (ARQUIT: *madero entre dos paredes*) Spreizbalken *m,* Versteifung *f* ③ (MIN) Stützbogen *m*
codazo [ko'ðaθo] *m* Ellbogenstoß *m*
codear [koðe'ar] **I.** *vi* mit den Ellbogen stoßen **II.** *vr:* **~se** verkehren
codera [ko'ðera] *f* ① (MED) Ellbogenkrätze *f* ② *(en la ropa)* ausgebeulter Ellbogen *m* ③ *(refuerzo)* Ellbogenflicken *m*
códice ['koðiθe] *m* Handschrift *f,* Kodex *m*
codicia [ko'ðiθja] *f* ① *(de algo material)* Habgier *f* ② *(de algo inmaterial)* Begierde *f,* Gier *f* (**de** nach +*dat*)
codiciado, -a [koði'θjaðo, -a] *adj* begehrt, sehr gefragt
codiciar [koði'θjar] *vt* begehren
codicilo [koði'θilo] *m* (JUR) Kodizill *nt*
codicioso, -a [koði'θjoso, -a] *adj* habgierig
codificación [koðifika'θjon] *f* ① (JUR) Kodifizierung *f* ② *(con señales)* Codierung *f;* (*t.* INFOR) Verschlüsselung *f*
codificador [koðifika'ðor] *m* (INFOR) Codierer *m;* **~-decodificador** Coder-Decoder *m;* **~ (en) numérico** Digitalisierer *m*
codificar [koðifi'kar] <c → qu> *vt* ① (JUR) kodifizieren ② *(con señales)* codieren; (*t.* INFOR) verschlüsseln
código ['koðiɣo] *m* ① (JUR) Kodex *m,* Gesetzbuch *nt;* **~ de circulación** Straßenverkehrsordnung *f;* **C~ Civil** Bürgerliches Ge-

setzbuch ② *(de señales)* Code *m;* ~ **de barras** Balkencode *m,* Strichcode *m;* **mensaje en** ~ verschlüsselte Botschaft ③ (*t.* ECON, FIN) Zahl *f,* Ziffer *f;* ~ **bancario** Bankleitzahl *f;* ~ **postal** Postleitzahl *f* ④ (INFOR) ~ **abierto** Open Source *f;* **programa informático de** ~ **abierto** Open-Source-Software *f*

codillo [ko'ðiʎo] *m* ① (ZOOL) Ellbogen *m* ② *(de un árbol)* (Ast)stumpf *m* ③ (TÉC: *doblez*) Bugstück *nt,* Knie *nt* ④ (GASTR) Eisbein *nt*

codo ['koðo] *m* ① (ANAT) Ell(en)bogen *m;* ~ **de tenis** Tennisarm *m;* **empinar el** ~ *(fam)* einen heben; **trabajar** ~ **a** ~ Schulter an Schulter arbeiten; **hablar por los ~s** *(fam)* reden wie ein Wasserfall ② (TÉC: *doblez*) Knie *nt,* Bugstück *nt* ③ *(de camino)* (Weg)biegung *f*

codorniz [koðor'niθ] *f* (ZOOL) Wachtel *f*

coeducación [koeðuka'θjon] *f* Unterricht *m* in gemischten Klassen

coeficiente [koefi'θjen̩te] *m* (MAT) Koeffizient *m*

coercer [koer'θer] <c → z> *vt* ① *(obligar)* zwingen (**a** zu +*dat*); (JUR) nötigen (**a** zu +*dat*) ② *(cohibir)* abhalten (**de** von +*dat*), hindern (**de** an +*dat*) ③ *(coartar)* einschränken

coerción [koer'θjon] *f* Zwang *m;* (JUR) Nötigung *f*

coetáneo, -a [koe'taneo, -a] **I.** *adj* ① *(de la misma edad)* gleichaltrig ② *(contemporáneo)* zeitgenössisch **II.** *m, f* ① *(de la misma edad)* Gleichaltrige(r) *mf* ② *(contemporáneo)* Zeitgenosse, -in *m, f*

coexistencia [koeˠsis'ten̩θja] *f* Koexistenz *f*

coexistente [koeˠsis'ten̩te] *adj* koexistent

coexistir [koeˠsis'tir] *vi* koexistieren

cofia ['kofja] *f* Haube *f*

cofrade [ko'fraðe] *m* Angehörige(r) *m* einer Laienbruderschaft

cofradía [kofra'ðia] *f* ① *(hermandad)* Laienbruderschaft *f* ② *(gremio)* Zunft *f* ③ *(asociación)* Verein *m*

cofre ['kofre] *m* ① *(caja)* Truhe *f* ② *(de joyas)* Schmuckkästchen *nt*

cogedero [koxe'ðero] *m (mango)* Stiel *m*

cogedor [koxe'ðor] *m* Kehrichtschaufel *f*

coger [ko'xer] <g → j> **I.** *vt* ① *(agarrar)* festhalten (**de/por** an +*dat*), fassen (**de/por** an +*dat*); *(objeto caído)* aufheben; **~las al vuelo** es sofort kapieren *fam;* **le cogió del brazo** er/sie hielt ihn am Arm fest; **le cogió en brazos** er/sie nahm ihn auf den Arm ② *(tocar)* in die Hände nehmen ③ *(quitar)* wegnehmen; *(en la aduana)* abnehmen, finden ④ *(atrapar)* (auf)fangen; *(personas)* fassen; *(apresar)* festnehmen ⑤ *(flores)* pflücken; *(cosecha)* ernten ⑥ (AUTO: *atropellar*) überfahren, anfahren ⑦ *(trabajo)* annehmen ⑧ *(vicio, enfermedad)* bekommen; ~ **frío** sich erkälten; **~le cariño a alguien** jdn lieb gewinnen; ~ **el hábito de fumar** mit dem Rauchen anfangen; **ha cogido una gripe** er/sie hat sich *dat* eine Grippe zugezogen ⑨ *(una noticia)* aufnehmen ⑩ *(sorprender)* antreffen, vorfinden ⑪ *(adquirir)* nehmen; *(obtener)* besorgen; **¿vas a** ~ **el piso?** hast du dich für die Wohnung entschieden? ⑫ (RADIO) empfangen ⑬ *(tomar)* nehmen; ~ **el tren/autobús** den Zug/Bus nehmen ⑭ *(Am: vulg: copular)* ficken **II.** *vi* ① *(planta)* Wurzeln schlagen ② *(tener sitio)* Platz haben ③ *(Am: vulg: copular)* ficken (**con** +*akk*) **III.** *vr (pillarse)* **~se algo** sich *dat* etw einklemmen

cogestión [koxes'tjon] *f* Mitbestimmung *f*

cogida [ko'xiða] *f* ① (TAUR) Stierkampfunfall *m* ② *(de frutas)* Ernte *f*

cogido[1] [ko'xiðo] *m (en vestidos, cortinas)* Falte *f*

cogido, -a[2] [ko'xiðo, -a] *adj* befestigt; **el poster está** ~ **con chinchetas** das Poster ist mit Reißzwecken befestigt; **ir ~s de la mano** Hand in Hand gehen

cogitabundo, -a [koxita'βun̩do, -a] *adj* nachdenklich

cognición [koɣni'θjon] *f* (*t.* PSICO: *percepción*) Wahrnehmung *f;* (FILOS) Erkenntnis *f*

cognitivo, -a [koɣni'tiβo, -a] *adj* (PSICO) kognitiv

cognoscitivo, -a [koɣnosθi'tiβo, -a] *adj* Erkenntnis-

cogollo [ko'ɣoʎo] *m* ① *(de col, lechuga)* Herz *nt; (de árbol)* Baumkrone *f* ② *(brote)* Knospe *f* ③ *(algo selecto)* Elite *f* ④ *(núcleo)* Innere(s) *nt*

cogorza [ko'ɣorθa] *f (argot)* Suff *m*

cogote [ko'ɣote] *m* ① *(de la cabeza)* Hinterkopf *m* ② *(nuca)* Nacken *m;* **estar hasta el** ~ *(fam)* die Nase voll haben

cogotudo [koɣo'tuðo] *m (Am)* Emporkömmling *m*

cohabitación [koaβita'θjon] *f* ① *(convivencia)* Zusammenleben *nt;* (JUR: *en el matrimonio*) eheliches Zusammenleben *nt* ② *(acto sexual)* Beischlaf *m,* Kohabitation *f geh*

cohabitar [koaβi'tar] *vi* ① *(convivir)* zusammenleben ② (JUR: *en el matrimonio*) ehelich zusammenleben ③ *(pey: amancebarse)* in wilder Ehe leben

cohecho [ko'etʃo] *m* Bestechung *f,* Korruption *f*

C

coheredero, -a [koere'ðero, -a] *m, f* Miterbe, -in *m, f*
coherencia [koe'reṇθja] *f* Zusammenhang *m*
coherente [koe'reṇte] *adj* (in sich) logisch, zusammenhängend, kohärent *geh*
coherentemente [koereṇte'meṇte] *adv* konsequenterweise, folglich
cohesión [koe'sjon] *f* ① *(unión)* Zusammenhalt *m* ② (FÍS) Kohäsion *f*
cohesionar [koesjo'nar] *vt* zusammenhalten
cohete [ko'ete] *m* ① *(explosivo)* Feuerwerkskörper *m* ② *(misil)* Rakete *f*
cohibición [koi̯βi'θjon] *f* ① *(intimidación)* Einschüchterung *f* ② *(prohibición)* Einschränkung *f*
cohibido, -a [koi̯'βiðo, -a] *adj (intimidado)* eingeschüchtert; *(tímido, incómodo)* verschüchtert; *(inhibido)* gehemmt
cohibir [koi̯'βir] *irr como prohibir* **I.** *vt (intimidar)* einschüchtern; *(incomodar)* hemmen; *(refrenar)* befangen machen **II.** *vr:* **~se** den Mut verlieren
COI [koi̯] *m abr de* **Comité Olímpico Internacional** IOK *nt*
coimear [koi̯me'ar] *vt (AmS: sobornar)* bestechen
coincidencia [koi̯ṇθi'ðeṇθja] *f* ① *(simultaneidad)* Überschneidung *f*, Zusammenfallen *nt;* **¡qué ~!** was für ein Zufall! ② *(acuerdo)* Absprache *f* ③ *(concordancia)* Übereinstimmung *f* ④ *(encuentro)* Zusammentreffen *nt*
coincidente [koi̯ṇθi'ðeṇte] *adj* ① *(simultáneo)* zusammenfallend ② *(concordante)* übereinstimmend ③ *(en el mismo lugar)* zusammentreffend
coincidir [koi̯ṇθi'ðir] *vi* ① *(sucesos)* zusammenfallen ② *(toparse)* zusammentreffen; **~ con alguien** jdn zufällig treffen ③ *(concordar)* sich decken, übereinstimmen; **~ con alguien** mit jdm einer Meinung sein
coipo ['koi̯po] *m (Arg, Chil:* ZOOL) Nutria *f*, Sumpfbiber *m*
coito ['koi̯to] *m* Koitus *m*, Beischlaf *m*
coja ['koxa] *adj o f v.* **cojo**
cojear [koxe'ar] *vi (persona)* humpeln, hinken; *(animal)* lahmen; *(mueble)* wackeln
cojera [ko'xera] *f* Humpeln *nt*, Hinken *nt*
cojín [ko'xin] *m* Kissen *nt*
cojinete [koxi'nete] *m* (TÉC) Lager *nt*
cojo, -a ['koxo, -a] **I.** *adj* ① *(persona)* hinkend; *(animal)* lahm; **a la pata coja** auf einem Bein ② *(mueble)* wack(e)lig **II.** *m, f* Hinkende(r) *mf*
cojón [ko'xon] *m (vulg)* ① *pl (testículos)* Eier *ntpl fam* ② *pl (interjecciones)* **¡cojones!** Mist! *fam;* **es una música de cojones** das ist eine geile Musik *fam*
cojonudo, -a *adj (argot)* Super-, Wahnsinns-; **un tío ~** *(estupendo)* ein Mordskerl; *(atractivo)* ein geiler Typ
cojudo, -a [ko'xuðo, -a] *adj (Am: tonto)* dumm
col [kol] *m* (BOT) Kohl *m;* **~es de Bruselas** Rosenkohl *m;* **~ de Milán** Wirsing *m;* **~ lombarda** Rotkohl *m*
cola ['kola] *f* ① (ANAT: *rabo*) Schwanz *m; (de caballo)* Schweif *m; (de conejo)* Blume *f* ② *(de vestido)* Schleppe *f;* **llevar la ~** die Schleppe tragen ③ *(al esperar)* Schlange *f;* **hacer ~** Schlange stehen; **ponerse a la ~** sich (hinten) anstellen ④ *(de un cometa)* Schweif *m* ⑤ *(pegamento)* Leim *m* ⑥ *(vulg: pene)* Schwanz *m fam* ⑦ *(Am: argot)* **pedir ~** trampen
colaboración [kolaβora'θjon] *f* Zusammenarbeit *f*, Mitwirkung *f*
colaboracionista [kolaβoraθjo'nista] **I.** *adj* (POL) kollaborierend **II.** *mf* (POL) Kollaborateur(in) *m(f)*
colaborador(a) [kolaβora'ðor(a)] **I.** *adj* ① *(cooperativo)* zusammenarbeitend, mitwirkend ② (POL) kollaborierend **II.** *m(f)* Mitarbeiter(in) *m(f)*
colaborar [kolaβo'rar] *vi* ① *(cooperar)* zusammenarbeiten (**con** mit +*dat*), mitwirken (**en** an +*dat*) ② (POL) kollaborieren (**con** mit +*dat*)
colación [kola'θjon] *f* ① (JUR: *mención*) urkundliche Erwähnung *f; (de bienes)* Vergleich *m* ② *(pey: mencionar)* **sacar a ~** zur Sprache bringen ③ *(comida)* leichte (Zwischen)mahlzeit *f*, Snack *m*
colacionar [kolaθjo'nar] *vt* ① *(cotejar)* gegenüberstellen, vergleichen ② (REL) verleihen ③ (JUR) ausgleichen
colada [ko'laða] *f* ① *(de ropa)* Wäsche *f* ② *(blanquear con lejía)* (Weiß)waschen *nt* ③ (QUÍM) Lauge *f* ④ *(montaña)* Engpass *m*
coladera [kola'ðera] *f* ① *(pasador)* Sieb *m*, Seiher *m* ② *(Méx: alcantarilla)* Abwasserkanal *m*
coladero [kola'ðero] *m* ① *(pasador)* Sieb *nt* ② *(camino)* schmaler Weg *m*
colado, -a [ko'laðo, -a] *adj (fam: enamorado)* verknallt (**por** in +*akk*)
colador [kola'ðor] *m* Sieb *nt*
colaje [ko'laxe] *m* Collage *f*
colapsar [kolap'sar] **I.** *vt (tráfico)* zum Erliegen bringen **II.** *vi, vr:* **~se** ① *(tráfico)* zum Erliegen kommen ② (MED) kollabieren
colapso [ko'lapso] *m* ① (MED) Kollaps *m* ② *(destrucción)* Zusammenbruch *m; (paralización)* Stillstand *m*
colar [ko'lar] <o → ue> **I.** *vt* ① *(filtrar)* fil-

tern ❷ *(metal)* abstechen ❸ *(ropa: blanquear)* bleichen; *(en remojo)* einweichen ❹ *(fam: en la aduana)* (durch)schmuggeln **II.** *vi* ❶ *(penetrar: líquido)* durchsickern; *(aire)* streichen (**por** durch +*akk*) ❷ *(fam: información)* glaubwürdig sein **III.** *vr:* **~se** ❶ *(fam: entrar)* sich durchschleichen; *(una moneda)* durchfallen ❷ *(en una cola)* sich vordrängeln ❸ *(fam: equivocarse)* falschliegen; **¡te colaste!** völlig daneben!

colateral [kolate'ral] *adj* seitlich; **línea ~** Seitenlinie *f*

colcha ['koltʃa] *f* Tagesdecke *f*

colchón [kol'tʃon] *m* Matratze *f;* **~ de agua** Wasserbett *nt*

colchonería [koltʃone'ria] *f* Matratzengeschäft *nt*

colchoneta [koltʃo'neta] *f* ❶ *(colchón neumático)* Luftmatratze *f; (colchón isotermo)* Isomatte *f* ❷ (DEP: *gimnasia*) Matte *f*

cole ['kole] *m (fam)* Schule *f*

colear [kole'ar] *vi* ❶ *(la cola)* (mit dem Schwanz) wedeln ❷ *(durar)* andauern; *(tener efecto)* noch wirken

colección [koleɣ'θjon] *f* ❶ *(recopilación)* Sammlung *f* ❷ *(de moda)* Kollektion *f* ❸ *(fam: cantidad)* Menge *f*

coleccionar [koleɣθjo'nar] *vt* sammeln

coleccionismo [koleɣθjo'nismo] *m* Sammlerleidenschaft *f*

coleccionista [koleɣθjo'nista] *mf* Sammler(in) *m(f)*

colecta [ko'lekta] *f* ❶ (REL: *en misa*) Kollekte *f* ❷ *(recaudación)* Sammeln *nt* (für wohltätige Zwecke)

colectar [kolek'tar] *vt* ❶ *(reunir)* sammeln ❷ (LIT: *recopilar*) zusammenstellen

colecticio, -a [kolek'tiθjo, -a] *adj* ❶ *(que recoge)* gesammelt, kompiliert ❷ (LIT) zusammengestellt

colectivamente [kolektiβa'mente] *adv* ❶ *(todos juntos)* gemeinschaftlich ❷ *(global)* insgesamt

colectividad [kolektiβi'ðað] *f* Kollektivität *f*

colectivismo [kolekti'βismo] *m* Kollektivismus *m*

colectivizar [kolektiβi'θar] <z → c> *vt* kollektivieren

colectivo[1] [kolek'tiβo] *m* (POL) Kollektiv *nt*

colectivo, -a[2] [kolek'tiβo, -a] *adj* ❶ *(todos juntos)* kollektiv; **acción colectiva** gemeinsame Aktion ❷ *(global)* umfassend

colector [kolek'tor] *m* ❶ (ELEC) Kollektor *m* ❷ *(canalización)* Abzugskanal *m*

colega [ko'leɣa] *mf* ❶ *(compañero)* Kollege, -in *m, f* ❷ *(homólogo)* Amtskollege, -in *m, f* ❸ *(argot: amigo)* Kumpel *m*

colegiado, -a [kole'xjaðo, -a] **I.** *adj* in einer Berufskammer organisiert **II.** *m, f* ❶ *(miembro)* Angehörige(r) *mf* einer Berufskammer ❷ (DEP: *árbitro*) Schiedsrichter(in) *m(f)*

colegial(a) [kole'xjal(a)] **I.** *adj* ❶ *(de un colegio)* Schul-, Schüler- ❷ *(inexperto)* unerfahren **II.** *m(f)* ❶ *(alumno)* Schüler(in) *m(f)* ❷ *(inexperto)* Grünschnabel *m*

colegiarse [kole'xjarse] *vr* ❶ *(afiliarse)* einer Berufskammer beitreten ❷ *(organizarse)* sich in einer Berufskammer zusammenschließen

colegiata [kole'xjata] *f* Stiftskirche *f*

colegiatura [kolexja'tura] *f* Stipendium *nt*

colegio [ko'lexjo] *m* ❶ (ENS) Schule *f;* **~ de párvulos** Vorschule *f;* **~ privado** Privatschule *f;* **ir al ~** zur Schule gehen ❷ *(Am: universidad)* Hochschule *f;* **~ mayor** Studentenwohnheim *nt* ❸ *(corporación)* Berufsgenossenschaft *f; (conjunto)* Kollegium *nt;* **~ de abogados** Anwaltskammer *f*

coleóptero [kole'optero] *m* (ZOOL) Käfer *m,* Koleoptere *f*

cólera[1] ['kolera] *m* (MED) Cholera *f*

cólera[2] ['kolera] *f* ❶ (ANAT) Galle *f* ❷ *(ira)* Jähzorn *m;* **acceso de ~** Wutanfall *m*

colérico, -a [ko'leriko, -a] **I.** *adj* ❶ *(de temperamento)* cholerisch, jähzornig ❷ *(furioso)* zornig, wütend **II.** *m, f* Choleriker(in) *m(f)*

colesterol [koleste'rol] *m* (MED, QUÍM) Cholesterin *nt*

coleta [ko'leta] *f (peinado)* Pferdeschwanz *m;* **gente de ~** (TAUR) Stierkämpfer *mpl;* **cortarse la ~** (TAUR) den Stierkampfberuf aufgeben; *(fig)* alles aufgeben

coletazo [kole'taθo] *m* Schlag *m* mit dem Schwanz

coletero [kole'tero] *m* Haargummi *nt*

coletilla [kole'tiʎa] *f* ❶ *(peinado)* Zöpfchen *nt;* (TAUR) Stierkämpferzöpfchen *nt* ❷ *(de un escrito)* Postskriptum *nt* ❸ *(palabra)* Floskel *f*

coleto [ko'leto] *m* ❶ *(casaca)* Lederjacke *f* ❷ *(fregona)* Mopp *m* ❸ *(loc, fam)* **decir algo para su ~** etw zu sich *dat* selbst sagen; *(farfullar)* etw in seinen Bart murmeln; *(comer)* etw verdrücken; **echarse un libro al ~** ein Buch verschlingen [*o* in einem Zug durchlesen]

colgadero [kolɣa'ðero] *m (gancho)* Haken *m; (asa)* Henkel *m;* **~ de ropa** Kleiderhaken *m*

colgadizo[1] [kolɣa'ðiθo] *m* kleines Vordach *nt*

colgadizo, -a[2] [kolɣa'ðiθo, -a] *adj* Hänge-

colgado, -a [kol'ɣaðo, -a] *adj* ❶ *(cuadro)* aufgehängt; *(cuerda)* gespannt; *(persona)* erhängt ❷ *(suspendido)* nicht bestanden

colgador [kolɣa'ðor] *m (en general)* Aufhängevorrichtung *f; (gancho)* Haken *m; (percha)* Bügel *m*

colgadura [kolɣa'ðura] *f* ① *(cortinaje)* Vorhang *m* ② *(de pared)* Wandbehang *m; (tapiz)* Wandteppich *m*

colgajo [kol'ɣaxo] *m* ① *(pey: trapo)* Fetzen *m* ② *(de frutas)* Traube *f* ③ (MED: *herida*) Lappen *m;* ~ **de piel** Hautlappen *m*

colgante [kol'ɣan̦te] **I.** *adj* Hänge-; **puente** ~ *(entre dos lados)* Hängebrücke *f; (de castillo)* Zugbrücke *f* **II.** *m* ① (ARQUIT) Feston *nt* ② *(joya)* Anhänger *m*

colgar [kol'ɣar] *irr* **I.** *vt* ① *(pender)* hängen (**de/en** an +*akk*); *(decorar)* behängen (**de** mit +*dat*); *(ahorcar)* erhängen (**de** an +*dat*); ~ **el teléfono** den (Telefon)hörer auflegen ② *(dejar)* aufgeben; ~ **los libros** das Studium aufgeben ③ (ENS: *fam: suspender)* durchfallen lassen ④ *(atribuir)* anhängen ⑤ (INFOR) hochladen; ~ **fotos y vídeos en internet** Fotos und Videoaufnahmen ins Internet hochladen **II.** *vi* ① *(pender)* hängen (**de/en** an/von +*dat*); *(de arriba para abajo)* herunterhängen (**de** von +*dat*); *(lengua del perro)* heraushängen ② (TEL: *auricular*) auflegen **III.** *vr:* **~se** sich erhängen (**de/en** an +*dat*)

colibrí [koli'βri] *m* (ZOOL) Kolibri *m*

cólico ['koliko] *m* (MED) Kolik *f*

coliflor [koli'flor] *f* Blumenkohl *m*

coligación [koliɣa'θjon] *f* Verbindung *f,* Bündnis *nt*

coligar [koli'ɣar] <g → gu> **I.** *vt* vereinen, verbinden **II.** *vr:* **~se** sich zusammenschließen, sich verbünden (**con** mit +*dat*)

colilla [ko'liʎa] *f* Zigarettenkippe *f*

colín [ko'lin] *m (AmC, Ant)* Machete *f,* Buschmesser *nt*

colina [ko'lina] *f* Hügel *m*

colinabo [koli'naβo] *m* (BOT) Kohlrabi *m*

colindante [kolin̦'dan̦te] **I.** *adj* angrenzend **II.** *mf* (JUR) Grundstücksnachbar(in) *m(f)*

colindar [kolin̦'dar] *vi* grenzen (**con** an +*akk*)

colirio [ko'lirjo] *m* Augentropfen *mpl*

coliseo [koli'seo] *m* Kolliseum *nt*

colisión [koli'sjon] *f* Zusammenstoß *m,* Kollision *f*

colisionar [kolisjo'nar] *vi* zusammenstoßen (**con/contra** mit +*dat*), kollidieren (**con/contra** mit +*dat*)

colista [ko'lista] *mf (irón) Person, die Schlange steht*

collado [ko'ʎaðo] *m* ① *(colina)* Hügel *m* ② *(puerto)* (Gebirgs)pass *m*

collage [ko'laʃ] *m* (ARTE) Collage *f*

collar [ko'ʎar] *m* ① *(adorno)* Halskette *f; (de joyas o perlas)* Collier *nt;* ~ **de perro** Hundehalsband *nt* ② *(insignia)* Ordenskette *f* ③ (TÉC: *aro*) Ring *m*

collarín [koʎa'rin] *m* Kollar *nt;* (MED) Halskrause *f*

collejas [ko'ʎexas] *fpl* Feldsalat *m*

collón, -ona [ko'ʎon, -ona] *adj (vulg: apocado)* feige

colmado[1] [kol'maðo] *m* Lebensmittelgeschäft *nt*

colmado, -a[2] [kol'maðo, -a] *adj (lleno)* voll (**de** mit +*dat*); *(repleto)* randvoll; **un año ~ de felicidad** ein glückliches Jahr

colmar [kol'mar] **I.** *vt* ① *(vaso)* bis zum Rand füllen (**de** mit +*dat*) ② *(alabanzas)* überschütten (**de** mit +*dat*) ③ *(esperanzas)* erfüllen **II.** *vr:* **~se** in Erfüllung gehen

colmena [kol'mena] *f* (ZOOL) Bienenstock *m*

colmenar [kolme'nar] *m* Bienenstand *m*

colmenero, -a [kolme'nero, -a] *m, f* Imker(in) *m(f)*

colmenilla [kolme'niʎa] *f* (BOT) Morchel *f*

colmillo [kol'miʎo] *m* Eckzahn *m; (de elefante)* Stoßzahn *m; (de perro)* Fangzahn *m;* **enseñar los ~s** *(fig)* die Zähne zeigen

colmo ['kolmo] *m* ① *(repleto)* Übermaß *nt,* Fülle *f* ② *(lo máximo)* Gipfel *m;* **para ~** obendrein; **¡esto es el ~!** das ist (doch) der Gipfel!

colocación [koloka'θjon] *f* ① *(empleo)* (An)stellung *f* ② *(disposición)* Anordnung *f,* Aufstellung *f* ③ (COM: *inversión*) Anlage *f,* Placement *nt* ④ (DEP: *posición*) (Spieler)aufstellung *f*

colocado, -a [kolo'kaðo, -a] *adj (argot: bebido)* blau; *(drogado)* high

colocar [kolo'kar] <c → qu> **I.** *vt* ① *(emplazar)* stellen; *(según un orden)* (an)ordnen; *(poner)* legen; *(cuadro, cartel)* anbringen ② (DEP: *balón, flecha*) schießen ③ (COM: *invertir*) anlegen, platzieren; *(mercancías)* absetzen, verkaufen ④ *(empleo)* anstellen ⑤ *(casar)* unter die Haube bringen *fam* ⑥ *(argot: encarcelar)* einbuchten **II.** *vr:* **~se** ① *(empleo)* eine Anstellung finden ② *(sombrero, gafas)* sich *dat* aufsetzen ③ *(posicionarse)* sich hinstellen; *(sentarse)* Platz nehmen ④ *(argot: alcohol)* sich betrinken; *(drogas)* Drogen nehmen; *(heroína)* sich *dat* einen Schuss setzen

colocón [kolo'kon] *m (argot)* Rausch *m*

colofón [kolo'fon] *m* ① *(libro)* Schlussbemerkungen *fpl* ② *(fin)* Abschluss *m;* **para ~** zum Schluss

Colombia [ko'lombja] *f* Kolumbien *nt*

colombiano, -a [kolom'bjano, -a] **I.** *adj* kolumbianisch **II.** *m, f* Kolumbianer(in) *m(f)*

colombino, -a [kolom'bino, -a] *adj* kolumbisch
colon ['kolon] *m* (ANAT) Grimmdarm *m*
Colón [ko'lon] *m* ❶ *(Cristóbal)* Kolumbus *m* ❷ *(moneda)* Colón *m*
colonia [ko'lonja] *f* ❶ (BIOL, POL: *aglomeración*) Kolonie *f* ❷ *pl (para niños)* Ferienkolonie *f* ❸ *(barrio)* Stadtviertel *nt* ❹ *(perfume)* Kölnischwasser *nt*
Colonia [ko'lonja] *f* Köln *nt;* **agua de ~** Kölnischwasser *nt*
colonial *adj* Kolonial-; **época ~** Kolonialepoche *f;* **productos ~es** Kolonialwaren *f pl*
colonialismo [kolonja'lismo] *m* Kolonialismus *m*
colonialista [kolonja'lista] **I.** *adj* kolonialistisch **II.** *mf* Kolonialist(in) *m(f)*
colonización [koloniθa'θjon] *f* ❶ (POL: *conquista*) Kolonisierung *f* ❷ *(población)* Besied(e)lung *f*
colonizador(a) [koloniθa'ðor(a)] **I.** *adj* kolonisierend **II.** *m(f)* ❶ *(conquistador)* Kolonist(in) *m(f)* ❷ *(poblador)* Siedler(in) *m(f)*
colonizar [koloni'θar] <z → c> *vt* ❶ *(conquistar)* kolonisieren ❷ *(poblar)* besiedeln
colono, -a [ko'lono, -a] *m, f* ❶ (POL: *conquistador*) Kolonist(in) *m(f)* ❷ *(poblador)* Siedler(in) *m(f)* ❸ (AGR: *labrador*) Pachtbauer, -bäuerin *m, f*
coloquial [kolo'kjal] *adj* (LING) umgangssprachlich
coloquio [ko'lokjo] *m* ❶ *(conversación)* Gespräch *nt; (científico)* Kolloquium *nt* ❷ *(congreso)* Kongress *m,* Konferenz *f*
color [ko'lor] *m* ❶ *(en general)* Farbe *f;* **película en ~** Farbfilm *m;* **un hombre de ~** ein Farbiger; **un vestido de ~es** ein buntes Kleid; **huevos de ~** *(Am)* braune Eier; **nuestros ~es** (DEP) unsere Mannschaft; **mudar de ~** *(palidecer)* erblassen; *(ruborizarse)* erröten ❷ *pl* (ARTE: *conjunto*) Farbgestaltung *f* ❸ *(sustancia)* Farbe *f* ❹ (POL: *ideología*) politische Überzeugung *f*
coloración [kolora'θjon] *f* ❶ *(acto)* Färben *nt* ❷ *(resultado, carácter)* Färbung *f*
colorado, -a [kolo'raðo, -a] *adj* ❶ *(coloreado)* farbig, bunt ❷ *(rojo)* rot; **ponerse ~** erröten
colorante [kolo'ran̦te] **I.** *adj* färbend **II.** *m* Farbstoff *m*
colorar [kolo'rar] *vt* färben, kolorieren
coloreado, -a [kolore'aðo, -a] *adj* farbig
colorear [kolore'ar] **I.** *vt* ❶ *(dar color)* färben; *(pintar)* anmalen ❷ *(al relatar)* beschönigen **II.** *vi* ❶ *(frutos)* Farbe bekommen ❷ *(tirar a rojo)* ins Rötliche (über)gehen
colorete [kolo'rete] *m* Rouge *nt*
colorido [kolo'riðo] *m* ❶ *(conjunto)* Färbung *f* ❷ *(tipismo)* (Lokal)kolorit *nt*
colorir [kolo'rir] **I.** *vt* ❶ *(dar color)* färben, kolorieren ❷ *(al relatar)* beschönigen, in schöneren Farben malen **II.** *vi* (sich) verfärben
colorismo [kolo'rismo] *m sin pl* ❶ (ARTE) Kolorismus *m* ❷ (LIT) überladener Stil *m*
colosal [kolo'sal] *adj (t. fam)* kolossal
coloso [ko'loso] *m* ❶ *(estatua)* Koloss *m* ❷ *(persona)* außergewöhnlicher Mensch *m; (en un campo)* Größe *f*
columbino, -a [kolum'bino, -a] *adj* ❶ *(de las palomas)* Tauben- ❷ *(fig: cándido)* unschuldig, aufrichtig ❸ *(rojo oscuro)* granatfarben
columna [ko'lumna] *f* ❶ *(pilar)* Säule *f* ❷ *(montón)* Stapel *m* ❸ *(periódico)* Kolumne *f,* (Druck)spalte *f* ❹ (MIL: *formación*) Kolonne *f* ❺ (ANAT) **~ vertebral** Wirbelsäule *f* ❻ *(fig: apoyo)* Rückgrat *nt,* Stütze *f*
columnista [kolum'nista] *mf* Kolumnist(in) *m(f)*
columpiar [kolum'pjar] **I.** *vt* ❶ *(balancear)* schaukeln ❷ *(mecer)* wiegen **II.** *vr:* **~se** schaukeln
columpio [ko'lumpjo] *m* ❶ *(para niños)* Schaukel *f* ❷ *(Am: mecedora)* Schaukelstuhl *m*
colza ['kol̦θa] *f* (BOT) Raps *m*
coma[1] ['koma] *m* (MED) Koma *nt*
coma[2] ['koma] *f* (LING) Komma *nt*
comadre [ko'maðre] *f* ❶ *(fam: comadrona)* Hebamme *f* ❷ *(madrina)* Taufpatin *f* ❸ *(fam: vecina)* (befreundete) Nachbarin *f* ❹ *(fam: amiga íntima)* Busenfreundin *f* ❺ *(fam: alcahueta)* Klatschbase *f* ❻ *(fam: celestina)* Kupplerin *f*
comadrear [komaðre'ar] *vi (fam)* klatschen, lästern
comadreja [koma'ðrexa] *f* (ZOOL) Wiesel *nt*
comadrona [koma'ðrona] *f* Hebamme *f*
comanche [ko'mantʃe] *mf* Komantsche *mf*
comanda [ko'man̦da] *f (en un restaurante)* Bestellung *f*
comandancia [koman̦'dan̦θja] *f* ❶ *(mando)* Befehlsgewalt *f,* Kommando *nt* ❷ *(grado, cuartel)* Kommandantur *f* ❸ (MIL, NÁUT: *zona*) Marineprovinz *f*
comandante [koman̦'dan̦te] *m* ❶ (MIL) Befehlshaber *m,* Kommandeur *m; (grado)* Kommandant *m,* Oberst *m* ❷ (NÁUT) Kommandant *m,* (Schiffs)kapitän *m* ❸ (AERO) (Flug)kapitän *m*
comandar [koman̦'dar] *vi, vt* kommandieren
comando [ko'man̦do] *m* ❶ (MIL) Komman-

C

do *nt* ❷ (INFOR) Befehl *m;* ~ **de arranque** Startbefehl *m*

comarca [ko'marka] *f (zona)* Gegend *f; (región)* Gebiet *nt;* (ADMIN) (Land)kreis *m*

comarcal [komar'kal] *adj* Kreis-; **carretera** ~ Kreisstraße *f*

comba ['komba] *f* ❶ *(curvatura)* Verbiegung *f; (de madera)* Verziehen *nt; (de una cuerda)* Durchhängen *nt* ❷ *(cuerda)* Hüpfseil *nt; (juego)* Seilhüpfen *nt;* **saltar a la** ~ seilhüpfen

combar [kom'bar] **I.** *vt* verbiegen; *(madera)* verziehen **II.** *vr:* **~se** sich biegen; *(madera)* sich verziehen; *(cuerda)* durchhängen

combate [kom'bate] *m* ❶ *(lucha)* Kampf *m,* Gefecht *nt; (batalla)* Schlacht *f;* ~ **naval** Seeschlacht *f* ❷ (DEP: *competición*) Wettkampf *m; (partido)* Match *nt;* ~ **de boxeo** Boxkampf *m;* **fuera de** ~ kampfunfähig

combatiente [komba'tjeṇte] **I.** *adj* ❶ *(contendiente)* kämpfend, Kampf- ❷ *(combativo)* kämpferisch **II.** *mf* Kämpfer(in) *m(f)*

combatir [komba'tir] **I.** *vi* kämpfen **II.** *vt* ❶ *(luchar)* bekämpfen ❷ *(rebatir)* anfechten

combativo, -a [komba'tiβo, -a] *adj* ❶ *(inclinado al combate)* kämpferisch; *(agresivo)* kampflustig ❷ (*t.* MIL: *relativo al combate*) Kampf(es)-

combi ['kombi] *m* ❶ (AUTO) Kombi(wagen) *m* ❷ *(frigorífico)* Kühlgefrierkombination *f*

combinable [kombi'naβle] *adj* kombinierbar

combinación [kombina'θjon] *f* ❶ *(composición)* Zusammenstellung *f;* (*t.* MAT) Kombination *f;* ~ **ganadora** Gewinnerkombination *f* ❷ (QUÍM) Verbindung *f* ❸ *(de trasportes)* Verbindung *f* ❹ *(lencería)* Unterrock *m* ❺ *(fam: truco)* Trick *m*

combinado [kombi'naðo] *m* ❶ *(cóctel)* Cocktail *m* ❷ *(ropa)* Kombination *f* ❸ (ECON) Industriekombinat *nt*

combinar [kombi'nar] **I.** *vi* ❶ *(armonizar)* passen (**con** zu +*dat*) ❷ (DEP) kombinieren **II.** *vt* ❶ *(componer)* zusammenstellen, kombinieren ❷ *(unir)* zusammenfügen, verbinden; ~ **ideas** Gedanken verknüpfen ❸ *(coordinar)* abstimmen (**con** auf +*akk*) ❹ (MAT) kombinieren **III.** *vr:* **~se** sich verbinden; *(pey: compincharse)* paktieren

combustibilidad [kombustiβili'ðaᵈ] *f* (FÍS, QUÍM) (Ver)brennbarkeit *f*

combustible [kombus'tiβle] **I.** *adj* (FÍS, QUÍM) (ver)brennbar; *(inflamable)* (leicht) entzündbar; ~ **fósil** fossiler Brennstoff **II.** *m* ❶ (FÍS, QUÍM) Brennstoff *m* ❷ *(carburante)* Kraftstoff *m*

combustión [kombus'tjon] *f* (FÍS, QUÍM) Abbrennen *nt,* Verbrennung *f; (con llama)* Verfeuerung *f*

comecocos [kome'kokos] *m inv* ❶ *(fam: obsesión)* Kopfnuss *f* ❷ (INFOR: *juego*) Jump-And-Run-Spiel *nt*

comedero [kome'ðero] *m* Futtertrog *m; (en línea)* Futterrinne *f; (pesebre)* Futterkrippe *f; (exterior)* Futterstelle *f*

comedia [ko'meðja] *f* ❶ (TEAT: *obra*) Schauspiel *nt; (divertida)* Lustspiel *nt* ❷ (CINE) Komödie *f* ❸ *(fam: farsa)* Komödie *f,* Theater *nt;* **hacer** ~ schauspielern

comediante, -a [kome'ðjaṇte, -a] *m, f* ❶ (CINE, TEAT) Schauspieler(in) *m(f)* ❷ *(farsante)* Komödiant(in) *m(f)*

comedido, -a [kome'ðiðo, -a] *adj* ❶ *(moderado)* gemäßigt (**en** in +*dat*); *(contenido)* zurückhaltend (**en** mit +*dat*) ❷ *(modesto)* bescheiden ❸ *(Am: servicial)* hilfsbereit

comedimiento [komeði'mjeṇto] *m* ❶ *(moderación)* Mäßigkeit *f; (contenimiento)* Zurückhaltung *f* ❷ *(modestia)* Bescheidenheit *f* ❸ *(cortesía)* Höflichkeit *f* ❹ *(Am: disposición)* Hilfsbereitschaft *f*

comedirse [kome'ðirse] *vr irr como pedir* ❶ *(moderarse)* sich mäßigen; *(contenerse)* sich zurückhalten (**en** mit +*dat*) ❷ *(Am: ofrecerse)* sich bereit erklären (**a** zu)

comedor [kome'ðor] *m* ❶ *(sala)* Esszimmer *nt; (salón)* Speiseraum *m; (público)* Speisesaal *m; (en una empresa)* Kantine *f;* ~ **universitario** Mensa *f* ❷ *(mobiliario)* Essgruppe *f*

comején [kome'xen] *m (Am)* ❶ *(termita)* Termite *f* ❷ *(zozobra)* bohrender Gedanke *m*

comensal [komen'sal] *mf* ❶ *(invitado)* (Tisch)gast *m* ❷ *(vecino de mesa)* Tischnachbar(in) *m(f)*

comentador(a) [komeṇta'ðor(a)] *m(f)* ❶ *(comentarista)* Kommentator(in) *m(f)* ❷ *(chismoso)* Klatschmaul *nt fam*

comentar [komeṇ'tar] *vt* ❶ *(hablar sobre algo)* besprechen; *(hacer comentarios)* kommentieren; *(explicar)* erläutern; *(analizar)* auslegen ❷ *(una obra: criticar)* rezensieren, besprechen; *(interpretar)* analysieren, interpretieren; *(incluir notas)* kommentieren ❸ *(pey: cotillear)* klatschen (über +*akk*) *fam* ❹ *(fam: contar)* erzählen

comentario [komeṇ'tarjo] *m* ❶ *(general)* Kommentar *m; (aclaración)* Erläuterung *f; (observación)* Bemerkung *f; (explicación)* Erklärung *f; (nota)* Anmerkung *f; (análisis)*

Auslegung *f* ② *pl (murmuraciones)* Geklatsche *nt fam,* Gerede *nt*
comentarista [komeṇta'rista] *mf* (RADIO, TV) Kommentator(in) *m(f)*
comenzar [komeṇ'θar] *irr como empezar* **I.** *vi* anfangen (**con/por** mit *+dat*); **~ a** *+inf* anfangen zu *+inf;* **para ~** als Erstes **II.** *vt* ① *(iniciar)* anfangen ② *(alimentos)* anschneiden; *(envases)* anbrechen
comer [ko'mer] **I.** *vi* ① *(alimentarse)* essen; *(animales)* fressen; **dar de ~ a un animal** ein Tier füttern; **~ caliente** eine warme Mahlzeit haben ② *(almorzar)* zu Mittag essen; **antes/después de ~** vor/nach dem (Mittag)essen **II.** *vt* ① *(ingerir)* essen; *(animales)* fressen ② *(fig: consumir)* nagen (an *+dat*) ③ *(corroer)* zerfressen ④ *(colores)* ausbleichen ⑤ *(dilapidar)* verprassen ⑥ *(en juegos)* wegnehmen; *(parchís)* hinausschmeißen **III.** *vr:* **~se** ① *(ingerir)* (auf)essen; **~se a alguien a besos** jdn abküssen; **está para comérsela** sie ist zum Anbeißen ② *(corroer)* zerfressen ③ *(colores)* ausbleichen ④ *(saltarse)* überspringen; *(palabras)* auslassen; *(al pronunciar)* verschlucken
comercial¹ [komer'θjal] *m (Am: anuncio)* Werbespot *m*
comercial² [komer'θjal] **I.** *adj* Handels-, gewerblich; **calle ~** Geschäftsstraße *f;* **centro ~** Einkaufszentrum *nt* **II.** *mf (profesión)* Außendienstmitarbeiter(in) *m(f),* Handelsvertreter(in) *m(f)*
comercializable [komerθjali'θaβle] *adj* (COM) marktfähig
comercialización [komerθjaliθa'θjon] *f* Vermarktung *f,* Kommerzialisierung *f; (puesta en circulación)* Inverkehrbringen *nt*
comercializar [komerθjali'θar] <z → c> *vt* vermarkten, kommerzialisieren
comerciante, -a [komer'θjaṇte, -a] *m, f* Händler(in) *m(f); (negociante)* Geschäftsmann, -frau *m, f; (perito)* Kaufmann, -frau *m, f*
comerciar [komer'θjar] *vi* handeln (**con** mit *+dat*)
comercio [ko'merθjo] *m* ① *(actividad)* Handel *m; (venta)* Gewerbe *nt;* **~ ambulante** Straßenverkauf *m;* **~ exterior** Außenhandel *m;* **~ al por mayor** Großhandel *m* ② *(tienda)* Laden *m,* Geschäft *nt* ③ *(relaciones)* Verkehr *m,* Umgang *m*
comestible [komes'tiβle] *adj* essbar
comestibles [komes'tiβles] *mpl* Lebensmittel *ntpl;* **tienda de ~** Lebensmittelgeschäft *nt*
cometa¹ [ko'meta] *m* (ASTR) Komet *m*
cometa² [ko'meta] *f (juguete)* Drachen *m*
cometer [kome'ter] *vt* ① (*t.* JUR) begehen; *(perpetrar)* verüben ② (COM) in Kommission geben
cometido [kome'tiðo] *m (encargo)* Auftrag *m; (tarea)* Aufgabe *f; (obligación)* Pflicht *f*
comezón [kome'θon] *f* ① *(picor)* Juckreiz *m* ② *(desasosiego)* Unruhe *f; (malestar)* Unbehagen *nt*
cómic ['komiᵏ] *m* <cómics> Comic *m*
cómica ['komika] *adj o f v.* **cómico**
comicidad [komiθi'ðaᵈ] *f* Komik *f*
comicios [ko'miθjos] *mpl* ① (HIST) Komitien *pl* ② *(elecciones)* Wahlen *fpl*
cómico, -a ['komiko, -a] **I.** *adj (relativo a la comedia)* komisch; *(divertido)* witzig, komisch **II.** *m, f* (CINE, TEAT) Komiker(in) *m(f)*
comida [ko'miða] *f* ① *(alimento)* Essen *nt,* Nahrung *f; (comestibles)* Lebensmittel *ntpl; (plato)* Speise *f; (cocina)* Küche *f;* **~ de** [*o* **para**] **animales** Tierfutter *nt;* **~ casera** Hausmannskost *f;* **~ francesa** französische Küche; **~ rápida** Fastfood *nt* ② *(horario)* Mahlzeit *f;* **~ principal** Hauptmahlzeit *f* ③ *(almuerzo)* Mittagessen *nt;* **~ de negocios** Geschäftsessen *nt*
comidilla [komi'ðiʎa] *f (fam fig)* Stadtgespräch *nt*
comido, -a [ko'miðo, -a] *adj* ① *(satisfecho)* satt; **estar ~** gegessen haben; **llegar ~** nach dem Essen kommen ② *(fig: corroído)* zerfressen (**de/por** von *+dat*) ③ *(loc)* **ser pan ~** *(fam)* eine leichte Sache sein; **salir ~ por servido** *(fam)* sich *dat* gleich bleiben
comienzo [ko'mjeṇθo] *m (principio)* Anfang *m,* Beginn *m;* **al ~** am Anfang; **a ~s de mes** Anfang des Monats
comilla [ko'miʎa] *f* (LING) Anführungszeichen *nt,* Gänsefüßchen *nt fam;* **~ de valor** Apostroph *m;* (**poner**) **entre ~s** in Anführungszeichen (setzen)
comilón, -ona [komi'lon, -ona] **I.** *adj (fam)* gefräßig **II.** *m, f (fam)* Vielfraß *m*
comilona [komi'lona] *f (fam)* Fressorgie *f*
comino [ko'mino] *m* Kümmel *m;* **no valer un ~** keinen Deut wert sein
comisaria [komi'sarja] *f v.* **comisario**
comisaría [komisa'ria] *f* ① *(cargo)* Kommissariat *nt* ② *(edificio)* (Polizei)wache *f;* **~ de policía** Polizeirevier *nt*
comisario, -a [komi'sarjo, -a] *m, f* ① *(delegado)* Beauftragte(r) *mf; (representante)* Vertreter(in) *m(f)* ② *(de policía, t.* UE) Kommissar(in) *m(f)*
comiscar [komis'kar] <c → qu> *vt* ① *(fam: picar)* naschen ② *(carcomer)* zerfressen
comisión [komi'sjon] *f* ① *(cometido)* Auftrag *m* ② *(delegación)* Kommission *f; (junta)* Ausschuss *m; (comité)* Komitee *nt;*

C

C~ **Europea** (UE) Europäische Kommission; ~ **interna** Innenausschuss *m;* ~ **parlamentaria** Parlamentsausschuss *m;* ~ **permanente** Ständiger Rat ③ (COM) Provision *f;* **a** ~ auf Provision(sbasis) ④ (ADMIN) ~ **de servicios** Abordnung *f*

comisionado, -a [komisjo'naðo, -a] *m, f* ① (COM: *comisionista*) Kommissionär(in) *m(f)* ② *(encargado)* Beauftragte(r) *mf; (apoderado)* Bevollmächtigte(r) *mf* ③ *(Am: comisario)* Kommissar(in) *m(f)*

comisionar [komisjo'nar] *vt* (*t.* FIN, JUR: *encargar*) beauftragen; *(apoderar)* bevollmächtigen

comisionista [komisjo'nista] *mf* (*t.* COM) Kommissionär(in) *m(f); (agente)* Agent(in) *m(f),* Makler(in) *m(f); (representante)* Vertreter(in) *m(f)*

comisura [komi'sura] *f* (ANAT: *del cráneo*) Kommissur *f;* ~ **de los labios** Mundwinkel *m*

comité [komi'te] *m* Komitee *nt; (junta)* Ausschuss *m;* ~ **central** Zentralkomitee *nt;* ~ **de empresa** Betriebsrat *m;* **el** ~ **directivo del Banco Central Europeo** das Direktorium der Europäischen Zentralbank; ~ **de empresa** Betriebsrat *m*

comitiva [komi'tiβa] *f* Gefolge *nt;* ~ **fúnebre** Leichenzug *m*

como ['komo] **I.** *adv* ① *(del modo que)* wie; **hazlo** ~ **quieras** mach es, wie du willst; ~ **quien** [*o* **aquel que**] **dice** sozusagen; **blanco** ~ **la nieve** weiß wie Schnee ② *(comparativo)* wie; **es tan alto** ~ **su hermano** er ist so groß wie sein Bruder ③ *(aproximadamente)* ungefähr; **hace** ~ **un año** etwa vor einem Jahr ④ *(y también)* sowie, wie auch ⑤ *(en calidad de)* als; **trabaja** ~ **camarero** er arbeitet als Kellner **II.** *conj* ① *(causal)* da; ~ **no tengo tiempo, no voy** da ich keine Zeit habe, gehe ich nicht; **lo sé,** ~ **que lo vi** ich weiß es, weil ich es gesehen habe ② *(condicional)* wenn, falls ③ *(con 'si' +subj o con 'que')* als ob, als wenn ④ *(completiva)* dass ⑤ *(final)* ~ **para** um zu ⑥ *(temporal)* sobald

cómo ['komo] **I.** *adv* ① *(modal, exclamativo)* wie; **¿~ estás?** wie geht's dir?; **¿~ (dice)?** wie bitte?; **según y** ~ je nachdem ② *(por qué)* wieso; **¿~ (no)?** wieso (nicht)?; **¡~ no!** aber klar! **II.** *m* **el** ~ das Wie

cómoda ['komoða] *f* Kommode *f*

comodable [komo'ðaβle] *adj* (JUR) (ver)leihbar

comodidad [komoði'ðaᵈ] *f* ① *(confort)* Bequemlichkeit *f; (ambiente acogedor)* Gemütlichkeit *f; (bienestar)* Wohlstand *m* ② *(conveniencia)* Nutzen *m; (beneficio)* Vorteil *m*

comodín [komo'ðin] *m* ① *(en juegos)* Joker *m* ② *(palabra)* Allerweltswort *nt* ③ (INFOR) Platzhalterzeichen *nt* ④ *(pretexto)* Ausflucht *f*

cómodo, -a ['komoðo, -a] *adj* ① *ser (cosa)* bequem; *(agradable)* behaglich; *(acogedor)* gemütlich; *(fácil)* leicht ② *ser (persona)* bequem; *(perezoso)* faul ③ *estar (a gusto)* bequem; **¡ponte ~!** mach's dir bequem!

comodón, -ona [komo'ðon, -ona] **I.** *adj (fam)* bequem; *(perezoso)* faul **II.** *m, f (fam)* Bequemlichkeitsmensch *m; (perezoso)* Faulpelz *m*

comoquiera [komo'kjera] **I.** *adv* irgendwie, wie auch immer **II.** *conj* ① *(causal)* ~ **que** da ... ja ② *(concesiva)* ~ **que** auch wenn; ~ **que sea** wie es auch sein mag

Comoras [ko'moras] *f pl* Komoren *f*

compa ['kompa] *mf (fam)* Kumpel *m*

compact (disc) ['kompak (disᵏ)] *m* Compactdisc *f,* CD *f*

compacto¹ [kom'pakto] *m* ① *(disco)* CD *f* ② *(reproductor)* CD-Player *m* ③ *(equipo)* Kompaktanlage *f*

compacto, -a² [kom'pakto, -a] *adj* ① *(textura)* kompakt; *(denso)* dicht; *(firme)* fest ② *(tamaño)* kompakt; **disco** ~ CD *f* ③ *(escritura)* eng; *(multitud)* dicht

compadecer [kompaðe'θer] *irr como crecer* **I.** *vt* bemitleiden, bedauern **II.** *vr:* **~se** *(sentir)* Mitleid haben (**de** mit +*dat*); *(actuar)* sich erbarmen (**de** +*gen*)

compadre [kom'paðre] *m* ① *(padrino)* Pate *m* ② *(amigo)* Freund *m; (compañero)* Kumpel *m*

compadreo [kompa'ðreo] *m (pey)* Kumpanei *f*

compadrería [kompaðre'ria] *f (entre amigos)* Freundschaft *f; (entre camaradas)* Kameradschaft *f;* **una relación de** ~ eine freundschaftliche [*o* kameradschaftliche] Beziehung

compadrito [kompa'ðrito] *m (AmS: chulo, bravucón)* Angeber *m fam,* Großmaul *nt fam*

compaginable [kompaxi'naβle] *adj* kompatibel; **esa afirmación no es** ~ **con la anterior** diese Behauptung passt nicht zur vor(her)igen

compaginar [kompaxi'nar] **I.** *vt* ① *(paginar)* paginieren; *(separar)* (Seiten) umbrechen ② *(combinar)* vereinbaren, kombinieren; *(armonizar)* harmonisieren **II.** *vr:* **~se** ① *(combinar)* zusammenpassen ② *(armonizar)* in Einklang stehen

compañerismo [kompaɲe'rismo] *m* Kollegialität *f;* *(camaradería)* Kameradschaftssinn *m*

compañero, -a [kompa'ɲero, -a] *m, f* ❶ *(persona)* Gefährte, -in *m, f;* *(amigo)* Freund(in) *m(f);* *(pareja)* Lebensgefährte, -in *m, f;* *(camarada)* Kamerad(in) *m(f);* (POL) Genosse, -in *m, f;* *(acompañante)* Begleiter(in) *m(f);* *(colaborador)* Mitarbeiter(in) *m(f);* ~ **de clase** Schulkamerad *m;* (UNIV) Kommilitone *m;* ~ **de piso** Mitbewohner *m;* ~ **de trabajo** Arbeitskollege *m* ❷ *(cosa)* Gegenstück *nt*

compañía [kompa'ɲia] *f* ❶ *(acompañamiento)* Gesellschaft *f;* **animal de** ~ Haustier *nt;* **hacer ~ a alguien** jdm Gesellschaft leisten ❷ *(acompañante)* Begleitung *f* ❸ (TEAT) Ensemble *nt,* Truppe *f* ❹ (COM) Gesellschaft *f;* ~ **aérea** Fluggesellschaft *f* ❺ (MIL) Kompanie *f* ❻ (REL) Orden *m*

comparabilidad [komparaβili'ða^{d}] *f sin pl* Vergleichbarkeit *f*

comparable [kompa'raβle] *adj* vergleichbar (**a/con** mit +*dat*); **no es ~** es ist nicht zu vergleichen

comparación [kompara'θjon] *f* ❶ *(contraste)* Vergleich *m;* **en ~ con algo** im Vergleich zu etw *dat* ❷ *(cotejo)* Gegenüberstellung *f* ❸ (LING) Steigerung *f*

comparado, -a [kompa'raðo, -a] *adj* ❶ *(en comparación)* im Vergleich (**con** zu +*dat*), verglichen (**con** mit +*dat*) ❷ *(comparativo)* vergleichend; **gramática comparada** vergleichende [*o* komparative] Grammatik; **lingüística comparada** Komparativistik *f;* **literatura comparada** Komparatistik *f*

comparar [kompa'rar] **I.** *vt* vergleichen (**a/con** mit +*dat*); *(equiparar)* gleichstellen (**a/con** +*dat*); *(cotejar)* gegenüberstellen (**a/con** +*dat*) **II.** *vr:* **~se** sich vergleichen (**a/con** mit +*dat*); *(equipararse)* sich gleichstellen (**a/con** +*dat*)

comparativo [kompara'tiβo] *m* (LING) Komparativ *m*

comparecencia [kompare'θeṇθja] *f* (*t.* JUR) Erscheinen *nt;* *(como testigo/experto)* Auftreten *nt;* **no ~** Nichterscheinen *nt*

comparecer [kompare'θer] *vi irr como crecer* (*t.* JUR) erscheinen; *(como testigo)* auftreten

comparecimiento [kompareθi'mjeṇto] *m* (JUR) Vorführung *f*

comparsa [kom'parsa] *mf* *(t. fig)* Statist(in) *m(f)*

compartible [kompar'tiβle] *adj* akzeptabel

compartim(i)ento [komparti'm(j)eṇto] *m* Abteilung *f;* *(casilla)* Fach *nt;* ~ **portaequipajes** Gepäckfach *nt;* (FERRO) Abteil *nt;* (AERO) Raum *m;* ~ **del motor** Motorraum *m*

compartimentación [kompartimeṇta'θjon] *f* Aufteilung *f,* Einteilung *f;* *(en casillas)* Einteilung *f* in Fächer

compartimentar [kompartimeṇ'tar] *vt* aufteilen

compartir [kompar'tir] *vt* ❶ *(tener en común)* teilen ❷ *(repartirse)* verteilen (**entre** unter +*dat*)

compás [kom'pas] *m* ❶ *(en dibujo)* Zirkel *m* ❷ (AERO, NÁUT: *brújula*) Kompass *m* ❸ *(ritmo)* Rhythmus *m;* (MÚS) Takt *m*

compasado, -a [kompa'saðo, -a] *adj* ❶ *(acompasado)* taktmäßig ❷ *(mesurado)* maßvoll, gemäßigt; *(arreglado)* wohl geordnet

compasar [kompa'sar] *vt* ❶ *(medir)* (be)messen; (*t.* MAT: *con un compás*) abzirkeln ❷ *(ajustar)* justieren ❸ (MÚS) Taktstriche setzen (in +*dat*)

compasión [kompa'sjon] *f* Mitleid *nt* (**por** mit +*dat*); **sin ~** erbarmungslos

compasivo, -a [kompa'siβo, -a] *adj* teilnahmsvoll

compatibilidad [kompatiβili'ða^{d}] *f* (*t.* INFOR, MED) Kompatibilität *f;* (TÉC) Vereinbarkeit *f;* (LING) Kombinierbarkeit *f*

compatibilizar [kompatiβili'θar] <z → c> *vt* vereinbaren

compatible [kompa'tiβle] *adj* zusammenpassend; (*t.* INFOR, MED) kompatibel; (ADMIN, TÉC) vereinbar; (LING) kombinierbar

compatriota [kompa'trjota] *mf* Landsmann, -männin *m, f*

compeler [kompe'ler] *vt* nötigen (**a** zu +*dat*)

compendiar [kompeṇ'djar] *vt* ❶ *(resumir)* zusammenfassen ❷ *(representar)* ausdrücken

compendio [kom'peṇdjo] *m* ❶ *(resumen)* Zusammenfassung *f;* *(manual)* Abriss *m* ❷ *(epítome)* Inbegriff *m* (**de** +*gen*)

compenetración [kompenetra'θjon] *f* Seelengemeinschaft *f;* *(fusión)* Verschmelzung *f*

compenetrarse [kompene'trarse] *vr* ❶ (QUÍM: *fusionarse*) diffundieren ❷ *(identificarse)* sich identifizieren; *(fundirse)* eins werden

compensación [kompensa'θjon] *f* (JUR, MED) Kompensation *f;* *(equilibrio)* Ausgleich *m;* *(neutralización)* Aufhebung *f;* *(indemnización)* Entschädigung *f;* *(restitución)* Ersatz *m;* ~ **de los cambios** Währungsausgleich *m;* ~ **por despido** Abfindung *f;* ~ **financiera** Finanzausgleich *m*

compensar [kompen'sar] *vt* (JUR, MED)

C

kompensieren; *(equilibrar)* ausgleichen (**con** durch +*akk*); *(neutralizar)* aufheben; (COM: *indemnizar*) entschädigen (**de** für +*akk*); *(restituir)* ersetzen

compensativo, -a [kompensa'tiβo, -a] *adj* ausgleichend, Ausgleichs-

compensatorio, -a [kompensa'torjo, -a] *adj* ausgleichend; **gravamen ~** (UE) Ausgleichsabgabe *f*

competencia [kompe'teṇθja] *f* ① (*t.* COM, ECON: *competición*) Wettbewerb *m;* (DEP) Wettstreit *m; (rivalidad)* Konkurrenz *f;* **~ desleal** unlauterer Wettbewerb ② *(aptitud)* Fähigkeit *f,* Tauglichkeit *f;* (*t.* LING) Kompetenz *f; (especialidad)* Sachkenntnis *f* ③ *(responsabilidad)* Zuständigkeit *f; (obligaciones)* Aufgabenbereich *m;* (*t.* ADMIN) Ressort *nt; (atribución)* Befugnis *f;* **esto (no) es de mi ~** dafür bin ich (nicht) zuständig

competente [kompe'teṇte] *adj* ① *(capaz)* fähig; *(apto)* tauglich; (*t.* LING) kompetent; *(versado)* sachkundig; *(dotado)* begabt (**para** für +*akk*); *(normativo)* maßgebend ② *(correspondiente)* zuständig (**en** für +*akk*); *(autorizado)* befugt (**en** zu +*dat*)

competer [kompe'ter] *vi* (*t.* JUR: *corresponder*) obliegen +*dat*

competición [kompeti'θjon] *f* (*t.* DEP) Wettbewerb *m,* Wettkampf *m*

competidor(a) [kompeti'ðor(a)] **I.** *adj* mitbewerbend, kompetitiv **II.** *m(f)* (*t.* ECON) Konkurrent(in) *m(f),* Wettbewerber(in) *m(f)*

competir [kompe'tir] *vi irr como pedir* ① *(enfrentarse)* konkurrieren (**por** um +*akk*) ② *(igualarse)* konkurrieren können (**en** in +*dat*)

competitividad [kompetitiβi'ðaᵈ] *f* Konkurrenzfähigkeit *f,* Wettbewerbsfähigkeit *f; (espíritu)* Wettbewerbsgeist *m*

competitivo, -a [kompeti'tiβo, -a] *adj* konkurrenzfähig; *(dirigido)* konkurrenzorientiert; **espíritu ~** Wettbewerbsgeist *m*

compi ['kompi] *mf (fam)* Kumpel *m;* **mi ~ de curro** mein Arbeitskumpel

compilación [kompila'θjon] *f* Kompilation *f;* (INFOR) Kompilieren *nt*

compilador [kompila'ðor] *m* (INFOR) Compiler *m*

compilar [kompi'lar] *vt* (*t.* INFOR) kompilieren

compincharse [kompin'ʧarse] *vr (fam pey)* gemeinsame Sache machen

compinche [kom'pinʧe] *mf (fam pey)* Kumpan(in) *m(f)*

complacencia [kompla'θeṇθja] *f* ① *(agrado)* (Wohl)gefallen *nt; (satisfacción)* Befriedigung *f; (placer)* Vergnügen *nt* ② *(atención)* Gefälligkeit *f* ③ *(indulgencia)* Nachsicht *f*

complacer [kompla'θer] *irr como crecer* **I.** *vt* ① *(gustar)* gefallen +*dat* ② *(agradar)* freuen ③ *(hacer un favor)* eine Gefälligkeit erweisen +*dat; (satisfacer)* zufrieden stellen; **~ a alguien** jdm (gegenüber) gefällig sein; **~ una petición** eine Bitte erfüllen **II.** *vr:* **~se** ① *(gustar)* Gefallen finden (**en/de** an +*dat*) ② *(alegrarse)* sich freuen

complaciente [kompla'θjeṇte] *adj (servicial)* gefällig; *(atento)* aufmerksam (**para/con** gegenüber +*dat*)

complejidad [komplexi'ðaᵈ] *f* ① *(multifacetismo)* Vielschichtigkeit *f,* Komplexität *f* ② *(complicación)* Kompliziertheit *f; (dificultad)* Schwierigkeit *f*

complejo¹ [kom'plexo] *m* ① (*t.* QUÍM: *compuesto*) Komplex *m,* Verbindung *f; (todo)* Gesamtheit *f* ② (*t.* ECON, TÉC: *instalación*) Komplex *m,* Anlage *f;* **~ deportivo** Sportzentrum *nt;* **~ hotelero** Hotelanlage *f;* **~ turístico** touristische Anlage ③ (PSICO) Komplex *m;* **~ de culpabilidad** Schuldkomplex *m;* **~ de superioridad** übersteigertes Selbstbewusstsein

complejo, -a² [kom'plexo, -a] *adj* ① *(multifacético)* vielschichtig; (*t.* MAT) komplex ② *(complicado)* kompliziert; *(difícil)* schwierig

complementación [komplemeṇta'θjon] *f* Komplementierung *f,* Ergänzung *f;* (BIOL) Komplementation *f*

complementar [komplemeṇ'tar] **I.** *vt* komplementieren, ergänzen; *(completar)* vervollständigen **II.** *vr:* **~se** sich ergänzen

complementario, -a [komplemeṇ'tarjo, -a] *adj* ergänzend; (*t.* LING) komplementär; **cláusula complementaria** Ergänzungsklausel *f;* **color ~** Komplementärfarbe *f*

complemento [komple'meṇto] *m* ① *(parte)* Komplement *nt,* Ergänzung *f;* **~ alimenticio** Nahrungsergänzungsmittel *nt* ② *(culminación)* Vollendung *f* ③ *(ampliación)* Erweiterung *f* ④ *(paga)* Zulage *f; (recargo)* Zuschlag *m* ⑤ *(accesorio)* Accessoire *nt* ⑥ (LING) Objekt *nt*

completamente [kompleta'meṇte] *adv* gänzlich, komplett *fam*

completar [komple'tar] **I.** *vt* ① *(añadir)* ergänzen, vervollständigen ② *(perfeccionar)* vervollkommnen **II.** *vr:* **~se** sich ergänzen

completo, -a [kom'pleto, -a] *adj (íntegro)* vollständig, komplett; *(perfecto)* vollkommen, vollendet; *(total)* total; *(lleno)* voll; *(hotel)* komplett; *(cine, espectáculo)* ausverkauft; **pensión completa** Vollpension *f;* **la obra completa de Lorca** Lorcas gesammelte Werke

complexión [kompleɣ'sjon] *f* ① *(constitución)* Körperbau *m,* Statur *f;* (MED) Konstitution *f* ② *(Am: tez)* Teint *m*

complicación [komplika'θjon] *f* ① (*t.* MED: *problema*) Komplikation *f,* Schwierigkeit *f* ② *(complejidad)* Kompliziertheit *f* ③ *(confusión)* Verwirrung *f; (enredo)* Verwicklung *f*

complicado, -a [kompli'kaðo, -a] *adj* ① *(difícil de entender)* kompliziert ② *(complejo)* vielschichtig ③ *(persona)* schwierig

complicar [kompli'kar] <c → qu> **I.** *vt* ① *(dificultar)* erschweren, komplizieren ② *(implicar)* verwickeln (**en** in +*akk*) **II.** *vr:* **~se** ① *(dificultarse)* kompliziert werden; *(agravarse)* sich verschlimmern ② *(embrollarse)* sich verstricken (**con/en** in +*akk*)

cómplice ['kompliθe] *mf* (*t.* JUR) Komplize, -in *m, f* (**de/en** bei +*dat*); **hacerse ~ de alguien/algo** jdm/bei etw *dat* Beihilfe leisten

complicidad [kompliθi'ðad] *f* (JUR) Beihilfe *f*

compló [kom'plo] *m* <complós>, **complot** [kom'plot] *m* <complots> Komplott *nt*

componenda [kompo'nenda] *f (acuerdo)* Absprache *f; (pey: arreglo)* Machenschaft *f*

componente [kompo'nente] *m* ① (*t.* TÉC) Bestandteil *m;* (MAT, QUÍM) Komponente *f; (elemento)* Element *nt;* **~s lógicos** (INFOR) Software *f* ② *(miembro)* Mitglied *nt*

componer [kompo'ner] *irr como poner* **I.** *vt* ① *(formar)* zusammensetzen; *(ordenar)* ordnen; *(organizar)* einrichten ② *(constituir)* bilden ③ *(redactar)* verfassen; (MÚS) komponieren ④ (TIPO) (ab)setzen ⑤ *(realizar)* anfertigen ⑥ *(recomponer)* zusammenfügen; *(reconstruir)* wieder aufbauen ⑦ *(corregir)* berichtigen ⑧ *(asear)* zurechtmachen ⑨ *(Am: castrar)* kastrieren ⑩ *(Am: curar)* einrenken **II.** *vr:* **~se** ① *(constituirse)* bestehen (**de** aus +*dat*) ② *(arreglarse)* sich zurechtmachen ③ *(Am: mejorarse)* sich bessern

comportamiento [komporta'mjento] *m* Benehmen *nt,* Betragen *nt;* (*t.* PSICO, TÉC) Verhalten *nt*

comportar [kompor'tar] **I.** *vt* miteinschließen; **esto (no) comporta que** +*subj* das bedeutet (nicht), dass … **II.** *vr:* **~se** sich benehmen, sich verhalten

composición [komposi'θjon] *f* ① (LIT) Komposition *f; (obra)* Werk *nt; (arte)* Kompositionslehre *f; (redacción)* Aufsatz *m* ② *(realización)* Anfertigung *f* ③ (*t.* QUÍM) Verbindung *f* ④ (TIPO) Satz *m;* **taller de ~** Setzerei *f*

compositor(a) [komposi'tor(a)] *m(f)* (MÚS) Komponist(in) *m(f)*

compost [kom'post] *m sin pl* (ECOL) Kompost *m*

compostación [komposta'θjon] *f,* **compostaje** [kompos'taxe] *m* (ECOL) ① *(proceso)* Kompostierung *f* ② *(vertedero)* Kompostanlage *f*

compostura [kompos'tura] *f* ① *(realización)* Anfertigung *f* ② *(corrección)* Berichtigung *f* ③ *(aspecto)* Adrettheit *f* ④ *(comedimiento)* Mäßigkeit *f; (decencia)* Anstand *m*

compota [kom'pota] *f* Kompott *nt*

compra ['kompra] *f* Kauf *m;* **~s** Einkäufe *mpl;* **~ en línea** Onlineshopping *nt;* **ir a la ~** einkaufen gehen; **ir de ~s** einen Einkaufsbummel machen

comprable [kom'praβle] *adj* käuflich

comprador(a) [kompra'ðor(a)] *m(f)* Käufer(in) *m(f); (cliente)* Kunde, -in *m, f; (comerciante)* Abnehmer(in) *m(f)*

comprar [kom'prar] **I.** *vt* ① *(adquirir)* (ein)kaufen; **~ al contado/a plazos** bar/auf Raten kaufen ② *(corromper)* bestechen, kaufen *fam* **II.** *vr:* **~se** sich *dat* kaufen

compraventa [kompra'βenta] *f* ① (*t.* JUR: *acción*) Kauf *m;* **~ con aplazamiento de pago** Kaufgeschäft mit Zahlungsaufschub ② *(negocio)* An- und Verkauf *m; (tienda)* Gebrauchtwarenladen *m; (almoneda)* Trödlerladen *m*

comprender [kompren'der] *vt* ① *(contener)* enthalten, beinhalten; *(abarcar)* umfassen; *(incluir)* einschließen; *(componerse)* bestehen (aus +*dat*) ② *(entender)* verstehen, begreifen; *(concebir)* auffassen; *(admitir)* einsehen; **hacerse ~** sich verständigen; **~ mal** missverstehen

comprensible [kompren'siβle] *adj* verständlich

comprensión [kompren'sjon] *f* ① *(inclusión)* Umfassung *f* ② *(capacidad)* Verständnis *nt; (entendimiento)* Auffassungsvermögen *nt; (conocimiento)* Erkenntnis *f;* **~ auditiva/lectora** Hör-/Leseverstehen *nt*

comprensivo, -a [kompren'siβo, -a] *adj* ① *(inclusivo)* einschließend ② *(benévolo)* verständnisvoll ③ *(razonable)* einsichtig

compresa [kom'presa] *f* ① *(apósito, t.* MED) Kompresse *f* ② *(higiénica)* Damenbinde *f*

compresión [kompre'sjon] *f* ① (*t.* FÍS, MED)

C

Kompression *f*; *(de gases)* Verdichtung *f* ❷ (INFOR) Komprimierung *f*
compresor [kompre'sor] *m* (FÍS, TÉC) Kompressor *m*; *(de gases)* Verdichter *m*; ~ **de aire** Luftpresser *m*

C

comprimario, -a [kompri'marjo, -a] *m, f* (MÚS, TEAT) Sänger(in) *m(f)* in einer Nebenrolle
comprimible [kompri'miβle] *adj* (FÍS) komprimierbar
comprimido [kompri'miðo] *m* Tablette *f*
comprimir [kompri'mir] **I.** *vt* ❶ (*t.* FÍS, TÉC) komprimieren; *(gas)* verdichten ❷ *(reprimir)* verdrängen, unterdrücken **II.** *vr:* **~se** sich beherrschen
comprobable [kompro'βaβle] *adj* nachprüfbar; *(constatable)* feststellbar
comprobación [komproβa'θjon] *f* ❶ *(control)* Kontrolle *f*; *(al azar)* Stichprobe *f* ❷ *(verificación)* Nachweis *m*; *(constatación)* Feststellung *f*; *(confirmación)* Bestätigung *f*; *(prueba)* Beweis *m*
comprobante [kompro'βan̪te] **I.** *adj (justificante)* beweisend; *(de control)* Kontroll- **II.** *m* Beleg(schein) *m*; *(justificante)* Bescheinigung *f*; *(prueba)* Nachweis *m*; ~ **de compra** Kassenbeleg *m*
comprobar [kompro'βar] <o → ue> *vt* ❶ *(controlar)* kontrollieren ❷ *(verificar)* nachweisen; *(confirmar)* bestätigen; *(justificar)* belegen; *(constatar)* feststellen; *(probar)* beweisen
comprometedor(a) [komprometе'ðor(a)] *adj* kompromittierend; *(comprometido)* heikel; (JUR) belastend
comprometer [komprome'ter] **I.** *vt* ❶ *(implicar)* hineinziehen (**en** in +*akk*); *(complicar)* verwickeln (**en** in +*akk*) ❷ *(exponer)* kompromittieren; *(avergonzar)* bloßstellen ❸ *(arriesgar)* gefährden ❹ *(obligar)* verpflichten ❺ (COM) vergeben, verkaufen **II.** *vr:* **~se** ❶ *(implicarse)* sich involvieren; *(complicarse)* sich verwickeln (**en** in +*akk*) ❷ *(exponerse)* sich kompromittieren; *(ponerse en vergüenza)* sich bloßstellen ❸ *(obligarse)* sich verpflichten (**a** zu +*dat*, **con** gegenüber +*dat*); *(vincularse)* sich engagieren; **~se** (**en matrimonio**) sich verloben
comprometido, -a [komprome'tiðo, -a] *adj* ❶ *(expuesto)* riskant; *(delicado)* heikel ❷ (SOCIOL) (politisch) engagiert
compromiso [kompro'miso] *m* ❶ *(vinculación)* Verbindlichkeit *f*; *(obligación)* Verpflichtung *f*; **visita de** ~ Anstandsbesuch *m*; **sin** ~ unverbindlich; (**soltero y**) **sin** ~ ungebunden ❷ *(promesa)* Versprechen *nt*; *(vínculo)* Bindung *f*; ~ **matrimonial** Verlobung *f* ❸ *(acuerdo)* Vereinbarung *f*; ~ **verbal** mündliche Vereinbarung ❹ *(aprieto)* heikle Lage *f* ❺ *(cita)* Verabredung *f* ❻ *(implicación)* Engagement *nt*
compuerta [kom'pwerta] *f* Schütz *nt*; *(corredera)* Schieber *m*
compuesto[1] [kom'pwesto] *m* ❶ (*t.* QUÍM: *composición*) Verbindung *f* ❷ (LING) Kompositum *nt*
compuesto, -a[2] [kom'pwesto, -a] **I.** *pp de* **componer II.** *adj* ❶ *(formado)* bestehend (**de/por** aus +*dat*); **estar** ~ bestehen (**de/por** aus +*dat*) ❷ (LING, QUÍM) zusammengesetzt; **palabra compuesta** zusammengesetztes Wort, Kompositum *nt*
compulsa [kom'pulsa] *f* (JUR) Beglaubigung *f*
compulsar [kompul'sar] *vt* ❶ (JUR) beglaubigen ❷ *(cotejar)* vergleichen
compulsión [kompul'sjon] *f* Zwang *m*; (JUR) Nötigung *f*
compulsivo, -a [kompul'siβo, -a] *adj* zwingend
compungido, -a [kompuŋ'xiðo, -a] *adj* ❶ *(contrito)* zerknirscht ❷ *(triste)* bedrückt
computación [komputa'θjon] *f* ❶ *(cálculo)* Berechnung *f*; *(aproximada)* Überschlag *m* ❷ *(consideración)* Anrechnung *f*
computador(a)[1] [komputa'ðor(a)] *adj* Computer-
computador[2] [komputa'ðor] *m*, **computadora** [komputa'ðora] *f (Am)* Computer *m*
computar [kompu'tar] *vt* ❶ *(calcular)* berechnen; *(aproximado)* überschlagen ❷ *(considerar)* anrechnen
computerizado, -a [komputeri'θaðo, -a] *adj* computerisiert
computerizar [komputeri'θar] <z → c> *vt* computerisieren
cómputo ['komputo] *m* Berechnung *f*; *(aproximado)* Überschlag *m*; ~ **de votos** Stimmenauszählung *f*
comulgar [komul'ɣar] <g → gu> *vi* ❶ (REL) zur Kommunion gehen ❷ *(estar de acuerdo)* übereinstimmen
común [ko'mun] **I.** *adj* ❶ *(conjunto)* gemeinsam (**a** mit +*dat*); *(de la comunidad)* gemeinschaftlich; ~ **acuerdo** gegenseitiges Einvernehmen; **de** ~ **acuerdo** nach gegenseitiger Übereinkunft; **tener algo/no tener nada en** ~ **con alguien** mit jdm etw/nichts gemeinsam haben ❷ *(normal)* gewöhnlich; *(abundante)* häufig (vorkommend); *(corriente)* geläufig; *(habitual)* üblich; *(cotidiano)* alltäglich; **sentido** ~ gesunder Menschenverstand; **fuera de lo** ~ außergewöhnlich; **poco** ~ ungewöhnlich

II. *m* (POL) **los Comunes** die Abgeordneten; *(parlamento)* das Unterhaus

comuna [ko'muna] *f* ❶ (HIST) Kommune *f* ❷ *(Am: municipio)* Gemeinde *f* ❸ *(piso compartido)* Wohngemeinschaft *f; (en los sesenta)* Kommune *f*

comunal [komu'nal] *adj* (ADMIN, POL) Gemeinde-, Kommunal-; **elecciones ~es** Kommunalwahlen *fpl*

comunicable [komuni'kaβle] *adj* ❶ *(trasmisible)* mitteilbar ❷ *(comunicativo)* mitteilsam; *(sociable)* leutselig

comunicación [komunika'θjon] *f* ❶ (*t.* TÉC, TEL) Kommunikation *f; (entendimiento)* Verständigung *f; (trato)* Umgang *m;* **ponerse en ~ con alguien** sich mit jdm in Verbindung setzen ❷ *(comunicado)* Mitteilung *f; (ponencia)* Vortrag *m* ❸ *(conexión)* Anschluss *m;* **~ telefónica** Telefongespräch *nt* ❹ *(trasmisión)* Übermittlung *f* ❺ *(de trasporte)* Verkehrsverbindung *f; (tráfico)* Verkehrsnetz *nt* ❻ *pl (sistema)* Verbindungen *fpl;* (TEL) Fernmeldewesen *nt*

comunicado [komuni'kaðo] *m* Mitteilung *f;* (ADMIN, POL) Kommuniqué *nt*

comunicador(a) [komunika'ðor(a)] *adj* ❶ *(comunicante)* mitteilend; (*t.* FÍS) kommunizierend ❷ *(carismático)* ansprechend

comunicar [komuni'kar] <c → qu> **I.** *vi* ❶ *(estar unido)* kommunizieren; *(estar en contacto)* in Verbindung stehen; *(calles)* zusammenlaufen ❷ *(conectar)* durchkommen (**con** zu +*dat*) ❸ *(teléfono)* besetzt sein; **está comunicando** es [*o* die Leitung] ist besetzt **II.** *vt* ❶ *(informar)* mitteilen; *(dar a conocer)* bekannt machen; *(anunciar)* verkünden ❷ *(trasmitir)* übermitteln ❸ *(unir)* verbinden; *(contactar)* in Verbindung setzen ❹ *(al teléfono)* verbinden **III.** *vr:* **~se** ❶ *(entenderse)* kommunizieren; *(hacerse entender)* sich verständigen ❷ *(relacionarse)* verkehren ❸ *(traspasarse)* sich übertragen (**a** auf +*akk*)

comunicativo, -a [komunika'tiβo, -a] *adj* (*t.* LING) kommunikativ; *(extrovertido)* mitteilsam; *(hablador)* gesprächig

comunicología [komunikolo'xia] *f (ciencia)* Kommunikationswissenschaft *f; (investigación)* Kommunikationsforschung *f*

comunidad [komuni'ða^ð] *f* ❶ *(similitud)* Gemeinsamkeit *f* ❷ *(generalidad)* Allgemeinheit *f* ❸ *(colectividad)* Gemeinschaft *f;* **C~ (Económica) Europea** Europäische (Wirtschafts)gemeinschaft; **~ internauta** (INFOR) Community *f;* **~ religiosa** *(convento)* Klostergemeinschaft *f; (confesión)* Glaubensgemeinschaft *f; (evangélica)* Kommunität *f;* **~ de vecinos** Hausgemeinschaft *f* ❹ *(municipio)* Gemeinde *f; (asociación)* Gemeindeverband *m;* **~ autónoma** autonome Region

comunión [komu'njon] *f* ❶ *(similitud)* Gemeinsamkeit *f* ❷ *(colectividad)* Gemeinschaft *f* ❸ (REL: *Eucaristía*) Kommunion *f;* **hacer la (Primera) C~** die Erstkommunion empfangen

comunismo [komu'nismo] *m* (POL) Kommunismus *m*

comunista [komu'nista] **I.** *adj* (POL) kommunistisch **II.** *mf* (POL) Kommunist(in) *m(f)*

comunitario, -a [komuni'tarjo, -a] *adj* ❶ *(colectivo)* Gemeinschafts- ❷ *(municipal)* Gemeinde- ❸ (UE) EU-; *(Comunidad Europea)* EG-

con [kon] **I.** *prep* ❶ *(compañía)* mit +*dat; (relación)* (zusammen) mit +*dat;* **¿vienes ~ nosotros?** kommst du mit (uns)?; **vivo ~ mis padres/mi novia** ich wohne bei meinen Eltern/mit meiner Freundin zusammen ❷ *(instrumento, modo)* mit +*dat,* durch +*akk;* **estar ~ la gripe** Grippe haben; **con el tiempo...** mit der Zeit ... ❸ (MAT) Komma; **3 ~ 5** 3 Komma 5 ❹ *(actitud)* (**para**) ~ zu +*dat,* gegenüber +*dat;* **es agradable ~ nosotros** er/sie ist freundlich zu uns ❺ *(circunstancia)* bei +*dat;* **~ este tiempo...** bei diesem Wetter ... ❻ *(a pesar de)* trotz +*dat;* **~ todo** trotz allem **II.** *conj* ❶ *(condicional)* ~ +*inf* wenn ...; **~ que** +*subj* wenn ...; **~ que llames es suficiente** es reicht, wenn du anrufst; **~ solo que** +*subj* wenn ... nur ... ❷ *(concesiva)* obwohl

concavidad [koŋkaβi'ða^ð] *f* Wölbung *f;* (FÍS) Konkavität *f*

cóncavo, -a ['koŋkaβo, -a] *adj* nach innen gewölbt; (FÍS) konkav

concebible [koṇθe'βiβle] *adj* ❶ *(comprensible)* begreifbar ❷ *(imaginable)* denkbar

concebir [koṇθe'βir] *irr como pedir* **I.** *vi* schwanger werden; *(animales)* trächtig werden **II.** *vt* ❶ *(engendrar)* empfangen ❷ *(imaginar)* begreifen ❸ *(diseñar)* entwerfen; *(planear)* planen; **~ esperanzas** sich *dat* Hoffnungen machen

conceder [koṇθe'ðer] **I.** *vt* ❶ *(otorgar)* verleihen; *(asignar)* gewähren; *(aprobar)* genehmigen; **~ la palabra** das Wort erteilen; **~ un premio** einen Preis verleihen ❷ *(admitir)* zugeben **II.** *vr:* **~se** sich *dat* gönnen

concejal(a) [koṇθe'xal(a)] *m(f)* Stadtrat, -rätin *m, f*

concejo [koṇ'θexo] *m* Stadtrat *m,* Gemeinderat *m*

concelebrar [koṇθele'βrar] *vt* (REL) konze-

C

lebrieren; **misa concelebrada** Konzelebration *f*

concentración [koṇθeṇtra'θjon] *f* (*t.* MIL) Konzentration *f; (acumulación)* Zusammenballung *f; (manifestación)* Zusammenschluss *m;* (ADMIN) Zentralisierung *f;* **campo de ~** Konzentrationslager *nt*

concentrado [koṇθeṇ'traðo] *m (extracto)* Konzentrat *nt;* **~ de tomate** Tomatenmark *nt*

concentrar [koṇθeṇ'trar] **I.** *vt* ❶ (*t.* MIL) konzentrieren; *(acumular)* zusammenballen; *(agrupar)* gruppieren; (ADMIN) zentralisieren ❷ *(centrar)* konzentrieren; *(dirigir)* lenken **II.** *vr:* **~se** ❶ *(reunirse)* zusammenkommen; *(agruparse)* sich zusammenschließen ❷ *(centrarse)* sich konzentrieren (**en** auf +*akk*)

concéntrico, -a [koṇ'θeṇtriko, -a] *adj* (MAT) konzentrisch

concepción [koṇθeβ'θjon] *f* ❶ *(embarazo)* Empfängnis *f;* **la Inmaculada Concepción** die Unbefleckte Empfängnis ❷ *(idea)* Konzeption *f* ❸ *(mentalidad)* Anschauung *f; (interpretación)* Auffassung *f*

concepto [koṇ'θepto] *m* ❶ *(noción)* Begriff *m; (plan)* Konzept *nt* ❷ *(opinión)* Auffassung *f; (imagen)* Image *nt* ❸ *(loc)* **bajo** [*o* **por**] **ningún ~** unter keinen Umständen; **en ~ de** als +*nom;* (COM) für +*akk*

conceptuación [koṇθeptwa'θjon] *f* ❶ *(opinión)* Auffassung *f* ❷ *(noción)* Begriffsbildung *f* ❸ *(valoración)* Beurteilung *f*

conceptual [koṇθeptu'al] *adj* begrifflich, konzeptuell; **arte ~** Konzeptkunst *f*

conceptualizar [koṇθeptwali'θar] <z → c> *vt* konzeptualisieren

conceptuar [koṇθeptu'ar] <*1. pres* conceptúo> *vt* halten (**como/de** für +*akk*)

concerniente [koṇθer'njeṇte] *adj* betreffend (**a** +*akk*), bezüglich (**a** +*gen*); **en lo ~ a algo/alguien...** was etw/jdn angeht ...

concernir [koṇθer'nir] *vi irr como cernir* ❶ *(afectar)* betreffen; **en** [*o* **por**] **lo que concierne a alguien...** was jdn betrifft ... ❷ *(corresponder)* zustehen +*dat*

concertación [koṇθerta'θjon] *f* (ECON, POL) Vereinbarung *f;* **~ social** Solidarpakt *m*

concertante [koṇθer'taṇte] **I.** *adj* ❶ *(que concierta)* passend, harmonierend ❷ (MÚS) konzertant **II.** *m* (MÚS) Concertante *f,* Konzertante *f*

concertar [koṇθer'tar] <e → ie> **I.** *vi* passen (**con** zu +*dat*) **II.** *vt* ❶ *(ordenar)* ordnen; *(arreglar)* regeln ❷ (MÚS: *afinar*) stimmen (**con** nach +*dat*) ❸ *(armonizar)* in Einklang bringen ❹ *(acordar)* vereinbaren; *(concretar)* absprechen **III.** *vr:* **~se** ❶ *(ponerse de acuerdo)* sich einigen ❷ *(pey: compincharse)* paktieren

concertista [koṇθer'tista] *mf* (MÚS) Konzertspieler(in) *m(f)*

concesión [koṇθe'sjon] *f* ❶ *(acción)* Erteilung *f* ❷ *(efecto)* Genehmigung *f;* (COM, JUR) Konzession *f; (licencia)* Lizenz *f* ❸ *(de una beca)* Gewährung *f; (de un premio)* Verleihung *f* ❹ *(consentimiento)* Zugeständnis *nt*

concesionario, -a [koṇθesjo'narjo, -a] *m, f* (COM, JUR) Konzessionär(in) *m(f); (de una licencia)* Lizenznehmer(in) *m(f)*

concha ['koṇʧa] *f* ❶ *(del molusco)* Muschel(schale) *f; (caparazón)* Schale *f; (de tortuga)* Schildkrötenpanzer *m;* **~ del caracol** Schneckenhaus *nt* ❷ (TEAT) Souffleurmuschel *f* ❸ *(Am: descaro)* Frechheit *f* ❹ *(Am: vulg: vulva)* Muschi *f fam,* Möse *f fam*

conchabar [koṇʧa'βar] **I.** *vt* ❶ *(mezclar)* panschen ❷ *(Am: contratar)* einstellen **II.** *vr:* **~se** *(fam)* paktieren; **estar conchabado con alguien** mit jdm unter einer Decke stecken

conchado, -a [koṇ'ʧaðo, -a] *adj* (ZOOL) Schalen-; **moluscos ~s** Schalenweichtiere *nt pl*

concho[1] ['koṇʧo] *m* ❶ *(Ant, Cuba: taxi)* Taxi *nt* ❷ *(CSur: resto)* Rest *m; (poso)* Satz *m;* **irse al ~** *(vulg)* vor die Hunde gehen *fam* ❸ *(Am: vulg: vulva)* Muschi *f fam*

concho, -a[2] ['koṇʧo, -a] **I.** *adj (AmC)* grob **II.** *m, f* ❶ *(AmC: campesino)* Bauer, Bäuerin *m, f* ❷ *(CSur: niño)* Balg *m o nt* **III.** *interj (Am: fam)* **¡~!** verdammt noch mal!

conchudo, -a [koṇ'ʧuðo, -a] *adj* ❶ *(con conchas)* schuppig ❷ *(Am: fam: sinvergüenza)* frech, unverschämt ❸ *(Méx, Col: fam: indolente)* träge

conciencia [koṇ'θjeṇθja] *f* ❶ *(conocimiento)* Erkenntnis *f* ❷ *(consciencia)* Bewusstsein *nt;* **a ~** gewissenhaft; *(conscientemente)* bewusst; **tomar ~ de algo** sich *dat* etw *gen* bewusst werden ❸ *(moral)* Gewissen *nt; (rectitud)* Redlichkeit *f; (cuestión)* Gewissensfrage *f;* **libertad de ~** Gewissensfreiheit *f;* (**sin**) **cargo de ~** (ohne) schlechtes Gewissen; **me remuerde la ~** ich habe Gewissensbisse

concienciación [koṇθjeṇθja'θjon] *f* Bewusstmachung *f;* (ECOL, POL) Sensibilisierung *f*

concienciar [koṇθjeṇ'θjar] **I.** *vt* ❶ *(persuadir)* überzeugen (**de** von +*dat*) ❷ *(sensibilizar)* sensibilisieren (**de** für +*akk*) **II.** *vr:* **~se** ❶ *(convencerse)* sich überzeugen (**de**

von +*dat*) ② *(sensibilizarse)* sensibilisiert werden (**de** für +*akk*)

concienzudo, -a [koṇθjeṇ'θuðo, -a] *adj* gewissenhaft

concierto [koṇ'θjerto] *m* ① *(disposición)* Ordnung *f* ② *(armonía)* Einklang *m* ③ (*t.* ECON: *acuerdo*) Vereinbarung *f* ④ (MÚS) Konzert *nt*

conciliable [koṇθi'ljaβle] *adj* vereinbar; **nuestras opiniones son difícilmente ~s** unsere Ansichten lassen sich nur schwer unter einen Hut bringen; **tal actuación no es ~ con nuestros principios** eine solche Handlung verträgt sich nicht mit unseren Prinzipien

conciliación *f* ~ **familiar** Vereinbarkeit von Familie und Beruf

conciliación [koṇθilja'θjon] *f* Konziliation *f*; *(reconciliación)* Versöhnung *f*; *(de opiniones)* Einigung *f*; (JUR) Schiedsverfahren *nt*; ~ **laboral** Schlichtung *f*

conciliador(a) [koṇθilja'ðor(a)] *adj* versöhnlich; *(amable)* verbindlich; *(pacífico)* friedlich

conciliar [koṇθi'ljar] **I.** *vt* *(reconciliar)* versöhnen; *(armonizar)* in Einklang bringen; ~ **el sueño** einschlafen **II.** *vr:* **~se** ① *(reconciliarse)* sich versöhnen ② *(granjearse)* sich *dat* zuziehen

concilio [koṇ'θiljo] *m* ① *(reunión)* Versammlung *f* ② (REL) Konzil *nt*

concisión [koṇθi'sjon] *f* Gedrängtheit *f*; *(brevedad)* Kürze *f*; *(sobriedad)* Knappheit *f*

conciso, -a [koṇ'θiso, -a] *adj* *(breve)* kurz(gefasst); *(sobrio)* knapp

concitar [koṇθi'tar] **I.** *vt* aufwiegeln **II.** *vr:* **~se** sich *dat* zuziehen

conciudadano, -a [koṇθjuða'ðano, -a] *m, f* Mitbürger(in) *m(f)*

conclave [koŋ'klaβe] *m*, **cónclave** ['koŋklaβe] *m* ① (REL) Konklave *nt* ② *(reunión)* Versammlung *f*

concluir [koŋklu'ir] *irr como huir* **I.** *vi* enden; **¡asunto concluido!** erledigt! **II.** *vt* ① *(terminar)* zu Ende bringen; *(negocio)* (ab)schließen ② *(deducir)* schließen (**de** aus +*dat*) **III.** *vr:* **~se** zu Ende gehen

conclusión [koŋklu'sjon] *f* ① *(final)* (Ab)schluss *m*; **en ~** *(en suma)* kurz und gut; *(por último)* letztendlich ② *(deducción)* (Schluss)folgerung *f*; **llegar a la ~ de que...** zu dem Schluss kommen, dass ...

conclusivo, -a [koŋklu'siβo, -a] *adj* abschließend, Schluss-

concluyente [koŋklu'ɟeṇte] *adj* *(definitivo)* endgültig; *(determinante)* entscheidend; *(convincente)* überzeugend

concomitancia [koŋkomi'taṇθja] *f* Parallele *f*

concomitar [koŋkomi'tar] *vt* begleiten

concordancia [koŋkor'ðaṇθja] *f* ① *(correspondencia)* Übereinstimmung *f* ② (LING) Kongruenz *f*

concordante [koŋkor'ðaṇte] *adj* konkordant

concordar [koŋkor'ðar] <o → ue> **I.** *vi* ① *(coincidir)* übereinstimmen ② (LING) kongruieren **II.** *vt* ① *(armonizar)* in Einklang bringen ② (LING) in Kongruenz setzen (**con** zu +*dat*)

concorde [koŋ'korðe] *adj* übereinstimmend, konform; **estar ~ con algo/alguien** mit etw *dat*/jdm einig sein; **no estar ~ en nada** in nichts übereinstimmen

concordia [koŋ'korðja] *f* Eintracht *f*

concreción [koŋkre'θjon] *f* ① *(precisión)* Konkretisierung *f* ② *(acumulación)* Ablagerung *f* ③ *(limitación)* Beschränkung *f*

concretamente [koŋkreta'meṇte] *adv* genau, konkret

concretar [koŋkre'tar] **I.** *vt* ① *(precisar)* konkretisieren ② *(combinar)* zusammensetzen ③ *(limitar)* beschränken (**a** auf +*akk*) **II.** *vr:* **~se** sich beschränken (**a** auf +*akk*)

concretizar [koŋkreti'θar] <z → c> *vt* konkretisieren

concreto, -a [koŋ'kreto, -a] *adj* konkret; **en ~** konkret

concubina [koŋku'βina] *f* Lebensgefährtin *f*

conculcación [koŋkulka'θjon] *f* Verletzung *f* (**de** +*gen*), Zuwiderhandlung *f* (**de** gegen +*akk*)

concurrencia [koŋku'rreṇθja] *f* ① *(coincidencia)* Zusammentreffen *nt* ② *(asistencia)* Beteiligung *f* ③ *(público)* Publikum *nt* ④ *(ayuda)* Unterstützung *f* ⑤ *(competencia)* Konkurrenz *f*

concurrente [koŋku'rreṇte] *mf* Teilnehmer(in) *m(f)*

concurrido, -a [koŋku'rriðo, -a] *adj* gut besucht

concurrir [koŋku'rrir] *vi* ① *(coincidir en el lugar)* zusammenkommen; *(en el tiempo)* zusammenfallen ② *(concursar)* konkurrieren (**por** um +*akk*) ③ *(participar)* teilnehmen (**en** an +*dat*) ④ *(presenciar)* beiwohnen (**en** +*dat*)

concursante [koŋkur'saṇte] *mf* ① *(aspirante)* Bewerber(in) *m(f)* ② *(participante)* (Wettbewerbs)teilnehmer(in) *m(f)*

concursar [koŋkur'sar] **I.** *vt, vi* ① *(competir)* (an einem Wettbewerb) teilnehmen ② *(concurrir)* sich bewerben **II.** *vt* (JUR) Konkurs eröffnen (**a** gegen +*akk*)

concurso [koŋ'kurso] *m* ① *(coincidencia)* Zusammentreffen *nt* ② *(oposición)* Ausschreibung *f* ③ *(torneo)* Wettbewerb *m;* (DEP) Wettkampf *m* ④ *(ayuda)* Unterstützung *f* ⑤ *(asistencia de público)* Teilnahme *f* ⑥ (JUR) Konkurs *m*
concurso-subasta [koŋ'kurso-su'βasta] <concursos-subasta> *m* öffentliche Ausschreibung *f*
condado [kon̪'daðo] *m* ① *(título)* Grafentitel *m* ② *(territorio)* Grafschaft *f*
conde(sa) ['kon̪de, kon'desa] *m(f)* Graf, Gräfin *m, f*
condecir [kon̪de'θir] *irr como decir vi (concordar)* harmonieren, zusammenpassen
condecoración [kon̪dekora'θjon] *f* ① *(distinción)* Auszeichnung *f* ② *(galardón)* Orden *m*
condecorar [kon̪deko'rar] *vt* auszeichnen
condena [kon̪'dena] *f* Verurteilung *f;* **cumplir una ~** eine Strafe verbüßen
condenación [kon̪dena'θjon] *f* Verurteilung *f;* ~ **eterna** (REL) ewige Verdammnis
condenado, -a [kon̪de'naðo, -a] **I.** *adj (fam)* verflixt, verdammt **II.** *m, f* ① *(reo)* Veurteilte(r) *mf* ② (REL) Verdammte(r) *mf* ③ *(fam: endemoniado)* verflixter Kerl *m,* verflixtes Weib *nt* ④ *(fam: niño)* Racker *m*
condenar [kon̪de'nar] **I.** *vt* ① *(sentenciar, reprobar)* verurteilen (**a** zu +*dat*) ② (REL) verdammen ③ *(tapiar)* zumauern **II.** *vr:* **~se** ① (REL) verdammt werden ② *(acusarse)* sich schuldig bekennen
condenatorio, -a [kon̪dena'torjo, -a] *adj* Schuld-; **veredicto ~** Schuldspruch *m*
condensación [kon̪densa'θjon] *f* Kondensierung *f*
condensador [kon̪densa'ðor] *m* (ELEC) Kondensator *m*
condensar [kon̪den'sar] **I.** *vt* ① *(espesar)* kondensieren ② *(abreviar)* kürzen (**en** auf +*akk*) **II.** *vr:* **~se** (sich) verdichten; (FÍS) komprimieren
condesa [kon̪'desa] *f v.* **conde**
condescendencia [kon̪desθen̪'den̪θja] *f* ① *(dignación)* Entgegenkommen *nt; (irón)* Herablassung *f* ② *(transigencia)* Nachgiebigkeit *f* (**con** gegenüber +*dat*)
condescender [kon̪desθen̪'der] <e → ie> *vi* ① *(avenirse)* nachgeben (**con** +*dat*) ② *(rebajarse)* entgegenkommend sein; *(irón)* sich herablassen
condescendiente [kon̪desθen̪'djen̪te] *adj* ① *(benévolo)* nachgiebig ② *(complaciente)* entgegenkommend ③ *(arrogante)* herablassend
condición [kon̪di'θjon] *f* ① *(índole de una cosa)* Beschaffenheit *f* ② *(genio)* Naturell *nt* ③ *(estado)* Verfassung *f,* Zustand *m* ④ *(situación)* Situation *f* (**de** als +*nom*); **condiciones laborales** Arbeitsbedingungen *fpl* ⑤ *(clase)* Stand *m* ⑥ *(requisito)* Bedingung *f;* ~ **de entrada** Eintrittsbedingung *f;* **condiciones del servicio** (*t.* INFOR) Nutzungsbedingungen *fpl;* **a ~ de que...** +*subj* unter der Bedingung, dass ...; **sin condiciones** bedingungslos
condicionado, -a [kon̪diθjo'naðo, -a] *adj* (*t.* PSICO) bedingt, konditioniert
condicional [kon̪diθjo'nal] **I.** *adj* ① *(sujeto a condiciones)* bedingt; **libertad ~** (JUR) Freilassung auf Bewährung ② (LING) konditional **II.** *m* (LING) Konditional(is) *m*
condicionante [kon̪diθjo'nan̪te] *adj* bedingend
condicionar [kon̪diθjo'nar] *vt* ① *(supeditar)* abhängig machen (**a** von +*dat*) ② *(acondicionar)* konditionieren
condimentación [kon̪dimen̪ta'θjon] *f* Würzen *nt*
condimentar [kon̪dimen̪'tar] *vt* würzen
condimento [kon̪di'men̪to] *m* Gewürz *nt*
condiscípulo, -a [kon̪dis'θipulo, -a] *m, f* Mitschüler(in) *m(f)*
condolencia [kon̪do'len̪θja] *f* Beileid *nt*
condolerse [kon̪do'lerse] <o → ue> *vr* Mitleid haben (**de** mit +*dat*)
condominio [kon̪do'minjo] *m* ① (JUR: *referente a cosas*) Gemeinschaftseigentum *nt; (referente a territorios)* Kondominium *nt* ② *(Am: piso)* Eigentumswohnung *f*
condón [kon̪'don] *m* Kondom *m o nt*
condonación [kon̪dona'θjon] *f* Erlass *m*
condonar [kon̪do'nar] *vt* erlassen
cóndor ['kon̪dor] *m* (ZOOL) Kondor *m*
conducción [kon̪du$^{\gamma}$'θjon] *f* ① *(trasporte)* Beförderung *f* ② *(conducto, administración)* Leitung *f*
conducente [kon̪du'θen̪te] *adj* geeignet
conducir [kon̪du'θir] *irr como traducir* **I.** *vt* ① *(llevar)* bringen; *(trasportar)* befördern ② *(guiar)* führen ③ *(arrastrar)* leiten ④ *(pilotar)* fahren, steuern ⑤ *(mandar)* leiten, führen **II.** *vi* ① *(dirigir)* führen (**a** zu +*dat*) ② *(pilotar)* fahren **III.** *vr:* **~se** sich benehmen
conducta [kon̪'dukta] *f* ① *(comportamiento)* Benehmen *nt; (de un prisionero)* Führung *f* ② *(mando)* Führung *f*
conductibilidad [kon̪duktiβili'ða^{ð}] *f* (FÍS) Leitfähigkeit *f*
conductismo [kon̪duk'tismo] *m* (PSICO) Behaviorismus *m*
conductividad [kon̪duktiβi'ða^{ð}] *f* (FÍS) Leitfähigkeit *f*
conducto [kon̪'dukto] *m* ① *(tubo)* Leitung *f* ② (MED) Kanal *m;* ~ **auditivo** Ge-

hörgang *m;* ~ **deferente** Samenleiter *m* ③ *(mediación)* Weg *m*

conductor[1] [koṇduk'tor] *m* (FÍS) Leiter *m*

conductor(a)[2] [koṇduk'tor(a)] **I.** *adj* leitend; **hilo** ~ Leitungsdraht *m* **II.** *m(f)* ① *(jefe)* Leiter(in) *m(f)* ② *(chófer)* Fahrer(in) *m(f);* ~ **suicida** Falschfahrer *m*

condumio [koṇ'dumjo] *m* *(comida)* Essen *nt (mit Brot als Beilage)*

conectador [konekta'ðor(a)] *m* Stecker *m;* ~ **adicional** Zusatzstecker *m*

conectar [konek'tar] **I.** *vt* ① *(enlazar)* verbinden ② *(enchufar)* anschließen **II.** *vi* Kontakt aufnehmen

conectividad [konektiβi'ða^{d}] *f* (INFOR) ① *(posibilidad)* Anschlussfähigkeit *f* ② *(de redes)* Vernetzung *f;* **tener** ~ vernetzt sein

conector [konek'tor] *m* (INFOR) Stecker *m;* ~ **múltiple** Mehrfachstecker *m*

coneja [ko'nexa] *f* ① *(roedora)* weibliches Kaninchen *f* ② *(pey: mujer)* gebärfreudige Frau *f*

conejera [kone'xera] *f* ① *(madriguera)* Kaninchenbau *m* ② *(t. fig: cueva)* Höhle *f*

conejillo [kone'xiʎo] *m* ~ **de Indias** Meerschweinchen *nt; (fig)* Versuchskaninchen *nt*

conejo [ko'nexo] *m* (ZOOL) Kaninchen *nt;* ~ **de Indias** Meerschweinchen *nt; (fig)* Versuchskaninchen *nt*

conexidades [konexi'ðaðes] *f pl* (JUR) Zubehör *nt*

conexión [kone^{γ}'sjon] *f* ① *(enlace)* Verbindung *f* ② *(del teléfono)* Anschluss *m* ③ *pl (amistades)* Beziehungen *f pl*

conexionar [kone^{γ}sjo'nar] **I.** *vt* ① *(enchufar)* anschließen ② *(enlazar)* verbinden **II.** *vr:* **~se** *(elementos)* sich verbinden

confabulación [koɱfaβula'θjon] *f* Verschwörung *f*

confabularse [koɱfaβu'larse] *vr* sich verschwören

confección [koɱfe^{γ}'θjon] *f* Anfertigung *f; (de vestidos)* Konfektion *f*

confeccionar [koɱfe^{γ}θjo'nar] *vt* anfertigen; *(plan)* aufstellen

confederación [koɱfeðera'θjon] *f* Bündnis *nt; (entre Estados)* Konföderation *f*

confederado, -a [koɱfeðe'raðo, -a] *m, f* Verbündete(r) *f(m); (Estado)* Konföderierte(r) *f(m)*

confederar [koɱfeðe'rar] **I.** *vt* zusammenschließen **II.** *vr:* **~se** sich verbünden

conferencia [koɱfe'reṇθja] *f* ① *(charla)* Vortrag *m* ② *(encuentro)* Konferenz *f;* ~ **cumbre** Gipfeltreffen *nt;* ~ **de prensa** Pressekonferenz *f* ③ *(plática)* Besprechung *f* ④ *(llamada telefónica)* Ferngespräch *nt*

conferenciante [koɱfereṇ'θjaṇte] *mf* Redner(in) *m(f)*

conferenciar [koɱfereṇ'θjar] *vi* verhandeln

conferencista [koɱfereṇ'θista] *mf (Am)* Referent(in) *m(f),* Vortragende(r) *f(m)*

conferir [koɱfe'rir] *vt irr como sentir* ① *(otorgar)* verleihen; *(derechos)* zugestehen ② *(trasferir)* übermitteln

confes(i)onario [koɱfes(j)o'narjo] *m* Beichtstuhl *m*

confesar [koɱfe'sar] <e → ie> **I.** *vt* ① *(admitir)* gestehen ② *(manifestar algo oculto)* preisgeben ③ (REL: *declarar*) beichten; *(oír)* die Beichte abnehmen **II.** *vr:* **~se** die Beichte ablegen; **~se culpable** sich (für) schuldig bekennen

confesión [koɱfe'sjon] *f* ① *(declaración)* Geständnis *nt* ② *(sacramento)* Beichte *f* ③ *(credo religioso)* Konfession *f*

confesional [koɱfesjo'nal] *adj* konfessionell

confesionalidad [koɱfesjonali'ða^{d}] *f* Konfession(szugehörigkeit) *f*

confeso, -a [koɱ'feso, -a] **I.** *adj* geständig **II.** *m, f* Laienbruder, -schwester *m, f*

confesonario [koɱfesjo'narjo, -a] *m* Beichtstuhl *m*

confesor [koɱfe'sor] *m* Beichtvater *m*

confesuría [koɱfesu'ria] *f* (REL) Amt *nt* des Beichtvaters

confeti [koɱ'feti] *m* Konfetti *nt*

confiabilidad [koɱfjaβili'ða^{d}] *f sin pl (fiabilidad)* Zuverlässigkeit *f,* Verlässlichkeit *f*

confiable [koɱfi'aβle] *adj (fiable)* vertrauenswürdig; *(cumplido)* zuverlässig

confiado, -a [koɱfi'aðo, -a] *adj* ① *ser (crédulo)* vertrauensselig ② *estar (presumido)* zuversichtlich; *(de sí mismo)* selbstgefällig

confianza [koɱfi'aṇθa] *f* ① *(crédito)* Vertrauen *nt;* **amiga de** ~ enge Freundin ② *(esperanza)* Zuversicht *f* ③ *(presunción)* Selbstgefälligkeit *f* ④ *(familiaridad)* Vertrautheit *f* ⑤ *pl (familiaridad excesiva)* Freiheiten *f pl*

confianzudo, -a [koɱfjaṇ'θuðo, -a] *adj (demasiado familiar)* (zu) vertraulich; *(crédulo)* vertrauensselig

confiar [koɱfi'ar] <*1. pres* confío> **I.** *vi* vertrauen (**en** +*dat*) **II.** *vt* anvertrauen **III.** *vr:* **~se** ① *(entregarse)* sich verlassen (**a** auf +*akk*) ② *(sincerarse)* sich anvertrauen (**a** +*dat*)

confidencia [koɱfi'ðeṇθja] *f* ① *(secreto)* vertrauliche Mitteilung *f* ② *(revelación)* Enthüllung *f*

confidencial [koɱfiðeṇ'θjal] *adj* vertraulich

confidencialidad *f* Vertraulichkeit *f*

C

C

confidente [koɱfi'ðeṇte] **I.** *adj* zuverlässig **II.** *mf* ① *(cómplice)* Vertraute(r) *mf* ② *(espía)* Informant(in) *m(f)*
configuración [koɱfiɣura'θjon] *f* ① *(formación)* Gestaltung *f* ② *(forma)* Gestalt *f* ③ (INFOR) Konfiguration *f*
configurar [koɱfiɣu'rar] **I.** *vt* ① *(formar)* gestalten ② (INFOR) konfigurieren **II.** *vr:* **~se** sich herausbilden
confín [koɱ'fin] **I.** *adj* angrenzend **II.** *m* ① *(frontera)* Grenze *f* ② *(final)* Ende *nt*
confinante [koɱfi'naṇte] *adj (colindante)* angrenzend (**con** an +*akk*)
confinar [koɱfi'nar] **I.** *vi* (an)grenzen (**con** an +*akk*) **II.** *vt* verbannen
confinidad [koɱfini'ðaᵈ] *f (proximidad)* Nachbarschaft *f,* Nähe *f* (**con** zu +*dat*)
confirmación [koɱfirma'θjon] *f* ① *(ratificación)* Bestätigung *f* ② (REL: *Iglesia católica*) Firmung *f; (protestante)* Konfirmation *f*
confirmando, -a [koɱfir'maṇdo, -a] *m, f (Iglesia católica)* Firmling *m; (Iglesia protestante)* Konfirmand(in) *m(f)*
confirmar [koɱfir'mar] **I.** *vt* ① *(corroborar, t.* ECON, INFOR) bestätigen ② *(fortalecer)* bekräftigen ③ (REL: *Iglesia católica*) firmen; *(protestante)* konfirmieren **II.** *vr:* **~se** sich bestätigen
confirmativo, -a [koɱfirma'tiβo, -a] *adj* bestätigend
confiscación [koɱfiska'θjon] *f* Beschlagnahmung *f*
confiscar [koɱfis'kar] <c → qu> *vt* beschlagnahmen
confitar [koɱfi'tar] *vt* ① *(azucarar)* zuckern; *(almibarar)* kandieren ② *(engolosinar)* falsche Hoffnungen machen +*dat*
confite [koɱ'fite] *m* Konfekt *nt*
confitería [koɱfite'ria] *f* Süßwarengeschäft *nt*
confitero[1] [koɱfi'tero] *m (confitera)* Bonbonniere *f*
confitero, -a[2] [koɱfi'tero, -a] *m, f* Konditor(in) *m(f),* Zuckerbäcker(in) *m(f)*
confitura [koɱfi'tura] *f* Konfitüre *f*
conflagración [koɱflaɣra'θjon] *f* ① *(incendio)* Brand *m* ② *(hostilidades)* Konflikt *m; (guerra)* Krieg *m*
conflictividad [koɱfliktiβi'ðaᵈ] *f* Brisanz *f*
conflictivo, -a *adj* konfliktgeladen, brisant
conflicto [koɱ'flikto] *m* Konflikt *m*
confluencia [koɱflu'eṇθja] *f* Zusammenfluss *m*
confluir [koɱflu'ir] *vi irr como huir* zusammenfließen
conformar [koɱfor'mar] **I.** *vt* ① *(formar)* formen ② *(ajustar)* anpassen (**a** an +*akk*) ③ *(contentar)* zufrieden stellen **II.** *vi* übereinstimmen (**con** mit +*dat*) **III.** *vr:* **~se** ① *(ajustarse)* sich anpassen (**a** an +*akk*) ② *(contentarse)* sich zufriedengeben
conforme [koɱ'forme] **I.** *adj (adecuado)* angemessen; **estar ~ con algo** mit etw *dat* übereinstimmen **II.** *adv* ① *(como)* (so) wie ② *(según)* gemäß (**a** +*dat*)
conformidad [koɱformi'ðaᵈ] *f* ① *(afinidad)* Übereinstimmung *f* ② *(aprobación)* Genehmigung *f* ③ *(paciencia)* Gelassenheit *f*
conformismo [koɱfor'mismo] *m* Konformismus *m*
conformista [koɱfor'mista] **I.** *adj* konformistisch **II.** *mf* Konformist(in) *m(f)*
confort [koɱ'forᵗ] *m sin pl* Komfort *m*
confortable [koɱfor'taβle] *adj* ① *(confortante)* aufmunternd ② *(cómodo)* komfortabel
confortar [koɱfor'tar] **I.** *vt* ① *(vivificar)* stärken ② *(alentar)* aufmuntern; *(consolar)* trösten **II.** *vr:* **~se** ① *(reanimarse)* (wieder) zu Kräften kommen ② *(consolarse)* Trost finden; *(animarse)* Mut fassen
confraternidad [koɱfraterni'ðaᵈ] *f,* **confraternización** [koɱfraterniθa'θjon] *f* Brüderlichkeit *f*
confraternizar [koɱfraterni'θar] <z → c> *vi* sich verbrüdern
confrontación [koɱfroṇta'θjon] *f* ① *(comparación)* Vergleich *m* ② *(careo)* Gegenüberstellung *f* ③ *(enfrentamiento)* Konfrontation *f*
confrontar [koɱfroṇ'tar] **I.** *vt* ① *(comparar)* vergleichen ② *(carear)* gegenüberstellen (**con** +*dat*); **confrontado con** konfrontiert mit **II.** *vr:* **~se** (sich *dat*) gegenüberstehen
confucianismo [koɱfuθja'nismo] *m* (FILOS) Konfuzianismus *m*
confundir [koɱfuṇ'dir] **I.** *vt* ① *(trastocar)* verwechseln ② *(mezclar)* durcheinanderbringen ③ *(embrollar)* verwirren **II.** *vr:* **~se** ① *(unirse)* sich unter die Menschenmenge mischen ② *(embrollarse)* sich täuschen (**de** in +*dat*)
confusión [koɱfu'sjon] *f* ① *(trastoque)* Verwechslung *f* ② *(embrollo)* Verwirrung *f*
confuso, -a [koɱ'fuso, -a] *adj* konfus, verworren
confutación [koɱfuta'θjon] *f* (LIT) Widerlegung *f*
confutar [koɱfu'tar] *vt* widerlegen
congelación [koŋxela'θjon] *f* ① *(solidificación)* Gefrieren *nt* ② *(conservación)* Einfrieren *nt;* **~ salarial** Einfrieren der Gehälter ③ *(heladura)* Erfrierung *f*
congelado, -a [koŋxe'laðo, -a] *adj* (ein)ge-

froren; *(cuerpo)* erfroren; *(comestibles)* tiefgefroren

congelador [koŋxela'ðor] *m* ❶ *(electrodoméstico)* Gefrierschrank *m* ❷ *(compartimento en la nevera)* Gefrierfach *nt*

congelados [koŋxe'laðos] *mpl* (COM) Tiefkühlkost *f*

congelamiento [koŋxela'mjen̩to] *m* v. **congelación**

congelante [koŋxe'lan̩te] **I.** *adj* Kühl- **II.** *m* Kühlmittel *nt*

congelar [koŋxe'lar] **I.** *vt* ❶ *(solidificar)* gefrieren (lassen) ❷ (*t.* ECON: *conservar*) einfrieren ❸ *(helar)* erfrieren **II.** *vr:* **~se** ❶ *(solidificarse)* gefrieren ❷ *(helarse)* erfrieren

congénere [koŋ'xenere] **I.** *adj* artverwandt **II.** *mf* Artgenosse, -in *m, f*

congeniar [koŋxe'njar] *vi* harmonieren

congénito, -a [koŋ'xenito, -a] *adj* angeboren

congestión [koŋxes'tjon] *f* ❶ (MED) Hyperämie *f* ❷ *(aglomeración)* Stauung *f*

congestionado, -a [koŋxestjo'naðo, -a] *adj (rostro)* hochrot

congestionar [koŋxestjo'nar] **I.** *vt* ❶ (MED) Blutandrang verursachen (in +*dat*) ❷ *(aglomerar)* verstopfen **II.** *vr:* **~se** ❶ (MED) Blutandrang haben ❷ *(aglomerarse)* sich stauen

conglobación [koŋgloβa'θjon] *f* ❶ *(amontonamiento)* Anhäufung *f; (t. fig: suma)* Summe *f* ❷ *(fig: sentimientos)* gehäuftes Auftreten *nt*

conglobar [koŋglo'βar] *vt* vereinen, versammeln

conglomeración [koŋglomera'θjon] *f* Bindung *f*

conglomerado *m* (*t.* GEO) Konglomerat *nt*

conglomerar [koŋglome'rar] **I.** *vt* binden **II.** *vr:* **~se** sich verbinden

conglutinante [koŋgluti'nan̩te] **I.** *adj* Binde- **II.** *m* Bindemittel *nt*

Congo ['koŋgo] *m* Kongo *m*

congoja [koŋ'goxa] *f* ❶ *(pena)* Schmerz *m* ❷ *(desconsuelo)* Mutlosigkeit *f*

congojoso, -a [koŋgo'xoso, -a] *adj* ❶ *ser (angustioso)* beklemmend ❷ *estar (entristecido)* bekümmert, betrübt; **últimamente le encuentro muy ~** in letzter Zeit finde ich, dass seine Stimmung sehr gedrückt ist

congola [koŋ'gola] *f (Col: pipa de fumar)* (Tabaks)pfeife *f*

congoleño, -a [koŋgo'leɲo, -a], **congolés, -esa** [koŋgo'les, -esa] **I.** *adj* kongolesisch **II.** *m, f* Kongolese, -in *m, f*

congraciamiento [koŋgraθja'mjen̩to] *m* Versöhnung *f; (pey: engatusamiento)* Einschmeichelung *f*

congraciar [koŋgra'θjar] **I.** *vt* beliebt machen (**con** bei +*dat*) **II.** *vr:* **~se** die Gunst erlangen (**con** +*gen*)

congratulación [koŋgratula'θjon] *f* Gratulation *f*

congratular [koŋgratu'lar] **I.** *vt* beglückwünschen **II.** *vr:* **~se** sich freuen (**de/por** über +*akk*)

congregación [koŋgreɣa'θjon] *f* ❶ *(reunión)* Versammlung *f* ❷ (REL) Kongregation *f*

congregar [koŋgre'ɣar] <g → gu> *vt, vr:* **~se** (sich) versammeln

congresal [koŋgre'sal] *mf (Am)* Tagungsteilnehmer(in) *m(f)*

congresista [koŋgre'sista] *mf* Kongressteilnehmer(in) *m(f)*

congreso [koŋ'greso] *m* ❶ *(conferencia)* Kongress *m* ❷ (POL) Abgeordnetenhaus *nt;* **C~ de los Diputados** Abgeordnetenhaus *nt*

congrio ['koŋgrjo] *m* (ZOOL) Meeraal *m*

congruencia [koŋ'grwen̩θja] *f* ❶ *(coherencia)* Übereinstimmung *f* ❷ (MAT) Kongruenz *f*

congruente [koŋ'grwen̩te] *adj* ❶ *(coherente)* übereinstimmend ❷ (MAT) kongruent

conguito [koŋ'gito] *m (Am: pimiento)* Paprika *m*

cónico, -a ['koniko, -a] *adj* konisch, kegelförmig

conífera [ko'nifera] *f* (BOT) Nadelbaum *m;* **~s** Nadelhölzer *ntpl*

conífero, -a [ko'nifero, -a] *adj* Nadel-; **árbol ~** Nadelbaum *m*

conjetura [koŋxe'tura] *f* Mutmaßung *f*

conjetural [koŋxetu'ral] *adj* auf Mutmaßungen beruhend, spekulativ

conjeturar [koŋxetu'rar] *vt* mutmaßen

conjugación [koŋxuɣa'θjon] *f* ❶ *(combinación)* Vereinigung *f* ❷ (BIOL, LING) Konjugation *f*

conjugado, -a [koŋxu'ɣaðo, -a] *adj* ❶ (MAT) zugeordnet, konjugiert ❷ (LING) konjugiert ❸ (BOT) zur Klasse der Jochalgen gehörend

conjugar [koŋxu'ɣar] <g → gu> *vt* ❶ *(armonizar)* in Einklang bringen ❷ (LING) konjugieren

conjunción [koŋxun̩'θjon] *f* ❶ *(unión)* Verbindung *f* ❷ (ASTR, LING) Konjunktion *f*

conjuntamente [koŋxun̩ta'men̩te] *adv* zusammen

conjuntar [koŋxun̩'tar] **I.** *vi* zusammenpassen **II.** *vt* (aufeinander) abstimmen **III.** *vr:* **~se** zusammenkommen

conjuntiva [koŋxun̩'tiβa] *f* (MED) Bindehaut *f*

conjuntivitis [koŋxuṇti'βitis] *f inv* (MED) Bindehautentzündung *f*

conjunto [koŋ'xuṇto] *m* ① *(unido)* Einheit *f*, Komplex *m* ② *(totalidad)* Gesamtheit *f*; **en ~** insgesamt ③ *(en representaciones artísticas)* Ensemble *nt* ④ *(prenda de vestir)* Ensemble *nt* ⑤ (MAT) Menge *f*; **~ vacío** Leermenge *f*

conjura [koŋ'xura] *f*, **conjuración** [koŋxura'θjon] *f* Verschwörung *f*

conjurado, -a [koŋxu'raðo, -a] *m, f* Verschwörer(in) *m(f)*

conjurar [koŋxu'rar] **I.** *vi* konspirieren **II.** *vt* ① *(invocar)* beschwören ② *(alejar)* bannen **III.** *vr:* **~se** sich verschwören

conjuro [koŋ'xuro] *m* ① *(el conjurar)* Beschwörung *f* ② *(fórmula)* Beschwörungsformel *f*

conllevar [konʎe'βar] *vt* ① *(soportar)* ertragen ② *(implicar)* mit sich *dat* bringen

conmemorable [ko^{n}memo'raβle/ko^{m}memo'raβle] *adj* denkwürdig; *(inolvidable)* unvergesslich

conmemoración [ko^{n}memora'θjon/ko^{m}memora'θjon] *f* Gedenken *nt*; **en ~ de alguien** zum Gedenken an jdn

conmemorar [ko^{n}memo'rar/ko^{m}memo'rar] *vt* gedenken *+gen*

conmemorativo, -a [ko^{n}memora'tiβo, -a/ko^{m}memora'tiβo, -a] *adj* Gedenk-, Gedächtnis-

conmigo [ko^{n}'miɣo/ko^{m}'miɣo] *pron pers* mit mir, bei mir

conminación [ko^{n}mina'θjon/ko^{m}mina'θjon] *f* ① *(amenaza)* Drohung *f* ② (JUR) Aufforderung *f*

conminar [ko^{n}mi'nar/ko^{m}mi'nar] *vt* ① *(amenazar)* bedrohen ② (JUR) auffordern

conmiseración [ko^{n}misera'θjon/ko^{m}misera'θjon] *f* Mitleid *nt*

conmoción [ko^{n}mo'θjon/ko^{m}mo'θjon] *f* Erschütterung *f*; **~ cerebral** Gehirnerschütterung *f*

conmocionar [ko^{n}moθjo'nar/ko^{m}moθjo'nar] **I.** *vt* erschüttern **II.** *vr:* **~se** erschüttert sein

conmovedor(a) [ko^{n}moβe'ðor(a)/ko^{m}moβe'ðor(a)] *adj* ① *(conmocionando)* erschütternd ② *(sentimental)* rührend

conmover [ko^{n}mo'βer/ko^{m}mo'βer] <o → ue> **I.** *vt* ① *(emocionar)* bewegen; *(conmocionar)* erschüttern; *(enternecer)* rühren ② *(sacudir)* erschüttern **II.** *vr:* **~se** ① *(emocionarse)* ergriffen sein; *(enternecerse)* gerührt sein; *(conmocionarse)* erschüttert sein ② *(sacudirse)* erschüttert werden

conmutable [ko^{n}mu'taβle/ko^{m}mu'taβle] *adj* ① *(permutable)* austauschbar ② (ELEC) (um)schaltbar

conmutación [ko^{n}muta'θjon/ko^{m}muta'θjon] *f* ① *(permuta)* Tausch *m* ② (LING) Kommutation *f*

conmutador [ko^{n}muta'ðor/ko^{m}muta'ðor] *m* (ELEC) Schalter *m*

conmutar [ko^{n}mu'tar/ko^{m}mu'tar] *vt* ① *(cambiar)* tauschen; *(una pena)* umwandeln (**por** in *+akk*) ② (ELEC) umschalten ③ *(convalidar)* anrechnen

conmutativo, -a [ko^{n}muta'tiβo, -a/ko^{m}muta'tiβo, -a] *adj* (MAT) kommutativ

connatural [konnatu'ral] *adj* angeboren

connaturalizar [konnaturali'θar] <z → c> **I.** *vt* gewöhnen (**con** an *+akk*) **II.** *vr:* **~se** sich gewöhnen (**con** an *+akk*)

connotación [konnota'θjon] *f* (LING) Konnotation *f*

connotar [konno'tar] *vt* (LING) implizieren

cono ['kono] *m* ① *(cuerpo geométrico)* Kegel *m*; **Cono Sur** *Argentinien, Chile, Paraguay und Uruguay* ② (ANAT, BOT) Zapfen *m*

conocedor(a) [konoθe'ðor(a)] **I.** *adj* kundig (**de** *+gen*) **II.** *m(f)* Kenner(in) *m(f)*

conocer [kono'θer] *irr como crecer* **I.** *vt* ① *(saber, tener trato)* kennen; **~ de vista** vom Sehen kennen; **dar a ~** bekannt geben ② *(reconocer)* erkennen (**por/en** an *+dat*) ③ *(descubrir)* kennenlernen **II.** *vi* sich auskennen (**de** mit *+dat*) **III.** *vr:* **~se** ① *(tener trato)* sich kennen ② *(identificar)* sich wiedererkennen

conocible [kono'θiβle] *adj* erkennbar

conocido, -a [kono'θiðo, -a] **I.** *adj* bekannt **II.** *m, f* Bekannte(r) *mf*

conocimiento [konoθi'mjeṇto] *m* ① *(entendimiento)* Kenntnis *f* ② *(inteligencia)* Vernunft *f* ③ *(consciencia)* Bewusstsein *nt* ④ *pl (nociones)* Kenntnisse *fpl*

conque ['koŋke] *conj (fam)* also

conquense [koŋ'kense] **I.** *adj* aus Cuenca **II.** *mf* Einwohner(in) *m(f)* von Cuenca

conquista [koŋ'kista] *f* Eroberung *f*

conquistador(a) [koŋkista'ðor(a)] **I.** *adj* Eroberungs- **II.** *m(f)* Eroberer, -in *m, f*; **~es (de América)** Konquistadoren *mpl*

conquistar [koŋkis'tar] *vt* erobern

consabido, -a [konsa'βiðo, -a] *adj* wohlbekannt

consagración [konsaɣra'θjon] *f* ① *(bendición)* Weihe *f*; *(de la hostia)* Konsekration *f* ② *(dedicación)* Aufopferung *f* ③ *(adquisición de fama)* Auszeichnung *f*

consagrar [konsa'ɣrar] **I.** *vt* ① *(bendecir)* weihen; *(la hostia)* konsekrieren ② *(dedicar)* widmen; *(sacrificadamente)* opfern **II.** *vr:* **~se** ① *(dedicarse)* sich verschreiben (**a** *+dat*) ② *(acreditarse)* sich auszeichnen

consanguíneo, -a [konsaŋ'gineo, -a] **I.** *adj* blutsverwandt **II.** *m, f* Blutsverwandte(r) *mf*

consciencia [koⁿs'θjeṇθja] *f* Bewusstsein *nt*

consciente [koⁿs'θjeṇte] *adj* bewusst (**de** +*gen*); **estar** ~ bei Bewusstsein sein; **ser** ~ *(meticuloso)* gewissenhaft sein; *(responsable)* vernünftig sein

consecución [konseku'θjon] *f* Erreichung *f*, Erlangung *f*

consecuencia [konse'kweṇθja] *f* ❶ *(efecto)* Auswirkung *f*, Folge *f*; **a ~ de** infolge +*gen* ❷ *(coherencia)* Konsequenz *f*

consecuente [konse'kweṇte] *adj* konsequent

consecuentemente [konsekweṇte'meṇte] *adv* folglich

consecutivo, -a [konseku'tiβo, -a] *adj* ❶ *(seguido)* aufeinander folgend ❷ (LING) konsekutiv

conseguido, -a [konse'ɣiðo, -a] *adj* gelungen

conseguir [konse'ɣir] *vt irr como seguir* ❶ *(obtener)* erreichen, erlangen ❷ *(tener éxito)* gelingen

consejería [konsexe'ria] *f* Amt *nt* eines Ratsmitglieds; *(de una comunidad autónoma)* Ministeramt *nt*

consejero, -a [konse'xero, -a] *m, f* ❶ *(guía)* Berater(in) *m(f)* ❷ *(miembro de un consejo)* Rat, Rätin *m, f*; ~ **de embajada** Botschaftsrat *m* ❸ *(de una autonomía)* Minister(in) *m(f)*

consejo [kon'sexo] *m* ❶ *(recomendación)* Rat(schlag) *m* ❷ *(organismo)* Rat *m*; **C~ ECOFIN** ECOFIN-Rat *m*; **C~ Europeo** Europäischer Rat; **C~ de Ministros** Ministerrat *m*; ~ **regulador** Aufsichtsrat *m* ❸ *(reunión)* Ratsversammlung *f* ❹ (ECON) ~ **de dirección** Vorstand; ~ **de empresa** Betriebsrat *m*

conseller [konse'ʎer] *m* *(reg)* Minister *m* *(in gewissen autonomen Regionalregierungen)*

consenso [kon'senso] *m* Konsens *m*

consensuar [konsensu'ar] <*1. pres* consensúo> *vt* beschließen

consentido, -a [konseṇ'tiðo, -a] *adj* ❶ *(mimado)* verwöhnt ❷ *(tolerante)* (zu) nachsichtig

consentimiento [konseṇti'mjeṇto] *m* Zustimmung *f* (**para** zu +*dat*)

consentir [konseṇ'tir] *irr como sentir* **I.** *vi* ❶ *(admitir)* zulassen; *(tolerar)* dulden ❷ *(ceder)* nachgeben **II.** *vt* ❶ *(autorizar)* genehmigen; *(tolerar)* dulden ❷ *(mimar)* verwöhnen ❸ *(aguantar)* zulassen

conserje [kon'serxe] *mf* Hausmeister(in) *m(f)*

conserjería [konserxe'ria] *f* ❶ *(cargo)* Hausmeisterposten *m* ❷ *(oficina)* Hausmeisterloge *f*

conserva [kon'serβa] *f* ❶ *(enlatado)* Konserve *f* ❷ *(conservación)* Konservierung *f*

conservación [konserβa'θjon] *f* ❶ *(mantenimiento)* Erhaltung *f* ❷ *(guarda)* (Auf)bewahrung *f* ❸ *(conserva)* Konservierung *f*

conservacionismo [konserβaθjo'nismo] *m* Konservati(vi)smus *m*

conservador(a) [konserβa'ðor(a)] **I.** *adj* ❶ *(conservante)* erhaltend ❷ (*t.* POL: *tradicionalista*) konservativ **II.** *m(f)* ❶ *(guardador)* Konservator(in) *m(f)* ❷ (POL) Konservative(r) *mf*

conservante [konser'βaṇte] *m* Konservierungsmittel *nt*

conservar [konser'βar] **I.** *vt* ❶ *(mantener)* erhalten ❷ *(guardar)* (auf)bewahren; *(con esmero)* schonen ❸ *(hacer conservas)* konservieren ❹ *(continuar la práctica)* beibehalten **II.** *vr:* **~se** erhalten bleiben; *(mantenerse)* sich halten

conservatorio [konserβa'torjo] *m* Konservatorium *nt*; ~ **superior de música** Musikhochschule *f*

conservero, -a **I.** *adj* Konserven-; **industria conservera** Konservenindustrie *f* **II.** *m, f* Konservenfabrikant(in) *m(f)*

considerable [konsiðe'raβle] *adj* beachtlich

considerablemente [konsiðeraβle'meṇte] *adv* deutlich, wesentlich

consideración [konsiðera'θjon] *f* ❶ *(reflexión)* Erwägung *f*, Überlegung *f*; **en ~ a** angesichts +*gen* ❷ *(respeto)* Respekt *m*; **falta de ~** Respektlosigkeit *f* ❸ *(opinión)* Ansehen *nt*

considerado, -a [konsiðe'raðo, -a] *adj* ❶ *(tener en cuenta)* berücksichtigt ❷ *(apreciado)* angesehen ❸ *(atento)* rücksichtsvoll

considerar [konsiðe'rar] **I.** *vt* ❶ *(reflexionar)* überdenken ❷ *(juzgar)* halten (für +*akk*) ❸ *(apreciar)* respektieren **II.** *vr:* **~se** sich halten (für +*akk*)

consigna [kon'siɣna] *f* ❶ (MIL) Losung *f* ❷ (POL) Weisung *f* ❸ *(depósito de equipajes)* Gepäckaufbewahrung *f*

consignación [konsiɣna'θjon] *f* ❶ *(asignación)* Anweisung *f* ❷ *(protocolo)* Niederschrift *f* ❸ (COM) Konsignation *f*

consignar [konsiɣ'nar] *vt* ❶ *(asignar)* anweisen ❷ *(protocolar)* (schriftlich) niederlegen ❸ *(poner en depósito)* zur Aufbewahrung geben ❹ (COM) konsignieren

C

consignatario, -a [konsiɣna'tarjo, -a] *m, f* ① *(destinatario)* Empfänger(in) *m(f)* ② *(depositario)* Verwahrer(in) *m(f)* ③ (ECON) Schiffsagent(in) *m(f)*
consigo [kon'siɣo] *pron pers* mit sich *dat,* bei sich *dat*
consiguiente [konsi'ɣjeṇte] *adj* dementsprechend; **por ~** folglich
consiguientemente [konsiɣjeṇte'meṇte] *adv* folglich
consiliario, -a [konsi'ljarjo, -a] *m, f* Berater(in) *m(f)*
consistencia [konsis'teṇθja] *f* Konsistenz *f*
consistente [konsis'teṇte] *adj* konsistent
consistir [konsis'tir] *vi* ① *(componerse)* bestehen (**en** aus +*dat*) ② *(ser)* bestehen (**en** in +*dat*) ③ *(radicar)* beruhen (**en** auf +*dat*)
consistorio [konsis'torjo] *m* ① (REL) Konsistorium *nt* ② *(reg:* ADMIN) Gemeinderat *m*
consola [kon'sola] *f* ① *(mesa)* Konsole *f* ② (ELEC) Schalttafel *f*
consolación [konsola'θjon] *f* Trost *m*
consolador[1] [konsola'ðor] *m (argot)* Vibrator *m*
consolador(a)[2] [konsola'ðor(a)] *adj* tröstlich
consolar [konso'lar] <o → ue> *vt, vr:* **~se** (sich) trösten
consolidación [konsoliða'θjon] *f* ① *(intensificación)* Festigung *f;* (*t.* ECON) Konsolidierung *f* ② *(robustecimiento)* Verstärkung *f*
consolidar [konsoli'ðar] **I.** *vt* ① *(intensificar)* festigen; (*t.* ECON) konsolidieren ② *(robustecer)* verstärken **II.** *vr:* **~se** sich festigen
consomé [konso'me] *m* Consommé *f o nt*
consonancia [konso'naṇθja] *f* ① *(rima)* (End)reim *m* ② *(armonía)* Gleichklang *m,* Harmonie *f;* **en ~ con** in Einklang mit
consonante [konso'naṇte] **I.** *adj* ① *(que rima)* (sich) reimend ② *(armonioso)* übereinstimmend **II.** *f* (LING) Konsonant *m*
cónsono, -a ['konsono, -a] *adj* (*t.* MÚS: *elev*) harmonisch
consorcio [kon'sorθjo] *m* ① *(participación conjunta)* Gemeinschaft *f* ② (ECON) Konsortium *nt;* **~ de tecnologías de la información** IT-Konzern *m*
consorte [kon'sorte] *mf* ① *(partícipe)* Partner(in) *m(f)* ② *(cónyuge)* Ehegatte, -in *m, f* ③ (JUR) Komplize, -in *m, f* ④ *(pey argot: compinche)* Konsorte, -in *m, f*
conspicuo, -a [ko^{n}s'pikwo, -a] *adj* ① *(ilustre)* namhaft, berühmt ② *(obvio)* augenfällig
conspiración [ko^{n}spira'θjon] *f* Verschwörung *f*
conspirador(a) *m(f)* Verschwörer(in) *m(f)*
conspirar [ko^{n}spi'rar] *vi* ① *(conjurar)* sich verschwören ② *(intrigar)* intrigieren ③ *(contribuir)* beitragen (**a** zu +*dat*)
constancia [ko^{n}s'taṇθja] *f* ① *(firmeza)* Beständigkeit *f,* Konstanz *f* ② *(perseverancia)* Ausdauer *f,* Beharrlichkeit *f* ③ *(certeza)* Gewissheit *f* ④ *(noticia)* Vermerk *m;* **dejar ~ de algo** etw vermerken
constante [ko^{n}s'taṇte] *adj* konstant (**en** in +*dat*)
Constanza [ko^{n}s'taṇθa] *f* Konstanz *nt;* **Lago de ~** Bodensee *m*
constar [ko^{n}s'tar] *vi* ① *(ser cierto)* feststehen ② *(figurar)* aufgeführt sein; **hacer ~ algo** etw bekunden ③ *(componerse)* bestehen (**de** aus +*dat*)
constatación [ko^{n}stata'θjon] *f* Bestätigung *f*
constatar [ko^{n}sta'tar] *vt* bestätigen
constelación [ko^{n}stela'θjon] *f* ① *(conjunto de estrellas)* Sternbild *nt* ② (ASTR) Konstellation *f*
consternación [ko^{n}sterna'θjon] *f* Bestürzung *f*
consternar [ko^{n}ster'nar] **I.** *vt* bestürzen **II.** *vr:* **~se** bestürzt sein
constipado [ko^{n}sti'paðo] *m* Erkältung *f;* **~ nasal** Schnupfen *m*
constipar [ko^{n}sti'par] **I.** *vt* verstopfen **II.** *vr:* **~se** sich erkälten
constitución [ko^{n}stitu'θjon] *f* ① *(formación)* Bildung *f* ② *(establecimiento)* Gründung *f* ③ *(designación)* Einsetzung *f* ④ *(composición)* Zusammensetzung *f* ⑤ *(complexión)* Konstitution *f* ⑥ (JUR, POL) Verfassung *f*
constitucional [ko^{n}stituθjo'nal] *adj* (JUR, POL) konstitutionell, Verfassungs-
constitucionalismo [ko^{n}stituθjona'lismo] *m sin pl* ① (JUR, POL) Konstitutionalismus *m* ② (POL: *régimen*) Verfassungsordnung *f*
constituir [ko^{n}stitu'ir] *irr como huir* **I.** *vt* ① *(formar)* bilden ② *(ser)* darstellen ③ *(establecer)* gründen ④ *(designar)* einsetzen (**en** als +*akk*) **II.** *vr:* **~se** auftreten (**en/por** als +*nom*)
constitutivo, -a [ko^{n}stitu'tiβo, -a] *adj* wesentlich
constituyente [ko^{n}stitu'ɟeṇte] **I.** *adj* ① *(que constituye)* konstituierend; **asamblea ~** (POL) verfassungsgebende Versammlung ② *(esencial)* wesentlich, grundlegend, konstitutiv **II.** *m* Mitglied *nt* der verfassungsgebenden Versammlung

constreñimiento [ko^{n}streɲi'mjeṇto] *m* Zwang *m,* Nötigung *f*
constreñir [ko^{n}stre'ɲir] *vt irr como ceñir* ① *(obligar)* zwingen (**a** zu +*dat*) ② (MED) zusammenschnüren ③ *(cohibir)* hemmen
constricción [ko^{n}stri^{ɣ}'θjon] *f* ① *(obligación)* Zwang *m* ② (MED) Konstriktion *f* ③ *(cohibición)* Hemmung *f*
construcción [ko^{n}stru^{ɣ}'θjon] *f* ① *(acción)* Bau *m; (arte)* Baukunst *f* ② *(edificio)* Gebäude *nt;* ~ **aneja** Anbau *m* ③ (LING: *estructura*) Satzbau *m; (palabras)* Konstruktion *f*
constructivismo [ko^{n}strukti'βismo] *m sin pl* (ARTE, MÚS) Konstruktivismus *m*
constructivo, -a [ko^{n}struk'tiβo, -a] *adj* konstruktiv
constructor(a) [ko^{n}struk'tor(a)] *m(f)* Bauunternehmer(in) *m(f);* ~ **de carreteras** Straßenbauer *m*
construir [ko^{n}stru'ir] *vt irr como huir* ① *(casa)* bauen; *(erigir)* errichten; *(producir)* herstellen ② (LING) bilden
consu(b)stancial [konsu(β)staṇ'θjal] *adj* ① *(connatural)* eigen ② (REL) wesensgleich
consuegro, -a [kon'sweɣro, -a] *m, f (del yerno)* Vater *m*/Mutter *f* des Schwiegersohnes; *(de la nuera)* Vater *m*/Mutter *f* der Schwiegertochter
consuelo [kon'swelo] *m* Trost *m; (alivio)* Erleichterung *f*
cónsul ['konsul] *m* (POL) Konsul *m*
consulado [konsu'laðo] *m* Konsulat *nt*
consulesa [konsu'lesa] *f* (POL) Konsulin *f; (anticuado)* Frau *f* des Konsuls
consulta [kon'sul̥ta] *f* ① *(de un médico)* Praxis *f;* **hora de** ~ Sprechstunde *f* ② *(asesoramiento)* Beratung *f;* ~ **popular** (POL) Volksbefragung *f*
consultación [konsul̥ta'θjon] *f* Beratung *f*
consultar [konsul̥'tar] *vt* ① *(aconsejarse)* um Rat fragen ② *(libro)* nachschlagen (in +*dat*)
consulting [kon'sul̥tiŋ] *m* <consultings> (*t.* ECON) Consulting *nt,* Beratung *f*
consultivo, -a [konsul̥'tiβo, -a] *adj* beratend; **comité** ~ beratender Ausschuss; **voto** ~ beratende Stimme
consultor(a) [konsul̥'tor(a)] **I.** *adj* beratend; **empresa ~a** Consultingfirma *f* **II.** *m(f)* Berater(in) *m(f); (experto)* Gutachter(in) *m(f)*
consultoría [konsul̥to'ria] *f* Beratungsstelle *f; (empresa)* Consultingfirma *f*
consultorio [konsul̥'torjo] *m* ① *(establecimiento)* Beratungsstelle *f; (de un médico)* (Arzt)praxis *f* ② *(en la radio)* Fragestunde *f*
consumación [konsuma'θjon] *f sin pl* Vollendung *f*
consumado, -a [konsu'maðo, -a] *adj* vollendet, vollkommen; **matrimonio** ~ (JUR) vollzogene Ehe; **es un bailarín** ~ er ist ein vollendeter Tänzer
consumar [konsu'mar] *vt* vollenden; ~ **el matrimonio** (JUR) die Ehe vollziehen
consumición [konsumi'θjon] *f* ① *(bar)* Verzehr *m* ② *(agotamiento)* Verbrauch *m*
consumido, -a [konsu'miðo, -a] *adj (flaco)* mager
consumidor(a) [konsumi'ðor(a)] *m(f)* Verbraucher(in) *m(f); (cliente)* Gast *m;* ~ **final** Endverbraucher *m*
consumir [konsu'mir] **I.** *vt* ① *(gastar)* verbrauchen ② *(acabar)* aufbrauchen ③ *(comer)* verzehren ④ *(destruir)* vernichten ⑤ *(afligir)* quälen **II.** *vr:* **~se** ① *(persona)* sich quälen ② *(gastarse)* ausgehen
consumista [konsu'mista] *mf* nur auf Konsum ausgerichteter Mensch *m*
consumo [kon'sumo] *m* Verbrauch *m;* **bienes de** ~ Konsumgüter *ntpl;* **sociedad de** ~ Konsumgesellschaft *f*
consustancial [konsustaṇ'θjal] *adj* ① *(connatural)* eigen ② (REL) wesensgleich
contabilidad [koṇtaβili'ða^{ð}] *f* Buchhaltung *f;* ~ **por partida doble** doppelte Buchführung; ~ **plurimonetaria** Währungsbuchhaltung *f*
contabilización [koṇtaβiliθa'θjon] *f* Buchführung *f*
contabilizar [koṇtaβili'θar] <z → c> *vt* buchen
contable [koṇ'taβle] **I.** *adj* ① *(que se puede contar)* zählbar ② (FIN) buchungstechnisch **II.** *mf* Buchhalter(in) *m(f)*
contactar [koṇtak'tar] *vi, vt* Kontakt aufnehmen (**con/a** mit +*dat*)
contacto [koṇ'takto] *m* ① *(tacto)* Berührung *f* ② *(relación)* Verbindung *f,* Kontakt *m* ③ (ELEC) Kontakt *m* ④ *(persona)* Kontaktperson *f* ⑤ (FOTO) Positiv *nt*
contado [koṇ'taðo] *m* **al** ~ bar
contador [koṇta'ðor] *m* ① *(del agua, de la luz)* Zähler *m* ② *(contable)* Buchhalter *m*
contados, -as [koṇ'taðos, -as] *adj (raro)* selten; **nos vemos en contadas ocasiones** wir sehen uns selten; **tiene los días** ~ seine/ihre Tage sind gezählt
contagiar [koṇta'xjar] **I.** *vt* anstecken (**con/por** durch +*akk*) **II.** *vr:* **~se** sich anstecken (**de** mit +*dat,* **con/por** durch +*akk*)
contagio [koṇ'taxjo] *m* Ansteckung *f; (trasmisión)* Übertragung *f*
contagioso, -a [koṇta'xjoso, -a] *adj* ansteckend

contaminación [kon̦tamina'θjon] *f* Verseuchung *f;* ~ **acústica** Lärmbelästigung *f;* ~ **ambiental** Umweltverschmutzung *f;* ~ **radiactiva** radioaktive Verseuchung

contaminador(a) [kon̦tamina'ðor(a)] *adj* (umwelt)verschmutzend

contaminante [kon̦tami'nan̦te] **I.** *adj* umweltverschmutzend **II.** *m* Schadstoff *m*

contaminar [kon̦tami'nar] **I.** *vt* ① *(infestar)* verseuchen; **estar contaminado** *(medio ambiente)* verschmutzt (sein) ② *(contagiar)* anstecken ③ *(pervertir)* verderben **II.** *vr:* **~se** ① *(infectarse)* verseucht werden ② *(contagiarse)* sich anstecken ③ *(corromperse)* verderben; *(costumbres)* verfallen

contante [kon̦'tan̦te] *adj* bar; **pagar en dinero ~ y sonante** mit klingender Münze bezahlen

contar [kon̦'tar] <o → ue> **I.** *vi* ① *(hacer cuentas, valer)* zählen; **eso no cuenta** das zählt nicht ② *(con 'con': confiar)* zählen (**con** auf +*akk*); **puedes ~ conmigo** du kannst dich auf mich verlassen ③ *(con 'con': tener en cuenta)* rechnen (**con** mit +*dat*) **II.** *vt* ① *(numerar, incluir)* zählen ② *(calcular)* berechnen ③ *(narrar)* erzählen; **¿qué cuentas?** *(saludo)* hallo, was gibt's Neues? ④ *(tener)* haben **III.** *vr:* **~se** (sich) zählen (**entre** zu +*dat*)

contemplación [kon̦templa'θjon] *f* ① *(observación)* Betrachtung *f* ② (REL) Kontemplation *f,* Versenkung *f* ③ *pl (miramientos)* Rücksicht *f*

contemplar [kon̦tem'plar] *vt* ① *(mirar)* betrachten ② *(considerar)* berücksichtigen ③ *(complacer)* zuvorkommend behandeln ④ (REL) meditieren (über +*akk*)

contemplativo, -a [kon̦templa'tiβo, -a] *adj* ① *(meditativo, inactivo)* beschaulich ② *(complaciente)* rücksichtsvoll

contemporáneo, -a [kon̦tempo'raneo, -a] **I.** *adj* zeitgenössisch **II.** *m, f* Zeitgenosse, -in *m, f*

contemporizador(a) [kon̦temporiθa'ðor(a)] **I.** *adj (transigente)* nachgiebig; *(amoldado)* angepasst; *(capaz de amoldarse)* anpassungsfähig **II.** *m(f)* Anpasser(in) *m(f) abw*

contemporizar [kon̦tempori'θar] <z → c> *vi (amoldarse)* sich anpassen (**con** +*dat*); *(transigir)* sich fügen (**con** +*dat*)

contención [kon̦ten̦'θjon] *f* Mäßigung *f*

contender [kon̦ten̦'der] <e → ie> *vi (luchar)* kämpfen (**por** um +*akk*); *(discutir)* streiten (**sobre** über +*akk*)

contendiente [kon̦ten̦'djen̦te] *mf* Gegner(in) *m(f)*

contenedor [kon̦tene'ðor] *m* Container *m;* ~ **de basura** Mülltonne *f;* ~ **de papel** Altpapiercontainer *m;* ~ **de vidrio** Altglascontainer *m*

contener [kon̦te'ner] *irr como tener* **I.** *vt* ① *(encerrar)* enthalten; **¿qué contiene esta caja?** was ist in dieser Schachtel? ② *(refrenar)* zurückhalten; *(sentimientos)* unterdrücken; *(respiración)* anhalten **II.** *vr:* **~se** sich beherrschen

contenido [kon̦te'niðo] *m* ① *(incluido, significado)* Inhalt *m* ② *(concentración)* Gehalt *m*

contentadizo, -a [kon̦ten̦ta'ðiθo, -a] *adj* genügsam; **mal ~** schwer zufrieden zu stellen

contentamiento [kon̦ten̦ta'mjen̦to] *m* Freude *f,* Zufriedenheit *f*

contentar [kon̦ten̦'tar] **I.** *vt* zufrieden stellen **II.** *vr:* **~se** sich begnügen

contentivo[1] [kon̦ten̦'tiβo] *m* (MED) Verband *m; (venda)* Binde *f; (gasa)* Verbandmull *m*

contentivo, -a[2] [kon̦ten̦'tiβo, -a] *adj* ① *(elev: que contiene)* enthaltend ② (MED) Verband-; *(hemostático)* blutstillend

contento, -a [kon̦'ten̦to, -a] *adj* ① *(alegre)* froh, fröhlich ② *(satisfecho)* zufrieden

contertulio, -a [kon̦ter'tuljo, -a] *m, f* Teilnehmer(in) *m(f)* an einer Gesprächsrunde

contestable [kon̦tes'taβle] *adj* fragwürdig, strittig

contestación [kon̦testa'θjon] *f* ① *(respuesta)* Antwort *f* ② *(protesta)* Protest *m*

contestador [kon̦testa'ðor] *m* Anrufbeantworter *m;* ~ **automático** (automatischer) Anrufbeantworter

contestar [kon̦tes'tar] **I.** *vi (responder)* antworten **II.** *vt* ① *(responder)* antworten (**a** auf +*akk*) ② *(replicar)* widersprechen (**a** +*dat*)

contestatario, -a [kon̦testa'tarjo, -a] *m, f* Protestler(in) *m(f)*

contestón, -ona [kon̦tes'ton, -ona] *m, f (fam)* Besserwisser(in) *m(f)*

contexto [kon̦'testo] *m* Zusammenhang *m,* Kontext *m*

contienda [kon̦'tjen̦da] *f* ① *(disputa)* Streit *m* ② *(batalla)* Kampf *m*

contigo [kon̦'tiɣo] *pron pers* mit dir, bei dir; **me siento ~** ich setze mich zu dir

contiguo, -a [kon̦'tiɣwo, -a] *adj* nebeneinanderliegend

continencia [kon̦ti'nen̦θja] *f (moderación)* Mäßigkeit *f; (castidad)* Keuschheit *f*

continental [kon̦tinen̦'tal] *adj* kontinental

continente [kon̦ti'nen̦te] *m* ① (GEO) Kontinent *m* ② *(aspecto)* Haltung *f; (compostura)* Auftreten *nt* ③ *(cosa)* Behälter *m*

contingencia [kon̦tiŋ'xen̦θja] *f* ① *(even-

tualidad) Möglichkeit *f* ❷ (FILOS) Kontingenz *f* ❸ *(riesgo)* Gefahr *f*

contingentar [kon̦tiŋxen̦'tar] *vt* (*t.* ECON) kontingentieren, zuteilen

contingente [kon̦tiŋ'xen̦te] **I.** *adj* möglich; (FILOS) kontingent **II.** *m* (ECON, MIL) Kontingent *nt*

contingible [kon̦tiŋ'xiβle] *adj (elev: posible)* möglich, denkbar

continuación [kon̦tinwa'θjon] *f (acción)* Fortsetzung *f; (efecto)* Fortdauer *f;* **a ~** *(después)* anschließend; *(en un escrito)* im Folgenden; *(al lado)* daneben

continuador(a) [kon̦tinwa'ðor(a)] *m(f)* Nachfolger(in) *m(f)*

continuamente [kon̦tinwa'men̦te] *adv* ständig, ununterbrochen

continuar [kon̦tinu'ar/kon̦ti'nwar] <*1. pres* continúo> **I.** *vi* ❶ *(perdurar)* fortdauern; **continúa lloviendo** es regnet immer noch; **~á** Fortsetzung folgt ❷ *(seguir)* fortfahren, weitermachen ❸ *(no detenerse)* weitergehen ❹ *(seguir estando)* (immer noch) sein ❺ *(prolongarse)* sich fortsetzen **II.** *vt* fortsetzen, weiterführen

continuidad [kon̦tinwi'ðaᵈ] *f* Kontinuität *f,* Fortdauer *f*

continuismo [kon̦ti'nwismo] *m sin pl* (POL) Kontinuität *f* einer Partei

continuo, -a [kon̦'tinwo, -a] *adj* ständig; *(ininterrumpido)* ununterbrochen; *(persistente)* anhaltend

contonearse [kon̦tone'arse] *vr* sich in den Hüften wiegen

contorno [kon̦'torno] *m* ❶ *(de una figura)* Kontur *f,* Umriss *m* ❷ *(de la cintura)* Hüftumfang *m* ❸ *(pl) (territorio)* Umgebung *f*

contorsión [kon̦tor'sjon] *f* Verdrehung *f*

contorsionista [kon̦torsjo'nista] *mf* Schlangenmensch *m*

contra¹ ['kon̦tra] **I.** *prep* ❶ *(posición, dirección)* gegen +*akk,* an +*akk; (enfrente)* gegenüber +*dat* ❷ *(oposición, contrariedad)* gegen +*akk;* **yo he votado en ~** ich habe dagegengestimmt; **tener algo en ~** etwas dagegen haben ❸ *(a cambio de)* gegen +*akk;* **~ reembolso** gegen [*o* per] Nachnahme **II.** *m* **los pros y los ~s** das Pro und Kontra

contra² ['kon̦tra] *f* ❶ *(dificultad)* Problem *nt; (obstáculo)* Hindernis *nt* ❷ *(oposición)* Widerstand *m;* **llevar la ~ a alguien** jdm widersprechen ❸ *(guerrilla)* Contras *pl*

contraatacar [kon̦tra(a)ta'kar] <c → qu> *vi, vt* seinerseits angreifen

contraataque [kon̦tra(a)'take] *m* (MIL) Gegenangriff *m*

contrabajista [kon̦traβa'xista] *mf* Kontrabassspieler(in) *m(f)*

contrabajo [kon̦tra'βaxo] *m* ❶ *(instrumento)* Kontrabass *m* ❷ *(músico)* Kontrabassist(in) *m(f)*

contrabandear [kon̦traβan̦de'ar] *vi* schmuggeln

contrabandista [kon̦traβan̦'dista] *mf* Schmuggler(in) *m(f)*

contrabando [kon̦tra'βan̦do] *m sin pl* ❶ *(comercio)* Schmuggel *m;* **pasar algo de ~** etw durchschmuggeln ❷ *(mercancía)* Schmuggelware *f*

contracambio [kon̦tra'kambjo] *m* Tausch *m;* **en ~** als Ersatz

contracción [kon̦traʸ'θjon] *f* ❶ *(pl)* (MED) Wehen *fpl* ❷ (LING) Kontraktion *f* ❸ (FIN) Rückgang *m*

contracepción [kon̦traθeβ'θjon] *f* (MED: *anticoncepción*) Empfängnisverhütung *f*

contraceptivo¹ [kon̦traθep'tiβo] *m* (MED: *formal)* (Empfängnis)verhütungsmittel *nt*

contraceptivo, -a² [kon̦traθep'tiβo, -a] *adj* (MED: *formal)* empfängnisverhütend

contracorriente [kon̦trako'rrjen̦te] *f sin pl (agua)* Gegenströmung *f; (electricidad)* Gegenstrom *m*

contractual [kon̦traktu'al] *adj* vertraglich

contractura [kon̦trak'tura] *f* ❶ (MED) Kontraktur *f,* (Muskel)versteifung *f* ❷ (ARQUIT) Verjüngung *f*

contracultural [kon̦trakul̦tu'ral] *adj* zur Gegenkultur gehörig

contradecir [kon̦traðe'θir] *irr como decir* **I.** *vt* widersprechen +*dat* **II.** *vr:* **~se** sich *dat* widersprechen

contradicción [kon̦traðiʸ'θjon] *f* Widerspruch *m*

contradictorio, -a [kon̦traðik'torjo, -a] *adj* widersprüchlich

contraejemplo [kon̦trae'xemplo] *m* Gegenbeispiel *nt*

contraer [kon̦tra'er] *irr como traer* **I.** *vt* ❶ *(encoger)* zusammenziehen ❷ *(adquirir: deudas)* machen; *(compromisos)* eingehen; *(enfermedad)* bekommen ❸ *(limitar)* beschränken (**a** auf +*akk*) **II.** *vr:* **~se** ❶ *(encogerse)* sich zusammenziehen ❷ *(limitarse)* sich beschränken (**a** auf +*akk*)

contraespionaje [kon̦traespjo'naxe] *m* ❶ *(servicio de defensa)* Spionageabwehr *f* ❷ *(actividad)* Gegenspionage *f*

contrafallar [kon̦trafa'ʎar] *vt* übertrumpfen

contrafuerte [kon̦tra'fwerte] *m* ❶ (ARQUIT) Strebepfeiler *m* ❷ *(zapato)* Hinterkappe *f* ❸ (GEO) Gebirgsausläufer *m*

contragolpe [kon̦tra'ɣolpe] *m* ❶ *(golpe*

C

dado en respuesta) Gegenschlag *m* ❷ (DEP: *contraataque*) Konter *m*

contrahacer [kon̩tra(a)'θer] *irr como hacer vt* nachmachen, nachahmen; *(falsificar)* fälschen

C

contrahecho, -a [kon̩tra'eʧo, -a] *adj* ❶ *(falsificado)* gefälscht ❷ *(deforme)* verwachsen; *(persona)* bucklig

contrahechura [kon̩trae'ʧura] *f (falsificación)* Fälschung *f*

contraindicación [kon̩train̩dika'θjon] *f* (MED) Gegenanzeige *f*

contraindicar [kon̩train̩di'kar] <c → qu> *vt* (MED) abraten (von +*dat*)

contralor [kon̩tra'lor] *m (Am:* FIN) Leiter *m* des Rechnungsprüfungsamtes

contraloría [kon̩tralo'ria] *f (Am)* Amt *nt* für Rechnungsprüfung

contralto[1] [kon̩'tral̩to] *m (voz)* Altstimme *f*

contralto[2] [kon̩'tral̩to] *mf* Altist(in) *m(f)*

contraluz [kon̩tra'luθ] *m o f* Gegenlicht *nt;* (FOTO) Gegenlichtaufnahme *f*

contramaestre [kon̩trama'estre] *m (capataz)* Meister *m,* Vorarbeiter *m*

contramedida [kon̩trame'ðiða] *f* Gegenmaßnahme *f*

contranatural [kon̩tranatu'ral] *adj* unnatürlich, naturwidrig

contraofensiva [kon̩traofen'siβa] *f* Gegenoffensive *f*

contraoferta [kon̩trao'ferta] *f* Gegenangebot *nt*

contraorden [kon̩tra'orðen] *f* Gegenbefehl *m*

contrapartida [kon̩trapar'tiða] *f* ❶ *(compensación)* Gegenleistung *f* ❷ *(contabilidad)* Gegenposten *m*

contrapelo [kon̩tra'pelo] **a ~** *(t. fig)* gegen den Strich

contrapeso [kon̩tra'peso] *m* Gegengewicht *nt*

contraponer [kon̩trapo'ner] *irr como poner* **I.** *vt* ❶ *(comparar)* gegenüberstellen ❷ *(oponer)* entgegenstellen **II.** *vr:* **~se** sich widersetzen

contraportada [kon̩trapor'taða] *f* letzte Seite *f*

contraposición [kon̩traposi'θjon] *f* Gegenüberstellung *f;* **en ~ a algo** im Gegensatz zu etw *dat*

contraproducente [kon̩traproðu'θen̩te] *adj* kontraproduktiv; **sería ~** das würde das Gegenteil bewirken

contraproposición [kon̩traproposi'θjon] *f* Gegenvorschlag *m*

contraprotesto [kon̩trapro'testo] *m* (ECON) Protest *m* beim Intervenienten

contraproyecto [kon̩trapro'ɟekto] *m (de una obra)* Gegenentwurf *m; (plan)* Gegenplan *m*

contraprueba [kon̩tra'prweβa] *f* ❶ (MAT) Gegenbeweis *m* ❷ (TIPO) Kontrollabzug *m*

contrapunto [kon̩tra'pun̩to] *m* (MÚS) Kontrapunkt *m*

contrariar [kon̩trari'ar] <*1. pres* contrarío> *vt* ❶ *(oponerse)* behindern; *(plan)* durchkreuzen ❷ *(disgustar)* ärgern

contrariedad [kon̩trarje'ðaᵈ] *f* ❶ *(inconveniente)* Zwischenfall *m* ❷ *(decepción)* Ärger *m*

contrario, -a [kon̩'trarjo, -a] **I.** *adj (opuesto)* entgegengesetzt (**a** +*dat*); *(perjudicial)* schädlich; **al ~** (ganz) im Gegenteil; **en caso ~** andernfalls; **de lo ~** andernfalls; **llevar la contraria a alguien** jdm widersprechen **II.** *m, f* Gegner(in) *m(f)*

contrarreforma [kon̩trarre'forma] *f sin pl* (HIST) Gegenreformation *f*

contrarreloj [kon̩trarre'lox] *f* (DEP) Wettrennen *nt* auf Zeit; *(ciclista)* Zeitfahren *nt*

contrarréplica [kon̩tra'rreplika] *f* (JUR) Duplik *f*

contrarrestar [kon̩trarres'tar] **I.** *vt* ❶ *(resistir)* aufhalten ❷ *(neutralizar)* entgegenwirken +*dat* **II.** *vi* (DEP) zurückschlagen

contrarrevolución [kon̩trarreβolu'θjon] *f* Gegenrevolution *f*

contrasentido [kon̩trasen̩'tiðo] *m* ❶ *(contradicción)* Widerspruch *m* ❷ *(disparate)* Unsinn *m*

contraseña [kon̩tra'seɲa] *f* ❶ *(santo y seña)* Losungswort *nt* ❷ *(marca)* (Gegen)zeichen *nt*

contrastar **I.** *vi* im Gegensatz stehen (**con** zu +*dat*) **II.** *vt (comprobar)* prüfen; *(peso)* eichen

contraste [kon̩'traste] *m* ❶ (*t.* FOTO: *oposición*) Kontrast *m* ❷ (MED) Kontrastmittel *nt* ❸ *(persona)* Eichbeamte(r) *m,* -beamtin *f; (oficina)* Eichamt *nt* ❹ *(señal)* Stempel *m*

contrata [kon̩'trata] *f* Vertrag *m; (de construcción)* Bauvertrag *m; (de servicios)* Lieferungsvertrag *m; (concurso público)* Ausschreibung *f;* **~ temporal** *(a menudo en la construcción)* Zeitvertrag *m*

contratación [kon̩trata'θjon] *f* Vertragsabschluss *m; (personal)* Einstellung *f;* **~ bursátil** (FIN) Börsenhandel *m*

contratante [kon̩tra'tan̩te] **I.** *adj* vertragschließend; **las partes ~s** die Vertragspartner **II.** *mf* Vertragspartner(in) *m(f);* **~ del seguro** Versicherungsnehmer(in) *m(f)*

contratar [kon̩tra'tar] *vt* ❶ *(trabajador)* einstellen; *(artista)* engagieren ❷ *(encargar)* beauftragen

contratiempo [kon̦tra'tjempo] *m* Zwischenfall *m;* **¡qué ~!** wie unangenehm!
contratista [kon̦tra'tista] *mf* Unternehmer(in) *m(f)*
contrato [kon̦'trato] *m* Vertrag *m;* ~ **de alquiler** Mietvertrag *m;* ~ **colectivo** Tarifvertrag *m*
contravalor [kon̦traβa'lor] *m* Gegenwert *m*
contravención [kon̦traβen̦'θjon] *f* (JUR) Verstoß *m* (**de** gegen +*akk*)
contravenir [kon̦traβe'nir] *vt, vi irr como venir* verstoßen (**de** gegen +*akk*)
contraventana [kon̦traβen̦'tana] *f* Fensterladen *m*
contrayente [kon̦tra'ɟen̦te] **I.** *adj (que contrae)* vertragschließend; *(matrimonio)* eheschließend **II.** *mf* Vertragschließende(r) *mf; (de un matrimonio)* Eheschließende(r) *mf;* ~**s** Vertragspartner *mpl; (de un matrimonio)* Brautleute *pl*
contribución [kon̦triβu'θjon] *f* ❶ *(aportación)* Beitrag *m;* **aportar una ~ a algo** einen Beitrag zu etw *dat* leisten ❷ *(impuesto)* Steuer *f,* Abgabe *f;* ~ **municipal** Gemeindesteuer *f*
contribuir [kon̦triβu'ir] *irr como huir* **I.** *vi* ❶ *(ayudar)* beitragen (**a** zu +*dat*) ❷ *(tributar)* Steuern zahlen **II.** *vt (aportar)* beitragen (**a** zu +*dat*); *(pagar)* (be)zahlen
contributivo, -a [kon̦triβu'tiβo, -a] *adj* Steuer-
contribuyente [kon̦triβu'ɟen̦te] *mf* Steuerzahler(in) *m(f)*
contrición [kon̦triˠ'θjon] *f sin pl* (REL) Reue *f,* Bußfertigkeit *f;* **acto de ~** Bußformel *f*
contrincante [kon̦triŋ'kan̦te] *mf* Gegner(in) *m(f),* Widersacher(in) *m(f)*
contrito, -a [kon̦'trito, -a] *adj* reumütig, zerknirscht
control [kon̦'trol] *m* Kontrolle *f,* Überwachung *f; (inspección)* Aufsicht *f;* (ELEC) Steuerung *f;* ~ **aduanero** Zollkontrolle *f;* ~ **de seguridad** Sicherheitskontrolle *f;* ~ **al azar** Stichprobe *f;* ~ **a distancia** (TÉC) Fernsteuerung *f;* ~ **del volumen** (TÉC) Lautstärkeregler *m;* ~ **aéreo** Flugsicherungsdienst *m;* **torre de ~** (AERO) Kontrollturm *m*
controlador[1] [kon̦trola'ðor] *m* (INFOR) Treiber *m;* ~ **de la impresora** Druckertreiber *m*
controlador(a)[2] [kon̦trola'ðor(a)] *m(f)* Prüfer(in) *m(f);* ~ **de vuelo** [*o* (**de tráfico**) **aéreo**] Fluglotse *m*
controlar [kon̦tro'lar] **I.** *vt* überwachen, überprüfen **II.** *vr:* ~**se** sich beherrschen
controversia [kon̦tro'βersja] *f* Kontroverse *f*
controvertible [kon̦troβer'tiβle] *adj* strittig, kontrovers
controvertido, -a [kon̦troβer'tiðo, -a] *adj* umstritten
controvertir [kon̦troβer'tir] *irr como sentir* **I.** *vi, vt* streiten (über +*akk*) **II.** *vt (dudar)* bestreiten
contumaz [kon̦tu'maθ] *adj* halsstarrig
contundencia [kon̦tun̦'den̦θja] *f sin pl* Schlagkraft *f*
contundente [kon̦tun̦'den̦te] *adj* überzeugend; **prueba ~** schlagender Beweis
conturbar [kon̦tur'βar] **I.** *vt (intranquilizar)* beunruhigen; *(turbar)* durcheinanderbringen, verwirren; *(ánimo)* bestürzen, erschüttern **II.** *vr:* ~**se** *(asustarse)* erschrecken; *(turbarse)* verwirrt sein; *(ánimo)* bestürzt sein, erschüttert sein
contusión [kon̦tu'sjon] *f* (MED) Quetschung *f*
contusionar [kon̦tusjo'nar] *vt* quetschen
convalecencia [kombale'θen̦θja] *f* Genesung *f*
convalecer [kombale'θer] *vi irr como crecer* sich erholen (**de** von +*dat*)
convaleciente [kombale'θjen̦te] *mf* Rekonvaleszent(in) *m(f)*
convalidación [kombaliða'θjon] *f* ❶ *(de un título)* Anerkennung *f* ❷ *(confirmación)* Bestätigung *f*
convalidar [kombali'ðar] *vt* ❶ *(título)* anerkennen ❷ *(confirmar)* bestätigen
convecino, -a [kombe'θino, -a] **I.** *adj* benachbart **II.** *m, f* ❶ *(vecino)* Nachbar(in) *m(f)* ❷ *(conciudadano)* Mitbürger(in) *m(f)*
convencedor(a) [komben̦θe'ðor(a)] *adj* überzeugend
convencer [komben̦'θer] <c → z> **I.** *vt* ❶ *(persuadir)* überzeugen (**de** von +*dat*) ❷ *(satisfacer)* zufrieden stellen; **no me convence ese piso** diese Wohnung gefällt mir nicht **II.** *vr:* ~**se** sich überzeugen (**de** von +*dat*)
convencido, -a [komben̦'θiðo, -a] *adj* überzeugt
convencimiento [komben̦θi'mjen̦to] *m sin pl* Überzeugung *f;* **tengo el ~ de que...** ich bin davon überzeugt, dass ...
convención [komben̦'θjon] *f* ❶ *(acuerdo)* Vertrag *m,* Abkommen *nt;* **la C~ de Ginebra** die Genfer Konvention ❷ *(Am: de un partido)* Parteitag *m* ❸ *(norma)* Konvention *f* ❹ *(asamblea)* gesetzgebende Versammlung *f*
convencional [komben̦θjo'nal] *adj* ❶ *(acostumbrado)* herkömmlich, konven-

C

tionell; **armas ~es** konventionelle Waffen ❷ *(no espontáneo)* förmlich ❸ *(acordado)* (vertraglich) vereinbart

convencionalismo [kombeṇθjona'lismo] *m sin pl* (HIST) Konventionalismus *m*

convenible [kombe'niβle] *adj* ❶ *(precio)* annehmbar, vernünftig ❷ *(dócil)* flexibel ❸ *(conveniente)* angebracht

conveniencia [kombe'njeṇθja] *f* ❶ *(provecho)* Zweckmäßigkeit *f;* **matrimonio de ~** Vernunftehe *f* ❷ *(acuerdo)* Konvention *f* ❸ *(oportunidad)* Angemessenheit *f* ❹ *(decencia)* Schicklichkeit *f*

conveniente [kombe'njeṇte] *adj* ❶ *(adecuado)* angemessen ❷ *(provechoso)* zweckmäßig; *(útil)* nützlich ❸ *(decente)* schicklich

convenientemente [kombenjeṇte'meṇte] *adv* ordentlich

convenio [kom'benjo] *m* Abkommen *nt;* **~ colectivo** Tarifvertrag *m*

convenir [kombe'nir] *irr como venir* **I.** *vi, vt* ❶ *(acordar)* vereinbaren (**en** +*akk*) ❷ *(concluir)* sich *dat* einig werden (über +*akk*) ❸ *(ser oportuno)* angebracht sein; *(ser bueno)* gut sein (**a** für +*akk*) ❹ *(asentir)* zugeben ❺ *(corresponder)* zustehen +*dat* **II.** *vr:* **~se** sich einigen (**en** über +*akk*)

convento [kom'beṇto] *m* Kloster *nt*

convergencia [komber'xeṇθja] *f* ❶ *(coincidencia)* Übereinstimmung *f;* **criterios de ~** Konvergenzkriterien *ntpl;* **fase de ~** Konvergenzphase *f;* **política de ~** Konvergenzpolitik *f;* **programa de ~** Konvergenzprogramm *nt* ❷ (MAT, ECON) Konvergenz *f* ❸ *(líneas)* Zusammenlaufen *nt*

Convergencia y Unión [komber'xeṇθja i u'njon] *f nationalistisches, katalanisches Parteienbündnis*

convergente [komber'xeṇte] *adj* ❶ (MAT) konvergent ❷ *(línea)* konvergent; **lente ~** Sammellinse *f* ❸ *(opiniones)* übereinstimmend

converger [komber'xer] <g → j> *vi,* **convergir** [komber'xir] <g → j> *vi* ❶ *(línea)* zusammenlaufen ❷ *(estar dirigido)* abzielen (auf +*akk*) ❸ *(ayudar)* beitragen (**a** zu +*dat*) ❹ *(coincidir)* übereinstimmen

conversa [kom'bersa] *f* ❶ *v.* **converso** ❷ *(fam: conversación)* Gespräch *nt*

conversación [kombersa'θjon] *f* Gespräch *nt;* **~ telefónica** Telefongespräch *nt;* **la ~ versa sobre...** das Gespräch dreht sich um ...

conversacional [kombersaθjo'nal] *adj* ❶ *(relativo a la conversación)* Unterhaltungs- ❷ *(coloquial)* umgangssprachlich

conversador(a) [kombersa'ðor(a)] *m(f)* Plauderer, -in *m, f*

conversar [komber'sar] *vi* sich unterhalten

conversión [komber'sjon] *f* ❶ *(trasformación)* Verwandlung *f* ❷ (FÍS) Konversion *f;* (INFOR) Konvertierung *f;* **~ de datos** (INFOR) Datenkonvertierung *f* ❸ (REL) Bekehrung *f* ❹ (MAT) Umrechnung *f;* **tabla de ~** Umrechnungstabelle *f* ❺ (COM, FIN) Umwandlung *f*

converso, -a [kom'berso, -a] *m, f* (REL) Konvertit *m*

convertible [komber'tiβle] **I.** *adj* konvertierbar **II.** *m* Cabrio(let) *nt*

convertir [komber'tir] *irr como sentir* **I.** *vt* ❶ *(trasformar)* verwandeln (**en** in +*akk*); **~ en dinero** zu Geld machen ❷ (REL) bekehren (**a** zu +*dat*) ❸ (COM) umwandeln ❹ (TÉC) überführen **II.** *vr:* **~se** ❶ *(trasformarse)* sich verwandeln (**en** in +*akk*); *(deseo)* sich verwirklichen ❷ (REL) sich bekehren (**a** zu +*dat*)

convexo, -a [kom'beˠso, -a] *adj* konvex; **lente convexa** Konvexlinse *f*

convicción [kombiˠ'θjon] *f* Überzeugung *f*

convicto, -a [kom'biᵏto, -a] *adj* (JUR) überführt; **~ y confeso** überführt und geständig

convidado, -a [kombi'ðaðo, -a] *m, f* Gast *m*

convidar [kombi'ðar] **I.** *vt* einladen (**a** zu +*dat*) **II.** *vr:* **~se** ❶ *(invitarse)* sich einladen ❷ *(ofrecerse)* sich erbieten (**a** zu +*dat*)

convincente [kombiṇ'θeṇte] *adj* überzeugend; *(argumento, prueba)* stichhaltig

convite [kom'bite] *m* ❶ *(invitación)* Einladung *f* (**a** zu +*dat*) ❷ *(banquete)* Festmahl *nt*

convivencia [kombi'βeṇθja] *f* Zusammenleben *nt*

conviviente [kombi'βjeṇte] *mf* Mitbewohner(in) *m(f)*

convivir [kombi'βir] *vi* zusammenleben

convocar [kombo'kar] <c → qu> *vt* ❶ *(citar para algo)* aufrufen; *(reunir)* zusammenrufen; (MIL) einberufen; **me ~on al examen** ich wurde zur Prüfung geladen ❷ *(concurso)* ausschreiben ❸ *(reunión)* einberufen; **~ elecciones** Wahlen einberufen

convocatoria [komboka'torja] *f* ❶ *(citación)* Aufruf *m;* (MIL) Einberufung *f* ❷ *(documento)* Einladung *f;* (MIL) Einberufungsbefehl *m* ❸ *(de un concurso)* Ausschreibung *f* ❹ *(de una conferencia)* Einberufung *f*

convoy [kom'boi̯] *m* ❶ (*t.* MIL: *conjunto de vehículos o buques*) Konvoi *m* ❷ *(escolta)*

Geleit *nt;* (MIL) Eskorte *f* ❸ *(fam: vinagreras)* Menage *f*

convulsión [kombul'sjon] *f* ❶ (MED) Konvulsion *f* ❷ (*t.* POL) Unruhe *f* ❸ (*t.* GEO) Erschütterung *f*

convulsionar [kombulsjo'nar] *vt* ❶ (MED) Konvulsionen verursachen ❷ (*t.* GEO, POL) erschüttern

convulsivo, -a [kombul'siβo, -a] *adj* krampfartig; **tos convulsiva** Krampfhusten *m*

convulso, -a [kom'bulso, -a] *adj* ❶ (MED) zuckend ❷ *(agitado)* zitternd; ~ **de rabia** bebend vor Wut

conyugal [koɲɟu'ɣal] *adj* ehelich, Ehe-

cónyuge ['koɲɟuxe] *mf* Ehemann, -frau *m, f;* **los ~s** die Eheleute

coña ['koɲa] *f* *(vulg)* ❶ *(broma)* Verarschung *f;* **tomar a ~** nicht ernst nehmen ❷ *(lata)* Schweinerei *f fam;* **eres la ~** du bist unmöglich *fam*

coñá [ko'ɲa] *m,* **coñac** [ko'ɲak] *m* <coñacs> Kognak *m,* Weinbrand *m*

coñazo [ko'ɲaθo] *m (vulg)* ❶ *(persona)* Nervensäge *f fam* ❷ *(cosa)* Sauerei *f fam;* **¡esto es un ~!** das ist ein Hammer! *fam*

coñete [ko'ɲete] *adj (Chil, Perú: fam: tacaño)* geizig, knauserig

coño ['koɲo] **I.** *interj* verdammt!, Scheiße! **II.** *m (vulg)* Fotze *f;* **vive en el quinto ~** er/sie wohnt am Arsch der Welt *fam;* **¿qué ~ te importa?** das geht dich einen feuchten Dreck an! *fam* **III.** *adj (Chil)* geizig

cooperación [ko(o)pera'θjon] *f* ❶ *(en común)* Zusammenarbeit *f;* (*t.* ECON, POL) Kooperation *f* ❷ *(participación)* Mitarbeit *f*

cooperador(a) [ko(o)pera'ðor(a)] *m(f)* Mitarbeiter(in) *m(f)*

cooperante [ko(o)pe'raṇte] *mf* Entwicklungshelfer(in) *m(f)*

cooperar [ko(o)pe'rar] *vi* ❶ *(juntamente)* zusammenarbeiten; (*t.* POL, ECON) kooperieren ❷ *(participar)* mitarbeiten (**en** bei +*dat*); *(ayudar)* mithelfen (**en** bei +*dat*)

cooperativa [ko(o)pera'tiβa] *f* Genossenschaft *f*

cooperativismo [ko(o)perati'βismo] *m* ❶ *(régimen cooperativo)* Genossenschaftswesen *nt* ❷ *(movimiento)* Genossenschaftsbewegung *f*

cooperativista [ko(o)perati'βista] *mf* Genossenschaftler(in) *m(f)*

cooperativo, -a [ko(o)pera'tiβo, -a] *adj* ❶ *(que coopera)* kooperativ; *(que colabora)* mitwirkend ❷ *(institución)* genossenschaftlich

coordenada [ko(o)rðe'naða] *f* (MAT) Koordinate *f*

coordinación [ko(o)rðina'θjon] *f* ❶ *(organización)* Koordination *f* ❷ (LING) Nebenordnung *f*

coordinado, -a [ko(o)rði'naðo, -a] *adj* ❶ *(organizado)* koordiniert ❷ (LING) nebengeordnet

coordinador(a) [ko(o)rðina'ðor(a)] **I.** *adj* koordinierend **II.** *m(f)* Koordinator(in) *m(f)*

coordinar [ko(o)rði'nar] *vt* ❶ *(organizar)* koordinieren ❷ *(armonizar)* aufeinander abstimmen

copa ['kopa] *f* ❶ *(vaso)* (Stiel)glas *nt;* **una ~ de vino** ein Glas Wein; **una ~ para el vino** ein Weinglas; **ir de ~s** etwas trinken gehen; **tener una ~ de más** beschwipst sein *fam* ❷ *(de árbol)* (Baum)krone *f* ❸ *(de sujetador)* Körbchen *nt* ❹ *(de sombrero)* Kopf *m;* **sombrero de ~** Zylinder(hut) *m* ❺ (DEP: *trofeo*) Pokal *m; (competición)* Pokalwettbewerb *m,* Cup *m*

copar [ko'par] *vt* ❶ (MIL: *rodear*) einkesseln; *(cortar la retirada)* den Rückzug abschneiden +*dat* ❷ *(acorralar)* in die Enge treiben; **estar copado** festsitzen; *(negociaciones)* festgefahren sein ❸ *(votos)* für sich gewinnen; *(premios)* gewinnen; ~ **la banca** *(en un juego)* die Bank sprengen

copazo [ko'paθo] *m (fam)* Drink *m*

copear [kope'ar] *vi* ❶ *(fam: beber)* bechern ❷ *(vender)* (glasweise) ausschenken

cópec ['kopek] *m* <copecks>, **copeca** [ko'peka] *f* Kopeke *f*

Copenhague [kope'naɣe] *m* Kopenhagen *nt*

copeo [ko'peo] *m* **irse de ~** etwas trinken gehen

copero[1] [ko'pero] *m* ❶ (HIST) Mundschenk *m* ❷ *(mueble)* Gläserschrank *m*

copero, -a[2] [ko'pero, -a] *adj* **partido ~** Pokalspiel *nt*

copete [ko'pete] *m* ❶ *(de persona)* (Haar)tolle *f* ❷ *(de ave)* Haube *f; (de caballo)* Schopf *m* ❸ *(altanería)* Hochmut *m* ❹ *(linaje)* Rang *m;* **ser de alto ~** von hohem Rang sein

copetín [kope'tin] *m* ❶ *(Méx: copa de licor)* Gläschen *nt* Likör; *(aperitivo)* Aperitif *m* ❷ *(Arg: cóctel)* Cocktail *m*

copia ['kopja] *f* ❶ *(de un escrito)* Kopie *f; (al carbón)* Durchschlag *m;* ~ **certificada** beglaubigte Kopie; ~ **en limpio** Reinschrift *f;* ~ **pirata** Raubkopie *f;* ~ **de seguridad** (INFOR) Sicherheitskopie *f* ❷ (ARTE: *imagen*) Abbild *nt; (réplica)* Kopie *f* ❸ (FOTO) Abzug *m* ❹ (CINE) Kopie *f* ❺ (TIPO) Exemplar *nt*

copiado [ko'pjaðo, -a] *m* (TÉC) Kopieren *nt*

copiadora [kopja'ðora] *f* Kopiergerät *nt*

copiar [ko'pjar] *vt* ❶ *(un escrito)* abschrei-

C

ben; *(a máquina)* abtippen ❷ (ARTE: *representar*) abmalen; *(imitar)* kopieren ❸ *(un comportamiento)* nachahmen
copichuela [kopi'ʧwela] *f (fam)* Gläschen *nt* (Bier, Wein, Schnaps o.ä.)
copiloto, -a [kopi'loto, -a] *m, f* (AERO) Kopilot(in) *m(f)*; (AUTO) Beifahrer(in) *m(f)*
copión, -ona [ko'pjon, -ona] *m, f (pey)* Nachmacher(in) *m(f)*
copioso, -a [ko'pjoso, -a] *adj (exuberante)* üppig; *(abundante)* reichlich
copista [ko'pista] *mf* Kopist(in) *m(f)*
copistería [kopiste'ria] *f* Copyshop *m*
copita [ko'pita] *f* Gläschen *nt;* **tomar una ~** ein Gläschen trinken
copo ['kopo] *m* Flocke *f; (de pelo)* Büschel *nt;* **~ de nieve** Schneeflocke *f;* **~s de maíz** Cornflakes *fpl*
copón [ko'pon] *m* (REL) Kelch *m;* **del ~** *(fam)* gewaltig
coproducción [koproðuˠ'θjon] *f* (CINE) Gemeinschaftsproduktion *f*
coproducir [koproðu'θir] *vt irr como traducir* (CINE) in Gemeinschaftsarbeit produzieren
coproductor(a) [koproðuk'tor(a)] *m(f)* (CINE) Koproduzent(in) *m(f)*
copropietario, -a [kopropje'tarjo, -a] *m, f* Miteigentümer(in) *m(f)*
coprotagonista [koprotaɣo'nista] **I.** *adj* (CINE, TEAT) der zweiten Hauptrolle; **el actor ~ era japonés** der zweite Hauptdarsteller war Japaner **II.** *mf* (CINE, TEAT) zweiter Hauptdarsteller, zweite Hauptdarstellerin *m, f*
copucha [ko'puʧa] *f (Chil)* ❶ *(mentira)* Lüge *f* ❷ *(vejiga de animal)* Rindsblase *f*
cópula ['kopula] *f* ❶ *(unión)* Verbindung *f;* (BIOL) Paarung *f* ❷ *(coito)* Begattung *f,* Kopulation *f* ❸ (LING) Satzband *nt,* Kopula *f* ❹ (ARQUIT) Kuppel *f*
copulación [kopula'θjon] *f* Kopulation *f*
copular [kopu'lar] **I.** *vt* ❶ *(unir)* verbinden ❷ (BIOL) paaren **II.** *vi, vr:* **~se** sich paaren
copyright ['kopirrai̯ᵗ] *m* Copyright *nt*
coque ['koke] *m* Koks *m*
coqueta [ko'keta] *f* ❶ *(chica)* kokettes Mädchen *nt; (mujer)* kokette Frau *f* ❷ *(mueble)* Frisierkommode *f*
coquetear [kokete'ar] *vi* ❶ *(flirtear)* kokettieren ❷ *(considerar)* liebäugeln
coqueteo [koke'teo] *m* Flirten *nt*
coquetería [kokete'ria] *f* Koketterie *f*
coqueto, -a [ko'keto, -a] *adj* ❶ *(que coquetea)* kokett ❷ *(encantador)* reizend ❸ *(vanidoso)* eitel ❹ *(objeto)* hübsch
coquetón¹ [koke'ton] *m* Schürzenjäger *m fam*
coquetón, -ona² [koke'ton, -ona] *adj* ❶ *(atractivo)* reizend, hübsch; *(gracioso)* niedlich; **lleva un vestido ~** sie trägt ein hübsches Kleid ❷ *(que coquetea)* kokett
coquito [ko'kito] *m* Fratze *f fam,* Grimasse *f;* **hacer ~s** Grimassen schneiden
coraje [ko'raxe] *m* ❶ *(valor)* Mut *m,* Courage *f;* **tener ~** mutig sein ❷ *(ira)* Wut *f,* Zorn *m;* **dar ~** wütend machen
corajina [kora'xina] *f* Wutanfall *m,* Koller *m fam*
coral¹ [ko'ral] **I.** *adj* ❶ *(color)* korallen(rot) ❷ (MÚS: *del coro*) Chor-; **música ~** Chormusik *f* **II.** *m* ❶ (ZOOL) Koralle *f* ❷ *(materia)* Koralle *f* ❸ (MÚS) Choral *m*
coral² [ko'ral] *f* (MÚS) Chor *m*
coralífero, -a [kora'lifero, -a] *adj* Korallen-; **isla coralífera** Koralleninsel *f*
coralino, -a [kora'lino, -a] *adj* korallen
Corán [ko'ran] *m* (REL) Koran *m*
coraza [ko'raθa] *f* ❶ (MIL: *armadura*) Brustharnisch *m; (blindaje)* Panzerplatte *f* ❷ (ZOOL) Panzer *m* ❸ *(protección)* Schutz *m*
coraznada [koraθ'naða] *f* ❶ (BOT: *pino*) Kern *m* einer Kiefer ❷ (GASTR) geschmortes Rinderherz *nt*
corazón [kora'θon] *m* ❶ (ANAT) Herz *nt;* **blando de ~** weichherzig; **duro de ~** hartherzig; **de todo ~** von ganzem Herzen; **con el ~ en la mano** aufrichtig; **hacer algo de ~** etw von Herzen gern tun; **tener un ~ de oro** herzensgut sein; **no tener ~** herzlos sein ❷ *(centro)* Zentrum *nt,* Mittelpunkt *m* ❸ *(interior)* Innere(s) *nt,* Kern *m; (de la fruta)* Herz *nt* ❹ *(coraje)* Mut *m;* **hacer de tripas ~** sich *dat* ein Herz fassen ❺ *(apelativo cariñoso)* Liebling *m;* **~ (mío)** mein Herz, (mein) Schatz
corazonada [koraθo'naða] *f* ❶ *(presentimiento)* Ahnung *f* ❷ *(impulso)* plötzlicher Impuls *m; (arrebato)* plötzliche Anwandlung *m* ❸ *(acto)* schneller Entschluss *m*
corbata [kor'βata] *f* ❶ *(chalina)* Krawatte *f* ❷ (MIL) Fahnenschleife *f*
corbatín [korβa'tin] *m* Fliege *f*
corbeta [kor'βeta] *f* (MIL) Korvette *f*
Córcega ['korθeɣa] *f* Korsika *nt*
corcel [kor'θel] *m* (LIT) Ross *nt*
corchea [kor'ʧea] *f* (MÚS) Achtelnote *f*
corchera [kor'ʧera] *f* ❶ (DEP) Korkleine *f* ❷ *(recipiente)* Kühlbehälter *m* aus Kork
corchero, -a [kor'ʧero, -a] *adj* Kork-; **industria corchera** Korkindustrie *f*
corchete [kor'ʧete] *m* ❶ *(broche)* Haken *m* und Öse; *(pieza)* Haken *m* ❷ (TIPO) eckige Klammer *f* ❸ *(pey: alguacil)* Häscher *m*
corcho ['korʧo] **I.** *m* ❶ *(material)* Kork *m* ❷ *(tapón)* Korken *m* ❸ *(en la pesca)* Schwimmer *m* **II.** *interj* **¡~!** Donnerwetter!

corcino [kor'θino] *m* (ZOOL) Rehkitz *nt*
corcova [kor'koβa] *f* Buckel *m,* Höcker *m fam*
corcovar [korko'βar] *vt* krümmen
corcovo [kor'koβo] *m* ❶ *(brinco)* Sprung *m* ❷ *(curvatura)* Krümmung *f*
cordada [kor'ðaða] *f* Seilschaft *f*
cordaje [kor'ðaxe] *m* ❶ *(de un instrumento)* Besaitung *f; (de una raqueta)* Bespannung *f* ❷ *(de una embarcación)* Takelwerk *nt*
cordel [kor'ðel] *m* ❶ *(cuerda delgada)* Schnur *f* ❷ *(cañada)* Trift *f*
corderil [korðe'ril] *adj* Lamm-
cordero[1] [kor'ðero] *m* ❶ *(carne)* Lammfleisch *nt* ❷ *(piel)* Lammfell *nt*
cordero, -a[2] [kor'ðero, -a] *m, f* Lamm *nt;* ~ **asado** Lammbraten *m;* **C~ de Dios** Lamm Gottes; **manso como un** ~ lammfromm
cordial [kor'ðjal] **I.** *adj* ❶ *(persona)* herzlich ❷ (MED) (herz)stärkend **II.** *m* Herztonikum *nt*
cordialidad [korðjali'ða^ð] *f* Herzlichkeit *f*
cordialmente [korðjal'mente] *adv* herzlich
cordillera [korði'ʎera] *f* Gebirgskette *f*
córdoba ['korðoβa] *m (Nic: moneda)* Córdoba *m*
Córdoba ['korðoβa] *f* Córdoba *nt*
cordobés, -esa [korðo'βes, -esa] **I.** *adj* aus Córdoba **II.** *m, f* Einwohner(in) *m(f)* von Córdoba
cordón [kor'ðon] *m* ❶ *(cordel)* Kordel *f; (del uniforme)* Litze *f; (de zapatos)* Schnürsenkel *m;* ~ **umbilical** (ANAT) Nabelschnur *f* ❷ (ELEC, NÁUT) Kabel *nt* ❸ (MIL) Kordon *m*
cordura [kor'ðura] *f (razón)* Vernunft *f; (juicio)* Verstand *m; (prudencia)* Umsicht *f*
Corea [ko'rea] *f* Korea *nt*
Corea del Norte *f* Nordkorea *nt*
Corea del Sur *f* Südkorea *nt*
coreano, -a [kore'ano, -a] **I.** *adj* koreanisch **II.** *m, f* Koreaner(in) *m(f)*
corear [kore'ar] *vt* ❶ *(acompañar)* (mit) einstimmen (in +*akk*); *(cantando)* mitsingen ❷ *(asentir)* (begeistert) zustimmen +*dat*
coreografía [koreoɣra'fia] *f* Choreografie *f*
coreográfico, -a [koreo'ɣrafiko, -a] *adj* choreografisch
coreógrafo, -a [kore'oɣrafo, -a] *m, f* Choreograf(in) *m(f)*
corifeo [kori'feo] *m* ❶ (LIT) Chorführer *m,* Koryphäe *m* ❷ *(formal fig)* Wortführer *m,* Sprecher *m*
corintio, -a [ko'rintjo, -a] **I.** *adj* korinthisch **II.** *m, f* Korinther(in) *m(f)*
corinto [ko'rinto] **I.** *adj inv* rosinfarben **II.** *m* Korinthe *f*
corista [ko'rista] *mf* Chorsänger(in) *m(f)*
cornada [kor'naða] *f (golpe)* Stoß *m* mit den Hörnern
cornamenta [korna'menta] *f* ❶ *(de animales)* Gehörn *nt* ❷ *(del marido)* Hörner *nt pl*
córnea ['kornea] *f* Hornhaut *f*
cornear [korne'ar] *vt* mit den Hörnern stoßen
corneja [kor'nexa] *f* Krähe *f*
córner ['korner] *m* (DEP) Eckball *m*
corneta[1] [kor'neta] *f* ❶ (MÚS: *instrumento*) Horn *nt; (en el ejército)* Signalhorn *nt;* **hacer algo a toque de** ~ *(fig)* etw auf Befehl tun ❷ (MÚS: *música*) Hornistin *f* ❸ *(de los sordos)* Hörrohr *nt*
corneta[2] [kor'neta] *m* ❶ (MÚS: *músico*) Hornist *m* ❷ (MIL) Fähnrich *m,* Kornett *m*
cornflakes [korn'fleiks] *pl* Cornflakes *pl*
cornisa [kor'nisa] *f* (Kranz)gesims *nt*
cornudo, -a [kor'nuðo, -a] **I.** *adj* gehörnt; **marido** ~ Hahnrei *m* **II.** *m, f* Gehörnte(r) *mf*
coro ['koro] *m* (ARQUIT, MÚS) Chor *m;* **a** ~ einstimmig; **hacer ~ a alguien/algo** jdm/etw *dat* zustimmen
corola [ko'rola] *f* (BOT) Korolla *f*
corona [ko'rona] *f* ❶ *(adorno, t.* POL) Krone *f;* ~ **de espinas** Dornenkrone *f* ❷ *(de flores)* Kranz *m* ❸ *(de eclesiásticos)* Tonsur *f* ❹ *(de santos)* Heiligenschein *m* ❺ *(de los dientes)* (Zahn)krone *f* ❻ (ASTR) Korona *f* ❼ (FIN: *moneda*) ~ **danesa** dänische Krone
coronación [korona'θjon] *f* ❶ *(de un rey, de una acción)* Krönung *f* ❷ (ARQUIT) Bekrönung *f*
coronamiento [korona'mjento] *m* ❶ *(de una acción u obra)* (krönender) Abschluss *m* ❷ (ARQUIT) Bekrönung *f*
coronar [koro'nar] *vt* ❶ *(una persona)* krönen; *(con flores)* bekränzen ❷ *(una obra)* den krönenden Abschluss bilden +*gen; (perfeccionarla)* krönen; **para ~lo...** um der Sache die Krone aufzusetzen, ... ❸ (ARQUIT) bekrönen
coronaria [koro'narja] *f* (TÉC) Sekundenrad *nt*
coronario, -a [koro'narjo, -a] *adj* ❶ *(de forma de corona)* kranzförmig ❷ (MED) koronar
coronel(a) [koro'nel(a)] *m(f)* Oberst, Frau Oberst *m, f*
coronilla [koro'niʎa] *f* (Haar)wirbel *m;* **estar hasta la ~ de algo** *(fam)* von etw *dat* die Nase voll haben
corpiño [kor'piɲo] *m* Mieder *nt*

C

C

corporación [korpora'θjon] *f* ❶ *(comunidad)* Körperschaft *f;* ~ **de estudiantes** Studentenverbindung *f* ❷ *(de una profesión)* Innung *f;* (HIST) Zunft *f,* Gilde *f* ❸ *(cooperativa)* Genossenschaft *f*

corporal [korpo'ral] *adj* körperlich

corporativismo [korporati'βismo] *m* Körperschaftswesen *nt*

corporativo, -a [korpora'tiβo, -a] *adj* korporativ

corpóreo, -a [kor'poreo, -a] *adj* ❶ *(material)* körperhaft ❷ *(corporal)* körperlich

corporificar [korporifi'kar] <c → qu> **I.** *vt (elev: dar forma)* umsetzen, verwirklichen **II.** *vr:* **~se** *(elev: tomar forma)* sich verwirklichen, Gestalt annehmen

corpulencia [korpu'leṇθja] *f* ❶ *(de alguien)* Beleibtheit *f,* Korpulenz *f* ❷ *(de algo)* Wuchtigkeit *f*

corpulento, -a [korpu'leṇto, -a] *adj* ❶ *(persona)* beleibt, korpulent ❷ *(cosa)* wuchtig

corpus ['korpus] *m sin pl* (LING) Korpus *m*

Corpus ['korpus] *m sin pl* (REL) Fronleichnam *m*

Corpus Christi ['korpus 'kristi] *m sin pl* (REL) Fronleichnam *m*

corpuscular [korpusku'lar] *adj* Teilchen-, korpuskular

corpúsculo [kor'puskulo] *m* ❶ (FÍS) Teilchen *nt* ❷ (BIOL) Körperchen *nt*

corral [ko'rral] *m* ❶ *(cercado)* Gehege *nt; (redil)* Pferch *m; (para la pesca)* Fischzaun *m; (para gallinas)* Hühnerhof *m* ❷ (HIST, TEAT) (Innen)hof *m* ❸ *(lugar sucio)* Saustall *m fig* ❹ *(para niños)* Laufstall *m*

corralón [korra'lon] *m* ❶ *(patio)* (Hinter)hof *m,* (Innen)hof *m* ❷ *(casa de vecindad)* Miet(s)haus *nt* ❸ *(CSur: maderería)* Holzlager *nt*

correa [ko'rrea] *f* ❶ *(tira)* Lederriemen *m;* ~ **del perro** Hundeleine *f* ❷ *(cinturón)* (Leder)gürtel *m* ❸ (TÉC) Riemen *m;* ~ **de trasmisión** Treibriemen *m;* ~ **del ventilador** Keilriemen *m* ❹ *(afilador)* Streichriemen *m* ❺ *(elasticidad)* Biegsamkeit *f* ❻ *(loc, fam)* **tener** ~ zäh sein

correaje [korre'axe] *m* (*t.* TÉC) Riemenwerk *nt*

correazo [korre'aθo] *m* Schlag *m* mit einem Lederriemen

corrección [korreˠ'θjon] *f* ❶ (*t.* TIPO) Korrektur *f; (de ruta)* Kurskorrektur *f* ❷ *(represión)* Zurechtweisung *f* ❸ *(cualidad)* Korrektheit *f; (comportamiento)* korrektes Verhalten *nt*

correccional [korreˠθjo'nal] *m* Erziehungsanstalt *f*

correctivo [korrek'tiβo] *m (sanción)* Korrektiv *nt; (como compensación)* Ausgleich *m; (como atenuación)* Milderung *f*

correcto, -a [ko'rrekto, -a] *adj* ❶ *(justo)* richtig, korrekt ❷ *(comedido)* korrekt; *(impecable)* tadellos ❸ *(sin errores)* fehlerfrei ❹ *(apropiado)* angemessen

corrector(a) [korrek'tor(a)] **I.** *adj* korrigierend **II.** *m(f)* ❶ (TIPO) Korrektor(in) *m(f)* ❷ (INFOR) ~ **ortográfico** Rechtschreibprogramm *nt*

corredera [korre'ðera] *f* ❶ (TÉC) Schieber *m; (carro)* Schlitten *m;* **puerta de** ~ Schiebetür *f* ❷ *(pista)* (Pferde)rennbahn *f* ❸ *(cucaracha)* Küchenschabe *f* ❹ *(fam: alcahueta)* Kupplerin *f*

corredizo, -a [korre'ðiθo, -a] *adj* **nudo** ~ Schlinge *f;* **ventana corrediza** Schiebefenster *nt*

corredor[1] [korre'ðor] *m* ❶ *(pasillo)* Flur *m,* Gang *m* ❷ *(galería)* Galerie *f*

corredor(a)[2] [korre'ðor(a)] *m(f)* ❶ (DEP: *a pie*) Läufer(in) *m(f); (en coche)* Rennfahrer(in) *m(f);* ~ **de fondo** Langstreckenläufer *m* ❷ (COM) Makler(in) *m(f);* ~ **de fincas** Grundstücksmakler *m*

correduría [korreðu'ria] *f* ❶ *(oficio)* Maklergeschäft *nt; (oficina)* Maklerbüro *nt* ❷ *(comisión)* Maklergebühr *f* ❸ *(intervención)* Vermittlungsagentur *f*

corregible [korre'xiβle] *adj* verbesserungsfähig

corregir [korre'xir] *irr como elegir* **I.** *vt* ❶ (*t.* TIPO) korrigieren ❷ *(sacar de dudas)* richtigstellen ❸ *(moderar)* zügeln ❹ *(reprender)* zurechtweisen **II.** *vr:* **~se** ❶ *(mejorarse)* sich bessern ❷ *(moderarse)* sich zügeln

correlación [korrela'θjon] *f* Wechselbeziehung *f*

correlacionar [korrelaθjo'nar] **I.** *vi* in Wechselbeziehung stehen (**con** mit/zu +*dat*) **II.** *vt* in Wechselbeziehung setzen (**con** mit/zu +*dat*)

correlativo, -a [korrela'tiβo, -a] *adj* ❶ *(correspondiente)* wechselseitig ❷ *(de sucesión inmediata)* fortlaufend

correlato [korre'lato] *m* (*t.* LING) Korrelat *nt*

correo [ko'rreo] *m* ❶ *(persona)* Kurier *m* ❷ *(correspondencia)* Post *f;* ~ **aéreo** Luftpost *f;* ~ **certificado** Einschreiben *nt;* ~ **urgente** Eilbrief *m;* ~ **electrónico** elektronische Post, E-Mail *f;* ~ **spam** (INFOR) Spammail *f;* ~ **interno** Hauspost *f;* **~s encadenados** (INFOR) Kettenmails *nt pl;* ~ **móvil** (INFOR) Handymail *f o nt;* ~ **urgente** Eilzustellung *f* ❸ *(servicio)* Post *f,* Postdienst *m;* **a vuelta de** ~ postwendend ❹ *(buzón)* Briefkasten *m;* **echar al** ~ in den Briefkasten werfen ❺ *(coche)* Postauto *nt; (avión)* Postflugzeug *nt; (barco)* Postschiff *nt; (tren)* Postzug *m*

correos [ko'rreos] *mpl* Postamt *nt;* **ir a ~** zur Post gehen

correoso, -a [korre'oso, -a] *adj* ❶ *(elástico)* biegsam ❷ *(comida)* zäh ❸ *(persona)* ausdauernd

correr [ko'rrer] **I.** *vi* ❶ *(caminar)* rennen, laufen; **echarse a ~** *(partir)* losrennen; *(escaparse)* davonlaufen; **salir corriendo** hinauslaufen ❷ *(apresurarse)* eilen; **a todo ~** in aller Eile ❸ *(conducir)* schnell fahren ❹ *(tiempo)* vergehen; **el mes que corre** der laufende Monat; **en los tiempos que corremos...** in unserer heutigen Zeit ... ❺ *(líquido)* fließen, strömen ❻ *(viento)* wehen ❼ *(camino)* verlaufen ❽ *(moneda)* in [*o* im] Umlauf sein ❾ *(rumor)* umgehen ❿ *(loc)* **eso corre de** [*o* **por**] **mi cuenta** *(gastos)* das geht auf meine Rechnung; *(un asunto)* dafür bin ich zuständig **II.** *vt* ❶ *(un mueble)* verrücken; *(una cortina)* zuziehen; *(un cerrojo)* vorschieben ❷ *(un nudo)* lösen ❸ *(un lugar)* bereisen; **~ mundo** in der Welt herumkommen ❹ (MIL) einfallen (in +*akk*) ❺ *(un caballo)* (aus)reiten ❻ *(la caza)* hetzen, jagen ❼ *(avergonzar)* beschämen ❽ *(confundir)* in Verlegenheit bringen ❾ *(loc)* **~la** *(fam)* einen draufmachen; **~ la misma suerte** das gleiche Schicksal erleiden; **corre prisa** es eilt; **dejar ~ algo** *(fig)* etw laufen lassen **III.** *vr:* **~se** ❶ *(moverse)* (zur Seite) rücken ❷ *(excederse)* sich übernehmen ❸ *(exagerar)* übertreiben ❹ *(avergonzarse)* sich schämen ❺ *(argot: eyacular)* kommen ❻ *(colores)* verlaufen

correría [korre'ria] *f* ❶ (MIL) Raubzug *m* ❷ *pl (recorridos)* Streifzüge *mpl*

correspondencia [korrespon̩'den̩θja] *f* ❶ *(correo)* Post *f,* Korrespondenz *f; (de cartas)* Briefwechsel *m;* **curso por ~** Fernkurs(us) *m;* **estar en ~ con alguien** mit jdm in Briefwechsel stehen; **llevar la ~** die Korrespondenz führen ❷ *(equivalente)* Entsprechung *f* ❸ *(conformidad)* Übereinstimmung *f* ❹ *(entre habitaciones)* Verbindung *f; (entre medios de trasporte)* Anschluss *m*

corresponder [korrespon̩'der] **I.** *vi* ❶ *(equivaler)* entsprechen (**a** +*dat*) ❷ *(armonizar)* passen (**a** zu +*dat*) ❸ *(convenir)* übereinstimmen (**con** mit +*dat*) ❹ *(contestar)* erwidern (**a** +*akk*) ❺ *(pertenecer)* gehören (**a** zu +*dat*) ❻ *(incumbir)* zustehen +*dat;* **no me corresponde criticarlo** ich habe kein Recht, ihn zu kritisieren ❼ *(comunicar)* verbunden sein (**con** mit +*dat*); *(medios de trasporte)* Anschluss haben (**con** an +*akk*) **II.** *vr:* **~se** ❶ *(ser equivalente)* sich entsprechen; *(armonizar)* zueinander passen; *(convenir)* übereinstimmen ❷ *(comunicarse)* miteinander verbunden sein ❸ *(escribirse)* in Briefwechsel stehen

correspondiente [korrespon̩'djen̩te] *adj* ❶ *(oportuno)* entsprechend ❷ *(apropiado)* passend (**a** zu +*dat*) ❸ *(respectivo)* jeweilig ❹ *(que escribe)* korrespondierend

corresponsal [korrespon'sal] *mf* (PREN) Korrespondent(in) *m(f)*

corresponsalía [korresponsa'lia] *f* (PREN) Berichterstattung *f*

corretaje [korre'taxe] *m* ❶ *(negocio)* Maklergeschäft *nt* ❷ *(comisión)* Maklergebühr *f*

corretear [korrete'ar] *vi* ❶ *(vagar)* umherlaufen ❷ *(niños)* herumtollen

correveidile [korreβei'ðile] *mf inv* ❶ *(pey fam: chivato)* Petze *f* ❷ *(chismoso)* Klatschmaul *nt fam*

corrida [ko'rriða] *f* ❶ (TAUR) Stierkampf *m,* Corrida *f* ❷ *(carrera)* Sprint *m;* **en una ~** ganz schnell; **decir algo de ~** *(de memoria)* etw fließend aufsagen; *(de forma rápida)* etw herunterrasseln ❸ *(de un líquido)* Rinnen *nt* ❹ *(vulg: orgasmo)* Orgasmus *m*

corrido, -a [ko'rriðo, -a] *adj* ❶ *(movido)* verschoben ❷ (*t.* ARQUIT: *sin interrupción*) durchgehend ❸ *(cantidad: larga)* reichlich; *(generosa)* großzügig; **un quilo ~** ein gutes Kilo ❹ *estar (avergonzado)* beschämt; *(confuso)* verlegen ❺ *ser (astuto)* erfahren

corriente [ko'rrjen̩te] **I.** *adj* ❶ *(fluente)* fließend; **no hay agua ~** es gibt kein fließend Wasser ❷ *(actual)* laufend; *(moneda)* kursierend; **estar al ~** (**en algo**) (mit etw *dat*) auf dem Laufenden sein; **ponerse al ~** sich (über das Neueste) informieren; **poner a alguien al ~ de algo** jdn über etw unterrichten ❸ *(ordinario)* gewöhnlich; **un día ~** ein Tag wie jeder andere ❹ *(normal)* üblich, normal ❺ *(presente)* gegenwärtig, aktuell **II.** *f* ❶ *(de agua, electricidad)* Strom *m; (de viento, agua)* Strömung *f;* **~ de aire** Luftzug *m;* **~ alterna** Wechselstrom *m;* **hace ~** es zieht; **ir contra la ~** gegen den Strom schwimmen; **seguir** [*o* **llevar**] **la ~ a alguien** jdm nach dem Mund reden ❷ (ARTE, LIT: *tendencia*) Strömung *f*

corrillo [ko'rriʎo] *m* Gruppe *f,* Clique *f*

corrimiento [korri'mjen̩to] *m* ❶ *(movimiento)* Verschiebung *f* ❷ (GEO) Rutsch *m;* **~ de tierras** Erdrutsch *m* ❸ *(vergüenza)* Scham *f; (timidez)* Verlegenheit *f*

corro ['korro] *m* ❶ *(círculo)* Kreis *m,* Zirkel *m; (peña)* Runde *f;* **hacer ~** *(rodear)* einen Kreis bilden; *(apartar)* Platz machen ② (AGR) kleine Parzelle *f* ③ *(juego)* Ringelreigen *m*

corroboración [korroβora'θjon] *f* ① *(confirmación)* Bekräftigung *f* ② *(fortalecimiento)* Stärkung *f*

corroborar [korroβo'rar] *vt* ① *(confirmar)* bekräftigen ② *(fortalecer)* stärken

corroer [korro'er] *irr como roer* **I.** *vt* ① *(un material)* zersetzen; *(por ácido)* korrodieren ② *(una persona)* nagen (an +*dat*) **II.** *vr:* **~se** ① *(material)* korrodieren ② *(persona)* sich vor Gram verzehren

corromper [korrom'per] **I.** *vt* ① *(descomponer)* verderben; *(un texto)* verfälschen ② *(sobornar)* bestechen ③ *(enviciar)* verführen; *(pervertir)* verderben ④ *(fam: enojar)* auf die Nerven gehen +*dat* **II.** *vi* stinken **III.** *vr:* **~se** ① *(descomponerse)* verderben; *(alimentos)* verfaulen; *(cadáver)* verwesen ② *(degenerar)* (sittlich) verkommen

corrompido, -a [korrom'pido, -a] *adj* ① *(descompuesto)* verdorben; *(aguas)* faulig; *(cadáver)* verwest ② *(degenerado)* (sittlich) verkommen, verdorben ③ (LIT) korrumpiert, verderbt

corronchoso, -a [korron'ʧoso, -a] *adj* *(Am: basto)* grob, ungehobelt

corrosión [korro'sjon] *f* ① *(de metal, t.* GEO) Korrosion *f* ② (QUÍM, TÉC) Ätzung *f*

corrosivo, -a [korro'siβo, -a] *adj* ① *(sustancia)* korrosiv ② *(estilo)* beißend

corrupción [korruβ'θjon] *f* ① *(descomposición)* Zersetzung *f; (de alimentos)* Fäulnis *f* ② *(de la moral)* (Sitten)verfall *m; (efecto)* Verdorbenheit *f* ③ *(soborno)* Korruption *f* ④ *(seducción)* Verführung *f* ⑤ *(de un texto)* Verfälschung *f*

corruptela [korrup'tela] *f* ① *(corrupción)* Korruption *f* ② *(abuso)* Missbrauch *m*

corruptibilidad [korruptiβili'ða^{ð}] *f* ① *(de alimentos)* Verderblichkeit *f* ② *(de personas)* Bestechlichkeit *f*

corrupto, -a [ko'rrupto, -a] *adj* ① *(degenerado)* korrupt ② *(inmoral)* (sittlich) verkommen

corruptor(a) [korrup'tor(a)] **I.** *adj* verderblich **II.** *m(f)* Verführer(in) *m(f)*

corrusco [ko'rrusko] *m (fam)* Stück *nt* hartes Brot

corsario [kor'sarjo] *m* (HIST) Korsar *m*

corsé [kor'se] *m* Korsett *nt*

corsetería [korsete'ria] *f* ① *(fábrica)* Miederwarenfabrik *f* ② *(tienda)* Miederwarengeschäft *nt* ③ *(prendas interiores)* Miederwaren *f pl*

corso, -a ['korso, -a] **I.** *adj* korsisch **II.** *m, f* Korse, -in *m, f*

corta ['korta] *f (árboles)* Fällen *nt,* Holzeinschlag *m*

cortaalambres [korta(a)'lambres] *m inv* Drahtschneider *m*

cortacésped [korta'θespe^{ð}] *m* Rasenmäher *m*

cortacircuitos [kortaθir'kwitos] *m inv* (ELEC) Sicherung *f*

cortada [kor'taða] *f* ① *(rebanada)* Scheibe *f* ② *(Am: herida)* Schnittwunde *f*

cortado[1] [kor'taðo] *m* (GASTR) Kaffee *m* mit wenig Milch

cortado, -a[2] [kor'taðo, -a] *adj* ① *(leche: mala)* sauer; *(cuajada)* geronnen ② *(estilo)* knapp ③ *(persona: tímida)* verlegen; *(avergonzada)* verschämt

cortadura [korta'ðura] *f* ① *(corte)* Schnitt *m; (borde)* Schnittkante *f* ② *(herida)* Schnittwunde *f* ③ (GEO) Hohlweg *m* ④ *pl (recortes)* (Papier)schnipsel *m pl o nt pl*

cortafuego [korta'fweɣo] *m* (INFOR) Firewall *f*

cortafuegos [korta'fweɣos] *m inv* ① (AGR) Feuerschneise *f* ② (ARQUIT) Brandmauer *f*

cortante [kor'taṇte] **I.** *adj* schneidend; **un viento ~** ein schneidender Wind **II.** *m* Hackmesser *nt*

cortapastas [korta'pastas] *m* <inv> *(para cortar)* Teigrad *nt; (molde)* Ausstechförmchen *nt,* Ausstechform *f*

cortapisa [korta'pisa] *f* ① *(restricción)* Vorbehalt *m,* Einschränkung *f;* **poner ~s** einschränken; **tropezar con ~s** auf Vorbehalte stoßen ② *(obstáculo)* Hindernis *nt; (dificultad)* Schwierigkeit *f;* **hablar sin ~s** ungehemmt reden; **tropezar con ~s** auf Hindernisse stoßen; **poner ~s a alguien** jdm Schwierigkeiten machen

cortaplumas [korta'plumas] *m inv* Federmesser *nt*

cortar [kor'tar] **I.** *vt* ① *(tajar)* schneiden; *(por el medio)* durchschneiden; *(en pedazos)* zerschneiden; *(quitar)* abschneiden; *(un traje)* zuschneiden; *(una rama)* absägen; *(un árbol)* fällen; *(un arbusto)* beschneiden; *(la carne)* zerlegen; *(leña)* hacken; *(el césped)* mähen; (INFOR) ausschneiden; **~ al rape** kahl scheren ② (DEP: *la pelota*) (an)schneiden ③ *(una bebida)* verdünnen ④ *(una película)* kürzen ⑤ *(cartas)* abheben ⑥ *(el agua)* abstellen; *(la corriente)* abschalten ⑦ *(una carretera)* sperren ⑧ *(la comunicación)* unterbrechen; **~ la línea** das Telefon abstellen **II.** *vi* ① *(tajar)* schneiden ② *(romper)* brechen; **cortó con su novio** sie hat mit ihrem

Freund Schluss gemacht **III.** *vr:* **~se** ❶ (*t.* MAT) sich schneiden ❷ *(turbarse)* verlegen werden; **no se cortó ni un pelo** *(fam fig)* es war ihr/ihm kein bisschen peinlich ❸ *(leche)* sauer werden; *(cuajarse)* gerinnen ❹ *(piel)* rissig werden ❺ *(luz)* ausfallen; (TEL) unterbrochen werden

cortaúñas [korta'uɲas] *m inv* Nagelzwicker *m*

cortavientos [korta'βjen̪tos] *m inv* Windschutz *m*

corte[1] ['korte] *m* ❶ *(herida)* Schnittwunde *f* ❷ *(tajo)* (Ein)schnitt *m* ❸ *(filo)* Schneide *f* ❹ *(de un traje)* (Zu)schnitt *m;* **hacer a alguien un ~ de mangas** *(fig vulg)* jdm den Stinkefinger zeigen *fam* ❺ *(de pelo)* (Haar)schnitt *m;* **~ bob** Bobfrisur *f* ❻ (ARQUIT) Aufriss *m* ❼ (ELEC) Abschaltung *f;* **~ de corriente** Stromsperre *f; (sin querer)* Stromausfall *m*

corte[2] ['korte] *f* ❶ *(residencia)* Hof *m* ❷ *(séquito)* Gefolge *nt*

cortedad [korte'ðaᵈ] *f* ❶ *(pequeñez)* Kürze *f; (escasez)* Knappheit *f* ❷ *(timidez)* Befangenheit *f* ❸ *(de poco entendimiento)* Beschränktheit *f*

cortejar [korte'xar] *vt* den Hof machen *+dat*

cortejo [kor'texo] *m* ❶ *(halago)* Umwerben *nt* ❷ *(séquito)* Gefolge *nt* ❸ *(desfile)* Fest(um)zug *m;* **~ fúnebre** Leichenzug *m* ❹ *(secuela)* Folge(erscheinung) *f*

Cortes ['kortes] *fpl* (POL) spanisches Parlament *nt*

cortés [kor'tes] *adj* höflich, zuvorkommend

cortesana [korte'sana] *f* Kurtisane *f*

cortesanía [kortesa'nia] *f* Höflichkeit *f,* Zuvorkommenheit *f*

cortesano[1] [korte'sano] *m* Höfling *m*

cortesano, -a[2] [korte'sano, -a] *adj* ❶ *(palaciego)* höfisch ❷ *(cortés)* höflich

cortesía [korte'sia] *f* ❶ *(cortesanía)* Höflichkeit *f,* Zuvorkommenheit *f; (gentileza)* Freundlichkeit *f;* **fórmula de ~** Höflichkeitsfloskel *f* ❷ *(merced)* Gunstbezeigung *f; (en una carta)* Grußformel *f*

corteza [kor'teθa] *f* ❶ *(de un tronco, del queso)* Rinde *f; (de una fruta)* Schale *f; (del pan)* Kruste *f;* **~ terrestre** (GEO) Erdkruste *f* ❷ *(exterioridad)* Äußere(s) *nt; (rusticidad)* raue Schale *f*

cortijo [kor'tixo] *m (finca)* Landgut *nt; (casa)* Landhaus *nt*

cortina [kor'tina] *f* Vorhang *m;* **~ de humo** (MIL) Rauchwand *f;* **correr/descorrer la ~** den Vorhang zuziehen/aufziehen

cortinaje [korti'naxe] *m* Vorhänge *mpl,* Gardinen *fpl*

cortisona [korti'sona] *f* (MED) Kortison *nt*

cortisquear [kortiske'ar] *vt (papel, tela)* zerschneiden

corto, -a ['korto, -a] *adj* ❶ *(pequeño)* kurz; **~ de oído** schwerhörig; **~ de vista** kurzsichtig; **se ha casado de ~** sie hat in einem kurzen Kleid geheiratet; **a la corta o a la larga...** über kurz oder lang ... ❷ *(breve)* kurz, knapp ❸ *(de poco entendimiento)* beschränkt ❹ *(tímido)* schüchtern

cortocircuito [kortoθirku'ito] *m* (ELEC) Kurzschluss *m*

cortometraje [kortome'traxe] *m* (CINE) Kurzfilm *m*

coruñés, -esa [koru'ɲes, -esa] **I.** *adj* aus La Coruña **II.** *m, f* Einwohner(in) *m(f)* von La Coruña

corva ['korβa] *f* (ANAT) Kniekehle *f*

corvo[1] ['korβo] *m (gancho)* Haken *m*

corvo, -a[2] ['korβo, -a] *adj (curvo)* krumm; *(arqueado)* gebogen

corzo, -a ['korθo, -a] *m, f* Rehbock, Rehgeiß *m, f*

cosa ['kosa] *f* ❶ *(objeto material)* Sache *f,* Gegenstand *m;* **la trata como una ~** er behandelt sie wie einen Gegenstand ❷ *(objeto inmaterial, asunto)* Angelegenheit *f,* Sache *f;* **eso es otra ~** das ist etwas anderes; **eso es ~ tuya/mía** das ist deine/meine Sache; **¿sabes una ~?** weißt du was?; **no me queda otra ~ que...** mir bleibt keine andere Möglichkeit, als ...; **ser una ~ nunca vista** einzigartig sein; **no valer gran ~** nicht viel taugen ❸ *(circunstancia)* Sache *f,* Ding *nt fam;* **tal como están las ~s...** so wie die Dinge stehen ...; **como si tal ~** als ob nichts geschehen wäre ❹ *(ocurrencia)* Einfall *m;* **esas son ~s de Inés** das ist typisch Inés ❺ *pl (pertenencias)* Sachen *fpl*

cosaco [ko'sako] *m* Kosak *m*

coscorrón [kosko'rron] *m* ❶ *(golpe)* Schlag *m* (auf den Kopf) ❷ *(contratiempo)* Rückschlag *m*

cosecha [ko'setʃa] *f* ❶ (AGR) Ernte *f; (conjunto de frutos)* (Ernte)ertrag *m;* **de ~ propia** aus eigenem Anbau ❷ *(temporada)* Erntezeit *f*

cosechadora [kosetʃa'ðora] *f* Mähdrescher *m*

cosechar [kose'tʃar] *vi, vt* ernten

cosechero, -a [kose'tʃero, -a] *m, f* ❶ *(trabajador)* Erntearbeiter(in) *m(f); (de algodón)* Pflücker(in) *m(f)* ❷ *(propietario)* Landwirt(in) *m(f); (de vino)* Winzer(in) *m(f)*

coseno [ko'seno] *m* (MAT) Kosinus *m*

coser [ko'ser] **I.** *vt* ❶ *(un vestido)* nähen; *(un botón)* annähen; *(un roto)* zunähen; *(una costura)* zusammennähen; ~ **a alguien a balazos** jdn mit Kugeln durchlöchern ❷ *(papeles)* (zusammen)heften **II.** *vi* nähen; **esto es ~ y cantar** das ist kinderleicht **III.** *vr* **~se con** [*o* **contra**] **alguien** sich an jdn anschmiegen

cosicosa [kosi'kosa] *f* Rätsel *nt*

cosido [ko'siðo] *m* ❶ *(objeto)* Näharbeit *f* ❷ *(costura)* Naht *f* ❸ *(acción)* Nähen *nt*

cosmética [kos'metika] *f* Schönheitspflege *f*, Kosmetik *f*

cosmético, -a [kos'metiko, -a] *adj* kosmetisch; **producto ~** Kosmetikum *nt*

cósmico, -a ['kosmiko, -a] *adj* kosmisch

cosmología [kosmolo'xia] *f* (ASTR) Kosmologie *f*

cosmonauta [kosmo'nau̯ta] *mf* Astronaut(in) *m(f)*, Kosmonaut(in) *m(f)*

cosmonaútica [kosmo'nau̯tika] *f* (AERO) Kosmonautik *f*

cosmonave [kosmo'naβe] *f* Raumschiff *nt*

cosmopolita [kosmopo'lita] **I.** *adj* kosmopolitisch **II.** *mf* Kosmopolit(in) *m(f)*

cosmos ['kosmos] *m sin pl* Kosmos *m*

cosmovisión [kosmoβi'sjon] *f* Weltanschauung *f*

coso ['koso] *m* ❶ *(plaza)* Festplatz *m* ❷ *(reg: calle principal)* Hauptstraße *f* ❸ (TAUR: *elev)* Arena *f*; **~ taurino** Stierkampfarena *f*

cosquillar [koski'ʎar] *vi, vt (hacer cosquillas)* kitzeln

cosquillas [kos'kiʎas] *fpl* **hacer ~** kitzeln; **tener ~** kitz(e)lig sein; **buscar las ~ a alguien** *(fig)* jdn provozieren

cosquillear [koskiʎe'ar] *vt* ❶ *(hacer cosquillas)* kitzeln ❷ *(atraer)* reizen

cosquilleo [koski'ʎeo] *m* Kitzeln *nt*

cosquilloso, -a [koski'ʎoso, -a] *adj* ❶ *(que siente cosquillas)* kitz(e)lig ❷ *(susceptible)* (leicht) reizbar

costa ['kosta] *f* ❶ (GEO) Küste *f*; **C~ Azul** Côte d'Azur *f*; **C~ de Marfil** Elfenbeinküste *f* ❷ (FIN) Kosten *pl*; **a toda ~** um jeden Preis ❸ *pl* (JUR) Gerichtskosten *pl*

costado [kos'taðo] *m (lado)* Seite *f*; (MIL) Flanke *f*; *(de un buque)* Längsseite *f*; **entrar de ~** seitwärts hereinkommen

costal [kos'tal] **I.** *adj* (ANAT) Rippen- **II.** *m* Sack *m*; **eso es harina de otro ~** *(fig)* das ist etwas völlig anderes

costalazo [kosta'laθo] *m* **pegarse un ~** der Länge nach hinfallen

costalero [kosta'lero] *m (reg) Träger eines Heiligenbildes bei der Prozession der Karwoche*

costanera [kosta'nera] *f* ❶ *(repecho)* Abhang *m*, Böschung *f* ❷ *pl (maderos)* Dachsparren *mpl* ❸ *(Arg: paseo marítimo)* Uferpromenade *f*

costanero, -a [kosta'nero, -a] *adj* ❶ *(pendiente)* steil; *(en cuesta)* ansteigend; *(descendiendo)* abfallend; **una casa costanera** ein Haus am Hang ❷ *(costero)* Küsten-; **pesca costanera** Küstenfischerei *f*

costar [kos'tar] <o → ue> *vi, vt* ❶ *(valer)* kosten; **~ caro** teuer sein; **esto te va a ~ caro** das wird dich teuer zu stehen kommen; **cueste lo que cueste** koste es, was es wolle ❷ *(resultar difícil)* schwerfallen

Costa Rica [kostarri'ka] *m* Costa Rica *nt*

costarricense [kostarri'θense], **costarriqueño, -a** [kostarri'keɲo, -a] **I.** *adj* costaricanisch **II.** *m* Costa-Ricaner(in) *m(f)*

coste ['koste] *m (costo)* Kosten *pl*; *(precio)* Preis *m*; *(importe)* Betrag *m*; **~s de las operaciones financieras y de las garantías de cambio** Transaktions- und Kurssicherungskosten *pl*; **~ de producción** Produktionskosten *pl*; **~ salarial** Lohnkosten *pl*; **~s de saneamiento** Sanierungskosten *pl*; **~s de los tipos de cambio** Umrechnungsgebühren *fpl*; **~ total** Gesamtkosten *pl*; **~ de la vida** Lebenshaltungskosten *pl*

costear [koste'ar] **I.** *vt* ❶ *(pagar)* finanzieren ❷ (NÁUT) an der Küste +*gen* entlangfahren; *(bordear)* umschiffen **II.** *vr:* **~se** die Kosten decken

costeño, -a [kos'teɲo, -a] **I.** *adj* Küsten- **II.** *m, f* Küstenbewohner(in) *m(f)*

costera [kos'tera] *f* ❶ *(costado)* Seite *f* ❷ *(costa)* Küste *f* ❸ *(cuesta)* (Ab)hang *m*

costero, -a [kos'tero, -a] *adj* Küsten-

costilla [kos'tiʎa] *f* ❶ (*t.* ANAT, ARQUIT) Rippe *f* ❷ (GASTR) Rippchen *nt* ❸ *(irón: mujer)* bessere Hälfte *f*

costillar [kosti'ʎar] *m* ❶ *(costillas)* Rippen *fpl* ❷ *(fam: tórax)* Brustkasten *m*

costo ['kosto] *m* ❶ *(coste)* Kosten *pl* ❷ *(Am: esfuerzo)* Mühe *f*

costoso, -a [kos'toso, -a] *adj* ❶ *(en dinero)* kostspielig, teuer ❷ *(en esfuerzo)* mühsam

costra ['kostra] *f* ❶ *(corteza)* Kruste *f*, Rinde *f* ❷ (MED) Schorf *m*

costroso, -a [kos'troso, -a] *adj* ❶ *(con costra)* verkrustet; *(un recubrimiento)* krustig ❷ (MED) schorfig ❸ *(fam: sucio)* dreckig, ungepflegt

costumbre [kos'tumbre] *f* ❶ *(hábito)* (An)gewohnheit *f*; **de ~ se levanta bastante tarde** (für) gewöhnlich steht er/sie ziemlich spät auf; **como de ~** wie gewöhnlich ❷ *(tradición)* Sitte *f*, Brauch *m*; **~s populares** Volksbräuche *mpl* ❸ *pl (conjunto de tradiciones)* Sitten und Gebräuche *pl*

costumbrismo [kostum'brismo] *m* (LIT) Costumbrismo *m (literarische Strömung im ausgehenden 19. Jahrhundert, die die Sitten und Gebräuche der spanischen Gesellschaft schildert)*
costura [kos'tura] *f* ❶ (*t.* MED) Naht *f* ❷ *(confección)* Nähen *nt;* **alta** ~ Haute Couture *f* ❸ *(ropa)* Näharbeit *f* ❹ *(de un barco)* Fuge *f*
costurera [kostu'rera] *f (modista)* Schneiderin *f; (zurcidora)* Näherin *f*
costurero [kostu'rero] *m* ❶ *(mesita)* Nähtisch *m; (caja)* Nähkasten *m* ❷ *(modista)* Schneider *m*
cota ['kota] *f* ❶ *(armadura)* Kettenhemd *nt* ❷ (*t.* GEO: *altura*) Höhe *f*
cotarrera [kota'rrera] *f (fam pey)* Schlampe *f*
cotarro [ko'tarro] *m* ❶ (HIST: *albergue*) Herberge *f;* **alborotar el** ~ *(fam)* Unruhe stiften; **dirigir el** ~ *(fam)* den Ton angeben ❷ *(ladera)* (Ab)hang *m*
cotejar [kote'xar] *vt (comparar)* vergleichen; *(confrontar)* gegenüberstellen
cotejo [ko'texo] *m (comparación)* Vergleich *m; (confrontación)* Gegenüberstellung *f*
coterráneo, -a [kote'rraneo, -a] *adj* aus derselben Gegend (stammend)
cotidian(e)idad [kotiðanei̯'ðaᵈ/kotiðani'ðaᵈ] *f* Alltäglichkeit *f*
cotidiano, -a [koti'ðjano, -a] *adj* ❶ *(corriente)* alltäglich ❷ *(diario)* täglich
cotilla [ko'tiʎa] *mf (fam pey)* Klatschmaul *nt*
cotillear [kotiʎe'ar] *vi (fam pey)* klatschen, tratschen
cotilleo [koti'ʎeo] *m (fam pey)* Klatsch *m*
cotillo, -a [ko'tiʎo, -a] *adj* klatschhaft
cotizable [koti'θaβle] *adj* (COM) notierbar; ~ **en bolsa** börsenfähig
cotización [kotiθa'θjon] *f* ❶ (COM, FIN) Kurs *m,* Notierung *f; (bursátil)* Börsenkurs *m* ❷ *(pago de una cuota)* Beitragszahlung *f*
cotizar [koti'θar] <z → c> **I.** *vt* ❶ (COM, FIN) notieren (**a** mit +*dat*) ❷ *(estimar)* schätzen **II.** *vi (pagar)* Beiträge zahlen **III.** *vr:* **~se** ❶ (COM, FIN) notiert werden ❷ *(ser popular)* hoch im Kurs stehen
coto ['koto] *m* ❶ *(vedado)* eingefriedetes Grundstück *nt;* ~ **de caza** Jagdrevier *nt* ❷ *(mojón)* Grenzstein *m* ❸ *(límite)* Grenze *f* ❹ *(tasa)* Gebühr *f*
cotorra [ko'torra] *f* ❶ *(papagayo)* Sittich *m* ❷ *(urraca)* Elster *f* ❸ *(fam: persona habladora)* Quasselstrippe *f* ❹ *(fam pey: chivato)* Petze *f*
cotorrear [kotorre'ar] *vi (fam)* schwatzen, schnattern
cototo [ko'toto] *m (Am: fam: chichón)* Beule *f*
covacha [ko'βatʃa] *f* ❶ *(cueva)* kleine Höhle *f* ❷ *(vivienda)* Loch *nt abw*
covachuela [koβa'tʃwela] *f (fam)* Amt *nt*
cowboy ['kau̯βoi̯] *m* <cowboys> Cowboy *m*
coxa ['koˠsa] *f* (ANAT) Hüfte *f*
coxal [koˠ'sal] *adj* (ANAT) Hüft-; **hueso** ~ Hüftbein *nt*
coxis ['koˠsis] *m inv* (ANAT) Steißbein *nt*
coy [koi̯] <coyes> *m* (NÁUT) Hängematte *f*
coyote [ko'ɟote] *m* Kojote *m*
coyuntura [koɟun̪'tura] *f* ❶ (ANAT) Knochengelenk *nt* ❷ *(oportunidad)* Gelegenheit *f* ❸ *(circunstancias)* Umstände *mpl* ❹ (ECON) Konjunktur *f*
coyuntural [koɟun̪tu'ral] *adj* (ECON) konjunkturell
coz [koθ] *f* ❶ *(patada)* Ausschlagen *nt; (golpe)* Hufschlag *m; (de personas)* Fußtritt *m;* **dar coces** ausschlagen ❷ *(culatada)* Rückstoß *m* ❸ *(retroceso)* Wasserstau *m* ❹ *(grosería)* Grobheit *f*
CP [θe'pe] *m* ❶ (JUR) *abr de* **Código Penal** *spanisches Strafgesetzbuch* ❷ *(de una población) abr de* **código postal** PLZ *f* ❸ (FIN) *abr de* **Caja Postal** Postbank *f*
crac [kraᵏ] *m* (ECON) Crash *m;* ~ **financiero** Finanzkrise *f*
crack [kraᵏ] *m* ❶ (ECON) *v.* **crac** ❷ *(droga)* Crack *m*
cracker ['kraker] <crackers> *mf* (INFOR) Hacker *m*
craneal [krane'al] *adj* (ANAT) Schädel-; **cavidad** ~ Schädelhöhle *f*
cráneo ['kraneo] *m* (ANAT) Schädel *m*
crápula¹ ['krapula] *m* Wüstling *m*
crápula² ['krapula] *f* ❶ *(embriaguez)* Trunkenheit *f* ❷ *(libertinaje)* Lotterleben *nt*
crasiento, -a [kra'sjen̪to, -a] *adj (grasiento)* fettig
craso, -a ['kraso, -a] *adj* ❶ *(gordo)* fettleibig ❷ *(burdo)* gravierend
cráter ['krater] *m* Krater *m*
crayón [kra'ɟon] *m* Wachsmalstift *m*
creación [krea'θjon] *f* ❶ (REL, ARTE) Schöpfung *f* ❷ *(elaboración)* Schaffung *f;* ~ **de empleo** (ECON, POL) Arbeitsplatzbeschaffungsmaßnahme *f* ❸ *(en la moda)* Kreation *f* ❹ *(de una institución)* Einrichtung *f*
creador(a) [krea'ðor(a)] **I.** *adj* schöpferisch; **Dios** ~ Gott, der Schöpfer **II.** *m(f)* Schöpfer(in) *m(f)*
crear [kre'ar] **I.** *vt* ❶ *(hacer)* erschaffen ❷ *(fundar)* schaffen, einrichten ❸ *(representar)* darstellen ❹ (INFOR) erstellen; ~ **ar-**

C

chivo Datei erstellen **II.** *vr:* **~se** sich *dat* schaffen

creatividad [kreatiβi'ðaᵈ] *f* Kreativität *f*

creativo, -a [krea'tiβo, -a] *adj* kreativ

crecepelo [kreθe'pelo] *m* Haarwuchsmittel *nt*

crecer [kre'θer] *irr* **I.** *vi (aumentar)* wachsen; *(relativo a la luna)* zunehmen; *(relativo al agua)* steigen **II.** *vr:* **~se** über sich selbst hinauswachsen

creces ['kreθes] *fpl* ❶ *(aumento)* Wachstum *nt* ❷ *(exceso)* Übermaß *nt;* **con ~** reichlich

crecida [kre'θiða] *f* ❶ *(riada)* Hochwasser *nt* ❷ *(crecimiento)* (rasches) Wachstum *nt*

crecido, -a [kre'θiðo, -a] *adj* ❶ *(desarrollado)* erwachsen ❷ *(numeroso)* ansehnlich

creciente [kre'θjente] **I.** *adj* zunehmend **II.** *f* Hochwasser *nt;* **~ de luna** zunehmender Mond; **~ del mar** Flut *f*

crecimiento [kreθi'mjento] *m* (*t.* ECON) Wachstum *nt; (moneda)* Kursanstieg *m;* **~ demográfico** Bevölkerungswachstum *nt;* **~ económico** Wirtschaftswachstum *nt*

credencial [kreðen'θjal] **I.** *adj* beglaubigend **II.** *f* Ernennungsurkunde *f*

credibilidad [kreðiβili'ðaᵈ] *f* Glaubwürdigkeit *f*

crediticio, -a [kreði'tiθjo, -a] *adj* (FIN) Kredit-; **política crediticia** Kreditpolitik *f*

crédito ['kreðito] *m* ❶ (FIN: *préstamo*) Kredit *m;* **~ puente** Überbrückungskredit *m;* **dar a ~** leihen; **pedir un ~** einen Kredit aufnehmen ❷ *(fama)* Renommee *nt* ❸ *(confianza)* Glaube *m,* Vertrauen *nt;* **dar ~ a algo/alguien** etw *dat*/jdm Glauben schenken

credo ['kreðo] *m* ❶ *(creencias)* Glaube *m* ❷ *(oración, dogma)* Glaubensbekenntnis *nt*

credulidad [kreðuli'ðaᵈ] *f* Leichtgläubigkeit *f*

crédulo, -a ['kreðulo, -a] *adj* leichtgläubig

creencia [kre'enθja] *f* Glaube *m*

creer [kre'er] *irr como leer* **I.** *vi (ser creyente)* glauben, gläubig sein **II.** *vt* ❶ *(dar por cierto)* glauben (**en** an +*akk*); **~ en Dios** an Gott glauben ❷ *(pensar)* glauben, denken; **¡ya lo creo!** das will ich wohl meinen!; **¡quién iba a ~lo!** wer hätte das für möglich gehalten!; **no te creo capaz de hacer eso** ich denke nicht, dass du dazu fähig bist ❸ *(dar crédito)* glauben +*dat;* **no te creo** ich glaube dir nicht; **hacer ~ algo a alguien** jdm etw weismachen **III.** *vr:* **~se** ❶ *(tener por probable)* glauben ❷ *(considerarse)* sich halten (für +*akk*); **¡qué te has creído!** was fällt dir ein!

creíble [kre'iβle] *adj* glaubhaft

creído, -a [kre'iðo, -a] *adj* ❶ *ser (fam: vanidoso)* eingebildet ❷ *estar (seguro)* überzeugt

crema ['krema] **I.** *adj* cremefarben **II.** *f* ❶ *(nata)* Sahne *f* ❷ *(natillas, pasta)* Creme *f;* **~ batida** Schaumspeise *f;* **~ catalana** ≈ Crème brûlée *f;* **~ de cacao** Schokoladenaufstrich *m;* **la ~ y la nata** die Crème de la Crème ❸ *(producto cosmético)* Creme *f;* **~ facial** Gesichtscreme *f;* **~ hidratante** Feuchtigkeitscreme *f;* **~ antiarrugas** Antifaltencreme *f;* **~ solar** Sonnencreme *f* ❹ (LING) Trema *nt*

cremación [krema'θjon] *f* ❶ *(incineración)* Einäscherung *f* ❷ *(combustión de desechos)* Verbrennung *f*

cremallera [krema'ʎera] *f* ❶ (TÉC: *barra*) Zahnstange *f;* **tren de ~** Zahnradbahn *f* ❷ *(cierre)* Reißverschluss *m*

crematorio[1] [krema'torjo] *m* Krematorium *nt*

crematorio, -a[2] [krema'torjo, -a] *adj* **horno ~** Verbrennungsofen *m*

cremosidad [kremosi'ðaᵈ] *f* Cremigkeit *f*

cremoso, -a [kre'moso, -a] *adj* cremig

crencha ['krentʃa] *f* Scheitel *m*

crep[1] [krepᵖ] *m* ❶ *(suela)* Kreppgummi *m o nt* ❷ *(tela)* Krepp *m;* **~ satén** Seidenkrepp *m*

crep[2] [krepᵖ] *f* (GASTR) Krepp *f*

crepe ['krepe] *f* Krepp *f*

crepé [kre'pe] *m* ❶ *(suela)* Kreppgummi *m o nt* ❷ *(postizo)* Haarteil *nt* ❸ *(tejido)* Krepp *m*

crepería [krepe'ria] *f* Krepperie *f*

crepitación [krepita'θjon] *f* ❶ *(crujido)* Knistern *nt* ❷ (MED) Krepitation *f; (de los huesos)* Knirschen *nt; (en el pulmón)* Rasseln *nt*

crepitante [krepi'tante] *adj* knisternd

crepitar [krepi'tar] *vi* knistern

crepuscular [krepusku'lar] *adj* dämm(e)rig

crepúsculo [kre'puskulo] *m* Dämmerung *f;* **~ matutino** Morgendämmerung *f*

cresa ['kresa] *f* ❶ *(huevos)* (Insekten)eier *ntpl* ❷ *(gusano)* Made *f*

crespo, -a ['krespo, -a] *adj* ❶ *(rizado)* kraus ❷ *(irritado)* gereizt ❸ *(estilo)* verschnörkelt

crespón [kres'pon] *m* ❶ *(gasa)* Flor *m* ❷ *(gasa de luto)* Trauerflor *m*

cresta ['kresta] *f* ❶ *(carnosidad)* Kamm *m; (del gallo)* (Hahnen)kamm *m* ❷ *(plumas)* Schopf *m* ❸ *(cabello)* Hahnenkamm *m fam* ❹ *(de una ola)* (Wellen)kamm *m;* **estar en la ~ de la ola** *(fig)*

auf dem Gipfel angelangt sein 5 *(de una montaña)* Kamm *m*
creta ['kreta] *f* Kreide *f*
Creta ['kreta] *f* Kreta *nt*
cretense [kre'tense] **I.** *adj* kretisch **II.** *mf* Kreter(in) *m(f)*
cretinismo [kreti'nismo] *m* (MED) Kretinismus *m*
cretino, -a [kre'tino, -a] *m, f* (MED: *t. fig)* Kretin *m*
cretona [kre'tona] *f* Cretonne *m o f*
creyente [kre'ɟen̪te] **I.** *adj* gläubig **II.** *mf* Gläubige(r) *mf*
cría ['kria] *f* 1 *(el criar)* Zucht *f* 2 *(recién nacido)* Säugling *m* 3 *(cachorro)* Junge(s) *nt* 4 *(camada)* Wurf *m* 5 *(insecto, reptil, pájaro)* Brut *f*
criada [kri'aða] *f v.* **criado**
criadero[1] [kria'ðero] *m* 1 *(plantel)* Baumschule *f* 2 *(vivero)* Zuchtstätte *f* 3 (MIN) Vorkommen *nt*
criadero, -a[2] [kria'ðero, -a] *adj* fruchtbar
criado, -a [kri'aðo, -a] *m, f* Diener *m*, Dienstmädchen *nt*
criador[1] [kria'ðor] *m (Dios)* Schöpfer *m*
criador(a)[2] [kria'ðor(a)] *m(f)* 1 *(de animales)* Züchter(in) *m(f)* 2 *(de vinos)* Winzer(in) *m(f)*
crianza [kri'an̪θa] *f* 1 *(lactancia)* Aufzucht *f; (personas)* Stillzeit *f* 2 *(educación)* Erziehung *f*
criar [kri'ar] <*1. pres* crío> **I.** *vt* 1 *(alimentar)* ernähren; *(mamíferos)* säugen 2 *(reproducir y cuidar)* züchten 3 *(ser propicio)* anziehen 4 *(educar)* aufziehen, großziehen 5 *(crear)* erschaffen 6 *(fundar)* gründen 7 *(referente al vino)* anbauen **II.** *vi* Junge bekommen **III.** *vr:* **~se** aufwachsen
criatura [kria'tura] *f* 1 *(ser)* Geschöpf *nt* 2 *(niño)* Säugling *m* 3 *(feto)* Fötus *m* 4 *(hechura)* Kreatur *f*
criba ['kriβa] *f* 1 *(tamiz)* Sieb *nt* 2 (AGR) Dreschflegel *m; (mecánica)* Dreschmaschine *f* 3 (MIN) Setzmaschine *f*
cribar [kri'βar] *vt* 1 *(colar)* (aus)sieben 2 (AGR) dreschen
cric [krik] *m* Winde *f;* (AUTO) Wagenheber *m*
Crimea [kri'mea] *f* Krim *f*
crimen ['krimen] *m* Verbrechen *nt;* **~ organizado** organisiertes Verbrechen
criminal [krimi'nal] **I.** *adj* 1 *(delincuente)* kriminell 2 *(policía)* Kriminal- **II.** *mf* Kriminelle(r) *mf*
criminalidad [kriminali'ða^ð] *f* Kriminalität *f*
criminalista [krimina'lista] *mf* Kriminalist(in) *m(f)*
criminar [krimi'nar] *vt* 1 *(imputar)* beschuldigen; **le ~on el asesinato de dos niños** sie beschuldigten ihn/sie des Mordes an zwei Kindern 2 *(fig: reprochar)* kritisieren; **me criminó que siempre llegara tarde** er/sie warf mir vor, dass ich immer zu spät kam
criminología [kriminolo'xia] *f* Kriminologie *f*
criminólogo, -a [krimi'noloɣo] *m, f* (JUR) Kriminologe, -in *m, f*
criminoso, -a [krimi'noso, -a] *adj* (JUR: *relativo al crimen*) kriminell, verbrecherisch
crin [krin] *f* 1 *(cerda)* Mähne *f* 2 *(filamento)* Seegras *nt*
crío, -a ['krio, -a] *m, f* Kleinkind *nt*
criollismo [krjo'ʎismo] *m* 1 *(conjunto de criollos)* Kreolen *mpl;* **todo el ~ estaba reunido** alle Kreolen waren versammelt 2 *(carácter)* kreolisches Temperament *nt*, kreolischer Charakter *m* 3 *(exaltación de lo criollo)* Kreolentum *nt* 4 (LING) im Kreolischen gebräuchlicher Ausdruck *m*, Kreolismus *m*
criollo, -a [kri'oʎo, -a] **I.** *adj* kreolisch **II.** *m, f* Kreole, -in *m, f*
cripta ['kripta] *f* Krypta *f*
críptico, -a ['kriptiko, -a] *adj* kryptisch
criptoanálisis [kriptoa'nalisis] *m inv* Technik *f* der Entzifferung von verschlüsselten Botschaften
criptografía [kriptoɣra'fia] *f* Geheimschrift *f*
criptograma [kripto'ɣrama] *m* Kryptogramm *nt*
críquet ['kriket] *m* (DEP) Kricket *nt*
crisálida [kri'saliða] *f* (ZOOL) Puppe *f*
crisantemo [krisan̪'temo] *m* Chrysantheme *f*
crisis ['krisis] *f inv* (*t.* ECON) Krise *f;* **~ nerviosa** Nervenzusammenbruch *m*
crisma[1] ['krisma] *m* (REL) Chrisma *nt*
crisma[2] ['krisma] *f (fam: cabeza)* Rübe *f*
crisol [kri'sol] *m* 1 *(craza)* Schmelztiegel *m* 2 *(prueba)* Prüfstein *m*
crispación [krispa'θjon] *f* 1 *(contracción)* Verkrampfung *f* 2 *(irritación)* Gereiztheit *f*
crispar [kris'par] **I.** *vt* 1 *(contraer)* verkrampfen 2 *(exasperar)* reizen **II.** *vr:* **~se** 1 *(contraerse)* sich verkrampfen 2 *(exasperarse)* gereizt werden
cristal [kris'tal] *m* 1 *(cuerpo)* Kristall *m* 2 *(vidrio)* Glas *nt* 3 *(espejo)* Spiegel *m* 4 *(elev: agua)* Wasser *nt*
cristalera [krista'lera] *f* 1 *(aparador)* Vitrine *f* 2 *(puerta)* Glastür *f*
cristalería [kristale'ria] *f* 1 *(empresa)* Glashütte *f* 2 *(objetos)* Kristall *nt*
cristalero, -a [krista'lero, -a] *m, f* 1 *(colo-*

C

C

cador) Glaser(in) *m(f)* ❷ *(limpiador)* Fensterputzer(in) *m(f)*
cristalino[1] [krista'lino] *m* (MED) Linse *f*
cristalino, -a[2] [krista'lino, -a] *adj* ❶ *(de cristal)* kristallin ❷ *(trasparente)* kristallklar
cristalización [kristaliθa'θjon] *f* Kristallisation *f*
cristalizar [kristali'θar] <z → c> **I.** *vi, vr:* **~se** ❶ *(sustancia)* kristallisieren ❷ *(ideas, sentimientos)* sich (heraus)kristallisieren **II.** *vt* kristallisieren lassen
cristalógrafo, -a [krista'loɣrafo, -a] *m, f* (FÍS) Wissenschaftler(in) *m(f)* auf dem Gebiet der Kristallografie
cristiana [kris'tjana] *adj o f v.* **cristiano**
cristiandad [kristjan'daᵈ] *f* ❶ *(fieles)* Christenheit *f* ❷ *(países)* christliche Länder *nt pl*
cristianismo [kristja'nismo] *m* Christentum *nt*
cristianización [kristjaniθa'θjon] *f* Christianisierung *f*
cristianizar [kristjani'θar] <z → c> *vt* christianisieren
cristiano[1] [kris'tjano] *m (fam)* ❶ *(persona)* Mensch *m* ❷ *(castellano)* Spanisch *nt;* **hablar en ~** *(fig)* Klartext reden
cristiano, -a[2] [kris'tjano, -a] **I.** *adj* christlich **II.** *m, f (fiel)* Christ(in) *m(f)*
cristianodemócrata [kristjanode'mokrata] **I.** *adj* (POL) christlich-demokratisch **II.** *mf* (POL) Christdemokrat(in) *m(f)*
cristo ['kristo] *m* ❶ *(crucifijo)* Kruzifix *nt* ❷ *(loc, fam)* **todo ~** jeder
Cristo ['kristo] *m* (Jesus) Christus *m;* **donde ~ perdió el gorro** am Ende der Welt
criterio [kri'terjo] *m* ❶ *(norma)* Kriterium *nt;* **~ de búsqueda** (INFOR) Suchkriterium *nt* ❷ *(discernimiento)* Urteilsvermögen *nt* ❸ *(opinión)* Meinung *f*
critérium [kri'teriun] <critérium(s)> *m* (DEP) Kriterium *nt,* inoffizielles Wettrennen *nt*
crítica ['kritika] *f* Kritik *f*
criticable [kriti'kaβle] *adj* kritisierbar
criticar [kriti'kar] <c → qu> **I.** *vt* kritisieren **II.** *vi* lästern
crítico, -a ['kritiko, -a] **I.** *adj* (*t.* FÍS, MED) kritisch **II.** *m, f* Kritiker(in) *m(f)*
criticón, -ona [kriti'kon, -ona] *m, f* Nörgler(in) *m(f)*
critiquizar [kritiki'θar] <z → c> **I.** *vi (fam)* nörgeln **II.** *vt (fam)* herumnörgeln (an +*dat*)
crizneja [kriθ'nexa] *f* ❶ *(trenza)* Zopf *m* ❷ *(soga)* Strick *m*
Croacia [kro'aθja] *f* Kroatien *nt*
croar [kro'ar] *vi* quaken
croata [kro'ata] **I.** *adj* kroatisch **II.** *mf* Kroate, -in *m, f*
crocante [kro'kante] *m* Krokant *m*
croché [kro'tʃe] *m* ❶ *(ganchillo)* Häkelarbeit *f;* **hacer ~** häkeln ❷ (DEP) Haken *m*
crocitar [kroθi'tar] *vi* (ZOOL) krächzen
croco ['kroko] *m* Safran *m*
crol [krol] *m* (DEP) Kraul(schwimmen) *nt*
cromar [kro'mar] *vt* verchromen
cromático, -a [kro'matiko, -a] *adj* (FÍS, MÚS) chromatisch
cromatismo [kroma'tismo] *m* (FÍS, MÚS) Chromatik *f*
cromo ['kromo] *m* (QUÍM) Chrom *nt*
cromosfera [kromos'fera] *f* Chromosphäre *f*
cromosoma [kromo'soma] *m* (BIOL) Chromosom *nt*
cromosómico, -a [kromo'somiko, -a] *adj* (BIOL) chromosomal; **anomalía cromosómica** Chromosomenanomalie *f*
crónica ['kronika] *f* ❶ *(anales)* Chronik *f* ❷ *(artículo)* Reportage *f*
crónico, -a ['kroniko, -a] *adj* (*t.* MED) chronisch
cronista [kro'nista] *mf* ❶ *(historiador)* Chronist(in) *m(f)* ❷ *(periodista)* Berichterstatter(in) *m(f)*
crono ['krono] *m* (DEP) ❶ *(tiempo)* (gestoppte) Zeit *f;* **~ personal** persönliche Bestzeit ❷ *(cronómetro)* Stoppuhr *f*
cronografía [kronoɣra'fia] *f* Chronografie *f*
cronógrafo[1] [kro'noɣrafo] *m* (TÉC) Chronograf *m*
cronógrafo, -a[2] [kro'noɣrafo, -a] *m, f* Chronologe, -in *m, f*
cronología [kronolo'xia] *f* Chronologie *f*
cronológico, -a [krono'loxiko, -a] *adj* chronologisch
cronometrador(a) [kronometra'ðor(a)] *m(f)* (DEP) Zeitnehmer(in) *m(f)*
cronometraje [kronome'traxe] *m* (DEP) Zeitnahme *f*
cronometrar [kronome'trar] *vt* (DEP) stoppen; **~ el tiempo** die Zeit stoppen
cronómetro [kro'nometro] *m* Chronometer *nt;* (DEP) Stoppuhr *f*
croquet ['kroketᵗ] *m* Krocket *nt*
croqueta [kro'keta] *f* Krokette *f*
croquis ['krokis] *m inv* Skizze *f,* Kroki *nt*
cross [kros] *m inv* (DEP: *atletismo*) Querfeldeinrennen *nt*
cruasán [krwa'san] *m* Croissant *nt*
cruce ['kruθe] *m* ❶ *(acción)* Kreuzen *nt* ❷ *(intersección)* Schnittpunkt *m* ❸ *(mezcla, de caminos, t.* BIOL) Kreuzung *f;* **~ de peatones** Fußgängerüberweg *m* ❹ *(inter-*

ferencia) Überlagerung *f*, Interferenz *f*; ~ **de datos** (ECON, INFOR) Datenabgleich *m* ⑤ (LING) Wortkreuzung *f*
crucero [kru'θero] *m* ① (ARQUIT) Vierung *f* ② *(cruciferario)* Kreuzträger *m* ③ (NÁUT: *buque*) Kreuzer *m* ④ *(viaje)* Kreuzfahrt *f*
cruceta [kru'θeta] *f* ① *(de líneas)* Gitter *nt* ② *(en la labor)* Kreuzstich *m*
crucial [kru'θjal] *adj* ① *(en forma de cruz)* kreuzförmig ② *(decisivo)* entscheidend
crucificar [kruθifi'kar] <c → qu> *vt* ① *(aspar)* kreuzigen ② *(atormentar)* quälen
crucifijo [kruθi'fixo] *m* Kruzifix *nt*
crucifixión [kruθifi^{ɣ}'sjon] *f* Kreuzigung *f*
cruciforme [kruθi'forme] *adj* kreuzförmig
crucigrama [kruθi'ɣrama] *m* Kreuzworträtsel *nt*
crucigramista [kruθiɣra'mista] *mf* ① *(autor)* Verfasser(in) *m(f)* eines Kreuzworträtsels ② *(aficionado)* Fan *m* von Kreuzworträtseln
crudamente [kruða'meṇte] *adv* rigoros, unerbittlich
crudelísimo, -a [kruðe'lisimo, -a] *adj superl irr de* **cruel**
crudeza [kru'ðeθa] *f* ① *(rigor)* Strenge *f*, Härte *f* ② *(rudeza)* Grobheit *f* ③ *(crueldad)* Brutalität *f* ④ *pl (alimentos)* schwer verdauliche Speisen *fpl*
crudo[1] ['kruðo] *m* Rohöl *nt*
crudo, -a[2] ['kruðo, -a] *adj* ① *(sin cocer, natural)* roh ② *(aplicado al tiempo)* streng, rau ③ *(blanco amarillento)* rohweiß ④ *(despiadado)* brutal; **en** ~ unerbittlich ⑤ *(de difícil digestión)* schwer verdaulich
cruel [kru'el] *adj* <crudelísimo> grausam (**con** zu +*dat*, gegen +*akk*)
crueldad [kruel'ða^{d}] *f* Grausamkeit *f* (**con** gegenüber +*dat*)
cruento, -a [kru'eṇto, -a] *adj* blutig
crujía [kru'xia] *f* (ARQUIT) Spannweite *f*
crujido [kru'xiðo] *m* Knistern *nt*; *(de dientes)* Knirschen *nt*
crujiente [kru'xjeṇte] *adj* knisternd; *(dientes)* knirschend; *(pan)* knusprig
crujir [kru'xir] *vi* knistern; *(dientes)* knirschen
crupier [kru'pjer] *m* Croupier *m*
crural [kru'ral] *adj* (ANAT) **hueso** ~ Oberschenkelknochen *m*
crustáceo [krus'taθeo] *m* (ZOOL) Krebstier *nt*
cruz [kruθ] *f* ① *(aspa, crucifijo)* Kreuz *nt*; ~ **gamada** Hakenkreuz *nt*; **C~ Roja** Rotes Kreuz ② *(de una moneda o medalla)* Rückseite *f*, Revers *m*; **¿cara o ~?** Kopf oder Zahl? ③ *(de un árbol)* Kronenansatz *m* ④ *(de un animal)* Widerrist *m* ⑤ (ASTR) Kreuz *nt* ⑥ *(suplicio)* Kreuz *nt*, Last *f*; **llevar una** ~ eine schwere Last zu tragen haben
cruzada [kru'θaða] *f* Kreuzzug *m*
cruzado[1] [kru'θaðo] *m* Kreuzfahrer *m*
cruzado, -a[2] [kru'θaðo, -a] *adj* ① (BIOL) **animal** ~ Bastard *m* ② *(ropa)* Wickel-; **chaqueta cruzada** Zweireiher *m*
cruzamiento [kruθa'mjeṇto] *m* ① *(condecoración)* Dekorierung *f* ② (BIOL) Kreuzung *f*
cruzar [kru'θar] <z → c> **I.** *vt* ① *(atravesar)* kreuzen; *(de un lado al otro)* überqueren; ~ **los brazos** die Arme verschränken; ~ **las piernas** die Beine übereinanderschlagen; ~ **la vista** schielen; ~ **algo con una raya** etw durchstreichen ② (BIOL) kreuzen ③ *(condecorar)* dekorieren **II.** *vi* ① (*t.* NÁUT: *pasar*) kreuzen ② *(juntarse)* zusammenpassen **III.** *vr:* **~se** ① *(atravesarse)* sich kreuzen ② *(encontrarse)* begegnen (**con** +*dat*); **~se con alguien** jds Weg kreuzen ③ (MAT) sich kreuzen
CSCE [θe(e)seθe'e] *f abr de* **Conferencia de Seguridad y Cooperación en Europa** KSZE *f*
cta. cte. ['kweṇta ko'rrjeṇte] *f* (FIN) *abr de* **cuenta corriente** Girokonto *nt*, Kontokorrentkonto *nt*
CTNE [θete(e)ne'e] *f abr de* **Compañía Telefónica Nacional de España** *frühere Bezeichnung für die spanische Telefongesellschaft*
cu [ku] *f* Q *nt*
cuache, -a ['kwatʃe, -a] *m, f (Guat: gemelo)* Zwilling *m*
cuaderna [kwa'ðerna] *f* ① *(en el juego de tablas)* Doppelpasch *m* ② *(en un buque)* Spant *nt*
cuadernillo [kwaðer'niʎo] *m* (TIPO) Lage *f* *(à 5 Bogen Papier)*
cuaderno [kwa'ðerno] *m* Heft *nt*; ~ **escolar** Schulheft *nt*; ~ **de bitácora** (NÁUT) Logbuch *nt*
cuadra ['kwaðra] *f* ① *(establo)* Stall *m*; *(de caballos)* (Pferde)stall *m* ② *(conjunto de caballos)* (Renn)stall *m* ③ *(lugar sucio)* Saustall *m fam* ④ *(sala)* großer Raum *m*; *(para dormir)* Schlafsaal *m* ⑤ *(Am: manzana de casas)* Häuserblock *m* ⑥ *(cuarto de milla)* Viertelmeile *f*
cuadrado[1] [kwa'ðraðo] *m* ① (*t.* ASTR) Quadrat *nt*; **elevar al** ~ ins Quadrat erheben ② *(regla)* Vierkantlineal *nt* ③ *(trozo de tela)* Zwickel *m* ④ *(barra)* Vierkant *m*
cuadrado, -a[2] [kwa'ðraðo, -a] *adj* ① *(rectangular)* quadratisch; **metro** ~

C

Quadratmeter *m;* **tener la cabeza cuadrada** ein Dickschädel sein *fam* ② *(macizo)* klobig ③ *(corpulento)* beleibt, korpulent

cuadrafonía [kwaðrafo'nia] *f* Quadrofonie *f*

cuadragenario, -a [kwaðraxe'narjo, -a] **I.** *adj* in den Vierzigern **II.** *m, f* Vierziger(in) *m(f)*

cuadragésima [kwaðra'xesima] **I.** *f* (REL) Fastenzeit *f,* Quadragesima *f* **II.** *adj v.* **cuadragésimo[2]**

cuadragesimal [kwaðraxesi'mal] *adj* Fasten-; **voto** ~ Fastengelübde *nt*

cuadragésimo [kwaðra'xesimo] *m* Vierzigstel *nt*

cuadragésimo, -a [kwaðra'xesimo, -a] *adj (parte)* vierzigstel; *(numeración)* vierzigste(r, s); **la cuadragésima parte de** ein Vierzigstel von; *v. t.* **octavo**

cuadrangular [kwaðraŋgu'lar] *adj* viereckig

cuadrángulo [kwa'ðraŋgulo] *m* Viereck *nt*

cuadrante [kwa'ðrante] *m* ① (ASTR, MAT) Quadrant *m* ② *(reloj de sol)* Sonnenuhr *f* ③ (RADIO) Einstellskala *f*

cuadrar [kwa'ðrar] **I.** *vi* ① *(ajustarse, convenir)* passen (**con** zu +*dat*) ② *(coincidir)* ausgeglichen sein **II.** *vt* ① *(dar figura de cuadro)* quadratisch machen; *(en carpintería)* (ab)vieren ② (ARTE, MAT) quadrieren ③ *(una cuenta)* ausgleichen **III.** *vr:* **~se** ① (MIL) strammstehen ② *(pararse un caballo)* auf allen Vieren stehen bleiben ③ *(fam: plantarse)* sich auf die Hinterbeine stellen

cuadrático, -a [kwa'ðratiko, -a] *adj* (MAT) quadratisch

cuadratura [kwaðra'tura] *f* (ASTR, MAT) Quadratur *f*

cuádriceps ['kwaðriθeᵝs] *adj inv* (ANAT: *músculo*) vierköpfig

cuadrícula [kwa'ðrikula] *f* Karierung *f;* **papel de** ~ kariertes Papier

cuadriculado, -a [kwaðriku'laðo, -a] *adj* ① *(con cuadrícula)* kariert; **papel** ~ kariertes Papier ② *(fig, pey)* kleinkariert

cuadricular [kwaðriku'lar] **I.** *adj* kariert **II.** *vt* karieren

cuadrienio [kwa'ðrjenjo] *m* Zeitraum *m* von vier Jahren

cuadriga [kwa'ðriɣa] *f* Viergespann *nt; (en la antigua Roma)* Quadriga *f*

cuadrilátero [kwaðri'latero] *m* ① *(polígono)* Viereck *nt* ② (DEP) (Box)ring *m*

cuadrilla [kwa'ðriʎa] *f* ① *(brigada)* Kolonne *f* ② *(de amigos)* Clique *f* ③ *(pey: de maleantes)* Rotte *f,* Bande *f*

cuadrilongo[1] [kwaðri'loŋgo] *m* Rechteck *nt*

cuadrilongo[1] [kwaðri'loŋgo] *m* Rechteck *nt*

cuadrilongo, -a[2] [kwaðri'loŋgo, -a] *adj* rechteckig

cuadrilongo, -a[2] [kwaðri'loŋgo, -a] *adj* rechteckig

cuadriplicar [kwaðripli'kar] <c → qu> *vt* vervierfachen

cuadro ['kwaðro] *m* ① *(rectángulo)* Rechteck *nt;* **a ~s** kariert ② *(pintura)* Gemälde *nt* ③ *(marco)* Rahmen *m* ④ *(bancal)* Beet *nt* ⑤ *(escena)* Szene *f* ⑥ *(descripción)* Schilderung *f* ⑦ *(gráfico)* Grafik *f;* ~ **sinóptico** Übersicht *f* ⑧ *(grupo de mandos, t.* MIL) Stab *m* ⑨ (TÉC) Schalttafel *f;* ~ **de mandos** (*t.* AERO) Cockpit *nt* ⑩ (TEAT) Szene *f*

cuadrúpedo [kwa'ðrupeðo] *m* Vierbeiner *m*

cuádruple ['kwaðruple] **I.** *adj* vierfach; **parto** ~ Vierlingsgeburt *f* **II.** *m* Vierfache(s) *nt; v. t.* **óctuplo**

cuadruplicar [kwaðrupli'kar] <c → qu> *vt, vr:* **~se** (sich) vervierfachen

cuádruplo[1] ['kwaðruplo] *m* Vierfache(s) *nt; v. t.* **óctuplo**

cuádruplo, -a[2] ['kwaðruplo, -a] *adj* vierfach; *v. t.* **óctuplo**

cuajada [kwa'xaða] *f* Quark *m*

cuajado, -a [kwa'xaðo, -a] *adj (fam)* **quedarse** ~ *(asustado)* (vor Schreck) erstarren; *(dormirse)* einpennen

cuajar [kwa'xar] **I.** *vi* ① *(espesarse)* gerinnen; *(la nieve)* liegen bleiben ② *(fam: realizarse)* klappen **II.** *vt* ① *(solidificar)* eindicken ② *(cubrir)* überhäufen **III.** *vr:* **~se** ① *(coagularse)* gerinnen ② *(llenarse)* sich füllen (**de** mit +*dat*) ③ *(solidificarse)* eindicken **IV.** *m* (ZOOL) Labmagen *m*

cuajo ['kwaxo] *m* ① *(sustancia)* Lab *nt* ② *(solidificación)* Eindickung *f* ③ (ZOOL) Labmagen *m* ④ *(loc, fam)* **de** ~ vollständig

cual [kwal] *pron rel* ① *(relativo explicativo)* **el/la** ~ der/die, welcher/welche; **lo** ~ was; **los/las ~es** die, welche; **cada** ~ jede(r) (Einzelne) ② *(relativo correlativo)* **hazlo tal ~ te lo digo** mach es so, wie ich es dir sage; **tal o** ~ der/die/das eine oder andere; **sea ~ sea su intención** was er/sie auch immer vorhat

cuál [kwal] **I.** *pron inter* welche(r, s); **¿~ es el tuyo?** welches ist deins? **II.** *adj (Am)* welche(r, s) **III.** *pron indef* ① *(distributivo)* ~ **más ~ menos** der eine mehr, der andere weniger ② *(ponderativo)* **tengo tres hermanas a ~ más bella** ich habe drei Schwestern, eine hübscher als die andere

cualesquier(a) [kwales'kjera] *pron indef pl de* **cualquiera**
cualidad [kwali'ðaᵈ] *f* Eigenschaft *f*, Qualität *f*
cualificación [kwalifika'θjon] *f* ❶ *(clasificación)* Klassifikation *f* ❷ *(calificación)* Qualifikation *f*
cualificado, -a [kwalifi'kaðo, -a] *adj* ❶ *(apto)* befähigt ❷ *(especialista)* qualifiziert
cualificar [kwalifi'kar] <c → qu> *vt* qualifizieren
cualitativo, -a [kwalita'tiβo, -a] *adj* qualitativ
cualquier [kwal'kjer] *pron indef v.* **cualquiera**
cualquiera [kwal'kjera] **I.** *pron indef (delante de un sustantivo: cualquier)* irgendein(e, er, s); **en un lugar ~** irgendwo; **a cualquier hora** jederzeit; **cualquier cosa** irgendwas; **de cualquier modo** irgendwie; *(de todas maneras)* jedenfalls; **¡~ lo puede hacer!** das kann doch jeder! **II.** *mf* **ser una ~** *(pey)* eine Hure sein
cuan [kwan] *adv* so; **cayó ~ largo era** er fiel der Länge nach hin
cuán [kwan] *adv (elev)* wie; **¡~ felices fuimos!** wie glücklich waren wir (doch)!
cuando ['kwaṇdo] *conj* ❶ *(presente)* wenn; **de ~ en ~** ab und zu ❷ *(pasado: con imperfecto)* wenn; *(con indefinido)* als; **~ (era) niño viví en Madrid** als Kind habe ich in Madrid gelebt ❸ *(futuro; +subj)* sobald; **~ quiera** jederzeit ❹ *(relativo)* **el lunes es ~ no trabajo** montags arbeite ich nicht ❺ *(condicional)* wenn, falls; **~ más** [*o* **mucho**] höchstens; **~ menos** mindestens ❻ *(aunque)* **aun ~** auch wenn
cuándo ['kwaṇdo] *adv* wann; **¡~ vas a reconocerlo!** du solltest es endlich einsehen!
cuantía [kwaṇ'tia] *f* ❶ *(suma)* Ausmaß *nt*, Umfang *m* ❷ *(valía)* Bedeutung *f*
cuantiar [kwaṇti'ar] <*1. pres* cuantío> *vt (evaluar)* bewerten; *(tasar)* schätzen
cuántica ['kwaṇtika] *f* (FÍS) Quantentheorie *f*
cuantificable [kwaṇtifi'kaβle] *adj* zahlenmäßig erfassbar
cuantificación [kwaṇtifika'θjon] *f* zahlenmäßige Erfassung *f*, Quantifizierung *f*
cuantificar [kwaṇtifi'kar] <c → qu> *vt* ❶ *(expresar numéricamente)* in Zahlen beschreiben, quantifizieren ❷ (FÍS) quanteln
cuantioso, -a [kwaṇ'tjoso, -a] *adj* reichlich
cuantitativo, -a [kwaṇtita'tiβo, -a] *adj* quantitativ
cuanto¹ ['kwaṇto] **I.** *adv* **~... tanto...** je ..., desto ...; **~ antes** möglichst bald; **~ más que...** umso mehr, als ... **II.** *prep (por lo que se refiere a)* **en ~ a** bezüglich +*gen* **III.** *conj* ❶ *(temporal)* **en ~ (que)** +*(subj)* sobald ❷ *(puesto que)* **por ~ que** da **IV.** *m* (FÍS) Quant *nt*
cuanto, -a² ['kwaṇto, -a] **I.** *pron rel* ❶ *(neutro)* alles, was ...; **tanto... ~** so viel ... wie; **dije (todo) ~ sé** ich habe alles gesagt, was ich weiß ❷ *pl* alle, die ...; **la más hermosa de cuantas conozco** die Hübscheste von allen, die ich kenne **II.** *pron indef* **unos ~s/unas cuantas** einige, ein paar
cuánto¹ ['kwaṇto] *adv* ❶ *(interrogativo)* wie viel; **¿a ~?** wie teuer?; **¿~ me quieres?** wie sehr liebst du mich? ❷ *(exclamativo)* wie sehr; **¡~ llueve!** wie stark es regnet!
cuánto, -a² ['kwaṇto, -a] **I.** *adj* wie viel; **¿~ tiempo?** wie lange?; **¿cuántas veces?** wie oft? **II.** *pron inter* wie viel; **¿~ hay de aquí a Veracruz?** wie weit ist es von hier bis nach Veracruz?
cuarenta [kwa'reṇta] **I.** *adj inv* vierzig **II.** *m* Vierzig *f*; **cantar las ~s a alguien** jdm den Kopf waschen *fig*; *v. t.* **ochenta**
cuarentavo [kwareṇ'taβo] *m* Vierzigstel *nt*
cuarentavo, -a [kwareṇ'taβo, -a] *adj* vierzigstel; *v. t.* **octavo**
cuarentena [kwareṇ'tena] *f* ❶ *(cuarenta unidades) Einheit aus vierzig Teilen;* **una ~ de veces** etwa vierzigmal ❷ *(aislamiento)* Quarantäne *f*
cuarentón, -ona [kwareṇ'ton, -ona] **I.** *adj* in den Vierzigern **II.** *m, f* Vierziger(in) *m(f)*
cuaresma [kwa'resma] *f* (REL) Fastenzeit *f*
cuaresmal [kwares'mal] *adj* (REL) Fasten(zeit)-
cuark [kwarᵏ] *m* (FÍS) Quark *nt*
cuarta ['kwarta] *f* ❶ *(cuarta parte)* Viertel *nt* ❷ *(medida)* Spanne *f* ❸ (MÚS) Quarte *f*
cuartear [kwarte'ar] **I.** *vt* ❶ *(dividir en cuartos)* vierteln ❷ *(zigzaguear)* im Zickzack entlangfahren **II.** *vr:* **~se** rissig werden
cuartel [kwar'tel] *m* ❶ *(cuarta parte)* Viertel *nt* ❷ (MIL: *acuartelamiento*) Quartier *nt*; **~ general** Hauptquartier *nt* ❸ (MIL: *edificio*) Kaserne *f* ❹ *(perdón)* Schonung *f*
cuartelada [kwarte'laða] *f* (Militär)putsch *m*
cuartelero, -a [kwarte'lero, -a] *adj* ❶ *(referente al cuartel)* Kasernen- ❷ *(grosero)* unflätig
cuartelillo [kwarte'liʎo] *m* Revier *nt*

C

C

cuarteo [kwar'teo] *m* ① *(división)* Viertelung *f* ② *(grieta)* Riss *m*
cuarteto [kwar'teto] *m* (MÚS) Quartett *nt*
cuartilla [kwar'tiʎa] *f* Quartblatt *nt*, kleines Blatt *nt*
cuarto ['kwarto] *m* ① *(habitación)* Zimmer *nt;* ~ **de aseo** Toilette *f;* ~ **de baño** Badezimmer *nt;* ~ **de estar** Wohnzimmer *nt;* ~ **trastero** Rumpelkammer *f* ② *(numeración)* Viertel *nt;* ~ **creciente/menguante** erstes/letztes (Mond)viertel; ~ **de final** (DEP) Viertelfinale *nt;* ~ **de hora** Viertelstunde *f;* **es la una y/menos** ~ es ist Viertel nach/vor eins ③ *(pl) (fam: dinero)* Knete *f;* **tener cuatro ~s** jeden Euro umdrehen müssen ④ *(de un caballo)* **~s delanteros/traseros** Vor(der)-/Hinterhand *f*
cuarto, -a ['kwarto, -a] *adj (parte)* viertel; *(numeración)* vierte(r, s); *v. t.* **octavo**
cuartucho [kwar'tuʧo] *m (pey)* Loch *nt*
cuarzo ['kwarθo] *m* Quarz *m*
cuate, -a ['kwate, -a] *m, f* ① *(Méx: gemelo)* Zwilling *m* ② *(Guat, Méx: amigo)* Kamerad(in) *m(f)*
cuaternario[1] [kwater'narjo] *m* (GEO) Quartär *nt*
cuaternario, -a[2] [kwater'narjo, -a] *adj* ① *(de cuatro piezas)* vierteilig ② *(de cuatro cifras)* vierstellig ③ (GEO) quartär
cuatrero, -a [kwa'trero, -a] *m, f* Viehdieb(in) *m(f)*
cuatrienal [kwatrje'nal] *adj* ① *(repetición)* vierjährlich ② *(duración)* vierjährig
cuatrienio [kwatri'enjo] *m* Zeitraum *m* von vier Jahren
cuatrillizo, -a [kwatri'ʎiθo, -a] *m, f* Vierling *m*
cuatrimestre [kwatri'mestre] *m* Zeitraum *m* von vier Monaten
cuatrimoto [kwatri'moto] *m* Quad *nt*
cuatrimotor [kwatrimo'tor] *adj* viermotorig
cuatro ['kwatro] *adj inv* vier; *v. t.* **ocho**
cuatrocentista [kwatroθeṇ'tista] **I.** *adj* (ARTE) des 15. Jahrhunderts **II.** *mf* (ARTE) Künstler(in) *m(f)* des 15. Jahrhunderts
cuatrocientos, -as [kwatro'θjeṇtos, -as] *adj* vierhundert; *v. t.* **ochocientos**
cuatrojos [kwa'troxos] *mf inv (argot)* Brillenschlange *f*
cuba ['kuβa] *f* Kübel *m;* **estar como una** ~ *(fam: borracho)* sternhagelvoll sein
Cuba ['kuβa] *f* Kuba *nt*
cubalibre [kuβa'liβre] *m* Cubalibre *m*
cubano, -a [ku'βano, -a] **I.** *adj* kubanisch **II.** *m, f* Kubaner(in) *m(f)*
cubata [ku'βata] *m (fam)* Cubalibre *m*
cubertería [kuβerte'ria] *f* Besteck *nt*
cubeta [ku'βeta] *f* ① *(cubo)* Eimer *m* ② (FOTO) Wanne *f*, Schale *f* ③ *(de un termómetro)* Kolben *m*
cubicar [kuβi'kar] <c → qu> *vt* (MAT) ① *(multiplicar)* kubieren, in die dritte Potenz erheben ② *(medir el volumen)* das Volumen berechnen +*gen*
cúbico, -a ['kuβiko, -a] *adj* ① *(de forma de cubo)* würfelförmig, kubisch ② (MAT) kubisch; **metro** ~ Kubikmeter *m*
cubículo [ku'βikulo] *m* Kammer *f*
cubierta [ku'βjerta] *f* ① *(cobertura)* Abdeckung *f; (de un libro)* Einband *m; (de una rueda)* Mantel *m;* ~ **de cama** Bettdecke *f* ② (NÁUT) (Schiffs)deck *nt* ③ (ARQUIT) Dach *nt* ④ *(pretexto)* Deckmantel *m*
cubierto[1] [ku'βjerto] *m* ① *(servicio de mesa, t.* GASTR) Gedeck *nt;* **poner un** ~ ein Gedeck auflegen ② *(cubertería)* Besteck *nt* ③ *(techumbre)* (Schutz)dach *nt;* **ponerse a** ~ sich unterstellen
cubierto, -a[2] [ku'βjerto, -a] **I.** *pp de* **cubrir II.** *adj* ① *(tiempo)* bedeckt, bewölkt ② (FIN) **cheque** ~ gedeckter Scheck *m*
cubil [ku'βil] *m* ① *(refugio)* Schlupfwinkel *m* ② *(cauce)* (Fluss)bett *nt*
cubilete [kuβi'lete] *m* ① *(molde)* Backform *f* ② *(en juegos)* Würfelbecher *m* ③ (GASTR) Pastete *f*
cubismo [ku'βismo] *m* (ARTE) Kubismus *m*
cubista [ku'βista] **I.** *adj* (ARTE) kubistisch **II.** *mf* (ARTE) Kubist(in) *m(f)*
cubital [kuβi'tal] *adj* (ANAT) ① *(codo)* Ellenbogen-, kubital ② *(cúbito)* Ellen-, kubital
cubitera [kuβi'tera] *f* Eiswürfelschale *f*
cubito [ku'βito] *m* Eiswürfel *m*
cúbito ['kuβito] *m* (ANAT) Elle *f*
cubo ['kuβo] *m* ① *(recipiente)* Eimer *m;* ~ **de la basura** Abfalleimer *m* ② *(de una rueda)* Nabe *f* ③ *(hexaedro)* Würfel *m* ④ (MAT) Kubikzahl *f*
cubrecama [kuβre'kama] *m* Tagesdecke *f*
cubrimiento [kuβri'mjeṇto] *m* Abdeckung *f*
cubrir [ku'βrir] *irr como abrir* **I.** *vt* ① *(tapar)* bedecken (**con/de** mit +*dat*), abdecken (**con/de** mit +*dat*) ② *(ocultar)* verdecken ③ *(recorrer)* zurücklegen ④ *(techar un edificio)* mit einem Dach versehen; *(un espacio)* überdachen ⑤ (DEP, MIL) decken; **¡cubridme!** gebt mir Deckung! ⑥ *(rellenar)* (auf)füllen ⑦ *(llenar)* überschütten (**de** mit +*dat*) ⑧ *(gastos)* decken ⑨ *(vacante)* besetzen ⑩ *(deuda)* begleichen ⑪ (ZOOL) decken ⑫ *(proteger)* bewahren (**de** vor +*dat*) ⑬ (PREN) berichten (über +*akk*) **II.** *vr:* **~se** ① *(revestirse, llenarse)* sich bedecken ② *(ponerse el sombrero)* seinen Hut aufsetzen ③ *(el cielo)* sich be-

decken, sich bewölken ④ (MIL) in Deckung gehen ⑤ *(protegerse)* sich schützen (**contra** vor *+dat*)

cucar [ku'kar] <c → qu> **I.** *vt* ① *(guiñar)* zublinzeln *+dat,* zuwinkern *+dat* ② *(mofar)* verspotten **II.** *vi (ganado)* durchgehen

cucaracha [kuka'ratʃa] *f* Kakerlak *m*

cuchara [ku'tʃara] *f* Löffel *m;* ~ **de palo** Holzlöffel *m;* ~ **sopera** Suppenlöffel *m;* ~ **dosificadora** Messlöffel *m;* **meter** (**su**) ~ *(entrometerse)* seinen Senf dazugeben *fam*

cucharada [kutʃa'raða] *f (porción)* Löffel *m;* **una** ~ **grande/pequeña** ein Esslöffel/Teelöffel (voll); **una** ~ **de azúcar** ein Löffel (voll) Zucker; **solamente ha comido dos ~s** er/sie hat nur zwei Löffel (voll) gegessen; **a ~s** (ess)löffelweise; **meter su** ~ *(fig)* seinen Senf dazugeben *fam*

cucharadita [kutʃara'ðita] *f (porción)* Teelöffel *m;* **dos ~s de azúcar** zwei Teelöffel (voll) Zucker

cucharilla [kutʃa'riʎa] *f* Teelöffel *m; (de postre)* Dessertlöffel *m*

cucharón [kutʃa'ron] *m* Schöpflöffel *m*

cuchichear [kutʃitʃe'ar] *vi* tuscheln, flüstern

cuchicheo [kutʃi'tʃeo] *m* Getuschel *nt,* Geflüster *nt*

cuchilla [ku'tʃiʎa] *f* ① *(de afeitar)* Rasierklinge *f* ② *(cuchillo grande)* (breites) Messer *nt;* ~ **de picar** Hackmesser *nt*

cuchillada [kutʃi'ʎaða] *f* ① *(navajazo)* Messerstich *m; (corte)* Schnitt *m* ② *(herida)* Stichwunde *f;* **andar a ~s con alguien** *(fig)* (mit) jdm spinnefeind sein

cuchillazo [kutʃi'ʎaθo] *m v.* **cuchillada**

cuchillería [kutʃiʎe'ria] *f* ① *(fábrica)* Messerfabrik *f* ② *(tienda)* Messergeschäft *nt*

cuchillero [kutʃi'ʎero] *m* ① *(persona)* Messerschmied *m* ② *(abrazadera)* Klammer *f*

cuchillo [ku'tʃiʎo] *m* ① *(para cortar)* Messer *nt;* ~ **de bolsillo** Taschenmesser *nt;* ~ **de cocina** Küchenmesser *nt;* ~ (**de mesa**) **para carne** Steakmesser *nt;* ~ **de monte** Hirschfänger *m;* **pasar a** ~ niedermetzeln ② *(de la ropa)* Zwickel *m* ③ (ARQUIT) Stützbalken *m*

cuchitril [kutʃi'tril] *m* ① *(pocilga)* Schweinestall *m* ② *(habitación, vivienda)* Loch *nt abw*

cucho¹ ['kutʃo] *m* ① *(Chil:* ZOOL*)* Katze *f* ② *(Ecua, Perú: rincón)* Winkel *m* ③ *(Col: cuarto)* Kammer *f*

cucho, -a² ['kutʃo, -a] *adj (Méx)* stumpfnasig

cuchuchear [kutʃutʃe'ar] *vi* (miteinander) tuscheln [*o* flüstern]

cuchufleta [kutʃu'fleta] *f* Neckerei *f,* Scherz *m*

cuchufletero, -a [kutʃufle'tero, -a] *m, f* Spaßvogel *m*

cuclillas [ku'kliʎas] *fpl* **estar en** ~ in der Hocke sitzen

cuclillo [ku'kliʎo] *m* Kuckuck *m*

cuco¹ ['kuko] *m* ① (ZOOL) Kuckuck *m* ② *(canto)* Kuckucksruf *m*

cuco, -a² ['kuko, -a] *adj* ① *(astuto)* gerissen, schlau ② *(bonito)* hübsch, niedlich

cucú [ku'ku] *m v.* **cuco**¹

cucurucho [kuku'rutʃo] *m* ① *(de papel)* Papiertüte *f* ② *(de helado)* (Eis)hörnchen *nt* ③ *(Am: para dibujos)* Zeichnungsrolle *f* ④ *(gorro cónico)* spitze Mütze *f; (de procesión)* Büßermütze *f*

cuello ['kweʎo] *m* ① (ANAT) Hals *m;* ~ **uterino** Gebärmutterhals *m;* **alargar el** ~ den Hals recken; **está con el agua al** ~ ihm/ihr steht das Wasser bis zum Hals ② *(de una prenda)* Kragen *m;* **de** ~ **alto/de cisne** Rollkragen- ③ *(de un recipiente)* Hals *m;* ~ **de botella** Flaschenhals *m; (Am: fig)* Engpass *m*

cuenca ['kweŋka] *f* ① (GEO) Becken *nt;* ~ **del río** Flussbecken *nt* ② *(región)* (Fluss)gebiet *nt;* **la** ~ (**carbonífera**) **del Ruhr** das Ruhrgebiet ③ *(recipiente)* Holznapf *m* ④ *(de los ojos)* Augenhöhle *f*

cuenco ['kweŋko] *m* ① *(vasija)* Napf *m* ② *(concavidad)* Höhlung *f;* **el** ~ **de la mano** die hohle Hand

cuenta ['kwen̩ta] *f* ① *(cálculo)* (Be)rechnung *f; (calculación final)* Abrechnung *f;* ~ **atrás** Countdown *m;* **~s atrasadas** Außenstände *mpl;* **rendición de ~s** Rechnungslegung *f;* **Tribunal de C~s** Rechnungshof *m;* ~ **de la vieja** Abzählen an den Fingern; **por** ~ **del Estado** auf Staatskosten; **pagar la** ~ die Rechnung begleichen; **poner en** ~ in Rechnung stellen; **por** ~ **propia** auf eigene Rechnung; **establecerse por su** ~ sich selb(st)ständig machen; **a** ~ **de alguien** auf jds Rechnung; *(fig)* auf jds Verantwortung; **echar ~s** überlegen; **dar** ~ **de algo** über etw Bericht erstatten; **ajustar las ~s a alguien** mit jdm abrechnen; **tener en** ~ bedenken; **tomar en** ~ berücksichtigen; **darse** ~ **de algo** etw (be)merken; **caer en la** ~ plötzlich merken; **hablar más de la** ~ zu viel reden; **a fin de ~s** letztendlich; **en resumidas ~s** kurz und gut; **perder la** ~ den Faden verlieren; **estar fuera de** ~ *(una mujer)* die neun Monate der Schwangerschaft überschritten haben ② *(en el banco)* Konto *nt;* ~ **corriente** [*o* **de giros**] Girokonto *nt;* ~ **de crédito** Kreditkonto *nt;* ~ **de ahorro** Sparkonto *nt;* **abonar en** ~ gutschreiben; **abrir una** ~ ein Konto eröffnen; **girar a**

C

una ~ auf ein Konto überweisen ❸ (INFOR) ~ **de usuario** Benutzerkonto *nt,* Account *m* ❹ (ECON) ~ **clave** Key-Account *m o nt,* Schlüsselkunde *m* ❺ *(de un collar)* Perle *f;* **~s de vidrio** Glasperlen *fpl* ❻ *(de hilo)* (Faden)dichte *f*

C

cuentagotas [kweṇta'ɣotas] *m inv* Pipette *f;* **con** [*o* **a**] ~ *(fig)* spärlich

cuentahabiente [kweṇta(a)'βjeṇte] *mf* (FIN) Kontoinhaber(in) *m(f)*

cuentakilómetros [kweṇtaki'lometros] *m inv* Kilometerzähler *m*

cuentarrevoluciones [kweṇtarreβolu'θjones] *m inv* Drehzahlmesser *m*

cuentista [kewṇ'tista] *mf* ❶ *(chismoso)* Klatschmaul *nt fam* ❷ *(fanfarrón)* Angeber(in) *m(f); (chiflado)* Spinner(in) *m(f) fam* ❸ *(narrador)* (Geschichten)erzähler(in) *m(f);* (LIT) Verfasser(in) *m(f)* von Kurzgeschichten

cuento ['kweṇto] *m* ❶ (LIT: *historieta*) (Kurz)geschichte *f,* Erzählung *f;* ~ **chino** Lüge *f;* ~ **de hadas** Märchen *nt;* ~ **de nunca acabar** endlose Geschichte; ~ **popular** Volksmärchen *nt;* **libro de ~s** Märchenbuch *nt;* **tener mucho** ~ *(presumir)* angeben; *(exagerar)* übertreiben; **dejarse de ~s** zur Sache kommen; **eso no viene a** ~ das hat damit nichts zu tun ❷ (ARQUIT, TÉC) Strebe *f,* Stütze *f* ❸ *(del ave)* Flügelgelenk *nt*

cuerda ['kwerða] *f* ❶ *(cordel)* Strick *m,* Leine *f;* ~ **floja** Seiltänzerdraht *m;* ~ **metálica** Draht *m;* ~ **métrica** Messband *nt;* **andar en la ~ floja** einen Eiertanz aufführen *fam;* **ser de la misma** ~ *(fig)* aus dem gleichen Holz geschnitzt sein ❷ *(del reloj)* (Aufzug)feder *f;* **dar ~ al reloj** die Uhr aufziehen; **dar ~ a alguien** jdn animieren ❸ (ANAT, MAT) Sehne *f;* **~s vocales** Stimmbänder *ntpl* ❹ *(de instrumentos)* Saite *f;* ~ **metálica** Stahlsaite *f;* ~ **de tripa** Darmsaite *f;* **juego de ~s** Saitenbezug *m;* **apretar las ~s** *(fig)* strengere Saiten aufziehen

cuerdamente [kwerða'meṇte] *adv* ❶ *(con sensatez)* besonnen, vernünftig ❷ *(con prudencia)* klug, umsichtig

cuerdo, -a ['kwerðo, -a] *adj* ❶ *(inteligente)* klug; **estar** ~ bei vollem Verstand sein ❷ *(razonable)* vernünftig

cueriza [kwe'riθa] *f (Am: zurra)* Tracht *f* Prügel

cuerno ['kwerno] *m* ❶ (MÚS, ZOOL) Horn *nt;* ~ **de la abundancia** Füllhorn *nt* ❷ *(loc, fam)* **ponerle a alguien los ~s** jdm Hörner aufsetzen; **¡y un ~!** ich pfeife darauf!; **irse al** ~ in die Hose(n) gehen; *(plan)* den Bach runtergehen; **¡que se vaya al ~!** der Teufel soll ihn/sie holen!

cuero ['kwero] *m* ❶ *(piel)* Leder *nt;* ~ **cabelludo** Kopfhaut *f;* ~ **curtido** gegerbtes Leder; **estar en ~s** splitternackt sein; **dejar a alguien en ~s** jdn bis aufs Hemd ausziehen ❷ *(recipiente)* (Wein)schlauch *m*

cuerpear [kwerpe'ar] *vi (Arg, Urug: fam fig: esquivar)* ausweichen

cuerpo ['kwerpo] *m* ❶ *(del hombre o del animal)* Körper *m,* Leib *m; (solamente el tronco)* Rumpf *m; (de una mujer)* Figur *f; (cadáver)* Leiche *f;* **a ~ descubierto** ohne Waffenschutz; **una foto de ~ entero** eine Ganzaufnahme; **luchar ~ a ~** Mann gegen Mann kämpfen; **dar con el ~ en tierra** hinfallen; **tomar** ~ Gestalt annehmen; **estar de ~ presente** aufgebahrt sein; **hacer de(l) ~** seine Notdurft verrichten; **haz lo que te pida el ~** tu das, worauf du Lust hast ❷ *(objeto, t.* MAT) Körper *m;* ~ **celeste** Himmelskörper *m;* ~ **extraño** Fremdkörper *m* ❸ *(corporación)* Körperschaft *f,* Korps *nt;* ~ **de bomberos** Feuerwehr; ~ **diplomático** diplomatisches Korps; ~ **docente** Lehrkörper *m* ❹ *(grosor)* Stärke *f;* ~ **de letra** (TIPO) Schriftgröße *f;* **tener poco** ~ dünn sein; *(líquido)* dünnflüssig sein ❺ *(colección)* Sammlung *f* ❻ *(parte principal)* Hauptteil *m,* Kernstück *nt; (de iglesia)* Hauptschiff *nt* ❼ (ADMIN: *de una carta*) Textfeld *nt*

cuervo ['kwerβo] *m* Rabe *m*

cuesco ['kwesko] *m* ❶ *(hueso de fruta)* Kern *m* ❷ *(vulg: pedo)* (lauter) Furz *m fam*

cuesta ['kwesta] *f* Abhang *m;* ~ **abajo/arriba** bergab/bergauf; **un camino en** ~ ein ansteigender Weg; **llevar a alguien/algo a ~s** jdn/etw auf dem Rücken tragen; **la ~ de enero** die leeren Kassen nach den Weihnachtsfeiertagen

cuestación [kwesta'θjon] *f* Kollekte *f,* Sammlung *f*

cuestión [kwes'tjon] *f* Frage *f,* Problem *nt;* ~ **de confianza** Vertrauensfrage *f;* ~ **de gustos** Geschmackssache *f;* ~ **secundaria** Nebensache *f;* **es ~ de intentarlo** man muss es einfach nur versuchen; **es ~ de tiempo nada más** es ist nur eine Frage der Zeit; **ahí está la** ~ hier liegt der Hase im Pfeffer *fam;* **eso es otra** ~ das ist etwas ganz anderes; **la ~ es pasarlo bien** (die) Hauptsache (ist), man amüsiert sich

cuestionable [kwestjo'naβle] *adj* fraglich, zweifelhaft

cuestionamiento [kwestjona'mjeṇto] *m* Diskussion *f,* Wortwechsel *m*

cuestionar [kwestjo'nar] *vt* diskutieren, erörtern

cuestionario [kwestjo'narjo] *m* Fragebogen *m*

cueva ['kweβa] *f* Höhle *f; (sótano)* Keller *m;* ~ **de ladrones** *(fig)* Räuberhöhle *f*

cuidado [kwi'ðaðo] *m* ① *(esmero y precaución)* Sorgfalt *f,* Vorsicht *f;* **¡~!** Achtung!, Vorsicht!; **¡~ con el escalón!** Vorsicht Stufe!; **¡anda con ~!** sei vorsichtig!; **ser de ~** gefährlich sein; **eso me tiene sin ~** das lässt mich kalt ② *(asistencia)* Pflege *f; (de maquinarias)* Wartung *f;* ~ **médico** medizinische Betreuung; ~ **preventivo** Vorbeugung *f;* **salir de ~** *(mejorar)* außer Lebensgefahr sein; *(dar a luz)* gebären

cuidador [kwiða'ðor] *m (Arg)* Krankenpfleger *m*

cuidadora [kwiða'ðora] *f (Méx)* Kindermädchen *nt*

cuidadosamente [kwiðaðosa'meṇte] *adv* sorgfältig

cuidadoso, -a [kwiða'ðoso, -a] *adj* ① *(diligente)* sorgfältig ② *(preocupado)* fürsorglich

cuidar [kwi'ðar] **I.** *vi* aufpassen (**de** auf +*akk*) **II.** *vt* pflegen, betreuen; ~ **a los niños** die Kinder betreuen; ~ **la casa** den Haushalt besorgen **III.** *vr:* **~se** ① *(de un peligro)* sich hüten (**de** vor +*dat*) ② *(preocuparse)* sich kümmern (**de** um +*akk*) ③ *(no esforzarse)* sich schonen; *(por su salud)* auf seine Gesundheit achten; *(por su aspecto)* sich pflegen; *(darse buena vida)* es sich *dat* gut gehen lassen; **¡cuídate!** pass auf dich auf!

cuido ['kwiðo] *m* Pflege *f*

cuita ['kwita] *f* Kummer *m,* Sorgen *fpl*

cuitado, -a [kwi'taðo, -a] *adj* bekümmert, betrübt

culantro [ku'laṇtro] *m* (BOT) Koriander *m*

culata [ku'lata] *f* ① *(del fusil)* Gewehrkolben *m* ② *(del caballo)* Kruppe *f*

culatazo [kula'taθo] *m* ① *(a una persona)* Schlag *m* mit dem Gewehrkolben ② *(del arma)* Rückstoß *m*

culebra [ku'leβra] *f* (ZOOL) Schlange *f*

culebrilla [kule'βriʎa] *f* ① (MED) Schlangenflechte *f* ② *(armas de fuego)* Riss *m* im Geschützrohr ③ (ZOOL) ~ **de agua** Ringelnatter *f*

culebrón [kule'βron] *m* ① *aum de* **culebra** ② *(hombre cazurro)* gerissener Kerl *m* ③ *(mujer intrigante)* hinterhältiges Weib *nt* ④ (TV) Seifenoper *f*

culera [ku'lera] *f* ① *(en los pañales)* Kotfleck *m* ② *(de los pantalones)* Hosenboden *m* ③ *(parche)* Flicken *m*

culinario, -a [kuli'narjo, -a] *adj* kulinarisch

culmen ['kulmen] *m (elev: plenitud)* Höhepunkt *m,* Gipfel *m*

culminación [kulmina'θjon] *f* ① *(lo máximo)* Höhepunkt *m* ② (ASTR) Kulminationspunkt *m*

culminante [kulmi'naṇte] *adj* überragend; **punto ~** Höhepunkt *m*

culminar [kulmi'nar] *vi* den Höhepunkt erreichen

culo ['kulo] *m* ① *(trasero)* Gesäß *nt,* Hintern *m fam;* **caer de ~** auf den Hintern fallen; **lamer el ~ a alguien** *(vulg)* jdm in den Arsch kriechen; **ser ~ de mal asiento** *(fam)* kein Sitzfleisch haben; **¡vete a tomar por el ~!** *(vulg)* scher dich zum Teufel! *fam* ② *(de vaso o botella)* Boden *m*

culote [ku'lote] *m* ① (MIL) Patronenboden *m* ② (DEP: *pantalón corto*) Radlerhose *f*

culpa ['kulpa] *f* Schuld *f;* **echar la ~ a alguien** die Schuld auf jdn schieben; **tener la ~ de algo** Schuld an etw *dat* haben; **y ¿qué ~ tengo yo?** was kann ich denn dafür?

culpabilidad [kulpaβili'ða^{d}] *f* Schuld *f;* **sentimiento de ~** Schuldgefühl *nt*

culpabilizar [kulpaβili'θar] <z → c> *vt* beschuldigen

culpable [kul'paβle] **I.** *adj* schuldig; **declarar ~** für schuldig erklären; **ser ~ de algo** an etw *dat* Schuld haben **II.** *mf* Schuldige(r) *mf*

culpado, -a [kul'paðo, -a] **I.** *adj* beschuldigt **II.** *m, f* Angeschuldigte(r) *f(m),* Beklagte(r) *f(m)*

culpar [kul'par] **I.** *vt* beschuldigen (**de/por** +*gen*) **II.** *vr:* **~se** sich schuldig fühlen (**de** wegen +*gen/dat*)

cultamente [kuḷta'meṇte] *adv* gebildet, kultiviert

cultismo [kuḷ'tismo] *m (palabra culta)* gehobener Ausdruck *m*

cultivable [kuḷti'βaβle] *adj* anbaufähig

cultivado, -a [kuḷti'βaðo, -a] *adj (culto y refinado)* kultiviert

cultivador(a) [kuḷtiβa'ðor(a)] *m(f)* ① *(persona)* Landwirt(in) *m(f);* ~ **de vino** Winzer *m* ② *(instrumento)* Grubber *m,* Kultivator *m*

cultivar [kuḷti'βar] **I.** *vt* ① (AGR) anbauen; ~ **la tierra** das Land bestellen ② *(bacterias)* züchten ③ *(conservar)* kultivieren, pflegen **II.** *vr:* **~se** sich bilden

cultivo [kuḷ'tiβo] *m* ① (AGR) Anbau *m;* ~ **de regadío** Bewässerungskultur *f;* ~ **del suelo** Bodenbearbeitung *f* ② *(de bacterias)* Kultur *f,* Züchtung *f* ③ *(de animales)* Zucht *f* ④ *(de la amistad)* Pflege *f*

culto[1] ['kuḷto] *m* ① *(veneración)* Kult *m;*

~ **de la personalidad** Personenkult *m* ② (REL) Kult(us) *m;* ~ **divino** Gottesdienst *m*

culto, -a[2] ['kul̩to, -a] *adj* gebildet, kultiviert

cultura [kul̩'tura] *f* Kultur *f;* ~ **ambiental** Umweltpflege *f;* ~ **general** Allgemeinbildung *f*

cultural [kul̩tu'ral] *adj* kulturell, Kultur-

culturar [kul̩tu'rar] *vt* (AGR: *labrar*) bestellen, kultivieren

cultureta [kul̩tur'reta] *mf (pey)* Alleswisser(in) *m(f)*

culturismo [kul̩tu'rismo] *m* Bodybuilding *nt*

culturista [kul̩tu'rista] *mf* Bodybuilder(in) *m(f)*

culturización [kul̩turiθa'θjon] *f* Zivilisierung *f*

culturizar [kul̩turi'θar] <z → c> *vt* zivilisieren

cumbia ['kumbja] *f kolumbianischer Volkstanz*

cumbre ['kumbre] *f* ① *(cima)* Gipfel *m* ② *(reunión)* Gipfeltreffen *nt;* ~ **ministerial** Ministertreffen *nt* ③ *(culminación)* Höhepunkt *m*

cúmel ['kumel] *m (aguardiente)* Kümmel(branntwein) *m*

cumpleaños [kumple'aɲos] *m inv* Geburtstag *m;* **¡Feliz ~!** Alles Gute zum Geburtstag!

cumplidamente [kumpliða'men̩te] *adv (totalmente)* gänzlich, völlig

cumplidero, -a [kumpli'ðero, -a] *adj* ① *(que sirve)* zweckdienlich ② *(plazos)* ablaufend

cumplido[1] [kum'pliðo] *m* Höflichkeitsbezeugung *f;* **visita de** ~ Höflichkeitsbesuch *m;* **hacer algo por** ~ etw tun, weil es sich gehört

cumplido, -a[2] [kum'pliðo, -a] *adj* ① *(acabado)* erledigt; **¡misión cumplida!** Auftrag erfüllt! ② *(abundante)* weit ③ *(cortés)* höflich ④ *(un soldado)* ausgedient

cumplidor(a) [kumpli'ðor(a)] **I.** *adj* pflichtbewusst **II.** *m(f)* pflichtbewusster Mensch *m*

cumplimentar [kumplimen̩'tar] *vt* ① *(felicitar)* beglückwünschen ② *(visita de cumplido)* seine Aufwartung machen (+*dat*) ③ *(una orden)* ausführen ④ *(un impuesto)* ausfüllen

cumplimiento [kumpli'mjen̩to] *m* ① *(observación)* Erfüllung *f;* ~ **de un deber** Pflichterfüllung *f;* **no** ~ Nichterfüllung *f* ② *(cumplido)* Höflichkeitsbezeugung *f*

cumplir [kum'plir] **I.** *vi* ① *(hacer su deber)* pflichtbewusst sein; ~ **con su deber/su promesa** seine Pflicht/sein Versprechen erfüllen; **hacer algo solamente por** ~ etw nur der Form halber tun; **~é por ti** ich werde für dich eintreten ② *(soldado)* seinen Militärdienst beenden ③ *(plazo)* ablaufen **II.** *vt* ① *(una orden)* ausführen ② *(un encargo)* erledigen ③ *(una promesa, condición)* erfüllen ④ *(un plazo)* einhalten ⑤ *(el servicio militar)* ableisten ⑥ *(una prestación)* erbringen ⑦ *(una pena)* verbüßen ⑧ *(las leyes)* befolgen ⑨ *(años)* **en mayo cumplo treinta años** im Mai werde ich dreißig (Jahre alt) **III.** *vr:* **~se** in Erfüllung gehen

cumular [kumu'lar] *vt* anhäufen

cumulativo, -a [kumula'tiβo, -a] *adj* kumulativ

cúmulo ['kumulo] *m* ① *(amontonamiento)* Haufen *m,* Menge *f* ② (METEO) Kumuluswolke *f*

cuna ['kuna] *f* ① *(camita, t. fig)* Wiege *f;* **canción de** ~ Wiegenlied *nt* ② (NÁUT) Schlitten *m*

cunar [ku'nar] *vt* wiegen

cundir [kun̩'dir] *vi* ① *(mancha, epidemia)* sich ausbreiten ② *(un rumor)* rumgehen ③ *(una noticia)* sich verbreiten ④ *(un trabajo)* vorangehen ⑤ *(dar mucho de sí)* (sehr) ergiebig sein; *(el arroz)* (auf)quellen; **esta comida cunde mucho** dieses Essen ist sehr nahrhaft

cunear [kune'ar] **I.** *vt (acunar)* wiegen **II.** *vr:* **~se** *(fam fig)* hin- und herschaukeln

cuneiforme [kunei̯'forme] *adj* keilförmig; **escritura** ~ Keilschrift *f*

cuneta [ku'neta] *f* Straßengraben *m*

cuña ['kuɲa] *f* ① *(traba)* Keil *m* ② *(fig: enchufe)* (gute) Beziehungen *f pl* ③ *(anuncio)* ~ **publicitaria** Werbespot *m*

cuñado, -a [ku'ɲaðo, -a] *m, f* Schwager, Schwägerin *m, f*

cuño ['kuɲo] *m* ① *(troquel)* Prägestempel *m,* Münzstempel *m* ② *(impresión, señal)* Prägung *f; (fig)* Gepräge *nt;* **de nuevo** ~ (ganz) neu

cuota ['kwota] *f* ① *(porción)* Quote *f,* Anteil *m; (de una deuda)* Tilgungsrate *f;* ~ **de audiencia** [*o Am* **de pantalla**] Zuschauerquote *f;* ~ **de crecimiento** Zuwachsrate *f;* ~ **de mercado** Marktanteil *m* ② *(contribución)* Beitrag *m,* Gebühr *f;* ~ **escolar** Schulgeld *nt;* ~ **de socio** Mitgliedsbeitrag *m*

cupé [ku'pe] *m* Coupé *nt*

cupido [ku'piðo] *m* ① *(de la mitología romana)* Cupido *m* ② *(fig: mujeriego)* Frauenheld *m*

cupo ['kupo] **I.** *3. pret de* **caber** **II.** *m* (ECON) Kontingent *nt;* ~ **de importación/**

exportación Einfuhr-/Ausfuhrkontingent *nt*
cupón [ku'pon] *m* Coupon *m,* Abschnitt *m; (de lotería)* Lotterieanteilschein *m;* ~ **de descuento** Rabattmarke *f*
cuproso, -a [ku'proso, -a] *adj* kupferartig; (QUÍM) Kupfer(I)-; **óxido** ~ Kupfer(I)-Oxid *nt;* **carbonato** ~ Kupfercarbonat *nt*
cúpula ['kupula] *f* ❶ *(media esfera)* Kuppel *f* ❷ *(máximos dirigentes)* Spitze *f;* ~ **administrativa** Verwaltungspyramide *f;* ~ **dirigente** Führungsspitze *f* ❸ (BOT) Becher *m* ❹ (NÁUT) Geschützturm *m*
cupulino [kupu'lino] *m* (ARQUIT) Laterne *f*
cuquero, -a [ku'kero, -a] *m, f (fam: pícaro)* Schlawiner(in) *m(f),* Schlitzohr *nt*
cura[1] ['kura] *m* Pfarrer *m,* Priester *m*
cura[2] ['kura] *f* ❶ *(curación)* Heilung *f* ❷ *(tratamiento)* Kur *f,* Behandlung *f;* ~ **para adelgazar** Abmagerungskur *f;* ~ **de almas** Seelsorge *f;* ~ **de deshabituación** Entziehungskur *f;* ~ **de desintoxicación** *(de toxinas)* Entgiftungskur *f; (de drogas)* Entziehungskur *f;* **primera** ~ erste Hilfe
curable [ku'raβle] *adj* heilbar
curación [kura'θjon] *f* Heilung *f*
curado, -a [ku'raðo, -a] *adj* ❶ *(sanado)* geheilt; **estar ~ de espantos** abgebrüht sein *fam* ❷ *(endurecido)* gehärtet ❸ *(salado)* gepökelt; *(ahumado)* geräuchert; **jamón** ~ luftgetrockneter Schinken ❹ *(Am: borracho)* betrunken
curador(a) [kura'ðor(a)] **I.** *adj* heilend **II.** *m(f)* ❶ *(sanador)* (Kranken)pfleger(in) *m(f)* ❷ *(tutor)* Pfleger(in) *m(f);* ~ **ad bona** Vermögenspfleger *m* ❸ *(de carne)* Fleischverarbeiter(in) *m(f); (de pescado)* Fischverarbeiter(in) *m(f)*
curalotodo [kuralo'toðo] *m inv (fam)* Allheilmittel *nt*
curanderismo [kuran̪de'rismo] *m* Kurpfuscherei *f*
curandero, -a [kuran̪'dero, -a] *m, f* ❶ *(mago)* Medizinmann *m* ❷ *(charlatán)* Kurpfuscher(in) *m(f)*
curar [ku'rar] **I.** *vi* genesen **II.** *vt* ❶ *(a un enfermo: tratar)* behandeln; *(sanar)* heilen ❷ *(ahumar)* räuchern; *(salar)* pökeln ❸ *(pieles)* gerben ❹ *(madera)* trocknen lassen ❺ *(plástico)* aushärten ❻ *(hilos y lienzos)* bleichen **III.** *vr:* **~se** genesen; **~se en salud** vorbeugen
curare [ku'rare] *m* Kurare *nt*
curativo, -a [kura'tiβo, -a] *adj* heilend
curato [ku'rato] *m* (REL) ❶ *(dignidad de párroco)* Pfarramt *nt* ❷ *(territorio)* Pfarrbezirk *m*
cúrcuma ['kurkuma] *f* (BOT) Gelbwurzel *f,* Curcuma *f*
curda ['kurða] *f (fam)* Rausch *m,* Schwips *m;* **agarrar una** ~ sich *dat* einen antrinken
curdela[1] [kur'ðela] *f (fam: embriaguez)* Besoffenheit *f*
curdela[2] [kur'ðela] **I.** *adj (fam)* besoffen **II.** *mf (fam)* Besoffene(r) *f(m)*
curdo, -a ['kurðo, -a] **I.** *adj* kurdisch **II.** *m, f* Kurde, -in *m, f*
curia ['kurja] *f* ❶ (REL) Kurie *f* ❷ *(tribunal)* Gerichtshof *m*
curiche[1] [ku'riʧe] *m (Bol: pantano)* Sumpf *m,* Morast *m*
curiche[2] [ku'riʧe] *mf (Chil: pey: persona negra)* Schwarze(r) *f(m)*
curiosa [ku'rjosa] *adj o f v.* **curioso**
curiosamente [kurjosa'men̪te] *adv* ❶ *(sorprendentemente)* erstaunlicherweise ❷ *(aseadamente)* sorgfältig
curiosear [kurjose'ar] *vi* (neugierig) herumschnüffeln
curiosidad [kurjosi'ðaᵈ] *f* ❶ *(indiscreción)* Neugier(de) *f;* **despertar la** ~ die Neugier wecken ❷ *(cosas poco corrientes)* Kuriosität *f* ❸ *(pulcritud)* Sauberkeit *f*
curioso, -a [ku'rjoso, -a] **I.** *adj* ❶ *(indiscreto)* neugierig; **estar ~ por saber algo** auf etw gespannt sein ❷ *(interesante)* kurios, sonderbar; **¡qué ~!** wie merkwürdig! ❸ *(aseado)* reinlich **II.** *m, f* ❶ *(indiscreto)* neugieriger Mensch *m* ❷ *(Am: curandero)* Kurpfuscher(in) *m(f)*
curlin ['kurlin] *m* (DEP) Curling *nt*
currante [ku'rran̪te] *mf (fam)* Arbeiter(in) *m(f)*
currar [ku'rrar] *vi (fam)* arbeiten, schaffen
curre ['kurre] *m (fam: trabajo)* Maloche *f;* **tengo mucho** ~ ich hab viel um die Ohren
currelar [kurre'lar] *vi (fam)* arbeiten, schaffen
curricular [kurriku'lar] *adj* (UNIV) den Studienplan betreffend; (ENS) den Lehrplan betreffend; **cambios ~es** Änderungen im Studien-/Lehrplan
currículo [ku'rrikulo] *m* ❶ (UNIV) Studienplan *m;* (ENS) Lehrplan *m* ❷ *(curriculum vitae)* Lebenslauf *m*
curriculum (vitae) [ku'rrikulun ('bite)] *m* Lebenslauf *m*
curro ['kurro] *m (fam)* Arbeit *f*
curruscante [kurrus'kan̪te] *adj* knusprig
curry ['kurri] *m* Curry *nt*
cursado, -a [kur'saðo, -a] *adj* bewandert, erfahren
cursante [kur'san̪te] *mf* Kursteilnehmer(in) *m(f)*
cursar [kur'sar] *vt* ❶ *(frecuentar)* häufig

C

aufsuchen ❷ *(una orden)* erteilen; *(un telegrama)* aufgeben; *(una solicitud)* weiterleiten; *(un mensaje)* durchgeben ❸ *(cursos)* belegen; *(carrera)* studieren

cursi ['kursi] **I.** *adj (fam)* ❶ *(una persona)* affektiert, affig ❷ *(una cosa)* kitschig **II.** *mf (fam)* affektierte Person *f*

cursilada [kursi'laðа] *f,* **cursilería** [kursile'ria] *f (fam)* ❶ *(acción cursi)* Getue *nt* ❷ *(calidad de cursi)* Kitsch *m*

cursillista [kursi'ʎista] *mf* Kursteilnehmer(in) *m(f),* Teilnehmer(in) *m(f)* an einem Kurzlehrgang

cursillo [kur'siʎo] *m* Kurzlehrgang *m;* ~ **de primeros auxilios** Erste-Hilfe-Kurs *m*

cursiva [kur'siβa] *f* Kursivschrift *f*

cursivo, -a [kur'siβo, -a] *adj* kursiv

curso ['kurso] *m* ❶ *(trascurso)* (Ver)lauf *m,* Ablauf *m;* ~ **de agua** Wasserlauf *m;* **estar en** ~ in Bearbeitung sein; **en el** ~ **del año** im Laufe des Jahres; **tomar un** ~ **favorable** einen günstigen Verlauf nehmen; **dar** ~ **a una solicitud** ein Gesuch weiterleiten ❷ (FIN: *circulación*) Umlauf *m;* **estar en** ~ im Umlauf sein ❸ (FIN: *cambio*) Kurs *m;* ~ **del cambio** Wechselkurs *m* ❹ *(de enseñanza)* Kurs(us) *m,* Lehrgang *m;* ~ **acelerado** Schnellkurs *m;* ~ **escolar** Schuljahr *nt;* ~ **de formación** Fortbildungskurs *m;* **asistir a un** ~ an einem Lehrgang teilnehmen; **dar un** ~ einen Kurs abhalten; **perder el** ~ nicht versetzt werden; **aprobar/suspender un** ~ die Abschlussprüfung bestehen/nicht bestehen

cursor [kur'sor] *m* ❶ (TÉC) Läufer *m* ❷ (INFOR) Cursor *m*

curtido[1] [kur'tiðo] *m* ❶ *(cuero)* Leder *nt* ❷ *(cutis)* gegerbte Haut *f*

curtido, -a[2] [kur'tiðo, -a] *adj* ❶ *(una persona)* abgehärtet ❷ *(pieles)* gegerbt

curtidor(a) [kurti'ðor(a)] *m(f)* Gerber(in) *m(f)*

curtir [kur'tir] **I.** *vt* ❶ *(tratar pieles)* gerben ❷ *(tostar el cutis)* bräunen ❸ *(acostumbrar a la vida dura)* abhärten **II.** *vr:* **~se** ❶ *(ponerse moreno)* braun werden ❷ *(acostumbrarse a la vida dura)* sich abhärten

cururo[1] [ku'ruro] *m (Chil:* ZOOL) Cururo *m*

cururo, -a[2] [ku'ruro, -a] *adj (Chil:* ZOOL) schwarz

curva ['kurβa] *f* Kurve *f;* ~ **de calle** Straßenbiegung *f;* ~ **de natalidad** Geburtenkurve *f;* **en** ~ gebogen

curvado, -a [kur'βaðo, -a] *adj* gebogen

curvar [kur'βar] *vt, vr:* **~se** (sich) biegen, (sich) krümmen

curvatura [kurβa'tura] *f* Krümmung *f,* Biegung *f*

curvilíneo, -a [kurβi'lineo, -a] *adj* bogenförmig

curvo, -a ['kurβo, -a] *adj* krumm, gebogen

cusca ['kuska] *f* ❶ *(Méx: prostituta)* Hure *f abw* ❷ *(Col: embriaguez)* (Be)trunkenheit *f* ❸ *(Col: colilla de cigarro)* Zigarrenstummel *m* ❹ *(loc)* **hacer la** ~ **a alguien** *(fam)* jdn nerven, jdm auf den Wecker gehen

cuscurro [kus'kurro] *m* Brotkruste *f*

cuscús [kus'kus] *m inv* Kuskus *m*

cúspide ['kuspiðe] *f* Spitze *f,* Gipfel *m; (fig)* Höhepunkt *m*

custodia [kus'toðja] *f* ❶ *(guarda)* Verwahrung *f;* **bajo** ~ in Gewahrsam; **tener en** ~ verwahren; **estar bajo la** ~ **de alguien** unter jds Obhut stehen ❷ *(ostensorio)* Monstranz *f*

custodiar [kusto'ðjar] *vt* ❶ *(una cosa)* verwahren ❷ *(una persona)* beaufsichtigen

custodio, -a [kus'toðjo, -a] *m, f* ❶ *(guardián)* Wächter(in) *m(f)* ❷ *(protector)* Pfleger(in) *m(f)*

customizar [kustomi'θar] <z → c> *vt* (algo/etw) personalisieren, (algo/etw) anpassen

cutáneo, -a [ku'taneo, -a] *adj* Haut-; **reacción cutánea** Hautreaktion *f*

cúter ['kuter] <cúter(e)s> *m* ❶ *(cuchilla)* Papiermesser *nt* ❷ (NÁUT) Kutter *m;* ~ **pesquero** Fischkutter *m*

cutícula [ku'tikula] *f* Haut *f; (epidermis)* (Ober)haut *f;* (BOT, ZOOL) Kutikula *f;* ~ **de la célula** Zellhaut *f*

cutis ['kutis] *m inv* (Gesichts)haut *f*

cutre ['kutre] **I.** *adj* geizig, knaus(e)rig; **ropa** ~ billige Kleidung **II.** *mf* Geizhals *m*

cutrería [kutre'ria] *f,* **cutrez** [ku'treθ] *f* Geiz *m*

cuy [kwi] *m (AmS:* ZOOL) Meerschweinchen *nt*

cuyo, -a ['kuɟo, -a] *pron rel* dessen, deren; **por cuya causa** weshalb

cuzco ['kuθko] *m* kleiner Hund *m*

Dd

D, d [de] *f* D, d *nt;* ~ **de Dolores** D wie Dora
D. [don] *abr de* **don** Hr.
d. (de) (J.) C. [des'pwes (ðe) (xesu)'kristo] *abr de* **después de (Jesu)cristo** n. Chr. (G.)
dable ['daβle] *adj* möglich
dabuti [da'βuti] *adj (argot)* spitze, klasse; **tiene un coche** ~ er/sie hat ein Superauto
dacha ['datʃa] *f* Datscha *f*
dactilar [dakti'lar] *adj* **huellas ~es** Fingerabdrücke *mpl*
dactilografía [daktiloɣra'fia] *f* Maschinenschreiben *nt*
dactilograma [daktilo'ɣrama] *m* (JUR) Fingerabdruck *m,* Daktylogramm *nt*
dactilología [daktilolo'xia] *f* Finger- und Gebärdensprache *f,* Daktylologie *f*
dadaísmo [daða'ismo] *m* (ARTE, LIT) Dadaismus *m*
dádiva ['daðiβa] *f* Gabe *f; (regalo)* Geschenk *nt*
dadivoso, -a [daði'βoso, -a] *adj* freigebig
dado[1] ['daðo] *m* ❶ *(cubo)* Würfel *m;* **tirar el** ~ würfeln ❷ *pl (juego)* Würfelspiel *nt;* **jugar a los ~s** würfeln; **jugarse una cerveza a los ~s** um ein Bier würfeln
dado[2] ['daðo] *conj* ❶ *(ya que)* ~ **que llueve...** da es (ja) regnet ... ❷ *(supuesto que)* ~ **que sea demasiado difícil...** wenn es zu schwierig ist ...
dado, -a[3] ['daðo, -a] *adj* ❶ *(supuesto)* gegeben; **dada la coyuntura actual...** angesichts der aktuellen Konjunkturlage ...; **en el caso** ~ gegebenenfalls ❷ *(determinado)* bestimmt ❸ *(loc)* **ser** ~ **a algo** zu etw *dat* neigen; **no ser** ~ *(Méx)* mutig sein
dador [da'ðor] *m* (COM) Aussteller *m;* ~ **del crédito** (FIN) Darlehensgeber *m*
daga ['daɣa] *f* Dolch *m; (PRico: machete)* Machete *f*
dalái lama [da'lai̯ 'lama] *m* Dalai-Lama *m*
dalia ['dalja] *f* Dahlie *f*
Dalmacia [dal'maθja] *f* Dalmatien *nt*
dálmata ['dalmata] *m* (ZOOL) Dalmatiner *m*
daltoniano, -a [dal̪to'njano, -a], **daltónico, -a** [dal̪'toniko, -a] **I.** *adj* farbenblind **II.** *m, f* Farbenblinde(r) *f(m)*
daltonismo [dal̪to'nismo] *m* Farbenblindheit *f*
dama ['dama] *f* Dame *f;* ~ **de honor** *(de la reina)* Hofdame *f; (de la novia)* Brautjungfer *f;* **primera** ~ (POL) First Lady *f;* **(juego de) ~s** Damespiel *nt*
damajuana [dama'xwana] *f* große Korbflasche *f*
damas ['damas] *fpl (juego de mesa)* Damespiel *nt*
damasco [da'masko] *m* ❶ *(tejido)* Damast *m* ❷ *(Am: fruta)* Aprikose *f*
damasquinado[1] [damaski'naðo] *m* Tauschierung *f,* Tauschierarbeit *f*
damasquinado, -a[2] [damaski'naðo, -a] *adj* tauschiert
damero [da'mero] *m* Dame(spiel)brett *nt*
damnificado, -a [damnifi'kaðo, -a] **I.** *adj* geschädigt; *(en la guerra)* kriegsbeschädigt **II.** *m, f* Geschädigte(r) *mf; (de guerra)* Kriegsbeschädigte(r) *mf;* **los ~s por el huracán** die Orkangeschädigten
damnificar [damnifi'kar] <c → qu> *vt* schädigen
dancing ['dansiŋ] *m* <dancings> *(fam)* ❶ *(baile)* Tanz *m* ❷ *(lugar)* Tanzlokal *nt* ❸ *(cabaré)* Nachtlokal *nt*
dandi ['dan̪di] <dandis> *m* Dandy *m*
danés[1] [da'nes] *m* (ZOOL) **gran** ~ (dänische) Dogge *f*
danés, -esa[2] [da'nes, -esa] **I.** *adj* dänisch **II.** *m, f* Däne, -in *m, f*
danone® [da'none] *m (fam)* Danone® *m,* (Danone®-)Joghurt *m o nt*
dantesco, -a [dan̪'tesko, -a] *adj* ❶ *(de Dante)* dantisch ❷ *(espantoso)* dantesk
Danubio [da'nuβjo] *m* Donau *f*
danza ['dan̪θa] *f* *(acción)* Tanzen *nt; (baile)* Tanz *m;* ~ **folclórica** Folkloretanz *m;* **en** ~ *(fam fig)* in Aktion
danzar [dan̪'θar] <z → c> **I.** *vi* ❶ *(bailar, girar)* tanzen; *(moverse)* herumtanzen ❷ *(entremeterse)* sich einmischen **II.** *vt* tanzen
danzarín, -ina [dan̪θa'rin, -ina] *m, f* Tänzer(in) *m(f)*
dañado, -a [da'ɲaðo, -a] *adj* verwüstet, (stark) beschädigt; *(fruta)* verdorben
dañar [da'ɲar] **I.** *vi* schaden **II.** *vt* beschädigen; *(reputación)* schädigen; ~ **la imagen** dem Image schaden **III.** *vr:* **~se** beschädigt werden; *(fruta, cosecha)* verderben
dañino, -a [da'ɲino, -a] *adj* schädlich
daño ['daɲo] *m* ❶ *(perjuicio)* Schaden *m;* **~s ecológicos** Umweltschäden *mpl;* ~ **material** Sachschaden *m;* **~s y perjuicios** (JUR) Schadensersatz *m* ❷ *(dolor)* Verletzung *f;* **hacer** ~ **a alguien** jdm wehtun; **hacerse** ~ sich verletzen; **no hace** ~ es tut nicht weh
dañoso, -a [da'ɲoso, -a] *adj* schädlich

D

dar [dar] *irr* **I.** *vt* ① *(en general)* geben; *(regalar)* schenken; *(repartir)* austeilen; *(una patada)* versetzen; **dale la llave a Juan** gib Juan den Schlüssel; ~ **un abrazo a alguien** jdn umarmen; **¿a quién le toca ~ (las cartas)?** wer gibt?; ~ **forma a algo** etw *dat* Gestalt verleihen; ~ **permiso** die Erlaubnis erteilen; ~ **importancia** Bedeutung beimessen ② *(producir)* **la vaca da leche** die Kuh gibt Milch; **este árbol da naranjas** dieser Baum trägt Orangen ③ *(celebrar)* veranstalten; ~ **clases** Unterricht geben; ~ **una conferencia** einen Vortrag halten; ~ **una fiesta** eine Party geben ④ *(causar)* ~ **gusto** Freude machen; **me das pena** du tust mir leid; ~ **miedo** Angst machen ⑤ *(presentar)* ~ **una película** einen Film zeigen; **¿dónde dan la película?** wo läuft der Film?; **¿qué dan en la ópera?** was wird in der Oper aufgeführt? ⑥ *(expresar)* ~ **las buenas noches** eine gute Nacht wünschen; ~ **la enhorabuena/el pésame** Glückwünsche/sein Beileid aussprechen; ~ **recuerdos** Grüße ausrichten ⑦ *(comunicar)* überbringen ⑧ *(hacer)* ~ **un paseo** einen Spaziergang machen; **no ~ golpe** *(fam)* keinen Schlag tun ⑨ *(encender)* ~ **el agua** den Wasserhahn aufdrehen; ~ **la luz** das Licht anmachen ⑩ *(sonar)* **el reloj ha dado las dos** die Uhr hat zwei geschlagen ⑪ *(aplicar)* auftragen ⑫ *(+ 'de')* ~ **de alta** gesundschreiben; ~ **de baja** *(doctor)* krankschreiben; *(persona)* abmelden ⑬ *(+ 'a')* ~ **a conocer algo** etw bekannt geben; ~ **a entender algo a alguien** jdm etw zu verstehen geben ⑭ *(loc, fam)* **me has dado el día** du hast mir den Tag vermasselt; **está dale que dale con el mismo tema** er/sie kommt immer wieder mit der alten Leier **II.** *vi* ① *(+ 'a')* **el balcón da a la calle/al norte** der Balkon liegt zur Straße (hin)/nach Norden; **la ventana da al patio** das Fenster geht auf den Hof ② *(+ 'con')* ~ **con alguien en la calle** jdn auf der Straße treffen; ~ **con la solución** auf die Lösung kommen ③ *(+ 'contra')* stoßen (**contra** an/gegen +*akk*); **la piedra ha dado contra el cristal** der Stein ist gegen die Scheibe geflogen ④ *(caer)* ~ **de espaldas/de narices en el suelo** rückwärts/vornüber auf den Boden fallen; ~ **en la trampa** in die Falle gehen ⑤ *(acertar)* ~ **en el blanco** [*o* **en la diana**] *(fig)* ins Schwarze treffen; ~ **en el clavo** *(fig)* den Nagel auf den Kopf treffen ⑥ *(+ 'para')* **esta tela da para dos vestidos** dieser Stoff reicht für zwei Kleider; ~ **para vivir** zum Leben reichen ⑦ *(+ 'por' + adjetivo)* ~ **por inocente** für unschuldig halten; ~ **por muerto** für tot erklären; ~ **por concluido** als abgeschlossen betrachten; ~ **el libro por leído** das Buch als gelesen voraussetzen ⑧ *(+ 'por' + verbo)* **le ha dado por dejarse el pelo largo** nun will er/sie unbedingt das Haar lang tragen ⑨ *(+ 'que' + verbo)* ~ **que decir** Anlass zu Gerede geben; ~ **que hablar** von sich *dat* reden machen; ~ **que hacer** Arbeit machen; ~ **que pensar** zu denken geben ⑩ *(loc)* **(me) da igual** das ist (mir) egal; **¡qué más da!** *(fam)* was soll's!; **no me da la gana** *(fam)* ich habe keine Lust; ~ **de sí** *(jersey)* weiter werden **III.** *vr:* **~se** ① *(suceder)* vorkommen ② *(frutos)* gedeihen ③ *(+ 'a': consagrarse)* sich widmen +*dat; (entregarse)* verfallen +*dat;* **~se a la bebida** dem Alkohol verfallen ④ *(+ 'contra')* sich stoßen (**contra** an +*dat*) ⑤ *(+ 'por' + adjetivo: creerse)* sich halten (**por** für +*akk*); **~se por aludido** sich angesprochen fühlen; **~se por vencido** sich geschlagen geben; **no se dieron por enterados** sie taten, als ob sie von nichts wüssten ⑥ *(+ 'a' + verbo)* **~se a conocer** *(persona)* sich zu erkennen geben; *(noticia)* bekannt werden; **~se a entender** sich verständlich machen ⑦ *(+ 'de')* **~se de baja/alta** sich krankschreiben/gesundschreiben lassen; **~se de alta en Hacienda** sich als Steuerpflichtiger anmelden ⑧ *(+ sustantivo)* **~se un baño** ein Bad nehmen; **~se cuenta de algo** etw merken; **~se prisa** sich beeilen; **~se un susto** sich erschrecken ⑨ *(loc)* **dárselas de valiente** *(fam)* sich als Held aufspielen; **~se corte** *(CSur)* sich aufspielen; **~se pronto** *(CRi, RDom)* sich beeilen; **~se vuelta** *(Arg, Par)* die Partei wechseln

dardo ['darðo] *m (arma)* Speer *m; (del juego)* (Wurf)pfeil *m;* **jugar a los ~s** (eine Partie) Darts spielen

data ['data] *f* Ort *m* und Datum *nt,* Orts- und Datumsangabe *f*

datar [da'tar] **I.** *vi* stammen (**de** aus +*dat*) **II.** *vt* datieren

dátil ['datil] *m* Dattel *f*

datilera [dati'lera] **I.** *adj* Dattel- **II.** *f* (BOT) Dattelpalme *f*

datilero, -a [dati'lero, -a] *adj* (BOT) Dattel-

dativo [da'tiβo] *m* Dativ *m*

dato ['dato] *m* ① *(circunstancia)* Angabe *f;* **~s personales** Personalien *pl* ② *(cantidad)* Zahl *f* ③ *(fecha)* Datum *nt* ④ *pl* (INFOR) Daten *pl;* **~s de entrada/de salida** Eingabe-/Ausgabedaten *pl;* **~s fijos** Stammdaten *pl;* **elaborar ~s** Daten bearbeiten

dcha. [de'retʃa] *abr de* **derecha** re.

de [de] *prep* ① *(posesión)* **el reloj ~ mi padre** die Uhr meines Vaters; **los hijos ~ Ana** Anas Kinder ② *(origen)* von +*dat,* aus +*dat;* **ser ~ Italia/~ Lisboa/~ las islas Canarias** aus Italien/aus Lissabon/von den Kanarischen Inseln kommen; **~ Málaga a Valencia** von Málaga nach Valencia; **el avión procedente ~ Lima** das Flugzeug aus Lima; **un libro ~ Goytisolo** ein Buch von Goytisolo; **~ ti a mí** unter uns ③ *(material)* aus +*dat;* **~ oro** golden ④ *(cualidad)* mit +*dat;* **un hombre ~ buen corazón** ein Mensch mit einem guten Herzen ⑤ *(temporal)* von +*dat* ⑥ *(finalidad)* **máquina ~ escribir** Schreibmaschine *f;* **hora ~ comer** Essenszeit *f* ⑦ *(causa)* vor +*dat* ⑧ *(partitivo)* **dos platos ~ sopa** zwei Teller Suppe; **un kilo ~ tomates** ein Kilo Tomaten; **un vaso ~ agua** ein Glas Wasser ⑨ *(+ nombre propio)* **la ciudad ~ Cuzco** die Stadt Cuzco; **el tonto ~ Luis lo ha roto** Luis, der Trottel, hat es kaputt gemacht; **pobre ~ mí** ich Arme(r) ⑩ *(loc)* **~ niño** als Kind; **más ~ 50 euros** mehr als 50 Euro; **~ no** *(Am)* ansonsten

deambular [deambu'lar] *vi* herumstreifen

deán [de'an] *m* (REL) Dekan *m,* Dechant *m*

deanato [dea'nato] *m* (REL) ① *(cargo)* Dechanat *nt,* Dekanat *nt* ② *(territorio)* Kirchenbezirk *m*

debacle [de'βakle] *f* Debakel *nt*

debajo [de'βaxo] **I.** *adv* unten **II.** *prep* **~ de** *(local)* unter +*dat; (con movimiento)* unter +*akk;* **pasar por ~ del puente** unter der Brücke hindurchfahren; **tumbarse ~ del coche** sich unter das Auto legen

debate [de'βate] *m* Debatte *f*

debatir [deβa'tir] **I.** *vt* erörtern **II.** *vr:* **~se** ankämpfen; **~se entre la vida y la muerte** mit dem Tode ringen

debe ['deβe] *m* Soll *nt*

deber [de'βer] **I.** *vi (suposición)* **debe de llegar dentro de poco** er/sie muss demnächst ankommen; **deben de ser las nueve** es muss neun Uhr sein **II.** *vt* ① *(estar obligado)* müssen; **no ~ías haberlo dicho** du hättest es nicht sagen sollen ② *(tener que dar)* schulden **III.** *vr:* **~se** ① *(tener por causa)* zurückzuführen sein (**a** auf +*akk*); *(agradeciendo algo)* zu verdanken sein (**a** +*dat*) ② *(estar obligado)* sich verpflichten +*dat;* **se debe a su profesión** sein/ihr Beruf ist sein/ihr ein und alles **IV.** *m* ① *(obligación)* Pflicht *f;* **~ de conciencia** moralische Verpflichtung ② *pl (tareas)* Hausaufgaben *fpl;* **tener muchos ~es** viel aufhaben; **dar muchos ~es** viel aufgeben

debidamente [deβiða'men̪te] *adv* ordnungsgemäß; **la solicitud debe estar ~ cumplimentada** der Antrag soll vorschriftsgemäß ausgefüllt sein

debido[1] [de'βiðo] *prep* **~ a** wegen +*gen/dat*

debido, -a[2] [de'βiðo, -a] *adj (conveniente)* angemessen; *(necesario)* nötig; **como es ~** wie es sich gehört

débil ['deβil] *adj* schwach

debilidad [deβili'ðað] *f* Schwäche *f* (**por** für +*akk*)

debilitación [deβilita'θjon] *f* ① *(debilitamiento)* Schwächung *f* ② *(fig: flojedad de ánimo)* Trägheit *f;* **~ del carácter** Charakterschwäche *f* ③ (FÍS) Entkräftung *f*

debilitamiento [deβilita'mjen̪to] *m* Schwächung *f*

debilitar [deβili'tar] *vt* schwächen

debilucho, -a [deβi'lutʃo, -a] *adj* kränkelnd

debitar [deβi'tar] *vt (Am)* ① *(anotar)* im Soll buchen ② *(adeudar)* schulden

débito ['deβito] *m* Schuld *f; (debe)* Soll *nt;* **~ conyugal** eheliche Pflicht

debocar [deβo'kar] <c → qu> *vi (Arg, Bol)* erbrechen

debut [de'βu(t)] <debuts> *m* Debüt *nt;* **hacer su ~** sein Debüt geben

debutante [deβu'tan̪te] *mf* Debütant(in) *m(f)*

debutar [deβu'tar] *vi* debütieren (**como** als +*nom*)

década ['dekaða] *f* Jahrzehnt *nt;* **la ~ de los 40** die 40er-Jahre

decadencia [deka'ðen̪θja] *f* ① *(decaimiento)* Dekadenz *f* ② *(de una época)* Niedergang *m*

decadente [deka'ðen̪te] *adj* dekadent

decadentismo [dekaðen̪'tismo] *m* ① *(periodo)* Zeitalter *nt* der Dekadenz ② (LIT) Dekadenzdichtung *f*

decadentista [dekaðen̪'tista] **I.** *adj* dekadent, entartet; **la poesía ~** die Dekadenzdichtung **II.** *mf* (ARTE, LIT) Dekadenzdichter(in) *m(f)*

decaer [deka'er] *vi irr como caer* nachlassen; **~ en fuerza** an Kraft verlieren; **el ánimo decae** der Mut schwindet; **decae de ánimo** er/sie verliert den Mut

decágono[1] [de'kaγono] *m* (MAT) Zehneck *nt*

decágono, -a[2] [de'kaγono, -a] *adj* zehneckig

decaído, -a [deka'iðo, -a] *adj* ① *(abatido)* niedergeschlagen ② *(débil)* kraftlos

decaimiento [dekai'mjen̪to] *m* ① *(afligimiento)* Niedergeschlagenheit *f* ② *(debilidad)* Kraftlosigkeit *f*

D

D

decálogo [de'kaloɣo] *m* (REL) Zehn Gebote *ntpl*
decámetro [de'kametro] *m* Dekameter *m o nt*
decanato [deka'nato] *m* ❶ *(cargo)* Dekanswürde *f* ❷ *(despacho)* Dekanat *nt*
decano, -a [de'kano, -a] *m, f* (UNIV) Dekan(in) *m(f)*
decantar [dekaṇ'tar] **I.** *vt* abgießen **II.** *vr:* **~se** sich (nach reiflicher Überlegung) entscheiden (**por** für +*akk*); **se decantó por el liberalismo** er/sie wandte sich dem Liberalismus zu
decapitación [dekapita'θjon] *f* Enthauptung *f*
decapitar [dekapi'tar] *vt* enthaupten
decatlón [dekað'lon] *m* Zehnkampf *m*
decelerar [deθele'rar] *vi* langsamer werden
decena [de'θena] *f* zehn Stück *ntpl;* **~s** (MAT) Zehner *mpl;* **~s de miles** Zehntausende *pl;* **una ~ de huevos** zehn Eier
decenal [deθe'nal] *adj* ❶ *(cada diez años)* zehnjährlich ❷ *(de una duración de diez años)* zehnjährig
decenario[1] [deθe'narjo] *m* ❶ *(unidad temporal)* Jahrzehnt *nt* ❷ *(rosario)* Rosenkranz *m* mit zehn Kugeln
decenario, -a[2] [deθe'narjo, -a] *adj* zehnteilig
decencia [de'θeṇθja] *f* Anstand *m*
decenio [de'θenjo] *m* Jahrzehnt *nt*
decente [de'θeṇte] *adj* anständig
decentemente [deθeṇte'meṇte] *adv* ❶ *(sin miseria)* erträglich, angemessen ❷ *(guardando la compostura)* anständig ❸ *(irón: en exceso)* asketisch, sehr genügsam; **desde luego tu amigo come ~** wie man sieht, isst dein Freund sehr bescheidene Mengen
decepción [deθeβ'θjon] *f* Enttäuschung *f;* **llevarse una ~** enttäuscht werden
decepcionante [deθeβθjo'naṇte] *adj* enttäuschend
decepcionar [deθeβθjo'nar] *vt* enttäuschen; **estar decepcionado** enttäuscht sein
deceso [de'θeso] *m* Tod *m*
dechado [de'ʧaðo] *m* ❶ *(para labores)* Vorlage *f,* Muster *nt* ❷ *(modelo)* Inbegriff *m* (**de** +*gen*)
decibel(io) [deθi'βel(jo)] *m* Dezibel *nt*
decididamente [deθiðiða'meṇte] *adv* ❶ *(resueltamente)* entschieden ❷ *(definitivamente)* definitiv
decidido, -a [deθi'ðiðo, -a] *adj* energisch
decidir [deθi'ðir] **I.** *vi* entscheiden (**sobre** über +*akk*) **II.** *vt* ❶ *(determinar)* entscheiden ❷ *(acordar)* beschließen ❸ *(mover a)* veranlassen **III.** *vr:* **~se** sich entscheiden (**por** für +*akk,* **en contra de** gegen +*akk*)
decilitro [deθi'litro] *m* Deziliter *m*
décima ['deθima] *f* Zehntel *nt;* **tener ~s** erhöhte Temperatur haben
decimal [deθi'mal] *adj* dezimal; **número ~** Dezimalzahl *f*
decímetro [de'θimetro] *m* Dezimeter *m o nt*
décimo ['deθimo] *m* ❶ *(parte)* Zehntel *nt* ❷ *(de lotería)* Zehntellos *nt*
décimo, -a ['deθimo, -a] *adj (parte)* zehntel; *(numeración)* zehnte(r, s); *v. t.* **octavo**
decimoctavo [deθimok'taβo] *m* Achtzehntel *nt*
decimoctavo, -a [deθimok'taβo, -a] *adj* ❶ *(numeración)* achtzehnte(r, s) ❷ *(parte)* achtzehntel; *v. t.* **octavo**
decimocuarto [deθimo'kwarto] *m* Vierzehntel *nt*
decimocuarto, -a [deθimo'kwarto, -a] *adj* ❶ *(numeración)* vierzehnte(r, s) ❷ *(parte)* vierzehntel; *v. t.* **octavo**
decimonono [deθimo'nono], **decimoveno** [deθimono'βeno] *m* Neunzehntel *nt*
decimonono, -a [deθimo'nono, -a], **decimonoveno, -a** [deθimono'βeno, -a] *adj (parte)* neunzehntel; *(numeración)* neunzehnte(r, s); *v. t.* **octavo**
decimoquinto [deθimo'kiṇto] *m* Fünfzehntel *nt*
decimoquinto, -a [deθimo'kiṇto, -a] *adj* ❶ *(numeración)* fünfzehnte(r, s) ❷ *(parte)* fünfzehntel; *v. t.* **octavo**
decimoséptimo [deθimo'septimo] *m* Siebzehntel *nt*
decimoséptimo, -a [deθimo'septimo, -a] *adj* ❶ *(numeración)* siebzehnte(r, s) ❷ *(parte)* siebzehntel; *v. t.* **octavo**
decimosexto [deθimo'sesto] *m* Sechzehntel *nt*
decimosexto, -a [deθimo'sesto, -a] *adj* ❶ *(numeración)* sechzehnte(r, s) ❷ *(parte)* sechzehntel; *v. t.* **octavo**
decimotercero [deθimoter'θero], **decimotercio** [deθimo'terθjo] *m* Dreizehntel *nt*
decimotercero, -a [deθimoter'θero, -a], **decimotercio, -a** [deθimo'terθjo, -a] *adj (parte)* dreizehntel; *(numeración)* dreizehnte(r, s); *v. t.* **octavo**
decir [de'θir] *irr* **I.** *vi* ❶ *(expresar)* sagen (**de** über +*akk*); **~ que sí** ja sagen; **diga, dígame** (TEL) ja, hallo?; **es** [*o* **quiere**] **~** das heißt; **¡no me digas!** *(fam)* was du nicht sagst!; **~ por ~** (nur so) daherreden; **por ~lo así** sozusagen; **el qué dirán** was die Leute sagen; **¡quién lo diría!** wer hätte

das gedacht!; **y que lo digas** du sagst es; **dicen de él que es un buen profesor** man sagt, er sei ein guter Lehrer; ~ **a alguien cuántas son cinco** *(fam)* jdm gehörig die Meinung sagen ❷ *(contener)* besagen; **la regla dice lo siguiente: ...** die Regel lautet wie folgt: ... ❸ *(armonizar)* passen (**con** zu +*dat*) **II.** *vt* ❶ *(expresar)* sagen; *(comunicar)* mitteilen; ~ **algo para sí** etw vor sich hin sagen; **¡no digas tonterías!** *(fam)* red keinen Blödsinn!; **dicho y hecho** gesagt, getan; **lo dicho, dicho, ¡lo ~!** es bleibt dabei!; **como se ha dicho** wie gesagt ❷ *(mostrar)* zeigen; **su cara dice alegría** aus seinem/ihrem Gesicht spricht Freude ❸ *(loc)* **no es muy guapa, que digamos** sie ist nicht gerade hübsch **III.** *vr:* **~se** sagen; **¿cómo se dice en alemán?** wie sagt man das auf Deutsch?; **¿cómo se dice "ropa" en alemán?** was heißt „ropa" auf Deutsch? **IV.** *m* Redensart *f;* **es un ~** wie man so sagt

decisión [deθi'sjon] *f* ❶ *(resolución)* Entscheidung *f;* *(acuerdo)* Beschluss *m;* **tomar una ~** eine Entscheidung treffen; *(acordar)* einen Beschluss fassen ❷ *(firmeza)* Entschlossenheit *f;* **tener ~** entschlossen sein

decisivo, -a [deθi'siβo, -a] *adj* entscheidend

decisorio, -a [deθi'sorjo, -a] *adj* bestimmend; *(comisión)* mit Entscheidungsbefugnis

declamación [deklama'θjon] *f* ❶ *(discurso)* Vortrag *m,* Ansprache *f* ❷ (LIT) Vortragskunst *f,* Deklamation *f*

declamar [dekla'mar] *vt* vortragen

declaración [deklara'θjon] *f* Erklärung *f;* *(de impuestos)* Steuererklärung *f;* (JUR) Aussage *f;* ~ **final** Schlusskommuniqué *nt;* ~ **de la renta** (Einkommen)steuererklärung *f;* ~ **de valor** Wertangabe *f;* **hacer declaraciones** Erklärungen abgeben; **prestar ~** aussagen; **tomar ~ a alguien** jdn vernehmen

declarado, -a [dekla'raðo, -a] *adj* deutlich, offenkundig

declarante [dekla'ran̪te] *mf* ❶ *(de impuestos)* Steuerzahler(in) *m(f)* ❷ (JUR) Aussagende(r) *f(m)*

declarar [dekla'rar] **I.** *vi* ❶ *(testigo)* aussagen ❷ *(a la prensa)* eine Erklärung abgeben **II.** *vt* ❶ *(manifestar)* erklären; ~ **abierta la reunión** die Versammlung eröffnen; ~ **a alguien culpable** jdn für schuldig erklären ❷ *(ingresos)* deklarieren; *(a aduanas)* verzollen **III.** *vr:* **~se** ❶ *(aparecer)* ausbrechen ❷ *(manifestarse)* sich erklären; *(amor)* eine Liebeserklärung machen +*dat;* **~se en huelga** streiken; **~se inocente** sich für unschuldig erklären; **~se en quiebra** Konkurs anmelden

declinación [deklina'θjon] *f* ❶ *(disminución)* Sinken *nt* ❷ (LING) Deklination *f*

declinar [dekli'nar] **I.** *vi* ❶ *(disminuir)* nachlassen ❷ *(extinguirse)* zu Ende gehen **II.** *vt* ❶ *(rechazar)* ablehnen; *(invitación)* ausschlagen ❷ (LING) deklinieren

declive [de'kliβe] *m* ❶ *(del terreno)* Gefälle *nt;* **en ~** *(terreno)* abschüssig; *(tejado)* geneigt; **en fuerte ~** steil abfallend ❷ *(decadencia)* Niedergang *m;* **en ~** im Niedergang begriffen

decolaje [deko'laxe] *m (Am)* Start *m*

decolar [deko'lar] *vi (Am)* starten

decoloración [dekolora'θjon] *f* ❶ *(con sustancias químicas)* Entfärbung *f* ❷ *(a causa del sol)* Ausbleichen *nt*

decolorar [dekolo'rar] *vt* ❶ (QUÍM) entfärben ❷ *(el sol)* ausbleichen

decomisar [dekomi'sar] *vt* beschlagnahmen

decoración [dekora'θjon] *f* ❶ *(adorno)* Dekoration *f* ❷ *(con muebles)* Einrichtung *f* ❸ (TEAT) Bühnenbild *nt*

decorado [deko'raðo] *m* (TEAT) Bühnenbild *nt*

decorador(a) [dekora'ðor(a)] *m(f)* Dekorateur(in) *m(f);* (TEAT) Bühnenbildner(in) *m(f);* ~ **de interiores** Raumausstatter *m*

decorar [deko'rar] *vt* ❶ *(adornar)* dekorieren, schmücken; *(un pastel)* verzieren ❷ *(con muebles)* einrichten; ~ **con moqueta** mit Teppichboden auslegen

decorativo, -a [dekora'tiβo, -a] *adj* dekorativ

decoro [de'koro] *m* ❶ *(dignidad)* Würde *f;* **con ~** würdevoll; **vivir con ~** standesgemäß leben ❷ *(respeto)* Respekt; **guardar el ~** die Form wahren ❸ *(pudor)* Anstand *m;* **con ~** anständig

decoroso, -a [deko'roso, -a] *adj* anständig

decrecer [dekre'θer] *vi irr como crecer* abnehmen; *(nivel, fiebre)* fallen; ~ **en intensidad** an Stärke verlieren

decreciente [dekre'θjen̪te] *adj* abnehmend

decrecimiento [dekreθi'mjen̪to] *m,* **decremento** [dekre'men̪to] *m* Abnahme *f,* Rückgang *m*

decremento [dekre'men̪to] *m* Abnahme *f,* Rückgang *m*

decrépito, -a [de'krepito, -a] *adj* ❶ *(persona)* altersschwach ❷ *(cosa)* heruntergekommen ❸ *(sociedad)* dekadent

decrepitud [dekrepi'tuᵈ] *f* ❶ *(de perso-

nas) Altersschwäche *f* ② *(de cosas, culturas)* Verfall *m*
decretar [dekre'tar] *vt* verfügen
decreto [de'kreto] *m* Verfügung *f;* ~ **gubernamental** Regierungserlass *m*
decreto ley [de'kreto lei̯] *m* <decretos ley> Gesetzesverordnung *f;* ~ **europeo** EU-Verordnung *f*
decurso [de'kurso] *m* Verlauf *m,* Lauf *m;* **con** [*o* **en**] **el** ~ **de los años** im Lauf(e) der Jahre
dedada [de'ðaða] *f* Fingerspitze(voll) *f*
dedal [de'ðal] *m* Fingerhut *m*
dedalera [deða'lera] *f* (BOT) Fingerhut *m*
dédalo ['deðalo] *m* ① *(laberinto)* Labyrinth *nt* ② *(lío)* Wirrwarr *m*
dedicación [deðika'θjon] *f* ① *(dedicatoria)* Widmung *f* ② *(consagración)* Weihung *f* ③ *(entrega)* Hingabe *f;* ~ **plena** *(trabajo)* Ganztagsbeschäftigung *f*
dedicar [deði'kar] <c → qu> **I.** *vt* ① *(destinar)* widmen ② *(consagrar)* weihen **II.** *vr:* **~se** sich widmen (**a** +*dat*); *(profesionalmente)* tätig sein (**a** in +*dat*); **~se a la enseñanza** als Lehrer tätig sein; **¿a qué se dedica Ud.?** was machen Sie beruflich?
dedicatoria [deðika'torja] *f* Widmung *f*
dedicatorio, -a [deðika'torjo, -a] *adj* Widmungs-
dedillo [deði'ʎo] *m* *(fam)* **saberse algo al** ~ etw aus dem Effeff können
dedo ['deðo] *m* *(de mano)* Finger *m;* *(de pie)* Zeh *m;* ~ (**del**) **corazón** Mittelfinger *m;* ~ **gordo** großer Zeh; ~ **índice** Zeigefinger *m;* ~ **meñique** kleiner Finger; ~ **pulgar** Daumen *m;* **chuparse el** ~ am Daumen lutschen; *(fig fam)* blauäugig sein; **la comida está para chuparse los ~s** *(fam)* das Essen ist köstlich; **pillarse los ~s** *(fig)* sich *dat* die Finger verbrennen; **estar a dos ~s de algo** einen Fingerbreit von etw *dat* entfernt sein; **ir a** ~ *(fam)* trampen; **estar haciendo** ~ **en la autopista** per Anhalter auf der Autobahn unterwegs sein; **nombrar a** ~ willkürlich nominieren; **señalar a alguien con el** ~ mit dem Finger auf jdn zeigen; **con esa pregunta me has puesto el** ~ **en la llaga** mit dieser Frage hast du meine wunde Stelle getroffen; **no tener dos ~s de frente** *(fam)* schwer von Begriff sein
deducción [deðuˠ'θjon] *f* ① *(derivación)* Folgerung *f* ② (ECON) Abzug *m;* *(fiscal)* Abschreibung *f;* ~ **estándar** Pausch(al)betrag *m;* ~ **por hijo** Kinderfreibetrag *m*
deducible [deðu'θiβle] *adj* ableitbar; *(de los impuestos)* absetzbar
deducir [deðu'θir] *vt irr como traducir* ① *(derivar)* folgern (**de** aus +*dat*) ② *(descontar)* abziehen; *(de impuestos)* absetzen
deductivo, -a [deðuk'tiβo, -a] *adj* (FILOS) deduktiv
defecación [defeka'θjon] *f* Stuhlgang *m*
defecar [defe'kar] <c → qu> *vi* Stuhlgang haben
defectivo, -a [defek'tiβo, -a] *adj* ① *(defectuoso)* unvollständig, mangelhaft ② (LING) defektiv
defecto [de'fekto] *m* ① *(carencia)* Mangel *m;* **en** ~ **de** in Ermangelung +*gen;* **en su** ~ bei Fehlen ② *(falta)* Fehler *m;* ~ **físico** Gebrechen *nt;* ~ **genético** Erbschaden *m*
defectuoso, -a [defektu'oso, -a] *adj* fehlerhaft
defender [defeṇ'der] <e → ie> **I.** *vt* ① *(contra ataques, t.* JUR) verteidigen (**de/contra** vor +*dat*) ② *(proteger)* (be)schützen (**de/contra** vor +*dat*) ③ *(ideas)* eintreten (für +*akk*) **II.** *vr:* **~se** ① *(contra ataques)* sich verteidigen ② *(arreglárselo)* zurechtkommen; **¿hablas francés? – me defiendo** sprichst du Französisch? – ich kann mich verständigen
defendible [defeṇ'diβle] *adj* vertretbar
defensa[1] [de'fensa] *f* ① *(contra ataques, t.* JUR, DEP) Verteidigung *f;* ~ **antimisil** (MIL) Raketenabwehr *f;* ~ **nacional** Landesverteidigung *f;* **en legítima** ~ (JUR) in Notwehr; **acudir en** ~ **de alguien** jdm zu Hilfe eilen ② *(protección)* Schutz *m;* ~ **personal** (*t.* DEP) Selbstverteidigung *f* ③ *(fortificación)* Verteidigungsanlage *f* ④ (BIOL) Abwehrkräfte *fpl;* **tener ~s** immun sein ⑤ *(Méx: paragolpes)* Stoßstange *f*
defensa[2] [de'fensa] *mf* (DEP) Verteidiger(in) *m(f);* ~ **central** Innenverteidiger(in) *m(f);* ~ **lateral** Außenverteidiger *m*
defensiva [defen'siβa] *f* Defensive *f;* **a la** ~ in der Defensive
defensivo, -a [defen'siβo, -a] *adj* defensiv
defensor(a) [defen'sor(a)] **I.** *adj* verteidigend **II.** *m(f)* Verteidiger(in) *m(f);* *(de ideas)* Verfechter(in) *m(f);* ~ **de la naturaleza** Naturschützer *m;* ~ **del pueblo** Ombudsmann *m*
deferencia [defe'reṇθja] *f* *(consideración)* Rücksicht *f;* *(cortesía)* Höflichkeit *f;* **por** ~ **a algo** aus Rücksicht auf etw; **tener la** ~ **de...** +*inf* so höflich sein und …
deferir [defe'rir] *vi irr como sentir* nachgeben
deficiencia [defi'θjeṇθja] *f* Mangel *m*
deficiente [defi'θjeṇte] **I.** *adj* mangelhaft **II.** *mf* ~ **mental** geistig Behinderte(r) *mf*
déficit ['defiθit] *m inv* ① (FIN) Defizit *nt* ② *(escasez)* Mangel *m* (**de** an +*dat*)

deficitario, **-a** [defiθi'tarjo, -a] *adj* defizitär

definición [defini'θjon] *f* ❶ *(aclaración)* Definition *f*; *(descripción)* Beschreibung *f* ❷ (TV) Auflösung *f*

definido, **-a** [defi'niðo, -a] *adj* ❶ *(claro)* deutlich ❷ (LING) bestimmt

definir [defi'nir] **I.** *vt* definieren **II.** *vr:* **~se** sich entscheiden

definitivo, **-a** [defini'tiβo, -a] *adj* ❶ *(irrevocable)* endgültig; **en definitiva** letzten Endes ❷ *(decisivo)* ausschlaggebend

definitorio, **-a** [defini'torjo, -a] *adj* entscheidend

deflación [defla'θjon] *f* (ECON, GEO) Deflation *f*

deflagración [deflaɣra'θjon] *f* Verpuffung *f*

deforestación [deforesta'θjon] *f* *(acción)* Rodung *f*; *(efecto)* Entwaldung *f*

deforestar [defores'tar] *vt* entwalden, roden

deformación [deforma'θjon] *f* ❶ *(alteración)* Verformung *f* ❷ *(desfiguración)* Entstellung *f*

deformar [defor'mar] **I.** *vt* ❶ *(alterar)* verformen; *(imágenes)* verzerren ❷ *(desfigurar)* entstellen **II.** *vr:* **~se** sich verformen; *(jersey)* aus der Form geraten

deforme [de'forme] *adj* verzerrt

deformidad [deformi'ðaᵈ] *f* (MED) Missbildung *f*

defraudación [defrau̯ða'θjon] *f* ❶ *(fraude)* Betrug *m*; *(malversación)* Unterschlagung *f*; **~ fiscal** Steuerhinterziehung *f* ❷ *(decepción)* Enttäuschung *f*

defraudar [defrau̯'ðar] *vt* ❶ *(estafar)* betrügen; *(dinero)* unterschlagen; **~ a Hacienda** Steuern hinterziehen ❷ *(decepcionar)* enttäuschen

defunción [defuṇ'θjon] *f* Todesfall *m*

degeneración [dexenera'θjon] *f* Verfall *m*

degenerar [dexene'rar] *vi* degenerieren; **~ en** sich entwickeln zu *+dat*

deglutir [deɣlu'tir] *vt* schlucken

degolladero [deɣoʎa'ðero] *m* ❶ *(cuello)* Nacken *m (des Schlachtviehs)* ❷ *(matadero)* Schlachthof *m* ❸ *(cadalso)* Schafott *nt*

degollar [deɣo'ʎar] <o → ue> *vt* ❶ *(decapitar)* enthaupten ❷ *(fam: malograr)* verhunzen

degradación [deɣraða'θjon] *f* ❶ *(humillación)* Demütigung *f* ❷ *(en el cargo)* Degradierung *f* ❸ *(deterioro)* Verschlechterung *f*; **~ del medio ambiente** Verschlechterung der Umweltbedingungen ❹ *(en pintura)* **~ de color** Farbabstufung *f*

degradante [deɣra'ðaṇte] *adj* erniedrigend

degradar [deɣra'ðar] *vt* ❶ *(en el cargo)* degradieren ❷ *(calidad)* verschlechtern; **~ el medio ambiente** die Umwelt verpesten ❸ *(humillar)* demütigen

degüello [de'ɣweʎo] *m* Enthauptung *f*; **tirar a alguien a ~** *(fig fam)* jdn mit allen Mitteln fertigmachen

degustación [deɣusta'θjon] *f* Kosten *nt*; **~ de vinos** Weinprobe *f*

degustar [deɣus'tar] *vt* kosten

dehesa [de'esa] *f* Weide *f*

deidad [dei̯'ðaᵈ] *f* *(dios)* Gottheit *f*

deificación [ðei̯fika'θjon] *f* ❶ *(divinización)* Vergöttlichung *f* ❷ *(ensalzamiento)* Vergötterung *f*, Verherrlichung *f*

deificar [deifi'kar] <c → qu> *vt* ❶ *(divinizar)* vergöttlichen ❷ *(ensalzar)* vergöttern

deífico, **-a** [de'ifiko, -a] *adj* göttlich

dejación [dexa'θjon] *f* ❶ *(renuncia)* Verzicht *m* ❷ (JUR: *de un pleito*) Klagerücknahme *f*; *(de bienes)* Überlassung *f*, Abtretung *f* ❸ *(abandono)* Vernachlässigung *f*; **~ de los deberes** Vernachlässigung der Pflichten

dejada [de'xaða] *f* ❶ *(renuncia)* Verzicht *m*, Abtretung *f* ❷ (DEP) Stoppball *m* ❸ *v.* **dejado**

dejadez [dexa'ðeθ] *f* Nachlässigkeit *f*

dejado, **-a** [de'xaðo, -a] *adj* ❶ *estar (abatido)* niedergeschlagen ❷ *ser (descuidado)* nachlässig

dejar [de'xar] **I.** *vi* **~ de** *+inf* aufhören zu *+inf*; **no ~ de** *+inf (no olvidar)* nicht vergessen zu *+inf*; **¡no deje de venir!** Sie müssen unbedingt kommen! **II.** *vt* ❶ *(en general)* lassen; **~ el libro sobre la mesa** das Buch auf den Tisch legen; **¡déjalo ya!** hör auf damit!; **~ acabado** zum Abschluss bringen; **~ caer** fallen lassen; **~ claro** klarstellen; **~ constancia** protokollieren; **~ a deber** anschreiben lassen; **~ en libertad** freilassen; **~ algo para mañana** etw auf morgen verschieben; **~ en paz** in Ruhe lassen; **~ mucho que desear** viel zu wünschen übrig lassen; **~ sin lavar** nicht waschen; **~ triste** traurig stimmen ❷ *(abandonar)* verlassen; **~ la carrera** das Studium abbrechen ❸ *(ganancia)* einbringen ❹ *(permitir: algo)* zulassen; **no me dejan salir** sie lassen mich nicht ausgehen ❺ *(entregar)* überlassen; *(prestar)* leihen; *(en herencia)* hinterlassen; **~ un recado** eine Nachricht hinterlassen; **~ algo en manos de alguien** jdm etw überlassen; **dejo el asunto en tus manos** ich vertraue dir die Angelegenheit an **III.** *vr:* **~se** ❶ *(descuidarse)* sich gehen lassen ❷ *(olvidar)* vergessen ❸ *(no hacer)* **¡déjate de tonterías!** hör auf mit dem Blödsinn!

④ *(loc)* **~se caer** sich fallen lassen; **~se querer** sich hofieren lassen

deje ['dexe] *m* Akzent *m;* **se te nota un ~ catalán** du hast einen katalanischen Akzent

dejo ['dexo] *m* ① *(entonación)* Tonfall *m; (acento)* Akzent *m* ② *(regusto)* Nachgeschmack *m;* **~ amargo** *(fig)* bitterer Nachgeschmack

D

del [del] = **de + el** *v.* **de**

delación [dela'θjon] *f* Anzeige *f*

delantal [delaṇ'tal] *m* Schürze *f*

delante [de'laṇte] **I.** *adv* ① *(ante, en la parte delantera)* vorn(e); **de ~** von vorn; **abierto por ~** vorne offen ② *(enfrente)* davor **II.** *prep* **~ de** *(local)* vor +*dat; (movimiento)* vor +*akk; (en presencia de)* in Gegenwart von +*dat;* **~ de mí** in meiner Gegenwart

delantera [delaṇ'tera] *f* ① *(parte anterior)* Vorderteil *nt* ② *(primera fila)* Vorderreihe *f* ③ *(distancia)* Vorsprung *m;* **coger la ~ a alguien** jdm zuvorkommen; **llevar la ~ a alguien** einen Vorsprung vor jdm haben ④ (DEP) Angriff *m*

delantero[1] [delaṇ'tero] *m* ① *(parte anterior)* Vorderteil *nt* ② (DEP) Stürmer(in) *m(f);* **~ centro** Mittelstürmer(in) *m(f)*

delantero, -a[2] [delaṇ'tero, -a] *adj* vordere(r, s)

delatador(a) [delata'ðor(a)] *adj* verräterisch

delatar [dela'tar] **I.** *vt* ① *(denunciar)* anzeigen ② *(manifestar)* verraten **II.** *vr:* **~se** sich verraten (**con** durch +*akk*)

delator(a) [dela'tor(a)] **I.** *adj* denunziatorisch **II.** *m(f)* Denunziant(in) *m(f)*

delectación [delekta'θjon] *f* Freude *f,* Entzücken *nt*

delegación [deleɣa'θjon] *f* ① *(atribución)* Auftrag *m;* **~ de poderes** Übertragung von Befugnissen; **actuar por ~ de alguien** in jds Auftrag handeln ② *(comisión)* Delegation *f* ③ *(oficina)* Amt *nt; (filial)* Zweigstelle *f;* **D~ de Hacienda** Finanzamt *nt* ④ *(Méx: comisaría)* Polizeirevier *nt; (ayuntamiento)* Stadthaus *nt*

delegado, -a [dele'ɣaðo, -a] *m, f* Delegierte(r) *mf;* **~ gubernamental** Regierungsvertreter *m*

delegar [dele'ɣar] <g → gu> *vt* ① *(encargar)* delegieren (**en** an +*akk*); **~ algo en alguien** jdn mit etw *dat* beauftragen ② *(trasferir)* übertragen

deleitable [delei̯'taβle] *adj* köstlich, wonnevoll

deleitar [delei̯'tar] **I.** *vt* ergötzen **II.** *vr:* **~se** sich ergötzen (**con/en** an +*dat*)

deleite [de'lei̯te] *m* Wonne *f;* **con ~** genüsslich

deletéreo, -a [dele'tereo, -a] *adj (venenoso)* giftig; *(mortal)* tödlich

deletrear [deletre'ar] *vt* buchstabieren

deletreo [dele'treo] *m* Buchstabieren *nt*

deleznable [deleθ'naβle] *adj* ① *(frágil)* brüchig ② *(inconsistente)* vergänglich

delfín [del'fin] *m* (ZOOL) Delfin *m*

delgadez [delɣa'ðeθ] *f* Dünnheit *f,* Dünne *f*

delgado, -a [del'ɣaðo, -a] *adj* dünn; *(esbelto)* schlank

deliberación [deliβera'θjon] *f* Beratschlagung *f*

deliberado, -a [deliβe'raðo, -a] *adj* ① *(tratado)* (wohl) überlegt ② *(intencionado)* absichtlich

deliberar [deliβe'rar] *vi, vt* abwägen; *(discutir)* beratschlagen (**sobre/acerca de** über +*akk*)

deliberativo, -a [deliβera'tiβo, -a] *adj* beratend, Beratungs-

delicadeza [delika'ðeθa] *f* ① *(finura)* Feinfühligkeit *f;* **con ~** feinfühlig ② *(debilidad)* Empfindlichkeit *f* ③ *(miramiento)* Zuvorkommenheit *f;* **tener la ~ de...** so zuvorkommend sein und …

delicado, -a [deli'kaðo, -a] *adj* ① *(fino, frágil)* zart ② *(exquisito)* köstlich ③ *(atento)* feinfühlig ④ *(enfermizo)* anfällig; **ser ~ de salud** eine schwache Gesundheit haben ⑤ *(asunto)* heikel ⑥ *(exigente)* anspruchsvoll

delicatessen [delika'tesen] *f pl* (GASTR) Delikatesse *f;* **tienda de ~** Delikatessengeschäft *nt*

delicia [de'liθja] *f* Wonne *f*

delicioso, -a [deli'θjoso, -a] *adj* ① *(persona)* reizend ② *(cosa)* wunderbar; *(comida)* köstlich

delictivo, -a [delik'tiβo, -a] *adj* kriminell; **acto ~** Straftat *f*

delimitación [delimita'θjon] *f* Begrenzung *f,* Abgrenzung *f;* **~ de responsabilidades** Verantwortungsabgrenzung *f*

delimitar [delimi'tar] *vt* abgrenzen

delincuencia [deliŋ'kweṇθja] *f* Kriminalität *f*

delincuente [deliŋ'kweṇte] **I.** *adj* straffällig **II.** *mf* Straftäter(in) *m(f);* **~ reincidente** Wiederholungstäter(in) *m(f)*

delineación [delinea'θjon] *f* ① *(acción)* Skizzieren *nt; (efecto)* Umriss *m* ② *(esbozo)* Entwurf *m*

delineante [deline'aṇte] *mf* technischer Zeichner *m,* technische Zeichnerin *f*

delinear [deline'ar] *vt* skizzieren

delinquir [deliŋ'kir] <qu → c> *vi* straffällig werden
delirante [deli'raṇte] *adj* wahnsinnig
delirar [deli'rar] *vi* ❶ *(desvariar)* fantasieren ❷ *(disparatar)* Unsinn reden
delirio [de'lirjo] *m* ❶ *(enfermedad)* Delirium *nt* ❷ *(ilusión)* Wahnvorstellung *f;* ~ **de grandezas** Größenwahn(sinn) *m*
delito [de'lito] *m* Delikt *nt;* ~ **contra los derechos humanos** Menschenrechtsverletzung *f;* ~ **de guerra** Kriegsverbrechen *nt;* **cuerpo del** ~ Beweisstück *nt*
delta ['deḷta] *m* (GEO) Delta *nt*
deltoides [deḷ'toi̯ðes] **I.** *adj inv* ❶ *(forma)* deltaförmig ❷ (ANAT) Delta- **II.** *m inv* (ANAT) Deltamuskel *m*
deludir [delu'ðir] *vt (elev)* täuschen
demacrado, -a [dema'kraðo, -a] *adj* ausgemergelt, abgezehrt
demacrarse [dema'krarse] *vr* abmagern
demagogia [dema'ɣoxja] *f* Demagogie *f*
demagógico, -a [dema'ɣoxiko, -a] *adj* demagogisch
demagogo, -a [dema'ɣoɣo, -a] *m, f* Demagoge, -in *m, f*
demanda [de'maṇda] *f* ❶ *(petición)* Forderung *f;* ~ **de empleo** Stellengesuch *nt;* ~ **de extradición** (JUR) Auslieferungsgesuch *nt;* **en** ~ **de algo** auf der Suche nach etw *dat* ❷ (COM) Nachfrage *f* (**de** nach +*dat*); ~ **adicional** Mehrbedarf *m;* ~ **agregada** Gesamtnachfrage *f;* ~ **energética** Energiebedarf *m;* **algo tiene mucha** ~ es besteht eine große Nachfrage nach etw *dat* ❸ (JUR) Klage *f;* **presentar una** ~ **contra alguien** Klage gegen jdn erheben
demandado, -a [demaṇ'daðo, -a] **I.** *adj (solicitado)* begehrt **II.** *m, f* (JUR) Beklagte(r) *mf*
demandante [demaṇ'daṇte] **I.** *adj* antragstellend; (JUR) klagend **II.** *mf* Antragsteller(in) *m(f);* (JUR) Kläger(in) *m(f)*
demandar [demaṇ'dar] *vt* ❶ *(pedir)* fordern; *(solicitar)* beantragen ❷ (JUR) verklagen (**por** wegen +*gen/dat*)
demarcación [demarka'θjon] *f* ❶ *(delimitación)* Abgrenzung *f;* **línea de** ~ Demarkationslinie *f* ❷ *(terreno)* Bezirk *m*
demarcar [demar'kar] <c → qu> *vt* (neu) ausmessen
demarrar [dema'rrar] *vi* starten, anfahren
demás [de'mas] **I.** *adj* übrige(r, s); **los/las** ~ die Übrigen; **... y ~...** *(y otros)* ... und weitere ...; **y** ~ *(etcétera)* und so weiter; **por lo** ~ ansonsten **II.** *adv* **por** ~ vergebens; **está por** ~ **que...** es ist überflüssig, zu ...
demasía [dema'sia] *f* ❶ *(exceso)* Übermaß *nt;* **en** ~ im Übermaß ❷ *(insolencia)* Dreistigkeit *f*
demasiado[1] [dema'sjaðo] *adv* (+ *adj*) (all)zu; (+ *verbo*) zu viel
demasiado, -a[2] [dema'sjaðo, -a] *adj* zu viel; **hace** ~ **calor** es ist zu heiß
demasié [dema'sje] *adj (argot)* spitze, affengeil
demencia [de'meṇθja] *f* Schwachsinn *m*
demencial [demeṇ'θjal] *adj,* **demente** [de'meṇte] *adj* schwachsinnig
democracia [demo'kraθja] *f* Demokratie *f*
demócrata [de'mokrata] **I.** *adj* demokratisch **II.** *mf* Demokrat(in) *m(f)*
democratacristiano, -a [demokratakris'tjano, -a] **I.** *adj* christlich-demokratisch **II.** *m, f* Christdemokrat(in) *m(f)*
democrático, -a [demo'kratiko, -a] *adj* demokratisch
democratización *f* Demokratisierung *f*
democratizador(a) [demokratiθa'ðor(a)] *adj* Demokratisierungs-; **proceso** ~ Demokratisierungsprozess *m*
democratizar [demokrati'θar] <z → c> **I.** *vt* demokratisieren **II.** *vr:* **~se** demokratisch werden
demodé [demo'ðe] *adj (fam)* altmodisch
demografía [demoɣra'fia] *f* Demografie *f*
demográfico, -a [demo'ɣrafiko, -a] *adj* demografisch; **explosión demográfica** Bevölkerungsexplosion *f*
demoledor(a) [demole'ðor(a)] *adj (ataque)* heftig; *(argumento)* vernichtend
demoler [demo'ler] <o → ue> *vt (edificio)* abreißen; *(fig)* zunichtemachen
demoníaco, -a [demo'niako, -a] **I.** *adj* ❶ *(satánico)* dämonisch ❷ *(endemoniado)* besessen **II.** *m, f* Besessene(r) *mf*
demonio [de'monjo] *m (espíritu)* Dämon *m; (diablo)* Teufel *m;* **¡~(s)!** zum Teufel!; ~ **de mujer** Teufelsweib *nt;* **como un** ~ wie der Teufel; **de mil ~s** ungeheuer; *(carácter)* äußerst schwierig; **ponerse como un** ~ fuchsteufelswild werden; **saber a ~s** scheußlich schmecken; **ser el mismísimo** ~ der leibhaftige Teufel sein; **tener el** ~ **en el cuerpo** den Teufel im Leib haben; **tentar al** ~ den Teufel an die Wand malen; **¡vete al ~!** scher dich zum Teufel!
demora [de'mora] *f* Verspätung *f; (en el pago/la entrega)* Verzug *m*
demorar [demo'rar] **I.** *vt* hinauszögern **II.** *vr:* **~se** ❶ *(detenerse)* sich aufhalten ❷ *(retrasarse)* sich verspäten
demostrable [demos'traβle] *adj* beweisbar
demostración [demostra'θjon] *f* ❶ *(prueba)* Beweis *m* ❷ *(argumentación)* Beweis-

führung *f* ③ *(explicación)* Darlegung *f* ④ *(exteriorización)* Bekundung *f* ⑤ *(exhibición)* Vorführung *f*

demostrar [demos'trar] <o → ue> *vt* ① *(probar)* beweisen ② *(mostrar)* zeigen ③ *(explicar)* darlegen ④ *(expresar)* bekunden ⑤ *(exhibir)* demonstrieren

demostrativo, -a [demostra'tiβo, -a] *adj* ① *(probatorio)* Beweis-; **documento ~ del pago** Zahlungsbeleg *m* ② (LING) demonstrativ; **pronombre ~** Demonstrativpronomen *nt*

demudado, -a [demu'ðaðo, -a] *adj* ① *(cambiado)* verändert; *(de color)* verfärbt ② *(desfigurado)* entstellt, verzerrt

demudar [demu'ðar] **I.** *vt* ① *(variar)* verändern; **la mala noticia le demudó el rostro** aufgrund der schlechten Nachricht verdüsterte sich seine/ihre Miene ② *(desfigurar)* verzerren **II.** *vr:* **~se** ① *(de color)* **se demudó al ver el cadáver** beim Anblick der Leiche wurde er/sie ganz blass im Gesicht ② *(desfigurarse)* das Gesicht verziehen

dendrografía [deṇdroɣra'fia] *f* Abhandlung *f* über Bäume

denegación [deneɣa'θjon] *f* Verweigerung *f;* **~ de auxilio** (JUR) unterlassene Hilfeleistung

denegar [dene'ɣar] *vt irr como fregar* ablehnen; **~ un derecho a alguien** jdm ein Recht absprechen

denigración [deniɣra'θjon] *f* ① *(humillación)* Erniedrigung *f* ② *(calumnia)* Diffamierung *f* ③ *(injuria)* Beleidigung *f*

denigrar [deni'ɣrar] *vt* ① *(humillar)* erniedrigen ② *(calumniar)* in Verruf bringen ③ *(injuriar)* beleidigen

denominación [denomina'θjon] *f* ① *(nombre)* Benennung *f,* Bezeichnung *f* ② (COM) Nennwert *m,* Stückelung *f* von Wertpapieren

denominador [denomina'ðor] *m* (MAT) Nenner *m;* **reducir a un común ~** *(t. fig)* auf einen gemeinsamen Nenner bringen

denominar [denomi'nar] **I.** *vt* *(llamar)* nennen; **~ la escuela en homenaje a su fundadora** die Schule nach ihrer Gründerin benennen **II.** *vr:* **~se** sich nennen

denotación [denota'θjon] *f* ① *(nombre)* Bezeichnung *f* ② (LING) Denotation *f*

denotar [deno'tar] *vt (significar)* bedeuten

densidad [densi'ða^{ð}] *f* Dichte *f*

denso, -a ['denso, -a] *adj* ① *(compacto)* dicht ② *(espeso)* dick ③ *(pesado)* schwer

dentado, -a [deṇ'taðo, -a] *adj* gezähnt; (BOT) gezackt; **rueda dentada** (TÉC) Zahnrad *nt*

dentadura [deṇta'ðura] *f* Gebiss *nt*

dental [deṇ'tal] *adj* ① (MED) Zahn- ② (LING) dental

dentellada [deṇte'ʎaða] *f* ① *(mordisco)* Biss *m;* **a ~s** mit den Zähnen; **comer a ~s** gierig essen; **matar a ~s** *(fiera)* reißen; **pelearse a ~s** einander beißen ② *(herida)* Bisswunde *f*

dentellear [deṇteʎe'ar] *vt* beißen

dentera [deṇ'tera] *f* ① *(sensación) unangenehmes Gefühl an den Zähnen* ② *(fam: envidia)* Neid *m*

dentición [deṇti'θjon] *f* ① *(aparición)* Zahndurchbruch *m;* *(de los primeros dientes)* Zahnen *nt* ② *(dientes)* Gebiss *nt*

dentífrico[1] [deṇ'tifriko] *m* Zahncreme *f*

dentífrico, -a[2] [deṇ'tifriko, -a] *adj* **agua dentífrica** Mundwasser *nt;* **pasta dentífrica** Zahncreme *f*

dentista [deṇ'tista] **I.** *adj* zahnärztlich **II.** *mf* Zahnarzt, -ärztin *m, f*

dentro ['deṇtro] **I.** *adv* (dr)innen; **a ~** innen; **desde ~** von innen heraus; *(fig)* von Herzen; **por ~** innen; *(fig)* im Herzen **II.** *prep* ① **~ de** *(local)* in *+dat;* **~ de lo posible** im Rahmen des Möglichen ② **~ de** *(con movimiento)* in *+akk;* **mirar ~ de la habitación** ins Zimmer reinschauen ③ **~ de** *(temporal)* in *+dat;* **~ de poco** bald

denuncia [de'nuṇθja] *f* ① *(acusación)* (Straf)anzeige *f;* **~ obligatoria** Anzeigepflicht *f;* **hacer una ~** Anzeige erstatten (**ante** bei *+dat,* **por** wegen *+gen/dat*); **hacer una ~ por falta de pago** eine Klage auf Zahlung erheben ② *(de una injusticia)* Anklage *f;* **ser una ~ de algo** etw anklagen ③ *(tratado)* Kündigung *f*

denunciación [denuṇθja'θjon] *f* Denunziation *f abw*

denunciante [denuṇ'θjaṇte] **I.** *adj* (JUR) **parte ~** Kläger *m* **II.** *mf* ① *(que presenta una denuncia)* Anzeigeerstatter(in) *m(f)* ② *(que delata)* Denunziant(in) *m(f) abw*

denunciar [denuṇ'θjar] *vt* ① *(acusar)* anzeigen (**por** wegen *+gen/dat,* **ante** bei *+dat*) ② *(delatar)* denunzieren ③ *(hacer público)* an die Öffentlichkeit bringen ④ *(indicar)* erkennen lassen ⑤ *(tratado)* kündigen

denuncio [de'nuṇθjo] *m* ① *(And: denuncia)* Anzeige *f* ② (MIN) Muten *nt*

deontología [deoṇtolo'xia] *f* Pflichtenlehre *f*

deparar [depa'rar] *vt* bescheren; **nunca se sabe lo que a uno le ~á el destino** man weiß nie, was einen erwartet

departamental [departameṇ'tal] *adj* Abteilungs-; **jefe ~** Abteilungsleiter *m*

departamento [departa'meṇto] *m* ① *(de*

una esmpresa) Abteilung *f;* ~ **de contabilidad** Buchhaltung *f;* ~ **de marketing** [*o* **mercadotecnia**] Marketingabteilung *f;* ~ **de ventas** Vertriebsabteilung *f;* ~ **de recursos humanos** Personalabteilung *f;* ~ **de relaciones públicas** PR-Abteilung *f;* ~ **jurídico** Rechtsabteilung *f* ❷ *(de un objeto)* Fach *nt* ❸ *(ministerio)* Ministerium *nt* ❹ *(distrito)* Bezirk *m* ❺ (UNIV) Fachbereich *m* ❻ (FERRO) Abteil *nt* ❼ *(Am: apartamento)* Wohnung *f*

departir [depar'tir] *vi* plaudern (**acerca de/de/sobre** über +*akk*)

dependencia [depeṇ'deṇθja] *f* ❶ *(sujeción)* Abhängigkeit *f;* **vivir en ~ de alguien** von jdm abhängig sein ❷ *(sucursal)* Niederlassung *f* ❸ *(empleados)* Belegschaft *f* ❹ *(sección)* Abteilung *f* ❺ *pl (habitaciones)* Räumlichkeiten *fpl*

depender [depeṇ'der] *vi* abhängig sein (**de** von +*dat*); **eso depende de Ud.** das liegt an Ihnen; **¡depende!** es kommt darauf an!

dependiente[1] [depeṇ'djeṇte] *adj* abhängig (**de** von +*dat*)

dependiente, -a[2] [depeṇ'djeṇte, -a] *m, f* Angestellte(r) *mf; (de una tienda)* Verkäufer(in) *m(f)*

depilación [depila'θjon] *f* Enthaarung *f*

depiladora [depila'ðora] *f* Epiliergerät *nt*

depilar [depi'lar] *vt, vr:* **~se** (sich) enthaaren; **~se las cejas** sich *dat* die Augenbrauen zupfen

depilatorio[1] [depila'torjo] *m* Enthaarungsmittel *nt*

depilatorio, -a[2] [depila'torjo, -a] *adj* Enthaarungs-

deplorable [deplo'raβle] *adj* bedauerlich; **espectáculo ~** jämmerliche Vorstellung

deplorar [deplo'rar] *vt* (zutiefst) bedauern

deponer [depo'ner] *irr como poner* **I.** *vt* ❶ *(destituir)* absetzen; **~ de un cargo** eines Amtes entheben ❷ *(deshacerse de)* ablegen; **~ las armas** die Waffen niederlegen **II.** *vi* (JUR) aussagen

deportación [deporta'θjon] *f* Deportation *f*

deportar [depor'tar] *vt* deportieren

deporte [de'porte] *m* Sport *m;* ~ **de (alta) competición** (Hoch)leistungssport *m;* ~ **hípico** Reitsport *m;* **~s de invierno** Wintersportarten *fpl;* **hacer ~** Sport treiben

deportista [depor'tista] **I.** *adj* sportlich **II.** *mf* Sportler(in) *m(f);* ~ **aficionado** Amateur(sportler) *m;* ~ **profesional** Profi(sportler) *m*

deportividad [deportiβi'ða[ð]] *f* (DEP) Sportlichkeit *f*

deportivo[1] [depor'tiβo] *m* ❶ *(club)* Sportverein *m* ❷ *(automóvil)* Sportwagen *m*

deportivo, -a[2] [depor'tiβo, -a] *adj* sportlich; **noticias deportivas** Sportnachrichten *fpl*

depositar [deposi'tar] **I.** *vt* deponieren; (FIN) einlegen; *(cadáver)* aufbahren; **~ su confianza en alguien** sein Vertrauen in jdn setzen **II.** *vr:* **~se** sich absetzen

depositaría [deposita'ria] *f* Aufbewahrungsort *m,* Hinterlegungsstelle *f*

depositario, -a [deposi'tarjo, -a] *m, f* ❶ *(de valores)* Depositar(in) *m(f),* Verwahrer(in) *m(f);* ~ **judicial** Sequester *m* ❷ *(de sentimientos)* Vertraute(r) *mf*

depósito [de'posito] *m* ❶ *(el guardar)* Aufbewahrung *f;* **en ~** in Verwahrung ❷ *(el poner al cuidado)* Deponieren *nt* ❸ *(lugar)* Depot *nt;* ~ **de equipajes** (FERRO) Gepäckaufbewahrung *f* ❹ *(recipiente)* Tank *m;* ~ **del combustible** Kraftstofftank *m;* ~ **de la cisterna** Spülkasten *m* ❺ (FIN: *acción*) Einlegen *nt; (dinero)* Einlage *f* ❻ *(sedimento)* Ablagerung *f* ❼ *(morgue)* ~ **de cadáveres** Leichenhaus *nt;* ~ **judicial** Leichenschauhaus *nt*

depravar [depra'βar] **I.** *vt* verderben **II.** *vr:* **~se** verkommen

depre ['depre] *f (fam)* **estar con la ~** down sein

deprecar [depre'kar] <c → qu> *vt* flehen (um +*akk*), inständig bitten (um +*akk*)

depreciación [depreθja'θjon] *f (desvalorización)* Wertminderung *f;* ~ **monetaria** Geldentwertung *f*

depreciar [depre'θjar] **I.** *vt (desvalorizar)* den Wert mindern +*gen; (moneda)* abwerten **II.** *vr:* **~se** an Wert verlieren

depredador(a) [depreða'ðor(a)] **I.** *adj* ❶ *(saqueador)* plündernd ❷ (ZOOL) räuberisch **II.** *m(f)* ❶ *(saqueador)* Plünderer, -in *m, f* ❷ *(malversador)* Veruntreuer(in) *m(f)*

depredar [depre'ðar] *vt (saquear)* plündern

depresión [depre'sjon] *f* ❶ *(tristeza)* Depression *f* ❷ (GEO) Senke *f* ❸ (ECON) Depression *f;* ~ **cíclica** Konjunktureinbruch *m;* ~ **económica** Wirtschaftskrise *f* ❹ (METEO) Tief(druckgebiet) *nt*

depresivo, -a [depre'siβo, -a] *adj* ❶ *(que deprime)* deprimierend ❷ *(propenso a)* depressiv

deprimente [depri'meṇte] *adj* deprimierend

deprimido, -a [depri'miðo, -a] *adj* deprimiert; **región deprimida** entwicklungsschwache Region

deprimir [depri'mir] **I.** *vt (abatir)* deprimieren **II.** *vr:* **~se** *(abatirse)* Depressionen bekommen

deprisa [de'prisa] *adv* schnell; **~ y corriendo** so schnell wie möglich

depuración [depura'θjon] *f* Reinigung *f;* (POL) Säuberung *f*

depuradora [depura'ðora] *f* ① *(estación)* Kläranlage *f* ② *(piscina)* Umwälzanlage *f*

depurar [depu'rar] *vt* reinigen; (POL) säubern; **~ el estilo** an der Ausdrucksweise feilen

derecha [de'retʃa] *f* ① *(diestra)* rechte Hand *f* ② *(lado)* rechte Seite *f;* **doblar a la ~** (nach) rechts abbiegen; **tengo a mi madre a la ~** meine Mutter steht rechts von mir; **rebasar por la ~** von rechts überholen ③ (POL) Rechte *f;* **de ~(s)** rechtsorientiert

derechazo [dere'tʃaθo] *m (boxeo)* Rechte *f*

derechista [dere'tʃista] **I.** *adj* (POL) rechtsorientiert **II.** *mf* (POL) Rechte(r) *mf*

derechización [deretʃiθa'θjon] *f* (POL) Rechtsruck *m*

derecho[1] [de'retʃo] **I.** *adv* direkt **II.** *m* ① *(legitimidad)* Recht *nt* (**a** auf +*akk*); **~ de asociación** Vereinigungsfreiheit *f;* **~ de libertad de conciencia y culto** Gewissens- und Religionsfreiheit *f;* **~s de pago de indemnización** Schaden(s)ersatzansprüche *mpl;* **~ de propiedad intelectual** Urheberrecht *nt;* **~ de sufragio** Stimmrecht *nt;* **con ~ a** berechtigt zu +*dat;* **de pleno ~** mit vollem Recht; **miembro de pleno ~** vollberechtigtes Mitglied; **estar en su (perfecto) ~** (voll) im Recht sein; **hacer uso de un ~** ein Recht in Anspruch nehmen; **tener ~ a** berechtigt sein zu +*dat;* **¡no hay ~!** *(fam)* das gibt es nicht!; **~ al pataleo** *(fam)* Recht auf Widerrede ② *(jurisprudencia)* Recht *nt;* *(ciencia)* Rechtswissenschaft *f;* **~ criminal** Strafrecht *nt;* **~ político** Staatsrecht *nt;* **estudiar ~** Jura studieren; **conforme a ~** rechtmäßig; **de ~** von Rechts wegen; **por ~ propio** kraft seines Amtes ③ *(de un papel/una tela)* rechte Seite *f* ④ *pl (impuestos)* Gebühren *fpl;* **~s antidumpin** Antidumpingzölle *mpl;* **~s de exportación** Ausfuhrzölle *mpl;* **libre de ~s** gebührenfrei; **sujeto a ~s** gebührenpflichtig ⑤ *pl (honorarios)* Honorar *nt;* **~s de mediación** Vermittlungsprovision *f*

derecho, -a[2] [de'retʃo, -a] *adj* ① *(diestro)* rechte(r, s) ② *(recto)* gerade ③ *(erguido)* aufrecht; **ponerse ~** sich aufrichten ④ *(justo)* aufrecht; **a derechas** wie es sich gehört ⑤ *(directo)* direkt

derivación [deriβa'θjon] *f* ① (*t.* LING, MAT: *deducción*) Ableitung *f;* **~ a tierra** (ELEC) Erdung *f* ② (FERRO) Nebenbahn *f* ③ *(de agua)* Zuleitung *f*

derivada [deri'βaða] *f* (MAT) Differenzialquotient *m*

derivado [deri'βaðo] *m* Derivat *nt*

derivar [deri'βar] **I.** *vi* ① *(proceder)* hervorgehen (**de** aus +*dat*) ② *(tornar)* sich umwandeln (**hacia** zu +*dat*) ③ (NÁUT) abdriften **II.** *vt* ① (*t.* MAT, LING: *deducir*) ableiten ② *(desviar)* umleiten; **~ una conversación hacia otro tema** ein Gespräch auf ein anderes Thema lenken ③ (ELEC) abzweigen **III.** *vr:* **~se** sich ableiten (**de** aus +*dat*)

derivativo, -a [deriβa'tiβo, -a] *adj* Ableitungs-; **el substantivo ~ de 'casero' es 'casa'** 'casero' ist von dem Substantiv 'casa' abgeleitet

dermatología [dermatolo'xia] *f* (MED) Dermatologie *f*

dermatólogo, -a [derma'toloɣo, -a] *m, f* Hautarzt, -ärztin *m, f*

dérmico, -a ['dermiko, -a] *adj* Haut-

derogación [deroɣa'θjon] *f* ① *(de una ley)* Aufhebung *f* ② *(disminución)* Minderung *f*

derogar [dero'ɣar] <g → gu> *vt* ① *(una ley)* aufheben ② *(destruir)* zerstören ③ *(reformar)* reformieren

derramamiento [derrama'mjen̩to] *m* Ausschütten *nt;* *(involuntario)* Verschütten *nt;* *(de sangre/lágrimas)* Vergießen *nt*

derramar [derra'mar] **I.** *vt* ① *(verter)* ausschütten; *(sin querer)* verschütten; *(lágrimas/sangre)* vergießen ② *(repartir)* **~ un gasto** eine Abgabe umlegen **II.** *vr:* **~se** ① *(esparcirse: líquidos)* auslaufen; *(otros)* rieseln ② *(desaguar)* münden (**en** in +*akk*) ③ *(diseminarse)* sich ausbreiten

derrame [de'rrame] *m* ① *v.* **derramamiento** ② *(desbordamiento)* Überlaufen *nt* ③ (MED) Erguss *m;* **~ cerebral** Gehirnschlag *m*

derrapante [derra'pan̩te] *adj* rutschig

derrapar [derra'par] *vi* ins Schleudern geraten

derrape [de'rrape] *m* Schleudern *nt*

derredor [derre'ðor] *m* Umkreis *m;* **en ~** ringsherum; **en ~ de la mesa** rings um den Tisch herum

derrengado, -a [derreŋ'gaðo, -a] *adj* ① *(deslomado)* verrenkt ② *(torcido)* krumm ③ *(exhausto)* zerschlagen

derrengar [derreŋ'gar] <g → gu> **I.** *vt* ① *(deslomar)* verrenken; **tu peso me derrengó al llevarte a cuestas** durch dein Gewicht habe ich mir eine Verrenkung zugezogen, als ich dich getragen habe ② *(torcer)* biegen ③ *(fam: agotar)* auspowern

II. *vr:* **~se** ① *(deslomarse)* sich verrenken ② *(agotarse)* sich abarbeiten

derretido[1] [derre'tiðo] *m* Beton *m*

derretido, -a[2] [derre'tiðo, -a] *adj* ① *(deshecho)* geschmolzen ② *(enamorado)* verliebt; **estar ~ por alguien** bis über beide Ohren in jdn verliebt sein

derretimiento [derreti'mjen̩to] *m* ① *(disolución)* Schmelzen *nt* ② *(pasión)* Hingabe *f*

derretir [derre'tir] *irr como pedir* **I.** *vt* ① *(deshacer)* schmelzen ② *(derrochar)* verschleudern **II.** *vr:* **~se** ① *(deshacerse)* schmelzen ② *(fam: consumirse)* **~se de calor** vor Hitze vergehen; **~se de gusto** sich pudelwohl fühlen; **estar derretido (de amor) por alguien** bis über beide Ohren in jdn verliebt sein

derribar [derri'βar] *vt* ① *(edificio)* niederreißen; *(puerta)* einschlagen; *(árbol)* fällen ② *(jinete)* abwerfen; *(boxeador)* niederwerfen ③ *(del cargo/poder)* stürzen; *(humillar)* demütigen

derribo [de'rriβo] *m* ① *(caída provocada)* Umwerfen *nt; (de un avión)* Abschuss *m; (de un futbolista)* Foul *nt* ② *(demolición)* Abriss *m* ③ *(escombro)* Abbruchmaterial *nt*

derrocar [derro'kar] <c → qu> *vt* ① *(despeñar)* herabstürzen ② *(destituir)* stürzen

derrochador(a) [derroʧa'ðor(a)] **I.** *adj* verschwenderisch **II.** *m(f)* Verschwender(in) *m(f)*

derrochar [derro'ʧar] *vt* ① *(despilfarrar)* verschwenden ② *(fam: tener en abundancia)* strotzen (vor +*dat*)

derroche [de'rroʧe] *m* Verschwendung *f*

derrota [de'rrota] *f* ① *(fracaso)* Niederlage *f* ② (NÁUT) Kurs *m* ③ *(senda)* Pfad *m*

derrotar [derro'tar] **I.** *vt* ① *(vencer)* schlagen ② *(desmoralizar)* zugrunde richten **II.** *vr:* **~se** (NÁUT) vom Kurs abkommen

derrotero [derro'tero] *m (rumbo)* Kurs *m;* **ir por nuevos ~s** *(fig)* neue Wege beschreiten

derrotista [derro'tista] **I.** *adj* defätistisch **II.** *mf* Defätist(in) *m(f)*

derruir [derru'ir] *vt irr como huir* ① *(derribar)* niederreißen ② *(destruir)* zerstören

derrumbadero [derrumba'ðero] *m* ① *(precipicio)* Absturz *m,* steiler Abhang *m* ② *(peligro)* Gefahr *f*

derrumbamiento [derrumba'mjen̩to] *m* (ARQUIT) Einsturz *m; (fig)* Zusammenbruch *m*

derrumbar [derrum'bar] **I.** *vt* ① *(despeñar)* herabstürzen ② *(derruir)* niederreißen ③ *(moralmente)* deprimieren **II.** *vr:* **~se** *(edificio)* einstürzen; *(esperanzas)* sich zerschlagen

derrumbe [de'rrumbe] *m* ① *(derrumbamiento)* Einsturz *m* ② *(precipicio)* Abgrund *m*

desabastecido, -a [desaβaste'θiðo, -a] *adj* unterversorgt

desaborido, -a [desaβo'riðo, -a] **I.** *adj* fade **II.** *m, f* Langweiler(in) *m(f)*

desabotonar [desaβoto'nar] *vt, vr:* **~se** aufknöpfen

desabrido, -a [desa'βriðo, -a] *adj* ① *(comida)* fade ② *(tiempo)* ungemütlich ③ *(persona)* unwirsch

desabrigado, -a [desaβri'ɣaðo, -a] *adj* ungeschützt; **estar ~** *(persona)* zu leicht gekleidet sein

desabrochar [desaβro'ʧar] *vt, vr:* **~se** *(botones)* aufknöpfen; *(cordones)* aufschnüren; *(ganchos)* aufhaken; *(hebillas)* aufschnallen

desacatar [desaka'tar] *vt* missachten

desacato [desa'kato] *m* Missachtung *f* (**a** +*gen*)

desacertado, -a [desaθer'taðo, -a] *adj* verfehlt

desacierto [desa'θjerto] *m (falta)* Fehler *m; (equivocación)* Irrtum *m*

desacomodado, -a [desakomo'ðaðo, -a] *adj* ① *(pobre)* arm ② *(desempleado)* arbeitslos

desacomodar [desakomo'ðar] **I.** *vt* ① *(incomodar)* belästigen ② *(dejar sin empleo)* entlassen ③ *(Arg: desordenar)* in Unordnung bringen **II.** *vr:* **~se** *(perder el empleo)* entlassen werden; *(abandonar el empleo)* kündigen

desaconsejable [desakonse'xaβle] *adj* nicht empfehlenswert

desaconsejado, -a [desakonse'xaðo, -a] *adj* verfehlt, unangebracht

desaconsejar [desakonse'xar] *vt* abraten (von +*dat*); **~ algo a alguien** jdm von etw *dat* abraten

desacorde [desa'korðe] *adj* ① (MÚS) verstimmt ② *(alguien)* **estar ~ con algo/alguien** etw *dat*/jdm nicht zustimmen

desacostumbrado, -a [desakostum'braðo, -a] *adj (fuera de la rutina)* ungewohnt; *(no común)* ungewöhnlich

desacostumbrar [desakostum'brar] **I.** *vt* abgewöhnen; **~ a alguien de algo** jdm etw abgewöhnen **II.** *vr:* **~se** sich *dat* abgewöhnen (**a/de** +*akk*)

desacreditar [desakreði'tar] **I.** *vt* in Verruf bringen **II.** *vr:* **~se** in Verruf kommen

desactivar [desakti'βar] *vt (explosivos)* entschärfen

desacuerdo [desa'kwerðo] *m* ① *(discre-*

pancia) Unstimmigkeit *f;* **estar en ~** nicht übereinstimmen ② *(error)* Fehler *m*

desafecto[1] [desa'fekto] *m* ① *(no partidario)* Unparteilichkeit; **~ a un régimen político** Unparteilichkeit einem politischen Regime gegenüber ② *(sin afecto)* Lieblosigkeit *f;* **tratar a alguien con ~** jdn lieblos behandeln ③ *(rechazo)* Abneigung

desafecto, -a[2] [desa'fekto, -a] *adj* abgeneigt; **el tirano asesinaba a los súbditos ~s** der Tyrann ließ die Regimegegner umbringen

desafiador(a) [desafja'ðor(a)] **I.** *adj* herausfordernd **II.** *m(f)* Herausforderer, -in *m, f*

desafiante [desafi'an̪te] *adj* herausfordernd

desafiar [desafi'ar] <*1. pres* desafío> **I.** *vt (retar)* herausfordern (**a** zu +*dat*); *(hacer frente)* trotzen (**a** +*dat*); **te desafío a que no lo intentas** ich wette mit dir, dass du es nicht wagst **II.** *vr:* **~se** sich (gegenseitig) herausfordern (**a** zu +*dat*)

desafinado, -a [desafi'naðo, -a] *adj (tono)* falsch

desafinar [desafi'nar] *vi* (MÚS: *al cantar*) falsch singen; *(al tocar)* falsch spielen; *(instrumento)* verstimmt sein

desafío [desa'fio] *m (reto, prueba)* Herausforderung *f; (duelo)* Duell *nt*

desaforado, -a [desafo'raðo, -a] *adj (fuera de la ley)* gesetzwidrig; *(desmedido)* maßlos

desafortunado, -a [desafortu'naðo, -a] *adj* unglücklich

desafuero [desa'fwero] *m* Übergriff *m*

desagradable [desaɣra'ðaβle] *adj* ① *(no agradable)* unangenehm (**a** für +*akk*); **ser ~ al tacto** sich unangenehm anfühlen ② *(repulsivo)* widerlich (**a** für +*akk*); **ser ~ al gusto** ekelhaft schmecken

desagradar [desaɣra'ðar] *vi* missfallen +*dat*

desagradecido, -a [desaɣraðe'θiðo, -a] *adj* undankbar

desagrado [desa'ɣraðo] *m* Missfallen *nt*

desagraviar [desaɣra'βjar] **I.** *vt* ① *(excusarse)* sich entschuldigen (**a** bei +*dat*) ② *(compensar)* entschädigen **II.** *vr:* **~se** sich schadlos halten (**de** an +*dat*)

desagravio [desa'ɣraβjo] *m* Wiedergutmachung *f,* Entschädigung *f*

desaguar [desa'ɣwar] <gu → gü> **I.** *vi* ① *(desembocar)* münden (**en** in +*akk*) ② *(verterse)* abfließen ③ *(fam: orinar)* Wasser lassen **II.** *vt* ① *(desecar)* entwässern, trockenlegen; **~ el sótano** den Keller auspumpen ② *(derrochar dinero)* verschwenden **III.** *vr:* **~se** ① *(verterse)* abfließen ② *(evacuar el intestino, el estómago)* sich entleeren

desagüe [de'saɣwe] *m* Abfluss *m*

desaguisado[1] [desaɣi'saðo] *m* ① *(agravio)* Beleidigung *f* ② *(fam: lío)* Durcheinander *nt*

desaguisado, -a[2] [desaɣi'saðo, -a] *adj (contra la ley)* gesetzwidrig; *(la razón)* unvernünftig

desahogado, -a [desao'ɣaðo, -a] *adj* ① *(lugar)* geräumig; *(prenda)* weit ② *(adinerado)* auskömmlich ③ *(descarado)* unverschämt

desahogar [desao'ɣar] <g → gu> **I.** *vt* Erleichterung verschaffen +*dat* **II.** *vr:* **~se** ① *(desfogarse)* sich *dat* Erleichterung verschaffen ② *(confiarse)* **~se con alguien** sich bei jdm aussprechen; **~se de un disgusto con alguien** seinen Ärger bei jdm loswerden ③ *(recuperarse)* sich erholen

desahogo [desa'oɣo] *m* ① *(alivio)* Erleichterung *f* ② *(reposo)* Erholung *f* ③ *(holgura económica)* Auskommen *nt* ④ *(descaro)* Dreistigkeit *f*

desahorro [desa'orro] *m* (FIN) Rückgang *m* der Spareinlagen

desahuciado, -a [desau̯'θjaðo, -a] *adj (enfermo)* unheilbar krank

desahuciar [desau̯'θjar] **I.** *vt* ① *(quitar la esperanza)* entmutigen ② *(enfermo)* aufgeben ③ *(inquilino)* kündigen +*dat* **II.** *vr:* **~se** verzweifeln

desahucio [de'sau̯θjo] *m* (JUR) Zwangsräumung *f*

desairado, -a [desai̯'raðo, -a] *adj* ① *(humillado)* gekränkt ② *(desgarbado)* linkisch ③ *(ropa)* schlecht sitzend

desairar [desai̯'rar] *vt irr como airar* ① *(humillar)* kränken ② *(desestimar)* gering schätzen ③ *(rechazar)* verschmähen

desaire [de'sai̯re] *m* ① *(humillación)* Kränkung *f* ② *(desprecio)* Geringschätzung *f* ③ *(desatención)* Unhöflichkeit *f*

desajustar [desaxus'tar] **I.** *vt* ① *(desordenar)* in Unordnung bringen; *(máquina)* verstellen ② *(aflojar)* lösen **II.** *vr:* **~se** ① *(desavenir)* sich distanzieren ② *(aflojarse)* sich lösen

desajuste [desa'xuste] *m* ① *(desorden)* Unordnung *f* ② *(desconcierto)* Diskrepanz *f* ③ *(de aparatos)* Fehleinstellung *f*

desalentador(a) [desalen̪ta'ðor(a)] *adj* entmutigend

desalentar [desalen̪'tar] <e → ie> **I.** *vt (desesperanzar)* entmutigen **II.** *vr:* **~se** den Mut verlieren

desaliento [desa'ljen̪to] *m (falta de valor)* Mutlosigkeit *f; (de fuerzas)* Schwäche *f*

desaliñado, -a [desali'ɲaðo, -a] *adj* ungepflegt
desaliñar [desali'ɲar] **I.** *vt (aseo personal)* vernachlässigen **II.** *vr:* **~se** sich vernachlässigen
desalmado, -a [desal'maðo, -a] **I.** *adj* barbarisch **II.** *m, f* Barbar(in) *m(f)*
desalojamiento [desaloxa'mjen̩to] *m (voluntario)* Auszug *m; (obligatorio)* Räumung *f*
desalojar [desalo'xar] **I.** *vi* ausziehen **II.** *vt (abandonar: casa)* räumen; *(puesto)* verlassen
desalquilar [desalki'lar] **I.** *vt (dejar libre)* aufgeben **II.** *vr:* **~se** frei werden
desamor [desa'mor] *m* ① *(falta de amor)* Lieblosigkeit *f* ② *(aborrecimiento)* Abneigung *f*
desamortización [desamortiθa'θjon] *f* Privatisierung *f;* **~ de bienes eclesiásticos** Säkularisierung [*o* Enteignung] von Kirchengut
desamortizar [desamorti'θar] <z → c> *vt* ① *(privatizar)* privatisieren ② *(préstamo)* tilgen
desamparado, -a [desampa'raðo, -a] *adj (persona)* schutzlos; *(vagabundo)* obdachlos; *(lugar)* ungeschützt; *(casa)* verlassen
desamparar [desampa'rar] *vt (dejar)* verlassen; *(posesiones)* aufgeben; *(desasistir)* im Stich lassen
desamparo [desam'paro] *m* ① *(falta de protección)* Schutzlosigkeit *f* ② *(abandono)* Verlassen *nt*
desamueblado, -a [desamwe'βlaðo, -a] *adj* unmöbliert
desamueblar [desamwe'βlar] *vt* ausräumen
desandar [desan̩'dar] *vt irr como andar* wieder zurückgehen; **~ lo andado** *(fig)* wieder von vorne beginnen; **no se puede ~ lo andado** *(prov)* was geschehen ist, kann man nicht mehr ungeschehen machen
desangelado, -a [desaŋxe'laðo, -a] *adj (persona)* langweilig; *(habitación)* kahl
desangrar [desaŋ'grar] **I.** *vt* ① *(animales)* ausbluten lassen ② *(pantanos)* trockenlegen ③ *(arruinar)* ausbeuten **II.** *vr:* **~se** verbluten
desanimado, -a [desani'maðo, -a] *adj* ① *(persona)* mutlos ② *(lugar)* wenig besucht
desanimar [desani'mar] **I.** *vt* entmutigen **II.** *vr:* **~se** den Mut verlieren
desánimo [de'sanimo] *m* Mutlosigkeit *f*
desanudar [desanu'ðar] *vt (nudo)* aufknoten
desapacible [desapa'θiβle] *adj (persona)* unfreundlich; *(sonidos)* unangenehm; *(tiempo)* ungemütlich
desaparecer [desapare'θer] *vi irr como crecer* verschwinden
desaparecido, -a [desapare'θiðo, -a] **I.** *adj* ① *(perdido)* vermisst ② *(muerto)* verstorben **II.** *m, f* Vermisste(r) *mf*
desaparición [desapari'θjon] *f (el perderse)* Verschwinden *nt*
desapasionado, -a [desapasjo'naðo, -a] *adj* ① *(sin pasión)* leidenschaftslos; **hizo un gesto ~ de aprobación** er/sie nickte unbeteiligt mit dem Kopf ② *(imparcial)* unparteiisch
desapego [desa'peɣo] *m* Abneigung *f* (**hacia** gegen +*akk*)
desapercibido, -a [desaperθi'βiðo, -a] *adj* ① *(inadvertido)* unbemerkt; **pasar ~** nicht auffallen ② *(desprevenido)* unvorbereitet; **coger ~** völlig unvorbereitet treffen
desaplicación [desaplika'θjon] *f* Trägheit *f*
desaplicado, -a [desapli'kaðo, -a] *adj* faul
desapoderar [desapoðe'rar] **I.** *vt* ① *(desposeer)* enteignen (**de** +*akk*); **~ de la herencia a alguien** jdn enterben ② *(quitar el poder)* entmachten **II.** *vr:* **~se** verzichten (**de** auf +*akk*)
desaprensión [desapren'sjon] *f* Rücksichtslosigkeit *f*
desaprensivo, -a [desapren'siβo, -a] *adj* rücksichtslos
desapretar [desapre'tar] <e → ie> **I.** *vt* lockern; *(freno, tornillo)* lösen **II.** *vr:* **~se** sich lösen
desaprobación [desaproβa'θjon] *f* Missbilligung *f*
desaprobar [desapro'βar] <o → ue> *vt* missbilligen
desaprovechado, -a [desaproβe'ʧaðo, -a] *adj (infructuoso)* vergeblich; *(malogrado)* gescheitert
desaprovechar [desaproβe'ʧar] *vt* sich *dat* entgehen lassen
desarbolado, -a [desarβo'laðo, -a] *adj* ① *(sin árboles, estéril)* kahl ② *(destartalado)* defekt ③ *(nervioso)* hektisch
desarbolar [desarβo'lar] *vt* ① *(echar por tierra)* zunichtemachen, über den Haufen werfen *fam* ② *(derrotar)* schlagen, besiegen; **~on al equipo contrario** sie haben die gegnerische Mannschaft geschlagen
desarmar [desar'mar] **I.** *vi* (POL) abrüsten **II.** *vt* ① *(dejar sin armas/argumentos)* entwaffnen ② *(desmontar)* zerlegen
desarme [de'sarme] *m* (POL) Abrüstung *f*
desarraigar [desarra i̯'ɣar] <g → gu> *vt* ① *(árbol, persona)* entwurzeln ② *(costumbre, creencia)* ausrotten

desarraigo [desa'rraịɣo] *m* ① *(de árbol, de persona)* Entwurzelung *f* ② *(de una pasión, una creencia)* Ausrottung *f*

desarreglado, -a [desarre'ɣlaðo, -a] *adj* *(sin orden)* unordentlich; *(sin regularidad)* unstet

desarreglar [desarre'ɣlar] *vt* ① *(desordenar)* durcheinanderbringen ② *(perturbar)* stören

desarreglo [desarre'ɣlo] *m* ① *(desorden)* Unordnung *f* ② *(desperfecto, molestia)* Störung *f*; *(coche)* Panne *f*

desarrollar [desarro'ʎar] **I.** *vt* ① *(aumentar)* entfalten, entwickeln; ~ **relaciones comerciales** Handelsbeziehungen ausbauen ② *(tratar en detalle)* darlegen ③ *(desenrollar)* entrollen **II.** *vr:* **~se** ① *(progresar)* sich entwickeln ② *(tener lugar)* sich abspielen

desarrollo [desa'rroʎo] *m* ① *(de un rollo)* Entrollen *nt* ② *(progreso)* Entwicklung *f*; *(crecimiento)* Wachstum *nt*; ~ **profesional** berufliches Fortkommen; ~ **sostenible** nachhaltige Entwicklung; **ayuda al** ~ Entwicklungshilfe *f*; **país en vías de** ~ Entwicklungsland *nt* ③ *(proceso)* Ablauf *m*

desarropar [desarro'par] *vt, vr:* **~se** (sich) ausziehen

desarrugar [desarru'ɣar] <g → gu> *vt* glätten

desarticulación [desartikula'θjon] *f* ① *(desencajadura)* Zerlegung *f*; (MED) Ausrenken *nt* ② *(desorganización)* Auflösen *nt*; ~ **de un comando paramilitar** Aushebung eines paramilitärischen Kommandos

desarticular [desartiku'lar] **I.** *vt* ① *(piezas)* zerlegen ② *(articulación)* ausrenken ③ *(grupo)* auflösen; *(banda)* zerschlagen **II.** *vr:* **~se** ① *(piezas)* auseinandergehen ② *(articulación)* sich *dat* ausrenken ③ *(grupo)* sich auflösen

desaseado, -a [desase'aðo, -a] *adj* ungepflegt

desasir [desa'sir] *irr como asir* **I.** *vt* loslassen **II.** *vr:* **~se** ① *(desprenderse)* sich lösen ② *(desacostumbrarse)* aufgeben (**de** +*akk*)

desasistir [desasis'tir] *vt* im Stich lassen

desasosegar [desasose'ɣar] *irr como fregar* **I.** *vt* beunruhigen **II.** *vr:* **~se** unruhig werden

desasosiego [desaso'sjeɣo] *m* Unruhe *f*

desastrado, -a [desas'traðo, -a] *adj* ① *(infortunado)* unglücklich ② *(desaliñado)* ungepflegt; *(harapiento)* zerlumpt

desastre [de'sastre] *m* Katastrophe *f*; ~ **natural** Naturkatastrophe *f*; **ser un** ~ *(fam: alguien)* völlig chaotisch sein

desastroso, -a [desas'troso, -a] *adj* katastrophal

desatado, -a [desa'taðo, -a] *adj* ① *(desligado)* ungebunden ② *(desenfrenado)* entfesselt; **estar** ~ wild sein

desatar [desa'tar] **I.** *vt* ① *(soltar)* losbinden; *(nudos)* lösen; *(paquete, zapatos)* aufschnüren; ~ **la lengua a alguien** jdn zum Sprechen bringen ② *(causar)* entfesseln **II.** *vr:* **~se** ① *(soltarse)* sich losbinden; *(nudo)* aufgehen ② *(desligarse)* sich lösen ③ *(desencadenarse)* sich entfesseln ④ *(loc)* **~se en improperios** sich in Schmähungen ergehen

desatascar [desatas'kar] <c → qu> *vt* ① *(desobstruir)* frei machen ② *(sacar del atascadero)* aus dem Schlamm ziehen; ~ **a alguien** jdm aus der Bedrängnis helfen ③ *(activar)* ankurbeln

desatención [desateṇ'θjon] *f* ① *(distracción)* Unaufmerksamkeit *f* ② *(descortesía)* Unhöflichkeit *f*

desatender [desateṇ'der] <e → ie> *vt* *(desoír)* außer Acht lassen; *(abandonar)* vernächlässigen

desatento, -a [desa'teṇto, -a] *adj* ① *(distraído)* unaufmerksam; *(negligente)* nachlässig ② *(descortés)* unhöflich (**con** +*dat*)

desatinado, -a [desati'naðo, -a] *adj* ① *(desacertado)* ungeschickt ② *(irreflexivo)* unbesonnen

desatino [desa'tino] *m* ① *(error)* Fehler *m*; *(torpeza)* Ungeschick *nt* ② *(tontería)* Unsinn *m*

desatornillador [desatorniʎa'ðor] *m* *(Am)* Schraubenzieher *m*

desatornillar [desatorni'ʎar] *vt* abschrauben; ~ **un tornillo** eine Schraube lösen

desatracar [desatra'kar] <c → qu> *vi* (NÁUT) ablegen, wegfahren

desatrancar [desatraŋ'kar] <c → qu> *vt* ① *(puerta)* entriegeln ② *(desatascar)* eine Verstopfung beseitigen (in +*dat*)

desautorizado, -a [desau̯tori'θaðo, -a] *adj* unbefugt

desautorizar [desau̯tori'θar] <z → c> *vt* *(inhabilitar)* die Befugnis aberkennen +*dat*

desavenencia [desaβe'neṇθja] *f* ① *(desacuerdo)* Uneinigkeit *f* ② *(discordia)* Streitigkeit *f*

desavenir [desaβe'nir] *irr como venir* **I.** *vt* entzweien **II.** *vr:* **~se** sich zerstreiten

desaventajado, -a [desaβeṇta'xaðo, -a] *adj* ① *(poco ventajoso)* nachteilig ② *(inferior)* unzureichend

desayunador [desaɟuna'ðor] *m* Frühstückstheke *f*

desayunar [desaɟu'nar] *vi, vt* frühstücken; ~ **fuerte** gut frühstücken

desayuno [desa'ɟuno] *m* Frühstück *nt*

desazón [desa'θon] *f* ① *(desasosiego)* Unbehagen *nt* ② *(malestar)* Unwohlsein *nt* ③ *(picor)* Juckreiz *m*

desazonar [desaθo'nar] **I.** *vt (enfadar)* verstimmen; *(inquietar)* beunruhigen **II.** *vr:* **~se** sich unbehaglich fühlen

desbancar [desβaŋ'kar] <c → qu> *vt* verdrängen

desbarajustar [desβaraxus'tar] **I.** *vt* durcheinanderbringen **II.** *vr:* **~se** durcheinandergeraten

desbarajuste [desβara'xuste] *m* Durcheinander *nt;* **¡esto es un ~ total!** hier geht alles drunter und drüber!

desbaratamiento [desβarata'mjeṇto] *m* ① *(desorden)* Durcheinander *nt* ② *(de proyectos)* Vereitelung *f*

desbaratar [desβara'tar] **I.** *vt* ① *(desunir)* auseinanderbringen; *(dispersar)* auseinandertreiben; *(desmontar)* auseinandernehmen ② *(arruinar)* vereiteln **II.** *vr:* **~se** ① *(separarse)* auseinandergehen ② *(estropearse)* kaputtgehen ③ *(fracasar)* danebengehen

desbarbar [desβar'βar] **I.** *vt (fam: afeitar)* rasieren **II.** *vr:* **~se** sich rasieren

desbarrar [desβa'rrar] *vi (t. fig)* ausrutschen; **¡ya están desbarrando otra vez!** da spinnen sie schon wieder!

desbloquear [desβloke'ar] *vt* freilegen; (FIN) freigeben; (POL) die Blockade aufheben +*gen*

desbloqueo [desβlo'keo] *m* (*t.* FIN) Freigabe *f;* (POL) Aufhebung *f* einer Blockade; (TÉC) Beseitigung *f* einer Blockierung, Enthemmung *f*

desbocar [desβo'kar] <c → qu> **I.** *vt* ① *(cacharro)* am Rand beschädigen ② *(enloquecer)* rasend machen **II.** *vr:* **~se** *(enloquecer)* ausrasten; *(caballo)* durchgehen

desbordamiento [desβorða'mjeṇto] *m* Überflutung *f;* (INFOR) Overflow *m; (fig)* Ausbruch *m*

desbordante [desβor'ðaṇte] *adj (alegría)* überschäumend; ~ **de alegría** überaus froh

desbordar [desβor'ðar] **I.** *vi, vr:* **~se** *(líquido)* überlaufen; *(río)* über die Ufer treten; *(vicio)* aus dem Ruder laufen; ~ **de alegría** vor Freude ganz aus dem Häuschen sein; ~ **de emoción** ganz gerührt sein; **su alegría/entusiasmo se desbordó** er/sie war vor Freude/Begeisterung ganz aus dem Häuschen **II.** *vt (exceder)* überschreiten; **esto desborda mi paciencia** gleich verliere ich die Geduld

desborde [des'βorðe] *m* Überschreitung *f*

desbravar [desβra'βar] *vt (domar)* zähmen; *(dominar)* bändigen; *(caballo)* zureiten

desbrozadora [desbroθa'ðora] *f* Rasentrimmer *m*

descabellado, -a [deskaβe'ʎaðo, -a] *adj* wahnwitzig

descabezado, -a [deskaβe'θaðo, -a] *adj* hirnlos

descabezar [deskaβe'θar] <z → c> *vt* ① *(decapitar)* enthaupten ② *(podar)* kappen ③ *(loc)* ~ **un sueñecito** ein Nickerchen machen

descacharrar [deskaʧa'rrar] **I.** *vt* kaputt machen **II.** *vr:* **~se** kaputtgehen; **~se de risa** sich kaputtlachen, sich vor Lachen kringeln

descafeinado, -a [deskafei̯'naðo, -a] *adj* koffeinfrei

descalabrar [deskala'βrar] **I.** *vt (en la cabeza)* am Kopf verletzen; *(dañar)* schaden +*dat;* **salir descalabrado** *(fig)* schlecht davonkommen **II.** *vr:* **~se** *(en la cabeza)* sich am Kopf verletzen; *(fig)* schlecht davonkommen

descalabro [deska'laβro] *m* Schaden *m; (revés)* Reinfall *m;* **sufrir un ~** *(derrota)* eine Schlappe einstecken

descalcificación [deskal̥θifika'θjon] *f* (MED, QUÍM) Entkalkung *f; (de agua)* Enthärtung *f*

descalcificar [deskal̥θifi'kar] <c → qu> *vt* entkalken

descalificación [deskalifika'θjon] *f* ① *(desacreditación)* Diskreditierung *f* ② *(eliminación)* Disqualifikation *f*

descalificar [deskalifi'kar] <c → qu> *vt* ① *(desacreditar)* diskreditieren ② *(eliminar)* disqualifizieren

descalzar [deskal̥'θar] <z → c> **I.** *vt (a alguien)* die Schuhe ausziehen +*dat* **II.** *vr:* **~se** *(alguien)* (sich *dat*) die Schuhe ausziehen

descalzo, -a [des'kal̥θo, -a] *adj* barfuß; *(fig)* bettelarm

descambiar *vt* ① *(compra)* umtauschen ② *(Am: dinero)* wechseln

descambiar [deskam'bjar] *vt (fam)* umtauschen

descaminar [deskami'nar] **I.** *vt* irreführen; **ir descaminado** *(fig)* sich irren **II.** *vr:* **~se** ① *(perderse)* sich verirren ② *(descarriarse)* auf Abwege geraten

descampado [deskam'paðo] *m* offenes Feld *nt;* **en ~** auf freiem Feld

descansado, -a [deskan'saðo, -a] *adj* ① *estar (bien dormido)* ausgeschlafen ② *ser (cómodo)* bequem

D

D

descansar [deskan'sar] **I.** *vi* ① *(reposar)* sich ausruhen; *(recuperarse)* sich erholen; *(en una marcha)* rasten; *(dormir)* schlafen; **¡que descanses!** schlaf gut!; **¡que Ud. descanse!** angenehme Ruhe!; **descanse en paz** *(difunto)* er/sie ruhe in Frieden ② *(apoyar)* ruhen (**en/sobre** auf +*dat*) ③ *(confiar)* sich verlassen (**en** auf +*akk*) **II.** *vt* ① *(apoyar)* stützen (**en/sobre** auf +*akk*) ② *(aliviar)* entlasten **III.** *vr:* **~se** *(confiarse)* sein Herz ausschütten (**en** bei +*dat*)

descansillo [deskan'siʎo] *m* Treppenabsatz *m*

descanso [des'kanso] *m* ① *(reposo)* Ausruhen *nt; (recuperación)* Erholung *f; (tranquilidad)* Ruhe *f;* **día de ~** Ruhetag *m* ② *(pausa)* Pause *f; (alto)* Rast *f;* (DEP) Halbzeit *f;* **sin ~** ununterbrochen ③ *(alivio)* Erleichterung *f* ④ *(apoyo)* Stütze *f* ⑤ *(descansillo)* Treppenabsatz *m*

descapitalizar [deskapitali'θar] <z → c> *vt* ① (ECON, FIN) unterkapitalisieren ② (SOCIOL) Kulturgut verlieren

descapotable [deskapo'taβle] **I.** *adj* **coche ~** Cabrio(let) *nt* **II.** *m* Cabrio(let) *nt*

descarado, -a [deska'raðo, -a] *adj* ① *(desvergonzado)* dreist ② *(evidente)* unverhüllt

descarga [des'karɣa] *f* ① *(de mercancías)* Abladen *nt;* (NÁUT) Löschung *f* ② *(disparos)* Salve *f;* **recibir una ~ de golpes** eine Tracht Prügel bekommen ③ (ELEC, FÍS) Entladung *f;* **~ eléctrica** *(calambre)* elektrischer Schlag ④ (*t.* FIN: *alivio*) Entlastung *f* ⑤ (INFOR) **~ musical** Herunterladen von Musik, Musik-Download *m o nt*

descargar [deskar'ɣar] <g → gu> **I.** *vi* ① *(desembocar)* auslaufen (**en** in +*akk*); *(río)* münden (**en** in +*akk*) ② *(tormenta)* sich entladen **II.** *vt* ① *(carga)* abladen; (NÁUT) löschen; **~ el vientre** seine Notdurft verrichten ② (ELEC, FÍS) entladen; *(corriente)* ableiten ③ *(disparar)* abfeuern; **~ un golpe sobre...** einen Schlag versetzen ... +*dat* ④ *(desahogar)* auslassen; **~ su mal genio en** [*o* **sobre**] **alguien** seine schlechte Laune an jdm auslassen ⑤ *(aliviar)* erleichtern; (FIN) entlasten ⑥ (JUR: *absolver*) freisprechen; *(librar)* entlasten ⑦ (INFOR) herunterladen **III.** *vr:* **~se** ① *(vaciarse)* sich leeren; (ELEC, FÍS) sich entladen ② *(librarse)* sich entledigen (**de** +*gen*) ③ *(desahogarse)* sich abreagieren; *(con movimiento)* sich austoben

descargo [des'karɣo] *m* ① *(descarga)* Entladen *nt* ② (FIN) Gutschrift *f* ③ *(liberación)* Entlastung *f* ④ *(justificación)* Rechtfertigung *f;* **en mi ~** zu meiner Verteidigung ⑤ *(absolución)* Freisprechung *f;* **testigo de ~** Entlastungszeuge *m*

descargue [des'karɣe] *m* Entladen *nt*

descaro [des'karo] *m* Frechheit *f*

descarriar [deskarri'ar] <*1. pres* descarrío> **I.** *vt* ① *(dispersar)* versprengen ② *(descaminar)* irreführen **II.** *vr:* **~se** ① *(perderse)* sich verirren ② *(descaminarse)* auf Abwege geraten

descarrilamiento [deskarrila'mjen̪to] *m* Entgleisung *f*

descarrilar [deskarri'lar] *vi* entgleisen

descartar [deskar'tar] **I.** *vt* ausschließen **II.** *vr:* **~se** *(naipes)* Karten abwerfen

descascarar [deskaska'rar] **I.** *vt* *(pelar)* schälen; *(nuez)* knacken **II.** *vr:* **~se** (sich) (ab)schälen

descastado, -a [deskas'taðo, -a] *adj* unartig; *(maleducado)* ungeraten

descendencia [desθen̪'den̪θja] *f* Nachkommenschaft *f;* **tener ~** Nachwuchs bekommen

descendente [desθen̪'den̪te] *adj* *(en caída)* fallend; *(en disminución)* rückläufig

descender [desθen̪'der] <e → ie> **I.** *vi* ① *(ir abajo)* hinuntergehen; *(a un valle/una mina)* hinuntersteigen ② *(disminuir)* zurückgehen ③ *(proceder)* abstammen (**de** von +*dat*) **II.** *vt* ① *(coger)* herunternehmen ② *(una escalera)* herabsteigen

descendiente [desθen̪'djen̪te] *mf* Nachkomme *m*

descenso [des'θenso] *m* ① *(bajada)* Abstieg *m;* **carrera de ~** (DEP) Abfahrtslauf *m;* **~ en rapel** (DEP) sich abseilen ② *(cuesta)* Abhang *m; (pendiente)* Gefälle *nt* ③ *(disminución)* Rückgang *m; (caída)* Abfall *m*

descentralización [desθen̪traliθa'θjon] *f* (ADMIN, ECON, POL) Dezentralisierung *f;* **~ administrativa** (ADMIN, POL) Dezentralisierung der Verwaltung

descentralizar [desθen̪trali'θar] <z → c> *vt* dezentralisieren

descerebrado, -a [desθere'βraðo, -a] *adj* *(fam)* hirnverbrannt

descerrajar [desθerra'xar] *vt* ① *(puerta)* aufbrechen ② *(tiro)* abfeuern (**a** auf +*akk*)

descifrar [desθi'frar] *vt* entziffern; *(código)* dechiffrieren

desclasificar [desklasifi'kar] <c → qu> *vt* (ADMIN: *hacer público*) verlautbaren

descocado, -a [desko'kaðo, -a] *adj* *(descarado)* frech; *(indecente)* schamlos

descoco [des'koko] *m* *(descaro)* Frechheit *f; (indecencia)* Schamlosigkeit *f*

descodificador [deskoðifika'ðor] *m* Decoder *m*

descodificar [deskoðifi'kar] <c → qu> *vt* (ELEC, RADIO, TV) decodieren
descojonante [deskoxo'naṇte] *adj (argot)* zum Schieflachen
descojonarse [deskoxo'narse] *vr (argot: reír)* sich schieflachen (**de** über +*akk*)
descolgar [deskol'ɣar] *irr como colgar* **I.** *vt* ① *(quitar)* abhängen; **andar descolgado** *(fig)* rumhängen ② *(teléfono)* abnehmen ③ *(bajar)* herunterlassen **II.** *vr:* **~se** ① *(bajar)* sich herunterlassen ② *(aparecer)* sich ab und zu blicken lassen ③ *(dejar caer)* herausplatzen
descolorar [deskolo'rar], **descolorir** [deskolo'rir] **I.** *vt* ausbleichen; (QUÍM) entfärben; **estar descolorido** *(lavado)* ausgewaschen sein **II.** *vr:* **~se** ausbleichen
descomedido, **-a** [deskome'ðiðo, -a] *adj* ① *(excesivo)* übermäßig ② *(insolente)* ungehörig
descompaginar [deskompaxi'narse] *vt* durcheinanderbringen; **este trabajo descompagina todo mi horario** dieser Job bringt meinen ganzen Stundenplan durcheinander
descompensar [deskompen'sar] **I.** *vt* aus dem Gleichgewicht bringen; **estar descompensado** unausgeglichen sein **II.** *vr:* **~se** aus dem Gleichgewicht geraten
descomponer [deskompo'ner] *irr como poner* **I.** *vt* ① *(desordenar)* in Unordnung bringen ② *(separar)* zerlegen ③ *(descomponer, t.* QUÍM) zersetzen ④ *(enfurecer)* außer sich *dat* bringen **II.** *vr:* **~se** ① *(desmembrarse)* zerfallen ② *(corromperse)* verwesen ③ *(enfermar)* Durchfall bekommen ④ *(encolerizarse)* außer sich *dat/akk* geraten
descomposición [deskomposi'θjon] *f* ① *(separación)* Zerfall *m;* (QUÍM) Zersetzung *f; (corrupción)* Verwesung *f* ② *(diarrea)* ~ (**de vientre**) Durchfall *m*
descomprometido, **-a** [deskomprome'tiðo, -a] *adj* unverbindlich; (POL) politisch nicht engagiert
descompuesto, **-a** [deskom'pwesto, -a] **I.** *pp de* **descomponer** **II.** *adj* ① *(desordenado)* unordentlich ② *(podrido)* verfault ③ *(alterado)* verzerrt; **ponerse ~ de rabia** vor Wut außer sich *dat/akk* geraten ④ *(enfermo)* an Durchfall leidend
descomunal [deskomu'nal] *adj* ungeheuerlich
desconcentrar [deskoṇθeṇ'trar] **I.** *vt* ① (ECON) entflechten ② *(distraer)* aus dem Konzept bringen **II.** *vr:* **~se** aus dem Konzept kommen
desconcertante [deskoṇθer'taṇte] *adj* verblüffend
desconcertar [deskoṇθer'tar] <e → ie> *vt* ① *(desbaratar)* durcheinanderbringen; *(planes)* vereiteln ② *(pasmar)* verblüffen
desconchado [deskon'ʧaðo] *m* abgebröckelte Stelle *f*
desconcierto [deskoṇ'θjerto] *m* ① *(desarreglo)* Unordnung *f* ② *(desorientación)* Unsicherheit *f*
desconectar [deskonek'tar] **I.** *vi, vt* abschalten; *(radio, tele)* ausschalten **II.** *vi (fam)* abschalten
desconexión [deskoneʸ'sjon] *f* (ELEC, RADIO) Ausschalten *nt*
desconfiado, **-a** [deskoɱfi'aðo, -a] *adj* misstrauisch
desconfianza [deskoɱfi'aṇθa] *f* Misstrauen *nt*
desconfiar [deskoɱfi'ar] <*1. pres* desconfío> *vi* misstrauen (**de** +*dat*); **desconfío de conseguirlo** ich bezweifle, dass es mir gelingt
descongelar [deskoŋxe'lar] **I.** *vt* auftauen; *(el frigorífico)* abtauen; (FIN) freigeben; **~ los salarios** den Lohnstopp aufheben **II.** *vr:* **~se** auftauen
descongestión [deskoŋxes'tjon] *f* Entlastung *f;* (ECON) Entflechtung *f; (de población)* Entballung *f;* (MED) Entstauung *f*
descongestionar [deskoŋxestjo'nar] *vt* entlasten; (MED) entstauen
desconocer [deskono'θer] *vt irr como crecer* ① *(ignorar)* nicht wissen; *(subestimar)* verkennen ② *(no conocer)* nicht kennen; *(no reconocer)* nicht wiedererkennen ③ *(negar)* verleugnen; **~ la paternidad** die Vaterschaft leugnen
desconocido, **-a** [deskono'θiðo, -a] **I.** *adj* unbekannt; *(correos)* Empfänger unbekannt; **estar ~** *(cambiado)* nicht mehr zu erkennen sein **II.** *m, f* Unbekannte(r) *mf;* **un completo ~** ein wildfremder Mensch
desconocimiento [deskonoθi'mjeṇto] *m* Unkenntnis *f; (ignorancia)* Unwissenheit *f;* **por ~ de los hechos** in Verkennung der Tatsachen
desconsideración [deskonsiðera'θjon] *f* Rücksichtslosigkeit *f; (desprecio)* Missachtung *f*
desconsiderado, **-a** [deskonsiðe'raðo, -a] *adj* rücksichtslos
desconsolado, **-a** [deskonso'laðo, -a] *adj* trostlos; *(inconsolable)* untröstlich
desconsuelo [deskon'swelo] *m* Trostlosigkeit *f;* **daba ~ verlo** es/er sah trostlos aus
descontado, **-a** [deskoṇ'taðo, -a] *adj* ① *(descartado)* ausgeschlossen ② *(seguro)* **por ~** selbstverständlich; **dar algo por ~** etw für selbstverständlich halten

descontar [deskon̪'tar] <o → ue> *vt* ❶ *(restar)* abziehen (**de** von +*dat*) ❷ *(letras)* diskontieren ❸ *(descartar)* ausschließen; **descontando que...** +*subj* ungeachtet dessen, dass ...
descontentadizo, -a [deskon̪ten̪ta'ðiθo, -a] *adj* wählerisch; *(pey)* mäk(e)lig
descontento[1] [deskon̪'ten̪to] *m* Unzufriedenheit *f*
descontento, -a[2] [deskon̪'ten̪to, -a] *adj* unzufrieden
descontrol [deskon̪'trol] *m* Mangel *m* an Kontrolle; *(desbarajuste)* Durcheinander *nt;* **esto es un ~** hier geht alles drunter und drüber
descontrolarse [deskon̪tro'larse] *vr (máquina)* außer Kontrolle geraten; *(persona)* außer sich *dat/akk* geraten
desconvocar [deskombo'kar] <c → qu> *vt* absagen; *(un acto ya iniciado)* abbrechen; **~ la huelga/la manifestación** den Streik/die Demonstration abblasen
desconvocatoria [deskomboka'torja] *f* Abbruch *m;* **los huelguistas votaron contra la ~** die Streikenden stimmten gegen den Streikabbruch
descoordinación [desko(o)rðina'θjon] *f* Mangel *m* an Koordinierung
descorazonamiento [deskoraθona'mjen̪to] *m* Entmutigung *f; (desaliento)* Verzagtheit *f; (desánimo)* Mutlosigkeit *f*
descorazonar [deskoraθo'nar] **I.** *vt* entmutigen **II.** *vr:* **~se** verzagen
descorchador [deskortʃa'ðor] *m* Korkenzieher *m*
descorchar [deskor'tʃar] *vt (botella)* entkorken
descorrer [desko'rrer] **I.** *vt* zurückziehen; *(cortinas)* aufziehen; *(cerrojo)* zurückschieben **II.** *vr:* **~se** sich von selbst öffnen
descortés [deskor'tes] *adj* unhöflich
descortesía [deskorte'sia] *f* Unhöflichkeit *f*
descortezar [deskorte'θar] <z → c> *vt* entrinden
descoser [desko'ser] **I.** *vt (costura)* auftrennen; **tengo la manga descosida** mein Ärmel hat sich gelöst **II.** *vr:* **~se** *(costura)* aufgehen; **se me ha descosido un botón** mein Knopf ist ab
descosido, -a [desko'siðo, -a] *adj* **como un ~** *(loco)* wie ein Wilder; **hablar como un ~** alles ausplappern
descoyuntar [deskoɟun̪'tar] *vt* ❶ *(dislocar)* verrenken; **estar descoyuntado** *(fig)* fix und fertig sein ❷ *(falsear)* verdrehen
descrédito [des'kreðito] *m* Verruf *m;* **caer en ~** in Verruf geraten
descreído, -a [deskre'iðo, -a] *adj* ungläubig
descremar [deskre'mar] *vt* entrahmen
describir [deskri'βir] *vt irr como escribir* beschreiben; *(presentar)* darstellen; *(hechos)* schildern
descripción [deskriβ'θjon] *f* Beschreibung *f; (presentación)* Darstellung *f; (de hechos)* Schilderung *f*
descriptivo, -a [deskrip'tiβo, -a] *adj* beschreibend
descrispado, -a [deskris'paðo, -a] *adj* (POL) entspannt
descuadrado, -a [deskwa'ðraðo, -a] *adj* unausgeglichen
descuajaringar [deskwaxariŋ'gar] <g → gu> **I.** *vt* kaputt machen **II.** *vr:* **~se** *(fam: cansarse)* schlappmachen; **~ de risa** sich schieflachen
descuartizar [deskwarti'θar] <z → c> *vt* zerlegen; *(en cuatro)* vierteln
descubierto[1] [desku'βjerto] *m* ❶ *(lugar)* **al ~** unter freiem Himmel; (MIN) über Tage ❷ *(bancario)* Kontoüberziehung *f;* **al ~** *(cuenta)* überzogen; *(cheque)* ungedeckt; **en ~** im Rückstand; **quedarse en ~** sein Konto überziehen ❸ *(en evidencia)* **poner al ~** an den Tag bringen; **quedar al ~** entlarvt werden
descubierto, -a[2] [desku'βjerto, -a] **I.** *pp de* **descubrir II.** *adj* unbedeckt; *(sin techo)* unüberdacht; *(cielo)* heiter; *(cabeza)* barhäuptig; *(paisaje)* unbewaldet; **a pecho ~** unbewaffnet; *(fig)* waghalsig
descubridor(a) [deskuβri'ðor(a)] *m(f)* Entdecker(in) *m(f)*
descubrimiento [deskuβri'mjen̪to] *m* Entdeckung *f; (revelación)* Enthüllung *f;* **el D~** die Entdeckung Amerikas
descubrir [desku'βrir] *irr como abrir* **I.** *vt* ❶ *(destapar)* enthüllen ❷ *(encontrar)* entdecken ❸ *(averiguar)* herausfinden ❹ *(inventar)* erfinden ❺ *(revelar)* enthüllen ❻ *(desenmascarar)* entlarven **II.** *vr:* **~se** ❶ *(saludo)* den Hut ziehen ❷ *(traicionarse)* sich bloßstellen ❸ *(desenmascararse)* sich entlarven (**como** als +*akk*) ❹ *(salir a la luz)* an den Tag kommen
descuento [des'kwen̪to] *m* ❶ *(deducción)* Abzug *m* ❷ *(rebaja)* Ermäßigung *f;* (COM) Rabatt *m; (por pago al contado)* Skonto *m o nt;* **~ por cantidad** Mengenrabatt *m;* **~ al por mayor** Großhandelsrabatt *m* ❸ *(de letras: acción)* Diskontierung *f; (cantidad)* Diskont *m*
descuidado, -a [deskwi'ðaðo, -a] *adj* ❶ *ser (falto de atención)* unachtsam; *(de cuidado)* nachlässig; *(imprudente)* fahrlässig; *(desaseado)* schlampig; *(desaliñado)*

liederlich ② *estar (abandonado)* vernachlässigt; *(desprevenido)* unvorbereitet; **aspecto** ~ ungepflegtes Äußeres; **coger** ~ überrumpeln

descuidar [deskwi'ðar] **I.** *vi* **¡descuida!** lass das nur meine Sorge sein! **II.** *vt* ① *(desatender)* vernachlässigen ② *(ignorar)* unbeachtet lassen **III.** *vr:* **~se** ① *(abandonarse)* sich vernachlässigen ② *(distraerse)* nicht aufpassen

descuidero, -a [deskwi'ðero, -a] *m, f* Gelegenheitsdieb(in) *m(f)*

descuido [des'kwiðo] *m* ① *(falta de atención)* Unachtsamkeit *f; (de cuidado)* Nachlässigkeit *f; (imprudencia)* Fahrlässigkeit *f* ② *(error)* Fehler *m; (sin querer)* Versehen; **por** ~ aus Versehen

desde ['desðe] **I.** *prep* ① *(temporal: pasado)* seit *+dat; (a partir de)* ab *+dat;* **~... hasta...** von ... bis ...; ~ **ahora** (**en adelante**) von nun an; **¿~ cuándo?** seit wann?; **¿~ cuándo vives aquí?** wie lange wohnst du schon hier?; ~ **entonces** seitdem; ~ **hace un mes** seit einem Monat; ~ **hace poco/mucho** seit Kurzem/Langem; ~ **hoy/mañana** ab heute/morgen; ~ **el principio** von Anfang an; ~ **ya** ab sofort ② *(local)* von *+dat;* **te llamo ~ una cabina** ich rufe von einer Telefonzelle (aus) an **II.** *adv* ~ **luego** *(por supuesto)* selbstverständlich; **¿vienes con nosotros? – ¡~ luego!** kommst du mit uns? – aber klar!; **hace un tiempo horroroso – ¡~ luego!** das ist aber ein Sauwetter – allerdings! **III.** *conj* ~ **que** seit(dem)

desdecir [desðe'θir] *irr como decir* **I.** *vi* nicht entsprechen (**de** *+dat*); ~ **de los suyos** aus der Art schlagen **II.** *vr:* **~se de algo** etw zurücknehmen; **~se de una promesa** ein Versprechen nicht halten

desdén [des'ðen] *m* Verachtung *f*

desdentado, -a [desðen̩'taðo, -a] *adj* zahnlos

desdeñable [desðe'ɲaβle] *adj* verachtenswert; **nada** ~ nicht zu verachten

desdeñar [desðe'ɲar] *vt* ① *(despreciar)* verachten ② *(rechazar)* verschmähen

desdeñoso, -a [desðe'ɲoso, -a] *adj* verächtlich; *(soberbio)* hochmütig

desdibujado, -a [desðiβu'xaðo, -a] *adj* verschwommen

desdicha [des'ðitʃa] *f* ① *(desgracia)* Unglück *nt; (suceso)* Un(glücks)fall *m* ② *(miseria)* Elend *nt*

desdichado, -a [desði'tʃaðo, -a] *adj* unglücklich; **es un** ~ er ist ein armer Teufel

desdoblamiento [desðoβla'mjen̩to] *m* ① *(extensión)* Ausbreitung *f*, Entfaltung *f* ② *(división)* Spaltung *f;* (QUÍM) Zersetzung *f;* (BIOL) Verdoppelung *f*

desdoblar [desðo'βlar] **I.** *vt* ① *(desplegar)* auseinanderfalten; *(extender)* ausbreiten; *(fig)* entfalten ② *(dividir)* spalten **II.** *vr:* **~se** ① *(abrirse)* sich auseinanderfalten; *(fig)* sich entfalten ② *(dividirse)* sich spalten

desdoro [des'ðoro] *m (vergüenza)* Schande *f; (mancha)* Schandfleck *m; (deshonor)* Unehre *f*

deseable [dese'aβle] *adj* wünschenswert; *(sexualmente)* begehrenswert

desear [dese'ar] *vt* wünschen; *(sexualmente)* begehren; **hacerse** ~ auf sich warten lassen; **¿desea algo más?** haben Sie noch einen Wunsch?; **dejar mucho que** ~ viel zu wünschen übrig lassen

desecador [deseka'ðor] *m* (TÉC) Trockner *m;* ~ **de aire** Entfeuchter *m*

desecar [dese'kar] <c → qu> **I.** *vt* austrocknen; *(aire)* entfeuchten; *(pantano)* trockenlegen; *(alimentos)* dörren **II.** *vr:* **~se** austrocknen

desechable [dese'tʃaβle] *adj* ① *(de un solo uso)* Einweg-; **guantes ~s** Einmalhandschuhe *mpl* ② *(despreciable)* verachtenswert; **nada** ~ gar nicht zu verachten

desechar [dese'tʃar] *vt* ① *(tirar)* wegwerfen; *(ropa)* ablegen ② *(descartar)* ausschließen; *(desestimar)* ablehnen ③ *(desdeñar)* verschmähen ④ *(loc, fam)* ~ **el cerrojo** [*o* **la llave**] aufschließen

desecho [de'setʃo] *m* ① *(basura)* Abfall *m;* **~s caseros** Hausmüll *m;* **~s industriales** Industriemüll *m;* **~s radiactivos** Atommüll *m;* **~s tóxicos** Giftmüll *m;* **productos de** ~ Abfallprodukte *ntpl* ② *(restos)* Ausschuss *m*, Ausschussware *f;* **de** ~ ausgemustert; **el ~ de la sociedad** *(fig)* der Abschaum der Gesellschaft

desecho(s) [de'setʃo(s)] *m(pl) (restos)* Ausschuss *m; (residuos)* Abfall *m; (basura)* Müll *m;* **~s tóxicos** Giftmüll *m;* **de** ~ ausgemustert; **el ~ de la sociedad** *(fig)* der Abschaum der Gesellschaft

desembalar [desemba'lar] *vt* auspacken

desembarazado, -a [desembara'θaðo, -a] *adj* ① *(expedito)* unbehindert, frei (**de** von *+dat*) ② *(desenvuelto)* ungezwungen, zwanglos

desembarazar [desembara'θar] <z → c> **I.** *vt* ① *(desocupar)* räumen ② *(despejar)* frei machen; *(librar)* befreien **II.** *vr:* **~se** sich befreien **III.** *vi (Chil: dar a luz)* entbinden

desembarazo [desemba'raθo] *m* ① *(despejo)* Räumung *f* ② *(desenvoltura)* Ungezwungenheit *f*

desembarcar [desemβar'kar] <c → qu>

D

I. *vi* landen; *(la escalera)* enden **II.** *vt (trasportar)* ausschiffen; *(descargar)* ausladen

desembarco [desem'barko] *m (arribada)* Landung *f*

desembargar [desembar'ɣar] <g → gu> *vt* freigeben

desembargo [desem'barɣo] *m* (JUR) Aufhebung *f* der Beschlagnahme

desembarque [desem'barke] *m* ❶ *(arribada)* Landung *f* ❷ *(descarga)* Ausladung *f*

desembarrancar [desembarraŋ'kar] <c → qu> *vt* flottmachen

desembocadura [desemboka'ðura] *f (de un río)* (Ein)mündung *f; (desagüe)* Auslauf *m*

desembocar [desembo'kar] <c → qu> *vi* ❶ *(río)* (ein)münden (**en** in +*akk*) ❷ *(situación)* führen (**en** zu +*dat*)

desembolsar [desembol'sar] *vt* ❶ *(sacar)* aus der Tasche nehmen ❷ *(pagar)* zahlen; *(gastar)* ausgeben

desembolso [desem'bolso] *m (pago)* Zahlung *f; (gasto)* Ausgabe *f*

desembozar [desembo'θar] <z → c> **I.** *vt* ❶ *(descubrir, t. fig)* enthüllen ❷ *(desatrancar)* eine Verstopfung beseitigen; **~ un conducto** die Verstopfung in einem Rohr beseitigen **II.** *vr:* **~se** ❶ *(descubrirse, t. fig)* sich enthüllen ❷ *(desatrancarse)* (von einer Verstopfung) frei werden

desembragar [desembra'ɣar] <g → gu> *vi, vt* (AUTO) auskuppeln

desembrague [desem'braɣe] *m* Auslösung *f;* (TÉC) Ausrückung *f;* (AUTO) Auskupp(e)lung *f*

desembriagar [desemβrja'ɣar] <g → gu> **I.** *vt* ernüchtern, nüchtern machen **II.** *vr:* **~se** wieder nüchtern werden

desembrollar [desembro'ʎar] *vt (fam)* entwirren; *(fig)* klären

desembuchar [desembu'ʧar] *vi, vt (fam: confesar)* auspacken; **¡desembucha de una vez!** nun schieß schon los!

desemejante [deseme'xaṇte] *adj* ungleich

desemejanza [deseme'xaṇθa] *f* Ungleichheit *f*

desempacar [desempa'kar] <c → qu> *vt* auspacken

desempadronar [desempaðro'nar] **I.** *vt (dar de baja)* (beim Einwohnermeldeamt) abmelden **II.** *vr:* **~se** *(darse de baja)* sich (beim Einwohnermeldeamt) abmelden

desempañar [desempa'ɲar] **I.** *vt (cristal)* klar machen; (AUTO) entfrosten **II.** *vr:* **~se** klar werden

desempaquetar [desempake'tar] *vt* auspacken

desemparejado, **-a** [desempare'xaðo, -a] *adj* ❶ *(sin pareja)* einzeln, unpaarig ❷ *(desigualado)* ungleich; **las perneras del pantalón están desemparejadas** die Hosenbeine sind ungleich lang

desemparejar [desempare'xar] **I.** *vt* trennen, auseinanderbringen **II.** *vr:* **~se** getrennt werden

desemparentado, **-a** [desempareṇ'taðo, -a] *adj* alleinstehend, ohne Angehörige

desempatar [desempa'tar] *vi, vt* (DEP) stechen; *(votación)* durch Stichwahl entscheiden

desempate [desem'pate] *m* (DEP) Stichkampf *m; (votación)* Stichwahl *f*

desempeñar [desempe'ɲar] *vt* ❶ *(préstamo)* einlösen ❷ *(cargo)* ausüben; *(trabajo)* ausführen; **~ un papel** eine Rolle spielen

desempeño [desem'peɲo] *m* ❶ *(de un préstamo)* Einlösung *f* ❷ *(ejercicio)* Ausübung *f; (realización)* Ausführung *f*

desempleado, **-a** [desemple'aðo, -a] **I.** *adj* arbeitslos **II.** *m, f* Arbeitslose(r) *mf*

desempleo [desem'pleo] *m* Arbeitslosigkeit *f;* **~ permanente** Langzeitarbeitslosigkeit *f;* **seguro de ~** Arbeitslosenversicherung *f*

desempolvar [desempol'βar] *vt* ❶ *(limpiar)* abstauben ❷ *(lo olvidado)* auffrischen

desencadenamiento [deseŋkaðena'mjeṇto] *m* Entfesselung *f,* Ausbruch *m;* **el ~ de la guerra/de la enfermedad** der Ausbruch des Krieges/der Krankheit; **el ~ de la crisis** die Auslösung der Krise

desencadenante [deseŋkaðe'naṇte] **I.** *adj* auslösend **II.** *m* Auslöser *m*

desencadenar [deseŋkaðe'nar] **I.** *vt* ❶ *(soltar)* losketten ❷ *(provocar)* auslösen **II.** *vr:* **~se** ausbrechen

desencajar [deseŋka'xar] **I.** *vt (sacar)* lösen; (MED) verrenken; *(cara)* verzerren **II.** *vr:* **~se** *(salirse)* ausrasten; (MED) sich *dat* verrenken

desencallar [deseŋka'ʎar] **I.** *vi* (NÁUT) wieder flott werden **II.** *vt* (NÁUT) flottmachen

desencantamiento [deseŋkaṇta'mjeṇto] *m* ❶ *(desilusión)* Enttäuschung *f,* Ernüchterung *f* ❷ *(acto de deshacer un embrujo)* Entzauberung *f*

desencantar [deseŋkaṇ'tar] **I.** *vt* ❶ *(desembrujar)* entzaubern ❷ *(desilusionar)* ernüchtern; *(decepcionar)* enttäuschen **II.** *vr:* **~se** enttäuscht sein

desencanto [deseŋ'kaṇto] *m (decepción)* Enttäuschung *f; (desilusión)* Ernüchterung *f*

desencargar [deseŋkar'ɣar] <g → gu> *vt* abbestellen

desencerrar [deseṇθe'rrar] <e → ie> *vt*

❶ *(persona, animal)* herauslassen, freilassen ❷ *(problema)* lösen; *(secreto)* lüften
desenchufar [desenʧu'far] *vt* den Stecker herausziehen (von +*dat*)
desencoger [deseŋko'xer] <g → j> **I.** *vt* ❶ *(extender)* ausbreiten ❷ *(estirar)* ausstrecken **II.** *vr:* **~se** ❶ *(extenderse)* sich ausbreiten ❷ *(estirarse)* sich ausstrecken
desencolarse [deseŋko'larse] *vr* aus dem Leim gehen
desenconar [deseŋko'nar] **I.** *vt (calmar)* lindern; *(inflamación)* zum Abschwellen bringen; *(conciliar)* beschwichtigen **II.** *vr:* **~se** sich lindern; *(tranquilizarse)* sich beruhigen
desencrespar [deseŋkres'par] **I.** *vt* ❶ *(desrizar)* entkräuseln, glätten ❷ *(apaciguar)* besänftigen, beschwichtigen; **~ los ánimos** die Gemüter beschwichtigen **II.** *vr:* **~se** ❶ *(desrizarse)* sich glätten ❷ *(apaciguarse)* sich besänftigen, sich beruhigen
desenfadado, -a [desemɱfa'ðaðo, -a] *adj* ungezwungen; *(relajado)* locker
desenfadar [desemɱfa'ðar] **I.** *vt* besänftigen **II.** *vr:* **~se** sich besänftigen, sich beruhigen
desenfado [desemɱ'faðo] *m* Ungezwungenheit *f*
desenfardar [desemɱfar'ðar] *vt (abrir)* öffnen; *(desatar)* aufschnüren
desenfocado, -a [desemɱfo'kaðo, -a] *adj* (FOTO) unscharf
desenfocar [desemɱfo'kar] <c → qu> *vt* ❶ (FOTO) nicht scharf stellen; **esta foto está desenfocada** dieses Foto ist unscharf ❷ *(fig: tema)* aus einem falschen Blickwinkel betrachten
desenfrenado, -a [desemɱfre'naðo, -a] *adj* ungezügelt
desenfreno [desemɱ'freno] *m* Zügellosigkeit *f*
desenganchar [deseŋgan'ʧar] **I.** *vt (gancho)* loshaken; *(soltar)* losmachen; *(caballos)* abspannen; (FERRO) abkoppeln **II.** *vr:* **~se** *(argot: de la droga)* clean werden
desengañadamente [deseŋgaɲaða'men̪te] *adv* aufrichtig, offen
desengañado, -a [deseŋga'ɲaðo, -a] *adj* desillusioniert
desengañar [deseŋga'ɲar] **I.** *vt (desilusionar)* die Illusion nehmen +*dat; (abrir los ojos)* die Augen öffnen +*dat* **II.** *vr:* **~se** *(decepcionarse)* enttäuscht sein; **pronto te ~ás** *(verás claro)* dir werden bald die Augen aufgehen
desengaño [deseŋ'gaɲo] *m* Enttäuschung *f;* **sufrir un ~ amoroso** sich unglücklich verlieben
desengrasante [deseŋgra'san̪te] **I.** *adj* Fett lösend **II.** *m* Fettlöser *m,* Fettlösungsmittel *nt*
desengrasar [deseŋgra'sar] *vt* entfetten
desenlace [desen'laθe] *m* Ende *nt;* **la película tiene un ~ feliz** der Film hat ein Happyend
desenlazar [desenla'θar] <z → c> **I.** *vt* ❶ *(desatar)* losbinden ❷ *(resolver)* lösen **II.** *vr:* **~se** *(resolverse)* sich lösen; (TEAT) ausgehen
desenmarañar [deseⁿmara'ɲar/desemmara'ɲar] *vt* ❶ *(desenredar)* entzausen ❷ *(desentrañar)* herausbekommen
desenmascarar [deseⁿmaska'rar/desemmaska'rar] **I.** *vt* demaskieren; *(fig)* bloßstellen **II.** *vr:* **~se** sich demaskieren; *(fig)* sich entpuppen (**como** als +*nom*)
desenojar [deseno'xar] **I.** *vt* besänftigen, beruhigen **II.** *vr:* **~se** sich beruhigen
desenojo [dese'noxo] *m* Besänftigung *f,* Beruhigung *f*
desenredar [desenrre'ðar] **I.** *vt (t. fig)* entwirren; *(pelo)* durchkämmen **II.** *vr:* **~se** *(fam: librarse)* heil herauskommen (**de** aus +*dat*)
desenredo [desen'rreðo] *m* ❶ *(acción de desenredar)* Entwirren *nt* ❷ (LIT, CINE: *desenlace*) Ausgang *m*
desenrollar [desenrro'ʎar] **I.** *vt* ausrollen; *(desenvolver)* auswickeln **II.** *vr:* **~se** sich auseinanderrollen
desenroscar [desenrros'kar] <c → qu> *vt* ❶ *(desenrollar)* ausrollen ❷ *(sacar de la rosca)* abschrauben; *(abrir)* aufschrauben
desensamblar [desensam'blar] **I.** *vt* zerlegen, auseinandernehmen **II.** *vr:* **~se** auseinandergehen, aus dem Leim gehen
desensañar [desensa'ɲar] **I.** *vt* beruhigen, besänftigen **II.** *vr:* **~se** sich beruhigen, sich besänftigen
desentenderse [desen̪ten̪'derse] <e → ie> *vr* ❶ *(fingir ignorancia)* sich unwissend stellen; **hacerse el desentendido** so tun, als wüsste man von nichts ❷ *(despreocuparse)* sich nicht (mehr) kümmern (**de** um +*akk*); **~ de un problema** von einem Problem nichts mehr wissen wollen
desentendimiento [desen̪ten̪di'mjen̪to] *m (inhibición)* Zurückhaltung *f,* Nichteinmischung *f*
desenterrar [desen̪te'rrar] <e → ie> *vt* ausgraben; *(encontrar)* ausfindig machen; **~ viejos recuerdos** alte Erinnerungen auffrischen
desentonar [desen̪to'nar] *vi* ❶ *(cantar)* falsch singen; *(tocar)* falsch spielen ❷ *(no combinar)* nicht passen (**con** zu +*dat*); **con esa ropa desentonas en la fiesta** in

D

D

diesem Aufzug bist du auf dem Fest fehl am Platz

desentorpecer [deseņtorpe'θer] *vt irr como crecer* ❶ *(desembarazar)* frei machen ❷ *(desentumecer)* recken ❸ *(afinar)* Schliff beibringen +*dat*

desentrañar [deseņtra'ɲar] *vt (descubrir)* ergründen

desentumecer [deseņtume'θer] *vt irr como crecer* recken

desenvoltura [desembol̦'tura] *f* Ungezwungenheit *f; (descaro)* Frechheit *f*

desenvolver [desembol'βer] *irr como volver* **I.** *vt* ❶ *(desempaquetar)* auspacken ❷ *(desenrollar)* ausrollen; *(desdoblar)* entfalten ❸ *(descubrir)* enthüllen ❹ *(desarrollar)* entwickeln **II.** *vr:* **~se** ❶ *(desarrollarse)* sich entwickeln ❷ *(manejarse)* zurechtkommen

desenvuelto, -a [desem'bwel̦to, -a] **I.** *pp de* **desenvolver** **II.** *adj (resuelto)* ungezwungen; *(descarado)* frech

deseo [de'seo] *m* Wunsch *m; (necesidad)* Verlangen *nt; (ansia)* Begehren *nt; (sexual)* Lust *f; (impulso)* Drang *m;* **~ imperioso** dringender Wunsch; **~s de venganza** Rachsucht *f;* **tengo grandes ~s de que vengan** ich wünsche mir sehr, dass sie kommen

deseoso, -a [dese'oso, -a] *adj* **estar ~ de hacer algo** *(ansioso)* begierig darauf sein, etw zu tun; **estoy ~ de conocerle** ich würde Sie gerne einmal kennenlernen

desequilibrado, -a [desekili'βraðo, -a] *adj* unausgeglichen; *(trastornado)* geistig gestört

desequilibrar [desekili'βrar] **I.** *vt* ❶ *(descompensar)* aus dem Gleichgewicht bringen ❷ *(trastornar)* verstören **II.** *vr:* **~se** ❶ *(descompensarse)* aus dem Gleichgewicht geraten ❷ *(psíquicamente)* verstört sein

desequilibrio [deseki'liβrjo] *m* ❶ *(falta de equilibrio)* Ungleichgewicht *nt; (descompensación)* Unausgewogenheit *f; (desproporción)* Missverhältnis *nt* ❷ *(trastorno)* Verstörung *f;* **~ mental** Geistesstörung *f*

deserción [deser'θjon] *f* (MIL) Desertion *f; (fig)* Abtrünnigkeit *f*

desertar [deser'tar] *vi* (MIL) desertieren (**de** von +*dat*); *(pasarse al enemigo)* zum Feind überlaufen; *(fig)* abtrünnig werden

desértico, -a [de'sertiko, -a] *adj* Wüsten-

desertificación [desertifika'θjon] *f sin pl* (GEO) Desertifikation *f*, Wüstenbildung *f*

desertización [desertiθa'θjon] *f* Versteppung *f;* (GEO) Desertifikation *f*

desertor(a) [deser'tor(a)] *m(f)* (MIL) Deserteur(in) *m(f); (traidor)* Überläufer(in) *m(f); (fig)* Abtrünnige(r) *mf*

deservicio [deser'βiθjo] *m* Verletzung *f* der Dienstpflichten

desesperación [desespera'θjon] *f* ❶ *(desmoralización)* Verzweiflung *f;* **con ~** verzweifelt; **caer en la ~** verzweifeln ❷ *(enojo)* Wut *f* ❸ *(que desespera)* Ärgernis *nt;* **ser una ~** zum Verzweifeln sein; **tu manera de trabajar es mi ~** deine Arbeitsweise treibt mich zur Verzweiflung

desesperadamente [desesperaða'meņte] *adv* verzweifelt

desesperado, -a [desespe'raðo, -a] *adj* ❶ *(desmoralizado)* verzweifelt; *(situación)* hoffnungslos; **correr como un ~** auf Teufel komm raus laufen; **gritar como un ~** wie verrückt brüllen; **hacer algo a la desesperada** etw als letzten Ausweg versuchen ❷ *(enojado)* wütend

desesperante [desespe'raņte] *adj* ❶ *(sin esperanza)* hoffnungslos; **resulta ~...** es ist ein hoffnungsloses Unterfangen, zu ...; **eres ~** du bist ein hoffnungsloser Fall ❷ *(exasperante)* nervenaufreibend; **tu comportamiento es ~** dein Verhalten treibt mich zur Verzweiflung

desesperanza [desespe'raņθa] *f* ❶ *(falta de esperanza)* Hoffnungslosigkeit *f*, Trostlosigkeit *f* ❷ *(estado de ánimo)* Mutlosigkeit *f*, Verzweiflung *f;* **crece la ~ entre la población** das Volk ist zunehmend entmutigt

desesperanzar [desesperaņ'θar] <z → c> **I.** *vt (quitar la esperanza)* die Hoffnung nehmen (**a** +*dat*) **II.** *vi, vr:* **~se** verzweifeln (**de** an +*dat*); **no (te) desesperances de encontrarlos** gib die Hoffnung, sie noch zu finden, nicht auf

desesperar [desespe'rar] **I.** *vt* ❶ *(quitar la esperanza)* die Hoffnung nehmen +*dat* ❷ *(exasperar)* zur Verzweiflung treiben **II.** *vi* verzweifeln (**de** an +*dat*); **no desesperes de que sigan vivos** verlier nicht die Hoffnung, dass sie noch am Leben sind **III.** *vr:* **~se** ❶ *(perder la esperanza)* verzweifeln (**de** an +*dat*); **¡no te desesperes!** Kopf hoch!; **no te desesperes de volver a verlos** gib die Hoffnung auf ein Wiedersehen nicht auf ❷ *(lamentarse)* bereuen (**por** zu +*inf*) ❸ *(despecharse)* den Lebensmut verlieren

desespero [deses'pero] *m v.* **desesperación**

desestabilidad [desestaβili'ðað] *f sin pl* Instabilität *f;* **la ~ política de un país** die instabile politische Lage eines Landes

desestabilizar [desestaβili'θar] <z → c> *vt* destabilisieren

desestibar [desesti'βar] *vt* (NÁUT) entladen, löschen

desestimable [desesti'maβle] *adj* minderwertig; *(persona)* verachtenswert; *(cosa)* geringwertig

desestimación [desestima'θjon] *f* ❶ *(falta de estima)* Geringschätzung *f,* Verachtung *f* ❷ (JUR: *recurso, instancia*) Abweisung *f,* Verwerfung *f*

desestimar [desesti'mar] *vt* ❶ *(despreciar)* gering schätzen; **~ a alguien** eine geringe Meinung von jdm haben ❷ *(rechazar)* ablehnen; **~ una demanda/una reclamación** eine Klage/eine Beschwerde abweisen

desfachatez [desfatʃa'teθ] *f* Frechheit *f*

desfalcar [desfal'kar] <c → qu> *vt (dinero)* unterschlagen

desfalco [des'falko] *m* Unterschlagung *f*

desfallecer [desfaʎe'θer] *irr como crecer* **I.** *vi (debilitarse)* ermüden; *(colapsar)* zusammenbrechen (**de** vor +*dat*); *(desmayarse)* in Ohnmacht fallen; *(perder el ánimo)* aufgeben; **sin ~** unermüdlich; **después de diez kilómetros empezó a ~** nach zehn Kilometern ließen seine/ihre Kräfte nach **II.** *vt* ❶ *(debilitar)* schwächen ❷ *(desanimar)* entmutigen

desfallecido, -a [desfaʎe'θiðo, -a] *adj* schwach

desfallecimiento [desfaʎeθi'mjen̩to] *m* ❶ *(de las fuerzas)* Ermüdung *f,* Kräfteschwund *m,* Schwäche *f; (desmayo)* Ohnmacht *f; (colapso)* Zusammenbruch *m* ❷ *(de ánimo)* Entmutigung *f,* Mutlosigkeit *f;* **poco antes de llegar a la meta le sobrevino el ~** kurz vor dem Ziel ließen seine/ihre Kräfte nach [*o* schwanden ihm/ihr die Kräfte]

desfasado, -a [desfa'saðo, -a] *adj* ❶ *(anticuado: persona)* altmodisch; *(cosa)* veraltet; **estar ~** nicht auf dem neuesten Stand sein ❷ (TÉC) gestört

desfasar [desfa'sar] **I.** *vt* (ELEC) in der Phase verschieben **II.** *vr:* **~se** ❶ (ELEC) eine Phasenverschiebung aufweisen ❷ *(no adaptarse)* sich nicht anpassen (**a** an +*akk,* **a** +*dat*); *(retrasarse)* den Anschluss verlieren; *(ser anticuado)* nicht auf dem neuesten Stand sein; *(persona)* nicht mit der Zeit gehen

desfase [des'fase] *m (diferencia)* Unterschied *m;* **~ con la realidad** Abweichung von der Realität

desfavorable [desfaβo'raβle] *adj (perjudicial)* nachteilig; *(negativo)* ungünstig; *(opinión)* abfällig

desfavorecedor(a) [desfaβoreθe'ðor(a)] *adj* ungünstig, nachteilig; **se ha comprado un vestido ~** sie hat sich *dat* ein Kleid gekauft, das ihr nicht steht

desfavorecer [desfaβore'θer] *vt irr como crecer* ❶ *(sentar mal)* **este color te desfavorece** diese Farbe steht dir nicht; **este clima me desfavorece** dieses Klima tut mir nicht gut ❷ *(perjudicar)* benachteiligen ❸ *(oponerse)* ablehnen

desfavorecido, -a [desfaβore'θiðo, -a] *adj* ❶ *(perjudicado)* benachteiligt; **sentirse ~** sich schlecht behandelt fühlen ❷ *(rechazado)* abgelehnt; *(persona)* ungeliebt

desfibrilador [desfiβrila'ðor] *m* Defibrillator *m*

desfiguración [desfiɣura'θjon] *f* ❶ *(afeamiento)* Verunstaltung *f; (de las facciones)* Entstellung *f; (del cuerpo)* Verstümmelung *f* ❷ *(deformación)* Verformung *f; (de una imagen)* Verzerrung *f; (de un texto)* Verstümmelung *f; (de la realidad)* falsche Darstellung *f* ❸ *(disfraz)* Tarnung *f; (traje)* Verkleidung *f*

desfigurar [desfiɣu'rar] *vt* ❶ *(afear)* verunstalten; *(las facciones)* entstellen; *(el cuerpo)* verstümmeln; *(el tipo)* ruinieren ❷ *(deformar)* verformen; *(una imagen, un sonido)* verzerrt wiedergeben; *(un texto)* verstümmeln; *(la realidad)* verdrehen ❸ *(disfrazar)* verkleiden; *(hacer irreconocible)* unkenntlich machen ❹ *(ocultar)* verbergen

desfiladero [desfila'ðero] *m* (GEO) Schlucht *f*

desfilar [desfi'lar] *vi* ❶ *(marchar en fila)* vorbeiziehen; (MIL) vorbeimarschieren; *(ante un personaje importante)* defilieren ❷ *(salir)* herauskommen

desfile [des'file] *m* ❶ *(acción)* Vorbeiziehen *nt; (de tropas)* Vorbeimarschieren *nt; (parada)* (Militär)parade *f; (de modelos)* Modenschau *f;* (POL) Marsch *m; (en una fiesta)* Umzug *m* ❷ *(personas)* Zug *m,* Kolonne *f;* **participar en el ~** im Zug mitmarschieren

desflorar [desflo'rar] **I.** *vt* ❶ *(a una mujer)* entjungfern; (MED) deflorieren ❷ *(estropear)* ruinieren; *(gastar)* abnutzen; *(metal)* den Glanz nehmen +*dat;* **~ una cosa** einer Sache übel zusetzen; *(fig)* einer Sache den Reiz nehmen **II.** *vr:* **~se** Schaden nehmen; *(metal)* stumpf werden; *(plata)* anlaufen

desfogar [desfo'ɣar] <g → gu> **I.** *vt* ❶ *(un fuego)* schüren ❷ *(un sentimiento)* freien Lauf lassen +*dat;* **~ su ira** seinem Ärger Luft machen; **~ su mal humor en** [*o* **con**] **alguien** seine schlechte Laune an jdm ablassen **II.** *vi (tormenta)* losbrechen **III.** *vr:* **~se** sich *dat* Luft machen *fam;* **~se en** [*o* **con**] **alguien** *(irritación)* seine Wut an

D

jdm auslassen; *(frustración)* sich bei jdm ausweinen

desfondado, **-a** [desfoṇ'daðo, -a] *adj* ❶ *(sin fondo)* bodenlos; *(agujereado)* (am Boden) durchlöchert; (NÁUT) leck ❷ (DEP: *sin fuerza*) kraftlos, schlapp; *(fam: desmoralizado)* entmutigt, demotiviert

D

desfondar [desfoṇ'dar] **I.** *vt* ❶ *(quitar el fondo)* den Boden wegnehmen; *(romper el fondo)* den Boden einschlagen; *(agujerar)* den Boden durchlöchern; ~ **un barco** ein Leck in den Schiffsboden schlagen; ~ **una botella** den Boden einer Flasche zertrümmern ❷ (DEP: *quitar la fuerza*) schwächen, ermüden; *(fam: desmoralizar)* entmutigen, demotivieren **II.** *vr:* **~se** ❶ *(perder el fondo)* den Boden verlieren; (NÁUT) leckschlagen, zu lecken beginnen ❷ (DEP: *perder fuerza*) ermüden, schlappmachen *fam; (perder el empuje)* aufgeben; *(colapsar)* zusammenklappen, zusammenbrechen

desgaire [des'ɣai̯re] *m* ❶ *(desaliño)* (Nach)lässigkeit *f;* **al** ~ nachlässig; **vestir con** ~ sich (betont) nachlässig kleiden; **me saludó con** ~ er/sie grüßte mich mit einer lässigen Handbewegung ❷ *(ademán)* abwertende Geste *f;* **hacer un** ~ **con la cara** das Gesicht verziehen

desgajar [desɣa'xar] **I.** *vt* ❶ *(arrancar)* abreißen; *(romper)* abbrechen; *(ramas)* abknicken; ~ **una página de un libro** eine Seite aus einem Buch herausreißen ❷ *(separar)* trennen ❸ *(despedazar)* zerschlagen **II.** *vr:* **~se** *(desprenderse)* sich lösen; *(romperse)* abbrechen; *(rama)* abknicken

desgana [des'ɣana] *f (fam)* ❶ *(inapetencia)* Appetitlosigkeit *f;* **comer con** ~ sich zum Essen zwingen ❷ *(falta de interés)* Unlust *f;* **con** ~ widerwillig

desganado, **-a** [desɣa'naðo, -a] *adj* ❶ *(sin apetito)* appetitlos; **no sé por qué estoy hoy tan desganada** ich weiß nicht, warum ich heute gar keinen Appetit habe ❷ *(sin interés)* lustlos, unwillig; **estar** ~ keine Lust haben

desgañitarse [desɣaɲi'tarse] *vr (gritar)* sich *dat* die Kehle aus dem Hals schreien; *(enronquecerse)* sich heiser schreien

desgarbado, **-a** [desɣar'βaðo, -a] *adj* ❶ *(sin garbo)* ungelenk ❷ *(larguirucho)* schlacksig

desgarrador(a) [desɣarra'ðor(a)] *adj* herzzerreißend

desgarradura [desɣarra'ðura] *f* Riss *m*

desgarrar [desɣa'rrar] **I.** *vt* zerreißen; *(en muchos pedazos)* zerfetzen; ~ **un paquete** ein Paket aufreißen; **estas imágenes desgarran el corazón** das sind herzzerreißende Bilder; **esto me desgarra el corazón** das bricht mir das Herz **II.** *vr:* **~se** *(romperse)* zerreißen; **se me desgarra el corazón al pensar que no voy a verte nunca más** der Gedanke, dich nie wiederzusehen, bricht mir das Herz

desgarro [des'ɣarro] *m* ❶ *(rotura)* Riss *m* ❷ *(descaro)* Unverschämtheit *f;* **contestar con** ~ eine freche Antwort geben ❸ *(fanfarronada)* Prahlerei *f* ❹ *(Am: esputo)* Auswurf *m*

desgastar [desɣas'tar] **I.** *vt* ❶ *(estropear)* abnutzen; *(tela)* abwetzen; *(zapatos)* ablaufen; **ese pantalón está desgastado por las rodillas** diese Hose ist an den Knien durchgescheuert ❷ *(consumir)* aufbrauchen; *(comida)* aufessen ❸ *(cansar)* auslaugen **II.** *vr:* **~se** ❶ *(consumirse)* sich abnutzen; *(tela)* verschleißen; *(color)* verblassen ❷ *(acabarse)* ausgehen; *(mercancía)* auslaufen ❸ *(debilitarse)* abbauen

desgaste [des'ɣaste] *m* ❶ *(fricción)* Abnutzung *f* ❷ *(consumo)* Verbrauch *m*

desglosar [desɣlo'sar] *vt (una hoja)* herausnehmen; *(una cuestión)* getrennt behandeln; ~ **los gastos** die Kosten (einzeln) aufschlüsseln

desglose [des'ɣlose] *m* ❶ *(de una página)* Entnahme *f;* ~ **de documentos** (JUR) Herausnahme von Urkunden aus den Akten ❷ *(de los gastos)* Aufschlüsselung *f,* (Einzel)aufstellung *f; (de un tema)* (Unter)gliederung *f* ❸ *(quitar la glosa)* Entfernen *nt* von Anmerkungen

desgobierno [desɣo'βjerno] *m* ❶ *(de un país, de una institución)* fehlende Kontrolle *f* (**de** über +*akk*), Misswirtschaft *f* ❷ *(desorden)* Unordnung *f,* Chaos *nt* ❸ *(comportamiento)* Zügellosigkeit *f*

desgracia [des'ɣraθja] *f* ❶ *(suerte adversa)* Pech *nt;* **por** ~ leider; **este año estoy de** ~ dieses Jahr läuft bei mir alles schief; **llevar una temporada de ~s** in letzter Zeit kein Glück haben; **tuve la** ~ **de perder todo mi dinero en el bingo** zu meinem Pech habe ich mein ganzes Geld beim Bingo verspielt; **tiene la** ~ **de ser sordo** er ist leider taub ❷ *(acontecimiento)* Unglück *nt;* **en el accidente no hubo ~s personales** bei dem Unfall kam niemand ums Leben; **he tenido la** ~ **de...** mir ist das große Unglück widerfahren, zu …; **es una** ~ **que ...** +*subj* es ist schrecklich, dass …; **eres una verdadera** ~ dir gelingt einfach gar nichts ❸ *(pérdida de gracia)* **caer en** ~ in Ungnade fallen

desgraciadamente [desɣraθjaða'meṇte] *adv* leider

desgraciado, **-a** [desɣra'θjaðo, -a] **I.** *adj* ❶ *(sin suerte)* glücklos; **ser** ~ *(tener mala* *suerte)* Pech haben; *(no llegar a nada)* es zu nichts bringen; ~ **en el juego, afortunado en amores** *(prov)* Pech im Spiel, Glück in der Liebe ② *(infeliz)* unglücklich ③ *(que implica desgracia)* tragisch; **fue una intervención desgraciada** das Eingreifen richtete nur Schaden an ④ *(pobre)* arm(selig) **II.** *m, f* ① *(sin suerte)* Pechvogel *m* ② *(infeliz)* **es un** ~ ihm hat das Schicksal übel mitgespielt ③ *(pobre)* armer Schlucker *m* ④ *(persona sin valor)* Nichtsnutz *m* ⑤ *(pey: miserable)* Schuft *m*

desgraciar [desɣra'θjar] **I.** *vt* ① *(estropear)* ruinieren ② *(disgustar)* verärgern **II.** *vr:* **~se** *(malograrse)* missglücken

desgranar [desɣra'nar] *vt* ① *(maíz)* entkörnen; *(habas)* aushülsen; *(trigo)* dreschen; ~ (**las cuentas de**) **un rosario** einen Rosenkranz abbeten ② *(repetir)* ~ **insultos** einen Sturm von Beleidigungen ablassen; ~ **mentiras** Lügen vom Stapel lassen; ~ **palabrotas** mit Schimpfwörtern um sich werfen

desgravable [desɣra'βaβle] *adj* abzugsfähig

desgravación [desɣraβa'θjon] *f* ① *(reducción de un impuesto)* Steuererleichterung *f; (de un arancel)* Zollminderung *f* ② *(abolición de un impuesto)* Steuerbefreiung *f; (de un arancel)* Zollfreiheit *f* ③ *(de un gasto)* Abzug *m;* ~ **sobre bienes de capital** Anlagenabschreibung *f;* ~ **por cargas familiares** Kinderfreibetrag *m*

desgravar [desɣra'βar] *vt* ① *(suprimir un impuesto)* von der Steuer befreien; *(un derecho arancelario)* von den Zollgebühren befreien ② *(reducir)* ~ **el tabaco** *(bajar el impuesto)* die Tabaksteuer senken; *(el arancel)* keine Zollgebühren auf Tabakwaren erheben ③ *(deducir)* (von der Steuer) abziehen

desgreñado, -a [desɣre'ɲaðo, -a] *adj* zerzaust

desgreñar [desɣre'ɲar] **I.** *vt* *(despeinar)* zerzausen **II.** *vr:* **~se** ① *(despeinarse)* sich *dat* die Haare zerzausen ② *(reñir)* sich streiten; *(pelearse)* sich raufen

desguace [des'ɣwaθe] *m* *(para chatarra)* Verschrottung *f; (parcial)* Ausschlachten *nt;* **estar para el** ~ *(fam: cosa)* schrottreif sein; *(persona)* abgewrackt sein

desguazar [desɣwa'θar] <z → c> *vt* ① *(desmontar)* auseinandernehmen ② *(reducir a chatarra)* verschrotten; *(un buque)* abwracken; *(quitar las partes útiles)* ausschlachten

deshabitado, -a [desaβi'taðo, -a] *adj* *(edificio)* unbewohnt; **ciudad deshabitada** Geisterstadt *f;* **una región muy deshabitada** ein nur spärlich besiedeltes Gebiet

deshabitar [desaβi'tar] *vt* ① *(un edificio)* räumen; ~ **un piso** aus einer Wohnung ausziehen ② *(despoblar)* entvölkern

deshabituar [desaβitu'ar] <*1. pres* deshabitúo> **I.** *vt* entwöhnen; ~ **a alguien de algo** jdm etw abgewöhnen **II.** *vr:* **~se** sich *dat* abgewöhnen (**de** +*akk*); **~se de una droga** einen (Drogen)entzug machen; **quiero ~me de fumar** ich will mir das Rauchen abgewöhnen

deshacer [desa'θer] *irr como hacer* **I.** *vt* ① *(un paquete)* auspacken; *(una costura)* auftrennen; *(un nudo)* aufmachen; *(la cama)* zerwühlen; *(un aparato)* zerlegen; *(una maleta)* wieder auspacken; ~ **los puntos** das Gestrickte wieder auftrennen; **no intentes ~ lo hecho** versuch nicht, das Geschehene ungeschehen zu machen; ~ **un error** einen Fehler wiedergutmachen; **ser el que hace y deshace** *(fig)* die erste Geige spielen ② *(romper)* kaputt machen; *(en pedazos)* zerbröckeln; *(cortar)* zerhacken; *(una res)* zerlegen; *(una tela)* in Stücke reißen; *(a golpes)* zerschlagen ③ *(arruinar)* ruinieren; *(plan)* zunichtemachen ④ *(disolver)* auflösen; *(hielo)* schmelzen (lassen); *(contrato, negocio)* rückgängig machen; ~ **una casa** *(fig)* einen Haushalt auflösen ⑤ (MIL) in die Flucht schlagen **II.** *vr:* **~se** ① *(descomponerse)* sich auflösen; *(hielo)* schmelzen; *(desaparecer)* sich in Luft auflösen; **se me ha deshecho el helado** das Eis ist mir weggeschmolzen; **se deshace en cumplidos** er/sie überschüttet mich mit Komplimenten; **~se de impaciencia** vor lauter Ungeduld vergehen; **~se en lágrimas** in Tränen zerfließen; **~se en llanto** in Gejammer ausbrechen; **~se de nervios** übernervös sein; **~se por algo** (ganz) verrückt nach etw *dat* sein; **se deshace por complacernos** er/sie tut alles, um uns zufrieden zu stellen; **~se a trabajar** wie besessen arbeiten; **~se empollando** wie verrückt büffeln ② *(romperse)* kaputtgehen; *(costura, nudo)* aufgehen; *(pastel)* zerbröckeln; *(silla)* aus dem Leim gehen ③ *(desprenderse)* sich entledigen (**de** +*gen*); *(vender)* verkaufen (**de** +*akk*); **~se de alguien** sich *dat* jdn vom Hals schaffen; *(asesinar)* jdn umbringen; *(despedir)* jdn entlassen

desharrapado, -a [desarra'paðo, -a] *adj* schäbig

deshebillar [deseβi'ʎar] *vt* lösen, abschnallen

deshecho, -a [de'setʃo, -a] **I.** *pp de* **desha-**

D

cer **II.** *adj* ❶ *(deprimido)* am Boden zerstört; **dejar a alguien ~** jdn fertigmachen *fam* ❷ *(cansado)* erschöpft; **estar ~** völlig erledigt sein ❸ *(tormenta)* heftig; *(lluvia)* strömend

deshelar [dese'lar] <e → ie> **I.** *vt (hielo)* schmelzen (lassen); *(una nevera)* abtauen **II.** *vr:* **~se** *(nieve)* schmelzen; *(nevera)* abtauen

desheredado, -a [desere'ðaðo, -a] *adj* ❶ *(excluido de una herencia)* enterbt ❷ *(pobre)* benachteiligt, arm

desheredar [desere'ðar] *vt* enterben

deshidratación [desiðrata'θjon] *f* ❶ *(extracción de agua)* Wasserentzug *m; (de alimentos)* Trocknung *f;* **este medicamento produce ~** dieses Medikament entzieht dem Körper Wasser ❷ (QUÍM) Dehydrierung *f* ❸ (MED) Dehydration *f*

deshidratado, -a [desiðra'taðo, -a] *adj* ❶ *(sin agua)* trocken; *(campos, personas)* ausgedörrt; *(alimentos)* getrocknet, dehydriert; *(elev: huevos, leche)* pulverisiert; *(piel)* feuchtigkeitsarm ❷ (QUÍM) dehydratisiert ❸ (MED) dehydriert

deshidratar [desiðra'tar] **I.** *vt* ❶ *(quitar agua)* Wasser entziehen +*dat; (suelo, cuerpo)* entwässern ❷ *(secar)* austrocknen; *(alimentos)* trocknen; *(tierra)* ausdörren **II.** *vr:* **~se** austrocknen; *(tierra)* ausdörren; *(cuerpo)* Flüssigkeit verlieren

deshielo [des'ɟelo] *m* ❶ *(el deshelar)* Schmelzen *nt; (de la nevera)* Abtauen *nt* ❷ *(clima, t.* POL) Tauwetter *nt*

deshilachado, -a [desila'tʃaðo, -a] *adj* fadenscheinig, abgetragen

deshilachar [desila'tʃar] *vt, vr:* **~se** ausfransen

deshilada [desi'laða] **a la ~** *(en fila)* hintereinander, in einer Reihe; *(con disimulo)* heimlich

deshilvanado, -a [desilβa'naðo, -a] *adj* ❶ *(discurso)* zusammenhanglos, wirr ❷ *(vestido)* ohne Heftfaden, ohne Heftnaht

deshinchar [desin'tʃar] **I.** *vt* ❶ *(sacar el aire)* die Luft herauslassen (aus +*dat*) ❷ *(una inflamación)* zum Abschwellen bringen ❸ *(cólera)* ablassen **II.** *vr:* **~se** ❶ *(perder aire)* Luft verlieren; **se me ha deshinchado la rueda de la bici** mein Fahrradreifen ist platt ❷ *(una inflamación)* abschwellen ❸ *(fam: deponer la vanidad)* von seinem hohen Ross herunterkommen

deshojar [deso'xar] **I.** *vt* ❶ (BOT) entblättern; *(un árbol)* entlauben; **~ una flor** die Blütenblätter abzupfen ❷ *(un libro)* die Blätter herausreißen (aus +*dat*); *(un calendario)* die (Kalender)blätter abreißen **II.** *vr:* **~se** ❶ (BOT) die Blätter verlieren ❷ *(un libro)* aus dem Leim gehen

deshollejar [desoʎe'xar] *vt* schälen

deshollinador [desoʎina'ðor] *m* ❶ *(persona)* Schornsteinfeger *m,* Kaminkehrer *m* ❷ *(instrumento para deshollinar)* Kaminkehrbesen *m* ❸ *(escoba)* Stielbesen *m*

deshollinar [desoʎi'nar] *vt* ❶ *(la chimenea)* fegen ❷ *(limpiar)* putzen ❸ *(curiosear)* herumschnüffeln (in +*dat*)

deshonestidad [desonesti'ðað] *f* ❶ *(carácter inmoral)* Unanständigkeit *f* ❷ *(carácter tramposo)* Unehrlichkeit *f* ❸ *(acto licencioso)* Unzucht *f* ❹ *(fraude)* Betrug *m*

deshonesto, -a [deso'nesto, -a] *adj* ❶ *(inmoral)* unsittlich ❷ *(tramposo)* unehrlich

deshonor [deso'nor] *m (afrenta)* Schande *f*

deshonra [des'onrra] *f (afrenta)* Schande *f;* **tener algo a ~** *(como insulto)* etw als Kränkung empfinden; *(como humillante)* etw als Demütigung empfinden; **ser una ~ para la empresa** *(desacreditar)* das Ansehen der Firma ruinieren

deshonrar [deson'rrar] *vt* entehren; *(ofender)* kränken; *(humillar)* demütigen; **~ a alguien** *(desacreditar)* jds Ansehen ruinieren

deshonroso, -a [deson'rroso, -a] *adj* ❶ *(que causa deshonra)* schändlich ❷ *(poco honroso)* unehrenhaft

deshora [de'sora] *f* Unzeit *f;* **hablar a ~(s)** dazwischenreden; **venir a ~(s)** *(en un momento inconveniente)* ungelegen kommen; *(demasiado tarde)* zu spät kommen; **dormir a ~s** zu den unmöglichsten Zeiten schlafen

deshuesado, -a [deswe'saðo, -a] *adj* ❶ *(fruta)* entsteint ❷ *(carne)* ohne Knochen

deshuesar [deswe'sar] *vt (fruto)* entsteinen; *(carne)* ausbeinen

deshumanizar [desumani'θar] <z → c> *vt* entmenschlichen

desiderativo, -a [desiðera'tiβo, -a] *adj* (LING) Wunsch-, einen Wunsch ausdrückend; **oración desiderativa** Wunschsatz *m*

desidia [de'siðja] *f* ❶ *(descuido)* Schlampigkeit *f;* **me molesta tu ~ en el trabajo** mich stört deine schlampige Arbeitsweise ❷ *(pereza)* Faulheit *f*

desidioso, -a [desi'ðjoso, -a] *adj* ❶ *(descuidado)* nachlässig, schlampig ❷ *(perezoso)* faul, träge

desierto[1] [de'sjerto] *m* ❶ (GEO) Wüste *f* ❷ *(lugar despoblado)* Einöde *f;* **esto es predicar en el ~** das bringt nichts

desierto, -a² [de'sjerto, -a] *adj* ❶ *(sin gente)* (menschen)leer; *(zona)* unbesiedelt ❷ *(como un desierto)* öde ❸ *(sin participantes)* **una subasta desierta** eine Auktion ohne Bieter; **el premio fue declarado ~** der Preis wurde nicht vergeben; **dar por ~ un concurso** einen Wettbewerb mangels Teilnehmer absagen

designación [desiɣna'θjon] *f* ❶ *(nombramiento)* Ernennung *f;* **~ de candidatos** Aufstellung von Kandidaten (zur Wahl) ❷ *(nombre)* Bezeichnung *f;* **~ del contenido** Inhaltsangabe *f*

designar [desiɣ'nar] *vt* ❶ *(dar un nombre)* bezeichnen (**por** als +*akk*); **~ a alguien con un apodo** jdm einen Spitznamen geben ❷ *(destinar)* bestimmen; *(elegir)* wählen; *(fecha)* festsetzen; *(nombrar)* ernennen (**para** zu +*dat*); **~ un abogado** einen Anwalt benennen; **~ un candidato** einen Kandidaten aufstellen; **~ un representante** einen Vertreter bestellen

designio [de'siɣnjo] *m (plan)* Plan *m; (propósito)* Absicht *f; (deseo)* Wunsch *m;* **su ~ es convertirse en multimillonario** er will es zum Multimillionär bringen

desigual [desi'ɣwal] *adj* ❶ *(distinto)* ungleich; **ser muy ~** völlig verschieden sein ❷ *(injusto)* unfair ❸ *(irregular)* uneben; *(carretera)* holp(e)rig ❹ *(inconstante)* wechselhaft

desigualar [desiɣwa'lar] **I.** *vt* ❶ *(hacer desigual)* ungleich machen; **~ a alguien** jdn benachteiligen ❷ *(hacer irregular)* uneben machen **II.** *vr:* **~se** ❶ *(desemejarse)* auseinanderdriften ❷ *(sobresalir)* herausragen

desigualdad [desiɣwal'daᵈ] *f* ❶ *(diferencia)* Verschiedenheit *f* ❷ *(injusticia)* Ungerechtigkeit *f* ❸ *(irregularidad)* Unebenheit *f* ❹ *(del carácter)* Unausgeglichenheit *f; (del tiempo)* Wechselhaftigkeit *f*

desilusión [desilu'sjon] *f* ❶ *(desengaño)* Enttäuschung *f;* **sufrir una ~** enttäuscht werden ❷ *(desencanto)* Ernüchterung *f*

desilusionante [desilusjo'nante] *adj (que desencanta)* ernüchternd

desilusionar [desilusjo'nar] **I.** *vt* ❶ *(quitar la ilusión)* die Illusionen rauben +*dat* ❷ *(decepcionar)* enttäuschen **II.** *vr:* **~se** ❶ *(perder la ilusión)* seine Illusionen verlieren; *(ver claro)* die Wahrheit erkennen ❷ *(decepcionarse)* enttäuscht sein

desincentivación [desinθentiβa'θjon] *f sin pl* ❶ *(anulación de incentivos)* Streichung *f* von Anreizen ❷ *(desanimación)* Entmutigung *f*

desinencia [desi'nenθja] *f* Endung *f;* **~ nominal** Substantivendung *f*

desinencial [desinen'θjal] *adj* (LING) Endungs-

desinfección [desiɱfeᵞ'θjon] *f* Desinfizierung *f*

desinfectante [desiɱfek'tante] *m* Desinfektionsmittel *nt*

desinfectar [desiɱfek'tar] *vt* desinfizieren

desinflación [desiɱfla'θjon] *f* (ECON) Deflation *f*

desinflado, -a [desiɱ'flaðo, -a] *adj (rueda)* platt

desinflar [desiɱ'flar] **I.** *vt (sacar el aire)* die Luft herauslassen (aus +*dat*) **II.** *vr:* **~se** *(perder aire)* die Luft verlieren; **se me ha desinflado la rueda de atrás** mein Hinterreifen ist platt

desinformación [desiɱforma'θjon] *f* Desinformation *f*

desinformativo, -a [desiɱforma'tiβo, -a] *adj* irreführend

desinhibición [desiniβi'θjon] *f* Enthemmung *f*

desinhibido, -a [desini'βiðo, -a] *adj* ❶ *(persona)* ungehemmt, natürlich ❷ *(órgano)* funktionsfähig

desinhibir [desini'βir] **I.** *vt* ❶ *(a una persona)* enthemmen ❷ *(un órgano)* von einer Blockierung befreien **II.** *vr:* **~se** ❶ *(un órgano)* seine Funktion wieder aufnehmen; (MED) spontan reagieren ❷ *(persona)* seine Hemmungen verlieren

desinserción [desinser'θjon] *f* (SOCIOL) (soziale) Ausgrenzung *f*

desinsertar [desinser'tar] **I.** *vt* (SOCIOL) (sozial) ausgrenzen **II.** *vr:* **~se** (SOCIOL) (sozial) ausgegrenzt werden

desintegración [desinteɣra'θjon] *f* Auflösung *f; (de un territorio)* Teilung *f; (de una ruina)* Zerfall *m; (de un grupo)* Trennung *f; (debido al clima)* Verwitterung *f;* (FÍS) Spaltung *f;* (QUÍM) Zersetzung *f*

desintegrar [desinte'ɣrar] **I.** *vt* auflösen; *(una piedra)* zerbröckeln; *(un grupo)* auflösen; *(un país)* teilen; (FÍS) spalten; (QUÍM) zersetzen **II.** *vr:* **~se** zerfallen; *(edificio)* einstürzen; *(muro)* zerbröckeln; *(grupo)* sich auflösen; *(partido)* sich spalten; (FÍS) sich spalten; (QUÍM) sich auflösen

desinterés [desinte'res] *m* ❶ *(indiferencia)* Gleichgültigkeit *f;* **sentir ~ por algo** an etw *dat* kein Interesse haben ❷ *(altruismo)* Selbstlosigkeit *f; (generosidad)* Freigebigkeit *f;* **hacer algo con ~** etw ohne Eigennutz tun

desinteresado, -a [desintere'saðo, -a] *adj* ❶ *(indiferente)* desinteressiert; *(en un conflicto)* unparteiisch ❷ *(altruista)* uneigennützig; *(generoso)* freigebig

desinteresar [desintere'sar] **I.** *vt* nicht in-

D

D

teressieren **II.** *vr:* **~se** ❶ *(no tener interés)* kein Interesse haben (**de** an *+dat*); *(inhibirse)* sich heraushalten (**de** aus *+dat*), sich nicht einmischen (**de** in *+akk*) ❷ *(perder el interés)* das Interesse verlieren (**de** an *+dat*)

desintoxicación [desiṇtoˠsika'θjon] *f* Entgiftung *f; (de una droga)* Entziehung *f*

desintoxicar [desiṇtoˠsi'kar] <c → qu> **I.** *vt* entgiften; *(de una droga)* von einer Sucht heilen **II.** *vr:* **~se** seinen Körper entgiften; *(de una droga)* sich einer Entziehung unterziehen

desistimiento [desisti'mjeṇto] *m (abandono, t.* JUR) Verzicht *m* (**de** auf *+akk*); **~ de un contrato** (JUR) Rücktritt vom Vertrag; **~ de la demanda** (JUR) (ausdrückliche) Klagerücknahme

desistir [desis'tir] *vi* ❶ *(de un proyecto)* aufgeben (**de** *+akk*); **no ~é de convencerte** ich werde weiterhin versuchen, dich zu überzeugen; **no hay manera de hacerles ~ de su propósito** sie sind durch nichts von ihrem Vorhaben abzubringen ❷ *(de un derecho)* verzichten (**de** auf *+akk*); *(de un cargo/contrato)* zurücktreten (**de** von *+dat*); *(una demanda/petición)* zurücknehmen (**de** *+akk*)

desjuntar [desxuṇ'tar] **I.** *vt* trennen; *(romper)* zerbrechen; *(dividir)* (zer)teilen; *(papel)* zerreißen **II.** *vr:* **~se** auseinandergehen, sich voneinander lösen; *(romperse)* auseinanderbrechen

deslavazado, -a [deslaβa'θaðo, -a] *adj* ❶ *(lacio)* formlos, schlaff; **este traje te queda ~** dieser Anzug sitzt nicht ❷ *(incoherente)* zusammenhanglos, wirr; **un discurso ~** eine konfuse [*o* zusammenhanglose] Rede

desleal [desle'al] *adj (infiel)* untreu; *(traidor)* verräterisch; **competencia ~** unlauterer Wettbewerb; **publicidad ~** irreführende Werbung; **ser ~ a su patria** sein Land verraten; **ser ~ con su partido** sich seiner Partei gegenüber illoyal verhalten; **has sido ~ a tu familia** du hast das Vertrauen deiner Familie missbraucht; **ten cuidado con lo que le cuentes, es una persona muy ~** achte darauf, was du ihm/ihr erzählst, denn man kann ihm/ihr nicht vertrauen; **ser ~ con** [*o* **a**] **alguien** *(injusto)* sich jdm gegenüber unfair benehmen

deslealtad [desleal̩'taᵈ] *f (infidelidad)* Untreue *f; (injusticia)* unfaires Verhalten *nt;* (POL) Illoyalität *f* (**con** gegenüber *+dat*)

deslegalizar [desleɣali'θar] <z → c> *vt* (JUR) verbieten, die gesetzliche Grundlage entziehen *+dat;* **~ el aborto** das Gesetz über die Zulässigkeit des Schwangerschaftsabbruches abschaffen

deslegitimar [deslexiti'mar] *vt* die Legitimation entziehen *+dat*

desleír [desle'ir] *irr como reír* **I.** *vt (disolver)* auflösen **II.** *vr:* **~se** sich auflösen; **esta sustancia no se deslíe en agua** diese Substanz ist nicht wasserlöslich

deslenguado, -a [desleŋ'gwaðo, -a] *adj* ❶ *(chismoso)* klatschhaft; **ser ~** eine böse Zunge haben; **¡no seas ~!** hör auf zu lästern! ❷ *(desvergonzado)* vulgär; **ser ~** ein schmutziges Mundwerk haben

desliar [desli'ar] <*1. pres* deslío> **I.** *vt* aufmachen **II.** *vr:* **~se** aufgehen

desligado, -a [desli'ɣaðo, -a] *adj* ❶ *(nudo)* offen; *(enredo)* entwirrt ❷ *(separado)* getrennt; (TÉC) unterbrochen, abgeschaltet ❸ *(persona)* frei (von Fesseln)

desligar [desli'ɣar] <g → gu> **I.** *vt* ❶ *(un nudo)* aufmachen; *(un enredo)* entwirren; *(una persona)* losbinden ❷ *(un asunto)* aufklären ❸ *(separar)* trennen; **~ intereses particulares de los de la empresa** persönliche und Firmeninteressen auseinanderhalten ❹ *(de un compromiso)* entbinden **II.** *vr:* **~se** ❶ *(un nudo)* aufgehen; *(persona)* sich losmachen; *(un enredo)* sich auflösen ❷ *(un asunto)* sich (von selbst) aufklären ❸ *(de un compromiso)* sich entziehen (**de** *+gen*); **no poder ~se de algo** um etw nicht herumkommen

deslindar [desliṇ'dar] *vt* ❶ *(un lugar)* abgrenzen, abstecken; **~ dos provincias** die Grenze zwischen zwei Provinzen festlegen ❷ *(determinar)* (klar) umreißen [*o* definieren]; **~ dos temas** zwei Themen voneinander abgrenzen

deslinde [des'liṇde] *m* ❶ *(delimitación)* Abgrenzung *f* ❷ (JUR) Abmarkung *f*

desliz [des'liθ] *m* ❶ *(error)* Ausrutscher *m; (indiscreción)* Entgleisung *f* ❷ *(adulterio)* Seitensprung *m*

deslizamiento [desliθa'mjeṇto] *m* (Aus)rutschen *nt;* **~ de tierra** Erdrutsch *m*

deslizante [desli'θaṇte] *adj* ❶ *(que hace deslizar)* rutschig ❷ *(que se desliza)* Gleit-

deslizar [desli'θar] <z → c> **I.** *vt* ❶ *(pasar)* **~ la mano sobre algo** mit der Hand über etw streichen; **~ un sobre por debajo de una puerta** einen Umschlag unter einer Tür durchschieben ❷ *(incluir con disimulo)* hineingleiten lassen; *(en una conversación)* einfließen lassen **II.** *vi* (dahin)gleiten (**sobre/por** über *+akk*) **III.** *vr:* **~se** ❶ *(resbalar)* (dahin)gleiten (**sobre** über *+akk*); *(por accidente)* ausrutschen (**por** auf *+dat*); (AUTO) ins Schleudern geraten; **~se por un tobogán** eine Rutschbahn hinunterrutschen; **las lágrimas se deslizaban por sus mejillas** die Tränen liefen ihm/ihr die Wangen hinunter; **con la tormenta se han deslizado algunas tejas** durch das Gewitter haben sich einige Ziegel gelöst ② *(escaparse)* verschwinden; **el ladrón se deslizó entre los clientes** der Dieb mischte sich unter die Kunden ③ *(el tiempo)* verstreichen; **la noche se deslizó sin problemas** die Nacht verlief problemlos ④ *(cometer un error)* einen Ausrutscher begehen; *(una indiscreción)* entgleisen

deslomar [deslo'mar] **I.** *vt* ① *(dañar)* ~ **a alguien** jdm das Kreuz brechen ② *(agotar)* schaffen **II.** *vr:* **~se** ① *(dañarse)* sich *dat* den Rücken ruinieren ② *(trabajar)* sich abrackern

deslucido, -a [deslu'θiðo, -a] *adj* ① *(ropa)* schäbig ② *(actuación)* farblos ③ *(sin gracia)* unscheinbar

deslucimiento [desluθi'mjen̩to] *m* ① *(de un metal)* Glanzlosigkeit *f; (de un color)* Blässe *f; (de una prenda)* Schäbigkeit *f* ② *(de una actuación)* Mittelmäßigkeit *f;* **la lluvia fue la causa del ~ del desfile** der Regen nahm der Parade ihren Glanz ③ *(de una persona)* Unscheinbarkeit *f*

deslucir [deslu'θir] *irr como lucir* **I.** *vt* ① *(estropear)* ruinieren; **la lluvia deslució la procesión** wegen des Regens fiel die Prozession ins Wasser ② *(quitar el lustre)* abnutzen; *(una prenda)* abtragen; *(un tejido)* verschleißen; *(colores)* ausbleichen; *(metal)* stumpf werden lassen ③ *(desacreditar)* in Verruf bringen **II.** *vr:* **~se** ① *(perder el lustre)* sich abnutzen; *(perder el brillo)* stumpf werden; *(colores)* verblassen; *(metal)* anlaufen ② *(desacreditarse)* in Verruf geraten

deslumbrador(a) [deslumbra'ðor(a)] *adj,* **deslumbrante** [deslum'bran̩te] *adj* *(impresionante)* überwältigend; *(mujer)* atemberaubend

deslumbrar [deslum'brar] *vt* blenden

deslustrado, -a [deslus'traðo, -a] *adj* ① *(sin brillo)* matt, stumpf, glanzlos; *(cristal)* mattiert ② *(estropeado)* ruiniert; *(ropa)* abgetragen, schäbig; *(colores)* verblasst; *(tela)* abgewetzt, verschlissen

deslustrar [deslus'trar] *vt* ① *(quitar el brillo)* den Glanz nehmen +*dat* ② *(gastar)* abnutzen; *(una prenda)* abtragen; *(un tejido)* verschleißen; *(colores)* ausbleichen ③ *(estropear)* ruinieren ④ *(un vidrio)* mattieren ⑤ *(desacreditar)* in Verruf bringen

desmadejado, -a [desmaðe'xaðo, -a] *adj* kraftlos, schwach, schlapp *fam*

desmadejamiento [desmaðexa'mjen̩to] *m* Schwäche *f,* Kraftlosigkeit *f*

desmadejar [desmaðe'xar] **I.** *vt* schwächen; **su enfermedad la ha desmadejado mucho** ihre Krankheit hat ihr viel Kraft geraubt **II.** *vr:* **~se** zusammenbrechen, einen Schwächeanfall erleiden

desmadrado, -a [desma'ðraðo, -a] *adj* *(desenfrenado)* hemmungslos

desmadrarse [desma'ðrarse] *vr (fam: desenfrenarse)* aus der Rolle fallen; *(alocarse)* ausflippen; **¡no te desmadres!** jetzt krieg dich bitte wieder ein!; **se desmadró en insultos hacia el árbitro** er/sie verlor die Fassung und beschimpfte den Schiedsrichter

desmadre [des'maðre] *m* ① *(comportamiento)* ungehöriges Benehmen *nt;* **la policía acabó con el ~ entre los fans** die Polizei wies die Fans in ihre Schranken ② *(caos)* Chaos *nt;* **tus fiestas acaban siendo un ~** deine Feste arten immer aus

desmán [des'man] *m* ① *(salvajada)* Ausschreitung *f;* **cometer desmanes contra alguien** sich gegen jdn vergehen ② *(exceso)* Ausschweifung *f;* **debido a sus desmanes con la bebida** weil er/sie unmäßig viel trinkt ③ *(desgracia)* Unglück *nt;* **he sufrido muchos desmanes** mir ist viel Leid widerfahren

desmandado, -a [desman̩'daðo, -a] *adj* ① *(rebelde)* ungehorsam, aufsässig, rebellisch; *(caballo)* scheu, störrisch ② *(violento)* gewaltsam, brutal ③ *(desmadrado)* hemmungslos, unkontrolliert

desmandarse [desman̩'darse] *vr* ① *(rebelarse)* rebellieren; *(un caballo)* durchgehen ② *(insolentarse)* aus der Rolle fallen; *(insultar)* ausfallend werden; *(cometer actos violentos)* gewalttätig werden ③ *(apartarse)* sich trennen; **~ del rebaño** von der Herde abkommen

D

desmantelamiento [desman̩tela'mjen̩to] *m* ① *(destrucción)* Zerstörung *f; (de muros)* Abriss *m* ② *(desarme)* Zerlegung *f; (de una construcción)* Abbau *m;* **~ arancelario** *(fig)* Zollabbau *m* ③ *(de una casa)* Räumung *f; (de una fábrica)* Demontage *f; (de una vivienda)* Auflösung *f;* **~ de una tienda** Geschäftsauflösung *f* ④ (NÁUT: *quitar el árbol*) Abtakeln *nt; (desguace)* Abwracken *nt*

desmantelar [desman̩te'lar] *vt* ① *(derribar)* niederreißen; *(un edificio)* abreißen ② *(desmontar)* zerlegen; *(bomba)* entschärfen; *(escenario)* abbauen ③ *(abandonar)* räumen; *(liquidar)* auflösen ④ *(desarbolar)* abtakeln

desmañado, -a [desma'ɲaðo, -a] **I.** *adj* ungeschickt, linkisch; **es muy ~ para trabajos manuales** er hat kein Talent für handwerkliche Arbeiten **II.** *m, f (torpe)* Tölpel *m,* Nichtsnutz *m; (chapucero)* Stümper *m;* **ser un ~** zwei linke Hände haben

desmaquillador[1] [desmakiʎa'ðor] *m* Make-up-Entferner *m*

desmaquillador(a)[2] [desmakiʎa'ðor(a)] *adj* **leche ~a** Reinigungsmilch *f*

desmaquillante [desmaki'ʎan̩te] *adj* **loción ~** Make-up-Entferner *m*

desmaquillar [desmaki'ʎar] *vt, vr:* **~se** (sich) abschminken

desmarcar [desmar'kar] <c → qu> **I.** *vt* von Markierungen befreien **II.** *vr:* **~se** ① (DEP) sich freilaufen ② *(escaparse)* sich absetzen ③ *(no simpatizar)* sich distanzieren (**de** von +*dat*)

desmayado, -a [desma'ɟaðo, -a] *adj* ① *(sin conocimiento)* ohnmächtig; **caer desmayado** in Ohnmacht fallen ② *(sin fuerza)* schwach; *(color)* blass

desmayar [desma'ɟar] **I.** *vi (desanimarse)* den Mut verlieren *fam* **II.** *vr:* **~se** *(desvanecerse)* in Ohnmacht fallen; **se desmayó en mis brazos** er/sie sank ohnmächtig in meine Arme

desmayo [des'maɟo] *m* ① *(desvanecimiento)* Ohnmacht *f* ② *(desánimo)* Mutlosigkeit *f* ③ *(debilidad)* Schwäche *f*

desmedido, -a [desme'ðiðo, -a] *adj* maßlos; **tener un apetito ~** übermäßig viel essen; **afición desmedida por la bebida** krankhafter Hang zum Alkohol

desmedirse [desme'ðirse] *vr irr como pedir* ① *(excederse)* das gesunde Maß überschreiten; **~ en la bebida** exzessiv trinken ② *(insolentarse)* aus der Rolle fallen; *(insultar)* ausfallend werden

desmedrado, -a [desme'ðraðo, -a] *adj* ① *(mal desarrollado)* unterentwickelt; *(pequeño)* klein; *(parte del cuerpo, de una planta)* verkümmert; *(mentalmente atrasado)* zurückgeblieben ② *(estropeado)* beschädigt, kaputt ③ *(sin fuerza)* schlaff; *(persona)* abgezehrt, verfallen, kraftlos

desmedrar [desme'ðrar] **I.** *vt* beschädigen, ruinieren; **el sol ha desmedrado el cuadro** die Sonne hat dem Bild sehr geschadet **II.** *vi* ① *(estropearse)* kaputtgehen; *(monumento)* verfallen; **el negocio ha desmedrado mucho** mit dem Geschäft ist es steil bergab gegangen ② *(debilitarse)* abbauen, an Substanz verlieren; *(persona)* verfallen, schwächer werden; *(planta)* verkümmern; **por falta de ejercicio sus músculos van desmedrando cada vez más** seine/ihre Muskeln verkümmern zusehends mangels Bewegung ③ *(adelgazar)* abmagern **III.** *vr:* **~se** ① *(adelgazarse)* abmagern ② *(debilitarse)* abbauen, an Substanz verlieren; *(persona)* verfallen; *(planta)* verkümmern; **si no comes vas a ~te completamente** wenn du nicht isst, hast du bald gar keine Kraft mehr; **el armario se ha desmedrado con el transporte** der Schrank hat unter dem Transport sehr gelitten

desmejoramiento [desmexora'mjen̩to] *m* ① *(acción de estropear)* Beschädigung *f; (efecto)* Schaden *m; (desgaste)* Verschleiß *m;* **sufrir un ~** Schaden nehmen ② *(de un enfermo)* Verfall *m*

desmejorar [desmexo'rar] **I.** *vt (estropear)* beschädigen; *(gastar)* verschleißen **II.** *vi* abbauen; **con la gripe has desmejorado mucho** die Grippe hat dir sehr zugesetzt **III.** *vr:* **~se** ① *(estropearse)* kaputtgehen; *(gastarse)* verschleißen ② *(perder la salud)* abbauen

desmelenado, -a [desmele'naðo, -a] *adj (despeinado)* ungekämmt

desmembración [desmembra'θjon] *f (división)* Teilung *f; (separación)* Zerlegung *f*

desmembrar [desmem'brar] <e → ie> **I.** *vt* ① *(desunir)* (zer)teilen; *(una institución)* spalten; *(un cuerpo)* zerlegen; **la bomba le desmembró la mano** die Bombe zerfetzte ihm/ihr die Hand ② *(escindir)* abspalten **II.** *vr:* **~se** ① *(desunirse)* sich auflösen ② *(escindirse)* sich abspalten

desmemoriado, -a [desmemo'rjaðo, -a] **I.** *adj* ① *(olvidadizo)* vegesslich; **es muy ~** er hat ein Gedächtnis wie ein Sieb ② *(que ha perdido la memoria)* unter Gedächtnisschwund leidend ③ (JUR) unzurechnungsfähig **II.** *m, f* ① *(descabezado)* vergesslicher Mensch *m* ② *(que ha perdido la memoria)* unter Gedächtnisschwund leidender Mensch *m* ③ (JUR) unzurechnungsfähige Person *f*

desmentir [desmen̩'tir] *irr como sentir* **I.** *vt* ① *(negar)* abstreiten; *(una noticia)* dementieren; **~ a alguien** *(contradecir)* jdm widersprechen; *(decir que miente)* jdn als Lügner darstellen; **el artículo desmiente la historia** der Artikel behauptet, die Geschichte sei nicht wahr; **el ministro desmintió la noticia sobre su dimisión** der Minister dementierte die Meldung über seinen Rücktritt ② *(demostrar que es falso)* widerlegen; **~ una sospecha** einen Verdacht zerstreuen; **las pruebas desmienten tus palabras** die Beweise strafen deine Worte Lügen; **el abogado logró ~ los indicios** es gelang dem Anwalt, die Indizien zu entkräften ③ *(disimular)* verbergen ④ *(desdecir)* widersprechen +*dat;* **con su comportamiento desmiente a su familia** man sollte nicht meinen, dass er/sie aus dieser Familie stammt; **este vino desmiente su marca** dieser Wein ist schlechter, als es die Marke vermuten lässt **II.** *vi* abweichen

desmenuzar [desmenu'θar] <z → c> **I.** *vt* ❶ *(deshacer)* zerkleinern; *(con un cuchillo)* zerstückeln; *(con los dedos)* zerbröckeln; *(raspar)* reiben; *(moler)* zermahlen; *(papel)* zerreißen; *(pan)* zerkrümeln ❷ *(analizar)* auseinandernehmen **II.** *vr:* **~se** bröckeln

desmerecedor(a) [desmereθe'ðor(a)] *adj* unwürdig

desmerecer [desmere'θer] *irr como crecer* **I.** *vt (no merecer)* nicht verdienen; **desmereces mi amor** du bist meiner Liebe nicht würdig **II.** *vi* ❶ *(decaer)* sich verschlechtern; *(belleza)* verblühen ❷ *(ser inferior)* schlechter sein (**de** als +*nom*); ~ **en talento de alguien** nicht so talentiert wie jd sein; **tu último libro no desmerece de los anteriores** dein letztes Buch ist genauso gut wie die vorangehenden; **desmereces de tu familia** du fällst innerhalb deiner Familie negativ aus dem Rahmen

desmesura [desme'sura] *f* ❶ *(falta de mesura)* Unmäßigkeit *f*, Maßlosigkeit *f* ❷ *(descomedimiento)* Unverschämtheit *f*

desmesurado, -a [desmesu'raðo, -a] *adj* ❶ *(enorme)* riesig ❷ *(excesivo)* maßlos; *(ambición)* krankhaft; *(pretensiones)* überzogen; **beber de una forma desmesurada** übermäßig (viel) trinken ❸ *(desvergonzado)* frech; *(descortés)* unhöflich; *(ofensivo)* ausfallend

desmesurarse [desmesu'rarse] *vr* aus der Rolle fallen; *(atreverse)* unverschämt werden; *(insultar)* ausfallend werden

desmigajar [desmiɣa'xar] **I.** *vt* zerbröckeln; *(pan)* zerkrümeln **II.** *vr:* **~se** (zer)bröckeln; *(pan)* (zer)krümeln

desmilitarizar [desmilitari'θar] <z → c> *vt* entmilitarisieren

desmirriado, -a [desmi'rrjaðo, -a] *adj (flaco)* abgezehrt; *(raquítico)* schmächtig

desmitificación [desmitifika'θjon] *f* Entmythisierung *f*

desmonetizar [desmoneti'θar] <z → c> **I.** *vt* entwerten; ~ **una moneda** Geld für ungültig erklären [*o* außer Kurs setzen] **II.** *vr:* **~se** im Wert fallen

desmonopolizar [desmonopoli'θar] <z → c> *vt* (ECON) das Monopol auflösen

desmontable [desmon̩'taβle] *adj (que se puede quitar)* abnehmbar; *(sacar)* herausnehmbar; *(deshacer)* zerlegbar; *(doblar)* zusammenklappbar

desmontaje [desmon̩'taxe] *m* ❶ *(de un arma)* Sicherung *f* ❷ *(de un mecanismo)* Zerlegung *f* ❸ *(de una pieza)* Ausbau *m* ❹ *(de una estructura)* Abbau *m*; *(de un edificio)* Abriss *m*; ~ **social** Sozialabbau *m*

desmontar [desmon̩'tar] **I.** *vt* ❶ *(un mecanismo)* auseinanderbauen ❷ *(una pieza: quitar)* abmontieren; *(sacar)* ausbauen ❸ *(una estructura)* abbauen; *(un edificio)* abreißen ❹ *(un bosque)* abholzen ❺ *(un terreno)* (ein)ebnen ❻ *(un montón de tierra)* abtragen ❼ *(una pistola)* sichern ❽ *(de un caballo/una moto)* herunterstoßen **II.** *vi (de un caballo)* vom Pferd (ab)steigen; *(de una moto)* vom Motorrad (ab)steigen **III.** *vr:* **~se** *(bajarse)* absteigen

desmonte [des'mon̩te] *m* ❶ *(de un terreno)* Planierung *f* ❷ *(de un bosque)* Rodung *f* ❸ *(escombros)* Schutt *m* ❹ *pl* (AGR) Lichtung *f*

desmoralización [desmoraliθa'θjon] *f* ❶ *(desánimo)* Entmutigung *f*, Demoralisierung *f*; **no sé a qué se debe su ~** ich weiß nicht, warum er/sie so mutlos ist ❷ *(de las costumbres)* Untergrabung *f* der Moral, Untergrabung *f* von Sitte und Ordnung, Demoralisation *f*; *(efecto)* Sittenlosigkeit *f*, Zuchtlosigkeit *f*

desmoralizador(a) [desmoraliθa'ðor(a)] *adj* ❶ *(que desanima)* entmutigend ❷ *(que corrompe)* verderblich

desmoralizante [desmorali'θan̩te] *adj* entmutigend, demoralisierend

desmoralizar [desmorali'θar] <z → c> **I.** *vt* ❶ *(desanimar)* entmutigen; **la crítica la ha desmoralizado mucho** die Kritik hat an ihrem Selbstvertrauen genagt ❷ *(corromper)* verderben **II.** *vr:* **~se** ❶ *(desanimarse)* den Mut verlieren; *(perder la confianza)* an Selbstvertrauen verlieren; **las tropas se iban desmoralizando** die Moral der Truppe sank ❷ *(corromperse)* sittlich verfallen

desmoronamiento [desmorona'mjen̩to] *m* ❶ *(arruinamiento)* Zerfall *m*; *(de un edificio)* Einsturz *m* ❷ *(disminución)* Schwinden *nt*; *(de un sentimiento)* Abflauen *nt*; *(de un imperio)* Untergang *m*; *(de una ideología)* Scheitern *nt*; **la crisis económica produjo el ~ de mi fortuna** die Wirtschaftskrise kostete mich mein gesamtes Vermögen

desmoronar [desmoro'nar] **I.** *vt (deshacer)* zerbröckeln; *(edificio)* abreißen; (GEO) abtragen **II.** *vr:* **~se** ❶ *(deshacerse)* zerfallen; *(un edificio)* einstürzen; *(un muro)* bröckeln; (QUÍM) sich zersetzen ❷ *(disminuir)* schwinden; *(sentimiento)* abflauen; *(imperio)* untergehen; *(ideología)* scheitern ❸ *(persona)* am Boden zerstört sein

desmotivar [desmoti'βar] **I.** *vt* demotivie-

D

ren; **has conseguido ~me con tu pesimismo** durch deinen Pessimismus ist mir die Lust vergangen **II.** *vr:* **~se** das Interesse verlieren

desnatado, -a [desna'taðo, -a] *adj* ① *(leche)* entrahmt; **leche desnatada** Magermilch *f,* fettarme Milch ② *(metal)* frei von Schlacke

D

desnatar [desna'tar] *vt (la leche)* entrahmen

desnaturalizado, -a [desnaturali'θaðo, -a] *adj* ① *(expatriado)* ausgebürgert, denaturalisiert *geh* ② *(desvirtuado)* denaturiert, unnatürlich; *(animal)* entartet; *(alimentos)* ungenießbar ③ *(hijo)* missraten, ungeraten

desnaturalizar [desnaturali'θar] <z → c> **I.** *vt* ① *(expatriar)* ausbürgern ② *(desvirtuar)* denaturieren; *(aspecto)* entstellen; *(carácter)* verderben; **~ la competencia** den Wettbewerb verfälschen **II.** *vr:* **~se** *(expatriarse)* seine Ausbürgerung beantragen

desnivel [desni'βel] *m* ① *(diferencia de altura)* Gefälle *nt; (pendiente)* Steigung *f* ② *(desequilibrio)* Ungleichgewicht *nt; (disparidad)* Unterschied *m;* **~ cultural** Kulturgefälle *nt* ③ *(altibajo)* Unebenheit *f*

desnivelado, -a [desniβe'laðo, -a] *adj* ① *(terreno)* uneben ② *(torcido)* schräg ③ *(desequilibrado)* nicht im Gleichgewicht befindlich; *(fig)* unausgeglichen

desnivelar [desniβe'lar] **I.** *vt* ① *(un terreno)* uneben machen ② *(desequilibrar)* aus dem Gleichgewicht bringen; *(balanza)* manipulieren **II.** *vr:* **~se** ① *(torcerse)* schief sein; *(calle)* abfallen ② *(perder el equilibrio)* aus dem Gleichgewicht geraten

desnucar [desnu'kar] <c → qu> **I.** *vt* ① *(herir)* **~ a alguien de un golpe** jdm einen Schlag ins Genick versetzen ② *(matar)* das Genick brechen *+dat;* **~ una gallina** einem Huhn den Hals umdrehen; **~ el conejo de un golpe en el cogote** den Hasen durch einen Schlag ins Genick töten **II.** *vr:* **~se** *(matarse)* sich *dat* das Genick brechen

desnuclearizado, -a [desnukleari'θaðo, -a] *adj* atomwaffenfrei

desnudar [desnu'ðar] **I.** *vt* ① *(desvestir)* ausziehen ② *(descubrir)* entblößen **II.** *vr:* **~se** *(desvestirse)* sich ausziehen

desnudez [desnu'ðeθ] *f* Nacktheit *f; (fig)* Kahlheit *f*

desnudo[1] [des'nuðo] *m* (ARTE) Akt *m*

desnudo, -a[2] [des'nuðo, -a] *adj* ① *(desvestido)* nackt ② *(con poca ropa)* halb nackt ③ *(despojado)* bloß; *(pared, paisaje)* kahl; *(suelo)* blank ④ *(pobre)* mittellos; **este mes me he quedado ~** *(fam)* diesen Monat bin ich völlig blank ⑤ *(claro)* offensichtlich; **al ~** offen; **decir a alguien la verdad desnuda** jdm die nackte Wahrheit sagen ⑥ *(desprovisto)* **~ de** ohne

desnutrición [desnutri'θjon] *f* Unterernährung *f*

desobedecer [desoβeðe'θer] *irr como crecer* **I.** *vi* nicht gehorchen; (MIL, POL) den Gehorsam verweigern **II.** *vt (una orden)* nicht befolgen; *(a una autoridad)* nicht gehorchen *+dat;* (MIL, POL) den Gehorsam verweigern *+dat*

desobediencia [desoβe'ðjeṇθja] *f* Ungehorsam *m;* (MIL, POL) Gehorsamsverweigerung *f*

desobediente [desoβe'ðjeṇte] *adj* ungehorsam; (POL, MIL) rebellisch

desocupación [desokupa'θjon] *f* ① *(desembarazo)* Räumung *f; (evacuación)* Evakuierung *f; (de un paso)* Freigabe *f* ② *(paro)* Arbeitslosigkeit *f* ③ *(ociosidad)* Untätigkeit *f*

desocupado, -a [desoku'paðo, -a] **I.** *adj* ① *(parado)* arbeitslos ② *(vacío)* leer; *(vivienda)* leer stehend; *(paso, plaza)* frei; *(ocioso)* unbeschäftigt; **estoy ~** ich habe nichts zu tun **II.** *m, f* Arbeitslose(r) *mf*

desocupar [desoku'par] **I.** *vt* ① *(dejar libre)* frei machen; *(carretera)* räumen; *(evacuar)* evakuieren; **~ una vivienda** aus einer Wohnung ausziehen, eine Wohnung räumen; **los manifestantes ~on las vías** die Demonstranten gaben die Gleise frei ② *(vaciar)* leeren **II.** *vr:* **~se** ① *(quedar libre de una ocupación)* freihaben; **cuando pueda ~me iré a verte** wenn ich mich freimachen kann, besuche ich dich ② *(quedarse vacante)* frei werden

desodorante [desoðo'raṇte] **I.** *adj (para el hogar)* geruchtilgend; *(para el cuerpo)* de(s)odorierend; **espray ~** *(para el cuerpo)* Deospray *nt; (para el hogar)* Raumspray *nt* **II.** *m (para el cuerpo)* Deo *nt*

desoír [deso'ir] *vt irr como oír* nicht hören (auf *+akk*)

desolación [desola'θjon] *f* ① *(devastación)* Verwüstung *f* ② *(desconsuelo)* Verzweiflung *f*

desolado, -a [deso'laðo, -a] *adj* ① *(desierto)* trostlos ② *(desconsolado)* verzweifelt

desolador(a) [desola'ðor(a)] *adj* ① *(trágico)* erschütternd ② *(asolador)* verheerend

desolar [deso'lar] <o → ue> **I.** *vt* ① *(destruir)* verwüsten ② *(afligir)* erschüttern **II.** *vr:* **~se** erschüttert sein

desolladero [desoʎa'ðero] *m* Schlachthof *m*

desollado, -a [deso'ʎaðo, -a] **I.** *adj* ① *(descarado)* frech, unverschämt

❷ *(animal)* abgehäutet ❸ *(piel)* abgeschürft **II.** *m, f* unverschämter Mensch *m*
desollar [deso'ʎar] <o → ue> *vt* ❶ *(quitar la piel)* abhäuten; ~ **a alguien vivo** *(fig)* jdm das Fell über die Ohren ziehen ❷ *(causar daño económico)* ausnehmen; *(engañar)* prellen ❸ *(maltratar)* schikanieren ❹ *(criticar)* verreißen; ~ **a alguien** kein gutes Haar an jdm lassen *fam*
desopilativo[1] [desopila'tiβo] *m* (MED) Abführmittel *nt*
desopilativo, -a[2] [desopila'tiβo, -a] *adj* (MED) abführend
desopresión [desopre'sjon] *f sin pl* Befreiung *f* von der Unterdrückung
desorbitado, -a [desorβi'taðo, -a] *adj* ❶ *(ojos)* weit aufgerissen ❷ *(exagerado)* übertrieben; *(desmedido)* maßlos
desorbitante [desorβi'tan̪te] *adj* exorbitant; **precios ~s** Wucherpreise *mpl*
desorden [de'sorðen] *m* ❶ *(desarreglo)* Unordnung *f; (confusión)* Verwirrung *f;* ~ **público** Störung der öffentlichen Ordnung; **el piso está en ~** die Wohnung ist nicht aufgeräumt ❷ *(exceso)* Ausschweifung *f* ❸ *pl (alboroto)* Unruhen *fpl* ❹ (MED) Störung *f*
desordenado, -a [desorðe'naðo, -a] *adj* ❶ *(desorganizado)* unordentlich; *(persona)* schlampig; *(cosa)* ungeordnet; *(vida)* ungeregelt ❷ *(excesivo)* ausschweifend
desordenar [desorðe'nar] *vt (turbar)* durcheinanderbringen; *(pelo)* zerzausen
desorejado, -a [desore'xaðo, -a] **I.** *adj* ❶ *(fam: vil)* gemein, niederträchtig ❷ *(AmS: desasado)* henkellos ❸ *(AmS, Pan: con mal oído musical)* unmusikalisch ❹ *(Arg, Urug: irresponsable)* unverantwortlich ❺ *(Arg, Cuba, Urug: derrochador)* verschwenderisch ❻ *(Col, AmC: tonto)* dumm, einfältig **II.** *m, f (fam: vil)* Schurke, -in *m, f,* Schuft *m*
desorganización [desorɣaniθa'θjon] *f* Unordnung *f,* Chaos *nt;* **en esta empresa llevan una ~ increíble** in dieser Firma herrscht ein unglaubliches Chaos
desorientación [desorjen̪ta'θjon] *f* ❶ *(extravío)* Irreführung *f* ❷ *(confusión)* Verwirrung *f* ❸ *(falta de orientación)* Orientierungslosigkeit *f*
desorientador(a) [desorjen̪ta'ðor(a)] *adj* verwirrend, irritierend
desorientar [desorjen̪'tar] **I.** *vt* ❶ *(extraviar)* irreführen ❷ *(confundir)* verwirren; **estar desorientado** verwirrt sein **II.** *vr:* **~se** ❶ *(extraviarse)* sich verirren ❷ *(confundirse)* verwirrt sein
desovar [deso'βar] *vi* laichen
desove [de'soβe] *m* ❶ *(acción)* Laichen *nt* ❷ *(época)* Laichzeit *f,* Laiche
desovillar [desoβi'ʎar] **I.** *vt* ❶ *(un hilo)* abwickeln; *(un ovillo)* aufziehen, auflösen ❷ *(un misterio)* (auf)klären; *(un enredo)* entwirren; ~ **un asunto** Licht in eine Sache bringen **II.** *vr:* **~se** ❶ *(ovillo)* aufgehen ❷ *(situación)* sich (auf)klären
desoxidar [desoˠsi'ðar] **I.** *vt* ❶ *(quitar el oxígeno)* desoxidieren ❷ *(quitar el óxido)* entrosten ❸ *(fig: un conocimiento)* aufbessern; **quiero ~ mi español** ich möchte mein Spanisch aufbessern **II.** *vr:* **~se** Sauerstoff freigeben
desoxigenar [desoˠsixe'nar] **I.** *vt* (QUÍM) desoxydieren (+*dat*) **II.** *vr:* **~se** (QUÍM) Sauerstoff freigeben
despabilado, -a [despaβi'laðo, -a] *adj* ❶ *(listo)* aufgeweckt ❷ *(despierto)* wach
despabilar [despaβi'lar] **I.** *vt* ❶ *(despertar)* munter machen ❷ *(avivar)* aufrütteln; **en la mili ya lo ~án** beim Militär werden sie ihm schon zeigen, wo es langgeht *fam;* **es muy perezosa, pero en el colegio ya la ~án** sie ist sehr faul, aber in der Schule werden sie ihr schon Dampf machen *fam* ❸ *(acabar deprisa)* schnell erledigen; *(fortuna)* durchbringen; *(comida)* verdrücken *fam* ❹ *(robar)* stehlen ❺ *(matar)* erledigen **II.** *vi* ❶ *(darse prisa)* sich beeilen ❷ *(avivarse)* **si quieres empezar a trabajar por tu cuenta, tienes que ~** wenn du dich selb(st)ständig machen willst, musst du noch einiges lernen **III.** *vr:* **~se** ❶ *(sacudir el sueño)* munter werden; *(la pereza)* sich aufrappeln *fam* ❷ *(darse prisa)* sich beeilen ❸ *(avivarse)* **se ha despabilado desde que va al colegio** seit er/sie zur Schule geht, ist er/sie viel aufgeweckter ❹ *(Am: marcharse)* abhauen
despachado, -a [despa'ʧaðo, -a] *adj* ❶ *(fresco)* frech, unverschämt ❷ *(listo)* einfallsreich, geschickt ❸ *(libre)* frei; **estar ~** nichts zu tun haben
despachar [despa'ʧar] **I.** *vt* ❶ *(enviar)* abschicken; *(mensajero)* entsenden ❷ *(concluir)* erledigen; *(buque)* abfertigen ❸ *(resolver)* regeln; *(discutir)* besprechen; ~ **con alguien** mit jdm eine Besprechung haben ❹ *(atender)* bedienen ❺ *(vender)* verkaufen ❻ *(matar)* erledigen ❼ *(comer)* verdrücken *fam; (beber)* hinunterkippen *fam* ❽ *(despedir)* hinauswerfen **II.** *vi* ❶ *(acabar)* fertig werden ❷ *(atender)* bedienen; **por las tardes no despachan en esta tienda** am Nachmittag ist dieser Laden geschlossen **III.** *vr:* **~se** ❶ *(darse prisa)* sich beeilen ❷ *(desahogarse)* sich *dat* Luft machen; **~se a (su) gusto con al-**

D

D

guien *(decir lo que uno piensa)* jdm seine Meinung sagen; *(lo que uno siente)* jdm sagen, was man auf dem Herzen hat ③ *(desembarazarse)* sich entledigen (**de** +*gen*)

despacho [desˈpatʃo] *m* ① *(de un pedido)* Ausführung *f; (de la correspondencia)* Erledigung *f; (de un buque/equipajes)* Abfertigung *f* ② *(envío)* Versand *m* ③ *(de un asunto)* Regelung *f; (entrevista)* Besprechung *f* ④ *(de clientes)* Bedienung *f* ⑤ *(venta)* Verkauf *m;* **géneros sin ~** unverkäufliche Güter; **no tener buen ~** ein Ladenhüter sein; **tener buen ~** sich gut verkaufen ⑥ *(despido)* Entlassung *f* ⑦ *(oficina)* Büro *nt; (en casa)* Arbeitszimmer *nt;* **~ de abogado** Anwaltskanzlei *f;* **~ de aduana** Zollamt *nt;* **~ de patentes** Patentbüro *nt;* **mesa de ~** Schreibtisch *m;* **solo tenemos ~ por las mañanas** wir haben nur morgens geöffnet ⑧ *(muebles)* Büroeinrichtung *f;* **comprarse un ~ nuevo** sein Büro neu einrichten ⑨ *(taquilla)* Schalter *m; (tienda)* Laden *m;* **~ de billetes** (FERRO) Fahrkartenschalter *m;* (TEAT) Theaterkasse *f;* (CINE) Kinokasse *f;* **~ de localidades** Vorverkaufsstelle *f* ⑩ *(parte)* Mitteilung *f; (telegrama)* Telegramm *nt; (entre gobiernos)* Kommuniqué *nt;* **~ judicial** richterliche Verfügung

despachurrar [despatʃuˈrrar] **I.** *vt* ① *(aplastar)* zerquetschen; *(reventar)* zerschlagen ② *(embrollar)* falsch erzählen; **despachurras todos los chistes** du kannst keine Witze erzählen ③ *(apabullar)* **me dejó despachurrado** ich war sprachlos; **lo despachurró con sus argumentos** er konnte seinen/ihren Argumenten nichts entgegensetzen **II.** *vr:* **~se** kaputtgehen; *(fruta)* matschig werden

despacio [desˈpaθjo] **I.** *adv* ① *(lentamente)* langsam; **por allí viene caminando ~** da hinten kommt er/sie gemächlichen Schrittes daher; **en esta oficina las cosas van ~** in diesem Büro dauert alles etwas länger ② *(calladamente)* leise ③ *(por tiempo dilatado)* lange **II.** *interj* immer mit der Ruhe

despacioso, -a [despaˈθjoso, -a] *adj* ① *(lento)* langsam; *(persona)* behäbig, gemütlich ② *(espacioso)* umfangreich, umfassend

despacito [despaˈθito] **I.** *adv* ganz langsam; **levántalo ~** hebe es ganz langsam [*o* vorsichtig] hoch **II.** *interj* immer mit der Ruhe

despampanante [despampaˈnante] *adj* fantastisch; *(mujer)* atemberaubend

despanchurrar [despantʃuˈrrar] *vt (fam)* zerdrücken, zerquetschen

desparejado, -a [despareˈxaðo, -a] *adj* ① *(sin pareja)* einzeln; **este calcetín está ~** zu dieser Socke fehlt das Gegenstück ② *(dispar)* ungleich; **estos calcetines están ~s** diese Socken passen nicht zusammen

desparejar [despareˈxar] **I.** *vt* trennen; **~ los calcetines** ein Paar Socken voneinander trennen **II.** *vr:* **~se** getrennt werden; **estos calcetines se han desparejado** zu diesen Socken fehlt jeweils das Gegenstück

desparejo, -a [despaˈrexo, -a] *adj* verschieden, unterschiedlich; **ser ~ a algo** sich von etw *dat* unterscheiden

desparpajo [desparˈpaxo] *m* ① *(desenvoltura)* Ungezwungenheit *f; (en el hablar)* Redegewandtheit *f;* **con ~** ungezwungen ② *(habilidad)* Souveränität *f;* **con ~** souverän ③ *(frescura)* Frechheit *f;* **con ~** frech ④ *(Am: desorden)* Chaos *nt*

desparramado, -a [desparraˈmaðo, -a] *adj* ① *(extendido)* ausgedehnt, weitläufig; *(ancho)* weit ② *(abierto)* (weit) offen

desparramar [desparraˈmar] **I.** *vt* ① *(dispersar)* verteilen; **~ los juguetes sobre el suelo** das Spielzeug über den ganzen Boden verteilen; **~ su atención** sich verzetteln ② *(un líquido)* verschütten ③ *(malgastar)* verschwenden ④ *(una noticia)* verbreiten ⑤ *(Arg: diluir)* verdünnen **II.** *vr:* **~se** ① *(dispersarse)* sich verteilen; **el rebaño se desparramó por el campo** die Herde war über das Feld zerstreut; **al pasar el coche los pájaros se ~on** als der Wagen vorbeifuhr, stoben die Vögel auseinander ② *(un líquido)* fließen ③ *(divertirse)* sich wild amüsieren ④ *(dispersar su atención)* sich verzetteln

desparramo [despaˈrramo] *m* ① *(Chil, Cuba: desparramiento)* Unordnung *f* ② *(Chil, Urug: desbarajuste)* Durcheinander *nt,* Wirrwarr *m*

despatarrado, -a [despataˈrraðo, -a] *adj* ① *(espatarrado)* breitbeinig ② *(pasmado)* verblüfft ③ *(asustado)* angsterfüllt

despatarrar [despataˈrrar] **I.** *vt* ① *(asombrar)* verblüffen ② *(asustar)* erschrecken **II.** *vr:* **~se** ① *(espatarrarse)* die Beine spreizen ② *(pasmarse)* völlig verdutzt sein, sprachlos sein ③ *(caerse)* stürzen, auf den Hintern fallen; **~se de risa** sich kaputtlachen, sich vor Lachen biegen

despavorido, -a [despaβoˈriðo, -a] *adj* entsetzt

despechado, -a [despeˈtʃaðo, -a] *adj* empört, verbittert, sauer *fam*

despechar [despeˈtʃar] **I.** *vt (indignar)* ärgern **II.** *vr:* **~se** sich ärgern (**contra** über

+*akk*); **~se contra alguien** auf jdn wütend sein

despecho [des'peʧo] *m* ❶ *(animosidad)* Zorn *m* ❷ *(desesperación)* Verzweiflung *f* ❸ *(loc)* **a ~ de** trotz +*gen*

despectivo, -a [despek'tiβo, -a] *adj* ❶ *(despreciativo)* verächtlich; *(desdeñoso)* herablassend; *(tono)* abfällig; **tratar de manera despectiva** von oben herab behandeln ❷ (LING) pejorativ

despedazamiento [despeðaθa'mjen̩to] *m* Zerstörung *f; (explosión)* Zerfetzen *nt; (cuchillo)* Zerstückeln *nt*

despedazar [despeða'θar] <z → c> **I.** *vt* *(romper)* kaputt machen; *(en mil pedazos)* zertrümmern; *(con un cuchillo)* zerstückeln; *(con una tijera)* zerschneiden; *(con las manos)* zerbröckeln; *(pan)* zerkrümeln; *(el corazón)* brechen; **la bomba le despedazó la mano** die Bombe zerfetzte ihm/ihr die Hand **II.** *vr:* **~se** kaputtgehen; *(en mil pedazos)* zerschellen; *(pan)* zerkrümeln; *(muro)* bröckeln; *(cristal)* zersplittern; *(globo)* zerplatzen; **se me despedazó el alma cuando vi tanta miseria** *(fig)* beim Anblick von so viel Leid zerriss es mir das Herz

despedida [despe'ðiða] *f* ❶ *(separación)* Abschied *m* ❷ *(acto oficial)* Verabschiedung *f; (fiesta)* Abschiedsfeier *f;* **~ de soltero** Polterabend *m;* **cena de ~** Abschiedsessen *nt;* **mañana le dan la ~ en el palacio** morgen wird er/sie (offiziell) im Palast verabschiedet ❸ *(en una carta)* Schlussformel *f*

despedir [despe'ðir] *irr como pedir* **I.** *vt* ❶ *(decir adiós)* verabschieden; **~ un testigo** *(fig)* einen Zeugen entlassen; **~ a alguien con una fiesta** jdm zu Ehren ein Abschiedsfest geben; **salió a ~me a mi coche** er/sie begleitete mich bis zu meinem Auto; **vinieron a ~me al aeropuerto** sie brachten mich zum Flughafen ❷ *(echar)* hinauswerfen; *(de un empleo)* entlassen ❸ *(difundir)* verbreiten; *(emitir)* ausstoßen; *(un olor)* verströmen; **el volcán despide fuego** der Vulkan speit Feuer ❹ *(lanzar)* schleudern; *(flecha)* abschießen ❺ *(apartar de sí)* loswerden **II.** *vr:* **~se** ❶ *(decir adiós)* sich verabschieden; **~se a la francesa** ohne ein Abschiedswort weggehen ❷ *(dejar un empleo)* kündigen; **~se de un trabajo** eine Stelle aufgeben ❸ *(de obtener/conseguir algo)* **despídete de ese dinero** das Geld siehst du nie wieder; **despídete este mes de salir por las noches** diesen Monat darfst du abends nicht mehr ausgehen; **~se de ir de viaje** seine Reisepläne aufgeben

despegado, -a [despe'ɣaðo, -a] *adj* ❶ *(poco cariñoso)* kühl, distanziert, lieblos ❷ *(áspero)* unfreundlich, schroff

despegar [despe'ɣar] <g → gu> **I.** *vt* abmachen; **~ dos hojas** zwei Blätter voneinander lösen; **obedecer sin ~ los labios** wortlos gehorchen; **estar sin ~ los labios** kein Wort sagen **II.** *vi* starten; **la economía no despega** die Wirtschaft kommt nicht in Gang **III.** *vr:* **~se** ❶ *(desprenderse)* sich (ab)lösen; *(deshacerse)* auseinanderfallen ❷ *(perder el afecto)* sich abwenden

despego [des'peɣo] *m* ❶ *(falta de cariño)* Kühle *f* ❷ *(falta de afecto)* Abneigung *f* (**por** gegen +*akk*); **sentir ~ por alguien** jdn nicht mögen ❸ *(falta de interés)* Gleichgültigkeit *f*

despegue [des'peɣe] *m* ❶ (AERO) Start *m* ❷ (ECON) wirtschaftlicher Aufschwung *m*

despeinado, -a [despei̯'naðo, -a] *adj* ungekämmt

despeinar [despei̯'nar] **I.** *vt* das Haar zerzausen +*dat* **II.** *vr* **me despeiné** meine Frisur geriet in Unordnung

despejado, -a [despe'xaðo, -a] *adj* ❶ *(sin nubes)* wolkenlos ❷ *(sin obstáculos)* frei ❸ *(ancho)* breit; *(habitación)* groß ❹ *(listo)* aufgeweckt ❺ *(despierto)* munter; *(cabeza)* klar

despejar [despe'xar] **I.** *vt* ❶ *(un lugar)* frei machen; *(mesa)* abräumen; *(sala)* räumen; **~ la calle de nieve** den Schnee von der Straße räumen ❷ *(una situación)* klären; *(un misterio)* aufklären ❸ *(una persona)* munter machen; **el aire fresco despejó mi mente** durch die frische Luft bekam ich wieder einen klaren Kopf ❹ (DEP) abwehren; **~ el tiro a córner** den Ball ins Toraus kicken **II.** *vr:* **~se** ❶ *(cielo, misterio)* sich aufklären; **parece que se va a ~ el día** es sieht so aus, als ob sich das Wetter heute noch bessert ❷ *(despabilarse)* munter werden; *(mentalmente)* einen klaren Kopf bekommen ❸ *(adquirir desenvoltura)* seine Befangenheit ablegen ❹ *(un enfermo)* **se ha despejado un poco** sein/ihr Fieber ist leicht gesunken

despeje [des'pexe] *m* *(en fútbol)* Abwehrschuss *m; (hockey)* Befreiungsschlag *m*

despejo [des'pexo] *m* ❶ *(de un lugar)* Räumung *f* ❷ *(en el trato)* Ungezwungenheit *f;* **el ~ que muestras con tus superiores** deine ungezwungene Art, mit deinen Vorgesetzten umzugehen ❸ *(entendimiento)* klarer Verstand *m*

despellejado, -a [despeʎe'xaðo, -a] *adj* ❶ *(animal)* abgehäutet ❷ *(piel)* abgeschürft ③ *(tela)* zerschlissen, abgewetzt ④ *(fam: sin dinero)* blank, pleite

despellejar [despeʎe'xar] **I.** *vt* ① *(desollar)* häuten ② *(fam: maldecir)* kein gutes Haar lassen (**a** an +*dat*) ③ *(fam: desvalijar)* das Hemd über den Kopf ziehen +*dat* **II.** *vr:* **~se** sich häuten

D

despelotarse [despelo'tarse] *vr (fam)* ① *(desnudarse)* sich ausziehen ② *(de risa)* sich totlachen

despelote [despe'lote] *m (fam)* Durcheinander *nt;* **¡qué ~!** so ein Chaos!

despeluzar [despelu'θar] <z → c> *vt, vr v.* **despeluznar**

despeluznante [despeluθ'nan̩te] *adj* haarsträubend

despeluznar [despeluθ'nar] *vt, vr:* **~se** ① *(felpa, pelo)* zerzausen ② *(erizar el cabello)* das Fell sträuben ③ *(Cuba: desplumar)* ausplündern

despenalización [despenaliθa'θjon] *f* Legalisierung *f*

despenalizar [despenali'θar] <z → c> *vt* legalisieren; **~ el aborto** die Abtreibung legalisieren

despenar [despe'nar] *vt* ① *(consolar)* trösten ② *(fam: matar)* abmurksen

despensa [des'pensa] *f* ① *(fresquera)* Speisekammer *f* ② *(provisiones)* Vorrat *m* ③ *(comestibles)* Nahrungsmittel *ntpl* ④ *(Arg: almacén)* Lager *nt*

despeñadero[1] [despeɲa'ðero] *m* ① (GEO) Abgrund *m* ② *(riesgo)* Wagnis *nt;* **meterse en un ~** sich in ein gefährliches Unterfangen stürzen

despeñadero, -a[2] [despeɲa'ðero, -a] *adj* abschüssig

despeñar [despe'ɲar] **I.** *vt* herabstürzen; **~ a alguien por un precipicio** jdn in den Abgrund stürzen **II.** *vr:* **~se** (ab)stürzen; **el motorista se despeñó por el talud** der Motorradfahrer stürzte die Rampe herab; **~se a un vicio** einem Laster völlig verfallen

desperdiciar [desperði'θjar] *vt* verschwenden; *(ocasión)* verpassen

desperdicio [desper'ðiθjo] *m* ① *(residuo)* Abfall *m;* **~s biológicos** Biomüll *m* ② *(malbaratamiento)* Verschwendung *f;* **no tener ~** sehr nützlich sein

desperdigado, -a [desperði'ɣaðo, -a] *adj* zerstreut

desperdigar [desperði'ɣar] <g → gu> *vt, vr:* **~se** (sich) zerstreuen

desperezarse [despere'θarse] <z → c> *vr* sich recken

desperfecto [desper'fekto] *m* ① *(deterioro)* Schaden *m* ② *(defecto)* Fehler *m;* **esta máquina tiene un pequeño ~** diese Maschine ist leicht defekt

despertador [desperta'ðor] *m (reloj)* Wecker *m*

despertar [desper'tar] <e → ie> **I.** *vt* wecken **II.** *vr:* **~se** aufwachen **III.** *m* Erwachen *nt*

despezuñarse [despeθu'ɲarse] *vr (AmS, PRico: ir con prisa)* eilig schreiten, eilen; *(desvivirse)* sich sehr bemühen

despiadado, -a [despja'ðaðo, -a] *adj (inhumano)* unbarmherzig; *(cruel)* erbarmungslos

despido [des'piðo] *m (descontratación)* Kündigung *f;* **~ colectivo** Massenentlassung *f*

despierto, -a [des'pjerto, -a] *adj* ① *(insomne)* wach ② *(listo)* aufgeweckt; **mente despierta** reger Verstand

despiezar [despje'θar] <z → c> *vt* auseinandernehmen, zerlegen; **~ una máquina** eine Maschine auseinanderbauen

despilfarrador(a) [despilfarra'ðor(a)] **I.** *adj* verschwenderisch **II.** *m(f)* Verschwender(in) *m(f)*

despilfarrar [despilfa'rrar] *vt* verschwenden

despilfarro [despil'farro] *m (derroche)* Verschwendung *f*

despiojar [despjo'xar] *vt* entlausen

despistado, -a [despis'taðo, -a] **I.** *adj* zerstreut **II.** *m, f* **eres un ~** wo hast du nur deine Gedanken?

despistar [despis'tar] **I.** *vt* irreführen **II.** *vr:* **~se** ① *(perderse)* sich verirren ② *(desconcertarse)* durcheinanderkommen

despiste [des'piste] *m* Verwirrung *f;* **un ~ lo tiene cualquiera** das kann jedem mal passieren

desplante [des'plan̩te] *m* Frechheit *f*

desplazado, -a [despla'θaðo, -a] *adj* deplatziert

desplazamiento [desplaθa'mjen̩to] *m* ① *(traslado)* Umzug *m* ② *(remoción)* Verschiebung *f*

desplazar [despla'θar] <z → c> *vt* ① *(muebles)* verschieben; *(enfermos)* verlagern ② *(suplantar)* aus dem Amt verdrängen

desplegable [desple'ɣaβle] *adj (silla)* aufklappbar; *(cartón)* auseinanderfaltbar; **silla ~** Klappstuhl *m*

desplegar [desple'ɣar] *vt irr como fregar* ① *(abrir)* öffnen; *(desdoblar)* auseinanderfalten ② (MIL) ausschwärmen lassen ③ *(desarrollar)* entfalten; **~ toda su fantasía** seine ganze Fantasie einsetzen

despliegue [des'pljeɣe] *m* Entfaltung *f;* (MIL) Aufmarsch *m*

desplomarse [desplo'marse] *vr* ① *(casa)* einstürzen ② *(persona)* zusammenbrechen ③ *(desviarse)* aus dem Lot geraten

desplome [des'plome] *m* Abweichung *f* vom Lot, Sichsenken *nt;* **el ~ de un edificio** das Sichsenken eines Gebäudes; **el ~ de los precios** der Preiseinbruch

desplomo [des'plomo] *m* Abweichung *f* vom Lot, Sichsenken *nt*

desplumar [desplu'mar] *vt* ① *(plumas)* rupfen ② *(robar)* ausrauben; **~ a alguien jugando a las cartas** jdn beim Kartenspiel ausnehmen *fam*

despoblado[1] [despo'βlaðo] *m* *(yermo)* Einöde *f*

despoblado, -a[2] [despo'βlaðo, -a] *adj* unbewohnt

despoblar [despo'βlar] <o → ue> *vt* *(de habitantes)* entvölkern; *(un bosque)* abholzen; **el huracán despobló la zona de árboles** der Orkan riss alle Bäume in dem Gebiet mit sich

despojar [despo'xar] **I.** *vt* wegnehmen; **la ~on de todo** sie haben ihr alles weggenommen; **~ de un derecho a alguien** jdm ein Recht entziehen **II.** *vr:* **~se** ① *(desistir)* verzichten (**de** auf +*akk*) ② *(quitar)* ablegen (**de** +*akk*); *(ropa)* ausziehen (**de** +*akk*)

despojo [des'poxo] *m* ① *(presa)* Beute *f;* **~ del mar** Strandgut *nt* ② *pl* *(restos)* Überreste *mpl;* *(del matadero)* Schlachtabfall *m;* *(escombros)* Bauschutt *m;* *(mortales)* sterbliche Überreste *mpl*

despolitizar [despoliti'θar] <z → c> *vt* entpolitisieren

desposado, -a [despo'saðo, -a] *adj* ① *(recién casado)* jungverheiratet, frisch verheiratet ② *(llevar esposas)* mit Handschellen gefesselt

desposar [despo'sar] **I.** *vt* trauen **II.** *vr:* **~se** heiraten (**con** +*akk*)

desposeer [despose'er] *irr como leer* **I.** *vt* ① *(expropiar)* enteignen ② *(no reconocer)* aberkennen; **la desposeyeron de sus derechos** ihre Rechte wurden ihr aberkannt ③ *(destituir)* **~ de su cargo** absetzen ④ *(fam: desplumar)* **~ a alguien de algo** jdm etw wegnehmen **II.** *vr:* **~se** ① *(renunciar)* verzichten (**de** auf +*akk*) ② *(desapropiarse)* aufgeben (**de** +*akk*)

desposeído, -a [despose'iðo, -a] **I.** *pp de* **desposeer** **II.** *adj* besitzlos, arm; **estar ~ de una cosa** einer Sache verlustig gehen

desposeimiento [desposei̯'mjen̪to] *m* ① *(privación)* Enteignung *f* ② *(renuncia)* Besitzaufgabe *f* ③ *(destitución)* Absetzung *f*

desposorio(s) [despo'sorjo(s)] *m(pl)* ① *(esponsales)* Eheversprechen *nt* ② *(matrimonio)* Heirat *f*

despostador(a) [desposta'ðor(a)] *m(f)* *(Arg)* Person *f*, die Schlachtvieh zerlegt

despostar [despos'tar] *vt* *(AmS)* zerlegen

déspota ['despota] *mf* Despot(in) *m(f)*

despótico, -a [des'potiko, -a] *adj* tyrannisch

despotismo [despo'tismo] *m* ① *(sistema)* Despotismus *m,* Gewaltherrschaft *f* ② *(tiranía)* Despotie *f*

despotricar [despotri'kar] <c → qu> *vi* *(fam)* ① *(chochear)* quasseln ② *(maldecir)* herziehen (über +*akk*)

despreciable [despre'θjaβle] *adj* verwerflich

despreciar [despre'θjar] **I.** *vt* ① *(menospreciar)* verachten ② *(rechazar)* verschmähen; *(oferta)* ausschlagen **II.** *vr:* **~se** sich herabwürdigen; **no ~se de hacer cualquier trabajo** sich *dat* für keine Arbeit zu schade sein

desprecio [des'preθjo] *m* Verachtung *f*

desprender [despren̪'der] **I.** *vt* ① *(soltar)* abmachen (**de** von +*dat*) ② *(deducir)* schließen (**de** aus +*dat*); **de su aviso desprendemos que...** ihrer Nachricht entnehmen wir, dass ... **II.** *vr:* **~se** ① *(soltarse)* sich lösen ② *(deshacerse)* weggeben (**de** +*akk*); *(desembarazarse)* loswerden (**de** +*akk*); **~se de cualquier duda** jegliche Zweifel ablegen ③ *(deducirse)* **de tu comportamiento se desprende que...** aus deinem Verhalten lässt sich schließen, dass ...

desprendido, -a [despren̪'diðo, -a] *adj* *(generoso)* großzügig

desprendimiento [despren̪di'mjen̪to] *m* ① *(separación)* (Los)lösung *f;* **~ de tierras** Erdrutsch *m* ② *(generosidad)* Großzügigkeit *f*

despreocupación [despreokupa'θjon] *f* ① *(indiferencia)* Unbekümmertheit *f* ② *(insensatez)* Unvernunft *f*

despreocupado, -a [despreoku'paðo, -a] *adj* ① *(descuidado)* leichtsinnig ② *(ingenuo)* unbefangen

despreocuparse [despreoku'parse] *vr* ① *(tranquilizarse)* sich entspannen ② *(desatender)* vernachlässigen (**de** +*akk*)

despresar [despre'sar] *vt* *(AmS)* zerlegen

desprestigiar [desprest i'xjar] **I.** *vt* herabwürdigen **II.** *vr:* **~se** ① *(rebajarse)* sich erniedrigen ② *(perder reputación)* sein Ansehen verlieren

desprestigio [despres'tixjo] *m* Verlust *m* des Ansehens

desprevenido, -a [despreβe'niðo, -a] *adj* unvorbereitet; **coger ~** überrumpeln

desprivatización [despriβatiθa'θjon] *f* Entprivatisierung *f*, Vergesellschaftung *f*
desproporción [despropor'θjon] *f* Missverhältnis *nt*
desproporcionado, -a [desproporθjo'naðo, -a] *adj* unverhältnismäßig
despropósito [despro'posito] *m* Unsinn *m;* **solamente dices ~s** du redest nur Unsinn

D

desprotegido, -a [desprote'xiðo, -a] *adj* schutzlos
desproveer [desproβe'er] *vt irr como proveer* nicht versorgen (**de** mit +*dat*)
desprovisto, -a [despro'βisto, -a] *adj* ~ **de** ohne +*akk;* **el estadio está ~ de las normas de seguridad necesarias** der Sicherheitsstandard des Stadions ist nicht ausreichend
después [des'pwes] **I.** *adv* ❶ *(tiempo)* nachher; ~ **de todo** *(concesivo)* trotz allem; ~ **de la cena** nach dem Essen; **una hora** ~ eine Stunde später ❷ *(espacio)* ~ **de** hinter +*dat* **II.** *conj* ~ (**de**) **que** nachdem
despuntar [despun̪'tar] **I.** *vt* *(gastar la punta)* abstumpfen; *(quitarla)* die Spitze abbrechen +*gen* **II.** *vi* ❶ *(brotar)* knospen ❷ *(amanecer)* anbrechen; **al ~ la aurora** bei Tagesanbruch ❸ *(distinguirse)* sich hervortun; **despunta en inglés** in Englisch ist er/sie besonders gut **III.** *vr:* **~se** *(gastarse)* stumpf werden
desquiciado, -a [deski'θjaðo, -a] *adj (fam: familia)* zerrüttet
desquiciar [deski'θjar] **I.** *vt* ❶ *(desencajar)* aus den Angeln heben ❷ *(alterar)* erschüttern **II.** *vr:* **~se** den Halt verlieren
desquitar [deski'tar] *vt, vr:* **~se** ❶ *(resarcir)* wiedergewinnen; **~se de una pérdida** einen Verlust wiedergutmachen ❷ *(desagraviar)* sich schadlos halten (**de** an +*dat*)
desquite [des'kite] *m* *(satisfacción)* Genugtuung *f;* *(venganza)* Vergeltung *f;* **tomar**(**se**) **el** ~ sich rächen
desratización [desrratiθa'θjon] *f* Bekämpfung *f* von Ratten und Mäusen
desrazonable [desrraθo'naβle] *adj* unvernünftig, irrational
desregulación [desrreɣula'θjon] *f* Regellosigkeit *f*
desrielar [desrrje'lar] *vi* *(Am)* entgleisen
destacable [desta'kaβle] *adj* erwähnenswert
destacado, -a [desta'kaðo, -a] *adj* herausragend
destacamento [destaka'men̪to] *m* *(policía)* Polizeieinheit *f*
destacar [desta'kar] <c → qu> **I.** *vi* hervorstechen; ~ **en el deporte** im Sport ein Ass sein **II.** *vt* *(realzar)* hervorheben **III.** *vr:* **~se** *(descollar)* sich abheben (**de/entre** von +*dat*)
destajo [des'taxo] *m* Akkordarbeit *f;* **trabajar a ~** im Akkord arbeiten; *(fam fig)* arbeiten wie ein Pferd; **hablar a ~** *(fam)* reden wie ein Wasserfall; **a ~** *(Arg, Chil: a ojo)* aufs Geratewohl
destapar [desta'par] **I.** *vt* ❶ *(abrir)* aufmachen; ~ **la olla** den Deckel vom Topf nehmen ❷ *(desabrigar)* aufdecken ❸ *(secretos)* enthüllen **II.** *vr:* **~se** ❶ *(perder la tapa)* aufgehen ❷ *(desabrigarse)* sich aufdecken ❸ *(fam: desnudarse)* sich ausziehen ❹ *(descubrirse)* sich bloßstellen ❺ *(desahogarse)* sich aussprechen (**con** bei +*dat*)
destartalado, -a [destarta'laðo, -a] *adj* verwahrlost
destejar [deste'xar] *vt* abdecken
destellar [deste'ʎar] *vi* funkeln
destello [des'teʎo] *m* ❶ *(rayo)* Strahl *m* ❷ *(reflejo)* Abglanz *m* ❸ *(resplandor)* Schimmer *m* ❹ *(indicio)* Anflug *m*
destemplado, -a [destem'plaðo, -a] *adj* ❶ *(sonido)* verstimmt ❷ *(voz)* rau ❸ *(tiempo)* unfreundlich ❹ *(persona)* unpässlich
destemplanza [destem'plan̪θa] *f* ❶ *(inmoderación)* Unmäßigkeit *f;* **con ~** unmäßig ❷ *(tiempo)* Unbeständigkeit *f* ❸ *(malestar)* Unpässlichkeit *f*
destemplar [destem'plar] **I.** *vt* ❶ *(sonido)* verstimmen ❷ *(perturbar)* stören **II.** *vr:* **~se** ❶ *(alterarse)* heftig werden ❷ *(indisponerse)* unpässlich werden
desteñido, -a [deste'ɲiðo, -a] *adj* verwaschen
desteñir [deste'ɲir] *irr como ceñir* **I.** *vi* abfärben **II.** *vt* ❶ *(descolorar)* ausbleichen; (QUÍM) entfärben ❷ *(manchar)* verfärben **III.** *vr:* **~se** verblassen
desternillarse [desterni'ʎarse] *vr* **~ de risa** sich totlachen
desterrado, -a [deste'rraðo, -a] **I.** *adj* verbannt; **la pena de muerte es una práctica desterrada en este país** in diesem Land wird die Todesstrafe nicht mehr angewandt **II.** *m, f* Verbannte(r) *f(m)*
desterrar [deste'rrar] <e → ie> *vt* ❶ *(exiliar)* verbannen; ~ **del país** des Landes verweisen ❷ *(alejar)* vertreiben
destetar [deste'tar] *vt* abstillen
destiempo [des'tjempo] *m* **a ~** ungelegen
destierre [des'tjerre] *m* (MIN) Säuberung *f* des Gesteins
destierro [des'tjerro] *m* ❶ *(pena)* Verbannung *f* ❷ *(lugar)* Exil *nt* ❸ *(lugar muy alejado)* abgelegener Ort *m*
destilación [destila'θjon] *f* Destillation *f*

destilar [desti'lar] **I.** *vi* tröpfeln **II.** *vt* ❶ *(alambicar)* destillieren ❷ *(filtrar)* filtrieren ❸ *(soltar)* absondern; **la herida destila la sangre** die Wunde blutet ❹ *(sentimiento)* offenbaren; **la crítica destila mala leche** die Kritik steckt voller Bosheiten
destilería [destile'ria] *f* Brennerei *f*
destinación [destina'θjon] *f* ❶ *(acción)* Bestimmung *f*, Anordnung *f* ❷ *(efecto)* Zuweisung *f*
destinar [desti'nar] *vt* ❶ *(dedicar)* bestimmen (**a** für +*akk*); *(asignar)* zuweisen +*dat* ❷ *(enviar)* versetzen ❸ *(designar)* ernennen; ~ **para Ministro de Defensa** zum Verteidigungsminister ernennen
destinatario, -a [destina'tarjo, -a] *m, f* Empfänger(in) *m(f)*
destino [des'tino] *m* ❶ *(hado)* Schicksal *nt;* **tuvo un ~ muy triste** ihm/ihr war ein schweres Los beschieden ❷ *(empleo)* Anstellung *f;* **pedir un importante ~ en el gobierno** sich um einen wichtigen Regierungsposten bewerben ❸ *(destinación)* Bestimmungsort *m;* **estación de ~** Endstation *f;* **puerto de ~** Bestimmungshafen *m;* **el barco sale con ~ a México** das Schiff fährt nach Mexiko ❹ *(finalidad)* Zweck *m*
destitución [destitu'θjon] *f* Entlassung *f;* ~ **del cargo** Amtsenthebung *f*
destituido, -a [destitu'iðo, -a] *adj* ❶ *(despedido)* abgesetzt ❷ *(falto de)* frei von +*dat;* ~ **de fundamento** grundlos; **una tarea destituida de importancia** eine bedeutungslose Aufgabe
destituir [destitu'ir] *vt irr como huir* ❶ *(despedir)* entlassen; ~ **al jefe de gobierno** den Regierungschef absetzen ❷ *(elev: privar)* ~ **a alguien de algo** jdm etw entziehen
destorcer [destor'θer] *irr como cocer* **I.** *vt* aufdrehen **II.** *vr:* **~se** ❶ *(cable)* sich aufdrehen ❷ (NÁUT) vom Kurs abkommen
destornillador [destorniʎa'ðor] *m* Schraubenzieher *m*
destornillar [destorni'ʎar] *vt* abschrauben
destoserse [desto'serse] *vr* sich räuspern, hüsteln
destrabar [destra'βar] **I.** *vt* losbinden **II.** *vr:* **~se** sich losmachen
destral [des'tral] *m* Handbeil *nt*
destreza [des'treθa] *f* Geschicklichkeit *f;* ~ **manual** Handfertigkeit *f;* **con ~** geschickt
destripador(a) [destripa'ðor(a)] *m(f)* *(fig)* Mörder(in) *m(f);* **Jack el ~** Jack the Ripper
destripar [destri'par] *vt* ❶ *(despanzurrar)* ausnehmen ❷ *(despachurrar, t. fig)* zerquetschen ❸ *(estropear)* vermasseln
destrísimo, -a [des'trisimo, -a] *adj superl de* **diestro**
destronar [destro'nar] *vt* entthronen
destroncar [destroŋ'kar] <c → qu> **I.** *vt* ❶ *(árbol)* fällen, umhauen ❷ *(discurso, ensayo)* verpatzen ❸ *(dañar)* Schaden zufügen (**a** +*dat*) ❹ *(derrengar)* zugrunde richten **II.** *vr:* **~se** *(derrengar)* sich abarbeiten, sich kaputt arbeiten
destrozar [destro'θar] <z → c> *vt* ❶ *(despedazar)* zerstören; *(libro)* zerreißen; *(ropa)* abtragen; ~ **un vehículo** *(conduciendo)* zu Schrott fahren ❷ *(moralmente)* zerstören; **estar destrozado** am Boden zerstört sein ❸ *(fam: físicamente)* schaffen; **el viaje me ha destrozado** von der langen Reise bin ich völlig gerädert; **he trabajado todo el día y estoy destrozado** ich habe den ganzen Tag geschuftet und bin fix und fertig ❹ *(planes)* zunichtemachen ❺ *(enemigo, cosecha)* vernichten
destrozo [des'troθo] *m* *(daño)* Schaden *m*
destrucción [destruᵞ'θjon] *f* Zerstörung *f;* ~ **del medio ambiente** Umweltzerstörung *f*
destructivo, -a [destruk'tiβo, -a] *adj* destruktiv
destructor[1] [destruk'tor] *m* (MIL) Zerstörer *m*
destructor(a)[2] [destruk'tor(a)] *m(f)* Zerstörer(in) *m(f)*
destruible [destru'iβle] *adj* zerstörbar
destruir [destru'ir] *vt irr como huir* ❶ *(destrozar)* zerstören, vernichten ❷ *(física o moralmente)* zugrunde richten ❸ *(aniquilar)* zunichtemachen ❹ *(malbaratar)* herunterwirtschaften
desubicado, -a [desuβi'kaðo, -a] *adj* *(Am)* desorientiert; *(fig)* zerstreut
desuncir [desuṇ'θir] <c → z> *vt* abspannen
desunión [desu'njon] *f* ❶ *(separación)* Trennung *f* ❷ *(discordia)* Uneinigkeit *f*
desunir [desu'nir] *vt, vr:* **~se** ❶ *(separar(se))* (sich) trennen; ~ **dos piezas de una estructura** zwei Teile aus einer Struktur (heraus)lösen ❷ *(enemistar(se))* (sich) entzweien, (sich) verfeinden; **nos hemos desunido porque nuestros objetivos divergían** wir haben uns entzweit, weil unsere Ziele nicht zu vereinbaren waren
desusado, -a [desu'saðo, -a] *adj* ungebräuchlich
desuso [de'suso] *m* **caer en ~** aus dem Gebrauch kommen
desvaído, -a [desβa'iðo, -a] *adj* ❶ *(colores)* verwaschen ❷ *(persona)* schlaksig; **es una mujer desvaída** sie ist eine richtige Bohnenstange *fam*

D

desvainar [desβai̯'nar] *vt* enthülsen
desvalido, -a [desβa'liðo, -a] *adj* schutzlos
desvalijar [desβali'xar] *vt* ausrauben
desvalimiento [desβali'mjen̩to] *m* Schutzlosigkeit *f,* Hilfsbedürftigkeit *f*
desvalorización [desβaloriθa'θjon] *f* Entwertung *f,* Abwertung *f,* Wertminderung *f*
desvalorizar [desβalori'θar] <z → c> *vt* abwerten
desván [des'βan] *m* Dachboden *m*
desvanecer [desβane'θer] *irr como crecer* **I.** *vt* ① *(color)* verwischen ② *(dudas)* beseitigen; **~ las sospechas de alguien** den Verdacht von jdm ablenken **II.** *vr:* **~se** ① *(desaparecer)* verschwinden; *(alcohol)* verdunsten; *(colores)* verschwimmen; *(esperanzas)* zerrinnen; *(enojo)* verrauchen; **el entusiasmo se desvaneció rápidamente** die Begeisterung war schnell wieder verflogen ② *(desmayarse)* ohnmächtig werden
desvanecido, -a [desβane'θiðo, -a] *adj* ① *(desmayado)* bewusstlos ② *(vanidoso)* selbstgefällig
desvanecimiento [desβaneθi'mjen̩to] *m* ① *(desaparición)* Verschwinden *nt* ② *(mareo)* Schwindel *m;* **tener un ~** ohnmächtig werden
desvariado, -a [desβari'aðo, -a] *adj* ① *(incoherente)* unvernünftig ② (AGR) ins Holz geschossen *(Zweige)*
desvariar [desβari'ar] <*1. pres* desvarío> *vi* fantasieren
desvarío [desβa'rio] *m* ① *(locura)* Wahnsinn *m;* **los ~s de una imaginación enfermiza** die Fantastereien eines verwirrten Geistes ② *(delirio)* Fieberwahn *m* ③ *(monstruosidad)* Ungeheuerlichkeit *f*
desvelado, -a [desβe'laðo, -a] *adj* ① *(sin sueño)* schlaflos, wach ② *(despabilado)* munter, aufgeweckt ③ *(atento)* wachsam
desvelar [desβe'lar] **I.** *vt* ① *(sueño)* wach halten ② *(revelar)* offenbaren **II.** *vr:* **~se** *(esmerarse)* sich einsetzen (**por** für +*akk*); *(trabajar)* sich abmühen (**por** für +*akk*)
desvelo [des'βelo] *m* ① *(insomnio)* Schlaflosigkeit *f* ② *(despabilamiento)* Munterkeit *f* ③ *(pl) (celo)* Eifer *m* ④ *(pl) (atención)* Sorge *f*
desvencijar [desβen̩θi'xar] **I.** *vt* auseinandernehmen **II.** *vr:* **~se** auseinanderfallen
desventaja [desβen̩'taxa] *f* Nachteil *m*
desventajoso, -a [desβen̩ta'xoso, -a] *adj* nachteilig; *(condiciones)* ungünstig; **apariencia desventajosa** unvorteilhaftes Auftreten
desventura [desβen̩'tura] *f* Unglück *nt*
desventurado, -a [desβen̩tu'raðo, -a] *adj* unglücklich; **es una familia desventurada** die Familie wird vom Pech verfolgt
desvergonzado, -a [desβeryon̩'θaðo, -a] *adj* schamlos
desvergonzarse [desβeryon̩'θarse] *vr irr como avergonzar* unverschämt werden; **~ con alguien** jdm gegenüber unverschämt werden
desvergüenza [desβer'ɣwen̩θa] *f* Unverschämtheit *f*
desvestir [desβes'tir] *vt, vr irr como pedir* **~se** (sich) ausziehen
desviación [desβja'θjon] *f* ① *(torcedura)* Abweichung *f;* **~ de la columna vertebral** Rückgratverkrümmung *f;* **~ jurídica** Rechtsfehler *m* ② *(del tráfico)* Umleitung *f* ③ *(aberración)* Verirrung *f*
desviado, -a [desβi'aðo, -a] *adj (diferente)* abweichend
desviar [desβi'ar] <*1. pres* desvío> **I.** *vt (del camino)* umleiten; *(de un propósito)* abbringen; *(dinero)* abzweigen; **~ una cuestión** einer Frage ausweichen **II.** *vr:* **~se** ① *(del camino/tema)* abkommen; *(de una idea/intención)* Abstand nehmen; **la brigada se desvió hacia la izquierda** die Kolonne schwenkte nach links ab ② *(extraviarse)* abhandenkommen
desvincular [desβiŋku'lar] **I.** *vt* befreien **II.** *vr:* **~se** sich lösen
desvío [des'βio] *m* ① *(desviación)* Abweichung *f* ② *(carretera)* Umgehungsstraße *f; (temporal)* Umleitung *f* ③ *(despego)* Abneigung *f*
desvirgar [desβir'ɣar] <g → gu> *vt* ① *(persona)* entjungfern ② *(fig fam: estrenar)* einweihen
desvirtuar [desβirtu'ar] <*1. pres* desvirtúo> *vt (argumento/prueba)* entkräften; *(rumor)* widerlegen; **~ la competencia** den Wettbewerb verfälschen
desvivirse [desβi'βirse] *vr* ① *(chiflarse)* ganz versessen sein (**por** auf +*akk*); **el hombre se desvive por esta mujer** der Mann ist unsterblich in diese Frau verliebt ② *(afanarse)* **~ con** [*o* **por**] **alguien** alles für jdn tun; **se desvivió por conseguir este documento** nach diesem Dokument hat er/sie sich *dat* die Beine abgelaufen
detallado, -a [deta'ʎaðo, -a] *adj* ausführlich
detallar [deta'ʎar] *vt* ① *(pormenorizar)* einzeln aufführen ② (COM) im Einzelhandel verkaufen
detalle [de'taʎe] *m* ① *(pormenor)* Detail *nt;* **en** [*o* **al**] **~** ausführlich; **venta al ~** Einzelverkauf *m;* **entrar en ~s** ins Detail gehen ② *(finura)* Aufmerksamkeit *f;* **has tenido un ~ regalándome las flores** es

war sehr aufmerksam von dir, mir die Blumen zu schenken

detallista [deta'ʎista] **I.** *adj* genau; *(pey)* kleinlich **II.** *mf* ① *(minucioso)* Pedant(in) *m(f)* ② (COM) Einzelhändler(in) *m(f)*

detectar [detek'tar] *vt* entdecken

detective [detek'tiβe] *mf* Detektiv(in) *m(f)*

detectivesco, -a [detekti'βesko, -a] *adj* detektivisch; **sagacidad detectivesca** detektivischer Scharfsinn

detector [detek'tor] *m* Detektor *m;* ~ **de humo**(s) Rauchmelder *m*

detención [deten̩'θjon] *f* ① *(parada)* Anhalten *nt; (de la correspondencia)* Zurückhalten *nt;* ~ **del crecimiento** Wachstumshemmung *f* ② *(encarcelamiento)* Festnahme *f;* ~ **ilegal** Freiheitsberaubung *f;* ~ **preventiva** Untersuchungshaft *f* ③ *(dilación)* Verzögerung *f;* **sin** ~ unverzüglich ④ *(prolijidad)* Ausführlichkeit *f;* **describir con** ~ in allen Einzelheiten beschreiben; **ha corregido el examen con** ~ er/sie hat die Klausur mit großer Sorgfalt korrigiert

detener [dete'ner] *irr como tener* **I.** *vt* ① *(parar)* anhalten; *(correspondencia)* zurückhalten; ~ **los progresos de una enfermedad** das Fortschreiten einer Krankheit aufhalten ② *(encarcelar)* festnehmen ③ *(retener)* ~ (**en su poder**) einbehalten **II.** *vr:* ~**se** ① *(pararse)* innehalten ② *(entretenerse)* sich aufhalten (**en** mit +*dat*)

detenido, -a [dete'niðo, -a] **I.** *adj* ① *(minucioso)* eingehend ② *(apocado)* schüchtern ③ *(escaso)* karg ④ *(arrestado)* verhaftet **II.** *m, f* Häftling *m*

detenimiento [deteni'mjen̩to] *m* ① *(minuciosidad)* Ausführlichkeit *f;* **con** ~ ausführlich ② *(tardanza)* Verzögerung *f;* **con** ~ umständlich ③ *(encarcelamiento)* Verhaftung *f*

detentar [deten̩'tar] *vt* unrechtmäßig besitzen

detergente [deter'xen̩te] **I.** *adj* reinigend **II.** *m* Reinigungsmittel *nt;* ~ **para lavar la ropa** [*o* **en polvo**] Waschpulver *nt;* ~ **lavavajillas** Spülmittel *nt*

deterger [deter'xer] <g → j> *vt* ① (MED) säubern ② *(limpiar)* reinigen

deteriorar [deterjo'rar] **I.** *vt* *(empeorar)* verschlechtern; *(romper)* beschädigen; *(gastar)* abnutzen **II.** *vr:* ~**se** ① *(empeorarse)* sich verschlechtern ② *(estropearse)* verderben; **mercancía deteriorada** schadhafte Ware

deterioro [dete'rjoro] *m* ① *(desmejora)* Verschlechterung *f;* ~ **de calidad** Qualitätsminderung *f* ② *(daño)* Schaden *m;* **sin** ~ unbeschädigt; ~ **ambiental** Umweltzerstörung *f;* ~ **debido al almacenamiento** Lagerschaden *m* ③ *(desgaste)* Verschleiß *m* ④ *(echarse a perder)* Verderben *nt;* **sujeto a** ~ verderblich; **de fácil** ~ leicht verderblich

determinable [determi'naβle] *adj* bestimmbar

determinación [determina'θjon] *f* ① *(fijación)* Bestimmung *f;* ~ **de los daños** Schadensfestsetzung *f;* ~ **de objetivos** Zielsetzung *f* ② *(decisión)* Entschluss *m;* **tomar una** ~ eine Entscheidung treffen ③ *(audacia)* Bestimmtheit *f*

determinado, -a [determi'naðo, -a] *adj* ① *(cierto, t.* LING) bestimmt ② *(atrevido)* entschlossen

determinante [determi'nan̩te] **I.** *adj* entscheidend; **palabra** ~ (LING) Bestimmungswort *nt* **II.** *m* Bestimmungsgröße *f;* (MAT) Determinante *f*

determinar [determi'nar] **I.** *vt* ① *(fijar)* bestimmen; *(plazo)* festlegen ② *(decidir)* beschließen; ~ **un pleito** einen Prozess entscheiden ③ *(causar)* verursachen ④ *(motivar)* ~ **a alguien a hacer algo** jdn zu etw *dat* bewegen **II.** *vr:* ~**se por algo** sich für etw entscheiden; ~**se a...** beschließen zu …

determinismo [determi'nismo] *m* (FILOS) Determinismus *m*

determinista [determi'nista] *mf* (FILOS) Determinist(in) *m(f)*

detersorio[1] [deter'sorjo] *m* Reinigungsmittel *nt*

detersorio, -a[2] [deter'sorjo, -a] *adj* reinigend

detestable [detes'taβle] *adj* abscheulich

detestar [detes'tar] *vt* ① *(abominar)* verabscheuen; *(odiar)* hassen ② *(maldecir)* verwünschen

detonación [detona'θjon] *f* Detonation *f*

detonador [detona'ðor] *m* Zündkapsel *f*

detonante [deto'nan̩te] *adj* ① *(explosivo)* explosiv ② *(Am: que molesta)* störend

detonar [deto'nar] **I.** *vi* explodieren **II.** *vt* zünden

detorsión [detor'sjon] *f* (ANAT) Zerrung *f*

detractor(**a**) [detrak'tor(a)] **I.** *adj* verleumderisch **II.** *m(f)* Verleumder(in) *m(f)*

detrás [de'tras] **I.** *adv* ① *(local)* hinten; **allí** ~ dahinter; **entrar por** ~ hinten(he)rum hereinkommen; **me asaltaron por** ~ sie haben mich hinterrücks angegriffen ② *(en el orden)* **el que está** ~ der Hintermann; **primero estás tu y** ~ **van mis amigos** *(fig)* du bist für mich am wichtigsten und dann erst kommen meine

D

Freunde **II.** *prep* ❶ *(local: tras)* ~ **de** hinter +*dat; (con movimiento)* hinter +*akk;* ~ **de la carta** auf der Rückseite des Briefes; **quedar ~ de los otros** hinter den anderen zurückbleiben; **ir ~ de alguien** jdm folgen; **hablar mal** (**por**) ~ **de alguien** hinter jds Rücken schlecht über jdn reden ❷ *(en el orden)* **uno ~ de otro** einer nach dem anderen

detrimento [detri'meṇto] *m* ❶ *(daño)* Schaden *m;* **causar gran ~ a alguien** jdm großen Schaden zufügen; ~ **de la salud** Beeinträchtigung der Gesundheit ❷ *(perjuicio)* Nachteil *m;* **en ~ de alguien** zu jds Schaden; **en ~ de la salud** auf Kosten der Gesundheit

detrítico[1] [de'tritiko] *m* (GEO) Gesteinsschutt *m,* Detritus *m*

detrítico, -a[2] [de'tritiko, -a] *adj* (GEO) locker, detritisch, klastisch

deuda ['deu̯ða] *f* ❶ *(débito)* Schuld *f;* ~ **activa** Geldforderung *f;* ~ **contraída** Verschuldung *f;* ~ **del Estado** Staatsverschuldung *f;* ~ **externa** Auslandsschuld *f;* ~ **interna** Inlandsschuld *f;* ~ **pública** Verschuldung der öffentlichen Hand; ~ **a pagar** fällige Schuld; ~ **pendiente** ausstehende Schuld; ~ **vencida** überfällige Schuld; **cargado de ~s** überschuldet; **contraer ~s** Schulden machen; **sin ~s** schuldenfrei ❷ *(moral)* moralische Verpflichtung *f;* **estar en ~ con alguien** in jds Schuld stehen; **lo prometido es ~** was man verspricht, muss man auch halten ❸ *(pecado)* **y perdónanos nuestras ~s...** und vergib uns unsere Schuld ...

deudor(a) [deu̯'ðor(a)] **I.** *adj* schuldnerisch; **saldo ~** Sollsaldo *m* **II.** *m(f)* Schuldner(in) *m(f);* ~ **alimentario** Unterhaltspflichtige(r) *m;* ~ **solidario** Mitschuldner *m*

deuvedé [deuβe'θe] *m sigla de* **digital versatile disc** DVD *f*

devaluación [deβalwa'θjon] *f* Abwertung *f*

devaluar [deβalu'ar] <*1. pres* devalúo> *vt* abwerten

devanar [deβa'nar] **I.** *vt* aufwickeln; *(en un carrete)* aufspulen **II.** *vr:* **~se** ❶ *(Cuba: reírse mucho)* sich vor Lachen krümmen ❷ *(loc)* **~se los sesos** sich *dat* den Kopf zerbrechen

devaneo [deβa'neo] *m* ❶ *(locura)* Hirngespinst *nt* ❷ *(distracción)* unnützer Zeitvertreib *m* ❸ *(amorío)* Liebelei *f*

devastación [deβasta'θjon] *f* Verwüstung *f*

devastador(a) [deβasta'ðor(a)] **I.** *adj* verheerend **II.** *m(f)* Zerstörer(in) *m(f)*

devastar [deβas'tar] *vt* verwüsten

devedé [deβe'ðe] *m abr de* **digital versatile disc** *(Am)* DVD *f*

devengar [deβeŋ'gar] <g → gu> *vt* ❶ *(salario)* beziehen, verdienen ❷ *(intereses)* abwerfen, einbringen

devenir [deβe'nir] *vi irr como venir* ❶ *(acaecer)* geschehen ❷ *(convertirse)* werden (**en** zu +*dat*)

devoción [deβo'θjon] *f* ❶ *(religión)* Frömmigkeit *f;* **fingir ~** frömmeln; **no tener a alguien como santo de su ~** jdm nicht grün sein ❷ *(oración)* Gebet *nt* ❸ *(respeto)* Ehrfurcht *f;* **rezar con ~** andächtig beten ❹ *(obediencia)* Ergebenheit *f;* **estar a la ~ de alguien** jdm völlig ergeben sein ❺ *(fervor)* Hingabe *f;* **amar con ~** abgöttisch lieben; **hacer con ~** mit Hingabe tun; **tener ~ a un santo** einen Heiligen verehren ❻ *(afición)* Zuneigung *f*

devolución [deβolu'θjon] *f* Rückgabe *f;* (FIN) Erstattung *f;* ~ **a origen** Rücksendung *f*

devolutivo, -a [deβolu'tiβo, -a] *adj* (JUR) rückerstattend

devolver [deβol'βer] *irr como volver* **I.** *vt* zurückgeben; *(fig)* wiedergeben; ~ **bien por mal** Böses mit Gutem vergelten; ~ **la comida** sich übergeben; ~ **un favor** eine Gefälligkeit erwidern; ~ **la visita** einen Gegenbesuch machen; **devuélvase al remitente** *(en cartas)* zurück an Absender; **esta máquina no devuelve cambio** dieser Automat gibt kein Wechselgeld heraus; ~ **la pelota al defensa** den Ball zum Verteidiger zurückschießen **II.** *vr:* **~se** *(Am: volver)* zurückkehren; **~se a casa** nach Hause zurückgehen

devorador(a) [deβora'ðor(a)] *adj* **hambre ~a** Heißhunger *m*

devorar [deβo'rar] *vt* verschlingen; ~ **la comida** das Essen hinunterschlingen; **la enfermedad devoró sus fuerzas** die Krankheit hat ihm seine/ihr ihre Kraft genommen; **me devora la impaciencia** ich vergehe vor Ungeduld

devoto, -a [de'βoto, -a] **I.** *adj* ❶ *(religioso)* gläubig ❷ *(adicto)* ergeben; ~ **admirador de los Beatles** leidenschaftlicher Anhänger der Beatles **II.** *m, f* ❶ *(creyente)* Gläubige(r) *mf* ❷ *(admirador)* Anhänger(in) *m(f)*

deyección [deɟeʸ'θjon] *f* ❶ *(volcán)* Auswurf *m* ❷ *(defecación)* Darmentleerung *f,* Stuhlgang *m* ❸ *pl (heces)* Kot *m,* Stuhl *m*

día ['dia] *m* Tag *m;* ~ **anual** Kalendertag *m;* ~ **de año nuevo** Neujahrstag *m;* ~ **de baja** Ausfalltag *m;* (~ **de**) **cumpleaños** Geburtstag *m;* ~ **de descanso** Ruhetag *m;*

~ de los difuntos Allerseelentag *m;* **~ festivo** Feiertag *m;* **~ hábil** [*o* **laborable**] Werktag *m;* **el ~ D** der Tag X; **el ~ del Juicio** (**Final**) das Jüngste Gericht; **~ lectivo/laboral** Unterrichts-/Arbeitstag *m;* **D~ de la Madre/del Padre** Mutter-/Vatertag *m;* **~ de Reyes** Dreikönigstag *m;* **D~ de San Valentín** Valentinstag *m;* **D~ de** (**los**) **Muertos** Tag der Toten *m (mexikanischer Feiertag);* **D~ de Acción de Gracias** Thanksgiving *nt;* **~ del santo** Namenstag *m;* **cambio del ~** Tageskurs *m;* **a ~s** unregelmäßig; **al abrir el ~** bei Tagesanbruch; **al caer el ~** am späten Nachmittag; **al otro ~** am nächsten Tag; **antes del ~** vor Tagesanbruch; **¡buenos ~s!** guten Tag!; *(por la mañana)* guten Morgen!; **cualquier ~** irgendwann; **de ~** tagsüber; **del ~** aktuell; **de ~s** nicht mehr neu; **de ~ para ~** Tag für Tag; **de ~ en ~** von Tag zu Tag; **de hoy en ocho ~s** heute in acht Tagen; **de un ~ a otro** von einem Tag auf den anderen; **una diferencia como del ~ a la noche** ein Unterschied wie Tag und Nacht; **~ a ~** tagtäglich; **~ por** [*o* **tras**] **~** tagaus, tagein; **~ por medio** *(Am)* einen um den anderen Tag; **~ y noche** fortwährend; **durante ~s enteros** tagelang; **el ~ de hoy** heute; **el ~ de mañana** in der Zukunft; **el ~ menos pensado** eines schönen Tages; **el ~ que...** als ...; **el otro ~** neulich; **en ~s de Dios** noch nie; **en su ~** zum rechten Zeitpunkt; **¡no en mis ~s!** nie und nimmer!; **entrado en ~s** in die Jahre gekommen; **¡hasta otro ~!** bis bald!; **hoy** (**en**) **~** heutzutage; **un buen ~** eines schönen Tages; **un ~ de estos** in den nächsten Tagen; **un ~ u otro** irgendwann einmal; **un ~ y otro ~** immer wieder; **todo el santo ~** den lieben langen Tag; **alcanzar a alguien en ~s** jdn überleben; **cerrarse el ~** Abend werden; **dar a alguien el ~** jdm den Tag verderben; **estar al ~** auf dem Laufenden sein; **hay más ~s que longanizas** *(fam)* die Zeit läuft doch nicht weg; **hace buen ~** heute ist schönes Wetter; **no pasar los ~s por alguien** die Jahre gehen an jdm vorüber; **un ~ es un ~** einmal ist keinmal; **mañana será otro ~** morgen ist auch noch ein Tag; **tener ~s** *(viejo)* betagt sein; *(de mal humor)* launisch sein; **tiene los ~s contados** seine/ihre Tage sind gezählt; **vivir al ~** nur für den Tag leben

diabetes [dja'βetes] *f inv* Diabetes *m*

diabético, -a [dja'βetiko, -a] **I.** *adj* zuckerkrank **II.** *m, f* Diabetiker(in) *m(f)*

diabetómetro [djaβe'tometro] *m* (MED) Messgerät *nt* für Zuckerwerte im Urin

diablillo [dja'βliʎo] *m* ❶ *(disfraz)* Teufelsmaske *f* ❷ *(fam)* Bengel *m*

diablo [di'aβlo] *m (demonio)* Teufel *m;* **¡~s!** Donnerwetter!; **anda el ~ suelto** *(fam)* der Teufel ist los; **aquí anda el ~** hier geht es nicht mit rechten Dingen zu; **aquí hay mucho ~** *(fam)* hier hat der Teufel seine Hand im Spiel; **¿cómo ~s...?** wie zum Teufel ...?; **¡con mil ~s!** Teufel noch (ein)mal!; **dar al ~** *(fam)* zum Teufel schicken; **dar de comer al ~** *(fam)* lästern; **darse al ~** *(fam)* sich grün und blau ärgern; **de mil ~s** verteufelt; **donde el ~ perdió el poncho** *(Am)* wo sich die Füchse gute Nacht sagen; **duele como el ~** das tut höllisch weh; **llevarse el ~** zum Teufel gehen; **¡qué ~s!** zum Teufel!; **¿qué ~s pasa aquí?** was zum Teufel ist hier los?; **tener el ~ en el cuerpo** den Teufel im Leib haben; **¡vete al ~!** scher dich zum Teufel!; **ser un ~ de hombre** ein Teufelskerl sein

diablura [dja'βlura] *f* böser Streich *m*

diabólico, -a [dja'βoliko, -a] *adj* ❶ *(maligno)* teuflisch ❷ *(complicado)* vertrackt

diábolo [di'aβolo] *m* Diabolo(spiel) *nt*

diaconisa [djako'nisa] *f* (REL) Diakonisse *f*

diácono [di'akono] *m* (REL) Diakon *m*

diadema [dja'ðema] *f* Diadem *nt*

diáfano, -a [di'afano, -a] *adj* ❶ *(trasparente)* durchsichtig ❷ *(traslúcido)* durchscheinend ❸ *(claro)* klar; **un argumento ~** ein einleuchtendes Argument

diafragma [dja'fraɣma] *m* ❶ (ANAT) Zwerchfell *nt* ❷ (FOTO) Blende *f* ❸ *(membrana)* Membran(e) *f* ❹ *(preservativo)* Diaphragma *nt*

diagnosis [djaɣ'nosis] *f inv* Diagnose *f*

diagnosticar [djaɣnosti'kar] <c → qu> *vt* diagnostizieren

diagnóstico [djaɣ'nostiko] *m* ❶ *(diagnosis)* Diagnose *f;* **~ precoz** Früherkennung *f* ❷ *(análisis)* Analyse *f*

diagonal [djaɣo'nal] **I.** *adj* diagonal; **en ~** übereck **II.** *f* Diagonale *f*

diagrama [dja'ɣrama] *m* Diagramm *nt,* Schaubild *nt;* **~ de barras** Balkendiagramm *nt;* **~ circular** Tortendiagramm *nt;* **~ esquemático** Schema *nt;* **~ de puntos** Streudiagramm *nt*

dial [di'al] *m* ❶ *(indicador)* Anzeige *f* ❷ (AUTO) **~ de velocidad** Geschwindigkeitsmesser *m* ❸ *(del teléfono)* Wählscheibe *f*

dialectal [djalek'tal] *adj* dialektal

dialectalismo [djalekta'lismo] *m* Dialektausdruck *m*

dialéctica [dja'lektika] *f* Dialektik *f*

dialéctico, -a [dja'lektiko, -a] **I.** *adj* (FILOS)

D

dialektisch **II.** *m, f* (*t.* FILOS) Dialektiker(in) *m(f)*
dialecto [dja'lekto] *m* Dialekt *m*
diálisis [di'alisis] *f inv* Dialyse *f*
dialogador(a) [djaloɣa'ðor(a)] **I.** *adj* gesprächsbereit **II.** *m(f)* Gesprächsteilnehmer(in) *m(f)*
dialogante [djalo'ɣaṇte] *adj* dialogisch
dialogar [djalo'ɣar] <g → gu> *vi* miteinander sprechen; **escrito en forma dialogada** in Dialogform geschrieben
diálogo [di'aloɣo] *m* ① *(conversación)* Gespräch *nt* ② (LIT) Dialog *m*
dialoguista [djalo'ɣista] *mf* Verfasser(in) *m(f)* von Dialogen, Dialogautor(in) *m(f)*
diamante [dja'maṇte] *m* Diamant *m;* **bodas de ~** diamantene Hochzeit; **~ brillante** Brillant *m;* **~ (en) bruto** ungeschliffener Diamant
diamantino, -a [djamaṇ'tino, -a] *adj* ① *(como el diamante)* diamanten ② *(persona)* unbeugsam ③ *(cosas)* steinhart
diametral [djame'tral] *adj* diametral
diametralmente [djametral'meṇte] *adv* diametral; **~ opuesto** genau entgegengesetzt
diámetro [di'ametro] *m* Durchmesser *m*
diana [di'ana] *f* ① (MIL) Weckruf *m;* **a toque de ~** *(fig)* sehr diszipliniert ② *(del blanco)* Zentrum *nt;* **hacer ~** ins Schwarze treffen
diantre [di'aṇtre] *m (fam)* Teufel *m*
diapasón [djapa'son] *m* (MÚS) Stimmgabel *f;* **~ normal** Kammerton *m;* **bajar o subir el ~** *(fam fig)* leiser oder lauter sprechen
diapositiva [djaposi'tiβa] *f* Dia *nt*
diariamente [djarja'meṇte] *adv* täglich
diario[1] [di'arjo] *m* ① *(periódico)* Tageszeitung *f;* **~ de avisos** Anzeigenblatt *nt* ② *(dietario)* Journal *nt;* **~ de navegación** Logbuch *nt* ③ *(memorias)* Tagebuch *nt* ④ *(gastos)* Tagesaufwand *m*
diario, -a[2] [di'arjo, -a] *adj* täglich; **a ~** (all)täglich; **uniforme de ~** Dienstuniform *f*
diarismo [dja'rismo] *m (Am: periodismo)* Journalistik *f,* Publizistik *f*
diarrea [dja'rrea] *f* Durchfall *m*
diáspora [di'aspora] *f* Diaspora *f*
diástole [di'astole] *f* (MED) Diastole *f*
diastrofia [djas'trofja] *f* (MED) Verrenkung *f,* Verzerrung *f*
dibujante [diβu'xaṇte] *mf* Zeichner(in) *m(f);* **~ proyectista** Entwurfszeichner(in) *m(f)*
dibujar [diβu'xar] **I.** *vt* ① *(trazar)* zeichnen; **~ copiando** abzeichnen; **~ según modelo** nach Vorlage zeichnen; **~ a pulso** freihändig zeichnen; **~ a lápiz** mit dem Bleistift zeichnen ② *(describir)* schildern **II.** *vr:* **~se** sich abzeichnen
dibujo [di'βuxo] *m* ① *(acción)* Zeichnen *nt* ② *(resultado)* Zeichnung *f;* **~ acotado** Maßzeichnung *f;* **~s animados** Zeichentrickfilm *m;* **meterse en ~s** *(fig)* sich in die Nesseln setzen ③ *(muestra)* Muster *nt;* **con ~s** gemustert
dicción [diʸ'θjon] *f* ① *(declamación)* Vortrag *m* ② *(pronunciación)* Aussprache *f;* *(estilo)* Ausdrucksweise *f*
diccionario [diʸθjo'narjo] *m* ① *(de consulta)* Lexikon *nt;* **~ de artes y ciencias** Reallexikon; **~ enciclopédico** Enzyklopädie *f* ② *(de vocabulario)* Wörterbuch *nt;* **~ interno** *(en teléfonos móviles, dispositivos electrónicos)* internes Wörterbuch; **~ de alemán-español** deutsch-spanisches Wörterbuch
dicha ['diʧa] *f (suerte)* Glück *nt;* **~ conyugal** Eheglück *nt;* **por ~** zum Glück
dicharachero, -a [diʧara'ʧero, -a] **I.** *adj* spaßhaft **II.** *m, f* Spaßmacher(in) *m(f)*
dicho[1] ['diʧo] *m* ① *(ocurrencia)* Einfall *m* ② *(refrán)* Sprichwort *nt* ③ *pl (al casarse)* Jawort *nt;* **tomarse los ~s** sich verloben ④ *(loc)* **del ~ al hecho hay mucho trecho** *(prov)* Versprechen und Halten ist zweierlei
dicho, -a[2] ['diʧo, -a] **I.** *pp de* **decir II.** *adj* **dicha gente** besagte Leute
dichoso, -a [di'ʧoso, -a] *adj* ① *(feliz)* glücklich (**de** über +*akk*) ② *(maldito)* verdammt
diciembre [di'θjembre] *m* Dezember *m;* *v. t.* **marzo**
dicotomía [dikoto'mia] *f* ① (BOT, FILOS) Dichotomie *f* ② *(práctica entre médicos) Art Provisionszahlung eines Arztes an einen anderen, der einen Patienten zu ihm überwiesen hat*
dictado [dik'taðo] *m* ① *(escuela)* Diktat *nt* ② *(fig: inspiración)* Eingebung *f;* **seguir los ~s de la conciencia** der Stimme des Gewissens folgen
dictador(a) [dikta'ðor(a)] *m(f)* Diktator(in) *m(f)*
dictadura [dikta'ðura] *f* Diktatur *f*
dictamen [dik'tamen] *m* ① *(peritaje)* Gutachten *nt;* **~ facultativo** ärztliches Gutachten; **~ en juicio** gerichtliches Gutachten; **dar ~** ein Gutachten abgeben ② *(informe)* Stellungnahme *f* ③ *(opinión)* Meinung *f;* **tomar ~ de alguien** von jdm einen Rat(schlag) annehmen ④ (JUR) **~ judicial** Gerichtsurteil *nt*
dictaminar [diktami'nar] *vi* ein Gutachten abgeben (**sobre** über +*akk*)

dictar [dik'tar] *vt* ① *(un dictado)* diktieren ② *(una sentencia)* verkünden ③ *(una ley)* erlassen ④ *(un discurso)* halten ⑤ *(Am: clases)* (ab)halten ⑥ *(fig: sugerir)* eingeben
dictatorial [diktato'rjal] *adj* diktatorisch
didáctica [di'ðaktika] *f* Didaktik *f*
didáctico, -a [di'ðaktiko, -a] *adj* didaktisch; **material** ~ Lehrmaterial *nt*
diecinueve [djeθi'nweβe] *adj inv* neunzehn; *v. t.* **ocho**
dieciocho [djeθi'otʃo] *adj inv* achtzehn; *v. t.* **ocho**
dieciséis [djeθi'sei̯s] *adj inv* sechzehn; *v. t.* **ocho**
dieciseisavo [djeθisei̯'saβo] *m* Sechzehntel *nt*
dieciseisavo, -a [djeθisei̯'saβo, -a] *adj* sechzehnte(r, s); *v. t.* **octavo**
diecisiete [djeθi'sjete] *adj inv* siebzehn; *v. t.* **ocho**
diecisieteavo [djeθisjete'aβo] *m* Siebzehntel *nt*
diecisieteavo, -a [djeθisjete'aβo, -a] *adj* siebzehnte(r, s); *v. t.* **octavo**
diente ['djen̩te] *m* ① *(muela)* Zahn *m;* ~ **canino** Eckzahn *m;* **~s de embustero** *(fam)* weit auseinanderstehende Zähne; ~ **incisivo** Schneidezahn *m;* ~ **de leche** Milchzahn *m;* ~ **molar** Backenzahn *m;* **armado hasta los ~s** bis an die Zähne bewaffnet; **dar ~ con ~** *(de frío)* vor Kälte mit den Zähnen klappern; *(de miedo)* vor Angst mit den Zähnen klappern; **decir algo entre ~s** etw zwischen den Zähnen murmeln; **pelar un** ~ *(Am: fam)* kokett lächeln; **tener buen** ~ *(fig)* ein guter Esser sein ② (TÉC) Zacke *f;* ~ **de horquilla** Gabelzinke *f;* ~ **de sierra** Zahn einer Säge; **de dos ~s** zweizackig ③ (BOT) ~ **de ajo** Knoblauchzehe *f;* ~ **de león** Löwenzahn *m*
diéresis ['djeresis] *f inv* (LING) Diärese *f*
diesel ['djesel] *m* Diesel *m*
diestramente [djestra'men̩te] *adv* mit Geschick, geschickt
diestro[1] ['djestro] *m (torero)* Stierkämpfer *m*
diestro, -a[2] ['djestro, -a] <destrísimo *o* diestrísimo> *adj* ① *(a la derecha)* rechte(r, s); **a ~ y siniestro** *(fig)* kreuz und quer ② *(hábil)* geschickt ③ *(astuto)* schlau ④ *(que usa la mano derecha)* rechtshändig
dieta [di'eta] *f* ① *(para adelgazar)* Diät *f;* ~ **absoluta** Hungerkur *f;* **estar a** ~ Diät halten; **poner alguien a** ~ jdn auf Diät setzen ② *(alimentación)* ~ **alimenticia** Ernährungsweise *f;* ~ **básica** Grundnahrung *f* ③ *(parlamento)* Parlament *nt;* ~ **confederal** Bundesversammlung *f;* **D~ Federal** Bundestag *m;* **D~ Regional** Landtag *m* ④ *pl (retribución)* Spesen *pl; (de diputados)* Diäten *pl*
dietario [dje'tarjo] *m* ① *(agenda)* Haushaltsbuch *nt* ② (HIST) *Chronik der Chronisten von Aragón*
dietética [dje'tetika] *f* Ernährungswissenschaft *f*
dietético, -a [dje'tetiko, -a] *adj* diätetisch; **régimen** ~ Diätkur *f*
diez [djeθ] **I.** *adj inv* zehn; *v. t.* **ocho II.** *m (número)* Zehn *f*
diezmar [djeθ'mar] *vt (aniquilar)* dezimieren
diezmo ['djeθmo] *m* (REL) Zehnt *m*
difamación [difama'θjon] *f* Verleumdung *f*
difamador(a) [difama'ðor(a)] **I.** *adj* diffamierend, verleumdend **II.** *m(f)* Verleumder(in) *m(f)*
difamar [difa'mar] *vt* diffamieren
difamatorio, -a [difama'torjo, -a] *adj* verleumderisch
diferencia [dife'ren̩θja] *f* ① *(desigualdad)* Unterschied *m;* ~ **de los tipos de interés** Zinsgefälle *nt;* **a ~ de algo** im Unterschied zu etw *dat* ② *(desacuerdo)* Meinungsverschiedenheit *f;* **arreglar (las) ~s** einen Streit schlichten ③ (MAT) Differenz *f;* ~ **de caja** Kassendefizit *nt*
diferenciable [diferen̩'θjaβle] *adj* unterscheidbar, differenzierbar
diferenciación [diferen̩θja'θjon] *f* ① *(distinción)* Differenzierung *f;* ~ **de los precios** Preisstaffelung *f* ② (MAT) Differenziation *f*
diferenciador [diferen̩θja'ðor] *m* (INFOR) Differenziergerät *nt;* ~ **de frecuencia** Frequenzdiskriminator *m*
diferencial[1] [diferen̩'θjal] **I.** *adj* ① *(variable)* unterscheidend ② (MAT) Differenzial- **II.** *f* (MAT) Differenzial *nt*
diferencial[2] [diferen̩'θjal] *m* (AUTO) Differenzial(getriebe) *nt*
diferenciar [diferen̩'θjar] **I.** *vi* verschiedener Meinung sein **II.** *vt* ① *(distinguir)* unterscheiden ② (MAT) ableiten **III.** *vr:* **~se** sich unterscheiden (**de** von +*dat*)
diferendo [dife'ren̩do] *m (AmS)* Streitigkeit *f,* Konflikt *m*
diferente [dife'ren̩te] **I.** *adj* verschieden; **~s calidades** unterschiedliche Qualitäten; **~s veces** mehrere Male; **España es** ~ Spanien ist anders **II.** *adv* anders; **piensa muy** ~ er/sie denkt ganz anders
diferido, -a [dife'riðo, -a] *adj* aufgeschoben; **partido en** ~ (TV) zeitverschobenes Spiel
diferir [dife'rir] *irr como sentir* **I.** *vi* ver-

schieden sein; ~ **de algo** sich von etw *dat* unterscheiden **II.** *vt* aufschieben; ~ **el pago** die Zahlung stunden

difícil [di'fiθil] *adj (duro)* schwer; *(complicado)* schwierig; ~ **de explicar** schwer zu erklären; **de** ~ **acceso** schwer zugänglich

difícilmente [difiθil'mente] *adv* kaum; **un material** ~ **soluble** ein schwer lösliches Material

D

dificultad [difikul'taᵈ] *f* Schwierigkeit *f;* **estar en ~es** in Schwierigkeiten stecken; **expresarse con** ~ sich schwer ausdrücken können; **herir en la** ~ den schwierigen Punkt treffen; **poner ~es a alguien** jdm Schwierigkeiten machen; **ahí está la** ~ hier liegt das Problem

dificultar [difikul'tar] *vt* erschweren; ~ **la circulación** den Verkehr behindern

dificultoso, -a [difikul'toso, -a] *adj* schwierig; *(laborioso)* mühsam

difracción [difraᵞ'θjon] *f* (FÍS) Beugung *f;* ~ **de luz** Lichtbeugung *f*

difractar [difrak'tar] **I.** *vt* (FÍS) ableiten, beugen *(Schwingungen)* **II.** *vr:* **~se** (FÍS) gebeugt werden

difteria [dif'terja] *f* Diphtherie *f*

difuminado [difumi'naðo] *m (de colores)* Verwischen *nt* der Farben

difuminar [difumi'nar] *vt (dibujo)* verwischen

difundir [difun'dir] **I.** *vt* verbreiten; *(líquidos)* ausschütten; ~ **por la radio** im Rundfunk senden **II.** *vr:* **~se** sich verbreiten; **la niebla se difundió por todo el valle** der Nebel hüllte das ganze Tal ein; **la novedad se ha difundido por toda la vecindad** die Neuigkeit hat sich in der ganzen Nachbarschaft herumgesprochen

difunto, -a [di'funto, -a] **I.** *adj* verstorben **II.** *m, f* Verstorbene(r) *mf;* **día de ~s** Allerseelentag *m;* **misa de ~s** Totenmesse *f*

difusión [difu'sjon] *f* ❶ *(expansión, divulgación)* Verbreitung *f;* (TV, RADIO) Sendung *f;* ~ **de productos** Erzeugnisvertrieb *m* ❷ *(prolijidad)* Weitschweifigkeit *f*

difuso, -a [di'fuso, -a] *adj* ❶ *(extendido)* weitläufig ❷ *(vago)* unklar; *(luz)* diffus ❸ *(prolijo)* weitschweifig

difusor [difu'sor] *m* ❶ *(de perfume)* Zerstäuber *m* ❷ *(en fábricas de azúcar)* Diffuseur *m* ❸ (FÍS) Diffusor *m*

difusora [difu'sora] *f* Vertrieb *m,* Vertriebsunternehmen *nt*

digerible [dixe'riβle] *adj* verdaulich

digerir [dixe'rir] *vt irr como sentir* ❶ *(la comida)* verdauen ❷ *(a una persona)* ertragen; *(noticia, libro)* verdauen *fam*

digestibilidad [dixestiβili'ðaᵈ] *f sin pl* Verdaulichkeit *f*

digestión [dixes'tjon] *f (de alimentos)* Verdauung *f;* **tener mala** ~ eine schlechte Verdauung haben

digestivo, -a [dixes'tiβo, -a] *adj* ❶ (ANAT) **aparato** ~ Verdauungsapparat *m* ❷ *(que ayuda)* verdauungsfördernd

digitación [dixita'θjon] *f* (MÚS) Fingersatz *m*

digital [dixi'tal] **I.** *adj* ❶ *(dactilar)* Finger- ❷ (INFOR, TÉC) digital; **ingreso** ~ Digitaleingabe *f;* **ordenador** ~ Digitalrechner *m* **II.** *m* (BOT) Fingerhut *m*

digitalización [dixitaliθa'θjon] *f* (INFOR) Digitalisierung *f*

digitalizar [dixitali'θar] <z → c> *vt* digitalisieren

dígito ['dixito] **I.** *adj* einstellig **II.** *m* (MAT) einstellige Zahl *f;* (INFOR) Ziffer *f;* ~ **de verificación** Prüfziffer *f*

dignamente [diγna'mente] *adv* ❶ *(con dignidad)* würdevoll ❷ *(con justicia)* anständig, rechtschaffen

dignarse [diγ'narse] *vr* sich herablassen ((**de**) zu +*inf*); **se dignaron invitarnos a su fiesta** *(irón)* sie hatten die Güte, uns zu ihrem Fest einzuladen

dignatario, -a [diγna'tarjo, -a] *m, f* Würdenträger(in) *m(f)*

dignidad [diγni'ðaᵈ] *f* ❶ *(respeto)* Würde *f;* **con** ~ würdevoll ❷ *(decencia)* Anstand *m* ❸ *(cargo)* Ehrenamt *nt*

dignificación [diγnifika'θjon] *f* Ausstattung *f* mit Würde, Erlangung *f* von Würde

dignificar [diγnifi'kar] <c → qu> *vt* mit Würden ausstatten

digno, -a ['diγno, -a] *adj* ❶ *(merecedor)* würdig; ~ **de compasión** bemitleidenswert; ~ **de confianza** vertrauenswürdig; ~ **de fe** glaubwürdig; ~ **de mención** erwähnenswert; ~ **de ver** sehenswert ❷ *(adecuado)* angemessen ❸ *(noble)* anständig ❹ *(con gravedad)* würdevoll

digresión [diγre'sjon] *f (del tema)* Abschweifung *f*

dije ['dixe] *m (colgante)* Anhänger *m;* **ser un** ~ *(fig fam)* ein Juwel sein

dilacerar [dilaθe'rar] **I.** *vt (elev: lacerar)* zerfetzen, zerfleischen **II.** *vr:* **~se** *(elev)* sich *dat* eine Fleischwunde zuziehen

dilación [dila'θjon] *f (aplazamiento)* Aufschub *m; (retraso)* Verzögerung *f;* **sin** ~ unverzüglich

dilapidación [dilapiða'θjon] *f* Verschwendung *f*

dilapidar [dilapi'ðar] *vt* verschwenden; ~ **una fortuna** ein Vermögen verschleudern

dilatable [dila'taβle] *adj* dehnbar

dilatación [dilata'θjon] *f* ❶ *(ampliación)*

Ausdehnung *f;* (MED) Erweiterung *f;* ~ **del mercado** (COM) Markterweiterung *f* ② *(desahogo)* Erleichterung *f*

dilatado, -a [dila'taðo, -a] *adj* ausgedehnt, weit(läufig); **un ~ número de participantes** eine große Anzahl von Teilnehmern

dilatar [dila'tar] **I.** *vt* ① *(extender)* ausdehnen; (MED) erweitern ② *(aplazar)* verschieben; **~ la reunión** die Besprechung vertagen ③ *(retrasar)* hinauszögern ④ *(prolongar)* verlängern **II.** *vr:* **~se** ① *(extenderse)* sich ausdehnen ② *(Am: demorar)* sich aufhalten

dilatorio, -a [dila'torjo, -a] *adj* (JUR) aufschiebend

dilema [di'lema] *m* Dilemma *nt;* **encontrarse en un ~** in der Zwickmühle sitzen *fam*

diletante [dile'tan̩te] **I.** *adj* dilettantisch **II.** *mf* Dilettant(in) *m(f); (aficionado)* Amateur(in) *m(f); (chapucero)* Stümper(in) *m(f) abw*

diligencia [dili'xen̩θja] *f* ① *(esmero)* Sorgfalt *f* ② *(agilidad)* Schnelligkeit *f* ③ *(trámite)* Erledigung *f;* **~s policiales** polizeiliche Ermittlungen; **evacuar una ~** ein Geschäft erledigen; **hacer ~s** Schritte unternehmen ④ *(asunto administrativo)* Amtshandlung *f;* **~ judicial/policial** gerichtliche/polizeiliche Maßnahme; **~s preparatorias** Ermittlungsverfahren *nt;* **~s de prueba** Beweisaufnahme *f* ⑤ *(nota oficial)* Verfügung *f;* **~ de notificación** Benachrichtigung *f*

diligenciamiento [dilixen̩θja'mjen̩to] *m* ① *(tramitación)* Erledigung *f,* Bearbeitung *f* ② *(formal)* amtlicher Vermerk *m*

diligenciar [dilixen̩'θjar] *vt* ① *(resolver)* erledigen, in die Wege leiten ② (JUR: *en el proceso*) verfügen ③ *(documentación)* ausstellen, bearbeiten

diligente [dili'xen̩te] *adj* ① *(cuidadoso)* sorgfältig ② *(aplicado)* fleißig ③ *(ágil)* flink

dilucidación [diluθiða'θjon] *f* Aufklärung *f,* Erläuterung *f*

dilucidar [diluθi'ðar] *vt* aufklären

diluir [dilu'ir] *irr como huir* **I.** *vt* ① *(líquidos, colores)* verdünnen; **sin ~** unverdünnt ② *(sólidos)* auflösen; **dejar ~ en la boca** im Munde zergehen lassen **II.** *vr:* **~se** sich auflösen

diluviar [dilu'βjar] *vimpers* in Strömen regnen

diluvio [di'luβjo] *m* ① *(lluvia)* Sintflut *f* ② *(fam: abundancia)* Flut *f;* **~ de balas** Kugelhagel *m*

diluyente [dilu'ɟen̩te] **I.** *adj* auflösend; **producto ~** Verdünnungsmittel *nt* **II.** *m* Verdünnungsmittel *nt*

dimanación [dimana'θjon] *f* Ursprung *m,* Herkunft *f*

dimanar [dima'nar] *vi* ① *(del manantial)* ausfließen, entspringen ② *(fig: proceder)* herrühren (**de** von +*dat*), entspringen (**de** +*dat*)

dimensión [dimen'sjon] *f* ① *(extensión)* Dimension *f;* **de dos dimensiones** zweidimensional ② *(tamaño)* Größe *f; (medida)* Maß *nt; (fig)* Ausmaß *nt;* **un macizo montañoso de grandes dimensiones** ein Bergmassiv von gewaltigen Ausmaßen; **un escándalo de grandes dimensiones** ein Skandal größten Ausmaßes; **este asunto está alcanzando dimensiones inesperadas** diese Angelegenheit nimmt ungeahnte Dimensionen an

dimensionar [dimensjo'nar] *vt (formal)* abmessen, dimensionieren

diminutivo¹ [diminu'tiβo] *m* (LING) Diminutiv *nt*

diminutivo, -a² [diminu'tiβo, -a] *adj* verkleinernd; **lente diminutiva** Verkleinerungsglas *nt*

diminuto, -a [dimi'nuto, -a] *adj* winzig

dimisión [dimi'sjon] *f* Rücktritt *m;* **presentar la ~** zurücktreten

dimisionario, -a [dimisjo'narjo, -a] **I.** *adj (que va a dimitir)* zurücktretend; *(que ha dimitido)* zurückgetreten, abgedankt **II.** *m, f* Zurückgetretene(r) *f(m),* Abgedankte(r) *f(m)*

dimitir [dimi'tir] *vt, vi* zurücktreten; **~ de un cargo** ein Amt niederlegen; **dimitió de presidente del club** er gab sein Amt als Präsident des Vereins auf

Dinamarca [dina'marka] *f* Dänemark *nt*

dinamarqués, -esa [dinamar'kes, -esa] **I.** *adj* dänisch **II.** *m, f* Däne, -in *m, f*

dinámica [di'namika] *f* Dynamik *f*

dinámico, -a [di'namiko, -a] *adj* dynamisch

dinamismo [dina'mismo] *m (energía)* Schwung *m*

dinamita [dina'mita] *f* Dynamit *nt*

dinamitar [dinami'tar] *vt* sprengen

dinamización [dinamiθa'θjon] *f sin pl* ① *(dinamizar)* Antreiben *nt;* **~ de las relaciones comerciales** die Beschleunigung der Handelsbeziehungen ② (MED) Dynamisierung *f*

dinamizar [dinami'θar] <z → c> *vt* vorantreiben

dinamo [di'namo] *f,* **dínamo** ['dinamo] *f* Dynamo *m;* (AUTO) Lichtmaschine *f*

dinar [di'nar] *m* (ECON) Dinar *m*

dinastía [dinas'tia] *f* Dynastie *f*

dineral [dine'ral] *m* Unsumme *f;* **costar un ~** *(fam)* ein Heidengeld kosten

D

D

dinero [di'nero] *m* Geld *nt;* ~ **blanco** Silbergeld *nt;* ~ **en caja** Kassenbestand *m;* ~ **electrónico** Cybercash *nt,* elektronisches Geld, E-Cash *nt;* ~ **metálico** [*o* **contante y sonante**] Bargeld *nt;* ~ **de rescate** Lösegeld *nt;* ~ **en reserva** Notgroschen *m;* ~ **suelto** Kleingeld *nt;* **hacer** ~ das große Geld machen; **pagar en** ~ bar bezahlen; **estar mal de** ~ schlecht bei Kasse sein; **ser alguien de** ~ wohlhabend sein

dinosaurio [dino'saurjo] *m* Dinosaurier *m*

dintel [din'tel] *m (de ventana)* Fenstersturz *m; (de puerta)* Türsturz *m*

diñar [di'ɲar] *vt (fam)* geben; ~**la** *(fam)* ins Gras beißen

dio [djo] *3. pret de* **dar**

diócesis [di'oθesis] *f inv* Diözese *f*

diodo [di'oðo] *m* Diode *f*

dionisíaco, -a [djoni'siako, -a] *adj* dionysisch

dioptría [djop'tria] *f* Dioptrie *f*

dios(a) [djos, 'djosa] *m(f)* Gott, Göttin *m, f*

Dios [djos] *m* Gott *m;* ~ **Hombre** Jesus Christus; ~ **mediante** mit Gottes Hilfe; **¡~ mío!** oh, mein Gott!; **¡~ nos coja confesados!** Gott steh uns bei!; **¡~ sabe!** wer weiß?; ~ **sabe que estuve ahí** selbstverständlich war ich da; **¡~ nos libre!** Gott behüte!; ~ **te bendiga** vergelt's Gott!; **¡a ~!** auf Wiedersehen!; **¡alabado sea ~!** gottlob!; **a la buena de ~** aufs Geratewohl; **armar la de ~ es Cristo** *(fam)* einen Mordsradau machen; **así ~ me asista** (JUR) so wahr mir Gott helfe; **¡ay ~!** oh Gott!; **como ~ manda** wie es sich gehört; **costar ~ y ayuda** alle Kraft kosten; ~ **dirá** das liegt in Gottes Hand; ~ **lo llamó** Gott hat ihn zu sich geholt; **¡por ~!** um Gottes willen!; **que sea lo que ~ quiera** wie's kommt, so kommt's; **¡santo ~!** Gott im Himmel!; **si ~ quiere** so Gott will; **todo ~** Gott und die Welt; **¡válgame ~!** Gott steh mir bei!; **¡vaya por ~!** es ist nicht zu fassen!; **venga ~ y lo vea** das ist himmelschreiend; **¡vive ~!** so wahr Gott lebt!; **vivir como ~** leben wie Gott in Frankreich; ~ **los cría y ellos se juntan** *(prov fam)* Gleich und Gleich gesellt sich gern

dióxido [di'oˠsiðo] *m* Dioxid *nt*

dioxina [djoˠ'sina] *f* Dioxin *nt*

diploma [di'ploma] *m* Diplom *nt;* ~ **de asistencia** Teilnahmebescheinigung *f;* ~ **de bachiller(ato)** Abiturzeugnis *nt;* ~ **de capitán** Kapitänspatent *nt;* ~ **de maestría** Meisterbrief *m;* ~ **de reconocimiento** Prüfungszeugnis *nt;* ~ **universitario** Hochschuldiplom *nt*

diplomacia [diplo'maθja] *f* ❶ *(política, tacto)* Diplomatie *f* ❷ *(cuerpo)* diplomatisches Korps *nt* ❸ *(carrera)* Diplomatenlaufbahn *f*

diplomado, -a [diplo'maðo, -a] *adj* diplomiert; **traductora diplomada** Diplomübersetzerin *f*

diplomar [diplo'mar] **I.** *vt (Arg)* einen akademischen Grad verleihen (**a** +*dat*) **II.** *vr:* ~**se** einen akademischen Grad erlangen [*o* erhalten]

diplomático, -a [diplo'matiko, -a] **I.** *adj* diplomatisch **II.** *m, f* Diplomat(in) *m(f)*

diplomatura [diploma'tura] *f* Diplomierung *f*

diptongo [dip'toŋgo] *m* Diphthong *m*

diputación [diputa'θjon] *f* ❶ *(delegación)* Abordnung *f;* ~ **permanente de Cortes** Parlamentspräsidium *nt;* ~ **provincial** Provinzialrat *m* ❷ *(personas)* Abgeordnetenversammlung *f* ❸ *(cargo)* Abgeordnetenmandat *nt* ❹ *(Méx: edificio)* Rathaus *nt*

diputado, -a [dipu'taðo, -a] *m, f* Abgeordnete(r) *mf;* ~ **en** [*o* **a**] **Cortes** Abgeordneter der Cortes; ~ **independiente** Fraktionslose(r) *m*

diputar [dipu'tar] *vt* ❶ *(elegir como representante)* abordnen, als Vertretung wählen ❷ *(nombrar)* ernennen ❸ *(tener por)* befinden (für +*akk*), halten (für +*akk*); **me han diputado apto** sie halten mich für geeignet

dique ['dike] *m* ❶ *(rompeolas)* Deich *m;* ~ **de abrigo** Schutzdamm *m* ❷ (NÁUT) Dock *nt;* ~ **flotante** Schwimmdock *nt* ❸ *(freno)* Sperre *f;* **poner un ~ a algo** etw *dat* einen Riegel vorschieben

dirección [direˠ'θjon] *f* ❶ *(rumbo)* Richtung *f;* ~ **de la circulación** Verkehrslauf *m;* ~ **de marcha** Fahrtrichtung *f;* ~ **visual** Blickrichtung *f;* **en ~ longitudinal** längs laufend; **en ~ opuesta** in umgekehrter Richtung; **el viento soplaba en ~ oeste** der Wind blies gen Westen; **salir con ~ a España** nach Spanien reisen ❷ *(mando)* Direktion *f;* ~ **central** Zentralverwaltung *f;* ~ **comercial** Geschäftsführung *f;* ~ **del Estado** Staatsführung *f;* **alta ~** Management *nt* ❸ *(guía)* Leitung *f;* ~ **(artística)** (TEAT) Regie *f;* ~ **de personal** Personalführung *f;* **bajo la ~ de** unter der Leitung von ❹ *(señas, t.* INFOR) Adresse *f;* ~ **comercial** Geschäftsadresse *f;* ~ **codificada** Chiffreanschrift *f;* ~ **de correo electrónico** [*o* **electrónica**] E-Mail-Adresse *f;* ~ **de internet** Internetadresse *f* ❺ *(conducción)* Lenkung *f;* ~ **delantera** (AUTO) Frontlenkung *f;* ~ **a la derecha** (AUTO) Rechtslenkung *f;* ~ **a distancia** Fernsteuerung *f*

direccionamiento [direʸθjona'mjen̪to] *m* (INFOR) Adressierung *f;* ~ **de base** Basisadressierung *f;* ~ **diferido** indirekte Adressierung; ~ **inherente** indizierte Adressierung

direccionar [direʸθjo'nar] *vt* (INFOR) adressieren

directa [di'rekta] *f* (AUTO) höchster Gang *m;* **poner la** ~ *(fam fig)* Vollgas geben

directamente [di'rekta'men̪te] *adv* direkt, unmittelbar

directiva [direk'tiβa] *f* ① *(dirección)* Vorstand *m* ② *(instrucción)* Richtlinie *f*

directivo, -a [direk'tiβo, -a] **I.** *adj* leitend; **junta directiva** Vorstand *m* **II.** *m, f* ① *(ejecutivo)* leitender Angestellter *m,* leitende Angestellte *f; (mánayer)* Manager(in) *m(f)* ② *(de la junta directiva)* Vorstandsmitglied *nt*

directo[1] [di'rekto] *m* ① (FERRO) durchgehender Zug *m* ② (DEP) Gerade *f*

directo, -a[2] [di'rekto, -a] *adj* ① *(recto)* gerade ② *(inmediato, franco)* direkt, unmittelbar; **trasmisión en** ~ Live-/Direktübertragung *f;* **un tren** ~ ein durchgehender Zug

director(a) [direk'tor(a)] **I.** *adj* leitend **II.** *m(f)* Leiter(in) *m(f); (jefe)* Direktor(in) *m(f);* ~ **administrativo** geschäftsführender Direktor; ~ **de departamento** Abteilungsleiter *m;* ~ (**de escena**) (CINE, TEAT) Regisseur *m;* ~ (**del colegio/instituto**) Schulleiter, Rektor *m;* ~ **de fábrica** Werksleiter *m;* ~ **general** Generaldirektor *m;* ~ **de la obra** Bauleiter *m;* ~ **de orquesta** Dirigent *m;* ~ **de sucursal** Filialleiter *m;* ~ **técnico** technischer Leiter; ~ **de la tesis** Doktorvater *m*

directorio [direk'torjo] *m* ① *(junta)* Direktorium *nt* ② *(manual)* Anleitung *f* ③ *(agenda)* Adressbuch *nt;* **directorio telefónico** *(Méx)* Telefonbuch *nt* ④ (INFOR) Verzeichnis *nt;* ~ **raíz** Stammverzeichnis *nt*

directriz [direk'triθ] *f* ① *(orientación)* Richtlinie *f* ② (MAT) Leitlinie *f*

dirigente [diri'xen̪te] *mf* Führer(in) *m(f);* **los ~s** die führenden Persönlichkeiten; **preparar a los ~s** Führungskräfte heranbilden

dirigible [diri'xiβle] **I.** *adj* lenkbar **II.** *m* *(globo)* Luftschiff *nt*

dirigido, -a [diri'xiðo, -a] *adj (sistemas)* ferngesteuert

dirigir [diri'xir] <g → j> **I.** *vt* ① *(un coche)* fahren; (NÁUT, INFOR) steuern ② *(el tráfico)* regeln ③ *(un envío, palabras)* richten (**a** an +*akk*) ④ *(la vista)* richten (**hacia** auf +*akk*); ~ **todas sus atenciones a algo** *(fig)* seine ganze Aufmerksamkeit auf etw richten ⑤ *(una nación)* regieren; *(empresa, debate)* leiten; *(finca)* bewirtschaften; *(orquesta)* dirigieren; ~ **una casa** einen Haushalt führen ⑥ *(por un camino)* führen ⑦ (CINE, TEAT, TV) Regie führen (bei +*dat*); **una película dirigida por...** Regie führte ... ⑧ *(loc)* ~ **el tiro a algo** auf etw zielen **II.** *vr:* **~se** ① *(a un lugar)* sich begeben (**a/hacia** nach +*dat*) ② *(a una persona)* sich wenden (**a** an +*akk*)

dirigista [diri'xista] *mf* Anhänger(in) *m(f)* der Planwirtschaft

dirimir [diri'mir] *vt* ① *(contrato, matrimonio)* aufheben ② *(asunto)* entscheiden; *(disputa)* beilegen; ~ **los empates** bei Stimmengleichheit entscheiden

disarmonía [disarmo'nia] *f* ① *(falta de armonía)* Uneinigkeit *f,* Disharmonie *f* ② (MED) *Funktionsstörung bei körperlichen Bewegungsabläufen*

discapacidad [diskapaθi'ða^{ð}] *f* (Körper)behinderung *f;* ~ **mental** geistige Behinderung; **con** ~ **grave** schwerbehindert

discapacitado, -a [diskapaθi'taðo, -a] **I.** *adj* (körper)behindert **II.** *m, f* (Körper)behinderte(r) *mf;* ~ **mental** geistig Behinderter

discernible [disθer'niβle] *adj* erkennbar, deutlich

discernimiento [disθerni'mjen̪to] *m* ① *(acción de distinguir)* Unterscheidung *f; (capacidad de distinguir)* Unterscheidungsvermögen *nt* ② *(juicio)* Urteilsvermögen *nt;* **obrar sin** ~ unüberlegt handeln

discernir [disθer'nir] *vt irr como cernir (diferenciar)* unterscheiden; ~ **entre lo bueno y lo malo** das Gute vom Bösen unterscheiden können

disciplina [disθi'plina] *f* Disziplin *f*

disciplinado, -a [disθipli'naðo, -a] *adj* diszipliniert

disciplinar [disθipli'nar] *vt* ① *(someter)* disziplinieren ② *(enseñar)* unterrichten

disciplinario, -a [disθipli'narjo, -a] *adj* disziplinarisch; **sanción disciplinaria** Ordnungsstrafe *f*

discípulo, -a [dis'θipulo, -a] *m, f* ① *(alumno)* Schüler(in) *m(f)* ② *(seguidor)* Anhänger(in) *m(f)*

disc jockey [dis'ɟokei̯] *mf inv v.* **disyóquey**

disco ['disko] *m* ① *(lámina circular)* Scheibe *f; (en el teléfono)* Wählscheibe *f; (de algodón)* Wattepad *nt;* ~ **de freno** Bremsscheibe *f;* ~ **de horario** Parkscheibe *f;* ~ **de señales** (FERRO) Signalscheibe *f* ② (MÚS) Schallplatte *f;* ~ **compacto** Com-

D

pactdisc *f*, CD *f*; ~ **de larga duración** Langspielplatte *f*; **siempre pones el mismo** ~ *(fam)* immer dieselbe Leier!; **¡cambia el ~ ya!** *(fam)* leg mal eine andere Platte auf! ③ (DEP) Diskus *m* ④ *(semáforo)* Verkehrsampel *f* ⑤ (INFOR) Platte *f*; ~ **duro** Festplatte *f*

D

discográfica [disko'ɣrafika] *f* Plattenfirma *f*

discográfico, -a [disko'ɣrafiko, -a] *adj* (Schall)platten-

díscolo, -a ['diskolo, -a] *adj* widerspenstig

disconforme [diskoɱ'forme] *adj* ① *(persona)* nicht einverstanden ② *(cosa)* nicht passend

disconformidad [diskoɱformi'ðaᵈ] *f* ① *(con algo)* Ablehnung *f* (**con** +*gen*); **se te nota tu ~ con la decisión** man merkt, dass du mit der Entscheidung nicht einverstanden bist ② *(entre personas)* Uneinigkeit *f* ③ *(de cosas)* Ungleichheit *f*

discontinuar [diskon̩tinu'ar] <*1. pres* discontinúo> *vt* unterbrechen

discontinuidad [diskon̩tinwi'ðaᵈ] *f* ① *(inconstancia)* Unstetigkeit *f* ② *(interrupción)* Unterbrechung *f*

discontinuo, -a [diskon̩'tinwo, -a] *adj* ① *(inconstante)* unstetig ② *(interrumpido)* unzusammenhängend

discordancia [diskor'ðan̩θja] *f* ① *(disconformidad)* Uneinigkeit *f*; **hubo ~s a la hora de elegir un representante** man war sich *dat* über die Ernennung eines Vertreters nicht einig ② (MÚS) Missklang *m*

discordante [diskor'ðan̩te] *adj* ① *(opinión)* abweichend ② (MÚS) misstönend

discordar [diskor'ðar] <o → ue> *vi* ① *(cosas)* nicht zusammenpassen ② *(personas)* nicht übereinstimmen (**de** mit +*dat*) ③ *(instrumento)* verstimmt sein

discorde [dis'korðe] *adj* ① *(persona)* nicht einverstanden ② (MÚS) verstimmt

discordia [dis'korðja] *f* Zwietracht *f*

discoteca [disko'teka] *f* ① *(local)* Diskothek *f* ② *(discos)* Schallplattensammlung *f*

discotequero, -a [diskote'kero, -a] *adj* Disko- *fam*; **es un chico muy ~** er ist ein begeisterter Diskogänger

discreción [diskre'θjon] *f* Diskretion *f*; **a ~** nach Belieben; **bajo ~** vertraulich; **con ~** umsichtig; **entregarse a ~** (MIL) sich auf Gnade und Ungnade ergeben

discrecional [diskreθjo'nal] *adj* beliebig, Ermessens-; **cuestión ~** Ermessensfrage *f*; **parada ~** Bedarfshaltestelle *f*

discrepancia [diskre'pan̩θja] *f* ① *(entre cosas)* Diskrepanz *f* ② *(entre personas)* Unstimmigkeit *f*

discrepante [diskre'pan̩te] *adj* nicht übereinstimmend

discrepar [diskre'par] *vi* ① *(diferenciarse)* abweichen ② *(disentir)* anderer Meinung sein (**de** als +*nom*); **discrepo de lo que Ud. piensa sobre eso** ich stimme Ihrer Meinung darüber nicht zu

discreto, -a [dis'kreto, -a] *adj* diskret

discriminación [diskrimina'θjon] *f* ① *(diferenciación)* Unterscheidung *f*; **de difícil ~** schwer feststellbar ② *(perjuicio)* Diskriminierung *f*

discriminado, -a [diskrimi'naðo, -a] *adj* diskriminiert

discriminador[1] [diskrimina'ðor] *m* (ELEC) Diskriminator *m*

discriminador(a)[2] [diskrimina'ðor(a)] *adj* diskriminierend, herabsetzend

discriminar [diskrimi'nar] *vt* ① *(cosas)* unterscheiden ② *(personas)* diskriminieren

discriminatorio, -a [diskrimina'torjo, -a] *adj* diskriminierend

disculpa [dis'kulpa] *f* ① *(perdón)* Entschuldigung *f*; **admitir una ~** eine Entschuldigung gelten lassen; **pedir ~s** sich entschuldigen; **eso no tiene ~** das ist unverzeihlich ② *(pretexto)* Ausrede *f*; **¡qué ~ más tonta!** so eine faule Ausrede!; **¡no valen ~s!** keine Ausreden!

disculpable [diskul'paβle] *adj* verzeihlich

disculpar [diskul'par] **I.** *vt* ① *(perdonar)* verzeihen; **discúlpala de su falta** verzeih ihr ihren Fehler; **discúlpame por no haberte escrito** entschuldige, dass ich dir nicht geschrieben habe ② *(justificar)* entschuldigen; **tu inexperiencia no disculpa ese comportamiento** deine Unerfahrenheit ist keine Entschuldigung für dieses Verhalten **II.** *vr:* **~se** sich entschuldigen; **~se con alguien por algo** sich bei jdm wegen etw *gen/dat* entschuldigen

discurrir [disku'rrir] **I.** *vi* ① *(pensar)* nachgrübeln (**sobre** über +*akk*) ② *(andar)* umherlaufen; **los niños discurrían por la feria** die Kinder liefen über den Rummelplatz ③ *(río)* fließen ④ *(trascurrir)* verlaufen; *(tiempo)* verstreichen **II.** *vt* sich *dat* ausdenken; **~ poco** nicht ganz hell im Kopf sein

discursante [diskur'san̩te] **I.** *adj* Reden schwingend **II.** *mf (fam)* Redner(in) *m(f)*

discursivo, -a [diskur'siβo, -a] *adj* diskursiv

discurso [dis'kurso] *m* ① *(arenga)* Rede *f*; **~ de clausura** Schlussrede *f*; **~ de recepción** Begrüßungsansprache *f*; **~ solemne** Festansprache *f*; **pronunciar un ~** eine Rede halten ② *(plática)* Gespräch *nt* ③ *(disertación escrita)* Abhandlung *f*; *(oral)* Vortrag *m* ④ *(raciocinio)* Urteilsfähigkeit *f* ⑤ *(trascurso)* (Ver)lauf *m*

discusión [disku'sjon] *f* ① *(debate)* Diskussion *f;* ~ **del presupuesto** (POL) Haushaltsdebatte *f;* ~ **pública** Podiumsdiskussion *f* ② *(riña)* Auseinandersetzung *f;* **entablar una** ~ sich auf eine Diskussion einlassen; **sin** ~ ohne Zweifel

discutible [disku'tiβle] *adj* ① *(disputable)* erwägenswert ② *(dudoso)* zweifelhaft

discutido, -a [disku'tiðo, -a] *adj* umstritten

discutidor(a) [diskuti'ðor(a)] **I.** *adj (fam)* diskussionsfreudig **II.** *m(f) (fam)* Diskussionsfreudige(r) *f(m)*

discutir [disku'tir] **I.** *vi, vt* ① *(hablar)* diskutieren; ~ **un asunto** eine Frage erörtern; ~ **algo punto por punto** etw durchsprechen; ~ **un plan a fondo** einen Plan eingehend besprechen; ~ **el recorte del presupuesto** die Kürzung des Etats debattieren; ~ **sobre el precio** über den Preis verhandeln ② *(pelear)* (sich) streiten (**de** über +*akk*) **II.** *vt (contradecir)* **siempre me discutes lo que digo** du stellst immer alles, was ich sage, infrage

disecar [dise'kar] <c → qu> *vt* ① (ANAT) sezieren ② *(preparar un animal muerto)* ausstopfen ③ *(secar una planta)* trocknen

disección [diseʸ'θjon] *f* (ANAT) Sezieren *nt*

diseccionar [diseʸθjo'nar] *vt* ① *(un animal, una planta)* zerlegen ② *(fig: analizar)* eingehend analysieren

diseminado, -a [disemi'naðo, -a] *adj* verstreut

diseminar [disemi'nar] **I.** *vt* ① *(semillas)* verstreuen ② *(noticias)* verbreiten **II.** *vr:* ~**se** sich verbreiten

disensión [disen'sjon] *f* ① *(desavenencia)* Meinungsverschiedenheit *f* ② *(riña)* Streitigkeit *f*

disenso [di'senso] *m* Meinungsverschiedenheit *f,* Dissens *m*

disentería [disente'ria] *f* (MED) Ruhr *f*

disentimiento [disenti'mjento] *m* Meinungsverschiedenheit *f*

disentir [disen'tir] *vi irr como sentir* anderer Meinung sein (**de** als +*nom*); **disiento de tu opinión** ich bin nicht deiner Meinung; **en religión disentimos profundamente** was die Religion angeht, gehen unsere Meinungen grundsätzlich auseinander

diseñador(a) [disepa'ðor(a)] *m(f)* ① *(dibujante)* Zeichner(in) *m(f)* ② *(el que concibe, decora)* Designer(in) *m(f);* ~ **gráfico, -a** Grafiker(in) *m(f)* ③ (INFOR) ~ **de páginas web** Webdesigner(in) *m(f)*

diseñar [dise'ɲar] *vt* ① *(dibujar)* zeichnen; *(delinear)* skizzieren ② *(proyectar)* entwerfen

diseño [di'seɲo] *m* ① *(dibujo)* Zeichnung *f;* *(boceto)* Skizze *f;* *(esbozo)* Entwurf *m;* ~ **de construcción** Grundriss *m;* ~ **de página** (*t.* INFOR) Seitenaufbau *m* ② *(forma)* Design *nt;* ~ **ergonómico** ergonomische Form ③ *(en tejidos)* Muster *nt* ④ *(descripción)* Umreißen *nt*

D

disertación [diserta'θjon] *f (escrita)* (wissenschaftliche) Abhandlung *f;* *(oral)* Vortrag *m*

disertar [diser'tar] *vi (por escrito)* abhandeln (**sobre** +*akk*); *(oralmente)* einen Vortrag halten (**sobre** über +*akk*)

disfraz [dis'fraθ] *m* ① *(máscara)* Verkleidung *f;* *(para la cara)* Maske *f;* (MIL) Tarnung *f* ② *(disimulación)* Verstellung *f;* **presentarse sin** ~ sein wahres Gesicht zeigen

disfrazar [disfra'θar] <z → c> **I.** *vt* ① *(enmascarar)* verkleiden; *(la cara)* maskieren; (MIL) tarnen ② *(escándalo)* verschleiern; *(voz)* verstellen; *(sentimiento)* verbergen; ~ **su embarazo** seine Verlegenheit überspielen; ~ **su tristeza con una sonrisa** seine Trauer hinter einem Lächeln verbergen **II.** *vr:* ~**se** *(enmascararse)* sich verkleiden (**de** als +*nom*)

disfrutar [disfru'tar] *vi, vt* ① *(gozar)* genießen (**de** +*akk*); ~ **de excelente salud** sich bester Gesundheit erfreuen; ~ **de licencia** Urlaub haben ② *(poseer)* haben (**de** +*akk*); **esta coche disfruta de muchas comodidades** dieses Auto hat viel Komfort ③ *(utilizar)* nutzen ((**de**) +*akk*); *(sacar provecho)* Nutzen ziehen ((**de**) aus +*dat*)

disfrute [dis'frute] *m* ① *(goce)* Genuss *m* ② *(aprovechamiento)* Nutzung *f*

disfunción [disfun'θjon] *f* (*t.* MED) Funktionsstörung *f;* (MED) Dysfunktion *f*

disgregación [disɣreɣa'θjon] *f (de materia: el disgregar)* Auflösen *nt;* *(el disgregarse)* Zerfall *m;* (QUÍM) Zersetzung *f;* (FÍS) Spaltung *f;* (GEO, METEO) Verwitterung *f*

disgregar [disɣre'ɣar] <g → gu> **I.** *vt* ① *(materia)* auflösen; (QUÍM) zersetzen; (FÍS) spalten ② *(gente)* zerstreuen **II.** *vr:* ~**se** ① *(gente)* **el público se disgregó al terminar el espectáculo** das Publikum zerstreute sich nach der Vorstellung in alle Richtungen ② *(materia)* zerfallen; (QUÍM) sich auflösen; (FÍS) sich spalten

disgustado, -a [disɣus'taðo, -a] *adj* ① *(apenado)* bekümmert ② *(enfadado)* verärgert

disgustar [disɣus'tar] **I.** *vt* ① *(desagradar)* missfallen +*dat;* *(comida)* anekeln ② *(enfadar)* erzürnen; *(ofender)* zu nahe treten

+*dat* **II.** *vr:* **~se** ① *(enfadarse)* sich ärgern (**por/de** über +*akk*) ② *(ofenderse)* **se ha disgustado por tus comentarios** deine Äußerungen haben ihn/sie verletzt ③ *(reñir)* aneinandergeraten

disgusto [dis'ɣusto] *m* ① *(desagrado)* Missfallen *nt; (repugnancia)* Ekel *m;* **estar a ~** sich unbehaglich fühlen ② *(aflicción)* Kummer *m; (molestia)* Unannehmlichkeit *f; (enfado)* Ärger *m;* **dar un ~ a alguien** *(afligir)* jdm Kummer machen; *(causar molestias)* jdm Unannehmlichkeiten bereiten ③ *(pelea)* Streit *m*

disidencia [disi'ðen̪θja] *f (desavenencia)* Uneinigkeit *f*

disidente [disi'ðen̪te] **I.** *adj* anders denkend **II.** *mf* Dissident(in) *m(f)*

disidir [disi'ðir] *vi* abfallen (**de** von +*dat*), abschwören (+*gen*)

disímbolo, -a [di'simbolo, -a] *adj (Méx: diferente)* ungleich, verschieden

disimétrico, -a [disi'metriko, -a] *adj* asymmetrisch, unsymmetrisch

disímil [di'simil] *adj (elev)* unterschiedlich, verschieden

disimulación [disimula'θjon] *f* ① *(fingimiento)* Verstellung *f* ② *(simulación)* Vortäuschung *f* ③ *(ocultación)* Verheimlichung *f* ④ *(tolerancia)* Nachsicht *f*

disimulado, -a [disimu'laðo, -a] **I.** *adj* ① *(fingido)* vorgespiegelt ② *(encubierto)* unauffällig ③ *(engañoso)* verlogen; *(hipócrita)* heuchlerisch **II.** *m, f* ① *(hipócrita)* Heuchler(in) *m(f)* ② *(loc)* **hacerse el ~** sich dumm stellen

disimular [disimu'lar] **I.** *vi* ① *(aparentar)* sich verstellen ② *(ocultar)* sich *dat* nichts anmerken lassen ③ *(tolerar)* nachsichtig sein **II.** *vt* ① *(ocultar)* verbergen; **~ el miedo** sich *dat* die Angst nicht anmerken lassen; **no ~ algo** keinen Hehl aus etw *dat* machen; **la falda disimulaba su barriga** der Rock ließ sie schlanker aussehen ② *(paliar)* beschönigen ③ *(tolerar)* dulden; **~ algo a alguien** jdm etw nachsehen

disimulo [disi'mulo] *m* ① *(fingimiento)* Verstellung *f; (engaño)* Verschleierung *f;* **con ~** unauffällig ② *(tolerancia)* Nachsicht *f*

disipación [disipa'θjon] *f* ① *(desvanecimiento)* Auflösung *f; (volatilización)* Verflüchtigung *f; (fig)* Zerstreuung *f* ② *(libertinaje)* Zügellosigkeit *f* ③ *(derroche)* Verschwendung *f*

disipado, -a [disi'paðo, -a] *adj* ① *(libertino)* zügellos ② *(que derrocha)* verschwenderisch

disipador(a) [disipa'ðor(a)] **I.** *adj* verschwenderisch **II.** *m(f)* Verschwender(in) *m(f)*

disipar [disi'par] **I.** *vt* ① *(nubes, nieblas)* auflösen; *(dudas)* beseitigen; **el sol disipa las nieblas** die Sonne vertreibt den Nebel; **~ el cansancio** die Müdigkeit verscheuchen ② *(derrochar)* vergeuden **II.** *vr:* **~se** sich auflösen; *(dudas)* verschwinden; **~se en humo** verrauchen

dislate [dis'late] *m* Unsinn *m*

dislexia [dis'leʸsja] *f* Legasthenie *f*

disléxico, -a [dis'leʸsiko, -a] **I.** *adj* legasthenisch **II.** *m, f* Legastheniker(in) *m(f)*

dislocación [disloka'θjon] *f* ① *(desplazamiento)* Verlagerung *f;* (GEO) Verschiebung *f* ② (MED) Verrenkung *f* ③ *(desfiguración)* Verzerrung *f*

dislocado, -a [dislo'kaðo, -a] *adj* ① *(desplazado)* verlagert, verschoben ② (MED) verrenkt, ausgerenkt ③ *(fam: loco)* verrückt

dislocar [dislo'kar] <c → qu> **I.** *vt* ① *(desplazar)* verlagern ② (MED) verrenken ③ *(desfigurar)* verzerren **II.** *vr:* **~se** ① *(deshacerse)* auseinandergehen ② *(desarticularse)* sich *dat* verrenken

disloque [dis'loke] *m (fig fam)* Höhepunkt *m;* **¡es el ~!** das ist der Gipfel!

disminución [disminu'θjon] *f* Verringerung *f;* **~ de los gastos** Kostensenkung *f;* **~ de la natalidad** Geburtenrückgang *m;* **~ de la pena** (JUR) Strafmilderung *f;* **~ de peso** Gewichtsabnahme *f;* **~ de los precios** Preissenkung *f;* **~ de la presión** (TÉC) Druckabfall *m;* **~ de la producción** Produktionsrückgang *m;* **~ de riesgo** Risikominderung *f;* **~ de tamaño** Verkleinerung *f;* **~ de la tensión** Entspannung *f;* **~ del valor** Wertminderung *f;* **~ de las ventas** Absatzrückgang *m*

disminuido, -a [disminu'iðo, -a] **I.** *adj* ① *(fig: achicado)* eingeschüchtert ② *(discapacitado)* behindert **II.** *m, f* Behinderte(r) *f(m);* **~ físico** Körperbehinderte(r) *m;* **~ mental** geistig Behinderter

disminuir [disminu'ir] *irr como huir* **I.** *vi (en intensidad)* nachlassen; *(número)* zurückgehen; *(existencias)* abnehmen; **~ de tamaño** kleiner werden **II.** *vt* verringern; *(precio, sueldo)* senken; *(velocidad)* drosseln; **~ de tamaño** verkleinern; **~ en duración** zeitlich verkürzen; **~ la ganancia** den Gewinn schmälern

disnea [dis'nea] *f* (MED) Atemnot *f,* Kurzatmigkeit *f,* Dyspnoe *f*

disociación [disoθja'θjon] *f (separación)* Trennung *f; (disgregación)* Auflösung *f*

disociar [diso'θjar] **I.** *vt (disgregar)* auflösen; *(separar)* trennen **II.** *vr:* **~se** sich auflösen

disoluble [diso'luβle] *adj* löslich

disolución [disolu'θjon] *f* ❶ *(dilución)* Auflösung *f; (de la familia)* Zerrüttung *f; (de las costumbres)* Sittenverfall *m;* ~ **de contrato** Vertragsaufhebung *f* ❷ (QUÍM) Lösung *f*

disoluto, -a [diso'luto, -a] **I.** *adj* zügellos **II.** *m, f* Wüstling *m*

disolvente [disol'βen̪te] *m* (QUÍM) Lösungsmittel *nt*

disolver [disol'βer] *vt, vr irr como volver* **~se** (sich) auflösen

disonancia [diso'nan̪θja] *f* ❶ (MÚS) Dissonanz *f* ❷ *(desproporción)* Missverhältnis *nt* ❸ *(discordancia)* Unstimmigkeit *f*

dispar [dis'par] *adj* ungleich

disparado, -a [dispa'raðo, -a] *adj* **salir ~** sich blitzschnell davonmachen

disparador [dispara'ðor] *m* ❶ *(de un arma)* Abzug *m* ❷ (FOTO) Auslöser *m;* ~ **automático** Selbstauslöser *m*

disparar [dispa'rar] **I.** *vt* ❶ *(un tiro, flechas)* abschießen; *(un proyectil)* abfeuern; ~ **un tiro/flechas a** [*o* **contra**] **alguien** auf jdn schießen; ~ **una piedra contra alguien** jdn mit einem Stein bewerfen ❷ *(el arma)* abdrücken **II.** *vi* ❶ *(tirar)* ~ **contra alguien** auf jdn schießen ❷ *(Am: caballo)* durchgehen ❸ *(un arma)* losgehen; **esta pistola no dispara bien** diese Pistole schießt nicht gut **III.** *vr:* **~se** ❶ *(arma)* losgehen ❷ *(salir corriendo)* losrennen; *(caballo)* durchgehen ❸ *(desbocarse)* ausrasten

disparatado, -a [dispara'taðo, -a] *adj* ❶ *(absurdo)* unsinnig ❷ *(fam: desmesurado)* ungeheuer

disparatar [dispara'tar] *vi (hablar)* Unsinn reden; *(obrar)* unüberlegt handeln

disparate [dispa'rate] *m* ❶ *(insensatez)* Unsinn *m* ❷ *(loc, fam)* **me gusta un ~** er/sie gefällt mir wahnsinnig gut; **costar un ~** ein Vermögen kosten

disparejo, -a [dispa'rexo, -a] *adj* unterschiedlich, verschieden

disparidad [dispari'ðað] *f* Unterschiedlichkeit *f;* ~ **de precios** (ECON) Preisgefälle *nt*

disparo [dis'paro] *m* ❶ *(el disparar)* Abschuss *m* ❷ *(tiro)* Schuss *m;* ~ **al aire** Warnschuss *m;* ~ **de partida** Startschuss *m*

dispendio [dis'pen̪djo] *m* Verschwendung *f*

dispendioso, -a [dispen̪'djoso, -a] *adj* ❶ *(costoso)* kostspielig, teuer ❷ *(derrochador)* verschwenderisch

dispensa [dis'pensa] *f (excepción)* Befreiung *f;* (REL) Dispens *f;* ~ **de edad** (JUR) Ehemündigkeitserklärung *f*

dispensable [dispen'saβle] *adj* erlässlich

dispensación [dispensa'θjon] *f* ❶ *(concesión)* Bewilligung *f,* Zugeständnis *nt* ❷ (REL) Dispens *m,* Dispenserteilung *f* ❸ (JUR) Befreiung *f,* Entbindung *f*

dispensador [dispensa'ðor] *m,* **dispensadora** [dispensa'ðora] *f (aparato)* Spender *m*

dispensar [dispen'sar] *vt* ❶ *(otorgar)* erteilen; ~ **cuidados a alguien** jdn gut pflegen; ~ **favores/atención a alguien** jdm seine Gunst/Beachtung schenken; ~ **ovaciones/elogios a alguien** jdm Beifall/Lob spenden; **le ~on un tratamiento privilegiado** ihm/ihr wurde eine bevorzugte Behandlung zuteil ❷ *(librar)* befreien (**de** von +*dat*); *(de molestias)* verschonen (**de** mit +*dat*); ~ **a alguien de su cargo** jdn von seinem Amt entbinden; ~ **a alguien del servicio militar** jdn vom Wehrdienst freistellen; **me ~on del castigo** mir wurde die Strafe erlassen ❸ *(excusar)* entschuldigen; **dispénseme que le interrumpa** verzeihen Sie bitte, wenn ich störe

dispensario [dispen'sarjo] *m* Ambulanz *f;* ~ **sanitario** Sanitätsstelle *f*

dispepsia [dis'peβsja] *f* Verdauungsstörung *f*

dispersar [disper'sar] **I.** *vt* zerstreuen; *(personas, animales)* auseinandertreiben; (MIL) zersprengen; *(una manifestación)* auflösen; (FÍS) streuen; ~ **sus energías** seine Kräfte verzetteln **II.** *vr:* **~se** *(semillas)* verwehen; *(personas, animales)* auseinanderlaufen; (MIL) sich zersplittern

dispersión [disper'sjon] *f* Zerstreuung *f;* (FÍS) Streuung *f;* ~ **de la luz** Lichtstreuung *f;* ~ **de la nubosidad** Bewölkungsauflockerung *f;* **pintura de ~** Dispersionsfarbe *f;* **la ~ de las tropas** die Zersprengung der Truppen; **la ~ de los manifestantes** das Auseinandertreiben der Demonstranten

disperso, -a [dis'perso, -a] *adj* zerstreut; (MIL) versprengt

display [dis'plai̯] *m sin pl* ❶ (INFOR) Display *nt* ❷ *(anuncio)* Werbeschild *nt*

displicencia [displi'θen̪θja] *f* ❶ *(desagrado)* Unfreundlichkeit *f;* **tratar con ~** unfreundlich behandeln ❷ *(desaliento)* Missmut *m*

displicente [displi'θen̪te] *adj* unfreundlich

disponer [dispo'ner] *irr como poner* **I.** *vi* verfügen (**de** über +*akk*); **puedes ~ de mí cuando quieras** ich stehe dir jederzeit zur Verfügung **II.** *vt* ❶ *(colocar)* anordnen;

D

D

~ **las sillas en círculo** die Stühle im Kreis aufstellen ❷ *(preparar)* vorbereiten; *(la mesa)* decken; ~ **las camas para los huéspedes** die Betten für die Gäste richten ❸ *(determinar)* verfügen; ~ **en testamento** testamentarisch verfügen **III.** *vr:* **~se** ❶ *(colocarse)* sich aufstellen ❷ *(prepararse)* sich vorbereiten (**a/para** zu +*inf*); **me disponía a escribir la carta cuando...** ich war im Begriff, den Brief zu schreiben, als ...

disponibilidad [disponiβili'ðað] *f* ❶ *(disposición)* Verfügbarkeit *f* ❷ *pl (dinero)* finanzielle Mittel *ntpl;* **nuestras ~es no nos permitirán nunca comprar una casa** aufgrund unserer finanziellen Möglichkeiten werden wir uns nie ein Haus kaufen können

disponible [dispo'niβle] *adj* verfügbar

disposición [disposi'θjon] *f* ❶ *(colocación)* Anordnung *f;* ~ **del espacio** Raumaufteilung *f* ❷ *(de ánimo/salud)* Verfassung *f* ❸ *(para algún fin)* Bereitschaft *f;* ~ **de servicio** Betriebsbereitschaft *f;* **estar en ~ de hacer algo** bereit sein, etw zu tun ❹ *(disponibilidad)* Verfügung *f;* **de libre ~** zur freien Verfügung; **estoy a tu ~** ich stehe dir zur Verfügung; **poner a ~** zur Verfügung stellen ❺ *(talento)* Veranlagung *f;* **tener ~ para la música** musikalisch begabt sein ❻ *(resolución)* Bestimmung *f;* ~ **legal** gesetzliche Vorschrift; **última ~** Letzter Wille; **tomar las disposiciones precisas** die notwendigen Vorkehrungen treffen

dispositivo [disposi'tiβo] *m* Vorrichtung *f;* ~ **de alarma** Alarmanlage *f;* ~ **antirrobo** Diebstahlsicherung *f;* ~ **de cambio de velocidades** (AUTO) Gangschaltung *f;* ~ **sensitivo** (TÉC) Tastgerät *nt;* ~ **de televisión** Videoüberwachungssystem *nt;* ~ **de visualización** (INFOR) Datensichtgerät *nt*

dispuesto, -a [dis'pwesto, -a] **I.** *pp de* **disponer II.** *adj* ❶ *(preparado)* bereit; ~ **para el uso** gebrauchsfertig; **estar ~ a trabajar/a negociar** arbeitswillig/verhandlungsbereit sein; **estar ~ para salir** bereit zum Ausgehen sein; **estar ~ para salir de viaje** reisefertig sein ❷ *(habilidoso)* geschickt ❸ *(de buen cuerpo)* gut gebaut ❹ *(de ánimo/salud)* **estar bien/mal ~** *(ánimo)* gut/schlecht aufgelegt sein; *(de salud)* in guter/schlechter Verfassung sein

disputa [dis'puta] *f (pelea)* Streit *m; (conversación)* Streitgespräch *nt;* ~ **legal** Rechtsstreit *m;* **sin ~** unbestreitbar

disputable [dispu'taβle] *adj* strittig

disputador(a) [disputa'ðor(a)] *m(f)* Streitsüchtige(r) *f(m)*

disputar [dispu'tar] **I.** *vi* streiten (**de/sobre** über +*akk*) **II.** *vt* ❶ *(controvertir)* streitig machen ❷ *(competir)* kämpfen (**por** um +*akk*); ~ **una carrera** ein Rennen austragen **III.** *vr:* **~se** sich streiten (um +*akk*); **todos se disputan la foto** alle reißen sich um das Foto

disquete [dis'kete] *m* Diskette *f;* ~ **de arranque** Startdiskette *f;* ~ **de destino** Zieldiskette *f;* ~ **para instalación** Installationsdiskette *f*

disquetera [diske'tera] *f* Diskettenlaufwerk *nt*

disquisición [diskisi'θjon] *f* Studie *f*

distancia [dis'tan̩θja] *f* Entfernung *f; (fig)* Distanz *f;* **larga ~** Langstrecke *f;* ~ **focal** (FÍS) Brennweite *f;* ~ **entre ruedas** (AUTO) Radspur *f;* ~ **de seguridad** Sicherheitsabstand *m;* ~ **visual** Sichtweite *f;* **a ~** *(lejos)* in der Ferne; *(desde lejos)* aus der Ferne; **cubrir ~s** Entfernungen zurücklegen; **guardar las ~s** *(fig)* Distanz wahren; **tener a alguien a ~** sich *dat* jdn vom Leibe halten

distanciado, -a [distan̩'θjaðo, -a] *adj* entfernt; *(fig)* distanziert; **están ~s** *(fig)* sie sind nicht mehr befreundet

distanciamiento [distan̩θja'mjen̩to] *m (fig)* Distanzierung *f*

distanciar [distan̩'θjar] **I.** *vt* voneinander entfernen **II.** *vr:* **~se** ❶ *(de una persona)* sich distanzieren ❷ *(de un lugar)* sich entfernen

distante [dis'tan̩te] *adj* ❶ *(lugar)* entfernt ❷ *(persona)* distanziert

distar [dis'tar] *vi* entfernt sein; **disto mucho de creerlo** ich bin weit davon entfernt, es zu glauben

distender [disten̩'der] <e → ie> *vt* ❶ *(estirar)* dehnen ❷ *(aflojar)* lockern; *(fig)* entspannen

distensión [disten'sjon] *f* Dehnung *f;* (MED) Zerrung *f;* (POL, TÉC) Entspannung *f*

distinción [distin̩'θjon] *f* ❶ *(diferenciación)* Unterscheidung *f;* **a ~ de algo** im Unterschied zu etw *dat;* **no hacer ~** keinen Unterschied machen ❷ *(claridad)* Deutlichkeit *f* ❸ *(honor)* Auszeichnung *f* ❹ *(elegancia)* Vornehmheit *f; (educación)* Anstand *m*

distingo [dis'tiŋgo] *m* ❶ *(reparo)* Vorbehalt *m* ❷ *(distinción)* Unterscheidung *f*

distinguible [distiŋ'giβle] *adj* ❶ *(diferenciable)* unterscheidbar ❷ *(visible)* erkennbar

distinguido, -a [distiŋ'giðo, -a] *adj* ❶ *(ilustre)* angesehen ❷ *(elegante)* distinguiert ③ *(en cartas)* sehr geehrte(r); ~ **amigo: ...** hochverehrter Freund, ...

distinguir [distiŋ'gir] <gu → g> **I.** *vt* ① *(diferenciar)* unterscheiden; **no ~ lo blanco de lo negro** *(fam)* sehr beschränkt sein ② *(señalar)* kennzeichnen ③ *(divisar)* erkennen ④ *(condecorar)* auszeichnen; *(tratar mejor)* bevorzugt behandeln; **~ a alguien con su confianza** jdn durch sein Vertrauen ehren **II.** *vr:* **~se** ① *(poder ser visto)* deutlich werden ② *(ser diferente)* sich hervortun

distintivo[1] [distiṇ'tiβo] *m* Merkmal *nt*

distintivo, -a[2] [distiṇ'tiβo, -a] *adj* **característica distintiva** Unterscheidungsmerkmal *nt*

distinto, -a [dis'tiṇto, -a] *adj* ① *(diferente)* unterschiedlich; **es ~ a** [*o* **de**] **los demás** er ist anders als die anderen; **operaciones distintas a la actividad de la empresa** betriebsfremde Aktivitäten ② *(nítido)* klar

distorsión [distor'sjon] *f* ① (MED) Verstauchung *f* ② (FÍS) Verzerrung *f* ③ *(falseamiento)* Verfälschung *f;* **distorsiones de competencia** Wettbewerbsverzerrungen *fpl*

distorsionar [distorsjo'nar] **I.** *vt* ① *(falsear)* verfälschen ② (FÍS) verzerren **II.** *vr:* **~se** (MED) sich *dat* verstauchen

distracción [distra$^{\gamma}$'θjon] *f* ① *(entretenimiento)* Ablenkung *f* ② *(falta de atención)* Unaufmerksamkeit *f* ③ (JUR) **~ de fondos** Unterschlagung *f*

distraer [distra'er] **I.** *vt* ① *(desviar)* ablenken; **el paseo distrae** ein Spaziergang bringt einen auf andere Gedanken ② *(entretener)* unterhalten ③ *(fam: dinero)* unterschlagen **II.** *vr:* **~se** ① *(entretenerse)* sich ablenken; **el niño se distrae solo** das Kind beschäftigt sich alleine ② *(no atender)* unaufmerksam sein

distraído, -a [distra'iðo, -a] **I.** *adj* ① *(desatento)* unaufmerksam ② *(entretenido)* unterhaltsam ③ *(Chil, Méx: mal vestido)* zerlumpt **II.** *m, f* **hacerse el ~** sich dumm stellen

distribución [distriβu'θjon] *f* ① *(repartición)* Verteilung *f;* *(disposición)* Einteilung *f;* *(de correo)* Zustellung *f;* **~ de agua** Wasserversorgung *f;* **~ de equipajes** Gepäckausgabe *f;* **~ del espacio** Raumaufteilung *f;* **~ de funciones** Zuständigkeitsverteilung *f;* **~ de información** Informationsverbreitung *f* ② (COM) Vertrieb *m;* **~ exclusiva** Alleinvertrieb *m;* **~ mayorista** Großhandelsvertrieb *m* ③ (FIN) Ausschüttung *f;* **~ de beneficios** Gewinnausschüttung *f* ④ (CINE) Filmverleih *m* ⑤ (TÉC) Steuerung *f;* **armario de ~** (ELEC) Schaltschrank *m*

distribuido, -a [distriβu'iðo, -a] *adj* verteilt, ausgeteilt

distribuidor[1] [distriβwi'ðor] *m* ① (TÉC) Verteiler *m;* **~ automático** Warenautomat *m;* **~ automático de billetes** Fahrkartenautomat *m* ② (COM) Lieferfirma *f*

distribuidor(a)[2] [distriβwi'ðor(a)] *m(f)* ① (COM) Vertreter(in) *m(f);* **~ exclusivo** Alleinvertreter *m;* **~ industrial** Industriekaufmann *m;* **~ oficial** Vertragshändler *m* ② (CINE) Filmverleiher(in) *m(f)*

distribuir [distriβu'ir] *irr como huir* **I.** *vt* ① *(repartir)* verteilen; *(disponer)* einteilen; *(información)* verbreiten; *(una tarea)* zuweisen; *(el correo)* zustellen; *(comida)* ausgeben (**a** an *+akk*) ② (COM) vertreiben ③ (FIN) ausschütten **II.** *vr:* **~se** sich verteilen

distributivo, -a [distriβu'tiβo, -a] *adj* verteilend; **justicia distributiva** *(fig)* ausgleichende Gerechtigkeit

distrito [dis'trito] *m* Bezirk *m;* **~ electoral** Wahlkreis *m;* **~ industrial** Industriegebiet *nt;* **~ judicial** Gerichtsbezirk *m;* **~ de policía** Polizeirevier *nt*

distrofia [dis'trofja] *f* (MED) Dystrophie *f*

disturbio [dis'turβjo] *m* Unruhe *f*

disuadir [diswa'ðir] *vt* umstimmen; **~ a alguien de algo** jdn von etw *dat* abbringen

disuasión [diswa'sjon] *f* Überredung *f;* (POL, MIL) Abschreckung *f*

disuasivo, -a [diswa'siβo, -a] *adj* Überredungs-; (POL, MIL) Abschreckungs-; **poder ~** Überredungskunst *f*

disuasorio, -a [diswa'sorjo, -a] *adj* Überredungs-; (POL, MIL) Abschreckungs-; **poder ~** Überredungskunst *f;* **armas disuasivas** Abschreckungswaffen *fpl*

disyóquey [dis'ɟokei̯] <disyoqueis> *mf* Diskjockey *m*

disyunción [disɟuṇ'θjon] *f* ① *(separación)* Trennung *f* ② *(decisión)* Option *f* ③ (FILOS) Disjunktion *f*

disyuntiva [disɟuṇ'tiβa] *f* Alternative *f*

disyuntivo, -a [disɟuṇ'tiβo, -a] *adj* trennend; **conjunción disyuntiva** (LING) disjunktive Konjunktion

dita ['dita] *f* ① *(AmC, Chil)* Schulden *fpl* ② (ECON: *cosa*) Bürgschaft *nt;* *(persona)* Bürge, -in *m, f*

diu ['diu] *m abr de* **dispositivo intrauterino** (MED) Intrauterinpessar *nt*, IUP

diurético, -a [dju'retiko, -a] *adj* harntreibend

diurno, -a [di'urno, -a] *adj* täglich; **trabajo ~** Tagesarbeit *f;* **luz diurna artificial** künstliches Tageslicht

D

diva ['diβa] *f* Diva *f*

divagación [diβaɣa'θjon] *f* ① *(desviación)* Abschweifung *f* ② *pl (sin concierto)* unzusammenhängendes Gerede *nt*

divagar [diβa'ɣar] <g → gu> *vi* ① *(desviarse)* abschweifen ② *(hablar sin concierto)* unzusammenhängendes Zeug reden

diván [di'βan] *m* Diwan *m*

diver ['diβer] *adj inv (fam)* lustig

divergencia [diβer'xeṇθja] *f* Abweichung *f;* (MAT) Divergenz *f*

divergente [diβer'xeṇte] *adj* entgegengesetzt; (MAT) divergent; **opiniones ~s** abweichende Meinungen

divergir [diβer'xir] <g → j> *vi* (*t.* MAT) divergieren; *(opiniones)* voneinander abweichen; *(personas)* verschiedener Meinung sein

diversidad [diβersi'ða^{d}] *f* Vielfalt *f*

diversificación [diβersifika'θjon] *f* ① *(variedad)* Vielfalt *f* ② (ECON) Diversifikation *f*

diversificar [diβersifi'kar] <c → qu> **I.** *vt* verschiedenartig gestalten; (ECON) diversifizieren; **~ su horizonte** seinen Horizont erweitern **II.** *vr:* **~se** sich verschiedenartig gestalten

diversión [diβer'sjon] *f* ① *(entretenimiento)* Vergnügen *nt* ② *(pasatiempo)* Zeitvertreib *m* ③ (MIL) Ablenkungsmanöver *nt*

diverso, -a [di'βerso, -a] *adj* ① *(distinto)* unterschiedlich; *(desemejante)* unähnlich ② *(variado)* vielseitig ③ *pl (varios)* verschiedene; *(muchos)* mehrere

divertido, -a [diβer'tiðo, -a] *adj* ① *(alegre)* lustig ② *(Am: achispado)* angeheitert

divertimiento [diβerti'mjeṇto] *m* ① *(diversión)* Vergnügen *nt* ② *(distracción)* Ablenkung *f*

divertir [diβer'tir] *irr como sentir* **I.** *vt* ① *(entretener)* unterhalten; **sus bromas me divierten** seine/ihre Scherze erheitern mich ② *(apartar)* ablenken **II.** *vr:* **~se** ① *(alegrarse)* sich amüsieren (**en** über +*akk*); **¡que te diviertas!** viel Spaß! ② *(distraerse)* sich ablenken

dividendo [diβi'ðeṇdo] *m* ① (MAT) Dividend *m* ② (ECON) Dividende *f;* **arrojar ~s** Dividenden ausschütten

dividir [diβi'ðir] **I.** *vt* ① *(partir)* teilen (**en** in +*akk*); **~ por la mitad** halbieren ② *(distribuir)* aufteilen (**entre** unter +*dat*) ③ *(separar)* trennen; *(sembrando discordia)* entzweien ④ *(agrupar)* einteilen (**en** in +*akk*) ⑤ (MAT) dividieren (**entre/por** durch +*akk*) **II.** *vr:* **~se** ① *(partirse)* sich teilen ② *(agruparse)* unterteilt sein (**en** in +*akk*) ③ *(enemistarse)* sich entzweien

divinidad [diβini'ða^{d}] *f* ① *(ser divino)* Göttlichkeit *f* ② *(deidad)* Gottheit *f* ③ *(fam: preciosidad)* Prachtstück *nt;* **esta mujer es una ~** diese Frau ist göttlich

divinizar [diβini'θar] <z → c> *vt* ① *(deificar)* vergöttlichen ② *(santificar)* heiligen ③ *(glorificar)* verherrlichen

divino, -a [di'βino, -a] *adj* göttlich

divisa [di'βisa] *f* ① *(insignia)* Abzeichen *nt* ② *(mote)* Devise *f* ③ *(en el escudo)* Wappenspruch *m* ④ *pl (moneda)* Devisen *fpl*

divisar [diβi'sar] *vt (percibir)* ausmachen; **divisé a lo lejos un vehículo** ich konnte in der Ferne ein Fahrzeug ausmachen

divisible [diβi'siβle] *adj* teilbar; **ser ~ por dos** durch zwei teilbar sein

división [diβi'sjon] *f* ① (MAT) Division *f* ② *(partición)* Teilung *f* ③ *(separación)* Trennung *f* ④ *(parte)* Teil *m* ⑤ (MIL) Division *f* ⑥ *(desavenencia)* Uneinigkeit *f* ⑦ *(de un discurso)* Gliederung *f* ⑧ (LING) Trennungsstrich *m*

divisor [diβi'sor] *m* (MAT) Teiler *m;* **máximo común ~** größter gemeinsamer Teiler

divisoria [diβi'sorja] *f* Trennungslinie *f;* (GEO) Wasserscheide *f*

divisorio, -a [diβi'sorjo, -a] *adj* Trennungs-; **línea divisoria de las aguas** Wasserscheide *f*

divo[1] ['diβo] *m (elev: deidad)* Gottheit *f*

divo, -a[2] ['diβo, -a] **I.** *adj* ① *(elev: divino)* göttlich ② *(pey: arrogante)* arrogant **II.** *m, f (artista)* (Opern)star *m; (mujer)* Diva *f*

divorciado, -a [diβor'θjaðo, -a] **I.** *adj* geschieden **II.** *m, f* Geschiedene(r) *mf*

divorciar [diβor'θjar] **I.** *vt* scheiden **II.** *vr:* **~se** sich scheiden lassen

divorcio [di'βorθjo] *m* ① *(separación)* (Ehe)scheidung *f* ② *(discrepancia)* Diskrepanz *f;* **~ de opiniones** Meinungsverschiedenheiten *fpl* ③ *(Col: cárcel de mujeres)* Frauengefängnis *nt*

divulgación [diβulɣa'θjon] *f* Verbreitung *f;* *(publicación)* Bekanntmachung *f;* **libro de ~** populärwissenschaftliches Buch

divulgar [diβul'ɣar] <g → gu> **I.** *vt (propagar)* verbreiten; *(dar a conocer)* bekannt geben; *(popularizar)* der breiten Masse zugänglich machen **II.** *vr:* **~se** *(propagarse)* sich verbreiten; *(conocerse)* bekannt werden

divulgativo, -a [diβulɣa'tiβo, -a] *adj* **medios ~s** ≈ Massenmedien *ntpl*

Dn. [don] *abr de* **don** ≈ Hr.

DNA [de(e)ne'a] *m abr de* **Desoxyribo Nucleic Acid** (BIOL, QUÍM) DNS *f*

DNI [de(e)ne'i] *m abr de* **Documento Nacional de Identidad** Personalausweis *m*

Dña. ['doɲa] *abr de* **doña** ≈ Fr.

do [do] <does> *m* C *nt;* **~ bemol** Ces *nt;* **~ de pecho** hohes C; **~ sostenido** Cis *nt*

dobladamente [doβlaða'men̪te] *adv* ① *(doblemente)* doppelt, zweifach ② *(con doblez)* doppelzüngig, falsch
dobladillo [doβla'ðiʎo] *m* *(pliegue)* Saum *m*
doblado[1] [do'βlaðo] *m* *Tuchmaß*
doblado, -a[2] [do'βlaðo, -a] *adj* ① *(persona)* stämmig ② *(terreno)* uneben ③ *(hipócrita)* falsch
doblaje [do'βlaxe] *m* (CINE) Synchronisation *f*
doblamiento [doβla'mjen̪to] *m* Biegung *f*
doblar [do'βlar] **I.** *vt* ① *(arquear)* biegen ② *(plegar)* falten; **no ~** nicht knicken ③ *(duplicar)* verdoppeln; **mi madre me dobla en edad** meine Mutter ist doppelt so alt wie ich ④ *(una película)* synchronisieren ⑤ *(rodear)* umfahren; **~ la esquina** um die Ecke biegen ⑥ *(convencer)* umstimmen **II.** *vi* ① *(torcer)* abbiegen (**a** nach +*dat*) ② *(campana)* läuten ③ *(hacer dos papeles)* eine Doppelrolle spielen **III.** *vr:* **~se** ① *(inclinarse)* sich biegen ② *(ceder)* sich beugen
doble[1] ['doβle] *m* ① *(duplo)* Doppelte(s) *nt* ② *(pliegue)* Saum *m* ③ *(toque de campanas)* Totengeläut *nt* ④ *(tenis)* (**partido de**) **~s** Doppel *nt*
doble[2] ['doβle] *f* Pasch *m*
doble[3] ['doβle] **I.** *adj inv* ① *(duplo)* doppelt; **~ clic** Doppelklick *m;* **contabilidad por partida ~** doppelte Buchführung ② *(robusto)* robust ③ *(hipócrita)* falsch; **Pedro es muy ~** Pedro kann man nicht (über den Weg) trauen **II.** *mf* Doppelgänger(in) *m(f);* (CINE) Double *nt*
doblegar [doβle'ɣar] <g → gu> **I.** *vt* ① *(torcer)* biegen ② *(persuadir)* umstimmen **II.** *vr:* **~se** ① *(torcerse)* sich biegen ② *(someterse)* sich beugen; **se doblegó a mis súplicas** er/sie gab meinem Bitten nach
doblemente [doβle'men̪te] *adv* ① *(doble)* doppelt ② *(mucho más)* umso mehr
doblez[1] [do'βleθ] *m* *(pliegue)* Falte *f*
doblez[2] [do'βleθ] *m o f* *(hipocresía)* Falschheit *f*
doce ['doθe] **I.** *adj inv* zwölf **II.** *m* Zwölf *f;* *v. t.* **ocho**
doceavo, -a [doθe'aβo, -a] *adj* zwölftel; *v. t.* **octavo**
docena [do'θena] *f* Dutzend *nt;* **una ~ de huevos** ein Dutzend Eier
docencia [do'θen̪θja] *f* Unterrichten *nt;* **dedicarse a la ~** unterrichten
doceno, -a [do'θeno, -a] *adj* zwölfte(r, s); *v. t.* **octavo**
docente [do'θen̪te] **I.** *adj* Lehr- **II.** *mf* Lehrer(in) *m(f);* (UNIV) Dozent(in) *m(f)*
dócil ['doθil] *adj* ① *(inteligente)* gelehrig ② *(sumiso)* fügsam ③ *(manso)* zahm ④ *(metal)* geschmeidig
docilidad [doθili'ðað] *f* ① *(inteligencia)* Gelehrigkeit *f* ② *(sumisión)* Fügsamkeit *f* ③ *(mansedumbre)* Zahmheit *f* ④ *(del metal)* Geschmeidigkeit *f*
docto, -a ['dokto, -a] *adj* gelehrt; **~ en leyes** rechtsgelehrt
doctor(a) [dok'tor(a)] *m(f)* Doktor(in) *m(f)*
doctorado [dokto'raðo] *m* ① *(grado)* Doktorwürde *f* ② *(estudios)* **curso de ~** ≈ Doktorandenkolloquium *nt*
doctoral [dokto'ral] *adj* (UNIV) Doktor-; **tesis ~** Doktorarbeit *f*
doctoramiento [doktora'mjen̪to] *m sin pl* Erlangung *f* der Doktorwürde, Promotion *f*
doctorando, -a [dokto'ran̪do, -a] *m, f* (UNIV) Doktorand(in) *m(f),* Promovend(in) *m(f)*
doctorar [dokto'rar] *vt, vr:* **~se** promovieren; **~se en historia/en medicina** zum Doktor der Geschichte/der Medizin promovieren
doctrina [dok'trina] *f* ① *(teoría)* Doktrin *f* ② *(sabiduría)* Wissen *nt* ③ *(catecismo)* Religion *f*
doctrinal [doktri'nal] *adj* doktrinell
doctrinar [doktri'nar] *vt* indoktrinieren
doctrinario, -a [doktri'narjo, -a] **I.** *adj* doktrinär **II.** *m, f* Doktrinär(in) *m(f)*
documentación [dokumen̪ta'θjon] *f* ① *(estudio)* Dokumentation *f* ② *(documentos)* Unterlagen *fpl;* **~ del coche** Kraftfahrzeugpapiere *ntpl*
documentado, -a [dokumen̪'taðo, -a] *adj* ① *(identificado)* ausgewiesen ② *(informado)* gut unterrichtet
documental [dokumen̪'tal] **I.** *adj* dokumentarisch **II.** *m* Dokumentarfilm *m*
documentar [dokumen̪'tar] **I.** *vt* ① *(probar)* dokumentieren ② *(instruir)* unterrichten **II.** *vr:* **~se** sich unterrichten
documento [doku'men̪to] *m* Dokument *nt;* **~s de envío** Versandpapiere *ntpl;* **D~ Nacional de Identidad** Personalausweis *m*
dodotis® [do'ðotis] *m inv* Pampers® *f*
dogma ['doɣma] *m* Dogma *nt*
dogmática [doɣ'matika] *f* Dogmatik *f*
dogmáticamente [doɣmatika'men̪te] *adv* ① *(conforme al dogma)* dogmatisch ② *(atribuyendo calidad de dogma)* beharrlich, unbeirrbar
dogmático, -a [doɣ'matiko, -a] *adj* dogmatisch
dogmatismo [doɣma'tismo] *m* ① *(dogma)* Dogma *nt* ② *(intolerancia)* Dogmatismus *m*

dogmatizar [doɣmati'θar] <z → c> *vi, vt* dogmatisieren

dogo ['doɣo] *m* Dogge *f*

dólar ['dolar] *m* Dollar *m*

dolencia [do'leṇθja] *f* Leiden *nt;* ~ **respiratoria** Atemwegserkrankung *f*

doler [do'ler] <o → ue> **I.** *vi* schmerzen; **me duele la cabeza** ich habe Kopfschmerzen **II.** *vr:* **~se** ① *(quejarse)* klagen (**de** über +*akk*) ② *(arrepentirse)* bereuen (**de** +*akk*)

dolido, -a [do'liðo, -a] *adj* gekränkt; **estoy ~ por tus palabras** deine Worte haben mich gekränkt

doliente [do'ljeṇte] *adj* ① *(enfermo)* krank ② *(afligido)* trauernd

dolmen ['dolmen] *m* Dolmen *m*

dolo ['dolo] *m* ① *(engaño)* Täuschung *f* ② (JUR) Dolus *m,* (böser) Vorsatz *m*

dolor [do'lor] *m* Schmerz *m;* ~ **de cabeza** Kopfschmerzen *mpl;* ~ **de muelas** Zahnschmerzen *fpl;* **estar con ~es** in den Wehen liegen; **tengo ~ de barriga** mir tut der Bauch weh

dolorido, -a [dolo'riðo, -a] *adj* ① *(dañado)* schmerzend; **tener la rodilla dolorida** Schmerzen im Knie haben ② *(apenado)* traurig

dolorosa [dolo'rosa] *f* ① (REL) Dolorosa *f* ② *(fam)* Rechnung *f*

doloroso, -a [dolo'roso, -a] *adj* ① *(lastimador)* schmerzhaft ② *(lamentable)* traurig

doloso, -a [do'loso, -a] *adj* (JUR) vorsätzlich

doma ['doma] *f* Bändigung *f*

domable [do'maβle] *adj (animal)* zähmbar

domador(a) [doma'ðor(a)] *m(f) (de circo)* Dompteur, -euse *m, f*

domar [do'mar] *vt,* **domeñar** [dome'ɲar] *vt* bändigen

domeñar [dome'ɲar] *vt* bändigen

domesticación [domestika'θjon] *f* Domestizierung *f*

domesticado, -a [domesti'kaðo, -a] *adj* **animal** ~ Haustier *nt*

domesticar [domesti'kar] <c → qu> *vt* ① *(animales)* domestizieren ② *(personas)* bändigen

doméstico, -a [do'mestiko, -a] **I.** *adj* Haus- **II.** *m, f* Diener(in) *m(f)*

domiciliación [domiθilja'θjon] *f (orden permanente)* Dauerauftrag *m; (de recibos)* Abbuchungsverfahren; *(de una letra de cambio)* Domizilierung *f*

domiciliar [domiθi'ljar] **I.** *vt* ① *(dar domicilio)* unterbringen ② *(un recibo)* abbuchen lassen; ~ **el alquiler** einen Dauerauftrag für die Miete einrichten; ~ **la nómina** das Gehalt monatlich auf ein Gehaltskonto überweisen lassen **II.** *vr:* **~se** ansässig werden (**en** in +*dat*)

domiciliario, -a [domiθi'ljarjo, -a] *adj* Haus-

domicilio [domi'θiljo] *m (de alguien)* Wohnsitz *m; (una empresa)* Sitz *m;* ~ **social** Sitz einer Gesellschaft; **franco** ~ frei Haus

dominación [domina'θjon] *f* ① *(el dominar)* Beherrschung *f* ② *(poder)* Herrschaft *f*

dominada [domi'naða] *f (ejercicio de gimnasia)* Klimmzug *m*

dominador(a) [domina'ðor(a)] *m(f)* Herrscher(in) *m(f)*

dominancia [domi'naṇθja] *f sin pl* (BIOL) Dominanz *f*

dominante [domi'naṇte] *adj (persona, t.* BIOL) dominant

dominar [domi'nar] **I.** *vi* ① *(imperar)* herrschen ② *(sobresalir)* emporragen (**sobre** über +*akk*) ③ *(predominar)* vorherrschen; **dominante en el mercado** marktführend **II.** *vt* ① *(conocer)* beherrschen ② *(reprimir)* bezwingen; ~ **el odio** den Hass unterdrücken ③ *(sobresalir)* überragen ④ *(divisar)* überblicken **III.** *vr:* **~se** sich beherrschen

domingas [do'miŋgas] *fpl (vulg)* Titten *fpl*

domingo [do'miŋgo] *m* Sonntag *m;* ~ **de Cuasimodo** Weißer Sonntag; ~ **de Ramos** Palmsonntag *m;* **hacer** ~ sich *dat* einen freien Tag nehmen; *v. t.* **lunes**

dominguero, -a [domiŋ'gero, -a] **I.** *adj* Sonntags- **II.** *m, f (pey)* Sonntagsfahrer(in) *m(f)*

dominical [domini'kal] **I.** *adj* Sonntags-; **descanso** ~ Sonntagsruhe *f;* **oración** ~ Vaterunser *nt* **II.** *m* (PREN) Sonntagsbeilage *f*

dominicano, -a [domini'kano, -a] **I.** *adj* dominikanisch **II.** *m, f* Dominikaner(in) *m(f)*

dominico, -a [domi'niko, -a] **I.** *adj* (REL) dominikanisch **II.** *m, f* (REL) Dominikaner(in) *m(f)*

dominio [do'minjo] *m* ① *(dominación)* Beherrschung *f;* ~ **de sí mismo** Selbstbeherrschung *f* ② *(poder)* Herrschaft *f* ③ *(territorio)* Gebiet *nt* ④ *(campo)* Bereich *m* ⑤ *(posesión)* Eigentum *nt;* **ser del ~ público** *(fig)* allgemein bekannt sein

dominó [domi'no] <dominós> *m (juego)* Domino(spiel) *nt*

don[1] [don] *m* Gabe *f;* **tener ~ de gentes** gut mit Menschen umgehen können

don, doña[2] [don, 'doɲa] *m, f* Don, Doña *m, f*

donación [dona'θjon] *f* Spende *f;* (JUR) Schenkung *f;* ~ **de órganos** Organspende *f*

donador(a) [dona'ðor(a)] *m(f)* Spender(in) *m(f)*

donaire [do'nai̯re] *m* ❶ *(gracia)* Anmut *f* ❷ *(chiste)* Witz *m*

donante [do'nan̦te] *mf* Spender(in) *m(f)*

donar [do'nar] *vt* spenden

donativo [dona'tiβo] *m* Spende *f*

doncel [don̦'θel] **I.** *adj* mild **II.** *m* ❶ *(joven no armado)* Knappe *m* ❷ *(elev: muchacho)* Jüngling *m*

doncella [don̦'θeʎa] *f* ❶ *(criada)* Zofe *f* ❷ *(elev: muchacha)* Mädchen *nt*

donde ['don̦de] *adv* wo; **a** [*o* **hacia**] ~ wohin; **de** ~ woher; **en** ~ wo; **la calle** ~ **vivo** die Straße, in der ich wohne; **estuve** ~ **Luisa** ich war bei Luisa

dónde ['don̦de] *pron inter o pron rel* wo; **¿a** [*o* **hacia**] **~?** wohin?; **¿de ~?** woher?; **¿en ~?** wo?; **¿~ se habrá enterado?** woher weiß er/sie das wohl?

dondequiera [don̦de'kjera] *adv* ❶ *(en cualquier parte)* irgendwo ❷ *(donde)* ~ **que estés** wo immer du (auch) sein magst

donoso, -a [do'noso, -a] *adj* ❶ *(garboso)* anmutig ❷ *(chistoso)* **¡donosa humorada!** *(irón)* schöner Scherz!

Donostia [do'nostja] *f baskischer Name für die Stadt San Sebastián*

donostiarra [donos'tjarra] **I.** *adj* aus San Sebastián **II.** *mf* Einwohner(in) *m(f)* von San Sebastián

donosura [dono'sura] *f* ❶ *(garbo)* Anmut *f* ❷ *(gracia)* Witz *m,* Esprit *m*

donut ['donuᵗ] *m* <donuts> Doughnut *m*

doña ['doɲa] *f v.* **don**

dopaje [do'paxe] *m* (DEP) Doping *nt*

dopar [do'par] *vt, vr:* **~se** (DEP) dopen

doping ['dopiŋ] *m sin pl v.* **dopaje**

doquier(a) [do'kjer(a)] *adv (elev)* wo immer, irgendwo; **por ~a que voy me lo encuentro** überall, wo ich hingehe, treffe ich ihn

dorada [do'raða] *f (pez)* Goldbrasse *f*

dorado, -a [do'raðo, -a] *adj* golden

dorar [do'rar] **I.** *vt* ❶ *(sobredorar)* vergolden ❷ *(tostar)* anbräunen ❸ *(suavizar)* beschönigen **II.** *vr:* **~se** braun werden

dórico, -a ['doriko, -a] *adj* dorisch

dormida [dor'miða] *f* ❶ *(sueño)* Schlaf *m* ❷ *(fam: siesta)* Nickerchen *nt* ❸ *(del gusano de seda)* Erstarrung *f*

dormidera [dormi'ðera] *f (adormidera)* (Schlaf)mohn *m;* **tener buenas ~s** *(fam)* einen guten Schlaf haben

dormido, -a [dor'miðo, -a] *adj (estar durmiendo)* schlafend, eingeschlafen sein; **parecer** (**medio**) ~ schläfrig/müde/verschlafen aussehen; **llego tarde, me he quedado** ~ ich komme zu spät, ich habe verschlafen

dormilón, -ona [dormi'lon, -ona] *m, f (fam)* Schlafmütze *f*

dormilona [dormi'lona] *f* ❶ *(sillón)* Schlafsessel *m* ❷ *pl (pendiente)* Ohrring *mit Stein oder Perle* ❸ *(AmC: sensitiva)* Mimose *f* ❹ *(Ven: camisón)* Nachthemd *nt*

dormir [dor'mir] *irr* **I.** *vi* ❶ *(descansar)* schlafen; ~ **a pierna suelta** wie ein Murmeltier schlafen; ~ **de un tirón** durchschlafen; ~ **hasta tarde** ausschalfen; ~ **sobre algo** *(fig)* etw überschlafen; **quedarse dormido** einschlafen ❷ *(pernoctar)* übernachten; ~ **en casa de alguien** bei jdm übernachten ❸ *(reposar)* ruhen ❹ *(descuidarse)* unaufmerksam sein **II.** *vt* *(a un niño)* zum (Ein)schlafen bringen; *(a un paciente)* betäuben; ~ **la borrachera** seinen Rausch ausschlafen; ~ **la siesta** eine Siesta machen; **¡no hay quien duerma a este niño!** das Kind will einfach nicht einschlafen!; **esta monotonía me duerme** diese Eintönigkeit schläfert mich ein **III.** *vr:* **~se** ❶ *(adormecerse)* einschlafen; **se me ha dormido el brazo** mein Arm ist eingeschlafen ❷ *(descuidarse)* unaufmerksam sein; **~se en los laureles** sich auf seinen Lorbeeren ausruhen

dormitar [dormi'tar] *vi* dösen *fam*

dormitorio [dormi'torjo] *m (habitación)* Schlafzimmer *nt; (muebles)* Schlafzimmermöbel *pl*

dorsal [dor'sal] **I.** *adj* (ANAT) Rücken-; **espina** ~ Rückgrat *nt* **II.** *m* (DEP) Startnummer *f*

dorso ['dorso] *m* ❶ (ANAT) Rücken *m;* ~ **de la mano** Handrücken *m* ❷ *(reverso)* Rückseite *f*

dos [dos] **I.** *adj inv* zwei; ~ **puntos** Doppelpunkt *m;* **cada** ~ **por tres** ständig; **de** ~ **en** ~ paarweise; **en un** ~ **por tres** im Nu; **están a** ~ (DEP) es steht zwei zu zwei **II.** *m* Zwei *f; v. t.* **ocho**

doscientos, -as [dos'θjen̦tos, -as] *adj* zweihundert; *v. t.* **ochocientos**

dosel [do'sel] *m (baldaquín)* Baldachin *m;* **cama con** ~ Himmelbett *nt*

dosificación [dosifika'θjon] *f* Dosierung *f*

dosificador [dosifika'ðor] *m* Dosierer *m*

dosificar [dosifi'kar] <c → qu> *vt* dosieren

dosis ['dosis] *f inv* Dosis *f;* **una buena** ~ **de paciencia** eine ganze Menge Geduld

dossier [do'sjer] *m* Dossier *nt*

dotación [dota'θjon] *f* ❶ *(dote)* Aussteuerung *f* ❷ *(donación)* Stiftung *f* ❸ *(finan-*

D

ciación) Finanzierung *f* ❹ *(equipamiento)* Ausstattung *f* ❺ *(personal: de un buque)* Mannschaft *f; (de una fábrica)* Belegschaft *f; (de una oficina)* Personal *nt*
dotado, -a [do'taðo, -a] *adj (con talento)* begabt
dotar [do'tar] *vt* ❶ *(constituir dote)* aussteuern ❷ *(equipar)* ausstatten (**de/con** mit +*dat*) ❸ *(señalar bienes)* stiften ❹ *(financiar)* finanzieren ❺ *(con sueldo)* dotieren
dote[1] ['dote] *f (aptitud)* Begabung *f;* ~ **de mando** Führungsgeschick *nt*
dote[2] ['dote] *m o f (ajuar)* Mitgift *f*
doy [doi̯] *1. pres de* **dar**
Dr(a). [dok'tor(a)] *abr de* **doctor(a)** Dr.
dracma ['draɣma] *f* Drachme *f*
draconiano, -a [drako'njano, -a] *adj* drakonisch
draga ['draɣa] *f* Nassbagger *m*
dragar [dra'ɣar] <g → gu> *vt* ausbaggern
dragón [dra'ɣon] *m* ❶ *(monstruo)* Drache *m* ❷ *(reptil)* Flugdrache *m;* ~ **marino** *(pez)* Drachenfisch *m*
drama ['drama] *m* Drama *nt*
dramáticamente [dramatika'men̪te] *adv* ❶ (LIT) dramatisch, die Dramaturgie betreffend ❷ *(trágicamente)* tragischerweise; **se tomó su expulsión** ~ er/sie empfand den Verweis als tragisch
dramático, -a [dra'matiko, -a] *adj* dramatisch; **autor** ~ Dramatiker *m*
dramatismo [drama'tismo] *m* Dramatik *f*
dramatizar [dramati'θar] <z → c> *vt* dramatisieren
dramaturgia [drama'turxja] *f* Dramaturgie *f*
dramaturgo, -a [drama'turɣo, -a] *m, f* Dramatiker(in) *m(f)*
dramón [dra'mon] *m (fam)* Schnulze *f*
drapear [drape'ar] *vt* drapieren
drástico, -a ['drastiko, -a] *adj* drastisch
drenaje [dre'naxe] *m* Drainage *f*
drenar [dre'nar] *vt* dränieren
Dresde ['dresðe] *m* Dresden *nt*
driblar [dri'βlar] *vi, vt* dribbeln; ~ **a un contrario** einen Gegenspieler umspielen
drive ['drai̯f] *m* ❶ (DEP) Drive *m* ❷ (INFOR) Laufwerk *nt;* ~ **de disco CD-ROM** CD-ROM-Laufwerk *nt*
droga ['droɣa] *f* Droge *f;* ~ **sintética** synthetische Droge
drogadicción [droɣaðiʸ'θjon] *f* Drogenabhängigkeit *f*
drogadicto, -a [droɣa'dikto, -a] **I.** *adj* drogenabhängig **II.** *m, f* Drogenabhängige(r) *mf*
drogado, -a [dro'ɣaðo, -a] *adj* **estar** ~ unter Drogen stehen
drogar [dro'ɣar] <g → gu> **I.** *vt* Drogen verabreichen +*dat* **II.** *vr:* **~se** Drogen nehmen
drogodependiente [droɣoðepen̪'djen̪te] *adj o mf v.* **drogadicto**
droguería [droɣe'ria] *f* Drogerie *f*
droguero, -a [dro'ɣero, -a] *m, f* Drogist(in) *m(f)*
dromedario [drome'ðarjo] *m* Dromedar *nt*
dron [dron] *m* Drohne *f*
druida ['drwiða] *m* Druide *m*
dual [du'al] **I.** *adj* dual; **sistema** ~ Dualsystem *nt* **II.** *m* (LING) Dual(is) *m*
dualidad [dwali'ðaᵈ] *f* ❶ *(duplicidad)* Dualität *f* ❷ (QUÍM) Dimorphie *f*
dualismo [dwa'lismo] *m* (*t.* FILOS, REL) Dualismus *m*
dualista [dwa'lista] **I.** *adj* dualistisch **II.** *mf* Dualist(in) *m(f)*
dubitable [duβi'taβle] *adj (elev)* zweifelhaft
dubitación [duβita'θjon] *f* ❶ *(elev: duda)* Zweifel *m,* Bedenken *nt pl* ❷ (LIT) Dubitatio *f*
dubitativo, -a [duβita'tiβo, -a] *adj* dubitativ
dublinés, -esa [duβli'nes, -esa] **I.** *adj* aus Dublin **II.** *m, f* Einwohner(in) *m(f)* von Dublin
ducado [du'kaðo] *m (territorio)* Herzogtum *nt*
ducal [du'kal] *adj* herzoglich
ducha ['duʧa] *f* ❶ *(para ducharse)* Dusche *f;* **recibir una ~ de agua fría** *(fig)* eine kalte Dusche bekommen ❷ (MED) Guss *m*
duchar [du'ʧar] **I.** *vt* duschen **II.** *vr:* **~se** (sich) duschen
ducho, -a ['duʧo, -a] *adj* bewandert (**en** in +*dat*)
dúctil ['duktil] *adj* ❶ *(condescendiente)* fügsam ❷ *(dilatable)* dehnbar; *(flexible)* geschmeidig
duda ['duða] *f* ❶ *(indecisión)* Unschlüssigkeit *f* ❷ *(incredulidad)* Zweifel *m;* **salir de ~s** Gewissheit erlangen; **sin ~ (alguna)** zweifellos; **no cabe la menor ~** es besteht nicht der geringste Zweifel; **poner algo en ~** etw in Zweifel ziehen
dudable [du'ðaβle] *adj* zweifelhaft
dudar [du'ðar] **I.** *vi* ❶ *(desconfiar)* zweifeln (**de** an +*dat*) ❷ *(vacilar)* (sich *dat*) unschlüssig sein **II.** *vt* bezweifeln
dudosamente [duðosa'men̪te] *adv* kaum, schwerlich
dudoso, -a [du'ðoso, -a] *adj* ❶ *(inseguro)* zweifelhaft ❷ *(indeciso)* unschlüssig
duelo ['dwelo] *m* ❶ *(desafío)* Duell *nt;*

retar a ~ zum Duell (heraus)fordern ❷ *(pesar)* Trauer *f* ❸ *(funerales)* Trauerfeier *f* ❹ *(cortejo)* Trauerzug *m*

duende ['dweṇde] *m* ❶ *(fantasma)* Kobold *m* ❷ *(loc)* **tener ~** das gewisse Etwas haben

dueño, -a ['dweɲo, -a] *m, f* ❶ *(propietario)* Besitzer(in) *m(f); (amo)* Herr(in) *m(f);* **hacerse ~ de algo** *(apropiarse)* sich etw *gen* bemächtigen; *(dominar)* etw *gen* Herr werden; **ser ~ de sí mismo** *(empresario)* sein eigener Herr sein; **no ser ~ de sí misma** *(dominarse)* nicht mehr Herr seiner Sinne sein; **poner a alguien como no digan dueñas** *(fam)* über jdn herziehen ❷ *(de familia)* Familienoberhaupt *nt*

duermevela [dwerme'βela] *m o f (sueño ligero)* Halbschlaf *m; (sueño agitado)* unruhiger Schlaf *m*

dueto ['dweto] *m* (MÚS) Duett *nt*

dulce ['duḷθe] **I.** *adj* ❶ *(referente al sabor)* süß ❷ *(suave)* sanft ❸ *(agradable)* angenehm ❹ *(metal)* weich **II.** *m* ❶ *(postre)* Süßspeise *f* ❷ *(almíbar)* Gelee *nt* ❸ *(golosina)* Süßigkeit *f;* **a nadie le amarga un ~** *(fam)* warum sollte man die Gelegenheit ungenutzt lassen?

dulcería [duḷθe'ria] *f* (COM) Konditorei *f*

dulcificar [duḷθifi'kar] <c → qu> *vt* ❶ *(azucarar)* süßen ❷ *(suavizar)* mildern; *(hacer más grato)* versüßen

dulzón, -ona [duḷ'θon, -ona] *adj* ❶ *(dulzarrón)* übersüß ❷ *(sentimental)* schmalzig

dulzor [duḷ'θor] *m,* **dulzura** [duḷ'θura] *f* ❶ *(sabor)* Süße *f* ❷ *(suavidad)* Sanftheit *f* ❸ *(bondad)* Wärme *f*

duna ['duna] *f* Düne *f*

dundera [duṇ'dera] *f* *(Am: bobada)* Dummheit *f,* Einfältigkeit *f*

dundo, -a ['duṇdo, -a] *adj (Am: bobo)* einfältig, dumm

dúo ['duo] *m* Duo *nt;* **cantar a ~** im Duett singen

duodécimo [duo'ðeθimo] *m* Zwölftel *nt*

duodécimo, -a [duo'ðeθimo, -a] *adj (parte)* zwölftel; *(numeración)* zwölfte(r, s); *v. t.* **octavo**

duodenal [dwoðe'nal] *adj* (MED) **úlcera ~** Zwölffingerdarmgeschwür *nt*

duodeno [dwo'ðeno] *m* (ANAT) Zwölffingerdarm *m*

dúplex ['dupleʸs] *m* (ARQUIT) Maison(n)ette *f*

duplicación [duplika'θjon] *f* Verdopp(e)lung *f*

duplicado [dupli'kaðo] *m* Duplikat *nt;* **por ~** in doppelter Ausfertigung

duplicar [dupli'kar] <c → qu> *vt, vr:* **~se** (sich) verdoppeln

duplicidad [dupliθi'ðaᵈ] *f (falsedad)* Doppelzüngigkeit *f*

duplo[1] ['duplo] *m* Doppelte(s) *nt,* Zweifache(s) *nt; v. t.* **óctuplo**

duplo, -a[2] ['duplo, -a] *adj* doppelt, zweifach

duque(sa) ['duke, du'kesa] *m(f)* Herzog(in) *m(f)*

durabilidad [duraβili'ðaᵈ] *f* Dauerhaftigkeit *f; (de materiales)* Haltbarkeit *f*

durable [du'raβle] *adj* dauerhaft; *(producto)* haltbar

duración [dura'θjon] *f* Dauer *f; (de un préstamo)* Laufzeit *f*

duradero, -a [dura'ðero, -a] *adj* dauerhaft; *(producto)* haltbar

durante [du'raṇte] *prep* während *+gen;* **hablar ~ una hora** eine Stunde lang sprechen

durar [du'rar] *vi* ❶ *(extenderse)* andauern; **~ todo el día** den ganzen Tag dauern ❷ *(permanecer)* sich halten ❸ *(resistir)* halten

durazno [du'raθno] *m (Am)* Pfirsich *m*

dureza [du'reθa] *f* ❶ *(rigidez)* Härte *f;* **~ de vientre** Verstopfung *f* ❷ *(callosidad)* Verhärtung *f*

durmiente [dur'mjeṇte] **I.** *adj* schlafend **II.** *mf* Schlafende(r) *mf;* **la Bella D~** Dornröschen *nt*

duro[1] ['duro] **I.** *m* (HIST) Fünfpesetenstück *nt* **II.** *adv* hart; **¡dale ~!** *(fam)* schlag (kräftig) zu!; *(a personas)* gib's ihm/ihr!

duro, -a[2] ['duro, -a] *adj* hart; **~ de corazón** hartherzig; **a duras penas** mit Müh und Not; **estoy contigo a las duras y las maduras** ich gehe mit dir durch dick und dünn

DVD [deuβe'ðe] *m inv abr de* **videodisco digital** (INFOR) DVD *f*

D.ª ['doɲa] *abr de* **doña** Fr.

D

Ee

E

E, e [e] *f* E, e *nt;* ~ **de Enrique** E wie Emil
e [e] *conj (ante '(h)i')* und
E ['este] *abr de* **Este** O
ea ['ea] *interj (animando)* los
ebanista [eβa'nista] *mf* Möbeltischler(in) *m(f)*
ebanistería [eβaniste'ria] *f* Möbeltischlerei *f*
ébano ['eβano] *m* ❶ (BOT) Ebenholzgewächs *nt* ❷ *(madera)* Ebenholz *nt*
ebriedad [eβrje'ðaᵈ] *f (elev)* Trunkenheit *f*, Rausch *m*
ebrio, -a ['eβrjo, -a] *adj (elev)* ❶ *(borracho)* betrunken ❷ *(extasiado)* trunken (**de** vor +*dat*); *(ciego)* blind (**de** vor +*dat*)
ebullición [eβuʎi'θjon] *f* ❶ *(de líquidos)* Sieden *nt* ❷ *(agitación)* Aufruhr *m*
ebúrneo, -a [e'βurneo, -a] *adj (elev)* Elfenbein-, elfenbeinern
eccema [eᵞ'θema] *m* Ekzem *nt*
echacuervos [etʃa'kwerβos] *m inv (fam)* ❶ *(alcahuete)* Zuhälter *m* ❷ *(bribón)* Gauner *m*, Betrüger *m*
echada [e'tʃaða] *f* ❶ *(lanzamiento)* Wurf *m; (acción)* Werfen *nt* ❷ *(medida)* ≈ (Vorsprung von einer) Länge *f* ❸ *(Arg, Méx: bola)* Ente *f* ❹ *(Méx: fanfarronada)* Prahlerei *f*
echado, -a [e'tʃaðo, -a] *adj* ❶ *(postrado)* liegend; **estar** ~ liegen ❷ *(Nic, CRi: indolente)* träge ❸ *(loc)* ~ **para adelante** mutig
echador¹ [etʃa'ðor] *m (camarero)* Servierer *m*
echador(a)² [etʃa'ðor(a)] *m(f)* ❶ *(lanzador)* Werfer(in) *m(f);* **~a de cartas** Kartenlegerin *f* ❷ *(Cuba, Méx, RDom)* Angeber(in) *m(f)*
echar [e'tʃar] **I.** *vt* ❶ *(tirar)* werfen; *(carta)* einwerfen; ~ **a la basura/al suelo** in den Müll/auf den Boden werfen; **la suerte está echada** die Würfel sind gefallen ❷ *(verter)* eingießen (**en** in +*akk*) ❸ *(fam: aparecer)* bekommen; ~ **los dientes** zahnen ❹ *(expulsar)* hinauswerfen (**de** aus +*dat*); *(despedir)* entlassen ❺ *(emitir)* ausstoßen; ~ **humo** rauchen ❻ *(tumbar)* legen ❼ *(proyectar)* zeigen; (TEAT) aufführen; **en el cine echan 'Rocky IV'** im Kino läuft ‚Rocky IV' ❽ *(calcular)* **te echo 30 años** ich schätze dich auf 30 ❾ *(tiempo, esfuerzo)* **eché dos horas en acabar** ich brauchte zwei Stunden, um fertig zu werden ❿ *(loc)* ~ **abajo** *(destruir)* abreißen; *(rechazar)* ablehnen; ~ **un brindis** einen Trinkspruch ausbringen; ~ **algo en cara a alguien** jdm etw vorwerfen; ~ **chispas** *(fam)* vor Wut schäumen; ~ **cuentas** rechnen; ~ **la culpa a alguien** die Schuld auf jdn schieben; ~ **un discurso** eine Rede halten; ~ **en falta** vermissen; ~ **gasolina** tanken; **~las** *Chil,* ~ **a correr** davonlaufen; **~le** *(Perú: emborracharse)* sich (ständig) betrinken; ~ **leña al fuego** *(fig)* Öl ins Feuer gießen; ~ **una mano a alguien** *(fam)* jdm zur Hand gehen; ~ **de menos** vermissen; ~ **una ojeada a alguien** einen Blick auf jdn werfen; ~ **a perder** verderben; ~ **pestes** *(fam)* fluchen; ~ **a pique** versenken; ~ **raíces** Wurzeln schlagen; ~ **a suertes** losen; ~ **por tierra** *(fig)* zunichtemachen; ~ **un trago** *(fam)* einen Schluck trinken **II.** *vi* ❶ *(lanzar)* werfen ❷ *(verter)* einschenken ❸ *(empezar)* anfangen (**a** zu); ~ **a correr** loslaufen **III.** *vr:* **~se** ❶ *(postrarse)* sich hinlegen; **me eché en la cama** ich legte mich ins Bett ❷ *(lanzarse)* sich stürzen (**sobre** auf +*akk*); **~se a los pies de alguien** sich jdm zu Füßen werfen ❸ *(empezar)* anfangen (**a** zu); **~se a llorar** in Tränen ausbrechen ❹ *(fam: iniciar una relación)* **~se un novio** sich *dat* einen Freund zulegen ❺ *(loc)* **~se a perder** verderben
echón, -ona [e'tʃon, -ona] **I.** *adj (Ven)* prahlerisch, angeberisch **II.** *m, f (Ven)* Angeber(in) *m(f)*, Prahler(in) *m(f)*
eclecticismo [eklekti'θismo] *m* (*t.* FILOS) Eklektizismus *m*
eclesiástico¹ [ekle'sjastiko] *m* Geistliche(r) *m*
eclesiástico, -a² [ekle'sjastiko, -a] *adj* kirchlich
eclipsar [ekliβ'sar] **I.** *vt* ❶ (ASTR) verfinstern ❷ *(oscurecer)* in den Schatten stellen **II.** *vr:* **~se** ❶ *(desaparecer)* verschwinden ❷ *(decaer)* schwinden
eclipse [e'kliβse] *m* ~ **solar** [*o* **de sol**] Sonnenfinsternis *f*
eclosión [eklo'sjon] *f* ❶ (BOT) Aufblühen *nt* ❷ (ZOOL) Ausschlüpfen *nt* ❸ *(brote, manifestación)* Ausbruch *m; (aparición)* Auftauchen *nt*
eco ['eko] *m* ❶ *(de sonidos, t. fig)* Echo *nt;* **hacer** ~ *(fig)* Aufsehen erregen; **tener** ~ *(fig)* Anklang finden ❷ *(repercusión)* Nachklang *m*
ecogestión [ekoxes'tjon] *f* Ökobewirtschaftung *f*

ecografía [ekoɣra'fia] *f* ❶ *(técnica)* Ultraschall *m* ❷ *(imagen)* Ultraschallbild *nt*
E. coli [e'koli] *f abr de* **Escherichia coli** (MED) Ehec *f o nt*
ecología [ekolo'xia] *f* Ökologie *f*
ecológico, -a [eko'loxiko, -a] *adj* ökologisch; **daños ~s** Umweltschäden *mpl;* **producción ecológica** (AGR) biologischer Anbau; **sistema ~** Ökosystem *nt*
ecologismo [ekolo'xismo] *m sin pl* Umweltschutz *m*
ecologista [ekolo'xista] **I.** *adj* Umweltschutz- **II.** *mf* Umweltschützer(in) *m(f)*
ecólogo, -a [e'koloɣo, -a] *m, f* Ökologe, -in *m, f,* Umweltforscher(in) *m(f)*
economato [ekono'mato] *m* Konsumgenossenschaft *f;* **~ de la empresa** betriebseigener Laden
economía [ekono'mia] *f* ❶ *(situación, sistema)* Wirtschaft *f;* **~ de desechos** Entsorgungswirtschaft *f;* **~ mundial** Weltwirtschaft *f;* **~ sumergida** Schattenwirtschaft *f* ❷ *(ciencia)* Wirtschaftswissenschaft *f;* **~ de la empresa** Betriebswirtschaft *f;* **~ política** Volkswirtschaft(slehre) *f* ❸ *(ahorro)* Sparsamkeit *f* ❹ *(cosa ahorrada)* Ersparnis *f;* **hacer ~s** sparen
economicidad [ekonomiθi'ðaᵈ] *f* Sparsamkeit *f*
económico, -a [eko'nomiko, -a] *adj* ❶ (ECON) wirtschaftlich; **año ~** Geschäftsjahr *nt;* **estudiar ciencias económicas** Wirtschaftswissenschaften studieren ❷ *(barato)* preiswert ❸ *(ahorrador)* sparsam
económico social [eko'nomiko so'θjal] *adj* sozioökonomisch
economista [ekono'mista] *mf* Wirtschaftswissenschaftler(in) *m(f)*
economizar [ekonomi'θar] <z → c> *vi, vt* sparen; **no ~ esfuerzos** keine Mühe scheuen; **~ esfuerzos** seine Kräfte schonen
ecopacifismo [ekopaθi'fismo] *m sin pl* (ECOL, SOCIOL) Ökopaxbewegung *f*
ecosistema [ekosis'tema] *m* Ökosystem *nt*
ecotasa [eko'tasa] *f* Ökosteuer *f*
ecotest [eko'tesᵗ] *m* Umweltverträglichkeitsprüfung *f,* Ökotest *m*
ecoturismo [ekotu'rismo] *m* (ECOL) Ökotourismus *m*
ecuación [ekwa'θjon] *f* Gleichung *f*
ecuador [ekwa'ðor] *m* Äquator *m*
Ecuador [ekwa'ðor] *m* Ecuador *nt*
ecualizador [ekwaliθa'ðor] *m* (TÉC) Equalizer *m*
ecuánime [e'kwanime] *adj* ❶ *(justo)* gerecht; *(imparcial)* unparteiisch ❷ *(sereno)* gelassen
ecuanimidad [ekwanimi'ðaᵈ] *f* ❶ *(imparcialidad)* Unparteilichkeit *f* ❷ *(calma)* Gleichmut *m,* Gelassenheit *f*
ecuatorial [ekwato'rjal] *adj* äquatorial
ecuatoriano, -a [ekwato'rjano, -a] **I.** *adj* ecuadorianisch **II.** *m, f* Ecuadorianer(in) *m(f)*
ecuestre [e'kwestre] *adj* Reiter-; **estatua ~** Reiterstandbild *nt*
ecuménico, -a [eku'meniko, -a] *adj* ökumenisch
ecumenista [ekume'nista] **I.** *adj* (REL) ökumenisch **II.** *mf* (REL) Anhänger(in) *m(f)* des Ökumenismus
eczema [eᵞ'θema] *m* Ekzem *nt*
ed. [eðito'rjal] *abr de* **editorial** Verl.
edad [e'ðaᵈ] *f* ❶ *(años)* Alter *nt;* **~ para jubilarse** Pensionsalter *nt;* **~ del pavo** Flegeljahre *ntpl;* **mayor de ~** volljährig; **menor de ~** minderjährig; **a la ~ de...** im Alter von ... +*dat;* **¿qué ~ tiene?** wie alt sind Sie?; **de mi ~** in meinem Alter ❷ *(época)* Zeitalter *nt;* **~ antigua** Altertum *nt;* **~ media** Mittelalter *nt;* **~ de piedra** Steinzeit *f*
edema [e'ðema] *m* Ödem *nt*
edén [e'ðen] *m* Paradies *nt*
edible [e'ðiβle] *adj (elev)* essbar
edición [eði'θjon] *f* ❶ *(impresión)* Ausgabe *f;* **~ de bolsillo** Taschenausgabe *f* ❷ *(conjunto de ejemplares)* Auflage *f* ❸ (INFOR) **~ de imágenes** Bildbearbeitung *f*
edicto [e'ðikto] *m* ❶ *(decreto)* Erlass *m* ❷ (JUR) Aufgebot *nt*
edificable [eðifi'kaβle] *adj* bebaubar
edificación [eðifika'θjon] *f (construcción)* Bau *m*
edificante [eðifi'kante] *adj* erbaulich
edificar [eðifi'kar] <c → qu> *vt* ❶ *(construcción)* bauen ❷ *(moral)* erbauen
edificio [eði'fiθjo] *m* Gebäude *nt;* **~ viejo/antiguo** Altbau *m*
edil [e'ðil] *m (elev)* Ratsherr *m*
editar [eði'tar] *vt* herausgeben
editor¹ [eði'tor] *m* (INFOR) Editor *m*
editor(a)² [eði'tor(a)] *m(f)* Herausgeber(in) *m(f)*
editorial¹ [eðito'rjal] **I.** *adj* verlegerisch; **casa ~** Verlagshaus *nt;* **éxito ~** Bestseller *m* **II.** *f* Verlag *m*
editorial² [eðito'rjal] *m* Leitartikel *m*
Edo. [es'taðo] *(Méx, Ven) abr de* **Estado** Staat *m*
edredón [eðre'ðon] *m* Federbett *nt*
educable [eðu'kaβle] *adj* bildungsfähig; *(crianza)* lernfähig
educación [eðuka'θjon] *f* ❶ *(enseñanza)* Ausbildung *f;* *(de crianzas)* Erziehung *f;*

E

~ **de adultos** Erwachsenenbildung *f;* ~ **ambiental** Umwelterziehung *f;* ~ **compensatoria** *durch öffentliche Schulen geleisteter Förderunterricht;* ~ **física** (ENS) Sportunterricht *m;* ~ **infantil** [*o* **preescolar**] Vorschulerziehung *f;* ~ **primaria** Grundschule *f;* ~ **secundaria** Sekundarschulwesen *nt;* **Ministerio de E~ y Ciencia** Kultusministerium *nt* ② *(asignatura)* ~ **vial** Verkehrserziehung *f;* ~ **física** Sportunterricht *m;* ~ **cívica** Gemeinschaftskunde *f* ③ *(comportamiento)* Erziehung *f;* **el niño no tiene** ~ das Kind ist unerzogen ④ *(conocimientos)* Bildung *f*

educacionista [eðukaθjo'nista] **I.** *adj* Erziehungs-; **teoría** ~ Erziehungstheorie *f* **II.** *mf* Erzieher(in) *m(f)*

educado, -a [eðu'kaðo, -a] *adj* ① *(culto)* gebildet ② *(comportamiento)* **bien** ~ wohlerzogen; **mal** ~ unerzogen

educador(a) [eðuka'ðor(a)] *m(f)* Erzieher(in) *m(f)*

educando, -a [eðu'kaṇdo, -a] *m, f (elev)* Zögling *m,* Schüler(in) *m(f)*

educar [edu'kar] <c → qu> *vt* ① *(dar instrucción)* ausbilden ② *(dirigir)* erziehen; **los padres educan a los hijos** die Eltern erziehen ihre Kinder ③ *(facultades)* schulen; **debes ~ tu oído** du musst dein Gehör schulen

educativo, -a [eðuka'tiβo, -a] *adj (instructivo)* Bildungs-; *(pedagógico)* Erziehungs-

edulcorante [eðulko'raṇte] *m* Süßstoff *m*

edulcorar [eðulko'rar] *vt* süßen

edutenimiento [eðuteni'mjento] *m* Edutainment *nt*

EE. UU. [es'taðos u'niðos] *mpl abr de* **Estados Unidos** USA *pl*

efe ['efe] *f (letra)* F, f *nt*

efectista [efek'tista] **I.** *adj* effekthascherisch **II.** *mf* Effekthascher(in) *m(f)*

efectivamente [efektiβa'meṇte] *adv* wirklich, tatsächlich

efectividad [efektiβi'ðað] *f* ① *(efecto)* Wirksamkeit *f* ② *(autenticidad)* Wirklichkeit *f* ③ *(empleo)* feste Anstellung *f*

efectivo[1] [efek'tiβo] *m (dinero)* Bargeld *nt;* ~ **electrónico** Electronic Cash *nt;* **en** ~ bar

efectivo, -a[2] [efek'tiβo, -a] *adj* ① *(que hace efecto)* wirksam ② *(auténtico)* wirklich; **un éxito** ~ ein echter Erfolg; **hacer** ~ in die Tat umsetzen; *(cheque)* einlösen ③ *(no interino)* fest angestellt

efecto [e'fekto] *m* ① *(consecuencia)* Wirkung *f; (resultado)* Ergebnis *nt;* ~ **secundario** Nebenwirkung *f;* ~ **boomerang** Bumerangeffekt *m;* ~ **invernadero** Treibhauseffekt *m;* ~ **ojos rojos** (FOTO) Rote-Augen-Effekt *m;* **hacer** ~ wirken; **hacer buen** ~ *(impresión)* einen guten Eindruck machen; **tener** ~ stattfinden; **llevar a** ~ zustande bringen; **en** ~ tatsächlich; **con ~s retroactivos** rückwirkend ② (COM) Wertpapier *nt* ③ *(loc)* **para los ~s** praktisch

efectuar [efektu'ar] <*1. pres* efectúo> **I.** *vt* durchführen; *(viaje)* unternehmen; ~ **una compra** einen Kauf tätigen; ~ **una llamada** anrufen **II.** *vr:* **~se** *(tener lugar)* stattfinden; *(realizarse)* verwirklicht werden

efeméride [efe'meriðe] *f* ① *(conmemoración)* Jahrestag *m* ② *pl* (ASTR) Ephemeriden *pl* ③ *pl (libro)* Tagebuch *nt*

efervescente [eferβes'θeṇte] *adj (líquido)* brodelnd; **pastilla** ~ Brausetablette *f*

eficacia [efi'kaθja] *f* ① *(resultado positivo)* Wirksamkeit *f;* ~ **económica** Wirtschaftlichkeit *f;* **con** ~ erfolgreich; **sin** ~ erfolglos ② (TÉC) Leistung *f*

eficaz [efi'kaθ] *adj* ① *(eficiente)* wirksam; (TÉC) leistungsfähig ② *(persona)* tatkräftig

eficiencia [efi'θjeṇθja] *f* ① *(eficacia)* Wirksamkeit *f;* (TÉC) Leistungsfähigkeit *f* ② *(persona)* Tüchtigkeit *f*

eficiente [efi'θjeṇte] *adj* wirksam; (TÉC) leistungsfähig; *(persona)* tüchtig

efigie [e'fixje] *f* ① *(representación)* Bildnis *nt,* Abbild *nt* ② *(personificación)* Verkörperung *f*

efímero, -a [e'fimero, -a] *adj* kurzlebig

efluvio [e'fluβjo] *m* Ausdünstung *f; (agradable)* Duft *m,* Aroma *nt;* **le rodea un ~ de simpatía** er strömt Sympathie aus

efusión [efu'sjon] *f* ① *(cordialidad)* Herzlichkeit *f;* **con gran** ~ herzlich ② *(derramamiento)* Vergießen *nt*

efusividad [efusiβi'ðað] *f* Herzlichkeit *f;* **su ~ no era auténtica** seine/ihre Herzlichkeit war nicht ehrlich gemeint

efusivo, -a [efu'siβo, -a] *adj* herzlich

EGB [exe'βe] *f abr de* **Educación General Básica** (HIST) (spanisches) Grundschulwesen *nt*

Egeo [e'xeo] *m* Ägäis *f;* **el mar** ~ das Ägäische Meer

egida [e'xiða] *f,* **égida** ['exiða] *f* Schutz *m,* Ägide *f;* **bajo la ~ de...** unter der Schirmherrschaft von … +*dat*

egipcio, -a [e'xiβθjo, -a] **I.** *adj* ägyptisch **II.** *m, f* Ägypter(in) *m(f)*

Egipto [e'xipto] *m* Ägypten *nt*

eglefino [eɣle'fino] *m* (ZOOL) Schellfisch *m*

ego ['eɣo] *m* (PSICO) Ich *nt*

egocéntrico, -a [eɣo'θeṇtriko, -a] *adj* egozentrisch

egocentrismo [eɣoθeṇ'trismo] *m sin pl* Egozentrik *f*
egoísmo [eɣo'ismo] *m sin pl* Egoismus *m*
egoísta [eɣo'ista] **I.** *adj* egoistisch **II.** *mf* Egoist(in) *m(f)*
ególatra [e'ɣolatra] **I.** *adj* egozentrisch **II.** *mf* Egozentriker(in) *m(f)*
egolatría [eɣola'tria] *f sin pl* Selbstverherrlichung *f*
egresado, -a [eɣre'saðo, -a] **I.** *adj* graduiert **II.** *m, f (Arg, Chil: universidad)* Hochschulabsolvent(in) *m(f)*, Graduierte(r) *f(m)*; *(escuela)* Schulabgänger(in) *m(f)*
egreso [e'ɣreso] *m (Arg, Chil)* ❶ *(universidad)* Studienabschluss *m*; *(escuela)* Schulabschluss *m* ❷ *(dinero)* Ausgabe *f* ❸ *(salida)* Ausgang *m*
eh [e] *interj* ❶ *(advertencia)* he; **no vuelvas a hacerlo, ¿~?** tu das bloß nicht noch mal! ❷ *(susto, incomprensión)* **¿~?** wie?, was?
ej. [e'xemplo] *abr de* **ejemplo** Bsp.; **p.~** z. B.
eje ['exe] *m* ❶ (TÉC, MAT) Achse *f*; **~ anterior** Vorderachse *f* ❷ *(centro)* **~ de la conversación** Hauptgesprächsthema *nt*; **ser el ~ de atención** im Mittelpunkt stehen
ejecución [exeku'θjon] *f* ❶ *(realización)* Ausführung *f*; *(de proyectos)* Durchführung *f*; **~ de un pedido** Auftragserledigung *f*; **~ de la sentencia** (JUR) Urteilsvollstreckung *f*; **poner en ~** ausführen ❷ *(sentencia de muerte)* Hinrichtung *f*
ejecutar [exeku'tar] *vt* ausführen
ejecutiva [exeku'tiβa] *f* Führungsgremium *nt*; **la ~ del partido** die Parteispitze
ejecutivo, -a [exeku'tiβo, -a] **I.** *adj* ❶ *(que decide)* ausübend; **poder ~** (POL) Exekutive *f* ❷ (JUR) vollstreckbar ❸ *(urgente)* dringend **II.** *m, f (en cargo directivo)* Führungskraft *f*; *(empleado)* leitender Angestellter, leitende Angestellte *m, f*; **~ de márquetin** Marketingmanager *m*
ejecutor(a) [exeku'tor(a)] **I.** *adj* ausführend **II.** *m(f)* Ausführende(r) *f(m)*, Vollstrecker(in) *m(f)*, Vollzieher(in) *m(f)*
ejemplar [exem'plar] **I.** *adj* ❶ *(ejemplo)* vorbildlich ❷ *(escarmiento)* exemplarisch **II.** *m* Exemplar *nt*; **~ de muestra** Probeexemplar *nt*
ejemplarizar [exemplari'θar] <z → c> *vi (Am)* ein Beispiel geben
ejemplificación [exemplifika'θjon] *f sin pl* Exemplifikation *f*
ejemplificar [exemplifi'kar] <c → qu> *vt* mit Beispielen belegen
ejemplo [e'xemplo] *m* Beispiel *nt*; **dar buen ~** mit gutem Beispiel vorangehen; **poner por ~** als Beispiel anführen; **por ~** zum Beispiel; **predicar con el ~** mit gutem Beispiel vorangehen; **tomar por ~** zum Beispiel nehmen
ejercer [exer'θer] <c → z> **I.** *vt* ausüben; *(derechos)* geltend machen **II.** *vi* arbeiten; **~ de profesor** als Lehrer arbeiten; **~ de médico** praktizieren
ejercicio [exer'θiθjo] *m* ❶ *(de una profesión)* Ausübung *f*; **en ~** ausübend ❷ (DEP) Übung *f*; *(entrenamiento)* Training *nt*; **el médico me recomendó hacer ~** der Arzt empfahl mir, mich mehr zu bewegen; **tener falta de ~** nicht genug Bewegung haben ❸ (ENS: *para practicar*) Übung *f*; *(prueba)* Aufgabe *f* ❹ (MIL) **~ de las armas** Waffendienst *m*; **~ de combate** Gefechtsübung *f* ❺ (ECON) **~ contable** Rechnungsjahr *nt*; **~ económico** Geschäftsjahr *nt*
ejercitar [exerθi'tar] **I.** *vt* ❶ *(profesión)* ausüben; *(actividad)* (be)treiben; **~ la cirugía** als Chirurg tätig sein ❷ *(desarrollar)* trainieren **II.** *vr:* **~se** sich üben (**en** in +*dat*); **~se en natación** schwimmen lernen
ejército [e'xerθito] *m* (MIL: *tropas*) Heer *nt*; *(fuerzas armadas)* Armee *f*; **~ del aire** Luftwaffe *f*; **~ profesional** Berufsarmee *f*; **~ de tierra** Landstreitkräfte *f pl*
ejidatario, -a [exiða'tarjo, -a] *m, f (Méx)* Mitglied *nt* eines kommunalen landwirtschaftlichen Betriebs
ejido [e'xiðo] *m* ❶ *(tierra)* Gemeindeflur *f* ❷ *(Méx: finca)* kommunaler landwirtschaftlicher Betrieb *m*
ejote [e'xote] *m (AmC, Méx)* grüne Bohne *f*
el, la, lo [el, la, lo] <los, las> *art det* der, die, das; **el perro/puente/niño** der Hund/die Brücke/das Kind; **la mujer/mesa/chica** die Frau/der Tisch/das Mädchen; **lo bueno** das Gute; **el Canadá** Kanada *nt*; **la China/India** China *nt*/Indien *nt*; **los amigos/las amigas** die Freunde/die Freundinnen; **¡la de gente que vino!** die Leute kamen in Massen!; **lo antes posible** schnellstmöglich; **lo más pronto posible** so bald wie möglich; **hazlo lo mejor que puedas** mach es so gut, wie du kannst
él [el] *pron pers 3. sg m* ❶ *(sujeto)* er ❷ *(tras preposición: acusativo)* ihn; *(dativo)* ihm; **el libro es de ~** *(suyo)* das Buch ist seins
elaboración [elaβora'θjon] *f* ❶ *(fabricación)* Herstellung *f*; *(tratamiento)* Verarbeitung *f* ❷ *(de comidas)* Zubereitung *f*; **de ~**

casera hausgemacht ❸ *(de una idea)* Ausarbeitung *f; (de una obra)* Bearbeitung *f*

elaborador(a) [elaβora'ðor(a)] *adj* verarbeitend

elaborar [elaβo'rar] *vt* ❶ *(fabricar)* herstellen; *(trabajar)* verarbeiten ❷ *(una idea)* ausarbeiten; *(una obra)* bearbeiten

elación [ela'θjon] *f (Am)* Jubel *m,* Heiterkeit *f*

E

elasticidad [elastiθi'ða^{ð}] *f* Dehnbarkeit *f;* ~ **de la demanda/de la oferta/de los precios** Nachfrage-/Angebots-/Preiselastizität *f*

elástico[1] [e'lastiko] *m (goma)* Gummiband *nt; (de calcetín)* Bündchen *nt*

elástico, -a[2] [e'lastiko, -a] *adj* elastisch; *(concepto)* dehnbar

Elba ['elβa] *m* ❶ *(río)* **el** ~ die Elbe ❷ *(isla)* Elba *nt*

ele ['ele] *f* L, l *nt*

elección [ele^{ɣ}'θjon] *f (selección, t.* POL) Wahl *f; (alternativa)* Auswahl *f;* **elecciones legislativas** Parlamentswahlen *fpl;* ~ **de la profesión** Berufswahl *f;* **lo dejo a su** ~ ich überlasse Ihnen die Wahl

electivo, -a [elek'tiβo, -a] *adj* Wahl-, durch Wahl bestimmt

electo, -a [e'lekto, -a] *adj* gewählt

elector(a) [elek'tor(a)] **I.** *adj* wahlberechtigt **II.** *m(f)* Wähler(in) *m(f)*

electorado [elekto'raðo] *m* Wählerschaft *f*

electoral [elekto'ral] *adj (relativo a elecciones)* Wahl-; *(a electores)* Wähler-; **colegio** ~ Wahllokal *nt*

electoralismo [elektora'lismo] *m* (POL) Wahlpropaganda *f,* Wahlkampf *m*

electoralista [elektora'lista] *adj* Wahlkampf-; **discurso** ~ Wahlkampfrede *f*

electricidad [elektriθi'ða^{ð}] *f* Elektrizität *f*

electricista [elektri'θista] **I.** *adj* Elektro- **II.** *mf* Elektriker(in) *m(f)*

eléctrico, -a [e'lektriko, -a] *adj* elektrisch; **máquina eléctrica** Elektrogerät *nt*

electrificar [ele^{k}trifi'kar] <c → qu> *vt* elektrifizieren

electrización [ele^{k}triθa'θjon] *f sin pl* (FÍS, ELEC) Elektrisierung *f*

electrizante [ele^{k}tri'θaṇte] *adj* elektrisierend; **pronunció un discurso** ~ er/sie hat mit seiner/ihrer Rede alle elektrisiert

electrizar [elektri'θar] <z → c> *vt* elektrisieren; *(fig)* begeistern

electrocardiograma [ele^{k}trokarðjo'ɣrama] *m* (MED) Elektrokardiogramm *nt*

electrochoque [ele^{k}tro'ʧoke] *m* Elektroschock *m*

electrocución [ele^{k}troku'θjon] *f* Tötung *f* durch den elektrischen Stuhl

electrocutar [ele^{k}troku'tar] **I.** *vt* durch elektrischen Strom hinrichten; *(en la silla eléctrica)* auf dem elektrischen Stuhl töten **II.** *vr:* ~**se** durch elektrischen Strom sterben; *(en la silla eléctrica)* durch den elektrischen Stuhl sterben

electrodo [elek'troðo] *m* Elektrode *f;* ~ **negativo** Kathode *f;* ~ **positivo** Anode *f*

electrodoméstico [elektroðo'mestiko] *m* Haushaltsgerät *nt*

electroencefalografía [ele^{k}troeṇθefaloɣra'fia] *f* (MED) Elektroenzephalografie *f*

electroimán [ele^{k}troi'man] *m* (ELEC) Elektromagnet *m*

electrolinera [ele^{k}troli'nera] *f* Elektrotankstelle *f,* E-Tankstelle *f*

electrólisis [ele^{k}'trolisis] *f inv* Elektrolyse *f*

electrólito [ele^{k}'trolito] *m* (QUÍM) Elektrolyt *m*

electromagnético, -a [ele^{k}tromaɣ'netiko, -a] *adj* (FÍS) elektromagnetisch

electromotor [ele^{k}tromo'tor] *m* (TÉC) Elektromotor *m*

electrón [elek'tron] *m* Elektron *nt*

electrónica [elek'tronika] *f* Elektronik *f*

electrónico, -a [elek'troniko, -a] *adj* elektronisch; **microscopio** ~ Elektronenmikroskop *nt;* **movimiento** ~ **de pagos** elektronischer Zahlungsverkehr

electropolución [elektropolu'θjon] *f* (ECOL) Elektrosmog *m*

electrostática [ele^{k}tros'tatika] *f sin pl* (FÍS) Elektrostatik *f*

electrotecnia [elektro'teɣnja] *f* Elektrotechnik *f*

electrotécnico, -a [elektro'teɣniko, -a] *adj* elektrotechnisch

elefante, -a [ele'faṇte, -a] *m, f* (ZOOL) Elefant, Elefantenkuh *m, f;* ~ **marino** Walross *nt;* **ver ~s volando** *(fig)* weiße Mäuse sehen

elegancia [ele'ɣaṇθja] *f* ❶ *(distinción)* Eleganz *f* ❷ *(buen gusto)* Geschmack *m*

elegante [ele'ɣaṇte] *adj* elegant; *(noble)* vornehm; *(con buen gusto)* geschmackvoll

elegantoso, -a [eleɣaṇ'toso, -a] *adj (Am: fam)* vornehm, elegant

elegible [ele'xiβle] *adj* wählbar

elegido, -a [ele'xiðo, -a] **I.** *adj* ausgesucht; **la candidata elegida** die gewählte Kandidatin **II.** *m, f* Auserwählte(r) *f(m)*

elegir [ele'xir] *vi, vt irr* wählen (**de/entre** zwischen +*dat*); (INFOR) auswählen; **a** ~ nach Wahl

elementado, -a [elemeṇ'taðo, -a] *adj (Chil, Col: alelado)* einfältig, dumm

elemental [elemeṇ'tal] *adj* elementar; **conocimientos ~es** Grundkenntnisse

elemento [ele'meṇto] *m* ❶ *(componente, persona)* Element *nt;* ~ **base** Grundbestandteil *m;* **tener ~s de juicio** urteilsfähig sein; **los ~s químicos** die chemischen Elemente ❷ *pl (fuerzas naturales)* Naturgewalten *f pl* ❸ *pl (nociones fundamentales)* **~s de matemáticas** Grundkenntnisse der Mathematik ❹ *pl (medios)* Mittel *nt pl*

elenco [e'leŋko] *m* ❶ *(catálogo)* Verzeichnis *nt* ❷ (TEAT) Besetzung *f* ❸ *(Am: personal)* Personal *nt* ❹ *(Chil, Perú: equipo)* Mannschaft *f*

elepé [ele'pe] *m* Langspielplatte *f*

elevación [eleβa'θjon] *f* ❶ *(subida)* Erhöhung *f* ❷ (GEO) Anhöhe *f*

elevado, -a [ele'βaðo, -a] *adj (alto)* hoch; *(nivel, estilo)* gehoben

elevador [eleβa'ðor] *m (AmC: ascensor)* Aufzug *m; (Arg: para cargas)* Lastenaufzug *m*

elevalunas [eleβa'lunas] *m inv* Fensterheber *m*

elevar [ele'βar] **I.** *vt* ❶ *(subir)* erhöhen; **~ al trono** auf den Thron erheben ❷ (MAT) **~ a una potencia** potenzieren; **tres elevado a cuatro** drei hoch vier ❸ *(enviar)* einreichen (**a** bei +*dat*); **~ una protesta** protestieren **II.** *vr:* **~se** ❶ *(tener altura)* eine Höhe haben (**a** von +*dat*) ❷ *(tener precio)* betragen (**a** +*akk*); *(cotización)* steigen (**a** auf +*akk*) ❸ *(hallarse)* emporragen

elfo ['elfo] *m* Elf *m*

eliminación [elimina'θjon] *f* ❶ *(supresión)* Beseitigung *f; (de errores)* Behebung *f; (de aranceles)* Abschaffung *f* ❷ (MED) Ausscheidung *f* ❸ (DEP: *ser eliminado*) Ausscheiden *nt*

eliminar [elimi'nar] *vt* ❶ *(suprimir, matar)* beseitigen; *(fallos)* beheben; **~ a la competencia** die Konkurrenz verdrängen ❷ (MED) ausscheiden ❸ (DEP) besiegen; **fueron eliminados en la cuarta prueba** sie schieden in der vierten Runde aus

eliminatoria [elimina'torja] *f (competición)* Ausscheidungskampf *m; (vuelta)* Vorrunde *f*

eliminatorio, -a [elimina'torjo, -a] *adj* (DEP, MED) Ausscheidungs-; **partido ~** Ausscheidungsspiel *nt*

elipse [e'liβse] *f* Ellipse *f*

elipsis [e'liβsis] *f inv* Ellipse *f*

elíptico, -a [e'liptiko, -a] *adj* elliptisch

elitista [eli'tista] *adj* elitär

elixir [eliʸ'sir] *m* Elixier *nt*

ella ['eʎa] *pron pers 3. sg f* ❶ *(sujeto)* sie ❷ *(tras preposición: acusativo)* sie; *(dativo)* ihr; **el abrigo es de ~** *(suyo)* der Mantel ist ihrer

ellas ['eʎas] *pron pers 3. pl f* ❶ *(sujeto)* sie *pl* ❷ *(tras preposición: acusativo)* sie; *(dativo)* ihnen; **el coche es de ~** *(suyo)* das Auto gehört ihnen

ello ['eʎo] *pron pers 3. sg nt* ❶ *(sujeto)* das ❷ *(tras preposición)* **para ~** dafür; **por ~** darum; **estar en ~** schon dabei sein; **¡a ~!** nur zu!

ellos ['eʎos] *pron pers 3. pl m* ❶ *(sujeto)* sie *pl* ❷ *(tras preposición: acusativo)* sie; *(dativo)* ihnen; **estos niños son de ~** *(suyos)* das sind ihre Kinder

elocuencia [elo'kweṇθja] *f* Beredsamkeit *f;* **con ~** beredt

elocuente [elo'kweṇte] *adj* ❶ *(hablando)* beredt ❷ *(claro)* viel sagend; **las pruebas son ~s** die Beweise sprechen für sich

elogiar [elo'xjar] *vt* loben

elogio [e'loxjo] *m* Lob *nt;* **hacer ~s** loben; **recibir ~s** Lob ernten

elogioso, -a [elo'xjoso, -a] *adj* lobend; **palabras elogiosas** lobende Worte

elongación [eloŋga'θjon] *f* ❶ *(elev: alargamiento)* Verlängerung *f,* Streckung *f* ❷ (MED) Dehnung *f,* Zerrung *f* ❸ (ASTR) Elongation *f*

elote [e'lote] *m (AmC)* Maiskolben *m*

elucidar [eluθi'ðar] *vt (formal)* erläutern, erklären

elucubración [elukuβra'θjon] *f* (sinnlose) Überlegung *f*

eludible [elu'ðiβle] *adj* vermeidlich; **esa ley es ~** dieses Gesetz lässt sich umgehen

eludir [elu'ðir] *vt* ❶ *(evitar)* umgehen; *(preguntas)* ausweichen +*dat;* **~ su responsabilidad** sich seiner Verantwortung entziehen ❷ *(declinar)* ablehnen

elusivo, -a [elu'siβo, -a] *adj* ausweichend

e-mail [i'meḭl] *m abr de* **electronic mail** E-Mail *f*

emanar [ema'nar] **I.** *vi* ❶ *(escaparse)* ausströmen (**de** aus +*dat*); *(líquido)* ausfließen (**de** aus +*dat*) ❷ *(tener su origen)* hervorgehen (**de** aus +*dat*) **II.** *vt* ausstrahlen

emancipación [emaṇθipa'θjon] *f* Emanzipation *f*

emancipador(a) [emaṇθipa'ðor(a)] **I.** *adj* befreiend, emanzipatorisch **II.** *m(f)* Befreier(in) *m(f)*

emancipar [emaṇθi'par] **I.** *vt (liberar)* befreien; *(feminismo)* emanzipieren **II.** *vr:* **~se** sich emanzipieren

emancipatorio, -a [emaṇθipa'torjo, -a] *adj* befreiend, emanzipatorisch

embadurnar [embaður'nar] **I.** *vt* ❶ *(manchar)* beschmieren (**con/de** mit +*dat*) ❷ *(pintar)* schmieren **II.** *vr:* **~se** sich beschmieren (**de/con** mit +*dat*)

embaír [emba'ir] *irr vt (elev)* anschwindeln, beschwindeln

embajada [emba'xaða] *f* Botschaft *f*

E

embajador(a) [embaxa'ðor(a)] *m(f)* *(diplomático)* Botschafter(in) *m(f)*

embalaje [emba'laxe] *m* Verpackung *f*

embalar [emba'lar] **I.** *vt* *(empaquetar)* verpacken **II.** *vr:* **~se** *(correr)* lossausen

embaldosar [embal̥do'sar] *vt* fliesen

embalsamar [embalsa'mar] *vt* ① *(cadáveres)* einbalsamieren ② *(perfumar)* parfümieren

embalsar [embal'sar] *vt* stauen

embalse [em'balse] *m* ① *(acción)* Stauen *nt* ② *(pantano)* Stausee *m* ③ *(Arg: presa)* Talsperre *f*

embanderar [embaṇde'rar] **I.** *vt* mit Fahnen schmücken **II.** *vr:* **~se** mit Fahnen geschmückt werden

embarazada [embara'θaða] **I.** *adj* *(encinta)* schwanger; **estar ~ de seis meses** im sechsten Monat schwanger sein **II.** *f* Schwangere *f*

embarazado, -a [embara'θaðo, -a] *adj* *(cohibido)* verlegen

embarazar [embara'θar] <z → c> *vt* ① *(estorbar)* behindern ② *(cohibir)* in Verlegenheit bringen ③ *(dejar encinta)* schwängern

embarazo [emba'raθo] *m* ① *(gravidez)* Schwangerschaft *f;* **interrupción del ~** Schwangerschaftsabbruch *m* ② *(cohibición)* Verlegenheit *f;* **causar ~ a alguien** jdn in Verlegenheit bringen ③ *(impedimento)* Hindernis *nt*

embarazoso, -a [embara'θoso, -a] *adj* ① *(molesto)* hinderlich ② *(desagradable)* peinlich

embarcación [embarka'θjon] *f* Schiff *nt*

embarcadero [embarka'ðero] *m* Landungsbrücke *f*

embarcar [embar'kar] <c → qu> **I.** *vi* an Bord gehen **II.** *vt* ① *(en barco)* einschiffen ② *(en un asunto)* verwickeln (**en** in +*akk*) **III.** *vr:* **~se** ① *(en barco)* an Bord gehen ② *(en un asunto)* sich einlassen (**en** auf +*akk*)

embargable [embar'ɣaβle] *adj* (JUR) pfändbar

embargar [embar'ɣar] <g → gu> *vt* ① *(retener)* beschlagnahmen ② *(absorber)* gefangen nehmen ③ *(molestar)* behindern

embargo [em'barɣo] **I.** *m* ① *(retención)* Embargo *nt* ② *(confiscación)* Beschlagnahmung *f* **II.** *conj* **sin ~** trotzdem

embarque [em'barke] *m* ① *(de material)* Einschiffung *f* ② *(de personas)* An-Bord-Gehen *nt;* **tarjeta de ~** Bordkarte *f* ③ (AERO) Check-in *nt*

embarrada [emba'rraða] *f* *(Cuba, PRico, And)* ① *(desliz)* Peinlichkeit *f* ② *(tontería)* Albernheit *f,* Dummheit *f*

embarrancar [embarraŋ'kar] <c → qu> **I.** *vi* stecken bleiben; *(barcos)* stranden **II.** *vr:* **~se** stecken bleiben

embarrar [emba'rrar] **I.** *vt* ① *(ensuciar)* (mit Schlamm) beschmieren ② *(AmC: implicar)* verwickeln ③ *(Cuba, PRico, CSur: mancillar)* schänden; *(fam: cometer un error)* verbocken ④ *(reg: blanquear)* tünchen **II.** *vr:* **~se** ① *(ensuciarse)* sich (mit Schlamm) beschmieren ② *(AmC)* sich verwickeln

embarullar [embaru'ʎar] **I.** *vt* *(fam)* durcheinanderbringen **II.** *vr:* **~se** *(fam)* durcheinandergeraten

embate [em'bate] *m* ① *(del mar)* Brandung *f* ② *(golpe)* Schlag *m*

embaucador(a) [embau̯ka'ðor(a)] **I.** *adj* betrügerisch **II.** *m(f)* Betrüger(in) *m(f)*

embaucamiento [embau̯ka'mjeṇto] *m* Betrug *m,* Schwindel *m*

embaucar [embau̯'kar] <c → qu> *vt* betrügen

embaulado, -a [embau̯'laðo, -a] *adj* *(fig)* vollgestopft

embazar [emba'θar] <z → c> **I.** *vi* in Erstaunen geraten **II.** *vt* ① *(teñir)* braun färben ② *(estorbar)* hindern, hemmen ③ *(sorprender)* erstaunen **III.** *vr:* **~se** ① *(indigestarse)* Schmerzen an der Milz haben ② *(cansarse)* überdrüssig werden +*gen,* genug haben (von +*dat*) ③ *(estar fastidiado)* verärgert sein (**por** wegen +*gen/dat*)

embebecer [embeβe'θer] *irr como crecer* **I.** *vi, vt* begeistern, entzücken **II.** *vr:* **~se** sich begeistern (**de/con** für +*akk*)

embebecimiento [embeβeθi'mjeṇto] *m* *(elev)* Begeisterung *f,* Verzückung *f*

embeber [embe'βer] **I.** *vi* einlaufen **II.** *vt* ① *(absorber)* aufsaugen ② *(empapar)* tränken (**de** mit +*dat*) ③ *(contener)* enthalten **III.** *vr:* **~se** ① *(empaparse)* sich vollsaugen (**de** mit +*dat*) ② *(enfrascarse)* sich vertiefen (**en** in +*akk*)

embebido, -a [embe'βiðo, -a] *adj* vertieft (**en** in +*akk*), versunken (**en** in +*akk*), geistesabwesend

embelecar [embele'kar] <c → qu> *vt* betrügen, beschwindeln

embelesar [embele'sar] **I.** *vi, vt* begeistern; **tu voz (me) embelesa** du hast eine entzückende Stimme **II.** *vr:* **~se** sich begeistern (**de/con** für +*akk*)

embeleso [embe'leso] *m* Begeisterung *f,* Entzücken *nt*

embellecedor[1] [embeʎeθe'ðor] *m* Schmuck *m;* *(en los coches)* Zierkappe *f*

embellecedor(a)[2] [embeʎeθe'ðor(a)] *adj* verschönernd

embellecer [embeʎe'θer] *vt irr como cre-*

cer ❶ *(hacer más bonito)* verschönern ❷ *(idealizar)* idealisieren

embellecimiento [embeʎeθi'mjen̪to] *m* ❶ *(adorno)* Verschönerung *f* ❷ *(idealización)* Idealisierung *f*

embestida [embes'tiða] *f* Angriff *m*

embestir [embes'tir] *irr como pedir* **I.** *vi* schlagen **II.** *vt* ❶ *(atacar)* angreifen ❷ *(fam: pidiendo)* anbetteln

embetunar [embetu'nar] *vt (calzado)* eincremen, wichsen

embichar [embi'ʧar] **I.** *vt (Arg)* verhexen **II.** *vr:* **~se** *(Arg: agusanarse)* wurmstichig werden; *(abicharse)* madig werden

emblandecer [emblan̪de'θer] *irr como crecer* **I.** *vi (viento, frío)* nachlassen **II.** *vt* ❶ *(poner blando)* weich machen, aufweichen ❷ *(calmar)* besänftigen ❸ *(hacer ceder)* erweichen **III.** *vr:* **~se** ❶ *(dejarse calmar)* sich besänftigen lassen ❷ *(conmoverse)* weich werden

emblanquecer [emblaŋke'θer] *irr como crecer* **I.** *vt* weiß machen **II.** *vr:* **~se** weiß werden

emblema [em'blema] *m* Emblem *nt*

emblemático, -a [emble'matiko, -a] *adj* sinnbildlich; **producto ~** Vorzeigeprodukt *nt*

embobamiento [emboba'mjen̪to] *m* *(asombro)* Verblüffung *f*, Staunen *nt; (fascinación)* Faszination *f*

embobar [embo'βar] **I.** *vt (asombrar)* verblüffen; *(fascinar)* faszinieren **II.** *vr:* **~se** *(de asombro)* erstaunt sein (**con/en** über +*akk*); *(de fascinación)* fasziniert sein (**con/en** von +*dat*)

embocadura [emboka'ðura] *f* ❶ *(entrada)* Einfahrt *f; (de un río)* Mündung *f* ❷ *(de los caballos, t.* MÚS) Mundstück *nt*

embocar [embo'kar] <c → qu> *vt (enfilar)* (hin)einfahren (in +*akk*); **el barco emboca el puerto** das Schiff fährt in den Hafen ein

embolado [embo'laðo] *m* ❶ *(mentira)* Lüge *f;* **meter a alguien en un ~** jdn in Verlegenheit bringen ❷ (*t.* TEAT) Nebenrolle *f*

embolar [embo'lar] **I.** *vt (embetunar)* eincremen **II.** *vr:* **~se** *(Arg)* sich langweilen

embolatar [embola'tar] **I.** *vt* ❶ *(Col, Pan: engañar)* belügen ❷ *(Col: dilatar una acción)* hinausschieben, verzögern ❸ *(Col, Pan: embrollar una situación)* komplizieren **II.** *vr:* **~se** ❶ *(Col: concentrarse)* sich vertiefen (**en** in +*akk*) ❷ *(Col: perderse)* sich verlaufen ❸ *(Col, Pan: entregarse al jolgorio)* sich dem Vergnügen hingeben

embolia [em'bolja] *f* Embolie *f;* **~ cerebral** Gehirnschlag *m*

émbolo ['embolo] *m* (TÉC) Kolben *m*

embolsar [embol'sar] *vt* ❶ *(meter)* einpacken ❷ *(dinero)* verdienen

embonar [embo'nar] *vt (Cuba, Ecua, Méx: acomodar cosas)* anpassen; *(caer bien una cosa)* (gut) stehen +*dat*

emboque [em'boke] *m* ❶ *(fam)* Betrug *m*, Lüge *f* ❷ *(por un orificio)* Durchzwängen *nt*

emboquillado [emboki'ʎaðo] *m* Filterzigarette *f*

emborrachar [emborra'ʧar] **I.** *vt* ❶ *(a alguien)* betrunken machen ❷ (GASTR) Alkohol zugeben +*dat* **II.** *vr:* **~se** ❶ *(beber)* sich betrinken (**con/de** mit +*dat*) ❷ *(los colores)* ineinanderlaufen

emborrascarse [emborras'karse] <c → qu> *vr* ❶ (METEO) stürmisch werden ❷ *(negocio)* scheitern

emborronar [emborro'nar] *vt* ❶ *(de tachaduras)* verschmieren ❷ *(escribir)* hinkritzeln

emboscada [embos'kaða] *f* Hinterhalt *m;* **tender una ~ a alguien** jdm eine Falle stellen

emboscarse [embos'karse] <c → qu> *vr (para atacar)* im Hinterhalt lauern

embotado, -a [embo'taðo, -a] *adj* ❶ *(herramienta)* stumpf ❷ *(persona)* abgestumpft

embotamiento [embota'mjen̪to] *m* ❶ *(herramienta)* Stumpfwerden *nt* ❷ *(persona)* Abstumpfen *nt*

embotar [embo'tar] **I.** *vt* ❶ *(herramienta)* stumpf machen ❷ *(tabaco)* in eine (Tabak)dose füllen ❸ *(sentidos)* benebeln; **este olor me embota** dieser Geruch benebelt mich (völlig) **II.** *vr:* **~se** ❶ *(herramienta)* stumpf werden ❷ *(aturdirse)* benommen werden ❸ *(gracia, desenvoltura)* nachlassen ❹ *(fam: las botas)* die Stiefel anziehen

embotellado, -a [embote'ʎaðo, -a] *adj* *(bebida)* abgefüllt; **vino ~** Flaschenwein *m*

embotelladora [emboteʎa'ðora] *f* (Ab)füllmaschine *f;* **~ circular** Rundfüller *m*

embotellamiento [emboteʎa'mjen̪to] *m* ❶ *(de vino)* Flaschenabfüllung *f* ❷ *(de tráfico)* Stau *m*

embotellar [embote'ʎar] **I.** *vt* ❶ *(líquido)* (in Flaschen) abfüllen ❷ *(tráfico)* lahmlegen ❸ *(fam: lección)* pauken **II.** *vr:* **~se** ❶ *(fam: lección)* pauken ❷ *(tráfico)* sich stauen

embozar [embo'θar] <z → c> **I.** *vt* ❶ *(rostro)* vermummen ❷ *(hecho)* vertuschen **II.** *vr:* **~se** *(rostro)* sich vermummen

embozo [em'boθo] *m* ❶ *(de la capa)* Kragen *m* ❷ *(de la sábana)* am Kopfende umgeschlagener Teil eines Bettlakens

embragar [embra'ɣar] <g → gu> **I.** *vi* (AUTO) kuppeln **II.** *vt* (AUTO) einkuppeln

embrague [em'braɣe] *m* Kupplung *f*

embravecido, -a [embraβe'θiðo, -a] *adj* ❶ *(animal)* aggressiv ❷ *(viento)* stürmisch; *(mar)* aufgewühlt

embriagador(a) [embrjaɣa'ðor(a)] *adj* berauschend; **aroma ~** betörendes Aroma

E

embriagar [embrja'ɣar] <g → gu> **I.** *vi, vt* ❶ *(emborrachar)* betrunken machen ❷ *(enajenar)* berauschen; **este perfume embriaga** das ist ein betörendes Parfum **II.** *vr:* **~se** *(emborracharse)* sich betrinken

embriaguez [embrja'ɣeθ] *f* ❶ *(borrachera)* (Be)trunkenheit *f;* **en estado de ~** in betrunkenem Zustand ❷ *(enajenación)* Rausch *m*

embridar [embri'ðar] *vt* ❶ *(caballos)* aufzäumen ❷ *(pasión)* im Zaum halten ❸ (TÉC) **~ una tubería** an einem Rohr Schellen befestigen

embrión [embri'on] *m* (BIOL) Embryo *m*

embrional [embrjo'nal] *adj* embryonal

embrionario, -a [embrjo'narjo, -a] *adj* embryonal

embrollar [embro'ʎar] **I.** *vt* ❶ *(liar)* verwirren; **embrollas todo lo que tocas** du bringst alles durcheinander; **lo embrollas más de lo necesario** du machst die Sache komplizierter als nötig ❷ *(Chil, Urug: engañar)* betrügen **II.** *vr:* **~se** sich verwirren; **~se en un negocio** in ein Geschäft verwickelt werden

embrollo [em'broʎo] *m* ❶ *(lío)* Durcheinander *nt; (de hilos)* Gewirr *nt;* **meterse en un ~** sich in eine verzwickte Lage bringen ❷ *(embuste)* Lüge *f;* **no me vengas con ~s** sag mir die Wahrheit ❸ *(chanchullo)* Intrige *f;* **este negocio seguro que es un ~** an diesem Geschäft ist mit Sicherheit etwas faul

embrollón, -ona [embro'ʎon, -ona] *m, f* ❶ *(enredador)* Intrigant(in) *m(f)* ❷ *(mentiroso)* Lügner(in) *m(f),* Schwindler(in) *m(f)*

embromado, -a [embro'maðo, -a] *adj* *(Am: fam)* ❶ *(difícil)* schwierig ❷ *(molesto)* lästig

embromar [embro'mar] *vt* ❶ *(gastar una broma)* hochnehmen, necken, aufziehen ❷ *(engatusar)* beschwatzen ❸ *(Am: fastidiar)* ärgern

embroncarse [embroŋ'karse] <c → qu> *vr (Arg: fam)* sich ärgern

embrujado, -a [embru'xaðo, -a] *adj* Geister-; **castillo ~** Spukschloss *nt*

embrujar [embru'xar] *vt* ❶ *(haciendo brujería)* verhexen ❷ *(embelesar)* verzaubern

embrutecer [embrute'θer] *irr como crecer* **I.** *vt* ❶ *(volverse bruto)* verrohen lassen ❷ *(entontecer)* verdummen lassen **II.** *vr:* **~se** ❶ *(volverse bruto)* verrohen ❷ *(volverse insensible)* gefühllos werden

embrutecido, -a [embrute'θiðo, -a] *adj* ❶ *(bruto)* verroht, brutal ❷ *(insensible)* gefühllos, abgestumpft

embuchado [embu'ʧaðo] *m* ❶ (GASTR) ≈ Wurst *f* ❷ *(para ocultar)* Ablenkungsmanöver *nt* ❸ (POL) Wahlbetrug *m*

embuchar [embu'ʧar] **I.** *vt* ❶ *(embutir)* füllen ❷ *(engullir)* schlingen ❸ *(cebar)* kröpfen, mästen **II.** *vr:* **~se** *(Am: enfadarse)* einschnappen

embudo [em'buðo] *m* ❶ *(aparato)* Trichter *m;* **en forma de ~** trichterförmig; **aplicar la ley del ~** mit zweierlei Maß messen ❷ *(trampa)* Schwindel *m*

embuste [em'buste] *m* ❶ *(mentira)* Lüge *f* ❷ *(estafa)* Betrug *m*

embustero, -a [embus'tero, -a] **I.** *adj* verlogen; **¡qué tío más ~!** der lügt ja wie gedruckt! **II.** *m, f* ❶ *(mentiroso)* Lügner(in) *m(f)* ❷ *(estafador)* Betrüger(in) *m(f)*

embute [em'bute] *m (Méx: fam: soborno)* Bestechung *f*

embutido [embu'tiðo] *m* (GASTR) Wurst *f;* **~s** Wurstwaren *f pl*

embutir [embu'tir] **I.** *vt* ❶ *(cosas)* (hinein)stopfen (**en** in +*akk*); *(personas)* hineinzwängen (**en** in +*akk*); **~ lana en un cojín** ein Kissen mit Wolle füllen; **íbamos embutidos en el tranvía** wir waren in der Straßenbahn zusammengepfercht ❷ *(el embutido)* füllen **II.** *vr:* **~se** *(de comida)* sich vollstopfen (**de** mit +*dat*)

eme ['eme] *f* M, m *nt;* **mandar a alguien a la ~** *(fam: mierda)* jdn zum Teufel schicken

emergencia [emer'xen̩θja] *f* ❶ *(acción)* Auftauchen *nt* ❷ *(suceso)* Notfall *m;* **estado de ~** Notstand *m;* **plan de ~** Notstandsplan *m;* **declarar el estado de ~ en una zona** eine Zone zum Notstandsgebiet erklären

emergente [emer'xen̩te] *adj* **país ~** Schwellenland *nt*

emerger [emer'xer] <g → j> *vi* ❶ *(del agua)* auftauchen (**de** aus +*dat*) ❷ *(de la superficie)* hervorragen (**de** aus +*dat*); **mi jefe emergió de la nada** mein Chef hat sich von ganz unten emporgearbeitet

emeritense [emeri'tense] **I.** *adj* aus Mérida **II.** *mf* Einwohner(in) *m(f)* von Mérida

emérito, -a [e'merito, -a] *adj* emeritiert, emeritus; **profesor ~** Emeritus *m*

emigración [emiɣra'θjon] *f* Auswanderung *f* (**a** nach +*dat*, in +*akk*), Emigration *f* (**a** nach +*dat*, in +*akk*)

emigrado, -a [emi'ɣraðo, -a] *m, f,* **emigrante** [emi'ɣran̪te] *m, f* Auswanderer, -in *m, f,* Emigrant(in) *m(f)*

emigrar [emi'ɣrar] *vi* auswandern

emigratorio, -a [emiɣra'torjo, -a] *adj* Auswanderungs-

emilio [e'miljo] *m (fam)* Mail *nt;* **escribir/mandar un ~** ein Mail schreiben/senden

eminencia [emi'nen̟θja] *f* ❶ (GEO) Anhöhe *f* ❷ *(título)* Eminenz *f* ❸ *(talento)* Meister *m* (**en** +*gen*); **ser una ~ en su campo** ein Meister auf seinem Gebiet sein; **ser una ~ en literatura contemporánea** ein Experte für zeitgenössische Literatur sein

eminente [emi'nen̪te] *adj* ❶ *(elevado)* hoch (gelegen) ❷ *(sobresaliente)* herausragend

eminentemente [eminen̪te'men̪te] *adv* ❶ *(de forma eminente)* hevorragend ❷ *(especialmente)* besonders ❸ *(esencialmente)* im Wesentlichen, besonders

emir [e'mir] *m* Emir *m*

emirato [emi'rato] *m* Emirat *nt;* **E~s Árabes Unidos** Vereinigte Arabische Emirate

emisario, -a [emi'sarjo, -a] *m, f* Abgesandte(r) *mf;* **~ para la recepción** Empfangsbote *m*

emisión [emi'sjon] *f* ❶ (TV, RADIO: *difusión*) Ausstrahlung *f; (en directo)* Übertragung *f; (programa)* Sendung *f* ❷ *(de luz)* Ausstrahlung *f; (de radiación/calor)* Abgabe *f* ❸ (FIN) Ausgabe *f* ❹ *(de contaminantes)* Ausstoß *m;* **emisiones contaminantes** Schadstoffemissionen *fpl*

emisor(a) [emi'sor(a)] *adj* ❶ (TV, RADIO) Sende- ❷ (FIN) **banco ~** Notenbank *f*

emisora [emi'sora] *f* Sender *m;* **~ clandestina** Piratensender *m;* **~ de radio** Rundfunksender *m,* Radiosender *m;* **~ de televisión** Fernsehsender *m*

emitir [emi'tir] *vt* (TV, RADIO) senden; *(en directo)* übertragen; *(luz, calor, olor)* ausstrahlen; *(radiación)* abgeben; *(humo, grito)* ausstoßen; *(dictamen)* abgeben; (FIN) ausgeben

emoción [emo'θjon] *f* ❶ *(sentimiento)* Gefühlsregung *f; (conmoción)* Rührung *f;* **lleno de emociones** emotionsgeladen; **palabras llenas de ~** sehr bewegte Worte; **sin ~** emotionslos; **sentir una honda ~** tief bewegt sein; **hacer llorar de ~ a alguien** jdn zu Tränen rühren; **dar rienda suelta a sus emociones** seinen Gefühlen freien Lauf lassen ❷ *(turbación)* Aufregung *f*

emocional [emoθjo'nal] *adj* emotional

emocionalidad [emoθjonali'ðaᵈ] *f* Emotionalität *f*

emocionante [emoθjo'nan̪te] *adj* ❶ *(conmovedor)* rührend, bewegend ❷ *(excitante)* spannend

emocionar [emoθjo'nar] **I.** *vt* bewegen; **este libro no me emociona** dieses Buch lässt mich kalt; **los espectadores estaban emocionados** die Zuschauer waren ergriffen; **tus palabras me ~on** deine Worte gingen mir zu Herzen; **solamente la idea ya lo emocionaba** der Gedanke allein versetzte ihn in freudige Erregung **II.** *vr:* **~se** ❶ *(conmoverse)* gerührt sein ❷ *(turbarse)* sich aufregen; *(alegrarse)* freudig erregt sein

emolumentos [emolu'men̪tos] *mpl* Einkünfte *fpl,* Bezüge *mpl; (de un libro)* Tantiemen *fpl;* **este abogado cobra unos ~ muy altos** dieser Rechtsanwalt verlangt ein sehr hohes Honorar

emoticón [emoti'kon] *m* Emoticon *nt*

emotividad [emotiβi'ðaᵈ] *f* (erhöhte) Erregbarkeit *f*

emotivo, -a [emo'tiβo, -a] *adj* emotional; *(atmósfera)* emotionsgeladen; *(escena)* rührend

empacado [empa'kaðo] *m* ❶ *(envoltorio)* Verpackung *f; (paquete)* Bündel *nt* ❷ *sin pl v.* **empaquetado**

empacamiento [empaka'mjen̪to] *m* Verpackung *f*

empacar [empa'kar] <c → qu> **I.** *vi* packen **II.** *vt* (ein)packen

empachado, -a [empa'ʧaðo, -a] *adj* **estoy ~** *(indigestado)* ich habe mir den Magen verdorben; *(harto)* ich habe zu viel gegessen

empachar [empa'ʧar] **I.** *vt* ❶ *(indigestar)* nicht bekommen +*dat* ❷ *(turbar)* verlegen machen; **para decirlo no me empacha que estés delante** deine Anwesenheit hindert mich nicht daran, es zu sagen **II.** *vr:* **~se** ❶ *(indigestarse)* sich *dat* den Magen verderben; *(comer demasiado)* sich *dat* den Magen vollschlagen ❷ *(turbarse)* in Verlegenheit geraten; **no ~se de expresar sus sentimientos** sich nicht schämen, seine Gefühle zu offenbaren

empacho [em'paʧo] *m* ❶ *(indigestión)* Magenverstimmung *f;* **tengo un ~ de dulces** ich habe mir den Magen mit Süßigkeiten verdorben; **tengo un ~ de televisión** ich habe das Fernsehen satt ❷ *(turbación)* Verlegenheit *f;* **no tengo ~ en...** es macht mir nichts aus, zu ...

empachoso, -a [empa'ʧoso, -a] *adj* ❶ *(indigesto)* schwer verdaulich ❷ *(vergonzoso)* beschämend

E

E

empadronamiento [empaðrona'mjeṇto] *m* Eintragung *f* in das Einwohnerregister; *(en Alemania)* Meldung *f* beim Einwohnermeldeamt; **oficina de ~** Einwohnermeldeamt *nt*

empadronar [empaðro'nar] **I.** *vt* (ins Einwohnerregister) eintragen; *(en Alemania)* anmelden **II.** *vr:* **~se** sich ins Einwohnerregister eintragen; *(en Alemania)* sich anmelden

empalagar [empala'ɣar] <g → gu> **I.** *vt, vi* ❶ *(alimento)* zu süß sein +*dat* ❷ *(persona)* lästig sein +*dat;* **tanta cortesía me empalaga** so viel Höflichkeit ist mir zuwider; **esta película empalaga** dieser Film ist zu sentimental **II.** *vr:* **~se** ❶ *(empacharse)* sich *dat* den Magen verderben ❷ *(hastiarse)* überdrüssig werden (**de/con** +*gen*); **me empalago de oírlo contar chistes** ich kann seine Witze nicht mehr hören

empalago [empa'laɣo] *m* ❶ *(dulzonería)* Süßlichkeit *f* ❷ *(pesadez)* Aufdringlichkeit *f* ❸ *(hastío)* Überdruss *m* ❹ *(empacho)* Magenverstimmung *f* ❺ *(loc)* **hablar con ~** gekünstelt reden

empalagoso, -a [empala'ɣoso, -a] *adj* ❶ *(alimento)* süßlich ❷ *(persona)* lästig ❸ *(película)* sentimental

empalar [empa'lar] **I.** *vt* (DEP: *con la pelota*) schlagen **II.** *vr:* **~se** *(Chil)* beharren (**en** auf +*dat*)

empalidecer [empaliðe'θer] *irr como crecer vi* ❶ *(persona)* erbleichen, erblassen; *(color)* blass werden ❷ *(un hecho)* verblassen

empalizada [empali'θaða] *f* ❶ *(valla)* (Garten)zaun *m* ❷ *(de fortificación)* Palisade *f;* **~ de nieve** Schneezaun *m*

empalmado, -a [empal'maðo, -a] *adj* *(vulg)* geil, mit einem Ständer *fam*

empalmar [empal'mar] **I.** *vi* ❶ *(dos trenes)* Anschluss haben (**con** an +*akk*) ❷ *(dos caminos)* sich kreuzen; *(dos ríos)* zusammenfließen; **esta carretera empalma con la nacional** über diese Landstraße kommt man zur Bundesstraße **II.** *vt (maderos, tubos)* aneinanderfügen; *(teléfono)* anschließen; **~ a puerta** (DEP) direkt aufs Tor schießen

empalme [em'palme] *m* ❶ *(acción: de maderos/tubos)* Verbindung *f; (del teléfono)* Anschluss *m* ❷ *(punto: de maderos/tubos)* Verbindungsstelle *f; (del teléfono)* Anschlussstelle *f;* **estación de ~** (FERRO) Umsteigebahnhof *m*

empanada [empa'naða] *f* ❶ (GASTR) Pastete *f* ❷ *(timo)* Betrug *m*

empanadilla [empana'ðiʎa] *f* Pastete *f*

empanado[1] [empa'naðo] *m* schlecht belüftetes Zimmer *nt*

empanado, -a[2] [empa'naðo, -a] *adj* ❶ *(carne)* paniert ❷ *(habitación)* schlecht belüftet

empanar [empa'nar] *vt* ❶ *(rellenar)* füllen ❷ *(rebozar)* panieren

empantanar [empaṇta'nar] **I.** *vt* ❶ *(un terreno)* überschwemmen ❷ *(un proyecto)* hemmen **II.** *vr:* **~se** ❶ *(terreno)* versumpfen ❷ *(proyecto)* ins Stocken geraten

empañado, -a [empa'ɲaðo, -a] *adj (cristal)* angelaufen; *(ojos)* trüb; *(metal)* matt; *(voz)* belegt

empañar [empa'ɲar] **I.** *vt* ❶ *(ventana)* beschlagen; *(metal)* matt machen; **las lágrimas le empañan los ojos** Tränen verschleiern ihm/ihr die Augen ❷ *(nombre)* beflecken; *(hazaña)* den Glanz nehmen +*dat* ❸ *(niño)* wickeln **II.** *vr:* **~se** *(ventana)* anlaufen; *(metal)* anlaufen; *(ojos)* sich trüben; *(voz)* belegt klingen

empañarse [empa'ɲarse] *vr (ventana)* beschlagen; *(metal)* anlaufen

empapar [empa'par] **I.** *vt* ❶ *(humedecer)* eintauchen (**en** in +*akk*) ❷ *(absorber)* aufsaugen ❸ *(mojar)* durchnässen; **la lluvia ha empapado el suelo** der Regen hat den Boden aufgeweicht; **el vendaje está empapado de sangre** der Verband ist von Blut durchtränkt **II.** *vr:* **~se** ❶ *(mojarse)* (völlig) nass werden ❷ *(un tema)* in sich aufsaugen

empapelador(a) [empapela'ðor(a)] *m(f)* Tapezierer(in) *m(f)*

empapelar [empape'lar] **I.** *vi, vt (las paredes)* tapezieren **II.** *vt* ❶ *(objeto)* verpacken ❷ *(fam: encausar)* anklagen

empaque [em'pake] *m* ❶ *(el empaquetar)* Verpacken *nt* ❷ *(semblante)* Aussehen *nt; (del rostro)* Gesichtsausdruck *m;* **su ~ era grave** er/sie machte ein ernstes Gesicht ❸ *(gravedad)* Würde *f;* **andaba con gran ~** er/sie ging gemessenen Schrittes ❹ *(Am: desfachatez)* Unverschämtheit *f*

empaquetador(a) [empaketa'ðor(a)] *m(f)* Packer(in) *m(f)*

empaquetar [empake'tar] *vt* ❶ *(objetos)* verpacken ❷ *(personas)* zusammenpferchen (**en** in +*dat*) ❸ (MIL) bestrafen

emparamentar [emparameṇ'tar] *vt* schmücken

emparedado [empare'ðaðo] *m* Sandwich *m o nt*

emparedar [empare'ðar] **I.** *vt* einmauern **II.** *vr:* **~se** ❶ *(encerrarse)* sich einsperren ❷ *(aislarse)* sich (von der Außenwelt) zurückziehen

emparejamiento [emparexa'mjeṇto] *m* ❶ *(acción)* Paarung *f* ❷ *(pareja)* Paar *nt*
emparejar [empare'xar] **I.** *vi* ❶ *(ponerse al lado)* ~ **con alguien** jdn einholen ❷ *(ponerse al nivel)* gleichziehen **II.** *vt* ❶ *(juntar)* (miteinander) paaren; **ya estoy emparejado** ich habe bereits einen Partner; **me quieren ~ con ella** sie wollen mich mit ihr verkuppeln ❷ *(nivelar)* auf dieselbe Höhe bringen ❸ *(ventana)* anlehnen **III.** *vr:* **~se** *(formar pareja)* ein Paar bilden; *(parejas)* Paare bilden; **en el siguiente partido quedé emparejado con Juan** in der folgenden Runde spielte ich mit Juan zusammen
emparentado, -a [empareṇ'taðo, -a] *adj* *(familia)* angeheiratet; *(persona)* verschwägert; **está bien ~** er hat in eine vermögende Familie eingeheiratet
emparentar [empareṇ'tar] <e → ie> *vi* ~ **con una familia** in eine Familie einheiraten
emparrillar [emparri'ʎar] *vt* ❶ *(asar)* grillen ❷ (ARQUIT) verpfählen
empastar [empas'tar] *vt* ❶ *(rellenar)* füllen; *(cubrir)* bestreichen; ~ **un diente** einen Zahn mit einer Füllung versehen; ~ **la cara con crema** (sich *dat*) das Gesicht (dick) eincremen ❷ *(libro)* kartonieren
empaste [em'paste] *m* ❶ *(relleno)* Füllen *nt;* *(cubrir)* Bestreichen *nt* ❷ (MED) (Zahn)füllung *f;* ~ **de la raíz** Wurzelfüllung *f*
empatar [empa'tar] **I.** *vi* ❶ (DEP) unentschieden ausgehen; ~ **a uno** eins zu eins unentschieden spielen; **cuando iban empatando uno a uno...** beim Gleichstand von eins zu eins ...; **estar empatados a puntos en la clasificación** auf demselben Tabellenplatz sein ❷ (POL) Stimmengleichheit erreichen **II.** *vt* ❶ *(Am: cuerdas)* miteinander verbinden; ~ **mentiras** Lügen vom Stapel lassen ❷ *(CRi: amarrar)* festmachen ❸ *(Ven: importunar)* belästigen
empate [em'pate] *m* ❶ (DEP) Unentschieden *nt;* **gol del ~** Ausgleichstreffer *m* ❷ (POL) Stimmengleichheit *f*
empatía [empa'tia] *f* Empathie *f*
empático, -a [em'patiko, -a] *adj* empathisch
empecinado, -a [empeθi'naðo, -a] *adj* stur, hartnäckig
empecinamiento [empeθina'mjeṇto] *m* Sturheit *f*
empecinarse [empeθi'narse] *vr* stur beharren (**en** auf +*dat*)
empedernido, -a [empeðer'niðo, -a] *adj* ❶ *(insensible)* herzlos ❷ *(incorregible)* unverbesserlich; **bebedor ~** Gewohnheitstrinker *m;* **solterón ~** eingefleischter Junggeselle
empedrar [empe'ðrar] <e → ie> *vt* ❶ *(pavimentar)* (be)pflastern ❷ *(plagar)* reichlich versehen (**de** mit +*dat*); ~ **un libro con citas** ein Buch mit Zitaten spicken
empeine [em'pei̯ne] *m* ❶ (ANAT: *del pie*) Spann *m,* Rist *m* ❷ (ANAT: *del vientre*) Unterleib *m* ❸ *(de la bota)* Blatt *nt* ❹ (MED) Eiterflechte *f*
empella [em'peʎa] *f* *(del zapato)* Blatt *nt*
empellar [empe'ʎar] *vt* stoßen, schubsen *fam*
empellón [empe'ʎon] *m* Stoß *m;* **pasar a través de la multitud a empellones** sich durch die Menge boxen
empelotado, -a [empelo'taðo, -a] *adj* ❶ *(confuso)* verwirrt ❷ *(Am: fam: desnudo)* nackt
empeñado, -a [empe'ɲaðo, -a] *adj* ❶ *(obstinado)* hartnäckig; **lo vi ~ en invitarme** er bestand hartnäckig darauf, mich einzuladen ❷ *(discusión)* hitzig
empeñar [empe'ɲar] **I.** *vt* *(objetos)* verpfänden; ~ **la palabra** sein Wort geben **II.** *vr:* **~se** ❶ *(insistir)* (hartnäckig) bestehen (**en** auf +*dat*); **se empeña en hablar contigo** er/sie will unbedingt mit dir sprechen; **no te empeñes** hör auf zu drängen; **si te empeñas en beber este vino asqueroso...** wenn du unbedingt diesen ekelhaften Wein trinken willst ... ❷ *(endeudarse)* sich verschulden ❸ *(mediar)* sich einsetzen (**por** für +*akk*)
empeño [em'peɲo] *m* ❶ *(de objetos)* Verpfändung *f;* **casa de ~s** Pfandhaus *nt* ❷ *(compromiso)* Verpflichtung *f* ❸ *(afán)* Eifer *m;* **con ~** beharrlich; **tengo ~ por** [*o* **en**] **sacar la mejor nota** ich strebe danach, die beste Note zu erhalten; **pondré ~ en...** ich werde alles daransetzen, zu ...
empeoramiento [empeora'mjeṇto] *m* Verschlechterung *f;* ~ **de la coyuntura** Konjunkturverschlechterung *f*
empeorar [empeo'rar] **I.** *vt* verschlechtern; **con tus palabras lo has acabado de ~** mit deinen Worten hast du es nur noch schlimmer gemacht **II.** *vi, vr:* **~se** sich verschlechtern
empequeñecer [empekeɲe'θer] *vt irr como crecer* ❶ *(disminuir)* verkleinern ❷ *(quitar importancia)* herabsetzen
emperador [empera'ðor] *m* ❶ (POL) Kaiser *m* ❷ (ZOOL) Schwertfisch *m*
emperatriz [empera'triθ] *f* Kaiserin *f*
emperezar [empere'θar] <z → c> **I.** *vt* *(fig: retardar)* aufschieben **II.** *vr:* **~se** faul werden, träge werden

E

emperifollar [emperifo'ʎar] *vt, vr:* **~se** *(fam)* sich herausputzen

empero [em'pero] *conj (elev: sin embargo)* jedoch, dennoch; **lo he hecho mal, ~, no es culpa mía** ich habe es schlecht gemacht; es ist jedoch nicht meine Schuld

emperramiento [emperra'mjeṇto] *m (fam)* ❶ *(obstinación)* Sturheit *f,* Hartnäckigkeit *f* ❷ *(capricho)* Vernarrtheit *f* ❸ *(cólera)* Wut *f,* Zorn *m*

emperrarse [empe'rrarse] *vr (fam: obstinarse)* (hartnäckig) bestehen (**en** auf +*dat*)

empesgar [empes'ɣar] <g → gu> *vt (prensar)* beschweren

empezar [empe'θar] *vi, vt irr* beginnen; *(botella)* anbrechen; *(pastel)* anschneiden; **empezó de la nada** er/sie hat sich von ganz unten hochgearbeitet; **¡no empieces!** fang nicht schon wieder damit an!; **para ~ me leeré el periódico** zunächst einmal werde ich die Zeitung lesen; **para ~ no tengo dinero y, además, no tengo ganas** erstens habe ich kein Geld und zweitens keine Lust

empiece [em'pjeθe] *m (fam)* Beginn *m,* Anfang *m*

empiltrarse [empil̦'trarse] *vr (fam)* sich hinlegen, sich in die Falle hauen

empinado, -a [empi'naðo, -a] *adj* ❶ *(edificio)* hoch ❷ *(pendiente)* steil

empinar [empi'nar] **I.** *vt* ❶ *(poner vertical)* aufstellen ❷ *(alzar)* hochheben; **~ una botella** eine Flasche (zum Trinken) ansetzen; **~ la cabeza** den Kopf heben; **~ el codo** *(fig fam)* saufen **II.** *vr:* **~se** ❶ *(persona)* sich auf die Fußspitzen stellen; *(animal)* sich auf die Hinterbeine stellen ❷ *(un edificio)* (empor)ragen

empingorotado, -a [empiŋgoro'taðo, -a] *adj* ❶ *(fam: engreído)* hochnäsig, eingebildet ❷ *(en la sociedad)* (gesellschaftlich) angesehen

empipada [empi'paða] *f (Am)* Schlemmerei *f;* **darse una ~ de chocolate** Unmengen von Schokolade essen

empiparse [empi'parse] *vr (Am)* sich satt essen

empíreo[1] [em'pireo] *m (elev: cielo)* Himmel *m,* Empyreum *nt*

empíreo, -a[2] [em'pireo, -a] *adj (elev: relativo al cielo)* himmlisch, empyreisch

empírico, -a [em'piriko, -a] *adj* empirisch

empirismo [empi'rismo] *m sin pl* ❶ *(científico)* Empirie *f* ❷ (FILOS) Empirismus *m*

empirista [empi'rista] *mf* Empiriker(in) *m(f)*

empitonar [empito'nar] *vt* (TAUR) mit den Hörnern aufspießen

emplastar [emplas'tar] **I.** *vt* ❶ (MED) ein Pflaster kleben (auf +*akk,* über +*akk*) ❷ *(objeto)* beschmieren ❸ *(fam: negocio)* hemmen, ins Stocken bringen ❹ *(maquillar)* schminken **II.** *vr:* **~se** ❶ *(ensuciarse)* sich schmutzig machen ❷ *(maquillarse)* sich schminken

emplaste [em'plaste] *m* Gips *m*

emplasto [em'plasto] *m* Pflaster *nt*

emplazamiento [emplaθa'mjeṇto] *m* ❶ (JUR) Vorladung *f* ❷ *(lugar)* Platz *m; (situación)* Lage *f; (de una empresa)* Standort *m* ❸ (MIL) Stellung *f*

emplazar [empla'θar] <z → c> *vt* ❶ *(citar)* zitieren; (JUR) vorladen; **le emplazo para darme una respuesta mañana** ich fordere Sie hiermit auf, mir morgen eine Antwort zu geben ❷ *(situar)* platzieren; (MIL) stationieren; **este monumento no está bien emplazado aquí** dieses Denkmal ist hier fehl am Platz

empleado, -a [emple'aðo, -a] *m, f* Angestellte(r) *mf;* **empleada de hogar** Hausangestellte *f;* **~ de oficina** Sachbearbeiter *m;* **~ de ventanilla** Schalterbeamte(r) *m,* -beamtin *f;* **~ de la limpieza** Gebäudereiniger *m;* **los ~s de una empresa** die Belegschaft einer Firma

empleador(a) [emplea'ðor(a)] *m(f) (Am)* Arbeitgeber(in) *m(f)*

emplear [emple'ar] **I.** *vt* ❶ *(colocar)* einstellen; *(ocupar)* beschäftigen; **en estos momentos no estoy empleado** zurzeit habe ich keine Anstellung ❷ *(usar)* benutzen; *(fuerza, tiempo)* aufwenden; *(medio, técnica, método, conocimientos)* anwenden; *(razón)* walten lassen; **¡podrías ~ mejor el tiempo!** du könntest mit deiner Zeit etwas Besseres anfangen!; **¡ya te está bien empleado!** das geschieht dir (ganz) recht!; **dar algo por bien empleado** etw nicht bereuen ❸ *(dinero)* ausgeben (**en** für +*akk*); **he empleado todo el dinero en la casa** ich habe das ganze Geld in das Haus gesteckt **II.** *vr:* **~se** ❶ *(colocarse)* eine Anstellung finden (**como/de** als +*nom*) ❷ *(usarse)* benutzt werden ❸ *(esforzarse)* **~se a fondo** sein Bestes tun

empleo [em'pleo] *m* ❶ *(trabajo)* Stelle *f;* **~ fijo** Festanstellung *f; (ocupación)* Beschäftigung *f;* **pleno ~** Vollbeschäftigung *f;* **no tener ~** arbeitslos sein; **crear ~** neue Arbeitsplätze schaffen ❷ *(uso)* Benutzung *f; (de fuerza, tiempo)* Aufwendung *f; (de medio/técnica/método/conocimientos)* Anwendung *f;* **modo de ~** Gebrauchsanweisung *f;* **el ~ de materias primas y energía** der Einsatz von Rohstoffen und Energie

emplomadura [emploma'ðura] *f* ❶ *(cu-*

brimiento) Verbleiung *f* ❷ *(precinto)* Plombierung *f* ❸ *(plomo)* Blei(stück) *nt* ❹ *(Am: empaste)* (Zahn)füllung *f*

emplumar [emplu'mar] **I.** *vi* ❶ *(ave)* Federn ansetzen [*o* bekommen] ❷ *(AmC: fugarse)* fliehen ❸ *(Guat, Cuba: engañar)* betrügen **II.** *vt* ❶ *(sombrero, flecha)* mit Federn schmücken ❷ *(Cuba: despedir)* entlassen ❸ *(Ecua, Ven: enviar)* zur Strafe wegschicken ❹ *(fam: encarcelar)* verknacken; **le han emplumado diez años** er/sie ist zu zehn Jahren Haft verknackt worden

empobrecedor(a) [empoβreθe'ðor(a)] *adj* **algo es** [*o* **resulta**] **~ para alguien** etw macht jdn arm

empobrecer [empoβre'θer] *irr como crecer* **I.** *vt* arm machen; **la edad empobrece los reflejos** mit dem Alter werden die Reflexe schlechter **II.** *vi, vr:* **~se** verarmen; **este terreno se ha empobrecido** dieser Acker ist ausgelaugt

empobrecimiento [empoβreθi'mjen̩to] *m* ❶ *(depauperación)* Verarmung *f* ❷ *(empeoramiento)* Verschlechterung *f*

empoderamiento [empoðera'mjen̩to] *m* (SOCIOL) Empowerment *nt,* Selbstermächtigung *f*

empolladura [empoʎa'ðura] *f* ❶ *(fam: de los estudiantes)* Pauken *nt,* Büffeln *nt* ❷ *(de las abejas)* Bienenbrut *f*

empollar [empo'ʎar] **I.** *vi* ❶ *(fam: estudiante)* büffeln ❷ *(Am: ampollar)* Blasen bilden **II.** *vt* ❶ *(ave)* ausbrüten ❷ *(fam: lección)* pauken; **estar empollado de algo** etw aus dem Effeff können

empollón, -ona [empo'ʎon, -ona] *m, f (fam)* Streber(in) *m(f)*

empolvar [empol'βar] **I.** *vt* (ein)pudern **II.** *vr:* **~se** ❶ *(el rostro)* sich pudern ❷ *(un objeto)* verstauben; **la mesa se ha empolvado** der Tisch ist ganz staubig

emponchado, -a [empon'ʧaðo, -a] *adj* ❶ *(Am: astuto)* schlau, clever *fam* ❷ *(Arg, Ecua, Perú, Urug: con poncho)* mit einem Poncho bekleidet

emponzoñador(a) [empon̩θoɲa'ðor(a)] *adj* ❶ *(venenoso)* giftig ❷ *(fig: perjudicial)* schädlich

emponzoñamiento [empon̩θoɲa'mjen̩to] *m* Vergiftung *f*

emponzoñar [empon̩θo'ɲar] *vt* vergiften

emporio [em'porjo] *m* ❶ *(ciudad)* Handelsstadt *f; (centro comercial)* (Handels)zentrum *nt* ❷ *(centro cultural)* Hochburg *f* ❸ *(AmC: almacén)* Kaufhaus *nt*

emporrado, -a [empo'rraðo, -a] *adj (argot)* **estar ~** high sein

emporrarse [empo'rrarse] *vr (argot)* kiffen

empotrado, -a [empo'traðo, -a] *adj* Einbau-; **muebles ~s** Einbaumöbel *ntpl*

empotrar [empo'trar] *vt* einbauen (**en** in +*akk*); *(en una pared)* einmauern (**en** in +*akk*)

emprendedor(a) [empren̩de'ðor(a)] *adj* unternehmungslustig

emprender [empren̩'der] *vt* ❶ *(trabajo)* in Angriff nehmen; *(negocio)* gründen; **~ la marcha** sich auf den Weg machen; **~ la vuelta** den Rückweg antreten; **~ el vuelo** abfliegen; **al anochecer la emprendimos hacia el refugio** *(fam)* als es dunkel wurde, kehrten wir in die Berghütte zurück ❷ *(loc, fam)* **~la con alguien** es mit jdm aufnehmen; **~la a bofetadas con alguien** eine Prügelei mit jdm anfangen; **~la a insultos con alguien** jdn mit Beschimpfungen bombardieren

empresa [em'presa] *f* ❶ *(operación)* Unternehmen *nt* ❷ *(iniciativa)* Initiative *f* ❸ (ECON) Betrieb *m; (compañía)* Unternehmen *nt,* Firma *f;* **~ de mensajería y paquetería** Kurier- und Paketdienst *m;* **mediana ~** mittelständischer Betrieb; **pequeña ~** Kleinbetrieb *m*

empresaria [empre'sarja] *f v.* **empresario**

empresariado [empresa'rjaðo] *m* Unternehmertum *nt*

empresarial [empresa'rjal] *adj* ❶ *(del empresario)* unternehmerisch ❷ *(de la empresa)* Betriebs-; *(compañía)* Unternehmens-

empresario, -a [empre'sarjo, -a] *m, f* ❶ (ECON) Unternehmer(in) *m(f); (patrón)* Arbeitgeber(in) *m(f);* **pequeño ~** Kleinunternehmer *m* ❷ (TEAT) Intendant(in) *m(f)*

emprestar [empres'tar] *vt (vulg)* (ver)leihen

empréstito [em'prestito] *m* Anleihe *f;* **~ público** Staatsanleihe *f*

empujar [empu'xar] *vi, vt* ❶ *(dar empujón)* schieben; *(con violencia)* stoßen; *(multitud)* drängeln; *(puerta)* drücken; **me empujó hacia atrás** er/sie stieß mich zurück; **me empujó contra la pared** er/sie drückte mich gegen die Wand ❷ *(empleado)* entlassen ❸ *(instar)* drängen; **su familia le empuja a que se case** seine Familie drängt ihn zur Heirat ❹ *(intrigar)* intrigieren; **ha empujado mucho para conseguir el puesto** er/sie hat einige Intrigen gesponnen, um sich *dat* den Posten zu sichern

empuje [em'puxe] *m* ❶ *(acción)* Stoß *m* ❷ (FÍS) Schub *m;* **~ ascensional** Auftrieb *m* ❸ *(energía)* Schwung *m; (resolución)* Durchsetzungsvermögen *nt;* **persona de ~** Draufgänger(in) *m(f);* **no tienes**

E

el ~ suficiente para llevar la empresa du hast nicht den nötigen Schwung, um die Firma zu leiten

empujón [empu'xon] *m* ❶ *(empellón)* Stoß *m;* **dar un ~ a alguien** jdn stoßen; **entrar en un local a empujones** sich in ein Lokal (hinein)drängen; **la carretera se está construyendo a empujones** die Straßenbauarbeiten werden ständig unterbrochen ❷ *(impulso)* Ruck *m;* **si no le damos un ~ al trabajo no lo acabaremos** wenn wir jetzt nicht Druck machen, werden wir mit der Arbeit nie fertig

E

empuntar [empun̩'tar] **I.** *vi* ❶ *(irse)* (weg)gehen ❷ *(Col: fam)* **~las** sich auf die Socken machen **II.** *vt (Col, Ecua: encarrilar)* anbahnen **III.** *vr:* **~se** *(Ven: obstinarse)* stur bleiben

empuñadura [empuɲa'ðura] *f (puño)* Griff *m; (de un bastón)* Knauf *m*

empuñar [empu'ɲar] *vt* ❶ *(tomar)* ergreifen; *(asir)* fest halten; **~ las armas** zu den Waffen greifen ❷ *(un puesto)* erreichen ❸ *(Chil: la mano)* ballen

emú [e'mu] *m* Emu *m*

emulación [emula'θjon] *f* ❶ *(imitación)* Nacheiferung *f* ❷ *(competencia)* Wetteifer *m*

emulador[1] [emula'ðor] *m* (INFOR) Emulator *m;* **~ de memoria expandida** Expansionsspeicher-Emulator *m*

emulador(a)[2] [emula'ðor(a)] *m(f)* ❶ *(imitador)* Nachahmer(in) *m(f)* ❷ *(competidor)* Rivale, -in *m, f,* Konkurrent(in) *m(f)*

emular [emu'lar] *vt* ❶ *(imitar)* nacheifern +*dat* ❷ *(competir)* wetteifern (mit +*dat*)

émulo, -a ['emulo, -a] *m, f* ❶ *(imitador)* Nachahmer(in) *m(f)* ❷ *(oponente)* Rivale, -in *m, f*

emulsión [emul'sjon] *f* Emulsion *f*

emulsionar [emulsjo'nar] *vt* emulgieren

en [en] *prep* ❶ *(lugar)* in +*dat,* auf +*dat,* an +*dat; (con movimiento)* in +*akk,* auf +*akk,* an +*akk;* **el libro está ~ el cajón** das Buch ist in der Schublade; **pon el libro ~ el cajón** leg das Buch in die Schublade; **he dejado las llaves ~ la mesa** ich habe die Schlüssel auf dem Tisch liegen lassen; **coloca el florero ~ la mesa** stell die Blumenvase auf den Tisch; **~ la pared hay un cuadro** an der Wand hängt ein Bild; **pon el póster ~ la pared** kleb das Poster an die Wand; **estar ~ el campo/~ la ciudad/~ una isla** auf dem Lande/in der Stadt/auf einer Insel sein; **~ Alemania/~ Turquía/~ Irak** in Deutschland/in der Türkei/im Irak; **vacaciones ~ el mar** Urlaub an der See; **jugar ~ la calle** auf der Straße spielen; **vivo ~ la calle Mozart** ich wohne in der Mozartstraße; **estoy ~ casa** ich bin zu Hause; **estoy ~ casa de mis padres** ich bin bei meinen Eltern; **trabajo ~ una empresa japonesa** ich arbeite bei einer japanischen Firma ❷ *(tiempo)* in +*dat;* **~ el año 2000** im Jahre 2000; **~ el año 1995 Kobe sufrió un terremoto** Kobe wurde (im Jahre) 1995 von einem Erdbeben heimgesucht; **~ otra ocasión** bei einer anderen Gelegenheit; **~ aquellos tiempos** damals; **~ un mes/dos años** innerhalb eines Monats/von zwei Jahren; **lo terminaré ~ un momento** ich mache es gleich fertig; **~ todo el día** den ganzen Tag ❸ *(modo, estado)* **~ venta** zu verkaufen; **~ flor** in Blüte; **~ construcción** im Bau (befindlich); **~ vida** am Leben; **~ absoluto** auf (gar) keinen Fall; **~ voz alta** laut; **decir algo ~ español** etw auf Spanisch sagen; **de tres ~ tres** jeweils zu dritt; **de dos ~ dos** paarweise; **pagar ~ euros** in Euro bezahlen ❹ *(medio)* **papá viene ~ tren/coche** Papa kommt mit dem Zug/Auto; **he venido ~ avión** ich bin geflogen; **lo reconocí ~ la voz** ich erkannte ihn an der Stimme ❺ *(ocupación)* **doctor ~ filosofía** Doktor der Philosophie; **trabajo ~ ingeniería genética** ich arbeite als Genetiker(in); **estar ~ la policía** bei der Polizei sein; **estar ~ la mili** beim Militär sein; **trabajar ~ correos/~ una fábrica** bei der Post/in einer Fabrik arbeiten ❻ *(con verbo)* **pienso ~ ti** ich denke an dich; **no confío ~ él** ich vertraue ihm nicht; **ingresar ~ un partido** in eine Partei eintreten; **ganar ~ importancia** an Bedeutung gewinnen ❼ *(cantidades)* **aumentar la producción ~ un 5%** die Produktion um 5 % steigern; **me he equivocado solamente ~ 2 euros** ich habe mich nur um 2 Euro verrechnet ❽ (ECON) **~ fábrica** ab Werk; **franco ~ almacén** ab Lager

enaceitar [enaθei̯'tar] **I.** *vt* ölen, schmieren **II.** *vr:* **~se** sich einölen

enagua(s) [e'naɣwa(s)] *f(pl)* Unterrock *m*

enajenación [enaxena'θjon] *f* ❶ *(de una propiedad)* Veräußerung *f* ❷ *(de la mente)* Verwirrung *f;* **~ mental** Geistesgestörtheit *f* ❸ *(embeleso)* Verzückung *f* ❹ *(distracción)* Zerstreutheit *f* ❺ *(entre personas)* Entfremdung *f*

enajenado, -a [enaxe'naðo, -a] *adj* verrückt; **~ mental** geistesgestört

enajenar [enaxe'nar] **I.** *vt* ❶ *(una posesión)* veräußern ❷ *(enloquecer)* verrückt machen ❸ *(turbar)* entzücken; *(fascinar)* faszinieren ❹ *(de alguien)* entfremden; **su carácter lo enajena de mucha gente** sein Charakter macht ihn vielen Leuten unsympathisch **II.** *vr:* **~se** ① *(de una posesión)* veräußern (**de** +*akk*) ② *(enloquecer)* verrückt werden ③ *(de alguien)* sich entfremden

enaltecer [enal̩te'θer] *vt irr como crecer* ① *(ensalzar)* loben ② *(dignificar)* Würde verleihen +*dat*

enaltecimiento [enal̩teθi'mjen̩to] *m* Lob *nt,* Preis *m geh*

enamoradizo, -a [enamora'ðiθo, -a] *adj* leicht entflammbar; **es un joven ~** er fängt leicht Feuer

enamorado, -a [enamo'raðo, -a] **I.** *adj* verliebt (**de** in +*akk*); **estuvimos un tiempo ~s** wir waren einige Zeit ein Paar **II.** *m, f* **día de los ~s** Valentinstag *m*

enamorar [enamo'rar] **I.** *vt* ① *(conquistar)* verliebt machen; **mi profesora me ha enamorado** ich habe mich in meine Lehrerin verliebt ② *(cortejar)* den Hof machen +*dat* **II.** *vr:* **~se** ① *(de alguien)* sich verlieben (**de** in +*akk*) ② *(de una cosa)* angetan sein (**de** von +*dat*)

enanismo [ena'nismo] *m sin pl* (MED) Zwergwuchs *m*

enanito, -a [ena'nito, -a] *m, f* Zwerg(in) *m(f)*

enano, -a [e'nano, -a] **I.** *adj* Zwerg-; *(persona)* zwerg(en)haft; (MED) zwergwüchsig **II.** *m, f* ① *(liliputiense)* Liliputaner(in) *m(f)* ② *(de un cuento)* Zwerg(in) *m(f)* ③ *(fam: criatura)* Kleine(r) *mf* ④ *(pey: granuja)* elender Wicht *m* ⑤ *(loc)* **disfrutar como un ~** sich köstlich amüsieren

enarbolar [enarβo'lar] *vt (bandera)* hissen; *(cartel)* hoch halten; *(espada)* schwingen

enarcar [enar'kar] <c → qu> **I.** *vt* ① *(arquear)* biegen; *(las cejas)* hochziehen ② *(tonel)* bereifen **II.** *vr:* **~se** ① *(arquearse)* sich wölben ② *(encogerse)* sich ducken ③ *(Méx: caballo)* sich aufbäumen

enardecer [enarðe'θer] *irr como crecer* **I.** *vt* ① *(pasiones)* entfachen; **el vino los enardeció** der Wein brachte sie in Stimmung; **~ los ánimos** die Gemüter erregen ② *(enfervorizar)* begeistern ③ *(sexualmente)* erregen **II.** *vr:* **~se** ① *(pasiones)* sich entflammen ② *(entusiasmarse)* sich begeistern (**por** für +*akk*) ③ (MED: *inflamarse*) sich entzünden ④ *(sexualmente)* erregt werden

encabalgar [eŋkaβal'ɣar] <g → gu> **I.** *vi* ① *(montar)* reiten ② *(apoyar)* anlehnen **II.** *vt* ① *(proveer de caballos)* mit Pferden versehen ② (LIT) ein Enjambement machen (bei/in +*dat*)

encabestrar [eŋkaβes'trar] *vt* ① *(cabestro)* (an)halftern ② **~ a alguien para que haga algo** jdn dazu bewegen [*o* bringen], etw zu tun

encabezado [eŋkaβe'θaðo] *m (Guat, Méx: titular)* Überschrift *f*

encabezamiento [eŋkaβeθa'mjen̩to] *m* ① *(de un escrito/libro)* Kopf *m; (de un artículo)* Überschrift *f* ② *(de una carta: parte superior)* Briefkopf *m; (tratamiento)* Anrede *f; (primeras líneas)* Einleitung *f* ③ (INFOR, TIPO) Kopfzeile *f*

encabezar [eŋkaβe'θar] <z → c> *vt* ① *(lista, grupo)* anführen; *(institución)* leiten ② *(un escrito)* einleiten; *(un artículo)* überschreiben; **~ un libro con una cita** einem Buch ein Zitat voranstellen ③ *(una carta: la parte superior)* den Briefkopf schreiben *+gen; (el tratamiento)* die Anrede schreiben *+gen; (las primeras líneas)* einleiten

encabritarse [eŋkaβri'tarse] *vr* ① *(animal)* sich aufbäumen ② *(persona)* wütend sein

encabronarse [eŋkaβro'narse] *vr* wütend werden (**con** über +*akk*)

encadenado[1] [eŋkaðe'naðo] *m* ① (ARQUIT: *armazón*) Traggebälk *nt* ② *(mina)* Abstrebung *f*

encadenado, -a[2] [eŋkaðe'naðo, -a] *adj* ① *(con cadena)* angekettet (**a** an +*dat*) ② *(estrofa)* verkettet; **verso ~** Kettenvers *m*

encadenar [eŋkaðe'nar] **I.** *vt* ① *(bicicleta, persona)* anketten (**a** an +*akk/dat*); *(un perro t.)* an die Kette legen ② *(hechos, t.* INFOR) verketten; *(razonamientos)* miteinander verknüpfen ③ *(a un trabajo, lugar)* binden (**a** an +*akk*); **los recuerdos la encadenan a esta casa** die Erinnerungen binden sie an dieses Haus **II.** *vr:* **~se** ① *(con cadenas)* sich anketten (**a** an +*akk/dat*) ② *(hechos)* sich verketten ③ *(a un trabajo, lugar)* sich binden (**a** an +*akk*)

encajadura [eŋkaxa'ðura] *f* ① *(acción)* Einpassung *f,* Einfügung *f* ② *(ranura)* Falz *m,* Nut *f* ③ *(de joya)* Fassung *f*

encajar [eŋka'xar] **I.** *vi* ① *(ajustar, t.* TÉC) passen; *(cerradura)* einrasten; **la puerta encaja mal** die Tür klemmt; **esta puerta no encaja con este marco** diese Tür passt nicht in diesen Rahmen ② *(datos, hechos)* passen (**con** zu +*dat*); **las dos declaraciones encajan** die zwei Aussagen stimmen überein; **¡ves como todo encaja!** sieh mal, wie alles zusammenpasst!; **este chiste no encaja aquí** dieser Witz ist hier fehl am Platz **II.** *vt* ① *(ajustar, t.* TÉC) einpassen (**en** in +*akk*); **~ dos piezas** zwei Stücke ineinanderfügen; **~ la ventana en el marco** das Fenster in den Fensterrahmen einsetzen; **~ el sombrero en la cabeza**

E

den Hut aufsetzen; ~ **la funda en la máquina** den Überzug über die Maschine stülpen ❷ *(fam: disparo)* abgeben; *(golpe)* versetzen ❸ *(fam: aceptar)* annehmen; **no ~ la muerte de alguien** jds Tod nicht verkraften; **no sabes ~ una broma** du verstehst keinen Spaß ❹ (DEP: *golpe*) abbekommen; *(gol)* kassieren ❺ *(fam: soltar)* vom Stapel lassen; ~ **una reprimenda a alguien** jdm die Leviten lesen; **me encajó todas sus vacaciones** ich musste die Schilderung seines/ihres gesamten Urlaubes über mich ergehen lassen ❻ *(fam: endilgar)* andrehen; ~ **una tarea a alguien** jdm eine Aufgabe aufbrummen ❼ *(insertar)* einfügen; **tenemos que ~ esta historia en la edición de mañana** wir müssen diese Geschichte in der Ausgabe von morgen unterbringen **III.** *vr:* **~se** ❶ *(empotrarse)* stecken bleiben (**en** in +*dat*) ❷ *(fam: ponerse)* sich *dat* anziehen ❸ *(atascarse)* klemmen; *(acción)* sich verklemmen

E

encaje [eŋ'kaxe] *m* ❶ *(acción)* Einpassung *f* (**en** in +*akk*) ❷ *(tejido)* Spitze *f*

encajonar [eŋkaxo'nar] **I.** *vt* ❶ *(en cajones)* (ein)packen ❷ *(a la fuerza)* (hinein)zwängen; *(personas)* zusammenpferchen; **estábamos encajonados en el ascensor** wir standen zusammengepfercht im Aufzug **II.** *vr:* **~se** ❶ *(apretarse)* sich hineinzwängen (**en** in +*akk*) ❷ *(un río)* eine Enge bilden

encalabrinar [eŋkalaβri'nar] **I.** *vt* ❶ *(olores)* benebeln ❷ *(irritar)* reizen, ärgern **II.** *vr:* **~se** ❶ *(irritarse)* sich ärgern ❷ *(encapricharse)* sich vernarren (**en** in +*akk*) ❸ *(enamorarse)* sich verlieben (**con** in +*akk*), sich vernarren (**con** in +*akk*)

encalador(a) [eŋkala'ðor(a)] *m(f)* Maler(in) *m(f)*

encalar [eŋka'lar] *vt* tünchen

encallar [eŋka'ʎar] *vi* ❶ *(barco)* stranden ❷ *(asunto)* nicht vorankommen; *(negociaciones)* sich festfahren

encallecer [eŋkaʎe'θer] *irr como crecer* **I.** *vi, vr:* **~se** *(piel)* verhornen **II.** *vr:* **~se** *(persona)* abstumpfen

encaminar [eŋkami'nar] **I.** *vt* ❶ *(orientar)* auf den richtigen Weg bringen (**a** nach/zu +*dat*); **¿me puede ~ al pueblo más próximo, por favor?** können Sie mir bitte erklären, wie ich zum nächsten Dorf komme? ❷ *(dirigir)* lenken (**hacia** auf +*akk*); ~ **sus pasos hacia el pueblo** sich auf den Weg ins Dorf machen; ~ **la mirada/la conversación hacia un punto** den Blick/das Gespräch auf einen Punkt lenken; ~ **los esfuerzos hacia una meta** die Bemühungen auf ein Ziel richten; **medidas encaminadas a reducir el paro** Maßnahmen zur Senkung der Arbeitslosigkeit; ~ **los negocios** die Geschäfte in Gang bringen **II.** *vr:* **~se** sich aufmachen (**a/hacia** nach/zu +*dat*); **~se a la meta** direkt aufs Ziel zugehen

encamotarse [eŋkamo'tarse] *vr (Am)* sich verlieben (**en** in +*akk*)

encanarse [eŋka'narse] *vr* ❶ *(envararse)* erstarren ❷ *(Col: argot: ser encarcelado)* hinter Gitter kommen

encandilado, -a [eŋkan̪di'laðo, -a] *adj* ❶ *(fam: erguido)* aufrecht, gerade ❷ *(fam: enamorado)* verschossen (**con** in +*akk*), verliebt (**con** in +*akk*); **está ~ con su vecina** er schwärmt für seine Nachbarin ❸ *(deslumbrado)* geblendet

encandilar [eŋkan̪di'lar] **I.** *vt (deslumbrar)* blenden; **tu belleza lo encandiló** er war von deiner Schönheit geblendet; **escuchar encandilado** gebannt zuhören **II.** *vr:* **~se** ❶ *(Am: asustarse)* Angst haben ❷ *(PRico: enfadarse)* sich ärgern

encanecer [eŋkane'θer] *irr como crecer vi, vr:* **~se** ❶ *(pelo)* ergrauen; **pelo encanecido** graumeliertes Haar ❷ *(persona)* alt werden

encantado, -a [eŋkan̪'taðo, -a] *adj* ❶ *(satisfecho)* (hoch)erfreut (**de/con** über +*akk*); **¡~ de conocerle!** sehr angenehm!; **estoy ~ con mi nuevo trabajo** ich bin mit meiner neuen Arbeit sehr zufrieden; **estoy ~ de la vida** ich fühle mich sehr wohl ❷ *(distraído)* geistesabwesend

encantador(a) [eŋkan̪ta'ðor(a)] **I.** *adj* ❶ *(persona)* reizend; *(bebé)* goldig ❷ *(fiesta, lugar)* zauberhaft ❸ *(música)* bezaubernd **II.** *m(f)* Zauberer, -in *m, f;* ~ **de serpientes** Schlangenbeschwörer *m*

encantamiento [eŋkan̪ta'mjen̪to] *m* Verzauberung *f;* **lo hizo como por arte de ~** er/sie tat es wie durch Zauberei

encantar [eŋkan̪'tar] *vt* ❶ *(hechizar)* verzaubern; *(serpientes)* beschwören ❷ *(gustar)* gefallen +*dat;* **me encanta viajar** ich reise sehr gern; **me encantan los dulces** ich esse unheimlich gern Süßes; **me encanta que te preocupes por mí** es freut mich sehr, dass du dich um mich kümmerst ❸ *(cautivar)* begeistern; *(fascinar)* faszinieren

encanto [eŋ'kan̪to] *m* ❶ *(hechizo)* Zauber *m;* **romper el ~** den Zauber brechen ❷ *(atractivo)* Reiz *m;* **¡es un ~ de niño!** das ist ein goldiges Kind!

encañonar [eŋkaɲo'nar] **I.** *vt* ❶ *(agua)* durch Rohre leiten ❷ *(arma)* zielen (auf +*akk,* **con** mit +*dat*); **la encañonó con su**

pistola er/sie richtete seine/ihre Pistole auf sie ❸ *(cartones, prendas)* fälteln ❹ *(seda)* spulen **II.** *vi* Federn ansetzen

encapotado, **-a** [eŋkapo'taðo, -a] *adj* bedeckt; **el cielo está muy** ~ der Himmel ist verhangen

encapotar [eŋkapo'tar] **I.** *vt* *(con el capote)* einen Umhang umhängen +*dat* **II.** *vr:* **~se** ❶ *(capote)* sich *dat* einen Umhang umhängen ❷ *(cielo)* sich bedecken ❸ *(persona)* ein düsteres Gesicht machen

encapricharse [eŋkapri'ʧarse] *vr* ❶ *(con una cosa)* unbedingt wollen (**con** +*akk*) ❷ *(con una persona)* sich vernarren (**con** in +*akk*); **te has encaprichado con ella** sie hat es dir angetan

encapuchado, **-a** [eŋkapu'ʧaðo, -a] *adj* *(atracador)* maskiert

encapuchar [eŋkapu'ʧar] *vt, vr:* **~se** ❶ *(poner(se) capucha)* (sich *dat*) eine Kapuze aufsetzen ❷ *(tapar(se) el rostro)* (sich) vermummen

encaramar [eŋkara'mar] **I.** *vt* ❶ *(alzar)* hochheben; ~ **a alguien a la fama mundial** jdn weltberühmt machen ❷ *(alabar)* loben **II.** *vr:* **~se** ❶ *(subir)* **~se a un árbol** (auf) einen Baum hinaufklettern; **~se a una escalera** eine Leiter hochklettern ❷ *(de categoría)* sich hocharbeiten; **~se a lo más alto de la empresa** sich in der Firma ganz nach oben arbeiten

encaramiento [eŋkara'mjeṇto] *m* Gegenüberstellung *f*, Konfrontation *f*

encarar [eŋka'rar] **I.** *vt* ❶ *(persona, cosa)* (einander) gegenüberstellen ❷ *(riesgo)* ins Auge sehen +*dat* ❸ *(fusil)* richten (**a** auf +*akk*) **II.** *vr:* **~se** ❶ *(dos personas)* einander gegenüberstehen ❷ *(a una dificultad)* ins Auge sehen (**a/con** +*dat*) ❸ *(fam: a un superior)* die Stirn bieten (**a** +*dat*)

encarcelación [eŋkarθela'θjon] *f* Inhaftierung *f*

encarcelamiento [eŋkarθela'mjeṇto] *m* ❶ *(acción)* Inhaftierung *f* ❷ *(efecto)* Haft *f*; ~ **forzoso** Zwangshaft *f*

encarcelar [eŋkarθe'lar] *vt* inhaftieren; **estar encarcelado** sich in Haft befinden

encarecer [eŋkare'θer] *vt irr como crecer* ❶ (COM) verteuern ❷ *(alabar)* loben ❸ *(subrayar)* hervorheben; **encareció la necesidad de aprender idiomas** er/sie unterstrich immer wieder, wie wichtig es ist, Sprachen zu lernen ❹ *(insistir)* eindringlich bitten; **me encareció que no dejara de visitarla** sie bat mich eindringlich, sie zu besuchen

encarecidamente [eŋkareθiða'meṇte] *adv* eindringlich; **le ruego ~...** ich bitte Sie inständig ...

encarecimiento [eŋkareθi'mjeṇto] *m* ❶ (COM) Verteuerung *f* ❷ *(acentuación)* Betonung *f* ❸ *(insistencia)* **con** ~ eindringlich

encargado, **-a** [eŋkar'ɣaðo, -a] **I.** *adj* beauftragt (**de** mit +*dat*) **II.** *m, f* Beauftragte(r) *mf; (oficial)* Sachbearbeiter(in) *m(f); (de un taller)* Werkmeister(in) *m(f);* ~ **de curso** Lehrbeauftragte(r) *m;* ~ **de obras** Polier *m;* ~ **de prensa** Pressesprecher *m*

encargar [eŋkar'ɣar] <g → gu> **I.** *vt* ❶ *(encomendar)* anvertrauen; *(cargo)* übertragen; **lo ~on del departamento de ventas** ihm wurde die Leitung der Verkaufsabteilung übertragen; **encargó a su hijo a una vecina** er/sie vertraute das Kind der Obhut einer Nachbarin an ❷ *(recomendar)* empfehlen; **le encargué que fuera discreta** ich riet ihr zur Diskretion ❸ *(pedir)* bestellen ❹ *(trabajo)* in Auftrag geben; **me han encargado que ocupe la presidencia** man hat mich beauftragt, den Vorsitz zu führen **II.** *vr:* **~se** sich kümmern (**de** um +*akk*); **tengo que ~me aún de un par de cosas** ich muss noch ein paar Sachen erledigen

encargo [eŋ'karɣo] *m* ❶ *(pedido)* Bestellung *f;* ~ **por anticipado** Vorbestellung *f;* ~ **por catálogo** Katalogbestellung *f;* **hacer un nuevo** ~ nachbestellen ❷ *(trabajo)* Auftrag *m;* **traje de** ~ Maßanzug *m;* **de** ~ im Auftrag; **por** ~ **de...** im Auftrag von ...; **hacer ~s** Besorgungen machen; **tener** ~ **de hacer algo** den Auftrag haben, etw zu tun; **este vestido te viene como hecho de** ~ dieses Kleid sitzt wie angegossen

encariñado, **-a** [eŋkari'ɲaðo, -a] *adj* **estar** ~ **con algo** etw (gern) mögen; **estar** ~ **con alguien** jdn gernhaben

encariñar [eŋkari'ɲar] **I.** *vt* ~ **a alguien** jds Zuneigung wecken **II.** *vr:* **~se** ❶ *(con algo)* (gern) mögen (**con** +*akk*) ❷ *(con alguien)* gernhaben (**con** +*akk*); **me he encariñado con el pequeño** ich habe den Kleinen lieb gewonnen; **el hijo se ha encariñado con su madre** das Kind hängt sehr an seiner Mutter

encarnación [eŋkarna'θjon] *f* ❶ (REL) Inkarnation *f* ❷ *(personificación)* Verkörperung *f;* **la** ~ **del horror** der Inbegriff des Schreckens

encarnado, **-a** [eŋkar'naðo, -a] *adj* ❶ *(color carne)* fleischfarben; *(rojo)* rot ❷ *(persona)* leibhaftig; **era Alejandro Magno** ~ er war Alexander der Große in Person

encarnar [eŋkar'nar] **I.** *vi* (REL) zu Fleisch werden **II.** *vt (representar)* verkörpern

encarnecer [eŋkarne'θer] *irr como crecer vi* Fett ansetzen, dick werden

E

encarnizado, -a [eŋkarni'θaðo, -a] *adj* ❶ *(herida)* entzündet; *(ojo)* blutunterlaufen ❷ *(lucha)* blutig
encarnizamiento [eŋkarniθa'mjen̦to] *m* Grausamkeit *f; (de la lucha)* Heftigkeit *f*
encarnizar [eŋkarni'θar] <z → c> **I.** *vt (perro)* scharfmachen; *(persona)* aufhetzen **II.** *vr:* **~se** ❶ *(perro)* sich verbeißen (**con** in +*akk/dat*) ❷ *(recrudecerse)* grausam werden; *(en un combate)* verbissen kämpfen ❸ *(ensañarse)* seine Wut auslassen (**con/en** an +*dat*)
encarrilar [eŋkarri'lar] *vt* ❶ (FERRO) aufgleisen; **ir encarrilado** auf Gleisen laufen ❷ *(dirigir)* auf den rechten Weg bringen; *(de nuevo)* wieder ins (rechte) Gleis bringen
encartamiento [eŋkarta'mjen̦to] *m* (JUR) Verurteilung *f* in Abwesenheit
encartar [eŋkar'tar] *vt* (JUR) in Abwesenheit verurteilen
encarte [eŋ'karte] *m* Werbebeilage *f*
encartonar [eŋkarto'nar] *vt* ❶ *(empaquetar)* in Pappe verpacken ❷ *(encuadernar)* kartonieren
encasillar [eŋkasi'ʎar] **I.** *vt* ❶ *(meter en casillas)* in Fächer verteilen ❷ *(clasificar)* einordnen (**en** in +*akk*) **II.** *vr:* **~se** sich festlegen (**en** auf +*akk*)
encasquetar [eŋkaske'tar] **I.** *vt* ❶ *(sombrero)* aufstülpen ❷ *(golpe)* versetzen ❸ *(una idea)* einreden ❹ *(endilgar)* aufbürden; **me encasquetó un rollo tremendo** er/sie traktierte mich mit seinem/ihrem fürchterlichen Geschwätz **II.** *vr:* **~se** *(sombrero)* sich *dat* aufstülpen; **se te ha encasquetado esa idea** du hast dir diese Idee in den Kopf gesetzt
encasquillar [eŋkaski'ʎar] **I.** *vt* ❶ (TÉC) einbuchsen ❷ *(Am: herrar)* beschlagen **II.** *vr:* **~se** ❶ *(atascarse)* klemmen; *(arma)* Ladehemmungen haben ❷ *(irón: al hablar)* einen Kloß im Hals haben
encastillar [eŋkasti'ʎar] **I.** *vt* (MIL: *fortificar*) befestigen **II.** *vr:* **~se** ❶ (MIL) sich verschanzen ❷ *(obstinarse)* beharren (**en** auf +*dat*), sich versteifen (**en** auf +*akk*); **se encastilló en su silencio** er/sie schwieg beharrlich
encausar [eŋkau̯'sar] *vt* (JUR) belangen; *(acusar)* verklagen
encauzamiento [eŋkau̯θa'mjen̦to] *m* *(corriente)* Eindämmen *nt; (debate)* Lenkung *f*
encauzar [eŋkau̯'θar] <z → c> *vt (corriente)* eindämmen; *(debate)* lenken; **~ su vida** sein Leben neu ordnen
encefálico, -a [en̦θe'faliko, -a] *adj* Gehirn-; **masa encefálica** Hirnmasse *f*
encéfalo [en̦'θefalo] *m* Gehirn *nt*
encefalograma [en̦θefalo'ɣrama] *m* (MED) Enzephalogramm *nt*
enceguecer [en̦θeɣe'θer] *irr como crecer* **I.** *vi (quedarse ciego)* blind werden **II.** *vt* ❶ *(cegar)* blenden ❷ *(fig: ofuscar)* verblenden **III.** *vr:* **~se** ❶ *(ofuscarse)* aus der Fassung geraten; **se enceguecíó de furia** er/sie wurde blind vor Wut ❷ *(quedarse ciego)* blind werden
encendedor [en̦θen̦de'ðor] *m* Anzünder *m; (mechero)* Feuerzeug *nt*
encender [en̦θen̦'der] <e → ie> **I.** *vi* zünden **II.** *vt* ❶ *(llama)* anzünden; **~ un conflicto** einen Konflikt heraufbeschwören ❷ *(conectar)* anmachen ❸ *(pasiones)* entflammen ❹ (AUTO, TÉC) zünden **III.** *vr:* **~se** ❶ *(desencadenarse)* aufflammen ❷ *(inflamarse)* sich entzünden ❸ *(ruborizarse)* erröten
encendido[1] [en̦θen̦'diðo] *m* (AUTO, TÉC) Zündung *f;* **~ automático** Selbstzündung *f;* **~ defectuoso** Fehlzündung *f*
encendido, -a[2] [en̦θen̦'diðo, -a] *adj* ❶ *(conectado)* angeschaltet; **la luz está encendida** das Licht ist an ❷ *(ardiente)* brennend; *(apasionado)* inbrünstig ❸ *(rojo)* feuerrot
encerar [en̦θe'rar] *vt* wachsen; *(lustrar)* bohnern
encerramiento [en̦θerra'mjen̦to] *m* Einschließen *nt,* Einsperren *nt*
encerrar [en̦θe'rrar] <e → ie> **I.** *vt* ❶ *(depositar, recluir)* einschließen (**en** in +*akk/dat*); *(aprisionar)* einsperren (**en** in +*dat*); **~ entre paréntesis** einklammern ❷ *(contener)* enthalten; **la oferta encerraba una trampa** hinter dem Angebot verbarg sich eine Falle **II.** *vr:* **~se** *(fig)* sich zurückziehen (**en** in +*akk*)
encerrona [en̦θe'rrona] *f* Falle *f;* **preparar una ~ a alguien** jdm eine Falle stellen
encestar [en̦θes'tar] *vi* einen Korb werfen
enceste [en̦'θeste] *m* (DEP) Korb *m*
encharcar [enʧar'kar] <c → qu> **I.** *vt* Pfützen hinterlassen (auf +*dat*) **II.** *vr:* **~se** ❶ *(empantanarse)* zum See werden ❷ (MED) **tener los pulmones encharcados** Wasser in der Lunge haben
enchastrar [enʧas'trar] *vt (CSur)* beschmutzen
enchilada [enʧi'laða] *f (AmC)* Enchilada *f*
enchilado, -a [enʧi'laðo, -a] *adj (Méx)* ❶ *(bermejo)* blutrot ❷ *(colérico)* cholerisch; *(rabioso)* zornig
enchilar [enʧi'lar] **I.** *vt (AmC)* ❶ (GASTR) mit Chili würzen ❷ *(molestar)* belästigen ❸ *(decepcionar)* enttäuschen **II.** *vr:* **~se** *(AmC: enfurecerse)* wütend werden

enchinar [enʧi'nar] **I.** *vt (Méx: enrizar)* locken **II.** *vr:* **~se** *(Méx)* ❶ *(ponerse carne de gallina)* eine Gänsehaut bekommen ❷ *(acobardarse)* den Mut verlieren

enchinchar [enʧin'ʧar] **I.** *vt* ❶ *(Guat, RDom: incomodar)* belästigen ❷ *(Méx: hacer perder el tiempo)* hinhalten **II.** *vr:* **~se** ❶ *(Arg: malhumorarse)* schlechte Laune bekommen; **¿estás enchinchado?** welche Laus ist dir denn über die Leber gelaufen? ❷ *(Guat, Méx, Perú, PRico: llenarse de chinches)* verwanzen

enchironar [enʧiro'nar] *vt (argot)* einlochen

enchivarse [enʧi'βarse] *vr (Col, Ecua)* wütend werden

enchufado, -a [enʧu'faðo, -a] **I.** *adj (fam)* **está bien ~** er hat gute Beziehungen **II.** *m, f (fam)* Günstling *m*

enchufar [en'ʧufar] *vt* ❶ (ELEC) einstecken ❷ (TÉC: *conectar*) anschließen; *(empalmar)* verbinden ❸ *(acoplar)* ineinanderstecken ❹ *(fam: persona)* ein Pöstchen verschaffen (**a** +*dat*)

enchufe [en'ʧufe] *m* ❶ *(clavija)* Stecker *m* ❷ *(toma)* Steckdose *f;* **~ múltiple** Mehrfachsteckdose *f* ❸ *(conexión)* Anschluss *m; (manguito)* Buchse *f* ❹ (INFOR) Plug-In *m* ❺ *(fam pey)* **tener ~** Beziehungen haben

enchufismo [enʧu'fismo] *m* Günstlingswirtschaft *f*

enchutar [enʧu'far] *vt (AmC)* ❶ *(embutir)* füllen (**de** mit +*dat*) ❷ *(introducir)* einführen

encía [eṇ'θia] *f* Zahnfleisch *nt*

encíclica [eṇ'θiklika] *f* (REL) Enzyklika *f*

enciclopedia [eṇθiklo'peðja] *f* Lexikon *nt; (de todo el saber)* Enzyklopädie *f;* **~ en varios volúmenes** mehrbändiges Lexikon; **ser una ~ viviente** ein wandelndes Lexikon sein

enciclopédico, -a [eṇθiklo'peðiko, -a] *adj* enzyklopädisch; **diccionario ~** Sachwörterbuch *nt;* **tener conocimientos ~s** ein wandelndes Lexikon sein

encierro [eṇ'θjerro] *m* ❶ *(reclusión)* Einsperren *nt; (prisión)* Haft *f; (aislamiento)* Zurückgezogenheit *f; (como protesta)* Sitzblockade *f* ❷ *(lugar)* Gefängnis *nt; (cercado)* Gehege *nt*

encima [eṇ'θima] **I.** *adv* ❶ *(arriba)* obendrauf; **llevar** [*o* **tener**] **~** *(consigo)* dabei haben; **tener ~** *(molestia)* auf dem Hals(e) haben; **ya tenemos bastante ~** *(fig)* wir haben schon genug Sorgen; **quitarse de ~** *(librarse)* loswerden; **quitar a alguien un peso de ~** *(fig)* jdm einen Stein vom Herzen nehmen; **se me ha quitado un peso de ~** *(fig)* mir ist ein Stein vom Herzen gefallen; **echarse ~ de alguien** *(fig)* jdn überfallen; **se nos echa el tiempo ~** die Zeit rennt uns davon ❷ *(además)* obendrein; **te di el dinero y ~ una botella de vino** ich gab dir das Geld und dazu noch eine Flasche Wein ❸ *(superficialmente)* **por ~** oberflächlich **II.** *prep* ❶ *(local: sobre)* (**por**) **~ de** *(sin contacto)* über +*dat;* **el libro está ~ de la mesa** das Buch liegt auf dem Tisch; **viven ~ de nosotros** sie wohnen über uns; **estar ~ de alguien** *(fig)* ein Auge auf jdn haben ❷ *(con movimiento)* (**por**) **~ de** *(sin contacto)* über +*akk;* **pon esto ~ de la cama** leg das auf das Bett; **cuelga la lámpara ~ de la mesa** häng die Lampe über den Tisch; **¡por ~ de mí!** *(fig)* nur über meine Leiche!; **ese pasa por ~ de todo** *(fig)* der geht über Leichen ❸ *(más alto)* **el rascacielos está por ~ de la catedral** dieser Wolkenkratzer ist höher als die Kathedrale ❹ *(en contra de)* **por ~ de alguien** gegen jds Willen

encimera [eṇθi'mera] *f* Arbeitsfläche *f*

encina [eṇ'θina] *f (árbol)* Steineiche *f*

encinta [eṇ'θiṇta] *adj* schwanger; **dejar ~** schwängern

encintado [eṇθiṇ'taðo, -a] *m (bordillo)* Bordstein *m*

enclaustrar [eŋklau̯s'trar] **I.** *vt* in ein Kloster einschließen; *(aislar)* absondern **II.** *vr:* **~se** ins Kloster gehen; *(aislarse)* sich absondern

enclavado, -a [eŋkla'βaðo, -a] *adj* eingeschlossen (**en** in +*dat*); **estar ~ en...** (GEO) liegen in ... +*dat,* sich befinden in ... +*dat;* **Madrid está ~ en el centro de la Península** Madrid befindet sich in der Mitte der Halbinsel

enclave [eŋ'klaβe] *m* Enklave *f*

enclenque [eŋ'kleŋke] *adj* mick(e)rig

encofrado [eŋko'fraðo] *m* (Ver)schalung *f*

encoger [eŋko'xer] <g → j> **I.** *vi (tejido)* einlaufen; *(madera)* schrumpfen **II.** *vt* ❶ *(contraer)* zurückziehen ❷ *(reducir)* verkürzen ❸ *(desalentar)* einschüchtern; **verlo así me encoge el ánimo** mir sinkt der Mut, wenn ich ihn so sehe **III.** *vr:* **~se** ❶ *(contraerse)* sich zusammenziehen; *(persona)* zusammenzucken; **~se de hombros** die [*o* mit den] Achseln zucken ❷ *(reducirse)* schrumpfen ❸ *(acobardarse)* verzagen

encogido, -a [eŋko'xiðo, -a] *adj* gehemmt, scheu

encolar [eŋko'lar] *vt* leimen

encolerizar [eŋkoleri'θar] <z → c> **I.** *vt* erzürnen **II.** *vr:* **~se** in Zorn geraten

encomendar [eŋkomeṇ'dar] <e → ie>

I. *vt (recomendar)* empfehlen; *(confiar)* anvertrauen; *(traspasar)* übergeben; ~ **algo a alguien** *(comisionar)* jdn mit etw *dat* beauftragen **II.** *vr:* **~se** sich anvertrauen; **sin ~se ni a Dios ni al diablo** Hals über Kopf

encomendería [eŋkomeṇde'ria] *f (Méx, Perú:* COM) Lebensmittelgeschäft *nt,* Krämerladen *m südd*

encomendero[1] [eŋkomeṇ'dero] *m* Bevollmächtigte(r) *f(m)*

encomendero, -a[2] [eŋkomeṇ'dero, -a] *m, f* ① *(Perú: tendero de comestibles)* Lebensmittelverkäufer(in) *m(f),* Krämer(in) *m(f) südd* ② *(Cuba: suministrador de carne)* Fleischlieferant(in) *m(f)*

encomiable [eŋko'mjaβle] *adj* lobenswert

encomiar [eŋko'mjar] *vt* loben; *(irón)* ein Loblied singen (auf +*akk*)

encomienda [eŋko'mjeṇda] *f* ① *(encargo)* Auftrag *m* ② *(encomio)* Lob *nt* ③ *(recomendación)* Empfehlung *f* ④ *(Am: postal)* Postpaket *nt*

encomio [eŋ'komjo] *m* Lob *nt,* Lobpreisung *f; (irón)* Lobrede *f;* **digno de ~** lobenswert

enconamiento [eŋkona'mjeṇto] *m* ① (MED) Entzündung *f* ② *(rencor)* Groll *m; (odio)* Hass *m*

enconar [eŋko'nar] **I.** *vt* ① *(inflamar)* entzünden ② *(agravar)* verschlimmern; *(agudizar)* verschärfen; *(espolear)* anstacheln ③ *(exasperar)* reizen **II.** *vr:* **~se** ① *(inflamarse)* sich entzünden ② *(agravarse)* sich verschlimmern; *(agudizarse)* sich verschärfen ③ *(ensañarse)* seine Wut auslassen (**con** an +*dat*)

encono [eŋ'kono] *m* ① *(inflamación)* Entzündung *f* ② *(rencor)* Groll *m*

encontradizo, -a [eŋkoṇtra'ðiθo, -a] *adj* **hacerse el ~** jdm scheinbar zufällig über den Weg laufen

encontrado, -a [eŋkoṇ'traðo, -a] *adj (opuesto)* entgegengesetzt; **opiniones encontradas** gegensätzliche Meinungen

encontrar [eŋkoṇ'trar] <o → ue> **I.** *vt* ① *(hallar)* finden ② *(coincidir con)* treffen ③ *(considerar)* finden; *(notar)* merken **II.** *vr:* **~se** ① *(estar)* sich befinden; *(sentirse)* sich fühlen ② *(citarse)* sich treffen (**con** mit +*dat*) ③ *(coincidir)* treffen (**con** +*akk*), begegnen (**con** +*dat*) ④ *(loc)* **~se con algo** etw vorfinden; **me encontré con que el coche se había estropeado** ich fand mein Auto kaputt vor; **~se con un problema** auf ein Problem stoßen; **~se con una sorpresa desagradable** eine böse Überraschung erleben; **no sé lo que me ~é cuando llegue** ich weiß nicht, was mich bei meiner Ankunft erwartet; **~se todo hecho** *(fam fig)* sich ins gemachte Bett legen

encontrón [eŋkoṇ'tron] *m,* **encontronazo** [eŋkoṇtro'naθo] *m (fam)* Zusammenstoß *m;* **darse un ~** sich anrempeln; **tener un ~ con alguien** mit jdm zusammenstoßen; *(enfrentamiento)* einen Zusammenstoß mit jdm haben

encoñado, -a [eŋko'ɲaðo, -a] *adj (vulg)* **estar ~ con alguien** *(enamorado)* in jdn verschossen sein *fam*

encoñarse [eŋko'ɲarse] *vr (vulg)* in den Arsch kriechen (**con** +*dat*) *vulg; (enamorarse)* sich total verknallen (**con** in +*akk*) *fam*

encopetado, -a [eŋkope'taðo, -a] *adj* ① *(fam: noble)* vornehm, nobel *fam* ② *(pey: pretencioso)* hochgestochen

encordar [eŋkor'ðar] <o → ue> **I.** *vt* ① *(atar)* zusammenschnüren; *(acordonar)* (mit Stricken, Schnüren) abgrenzen ② (MÚS) besaiten **II.** *vr:* **~se** (DEP: *escalador*) sich anseilen

encorsetar [eŋkorse'tar] **I.** *vt* ① *(poner corsé)* ein Korsett anlegen (+*dat*) ② *(constreñir)* einschränken **II.** *vr:* **~se** sich (ein)schnüren

encorvado, -a [eŋkor'βaðo, -a] *adj* krumm; **un hombrecillo ~** ein buckliges Männlein

encorvadura [eŋkorβa'ðura] *f* (Ver)krümmung *f,* Biegung *f*

encorvar [eŋkor'βar] **I.** *vt (cosa)* biegen; *(cuerpo)* beugen **II.** *vr:* **~se** *(cosa)* sich krümmen; *(persona)* sich bücken

encrespar [eŋkres'par] **I.** *vt* ① *(rizar)* kräuseln; **el viento encrespó las aguas** der Wind kräuselte die Wasseroberfläche ② *(erizar)* sträuben ③ *(irritar)* reizen; *(excitar)* aufrühren **II.** *vr:* **~se** ① *(rizarse)* sich kräuseln ② *(erizarse)* sich sträuben ③ *(irritarse)* sich aufregen

encrucijada [eŋkruθi'xaða] *f (cruce)* Kreuzung *f;* **estar en una ~** *(fig)* am Scheideweg stehen

encuadernación [eŋkwaðerna'θjon] *f* ① *(encuadernado)* (Buch)binden *nt* ② *(cubierta)* Einband *m;* **~ en rústica** Pappeinband *m;* **~ en tela** Leineneinband *m* ③ *(taller)* Buchbinderei *f*

encuadernador(a) [eŋkwaðerna'ðor(a)] *m(f)* Buchbinder(in) *m(f)*

encuadernar [eŋkwaðer'nar] *vt* binden; **encuadernado en cartoné** kartoniert; **sin ~** nicht gebunden

encuadrar [eŋkwa'ðrar] *vt* ① *(enmarcar)* einrahmen ② (CINE, FOTO, TV) einstellen

encubierto, -a [eŋku'βjerto, -a] **I.** *pp de*

encubrir **II.** *adj* **tus palabras son una acusación encubierta** hinter deinen Worten verbirgt sich eine Anklage

encubrimiento [eŋkuβri'mjen̪to] *m* ❶ *(cubierta)* Bedeckung *f* ❷ *(ocultación)* Verbergung *f; (silenciamiento)* Verheimlichung *f* ❸ (JUR: *de un delito*) Begünstigung *f* ❹ (JUR: *receptación*) Hehlerei *f*

encubrir [eŋku'βrir] *vt irr como abrir* ❶ *(cubrir)* bedecken ❷ *(ocultar)* verbergen; *(silenciar)* verheimlichen; *(un escándalo)* verschleiern; *(un delito)* decken

encuentro [eŋ'kwen̪tro] *m* Begegnung *f; (previsto)* Zusammenkunft *f; (cita, reunión)* Treffen *nt; (encontronazo)* Zusammenstoß *m;* (MIL) Gefecht *nt;* ~ **amistoso** (DEP) Freundschaftsspiel *nt;* **ir al ~ de alguien** jdn abpassen

encuerado, -a [eŋkwe'raðo, -a] *adj (Cuba, Méx)* ❶ *(desharrapado)* zerlumpt ❷ *(semidesnudo)* halb nackt

encuerar [eŋkwe'rar] *vt, vr:* **~se** *(Am)* (sich) ausziehen

encuerista [eŋkwe'rista] *mf (Am)* Stripper(in) *m(f)*

encuesta [eŋ'kwesta] *f* ❶ *(sondeo)* Umfrage *f;* ~ **estadística** statistische Erhebung; ~ **por muestreo** Stichprobenerhebung *f;* **hacer una** ~ eine Umfrage durchführen ❷ *(investigación)* Nachforschung *f;* ~ **judicial** gerichtliche Untersuchung

encuestar [eŋkwes'tar] **I.** *vi* eine Umfrage erstellen **II.** *vt* befragen; *(entrevistar)* interviewen

encumbrar [eŋkum'brar] **I.** *vt* ❶ *(levantar)* emporheben ❷ *(socialmente)* aufsteigen lassen; ~ **a alguien a la fama** jdm Ruhm einbringen ❸ *(exaltar)* erheben **II.** *vr:* **~se** ❶ *(elevarse)* emporragen ❷ *(engrandecerse)* aufsteigen ❸ *(envanecerse)* überheblich werden

ende ['en̪de] *adv* **por** ~ folglich

endeble [en̪'deβle] *adj* ❶ *(débil)* schwach; *(enfermizo)* schwächlich ❷ *(inconsistente)* haltlos

endeblez [en̪de'βleθ] *f* ❶ *(debilidad)* Schwäche *f; (calidad de enfermizo)* Schwächlichkeit *f* ❷ *(inconsistencia)* Haltlosigkeit *f*

endecasílabo[1] [en̪deka'silaβo] *m* (LING, LIT) Elfsilber *m*

endecasílabo, -a[2] [en̪deka'silaβo, -a] *adj* (LING, LIT) elfsilbig

endémico, -a [en̪'demiko, -a] *adj* ❶ (MED) endemisch ❷ *(continuo)* immer wiederkehrend

endemoniado, -a [en̪demo'njaðo, -a] *adj* ❶ *(poseso)* vom Teufel besessen ❷ *(malo)* teuflisch ❸ *(fam: difícil, tremendo)* verteufelt; **tienes un genio** ~ du hast einen verdammt schwierigen Charakter; **tengo un hambre endemoniada** ich habe einen teuflischen Hunger ❹ *(fam: travieso)* unartig; **¡~s chiquillos!** Satansbrut!

endenantes [en̪de'nan̪tes] *adv (Am: fam: antes)* früher

enderezar [en̪dere'θar] <z → c> *vt* ❶ *(poner derecho)* gerade biegen ❷ *(poner vertical)* aufrichten

endeudado, -a [en̪deu̯'ðaðo, -a] *adj* verschuldet; **fuertemente** [*o* **muy**] ~ hoch verschuldet

endeudamiento [en̪deu̯ða'mjen̪to] *m* (ECON, FIN) Verschuldung *f;* (COM) Passiva *ntpl;* ~ **excesivo, exceso de** ~ Überschuldung *f*

endeudarse [en̪deu̯'ðarse] *vr* sich verschulden

endiablado, -a [en̪dja'βlaðo, -a] *adj v.* **endemoniado**

endibia [en̪'diβja] *f* Chicorée *m o f*

endilgar [en̪dil'ɣar] <g → gu> *vt (fam)* ❶ *(encaminar)* einfädeln ❷ *(una tarea)* hinpfuschen ❸ *(cargar)* aufhalsen; *(culpa)* in die Schuhe schieben

endivia [en̪'diβja] *f v.* **endibia**

endocrinólogo, -a [en̪dokri'noloɣo, -a] *m, f* (MED) Endokrinologe, -in *m, f*

endosar [en̪do'sar] *vt* ❶ (FIN) indossieren; *(traspasar)* übertragen; ~ **una letra** einen Wechsel girieren ❷ *(fam: endilgar)* aufhalsen

endoscopia [en̪dos'kopja] *f* (MED) Endoskopie *f*

endoso [en̪'doso] *m* Indossament *nt;* ~ **de una letra** Wechselindossament *nt;* **sin** ~ nicht übertragbar

endovenoso, -a [en̪doβe'noso, -a] *adj* intravenös; **por vía endovenosa** intravenös

endrogarse [en̪dro'ɣarse] <g → gu> *vr* ❶ *(Am: drogarse)* Drogen nehmen ❷ *(Méx, Perú: endeudarse)* Schulden machen (**con** bei +*dat*)

endulzar [en̪dul̪'θar] <z → c> *vt* ❶ *(poner dulce)* süßen ❷ *(suavizar)* versüßen

endurecer [en̪dure'θer] *irr como crecer* **I.** *vt* ❶ *(poner duro)* hart werden lassen; (TÉC) härten; (ANAT) verhärten ❷ *(hacer resistente)* abhärten (**con/en/por** durch +*akk*) ❸ *(extremar)* verschärfen **II.** *vr:* **~se** ❶ *(ponerse duro)* hart werden; *(sentimientos)* hartherzig werden ❷ *(hacerse resistente)* sich abhärten (**con/en/por** durch +*akk*) ❸ *(agudizarse)* sich verschärfen

endurecimiento [en̪dureθi'mjen̪to] *m* ❶ *(dureza)* Härte *f* ❷ *(proceso)* Verhärtung *f;* ~ **de las arterias** Arterienverkal-

E

kung *f* ❸ *(resistencia)* Abhärtung *f* ❹ *(agudizamiento)* Verschärfung *f*

ene ['ene] **I.** *adj inv* zig; (MAT) n; ~ **veces** zigmal; (MAT) n-mal **II.** *f (letra)* N, n *nt*

enebrina [ene'βrina] *f* Wacholderbeere *f*

enebro [e'neβro] *m* Wacholder *m*

eneldo [e'neldo] *m* Dill *m*

enema [e'nema] *m (lavado)* Einlauf *m;* **poner un ~ a alguien** jdm einen Einlauf machen

E

enemigo, -a [ene'miɣo, -a] <enemicísimo> **I.** *adj* feindlich; *(hostil)* feindselig; **país ~** Feindesland *nt* **II.** *m, f* Feind(in) *m(f); (contrario)* Gegner(in) *m(f);* ~ **acérrimo** Erzfeind *m;* **~s mortales** Todfeinde *mpl;* **ser ~ de algo** gegen etw sein

enemistad [enemis'ta^ð] *f* Feindschaft *f; (hostilidad)* Feindseligkeit *f*

enemistar [enemis'tar] *vt, vr:* **~se** (sich) verfeinden

energético, -a [ener'xetiko, -a] *adj* energetisch; **fuentes energéticas** Energiequellen *fpl*

energía [ener'xia] *f* (*t.* FÍS) Energie *f; (fuerza)* Kraft *f;* **~s alternativas** alternative Energien; ~ **atómica** [*o* **nuclear**] Kernkraft *f;* ~ **eólica** Windenergie *f;* ~ **geotérmica** Erdwärmeenergie *f;* ~ **hidráulica** [*o* **hidroeléctrica**] Wasserkraft *f;* ~ **nuclear** Atomenergie *f;* **~s renovables** erneuerbare Energien; ~ **solar** Solarenergie *f;* **con ~** *(fig)* (tat)kräftig; **con toda su ~** mit aller Kraft; **sin ~** *(fig)* kraftlos; **la glucosa da ~** Traubenzucker spendet Energie; **emplear todas las ~s en algo** alle Kraft auf etw verwenden

enérgico, -a [e'nerxiko, -a] *adj* ❶ *(fuerte)* energisch ❷ *(decidido)* entschlossen ❸ *(estricto)* streng; **ponerse ~ con alguien** jdm gegenüber strengere Saiten aufziehen ❹ *(efectivo)* wirksam

energúmeno, -a [ener'ɣumeno, -a] *m, f (fam)* Besessene(r) *mf;* **se puso a gritar como un ~** er fing an, wie verrückt zu schreien

enero [e'nero] *m* Januar *m; v. t.* **marzo**

enervante [ener'βante] *adj (fam: irritante)* nervtötend

enervar [ener'βar] **I.** *vt* ❶ *(debilitar)* entnerven ❷ *(fam: poner nervioso)* nervös machen **II.** *vr:* **~se** ❶ *(debilitarse)* entnervt sein ❷ *(fam: ponerse nervioso)* nervös werden

enésimo, -a [e'nesimo, -a] *adj* ❶ (MAT) n-te ❷ *(loc, fam)* **por enésima vez** zum zigsten Mal

enfadado, -a [eɱfa'ðaðo, -a] *adj* verärgert, verstimmt

enfadar [eɱfa'ðar] **I.** *vt* ❶ *(irritar)* ärgern; **estar enfadado con alguien** jdm böse sein ❷ *(Am: aburrir)* langweilen **II.** *vr:* **~se** ❶ *(irritarse)* sich ärgern (**con** über +*akk*); **~se con alguien** auf jdn böse werden ❷ *(Am: aburrirse)* sich langweilen

enfado [eɱ'faðo] *m (enojo, molestia)* Ärger

enfadoso, -a [eɱfa'ðoso, -a] *adj* ❶ *(irritante)* ärgerlich ❷ *(molesto)* widerwärtig ❸ *(enojoso)* umständlich; *(trabajoso)* mühsam

énfasis ['eɱfasis] *m o f inv* Eindringlichkeit *f; (insistencia)* Nachdruck *m;* **poner ~ en algo** Nachdruck auf etw legen

enfático, -a [eɱ'fatiko, -a] *adj* eindringlich; *(insistente)* nachdrücklich

enfatizar [eɱfati'θar] <z → c> **I.** *vi* Nachdruck legen (**en** auf +*akk*) **II.** *vt* betonen

enferma [eɱ'ferma] *adj o f v.* **enfermo**

enfermar [eɱfer'mar] **I.** *vi, vr:* **~se** erkranken (**de** an +*dat*) **II.** *vt* krank machen

enfermedad [eɱferme'ða^ð] *f* Krankheit *f; (dolencia)* Leiden *nt; (afección)* Erkrankung *f;* ~ **del hígado** Leberleiden *nt;* ~ **infantil** Kinderkrankheit *f;* ~ **venérea** Geschlechtskrankheit *f;* **ausencia por ~** krankheitsbedingte Abwesenheit; **costar una ~** *(fig)* graue Haare kosten; **seguro obligatorio de ~** gesetzliche Krankenversicherung; **seguro privado de ~** private Krankenversicherung

enfermera [eɱfer'mera] *f* Krankenschwester *f; (en una consulta)* Arzthelferin *f*

enfermería [eɱferme'ria] *f* ❶ *(sala con camas)* Krankensaal *m; (en guerra)* Lazarett *nt* ❷ *(primeros auxilios)* Krankenstation *f*

enfermero [eɱfer'mero] *m* Krankenpfleger *m; (camillero)* Sanitäter *m*

enfermizo, -a [eɱfer'miθo, -a] *adj* ❶ *(de mala salud)* kränklich ❷ *(morboso)* krankhaft

enfermo, -a [eɱ'fermo, -a] **I.** *adj* krank; ~ **del corazón** herzkrank; ~ **de gravedad** schwer krank; **caer ~** erkranken (**de** an +*dat*); **ponerse ~** krank werden; **esta situación me pone ~** diese Situation macht mich ganz krank **II.** *m, f* Kranke(r) *mf; (paciente)* Patient(in) *m(f)*

enfervorizar [eɱferβori'θar] <z → c> *vt, vr:* **~se** (sich) begeistern

enfilar [eɱfi'lar] **I.** *vi* sich begeben (**hacia** nach +*dat*) **II.** *vt* ❶ *(poner en fila)* aneinanderreihen ❷ *(enhebrar)* einfädeln; *(cuentas)* aufreihen; *(atravesar)* aufspießen ❸ *(llegar)* gelangen (auf +*akk*); *(en vehículo)* einfahren (in +*akk*); **enfilamos la carretera** wir fuhren auf die Schnellstraße

enflaquecer [eɱflake'θer] *irr como crecer* **I.** *vi, vr:* **~se** abmagern **II.** *vt* abmagern lassen

enfocar [eɱfo'kar] <c → qu> *vt* ❶ *(ajustar)* einstellen ❷ *(en el visor)* anvisieren ❸ *(iluminar)* anleuchten ❹ *(una cuestión)* beleuchten; *(concebir)* konzipieren; **no enfocas bien el problema** dieses Problem betrachtest du vom falschen Standpunkt aus

enfollonar [eɱfoʎo'nar] **I.** *vt* *(fam)* ❶ *(complicar)* verwirren ❷ *(implicar)* verwickeln (**en** in +*akk*) **II.** *vr:* **~se** verwickelt werden (**en** in +*akk*)

enfondar [eɱfon̪'dar] *vt* (GASTR: *molde*) auslegen, belegen

enfoque [eɱ'foke] *m* *(punto de vista)* Standpunkt *m; (planteamiento)* Fragestellung *f; (concepción)* Konzept *nt*

enfrascar [eɱfras'kar] <c → qu> **I.** *vt* in eine Flasche füllen **II.** *vr* **~se en la lectura** sich in die Lektüre vertiefen

enfrenar [eɱfre'nar] *vt* ❶ *(caballo)* zäumen; *(domar)* zügeln ❷ (TÉC) (ver)laschen

enfrentamiento [eɱfren̪ta'mjen̪to] *m* Konfrontation *f; (encontronazo)* Zusammenstoß *m; (pelea)* Streit *m;* **~ armado** Auseinandersetzung *f;* **se registraron ~s callejeros** es kam zu Straßenschlachten

enfrentar [eɱfren̪'tar] **I.** *vt* ❶ *(encarar)* gegenüberstellen +*dat; (confrontar)* konfrontieren (**con** mit +*dat*) ❷ *(hacer frente)* sich stellen +*dat;* **~ los hechos** den Tatsachen ins Auge blicken ❸ *(enemistar)* entzweien **II.** *vr:* **~se** ❶ *(encararse)* sich gegenüberstehen ❷ *(afrontar)* zusammenstoßen; *(pelearse)* sich *dat* eine Schlacht liefern; **los manifestantes se ~on con la policía** es kam zu Zusammenstößen zwischen Demonstranten und der Polizei ❸ *(confrontar)* sich auseinandersetzen ❹ *(oponerse)* die Stirn bieten +*dat;* **estar enfrentado a alguien** mit jdm überworfen sein

enfrente [eɱ'fren̪te] **I.** *adv* ❶ *(en el lado opuesto)* gegenüber; **allí ~** dort drüben; **la casa de ~** das Haus gegenüber ❷ *(en contra)* entgegen; **tendrás a tu familia ~** deine Familie wird sich dir entgegenstellen **II.** *prep (local: frente a)* **~ de** gegenüber +*dat/gen;* **~ de mí** mir gegenüber; **~ del teatro** gegenüber des Theaters; **vivo ~ del parque** ich wohne gegenüber vom Park; **ponerse ~ de alguien** *(fig)* sich jdm entgegenstellen

enfriadera [eɱfrja'ðera] *f* Sektkühler *m*

enfriamiento [eɱfrja'mjen̪to] *m* ❶ *(pérdida de temperatura)* Abkühlung *f;* **~ económico** Konjunkturtief *nt* ❷ *(resfriado)* Erkältung *f;* **pillar un ~** *(fam)* sich erkälten

enfriar [eɱfri'ar] <*1. pres* enfrío> **I.** *vi* kühlen **II.** *vt* abkühlen; *(con agua)* abschrecken **III.** *vr:* **~se** ❶ *(perder calor)* kalt werden ❷ *(refrescar, apaciguarse)* abkühlen ❸ *(acatarrarse)* sich erkälten

enfundar [eɱfun̪'dar] **I.** *vt* in ein Futteral stecken **II.** *vr:* **~se** sich (ein)hüllen (**en** in +*akk*)

enfurecer [eɱfure'θer] *irr como crecer* **I.** *vt* wütend machen **II.** *vr:* **~se** ❶ *(encolerizarse)* wütend werden (**con/contra** auf +*akk*) ❷ *(mar)* tosen

enfurecimiento [eɱfureθi'mjen̪to] *m (cólera)* Wut *f*

enfurruñarse [eɱfurru'ɲarse] *vr* mürrisch werden (**por** wegen +*gen/dat*); **estar enfurruñado** mürrisch sein

engajado, -a [eŋga'xaðo, -a] *adj (Col: rizado)* lockig

engalanar [eŋgala'nar] **I.** *vt (decorar)* verzieren; *(adornar)* schmücken **II.** *vr:* **~se** sich herausputzen; *(adornarse)* sich schmücken

enganchar [eŋgan'ʧar] **I.** *vt* ❶ *(sujetar)* festhaken; *(remolque)* einhängen; *(caballerías)* anspannen (**de** an +*akk*) ❷ *(prender)* verhaken; (TAUR) auf die Hörner nehmen ❸ *(fam: atrapar)* sich *dat* schnappen; *(convencer)* bequatschen ❹ (MIL) anwerben ❺ (FERRO, TÉC) koppeln **II.** *vr:* **~se** ❶ *(sujetarse)* sich festhaken (**de** an +*dat*) ❷ *(prenderse)* hängen bleiben (**de/con** an +*dat*) ❸ *(enredarse)* sich verheddern (**en** in +*dat*); **~se en una pelea** in Streit geraten ❹ (MIL) sich anwerben lassen ❺ *(argot: drogarse)* drogensüchtig werden; **estar enganchado** an der Nadel hängen

enganche [en'ganʧe] *m* ❶ *(gancho)* Haken *m* ❷ *(sujeción)* Kupplung *f* ❸ (MIL) Anwerbung *f*

engañabobos [eŋgaɲa'βoβos] *mf inv* *(fam: timador)* Bauernfänger(in) *m(f)*

engañar [eŋga'ɲar] **I.** *vi* trügen; **las apariencias engañan** der Schein trügt **II.** *vt* *(desorientar)* täuschen; *(mentir, estafar, ser infiel)* betrügen; *(burlarse, t. sentimiento)* überlisten; **~ el hambre** einen Happen essen **III.** *vr:* **~se** ❶ *(equivocarse)* sich täuschen ❷ *(hacerse ilusiones)* sich *dat* Illusionen machen; **¡no te engañes con esta oferta!** mach dir nichts vor, prüf das Angebot erst!

engañifa [eŋga'ɲifa] *f,* **engañifla** [eŋga'ɲifla] *f (Chil: fam)* Gaunerei *f*

engaño [eŋ'gaɲo] *m* ❶ *(mentira)* Betrug *m* ❷ *(truco)* List *f* ❸ *(error)* Irrtum *m* ❹ *(ilusión)* Täuschung *f*

engañoso, -a [eŋga'ɲoso, -a] *adj* ❶ *(persona)* betrügerisch ❷ *(algo: falaz)* trügerisch; *(equívoco)* täuschend; **publicidad engañosa** irreführende Werbung
engarce [eŋ'garθe] *m* ❶ *(engarzado)* Einfassen *nt* ❷ *(montura)* Fassung *f*
engarzar [eŋgar'θar] <z → c> **I.** *vt* ❶ *(trabar)* verketten ❷ *(montar)* einfassen **II.** *vr:* **~se** *(Am)* sich verwickeln (**en** in +*akk*)
engastar [eŋgas'tar] *vt* einfassen (**en** in +*akk*)
engaste [eŋ'gaste] *m* ❶ *(engastado)* Einfassen *nt* ❷ *(montura)* Fassung *f*
engatusamiento [eŋgatusa'mjen̦to] *m* Umgarnen *nt*
engatusar [eŋgatu'sar] *vt* bezirzen
engendrador(a) [eŋxen̦dra'ðor(a)] **I.** *adj* erzeugend; *(t. fig)* auslösend **II.** *m(f)* Erzeuger(in) *m(f)*; *(t. fig)* Auslöser(in) *m(f)*
engendramiento [eŋxen̦dra'mjen̦to] *m* Zeugung *f*; *(t. fig)* Entstehung *f*
engendrar [eŋxen̦'drar] *vt* ❶ *(concebir)* zeugen ❷ *(causar)* erzeugen; **la pobreza engendra violencia** Armut führt zu Gewalt
engendro [eŋ'xen̦dro] *m* ❶ *(feto)* Leibesfrucht *f* ❷ *(aborto)* Missgeburt *f* ❸ *(persona fea)* Kreatur *f* ❹ *(idea)* Auswuchs *m*
englobar [eŋglo'βar] *vt* ❶ *(incluir)* umfassen ❷ *(reunir)* einbeziehen (**en** in +*akk*) ❸ *(resumir)* zusammenfassen
engolamiento [eŋgola'mjen̦to] *m (afectación)* Einbildung *f*, Dünkel *m*
engolfarse [eŋgol'farse] *vr* ❶ *(enfrascarse)* sich versenken (**en** in +*akk*) ❷ *(arrebatarse)* Feuer fangen
engolillarse [eŋgoli'ʎarse] *vr* ❶ *(Cuba: contraer deudas)* Schulden machen (**con** bei +*dat*) ❷ *(Perú: encolerizarse)* wütend werden
engomar [eŋgo'mar] *vt* ❶ *(cubrir)* gummieren ❷ *(cabello)* festigen
engordar [eŋgor'ðar] **I.** *vi* ❶ *(ponerse gordo)* dick werden ❷ *(poner gordo)* dick machen ❸ *(fam: enriquecerse)* Geld anhäufen **II.** *vt* (AGR) mästen
engorro [eŋ'gorro] *m* ❶ *(impedimento)* Hindernis *nt* ❷ *(molestia)* Belästigung *f*
engorroso, -a [eŋgo'rroso, -a] *adj* ❶ *(dificultoso)* hinderlich; *(complicado)* umständlich ❷ *(molesto)* lästig
engranaje [eŋgra'naxe] *m* ❶ *(encaje)* Verzahnung *f* ❷ *(mecanismo)* Räderwerk *nt* ❸ *(sistema)* Getriebe *nt*
engranar [eŋgra'nar] **I.** *vi* ineinandergreifen **II.** *vt* ❶ *(endentar)* verzahnen ❷ *(enlazar)* verbinden
engrandar [eŋgran̦'dar] *vt (agrandar)* vergrößern
engrandecer [eŋgran̦de'θer] *vt irr como crecer* ❶ *(aumentar)* vergrößern; *(acrecentar)* vermehren; *(elevar)* steigern ❷ *(exagerar)* übertreiben ❸ *(enaltecer)* verherrlichen
engrandecimiento [eŋgran̦deθi'mjen̦to] *m* ❶ *(aumento)* Vergrößerung *f*; *(en número)* Vermehrung *f*; *(subida)* Steigerung *f* ❷ *(exageración)* Übertreibung *f* ❸ *(enaltecimiento)* Verherrlichung *f* ❹ *(ascenso)* Aufstieg *m*
engrasar [eŋgra'sar] *vt* ❶ *(con grasa)* einfetten; *(enaceitar)* einölen; (AUTO, TÉC: *lubricar*) schmieren ❷ *(manchar)* vollschmieren
engrase [eŋ'grase] *m* ❶ *(engrasado)* Einfetten *nt;* (AUTO, TÉC) Schmierung *f* ❷ *(grasa)* Fett *nt;* *(lubricante)* Schmiermittel *nt*
engreído, -a [eŋgre'iðo, -a] *adj* ❶ *(envanecido)* eingebildet ❷ *(Am: mimado)* verwöhnt
engreír [eŋgre'ir] *irr como reír* **I.** *vt* ❶ *(envanecer)* eingebildet machen ❷ *(Am: mimar)* verhätscheln **II.** *vr:* **~se** ❶ *(envanecerse)* eingebildet werden; *(presumir)* angeben ❷ *(Am: hacerse mimado)* verhätschelt werden
engrosar [eŋgro'sar] <o → ue> **I.** *vi, vr:* **~se** ❶ *(engordar)* zunehmen ❷ *(aumentar)* wachsen **II.** *vt* ❶ *(engordar)* dick machen ❷ *(aumentar)* vergrößern; *(multiplicar)* vermehren
engrudo [eŋ'gruðo] *m* Kleister *m*
engrupir [eŋgru'pir] *vt (Arg, Chil, Urug: fam: hacer creer una mentira)* belügen
engualichar [eŋgwali'tʃar] *vt (Arg)* ❶ *(endemoniar)* verhexen ❷ *(al amante)* bezirzen
enguandos [eŋ'gwan̦dos] *mpl (Col)* ❶ *(superfluos)* Kram *m* ❷ *(evasivas)* Vorwand *m*
enguandujar [eŋgwan̦du'xar] *vt (Col: adornar)* schmücken; *(recargar de adornos)* überladen
enguaracarse [eŋgwara'karse] <c → qu> *vr (AmC)* sich verstecken
enguatar [eŋgwa'tar] *vt* wattieren
engubiar [eŋgu'βjar] *vt (Urug)* besiegen
engullir [eŋgu'ʎir] <*3. pret* engulló> **I.** *vi* ❶ *(atropelladamente)* schlingen ❷ *(pey: comer)* fressen **II.** *vt (tragar)* hinunterschlucken; *(atropelladamente)* verschlingen
enharinar [enari'nar] *vt (rebozar)* in Mehl wenden; *(espolvorear)* mit Mehl bestreuen
enhebrador [eneβra'ðor] *m (para pasar la hebra por la aguja)* Einfädler *m*
enhebrar [ene'βrar] *vt (hilo y aguja)* einfädeln; *(cuentas)* auffädeln

enhiesto, -a [e'njesto, -a] *adj* ① *(derecho)* gerade; *(erguido)* aufrecht ② *(alto)* hoch ragend

enhorabuena [enora'βwena] *f* Glückwunsch *m;* **dar la ~ a alguien** jdm gratulieren; **estar de ~** sich *dat* gratulieren können; **¡~!** herzlichen Glückwunsch!

enigma [e'niɣma] *m* Rätsel *nt;* **descifrar/plantear un ~** ein Rätsel lösen/aufgeben

enigmático, -a [eniɣ'matiko, -a] *adj* rätselhaft; *(misterioso)* geheimnisvoll

enjabonado [eŋxaβo'naðo] *m* Einseifen *nt*

enjabonar [eŋxaβo'nar] *vt* ① *(al lavar)* einseifen ② *(fam: dar coba)* um den Bart gehen (**a** +*dat*) ③ *(regañar)* rüffeln

enjaezar [eŋxae'θar] <z → c> *vt* anschirren; *(enganchar)* anspannen

enjambre [eŋ'xambre] *m* ① *(de abejas)* (Bienen)schwarm *m* ② *(muchedumbre)* Menschenmenge *f*

enjaular [eŋxau̯'lar] *vt (encerrar)* einsperren; *(en una jaula)* in einen Käfig sperren

enjetarse [eŋxe'tarse] *vr (Arg, Méx)* ① *(enojarse)* zornig werden ② *(ofenderse)* beleidigt sein

enjoyar [eŋxo'ɟar] **I.** *vt* Juwelen anlegen (**a** +*dat*) **II.** *vr:* **~se** sich mit Juwelen schmücken; **iban todas enjoyadas** sie waren mit Juwelen bedeckt

enjuagar [eŋxwa'ɣar] <g → gu> *vt* ausspülen; *(aclarar)* abspülen

enjuague [eŋ'xwaɣe] *m* ① (*t.* TÉC) Spülung *f; (bucal)* Mundwasser *nt* ② *(manejo)* List *f*

enjugamanos [eŋxuɣa'manos] *m inv (Am)* Handtuch *nt*

enjugar [eŋxu'ɣar] <g → gu> **I.** *vt* ① *(secar)* abtrocknen; *(limpiar)* abwischen ② *(una deuda)* erlassen **II.** *vr:* **~se** ① *(secarse)* sich abtrocknen ② *(adelgazar)* abmagern

enjuiciamiento [eŋxwiθja'mjen̪to] *m* ① *(juicio)* Beurteilung *f* ② (JUR: *proceso*) Prozess *m; (instrucción)* Einleitung *f* eines Gerichtsverfahrens; **~ criminal** Strafprozess *m*

enjuiciar [eŋxwi'θjar] *vt* ① *(juzgar)* beurteilen; *(censurar)* verurteilen ② *(procesar)* den Prozess machen +*dat; (sentenciar)* das Urteil fällen (über +*akk*)

enjundia [eŋ'xun̪dja] *f* ① *(unto)* Tierfett *nt* ② *(substancia)* Substanz *f; (núcleo)* Kern *m;* **de ~** von Bedeutung; **de poca ~** belanglos, substanzlos ③ *(vigor)* Kraft *f* ④ *(característica)* Eigenart *f*

enjutarse [eŋxu'tarse] *vr (Guat, Ven)* ① *(enflaquecerse)* abmagern ② *(achicarse)* sich verkleinern; *(encogerse)* zusammenschrumpfen

enjuto, -a [eŋ'xuto, -a] *adj* dürr; **~ de carnes** knochendürr *fam*

enlace [en'laθe] *m* ① *(conexión)* Verbindung *f; (empalme)* Verknüpfung *f; (unión)* Bindung *f;* (*t.* ELEC, FERRO) Anschluss *m;* **~ ferroviario** Bahnanschluss *m;* (INFOR) Link *m* ② *(entrelazado)* Verflechtung *f* ③ *(boda)* Vermählung *f* ④ *(contacto)* Verbindungsmann, -frau *m, f;* **~ policial** V-Mann *m*

enladrillar [enlaðri'ʎar] *vt* mit Backsteinen pflastern

enlagunar [enlaɣu'nar] **I.** *vt* überschwemmen **II.** *vr:* **~se** überschwemmt werden

enlatar [enla'tar] *vt* eindosen; **programa enlatado** (TV) Programm aus der Konserve

enlazar [enla'θar] <z → c> **I.** *vi (trasporte)* Anschluss haben (**con** an +*akk*) **II.** *vt* ① *(atar)* verbinden; *(unir)* verknüpfen; *(entrelazar)* verflechten ② *(empalmar)* anknüpfen (**con** an +*akk*); (ELEC, TÉC) anschließen (**con** an +*akk*) **III.** *vr:* **~se** *(desposarse)* sich vermählen

en línea [en 'linea] *adv* (INFOR) Online-; **servicios ~** Onlinedienste *mpl*

enloquecer [enloke'θer] *irr como crecer* **I.** *vi, vr:* **~se** verrückt werden; **~ de dolor** vor Schmerzen verrückt werden; **~ de rabia** vor Wut außer sich *dat/akk* geraten; **~ por alguien** nach jdm verrückt sein **II.** *vt* in den Wahnsinn treiben; **me enloquecen los pasteles** ich bin verrückt auf Kuchen

enloquecimiento [enlokeθi'mjen̪to] *m* Wahnsinn *m; (proceso)* Irrewerden *nt*

enlosar [enlo'sar] *vt* fliesen

enlozar [enlo'θar] <z → c> *vt (Am)* emaillieren

enlutar [enlu'tar] **I.** *vt* ① *(en el vestir)* Trauer anlegen +*dat;* **mujeres enlutadas** Frauen in Trauerkleidern ② *(ensombrecer)* verdüstern; *(entristecer)* betrüben **II.** *vr:* **~se** Trauer anlegen

enmarañar [eⁿmara'ɲar/eᵐmara'ɲar] **I.** *vt* ① *(enredar)* zersausen ② *(confundir)* verwirren; *(complicar)* verwickeln **II.** *vr:* **~se** ① *(enredarse)* sich zersausen ② *(confundirse)* sich verwirren; *(complicarse)* sich verwickeln

enmarcar [eⁿmar'kar/eᵐmar'kar] <c → qu> *vt* einrahmen; *(ribetear)* umranden

enmascarado, -a [eⁿmaska'raðo, -a/eᵐmaska'raðo, -a] **I.** *adj* maskiert **II.** *m, f* Maskierte(r) *f(m)*

enmascarar [eⁿmaska'rar/eᵐmaska'rar] **I.** *vt* ① *(poner máscara)* maskieren; *(disfrazar)* verkleiden ② *(ocultar)* verschleiern;

E

(encubrir) tarnen **II.** *vr:* **~se** ❶ *(con una máscara)* sich maskieren; *(disfrazarse)* sich verkleiden ❷ *(encubrirse)* sich tarnen

enmendar [e^{n}meṇ'dar/e^{m}meṇ'dar] <e → ie> **I.** *vt* ❶ *(corregir)* verbessern; *(rectificar)* berichtigen; (**querer**) **~ la plana a alguien** jdn übertreffen (wollen) ❷ *(modificar)* abändern; *(una ley)* novellieren **II.** *vr:* **~se** sich bessern

enmienda [e^n'mjeṇda/e^m'mjeṇda] *f* ❶ *(corrección)* Verbesserung *f;* *(rectificación)* Berichtigung *f;* **no tener ~** *(fig)* ein hoffnungsloser Fall sein ❷ *(modificación)* (Ab)änderung *f;* *(de una ley)* Novellierung *f*

enmohecer [e^{n}moe'θer/e^{m}moe'θer] *vi, vr irr como crecer* **~se** ❶ *(cubrirse de moho)* verschimmeln; *(pudrirse)* vermodern ❷ *(caer en desuso)* veralten

enmoquetar [e^{n}moke'tar/e^{m}moke'tar] **I.** *vi* Teppichboden verlegen **II.** *vt* mit Teppichboden auslegen; **suelo enmoquetado** Teppichboden *m*

enmudecer [e^{n}muđe'θer/e^{m}muđe'θer] *irr como crecer* **I.** *vi* ❶ *(perder el habla)* verstummen; **~ de miedo** sprachlos vor Angst sein ❷ *(callar)* schweigen **II.** *vt* verstummen lassen

enmudecimiento [e^{n}muđeθi'mjeṇto/e^{m}muđeθi'mjeṇto] *m* Verstummen *nt*

enmugrecer [e^{n}muɣre'θer/e^{m}muɣre'θer] *irr como crecer* **I.** *vt* beschmutzen **II.** *vr:* **~se** beschmutzt werden

ennegrecer [enneɣre'θer] *irr como crecer* **I.** *vt* ❶ *(poner negro)* schwärzen ❷ *(oscurecer)* verfinstern; *(ensombrecer)* überschatten **II.** *vr:* **~se** ❶ *(ponerse negro)* schwarz werden ❷ *(oscurecerse)* sich verfinstern; *(ensombrecer)* sich verdüstern

ennoblecer [ennoβle'θer] *vt irr como crecer* ❶ *(conceder el título)* adeln ❷ *(mejorar)* veredeln; *(refinar)* verfeinern ❸ *(enaltecer)* verherrlichen

ennoblecimiento [ennoβleθi'mjeṇto] *m* ❶ *(nobleza)* Adel *m* ❷ *(mejora)* Veredelung *f;* *(refinamiento)* Verfeinerung *f* ❸ *(enaltecimiento)* Verherrlichung *f*

ennoviarse [enno'βjarse] *vr (fam)* sich *dat* einen Freund/eine Freundin zulegen

enojadizo, -a [enoxa'điθo, -a] *adj* reizbar

enojar [eno'xar] **I.** *vt* ärgern **II.** *vr:* **~se** sich ärgern (**con** über +*akk*); **estar enojado** böse sein

enojo [e'noxo] *m* Ärger *m;* **con ~** unwillig

enojoso, -a [eno'xoso, -a] *adj* ❶ *(enfadoso)* ärgerlich ❷ *(molesto)* unangenehm ❸ *(complicado)* umständlich; *(trabajoso)* mühsam

enorgullecer [enorɣuʎe'θer] *irr como crecer* **I.** *vt* mit Stolz erfüllen **II.** *vr:* **~se** stolz sein (**de** auf +*akk*)

enorme [e'norme] *adj* enorm; *(gigantesco)* gewaltig; *(desmedido, extraordinario)* ungeheuer

enormidad [enormi'đa^đ] *f* ❶ *(tamaño)* enorme Größe *f;* *(fig)* ungeheueres Ausmaß *nt* ❷ *(cantidad)* Unmenge *f;* **una ~ de dinero** eine Unmenge Geld

enquistarse [eŋkis'tarse] *vr* ❶ (MED) sich abkapseln ❷ *(fosilizarse)* erstarren

enrabiar [enrra'βjar] **I.** *vt* wütend machen **II.** *vr:* **~se** wütend werden

enrabietarse [enrraβje'tarse] *vr (fam)* bocken

enraizado, -a [enrrai̯'θađo, -a] *adj* verwurzelt; **una costumbre muy enraizada** eine fest verwurzelte Sitte

enraizar [enrrai̯'θar] *vi irr* Wurzeln schlagen

enrarecer [enrrare'θer] *irr como crecer* **I.** *vt (hacer que escasee)* reduzieren; *(gas)* verdünnen **II.** *vr:* **~se** *(relaciones)* sich verschlechtern

enrarecido, -a [enrrare'θiđo, -a] *adj (aire)* verbraucht, schlecht

enrarecimiento [enrrareθi'mjeṇto] *m* ❶ *(escasez)* Knappheit *f* ❷ *(gas)* Verdünnung *f* ❸ *(relaciones)* Verschlechterung *f*

enredadera [enrređa'đera] *f* Schlingpflanze *f;* **~ de campanillas** Winde *f*

enredador(a) [enrređa'đor(a)] **I.** *adj (fam)* ❶ *(chismoso)* geschwätzig, klatschsüchtig ❷ *(embustero)* verlogen; *(niño)* ungezogen **II.** *m(f)* ❶ *(fam: chismoso)* Klatschbase *f;* *(embustero)* Lügner(in) *m(f),* Flunkerer, -in *m, f* ❷ *(fam: niño travieso)* Frechdachs *m;* *(pendenciero)* Streithahn *m,* Zänker(in) *m(f)* ❸ *(elev: intrigante)* Intrigant(in) *m(f)*

enredar [enrre'đar] **I.** *vi (niño)* Unfug treiben; **¡no andes enredando con las cerillas!** spiel nicht mit den Streichhölzern herum! **II.** *vt* ❶ *(liar)* verwickeln; *(confundir)* durcheinanderbringen ❷ *(enemistar)* aufhetzen **III.** *vr:* **~se** ❶ *(cuerda, asunto)* sich verwickeln ❷ *(planta)* hinaufklettern (**por/a** an +*dat*) ❸ *(fam: amancebarse)* anbändeln

enredo [en'rređo] *m* ❶ *(de alambres)* Wirrwarr *m* ❷ *(mentira)* Lüge *f* ❸ *(asunto)* Affäre *f* ❹ *(intriga)* Intrige *f* ❺ *(amorío)* Techtelmechtel *nt* ❻ *pl (fam: trastos)* Kram *m*

enredoso, -a [enrre'đoso, -a] *adj* verwickelt, verstrickt

enrejado [enrre'xađo] *m* ❶ *(de hierro)* Gitterwerk *nt,* Gitter *nt pl* ❷ *(de caña)* Geflecht *nt*

enrejar [enrre'xar] *vt (ventana)* vergittern; *(huerta)* einzäunen

enrevesado, -a [enrreβe'saðo, -a] *adj (intrincado)* verwickelt; *(difícil)* verzwickt

enriquecedor(a) [enrrikeθe'ðor(a)] *adj* bereichernd; **fue una experiencia muy ~a** es war eine sehr positive Erfahrung

enriquecer [enrrike'θer] *irr como crecer* **I.** *vt* ① *(hacer rico)* reich machen ② *(engrandecer)* bereichern ③ *(metal, tierra)* anreichern (**con/de** mit +*dat*) ④ *(adornar)* verzieren **II.** *vr:* **~se** reich werden; **~se** (**a costa ajena**) sich (auf fremde Kosten) bereichern

enriquecimiento [enrrikeθi'mjento] *m* ① *(fortuna, ennoblecimiento)* Bereicherung *f;* **~ injusto** (JUR) ungerechtfertigte Bereicherung ② *(de uranio)* Anreicherung *f*

enristrar [enrris'trar] *vt* ① *(ajos, cebollas) zu einem Zopf zusammenbinden* ② *(un problema)* in Angriff nehmen; *(una dificultad)* fertig werden (mit +*dat*)

enrocar [enrro'kar] <c → qu> **I.** *vi, vt (ajedrez)* rochieren; **~ el rey** rochieren **II.** *vr:* **~se** am Felsen hängenbleiben

enrojecer [enrroxe'θer] *irr como crecer* **I.** *vi* erröten; **~ de ira** rot vor Wut werden **II.** *vt (cielo)* rot färben **III.** *vr:* **~se** *(persona)* erröten; *(cielo)* sich rot färben

enrojecido, -a [enrroxe'θiðo, -a] *adj* rot

enrojecimiento [enrroxeθi'mjento] *m (efecto)* Röte *f; (acción)* Erröten *nt*

enrolar [enrro'lar] *vt* ① (NÁUT) anheuern ② (MIL) einberufen

enrollado, -a [enrro-] *adj (argot)* voll dabei; **es una profesora muy enrollada** die Lehrerin ist voll stark

enrollar [enrro'ʎar] **I.** *vt (cartel)* zusammenrollen; *(cuerda)* aufrollen **II.** *vr:* **~se** *(explicando)* ausschweifen; **~se como una persiana** reden wie ein Buch

enronquecer [enrroŋke'θer] *irr como crecer* **I.** *vt* heiser machen **II.** *vi, vr:* **~se** heiser werden

enroscar [enrros'kar] <c → qu> **I.** *vt* ① *(enrollar)* zusammenrollen; **~ el hilo en el palo** den Faden um den Stock wickeln ② *(tornillo)* einschrauben **II.** *vr:* **~se** sich zusammenrollen; **la serpiente se enroscó a la rama** die Schlange wand sich um den Ast

enrostrar [enrros'trar] *vt (Am)* vorwerfen

enrular [enrru'lar] *vt (CSur)* locken

ensacar [ensa'kar] <c → qu> *vt* (AGR) in Säcke füllen, einsacken

ensaimada [ensai̯'maða] *f Blätterteiggebäck aus Mallorca*

ensalada [ensa'laða] *f* Salat *m;* **~ de frutas** Obstsalat *m*

ensaladera [ensala'ðera] *f* Salatschüssel *f*

ensaladilla [ensala'ðiʎa] *f (dulces)* gemischtes Konfekt *nt;* **~ rusa** *Kartoffelsalat mit Erbsen, Karotten, gekochten Eiern, Mayonnaise*

ensalmo [en'salmo] *m* Beschwörung *f,* Besprechung *f;* **desapareció (como) por ~** er/sie war wie weggezaubert

ensalzar [ensal̯'θar] <z → c> **I.** *vt* preisen **II.** *vr:* **~se** sich rühmen

ensamblar [ensam'blar] *vt* zusammenfügen

ensanchamiento [ensanʧa'mjento] *m* Erweiterung *f; (hacer más ancho)* Verbreiterung *f*

ensanchar [ensan'ʧar] *vt* erweitern; *(hacer más ancho)* verbreitern; *(vestido)* weiter machen

ensanche [en'sanʧe] *m* ① *(ampliación)* Erweiterung *f; (de anchura)* Verbreiterung *f* ② *(ciudad)* neues Stadtviertel *nt;* **zona de ~** Neubaugebiet *nt*

ensandecer [ensande'θer] *irr como crecer* **I.** *vi* verrückt werden, wahnsinnig werden **II.** *vt* verrückt machen, wahnsinnig machen

ensangrentar [ensaŋgren'tar] <e → ie> *vt* mit Blut beflecken

ensartar [ensar'tar] *vt* ① *(perlas)* auffädeln ② *(pinchar)* aufspießen

ensayar [ensa'ɟar] **I.** *vt* ① *(probar)* versuchen; *(examinar)* prüfen ② (TEAT) proben **II.** *vr:* **~se** sich üben (**en** in +*dat*)

ensayista [ensa'ɟista] *mf* Essayist(in) *m(f)*

ensayo [en'saɟo] *m* ① (TEAT) Probe *f;* **~ general** Generalprobe *f* ② (LIT) Essay *m o nt* ③ *(prueba)* Test *m; (experimento)* Experiment *nt;* **tubo de ~** Reagenzglas *nt*

enseguida [ense'ɣiða] *adv* sofort

ensenada [ense'naða] *f* ① *(mar)* Bucht *f* ② *(Arg: corral)* Stall *m*

enseña [en'seɲa] *f* Fahne *f; (estandarte)* Banner *nt*

enseñado, -a [ense'ɲaðo, -a] *adj (persona)* erzogen; *(animales)* abgerichtet

enseñante [ense'ɲante] *mf* Lehrer(in) *m(f)*

enseñanza [ense'ɲanθa] *f* ① *(sistema)* Bildungswesen *nt;* **~ primaria** Grundschulwesen *nt;* **~ privada** Privatschulwesen *nt;* **~ pública** öffentliches Schulwesen; **~ secundaria** Sekundarschulwesen *nt;* **~ superior** Hochschulwesen *nt* ② *(clase)* Unterricht *m;* **~ a distancia** Fernstudium *nt;* **libertad de ~** Lehrfreiheit *f;* **método de ~** Unterrichtsmethode *f;* **dedicarse a la ~** in der Lehre tätig sein ③ *(lección)*

E

Lehre *f;* **de lo ocurrido en el pasado no has sacado ninguna ~** du hast aus der Vergangenheit keine Lehren gezogen

enseñar [ense'ɲar] *vt* ❶ *(instruir)* lehren; *(dar clases)* unterrichten; *(explicar)* erklären; **él me enseñó la poca química que sé** er hat mir das wenige an Chemie beigebracht, das ich weiß; **ella me enseñó a tocar la flauta** sie hat mich Flöte spielen gelehrt; **hay que ~ con el ejemplo** man muss mit gutem Beispiel vorangehen; **¡la vida te ~á!** das Leben wird dich zur Räson bringen!; **¡ya te ~é yo a obedecer!** ich werde dich schon Gehorsam lehren! ❷ *(mostrar)* zeigen; **te enseñé a hacer las camas** ich habe dir gezeigt, wie man die Betten macht; **~ el camino a alguien** jdm den Weg zeigen ❸ *(dejar ver)* zeigen; *(presentar)* vorzeigen; *(exhibir)* vorführen

enseres [en'seres] *mpl* Sachen *fpl; (útiles)* Gerät *nt; (mobiliario)* Einrichtung *f*

ensillar [ensi'ʎar] *vt* satteln

ensimismado, -a [ensimis'maðo, -a] *adj* in Gedanken vertieft; *(ausente)* geistesabwesend; **estaba ~ en la lectura** er war in seine Lektüre vertieft

ensimismamiento [ensimisma'mjen̪to] *m* Nachdenklichkeit *f*

ensimismarse [ensimis'marse] *vr* ❶ *(absorberse)* in Gedanken versunken sein; **~ en recuerdos/una lectura** in Erinnerungen/in eine Lektüre versunken sein ❷ *(Col, Chil: engreírse)* eingebildet werden

ensombrecer [ensombre'θer] *irr como crecer* **I.** *vt (oscurecer)* verdüstern; *(ofuscar)* überschatten **II.** *vr:* **~se** ❶ *(entristecerse)* traurig werden ❷ *(oscurecerse)* sich verdüstern

ensoñación [ensoɲa'θjon] *f* Träumerei *f,* Traum *m; (ilusión)* Trugbild *nt,* Illusion *f*

ensoñar [enso'ɲar] <o → ue> *vt* träumen; *(entusiasmarse)* schwärmen (für *+akk*)

ensopar [enso'par] **I.** *vt (AmS: empapar)* einweichen **II.** *vr:* **~se** *(AmS)* (klatsch)nass werden

ensordecedor(a) [ensorðeθe'ðor(a)] *adj* ohrenbetäubend

ensordecer [ensorðe'θer] *irr como crecer* **I.** *vi (quedarse sordo)* taub werden **II.** *vt (ruido)* betäuben

ensordecimiento [ensorðeθi'mjen̪to] *m sin pl* Taubheit *f*

ensortijado, -a [ensorti'xaðo, -a] *adj* kraus

ensortijar [ensorti'xar] *vt (pelo)* kräuseln

ensuciar [ensu'θjar] **I.** *vt* beschmutzen (**con/de** mit *+dat*) **II.** *vr:* **~se** ❶ *(mancharse)* sich schmutzig machen; **~se de algo** sich mit etw *dat* beschmutzen ❷ *(fam: excremento)* (sich *dat*) in die Hosen machen

ensueño [en'sweɲo] *m* Traum; **de ~** traumhaft

entablar [en̪ta'βlar] *vt* ❶ *(conversación)* anfangen; *(negociaciones)* aufnehmen; *(amistad)* (an)knüpfen; *(juicio)* einleiten; **~ relaciones comerciales** Geschäftsbeziehungen aufnehmen ❷ *(suelo)* dielen ❸ *(ajedrez)* aufstellen

entablillar [en̪taβli'ʎar] *vt* schienen

entalegar [en̪tale'ɣar] <g → gu> *vt* ❶ *(meter en un talego)* einpacken, in einen Beutel stecken ❷ *(argot: encarcelar)* einsperren, in den Knast stecken

entallado, -a [en̪ta'ʎaðo, -a] *adj* tailliert

entalladura [en̪taʎa'ðura] *f (incisión)* Kerbe *f; (resina)* Einschnitt *m*

entarimado [en̪tari'maðo] *m* Parkett *nt*

ente ['en̪te] *m* ❶ (FILOS) Wesen *nt* ❷ *(autoridad)* Behörde *f;* **el E~ Público** das öffentliche Fernsehen

entendederas [en̪ten̪de'ðeras] *fpl (fam)* Grips *m;* **es muy corto de ~** er ist schwer von Begriff

entendedor(a) [en̪ten̪de'ðor(a)] **I.** *adj* Kenner-, bewandert **II.** *m(f)* Kenner(in) *m(f);* **a buen ~...** (**con pocas palabras basta**) Sie verstehen schon …

entender [en̪ten̪'der] <e → ie> **I.** *vi* ❶ *(saber)* verstehen ❷ *(ocuparse con)* sich befassen (**en** mit *+dat*) **II.** *vt* ❶ *(comprender)* verstehen; **lo entendieron mal** sie haben es missverstanden; **si entiendo bien Ud. quiere decir que...** wenn ich Sie recht verstehe, wollen Sie sagen, dass …; **¿qué entiende Ud. por acuerdo?** was verstehen Sie unter Abmachung?; **ellos ya se harán ~** sie werden sich schon verständlich machen; **no entiende una broma** er/sie versteht keinen Spaß; **le dio a ~ a su novia que...** er gab seiner Freundin zu verstehen, dass … ❷ *(creer)* glauben; **yo entiendo que sería mejor si...** *+subj* ich glaube, es wäre besser, wenn …; **yo no lo entiendo así** ich bin (da) anderer Meinung; **tengo entendido que...** *(según creo)* soweit ich weiß, …; *(según he oído)* ich habe gehört, dass … **III.** *vr:* **~se** ❶ *(llevarse)* sich verstehen ❷ *(ponerse de acuerdo)* sich verständigen; **para el precio entiéndete con mi socio** über den Preis musst du mit meinem Partner verhandeln ❸ *(fam: liarse)* ein Verhältnis haben ❹ *(fam: desenvolverse)* zurechtkommen; **no me entiendo con este lío de cables** bei diesem Kabelwirrwarr steige ich nicht durch; **¡que se las entienda!** das ist seine/ihre Sache! ⑤ *(loc)* **¡yo me entiendo!** ich weiß (schon), was ich sage!; **pero ¿cómo se entiende?** *(fam)* aber was soll das heißen?; **eso se entiende por sí mismo** das versteht sich von selbst **IV.** *m* Meinung *f;* **a mi ~** meiner Meinung nach

entendido, -a [en̪ten̪'diðo, -a] **I.** *adj* ① *(listo)* klug; *(experto)* bewandert (**en** in +*dat*); **no se dio por ~** er stellte sich dumm ② *(loc)* **bien ~ que...** vorausgesetzt, dass ...; **queda ~ que...** es ist selbstverständlich, dass ...; **queda ~ que te acompaño a casa** selbstverständlich begleite ich dich nach Hause **II.** *m, f* Kenner(in) *m(f); (experto)* Sachverständige(r) *mf;* **es un gran ~ en informática** er versteht viel von Informatik; **hacerse el ~** den Klugen spielen

entendimiento [en̪ten̪di'mjen̪to] *m sin pl* ① *(razón)* Verstand *m; (facilidad de comprensión)* Auffassungsgabe *f;* **obrar con ~** überlegt handeln; **un hombre de mucho ~** ein sehr intelligenter Mann ② *(acuerdo)* Verständigung *f*

enteradillo, -a [en̪tera'ðiʎo, -a] *m, f (pey)* Besserwisser(in) *m(f),* Schlaumeier(in) *m(f) fam*

enterado, -a [en̪te'raðo, -a] *adj (iniciado)* eingeweiht (**de** in +*akk*); *(conocedor)* vertraut (**de** mit +*dat*); **yo ya estaba ~ del incidente** ich wusste schon von dem Zwischenfall; **no se dio por ~** er stellte sich dumm

enteramente [en̪tera'men̪te] *adv* völlig

enterar [en̪te'rar] **I.** *vt* ① *(informar)* informieren (**de** über +*akk*) ② *(Col, Méx, CRi:* COM) (ein)zahlen **II.** *vr:* **~se** *(saber de algo)* erfahren; **me enteré de la explosión por la radio** ich habe aus dem Radio von der Explosion erfahren; **no me enteré de nada hasta que me lo dijeron** ich bekam nichts (davon) mit, bis sie es mir sagten; **pasa las hojas sin ~se de lo que lee** er/sie blättert herum, ohne zu verstehen, was er/sie gerade liest; **¡para que se entere!** *(fam)* damit Sie das endlich kapieren!

entereza [en̪te'reθa] *f sin pl (determinación)* Beharrlichkeit *f; (aplomo)* Sicherheit *f; (integridad)* Standhaftigkeit *f;* **a la muerte de su madre demostraron mucha ~** sie waren sehr tapfer, als ihre Mutter starb

enternecer [eterne'θer] *irr como crecer* **I.** *vt (conmover)* rühren; *(hacer ceder)* erweichen **II.** *vr:* **~se** *(conmoverse)* gerührt sein; *(ceder)* weich werden

entero, -a [en̪'tero, -a] *adj* ① *(completo, t.* MAT) ganz; **por ~** völlig; **se pasa días ~s sin decir ni una palabra** er/sie kann tagelang schweigen; **el espejo salió ~ de aquí** der Spiegel wurde unversehrt von hier mitgenommen; **la comisión entera se declaró a favor** die Kommission sprach sich geschlossen dafür aus; **el juego de café no está ~** das Kaffeeservice ist nicht vollständig ② *(persona íntegra)* redlich

enterrador(a) [en̪terra'ðor(a)] *m(f) (sepulturero)* Totengräber(in) *m(f)*

enterramiento [en̪terra'mjen̪to] *m* ① *(entierro)* Begräbnis *nt* ② *(sepultura)* Grab *nt; (sepulcro)* Grabstätte *f;* **se han descubierto unos ~s prehistóricos** man hat prähistorische Grabstätten gefunden

enterrar [en̪te'rrar] <e → ie> **I.** *vt* ① *(a un muerto)* begraben; **¡esa nos ~á a todos!** *(fam fig)* sie wird uns alle überleben! ② *(un objeto)* vergraben; *(no muy profundo)* verscharren ③ *(ilusiones, esperanzas)* begraben **II.** *vr:* **~se** *(recluirse)* sich vergraben

enterratorio [en̪terra'torjo] *m (AmS: cementerio)* Friedhof *m*

entibiar [en̪ti'βjar] **I.** *vt (líquido)* lau machen; *(fig)* abkühlen **II.** *vr:* **~se** *(líquido)* lau werden; *(fig)* sich abkühlen

entidad [en̪ti'ða^{d}] *f* ① (FILOS) Wesen *nt* ② *(asociación)* Vereinigung *f;* **~ aseguradora** Versicherungsgesellschaft *f;* **~ crediticia** Kreditbank *f;* **~ jurídica** Körperschaft *f*

entierro [en̪'tjerro] *m* ① *(ceremonia)* Beerdigung *f;* **¡no pongas esa cara de ~!** mach doch nicht so eine Trauermiene! ② *(comitiva)* Leichenzug *m*

entintar [en̪tin̪'tar] *vt (manchar)* mit Tinte beschmieren; *(teñir)* färben; (TIPO) einfärben

entoldar [en̪tol̪'dar] *vt* mit einem Sonnendach versehen

entonación [en̪tona'θjon] *f* (LING) Intonation *f*

entonar [en̪to'nar] **I.** *vi* ① *(canción)* den Ton halten ② *(armonizar)* passen (**con** zu +*dat*); **los colores de las cortinas no entonan con los de la pared** die Farben der Vorhänge beißen sich mit denen der Wand **II.** *vt* ① *(canción)* anstimmen ② *(fortalecer)* stärken

entonces [en̪'ton̪θes] *adv* ① *(temporal)* damals; **desde ~** seitdem; **hasta ~** bis dahin; **en** [*o* **por**] **aquel ~** damals ② *(modal)* dann; **¿y ~ qué pasó?** na, und was geschah dann?; **¿pues ~ por qué te extraña si no vienen?** ja, dann brauchst du dich nicht zu wundern, wenn sie nicht kommen!; **¡~!** also das will ich meinen!; **si lo amas ¿~ por qué no se lo dices?** wenn du ihn liebst, warum sagst du es ihm dann nicht?

entontecer [eṇtoṇte'θer] *irr como crecer* **I.** *vi, vr:* **~se** verblöden **II.** *vt* verdummen

entontecimiento [eṇtoṇteθi'mjeṇto] *m* Verdummung *f*

entornar [eṇtor'nar] *vt (puerta)* anlehnen

entorno [eṇ'torno] *m* Umgebung *f; (medio ambiente)* Umwelt *f; (mundillo)* Milieu *nt; (condiciones)* Rahmenbedingungen *fpl*

E

entorpecer [eṇtorpe'θer] *vt irr como crecer* ❶ *(movimiento)* lähmen; **el frío me entorpecía los dedos** die Kälte ließ meine Finger erstarren ❷ *(dificultar)* behindern; *(retrasar)* verzögern ❸ *(sentidos)* betäuben

entorpecimiento [eṇtorpeθi'mjeṇto] *m sin pl* ❶ *(torpeza)* Zerfahrenheit *f* ❷ *(obstáculo)* Hindernis *nt*

entrada [eṇ'traða] *f* ❶ *(puerta)* Eingang *m; (para coche)* Einfahrt *f;* **~ a la autopista** Autobahnauffahrt *f;* **~ trasera** Hintereingang *m* ❷ *(traspaso)* Eintritt *m;* (MIL) Einmarsch *m;* **se prohíbe la ~** Zutritt verboten!; **los deportistas hicieron su ~ en la ciudad** die Sportler liefen in die Stadt ein ❸ *(comienzo)* Beginn *m; (en un cargo)* Antritt *m;* **~ en funciones** Amtsantritt *m;* **~ en vigor** Inkrafttreten *nt* ❹ *(cine, teatro)* Eintrittskarte *f;* **~ gratuita** Freikarte *f;* **~ libre** Eintritt frei ❺ *(público)* Zuschauer *mpl; (hospital)* Zugänge *mpl;* **en el estreno hubo una gran ~** bei der Uraufführung war viel Publikum anwesend ❻ (GASTR) Vorspeise *f* ❼ *pl (pelo)* Geheimratsecken *fpl* ❽ (MÚS) Einsatz *m;* **dar la ~** den Einsatz geben ❾ *(en diccionario)* Eintrag *m* ❿ *(depósito)* Anzahlung *f;* **ya hemos dado la ~ para el piso** wir haben schon die erste Rate für die Wohnung bezahlt ⓫ (COM) Eingang *m;* **~ de pedidos** Auftragseingang *m* ⓬ (FIN) **~s y salidas** Einnahmen und Ausgaben ⓭ (INFOR) Eingabe *f;* **~ de datos** Dateneingabe *f;* **~ de USB** USB-Schnittstelle *f* ⓮ *(loc)* **de ~** auf den ersten Blick; **así de ~ tu idea no me pareció mal** zunächst schien mir deine Idee gar nicht schlecht

entrado, -a [eṇ'traðo, -a] *adj* **un señor ~ en años** ein älterer Herr; **llegamos entrada la noche** wir kamen erst in der Nacht an; **hasta muy ~ el siglo XVII** bis spät ins XVII. Jahrhundert hinein

entrador(a) [eṇtra'ðor(a)] *adj* ❶ *(AmS: animoso)* tapfer; *(atrevido)* mutig ❷ *(Arg: simpático)* nett ❸ *(Am: enamoradizo)* schwärmerisch ❹ *(Chil: entremetido)* zudringlich ❺ *(Guat, Nic: compañero)* kameradschaftlich

entramado [eṇtra'maðo] *m* ❶ (INFOR) Verflechtung *f* ❷ (ARQUIT) Fachwerk *nt;* **~ del tejado** Dachstuhl *m* ❸ *(relaciones)* Verflechtung *f*

entrampar [eṇtram'par] **I.** *vt* ❶ *(animal)* in eine Falle locken ❷ *(engañar)* betrügen ❸ *(fam: embrollar)* komplizieren ❹ *(fam: deudas)* mit Schulden belasten **II.** *vr:* **~se** Schulden machen

entrante [eṇ'traṇte] *adj (próximo)* kommend; **a primeros del mes ~** Anfang nächsten Monats

entraña [eṇ'traɲa] *f* ❶ *pl (órganos)* Eingeweide *ntpl;* **echar las ~s** *(fam)* sich übergeben; **¡hijo de mis ~s!** *(fam)* mein Herzblatt!; **por mis hijos doy las ~s** *(fam)* für meine Kinder würde ich alles hergeben ❷ *(lo esencial)* Kern *m* ❸ *pl (carácter)* Charakter *m;* **de buenas ~s** gutherzig ❹ *pl (interior)* Innerste(s) *nt;* **las ~s de la tierra** das Erdinnere

entrañable [eṇtra'ɲaβle] *adj* innig

entrañar [eṇtra'ɲar] *vt* mit sich bringen; **~ graves peligros** große Risiken in sich bergen

entrar [eṇ'trar] **I.** *vi* ❶ *(pasar)* hineingehen (**a/en** in +*akk*); *(vehículo)* hineinfahren (**a/en** in +*akk*); *(barco)* einlaufen (**a/en** in +*akk*); (MIL) einmarschieren (**en** in +*akk*); **~ por la ventana** durch das Fenster einsteigen; **el tren entra en la estación** der Zug fährt in den Bahnhof ein; **¡entre!** herein!; **me entró por un oído y me salió por otro** das ist mir zum einen Ohr hineingegangen und zum anderen wieder hinaus ❷ *(caber)* hineinpassen; **~ en el armario** in den Schrank passen; **el corcho no entra en la botella** der Korken geht nicht in die Flasche; **por fin he hecho ~ el tapón** endlich habe ich den Stöpsel hineinbekommen ❸ *(zapato, ropa)* passen; **no me entra el anillo** der Ring passt mir nicht ❹ *(con autorización)* Zutritt haben (**en** zu +*dat*) ❺ (INFOR) (sich) einloggen ❻ *(empezar)* beginnen; **el verano entra el 21 de junio** der Sommer beginnt am 21. Juni; **~ en relaciones con alguien** Beziehungen zu jdm aufnehmen; **después entré a trabajar en una casa más rica** dann begann ich, in einem reicheren Haushalt zu arbeiten; **cuando entró de alcalde...** als er als Bürgermeister antrat, ... ❼ *(penetrar)* hineingehen; **el clavo entró en la pared** der Nagel ging in die Wand; **¡no me entra en la cabeza cómo pudiste hacer eso!** ich begreife nicht, wie du so etwas tun konntest! ❽ *(como miembro)* eintreten (**en** in +*akk*); **~ en la Academia de Ciencias** in die Akademie der Wissenschaften aufgenommen werden ❾ *(formar parte)* **en un kilo entran tres panochas**

auf ein Kilo kommen drei Maiskolben; **eso no entraba en mis cálculos** damit habe ich nicht gerechnet; **en esta receta no entran huevos** bei diesem Rezept sind keine Eier vorgesehen ❿ (MÚS) einsetzen ⓫ *(loc)* **no ~ en detalles** nicht auf Einzelheiten eingehen; **~ en calor** warm werden; **me entró la tentación** es überkam mich die Versuchung; **me entró un mareo** mir wurde schwindlig; **me entró el sueño** ich wurde müde; **me entró el hambre** ich bekam Hunger; **esperemos que no te entre la gripe** hoffentlich bekommst du keine Grippe; **le ha entrado la costumbre de...** er/sie hat es sich *dat* zur Gewohnheit gemacht, zu ...; **las matemáticas no me entran** *(fam)* Mathematik begreife ich einfach nicht; **su hermano no me entra** *(fam)* ich kann seinen/ihren Bruder nicht leiden; **a él no sabes como ~le** man weiß nicht, wie man an ihn rankommen kann; **yo en eso no entro** [*o* **ni entro ni salgo**] *(fam)* damit habe ich nichts zu schaffen **II.** *vt* hineinbringen (**en** in +*akk*); *(vehículo)* hineinfahren (**en** in +*akk*); **~ el coche en el garaje** das Auto in die Garage (hinein)fahren

entre [ˈen̪tre] *prep* ❶ *(local, temporal)* zwischen +*dat;* **salir de ~ las ramas** aus den Zweigen hervorkommen; **pasar por ~ las mesas** zwischen den Tischen durchgehen; **~ semana** unter der Woche; **ven ~ las cinco y las seis** komm zwischen fünf und sechs; **~ tanto** inzwischen; **le cuento ~ mis amigos** ich zähle ihn zu meinen Freunden; **un ejemplo ~ muchos** ein Beispiel unter vielen; **el peor ~ todos** der Schlimmste von allen; **llegaron veinte ~ hombres y mujeres** es kamen zwanzig, teils Männer, teils Frauen; **se la llevaron ~ cuatro hombres** sie trugen sie zu viert heraus; **lo hablaremos ~ nosotros** wir werden unter uns darüber sprechen; **~ el taxi y la entrada me quedé sin dinero** das Taxi und die Eintrittskarte raubten mir mein ganzes Geld; **lo dije ~ mí** ich sagte es für mich ❷ *(con movimiento)* zwischen +*akk;* **¡guárdalo ~ los libros!** leg es zwischen die Bücher!; **me senté ~ los dos** ich setzte mich zwischen die beiden ❸ (MAT) durch +*akk*

entreabierto, -a [en̪treaˈβjerto, -a] *adj* halb offen

entreabrir [en̪treaˈβrir] *vt irr como abrir* halb öffnen

entreacto [en̪treˈakto] *m (intermedio)* Pause *f*

entrecejo [en̪treˈθexo] *m (ceño)* Stirnrunzeln *nt;* **fruncir el ~** die Stirn runzeln

entrecomillar [en̪trekomiˈʎar] *vt* in Anführungszeichen setzen

entrecortado, -a [en̪trekorˈtaðo, -a] *adj (respiración)* stoßweise; *(voz)* stockend; **con la voz entrecortada por los sollozos** mit von Tränen erstickter Stimme

entrecortar [en̪trekorˈtar] *vt* unterbrechen

entrecot [en̪treˈkoᵗ] *m* <entrecots> (GASTR) Entrecote *nt*

entrecruzamiento [en̪trekruθaˈmjen̪to] *m* Überschneidung *f; (genética)* Kreuzung *f*

entrecruzar [en̪trekruˈθar] <z → c> **I.** *vt* kreuzen; *(cintas)* flechten **II.** *vr:* **~se** sich kreuzen

entredicho [en̪treˈðitʃo] *m* ❶ *(prohibición)* Verbot *nt* ❷ *(loc)* **poner algo en ~** etw in Zweifel ziehen; **poner en ~ la veracidad** die Glaubwürdigkeit infrage stellen

entrega [en̪ˈtreɣa] *f* ❶ *(dedicación)* Engagement *nt* ❷ *(fascículo)* Lieferung *f;* **novela por ~s** Fortsetzungsroman *m* ❸ *(de documentos)* Übergabe *f; (ceremonia)* Überreichung *f;* **~ de premios** Preisverleihung *f;* **~ de títulos** (UNIV) Diplomverleihung *f;* **hacer ~ de algo** etw überreichen ❹ (COM) Lieferung *f;* **~ a domicilio** Lieferung frei Haus; **talón de ~** Lieferschein *m;* **pagadero a la ~** zahlbar bei Lieferung ❺ (MIL) Übergabe *f; (de prisioneros)* Auslieferung *f*

entregar [en̪treˈɣar] <g → gu> **I.** *vt* abgeben (**a** bei +*dat*); (COM) abliefern (**a** bei +*dat*); *(dar, t. piso, t.* MIL) übergeben; *(carta)* aushändigen; *(en ceremonia)* überreichen; *(premio)* verleihen; *(prisioneros)* ausliefern; **~la** *(fam fig)* ins Gras beißen **II.** *vr:* **~se** ❶ *(desvivirse)* sich widmen (**a** +*dat*); **~se a la bebida** anfangen zu trinken ❷ *(delincuente)* sich stellen ❸ (MIL) sich ergeben ❹ *(sexo)* sich hingeben

entrelazamiento [en̪trelaθaˈmjen̪to] *m* Verflechtung *f;* **~ de memorias** (INFOR) Speicherverschränkung *f*

entrelazar [en̪trelaˈθar] <z → c> *vt, vr:* **~se** (sich) verflechten

entremedias [en̪treˈmeðjas] *adv* ❶ *(local)* dazwischen; **~ de...** zwischen ... +*dat* ❷ *(temporal)* währenddessen

entremés [en̪treˈmes] *m* (GASTR) Vorspeise *f*

entremeterse [en̪tremeˈterse] *vr* sich einmischen (**en** in +*akk*)

entremetido, -a [en̪tremeˈtiðo, -a] **I.** *adj* zudringlich, naseweis **II.** *m, f* Naseweis *m*

entremezclar [en̪tremeθˈklar] *vt* vermischen

entrenador(a) [en̪trenaˈðor(a)] *m(f)* (DEP) Trainer(in) *m(f)*

E

E

entrenamiento [en̪trena'mjen̪to] *m* ❶ (DEP) Training *nt* ❷ *(práctica)* Übung *f*
entrenar [en̪tre'nar] **I.** *vt* trainieren; *(perro)* abrichten **II.** *vr:* **~se** trainieren
entrepaño [en̪tre'paɲo] *m* ❶ (ARQUIT) Tafelwerk *nt* ❷ *(de estantería)* Fach *nt*
entrepierna [en̪tre'pjerna] *f* ❶ *(muslo)* Innenseite *f* des Oberschenkels; **esto se me pasa por la ~** *(vulg)* das geht mir am Arsch vorbei ❷ *(del pantalón)* (Hosen)zwickel *m* ❸ *(Chil: de baño)* Badehose *f*
entreplanta [en̪tre'plan̪ta] *f* Zwischenstock *m*
entrepuente [en̪tre'pwen̪te] *m* (NÁUT) Zwischendeck *nt*
entresacar [en̪tresa'kar] <c → qu> *vt* ❶ *(escoger)* heraussuchen (**de** aus +*dat*); *(elegir)* auswählen (**de** aus +*dat*) ❷ *(pelo)* ausdünnen
entresijo [en̪tre'sixo] *m* ❶ (ANAT) Gekröse *nt* ❷ *pl (cosas escondidas)* Geheimnisse *ntpl*
entresuelo [en̪tre'swelo] *m* Zwischengeschoss *nt*
entretanto [en̪tre'tan̪to] *adv* inzwischen
entretecho [en̪tre'teʧo] *m (CSur: desván)* Dachboden *m*
entretejer [en̪trete'xer] *vt* ❶ *(meter)* einweben; *(fig)* einflechten ❷ *(entrelazar)* verflechten
entretela [en̪tre'tela] *f* Zwischenfutter *nt*
entretener [en̪trete'ner] *irr como tener* **I.** *vt* ❶ *(detener)* aufhalten ❷ *(apartar la atención)* ablenken ❸ *(divertir)* unterhalten; **sabe como ~ a los niños** er/sie kann Kinder gut bei Laune halten ❹ *(asunto)* hinauszögern; **~ a alguien con excusas** jdn mit Ausreden vertrösten **II.** *vr:* **~se** ❶ *(pasar el rato)* sich *dat* die Zeit vertreiben; **~se con revistas** sich *dat* die Zeit mit Zeitschriftenlesen vertreiben ❷ *(tardar)* aufgehalten werden; **¡no te entretengas!** beeil dich! ❸ *(apartar la atención)* sich ablenken lassen (**con** von +*dat*)
entretenida [en̪trete'niða] *f (amante)* Geliebte *f;* **dar la ~ a alguien** jdn vertrösten
entretenido, **-a** [en̪trete'niðo, -a] *adj* unterhaltsam
entretenimiento [en̪treteni'mjen̪to] *m* ❶ *(diversión)* Unterhaltung *f; (pasatiempo)* Zeitvertreib *m;* **en el bosque hay mucho ~ para los niños** im Wald gibt es viele interessante Dinge für die Kinder ❷ *(conservación)* Erhaltung *f*
entretiempo [en̪tre'tjempo] *m sin pl* Übergangszeit *f*
entrever [en̪tre'βer] *vt irr como ver* ❶ *(objeto)* undeutlich sehen ❷ *(sospechar)* ahnen; *(intenciones)* durchschauen
entreverado, **-a** [en̪treβe'raðo, -a] *adj (carne)* durchwachsen
entrevista [en̪tre'βista] *f* ❶ (PREN) Interview *nt;* **hacer una ~ a alguien** jdn interviewen ❷ *(reunión)* Besprechung *f;* **~ personal** (**de trabajo**) Vorstellungsgespräch *nt,* Bewerbungsgespräch *nt*
entrevistado, **-a** [en̪treβis'taðo, -a] *m, f* Interviewpartner(in) *m(f)*
entrevistador(**a**) [en̪treβista'ðor(a)] *m(f)* Interviewer(in) *m(f)*
entrevistar [en̪treβis'tar] **I.** *vt* interviewen **II.** *vr:* **~se** sich treffen
entristecer [en̪triste'θer] *irr como crecer* **I.** *vt* traurig machen **II.** *vr:* **~se** traurig werden
entristecimiento [en̪tristeθi'mjen̪to] *m* Traurigkeit *f*
entrojar [en̪tro'xar] *vt* (AGR) speichern
entrometerse [en̪trome'terse] *vr* sich einmischen (**en** in +*akk*)
entrometido, **-a** [en̪trome'tiðo, -a] *adj o m, f v.* **entremetido**
entrometimiento [en̪trometi'mjen̪to] *m* Einmischen *nt*
entromparse [en̪trom'parse] *vr* sich betrinken
entroncar [en̪troŋ'kar] <c → qu> *vi* ❶ *(tener parentesco)* verwandt sein ❷ *(Am: tren)* Anschluss haben (**con** an +*akk*)
entronizar [en̪troni'θar] <z → c> **I.** *vt* auf den Thron erheben **II.** *vr:* **~se** eingebildet werden
entronque [en̪'troŋke] *m* ❶ *(parentesco)* Verwandtschaft *f* ❷ *(Am: tren)* Anschluss *m*
entrullado, **-a** [en̪tru'ʎaðo, -a] *adj (argot: encarcelado)* eingesperrt, hinter Gittern
entuerto [en̪'twerto] *m (agravios)* Unrecht *nt*
entumecerse [en̪tume'θerse] *vr irr como crecer* einschlafen
entumecido, **-a** [en̪tume'θiðo, -a] *adj (pierna)* taub; *(rígido)* erstarrt
entumecimiento [en̪tumeθi'mjen̪to] *m* Taubheit *f; (rigidez)* Erstarren *nt*
enturbiamiento [en̪turβja'mjen̪to] *m* Trübung *f*
enturbiar [en̪tur'βjar] *vt* trüben
entusiasmar [en̪tusjas'mar] **I.** *vt* begeistern **II.** *vr:* **~se** sich begeistern (**con**/**por** für +*akk*)
entusiasmo [en̪tu'sjasmo] *m sin pl* Begeisterung *f*
entusiasta [en̪tu'sjasta] **I.** *adj* begeistert **II.** *mf* **una ~ del ballet** eine große Anhängerin des Balletts
enumeración [enumera'θjon] *f* Aufzählung *f*

enumerar [enume'rar] *vt* aufzählen; *(escrito)* aufführen
enunciado [enuṇ'θjaðo] *m* ① *(de problema)* Darlegung *f* ② *(texto)* Wortlaut *m* ③ (LING) Aussage *f*
enunciar [enuṇ'θjar] *vt (explicar)* erläutern
enunciativo, -a [enuṇθja'tiβo, -a] *adj* **oración enunciativa** Aussagesatz *m*
envalentonar [embaleṇto'nar] **I.** *vt* ermutigen **II.** *vr:* **~se** prahlen
envanecer [embane'θer] *irr como crecer* **I.** *vt* stolz machen **II.** *vr:* **~se** ① *(enorgullecerse)* stolz sein (**de** auf +*akk*) ② *(engreírse)* eingebildet werden
envanecido, -a [embane'θiðo] *adj* stolz; *(arrogante)* anmaßend, überheblich
envanecimiento [embaneθi'mjeṇto] *m sin pl* Anmaßung *f; (orgullo)* Stolz *m*
envarado, -a [emba'raðo, -a] *adj* ① *(rígido)* steif, starr, erstarrt ② *(altivo)* hochnäsig ③ *(Perú: influyente)* einflussreich
envaramiento [embara'mjeṇto] *m* ① *(rigidez)* Steifheit *f; (de un músculo, parte del cuerpo)* Starre *f* ② *(altivez)* Überheblichkeit *f*
envarar [emba'rar] **I.** *vt* lähmen **II.** *vr:* **~se** ① *(miembro)* starr werden ② *(persona)* hochmütig werden
envasado [emba'saðo] *m* Verpackung *f,* Verpacken *nt*
envasar [emba'sar] *vt* abfüllen
envase [em'base] *m* ① *(paquete)* Verpackung *f;* **~ reciclable** [*o* **reutilizable**] Mehrwegverpackung *f;* **~ no retornable** [*o* **no recuperable**] Einwegverpackung *f* ② *pl (cascos)* Leergut *nt* ③ *(acción)* Abfüllen *nt;* **~ al vacío** Vakuumverpackung *f*
envejecer [embexe'θer] *irr como crecer* **I.** *vt* alt machen **II.** *vr:* **~se** altern
envejecimiento [embexeθi'mjeṇto] *m sin pl* Älterwerden *nt*
envenenamiento [embenena'mjeṇto] *m* Vergiftung *f*
envenenar [embene'nar] *vt* vergiften
envergadura [emberɣa'ðura] *f (importancia)* Bedeutung *f*
envés [em'bes] *m* Rückseite *f*
enviado, -a [embi'aðo, -a] *m, f* Abgesandte(r) *mf;* **~ especial** (PREN, TV, RADIO) Sonderberichterstatter *m*
enviar [embi'ar] <*1. pres* envío> *vt* schicken; *(despachar)* absenden; *(circular)* versenden; *(telegrama)* aufgeben; **~ (a) por algo a alguien** jdn etw holen lassen; **~ por correo** mit der Post schicken; **la ONU ~á a un mediador** die UNO wird einen Vermittler entsenden
envidar [embi'ðar] *vt (naipes)* bieten, setzen; **~ en** [*o* **de**] **falso** bluffen
envidia [em'bidja] *f* Neid *m;* **tener ~ a alguien** jdn beneiden; **tener ~ de algo** auf etw neidisch sein; **daba ~ verlo de lo guapo que iba** er sah beneidenswert gut aus; **lo corroe la ~** er wird vom Neid zerfressen
envidiable [embi'djaβle] *adj* beneidenswert
envidiar [embi'ðjar] *vt* beneiden (**por** um +*akk*); **¡mucho tienes tú que ~le a ella!** *(irón)* du hast gar keinen Grund, sie zu beneiden!
envidioso, -a [embi'djoso, -a] *adj* neidisch (**de** auf +*akk*)
envilecer [embile'θer] *irr como crecer* **I.** *vt* herabwürdigen **II.** *vr:* **~se** verkommen; *(humillarse)* sich erniedrigen
envío [em'bio] *m* Sendung *f; (expedición)* Versand *m;* **~ a domicilio** Lieferung frei Haus; **~ certificado** Einschreib(e)sendung *f;* **~ contra reembolso** Nachnahmesendung *f;* **~ urgente** Eilsendung *f;* **~ con valor declarado** Wertsendung *f;* **gastos de ~** Versandkosten *pl*
envite [em'bite] *m* ① *(apuesta)* Gebot *nt* ② *(fig: ofrecimiento)* Angebot *nt* ③ *(empujón)* Stoß *m;* **al primer ~** auf einmal
enviudar [embju'ðar] *vi* verwitwen
envoltorio [emboḷ'torjo] *m* ① *(lío)* Bündel *nt* ② *(embalaje)* Verpackung *f*
envoltura [emboḷ'tura] *f (embalaje)* Verpackung *f;* **en ~ original** originalverpackt
envolver [embol'βer] *vt irr como volver* ① *(en papel)* einwickeln (**con/en** in +*akk*); *(empaquetar)* einpacken (**en/con** in +*akk*); *(en ropa)* einhüllen (**con/en** in +*akk*); **~ en papel de regalo** als Geschenk einpacken ② *(mezclar)* verwickeln
envuelto, -a [em'bweḷto, -a] *pp de* **envolver**
enyesado [eɲɟe'saðo] *m* Eingipsen *nt*
enyesar [eɲɟe'sar] *vt* eingipsen
enzarzar [eṇθar'θar] <z → c> **I.** *vt* ① *(muro)* mit Dornen bedecken ② *(enemistar)* in einen Streit verwickeln **II.** *vr:* **~se** ① *(enredarse)* im Gestrüpp hängen bleiben ② *(tener dificultades)* sich in Ungelegenheiten bringen; **se ~on en una pelea** sie sind aneinandergeraten
enzima [eṇ'θima] *m o f* Enzym *nt*
eñe ['eɲe] *f* Ñ, ñ *nt*
eólico, -a [e'oliko, -a] *adj* Wind-; **central eólica** Windkraftwerk *nt*
epa ['epa] *interj (Am)* he; *(Chil)* auf
epatante [epa'taṇte] *adj* beeindruckend, überwältigend
épica ['epika] *f sin pl* Epik *f*

epicentro [epi'θen̪tro] *m* Epizentrum *nt*
épico, -a ['epiko, -a] *adj* episch; **poema ~** Epos *nt*
epidemia [epi'ðemja] *f* Epidemie *f*
epidemiología [epiðemjolo'xia] *f sin pl* Epidemiologie *f*
epidermis [epi'ðermis] *f inv* (ANAT, BOT) Epidermis *f*
epigastrio [epi'ɣastrjo] *m* (ANAT) Magengrube *f*
epígrafe [e'piɣrafe] *m* ❶ *(inscripción)* Inschrift *f* ❷ *(título)* Überschrift *f* ❸ *(consigna)* Motto *nt*
epigrama [epi'ɣrama] *m* ❶ *(en piedra)* Inschrift *f* ❷ *(poema)* Epigramm *nt*
epilepsia [epi'leβsja] *f* Epilepsie *f*
epiléptico, -a [epi'leptiko, -a] **I.** *adj* epileptisch **II.** *m, f* Epileptiker(in) *m(f)*
epílogo [e'piloɣo] *m* *(de libro)* Nachwort *nt*
episcopado [episko'paðo] *m* ❶ *(cargo)* Bischofsamt *nt* ❷ *(comunidad)* Episkopat *nt*
episcopal [episko'pal] *adj* bischöflich; **sede ~** Bischofssitz *m*
episódico, -a [epi'soðiko, -a] *adj* episodisch
episodio [epi'sodjo] *m* ❶ *(suceso, t.* MÚS, LIT) Episode *f* ❷ *(parte)* Teil *m*
epistemología [epistemolo'xia] *f sin pl* (FILOS) Epistemologie *f*
epístola [e'pistola] *f* ❶ (REL: *carta*) Brief *m;* **~s de San Pablo** Briefe des Apostels Paulus ❷ *(subdiácono)* Unterdiakonat *nt* ❸ (LIT) Epistel *f*
epistolar [episto'lar] *adj* brieflich, Brief-; **relación ~** Brieffreundschaft *f*
epitafio [epi'tafjo] *m* Grabschrift *f*
época ['epoka] *f* ❶ (HIST) Epoche *f;* **coches de ~** Oldtimer *mpl;* **muebles de ~** Stilmöbel *ntpl;* **trajes de ~** historische Trachten; **un invento que hizo ~** eine Epoche machende Erfindung ❷ *(tiempo)* Zeit *f;* **~ de las lluvias** Regenzeit *f;* **~ de recogida** Erntezeit *f;* **es la ~ más calurosa del año** das ist die wärmste Jahreszeit; **en aquella ~** damals
epopeya [epo'peɟa] *f* (LIT) Epos *nt*
equidad [eki'ðað] *f sin pl* ❶ *(justicia)* Gerechtigkeit *f* ❷ *(de precios)* Mäßigkeit *f*
equidistar [ekiðis'tar] *vi* gleich weit entfernt sein (**de** von +*dat*)
equilátero, -a [eki'latero, -a] *adj* gleichseitig
equilibrado, -a [ekili'βraðo, -a] *adj* ausgeglichen; *(dieta, programa)* ausgewogen; *(sensato)* vernünftig
equilibrar [ekili'βrar] *vt, vr:* **~se** (sich) ausgleichen
equilibrio [eki'liβrjo] *m* ❶ *(en general)* Gleichgewicht *nt;* **~ ecológico** ökologisches Gleichgewicht; **mantener el ~** das Gleichgewicht halten; **alguien le hizo perder el ~** jemand brachte ihn aus dem Gleichgewicht ❷ *(contrapeso)* Gegengewicht *nt* ❸ *(armonía, mesura)* Ausgewogenheit *f* ❹ *(loc)* **hacer ~s** sich auf einer Gratwanderung befinden; **para llegar a fin de mes tengo que hacer muchos ~s** *(fam)* es wird für mich ganz schön schwierig werden, diesen Monat über die Runden zu kommen
equilibrista [ekili'βrista] *mf* Seiltänzer(in) *m(f)*
equino, -a [e'kino, -a] *adj* Pferde-
equipaje [eki'paxe] *m* *(maletas)* Gepäck *nt;* **~ de mano** Handgepäck *nt;* **entrega de ~s** Gepäckausgabe *f;* **exceso de ~** Übergepäck *nt;* **registro de ~** Zollkontrolle *f*
equipamiento [ekipa'mjen̪to] *m* Ausstattung *f,* Ausrüstung *f;* **~ industrial** Industrieanlagen *fpl;* **~ de serie** Serienausstattung *f;* **~ técnico** technische Anlagen
equipar [eki'par] *vt* ausrüsten (**con/de** mit +*dat*); *(de ropa, un lugar)* ausstatten (**con/de** mit +*dat*)
equiparación [ekipara'θjon] *f* Angleichung *f* (**con** an +*akk*)
equiparar [ekipa'rar] *vt* ❶ *(igualar)* angleichen (**con** an +*akk*) ❷ *(comparar)* vergleichen (**con** mit +*dat*)
equipo [e'kipo] *m* ❶ *(grupo)* Team *nt;* *(turno)* Schicht *f;* **~ gestor** Management *nt;* **~ de investigadores** Forschungsgruppe *f;* **~ de rastreo** Suchmannschaft *f;* **trabajo en ~** Teamarbeit *f* ❷ (DEP) Mannschaft *f;* **~ de fútbol** Fußballmannschaft *f;* **carrera por ~s** Mannschaftsrennen *nt;* **caerse con todo el ~** *(fam fig)* völlig scheitern ❸ *(utensilios)* Ausrüstung *f;* **~ de alta fidelidad** Hi-Fi-Anlage *f;* **~ (de música) estéreo** Stereoanlage *f;* **~ productivo** Produktionsapparat *m;* **bienes de ~** Investitionsgüter *ntpl*
equis ['ekis] **I.** *adj inv* x; **rayos ~** Röntgenstrahlen *mpl;* **~ euros** X Euro; **el señor ~** Herr Sowieso **II.** *f inv* ❶ *(letra)* X, x *nt;* **el proyecto de construcción tiene forma de ~** das Bauprojekt ist x-förmig angelegt ❷ *(Col: serpiente)* Giftviper *f*
equitación [ekita'θjon] *f sin pl* Reitsport *m;* *(montar)* Reiten *nt;* **escuela de ~** Reitschule *f*
equitativamente [ekitatiβa'men̪te] *adv* gerechterweise
equitativo, -a [ekita'tiβo, -a] *adj* gerecht;

hicieron un reparto ~ de las ganancias der Gewinn wurde gleichmäßig aufgeteilt

equivalencia [ekiβa'leṇθja] *f* Gleichwertigkeit *f;* (LING, MAT) Äquivalenz *f*

equivalente [ekiβa'leṇte] **I.** *adj* gleichwertig (**a** mit *+dat*); (LING, MAT) äquivalent; *(significado)* gleichbedeutend (**a** mit *+dat*); *(correspondiente)* entsprechend; **una cantidad ~ a diez dólares** eine Summe, die zehn Dollar entspricht **II.** *m* Äquivalent *nt;* **el ~ a diez días de trabajo** das Äquivalent für zehn Arbeitstage

equivaler [ekiβa'ler] *vi irr como valer* entsprechen (**a** *+dat*); **la negativa equivaldría a la ruptura de las negociaciones** eine Absage käme einem Abbruch der Beziehungen gleich; **lo que equivale a decir que...** was nichts anderes bedeutet, als dass ...

equivocación [ekiβoka'θjon] *f* Irrtum *m; (error)* Fehler *m; (malentendido)* Missverständnis *nt; (confusión)* Verwechslung *f;* **por ~** aus Versehen

equivocadamente [ekiβokaða'meṇte] *adv* irrtümlicherweise, irrtümlich, aus Versehen; **yo creía ~ que quien lo había hecho era él** ich dachte irrtümlicherweise, er hätte es getan

equivocar [ekiβo'kar] <c → qu> **I.** *vt* ❶ *(confundir)* verwechseln; **equivoqué los sobres de las cartas** ich habe die Briefumschläge vertauscht ❷ *(desconcertar)* durcheinanderbringen **II.** *vr:* **~se** sich irren (**de/en** in *+dat*); **~se de camino** sich verlaufen; **~se de carretera** sich verfahren; **~se al escribir** sich verschreiben; **~se al escribir** (**a máquina**) sich vertippen; **~se al hablar** sich versprechen; **~se al hacer una cuenta** sich verrechnen; **~se al leer** sich verlesen; **~se de número** (**de teléfono**) sich verwählen; **~se de tranvía** in die falsche Straßenbahn einsteigen; **~se de puerta** sich in der Tür irren

equivoco [eki'βoko] *m (Am)* Irrtum *m*

equívoco, -a [e'kiβoko, -a] *adj* ❶ *(con dos sentidos)* zweideutig ❷ *(dudoso)* zweifelhaft

era[1] ['era] *f* ❶ *(período)* Zeitalter *nt;* **~ poscomunista** postkommunistische Ära; **~ terciaria** Tertiär *nt* ❷ *(para trigo)* Tenne *f*

era[2] ['era] *3. imp de* **ser**

ere ['ere] *f* R, r *nt*

E-Reader [i'riðer] *m (lector de libros electrónicos)* E-Book-Reader *m*

erección [ereᵞ'θjon] *f* ❶ *(del pene)* Erektion *f* ❷ *(de monumentos)* Errichtung *f*

erecto, -a [e'rekto, -a] *adj (tieso)* steif; *(púas)* aufgestellt

eremita [ere'mita] *mf* Einsiedler(in) *m(f)*

eres ['eres] *2. pres de* **ser**

ergo ['erɣo] *conj (irón elev)* also, ergo

ergómetro [er'ɣometro] *m* (MED) Ergometer *m*

ergonomía [erɣono'mia] *f sin pl* Ergonomie *f*

ergoterapia [erɣote'rapja] *f sin pl* Ergotherapie *f*

erguido, -a [er'ɣiðo, -a] *adj (derecho)* aufrecht

erguir [er'ɣir] *irr* **I.** *vt* aufrichten; **~ el cuello** den Hals (lang) strecken; **con la cabeza erguida** hocherhobenen Hauptes **II.** *vr:* **~se** ❶ *(ponerse derecho)* sich aufrichten; **~se en una silla** sich gerade hinsetzen; **el perro se irguió sobre las patas traseras** der Hund stellte sich auf die Hinterpfoten ❷ *(engreírse)* eingebildet sein

erigir [eri'xir] <g → j> **I.** *vt* ❶ *(construir)* errichten; **~ un andamio** ein Gerüst aufstellen ❷ *(fundar)* (be)gründen ❸ *(nombrar)* ernennen; **la erigieron presidente** sie wurde zur Präsidentin ernannt **II.** *vr:* **~se** *(declararse)* sich (selbst) erklären (**en** zu *+dat*); *(hacer de)* auftreten (**en** als *+nom*)

Eritrea [eri'trea] *f* Eritrea *nt*

erizado, -a [eri'θaðo, -a] *adj* ❶ (BOT) stachelig ❷ *(pelo)* borstig, struppig

erizar [eri'θar] <z → c> **I.** *vt* ❶ *(el pelo)* sträuben; **el frío me erizó el vello** ich bekam vor Kälte eine Gänsehaut; **el miedo me erizó los cabellos** mir standen vor Angst die Haare zu Berge ❷ *(un asunto)* erschweren; **estar erizado de dificultades** mit Schwierigkeiten gespickt sein; **la vida está erizada de espinas** das Leben ist voller Dornen; **el camino está erizado de obstáculos** der Weg ist mit Hindernissen gepflastert **II.** *vr:* **~se** ❶ *(pelo)* sich sträuben; **mis cabellos se ~on del susto** mir standen vor Schreck die Haare zu Berge; **se me erizó el vello de tanto frío** ich bekam vor lauter Kälte eine Gänsehaut ❷ *(persona)* nervös werden

erizo [e'riθo] *m* ❶ *(mamífero)* Igel *m* ❷ *(pez)* Igelfisch *m* ❸ *(del castaño)* Kastanienschale *f* ❹ *(de mar)* Seeigel *m* ❺ *(fam: persona)* Brummbär *m* ❻ *(defensa)* Stacheldraht *m*

ermita [er'mita] *f (capilla)* Kapelle *f; (de peregrinación)* Wallfahrtskirche *f*

ermitaño[1] [ermi'taɲo] *m* (ZOOL) Einsiedlerkrebs *m*

ermitaño, -a[2] [ermi'taɲo, -a] *m, f* ❶ *(asceta)* Einsiedler(in) *m(f)* ❷ *(persona poco sociable)* Einzelgänger(in) *m(f);* **ser un ~** sehr zurückgezogen leben

erogación [eroɣa'θjon] *f* ① *(Arg, Méx, Par: pago)* Zahlung *f* ② *(Ven: donativo)* Spende *f*

erógeno, -a [e'roxeno, -a] *adj* erogen

erosión [ero'sjon] *f* ① *(desgaste)* Abnutzung *f;* *(desaparición)* Schwinden *nt;* ~ **monetaria** Geldwertschwund *m* ② (GEO) Erosion *f;* *(causada por el agua)* Auswaschung *f;* ~ **del suelo** Bodenerosion *f* ③ *(de la piel)* (Haut)abschürfung *f* ④ *(de alguien)* Schädigung *f;* **sufrir** ~ Schaden nehmen; *(perder influencia)* an Einfluss verlieren; *(perder prestigio)* an Ansehen verlieren

erosionar [erosjo'nar] **I.** *vt* ① *(desgastar)* abnutzen ② (GEO) abtragen; **el agua erosiona las rocas** das Wasser wäscht die Felsen aus ③ *(la piel)* abschürfen ④ *(a alguien)* schädigen; **el artículo erosionó al partido** der Artikel hat dem Ruf der Partei geschadet **II.** *vr:* **~se** Schaden nehmen; *(perder prestigio)* an Ansehen verlieren; *(perder influencia)* an Einfluss verlieren

erótico, -a [e'rotiko, -a] *adj* erotisch

erotismo [ero'tismo] *m* Erotik *f*

erradicación [erraðika'θjon] *f* Ausrottung *f;* *(de una institución)* Abschaffung *f;* ~ **de una epidemia** Seuchenbekämpfung *f*

erradicar [erraði'kar] <c → qu> *vt* ausrotten; *(una planta)* entwurzeln; *(una institución)* abschaffen

errado, -a [e'rraðo, -a] *adj* ① *(cosa)* falsch ② *(persona)* **estar** [*o* **andar**] ~ sich irren

errar [e'rrar] *irr* **I.** *vi* ① *(equivocarse)* sich irren (**en** in +*dat*); ~ **en la respuesta** eine falsche Antwort geben; ~ **en el camino** sich verlaufen; *(fig)* auf dem Holzweg sein ② *(andar vagando)* umherziehen (**por** in +*dat*); *(sin orientación)* umherirren (**por** in +*dat*); *(vagabundear)* vagabundieren; **ir errando por las calles** durch die Straßen irren **II.** *vt* *(no acertar)* verfehlen; ~ **el golpe** danebenschlagen; ~ **el tiro** danebenschießen; ~ **la vocación** den Beruf verfehlen **III.** *vr:* **~se** sich irren (**en** in +*dat*)

errata [e'rrata] *f* Druckfehler *m*

erre ['erre] *f* R, r *nt;* ~ **que** ~ *(fam)* stur; **seguir ~ que ~** unbeirrt weitermachen; **él está, ~ que ~, empeñado a subir a la montaña** er will auf Teufel komm raus den Berg besteigen

erróneo, -a [e'rroneo, -a] *adj* falsch; **decisión errónea** Fehlentscheidung *f*

error [e'rror] *m* ① *(falta)* Fehler *m;* ~ **de cálculo** Rechenfehler *m;* ~ **de operación** (INFOR) Betriebsfehler *m;* ~ **ortográfico** Rechtschreibfehler *m;* **~es no eliminables** nicht behebbare Fehler; **cometer un** ~ einen Fehler machen; **has cometido un ~ muy grave** dir ist ein gravierender Fehler unterlaufen ② *(equivocación)* Irrtum *m;* *(descuido)* Versehen *nt;* **estar en el** [*o* **un**] ~ sich irren ③ (FÍS, MAT: *diferencia*) Abweichung *f* ④ *(conducta reprochable)* Verirrung *f*

ertzaina [er'tsaina] *mf* *baskische(r) Polizist(in)*

Ertzaintza [er'ʧanʧa] *f sin pl* *autonome baskische Polizei*

eructar [eruk'tar] *vi* aufstoßen

eructo [e'rukto] *m* Rülpser *m fam*

erudición [eruði'θjon] *f* Bildung *f;* *(sabiduría)* Weisheit *f*

erudito, -a [eru'ðito, -a] **I.** *adj* ① *(persona)* gebildet; *(sabio)* weise ② *(obra)* wissenschaftlich; **conocimientos ~s** fundierte Kenntnisse **II.** *m, f* Gelehrte(r) *mf;* *(sabio)* Weise(r) *mf;* *(experto)* Experte, -in *m, f;* **es un ~ en filosofía** er ist eine Kapazität auf dem Gebiet der Philosophie

erupción [eruβ'θjon] *f* ① (GEO) Eruption *f;* ~ **volcánica** Vulkanausbruch *m* ② (MED) Ausschlag *m;* ~ **cutánea** Hautausschlag *m*

es [es] *3. pres de* **ser**

esa(s) ['esa(s)] **I.** *adj v.* **ese**[2], **esa** **II.** *pron dem v.* **ese**[3], **esa, eso**

esbelto, -a [es'βelto, -a] *adj* *(delgado)* schlank; *(alto)* hoch gewachsen; *(grácil)* anmutig; *(elegante)* elegant; **un hombre** ~ ein stattlicher Mann

esbirro [es'βirro] *m* ① *(alguacil)* Gerichtsdiener *m* ② *(de las autoridades)* Ordnungshüter *m* ③ *(fam: que comete actos violentos)* Schläger *m;* *(sicario)* Killer *m*

esbozar [esβo'θar] <z → c> *vt* ① *(dibujo)* skizzieren ② *(un tema)* umreißen; *(un escrito)* entwerfen; ~ **un discurso** eine Rede in Stichwörtern notieren ③ *(una sonrisa)* **esbozó una sonrisa** ein Lächeln huschte über sein/ihr Gesicht; ~ **una sonrisa irónica** sein Gesicht zu einem spöttischen Grinsen verziehen

esbozo [es'βoθo] *m* ① *(dibujo)* Skizze *f* ② *(de un proyecto)* Entwurf *m*

escabechar [eskaβe'ʧar] *vt* ① (GASTR) marinieren ② *(fam: suspender)* durchrasseln lassen ③ *(fam: matar)* abmurksen

escabeche [eska'βeʧe] *m* ① *(adobo)* Marinade *f;* **atún en** ~ marinierter Thunfisch; **poner en** ~ marinieren ② *(alimento: pescado)* marinierter Fisch *m;* ~ **de pollo** mariniertes Huhn

escabechina [eskaβe'ʧina] *f* ① *(fam: en un examen)* **en el examen hubo gran** ~ bei der Prüfung fielen reihenweise Leute durch; **hacer una** ~ viele Prüflinge durchfallen lassen ② *(destrozo)* Zerstörung *f;*

(carnicería) Massaker *nt;* **hacer una ~** Unheil anrichten

escabel [eska'βel] *m (taburete)* Schemel *m; (para los pies)* Fußbank *f*

escabino [eska'βino] *m* (JUR) Schöffe, m

escabroso, -a [eska'βroso, -a] *adj* ① *(áspero)* rau; *(terreno)* holperig; *(carácter)* schwierig ② *(comprometido)* heikel ③ *(indecente)* anstößig

escabullirse [eskaβu'ʎirse] <3. *pret* se escabulló> *vr* ① *(desaparecer)* sich wegschleichen; **~ (por) entre la multitud** in der Menge untertauchen ② *(escurrirse)* entgleiten; **la trucha se me escabulló (de entre las manos)** die Forelle rutschte mir aus der Hand

escachar [eska'ʧar] **I.** *vt (fam: aplastar)* zerdrücken, zerquetschen **II.** *vr:* **~se** *(fam: quedar aplastado)* zerdrückt werden

escacharrado, -a [eskaʧa'rraðo, -a] *adj (plan)* gescheitert; *(proyecto, día)* misslungen

escacharrar [eskaʧa'rrar] **I.** *vt* ruinieren; *(romper)* kaputt machen; *(plato)* zerbrechen; *(proyecto)* zunichtemachen; **la lluvia nos escacharró la fiesta** der Regen verdarb uns das ganze Fest; **escacharró nuestros planes** er/sie machte uns einen Strich durch die Rechnung **II.** *vr:* **~se** ruiniert sein; *(romperse)* kaputtgehen; *(plato)* zerbrechen; *(proyecto)* scheitern; *(plan)* sich zerschlagen; **nuestros planes se ~on por culpa de la lluvia** unsere Pläne fielen buchstäblich ins Wasser; **se me ha escacharrado la escultura** die Skulptur ist mir nicht gelungen

escafandra [eska'fan̪dra] *f* Taucheranzug *m;* **~ autónoma** Tauchgerät *nt;* **~ espacial** Raumanzug *m*

escafandrista [eskafan̪'drista] *mf* Taucher(in) *m(f)*

escala [es'kala] *f* ① *(serie)* Skala *f;* **~ de colores** Farbskala *f;* **~ de cuotas** Beitragsstaffelung *f;* **~ de descuentos** Rabattstaffel *f;* **~ impositiva** Steuersatz *m;* **~ de salarios** Lohnskala *f* ② *(musical)* Tonleiter *f;* **hacer ~s** Läufe üben ③ *(proporción)* Verhältnis *nt; (de un mapa)* Maßstab *m;* **~ de reproducción** Abbildungsmaßstab *m;* **a ~** maßstabsgerecht; **un mapa a ~ 1:100.000** eine Karte im Maßstab (von) 1:100.000 ④ *(de medición)* Skala *f;* **~ de grados** Gradeinteilung *f;* **~ milimétrica** Millimetereinteilung *f* ⑤ *(medida)* Maß *nt;* **a ~ mundial** weltweit; **a ~ nacional** landesweit; **en gran ~** in großem Umfang; **comprar en gran ~** in großen Mengen einkaufen; **fabricación en gran ~** Massenproduktion *f;* **ser de mayor ~** größer sein ⑥ *(parada)* Zwischenaufenthalt *m;* (AERO) Zwischenlandung *f;* **~ forzada** (AERO) Notlandung *f;* **el avión tuvo que hacer ~ en París** das Flugzeug musste in Paris zwischenlanden; **hacer ~ en un puerto** einen Hafen anlaufen ⑦ *(puerto)* Anlaufhafen *m* ⑧ *(escalera)* Leiter *f;* **~ de cuerda** Strickleiter *f*

escalabrar [eskala'βrar] **I.** *vt* verletzen **II.** *vr:* **~se** sich verletzen

escalada [eska'laða] *f* ① *(subida)* Aufstieg *m* (**de** auf +*akk*); *(de un muro)* Überwindung *f; (de una pared)* Erklimmen *nt;* **~ libre** Freeclimbing *nt* ② *(alpinismo)* Bergsteigen *nt* ③ *(de un edificio)* Einstieg *m* (**de** in +*akk*); *(violentamente)* Eindringen *nt* (**de** in +*akk*); *(robo)* Einbruch *m* (**de** in +*akk*); (MIL) Erstürmung *f* ④ *(a una posición/cargo)* Aufstieg *m* ⑤ *(aumento)* Anstieg *m; (de un conflicto/la violencia)* Eskalation *f*

escalador(a) [eskala'ðor(a)] **I.** *adj* Bergsteiger- **II.** *m(f)* ① *(alpinista)* Bergsteiger(in) *m(f)* ② *(ladrón)* Fassadenkletterer, -in *m, f*

escalafón [eskala'fon] *m (de cargos)* (Dienst)rangliste *f; (de sueldos)* Besoldungsliste *f;* **subir en el ~** befördert werden

escalar [eska'lar] **I.** *vi* ① *(en las montañas)* bergsteigen ② *(socialmente/profesionalmente)* aufsteigen **II.** *vt* ① *(subir)* (hinauf)steigen (auf +*akk*); *(una montaña)* besteigen; *(una pared)* hochklettern; **~ un muro** über eine Mauer klettern; **has escalado las cimas del poder** du bist auf dem Gipfel der Macht angelangt ② *(entrar)* (ein)steigen (in +*akk*), (hinein)klettern (in +*akk*); *(violentamente)* eindringen (in +*akk*); *(ladrón)* einbrechen (in +*akk*); (MIL) (er)stürmen; **~on la habitación por la ventana** sie stiegen durch das Fenster ins Zimmer ③ *(una posición)* erlangen; **escaló el cargo más alto de la empresa** er/sie arbeitete sich bis zum höchsten Posten in der Firma hoch

escaldado, -a [eskal̪'daðo, -a] *adj* ① *(escarmentado)* vorsichtig; **salir ~** schlechte Erfahrungen gemacht haben; **gato ~ del agua fría huye** *(prov)* gebranntes Kind scheut das Feuer ② *(mujer)* schamlos

escaldar [eskal̪'dar] **I.** *vt* ① (GASTR) abbrühen ② (MED) verbrennen; *(con agua hirviendo)* verbrühen; *(inflamar)* entzünden **II.** *vr:* **~se** ① *(persona)* sich verbrennen; *(con agua hirviendo)* sich verbrühen ② *(piel)* sich entzünden

escalera [eska'lera] *f* ① *(escalones)* Treppe *f;* (AERO) Gangway *f;* **~ abajo** treppab;

~ **arriba** treppauf; ~ **de caracol** Wendeltreppe *f;* ~ **mecánica** [*o* **automática**] Rolltreppe *f;* ~ **de servicio** Hintertreppe *f* ❷ *(pasillo)* Treppenhaus *nt* ❸ *(escala)* Leiter *f;* ~ **de bomberos** Feuerwehrleiter *f;* ~ **de cuerda** Strickleiter *f;* ~ **doble** Trittleiter *f;* ~ **de incendios** Feuerleiter *f;* ~ **de mano** Leiter *f;* ~ **de tijera** Trittleiter *f;* **subir la** ~ auf die Leiter steigen

E

escalerilla [eskale'riʎa] *f* ❶ *(escalones)* kleine Treppe *f;* (AERO) Gangway *f;* **en** ~ staffelförmig ❷ *(escala)* kurze Leiter *f* ❸ *(naipes)* Sequenz *f* von drei Karten ❹ *(listones)* Gitter *nt* ❺ *(de un veterinario)* Spekulum *nt*

escalinata [eskali'nata] *f* Freitreppe *f*

escalo [es'kalo] *m* ❶ *(subida)* Klettern *nt* (**de** auf +*akk*), Hinaufsteigen *nt* (**de** auf +*akk*); *(de una montaña)* Aufstieg *m* (**de** auf +*akk*); *(de un muro)* Überwindung *f* ❷ *(penetración)* Einstieg *m* (**de** in +*akk*); *(violentamente)* Eindringen *nt* (**de** in +*akk*); *(robo)* Einbruch *m* (**de** in +*akk*); (MIL) Erstürmung *f* ❸ *(boquete)* (Schlupf)loch *nt,* (Durch)gang *m*

escalofriante [eskalo'frjan̩te] *adj* ❶ *(pavoroso)* schaurig; **película** ~ Gruselfilm *m* ❷ *(asombroso)* haarsträubend

escalofrío [eskalo'frio] *m* ❶ *(sensación)* Schauder *m;* **al abrir la ventana sentí ~s** beim Öffnen des Fensters überlief mich ein Schauder; **la película me produjo ~s** der Film erfüllte mich mit Schauder; **cierra la puerta, tengo ~s** mach die Tür zu, es fröstelt mich ❷ (MED) Schüttelfrost *m*

escalón [eska'lon] *m* Stufe *f;* *(de una escala)* (Leiter)sprosse *f;* ~ **de descansillo** Treppenabsatz *m;* ~ **lateral** Standspur *f;* **subir un** ~ *(profesionalmente)* befördert werden; **este libro es un ~ hacia el éxito** dieses Buch ist ein erster Schritt auf dem Weg zum Erfolg; **descender un ~ en la opinión pública** in der öffentlichen Meinung sinken

escalonado, -a [eskalo'naðo, -a] *adj* ❶ *(terreno)* stufenförmig ❷ *(precio)* gestaffelt; **tarifa escalonada** Staffeltarif *m*

escalonar [eskalo'nar] *vt* *(situar)* formieren; ~ **puestos de vigilancia** in regelmäßigen Abständen Wachposten aufstellen

escalopa [eska'lopa] *f,* **escalope** [eska'lope] *m* Schnitzel *nt;* ~ **a la vienesa** Wiener Schnitzel

escalpelo [eskal'pelo] *m* Skalpell *nt*

escama [es'kama] *f* ❶ *(placa, t.* ZOOL, BOT) Schuppe *f;* **~s de jabón** Seifenflocken *fpl;* **tener más ~s que un besugo** *(fig)* auf der Hut sein ❷ *(fam: recelo)* Misstrauen *nt;* **sentir** ~ stutzen; **sentí ~ de que no llamaras** dass du nicht anriefst, machte mich stutzig; **le salieron ~s** er/sie wurde misstrauisch

escamado, -a [eska'maðo, -a] *adj* ❶ *(piel, superficie)* schuppig ❷ *(fam: receloso)* misstrauisch

escamar [eska'mar] **I.** *vt* ❶ *(el pescado)* (ab)schuppen ❷ *(fam: inquietar)* stutzig machen **II.** *vr:* **~se** *(fam)* stutzen; **me escamé al oír la noticia** die Nachricht ließ mich stutzen; **me escamé de tu respuesta** deine Antwort machte mich stutzig

escamocha [eska'motʃa] *f* *(Méx: sobras)* Essensreste *mpl*

escamoso, -a [eska'moso, -a] *adj* schuppig

escamotear [eskamote'ar] *vt* ❶ *(ilusionista)* verschwinden lassen ❷ *(quitar)* wegnehmen; *(robar)* entwenden ❸ *(ocultar)* verbergen; *(información)* unterschlagen; ~ **la verdad** die Wahrheit verschweigen; ~ **un asunto** eine Angelegenheit unter den Tisch fallen lassen

escampado, -a [eskam'paðo, -a] *adj* *(lugar)* frei, leer; *(sin vegetación)* öde; *(sin edificios)* unbesiedelt

escampar [eskam'par] *vimpers* **espera hasta que escampe** warte, bis es aufhört zu regnen

escanciar [eskan̩'θjar] *vt* einschenken

escanda [es'kan̩da] *f* (BOT) Dinkel *m*

escandalizar [eskan̩dali'θar] <z → c> **I.** *vi* Lärm machen **II.** *vt* ❶ *(indignar)* Anstoß erregen (bei +*dat*) ❷ *(horrorizar)* schockieren ❸ *(alborotar)* Unruhe stiften (bei +*dat,* in +*dat*); **escandalizó la discusión con sus gritos** er/sie veranstaltete bei der Diskussion ein Riesengeschrei; **ayer por la noche escandalizaste la casa con tus gritos** gestern Nacht hast du mit deinem Geschrei das ganze Haus aufgeweckt **III.** *vr:* **~se** ❶ *(indignarse)* Anstoß nehmen (**de/por** an +*dat*) ❷ *(estar horrorizado)* schockiert sein (**de/por** über +*akk*)

escándalo [es'kan̩dalo] *m* ❶ *(ruido)* Lärm *m;* *(gritos)* Geschrei *nt;* **armar un** [*o* **dar el**] ~ Lärm machen; **se armó un** ~ *(fam)* ein Riesenlärm brach los ❷ *(manifestación)* Tumult *m;* **se armó un** ~ es kam zu Tumulten; **dar el** ~ Aufsehen erregen ❸ *(que provoca)* Skandal *m;* ~ **público** öffentliches Ärgernis; **la piedra del** ~ der Stein des Anstoßes; **estos precios son un** ~ diese Preise sind eine Frechheit; **tu comportamiento es un** ~ du verhältst dich unmöglich; **dar un** ~ einen Skandal verursachen; **causar** ~ *(provocar indignación)* Anstoß erregen; **de** ~ skandalös

④ *(pasmo)* **¡qué ~!** das ist ja kaum zu fassen!

escandaloso, -a [eskaṇda'loso, -a] *adj* ① *(ruidoso)* laut; *(alborotado)* turbulent ② *(inmoral, contra las convenciones, irritante)* skandalös; **precios ~s** Wucherpreise *mpl* ③ *(revoltoso)* unruhig

Escandinavia [eskaṇdi'naβja] *f* Skandinavien *nt*

escandinavo, -a [eskaṇdi'naβo, -a] **I.** *adj* skandinavisch **II.** *m, f* Skandinavier(in) *m(f)*

escanear [eskane'ar] *vt* scannen

escáner [es'kaner] *m* Scanner *m;* **~ a** [*o* **en**] **color** Farbscanner *m*

escaño [es'kaɲo] *m* ① *(banco)* Bank *f* ② *(acta de diputado)* Sitz *m*

escapada [eska'paða] *f* ① *(de un lugar)* Entwischen *nt; (de un encierro)* Flucht *f; (de casa)* Ausreißen *nt,* Kurzurlaub *m;* **hacer una ~** *(del trabajo)* Urlaub machen; *(de la rutina)* aus der Routine ausbrechen; *(de la vida cotidiana)* dem Alltag entfliehen ② *(loc)* **en una ~** in Windeseile

escapar [eska'par] **I.** *vi, vr:* **~se** ① *(de un encierro)* entkommen (**de** aus +*dat*); *(de la cárcel)* ausbrechen (**de** aus +*dat*) ② *(de un peligro)* entrinnen (**de** +*dat*); **logré ~** ich kam ungeschoren davon ③ *(deprisa, ocultamente)* entwischen; **~se de casa** von zu Hause ausreißen; **el ladrón (se) escapó por la ventana** der Dieb entkam durch das Fenster ④ *(quedar fuera del alcance)* sich entziehen; **algunas cosas se escapan al poder de la voluntad** manche Dinge kann man nicht beeinflussen; **es imposible ~ a esta ley** man kann dieses Gesetz nicht umgehen **II.** *vr:* **~se** ① *(agua, gas)* entweichen (**de** aus +*dat*) ② *(decir)* herausrutschen *fam;* **se me ha escapado que te vas a casar** ich habe aus Versehen gesagt, dass du heiratest ③ *(soltarse)* entwischen; **se me ha escapado un punto** ich habe eine Masche verloren; **se escapó un tiro** ein Schuss löste sich ④ *(no poder retener)* **se me ha escapado su nombre** mir ist sein/ihr Name entfallen; **se me ha escapado el negocio** das Geschäft ist mir entgangen; **se me ha escapado el autobús** ich habe den Bus verpasst; **se me ha escapado la mano** mir ist die Hand ausgerutscht; **se me ha escapado la risa** ich konnte mir das Lachen nicht verkneifen; **se me escapó un suspiro** mir entfuhr ein Seufzer ⑤ *(no advertir)* entgehen; **no se te escapa ni una** dir entgeht nichts

escaparate [eskapa'rate] *m* ① *(de una tienda)* Schaufenster *nt;* **estar en el ~** *(fig)* im Rampenlicht stehen ② *(estantería)* Vitrine *f* ③ *(Am: armario)* Schrank *m* ④ *(argot: pecho)* Busen *m;* **tener mucho ~** viel Holz vor der Hütte haben

escaparatista [eskapara'tista] *mf* Schaufensterdekorateur(in) *m(f)*

escapatoria [eskapa'torja] *f* ① *(lugar)* Fluchtweg *m;* **no hay ~** *(fig)* es gibt kein Entrinnen ② *(excusa)* Ausflucht *f* ③ *(solución)* Ausweg *m;* **es la única ~ que tienes** es bleibt dir nur dieser Ausweg; **no tener ~** sich in einer ausweglosen Lage befinden

escape [es'kape] *m* ① *(de un gas/líquido)* Leck *nt* ② *(solución)* Ausweg *m;* **no tenía ~** *(de una amenaza)* es gab kein Entrinnen; **no había ningún ~ a la situación** die Situation war ausweglos ③ (AUTO) Auspuff *m;* **tubo de ~** Auspuffrohr *nt* ④ *(loc)* **a ~** in Windeseile; **dame a ~ las tijeras** gib mir bitte ganz schnell die Schere

escaquearse [eskake'arse] *vr* ① *(eludir)* umgehen (**de** +*akk*), vermeiden (**de** +*akk*); **~ de una situación comprometida** einer heiklen Situation aus dem Weg gehen ② *(fam: no cumplir)* sich drücken (**de** vor +*dat*)

escarabajo [eskara'βaxo] *m* (ZOOL) Käfer *m*

escaramujo [eskara'muxo] *m* Hagebutte *f*

escaramuza [eskara'muθa] *f* ① *(lucha)* Scharmützel *nt* ② *(discusión)* Geplänkel *nt*

escarapelar [eskarape'lar] **I.** *vt* ① *(Col, CRi, Méx: descascarar)* schälen ② *(Col: manosear)* befühlen **II.** *vr:* **~se** *(Méx, Perú)* ① *(atemorizarse)* sich ängstigen ② *(temblar)* zittern

escarbar [eskar'βar] **I.** *vi* ① *(en la tierra)* scharren (**en** in +*dat*) ② *(escudriñar)* herumstochern (**en** in +*dat*) **II.** *vt* ① *(la tierra)* aufwühlen; **~ la arena** im Sand scharren ② *(la lumbre)* schüren ③ *(tocar)* herumstochern (in +*dat*) ④ *(limpiar)* reinigen; **~ los dientes** die Zähne von Speiseresten befreien ⑤ *(investigar)* erforschen **III.** *vr:* **~se** herumstochern (in +*dat*); **no te escarbes la herida** hör auf, an der Wunde herumzufummeln; **~se las orejas** sich *dat* die Ohren reinigen

escarceo [eskar'θeo] *m* ① *(oleaje)* Strudel *m* ② *pl (vueltas)* Tänzeln *nt;* **el caballo dio ~s** das Pferd drehte sich im Kreis ③ *pl (divagaciones)* Exkurs *m;* **~s políticos** Abstecher in die Politik; **sin ~s** ohne Umschweife

escarcha [es'karʧa] *f* (Rau)reif *m*

escarchado[1] [eskar'ʧaðo] *m (de oro)* Goldstickerei *f; (de plata)* Silberstickerei *f*

escarchado, -a[2] [eskar'ʧaðo, -a] *adj*

E

❶ *(paisaje)* mit Reif überzogen ❷ *(frutas)* kandiert ❸ *(licor)* kristallisiert; **ron ~** Rum mit einem kandierten Aniszweig ❹ *(arcilla)* geschlämmt

escarchar [eskar'tʃar] **I.** *vt (frutas)* kandieren **II.** *vimpers* **ha escarchado** es hat gereift

escardar [eskar'ðar] *vt* ❶ *(desherbar)* jäten ❷ *(limpiar)* säubern; **~ un libro de errores** ein Buch von Fehlern befreien

E

escarlata [eskar'lata] *adj* scharlachrot

escarlatina [eskarla'tina] *f* Scharlach *m*

escarmentado, -a [eskarmen̩'taðo, -a] *adj* ❶ *(desengañado)* zurückhaltend, vorsichtig ❷ *(enmendado)* geläutert; *(niño)* brav

escarmentar [eskarmen̩'tar] <e → ie> **I.** *vi* ❶ *(desengañarse)* dazulernen; **~ en cabeza ajena** aus dem Schaden anderer klug werden ❷ *(enmendarse)* sich bessern **II.** *vt* ❶ *(castigar)* bestrafen ❷ *(reprender)* zurechtweisen ❸ *(desengañar)* eine Lehre sein +*dat;* **quedar** [*o* **estar**] **escarmentado de algo** von etw *dat* nichts mehr wissen wollen

escarmiento [eskar'mjen̩to] *m* ❶ *(lección)* Lehre *f;* **me sirvió de ~** das war mir eine Lehre ❷ *(penalización)* Bestrafung *f; (pena)* Strafe *f*

escarnecedor(a) [eskarneθe'ðor(a)] *adj* spöttisch, höhnisch

escarnecer [eskarne'θer] *vt irr como crecer (burlarse)* verspotten; *(ridiculizar)* zum Gespött machen

escarnio [es'karnjo] *m* Spott *m;* **con ~** spöttisch

escarola [eska'rola] *f* (BOT) Endivie *f; (ensalada)* Endiviensalat *m*

escarpado, -a [eskar'paðo, -a] *adj (terreno)* steil; *(montaña)* schroff

escarpia [es'karpja] *m* (Wand)haken *m*

escasamente [eskasa'men̩te] *adv* kaum; **hace ~ dos horas que se han ido** sie sind vor knapp zwei Stunden gegangen

escasear [eskase'ar] **I.** *vi* ❶ *(faltar)* knapp sein; **escasea la leche** es mangelt an Milch ❷ *(ir a menos)* knapp werden **II.** *vt (dar con escasez)* knausern (mit +*dat*)

escasez [eska'seθ] *f* ❶ *(insuficiencia)* Knappheit *f;* **comprar con ~** nur das Nötigste einkaufen ❷ *(falta)* Mangel *m* (**de** an +*dat*); **~ de lluvias** spärliche Regenfälle; **~ de viviendas** Wohnungsnot *f;* **una región con ~ de agua** ein wasserarmes Gebiet ❸ *(pobreza)* Armut *f;* **vivir con ~** Mangel leiden

escaso, -a [es'kaso, -a] *adj* ❶ *(insuficiente)* spärlich; *(cantidad, tiempo)* knapp; **~ de palabras** wortkarg; **quedar ~** nicht ausreichen; **viento ~** Flaute *f;* **andar ~ de dinero** knapp bei Kasse sein; **estar ~ de tiempo** kaum Zeit haben; **tiene escasas posibilidades de ganar** er/sie hat kaum Chancen, zu gewinnen; **en dos horas escasas** in knapp zwei Stunden ❷ *(mezquino)* knausrig

escatimar [eskati'mar] *vt* geizen (mit +*dat*); **me escatimó parte del dinero** er/sie enthielt mir einen Teil des Geldes vor; **no ~ gastos/medios** keine Kosten/Mühen scheuen; **~ el aplauso a alguien/algo** jdm/etw *dat* nicht den gebührenden Tribut zollen

escatológico, -a [eskato'loxiko, -a] *adj* ❶ *(relativo a los excrementos)* Fäkal-; *(expresión)* vulgär; **lenguaje ~** Fäkalsprache *f* ❷ (PSICO, MED) skatologisch ❸ (REL) eschatologisch

escayola [eska'ɟola] *f* ❶ *(yeso)* Gips *m;* **¿cuándo te quitan la escayola?** wann nehmen sie dir den Gips ab? ❷ *(estuco)* Stuck(gips) *m*

escayolar [eskaɟo'lar] *vt* (MED) eingipsen; **llevar el brazo escayolado** den Arm in Gips haben

escena [es'θena] *f* ❶ *(parte del teatro)* Bühne *f;* **aparecer en ~** auftreten; **poner en ~** inszenieren; **puesta en ~** Inszenierung *f;* **salir a la ~** auftreten; **salir de la ~** abtreten ❷ *(lugar)* Schauplatz *m;* **~ del crimen** Tatort *m;* **desaparecer de ~** *(marcharse)* von der Bildfläche verschwinden; *(morirse)* sterben; **poner en ~** in Szene setzen; **salir a ~** *(aparecer)* in Erscheinung treten; *(ante el público)* an die Öffentlichkeit treten ❸ *(parte de una obra)* Szene *f;* **~ final** Schlussszene *f;* **cambio de ~** Szenenwechsel *m* ❹ *(arte)* Schauspielerei *f;* **dedicarse a la ~** zur Bühne gehen ❺ (LIT) Theater *nt* ❻ *(suceso, reproche)* Szene *f;* **~ de celos** Eifersuchtsszene *f;* **hacer una ~ ridícula** sich unmöglich aufführen

escenario [esθe'narjo] *m* ❶ *(parte del teatro)* Bühne *f* ❷ *(lugar)* Schauplatz *m;* **~ del crimen** Tatort *m* ❸ *(situación)* Situation *f; (hipotética)* Szenarium *nt*

escénico, -a [es'θeniko, -a] *adj* szenisch; **efectos ~s** Bühneneffekte *mpl;* **escuela de arte ~** Schauspielschule *f;* **palco ~** Bühne *f*

escenificación [esθenifika'θjon] *f* ❶ *(representación)* Inszenierung *f* ❷ *(dramatización)* Dramatisierung *f*

escenificar [esθenifi'kar] <c → qu> *vt* ❶ *(representar)* inszenieren ❷ *(dramatizar)* dramatisieren

escenografía [esθenoɣra'fia] *f (decora-*

ción) Ausstattung *f; (pintura)* Bühnenbild *nt*

escenográfico, -a [esθeno'ɣrafiko, -a] *adj* (TEAT) szenisch

escenógrafo, -a [esθe'noɣrafo, -a] *m, f* Bühnenbildner(in) *m(f)*

escepticismo [esθepti'θismo] *m sin pl (desconfianza)* Skepsis *f*

escéptico, -a [es'θeptiko, -a] **I.** *adj (desconfiado)* skeptisch; **ser ~ respecto a algo** an etw *dat* Zweifel hegen **II.** *m, f* Skeptiker(in) *m(f)*; **es un ~ de la homeopatía** er glaubt nicht an die Homöopathie

escindir [esθin̪'dir] **I.** *vt (dividir)* teilen (**en** in +*akk*); *(partido, t.* FÍS) spalten (**en** in +*akk*); *(separar)* abspalten; *(cortar)* herausschneiden **II.** *vr:* **~se** *(dividirse)* sich teilen (**en** in +*akk*); *(partido)* sich spalten (**en** in +*akk*); *(abrirse)* aufplatzen; *(separarse)* sich abspalten

escisión [esθi'sjon] *f (división)* Teilung *f; (de un partido, t.* FÍS) Spaltung *f; (separación)* Trennung *f;* (MED) Entfernung *f*

esclarecer [esklare'θer] *irr como crecer* **I.** *vt* ① *(iluminar)* erleuchten ② *(afamar)* **~ a alguien** jdm zu Ruhm verhelfen ③ *(explicar)* erklären; *(un crimen/misterio)* aufklären; **~ un asunto** Licht in eine Angelegenheit bringen **II.** *vimpers* **está esclareciendo** es dämmert

esclarecido, -a [esklare'θiðo, -a] *adj* ① *(lugar)* hell, erleuchtet ② *(asunto)* klar, geklärt; *(crimen)* aufgeklärt

esclarecimiento [esklareθi'mjen̪to] *m* ① *(iluminación)* Erleuchtung *f* ② *(explicación)* Erklärung *f; (de un crimen)* Aufklärung *f* ③ *(fama)* Ruhm *m*

esclava [es'klaβa] *f* ① *(pulsera)* Armreif *m* ② *(persona)* Sklavin *f*

esclavitud [esklaβi'tu^ð] *f* ① *(sistema)* Sklaverei *f;* **someter a la ~** versklaven ② *(dependencia)* Abhängigkeit *f; (obediencia)* Hörigkeit *f*

esclavización [esklaβiθa'θjon] *f sin pl* ① *(cautivar)* Versklavung *f* ② *(dominar)* Unterjochung *f*

esclavizar [esklaβi'θar] <z → c> **I.** *vt* ① *(cautivar)* versklaven ② *(dominar)* unterjochen; **~ a alguien** *(hacer depender)* jdn von sich *dat* abhängig machen; **la empresa te ha esclavizado** du lebst nur für die Firma **II.** *vr:* **~se** sich unterwerfen

esclavo, -a [es'klaβo, -a] **I.** *adj* ① *(cautivo)* versklavt ② *(dominado)* abhängig; *(obediente)* hörig; **eres esclava de tu familia** du lebst nur für deine Familie; **ser ~ del alcohol** dem Alkohol verfallen sein **II.** *m, f* Sklave, -in *m, f;* **ser el ~ de alguien** *(obedecer)* jdm hörig sein; *(estar enamorado)* jdm verfallen sein; **ser un ~** *(fig)* hart arbeiten; **eres un ~ del alcohol** du bist dem Alkohol verfallen

esclerosis [eskle'rosis] *f inv* Sklerose *f;* **~ múltiple** Multiple Sklerose

esclerótica [eskle'rotika] *f* (ANAT) Sklera *f*

esclusa [es'klusa] *f* ① *(recinto)* Schleuse *f;* **~ de navegación** Schiffsschleuse *f* ② *(puerta)* Schleusentor *nt*

escoba [es'koβa] *f* ① *(para barrer)* Besen *m;* **no vender ni una ~** *(fam fig)* auf keinen grünen Zweig kommen ② (BOT) Ginster *m* ③ *(fam: mujer)* Bohnenstange *f*

escobazo [esko'βaθo] *m* ① *(golpe)* Besenhieb *m;* **echar a alguien a ~s** *(fam)* jdn in hohem Bogen hinauswerfen ② *(Arg, Chil: barredura)* **dar un ~ al suelo** kurz über den Boden fegen

escobero[1] [esko'βero] *m* Besenschrank *m*

escobero, -a[2] [esko'βero, -a] *m, f* Besenbinder(in) *m(f)*

escobilla [esko'βiʎa] *f* ① *(cepillo, t.* ELEC) Bürste *f* ② *(escoba)* Handfeger *m* ③ *(para limpiar el polvo)* Staubwedel *m* ④ *(brezo)* Besenheide *f* ⑤ *(cardencha)* Karde *f* ⑥ *(del limpiaparabrisas)* Wischblatt *nt*

escobillón [eskoβi'ʎon] *m* ① *(para el suelo)* Schrubber *m* ② *(para un arma de fuego)* Rohrbürste *f*

escocedura [eskoθe'ðura] *f* ① *(picor)* Brennen *nt* ② *(irritación)* Entzündung *f*

escocer [esko'θer] *irr como cocer* **I.** *vi* ① *(picar)* brennen ② *(ofender)* kränken; *(irritar)* ärgern; **no me escuece que no me hayan invitado** es macht mir nichts aus, dass ich nicht eingeladen wurde **II.** *vr:* **~se** ① *(inflamarse)* sich entzünden ② *(dolerse)* sich gekränkt fühlen; *(enfadarse)* sich ärgern

escocés[1] [esko'θes] *m* ① *(lengua)* Schottisch(e) *nt* ② *(tela)* Schotten *m* ③ *(dibujo)* Schottenmuster *nt* ④ *(bebida)* Scotch *m*

escocés, -esa[2] [esko'θes, -esa] **I.** *adj* schottisch; **bufanda escocesa** Schal mit Schottenmuster; **cuadros escoceses** Schottenmuster *nt;* **falda escocesa** Kilt *m; (para mujeres)* Schottenrock *m* **II.** *m, f* Schotte, -in *m, f*

Escocia [es'koθja] *f* Schottland *nt*

escoger [esko'xer] <g → j> **I.** *vi* sich *dat* das Beste herauspicken; **no has sabido ~** du hast die falsche Wahl getroffen **II.** *vt* ① *(elegir)* (aus)wählen (**de** aus +*dat*, **de entre** unter +*dat*) ② *(decidirse)* wählen (**entre** zwischen +*dat*) ③ *(seleccionar)* auslesen; *(persona)* auserwählen; *(apartar)* aussortieren

escogido, -a [esko'xiðo, -a] *adj* ① *ser (selecto)* ausgewählt; *(persona)* auserwählt;

mercancías escogidas Artikel erster Wahl ❷ *estar (elegido)* ausgesucht; **estos plátanos están ya muy ~s** bei diesen Bananen sind die besten bereits aussortiert worden

escolar [esko'lar] **I.** *adj* schulisch; **curso ~** Schuljahr *nt;* **en edad ~** schulpflichtig **II.** *mf* Schüler(in) *m(f)*

escolaridad [eskolari'ðaᵈ] *f* ❶ *(en una escuela)* Schulausbildung *m;* **libro de ~** Zeugnisheft *nt;* **la ~ es obligatoria** es besteht Schulpflicht ❷ *(en un centro de enseñanza)* Ausbildung(szeit) *f;* **perder la ~** von einem Kurs ausgeschlossen werden

escolarización [eskolariθa'θjon] *f* Einschulung *f;* **~ obligatoria** Schulpflicht *f;* **esta región tiene una tasa de ~ muy baja** in dieser Gegend besuchen nur wenige Kinder die Schule

escolarizar [eskolari'θar] <z → c> *vt* einschulen; **~ una región** die Möglichkeit des Schulbesuchs in einer Gegend gewährleisten

escolástica [esko'lastika] *f* (FILOS) Scholastik *f*

escolero, -a [esko'lero, -a] *m, f (Perú: escolar)* Schüler(in) *m(f)*

escolio [es'koljo] *m* Glosse *f,* Anmerkung *f;* (HIST, LING) Scholion *nt*

escoliosis [esko'ljosis] *f inv* (MED) Skoliose *f*

escollo [es'koʎo] *m (peñasco, dificultad)* Klippe *f; (riesgo)* Gefahr *f;* **sortear un ~** eine Klippe umschiffen

escolta [es'ko̩lta] *f* ❶ (MIL) Eskorte *f; (real)* Leibgarde; **buque de ~** Geleitboot *nt* ❷ *(acompañamiento)* Geleit *nt; (acompañante)* Begleiter(in) *m(f);* **dar ~ a alguien** jdn geleiten ❸ *(guardaespaldas)* Leibwächter *f; (guardia)* Leibwache *f* ❹ *(guardias civiles)* Streife *f* der Guardia civil

escoltar [esko̩l'tar] *vt (acompañar)* geleiten; (MIL, POL) eskortieren

escombrar [eskom'brar] *vt* ❶ *(limpiar)* säubern; *(desembarazar)* (frei) räumen; *(una obra)* von Schutt befreien ❷ *(pasas)* auslesen, klauben ❸ *(un pimiento)* vom Strunk befreien

escombrera [eskom'brera] *f* ❶ *(cascotes)* Schutt(haufen) *m; (ruinas)* Trümmer *ntpl;* (MIN) Abraum *m* ❷ *(depósito)* (Schutt)abladeplatz *m; (en la guerra)* Trümmerberg *m;* (MIN) Halde *f*

escombro [es'kombro] *m* ❶ *pl (de una obra)* (Bau)schutt *m; (de una ruina)* Trümmer *ntpl* ❷ *(loc)* **hacer ~** *(Arg)* Staub aufwirbeln

esconder [esko̩n'der] **I.** *vt (ocultar)* verstecken (**de** vor +*dat*); *(de las miradas)* verbergen (**de** vor +*dat*); *(tapar)* verdecken; **su comportamiento esconde alguna intención** hinter seinem/ihrem Verhalten steckt irgendeine Absicht; **el fondo del mar esconde muchas riquezas** der Meeresgrund birgt große Schätze **II.** *vr:* **~se** ❶ *(persona)* sich verstecken (**de** vor +*dat*) ❷ *(cosas)* verborgen sein

escondidas [esko̩n'diðas] *adv* **a ~** heimlich; **a ~ del profesor** ohne dass der Lehrer es merkte

escondidizo, -a [esko̩ndi'ðiθo, -a] *adj (fam)* scheu

escondido, -a [esko̩n'diðo, -a] *adj* ❶ *(secreto)* geheim; **en ~** heimlich ❷ *(retirado)* abgelegen

escondite [esko̩n'dite] *m* ❶ *(juego)* Versteckspiel *nt;* **jugar al ~** Versteck(en) spielen ❷ *(lugar)* Versteck *nt*

escondrijo [esko̩n'drixo] *m* Versteck *nt*

escoñado, -a [esko'ɲaðo, -a] *adj (vulg)* ❶ *(roto)* kaputt *fam;* **estar ~** im Arsch sein ❷ *(herido)* verletzt; *(maltrecho)* fix und fertig *fam*

escoñar [esko'ɲar] **I.** *vt (vulg)* ❶ *(una cosa)* kaputt machen *fam* ❷ *(un proyecto)* vermasseln *fam,* verpatzen *fam* **II.** *vr:* **~se** *(vulg)* ❶ *(cosa)* kaputtgehen *fam* ❷ *(proyecto)* schiefgehen *fam,* in die Hose gehen *fam* ❸ *(hacerse daño)* sich *dat* weh tun

escopeta [esko'peta] *f (arma)* Gewehr *nt;* **~ de aire comprimido** Luftgewehr *nt*

escopetazo [eskope'taθo] *m* ❶ *(tiro)* Schuss *m* ❷ *(herida)* Schusswunde *f* ❸ *(bomba)* Überraschung(snachricht) *f; (golpe)* Schlag *m;* **la novedad fue un gran ~** die Neuigkeit schlug ein wie eine Bombe

escopetear [eskopete'ar] *vt* ❶ *(Méx: con indirectas)* sticheln ❷ *(Ven: contestar mal)* über den Mund fahren (**a** +*dat*) *fam*

escoplo [es'koplo] *m* Meißel *m; (para madera)* Beitel *m;* **~ de cantería** (Stein)meißel *m*

escora [es'kora] *f* ❶ *(anchura)* maximale Schiffsbreite *f* ❷ *(puntal)* Stütze *f,* (Stütz)pfosten *m* ❸ *(inclinación)* Krängung *f*

escorar [esko'rar] **I.** *vi* ❶ *(barco)* krängen ❷ *(marea)* den tiefsten Stand erreichen **II.** *vt* abstützen

escorbuto [eskor'βuto] *m* Skorbut *m*

escorchar [eskor'ʧar] *vt (Arg: molestar)* stören; *(enfadar)* ärgern; **¡no me escorches la paciencia!** lass mich in Ruhe!

escoria [es'korja] *f* ❶ *(residuo mineral)* Schlacke *f* ❷ *(hez)* Abschaum *m* ❸ *(basura)* Abfall *m*

escorpio [es'korpjo] *m* (ASTR: *persona*) Skorpion *m*
escorpión [eskor'pjon] *m* *(alacrán, t.* ASTR: *persona)* Skorpion *m*
Escorpio [es'korpjo] *m*, **Escorpión** [eskor'pjon] *m* (ASTR: *signo*) Skorpion *m*
escorzo [es'korθo] *m* ❶ *(representación)* perspektivische Zeichnung *f* ❷ *(posición)* Schräglage *f*
escotado[1] [esko'taðo] *m* Ausschnitt *m*
escotado, -a[2] [esko'taðo, -a] *adj* ❶ *(vestido)* ausgeschnitten; **lleva un vestido muy ~** sie trägt ein (tief) dekolletiertes Kleid ❷ *(mujer)* dekolletiert; **va muy escotada** sie trägt ein tiefes Dekolletee
escotadura [eskota'ðura] *f* *(cortadura)* Aussparung *f*; *(en el cuello)* (Hals)ausschnitt *m*
escotar [esko'tar] **I.** *vt* ❶ *(cortar un escote)* mit einem Ausschnitt versehen ❷ *(ajustar)* zurechtschneiden ❸ *(pagar)* anteilig bezahlen **II.** *vi* **~ entre todos** zusammenlegen
escote [es'kote] *m* ❶ *(en el cuello)* (Hals)ausschnitt *m*; **~ en pico** V-Ausschnitt *m* ❷ *(busto)* Dekolletee *nt* ❸ *(dinero)* Anteil *m*; **comprar algo a ~** für etw zusammenlegen; **pagaron la cena a ~** jeder bezahlte seinen Teil des Essens
escotilla [esko'tiʎa] *f* Luke *f*
escozor [esko'θor] *m* ❶ *(picor)* Brennen *nt* ❷ *(resentimiento)* Groll *m* ❸ *(pena)* Schmerz *m*
escribanía [eskriβa'nia] *f* ❶ *(juego)* Schreibtischset *nt* ❷ *(oficina)* Kanzlei *f* ❸ *(Am: notaría)* Notariat *nt*
escribano [eskri'βano] *m* ❶ *(notario)* Notar *m* ❷ *(secretario judicial)* Gerichtsschreiber *m* ❸ *(amanuense)* Schreibkraft *f*
escribiente [eskri'βjente] *mf* Schreibkraft *f*
escribir [eskri'βir] *irr* **I.** *vi, vt* schreiben; *(en un teclado)* tippen *fam*; **~ algo a mano/a máquina** etw von Hand/auf der Maschine schreiben; **escrito a mano/a máquina** hand-/maschinengeschrieben; **¿cómo se escribe tu nombre?** wie wird dein Name geschrieben? **II.** *vr:* **~se** ❶ *(comunicarse)* korrespondieren; **se escriben mucho** sie schreiben sich *dat* oft ❷ *(loc)* **no se escribe lo bella que es** ihre Schönheit lässt sich nicht in Worte fassen; **estaba escrito que acabarían casándose** ihre Heirat war vom Schicksal vorbestimmt
escrito[1] [es'krito] *m* ❶ *(carta)* Schreiben *nt*; *(nota)* Notiz *f*; **~ de amenazas** Drohbrief *m*; **por ~** schriftlich ❷ *(literario/científico, t.* JUR) Schrift *f*
escrito, -a[2] [es'krito, -a] **I.** *pp de* **escribir** **II.** *adj* schriftlich; **idioma ~** Schriftsprache *f*
escritor(a) [eskri'tor(a)] *m(f)* *(autor)* Verfasser(in) *m(f)*; *(de obras literarias)* Schriftsteller(in) *m(f)*
escritorio [eskri'torjo] *m* ❶ *(mesa)* Schreibtisch *m* ❷ *(oficina)* Büro *nt*; *(de un abogado/notario)* Kanzlei *f* ❸ (INFOR) Arbeitsoberfläche *f*
escritura [eskri'tura] *f* ❶ *(acto)* Schreiben *nt* ❷ *(signos)* Schrift *f*; **~ fonética** Lautschrift *f* ❸ *(documento)* Schriftstück *nt*; *(documento notarial)* Urkunde *f*; **~ de compraventa** Verkaufsurkunde *f*; **~ de hipoteca** Hypothekenbrief *m*; **~ de seguro** Versicherungspolice *f*; **~ social** Gesellschaftsvertrag *m*; **mediante ~** urkundlich ❹ (REL) **las Sagradas E~s** die Heilige Schrift

E

escriturar [eskritu'rar] *vt* notariell beurkunden
escroto [es'kroto] *m* Hodensack *m*
escrúpulo [es'krupulo] *m* ❶ *(duda)* Skrupel *m*; **~s de conciencia** Gewissensbisse *mpl*; **ser una persona sin ~s** skrupellos sein ❷ *(escrupulosidad)* Gewissenhaftigkeit *f* ❸ *(aprensión)* Ekel *m*; **me da ~ beber de latas** ich finde es eklig, aus Dosen zu trinken
escrupulosidad [eskrupulosi'ðaᵈ] *f* Gewissenhaftigkeit *f*
escrupuloso, -a [eskrupu'loso, -a] *adj* ❶ *(meticuloso)* gewissenhaft ❷ *(honrado)* anständig ❸ *(delicado)* empfindlich ❹ *(que causa escrúpulos)* bedenklich
escrutador(a) [eskruta'ðor(a)] **I.** *adj* prüfend **II.** *m(f)* *(que recuenta votos)* Wahlhelfer(in) *m(f)*; *(que examina los votos)* Wahlprüfer(in) *m(f)*
escrutar [eskru'tar] *vt* ❶ *(mirar)* mustern ❷ *(controlar)* prüfen ❸ *(recontar)* auszählen
escrutinio [eskru'tinjo] *m* ❶ *(examen)* Musterung *f*; *(control)* Prüfung *f* ❷ *(recuento)* Stimmenauszählung *f* ❸ *(votación)* Wahl *f*
escuadra [es'kwaðra] *f* ❶ *(para dibujar)* Zeichendreieck *nt*; **~ de delineante** Reißschiene *f*; **a ~** rechtwinklig ❷ *(de apoyo/fijación)* Winkel *m* ❸ (MIL: *de infantería*) Trupp *m*; *(de aviones)* Geschwader *nt*; *(de naves)* Flotte *f* ❹ (MIL: *cargo*) Korporal *m* ❺ *(cuadrilla)* Trupp *m*
escuadrilla [eskwa'ðriʎa] *f* (AERO) Staffel *f*
escuadrón [eskwa'ðron] *m* (MIL) Geschwader *nt*
escualidez [eskwali'ðeθ] *f sin pl* *(delgadez extrema)* Dürrheit *f*
escuálido, -a [es'kwaliðo, -a] *adj* ❶ *(fla-*

co) dürr; *(macilento)* abgezehrt ② *(sucio)* schmutzig; *(asqueroso)* widerlich

escucha[1] [es'kutʃa] *m* (MIL) Späher *m*

escucha[2] [es'kutʃa] *f (de conversaciones)* Abhören *nt;* ~ **telefónica** Abhören eines Telefons; **servicio de** ~ (militärischer) Abhördienst *m;* **estar a la** ~ ganz Ohr sein

escuchar [esku'tʃar] **I.** *vi* ① *(atender)* zuhören ② *(en secreto)* lauschen; **el que escucha su mal oye** *(prov)* der Lauscher an der Wand hört seine eigene Schand' ③ *(obedecer)* gehorchen **II.** *vt* ① *(oír)* hören; *(seguir)* anhören; *(en secreto)* belauschen; ~ **un concierto** sich *dat* ein Konzert anhören; ~ **una conversación telefónica** ein Telefongespräch abhören; ~ **(la) radio** Radio hören ② *(prestar atención)* zuhören (**a** +*dat*); **¡escúchame bien!** pass gut auf! ③ *(obedecer)* hören (auf +*akk*) **III.** *vr:* **~se** sich gerne reden hören

escudar [esku'ðar] **I.** *vt (proteger)* beschützen (**de** vor +*dat*) **II.** *vr:* **~se** ① *(excusarse)* sich verschanzen (**en** hinter +*dat*) ② *(ampararse)* sich wappnen (**con/de** mit +*dat*)

escudería [eskuðe'ria] *f* (DEP) Rennstall *m*

escudero[1] [esku'ðero] *m* ① *(que lleva el escudo)* (Schild)knappe *m* ② *(sirviente)* Diener *m,* Page *m* ③ *(jabalí)* Jungkeiler *m*

escudero, -a[2] [esku'ðero, -a] *adj* Schildknappen-

escudilla [esku'ðiʎa] *f* Suppenschale *f*

escudo [es'kuðo] *m* ① *(arma)* (Schutz)schild *m* ② *(amparo)* Schutz *m;* *(persona)* Beschützer *m* ③ *(emblema)* ~ (**de armas**) Wappen *nt*

escudriñador(a) [eskuðriɲa'ðor(a)] *m(f)* *(pey)* Schnüffler(in) *m(f)*

escudriñamiento [eskuðriɲa'mjen̩to] *m* *(examen)* Untersuchung *f*

escudriñar [eskuðri'ɲar] *vt* ① *(examinar)* untersuchen; *(una habitación)* durchsuchen; ~ **en la intimidad de alguien** in jds Privatleben herumschnüffeln ② *(mirar)* absuchen; ~ **el cielo en busca de aviones** den Himmel nach Flugzeugen absuchen

escuela [es'kwela] *f* ① *(institución, edificio)* Schule *f;* *(de enseñanza primaria)* Grundschule *f;* ~ (**superior**) **de bellas artes** Kunstakademie *f;* ~ **de conducir** Fahrschule *f;* ~ **de idiomas** Sprachschule *f;* ~ **normal** pädagogische Hochschule; ~ **de párvulos** Kindergarten *m;* ~ **superior técnica** technische Hochschule; ~ **taller** Lehrwerkstatt *f* ② *(método de enseñanza)* Unterricht *m* ③ *(conocimientos)* (Schul)bildung *f;* **ha tenido buena** ~ er/sie hat eine ausgezeichnete Ausbildung genossen; **la vida es la mejor** ~ das Leben ist die beste Schule ④ *(estilo, seguidores)* Schule *f;* **la** ~ **holandesa/de Dürer** die flämische/dürersche Schule; **su ejemplo ha hecho** ~ sein/ihr Beispiel hat Schule gemacht ⑤ *(doctrina)* Lehre *f*

escueto, -a [es'kweto, -a] *adj* ① *(sin adornos)* nüchtern ② *(lenguaje)* sachlich; *(pey)* trocken; **explicar algo de forma escueta** etw mit knappen Worten schildern ③ *(desembarazado)* frei

escuincle, -a [es'kwiŋkle, -a] *m, f* *(Méx: fam: chiquillo, -a)* Junge *m,* Mädchen *nt*

esculcar [eskul'kar] <c → qu> *vt (AmC, Col, Méx: registrar)* durchsuchen

esculpir [eskul'pir] *vt* ① *(modelar)* gestalten; ~ **a cincel** meißeln; ~ **en madera** (in Holz) schnitzen; ~ **una figura en mármol** eine Figur aus Marmor hauen ② *(grabar)* (ein)gravieren (**en** in +*akk*)

escultista [eskul'tista] *mf* Pfadfinder(in) *m(f)*

escultor(a) [eskul̩'tor(a)] *m(f)* Bildhauer(in) *m(f);* ~ **de madera** Holzschnitzer *m*

escultórico, -a [eskul̩'toriko, -a] *adj* bildhauerisch; **arte** ~ Bildhauerkunst *f*

escultura [eskul̩'tura] *f* ① *(obra)* Skulptur *f;* ~ **de madera** Holzschnitzerei *f* ② *(arte)* Bildhauerkunst *f;* ~ **en madera** Holzschnitzerei *f*

escultural [eskul̩tu'ral] *adj* ① *(escultórico)* bildhauerisch; **arte** ~ Bildhauerkunst *f* ② *(bello)* bildschön; *(cuerpo)* wohlgeformt; **esta chica tiene medidas ~es** dieses Mädchen hat Idealmaße

escupidera [eskupi'ðera] *f* ① *(para escupir)* Spucknapf *m* ② *(Am: orinal)* Nachttopf *m;* **pedir la** ~ *(fig: acobardarse)* Angst bekommen; *(considerarse vencido)* das Handtuch werfen

escupir [esku'pir] **I.** *vi* ① *(por la boca)* spucken ② *(vulg: cantar)* singen *fam* **II.** *vt* ① *(por la boca)* ausspucken; ~ **sangre** Blut spucken ② *(soltar)* abgeben; ~ **al cielo** *(fam fig)* sich *dat/akk* ins eigene Fleisch schneiden; ~ **a alguien a la cara** *(fig)* jdn schwer beleidigen ③ *(arrojar)* ausstoßen; ~ **fuego** Feuer speien; **el volcán escupe lava** der Vulkan spuckt Lava ④ *(tratar mal)* mit Füßen treten ⑤ *(vulg: decir)* ausspucken *fam;* **escupe lo que sabes** jetzt spuck schon aus, was du weißt

escurreplatos [eskurre'platos] *m inv* Geschirrständer *m*

escurridizo, -a [eskurri'ðiθo, -a] *adj* ① *(objeto)* schlüpfrig; *(terreno)* rutschig ② *(persona)* aalglatt; *(respuesta)* ausweichend; *(problema)* schwer fassbar

escurrido, -a [esku'rriðo, -a] *adj* ① *(flaco)* mager; ~ **de caderas** schmalhüftig; ~ **de**

pecho flachbrüstig ② *(ropa)* eng ③ *(Méx, PRico: avergonzado)* peinlich berührt

escurridor [eskurri'ðor] *m* ① *(colador)* (Abtropf)sieb *nt* ② *(escurreplatos)* Geschirrständer *m* ③ *(de una lavadora)* (Wäsche)schleuder *f*

escurrir [esku'rrir] **I.** *vi* *(gotear)* tropfen; *(ropa, verdura)* abtropfen **II.** *vt* ① *(una vasija)* völlig entleeren; **~ la (botella de) cerveza** die Bierflasche bis auf den letzten Tropfen leeren ② *(ropa)* auswringen; *(platos, verdura)* abtropfen lassen ③ *(deslizar)* gleiten lassen; **~ la mano por encima de algo** die Hand über etw gleiten lassen; **deslizó el dinero en mi bolsillo** er/sie ließ das Geld unauffällig in meine Tasche gleiten **III.** *vr:* **~se** ① *(resbalar)* ausrutschen ② *(desaparecer)* entwischen; **~se (por) entre la gente** in der Menge untertauchen ③ *(escaparse)* entgleiten; **el pez se me escurrió de (entre) las manos** der Fisch glitt mir aus den Händen; **~se por un agujero** durch ein Loch rutschen; **las perlas se me escurren entre los dedos** die Perlen gleiten mir durch die Finger ④ *(gotear)* tropfen; *(soltar agua)* abtropfen ⑤ *(fam: dar)* sich vertun; **me he escurrido en la propina** ich habe aus Versehen zu viel Trinkgeld gegeben ⑥ *(fam: decir)* sich verplappern

escúter [es'kuter] *m* Motorroller *m*

esdrújulo, -a [es'ðruxulo, -a] *adj* auf der drittletzten Silbe betont

ese^{1} ['ese] *f* S, s *nt;* **ir haciendo ~s** *(fam)* torkeln

ese, -a^{2} ['ese, -a] **I.** *adj* <esos, -as> diese(r, s); *(Am)* jene(r, s); **¿~ coche es tuyo?** ist das dein Auto?; **esas sillas están en el paso** die Stühle da stehen im Weg; **el chico ~ no me cae bien** der Typ da ist mir nicht sympathisch **II.** *pron dem v.* **ese**^{3}, **esa, eso**

ese^{3}**, esa, eso** ['ese, 'esa, 'eso] *pron dem* <esos, -as> der/die/das; **me lo ha dicho esa** die da hat es mir erzählt; **¿por qué no vamos a otro bar? – ~ no me gusta** lass uns doch in eine andere Kneipe gehen – die da drüben gefällt mir nicht; **llegaré a eso de las doce** ich komme so gegen zwölf Uhr an; **me ofrecieron mucho dinero pero, ¡ni por esas!** sie boten mir viel Geld, aber da war nichts zu wollen; **estaba trabajando, en eso (que) tocaron al timbre** ich war gerade am Arbeiten, da klingelte es an der Tür; **¡a ~!** haltet den Dieb!; **eso mismo te acabo de decir** genau das habe ich soeben zu dir gesagt; **aun con eso prefiero quedarme en casa** ich bleibe trotzdem lieber zu Hause; **lejos de eso** ganz im Gegenteil; **no es eso** darum geht es doch gar nicht; **por eso (mismo)** (gerade) deswegen; **¿y eso?** wieso das?; **¿y eso qué?** na und?; **¡eso sí que no!** das kommt nicht in die Tüte! *fam; v. t.* **ese**^{2}, **esa**

esencia [e'sen̪θja] *f* ① *(naturaleza)* Wesen *nt;* **se dice que el alemán es por ~ trabajador** es heißt, der Deutsche sei von Natur aus fleißig ② *(fondo)* Wesentliche(s) *nt;* **quinta ~** Quintessenz *f;* **ser de ~** wesentlich sein; **en ~** im Wesentlichen ③ (QUÍM) Essenz *f;* **~ de café** Kaffeeextrakt *m;* **~ de rosas** Rosenöl *nt* ④ *(colmo)* Inbegriff *m;* **ser la ~ de la arrogancia** die Arroganz in Person sein

esencial [esen̪'θjal] *adj* ① *(sustancial)* wesentlich; **elemento ~** Hauptbestandteil *m* ② *(indispensable)* unerlässlich (**a/para** für +*akk*); **alimento ~** Grundnahrungsmittel *nt* ③ *(loc)* **aceite ~** ätherisches Öl *nt*

esencialmente [esen̪θjal'men̪te] *adv* im Wesentlichen

esfera [es'fera] *f* ① (MAT) Kugel *f* ② *(del reloj)* Zifferblatt *nt* ③ *(ámbito, t.* ASTR) Sphäre *f;* **~ de actividad** Wirkungskreis *m;* **~ de influencia** Einflussbereich *m* ④ *(clase)* Gesellschaftsschicht *f;* **las altas ~s de la sociedad** die besseren Kreise

esférico^{1} [es'feriko] *m* (DEP) (Spiel)ball *m*

esférico, -a^{2} [es'feriko, -a] *adj* ① *(redondo)* kugelförmig ② (ASTR, MAT) sphärisch

esfigmomanómetro [esfiˠmoma'nometro] *m* (MED) Blutdruckmesser *m*

esfinge [es'fiŋxe] *f* ① *(animal fabuloso)* Sphinx *f;* **ser una ~** *(fig)* undurchschaubar sein ② (ZOOL) Nachtfalter *m*

esfínter [es'fin̪ter] *m* (ANAT) Schließmuskel *m*

esforzado, -a [esfor'θaðo, -a] *adj (valiente)* tapfer

esforzar [esfor'θar] *irr como forzar* **I.** *vt* ① *(forzar)* anstrengen; **~ demasiado la vista** die Augen überanstrengen ② *(dar fuerza)* verstärken; **~ la voz** die Stimme heben ③ *(dar ánimo)* ermutigen **II.** *vr:* **~se** *(moralmente)* sich bemühen (**en/por/para** zu +*inf*); *(físicamente)* sich anstrengen (**en/por/para** zu +*inf*)

esfuerzo [es'fwerθo] *m* ① *(acción de esforzarse)* Anstrengung *f;* **sin ~** mühelos; **hacer un ~** sich anstrengen; **me ha costado muchos ~s conseguirlo** es hat mich viel Mühe gekostet, das zu erreichen; **no lo conseguiremos si tú no haces un ~ por tu parte** ohne dein Dazutun schaffen wir es nicht ② *(económico)* (finanzielles) Opfer *nt;* **hacer un ~** sich (finanziell) ein-

E

schränken ❸ *(valor)* Mut *m* ❹ *(vigor)* Kraft *f*

esfumado [esfu'maðo] *m* (ARTE) (Technik *f* des) Sfumato *nt*

esfumar [esfu'mar] **I.** *vt (contornos)* verwischen; *(colores)* abtönen **II.** *vr:* **~se** sich auflösen; *(desaparecer)* verschwinden; *(nubes)* sich verziehen; *(contornos)* verschwimmen; *(fam: marcharse)* sich aus dem Staub machen

E

esgrima [es'ɣrima] *f* Fechten *nt;* **practicar la ~** fechten

esgrimible [esɣri'miβle] *adj (argumentos)* haltbar

esgrimir [esɣri'mir] *vt* ❶ *(blandir)* schwingen ❷ *(utilizar)* anführen

esguince [es'ɣin̩θe] *m* ❶ (MED) Verstauchung *f;* **hacerse un ~ en el tobillo** sich *dat* den Knöchel verstauchen ❷ *(cuarteo)* Ausweichmanöver *nt* ❸ *(gesto)* abfällige Geste *f*

eslabón [esla'βon] *m* ❶ *(de una cadena)* (Ketten)glied *nt* ❷ *(entre acontecimientos)* Bindeglied *nt*

eslabonar [eslaβo'nar] **I.** *vt* ❶ *(encadenar)* verketten ❷ *(fig: relacionar)* verknüpfen **II.** *vr:* **~se** sich verketten

eslalon [es'lalon] *m* (DEP) Slalom *m*

eslavística [esla'βistika] *f* (LING) Slawistik *f*

eslavo, -a [es'laβo, -a] **I.** *adj* slawisch **II.** *m, f* Slawe, -in *m, f*

eslip [es'lip] <eslips> *m* Slip *m*

eslogan [es'loɣan] *m* Slogan *m*

eslora [es'lora] *f* ❶ *(longitud)* Schiffslänge *f* ❷ *pl* Schiffsbalken *mpl*

eslovaco, -a [eslo'βako, -a] **I.** *adj* slowakisch **II.** *m, f* Slowake, -in *m, f*

Eslovaquia [eslo'βakja] *f* Slowakei *f*

Eslovenia [eslo'βenja] *f* Slowenien *nt*

esloveno, -a [eslo'βeno, -a] **I.** *adj* slowenisch **II.** *m, f* Slowene, -in *m, f*

esmaltar [esmal̩'tar] *vt* ❶ *(metal)* emaillieren; *(cerámica)* glasieren ❷ *(adornar de colores)* bemalen ❸ *(embellecer)* schmücken

esmalte [es'mal̩te] *m* ❶ *(barniz)* Schmelz *m; (sobre metal)* Email *nt; (sobre porcelana)* Glasur *f;* **~ de laca** Emaillack *m;* **sin ~** unglasiert ❷ *(de uñas)* Nagellack *m* ❸ *(labor)* Emaillierung *f* ❹ *(objeto)* Emailarbeit *f;* **pulsera con ~s** emaillierter Armreif ❺ *(de los dientes)* Zahnschmelz *m* ❻ *(lustre)* Glanz *m* ❼ *(adorno)* Verzierung *f*

esmerado, -a [esme'raðo, -a] *adj* ❶ *(persona)* sorgfältig ❷ *(obra)* tadellos

esmeralda [esme'ral̩da] **I.** *adj* smaragdgrün **II.** *f* Smaragd *m;* **~ oriental** Korund *m*

esmerar [esme'rar] **I.** *vt* polieren **II.** *vr:* **~se** ❶ *(obrar con esmero)* sorgfältig arbeiten; **~se en la limpieza** gründlich putzen ❷ *(esforzarse)* sich *dat* Mühe geben (**en** bei *+dat*); **se esmera en no cometer errores** er/sie bemüht sich, Fehler zu vermeiden ❸ *(lucirse)* sich hervortun; **hoy te has esmerado en la comida** heute hast du dich mit dem Essen selbst übertroffen

esmerarse [esme'rarse] *vr* ❶ *(obrar con esmero)* sorgfältig arbeiten; **~ en la limpieza** gründlich putzen ❷ *(esforzarse)* sich bemühen (**en** zu *+inf*) ❸ *(lucirse)* sich hervortun; **hoy te has esmerado en la comida** heute hast du dich mit dem Essen selbst übertroffen

esmerilado[1] [esmeri'laðo] *m (acción)* Schleifen *nt; (efecto)* Schliff *m*

esmerilado, -a[2] [esmeri'laðo, -a] *adj (vidrio)* matt

esmerilar [esmeri'lar] *vt* (ab)schmirgeln

esmero [es'mero] *m* Sorgfalt *f;* **con ~** gewissenhaft

esmirriado, -a [esmi'rrjaðo, -a] *adj (flaco)* dürr; *(raquítico)* schmächtig

esmog [es'moɣ] *m sin pl* Smog *m;* **~ electrónico** Elektrosmog *m*

esmoquin [es'mokin] *m (traje)* Smoking *m; (chaqueta)* Smokingjackett *nt*

esnifar [esni'far] *vt (argot: cocaína)* schnupfen; *(pegamento, pintura)* schnüffeln

esnob [es'noᵝ] **I.** *adj* versnobt **II.** *mf* Snob *m*

esnobismo [esno'βismo] *m* Snobismus *m*

eso[1] ['eso] *pron dem v.* **ese**[3], **esa, eso**

ESO[2] ['eso] *f abr de* **Enseñanza Secundaria Obligatoria** (ENS) ≈ Mittelstufe *(für Schüler und Schülerinnen im Alter von 12 bis 16 Jahren)*

esófago [e'sofaɣo] *m* Speiseröhre *f*

esos ['esos] **I.** *adj v.* **ese**[2], **esa II.** *pron dem v.* **ese**[3], **esa, eso**

esotérico, -a [eso'teriko, -a] *adj* esoterisch

esoterismo [esote'rismo] *m sin pl* Esoterik *f*

espabilado, -a [espaβi'laðo, -a] *adj* ❶ *(listo)* aufgeweckt ❷ *(despierto)* wach

espabilar [espaβi'lar] **I.** *vi* ❶ *(darse prisa)* sich beeilen ❷ *(avivarse)* dazulernen; **si quieres empezar a trabajar por tu cuenta, tienes que ~** wenn du dich selb(st)ständig machen willst, musst du noch einiges lernen **II.** *vt* ❶ *(despertar)* munter machen ❷ *(avivar)* aufrütteln; **en la mili ya lo ~án** beim Bund werden sie ihm schon zeigen, wo es langgeht; **es muy perezosa, pero en el colegio ya la ~án** sie ist sehr faul, aber in der Schule werden sie ihr schon Dampf machen ③ *(acabar deprisa)* schnell erledigen; *(fortuna)* durchbringen; *(comida)* verdrücken *fam* ④ *(robar)* stehlen ⑤ *(matar)* erledigen **III.** *vr:* **~se** ① *(sacudir el sueño)* munter werden; *(la pereza)* sich aufrappeln *fam;* **tómate un café para ~te** trink einen Kaffee, damit du richtig wach wirst ② *(darse prisa)* sich beeilen ③ *(avivarse)* **se ha espabilado desde que va al colegio** seit er/sie zur Schule geht, ist er/sie viel aufgeweckter ④ *(Am: marcharse)* sich aus dem Staub machen *fam*

espaciado[1] [espa'θjaðo] *m* ① *(acción de espaciar)* Trennung *f;* *(de objetos)* Auseinanderrücken *nt;* *(en el tiempo)* Verteilung *f* auf verschiedene Zeitpunkte; *(divulgación)* Verbreitung *f* ② *(efecto de espaciar)* Abstand *m;* *(entre objetos)* Zwischenraum *m;* (TIPO: *entre letras*) Leerschritt *m;* *(entre líneas)* Zeilenabstand *m*

espaciado, -a[2] [espa'θjaðo, -a] *adj* *(separado)* auseinanderliegend; (TIPO) gesperrt (gedruckt)

espaciador [espaθja'ðor] *m* Leertaste *f*

espacial [espa'θjal] *adj* räumlich; **estación ~** Raumstation *f*

espaciar [espa'θjar] **I.** *vt* *(sillas)* auseinanderrücken; *(alumnos)* auseinandersetzen; *(letras)* sperren; **~ las visitas** zwischen den Besuchen Zeit verstreichen lassen; **~ los árboles** einen Zwischenraum zwischen den Bäumen lassen **II.** *vr:* **~se** *(en un discurso)* ausschweifen

espacio [es'paθjo] *m* ① *(área)* Raum *m;* *(superficie)* Fläche *f;* *(trayecto)* Strecke *f;* **~ vacío** luftleerer Raum; **~ verde** Grünfläche *f;* **~ vital** Lebensraum *m;* **~ web** (INFOR) Website *f* ② *(que ocupa un cuerpo)* Platz *m;* **~ necesario** Platzbedarf *m* ③ *(entre objetos)* Zwischenraum *m;* (TIPO) Leerschritt *m;* (INFOR) Leerzeichen *nt;* (TÉC) Spiel *nt* ④ *(de tiempo)* Zeitraum *m;* **en el ~ de dos meses** innerhalb von zwei Monaten; **por ~ de tres horas** drei Stunden lang ⑤ (ASTR) Weltraum *m* ⑥ *(programa)* Sendung *f;* **~ informativo** Nachrichtensendung *f*

espacioso, -a [espa'θjoso, -a] *adj* *(lugar)* geräumig

espada[1] [es'paða] *m* ① (TAUR) Matador *m* ② (ZOOL) Schwertfisch *m*

espada[2] [es'paða] *f* *(arma)* Schwert *nt;* (DEP) Degen *m;* **~ negra** Florett *nt;* **desnudar la ~** das Schwert zücken; **el despido era mi ~ de Damocles** eine mögliche Entlassung schwebte wie ein Damoklesschwert über meinem Haupt; **tu respuesta es ~ de dos filos** deine Antwort ist ein zweischneidiges Schwert; **estar entre la ~ y la pared** *(fam)* in einer Zwickmühle sein; **pintan ~s** ≈ Schwert ist Trumpf

espadachín [espaða'ʧin] *m* ① *(esgrimidor)* (geübter) Fechter *m* ② *(fanfarrón)* Prahlhans *m;* *(pendenciero)* Raufbold *m*

espadaña [espa'ðaɲa] *f* ① *(campanario)* Glockenturm *m* ② (BOT) Rohrkolben *m*

espagueti(s) [espa'ɣeti(s)] *m(pl)* Spaghetti *pl;* **~s a la boloñesa** Spaghetti Bolognese

espalda [es'pal̦da] *f* ① (ANAT) Rücken *m;* **ancho de ~s** breitschult(e)rig; **ser cargado de ~s** einen krummen Rücken haben; **andar de ~s** rückwärtsgehen; **con las manos en la ~** mit hinter dem Rücken verschränkten Händen; **estar a ~s de alguien** hinter jdm sein; **estar de ~s a la pared** mit dem Rücken zur Wand stehen; **atacar por la ~** hinterrücks überfallen; **coger a alguien por la ~** *(fig)* jdm in den Rücken fallen; **doblar la ~** *(fig)* arbeiten; **volver la ~ a alguien** *(fam fig)* jdn links liegen lassen; **hablar a ~s de alguien** hinter jds Rücken reden; **me caí de ~s al oír eso** *(fam)* ich war wie vor den Kopf geschlagen, als ich das hörte; **tener las ~s muy anchas** *(fam fig)* einen breiten Buckel haben; **tener las ~s bien guardadas** *(fam)* gute Beziehungen haben; **la responsabilidad recae sobre mis ~s** die Verantwortung lastet auf meinen Schultern; **vivir de ~s a la realidad** an der Wirklichkeit vorbeileben ② (DEP) Rückenschwimmen *nt;* **100 metros ~** 100 Meter Rücken; **¿sabes nadar ~?** kannst du rückenschwimmen?; **nadar de ~s va bien para la columna** Rückenschwimmen ist gut für die Wirbelsäule ③ *(de un edificio)* Rückseite *f* ④ *(de un animal)* Rücken *m;* *(para el consumo)* Rückenstück *nt*

espaldar [espal̦'dar] *m* ① *(de una res)* Rücken *m* ② *(de una silla)* Rückenlehne *f* ③ *(de tortuga)* Panzer *m*

espaldarazo [espal̦da'raθo] *m* (HIST) Ritterschlag *m;* **dar el ~ a alguien** jdn als gleichberechtigt anerkennen

espaldera [espal̦'dera] *f* ① *(de un muro)* Spalier *nt;* **árbol a ~** (BOT) Spalierbaum *m;* **cultivar plantas en ~** Pflanzen an einem Spalier ziehen ② (DEP) Sprossenwand *f*

espaldero [espal̦'dero] *m* *(Ven: guardaespaldas)* Leibwächter *m*

espaldilla [espal̦'diʎa] *f* ① *(de una res)* Bug *m* ② (ANAT) Schulterblatt *nt*

espanglis [es'paŋlis] *m* Spanglish *nt*

espantada [espan̦'taða] *f* ① *(de un animal)* Flucht *f* ② *(de alguien)* Rückzieher *m;* **pegar una ~** plötzlich abspringen

espantadizo, -a [espaṇta'ðiθo, -a] *adj* ❶ *(persona)* schreckhaft ❷ *(caballo)* scheu

espantajo [espaṇ'taxo] *m* ❶ *(espantapájaros)* Vogelscheuche *f;* **tal como vas vestido pareces un ~** in diesem Aufzug siehst du wie eine Vogelscheuche aus ❷ *(fantoche)* Schreckgespenst *nt*

espantamoscas [espaṇta'moskas] *m inv* Fliegenklatsche *f*

espantapájaros [espaṇta'paxaros] *m inv* Vogelscheuche *f*

espantar [espaṇ'tar] **I.** *vt* ❶ *(dar susto)* erschrecken; *(dar miedo)* Angst machen +*dat* ❷ *(ahuyentar a un animal)* verscheuchen; *(asustándolo)* aufscheuchen; *(caballos)* scheu machen ❸ *(miedo, penas)* verjagen ❹ *(asombrar)* erstaunen **II.** *vr:* **~se** ❶ *(personas)* sich erschrecken (**de/por** bei/vor +*dat*) ❷ *(animales)* scheu werden; *(caballo)* scheuen (**de/por** vor +*dat*)

espanto [es'paṇto] *m* ❶ *(miedo)* Schrecken *m;* **¡qué ~!** wie entsetzlich!; **hace un calor de ~** es ist schrecklich heiß; **los precios son de ~** die Preise sind unerschwinglich; **estar curado de ~s** *(fam)* sich nicht so leicht erschrecken lassen ❷ *(terror)* panische Angst *f* ❸ *(enfermedad)* Schock *m* ❹ *(Am: fantasma)* Gespenst *nt*

espantosidad [espaṇtosi'ða^{ð}] *f* *(AmC, Col, PRico: horror)* Grauen *nt*

espantoso, -a [espaṇ'toso, -a] *adj* ❶ *(horroroso)* entsetzlich ❷ *(feo)* hässlich ❸ *(enorme)* enorm

España [es'paɲa] *f* Spanien *nt*

español[1] [espa'ɲol] *m* Spanisch(e) *nt;* **clases de ~** Spanischunterricht *m;* **aprender ~** Spanisch lernen; **traducir al ~** ins Spanische übersetzen

español(a)[2] [espa'ɲol(a)] **I.** *adj* spanisch **II.** *m(f)* Spanier(in) *m(f)*

españolada [espaɲo'laða] *f (pey)* **esto es una ~** das ist typisch spanisch

españolidad [espaɲoli'ða^{ð}] *f* ❶ *(carácter)* spanischer Charakter *m* ❷ *(naturaleza)* spanisches Wesen *nt*

españolismo [espaɲo'lismo] *m* ❶ *(amor)* Spanienliebe *f* ❷ *(carácter)* spanischer Charakter *m* ❸ *(hispanismo)* Hispanismus *m*

españolista [espaɲo'lista] *mf* ❶ (POL) spanischer Nationalist, spanische Nationalistin *m, f* ❷ (DEP) Anhänger(in) *m(f)* des F.C. Español

esparadrapo [espara'ðrapo] *m* Heftpflaster *nt*

esparcimiento [esparθi'mjeṇto] *m* ❶ *(acción)* Verstreuung *f* ❷ *(diversión)* Zerstreuung *f*

esparcir [espar'θir] <c → z> **I.** *vt* ❶ *(cosas)* verstreuen; *(líquido)* versprengen; **el viento ha esparcido los papeles de la mesa** der Wind hat die Papiere vom Tisch geweht ❷ *(mancha)* größer machen ❸ *(noticia)* verbreiten ❹ *(distraer)* **~ el ánimo** sich zerstreuen **II.** *vr:* **~se** ❶ *(cosas)* verstreut werden ❷ *(noticias)* sich verbreiten ❸ *(distraerse)* sich zerstreuen; **¿qué haces para ~te?** was machst du als Zeitvertreib?

espárrago [es'parraɣo] *m* (BOT) Spargel *m;* **¡vete a freír ~s!** *(fam)* scher dich zum Teufel!; **ser un ~** *(fig)* eine Bohnenstange sein

esparraguera [esparra'ɣera] *f* (BOT) Spargel *m*

esparrancarse [esparraŋ'karse] <c → qu> *vr* die Beine spreizen

espartillo [espar'tiʎo] *m (Am),* **esparto** [es'parto] *m* Espartogras *nt*

espasmo [es'pasmo] *m* Krampf *m*

espasmódico, -a [espas'moðiko, -a] *adj* krampfartig

espátula [es'patula] *f* (TÉC) Spachtel *m;* (MED) Spatel *m; (repostería)* Teigschaber *m*

especia [es'peθja] *f* Gewürz *nt*

especial [espe'θjal] *adj* besonders; *(adecuado)* speziell; *(raro)* seltsam; **edición/comisión/escuela ~** Sonderausgabe/-kommission/-schule *f;* **en ~** insbesondere; **¿qué has hecho hoy? – nada en ~** was hast du heute gemacht? – nichts Besonderes; **no pensaba en nada en ~** ich dachte an nichts Bestimmtes; **él es para mí alguien muy ~** er bedeutet mir sehr viel

especialidad [espeθjali'ða^{ð}] *f* ❶ *(de un restaurante/una empresa)* Spezialität *f* ❷ *(rama)* Spezialgebiet *nt;* (DEP) Disziplin *f*

especialista [espeθja'lista] *mf* ❶ *(experto)* Spezialist(in) *m(f)* (**en** für +*akk*) ❷ *(médico)* Facharzt, -ärztin *m, f* ❸ (CINE) Stuntman, -woman *m, f*

especialización [espeθjaliθa'θjon] *f* Spezialisierung *f* (**en** auf +*akk*); **mi ~ es la física cuántica** mein Spezialgebiet ist die Quantenphysik

especializado, -a [espeθjali'θaðo, -a] *adj* spezialisiert (**en** auf +*akk*); **casa especializada** Fachgeschäft *nt;* **comercio ~** Fachhandel *m;* **conocimientos ~s** Fachkenntnisse *fpl;* **obrero ~** Facharbeiter *m,* gelernter Arbeiter; **personal ~** Fachkräfte *fpl*

especializar [espeθjali'θar] <z → c> *vi, vr:* **~se** sich spezialisieren (**en** auf +*akk*); **personal especializado** Fachkräfte *fpl*

especialmente [espeθjal'meṇte] *adv* besonders; **lo he hecho ~ para ti** ich habe es extra für dich gemacht; **muebles ~ diseñados para discapacitados** speziell auf die Bedürfnisse von Behinderten abgestimmte Möbel

especiar [espe'θjar] *vt* würzen

especie [es'peθje] *f* ① *(clase, t.* BOT, ZOOL) Art *f;* **~ amenazada de extinción** vom Aussterben bedrohte Tierart; **la ~ animal** die Tiere; **ese es una ~ de cantante** er ist sozusagen Sänger; **gente de todas las ~s** Menschen jeder Gattung; **un hombre de mala ~** ein übel gesinnter Mann; **no me gusta esta ~ de vida** ich mag diese Art (von) Leben nicht; **es de esa ~ de personas que nunca están tristes** er/sie gehört zu den Menschen, die nie traurig sind ② *(rumor)* Gerücht *nt;* **corre la ~ que...** man sagt, dass ... ③ (COM) **pagar en ~s** in Naturalien zahlen

especificación [espeθifika'θjon] *f* ① *(explicación)* genaue Darlegung *f* ② *(precisión)* Angabe *f;* **especificaciones técnicas** technische Daten

especificar [espeθifi'kar] <c → qu> *vt* ① *(explicar)* im Einzelnen darlegen; **el ministro especificó los problemas actuales de la economía** der Minister erläuterte im Einzelnen die aktuellen Wirtschaftsprobleme; **no ~ los pormenores de las negociaciones** nicht auf die Einzelheiten der Verhandlungen eingehen ② *(citar)* angeben; *(enumerar)* aufzählen

específico, -a [espe'θifiko, -a] *adj* spezifisch; **el significado ~ de una palabra** die eigentliche Bedeutung eines Wortes

espécimen [es'peθimen] *m* <especímenes> ① *(ejemplar)* Exemplar *nt;* **~ de lujo** Prachtexemplar *nt* ② *(muestra)* Probe *f*

espectacular [espektaku'lar] *adj* spektakulär

espectacularidad [espektakulari'ða^ð] *f* ① *(aparatosidad)* spektakulärer Charakter *m* ② *(efectismo)* Effekthascherei *f* ③ *(ostentosidad)* theatralische Art *f*

espectáculo [espek'takulo] *m* ① (TEAT) Schauspiel *nt;* *(de variedades)* Show *f;* **~ de circo** Zirkusvorstellung *f;* **~ deportivo** Sportereignis *nt* ② *(visión)* Anblick *m* ③ *(fam: escándalo)* **dar el** [*o* **un**] **~** eine Szene machen

espectador(a) [espekta'ðor(a)] *m(f)* Zuschauer(in) *m(f)*

espectral [espek'tral] *adj* ① *(fantasmal)* gespenstisch ② (FÍS) Spektral-

espectro [es'pektro] *m* ① *(fantasma)* Gespenst *nt* ② (FÍS) Spektrum *nt*

especulación [espekula'θjon] *f* Spekulation *f*

especulador(a) [espekula'ðor(a)] *m(f)* Spekulant(in) *m(f)*

especular [espeku'lar] *vi* ① *(conjeturar, t.* FIN) spekulieren; **~ en la Bolsa** an der Börse spekulieren ② *(meditar)* nachgrübeln

especulativo, -a [espekula'tiβo, -a] *adj* ① *(que especula)* spekulativ ② *(teórico)* theoretisch

espéculo [es'pekulo] *m* (MED) Spekulum *nt*

espejear [espexe'ar] *vi* glitzern, flimmern

espejismo [espe'xismo] *m* ① *(óptico)* Fata Morgana *f* ② *(de la imaginación)* Illusion *f*

espejo [es'pexo] *m* Spiegel *m;* **~ retrovisor** Rückspiegel *m;* **~ (retrovisor) lateral** Seitenspiegel *m;* **mirarse al ~** sich im Spiegel betrachten; **el cine es el ~ de la vida** das Kino spiegelt das Leben wider; **esta obra es un ~ de la sociedad actual** dieses Werk ist ein Spiegelbild der heutigen Gesellschaft

espeleología [espeleolo'xia] *f sin pl* Höhlenkunde *f*

espeluznante [espeluθ'nante] *adj* haarsträubend

espeluznar [espeluθ'nar] **I.** *vt* ① *(los cabellos)* sträuben; *(por el miedo)* die Haare zu Berge stehen lassen *+dat* ② *(horrorizar)* entsetzen **II.** *vr:* **~se** entsetzt sein

espera [es'pera] *f* ① *(acción)* Warten *nt;* *(estado)* Erwartung *f;* *(duración)* Wartezeit *f;* **lista de ~** Warteliste *f;* **sala de ~** Wartesaal *m;* **tuvimos dos horas de ~** wir mussten zwei Stunden lang warten; **estoy a la ~ de recibir la beca** ich erwarte jeden Moment die Zusage über das Stipendium; **en ~ de su respuesta** *(final de carta)* in Erwartung Ihrer Antwort; **en ~ de tu carta, te mando el paquete** ich schicke dir schon einmal das Paket und erwarte demnächst deinen Brief; **esta ~ me saca de quicio** diese Warterei geht mir auf die Nerven ② *(paciencia)* Geduld *f* ③ *(plazo)* Aufschub *m;* **no tener ~** keinen Aufschub dulden; **sin ~** unverzüglich

esperanza [espe'ran̪θa] *f* Hoffnung *f;* **~ de vida** Lebenserwartung *f;* **no tener ~s** keine Hoffnung haben; **abrigar ~s** Hoffnungen hegen; **estar en estado de buena ~** guter Hoffnung sein; **poner las ~s en algo** die Hoffnungen auf etw setzen; **tener ~s de conseguir un puesto de trabajo** Aussichten auf einen Arbeitsplatz haben; **veo el futuro con ~** ich bin sehr zuversichtlich

esperanzado, -a [ersperan̪'θaðo, -a] *adj* hoffnungsvoll, voller Hoffnung

esperanzador(a) [esperan̪θa'ðor(a)] *adj* hoffnungsvoll

esperanzar [esperan̪'θar] <z → c> **I.** *vt*

Hoffnung machen +*dat* **II.** *vr:* **~se** sich *dat* Hoffnungen machen (**en** auf +*akk*)

esperar [espe'rar] **I.** *vi* ❶ *(aguardar)* warten (auf +*akk*); *(con paciencia)* abwarten; **~ al aparato** *(teléfono)* am Apparat bleiben; **hacerse de ~** auf sich warten lassen; **es de ~ que...** +*subj* es ist zu erwarten, dass ...; **esperemos y veamos cómo evolucionan las cosas** warten wir ab und sehen wir, wie es weitergeht; **¡que se espere!** er/sie soll gefälligst warten; **espera, que no lo encuentro** Augenblick, ich finde es jetzt nicht; **ganaron la copa tan esperada** sie gewannen den heiß ersehnten Pokal; **¡ay, no puedo ~ (de curiosidad)!** ich kann es kaum abwarten!; **uno solamente tiene que ~ a que las cosas lleguen** man muss die Dinge nur auf sich zukommen lassen ❷ *(confiar)* hoffen; **espero que sí** ich hoffe doch; **~ en alguien** die Hoffnung auf jdn setzen; **espero que nos veamos pronto** hoffentlich sehen wir uns bald **II.** *vt* ❶ *(aguardar)* warten (auf +*akk*); *(un bebé, recibir, pensar)* erwarten; *(con paciencia)* abwarten; **hace una hora que lo espero** ich warte seit einer Stunde auf ihn; **te espero mañana a las nueve** ich erwarte dich morgen um neun Uhr; **ya me lo esperaba** das dachte ich mir schon; **nos esperan malos tiempos** uns stehen schlimme Zeiten bevor; **espero su decisión con impaciencia** *(final de carta)* ich sehe Ihrer Entscheidung gespannt entgegen; **te espera una prueba dura** du kannst dich auf eine harte Probe gefasst machen ❷ *(confiar)* hoffen (auf +*akk*); **esperando recibir noticias tuyas...** in der Hoffnung, bald von dir zu hören ...; **espero sacar grandes ganancias de este negocio** ich erhoffe mir von diesem Geschäft große Gewinne

esperma [es'perma] *m* Sperma *nt*

espermicida [espermi'θiða] *m* Spermizid *nt*

esperpento [esper'pento] *m* ❶ *(persona)* groteske Figur *f* ❷ *(desatino)* Unsinn *m*

espesar [espe'sar] **I.** *vt (líquido)* eindicken; *(salsa)* binden **II.** *vr:* **~se** *(bosque)* dichter werden; *(niebla)* sich verdichten; *(salsa)* eindicken

espeso, -a [es'peso, -a] *adj* ❶ *(cabello, niebla, bosque)* dicht; *(líquido)* dick(flüssig); *(muro)* dick ❷ *(persona)* schlampig ❸ *(Arg, Perú, Ven: molesto)* lästig

espesor [espe'sor] *m* ❶ *(grosor)* Dicke *f* ❷ *(densidad)* Dichte *f*

espesura [espe'sura] *f* ❶ *(del cabello/bosque)* Dichte *f; (de un muro)* Dicke *f; (de un líquido)* Dickflüssigkeit *f* ❷ *(bosque)* Dickicht *nt*

espetar [espe'tar] *vt* ❶ *(ave, objeto)* aufspießen ❷ *(fam: palabrota)* ausstoßen; **~ una bronca a alguien** jdn anschnauzen; **~ un sermón a alguien** jdm eine Predigt halten; **~ cuatro verdades a alguien** jdm den Kopf waschen

espía [es'pia] *mf* Spion(in) *m(f); (de la policía)* Spitzel *m;* **~ doble** Doppelagent(in) *m(f)*

espiantar [espjaṇ'tar] **I.** *vi, vr:* **~se** *(Arg, Chil: fam: alejarse)* weggehen; *(huir)* fliehen **II.** *vt (RíoPl: hurtar)* klauen

espiar [espi'ar] <*1. pres* espío> **I.** *vi (hacer espionaje)* spionieren **II.** *vt (algo)* ausspionieren; *(a alguien)* nachspionieren +*dat; (para la policía)* bespitzeln

espiga [es'piɣa] *f* ❶ (BOT) Ähre *f;* **dibujo de ~** Fischgrätenmuster *nt* ❷ *(clavo)* Stift *m*

espigado, -a [espi'ɣaðo, -a] *adj* ❶ *(forma)* ährenförmig ❷ *(maduro)* reif ❸ *(árbol)* hoch; *(persona)* lang aufgeschossen

espigarse [espi'ɣarse] <g → gu> *vr* in die Höhe schießen

espigón [espi'ɣon] *m* ❶ *(de un clavo)* Spitze *f* ❷ *(espiga)* Ähre *f* ❸ *(dique)* (Hafen)mole *f; (rompeolas)* Wellenbrecher *m* ❹ *(aguijón)* Stachel *m*

espina [es'pina] *f* ❶ *(de pescado)* Gräte *f* ❷ (BOT) Dorn *m* ❸ *(astilla)* Splitter *m* ❹ (ANAT) **~ (dorsal)** Rückgrat *nt* ❺ *(inconveniente)* Schwierigkeit *f;* **dar mala ~** *(fam)* argwöhnisch machen ❻ *(pesar)* Kummer *m;* **sacarse una ~** *(fam: desquitarse)* sich revanchieren; *(desahogarse)* sich *dat* etwas von der Seele reden

espinaca [espi'naka] *f* Spinat *m*

espinal [espi'nal] *adj* Rückgrat-; **médula ~** Rückenmark *nt*

espinazo [espi'naθo] *m* (ANAT) Rückgrat *nt;* **doblar el ~** *(fig)* kein Rückgrat haben

espineta [espi'neta] *f* (MÚS) Spinett *nt*

espinilla [espi'niʎa] *f* ❶ (ANAT) Schienbein *nt;* **dar a alguien una patada en la ~** jdm vors Schienbein treten ❷ (MED) Mitesser *m;* **sacarse una ~** sich *dat* einen Mitesser ausdrücken

espinillera [espini'ʎera] *f* (DEP) Schienbeinschützer *m*

espino [es'pino] *m* ❶ (BOT) **~ albar** Weißdorn *m* ❷ (TÉC) **alambre de ~** Stacheldraht *m*

espinoso, -a [espi'noso, -a] *adj,* **espinudo, -a** [espi'nuðo, -a] *adj (AmC, CSur)* ❶ *(planta)* dornig; *(pescado)* grätig ❷ *(problema)* haarig

espionaje [espjo'naxe] *m* Spionage *f;* ~ **industrial** Werk(s)spionage *f;* **servicio de ~ alemán** Bundesnachrichtendienst *m*

espiración [espira'θjon] *f* (MED) Ausatmen *nt*

espiral [espi'ral] **I.** *adj* spiralförmig; **escalera ~** Wendeltreppe *f* **II.** *f (línea, anticonceptivo)* Spirale *f*

espirar [espi'rar] **I.** *vi (aire)* ausatmen **II.** *vt (olor)* verströmen

espiritismo [espiri'tismo] *m sin pl* Spiritismus *m;* **sesión de ~** spiritistische Sitzung

espiritista [espiri'tista] *adj* spiritistisch

espiritoso, -a [espiri'toso, -a] *adj* ❶ *(bebida)* alkoholisch; **bebidas espirit(u)osas** Spirituosen *fpl* ❷ *(persona)* tatkräftig

espíritu [es'piritu] *m* Geist *m; (ánimo)* Gemüt *nt; (valor)* Mut *m;* ~ **de compañerismo** kameradschaftlicher Geist; ~ **de contradicción** Widerspruchsgeist *m;* ~ **emprendedor** Unternehmungsgeist *m;* ~ **de la época** Zeitgeist *m;* ~ **de observación** *(don)* Beobachtungsgabe *f;* **el E~ Santo** (REL) der Heilige Geist; ~ **de solidaridad** Gemeinschaftsgeist *m;* **pobre de ~** Kleingeist *m;* **exhalar el ~** den Geist aufgeben; **cobrar ~** Mut fassen; **levantar el ~ a alguien** jdn aufmuntern; **tener un ~ de rebelión** ein rebellisches Gemüt haben; **hacer algo con ~ alegre** etw voller Freude tun; **evocar los ~s** die Geister beschwören

espiritual [espiritu'al] *adj* ❶ *(del espíritu)* geistig; *(persona)* vergeistigt; **vida ~** Seelenleben *nt;* **mantenemos una relación puramente ~** unsere Beziehung ist rein geistiger Natur ❷ (REL) geistlich

espiritualidad *f* Geistigkeit *f,* Spiritualität *f geh*

espita [es'pita] *f* ❶ *(de una cuba)* Zapfhahn *m;* ~ **del gas** Gashahn *m* ❷ *(palmo)* Spanne *f* ❸ *(fam: borracho)* Säufer(in) *m(f)*

esplendidez [esplendi'deθ] *f* ❶ *(generosidad)* Großzügigkeit *f* ❷ *(magnificencia)* Pracht *f*

espléndido, -a [es'plendiðo, -a] *adj* ❶ *(generoso)* großzügig ❷ *(aspecto)* prächtig; *(día)* herrlich; *(comida)* vorzüglich; *(ocasión, idea, resultado)* großartig

esplendor [esplen'dor] *m* Glanz *m; (fig)* Pracht *f*

esplendoroso, -a [esplendo'roso, -a] *adj (fig)* prachtvoll

espliego [es'pljeɣo] *m* Lavendel *m*

esplín [es'plin] *m* ❶ *(melancolía)* Melancholie *f,* Schwermut *f* ❷ *(tedio)* Lebensüberdruss *m*

espolear [espole'ar] *vt* ❶ *(al caballo)* die Sporen geben +*dat* ❷ *(a alguien)* anspornen

espoleta [espo'leta] *f (de bomba)* Zünder *m*

espolón [espo'lon] *m* ❶ (ZOOL: *de gallinas*) Sporn *m; (de caballos)* Fessel *f;* **tener más espolones que un gallo** *(fam)* sehr erfahren sein ❷ *(muro)* Damm *m;* **el ~ de Burgos** die Promenade in Burgos ❸ (NÁUT: *de galera*) Rammsporn *m* ❹ (GEO) Ausläufer *m* ❺ (ARQUIT) Widerlager *nt*

espolvorear [espolβore'ar] *vt* (GASTR) bestäuben

esponja [es'poŋxa] *f* ❶ *(para lavar, t.* ZOOL) Schwamm *m;* ~ **de baño** Badeschwamm *m;* **beber como una ~** *(fam)* saufen wie ein Loch; **¡pasemos la ~!** *(fam)* Schwamm drüber! ❷ *(persona)* Schmarotzer *m*

esponjar [espoŋ'xar] **I.** *vt* ❶ *(la tierra)* auflockern; *(una masa)* schaumig machen ❷ *(líquido)* mit dem Schwamm abwischen; *(coche)* waschen **II.** *vr:* **~se** ❶ *(engreírse)* sich aufblähen ❷ *(de aspecto)* aufblühen

esponjoso, -a [espoŋ'xoso, -a] *adj (masa)* schaumig; *(pan)* aufgeweicht

esponsales [espon'sales] *mpl (elev)* Verlobung *f,* Verlöbnis *nt geh*

esponsorizar [esponsori'θar] <z → c> *vt* sponsern

espontáneamente [espontanea'mente] *adv* ❶ *(impensadamente)* spontan ❷ *(voluntariamente)* von selbst, freiwillig, von sich *dat* aus

espontaneidad [espontanei̯'ðað] *f* Spontan(e)ität *f*

espontáneo, -a [espon'taneo, -a] *adj* spontan; *(saludo)* ungezwungen; **curación espontánea** Spontanheilung *f*

espora [es'pora] *f* Spore *f*

esporádico, -a [espo'raðiko, -a] *adj* sporadisch

esportivo, -a [espor'tiβo, -a] *adj (Am)* ❶ *(deportivo)* sportlich ❷ *(afectando descuido)* lässig

esposa [es'posa] *f v.* **esposo**

esposar [espo'sar] *vt* Handschellen anlegen +*dat*

esposas [es'posas] *fpl (manillas)* Handschellen *fpl;* **colocar las ~ a alguien** jdm Handschellen anlegen

esposo, -a [es'poso, -a] *m, f* Ehemann, -frau *m, f;* **le presento a mi esposa** ich möchte Ihnen meine Frau vorstellen; **salude a su ~ de mi parte** grüßen Sie Ihren Mann von mir; **los ~s** das Ehepaar

espray [es'prai̯] *m* ❶ *(líquido)* Spray *m o*

nt; ~ **insecticida** Mückenspray *m o nt* ② *(envase)* Sprühdose *f*

esprín [es'priṇ^t] *m* Sprint *m;* **hacer un ~** sprinten

esprintar [espriṇ'tar] *vt* sprinten

esprínter [es'priṇter] *mf* Sprinter(in) *m(f)*

espuela [es'pwela] *f* ① *(de la bota)* Sporn *m* ② *(acicate)* Ansporn *m;* **poner las ~s a alguien** jdn anspornen

espuerta [es'pwerta] *f* Korb *m;* **a ~s** haufenweise

espuma [es'puma] *f* ① *(burbujas)* Schaum *m; (de las olas)* Gischt *m o f;* **~ de afeitar** Rasierschaum *m;* **~ de leche** Milchschaum *m;* **crecer como la ~** *(fam: persona)* sehr schnell wachsen; *(cosa)* rapide steigen ② *(materia)* Schaumstoff *m*

espumar [espu'mar] **I.** *vi* ① *(hacer espuma)* schäumen ② *(aumentar)* rapide steigen **II.** *vt* den Schaum abschöpfen (von *+dat*)

espumarajo [espuma'raxo] *m* ① *(pey: espuma)* dreckiger Schaum *m* ② *(de la boca)* Geifer *m;* **echar ~s por la boca** *(fig)* vor Wut schäumen

espumoso, -a [espu'moso, -a] *adj (masa)* schaumig; *(líquido)* schäumend; **vino ~** Schaumwein *m*

espurio, -a [es'purjo, -a] *adj* ① *(falso)* falsch, unecht; **palabra espuria** (von der Real Academia) nicht anerkanntes Wort ② *(persona)* unehelich; **hijo ~** uneheliches Kind

esputo [es'puto] *m* Speichel *m;* (MED) Auswurf *m*

esqueje [es'kexe] *m* Steckling *m*

esquela [es'kela] *f* ① *(nota)* kurze Mitteilung *f* ② *(necrológica)* ~ (**mortuoria**) Todesanzeige *f;* **publicar una ~** eine Todesanzeige aufgeben

esquelético, -a [eske'letiko, -a] *adj* ① (ANAT) Skelett- ② *(persona)* spindeldürr

esqueleto [eske'leto] *m* ① (ANAT) Skelett *nt;* **después de la operación quedé hecho un ~** nach der Operation war ich nur noch ein Skelett; **esta noche vamos a mover el ~** *(fam)* heute Abend schwingen wir das Tanzbein ② *(de un avión/barco)* Gerippe *nt; (de un edificio)* Skelett *nt* ③ *(Col, AmC: impreso)* Formular *nt* ④ *(Chil: de un escrito)* Entwurf *m*

esquema [es'kema] *m* ① *(gráfico)* Schema *nt;* **en ~** schematisch ② *(de una clase)* Konzept *nt;* **tengo que hacer el ~ del discurso** ich muss mir ein Konzept für die Rede machen

esquemático, -a [eske'matiko, -a] *adj* schematisch

esquematizar [eskemati'θar] <z → c> *vt* schematisieren

esquí [es'ki] *m* ① *(patín)* Ski *m;* **~ de fondo** Langlaufski *m* ② *(deporte)* Skisport *m;* **~ acuático** Wasserski *nt*

esquiador(a) [eskja'ðor(a)] *m(f)* Skiläufer(in) *m(f);* **~ de fondo** Langläufer *m*

esquiar [eski'ar] <*1. pres* esquío> *vi* Ski laufen

esquife [es'kife] *m* (NÁUT) Beiboot *nt;* (MIL) Pinasse *f*

esquila [es'kila] *f* ① *(cencerro)* Kuhglocke *f; (campanilla)* Glöckchen *nt* ② *(esquileo)* Schur *f*

esquilador(a) [eskila'ðor(a)] *m(f)* (AGR) Schafscherer(in) *m(f)*

esquilar [eski'lar] *vt (ovejas)* scheren; *(perros)* trimmen; **esta tarde iré a que me esquilen** heute Nachmittag gehe ich zum Friseur; **hoy sí que te han esquilado bien** heute hat der Friseur dich mächtig gestutzt

esquimal [eski'mal] **I.** *adj* eskimoisch; **perro ~** Husky *m* **II.** *mf* Eskimo, Eskimofrau *m, f*

esquina [es'kina] *f (de un edificio)* (Straßen)ecke *f; (de una mesa)* Ecke *f;* **casa que hace ~** Eckhaus *nt;* **hacer un saque de ~** (DEP) einen Eckball ausführen; **a la vuelta de la ~** um die Ecke; **doblar la ~** um die Ecke biegen

esquinado, -a [eski'naðo, -a] *adj* ① *(objeto)* **las cajas estaban esquinadas** die Kisten lagen über Eck ② *(persona)* spröde, ungesellig

esquinar [eski'nar] **I.** *vi* eine Ecke bilden **II.** *vt* ① *(objetos)* über Eck legen ② *(maderos)* rechtwinklig zuschneiden **III.** *vr:* **~se** sich verfeinden

esquinazo [eski'naθo] *m (fam)* Hausecke *f;* **dar ~ a alguien** *(dejar plantado)* jdn versetzen; *(rehuir)* jdm aus dem Weg gehen

esquirla [es'kirla] *f* Splitter *m*

esquirol [eski'rol] *mf* Streikbrecher(in) *m(f)*

esquivar [eski'βar] **I.** *vt* ① *(golpe)* ausweichen *+dat* ② *(problema, encuentro)* vermeiden ③ *(a alguien)* aus dem Weg gehen *+dat* **II.** *vr:* **~se** sich drücken (vor *+dat*)

esquivo, -a [es'kiβo, -a] *adj* ① *(huidizo)* scheu ② *(arisco)* spröde

esquizofrenia [eskiθo'frenja] *f* Schizophrenie *f*

esquizofrénico, -a [eskiθo'freniko, -a] *adj* schizophren

esta ['esta] **I.** *adj v.* **este^2, esta** **II.** *pron dem v.* **este^3, esta, esto**

estabilidad [estaβili'ða^d] *f* Stabilität *f; (de*

un trabajo) Dauerhaftigkeit *f; (de una amistad)* Beständigkeit *f; (del carácter)* Standhaftigkeit *f*

estabilización [estaβiliθa'θjon] *f* Stabilisierung *f*

estabilizante [estaβili'θan̪te] *adj* stabilisierend

estabilizar [estaβili'θar] <z → c> **I.** *vt* stabilisieren; *(trabajo)* sichern; *(amistad)* festigen **II.** *vr:* **~se** sich stabilisieren

estable [es'taβle] *adj* stabil; *(trabajo)* dauerhaft; *(tiempo)* beständig; *(carácter)* standhaft

establecer [estaβle'θer] *irr como crecer* **I.** *vi* festlegen **II.** *vt* ❶ *(fundar)* gründen; *(dictadura)* errichten; *(grupo de trabajo)* einsetzen; *(costumbre)* einführen; *(sucursal, tienda)* eröffnen; *(relaciones, contacto)* aufnehmen; *(principio, récord)* aufstellen; *(orden)* (wieder)herstellen; *(escuela)* einrichten; *(ley)* erlassen ❷ *(ordenar)* festlegen ❸ *(colocar)* aufstellen; *(campamento)* aufschlagen; *(colonos)* ansiedeln; *(conexión)* herstellen **III.** *vr:* **~se** *(instalarse)* sich niederlassen (**en** in +*dat,* **de** als +*nom*); *(por cuenta propia)* sich selb(st)ständig machen (**de** als +*nom*)

establecimiento [estaβleθi'mjen̪to] *m* ❶ *(fundación)* Gründung *f; (de un grupo de trabajo)* Einsatz *m; (de una costumbre)* Einführung *f; (de una sucursal)* Eröffnung *f; (de relaciones)* Aufnahme *f; (de un principio/récord)* Aufstellung *f; (del orden)* (Wieder)herstellung *f; (de una escuela)* Einrichtung *f* ❷ *(tienda)* Geschäft *nt* ❸ *(institución)* Institution *f; (pública)* öffentliche Einrichtung *f; (empresa)* Unternehmen *nt* ❹ *(de personas)* Ansiedelung *f*

establo [es'taβlo] *m* ❶ *(cuadra)* Stall *m;* **esta casa es un ~** *(fig)* dieses Haus ist ein Saustall *fam* ❷ *(Cuba: cochera)* Garage *f; (para alquilar)* Autoverleih *m*

estaca [es'taka] *f (palo)* Pfahl *m; (para tienda)* Zeltpflock *m; (garrote)* Knüppel *m*

estacada [esta'kaða] *f* (Pfahl)zaun *m;* **dejar a alguien en la ~** jdn im Stich lassen; **quedarse alguien en la ~** *(por un negocio)* in der Patsche sitzen; *(en una disputa)* den Kürzeren ziehen

estacazo [esta'kaθo] *m* ❶ *(golpe)* Stockschlag *m* ❷ *(crítica)* scharfe Kritik *f; (rapapolvo)* Standpauke *f;* **dar un ~ a alguien** jdm eine Standpauke halten

estación [esta'θjon] *f* ❶ *(del año)* Jahreszeit *f; (temporada)* Zeit *f;* **~ de las flores** Frühjahr *nt;* **~ de las lluvias** Regenzeit *f* ❷ *(para medios de trasporte)* Bahnhof *m; (parada)* Station *f;* **~ de autobuses** Busbahnhof *m;* **~ central** Hauptbahnhof *m;* **~ de destino** Bestimmungsbahnhof *m;* **~ de metro** U-Bahn-Station *f;* **~ de servicio** Tankstelle *f* ❸ (RADIO, TV) Sender *m* ❹ *(centro, t.* REL) Station *f;* **~ espacial** Raumstation *f;* **~ meteorológica** Wetterwarte *f;* **~ orbital** Weltraumstation *f;* **~ de bomberos** Feuerwache *f*

estacional [estaθjo'nal] *adj* ❶ *(del año)* jahreszeitlich bedingt ❷ *(de la temporada)* saisonal; **variaciones ~es** saisonbedingte Schwankungen

estacionamiento [estaθjona'mjen̪to] *m* ❶ *(colocación)* Aufstellung *f; (de personas)* Postierung *f;* (MIL) Stationierung *f* ❷ (MIL: *posición*) Stellung *f* ❸ (AUTO: *acción*) Parken *nt; (lugar)* Parkplatz *m*

estacionar [estaθjo'nar] **I.** *vt* ❶ *(colocar)* aufstellen; *(personas)* postieren; (MIL) stationieren ❷ (AUTO) parken **II.** *vr:* **~se** ❶ *(alguien)* sich postieren ❷ (AUTO) parken ❸ *(parar)* stehen bleiben; **la producción se ha estacionado** die Produktion ist ins Stocken geraten

estacionario, -a [estaθjo'narjo, -a] *adj* stationär

estada [es'taða] *f (Am),* **estadía** [esta'ðia] *f* ❶ *(estancia)* Aufenthalt *m* ❷ *(de un modelo)* Sitzung *f* ❸ (COM: *tiempo*) (Über)liegezeit *f; (tarifa)* (Über)liegegeld *nt*

estadio [es'taðjo] *m* ❶ (DEP) Stadion *nt* ❷ (MED) Stadium *m*

estadista [esta'ðista] *mf* ❶ (POL) bedeutender Politiker, bedeutende Politikerin *m, f* ❷ (MAT) Statistiker(in) *m(f)*

estadística [esta'ðistika] *f* Statistik *f*

estadístico, -a [esta'ðistiko, -a] *adj* statistisch

estado [es'taðo] *m* ❶ *(condición)* Zustand *m; (situación)* Lage *f;* **~ de alarma** Alarmzustand *m;* **~ civil** Familienstand *m;* **~ de las cosas** *(general)* Stand der Dinge; *(de un hecho concreto)* Sachlage *f;* **~ de cuenta** Kontostand *m;* **~ de la economía** Wirtschaftslage *f;* **~ de emergencia** Notstand *m;* **~ financiero** Finanzlage *f;* **~ gaseoso** gasförmiger Zustand; **~ de guerra** Kriegszustand *m;* **~ de necesidad** (JUR) Notstand *m;* **~ de salud** Gesundheitszustand *m;* **en buen ~ de conservación** gut erhalten; **en ~ de embriaguez** in betrunkenem Zustand; **estar en ~ interesante** [*o* **de buena esperanza**] guter Hoffnung sein; **en ~ de merecer** unverheiratet ❷ (POL) Staat *m;* **~ comunitario** Mitgliedsstaat der Europäischen Union; **~ libre** Freistaat *m;* **~ miembro** Mitgliedsstaat *m;* **~ miembro de la UEME** EWWU-Teilnehmerland *nt;* **~ providencia** Wohlfahrtsstaat *m;* **presupuestos del ~** Staatshaushalt *m* ③ (MIL) ~ **mayor** Generalstab *m* ④ (FIN) ~ **de cuentas** Kassenbericht *m;* ~ **de los gastos** Ausgabenseite *f*

Estados Federados de Micronesia [es'taðos feðe'raðos de mikro'nesja] *mpl* Föderierten Staaten von Mikronesien *mpl*

Estados Unidos [es'taðos u'niðos] *mpl* Vereinigte Staaten *mpl*

E

estadounidense [estaðouni'ðense] *mf* (US-)Amerikaner(in) *m(f)*

estafa [es'tafa] *f* Betrug *m*

estafador(a) [estafa'ðor(a)] *m(f)* Betrüger(in) *m(f)*

estafar [esta'far] *vt* betrügen; **la cajera me ha estafado el cambio** die Kassiererin hat mich um das Wechselgeld betrogen

estafermo [esta'fermo] *m (persona embobada)* Dummkopf *m,* Trottel *m*

estafeta [esta'feta] *f (correos)* Postamt *nt*

estagnación [estaɣna'θjon] *f (AmC)* Stagnation *f,* Stocken *nt*

estaje [es'taxe] *m (Am)* Akkord *m*

estalactita [estalak'tita] *f* Stalaktit *m*

estalagmita [estalaɣ'mita] *f* Stalagmit *m*

estalinismo [estali'nismo] *m sin pl* Stalinismus *m*

estalinista [estali'nista] **I.** *adj* (POL) stalinistisch **II.** *mf* (POL) Stalinist(in) *m(f)*

estallar [esta'ʎar] *vi* ① *(globo, neumático)* platzen; *(bomba)* explodieren; *(cristales)* zersplittern; *(látigo)* knallen; **estalló una ovación** Beifall brach los; **me estalla la cabeza** mir platzt der Schädel ② *(revolución, incendio)* ausbrechen; *(tormenta)* losbrechen; **al ~ la guerra** bei Kriegsausbruch ③ *(risa, alegría)* losbrechen; ~ **en llanto** in Tränen ausbrechen; **estaba enfadado y al final estalló** er war verärgert und platzte am Ende vor Wut

estallido [esta'ʎiðo] *m* ① *(ruido)* Knall *m; (de un globo)* Platzen *nt; (explosión)* Explosion *f* ② *(de una revolución)* Ausbruch *m;* ~ **de cólera** Zornausbruch *m*

estambre [es'tambre] *m* ① *(tela)* Kammgarnstoff *m; (hebra)* Kammgarn *nt* ② (BOT) Staubgefäß *nt*

Estambul [estam'bul] *m* Istanbul *nt*

estamento [esta'men̪to] *m* Gesellschaftsschicht *f*

estampa [es'tampa] *f* ① *(dibujo)* Bild *nt;* ~ **de la Virgen** Marienbild *nt;* **dar algo a la ~** etw in Druck geben ② *(huella)* Abdruck *m* ③ *(impresión)* Eindruck *m; (aspecto)* Aussehen *nt;* **un caballo de magnífica ~** ein Pferd von prächtiger Gestalt; **tienes mala ~** du siehst schlecht aus; **¡maldita sea tu ~!** verflucht seist du!; **ser la viva ~ de la pobreza** die Armut in Person sein; **ser la viva ~ de su padre** *(fam)* seinem Vater wie aus dem Gesicht geschnitten sein

estampación [estampa'θjon] *f sin pl* Drucken *nt; (con relieve)* Prägung *f*

estampado[1] [estam'paðo] *m* ① *(tejido)* Druck *m;* **no me gusta este ~** dieses (Stoff)muster gefällt mir nicht ② *(metal)* Prägung *f*

estampado, -a[2] [estam'paðo, -a] *adj* bedruckt

estampar [estam'par] **I.** *vt* ① *(en papel/tela)* drucken (**en/sobre** auf +*akk*); *(con relieve)* prägen (**en/sobre** in/auf +*akk*); ~ **un dibujo en una camiseta** ein T-Shirt mit einer Zeichnung bedrucken ② (TÉC: *una chapa*) stanzen; *(un motivo en una chapa)* einstanzen; ~ **pins** Pins ausstanzen; **se me quedó estampado en la cabeza** *(fig)* das hat sich mir eingeprägt ③ *(huella)* hinterlassen; ~ **una firma** unterzeichnen; ~ **la firma al pie del documento** die Unterschrift unter ein Dokument setzen ④ *(fam: arrojar)* knallen ⑤ *(fam: dar)* verpassen; ~ **una bofetada a alguien** jdm eine knallen; **~le un beso a alguien en la cara** jdm einen Kuss auf die Wange drücken **II.** *vr:* **~se** *(fam)* prallen

estampida [estam'piða] *f* ① *(huida)* überstürzte Flucht *f* ② *(ruido)* Knall *m*

estampido [estam'piðo] *m* Knall *m;* ~ **del trueno** Donnerschlag *m;* **dar un ~** knallen

estampilla [estam'piʎa] *f* ① *(sello)* (Faksimile)stempel *m* ② *(Am: de correos)* Briefmarke *f*

estampita [estam'pita] *f* Heiligenbild *nt;* **me han dado el timo de la ~** *(fam)* ich bin reingelegt worden

estancado, -a [estaŋ'kaðo, -a] *adj* ① *(río)* (auf)gestaut; **aguas estancadas** Stauwasser *nt* ② (COM: *mercancía*) monopolisiert, Monopol- ③ *(negocio)* stockend; **quedarse ~** ins Stocken geraten

estancamiento [estaŋka'mjen̪to] *m* ① *(del agua)* (Auf)stauung *f* ② *(de una mercancía)* Monopolisierung *f* ③ *(de los negocios)* Stagnation *f; (de un proceso)* Stillstand *m;* ~ **coyuntural** Konjunkturstillstand *m*

estancar [estaŋ'kar] <c → qu> **I.** *vt* ① *(un río)* (auf)stauen; **aguas estancadas** Stauwasser *nt* ② *(mercancía)* monopolisieren ③ *(proceso)* zum Stillstand bringen **II.** *vr:* **~se** ① *(río)* sich (auf)stauen ② *(negocio)* stagnieren; **me he estancado en los estudios** ich komme mit meinem Studium nicht weiter; **quedarse estancado** ins Stocken geraten

estancia [es'tan̪θja] *f* ① *(permanencia)*

Aufenthalt *m;* ~ **en un hospital** Krankenhausaufenthalt *m* ❷ *(habitación)* Wohnraum *m; (de palacio)* Gemach *nt* ❸ *(Am: hacienda)* Landgut *nt* ❹ *(Cuba, Ven: quinta)* Landhaus *nt*

estanciera [estaṇ'θjera] *f (Arg: furgoneta)* Lieferwagen *m*

estanciero, -a [estaṇ'θjero, -a] *m, f (CSur, Col, Ven)* ❶ *(de ganado)* Farmer(in) *m(f)* ❷ *(de latifundios)* Großgrundbesitzer(in) *m(f)*

estanco[1] [es'taŋko] *m* ❶ *(establecimiento)* Tabak(waren)laden *m* ❷ *(monopolio)* Monopol *nt*

estanco, -a[2] [es'taŋko, -a] *adj* ❶ (NÁUT) wasserdicht ❷ *(separado)* abgeschlossen

estándar [es'taṇdar] **I.** *adj* Standard-; **tipo** ~ Standardversion *f* **II.** *m* Standard *m*

estandarización [estaṇdariθa'θjon] *f* Standardisierung *f*

estandarizar [estaṇdari'θar] <z → c> *vt* standardisieren

estandarte [estaṇ'darte] *m* Standarte *f*

estanque [es'taŋke] *m* ❶ *(en un parque)* Teich *m* ❷ *(para el riego)* Wasserbassin *nt*

estanquero, -a [estaŋ'kero, -a] *m, f* Tabak(waren)händler(in) *m(f)*

estante [es'taṇte] *m* ❶ *(para libros)* Bücherbrett *nt; (para muebles)* (Einlege)boden *m; (en una tienda)* Ständer *m* ❷ *(mueble)* Regal *nt*

estantería [estaṇte'ria] *f* Regal *nt; (de toda la pared)* Regalwand *f; (para libros)* Bücherregal *nt*

estañar [esta'ɲar] *vt (Ven)* ❶ *(herir)* verletzen ❷ *(echar del trabajo)* entlassen

estaño [es'taɲo] *m* Zinn *nt;* ~ **para soldar** Lötzinn *nt*

estaquilla [esta'kiʎa] *f* ❶ *(hierro)* Eisenklammer *f* ❷ *(madera)* Holznagel *m*

estar [es'tar] *irr* **I.** *vi* ❶ *(hallarse)* sein; *(un objeto: derecho)* stehen; *(tumbado)* liegen; *(colgando)* hängen (**en** an +*dat*); *(durante un tiempo)* sich aufhalten; **Valencia está en la costa** Valencia liegt an der Küste; **¿está Pepe?** ist Pepe da?; **¿dónde estábamos?** wo waren wir stehen geblieben?; **como estamos aquí tú y yo** so wahr wir hier sitzen; **ya lo hago yo, para eso estoy** ich übernehme das, das ist das Mindeste, was ich tun kann; **¿está la comida?** ist das Essen fertig? ❷ *(sentirse)* sich fühlen; **¿cómo estás?** wie geht es dir?; **ya estoy mejor** es geht mir schon besser; **hoy no estoy bien** ich fühle mich heute nicht wohl ❸ *(+ adjetivo/participio)* ~ **asomado al balcón** auf dem Balkon stehen; ~ **cansado** müde sein; ~ **sentado** sitzen; ~ **ubicado** *(Am)* sich befinden; ~ **viejo** alt aussehen; **el asado está rico** der Braten schmeckt gut; **está visto que...** es ist offensichtlich, dass ... ❹ *(+ bien/mal)* ~ **mal de azúcar** kaum Zucker haben; ~ **mal de la cabeza** spinnen; ~ **mal de dinero** schlecht bei Kasse sein; **una semana de descanso te ~á bien** eine Woche Urlaub wird dir guttun; **eso te está bien empleado** *(fam)* das geschieht dir recht; **esa blusa te está bien** diese Bluse steht dir gut; **este peinado no te está bien** diese Frisur steht dir nicht ❺ *(+ a)* ~ **al caer** *(persona)* bald kommen; *(suceso)* bevorstehen; **están al caer las diez** es ist bald zehn Uhr; ~ **al día** auf dem Laufenden sein; **estamos a uno de enero** heute ist der 1. Januar; **¿a qué estamos?** den Wievielten haben wir heute?; **las peras están a 2 euros el kilo** die Birnen kosten 2 Euro das Kilo; **el cuadro está ahora a 10.000 euros** das Bild ist nun auf 10.000 Euro gestiegen; **las acciones están a 8 euros** die Aktien liegen bei 8 Euro; **Sevilla está a 40 grados** in Sevilla sind es 40 Grad; **el termómetro está a diez grados** das Thermometer zeigt zehn Grad an; **están uno a uno** das Spiel steht eins zu eins; ~ **a examen** kurz vor einer Prüfung stehen; **estoy a lo que decida la asamblea** ich schließe mich der Entscheidung der Versammlung an; **estoy a oscuras en este tema** ich habe keinen blassen Schimmer von diesem Thema ❻ *(+ con)* **estoy con mi novio** ich bin mit meinem Freund zusammen; **en el piso estoy con dos más** ich teile die Wohnung mit zwei Leuten; **estoy contigo en este punto** ich stimme mit dir in diesem Punkt überein ❼ *(+ de)* ~ **de broma** zum Scherzen aufgelegt sein; ~ **de charla** einen Schwatz halten; ~ **de mal humor** schlecht gelaunt sein; ~ **de parto** in den Wehen liegen; ~ **de pie** stehen; ~ **de suerte** Glück haben; ~ **de secretario** als Sekretär arbeiten; ~ **de viaje** verreist sein; **en esta reunión estoy de más** ich bin in dieser Sitzung überflüssig; **esto que has dicho estaba de más** was du gesagt hast, war überflüssig ❽ *(+ en)* **el problema está en el dinero** das Problem ist das Geld; **yo estoy en que él no dice la verdad** ich bin überzeugt (davon), dass er lügt; **no estaba en sí cuando lo hizo** er/sie war nicht ganz bei sich *dat*, als er/sie es tat; **siempre estás en todo** dir entgeht nichts; **estoy en lo que tú dices** ich weiß, wovon du sprichst ❾ *(+ para)* **hoy no estoy para bromas** heute bin ich nicht zu Späßen aufgelegt; ~ **para morir** im Sterben liegen; **el tren está para salir** der Zug

E

fährt in Kürze ab ⑩ *(+ por)* **estoy por llamarle** ich bin versucht, ihn anzurufen; **eso está por ver** das wird sich zeigen; **la historia de esta ciudad está por escribir** die Geschichte dieser Stadt muss noch geschrieben werden; **este partido está por la democracia** diese Partei setzt sich für die Demokratie ein ⑪ *(+ gerundio)* **¿qué estás haciendo?** was machst du da?; **estoy haciendo la comida** ich bereite gerade das Essen zu; **siempre estás mirando la tele** du siehst dauernd fern; **he estado una hora esperando el autobús** ich habe eine Stunde lang auf den Bus gewartet; **estoy escribiendo una carta** ich bin gerade dabei, einen Brief zu schreiben; **¡lo estaba viendo venir!** ich habe es kommen sehen!; **este pastel está diciendo cómeme** bei diesem Kuchen läuft mir das Wasser im Munde zusammen ⑫ *(+ que)* **estoy que no me tengo** ich bin fix und fertig; **está que trina** er/sie ist außer sich *dat* ⑬ *(+ sobre)* **estate sobre este asunto** kümmere dich um diese Angelegenheit; **siempre tengo que ~ sobre mi hijo para que coma** ich muss immer hinter meinem Sohn her sein, damit er was isst; **ser una persona que siempre está sobre sí** *(serena)* sich immer ganz ruhig verhalten; *(impasible)* nie seine Gefühle offenbaren ⑭ *(loc)* **a las 10 en casa, ¿estamos?** du bist um 10 Uhr zu Hause, verstanden? **II.** *vr:* **~se** ① *(hallarse)* sein ② *(permanecer)* bleiben; **~se de charla** ein Schwätzchen halten; **te puedes ~ con nosotros** du kannst bei uns bleiben; **me estuve con ellos toda la tarde** ich verbrachte den ganzen Nachmittag bei ihnen; **¡estate quieto!** *(callado)* sei ruhig!; *(quieto)* Hände weg!

estárter [es'tarter] *m* (AUTO) Starter *m*

estas ['estas] **I.** *adj v.* **este[2], esta** **II.** *pron dem v.* **este[3], esta, esto**

estatal [esta'tal] *adj* staatlich

estatalizar [estatali'θar] <z → c> *vt* verstaatlichen

estática [es'tatika] *f sin pl* Statik *f*

estático, -a [es'tatiko, -a] *adj* statisch; *(pasmado)* sprachlos

estatificar [estatifi'kar] <c → qu> *vt* verstaatlichen

estatización [estatiθa'θjon] *f* Verstaatlichung *f*

estatua [es'tatwa] *f* Statue *f*

estatuaria [esta'twaria] *f* Bildhauerei *f*

estatuilla [esta'twiʎa] *f* **este año la ~ no fue a parar a una película española** dieses Jahr bekam kein spanischer Film den Oscar

estatura [esta'tura] *f* Statur *f;* **¿qué ~ tienes?** wie groß bist du?; **es un hombre de ~ pequeña** er ist klein von Statur

estatus [es'tatus] *m* Status *m*

estatutario, -a [estatu'tarjo, -a] *adj* satzungsgemäß

estatuto [esta'tuto] *m* ① *(de una sociedad)* Satzung *f;* **~ del Banco Central** Zentralbankstatut *nt* ② (JUR, POL) Gesetz *nt; (de autonomía)* Verfassung *f;* **~ de los trabajadores** Betriebsverfassungsgesetz *nt*

este[1] ['este] *m* Osten *m;* (METEO, NÁUT) Ost *m;* **Alemania del E~** Ostdeutschland *nt*

este[2], -a ['este, -a] **I.** *adj* <estos, -as> diese(r, s); **~ perro es el mío** das ist mein Hund; **esta casa es nuestra** dieses Haus gehört uns **II.** *pron dem v.* **este,[3], esta, esto**

este[3], esta, esto ['este, 'esta, 'esto] *pron dem* <estos, -as> der/die/das; **(a) estos no los he visto nunca** die habe ich nie gesehen; **~ se cree muy importante** der hält sich für sehr wichtig; **antes yo también tenía una camisa como esta** früher hatte ich auch so ein Hemd; **(estando) en esto** [*o* **en estas**]**, llamaron a la puerta** in diesem Moment klingelte es an der Tür; **¡esta sí que es buena!** das ist ja ein Ding!; **te lo juro, por esta(s)** darauf kannst du Gift nehmen; *v. t.* **este[2], esta**

estela [es'tela] *f* ① (NÁUT) Kielwasser *nt* ② *(de avión)* Kondensstreifen *m; (de cohete)* Rauchfahne *f* ③ *(rastro)* Spur *f;* **dejar una ~ de recuerdos** eine Reihe von Erinnerungen hinterlassen

estelar [este'lar] *adj* ① (ASTR) stellar; **sistema ~** Sternsystem *nt* ② *(extraordinario)* **invitado ~** Stargast *m;* **programa ~** (TV) Erfolgssendung *f*

estelaridad [estelari'ðað] *f (Chil: popularidad)* Beliebtheit *f;* **tener una gran ~** sich größter Beliebtheit erfreuen

estenografía [estenoɣra'fia] *f* Stenografie *f*

estenografiar [estenoɣrafi'ar] <*1. pres* estenografío> *vt* stenografieren

estenotipia [esteno'tipja] *f* Stenotypie *f*

estentóreo, -a [esten'toreo, -a] *adj (voz)* laut; *(risa)* schallend; *(acento)* ausgeprägt

estepa [es'tepa] *f* ① (GEO) Steppe *f* ② (BOT) Zistrose *f*

estera [es'tera] *f* (Fuß)matte *f*

estercolero [esterko'lero] *m* ① *(montón)* Misthaufen *m* ② *(lugar)* Saustall *m abw*

estercoraria [esterko'rarja] *f (Méx: escarabajo)* Käfer *m*

estéreo [es'tereo] **I.** *adj (fam)* stereo(fon); **disco ~** Stereoaufnahme *f* **II.** *m* ① *(este-*

reofonía) Stereo *nt* ❷ *(equipo)* Stereoanlage *f*
estereofónico, -a [estereo'foniko, -a] *adj* Stereo-, stereofon(isch)
estereotipado, -a [estereoti'paðo, -a] *adj* stereotyp
estereotipar [estereoti'par] *vt* ❶ (TIPO) stereotypieren ❷ *(frase)* klischeehaft darstellen
estereotipo [estereo'tipo] *m* Stereotyp *nt*
estéril [es'teril] *adj* ❶ *(persona, tierra)* unfruchtbar ❷ (MED) steril ❸ *(trabajo)* nutzlos; *(esfuerzo)* fruchtlos; *(discusión)* unfruchtbar
esterilidad [esterili'ðaᵈ] *f* ❶ *(de una persona/un terreno)* Unfruchtbarkeit *f* ❷ (MED) Sterilität *f*
esterilización [esteriliθa'θjon] *f* Sterilisation *f*
esterilizar [esterili'θar] <z → c> *vt* sterilisieren
esterilla [este'riʎa] *f* ❶ *(estera)* kleine (Fuß)matte *f;* ~ **eléctrica** Heizdecke *f;* ~ **del váter** Klosettumrandung *f* ❷ *(Ecua: rejilla)* **silla de** ~ Korbstuhl *m*
esterlina [ester'lina] *adj* **libra** ~ Pfund *nt* Sterling
esternón [ester'non] *m* Brustbein *nt*
estero [es'tero] *m* ❶ *(Am: pantano)* Sumpf *m* ❷ *(Cuba: ría)* Bucht *f* ❸ *(Chil, Ecua: arroyo)* Bach *m* ❹ *(Ven: aguazal)* Wasserlache *f;* **estar en el** ~ in der Klemme sitzen
esteroide [este'roi̯ðe] *m* (QUÍM) Steroid *nt*
estertor [ester'tor] *m* *(respiración)* Röcheln *nt*
esteta [es'teta] *mf* Ästhet(in) *m(f)*
estética [es'tetika] *f* Ästhetik *f*
estéticienne [esteti'θjen] *mf* Kosmetiker(in) *m(f)*
esteticista [esteti'θista] **I.** *adj* ästhetizistisch **II.** *mf* ❶ *(de esteticismo)* Ästhetizist(in) *m(f)* ❷ *(estéticienne)* Kosmetiker(in) *m(f)*
estético, -a [es'tetiko, -a] *adj* ästhetisch; **no** ~ unästhetisch
estetoscopio [estetos'kopjo] *m* Stethoskop *nt*
estibador(a) [estiβa'ðor(a)] *m(f)* (NÁUT) Stauer(in) *m(f)*
estibar [esti'βar] *vt* *(cargar)* verstauen; *(distribuir)* trimmen
estiércol [es'tjerkol] *m* Mist *m;* **sacar el** ~ ausmisten
estigma [es'tiɣma] *m* Stigma *nt;* *(en el cuerpo)* Wundmal *nt;* *(de un hierro)* Brandmal *nt*
estigmatizar [estiɣma'tiθar] <z → c> *vt* brandmarken; (REL) stigmatisieren
estilar [esti'lar] **I.** *vi* die Angewohnheit haben (zu +*inf*); **estila levantarse pronto** er/sie steht gewöhnlich früh auf **II.** *vr:* **~se** üblich sein; **ya no se estila llevar bombachos** Reiterhosen sind aus der Mode gekommen
estilista [esti'lista] *mf* ❶ (LIT) Stilist(in) *m(f)* ❷ *(diseño)* Stylist(in) *m(f)*
estilística [esti'listika] *f sin pl* (LIT) Stilistik *f*
estilístico, -a [esti'listiko, -a] *adj* stilistisch
estilizar [estili'θar] <z → c> *vt* stilisieren
estilo [es'tilo] *m* ❶ *(modo, t.* ARTE, LIT) Stil *m;* ~ **de la fuente** (INFOR) Schrifttyp *m;* **al** ~ **de...** im Stil ... +*gen;* **por el** ~ so ungefähr; **¿qué, estás mal?, pues yo estoy por el** ~ so, dir geht es schlecht? mir geht es nicht besser; **algo por el** ~ etwas in der Art; **ya me habían dicho algo por el** ~ ich hatte schon so etwas (Ähnliches) gehört ❷ (DEP) Schwimmstil *m;* ~ **libre** Freistil *m;* ~ **braza** Brustschwimmen *nt;* ~ **(de) espalda** Rückenschwimmen *nt;* ~ **mariposa** Schmetterlingsschwimmen *nt* ❸ (LING) ~ **directo/indirecto** direkte/indirekte Rede ❹ (BOT) Griffel *m*
estilóbato [esti'loβato] *m* (ARQUIT) Stylobat *m*
estilográfica [estilo'ɣrafika] *f* Füllfederhalter *m*
estima [es'tima] *f* (Hoch)achtung *f;* **tener a alguien en mucha** ~ jdn sehr hoch schätzen
estimable [esti'maβle] *adj* ❶ *(apreciable)* schätzenswert ❷ *(calculable)* (ab-, ein)schätzbar
estimación [estima'θjon] *f* ❶ *(aprecio)* (Hoch)achtung *f;* ~ **propia** Selbstachtung *f* ❷ *(evaluación)* Schätzung *f;* ~ **de ventas** Verkaufsprognose *f*
estimado, -a [esti'maðo, -a] *adj* *(apreciado)* geachtet; *(en cartas)* geehrt; **estimadas Señoras** sehr verehrte Damen
estimar [esti'mar] **I.** *vt* ❶ *(apreciar)* schätzen; ~ **a alguien mucho** jdn hoch schätzen; ~ **a alguien poco** jdn gering schätzen; ~ **en demasía** überschätzen ❷ *(valorar)* schätzen (**en** auf +*akk*); *(tasar)* überschlagen ❸ *(juzgar)* halten (für +*akk*); **lo estimó oportuno** er/sie hielt es für angemessen; ~ **que...** der Meinung sein, dass ... **II.** *vr:* **~se** ❶ *(apreciarse)* sich schätzen ❷ *(calcularse)* geschätzt werden (**en** auf +*akk*)
estimativo, -a [estima'tiβo, -a] *adj* geschätzt; **valor** ~ Schätzwert *m*
estimulante [estimu'lan̩te] *m* Stimulans *nt*
estimular [estimu'lar] *vt* ❶ *(excitar)* anre-

E

gen; *(en la sexualidad)* stimulieren ❷ *(animar)* motivieren; (ECON) Anreize schaffen (für +*akk*)

estímulo [es'timulo] *m* ❶ (MED) Reiz *m* ❷ *(incentivo)* Motivation *f;* (ECON) Anreiz *m;* ~ **de la exportación** Exportförderung *f*

estío [es'tio] *m (elev)* Sommer *m*

estipendio [esti'pen̪djo] *m* Lohn *m*

estipulación [estipula'θjon] *f* ❶ *(convenio)* (mündliche) Vereinbarung *f* ❷ (JUR) Klausel *f*

estipular [estipu'lar] *vt* ❶ *(acordar)* (mündlich) vereinbaren ❷ *(fijar)* festsetzen

estirado, -a [esti'raðo, -a] *adj* ❶ *(adusto)* barsch; *(engreído)* eingebildet ❷ *(escaso)* knapp; *(justo)* eng ❸ *(tacaño)* knaus(e)rig

estiramiento [estira'mjen̪to] *m* Strecken *nt*

estirar [esti'rar] **I.** *vi* ziehen; **no estires más que se rompe la cuerda** hör auf zu ziehen, sonst reißt die Schnur **II.** *vt* ❶ *(alargar)* (lang) ziehen; *(suma)* strecken; *(un discurso)* in die Länge ziehen; ~ **el bolsillo** den Gürtel enger schnallen ❷ *(alisar)* glatt ziehen; ~ **la masa** den Teig ausrollen; **aún tengo que ~ la cama** ich muss das Bett noch machen ❸ *(extender)* dehnen ❹ *(tensar)* spannen ❺ *(piernas, brazos)* (aus)strecken; **voy a salir a ~ un poco las piernas** ich gehe mir mal ein bisschen die Beine vertreten; ~ **demasiado un músculo** einen Muskel überdehnen ❻ *(alambre)* ziehen **III.** *vr:* **~se** sich strecken

estirón [esti'ron] *m* ❶ *(tirón)* Ruck *m* ❷ *(crecimiento)* **¡vaya ~ que ha dado el niño!** *(fam)* der Junge ist aber groß geworden!

estirpe [es'tirpe] *f* Abstammung *f*

estival [esti'βal] *adj* sommerlich

esto ['esto] *pron dem v.* **este**

estocada [esto'kaða] *f* ❶ *(golpe)* Degenstoß *m;* (TAUR) Todesstoß *m* ❷ *(herida)* Stichverletzung *f*

Estocolmo [esto'kolmo] *m* Stockholm *nt*

estofado [esto'faðo] *m* (GASTR) Schmorfleisch *nt*

estofar [esto'far] *vt* ❶ *(guisar)* schmoren ❷ *(enguatar)* wattieren

estoicismo [estoi̯'θismo] *m sin pl* ❶ (FILOS: *escuela*) Stoa *f;* *(doctrina)* Stoizismus *m* ❷ *(impasibilidad)* Stoizismus *m,* Unerschütterlichkeit *f*

estoico, -a [es'toi̯ko, -a] *adj* stoisch

estola [es'tola] *f* Stola *f*

estólido, -a [es'toliðo, -a] **I.** *adj* einfältig, dumm **II.** *m, f* Einfaltspinsel *m,* Dummkopf *m*

estomacal [estoma'kal] *adj* Magen-; **trastorno ~** Magenverstimmung *f*

estómago [es'tomaɣo] *m* Magen *m;* **algo se le asiente a alguien en el ~** *(fam)* etw liegt jdm schwer im Magen; **lo tengo asentado en el ~** *(fig)* ich kann ihn nicht ausstehen; **se me revolvió el ~** mir wurde schlecht; **tener buen ~** *(fig)* ein dickes Fell haben

Estonia [es'tonja] *f* Estland *nt*

estonio, -a [es'tonjo, -a] **I.** *adj* estnisch **II.** *m, f* Este, -in *m, f*

estopa [es'topa] *f* ❶ *(tela)* Flachstuch *nt* ❷ *(al peinar el lino o cáñamo)* Werg *nt* ❸ *(para limpiar)* Putzwolle *f* ❹ *(argot: pegar)* **repartir** [*o* **dar**] [*o* **largar**] ~ prügeln; *(dar bofetadas)* ohrfeigen

estoque [es'toke] *m* ❶ *(espadín)* Stoßdegen *m;* **estar hecho un ~** *(fig)* spindeldürr sein ❷ (BOT) Schwertlilie *f*

estor [es'tor] *m* Rollo *nt*

estorbar [estor'βar] **I.** *vi* ❶ *(obstaculizar)* hinderlich sein +*dat* ❷ *(molestar)* stören **II.** *vt* ❶ *(impedir)* verhindern ❷ *(obstaculizar)* behindern ❸ *(molestar)* stören

estorbo [es'torβo] *m* ❶ *(molestia)* Ärgernis *nt;* **sal de casa, que solamente eres un ~** geh aus dem Haus, du stehst einem nur im Weg ❷ *(obstáculo)* Hindernis *nt* ❸ *(molestia)* Störung *f*

estornino [estor'nino] *m* Star *m*

estornudar [estornu'ðar] *vi* niesen

estornudo [estor'nuðo] *m* Niesen *nt*

estos ['estos] **I.** *adj v.* **este²**, **esta** **II.** *pron dem v.* **este³**, **esta**, **esto**

estrabismo [estra'βismo] *m sin pl* Schielen *nt*

estrado [es'traðo] *m* Podium *nt;* ~ **del testigo** (JUR) Zeugenstand *m;* **citar a alguien para ~s** jdn vor Gericht laden

estrafalario, -a [estrafa'larjo, -a] *adj (fam)* ❶ *(ropa)* schlampig ❷ *(extravagante)* exzentrisch; *(ridículo)* lächerlich

estragar [estra'ɣar] <g → gu> *vt* ❶ *(dañar)* zerstören ❷ *(embotar)* abstumpfen; *(gusto)* verderben

estrago [es'traɣo] *m* Verwüstung *f;* **hacer grandes ~s en la población civil** viele Opfer unter der Zivilbevölkerung fordern

estragón [estra'ɣon] *m* Estragon *m*

estramador [estrama'ðor] *m (Méx: peine)* Kamm *m*

estrambótico, -a [estram'botiko, -a] *adj* sonderbar

estramonio [estra'monjo] *m* Stechapfel *m*

estrangis [es'traŋxis] *adv (argot)* **de ~** (klamm)heimlich, verstohlenerweise

estrangulación [estraŋgula'θjon] *f* ❶ *(acción)* Erwürgen *nt;* *(efecto)* Strangulation *f; (ahorcado)* Erhängen *nt* ❷ (MED) Abschnürung *f;* ~ **de intestinos** Strangulation *f* ❸ (TÉC) Drosselung *f*

estrangulador[1] [estraŋgula'ðor] *m* (TÉC) ~ **de aire** Choke *m*

estrangulador(a)[2] [estraŋgula'ðor(a)] *m(f) (asesino)* Würger(in) *m(f)*

estrangulamiento [estraŋgula'mjen̪to] *m* ❶ *(de persona)* Erwürgen *nt* ❷ *(lentitud)* Drosselung *f* ❸ *(estrechamiento)* Verengung *f*

estrangular [estraŋgu'lar] **I.** *vt* ❶ *(asesinar)* erwürgen; *(ahorcar)* erhängen ❷ (MED) abschnüren ❸ (TÉC) drosseln **II.** *vr:* **~se** sich erhängen

estraperlista [estraper'lista] *mf* Schwarzhändler(in) *m(f)*

estraperlo [estra'perlo] *m* ❶ *(tráfico)* Schwarzhandel *m;* **adquirir algo de ~** etw schwarz erstehen ❷ *(mercancía)* Schmuggelware *f*

Estrasburgo [estras'βurɣo] *m* Straßburg *nt*

estratagema [estrata'xema] *f* ❶ (MIL) Kriegslist *f* ❷ *(artimaña)* Trick *m*

estratega [estra'teɣa] *mf* Stratege, -in *m, f*

estrategia [estra'texja] *f* Strategie *f*

estratégico, -a [estra'texiko, -a] *adj* strategisch

estratificar [estratifi'kar] <c → qu> **I.** *vt* (GEO) stratifizieren **II.** *vr:* **~se** (GEO) sich in Schichten (ab)lagern

estrato [es'trato] *m* (*t.* GEO) Schicht *f;* ~ **social** Gesellschaftsschicht *f*

estratosfera [estratos'fera] *f* (METEO) Stratosphäre *f*

estrechamente [estretʃa'men̪te] *adv* ❶ *(pobremente)* ärmlich; **vivimos ~** wir kommen gerade so über die Runden ❷ *(íntimamente)* eng ❸ *(rigurosamente)* strikt

estrechamiento [estretʃa'mjen̪to] *m* ❶ *(angostura)* Verengung *f; (punto estrecho)* Engpass *m;* ~ **del mercado monetario** Geldverknappung *f;* **mañana comenzarán con el ~ de la carretera** morgen beginnen sie mit der Verengung der Straße ❷ *(de gastos)* Einschränkung *f* ❸ *(de amistad)* engere Verflechtung *f;* ~ **de las relaciones económicas** Intensivierung der Wirtschaftsbeziehungen ❹ *(para caber)* Zusammenrücken *nt* ❺ *(abrazo)* Umarmen *nt;* ~ **de manos** Händeschütteln *nt*

estrechar [estre'tʃar] **I.** *vt* ❶ *(angostar)* verengen; *(ropa)* enger machen ❷ *(abrazar)* an sich drücken; *(la mano)* schütteln ❸ *(amistad)* vertiefen; **hemos estrechado nuestra relación** unsere Beziehung ist enger geworden ❹ *(obligar)* nötigen **II.** *vr:* **~se** ❶ *(camino)* enger werden ❷ *(fam: en un asiento)* näher zusammenrücken ❸ *(dos personas)* sich umarmen; **~se las manos** sich *dat* die Hände schütteln ❹ *(amistad)* enger werden ❺ *(económicamente)* sich einschränken; **~se el cinturón** *(fam)* den Gürtel enger schnallen

estrechez [estre'tʃeθ] *f* ❶ *(espacial)* Enge *f;* ~ **de espíritu** Beschränktheit *f* ❷ *(rigidez)* Strenge *f* ❸ *(de amistad)* Innigkeit *f* ❹ *(escasez)* Knappheit *f; (apuro)* Engpass *m;* ~ **de dinero** Geldmangel *m* ❺ *pl (económicamente)* finanzielle Probleme *ntpl*

estrecho[1] [es'tretʃo] *m* (GEO) Meerenge; ~ **de Gibraltar** Straße von Gibraltar

estrecho, -a[2] [es'tretʃo, -a] *adj* ❶ *(angosto)* eng; **él es muy ~ de caderas** er ist sehr schmal um die Hüften ❷ *(amistad)* innig ❸ *(ropa)* eng (anliegend) ❹ *(con poco sitio)* dicht gedrängt ❺ *(rígido)* strikt ❻ *(argot: sexualmente)* verklemmt ❼ *(loc, fam)* **hacérselas pasar estrechas a alguien** jdn in eine schwierige Lage bringen

estregar [estre'ɣar] *irr como fregar* **I.** *vt* ❶ *(frotar)* fest reiben; *(para limpiar)* schrubben ❷ *(cepillar)* bürsten ❸ *(sacar brillo)* polieren **II.** *vr:* **~se** sich reiben (**contra** an +*dat*)

estrella [es'treʎa] *f* ❶ (ASTR) Stern *m;* ~ **fija** Fixstern *m;* ~ **fugaz** Sternschnuppe *f;* ~ **de rabo** Komet *m;* ~ **de Venus** Abendstern *m* ❷ *(destino)* Glücksstern *m;* **haber nacido con buena/mala ~** unter einem günstigen/ungünstigen Stern geboren sein; **tener buena/mala ~** Glück/Unglück haben ❸ (CINE, TEAT) Star *m;* **una nueva ~ del teatro** ein neuer Stern am Theaterhimmel ❹ (TIPO) Sternchen *nt* ❺ (ZOOL) ~ **de mar** Seestern *m* ❻ (ZOOL: *en caballos*) Blesse *f* ❼ *pl (loc)* **querer contar las ~s** nach den Sternen greifen; **poner a alguien por las ~s** jdn in den Himmel heben; **ver las ~s (de dolor)** (vor Schmerz) Sterne sehen

estrellado, -a [estre'ʎaðo, -a] *adj* ❶ *(esteliforme)* sternenförmig ❷ *(noche, cielo)* stern(en)klar; *(lleno de estrellas)* mit Sternen bedeckt; **cielo ~** Sternenhimmel *m* ❸ *(avión)* abgestürzt ❹ *(loc)* **huevos ~s** (GASTR) Spiegeleier *ntpl*

estrellar [estre'ʎar] **I.** *adj* Stern(en)- **II.** *vt* *(romper)* zerbrechen; *(arrojar)* schlagen (**contra** gegen +*akk*); ~ **huevos en una sartén** Eier in eine Pfanne schlagen **III.** *vr:* **~se** ❶ *(chocar)* fahren (**contra/en** gegen +*akk*); **~se con alguien** *(fig)* mit jdm aneinandergeraten ❷ *(avión, barco)* zerschellen (**contra/en** an +*dat*); *(globo)* zerplat-

E

zen; *(morir)* durch einen Unfall ums Leben kommen ③ *(fracasar)* scheitern (**contra/en** an +*dat*)

estrellato [estre'ʎato] *m* ① *(artista)* Glanzzeit *f* ② *(conjunto de artistas)* Stargruppe *f*

estrellón [estre'ʎon] *m* *(Méx: choque)* Aufprall *m*

estremecedor(a) [estremeθe'ðor(a)] *adj* ① *(emoción)* erschütternd ② *(horrible)* schaurig

estremecer [estreme'θer] *irr como crecer* **I.** *vt* ① *(conmover)* erschüttern ② *(hacer tiritar)* schau(d)ern lassen **II.** *vr:* **~se** ① *(por un suceso)* erschüttert sein; **se estremeció mucho al escuchar la noticia** die Nachricht erschütterte ihn/sie sehr; **se estremecieron sus creencias** sein/ihr Glaube war erschüttert ② *(de susto)* zusammenfahren ③ *(temblar)* zittern (**de** vor +*dat*)

estremecimiento [estremeθi'mjento] *m* ① *(emoción)* Erschütterung *f* ② *(de cañonazo/terremoto)* Erbeben *nt* ③ *(de frío/miedo)* Erschau(d)ern *nt* ④ *(de susto)* Zusammenzucken *nt*

estrenar [estre'nar] **I.** *vt* ① *(usar)* zum ersten Mal verwenden; *(ropa)* zum ersten Mal tragen; *(edificio)* einweihen; **~ un piso** als erster Mieter eine Wohnung beziehen; **sin ~** ungebraucht; **estos guantes están sin ~** diese Handschuhe sind noch ungetragen ② (CINE, TEAT) uraufführen ③ *(trabajo)* neu anfangen; **~ un cargo** ein Amt antreten **II.** *vr:* **~se** ① *(carrera artística)* sein Debüt geben ② (CINE, TEAT) Premiere haben ③ *(trabajo)* antreten (**en** +*akk*)

estreno [es'treno] *m* ① *(uso)* erstmaliger Gebrauch *m; (edificio)* Einweihung *f;* **~ de piso** Erstbezug *m;* **ser de ~** ganz neu sein ② *(de un actor/músico)* Debüt *nt; (de una obra)* Premiere *f*

estreñido, -a [estre'ɲiðo, -a] *adj* verstopft

estreñimiento [estreɲi'mjento] *m* Verstopfung *f*

estreñir [estre'ɲir] *vt irr como ceñir (comida)* zu Verstopfung führen (bei +*dat*); **las judías me estriñen** von Bohnen bekomme ich Verstopfung

estrépito [es'trepito] *m* ① *(ruido)* Lärm *m;* **reírse con ~** schallend lachen ② *(ostentación)* Aufsehen *nt;* **con gran ~** mit großem Getöse

estrepitoso, -a [estrepi'toso, -a] *adj* geräuschvoll; **aplausos ~s** tosender Beifall; **risa estrepitosa** schallendes Gelächter

estrés [es'tres] *m* Stress *m;* **producir ~** Stress hervorrufen

estresado, -a [estre'saðo, -a] *adj* gestresst

estresante [estre'sante] *adj* stressig

estresar [estre'sar] *vt* stressen

estresor[1] [estre'sor] *m* Stressfaktor *m*

estresor(a)[2] [estre'sor(a)] *adj* Stress-; **situación ~a** Stresssituation *f;* **factores ~es** Stressfaktoren *mpl*

estría [es'tria] *f* ① (ARQUIT) Rille *f* ② *pl (rayas)* Streifen *mpl;* **~s del embarazo** Schwangerschaftsstreifen *mpl*

estriado, -a [estri'aðo, -a] *adj* ① (ARQUIT) gerillt ② *(con rayas)* gestreift

estribación [estriβa'θjon] *f* (GEO) (Gebirgs)ausläufer *m*

estribar [estri'βar] *vi* sich stützen (**en** auf +*akk*); **nuestro éxito estriba en nuestra larga experiencia** unser Erfolg beruht auf unserer langen Erfahrung; **la dificultad estriba en la falta de práctica** die Schwierigkeit liegt in der mangelnden Praxis

estribillo [estri'βiʎo] *m* ① (MÚS) Refrain *m* ② (LIT) Kehrreim *m* ③ *(expresión repetitiva)* Lieblingswort *nt; (frase)* Lieblingssatz *m;* **siempre (con) el mismo ~** *(fig)* immer die gleiche alte Leier

estribo [es'triβo] *m* ① *(de jinete)* Steigbügel *m;* **estar sobre los ~s** *(fig)* auf der Hut sein; **perder los ~s** *(fig)* die Nerven verlieren ② *(del coche)* Trittbrett *nt; (de la moto)* Fußraste *f* ③ *(entibo)* Strebe *f* ④ *(respaldo)* Stütze *f*

estribor [estri'βor] *m* (NÁUT) Steuerbord *nt*

estricnina [estriɣ'nina] *f* Strychnin *nt*

estricto, -a [es'trikto, -a] *adj* ① *(severo)* streng ② *(exacto)* strikt

estridencia [estri'ðenθja] *f* ① *(de colores)* Schrillheit *f* ② *(sonido)* schriller Ton *m*

estridente [estri'ðente] *adj* schrill

estripazón [estripa'θon] *m* *(AmC)* ① *(apretura)* Gedränge *nt* ② *(destrozo)* Zerstörung *f*

estrofa [es'trofa] *f* Strophe *f;* **canción de cuatro ~s** Lied mit vier Strophen

estrógeno [es'troxeno] *m* Östrogen *nt*

estroncio [es'tronθjo] *m sin pl* Strontium *nt*

estropajo [estro'paxo] *m (de fregar)* Topfreiniger *m;* **poner a alguien como un ~** jdn fertigmachen; **servir de ~** *(fig)* die Dreckarbeit machen

estropajoso, -a [estropa'xoso, -a] *adj* ① *(seco)* trocken; *(carne)* zäh ② *(pelo)* struppig ③ *(tartajoso)* stammelnd ④ *(andrajoso)* zerlumpt

estropear [estrope'ar] **I.** *vt* ① *(deteriorar)* beschädigen ② *(destruir)* kaputt machen; *(planes)* zunichtemachen; *(cosecha)* zerstören; *(comida)* verderben; **con lo que dijiste, lo has estropeado todo** durch das, was du gesagt hast, hast du alles verdorben ❸ *(aspecto)* altern (lassen); **desde la muerte de su mujer está muy estropeado** seit dem Tod seiner Frau ist er stark gealtert; **está muy estropeado por la enfermedad** durch die Krankheit ist er stark angeschlagen **II.** *vr:* **~se** ❶ *(deteriorarse)* sich verschlechtern ❷ *(averiarse)* kaputtgehen; *(comida)* schlecht werden; *(planes)* scheitern

estropicio [estro'piθjo] *m* ❶ *(destrozo)* Schaden *m* ❷ *(alboroto)* Krach *m*

estructura [estruk'tura] *f* Struktur *f; (disposición)* Anordnung *f;* ~ **de subventanas** (INFOR) Frame *m o nt*

estructuración [estruktura'θjon] *f* Strukturierung *f*

estructural [estruktu'ral] *adj* strukturell; **problemas ~es** Strukturprobleme *ntpl*

estructuralismo [estruktura'lismo] *m sin pl* (LING) Strukturalismus *m*

estructurar [estruktu'rar] **I.** *vt* strukturieren; *(clasificar)* gliedern (**en** in +*akk*) **II.** *vr:* **~se** sich gliedern (**en** in +*akk*)

estruendo [es'trweṇdo] *m* ❶ *(ruido)* Lärm *m* ❷ *(alboroto)* Radau *m* ❸ *(ostentación)* Aufsehen *nt*

estruendoso, -a [estrweṇ'doso, -a] *adj* geräuschvoll; *(aplauso)* tosend

estrujar [estru'xar] **I.** *vt* ❶ *(apretar)* pressen; *(naranja)* auspressen ❷ *(machacar)* zerquetschen; *(papel)* zerknüllen ❸ *(al saludar)* drücken **II.** *vr:* **~se** ❶ *(entre mucha gente)* sich durchquetschen ❷ *(apretujarse)* sich zusammendrängen

estuario [es'twarjo] *m* Ästuar *nt*

estucar [estu'kar] <c → qu> *vt* ❶ *(adornar)* mit Stuck verkleiden ❷ *(una fachada)* verputzen

estuche [es'tutʃe] *m* Etui *nt; (cajita)* Kästchen *nt;* ~ **de gafas** Brillenetui *nt;* ~ **de joyas** Schmuckkästchen *nt;* ~ **de violín** Geigenkasten *m*

estuco [es'tuko] *m* ❶ *(ornamento)* Stuck *m* ❷ *(enyesado)* Putz *m*

estudiado, -a [estu'ðjaðo, -a] *adj (amanerado)* gekünstelt

estudiante *mf (de universidad)* ~ **en prácticas** Praktikant(in) *m(f)*

estudiante [estu'ðjaṇte] *mf* ❶ *(de universidad)* Student(in) *m(f);* ~ **de ciencias** Student(in) der Naturwissenschaften; ~ **de románicas** Romanistikstudent(in) *m(f)* ❷ *(de escuela)* Schüler(in) *m(f)*

estudiantil [estuðjaṇ'til] *adj* studentisch; **movimiento** ~ Studentenbewegung *f*

estudiar [estu'ðjar] *vt* ❶ *(aprender)* lernen ❷ *(analizar)* untersuchen ❸ *(obra de teatro)* einstudieren ❹ *(observar)* studieren ❺ *(reflexionar)* überdenken; **lo ~é** ich werde darüber nachdenken ❻ *(cursar estudios universitarios)* studieren; ~ **para médico** Medizin studieren

estudio [es'tuðjo] *m* ❶ *(trabajo intelectual)* Lernen *nt;* **dedicarse tres horas todos los días al** ~ täglich drei Stunden lernen ❷ *(ensayo, obra)* Studie *f; (informe)* Bericht *m; (investigación)* Untersuchung *f;* ~ **de impacto ambiental** Umweltverträglichkeitsstudie *f;* **estar en** ~ untersucht werden ❸ (MÚS) Etüde *f* ❹ (ARTE) Studie *f* ❺ (RADIO, TV) Studio *nt;* ~ **cinematográfico** Filmstudio *nt;* ~ **radiofónico** Rundfunkstudio *nt;* ~ **de registro de sonido** Aufnahmestudio *nt* ❻ *(lugar de trabajo)* Atelier *nt;* ~ **fotográfico** Fotostudio *nt* ❼ *pl (carrera)* (Hochschul)studium *nt;* **cursar ~s** studieren; **no se me dan bien los ~s** das Studium fällt mir schwer; **tener ~s** eine akademische Ausbildung besitzen

estudioso, -a [estu'ðjoso, -a] *adj* fleißig

estufa [es'tufa] *f* ❶ *(calentador)* Ofen *m;* ~ **eléctrica** Heizlüfter *m;* ~ **de leña** Kaminofen *m* ❷ *(invernadero)* Treibhaus *nt;* **criar a alguien en** ~ *(fig)* jdn überbehüten ❸ *(en las curas)* Schwitzkasten *m*

estupefacción [estupefaʸ'θjon] *f* ❶ *(asombro)* Verblüffung *f; (sorpresa)* Überraschung *f* ❷ *(espanto)* Bestürzung *f* ❸ (MED) Betäubung *f*

estupefaciente [estupefa'θjeṇte] *m* (MED) Betäubungsmittel *nt; (droga)* Rauschgift *nt*

estupefacto, -a [estupe'fakto, -a] *adj* ❶ *(atónito)* perplex ❷ *(espantado)* bestürzt

estupendo, -a [estu'peṇdo, -a] *adj* wunderbar; **¡~!** super!; **sería** ~ das wäre super

estupidez [estupi'ðeθ] *f* Dummheit *f*

estúpido, -a [es'tupiðo, -a] **I.** *adj* dumm **II.** *m, f* Dummkopf *m*

estupor [estu'por] *m* ❶ (MED) Benommenheit *f* ❷ *(asombro)* Verblüffung *f* ❸ *(espanto)* Bestürzung *f*

estuprador [estupra'ðor] *m* (JUR) Verführer *m* Minderjähriger

estupro [es'tupro] *m* Vergewaltigung *f*

esturión [estu'rjon] *m* Stör *m*

esvástica [es'βastika] *f* Hakenkreuz *nt*

ETA ['eta] *f abr de* **Euskadi Ta Askatasuna** (POL) ETA *f (baskische Untergrundorganisation)*

etanol [eta'nol] *m* (QUÍM) Ethanol *nt*

etapa [e'tapa] *f* Etappe *f; (fase)* Phase *f; (época)* Zeit *f;* (ELEC) Stufe *f;* **por ~s** *(fig)* schrittweise; **quemar ~s** *(fig fam)* vorpreschen; **quemar ~s con el coche** *(fig fam)* durchbrettern; **cohete de varias ~s** Mehrstufenrakete *f*

E

E

etarra [e'tarra] **I.** *adj* **un comando** ~ ein Kommando der ETA **II.** *mf* ETA-Angehörige(r) *mf*
etcétera [e^(ð)'θetera] et cetera
éter ['eter] *m* Äther *m*
etéreo, -a [e'tereo, -a] *adj* ätherisch
eternidad [eterni'ðaᵈ] *f* Ewigkeit *f;* **tardar una** ~ ewig dauern
eternizar [eterni'θar] <z → c> **I.** *vt* verewigen; *(pey: alargar)* endlos in die Länge ziehen **II.** *vr:* **~se** sich verewigen; **~se en algo** sich ewig lang an etw *dat* aufhalten
eterno, -a [e'terno, -a] *adj* ewig; *(discurso)* endlos
ética ['etika] *f* ❶ (FILOS) Ethik *f* ❷ *(moral)* Ethos *nt;* ~ **profesional** Berufsethos *nt* ❸ *(fam: decencia)* Anstand *m;* **no tener** ~ kein bisschen Anstand besitzen
ético, -a ['etiko, -a] *adj* ethisch
ético-cívico, -a ['etiko-'θiβiko, -a] *adj* sozial-, Sozial-; **educación ético-cívica** Sozialkunde *f*
etílico, -a [e'tiliko, -a] *adj* ❶ (QUÍM) Äthyl- ❷ *(alcohólico)* Alkohol-; **borrachera etílica** Alkoholvergiftung *f;* **en estado** ~ in alkoholisiertem Zustand
etilismo [eti'lismo] *m* Alkoholismus *m; (intoxicación)* Alkoholvergiftung *f*
etimología [etimolo'xia] *f sin pl* Etymologie *f*
etimológico, -a [etimo'loxiko, -a] *adj* etymologisch
etíope [e'tiope] **I.** *adj* äthiopisch **II.** *mf* Äthiopier(in) *m(f)*
Etiopía [etjo'pia] *f* Äthiopien *nt*
etiqueta [eti'keta] *f* ❶ *(rótulo)* Etikett *nt;* ~ **del precio** Preisschild *nt* ❷ *(convenciones)* Etikette *f;* ~ **de palacio** Hofetikette *f;* ~ **de la red** (INFOR) Netikette *f;* **de** ~ *(solemne)* Gala-; *(ceremonioso)* förmlich; **función de** ~ Galavorstellung *f;* **de rigurosa** ~ Abendkleidung erwünscht; **traje de** ~ Galaanzug *m;* **ir de** ~ *(fam)* sehr elegant angezogen sein
etiquetar [etike'tar] *vt* etikettieren; (INFOR) taggen; ~ **fotos en la red social** Fotos taggen im sozialen Netzwerk
etnia ['eᵈnja] *f (pueblo)* Volk *nt*
étnico, -a ['eᵈniko, -a] *adj* ethnisch
etnocidio [eᵈno'θiðjo] *m* Völkermord *m*
etnografía [eᵈnoɣra'fia] *f sin pl* Ethnografie *f*
etnología [eᵈnolo'xia] *f sin pl* Völkerkunde *f*
etnólogo, -a [eᵈ'noloɣo, -a] *m, f* Ethnologe, -in *m, f*
etología [etolo'xia] *f sin pl* Ethologie *f*
EUA [es'taðos u'niðos de a'merika] *(Am) abr de* **Estados Unidos** USA *pl*
EUA. [es'taðos u'niðos de a'merika] *abr de* **Estados Unidos** *(Am)* USA *pl*
eucalipto [eu̯ka'lipto] *m,* **eucaliptus** [eu̯ka'liptus] *m inv* (BOT) Eukalyptus *m*
eucaristía [eu̯karis'tia] *f* Eucharistie *f*
eufemismo [eu̯fe'mismo] *m* Euphemismus *m*
eufemístico, -a [eu̯fe'mistiko, -a] *adj* euphemistisch, beschönigend
euforia [eu̯'forja] *f* Euphorie *f*
eufórico, -a [eu̯'foriko, -a] *adj* euphorisch
eunuco [eu̯'nuko] *m* Eunuch *m*
Eurasia [eu̯'rasja] *f* Eurasien *nt*
euro ['eu̯ro] *m* Euro *m;* **billetes** ~ Eurobanknoten *f pl;* **monedas** ~ Euromünzen *f pl;* **la fijación del valor del** ~ die Festsetzung des Wertes des Euro; **la introducción del** ~ die Einführung des Euro; **ley de introducción del** ~ Euro-Einführungsgesetz *nt;* **la transición al** ~ der Übergang zum Euro
eurobono [eu̯ro'bono] *m* Eurobond *m*
eurocámara [eu̯ro'kamara] *f* (POL) Europaparlament *nt*
eurocéntrico, -a [eu̯ro'θen̥triko, -a] *adj* eurozentristisch
eurocentrismo [eu̯roθen̥'trismo] *m sin pl* Eurozentrismus *m*
eurocheque [eu̯ro'ʧeke] *m* Euroscheck *m*
eurocomisario, -a [eu̯rokomi'sarjo, -a] *m, f* (POL) Mitglied *nt* der Europäischen Kommission
Eurocopa [eu̯ro'kopa] *f* (DEP) Europapokal *m*
eurocracia [eu̯ro'kraθja] *f* (POL) Eurokratie *f*
eurocrédito [eu̯ro'kreðito] *m* Eurokredit *m*
euroderecha [eu̯roðe'reʧa] *f* (POL) konservative Parteien *f pl* Europas
eurodiputado, -a [eu̯roðipu'taðo, -a] *m, f* Europaabgeordnete(r) *mf*
eurodivisa [eu̯roði'βisa] *f* (FIN) Euro-Devise *f,* Eurowährung *f*
euroescéptico, -a [eu̯roes'θeptiko] **I.** *adj* (POL) europakritisch, euroskeptisch **II.** *m, f* (POL) Euroskeptiker(in) *m(f)*
euromercado [eu̯romer'kaðo] *m* (ECON) Euromarkt *m*
Europa [eu̯'ropa] *f* Europa *nt;* **Copa de** ~ (DEP) Europacup *m*
europarlamentario, -a [eu̯roparlamen̥'tarjo, -a] *m, f* Europaparlamentarier(in) *m(f)*
europea [eu̯ro'pea] *adj o f v.* **europeo**
europeidad [eu̯ropei̯'ðaᵈ] *f (carácter)* europäisches Wesen *nt; (convicción)* europäische Gesinnung *f*

europeísmo [eu̯rope'ismo] *m sin pl* europäischer Gedanke *m*
europeísta [eu̯rope'ista] **I.** *adj* europafreundlich **II.** *mf* überzeugter Europäer, überzeugte Europäerin *m, f*
europeización [eu̯ropei̯θa'θjon] *f* Europäisierung *f*
europeizar [eu̯ropei̯'θar] *vt irr como enraizar* europäisieren
europeo, **-a** [eu̯ro'peo, -a] **I.** *adj* europäisch; **Consejo E~** Europarat *m* **II.** *m, f* Europäer(in) *m(f)*
Europol [eu̯ro'pol] *f* Europol *f*
eurotúnel [eu̯ro'tunel] *m* Eurotunnel *m*
eurovisión [eu̯ro'βisjon] *f* Eurovision *f*
euscaldún, **-una** [eu̯skal̩'dun, -una] *adj* baskisch
Euskadi [eu̯s'kaði] *m* Baskenland *nt*
euskera [eu̯s'kera] *adj*, **eusquera** [eu̯s'kera] *adj* baskisch
eutanasia [eu̯ta'nasja] *f* Sterbehilfe *f*
evacuación [eβakwa'θjon] *f* ❶ *(personas)* Evakuierung *f; (de edificios)* Räumung *f* ❷ (MED) Stuhlgang *m*
evacuar [eβa'kwar] *vt* ❶ *(ciudad, población)* evakuieren; (MIL) räumen ❷ *(diligencias, trámites)* erledigen; *(deber)* erfüllen; *(consulta)* durchführen; *(negocio, trato)* abschließen ❸ (MED) abführen; **~ el vientre** den Darm entleeren
evacuatorio[1] [eβakwa'torjo] *m* öffentliche Toilette *f*
evacuatorio, **-a**[2] [eβakwa'torjo, -a] *adj* abführend
evadir [eβa'ðir] **I.** *vt (evitar)* vermeiden; *(preguntas)* ausweichen *+dat; (peligro)* entgehen *+dat; (enemigo)* entrinnen *+dat;* **~ la mirada** den Blickkontakt meiden; **~ el riesgo** der Gefahr entgehen **II.** *vr:* **~se** entkommen (**de** aus *+dat*)
evaluable [eβalu'aβle] *adj* schätzbar
evaluación [eβalwa'θjon] *f* ❶ *(valoración)* Bewertung *f; (apreciación)* Schätzung *f* ❷ (ENS) Test *m*
evaluar [eβalu'ar] <*1. pres* evalúo> *vt* ❶ *(valorar)* bewerten; *(apreciar)* schätzen (**en** auf *+akk*); *(analizar)* auswerten ❷ (ENS) benoten
evangélico, **-a** [eβaŋ'xeliko, -a] **I.** *adj* evangelisch **II.** *m, f* Protestant(in) *m(f)*
evangelio [eβaŋ'xeljo] *m* Evangelium *nt;* **el ~ según San Mateo** das Matthäusevangelium; **decir el ~** *(fig)* die reine Wahrheit sagen
evangelización [eβaŋxeliθa'θjon] *f* Evangelisierung *f*, Bekehrung *f* zum Evangelium
evangelizar [eβaŋxeli'θar] <z → c> *vt* evangelisieren
evaporación [eβapora'θjon] *f* Verdampfung *f*
evaporar [eβapo'rar] **I.** *vt* ❶ *(convertir en vapor)* verdampfen lassen ❷ *(gastar)* verbrauchen **II.** *vr:* **~se** ❶ *(convertirse en vapor)* verdampfen ❷ *(desaparecer)* verschwinden; *(fam: persona)* verduften
evaporización [eβaporiθa'θjon] *f sin pl* Verdampfung *f*
evasión [eβa'sjon] *f* Flucht *f;* **~ de impuestos** (ECON) Steuerflucht *f;* **lectura de ~** Unterhaltungsliteratur *f;* **~ de la realidad** Flucht vor der Wirklichkeit
evasiva [eβa'siβa] *f* ❶ *(rodeo)* Ausflucht *f* ❷ *(pretexto)* Vorwand *m* ❸ *(escapatoria)* Hintertürchen *nt fam*
evasivo, **-a** [eβa'siβo, -a] *adj* ausweichend; *(ambiguo)* zweideutig
evasor(a) [eβa'sor(a)] *m(f)* ❶ *(fugitivo)* Entkommene(r) *mf* ❷ (ECON) **~ fiscal** [*o* **de impuestos**] Steuerflüchtling *m*
evento [e'βen̩to] *m* ❶ *(incidente)* Vorfall *m; (importante y programado)* Ereignis *nt;* **~ deportivo** Sportfest *nt;* **a todo ~** auf jeden Fall; **~ social** gesellschaftliches Ereignis ❷ (DEP) Spiel *nt*
eventual [eβen̩'twal] *adj* ❶ *(posible)* eventuell; *(accidental)* zufällig; *(inseguro)* unsicher; *(provisional)* vorübergehend; **trabajo ~** Zeitarbeit *f* ❷ *(adicional)* Sonder-; **ingresos ~es** Nebeneinkünfte *f pl*
eventualidad [eβen̩twali'ðaᵈ] *f* ❶ *(cualidad)* Möglichkeit *f* ❷ *(hecho)* unvorhergesehener Fall *m*
eventualmente [eβen̩twal'men̩te] *adv* eventuell; *(tal vez)* vielleicht
evidencia [eβi'ðen̩θja] *f (certidumbre)* Offensichtlichkeit *f;* **poner algo en ~** *(probar)* etw beweisen; *(hacer claro)* etw deutlich machen; **poner a alguien en ~** jdn bloßstellen
evidenciar [eβiðen̩'θjar] *vt (demostrar)* beweisen; *(patentizar)* offensichtlich machen
evidente [eβi'ðen̩te] *adj* offensichtlich; *(pruebas)* klar
evidentemente [eβiðen̩te'men̩te] *adv* offensichtlich; **¡~!** natürlich!
evitable [eβi'taβle] *adj* vermeidbar
evitación [eβita'θjon] *f* Vermeidung *f; (prevención)* Vorbeugung *f*
evitar [eβi'tar] **I.** *vt* ❶ *(impedir)* vermeiden; *(prevenir)* vorbeugen *+dat; (molestias, disgustos)* ersparen; **pude ~ mayores estragos** ich konnte Schlimmeres verhindern ❷ *(rehuir)* ausweichen *+dat; (a alguien)* aus dem Weg gehen *+dat* **II.** *vr:* **~se** ❶ *(cosas)* sich vermeiden lassen ❷ *(personas)* sich *dat* aus dem Weg gehen

E

evocación [eβoka'θjon] *f* ❶ *(de espíritus)* Anrufung *f* ❷ *(recuerdo)* Erinnerung *f* (**de** an +*akk*)

evocar [eβo'kar] <c → qu> *vt* ❶ *(espíritus)* anrufen ❷ *(recordar)* ins Gedächtnis zurückrufen; *(revivir)* in Erinnerungen schwelgen (an +*akk*); **estuvimos toda la tarde evocando nuestra niñez** wir schwelgten den ganzen Mittag in Kindheitserinnerungen; **tu presencia evocó en mí el recuerdo de tu madre** deine Anwesenheit rief mir deine Mutter ins Gedächtnis zurück

evolución [eβolu'θjon] *f* ❶ *(desarrollo)* Entwicklung *f;* (MED) Krankheitsverlauf *f* ❷ *(cambio)* Veränderung *f;* **experimentar una ~** eine Veränderung durchmachen ❸ (BIOL) Evolution *f* ❹ (MIL) Manöver *nt* ❺ *pl (vueltas)* Drehungen *f pl*

evolucionar [eβoluθjo'nar] *vi* ❶ *(desarrollarse)* sich (weiter)entwickeln ❷ *(cambiar)* sich (ver)ändern ❸ (MED) verlaufen ❹ *(dar vueltas)* sich drehen ❺ (MIL) manövrieren

evolucionismo [eβoluθjo'nismo] *m sin pl* ❶ (BIOL) Evolutionstheorie *f* ❷ (FILOS) Evolutionismus *m*

evolucionista [eβoluθjo'nista] **I.** *adj* (BIOL) entwicklungsgeschichtlich, Evolutions- **II.** *mf* (BIOL) Anhänger(in) *m(f)* der Evolutionstheorie, Darwinist(in) *m(f)*

evolutivo, -a [eβolu'tiβo, -a] *adj* Entwicklungs-, Evolutions-

ex [eˠs] **I.** Ex-, ehemalige(r); **~novia** Exfreundin *f* **II.** *mf (fam)* Ex *mf*

exacción [eˠsaˠ'θjon] *f* ❶ *(cobro)* Eintreibung *f,* Einforderung *f; (imposición)* Erhebung *f; (de impuestos)* Steuererhebung *f* ❷ *(sobrecarga)* Überbesteuerung *f;* **~ ilegal** Gebührenüberhebung *f*

exacerbar [eˠsaθer'βar] **I.** *vt* ❶ *(dolor)* verschlimmern; *(crisis)* verschärfen ❷ *(irritar)* wütend machen **II.** *vr:* **~se** ❶ *(dolor)* sich verschlimmern; *(crisis)* sich verschärfen ❷ *(irritarse)* wütend werden

exactitud [eˠsakti'tuᶞ] *f* ❶ *(veracidad)* Richtigkeit *f* ❷ *(precisión)* Genauigkeit *f* ❸ *(puntualidad)* Pünktlichkeit *f*

exacto, -a [eˠ'sakto, -a] *adj* ❶ *(correcto)* exakt; **eso no es del todo ~** das stimmt nicht ganz ❷ *(con precisión)* genau; *(al copiar algo)* (original)getreu ❸ *(puntual)* pünktlich

exageración [eˠsaxera'θjon] *f* Übertreibung *f*

exagerado, -a [eˠsaxe'raðo, -a] **I.** *adj* übertrieben; *(publicidad)* überzogen; *(precio)* überhöht; *(en los gestos)* theatralisch **II.** *m, f* Wichtigtuer(in) *m(f); (al contar)* Angeber(in) *m(f);* **¡eres un ~!** du übertreibst wieder einmal (maßlos)!; *(loco)* du bist ja verrückt!

exagerar [eˠsaxe'rar] *vi, vt* ❶ *(sobrepasarse)* es übertreiben (**con/en** mit +*dat*); **~ los precios** die Preise zu hoch ansetzen; **~ los gestos** sich sehr theatralisch geben; **pienso que ese paso sería ~** ich denke, dass wir mit diesem Schritt zu weit gehen würden ❷ *(al relatar)* übertreiben; **¡anda, anda, no exageres tanto!** *(fam)* jetzt mach mal halblang!

exaltación [eˠsal̥ta'θjon] *f* ❶ *(gloria)* Verherrlichung *f* ❷ *(entusiasmo)* Begeisterung *f; (pasión)* Erregung *f; (excitación)* Aufregung *f*

exaltado, -a [eˠsal̥'taðo, -a] **I.** *adj* ❶ *(sobreexcitado)* sehr aufgeregt; *(apasionado)* leidenschaftlich; *(entusiasmado)* begeistert ❷ *(violento)* hitzköpfig ❸ *(radical)* radikal **II.** *m, f* ❶ *(nervioso)* Hitzkopf *m* ❷ (POL) Extremist(in) *m(f)* ❸ *(loco)* Verrückte(r) *mf*

exaltar [eˠsal̥'tar] **I.** *vt* ❶ *(elevar)* erheben (**a** in +*akk*) ❷ *(realzar)* loben; *(en exceso)* verherrlichen **II.** *vr:* **~se** ❶ *(apasionarse)* sich begeistern (**con** für +*akk*) ❷ *(excitarse)* sich aufregen (**con** über +*akk*); *(obsesionarse)* sich hineinsteigern (**con** in +*akk*)

examen [eˠ'samen] *m* ❶ *(prueba, reflexión)* Prüfung *f;* **~ de conductor** Fahrprüfung *f;* **~ de ingreso** Aufnahmeprüfung *f;* **~ de selectividad** *spanische Hochschulzulassungsprüfung;* **tribunal de exámenes** Prüfungskommission *f;* **suspender un ~** durch eine Prüfung fallen ❷ *(médico)* Untersuchung *f;* **someterse a un ~** sich einer Untersuchung unterziehen ❸ (TÉC, AUTO) Inspektion *f* ❹ *(estudio)* Untersuchung *f; (indagación)* Nachforschung *f*

examinador(a) [eˠsamina'ðor(a)] *m(f)* Prüfer(in) *m(f)*

examinando, -a [eˠsami'nan̥do, -a] *m, f* Prüfling *m*

examinar [eˠsami'nar] **I.** *vt* ❶ *(en una prueba, reflexionar)* prüfen ❷ *(médico)* untersuchen ❸ (TÉC, AUTO) inspizieren ❹ *(estudiar)* untersuchen; *(observar)* genau beobachten ❺ (ADMIN, JUR) Einsicht nehmen (in +*akk*); **para ~lo** zur Ansicht; **al ~lo** bei der Durchsicht **II.** *vr:* **~se** *(en una prueba)* geprüft werden; **mañana me examino de francés** morgen werde ich in Französisch geprüft; **volver a ~se** die Prüfung wiederholen

exánime [eˠ'sanime] *adj* ❶ *(inánime)* leblos ❷ *(debilitado)* völlig erschöpft

exantema [eʸsan̩'tema] *m* (MED) Hautausschlag *m,* Exanthem *nt*
exasperación [eʸsaspera'θjon] *f (ira)* Wut *f*
exasperante [eʸsaspe'ran̩te] *adj* verzweifelt; **es ~** es ist zum Verzweifeln
exasperar [eʸsaspe'rar] **I.** *vt* wütend machen **II.** *vr:* **~se** wütend werden
excarcelación [eskarθela'θjon] *f* Haftentlassung *f*
excarcelar [eskarθe'lar] *vt* aus der Haft entlassen
excavación [eskaβa'θjon] *f* (Aus)graben *nt; (en la arqueología)* Ausgrabung *f; (en la construcción)* Erdaushub *m*
excavadora [eskaβa'ðora] *f* Bagger *m*
excavar [eska'βar] *vt* graben; *(en arqueología)* ausgraben; *(en la construcción)* ausheben; (AGR) umgraben
excedencia [esθe'ðen̩θja] *f (de una cargo)* Beurlaubung *f;* **~ por paternidad/maternidad** Elternzeit *f*
excedentario, -a [esθeðen̩'tarjo, -a] *adj* überschüssig, überzählig; **producción excedentaria** Überproduktion *f*
excedente [esθe'ðen̩te] **I.** *adj* ❶ *(sobrante)* überschüssig ❷ *(funcionario)* beurlaubt **II.** *m* Überschuss *m;* **~ en la balanza comercial** Handelsbilanzüberschuss *m*
exceder [esθe'ðer] **I.** *vi* hinausgehen (**de** über *+akk*) **II.** *vt* ❶ *(aventajar: persona)* übertreffen (**en** an *+dat*); *(cosa)* überragen ❷ *(sobrepasar)* übersteigen (**en** um *+akk*) **III.** *vr:* **~se** ❶ *(sobrepasar)* hinausgehen (**de** über *+akk*) ❷ *(pasarse)* es übertreiben; **has vuelto a ~te** du bist wieder einmal zu weit gegangen; **te excedes en el uso de tacos** du übertreibst es (ein bisschen) mit den Kraftausdrücken ❸ *(loc)* **~se a sí mismo** sich selbst übertreffen
excelencia [esθe'len̩θja] *f* ❶ *(exquisitez)* Vorzüglichkeit *f;* **por ~** schlechthin ❷ *(tratamiento)* Exzellenz *f*
excelente [esθe'len̩te] *adj* hervorragend
excelso, -a [es'θelso, -a] *adj* ❶ *(muy eminente)* erhaben; *(de gran categoría)* hochrangig ❷ *(excelente)* hervorragend
excentricidad [esθen̩triθi'ðaᵈ] *f* Exzentrizität *f;* **estoy harta de tus ~es** ich habe deine Extravaganzen langsam satt
excéntrico, -a [es'θen̩triko, -a] **I.** *adj* exzentrisch **II.** *m, f* Exzentriker(in) *m(f)*
excepción [esθeβ'θjon] *f* Ausnahme *f;* **~ de la regla** Abweichung von der Regel; **con ~ de algunos casos** von einigen Fällen abgesehen; **sin ~ (ninguna)** ausnahmslos; **de ~** außergewöhnlich; **a** [*o* **con**] **~ de...** außer ... *+dat;* **todo el mundo a** [*o* **con**] **~ de mí** alle, mich ausgenommen; **la ~ confirma la regla** *(prov)* Ausnahmen bestätigen die Regel
excepcional [esθeβθjo'nal] *adj* außergewöhnlich
excepto [es'θepto] *adv* außer *+dat;* **todo el mundo ~ yo** alle, mich ausgenommen; **~ algunos casos** von einigen Fällen abgesehen
exceptuar [esθeptu'ar] *<1. pres* exceptúo> *vt* ausnehmen (**de** von *+dat*); **~ de un deber** von einer Pflicht entbinden
excesivo, -a [esθe'siβo, -a] *adj* exzessiv; **exposición excesiva** (FOTO) Überbelichtung *f*
exceso [es'θeso] *m* ❶ *(demasía)* Übermaß *nt* (**de** an *+dat*); *(en los sentimientos)* Überschwänglichkeit *f;* **~s de capacidad** Überkapazitäten *fpl;* **~ de demanda** Nachfrageüberschuss *m;* **~ de deudas** Überschuldung *f;* **~ de equipaje** Übergepäck *nt;* **~ de peso** Übergewicht *nt;* **en ~** übermäßig ❷ *(abuso)* Maßlosigkeit *f;* **~ de alcohol** übermäßiger Alkoholgenuss; **~ de velocidad** Geschwindigkeitsüberschreitung *f;* **comer con** [*o* **en**] **~** zu viel essen; **solía beber hasta el ~** er/sie trank gewöhnlich bis zum Exzess ❸ (FIN) Überschuss *m* ❹ *pl (libertinaje)* Exzesse *mpl;* **en su juventud cometió muchos ~s** in seiner Jugend hat er/sie sehr exzessiv gelebt ❺ *pl (desorden)* Ausschreitungen *fpl*
excitable [esθi'taβle] *adj (irritable)* reizbar; **muy ~** aufbrausend
excitación [esθita'θjon] *f* ❶ *(exaltación, t. sexual)* Erregung *f* ❷ *(irritación)* Aufregung *f* ❸ *(incitación)* Anregung *f*
excitante [esθi'tan̩te] **I.** *adj* ❶ *(emocionante)* aufregend ❷ (MED) stimulierend ❸ *(sexualmente)* erregend **II.** *m* (MED) Stimulans *nt*
excitar [esθi'tar] **I.** *vt* ❶ *(incitar)* anstacheln (**a** zu *+dat*); *(apetito)* anregen ❷ *(poner nervioso)* aufregen; **estar excitado** aufgeregt sein ❸ *(sexualmente)* erregen **II.** *vr:* **~se** ❶ *(enojarse)* sich aufregen ❷ *(sexualmente)* erregt sein
exclamación [esklama'θjon] *f* ❶ *(frase)* Ausruf *m;* **signo de ~** Ausrufezeichen *nt* ❷ *(grito)* Aufschrei *m;* **lanzar una ~ de sorpresa** überrascht aufschreien
exclamar [eskla'mar] *vi, vt* ❶ *(declamar)* rufen ❷ *(gritar)* schreien
excluir [esklu'ir] *vt irr como huir* ❶ *(expulsar, eliminar)* ausschließen (**de** aus/von *+dat*) ❷ *(rechazar)* ablehnen
exclusión [esklu'sjon] *f* ❶ *(eliminación)* Ausschluss *m;* **con ~ de la prensa** unter Ausschluss der Presse ❷ *(expulsión)* Ausscheiden *nt* ❸ *(rechazo)* Ablehnung *f*

E

exclusiva [esklu'siβa] *f* ❶ *(privilegio)* Exklusivrecht *nt* ❷ *(monopolio)* Monopol *nt* ❸ (PREN) Exklusivbericht *m*
exclusivamente [esklusiβa'mente] *adv* ausschließlich
exclusive [esklu'siβe] *adv* ausschließlich, exklusive; **cerrado hasta el 27 de agosto** ~ geschlossen bis einschließlich 26. August
exclusividad [esklusiβi'ðaᵈ] *f* Exklusivität *f*
exclusivo, -a [esklu'siβo, -a] *adj* ausschließlich, exklusiv; **contrato** ~ Exklusivvertrag *m;* **modelo** ~ Sonderanfertigung *f;* **derechos de promoción y venta exclusiva en Alemania** Alleinverkaufs- und Vertriebsrechte in Deutschland
excma. [esθelen'tisima] *adj abr de* **excelentísima: la ~ señora presidente...** Ihre Exzellenz Frau Präsidentin ...
excmo. [esθelen'tisimo] *adj abr de* **excelentísimo: el ~ señor presidente...** Seine Exzellenz Herr Präsident ...
excomulgar [eskomul'ɣar] <g → gu> *vt* (REL) exkommunizieren
excomunión [eskomu'njon] *f* (REL) Exkommunikation *f*
excoriación [eskorja'θjon] *f* Hautabschürfung *f*
excrecencia [eskre'θenθja] *f* Wucherung *f*
excreción [eskre'θjon] *f* Ausscheidung *f*
excremento [eskre'mento] *m* Exkrement *nt*
exculpación [eskulpa'θjon] *f* Entlastung *f*
exculpar [eskul'par] **I.** *vt* von Schuld entlasten **II.** *vr:* **~se** sich rechtfertigen
excursión [eskur'sjon] *f* ❶ *(paseo)* Ausflug *m;* **~ a pie** Wanderung *f;* **ir de ~** einen Ausflug machen; **¿adónde vais de ~?** wohin geht der Ausflug? ❷ *(de estudios)* Exkursion *f*
excursionismo [eskursjo'nismo] *m Ausflüge/Exkursionen machen*
excursionista [eskursjo'nista] *mf* Ausflügler(in) *m(f); (de estudios)* Exkursionsteilnehmer(in) *m(f)*
excusa [es'kusa] *f* ❶ *(pretexto)* Ausrede *f* ❷ *(disculpa)* Entschuldigung *f;* **presentar sus ~s** sich entschuldigen ❸ *(justificación)* Rechtfertigung *f*
excusable [esku'saβle] *adj* entschuldbar
excusado[1] [esku'saðo] *m* Klosett *nt*
excusado, -a[2] [esku'saðo, -a] *adj* ❶ *(disculpado)* entschuldigt ❷ *(libre de impuestos)* steuerfrei ❸ *(superfluo)* überflüssig ❹ *(reservado)* vorbehalten; **pensar en lo ~** sich *dat* etwas Unmögliches vornehmen
excusar [esku'sar] **I.** *vt* ❶ *(justificar)* rechtfertigen ❷ *(disculpar)* entschuldigen ❸ *(eximir)* befreien ❹ *(evitar)* vermeiden ❺ *(+ inf)* **excusas venir** es ist nicht nötig, dass du kommst **II.** *vr:* **~se** sich entschuldigen (**de** für *+akk*)
execrable [eˠse'kraβle] *adj* abscheulich
exegesis [eˠse'xesis] *f inv* Exegese *f*
exención [eˠsen'θjon] *f* Befreiung *f* (**de** von *+dat*); **~ de derechos de aduana** Zollfreiheit *f;* **~ de impuestos** Steuerbefreiung *f;* **~ del servicio militar** Freistellung vom Wehrdienst
exento, -a [eˠ'sento, -a] *adj* frei (**de** von *+dat*); **~ de aranceles** zollfrei; **~ de averías** störungsfrei; **~ de impuestos** steuerfrei; **~ de mantenimiento** wartungsfrei; **rentas exentas del impuesto** nicht steuerpflichtige Einkünfte; **estar ~ de la jurisdicción local** der örtlichen Gerichtsbarkeit entzogen sein
exfoliación [esfolja'θjon] *f* ❶ *(división en láminas)* Abblätterung *f* ❷ (MED) Abschilferung *f*
exfoliador [esfolja'ðor] *m (Chil, Méx: cuaderno)* Abreißblock *m; (calendario)* Abreißkalender *m*
exfoliar [esfo'ljar] **I.** *vt* ablösen; **la falta de humedad exfolia la piel** Feuchtigkeitsmangel führt zum Abschuppen der Haut **II.** *vr:* **~se** *(pintura)* abblättern; *(corteza)* sich ablösen
exhalación [eˠsala'θjon] *f* ❶ *(rayo)* Blitz *m;* **pasar corriendo como una ~** wie der Blitz vorbeisausen ❷ *(estrella)* Sternschnuppe *f*
exhalar [eˠsa'lar] **I.** *vt* ❶ *(emanar)* ausströmen ❷ *(suspiros, quejas)* ausstoßen **II.** *vr* **~se por llegar a tiempo** sich bemühen, rechtzeitig zu kommen
exhaustivo, -a [eˠsaus'tiβo, -a] *adj* erschöpfend
exhausto, -a [eˠ'sausto, -a] *adj* erschöpft
exhibición [eˠsiβi'θjon] *f* ❶ *(ostentación)* Zurschaustellung *f* ❷ *(exposición)* Ausstellung *f* ❸ *(presentación)* Vorführung *f;* **~ cinematográfica** Filmvorführung *f;* **~ deportiva** sportliche Darbietungen
exhibicionismo [eˠsiβiθjo'nismo] *m sin pl* Exhibitionismus *m*
exhibicionista [eˠsiβiθjo'nista] *mf* Exhibitionist(in) *m(f)*
exhibidor(a) [eˠsiβi'ðor(a)] *m(f)* Aussteller(in) *m(f)*
exhibir [eˠsi'βir] **I.** *vt* ❶ *(mostrar)* vorzeigen ❷ *(ostentar)* angeben (mit *+dat*) ❸ (JUR) vorlegen **II.** *vr:* **~se** sich zur Schau stellen; **~se en público** in der Öffentlichkeit auftreten

exhortación [eˠsorta'θjon] *f* ① *(ruego)* eindringliche Bitte *f* ② *(amonestación)* Verwarnung *f*
exhortar [eˠsor'tar] *vt* ① *(rogar)* ermahnen (**a** zu +*dat*) ② *(amonestar)* verwarnen
exhumación [eˠsuma'θjon] *f* Exhumierung *f*
exhumar [eˠsu'mar] *vt* exhumieren
exigencia [eˠsi'xeṇθja] *f* ① *(demanda)* Forderung *f;* **tener ~s** *(fam)* Ansprüche stellen ② *(requisito)* Anforderung *f*
exigente [eˠsi'xeṇte] *adj* anspruchsvoll; **ser muy ~** hohe Ansprüche stellen
exigible [eˠsi'xiβle] *adj (obligación)* fällig; (JUR) einklagbar
exigir [eˠsi'xir] <g → j> *vt* ① *(solicitar)* fordern; **el docente exige demasiado** der Dozent stellt zu hohe Anforderungen ② *(reclamar, pedir)* verlangen; **la carta exige contestación** der Brief muss beantwortet werden
exiguo, -a [eˠ'siɣwo, -a] *adj* gering
exil(i)ado, -a [eˠsi'l(j)aðo, -a] **I.** *adj* im Exil lebend **II.** *m, f* (politischer) Flüchtling *m*
exil(i)ar [eˠsi'l(j)ar] **I.** *vt* ins Exil schicken **II.** *vr:* **~se** ins Exil gehen; **muchos chilenos se ~on en la RDA** viele Chilenen gingen in die DDR ins Exil
exilio [eˠ'siljo] *m* Exil *nt*
eximio, -a [eˠ'simjo, -a] *adj* hervorragend
eximir [eˠsi'mir] **I.** *vt* befreien (**de** von +*dat*); **~ de obligaciones** von einer Verpflichtung befreien; **~ de responsabilidades** der Verantwortung entheben **II.** *vr:* **~se** sich entziehen (**de** +*dat*)
existencia [eˠsis'teṇθja] *f* ① *(vida)* Existenz *f* ② *pl* (COM) Vorrat *m;* **liquidación de ~s** Ausverkauf *m;* **renovar las ~s** das Lager wieder auffüllen; **en tanto haya ~s** solange der Vorrat reicht ③ *(loc)* **en ~** (COM) vorrätig
existencial [eˠsisteṇ'θjal] *adj* existenziell
existencialismo [eˠsisteṇθja'lismo] *m sin pl* (FILOS) Existenzialismus *m*
existente [eˠsis'teṇte] *adj* ① *(que existe)* vorhanden ② (COM) vorrätig
existir [eˠsis'tir] *vi* existieren; *(cosas)* vorhanden sein; **existen numerosas actividades** es gibt zahlreiche Aktivitäten; **cree que existen ovnis** er/sie glaubt, dass es Ufos gibt
éxito ['eˠsito] *m* Erfolg *m;* **~ de taquilla** Kassenschlager *m;* **~ de ventas** Verkaufsschlager *m;* **con ~** erfolgreich; **sin ~** erfolglos
exitoso, -a [eˠsi'toso, -a] *adj* erfolgreich
éxodo ['eˠsoðo] *m* Exodus *m;* **~ rural** Landflucht *f;* **~ urbano** Stadtflucht *f*
exoneración [eˠsonera'θjon] *f* ① *(exención)* Befreiung *f* (**de** von +*dat*), Entlastung *f;* **~ fiscal** Steuerbefreiung *f* ② *(cese)* Absetzung *f* (**de** von +*dat*); **~ de un cargo** Amtsenthebung *f*
exonerar [eˠsone'rar] *vt* ① *(eximir)* befreien (**de** von +*dat*) ② *(relevar)* absetzen (**de** von +*dat*); **~ a alguien de su cargo** jdn seines Amtes entheben
exorbitancia [eˠsorβi'taṇθja] *f* ① *(excesividad)* Übermaß *nt* ② *(exageración)* Übertreibung *f*
exorbitante [eˠsorβi'taṇte] *adj* ① *(excesivo)* übermäßig; *(precio)* überhöht ② *(exagerado)* übertrieben
exorbitar [eˠsorβi'tar] *vt* aufbauschen
exorcismo [eˠsor'θismo] *m* Geisterbeschwörung *f*
exorcizar [eˠsorθi'θar] <z → c> *vt* exorz(is)ieren
exornar [eˠsor'nar] *vt* ① *(adornar)* schmücken ② (LIT) ausschmücken
exótico, -a [eˠ'sotiko, -a] *adj* exotisch
exotismo [eˠso'tismo] *m* Exotik *f*
expandir [espaṇ'dir] **I.** *vt* ① *(dilatar)* ausdehnen ② *(divulgar)* verbreiten **II.** *vr:* **~se** ① *(dilatarse)* sich ausdehnen ② *(extenderse)* sich ausbreiten ③ *(divulgarse)* sich verbreiten
expansible [espan'siβle] *adj* (aus)dehnbar
expansión [espan'sjon] *f* ① *(dilatación)* Ausdehnung *f;* (POL) Expansion *f* ② *(extensión)* Ausbreitung *f* ③ *(crecimiento)* Wachstum *nt* ④ *(difusión)* Verbreitung *f* ⑤ *(diversión)* Entspannung *f*
expansionar [espansjo'narse] **I.** *vt* ausdehnen, erweitern; **~ una empresa** ein Unternehmen erweitern **II.** *vr:* **~se** ① *(dilatarse)* sich ausdehnen, expandieren ② *(crecer)* sich erweitern, expandieren ③ *(fam: divertirse)* sich amüsieren
expansionarse [espansjo'narse] *vr* ① *(dilatarse)* sich ausdehnen ② *(fam: sincerarse)* sich aussprechen (**con** bei +*dat*) ③ *(fam: divertirse)* sich amüsieren
expansionismo [espansjo'nismo] *m sin pl* (POL) Expansionsdrang *m*
expansivo, -a [espan'siβo, -a] *adj* ① *(dilatable)* ausdehnbar ② *(comunicativo)* mitteilsam
expatriación [espatrja'θjon] *f* ① *(acción de ser expatriado)* Landesverweisung *f* ② *(acción de expatriarse)* Ausreise *f*
expatriado, -a [espatri'aðo, -a] **I.** *adj (exiliado)* ausgewiesen; *(privado de la ciudadanía)* ausgebürgert; *(emigrado)* ausgewandert **II.** *m, f (exiliado)* Ausgewiesene(r) *f(m); (privado de la ciudadanía)* Ausgebürgerte(r) *f(m)*
expatriar [espatri'ar] <*1. pres* expatrío>

I. *vt* ① *(exiliar)* des Landes verweisen ② *(quitar la ciudadanía)* ausbürgern **II.** *vr:* **~se** ① *(exiliarse)* das Land verlassen ② *(renunciar a la ciudadanía)* sich ausbürgern lassen

expectación [espekta'θjon] *f* ① *(expectativa)* Erwartung *f;* **con ~** erwartungsvoll ② *(interés)* Interesse *nt*

expectante [espek'tan̩te] *adj (atento)* erwartungsvoll

E

expectativa [espekta'tiβa] *f* ① *(expectación)* Erwartung *f;* **estar a la ~ de algo** etw erwarten ② *(perspectiva)* Aussicht *f*

expectorante [espekto'ran̩te] *adj* schleimlösend

expectorar [espekto'rar] *vt* aushusten

expedición [espeði'θjon] *f* ① *(viaje)* Expedition *f;* **~ científica** Forschungsreise *f;* **~ militar** Feldzug *m* ② *(grupo)* Expedition(sgruppe) *f* ③ *(remesa)* Versand *m;* (**empresa de**) **~** Spedition *f;* **oficina de ~** Versandabteilung *f*

expedicionario, -a [espeðiθjo'narjo, -a] **I.** *adj* Expeditions- **II.** *m, f* Expeditionsteilnehmer(in) *m(f)*

expedidor(a) [espeði'ðor(a)] **I.** *adj* (COM) Versand- **II.** *m(f)* (COM) Absender(in) *m(f)*

expedientar [espeðjen̩'tar] *vt* (JUR) ein Verfahren eröffnen (**a** gegen *+akk*); (ADMIN, MIL) ein Disziplinarverfahren einleiten (**a** gegen *+akk*)

expediente [espe'ðjen̩te] *m* ① *(asunto judicial)* Rechtssache *f;* **instruir un ~** ein Verfahren betreiben ② *(sumario)* Dossier *nt* ③ *(administrativo)* Dienstverfahren *nt* ④ *(trámite)* Bearbeitung *f;* **cubrir el ~** *(fam)* nur das Nötigste tun ⑤ *(legajo)* Personalakte *f*

expedir [espe'ðir] *vt irr como pedir* ① *(tramitar)* erledigen; *(carta)* aufsetzen ② *(despachar)* versenden; **~ por avión** per Luftfracht verschicken; **~ por correo** verschicken; **~ por vía marítima** verschiffen ③ *(documentos)* ausstellen

expeditar [espeði'tar] *vt* ① *(Am: acelerar)* beschleunigen ② *(AmC, Méx: despachar)* schnell bearbeiten

expeditivo, -a [espeði'tiβo, -a] *adj* rasch, schnell

expeler [espe'ler] *vt (sangre, excreto)* auswerfen; *(aire, humo)* ausstoßen

expendedor[1] [espen̩de'ðor] *m* **~ automático** Warenautomat *m;* **~ de bebidas** Getränkeautomat *m;* **~ de cigarrillos** Zigarettenautomat *m;* **~ de jabón** Seifenspender *m*

expendedor(a)[2] [espen̩de'ðor(a)] **I.** *adj* **máquina ~a de billetes** Fahrkartenautomat *m;* **máquina ~a de tabaco** Zigarettenautomat *m* **II.** *m(f)* Verkäufer(in) *m(f)*

expendeduría [espen̩deðu'ria] *f* Verkaufsstelle *f*

expender [espen̩'der] *vt* ① *(vender)* verkaufen; **máquina que expende billetes** Fahrkartenautomat *m* ② *(gastar)* ausgeben ③ (JUR: *moneda falsa*) in Umlauf bringen

expendio [es'pen̩djo] *m (And, Méx, Ven: estanco)* Tabakladen *m*

expensas [es'pensas] *fpl* Kosten *pl;* **vivir a ~ de alguien** sich von jdm aushalten lassen

experiencia [espe'rjen̩θja] *f* ① *(práctica)* Erfahrung *f;* **~ profesional** Berufserfahrung *f;* **falta de ~ laboral** mangelnde Berufserfahrung; **tener mucha/poca ~** erfahren/unerfahren sein; **saber algo por ~ propia** etw aus eigener Erfahrung wissen ② *(vivencia)* Erlebnis *nt* ③ *(experimento)* Versuch *m*

experimentación [esperimen̩ta'θjon] *f* Experimentieren *nt;* **en fase de ~** im Versuchsstadium

experimentado, -a [esperimen̩'taðo, -a] *adj* ① *(con experiencia)* erfahren ② *(comprobado)* erprobt; **no ~ en animales** *(en etiquetas)* ohne Tierversuche

experimental [esperimen̩'tal] *adj* experimentell

experimentalmente [esperimen̩tal'men̩te] *adv* ① *(empíricamente)* experimentell ② *(por experiencia)* durch Erfahrung

experimentar [esperimen̩'tar] **I.** *vi* experimentieren **II.** *vt* ① *(probar)* ausprobieren ② *(sentir)* fühlen ③ *(sufrir)* erfahren; **~ un alza** steigen; **~ un aumento** an Wert gewinnen; **~ una caída** sinken; **~ una pérdida** einen Verlust erleiden

experimento [esperi'men̩to] *m* Experiment *nt*

experta [es'perta] *adj o f v.* **experto**

experto, -a [es'perto, -a] **I.** *adj* sachkundig **II.** *m, f* ① *(conocedor)* Experte, -in *m, f* ② *(perito)* Sachverständige(r) *mf*

expiación [espja'θjon] *f* ① *(purgación)* Sühne *f* ② *(castigo)* Strafe *f* (**de** für *+akk*)

expiar [espi'ar] <*1. pres* expío> *vt* ① *(purgar)* sühnen ② *(pena)* büßen (für *+akk*)

expiración [espira'θjon] *f* ① *(fin)* Erlöschen *nt; (de la vida)* Tod *m* ② *(de plazos)* Ablauf *m*

expirar [espi'rar] *vi* ① *(morir)* sterben; *(cultura)* untergehen ② *(plazo)* ablaufen; **antes de ~ el mes** vor Monatsende

explanada [espla'naða] *f (espacio)* freier Platz *m*

explanar [espla'nar] *vt* ① *(allanar)* einebnen ② *(explicar)* erklären

explayar [espla'ɟar] **I.** *vt* ausdehnen; ~ **la mirada** den Blick schweifen lassen **II.** *vr:* ~**se** ① *(extenderse)* sich ausdehnen ② *(expresarse)* sich verbreiten (**en** über +*akk*); *(confiarse)* sich aussprechen (**con** bei +*dat*) ③ *(divertirse)* sich amüsieren

explicable [espli'kaβle] *adj* ① *(que se puede explicar)* erklärbar ② *(comprensible)* verständlich

explicación [esplika'θjon] *f* ① *(aclaración)* Erklärung *f;* **pedir explicaciones** eine Erklärung verlangen ② *(motivo)* Grund *m;* **sin dar explicaciones** ohne Begründung ③ *(interpretación)* Auslegung *f* ④ *pl (excusas)* Entschuldigung *f;* **dar explicaciones** sich entschuldigen

explicar [espli'kar] <c → qu> **I.** *vt* ① *(manifestar)* schildern ② *(aclarar)* erklären ③ *(exponer)* unterrichten ④ *(dar motivos)* begründen ⑤ *(interpretar)* auslegen ⑥ *(justificar)* rechtfertigen **II.** *vr:* ~**se** ① *(comprender)* begreifen; **no me lo explico** es ist mir unbegreiflich ② *(disculparse)* sich entschuldigen ③ *(articularse)* sich ausdrücken; **¿me explico?** habe ich mich deutlich ausgedrückt?; **ella se explica muy bien** sie ist sehr redegewandt

explicativo, -a [esplika'tiβo, -a] *adj* erklärend

explícito, -a [es'pliθito, -a] *adj* ausdrücklich

exploración [esplora'θjon] *f* ① *(investigación)* Erforschung *f* ② (MED) Untersuchung *f* ③ (MIL) Aufklärung *f*

explorador(a) [esplora'ðor(a)] **I.** *adj* ① *(investigador)* Forschungs- ② (MIL) Aufklärungs- **II.** *m(f)* ① *(investigador)* Forscher(in) *m(f)* ② *(escultista)* Pfadfinder(in) *m(f)*

explorar [esplo'rar] *vt* ① *(investigar)* erforschen ② (MED) untersuchen ③ (MIL) aufklären

explosión [esplo'sjon] *f* ① *(estallido)* Explosion *f;* ~ **demográfica** Bevölkerungsexplosion *f;* **gran** ~ (FÍS) Urknall *m;* **motor de** ~ Verbrennungsmotor *m;* **hacer** ~ explodieren ② *(detonación)* Detonation *f; (voladura)* Sprengung *f;* ~ **fallida** Fehlzündung *f* ③ *(arrebato)* Ausbruch *m;* ~ **de carcajadas** Ausbrechen in Gelächter

explosionar [esplosjo'nar] **I.** *vi* explodieren **II.** *vt* zünden

explosivo[1] [esplo'siβo] *m* Sprengstoff *m*

explosivo, -a[2] [esplo'siβo, -a] *adj* explosiv; **artefacto** ~ Sprengkörper *m*

explotable [esplo'taβle] *adj* ① *(aprovechable)* nutzbar, verwertbar; (AGR) anbaufähig; **bosque** ~ Nutzwald *m* ② *(empresa)* betriebsfähig

explotación [esplota'θjon] *f* ① *(aprovechamiento)* Nutzung *f;* (AGR) Bebauung *f;* (MIN) Abbau *m;* ~ **abusiva** Raubbau *m;* ~ **a cielo abierto** Tagebau *m;* ~ **de la energía** Energienutzung *f;* ~ **minera** Bergbau *m* ② *(empresa)* Betrieb *m* ③ *(abuso)* Ausbeutung *f*

explotador(a) [esplota'ðor(a)] **I.** *adj* ① *(empresa)* betreibend; **empresa ~a** Betreiberfirma *f* ② *(que abusa)* Ausbeuter- **II.** *m(f)* ① *(utilizador)* Nutzer(in) *m(f); (empresario, artesano)* Betreiber(in) *m(f)* ② *(abusador)* Ausbeuter(in) *m(f)*

explotar [esplo'tar] **I.** *vi* ① *(estallar)* explodieren; ~ **en carcajadas** in Gelächter ausbrechen ② *(tener un arrebato)* platzen **II.** *vt* ① *(recursos, terreno)* nutzen; (AGR) bebauen; (MIN) abbauen; ~ **pozos petrolíferos** Ölquellen erschließen ② *(empresa)* betreiben ③ *(abusar)* ausbeuten

expoliar [espo'ljar] *vt* ausrauben

expolio [es'poljo] *m* ① *(acción)* Plünderung *f* ② *(botín)* Beute *f*

exponencial [esponen̩'θjal] **I.** *adj* (MAT) exponentiell, Exponential- **II.** *f* (MAT) Exponentialfunktion *f*

exponente [espo'nen̩te] *m* ① *(ejemplo)* Beispiel *nt; (índice)* Ausdruck *m* ② (MAT) Exponent *m*

exponer [espo'ner] *irr como poner* **I.** *vt* ① *(mostrar)* darlegen ② *(hablar)* vortragen ③ *(exhibir)* ausstellen ④ *(interpretar)* auslegen ⑤ *(someter)* aussetzen ⑥ *(arriesgar)* riskieren ⑦ *(abandonar)* aussetzen ⑧ (FOTO) belichten **II.** *vr:* ~**se** ① *(descubrirse)* sich aussetzen ② *(arriesgarse)* sich einem Risiko aussetzen

exportación [esporta'θjon] *f* Export *m*

exportador(a) [esporta'ðor(a)] **I.** *adj* Export-; **empresa ~a** Exportfirma *f* **II.** *m(f)* Exporteur(in) *m(f)*

exportar [espor'tar] *vt* exportieren (**a** nach +*dat*)

exposición [esposi'θjon] *f* ① *(explicación)* Beschreibung *f* ② *(informe)* Bericht *m* ③ *(exhibición)* Ausstellung *f;* ~ **permanente** Dauerausstellung *f;* ~ **universal** Weltausstellung *f* ④ *(posición)* Lage *f* ⑤ (FOTO) Belichtung *f*

expósito, -a [es'posito, -a] **I.** *adj* Findel- **II.** *m, f* Findelkind *nt*

expositor(a) [esposi'tor(a)] *m(f)* ① *(que exhibe)* Aussteller(in) *m(f); (para revistas)* Zeitschriftenregal *nt* ② *(que aclara)* Referent(in) *m(f)*

exprés [es'pres] **I.** *adj inv* Eil-; **café** ~ Espresso *m;* **olla** ~ Schnellkochtopf *m* **II.** *m* Schnellzug *m*

expresamente [espresa'men̩te] *adv* ① *(li-*

teralmente) ausdrücklich ❷ *(deliberadamente)* vorsätzlich

expresar [espre'sar] **I.** *vt* ❶ *(manifestar)* äußern ❷ *(decir)* aussprechen ❸ *(indicar)* zu erkennen geben **II.** *vr:* **~se** *(hacerse entender)* sich ausdrücken; *(hablar)* sich äußern

expresión [espre'sjon] *f* ❶ *(palabra)* Ausdruck *m; (locución)* Wendung *f* ❷ *(gesto)* Ausdruck *m* ❸ *(declaración)* Äußerung *f* ❹ *pl (saludos)* Grüße *mpl*

expresionismo [espresjo'nismo] *m sin pl* (ARTE) Expressionismus *m*

expresionista [espresjo'nista] **I.** *adj* expressionistisch **II.** *mf* Expressionist(in) *m(f)*

expresividad [espresiβi'ðað] *f* Ausdrucksstärke *f*

expresivo, -a [espre'siβo, -a] *adj* ❶ *(vivo)* lebhaft ❷ *(revelador)* ausdrucksvoll ❸ *(significativo)* bezeichnend ❹ *(afectuoso)* herzlich

expreso[1] [es'preso] **I.** *m* ❶ *(tren)* D-Zug *m* ❷ *(correo)* Eilbote *m* **II.** *adv* absichtlich

expreso, -a[2] [es'preso, -a] *adj* ❶ *(explícito)* ausdrücklich ❷ *(claro)* deutlich ❸ *(rápido)* Eil-; **tren ~** D-Zug *m;* **enviar una carta por (correo) ~** einen Brief per Eilpost verschicken

exprimidor [esprimi'ðor] *m* Entsafter *m*

exprimir [espri'mir] *vt* ❶ *(frutas)* auspressen; **~ a alguien para que hable** *(fig)* jdn ausquetschen ❷ *(ropa)* auswringen ❸ *(persona)* ausbeuten

ex profeso [espro'feso] *adv* absichtlich, vorsätzlich

expropiación [espropja'θjon] *f* Enteignung *f;* **~ forzosa** Zwangsenteignung *f*

expropiar [espro'pjar] *vt* enteignen

expuesto, -a [es'pwesto, -a] **I.** *pp de* **exponer** **II.** *adj* ❶ *(peligroso)* gefährlich ❷ *(sin protección)* gefährdet ❸ *(sensible)* anfällig (**a** für +*akk*); **~ a perturbaciones** störanfällig

expugnar [espuɣ'nar] *vt* erstürmen

expulsar [espul'sar] *vt* ❶ *(a alguien)* hinauswerfen (**de** aus +*dat*); *(del país)* vertreiben (**de** aus +*dat*); *(excluir)* ausstoßen (**de** aus +*dat*); **~ a alguien de la escuela** jdn von der Schule verweisen; **~ del campo de juego** (DEP) vom Platz stellen; **~ de la sala** des Saales verweisen ❷ *(emitir)* ausstoßen

expulsión [espul'sjon] *f* ❶ *(del país)* Vertreibung *f;* **~ del campo de juego** (DEP) Platzverweis *m;* **~ de la escuela** Schulverweis *m* ❷ *(emisión)* Ausstoß *m*

expurgación [espurɣa'θjon] *f* ❶ *(purificación)* Reinigung *f* ❷ *(censura)* Zensur *f*

expurgar [espur'ɣar] <g → gu> *vt* ❶ *(purificar)* reinigen ❷ *(censurar)* zensieren

exquisitez [eskisi'teθ] *f* ❶ *(refinamiento)* Erlesenheit *f; (de vestido)* Eleganz *f; (de trato)* Kultiviertheit *f; (de plato)* Köstlichkeit *f* ❷ *(manjar)* Delikatesse *f*

exquisito, -a [eski'sito, -a] *adj* exquisit

extasiar [esta'sjar] <*1. pres* extasío> **I.** *vt* verzücken **II.** *vr:* **~se** in Verzückung geraten (**con** über +*akk*)

éxtasis ['estasis] *m inv* Ekstase *f*

extender [esten'der] <e → ie> **I.** *vt* ❶ *(papeles)* ausbreiten (**en/sobre/por** auf +*dat*); *(pintura, betún, semillas)* verteilen (**en/sobre** auf +*dat*); **~ la mantequilla** die Butter verstreichen ❷ *(desplegar)* strecken; **~ la mano** die Hand ausstrecken ❸ *(ensanchar)* ausdehnen; *(agrandar)* erweitern; **~ la vista** in die Ferne blicken ❹ *(propagar)* verbreiten (**por** in +*dat*, über +*akk*) ❺ *(escribir)* ausstellen; *(documento)* aufsetzen **II.** *vr:* **~se** ❶ *(terreno)* sich erstrecken; *(en la cama)* sich ausstrecken ❷ *(prolongarse)* dauern (**a/hasta** bis +*akk*) ❸ *(difundirse, expresarse)* sich verbreiten (**por** über +*akk*); **~se en discusiones interminables** sich in endlosen Diskussionen verlieren

extendido, -a [esten'diðo, -a] *adj* ❶ *(amplio)* weit; **un parentesco muy ~** eine weit verzweigte Verwandtschaft ❷ *(prolongado)* lang ❸ *(conocido)* verbreitet; **estar muy ~** weit verbreitet sein ❹ *(detallado)* ausführlich

extensamente [estensa'mente] *adv* ausführlich

extensible [esten'siβle] *adj* ❶ *(ampliable)* ausdehnbar ❷ *(desplegable)* ausziehbar; **mesa ~** Ausziehtisch *m* ❸ *(elástico)* dehnbar ❹ (INFOR) erweiterungsfähig

extensión [esten'sjon] *f* ❶ *(dimensión)* Ausdehnung *f; (longitud)* Länge *f;* **en toda la ~ de la palabra** im weitesten Sinne des Wortes; **por ~** im weiteren Sinne ❷ *(difusión)* Verbreitung *f* ❸ *(duración)* Dauer *f* ❹ *(ampliación)* Erweiterung *f;* **~ hacia el este** (POL) Osterweiterung *f;* **~ eléctrica** Verlängerungsschnur *f* ❺ (TEL) Nebenanschluss *m*

extensivo, -a [esten'siβo, -a] *adj* extensiv; **hacer extensiva una invitación a alguien** eine Einladung auf jdn ausdehnen; **hacer ~s sus saludos a alguien** jdm Grüße ausrichten

extenso, -a [es'tenso, -a] *adj* ❶ *(amplio)* weit ❷ *(dilatado)* ausführlich

extenuación [estenwa'θjon] *f* ❶ *(agotamiento)* Erschöpfung *f* ❷ *(debilidad)* Entkräftung *f*

extenuado, -a [estenu'aðo, -a] *adj* ❶ *(agotado)* erschöpft ❷ *(débil)* entkräftet, schwach

extenuar [estenu'ar] <*1. pres* extenúo> *vt* ❶ *(agotar)* erschöpfen ❷ *(debilitar)* entkräften ❸ *(enflaquecer)* ausmergeln

exterior [este'rjor] **I.** *adj* ❶ *(de fuera)* äußere(r, s); **aspecto ~** Äußere(s) *nt* ❷ *(extranjero)* ausländisch; **Ministerio de Asuntos E~es** Außenministerium *nt;* **relaciones ~es** Auslandsbeziehungen *fpl* **II.** *m* ❶ *(parte de afuera, apariencia)* Äußere(s) *nt* ❷ *(extranjero)* Ausland *nt;* **en el ~** im Ausland

exterioridad [esterjori'ðað] *f* ❶ *(aspecto)* Äußerlichkeit *f* ❷ *pl (alardes)* Prahlerei *f*

exteriorización [esterjoriθa'θjon] *f* Äußerung *f*

exteriorizar [esterjori'θar] <z → c> *vt* *(manifestar)* zeigen; *(revelar)* zum Ausdruck bringen

exteriormente [esterjor'meṇte] *adv* äußerlich

exterminación [estermina'θjon] *f* ❶ *(aniquilación)* Ausrottung *f* ❷ *(devastación)* Zerstörung *f*

exterminar [estermi'nar] *vt* ❶ *(aniquilar)* ausrotten ❷ *(devastar)* zerstören

exterminio [ester'minjo] *m* ❶ *(aniquilación)* Ausrottung *f* ❷ *(devastación)* Zerstörung *f*

externamente [esterna'meṇte] *adv* äußerlich, nach außen

externo, -a [es'terno, -a] *adj* äußerlich; **consultorios ~s** Ambulanz *f*

extinción [estiṇ'θjon] *f* ❶ *(apagado)* Löschen *nt;* **~ de incendios** Brandlöschung *f* ❷ (ECOL) Aussterben *nt;* **en vías de ~** vom Aussterben bedroht ❸ *(de obligación/derecho)* Erlöschen *nt;* *(de contrato)* Ablauf *m*

extinguir [estiŋ'gir] <gu → g> **I.** *vt* ❶ *(apagar)* löschen ❷ *(finalizar)* auslöschen **II.** *vr:* **~se** ❶ *(apagarse)* erlöschen ❷ *(finalizar)* zu Ende gehen; (ECOL) aussterben

extinto, -a [es'tiṇto, -a] **I.** *adj* ❶ *(apagado)* erloschen ❷ *(AmS, Méx: muerto)* verstorben **II.** *m, f* *(AmS, Méx)* Verstorbene(r) *mf*

extintor [estiṇ'tor] *m* **~ de incendios** Feuerlöscher *m*

extirpación [estirpa'θjon] *f* ❶ (MED) (operative) Entfernung *f;* *(de un miembro)* Amputation *f* ❷ *(erradicación)* Ausrottung *f* ❸ *(desarraigo)* Entwurzelung *f*

extirpar [estir'par] *vt* ❶ (MED) (operativ) entfernen; *(miembro)* amputieren ❷ *(erradicar)* ausrotten ❸ *(arrancar)* ausreißen

extorsión [estor'sjon] *f* ❶ *(chantaje)* Erpressung *f* ❷ *(molestia)* Umstände *mpl;* **ser una ~** viele Umstände machen

extorsionar [estorsjo'nar] *vt* ❶ *(chantajear)* erpressen ❷ *(molestar)* Umstände machen *+dat*

extorsionista [estorsjo'nista] *mf* Erpresser(in) *m(f)*

extra[1] ['estra] **I.** *adj* ❶ *(adicional)* Extra-; **horas ~s** Überstunden *fpl;* **paga ~** Lohnzulage *f* ❷ *inv (excelente)* erstklassig; **de calidad ~** von besonderer Qualität **II.** *prep* **~ de** zusätzlich zu *+dat* **III.** *m* ❶ *(complemento)* Extra *nt;* *(en periódico, revista)* Sonderbericht *m* ❷ *(paga)* Lohnzulage *f*

extra[2] ['estra] *mf* ❶ (CINE, TV) Statist(in) *m(f)* ❷ *(ayudante)* Aushilfe *f*

extracción [estraɣ'θjon] *f* ❶ *(sacar)* Herausziehen *nt;* *(de un diente)* Ziehen *nt;* **~ de sangre** Blutentnahme *f* ❷ *(lotería)* Ziehung *f* ❸ *(origen)* Herkunft *f* ❹ (MIN) Förderung *f*

extracomunitario, -a [estrakomuni'tarjo, -a] *adj* außergemeinschaftlich; *(de la UE)* außerhalb der EU

extraconyugal [estrakoɲɟu'ɣal] *adj* außerehelich

extractar [estrak'tar] *vt* exzerpieren; *(resumir)* resümieren

extracto [es'trakto] *m* ❶ *(resumen)* Zusammenfassung *f* ❷ *(pasaje)* Auszug *m;* **~ impreso** (INFOR) Ausdruck *m* ❸ (QUÍM) Extrakt *m o nt*

extractor [estrak'tor] *m* **~ de humo** Rauchabzug *m*

extradición [estraði'θjon] *f* Auslieferung *f*

extraditar [estraði'tar] *vt* ausliefern

extraer [estra'er] *vt irr como traer* ❶ *(sacar)* herausziehen; *(dientes)* ziehen; **~ de un libro** exzerpieren ❷ (QUÍM) extrahieren ❸ (MAT) ziehen ❹ (MIN) fördern

extraescolar [estraesko'lar] *adj* außerschulisch

extraeuropeo, -a [estraeu̯ro'peo, -a] *adj* außereuropäisch

extrajudicial [estraxuði'θjal] *adj* außergerichtlich

extralimitación [estralimita'θjon] *f* Kompetenzüberschreitung *f;* **~ de autoridad** Amtsanmaßung *f*

extralimitarse [estralimi'tarse] *vr* zu weit gehen; **~ en sus funciones** seine Befugnisse überschreiten; **~ en sus esfuerzos** sich überanstrengen

extramatrimonial [estramatrimo'njal] *adj* außerehelich

extranjería [estraŋxe'ria] *f* ❶ *(estatus)* Ausländerstatus *m* ❷ (JUR) Ausländerrecht *nt;* **ley de ~** Ausländergesetz *nt*

E

extranjerismo [estraŋxe'rismo] *m* ① *(exotismo)* Vorliebe *f* für alles Ausländische ② (LING) Fremdwort *nt*
extranjero[1] [estraŋ'xero] *m* Ausland *nt*
extranjero, -a[2] [estraŋ'xero, -a] **I.** *adj* ausländisch; **lengua extranjera** Fremdsprache *f* **II.** *m, f* Ausländer(in) *m(f)*
extranjis [es'traŋxis] **de ~** heimlich
extraña [es'traɲa] *adj o f v.* **extraño**
extrañamente [estraɲa'meṇte] *adv* merkwürdigerweise
extrañar [estra'ɲar] **I.** *vt* ① *(desterrar)* ausweisen ② *(sorprender)* erstaunen; **¡no me extraña!** das habe ich mir schon gedacht! ③ *(encontrar extraño)* ungewohnt finden ④ *(echar de menos)* vermissen **II.** *vr:* **~se** sich wundern (**de** über +*akk*)
extrañeza [estra'ɲeθa] *f* ① *(rareza)* Befremden *nt;* **causar ~** befremden ② *(perplejidad)* Verwunderung *f*
extraño, -a [es'traɲo, -a] **I.** *adj* ① *(raro, forastero)* fremd; *(extranjero)* ausländisch ② *(peculiar)* sonderbar; *(extraordinario)* ungewöhnlich **II.** *m, f (forastero)* Fremde(r) *mf; (extranjero)* Ausländer(in) *m(f)*
extraoficial [estraofi'θjal] *adj* inoffiziell
extraordinariamente [estraorðinarja'meṇte] *adv* außerordentlich
extraordinario[1] [estraorði'narjo] *m* (PREN) Sonderausgabe *f*
extraordinario, -a[2] [estraorði'narjo, -a] *adj* ① *(fuera de lo normal)* außerordentlich; *(muy bueno)* hervorragend ② *(por añadidura)* Sonder- ③ *(raro)* merkwürdig ④ *(sorprendente)* überraschend
extraparlamentario, -a [estraparlameṇ'tarjo, -a] *adj* außerparlamentarisch
extrapolar [estrapo'lar] *vt* ① (MAT) extrapolieren ② *(extender)* ausweiten (**a** auf +*akk*) ③ *(concluir)* erschließen (aus +*dat*)
extrarradio [estra'rraðjo] *m* Außenbezirk *m*
extrasensorial [estrasenso'rjal] *adj* übersinnlich
extraterrestre [estrate'rrestre] **I.** *adj* außerirdisch **II.** *mf* Außerirdische(r) *mf*
extravagancia [estraβa'ɣaṇθja] *f* ① *(rareza)* Extravaganz *f* ② *(excentricidad)* Verschrobenheit *f*
extravagante [estraβa'ɣaṇte] **I.** *adj* ① *(raro)* extravagant ② *(excéntrico)* verrückt **II.** *mf* Spinner(in) *m(f)*
extraviado, -a [estraβi'aðo, -a] *adj* ① *(confuso)* verwirrt ② *(apartado)* abgelegen
extraviar [estraβi'ar] <*1. pres* extravío> **I.** *vt* ① *(despistar)* vom Weg abbringen ② *(perder)* verlieren; *(dejar)* verlegen **II.** *vr:* **~se** ① *(errar el camino)* sich verirren ② *(perderse)* abhandenkommen; *(carta)* verloren gehen ③ *(descarriarse)* vom rechten Weg abkommen
extravío [estra'βio] *m* ① *(desviación)* Irregehen *nt* ② *(pérdida)* Verlieren *nt* ③ *(perdición)* Ausschweifung *f*
extrema [es'trema] *adj o f v.* **extremo**[2]
extremadamente [estremaða'meṇte] *adv* äußerst, extrem
extremado, -a [estre'maðo, -a] *adj* ① *(excesivo)* extrem ② *(exagerado)* übertrieben
Extremadura [estrema'ðura] *f* Estremadura *f*
extremar [estre'mar] **I.** *vt* **~ la prudencia** äußerst vorsichtig sein; **la policía extremó las medidas de seguridad** die Polizei traf strengste Sicherheitsvorkehrungen **II.** *vr:* **~se** sich *dat* größte Mühe geben (**en** bei +*dat*)
extremaunción [estremauṇ'θjon] *f* (REL) letzte Ölung *f*
extremeño, -a [estre'meɲo, -a] **I.** *adj* aus Estremadura **II.** *m, f* Einwohner(in) *m(f)* von Estremadura
extremidad [estremi'ðaᵈ] *f* ① *(cabo)* Ende *nt* ② *pl* (ANAT) Gliedmaßen *fpl*
extremismo [estre'mismo] *m* Extremismus *m;* **~ derechista** Rechtsextremismus *m*
extremista [estre'mista] **I.** *adj* extremistisch **II.** *mf* Extremist(in) *m(f)*
extremo[1] [es'tremo] *m* ① *(cabo)* Ende *nt;* **a tal ~** so weit; **con** [*o* **en**] **~** äußerst; **en último ~** äußerstenfalls; **pasar de un ~ a otro** von einem Extrem ins andere fallen; *(tiempo)* plötzlich umschlagen; **los ~s se tocan** *(prov)* Gegensätze ziehen sich an ② *(asunto)* Punkt *m;* **en este ~** in dieser Hinsicht ③ *(punto límite)* Äußerste(s) *nt;* **esto llega hasta el ~ de...** das geht so weit, dass ... ④ *pl (aspavientos)* **hacer ~s** viel Aufheben machen
extremo, -a[2] [es'tremo, -a] **I.** *adj* ① *(sumo)* äußerste(r, s) ② *(distante)* letzte(r, s); **los barrios más ~s** die am weitesten entfernten Viertel ③ *(opuesto)* entgegengesetzt **II.** *m, f* (DEP) Außenstürmer(in) *m(f);* **~ derecha** Rechtsaußen *m*
extrínseco, -a [es'trinseko, -a] *adj* ① *(externo)* äußerlich; **circunstancias extrínsecas** äußere Umstände ② *(superficial)* nicht wesentlich
extrovertido, -a [estroβer'tiðo, -a] *adj* (PSICO) extravertiert
exuberancia [eᵞsuβe'raṇθja] *f* Üppigkeit *f*
exuberante [eᵞsuβe'raṇte] *adj* üppig
exudado [eᵞsu'ðaðo] *m* (MED) Schweiß *m*
exudar [eᵞsu'ðar] *vi, vt* (MED, QUÍM) ausschwitzen

exultante [eɣsuḷ'tan̩te] *adj* jubelnd
exultar [eɣsuḷ'tar] *vi* jubeln
eyaculación [eɟakula'θjon] *f* ① *(acción)* Samenerguss *m* ② *(esperma)* Ejakulat *nt*
eyacular [eɟaku'lar] *vi* ejakulieren
eyectar [eɟek'tar] *vt* (TÉC) auswerfen

Ff

F, f ['efe] *f* F, f *nt;* ~ **de Francia** F wie Friedrich
fa [fa] *m inv* (MÚS) f, F *nt;* ~ **sostenido** Fis *nt*
fabada [fa'βaða] *f* Bohneneintopf *m*
fábrica ['faβrika] *f* ① *(lugar de producción)* Fabrik *f;* ~ **de cerveza** Brauerei *f;* **en** [*o* **ex**] ~ ab Werk ② *(de ladrillo, piedra)* Mauerwerk *nt;* **obra de** ~ gemauertes Bauwerk ③ *(edificio)* Gebäude *nt* ④ *(fondos de iglesias)* Kirchenmittel *nt pl* ⑤ *(invención)* ~ **de embustes** Schwindelei *f;* ~ **de mentiras** Lügengespinst *nt*
fabricación [faβrika'θjon] *f* Herstellung *f;* ~ **en masa** Massenproduktion *f*
fabricante [faβri'kan̩te] *mf* ① *(que fabrica)* Hersteller(in) *m(f)* ② *(dueño)* Fabrikant(in) *m(f)*
fabricar [faβri'kar] <c → qu> *vt* ① *(producir)* herstellen; ~ **cerveza** Bier brauen ② *(construir)* erbauen ③ *(inventar)* erfinden
fabril [fa'βril] *adj* Fabrik-; *(Herstellung)* fabrikmäßig; **trabajadora** ~ Fabrikarbeiterin *f*
fábula ['faβula] *f* ① (LIT) Fabel *f* ② *(fam: invención)* (Lügen)geschichte *f* ③ *(relato mitológico)* Sage *f*
fabulador(a) [faβula'ðor(a)] *m(f)* ① *(fabulista)* Fabeldichter(in) *m(f)* ② *(que inventa cosas fabulosas)* Aufschneider(in) *m(f)*
fabular [faβu'lar] *vt* fabulieren
fabuloso, -a [faβu'loso, -a] *adj* ① *(inventado)* erdichtet; **personaje** ~ Fabelwesen *nt* ② *(extraordinario)* großartig
facción [faɣ'θjon] *f* ① *(banda)* aufrührerische Gruppe *f* ② *(de un partido)* Splittergruppe *f* ③ *pl (rasgos)* (Gesichts)züge *mpl*
faccioso, -a [faɣ'θjoso, -a] **I.** *adj* aufrührerisch **II.** *m, f* ① *(rebelde)* Aufrührer(in) *m(f)* ② *(de un partido)* Parteigänger(in) *m(f)*
faceta [fa'θeta] *f* ① *(de poliedros)* Facette *f* ② *(aspecto)* Seite *f*
facetada [faθe'taða] *f* *(Méx)* schlechter Witz *m,* Scherz *m*
faceto, -a [fa'θeto, -a] *adj* *(Méx)* ① *(chistoso)* witzig, spaßig ② *(presuntuoso)* angeberisch, eingebildet
facha[1] ['fatʃa] *f* Aussehen *nt,* Äußere(s) *nt;* **tener una** ~ **sospechosa** verdächtig aussehen; **estar hecho una** ~ *(fam)* lächerlich aussehen
facha[2] ['fatʃa] **I.** *adj (fam pey)* rechtsradikal **II.** *mf (fam pey)* Rechtsradikale(r) *mf*
fachada [fa'tʃaða] *f* ① *(de un edificio)* Fassade *f* ② *(apariencia)* Erscheinung *f,* Äußere(s) *nt;* **su buen humor es pura** ~ seine/ihre gute Laune ist reine Fassade
fachenda[1] [fa'tʃen̩da] *mf* *(fam)* Angeber(in) *m(f)*
fachenda[2] [fa'tʃen̩da] *f* *(fam)* Prahlerei *f,* Angeberei *f*
fachendear [fatʃen̩de'ar] *vi* *(fam)* prahlen, protzen
fachendoso, -a [fatʃen̩'doso, -a] **I.** *adj* *(fam)* großtuerisch **II.** *m, f* *(fam)* Angeber(in) *m(f)*
facial [fa'θjal] *adj* Gesichts-
fácil ['faθil] *adj* ① *(sin dificultades)* leicht, einfach; **la ventana es** ~ **de abrir** das Fenster lässt sich leicht öffnen ② *(cómodo)* bequem ③ *(probable)* wahrscheinlich; **es** ~ **que...** +*subj* es ist wahrscheinlich, dass ...; **es** ~ **que nieve** wahrscheinlich wird es schneien ④ *(carácter)* nachgiebig
facilidad [faθili'ðað] *f* ① *(sin dificultad)* Leichtigkeit *f* ② *(dotes)* Begabung *f;* **tener** ~ **para algo** für etw begabt sein; **tener** ~ **para los idiomas** sprachbegabt sein ③ *pl* Erleichterungen *fpl;* **ofrecer** [*o* **dar**] ~**es a alguien para algo** jdm bei etw *dat* entgegenkommen
facilitación [faθilita'θjon] *f sin pl* ① *(alivio)* Erleichterung *f;* *(posibilitación)* Ermöglichung *f* ② *(suministro)* Bereitstellung *f*
facilitar [faθili'tar] *vt* ① *(favorecer)* erleichtern; *(posibilitar)* ermöglichen ② *(suministrar)* besorgen; *(entregar)* zur Verfügung stellen
fácilmente [faθil'men̩te] *adv* ① *(sin dificultad)* mühelos ② *(con probabilidad)* wahrscheinlich

facineroso, -a [faθine'roso, -a] *m, f* ❶ *(delincuente)* Verbrecher(in) *m(f)* ❷ *(malvado)* Bösewicht *m*
facistol [faθis'tol] *m* (Chor)pult *nt*
facsímil(e) [faʸ'simil(e)] *m* ❶ *(reproducción)* Faksimile *nt* ❷ (TEL) Bildtelegrafie *f*
factibilidad [faktiβili'ðaᵈ] *f* Durchführbarkeit *f*
factible [fak'tiβle] *adj* durchführbar, machbar
facticio, -a [fak'tiθjo, -a] *adj* künstlich, Schein-
F
fáctico, -a ['faktiko, -a] *adj* faktisch
factor [fak'tor] *m (causa, t.* MAT*)* Faktor *m;* ~ **de riesgo** Risikofaktor *m*
factoría [fakto'ria] *f* ❶ *(emporio)* Handelsniederlassung *f* ❷ *(fábrica)* Fabrik *f*
factorial [fakto'rjal] *f* (MAT) Fakultät *f*
factótum [fak'totun] *m (fam)* ❶ *(el que lo hace todo)* Mädchen *nt* für alles ❷ *(persona de confianza)* rechte Hand *f*
factual [fak'twal] *adj* faktisch
factura [fak'tura] *f* ❶ *(hechura)* Ausführung *f* ❷ *(cuenta)* Rechnung *f; (recibo)* Quittung *f;* **pasar** ~ die Rechnung ausstellen; **su holgazanería le pasa ahora** ~ *(fam)* das ist die Quittung für seine/ihre Faulheit
facturación [fakturaθjon] *f* ❶ *(elaboración de una factura)* Berechnung *f* ❷ (FERRO) Gepäckaufgabe *f;* (AERO) Check--in *m o nt;* ~ **en línea** Online-Check-in *m o nt*
facturar [faktu'rar] *vt* ❶ *(cobrar)* berechnen; ~ **los gastos de trasporte** die Transportkosten in Rechnung stellen ❷ (FERRO) aufgeben ❸ (AERO) ~ (**el equipaje**) (das Gepäck) abfertigen, einchecken
facultad [fakuḷ'taᵈ] *f* ❶ *(atribuciones)* Befugnis *f;* **tener** ~ **para algo** zu etw *dat* befugt sein; **conceder ~es a alguien** (**para algo**) jdn (zu etw *dat*) bevollmächtigen ❷ *(aptitud)* Fähigkeit *f;* **recobrar sus ~es** wieder zu sich *dat* kommen ❸ (UNIV) Fakultät *f* ❹ *(profesorado)* Lehrkörper *m* ❺ *pl (dotes)* Talent *nt*
facultar [fakuḷ'tar] *vt* berechtigen (**para** zu +*dat*)
facultativo, -a [fakuḷta'tiβo, -a] **I.** *adj* ❶ *(potestativo)* fakultativ ❷ (UNIV) Fakultäts- ❸ *(del médico)* ärztlich **II.** *m, f* Arzt *m,* Ärztin *f*
facundo, -a [fa'kuṇdo, -a] *adj* ❶ *(verboso)* redselig ❷ *(locuaz)* redegewandt
fado ['faðo] *m* Fado *m*
faena [fa'ena] *f* ❶ *(tarea)* Arbeit *f;* **~s domésticas** Hausarbeit(en) *f(pl)* ❷ *(fam: mala pasada)* Streich *m;* **hacer una ~ a alguien** jdm einen Streich spielen.
faenar [fae'nar] **I.** *vi* ❶ *(laborar)* (hart) arbeiten ❷ *(pescar)* fischen **II.** *vt (matar reses)* schlachten
faenero, -a [fae'nero, -a] *m, f (Chil)* Landarbeiter(in) *m(f)*
fagot[1] [fa'ɣoᵗ] *m* Fagott *nt*
fagot[2] [fa'ɣoᵗ] *mf* Fagottist(in) *m(f)*
Fahrenheit ['farenxei̯t] **grado** ~ Fahrenheit *nt*
failear [fai̯le'ar] *vt (AmC, RíoPl:* COM*: documentos*) ablegen; *(en una carpeta)* abheften; ~ **un asunto** eine Angelegenheit zu den Akten legen
fain [fai̯n] *adj (Am: estupendo)* prima; *(calidad)* hochwertig
faíno, -a [fa'ino, -a] *adj (Cuba)* unhöflich, grob
fair play [fer plei̯] *m inv* (DEP) Fairplay *nt*
faisán [fai̯'san] *m* Fasan *m*
faitear [fai̯te'ar] *vi (Am)* sich prügeln
faja ['faxa] *f* ❶ *(para ceñir)* Korsett *nt; (para abrigar)* (Leib)binde *f* ❷ *(distintivo honorífico)* Schärpe *f* ❸ *(franja)* Streifen *m* ❹ *(de libros)* Bauchbinde *f*
fajado, -a [fa'xaðo, -a] *adj* ❶ *(con bandas)* gestreift ❷ *(experimentado, curtido)* erfahren
fajar [fa'xar] **I.** *vt* ❶ *(envolver)* umwickeln; *(periódicos)* bündeln ❷ *(Am: golpear)* schlagen **II.** *vr:* **~se** ❶ *(ponerse una faja)* sich *dat* eine Schärpe anlegen ❷ *(Am: pelearse)* sich schlagen **III.** *vi* ~ **con alguien** jdn angreifen
fajín [fa'xin] *m* ❶ *dim de* **faja** ❷ *(de generales, funcionarios)* (Amts)schärpe *f*
fajina [fa'xina] *f* ❶ *(en la era)* Garbenhaufen *m* ❷ *(de leña)* Reisigbündel *nt* ❸ (MIL: *haz de ramas*) Faschine *f*
fajo ['faxo] *m* ❶ *(papeles)* Bündel *nt* ❷ *pl (de bebé)* Babyausstattung *f*
fajol [fa'xol] *m* (BOT) Buchweizen *m*
falacia [fa'laθja] *f* Betrug *m*
falange [fa'laŋxe] *f* ❶ (MIL) Truppe *f;* (HIST) Phalanx *f* ❷ (ANAT: *de las manos*) Fingerknochen *m; (de los pies)* Zehenknochen *m* ❸ (POL) **Falange Española** Falange *f (faschistische, totalitäre Staatspartei Spaniens von 1933 - 1976)*
falangista [falaŋ'xista] **I.** *adj* (POL) falangistisch **II.** *mf* (POL) Falangist(in) *m(f)*
falaz [fa'laθ] *adj* betrügerisch
falda ['faḷda] *f* ❶ *(vestido)* Rock *m;* ~ **pantalón** Hosenrock *m;* ~ **plisada** Plisseerock *m;* **estar pegado a las ~s de una mujer** unter dem Pantoffel einer Frau stehen; **se ha criado bajo las ~s de mamá** er/sie ist wohl behütet aufgewachsen ❷ *(regazo)* (Rock)schoß *m* ❸ *(de una mesa camilla)* *Tischdecke für einen Tisch*

mit darunterliegendem Kohlenbecken ❹ *(de sombrero)* Hutkrempe *f* ❺ *(de una montaña)* Bergabhang *m* ❻ (GASTR) Rippenfleisch *nt* ❼ *(loc)* **es asunto de ~s** das ist Frauensache; **le tiran mucho las ~s** er ist hinter den Frauen her

faldero [faḷ'dero] *m* ❶ *(hombre)* Schürzenjäger *m* ❷ *(animal)* **perro ~** Schoßhund *m*

faldón [faḷ'don] *m* ❶ *(de una camisa)* Schoß *m* ❷ *(de una funda)* Volant *m* ❸ (ARQUIT) Walm *m* ❹ *(de la chimenea)* Kaminrahmen *m*

falencia [fa'leṇθja] *f* *(Am)* Konkurs *m*, Bankrott *m*

falible [fa'liβle] *adj* *(erróneo)* fehlbar; *(engañoso)* trügerisch

fálico, -a ['faliko, -a] *adj* phallisch

falla ['faʎa] *f* ❶ *(defecto)* Defekt *m; (en un sistema)* Störung *f; (en un arma)* Ladehemmung *f* ❷ (GEO) Verwerfung *f*

fallar [fa'ʎar] **I.** *vi* ❶ (JUR) ein Urteil fällen ❷ *(malograrse: proyecto)* misslingen; *(plan, intento)* fehlschlagen ❸ *(no funcionar)* versagen; **le ~on los nervios** seine/ihre Nerven machten nicht mit; **algo le falla** etwas ist nicht in Ordnung mit ihm/ihr; **no falla nunca** *(cosa)* das funktioniert immer; *(persona)* auf ihn/sie ist Verlass ❹ *(romperse)* nachgeben ❺ *(no cumplir con su palabra)* **~ a alguien** jdn im Stich lassen; *(en una cita)* jdn versetzen **II.** *vt* ❶ (JUR) fällen; **~ la absolución** auf Freispruch erkennen; **~ un pleito** einen Rechtsstreit beilegen ❷ (DEP) danebenschießen ❸ *(en el juego de naipes)* einen Trumpf ausspielen

Fallas ['faʎas] *fpl* **las ~** die Fallas *(Volksfest in Valencia am Sankt-Josefs-Tag (19. März))*

fallecer [faʎe'θer] *vi irr como crecer* sterben

fallecido, -a [faʎe'θiðo, -a] **I.** *adj* verstorben **II.** *m, f* Verstorbene(r) *mf*

fallecimiento [faʎeθi'mjeṇto] *m* Sterben *nt*

fallero, -a [fa'ʎero, -a] *m, f Teilnehmer(in) am Umzug der Fallas*

fallido, -a [fa'ʎiðo, -a] **I.** *adj* ❶ *(proyecto)* misslungen; *(intento)* gescheitert ❷ (COM: *deuda*) uneintreibbar ❸ *(en quiebra)* bankrott **II.** *m, f* Bankrotteur(in) *m(f)*

fallo ['faʎo] *m* ❶ (JUR) Urteil *nt* ❷ *(error)* Fehler *m; (omisión)* Auslassung *f;* **~ humano** menschliches Versagen; **el asunto solo tiene un pequeño ~** die Sache hat nur einen kleinen Haken ❸ (TÉC) Defekt *m* ❹ *(en el juego de naipes)* Fehlfarbe *f* ❺ *(fracaso)* Fehlschlag *m*

falluteria [faʎute'ria] *f* *(RíoPl: fam: comportamiento)* Heuchelei *f; (modo de ser)* Scheinheiligkeit *f*

falluto, -a [fa'ʎuto, -a] *adj* *(RíoPl: fam: en el comportamiento)* heuchlerisch; *(en el modo de ser)* scheinheilig

falo ['falo] *m* *(elev)* Phallus *m*

falocracia [falo'kraθja] *f* Männerherrschaft *f*

falsa ['falsa] *adj o f v.* **falso²**

falsario, -a [fal'sarjo, -a] **I.** *adj* falsch **II.** *m, f* ❶ *(mentiroso)* Lügner(in) *m(f)* ❷ *(que falsifica monedas)* Falschmünzer(in) *m(f)*

falseable [false'aβle] *adj* fälschbar

falseador(a) [falsea'ðor(a)] *m(f)* (Ver)fälscher(in) *m(f)*

falseamiento [falsea'mjeṇto] *m* (Ver)fälschung *f*

falsear [false'ar] **I.** *vi* ❶ *(flaquear)* nachgeben ❷ (MÚS) verstimmt sein **II.** *vt* ❶ *(adulterar al referir)* verfälschen; *(verdad)* entstellen ❷ *(falsificar materialmente)* fälschen

falsedad [false'ðaᵈ] *f* *(en el carácter)* Falschheit *f; (hipocresía)* Heuchelei *f*

falsete [fal'sete] *m* (MÚS) Falsett *nt;* **cantar en ~** falsettieren

falsificación [falsifika'θjon] *f* *(acto)* Fälschen *nt; (objeto)* Fälschung *f;* **~ de billetes** Falschgeldherstellung *f*

falsificador(a) [falsifika'ðor(a)] *m(f)* Fälscher(in) *m(f);* **~ de documentos** Urkundenfälscher *m;* **~ de moneda** Falschmünzer *m*

falsificar [falsifi'kar] <c → qu> *vt* fälschen; *(balance)* frisieren; **~ la verdad** die Wahrheit verfälschen

falso¹ ['falso] **I.** *m* (Saum)besatz *m* **II.** *adv* **en ~** *(falsamente)* falsch; **jurar en ~** einen Meineid schwören; **coger a alguien en ~** jdn bei einer Lüge ertappen; **dar un golpe en ~** *(movimiento)* nicht treffen; **dar un paso en ~** einen Fehltritt tun

falso, -a² ['falso, -a] **I.** *adj* ❶ *(no cierto, no auténtico)* falsch; **¡~!** das ist gelogen! ❷ *(no natural)* künstlich; *(pseudo-)* Schein-; **llave falsa** Dietrich *m;* **puerta falsa** blinde Tür ❸ *(caballería)* widerspenstig **II.** *m, f (mentiroso)* Lügner(in) *m(f); (hipócrita)* Heuchler(in) *m(f)*

falta ['faḷta] *f* ❶ *(carencia)* Mangel *m* (**de** an +*dat*); *(ausencia)* Abwesenheit *f;* **~ de dinero** Geldmangel *m;* **~ de educación** Respektlosigkeit *f;* **~ de liquidez** Liquiditätsengpass *m;* **echar en ~ algo/a alguien** etw/jdn vermissen; **hacer ~ algo/alguien** etw/jdn brauchen; **¡ni ~ que hace!** das ist absolut nicht nötig! ❷ *(equivocación)* Fehler *m;* **~ ortográfica** Rechtschreibfehler *m;* **sin ~s** fehlerlos;

sin ~ ganz sicher, zweifellos ❸ (DEP) Foul(spiel) *nt* ❹ (JUR) Übertretung *f; (omisión censurable)* Unterlassung *f; (descuido castigable)* Fahrlässigkeit *f*

faltar [fal̪'tar] *vi* ❶ *(no estar)* fehlen (an +*dat*); *(persona)* fernbleiben; *(cosa)* nicht vorhanden sein; ~ **a clase** dem Unterricht fernbleiben; ~ **a una cita** ein Treffen versäumen; **me faltan mis llaves** ich vermisse meine Schlüssel; **nos falta dinero para...** wir haben nicht genug Geld, um …; **no falta quien...** es gibt auch einige, die …; **falta (por) saber si...** es ist nur noch die Frage, ob …; **¡no ~ía** [*o* **faltaba**] **más!** das fehlte gerade noch!; *(respuesta a agradecimiento)* das war doch nicht der Rede wert!; *(asentir amablemente)* aber selbstverständlich!; **¡lo que faltaba!** das hat uns gerade noch gefehlt!; **por si algo faltaba...** nicht genug damit … ❷ *(necesitarse)* brauchen; **me falta tiempo para hacerlo** ich habe nicht genug Zeit, um das zu machen; ~ **(por) hacer** noch getan werden müssen ❸ *(temporal: quedar)* fehlen, dauern; **faltan cuatro días para tu cumpleaños** es sind noch vier Tage bis zu deinem Geburtstag; **falta mucho para que venga** es dauert noch lange, bis er/sie kommt; **falta poco para las doce** es ist fast zwölf Uhr; **faltan diez para las nueve** *(Am)* es ist zehn vor neun; **poco le faltó para llorar** er/sie war drauf und dran, zu weinen ❹ *(no cumplir)* ~ **a** verstoßen gegen +*akk;* ~ **a su palabra** wortbrüchig werden; ~ **a su mujer** seine Frau betrügen; **no ~é en dárselo** ich werde es ihr/ihm ganz sicher geben ❺ *(ofender)* verletzen ❻ *(cometer una falta)* ~ **en algo** etw falsch machen ❼ *(elev: morir)* dahingehen

falto, **-a** ['fal̪to, -a] *adj (escaso)* knapp (**de** an/mit +*dat*); *(desprovisto)* ohne (**de** +*akk*); ~ **de recursos** mittellos; **está** ~ **de cariño** ihm mangelt es an Zuneigung

faltón, **-ona** [fal̪'ton, -ona] *adj (fam)* ❶ *(que falta a su palabra)* wortbrüchig ❷ *(negligente)* unachtsam, nachlässig ❸ *(Am: vago)* faul

faltriquera [fal̪tri'kera] *f* Rocktasche *f; (a la cintura)* Gürteltasche *f*

fama ['fama] *f* ❶ *(gloria)* Ruhm *m; (celebridad)* Berühmtheit *f;* **tener** ~ berühmt sein; **dar** ~ **a algo/alguien** etw/jdn berühmt machen ❷ *(reputación)* Ruf *m;* **tener** ~ **de fanfarrón** als Aufschneider gelten; **ser de mala** ~ von zweifelhaftem Ruf sein ❸ *(rumor)* Gerücht *nt;* **corre la** ~ **de que...** +*(subj)* es wird gesagt, dass …

famélico, **-a** [fa'meliko, -a] *adj* ausgehungert

familia [fa'milja] *f* ❶ *(pareja e hijos)* Familie *f; (que comparten una casa)* Haushalt *m;* ~ **acogedora** Gastfamilie *f,* Pflegefamilie *f;* ~ **extendida** Großfamilie *f;* ~ **homoparental** Familie *f* mit gleichgeschlechtlichen Eltern; ~ **monoparental** Einelternfamilie *f;* ~ **nuclear** Kernfamilie *f;* ~ **numerosa** kinderreiche Familie; ~ **reconstruida** Patchworkfamilie *f;* **cabeza de** ~ Familienoberhaupt *nt* ❷ *(parentela)* Familie *f;* **libro de** ~ Familienstammbuch *nt;* **de buena** ~ aus gutem Hause; **eso viene de** ~ das ist seit Generationen so; **en** ~ im (engsten) Familienkreis; **ser de la** ~ zur Familie gehören; **acordarse de la** ~ **de alguien** *(argot)* jds Familie verfluchen ❸ *(hijos)* Kinder *ntpl*

familiar [fami'ljar] **I.** *adj* ❶ *(íntimo)* familiär; **asunto** ~ Familienangelegenheit *f;* **economía** ~ privater Haushalt ❷ *(conocido)* vertraut **II.** *mf (pariente)* Verwandte(r) *mf*

familiaridad [familjari'ða^{ð}] *f (confianza)* Vertraulichkeit *f; (trato familiar)* Vertrautheit *f*

familiarizar [familjari'θar] <z → c> **I.** *vt (acostumbrar)* vertraut machen (**con** mit +*dat*) **II.** *vr:* **~se** sich gewöhnen (**con** an +*akk*); **~se con un sistema nuevo** sich in ein neues System einarbeiten

famoso, **-a** [fa'moso, -a] *adj (conocido)* berühmt (**por** durch +*akk*); *(fam: sonado)* allseits bekannt

fan [fan] *mf* <fans> *(admirador)* Fan *m; (de fútbol)* Schlachtenbummler(in) *m(f)*

fanal [fa'nal] *m* ❶ (NÁUT) Signallaterne *f; (de barco)* Schiffslaterne *f* ❷ *(campana)* Glasglocke *f*

fanático, **-a** [fa'natiko, -a] **I.** *adj* fanatisch **II.** *m, f* ❶ *(fam: hincha)* Anhänger(in) *m(f)* (**de** von +*dat*); **es una fanática del rock** sie ist ganz wild auf Rockmusik ❷ *(pey: extremista)* Fanatiker(in) *m(f)*

fanatismo [fana'tismo] *m sin pl* Fanatismus *m*

fanatizar [fanati'θar] <z → c> *vt* aufhetzen

fané [fa'ne] *adj* ❶ *(arrugado)* faltig, runzelig; *(marchito)* verwelkt, leicht zerknittert; **estar** ~ in einem fürchterlichen Zustand sein ❷ *(vulgar)* geschmacklos ❸ *(Arg: cansado)* müde

fanega [fa'neɣa] *f* Fanega *f (je nach Region unterschiedliches Hohlmaß oder Flächenmaß)*

fanfarria [faɱ'farrja] *f* ❶ *(fam: jactancia)* Prahlerei *f* ❷ (MÚS) Fanfarenzug *m*

fanfarrón, **-ona** [faɱfa'rron, -ona] **I.** *adj*

(fam: chulo) prahlerisch **II.** *m, f (fam: bravucón)* Prahlhans *m*
fanfarronada [faɱfarro'naða] *f (fam)* Prahlerei *f*
fanfarronear [faɱfarrone'ar] *vi (fam)* prahlen
fanfarronería [faɱfarrone'ria] *f (fam)* Prahlerei *f*
fangal [faŋ'gal] *m* Morast *m*
fango ['faŋgo] *m* ❶ *(lodo)* Schlamm *m;* **baños de ~** (MED) Fangobäder *ntpl* ❷ *(deshonra)* Schande *f*
fangoso, -a [faŋ'goso, -a] *adj* schlammig
fantasear [faṇtase'ar] **I.** *vi* ❶ *(soñar)* fantasieren ❷ *(presumir)* prahlen **II.** *vt* erfinden
fantaseo [faṇta'seo] *m* Fantasiererei *f*
fantasía [faṇta'sia] *f* ❶ *(imaginación)* Fantasie *f; (cosa imaginada)* Hirngespinst *nt;* **joyas de ~** Modeschmuck *m;* **¡déjate de ~s!** hör auf zu träumen! ❷ (LIT) Fiktion *f* ❸ (MÚS) Fantasie *f*
fantasioso, -a [faṇta'sjoso, -a] **I.** *adj* ❶ *(inventado)* erfunden; **idea fantasiosa** Fantasterei *f* ❷ *(fachendoso)* großtuerisch **II.** *m, f* Träumer(in) *m(f)*
fantasma [faṇ'tasma] **I.** *m* ❶ *(aparición)* Gespenst *nt;* **andar como un ~** herumirren; **aparecer como un ~** plötzlich auftauchen ❷ *(visión)* Phantom *nt* ❸ *(fam: fanfarrón)* Angeber(in) *m(f)* **II.** *adj* Schein-; **empresa ~** Briefkastenfirma *f*
fantasmada [faṇtas'maða] *f (fam)* Prahlerei *f*
fantasmagórico, -a [faṇtasma'ɣoriko, -a] *adj* illusionistisch; (TEAT) phantasmagorisch
fantasmal [faṇtas'mal] *adj* gespenstisch, Gespenster-
fantasmón, -ona [faṇtas'mon, -ona] **I.** *adj (fam)* wichtigtuerisch **II.** *m, f* Angeber(in) *m(f)*
fantásticamente [faṇtastika'meṇte] *adv* ❶ *(muy bien)* großartig, fabelhaft ❷ *(fingidamente)* falsch, unecht
fantástico, -a [faṇ'tastiko, -a] *adj* ❶ *(irreal)* fantastisch, unwirklich ❷ *(fam: fabuloso)* fabelhaft, toll
fantochada [faṇto'ʧaða] *f* ❶ *(fantasmada)* Prahlerei *f* ❷ *(tontería)* Unsinn *m*
fantoche [faṇ'toʧe] *m* ❶ *(títere)* Marionette *f* ❷ *(mamarracho)* Vogelscheuche *f* ❸ *(fantasmón)* Prahlhans *m*
FAO ['fao] *f abr de* **Organización de las Naciones Unidas para la Agricultura y la Alimentación** FAO *f,* Welternährungsorganisation *f*
faquir [fa'kir] *m* Fakir *m*
faralá [fara'la] *m* <faralaes> ❶ *(volante)* Volant *m* ❷ *(fam: oropel)* Schnickschnack *m,* Firlefanz *m*
farallón [fara'ʎon] *m* Klippe *f*
faramallear [faramaʎe'ar] *vi (Chil, Méx)* prahlen, sich aufspielen
farándula [fa'raṇdula] *f* ❶ *(farsa)* Komödiantentum *nt* ❷ (TEAT) primitive Wanderbühne *f* ❸ *(fam: palabrería)* Bauernfängerei *f*
faraón [fara'on] *m* Pharao *m*
faraónico, -a [fara'oniko, -a] *adj* pharaonisch
fardada [far'ðaða] *f (fam)* Protzerei *f*
fardaje [far'ðaxe] *m* Gepäck *nt*
fardar [far'ðar] *vi (fam: presumir)* protzen; *(impresionar)* Eindruck schinden
fardel [far'ðel] *m* ❶ *(morral)* Rucksack *m; (bulto)* Bündel *nt* ❷ *(fam: desaliñado)* Schlamper *m,* Schlampe *f*
fardo ['farðo] *m* ❶ *(bulto)* Ballen *m; (de ropa)* Kleiderbündel *nt* ❷ *(fam: obeso)* Dickwanst *m*
fardón, -ona [far'ðon, -ona] *adj (fam)* ❶ *(chulo)* elegant (gekleidet), schick ❷ *(vistoso)* klasse; *(coche)* schnittig
farfulla[1] [far'fuʎa] **I.** *adj (fam)* stotternd **II.** *mf (fam)* Stotterer, -in *m, f*
farfulla[2] [far'fuʎa] *f* Stottern *nt*
farfullar [farfu'ʎar] *vi (fam)* ❶ *(balbucear)* stottern ❷ *(chapucear)* pfuschen
farfullero, -a [farfu'ʎero, -a] *m, f (fam)* ❶ *(tartamudo)* Stotterer, -in *m, f* ❷ *(chapucero)* Pfuscher(in) *m(f)*
faria® ['farja] *m o f Zigarrenmarke*
faringe [fa'riŋxe] *f* (ANAT) Rachen *m,* Schlund *m*
faringitis [fariŋ'xitis] *f inv* (MED) Rachenentzündung *f*
fario ['farjo] *m (malo)* Pech *nt; (bueno)* Glück *nt;* **tener buen/mal ~** Glück/Pech haben
fariseo, -a [fari'seo, -a] *m, f* ❶ *(de la secta judía)* Pharisäer(in) *m(f)* ❷ *(hipócrita)* Heuchler(in) *m(f)*
farmacéutico, -a [farma'θeu̯tiko, -a] **I.** *adj* pharmazeutisch; **industria farmacéutica** Pharmaindustrie *f;* **productos ~s** Arzneimittel *ntpl* **II.** *m, f* Apotheker(in) *m(f)*
farmacia [far'maθja] *f* ❶ *(tienda)* Apotheke *f;* **~ de guardia** Bereitschaftsapotheke *f* ❷ *(ciencia)* Pharmazie *f*
fármaco ['farmako] *m* Arzneimittel *nt*
farmacología [farmakolo'xia] *f* (MED) Pharmakologie *f*
farmacológico, -a [farmako'loxiko, -a] *adj* pharmakologisch
farmacólogo, -a [farma'koloɣo, -a] *m, f* Pharmakologe, -in *m, f*
farmacopea [farmako'pea] *f* (MED) ❶ *(técnica)* Technik *f* der Arzneimit-

F

telzubereitung ② *(libro)* amtliches Arzneibuch *nt*

faro ['faro] *m* ① (AUTO) Scheinwerfer *m;* ~ **delantero** Scheinwerfer *m;* ~ **trasero** Schlussleuchte *f,* Rücklicht *nt;* ~ **antiniebla** Nebelscheinwerfer *m* ② (NÁUT) Leuchtturm *m*

farol [fa'rol] *m* ① *(lámpara)* Laterne *f; (de papel)* Papierlaterne *f;* ~ **de calle** Straßenlaterne *f;* **hacer de** ~ *(fam)* den Aufpasser/die Anstandsdame spielen ② (DEP) Handstand *m* ③ *(fam: fanfarronada)* Protzerei *f; (patraña)* Bluff *m;* **tirarse un** ~ bluffen ④ *pl (Am: ojos)* Augen *nt pl;* **¡adelante con los ~es!** *(fam)* vorwärts!, nur zu!

F

farola [fa'rola] *f* Straßenlaterne *f*

farolazo [faro'laθo] *m (AmC, Méx)* (kräftiger) Schluck *m* Schnaps

farolear [farole'ar] *vi (fam)* große Töne spucken

farolero, -a [faro'lero, -a] **I.** *adj (fam)* prahlerisch **II.** *m, f* Prahlhans *m*

farolillo [faro'liʎo] *m* Lampion *m;* ~ **rojo** *(fam)* Schlusslicht *nt*

farra ['farra] *f* **estar** [*o* **ir**] **de** ~ *(fam)* einen draufmachen

fárrago ['farraɣo] *m* Durcheinander *nt*

farragoso, -a [farra'ɣoso, -a] *adj* verworren

farrear [farre'ar] **I.** *vi (CSur: fam)* feiern, auf Sauftour gehen *fam* **II.** *vr:* **~se** *(RíoPl: dinero)* verjubeln

farrista [fa'rrista] **I.** *adj (CSur)* nachtschwärmerisch; **mi hija es muy** ~ meine Tochter ist eine Nachtschwärmerin **II.** *mf (CSur: que le gusta salir)* Nachtschwärmer(in) *m(f)*

farruco, -a [fa'rruko, -a] **I.** *adj* kühn; **ponerse** ~ **con alguien** jdm die Stirn bieten **II.** *m, f* Draufgänger(in) *m(f)*

farsa ['farsa] *f* ① (TEAT: *farándula*) Komödiantentum *nt; (sainete)* Schwank *m* ② *(engaño)* Schwindel *m*

farsante [far'sante] **I.** *adj (fam)* schwindlerisch **II.** *mf (fam)* Schwindler(in) *m(f)*

fas [fas] *(fam)* **por** ~ **o por nefas** so oder so

FAS [fas] *f pl abr de* **Fuerzas Armadas** (MIL) Streitkräfte *f pl*

fascículo [fas'θikulo] *m* ① *(publicación)* Faszikel *m* ② (ANAT) (Muskel)strang *m*

fascinación [fasθina'θjon] *f* Faszination *f;* **sentir** ~ **por algo** sich für etw begeistern

fascinador(a) [fasθina'ðor(a)] *adj,* **fascinante** [fasθi'nante] *adj* faszinierend; *(persona)* bezaubernd; *(libro)* fesselnd

fascinar [fasθi'nar] **I.** *vi, vt (encantar)* faszinieren; *(libro)* fesseln; **estar fascinado por algo** von etw fasziniert sein **II.** *vr:* **~se** sich begeistern lassen

fascismo [fas'θismo] *m sin pl* Faschismus *m*

fascista [fas'θista] **I.** *adj* faschistisch **II.** *mf* Faschist(in) *m(f)*

fascistoide [fasθis'toi̯ðe] *adj* faschistoid

fase ['fase] *f* ① *(período)* Phase *f;* ~ **transitoria** Übergangsphase *f* ② *(estado)* Stufe *f* ③ (ELEC, FÍS, QUÍM) Phase *f;* **de tres ~s** dreiphasig; *(nave espacial)* dreistufig ④ (ASTR) ~ **lunar** Mondphase *f*

fastidiado, -a [fasti'ðjaðo, -a] *adj (enfermo)* angeschlagen

fastidiar [fasti'ðjar] **I.** *vt* ① *(molestar)* stören ② *(causar hastío)* anekeln ③ *(aburrir)* langweilen ④ *(loc)* **¡no te fastidia!** so weit kommt's noch! **II.** *vr:* **~se** *(fam)* ① *(enojarse)* sich ärgern (**con/de** über +*akk*); **¡fastídiate!** geschieht dir (ganz) recht!; **¡hay que ~se!** da muss man durch! ② *(aguantarse)* sich abfinden müssen (**con/de** mit +*dat*) ③ *(Am: perjudicarse)* sich *dat* schaden

fastidio [fas'tiðjo] *m* ① *(disgusto)* Ärgernis *nt; (mala suerte)* Pech *nt* ② *(aburrimiento)* Langeweile *f* ③ *(hastío)* Ekel *m*

fastidioso, -a [fasti'ðjoso, -a] *adj* ① *(molesto)* lästig ② *(aburrido)* langweilig ③ *(pesado)* unerträglich; **persona fastidiosa** Nervensäge *f fam*

fasto[1] ['fasto] *m* ① *(pompa)* Pomp *m* ② *pl (anales)* Annalen *pl*

fasto, -a[2] ['fasto, -a] *adj (fecha)* günstig

fastuosidad [fastwosi'ðaᵈ] *f* Pracht *f*

fastuoso, -a [fastu'oso, -a] *adj (casa, boda)* prachtvoll; *(persona)* prunksüchtig

fatal [fa'tal] **I.** *adj* ① *(inevitable)* unausweichlich; **momento** ~ entscheidender Augenblick ② *(desagradable)* unangenehm ③ *(funesto)* verhängnisvoll, fatal; *(mortal)* tödlich; **mujer** ~ Femme fatale *f* ④ (JUR) nicht aufschiebbar ⑤ *(fam: muy mal)* mies **II.** *adv (fam)* mies; **el examen me fue** ~ die Prüfung ist schlecht gelaufen

fatalidad [fatali'ðaᵈ] *f* ① *(desgracia)* Verhängnis *nt* ② *(destino)* Schicksalsfügung *f*

fatalismo [fata'lismo] *m sin pl* Schicksalsglaube *m*

fatalista [fata'lista] **I.** *adj* fatalistisch **II.** *mf* ① *(que sigue el fatalismo)* Fatalist(in) *m(f)* ② *(fam: pesimista)* Pessimist(in) *m(f)*

fatalmente [fatal'mente] *adv* ① *(inevitablemente)* unvermeidlich, zwangsläufig ② *(desgraciadamente)* unglücklicherweise

fatídico, -a [fa'tiðiko, -a] *adj* ① *(que predice el futuro)* wahrsagend ② *(fam: algo)* Unheil bringend

fatiga [fa'tiɣa] *f* ① *(cansancio)* Ermüdung *f* ② *(sofocos)* Atemnot *f* ③ (TÉC) Verschleiß *m* ④ *pl (sacrificios)* Mühe *f*

fatigado, -a [fati'ɣaðo, -a] *adj* ① *(agotado)* müde ② *(sofocado)* außer Atem ③ (TÉC) ermüdet

fatigador(a) [fatiɣa'ðor(a)] *adj* anstrengend

fatigar [fati'ɣar] <g → gu> **I.** *vt* ① *(cansar)* ermüden ② *(molestar)* stören; *(importunar)* belästigen **II.** *vr:* **~se** ① *(agotarse)* ermüden; *(ojos)* überanstrengt werden ② *(sacrificarse)* sich abplagen ③ *(sofocarse)* außer Atem kommen

fatigoso, -a [fati'ɣoso, -a] *adj* ① *(trabajo)* anstrengend ② *(persona)* erschöpft; *(jadeante)* kurzatmig

fatuo, -a ['fatwo, -a] *adj* ① *(presumido)* eingebildet; *(jactancioso)* prahlerisch ② *(necio)* albern

fauces ['fau̯θes] *fpl* ① (ZOOL) Rachen *m* ② *(Am: dientes)* Eckzähne *mpl*

fauna ['fau̯na] *f* Tierwelt *f*

fauno ['fau̯no] *m* Faun *m*

fausto[1] ['fau̯sto] *m (lujo)* Pracht *f; (ostentación)* Pomp *m*

fausto, -a[2] ['fau̯sto, -a] *adj* glücklich

favela [fa'βela] *f (Am)* ① *(casucha)* Barracke *f* ② *pl (barrio)* Slums *pl*

favor [fa'βor] *m* ① *(servicio)* Gefallen *m,* Gefälligkeit *f; (ayuda)* Hilfe *f;* **por ~** bitte; **hacer un ~ a alguien** jdm einen Gefallen tun; **pedir un ~ a alguien** jdn um einen Gefallen bitten; **te lo pido por ~** ich bitte dich inständig darum; **hagan el ~ de venir puntualmente** seien Sie bitte pünktlich ② *(gracia)* Begünstigung *f;* **a** [*o* **en**] **~ de alguien** zugunsten [*o* zu Gunsten] von jdm; **tener a alguien a su ~** jdn auf seiner Seite haben; **a ~ del viento/de la corriente** mit Rückenwind/stromabwärts ③ *(beneficio)* **voto a ~** Jastimme *f;* **estar a ~ de algo** sich für etw aussprechen; **votar a ~ de alguien** für jdn stimmen

favorable [faβo'raβle] *adj* ① *(propicio)* günstig (**a/para** für +*akk*) ② *(optimista)* positiv ③ *(benévolo)* wohlwollend

favorecedor(a) [faβoreθe'ðor(a)] *adj* vorteilhaft; **es un vestido muy ~ para ti** das Kleid steht dir sehr gut

favorecer [faβore'θer] *irr como crecer* **I.** *vt* ① *(beneficiar)* sich positiv auswirken (**a** auf +*akk*) ② *(ayudar)* unterstützen ③ *(dar preferencia)* bevorzugen ④ *(prendas de vestir)* gut stehen +*dat* **II.** *vr:* **~se** Profit schlagen [*o* ziehen] (**de** aus +*dat*)

favorecido, -a [faβore'θiðo, -a] *adj* ① *(propiciado)* begünstigt (**por** durch +*akk*) ② *(fotografía)* gut getroffen

favorita [faβo'rita] *adj o f v.* **favorito**

favoritismo [faβori'tismo] *m (nepotismo)* Vetternwirtschaft *f; (parcialidad)* Bevorzugung *f*

favorito, -a [faβo'rito, -a] **I.** *adj* Lieblings-; **plato ~** Leibspeise *f* **II.** *m, f* ① *(del rey)* Günstling *m;* **~ del público** Publikumsliebling *m;* **la favorita del rey** die Geliebte des Königs ② (DEP) Favorit(in) *m(f)*

fax [fa^{y}s] *m inv* Fax *nt;* **número de ~** Faxnummer *f;* **papel para** [*o* **de**] **~** Faxpapier *nt;* **mandar un ~ a una empresa/a Suecia** ein Fax an eine Firma/nach Schweden schicken

faxear [fa^{y}se'ar] *vt* faxen

faz [faθ] *f* ① *(elev: rostro)* Gesicht *nt* ② *(anverso)* Vorderseite *f*

F. C. [ferroka'rril] *abr de* **ferrocarril** Eisenbahn *f*

FCC [efeθe'θe] *abr de* **fluorclorocarbonados** FCKW *nt*

fe [fe] *f* ① *(religión)* Glaube *m* (**en** an +*akk*); **~ en Dios** Glaube an Gott; **dar profesión de ~** das Glaubensbekenntnis sprechen ② *(confianza)* Vertrauen *nt* (**en** zu +*dat*); **digno de ~** glaubwürdig; **tener ~ en alguien** zu jdm Vertrauen haben; **dar ~ a algo/alguien** jdm/etw *dat* Glauben schenken; **dar ~ de algo** etw bestätigen; **de buena/mala ~** mit guter/böser Absicht ③ *(lealtad)* Treue *f* ④ *(certificado)* Urkunde *f;* **~ de bautismo/de matrimonio** Tauf-/Trauschein *m;* **~ de erratas** Nachtrag *m* (zur Richtigstellung von Druckfehlern)

fealdad [feaḷ'da^{ð}] *f* ① *(monstruosidad)* Hässlichkeit *f* ② *(indignidad)* Gemeinheit *f*

feamente [fea'meņte] *adv* gemein

febrero [fe'βrero] *m* Februar *m; v. t.* **marzo**

febril [fe'βril] *adj* ① *(con fiebre)* fieb(e)rig; **acceso ~** Fieberanfall *m* ② *(agitado)* fieberhaft

fecal [fe'kal] *adj* fäkal; **sustancias ~es** Fäkalien *fpl*

fecha ['fetʃa] *f* ① *(data)* Datum *nt; (señalada)* Termin *m;* **~ de caducidad** Verfallsdatum *nt;* **~ de cierre** Schlusstermin *m;* **~ clave** Stichtag *m;* **~ de las elecciones** Wahltag *m;* **~ de nacimiento** Geburtsdatum *nt,* Geburtstag *m;* **~ de entrega** Abgabedatum *nt;* **sin ~** undatiert; **en la ~ fijada** termingerecht; **hasta la ~** bis zum heutigen Tag; **adelantar/atrasar la ~ de algo** etw vor-/zurückdatieren; **¿cuál es la ~ de hoy?** der Wievielte ist heute? ② (ECON) (Zeit *f* nach) Sicht *f;* **a 30 días ~**

F

30 Tage dato ③ *pl (época)* Zeit(en) *f(pl)*; **en estas ~s** dieser Tage

fechado, -a [fe'ʧaðo, -a] *adj (en cartas)* **~ el...** mit Datum vom …

fechar [fe'ʧar] *vt* datieren

fechoría [feʧo'ria] *f* ① *(delito)* Missetat *f* ② *(travesura)* Streich *m*

fécula ['fekula] *f* Stärke *f*

fecundación [fekuṇda'θjon] *f* Befruchtung *f*

fecundar [fekuṇ'dar] *vt* (BIOL) befruchten; *(fertilizar)* fruchtbar machen

fecundidad [fekuṇdi'ða^{ð}] *f* Fruchtbarkeit *f*

fecundizar [fekuṇdi'θar] <z → c> *vt* fruchtbar machen; *(mediante abonos)* düngen

fecundo, -a [fe'kuṇdo, -a] *adj* ① *(prolífico)* fruchtbar ② *(tierra)* fruchtbar; *(campo)* ertragreich ③ *(creador)* produktiv

FED [fe^{ð}] *m abr de* **Fondo Europeo de Desarrollo** (UE) EEF *m*

fedatario [feða'tarjo] *m* Notar *m*

federación [feðera'θjon] *f* Verband *m*; *(de estados)* Föderation *f*

federado, -a [feðe'raðo, -a] *adj* föderativ; **estado ~** Bundesland *nt*

federal [feðe'ral] **I.** *adj* Bundes-; *(partidario del federalismo)* bundesstaatlich; **estado ~** Bundesstaat *m*; **república ~** Bundesrepublik *f* **II.** *mf* Föderalist(in) *m(f)*

federalismo [feðera'lismo] *m sin pl* Föderalismus *m*

federalista [feðera'lista] **I.** *adj* föderalistisch **II.** *mf* Föderalist(in) *m(f)*

federalizar [feðerali'θar] <z → c> **I.** *vt* föderalisieren **II.** *vr*: **~se** sich bundesstaatlich zusammenschließen

federar [feðe'rar] **I.** *vt (aliarse)* verbünden; *(federalizar)* zu einer Föderation vereinigen **II.** *vr*: **~se** *(unirse)* sich verbünden; *(federalizarse)* sich bundesstaatlich zusammenschließen

federativo, -a [feðera'tiβo, -a] *adj* bundesstaatlich, Bundes-

fehaciente [fea'θjeṇte] *adj* eindeutig; (JUR) beweiskräftig

felación [fela'θjon] *f* Fellatio *f*

felicidad [feliθi'ða^{ð}] *f* ① *(dicha)* Glück *nt*; **¡~es!** (herzlichen) Glückwunsch!; **te deseamos muchas ~es** wir wünschen dir alles Gute ② *(alegría)* Freude *f*

felicitación [feliθita'θjon] *f* ① *(enhorabuena)* Glückwunsch *m* ② *(tarjeta)* Glückwunschkarte *f*; *(escrito)* Glückwunschschreiben *nt*

felicitar [feliθi'tar] **I.** *vt* gratulieren (**a** +*dat*, **por** zu +*dat*) **II.** *vr*: **~se** sich *dat* gratulieren (**por** zu +*dat*); **~se de que...** +*subj* sich freuen, dass …

feligrés, -esa [feli'ɣres, -esa] *m, f* Pfarrgemeindemitglied *nt*

felino, -a [fe'lino, -a] *adj* (ZOOL) katzenartig

felinos [fe'linos] *mpl* (ZOOL) (Familie *f* der) Katzen *fpl*

felipista [feli'pista] **I.** *adj die Regierungspolitik von Felipe González betreffend* **II.** *mf* Anhänger(in) *m(f)* von Felipe González

feliz [fe'liθ] *adj* ① *(dichoso)* glücklich; **¡~ año nuevo!** ein glückliches neues Jahr!; **¡~ Navidad!** frohe Weihnachten!; **¡~ viaje!** gute Reise! ② *(exitoso)* gelungen, erfolgreich

felizmente [feliθ'meṇte] *adv* ① *(sin contratiempos)* wohlbehalten, glücklich ② *(por suerte)* glücklicherweise

felón, -ona [fe'lon, -ona] **I.** *adj* ① *(traidor)* untreu, verräterisch ② *(infame)* gemein, heimtückisch **II.** *m, f* ① *(traidor)* Verräter(in) *m(f)* ② *(infame)* Schurke, -in *m, f*

felonía [felo'nia] *f* ① *(deslealtad)* Verrat *m* ② *(infamia)* Gemeinheit *f* ③ *(Am:* JUR) schweres Delikt *nt*

felpa ['felpa] *f* ① *(peluche)* Plüsch *m* ② *(fam: paliza)* Prügel *mpl* ③ *(fam: reprimenda)* Verweis *m*

felpudo[1] [fel'puðo] *m* Fußmatte *f*

felpudo, -a[2] [fel'puðo, -a] *adj* plüschartig

femenino[1] [feme'nino] *m* (LING) Femininum *nt*

femenino, -a[2] [feme'nino, -a] *adj* ① *(de sexo femenino)* weiblich; **equipo ~** Damenmannschaft *f* ② *(afeminado)* weibisch *fam* ③ (LING) feminin

feminicidio [femini'θiðjo] *m* Frauenmord *m*, Feminizid *m*, Femizid *m*

feminidad [femini'ða^{ð}] *f* Weiblichkeit *f*

feminismo [femi'nismo] *m sin pl (doctrina)* Feminismus *m*; *(movimiento)* Frauenbewegung *f*

feminista [femi'nista] **I.** *adj* feministisch **II.** *mf* Feminist(in) *m(f)*

feminización [feminiθa'θjon] *f sin pl* ① (BIOL, LING) Feminisierung *f* ② *(sociedad)* gesellschaftliche Emanzipation *f* der Frau

femoral [femo'ral] *adj* (ANAT) Oberschenkel-

fémur ['femur] *m* (ANAT) Oberschenkelknochen *m*

fenecer [fene'θer] *vi irr como crecer* ① *(morirse)* sterben ② *(acabarse)* enden

fenicio, -a [fe'niθjo, -a] **I.** *adj* phönizisch **II.** *m, f* Phönizier(in) *m(f)*

fénix ['feni^{γ}s] *m* Phönix *m*

fenomenal [fenome'nal] **I.** *adj* ① *(fenoménico)* Phänomen- ② *(extraordinario)* großartig; *(susto)* unglaublich ③ *(fam: tremendo)* toll **II.** *adv (fam)* fabelhaft

fenómeno [fe'nomeno] **I.** *adj inv (fam)* phänomenal; **¡~!** super! **II.** *m* ❶ *(suceso, t.* FILOS, MED) Phänomen *nt; (maravilla)* Wunder *nt* ❷ *(genio)* Genie *nt* ❸ *(monstruo)* Ungeheuer *nt* **III.** *adv* toll

fenotipo [feno'tipo] *m* (BIOL) Phänotyp *m*

feo[1] ['feo] **I.** *m (fam)* ❶ *(grosería)* Gemeinheit *f;* **hacer un ~ a alguien** zu jdm gemein sein ❷ *(aspecto)* Hässlichkeit *f* **II.** *adv (fam)* schlecht; **dejar ~ a alguien** jdn blamieren

feo, -a[2] ['feo, -a] *adj* ❶ *(espantoso)* hässlich; **le tocó bailar con la más fea** *(fig)* er/sie hat den Kürzeren gezogen; **la cosa se está poniendo fea** es wird langsam brenzlig; **tener las cartas muy feas** sehr schlechte Karten haben ❷ *(reprobable)* gemein; **está muy ~ lo que hiciste** so etwas macht man nicht

féretro ['feretro] *m* Sarg *m*

feria ['ferja] *f* ❶ *(exposición)* Messe *f;* **~ de muestras** Mustermesse *f* ❷ *(fiesta)* Fest *nt* ❸ *(verbena)* Jahrmarkt *m;* **puesto de ~** Jahrmarktsbude *f*

feriado, -a [fe'rjaðo, -a] *adj (Am)* festlich; **día ~** Feiertag *m*

ferial [fe'rjal] **I.** *adj (de exposición)* Messe-; **recinto ~** Messegelände *nt* **II.** *m* Messegelände *nt*

feriante [fe'rjan̩te] *mf* ❶ *(que exhibe)* Messeaussteller(in) *m(f); (en la verbena)* Schausteller(in) *m(f)* ❷ *(que compra)* Messebesucher(in) *m(f)*

feriar [fe'rjar] **I.** *vi* Urlaub nehmen (**en** an +*dat*) **II.** *vt* ❶ *(mercar)* kaufen ❷ *(vender)* verkaufen ❸ *(permutar)* tauschen

ferino, -a [fe'rino, -a] *adj* wild; **tos ferina** (MED) Keuchhusten *m*

fermentación [fermen̩ta'θjon] *f* (Ver)gärung *f; (de tabaco, té)* Fermentation *f*

fermentar [fermen̩'tar] **I.** *vi* ❶ *(vino)* (ver)gären; *(tabaco, té)* fermentieren ❷ *(agitarse)* gären, brodeln **II.** *vt* vergären

fermento [fer'men̩to] *m* ❶ *(sustancia)* Gärmittel *nt* ❷ *(origen)* Auslöser *m*

ferocidad [feroθi'ðaᵈ] *f* ❶ *(salvajismo)* Wildheit *f* ❷ *(crueldad)* Grausamkeit *f*

feroz [fe'roθ] *adj* ❶ *(salvaje)* wild ❷ *(cruel)* grausam; *(violento)* gewalttätig ❸ *(fam: muy grande)* riesig

férreo, -a ['ferreo, -a] *adj* ❶ *(de hierro)* Eisen- ❷ *(del ferrocarril)* Eisenbahn-; **vía férrea** Eisenbahngleis *nt* ❸ *(tenaz)* eisern

ferretería [ferrete'ria] *f* ❶ *(tienda)* Eisenwarengeschäft *nt; (ramo de establecimientos)* Eisenwarenhandel *m* ❷ *(ferrería)* Eisenhütte *f*

ferretero, -a [ferre'tero, -a] *m, f* Eisenwarenhändler(in) *m(f)*

ferri ['ferri] *m* Fähre *f,* Fährschiff *nt*

férrico, -a ['ferriko, -a] *adj* (QUÍM) eisenhaltig

ferro ['ferro] *m* (NÁUT) Anker *m*

ferrobús [ferro'βus] *m* Schienenbus *m*

ferrocarril [ferroka'rril] *m* ❶ *(vía)* Schienen *fpl* ❷ *(tren)* Eisenbahn *f;* **~ de cremallera** Zahnradbahn *f;* **~ de vía ancha** Breitspurbahn *f;* **por ~** per Bahn

ferroso, -a [fe'rroso, -a] *adj* (QUÍM) Eisen-, eisenhaltig; **metal no ~** nicht eisenhaltiges Metall

ferrovial [ferro'βjal] *adj* Eisenbahn-; **tráfico ~** Eisenbahnverkehr *m*

ferroviario, -a [ferro'βjarjo, -a] **I.** *adj* Eisenbahn- **II.** *m, f* Bahnangestellte(r) *mf*

ferry ['ferri] *m* Fähre *f*

fértil ['fertil] *adj* ❶ *(tierra)* fruchtbar; **estar en edad ~** im gebärfähigen Alter sein ❷ *(rico)* reich (**en** an +*dat*)

fertilidad [fertili'ðaᵈ] *f* Fruchtbarkeit *f; (de tierra t.)* Ergiebigkeit *f*

fertilización [fertiliθa'θjon] *f (de tierra)* Fruchtbarmachung *f;* **~ in vitro** In-vitro-Fertilisation *f*

fertilizante [fertili'θan̩te] *m* Düngemittel *nt*

fertilizar [fertili'θar] <z → c> *vt* fruchtbar machen; *(abonar)* düngen

férvido, -a ['ferβiðo, -a] *adj (elev)* ❶ *(hirviente)* kochend ❷ *(sentimiento)* leidenschaftlich

ferviente [fer'βjen̩te] *adj* begeistert

fervor [fer'βor] *m* ❶ *(calor)* Hitze *f* ❷ *(celo)* Eifer *m;* **con ~** eifrig ❸ *(piedad religiosa)* Frömmigkeit *f*

fervoroso, -a [ferβo'roso, -a] *adj* eifrig

festejar [feste'xar] **I.** *vt* ❶ *(celebrar)* feiern ❷ *(galantear)* **~ a alguien** jdm den Hof machen ❸ *(Am: azotar)* verprügeln **II.** *vr:* **~se** feiern

festejo [fes'texo] *m* ❶ *(conmemoración)* Fest *nt,* Feier *f* ❷ *(galanteo)* (Um)werben *nt* ❸ *pl (actos públicos)* Feierlichkeiten *fpl*

festín [fes'tin] *m* ❶ *(celebración)* Feier *f* ❷ *(banquete)* Festessen *nt*

festinar [festi'nar] *vt (AmC)* ❶ *(agasajar)* bewirten ❷ *(arruinar)* ruinieren, zugrunde [*o* zu Grunde] richten ❸ *(apremiar)* drängen

festival [festi'βal] *m* Festival *nt;* **~ de cine** Filmfestspiele *ntpl*

festividad [festiβi'ðaᵈ] *f* ❶ *(conmemoración)* Feierlichkeit *f* ❷ *(día)* Festtag *m*

festivo, -a [fes'tiβo, -a] *adj* ❶ *(de fiesta)* Feier-, Fest-; **día ~** Feiertag *m* ❷ *(humorístico)* witzig, lustig; *(persona)* scherzhaft

feta ['feta] *f (Arg)* Scheibe *f* Wurst

F

fetal [fe'tal] *adj* fötal, Fötus-

fetén [fe'ten] **I.** *adj inv (fam)* ❶ *(excelente)* hervorragend ❷ *(auténtico)* echt **II.** *f (fam: verdad)* Wahrheit *f*

fetiche [fe'tiʧe] *m* Fetisch *m*

fetichismo [feti'ʧismo] *m sin pl* Fetischismus *m*

fetichista [feti'ʧista] **I.** *adj* fetischistisch **II.** *mf* Fetischist(in) *m(f)*

feticidio [feti'θiðjo] *m (elev)* Abtreibung *f,* Abtötung *f* des Fetus

fetidez [feti'ðeθ] *f* Gestank *m*

F

fétido, -a ['fetiðo, -a] *adj* übel riechend

feto ['feto] *m* ❶ (MED) Leibesfrucht *f* ❷ *(monstruo)* Missgeburt *f*

feúcho, -a [fe'uʧo, -a] *adj (fam)* hässlich

feudal [feu̯'ðal] *adj* Feudal-, Lehns-; **señor ~** Feudalherr *m*

feudalismo [feu̯ða'lismo] *m sin pl* ❶ *(sistema)* Feudalismus *m* ❷ *(época)* Feudalzeit *f*

feudatario, -a [feu̯ða'tarjo, -a] *m, f* (HIST) ❶ *(poseedor de feudo)* Lehnsherr(in) *m(f)* ❷ *(obligado a pagar feudo)* Lehnsträger(in) *m(f)*

feudo ['feu̯ðo] *m* Lehn(s)gut *nt;* **este pueblo es un ~ de los socialistas** dieses Dorf ist ein Bollwerk der Sozialisten

FF. AA. ['fwerθas ar'maðas] *abr de* **Fuerzas Armadas** Streitkräfte *fpl*

FF. CC. [ferroka'rriles] *abr de* **ferrocarriles** Eisenbahn *f*

fiabilidad [fjaβili'ðaᵈ] *f* ❶ *(de una persona)* Zuverlässigkeit *f* ❷ *(de una empresa)* Seriosität *f*

fiable [fi'aβle] *adj* ❶ *(persona)* zuverlässig ❷ *(empresa)* seriös

fiado, -a [fi'aðo, -a] *adj* zuversichtlich; **comprar al ~** auf Kredit kaufen

fiador[1] [fja'ðor] *m (de puerta)* Riegel *m; (de pistola)* Sicherung *f*

fiador(a)[2] [fja'ðor(a)] *m(f)* Bürge, -in *m, f* (**de** für *+akk*); **salir ~ por alguien** für jdn bürgen

fiambre [fi'ambre] **I.** *adj* ❶ (GASTR) kalt ❷ *(fam: noticia)* veraltet; *(discurso)* nicht aktuell **II.** *m* ❶ (GASTR) Wurstwaren *fpl* ❷ *(fam: cadáver)* Leiche *f;* **ese está ~** der ist mausetot

fiambrera [fjam'βrera] *f (cesta)* Picknickkorb *m; (caja)* Frischhaltebox *f*

fianza [fi'an̪θa] *f* ❶ *(depósito)* Kaution *f* ❷ *(garantía)* Garantie *f* ❸ *(fiador)* Bürge, -in *m, f*

fiar [fi'ar] *<1. pres* fío*>* **I.** *vi* ❶ *(al vender)* Kredit geben; **en esa tienda no fían** in diesem Geschäft wird nicht angeschrieben ❷ *(confiar)* vertrauen (**en** auf *+akk*) **II.** *vt* ❶ *(garantizar)* bürgen (für *+akk*) ❷ *(dar crédito)* auf Kredit überlassen ❸ *(confiar)* anvertrauen; **es de ~** er/sie ist zuverlässig **III.** *vr:* **~se** sich verlassen (**de** auf *+akk*); **no te fíes de lo que dice** glaub ihm/ihr kein Wort

fiasco ['fjasko] *m* Fiasko *nt*

fibra ['fiβra] *f* ❶ *(filamento, t.* BIOL, MED) Faser *f;* **~ muscular** (MED) Muskelfaser *f;* **~ de vidrio** Glasfaser *f* ❷ *(vigor)* Kraft *f;* **no tiene ~ suficiente para llevar la empresa** ihm/ihr fehlt das Zeug zur Leitung der Firma ❸ *pl (en alimentos)* Ballaststoffe *mpl*

fibroso, -a [fi'βroso, -a] *adj* faserig; (MED) fibrös

ficción [fiᵞ'θjon] *f* ❶ *(simulación)* Vortäuschung *f* ❷ *(invención)* Erfindung *f;* **~ novelesca** Roman *m;* **ciencia ~** Science-Fiction *f*

ficcional [fiᵞθjo'nal] *adj* erdacht, erfunden, fiktional

ficha ['fiʧa] *f* ❶ *(de ruleta)* Jeton *m; (de dominó)* (Domino)stein *m; (en juegos de mesa)* (Spiel)stein *m* ❷ *(para una máquina)* Jeton *m; (de teléfono)* Münze *f; (de guardarropa)* Marke *f* ❸ *(tarjeta informativa)* Karteikarte *f; (en el trabajo)* Stechkarte *f;* **~ perforada** (INFOR) Lochkarte *f;* **~ policial** Polizeiakte *f* ❹ (DEP) Ablösesumme *f* ❺ *(bribón)* Gauner *m*

fichaje [fi'ʧaxe] *m* (DEP) Verpflichtung *f* (eines Spielers)

fichar [fi'ʧar] **I.** *vi* ❶ (DEP) sich verpflichten ❷ *(en el trabajo)* stechen **II.** *vt* ❶ *(registrar)* in die Kartei aufnehmen; *(la policía)* die Personalien aufnehmen (**a** *+gen,* von *+dat*); **estar fichado** vorbestraft sein ❷ *(fam: desconfiar)* in eine (bestimmte) Schublade stecken ❸ (DEP) verpflichten ❹ *(anotar informaciones)* kartieren

fichero [fi'ʧero] *m* ❶ *(archivador)* Kartei *f; (caja)* Karteikasten *m* ❷ (INFOR) Datei *f*

ficticio, -a [fik'tiθjo, -a] *adj* (frei) erfunden

ficus ['fikus] *m inv* (BOT) Ficus *m*

fidedigno, -a [fiðe'ðiɣno, -a] *adj* glaubwürdig

fideicomiso [fidei̯ko'miso] *m* (JUR) Treuhandschaft *f*

fideicomitente [fiðei̯komi'ten̪te] *mf* (JUR) Begründer(in) *m(f)* eines Fideikommisses

fidelidad [fiðeli'ðaᵈ] *f* ❶ *(lealtad)* Treue *f;* **~ constitucional** (JUR, POL) Verfassungstreue *f* ❷ *(precisión)* Genauigkeit *f;* **alta ~** Highfidelity *f*

fideo [fi'ðeo] *m* ❶ (GASTR) (Suppen)nudel *f* ❷ *(fam: persona)* Bohnenstange *f*

fiebre ['fjeβre] *f* Fieber *nt;* **~ del heno** Heuschnupfen *m;* **~ del juego** Spielleidenschaft *f;* **~ del oro** Goldrausch *m;* **~ palú-**

dica Malaria *f;* **tener poca ~** erhöhte Temperatur haben

fiel [fjel] I. *adj* ❶ *(persona)* treu; **ser ~ a una promesa** sein Versprechen halten; **siempre me han sido ~es** sie haben immer zu mir gehalten ❷ *(retrato)* getreu ❸ *(memoria)* gut II. *m* ❶ *(seguidor)* Anhänger *m* ❷ *(de una balanza)* Zeiger *m;* **él podría inclinar el ~ de la balanza** er könnte das Zünglein an der Waage sein ❸ *(inspector)* Eichmeister *m* ❹ *pl* (REL) Gläubigen *mpl*

fieltro ['fjeltro] *m* ❶ *(paño)* Filz *m* ❷ *(sombrero)* Filzhut *m*

fiera ['fjera] *f* ❶ (ZOOL) Raubtier *nt* ❷ (TAUR) Stier *m* ❸ *(persona)* Bestie *f,* Unmensch *m;* **llegó hecho una ~** *(fam)* er/sie kam außer sich *dat* vor Wut an

fiereza [fje'reθa] *f* ❶ *(de un animal)* Wildheit *f* ❷ *(de una persona)* Brutalität *f*

fiero, -a ['fjero, -a] *adj* ❶ *(feroz)* wild ❷ *(cruel)* brutal ❸ *(feo)* hässlich ❹ *(fuerte)* stark

fierro ['fjerro] *m (Am)* ❶ *(hierro)* Eisen *nt* ❷ *(del ganado)* Brandzeichen *nt*

fiesta ['fjesta] *f* ❶ *(día)* Feiertag *m;* **~ nacional** Nationalfeiertag *m;* **~ sorpresa** Überraschungsparty *f;* **¡Felices F~s!** Frohe Weihnachten!; **hoy hago ~** heute mache ich frei ❷ *(celebración)* Fest *nt;* **~ mayor** *(de una ciudad)* Stadtfest *nt; (de un pueblo)* Dorffest *nt;* **aguar la ~ a alguien** *(fam)* jdm den Spaß verderben ❸ *pl (caricias)* **hacer ~s a alguien** jdm um den Bart gehen *fam* ❹ *(loc, fam)* **estar de ~** gut aufgelegt sein; **acabemos la ~ en paz** lass/lasst uns keinen Streit anfangen

fifí [fi'fi] *m (Am: señorito)* Fatzke *m fam,* Snob *m*

figura [fi'ɣura] *f* ❶ *(de un cuerpo, t.* ARTE, MAT, MÚS) Figur *f;* **~ decorativa** *(persona)* Lückenbüßer *m;* **un vestido que realza la ~** *(que adelgaza)* ein Kleid, das schlank macht; *(que modela)* ein figurbetontes Kleid ❷ *(cara)* Gesicht *nt; (aspecto)* Aussehen *nt* ❸ *(imagen)* Gestalt *f;* **se distinguía la ~ de un barco** die Umrisse eines Schiffes zeichneten sich ab ❹ (TEAT) Gestalt *f* ❺ *(personaje)* Persönlichkeit *f;* **las grandes ~s del deporte** die Größen des Sports ❻ *(mueca)* Grimasse *f* ❼ *(ilustración)* Abbildung *f* ❽ *(de la baraja) Bube, Reiter oder König in den spanischen Spielkarten*

figuración [fiɣura'θjon] *f* ❶ (ARTE) Figuration *f* ❷ *(imaginación)* Einbildung *f* ❸ (CINE) Statisten *mpl*

figurado, -a [fiɣu'raðo, -a] *adj* ❶ *(lenguaje)* bildlich ❷ *(uso)* figürlich; **en sentido ~** im übertragenen Sinne

figurante [fiɣu'rante] *mf* Statist(in) *m(f)*

figurar [fiɣu'rar] I. *vi* ❶ *(encontrarse)* erscheinen; **no figura en la lista** er/sie steht nicht auf der Liste; **figura en el puesto número tres** er/sie rangiert auf Platz drei ❷ *(destacar)* eine wichtige Rolle spielen ❸ *(aparentar)* angeben; **le gusta un montón ~** er/sie legt viel Wert auf sein/ihr Äußeres II. *vt* ❶ *(representar)* darstellen ❷ (TEAT) spielen ❸ *(simular)* vortäuschen; **figuró no haber oído el comentario** er/sie tat so, als ob er/sie den Kommentar nicht gehört hätte III. *vr:* **~se** sich *dat* vorstellen; **¡figúrate!** stell dir vor!; **no vayas a ~te que...** bilde dir bloß nicht ein, dass ...

figurativo, -a [fiɣura'tiβo, -a] *adj* figürlich; **no ~** abstrakt

figurín [fiɣu'rin] *m* ❶ *(dibujo)* Modezeichnung *f; (modelo)* Schaufensterpuppe *f* ❷ *(persona)* Modegeck *m*

figurinista [fiɣuri'nista] *mf* Modezeichner(in) *m(f);* (CINE, TEAT) Kostümbildner(in) *m(f)*

figurón [fiɣu'ron] *m* ❶ *(fam: fachendoso)* Angeber *m* ❷ (NÁUT) **~ de proa** Galionsfigur *f*

fija ['fixa] *f* ❶ *(CSur: en una apuesta)* Tipp *m* ❷ *(Arg: arpón)* Harpune *f*

fijación [fixa'θjon] *f* ❶ *(sujeción)* Befestigung *f; (con chinchetas)* Anheften *nt; (con cuerdas)* Anbinden *nt; (con cola)* Aufkleben *nt; (con clavos)* Annageln *nt; (con cadenas)* Anketten *nt; (con tornillos)* Anschrauben *nt* ❷ *(de precio, regla)* Festlegung *f* ❸ *(de la mirada)* Fixierung *f* ❹ *(de esquíes)* Bindung *f* ❺ *(loc)* **tener una ~ por alguien** eine Schwäche für jdn haben

fijador [fixa'ðor] *m* ❶ *(para el pelo)* Haarfestiger *m* ❷ *(de pintura)* Fixiermittel *nt* ❸ (FOTO) Fixierbad *nt*

fijamente [fixa'mente] *adv* fest; **mirar ~ a alguien** jdn anstarren, jdn fest anschauen

fijapelo [fixa'pelo] *m* Haarfestiger *m*

fijar [fi'xar] I. *vt* ❶ *(sujetar)* befestigen (**a/en** an +*dat*); *(con chinchetas)* anheften; *(con cuerdas)* anbinden; *(con cola)* aufkleben; *(con clavos)* annageln; *(con cadenas)* anketten; *(con tornillos)* anschrauben; **~ una placa en la pared** eine Tafel an der Wand anbringen; **prohibido ~ carteles** Plakate ankleben verboten ❷ *(la mirada)* heften (**en** auf +*akk*); **~ la atención en algo** die Aufmerksamkeit auf etw richten ❸ *(residencia, precio)* festlegen ❹ (QUÍM) fixieren ❺ *(puerta)* einsetzen II. *vr:* **~se** ❶ *(en un lugar)* sich niederlassen (**en** in +*dat*) ❷ *(atender)* aufpassen; **no se ha fijado en mi nuevo peinado** er/sie hat nicht gemerkt, dass ich eine neue Frisur

F

habe; **ese se fija en todo** ihm entgeht nichts; **fíjate bien en lo que te digo** hör mir mal gut zu ❸ *(mirar)* anschauen; **no se fijó en mí** er/sie beachtete mich nicht

fijeza [fi'xeθa] *f* ❶ *(seguridad)* Sicherheit *f* ❷ *(persistencia)* Beharrlichkeit *f;* **mirar con ~ a alguien** jdn anstarren

fijo, -a ['fixo, -a] **I.** *adj* ❶ *(estable)* fest; **cliente ~** Stammgast *m;* **precio ~** Fixpreis *m* ❷ *(idea)* fix ❸ *(mirada)* starr ❹ *(trabajador)* fest angestellt **II.** *adv* sicher; **saber algo de ~** etw mit Sicherheit wissen

F

fila ['fila] *f* ❶ *(hilera)* Reihe *f;* **~ de coches** Autoschlange *f;* **en ~ india** im Gänsemarsch; **aparcar en doble ~** in der zweiten Reihe parken; **ir en ~** in Reih und Glied gehen; **salir de la ~** aus der Reihe tanzen *fam* ❷ (MIL) Glied *nt;* **¡en ~s!** antreten!; **¡rompan ~s!** weg(ge)treten!; **llamar a ~s** zum Militärdienst einberufen ❸ *(fam: tirria)* Groll *m* ❹ (MAT) Reihe *f* ❺ *pl (de un partido)* Reihen *fpl*

filamento [fila'meṇto] *m* ❶ *(de un tejido)* Faden *m* ❷ (ELEC) Glühfaden *m* ❸ (BOT) Staubfaden *m*

filamentoso, -a [filameṇ'toso, -a] *adj* faserig

filantropía [filaṇtro'pia] *f sin pl,* **filantropismo** [filaṇtro'pismo] *m sin pl* Menschenliebe *f*

filántropo [fi'laṇtropo] *mf* Menschenfreund(in) *m(f)*

filar [fi'lar] *vt (fam: calar)* durchschauen; *(estar precavido)* voreingenommen sein (gegenüber +*dat*)

filarmonía [filarmo'nia] *f sin pl* (MÚS) Musikliebe *f*

filarmónica [filar'monika] *f (Méx: acordeón)* Ziehharmonika *f*

filarmónico, -a [filar'moniko, -a] *adj* philharmonisch; **orquesta filarmónica** Philharmonie *f*

filatelia [fila'telja] *f* Briefmarkenkunde *f*

filatelista [filate'lista] *mf* Briefmarkensammler(in) *m(f)*

filete [fi'lete] *m* ❶ (ARQUIT) Zierleiste *f* ❷ *(ribete)* Saum *m* ❸ (GASTR: *solomillo*) Lendenstück *nt; (lonja de carne o pescado)* Filet *nt;* **~ ruso** Frikadelle *f* ❹ (TIPO) Linie *f; (de adorno)* Zierlinie *f* ❺ (TÉC) Gewinde *nt*

filetear [filete'ar] *vt* ❶ (ARQUIT) mit Leisten verzieren ❷ *(un vestido)* (ein)säumen ❸ (GASTR) in Scheiben schneiden ❹ (TÉC) das Gewinde schneiden (von +*dat*)

filfa ['filfa] *f (fam)* ❶ *(mentira)* Lüge *f* ❷ *(engañifa)* Betrug *m*

filiación [filja'θjon] *f* ❶ *(origen)* Abstammung *f; (de ideas)* Herkunft *f* ❷ *(datos personales)* Personalien *fpl* ❸ *(en un partido)* Mitgliedschaft *f* (**en** in +*dat*)

filial [fi'ljal] **I.** *adj* Kindes-; **equipo ~** (DEP) zweite Mannschaft **II.** *f* ❶ (COM) Filiale *f* ❷ (REL) Filialkirche *f*

filibustero [filiβus'tero] *m* (HIST) Pirat *m*

filigrana [fili'ɣrana] *f* ❶ *(de orfebrería)* Filigranarbeit *f* ❷ *(en un papel)* Wasserzeichen *nt*

filipina [fili'pina] *adj o f v.* **filipino**

Filipinas [fili'pinas] *fpl* **las ~** die Philippinen

filipino, -a [fili'pino, -a] **I.** *adj* philippinisch **II.** *m, f* Philippiner(in) *m(f)*

filisteo, -a [filis'teo, -a] **I.** *adj* Philister- **II.** *m, f* (HIST) Philister(in) *m(f)*

film [film] *m* ❶ *(película)* Film *m* ❷ *(en la cocina)* **~ trasparente** Frischhaltefolie *f*

filmación [filma'θjon] *f* ❶ *(de reportaje)* Filmen *nt* ❷ *(rodaje)* Dreharbeiten *fpl* ❸ *(de novela)* Verfilmung *f*

filmar [fil'mar] *vt* ❶ *(reportaje)* filmen ❷ *(rodar)* drehen ❸ *(novela)* verfilmen

filme ['filme] *m* Film *m*

fílmico, -a ['filmiko, -a] *adj* Film-, filmisch

filmina [fil'mina] *f* Dia(positiv) *nt*

filmografía [filmoɣra'fia] *f* Filmografie *f*

filmoteca [filmo'teka] *f* Filmothek *f*

filo ['filo] *m* ❶ *(de cuchillo)* Schneide *f;* **un arma de dos ~s** *(fig)* ein zweischneidiges Schwert ❷ *(entre dos partes)* Trennungslinie *f* ❸ *(AmC: hambre)* Hunger *m* ❹ *(loc)* **al ~ del amanecer** bei Tagesanbruch; **al ~ de la medianoche** Punkt Mitternacht

filología [filolo'xia] *f* Philologie *f;* **~ germánica** Germanistik *f;* **~ hispánica** Hispanistik *f*

filológico, -a [filo'loxiko, -a] *adj* philologisch

filólogo, -a [fi'loloɣo, -a] *m, f* Philologe, -in *m, f*

filón [fi'lon] *m* ❶ (MIN) Flöz *nt* ❷ *(negocio)* Goldgrube *f*

filoso, -a [fi'loso, -a] *adj (Am: afilado)* scharf

filósofa [fi'losofa] *f v.* **filósofo**

filosofal [filoso'fal] *adj* **piedra ~** Stein *m* der Weisen

filosofar [filoso'far] *vi* philosophieren (**de/sobre** über +*akk*)

filosofía [filoso'fia] *f* ❶ *(disciplina)* Philosophie *f* ❷ *(serenidad)* Gelassenheit *f*

filosófico, -a [filo'sofiko, -a] *adj* philosophisch

filósofo, -a [fi'losofo, -a] *m, f* Philosoph(in) *m(f)*

filoxera [filo^ɣ'sera] *f (insecto)* Reblaus *f*

filtración [fiḷtra'θjon] *f* ❶ *(de un líquido)* Filtern *nt; (de la luz)* Durchscheinen *nt*

❷ *(de información)* Durchsickern *nt; (de datos)* Auswahl *f*
filtrador [fiļtra'ðor] *m* Filter *m o nt*
filtrar [fiļ'trar] **I.** *vi* ❶ *(líquido)* durchsickern (**por** durch +*akk*); *(luz)* durchscheinen (**por** durch +*akk*) ❷ *(tubería)* undicht sein **II.** *vt* ❶ *(por un filtro)* filtern ❷ *(datos)* auswählen ❸ *(noticia)* durchsickern lassen **III.** *vr:* **~se** ❶ *(líquido)* durchsickern; *(luz)* durchscheinen ❷ *(noticia)* durchsickern ❸ *(dinero)* dahinschwinden
filtro ['fiļtro] *m* ❶ *(tamiz, t.* FOTO, INFOR, TÉC) Filter *m o nt;* **~ del aire** Luftfilter *m;* **cigarrillo con ~** Filterzigarette *f;* **~ antispam** [*o* **antibasura**] (INFOR) Antispam-Filter *m* ❷ *(poción)* Trank *m*
filudo, -a [fi'luðo, -a] *adj (Am)* messerscharf
fimosis [fi'mosis] *f inv* (MED) Phimose *f*
fin [fin] *m* ❶ *(término)* Ende *nt;* **~ de semana** Wochenende *nt;* **a ~(es) de mes** am Monatsende; **algo toca a su ~** etw geht dem Ende entgegen; **poner ~ a algo** etw *dat* ein Ende setzen; **sin ~** endlos; **al ~ y al cabo, a ~ de cuentas** letzten Endes ❷ *(propósito)* Ziel *nt;* **~es benéficos** wohltätige Zwecke; **~es deshonestos** unehrenhafte Absichten; **a ~ de que** +*subj* damit
final[1] [fi'nal] **I.** *adj* ❶ *(producto, resultado)* End-; *(fase, examen)* Schluss-; *(solución)* endgültig; **el juicio ~** (REL) das Jüngste Gericht; **palabras ~es** Schlussworte *ntpl* ❷ (LING) final **II.** *m* Ende *nt; (de un libro)* Ausgang *m;* (MÚS) Finale *nt;* **película con ~ feliz** Film mit Happyend; **al ~ no nos lo dijo** er/sie sagte es uns letztendlich nicht
final[2] [fi'nal] *f* (DEP: *partido*) Finale *nt; (ronda)* Endrunde *f*
finalidad [finali'ðaᵈ] *f* Ziel *nt;* (FILOS) Finalität *f*
finalísima [fina'lisima] *f* (DEP) Finale *nt*
finalista [fina'lista] *mf* ❶ *(en un concurso)* Teilnehmer(in) *m(f)* der Schlussrunde; (DEP) Finalist(in) *m(f)* ❷ (FILOS) Vertreter(in) *m(f)* des Finalismus
finalización [finaliθa'θjon] *f* Abschluss *m;* **~ de contrato** Vertragsablauf *m*
finalizar [finali'θar] <z → c> **I.** *vi* abschließen; *(plazo)* ablaufen **II.** *vt* beenden, abschließen
finalmente [final'meņte] *adv* endlich, schließlich
finamente [fina'meņte] *adv* fein, elegant, mit (Zart)gefühl
financiable [finaņ'θjaβle] *adj* finanzierbar; **esta casa no es ~** (**para nosotros**) wir können uns dieses Haus nicht leisten
financiación [finaņθja'θjon] *f* Finanzierung *f;* **~ de los partidos** Parteienfinanzierung *f*
financiador(a) [finaņθja'ðor(a)] *m(f)* Geldgeber(in) *m(f)*
financiamiento [finaņθja'mjeņto] *m v.* **financiación**
financiar [finaņ'θjar] *vt* finanzieren
financiera [finaņ'θjera] *f* Finanzinstitut *nt*
financiero, -a [finaņ'θjero, -a] **I.** *adj* finanziell **II.** *m, f* Finanzexperte, -in *m, f*
finanzas [fi'naņθas] *fpl* Finanzen *fpl*
finar [fi'nar] *vi* sterben
finca ['fiŋka] *f (urbana)* Grundstück *nt; (rústica)* Landgut *nt*
finde ['fiņde] *m (argot: fin de semana)* Wochenende *nt*
finés, -esa [fi'nes, -esa] **I.** *adj* finnisch **II.** *m, f* Finne, -in *m, f*
fineza [fi'neθa] *f* ❶ *(delgadez)* Dünne *f* ❷ *(suavidad)* Zartheit *f* ❸ *(de calidad)* Feinheit *f* ❹ *(cumplido)* Kompliment *nt* ❺ *(regalo)* Aufmerksamkeit *f* ❻ *(primor)* Feinarbeit *f*
fingido, -a [fiŋ'xiðo, -a] *adj* vorgetäuscht; *(persona)* falsch
fingidor(a) [fiŋxi'ðor(a)] *m(f) (de una enfermedad)* Simulant(in) *m(f); (de sentimientos)* Heuchler(in) *m(f)*
fingimiento [fiŋxi'mjeņto] *m* ❶ *(de una enfermedad)* Vortäuschung *f; (de un sentimiento)* Vorheucheln *nt* ❷ *(engaño)* Täuschung *f; (hipocresía)* Heuchelei *f*
fingir [fiŋ'xir] <g → j> **I.** *vi, vt* vortäuschen; *(sentimiento)* heucheln **II.** *vr:* **~se** sich ausgeben (für +*akk*)
finiquitar [finiki'tar] *vt* ❶ *(cuenta)* saldieren ❷ *(fam: asunto)* abschließen
finiquito [fini'kito] *m* Schlussabrechnung *f*
finisecular [finiseku'lar] *adj* der Jahrhundertwende
finito, -a [fi'nito, -a] *adj* begrenzt; **número ~** (MAT) endliche Zahl
finlandés, -esa [finlaņ'des, -esa] **I.** *adj* finnisch **II.** *m, f* Finne, -in *m, f*
Finlandia [fin'laņdja] *f* Finnland *nt*
fino[1] ['fino] *m* trockener Sherry *m*
fino, -a[2] ['fino, -a] *adj* ❶ *(delgado)* dünn; **lluvia fina** feiner Regen ❷ *(liso)* fein, zart ❸ *(de calidad)* fein; **oro ~** Feingold *nt;* **tener un paladar ~** ein Feinschmecker sein ❹ *(sentido)* fein; **de oído ~** hellhörig ❺ *(cortés)* höflich; **modales ~s** gute Manieren ❻ *(astuto)* schlau ❼ *(metal)* edel
finolis [fi'nolis] **I.** *adj inv (fam)* geziert **II.** *mf inv (fam)* arroganter Mensch *m*
finura [fi'nura] *f* ❶ *(delgadez)* Dünne *f* ❷ *(suavidad)* Zartheit *f* ❸ *(calidad)* Feinheit *f* ❹ *(cortesía)* Höflichkeit *f* ❺ *(astucia)* Schläue *f*

fiordo ['fjorðo] *m* Fjord *m*
firma ['firma] *f* ❶ *(en documentos)* Unterschrift *f;* ~ **electrónica** elektronische Unterschrift ❷ *(de un acuerdo)* Unterzeichnung *f* ❸ *(empresa)* Firma *f*
firmamento [firma'meņto] *m* Firmament *nt*
firmante [fir'maņte] *mf* Unterzeichner(in) *m(f)*
firmar [fir'mar] *vi, vt* unterschreiben; *(un acuerdo)* unterzeichnen; ~ **autógrafos** Autogramme geben; ~ **un cheque** einen Scheck ausstellen

F

firme ['firme] **I.** *adj (fijo)* fest; *(estable)* stabil; *(seguro)* sicher; *(carácter)* unerschütterlich; *(postura corporal)* stramm; *(amistad)* treu; **tierra** ~ Festland *nt;* **¡~s!** (MIL) still gestanden!; **con mano** ~ mit ruhiger Hand; **esta mesa no está** ~ dieser Tisch wackelt; **ser** ~ **en sus propósitos** feste Absichten haben **II.** *m* ❶ *(de la carretera)* (Straßen)belag *m* ❷ *(de guijo)* Kiesschicht *f* **III.** *adv* **de** ~ *(fuertemente)* stark; *(sin parar)* unaufhörlich; **el calor aprieta de** ~ es herrscht eine sengende Hitze
firmemente [firme'meņte] *adv* ❶ *(con firmeza)* fest, standhaft; **creer algo** ~ fest an etw glauben ❷ *(con perseverancia)* beharrlich, hartnäckig
firmeza [fir'meθa] *f* ❶ *(solidez)* Festigkeit *f; (de un mueble)* Stabilität *f* ❷ *(de una creencia)* Unerschütterlichkeit *f;* ~ **de carácter** Charakterstärke *f* ❸ *(perseverancia)* Beharrlichkeit *f*
fiscal [fis'kal] **I.** *adj* ❶ *(del fisco)* Fiskal- ❷ *(de los impuestos)* Steuer- **II.** *mf* ❶ (JUR) Staatsanwalt, -wältin *m, f;* **F~ General del Estado** Generalstaatsanwalt, -wältin *m, f* ❷ *(interventor)* Steuerbeamte(r) *m,* -beamtin *f*
fiscalía [fiska'lia] *f* Staatsanwaltschaft *f*
fiscalidad [fiskali'ðaᵈ] *f* Steuergesetzgebung *f*
fiscalización [fiskaliθa'θjon] *f* Prüfung *f; (de impuestos)* Steuerprüfung *f*
fiscalizador(a) [fiskaliθa'ðor(a)] *m(f)* Prüfer(in) *m(f); (de impuestos)* Steuerprüfer(in) *m(f)*
fiscalizar [fiskali'θar] <z → c> *vt* prüfen; *(lo fiscal)* steuerlich prüfen
fisco ['fisko] *m* Staatskasse *f*
fisgar [fis'ɣar] <g → gu> **I.** *vi* ❶ *(burlarse)* sich lustig machen (**de** über +*akk*) ❷ *(indagar)* (herum)schnüffeln (**en** in +*dat*) *fam;* **le encanta** ~ **en mis asuntos** er/sie steckt gerne die Nase in meine Angelegenheiten **II.** *vt* ❶ *(pescar)* mit der Harpune fischen ❷ *(con el olfato)* schnüffeln
fisgón, -ona [fis'ɣon, -ona] *m, f (pey)* ❶ *(que se burla)* Spötter(in) *m(f)* ❷ *(que indaga)* Schnüffler(in) *m(f) fam*
fisgonear [fisɣone'ar] *vi (pey)* (herum)schnüffeln (**en** in +*dat*) *fam*
física ['fisika] *f* Physik *f*
físicamente [fisika'meņte] *adv* ❶ *(corporalmente)* körperlich ❷ *(verdaderamente)* wirklich
físico[1] ['fisiko] *m* Körperbau *m;* **tener un buen** ~ eine gute Figur haben
físico, -a[2] ['fisiko, -a] **I.** *adj* ❶ *(del cuerpo)* physisch, körperlich; **educación física** (ENS) Sport *m* ❷ (FÍS) physikalisch **II.** *m, f* Physiker(in) *m(f)*
fisiología [fisjolo'xia] *f* Physiologie *f*
fisiológico, -a [fisjo'loxiko, -a] *adj* physiologisch
fisiólogo, -a [fi'sjoloɣo, -a] *m, f* Physiologe, -in *m, f*
fisión [fi'sjon] *f* ❶ (FÍS) Spaltung *f* ❷ (BIOL) Zellteilung *f*
fisionar [fisjo'nar] *vt* spalten
fisionomía [fisjono'mia] *f v.* **fisonomía**
fisioterapeuta [fisjotera'peu̯ta] *mf* Krankengymnast(in) *m(f)*
fisioterapia [fisjote'rapja] *f* Physiotherapie *f*
fisiparidad [fisipari'ðaᵈ] *f* (BIOL) Fortpflanzung *f* durch Zellteilung
fisonomía [fisono'mia] *f* ❶ *(del rostro)* Gesichtsausdruck *m* ❷ *(aspecto)* Aussehen *nt*
fisonómico, -a [fiso'nomiko, -a] *adj* physiognomisch; **rasgos ~s** Gesichtszüge *mpl*
fisonomista [fisono'mista] *mf* Physiognom(in) *m(f);* **¿eres un buen ~?** hast du ein gutes Personengedächtnis?
fístula ['fistula] *f* ❶ *(tubo)* Röhre *f* ❷ (MED) Fistel *f*
fisura [fi'sura] *f* ❶ *(grieta)* Riss *m; (grande)* Spalte *f* ❷ (MED: *en un hueso*) Knochenriss *m* ❸ (MED: *en el ano*) Afterschrunde *f*
fitness ['fitnes] *m sin pl* (DEP) Fitness *f*
Fiyi ['fiʝi] *fpl* Fidschi *nt;* **islas Fiyi** Fidschi-Inseln *fpl,* Fidschiinseln *fpl*
flac(c)idez [fla(ᵞ)θi'ðeθ] *f* ❶ *(de las carnes)* Schlaffheit *f* ❷ *(de la piel)* Welkheit *f*
flác(c)ido, -a ['fla(ᵞ)θiðo, -a] *adj* ❶ *(carnes)* schlaff ❷ *(piel)* welk ❸ *(vestiduras)* bauschig
flaco[1] ['flako] *m* Schwäche *f*
flaco, -a[2] ['flako, -a] *adj* ❶ *(delgado)* dünn; **los años de las vacas flacas** die mageren Jahre ❷ *(escaso)* gering; **rendimientos ~s** kümmerliche Erträge ❸ *(débil)* schwach; **punto** ~ Schwachpunkt *m*
flacucho, -a [fla'kuʧo, -a] *adj (pey fam)* mager

flagelación [flaxela'θjon] *f* Auspeitschung *f*
flagelar [flaxe'lar] **I.** *vt* ❶ *(azotar)* auspeitschen; (REL) geißeln ❷ *(verbalmente)* scharf kritisieren **II.** *vr:* **~se** sich geißeln
flagelo [fla'xelo] *m* Geißel *f*
flagrante [fla'ɣran̪te] **I.** *adj (evidente)* offenkundig **II.** *adv* **en ~** in flagranti
flam(b)eado, -a [flam(b)e'aðo, -a] *adj* (GASTR) flambiert
flamante [fla'man̪te] *adj (fam)* ❶ *(vistoso)* auffallend ❷ *(nuevo)* (funkel)nagelneu
flambear [flambe'ar] *vt* (GASTR) flambieren
flamear [flame'ar] **I.** *vi* ❶ *(llamear)* lodern ❷ *(bandera)* flattern **II.** *vt* ❶ (GASTR) flambieren ❷ (MED) abflammen
flamenco[1] [fla'meŋko] *m* ❶ *(lengua)* Flämisch(e) *nt* ❷ (ZOOL) Flamingo *m* ❸ *(cante)* Flamenco *m*
flamenco, -a[2] [fla'meŋko, -a] **I.** *adj* ❶ *(de Flandes)* flämisch ❷ *(andaluz)* Flamenco-; **cante ~** Flamenco *m* ❸ *(chulo)* angeberisch **II.** *m, f* Flame, Flämin *m, f*
flamígero, -a [fla'mixero, -a] *adj* **estilo ~** (ARTE) Flamboyantstil *m*
flan [flan] *m* (GASTR) ≈ Karamellpudding *m*
flanco ['flaŋko] *m* Flanke *f*
Flandes ['flan̪des] *m* Flandern *nt*
flanquear [flaŋke'ar] *vt* ❶ *(estar al lado)* flankieren ❷ (MIL: *atacar*) von der Flanke her angreifen; *(proteger)* seitlich decken
flaquear [flake'ar] *vi* ❶ *(fuerzas)* nachlassen; *(salud)* sich verschlechtern ❷ *(en un examen)* eine schwache Leistung zeigen ❸ *(demanda)* abflauen ❹ *(edificio)* baufällig werden
flaqueza [fla'keθa] *f* ❶ *(de flaco)* Magerkeit *f* ❷ *(debilidad)* Schwäche *f*
flas [flas] *m,* **flash** [flaʃ] *m inv* ❶ (FOTO) Blitz *m* ❷ *(noticia)* Eilmeldung *f*
flato ['flato] *m* ❶ (MED) Blähung *f* ❷ *(Am: melancolía)* Schwermut *f*
flatoso, -a [fla'toso, -a] *adj (Am: miedoso)* ängstlich
flatulencia [flatu'len̪θja] *f* (MED) Blähsucht *f*
flauta[1] ['flau̯ta] *f* Flöte *f;* **~ dulce** Blockflöte *f;* **~ travesera** Querflöte *f*
flauta[2] ['flau̯ta] *mf* Flötist(in) *m(f)*
flautín [flau̯'tin] *m* ❶ *(instrumento)* Pikkoloflöte *f* ❷ *(músico)* Pikkoloflötenspieler(in) *m(f)*
flautista [flau̯'tista] *mf* Flötist(in) *m(f)*
flebitis [fle'βitis] *f inv* (MED) Venenentzündung *f*
flecha ['fleʧa] *f* ❶ *(arma)* Pfeil *m;* **ser rápido como una ~** pfeilschnell sein ❷ *(sagita)* Bogenhöhe *f* ❸ *(de torre)* Turmspitze *f* ❹ *(de viga)* Durchbiegung *f*
flechar [fle'ʧar] **I.** *vi* den Bogen gespannt haben **II.** *vt* ❶ *(un arco)* spannen ❷ *(fam: enamorar)* den Kopf verdrehen +*dat*
flechazo [fle'ʧaθo] *m* ❶ *(de flecha)* Pfeilschuss *m* ❷ *(fam: de amor)* **lo nuestro fue un ~** bei uns war es Liebe auf den ersten Blick
fleco ['fleko] *m* ❶ *(adorno)* Franse *f* ❷ *(del pelo)* Pony *m* ❸ *pl (de vestido)* ausgefranster Rand *m*
fleje ['flexe] *m* Bandeisen *nt*
flema ['flema] *f* ❶ *(calma)* Trägheit *f* ❷ *(mucosidad)* Schleim *m*
flemático, -a [fle'matiko, -a] **I.** *adj* phlegmatisch **II.** *m, f* Phlegmatiker(in) *m(f)*
flemón [fle'mon] *m* ❶ (MED) Entzündung *f* ❷ *(dental)* Zahnfleischentzündung *f*
flequillo [fle'kiʎo] *m* Pony *m*
fletador(a) [fleta'ðor(a)] *m(f)* ❶ *(de avión)* Charterer, -in *m, f* ❷ (COM) Befrachter(in) *m(f)*
fletamento [fleta'men̪to] *m* ❶ *(de avión)* Chartern *nt* ❷ (COM: *acción*) Verfrachtung *f* ❸ *(contrato)* Frachtvertrag *m*
fletán [fle'tan] *m* Heilbutt *m*
fletar [fle'tar] **I.** *vt* ❶ *(avión)* chartern ❷ (COM) verfrachten ❸ *(Am: vehículo)* verleihen ❹ *(CSur: despedir)* entlassen **II.** *vr:* **~se** *(AmC: fastidiarse)* sich abfinden müssen (**con/de** mit +*dat*)
flete ['flete] *m* ❶ *(carga)* Frachtgut *nt* ❷ (COM: *tasa*) Fracht *f* ❸ *(Am: tarifa)* Mietpreis *m*
flexibilidad [fleˠsiβili'ðaᵈ] *f* ❶ *(de palo)* Biegsamkeit *f;* *(de músculo)* Elastizität *f* ❷ *(de una persona)* Anpassungsfähigkeit *f;* **~ de precios** Preisflexibilität *f*
flexibilizar [fleˠsiβili'θar] <z → c> *vt* flexibilisieren
flexible [fleˠ'siβle] *adj* ❶ *(palo)* biegsam; *(músculo)* elastisch ❷ *(persona)* anpassungsfähig; **horario ~** Gleitzeit *f*
flexión [fleˠ'sjon] *f* ❶ *(del cuerpo)* Beugen *nt;* **~ de tronco** Rumpfbeuge *f;* **~ de brazos en la espaldera** Klimmzüge am Reck ❷ (LING) Flexion *f* ❸ (GEO) Flexur *f*
flexionar [fleˠsjo'nar] *vt* beugen
flexo ['fleˠso] *m* biegsame (Schreib)tischlampe *f*
flipado, -a [fli'paðo, -a] *adj (argot)* high
flipante [fli'pan̪te] *adj (argot)* cool
flipar [fli'par] **I.** *vt (argot)* antörnen **II.** *vi, vr:* **~se** *(argot)* ausflippen
flirt [flirᵗ] *m* <flirts> Flirt *m*
flirtear [flirte'ar] *vi* flirten
flirteo [flir'teo] *m* Flirt *m*
flojear [floxe'ar] *vi* ❶ *(disminuir)* nachlassen; *(interés)* abflauen ❷ *(en una materia)* schwach sein (**en** in +*dat*)

F

flojedad [floxe'ða^{ð}] *f* ① *(debilidad)* Schwäche *f* ② *(pereza)* Faulheit *f*

flojera [flo'xera] *f* *(fam)* ① *(debilidad)* Schwäche *f;* **coger ~ de piernas** weiche Knie bekommen ② *(pereza)* Faulheit *f*

flojo, -a ['floxo, -a] *adj* ① *(cuerda)* locker; *(nudo)* lose ② *(vino)* leicht; *(argumento)* schwach; *(viento)* flau; *(café)* dünn; *(luz)* matt; **~ de carácter** charakterschwach; **estoy ~ en alemán** mein Deutsch ist nicht so gut; **la política me la trae floja** *(vulg)* ich kümmere mich einen Dreck um Politik ③ *(cosecha)* mager ④ *(demanda)* schwach ⑤ *(obrero)* faul ⑥ *(Am: cobarde)* feig(e)

flor [flor] *f* ① (BOT: *planta*) Blume *f;* *(parte de la planta)* Blüte *f;* **~ nocturna** Nachtblüher *m;* **estar en ~** blühen; **camisa de ~es** geblümtes Hemd ② *(lo más selecto)* Auslese *f;* **la ~ y la nata de la sociedad** die Crème de la Crème ③ *(piropo)* Schmeichelei *f* ④ *(de los metales)* Irisieren *nt* ⑤ *(de las pieles)* Narbenseite *f* ⑥ *(virginidad)* Jungfräulichkeit *f* ⑦ *(del vino)* Kahmhaut *f* ⑧ *(loc)* **pasó volando a ~ de tierra** es flog dicht am Boden vorbei; **tengo los nervios a ~ de piel** meine Nerven sind zum Zerreißen gespannt

flora ['flora] *f* (BOT, MED) Flora *f*

floración [flora'θjon] *f* ① *(acción)* Blühen *nt* ② *(tiempo)* Blüte(zeit) *f*

florear [flore'ar] **I.** *vi* ① *(la espada)* schwingen ② (MÚS) (auf der Gitarre) tremolieren ③ *(Am: florecer)* blühen **II.** *vt* ① *(adornar)* mit Blumen schmücken ② *(harina)* sieben ③ *(naipes)* falsch mischen ④ *(piropear)* schmeicheln +*dat*

florecer [flore'θer] *irr como crecer* **I.** *vi* ① *(planta)* blühen ② *(industria)* florieren **II.** *vr:* **~se** (ver)schimmeln

floreciente [flore'θjente] *adj* ① *(planta)* blühend ② *(industria)* florierend

florecimiento [floreθi'mjento] *m* ① *(de una planta)* Blühen *nt* ② *(de una industria)* Florieren *nt*

Florencia [flo'renθja] *f* Florenz *nt*

floreo [flo'reo] *m* ① *(conversación)* Geschwätz *nt,* Gerede *nt;* **~ de palabras** Wortschwall *m* ② (MÚS) Tremolo *nt*

florero [flo'rero] *m* ① *(jarrón)* (Blumen)vase *f* ② *(maceta)* Blumentopf *m*

floresta [flo'resta] *f* ① *(bosque)* Wald *m* ② *(de poemas)* Anthologie *f*

florete [flo'rete] *m* Florett *nt*

floricultura [florikul'tura] *f* Blumenzucht *f*

florido, -a [flo'riðo, -a] *adj* ① *(con flores)* Blumen-; *(floreciente)* blühend; **árbol ~** Baum in Blüte ② *(selecto)* erlesen ③ *(lenguaje)* blumig ④ *(vaca)* gescheckt

florín [flo'rin] *m* Gulden *m*

floripondio [flori'pondjo] *m* *(pey)* ① *(flor)* hässliche Blume *f* ② *(adorno)* kitschiger Schmuck *m*

florista [flo'rista] *mf* ① *(comerciante)* Blumenhändler(in) *m(f)* ② *(vendedor)* Blumenverkäufer(in) *m(f)* ③ *(que hace ramos)* Florist(in) *m(f)*

floristería [floriste'ria] *f* Blumengeschäft *nt*

flota ['flota] *f* ① (AERO, NÁUT) Flotte *f* ② *(de vehículos)* Fuhrpark *m;* **~ de camiones** Lkw-Park *m*

flotación [flota'θjon] *f* ① *(en agua: activo)* Schwimmen *nt;* *(pasivo)* Treiben *nt;* *(en aire)* Schweben *nt;* **línea de ~** (NÁUT) Wasserlinie *f* ② (TÉC) Schwimmaufbereitung *f* ③ (FIN) Floating *nt*

flotador [flota'ðor] *m* ① (TÉC: *de pesca*) Schwimmer *m* ② *(en barcos)* Rettungsring *m;* *(para niños)* Schwimmring *m*

flotar [flo'tar] *vi* ① *(en agua: activamente)* schwimmen; *(pasivamente)* treiben; *(en aire)* schweben; (MED) flottieren ② *(bandera)* flattern ③ (FIN) floaten

flote ['flote] *m* **estar a ~** flott sein; **mantenerse a ~** *(t. fig)* sich über Wasser halten; **sacar a ~ una empresa** eine Firma wieder flottmachen

fluctuación [fluktwa'θjon] *f* ① *(oscilación)* Schwankung *f* ② *(irresolución)* Schwanken *nt*

fluctuante [fluktu'ante] *adj* schwankend

fluctuar [fluktu'ar] <*1. pres* fluctúo> *vi* schwanken; **estoy fluctuando entre comprarme un coche o no** ich weiß nicht, ob ich mir ein Auto kaufen soll oder nicht

fluidez [flwi'ðeθ] *f* ① *(de un líquido)* Flüssigkeit *f;* **hablar con ~ un idioma extranjero** eine Fremdsprache fließend sprechen ② *(de expresión)* (Rede)gewandtheit *f*

fluido^{1} [flu'iðo] *m* ① *(líquido)* Flüssigkeit *f;* (QUÍM) Fluid *nt* ② (ELEC) Strom *m*

fluido, -a^{2} [flu'iðo, -a] *adj* ① *(alimento)* flüssig; **es ~ de palabra** er ist redegewandt ② *(tráfico)* fließend

fluir [flu'ir] *vi irr como huir* ① *(correr)* fließen; *(brotar)* heraussprudeln ② *(palabras)* fließen

flujo ['fluxo] *m* ① *(de un líquido)* Fluss *m;* **~ de datos** (*t.* INFOR) Datenfluss *m;* **~ de palabras** Redeschwall *m* ② *(de la marea)* Flut *f* ③ (MED) Absonderung *f;* **~ de vientre** Durchfall *m*

fluminense [flumi'nense] **I.** *adj* aus Rio de Janeiro **II.** *mf* Einwohner(in) *m(f)* von Rio de Janeiro

flúor ['fluor] *m* (QUÍM) Fluor *nt*

fluorescencia [flwores'θeṇθja] *f* Fluoreszenz *f*
fluorescente [flwores'θeṇte] **I.** *adj* fluoreszierend; **tubo** ~ Leuchtstoffröhre *f* **II.** *m* Leuchtstoffröhre *f*
flus [flus] *m* ① *(Ant, Col, Ven: terno)* Herrenanzug *m* ② *(ElSal: racha de buena suerte)* Glückssträhne *f*
fluvial [flu'βjal] *adj* Fluss-; **puerto** ~ Binnenhafen *m*
FM [e'feme/efe'eme] *f abr de* **Frecuencia Modulada** UKW *f*
FMI [efe(e)me'i] *m abr de* **Fondo Monetario Internacional** IWF *m*
fobia ['foβja] *f* ① (MED) Phobie *f* ② *(aversión)* Widerwille *m* (**a/por** gegen +*akk*)
foca ['foka] *f* ① (ZOOL) Robbe *f* ② *(piel)* Robbenfell *nt* ③ *(pey: gordo)* Fettsack *m*
focal [fo'kal] *adj* fokal; **distancia** ~ Brennweite *f*
focalizar [fokali'θar] <z → c> *vt* fokussieren
foco ['foko] *m* ① (FÍS, MAT) Brennpunkt *m* ② *(centro)* Mittelpunkt *m;* ~ **de infección** Infektionsherd *m* ③ *(lámpara)* Scheinwerfer *m* ④ *(Am: bombilla)* Glühbirne *f*
fofo, -a ['fofo, -a] *adj* schwabbelig; **estoy** ~ ich habe Speck angesetzt
fogata [fo'γata] *f (en el campo)* Lagerfeuer *nt; (de alegría)* Freudenfeuer *nt; (como baliza)* Signalfeuer *nt*
fogón [fo'γon] *m* ① *(de la cocina)* Herd *m* ② *(de máquinas de vapor)* Kessel *m;* (FERRO) Feuerbüchse *f* ③ *(de un cañón)* Zündloch *nt* ④ *(Am: fogata)* Lagerfeuer *nt*
fogonazo [foγo'naθo] *m* ① *(de arma)* Mündungsfeuer *nt* ② *(de pólvora)* Pulverblitz *m*
fogonero [foγo'nero] *m* Heizer *m*
fogosidad [foγosi'ða^{d}] *f* ① *(de pasión)* Feuer *nt* ② *(de persona)* Temperament *nt* ③ *(de debate)* Hitze *f*
fogoso, -a [fo'γoso, -a] *adj* ① *(pasión)* feurig ② *(persona)* temperamentvoll ③ *(debate)* hitzig ④ *(caballo)* feurig
fogueado, -a [foγe'aðo, -a] *adj (Am)* erfahren
foguear [foγe'ar] **I.** *vt* ① *(un arma)* (mit einem Schuss) reinigen ② (MIL) ans Gefecht gewöhnen ③ *(a penalidades)* abhärten (**a** gegen +*akk*) **II.** *vr:* **~se** sich abhärten (**a** gegen +*akk*)
fogueo [fo'γeo] *m* **bala de** ~ Platzpatrone *f*
foja ['foxa] *f (Am)* Seite *f;* ~ **de servicios** Personalakte *f*
folclor(e) [fol'klor(e)] *m* Folklore *f*
folclórico, -a [fol'kloriko, -a] **I.** *adj* folkloristisch **II.** *m, f* Flamencosänger(in) *m(f)*
foliación [folja'θjon] *f* ① (TIPO) Foliieren *nt* ② (BOT: *echar hojas*) Blattbildung *f; (colocación)* Blattanordnung *f* ③ (GEO) Schichtung *f*
foliar [fo'ljar] **I.** *adj* Blatt- **II.** *vt* (TIPO) foliieren
folio ['foljo] *m* ① *(de un libro)* Folio *nt* ② *(hoja de papel)* Blatt *nt*
folk [fol^{k}] *m sin pl* (MÚS) Folkmusik *f*
folklórico, -a [fol'kloriko, -a] *adj o m, f v.* **folclórico**
follaje [fo'ʎaxe] *m* ① *(de árbol, bosque)* Laub(werk) *nt* ② *(adorno)* Laubgewinde *nt* ③ *(en un texto)* Geschwafel *nt; (al hablar)* Geschwätz *nt*
follar[1] [fo'ʎar] **I.** *vi (vulg)* bumsen **II.** *vt* ① *(vulg: coitar)* bumsen ② *(vulg: fastidiar)* in Rage bringen *fam* ③ *(deshacer)* in einzelne Blätter zerlegen
follar[2] [fo'ʎar] <o → ue> **I.** *vt* ① *(soplar)* anfachen ② *(fam: suspender)* durchfallen lassen **II.** *vr:* **~se** *(vulg)* einen fahren lassen *fam*
folletín [foʎe'tin] *m* Feuilleton *nt;* **novela de** ~ Schundroman *m*
folletinesco, -a [foʎeti'nesko, -a] *adj* feuilletonistisch
folleto [fo'ʎeto] *m* Broschüre *f;* ~ **publicitario** Werbeprospekt *m*
follón[1] [fo'ʎon] *m (fam)* ① *(alboroto)* Krach *m;* **armar un** ~ ein Chaos veranstalten ② *(asunto enojoso)* unangenehme Sache *f*
follón, -ona[2] [fo'ʎon, -ona] *adj* ① *(chulo)* angeberisch ② *(holgazán)* nachlässig
follonero, -a [foʎo'nero, -a] *m, f* Radaumacher(in) *m(f)*
fomentar [fomeṇ'tar] *vt* ① *(empleo)* fördern; *(economía)* ankurbeln ② *(discordias)* schüren
fomento [fo'meṇto] *m* ① *(del empleo)* Förderung *f; (de la economía)* Ankurbelung *f;* **Banco Internacional de Reconstrucción y F~** Internationale Bank für Wiederaufbau und Entwicklung, Weltbank *f* ② *(de discordias)* Schüren *nt*
fonda ['foṇda] *f* (billige) Pension *f*
fondeado, -a [foṇde'aðo, -a] *adj (Am)* wohlhabend
fondear [foṇde'ar] **I.** *vi* (NÁUT) vor Anker liegen **II.** *vt* ① *(anclar)* verankern ② *(sondear)* (aus)loten ③ *(registrar)* durchsuchen; *(una cuestión)* gründlich untersuchen; ~ **un asunto** einer Sache auf den Grund gehen
fondeo [foṇ'deo] *m* ① (NÁUT) Ankern *nt; (sondeo)* Ausloten *nt* ② *(registro)* Durchsuchung *f*
fondista [foṇ'dista] *mf* ① *(de una fonda)*

(Gast)wirt(in) *m(f)* ❷ (DEP) Langstreckenläufer(in) *m(f)*

fondo ['fon̪do] *m* ❶ *(de un cajón)* Boden *m; (del río)* Grund *m; (de un valle)* Sohle *f;* **los bajos ~s** die Unterwelt; **en el ~ de su corazón** im Grunde seines/ihres Herzens; **tratar un tema a ~** ein Thema gründlich behandeln; **en este asunto hay mar de ~** an dieser Sache ist etwas faul; **tocar ~** (ECON) den Tiefstand erreichen ❷ *(de un edificio)* Tiefe *f;* **al ~ del pasillo** am Ende des Ganges; **mi habitación está al ~ de la casa** mein Zimmer liegt auf der Hinterseite des Hauses ❸ *(lo esencial)* Kern *m;* **artículo de ~** Leitartikel *m;* **en el ~** eigentlich; **ir al ~ de un asunto** einer Sache auf den Grund gehen; **hay un ~ de verdad en lo que dices** in deinen Worten steckt ein Körnchen Wahrheit ❹ *(índole)* Wesen *nt,* Natur *f;* **persona de buen ~** gutherziger Mensch; **tiene un buen ~** in ihm/ihr steckt ein guter Kern ❺ *(de un cuadro)* Hintergrund *m; (de una tela)* Untergrund *m* ❻ *(conjunto de cosas)* Bestände *mpl; (de biblioteca)* Bücherbestand *m* ❼ (DEP) Ausdauer *f;* **corredor de ~** Langstreckenläufer *m;* **esquiador de ~** Langläufer *m* ❽ (FIN, POL) Fonds *m;* **F~ Monetario Internacional** Internationaler Währungsfonds; **F~ Social Europeo** Europäischer Sozialfonds ❾ *pl (medios)* Mittel *ntpl;* **~s públicos** Staatspapiere *ntpl;* **cheque sin ~s** ungedeckter Scheck ❿ (NÁUT) Tiefgang *m;* **tocar ~** auf Grund laufen; **irse a ~** untergehen ⓫ *(contenido)* Gehalt *m;* **su carta tiene un ~ amargo** sein/ihr Brief hat einen bitteren Unterton

fondón, -ona [fon̪'don, -ona] *adj (pey fam)* schwerfällig

fonética [fo'netika] *f* Phonetik *f*

fonético, -a [fo'netiko, -a] *adj* phonetisch; **trascripción fonética** phonetische Umschrift

fono ['fono] *m (Chil: auricular del teléfono)* Hörer *m*

fonología [fonolo'xia] *f* (LING) Phonologie *f*

fonoteca [fono'teka] *f* Phonothek *f*

fontana [fon̪'tana] *f (elev)* (Spring)brunnen *m*

fontanal [fon̪ta'nal] **I.** *adj (artificial)* Brunnen-; *(natural)* Quell- **II.** *m* Ort *m* mit vielen Quellen

fontanera [fon̪ta'nera] *adj o f v.* **fontanero**

fontanería [fon̪tane'ria] *f* ❶ *(acción)* Installation *f* ❷ *(conducto)* (Wasser)leitungen *fpl* ❸ *(establecimiento)* Klempnerei *f*

fontanero, -a [fon̪ta'nero, -a] **I.** *adj (natural)* Quell-; *(artificial)* Brunnen- **II.** *m, f* Installateur(in) *m(f)*

footing ['futiŋ] *m sin pl* Jogging *nt;* **hacer ~** joggen

foque ['foke] *m* ❶ (NÁUT) Klüver *m* ❷ *(fam: cuello)* Vatermörder *m*

forajido, -a [fora'xiðo, -a] **I.** *adj* gesetzesflüchtig **II.** *m, f* flüchtiger Verbrecher *m,* flüchtige Verbrecherin *f*

foral [fo'ral] *adj* ❶ *(de los privilegios)* partikularrechtlich; **derecho ~** Partikularrecht *nt* ❷ *(de la jurisdicción)* gerichtlich ❸ *(de las leyes)* gesetzlich

foráneo, -a [fo'raneo, -a] *adj* ❶ *(de otro lugar)* fremd ❷ *(extraño)* fremdartig

forastero, -a [foras'tero, -a] **I.** *adj* ❶ *(de otro lugar)* fremd; *(extranjero)* ausländisch ❷ *(extraño)* fremdartig **II.** *m, f* Fremde(r) *mf; (extranjero)* Ausländer(in) *m(f)*

forcejear [forθexe'ar] *vi* ❶ *(esforzarse)* sich anstrengen ❷ *(resistir)* sich widersetzen +*dat*

forcejeo [forθe'xeo] *m* ❶ *(esfuerzo)* (Kraft)anstrengung *f* ❷ *(resistencia)* Widerstand *m*

fórceps ['forθeᵝs] *m inv* (Geburts)zange *f*

forense [fo'rense] **I.** *adj* gerichtlich; **médico ~** Gerichtsmediziner *m* **II.** *mf* Gerichtsmediziner(in) *m(f)*

forestal [fores'tal] *adj* forstlich, Forst-; **camino ~** Waldweg *m;* **repoblación ~** Aufforstung *f*

forestar [fores'tar] *vt* aufforsten

forfait [for'fai̯ᵗ] *m* (COM) Pauschale *f*

forja ['forxa] *f* ❶ *(fragua)* Schmiede *f; (de platero)* Silberschmiede *f* ❷ *(ferrería)* (Eisen)hütte *f* ❸ *(del metal)* Schmieden *nt* ❹ *(creación)* Schaffung *f* ❺ *(argamasa)* Mörtel *m*

forjar [for'xar] **I.** *vt* ❶ *(metal)* schmieden ❷ *(muro)* mauern; *(revocar)* verputzen ❸ *(inventar)* schmieden ❹ *(crear)* schaffen; *(imperio)* aufbauen **II.** *vr:* **~se** ❶ *(imaginarse)* sich *dat* ausdenken ❷ *(crear)* sich aufbauen

forma ['forma] *f* ❶ *(figura)* Form *f;* **las ~s de una mujer** die weiblichen Rundungen; **en ~ de gota** tropfenförmig; **dar ~ a algo** *(formar)* etw formen; *(precisar)* etw konkretisieren ❷ *(manera)* Art (und Weise) *f;* **~ de comportamiento** Verhaltensweise *f;* **defecto de ~** (JUR) Formfehler *m;* **tiene una extraña ~ de andar** er/sie hat einen eigenartigen Gang; **de ~ libre** formlos; **en ~ escrita** schriftlich; **en (buena y) debida ~** vorschriftsmäßig; **de ~ que** sodass; **de todas ~s, ...** jedenfalls ...; **lo haré de una u otra ~** ich werde es auf jeden Fall machen; **no hay ~ de abrir la puerta** die

Tür lässt sich überhaupt nicht öffnen ❸ *(comportamiento)* Form *f* ❹ *(molde)* Form *f* ❺ (DEP) Form *f*

formación [forma'θjon] *f* ❶ *(creación)* (Heraus)bildung *f,* Entstehung *f; (de una sociedad)* Gründung *f;* ~ **del balance** Bilanzaufstellung *f;* ~ **de Gobierno** Regierungsbildung *f;* ~ **de humo** Rauchentwicklung *f* ❷ *(de personas, t.* MIL) Verband *m;* ~ **política** politische Gruppierung; ~ **de tropas** Truppenverband *m;* **desfilar en** ~ **cerrada** in geschlossener Formation marschieren ❸ *(educación)* (Aus)bildung *f;* ~ **de adultos** Erwachsenenbildung *f;* ~ **escolar** Schulbildung *f;* ~ **profesional** Berufsausbildung *f* ❹ (GEO) (Gesteins)formation *f* ❺ *(forma)* Form *f*

formal [for'mal] *adj* ❶ *(relativo a la forma)* formal; **requisito** ~ Formalität *f* ❷ *(serio)* seriös; *(educado)* anständig; *(cumplidor)* zuverlässig ❸ *(oficial)* formell, förmlich; **una invitación** ~ eine offizielle Einladung; **tiene novio** ~ sie hat einen festen Freund

formalidad [formali'ða^{d}] *f* ❶ *(seriedad)* Seriosität *f; (exactitud)* Zuverlässigkeit *f* ❷ (ADMIN, JUR) Formalität *f* ❸ *(norma de comportamiento)* Formalität *f*

formalismo [forma'lismo] *m* Formalismus *m*

formalizar [formali'θar] <z → c> **I.** *vt* ❶ *(dar forma)* formalisieren ❷ *(solemnizar)* offiziell machen; ~ **un noviazgo** *(comprometerse)* sich verloben; *(casarse)* heiraten ❸ (JUR) in die vorgeschriebene Form bringen; ~ **un contrato** einen Vertrag ordnungsgemäß abschließen; ~ **una solicitud** einen Antrag stellen **II.** *vr:* **~se** ❶ *(formarse)* zustande kommen ❷ *(volverse formal)* vernünftig werden ❸ *(ofenderse)* sich entrüsten

formar [for'mar] **I.** *vi* ❶ (MIL) antreten ❷ *(figurar)* gehören (**en** zu +*dat*) **II.** *vt* ❶ *(dar forma)* formen ❷ *(constituir)* bilden; (MIL) formieren; ~ **parte de** gehören zu +*dat* ❸ *(educar)* erziehen; *(enseñar)* (aus)bilden **III.** *vr:* **~se** ❶ *(crearse)* sich bilden; (MIL) sich formieren ❷ *(ser educado)* ausgebildet werden; **se ha formado a sí mismo** er ist Autodidakt ❸ *(desarrollarse)* sich entwickeln ❹ *(hacerse)* sich *dat* bilden; **~se una idea de algo** sich *dat* ein Bild von etw *dat* machen

formatear [formate'ar] *vt* (INFOR) formatieren

formateo [forma'teo] *m* (INFOR) Formatierung *f*

formativo, -a [forma'tiβo, -a] *adj* ❶ *(que da forma)* gestaltend ❷ *(educativo)* erzieherisch; *(instructivo)* (Aus)bildungs- ❸ (LING) Wortbildungs-

formato [for'mato] *m* Format *nt;* ~ **de datos** (INFOR) Datenformat *nt;* ~ **de texto** (INFOR) Textformat *nt;* ~ **vertical** Hochformat *nt;* ~ **horizontal** Querformat *nt*

formica® [for'mika] *f sin pl* Resopal® *nt*

formidable [formi'ðaβle] *adj* ❶ *(fam: estupendo)* toll ❷ *(temible)* furchtbar ❸ *(enorme)* riesig

formol® [for'mol] *m sin pl* Formol® *nt*

fórmula ['formula] *f* (*t.* MAT, QUÍM) Formel *f;* ~ **de cortesía** Höflichkeitsformel *f;* ~ **de despedida** Schlussformel *f;* **coche de F~ 1** (DEP) Formel-1-Wagen *m*

formulación [formula'θjon] *f* ❶ *(de una idea)* Formulierung *f;* ~ **de balances** Bilanzaufstellung *f;* ~ **de la propuesta** Antragstellung *f* ❷ (FÍS) Aufstellung *f* einer Formel

formular [formu'lar] **I.** *adj* formelhaft **II.** *vt* ❶ *(expresar con una fórmula)* in einer Formel ausdrücken ❷ *(manifestar)* formulieren, zum Ausdruck bringen; ~ **demanda** Klage erheben; ~ **denuncia** Anzeige erstatten ❸ *(recetar)* verschreiben

formulario[1] [formu'larjo] *m* ❶ *(impreso)* Formular *nt;* ~ **para giro postal** Zahlkarte *f;* ~ **de trasferencia** (FIN) Überweisungsschein *m* ❷ *(colección de fórmulas)* Formelsammlung *f; (de recetas)* Rezeptbuch *nt; (de modelos)* Mustersammlung *f*

formulario, -a[2] [formu'larjo, -a] *adj* ❶ *(cortés)* formell ❷ *(formular)* formelhaft

formulismo [formu'lismo] *m* Formalismus *m*

fornicar [forni'kar] <c → qu> *vi* Geschlechtsverkehr haben; *(pey)* (herum)huren; (REL) die Ehe brechen

fornido, -a [for'niðo, -a] *adj* stämmig

foro ['foro] *m* ❶ *(plaza)* Forum *nt;* ~ **romano** Forum Romanum ❷ (JUR: *lugar*) Gerichtssaal *m* ❸ (JUR: *curia*) Rechtsanwaltschaft *f* ❹ (TEAT) Kulisse *f;* **desaparecer por el** ~ unbemerkt verschwinden

forofo, -a [fo'rofo, -a] *m, f* Fan *m*

forraje [fo'rraxe] *m* ❶ *(pasto)* (Vieh)futter *nt; (verde)* Grünfutter *nt; (Am: seco)* Trockenfutter *nt* ❷ *(fam: fárrago)* Mischmasch *m*

forrar [fo'rrar] **I.** *vt (el exterior)* umhüllen (**de/con** mit +*dat*); *(el interior)* ausschlagen (**de/con** mit +*dat*); *(una prenda)* füttern (**de/con** mit +*dat*); *(una butaca)* beziehen (**de/con** mit +*dat*); *(un libro)* einbinden (**con** mit +*dat*); *(una pared)* verkleiden (**con** mit +*dat*); ~ **con algodón** wattieren **II.** *vr:* **~se** *(fam)* ❶ *(enriquecerse)* sich *dat* eine goldene Nase verdienen

F

❷ *(hartarse)* sich *dat* den Bauch vollschlagen (**de** mit +*dat*)

forro ['forro] *m* ❶ *(exterior)* Hülle *f; (interior)* (Innen)verkleidung *f; (de una prenda)* Futter *nt; (de una butaca)* Bezug *m; (de un libro)* Einband *m; (de una pared)* Verkleidung *f* ❷ (NÁUT) Beplankung *f* ❸ (AUTO) ~ **de freno** Bremsbelag *m* ❹ *(loc)* **ni por el ~** *(fam)* nicht im Geringsten

fortachón, -ona [forta'tʃon, -ona] *adj (fam)* stämmig

fortalecedor(a) [fortaleθe'ðor(a)] *adj* ❶ *(vigorizador)* stärkend ❷ *(que da ánimo)* ermutigend ❸ *(reforzante)* Befestigungs-

fortalecer [fortale'θer] *irr como crecer* **I.** *vt* ❶ *(vigorizar)* stärken ❷ *(animar)* ermutigen ❸ *(reforzar)* befestigen **II.** *vr:* **~se** ❶ *(vigorizarse)* sich stärken ❷ *(volverse más fuerte)* stärker werden

fortalecimiento [fortaleθi'mjen̦to] *m* ❶ *(de una cosa)* Befestigung *f* ❷ *(del cuerpo)* Stärkung *f* ❸ *(del ánimo)* Ermutigung *f*

fortaleza [forta'leθa] *f* ❶ *(fuerza)* Kraft *f;* **de poca ~** schwächlich ❷ *(virtud)* Seelenstärke *f* ❸ *(robustez)* Robustheit *f* ❹ (MIL) Festung(sanlage) *f*

fortificación [fortifika'θjon] *f* ❶ *(fortalecimiento)* Stärkung *f* ❷ (MIL: *acción*) Befestigung *f* ❸ (MIL: *obra*) Befestigung(sanlage) *f*

fortificar [fortifi'kar] <c → qu> **I.** *vt* ❶ *(fortalecer)* stärken ❷ (MIL) befestigen **II.** *vr:* **~se** ❶ *(fortalecerse)* stärker werden ❷ (MIL) sich verschanzen

fortín [for'tin] *m* ❶ *(fuerte)* kleine Festung(sanlage) *f* ❷ *(defensa)* Schanze *f*

fortísimo, -a [for'tisimo, -a] *adj superl de* **fuerte**

fortuito, -a [for'twito, -a/fortu'ito, -a] *adj* zufällig

fortuna [for'tuna] *f* ❶ *(suerte)* Glück *nt;* **por ~** *(afortunadamente)* zum Glück; *(por casualidad)* zufällig(erweise) ❷ *(destino)* Schicksal *nt* ❸ *(capital)* Vermögen *nt;* **~s** Besitztümer *ntpl;* **su voz era su ~** seine/ihre Stimme war sein/ihr Kapital

fórum ['forun] *m* Forum *nt*

forúnculo [fo'ruŋkulo] *m* (MED) Furunkel *m o nt*

forzadamente [forθaða'men̦te] *adv* ❶ *(violentamente)* gewaltsam ❷ *(inevitablemente)* zwangsläufig, gezwungenermaßen

forzado[1] [for'θaðo] *m* ❶ *(presidiario)* Sträfling *m* ❷ *(galeote)* Galeerensträfling *m*

forzado, -a[2] [for'θaðo, -a] *adj* ❶ *(artificial)* gezwungen; **trabajos ~s** Zwangsarbeit *f* ❷ *(ocupado)* besetzt

forzar [for'θar] *irr* **I.** *vt* ❶ *(obligar)* zwingen ❷ *(un acontecimiento)* erzwingen ❸ *(violar)* vergewaltigen ❹ *(esforzar)* überbeanspruchen; *(voz)* überanstrengen ❺ *(obligar a entrar)* hineinzwängen; *(a abrirse)* aufbrechen **II.** *vr:* **~se** ❶ *(obligarse)* sich zwingen ❷ *(esforzarse)* sich überanstrengen

forzosa [for'θosa] *f Spielzug beim Damespiel*

forzoso, -a [for'θoso, -a] *adj* zwangsläufig, zwingend; **aterrizaje ~** Notlandung *f;* **venta forzosa** Zwangsverkauf *m*

forzudo, -a [for'θuðo, -a] *adj* sehr stark

fosa ['fosa] *f* ❶ *(hoyo)* Grube *f; (alargado, t.* GEO) Graben *m;* (MIL) Festungsgraben *m* ❷ *(sepultura)* Grab *nt* ❸ (ANAT) Höhle *f;* **~ nasal** Nasenhöhle *f*

fosfato [fos'fato] *m* (QUÍM) Phosphat *nt*

fosforecer [fosfores'θer] *vi irr como crecer* phosphoreszieren

fosforera [fosfo'rera] *f* Streichholzschachtel *f,* Zündholzschachtel *f*

fosforescencia [fosfores'θen̦θja] *f* Phosphoreszenz *f*

fosforescente [fosfores'θen̦te] *adj* phosphoreszierend

fósforo ['fosforo] *m* ❶ (QUÍM) Phosphor *m* ❷ *(cerilla)* Streichholz *nt*

fósil ['fosil] **I.** *adj* ❶ (GEO) fossil ❷ *(fam: anticuado)* steinzeitlich **II.** *m* Fossil *nt*

fosilizarse [fosili'θarse] <z → c> *vr* ❶ (GEO) fossilisieren ❷ *(fam: persona)* verknöchern

foso ['foso] *m* ❶ *(hoyo)* Grube *f; (alargado)* Graben *m;* (MIL) (Festungs)graben *m* ❷ (MÚS, TEAT) Orchestergraben *m* ❸ *(en un garaje)* Reparaturgrube *f* ❹ (DEP) Sandgrube *f*

foto ['foto] *f* Foto *nt;* **~ (tamaño) carné** Passfoto *nt*

fotocopia [foto'kopja] *f* (Foto)kopie *f*

fotocopiadora [fotokopja'ðora] *f* (Foto)kopierer *m*

fotocopiar [fotoko'pjar] *vt* (foto)kopieren

fotoeléctrico, -a [fotoe'lektriko, -a] *adj* lichtelektrisch

fotogénico, -a [foto'xeniko, -a] *adj* ❶ *(motivo)* bildwirksam; *(persona)* fotogen ❷ *(color)* fotogen

fotógrafa [fo'toɣrafa] *f v.* **fotógrafo**

fotografía [fotoɣra'fia] *f* ❶ *(imagen)* Foto *nt;* **~ aérea** Luftaufnahme *f;* **~ en color** Farbfoto *nt;* **~ (tamaño) carné** Passbild *nt;* **álbum de ~s** Fotoalbum *nt* ❷ *(arte)* Fotografie *f*

fotografiar [fotoɣrafi'ar/fotoɣra'fjar]

<*1. pres* fotografío> **I.** *vi* fotografieren **II.** *vt* ❶ *(hacer fotos)* fotografieren ❷ *(describir)* detailliert beschreiben

fotográfico, -a [foto'ɣrafiko, -a] *adj* fotografisch, Foto-; **máquina fotográfica** Fotoapparat *m;* **papel ~** Fotopapier *nt*

fotógrafo, -a [fo'toɣrafo, -a] *m, f* Fotograf(in) *m(f)*

fotograma [foto'ɣrama] *m* ❶ (CINE) Standbild *nt* ❷ (FOTO) Fotogramm *nt*

fotomatón [fotoma'ton] *m* ❶ *(mecanismo)* Fotomaton® *nt* ❷ *(cabina)* Passbildautomat *m* ❸ *(argot: foto)* Passbild *nt* aus dem Automaten

fotómetro [fo'tometro] *m* Lichtmesser *m*

fotomodelo [fotomo'ðelo] *mf* (Foto)modell *nt*

fotomontaje [fotomon̩'taxe] *m* Fotomontage *f*

fotonovela [fotono'βela] *f* Fotoroman *m*

fotoprotección [fotoproteʸ'θjon] *f* Sonnenschutz *m*

fotoquímica [foto'kimika] *f* (QUÍM) Fotochemie *f*

fotoquímico, -a [foto'kimiko, -a] *adj* (QUÍM) fotochemisch

fotorreportaje [fotorrepor'taxe] *m* Fotoreportage *f*

fotosensible [fotosen'siβle] *adj* lichtempfindlich

fotosíntesis [foto'sin̩tesis] *f sin pl* (QUÍM) Fotosynthese *f*

fototerapia [fotote'rapja] *f* (MED) Fototherapie *f,* Lichtbehandlung *f*

fotovoltaico, -a [fotoβol̩'tai̯ko, -a] *adj* fotovoltaisch

fotuto¹ [fo'tuto] *m* ❶ *(Cuba, PRico, Ven: instrumento de viento)* Blasinstrument der Indios ❷ *(Cuba: fam: bocina)* Hupe *f*

fotuto, -a² [fo'tuto, -a] *adj (Arg, Méx: arruinado)* bankrott; *(enfermo)* angeschlagen

FP [efe'pe] *f abr de* **Formación Profesional** Berufsausbildung *f*

frac [frak] *m* <fracs *o* fraques> Frack *m*

fracasado, -a [fraka'saðo, -a] *m, f* Versager(in) *m(f)*

fracasar [fraka'sar] *vi* ❶ *(no tener éxito)* scheitern; **la película fracasó** der Film fiel (beim Publikum) durch; **~ en un examen** durch eine Prüfung fallen ❷ (NÁUT) zerschellen

fracaso [fra'kaso] *m* ❶ *(acción)* Scheitern *nt* ❷ *(fiasco)* Misserfolg *m* ❸ *(desastre)* Unglück *nt*

fracción [fraʸ'θjon] *f* ❶ *(división)* (Zer)teilen *nt; (ruptura)* Zerbrechen *nt; (de una cantidad)* Aufsplitterung *f* ❷ *(parte)* Bruchteil *m; (de un objeto)* Bruchstück *nt; (de una organización)* Fraktion *f;* **~ parlamentaria** (Parlaments)fraktion *f* ❸ (MAT) Bruchzahl *f* ❹ (QUÍM) Fraktion *f*

fraccionamiento [fraʸθjona'mjen̩to] *m* ❶ *(división)* Zerteilung *f,* Zerlegung *f; (de acciones)* Stückelung *f,* Aufteilung *f; (ruptura)* Zerbrechen *nt; (de una cantidad)* Aufsplitterung *f; (de una organización)* Zersplitterung *f,* Spaltung *f* ❷ (QUÍM) Fraktionierung *f*

fraccionar [fraʸθjo'nar] **I.** *vt* ❶ *(dividir)* (zer)teilen; *(romper)* zerbrechen; *(una cantidad)* aufsplittern; *(una organización)* spalten ❷ (QUÍM) fraktionieren **II.** *vr:* **~se** zerbrechen; *(grupo)* sich spalten

fraccionario, -a [fraʸθjo'narjo, -a] *adj* ❶ (MAT) Bruch-; **número ~** Bruchzahl *f* ❷ (POL) fraktionell ❸ *(incompleto)* bruchstückhaft

fractura [frak'tura] *f* ❶ *(rotura)* Bruch *m;* (MED) Fraktur *f* ❷ (GEO: *falla*) Verwerfung *f*

fracturar [fraktu'rar] **I.** *vt* zerbrechen; *(una caja fuerte)* aufbrechen **II.** *vr:* **~se** (zer)brechen

fragancia [fra'ɣan̩θja] *f* Duft *m*

fragata [fra'ɣata] *f* ❶ (NÁUT) Fregatte *f* ❷ (ZOOL) Fregattvogel *m*

frágil ['fraxil] *adj* ❶ *(objeto)* zerbrechlich ❷ *(constitución)* zart; *(anciano)* gebrechlich ❸ *(salud)* anfällig ❹ *(carácter)* schwach; **tener una memoria ~** vergesslich sein

fragilidad [fraxili'ðaᵈ] *f* ❶ *(de un objeto)* Zerbrechlichkeit *f* ❷ *(de la constitución)* Zartheit *f; (de un anciano)* Gebrechlichkeit *f* ❸ *(de la salud)* Anfälligkeit *f* ❹ *(del carácter)* Schwäche *f*

fragilizar [fraxili'θar] <z → c> *vt* schwächen

fragmentación [fraɣmen̩ta'θjon] *f* Zerlegung *f,* (Zer)teilung *f; (en muchos pedazos)* Zerstückelung *f; (de un cristal)* Zersplitterung *f*

fragmentar [fraɣmen̩'tar] **I.** *vt (dividir)* zerlegen, (zer)teilen; *(en muchos pedazos)* zerstückeln; *(romper)* zerschlagen; *(una roca)* zerbröckeln **II.** *vr:* **~se** *(cristal)* zersplittern; *(roca)* zerbröckeln

fragmentario, -a [fraɣmen̩'tarjo, -a] *adj* ❶ *(compuesto)* (aus Fragmenten) zusammengesetzt ❷ *(incompleto)* bruchstückhaft

fragmento [fraɣ'men̩to] *m* ❶ *(parte)* (Bruch)stück *nt; (de un cristal)* Scherbe *f; (de una roca)* Brocken *m; (de un tejido)* Fetzen *m; (de un papel)* Schnipsel *m o nt* ❷ (LIT, MÚS: *parte*) Fragment *nt,* Auszug *m*

fragor [fra'ɣor] *m* Getöse *nt*

F

F

fragoroso, -a [fraɣo'roso, -a] *adj* dröhnend

fragosidad [fraɣosi'ða^{d}] *f* ① *(de un monte)* Dichte *f* ② *(de un camino)* Unwegsamkeit *f* ③ *(lugar)* unwegsame Gegend *f; (lleno de arbustos)* Dickicht *nt*

fragoso, -a [fra'ɣoso, -a] *adj* ① *(áspero)* unwegsam ② *(ruidoso)* lärmend

fragua ['fraɣwa] *f* Schmiede *f*

fraguar [fra'ɣwar] <gu → gü> **I.** *vi* ① *(cemento)* sich verfestigen ② *(idea)* sich durchsetzen **II.** *vt (metal)* schmieden; **¿qué estás fraguando?** was heckst du nun wieder aus?

fraile ['fraịle] *m* ① (REL) Mönch *m* ② *(en un vestido)* Falte *f* ③ *(en una chimenea)* (Rauch)abzug *m* ④ (TIPO) blass gedruckte Stelle *f*

frambuesa [fram'bwesa] *f* Himbeere *f*

franca ['fraŋka] *adj o f v.* **franco^{2}**

francamente [fraŋka'meṇte] *adv* offen, freiheraus; **~, no tengo interés** offen gesagt habe ich kein Interesse

francés, -esa [fraṇ'θes, -esa] **I.** *adj* französisch; **tortilla francesa** Omelett *nt* **II.** *m, f* Franzose, Französin *m, f*

Francfort ['fraɱfor$^{(t)}$] *m* Frankfurt *nt;* **salchicha de ~** Frankfurter Würstchen

franchute [fran'ʧute] **I.** *adj (pey)* französisch **II.** *mf (pey)* Franzose, Französin *m, f*

Francia ['fraṇθja] *f* Frankreich *nt*

franciscano, -a [fraṇθis'kano, -a] **I.** *adj* ① (REL) franziskanisch ② *(Am: pardo)* (grau)braun **II.** *m, f* Franziskaner(in) *m(f)*

franco^{1} ['fraŋko] *m* ① *(moneda francesa, belga)* Franc *m; (suiza)* Franken *m* ② *(lengua)* Fränkisch(e) *nt*

franco, -a^{2} ['fraŋko, -a] **I.** *adj* ① *(sincero)* aufrichtig ② *(generoso)* großzügig (**a/** (**para**) **con/para** gegenüber +*dat*) ③ *(libre)* frei; **puerto ~** Freihafen *m;* **~ a bordo** frei an Bord; **~ de derechos** gebührenfrei; **~ en fábrica** ab Werk ④ *(claro)* klar ⑤ (HIST) fränkisch ⑥ *(francés)* französisch **II.** *m, f* Franke, Fränkin *m, f*

francófilo, -a [fraŋ'kofilo, -a] *adj* frankophil

francotirador [fraŋkotira'ðor] *m* ① *(guerrillero)* Freischärler *m; (tirador emboscado)* Heckenschütze *m* ② *(persona aislada)* Querschläger *m fam;* **ser un ~** querschießen *fam*

franela [fra'nela] *f* ① *(tejido)* Flanell *m* ② *(Am: camiseta)* (Herren)unterhemd *nt*

franja ['fraŋxa] *f* ① *(guarnición)* Borte *f* ② *(tira)* Streifen *m;* **en la misma ~ horaria** im gleichen Zeitraum

franquear [fraŋke'ar] **I.** *vt* ① *(carta)* frankieren; **a ~ en destino** Porto bezahlt Empfänger ② *(desobstruir)* räumen ③ *(fam: río)* überqueren; *(puerta)* durchschreiten; *(obstáculo)* überwinden ④ *(conceder)* gewähren ⑤ *(dar libertad)* freilassen **II.** *vr:* **~se** sich anvertrauen (**con/a** +*dat*)

franqueo [fraŋ'keo] *m* ① *(sellos)* Porto *nt;* **sin ~** unfrankiert ② *(acción: de una carta)* Frankieren *nt* ③ *(de un esclavo)* Freilassung *f* ④ *(de una salida)* Räumung *f*

franqueza [fraŋ'keθa] *f* ① *(sinceridad)* Aufrichtigkeit *f;* **admitir algo con ~** etw unumwunden zugeben ② *(generosidad)* Großzügigkeit *f* ③ *(familiaridad)* Vertrautheit *f;* **no tengo suficiente ~ con ella como para pedirle este favor** ich kenne sie nicht gut genug, um sie um diesen Gefallen zu bitten ④ *(exención)* Befreiung *f*

franquicia [fraŋ'kiθja] *f* ① *(de franqueo)* Abgabenfreiheit *f;* **en ~** abgabenfrei ② (ECON) Franchising *nt*

franquismo [fraŋ'kismo] *m sin pl* ① *(régimen)* Franco-Ära *f* ② *(movimiento)* Franquismus *m*

franquista [fraŋ'kista] **I.** *adj* franquistisch **II.** *mf* Anhänger(in) *m(f)* Francos

frasco ['frasko] *m* ① *(botella)* Flasche *f; (de perfume)* Flakon *m o nt;* **~ pulverizador** Zerstäuber *m* ② *(Am: medida)* ≈ 2,37 Liter

frase ['frase] *f* ① *(oración)* Satz *m* ② *(locución)* (Rede)wendung *f; (fam: refrán)* Sprichwort *nt; (expresión famosa)* geflügeltes Wort *nt;* **~ hecha** Redensart *f;* **~ proverbial** Sprichwort *nt* ③ *(sin valor)* Phrase *f* ④ *(estilo)* Ausdrucksweise *f* ⑤ (MÚS) Phrase *f*

fraseología [fraseolo'xia] *f* ① (LING) Phraseologie *f* ② *(verbosidad)* Phrasendrescherei *f*

fraternal [frater'nal] *adj* brüderlich

fraternidad [fraterni'ða^{d}] *f* Brüderlichkeit *f*

fraternizar [fraterni'θar] <z → c> *vi* ① *(unirse)* sich verbrüdern; (POL) fraternisieren ② *(alternar)* (freundschaftlich) verkehren

fratricidio [fratri'θiðjo] *m* Brudermord *m*

fraude ['fraụðe] *m* (*t.* JUR) Betrug *m;* **~ fiscal** Steuerhinterziehung *f;* **cometer ~** betrügen

fraudulento, -a [fraụðu'leṇto, -a] *adj* (*t.* JUR) betrügerisch; **publicidad fraudulenta** irreführende Werbung

fray [fraị] *m* (REL) Bruder *m*

frazada [fra'θaða] *f (Am)* Bettdecke *f; (de lana)* Wolldecke *f*

frecuencia [fre'kweṇθja] *f* ① *(repetición)* Häufigkeit *f;* **con ~** oft ② (FÍS) Frequenz *f*

frecuentador(a) [frekweṇta'ðor(a)] *adj* regelmäßig (besuchend)

frecuentar [frekweṇ'tar] *vt* ❶ *(acción)* oft wiederholen ❷ *(lugar)* regelmäßig besuchen, verkehren (in +*dat*) ❸ *(a alguien)* sich regelmäßig treffen (**a** mit +*dat*)

frecuente [fre'kweṇte] *adj* ❶ *(repetido)* häufig ❷ *(usual)* üblich

free lance [fri lans] *mf* Freiberufler(in) *m(f); v. t.* **autónomo**

fregadero [freɣa'ðero] *m* Spülbecken *nt; (en la cocina)* Spüle *f*

fregado¹ [fre'ɣaðo] *m* ❶ *(limpieza)* Säuberung *f; (de los platos)* Spülen *nt* ❷ *(fam: enredo)* Schlamassel *m o nt* ❸ *(pey: pelea)* Streit *m*

fregado, -a² [fre'ɣaðo, -a] *adj* ❶ *(Am: descarado)* frech; *(fastidioso)* zudringlich ❷ *(Am: astuto)* gewitzt ❸ *(AmC: severo)* streng

fregador [freɣa'ðor] *m* ❶ *(fregadero)* Spülbecken *nt* ❷ *(estropajo)* (Spül)schwamm *m*

fregar [fre'ɣar] *vt irr* ❶ *(frotar)* abreiben ❷ *(limpiar: el suelo)* (nass) wischen; *(los platos)* spülen; *(con cepillo)* schrubben *fam* ❸ *(Am: fam: molestar)* nerven

fregona [fre'ɣona] *f* ❶ *(utensilio)* Wischmopp *m* ❷ *(pey: sirvienta)* Putzfrau *f* ❸ *(pey: mujer ordinaria)* Schlampe *f*

freidora [frei̯'ðora] *f* Fritteuse *f*

freír [fre'ir] *irr* **I.** *vt* ❶ *(guisar)* braten; *(en mucho aceite)* frittieren; **mandar a alguien a ~ espárragos** *(fam)* jdn zum Teufel schicken ❷ *(fam: molestar)* nerven; **me tiene frito con sus preguntas** er/sie geht mir mit seiner/ihrer Fragerei auf die Nerven ❸ *(fam: matar)* umlegen; **~ a balazos** abknallen **II.** *vr:* **~se** ❶ *(alimento)* braten ❷ *(fam: persona)* vor Hitze umkommen; **aquí te fríes** hier herrscht eine Affenhitze

frejol [fre'xol] *m,* **fréjol** ['frexol] *m (Perú) v.* **frijol**

frenar [fre'nar] **I.** *vt* ❶ *(hacer parar)* zum Stillstand bringen ❷ *(un impulso)* dämpfen; *(un desarrollo)* hemmen; *(a una persona)* zurückhalten, bremsen **II.** *vi* (ab)bremsen; **~ en seco** abrupt abbremsen **III.** *vr:* **~se** sich bremsen (**en** bei +*dat*)

frenazo [fre'naθo] *m* ❶ (AUTO) Vollbremsung *f* ❷ *(del desarrollo)* Dämpfung *f;* **sufrir un ~** *(fig)* stark gebremst werden

frenesí [frene'si] *m* ❶ *(exaltación)* Leidenschaft *f; (violenta)* Raserei *f* ❷ *(locura)* Wahnsinn *m; (delirio furioso)* Tobsucht *f*

frenético, -a [fre'netiko, -a] *adj* ❶ *(exaltado)* frenetisch; **aplauso ~** stürmischer Beifall ❷ *(loco)* wahnsinnig ❸ *(furioso)* rasend

freno ['freno] *m* ❶ (TÉC) Bremse *f;* **~ de mano** Handbremse *f;* **~ de llanta(s)** Felgenbremse *f* ❷ *(para un caballo)* Trense *f* ❸ *(contención)* Zügel *m;* **tirar del ~ a alguien** jdn zügeln; **no tener ~** nicht zu bremsen sein

frente¹ ['freṇte] *f* ❶ *(parte de la cara)* Stirn *f;* **fruncir la ~** die Stirn runzeln; **hacer ~ a alguien/a algo** jdm/etw *dat* die Stirn bieten; **no tener dos dedos de ~** *(fam)* nichts im Kopf haben ❷ *(cara)* Gesicht *nt;* **~ a ~** von Angesicht zu Angesicht; **bajar la ~** sich schämen

frente² ['freṇte] **I.** *m* ❶ *(delantera)* Vorderseite *f; (de un edificio)* Front *f,* Stirnseite *f;* **de ~** frontal ❷ (MIL, POL) Front *f;* **¡de ~!** (MIL) Marsch!; **~ popular** Volksfront *f* ❸ *(cabeza)* Spitze *f;* **al ~** *(dirección)* nach vorne; *(lugar)* vorne; **de ~** *(de cara)* von vorne; *(hacia delante)* nach vorne; *(enfrente)* gegenüber; *(sin rodeos)* direkt; **estar al ~ de algo** etw leiten; **ponerse al ~** die Führung übernehmen ❹ (METEO) Front *f;* **~ frío** Kaltfront *f* ❺ *(de un escrito)* Kopf *m* **II.** *prep* ❶ **~ a** *(enfrente de)* gegenüber +*dat; (delante de)* vor +*dat; (contra)* gegen +*akk; (ante)* angesichts +*gen* ❷ **en ~ de** gegenüber +*dat*

fresa ['fresa] **I.** *adj* erdbeerfarben **II.** *f* ❶ (BOT) Erdbeere *f* ❷ (TÉC) Fräser *m,* Fräse *f*

fresadora [fresa'ðora] *f* Fräsmaschine *f,* Fräse *f*

fresal [fre'sal] *m* Erdbeerfeld *nt*

fresar [fre'sar] *vt* fräsen

frescachón, -ona [freska'ʧon, -ona] *adj (robusto)* gesund, kräftig; *(de color sano)* rosig

frescales [fres'kales] *mf inv (fam)* Frechdachs *m*

fresco¹ ['fresko] *m* ❶ *(frescor)* Frische *f; (frío moderado)* Kühle *f; (viento)* Brise *f;* **salir a tomar el ~** an die frische Luft gehen; **hoy hace ~** heute ist es kühl ❷ (ARTE) Fresko *nt* ❸ *(Am: refresco)* Erfrischung *f*

fresco, -a² ['fresko, -a] **I.** *adj* ❶ *(frío)* kühl; *(prenda)* luftig; *(cutis)* frisch, rosig; *(olor)* frisch ❷ *(reciente)* frisch; **noticia fresca** taufrische Nachricht ❸ *(descansado)* ausgeruht ❹ *(fam: desvergonzado)* frech ❺ *(impasible)* ungerührt ❻ *(equivocado)* **estar ~** *(fam)* auf dem Holzweg sein **II.** *m, f (fam)* Frechdachs *m; (pey)* unverschämte Person *f*

frescor [fres'kor] *m* ❶ *(frío moderado)* Kühle *f; (frescura)* Frische *f* ❷ (ARTE) Fleischton *m*

frescura [fres'kura] *f* ❶ *(frescor)* Frische *f; (frío moderado)* Kühle *f* ❷ *(desvergüenza)* Unverschämtheit *f* ❸ *(desembarazo)* Ungezwungenheit *f;* **con ~** ungehemmt

F

fresno ['fresno] *m* Esche *f*
fresón [fre'son] *m Erdbeerart aus Chile*
fresquera [fres'kera] *f* ≈ Speisekammer *f*
fresquería [freske'ria] *f (Am)* Erfrischungsstand *m*
freza ['freθa] *f* ❶ *(desove: acción)* Laichen *nt; (época)* Laiche *f; (huevos)* Laich *m* ❷ *(hoyo)* Loch *nt* ❸ *(del gusano)* Fresszeit *f* ❹ *(estiércol)* Kot *m*
frialdad [frjal̩'dað] *f* ❶ *(frío)* Kälte *f* ❷ *(despego)* Distanziertheit *f;* **me trató con ~** er/sie war mir gegenüber sehr kühl ❸ *(impasibilidad)* Gleichgültigkeit *f* ❹ *(falta de sentimientos)* Gefühlskälte *f; (frigidez)* Frigidität *f* ❺ *(estilo)* Ausdruckslosigkeit *f; (del ambiente)* Kälte *f*
fricandó [frikan̪'do] *m* ≈ Fleischeintopf *m*
fricción [friɣ'θjon] *f* ❶ *(resistencia)* Reibung *f* ❷ *(del cuerpo)* Abreibung *f; (con linimento)* Einreiben *nt* ❸ *(desavenencia)* Reibungen *f pl; (disputa)* Reiberei *f*
friccionar [friɣθjo'nar] *vt (en seco)* abreiben; *(con linimento)* einreiben
friega ['frjeɣa] *f* ❶ *(fricción)* Einreibung *f* ❷ *(Am: molestia)* Plage *f* ❸ *(fam: zurra)* Abreibung *f*
friegaplatos [frjeɣa'platos] *m inv* Geschirrspüler *m*
frigider [frixi'ðer] *m (Chil: nevera)* Kühlschrank *m*
frigidez [frixi'ðeθ] *f* ❶ *(frialdad)* Kälte *f* ❷ *(de la mujer)* Frigidität *f*
frígido, -a ['frixiðo, -a] *adj* ❶ *(elev: frío)* kalt ❷ *(mujer)* frigid(e)
frigorífico[1] [friɣo'rifiko] *m* ❶ *(nevera)* Kühlschrank *m* ❷ *(local)* Kühlhaus *nt*
frigorífico, -a[2] [friɣo'rifiko, -a] *adj* Kälte erzeugend; **camión ~** Kühlwagen *m*
frijol [fri'xol] *m,* **fríjol** ['frixol] *m (Am:* BOT) Bohne *f*
friki ['friki], **friqui** ['friki] **I.** *adj (fam)* ausgeflippt **II.** *mf (fam)* Freak *m fam*
frío[1] ['frio] *m* Kälte *f;* **hace ~** es ist kalt; **hace un ~ que pela** es ist eiskalt; **coger ~** sich erkälten; **tengo ~** mir ist kalt
frío, -a[2] ['frio, -a] *adj* ❶ *(no caliente)* kalt ❷ *(despegado)* frostig; *(relación)* gespannt ❸ *(falto de sentimientos)* gefühlskalt; *(frígida)* frigide ❹ *(impasible)* ungerührt ❺ *(inexpresivo)* ausdruckslos; *(ambiente)* kühl
friolera [frjo'lera] *f* ❶ *(cosa pequeña)* Kleinigkeit *f* ❷ *(fam: montón)* Haufen *m*
friolero, -a [frjo'lero, -a] *adj* kälteempfindlich
frisar [fri'sar] **I.** *vi* ❶ *(acercarse)* zugehen (**en** auf +*akk*) ❷ *(simpatizar)* sich gut verstehen **II.** *vt* ❶ *(tejido)* aufrauen ❷ (NÁUT) abdichten

F

Frisia ['frisja] *f* Friesland *nt*
friso ['friso] *m* ❶ (ARQUIT) Fries *m* ❷ *(de la pared)* Leiste *f*
frisón, -ona [fri'son, -ona] **I.** *adj* friesisch; *(de los Países Bajos)* friesländisch **II.** *m, f* Friese, -in *m, f; (de los Países Bajos)* Friesländer(in) *m(f)*
fritanga [fri'taŋga] *f (Am)* ❶ *(comida frita)* Frittüre *f* ❷ *(instrumento)* Fritteuse *f*
fritanguero, -a [fritaŋ'gero, -a] *m, f (Am: vendedor de fritangas)* Verkäufer(in) *m(f)* von frittierten Speisen
frito[1] ['frito] *m* Gebratene(s) *nt*
frito, -a[2] ['frito, -a] **I.** *pp de* **freír II.** *adj* ❶ *(comida)* gebraten; **las patatas fritas** die Chips ❷ *(fam: dormido)* **quedarse ~** einnicken ❸ *(fam: muerto)* tot; **quedarse ~** abkratzen; **dejar a alguien ~** jdn um die Ecke bringen ❹ *(fam: harto)* **estar ~ con** die Nase voll haben von +*dat*
frivolidad [friβoli'ðað] *f* ❶ *(ligereza)* Leichtlebigkeit *f* ❷ *(coquetería)* Koketterie *f* ❸ *(trivialidad)* Oberflächlichkeit *f* ❹ *(sensualidad)* Frivolität *f*
frívolo, -a ['friβolo, -a] *adj* ❶ *(ligero)* leichtlebig ❷ *(coqueto)* kokett, eitel ❸ *(superficial)* oberflächlich ❹ *(sensual)* frivol
friyider [friɟi'ðer] *m (Chil: nevera)* Kühlschrank *m*
fronda ['fron̪da] *f* ❶ *(hoja)* Blatt *nt; (del helecho)* Wedel *m* ❷ (MED) (Arm)schlinge *f* ❸ *pl (follaje)* Laub(werk) *nt*
frondosidad [fron̪dosi'ðað] *f* ❶ *(de una planta)* dichte Belaubung *f; (de un bosque)* Dichte *f* ❷ *(follaje)* Laub(werk) *nt*
frondoso, -a [fron̪'doso, -a] *adj (planta)* blätt(e)rig; *(árbol)* dicht belaubt; *(bosque)* dicht
frontal [fron̪'tal] **I.** *adj* ❶ (ANAT) Stirn- ❷ *(relativo al frente)* Vorder- ❸ *(de frente)* frontal **II.** *m* ❶ (ANAT) Stirnbein *nt* ❷ (REL) Frontale *f*
frontenis [fron̪'tenis] *m sin pl Variante der Pelota*
frontera [fron̪'tera] *f* ❶ *(límite)* Grenze *f* (**entre** zwischen +*dat*); **atravesar la ~** die Grenze überqueren ❷ *(frontispicio)* Vorderseite *f; (de un edificio)* Fassade *f; (de un libro)* Titelseite *f*
fronterizo, -a [fron̪te'riθo, -a] *adj* ❶ *(en la frontera)* Grenz-; *(país)* angrenzend ❷ *(frontero)* gegenüberliegend
frontero[1] [fron̪'tero] *m* (MIL) Grenzkommandant *m*
frontero, -a[2] [fron̪'tero, -a] *adj* gegenüberliegend; **~ a** [*o* **de**] gegenüber +*dat;* **la casa frontera a la estación** das Haus gegenüber dem Bahnhof
frontis ['fron̪tis] *m inv* ❶ *(frontispicio)* Vor-

derseite *f; (de un edificio)* Fassade *f* ❷ *(pared)* Wand *f (zum Pelotaspielen)*

frontispicio [fron̪tis'piθjo] *m* ❶ *(delantera)* Vorderseite *f; (de un edificio)* Fassade *f* ❷ *(de un libro)* Frontispiz *nt,* Titelseite *f* ❸ (ARQUIT) Giebel *m,* Frontispiz *nt* ❹ *(cara)* Antlitz *nt*

frontón [fron̪'ton] *m* ❶ *(pared)* Wand *f (zum Pelotaspielen)* ❷ *(pista)* (Pelota-)Spielfeld *nt; (edificio)* (Pelota-)Halle *f* ❸ (ARQUIT) Giebel *m,* Frontispiz *nt*

frotación [frota'θjon] *f,* **frotadura** [frota'ðura] *f* ❶ *(acción)* Reiben *nt; (con cepillo)* Frottieren *nt* ❷ *(efecto)* Reibung *f*

frotamiento [frota'mjen̪to] *m (acción de frotar)* (Ab)reiben *nt; (con cepillo)* Frottieren *nt*

frotar [fro'tar] **I.** *vt* reiben; *(con cepillo)* frottieren, schrubben *fam; (con un estropajo)* scheuern **II.** *vr:* **~se** sich reiben (**contra** an +*dat*); **~se con una toalla** sich mit einem Handtuch abreiben

frotis ['frotis] *m inv* (MED) Abstrich *m*

fructífero, -a [fruk'tifero, -a] *adj* fruchtbringend

fructificación [fruktifika'θjon] *f* ❶ *(de una planta)* Fruchtbildung *f* ❷ *(de un esfuerzo)* Nutzen *m*

fructificar [fruktifi'kar] <c → qu> *vi* ❶ *(planta)* Früchte tragen ❷ *(esfuerzo)* fruchten

fructosa [fruk'tosa] *f* (QUÍM) Fruktose *f*

fructuoso, -a [fruktu̯'oso, -a] *adj* fruchtbar, fruchtbringend

frugal [fru'ɣal] *adj* ❶ *(persona)* genügsam ❷ *(comida)* frugal

fruición [frwi'θjon] *f* Genuss *m*

frunce ['frun̪θe] *m* Falte *f*

fruncimiento [frun̪θi'mjen̪to] *m* ❶ *(pliegue)* Falte *f* ❷ *(arrugamiento)* Zerknittern *nt* ❸ *(de los labios)* Kräuseln *nt; (de la frente)* Runzeln *nt; (del entrecejo)* Zusammenziehen *nt*

fruncir [frun̪'θir] <c → z> **I.** *vt* ❶ *(tela)* fälteln ❷ *(labios)* kräuseln; *(frente)* runzeln; **~ el entrecejo** die Augenbrauen zusammenziehen **II.** *vr:* **~se** zerknittern

fruslería [frusle'ria] *f* ❶ *(baratija)* Kleinigkeit *f* ❷ *(fam: bagatela)* Belanglosigkeit *f* ❸ *(fam: tontería)* Blödsinn *m*

frustración [frustra'θjon] *f* ❶ *(de planes)* Zunichtemachen *nt; (fracaso)* Scheitern *nt; (de una esperanza)* Zerschlagung *f* ❷ *(desilusión)* Enttäuschung *f*

frustrado, -a [frus'traðo, -a] *adj (persona)* frustriert; *(intento)* vergeblich

frustrar [frus'trar] **I.** *vt* ❶ *(estropear)* zunichtemachen; **~ las esperanzas de alguien** jds Hoffnungen zerschlagen ❷ *(decepcionar)* enttäuschen **II.** *vr:* **~se** ❶ *(plan)* scheitern ❷ *(esperanzas)* sich zerschlagen

fruta ['fruta] *f* Frucht *f; (nombre colectivo)* Obst *nt;* **~s de Aragón** *kandierte Früchte mit Schokoladenüberzug;* **~ del tiempo** Frischobst *nt;* **~s tropicales** tropische Früchte; **de postre comimos ~** zum Nachtisch gab es Obst

frutal [fru'tal] **I.** *adj* Obst- **II.** *m* Obstbaum *m*

frutera [fru'tera] *adj o f v.* **frutero[2]**

Frutera [fru'tera] *f (Am)* United Fruit Company *f*

frutería [frute'ria] *f* Obsthandlung *f*

frutero[1] [fru'tero] *m* ❶ *(recipiente)* Obstschale *f* ❷ (ARTE) Stillleben *nt*

frutero, -a[2] [fru'tero, -a] **I.** *adj* Obst-; **es muy ~** er isst viel und gerne Obst **II.** *m, f* Obsthändler(in) *m(f)*

fruticultura [frutikul̪'tura] *f* Obstanbau *m*

frutilla [fru'tiʎa] *f* ❶ *(cuenta)* Perle *f (eines Rosenkranzes)* ❷ *(Am: fresón)* Erdbeerart

fruto ['fruto] *m* ❶ (BOT) Frucht *f* ❷ *(hijo)* (Leibes)frucht *f* ❸ *(rendimiento)* Ertrag *m; (ganancia)* Gewinn *m; (resultado)* Produkt *nt; (provecho)* Nutzen *m;* (JUR) Frucht *f*

fu [fu] *interj* ❶ *(desprecio)* pfui ❷ *(sonido: gato)* zsss; *(al escaparse algo)* zisch, pff; **hacer ~** *(gato)* fauchen; (**no ser**) **ni ~ ni fa** *(fam)* so lala (sein); **no me hace ni ~ ni fa** *(fam)* er/sie/es interessiert mich nicht

fucsia[1] ['fuˠsja] **I.** *adj (color)* pink **II.** *m* Pink *nt*

fucsia[2] ['fuˠsja] *f* (BOT) Fuchsie *f*

fue [fwe] ❶ *3. pret de* **ir** ❷ *3. pret de* **ser**

fuego ['fweɣo] *m* ❶ *(llamas)* Feuer *nt; (incendio)* Brand *m;* **~s artificiales** Feuerwerk *nt;* **a ~ lento** (GASTR) bei schwacher Hitze; *(fig)* langsam; **prender** [*o* **pegar**] **~ a algo** etw anzünden; **echar ~ por los ojos** vor Wut sprühen ❷ (MIL) (Geschütz)feuer *nt;* **estar entre dos ~s** zwischen die Fronten geraten ❸ *(ardor)* Hitze *f;* **en el ~ de la discusión** im Eifer des Gefechts

fuel [fwel] *m* Heizöl *nt*

fuelle ['fweʎe] *m* ❶ *(instrumento)* Blasebalg *m* ❷ *(de un tren)* Faltenbalg *m; (de una cámara)* Balgen *m* ❸ *(de un vestido)* Falte *f* ❹ *(de un carruaje)* Faltverdeck *nt* ❺ *(fam: pulmones)* Puste *f; (aguante)* Ausdauer *f* ❻ *(fam: soplón)* Petze *f*

fuente ['fwen̪te] *f* ❶ *(manantial)* Quelle *f* ❷ *(construcción)* Brunnen *m* ❸ *(plato llano)* Platte *f; (plato hondo)* Schüssel *f* ❹ *(origen)* Quelle *f;* **~s bien informadas** gut informierte Kreise; **~ de energía** Energiequelle *f;* ~ **de ingresos** Einnahmequelle *f*

fuer [fwer] *(elev: loc prep)* **a ~ de** als; **yo, a ~ de hermano tuyo, no puedo aceptarlo** ich als dein Bruder kann das nicht akzeptieren

fuera ['fwera] **I.** *adv* ❶ *(lugar)* draußen; **por ~** außen; **de ~** *(por la parte exterior)* von außen; *(de otro lugar)* von außerhalb; **el nuevo maestro es de ~** der neue Lehrer ist nicht von hier ❷ *(dirección)* hinaus; **¡~!** raus!; **¡~ con esto!** weg damit!; **¡~ de mi vista!** geh mir bloß aus den Augen!; **salir ~** hinausgehen; **hacia ~** nach draußen; **echar a alguien ~** jdn hinauswerfen ❸ *(tiempo)* außerhalb; **~ de plazo** nach Fristablauf ❹ *(fam: de viaje)* weg; **me voy ~ una semana** ich verreise für eine Woche **II.** *prep* ❶ *(local, t. fig)* außer +*dat;* **estar ~ de casa** außer Haus sein; **~ de línea** offline; **~ de serie** ausgezeichnet; **~ de juego** (DEP) Abseits *nt* ❷ *(excepto)* **~ de** abgesehen von +*dat* **III.** *conj* **~ de que...** +*subj* abgesehen davon, dass ... **IV.** *m* (DEP) **~ de juego** Abseits *nt* **V.** *interj* buh!, raus!

F

fueraborda [fwera'βorða] *m* ❶ *(motor)* Außenbordmotor *m* ❷ *(embarcación)* Außenborder *m*

fuereño, -a [fwe'reɲo, -a] **I.** *adj (Am: fam: forastero)* fremd **II.** *m, f (Am: fam: forastero)* Auswärtige(r) *f(m)*, Fremde(r) *f(m)*

fuero ['fwero] *m* ❶ *(privilegio)* Sonderrecht *nt* ❷ *(jurisdicción)* Gerichtsbarkeit *f;* **~ interno** Gewissen *nt* ❸ *(código)* Gesetzessammlung *f*

fuerte ['fwerte] **I.** *adj* <fortísimo> ❶ *(resistente)* stark; *(robusto)* robust; **caja ~** Safe *m o nt;* **hacerse ~** standhaft bleiben; **ser ~ de carácter** charakterstark sein ❷ *(musculoso)* kräftig; *(gordo)* korpulent ❸ *(intenso)* heftig; *(sonido)* laut; *(comida)* würzig; **un vino ~** ein schwerer Wein ❹ *(valiente)* tapfer ❺ *(sólido)* stabil; *(duro)* hart; *(tela)* reißfest ❻ *(genio)* schwierig ❼ *(poderoso)* mächtig ❽ *(versado)* gewandt; **estar ~ en matemáticas** sehr gut in Mathematik sein ❾ *(considerable)* beträchtlich ❿ *(violento)* derb; *(expresión)* grob; **palabra ~** Kraftausdruck *m* ⓫ *(terreno)* unwegsam ⓬ (LING: *vocal*) stark; *(forma)* stammbetont ⓭ (MIL) befestigt **II.** *m* ❶ *(de una persona)* Stärke *f* ❷ (MIL) Festung(sanlage) *f* ❸ (MÚS) Forte *nt* ❹ *(auge)* Höhepunkt *m* **III.** *adv* ❶ *(en abundancia)* viel; **desayunar ~** reichhaltig frühstücken ❷ *(con fuerza)* fest; *(con intensidad)* heftig ❸ *(en voz alta)* laut

fuertemente [fwerte'mente] *adv* ❶ *(con fuerza)* fest ❷ *(con vehemencia)* energisch, nachdrücklich

fuerza ['fwerθa] *f* ❶ *(capacidad física, t.* FÍS) Kraft *f;* **~ de ánimo** Mut *m;* **~ de voluntad** Willenskraft *f;* **tiene más ~ que yo** er/sie ist stärker als ich; **sin ~s** kraftlos ❷ *(capacidad de soportar)* Stärke *f; (eficacia)* Wirksamkeit *f* ❸ *(poder)* Macht *f;* **~ de disuasión** Überzeugungskraft *f;* **~ mayor** höhere Gewalt; **~ política** politische Macht *f* ❹ *(violencia)* Gewalt *f;* **a** [*o* **por**] **la ~** mit Gewalt; **por ~** *(por necesidad)* gezwungenermaßen; *(con violencia)* gewaltsam ❺ *(intensidad)* Wucht *f* ❻ *(expresividad)* Ausdruckskraft *f* ❼ *(auge)* Höhepunkt *m* ❽ *pl* (POL) Kräfte *f pl;* (MIL) Streitkräfte *f pl;* **~s del orden público** Polizei *f* ❾ (ELEC) Strom *m* ❿ (FÍS) **~ de la gravedad** Schwerkraft *f* ⓫ *(loc)* **a ~ de** mittels +*gen;* **lo ha conseguido todo a ~ de trabajo** er/sie hat sich *dat* alles hart erarbeitet

fuete ['fwete] *m (Am: látigo)* Peitsche *f*

fuga ['fuɣa] *f* ❶ *(huida)* Flucht *f* (**de** aus +*dat*); *(de la cárcel)* Ausbruch *m* (**de** aus +*dat*); **~ de cerebros** Braindrain *m;* **darse a la ~** die Flucht ergreifen ❷ *(en tubos)* Leck *nt; (de líquido)* Auslaufen *nt; (de gas)* Ausströmen *nt;* **la cañería tiene una ~** das Rohr ist undicht; **hubo una ~ de gas/petróleo** es ist Gas/Öl ausgetreten ❸ (MÚS) Fuge *f* ❹ *(auge)* Höhepunkt *m*

fugacidad [fuɣaθi'ðaᵈ] *f* Flüchtigkeit *f; (caducidad)* Vergänglichkeit *f*

fugarse [fu'ɣarse] <g → gu> *vr* fliehen (**de** aus +*dat*); *(capital)* abfließen; **~ de la cárcel** aus dem Gefängnis ausbrechen

fugaz [fu'ɣaθ] *adj* flüchtig; *(caduco)* vergänglich; **estrella ~** Sternschnuppe *f*

fugitivo, -a [fuxi'tiβo, -a] **I.** *adj* flüchtig; *(belleza)* vergänglich **II.** *m, f* Flüchtling *m; (de la cárcel)* Ausbrecher(in) *m(f)*

ful [ful] **I.** *adj (argot)* ❶ *(falso)* falsch, faul ❷ *(mal hecho)* pfuscherhaft, verkorkst **II.** *m (argot)* Schrott *m,* Mist *m*

fulana [fu'lana] *f (pey)* Nutte *f*

fulano, -a [fu'lano, -a] *m, f* ❶ *(evitando el nombre)* Herr *m* Soundso, Frau *f* Soundso ❷ *(persona indeterminada)* Herr *m* X, Frau *f* X; **no me importa lo que digan ~ y mengano** es ist mir egal, was Hinz und Kunz davon halten ❸ *(amante)* Geliebte(r) *mf*

fular [fu'lar] *m* ❶ *(tela)* Foulard *m* ❷ *(pañuelo)* Halstuch *nt*

fulero, -a [fu'lero, -a] *adj (fam)* ❶ *(chapucero)* **eres muy ~** du bist ein Pfuscher ❷ *(embustero)* falsch

fulgor [ful'ɣor] *m (resplandor)* Strahlen *nt;*

(centelleo) Funkeln *nt;* *(de una superficie)* Glanz *m*

fulgurante [fulɣu'ran̩te] *adj* ❶ *(dolor)* heftig ❷ *(rápido)* blitzartig; **carrera ~** Blitzkarriere *f*

fulgurar [fulɣu'rar] *vi* *(resplandecer)* strahlen; *(centellear)* funkeln; *(espejear)* glänzen

fullería [fuʎe'ria] *f* ❶ *(trampa)* Betrug *m;* *(en el juego)* Schummelei *f fam;* **hacer ~s** mogeln ❷ *(treta)* Trick *m*

fullero, -a [fu'ʎero, -a] **I.** *adj* ❶ *(tramposo)* betrügerisch ❷ *(fam: astuto)* gerissen **II.** *m, f* ❶ *(tramposo)* Betrüger(in) *m(f);* *(en el juego)* Falschspieler(in) *m(f)* ❷ *(fam: astuto)* Gauner(in) *m(f)*

fulminación [fulmina'θjon] *f* ❶ *(de un explosivo)* Zündung *f* ❷ *(emisión)* Schleudern *nt;* *(de amenazas)* Ausstoßen *nt* ❸ *(aniquilación)* Vernichtung *f* ❹ *(de una sentencia)* Verhängung *f*

fulminante [fulmi'nan̩te] **I.** *adj* ❶ *(rápido)* blitzartig; *(inesperado)* plötzlich ❷ *(explosivo)* zündend ❸ *(mirada)* hasserfüllt **II.** *m* Zündstoff *m*

fulminar [fulmi'nar] **I.** *vi* zünden **II.** *vt* ❶ *(arrojar)* schleudern ❷ *(dañar)* treffen; *(aniquilar)* vernichten; *(matar)* umbringen; *(enfermedad)* dahinraffen ❸ *(imponer)* anordnen; **~ una censura** eine Zensur verhängen ❹ *(amenazar)* mit Drohungen überschütten

fumadero [fuma'ðero] *m* Rauchzimmer *nt;* **~ de opio** Opiumhöhle *f*

fumador(a) [fuma'ðor(a)] **I.** *adj* rauchend **II.** *m(f)* Raucher(in) *m(f);* **no ~** Nichtraucher *m*

fumar [fu'mar] **I.** *vi, vt* rauchen **II.** *vr:* **~se** ❶ *(fumar)* rauchen ❷ *(fam: gastar)* verjubeln ❸ *(fam: faltar)* versäumen; **~se la clase** den Unterricht schwänzen

fumigación [fumiɣa'θjon] *f* Ausräuchern *nt*

fumigar [fumi'ɣar] <g → gu> *vt* ausräuchern

funambulesco, -a [funambu'lesko, -a] *adj* ❶ *(extravagante)* extravagant ❷ *(relativo al funámbulo)* Seiltänzer-; *(como un funámbulo)* seiltänzerisch

funámbulo, -a [fu'nambulo, -a] *m, f* Seiltänzer(in) *m(f)*

función [fun̩'θjon] *f* ❶ *(papel, t.* BIOL, MAT) Funktion *f;* **el precio está en ~ de la calidad** der Preis hängt von der Qualität ab ❷ *(cargo)* Amt *nt;* *(tarea)* Tätigkeit *f;* **entrar en ~** tätig werden; *(cargo)* ein Amt antreten; **el ministro en funciones** der stellvertretende Minister ❸ *(acto)* Veranstaltung *f;* (CINE, TEAT) Vorstellung *f*

funcional [fun̩θjo'nal] *adj* ❶ *(relativo a la función)* funktionell ❷ *(utilitario)* zweckmäßig

funcionalidad [fun̩θjonali'ðaᵈ] *f* Zweckmäßigkeit *f*

funcionamiento [fun̩θjona'mjen̩to] *m* ❶ *(marcha)* Funktionieren *nt;* **~ administrativo** Verwaltungsablauf *m;* **~ del mercado** Marktordnung *f;* **poner en ~** in Gang setzen ❷ *(rendimiento)* Funktionsfähigkeit *f;* *(manera de funcionar)* Funktionsweise *f;* **en estado de ~** einsatzbereit; *(máquina)* betriebsfähig

funcionar [fun̩θjo'nar] *vi* funktionieren; *(estar trabajando)* in Betrieb sein; **el coche no funciona bien** der Wagen läuft nicht gut; **la televisión no funciona** der Fernseher ist kaputt *fam*

funcionaria [fun̩θjo'narja] *f v.* **funcionario**

funcionariado [fun̩θjona'rjaðo] *m* *(del Estado)* Beamtenschaft *f;* *(de una organización)* Funktionäre *mpl*

funcionario, -a [fun̩θjo'narjo, -a] *m, f* *(de una organización)* Funktionär(in) *m(f);* *(del Estado)* Beamte(r) *m,* Beamtin *f*

funda ['fun̩da] *f* *(cubierta)* Hülle *f;* *(para gafas)* Etui *nt;* *(del libro)* Umschlag *m;* *(para el móvil)* Handytasche *f;* *(de almohada)* Bezug *m;* *(de butaca)* Überzug *m;* *(de máquina)* Abdeckhaube *f;* *(de revólver)* Halfter *f o nt;* **~ nórdica** Bettbezug *m*

fundación [fun̩da'θjon] *f* ❶ *(creación)* Gründung *f* ❷ *(institución)* Stiftung *f* ❸ *(justificación)* Begründung *f* ❹ *(origen)* Ursprung *m* ❺ *(de una estructura)* Unterbau *m*

fundadamente [fun̩daða'men̩te] *adv* zu Recht

fundado, -a [fun̩'daðo, -a] *adj* fundiert

fundador(a) [fun̩da'ðor(a)] **I.** *adj* Gründer-, Gründungs- **II.** *m(f)* (Be)gründer(in) *m(f)*

fundamental [fun̩damen̩'tal] *adj* ❶ (MAT) Grund- ❷ *(esencial)* Haupt-; *(básico)* grundlegend; **argumento ~** Hauptgrund *m;* **conocimientos ~es** Grundkenntnisse *fpl*

fundamentalismo [fun̩damen̩ta'lismo] *m* *sin pl* Fundamentalismus *m*

fundamentalista [fun̩damen̩ta'lista] **I.** *adj* fundamentalistisch **II.** *mf* Fundamentalist(in) *m(f)*

fundamentalmente [fun̩damen̩tal'men̩te] *adv* vor allem, im Wesentlichen

fundamentar [fun̩damen̩'tar] *vt* ❶ (ARQUIT) fundamentieren ❷ *(basar)* stützen (**en** auf +*akk*) ❸ *(establecer)* begründen ❹ *(hacer firme)* festigen

F

fundamento [fuṇda'meṇto] *m* ❶ (ARQUIT) Fundament *nt* ❷ *(base)* Grundlage *f* ❸ *(motivo)* Grund *m;* **sin** ~ unbegründet ❹ *(formalidad)* Vernunft *f; (seriedad)* Ernsthaftigkeit *f;* **hablar sin** ~ nur Unsinn reden ❺ *pl (conocimientos)* (Grund)kenntnisse *fpl*

fundar [fuṇ'dar] **I.** *vt* ❶ *(crear)* gründen; ~ **un hogar** [*o* **una familia**] eine Familie gründen ❷ (TÉC) stützen (**sobre/en** auf +*akk*) ❸ *(basar)* stützen (**en/sobre** auf +*akk*); *(justificar)* begründen (**en** mit +*dat*) **II.** *vr:* **~se** ❶ *(basarse)* sich stützen (**en** auf +*akk*); *(tener su justificación)* beruhen (**en** auf +*dat*) ❷ *(asentarse)* ruhen (**en/sobre** auf +*dat*)

fundición [fuṇdi'θjon] *f* ❶ *(de un metal)* Schmelzen *nt* ❷ *(en una forma)* Gießen *nt* ❸ *(de ideas)* Verschmelzung *f* ❹ *(taller)* Gießerei *f* ❺ *(hierro)* Gusseisen *nt* ❻ (TIPO) Satz *m* Schriftzeichen

fundidor [fuṇdi'ðor] *m* Gießer *m*

fundir [fuṇ'dir] **I.** *vt* ❶ *(deshacer)* schmelzen ❷ *(dar forma)* gießen ❸ *(un aparato eléctrico)* durchbrennen lassen ❹ *(unir)* (miteinander) verschmelzen; *(empresas)* zusammenlegen ❺ *(Am: gastar)* verjubeln *fam* **II.** *vr:* **~se** ❶ *(deshacerse)* (zer)schmelzen ❷ *(aparato eléctrico)* durchbrennen ❸ *(unirse)* (miteinander) verschmelzen (**en** zu +*dat*); *(empresas)* sich zusammenschließen (**en** zu +*dat*) ❹ *(Am: arruinarse)* zugrunde gehen; *(negocio)* Bankrott machen

fundo ['fuṇdo] *m (Chil, Perú: finca)* Farm *f,* Bauernhof *m*

fúnebre ['funeβre] *adj* ❶ *(triste)* traurig ❷ *(sombrío)* düster ❸ *(de los difuntos)* Toten-; **coche** ~ Leichenwagen *m;* **pompas ~s** *(ceremonia)* Begräbnis *nt; (empresa)* Bestattungsinstitut *nt*

funeral [fune'ral] **I.** *adj* Bestattungs-, Beerdigungs- **II.** *m* ❶ *(entierro)* Begräbnis *nt* ❷ *pl (misa)* Trauergottesdienst *m,* Trauerfeier *f*

funeraria [fune'rarja] *f* Bestattungsinstitut *nt*

funerario, -a [fune'rarjo, -a] *adj* Bestattungs-, Beerdigungs-

funesto, -a [fu'nesto, -a] *adj* ❶ *(aciago)* verhängnisvoll ❷ *(desgraciado)* verheerend; *(triste)* traurig ❸ *(fam: sin talento)* katastrophal

fungicida [fuŋxi'θiða] **I.** *adj* pilztötend **II.** *m* Fungizid *nt*

fungir [fuŋ'xir] <g → j> *vi* ❶ *(Am: un cargo)* das Amt innehaben (**de** +*gen*) ❷ *(AmC: presumir)* angeben

funicular [funiku'lar] **I.** *adj* Bergbahn-; *(de cable aéreo)* Seilbahn-; **tren** ~ Bergbahn *f* **II.** *m* Bergbahn *f;* ~ **aéreo** Seilbahn *f*

furcia ['furθja] *f (pey)* Nutte *f*

furgón [fur'ɣon] *m* ❶ *(carro)* Wagen *m; (camioneta)* Transporter *m* ❷ (FERRO: *para el equipaje*) Gepäckwagen *m; (para mercancías)* Güterwagen *m*

furgoneta [furɣo'neta] *f* Kleintransporter *m*

furia ['furja] *f* ❶ *(ira)* Zorn *m* ❷ *(ímpetu)* Wucht *f* ❸ *(persona)* Furie *f* ❹ *(fam: energía)* Eifer *m* ❺ *(auge)* Höhepunkt *m*

furibundo, -a [furi'βuṇdo, -a] *adj* ❶ *(furioso)* zornerfüllt ❷ *(fam: entusiasta)* begeistert; *(extremado)* fanatisch

furioso, -a [fu'rjoso, -a] *adj* ❶ *(furibundo)* wütend ❷ *(loco)* tobsüchtig ❸ *(violento)* heftig; *(tempestad)* tosend ❹ *(tremendo)* enorm; *(sentimiento)* unbändig

furor [fu'ror] *m* ❶ *(ira)* Wut *f* ❷ *(ímpetu)* Wucht *f* ❸ *(energía)* Eifer *m* ❹ *(auge)* Höhepunkt *m;* **hacer** ~ Furore machen ❺ *(afición)* Begeisterung *f* ❻ *(locura)* Tobsuchtsanfall *m* ❼ (MED) ~ **uterino** Nymphomanie *f*

furtivo, -a [fur'tiβo, -a] *adj* heimlich; **cazador** ~ Wilderer *m*

furúnculo [fu'ruŋkulo] *m* (MED) Furunkel *nt o m*

fusa ['fusa] *f* (MÚS) Zweiunddreißigstelnote *f*

fuselaje [fuse'laxe] *m* (AERO) Rumpf *m*

fusible [fu'siβle] **I.** *adj* schmelzbar **II.** *m* Sicherung *f*

fusil [fu'sil] *m* Gewehr *nt*

fusilamiento [fusila'mjeṇto] *m* ❶ *(ejecución)* standrechtliche Erschießung *f* ❷ *(fam: de textos)* Abkupfern *nt*

fusilar [fusi'lar] *vt* ❶ *(ejecutar)* standrechtlich erschießen ❷ *(fam: copiar)* abkupfern

fusilería [fusile'ria] *f* ❶ *(fusiles)* Gewehre *ntpl* ❷ *(soldados)* Schützen *mpl* ❸ *(fuego)* Gewehrfeuer *nt*

fusilero [fusi'lero] *m* Schütze *m* (der Infanterie)

fusión [fu'sjon] *f* ❶ *(fundición)* Schmelzen *nt* ❷ *(unión, t.* ECON) Fusion *f*

fusionar [fusjo'nar] **I.** *vi* schmelzen **II.** *vt* ❶ *(deshacer)* schmelzen ❷ *(unir)* verschmelzen; *(empresas)* fusionieren **III.** *vr:* **~se** (miteinander) verschmelzen; *(empresas)* fusionieren

fusta ['fusta] *f* ❶ *(látigo)* Peitsche *f* ❷ *(leña)* Reisig *nt* ❸ *(tejido)* Wollstoff *m*

fuste ['fuste] *m* ❶ *(madera)* Holz *nt* ❷ *(vara)* Stange *f; (de una lanza)* Schaft *m* ❸ (ARQUIT) Säulenschaft *m* ❹ *(importancia)* Bedeutung *f; (sustancia)* Gehalt *m; (de*

una persona) Format *nt* ❺ *(arzón)* Sattelbaum *m*
fustigar [fusti'ɣar] <g → gu> *vt* ❶ *(azotar)* peitschen ❷ *(reprender)* tadeln
futbito [fuð'βito] *m (fam)* Hallenfußball *m*
fútbol ['fuðβol] *m* Fußball *m;* ~ **americano** American Football *m*
futbolín [fuðβo'lin] *m* Tischfußballspiel *nt*
futbolista [fuðβo'lista] *mf* Fußballspieler(in) *m(f)*
futbolístico, -a [fuðβo'listiko, -a] *adj* fußballerisch, Fußball-
fútbol sala ['fuðβol 'sala] *m sin pl* Hallenfußball *m*
futesa [fu'tesa] *f* Kleinigkeit *f*, Nichtigkeit *f*
fútil ['futil] *adj* belanglos
futileza [futi'leθa] *f (Chil: pequeñez)* Kleinigkeit *f*
futilidad [futili'ða[ð]] *f* Belanglosigkeit *f*
futrir [fu'trir] *vt (Col: molestar)* belästigen, plagen
futurible [futu'riβle] **I.** *adj* möglich, eventuell (eintretend) **II.** *mf* Anwärter(in) *m(f);* **~s para presidente** Anwärter auf das Präsidentenamt
futurismo [futu'rismo] *m sin pl* Futurismus *m*
futurista [futu'rista] **I.** *adj* futuristisch **II.** *mf* Futurist(in) *m(f)*
futuro[1] [fu'turo] *m* ❶ *(tiempo)* Zukunft *f* ❷ (LING) Futur *nt* ❸ (FIN) **compra de ~s** Terminkauf *m*
futuro, -a[2] [fu'turo, -a] **I.** *adj* (zu)künftig **II.** *m, f (fam)* Zukünftige(r) *mf*
futurología [futurolo'xia] *f* Futurologie *f*
futurólogo, -a [futu'roloɣo, -a] *m, f* Futurologe, -in *m, f*

G

Gg

G, g [xe] *f* G, g *nt;* ~ **de Gerona** G wie Gustav
gabacho, -a [ga'βatʃo, -a] *m, f (pey: francés)* Franzose, Französin *m, f*
gabán [ga'βan] *m* Mantel *m*
gabardina [gaβar'ðina] *f* ❶ *(tela)* Gabardine *m o f* ❷ *(prenda)* Trenchcoat *m*
gabela [ga'βela] *f* Abgabe *f*
gabinete [gaβi'nete] *m* ❶ *(estudio)* Arbeitsraum *m; (junto a la alcoba)* Salon *m* ❷ *(tocador)* Toilettentisch *m* ❸ *(museo)* Kabinett *nt* ❹ *(de médico)* Praxis *f* ❺ (POL) Kabinett *nt* ❻ *(loc)* ~ **de prensa** Pressestelle *f*
Gabón [ga'βon] *m* Gabun *nt*
gabonés, -esa [gaβo'nes, -esa] **I.** *adj* gabunisch **II.** *m, f* Gabuner(in) *m(f)*
gacela [ga'θela] *f* Gazelle *f;* **corre como una** ~ er/sie ist flink wie ein Wiesel
gaceta [ga'θeta] *f* ❶ (HIST: *periódico*) Zeitung *f* ❷ (HIST: *BOE*) *spanisches Gesetzblatt* ❸ *(fam: correveidile)* Klatschmaul *nt*
gacetillero, -a [gaθeti'ʎero, -a] *m, f* Journalist(in) *m(f)*
gacha ['gatʃa] *f* ❶ *(fam: barro)* Schlamm *m* ❷ *pl (comida)* Brei *m*
gachí [ga'tʃi] <gachíes> *f (fam)* Mädel *nt*, Puppe *f*
gacho, -a ['gatʃo, -a] *adj* (herunter)hängend; **orejas gachas** Schlappohren *nt pl;* **sombrero** ~ Schlapphut *m*
gachó [ga'tʃo] *m (fam)* Kerl *m*
gaditano, -a [gaði'tano, -a] **I.** *adj* aus Cádiz **II.** *m, f* Einwohner(in) *m(f)* von Cádiz
gaélico, -a [ga'eliko, -a] *adj* gälisch
gafa ['gafa] *f* ❶ *pl (anteojos)* Brille *f;* **~s de inmersión** Taucherbrille *f;* **~s de natación** Schwimmbrille *f;* ~ **progresivas** Gleitsichtbrille *f;* **~s de sol** Sonnenbrille *f;* **~s para leer** Lesebrille *f;* **~s protectoras** Schutzbrille *f;* **llevar ~s** eine Brille tragen; **ponerse las ~s** die Brille aufsetzen ❷ *(varilla)* Brillenbügel *m* ❸ (TÉC: *grapa*) Klammer *f* ❹ (TÉC: *abrazadera*) Krampe *f*
gafar [ga'far] *vt* ❶ *(con grapas)* verklammern ❷ *(con las uñas)* sich festkrallen (an +*dat*) ❸ *(fam: mala suerte)* Unglück bringen +*dat*
gafe ['gafe] *m* ❶ *(cenizo)* Unglücksbringer *m* ❷ *(aguafiestas)* Spielverderber *m*
gafotas [ga'fotas] **I.** *adj inv (pey)* **algunos niños miopes tienen complejo de** ~ manche kurzsichtigen Kinder haben einen Komplex, weil sie Brillenträger sind **II.** *mf inv (pey)* Brillenschlange *f fam abw*
gago, -a ['gaɣo, -a] **I.** *adj (Am)* stotternd **II.** *m, f* Stotterer, -in *m, f*
gaita ['gai̯ta] *f* ❶ (MÚS: *gallega*) Dudelsack *m; (zamorana)* Flageolett *nt* ❷ *(fam: cuello)* Hals *m* ❸ *(fam: lata)* **vaya ~ tener que hacer eso** das machen zu müssen ist die reinste Qual ❹ *(loc)* **estar hecho**

una ~ kränklich sein; **estar de** ~ *(fam)* guter Dinge sein

gaitero, -a [gai̯'tero, -a] *m, f (de gaita gallega)* Dudelsackspieler(in) *m(f); (de gaita zamorana)* Flageolettspieler(in) *m(f)*

gaje ['gaxe] *m* Einkommen *nt;* **los ~s del oficio** *(irón)* die Unannehmlichkeiten des Berufs

gajo ['gaxo] *m* ❶ *(de naranja)* Segment *nt* ❷ *(racimo)* Traube *f* ❸ *(rama)* herabgefallener Zweig *m*

gala ['gala] *f* ❶ *(fiesta)* Gala *f* ❷ *(garbo)* Anmut *f* ❸ *(selecto)* Beste(s) *nt* ❹ *pl (vestido)* Kleider *ntpl*

G

galáctico, -a [ga'laktiko, -a] *adj* (ASTR) galaktisch

galaico, -a [ga'lai̯ko, -a] *adj* galicisch

galaicoportugués, -esa [galai̯kopor-tu'ɣes, -esa] *adj* galicisch-portuguiesisch

galán [ga'lan] *m* ❶ *(hombre)* Galan *m* ❷ *(novio)* Liebhaber *m* ❸ (TEAT: *papel*) jugendlicher Liebhaber *m*

galante [ga'lan̪te] *adj* ❶ *(atento)* aufmerksam ❷ *(mujer)* kokett ❸ *(historia)* pikant

galantear [galan̪te'ar] *vt* den Hof machen (**a** +*dat*)

galantería [galan̪te'ria] *f* ❶ *(hacia una mujer)* Höflichkeit *f* (**hacia** gegenüber +*dat*) ❷ *(amabilidad)* Aufmerksamkeit *f* (**hacia** gegenüber +*dat*) ❸ *(generosidad)* Großzügigkeit *f* (**hacia** gegenüber +*dat*)

galápago [ga'lapaɣo] *m* (ZOOL) Süßwasserschildkröte *f;* **tener más conchas que un** ~ *(fam)* sehr gerissen sein

galardón [galar'ðon] *m* Preis *m*

galardonar [galarðo'nar] *vt* auszeichnen; ~ **a alguien con un título** jdm einen Titel verleihen

galaxia [ga'laˠsja] *f* ❶ *(universo)* Galaxie *f* ❷ *(AmC)* Prominenz *f*

galbana [gal'βana] *f (fam)* Faulheit *f*

galbanoso, -a [galβa'noso, -a] *adj* faul, arbeitsscheu

galeno [ga'leno] *m (fam)* Doktor *m*

galeón [gale'on] *m* Galeone *f*

galeote [gale'ote] *m* Galeerensträfling *m*

galera [ga'lera] *f* ❶ (NÁUT) Galeere *f* ❷ (ZOOL) Heuschreckenkrebs *m* ❸ (TIPO) (Setz)schiff *nt* ❹ (MAT) Divisionszeichen *nt* ❺ *(Am: cobertizo)* Schuppen *m* ❻ *(Am: sombrero)* Zylinder(hut) *m*

galerada [gale'raða] *f* (TIPO) Fahne *f*

galería [gale'ria] *f* ❶ *(corredor)* Galerie *f* ❷ *(de arte)* Kunstgalerie *f* ❸ *pl (grandes almacenes)* Kaufhaus *nt* ❹ *pl (bulevar)* Ladenpassage *f* ❺ (MIN) Stollen *m* ❻ (TEAT) Galerie *f* ❼ *(subterránea)* Tunnel *m*

galerista [gale'rista] *mf* Galerist(in) *m(f)*

Gales ['gales] *m* (**País de**) ~ Wales *nt*

galés, -esa [ga'les, -esa] **I.** *adj* walisisch **II.** *m, f* Waliser(in) *m(f)*

galgo, -a ['galɣo, -a] *m, f* (ZOOL) Windhund, -hündin *m, f*

Galia ['galja] *f* Gallien *nt*

Galicia [ga'liθja] *f* Galicien *nt*

galicismo [gali'θismo] *m* Gallizismus *m*

gálico, -a ['galiko, -a] *adj* gallisch

galillo [ga'liʎo] *m* ❶ (ANAT) Zäpfchen *nt* ❷ *(fam: gaznate)* Kehle *f*, Schlund *m*

galimatías [galima'tias] *m inv* ❶ *(lenguaje)* Kauderwelsch *nt* ❷ *(enredo)* Durcheinander *nt*

galipandria [gali'pan̪drja] *f (fam)* Erkältung *f*

gallardear [gaʎarðe'ar] *vi* ❶ *(ostentar gallardía)* Mut zur Schau tragen ❷ *(presumir)* prahlen (**de** mit +*dat*)

gallardía [gaʎar'ðia] *f* ❶ *(apostura)* Stattlichkeit *f* ❷ *(garbo)* Anmut *f* ❸ *(valentía)* Mut *m*

gallardo, -a [ga'ʎarðo, -a] *adj* ❶ *(de aspecto)* stattlich ❷ *(garboso)* anmutig ❸ *(valiente)* mutig

gallear [gaʎe'ar] **I.** *vi* ❶ *(fanfarronear)* angeben ❷ *(alzar la voz)* brüllen ❸ *(creerse importante)* sich *dat* viel einbilden **II.** *vt (el gallo a la gallina)* treten

gallego, -a [ga'ʎeɣo, -a] **I.** *adj* galicisch **II.** *m, f* ❶ *(habitante)* Galicier(in) *m(f)* ❷ *(AmS: pey: español)* Spanier(in) *m(f)*

galleguismo [gaʎe'ɣismo] *m* Galicismus *m*

galleta [ga'ʎeta] *f* ❶ *(dulce)* Keks *m; (bizcocho)* Zwieback *m* ❷ (MIN) Würfelkohle *f* ❸ *(fam: bofetada)* Ohrfeige *f*

gallina [ga'ʎina] *f* ❶ *(hembra del gallo)* Huhn *nt;* **~s camperas** freilaufende Hühner; ~ **clueca** Glucke *f* ❷ *(fam: cobarde)* Feigling *m* ❸ *(juego)* **jugar a la ~ ciega** Blindekuh spielen ❹ *(loc)* **se me pone la carne de** ~ ich bekomme eine Gänsehaut

gallinazo [gaʎi'naθo] *m* Truthahngeier *m*

gallinero [gaʎi'nero] *m* ❶ *(corral)* Hühnerstall *m* ❷ (TEAT) Olymp *m*

gallito [ga'ʎito] *m* **ser un** ~ der Hahn im Korb sein; **ponerse** ~ aggressiv werden

gallo ['gaʎo] *m* ❶ *(ave)* Hahn *m;* ~ **de pelea** Kampfhahn *m;* ~ **silvestre** Auerhahn *m* ❷ *(pez)* Heringskönig *m* ❸ *(engreído)* Angeber *m* ❹ (MÚS) **soltar un** ~ kicksen ❺ *(esputo)* Auswurf *m* ❻ *(Am: hombre fuerte)* starker Mann *m* ❼ *(loc)* **misa de(l)** ~ Christmette *f;* **pata de** ~ Krähenfüße *mpl;* **peso** ~ (DEP) Bantamgewicht *nt;* **alzar el** ~ großspurig werden; **en menos que canta un** ~ im Nu; **si el dinero fuera mío, otro ~ nos cantara**

(fam) wenn das Geld mir gehören würde, würde die Lage anders aussehen

galo, -a ['galo, -a] **I.** *adj* ❶ *(de la Galia)* gallisch ❷ *(francés)* französisch **II.** *m, f* ❶ *(de la Galia)* Gallier(in) *m(f)* ❷ *(francés)* Franzose *m*, Französin *f*

galón [ga'lon] *m* ❶ *(cinta)* Borte *f* ❷ (MIL: *distintivo*) Litze *f* ❸ *(medida inglesa)* Gallone *f*

galopada [galo'paða] *f* Galopprennen *nt*

galopar [galo'par] *vi* galoppieren

galope [ga'lope] *m* Galopp *m*

galopín [galo'pin] *m* ❶ *(golfillo)* Straßenjunge *m* ❷ *(granuja)* Gauner *m* ❸ *(granujilla)* Bengel *m*

galpón [gal'pon] *m (AmS)* Schuppen *m*

galuchar [galu'ʧar] *vi (Col, Cuba, PRico, Ven)* galoppieren

galvanización [galβaniθa'θjon] *f* ❶ (MED) Galvanisation *f* ❷ (TÉC) Galvanisierung *f*

galvanizar [galβani'θar] <z → c> *vt* ❶ (TÉC) galvanisieren; *(con cinc)* verzinken ❷ *(una institución)* beleben

gama ['gama] *f* ❶ (MÚS) Tonleiter *f* ❷ *(escala)* Skala *f;* ~ **de ofertas** Angebotspalette *f;* **una ~ baja de productos** Billigprodukte *ntpl*

gamada [ga'maða] *adj* **cruz ~** Hakenkreuz *nt*

gamba ['gamba] *f* ❶ (ZOOL) Garnele *f* ❷ (GASTR) Krabbe *f*

gamberrada [gambe'rraða] *f* rowdyhafter Streich *m;* **hacer ~s** etwas anstellen

gamberrear [gamberre'ar] *vi* gaunern

gamberro, -a [gam'berro, -a] *m, f* Rowdy *m*

gambeta [gam'beta] *f* ❶ *(Am: distensión)* Verrenkung *f* ❷ *(Am: evasiva)* ausweichende Antwort *f;* *(fútbol)* Dribbling *nt;* **hacer ~s** dribbeln

Gambia ['gambia] *f* Gambia *nt*

gambuza [gam'buθa] *f* (NÁUT) Vorratskammer *f* für Lebensmittel auf einem Schiff

gameto [ga'meto] *m* (BIOL) Fortpflanzungszelle *f*

gamma ['gam(m)a] *f* Gamma *nt*

gamo ['gamo] *m* Damhirsch *m*

gamonal [gamo'nal] *m (Am: cacique)* Kazike *m*

gamuza [ga'muθa] *f* ❶ *(animal)* Gämse *f* ❷ *(piel)* Gämsleder *nt* ❸ *(paño)* Fensterleder *nt*

gán(g)ster ['gaⁿster] *mf* Gangster(in) *m(f)*

gana ['gana] *f* Lust *f* (**de** auf +*akk*); **tengo ~s de comer** ich habe Appetit; **de buena ~** gerne; **de mala ~** ungerne; **tengo ~s de irme de vacaciones** ich möchte gerne Urlaub machen; **no me da la (real) ~** *(fam)* ich will einfach nicht; **son ~s de fastidiar** sie wollen uns ja nur das Spiel verderben!; **me quedé con las ~s de verle** ich musste mich leider damit abfinden, ihn nicht sehen zu können; **este es feo con ~s** *(fam)* der ist ja furchtbar hässlich!

ganadería [ganaðe'ria] *f* ❶ *(ganado)* Viehbestand *m* ❷ *(crianza)* Viehzucht *f;* ~ **biológica** artgerechte Viehhaltung ❸ *(comercio)* Viehhandel *m*

ganadero, -a [gana'ðero, -a] **I.** *adj* Vieh- **II.** *m, f* ❶ *(criador)* Viehzüchter(in) *m(f)* ❷ *(tratante)* Viehhändler(in) *m(f)*

ganado [ga'naðo] *m* ❶ *(reses)* Vieh *nt;* ~ **bovino** [*o* **vacuno**] Rinder *ntpl;* ~ **cabrío** Ziegen *fpl;* ~ **ovino** Schafe *ntpl;* ~ **porcino** Schweine *ntpl* ❷ *(Am: ganado vacuno)* Rinder *ntpl* ❸ *(fam: de personas)* Schar *f*, Horde *f*

ganador(a) [gana'ðor(a)] **I.** *adj* ❶ *(de ganar)* siegend, Sieges- ❷ *(victorioso)* siegreich **II.** *m(f)* Gewinner(in) *m(f)*

ganancia [ga'naṇθja] *f* ❶ *(beneficio)* Gewinn *m* ❷ *(sueldo)* Verdienst *m*

ganancioso, -a [ganaṇ'θjoso, -a] *adj* ❶ *(que da ganancia)* gewinnbringend ❷ *(beneficiado)* **salir ~ de algo** einen Nutzen aus etw *dat* ziehen

ganar [ga'nar] **I.** *vi* ❶ *(en el juego)* gewinnen ❷ *(mejorar)* gewinnen (**en** an +*dat*); ~ **en condición social** sich gesellschaftlich verbessern; **¿qué esperas ~ con esto?** was erhoffst du dir davon?; **con esto solamente puedes salir ganando** das kann dir nur von Nutzen sein **II.** *vt* ❶ *(trabajando)* verdienen; **con ese negocio consiguió ~ mucho dinero** dieses Geschäft brachte ihm/ihr viel Geld ein ❷ *(jugando)* gewinnen; *(premio)* erringen; *(a alguien)* besiegen (**a** +*akk*); **le he ganado 10 euros a los dados** ich habe ihm/ihr 10 Euro beim Würfeln abgenommen ❸ *(adquirir)* gewinnen; *(libertad)* erlangen; *(conocimientos)* erwerben; ~ **experiencia** Erfahrungen sammeln; ~ **peso** zunehmen; ~ **velocidad** schneller werden ❹ *(llegar a)* erreichen; ~ **la orilla** ans Ufer gelangen ❺ *(aventajar)* übertreffen (**en** an +*dat*) ❻ (MIL: *ciudad*) erobern ❼ *(a una persona)* für sich gewinnen **III.** *vr:* **~se** ❶ *(dinero)* verdienen; **~se la vida** seinen Lebensunterhalt verdienen ❷ *(a alguien)* für sich gewinnen ❸ *(loc)* **si no me sale, me la gano** wenn mir das nicht gelingt, dann blüht mir was

ganchillo [gan'ʧiʎo] *m* ❶ *(gancho)* Häkelnadel *f* ❷ *(labor)* Häkelarbeit *f;* **hacer ~** häkeln

gancho ['ganʧo] *m* ❶ *(instrumento)*

Haken *m* ❷ (DEP: *boxeo*) Haken *m; (baloncesto)* Hookshot *m* ❸ *(de árbol)* Aststumpf *m* ❹ *(algo que atrae)* Blickfang *m* ❺ *(Am: horquilla)* Haarnadel *f* ❻ *(garabato)* Haken *m* ❼ *(atractivo)* Anziehungskraft *f* ❽ *(persona)* Lockvogel *m*

ganchudo, -a [gan'ʧuðo, -a] *adj* hakenförmig

gandido, -a [gaṇ'diðo, -a] *adj (Col: pey: glotón)* gefräßig

gandul(a) [gaṇ'dul(a)] **I.** *adj* faul **II.** *m(f)* Faulpelz *m*

gandulear [gaṇdule'ar] *vi* faulenzen

gandulería [gaṇdule'ria] *f* Faulheit *f*

gandulitis [gaṇdu'litis] *f sin pl (fam)* Faulenzerei *f*

gandumbas [gaṇ'dumbas] **I.** *adj inv (fam)* faul, träge **II.** *mf inv (fam)* Faulenzer(in) *m(f)*

ganga ['gaŋga] *f* ❶ *(oferta)* günstiges Angebot *nt;* **¿solo vale 2 euros? ¡pues sí que es una ~!** das kostet nur 2 Euro? das ist ja spottbillig!; **¡menuda ~ este nuevo jefe!** mit dem neuen Chef haben wir uns ja was Schönes eingehandelt! ❷ (ZOOL) Flughuhn *nt* ❸ (MIN) Gangstein *m*

ganglio ['gaŋgljo] *m* (ANAT) Ganglion *nt*

gangosear [gaŋgose'ar] *vi* näseln

gangoso, -a [gaŋ'goso, -a] **I.** *adj* näselnd **II.** *adv* **hablar ~** näseln

gangrena [gaŋ'grena] *f* ❶ (MED) Brand *m* ❷ *(mal)* Hauptübel *nt*

gangrenarse [gaŋgre'narse] *vr* den Brand bekommen

ganguear [gaŋge'ar] *vi* näseln

gansada [gan'saða] *f* Albernheit *f,* Faxen *fpl*

gansear [ganse'ar] *vi* ❶ *(fam: vaguear)* (faul) herumlungern ❷ *(decir gansadas)* herumalbern

ganso, -a ['ganso, -a] *m, f* ❶ *(ave)* Gans *f; (macho)* Gänserich *m* ❷ *(perezoso)* Faulenzer(in) *m(f)* ❸ *(estúpido)* Dummkopf *m;* **hacer el ~** herumalbern

gánster ['gaⁿster] *mf* Gangster(in) *m(f)*

Gante ['gaṇte] *m* Gent *nt*

ganzúa[1] [gaṇ'θua] *f (llave)* Dietrich *m*

ganzúa[2] [gaṇ'θua] *m* Einbrecher(in) *m(f)*

gañán [ga'ɲan] *m* ❶ *(mozo)* Bauernjunge *m* ❷ *(tosco)* Rüpel *m*

gañido [ga'ɲiðo] *m (de animal)* Heulen *nt; (de perro)* Jaulen *nt; (de aves)* Krächzen *nt; (de personas)* Keuchen *nt*

gañir [ga'ɲir] <*3. pret* gañó> *vi (animal)* heulen; *(perro)* jaulen; *(las aves)* krächzen; *(personas)* schnaufen, keuchen

gañote [ga'ɲote] *m* Kehle *f*

garabatear [garaβate'ar] **I.** *vt (al escribir)* (hin)kritzeln **II.** *vi* ❶ (TÉC) (einen) Haken verwenden ❷ *(al escribir)* kritzeln ❸ *(al hablar)* um den heißen Brei herumreden

garabato [gara'βato] *m* ❶ *(gancho)* Haken *m* ❷ *(al escribir)* Gekritzel *nt* ❸ *(atractivo)* Anziehungskraft *f*

garaje [ga'raxe] *m* ❶ *(para coches)* Garage *f; (subterráneo)* Tiefgarage *f* ❷ *(taller)* Autowerkstatt *f*

garante [ga'raṇte] **I.** *adj* garantierend **II.** *mf* Bürge, -in *m, f*

garantía [garaṇ'tia] *f* ❶ *(seguridad)* Garantie *f* ❷ (FIN: *aval*) Bürgschaft *f; (caución)* Kaution *f* ❸ (COM) Garantie *f;* **~s constitucionales** (POL) Grundrechte *ntpl;* **sin ~** ohne Gewähr

garantir [garaṇ'tir] *vt irr como abolir v.* **garantizar**

garantizador(a) [garaṇtiθa'ðor(a)] *m(f)* Bürge, -in *m, f*

garantizar [garaṇti'θar] <z → c> *vt* ❶ *(asegurar)* garantieren; **no está garantizado que él sea el orador** es steht noch nicht fest, ob er der Redner ist ❷ (JUR) gewährleisten; *(deuda)* bürgen (**por** für *+akk*)

garañón [gara'ɲon] *m* ❶ *(asno)* Eselhengst *m; (camello)* Kamelhengst *m* ❷ *(Am: caballo semental)* Zuchthengst *m*

garapiña [gara'piɲa] *f* ❶ *(galón)* Borte *f* ❷ (GASTR) Kandierung *f*

garapiñar [garapi'ɲar] *vt* kandieren

garbancero, -a [garβaṇ'θero, -a] **I.** *adj* Kichererbsen- **II.** *m, f* Kichererbsenhändler(in) *m(f)*

garbanzo [gar'βaṇθo] *m* Kichererbse *f;* **ganarse los ~s** *(fam)* seinen Lebensunterhalt verdienen; **ser el ~ negro** das schwarze Schaf sein

garbear [garβe'ar] **I.** *vi* ❶ *(afectar garbo)* prahlen ❷ *(trampear)* sich durchschlagen **II.** *vt* ❶ *(garbas)* in Garben binden ❷ *(robar)* stehlen **III.** *vr:* **~se** spazieren gehen

garbeo [gar'βeo] *m* Spaziergang *m*

garbillar [garβi'ʎar] *vt* sieben

garbillo [gar'βiʎo] *m* Sieb *nt*

garbo ['garβo] *m* ❶ *(elegancia)* Anmut *f; (de movimiento)* Grazie *f* ❷ *(brío)* Schwung *m* ❸ *(generosidad)* Großzügigkeit *f* ❹ *(de un escrito)* Charme *m*

garboso, -a [gar'βoso, -a] *adj* ❶ *(elegante)* anmutig ❷ *(brioso)* schwungvoll ❸ *(generoso)* großzügig

garbullo [gar'βuʎo] *m* Tumult *m,* Aufruhr *m*

gardenia [gar'ðenja] *f* Gardenie *f*

garduña [gar'ðuɲa] *f* Hausmarder *m*

garete [ga'rete] *m* **ir(se) al ~** *(proyecto)* scheitern; (NÁUT) treiben

garfa ['garfa] *f* Klaue *f*

garfio ['garfjo] *m* spitzer Haken *m*
gargajear [garɣaxe'ar] *vi* spucken
gargajo [gar'ɣaxo] *m* zäher Auswurf *m*
garganta [gar'ɣan̪ta] *f* ❶ *(gaznate)* Kehle *f;* *(cuello)* Hals *m;* *(empeine)* Spann *m;* **tener buena ~** eine gute Stimme haben; **se me hizo un nudo en la ~ de nervioso que estaba** die Aufregung schnürte mir die Kehle zu ❷ *(de un objeto)* Hals *m* ❸ (GEO: *quebrada*) Schlucht *f;* *(angostura)* Engpass *m* ❹ (TÉC) Seilnut *f* ❺ (ARQUIT) Schaft *m*
gargantada [garɣan̪'taða] *f* Schluck *m*
gargantilla [garɣan̪'tiʎa] *f* ❶ *(cinta)* Halsband *nt* ❷ *(collar)* Halskette *f;* *(de perlas)* Perlenkette *f*
gárgaras ['garɣaras] *fpl* Gurgeln *nt;* **hacer ~** gurgeln; **¡vete a hacer ~!** scher dich zum Teufel!
gargarear [garɣare'ar] *vi* *(Chil, Guat, Perú)* gurgeln
gargarizar [garɣari'θar] <z → c> *vi* gurgeln
gárgola ['garɣola] *f* (ARQUIT) Wasserspeier *m*
garita [ga'rita] *f* ❶ *(de centinelas)* Schilderhaus *nt* ❷ *(de portero)* Pförtnerloge *f* ❸ (FERRO) Bahnwärterhäuschen *nt* ❹ *(de fortificación)* Mauertürmchen *nt*
garitero, -a [gari'tero, -a] *m, f* ❶ *(propietario)* Inhaber(in) *m(f)* einer Spielhölle ❷ *(cliente)* Spielhöllenbesucher(in) *m(f)*
garito [ga'rito] *m* ❶ *(local)* illegale Spielhalle *f* ❷ *(ganancia)* Gewinn *m* (beim Glücksspiel)
garlar [gar'lar] *vi (fam)* schwätzen
garnacha [gar'natʃa] *f* ❶ (BOT) Garnacha *nt* ❷ *(vino)* Garnachawein *m*
garra ['garra] *f* ❶ *(de animal)* Kralle *f;* **caer en las ~s de alguien** in jds Fänge geraten; **la policía le echó la ~ al ladrón** die Polizei konnte den Dieb schnappen ❷ *(pey: mano)* Pfote *f* ❸ (NÁUT) Enterhaken *m* ❹ *pl* *(Am: harapos)* Fetzen *mpl* ❺ *(fam: brío)* **este equipo tiene ~** diese Mannschaft hat Pep
garrafa [ga'rrafa] *f* ❶ *(de vidrio)* Karaffe *f* ❷ *(con cesto)* Korbflasche *f* ❸ *(bidón)* Kanister *m* ❹ *(a granel)* **vino de ~** offener Wein
garrafal [garra'fal] *adj* riesig, ungeheuer
garrapata [garra'pata] *f* Zecke *f*
garrapatear [garrapate'ar] *vi, vt* kritzeln
garrapiña [garra'piɲa] *f v.* **garapiña**
garrapiñar [garrapi'ɲar] *vt* kandieren
garrido, -a [ga'rriðo, -a] *adj* ❶ *(gallardo)* stattlich ❷ *(galano)* elegant
garrir [ga'rrir] *vi* schreien *(Papagei)*
garrocha [ga'rrotʃa] *f* Lanze *f*
garrochazo [garro'tʃaθo] *m* Lanzenstich *m*
garronear [garrone'ar] *vi (Arg)* schmarotzen (**a** bei +*dat*)
garrotazo [garro'taθo] *m* Schlag *m* mit dem Knüppel
garrote [ga'rrote] *m* ❶ *(palo)* Knüppel *m* ❷ *(ligadura)* Knebel *m* ❸ *(de ejecución)* Würgschraube *f*
garrucha [ga'rrutʃa] *f* Rolle *f*
garrulería [garrule'ria] *f* Geschwätz *nt*
garrulo, -a [ga'rrulo, -a] **I.** *adj (pey)* grob, ungeschliffen **II.** *m, f (pey)* Grobian *m,* Flegel *m*
garúa [ga'rua] *f* *(Am: llovizna)* Nieseln *nt*
garuar [ga'rwar] *vimpers* *(Am: lloviznar)* nieseln
garza ['garθa] *f* Reiher *m*
garzón, -ona [gar'θon, -ona] *m, f* *(Am: camarero)* Kellner(in) *m(f)*
gas [gas] *m* ❶ *(fluido)* Gas *nt;* **~ natural** Erdgas *nt;* **bombona de ~** Gasflasche *f;* **cartucho de ~** Gaspatrone *f;* **cocina de ~** Gasherd *m;* **agua con ~** Sprudel *m;* **agua sin ~** stilles Wasser ❷ (AUTO) **dar ~** Gas geben; **ir a todo ~** mit Vollgas fahren ❸ *pl* *(en el estómago)* **~es** Blähungen *fpl*
gasa ['gasa] *f* ❶ *(tela)* Gaze *f* ❷ *(de luto)* Trauerflor *m* ❸ (MED) Verband(s)mull *m* ❹ *(pañal)* Windel *f*
gascón, -ona [gas'kon, -ona] **I.** *adj* gascognisch **II.** *m, f* Gascogner(in) *m(f)*
gasear [gase'ar] *vt* ❶ *(agua)* Kohlensäure zusetzen +*dat* ❷ *(algodón)* gasieren ❸ *(matar)* vergasen
gaseiforme [gasei̯'forme] *adj* gasförmig
gaseoducto [gaseo'ðukto] *m* Erdgasleitung *f*
gaseosa [gase'osa] *f* süßer Sprudel
gaseoso, -a [gase'oso, -a] *adj* ❶ *(con gas)* gashaltig ❷ *(gaseiforme)* gasförmig
gasfitería [gasfite'ria] *f* *(Am)* Klempnerei *f*
gasificación [gasifika'θjon] *f* Vergasung *f*
gasificar [gasifi'kar] <c → qu> *vt* ❶ (TÉC: *trasformar en gas*) vergasen ❷ *(un líquido)* mit Kohlensäure versetzen
gasoducto [gaso'ðukto] *m* Gasfernleitung *f*
gasógeno [ga'soxeno] *m* Gasgenerator *m*
gasoil [ga'soi̯l] *m,* **gasoil** [ga'soi̯l] *m* Diesel(öl) *nt*
gasóleo [ga'soleo] *m* Diesel(öl) *nt*
gasolina [gaso'lina] *f* Benzin *nt;* **~ con/sin plomo** verbleites/bleifreies Benzin; **~ súper** Super(benzin) *nt;* **echar** [*o* **poner**] **~** tanken
gasolinera [gasoli'nera] *f* ❶ *(estableci-*

miento) Tankstelle *f* ② *(lancha)* Motorboot *nt*
gastadero [gasta'ðero] *m (fam)* Ursache *f* von Ausgaben
gastado, -a [gas'taðo, -a] *adj* ① *(vestido)* abgetragen; *(cuello)* abgescheuert; *(zapato)* abgelaufen; *(talón)* abgetreten; *(suelo)* ausgetreten; *(neumático)* abgefahren; *(pilas)* leer ② *(expresión)* abgedroschen ③ *(persona)* verbraucht
gastador[1] [gasta'ðor] *m* ① (MIL: *zapador*) Pionier *m* ② *(condenado)* Zwangsarbeiter *m*
gastador(a)[2] [gasta'ðor(a)] **I.** *adj* verschwenderisch **II.** *m(f)* Verschwender(in) *m(f)*
gastar [gas'tar] **I.** *vt* ① *(dinero)* ausgeben ② *(vestido)* abtragen; *(zapato)* ablaufen; *(talón)* abtreten; *(suelo)* austreten; *(neumático)* abfahren ③ *(tiempo)* investieren ④ *(electricidad)* verbrauchen ⑤ *(tener)* **~ mal/buen humor** stets schlecht/gut gelaunt sein ⑥ *(poseer)* haben ⑦ *(loc)* **~ pocas palabras** nicht viele Worte machen; **~ bromas a alguien** seine Scherze mit jdm treiben **II.** *vr:* **~se** ① *(dinero)* ausgeben ② *(vestido)* sich abnutzen ③ *(consumirse)* verbraucht werden
gasto ['gasto] *m* ① *(de dinero)* Ausgabe *f*; *(en un negocio)* Kosten *pl;* (ECON, COM: *desembolso*) Ausgaben *f pl; (costos adicionales)* Unkosten *pl;* **dinero para ~s corrientes** Taschengeld *nt;* **~s de inscripción** Einschreibegebühren *f pl;* **~s de personal** Personalaufwand *m;* **el ~ público** die Staatsausgaben; **~s de representación** Spesen *pl* ② *(de fuerza)* Aufwand *m* (**de** an +*dat*); **~ de tiempo** Zeitaufwand *m* ③ *(consumo)* Verbrauch *m* (**de** an +*dat*) ④ *(de una fuente)* Ergiebigkeit *f*
gástrico, -a ['gastriko, -a] *adj* Magen-
gastritis [gas'tritis] *f inv* (MED) Magenschleimhautentzündung *f*
gastroenteritis [gastroen̪te'ritis] *f inv* (MED) Magen-Darm-Entzündung *f*
gastroenterología [gastroen̪terolo'xia] *f* (MED) Gastroenterologie *f*
gastrointestinal [gastroin̪testi'nal] *adj* (MED) gastrointestinal
gastronomía [gastrono'mia] *f sin pl* ① *(arte culinaria)* Gastronomie *f* ② (ECON) Gaststättengewerbe *nt*
gastronómico, -a [gastro'nomiko, -a] *adj* gastronomisch
gastrónomo, -a [gas'tronomo, -a] *m, f* ① *(que trabaja en gastronomía)* Gastronom(in) *m(f)* ② *(gourmet)* Feinschmecker(in) *m(f)*
gata ['gata] *f* ① *(hembra del gato)* Katze *f* ② *(nubecilla)* Wolken *f pl* am Berg ③ *(madrileña)* Madriderin *f* ④ *(loc)* **hacer la ~ muerta** *(fam)* den Bescheidenen spielen
gatas ['gatas] **andar a ~** auf allen vieren gehen
gatear [gate'ar] **I.** *vi* ① *(trepar)* klettern ② *(ir a gatas)* krabbeln ③ *(Am: enamorar)* hinter den Frauen her sein **II.** *vt* ① *(arañar)* kratzen ② *(fam: robar)* mausen
gatillo [ga'tiʎo] *m* ① *(percusor)* Abzug *m;* **apretar el ~** abdrücken ② *(de dentista)* Zahnzange *f* ③ *(de cuadrúpedo)* Widerrist *m* ④ *(ratero)* Spitzbube *m*
gato ['gato] *m* ① *(félido)* Katze *f*; *(macho)* Kater *m;* **el G~ con Botas** der Gestiefelte Kater; **ser ~ viejo** ein alter Hase sein; **dar ~ por liebre a alguien** *(fam)* jdm ein X für ein U vormachen; **aquí hay ~ encerrado** *(fam)* hier ist etwas faul; **llevarse el ~ al agua** *(fam)* den Vogel abgeschossen haben; **éramos cuatro ~s en el cine** *(fam)* es waren nur ein paar Leute im Kino; **¿quién le pone el cascabel al ~?** *(fig)* wer hängt der Katze die Schelle um?; **buscarle los tres pies al ~** Haarspalterei betreiben; **andar como el perro y el ~** wie Hund und Katze sein ② *(astuto)* Gauner *m* ③ *(madrileño)* Madrider *m* ④ (TÉC: *de coche*) Wagenheber *m;* *(de carpintero)* Schraubzwinge *f* ⑤ *(para dinero)* Geldbeutel *m*
gatuno, -a [ga'tuno, -a] *adj* Katzen-, katzenhaft
gauchaje [gau̯'ʧaxe] *m (CSur)* Gauchos *m pl,* Gauchotrupp *m*
gaucho[1] ['gau̯ʧo] *m (Am)* ① *(campesino)* Gaucho *m* ② *(jinete)* guter Reiter *m*
gaucho, -a[2] ['gau̯ʧo, -a] *adj* ① *(de gaucho)* Gaucho-, gauchohaft ② *(Am: grosero)* grob ③ *(Am: astuto)* gerissen
gavanzo [ga'βan̪θo] *m* (BOT) Hagebutte *f,* Heckenrose *f*
gaveta [ga'βeta] *f* ① *(de escritorio)* Schubfach *nt* ② *(de albañil)* Mörtelpfanne *f*
gavia ['gaβja] *f* ① *(zanja)* Entwässerungsgraben *m* ② (NÁUT: *vela*) Marssegel *nt* ③ *(gaviota)* Möwe *f*
gavilán [ga'βilan] *m* ① *(ave)* Sperber *m* ② *(de pluma)* Spitze *f* ③ *(de espada)* Parierstange *f* ④ *(del cardo)* Distelblüte *f*
gavilla [ga'βiʎa] *f* ① *(fajo)* Garbe *f* ② *(cuadrilla)* Bande *f*
gaviota [ga'βjota] *f* Möwe *f*
gay [gai̯] *m* Schwule(r) *m*
gazapo [ga'θapo] *m* ① *(conejo)* junges Kaninchen *nt* ② *(en un periódico)* (Zeitungs)ente *f* ③ *(fam: al hablar)* Versprecher *m*
gazmoñería [gaθmoɲe'ria] *f* ① *(mojigate-*

ría) Scheinheiligkeit *f* ❷ *(hipocresía)* Heuchelei *f*
gazmoño, -a [gaθ'moɲo, -a] *adj* ❶ *(mojigato)* scheinheilig ❷ *(hipócrita)* heuchlerisch
gaznápiro, -a [gaθ'napiro, -a] *m, f* ❶ *(simple)* Einfaltspinsel *m* ❷ *(gamberro)* Halbstarke(r) *mf*
gaznatada [gaθna'taða] *f (Am)* Ohrfeige *f*
gaznate [gaθ'nate] *m* Kehle *f*
gazpacho [gaθ'patʃo] *m* (GASTR) Gazpacho *m (kalte Gemüsesuppe)*
GB [dʒiɣa'bai̯t] *m inv abr de* **gigabyte** (INFOR) GB *nt*
Gbit [dʒiɣa'bit] *m inv abr de* **gigabit** (INFOR) GBit *nt*
Gbyte [dʒiɣa'bai̯t] *m inv abr de* **gigabyte** (INFOR) GByte *nt*
géiser ['xei̯ser] *m* Geysir *m*
geisha ['gei̯sa] *f* Geisha *f*
gel [xel] *m* Gel *nt;* ~ **de ducha** Duschgel *nt*
gelatina [xela'tina] *f* ❶ *(sustancia)* Gelatine *f* ❷ (GASTR) Sülze *f*
gelatinizar [xelatini'θar] <z → c> *vt* (GASTR) gelieren
gelatinoso, -a [xelati'noso, -a] *adj* ❶ *(como la gelatina)* gallertartig ❷ *(de gelatina)* gallertig
gélido, -a ['xeliðo, -a] *adj* eiskalt
gema ['xema] *f* ❶ *(piedra preciosa)* Edelstein *m; (entallada)* Gemme *f* ❷ (BOT) Knospe *f*
gemelo, -a [xe'melo, -a] **I.** *adj* Zwillings-; **hermanos ~s** Zwillinge *mpl* **II.** *m, f (mellizo)* Zwilling *m*
gemelos [xe'melos] *mpl* ❶ *(anteojos)* Fernglas *nt;* ~ **de teatro** Opernglas *nt* ❷ (ASTR) Zwillinge *mpl* ❸ *(de la camisa)* Manschettenknopf *m*
gemido [xe'miðo] *m* ❶ *(de dolor)* Stöhnen *nt; (de pena)* Seufzer *m; (al llorar)* Wimmern *nt* ❷ *(de animal)* Heulen *nt*
geminación [xemina'θjon] *f* ❶ *(duplicación)* Verdopp(e)lung *f* ❷ (LING) Gemination *f*
géminis ['xeminis] *m inv* (ASTR: *persona*) Zwillinge *mpl*
Géminis ['xeminis] *m inv* (ASTR: *signo*) Zwillinge *mpl*
gemir [xe'mir] *vi irr como pedir* ❶ *(de dolor)* stöhnen; *(de pena)* seufzen ❷ *(animal)* heulen
gen [xen] *m* (BIOL) Gen *nt*
gendarme [xen̩'darme] *m* Gendarm *m*
genealogía [xenealo'xia] *f* Genealogie *f*
genealógico, -a [xenea'loxiko, -a] *adj* genealogisch; **árbol** ~ Stammbaum *m*
generable [xene'raβle] *adj* erzeugbar
generación [xenera'θjon] *f* ❶ (TÉC: *producción*) Erzeugung *f;* **instrucción de ~** (INFOR) Erzeugungsanweisung *f* ❷ (COM: *creación*) Schaffung *f* ❸ (BIOL: *procreación*) Zeugung *f* ❹ *(descendientes)* Generation *f*
generacional [xeneraθjo'nal] *adj* Generations-
generador[1] [xenera'ðor] *m* (TÉC) Generator *m*
generador(a)[2] [xenera'ðor(a)] *adj* ❶ (TÉC) Erzeugungs-, erzeugend ❷ (COM) schaffend; **medidas ~as de empleo** Arbeitsbeschaffungsmaßnahmen *fpl* ❸ (BIOL) Zeugungs-
general [xene'ral] **I.** *adj* ❶ *(universal)* Allgemein-, allgemein; *(huelga)* General-; *(cuartel)* Haupt-; *(impresión)* Gesamt-; **cultura** ~ Allgemeinbildung *f;* **junta ~** (**extraordinaria**) (außerordentliche) Hauptversammlung *f;* **regla** ~ allgemeingültige Regel; **de uso ~** *(para todo uso)* für den allgemeinen Gebrauch; *(para todo el mundo)* für die Allgemeinheit; **por lo ~, en ~** im Allgemeinen; **por regla ~** in der Regel; **en ~ me siento satisfecho** im Großen und Ganzen bin ich zufrieden; **en ~ hace mejor tiempo aquí que allí** normalerweise ist das Wetter hier schöner als dort ❷ *(vago)* allgemein; **tengo una idea ~ del tema** ich weiß ungefähr, worum es geht **II.** *m* General *m;* ~ **en jefe** Oberbefehlshaber *m*
generalidad [xenerali'ða^{d}] *f* ❶ *(calidad general)* Allgemeinheit *f; (validez general)* Allgemeingültigkeit *f;* **en la ~ de los casos** in den meisten Fällen ❷ *(vaguedad)* **respondió con una ~** er/sie gab keine konkrete Antwort; **hablar de ~es** eine unverbindliche Unterhaltung führen ❸ *pl (conocimientos generales)* allgemeine Kenntnisse *fpl*
Generalitat [xenerali'ta^{t}] *f autonome Regierung Kataloniens*
generalizable [xenerali'θaβle] *adj* verallgemeinerbar
generalización [xeneraliθa'θjon] *f* ❶ *(universalización)* Verallgemeinerung *f* ❷ *(difusión)* allgemeine Verbreitung *f*
generalizador(a) [xeneraliθa'ðor(a)] *adj* verallgemeinernd
generalizar [xenerali'θar] <z → c> *vt* ❶ *(hacer general)* verallgemeinern ❷ *(difundir)* verbreiten
generalmente [xeneral'men̩te] *adv* ❶ *(en general)* im Allgemeinen ❷ *(ampliamente)* allgemein ❸ *(habitualmente)* gewöhnlich, normalerweise
generar [xene'rar] *vt* ❶ *(producir)* erzeu-

gen; ~ **beneficios** Gewinne abwerfen ❷ *(provocar)* hervorrufen; ~ **un clima de confianza** ein Klima des Vertrauens schaffen

generativo, -a [xenera'tiβo, -a] *adj* ❶ (TÉC) Erzeugungs-; (BIOL) Zeugungs- ❷ (LING) generativ

genérico, -a [xe'neriko, -a] *adj* ❶ *(de la especie)* Gattungs-, generisch ❷ (LING) **nombre** ~ Gattungsname *m*

género ['xenero] *m* ❶ (BIOL) Gattung *f;* **este** ~ **de animales está extinguido** diese Tierart ist ausgestorben ❷ *(manera)* Weise *f* ❸ *(clase)* Sorte *f;* **¿qué ~ de hombre es?** was für ein Mensch ist er?; **sin ningún ~ de dudas** ohne den geringsten Zweifel; **tomar todo ~ de precauciones** alle denkbaren Vorsichtsmaßnahmen ergreifen ❹ (LING) Genus *nt* ❺ (LIT) Gattung *f;* ~ **épico** Epik *f;* ~ **lírico** Lyrik *f* ❻ (COM: *artículo*) Ware *f; (tela)* (Kleider)stoff *m;* ~ **de punto** Strickware *f* ❼ (ARTE) Genre *f*

G

generosidad [xenerosi'ðaᵈ] *f* ❶ *(magnanimidad)* Edelmut *m* ❷ *(desinterés)* Großzügigkeit *f*

generoso, -a [xene'roso, -a] *adj* ❶ *(magnánimo)* edelmütig (**con/para con** gegenüber *+dat*) ❷ *(desinteresado)* großzügig ❸ *(abundante)* reichlich ❹ *(loc)* **vino** ~ Dessertwein *m*

génesis ['xenesis] *f inv* Entstehung *f*

Génesis ['xenesis] *m* Schöpfungsgeschichte *f*

genética [xe'netika] *f sin pl* (BIOL) Genetik *f*

genético, -a [xe'netiko, -a] *adj* genetisch

genial [xe'njal] *adj* ❶ *(idea)* genial ❷ *(gracioso)* witzig ❸ *(estupendo)* toll

genialidad [xenjali'ðaᵈ] *f* ❶ *(cualidad)* Genialität *f* ❷ *(acción)* Geniestreich *m*

geniecillo [xenje'θiʎo] *m* (LIT) Elf *m,* Kobold *m*

genio ['xenjo] *m* ❶ *(carácter)* Charakter *m;* **tener buen/mal** ~ gutmütig/jähzornig sein; **esta chica tiene mucho** ~ dieses Mädchen hat ein aufbrausendes Wesen ❷ *(talento)* Veranlagung *f* ❸ *(aptitud)* Genie *nt* ❹ *(persona)* Genie *nt;* **el ~ de Cervantes** der Genius Cervantes ❺ *(empuje)* Tatkraft *f* ❻ *(de una época)* (Zeit)geist *m* ❼ *(de los cuentos)* Kobold *m; (ser fabuloso)* (Flaschen)geist *m* ❽ (ARTE) Genius *m*

genital [xeni'tal] *adj* Geschlechts-

genitales [xeni'tales] *mpl* Geschlechtsorgane *ntpl*

genitivo [xeni'tiβo] *m* (LING) Genitiv *m*

genocidio [xeno'θiðjo] *m* Völkermord *m*

genoma [xe'noma] *m* (BIOL) Genom *nt*

genómica [xe'nomika] *f* (BIOL) Genomik *f*

genotipo [xeno'tipo] *m* (BIOL) Genotypus *m*

Génova ['xenoβa] *f* Genua *nt*

genovés, -esa I. *adj* genuesisch **II.** *m, f* Genuese, -in *m, f*

gente ['xen̩te] *f* ❶ *(personas)* Leute *pl;* ~ **de armas** Soldaten *mpl;* **la ~ joven/mayor** die Jungen/Alten; ~ **menuda** Kinder *ntpl;* **a este partido le preocupa la** ~ dieser Partei geht es um die Menschen; **tienes que tratar más con la** ~ du musst mehr unter die Leute (gehen); **¿qué dirá la ~?** was werden die Leute (dazu) sagen?; **la ~ dice que...** man sagt, dass ...; **tener don de ~s** gut mit Menschen umgehen können ❷ *(personal)* Personal *nt* ❸ (MIL: *tropa*) Truppe *f;* (NÁUT) Besatzung *f* ❹ *(fam: parentela)* Familienangehörige(n) *mpl;* **¿qué tal tu ~?** wie geht's deiner Familie? ❺ *(Am: honrado)* anständiger Mensch *m*

gentil [xen̩'til] **I.** *adj* ❶ *(pagano)* heidnisch ❷ *(apuesto)* gut aussehend; *(elegante)* anmutig ❸ *(amable)* höflich **II.** *mf* Heide, -in *m, f*

gentileza [xen̩ti'leθa] *f* ❶ *(garbo)* Anmut *f* ❷ *(cortesía)* Höflichkeit *f;* **¿tendría Ud. la ~ de ayudarme?** wären Sie so nett, mir zu helfen?

gentilicio, -a [xen̩ti'liθjo, -a] *adj* (LING) **nombre** ~ Völkername *m*

gentío [xen̩'tio] *m sin pl* Gedränge *nt*

gentuza [xen̩'tuθa] *f (pey)* Pöbel *m*

genuflexión [xenufleᵞ'sjon] *f* Kniebeuge *f*

genuino, -a [xe'nwino, -a] *adj (persona)* echt; *(manuscrito)* authentisch; *(amor)* wahr; **es un caso ~ de histeria** das ist ein reiner Fall von Hysterie

geocentrismo [xeoθen̩'trismo] *m sin pl* (ASTR) Egozentrik *f*

geodinámica [xeoði'namika] *f* (GEO) Geodynamik *f*

geografía [xeoɣra'fia] *f sin pl* Geografie *f*

geográfico, -a [xeo'ɣrafiko, -a] *adj* geografisch

geógrafo, -a [xe'oɣrafo, -a] *m, f* Geograf(in) *m(f)*

geología [xeolo'xia] *f sin pl* Geologie *f*

geológico, -a [xeo'loxiko, -a] *adj* geologisch

geólogo, -a [xe'oloɣo, -a] *m, f* Geologe, -in *m, f*

geometría [xeome'tria] *f sin pl* Geometrie *f*

geométrico, -a [xeo'metriko, -a] *adj* geometrisch

geopolítico, -a [xeopo'litiko, -a] *adj* geopolitisch
Georgia [xe'orxja] *f* Georgien *nt; (en los Estados Unidos)* Georgia *nt*
georgiano, -a [xeor'xjano, -a] **I.** *adj* georgisch **II.** *m, f* Georgier(in) *m(f)*
geosfera [xeos'fera] *f* (GEO) Geosphäre *f*
geotermia [xeo'termja] *f* (GEO) Geothermik *f*
geranio [xe'ranjo] *m* Geranie *f*
gerbera [xer'βera] *f* (BOT) Gerbera *f*
gerencia [xe'reṇθja] *f (de una empresa)* (Geschäfts)führung *f; (de un banco)* Leitung *f; (de un teatro)* Intendanz *f*
gerente [xe'reṇte] *mf (de una gran empresa)* Geschäftsführer(in) *m(f); (de una pequeña empresa)* Betriebsleiter(in) *m(f); (de un banco)* Leiter(in) *m(f); (de un departamento)* Abteilungsleiter(in) *m(f); (de un teatro)* Intendant(in) *m(f);* **~ de producción** Produktionsmanager(in) *m(f)*
geriatra [xe'rjatra] *mf* Geriater(in) *m(f)*
geriatría [xeria'tria] *f sin pl* Geriatrie *f*, Altersheilkunde *f*
geriátrico, -a [xe'rjatriko, -a] *adj* geriatrisch; **clínica geriátrica** Altenpflegeheim *nt*
gerifalte [xeri'faḷte] *m* ❶ *(halcón)* Gerfalke *m* ❷ *(persona)* wichtige Persönlichkeit *f*
germánico, -a [xer'maniko, -a] **I.** *adj* ❶ *(de Germania)* germanisch ❷ *(de Alemania)* deutsch **II.** *m, f* ❶ *(de Germania)* Germane, -in *m, f* ❷ *(de Alemania)* Deutsche(r) *mf*
germanio [xer'manjo] *m* (QUÍM) Germanium *nt*
germanismo [xerma'nismo] *m* Germanismus *m*
germanista [xerma'nista] *mf* Germanist(in) *m(f)*
germanización [xermaniθa'θjon] *f* Germanisierung *f*
germanizar [xermani'θar] <z → c> *vt* eindeutschen
germano, -a [xer'mano, -a] *adj o m, f v.* **germánico**
germanófilo, -a [xerma'nofilo, -a] *adj* germanophil, deutschfreundlich
germanófobo, -a [xerma'nofoβo, -a] *adj* germanophob, deutschfeindlich
germanooccidental [xermano(o)ˠθiðeṇ'tal] **I.** *adj* westdeutsch **II.** *mf* Westdeutsche(r) *mf*, Wessi *m abw*
germanooriental [xermano(o)rjeṇ'tal] **I.** *adj* ostdeutsch **II.** *mf* Ostdeutsche(r) *mf*, Ossi *m abw*
germen ['xermen] *m* ❶ (BIOL, MED) Keim *m;* **~ de trigo** Weizenkeime *mpl* ❷ *(origen)* Ursprung *m*
germicida [xermi'θiða] *f* keimtötendes Mittel *nt*
germinación [xermina'θjon] *f* (Auf)keimen *nt*
germinar [xermi'nar] *vi* ❶ (BOT) sprießen ❷ *(sospechas)* aufkeimen (**en** in +*dat*)
gerontocracia [xeroṇto'kraθja] *f* (POL) Gerontokratie *f*
gerontología [xeroṇtolo'xia] *f sin pl* Gerontologie *f*, Alternsforschung *f*
gerundense [xeruṇ'dense] **I.** *adj* aus Gerona **II.** *mf* Einwohner(in) *m(f)* Geronas
gerundio [xe'ruṇdjo] *m* (LING) Gerundium *nt*
gesta ['xesta] *f* Heldentat *f*
gestación [xesta'θjon] *f* ❶ *(de una persona)* Schwangerschaft *f; (de un animal)* Trächtigkeit *f* ❷ *(de un proyecto)* Reifungsprozess *m; (de un plan)* Ausarbeitung *f; (de un complot)* Anzett(e)lung *f;* **el proyecto está en ~** das Projekt ist in Planung
gestar [xes'tar] **I.** *vt* tragen **II.** *vr:* **~se** *(proceso)* sich entwickeln; *(plan)* ausgearbeitet werden; *(proyecto)* in Planung sein; *(complot)* angezettelt werden
gesticulación [xestikula'θjon] *f* Gestik *f; (de la cara)* Mimik *f*
gesticular [xestiku'lar] **I.** *adj* Gebärden- **II.** *vi (con las manos)* gestikulieren; *(con la cara)* das Gesicht verziehen
gestión [xes'tjon] *f* ❶ *(diligencia)* Schritt *m*, Formalität *f* ❷ *(de una empresa)* Geschäftsführung *f;* **la ~ de gobierno** die Amtsführung der Regierung; **la ~ al frente de la escuela** die Schulleitung ❸ (INFOR) **~ de ficheros** Dateiverwaltung *f*
gestionar [xestjo'nar] *vt* ❶ *(asunto)* in die Wege leiten ❷ *(negocio)* führen
gesto ['xesto] *m* ❶ *(con el cuerpo)* Geste *f; (con la mano)* Handbewegung *f; (con el rostro)* Grimasse *f* ❷ *(semblante)* Gesicht *nt;* **torcer el ~** eine saure Miene machen ❸ *(acto)* Geste *f;* **un ~ de apoyo** ein Zeichen der Unterstützung
gestor(a) [xes'tor(a)] **I.** *adj* geschäftsführend **II.** *m(f)* Agent(in) *m(f)* für Verwaltungsformalitäten
gestual [xes'twal] *adj* Gebärden-; **lenguaje ~** Gebärdensprache *f*
gestualidad [xestwali'ðaᵈ] *f (del rostro)* Gesichtsausdruck *m; (del cuerpo)* Gestik *f*
getei [xete'i] *m* (AUTO) GTI *m*
Ghana ['gana] *f* Ghana *nt*
GHz [ʤiɣa'xerθ] *abr de* **gigahertz** (INFOR) GHz

giba ['xiβa] *f* ① *(chepa)* Buckel *m* ② *(bulto)* Beule *f* ③ *(molestia)* Belästigung *f*
gibar [xi'βar] *vt* ① *(corcovar)* krümmen ② *(fam: jorobar)* belästigen
gibón [xi'βon] *m* Gibbon *m*
gibraltareño, -a [xiβraḷta'reɲo, -a] **I.** *adj* gibraltarisch **II.** *m, f* Gibraltarer(in) *m(f)*
Giga ['ʤiγa] *m* (INFOR) Gigabyte *nt*
gigabyte [ʤiγa'baḭt] *m* (INFOR) Gigabyte *nt;* **~s por segundo** Gigabyte pro Sekunde
gigante [xi'γaṇte] **I.** *adj* riesig **II.** *m* ① *(ser fabuloso)* Riese *m;* **un ~ con pies de barro** ein Koloss auf tönernen Füßen ② *(en fiesta popular)* Riesenfigur *f* aus Pappmaché ③ *(persona)* Gigant *m*
gigantesco, -a [xiγaṇ'tesko, -a] *adj* riesig
gigantismo [xiγaṇ'tismo] *m sin pl* (MED) Riesenwuchs *m*
gigoló [ʤiγo'lo] *m* Gigolo *m*
gilipollas [xili'poʎas] *mf inv (vulg)* Arschloch *nt*
gilipollez [xilipo'ʎeθ] *f (vulg)* Blödsinn *m fam*
gimnasia [xim'nasja] *f* ① *(disciplina)* Gymnastik *f* ② (DEP) Turnen *nt;* **~ rítmica** rhythmische Sportgymnastik; **~ de suelo** Bodenturnen *nt;* **hacer ~** turnen ③ (ENS) Sport *m* ④ *(ejercicio)* Übung *f*
gimnasio [xim'nasjo] *m* Turnhalle *f;* **~ (de musculación)** Fitnesscenter *nt*
gimnasta [xim'nasta] *mf* Turner(in) *m(f)*
gimnástico, -a [xim'nastiko, -a] *adj* ① *(de la disciplina)* gymnastisch ② *(del deporte)* Turn-
gimotear [ximote'ar] *vi* ① *(pey: gemir)* stöhnen ② *(lloriquear)* wimmern
gimoteo [ximo'teo] *m* ① *(gemidos)* Gestöhn(e) *nt* ② *(lloriqueo)* Gewimmer *nt*
ginebra [xi'neβra] *f* Gin *m*
Ginebra [xi'neβra] *f* Genf *nt*
ginebrino, -a [xine'βrino, -a] **I.** *adj* genferisch **II.** *m, f* Genfer(in) *m(f)*
ginecología [xinekolo'xia] *f sin pl* Frauenheilkunde *f*
ginecológico, -a [xineko'loxiko, -a] *adj* gynäkologisch
ginecólogo, -a [xine'koloγo, -a] *m, f* Frauenarzt, -ärztin *m, f*
ginesta [xi'nesta] *f* Ginster *m*
gingival [xiŋxi'βal] *adj* (MED) Zahnfleisch-; **inflamación ~** Zahnfleischentzündung *f*
gingivitis [xiŋxi'βitis] *f inv* (MED) Zahnfleischentzündung *f*
gira ['xira] *f* ① *(de un día)* Ausflug *m; (más larga)* Rundfahrt *f* ② *(de un artista)* Tournee *f*
giradiscos [xira'ðiskos] *m inv* Schallplattenspieler *m*
girado, -a [xi'raðo, -a] *m, f* (FIN) Bezogene(r) *mf*
giralda [xi'raḷda] *f* Wetterfahne *f; (en forma de gallo)* Wetterhahn *m*
girar [xi'rar] **I.** *vi* ① *(dar vueltas)* sich drehen (**alrededor de** um *+akk*) ② *(conversación)* sich drehen (**sobre/en torno a** um *+akk*) ③ (COM: *letra*) ziehen (**a cargo de** auf *+akk*); **este negocio gira mucho** dieses Geschäft macht viel Umsatz ④ *(torcer)* abbiegen; *(barco)* abdrehen **II.** *vt* ① *(dar la vuelta)* drehen; **~ la vista** sich umsehen ② (COM: *letra*) ziehen (**a cargo de** auf *+akk*); *(dinero)* überweisen (**a** an *+akk*)
girasol [xira'sol] *m* Sonnenblume *f*
giratorio, -a [xira'torjo, -a] *adj* Dreh-
giro ['xiro] *m* ① *(vuelta)* Drehung *f;* **un ~ de volante** eine Umdrehung des Lenkrades ② *(cariz)* Wendung *f;* **tomar un ~ favorable/negativo** sich zum Guten/Schlechten wenden; **me preocupa el ~ que toma este asunto** ich bin über die Entwicklung dieser Angelegenheit beunruhigt ③ (LING: *locución*) (Rede)wendung *f* ④ (COM: *letra*) Überweisung *f;* **~ postal** Postanweisung *f* ⑤ (COM: *de una empresa*) Umsatz *m*
gitanada [xita'naða] *f (pey)* ① *(acción)* Zigeunerstreich *m abw* ② *(engaño)* Schwindel *m* ③ *(zalamería)* Schmeichelei *f*
gitanear [xitane'ar] *vi (pey)* ① *(hacer el gitano)* sich wie ein Zigeuner benehmen *abw* ② *(en negocio)* betrügerisch handeln ③ *(chalanear)* schachern
gitanería [xitane'ria] *f (pey)* ① *(halago)* hinterlistige Schmeichelei *f* ② *(grupo)* Zigeunertruppe *f abw* ③ *(vida)* Zigeunerleben *nt abw* ④ *(acción)* Zigeunerstreich *m abw*
gitanismo [xita'nismo] *m* ① (SOCIOL) Zigeunertum *nt abw* ② (LING) *Wörter und Redewendungen aus der Sprache der Sinti und Roma*
gitano, -a [xi'tano, -a] **I.** *adj* ① *(pey: de los gitanos)* Zigeuner- *abw* ② *(pey: galanero)* schmeichlerisch ③ *(pey: tramposo)* schwindlerisch **II.** *m, f* ① *(pey: calé)* Zigeuner(in) *m(f) abw;* **va hecho un ~** *(fig)* er sieht heruntergekommen aus ② *(pey: estafador)* Schwindler(in) *m(f)*
glaciación [glaθja'θjon] *f* Vereisung *f*
glacial [gla'θjal] *adj* ① *(helado)* eiskalt; **zona ~** Eiszone *f* ② *(persona)* kalt
glaciar [gla'θjar] *m* (GEO) Gletscher *m*
glaciarismo [glaθja'rismo] *m* (GEO) Gletscherlandschaft *f*
gladiador [glaðja'ðor] *m* Gladiator *m*

gladiolo [gla'ðjolo] *m*, **gladíolo** [gla'ðiolo] *m* Gladiole *f*

glande ['glande] *m* (ANAT) Eichel *f*

glándula ['glandula] *f* (ANAT) Drüse *f*

glandular [glandu'lar] *adj* Drüsen-

glasé [gla'se] *m* (Glanz)taft *m*

glaseado, -a [glase'aðo, -a] *adj* glasiert; **azúcar ~** Puderzucker *m*

glasear [glase'ar] *vt* ① *(alimentos)* glasieren ② *(papel)* satinieren

glaucoma [glau̯'koma] *m* (MED) grüner Star *m*

glicerina [gliθe'rina] *f* (QUÍM) Glycerin *nt*

global [glo'βal] *adj* ① *(total)* global; **valoración ~** Pauschalurteil *nt abw* ② *(cantidad)* Gesamt- ③ *(informe)* umfassend

globalidad [gloβali'ðaᵈ] *f* Gesamtheit *f*

globalización [gloβaliθa'θjon] *f* ① *(de un problema)* globale Betrachtung *f* ② *(generalización)* Verallgemeinerung *f*

globalizador(a) [gloβaliθa'ðor(a)] *adj* alles umfassend

globalizante [gloβali'θante] *adj* verallgemeinernd

globalizar [gloβali'θar] <z → c> *vt* ① *(problema)* global betrachten ② *(generalizar)* (stark) verallgemeinern ③ *(cantidad)* pauschalieren

globalmente [gloβal'mente] *adv* insgesamt

globo ['gloβo] *m* ① *(esfera)* Kugel *f;* **~ de una lámpara** Lampenschirm *m;* **~ ocular** Augapfel *m* ② *(Tierra)* Erdball *m* ③ *(mapa)* Globus *m* ④ *(para niños)* (Luft)ballon *m;* **~ aerostático** (Heißluft)ballon *m* ⑤ *(fam: borrachera)* Rausch *m* ⑥ *(fam: enfado)* Rage *f* ⑦ *(fam: preservativo)* Pariser *m* ⑧ (DEP: *tenis*) Lob *m*

globular [gloβu'lar] *adj* ① *(de globo)* kugelförmig ② *(de glóbulo)* Blutkörperchen-

globulina [gloβu'lina] *f* (BIOL) Globulin *nt*

glóbulo ['gloβulo] *m* ① *(esfera)* Kügelchen *nt* ② (ANAT) Blutkörperchen *nt*

gloria[1] ['glorja] *f* ① *(fama)* Ruhm *m;* **Goya es una ~ nacional** Goya ist der Stolz Spaniens; **sin pena ni ~** sang- und klanglos ② *(paraíso)* Himmelreich *nt;* **conseguir la ~** die ewige Seligkeit erlangen; **Dios le tenga en su ~** Gott habe ihn selig; **estar en la ~** *(fam)* im siebten Himmel sein ③ *(esplendor)* Herrlichkeit *f* ④ *(gusto)* Freude *f;* **este pastel sabe a ~** dieser Kuchen schmeckt himmlisch

gloria[2] ['glorja] *m* (REL) Gloria *nt*

glorieta [glo'rjeta] *f* ① *(cenador)* Gartenhäuschen *nt* ② *(plazoleta)* Rondell *nt* ③ *(cruce)* Kreisverkehr *m*

glorificación [glorifika'θjon] *f* Verherrlichung *f*

glorificar [glorifi'kar] <c → qu> **I.** *vt* verherrlichen **II.** *vr:* **~se** sich rühmen (**de** *+gen*)

glorioso, -a [glo'rjoso, -a] *adj* ① *(famoso)* ruhmreich ② (REL) selig ③ *(estupendo)* herrlich ④ *(jactancioso)* prahlerisch

glosa ['glosa] *f* ① *(aclaración)* Erläuterung *f* (**a** zu *+dat*); *(anotación)* Bemerkung *f* (**a** zu *+dat*); *(comentario)* Kommentar *m* (**a** zu *+dat*) ② (LIT) Glosse *f* ③ (MÚS) freie Variation *f*

glosador(a) [glosa'ðor(a)] **I.** *adj* deutend, erklärend **II.** *m(f)* Deuter(in) *m(f),* Ausleger(in) *m(f)*

glosar [glo'sar] *vt* ① *(comentar)* erläutern; (LIT) glossieren ② *(tergiversar)* verdrehen

glosario [glo'sarjo] *m* Glossar *nt*

glotis ['glotis] *f sin pl* (ANAT) Glottis *f*

glotón[1] [glo'ton] *m (animal)* Vielfraß *m*

glotón, -ona[2] [glo'ton, -ona] **I.** *adj* gefräßig **II.** *m, f* Vielfraß *m fam*

glotonear [glotone'ar] *vi* gierig essen, schlingen

glotonería [glotone'ria] *f* Essgier *f*

glucemia [glu'θemja] *f* (MED) Blutzuckerspiegel *m*

glucosa [glu'kosa] *f* Traubenzucker *m;* (QUÍM) Glucose *f*

gluten ['gluten] *m* ① *(cola)* Klebstoff *m* ② (BOT) Gluten *nt*

glúteo ['gluteo] *m* (ANAT) Gesäßmuskel *m*

glutinoso, -a [gluti'noso, -a] *adj* klebrig

gnomo ['nomo] *m* Zwerg *m*

gnosis ['nosis] *f inv* (REL) Gnosis *f*

gnosticismo [nosti'θismo] *m sin pl* (REL) Gnostizismus *m*

gobernabilidad [goβernaβili'ðaᵈ] *f sin pl* Regierbarkeit *f*

gobernable [goβer'naβle] *adj* ① *(país)* regierbar ② *(nave)* steuerbar

gobernación [goβerna'θjon] *f* Regieren *nt*

gobernador(a) [goβerna'ðor(a)] **I.** *adj* regierend **II.** *m(f)* Gouverneur(in) *m(f);* **~ del Banco Central** Zentralbankpräsident *m;* **~ del Banco de España** der Präsident der spanischen Zentralbank

gobernanta [goβer'nanta] *f (Am)* ① *(niñera)* Kinderfrau *f* ② *(institutriz)* Hauslehrerin *f*

gobernante [goβer'nante] *mf* Regierende(r) *mf*

gobernar [goβer'nar] <e → ie> *vt* ① (POL: *mandar*) regieren ② *(dirigir)* leiten; *(nave)* steuern; **~ una casa** den Haushalt führen ③ *(máquina)* bedienen ④ *(a una persona)* beherrschen

gobierno [go'βjerno] *m* ① (POL) Regierung *f;* **~ absoluto** Alleinherrschaft *f;* **~ au-**

tonómico Regionalregierung *f;* ~ **en la sombra** Schattenkabinett *nt;* **caída del** ~ Regierungssturz *m;* **en círculos afines al** ~ in regierungsnahen Kreisen; **presidente del** ~ Ministerpräsident *m* ② *(ministros)* Kabinett *nt* ③ *(del gobernador)* Gouverneursamt *nt; (residencia)* Gouverneurssitz *m* ④ *(dirección)* Führung *f* ⑤ *(de una nave)* Manövrierfähigkeit *f* ⑥ *(de una máquina)* Bedienung *f*

goce ['goθe] *m* Genuss *m*

gocho, -a ['gotʃo, -a] *m, f (fam: cerdo)* Schwein *nt,* Sau *f*

godo, -a ['goðo, -a] **I.** *adj* gotisch **II.** *m, f* ① (HIST) Gote, -in *m, f* ② *(AmC: pey: español)* Spanier(in) *m(f)*

gofio ['gofjo] *m* ① *(harina de maíz)* Mehl *nt* von geröstetem Mais ② *(Am)* Zuckerteig *m*

gofrar [go'frar] *vt* gaufrieren

gofre ['gofre] *m* Waffel *f*

gofrera [go'frera] *f* Waffeleisen *nt*

gol [gol] *m* (DEP) Tor *nt;* ~ **del empate** Ausgleichstor *nt;* **meter un** ~ ein Tor schießen; **meterle un** ~ **a alguien** *(fam)* jdn hereinlegen

gola ['gola] *f* ① *(garganta)* Kehle *f* ② *(gorguera)* Halskrause *f*

golazo [go'laθo] *m* (DEP) Traumtor *nt*

goleador(a) [golea'ðor(a)] *m(f)* (DEP) Torjäger(in) *m(f)*

golear [gole'ar] *vt* (DEP) vernichtend schlagen

goleta [go'leta] *f* (NÁUT) Schoner *m*

golf [golf] *m sin pl* (DEP) Golf *nt*

golfa ['golfa] *f* ① *(fam: puta)* Hure *f* ② *v.* **golfo²**

golfear [golfe'ar] *vi* sich herumtreiben

golfín [gol'fin] *m* ① (ZOOL) Delfin *m* ② *(ladrón)* Bandendieb *m*

golfista [gol'fista] *mf* (DEP) Golfspieler(in) *m(f)*

golfo¹ ['golfo] *m* (GEO) Golf *m;* **el** ~ **de México** der Golf von Mexiko

golfo, -a² ['golfo, -a] *m, f* ① *(pilluelo)* Straßenkind *nt* ② *(vagabundo)* Strolch *m*

gollería [goʎe'ria] *f* Leckerbissen *m*

gollete [go'ʎete] *m* ① (ANAT: *garganta*) Kehle *f* ② *(de vasija)* (Flaschen)hals *m*

golondrina [golon̩'drina] *f* ① *(pájaro)* Schwalbe *f* ② *(reg: barca)* Motorboot *nt*

golondrino [golon̩'drino] *m* ① *(pájaro)* junge Schwalbe *f* ② *(vagabundo)* Landstreicher *m*

golosina [golo'sina] *f* ① *(manjar)* Leckerbissen *m* ② *(dulce)* Süßigkeit *f* ③ *(deseo)* Naschsucht *f* ④ *(cosa apetitosa)* Versuchung *f*

golosinear [golosine'ar] *vi* naschen

goloso, -a [go'loso, -a] **I.** *adj* ① *(de dulces)* naschhaft ② *(apetitoso)* appetitanregend **II.** *m, f* Leckermaul *nt*

golpe ['golpe] *m* ① *(impacto)* Schlag *m; (choque)* Stoß *m;* **a** ~ **de vista** mit einem Blick; **dar un** ~ einen Schlag versetzen; **parar un** ~ einen Schlag abwehren; **cerrar la puerta de** ~ die Tür zuschlagen; **la puerta se abrió de** ~ die Tür flog auf; **me he dado un** ~ **en la cabeza** ich habe mir den Kopf angestoßen; **no pegar** ~ *(fam)* keinen Schlag tun ② *(gran cantidad)* ~ **de gente** Menschenmenge *f* ③ (MIL) ~ **de Estado** Staatsstreich *m,* Putsch *m;* ~ **militar** Militärputsch *m* ④ (TÉC: *pestillo*) Schnappriegel *m* ⑤ *(sorpresa)* Überraschung *f* ⑥ *(ocurrencia)* Einfall *m* ⑦ *(acción rápida)* Anfall *m;* ~ **de pincel** Pinselstrich *m;* ~ **de tos** Hustenanfall *m* ⑧ *(atraco)* Überfall *m* ⑨ *(de vestido)* Besatz *m* ⑩ (DEP) ~ **bajo** Tiefschlag *m;* ~ **franco** Freistoß *m* ⑪ *(loc)* **de** ~ (**y porrazo**) *(al mismo tiempo)* auf einen Schlag; *(de repente)* mit einem Schlag, plötzlich; **me lo tragué de un** ~ ich schluckte es alles auf einmal

golpear [golpe'ar] **I.** *vi* ① *(dar un golpe)* schlagen ② *(latir)* klopfen ③ (TÉC: *motor*) klopfen **II.** *vt* schlagen; *(en la puerta)* klopfen (an +*akk*); *(a alguien)* verprügeln **III.** *vr:* ~**se** sich schlagen; **me he golpeado la cabeza contra la pared** ich bin mit dem Kopf gegen die Wand gestoßen

golpetazo [golpe'taθo] *m* wuchtiger Schlag *m*

golpista [gol'pista] **I.** *adj* Putsch- **II.** *mf* Putschist(in) *m(f)*

goma ['goma] *f* ① *(sustancia)* Gummi *nt o m;* ~ **elástica** Kautschuk *m* ② *(producto)* ~ **de borrar** Radiergummi *m o nt;* ~ **elástica** Gummiband *nt;* ~ **para el pelo** Haargummi *m o nt* ③ *(fam: preservativo)* Gummi *m o nt* ④ *(Am: resaca)* Kater *m fam*

goma dos ['goma ðos] *f sin pl* Plastiksprengstoff *m*

gomaespuma [gomaes'puma] *f* Schaumgummi *m*

gomero [go'mero] *m (Am: árbol)* Kautschukbaum *m*

gomina® [go'mina] *f* Haarfestiger *m*

gominola [gomi'nola] *f* ≈ Gummibärchen *nt*

gomosidad [gomosi'ðaᵈ] *f* ① *(elasticidad)* Elastizität *f* ② *(adherencia)* Klebrigkeit *f*

gomoso [go'moso] *m* Dandy *m*

gónada ['gonaða] *f* (MED) Keimdrüse *f*

góndola ['gon̩dola] *f* ① *(de Venecia)* Gondel *f* ② *(Am)* Omnibus *m*

gondolero [gon̩do'lero] *m* Gondoliere *m*

gonfalón [goɱfa'lon] *m* Fahne *f*, Banner *nt*

gong [goŋ] *m* <gongs>, **gongo** ['goŋgo] *m* Gong *m*

gonorrea [gono'rrea] *f* (MED) Gonorrhö *f*

gorda ['gorða] *f* ❶ *(Chil: vulg)* schwangere Frau *f* ❷ *(loc, fam)* **ni ~** absolut nichts; **no tener ni ~** völlig blank sein

gordo[1] ['gorðo] *m* ❶ *(grasa)* Fett *nt* ❷ *(lotería)* **el ~** das große Los

gordo, -a[2] ['gorðo, -a] **I.** *adj* *(persona)* dick; *(comida)* fett; *(tejido)* grob; *(suceso)* wichtig; *(salario)* üppig; **el dedo ~** der Daumen; **una mentira gorda** eine faustdicke Lüge; **es un pez ~** er/sie ist ein hohes Tier; **me cae ~** ich kann ihn nicht ausstehen; **ha pasado algo muy ~** es ist etwas Ernstes geschehen; **se armó la gorda** *(fam)* es gab einen Riesenkrach **II.** *m, f (fam)* Dicke(r) *mf*

gordura [gor'ðura] *f (obesidad)* Fettleibigkeit *f*; *(corpulencia)* Korpulenz *f*; *(tejido adiposo)* Fett *nt*

gorgojo [gor'ɣoxo] *m* ❶ *(insecto)* Kornwurm *m* ❷ *(fam: persona)* Zwerg *m*

gorgonzola [gorɣoṇ'θola] *m* (GASTR) Gorgonzola *m*

gorgotear [gorɣote'ar] *vi* ❶ *(hacer ruido)* gluckern; *(arroyo)* gurgeln ❷ *(burbujear)* brodeln

gorgoteo [gorɣo'teo] *m* ❶ *(ruido)* Gluckern *nt*; *(de un arroyo)* Gurgeln *nt* ❷ *(borboteo)* Brodeln *nt*

gorila [go'rila] *m* Gorilla *m*

gorjear [gorxe'ar] **I.** *vi* ❶ *(personas)* trillern ❷ *(pájaros)* zwitschern; *(alondra)* tirilieren **II.** *vr:* **~se** ❶ *(niño)* glucksen ❷ *(Am: burlarse)* sich lustig machen (**de** über +*akk*)

gorjeo [gor'xeo] *m* ❶ *(de personas)* Trillern *nt* ❷ *(de pájaros)* Gezwitscher *nt*; *(de la alondra)* Tirili *nt*

gormar [gor'mar] *vt (vomitar)* erbrechen

gorra ['gorra] *f* ❶ *(prenda)* Mütze *f*; **~ de visera** Schirmkappe *f* ❷ *(para niños)* Babymützchen *nt* ❸ *(loc)* **andar de ~** schmarotzen; **vivir de ~** auf fremde Kosten leben

gorrear [gorre'ar] *vi (fam)* schmarotzen; **¿te puedo ~ un cigarrillo?** kann ich von dir eine Zigarette schnorren?

gorrero [go'rrero] *m (fam)* Schmarotzer *m*

gorrinada [gorri'naða] *f* Schweinerei *f*

gorrinera [gorri'nera] *f* Schweinestall *m*

gorrino, -a [go'rrino, -a] *m, f* ❶ *(cochinillo)* Spanferkel *nt*; *(cerdo)* Schwein *nt*; *(cerda)* Sau *f* ❷ *(pey: persona)* Schwein *nt*, Sau *f*

gorrión [gorri'on] *m* ❶ *(pardal)* Sperling *m* ❷ *(AmC: colibrí)* Kolibri *m*

gorro ['gorro] *m* Mütze *f*; *(de uniforme)* Schiffchen *nt*; **~ para bebés** Babymützchen *nt*; **~ de natación** Badekappe *f*; **~ de papel** Papiermütze *f*; **estoy hasta el ~** *(fig)* ich habe die Nase voll

gorrón[1] [go'rron] *m* ❶ *(piedra)* Kiesel(stein) *m* ❷ (TÉC) Zapfen *m*

gorrón, -ona[2] [go'rron, -ona] *m, f* ❶ *(gorrero)* Schmarotzer *m* ❷ *(AmC: egoísta)* Egoist(in) *m(f)*

gorronear [gorrone'ar] *vi v.* **gorrear**

gorronería [gorrone'ria] *f* ❶ *(de gorrero)* Schmarotzen *nt* ❷ *(avaricia)* Geiz *m*

gota ['gota] *f* ❶ *(de líquido)* Tropfen *m*; **café con ~s de ron** Kaffee mit einem Schuss Rum; **el agua salía ~ a ~ del grifo** das Wasser tröpfelte aus dem Hahn; **apurar el vaso hasta la última ~** das Glas bis zur Neige leeren; **la ~ que colma el vaso** der Tropfen, der das Fass zum Überlaufen bringt; **parecerse como dos ~s de agua** sich *dat* wie ein Ei dem anderen gleichen ❷ *(pizca)* kleiner Rest *m*; **no queda ni ~ de agua** es ist kein Tropfen Wasser mehr da; **no tiene ni una ~ de paciencia** er/sie hat kein bisschen Geduld ❸ (METEO) **~ fría** Kalt(luft)front *f* ❹ (MED: *enfermedad*) Gicht *f* ❺ *(gotero)* Tropf *m*

gotear [gote'ar] *vi* ❶ *(líquido)* tropfen; *(lentamente)* tröpfeln ❷ *(dar)* tropfenweise geben ❸ *(recibir)* tropfenweise bekommen

goteo [go'teo] *m* ❶ *(gotear)* Tropfen *nt* ❷ (MED) Tropf *m*

gotera [go'tera] *f* ❶ *(filtración)* Tropfen *nt* ❷ *(grieta)* undichte Stelle *f*; **hay una ~ en el baño** im Badezimmer regnet es durch ❸ *(mancha)* Fleck(en) *m* ❹ *(achaque)* Wehwehchen *nt*; *(más fuerte)* Gebrechen *nt* ❺ *pl (Am: afueras)* Stadtrand *m*

gotero [go'tero] *m* ❶ (MED) Tropf *m* ❷ *(Am: cuentagotas)* Tropfenzähler *m*

gótico, -a ['gotiko, -a] *adj* gotisch; **el barrio ~ de Barcelona** das gotische Viertel von Barcelona

Gotinga [go'tiŋga] *f* Göttingen *nt*

gotoso, -a [go'toso, -a] **I.** *adj* (MED) gichtkrank **II.** *m, f* (MED) Gichtkranke(r) *mf*

gouache ['gwaʧ] *m* (ARTE) Gouachemalerei *f*, Guaschmalerei *f*

gouda ['gou̯ða] *m* (GASTR) Gouda(-Käse) *m*

gozada [go'θaða] *f (fam: para la vista)* Augenschmaus *m*; *(para el oído)* Ohrenschmaus *m*

gozar [go'θar] <z → c> **I.** *vi* ❶ *(complacerse)* Gefallen finden (an +*dat*) ❷ *(disfrutar)* sich erfreuen (**de** +*gen*); **~ de una increí-**

ble fortuna ein unglaubliches Vermögen haben **II.** *vt* ❶ *(disfrutar)* genießen ❷ *(poseer carnalmente)* ~ **a una mujer** mit einer Frau schlafen **III.** *vr:* **~se** sich erfreuen (**en** an +*dat*)

gozne ['goθne] *m* ❶ *(de puerta)* (Tür)angel *f* ❷ *(de una caja)* Scharnier *nt*

gozo ['goθo] *m* ❶ *(delicia)* Wonne *f;* *(placer)* Freude *f* ❷ *(alegría)* Freude *f;* **mi ~ en un pozo** es ist alles im Eimer ❸ *(del fuego)* Aufflackern *nt*

GPS [xepe'ese] *m* <inv> ❶ (TÉC: *sistema por red de satélites*) GPS *nt* ❷ *(fam: dispositivo)* Navigationsgerät *nt*

G

gr. ['gramo] *abr de* **gramo** g

grabación [graβa'θjon] *f* ❶ *(de disco)* Aufnahme *f* ❷ (TV: *de una serie*) Aufzeichnung *f* ❸ (INFOR) Speichern *nt*

grabado [gra'βaðo] *m* ❶ (ARTE: *acción*) Gravieren *nt;* *(en piedra)* Einmeißeln *nt;* *(en madera)* Einschnitzen *nt* ❷ (ARTE: *copia*) Stich *m;* ~ **al agua fuerte** Ätzung *f;* ~ **en madera** Holzschnitt *m* ❸ *(arte)* Gravierkunst *f* ❹ *(ilustración)* Abbildung *f*

grabador[1] [graβa'ðor] *m* ~ **de CDs** CD-Brenner *m*

grabador(a)[2] [graβa'ðor(a)] *m(f)* Graveur(in) *m(f)*

grabadora [graβa'ðora] *f* Tonbandgerät *nt*

grabadura [graβa'ðura] *f* ❶ *(acción)* Gravieren *nt;* *(en piedra)* Einmeißeln *nt;* *(en madera)* Einschnitzen *nt* ❷ *(efecto: en metal)* Gravur *f;* *(en madera)* Schnitzwerk *nt*

grabar [gra'βar] **I.** *vt* ❶ (ARTE) (ein)gravieren (**en** in +*akk*); *(en piedra)* einmeißeln; *(en madera)* einschnitzen ❷ *(disco)* aufnehmen; *(en vídeo)* aufzeichnen ❸ (INFOR) speichern ❹ *(fijar)* einprägen **II.** *vr:* **~se** sich einprägen +*dat*

gracejo [gra'θexo] *m* Witz *m*

gracia ['graθja] *f* ❶ *pl (agradecimiento)* **dar las ~s** sich bedanken; **¡~s!** danke!; **¡muchas ~s!** vielen Dank!; **¡~s a Dios!** Gott sei Dank!; **te debo las ~s** ich bin dir zu Dank verpflichtet; **no me ha dado ni las ~s** er hat sich nicht einmal bei mir bedankt; **~s a tus esfuerzos lo conseguí** ich schaffte es dank deiner Bemühungen ❷ (REL) Gnade *f* ❸ *(perdón)* Begnadigung *f* ❹ *(favor)* Gunst *f* ❺ *(agrado)* **me cae en ~** er/sie ist mir sympathisch ❻ *(garbo)* Anmut *f;* **está escrito con ~** es ist geistreich geschrieben ❼ *(chiste)* Witz *m;* *(diversión)* Spaß *m;* **no tiene (ni) pizca de ~** das ist gar nicht lustig; **no me hace nada de ~** das finde ich gar nicht lustig; **si lo haces se va la ~** wenn du es tust, geht der Reiz verloren; **este cómico tiene poca ~** dieser Komiker ist langweilig; **la ~ es que...** das Witzige daran ist, dass ...; **no estoy hoy para ~s** ich bin heute nicht zu(m) Scherzen aufgelegt ❽ *(ocurrencia)* **hoy ha hecho otra de sus ~s** er/sie hat heute wieder was Schönes angerichtet

grácil ['graθil] *adj* grazil

gracilidad [graθili'ðað] *f* Grazilität *f*

graciosamente [graθjosa'mente] *adv* ❶ *(con gracia)* graziös, anmutig ❷ *(gratis)* umsonst, unentgeltlich

gracioso, -a [gra'θjoso, -a] **I.** *adj* ❶ *(atractivo)* anmutig ❷ *(chistoso)* witzig; **para mí no fue nada ~** das fand ich gar nicht lustig ❸ *(gratis)* unentgeltlich **II.** *m, f* (TEAT) Spaßvogel *m;* **algún ~ me ha escondido las llaves** irgendein Witzbold hat meine Schlüssel versteckt; **no te hagas el ~ conmigo** komm mir bloß nicht komisch

grada ['graða] *f* ❶ *(peldaño)* Stufe *f* ❷ *(de un estadio)* (Sitz)reihe *f* ❸ (AGR) Egge *f* ❹ (NÁUT) Helling *f* ❺ *pl (escalinata)* Freitreppe *f* ❻ *pl (Am: atrio)* Vorhalle *f*

gradación [graða'θjon] *f* ❶ *(escalonamiento)* Abstufung *f* ❷ (MÚS) Steigerung *f* ❸ *(retórica)* Gradation *f*

gradería [graðe'ria] *f,* **graderío** [graðe'rio] *m (t. fig)* Tribüne *f*

gradiente [gra'ðjente] *f (Chil, Ecua, Nic, Perú)* Gefälle *nt,* Abhang *m*

grado ['graðo] *m* ❶ *(nivel)* Grad *m* (**de** an +*dat*); ~ **de confianza** Maß an Vertrauen; **quemaduras de primer ~** (MED) Verbrennungen ersten Grades; **en ~ sumo** in höchstem Grade ❷ *(parentesco)* Verwandtschaftsgrad *m* ❸ (JUR) **en primer ~** in erster Instanz ❹ (ENS) (Schul)klasse *f;* ~ **elemental** Grundstufe *f* ❺ *(universitario)* akademischer Grad *m;* ~ **de doctor** Doktorwürde *f* ❻ (MAT) Grad *m;* ~ **centígrado** Grad Celsius ❼ (LING) ~ **comparativo** Komparativ *m* ❽ (MIL: *rango*) Rang *m* ❾ *(de alcohol)* Prozent *nt*

graduable [gra'ðwaβle] *adj* ❶ *(herramienta)* verstellbar ❷ *(temperatura)* graduierbar

graduación [graðwa'θjon] *f* ❶ *(regulación, t.* TÉC) Einstellung *f* ❷ *(en grados)* Gradeinteilung *f;* *(en niveles)* Abstufung *f;* *(de personas)* Einstufung *f;* *(de precios)* Staffelung *f* ❸ *(de un vino)* Alkoholgehalt *m* ❹ (MIL) Rang *m*

graduado, -a [gra'ðwaðo, -a] **I.** *adj* ❶ *(aparato)* Grad-, Stufen- ❷ *(colores)* abgestuft **II.** *m, f* ❶ (UNIV) Akademiker(in) *m(f);* ~ **en ingeniería** Diplomingenieur *m* ❷ (ENS) ~ **escolar** *(fam)* Hauptschulabgänger *m*

gradual [gra'ðwal] *adj* allmählich

gradualmente [graðwal'mente] *adv* ❶ *(en grados)* stufenweise ❷ *(progresivamente)* allmählich

graduando, -a [graðu'ando] *m, f* Promovend(in) *m(f)*, Doktorand(in) *m(f)*

graduar [graðu'ar] <*1. pres* gradúo> **I.** *vt* ❶ *(regular)* einstellen ❷ (TÉC) gradieren; *(aparato)* eichen; *(líquido)* den Alkoholgehalt bestimmen *+gen;* ~ **la vista** die Brillengläser anpassen ❸ *(en niveles)* (gradweise) abstufen; *(precios)* staffeln ❹ (ENS) graduieren ❺ (MIL) einen Rang verleihen (**a** *+dat*) **II.** *vr:* **~se: se graduó en económicas** er/sie machte seine/ihre Diplomprüfung in VWL

grafema [gra'fema] *m* (LING) Graphem *nt*

grafía [gra'fia] *f* Schreibweise *f*

gráfica ['grafika] *f* ❶ *(diagrama)* Schaubild *nt* ❷ *(curva)* Kurve *f*

gráfico[1] [grafiko] *m* Schaubild *nt;* ~ **de tarta** Tortendiagramm *nt;* **tarjeta de ~s** (INFOR) Grafikkarte *f*

gráfico, -a[2] [grafiko, -a] *adj* ❶ *(de la escritura)* Schrift- ❷ *(del dibujo)* grafisch; **diccionario** ~ Bildwörterbuch *nt* ❸ *(claro)* anschaulich

grafismo [gra'fismo] *m* ❶ *(grafía)* Schreibweise *f* ❷ *(aspecto estético)* Grafik *f* ❸ (INFOR) grafische Darstellung *f*

grafista [gra'fista] *mf* Grafiker(in) *m(f)*

grafiti [gra'fiti] *m* Graffiti *nt*

grafito [gra'fito] *m* (MIN) Grafit *m*

grafología [grafolo'xia] *f sin pl* Grafologie *f*

grafológico, -a [grafo'loxiko, -a] *adj* grafologisch

grafólogo, -a [gra'foloɣo, -a] *m, f* Grafologe, -in *m, f*

gragea [gra'xea] *f* Dragee *nt*

grajear [graxe'ar] *vi* ❶ *(el grajo)* krächzen ❷ *(un bebé)* glucksen

grajo ['graxo] *m* ❶ *(ave)* Saatkrähe *f* ❷ *(charlatán)* Schwätzer *m* ❸ *(Am: sobaquina)* Schweißgeruch *m*

gral. [xene'ral] *adj abr de* **general** allg.

gramática [gra'matika] *f* (LING) Grammatik *f;* **tener mucha ~ parda** *(fam)* listig sein

gramatical [gramati'kal] *adj* grammatikalisch; **regla ~** Grammatikregel *f*

gramaticalización [gramatikaliθa'θjon] *f sin pl* (LING) Grammatikalisation *f*

gramático, -a [gra'matiko, -a] *m, f* Grammatiker(in) *m(f)*

gramilla [gra'miʎa] *f (Am: hierba)* Gras *nt*

gramo ['gramo] *m* Gramm *nt*

gramófono [gra'mofono] *m* Grammofon *nt*

gramola [gra'mola] *f* ❶ *(gramófono)* Grammofon *nt* ❷ *(en un bar)* Musikbox *f*

gran [gran] *adj v.* **grande**

grana ['grana] *f* ❶ *(acción)* Reifen *nt* der Getreidekörner ❷ *(semilla)* Same(n) *m* ❸ *(color)* Scharlach(rot) *nt* ❹ *(tela)* Scharlach *m* ❺ *(cochinilla)* Koschenille(laus) *f; (color)* Koschenille *f* ❻ *(quermes)* Kermes *m*

granada [gra'naða] *f* ❶ *(fruto)* Granatapfel *m* ❷ *(proyectil)* Granate *f*

granadilla [grana'ðiʎa] *f* ❶ *(fruto)* Passionsfrucht *f* ❷ *(AmC: planta)* Passionsblume *f*

granadino, -a [grana'ðino, -a] **I.** *adj* aus Granada **II.** *m, f* Einwohner(in) *m(f)* von Granada

granado[1] [gra'naðo] *m* Granat(apfel)baum *m*

granado, -a[2] *adj* ❶ *(ilustre)* vornehm ❷ *(maduro)* reif ❸ *(alto)* hoch aufgeschossen

granar [gra'nar] **I.** *vi* Körner entwickeln **II.** *vt* treiben

granate [gra'nate] **I.** *adj* granatfarben, granatrot **II.** *m* Granatstein *m*

Gran Bretaña [gram bre'taɲa] *f* Großbritannien *nt*

grancanario, -a [graŋka'narjo, -a] **I.** *adj* aus Gran Canaria **II.** *m, f* Einwohner(in) *m(f)* von Gran Canaria

grande ['grande] **I.** *adj* <más grande *o* mayor, grandísimo> *(precediendo un sustantivo singular: gran)* ❶ *(de tamaño)* groß; **gran ciudad** Großstadt *f;* ~ **como una montaña** riesengroß; **una habitación ~** ein geräumiges Zimmer; **una gran suma de dinero** eine hohe Geldsumme; **una gran mentira** eine faustdicke Lüge; **vino gran cantidad de gente** es kamen sehr viele Leute; **tengo un gran interés por...** ich bin sehr interessiert an ... *+dat;* **no me preocupa gran cosa** das kümmert mich nicht besonders ❷ *(de edad)* alt; **Juan es más ~ que Pedro** Juan ist älter als Pedro ❸ *(moralmente)* **un gran hombre** ein bedeutender Mann; **una gran idea** eine großartige Idee ❹ *(loc)* **pasarlo en ~** sich großartig amüsieren; **este trabajo me va ~** ich bin dieser Arbeit nicht gewachsen; **vivir a lo ~** auf großem Fuß leben **II.** *m* ❶ *(prócer)* Größe *f;* **los ~s de la industria** die Großindustriellen ❷ *(título)* **G~ de España** Grande *m* Spaniens

grandemente [grande'mente] *adv (mucho)* sehr; *(extremadamente)* äußerst

grandeza [gran'deθa] *f* ❶ *(vastedad)* Größe *f;* **delirio de ~** Größenwahn *m* ❷ *(excelencia de cosas)* Großartigkeit *f* ❸ *(de* *personas)* Größe *f* ④ *(de un Grande)* Würde *f*

grandilocuencia [graṇdilo'kweṇθja] *f* ① *(de estilo)* Schwülstigkeit *f* ② *(de una persona)* hochtrabende Ausdrucksweise *f*

grandilocuente [graṇdilo'kweṇte] *adj* hochtönend

grandiosidad [graṇdjosi'ðaᵈ] *f* Großartigkeit *f*

grandioso, -a [graṇ'djoso, -a] *adj* großartig

grandote, -a [graṇ'dote, -a] *adj (fam)* enorm, riesengroß

grandullón, -ona [graṇdu'ʎon, -ona] *adj* hoch aufgeschossen

G

granear [grane'ar] *vt* ① *(semilla)* (aus)säen ② *(pólvora)* körnen ③ *(cuero)* aufrauen ④ (ARTE: *grabado en cobre*) granieren

granel [gra'nel] **a ~** *(sin envase)* unverpackt; *(suelto)* lose; *(líquido)* vom Fass; *(en abundancia)* haufenweise; **carga a ~** Schüttgut *nt*

granero [gra'nero] *m* Scheune *f;* **Castilla es el ~ de España** Kastilien ist die Kornkammer Spaniens

granítico, -a [gra'nitiko, -a] *adj* ① *(relativo al granito)* Granit- ② *(parecido al granito)* granitartig

granito [gra'nito] *m* (MIN) Granit *m*

granizada [grani'θaða] *f* ① *(pedrisco)* Hagelschauer *m* ② *(de balas)* Kugelhagel *m*

granizado [grani'θaðo] *m Erfrischungsgetränk mit zerstoßenem Eis;* **~ de café** Kaffee *m* mit Eis

granizar [grani'θar] <z → c> *vimpers* hageln

granizo [gra'niθo] *m* Hagel *m*

granja ['graŋxa] *f* ① *(finca)* Bauernhof *m; (en la zona anglosajona)* Farm *f* ② *(cafetería)* Milchbar *f*

granjear [graŋxe'ar] **I.** *vt* ① *(ganado)* handeln ② *(adquirir)* erwerben **II.** *vr:* **~se** für sich gewinnen

granjero, -a [graŋ'xero, -a] *m, f* Landwirt(in) *m(f),* Bauer, Bäuerin *m, f; (en la zona anglosajona)* Farmer(in) *m(f)*

grano ['grano] *m* ① *(de cereales)* (Samen)korn *nt; (de café)* Bohne *f;* **~s** Getreide *nt;* **~ de trigo** Weizenkorn *nt;* **~ de uva** Weintraube *f;* **vaya al ~** kommen Sie zur Sache; **apartar el ~ de la paja** die Spreu vom Weizen trennen ② (TÉC) Korn *nt;* **de ~ duro** grobkörnig; **de ~ fino** feinkörnig ③ *(de piel)* Narbe *f* ④ (MED) Pickel *m* ⑤ *(loc)* **aportó su ~ de arena** er/sie trug sein/ihr Scherflein bei; **de un ~ (de arena) hace una montaña** aus einer Mücke macht er/sie einen Elefanten

granoso, -a [gra'noso, -a] *adj* körnig

granuja[1] [gra'nuxa] *m* ① *(pilluelo)* Schelm *m* ② *(bribón)* Gauner *m;* **el muy ~ me ha engañado** der Mistkerl hat mich reingelegt

granuja[2] [gra'nuxa] *f* ① *(uva)* Traubenkamm *m* ② *(de las frutas)* Kern *m*

granujada [granu'xaða] *f* ① *(travesura)* Streich *m* ② *(bribonada)* Schurkerei *f*

granujería [granuxe'ria] *f* ① *(travesura)* Streich *m* ② *(bribonada)* Schurkerei *f* ③ *(de pillos)* Rasselbande *f* ④ *(de bribones)* Gaunerbande *f*

granulación [granula'θjon] *f* Granulation *f*

granulado [granu'laðo] *m* Granulat *nt*

granular [granu'lar] **I.** *adj* ① *(superficie)* körnig ② *(cuero)* aufgeraut **II.** *vt* granulieren

granuloso, -a [granu'loso, -a] *adj* körnig

grapa ['grapa] *f* ① *(para papeles)* Heftklammer *f; (para madera)* Krampe *f* ② *(licor)* Grappa *m* ③ *(de la uva)* Kamm *m*

grapadora [grapa'ðora] *f* Heftmaschine *f*

grapar [gra'par] *vt* heften

grasa ['grasa] *f* ① (ANAT) Fett *nt;* **~ de cerdo** Schweineschmalz *nt;* **cocinar sin ~** fettarm kochen; **tengo mucha ~ en la barriga** ich habe viel Speck am Bauch; **el deporte quita la ~** Sport lässt die Pfunde schmelzen ② (TÉC: *lubricante*) Schmieröl *nt* ③ *(mugre)* Schmutz *m* ④ (MIN) **las ~s** die Schlacke

grasiento, -a [gra'sjeṇto, -a] *adj* fettig; *(de aceite)* ölig

graso, -a ['graso, -a] *adj* ① *(grasiento)* fettig ② *(gordo)* dick

gratén [gra'ten] *m* (GASTR) **al ~** überbacken

gratificación [gratifika'θjon] *f* ① *(recompensa)* Belohnung *f; (sobre objetos perdidos)* Finderlohn *m* ② *(del sueldo)* Sondervergütung *f;* **~ de Navidad** Weihnachtsgeld *nt* ③ *(propina)* Trinkgeld *nt*

gratificante [gratifi'kaṇte] *adj* erfreulich

gratificar [gratifi'kar] <c → qu> *vt* ① *(recompensar)* belohnen (**por** für +*akk*); **se ~á a quien lo encuentre** ein Finderlohn ist ausgesetzt ② *(en el trabajo)* eine Sondervergütung zahlen (**a** +*dat*) ③ *(complacer)* zufrieden stellen

gratinado [grati'naðo] *m* (GASTR) Gratin *nt*

gratinador [gratina'ðor] *m* Grill *m* zum Überbacken

gratinar [grati'nar] *vt* (GASTR) überbacken, gratinieren

gratis ['gratis] *adv* kostenlos, gratis

gratitud [grati'tuᵈ] *f* Dankbarkeit *f*

grato, -a ['grato, -a] *adj* ① *(agradable)* angenehm; **~ al paladar** köstlich; **tu novio me ha dado una grata impresión** dein

Freund hat bei mir einen sehr guten Eindruck gemacht; **tu visita me es muy grata** dein Besuch kommt mir sehr gelegen ❷ *(en una carta)* **me es ~ comunicarle que...** ich freue mich, Ihnen mitteilen zu können, dass ...

gratuidad [gratwi'ðaᵈ] *f* ❶ *(de gratis)* Unentgeltlichkeit *f* ❷ *(arbitrariedad)* Willkürlichkeit *f* ❸ *(algo infundado)* Unbegründetheit *f*

gratuitamente [gratwita'men̩te] *adv* ❶ *(gratis)* umsonst, kostenlos ❷ *(sin fundamento)* grundlos, willkürlich

gratuito, -a [gra'twito, -a] *adj* ❶ *(gratis)* kostenlos ❷ *(arbitrario)* willkürlich ❸ *(infundado)* unbegründet; **es una acusación gratuita** diese Anklage ist ungerechtfertigt; **este rumor es ~** dieses Gerücht ist aus der Luft gegriffen; **lo que has hecho ha sido bastante ~** was du gemacht hast, hättest du dir schenken können

grava ['graβa] *f* ❶ *(casquijo)* Kies *m* ❷ *(cascajo)* Schotter *m*

gravable [gra'βaβle] *adj* steuerpflichtig

gravamen [gra'βamen] *m* ❶ *(carga)* Last *f* ❷ *(de los ingresos)* Versteuerung *f; (del Estado)* Besteuerung *f* ❸ (UE) Abschöpfung *f*

gravar [gra'βar] *vt* ❶ *(cargar)* belasten ❷ (FIN) besteuern; **~ con un impuesto** eine Steuer erheben (auf +*akk*)

grave ['graβe] *adj* ❶ *(objeto)* schwer ❷ *(enfermedad)* schlimm; **está ~** er/sie ist schwer krank ❸ *(persona, situación)* ernst; **es un momento ~ para la industria** es ist eine kritische Zeit für die Industrie ❹ *(estilo)* streng, nüchtern ❺ *(sonido)* tief ❻ (LING) **acento ~** Gravis *m;* **palabra ~** auf der vorletzten Silbe betontes Wort

gravedad [graβe'ðaᵈ] *f* ❶ (FÍS) Schwerkraft *f;* **centro de ~** Schwerpunkt *m* ❷ (MÚS: *de los sonidos*) Tiefe *f* ❸ (MED) **estar herido de ~** schwer verletzt sein ❹ *(de un estilo)* Strenge *f* ❺ *(de una situación, persona)* Ernst *m*

gravidez [graβi'ðeθ] *f* Schwangerschaft *f*

grávido, -a ['graβiðo, -a] *adj* ❶ *(mujer)* schwanger ❷ *(elev: cargado)* (rand)voll, vollgeladen

gravilla [gra'βiʎa] *f* Feinkies *m; (en la calzada)* (Roll)splitt *m*

gravitación [graβita'θjon] *f* (FÍS) Anziehungskraft *f; (de la tierra)* Schwerkraft *f*

gravitar [graβi'tar] *vi* ❶ (FÍS) gravitieren ❷ *(un cuerpo)* ruhen (**sobre** auf +*dat*) ❸ *(recaer)* lasten (**sobre** auf +*dat*)

gravitatorio, -a [graβita'torjo, -a] *adj* Gravitations-

gravoso, -a [gra'βoso, -a] *adj* ❶ *(pesado)* lästig; *(duro)* beschwerlich; *(libro)* schwierig ❷ *(costoso)* kostspielig

graznar [graθ'nar] *vi (cuervo)* krächzen; *(ganso)* schnattern; *(pato)* quaken

graznido [graθ'niðo] *m (cuervo)* Krächzen *nt; (ganso)* Schnattern *nt; (pato)* Quaken *nt*

greca ['greka] *f* ❶ *(adorno)* Mäanderband *nt* ❷ *(Am: cafetera eléctrica)* Kaffeemaschine *f*

Grecia ['greθja] *f* Griechenland *nt*

grecolatino, -a [grekola'tino, -a] *adj* griechisch-lateinisch

grecorromano, -a [grekorro'mano, -a] *adj* griechisch-römisch

greda ['greða] *f* ❶ *(arcilla)* Kreide *f* ❷ *(para desengrasar)* Bleicherde *f*

gregal [gre'ɣal] *adj* Herden-

gregario, -a [gre'ɣarjo, -a] *adj* ❶ *(persona)* Herden- ❷ *(soldado)* gemein

gregoriano, -a [greɣo'rjano, -a] *adj* gregorianisch

greguería [greɣe'ria] *f* Stimmengewirr *nt*

gremial [gre'mjal] **I.** *adj* ❶ *(de un gremio)* Innungs- ❷ (HIST) Zunft- **II.** *mf* Verbandsangehörige(r) *mf*

gremio ['gremjo] *m* ❶ *(asociación)* Innung *f* ❷ (HIST) Zunft *f*

greña ['greɲa] *f (cabellos)* Haarschopf *m;* **andar a la ~** aneinandergeraten

greñudo, -a [gre'ɲuðo, -a] *adj* zerzaust

gres [gres] *m* ❶ *(arcilla)* (Töpfer)ton *m* ❷ *(producto)* Steingut *nt*

gresca ['greska] *f* ❶ *(bulla)* Krach *m* ❷ *(riña)* Zankerei *f*

grial [gri'al] *m* Gral *m*

griego, -a ['grjeɣo, -a] **I.** *adj* griechisch **II.** *m, f* Grieche, -in *m, f*

grieta ['grjeta] *f* ❶ *(en la pared)* Riss *m* ❷ *(en una taza)* Sprung *m; (más grande)* Spalte *f* ❸ *(en la piel)* Schrunde *f*

grifa ['grifa] *f* Haschisch *nt o m*

grifo[1] ['grifo] *m* ❶ (TÉC) Hahn *m;* **agua del ~** Leitungswasser *nt;* **me he dejado el ~ abierto** ich habe den Hahn nicht zugedreht ❷ *(mitología)* Greif *m* ❸ *(Perú: gasolinera)* Tankstelle *f*

grifo, -a[2] ['grifo, -a] *adj* kraus

grifota [gri'fota] *mf (argot)* Kiffer(in) *m(f) fam*

grillado, -a [gri'ʎaðo, -a] *adj (fam: loco)* verrückt

grillarse [gri'ʎarse] *vr* ❶ *(tubérculo)* auskeimen ❷ *(fam: persona)* überschnappen

grillera [gri'ʎera] *f* ❶ *(agujero)* Grillenloch *nt* ❷ *(jaula)* Grillenkäfig *m* ❸ *(fam: lugar)* **esto es una ~** das ist ja das reinste Irrenhaus ❹ *(de la policía)* Streifenwagen *m*

G

grillete [gri'ʎete] *m* ❶ *(cepo)* Fußfessel *f* ❷ (NÁUT) Schäkel *m*
grillo ['griʎo] *m* ❶ *(insecto)* Grille *f* ❷ *(tubérculo)* Keim *m* ❸ *pl (grilletes)* Fußfesseln *f pl*
grima ['grima] *f* Schauder *m;* **me da ~ ver cómo la maltratas** es macht mich krank, zu sehen, wie du sie misshandelt
grimillón [grimi'ʎon] *m (Chil)* Menge *f,* Haufen *m*
gringada [griŋ'gaða] *f (Am: fam)* ❶ *(truco sucio)* Ganoventrick *m* ❷ *(grupo de gringos)* Gruppe *f* von Gringos
gringo[1] ['griŋgo] *m (fam)* Kauderwelsch *nt*

G

gringo, -a[2] ['griŋgo, -a] *m, f (Am: fam)* ❶ *(persona)* Gringo *m; (pey)* Ausländer(in) *m(f)* ❷ *(de EE.UU.)* Amerikaner(in) *m(f),* Yankee *m abw*
gripa ['gripa] *f (Am)* Grippe *f*
gripal [gri'pal] *adj* (MED) grippal
griparse [gri'parse] *vr* (TÉC) sich festfressen
gripe ['gripe] *f* (MED) Grippe *f*
griposo, -a [gri'poso, -a] **I.** *adj* (MED) **estoy ~** ich habe die Grippe **II.** *m, f* Grippekranke(r) *mf*
gris [gris] **I.** *adj* ❶ *(color)* grau; **~ marengo** dunkelgrau; **de ojos ~es** grauäugig ❷ *(persona)* fade **II.** *m* ❶ *(color)* Grau *nt* ❷ *(viento)* kalter Wind *m* ❸ (HIST: *policía*) Bulle *m fam*
grisáceo, -a [gri'saθeo, -a] *adj,* **grisoso, -a** [gri'soso, -a] *adj (Am)* gräulich
grisma ['grisma] *f (Chil, Guat, Hond: pizca)* Prise *f*
grisú [gri'su] *m* <grisúes *o* grisús> (MIN) Grubengas *nt*
gritadera [grita'ðera] *f (Col, Ven: griterío)* Geschrei *nt,* Gegröle *nt*
gritar [gri'tar] *vi, vt* ❶ *(dar gritos)* schreien ❷ *(reprender)* anschreien ❸ *(en un concierto)* auspfeifen
griterío [grite'rio] *m* Geschrei *nt*
grito ['grito] *m* Schrei *m;* **~ de protesta** Protestruf *m;* **pegar un ~** einen Schrei ausstoßen; **me lo dijo a ~s** er/sie schrie mich an; **a ~ limpio** [*o* **pelado**] mit lautem Geschrei; **poner el ~ en el cielo por algo** viel Aufhebens um etw machen; **Bosnia está pidiendo a ~s ayuda internacional** Bosnien bittet inständig um internationale Hilfe
groenlandés, -esa [groenlaṇ'des, -esa] **I.** *adj* grönländisch **II.** *m, f* Grönländer(in) *m(f)*
Groenlandia [groen'laṇdja] *f* Grönland *nt*
grogui ['groɣi] *adj* groggy
grosella [gro'seʎa] *f* Johannisbeere *f*
grosería [grose'ria] *f* ❶ *(descortesía)* Unhöflichkeit *f* ❷ *(ordinariez)* Gewöhnlichkeit *f* ❸ *(tosquedad)* Rohheit *f* ❹ *(estupidez)* Dummheit *f* ❺ *(observación)* vulgäre Äußerung *f; (palabrota)* Schimpfwort *nt*
grosero, -a [gro'sero, -a] *adj* ❶ *(descortés)* unhöflich ❷ *(ordinario)* gewöhnlich, ordinär ❸ *(tosco)* plump
grosor [gro'sor] *m* Dicke *f*
grotesco, -a [gro'tesko, -a] *adj* grotesk
grúa ['grua] *f* ❶ *(máquina)* Kran *m* ❷ *(vehículo)* Abschleppwagen *m*
grúa remolque ['grua rre'molke] *f* <grúas remolque> Abschleppwagen *m*
gruesa ['grwesa] *f (cantidad)* Gros *nt*
gruesamente [grwesa'meṇte] *adv* ❶ *(ligeramente)* grob ❷ *(toscamente)* grob, rüde
grueso[1] ['grweso] *m* ❶ *(espesor)* Dicke *f* ❷ *(parte principal)* Gros *nt* ❸ (MED: *intestino*) Dickdarm *m* ❹ (COM) **vender en ~** en gros verkaufen ❺ (TIPO) (Schrift)kegel *m*
grueso, -a[2] ['grweso, -a] *adj* ❶ *(persona)* korpulent ❷ *(objeto)* dick ❸ *(mar)* schwer ❹ *(broma)* derb ❺ *(tela)* grob
grulla ['gruʎa] *f* Kranich *m*
grumete [gru'mete] *m* (NÁUT) Schiffsjunge *m*
grumo ['grumo] *m* ❶ *(coágulo)* Klumpen *m;* **~ de sangre** (Blut)gerinnsel *nt* ❷ *(de uvas)* Bündel *nt; (de lechuga)* (Salat)herz *nt* ❸ *(de planta)* Schössling *m; (en patatas)* Auge *nt*
grumoso, -a [gru'moso, -a] *adj* klumpig, verklumpt
gruñido [gru'ɲiðo] *m* ❶ *(del cerdo)* Grunzen *nt* ❷ *(del perro)* Knurren *nt* ❸ *(de persona)* Murren *nt* ❹ *(de puerta)* Quietschen *nt*
gruñir [gru'ɲir] <*3. pret* gruñó> *vi* ❶ *(cerdo)* grunzen ❷ *(perro)* knurren ❸ *(persona)* murren ❹ *(puerta)* quietschen
gruñón, -ona [gru'ɲon, -ona] **I.** *adj (fam)* brummig **II.** *m, f (fam)* Brummbär *m;* **es un viejo ~** er ist ein alter Brummbart
grupa ['grupa] *f* Kruppe *f;* **volver ~s** (MIL) kehrtmachen
grupal [gru'pal] *adj* Gruppen-
grupo ['grupo] *m* ❶ *(conjunto)* Gruppe *f;* **~ (industrial)** (COM) Konzern *m;* **~ de noticias** (INFOR) Newsgroup *f;* **~ parlamentario** (POL) Fraktion *f;* **~ de presión** (POL) Lobby *f;* **~ principal** (INFOR) Hauptgruppe *f;* **~ de música** Band *f;* **~ de estudio** Lerngruppe *f;* **trabajo en ~** Teamarbeit *f* ❷ (TÉC) Aggregat *nt*
gruta ['gruta] *f (artificial)* Grotte *f; (natural)* Höhle *f*
grutesco[1] [gru'tesko] *m* (ARTE) Groteske *f*
grutesco, -a[2] [gru'tesko, -a] *adj* ❶ *(relati-*

vo a la gruta) grotesk, seltsam ② (ARTE) grotesk

guaca ['gwaka] *f (Am)* ① *(tumba)* indianische Begräbnisstätte *f* ② *(tesoro)* verborgener Schatz *m* ③ *(hucha)* Spardose *f;* **hacer ~** Geld machen

guacal [gwa'kal] *m (AmC: calabaza)* Kalebassenbaum *m*

guacamayo [gwaka'maɟo] *m* Ara *m*

guacamol(e) [gwaka'mol(e)] *m (Am:* GASTR) Avocadocreme *f*

guachada [gwa'ʧaða] *f (Am: fam: canallada)* Schurkenstreich *m*

guachimán [gwaʧi'man] *m (Am: vigilante)* Wächter *m*

guacho, -a ['gwaʧo, -a] *m, f (AmS: huérfano)* Waisenkind *nt; (expósito)* ausgesetztes Kind *nt*

guadalajareño, -a [gwaðalaxa'reɲo, -a] **I.** *adj* aus Guadalajara **II.** *m, f* Einwohner(in) *m(f)* von Guadalajara

guadaña [gwa'ðaɲa] *f* Sense *f*

guagua ['gwaɣwa] *f* ① *(trivialidad)* Lappalie *f* ② *(Am: autobús)* Bus *m*

guajiro, -a [gwa'xiro, -a] **I.** *adj* bäurisch **II.** *m, f (Cuba)* weißer Bauer *m,* weiße Bäuerin *f*

gualdo, -a ['gwal̩do, -a] *adj* goldgelb; **la bandera roja y gualda** die spanische Flagge

gualicho [gwa'liʧo] *m (Arg, Urug)* ① *(maleficio)* Zauber *m* ② *(objeto que hechiza)* Fetisch *m*

guanábano [gwa'naβano] *m (Am: árbol)* Stachelannone *f*

guanaco¹ [gwa'nako] *m (mamífero)* Guanako *m o nt*

guanaco, -a² [gwa'nako, -a] **I.** *adj (Am: tonto)* dumm, einfältig; *(lento)* tranig *fam* **II.** *m, f* ① *(Am: tonto)* Einfaltspinsel *m,* Dummkopf *m* ② *(AmC: habitante)* Einwohner(in) *m(f)* von El Salvador

guanche ['gwanʧe] *m* ① *(persona) Ureinwohner der kanarischen Inseln* ② (HIST: *lengua) Sprache der Einwohner Gran Canarias*

guango, -a ['guaŋgo, -a] *adj (Méx)* weit

guano ['gwano] *m* ① *(excrementos)* Guano *m* ② *(CSur: estiércol)* Dung *m*

guantada [gwan̪'taða] *f* Ohrfeige *f;* **dar una ~ a alguien** jdn ohrfeigen

guantazo [gwan̪'taθo] *m v.* **guantada**

guante ['gwan̪te] *m* Handschuh *m;* **~ cibernético** [*o* **virtual**] Datenhandschuh *f;* **ir** [*o* **sentar**] **como un ~** wie angegossen sitzen; **recoger el ~** den Fehdehandschuh aufnehmen; **colgar los ~s** *(boxeador)* die Boxhandschuhe an den Nagel hängen; *(futbolista)* die Fußballschuhe an den Nagel hängen; **le echaron el ~ al ladrón** der Dieb wurde geschnappt

guantera [gwan̪'tera] *f* (AUTO) Handschuhfach *nt*

guapamente [gwapa'men̪te] *adv (fam: muy bien)* prima, toll

guaperas [gwa'peras] *m inv (fam)* eitler Mensch *m;* **va de ~** er spielt den wilden Mann

guaperío [gwape'rio] *m* Schickeria *f*

guapeza [gwa'peθa] *f* ① *(aspecto)* Schönheit *f; (elegancia)* Eleganz *f* ② *(apariencia)* Eitelkeit *f* ③ *(valentonería)* Mut *m*

guapo¹ ['gwapo] *m* ① *(Am: pey: pendenciero)* Raufbold *m* ② *(galán)* Galan *m*

guapo, -a² ['gwapo, -a] *adj* ① *(atractivo)* hübsch, gut aussehend ② *(en el vestir)* schick ③ *(Am: valiente)* mutig

guapote [gwa'pote] *adj (fam)* (ganz) attraktiv, (recht) gut aussehend

guaraca [gwa'raka] *f (Am: honda)* Schleuder *f; (látigo)* Peitsche *f*

guaraná [gwara'na] *f (Am: planta)* Guaranapflanze *f*

guarangada [gwaraŋ'ɣaða] *f (Am: grosería)* Flegelei *f*

guaraní [gwara'ni] **I.** *adj* Guarani- **II.** *m* Guaraní *m*

guarapo [gwa'rapo] *m (Am: jugo)* Zuckerrohrsaft *m; (bebida)* Zuckerrohrschnaps *m*

guarda¹ ['gwarða] *f* ① *(acto)* Wache *f* ② *(protección)* Schutz *m* ③ *(de un libro)* Vorsatz *m* ④ *(de la ley)* Befolgung *f* ⑤ *pl (de llave)* Einkerbung *f* im Schlüsselbart; *(de cerradura)* Zuhaltung *f* ⑥ *pl (de abanico)* Stäbe *mpl*

guarda² ['gwarða] *mf* Wächter(in) *m(f);* **~ forestal** Förster(in) *m(f)*

guardabarrera [gwarðaβa'rrera] *mf* Bahnwärter(in) *m(f)*

guardabarros [gwarða'βarros] *m inv* Schutzblech *nt*

guardabosque(s) [gwarða'βoske(s)] *mf (inv)* Förster(in) *m(f)*

guardacostas [gwarða'kostas] *m inv* Boot *nt* der Küstenwache

guardaespaldas [gwarðaes'pal̩das] *mf inv* Leibwächter(in) *m(f)*

guardameta [gwarða'meta] *mf* (DEP) Torwart, -frau *m, f*

guardapolvo [gwarða'polβo] *m* Staubmantel *m*

guardar [gwar'ðar] **I.** *vt* ① *(vigilar)* bewachen; *(rebaño)* hüten ② *(proteger)* beschützen (**de** vor +*dat*) ③ *(ley)* einhalten ④ *(conservar)* (auf)bewahren; **~ en la memoria intermedia** (INFOR) zwischenspeichern; **~ un sitio** einen Platz freihalten; **~le un trozo de pastel a alguien** jdm ein

Stück Kuchen aufheben; **guárdame esto que ahora vengo** heb das für mich auf, ich komme sofort ❺ *(poner)* **¿dónde has guardado las servilletas?** wo hast du die Servietten hingetan?; ~ **el dinero en el banco** das Geld auf die Bank bringen; ~ **algo en el bolsillo** etw in die Tasche stecken ❻ *(quedarse con)* behalten ❼ *(ahorrar)* sparen; ~ **las fuerzas** seine Kräfte schonen ❽ *(loc)* ~ **cama** das Bett hüten; ~ **silencio** Stillschweigen bewahren; ~ **las distancias** Distanz wahren **II.** *vr:* **~se** ❶ *(conservar)* aufheben ❷ *(protegerse)* sich hüten (**de** vor +*dat*)

G

guardarropa[1] [gwarðaˈrropa] *m* Garderobe *f*

guardarropa[2] [gwarðaˈrropa] *mf* ❶ *(de vestuario: mujer)* Garderobe(n)frau *f; (hombre)* Garderobier *m* ❷ (TEAT: *guardarropía*) Requisiteur(in) *m(f)*

guardarropía [gwarðarroˈpia] *m* ❶ (TEAT: *accesorios*) Requisiten *nt pl;* **de** ~ Schein- ❷ *(cuarto)* Requisitenkammer *f*

guardavía [gwarðaˈβia] *mf* (FERRO) Bahnwärter(in) *m(f)*

guardería [gwarðeˈria] *f (hasta tres años)* Kinderkrippe *f; (más de tres años)* Kindergarten *m; (durante todo el día)* Kindertagesstätte *f*

guardia[1] [ˈgwarðja] *f* ❶ *(vigilancia)* Wache *f;* **¿cuál es la farmacia de ~?** welche Apotheke hat Notdienst?; **estar de** ~ *(por la noche)* Nachtdienst haben; *(el fin de semana)* Wochenenddienst haben; (MIL) Wache schieben ❷ (DEP) Deckung *f;* **bajar la** ~ die Deckung fallen lassen; **en** ~ *(esgrima)* en garde ❸ *(instituciones)* **la G~ Civil** *spanische paramilitärische Polizeieinheit;* **G~ Municipal** [*o* **Urbana**] Gemeindepolizei *f;* ~ **costera** Küstenwache *f;* **estar en** ~ auf der Hut sein; **poner a alguien en** ~ jdn in Alarmbereitschaft versetzen

guardia[2] [ˈgwarðja] *mf* ~ **civil** Beamte(r) *m* der Guardia civil, Beamtin *f* der Guardia civil; ~ **municipal** [*o* **urbano**] Gemeindepolizist(in) *m(f);* ~ **de tráfico** Verkehrspolizist(in) *m(f)*

guardián, -ana [gwarˈðjan, -ana] *m, f* ❶ *(protector)* Hüter(in) *m(f);* **perro** ~ Wachhund *m* ❷ *(en el zoo)* Wärter(in) *m(f)*

guardilla [gwarˈðiʎa] *f* ❶ *(habitación)* Dachzimmer *nt* ❷ *(ventana)* Dachfenster *nt*

guardón, -ona [gwarˈðon, -ona] **I.** *adj (pey)* geizig, knauserig **II.** *m, f (pey)* Geizhals *m,* Knauser(in) *m(f)*

guarecer [gwareˈθer] *irr como crecer* **I.** *vt* ❶ *(proteger)* schützen (**de** vor +*dat*) ❷ *(albergar)* beherbergen; **le guarecí en mi casa** ich nahm ihn bei mir auf ❸ *(curar)* heilen **II.** *vr:* **~se** ❶ *(cobijarse)* sich flüchten ❷ *(de la lluvia)* sich unterstellen

guarida [gwaˈriða] *f* ❶ *(cueva)* Höhle *f; (de animales)* Bau *m* ❷ *(refugio)* Versteck *nt*

guarismo [gwaˈrismo] *m* (MAT) Ziffer *f*

guarnecer [gwarneˈθer] *vt irr como crecer* ❶ *(adornar)* verzieren (**con/de** mit +*dat*); (GASTR) garnieren; *(vestido)* besetzen ❷ (MIL: *ciudad*) eine Garnison (in einer Stadt) stationieren ❸ *(equipar)* ausrüsten (**con/de** mit +*dat*); *(proveer)* versehen (**con/de** mit +*dat*), ausstatten (**con/de** mit +*dat*)

guarnición [gwarniˈθjon] *f* ❶ *(adorno)* Verzierung *f; (en vestido)* Besatz *m; (en joya)* (Ein)fassung *f* ❷ (MIL) Garnison *f* ❸ (GASTR: *adorno*) Garnierung *f; (completando un plato principal)* Beilage *f* ❹ *pl (arreos)* Geschirr *nt*

guarrazo [gwaˈrraθo] *m (fam)* Sturz *m;* **darse un** ~ einen Sturz bauen [*o* drehen]

guarrería [gwarreˈria] *f* Schweinerei *f*

guarro, -a [ˈgwarro, -a] **I.** *adj* ❶ *(cosa)* dreckig; **chiste** ~ anstößiger Witz ❷ *(persona)* schlampig; *(moralmente)* unanständig **II.** *m, f* Schwein *nt*

guasa [ˈgwasa] *f* ❶ *(burla)* Scherz *m;* **estar de** ~ zum Scherzen aufgelegt sein ❷ *(sosería)* Fadheit *f*

guasanga [gwaˈsaŋga] *f (Am: bullanga)* Remmidemmi *nt*

guasca [ˈgwaska] *f (Am)* Peitsche *f*

guasearse [gwaseˈarse] *vr* sich lustig machen (**de** über +*akk*)

guaso, -a [ˈgwaso, -a] *adj (CSur)* ❶ *(rústico)* bäurisch ❷ *(torpe)* grob, unhöflich

guasón, -ona [gwaˈson, -ona] *m, f* Spaßvogel *m*

guata [ˈgwata] *f* ❶ *(algodón)* Watte *f* ❷ *(Am: barriga)* Bauch *m*

Guatemala [gwateˈmala] *f* Guatemala *nt*

guatemalteco, -a [gwatemal̩ˈteko, -a] **I.** *adj* guatemaltekisch **II.** *m, f* Guatemalteke, -in *m, f*

guateque [gwaˈteke] *m (fam)* Party *f*

guatero [gwaˈtero] *m (Chil)* Wärmflasche *f*

guay [gwai̯] *adj (fam)* klasse

guayaba [gwaˈɟaβa] *f* ❶ *(fruto)* Guajave *f;* ~ **de Brasil** Ananasguave *f* ❷ *(Am: mentira)* Lüge *f*

guayabo [gwaˈɟaβo] *m* Guajavabaum *m*

Guayana [gwaˈɟana] *f* Guyana *nt*

guayanés, -esa [gwaɟaˈnes, -esa] **I.** *adj* guyanisch **II.** *m, f* Guyaner(in) *m(f)*

guayar [gwa'ɟar] **I.** *vt (Ant)* reiben, raspeln **II.** *vr:* **~se** *(PRico)* sich vollaufen lassen *fam*
gubernamental [guβernamen̪'tal] *adj* ❶ *(relativo a)* Regierungs- ❷ *(partidario)* regierungstreu
gubernativo, -a [guβerna'tiβo, -a] *adj* Regierungs-; **policía gubernativa** Staatspolizei *f*
guedeja [ge'ðexa] *f* ❶ *(mechón de pelo)* (Haar)strähne *f;* **con esas ~s encima de la cara** mit dieser ins Gesicht hängenden Mähne ❷ *(cabellera larga)* langes Haar *nt*
guepardo [ge'parðo] *m* Gepard *m*
güero, -a ['gwero, -a] **I.** *adj (Am: rubio)* blond **II.** *m, f (Am: rubio)* Blonde(r) *mf*
guerra ['gerra] *f* Krieg *m;* **~ civil** Bürgerkrieg *m;* **~ de precios/tarifas** Preis-/Tarifkampf *m;* **la Primera/Segunda G~ Mundial** der Erste/Zweite Weltkrieg; **G~ de Sucesión** Erbfolgekrieg *m;* **ir a la ~** in den Krieg ziehen; **estar en pie de ~ con alguien** mit jdm auf Kriegsfuß stehen; **estos niños dan mucha ~** *(fam)* diese Kinder sind sehr anstrengend
guerrear [gerre'ar] *vi* ❶ *(hacer guerra)* Krieg führen ❷ *(resistir)* sich zur Wehr setzen
guerrera [ge'rrera] *f* Uniformjacke *f*
guerrero, -a [ge'rrero, -a] **I.** *adj* ❶ *(de guerra)* Kampf-, kämpferisch ❷ *(travieso)* ausgelassen ❸ *(revoltoso)* ungezogen **II.** *m, f* Krieger(in) *m(f)*
guerrilla [ge'rriʎa] *f* Freischar *f; (en Latinoamérica)* Guerilla *f*
guerrillear [gerriʎe'ar] *vi* einen Guerillakrieg führen
guerrillero, -a [gerri'ʎero, -a] *m, f* Freischärler(in) *m(f); (en Latinoamérica)* Guerillakämpfer(in) *m(f),* Guerillero, -a *m, f*
gueto ['geto] *m* Ghetto *nt*
guía¹ ['gia] *m* ❶ (MIL) Flügel *m* ❷ *(manillar)* Lenkstange *f*
guía² ['gia] *f* ❶ *(pauta)* Richtschnur *f* ❷ *(persona)* Leitbild *nt* ❸ *(manual)* Handbuch *nt;* **~ comercial** Firmenadressbuch *nt;* **~ de ferrocarriles** Kursbuch *nt;* **~ telefónica** Telefonbuch *nt;* **~ turística** Reiseführer *m* ❹ *(planta)* Leittrieb *m* ❺ (TÉC) Führungsschiene *f* ❻ *(del bigote)* Schnurrbartspitze *f* ❼ *(del abanico)* Stäbe *mpl* ❽ *(PRico: volante)* Lenkrad *nt* ❾ *pl (riendas)* Zügel *mpl*
guía³ ['gia] *mf (de un grupo)* Führer(in) *m(f);* **~ turístico, -a** Fremdenführer(in) *m(f)*
guiar [gi'ar] <*1. pres* guío> **I.** *vt* ❶ *(a alguien)* führen ❷ *(conversación)* lenken ❸ *(planta)* hochbinden **II.** *vr:* **~se** sich richten (**por** nach +*dat*); **me guío por mi instinto** ich folge meinem Instinkt
guija ['gixa] *f* Kiesel(stein) *m*
guijarro [gi'xarro] *m* ❶ *(canto)* Kiesel(stein) *m* ❷ *pl (en playa)* Geröll *nt*
guijo ['gixo] *m* Schotter *m*
guillarse [gi'ʎarse] *vr (fam)* ❶ *(chiflarse)* überschnappen ❷ *(irse)* **guillárselas** abhauen
guillotina [giʎo'tina] *f* ❶ *(de ejecución)* Guillotine *f* ❷ *(para papel)* (Papier)schneidemaschine *f* ❸ (TÉC) **ventana de ~** (nach oben zu öffnendes) Schiebefenster *f*
guillotinar [giʎoti'nar] *vt* ❶ *(decapitar)* guillotinieren ❷ *(papel)* schneiden
guinda ['gin̪da] *f* ❶ *(fruta)* Sauerkirsche *f* ❷ (NÁUT: *de arboladura*) Bemastungshöhe *f* ❸ *(loc)* **y la ~ fue que...** *(fam)* und der Hammer war, dass ...
guindar [gin̪'dar] *vt (fam: robar)* klauen
guindilla [gin̪'diʎa] *f* (GASTR) Paprikaschote *f; (pequeña)* Peperoni *f*
guindo ['gin̪do] *m* ❶ *(árbol)* Sauerkirschbaum *m* ❷ *(loc)* **subirse al ~** *(fam)* in die Luft gehen
Guinea [gi'nea] *f* Guinea *nt*
Guinea-Bissau [gi'nea-bi'sau] *f* Guinea-Bissau *nt*
Guinea Ecuatorial [gi'nea ekwato'rjal] *f* Äquatorialguinea *nt*
guineo [gi'neo] *m (Am: banana)* Banane *f*
guiñapo [gi'ɲapo] *m* ❶ *(trapo)* Lumpen *m* ❷ *(andrajoso)* zerlumpter Mensch *m* ❸ *(degradado)* heruntergekommener Mensch *m* ❹ *(debilucho)* Schwächling *m*
guiñar [gi'ɲar] **I.** *vt* zwinkern **II.** *vi* (NÁUT) gieren
guiño ['giɲo] *m (con el ojo)* (Zu)zwinkern *nt;* **hacer un ~** zwinkern; *(en señal de algo)* zuzwinkern
guiñol [gi'ɲol] *m* ❶ *(teatro)* Kasper(le)theater *nt* ❷ *(títere)* Kasperpuppe *f*
guion [gi'on] *m* ❶ *(de una conferencia)* Konzept *nt* ❷ (CINE) Drehbuch *nt;* (TV) Skript *nt* ❸ (LING: *al fin de renglón*) Trennungsstrich *m; (de compuesto)* Bindestrich *m; (en diálogo)* Gedankenstrich *m* ❹ (TIPO, INFOR) **~ alto** (INFOR) Bindestrich *m;* **~ bajo** Unterstrich *m* ❺ *(persona)* Führer *m* ❻ *(real)* königliche Standarte *f* ❼ *(de procesión)* Prozessionsfahne *f*
guionista [gjo'nista] *mf* (CINE) Drehbuchautor(in) *m(f);* (TV) Skriptautor(in) *m(f)*
guipar [gi'par] *vt (vulg)* glotzen (**a** auf +*akk*) *fam*
guiri ['giri] *mf (pey fam)* ❶ *(turista extranjero)* Touri *m fam* ❷ *(guardia)* Beamte(r)

G

m der Guardia civil, Beamtin *f* der Guardia civil

guirigay [giri'ɣai̯] *m* <guirigayes *o* guirigáis> *(fam)* ❶ *(lenguaje)* Kauderwelsch *nt* ❷ *(griterío)* Geschrei *nt* ❸ *(barullo)* Wirrwarr *m*

guirlache [gir'latʃe] *m* Krokant *m*

guirnalda [gir'nal̦da] *f* Girlande *f*

guisa ['gisa] *f* **no puedes hacerlo de esta ~** du kannst es so nicht machen

guisado [gi'saðo] *m* Schmorbraten *m*

guisante [gi'san̦te] *m* Erbse *f*

guisar [gi'sar] **I.** *vt* ❶ *(cocinar)* kochen; *(con salsa)* schmoren ❷ *(tramar)* aushecken **II.** *vr:* **~se** sich anbahnen; **se está guisando** es köchelt vor sich hin

G

guiso ['giso] *m* ❶ *(plato)* Gericht *nt* ❷ *(en salsa)* Schmorbraten *m*

guisote [gi'sote] *m (pey)* Fraß *m*

güisqui ['gwi̯ski] *m* Whisky *m*

guita ['gita] *f* ❶ *(cuerda)* Bindfaden *m* ❷ *(fam: dinero)* Kohle *f*

guitarra [gi'tarra] *f* ❶ *(instrumento)* Gitarre *f* ❷ *(loc)* **venir como una ~ en un entierro** fehl am Platz(e) sein; **chafar la ~ a alguien** jdm einen Strich durch die Rechnung machen

guitarrero, -a [gita'rrero, -a] *m, f* ❶ *(fabricante)* Gitarrenhersteller(in) *m(f)* ❷ *(guitarrista)* Gitarrenspieler(in) *m(f)*; *(profesional)* Gitarrist(in) *m(f)*

guitarrista [gita'rrista] *mf* Gitarrenspieler(in) *m(f)*; *(profesional)* Gitarrist(in) *m(f)*

güito ['gwito] *m* ❶ *(fam: sombrero)* Hut *m* ❷ *(de albaricoque)* Aprikosenkern *m*

gula ['gula] *f* Gefräßigkeit *f*

gulasch [gu'laʃ] *m* Gulasch *nt o m*

gulusmear [gulusme'ar] *vi (fam)* ❶ *(comer golosinas)* naschen ❷ *(husmear)* schnüffeln

guripa [gu'ripa] *m (fam)* ❶ *(soldado)* Soldat *m* ❷ *(guardia)* (Gemeinde)polizist *m* ❸ *(golfo)* Gauner *m*

gurmet [gur'met] *mf* Gourmet *m*

gurú [gu'ru] *m* Guru *m*

gusanillo [gusa'niʎo] *m* Würmchen *nt*; **matar el ~** *(comiendo)* eine Kleinigkeit essen; *(bebiendo)* auf nüchternen Magen Schnaps trinken

gusano [gu'sano] *m* ❶ *(lombriz)* Wurm *m*; **~ de tierra** Regenwurm *m*; **~ de luz** Glühwürmchen *nt fam* ❷ *(oruga)* Raupe *f* ❸ *(malo)* verächtlicher Mensch *m* ❹ *(abatido)* niedergeschlagener Mensch *m*

gusarapo [gusa'rapo] *m* (ZOOL) Made *f*

gustar [gus'tar] *vi* ❶ *(agradar)* gefallen; *(actividad)* gern tun; *(persona)* gernhaben; *(comida)* schmecken; **como Ud. guste** wie Sie wünschen; **¿te gusta estar aquí?** gefällt es dir hier?; **me gusta nadar** ich schwimme gern ❷ *(querer)* **~ de...** belieben zu ...; **me gustas** ich mag dich ❸ *(condicional)* **me ~ía...** ich würde gerne ...; **me ~ía saber...** ich wüsste gern ...

gustativo, -a [gusta'tiβo, -a] *adj* Geschmacks-

gusto ['gusto] *m* ❶ *(sentido)* Geschmack(ssinn) *m*; **una broma de mal ~** ein geschmackloser Scherz; **no hago nada a su ~** ich kann es ihm/ihr nie recht machen; **lo ha hecho a mi ~** er/sie hat es ganz nach meinem Geschmack gemacht; **sobre ~s no hay nada escrito** über Geschmack lässt sich nicht streiten ❷ *(sabor)* Geschmack *m* (**a** nach +*dat*); **huevos al ~** Eier nach Wahl ❸ *(placer)* Vergnügen *nt*; **¡con mucho ~!** sehr gern!; **~s caros** teures Vergnügen; **encontrar ~ en algo** Freude an etw *dat* finden; **estar a ~** sich wohl fühlen ❹ *(en saludos)* **mucho** [*o* **tanto**] **~** angenehm!

gustoso, -a [gus'toso, -a] *adj* ❶ *(sabroso)* köstlich ❷ *(con gusto)* **te acompañaré ~** ich werde dich gern begleiten ❸ *(agradable)* angenehm

gutapercha [guta'pertʃa] *f* Guttapercha *f o nt*

gutural [gutu'ral] *adj* guttural

Hh

H, h [ˈaʧe] *f* H, h *nt;* ~ **de historia** H wie Heinrich
ha [xa] *interj* ah!, ach!; **¡~, ~!** haha(ha)!
haba [ˈaβa] *f* ❶ (BOT) Saubohne *f;* **son ~s contadas** *(es seguro)* das ist ganz sicher; *(es escaso)* das ist knapp; **en todas partes cuecen ~s** das kommt in den besten Familien vor ❷ *(de café)* (Kaffee)bohne *f* ❸ *(del caballo)* Gaumengeschwulst *f* ❹ *(del pene)* Eichel *f*
Habana [aˈβana] *f* **la** ~ Havanna *nt*
habanero, -a [aβaˈnero, -a] **I.** *adj* aus Havanna **II.** *m, f* Einwohner(in) *m(f)* von Havanna
habano [aˈβano] *m* Havanna(zigarre) *f*
haber [aˈβer] *irr* **I.** *aux* ❶ *(en tiempos compuestos)* haben, sein; **ha ido al cine** er/sie ist ins Kino gegangen; **he comprado el periódico** ich habe die Zeitung gekauft ❷ *(de obligación)* müssen; **¿qué ha de ser cierto?** das soll wahr sein? ❸ *(futuro)* **él no ha de decirlo** er wird es nicht sagen ❹ *(imperativo)* **no tengo sitio – ¡~ venido antes!** ich habe keinen Platz – du hättest früher kommen sollen! **II.** *vimpers* ❶ *(ocurrir)* geschehen; **ha habido un terremoto en Japón** in Japan hat es ein Erdbeben gegeben; **¿qué hay?** was ist los?; **¿qué hay, Pepe?** wie geht's, Pepe? ❷ *(efectuar)* **hoy no hay cine** heute gibt's keine Kinovorstellung; **ayer hubo reunión** gestern fand die Sitzung statt; **después habrá baile** später wird getanzt ❸ *(existir)* geben; **aquí no hay agua** hier gibt es kein Wasser; **a este negocio no hay nada que hacerle** mit diesem Geschäft kann man keinen Blumentopf gewinnen *fam;* **eso es todo... ¡y ya no hay más!** das ist alles ... und damit basta!; **¿hay algo entre tú y ella?** läuft etwas zwischen euch beiden?; **hay poca gente** es sind wenige Leute da; **hay quien cree que...** manche (Leute) glauben, dass ...; **¡muchas gracias! – no hay de qué** vielen Dank! – gern geschehen!; **no hay para ponerse así** es gibt keinen Grund, sich derart aufzuregen; **no hay quien me gane al pimpón** keiner kann mich im Tischtennis schlagen ❹ *(hallarse)* sein; **hay un cuadro en la pared** an der Wand hängt ein Bild; **había un papel en el suelo** auf dem Boden lag ein Blatt Papier ❺ *(tiempo)* vor +*dat;* **había una vez...** es war einmal ... ❻ *(obligatoriedad)* **¡hay que ver cómo están los precios!** mein Gott, wie teuer alles geworden ist!; **hay que trabajar más** man muss mehr arbeiten; **no hay que olvidar que...** man darf nicht vergessen, dass ... **III.** *vt* **compra cuantos sellos pueda** ~ er/sie kauft alle erhältlichen Briefmarken **IV.** *vr:* **~se** *(comportarse)* sich benehmen; *(entenderse)* auskommen (**con** mit +*dat*); **habérselas con alguien** es mit jdm zu tun bekommen **V.** *m* ❶ *(capital)* Haben *nt* ❷ *(en cuenta corriente)* (Gut)haben *nt;* **pasaré la cantidad a tu** ~ ich werde die Summe auf dein Konto überweisen ❸ *pl (emolumentos)* Einkünfte *fpl*
habichuela [aβiˈʧwela] *f* Bohne *f*
hábil [ˈaβil] *adj* ❶ *(diestro)* geschickt; **ser ~ para algo** für etw Geschick haben ❷ *(en el oficio)* tüchtig ❸ *(astuto)* schlau; **una respuesta** ~ eine schlagfertige Antwort ❹ (JUR) fähig; **días ~es** Arbeitstage *mpl*
habilidad [aβiliˈðaᵈ] *f* ❶ *(destreza)* Geschicklichkeit *f;* **no tengo gran ~ con las manos** ich habe zwei linke Hände ❷ *(facultad)* Können *nt;* *(para los negocios)* (Geschäfts)tüchtigkeit *f* ❸ *(astucia)* Schläue *f* ❹ *(gracia)* Anmut *f;* **se mueve con** ~ er/sie bewegt sich anmutig
habilidoso, -a [aβiliˈðoso, -a] *adj* ❶ *(diestro)* geschickt ❷ *(en los negocios)* (geschäfts)tüchtig ❸ *(astuto)* schlau ❹ *(gracioso)* anmutig
habilitación [aβilitaˈθjon] *f* ❶ (JUR: *de personas*) Befähigung *f* (**para** zu +*dat*) ❷ *(de empleo)* Zahlungsbevollmächtigung *f* ❸ (UNIV) ~ **a/de cátedra** Habilitation *f* ❹ *(oficina)* Zahlstelle *f* ❺ *(de un espacio)* Umgestaltung *f*
habilitar [aβiliˈtar] **I.** *vt* ❶ (JUR: *a personas*) befähigen; *(documentos)* für rechtsgültig erklären ❷ (COM: *dar capital*) finanzieren ❸ *(proveer)* versorgen (**de** mit +*dat*); ~ **horas de visita** Sprechstunden festlegen ❹ *(espacio)* umgestalten **II.** *vr:* **~se** sich versorgen (**de** mit +*dat*)
habiloso, -a [aβiˈloso, -a] *adj (Am)* ❶ *(hábil)* flink ❷ *(astuto)* schlau
habitabilidad [aβitaβiliˈðaᵈ] *f sin pl* Bewohnbarkeit *f*
habitable [aβiˈtaβle] *adj* bewohnbar
habitación [aβitaˈθjon] *f* ❶ *(cuarto)* Zimmer *nt;* ~ **con dos camas** (**individuales**) Zweibettzimmer *nt;* ~ **doble** Doppelzimmer *nt;* ~ **individual** Einzelzimmer *nt* ❷ *(vivienda)* Wohnung *f* ❸ *(acción)* Wohnen *nt*
habitáculo [aβiˈtakulo] *m* ❶ *(vivienda)*

H

Wohnung *f* ② *(espacio)* Wohnraum *m* ③ (AUTO) Innenraum *m*
habitante [aβi'tan̩te] *mf* ① *(en ciudad)* Einwohner(in) *m(f)* ② *(de una isla)* Bewohner(in) *m(f)*
habitar [aβi'tar] **I.** *vi* wohnen (**en** in +*dat*); **hace tiempo que habita en Alemania** er/sie lebt seit Langem in Deutschland **II.** *vt* bewohnen
hábitat ['aβitat] *m* <hábitats> Habitat *nt*
hábito ['aβito] *m* ① *(costumbre)* (An)gewohnheit *f;* **he dejado el ~ de fumar** ich habe mir das Rauchen abgewöhnt ② (REL: *sotana*) Habit *m o nt; (orden)* Orden *m*
habituación [aβitwa'θjon] *f sin pl* Gewöhnung *f*

H

habitual [aβitu'al] *adj* gewöhnlich; **bebedor ~** Gewohnheitstrinker *m;* **cliente ~** Stammgast *m;* **lo dijo con su ironía ~** er/sie sagte es mit der ihm/ihr eigenen Ironie
habituar [aβitu'ar] <*1. pres* habitúo> *vt, vr:* **~se** (sich) gewöhnen (**a** an +*akk*)
habla ['aβla] *f* ① *(facultad)* Sprache *f;* **quedarse sin ~** sprachlos sein ② *(acto)* Sprechen *nt;* (LING) Parole *f;* **país de ~ alemana** deutschsprachiges Land; **¡Juan al ~!** Juan am Apparat! ③ *(manera)* Sprechweise *f* ④ *(dialecto)* Mundart *f*
hablado, -a [a'βlaðo, -a] *adj* **bien ~** sprachgewandt; **ser bien/mal ~** sich gewählt/derb ausdrücken
hablador(a) [aβla'ðor(a)] **I.** *adj* gesprächig **II.** *m(f)* ① *(cotorra)* Plappermaul *nt fam* ② *(chismoso)* Klatschmaul *nt fam*
habladuría [aβlaðu'ria] *f* Gerede *nt*
hablante [a'βlan̩te] *mf* Sprecher(in) *m(f)*
hablar [a'βlar] **I.** *vi* ① *(decir)* sprechen (**de/sobre** über +*akk*, von +*dat*), reden (**de/sobre** über +*akk*); **~ a gritos** schreien; **~ al oído** ins Ohr flüstern; **déjeme terminar de ~** lassen Sie mich ausreden; **~ claro** zur Sache kommen; **este autor no habla de este tema** dieser Autor behandelt dieses Thema nicht; **la policía le ha hecho ~** die Polizei hat ihn zum Reden gebracht; **los números hablan por sí solos** die Zahlen sprechen für sich; **¡ni ~!** auf gar keinen Fall!, kommt nicht infrage!; **por no ~ de...** ganz zu schweigen von ... +*dat;* **¡y no se hable más!** und damit basta! ② *(conversar)* reden (**de/sobre** über +*akk*); **~ con franqueza** offen sprechen; **~ por los codos** *(fam)* wie ein Wasserfall reden; **~ por teléfono** telefonieren; **no he podido ~ con él** er war nicht ansprechbar ③ *(tratamiento)* ansprechen (**de** mit +*dat*); **nos hablamos de tú/Ud.** wir duzen/siezen uns **II.** *vt* ① *(idioma)* sprechen ② *(asunto)* besprechen **III.** *vr:* **~se** miteinander reden; **no se hablan** es herrscht Funkstille zwischen ihnen
hablilla [a'βliʎa] *f* Gerede *nt*
hacedero, -a [aθe'ðero, -a] *adj* machbar, durchführbar
hacedor(a) [aθe'ðor(a)] *m(f)* ① *(creador)* Schöpfer(in) *m(f)* ② *(de una hacienda)* (Landgut)verwalter(in) *m(f); (Am)* (Hazienda)verwalter(in) *m(f)*
hacendado, -a [aθen̩'daðo, -a] **I.** *adj* vermögend **II.** *m, f* ① *(de una hacienda)* Großgrundbesitzer(in) *m(f)* ② *(AmS: de ganado)* Viehzüchter(in) *m(f)*
hacendoso, -a [aθen̩'doso, -a] *adj* tüchtig
hacer [a'θer] *irr* **I.** *vt* ① *(producir)* machen; *(vestido)* nähen; *(coche)* herstellen; **la casa está hecha de madera** das Haus ist aus Holz; **Dios hizo al hombre** Gott schuf den Menschen ② *(realizar)* machen, tun; *(servicio)* erweisen; *(maleta)* packen; *(favor)* tun; *(balance)* ziehen; *(libro)* schreiben; *(disparo)* abgeben; *(solitario)* legen; **¿qué hacemos hoy?** was unternehmen wir heute?; **~ una llamada** anrufen; **demuestra lo que sabes ~** zeig, was in dir steckt; **hazlo por mí** tu es mir zuliebe; **a medio ~** halb fertig; **¡Dios mío, qué has hecho!** mein Gott, was hast du da angerichtet!; **lo hecho, hecho está** was geschehen ist, ist geschehen; **puedes ~ lo que quieras** du kannst tun und lassen, was du willst; **¿qué haces por aquí?** was bringt dich hierher?; **¡me la has hecho!** du hast mich reingelegt! ③ *(con el intelecto: demagogia)* betreiben; *(poema)* schreiben; *(pregunta)* stellen; *(observación)* anstellen; *(discurso)* halten ④ *(ocasionar: sombra)* spenden; *(ruido)* machen; *(daño)* zufügen (**a** +*dat*); *(destrozos)* anrichten; **no puedes ~me esto** das kannst du mir nicht antun ⑤ *(caber)* fassen; **esta bota hace cinco litros** in dieses Fass gehen fünf Liter ⑥ *(construir)* bauen; *(monumento)* errichten ⑦ *(disponer: maleta)* packen ⑧ *(procurar)* schaffen; **¿puedes ~me sitio?** kannst du etwas zur Seite rücken? ⑨ *(trasformar)* **~ pedazos algo** etw kaputt machen; **estás hecho un hombre** du bist ja groß geworden ⑩ *(habituar)* sich gewöhnen (**a** an +*akk*) ⑪ *(cortar)* schneiden (lassen); **¿quién te hace el pelo?** zu welchem Friseur gehst du? ⑫ *(conseguir)* schaffen; *(dinero)* verdienen; *(amistad)* schließen ⑬ *(llegar)* **~ puerto** einlaufen; **~ noche en...** übernachten in ... +*dat* ⑭ *(más sustantivo)* **~ caja** (FIN) abrechnen; **~ caso a alguien** jdm gehorchen; **~ cumplidos** Umstände machen; **~ frente a algo/alguien** etw *dat*/jdm die Stirn bieten; **~ gim-**

nasia *(con aparatos)* turnen; *(en el suelo)* Gymnastik machen; ~ **uso de algo** etw gebrauchen ⑮ *(más verbo)* ~ **creer algo a alguien** jdm etw weismachen; ~ **venir a alguien** jdn zu sich *dat* rufen; **hazle pasar** bitte ihn herein; **no me hagas contarlo** erspare es mir, das erzählen zu müssen ⑯ *(limpiar)* sauber machen; ~ **los platos** das Geschirr spülen ⑰ (TEAT) ~ **una obra** ein Theaterstück aufführen; ~ **el (papel de) Fausto** den Faust spielen ⑱ (ENS: *carrera*) studieren; **¿haces francés o inglés?** lernst du Französisch oder Englisch? ⑲ (GASTR: *comida*) zubereiten; *(patatas)* kochen; *(pastel)* backen; **quiero la carne bien hecha** ich möchte das Fleisch gut durchgebraten **II.** *vi* ① *(convenir)* passen; **eso no hace al caso** das tut nichts zur Sache ② *(oficio)* arbeiten (**de** als +*nom*) ③ *(con preposición)* **por lo que hace a Juan...** was Juan angeht, ...; **hizo como que no me vio** er/sie übersah mich (einfach) **III.** *vr:* ~**se** ① *(volverse)* werden; ~**se del Madrid** dem Sportverein von Real Madrid beitreten ② *(crecer)* wachsen ③ *(simular)* sich verstellen; **se hace a todo** er/sie gibt sich mit allem zufrieden ④ *(habituarse)* sich gewöhnen (**a** an +*akk*) ⑤ *(cortarse)* sich *dat* schneiden lassen ⑥ *(parecer)* glauben ⑦ *(conseguir)* schaffen; ~**se respetar** sich *dat* Respekt verschaffen; ~**se con el poder** an die Macht gelangen ⑧ *(resultar)* **se me hace muy difícil creer eso** es fällt mir sehr schwer, das zu glauben **IV.** *vimpers* ① *(tiempo)* **hace frío/calor** es ist kalt/warm; **hoy hace un buen día** heute haben wir schönes Wetter ② *(temporal)* vor +*dat;* **hace tres días** vor drei Tagen; **no hace mucho** vor Kurzem; **desde hace un día** seit einem Tag

hacha ['atʃa] *f* ① *(herramienta)* Axt *f; (más pequeña)* Beil *nt; (de los indios)* Tomahawk *m; (de cocinero)* Hackmesser *nt* ② *(antorcha)* Fackel *f* ③ *(vela)* große Kerze *f*

hachazo [a'tʃaθo] *m* Axthieb *m*

hache ['atʃe] *f* H, h *nt;* **por ~ o por be** aus irgendeinem Grund

hachís [a'tʃis] *m* Haschisch *nt*

hacia ['aθja] *prep* ① *(dirección)* nach +*dat,* zu +*dat;* **el pueblo está más ~ el sur** das Dorf liegt weiter südlich; **el pueblo está yendo ~ Valencia** das Dorf liegt auf dem Weg nach Valencia; **fuimos ~ allí** wir gingen dorthin; **vino ~ mí** er/sie kam zu mir herüber ② *(cerca de)* gegen +*akk* ③ *(respecto a)* gegenüber +*dat*

hacienda [a'θjen̪da] *f* ① *(finca)* (Land)gut *nt* ② *(bienes)* Vermögen *nt;* **la ~ pública** die Staatsfinanzen; **¿pagas mucho a ~?** zahlst du viel Steuern?

Hacienda [a'θjen̪da] *f* (FIN) Steuerbehörde *f;* **el Ministro de Economía y ~** der Wirtschafts- und Finanzminister

hacinamiento [aθina'mjen̪to] *m* *(de haces)* Aufschichtung *f; (de objetos)* Anhäufung *f; (de personas)* Gedränge *nt*

hacinar [aθi'nar] **I.** *vt* aufschichten **II.** *vr:* ~**se** *(personas)* sich drängen; *(objetos)* sich anhäufen

hacker ['xaker] *mf* (INFOR) Hacker *m*

hada ['aða] *f* Fee *f;* **cuento de ~s** Märchen *nt*

hado ['aðo] *m* Schicksal *nt*

Haití [ai̯'ti] *m* Haiti *nt*

haitiano, -a [ai̯'tjano, -a] **I.** *adj* haitianisch **II.** *m, f* Haitianer(in) *m(f)*

hala ['ala] *interj* ① *(sorpresa)* (ach) du meine Güte! ② *(prisa)* los!

halagador(a) [alaɣa'ðor(a)] *adj* ① *(que halaga)* schmeichelhaft ② *(prometedor)* viel versprechend

halagar [ala'ɣar] <g → gu> *vt* ① *(mostrar afecto)* umschmeicheln ② *(satisfacer)* erfreuen ③ *(adular)* schmeicheln (**a** +*dat*)

halago [a'laɣo] *m* ① *(acción)* Schmeicheln *nt* ② *(palabras)* Lob *nt*

halagüeño, -a [ala'ɣweɲo, -a] *adj* ① *(halagador)* schmeichelhaft ② *(adulador)* schmeichlerisch ③ *(prometedor)* viel versprechend

halcón [al'kon] *m* Falke *m*

halconero, -a [alko'nero, -a] *m, f* Falkner(in) *m(f)*

halda ['al̪da] *f* *(falda)* Rock *m*

hale ['ale] *interj* los, auf (geht's)

haleche [a'letʃe] *m* (ZOOL) Sardelle *f*

halfpipe [half'pai̯p] *m o f* Halfpipe *f*

hálito ['alito] *m* ① *(aliento)* Atem *m* ② *(vapor)* Dunst *m* ③ *(elev: viento)* Windhauch *m*

hall [xol] *m* (Eingangs)halle *f*

hallado, -a [a'ʎaðo, -a] *adv* **sentirse bien ~** gut zurechtkommen; **sentirse mal ~** sich nicht heimisch fühlen

hallar [a'ʎar] **I.** *vt* ① *(encontrar)* finden; *(sin buscar)* stoßen (auf +*akk*) ② *(inventar)* erfinden ③ *(averiguar)* herausfinden ④ *(darse cuenta)* feststellen ⑤ *(tierra)* entdecken **II.** *vr:* ~**se** ① *(sitio)* sich aufhalten ② *(estado)* sein; **no me hallo a gusto aquí** ich fühle mich hier nicht wohl; **se halló con la resistencia de su partido** er/sie stieß auf den Widerstand seiner/ihrer Partei

hallazgo [a'ʎaθɣo] *m* ① *(acción)* Entdeckung *f* ② *(cosa)* Fund *m* ③ (MED) Befund *m*

H

halo ['alo] *m* ❶ (ASTR) Halo *m* ❷ (FOTO) Lichthof *m* ❸ (REL) Heiligenschein *m*, Aureole *f* ❹ *(aureola)* Aura *f*
halógeno [a'loxeno] *m* (QUÍM) Halogen *nt*
halotecnia [alo'teɣnja] *f* (TÉC) Technik *f* der industriellen Salzgewinnung
haltera [al'tera] *f* (DEP) Hantel *f*
halterofilia [altero'filja] *f* (DEP) Gewichtheben *nt*
halterófilo, -a [alte'rofilo, -a] *m, f* (DEP) Gewichtheber(in) *m(f)*
hamaca [a'maka] *f* ❶ *(cama)* Hängematte *f* ❷ *(tumbona)* Liegestuhl *m* ❸ *(AmS: mecedora)* Schaukelstuhl *m*
hambre ['ambre] *f* ❶ *(apetito)* Hunger *m;* **huelga de ~** Hungerstreik *m;* **matar el ~** den Hunger stillen; **me ha entrado (el) ~** ich habe Hunger bekommen; **morirse de ~** verhungern; **ser más listo que el ~** sehr gerissen sein; **a buen ~ no hay pan duro** *(prov)* Hunger ist der beste Koch ❷ *(de la población)* Hungersnot *f* ❸ *(deseo)* Hunger *m* (**de** nach +*dat*); **~ de poder** Machtgier *f*
hambrear [ambre'ar] *vt (Am)* ❶ *(hacer pasar hambre)* aushungern ❷ *(explotar)* ausbeuten
hambriento, -a [am'brjento, -a] *adj* ❶ *(con hambre)* hungrig ❷ *(deseoso)* gierig (**de** nach +*dat*); **~ de poder** machthungrig
hambrón, -ona [am'bron, -ona] *m, f* Nimmersatt *m*
hambruna [am'bruna] *f (Am)* Hungersnot *f*
Hamburgo [am'burɣo] *m* Hamburg *nt*
hamburgués, -esa [ambur'ɣes, -esa] **I.** *adj* hamburgisch **II.** *m, f* Hamburger(in) *m(f)*
hamburguesa [ambur'ɣesa] *f* (GASTR: *sola*) Frikadelle *f; (bocadillo)* Hamburger *m*
hamburguesería [amburɣese'ria] *f* Schnellimbiss *m*
hampa ['ampa] *f* ❶ *(gente)* Gesindel *nt* ❷ *(mundo)* Unterwelt *f*
hampón [am'pon] *m* ❶ *(maleante)* Verbrecher *m* ❷ *(valentón)* Angeber *m*
hámster ['xamster] *m* Hamster *m*
hándicap ['xandikaᵖ] *m* Handikap *nt*
hangar [aŋ'gar] *m* (AERO) Flugzeughalle *f*
Hannover [(x)a'noβer] *m* Hannover *nt*
hansa ['(x)ansa] *f* (HIST) Hanse *f*
hanseático, -a [(x)anse'atiko, -a] **I.** *adj* Hanse- **II.** *m, f* Hanseat(in) *m(f)*
haragán, -ana [ara'ɣan, -ana] *m, f* Faulenzer(in) *m(f)*
haraganear [araɣane'ar] *vi* faulenzen
haraganería [araɣane'ria] *f* Faulenzerei *f*
harapiento, -a [ara'pjento, -a] *adj* zerlumpt
harapo [a'rapo] *m* Lumpen *m*
haraposo, -a [ara'poso, -a] *adj* zerlumpt; **se presentó con un atuendo ~** er/sie erschien in abgerissener Aufmachung
hardware ['xar⁽ᵈ⁾wer] *m* (INFOR) Hardware *f*
harem [a'ren] *m*, **harén** [a'ren] *m* Harem *m*
harina [a'rina] *f* ❶ (GASTR) Mehl *nt;* **~ integral** Vollkornmehl *nt;* **~ de trigo** Weizenmehl *nt* ❷ *(polvo)* Pulver *nt* ❸ *(loc, fam)* **esto es ~ de otro costal** das ist etwas anderes
harinear [arine'ar] *vimpers (Ven)* nieseln
harinoso, -a [ari'noso, -a] *adj* ❶ *(parecido a la harina)* mehlartig ❷ *(con harina)* mehlig
harmonía [armo'nia] *f* ❶ *(concordancia)* Harmonie *f* ❷ (MÚS) Harmonielehre *f*
harmónica [ar'monika] *f* Mundharmonika *f*
harmónico, -a [ar'moniko, -a] *adj* harmonisch
harpía [ar'pia] *f* ❶ *(figura mitológica)* Harpyie *f* ❷ *(bruja)* Hexe *f*
hartar [ar'tar] *irr* **I.** *vt* ❶ *(saciar)* sättigen (**de** mit +*dat*) ❷ *(fastidiar)* belästigen (**con** mit +*dat*); **me harta con sus chistes** ich habe seine/ihre Witze satt **II.** *vr:* **~se** ❶ *(saciarse)* sich satt essen (**de** mit +*dat*); *(en exceso)* sich vollessen (**de** mit +*dat*) ❷ *(cansarse)* überdrüssig werden (**de** +*gen*); **~se de reír** sich totlachen; **me he hartado del tiempo que hace en Alemania** ich habe das Wetter in Deutschland satt
hartazgo [ar'taθɣo] *m* Übersättigung *f;* **darse un ~ (de dulces)** sich (an Süßigkeiten) überessen; **tengo un ~ de televisión** ich habe zu viel ferngesehen
hartera [ar'tera] *f v.* **hartazgo**
harto, -a ['arto, -a] **I.** *adj* ❶ *(repleto)* satt; *(en exceso)* übersatt ❷ *(sobrado)* **tengo hartas razones** ich habe genügend Gründe ❸ *(loc)* **estar ~ de alguien/algo** jds/etw *gen* überdrüssig sein **II.** *adv (sobrado)* ausreichend; *(muy)* sehr
hartura [ar'tura] *f* ❶ *(hartazgo)* Übersättigung *f* ❷ *(abundancia excesiva)* Überfluss *m*
hartura [ar'tura] *f* Übersättigung *f*
hasta ['asta] **I.** *prep* ❶ *(de lugar)* bis (zu); **te llevo ~ la estación** ich fahre dich bis zum Bahnhof; **volamos ~ Madrid** wir flogen bis (nach) Madrid; **~ cierto punto** bis zu einem gewissen Grad(e) ❷ *(de tiempo)* bis; **~ ahora** bisher; **~ el próximo año** bis

zum nächsten Jahr ③ *(en despedidas)* **¡~ luego!** bis später!; **¡~ la vista!** auf Wiedersehen!; **¡~ la próxima!** bis zum nächsten Mal! **II.** *adv* selbst **III.** *conj* ~ **cuando come lee el periódico** sogar beim Essen liest er/sie die Zeitung; **no consiguió un trabajo fijo ~ que cumplió 40 años** erst als er/sie 40 wurde, bekam er/sie eine feste Stelle

hastiar [asti'ar] <*1. pres* hastío> **I.** *vt* ① *(hartar)* sattbekommen ② *(repugnar)* anekeln ③ *(aburrir)* langweilen **II.** *vr* **~se de alguien/algo** jdn/etw satthaben

hastío [as'tio] *m* ① *(repugnancia)* Ekel *m* ② *(disgusto)* Überdruss *m* ③ *(tedio)* Langeweile *f*

hastioso, -a [as'tjoso, -a] *adj* langweilig

hatajo [a'taxo] *m* ① *(de ganado)* kleine Herde *f* ② *(de personas)* Haufen *m*

hato ['ato] *m* ① *(de ropa)* Bündel *nt* ② *(de ganado)* kleine Herde *f* ③ *(montón)* Haufen *m*

Hawai [xa'wai̯] *m* Hawaii *nt*

hawaiano, -a [xawa'jano, -a] **I.** *adj* hawaiisch **II.** *m, f* Hawaiianer(in) *m(f)*

haya ['aɟa] *f* ① *(árbol)* Buche *f* ② *(madera)* Buchenholz *nt*

Haya ['aɟa] *f* **La ~** Den Haag *nt*

haz [aθ] *m* ① *(hato)* Bündel *nt* ② (FÍS) Strahl *m;* ~ **luminoso** Lichtbündel *nt*

haza ['aθa] *f* Stück *nt* Acker(land)

hazaña [a'θaɲa] *f* Heldentat *f*

hazmerreír [aθmerre'ir] *m inv* Witzfigur *f;* **es el ~ de la gente** alle lachen ihn aus

he [e] *1. pres de* **haber**

heavy[1] ['xeβi] **I.** *adj* heavy; **música ~** Heavy Metal *nt* **II.** *m sin pl* Heavy-Metal-Anhänger(in) *m(f)*

heavy[2] ['xeβi] <heavys> *m* Heavy Metal *nt*

heavy metal ['xeβi 'metal] *m* (MÚS) Heavy Metal *nt*

hebilla [e'βiʎa] *f* Schnalle *f*

hebra ['eβra] *f* ① *(hilo)* Faden *m* ② *(fibra)* Faser *f;* **tabaco de ~** Feinschnitt *m*

hebreo[1] [e'βreo] *m* ① *(lengua)* Hebräisch(e) *nt* ② *(fam: mercader)* Kaufmann *m* ③ *(fam: usurero)* Wucherer *m*

hebreo, -a[2] [e'βreo, -a] **I.** *adj* hebräisch **II.** *m, f* Hebräer(in) *m(f)*

hebroso, -a [e'βroso, -a] *adj* faserig

hecatombe [eka'tombe] *f* Hekatombe *f*

hechicería [etʃiθe'ria] *f* ① *(arte)* Hexenkunst *f* ② *(acto)* Hexerei *f* ③ *(hechizo)* Zauber *m*

hechicero, -a [etʃi'θero, -a] *m, f* ① *(brujo)* Zauberer, -in *m, f* ② *(de tribu)* Medizinmann, -frau *m, f*

hechizar [etʃi'θar] <z → c> *vt* ① *(embrujar)* verhexen ② *(encantar)* bezaubern, in seinen Bann ziehen

hechizo [e'tʃiθo] *m* Zauber *m;* **romper el ~** den Bann brechen

hecho[1] ['etʃo] *m* ① *(circunstancia)* Tatsache *f* ② *(acto)* Tat *f;* ~ **delictivo** Straftat *f;* **los H~s de los Apóstoles** die Apostelgeschichte ③ *(suceso)* Ereignis *nt;* (JUR) Tatbestand *m;* **exposición de los ~s** Darstellung des Sachverhalts; **lugar de los ~s** Tatort *m;* **los ~s que causaron el incendio** die Ursache des Brandes ④ *(loc)* **de ~** *(efectivamente)* tatsächlich; *(en realidad)* eigentlich; *(por la fuerza)* de facto; **de ~ el piso es mío** die Wohnung gehört eigentlich mir

hecho, -a[2] ['etʃo, -a] **I.** *pp de* **hacer: a lo ~, pecho** für seine Taten muss man auch geradestehen **II.** *adj* ① *(maduro)* reif; **vino ~** abgelagerter Wein ② *(cocido)* gar; **me gusta la carne hecha** mir schmeckt das Fleisch durchgebraten; **el pollo está demasiado ~** das Hühnchen ist zu stark gebraten ③ *(acabado)* fertig; **frase hecha** feste Wendung; **traje ~** Anzug von der Stange ④ *(adulto)* erwachsen

hechor[1] [e'tʃor] *m (AmS)* Esel(hengst) *m*

hechor(a)[2] [e'tʃor(a)] *m(f) (Chil, Ecua)* Straftäter(in) *m(f),* Kriminelle(r) *f(m)*

hechura [e'tʃura] *f* ① *(factura)* Anfertigung *f* ② *(de un vestido)* Schnitt *m* ③ *(obra)* Werk *nt; (de Dios)* Kreatur *f;* **este caos seguro que es ~ tuya** dieses Durcheinander hast bestimmt du angerichtet ④ *(del cuerpo)* Körperbau *m*

hectárea [ek'tarea] *f* Hektar *nt*

hectogramo [ekto'ɣramo] *m* Hektogramm *nt*

hectolitro [ekto'litro] *m* Hektoliter *m o nt*

hectómetro [ek'tometro] *m* Hektometer *m o nt*

heder [e'ðer] <e → ie> *vi* ① *(apestar)* stinken (**a** nach +*dat*) ② *(molestar)* auf die Nerven gehen +*dat*

hediento, -a [e'ðjen̪to, -a] *adj (maloliente)* stinkend, übel riechend

hediondez [eðjon̪'deθ] *f* Gestank *m*

hediondo, -a [e'ðjon̪do, -a] *adj* ① *(fétido)* übel riechend ② *(repugnante)* ekelhaft ③ *(obsceno)* unanständig

hedonismo [eðo'nismo] *m sin pl* Hedonismus *m*

hedonista [eðo'nista] **I.** *adj* hedonistisch **II.** *mf* Hedonist(in) *m(f)*

hedor [e'ðor] *m* Gestank *m* (**a** nach +*dat*)

hegemonía [exemo'nia] *f* Hegemonie *f*

hegemónico, -a [exe'moniko, -a] *adj* hegemonisch

helada [e'laða] *f* Frost *m;* **las primeras ~s**

del año die ersten Frosteinbrüche des Jahres; **anoche cayó una** ~ heute Nacht hat es gefroren

heladera [ela'ðera] *f* Kühlschrank *m*

heladería [elaðe'ria] *f* Eiscafé *nt*

helado[1] [e'laðo] *m* (Speise)eis *nt,* Eiscreme *f*

helado, -a[2] [e'laðo, -a] *adj* ❶ *(frío)* Eis-, eisig; **cubierto por una capa ~a** vereist; **el lago está** ~ der See ist zugefroren; **las cañerías están heladas** die Wasserleitung ist eingefroren ❷ *(turulato)* verblüfft; *(de miedo)* starr (**de** vor +*dat*)

helador(a) [ela'ðor(a)] *adj* eisig, eiskalt

heladora [ela'ðora] *f* Eismaschine *f*

helar [e'lar] <e → ie> **I.** *vt* ❶ *(congelar)* gefrieren (lassen) ❷ *(pasmar)* verblüffen **II.** *vimpers* frieren **III.** *vr:* **~se** ❶ *(congelarse)* gefrieren; **el lago se ha helado** der See ist zugefroren ❷ *(morir)* erfrieren ❸ *(pasar frío)* frieren; **~se de frío** vor Kälte erstarren

helecho [e'leʧo] *m* Farnkraut *nt*

helénico, -a [e'leniko, -a] *adj* ❶ *(antiguo)* hellenisch ❷ *(actual)* griechisch

helenista [ele'nista] *mf* Hellenist(in) *m(f)*

hélice ['eliθe] *f* ❶ (TÉC) Propeller *m; (de avión t.)* Luftschraube *f; (de barco)* Schiffsschraube *f* ❷ (ANAT) Helix *f* ❸ (MAT) Spirale *f*

helicoidal [elikoi̯'ðal] *adj* Spiral-, spiralförmig

helicóptero [eli'koptero] *m* Hubschrauber *m*

helio ['eljo] *m* (QUÍM) Helium *nt*

heliocéntrico, -a [eljo'θen̪triko, -a] *adj* (ASTR) heliozentrisch

heliosfera [eljos'fera] *f* (ASTR) Heliosphäre *f*

heliosis [e'ljosis] *f inv* (MED) Sonnenstich *m,* Heliosis *f*

helipuerto [eli'pwerto] *m* Heliport *m*

helvético, -a [el'βetiko, -a] **I.** *adj* schweizerisch **II.** *m, f* Schweizer(in) *m(f)*

hematocrito [emato'krito] *m* (MED) Hämatokritwert *m*

hematoma [ema'toma] *m* (MED) Bluterguss *m*

hembra ['embra] *f* ❶ *(mujer)* Frau *f* ❷ (ZOOL) Weibchen *nt* ❸ (BOT) weibliche Blüte *f* ❹ (TÉC) (Schrauben)mutter *f*

hembraje [em'braxe] *m (AmS)* ❶ *(de ganado)* Herde *f* Weibchen ❷ *(pey: de mujeres)* Gruppe *f* von Weibern

hemeralopía [emeralo'pia] *f* (MED) Nachtblindheit *f*

hemeroteca [emero'teka] *f* Zeitungsarchiv *nt*

hemiciclo [emi'θiklo] *m* ❶ *(semicírculo)* Halbkreis *m* ❷ *(sala)* halbkreisförmiger Saal *m* ❸ (POL: *en España*) Parlamentssaal *m*

hemiplejia [emi'plexja] *f,* **hemiplejía** [emiple'xia] *f* (MED) Hemiplegie *f,* halbseitige Lähmung *f*

hemipléjico, -a [emi'plexiko, -a] **I.** *adj* halbseitig gelähmt **II.** *m, f* Hemiplegiker(in) *m(f)*

hemisférico, -a [emis'feriko, -a] *adj* hemisphärisch

hemisferio [emis'ferjo] *m* ❶ (GEO) (Erd)halbkugel *f;* ~ **norte** Nordhalbkugel *f;* ~ **sur** Südhalbkugel *f* ❷ (ANAT: *del cerebro*) Hemisphäre *f*

hemodinámica [emoði'namika] *f* (MED) Hämodynamik *f*

hemofilia [emo'filja] *f* (MED) Bluterkrankheit *f*

hemoglobina [emoɣlo'βina] *f* (BIOL) Hämoglobin *nt*

hemorragia [emo'rraxia] *f* (MED) starke Blutung *f;* ~ **nasal** Nasenbluten *nt*

hemorroides [emo'rroi̯ðes] *fpl* (MED) Hämorriden *fpl*

hemostático [emos'tatiko] *m* (MED) Hämostatikum *nt*

henchido, -a [en'ʧiðo, -a] *adj* prall, geschwollen; *(fig)* strotzend (**de** vor +*dat*); ~ **de orgullo** mit stolzgeschwellter Brust

henchir [en'ʧir] *irr como pedir* **I.** *vt* anfüllen; ~ **los pulmones de aire** tief einatmen; ~ **una maleta** einen Koffer vollstopfen **II.** *vr:* **~se** *(hartarse de comida)* sich vollstopfen

hender [en̪'der] <e → ie> **I.** *vt* ❶ *(algo de madera)* spalten; *(algo de plástico)* aufschlitzen ❷ *(abrirse paso)* sich *dat* einen Weg bahnen (durch +*akk*) **II.** *vr:* **~se** sich spalten

hendidura [en̪di'ðura] *f* ❶ *(raja)* Spalte *f; (en la pared)* Riss *m; (en un jarrón)* Sprung *m* ❷ *(de una guía)* Kerbe *f*

hendimiento [en̪di'mjen̪to] *m* Spalten *nt*

hendir [en̪'dir] *vt irr como cernir v.* **hender**

heno ['eno] *m* Heu *nt;* **fiebre del** ~ Heuschnupfen *m*

hepático, -a [e'patiko, -a] *adj* hepatisch, Leber-; **cirrosis hepática** Leberzirrhose *f*

hepatitis [epa'titis] *f inv* (MED) Hepatitis *f,* Leberentzündung *f*

hepatología [epatolo'xia] *f* (MED) Hepatologie *f*

heptaedro [epta'eðro] *m* (MAT) Heptaeder *nt*

heptágono [ep'taɣono] *m* Siebeneck *nt*

heptatlón [eptað'lon] *m* (DEP) Siebenkampf *m*

heráldica [e'ral̩dika] *f sin pl* Wappenkunde *f*

heráldico, -a [e'ral̩diko, -a] *adj* heraldisch

herbáceo, -a [er'βaθeo, -a] *adj* ① *(de hierba)* Gras- ② *(de hierbas medicinales)* krautig, krautartig

herbajar [erβa'xar] **I.** *vi* weiden, grasen **II.** *vt* weiden lassen

herbaje [er'βaxe] *m* ① *(lugar)* Weide *f* ② *(comida)* Grasfutter *nt*

herbario [er'βarjo] *m* Pflanzensammlung *f*

herbicida [erβi'θiða] *m* Unkrautvertilgungsmittel *nt*

herbívoro [er'βiβoro] *m* Pflanzenfresser *m*

herbolario[1] [erβo'larjo] *m* Heilkräuterladen *m*

herbolario, -a[2] [erβo'larjo, -a] **I.** *adj* unbesonnen **II.** *m, f* Heilkräuterhändler(in) *m(f)*

herbología [erβolo'xia] *f* Kräuterheilkunde *f*

herborista [erβo'rista] *mf* Heilkräuterhändler(in) *m(f)*

herboristería [erβoriste'ria] *f v.* **herbolario**[1]

herboterapia [erβote'rapja] *f* Kräutertherapie *f*

hercio ['erθjo] *m* (FÍS) Hertz *nt*

hercúleo, -a [er'kuleo, -a] *adj* herkulisch; *(fig)* riesenstark

heredable [ere'ðaβle] *adj* (ver)erblich

heredad [ere'ða^{d}] *f* ① *(finca)* Landgut *nt* ② *(terreno)* Grundstück *nt*

heredar [ere'ðar] *vt* ① *(recibir)* erben; **propiedad heredada** vererbtes Eigentum; **problemas heredados del franquismo** Erblasten aus der Zeit des Franco-Regimes ② *(dar)* zum Erben einsetzen

heredero, -a [ere'ðero, -a] *m, f* Erbe, -in *m, f;* **el ~ del trono** der Thronfolger; **el príncipe ~** der Kronprinz

hereditario, -a [ereði'tarjo, -a] *adj* ① *(de la herencia)* Erb- ② *(rasgos)* Erb-, vererbbar; **enfermedad hereditaria** Erbkrankheit *f*

hereje [e'rexe] *mf* (REL) Ketzer(in) *m(f)*

herejía [ere'xia] *f* ① (REL) Ketzerei *f* ② *(insulto)* Beleidigung *f* ③ *(fechoría)* Streich *m* ④ *(disparate)* Unsinn *m*

herencia [e'ren̩θja] *f* ① (JUR) Erbschaft *f* ② *(legado)* Erbe *nt;* **una ~ de la antigüedad** ein Vermächtnis der Antike

herético, -a [e'retiko, -a] *adj* ketzerisch

herida [e'riða] *f* ① *(lesión)* Wunde *f;* **tocar a alguien en la ~** *(fig)* jds wunden Punkt treffen ② *(ofensa)* Beleidigung *f*

herido, -a [e'riðo, -a] **I.** *adj* ① *(lesionado)* verletzt (**en** an +*dat*); (MIL) verwundet (**en** an +*dat*); **~ de gravedad** schwer verletzt; (MIL) schwer verwundet ② *(ofendido)* beleidigt **II.** *m, f* Verletzte(r) *mf;* (MIL) Verwundete(r) *mf;* **en el atentado no hubo ~s** bei dem Anschlag wurde niemand verletzt

herir [e'rir] *irr como sentir* **I.** *vt* ① *(lesionar)* verletzen (**en** an +*dat*); (MIL) verwunden (**en** an +*dat*) ② *(golpear)* schlagen ③ *(flecha)* (durch die Luft) schwirren ④ *(instrumento)* anschlagen ⑤ *(sol)* bestrahlen ⑥ *(ofender)* verletzen; **no quisiera ~ susceptibilidades** ich möchte niemandem zu nahe treten ⑦ *(acertar)* treffen **II.** *vr:* **~se** sich verletzen (**en** an +*dat*)

hermafrodita [ermafro'ðita] **I.** *adj* zwittrig **II.** *m* Zwitter *m*

hermana *f v.* **hermano**

hermanado, -a [erma'naðo, -a] *adj* ähnlich (**con** +*dat*); **ciudad hermanada** Partnerstadt *f*

hermanamiento [ermana'mjen̩to] *m* ① *(de ciudades)* Partnerschaft *f* ② *(acción)* Verbrüderung *f*

hermanar [erma'nar] **I.** *vt* *(unir)* verbinden; **Cambridge está hermanada con Heidelberg** Cambridge ist eine Partnerstadt Heidelbergs **II.** *vr:* **~se** sich verbrüdern

hermanastro, -a [erma'nastro, -a] *m, f* Stiefbruder, -schwester *m, f*

hermandad [erman̩'da^{d}] *f* ① *(parentesco)* geschwisterliche Beziehung *f* ② *(amistad)* innige Freundschaft *f* ③ *(agrupación)* Innung *f;* (REL) Bruderschaft *f*

hermano, -a [er'mano, -a] *m, f* *(pariente)* Bruder, Schwester *m, f;* **~ de padre/de madre** Halbbruder väterlicherseits/mütterlicherseits; **~ político** Schwager *m;* **mi ~ mayor/pequeño** mein älterer/jüngerer Bruder; **tengo tres ~s** *(solo chicos)* ich habe drei Brüder; *(chicos y chicas)* ich habe drei Geschwister; **lenguas hermanas** verwandte Sprachen

hermético, -a [er'metiko, -a] *adj* ① *(objeto)* hermetisch; *(al aire)* luftdicht; *(al agua)* wasserdicht ② *(persona)* äußerst verschlossen ③ *(texto)* schwer verständlich

hermetismo [erme'tismo] *m* Verschlossenheit *f*

hermetizar [ermeti'θar] <z → c> *vt* hermetisch verschließen

hermosamente [ermosa'men̩te] *adv* prächtig, wundervoll

hermosear [ermose'ar] *vt* ① *(a una persona)* herausputzen ② *(a una cosa)* verschönern, schmücken

hermoso, -a [er'moso, -a] *adj* ① *(paisaje)* schön; *(día)* herrlich ② *(persona)* wunderschön ③ *(niño)* niedlich ④ *(salón)* prächtig ⑤ *(gesto)* schön ⑥ *(palabras)* nett

H

hermosura [ermo'sura] *f* Schönheit *f*

hernia ['ernja] *f* (MED) (Eingeweide)bruch *m;* ~ **discal** [*o* **de disco**] Bandscheibenvorfall *m*

herniarse [er'njarse] *vr* sich *dat* einen Bruch heben; **¡no te herniarás, no!** na ja, du wirst dir schon kein Bein (dabei) ausreißen!

héroe ['eroe] *m* ① *(personaje)* Held *m* ② *(mitología)* Heros *m* ③ (TEAT) Heldendarsteller *m*

heroicidad [eroi̯θi'ða^{ð}] *f* ① *(hazaña)* Heldentat *f* ② *(cualidad)* Heldentum *nt*

heroico, -a [e'roi̯ko, -a] *adj* heldenhaft

heroína [ero'ina] *f* ① *(de héroe)* Heldin *f* ② *(droga)* Heroin *nt*

H

heroinómano, -a [eroi̯'nomano, -a] *m, f* Heroinsüchtige(r) *mf*

heroísmo [ero'ismo] *m sin pl* Heldentum *nt*

herpes ['erpes] *m o f inv* (MED) Herpes *m*

herrador [erra'ðor] *m* Hufschmied *m*

herradura [erra'ðura] *f* ① *(de caballo)* Hufeisen *nt;* **camino de** ~ Reitweg *m* ② (ZOOL) Hufeisennase *f*

herramienta [erra'mjen̩ta] *f* Werkzeug *nt;* ~ **agrícola** landwirtschaftliches Gerät; **caja de (las)** ~**s** Werkzeugkasten *m*

herrar [e'rrar] <e → ie> *vt* ① *(caballo)* beschlagen ② *(a un animal)* mit Brandzeichen kennzeichnen

herrería [erre'ria] *f* Schmiede *f*

herrero [e'rrero] *m* Schmied *m*

herrete [e'rrete] *m* Nestelstift *m*

herrín [e'rrin] *m* (QUÍM) Rost *m*

herrumbre [e'rrumbre] *f* *(orín, t.* BOT) Rost *m*

herrumbroso, -a [errum'broso, -a] *adj* rostig

hertz [er^{ð}s] *m* (FÍS) Hertz *nt*

hertzio ['er^{ð}sjo] *m* (FÍS) Hertz *nt*

hervidero [erβi'ðero] *m* ① *(manantial)* heiße Quelle *f;* **un** ~ **de intrigas** ein Intrigenherd ② *(multitud)* Gewimmel *nt*

hervido [er'βiðo] *m* ① *(de los alimentos)* Kochen *nt; (de los líquidos)* Aufkochen *nt* ② *(burbujeo)* Brodeln *nt* ③ *(AmS: cocido)* Eintopf *m*

hervidor [erβi'ðor] *m* ① *(de cocina)* Kocher *m* ② (TÉC) Heizrohr *nt*

hervir [er'βir] *irr como sentir* **I.** *vi* ① *(alimentos)* kochen ② *(burbujear)* brodeln ③ *(desinfectar)* abkochen ④ *(el mar)* tosen ⑤ *(persona)* kochen; **hierve en cólera** er/sie kocht vor Wut; **le hierve la sangre** sein/ihr Blut gerät in Wallung ⑥ *(abundar)* **esta calle hierve en rumores** diese Straße ist eine wahre Gerüchteküche **II.** *vt* (auf)kochen (lassen)

hervor [er'βor] *m* ① *(acción)* Kochen *nt;* **levantar el** ~ aufkochen ② *(burbujeo)* Brodeln *nt* ③ *(de la juventud)* Feuer *nt*

Hesse ['(x)ese] *m* Hessen *nt*

heterodoxo, -a [etero'ðo^{ɣ}so, -a] *adj* heterodox

heterogeneidad [eteroxenei̯'ða^{ð}] *f* Heterogenität *f*

heterogéneo, -a [etero'xeneo, -a] *adj* verschiedenartig, heterogen

heterónimo [ete'ronimo] *m* (LING) Heteronym *nt*

heterosexual [eterose^{ɣ}'swal] **I.** *adj* heterosexuell **II.** *mf* Heterosexuelle(r) *mf*

heterosexualidad [eterose^{ɣ}swali'ða^{ð}] *f sin pl* Heterosexualität *f*

hexadecimal [e^{ɣ}saðeθi'mal] *adj* hexadezimal

hexaedro [e^{ɣ}sa'eðro] *m* (MAT) Sechsflächner *m,* Hexaeder *nt*

hexagonal [e^{ɣ}saɣo'nal] *adj* sechseckig, hexagonal

hexágono [e^{ɣ}'saɣono] *m* Sechseck *nt,* Hexagon *nt*

hez [eθ] *f* ① *(poso)* Bodensatz *m* ② *pl (escoria)* Abschaum *m* ③ *pl (excrementos)* Kot *m*

hibernación [iβerna'θjon] *f* ① (ZOOL) Winterschlaf *m* ② (MED) Hibernation *f*

hibernal [iβer'nal] *adj* Winter-, winterlich

hibernar [iβer'nar] *vi* Winterschlaf halten

hibisco [i'βisko] *m* Hibiskus *m*

hibridación [iβriða'θjon] *f* Hybridisierung *f*

hibridismo [iβri'ðismo] *m* (*t.* BIOL: *carácter híbrido*) Gemisch *nt*

híbrido¹ ['iβriðo] *m* (BIOL) Hybride *m o f*

híbrido, -a² ['iβriðo, -a] *adj* hybrid; **computador** ~ (INFOR) Hybridrechner *m*

hidalgo¹ [i'ðalɣo] *m* (HIST) Edelmann *m*

hidalgo, -a² [i'ðalɣo, -a] *adj* ① *(de los nobles)* adelig ② *(noble)* edel ③ *(generoso)* großmütig

hidra ['iðra] *f* ① *(pólipo)* Süßwasserpolyp *m* ② (ASTR) Hydra *f*

hidratante [iðra'tan̩te] *adj* Feuchtigkeit spendend; **crema** ~ Feuchtigkeitscreme *f*

hidratar [iðra'tar] *vt* ① (QUÍM) hydratisieren ② *(piel)* mit einer Feuchtigkeitscreme behandeln

hidrato [i'ðrato] *m* (QUÍM) Hydrat *nt;* ~ **de carbono** Kohlenhydrat *nt*

hidráulica [i'ðrau̯lika] *f* Hydraulik *f*

hídrico, -a ['iðriko, -a] *adj* ① *(relativo al agua)* Wasser- ② *(que contiene agua)* wasserhaltig

hidroavión [iðroaβi'on] *m* Wasserflugzeug *nt*

hidrocarburo [iðrokar'βuro] *m* (QUÍM) Kohlenwasserstoff *m*
hidrodinámico, -a [iðroði'namiko, -a] *adj* hydrodynamisch
hidroeléctrico, -a [iðroe'lektriko, -a] *adj* hydroelektrisch; **central hidroeléctrica** Wasserkraftwerk *nt*
hidrófilo, -a [i'ðrofilo, -a] *adj* hydrophil
hidrófobo, -a [i'ðrofoβo, -a] *adj* ❶ (QUÍM) hydrophob ❷ *(rabioso)* tollwütig
hidrófugo, -a [i'ðrofuɣo, -a] *adj* feuchtigkeitsbeständig
hidrogenar [iðroxe'nar] *vt* (QUÍM) hydrieren
hidrógeno [i'ðroxeno] *m* (QUÍM) Wasserstoff *m*
hidrografía [iðroɣra'fia] *f sin pl* Gewässerkunde *f*, Hydrografie *f*
hidrográfico, -a [iðro'ɣrafiko, -a] *adj* hydrografisch
hidrolimpiadora [iðrolimpja'ðora] *f* Hochdruckreiniger *m*
hidrología [iðrolo'xia] *f* (GEO) Hydrologie *f*
hidrológico, -a [iðro'loxiko, -a] *adj* hydrologisch
hidroplano [iðro'plano] *m* ❶ (AERO) Wasserflugzeug *nt* ❷ (NÁUT) Gleitboot *nt*
hidrosfera [iðros'fera] *f* (GEO) Hydrosphäre *f*
hidrosoluble [iðroso'luβle] *adj* wasserlöslich
hidrostático, -a [iðros'tatiko, -a] *adj* hydrostatisch
hidroterapia [iðrote'rapja] *f* (MED) Hydrotherapie *f*
hidróxido [i'ðro^ɣsiðo] *m* (QUÍM) Hydroxid *nt*
hiedra ['ɟeðra] *f* Efeu *m*
hiel [ɟel] *f* ❶ *(bilis)* Galle *f* ❷ *(amargura)* Bitterkeit *f*; **echar la ~** sich abrackern ❸ *pl (adversidades)* Probleme *ntpl*
hielo ['ɟelo] *m* ❶ *(del agua)* Eis *nt*; **~ en la carretera** Glatteis *nt*; **~ picado** zerhacktes Eis; **el barco ha quedado aprisionado en el ~** das Schiff ist eingefroren ❷ *pl (helada)* Frost *m* ❸ *(frialdad)* Kälte *f* ❹ *(loc)* **me quedé de ~** ich war wie vor den Kopf geschlagen
hiena ['ɟena] *f* Hyäne *f*
hienda ['ɟen̪da] *f* (AGR) Mist *m*, Dung *m*
hierático, -a [ɟe'ratiko, -a] *adj* hieratisch
hierba ['ɟerβa] *f* ❶ *(planta)* Gras *nt* ❷ *(comestible)* Kraut *nt*; **~ medicinal** Heilkraut *nt*; **infusión de ~s** Kräutertee *m*; **mala ~** Unkraut *nt*; **haber pisado mala/buena ~** Pech/Glück haben; **mala ~ nunca muere** *(prov)* Unkraut vergeht nicht ❸ *(césped)* Rasen *m*; **tenis sobre ~** (DEP) Rasentennis *nt* ❹ *(pasto)* Weideland *nt* ❺ *(fam: droga)* Gras *nt* ❻ *pl (veneno)* Gifttrank *m* ❼ *(loc)* **y otras ~s** *(irón)* et cetera pp.
hierbabuena [ɟerβa'βwena] *f* Minze *f*
hierbajo [ɟer'βaxo] *m* Unkraut *nt*
hierbal [ɟer'βal] *m (Chil)* Grasfläche *f*, Wiese *f*
hierbazal [ɟerβa'θal] *f* (BOT) Weide *f*, Weideland *nt*
hierra ['ɟerra] *f (Am)* Brandzeichen *nt*
hierro ['ɟerro] *m* ❶ *(metal, t.* DEP) Eisen *nt*; **edad del ~** Eisenzeit *f*; **salud de ~** eiserne Gesundheit; **voluntad de ~** eiserner Wille; **quitar ~ a un asunto** eine Angelegenheit herunterspielen ❷ *(del ganado)* Brandzeichen *nt* ❸ *(para marcar)* Brandeisen *nt* ❹ *(de lanza)* Spitze *f* ❺ *(arma)* Waffe *f* ❻ *(herramienta)* Werkzeug *nt* aus Eisen ❼ *pl (grilletes)* Handschellen *fpl* ❽ *pl (cadenas)* Ketten *fpl*
hifi ['ifi/'xai̯fi] *adj* Hi-Fi-
hígado ['iɣaðo] *m* ❶ (ANAT) Leber *f* ❷ *pl (valor)* Mumm *m fam*
higiene [i'xjene] *f* Hygiene *f*; **~ personal** Körperpflege *f*
higiénico, -a [i'xjeniko, -a] *adj* hygienisch; **compresa higiénica** Damenbinde *f*; **papel ~** Toilettenpapier *nt*
higienización [ixjeniθa'θjon] *f* Sanierung *f*
higienizar [ixjeni'θar] <z → c> *vt* sanieren
higo ['iɣo] *m* ❶ *(fruto)* Feige *f* ❷ *(cosa sin valor)* **esto me importa un ~** das ist mir völlig egal; **esto no vale un ~** das ist keinen Deut wert ❸ *(algo arrugado)* **estar hecho un ~** *(persona)* ganz runzelig sein; *(ropa)* zerknittert sein
higuera [i'ɣera] *f* Feigenbaum *m*; **estar en la ~** nichts mitbekommen
hija *f v.* **hijo**
hijastro, -a [i'xastro, -a] *m, f* Stiefsohn, -tochter *m, f*
hijo, -a ['ixo, -a] *m, f* ❶ *(parentesco)* Sohn, Tochter *m, f*; **~ adoptivo** Adoptivkind *nt*; **~ político** Schwiegersohn *m*; **~ predilecto (de una ciudad)** Ehrenbürger *m* (einer Stadt); **~ de puta** *(vulg)* Scheißkerl *m*; **~ único** Einzelkind *nt*; **un ~ de papá** ein verwöhnter Jugendlicher; **pareja sin ~s** kinderloses Paar; **como cualquier ~ de vecino** wie jedermann; **es ~ de Madrid** er ist gebürtiger Madrider ❷ *pl (descendencia)* Kinder *ntpl*
híjole ['ixole] *interj (Am: fam: caramba)* Donnerwetter!
hijuela [i'xwela] *f* ❶ *(de camino)* Abzweigung *f* ❷ *(de herencia)* Erbteil *nt* ❸ *(de una institución)* Zweigstelle *f*

H

hila ['ila] *f* ❶ *(acción)* Spinnen *nt* ❷ *pl (hebras)* Scharpie *f*
hilacha [i'latʃa] *f,* **hilacho** [i'latʃo] *m* (Tuch)faser *f*
hilachoso, -a [ila'tʃoso, -a] *adj* ausgefranst
hilada [i'laða] *f* ❶ *(hilera)* Reihe *f* ❷ (ARQUIT) Lage *f*
hilado [i'laðo] *m* ❶ *(acción)* Spinnen *nt* ❷ *(hilo)* Faden *m; (en la industria)* Gespinst *nt;* **fábrica de ~s** Spinnerei *f*
hilador(a) [ila'ðor(a)] *m(f)* Spinner(in) *m(f)*
hiladora [ila'ðora] *f* Spinnmaschine *f*
hilandería [ilaṇde'ria] *f* ❶ *(arte)* Spinnen *nt* ❷ *(fábrica)* Spinnerei *f*
hilandero[1] [ilaṇ'dero] *m (lugar)* Spinnerei *f*

H

hilandero, -a[2] [ilaṇ'dero, -a] *m, f* Spinner(in) *m(f)*
hilar [i'lar] *vt* ❶ *(hilo)* (ver)spinnen; *(arañas)* weben ❷ *(discurrir)* (miteinander) verknüpfen; **~ fino** Haarspalterei betreiben
hilarante [ila'raṇte] *adj* sehr lustig; **gas ~** Lachgas *nt*
hilaridad [ilari'ðaᵈ] *f* Heiterkeit *f;* **esta comedia provoca la ~ del público** diese Komödie bringt das Publikum zum Lachen
hilatura [ila'tura] *f* ❶ *(fábrica)* Spinnerei *f* ❷ *(fabricación)* (Ver)spinnen *nt*
hilaza [i'laθa] *f* ❶ *(hilo)* Faden *m* ❷ *(en la industria)* Gespinst *nt*
hilera [i'lera] *f* ❶ *(fila)* Reihe *f; (de cosas iguales)* Zeile *f;* (MIL) Glied *nt;* **colocarse en la ~** anstehen ❷ (TÉC) Spinndüse *f*
hilo ['ilo] *m* ❶ *(hebra)* Faden *m; (para coser)* Garn *nt; (más resistente)* Zwirn *m;* **~ bramante** Schnur *f;* **~ de perlas** Perlenschnur *f;* **cortar el ~ de la vida a alguien** *(fig)* jdm den Lebensfaden abschneiden; **mover los ~s** *(fig)* die Fäden in der Hand haben; **pender de un ~** *(fig)* an einem seidenen Faden hängen ❷ *(tela)* Leinen *nt* ❸ (TÉC) dünner Draht *m;* **~ conductor** Leitungsdraht *m;* **telegrafía sin ~s** drahtlose Telegrafie ❹ *(de un discurso)* (roter) Faden *m;* **no sigo el ~ de la película** ich kann der Handlung des Films nicht folgen; **perder el ~** (**de la conversación**) (bei einem Gespräch) den (roten) Faden verlieren; **recoger el ~ de la historia** den (roten) Faden der Geschichte wieder aufnehmen ❺ *(de un líquido)* Rinnsal *nt*
hilván [il'βan] *m* ❶ *(costura)* Heftnaht *f* ❷ *(hilo)* Heftfaden *m*
hilvanado [ilβa'naðo] *m* Heften *nt*
hilvanar [ilβa'nar] *vt* ❶ *(vestido)* heften ❷ *(frases)* (miteinander) verknüpfen; **un discurso mal hilvanado** eine zusammenhang(s)lose Rede
Himalaya [ima'laɟa] *m* Himalaja *m*
himen ['imen] *m* (ANAT) Jungfernhäutchen *nt*
himeneo [ime'neo] *m* Hochzeit *f*
himno ['imno] *m* Hymne *f*
hincapié [iŋka'pje] *m* Aufstemmen *nt;* **hacer ~ en algo** Nachdruck auf etw legen
hincar [iŋ'kar] <c → qu> **I.** *vt* ❶ *(clavar)* (ein)treiben (**en** in +*akk*); *(golpeando)* (hin)einschlagen (**en** in +*akk*); **~ el diente en la pera** *(fam)* in die Birne hineinbeißen ❷ *(pie)* aufstützen (**en** auf +*dat/akk*), aufstemmen (**en** auf +*dat/akk*) **II.** *vr* **~se de rodillas** niederknien
hincha[1] ['intʃa] *f (fam: tirria)* Groll *m*
hincha[2] ['intʃa] *mf (seguidor)* Fan *m*
hinchable [in'tʃaβle] *adj* aufblasbar; **colchón ~** Luftmatratze *f;* **muñeca ~** Gummipuppe *f*
hinchada [in'tʃaða] *f* Fans *mpl*
hinchado, -a [in'tʃaðo, -a] *adj* ❶ *(pie)* geschwollen; *(cara)* aufgedunsen; *(madera)* aufgequollen; *(velas)* (auf)gebläht ❷ *(estilo)* schwülstig ❸ *(persona)* aufgeblasen
hinchamiento [intʃa'mjeṇto] *m* (An)schwellung *f*
hinchar [in'tʃar] **I.** *vt* ❶ *(globo)* aufblasen; *(neumático)* aufpumpen; *(telas)* (auf)blähen; *(estómago)* (auf)blähen; **~ la bici** das Fahrrad aufpumpen ❷ *(exagerar)* aufbauschen; **¡no lo hinches!** halt die Luft an! *fam* ❸ *(río)* anschwellen lassen ❹ *(AmS: molestar)* nerven *fam* ❺ *(loc)* **~ de palos a alguien** *(fam)* jdn windelweich schlagen; **te voy a ~ los morros** *(vulg)* ich poliere dir noch die Fresse **II.** *vr:* **~se** ❶ *(pierna)* anschwellen; **se me ha hinchado mucho el pie** mein Fuß ist ganz dick ❷ *(engreírse)* sich aufblasen ❸ *(de comer)* sich überessen (**de** an +*dat*) ❹ *(hacer mucho)* **~se a mirar/a escuchar algo** sich an etw *dat* sattsehen/satthören; **~se a insultar a alguien** jdn unaufhörlich beschimpfen
hinchazón [intʃa'θon] *f* ❶ *(del pie)* (An)schwellung *f; (del río)* Anschwellen *nt; (de la madera)* (Auf)quellen *nt; (de las velas)* Blähen *nt* ❷ *(soberbia)* Aufgeblasenheit *f* ❸ *(de un estilo)* Schwülstigkeit *f*
hindi ['iṇdi] *m* Hindi *nt*
hindú [iṇ'du] *mf* ❶ *(indio)* Inder(in) *m(f)* ❷ *(del hinduismo)* Hindu *mf*
hinduismo [iṇdu'ismo] *m sin pl* (REL) Hinduismus *m*
hinduista [iṇdu'ista] **I.** *adj* (REL) hinduistisch **II.** *mf* (REL) Hindu *m*
hinojo [i'noxo] *m* ❶ *(planta)* Fenchel *m* ❷ *(rodilla)* Knie *nt;* **de ~s** auf Knien; **ponerse de ~s** sich hinknien

hipar [i'par] *vi* ❶ *(tener hipo)* Schluckauf haben ❷ *(perros)* hecheln ❸ *(fatigarse)* sich überarbeiten ❹ *(sollozar)* (auf)schluchzen ❺ *(desear)* lechzen (**por** nach +*dat*)
hiper ['iper] *m (fam)* großer Supermarkt *m*
hiperacidez [iperaθi'ðeθ] *f* Übersäuerung *f*
hiperactividad [iperaktiβi'ðaᵈ] *f* Überaktivität *f*
hiperactivo, **-a** [iperak'tiβo, -a] *adj* überaktiv
hipérbola [i'perβola] *f* (MAT) Hyperbel *f*
hipérbole [i'perβole] *f* (LIT) Hyperbel *f*
hiperbólico, **-a** [iper'βoliko, -a] *adj* (MAT) hyperbolisch
hiperenlace [iperen'laθe] *m* (INFOR) Hyperlink *m*
hiperfunción [iperfuṇ'θjon] *f* (MED) Überfunktion *f*
hiperinflación [iperiɱfla'θjon] *f* (COM) Hyperinflation *f*
hipermercado [ipermer'kaðo] *m* großer Supermarkt *m*
hipermétrope [iper'metrope] *adj* (MED) weitsichtig
hipermetropía [ipermetro'pia] *f* (MED) Weitsichtigkeit *f*
hiperonimia [ipero'nimja] *f* (LING) Hyperonymie *f*
hipersensibilidad [ipersensiβili'ðaᵈ] *f sin pl* Überempfindlichkeit *f*
hipersensible [ipersen'siβle] *adj* überempfindlich
hipertensión [iperten'sjon] *f* (MED) Bluthochdruck *m*
hipertenso, **-a** [iper'tenso, -a] **I.** *adj* hypertonisch **II.** *m, f* Hypertoniker(in) *m(f)*; **mi padre es** ~ mein Vater hat einen zu hohen Blutdruck
hipertexto [iper'testo] *m* (INFOR) Hypertext *m*
hipertrofia [iper'trofja] *f* Hypertrophie *f*
hipervínculo [iper'biŋkulo] *m* (INFOR) Hyperlink *m*
hip-hop [xiᵖ-xoᵖ] *m* Hip-Hop *m*, Hiphop *m*
hípica ['ipika] *f sin pl* Pferdesport *m*
hípico, **-a** ['ipiko, -a] *adj* Pferde-; **concurso** ~ Springreiten *nt*
hipido [i'piðo] *m* Schluchzer *m*
hipnosis [iβ'nosis] *f inv* Hypnose *f*
hipnótico[1] [iβ'notiko] *m* Schlafmittel *nt*
hipnótico, **-a**[2] [iβ'notiko, -a] *adj* hypnotisch
hipnotismo [iβno'tismo] *m* Hypnotik *f*
hipnotizador(**a**) [iβnotiθa'ðor(a)] *m(f)* Hypnotiseur(in) *m(f)*
hipnotizar [iβnoti'θar] <z → c> *vt* hypnotisieren
hipo ['ipo] *m* ❶ *(fisiológico)* Schluckauf *m* ❷ *(deseo)* Sehnsucht *f* (**de**/**por** nach +*dat*) ❸ *(tirria)* Groll *m*
hipocalórico, **-a** [ipoka'loriko, -a] *adj* kalorienarm
hipocentro [ipo'θeṇtro] *m* (GEO) Erdbebenherd *m*
hipocondría [ipokoṇ'drja] *f* (MED) Hypochondrie *f*
hipocondríaco, **-a** [ipokoṇ'driako, -a] **I.** *adj* hypochondrisch **II.** *m, f* Hypochonder *m*
hipocondrio [ipo'koṇdrjo] *m* (ANAT) Hypochondrium *nt*
hipocrático, **-a** [ipo'kratiko, -a] *adj* hippokratisch
hipocresía [ipokre'sia] *f* ❶ *(comportamiento)* Heuchelei *f* ❷ *(modo de ser)* Scheinheiligkeit *f*
hipócrita [i'pokrita] **I.** *adj* ❶ *(en el comportamiento)* heuchlerisch ❷ *(en el modo de ser)* scheinheilig **II.** *mf* Heuchler(in) *m(f)*
hipodérmico, **-a** [ipo'ðermiko, -a] *adj* (MED) subkutan
hipódromo [i'poðromo] *m* (DEP) Pferderennbahn *f*
hipófisis [i'pofisis] *f inv* (ANAT) Hypophyse *f*
hipogastrio [ipo'ɣastrjo] *m* (ANAT) Unterleib *m*
hipoglucemia [ipoɣlu'θemja] *f* (MED) Hypoglykämie *f*
hipomancia [ipo'maṇθja] *f*, **hipomancía** [ipomaṇ'θia] *f* (HIST) Wahrsagung *f* nach Bewegungen und Lautäußerungen von Pferden
hipopótamo [ipo'potamo] *m* Nilpferd *nt*
hipotálamo [ipo'talamo] *m* (ANAT) Hypothalamus *m*
hipoteca [ipo'teka] *f* Hypothek *f*
hipotecable [ipote'kaβle] *adj* hypothekarisch belastbar
hipotecar [ipote'kar] <c → qu> *vt* mit einer Hypothek belasten; **si haces eso ~ás tu libertad** wenn du das machst, setzt du deine Freiheit aufs Spiel
hipotecario, **-a** [ipote'karjo, -a] *adj* Hypotheken-; **crédito** ~ Hypothekarkredit *m*
hipotensión [ipoten'sjon] *f* (MED) niedriger Blutdruck *m*
hipotenso, **-a** [ipo'tenso, -a] **I.** *adj* hypotonisch **II.** *m, f* Hypotoniker(in) *m(f)*; **mi mujer es hipotensa** meine Frau hat einen zu niedrigen Blutdruck
hipotenusa [ipote'nusa] *f* (MAT) Hypotenuse *f*
hipotermia [ipo'termja] *f* (MED) Unterkühlung *f*; **muerte por** ~ Kältetod *m*
hipótesis [i'potesis] *f inv* Hypothese *f*

H

hipotético, -a [ipo'tetiko, -a] *adj* hypothetisch; **es totalmente ~ que...** es ist eine reine Hypothese, dass ...
hipotónico, -a [ipo'toniko, -a] **I.** *adj* hypotonisch **II.** *m, f* Hypotoniker(in) *m(f)*
hippie ['xipi] *mf* Hippie *m*
hippy ['xipi] **I.** *adj* Hippie-; **moda ~** Hippielook *m* **II.** *mf* Hippie *m*
hiriente [i'rjen̦te] *adj* verletzend; **una observación ~** eine spitze Bemerkung
hirsuto, -a [ir'suto, -a] *adj* ① *(pelo)* borstig, struppig ② *(planta)* stachelig ③ *(carácter)* widerborstig
hirviente [ir'βjen̦te] *adj* kochend
hisopo [i'sopo] *m* ① *(planta)* Ysop *m* ② *(de iglesia)* Weih(wasser)wedel *m*
hispalense [ispa'lense] **I.** *adj* aus Sevilla **II.** *mf* Einwohner(in) *m(f)* von Sevilla
hispánico, -a [is'paniko, -a] *adj* ① *(de España)* spanisch ② *(de Hispania)* hispanisch; **Filología Hispánica** Hispanistik *f*
hispanidad [ispani'ða^{ð}] *f sin pl* ① *(calidad)* Hispanität *f* ② *(conjunto)* spanische Kultur *f*
hispanismo [ispa'nismo] *m* Hispanismus *m*
hispanista [ispa'nista] *mf* Hispanist(in) *m(f)*
hispanización [ispaniθa'θjon] *f sin pl* Hispanisierung *f*
hispanizar [ispani'θar] <z → c> *vt, vr:* **~se** (sich) hispanisieren
hispano, -a [is'pano, -a] **I.** *adj* ① *(español)* spanisch ② *(en EE.UU.)* Hispano-, hispanoamerikanisch **II.** *m, f* ① *(español)* Spanier(in) *m(f)* ② *(en EE.UU.)* Hispanoamerikaner(in) *m(f)*
Hispanoamérica [ispanoa'merika] *f* hispanoamerikanische Länder *ntpl*
hispanoamericanismo [ispanoamerika'nismo] *m sin pl* (SOCIOL) *soziale Bewegung für die kulturelle Einheit der spanischsprachigen Länder in Süd- und Mittelamerika*
hispanoamericano, -a [ispanoameri'kano, -a] **I.** *adj* hispanoamerikanisch **II.** *m, f* Hispanoamerikaner(in) *m(f)*
hispanohablante [ispanoa'βlan̦te] **I.** *adj* Spanisch sprechend; **los países ~s** die spanischsprachigen Länder **II.** *mf* spanischer Muttersprachler, spanische Muttersprachlerin *m, f*
histeria [is'terja] *f* Hysterie *f*
histérico, -a [is'teriko, -a] **I.** *adj* hysterisch **II.** *m, f* Hysteriker(in) *m(f)*
histerismo [iste'rismo] *m* Hysterie *f*
histología [istolo'xia] *f* (MED) Histologie *f*
historia [is'torja] *f* Geschichte *f;* **~ natural** Naturwissenschaft *f;* **~ universal** Weltgeschichte *f;* **pasar a la ~** *(ser importante)* in die Geschichte eingehen; *(no ser actual)* längst überholt sein; **cuenta la ~ completa** sag die ganze Wahrheit; **¡déjate de ~s!** komm zur Sache!; **esa es la misma ~ de siempre** das ist das alte Lied; **¡no me vengas con ~s!** erzähl mir doch keine Märchen!; **eso solo son ~s** das ist doch nur Klatsch
historiador(a) [istorja'ðor(a)] *m(f)* Historiker(in) *m(f)*
historial [isto'rjal] **I.** *adj* geschichtlich **II.** *m* ① *(antecedentes)* Vorgeschichte *f;* **~ delictivo** Vorstrafen *fpl* ② *(currículo)* Lebenslauf *m;* **~ profesional** beruflicher Werdegang; **este hecho no empañará el ~ de esta institución** dieses Ereignis wird diese Institution nicht in Verruf bringen; **él tiene un ~ intachable** er hat sich *dat* nie etwas zuschulden kommen lassen
historiar [isto'rjar] *vt* ① *(contar)* geschichtlich darstellen ② (ARTE) Historienbilder malen (von +*dat*) ③ *(Am: enmarañar)* verwirren
historicidad [istoriθi'ða^{ð}] *f sin pl* Geschichtlichkeit *f*
historicismo [istori'θismo] *m* Histori(zi)smus *m*
histórico, -a [is'toriko, -a] *adj* geschichtlich, historisch; **un miembro ~ del partido** einer der Parteigründer
historieta [isto'rjeta] *f* ① *(anécdota)* Anekdote *f* ② *(con viñetas)* Bildergeschichte *f; (cómic)* Comic(strip) *m*
historiografía [istorjoɣra'fia] *f sin pl* Geschichtsschreibung *f*
historiográfico, -a [istorjo'ɣrafiko, -a] *adj* (HIST) historiografisch
historiógrafo, -a [isto'rjoɣrafo, -a] *m, f* Geschichtsschreiber(in) *m(f)*
histriónico, -a [is'trjoniko, -a] *adj* theatralisch
histrionismo [istrjo'nismo] *m* ① *(teatralidad)* übertriebenes Auftreten *nt* ② *(efectismo)* Effekthascherei *f*
hitleriano, -a [xi^{ð}le'rjano, -a] *adj* Hitler-
hiyab [xi'ɟa^{β}] *m (velo islámico)* Kopftuch *nt*
hobby ['xoβi] *m* <hobbys> Hobby *nt*
hocicar [oθi'kar] <c → qu> **I.** *vt* ① *(hozar)* (die Erde) aufwühlen ② *(pey: besar)* abknutschen **II.** *vi* ① *(caerse)* auf die Nase fallen ② *(fam: dificultad)* stoßen (**con** auf +*akk*) ③ (NÁUT: *amorrar*) buglastig sein
hocico [o'θiko] *m* ① *(morro)* Schnauze *f; (de cerdo)* Rüssel *m* ② *(vulg: cara)* Visage *f* ③ *(vulg: boca)* Fresse *f;* **caer de ~s** auf die Nase fallen *fam;* **estar de ~s** schmollen; **meter el ~ en todo** seine Nase überall hineinstecken

hocicudo, -a [oθi'kuðo, -a] *adj (Am)* ① *(malhumorado)* schlecht gelaunt ② *(disgustado)* verärgert
hockey ['xokei̯] *m sin pl* Hockey *nt;* **~ sobre patines** Rollhockey *nt;* **~ sobre hielo** Eishockey *nt*
hogar [o'ɣar] *m* ① *(de cocina)* Herd *m; (de chimenea)* Kamin *m; (de fundición)* Ofenraum *m; (de un tren)* Feuerbüchse *f* ② *(casa)* Zuhause *nt;* **~ del pensionista** Altenheim *nt;* **artículos para el ~** Haushaltsgeräte *ntpl;* **persona sin ~** Obdachlose(r) *m* ③ *(familia)* Familie *f*
hogareño, -a [oɣa'reɲo, -a] *adj* häuslich
hogaza [o'ɣaθa] *f* Rundbrot *nt*
hoguera [o'ɣera] *f* ① *(en un campamento)* (Lager)feuer *nt; (de alegría)* Freudenfeuer *nt* ② (HIST: *ejecución*) Scheiterhaufen *m*
hoja ['oxa] *f* ① *(de una planta)* Blatt *nt; (pétalo)* (Blüten)blatt *nt;* **~s del bosque** Laub *nt;* **árbol sin ~s** kahler Baum; **los árboles vuelven a echar ~s** die Bäume fangen an zu sprießen ② *(de papel)* Blatt *nt* Papier; *(de madera)* Platte *f; (de metal)* Folie *f;* **~ de lata** Blech *nt;* **~ volante** Flugblatt *nt;* **~ de una mesa (extensible)** ausziehbarer Teil eines Tisches; **pasar la ~** umblättern; *(fig)* einen neuen Anfang machen ③ *(formulario)* Bogen *m;* (FERRO) Frachtschein *m;* **~ de pedido** Bestellschein *m;* **~ de servicios** Personalakte *f;* **tener una buena ~ de servicios** ein verdienter Arbeiter sein ④ *(cortante)* Klinge *f;* **~ de afeitar** Rasierklinge *f;* **~ de sierra** Sägeblatt *nt* ⑤ *(de ventana)* (Fenster)flügel *m; (de puerta)* (Tür)flügel *m* ⑥ *(loc)* **esto no tiene vuelta de ~** daran gibt es nichts zu rütteln
hojalata [oxa'lata] *f* Blech *nt*
hojalatero [oxala'tero] *m* Klempner *m*
hojaldra [o'xal̯dra] *f (Am),* **hojaldre** [o'xal̯dre] *m* Blätterteig *m;* **pastel de ~** Pastete *f*
hojarasca [oxa'raska] *f* ① *(hojas)* (dürres) Laub *nt* ② *(paja)* leeres Geschwätz *nt fam*
hojear [oxe'ar] *vt* ① *(leer)* überfliegen ② *(pasar hojas)* blättern
hojuela [o'xwela] *f* ① *(hoja)* einzelnes Blättchen *nt* ② (GASTR) dünne Waffel *f* ③ *(AmC: hojaldre)* Blätterteig *m*
hola ['ola] *interj* hallo!
holanda [o'lan̦da] *f* feiner Leinenstoff *m*
Holanda [o'lan̦da] *f* Holland *nt*
holandés, -esa [olan̦des, -esa] **I.** *adj* holländisch; **la escuela holandesa** (ARTE) die Niederländische Schule **II.** *m, f* Holländer(in) *m(f)*
holding ['xol̯diŋ] *m* <holdings> (COM) Holding(gesellschaft) *f;* **el ~ de empresas fiduciarias** die Treuhandanstalt
holgado, -a [ol'ɣaðo, -a] *adj* ① *(vestido)* weit ② *(espacioso)* geräumig; **en este coche se va ~** dieses Auto hat innen viel Platz; **ir ~ de tiempo** genug Zeit haben
holganza [ol'ɣan̦θa] *f* ① *(ociosidad)* Untätigkeit *f; (agradable)* Ruhe(pause) *f* ② *(diversión)* Vergnügen *nt; (regocijo)* Belustigung *f*
holgar [ol'ɣar] *irr como colgar* **I.** *vi* ① *(sobrar)* überflüssig sein; **huelgan las palabras** das bedarf keiner Erklärung ② *(descansar)* Urlaub haben **II.** *vr:* **~se** ① *(alegrarse)* sich freuen (**de/con** über +*akk*) ② *(divertirse)* sich amüsieren (**de** über +*akk*)
holgazán, -ana [olɣa'θan, -ana] *m, f* Faulenzer(in) *m(f)*
holgazanear [olɣaθane'ar] *vi* faulenzen
holgazanería [olɣaθane'ria] *f* Faulenzerei *f*
holgón, -ona [ol'ɣon, -ona] **I.** *adj (fam)* stinkfaul; **es muy ~** er faulenzt gern **II.** *m, f (fam)* Faulenzer(in) *m(f),* Faulpelz *m*
holgorio [ol'ɣorjo] *m* lärmendes Vergnügen *nt*
holgura [ol'ɣura] *f* ① *(de vestido)* Weite *f* ② (TÉC) Spiel *nt* ③ *(bienestar)* **vivir con ~** in guten Verhältnissen leben
holladura [oʎa'ðura] *f* ① *(acción)* Betreten *nt* ② *(huella)* Fußabdruck *m*
hollar [o'ʎar] <o → ue> *vt* ① *(pisar)* betreten ② *(despreciar)* missachten
hollejo [o'ʎexo] *m* Schale *f*
hollín [o'ʎin] *m* Ruß *m*
holocausto [olo'kau̯sto] *m* ① *(genocidio)* Holocaust *m* ② (REL) Brandopfer *nt*
holografía [oloɣra'fia] *f* Holografie *f*
holográfico, -a [olo'ɣrafiko, -a] *adj* (FOTO) holografisch
hológrafo, -a [o'loɣrafo, -a] *adj* holografisch
holograma [olo'ɣrama] *m* Hologramm *nt*
hombrada [om'braða] *f* Heldentat *f*
hombre ['ombre] **I.** *m* ① *(varón)* Mann *m;* **el ~ de la calle** *(fig)* der Mann auf der Straße; **~ de confianza** Vertrauensmann *m;* **~ de estado** Staatsmann *m;* **~ de negocios** Geschäftsmann *m;* **~ de paja** *(fig)* Strohmann *m;* **el ~ del tiempo** der Moderator des Wetterberichtes; **el defensa fue al ~** (DEP) der Verteidiger ging an den Mann; **¡está hecho un ~!** er ist schon ein gestandener Mann!; **hacer un ~ de alguien** aus jdm einen Mann machen; **se comportó como un ~** er stand seinen Mann ② *(ser humano)* Mensch *m;* **~ de las cavernas** Höhlenmensch *m;* **~ del**

H

montón Durchschnittsmensch *m;* **¡~ al agua!** Mann über Bord! ③ *(fam: marido)* Mann *m* **II.** *interj* Mann!, Mensch!; **¡~!, ¿qué tal?** na, wie geht's?; **¡cállate, ~!** Mensch, sei still!; **pero, ¡~!** (mein lieber) Mann!; **¡sí, ~!** aber natürlich!

hombrecillo [ombre'θiʎo] *m* Hopfen *m*

hombre lobo ['ombre 'loβo] *m* <hombres lobo> Werwolf *m*

hombrera [om'brera] *f* ① *(almohadilla)* Schulterpolster *nt* ② *(de uniforme)* Schulterklappe *f* ③ *(de armadura)* Vorderflug *m*

hombre rana ['ombre 'rrana] *m* <hombres rana> Taucher *m*

hombría [om'bria] *f* Männlichkeit *f;* **un acto de ~** eine Heldentat

hombro ['ombro] *m* ① (ANAT) Schulter *f;* **ancho de ~s** breitschult(e)rig; **cargado de ~s** bucklig; **echarse al ~** *(fig)* sich ins Zeug legen; **encogerse de ~s** die Achseln zucken; **llevar algo a ~s** etw auf dem Rücken tragen; **mirar a alguien por encima del ~** auf jdn herabsehen ② (TIPO) Fleisch *nt*

hombruno, -a [om'bruno, -a] *adj* männlich (wirkend); **mujer hombruna** Mannweib *nt*

homenaje [ome'naxe] *m* ① *(el honrar)* Ehrung *f;* **hacer una fiesta en ~ de alguien** jdm zu Ehren ein Fest veranstalten; **rendir ~ a alguien** jdn ehren ② (HIST) Huldigung *f*

homenajear [omenaxe'ar] *vt* ehren

homeópata [ome'opata] *mf* Homöopath(in) *m(f)*

homeopatía [omeopa'tia] *f sin pl* Homöopathie *f*

homeopático, -a [omeo'patiko, -a] *adj* homöopathisch

homicida [omi'θiða] **I.** *adj* Mord- **II.** *mf* *(cuando está planeado)* Mörder(in) *m(f); (cuando no lo está)* Totschläger(in) *m(f);* (JUR) Täter(in) *m(f)*

homicidio [omi'θiðjo] *m* Tötung *f; (planeado)* Mord *m; (no planeado)* Totschlag *m;* **brigada de ~s** Mordkommission *f*

homínido [o'miniðo] *m* (BIOL) Hominide *m*

homo ['omo] *adj (fam)* homo(sexuell)

homofobia [omofo'βja] *f* Homophobie *f*

homofonía [omofo'nia] *f* ① (LING) Gleichklang *m* ② (MÚS) Homofonie *f*

homogeneidad [omoxenei̯'ðaᵈ] *f sin pl* Homogenität *f*

homogeneización [omoxenei̯θa'θjon] *f* Homogenisierung *f*

homogeneizado, -a [omoxenei̯'θaðo, -a] *adj* homogenisiert

homogeneizar [omoxenei̯'θar] <z → c> *vt* ① (QUÍM) homogenisieren ② *(uniformar)* homogen machen, homogenisieren *geh*

homogéneo, -a [omo'xeneo, -a] *adj* homogen, einheitlich

homógrafo[1] [o'moɣrafo] *m* Homograf *nt*

homógrafo, -a[2] [o'moɣrafo, -a] *adj* homograf

homologable [omolo'ɣaβle] *adj* gültig; **el récord no es ~** der Rekord kann nicht anerkannt werden

homologación [omoloɣa'θjon] *f* ① *(de una escuela)* amtliche Genehmigung *f* ② (DEP: *de un récord*) Anerkennung *f; (de un circuito)* Homologation *f* ③ (TÉC: *de un casco*) Typenprüfung *f* ④ (JUR: *de un arreglo*) gerichtliche Genehmigung *f; (de un convenio)* verbindliche Erklärung *f*

homologar [omolo'ɣar] <g → gu> **I.** *vt* ① *(escuela)* amtlich genehmigen ② (DEP: *récord*) anerkennen; *(circuito)* homologieren ③ (TÉC) **casco homologado** TÜV-geprüfter Helm ④ (JUR: *arreglo*) gerichtlich genehmigen; *(convenio)* für verbindlich erklären **II.** *vr:* **~se** sich angleichen

homólogo, -a [o'moloɣo, -a] **I.** *adj* ① *(análogo)* ähnlich ② (BIOL) homolog **II.** *m, f* Amtskollege, -in *m, f*

homonimia [omo'nimja] *f* (LING) Homonymie *f*

homónimo[1] [o'monimo] *m* Homonym *nt*

homónimo, -a[2] [o'monimo, -a] **I.** *adj* homonym **II.** *m, f* Namensvetter(in) *m(f)*

homosexual [omoseˠ'swal] **I.** *adj* homosexuell **II.** *mf* Homosexuelle(r) *mf*

homosexualidad [omoseˠswali'ðaᵈ] *f sin pl* Homosexualität *f*

honda ['on̪da] *f* Schleuder *f*

hondamente [on̪da'men̪te] *adv* äußerst, überaus

hondo[1] ['on̪do] *m* Boden *m*

hondo, -a[2] ['on̪do, -a] *adj* tief; **en lo ~ del valle** unten im Tal; **respirar ~** tief einatmen

hondonada [on̪do'naða] *f* (GEO) Mulde *f*

hondura [on̪'dura] *f* Tiefe *f;* **meterse en ~s** klug daherreden

Honduras [on̪'duras] *f* Honduras *nt*

hondureño, -a [on̪du'reɲo, -a] **I.** *adj* honduranisch **II.** *m, f* Honduraner(in) *m(f)*

honestidad [onesti'ðaᵈ] *f sin pl* ① *(honradez)* Ehrlichkeit *f* ② *(formalidad)* Pflichtbewusstsein *nt* ③ *(decencia)* Anständigkeit *f* ④ *(decoro)* Ehrbarkeit *f; (en sentido moral)* Sittsamkeit *f*

honesto, -a [o'nesto, -a] *adj* ① *(honrado)* ehrlich ② *(cumplidor)* pflichtbewusst ③ *(decente)* anständig ④ *(decoroso)* ehrbar; *(en sentido moral)* sittsam

hongo ['oŋgo] *m* ❶ (BOT) Pilz *m;* **solo como un ~** ganz allein ❷ *(sombrero)* Melone *f*

honor [o'nor] *m* Ehre *f;* **cuestión de ~** Ehrensache *f;* **¡palabra de ~!** Ehrenwort!; **¡por mi ~!** bei meiner Ehre!; **hacer ~ a su fama** seinem Ruf gerecht werden; **es para mí un gran ~** es ist mir eine große Ehre; **hacer los ~es** die Gäste begrüßen; **hacer ~ a las obligaciones** den Verpflichtungen nachkommen

honorabilidad [onoraβili'ðaᵈ] *f* Ehrbarkeit *f*

honorable [ono'raβle] *adj* ehrbar

honorar [ono'rar] *vt* ehren, preisen

honorario[1] [ono'rarjo] *m* Honorar *nt*

honorario, -a[2] [ono'rarjo, -a] *adj* Ehren-; **cónsul ~** Honorarkonsul *m*

honorífico, -a [ono'rifiko, -a] *adj* Ehren-

honra ['onrra] *f* ❶ *(honor)* Ehre *f* ❷ *(pundonor)* Ehrgefühl *nt* ❸ *(reputación)* Ruf *m* ❹ (REL) **~s fúnebres** Trauerfeier *f*

honradez [onrra'ðeθ] *f* ❶ *(integridad)* Ehrlichkeit *f* ❷ *(valor moral)* Ehrenhaftigkeit *f;* *(decencia)* Anständigkeit *f;* **falta de ~** Unredlichkeit *f*

honrado, -a [on'rraðo, -a] *adj* *(íntegro)* ehrlich; *(moral)* ehrenhaft; *(decente)* anständig; **llevar una vida honrada** ein redliches Leben führen

honrar [on'rrar] **I.** *vt* ehren; **nos honra con su presencia** Sie beehren uns mit Ihrer Gegenwart **II.** *vr* **~se con** [*o* **de**] **algo** etw als eine Ehre ansehen

honroso, -a [on'rroso, -a] *adj* ehrenvoll

hontanar [on̦ta'nar] *m* Quelle *f*

hopo ['opo] *m* ❶ *(rabo)* buschiger Schwanz *m;* *(de zorro)* Lunte *f* ❷ *(mechón)* Haarbüschel *nt*

hora ['ora] *f* ❶ *(de un día)* Stunde *f;* **media ~** eine halbe Stunde; **un cuarto de ~** eine Viertelstunde; **una ~ y media** anderthalb Stunden; **~ de consulta** Sprechstunde *f;* **~s extraordinarias** Überstunden *fpl;* **~s de visita** Besuchszeiten *fpl;* **~ feliz** Happy Hour; **~s punta** Hauptverkehrszeit *f;* **noticias de última ~** letzte Nachrichten; **a la ~** pünktlich; **a primera ~ de la tarde** am frühen Nachmittag; **a última ~ de la tarde** am späten Nachmittag; **a última ~** in letzter Sekunde; **el pueblo está a dos ~s de camino** das Dorf ist zwei Wegstunden entfernt; **estuve esperando ~s y ~s** ich wartete stundenlang ❷ *(del reloj)* Uhrzeit *f;* **¿qué ~ es?** wie viel Uhr ist es?; **¿a qué ~ vendrás?** um wie viel Uhr kommst du?; **adelantar la ~** die Uhr vorstellen; **retrasar la ~** die Uhr zurückstellen; **el dentista me ha dado ~ para el martes** ich habe am Dienstag einen Termin beim Zahnarzt; **poner el reloj en ~** die Uhr stellen ❸ *(tiempo)* Zeit *f;* **a la ~ de la verdad...** wenn es ernst wird ...; **comer entre ~s** zwischendurch essen; **estar en ~s bajas** eine schwache Stunde haben; **no lo dejes para última ~** schieb es nicht bis zum letzten Augenblick auf; **tener ~s de vuelo** sehr erfahren sein; **ven a cualquier ~** du kannst jederzeit kommen; **ya va siendo ~ que...** +*subj* es wird höchste Zeit, dass ... ❹ (REL) Gebetsstunde *f* ❺ *pl* *(mitología)* **las ~s** die Horen

horadar [ora'ðar] *vt* durchbohren

horario[1] ['orarjo] *m* ❶ *(escolar)* Stundenplan *m;* *(de medio de trasporte)* Fahrplan *m;* *(de despacho)* Geschäftszeiten *fpl;* *(de consulta)* Sprechzeiten *fpl;* **~ de atención al público** Öffnungszeiten *fpl;* **~ comercial** (Laden)öffnungszeiten *fpl;* **~ de recogida** *(correos, basura)* Leerungszeiten *f;* **~ flexible** gleitende Arbeitszeit; **~ de oficina** Dienststunden *fpl;* **¿qué ~ hacen?** wann haben Sie geöffnet? ❷ *(manecilla)* Stundenzeiger *m*

horario, -a[2] ['orarjo, -a] *adj* Stunden-

horca ['orka] *f* ❶ *(para colgar)* Galgen *m* ❷ *(bieldo)* Heugabel *f* ❸ *(horquilla)* Gabelstütze *f*

horcajadas [orka'xaðas] **a ~** rittlings

horchata [or'ʧata] *f* Erdmandelmilch *f*

horchatero, -a [orʧa'tero, -a] *m, f* ❶ *(elaborador)* Zubereiter(in) *m(f)* von „horchatas" ❷ *(vendedor)* Verkäufer(in) *m(f)* von „horchatas"

horda ['orða] *f* ❶ *(de salvajes)* Horde *f* ❷ *(banda)* Bande *f*

horizontal [oriθon̦'tal] **I.** *adj* waag(e)recht **II.** *f* Horizontale *f*

horizontalidad [oriθon̦tali'ðaᵈ] *f sin pl* waag(e)rechte Lage *f*

horizonte [ori'θon̦te] *m* Horizont *m*

horma ['orma] *f* ❶ (TÉC: *molde*) Form *f* ❷ *(muelle)* Schuhspanner *m;* **~ de zapatos** Schuhleisten *m;* **encontrar la ~ de su zapato** *(fam: cosa)* genau das finden, was man sucht; *(persona)* den Mann/die Frau seines Lebens finden

hormiga [or'miɣa] *f* Ameise *f;* **~ blanca** Termite *f;* **ser una ~** *(fig)* emsig arbeiten

hormigón [ormi'ɣon] *m* Beton *m;* **~ armado** Stahlbeton *m*

hormigonera [ormiɣo'nera] *f* Betonmischmaschine *f*

hormigueante [ormiɣe'an̦te] *adj* kribbelnd

hormiguear [ormiɣe'ar] *vi* ❶ *(picar)* kribbeln ❷ *(gente)* wimmeln (**de** von +*dat*)

H

hormigueo [ormi'ɣeo] *m* ❶ *(picor)* Kribbeln *nt;* **tengo un ~ en la espalda** mein Rücken kribbelt ❷ *(multitud)* Gewimmel *nt*

hormiguero[1] [ormi'ɣero] *m* ❶ *(de hormigas)* Ameisenhaufen *m* ❷ *(de gente)* Gewimmel *nt;* **la plaza era un ~ de gente** auf dem Platz wimmelte es von Menschen

hormiguero, -a[2] [ormi'ɣero, -a] *adj* Ameisen-

hormona [or'mona] *f* Hormon *nt*

hormonal [ormo'nal] *adj* hormonal, hormonell

hormonar [ormo'nar] *vt* mit Hormonen behandeln

hornacho [or'natʃo] *m* (MIN) Grube *f*

hornachuela [orna'tʃwela] *f* Hütte *f,* Schuppen *m*

H

hornacina [orna'θina] *f* (ARQUIT) Nische *f*

hornada [or'naða] *f* Schub *m (aus dem Backofen);* **una ~ de médicos** *(fam)* ein Schub frischgebackener Ärzte

hornalla [or'naʎa] *f* *(Am)* ❶ *(parrilla)* Rost *m* ❷ *(del fogón)* Aschenschieber *m* ❸ *(horno)* Ofen *m*

hornear [orne'ar] *vt* backen

hornero, -a [or'nero, -a] *m, f* Bäcker(in) *m(f)*

hornillo [or'niʎo] *m (cocina)* Herd *m; (de una cocina)* Kochplatte *f;* **~ de gas** Gaskocher *m;* **~ portátil** (Camping)kocher *m*

horno ['orno] *m* ❶ *(cocina)* Backofen *m;* **~ microondas** Mikrowelle *f;* **recién salido del ~** frisch gebacken; **asar al ~** grillen; **no está el ~ para bollos** jetzt ist nicht der richtige Augenblick zum Spaßen ❷ (TÉC) Ofen *m;* **~ crematorio** Verbrennungsofen *m;* **alto ~** Hochofen *m*

horóscopo [o'roskopo] *m* Horoskop *nt*

horqueta [or'keta] *f* ❶ *(horca)* Gabel *f* ❷ *(horquilla)* Gabelstütze *f* ❸ *(de un árbol)* Astgabel *f*

horquilla [or'kiʎa] *f* ❶ *(del pelo)* Haarnadel *f* ❷ *(de bicicleta)* Gabel *f* ❸ *(de árboles)* Gabelstütze *f* ❹ *(espacio entre dos magnitudes)* Bandbreite *f*

horrendo, -a [o'rreṇdo, -a] *adj v.* **horroroso**

hórreo ['orreo] *m* Getreidespeicher *m*

horrero, -a [o'rrero, -a] *m, f* (AGR) Verwalter(in) *m(f)* eines Getreidespeichers

horrible [o'rriβle] *adj* ❶ *(horroroso)* schrecklich; **un crimen ~** eine Gräueltat; **una historia ~** eine Schauergeschichte ❷ *(muy feo)* äußerst hässlich

hórrido, -a ['orriðo, -a] *adj (elev)* entsetzlich, abscheulich

horripilante [orripi'laṇte] *adj* haarsträubend

horripilar [orripi'lar] **I.** *vt* ❶ *(erizar)* die Haare sträuben *+dat;* **estas historias me horripilan** bei diesen Geschichten sträuben sich mir die Haare ❷ *(horrorizar)* entsetzen **II.** *vr:* **~se** entsetzt sein

horro, -a ['orro, -a] *adj* ❶ *(esclavo)* freigelassen ❷ *(exento)* befreit (**de** von *+dat*) ❸ *(carente)* **~ de experiencia** unerfahren; **~ de fortuna** unvermögend

horror [o'rror] *m* ❶ *(miedo)* Entsetzen *nt;* **¡qué ~!** wie entsetzlich!; **siento ~ a la oscuridad** ich habe panische Angst vor der Dunkelheit ❷ *(aversión)* Horror *m* (**a** vor *+dat*); **el diseño moderno me parece un ~** mir ist das moderne Design ein Gräuel; **me da ~ verte con esta corbata** ich finde deine Krawatte entsetzlich ❸ *pl (actos)* Gräuel *mpl;* **los ~es de la guerra** die Gräuel des Krieges ❹ *(mucho)* **gana un ~ de dinero** er/sie verdient ein Heidengeld; **hoy hace un ~ de frío** heute ist es schrecklich kalt

horrorizar [orrori'θar] <z → c> **I.** *vt* mit Entsetzen erfüllen; **me horrorizó ver el accidente** der Anblick des Unfalls hat mich entsetzt **II.** *vr:* **~se** entsetzt sein (**de** über *+akk*), (er)schaudern (**de** vor *+dat*)

horroroso, -a [orro'roso, -a] *adj* entsetzlich, schrecklich; **una escena horrorosa** ein Grauen erregender Anblick; **su última novela es horrorosa** sein/ihr letzter Roman ist furchtbar schlecht

hortaliza [orta'liθa] *f* Gemüse *nt;* **la lechuga es una ~** der Kopfsalat zählt zu den Gemüsepflanzen

hortelano, -a [orte'lano, -a] *m, f* Gemüsegärtner(in) *m(f);* **~ aficionado** Kleingärtner *m*

hortense [or'tense] *adj* Garten-, Gärtnerei-; **los productos ~s son ricos en fibras** Obst- und Gemüseprodukte sind reich an Faserstoffen

hortensia [or'tensja] *f* Hortensie *f*

hortera[1] [or'tera] **I.** *adj* geschmacklos **II.** *m (argot)* Bauer *m*

hortera[2] [or'tera] *f* hölzerner Napf *m*

horterada [orte'raða] *f (argot)* Geschmacklosigkeit *f;* **este vestido es una ~** dieses Kleid ist völlig geschmacklos; **esta película es una ~** dieser Film ist kitschig

hortícola [or'tikola] *adj* Gartenbau-; **producto ~** Gartenerzeugnis *nt*

horticultor(a) [ortikuḷ'tor(a)] *m(f)* Gemüsegärtner(in) *m(f)*

horticultura [ortikuḷ'tura] *f sin pl* Gartenbau *m*

hortofrutícola [ortofru'tikola] *adj* Gartenbau-

hortofruticultura [ortofrutikuḷ'tura] *f sin pl* Obst- und Gartenbau *m*
hosco, -a ['osko, -a] *adj* ❶ *(persona)* mürrisch ❷ *(de piel)* dunkelbraun ❸ *(ambiente)* düster
hospedaje [ospe'ðaxe] *m* ❶ *(acción)* Beherbergung *f* ❷ *(situación)* Unterkunft *f;* **dar ~ a alguien** jdn beherbergen ❸ *(coste)* Pension *f* ❹ *(casa)* Gasthaus *nt*
hospedante [ospe'ðaṇte] *adj* ❶ *(que hospeda)* beherbergend, Bewirtungs- ❷ (BIOL) Wirts-
hospedar [ospe'ðar] **I.** *vt* beherbergen **II.** *vr:* **~se** ❶ *(en una pensión)* unterkommen (**en** bei/in +*dat*) ❷ *(pernoctar)* übernachten (**en** in +*dat*)
hospedería [ospeðe'ria] *f* ❶ *(fonda)* Gasthaus *nt* ❷ *(en convento)* Gästezimmer *nt*
hospedero, -a [ospe'ðero, -a] *m, f* (Gast)wirt(in) *m(f)*
hospicio [os'piθjo] *m* ❶ *(para niños)* Waisenhaus *nt* ❷ *(para pobres)* Armenhaus *nt* ❸ *(en un monasterio)* Hospiz *nt*
hospital [ospi'tal] *m* Krankenhaus *nt;* **~ militar** Lazarett *nt*
hospitalario, -a [ospita'larjo, -a] *adj* ❶ *(acogedor)* gastfreundlich ❷ *(de hospital)* Krankenhaus-
hospitalicio, -a [ospita'liθjo, -a] *adj* gastfreundlich
hospitalidad [ospitali'ðað] *f sin pl* Gastfreundschaft *f*
hospitalización [ospitaliθa'θjon] *f* ❶ *(envío)* Krankenhauseinweisung *f* ❷ *(estancia)* Krankenhausaufenthalt *m*
hospitalizar [ospitali'θar] <z → c> *vt* in ein Krankenhaus einweisen; **ayer ~on a mi madre** meine Mutter wurde gestern ins Krankenhaus eingeliefert; **estoy hospitalizado desde el domingo** seit Sonntag liege ich im Krankenhaus
hosquedad [oske'ðað] *f* ❶ *(de una persona)* mürrischer Charakter *m* ❷ *(de un lugar)* Düsterheit *f*
hostal [os'tal] *m* Gasthaus *nt*
hostelería [ostele'ria] *f* Hotel- und Gaststättengewerbe *nt;* **escuela superior de ~** Hotelfachschule *f*
hostelero, -a [oste'lero, -a] **I.** *adj* Gaststätten- **II.** *m, f* Gastwirt(in) *m(f)*
hostería [oste'ria] *f* Gasthaus *nt*
hostia ['ostja] **I.** *f* ❶ (REL) Hostie *f; (sin consagrar)* Oblate *f;* **¡me cago en la ~!** *(vulg)* verdammt noch mal! *fam* ❷ *(vulg: bofetada)* Ohrfeige *f; (golpe)* Schlag *m;* **darse una ~** sich *dat* anschlagen; **¡este examen es la ~!** diese Prüfung ist der reinste Hammer! *fam;* **hace un tiempo de la ~** *(malo)* das Wetter ist heute beschissen; *(bueno)* das Wetter ist heute prima *fam;* **iba a toda ~** er/sie hatte einen Affenzahn drauf *fam* **II.** *interj (vulg)* Sakrament (noch mal)! *fam*
hostiar [os'tjar] *vt (vulg: bofetada)* eine Ohrfeige versetzen (**a** +*dat*); *(golpe)* einen Schlag versetzen (**a** +*dat*)
hostigador(a) [ostiɣa'ðor(a)] *adj* lästig
hostigamiento [ostiɣa'mjeṇto] *m* ❶ *(fustigación)* Auspeitschen *nt* ❷ *(molestia)* Belästigung *f* ❸ *(apremio)* Druck *m*
hostigar [osti'ɣar] <g → gu> *vt* ❶ *(fustigar)* auspeitschen ❷ *(molestar)* belästigen; *(con observaciones)* necken ❸ *(incitar)* bedrängen ❹ (MIL) unaufhörlich angreifen ❺ *(Col: fastidiar)* lästig fallen +*dat*
hostigo [os'tiɣo] *m* ❶ *(golpe de látigo)* Hieb *m; (de palo)* Schlag *m* ❷ *(parte de pared o muro)* Wetterseite *f* ❸ *(golpe de viento o lluvia)* Witterungseinfluss *m,* ständige Einwirkung *f* von Wind und Regen
hostigoso, -a [osti'ɣoso, -a] *adj (Chil, Guat, Perú)* lästig, aufdringlich
hostil [os'til] *adj* feindselig; **le hicieron un recibimiento ~** er/sie wurde unfreundlich empfangen
hostilidad [ostili'ðað] *f* Feindseligkeit *f; (más aguda)* Feindschaft *f*
hostilizar [ostili'θar] <z → c> *vt* ❶ *(hostigar)* anfeinden ❷ (MIL) unaufhörlich angreifen
hostión [os'tjon] *m (vulg)* heftiger Schlag *m*
hotel [o'tel] *m* ❶ *(establecimiento)* Hotel *nt;* **~ residencia** Aparthotel *nt* ❷ *(casa)* (Einzel)haus *nt; (mansión)* Villa *f*
hotelero, -a [ote'lero, -a] **I.** *adj* Hotel-; **industria hotelera** Hotelgewerbe *nt* **II.** *m, f* Hotelbesitzer(in) *m(f),* Hotelier *m*
hovercraft [oβer'kraf] *m* <hovercrafts> Luftkissenfahrzeug *nt*
hoy [oi̯] *adv* heute; **~ (en) día** heutzutage; **de ~ a mañana** von heute auf morgen; **de ~ en adelante** ab heute; **los niños de ~ (en día)** die Kinder von heute; **llegará de ~ a mañana** er/sie kann jeden Tag kommen
hoya ['oɟa] *f* ❶ *(hoyo)* Grube *f* ❷ *(sepultura)* Grab *nt* ❸ (GEO: *hondonada*) Mulde *f*
hoyo ['oɟo] *m* ❶ *(concavidad)* Grube *f* ❷ *(agujero)* Loch *nt* ❸ *(sepultura)* Grab *nt*
hoyuelo [o'ɟwelo] *m* ❶ *(en la barba)* (Kinn)grübchen *nt* ❷ *(en la mejilla)* (Wangen)grübchen *nt*
hoz [oθ] *f* ❶ (AGR) Sichel *f* ❷ (GEO: *desfiladero*) Engpass *m; (garganta)* Schlucht *f*
hozar [o'θar] <z → c> **I.** *vi* wühlen **II.** *vt* aufwühlen

huachafoso, -a [watʃa'foso, -a] *adj (Perú)* kitschig, affig
huaico ['wai̯ko] *m (Perú)* Schlammlawine *f*
huarmi ['warmi] *f (AmS)* ❶ *(mujer muy trabajadora)* fleißige Frau *f* ❷ *(ama de casa)* Hausfrau *f*
huasca ['waska] *f (Am: látigo)* Peitsche *f*
huaso, -a ['waso, -a] **I.** *adj (AmS: campesino)* bäuerisch **II.** *m, f (AmS: campesino)* Bauer, Bäuerin *m, f*
hubo ['uβo] *3. pret de* **haber**
hucha ['utʃa] *f* ❶ *(alcancía)* Sparbüchse *f* ❷ *(ahorros)* Ersparnisse *fpl*
hueco[1] ['weko] *m* ❶ *(agujero)* Loch *nt;* ~ **del ascensor** Aufzug(s)schacht *m;* ~ **de la mano** hohle Hand; ~ **de la ventana** Fensteröffnung *f* ❷ *(lugar)* Sitzplatz *m;* **hazme un** ~ mach mir etwas Platz ❸ *(vacío)* Lücke *f;* **hazme un ~ para mañana** nimm dir morgen ein bisschen Zeit für mich
hueco, -a[2] ['weko, -a] *adj* ❶ *(ahuecado)* hohl; *(vacío)* leer ❷ *(sonido)* hohl ❸ *(tierra)* locker ❹ *(palabras)* leer ❺ *(persona)* eitel; **ponerse** ~ sich wichtigtun; **tener la cabeza hueca** *(pey)* ein Hohlkopf sein ❻ *(estilo)* schwülstig
huelga ['welɣa] *f* Streik *m;* ~ **de advertencia** Warnstreik *m;* ~ **de brazos caídos** Sitzstreik *m;* ~ **general** Generalstreik *m;* ~ **de hambre** Hungerstreik *m;* **convocar una** ~ einen Streik ausrufen; **declararse en** ~ in (den) Streik treten; **hacer** ~ streiken; **en esta fábrica estamos en** ~ in dieser Fabrik wird gestreikt
huelgo ['welɣo] *m* ❶ *(aliento)* Atem *m* ❷ *(holgura)* Weite *f* ❸ (TÉC) Spiel *nt*
huelguista [wel'ɣista] *mf* Streikende(r) *mf*
huelguístico, -a [wel'ɣistiko, -a] *adj* Streik-
huella *f (rastro)* ~ **digital** (INFOR) digitale Spur
huella ['weʎa] *f* ❶ *(señal)* Abdruck *m;* ~ **de un animal** Fährte *f;* ~ **dactilar** Fingerabdruck *m* ❷ *(vestigio)* Spur *f;* **seguir las ~s de alguien** in jds Fußstapfen treten
huelveño, -a [wel'βeɲo, -a] **I.** *adj* aus Huelva **II.** *m, f* Einwohner(in) *m(f)* von Huelva
huérfano, -a ['werfano, -a] **I.** *adj* Waisen-; ~ **de padre** vaterlos; **quedarse** ~ verwaisen; **la ciudad se queda huérfana en invierno** die Stadt ist im Winter menschenleer **II.** *m, f* Waisenkind *nt;* ~ **de padre y madre** Vollwaise *f*
huero, -a ['wero, -a] *adj* **discurso** ~ inhaltslose Rede; **huevo** ~ Windei *nt;* **la cosa ha salido huera** die Sache ist schiefgegangen
huerta ['werta] *f* Huerta *f*
huerto ['werto] *m* Gemüsegarten *m;* ~ **familiar** Kleingarten *m;* **llevar a alguien al** ~ *(fam)* jdn rumkriegen
huesa ['wesa] *f* Grab *nt*
hueso ['weso] *m* ❶ (ANAT) Knochen *m;* ~ **nasal** Nasenbein *nt;* **carne sin** ~ knochenloses Fleisch; **dio con sus ~s en la cárcel** er/sie landete im Gefängnis; **dar en** ~ *(fam)* auf Schwierigkeiten stoßen; **está pirrada por sus ~s** *(fam)* sie hat sich in ihn verknallt; **este profesor es un** ~ bei diesem Professor kommt fast keiner durch; **no puede con sus ~s** *(fam)* er/sie kann sich kaum noch auf den Beinen halten; **te voy a romper los ~s** ich werde dir alle Knochen brechen ❷ (BOT) (Obst)kern *m* ❸ *(faena)* schweres Stück *nt* Arbeit; **un ~ duro de roer** eine harte Nuss ❹ *(Am: trabajo)* bequemer Posten *m*
huésped[1] ['wespeᵈ] *m* (BIOL) Wirt *m*
huésped(a)[2] ['wespeᵈ, -eða] *m(f) (invitado)* Gast *m*
hueste ['weste] *f* ❶ (HIST: *ejército*) Heerschar *f* ❷ *(de un partido)* Anhängerschaft *f*
huesudo, -a [we'suðo, -a] *adj* ❶ *(persona)* knochig ❷ *(carne)* mit vielen Knochen
hueva ['weβa] *f* Fischei *nt,* (Fisch)rogen *m*
huevada [we'βaða] *f (AmS: fam: estupidez)* Dummheit *f*
huevear [weβe'ar] *vi (fam)* ❶ *(hacer tonterías)* Dummheiten machen ❷ *(perder el tiempo)* rumhängen
huevera [we'βera] *f* Eierbecher *m*
huevería [weβe'ria] *f* Eierhandlung *f*
huevero[1] [we'βero] *m* Eierbecher *m*
huevero, -a[2] [we'βero, -a] *m, f* Eierhändler(in) *m(f)*
huevo ['weβo] *m* ❶ (BIOL) Ei *nt;* ~ **duro** hart gekochtes Ei; **~s fritos** Spiegeleier *ntpl;* **~s revueltos** Rührei *nt;* ~ **pasado por agua** weich gekochtes Ei; **~s revueltos** Rühreier *ntpl;* **clara de** ~ Eiweiß *nt;* **poner un** ~ ein Ei legen ❷ *(para zurcir)* Stopfei *nt* ❸ *(vulg: testículo)* Ei *nt fam;* **¡estoy hasta los ~s!** ich habe die Nase voll! *fam;* **me importa un** ~ das ist mir scheißegal; **¡tiene ~s la cosa!** das ist ja wohl der Hammer! *fam;* **me costó un** ~ *(de dinero)* das hat mich eine schöne Stange Geld gekostet *fam; (de dificultades)* das hat mich viel Mühe gekostet
huevonear [weβone'ar] *vi (Méx: vulg)* auf der faulen Haut liegen *fam*
huevudo, -a [we'βuðo, -a] *adj (vulg)* super *fam,* toll *fam*

huida [u'iða] *f* Flucht *f;* ~ **del lugar del accidente** Fahrerflucht *f;* **no hay ~ posible** es gibt kein Entkommen
huidero[1] [ui'ðero] *m* Unterschlupf *m* des Wildes
huidero, -a[2] [ui'ðero, -a] *adj* scheu
huidizo, -a [ui'ðiθo, -a] *adj* flüchtig, scheu
huido, -a [u'iðo, -a] *m, f* Flüchtige(r) *mf*
huir [u'ir] *irr* **I.** *vi* ❶ *(escapar)* fliehen (**de** vor +*dat*); ~ **de casa** von zu Hause weglaufen; **el tiempo huye** die Zeit vergeht wie im Fluge; **pudieron ~ de sus perseguidores** sie konnten ihren Verfolgern entkommen ❷ *(marcharse en coche)* davonfahren; *(a pie)* davoneilen **II.** *vt (cosa)* vermeiden; *(persona)* meiden (**de** +*akk*)
huiro ['wiro] *m (AmS: alga)* Alge *f*
hule ['ule] *m* ❶ *(para la mesa)* Wachstuch *nt;* **pon el ~ en la mesa** leg die Wachstischdecke auf ❷ *(tela)* Ölleinwand *f* ❸ *(Am: caucho)* Kautschuk *m*
hulla ['uʎa] *f* Steinkohle *f*
humanamente [umana'men̪te] *adv* menschlich; **hacer todo lo ~ posible** alles Menschenmögliche tun
humanidad [umani'ða^{ð}] *f* ❶ *(género humano)* Menschheit *f;* **un crimen contra la ~** ein Verbrechen gegen die Menschlichkeit ❷ *(naturaleza, caridad humana)* Menschlichkeit *f* ❸ *(fam: corpulencia)* Korpulenz *f* ❹ *pl (letras)* Geisteswissenschaften *f pl*
humanismo [uma'nismo] *m sin pl* Humanismus *m*
humanista [uma'nista] *mf* Humanist(in) *m(f)*
humanístico, -a [uma'nistiko, -a] *adj* humanistisch
humanitario, -a [umani'tarjo, -a] *adj* humanitär; **organización humanitaria** Hilfsorganisation *f*
humanitarismo [umanita'rismo] *m sin pl* Humanitarismus *m*
humanización [umaniθa'θjon] *f sin pl* ❶ *(dignificación)* Humanisierung *f* ❷ (ARTE) Vermenschlichung *f*
humanizador(a) [umaniθa'ðor(a)] *adj* humanisierend
humanizar [umani'θar] <z → c> **I.** *vt* ❶ *(dignificar)* humanisieren ❷ (ARTE) vermenschlichen **II.** *vr:* **~se** menschlicher werden
humano, -a [u'mano, -a] *adj* ❶ *(del hombre)* Menschen-; **naturaleza humana** menschliche Natur; **ser ~** Mensch *m* ❷ *(condiciones)* menschlich
humanoide [uma'noi̯ðe] *m* menschenähnliches Wesen *nt*
humareda [uma'reða] *f* Rauchwolke *f*
humazo [u'maθo] *m* dichter Rauch *m*
humear [ume'ar] **I.** *vi* ❶ *(humo)* rauchen ❷ *(vapor)* dampfen ❸ *(enemistad)* weiterbestehen ❹ *(engreírse)* prahlen **II.** *vr:* **~se** rauchen
humectador [umekta'ðor] *m* Luftbefeuchter *m*
humectante [umek'tan̪te] *adj* befeuchtend
humedad [ume'ða^{ð}] *f* Feuchtigkeit *f*
humedal [ume'ðal] *m* Feuchtgebiet *nt*
humedecer [umeðe'θer] *vt irr como crecer* befeuchten
húmedo, -a ['umeðo, -a] *adj* feucht; (GEO) humid
humero [u'mero] *m* Fuchs *m*
húmero ['umero] *m* (ANAT) Oberarmknochen *m*
humidificación [umiðifika'θjon] *f* Befeuchtung *f*
humidificador [umiðifika'ðor] *m* Luftbefeuchter *m*
humidificar [umiðifi'kar] <c → qu> *vt* befeuchten
humildad [umil̪'da^{ð}] *f* ❶ *(modestia)* Bescheidenheit *f* ❷ *(religiosa)* Demut *f* ❸ *(social)* Armut *f*
humilde [u'mil̪de] *adj* ❶ *(modesto)* bescheiden; **un ~ trabajador** ein einfacher Arbeiter ❷ *(en sentido religioso)* demütig ❸ *(condición social)* einfach; **ser de orígenes ~s** aus bescheidenen Verhältnissen stammen
humillación [umiʎa'θjon] *f* ❶ *(degradación)* Demütigung *f* ❷ *(vergüenza)* Beschämung *f*
humillar [umi'ʎar] **I.** *vt* ❶ *(degradar)* demütigen ❷ *(avergonzar)* beschämen **II.** *vr:* **~se** sich demütigen (**a/ante** vor +*dat*)
humo ['umo] *m* ❶ *(de chimenea)* Rauch *m;* **señal de ~** Rauchsignal *nt;* **en ese bar siempre hay ~** diese Kneipe ist immer völlig verqualmt; **la chimenea echa ~** der Schornstein raucht; **tragar el ~ al fumar** auf Lunge rauchen ❷ *(vapor)* Dampf *m* ❸ *(al cocinar)* Dunst *m* ❹ *pl (vanidad)* Einbildung *f;* **bajarle los ~s a alguien** jdm einen Dämpfer versetzen; **subírsele los ~s a la cabeza** hochnäsig werden; **tener muchos ~s** sehr eingebildet sein
humor [u'mor] *m* ❶ *(cualidad)* Humor *m;* **¡pero no tienes sentido del ~ o qué!** Mensch, du verstehst wohl keinen Spaß! ❷ *(humorismo)* Humor *m* ❸ *(ánimo)* Laune *f;* **estar de buen/mal ~** gut/schlecht gelaunt sein; **no estoy de ~ para bailar** ich bin nicht zum Tanzen aufgelegt ❹ (MED: *líquido*) Körpersaft *m*

humorada [umo'raða] *f* ❶ *(capricho)* Laune *f* ❷ *(dicho)* witziger Einfall *m;* **dejémonos de ~s** lassen wir die Witze

humorado, -a [umo'raðo, -a] *adj* **bien/mal ~** *(por un momento)* gut gelaunt/schlecht gelaunt; *(carácter)* humorvoll/humorlos

humorismo [umo'rismo] *m sin pl* Humor *m*

humorista [umo'rista] *mf* Komiker(in) *m(f); (dibujante)* Humorist(in) *m(f)*

humorístico, -a [umo'ristiko, -a] *adj* humoristisch

humus ['umus] *m sin pl* Humus *m*

hundido, -a [uṇ'diðo, -a] *adj* ❶ *(ojos)* tief liegend; *(techo)* eingesunken ❷ *(persona)* deprimiert

hundimiento [unṇdi'mjeṇto] *m* ❶ *(de un barco)* Untergang *m; (después de tocado)* Versenkung *f* ❷ *(de un edificio)* Einsturz *m* ❸ (ECON) Zusammenbruch *m* ❹ (GEO: *depresión*) Vertiefung *f*

hundir [uṇ'dir] **I.** *vt* ❶ *(barco)* versenken ❷ *(edificio)* abreißen ❸ *(sumergir)* **~ la mano en el agua** die Hand ins Wasser (ein)tauchen; **~ los pies en el barro** die Füße in den Schlamm stecken ❹ *(suelo)* versenken ❺ *(proyecto)* zunichtemachen; *(empresa)* zugrunde richten; *(esperanzas)* zerstören; **la crisis económica ha hundido a muchos empresarios** die wirtschaftliche Krise hat viele Unternehmer ruiniert **II.** *vr:* **~se** ❶ *(barco)* untergehen; *(después de ser tocado)* (ver)sinken ❷ *(edificio)* einstürzen; *(suelo)* sinken; **el euro se hunde** der Euro fällt ❸ *(fracasar)* scheitern; **me he hundido en el tercer set** im dritten Satz war ich völlig von der Rolle *fam*

húngaro, -a ['uŋgaro, -a] **I.** *adj* ungarisch **II.** *m, f* Ungar(in) *m(f)*

Hungría [uŋ'gria] *f* Ungarn *nt*

huno, -a ['uno, -a] **I.** *adj* (HIST) hunnisch **II.** *m, f* (HIST) Hunne, -in *m, f*

huracán [ura'kan] *m* Orkan *m;* **las tropas pasaron como un ~ por la ciudad** die Stadt wurde von den Truppen dem Erdboden gleichgemacht

huracanado, -a [uraka'naðo, -a] *adj* orkanartig

huracanarse [uraka'narse] *vr* stürmisch [*o* orkanartig] werden, zum Sturm werden

huraño, -a [u'raɲo, -a] *adj* ❶ *(insociable)* ungesellig ❷ *(hosco)* mürrisch

hurgar [ur'ɣar] <g → gu> *vt* ❶ *(revolver)* herumwühlen (**en** in +*dat*), (herum)kramen (**en** in +*dat*) ❷ *(con un palo)* (herum)stochern (in +*dat*); **~ el fuego** das Feuer schüren; **~ la nariz** in der Nase bohren ❸ *(fisgonear)* (herum)schnüffeln ❹ *(incitar)* schüren

hurgonear [urɣone'ar] *vt* (das Feuer) schüren

hurguetear [urɣete'ar] *vt* *(Am)* (herum)schnüffeln

hurguillas [ur'ɣiʎas] *mf inv* *(inquieto)* unruhiger Geist *m; (apremiante)* Nervtöter(in) *m(f)*

hurón, -ona [u'ron, -ona] *m, f* ❶ *(animal)* Frettchen *nt* ❷ *(fam: husmeador)* Schnüffler(in) *m(f)* ❸ *(fam: huraño)* ungeselliger Mensch *m*

hurra ['urra] *interj* hurra!

hurtadillas [urta'ðiʎas] **a ~** heimlich; **lo hizo a ~ de su novia** er tat es hinter dem Rücken seiner Freundin

hurtar [ur'tar] **I.** *vt* ❶ *(robar)* stehlen ❷ *(con el peso)* betrügen ❸ *(mar)* fortschwemmen ❹ *(cuerpo)* ausweichen +*dat* ❺ *(ocultar)* verbergen **II.** *vr:* **~se** sich entziehen (**a** +*dat*); **~se al trabajo** sich vor der Arbeit drücken

hurto ['urto] *m* ❶ *(acción)* Diebstahl *m* ❷ *(cosa)* Diebesbeute *f*

húsar ['usar] *m* Husar *m*

husmear [usme'ar] *vi, vt* ❶ *(perro)* schnüffeln ❷ *(fisgonear)* (aus)schnüffeln

husmeo [us'meo] *m* ❶ *(de un perro)* Schnüffeln *nt* ❷ *(fisgoneo)* Schnüffelei *f*

huso ['uso] *m* ❶ *(textil)* Spindel *f* ❷ (GEO) **~ horario** Zeitzone *f*

hutu ['utu] *mf* Hutu *mf*

huy [ui̯] *interj* ❶ *(de dolor)* au! ❷ *(de asombro)* ach!

I i

I, i [i] *f* I, i *nt;* ~ **de Italia** I wie Ida; ~ **latina** I *nt*

IBAN [i'βan] *m inv* (FIN) *abr de* **International Bank Account Number** IBAN *f*

ibérico, -a [i'βeriko, -a] *adj* iberisch; **Península Ibérica** Iberische Halbinsel

iberismo [iβe'rismo] *m* ① (HIST) iberische Kulturwissenschaft *f* ② (LING) Iberismus *m* ③ (POL) *Eintreten für engere politische Zusammenarbeit zwischen Spanien und Portugal*

Iberoamérica [iβeroa'merika] *f* Iberoamerika *nt*

iberoamericano, -a [iβeroameri'kano, -a] **I.** *adj* iberoamerikanisch **II.** *m, f* Iberoamerikaner(in) *m(f)*

ibicenco, -a [iβi'θeŋko, -a] **I.** *adj* ibizenkisch **II.** *m, f* Ibizenker(in) *m(f)*

íbidem ['iβiðen] *adv* ibidem

iceberg [iθe'βer$^{(ɣ)}$] *m* <icebergs> Eisberg *m*

icono [i'kono] *m,* **ícono** ['ikono] *m* ① (REL) Ikone *f* ② (INFOR) Icon *nt*

iconoclasta [ikono'klasta] **I.** *adj* bilderstürmerisch **II.** *mf* Bilderstürmer(in) *m(f)*

iconografía [ikonoɣra'fia] *f* Ikonografie *f*

ictericia [ikte'riθja] *f sin pl* (MED) Gelbsucht *f*

ictiología [iktjolo'xia] *f sin pl* Fischkunde *f*

ida ['iða] *f* ① *(marcha)* Hinweg *m; (en vehículo)* Hinfahrt *f;* ~ **y vuelta** Hin- und Rückfahrt *f* ② *(acción inconsiderada)* Unbesonnenheit *f; (pronto)* Anwandlung *f*

idea [i'ðea] *f* ① (FILOS) Idee *f* ② *(conocimiento)* Vorstellung *f;* **ni** ~ keine Ahnung, sich *dat* ein Bild von etw *dat*/jdm machen; **dar a alguien (una)** ~ **de algo** jdm etw veranschaulichen ③ *(pensamiento)* Idee *f;* ~ **fundamental** Grundgedanke *m;* **tuvo la** ~ **de** +*inf* er/sie kam auf die Idee, zu +*inf* ④ *(opinión)* Meinung *f* ⑤ *(propósito)* Vorhaben *nt;* **tener** ~ **de hacer algo** beabsichtigen, etw zu tun; **vino con** ~ **de convencerme** er/sie kam mit der Absicht, mich zu überzeugen ⑥ *pl (convicciones)* Gesinnung *f*

ideal [iðe'al] **I.** *adj* ① *(imaginario)* ideell ② *(perfecto)* ideal **II.** *m* Ideal *nt*

idealismo [iðea'lismo] *m* Idealismus *m*

idealista [iðea'lista] **I.** *adj* idealistisch **II.** *mf* Idealist(in) *m(f)*

idealización [iðealiθa'θjon] *f* Idealisierung *f*

idealizar [iðeali'θar] <z → c> *vt* idealisieren

idear [iðe'ar] *vt* ① *(concebir)* sich *dat* ausdenken ② *(inventar)* erfinden ③ *(trazar un proyecto)* planen; *(un plan)* entwerfen

ideario [iðe'arjo] *m* ① *(conjunto de ideas)* Gedankengut *nt* ② *(ideología)* Ideologie *f*

ídem ['iðen] *pron (lo mismo)* der-, die-, dasselbe; **para mí,** ~ **de** ~ *(fam)* für mich das Gleiche

idéntico, -a [i'ðeṇtiko, -a] *adj* ① *(igual)* identisch; **es** ~ **a su madre** er ist genau wie seine Mutter ② *(semejante)* sehr ähnlich

identidad [iðeṇti'ða^{d}] *f* ① *(coincidencia)* völlige Übereinstimmung *f* ② *(personalidad)* Identität *f;* **carné de** ~ Personalausweis *m;* **probar su** ~ sich ausweisen

identificable [iðeṇtifi'kaβle] *adj* identifizierbar

identificación [iðeṇtifika'θjon] *f* ① *(de alguien)* Identifizierung *f* ② (INFOR) Kennung *f*

identificador [iðeṇtifika'ðor] *m* (INFOR) Kennzeichen *nt;* ~ **de mensajes** Nachrichtenkennung *f*

identificar [iðeṇtifi'kar] <c → qu> **I.** *vt* ① *(reconocer, establecer la identidad)* identifizieren ② *(equiparar)* gleichsetzen **II.** *vr:* **~se** ① *(solidarizarse)* sich identifizieren (**con** mit +*dat*) ② *(compenetrarse)* sich hineinversetzen (**con** in +*akk*) ③ *(demostrar su identidad)* sich ausweisen

ideología [iðeolo'xia] *f* Ideologie *f*

ideológico, -a [iðeo'loxiko, -a] *adj* ideologisch

ideologizar [iðeoloxi'θar] <z → c> *vt* ideologisieren

ideólogo, -a [iðe'oloɣo, -a] *m, f* Ideologe, -in *m, f*

idílico, -a [i'ðiliko, -a] *adj* idyllisch

idilio [i'ðiljo] *m* ① (LIT) Idylle *f* ② *(relación amorosa)* Romanze *f*

idiocia [i'ðjoθja] *f* (MED) hochgradiger Schwachsinn *m*

idioma [i'ðjoma] *m* Sprache *f*

idiomático, -a [iðjo'matiko, -a] *adj* idiomatisch

idiomatismo [iðjoma'tismo] *m* (LING) idiomatische Struktur *f*

idiosincrasia [iðjosiŋ'krasja] *f* Idio(syn)krasie *f*

idiosincrásico, -a [iðjosiŋ'krasiko, -a] *adj (característico)* kennzeichnend, spezifisch; *(susceptible)* idiosynkratisch

idiota [i'ðjota] **I.** *adj* schwachsinnig **II.** *mf*

❶ (MED) Schwachsinnige(r) *mf* ❷ *(estúpido)* Idiot(in) *m(f)*

idiotez [iðjo'teθ] *f* ❶ (*t.* MED) Schwachsinn *m* ❷ *(estupidez)* Blödsinn *m*

idiotismo [iðjo'tismo] *m* Unwissenheit *f*, Kenntnislosigkeit *f*

idiotizar [iðjoti'θar] <z → c> **I.** *vi* verdummen **II.** *vt* ❶ *(atontar)* verdummen ❷ *(desconcertar)* verblüffen

ido, -a ['iðo, -a] *adj* ❶ *(fam: mal de la cabeza)* verrückt ❷ *(AmC: borracho)* betrunken

idólatra [i'ðolatra] **I.** *adj* ❶ *(que rinde culto)* Götzendienst treibend ❷ *(que ama excesivamente)* leidenschaftlich ergeben (**de** +*dat*) **II.** *mf* ❶ *(quien rinde culto)* Götzendiener(in) *m(f)* ❷ *(quien ama una persona o cosa)* leidenschaftlicher Verehrer *m*, leidenschaftliche Verehrerin *f*

idolatrar [iðola'trar] *vt* ❶ *(rendir culto)* (als Götzen) anbeten ❷ *(adorar)* vergöttern; *(amar)* abgöttisch lieben

idolatría [iðola'tria] *f* ❶ *(culto)* Götzendienst *m* ❷ *(adoración)* Vergötterung *f*

ídolo ['iðolo] *m* ❶ *(pey: divinidad)* Götze *m*; *(efigie)* Götzenbild *nt* ❷ *(persona)* Idol *nt*

idoneidad [iðonei̯'ða^ð] *f* ❶ *(aptitud)* Geeignetheit *f*, Tauglichkeit *f* ❷ *(capacidad)* Fähigkeit *f*

idóneo, -a [i'ðoneo, -a] *adj* ❶ *(apropiado)* geeignet ❷ *(capaz)* fähig

iglesia [i'ɣlesja] *f* Kirche *f*; **casarse por la ~** kirchlich heiraten

iglú [i'ɣlu] *m* Iglu *m o nt*

ignición [iɣni'θjon] *f* ❶ *(combustión)* Verbrennen *nt*; *(incandescencia)* Glühen *nt* ❷ *(inicio de una combustión)* Entzünden *nt*

ignífugo, -a [iɣ'nifuɣo, -a] *adj (que protege contra el fuego)* feuersicher; *(que no se quema)* feuerbeständig

ignominia [iɣno'minja] *f* Schande *f*

ignominioso, -a [iɣnomi'njoso, -a] *adj* schändlich

ignorancia [iɣno'ran̩θja] *f* ❶ *(desconocimiento)* Unwissenheit *f* ❷ *(incultura)* Bildungslücke *f*

ignorante [iɣno'ran̩te] **I.** *adj* ❶ *(desconocedor)* unwissend (**de** über +*akk*) ❷ *(inculto)* ungebildet **II.** *mf (pey)* Ignorant(in) *m(f)*

ignorar [iɣno'rar] *vt* ❶ *(desconocer)* nicht kennen; *(no saber)* nicht wissen ❷ *(no hacer caso)* ignorieren

ignoto, -a [iɣ'noto, -a] *adj (elev)* unbekannt

igual[1] [i'ɣwal] **I.** *adj* ❶ *(idéntico)* (genau) gleich; *(semejante)* (sehr) ähnlich; **¿habrá cosa ~?** hat man so etwas schon einmal gesehen? ❷ *(llano)* eben ❸ *(constante: temperaturas)* gleich bleibend; *(clima)* ausgeglichen; *(ritmo)* gleichmäßig ❹ (MAT) kongruent ❺ *(lo mismo)* gleichgültig; **¡es ~!** (das ist) egal!; **me da** [*o* **me es**] **~** es ist mir egal **II.** *mf* Gleichgestellte(r) *mf*; **no tener ~** einzigartig sein **III.** *adv* ❶ *(fam: quizá)* vielleicht ❷ *(loc)* **~ que...** genauso wie ...; **al ~ que...** ebenso wie ...

igual[2] [i'ɣwal] *m* (MAT) Gleichheitszeichen *nt*

igualación [iɣwala'θjon] *f* ❶ *(igualamiento)* Gleichmachung *f*; *(equiparación)* Gleichstellung *f*, Gleichsetzung *f* ❷ *(ajuste)* Anpassung *f*, Angleichung *f*

igualado, -a [iɣwa'laðo, -a] *adj* ❶ *(parecido)* ähnlich ❷ *(empatado)* unentschieden; **están ~s** es steht unentschieden

igualar [iɣwa'lar] **I.** *vt* ❶ *(hacer igual)* gleichmachen; *(equiparar)* gleichstellen ❷ *(allanar)* (ein)ebnen ❸ *(nivelar)* ausgleichen ❹ *(ajustar)* anpassen **II.** *vi* ❶ *(equivaler)* gleichkommen (**en** +*dat*) ❷ *(combinar)* passen (**con** zu +*dat*) **III.** *vr:* **~se** ❶ *(parecerse)* gleichen (**a/con** +*dat*) ❷ *(compararse)* sich vergleichen (**con** mit +*dat*) ❸ *(ponerse al igual)* sich (einander) angleichen

igualatorio, -a [iɣwala'torjo, -a] *adj* gleichmachend

igualdad [iɣwal̩'da^ð] *f* ❶ *(uniformidad)* Gleichheit *f*; **~ de derechos** Gleichberechtigung *f* ❷ *(semejanza)* Ähnlichkeit *f* ❸ *(regularidad)* Gleichmäßigkeit *f*; *(de superficie)* Ebenheit *f*

igualitario, -a [iɣwali'tarjo, -a] *adj* egalitär

igualitarismo [iɣwalita'rismo] *m sin pl* ❶ (POL) Egalitarismus *m* ❷ *(pey: igualación)* Gleichmacherei *f*

igualmente [iɣwal'men̩te] **I.** *interj* danke, gleichfalls! **II.** *adv* ❶ *(del mismo modo)* gleichermaßen ❷ *(también)* ebenfalls

iguana [i'ɣwana] *f* (ZOOL) Leguan *m*

ijada [i'xaða] *f* ❶ (ANAT) Flanke *f* ❷ *(dolor)* Seitenstechen *nt*

ikurriña [iku'rriɲa] *f grün-rot-weiße Nationalflagge der Basken*

ilapso [i'laβso] *m* (PSICO) Verzückung *f*, Ekstase *f*

ilativo, -a [ila'tiβo, -a] *adj* ❶ *(que se infiere de algo)* (schluss)folgernd ❷ (LING) konsekutiv

ilegal [ile'ɣal] **I.** *adj* gesetzwidrig, illegal **II.** *mf (fam pey)* Illegale(r) *f(m) (ohne behördliche Aufenthaltsgenehmigung)*; **ese hombre es ~** dieser Mann ist ein Illegaler

ilegalidad [ileɣali'ða^ð] *f* Gesetzwidrigkeit *f*

ilegibilidad [ilexiβili'ðaᵈ] *f sin pl* Unlesbarkeit *f,* Unleserlichkeit *f*

ilegible [ile'xiβle] *adj* ❶ *(la letra)* unleserlich ❷ *(el contenido)* unlesbar

ilegislable [ilexis'laβle] *adj* (JUR) nicht gesetzlich regelbar

ilegitimar [ilexiti'mar] *vt* ❶ *(un asunto)* für unrechtmäßig erklären ❷ *(un hijo)* für unehelich erklären

ilegitimidad [ilexitimi'ðaᵈ] *f* ❶ *(asunto)* Unrechtmäßigkeit *f* ❷ *(hijo)* Unehelichkeit *f*

ilegítimo, -a [ile'xitimo, -a] *adj* ❶ *(asunto)* unrechtmäßig ❷ *(hijo)* unehelich; *(relación)* außerehelich ❸ *(exigencia)* ungerechtfertigt

ileso, -a [i'leso, -a] *adj* unverletzt

iletrado, -a [ile'traðo, -a] *adj* ❶ *(inculto)* ungebildet ❷ *(analfabeto)* des Lesens und Schreibens unkundig

ilícito, -a [i'liθito, -a] *adj* verboten

ilicitud [iliθi'tuᵈ] *f sin pl* Unzulässigkeit *f*

ilimitable [ilimi'taβle] *adj* nicht begrenzbar, nicht beschränkbar

ilimitado, -a [ilimi'taðo, -a] *adj* unbegrenzt

iliquidez [iliki'ðeθ] *f sin pl* (FIN) Zahlungsunfähigkeit *f,* Illiquidität *f*

ilíquido, -a [i'likiðo, -a] *adj* (ECON: *sin pagar*) unbezahlt; *(sin recursos)* illiquid, zahlungsunfähig

iliterato, -a [ilite'rato, -a] *adj (elev)* unwissend, ungebildet

ilocalizable [ilokali'θaβle] *adj* unauffindbar

ilógico, -a [i'loxiko, -a] *adj* unlogisch

iluminación [ilumina'θjon] *f* ❶ *(el alumbrar)* Beleuchten *nt* ❷ *(alumbrado)* Beleuchtung *f; (como adorno)* Festbeleuchtung *f* ❸ (REL) Erleuchtung *f*

iluminado, -a [ilumi'naðo, -a] *adj* ❶ *(un lugar)* beleuchtet; *(un monumento)* angestrahlt ❷ (REL) erleuchtet ❸ *(fam: borracho)* betrunken; *(drogado)* high

iluminar [ilumi'nar] *vt* ❶ *(alumbrar)* beleuchten; *(como decoración)* festlich beleuchten; *(un monumento)* anstrahlen ❷ (REL) erleuchten ❸ (ARTE) illuminieren

iluminativo, -a [ilumina'tiβo, -a] *adj* beleuchtend, Beleuchtungs-

ilusión [ilu'sjon] *f* ❶ *(espejismo)* (Sinnes)täuschung *f* ❷ *(esperanza)* Hoffnung *f* ❸ *(visión)* (falsche) Vorstellung *f;* **hacerse ilusiones** sich *dat* etwas vormachen ❹ *(sueño)* Traum *m* ❺ *(alegría)* Freude *f;* **ese viaje me hace mucha ~** ich freue mich sehr auf diese Reise

ilusionado [ilusjo'naðo, -a] **I.** *pp de* **ilusionar II.** *adj* froh, glücklich, aufgeregt

ilusionante [ilusjo'nante] *adj* traumhaft

ilusionar [ilusjo'nar] **I.** *vt* ❶ *(hacer ilusiones)* falsche Hoffnungen machen *+dat* ❷ *(engañar)* täuschen **II.** *vr:* **~se** ❶ *(esperanzarse)* sich *dat* falsche Hoffnungen machen ❷ *(alegrarse)* sich freuen (**con** über *+akk*)

ilusionismo [ilusjo'nismo] *m (magia)* Zauberei *f*

ilusionista [ilusjo'nista] *mf* Zauberkünstler(in) *m(f)*

ilusivo, -a [ilu'siβo, -a] *adj* trügerisch, illusorisch

iluso, -a [i'luso, -a] **I.** *adj* leichtgläubig **II.** *m, f* ❶ *(soñador)* Träumer(in) *m(f)* ❷ *(entusiasta)* Schwärmer(in) *m(f)*

ilusorio, -a [ilu'sorjo, -a] *adj* ❶ *(engañoso)* trügerisch ❷ *(de ningún efecto)* zwecklos

ilustración [ilustra'θjon] *f* ❶ *(imagen)* Abbildung *f;* ~ **gráfica** grafische Darstellung ❷ *(aclaración)* Veranschaulichung *f* ❸ *(instrucción)* Bildung *f* ❹ (HIST) **la I~** die Aufklärung

ilustrado, -a [ilus'traðo, -a] **I.** *adj* ❶ *(con imágenes)* bebildert ❷ *(aclarado)* veranschaulicht ❸ *(instruido)* gebildet ❹ *(perteneciente al movimiento intelectual)* aufgeklärt **II.** *m, f* Aufklärer(in) *m(f)*

ilustrador(a) [ilustra'ðor(a)] **I.** *adj* ❶ *(ilustrativo)* illustrierend ❷ *(aclarativo)* veranschaulichend ❸ *(instructivo)* lehrreich **II.** *m(f)* Illustrator(in) *m(f)*

ilustrar [ilus'trar] **I.** *vt* ❶ *(con imágenes)* bebildern ❷ *(aclarar)* veranschaulichen ❸ *(instruir)* aufklären **II.** *vr:* **~se** sich bilden

ilustrativo, -a [ilustra'tiβo, -a] *adj* ❶ *(aclarador)* anschaulich ❷ *(sintomático)* bezeichnend

ilustre [i'lustre] *adj (famoso)* berühmt; *(egregio)* erlaucht

ilustrísimo, -a [ilus'trisimo, -a] *adj* hochverehrte(r), hochverehrteste(r); ~ **señor** sehr geehrter Herr; *(a personas de rango más alto)* hochverehrter Herr

imagen [i'maxen] *f* ❶ (*t.* TV) Bild *nt* ❷ *(representación exacta)* Abbild *nt; (fiel)* Ebenbild *nt* ❸ *(representación mental)* Bild *nt* ❹ *(fama)* Image *nt* ❺ *(escultura sagrada)* Heiligenfigur *f; (pintura)* Heiligenbild *nt*

imaginable [imaxi'naβle] *adj* vorstellbar

imaginación [imaxina'θjon] *f (imaginativa)* Vorstellung(skraft) *f; (fantasía)* Fantasie *f;* **ni por ~** auf keinen Fall

imaginar [imaxi'nar] **I.** *vt* ❶ *(representarse)* sich *dat* vorstellen; **imagínate...** stell dir vor ... ❷ *(idear)* sich *dat* ausdenken; *(inventar)* erfinden; ~ **fantasmas** Ge-

I

spenster sehen ❸ *(suponer)* vermuten; *(sospechar)* ahnen **II.** *vr:* **~se** ❶ *(representarse)* sich *dat* vorstellen; **me lo imagino** das denke ich mir ❷ *(figurarse)* sich *dat* einbilden

imaginaria[1] [imaxi'narja] *f* (MIL) Bereitschaftsdienst *m*

imaginaria[2] [imaxi'narja] *m* (MIL) Nachtwache *f*

imaginario, -a [imaxi'narjo, -a] *adj* ❶ (*t.* MAT) imaginär ❷ *(inventado)* erfunden ❸ *(figurado)* eingebildet

imaginativa [imaxina'tiβa] *f* ❶ *(imaginación)* Vorstellungskraft *f*, Einbildungskraft *f* ❷ *(facultad de imaginar)* Vorstellungsvermögen *nt*

imaginativo, -a [imaxina'tiβo, -a] *adj* ❶ *(fantasioso)* fantasievoll ❷ *(ocurrente)* einfallsreich

imaginería [imaxine'ria] *f* ❶ *(bordado)* figurative Seidenstickerei *f* ❷ *(escultura sagrada)* Heiligenfiguren *fpl; (pintura)* Heiligenbilder *ntpl*

imaginero, -a [imaxi'nero, -a] *m, f (escultor de imágenes)* Bildhauer(in) *m(f); (tallista)* Bildschnitzer(in) *m(f); (pintor)* Maler(in) *m(f)* von Heiligenbildern

imam [i'mam] *m* (REL) Imam *m*

imán [i'man] *m* ❶ *(t. fig: hierro)* Magnet *m* ❷ (REL) Imam *m*

iman(t)ar [ima'nar/imaṇ'tar] *vt* magnetisieren

imbatible [imba'tiβle] *adj* unschlagbar

imbatido, -a [imba'tiðo, -a] *adj* ungeschlagen

imbebible [imbe'βiβle] *adj* ❶ *(no potable)* nicht trinkbar ❷ *(con mal sabor)* ungenießbar

imbécil [im'beθil] **I.** *adj* ❶ (*t.* MED) schwachsinnig ❷ *(estúpido)* blöd **II.** *mf* ❶ (MED) Schwachsinnige(r) *mf* ❷ *(estúpido)* Schwachkopf *m*

imbecilidad [imbeθili'ða^{d}] *f* ❶ (*t.* MED) Schwachsinn *m* ❷ *(estupidez)* Blödsinn *m*

imberbe [im'berβe] *adj* ❶ *(sin barba)* bartlos ❷ *(pey: inmaduro)* (noch) grün

imborrable [imbo'rraβle] *adj* ❶ *(lápiz)* nicht ausradierbar; *(tinta)* nicht (aus)löschbar ❷ *(acontecimiento)* unauslöschlich

imbricación [imbrika'θjon] *f* ❶ (ARQUIT) dachziegelartige Anordnung *f* ❷ *(superposición)* Überlappung *f*, Überlagerung *f; (entrecruzamiento)* Überschneidung *f*

imbricar [imbri'kar] <c → qu> **I.** *vt* überlappen, überlagern **II.** *vr:* **~se** ❶ *(superponerse)* sich überlappen, sich überlagern ❷ *(entrecruzarse)* sich überschneiden ❸ *(entrelazarse)* ineinandergreifen

imbuido, -a [imbu'iðo, -a] *adj* durchdrungen (**de** von +*dat*)

imbuir [imbu'ir] *irr como huir* **I.** *vt* ❶ *(inculcar)* einprägen ❷ *(trasmitir)* vermitteln **II.** *vr:* **~se** sich *dat* zu eigen machen (**de** +*akk*)

IME [i^{n}sti'tuto mone'tarjo eu̯ro'peo] *m abr de* **Instituto Monetario Europeo** EWI *nt*

imitable [imi'taβle] *adj* nachahmenswert

imitación [imita'θjon] *f* ❶ *(copia)* Nachahmung *f; (reproducción)* Nachbildung *f;* **a ~ de...** nach dem Vorbild von ... ❷ *(como falsificación)* Imitation *f;* **perlas de ~** Kunstperlen *fpl*

imitado, -a [imi'taðo, -a] *adj* ❶ *(copiado)* nachgemacht, nachgeahmt, imitiert ❷ *(falso)* unecht

imitador(a) [imita'ðor(a)] *m(f) (copista)* Nachmacher(in) *m(f); (parodista)* Imitator(in) *m(f)*

imitar [imi'tar] *vt* ❶ *(copiar)* nachmachen; *(parodiar)* imitieren; *(reproducir)* nachbilden; **~ una firma** eine Unterschrift fälschen ❷ *(asemejarse)* ähneln +*dat*

imitativo, -a [imita'tiβo, -a] *adj* nachahmend, imitativ

impaciencia [impa'θjeṇθja] *f* Ungeduld *f*

impacientar [impaθjeṇ'tar] **I.** *vt* ungeduldig machen **II.** *vr:* **~se** die Geduld verlieren

impaciente [impa'θjeṇte] *adj* ❶ *ser (sin paciencia)* ungeduldig ❷ *estar (intranquilo)* unruhig ❸ *estar (ansioso)* begierig

impactar [impak'tar] *vt* ❶ *(un proyectil)* einschlagen (**en** in +*akk*) ❷ *(un acontecimiento)* beeindrucken

impacto [im'pakto] *m* ❶ *(choque de un proyectil)* Einschlag *m; (huella)* Treffer *m* ❷ *(Am: en el boxeo)* (Faust)schlag *m* ❸ *(golpe emocional)* Schlag *m fig* ❹ *(efecto)* (große) Wirkung *f; (impresión)* Eindruck *m;* **~ (medio)ambiental** Umweltbelastung *f* ❺ (INFOR) Hit *m*

impagable [impa'ɣaβle] *adj* ❶ *(no pagable)* unbezahlbar ❷ *(inapreciable)* unschätzbar

impago [im'paɣo] *m* Nichtzahlung *f;* **~ de impuestos** Steuerumgehung *f*

impalpable [impal'paβle] *adj* ❶ *(intocable)* nicht fühlbar; *(imperceptible)* nicht wahrnehmbar ❷ *(sutil)* fein

impar [im'par] **I.** *adj* ❶ *(número)* ungerade ❷ *(sin par)* ungleich ❸ (ANAT) unpaarig ❹ *(sin igual)* einzigartig **II.** *m* ungerade Zahl *f*

imparable [impa'raβle] *adj* unhaltbar

imparcial [impar'θjal] *adj* ❶ *(sin tomar partido)* unparteiisch ❷ *(sin prejuicios)* unvoreingenommen ❸ *(justo)* gerecht

imparcialidad [imparθjali'ða^{d}] *f* ❶ *(falta

de parcialidad) Unparteilichkeit *f* ❷ *(falta de prevención)* Unvoreingenommenheit *f*

impartir [impar'tir] *vt* ❶ *(dar)* erteilen ❷ *(conferir)* gewähren ❸ *(comunicar)* mitteilen

impasibilidad [impasiβili'ðaᶞ] *f* ❶ *(insensibilidad)* Gefühllosigkeit *f* ❷ *(indiferencia)* Gleichmütigkeit *f*

impasible [impa'siβle] *adj* ❶ *(insensible)* gefühllos ❷ *(indiferente)* gleichmütig

impasse [im'pas] *m (t. fig)* Sackgasse *f*; **las negociaciones se encuentran en un ~** die Verhandlungen befinden sich in einer Sackgasse

impavidez [impaβi'ðeθ] *f* Unerschrockenheit *f*

impávido, -a [im'paβiðo, -a] *adj* unerschrocken

impecabilidad [impekaβili'ðaᶞ] *f sin pl* Tadellosigkeit *f*

impecable [impe'kaβle] *adj* ❶ *ser (correcto)* untad(e)lig ❷ *estar (nuevo)* tadellos

impedido, -a [impe'ðiðo, -a] **I.** *adj* behindert; **estar ~ para algo** zu etw *dat* unfähig sein **II.** *m, f* Behinderte(r) *mf*

impedimento [impeði'mento] *m* ❶ *(que imposibilita algo)* Verhinderung *f* ❷ *(obstáculo)* Hindernis *nt; (acerca del matrimonio)* Ehehindernis *nt* ❸ (*t.* MED) Behinderung *f*

impedir [impe'ðir] *vt irr como pedir* ❶ *(imposibilitar)* verhindern ❷ *(obstaculizar)* behindern; *(el paso)* versperren ❸ *(estorbar)* abhalten (von +*dat*)

impeler [impe'ler] *vt* ❶ *(empujar)* (fort)schieben ❷ *(impulsar)* in Bewegung setzen ❸ *(incitar)* bewegen (**a** zu +*dat*)

impenetrabilidad [impenetraβili'ðaᶞ] *f* ❶ *(inaccesibilidad)* Undurchdringlichkeit *f*, Unzugänglichkeit *f* ❷ *(impermeabilidad)* Undurchlässigkeit *f*

impenetrable [impene'traβle] *adj* ❶ *(inaccesible)* undurchdringlich; *(persona)* unzugänglich ❷ *(impermeable)* undurchlässig ❸ *(incomprensible)* undurchsichtig

impenitente [impeni'tente] *adj* ❶ (REL) unbußfertig, nicht reumütig ❷ *(empedernido)* eingefleischt; *(incorregible)* unverbesserlich; **es un optimista ~** er ist ein unverbesserlicher Optimist

impensable [impen'saβle] *adj* undenkbar

impensado, -a [impen'saðo, -a] *adj* ❶ *(repentino)* unvermutet ❷ *(imprevisto)* unvorhergesehen; *(inesperado)* unerwartet

impepinable [impepi'naβle] *adj (fam)* bombensicher

imperante [impe'rante] *adj* ❶ *(t. fig: reinante)* herrschend; **el régimen ~** das herrschende Regime ❷ *(predominante)* (vor)herrschend, überwiegend

imperar [impe'rar] *vi* ❶ *(reinar)* herrschen (**sobre** über +*akk*) ❷ *(predominar)* vorherrschen

imperativo^{1} [impera'tiβo] *m* ❶ (LING) Imperativ *m* ❷ *pl (exigencia)* Gebot *nt; (necesidad)* Notwendigkeit *f*

imperativo, -a^{2} [impera'tiβo, -a] *adj* ❶ *(autoritario)* befehlend; *(imperioso)* gebieterisch ❷ *(exigente)* fordernd; *(obligatorio)* zwingend

imperceptible [imperθep'tiβle] *adj* ❶ *(inapreciable)* nicht wahrnehmbar ❷ *(minúsculo)* unmerklich

imperdible [imper'ðiβle] **I.** *adj* unverlierbar **II.** *m* Sicherheitsnadel *f*

imperdonable [imperðo'naβle] *adj* unverzeihlich

imperecedero, -a [impereθe'ðero, -a] *adj* unvergänglich

imperfección [imperfeˠ'θjon] *f* ❶ *(falta de perfección)* Unvollkommenheit *f* ❷ *(defecto)* Mangel *m*

imperfecto^{1} [imper'fekto] *m* (LING) Imperfekt *m*

imperfecto, -a^{2} [imper'fekto, -a] *adj* ❶ *(persona)* unvollkommen ❷ *(cosa incompleta)* unvollständig; *(inacabada)* unvollendet; *(defectuosa)* mangelhaft

imperial [impe'rjal] **I.** *adj* kaiserlich **II.** *f* ❶ *(de un autobús)* oberer Stock *m* ❷ *(de una carroza)* Verdeck *nt*

imperialismo [imperja'lismo] *m* (POL) Imperialismus *m*

imperialista [imperja'lista] **I.** *adj* imperialistisch **II.** *mf* Imperialist(in) *m(f)*

impericia [impe'riθja] *f* ❶ *(ineptitud)* Unfähigkeit *f* ❷ *(inexperiencia)* Unerfahrenheit *f* ❸ *(torpeza)* Ungeschicklichkeit *f*

imperio [im'perjo] *m* ❶ *(territorio)* Reich *nt*; *(t. fig)* Imperium *nt*; **~ incaico** Inkareich *nt* ❷ *(mandato)* Herrschaft *f* ❸ *(autoridad)* Macht *f* ❹ (ARTE) Empirestil *m* ❺ *(altanería)* Hochmut *m*

imperioso, -a [impe'rjoso, -a] *adj* ❶ *(autoritario)* gebieterisch ❷ *(urgente)* dringend; *(forzoso)* zwingend

impermeabilidad [impermeaβili'ðaᶞ] *f* (Wasser)undurchlässigkeit *f*

impermeabilización [impermeaβiliθa'θjon] *f* ❶ *(de un tejido)* Imprägnierung *f* ❷ (AUTO) Unterbodenschutz *m*

impermeabilizar [impermeaβili'θar] *vt* <z → c> ❶ *(un tejido)* wasserdicht machen ❷ *(una abertura)* abdichten

impermeable [imperme'aβle] **I.** *adj* (wasser)dicht **II.** *m* Regenmantel *m*

I

impermutabilidad [impermutaβili'ðaᵈ] *f sin pl* Unvertauschbarkeit *f*
impersonal [imperso'nal] *adj* (*t.* LING) unpersönlich
impertérrito, **-a** [imper'territo, -a] *adj (impávido)* unerschrocken; *(sin miedo)* furchtlos
impertinencia [imperti'nenθja] *f* ❶ *(insolencia)* Ungehörigkeit *f*; *(descaro)* Unverschämtheit *f* ❷ *(inoportunidad)* unpassende Bemerkung *f* ❸ *(importunidad)* Zudringlichkeit *f*
impertinente [imperti'nente] **I.** *adj* ❶ *(insolente)* ungehörig; *(descarado)* unverschämt ❷ *(inoportuno)* unangebracht ❸ *(pesado)* zudringlich **II.** *mf* unverschämte Person *f*
imperturbabilidad [imperturβaβili'ðaᵈ] *f (firmeza)* Unerschütterlichkeit *f*; *(seguridad)* Unbeirrtheit *f*
imperturbable [impertur'βaβle] *adj (firme)* unerschütterlich; *(seguro)* unbeirrt
impetrar [impe'trar] *vt (elev)* ❶ *(conseguir)* erlangen ❷ *(suplicar)* erflehen, flehen (um +*akk*); ~ **el perdón** um Gnade flehen
ímpetu ['impetu] *m* ❶ *(vehemencia)* Heftigkeit *f* ❷ *(brío)* Schwung *m* ❸ *(violencia)* Gewalt *f*
impetuosidad [impetwosi'ðaᵈ] *f* Ungestüm *nt*
impetuoso, **-a** [impetu'oso, -a] *adj* ❶ *(temperamento)* ungestüm ❷ *(movimiento)* heftig; *(fuerza)* wuchtig ❸ *(acto)* unbedacht
impiedad [impje'ðaᵈ] *f* ❶ *(falta de fe)* Gottlosigkeit *f* ❷ *(de piedad)* Herzlosigkeit *f*
impío, **-a** [im'pio, -a] **I.** *adj* ❶ *(irreligioso)* gottlos ❷ *(inclemente)* unbarmherzig ❸ *(irrespetuoso)* respektlos **II.** *m, f* Gottlose(r) *mf*
implacable [impla'kaβle] *adj* ❶ *(imposible de ablandar)* unversöhnlich ❷ *(riguroso)* unerbittlich
implantación [implanta'θjon] *f* ❶ (MED) Implantation *f* ❷ *(introducción)* Einführung *f* ❸ *(asentamiento)* Ansiedlung *f* ❹ *(generalización)* Einbürgerung *f*
implantar [implan'tar] **I.** *vt* ❶ *(establecer)* errichten; *(asentar)* ansiedeln ❷ *(instituir)* (be)gründen ❸ *(introducir)* einführen ❹ (MED) einpflanzen, implantieren **II.** *vr:* **~se** ❶ *(establecerse)* sich niederlassen ❷ *(generalizarse)* sich einbürgern
implante [im'plante] *m* (MED) Implantat *nt*
implementar [implemen'tar] *vt (Am)* ❶ *(un método)* anwenden ❷ *(un plan)* ausführen; *(una orden)* vollziehen; *(un deber)* erfüllen
implemento [imple'mento] *m (Am: utensilio)* Gerät *nt*; *(accesorio)* Zubehör *nt*; **~s agrícolas** landwirtschaftliche Geräte
implicación [implika'θjon] *f* ❶ *(inclusión)* Einbeziehung *f* ❷ *(participación en un delito)* Beteiligung *f* ❸ *(consecuencia)* Auswirkung *f* ❹ *(significado)* Bedeutung *f* ❺ *(contradicción)* Widerspruch *m*; *(oposición)* Gegensatz *m*
implicado, **-a** [impli'kaðo, -a] *m, f* **presunto** ~ (JUR) mutmaßlicher Komplize *m*
implicar [impli'kar] <c → qu> **I.** *vt* ❶ *(envolver)* verwickeln ❷ *(contener)* beinhalten; *(una consecuencia)* zur Folge haben ❸ *(significar)* bedeuten **II.** *vi (impedir)* entgegenstehen (+*dat*) **III.** *vr:* **~se** sich verwickeln (**en** in +*akk*)
implícito, **-a** [im'pliθito, -a] *adj* ❶ *(incluido)* (mit) eingeschlossen; *(una circunstancia)* (mit) einbezogen ❷ *(sobreentendido)* implizit ❸ *(tácito)* stillschweigend
implorante [implo'rante] *adj* flehend
implorar [implo'rar] *vt (a alguien)* anflehen; *(algo)* flehen (um +*akk*); ~ (**el**) **perdón** um Verzeihung flehen
implotar [implo'tar] *vi* implodieren
implume [im'plume] *adj* federlos, ungefiedert
impolítico, **-a** [impo'litiko, -a] *adj (sin cortesía)* unhöflich, taktlos
impoluto, **-a** [impo'luto, -a] *adj* ❶ *(limpio)* rein ❷ *(sin tacha moral)* makellos
imponderable [imponde'raβle] *adj* ❶ *(incalculable)* unwägbar ❷ *(inestimable)* unschätzbar
imponente [impo'nente] **I.** *adj* ❶ *(impresionante)* eindrucksvoll ❷ *(que infunde respeto)* beeindruckend ❸ *(inmenso)* mächtig; *(grandioso)* imposant ❹ *(fam: atractivo)* toll **II.** *mf* (FIN) Einleger(in) *m(f)*
imponer [impo'ner] *irr como poner* **I.** *vt* ❶ *(idea)* aufzwingen; *(carga)* auferlegen (**a**/**sobre** +*dat*); *(impuestos)* erheben (**sobre** für +*akk*); *(sanciones)* verhängen ❷ *(nombre)* geben ❸ *(respeto)* einflößen ❹ (FIN) einzahlen; *(invertir)* anlegen ❺ *(informar)* in Kenntnis setzen (**de** über +*akk*) **II.** *vi* imponieren **III.** *vr:* **~se** ❶ *(hacerse necesario)* sich aufdrängen; *(hacerse ineludible)* unbedingt notwendig sein ❷ *(hacerse obedecer)* sich durchsetzen (**a** gegen +*akk*); *(prevalecer)* sich behaupten (**a** gegen +*akk*) ❸ *(tomar como obligación)* sich *dat* auferlegen ❹ *(informarse)* sich informieren (**de** über +*akk*); *(familiarizarse)* sich vertraut machen (**en** mit +*dat*)
imponible [impo'niβle] *adj* ❶ (FIN) besteuerbar ❷ *(importación)* verzollbar ❸ *(fam: ropa)* nicht tragbar

impopular [impopu'lar] *adj* ① *(antipático)* unbeliebt ② *(desfavorable)* unpopulär

impopularidad [impopulari'ða^ð] *f* Unbeliebtheit *f,* Unpopularität *f*

importación [importa'θjon] *f* ① *(acción)* Einfuhr *f* ② *(producto)* Importware *f*

importador(a) [importa'ðor(a)] **I.** *adj* Einfuhr- **II.** *m(f)* Importeur(in) *m(f)*

importancia [impor'tan̩θja] *f* ① *(interés)* Bedeutung *f;* **sin ~** bedeutungslos ② *(extensión)* Ausmaß *nt* ③ *(trascendencia)* Tragweite *f* ④ *(prestigio)* Ansehen *nt; (influencia)* Einfluss *m;* **darse ~** *(fam)* angeben

importante [impor'tan̩te] *adj* ① *(de gran interés)* bedeutend; **lo ~ es...** *+inf* Hauptsache … ② *(dimensión)* beachtlich ③ *(cantidad)* beträchtlich ④ *(calidad)* wertvoll ⑤ *(situación)* ernst ⑥ *(persona)* berühmt; *(influyente)* einflussreich

importar [impor'tar] **I.** *vt* ① *(mercancía)* einführen, importieren ② *(precio)* betragen ③ *(traer consigo)* mit sich bringen **II.** *vi* von Bedeutung sein; **¡no importa!** (das) macht nichts!; **¿a ti qué te importa?** was geht dich das an?; **¿te importa esperar?** macht es dir was aus, zu warten?

importe [im'porte] *m (cuantía)* Betrag *m; (total)* Summe *f*

importunar [importu'nar] *vt (incomodar)* belästigen; *(molestar)* stören

importunidad [importuni'ða^ð] *f* ① *(incomodidad)* Belästigung *f; (molestia)* Störung *f* ② *(indiscreción)* Aufdringlichkeit *f*

importuno, -a [impor'tuno, -a] *adj* ① *(incómodo)* lästig; *(molesto)* störend ② *(indiscreto)* aufdringlich ③ *(inoportuno)* ungelegen

imposibilidad [imposiβili'ða^ð] *f* Unmöglichkeit *f*

imposibilitado, -a [imposiβili'taðo, -a] *adj* ① *(impedido)* (körper)behindert; *(paralítico)* gelähmt ② *(de acudir)* verhindert

imposibilitar [imposiβili'tar] *vt (impedir)* verhindern; *(evitar)* vermeiden

imposible [impo'siβle] **I.** *adj* ① *(irrealizable)* unmöglich ② *(fam: insoportable)* unerträglich ③ *(Am: repugnante)* ekelhaft **II.** *m* **lo ~** das Unmögliche

imposición [imposi'θjon] *f* ① *(de una carga)* Auferlegung *f; (de condena)* Verhängung *f* ② *(de condiciones)* Auflage *f* ③ *(de impuestos)* Besteuerung *f* ④ *(de un nombre)* Vergabe *f* ⑤ (REL) **~ de manos** Handauflegung *f* ⑥ (FIN) Einlage *f*

impositiva [imposi'tiβa] *f (Am)* Finanzamt *nt*

impositivo, -a [imposi'tiβo, -a] *adj* ① (FIN) Steuer- ② *(CSur: imperativo)* entschieden

impostergable [imposter'ɣaβle] *adj* unaufschiebbar

impostor(a) [impos'tor(a)] **I.** *adj* ① *(difamador)* verleumderisch ② *(tramposo)* betrügerisch **II.** *m(f)* ① *(difamador)* Verleumder(in) *m(f)* ② *(tramposo)* Betrüger(in) *m(f)*

impostura [impos'tura] *f* ① *(calumnia)* Verleumdung *f* ② *(trampa)* Betrug *m*

impotencia [impo'ten̩θja] *f* ① *(falta de poder)* Machtlosigkeit *f* ② *(incapacidad)* Unfähigkeit *f* ③ (MED) Impotenz *f*

impotente [impo'ten̩te] *adj* ① *(sin poder)* machtlos ② *(incapaz)* unfähig ③ *(desvalido)* schwach ④ (MED) impotent

impracticable [imprakti'kaβle] *adj* ① *(irrealizable)* unausführbar ② *(intransitable)* unbefahrbar; *(incómodo de pasar)* unwegsam

imprecación [impreka'θjon] *f* Verwünschung *f,* Fluch *m;* **proferir imprecaciones contra alguien** einen Fluch gegen jdn ausstoßen

imprecar [impre'kar] <c → qu> *vt* verwünschen, verfluchen

imprecisión [impreθi'sjon] *f* ① *(falta de precisión)* Ungenauigkeit *f* ② *(falta de determinación)* Unbestimmtheit *f*

impreciso, -a [impre'θiso, -a] *adj* ① *(no preciso)* ungenau ② *(indefinido)* vage

impredecible [impreðe'θiβle] *adj* nicht voraussagbar

impregnar [impreɣ'nar] **I.** *vt* ① *(empapar)* tränken; *(un tejido)* imprägnieren ② *(penetrar)* durchtränken ③ *(influir)* erfüllen **II.** *vr:* **~se** sich vollsaugen (**con/de** mit *+dat*)

impremeditación [impremeðita'θjon] *f sin pl* Unbesonnenheit *f,* Unüberlegtheit *f*

impremeditado, -a [impremeði'taðo, -a] *adj* ① *(impensado)* unüberlegt ② *(irreflexivo)* unbedacht ③ *(involuntario)* unbeabsichtigt

imprenta [im'pren̩ta] *f* ① *(técnica)* (Buch)druck *m* ② *(arte)* Buchdruckerkunst *f* ③ *(taller)* (Buch)druckerei *f* ④ *(impresión)* Druck *m* ⑤ (JUR) **~ genética** genetischer Fingerabdruck *m*

imprescindible [impresθin̩'diβle] *adj* ① *(ineludible)* unumgänglich ② *(obligatorio)* unerlässlich ③ *(insustituible)* unentbehrlich

impresentable [impresen̩'taβle] *adj* nicht vorzeigbar

impresión [impre'sjon] *f* ① *(huella)* Abdruck *m* ② (TIPO) Druck *m; (acto)* Drucklegung *f* ③ (INFOR) Ausdruck *m* ④ (FOTO) Abzug *m* ⑤ *(grabación)* (Ton)aufnahme *f*

❻ *(sensación)* (Sinnes)eindruck *m; (opinión)* Eindruck *m*

impresionable [impresjo'naβle] *adj* ❶ *(fácil de impresionar)* leicht zu beeindrucken; *(de alterar)* leicht erregbar ❷ *(sensible)* empfindsam ❸ (TIPO) druckbar ❹ (INFOR) ausdruckbar

impresionante [impresjo'nan̪te] *adj* ❶ *(emocionante)* beeindruckend ❷ *(de gran efecto)* wirkungsvoll ❸ *(magnífico)* großartig

impresionar [impresjo'nar] **I.** *vt* ❶ *(emocionar)* beeindrucken; *(conmover)* erschüttern; **estar impresionado** beeindruckt sein ❷ *(inculcar)* einprägen ❸ (FOTO) belichten ❹ *(grabar)* bespielen **II.** *vr:* **~se** *(emocionarse)* beeindruckt sein; *(conmoverse)* erschüttert sein

impresionismo [impresjo'nismo] *m* (ARTE) Impressionismus *m*

impresionista [impresjo'nista] **I.** *adj* (ARTE) impressionistisch **II.** *mf* (ARTE) Impressionist(in) *m(f)*

impreso[1] [im'preso] *m* ❶ *(hoja)* Druckerzeugnis *nt* ❷ *(formulario)* Formular *nt* ❸ *(envío)* Drucksache *f;* ~ **publicitario** Werbedrucksache *f*

impreso, -a[2] [im'preso, -a] *pp de* **imprimir**

impresor(a) [impre'sor(a)] **I.** *adj* Druck- **II.** *m(f)* Drucker(in) *m(f)*

impresora [impre'sora] *f* (INFOR) Drucker *m;* ~ **de inyección** [*o* **chorro**] **de tinta** (Farb)tintenstrahldrucker *m;* ~ **láser** Laserdrucker *m*

imprestable [impres'taβle] *adj* nicht ausleihbar, nicht auszuleihen

imprevisible [impreβi'siβle] *adj* unvorhersehbar

imprevisión [impreβi'sjon] *f* ❶ *(despreocupación)* Sorglosigkeit *f; (descuido)* Unachtsamkeit *f* ❷ *(ligereza)* Leichtsinnigkeit *f*

imprevisor(a) [impreβi'sor(a)] *adj* ❶ *(despreocupado)* sorglos; *(descuidado)* unachtsam ❷ *(ligero)* leichtsinnig

imprevisto[1] [impre'βisto] *m* ❶ *(percance inesperado)* unerwartetes Ereignis *nt* ❷ *pl (gastos)* unvorhergesehene Ausgaben *fpl*

imprevisto, -a[2] [impre'βisto, -a] *adj (no previsto)* unvorhergesehen; *(inesperado)* unerwartet

imprimir [impri'mir] *vt irr* ❶ (TIPO) drucken (**en/sobre** auf +*dat*); *(editar)* herausbringen (**en/sobre** auf +*dat*); *(reproducir)* abdrucken (**en/sobre** auf +*dat*) ❷ (INFOR) ausdrucken ❸ *(t. fig: un sello)* aufprägen ❹ *(inculcar)* einprägen ❺ *(trasmitir)* verleihen

improbabilidad [improβaβili'ðaᵈ] *f* Unwahrscheinlichkeit *f*

improbable [impro'βaβle] *adj* unwahrscheinlich

ímprobo, -a ['improβo, -a] *adj* ❶ *(elev: inmoral)* unredlich ❷ *(esfuerzo)* mühselig, beschwerlich; *(trabajo)* hart, schwer, mühevoll

improcedencia [improθe'ðen̪θja] *f* Unangemessenheit *f,* Unzulässigkeit *f;* (JUR) Rechtswidrigkeit *f*

improcedente [improθe'ðen̪te] *adj* ❶ *(inoportuno)* unangemessen; *(extemporáneo)* unpassend ❷ *(inadecuado)* unzweckmäßig ❸ *(antirreglamentario)* unzulässig; (JUR) rechtswidrig

improductividad [improðuktiβi'ðaᵈ] *f* Unproduktivität *f;* (ECON) Unwirtschaftlichkeit *f*

improductivo, -a [improðuk'tiβo, -a] *adj* ❶ *(no productivo)* unproduktiv ❷ *(sin rendimiento)* unergiebig ❸ *(antieconómico)* unwirtschaftlich

impronta [im'pron̪ta] *f* ❶ *(de una imagen)* Abdruck *m* ❷ *(huella)* Spuren *fpl*

impronunciable [impronun̪'θjaβle] *adj* unaussprechbar

improperio [impro'perjo] *m (ofensa)* Beleidigung *f; (insulto)* Beschimpfung *f*

impropiedad [impropje'ðaᵈ] *f* ❶ *(inexactitud en el lenguaje)* Ungenauigkeit *f; (incorrección)* Unrichtigkeit *f* ❷ *(inoportunidad)* Unangemessenheit *f*

impropio, -a [im'propjo, -a] *adj* ❶ *(inoportuno)* unpassend; **ese comportamiento es ~ en él** dieses Verhalten passt nicht zu ihm ❷ *(inapropiable)* ungeeignet ❸ (MAT) unecht

improrrogable [improrro'ɣaβle] *adj* ❶ *(no prolongable)* nicht verlängerbar ❷ *(no aplazable)* unaufschiebbar

impróvido, -a [im'proβiðo, -a] *adj (elev)* unvorbereitet, unerwartet

improvisación [improβisa'θjon] *f* Improvisation *f*

improvisado, -a [improβi'saðo, -a] *adj* improvisiert

improvisar [improβi'sar] *vt* improvisieren

improviso, -a [impro'βiso, -a] *adj* unerwartet; **de ~** plötzlich; **coger a alguien de ~** jdn überraschen

improvisto, -a [impro'βisto, -a] *adj (imprevisto)* unvorhergesehen; **a la improvista** plötzlich

imprudencia [impru'ðen̪θja] *f* ❶ *(irreflexión)* Unbesonnenheit *f* ❷ *(descuido)* Unvorsichtigkeit *f* ❸ *(indiscreción)* Taktlosigkeit *f* ❹ (JUR) Fahrlässigkeit *f*

imprudente [impru'ðen̪te] *adj* ❶ *(irrefle-*

xivo) unbesonnen; *(insensato)* unklug ❷ *(incauto)* unvorsichtig ❸ *(indiscreto)* taktlos ❹ (JUR) fahrlässig

impudencia [impu'ðeṇθja] *f (descaro)* Unverschämtheit *f*, Frechheit *f*; *(desvergüenza)* Schamlosigkeit *f*

impudente [impu'ðeṇte] *adj (descarado)* unverschämt, frech; *(desvergonzado)* schamlos

impudicia [impu'ðiθja] *f (desvergüenza)* Schamlosigkeit *f*

impúdico, -a [im'puðiko, -a] *adj (obsceno)* unzüchtig

impudor [impu'ðor] *m (desvergüenza)* Schamlosigkeit *f*

impuesto [im'pwesto] *m* (FIN) Steuer *f*; ~ **ecológico** Öko-Steuer *f*; ~ **sobre la renta** Einkommenssteuer *f*; ~ **sobre los salarios** Lohnsteuer *f*; **libre de ~s** steuerfrei; **sujeto a ~s** steuerpflichtig

impugnable [impuɣ'naβle] *adj (combatible)* anfechtbar; *(una teoría)* angreifbar

impugnación [impuɣna'θjon] *f* ❶ (*t.* JUR) Anfechtung *f* ❷ *(negación)* Bestreiten *nt* ❸ *(objeción)* Einwand *m*

impugnar [impuɣ'nar] *vt* ❶ (*t.* JUR) anfechten ❷ *(combatir)* bestreiten; *(una teoría)* zu widerlegen suchen

impulsar [impul'sar] *vt* ❶ *(empujar)* schieben ❷ *(incitar)* bewegen (**a** zu +*dat*) ❸ *(estimular)* antreiben; *(promover)* vorantreiben

impulsión [impul'sjon] *f* ❶ (TÉC) Antrieb *m* ❷ *(elev: empuje)* Anstoß *m*

impulsivamente [impulsiβa'meṇte] *adv* impulsiv, leichtfertig, aus freien Stücken

impulsividad [impulsiβi'ðað] *f* Impulsivität *f*

impulsivo, -a [impul'siβo, -a] **I.** *adj* impulsiv **II.** *m, f* impulsiver Mensch *m*

impulso [im'pulso] *m* ❶ *(empujón)* Stoß *m* ❷ *(estímulo)* Anstoß *m*; *(exterior)* Antrieb *m*; ~ **sexual** Sexualtrieb *m* ❸ *(empuje)* Schwung *m* ❹ (FÍS) Impuls *m*

impulsor(a) [impul'sor(a)] **I.** *adj* antreibend **II.** *m(f)* Anstifter(in) *m(f)*

impune [im'pune] *adj* straffrei

impunidad [impuni'ðað] *f* Straffreiheit *f*

impuntual [impuṇtu'al] *adj* unpünktlich

impuntualidad [impuṇtwali'ðað] *f* Unpünktlichkeit *f*

impureza [impu'reθa] *f* ❶ (*t.* REL) Unreinheit *f* ❷ *(suciedad)* Verunreinigung *f* ❸ *(obscenidad)* Unzucht *f*

impuro, -a [im'puro, -a] *adj* ❶ (*t.* REL) unrein ❷ *(sucio)* verschmutzt ❸ *(obsceno)* unzüchtig

imputabilidad [imputaβili'ðað] *f* Zurechnungsfähigkeit *f*

imputable [impu'taβle] *adj* zurückzuführen (**a** auf +*akk*)

imputación [imputa'θjon] *f* ❶ *(insinuación)* Unterstellung *f* ❷ *(acusación)* Beschuldigung *f*

imputar [impu'tar] *vt* ❶ *(atribuir)* zurückführen (**a** auf +*akk*) ❷ *(cargar)* aufbürden (**a** +*dat*) ❸ (COM) verbuchen (**a** auf +*akk*)

in [in] *adj inv (fam)* in; **ser** ~ in sein

inabarcable [inaβar'kaβle] *adj* unermesslich

inabordable [inaβor'ðaβle] *adj* unzugänglich; *(persona)* unnahbar

inacabable [inaka'βaβle] *adj* unendlich

inacabado, -a [inaka'βaðo, -a] *adj* unvollendet, nicht fertig

inaccesibilidad [inaᵞθesiβili'ðað] *f* Unerreichbarkeit *f*, Unzugänglichkeit *f*; *(a una persona)* Unnahbarkeit *f*

inaccesible [inaᵞθe'siβle] *adj* ❶ *(inalcanzable)* unerreichbar (**para** für +*akk*); *(persona)* unnahbar ❷ *(incomprensible)* unverständlich

inacción [inaᵞ'θjon] *f* Untätigkeit *f*, Nichtstun *nt*

inacentuado, -a [inaθeṇtu'aðo, -a] *adj (átono)* unbetont; *(sin acento gráfico)* ohne Akzent

inaceptable [inaθep'taβle] *adj* unannehmbar

inactividad [inaktiβi'ðað] *f* ❶ *(inacción)* Tatenlosigkeit *f*; *(desocupación)* Untätigkeit *f*; *(ociosidad)* Müßiggang *m* ❷ *(de una sustancia)* Unwirksamkeit *f* ❸ (QUÍM, MED) Inaktivität *f*

inactivo, -a [inak'tiβo, -a] *adj* ❶ *(persona)* tatenlos; *(desocupado)* untätig ❷ *(funcionamiento)* stillgelegt ❸ *(volcán)* untätig ❹ *(sustancia)* unwirksam ❺ (MED) inaktiv

inactual [inaktu'al] *adj* unzeitgemäß, inaktuell

inadaptable [inaðap'taβle] *adj (inaplicable)* nicht anwendbar (**a** auf +*akk*); *(no aclimatable)* nicht anpassungsfähig

inadaptación [inaðapta'θjon] *f* mangelndes Anpassungsvermögen *nt*, Unangepasstheit *f*

inadaptado, -a [inaðap'taðo, -a] *adj* unangepasst

inadecuación [inaðekwa'θjon] *f* Unangemessenheit *f*

inadecuado, -a [inade'kwaðo, -a] *adj* ❶ *(inapropiado)* unangemessen ❷ *(no apto)* ungeeignet

inadmisible [inaðmi'siβle] *adj* ❶ *(insostenible)* unzulässig ❷ *(intolerable)* unannehmbar

inadvertencia [inaðβer'teṇθja] *f* Unacht-

I

samkeit *f;* **por** ~ aus Versehen, versehentlich

inadvertido, -a [inaðβer'tiðo, -a] *adj* ❶ *(descuidado)* unachtsam; **me cogió** ~ er/sie hat mich überrascht ❷ *(desapercibido)* unbemerkt

inafectado, -a [inafek'taðo, -a] *adj* nicht betroffen, nicht beteiligt

inagotable [inaɣo'taβle] *adj* unerschöpflich

inaguantable [inaɣwaṇ'taβle] *adj* unerträglich

inalámbrico, -a [ina'lambriko, -a] *adj* (TEL) schnurlos

in albis [in 'alβis] *adv* **dejar ~ a alguien** jdn leer ausgehen lassen; **quedarse** ~ kein Wort verstehen

inalcanzable [inalkaṇ'θaβle] *adj* unerreichbar

I

inalienable [inalje'naβle] *adj* unveräußerlich

inalterable [inaḷte'raβle] *adj* ❶ *(invariable)* unveränderlich ❷ *(permanente)* beständig ❸ *(imperturbable)* unerschütterlich

inalterado, -a [inaḷte'raðo, -a] *adj* unverändert

inamovible [inamo'βiβle] *adj* unversetzbar

inane [i'nane] *adj (elev)* ❶ *(inútil)* vergeblich, zwecklos ❷ *(fútil)* nichtig, belanglos

inanición [inani'θjon] *f* Erschöpfung *f*

inanidad [inani'ðað] *f* Nichtigkeit *f,* Leere *f,* Inanität *f geh*

inanimado, -a [inani'maðo, -a] *adj,* **inánime** [i'nanime] *adj* leblos

inapelable [inape'laβle] *adj* ❶ (JUR) unanfechtbar ❷ *(inevitable)* unvermeidbar

inapetencia [inape'teṇθja] *f* Appetitlosigkeit *f*

inapetente [inape'teṇte] *adj* appetitlos; **estar** ~ unter Appetitlosigkeit leiden

inaplazable [inapla'θaβle] *adj* ❶ *(impostergable)* unaufschiebbar ❷ *(urgente)* (besonders) dringend

inaplicable [inapli'kaβle] *adj* unanwendbar

inapreciable [inapre'θjaβle] *adj* ❶ *(de gran valor)* unschätzbar ❷ *(imperceptible)* nicht wahrnehmbar

inaprensible [inapren'siβle] *adj* ❶ *(inasible)* nicht greifbar ❷ *(incomprensible)* unverständlich, nicht nachvollziehbar

inapropiado, -a [inapro'pjaðo, -a] *adj* ❶ *(inadecuado)* ungeeignet ❷ *(inoportuno)* unangemessen

inarrugable [inarru'ɣaβle] *adj* knitterfrei

inarticulable [inartiku'laβle] *adj* unaussprechbar, nicht artikulierbar

inasequible [inase'kiβle] *adj* unerreichbar; *(a causa del precio)* unerschwinglich

inasistencia [inasis'teṇθja] *f* ❶ *(falta de presencia)* Abwesenheit *f,* Nichterscheinen *nt* ❷ *(falta de atención)* mangelnde Pflege *f,* Mangel *m* an Pflege

inaudible [inau̯'ðiβle] *adj* unhörbar

inaudito, -a [inau̯'ðito, -a] *adj* ❶ *(sin precedente)* noch nie da gewesen ❷ *(vituperable)* unerhört

inauguración [inau̯ɣura'θjon] *f* ❶ *(puente)* Einweihung *f* ❷ *(estatua)* Enthüllung *f* ❸ *(exposición)* Vernissage *f* ❹ *(comienzo)* Anfang *m*

inaugurador(a) [inau̯ɣura'ðor(a)] *adj* Einweihungs-, Eröffnungs-

inaugural [inau̯ɣu'ral] *adj* Eröffnungs-

inaugurar [inau̯ɣu'rar] *vt* ❶ *(puente)* einweihen ❷ *(estatua)* enthüllen ❸ *(comenzar)* anfangen

inauténtico, -a [inau̯'teṇtiko, -a] *adj* unecht, nicht authentisch

inaveriguable [inaβeri'ɣwaβle] *adj* unlösbar, nicht ermittelbar [*o* feststellbar]

inca ['iŋka] **I.** *adj* Inka- **II.** *m* Inka *m*

incalculable [iŋkalku'laβle] *adj* ❶ *(invalorable)* unschätzbar ❷ *(no cuantificable)* unbezifferbar ❸ *(comportamiento)* unberechenbar

incalificable [iŋkalifi'kaβle] *adj* ❶ *(indecible)* unbeschreiblich ❷ *(reprobable)* tadelnswert

incandescencia [iŋkaṇdes'θeṇθja] *f* ❶ (FÍS: *metal*) Weißglut *f* ❷ *(pasión, temperamento)* Erregung *f;* *(furia, enfado)* Weißglut *f*

incandescente [iŋkaṇdes'θeṇte] *adj* ❶ (FÍS: *metal*) weiß glühend ❷ *(temperamento)* erregt; *(pasión)* glühend

incansable [iŋkan'saβle] *adj* unermüdlich

incapacidad [iŋkapaθi'ðað] *f* ❶ *(ineptitud)* Unfähigkeit *f* ❷ *(psíquica)* Behinderung *f*

incapacitación [iŋkapaθita'θjon] *f* ❶ *(física)* Behinderung *f* ❷ (JUR) Entmündigung *f*

incapacitado, -a [iŋkapaθi'taðo, -a] **I.** *adj* ❶ *(incompetente)* unbefugt ❷ *(para negocios)* entmündigt **II.** *m, f* ❶ *(discapacitado)* Behinderte(r) *mf* ❷ (JUR: *para negocios*) Geschäftsunfähige(r) *mf*

incapacitar [iŋkapaθi'tar] *vt* ❶ (JUR: *para negocios*) entmündigen ❷ *(impedir)* nicht erlauben

incapaz [iŋka'paθ] *adj* ❶ *(inepto)* unfähig (**de** zu +*dat*) ❷ (JUR: *sin capacidad legal*) unmündig ❸ *(sin talento)* ungeschickt

incautación [iŋkau̯ta'θjon] *f* Beschlagnahmung *f*

incautado, -a [iŋkau̯'taðo, -a] *adj* beschlagnahmt, konfisziert

incautarse [iŋkau̯'tarse] *vr* ❶ *(confiscar)* beschlagnahmen (**de** +*akk*) ❷ *(adueñarse)* Besitz ergreifen (**de** von +*dat*)

incauto, -a [iŋ'kau̯to, -a] *adj* ❶ *(sin cautela)* unvorsichtig; *(confiado)* gutgläubig ❷ *(ingenuo)* naiv

incendiar [in̟θen̟'djar] **I.** *vt (sin intención)* entzünden; *(intencionalmente)* anzünden **II.** *vr:* **~se** sich entzünden

incendiario, -a [in̟θen̟'djarjo, -a] **I.** *adj* ❶ *(para producir un incendio)* Brand- ❷ *(subversivo)* aufwiegelnd **II.** *m, f* Brandstifter(in) *m(f)*

incendio [in̟'θen̟djo] *m* Brand *m;* ~ **intencionado** Brandstiftung *f*

incensurable [in̟θensu'raβle] *adj* tadellos, einwandfrei

incentivación [in̟θen̟tiβa'θjon] *f* Schaffung *f* von Anreizen (**de** für +*akk*)

incentivar [in̟θen̟ti'βar] *vt* fördern (**a** +*akk*)

incentivo [in̟θen̟'tiβo] *m* Anreiz *m*

incertidumbre [in̟θerti'ðumbre] *f* ❶ *(inseguridad)* Unsicherheit *f* ❷ *(duda)* Ungewissheit *f,* Zweifel *m*

incesable [in̟θe'saβle] *adj* unaufhörlich, unablässig

incesante [in̟θe'san̟te] *adj* unaufhörlich

incesto [in̟'θesto] *m* Blutschande *f,* Inzest *m*

incestuoso, -a [in̟θestu'oso, -a] *adj* blutschänderisch

incidencia [in̟θi'ðen̟θja] *f* ❶ *(efecto)* Auswirkungen *fpl* ❷ *(suceso)* Zwischenfall *m* ❸ (MAT) Einfall *m*

incidente [in̟θi'ðen̟te] **I.** *adj* ❶ *(que interrumpe)* störend ❷ *(al margen)* beiläufig ❸ *(ocasional)* gelegentlich **II.** *m* Zwischenfall *m*

incidir [in̟θi'ðir] *vi* ❶ *(consecuencias)* Auswirkungen haben (**en** auf +*akk*) ❷ *(elev: falta)* verfallen (**en** in +*akk*) ❸ (FÍS: *elev)* einfallen (**en** in +*akk*) ❹ *(tema)* hervorheben (**en** +*akk*) ❺ (MED) inzidieren (**en** +*akk*)

incienso [in̟'θjenso] *m* Weihrauch *m*

incierto, -a [in̟'θjerto, -a] *adj* ungewiss

incineración [in̟θinera'θjon] *f* Verbrennung *f; (de personas)* Einäscherung *f*

incinerador[1] [in̟θinera'ðor] *m* ❶ (TÉC) Verbrennungsanlage *f* ❷ *(para cadáveres)* Feuerbestattungsofen *m*

incinerador(a)[2] [in̟θinera'ðor(a)] *adj* ❶ (TÉC) Verbrennungs- ❷ *(para cadáveres)* Einäscherungs-

incineradora [in̟θinera'ðora] *f (para basuras)* Müllverbrennungsanlage *f*

incinerar [in̟θine'rar] *vt* ❶ (TÉC) verbrennen ❷ *(cadáveres)* einäschern

incipiente [in̟θi'pjen̟te] *adj* beginnend

incisión [in̟θi'sjon] *f* ❶ (MED) (Ein)schnitt *m* ❷ *(elev: corte)* Schnitt *m*

incisivo, -a [in̟θi'siβo, -a] *adj* schneidend; **diente ~** Schneidezahn *m*

inciso [in̟'θiso] *m* ❶ (TIPO) Absatz *m* ❷ (LING: *paréntesis*) Einschub *m; (coma)* Komma *nt* ❸ *(al relatar)* Exkurs *m* ❹ *(en documentos)* Randbemerkung *f*

incisorio, -a [in̟θi'sorjo, -a] *adj* schneidend, Schneide-

incitación [in̟θita'θjon] *f* ❶ *(instigación)* Anstiftung *f* ❷ *(ánimo)* Ansporn *m*

incitante [in̟θi'tan̟te] *adj* ❶ *(instigador)* aufstachelnd ❷ *(que anima)* anregend

incitar [in̟θi'tar] *vt* ❶ *(instigar)* anstiften (**a** zu +*dat*) ❷ *(animar)* anspornen

incívico, -a [in̟'θiβiko, -a] *adj* asozial

incivil [in̟θi'βil] *adj,* **incivilizado, -a** [in̟θiβili'θaðo, -a] *adj* ❶ *(inculto)* unzivilisiert, ungesittet ❷ *(rudo)* brutal

inclasificable [iŋklasifi'kaβle] *adj* nicht klassifizierbar

inclemencia [iŋkle'men̟θja] *f* ❶ *(falta de clemencia)* Unbarmherzigkeit *f* ❷ *(clima)* Härte *f; (invierno)* Strenge *f; (paisaje)* Unwirtlichkeit *f;* **las ~s del tiempo** die Unbilden des Wetters

inclemente [iŋkle'men̟te] *adj* ❶ *(falto de clemencia)* unbarmherzig ❷ *(clima)* hart; *(invierno)* streng; *(paisaje)* unwirtlich

inclinación [iŋklina'θjon] *f* ❶ *(declive)* Neigung *f* ❷ *(reverencia)* Verbeugung *f; (con la cabeza)* Zunicken *nt* ❸ *(afecto)* Zuneigung *f* (**por** für +*akk*) ❹ *(tendencias)* Neigungen *fpl*

inclinado, -a [iŋkli'naðo, -a] *adj* geneigt, schräg, gebeugt, gebückt; **estar ~ a rechazar la invitación** geneigt sein, die Einladung abzusagen

inclinar [iŋkli'nar] **I.** *vt* ❶ *(posición)* beugen ❷ *(influenciar)* geneigt machen **II.** *vr:* **~se** ❶ *(persona, árboles)* sich beugen ❷ *(propender)* geneigt sein (**a** zu +*dat*) ❸ *(preferir)* neigen (**por** zu +*dat*)

incluir [iŋklu'ir] *vt irr como huir* ❶ *(comprender)* umfassen; *(contener)* beinhalten; **todo incluido** alles inklusive ❷ *(formar parte)* mit aufnehmen

inclusa [iŋ'klusa] *f* Findelhaus *nt*

inclusión [iŋklu'sjon] *f* ❶ *(integración)* Einschließung *f* ❷ *(formar parte)* Aufnahme *f;* **con ~ de...** einschließlich ... +*gen*

inclusive [iŋklu'siβe] *adv* einschließlich

inclusivo, -a [iŋklu'siβo, -a] *adj* einschließlich

incluso[1] [iŋ'kluso] **I.** *adv* sogar **II.** *prep* so-

I

gar; **habéis aprobado todos, ~ tú** ihr habt alle bestanden, selbst du
incluso, -a² [iŋ'kluso, -a] *adj* eingeschlossen
incoación [iŋkoa'θjon] *f* ❶ *(comienzo)* Anfang *m,* Beginn *m* ❷ (JUR: *de un proceso*) Einleitung *f,* Eröffnung *f*
incoar [iŋko'ar] *vt* ❶ *(comenzar)* anfangen ❷ (JUR: *proceso*) eröffnen
incógnita [iŋ'koɣnita] *f* ❶ (MAT: *magnitud*) unbekannte Größe *f* ❷ *(enigma)* Rätsel *nt; (secreto)* Geheimnis *nt;* **despejar la ~** *(enigma)* das Rätsel lösen; *(secreto)* das Geheimnis lüften
incógnito, -a [iŋ'koɣnito, -a] *adj* unbekannt
incognoscible [iŋkoɣnos'θiβle] *adj (elev)* unerkennbar
incoherencia [iŋkoe'ren̦θja] *f* Zusammenhanglosigkeit *f,* Inkohärenz *f*
incoherente [iŋkoe'ren̦te] *adj* unzusammenhängend
incoloro, -a [iŋko'loro, -a] *adj* farblos
incólume [iŋ'kolume] *adj* unversehrt, unverletzt; **salir ~ del accidente** den Unfall unverletzt [*o* unversehrt] überstehen
incombustible [iŋkombus'tiβle] *adj* feuerfest
incomerciable [iŋkomer'θjaβle] *adj* unverkäuflich, nicht handelsfähig
incomible [iŋko'miβle] *adj* nicht essbar, ungenießbar
incomodado, -a [iŋkomo'ðaðo, -a] *adj* ärgerlich, beleidigt; **eso la dejó incomodada** sie war deswegen verärgert [*o* gekränkt]
incomodar [iŋkomo'ðar] **I.** *vt* stören **II.** *vr:* **~se** ❶ *(molestarse)* sich bemühen ❷ *(CSur: enfadarse)* sich beleidigt fühlen
incomodidad [iŋkomoði'ðaᵈ] *f,* **incomodo** [iŋ̊ko'moðo] *m* ❶ *(inconfortable)* Unbequemlichkeit *f* ❷ *(molestia)* Ärgernis *nt*
incómodo, -a [iŋ'komoðo, -a] *adj* ❶ *(inconfortable)* unbequem; **estar ~** sich unbehaglich fühlen ❷ *(molesto)* lästig
incomparable [iŋkompa'raβle] *adj* ❶ *(no comparable)* unvergleichbar ❷ *(extraordinario)* unvergleichlich
incomparablemente [iŋkomparaβle'men̦te] *adv* unvergleichlich
incomparecencia [iŋkompare'θen̦θja] *f* (JUR) Nichterscheinen *nt*
incompasivo, -a [iŋkompa'siβo, -a] *adj* mitleidlos
incompatibilidad [iŋkompatiβili'ðaᵈ] *f* Inkompatibilität *f;* **~ de oficios** Verbot der Ämterhäufung
incompatible [iŋkompa'tiβle] *adj* inkompatibel
incompensable [iŋkompen'saβle] *adv* nicht auszugleichen, nicht kompensierbar; **la ausencia de los padres era ~** die Abwesenheit der Eltern war durch nichts zu kompensieren
incompetencia [iŋkompe'ten̦θja] *f* ❶ *(inaptitud)* Unfähigkeit *f* ❷ *(sin poder legal)* Unzuständigkeit *f*
incompetente [iŋkompe'ten̦te] *adj* ❶ *(inapto)* unfähig ❷ *(sin poder legal)* unbefugt
incompleto, -a [iŋkom'pleto, -a] *adj* ❶ *(inacabado)* unvollständig ❷ *(deficiente)* dürftig
incomprensibilidad [iŋkomprensiβili'ðaᵈ] *f sin pl* Unverständlichkeit *f*
incomprensible [iŋkompren'siβle] *adj* ❶ *(no inteligible)* unverständlich ❷ *(inexplicable)* nicht nachvollziehbar
incomprensión [iŋkompren'sjon] *f* ❶ *(no querer comprender)* Unverständnis *nt* ❷ *(no poder comprender)* Unverständlichkeit *f*
incomprensivo, -a [iŋkompren'siβo, -a] *adj* verständnislos; **ella es incomprensiva con sus alumnos** sie bringt kein Verständnis für ihre Schüler auf
incomprobable [iŋkompro'βaβle] *adj* unbeweisbar, unnachweisbar
incomunicable [iŋkomuni'kaβle] *adj* nicht mitteilbar
incomunicación [iŋkomunika'θjon] *f* ❶ *(aislamiento)* Isolation *f* ❷ *(en prisión)* Einzelhaft *f* ❸ *(falta de comunicación)* Kommunikationsmangel *m*
incomunicado, -a [iŋkomuni'kaðo, -a] *adj* ❶ *(aislado)* von der Außenwelt abgeschlossen ❷ *(en prisión)* in Einzelhaft
incomunicar [iŋkomuni'kar] <c → qu> *vt* ❶ *(aislar)* in Einzelhaft nehmen ❷ *(bloquear)* abriegeln
inconcebible [iŋkon̦θe'βiβle] *adj* ❶ *(inimaginable)* unvorstellbar ❷ *(inadmisible)* unbegreiflich
inconciliable [iŋkon̦θi'ljaβle] *adj* unvereinbar
inconcluso, -a [iŋkoŋ'kluso, -a] *adj* unbeendet
inconcreción [iŋkoŋkre'θjon] *f* Ungenauigkeit *f*
inconcreto, -a [iŋkoŋ'kreto, -a] *adj* vage, nicht konkret festgelegt, unbestimmt
incondicional [iŋkon̦diθjo'nal] **I.** *adj* bedingungslos **II.** *mf (amigo)* bedingungsloser Freund *m,* bedingungslose Freundin *f; (servil)* treu Ergebene(r) *mf*
incondicionalidad [iŋkon̦diθjonali'ðaᵈ] *f* Bedingungslosigkeit *f*

inconexión [iŋkoneʏˈsjon] *f* Zusammenhanglosigkeit *f*, Beziehungslosigkeit *f*
inconexo, -a [iŋkoˈneʏso, -a] *adj* unzusammenhängend
inconformismo [iŋkoɱforˈmismo] *m* Nonkonformismus *m*
inconformista [iŋkoɱforˈmista] **I.** *adj* nonkonformistisch **II.** *mf* Nonkonformist(in) *m(f)*
inconfortable [iŋkoɱforˈtaβle] *adj* ungemütlich, unbequem
inconfundible [iŋkoɱfun̪ˈdiβle] *adj* unverwechselbar
incongruencia [iŋkoŋˈgrwen̪θja] *f (incoherencia)* Unvereinbarkeit *f*
incongruente [iŋkoŋˈgrwen̪te] *adj (contradictorio)* unvereinbar
inconmensurabilidad [iŋkoⁿmensuraβiliˈðaᵈ] *f sin pl* Unermesslichkeit *f*, Maßlosigkeit *f*
inconmensurable [iŋkoⁿmensuˈraβle/iŋkoᵐmensuˈraβle] *adj* ❶ *(que no puede medirse)* unmessbar ❷ *(enorme)* unermesslich
inconmovible [iŋkoⁿmoˈβiβle/iŋkoᵐmoˈβiβle] *adj* ❶ *(cosas)* nicht zu bewegen ❷ *(personas)* unerschütterlich
inconmutable [iŋkoⁿmuˈtaβle/iŋkoᵐmuˈtaβle] *adj* nicht austauschbar [*o* vertauschbar]
inconquistable [iŋkoŋkisˈtaβle] *adj* ❶ *(castillo, fuerte)* uneinnehmbar, nicht zu erobern ❷ *(persona)* unerbittlich, nicht herumzukriegen *fam*
inconsciencia [iŋkoⁿsˈθjen̪θja] *f* ❶ (MED: *desmayo*) Bewusstlosigkeit *f* ❷ *(insensatez)* Gedankenlosigkeit *f*; *(irresponsabilidad)* Verantwortungslosigkeit *f*; *(ignorancia)* Ahnungslosigkeit *f*
inconsciente [iŋkoⁿsˈθjen̪te] *adj* ❶ *estar* (MED: *desmayado*) bewusstlos ❷ *ser (insensato)* gedankenlos; *(irresponsable)* verantwortungslos; *(ignorante)* ahnungslos ❸ *ser (gesto)* instinktiv
inconsecuencia [iŋkonseˈkwen̪θja] *f* Inkonsequenz *f*
inconsecuente [iŋkonseˈkwen̪te] *adj* inkonsequent
inconsistencia [iŋkonsisˈten̪θja] *f* Unbeständigkeit *f*
inconsistente [iŋkonsisˈten̪te] *adj* ❶ *(irregular)* unbeständig ❷ *(poco sólido)* nicht fest; *(argumento)* schwach
inconsolable [iŋkonsoˈlaβle] *adj* untröstlich
inconstancia [iŋkoⁿsˈtan̪θja] *f* Unbeständigkeit *f*
inconstante [iŋkoⁿsˈtan̪te] *adj* ❶ *(irregular)* veränderlich ❷ *(caprichoso)* unbeständig
inconstitucional [iŋkoⁿstituθjoˈnal] *adj* verfassungswidrig
inconstitucionalidad [iŋkoⁿstituθjonaliˈðaᵈ] *f* Verfassungswidrigkeit *f*
incontable [iŋkon̪ˈtaβle] *adj* ❶ *(innumerable)* unzählig ❷ *(innarrable)* nicht erzählbar
incontenible [iŋkon̪teˈniβle] *adj* ❶ *(irrefrenable)* unaufhaltbar ❷ *(fuera de control)* unkontrollierbar
incontestable [iŋkon̪tesˈtaβle] *adj* ❶ *(innegable)* unbestreitbar, nicht zu leugnen ❷ *(pregunta)* nicht zu beantworten
incontestado, -a [iŋkon̪tesˈtaðo, -a] *adj* ❶ *(innegado)* unbestritten ❷ *(pregunta, carta)* unbeantwortet
incontinencia [iŋkon̪tiˈnen̪θja] *f* ❶ (MED: *evacuaciones*) Inkontinenz *f* ❷ *(desmesura)* Maßlosigkeit *f*
incontinente [iŋkon̪tiˈnen̪te] *adj* ❶ (MED: *evacuaciones*) inkontinent ❷ *(desmesurado)* maßlos, hemmungslos
incontrolable *adj* unkontrollierbar
incontrolado, -a [iŋkon̪troˈlaðo, -a] **I.** *adj* ❶ *(que no puede controlarse)* unkontrolliert ❷ *(que no puede verificarse)* unüberprüft ❸ *(violento)* wild, gewalttätig **II.** *m, f* Gewalttätige(r) *mf*
incontrovertible [iŋkon̪troβerˈtiβle] *adj* unbestreitbar
inconveniencia [iŋkombeˈnjen̪θja] *f* ❶ *(descortesía)* Ungebührlichkeit *f*; *(disparate)* unpassende Bemerkung *f* ❷ *(no adecuado)* Unangemessenheit *f* ❸ *pl (desventajas)* Nachteile *mpl*
inconveniente [iŋkombeˈnjen̪te] **I.** *adj* ❶ *(descortés)* ungebührlich; *(disparate)* taktlos ❷ *(no adecuado)* unangemessen ❸ *(no aconsejable)* unratsam **II.** *m* ❶ *(desventaja)* Nachteil *m* ❷ *(obstáculo)* Hindernis *nt*
incordia [iŋˈkorðja] *f (Col)* Abneigung *f*, Widerwille *m*
incordiante [iŋkorˈðjan̪te] *adj* ärgerlich, lästig
incordiar [iŋkorˈðjar] *vt* ärgern; **¡no incordies!** es reicht!
incordio [iŋˈkorðjo] *m* ❶ (MED: *bubón*) Leistengeschwulst *f* ❷ *(fam: molestia)* Ärgernis *nt*
incorporación [iŋkorporaˈθjon] *f* ❶ *(al enderezarse)* Sichaufrichten *nt*; *(al sentarse)* Sichaufsetzen *nt* ❷ *(integración)* Eingliederung *f*; *(en un equipo)* Aufnahme *f*; **~ a filas** (MIL) Einberufung *f*
incorporado[1] [iŋkorpoˈraðo] *m* Einberufene(r) *m*

I

incorporado, -a² [iŋkorpo'raðo, -a] *adj* integriert, eingebaut; **con antena incorporada** mit integrierter [*o* eingebauter] Antenne
incorporar [iŋkorpo'rar] **I.** *vt* ① *(integrar)* einbinden (**a/en** in +*akk*) ② *(a un grupo)* aufnehmen (**a/en** in +*akk*) ③ *(a una persona)* aufrichten ④ (MIL) einziehen (**a/en** zu +*dat*) **II.** *vr:* **~se** ① *(en el trabajo)* sich einfinden (**a/en** an +*dat*) ② *(agregarse)* hinzukommen (**a/en** zu +*dat*) ③ *(enderezarse)* sich aufrichten ④ (MIL: *a filas*) sich zum Militärdienst melden
incorrección [iŋkorreˠ'θjon] *f* ① *(no correcto)* Unrichtigkeit *f* ② *(falta)* Fehler *m* ③ *(descortesía)* Unhöflichkeit *f*
incorrecto, -a [iŋko'rrekto, -a] *adj* ① *(erróneo)* unrichtig ② *(descortés)* unhöflich
incorregible [iŋkorre'xiβle] *adj* unverbesserlich
incorrupción [iŋkorruβ'θjon] *f sin pl* ① *(de un cuerpo)* Unversehrtheit *f* ② *(fig: moral)* Unbestechlichkeit *f*
incorruptible [iŋkorrup'tiβle] *adj* unbestechlich
incorrupto, -a [iŋko'rrupto, -a] *adj* ① *(personas)* integer ② *(cosas)* unversehrt
incredibilidad [iŋkreðiβili'ðaᶞ] *f* Unglaubwürdigkeit *f*
incredulidad [iŋkreðuli'ðaᶞ] *f* ① *(desconfianza)* Misstrauen *nt* ② (REL: *sin fe*) Unglaube *m*
incrédulo, -a [iŋ'kreðulo, -a] **I.** *adj* ① *(desconfiado)* misstrauisch ② (REL: *sin fe*) ungläubig **II.** *m, f* ① *(desconfiado)* Skeptiker(in) *m(f)* ② (REL: *sin fe*) Ungläubige(r) *mf*
increíble [iŋkre'iβle] *adj* unglaublich
increíblemente [iŋkreiβle'mente] *adv* unglaublich, ungeheuer
incrementar [iŋkremen'tar] **I.** *vt* erhöhen **II.** *vr:* **~se** (an)steigen
incremento [iŋkre'mento] *m* ① *(aumento)* Erhöhung *f* ② *(crecimiento)* Wachstum *nt*
increpador(a) [iŋkrepa'ðor(a)] *adj* tadelnd, vorwurfsvoll
increpar [iŋkre'par] *vt* tadeln
incriminación [iŋkrimina'θjon] *f* Anschuldigung *f*, Beschuldigung *f*
incriminar [iŋkrimi'nar] *vt* ① (JUR: *acusar*) (öffentlich) anschuldigen ② *(falta)* vorwerfen
incrustación [iŋkrusta'θjon] *f* ① *(proceso)* Verkrustung *f* ② (ARTE) Einlegearbeiten *fpl* ③ (MED) Krustenbildung *f* ④ *(costra)* verkrusteter Belag *m*
incrustar [iŋkrus'tar] **I.** *vt* (ARTE: *con madera*) einlegen (**de** mit +*dat*) **II.** *vr:* **~se** ① *(introducirse)* sich festsetzen ② (MED) verkrusten
incubación [iŋkuβa'θjon] *f* ① (MED) Inkubationszeit *f* ② (ZOOL) (Aus)brüten *nt; (período)* Brutzeit *f*
incubadora [iŋkuβa'ðora] *f* ① (MED) Brutkasten *m* ② *(para animales)* Brutofen *m*
incubar [iŋku'βar] **I.** *vt* (ZOOL) (aus)brüten **II.** *vr:* **~se** sich entwickeln
incuestionable [iŋkwestjo'naβle] *adj* unumstritten
incuestionablemente [iŋkwestjonaβle'mente] *adv* zweifellos, fraglos, ohne Frage
inculcar [iŋkul'kar] <c → qu> **I.** *vt* ① *(enseñar)* mühsam beibringen (**a/en** +*dat*) ② *(infundir)* eintrichtern (**a/en** +*dat*) **II.** *vr:* **~se** hartnäckig bestehen (**en** auf +*dat*)
inculpación [iŋkulpa'θjon] *f* Anschuldigung *f*
inculpado, -a [iŋkul'paðo, -a] **I.** *adj* beschuldigt; (JUR) angeklagt, angeschuldigt **II.** *m, f* Beschuldigte(r) *f(m);* (JUR) Angeklagte(r) *f(m)*, Angeschuldigte(r) *f(m)*
inculpar [iŋkul'par] *vt* anklagen (**de** +*gen*)
inculto, -a [iŋ'kulto, -a] *adj* ① *(sin instrucción)* ungebildet ② *(comportamiento)* unkultiviert ③ (AGR: *sin cultivar*) unbebaut
incumbencia [iŋkum'benθja] *f* Zuständigkeit *f*
incumbir [iŋkum'bir] *vi* ① *(atañer)* angehen (**a** +*akk*) ② (ADMIN: *ser de la competencia*) obliegen (**a** +*dat*)
incumplimiento [iŋkumpli'mjento] *m* Nichterfüllung *f;* **~ de contrato** Vertragsbruch *m*
incumplir [iŋkum'plir] *vt (contrato)* nicht erfüllen; *(regla)* verletzen; *(promesa)* brechen
incurable [iŋku'raβle] **I.** *adj* ① *(enfermedad)* unheilbar ② *(sin esperanza)* hoffnunglos **II.** *mf* unheilbar Kranker, unheilbar Kranke *m, f*
incuria [iŋ'kurja] *f (elev)* Nachlässigkeit *f*, Unachtsamkeit *f*
incurrimiento [iŋkurri'mjento] *m* Begehen *nt* (**en** +*gen*); **el ~ en un error no está permitido** es ist nicht erlaubt, Fehler zu machen
incurrir [iŋku'rrir] *vi* ① *(situación mala)* geraten (**en** in +*akk*); **~ en una falta** einen Fehler begehen; **~ en viejas costumbres** in alte Gewohnheiten zurückverfallen ② *(odio)* sich *dat* zuziehen; **~ en responsabilidad** haften
incursión [iŋkur'sjon] *f* Einfall *m*, Eindringen *nt*
indagación [indaɣa'θjon] *f* ① *(en general)*

Untersuchung *f* ❷ *(de policía)* Ermittlung *f*

indagador(a) [indaɣa'ðor(a)] *m(f)* ❶ *(científico)* Forscher(in) *m(f)* ❷ *(policía)* Ermittler(in) *m(f)*

indagar [inda'ɣar] <g → gu> *vt* ermitteln (in +*dat*)

indebido, -a [inde'βiðo, -a] *adj* ❶ *(cantidades)* nicht geschuldet ❷ *(injusto)* ungerechtfertigt; *(ilícito)* unrechtmäßig; **respuesta indebida** unangebrachte Antwort

indecencia [inde'θenθja] *f* ❶ *(persona)* Unschicklichkeit *f*; *(obscenidad)* Unanständigkeit *f* ❷ *(acción)* unanständiges Verhalten *nt*; *(dicho)* unanständiger Ausdruck *m*

indecente [inde'θente] *adj* ❶ *(inadecuado)* unmöglich ❷ *(obsceno)* unanständig; *(sin vergüenza)* unverschämt ❸ *(guarro)* anstößig

indecible [inde'θiβle] *adj* unsagbar, unsäglich

indecisión [indeθi'sjon] *f* ❶ *(irresolución)* Unentschlossenheit *f* ❷ *(vacilación)* Wankelmut *m*

indeciso, -a [inde'θiso, -a] *adj* ❶ *(irresoluto)* unentschlossen ❷ *(que vacila)* wankelmütig ❸ *(resultado)* unklar

indeclinable [indekli'naβle] *adj* ❶ *(inevitable)* unumgänglich ❷ (LING) undeklinierbar

indecoroso, -a [indeko'roso, -a] *adj* ❶ *(indecente)* unanständig ❷ *(incorrecto)* unpassend

indefectible [indefek'tiβle] *adj* *(elev)* ❶ *(que no puede faltar)* unfehlbar ❷ *(inevitable)* unvermeidbar, unvermeidlich; **la ~ muerte** der unvermeidbare Tod; **iba tocado con su ~ sombrero tirolés** er/sie trug wieder seinen/ihren unvermeidlichen Tirolerhut

indefendible [indefen'diβle] *adj* unhaltbar

indefensable [indefen'saβle] *adj* unhaltbar, nicht zu rechtfertigen, unentschuldbar

indefensión [indefen'sjon] *f* Wehrlosigkeit *f*

indefenso, -a [inde'fenso, -a] *adj* wehrlos

indefinible [indefi'niβle] *adj* undefinierbar

indefinidamente [indefiniða'mente] *adv* auf unbestimmte Zeit

indefinido, -a [indefi'niðo, -a] *adj* (*t.* LING) unbestimmt; **contrato de trabajo ~** unbefristeter Arbeitsvertrag

indeformable [indefor'maβle] *adj* unverformbar

indeleble [inde'leβle] *adj* *(elev)* unauslöschlich

indeliberado, -a [indeliβe'raðo, -a] *adj* unfreiwillig, unabsichtlich

indelicadeza [indelika'ðeθa] *f* ❶ *(vulgaridad)* Grobheit *f* ❷ *(desconsideración)* Taktlosigkeit *f*, Unhöflichkeit *f*

indelicado, -a [indeli'kaðo, -a] *adj* taktlos, unhöflich, rücksichtslos

indemne [in'demne] *adj* ❶ *(persona)* unverletzt ❷ *(cosa)* unbeschädigt

indemnización [indemniθa'θjon] *f* ❶ *(pago)* Entschädigung *f*; **~ de despido** Abfindung *f* ❷ *pl (después de una guerra)* Reparationen *fpl*

indemnizar [indemni'θar] <z → c> *vt* ❶ *(daños y perjuicios)* entschädigen (**de** für +*akk*) ❷ *(gastos)* erstatten

independencia [indepen'denθja] *f* Unabhängigkeit *f*; **con ~ de algo** unabhängig von etw *dat*

independentismo [independen'tismo] *m* (POL) Unabhängigkeitsbewegung *f*

independentista [independen'tista] *mf* (POL) Unabhängigkeitskämpfer(in) *m(f)*

independiente [indepen'djente] *adj* ❶ *(libre)* unabhängig; **un piso ~** eine Wohnung mit eigenem Eingang ❷ *(profesión)* selb(st)ständig ❸ *(soltero)* ungebunden ❹ *(sin partido)* parteilos

independientemente [independjente'mente] *adv* ❶ *(con independencia)* unabhängig; **ambas fuerzas actúan ~** beide Kräfte wirken unabhängig voneinander ❷ *(al margen)* **~ de eso, es muy simpático** abgesehen davon ist er sehr sympathisch; **~ de cómo lo hagas...** unabhängig davon, wie du es machen willst …

independización [independiθa'θjon] *f* *(liberación)* Befreiung *f*, Unabhängigwerden *nt*, Verselb(st)ständigung *f*; *(adolescente)* Selb(st)ständigwerden *nt*

independizar [independi'θar] <z → c> **I.** *vt* befreien (**de** von +*dat*) **II.** *vr:* **~se** ❶ *(liberarse)* sich unabhängig machen ❷ *(adolescente)* selb(st)ständig werden

indescifrable [indesθi'fraβle] *adj* ❶ *(ilegible)* unentzifferbar ❷ *(misterio)* unergründlich

indescriptible [indeskrip'tiβle] *adj* unbeschreiblich

indeseable [indese'aβle] **I.** *adj* unerwünscht **II.** *mf* Schurke, -in *m, f*

indeseado, -a [indese'aðo, -a] *adj* ungewollt, unerwünscht

indestructible [indestruk'tiβle] *adj* unzerstörbar

indetectable [indetek'taβle] *adj* unauffindbar

indeterminación [indetermina'θjon] *f*

① *(inconcreción)* Unbestimmtheit *f* ② *(indecisión)* Unentschlossenheit *f*

indeterminado, -a [iṇdetermi'naðo, -a] *adj* unbestimmt, unentschlossen

indexación [iṇdeʸsa'θjon] *f* (*t.* INFOR) Verzeichniserstellung *f*

indexar [iṇdeʸ'sar] *vt* (INFOR) indexieren

India ['iṇdja] *f* ① *(en el oriente)* **la ~** Indien *nt* ② *pl* Hispanoamerika *nt* ③ (ZOOL) **conejillo de ~s** Meerschweinchen *nt; (fig fam: con quien se experimenta)* Versuchskaninchen *nt*

indiada [iṇ'djaða] *f (Am: grupo de indios)* Indianer *mpl*

indicación [iṇdika'θjon] *f* ① *(señal)* Hinweis *m; (por escrito)* Vermerk *m;* **~ de las fuentes** Quellenangaben *fpl* ② (MED: *síntoma*) Anzeichen *nt; (en recetas)* Indikation *f* ③ *(consejo)* Tipp *m;* **por ~ de...** auf Anregung von ... ④ *pl (instrucciones)* Anweisungen *fpl;* **~ del director** Regieanweisung *f*

indicado, -a [iṇdi'kaðo, -a] *adj* ① *(aconsejable)* ratsam; *(adecuado)* angebracht; **eso es lo más ~** das ist das Allerbeste ② (MED: *tratamiento*) indiziert

indicador [iṇdika'ðor] *m* Anzeiger *m;* (TÉC) Anzeigetafel *f;* (ECON) Indikator *m;* **~ de la temperatura** Temperaturanzeige *f;* **~ de carretera** Straßenschild *nt;* **~ de gasolina** Benzinuhr *f*

indicar [iṇdi'kar] <c → qu> *vt* ① (TÉC: *aparato*) anzeigen ② *(señalar)* hinweisen (auf +*akk*); *(sugerir)* aufmerksam machen (auf +*akk*); *(mostrar)* zeigen ③ (MED) indizieren

indicativo[1] *m* (LING: *modo*) Indikativ *m*

indicativo, -a[2] [iṇdika'tiβo, -a] *adj* ① (LING) anzeigend ② *(ilustrativo)* bezeichnend

índice ['iṇdiθe] *m* ① *(recopilación)* Verzeichnis *nt; (biblioteca)* Katalog *m; (de libro)* Inhaltsverzeichnis *nt* ② *(dedo)* Zeigefinger *m* ③ *(estadísticas)* Rate *f;* **~ de audiencia** Einschaltquote *f;* **~ de paro** Arbeitslosenquote *f* ④ (TÉC) Zeiger *m; (de reloj)* Uhrzeiger *m*

indiciación [iṇdiθja'θjon] *f* Hinweis *m* (auf +*akk*)

indicio [iṇ'diθjo] *m* ① *(señal)* (An)zeichen *nt* ② (JUR) Indiz *nt* ③ *(vestigio)* Spur *f*

indiferencia [iṇdife'reṇθja] *f* Gleichgültigkeit *f*

indiferente [iṇdife'reṇte] *adj* gleichgültig (**a** gegenüber +*dat*), indifferent *geh;* **me es ~** das ist mir gleich

indígena [iṇ'dixena] **I.** *adj* einheimisch; *(en Latinoamérica)* Indio- **II.** *mf* Ureinwohner(in) *m(f); (en Latinoamérica)* Indio, Indiofrau *m, f*

indigencia [iṇdi'xeṇθja] *f* Armut *f*

indigenismo [iṇdixe'nismo] *m* ① (LING) Indigenismus *m (Lehnwort aus einer Eingeborenensprache)* ② (POL: *en Latinoamérica*) *politische Bewegung zur Verteidigung der Rechte der Indios und zur Wahrung ihres Kulturguts*

indigente [iṇdi'xeṇte] **I.** *adj* arm **II.** *mf* Bedürftige(r) *mf*

indigestar [iṇdixes'tar] **I.** *vt* schlecht bekommen +*dat* **II.** *vr:* **~se** ① *(empacharse)* sich *dat* den Magen verderben (**de/por** durch +*akk*) ② *(fam: hacerse antipático)* gegen den Strich gehen +*dat* ③ *(Am: inquietarse)* sich beunruhigen

indigestión [iṇdixes'tjon] *f* Verdauungsstörung *f;* **contraer una ~** sich *dat* den Magen verderben

indigesto, -a [iṇdi'xesto, -a] *adj* ① *ser (difícil de digerir)* unverdaulich ② *estar (indigerido)* unverdaut; **estar ~** *(persona)* Verdauungsprobleme haben ③ *estar (de mal humor)* mürrisch

indignación [iṇdiɣna'θjon] *f* Empörung *f*

indignado, -a [iṇdiɣ'naðo, -a] *adj* empört (**con/contra/por** über +*akk*)

indignante [iṇdiɣ'naṇte] *adj* empörend

indignar [iṇdiɣ'nar] **I.** *vt* empören **II.** *vr:* **~se** sich empören (**con/contra/por** über +*akk*)

indignidad [iṇdiɣni'ðaᵈ] *f* ① *(cualidad)* Unwürdigkeit *f* ② *(acto)* Gemeinheit *f*

indigno, -a [iṇ'diɣno, -a] *adj* ① *(desmerecedor)* unwürdig; **~ de confianza** nicht vertrauenswürdig ② *(vil)* gemein

índigo ['iṇdiɣo] *m* Indigo *nt o m*

indio, -a ['iṇdjo, -a] **I.** *adj* ① *(de la India)* indisch ② *(de América)* indianisch ③ *(loc)* **en fila india** im Gänsemarsch **II.** *m, f* ① *(de la India)* Inder(in) *m(f)* ② *(de América)* Indianer(in) *m(f)* ③ *(loc)* **hacer el ~** *(tonterías)* Blödsinn machen; *(el ridículo)* sich lächerlich machen

indirecta [iṇdi'rekta] *f (fam)* Anspielung *f*

indirecto, -a [iṇdi'rekto, -a] *adj* mittelbar; **complemento ~** (LING) indirektes Objekt

indiscernible [iṇdisθer'niβle] *adj (elev)* undeutlich, nicht auszumachen

indisciplina [iṇdisθi'plina] *f* Disziplinlosigkeit *f*

indisciplinado, -a [iṇdisθipli'naðo, -a] **I.** *adj (falto de disciplina)* disziplinlos; *(desobediente)* ungehorsam; *(insumiso)* unbeugsam **II.** *m, f (desobediente)* Ungehorsame(r) *mf; (insumiso)* Unbeugsame(r) *mf*

indisciplinarse [iṇdisθipli'narse] *vr* sich auflehnen, aufbegehren, aufsässig werden

indiscreción [iṇdiskre'θjon] *f* ① *(no guardar un secreto)* Indiskretion *f* ② *(observa-*

ción) taktlose Bemerkung *f* ❸ *(curiosidad)* (taktlose) Neugierde *f*

indiscreto, -a [in̦dis'kreto, -a] *adj* ❶ *(imprudente)* taktlos ❷ *(que no guarda secretos)* schwatzhaft

indiscriminadamente [in̦diskriminaða'men̦te] *adv* in gleicher Weise, ohne Unterschied

indiscriminado, -a [in̦diskrimi'naðo, -a] *adj* gleich behandelnd

indisculpable [in̦diskul'paβle] *adj* unentschuldbar, unverzeihlich

indiscutible [in̦disku'tiβle] *adj* unbestreitbar

indisociable [in̦diso'θjaβle] *adj* untrennbar; (QUÍM) nicht spaltbar

indisolubilidad [in̦disoluβili'ðaᵈ] *f* ❶ (QUÍM: *sustancia*) Unauflöslichkeit *f* ❷ *(unión inseparable)* Unauflösbarkeit *f,* Untrennbarkeit *f*

indisoluble [in̦diso'luβle] *adj* ❶ (QUÍM: *sustancia*) unauflöslich ❷ *(inseparable)* unauflösbar

indispensable [in̦dispen'saβle] *adj* unerlässlich; **lo (más) ~** das Allernötigste; **el requisito ~ es...** die unabdingbare Voraussetzung ist ...

indisponer [in̦dispo'ner] *irr como poner* **I.** *vt* ❶ *(enemistar)* aufbringen (**con/contra** gegen *+akk*) ❷ *(de salud)* mitnehmen, zusetzen *+dat* **II.** *vr:* **~se** ❶ *(enemistarse)* sich entzweien ❷ *(ponerse mal)* krank werden

indisposición [in̦disposi'θjon] *f* ❶ *(de salud)* Unpässlichkeit *f* ❷ *(desgana)* Lustlosigkeit *f*

indispuesto, -a [in̦dis'pwesto, -a] *adj* ❶ *(enfermizo)* unpässlich ❷ *(con desgana)* lustlos ❸ *(molesto)* verstimmt

indisputable [in̦dispu'taβle] *adj* unbestritten, nicht infrage [*o* in Frage] gestellt

indistinción [in̦distin̦'θjon] *f* ❶ *(vaguedad)* Unbestimmtheit *f* ❷ *(igualdad)* Nichtunterscheidung *f,* Undifferenziertheit *f*

indistinguible [in̦distiŋ'giβle] *adj* nicht unterscheidbar (**de** von *+dat*)

indistintamente [in̦distin̦ta'men̦te] *adv* ❶ *(indiscriminadamente)* ohne Unterschied ❷ *(irreconocible)* undeutlich

indistinto, -a [in̦dis'tin̦to, -a] *adj* ❶ *(elev: indiferenciado)* undifferenziert ❷ *(igual)* gleich ❸ *(difuso)* undeutlich; *(poco claro)* unbestimmt

individual [in̦diβi'ðwal] *adj* ❶ *(personal)* individuell; *(peculiar)* einzigartig ❷ *(simple)* Einzel- ❸ *(CSur: idéntico)* identisch

individualidad [in̦diβiðwali'ðaᵈ] *f* ❶ *(personalidad)* Individualität *f* ❷ *(que es único)* Einzigartigkeit *f,* Besonderheit *f* ❸ *(peculiaridad)* Eigenart *f*

individualismo [in̦diβiðwa'lismo] *m* Individualismus *m*

individualista [in̦diβiðwa'lista] **I.** *adj* individualistisch **II.** *mf* Individualist(in) *m(f)*

individualizar [in̦diβiðwali'θar] <z → c> *vt* einzeln betrachten

individualmente [in̦diβiðwal'men̦te] *adv* individuell; **se desplazaron ~ al punto de reunión acordado** jeder kam für sich zu dem vereinbarten Treffpunkt

individuo [in̦di'βidwo] *m* ❶ *(espécimen)* Individuum *nt* ❷ *(miembro)* Mitglied *nt* ❸ *(pey: sujeto)* Typ *m*

indivisibilidad [in̦diβisiβili'ðaᵈ] *f sin pl* Unteilbarkeit *f*

indivisible [in̦diβi'siβle] *adj* unteilbar

Indochina [in̦do'ʧina] *f* Indochina *nt*

indócil [in̦'doθil] *adj* ❶ *(desobediente)* unbeugsam, ungehorsam ❷ *(cabezota)* starrköpfig, eigensinnig

indocilidad [in̦doθili'ðaᵈ] *f* ❶ *(desobediencia)* Ungehorsamkeit *f* ❷ *(cabezonería)* Starrköpfigkeit *f*

indocto, -a [in̦'dokto, -a] *adj (elev)* ungelehrt, ungebildet

indoctrinar [in̦doktri'nar] *vt (Am)* indoktrinieren

indocumentado, -a [in̦dokumen̦'taðo, -a] *adj* ❶ *ser (no registrado)* nicht dokumentiert ❷ *estar (sin documentos)* ohne (Ausweis)papiere ❸ *ser (pey: ignorante)* unwissend

indogermánico, -a [in̦doxer'maniko, -a] *adj* (LING) indogermanisch

índole ['in̦dole] *f* ❶ *(condición)* Wesensart *f* ❷ *(manera de ser)* Charakter *m* ❸ *(clase)* Art *f*

indolencia [in̦do'len̦θja] *f* ❶ *(apatía)* Teilnahmslosigkeit *f* ❷ *(indiferencia)* Gleichgültigkeit *f* ❸ *(desgana)* Lustlosigkeit *f*

indolente [in̦do'len̦te] *adj* ❶ *(apático)* teilnahmslos ❷ *(indiferente)* gleichgültig ❸ *(con desgana)* lustlos

indoloro, -a [in̦do'loro, -a] *adj* schmerzfrei, schmerzlos

indomable [in̦do'maβle] *adj* ❶ *(que no se somete)* unbeugsam ❷ *(indomesticable)* unzähmbar ❸ *(fuera de control)* unkontrollierbar

indomado, -a [in̦do'maðo, -a] *adj* ungezähmt, ungebändigt

indomesticable [in̦domesti'kaβle] *adj* unzähmbar, nicht domestizierbar; *(fig)* nicht zu bändigen

indomesticado, -a [in̦domesti'kaðo, -a] *adj* verwildert, wild

indómito, **-a** [iṇ'domito, -a] *adj* ① *(indomable)* unbeugsam ② *(rebelde)* unbändig

Indonesia [iṇdo'nesja] *f* Indonesien *nt*

indonesio, **-a** [iṇdo'nesjo, -a] **I.** *adj* indonesisch **II.** *m, f* Indonesier(in) *m(f)*

inducción [iṇduɣ'θjon] *f* ① (ELEC: *corriente*) Induktion *f* ② (FILOS: *razonamiento*) Schlussfolgerung *f* ③ *(instigación)* Anstiftung *f*

inducir [iṇdu'θir] *vt irr como traducir* ① (ELEC: *corriente*) induzieren ② (FILOS: *razonar*) (schluss)folgern (**de** aus +*dat*); **de todo esto induzco que...** aus alledem schließe ich, dass ... ③ *(instigar)* anstiften (**a/en** zu +*dat*); ~ **a error** zu einem Fehler verleiten

inductividad [iṇduktiβi'ðaᵈ] *f* (ELEC) Induktivität *f*

inductivo, **-a** [iṇduk'tiβo, -a] *adj* ① (ELEC: *corriente*) induktiv ② *(instigador)* verleitend

inductor(a) [iṇduk'tor(a)] *adj* ① (ELEC: *corriente*) induzierend ② *(instigador)* verleitend

indudable [iṇdu'ðaβle] *adj* zweifellos; **es ~ que...** es besteht kein Zweifel (daran), dass ...

indulgencia [iṇdul'xeṇθja] *f* ① (REL: *pecados*) Ablass *m* ② *(elev: cualidad)* Nachsicht *f;* **proceder sin ~ contra...** gnadenlos vorgehen gegen ...

indulgente [iṇdul'xeṇte] *adj (elev)* nachsichtig (**con** gegenüber +*dat*)

indultar [iṇduḷ'tar] *vt* ① (JUR: *perdonar*) begnadigen; *(después del proceso)* freisprechen (**de** von +*dat*); ~ **a alguien de la pena de muerte** jdm die Todesstrafe erlassen ② *(eximir)* ausnehmen (**de** aus +*dat*)

indulto [iṇ'duḷto] *m* ① *(perdón total)* Straferlass *m* ② *(perdón parcial)* Strafminderung *f* ③ *(exención)* Befreiung *f*

indumentaria [iṇdumeṇ'tarja] *f* ① *(ropa)* Kleidung *f* ② (HIST) Trachtenkunde *f*

industria [iṇ'dustrja] *f* ① (COM: *conjunto*) Industrie *f; (sector)* Sektor *m;* ~ **del automóvil** Autoindustrie *f* ② *(empresa)* Unternehmen *nt; (fábrica)* Fabrik *f* ③ *(dedicación)* Hingabe *f* ④ *(maña)* Geschicklichkeit *f;* **de ~** *(a propósito)* absichtlich

industrial [iṇdus'trjal] **I.** *adj* Industrie-, industriell; **nave ~** Fabrikhalle *f;* **planta ~** Fabrik(anlage) *f;* **polígono ~** Industriegebiet *nt* **II.** *mf* Industrielle(r) *mf; (fabricante)* Fabrikant(in) *m(f)*

industrialismo [iṇdustrja'lismo] *m* Industrialismus *m*

industrialización [iṇdustrjaliθa'θjon] *f* Industrialisierung *f*

industrializar [iṇdustrjali'θar] <z → c> *vt, vr:* ~**se** (sich) industrialisieren

industrioso, **-a** [iṇdus'trjoso, -a] *adj* ① *(trabajador)* unternehmerisch ② *(mañoso)* geschickt

inédito, **-a** [i'neðito, -a] *adj* ① *(no publicado)* unveröffentlicht ② *(desconocido)* unbekannt

inefable [ine'faβle] *adj* unbeschreiblich, unsagbar

inefectivo, **-a** [inefek'tiβo, -a] *adj* ① *(sin resultado)* ineffektiv, unwirksam, fruchtlos ② (COM: *no rentable*) ineffizient, unwirtschaftlich

ineficacia [inefi'kaθja] *f* ① *(sin resultado)* Ineffektivität *f* ② (COM: *sin rentabilidad*) Unwirtschaftlichkeit *f* ③ *(de una persona)* Inkompetenz *f*

ineficaz [inefi'kaθ] *adj* ① *(cosa)* ineffektiv ② *(persona)* inkompetent

ineficiencia [inefi'θjeṇθja] *f* Ineffizienz *f*

ineficiente [inefi'θjeṇte] *adj* unwirtschaftlich

inelegible [inele'xiβle] *adj* nicht wählbar

ineluctable [ineluk'taβle] *adj (elev),* **ineludible** [inelu'ðiβle] *adj (elev)* unvermeidlich, unentrinnbar

ineludible [inelu'ðiβle] *adj (elev)* unvermeidlich

INEM [i'nem] *m abr de* **Instituto Nacional de Empleo** *Staatliches Institut für Arbeitsvermittlung*

inenarrable [inena'rraβle] *adj* unbeschreiblich

inencontrable [ineŋkoṇ'traβle] *adj* unauffindbar

inepcia [i'neβθja] *f (AmC, Arg)* ① *(ineptitud)* Unfähigkeit *f* ② *(necedad)* Torheit *f;* **decir ~s** Unsinn reden

ineptitud [inepti'tuᵈ] *f* ① *(incapacidad)* Unfähigkeit *f* (**para** zu +*dat*) ② *(incompetencia)* Untauglichkeit *f* (**para** für +*akk*)

inepto, **-a** [i'nepto, -a] *adj* ① *(incapaz)* unfähig (**para** zu +*dat*) ② *(incompetente)* untauglich (**para** für +*akk*)

inequívoco, **-a** [ine'kiβoko, -a] *adj* eindeutig

inercia [i'nerθja] *f* (*t.* FÍS) Trägheit *f;* **por ~** aus Gewohnheit

inerme [i'nerme] *adj* ① *(desarmado)* unbewaffnet ② (BIOL: *sin aguijón*) stachellos; *(sin púas)* dornenlos ③ *(indefenso)* wehrlos

inerte [i'nerte] *adj* ① *(sin vida)* tot ② *(inmóvil)* leblos

inescrutable [ineskru'taβle] *adj (elev)* unergründlich

inesperable [inespe'raβle] *adj* unvorhersehbar, unverhofft

inesperado, -a [inespe'raðo, -a] *adj* unerwartet
inestabilidad [inestaβili'ðaᵈ] *f* ❶ (*t.* TÉC: *fragilidad*) Instabilität *f* ❷ *(variabilidad)* Unbeständigkeit *f*
inestable [ines'taβle] *adj* ❶ (*t.* TÉC: *frágil*) instabil ❷ *(variable)* unbeständig
inestimable [inesti'maβle] *adj* unschätzbar
inevitable [ineβi'taβle] *adj* unvermeidbar
inevitablemente [ineβitaβle'mente] *adv* unweigerlich
inexactitud [ineˠsakti'tuᵈ] *f* ❶ *(no exacto)* Ungenauigkeit *f* ❷ *(error)* Fehler *m*
inexacto, -a [ineˠ'sakto, -a] *adj* ❶ *(no exacto)* ungenau ❷ *(erróneo)* falsch
inexcusable [inesku'saβle] *adj* ❶ *(ineludible)* unumgänglich ❷ *(sin disculpa)* unverzeihlich
inexistencia [ineˠsis'tenθja] *f* Inexistenz *f*
inexistente [ineˠsis'tente] *adj* nicht vorhanden
inexorable [ineˠso'raβle] *adj* *(elev)* unerbittlich (**en** in +*dat*)
inexperiencia [inespe'rjenθja] *f* Unerfahrenheit *f*
inexperto, -a [ines'perto, -a] *adj* unerfahren
inexplicable [inespli'kaβle] *adj* unerklärlich
inexplicado, -a [inespli'kaðo, -a] *adj* unklar, ungeklärt
inexplotado, -a [inesplo'taðo, -a] *adj* ungenutzt
inexpresable [inespre'saβle] *adj* unbeschreiblich
inexpresividad [inespresiβi'ðaᵈ] *f* Unbeschreiblichkeit *f*
inexpresivo, -a [inespre'siβo, -a] *adj* ❶ *(cara, mirada)* ausdruckslos ❷ *(cosa)* nichts sagend
inexpugnable [inespuɣ'naβle] *adj* ❶ *(inconquistable)* uneinnehmbar ❷ *(irreductible)* unerschütterlich
in extenso [in es'tenso] detailliert, in extenso
infalibilidad [imfaliβili'ðaᵈ] *f* Unfehlbarkeit *f*
infalible [imfa'liβle] *adj* unfehlbar
infamante [imfa'mante] *adj* schimpflich, schändlich, entehrend
infamar [imfa'mar] *vt* schänden
infame [im'fame] *adj* ❶ *(vil)* gemein ❷ *(muy malo)* miserabel
infamia [im'famja] *f* ❶ *(canallada)* Gemeinheit *f* ❷ *(deshonra)* Schande *f*
infancia [im'fanθja] *f* ❶ *(niñez)* Kindheit *f;* **enfermedades de la ~** Kinderkrankheiten *fpl* ❷ *(etapa inicial)* Anfang *m* ❸ *(niños)* Kinder *ntpl*
infante, -a [im'fante, -a] *m, f* ❶ *(elev: niño/niña)* Knabe *m,* Mädchen *nt;* **jardín de ~s** *(Am)* Kindergarten *m* ❷ *(príncipe/princesa)* Infant(in) *m(f)* ❸ *(soldado)* Infanterist(in) *m(f)*
infantería [imfante'ria] *f* (MIL) Infanterie *f*
infanticida [imfanti'θiða] **I.** *adj* **madre ~** Kind(e)smörderin *f* **II.** *mf* Kindermörder(in) *m(f)*
infanticidio [imfanti'θiðjo] *m* Kind(e)smord *m*
infantil [imfan'til] *adj* ❶ *(referente a la infancia)* Kinder-; **trabajo ~** Kinderarbeit *f;* **sonrisa ~** kindliches Lächeln ❷ *(pey: ingenuo)* kindisch
infantiloide [imfanti'loi̯βe] *adj* *(fam)* kindisch *abw*
infarto [im'farto] *m* Infarkt *m;* **~ de miocardio** Herzinfarkt *m*
infatigable [imfati'ɣaβle] *adj* unermüdlich (**en** in +*dat,* **para** bei +*dat*)
infausto, -a [im'fau̯sto, -a] *adj* unheilvoll
infección [imfeˠ'θjon] *f* (MED) ❶ *(contaminación)* Ansteckung *f* ❷ *(afección)* Infektion *f*
infeccioso, -a [imfeˠ'θjoso, -a] *adj* (MED) infektiös; **enfermedad infecciosa** Infektionskrankheit *f*
infectar [imfek'tar] **I.** *vt* ❶ (MED: *contagiar*) anstecken ❷ *(fam: contaminar)* verseuchen ❸ *(corromper)* infizieren **II.** *vr:* **~se** ❶ *(contagiarse)* sich anstecken ❷ *(inflamarse)* sich entzünden
infecto, -a [im'fekto, -a] *adj* ❶ *(contagiado)* infiziert (**de** mit +*dat*) ❷ *(nauseabundo)* widerlich ❸ *(corrupto)* schmutzig
infelicidad [imfeliθi'ðaᵈ] *f* ❶ *(falta de felicidad)* Unzufriedenheit *f* ❷ *(suerte adversa)* Unglück *nt*
infeliz [imfe'liθ] **I.** *adj* ❶ *(no feliz)* unglücklich ❷ *(fam: ingenuo)* treudoof **II.** *mf* *(fam)* ❶ *(desgraciado)* Unglückliche(r) *mf* ❷ *(buenazo)* armer Tropf *m*
inferencia [imfe'renθja] *f* (Schluss)folgerung *f*
inferior [imfe'rjor] **I.** *adj* ❶ *(debajo)* untere(r, s); **labio ~** Unterlippe *f* ❷ *(de menos calidad)* minderwertiger (**a** als +*nom*) ❸ *(de menos categoría)* niedriger (**a** als +*nom*) ❹ *(menos)* geringer (**a** als +*nom*) ❺ *(subordinado)* untergeben **II.** *mf* Untergebene(r) *mf*
inferioridad [imferjori'ðaᵈ] *f* Unterlegenheit *f;* **estar en ~ de condiciones** im Nachteil sein
inferir [imfe'rir] *irr como sentir* **I.** *vt* ❶ *(deducir)* schließen (**de**/**por** aus +*dat*)

I

② *(ocasionar)* herbeiführen ③ *(causar)* zufügen **II.** *vr:* **~se** hervorgehen (**de** aus +*dat*)

infernal [iɱfer'nal] *adj* höllisch; **ruido** ~ Höllenlärm *m*

infernar [iɱfer'nar] <e → ie> **I.** *vt* ① *(ocasionar la condenación)* der Verdammnis preisgeben ② *(fig: molestar)* ärgern **II.** *vr:* **~se** ① *(ocasionarse la condenación)* der Verdammnis anheimfallen ② *(fig: molestarse)* sich ärgern, sich aufregen

infértil [iɱ'fertil] *adj* unfruchtbar

infestación [iɱfesta'θjon] *f sin pl* ① *(parásitos)* Befall *m; (plantas)* Plage *f* ② *(infección)* Ansteckung *f,* Infektion *f*

infestar [iɱfes'tar] *vt* ① *(inundar)* überschwemmen (**de** mit +*dat*) ② *(infectar)* anstecken (**de** mit +*dat*) ③ *(causar)* zufügen ④ *(corromper)* infizieren (**de** mit +*dat*)

inficionar [iɱfiθjo'nar] *vt* ① *(contaminar)* verseuchen ② *(envenenar)* vergiften ③ *(corromper)* verderben

infidelidad [iɱfiðeli'ða^{ð}] *f* ① *(deslealtad)* Untreue *f* ② *(incredulidad)* Unglaube *m*

infidencia [iɱfi'ðeṇθja] *f* ① *(elev: infidelidad)* Untreue *f* ② *(violación de la confianza)* Vertrauensbruch *m*

infiel [iɱ'fjel] **I.** *adj* <infidelísimo> ① *(desleal)* untreu ② *(pagano)* ungläubig ③ *(inexacto)* nicht getreu **II.** *mf* Ungläubige(r) *mf*

infierno [iɱ'fjerno] *m* ① (*t.* REL) Hölle *f;* **mandar al** ~ zum Teufel jagen ② *(en la mitología)* Unterwelt *f*

infiltración [iɱfiḷtra'θjon] *f* ① *(el penetrar)* Einsickern *nt* ② *(propagación)* Verbreitung *f* ③ (POL) Einschleusung *f*

infiltrar [iɱfiḷ'trar] **I.** *vt* ① *(penetrar)* einsickern lassen (**en** in +*akk*) ② *(inculcar)* verbreiten (**entre** unter +*dat*) **II.** *vr:* **~se** ① *(penetrar)* einsickern (**en** in +*akk*) ② *(introducirse)* sich einschleusen (**en** in +*akk*)

ínfimo, -a ['iɱfimo, -a] *adj* ① *(muy bajo)* unterste(r, s) ② *(mínimo)* geringste(r, s) ③ *(vil)* niederträchtigste(r, s)

infinible [iɱfi'niβle] *adj (elev)* unvergänglich, ewig

infinidad [iɱfini'ða^{ð}] *f* ① *(cualidad de infinito)* Unendlichkeit *f* ② *(gran número)* Unmenge *f* (**de** an/von +*dat*)

infinitesimal [iɱfinitesi'mal] *adj* (MAT) infinitesimal; **cálculo** ~ Infinitesimalrechnung *f*

infinitivo [iɱfini'tiβo] *m* (LING) Infinitiv *m*

infinito[1] [iɱfi'nito] *m* (*t.* MAT) Unendliche(s) *nt*

infinito, -a[2] [iɱfi'nito, -a] *adj* ① *(ilimitado)* unendlich; *(cosas no materiales)* grenzenlos ② *(incontable)* unzählbar

infinitud [iɱfini'tu^{ð}] *f sin pl* Unendlichkeit *f*

infirmar [iɱfir'mar] *vt* (JUR) außer Kraft setzen, annullieren

inflable [iɱ'flaβle] *adj* aufblasbar

inflación [iɱfla'θjon] *f* ① *(el inflar)* Aufblasen *nt;* (MED) Aufblähung *f* ② (ECON) Inflation *f* ③ *(exceso)* Übermaß *nt*

inflacionismo [iɱflaθjo'nismo] *m* (ECON) Inflationismus *m*

inflacionista [iɱflaθjo'nista] *adj* (ECON) inflationär

inflador [iɱfla'ðor] *m* Luftpumpe *f*

inflagaitas [iɱfla'ɣai̯tas] *m inv (fam)* Blödmann *m*

inflamable [iɱfla'maβle] *adj* leicht entzündbar

inflamación [iɱflama'θjon] *f* ① (*t.* MED) Entzündung *f* ② (TÉC) Zündung *f;* **punto de** ~ Zündpunkt *m*

inflamar [iɱfla'mar] **I.** *vt* ① *(encender)* entzünden ② *(excitar)* entflammen **II.** *vr:* **~se** (*t.* MED) sich entzünden

inflamatorio, -a [iɱflama'torjo, -a] *adj* (MED) entzündlich

inflar [iɱ'flar] **I.** *vt* ① *(llenar de aire)* aufblasen ② *(exagerar)* aufbauschen **II.** *vr:* **~se** ① *(hincharse)* sich aufblähen (**de** mit +*dat*) ② *(fam: de comida)* sich vollstopfen (**de** mit +*dat*)

inflexibilidad [iɱfle^{ɣ}siβili'ða^{ð}] *f* Inflexibilität *f,* Unnachgiebigkeit *f* (**a** gegenüber +*dat,* **en** in +*dat*)

inflexible [iɱfle^{ɣ}'siβle] *adj* ① *(rígido)* unbiegsam ② *(firme)* unnachgiebig (**a** gegenüber +*dat,* **en** in +*dat*)

inflexión [iɱfle^{ɣ}'sjon] *f* ① *(torcimiento)* Biegung *f* ② *(referente a la voz)* Modulation *f* ③ (MAT) Wendepunkt *m* ④ (LING) Flexion *f*

infligir [iɱfli'xir] <g → j> *vt* ~ **un castigo** eine Strafe auferlegen; ~ **daño** Schaden verursachen; *(dolor)* Schmerz zufügen

influencer [iɱ'flweṇθer] *mf (prescriptor de opinión en internet)* Influencer(in) *m(f)*

influencia [iɱ'flweṇθja] *f* Einfluss *m* (**en/sobre** auf +*akk*)

influenciable [iɱflweṇ'θjaβle] *adj* beeinflussbar

influenciar [iɱflweṇ'θjar] **I.** *vt* beeinflussen **II.** *vr:* **~se** sich beeinflussen lassen

influir [iɱflu'ir] *irr como huir* **I.** *vi* ① *(contribuir)* beeinflussen (**en/sobre** +*akk*) ② *(actuar)* einwirken (**en/sobre** auf +*akk*) **II.** *vt* beeinflussen **III.** *vr:* **~se** sich beeinflussen lassen (**de** von +*dat*)

influjo [iɱ'fluxo] *m* ❶ *(influencia)* Einfluss *m* ❷ *(flujo)* Flut *f*

influyente [iɱflu'ɟen̩te] *adj* einflussreich

información [iɱforma'θjon] *f* Information *f* (**sobre** über +*akk*); *(oficina)* Auskunft(sstelle) *f*

informador(a) [iɱforma'ðor(a)] *m(f)* ❶ *(informante)* Informant(in) *m(f)* ❷ *(periodista)* Berichterstatter(in) *m(f)*

informal [iɱfor'mal] *adj* ❶ *(desenfadado)* informal; **lenguaje** ~ Umgangssprache *f* ❷ *(no cumplidor)* unzuverlässig

informalidad [iɱformali'ða$^{\eth}$] *f* Unzuverlässigkeit *f*

informante [iɱfor'man̩te] *mf* Informant(in) *m(f)*

informar [iɱfor'mar] **I.** *vt* ❶ *(comunicar)* informieren (**de/sobre** über +*akk*) ❷ *(elev: fundamentar)* begründen **II.** *vi* (JUR) plädieren **III.** *vr:* **~se** sich informieren (**de** über +*akk*)

informática [iɱfor'matika] *f* elektronische Datenverarbeitung *f*

informático, -a [iɱfor'matiko, -a] **I.** *adj* **fallo** ~ Computerfehler *m* **II.** *m, f* Informatiker(in) *m(f)*

informativo^{1} [iɱforma'tiβo] *m* Nachrichtensendung *f*

informativo, -a^{2} [iɱforma'tiβo, -a] *adj* informativ; **boletín** ~ *(por escrito)* Informationsblatt *nt; (radial)* Nachrichten *fpl*

informatización [iɱformatiθa'θjon] *f* Umstellung *f* auf EDV

informatizar [iɱformati'θar] <z → c> *vt* auf EDV umstellen

informe [iɱ'forme] **I.** *adj* ❶ *(sin forma)* unförmig ❷ *(indefinido)* unbestimmt **II.** *m* ❶ *(exposición)* Bericht *m* (**sobre** über +*akk*) ❷ *pl (referencias)* Referenzen *fpl* (**sobre** über +*akk*)

informulable [iɱformu'laβle] *adj* unaussprechlich, nicht in Worte zu fassen

infortunadamente [iɱfortunaða'men̩te] *adv* unglücklicherweise

infortunado, -a [iɱfortu'naðo, -a] *adj* unglückselig

infortunio [iɱfor'tunjo] *m* ❶ *(adversidad)* Unglück *nt* ❷ *(mala suerte)* Pech *nt*

infotainment [iɱfo'tainmen^{t}] *m* Infotainment *nt*

infracción [iɱfra$^{\gamma}$'θjon] *f* Verstoß *m* (**de** gegen +*akk*); ~ **de tráfico** Verkehrsübertretung *f*

infractor(a) [iɱfrak'tor(a)] **I.** *adj* zuwiderhandelnd **II.** *m(f)* Zuwiderhandelnde(r) *mf;* (JUR) Rechtsbrecher(in) *m(f)*

infradesarrollado, -a [iɱfraðesarro'ʎaðo, -a] *adj* unterentwickelt

infraestructura [iɱfraestruk'tura] *f* ❶ *(construcción)* Unterbau *m* ❷ *(medios)* Infrastruktur *f*

infrahumano, -a [iɱfrau'mano, -a] *adj* menschenunwürdig

infranqueable [iɱfraŋke'aβle] *adj* unüberwindbar

infrarrojo, -a [iɱfra'rroxo, -a] *adj* (FÍS) infrarot; **rayos ~s** Infrarotstrahlen *mpl*

infrautilizar [iɱfrautili'θar] <z → c> *vt* nicht erschöpfend nutzen

infravalorar [iɱfraβalo'rar] *vt* unterbewerten

infrecuencia [iɱfre'kwen̩θja] *f* Seltenheit *f*

infrecuente [iɱfre'kwen̩te] *adj* selten

infringir [iɱfriŋ'xir] <g → j> *vt* verstoßen (gegen +*akk*)

infructuosidad [iɱfruktwosi'ða$^{\eth}$] *f sin pl* Erfolglosigkeit *f*

infructuoso, -a [iɱfruktu'oso, -a] *adj* unfruchtbar

ínfula ['iɱfula] *f* ❶ (REL) Inful *f* ❷ *pl (soberbia)* **darse ~s** sich wichtigmachen

infumable [iɱfu'maβle] *adj* ❶ *(tabaco)* nicht rauchbar, ungenießbar ❷ *(fig: inaceptable)* unzumutbar, inakzeptabel; **esta novela es** ~ dieser Roman ist eine Zumutung

infundado, -a [iɱfun̩'daðo, -a] *adj* unbegründet

infundio [iɱ'fun̩djo] *m* Gerücht *nt*

infundir [iɱfun̩'dir] *vt* einflößen; (REL) geben; ~ **sospechas** einen Verdacht aufkommen lassen

infusión [iɱfu'sjon] *f* ❶ *(disolución)* Aufguss *m* ❷ *(bebida)* (Kräuter)tee *m*

ingeniar [iŋxe'njar] **I.** *vt* erfinden **II.** *vr:* **~se** sich *dat* ausdenken

ingeniera [iŋxe'njera] *f v.* **ingeniero**

ingeniería [iŋxenje'ria] *f* ❶ *(técnica)* Technik *f* ❷ *(disciplina)* Ingenieurwissenschaft *f;* **escuela de** ~ Ingenieurfachschule *f*

ingeniero, -a [iŋxe'njero, -a] *m, f* Ingenieur(in) *m(f)*

ingenio [iŋ'xenjo] *m* ❶ *(inventiva)* Erfindungsgabe *f* ❷ *(talento para contar)* Esprit *m* ❸ *(persona)* Genie *nt* ❹ *(maña)* Geschick *nt* ❺ *(máquina)* Maschine *f*

ingeniosidad [iŋxenjosi'ða$^{\eth}$] *f* ❶ *(ingenio)* Erfindergeist *m* ❷ *(dicho)* Spruch *m*

ingenioso, -a [iŋxe'njoso, -a] *adj* ❶ *(hábil)* geschickt ❷ *(listo)* geistreich

ingente [iŋ'xen̩te] *adj* enorm; ~ **cantidad** Unmenge *f*

ingenuidad [iŋxenwi'ða$^{\eth}$] *f* ❶ *(inocencia)* Naivität *f* ❷ *(torpeza)* Torheit *f*

ingenuo, -a [iŋ'xenwo, -a] *adj* naiv

ingerir [iŋxe'rir] *vt irr como sentir* ❶ *(refe-*

I

rente a medicamentos) einnehmen ❷ *(beber)* trinken; *(comer)* essen

ingestión [iŋxes'tjon] *f* ❶ *(referente a medicamentos)* Einnahme *f* ❷ *(el beber)* Trinken *nt; (el comer)* Essen *nt*

Inglaterra [iŋgla'terra] *f* England *nt*

ingle ['iŋgle] *f* (ANAT) Leiste *f*

inglés, -esa [iŋ'gles, -esa] **I.** *adj* englisch; **llave inglesa** Engländer *m* **II.** *m, f* Engländer(in) *m(f)*

ingratitud [iŋgrati'tuᵈ] *f* Undankbarkeit *f*

ingrato, -a [iŋ'grato, -a] *adj* undankbar (**con/para con** gegenüber +*dat*)

ingravidez [iŋgraβi'ðeθ] *f* Schwerelosigkeit *f*

ingrávido, -a [iŋ'graβiðo, -a] *adj* ❶ *(falta de gravedad)* schwerelos ❷ *(ligero)* leicht

ingrediente [iŋgre'ðjen̩te] *m* ❶ *(sustancia)* Zutat *f* ❷ *(elemento)* Bestandteil *m*

ingresar [iŋgre'sar] **I.** *vi* ❶ *(inscribirse)* eintreten (**en** in +*akk*) ❷ *(hospitalizarse)* eingeliefert werden **II.** *vt* ❶ *(meter)* einzahlen; ~ **un cheque** einen Scheck einreichen ❷ *(hospitalizar)* einliefern (**en** in +*akk*) ❸ *(percibir)* verdienen

ingreso [iŋ'greso] *m* ❶ *(inscripción)* Eintritt *m;* **examen de ~** Aufnahmeprüfung *f* ❷ *(ceremonia)* Aufnahmezeremoniell *nt* ❸ *(alta)* Einlieferung *f* ❹ *(en una cuenta)* Einzahlung *f* ❺ *pl (retribuciones)* Einnahmen *f pl*

íngrimo, -a ['iŋgrimo, -a] *adj (Am: solitario)* einsam

inhábil [i'naβil] *adj* ❶ *(torpe)* ungeschickt; **ser ~ para algo** für etw kein Geschick haben ❷ (JUR) **día ~** Feiertag *m*

inhabilitación [inaβilita'θjon] *f* (JUR) ❶ *(incapacitación)* Unfähigkeit *f;* ~ **especial** *Unfähigkeit zu einzelnen Ämtern* ❷ *(interdicción)* Berufsverbot *nt;* ~ **especial temporal** Berufsverbot auf Zeit

inhabilitar [inaβili'tar] *vt* (JUR) ❶ *(incapacitar)* für unfähig erklären (**para** +*gen*) ❷ *(prohibir)* ein Berufsverbot aussprechen (**a** gegen +*akk*)

inhabitable [inaβi'taβle] *adj* unbewohnbar

inhabitado, -a [inaβi'taðo, -a] *adj* unbewohnt, verlassen

inhabitual [inaβitu'al] *adj* ungewohnt

inhalación [inala'θjon] *f* Einatmen *nt;* (MED) Inhalation *f;* **realizar inhalaciones de eucalipto** Inhalationen mit Eukalyptus machen

inhalador [inala'ðor] *m* (MED) Inhalationsapparat *m*

inhalar [ina'lar] *vt* einatmen; (MED) inhalieren

inhereditable [inereði'taβle] *adj* nicht vererbbar

inherente [ine'ren̩te] *adj* innewohnend (**a** +*dat*)

inhibición [iniβi'θjon] *f* ❶ *(represión)* Unterdrückung *f* ❷ *(abstención)* Zurückhaltung *f* ❸ (MED) Hemmung *f* ❹ (JUR) Ablehnung *f (eines Richters)*

inhibir [ini'βir] **I.** *vt* ❶ *(reprimir)* unterdrücken ❷ (BIOL) hemmen ❸ (JUR) (einen Richter) ablehnen **II.** *vr:* **~se** sich heraushalten (**de/en** aus +*dat*); **~se de hacer algo** sich zurückhalten, etw zu tun

inhibitorio, -a [iniβi'torjo, -a] *adj* (JUR) Untersagungs-

inhospitalario, -a [inospita'larjo, -a] *adj,* **inhóspito, -a** [i'nospito, -a] *adj* ungastlich

inhumación [inuma'θjon] *f* Beisetzung *f*

inhumanidad [inumani'ðaᵈ] *f* Unmenschlichkeit *f*

inhumano, -a [inu'mano, -a] *adj* unmenschlich

inhumar [inu'mar] *vt (elev)* beisetzen

iniciación [iniθja'θjon] *f* ❶ *(comienzo)* Beginn *m* ❷ *(introducción)* Einführung *f* (**a/en** in +*akk*) ❸ *(sobre algo secreto)* Einweihung *f* ❹ *(de un novato)* Initiation *f*

iniciado, -a [ini'θjaðo, -a] **I.** *adj* eingeweiht **II.** *m, f* Eingeweihte(r) *mf*

inicial [ini'θjal] **I.** *adj* anfänglich; **fase ~** Anfangsphase *f* **II.** *f* Anfangsbuchstabe *m*

inicializar [iniθjali'θar] <z → c> *vt* (INFOR) initialisieren

iniciar [ini'θjar] **I.** *vt* ❶ *(comenzar)* beginnen ❷ *(introducir)* einführen (**en** in +*akk*) ❸ *(revelar un secreto)* einweihen (**en** in +*akk*) ❹ (INFOR) booten; ~ **el funcionamiento del ordenador** den Rechner urladen **II.** *vr:* **~se** ❶ *(comenzar)* beginnen ❷ *(introducirse)* sich vertraut machen (**en** mit +*dat*)

iniciativa [iniθja'tiβa] *f* Initiative *f;* ~ **ciudadana** Bürgerinitiative *f*

iniciativo, -a [iniθja'tiβo, -a] *adj* einleitend, einführend

inicio [i'niθjo] *m* Beginn *m*

inicuo, -a [i'nikwo, -a] *adj* ❶ *(injusto)* ungerecht ❷ *(malvado)* gemein, niederträchtig

inigualable [iniɣwa'laβle] *adj* unvergleichlich

inimaginable [inimaxi'naβle] *adj* unvorstellbar

inimitable [inimi'taβle] *adj* unnachahmlich

ininteligibilidad [inin̩telixiβili'ðaᵈ] *f* Unleserlichkeit *f,* Unverständlichkeit *f*

ininteligible [iniṇteli'xeṇte] *adj* unverständlich; *(escritura)* unleserlich
ininterrumpido, -a [iniṇterrum'piðo, -a] *adj* ununterbrochen
iniquidad [iniki'ða^{ð}] *f* ① *(injusticia)* Ungerechtigkeit *f* ② *(infamia)* Gemeinheit *f*, Niederträchtigkeit *f*
injerencia [iŋxe'reṇθja] *f* Einmischung *f* (**en** in +*akk*)
injerir [iŋxe'rir] *irr como sentir* **I.** *vt* ① *(introducir)* einführen (**en** in +*akk*) ② *(injertar)* pfropfen **II.** *vr:* **~se** sich einmischen (**en** in +*akk*)
injertar [iŋxer'tar] *vt* ① *(plantas)* pfropfen ② (MED) verpflanzen
injerto [iŋ'xerto] *m* ① *(el injertar)* Pfropfung *f* ② *(resultado del injertar)* Kreuzung *f* ③ *(brote)* Pfröpfling *m* ④ (MED) Verpflanzung *f*
injuria [iŋ'xurja] *f (con palabras)* Beschimpfung *f*; *(con acciones o palabras)* Beleidigung *f*
injuriador(a) [iŋxurja'ðor(a)] *adj* beleidigend
injuriar [iŋxu'rjar] *vt (con palabras)* beschimpfen; *(con acciones)* beleidigen
injurioso, -a [iŋxu'rjoso, -a] *adj* beleidigend
injusticia [iŋxus'tiθja] *f* Ungerechtigkeit *f*
injustificado, -a [iŋxustifi'kaðo, -a] *adj* ungerechtfertigt
injusto, -a [iŋ'xusto, -a] *adj* ungerecht; (*t.* JUR: *injustificado*) ungerechtfertigt
inmaculado, -a [i^{n}maku'laðo, -a/i^{m}maku'laðo, -a] *adj* ① *(limpísimo)* rein ② *(impecable)* makellos
inmadurez [i^{n}maðu'reθ/i^{m}maðu'reθ] *f sin pl* Unreife *f*
inmaduro, -a [i^{n}ma'ðuro, -a/i^{m}ma'ðuro, -a] *adj* unreif
inmanente [i^{n}ma'neṇte/i^{m}ma'neṇte] *adj (elev)* innewohnend (**a** +*dat*)
inmarchitable [i^{n}martʃi'taβle/i^{m}martʃi'taβle] *adj* nicht (ver)welkend; *(fig)* unvergänglich
inmaterializar [i^{n}materjali'θar/i^{m}materjali'θar] <z → c> **I.** *vt* entmaterialisieren **II.** *vr:* **~se** sich entmaterialisieren
inmediaciones [i^{n}meðja'θjones/i^{m}meðja'θjones] *f pl* nähere Umgebung *f*
inmediatamente [i^{n}meðjata'meṇte/i^{m}meðjata'meṇte] *adv* ① *(sin demora)* sofort ② *(directamente)* unmittelbar
inmediatez [i^{n}meðja'teθ/i^{m}meðja'teθ] *f sin pl* Unmittelbarkeit *f*
inmediato, -a [i^{n}me'ðjato, -a/i^{m}me'ðjato, -a] *adj* ① *(sin demora)* sofortig; **de ~** sofort ② *(directo)* unmittelbar ③ *(próximo)* nächstgelegen
inmejorable [i^{n}mexo'raβle/i^{m}mexo'raβle] *adj* vortrefflich, hervorragend
inmemorable [i^{n}memo'raβle/i^{m}memo'raβle] *adj*, **inmemorial** [i^{n}memo'rjal/i^{m}memo'rjal] *adj* sehr weit zurückliegend; **desde tiempos ~es** seit Menschengedenken
inmensidad [i^{n}mensi'ða^{ð}/i^{m}mensiða^{ð}] *f* ① *(extensión)* Unermesslichkeit *f* ② *(cantidad)* ungeheure Menge *f*
inmenso, -a [i^{n}'menso, -a/i^{m}'menso, -a] *adj* unermesslich
inmensurable [i^{n}mensu'raβle/i^{m}mensu'raβle] *adj* unmessbar
inmerecido, -a [i^{n}mere'θiðo, -a/i^{m}mere'θiðo, -a] *adj* unverdient
inmersión [i^{n}mer'sjon/i^{m}mer'sjon] *f* ① *(sumersión)* Eintauchen *nt* ② (ASTR) Immersion *f*
inmerso, -a [i^{n}'merso, -a/i^{m}'merso, -a] *adj* versunken (**en** in +*akk*)
inmigración [i^{n}miɣra'θjon/i^{m}miɣra'θjon] *f* Einwanderung *f*
inmigrante [i^{n}mi'ɣraṇte/i^{m}mi'ɣraṇte] *mf* Einwanderer, -in *m, f*
inmigrar [i^{n}mi'ɣrar/i^{m}mi'ɣrar] *vi* einwandern
inmigratorio, -a [i^{n}miɣra'torjo, -a/i^{m}miɣra'torjo, -a] *adj* Einwanderungs-
inminente [i^{n}mi'neṇte/i^{m}mi'neṇte] *adj* nahe bevorstehend
inmiscuir [i^{n}misku'ir/i^{m}misku'ir] *irr como huir* **I.** *vt* mischen **II.** *vr:* **~se** sich einmischen (**en** in +*akk*)
inmisericorde [i^{n}miseri'korðe/i^{m}miseri'korðe] *adj* unbarmherzig
inmobiliaria [i^{n}moβi'ljarja/i^{m}moβi'ljarja] *f* Immobilienfirma *f*
inmobiliario, -a [i^{n}moβi'ljarjo, -a/i^{m}moβi'ljarjo, -a] *adj* Immobilien-
inmoderado, -a [i^{n}moðe'raðo, -a/i^{m}moðer'raðo, -a] *adj* unmäßig
inmodestia [i^{n}mo'ðestja/i^{m}mo'ðestja] *f* Unbescheidenheit *f*
inmodesto, -a [i^{n}mo'ðesto, -a/i^{m}mo'ðesto, -a] *adj* unbescheiden
inmódico, -a [i^{n}'moðiko, -a/i^{m}'moðiko, -a] *adj (cantidad)* stattlich; *(esfuerzo)* übermäßig; *(precio)* unangemessen
inmodificable [i^{n}moðifi'kaβle/i^{m}moðifi'kaβle] *adj* unveränderlich
inmolación [i^{n}mola'θjon/i^{m}mola'θjon] *f* Opfer *nt*
inmolar [i^{n}mo'lar/i^{m}mo'lar] *vt, vr:* ~(**se**) (sich) opfern (**por** für +*akk*)
inmoral [i^{n}mo'ral/i^{m}mo'ral] *adj* unmoralisch; *(en cuestiones sexuales)* unsittlich
inmoralidad [i^{n}morali'ða^{ð}/i^{m}morali'ða^{ð}] *f*

I

❶ *(indignidad)* Unmoral *f* ❷ *(indecencia)* Unsittlichkeit *f*
inmortal [iⁿmor'tal/iᵐmor'tal] *adj* unsterblich
inmortalidad [iⁿmortali'ðaᵈ/iᵐmortali'ðaᵈ] *f* Unsterblichkeit *f*
inmortalizar [iⁿmortali'θar/iᵐmortali'θar] <z → c> *vt, vr:* ~(**se**) (sich) unsterblich machen
inmotivado, -a [iⁿmoti'βaðo, -a/iᵐmoti'βaðo, -a] *adj* ❶ *(infundado)* grundlos ❷ (LING) unmotiviert
inmovible [iⁿmo'βiβle/iᵐmo'βiβle] *adj* unbeweglich
inmóvil [iⁿ'moβil/iᵐ'moβil] *adj* bewegungslos
inmovilidad [iⁿmoβili'ðaᵈ/iᵐmoβili'ðaᵈ] *f* Bewegungslosigkeit *f*
inmovilismo [iⁿmoβi'lismo/iᵐmoβi'lismo] *m* Fortschrittsfeindlichkeit *f*
inmovilización [iⁿmoβiliθa'θjon/iᵐmoβiliθa'θjon] *f* ❶ *(incapaz de moverse)* Bewegungsunfähigkeit *f;* (MIL) Immobilität *f* ❷ (MED) Ruhigstellung *f* ❸ (COM) (feste) Anlage *f*
inmovilizar [iⁿmoβili'θar/iᵐmoβili'θar] <z → c> **I.** *vt* ❶ *(paralizar)* lähmen; ~ **a alguien** jdn bewegungsunfähig machen ❷ (MED) ruhig stellen ❸ (COM) (fest) anlegen **II.** *vr:* ~**se** bewegungsunfähig werden
inmueble [iⁿ'mweβle/iᵐ'mweβle] **I.** *adj* unbeweglich **II.** *m* Grundbesitz *m*
inmundicia [iⁿmuṇ'diθja/iᵐmuṇ'diθja] *f* ❶ *(suciedad)* Schmutz *m* ❷ *(indecencia)* Unanständigkeit *f*
inmundo, -a [iⁿ'muṇdo, -a/iᵐ'muṇdo, -a] *adj* schmutzig
inmune [iⁿ'mune/iᵐ'mune] *adj* ❶ (MED) immun (**a** gegen +*akk*) ❷ *(exento)* befreit (**de** von +*dat*)
inmunidad [iⁿmuni'ðaᵈ/iᵐmuni'ðaᵈ] *f* Immunität *f*
inmunización [iⁿmuniθa'θjon/iᵐmuniθa'θjon] *f (acción)* Immunisierung *f; (resultado)* Immunität *f*
inmunizar [iⁿmuni'θar/iᵐmuni'θar] <z → c> **I.** *vt* immunisieren **II.** *vr:* ~**se** immun werden
inmunodeficiencia [iⁿmunoðefi'θjeṇθja/iᵐmunoðefi'θjeṇθja] *f* (MED) Immunschwäche *f;* **síndrome de ~ adquirida** erworbenes Immundefektsyndrom
inmunología [iⁿmunolo'xia/iᵐmunolo'xia] *f* (MED) Immunologie *f*
inmunólogo, -a [iⁿmu'noloɣo, -a/iᵐmu'noloɣo, -a] *m, f* (MED) Immunologe, -in *m, f*
inmutabilidad [iⁿmutaβili'ðaᵈ/iᵐmutaβili'ðaᵈ] *f* ❶ *(inmodificable)* Unveränderlichkeit *f* ❷ *(imperturbable)* Unerschütterlichkeit *f*
inmutable [iⁿmu'taβle/iᵐmu'taβle] *adj* ❶ *(inmodificable)* unveränderlich ❷ *(imperturbable)* unerschütterlich
inmutación [iⁿmuta'θjon/iᵐmuta'θjon] *f* ❶ *(conmoción)* Bestürzung *f* ❷ *(cambio)* Veränderung *f*
inmutar [iⁿmu'tar/iᵐmu'tar] **I.** *vt* ❶ *(afectar)* erschüttern ❷ *(variar)* verändern **II.** *vr:* ~**se** sich erschüttern lassen (**por** durch +*akk*); **sin ~se** gelassen
innato, -a [in'nato, -a] *adj* angeboren; **tiene un talento ~** er/sie ist ein Naturtalent
innatural [innatu'ral] *adj* unnatürlich
innavegable [innaβe'ɣaβle] *adj* ❶ *(aguas)* nicht schiffbar ❷ *(embarcación)* manövrierunfähig
innecesario, -a [inneθe'sarjo, -a] *adj* unnötig
innegable [inne'ɣaβle] *adj* unbestreitbar
innoble [in'noβle] *adj* gemein
innocuidad [innokwi'ðaᵈ] *f* Unschädlichkeit *f,* Ungefährlichkeit *f*
innocuo, -a [in'nokwo, -a] *adj* unschädlich
innombrable [innom'braβle] *adj* unaussprechlich, unbeschreiblich
innovación [innoβa'θjon] *f* Innovation *f*
innovador(a) [innoβa'ðor(a)] **I.** *adj* innovativ **II.** *m(f)* Neuerer, -in *m, f*
innovar [inno'βar] *vt* innovieren
innumerable [innume'raβle] *adj* zahllos; **un gentío ~** unzählig viele Menschen
inobediente [inoβe'ðjeṇte] *adj* ungehorsam
inocencia [ino'θeṇθja] *f* ❶ *(falta de culpabilidad)* Unschuld *f* ❷ *(falta de malicia)* Harmlosigkeit *f* ❸ *(ingenuidad)* Naivität *f*
inocentada [inoθeṇ'taða] *f* ❶ *(tontada)* Dummheit *f* ❷ *(broma) Art Aprilscherz am 28. Dezember;* **gastar una ~ a alguien** jdn in den April schicken
inocente [ino'θeṇte] *adj* ❶ *(sin culpa)* unschuldig ❷ *(sin malicia)* harmlos ❸ *(ingenuo)* naiv, einfältig
inocuidad [inokwi'ðaᵈ] *f sin pl* Unschädlichkeit *f*
inoculable [inoku'laβle] *adj* (MED) ansteckend
inocular [inoku'lar] *vt* ❶ (MED) inokulieren ❷ *(serpientes)* einspritzen
inocultable [inokuḷ'taβle] *adj* nicht zu verbergen, offenkundig
inocuo, -a [i'nokwo, -a] *adj* unschädlich
inodoro[1] [ino'ðoro] *m* Wasserklosett *nt*
inodoro, -a[2] [ino'ðoro, -a] *adj* geruchlos
inofensivo, -a [inofen'siβo, -a] *adj* harmlos

inoficioso, -a [inofi'θjoso, -a] *adj (Am)* nutzlos
inolvidable [inolβi'ðaβle] *adj* unvergesslich
inoperable [inope'raβle] *adj* (MED) inoperabel
inoperante [inope'rante] *adj* wirkungslos
inopia [i'nopja] *f* Bedürftigkeit *f,* Mittellosigkeit *f,* Armut *f;* **estar en la ~** *(fig)* zerstreut sein
inopinable [inopi'naβle] *adj* unstrittig, indisputabel; **las órdenes paternas eran ~s** die elterlichen Anordnungen standen nicht zur Diskussion
inopinado, -a [inopi'naðo, -a] *adj* unerwartet
inoportunidad [inoportuni'ða^ð] *f* ① *(fuera de lugar)* Unangebrachtheit *f* ② *(fuera de tiempo)* ungünstiger Zeitpunkt *m*
inoportuno, -a [inopor'tuno, -a] *adj* ① *(fuera de lugar)* unangebracht ② *(fuera de tiempo)* ungelegen
inorgánico, -a [inor'ɣaniko, -a] *adj* ① *(no viviente)* anorganisch ② *(no organizado)* unorganisiert
inoxidable [ino^{ɣ}si'ðaβle] *adj* rostfrei
input ['imput] *m* <inputs> (INFOR) Input *m o nt*
inquebrantable [iŋkeβran'taβle] *adj (decisión)* unerschütterlich; *(cosa)* unzerbrechlich
inquietante [iŋkje'tante] *adj* beunruhigend
inquietar [iŋkje'tar] **I.** *vt* beunruhigen **II.** *vr:* **~se** sich beunruhigen (**con/por** wegen +*gen/dat*)
inquieto, -a [iŋ'kjeto, -a] *adj* ① *estar (intranquilo)* unruhig ② *ser (desasosegado)* ruhelos
inquietud [iŋkje'tu^ð] *f* ① *(intranquilidad)* Unruhe *f* ② *(desasosiego)* Ruhelosigkeit *f* ③ *(preocupación)* Beunruhigung *f* ④ *pl (anhelos)* Interessen *nt pl*
inquilino, -a [iŋki'lino, -a] *m, f* Mieter(in) *m(f)*
inquina [in'kina] *f* Abneigung *f*
inquirir [iŋki'rir] *vt irr como adquirir* untersuchen
inquisición [iŋkisi'θjon] *f* Untersuchung *f*
Inquisición [iŋkisi'θjon] *f* Inquisition *f*
inquisidor¹ [iŋkisi'ðor] *m* Inquisitor *m*
inquisidor(a)² [iŋkisi'ðor(a)] *adj* neugierig
inquisitivo, -a [iŋkisi'tiβo, -a] *adj* neugierig
insaciable [insa'θjaβle] *adj* unersättlich; *(sed)* unstillbar
insalubre [insa'luβre] *adj* gesundheitsschädlich
insalubridad [insaluβri'ða^ð] *f* Gesundheitsschädlichkeit *f*
insalvable [insal'βaβle] *adj* nicht zu retten; *(obstáculo)* unüberwindbar
insanable [insa'naβle] *adj* unheilbar
insania [in'sanja] *f* Wahnsinn *m*
insano, -a [in'sano, -a] *adj* ① *(insalubre)* ungesund ② *(loco)* wahnsinnig
insatisfacción [insatisfak'θjon] *f sin pl* Unzufriedenheit *f*
insatisfactorio, -a [insatisfak'torjo, -a] *adj* unbefriedigend
insatisfecho, -a [insatis'fetʃo, -a] *adj* unzufrieden
inscribir [i^{n}skri'βir] *irr como escribir* **I.** *vt* ① *(registrar)* anmelden (**en** für +*akk*) ② *(grabar)* einmeißeln (**en** in +*akk*) ③ *(alistar)* eintragen (**en** in +*akk*) ④ (MAT) einbeschreiben **II.** *vr:* **~se** ① *(registrarse)* sich anmelden (**en** für +*akk*) ② *(alistarse)* sich eintragen (**en** in +*akk*); *(en la universidad)* sich einschreiben (**en** an +*dat*)
inscripción [i^{n}skriβ'θjon] *f* ① *(registro)* Anmeldung *f* ② *(alistamiento)* Eintragung *f;* *(en la universidad)* Einschreibung *f* (**en** an +*dat*) ③ *(escrito grabado)* Inschrift *f*
inscrito, -a [i^{n}s'krito, -a] *pp de* **inscribir**
insecticida [insekti'θiða] *m* Insektizid *nt*
insecto [in'sekto] *m* Insekt *nt*
inseguridad [inseɣuri'ða^ð] *f* Unsicherheit *f*
inseguro, -a [inse'ɣuro, -a] *adj* unsicher
inseminación [insemina'θjon] *f* Befruchtung *f;* *(de un animal)* Besamung *f*
inseminar [insemi'nar] *vt* befruchten; *(animal)* besamen
insensatez [insensa'teθ] *f* ① *(falta de sensatez)* Unvernunft *f* ② *(disparate)* Unsinn *m*
insensato, -a [insen'sato, -a] *adj* unvernünftig
insensibilidad [insensiβili'ða^ð] *f* ① *(física o afectiva)* Gefühllosigkeit *f* (**a** gegenüber +*dat*) ② *(resistencia)* Unempfindlichkeit *f* (**a** gegen +*akk*)
insensibilizador(a) [insensiβiliθa'ðor(a)] *adj* (MED) betäubend, anästhesierend
insensibilizar [insensiβili'θar] <z → c> **I.** *vt* unempfindlich machen; (MED) betäuben **II.** *vr:* **~se** ① *(resistir)* unempfindlich werden (**hacia** gegen +*akk*) ② *(no sentir)* gefühllos werden
insensible [insen'siβle] *adj* ① *(física o afectivamente)* gefühllos (**a** gegenüber +*dat*) ② *(resistente)* unempfindlich (**a** gegen +*akk*) ③ *(imperceptible)* unmerklich
inseparabilidad [inseparaβili'ða^ð] *f sin pl*

(personas) Unzertrennlichkeit *f; (cosas)* Untrennbarkeit *f*

inseparable [insepa'raβle] *adj* ❶ *(que no se puede separar)* untrennbar ❷ *(referente a amigos)* unzertrennlich

inserción [inser'θjon] *f* ❶ *(inclusión)* Einfügen *nt;* ~ **social** soziale Eingliederung ❷ (MED) Ansatz *m*

insertar [inser'tar] **I.** *vt* ❶ *(llave)* hineinstecken; *(disquete)* einlegen; *(moneda)* einwerfen ❷ *(texto)* einfügen (**en** in +*akk*) ❸ *(anuncio)* aufgeben **II.** *vr:* **~se** ❶ *(músculo)* ansetzen ❷ *(tumor)* (hin)einwachsen (**en** in +*akk*)

inserto[1] [in'serto] *m* (TV) Untertitel *m,* Begleittext *m*

inserto, -a[2] [in'serto, -a] *adj (disquete)* eingelegt

I

insertor(a) [inser'tor(a)] *m(f)* Arbeitsvermittler(in) *m(f);* ~ **laboral** Jobvermittler *m*

inservible [inser'βiβle] *adj* unbrauchbar

insidia [in'siðja] *f* ❶ *(asechanzas)* Intrigen *fpl* ❷ *(engaño)* Hinterlistigkeit *f* ❸ *(trampa)* Falle *f*

insidioso, -a [insi'ðjoso, -a] **I.** *adj* ❶ *(intrigante)* intrigant ❷ *(capcioso)* hinterlistig, hinterhältig ❸ *(enfermedad)* heimtückisch **II.** *m, f* Intrigant(in) *m(f)*

insigne [in'siɣne] *adj* ❶ *(personaje público)* prominent; *(científico)* erlaucht *geh* ❷ *(tontería)* sehr groß

insignia [in'siɣnja] *f* ❶ *(de asociación)* Abzeichen *nt; (honorífica)* Ehrenzeichen *nt; (militar)* Insigne *nt* ❷ *(bandera)* Flagge *f*

insignificancia [insiɣnifi'kaṇθja] *f* ❶ *(pequeñez)* Kleinigkeit *f* ❷ *(no significancia)* Bedeutungslosigkeit *f* ❸ *(no importancia)* Unwichtigkeit *f*

insignificante [insiɣnifi'kaṇte] *adj* ❶ *(pequeño)* gering(fügig) ❷ *(no significante)* unbedeutend ❸ *(no importante)* unwichtig

insincero, -a [insiṇ'θero, -a] *adj* ❶ *(no sincero)* unaufrichtig ❷ *(falso)* falsch

insinuación [insinwa'θjon] *f* ❶ *(alusión)* Andeutung *f* (**a** über +*akk*) ❷ *(engatusamiento)* Einschmeichelung *f*

insinuante [insinu'aṇte] *adj* ❶ *(palabras)* einschmeichelnd ❷ *(comportamiento)* schmeichlerisch ❸ *(seductor)* verführerisch

insinuar [insinu'ar] <*1. pres* insinúo> **I.** *vt* ❶ *(dar a entender)* andeuten; **¿qué estás insinuando?** worauf willst du hinaus? ❷ *(hacer creer)* **¿quién te ha insinuado tal tontería?** wer hat dir so einen Unsinn eingeredet? **II.** *vr:* **~se** ❶ *(engatusar)* sich einschmeicheln (**a** bei +*dat*) ❷ *(fam: amorosamente)* sich ranmachen (**a** an +*akk*) ❸ *(cosa)* sich andeuten, sich abzeichnen

insipidez [insipi'ðeθ] *f* ❶ *(de comida)* Fadheit *f* ❷ *(de persona: aburrida)* Langweiligkeit *f; (sin espíritu)* Geistlosigkeit *f*

insípido, -a [in'sipiðo, -a] *adj* ❶ *(comida)* fade ❷ *(persona: aburrida)* langweilig; *(sin espíritu)* geistlos

insistencia [insis'teṇθja] *f* ❶ *(perseverancia)* Hartnäckigkeit *f* ❷ *(énfasis)* Nachdruck *m;* **pedir algo con** ~ nachdrücklich um etw bitten ❸ *(exigencia)* Drängen *nt*

insistente [insis'teṇte] *adj* ❶ *(perseverante)* hartnäckig; *(machacón)* aufdringlich ❷ *(con énfasis)* nachdrücklich

insistir [insis'tir] *vi* ❶ *(perseverar)* bestehen (**en** auf +*dat*) ❷ *(exigir)* dringen (**en** auf +*akk*) ❸ *(recalcar)* betonen (**en** +*akk*)

in situ [in 'situ] *adv* vor Ort, an Ort und Stelle

insobornable [insoβor'naβle] *adj* unbestechlich

insociable [inso'θjaβle] *adj,* **insocial** [inso'θjal] *adj* ungesellig

insolación [insola'θjon] *f* ❶ (METEO) Sonneneinstrahlung *f* ❷ (MED) Sonnenstich *m*

insolencia [inso'leṇθja] *f* ❶ *(impertinencia)* Frechheit *f* ❷ *(arrogancia)* Arroganz *f*

insolente [inso'leṇte] *adj* ❶ *(impertinente)* frech ❷ *(arrogante)* arrogant

insolidario, -a [insoli'ðarjo, -a] *adj* unsolidarisch

in solidum [in 'soliðun] (JUR) vollständig, uneingeschränkt

insólito, -a [in'solito, -a] *adj* ❶ *(inhabitual)* ungewöhnlich ❷ *(extraordinario)* außergewöhnlich

insoluble [inso'luβle] *adj* ❶ *(no soluble)* unlöslich ❷ *(insolucionable)* unlösbar

insolvencia [insol'βeṇθja] *f* Zahlungsunfähigkeit *f;* (ECON) Insolvenz *f*

insolvente [insol'βeṇte] **I.** *adj* zahlungsunfähig; (ECON) insolvent **II.** *mf* Zahlungsunfähige(r) *mf*

insomne [in'somne] *adj* schlaflos

insomnio [in'somnjo] *m* Schlaflosigkeit *f*

insondable [insoṇ'daβle] *adj* unergründlich

insonorización [insonoriθa'θjon] *f* Schallisolation *f*

insonorizar [insonori'θar] <z → c> *vt* schalldicht machen

insonoro, -a [inso'noro, -a] *adj* klanglos

insoportable [insopor'taβle] *adj* unerträglich

insoslayable [insosla'ɟaβle] *adj* unvermeidbar

insospechable [insospe'ʧaβle] *adj (impre-*

visible) unvorhersehbar; *(sorprendente)* überraschend

insospechado, -a [insospe'ʧaðo, -a] *adj* *(no esperado)* unerwartet; *(no sospechado)* unvermutet

insostenible [insoste'niβle] *adj* unhaltbar

inspección [i^{n}spe^y'θjon] *f* ① *(reconocimiento)* Inspektion *f*; **~ de Trabajo** Gewerbeaufsicht *f* ② *(de equipaje)* Kontrolle *f* ③ *(de trabajo)* Aufsicht *f* ④ *(de una máquina)* Inspizierung *f* ⑤ (TÉC) (Über)prüfung *f*; **I~ Técnica de Vehículos** TÜV *m*

inspeccionar [i^{n}spe^{y}θjo'nar] *vt* ① *(reconocer)* inspizieren ② *(equipaje)* kontrollieren ③ *(trabajo)* beaufsichtigen ④ (TÉC) (über)prüfen

inspector(a) [i^{n}spek'tor(a)] *m(f)* ① *(controlador)* Inspektor(in) *m(f)* ② (ENS) Schulrat, -rätin *m, f*

inspiración [i^{n}spira'θjon] *f* ① *(de aire)* Einatmung *f* ② *(artística)* Eingebung *f*, Inspiration *f*

inspirador(a) [i^{n}spira'ðor(a)] *adj* ① *(de aire)* inspiratorisch; **músculo ~** Atemmuskel *m* ② *(artístico)* inspirierend

inspirar [i^{n}spi'rar] **I.** *vt* ① *(aire)* einatmen ② *(ideas)* inspirieren ③ *(confianza)* einflößen **II.** *vr:* **~se** sich inspirieren lassen (**en** von +*dat*)

instalación [i^{n}stala'θjon] *f* ① *(acción)* Installation *f*; *(de baño)* Einbau *m* ② *(lo instalado, t.* TÉC) Anlage *f*; *(de teléfono)* Anschluss *m* ③ *pl* *(edificio)* Einrichtungen *fpl*; **instalaciones deportivas** Sportanlagen *fpl*

instalador(a) [i^{n}stala'ðor(a)] *m(f)* Installateur(in) *m(f)*

instalar [i^{n}sta'lar] **I.** *vt* ① *(calefacción)* installieren; *(teléfono)* anschließen; *(baño)* einbauen ② *(alojar)* unterbringen ③ *(en un cargo)* einsetzen (**en** in +*akk*) **II.** *vr:* **~se** ① *(en una ciudad)* sich niederlassen; **~se en un sillón** es sich *dat* in einem Sessel bequem machen ② *(negocio)* sich selb(st)ständig machen

instancia [i^{n}s'taṇθja] *f* ① *(acción de instar)* inständige Bitte *f* ② *(solicitud)* Gesuch *nt*; *(petición formal)* Ersuchen *nt* ③ (JUR) Instanz *f*; **en última ~** *(fig)* wenn keine andere Wahl bleibt

instantánea [i^{n}staṇ'tanea] *f* (FOTO) Momentaufnahme *f*

instantáneo, -a [i^{n}staṇ'taneo, -a] *adj* augenblicklich; *(efecto)* sofortig; *(café)* Instant-; *(interruptor)* Moment-; **la muerte fue instantánea** der Tod trat unmittelbar ein

instante [i^{n}s'taṇte] *m* Augenblick *m*; **¡un ~!** Moment mal!; **al cabo de un ~** kurz danach; **en un ~** sehr schnell; **pienso en ti a cada ~** ich denke ständig an dich

instar [i^{n}s'tar] *vi, vt* *(pedir)* eindringlich bitten (um +*akk*); *(solución)* drängen (auf +*akk*)

instauración [i^{n}staụra'θjon] *f* ① *(de imperio)* Errichtung *f* ② *(de democracia)* Einführung *f* ③ *(de plan)* Aufstellung *f*

instaurar [i^{n}stau̯'rar] *vt* ① *(imperio)* errichten ② *(democracia)* einführen ③ *(plan)* aufstellen

insti ['insti] *m* *abr de* **instituto** *(fam)* Gymi *nt*

instigación [i^{n}stiγa'θjon] *f* ① *(a algo malo)* Anstiftung *f* ② *(a rebelión)* Anzettelung *f*; *(de las masas)* Aufhetzung *f*

instigador(a) [i^{n}stiγa'ðor(a)] **I.** *adj* ① *(a algo malo)* anstiftend ② *(a rebelión)* anzettelnd; *(de las masas)* aufhetzend **II.** *m(f)* ① *(a algo malo)* Anstifter(in) *m(f)* ② *(a rebelión)* Anzett(e)ler(in) *m(f)*

instigar [i^{n}sti'γar] <g → gu> *vt* ① *(a algo malo)* anstiften ② *(rebelión)* anzetteln; *(a las masas)* aufhetzen

instintivo, -a [i^{n}stiṇ'tiβo, -a] *adj* instinktiv

instinto [i^{n}s'tiṇto] *m* Instinkt *m*; **~ de supervivencia** Überlebenstrieb *m*

institución [i^{n}stitu'θjon] *f* ① *(social)* Institution *f*; **~ educativa** Bildungseinrichtung *f*; **~ penitenciaria** Strafanstalt *f* ② *(fundación)* Gründung *f* ③ *(establecimiento: de comité)* Einrichtung *f*; *(de derecho)* Einführung *f*; *(de beca)* Stiftung *f*; *(de norma, de horario)* Aufstellung *f*

institucional [i^{n}stituθjo'nal] *adj* institutionell

institucionalización [i^{n}stituθjonaliθa'θjon] *f* Institutionalisierung *f*

institucionalizar [i^{n}stituθjonali'θar] <z → c> *vt* institutionalisieren

instituir [i^{n}stitu'ir] *vt irr como huir* ① *(fundar)* gründen ② *(establecer: comisión)* einrichten; *(derecho)* einführen; *(beca)* stiften; *(norma)* aufstellen; *(sistema)* festlegen

instituto [i^{n}sti'tuto] *m* ① (ENS) **~ de bachillerato/enseñanza media** Gymnasium *nt*; **~ de formación profesional** Berufsfachschule *f* ② *(científico)* Institut *nt*; **~ de investigación** Forschungsinstitut *nt*; **I~ Monetario Europeo** Europäisches Währungsinstitut; **I~ Nacional de Empleo** Bundesanstalt für Arbeit ③ (REL) (Ordens)regel *f* ④ *(loc)* **~ de belleza** Schönheitssalon *m*

institutriz [i^{n}stitu'triθ] *f* Hauslehrerin *f*

instrucción [i^{n}stru^y'θjon] *f* ① *(enseñanza)* Unterricht *m*; *(sobre una máquina)*

Schulung *f* ② *(conocimientos)* Bildung *f*; *(formación)* Ausbildung *f* ③ *pl (órdenes)* Anweisungen *f pl*; *(directrices)* Richtlinien *f pl* ④ (JUR: *proceso*) Einleitung *f*

instructivo, **-a** [i^{n}struk'tiβo, -a] *adj* lehrreich

instructor(a) [i^{n}struk'tor(a)] **I.** *adj* **juez** ~ (JUR) Untersuchungsrichter *m* **II.** *m(f)* *(en escuela)* Lehrer(in) *m(f)*; *(en empresa, t.* MIL) Ausbilder(in) *m(f)*

instruido, **-a** [i^{n}stru'iðo, -a] *adj* gebildet

instruir [i^{n}stru'ir] *vt irr como huir* ① *(enseñar)* unterrichten (**en** in +*dat*); *(en una máquina)* ausbilden (**en** an +*dat*); *(en tarea específica)* schulen ② *(informar)* unterrichten (**de/sobre** über +*akk*) ③ (JUR: *proceso*) einleiten

instrumentación [i^{n}strumeṇta'θjon] *f* ① *(acción)* Instrumentierung *f* ② *(resultado)* Instrumentation *f*

instrumental [i^{n}strumeṇ'tal] **I.** *adj* instrumental; *(música)* Instrumental- **II.** *m* ① (LING) Instrumental *m* ② *(de médico, t.* MÚS) Instrumentarium *nt*

instrumentalizar [i^{n}strumeṇtali'θar] <z → c> *vt* instrumentalisieren

instrumentar [i^{n}strumeṇ'tar] *vt* (*t.* MÚS) instrumentieren

instrumentista [i^{n}strumeṇ'tista] *mf* ① *(músico)* Instrumentalist(in) *m(f)* ② *(fabricante)* Instrumentenmacher(in) *m(f)* ③ *(de quirófano)* Operationsassistent(in) *m(f)*

instrumento [i^{n}stru'meṇto] *m* ① *(utensilio)* Werkzeug *nt* ② (MÚS) (Musik)instrument *nt*; ~ **de percusión** Schlaginstrument *nt* ③ *(medio)* Mittel *nt* ④ (JUR) Instrument *nt*

insubordinación [insuβorðina'θjon] *f (rebeldía)* Aufsässigkeit *f*

insubordinado, **-a** [insuβorði'naðo, -a] **I.** *adj* ① *(rebelde)* aufsässig ② (MIL) ungehorsam **II.** *m, f* Aufsässige(r) *mf*

insubordinar [insuβorði'nar] **I.** *vt* aufhetzen **II.** *vr:* **~se** den Gehorsam verweigern

insubsanable [insuβsa'naβle] *adj* ① *(daño, injusticia)* irreparabel *geh*, nicht wiedergutzumachen; (JUR) unheilbar ② *(avería, deficiencia)* nicht behebbar ③ *(dificultad)* unüberwindbar

insuficiencia [insufi'θjeṇθja] *f* ① *(calidad)* unzureichende Beschaffenheit *f*; *(de conocimientos)* Unzulänglichkeit *f* ② *(escasez)* Knappheit *f*; *(falta)* Mangel *m* ③ (MED) Insuffizienz *f*

insuficiente [insufi'θjeṇte] **I.** *adj* ungenügend; *(conocimientos)* unzureichend **II.** *m* (ENS) ≈ mangelhaft; **he sacado un ~ en inglés** ich bin in Englisch durchgefallen

insuflar [insu'flar] *vt* ① (MED) einblasen ② *(ánimo)* einflößen

insufrible [insu'friβle] *adj* unerträglich

insular [insu'lar] *adj* Insel-

insulina [insu'lina] *f* (MED) Insulin *nt*

insulso, **-a** [in'sulso, -a] *adj* ① *(comida)* fade ② *(persona, película)* langweilig

insultada [insuḷ'taða] *f* *(Am: palabras gruesas)* Beschimpfungen *f pl*; *(injurias)* Beleidigungen *f pl*

insultante [insuḷ'taṇte] *adj* beleidigend; *(de modo grosero)* ausfallend

insultar [insuḷ'tar] *vt* ① *(con insultos)* beschimpfen ② *(con injurias)* beleidigen

insulto [in'suḷto] *m* ① *(palabra gruesa)* Beschimpfung *f* ② *(injuria)* Beleidigung *f*

insumisión [insumi'sjon] *f* ① *(de un pueblo)* Rebellion *f* ② (MIL) Wehr- und Zivildienstverweigerung *f* ③ *(intransigencia)* Unbeugsamkeit *f*

insumiso [insu'miso] *m (objetor de conciencia)* Wehrdienstverweigerer *m*; *(en Alemania)* Wehr- und Zivildienstverweigerer *m*

insumo [in'sumo] *m* (ECON) Input *m*, Aufwand *m*

insuperable [insupe'raβle] *adj* ① *(dificultad)* unüberwindbar ② *(resultado)* unübertrefflich

insurgente [insur'xeṇte] **I.** *adj* aufständisch **II.** *mf* Aufständische(r) *mf*

insurrección [insurre^{ɣ}'θjon] *f* Aufstand *m*; ~ **militar** Militärputsch *m*

insurrecto, **-a** [insu'rrekto, -a] **I.** *adj* aufständisch **II.** *m, f* Aufständische(r) *mf*

insustancial [insustaṇ'θjal] *adj* ① *(sin sustancia)* gehaltlos, substanzlos *geh* ② *(sin interés)* uninteressant ③ *(no importante)* bedeutungslos, unbedeutend ④ *(superficial)* oberflächlich, gehaltlos

insustituible [insustitu'iβle] *adj* unersetzlich

intachable [inta'ʧaβle] *adj* makellos; *(comportamiento)* einwandfrei

intacto, **-a** [iṇ'takto, -a] *adj* ① *(no tocado)* unberührt ② *(no dañado)* intakt ③ *(puro)* rein ④ *(no tratado)* unbehandelt

intangibilidad [iṇtaŋxiβili'ða^{ð}] *f sin pl* Unberührbarkeit *f*, Unantastbarkeit *f*

intangible [iṇtaŋ'xiβle] *adj* ① *(inviolable)* unantastbar ② *(intocable)* unberührbar ③ *(inmaterial)* immateriell

integrable [iṇte'ɣraβle] *adj* integrierbar; (MAT) integrabel

integración [iṇteɣra'θjon] *f* Integration *f* (**en** in +*akk*)

integrado, **-a** [iṇte'ɣraðo, -a] *adj* integriert; **estar ~ por...** sich aus ... zusammensetzen

integral [iṇte'ɣral] **I.** *adj* ❶ *(completo)* vollständig; *(plan)* einheitlich ❷ *(pan)* Vollkorn- ❸ *(elemento)* integral ❹ (MAT) **cálculo ~** Integralrechnung *f* **II.** *f* (MAT) Integral *nt*
íntegramente [iṇteɣra'meṇte] *adv* vollständig, ganz und gar
integrante [iṇte'ɣraṇte] **I.** *adj* ❶ *(que integra)* integrativ ❷ *(elemento)* integrierend **II.** *m* Mitglied *nt*
integrar [iṇte'ɣrar] **I.** *vt* ❶ *(constituir)* bilden ❷ *(en conjunto, t.* MAT) integrieren **II.** *vr:* **~se** sich integrieren
integridad [iṇteɣri'ðaᵈ] *f* ❶ *(de territorio)* Vollständigkeit *f* ❷ *(de un territorio)* Unverletzlichkeit *f* ❸ *(honradez)* Integrität *f* ❹ *(física)* Unversehrtheit *f*
integrismo [iṇte'ɣrismo] *m* ❶ *(ideológico)* Fundamentalismus *m* ❷ *(católico)* Integralismus *m*
integrista [iṇte'ɣrista] *mf* ❶ *(ideológico)* Fundamentalist(in) *m(f)* ❷ *(católico)* Integralist(in) *m(f)*
íntegro, -a ['iṇteɣro, -a] *adj* ❶ *(completo)* vollständig ❷ *(persona)* integer, unbestechlich
intelección [iṇteleʸ'θjon] *f* Verständnis *nt*, Verstehen *nt*
intelectiva [iṇtelek'tiβa] *f* Auffassungsgabe *f*
intelecto [iṇte'lekto] *m* Intellekt *m*
intelectual [iṇtelektu'al] **I.** *adj* intellektuell; *(interés)* geistig; *(facultad)* geistig, intellektuell **II.** *mf* Intellektuelle(r) *mf*
intelectualidad [iṇtelektwali'ðaᵈ] *f* ❶ *(facultad)* Intellektualität *f* ❷ *(personas)* Intelligenz *f*
inteligencia [iṇteli'xeṇθja] *f* ❶ *(capacidad)* Intelligenz *f* ❷ *(comprensión)* Verständnis *nt* ❸ *(acuerdo)* Verständigung *f* ❹ (POL) **servicio de ~** Geheimdienst *m;* *(en Alemania)* Bundesnachrichtendienst *m*
inteligente [iṇteli'xeṇte] *adj* intelligent
inteligibilidad [iṇtelixiβili'ðaᵈ] *f sin pl* Verständlichkeit *f*
inteligible [iṇteli'xiβle] *adj* ❶ *(comprensible)* verständlich ❷ (FILOS) intelligibel ❸ *(sonido)* deutlich hörbar
intemperancia [iṇtempe'raṇθja] *f* ❶ *(intolerancia)* Intoleranz *f* ❷ *(intransigencia)* Unnachgiebigkeit *f* ❸ *(falta de moderación)* Maßlosigkeit *f*
intemperante [iṇtempe'raṇte] *adj* ❶ *(intolerante)* intolerant ❷ *(intransigente)* unnachgiebig ❸ *(no moderado)* unmäßig, maßlos
intemperie [iṇtem'perje] *f* ❶ *(el aire libre)* **a la ~** im Freien; **dormir a la ~** unter freiem Himmel schlafen ❷ *(del clima)* Rauheit *f;* *(mal tiempo)* schlechtes Wetter *nt*
intempestivo, -a [iṇtempes'tiβo, -a] *adj* ❶ *(observación)* unangebracht ❷ *(visita)* unpassend
intemporal [iṇtempo'ral] *adj* zeitlos
intemporalidad [iṇtemporali'ðaᵈ] *f sin pl* Zeitlosigkeit *f*
intención [iṇteṇ'θjon] *f* ❶ *(propósito)* Absicht *f;* *(propósito firme)* Vorsatz *m;* **sin ~** unabsichtlich; **tener segundas intenciones** Hintergedanken haben ❷ *(idea)* Plan *m* ❸ *(objetivo)* Zweck *m*
intencionado, -a [iṇteṇθjo'naðo, -a] *adj* absichtlich; (JUR) vorsätzlich; **bien ~** wohlwollend; **mal ~** übel gesinnt
intencional [iṇteṇθjo'nal] *adj* ❶ *(relativo a la intención)* zielgerichtet ❷ *(con intención)* absichtlich
intencionalidad [iṇteṇθjonali'ðaᵈ] *f* Absichtlichkeit *f;* (JUR) Vorbedacht *m*
intendencia [iṇteṇ'deṇθja] *f* ❶ (MIL) Intendantur *f* ❷ *(dirección)* Betriebsleitung *f* ❸ *(CSur: distrito)* Verwaltungsbezirk *m*
intendente [iṇteṇ'deṇte] *m* ❶ (MIL) Verwaltungsoffizier *m* ❷ *(de empresa)* Betriebsleiter *m* ❸ *(CSur: de un distrito)* Vorsteher *m* eines Verwaltungsbezirks
intensidad [iṇtensi'ðaᵈ] *f* ❶ *(fuerza, t.* FÍS) Intensität *f;* *(de tormenta)* Heftigkeit *f;* *(corriente eléctrica)* Stromstärke *f* ❷ *(de palabras)* Eindringlichkeit *f*
intensificación [iṇtensifika'θjon] *f sin pl* Verstärkung *f*, Intensivierung *f*
intensificar [iṇtensifi'kar] <c → qu> **I.** *vt* verstärken, intensivieren **II.** *vr:* **~se** sich verstärken; *(calor)* stärker werden; *(tráfico, tensión)* zunehmen; *(conflicto)* sich verschärfen
intensivo, -a [iṇten'siβo, -a] *adj* intensiv; *(curso)* Intensiv-
intenso, -a [iṇ'tenso, -a] *adj* ❶ *(fuerza, olor)* intensiv ❷ *(palabras)* eindringlich ❸ *(tormenta)* heftig ❹ *(frío)* durchdringend ❺ *(color)* grell
intentar [iṇteṇ'tar] *vt* ❶ *(probar)* versuchen ❷ *(proponerse)* vorhaben
intento [iṇ'teṇto] *m* ❶ *(lo intentado)* Versuch *m* ❷ *(propósito)* Absicht *f*
intentona [iṇteṇ'tona] *f (fam)* tollkühner Versuch *m*
ínter ['iṇter] *adv* inzwischen, unterdessen; **en el ~** in der Zwischenzeit
interacción [iṇteraʸ'θjon] *f* ❶ *(influencia)* Wechselwirkung *f* ❷ (PSICO) Interaktion *f*
interaccionar [iṇteraʸθjo'nar] *vi* ❶ (FÍS)

Wechselwirkungen hervorrufen ② (PSICO) interagieren
interactivo, **-a** [in̦terak'tiβo, -a] *adj* interaktiv
interanual [in̦teranu'al] *adj* jährlich
intercalación [in̦terkala'θjon] *f* Einfügung *f*; **~ de líneas** Zeilenschaltung *f*
intercaladura [in̦terkala'ðura] *f* Einschieben *nt*
intercalar [in̦teraka'lar] **I.** *adj* eingeschaltet; *(año)* interkalar **II.** *vt* einfügen; *(en un periódico)* einlegen
intercambiable [in̦terkam'bjaβle] *adj* austauschbar
intercambiar [in̦terkam'bjar] **I.** *vt* austauschen; **~ correspondencia con alguien** mit jdm in Briefwechsel stehen **II.** *vr:* **~se** *(lugares)* (miteinander) wechseln
intercambio [in̦ter'kambjo] *m* ① *(de estudiantes)* Austausch *m* ② *(de lugares)* Tausch *m*
interceder [in̦terθe'ðer] *vi* sich einsetzen (**por/en favor de** für +*akk*)
interceptar [in̦terθep'tar] *vt* ① *(comunicaciones)* unterbrechen; *(el paso de algo)* hemmen; *(pelota)* auffangen; *(tráfico)* aufhalten, ins Stocken bringen ② *(mensaje)* abfangen; *(conversación telefónica)* abhören ③ *(calle)* (ab)sperren
interceptor [in̦terθep'tor] *m* (MIL) Abfangjäger *m*
intercesión [in̦terθe'sjon] *f* ① *(en favor de alguien)* Fürsprache *f* ② *(en secuestro)* Vermittlung *f*
intercesor(a) [in̦terθe'sor(a)] **I.** *adj (en favor de alguien)* fürsprechend; *(entre contendientes)* vermittelnd **II.** *m(f) (en favor de alguien)* Fürsprecher(in) *m(f)*; *(entre contendientes)* Vermittler(in) *m(f)*
intercomunicación [in̦terkomunika'θjon] *f* Kommunikation *f*, Verbindung *f*
intercomunicador [in̦terkomunika'ðor] *m* (Gegen)sprechanlage *f*
intercomunicar [in̦terkomuni'kar] <c → qu> *vt* (miteinander) verbinden
interconectar [in̦terkonek'tar] *vt* (ELEC) zusammenschalten
intercultural [in̦terkul̦tu'ral] *adj* interkulturell
interdependencia [in̦terðepen̦'den̦θja] *f* gegenseitige Abhängigkeit *f*
interdependiente [in̦terðepen̦'djen̦te] *adj* voneinander abhängig, interdependent *geh*
interdicción [in̦terðiᵞ'θjon] *f* Verbot *nt*
interdisciplinar [in̦terðisθipli'nar] *adj*, **interdisciplinario**, **-a** [in̦terðisθipli'narjo, -a] *adj* interdisziplinär
interés [in̦te'res] *m* ① *(importancia)* Bedeutung *f* ② *(deseo)* Interesse *nt*; **tengo mucho ~ en que...** es liegt mir viel daran, dass ...; **tengo ~ por saber...** ich bin gespannt darauf, zu erfahren, ... ③ *(atención)* Interesse *nt*; **no poner ~ en algo** etw *dat* keine Aufmerksamkeit schenken ④ *(provecho)* Interesse *nt*; **el ~ público** das öffentliche Wohl; **esto redunda en ~ tuyo** das kommt dir zugute ⑤ (FIN) Zinssatz *m*; *(rendimiento)* Zinsen *mpl*; **un 10% de ~** 10 % Zinsen; **dar mucho ~** viel Zinsen abwerfen ⑥ *pl (preferencias)* Interessen *ntpl*
interesada [in̦tere'saða] *adj o f v.* **interesado**
interesadamente [in̦teresaða'men̦te] *adv* interessiert; **actuar ~** *(por propio interés)* aus eigenem Interesse handeln; *(por interés material)* materialistisch handeln
interesado, **-a** [in̦tere'saðo, -a] **I.** *adj* interessiert; **estar ~ en algo** an etw *dat* interessiert sein **II.** *m, f* Interessent(in) *m(f)*
interesante [in̦tere'san̦te] *adj* interessant; **hacerse el ~** sich aufspielen
interesar [in̦tere'sar] **I.** *vi* interessieren; **este tema no me interesa** dieses Thema interessiert mich nicht **II.** *vt* ① *(inspirar interés)* interessieren; *(libro)* begeistern ② *(en un negocio)* interessieren (**para** für +*akk*) ③ *(atraer)* reizen, anziehen **III.** *vr:* **~se** ① *(por algo)* sich interessieren (**por** für +*akk*) ② *(preguntar por)* fragen (**por** nach +*dat*); **~se por la salud de alguien** sich nach jds Befinden erkundigen
interestatal [in̦teresta'tal] *adj* zwischenstaatlich
interfecto, **-a** [in̦ter'fekto, -a] **I.** *adj* ermordet **II.** *m, f* ① (JUR) Ermordete(r) *mf* ② *(fam: susodicho)* besagte Person *f*
interferencia [in̦terfe'ren̦θja] *f* ① (FÍS) Störung *f* ② (LING) Interferenz *f* ③ *(en asunto)* Einmischung *f*
interferir [in̦terfe'rir] *vi irr como sentir* ① (FÍS) interferieren ② *(en asunto)* sich einmischen (**en** in +*akk*); **eso no interfiere en absoluto** das stört überhaupt nicht
interfono [in̦ter'fono] *m* (Gegen)sprechanlage *f*
intergubernamental [in̦terɣuβernamen̦'tal] *adj* zwischenstaatlich; *(acuerdo)* Regierungs-
ínterin ['in̦terin] **I.** *adv* inzwischen **II.** *m* Interim *nt*
interinidad [in̦terini'ðaᵈ] *f* ① *(cualidad)* Vorläufigkeit *f*; **estar en situación de ~** eine befristete Stelle haben ② *(de un cargo)* Vertretungsdauer *f*
interino, **-a** [in̦te'rino, -a] **I.** *adj* ① *(funcionario)* stellvertretend ② *(plaza)* befristet

❸ (POL) Interims- **II.** *m, f* ❶ *(suplente)* (Stell)vertreter(in) *m(f)* ❷ *(funcionario)* Referendar(in) *m(f); (maestro)* Studienreferendar(in) *m(f)*

interior [iṇte'rjor] **I.** *adj* innere(r, s); **decoración ~** Innenausstattung *f;* **mercado ~** (COM: *de la UE*) Binnenmarkt *m; (de Alemania)* Inlandsmarkt *m;* **ropa ~** Unterwäsche *f;* **la vida ~ de una persona** das Innenleben eines Menschen **II.** *m* ❶ *(lo de dentro)* Innere(s) *nt; (la parte)* Innenseite *f;* **el ~ de un país** das Landesinnere; **Ministerio del I~** (POL) Innenministerium *nt* ❷ *(de alguien)* Innere(s) *nt* ❸ (DEP) Innenstürmer(in) *m(f)*

interiores [iṇte'rjores] *mpl* ❶ *(entrañas)* Innereien *fpl* ❷ *(fam: de una cosa)* Innenleben *nt* ❸ (ARQUIT) Innenraum *m* ❹ (CINE: *secuencias*) Innenaufnahmen *fpl; (decorados)* Kulissen *fpl*

interioridad [iṇterjori'ða^{ð}] *f* ❶ *(cualidad)* Innerlichkeit *f* ❷ *pl (de alguien)* Privatleben *nt,* Intimsphäre *f;* **conozco las ~es de este caso** ich kenne die Einzelheiten dieses Falls

interiorismo [iṇterjo'rismo] *m sin pl* (ARTE: *decoración*) Innendekoration *f; (arquitectura)* Innenarchitektur *f*

interiorista [iṇterjo'rista] *mf* ❶ *(arquitecto)* Innenarchitekt(in) *m(f)* ❷ *(diseñador)* Raumgestalter(in) *m(f)*

interiorizar [iṇterjori'θar] <z → c> *vt* verinnerlichen

interiormente [iṇterjor'meṇte] *adv* ❶ *(en su interior)* im Inneren, innerlich, im Grunde des Herzens; **tenía un aspecto sereno, pero ~ temblaba** er/sie sah gelassen aus, aber innerlich zitterte er/sie ❷ *(internamente)* intern; **~ la relación entre los compañeros es fría** intern ist die Beziehung unter den Kollegen eher kühl ❸ *(por dentro)* innen, im Innern; **el coche, ~, es amplio** das Auto ist innen sehr geräumig

interjección [iṇterxe^{y}'θjon] *f* (LING) Ausrufewort *nt,* Interjektion *f*

interlínea [iṇter'linea] *f* (TIPO) Durchschuss *m*

interlineado [iṇterline'aðo] *m* (TIPO) Zeilenabstand *m*

interlocución [iṇterloku'θjon] *f (elev)* Unterredung *f,* Gespräch *nt*

interlocutor(a) [iṇterloku'tor(a)] *m(f)* Gesprächspartner(in) *m(f);* **~es sociales** (ECON) Tarifpartner *mpl*

interludio [iṇter'luðjo] *m* (MÚS) Interludium *nt*

intermediar [iṇterme'ðjar] *vi* ❶ *(estar en el medio)* liegen (**entre** zwischen +*dat*) ❷ *(intervenir)* vermitteln (**en** bei +*dat*)

intermediario, -a [iṇterme'ðjarjo, -a] **I.** *adj* vermittelnd **II.** *m, f* ❶ *(mediador)* Vermittler(in) *m(f)* ❷ *(comerciante)* Zwischenhändler(in) *m(f)*

intermedio[1] [iṇter'meðjo] *m* Pause *f*

intermedio, -a[2] [iṇter'meðjo, -a] *adj* ❶ *(capa)* Zwischen- ❷ *(período de tiempo)* dazwischenliegend ❸ *(calidad)* mittlere(r, s); **mandos ~s** mittlere Führungsebene

interminable [iṇtermi'naβle] *adj* unendlich

intermitencia [iṇtermi'teṇθja] *f* ❶ *(calidad)* kurze Unterbrechung *f* ❷ (MED) Intermission *f*

intermitente [iṇtermi'teṇte] *m* Blinklicht *nt;* (AUTO) Blinker *m;* **~s de emergencia** Warnblinker *mpl*

interna [iṇ'terna] *adj o f v.* **interno**

internacional [iṇternaθjo'nal] *adj* international; **derecho ~** (JUR) Völkerrecht *nt;* **partido ~** (DEP) Länderspiel *nt*

internacionalidad [iṇternaθjonali'ða^{ð}] *f* Internationalität *f*

internacionalismo [iṇternaθjona'lismo] *m* Internationalismus *m*

internacionalización [iṇternaθjonaliθa'θjon] *f* Internationalisierung *f*

internacionalizar [iṇternaθjonali'θar] <z → c> *vt* internationalisieren

internado[1] [iṇter'naðo] *m* Internat *nt*

internado, -a[2] [iṇter'naðo, -a] **I.** *adj* interniert **II.** *m, f* ❶ *(alumno)* Internatsschüler(in) *m(f)* ❷ *(demente)* Internierte(r) *mf*

internamiento [iṇterna'mjeṇto] *m* ❶ *(en hospital)* Einweisung *f* (**en** in +*akk*) ❷ (MIL) Internierung *f* (**en** in +*dat*)

internar [iṇter'nar] **I.** *vt* ❶ *(penetrar)* hineinbringen (**en** in +*akk*) ❷ *(en hospital)* einweisen (**en** in +*akk*); *(en asilo)* unterbringen (**en** in +*dat*) ❸ (MIL) internieren **II.** *vr:* **~se** ❶ *(penetrar)* eindringen; (DEP) in die gegnerische Hälfte vorstürmen ❷ *(en tema)* sich intensiv beschäftigen (**en** mit +*dat*)

internauta [iṇter'nau̯ta] *mf* (INFOR) Internetsurfer(in) *m(f)*

internet [iṇter'net] *f sin pl* (INFOR) Internet *nt;* **entrar en ~** ins Internet kommen; **trasferir algo vía ~** etw via Internet übertragen

internista [iṇter'nista] **I.** *adj* (MED) internistisch; **médico ~** Internist *m* **II.** *mf* (MED) Internist(in) *m(f)*

interno, -a [iṇ'terno, -a] **I.** *adj* innere(r, s), intern; **cuestión de régimen ~** *(de una empresa)* innerbetriebliche Angelegenheit;

(de un partido) innerparteiliche Angelegenheit **II.** *m, f* Internatsschüler(in) *m(f)*
interpelación [in̦terpela'θjon] *f* (POL) (parlamentarische) Anfrage *f*
interpelar [in̦terpe'lar] *vt* (POL) interpellieren
interpersonal [in̦terperso'nal] *adj* zwischenmenschlich
Interpol [in̦ter'pol] *f* Interpol *f*
interpolación [in̦terpola'θjon] *f* Interpolation *f*
interpolar [in̦terpo'lar] *vt* interpolieren, einfügen
interponer [in̦terpo'ner] *irr como poner* **I.** *vt* ① *(entre varias cosas)* einfügen; *(entre dos cosas: silla)* dazwischenstellen; *(papel)* dazwischenlegen; *(a alguien)* dazwischensetzen ② *(en un asunto)* einschalten ③ (JUR) einlegen **II.** *vr:* **~se** eingreifen
interposición [in̦terposi'θjon] *f* ① *(entre varias cosas)* Einfügung *f; (de una silla)* Dazwischenstellen *nt; (de un papel)* Dazwischenlegen *nt; (de alguien)* Dazwischensetzen *nt* ② *(en un asunto)* Eingreifen *nt* ③ (JUR) Einlegung *f*
interpretable [in̦terpre'taβle] *adj (texto)* interpretierbar; (TEAT) darstellbar, spielbar; (MÚS) interpretierbar
interpretación [in̦terpreta'θjon] *f* ① *(de texto)* Auslegung *f* ② (TEAT) Darstellung *f;* (MÚS) Interpretation *f;* **escuela de ~** (TEAT) Theaterschule *f* ③ *(traducción oral)* Dolmetschen *nt*
interpretador¹ [in̦terpreta'ðor] *m* (INFOR) Interpreter *m*
interpretador(a)² [in̦terpreta'ðor(a)] **I.** *adj* interpretierend **II.** *m(f)* Interpret(in) *m(f)*
interpretar [in̦terpre'tar] *vt* ① *(texto)* auslegen ② (MÚS) interpretieren; (TEAT) darstellen ③ *(traducir oralmente)* dolmetschen
interpretativo, -a [in̦terpreta'tiβo, -a] *adj* auslegend; **fuerza interpretativa** Darstellungskraft *f*
intérprete¹ [in̦'terprete] *m* (INFOR) Interpreter *m*
intérprete² [in̦'terprete] *mf* ① *(de texto)* Interpret(in) *m(f) geh* ② *(actor)* Schauspieler(in) *m(f)* ③ *(traductor)* Dolmetscher(in) *m(f)*
interprofesional [in̦terprofesjo'nal] *adj* berufsunabhängig; **Salario Mínimo I~** gesetzlicher Mindestlohn
interpuesto, -a [in̦ter'pwesto, -a] *pp de* **interponer**
interregional [in̦terrexjo'nal] *adj* interregional
interrelación [in̦terrela'θjon] *f* Beziehung *f* (**entre** zwischen +*dat*)
interrelacionado, -a [in̦terrelaθjo'naðo, -a] *adj* zusammenhängend
interrelacionar [in̦terrelaθjo'nar] *vt* (miteinander) in Beziehung setzen
interrogación [in̦terroɣa'θjon] *f* Frage *f*
interrogador(a) [in̦terroɣa'ðor(a)] **I.** *adj* fragend **II.** *m(f)* ① *(que pregunta)* Fragesteller(in) *m(f)* ② *(policía)* Vernehmungsbeamte(r) *f(m),* Vernehmungsbeamtin *f*
interrogante¹ [in̦terro'ɣan̦te] **I.** *adj* fragend **II.** *m* Fragezeichen *nt*
interrogante² [in̦terro'ɣan̦te] *m o f* Frage *f*
interrogar [in̦terro'ɣar] <g → gu> *vt* ① *(hacer preguntas)* (be)fragen ② *(policía)* verhören
interrogativo, -a [in̦terroɣa'tiβo, -a] *adj* ① *(mirada)* fragend ② (LING) interrogativ; *(pronombre, oración)* Interrogativ-
interrogatorio [in̦terroɣa'torjo] *m* Verhör *nt*
interrumpir [in̦terrum'pir] *vt* ① *(cortar)* unterbrechen; *(bruscamente al hablar)* ins Wort fallen (**a** +*dat*); *(tráfico)* stören ② *(estudios)* abbrechen; **~ las vacaciones** *(por unos días)* den Urlaub unterbrechen; *(definitivamente)* den Urlaub abbrechen
interrupción [in̦terruβ'θjon] *f* ① *(corte)* Unterbrechung *f; (del tráfico)* Störung *f;* **sin ~** ununterbrochen ② *(de los estudios)* Abbruch *m* ③ *(aborto)* **~ del embarazo** Schwangerschaftsabbruch *m*
interruptor [in̦terrup'tor] *m* (ELEC) Schalter *m*
intersección [in̦terseʸ'θjon] *f* ① *(de dos líneas)* Schnittstelle *f* ② *(de dos calles)* Kreuzung *f*
interurbano, -a [in̦terur'βano, -a] *adj* zwischen Städten; **conferencia interurbana** (TEL) Inlandsgespräch *nt*
intervalo [in̦ter'βalo] *m* ① *(lapso de tiempo)* Zeitraum *m;* **a ~s** in Abständen ② (MÚS) Intervall *nt*
intervención [in̦terβen̦'θjon] *f* ① *(participación)* Teilnahme *f* (**en** an +*dat*) ② *(en conflicto)* Eingreifen *nt* (**en** in +*akk*); *(en temas familiares)* Einmischung *f* ③ *(mediación)* Vermittlung *f* ④ (POL) Eingriff *m* ⑤ (MED) Operation *f* ⑥ *(del teléfono)* Anzapfen *nt; (del correo)* Unterschlagung *f*
intervencionismo [in̦terβen̦θjo'nismo] *m* (POL) Interventionismus *m*
intervenir [in̦terβe'nir] *irr como venir* **I.** *vi* ① *(tomar parte)* teilnehmen (**en** an +*dat*) ② *(en conflicto)* eingreifen (**en** an +*akk*) ③ *(mediar)* vermitteln (**en** in/bei +*dat*) ④ *(factores)* eine Rolle spielen ⑤ *(suceder)* dazwischenkommen **II.** *vt* ① (MED) operieren ② *(incautar)* beschlagnahmen ③ *(telé-*

fono) anzapfen; *(correo)* unterschlagen ❹ (COM) prüfen

interventor(a) [interβen'tor(a)] *m(f)* ❶ (COM) Buchprüfer(in) *m(f)* ❷ (POL) Wahlprüfer(in) *m(f)*

interviú [inter'βju] *m o f* Interview *nt*

interviuar [interβi'war] *vt* interviewen

intestinal [intesti'nal] *adj* Darm-

intestino[1] [intes'tino] *m* ❶ (ANAT) Darm *m;* ~ **ciego** Blinddarm *m;* ~ **delgado** Dünndarm *m;* ~ **grueso** Dickdarm *m* ❷ *pl (tripas)* Eingeweide *pl*

intestino, -a[2] [intes'tino, -a] *adj* innere(r, s); **luchas intestinas** *(en un país)* Bürgerkrieg *m; (en un partido)* innerparteiliche Auseinandersetzungen

íntimamente [intima'mente] *adv* ❶ *(estrechamente)* eng ❷ *(en lo íntimo)* in seinem Inneren

intimar [inti'mar] **I.** *vi* vertraut werden **II.** *vt* auffordern

intimatorio, -a [intima'torjo, -a] *adj* (JUR) auffordernd, Aufforderungs-

intimidación [intimiða'θjon] *f* Einschüchterung *f*

intimidad [intimi'ðaᵈ] *f* ❶ *(personal)* Vertrautheit *f* ❷ *pl (sexuales)* Intimitäten *f pl; (privacidad)* Privatangelegenheiten *f pl* ❸ *(vida privada)* Intimsphäre *f*

intimidar [intimi'ðar] **I.** *vt* einschüchtern **II.** *vr:* ~**se** sich einschüchtern lassen

intimidatorio, -a [intimiða'torjo, -a] *adj* einschüchternd

intimismo [inti'mismo] *m* (LIT) intimistische Strömung *f*

íntimo, -a ['intimo, -a] *adj* ❶ *(interior)* innerlich ❷ *(interno)* intern ❸ *(amigo)* eng ❹ *(velada)* gemütlich ❺ *(conversación)* privat

intocable [into'kaβle] **I.** *adj* unberührbar **II.** *mf* Unberührbare(r) *mf*

intolerabilidad [intoleraβili'ðaᵈ] *f sin pl* Unerträglichkeit *f*

intolerable [intole'raβle] *adj* unerträglich

intolerancia [intole'ranθja] *f* Intoleranz *f;* ~ **alimentaria** Lebensmittelintoleranz *f*

intolerante [intole'rante] *adj* intolerant

intoxicación [intoˠsika'θjon] *f* Vergiftung *f*

intoxicar [intoˠsi'kar] <c → qu> *vt, vr:* ~(**se**) (sich) vergiften

intra(n)sferible [intra(ⁿ)sfe'riβle] *adj* nicht übertragbar

intragable [intra'ɣaβle] *adj* ungenießbar

intramuros [intra'muros] *adv* ❶ *(dentro de)* innerhalb der Mauern ❷ *(en secreto)* geheim, intra muros *geh*

intramuscular [intramusku'lar] *adj* (MED) intramuskulär

intranet [intra'net] *f* (INFOR) Intranet *nt*

intranquilidad [intraŋkili'ðaᵈ] *f sin pl* Unruhe *f*

intranquilizador(a) [intraŋkiliθa'ðor(a)] *adj* beunruhigend

intranquilizar [intraŋkili'θar] <z → c> *vt, vr:* ~(**se**) (sich) beunruhigen

intranquilo, -a [intraŋ'kilo, -a] *adj* ❶ *(nervioso)* unruhig ❷ *(preocupado)* besorgt ❸ *(excitado)* aufgeregt

intransigencia [intransi'xenθja] *f* ❶ *(no condescendencia)* Unnachgiebigkeit *f* ❷ *(intolerancia)* Intoleranz *f*

intransigente [intransi'xente] *adj* ❶ *(no condescendiente)* unnachgiebig ❷ *(intolerante)* intolerant

intransitable [intransi'taβle] *adj (a pie)* nicht begehbar; *(en coche)* nicht befahrbar

intransitivo, -a [intransi'tiβo, -a] *adj* (LING) intransitiv

intrascendencia [intrasθen'denθja] *f sin pl* Unwichtigkeit *f*

intrascendental [intrasθenden'tal] *adj* unwesentlich, belanglos

intrascendente [intrasθen'dente] *adj* unwichtig

intratable [intra'taβle] *adj* ❶ *(persona)* unfreundlich ❷ *(material)* unnachgiebig ❸ *(asunto)* tabu ❹ *(enfermedad)* unbehandelbar

intravenoso, -a [intraβe'noso, -a] *adj* (MED) intravenös

intrepidez [intrepi'ðeθ] *f* Kühnheit *f*

intrépido, -a [in'trepiðo, -a] *adj* kühn

intriga [in'triɣa] *f* ❶ *(maquinación)* Intrige *f* ❷ *(de una película)* Verwicklung *f*

intrigante [intri'ɣante] **I.** *adj* ❶ *(persona)* intrigant ❷ *(película)* spannend **II.** *mf* Intrigant(in) *m(f)*

intrigar [intri'ɣar] <g → gu> **I.** *vi* intrigieren **II.** *vt* neugierig machen

intrincado, -a [intriŋ'kaðo, -a] *adj (bosque)* dicht; *(camino)* verschlungen; *(nudo)* kompliziert; *(situación)* verwickelt

intrincar [intriŋ'kar] <c → qu> *vt (hilos)* verwirren; *(asunto)* (ver)komplizieren

intríngulis [in'triŋgulis] *m inv (fam)* ❶ *(intención)* Absicht *f* ❷ *(dificultad)* Haken *m*

intrínsecamente [intrinseka'mente] *adv* von Grund auf, grundsätzlich

intrínseco, -a [in'trinseko, -a] *adj* ❶ *(interior)* innerlich; **valor** ~ innerer Wert ❷ *(propio)* eigen ❸ *(esencial)* wesentlich (**de** für +*akk*)

introducción [introðuˠ'θjon] *f* ❶ *(acción: de una llave)* Hineinstecken *nt; (de supositorio)* Einführung *f; (de moneda)* Einwurf *m; (de clavo)* (Hin)einschlagen *nt; (de medidas)* Einleitung *f;* (INFOR: *de dis-*

quete) Einlegen *nt;* (INFOR: *de datos*) Eingabe *f* ② *(de moda)* Einführung *f; (de mercancías)* Einfuhr *f* ③ *(de libro)* Vorwort *nt,* Einleitung *f* ④ (MÚS) Einleitung *f,* Vorspiel *nt*

introducir [in̦troðu'θir] *irr como traducir* **I.** *vt* ① *(objeto: llave)* hineinstecken; *(supositorio)* einführen; *(moneda)* einwerfen; *(clavo)* (hin)einschlagen; *(medidas)* einleiten; (INFOR: *disquete*) einlegen; (INFOR: *datos*) eingeben ② *(moda)* einführen (**en** in +*akk*) ③ *(discordia)* stiften **II.** *vr:* **~se** ① *(meterse)* eindringen ② *(en un ambiente)* eingeführt werden (**en** in +*akk*) ③ *(moda)* aufkommen ④ *(entrometerse)* sich einmischen (**en** in +*akk*)

introductorio, -a [in̦troðuk'torjo, -a] *adj* einführend; **capítulo ~** einleitendes Kapitel

intromisión [in̦tromi'sjon] *f* Einmischung *f* (**en** in +*akk*)

introspección [in̦trospeˠ'θjon] *f* Selbstbeobachtung *f*

introspectivo, -a [in̦trospek'tiβo, -a] *adj* (PSICO) introspektiv

introversión [in̦troβer'sjon] *f* Introvertiertheit *f*

introvertido, -a [in̦troβer'tiðo, -a] *adj* introvertiert

intrusión [in̦tru'sjon] *f* Eindringen *nt; (en la vida privada)* Einmischung *f*

intrusismo [in̦tru'sismo] *m* unbefugte Berufsausübung *f*

intruso, -a [in̦'truso, -a] **I.** *adj* ① *(profesional)* unqualifiziert ② *(en un grupo)* eingedrungen **II.** *m, f* ① *(en reunión)* Eindringling *m;* **~ informático** (INFOR) Hacker *m* ② *(en fiesta)* ungebetener Gast *m*

intubar [in̦tu'βar] *vt* (MED) intubieren

intuición [in̦twi'θjon] *f* Intuition *f;* **saber algo por ~** etw intuitiv wissen

intuir [intu'ir] *vt irr como huir* ① *(reconocer)* intuitiv wissen ② *(presentir)* (vor)ahnen; **intuyo que ...** ich habe das Gefühl, dass ...

intuitivo, -a [in̦twi'tiβo, -a] *adj* intuitiv

inundación [inun̦da'θjon] *f* Überschwemmung *f*

inundado, -a [inun̦'daðo, -a] *adj* überschwemmt, unter Wasser gesetzt; *(terreno)* überflutet

inundar [inun̦'dar] *vt* überschwemmen

inurbanidad [inurβani'ðaᵈ] *f sin pl* Unhöflichkeit *f*

inurbano, -a [inur'βano, -a] *adj* unhöflich

inusitado, -a [inusi'taðo, -a] *adj* ① *(inhabitual)* ungewöhnlich ② *(extraordinario)* außergewöhnlich ③ *(raro)* selten

inusual [inusu'al] *adj* ① *(inhabitual)* ungewöhnlich ② *(extraordinario)* außergewöhnlich

inútil [i'nutil] **I.** *adj* ① *(que no sirve)* unbrauchbar; (MIL) (wehrdienst)untauglich ② *(esfuerzo)* vergeblich ③ *(sin sentido)* sinnlos **II.** *mf (torpe)* Taugenichts *m*

inutilidad [inutili'ðaᵈ] *f* Nutzlosigkeit *f; (laboral)* Berufsunfähigkeit *f;* (MIL) Wehruntauglichkeit *f*

inutilizar [inutili'θar] <z → c> *vt* ① *(objeto)* unbrauchbar machen; *(sello)* entwerten; *(instalaciones)* zerstören ② *(al enemigo)* kampfunfähig machen

invadir [imba'ðir] *vt* ① (MIL: *país*) überfallen ② *(entrar en gran número)* einfallen (in +*akk*) ③ *(plaga)* heimsuchen ④ *(tristeza)* überkommen ⑤ *(jurisdicción)* eingreifen (in +*akk*); *(privacidad)* eindringen (in +*akk*)

invalidación [imbaliða'θjon] *f (acción)* Entwertung *f; (resultado)* Ungültigkeit *f*

invalidar [imbali'ðar] *vt (anular)* ungültig machen; *(declarar nulo)* für ungültig erklären; (JUR: *matrimonio*) für nichtig erklären; *(acuerdo)* rückgängig machen

invalidez [imbali'ðeθ] *f* ① *(nulidad)* Ungültigkeit *f;* (JUR: *de matrimonio*) Nichtigkeit *f; (de acuerdo)* Rückgängigmachen *nt* ② (MED) Invalidität *f;* **pensión de ~** Invalidenrente *f*

inválido, -a [im'baliðo, -a] **I.** *adj* ① (MED) invalid(e) ② *(acuerdo)* ungültig; (JUR) nichtig **II.** *m, f* Invalide(r) *mf*

invariable [imbarja'βle] *adj* unveränderlich; (MAT) invariabel

invasión [imba'sjon] *f* ① (*t.* MIL) Invasion *f* ② *(de plaga)* Heimsuchung *f* ③ *(en jurisdicción)* Eingriff *m; (en privacidad)* Eindringen *nt* ④ (MED) Invasion *f*

invasor(a) [imba'sor(a)] **I.** *adj* eindringend **II.** *m(f)* Eindringling *m;* (MIL) Eroberer, -in *m, f*

invencible [imben̦'θiβle] *adj* ① *(inderrotable)* unbesiegbar ② *(insuperable)* unübertrefflich ③ *(obstáculo)* unüberwindbar

invención [imben̦'θjon] *f* Erfindung *f*

inventar [imben̦'tar] *vt* erfinden

inventariar [imben̦ta'rjar] <*1. pres* inventarío> *vt* eine Inventur machen +*gen*

inventario [imben̦'tarjo] *m* ① *(recuento)* Bestandsaufnahme *f* ② *(lista)* Inventar *nt,* Bestandsverzeichnis *nt*

inventiva [imben̦'tiβa] *f* Erfindungsgabe *f*

inventivo, -a [imben̦'tiβo, -a] *adj* erfinderisch, kreativ; **tiene dotes inventivas** er/sie verfügt über Einfallsreichtum

invento [im'ben̦to] *m* Erfindung *f*

inventor(a) [imben̦'tor(a)] *m(f)* Erfinder(in) *m(f)*

inverificable [imberifi'kaβle] *adj* ❶ *(que no se puede probar)* nicht nachweisbar ❷ *(incontrolable)* unüberprüfbar
invernada [imber'naða] *f* ❶ *(elev: estación)* Winter *m,* Winterzeit *f* ❷ *(CSur: invernadero)* Winterquartier *nt;* **ganado de ~** Mastvieh *nt* ❸ *(Méx: cosecha)* Winterernte *f* ❹ *(Ven: aguacero)* Regenguss *m*
invernadero [imberna'ðero] *m* (BOT) Treibhaus *nt*
invernal [imber'nal] *adj* winterlich; **sueño ~** (ZOOL) Winterschlaf *m*
invernar [imber'nar] <e → ie> *vi* (ZOOL) überwintern; *(los que duermen)* Winterschlaf halten
invernizo, -a [imber'niθo, -a] *adj* winterlich, Winter-
inverosímil [imbero'simil] *adj* ❶ *(increíble)* unglaubwürdig ❷ *(que no parece verdad)* unwahrscheinlich
inverosimilitud [imberosimili'tu^{ð}] *f* ❶ *(falta de credibilidad)* Unglaubwürdigkeit *f* ❷ *(falta de probabilidad)* Unwahrscheinlichkeit *f*
inversamente [imbersa'mente] *adv* umgekehrt
inversión [imber'sjon] *f* ❶ (COM, FIN: *dinero*) Investition *f* ❷ *(al revés)* Inversion *f*
inversionista [imbersjo'nista] *mf* Investor(in) *m(f)*
inverso, -a [im'berso, -a] *adj* umgekehrt
inversor(a) [imber'sor(a)] *m(f)* Investor(in) *m(f)*
invertebrado, -a [imberte'βraðo, -a] *adj* ❶ (ZOOL: *sin columna vertebral*) wirbellos ❷ *(débil)* ohne Rückgrat
invertible [imber'tiβle] *adj* umkehrbar
invertido, -a [imber'tiðo, -a] **I.** *adj* ❶ *(al revés)* umgekehrt ❷ *(sexualmente)* homosexuell **II.** *m, f* Homosexuelle(r) *mf*
invertir [imber'tir] *vt irr como sentir* ❶ *(orden)* umkehren ❷ *(dinero)* anlegen ❸ *(tiempo)* investieren ❹ (INFOR) invertieren
investidura [imbesti'ðura] *f (en un cargo)* Einsetzung *f;* (REL) Investitur *f*
investigación [imbestiɣa'θjon] *f* ❶ *(indagación)* Untersuchung *f; (averiguación)* Ermittlung *f;* **~ de mercado** Marktforschung *f* ❷ *(ciencia)* Forschung *f* ❸ *(estudio)* Untersuchung *f*
investigador(a) [imbestiɣa'ðor(a)] **I.** *adj* Forschungs-; **comisión ~a** Untersuchungsausschuss *m* **II.** *m(f)* Forscher(in) *m(f)*
investigar [imbesti'ɣar] <g → gu> *vt* ❶ *(indagar)* untersuchen; *(averiguar)* ermitteln ❷ *(en la ciencia)* erforschen
investir [imbes'tir] *vt irr como pedir (en un cargo)* einsetzen
inviabilidad [imbjaβili'ða^{ð}] *f sin pl* Undurchführbarkeit *f*
inviable [imbi'aβle] *adj* undurchführbar
invicto, -a [im'bikto, -a] *adj* unbesiegt
invidencia [imbi'ðenθja] *f* Blindheit *f*
invidente [imbi'ðente] **I.** *adj* blind **II.** *mf* Blinde(r) *mf*
invierno [im'bjerno] *m* ❶ *(estación)* Winter *m* ❷ *(Am: lluvias)* Regenzeit *f* ❸ *(AmC: aguacero)* Platzregen *m*
inviolabilidad [imbjolaβili'ða^{ð}] *f* (POL: *de derechos*) Unverletzbarkeit *f*
inviolable [imbjo'laβle] *adj* (POL: *derechos*) unverletzbar
inviolado, -a [imbjo'laðo, -a] *adj* unangetastet, unverletzt
invisibilidad [imbisiβili'ða^{ð}] *f* Unsichtbarkeit *f*
invisible [imbi'siβle] *adj* unsichtbar
invitación [imbita'θjon] *f* ❶ *(a una fiesta)* Einladung *f* ❷ *(a una acción)* Aufforderung *f* ❸ *(tarjeta)* Einladungsschreiben *nt*
invitado, -a [imbi'taðo, -a] **I.** *adj* eingeladen **II.** *m, f* Gast *m;* **~ de honor** Ehrengast *m*
invitar [imbi'tar] *vt* ❶ *(convidar)* einladen (**a/para** zu +*dat*); **esta vez invito yo** dieses Mal geht es auf meine Rechnung ❷ *(instar)* auffordern (**a** zu +*dat*); *(rogar)* bitten
invocación [imboka'θjon] *f* Anrufung *f*
invocador(a) [imboka'ðor(a)] *adj* flehend, beschwörend
invocar [imbo'kar] <c → qu> *vt* ❶ *(dirigirse)* anrufen; *(suplicar)* flehentlich bitten ❷ *(alegar)* anführen ❸ (JUR: *apoyarse en una ley*) sich berufen (auf +*akk*)
involución [imbolu'θjon] *f* ❶ (POL) Rückfall *m* ❷ (BIOL) Rückbildung *f*
involucrar [imbolu'krar] **I.** *vt* verwickeln (**en** in +*akk*) **II.** *vr:* **~se** ❶ *(inmiscuirse)* sich einmischen (**en** in +*akk*) ❷ *(intervenir)* eingreifen (**en** in +*akk*)
involuntariedad [imboluntarje'ða^{ð}] *f* ❶ *(por obligación)* Unfreiwilligkeit *f* ❷ *(falta de voluntad)* fehlender Wille *m* ❸ *(sin querer)* Unabsichtlichkeit *f*
involuntario, -a [imbolun'tarjo, -a] *adj* ❶ *(por obligación)* unfreiwillig ❷ *(sin querer)* unabsichtlich
involutivo, -a [imbolu'tiβo, -a] *adj* rückschrittlich
invulnerabilidad [imbulneraβili'ða^{ð}] *f* ❶ *(que no puede ser herido)* Unverletzbarkeit *f* ❷ *(insensibilidad)* Unempfindlichkeit *f*
invulnerable [imbulne'raβle] *adj* ❶ *(que no puede ser herido)* unverletzbar ❷ *(insensible)* unempfindlich (**a** für +*akk*); **es ~ a las críticas** Kritik prallt an ihm/ihr ab

inyección [inɟeɣ'θjon] *f* ① (MED: *ampolla*) Spritze *f* ② (TÉC) Injektion *f*; **motor de ~** Einspritzmotor *m*
inyectable [inɟek'taβle] **I.** *adj* (MED) injizierbar **II.** *m* (MED) Injektionsmittel *nt*
inyectar [inɟek'tar] *vt* (ein)spritzen
iodo ['ɟoðo] *m* (QUÍM) Jod *nt*
ion [i'on] *m* (QUÍM) Ion *nt*
iónico, -a [i'oniko, -a] *adj* (QUÍM) ionisch
ionizar [ioni'θar] <z → c> *vt* (QUÍM) ionisieren
IPC [ipe'θe] *m abr de* **Índice de Precios al Consumidor** (ECON) Verbraucherpreisindex *m*
ípsilon ['iβsilon] *f* Ypsilon *nt*
ipso facto ['iβso 'fakto] *(elev)* auf der Stelle
ir [ir] *irr* **I.** *vi* ① *(general)* gehen; **¡voy!** ich komme!; **¡vamos!** los!, auf!; **¡vamos a ver!** mal sehen!; **~ a pie** zu Fuß gehen; **~ en bicicleta** (mit dem) Fahrrad fahren; **~ a caballo** reiten; **tengo que ~ a Paris** ich muss nach Paris (verreisen); **~ detrás de una chica** einem Mädchen nachlaufen; **dejarse ~** sich gehen lassen; **¿qué tal? – vamos tirando** *(fam)* wie geht's? – na ja, es geht so ② *(coger)* holen ③ *(progresar)* laufen; **¿cómo va la tesina?** was macht die Diplomarbeit?; **¿cómo te va?** wie läuft es bei dir?; **va para médica** sie wird Ärztin; **en lo que va de año** im Laufe dieses Jahres ④ *(diferencia)* **de dos a cinco van tres** von der Zwei bis zur Fünf sind es drei ⑤ *(referirse)* **eso no va por ti** das bezieht sich nicht auf dich; **¿pero tú sabes de lo que va?** weißt du überhaupt, worum es geht? ⑥ *(interj: sorpresa)* **¡vaya coche!** was für ein Auto!; **¡qué va!** ach was! ⑦ *(con verbo)* **iban charlando** sie gingen und unterhielten sich dabei; **voy a hacerlo** ich werde es tun ⑧ *(edad)* zugehen (**para** auf +*akk*) **II.** *vr:* **~se** ① *(marcharse)* (weg-, fort)gehen ② *(dirección)* kommen (**para** nach +*dat*) ③ *(resbalar)* ausrutschen ④ *(perder)* verlieren
ira ['ira] *f* Wut *f*
iracundia [ira'kuṇdja] *f (elev)* Jähzorn *m*
iracundo, -a [ira'kuṇdo, -a] *adj* jähzornig
Irak [i'rak] *m* Irak *m*
Irán [i'ran] *m* Iran *m*
iraní [ira'ni] **I.** *adj* iranisch **II.** *mf* Iraner(in) *m(f)*
Iraq [i'rak] *m v.* **Irak**
iraquí [ira'ki] **I.** *adj* irakisch **II.** *mf* Iraker(in) *m(f)*
irascible [iras'θiβle] *adj* jähzornig
irguió [ir'ɣjo] *3. pret de* **erguir**
iridio [i'riðjo] *m* (QUÍM) Iridium *nt*
iridiscente [iriðis'θeṇte] *adj* irisierend
iris ['iris] *m* ① (ANAT: *ojo*) Iris *f* ② *(loc)* **arco ~** Regenbogen *m*
irisado, -a [iri'saðo, -a] *adj* regenbogenfarbig
irisar [iri'sar] **I.** *vi* Regenbogenfarben annehmen **II.** *vt* in den Regenbogenfarben schillern lassen
Irlanda [ir'laṇda] *f* Irland *nt*
irlandés, -esa [irlaṇ'des, -esa] **I.** *adj* irisch **II.** *m, f* Ire, -in *m, f*
ironía [iro'nia] *f* Ironie *f*
irónico, -a [i'roniko, -a] **I.** *adj* ironisch **II.** *m, f* Ironiker(in) *m(f)*
ironizar [ironi'θar] <z → c> *vt* ironisieren
IRPF [ierrepe'efe/ierre'pefe] *m abr de* **Impuesto sobre la Renta de las Personas Físicas** *Einkommensteuer der abhängig Beschäftigten, Selb(st)ständigen und Künstler und aus bestimmten Kapitalerträgen*
irracional [irraθjo'nal] *adj (contra la razón)* irrational; *(contra la lógica)* unlogisch; **número ~** (MAT) irrationale Zahl; **ser ~** Tier *nt*
irracionalidad [irraθjonali'ðaᵈ] *f sin pl* Irrationalität *f*
irradiación [irraðja'θjon] *f* ① *(de material nuclear)* Strahlung *f* ② (MED: *tratamiento*) Bestrahlung *f*; *(dolor)* Irradiation *f*, Ausstrahlung *f*
irradiar [irra'ðjar] **I.** *vt* ① *(emitir)* ausstrahlen ② *(difundir)* verbreiten ③ *(tratamiento)* bestrahlen **II.** *vi* strahlen **III.** *vr:* **~se** sich verbreiten, ausstrahlen
irrazonable [irraθo'naβle] *adj* unvernünftig
irreal [irre'al] *adj* irreal
irrealidad [irreali'ðaᵈ] *f* Irrealität *f*, Unwirklichkeit *f*
irrealizable [irreali'θaβle] *adj* undurchführbar
irrebatible [irreβa'tiβle] *adj*, **irrechazable** [irretʃa'θaβle] *adj* unwiderlegbar
irreconciliable [irrekoṇθi'ljaβle] *adj* unversöhnlich
irreconocible [irrekono'θiβle] *adj* unerkennbar
irrecuperable [irrekupe'raβle] *adj* unwiederbringbar
irreductible [irreðuk'tiβle] *adj* unbeugsam
irreemplazable [irrempla'θaβle] *adj* unersetzbar
irreflexión [irrefleɣ'sjon] *f* Unbedachtheit *f*
irreflexivo, -a [irrefleɣ'siβo, -a] *adj* ① *(acción)* unüberlegt ② *(persona)* unbedacht ③ *(precipitado)* voreilig
irrefutable [irrefu'taβle] *adj* unumstößlich
irregular [irreɣu'lar] *adj* ① *(desigual)* unre-

gelmäßig ② *(contra las reglas)* regelwidrig; *(sin reglas)* regellos; *(anómalo)* außerplanmäßig

irregularidad [irreɣulari'ða^{d}] *f* ① *(desigualdad)* Unregelmäßigkeit *f* ② *(del terreno)* Unebenheit *f* ③ *(contra las reglas)* Regelwidrigkeit *f*; *(sin reglas)* Regellosigkeit *f*

irrelevancia [irrele'βan̪θja] *f* Irrelevanz *f*

irrelevante [irrele'βan̪te] *adj* irrelevant

irreligioso, -a [irreli'xjoso, -a] *adj* nicht religiös, ungläubig

irremediable [irreme'ðjaβle] *adj* ① *(inevitable)* unvermeidbar ② *(irreparable)* nicht wiedergutzumachen ③ *(daño físico)* unheilbar

irremisible [irremi'siβle] *adj* ① *(falta)* unverzeihlich ② *(pérdida)* nicht wiedergutzumachen

irremisiblemente [irremisiβle'men̪te] *adv* unumgänglich; **perdido ~** für immer verloren

irremunerado, -a [irremune'raðo, -a] *adj* unbezahlt

irreparable [irrepa'raβle] *adj* ① *(que no se puede reparar)* irreparabel; *(incompensable)* unersetzlich ② *(daño físico)* nicht heilbar

irrepetible [irrepe'tiβle] *adj* unwiederholbar

irreprensible [irrepren'siβle] *adj* tadellos, einwandfrei, perfekt

irreprimible [irrepri'miβle] *adj* nicht zu unterdrücken

irreprochable [irrepro'ʧaβle] *adj* tadellos

irreproducible [irreproðu'θiβle] *adj* ① *(irrepetible)* unwiederholbar ② *(que ya no se puede fabricar)* nicht mehr produzierbar

irresistible [irresis'tiβle] *adj* ① *(atractivo)* unwiderstehlich ② *(inaguantable)* unerträglich

irresoluble [irreso'luβle] *adj* unlösbar

irresolución [irresolu'θjon] *f* Unentschlossenheit *f*, Unschlüssigkeit *f*, Zögern *nt*

irresoluto, -a [irreso'luto, -a] *adj* ① *(indeciso)* unentschlossen, unschlüssig ② *(vacilante)* zögerlich ③ *(problema)* ungelöst

irrespetuoso, -a [irrespetu'oso, -a] *adj* respektlos

irrespirable [irrespi'raβle] *adj* ① *(por tóxico)* giftig ② *(aire)* stickig

irresponsabilidad [irresponsaβili'ða^{d}] *f* ① *(sin responsabilidad)* Unverantwortlichkeit *f*; *(por minoría de edad)* Unmündigkeit *f* ② *(desconsideración)* Verantwortungslosigkeit *f*

irresponsable [irrespon'saβle] **I.** *adj* ① *(no responsable)* nicht verantwortlich (**de** für +*akk*) ② *(desconsiderado)* verantwortungslos ③ (COM: *sociedades*) nicht haftbar (**de** für +*akk*) **II.** *mf* ① *(no responsable)* nicht verantwortliche Person *f* ② *(desconsiderado)* verantwortungslose Person *f*

irreverencia [irreβe'ren̪θja] *f* Respektlosigkeit *f*

irreverente [irreβe'ren̪te] *adj* respektlos

irreversible [irreβer'siβle] *adj* irreversibel

irrevocable [irreβo'kaβle] *adj* ① *(no revocable)* unwiderruflich; *(firme)* unverrückbar ② *(inamovible)* unabsetzbar

irrigación [irriɣa'θjon] *f* ① (AGR: *regadío*) Bewässerung *f* ② (MED: *del intestino*) Einlauf *m*

irrigar [irri'ɣar] <g → gu> *vt* ① (AGR: *regar*) bewässern ② (MED: *la sangre*) durchbluten; *(el intestino)* durchspülen

irrisible [irri'siβle] *adj* ① *(ridículo)* lächerlich, lachhaft ② *(gracioso)* lustig, komisch

irrisorio, -a [irri'sorjo, -a] *adj* lächerlich

irritabilidad [irritaβili'ða^{d}] *f sin pl* Reizbarkeit *f*

irritable [irri'taβle] *adj* reizbar

irritación [irrita'θjon] *f* ① (MED: *órgano*) Reizung *f*; *(de piel)* (Haut)ausschlag *m* ② *(desatención)* Verwirrung *f* ③ *(enfado)* Ärger *m*

irritante [irri'tan̪te] *adj* ① *(enojar)* ärgerlich ② *(molesto)* irritierend ③ (MED: *órgano*) reizend

irritar [irri'tar] **I.** *vt* ① *(enojar)* ärgern ② *(molestar)* irritieren ③ (MED: *órgano*) reizen **II.** *vr:* **~se** ① *(enojarse)* sich aufregen ② (MED: *órgano*) sich entzünden

irrompible [irrom'piβle] *adj* ① *(material)* unzerbrechlich ② *(amistad)* unverbrüchlich *geh*

irrumpir [irrum'pir] *vi* (gewaltsam) eindringen (**en** in +*akk*)

irrupción [irruβ'θjon] *f* ① *(entrada)* plötzliches Eindringen *nt* ② (MIL: *invasión*) Einfallen *nt*; *(ataque)* Angriff *m*

isla ['isla] *f* Insel *f*

Islam [is'lan] *m* (REL) Islam *m*

islámico, -a [is'lamiko, -a] *adj* islamisch

islamismo [isla'mismo] *m* (REL) Islam(ismus) *m*

islamita [isla'mita] **I.** *adj* (REL) islam(it)isch, moslemisch **II.** *mf* (REL) Islamit(in) *m(f)*, Moslem, Moslime *m, f*

islandés, -esa [islan̪'des, -esa] **I.** *adj* isländisch **II.** *m, f* Isländer(in) *m(f)*

Islandia [is'lan̪dja] *f* Island *nt*

isleño, -a [is'leɲo, -a] **I.** *adj* Insel- **II.** *m, f* Inselbewohner(in) *m(f)*

isleta [is'leta] *f* Inselchen *nt*

islote [is'lote] *m* (unbewohnte) Felseninsel *f*

isobara [iso'βara] *f*, **isóbara** [i'soβara] *f* (METEO) Isobare *f*
isósceles [i'sosθeles] *adj inv* (MAT) gleichschenklig; **triángulo** ~ gleichschenkliges Dreieck
isótopo [i'sotopo] *m* (QUÍM) Isotop *nt*
isquion [is'kion] *m* (ANAT) Sitzbein *nt*
Israel [i(s)rra'el] *m* Israel *nt*
israelí [i(s)rrae'li] **I.** *adj* israelisch **II.** *mf* Israeli *mf*
israelita [i(s)rrae'lita] **I.** *adj* israelitisch **II.** *mf* Israelit(in) *m(f)*
istmo ['ismo] *m* (GEO) Landenge *f*
Italia [i'talja] *f* Italien *nt*
italiano, **-a** [ita'ljano, -a] **I.** *adj* italienisch **II.** *m, f* Italiener(in) *m(f)*
itálico, **-a** [i'taliko, -a] **I.** *adj* italisch **II.** *m, f* Italiker(in) *m(f)*
ítem ['iten] **I.** *m* Item *nt*, (noch zu erörternde) Angelegenheit *f*, Fragepunkt *m* **II.** *adv* item, desgleichen; ~ **más** ferner
J
iteración [itera'θjon] *f* Wiederholung *f*
itinerante [itine'ran̦te] *adj* Wander-
itinerario [itine'rarjo] *m* ① *(ruta)* Strecke *f* ② (FERRO: *horario*) (Zug)fahrplan *m* ③ (AERO: *vuelo*) Flugstrecke *f*
ITV [ite'uβe] *f abr de* **Inspección Técnica de Vehículos** TÜV *m*
IVA ['iβa] *m*, **I. V. A.** ['iβa] *m abr de* **impuesto sobre el valor añadido** MwSt. *f*
izada [i'θaða] *f (Am: alzamiento)* Aufstand *m*
izar [i'θar] <z → c> *vt* hissen
izda. [iθ'kjerða] *adj*, **izdo.** [iθ'kjerðo] *adj abr de* **izquierda, izquierdo** linke(r, s)
izquierda [iθ'kjerða] *f* ① *(mano)* linke Hand *f* ② (POL) Linke *f* ③ *(lado)* linke Seite *f*; **a la** ~ links; **ser un cero a la** ~ *(fam)* eine Null sein
izquierdismo [iθkjer'ðismo] *m* (POL) linksgerichtete Tendenzen *fpl*; *(grupo)* linksgerichtete Bewegung *f*
izquierdista [iθkjer'ðista] **I.** *adj* (POL) linksgerichtet **II.** *mf* (POL) Linke(r) *mf*
izquierdo, **-a** [iθ'kjerðo, -a] *adj* linke(r, s)

Jj

J, **j** ['xota] *f* J, j *nt*; ~ **de José** J wie Julius
ja [xa] *interj* ha
jabalí [xaβa'li] *m* <jabalíes> Wildschwein *nt*
jabalina [xaβa'lina] *f* ① (ZOOL) Wildsau *f* ② (DEP) Speer *m*
jabato[1] [xa'βato] *m* ① (ZOOL) Frischling *m* ② *(hombre)* kühner Mann *m*; **luchar como un** ~ sehr mutig kämpfen
jabato, **-a**[2] [xa'βato, -a] *adj* kühn
jabón [xa'βon] *m* ① *(para lavar)* Seife *f*; **pastilla de** ~ Stück Seife; **dar** ~ **a alguien** *(fig)* jdm Honig um den Bart schmieren; **dar un** ~ **a alguien** *(fig)* jdn ausschimpfen ② *(PRico, Arg: susto)* Schreck *m*
jabonar [xaβo'nar] *vt* ① *(con jabón)* einseifen, abseifen ② *(fam: reprender)* schelten, ausschimpfen
jaboncillo [xaβon̦'θiʎo] *m* ① *(de tocador)* Toilettenseife *f* ② *(de sastre)* Schneiderkreide *f*
jabonera [xaβo'nera] *f* ① *(para depositar jabón)* Seifenschale *f* ② (BOT) Seifenkraut *nt*
jabonoso, **-a** [xaβo'noso, -a] *adj* Seifen-, seifig
jaca ['xaka] *f* ① *(caballo)* kleines Pferd *nt* ② *(yegua)* Stute *f* ③ *(Am: gallo)* Kampfhahn *m*
jacal [xa'kal] *m (Méx, Ven)* Hütte *f*
jacalear [xakale'ar] *vi (Méx)* klatschen, tratschen *fam*
jácara ['xakara] *f* ① *(fam: mentira)* Märchen; *(historia)* Geschichte *f* ② *(molestia)* Ärgernis *nt*
jacarandoso, **-a** [xakaran̦'doso, -a] *adj* fröhlich
jacinto [xa'θin̦to] *m* (BOT) Hyazinthe *f*; ~ **silvestre** Hasenglöckchen *nt*
jaco ['xako] *m (caballo)* Klepper *m*
jactancia [xak'tan̦θja] *f* Prahlerei *f*, Angeberei *f*
jactancioso, **-a** [xaktan̦'θjoso, -a] **I.** *adj* angeberisch **II.** *m, f* Angeber(in) *m(f)*
jactarse [xak'tarse] *vr* prahlen (**de** mit +*dat*)
jade ['xaðe] *m* Jade *m o f*
jadeante [xaðe'an̦te] *adj (persona)* keuchend; *(perro)* hechelnd
jadear [xaðe'ar] *vi (persona)* keuchen; *(perro)* hecheln
jadeo [xa'ðeo] *m (de persona)* Keuchen *nt*; *(de perro)* Hecheln *nt*
jaenero, **-a** [xae'nero, -a], **jaenés**, **-esa**

[xae'nes, -esa] **I.** *adj* aus Jaén **II.** *m, f* Einwohner(in) *m(f)* von Jaén
jaez [xa'eθ] *m* ❶ *(de caballo)* Geschirr *nt* ❷ *(de persona)* Sorte *f;* **persona de mal ~** bösartiger Mensch
jaguar [xa'ɣwar] *m* Jaguar *m*
jaiba ['xai̯βa] **I.** *adj* ❶ *(Ant, Méx: astuto)* gerissen ❷ *(Cuba: perezoso)* faul **II.** *f (Am: cangrejo)* Flusskrebs *m*
jalada [xa'laða] *f (Méx: fam)* ❶ *(exageración)* Übertreibung *f* ❷ *(fumada)* Zug *m* (an der Zigarette)
jalado, -a [xa'laðo, -a] *adj* ❶ *(Méx: exagerado)* übertrieben ❷ *(Am: demacrado)* abgezehrt ❸ *(Am: obsequioso)* gefällig ❹ *(Am: borracho)* betrunken
jalancia [xa'lan̩θja] *f (fam)* Essen *nt*
jalar [xa'lar] **I.** *vt* ❶ *(una cuerda)* ziehen (an +*dat*) ❷ *(una persona)* anziehen ❸ *(fam: comer)* mampfen **II.** *vi (Bol, PRico, Urug: largarse)* abhauen **III.** *vr:* **~se** *(Am: emborracharse)* sich betrinken
jalea [xa'lea] *f* Gelee *nt*
jalear [xale'ar] *vt (animar)* anfeuern
jaleo [xa'leo] *m* ❶ *(barullo)* Lärm *m; (desorden)* Durcheinander *nt;* **armar ~** Lärm machen; **me he armado un ~ con los nombres** *(fam)* ich habe alle Namen durcheinandergebracht ❷ *(riña)* Streit *m*
jaleoso, -a [xale'oso, -a] *adj* lärmend
jalón [xa'lon] *m* ❶ *(vara)* Absteckpfahl *m* ❷ *(hito)* Meilenstein *m*
jalonar [xalo'nar] *vt* ❶ *(un terreno)* abstecken ❷ *(marcar)* prägen
Jamaica [xa'mai̯ka] *f* Jamaika *nt*
jamaicano, -a [xamai̯'kano, -a] **I.** *adj* jamaikanisch **II.** *m, f* Jamaikaner(in) *m(f)*
jamar [xa'mar] *vt, vr:* **~se** *(fam: comer)* verdrücken
jamás [xa'mas] *adv* nie(mals); **~ de los jamases** nie und nimmer; **~ había tenido la oportunidad** nie zuvor hatte ich die Gelegenheit gehabt; **¿habías leído ~ algo parecido?** hast du je zuvor so etwas gelesen?; **nunca digas nunca ~** sag niemals nie
jamba ['xamba] *f (de la ventana)* Fensterpfosten *m; (de la puerta)* Türpfosten *m*
jambaje [xam'baxe] *m* (ARQUIT) ❶ *(ventana)* Fensterrahmen *m; (puerta)* Türrahmen *m* ❷ *(adorno)* Rahmenverzierung *f*
jamelgo [xa'melɣo] *m (fam)* Klepper *m*
jamón [xa'mon] *m* Schinken *m;* **~ dulce** [*o* **de York**] gekochter Schinken; **~ serrano** luftgetrockneter Schinken; **¡y un ~!** *(fam)* kommt überhaupt nicht infrage!
jamona [xa'mona] *f (fam: mujer gruesa)* gut gepolsterte(, nicht mehr ganz junge) Frau *f*
jangada [xaŋ'gaða] *f* ❶ *(baba)* Floß *nt* ❷ *(tontería)* dumme Bemerkung *f* ❸ *(fam: trastada)* gemeiner Trick *m*
Janucá [xanu'ka] *f* Chanukkah *f*
Japón [xa'pon] *m* Japan *nt*
japonés, -esa [xapo'nes, -esa] **I.** *adj* japanisch **II.** *m, f* Japaner(in) *m(f)*
jaque ['xake] *m* ❶ (DEP) Schach *nt;* **~ mate** (Schach)matt *nt;* **dar ~** Schach bieten; **tener a alguien en ~** jdn in Schach halten ❷ *(fam: perdonavidas)* Angeber *m*
jaqueca [xa'keka] *f* Migräne *f;* **este tipo me da ~** *(fam)* dieser Kerl geht mir auf die Nerven
jaquecoso, -a [xake'koso, -a] *adj* lästig, unerquicklich
jara ['xara] *f* ❶ (BOT) Zistrose *f* ❷ *(Guat, Méx: flecha)* Pfeil *m*
jarabe [xa'raβe] *m* Sirup *m; (para la tos)* Hustensaft *m;* **~ de pico** *(fam)* Geschwätz *nt;* **dar ~ de palo a alguien** *(fam)* jdm eine Tracht Prügel verpassen
jaracatal [xaraka'tal] *m (Guat)* Menge *f,* Masse *f*
jarana [xa'rana] *f* ❶ *(juerga)* Gaudi *f o nt;* **ir de ~** *(fam)* einen draufmachen ❷ *(discusión)* Krach *m* ❸ *(Am: burla)* Spaß *m,* Scherz *m* ❹ *(AmC: deuda)* Schuld *f* ❺ *(Col: embuste)* Lüge *f*
jaranero, -a [xara'nero, -a] *adj* **ser un ~** sehr gern feiern
jarcia ['xarθja] *f* ❶ (NÁUT: *para pescar*) Fischfangausrüstung *f* ❷ *pl* (NÁUT: *de velero*) Tauwerk *nt*
jardín [xar'ðin] *m* Garten *m;* **los jardines de una ciudad** die Grünanlagen einer Stadt; **~ de infancia** *(hasta los tres años)* Kinderkrippe *f; (a partir de tres años)* Kindergarten *m;* **trabajar en el ~** gärtnern
jardinera [xarði'nera] *f* ❶ *(profesión)* Gärtnerin *f;* **a la ~** (GASTR) nach Gärtnerinart ❷ *(maceta)* Blumenkasten *m*
jardinería [xarðine'ria] *f (arte)* Gartenkunst *f; (cuidado)* Gartenpflege *f*
jardinero, -a [xarði'nero, -a] *m, f* Gärtner(in) *m(f)*
jarifo, -a [xa'rifo, -a] *adj* elegant, stattlich
jarocho, -a [xa'roʧo, -a] *adj* ❶ *(rudo, insolente)* grob, rüde ❷ *(Am: natural de Veracruz)* aus Veracruz
jarra ['xarra] *f* Krug *m; (de agua, café)* Kanne *f;* **ponerse de** [*o* **en**] **~s** die Arme in die Hüften stemmen
jarrear [xarre'ar] **I.** *vi* ❶ *(sacar líquido)* schöpfen ❷ *(sacar agua de un pozo)* Wasser schöpfen **II.** *vt (pared, muro)* verputzen **III.** *vimpers (fam: llover intensamente)* in Strömen regnen
jarro ['xarro] *m* Krug *m; (de agua)* Kanne *f;*

echarle a alguien un ~ de agua fría *(fig)* jdn um seine Hoffnungen bringen

jarrón [xa'rron] *m* Vase *f*

jartón, -ona [xar'ton, -ona] *m, f (AmC, Méx)* Vielfraß *m fam*

jaspe ['xaspe] *m* ① *(cuarzo)* Jaspis *m* ② *(mármol)* geäderter Marmor *m*

jauja ['xau̯xa] *f* Schlaraffenland *nt;* **¡pero te crees que esto es J~!** was hast du bloß für (falsche) Vorstellungen!; **para ti la vida es J~** für dich ist das Leben wohl nur ein einziger Spaß

jaula ['xau̯la] *f (para animales)* Käfig *m*

jauría [xau̯'ria] *f* Meute *f*

jazmín [xaθ'min] *m* Jasmin *m*

jazz [dʒas] *m sin pl* Jazz *m;* **tocar ~** jazzen

J. C. [xesu'kristo] *m abr de* **Jesucristo** Jesus Christus *m*

jeans [dʒins] *mpl* Jeans *f(pl)*

jeep [dʒip] *m* <jeeps> Jeep *m*

jefatura [xefa'tura] *f* ① *(cargo)* Leitung *f* ② *(sede)* **~ del gobierno** Amt *nt* des Regierungschefs; **~ de policía** Polizeipräsidium *nt*

jefazo [xe'faθo] *m (fam)* hohes Tier *nt*

jefe, -a ['xefe, -a] *m, f (de una organización, empresa)* Chef(in) *m(f); (de un departamento)* Leiter(in) *m(f); (de una banda)* Anführer(in) *m(f);* **~ de filas** (DEP) Mannschaftskapitän *m;* **~ de(l) Estado** Staatsoberhaupt *nt;* **~ de(l) Gobierno** Regierungschef *m;* **~ de partido** Parteivorsitzende(r) *m;* **redactor ~** Chefredakteur *m;* **~ de equipo** Teamleiter *m;* **en mi casa no soy yo el ~, sino mi mujer** zu Hause hat meine Frau die Hosen an

jengibre [xeŋ'xiβre] *m* Ingwer *m*

jenízaro[1] [xe'niθaro] *m* (HIST) Janitschar *m*

jenízaro, -a[2] [xe'niθaro, -a] *m, f (Méx)* Polizist(in) *m(f)*

jeque ['xeke] *m* Scheich *m*

jerarca [xe'rarka] *mf* Oberhaupt *nt*

jerarquía [xerar'kia] *f* Hierarchie *f*

jerárquico, -a [xe'rarkiko, -a] *adj* hierarchisch

jerarquización [xerarkiθa'θjon] *f* Hierarchisierung *f*

jerarquizar [xerarki'θar] <z → c> *vt* hierarchisieren

jerez [xe'reθ] *m* Sherry *m*

jerga ['xerɣa] *f (lenguaje)* Jargon *m*

jergón [xer'ɣon] *m (fam: persona)* Fettwanst *m*

jericoplear [xerikople'ar] *vt (Guat, Hond)* belästigen, behelligen

jerigonza [xeri'ɣon̩θa] *f* ① *(galimatías)* Kauderwelsch *nt* ② *(jerga)* Jargon *m*

jeringa [xe'riŋga] *f (instrumento)* (Injektions)spritze *f*

jeringador(a) [xeriŋga'ðor(a)] *adj (fam)* lästig, unangenehm

jeringar [xeriŋ'gar] <g → gu> *vt* ① *(con la jeringa)* spritzen ② *(molestar)* belästigen, plagen

jeringuilla [xeriŋ'giʎa] *f* (Injektions)spritze *f*

jeroglífico[1] [xero'ɣlifiko] *m* ① *(signo)* Hieroglyphe *f* ② *(pasatiempo)* Bilderrätsel *nt*

jeroglífico, -a[2] [xero'ɣlifiko, -a] *adj* hieroglyphisch

jersey [xer'sei̯] *m* Pullover *m;* **~ de cuello alto** Rollkragenpullover *m*

Jesucristo [xesu'kristo] *m* Jesus Christus *m*

jesuita [xesu'ita] **I.** *adj* Jesuiten-, jesuitisch **II.** *m* Jesuit *m*

Jesús [xe'sus] *m* Jesus *m;* **¡~!** *(al estornudar)* Gesundheit!; *(interjección)* o mein Gott!; **en un (decir) ~** im Nu

jet[1] [dʒet] *f sin pl* Jetset *m*

jet[2] [dʒet] *m* <jets> (AERO) Jet *m*

jeta ['xeta] *f* ① *(fam: cara)* Visage *f;* **ese tiene una ~ increíble** *(fig)* der ist unglaublich frech ② *(labios)* wulstige Lippen *fpl* ③ *(del cerdo)* Rüssel *m* ④ *(Arg: nariz)* Nase *f*

jetudo, -a [xe'tuðo, -a] *adj (fam pey)* unverschämt

ji [xi] **I.** *f* Chi *nt* **II.** *interj* ha!

jíbaro, -a ['xiβaro, -a] *adj* ① *(Am: campesino)* bäuerlich; *(costumbres, vida)* ländlich ② *(Am: planta, animal)* wild ③ *(Ant, Méx: huraño)* menschenscheu

jibia ['xiβja] *f* Sepia *f*

jibraltareño, -a [xiβral̩ta'reɲo, -a] **I.** *adj* gibraltarisch **II.** *m, f* Gibraltarer(in) *m(f)*

jicaque [xi'kake] *adj (Guat, Hond: necio)* dumm, begriffsstutzig; *(inculto)* ungebildet

jícara ['xikara] *f (taza)* (Schokoladen)tasse *f*

jienense, -a [xje'nense, -a] **I.** *adj* aus Jaén **II.** *m, f* Einwohner(in) *m(f)* von Jaén

jijona [xi'xona] *m* Mandelnugat *m o nt* (aus Jijona)

jilguero [xil'ɣero] *m* (ZOOL) Distelfink *m*

jineta [xi'neta] *f* ① (ZOOL) Ginsterkatze *f* ② *(monta)* **montar a la ~** mit kurzen Steigbügeln reiten

jinete [xi'nete] *m (persona)* Reiter *m; (profesional)* Jockey *m*

jinetear [xinete'ar] *vt (Am: domar)* zureiten

jiñar [xi'ɲar] *vi, vr:* **~se** *(vulg)* scheißen

jira ['xira] *f* ① *(jirón)* Fetzen *m* ② *(pícnic)* Picknick *nt*

jirafa [xi'rafa] *f* ① (ZOOL) Giraffe *f* ② *(para el micro)* Galgen *m*

jirón [xi'ron] *m* Fetzen *m;* **hacer algo jirones** etw zerreißen

jitazo [xi'taθo] *m (Méx)* Erfolg *m*
jiu-jitsu [dʒju 'dʒiᵈsu] *m* (DEP) Jiu-Jitsu *nt*
JJ. OO. ['xweɣos o'limpikos] *abr de* **Juegos Olímpicos** Olympische Spiele *nt pl*
jo [xo] *interj* ❶ *(so)* hü ❷ *(sorpresa)* Wahnsinn
jobar [xo'βar] *interj (fam)* verdammt (noch mal)!
jobillo [xo'βiʎo] *m (PRico: fam)* **irse de ~s** die Schule schwänzen
jockey ['xokei̯] *m v.* **yóquey**
jocosidad [xokosi'ðaᵈ] *f* ❶ *(cualidad)* Humor *m* ❷ *(chiste)* Witz *m*
jocoso, -a [xo'koso, -a] *adj* witzig
jocundidad [xokundi'ðaᵈ] *f* Heiterkeit *f*, Fröhlichkeit *f*
jocundo, -a [xo'kundo, -a] *adj* heiter, fröhlich
joda ['xoða] *f* ❶ *(Arg: vulg: situación difícil)* Problem *nt*, verzwickte Situation *f* ❷ *(Arg, Col, Chil, Méx: vulg: acción de fastidiar)* Belästigung *f*, Plage *f* ❸ *(Méx: fam: molestia por exceso de trabajo)* Plackerei *f*, Schinderei *f*; **es una ~ tener que trabajar el domingo** es ist eine Schinderei, am Sonntag arbeiten zu müssen
joder [xo'ðer] **I.** *vt (vulg)* ❶ *(copular)* ficken ❷ *(fastidiar)* nerven *fam*; **¡no me jodas!** erzähl mir keinen Scheiß!; **¡no te jode!** das ist ja kaum zu fassen!; **¡jódete!** zum Teufel mit dir! *fam* ❸ *(echar a perder)* vermasseln *fam* ❹ *(robar)* klauen *fam* **II.** *vi (vulg)* ficken **III.** *vr:* **~se** *(vulg)* ❶ *(fastidiarse)* sich abfinden; **¡hay que ~se!** verdammt noch mal! *fam* ❷ *(echar a perder)* **nuestra amistad se ha jodido** unsere Freundschaft ist im Eimer *fam*; **la tele se ha jodido** der Fernseher ist im Arsch **IV.** *interj (vulg)* Scheiße!
jodido, -a [xo'ðiðo, -a] *adj (vulg)* **estoy ~** *(enfermo)* mir geht's beschissen; *(en un apuro)* ich sitze in der Scheiße; **ser ~** *(difícil)* schwierig sein; **es ~ tener que trabajar tanto** es ist verdammt hart, so viel arbeiten zu müssen
jodón, -ona [xo'ðon, -ona] **I.** *adj (Méx: fam)* nervtötend **II.** *m, f (Méx: fam)* Nervensäge *f*
jojoto[1] [xo'xoto] *m (Ven)* unreifer Mais *m*
jojoto, -a[2] [xo'xoto, -a] *adj (Ven)* unreif, grün
jolgorio [xol'ɣorjo] *m* Gaudi *f o nt*
jolín [xo'lin] *interj*, **jolines** [xo'lines] *interj* verdammt (noch mal)!
JONS [xons] *f pl abr de* **Juntas de Ofensiva Nacional Sindicalista** *faschistische Partei unter Franco*
jopé [xo'pe] *interj* Mensch!
Jordania [xor'ðanja] *f* Jordanien *nt*
jordano, -a [xor'ðano, -a] **I.** *adj* jordanisch **II.** *m, f* Jordanier(in) *m(f)*
jorguinería [xorɣine'ria] *f* Zauberei *f*, Hexerei *f*
jornada [xor'naða] *f* ❶ *(de trabajo)* Arbeitstag *m*; *(tiempo trabajado)* Arbeitszeit *f*; **~ continua** gleitende Arbeitszeit; **~ partida** Arbeitstag mit (langer) Mittagspause; **trabajo media ~** ich arbeite halbtags ❷ *(viaje)* Tagesreise *f*; *(andando)* Tage(s)marsch *m*; **este pueblo está a dos ~s de viaje** dieses Dorf liegt zwei Tagesreisen entfernt
jornal [xor'nal] *m (paga)* Tagelohn *m*; **trabajar a ~** als Tagelöhner arbeiten
jornalero, -a [xorna'lero, -a] *m, f* Tagelöhner(in) *m(f)*
joroba [xo'roβa] *f* ❶ *(de persona)* Buckel *m* ❷ *(de camello)* Höcker *m* ❸ *(molestia)* Belästigung *f*
jorobado, -a [xoro'βaðo, -a] **I.** *adj* buck(e)lig **II.** *m, f* Buck(e)lige(r) *mf*
jorobar [xoro'βar] **I.** *vt (fam)* nerven **II.** *vr:* **~se** *(fam)* sich abfinden; **si no le gusta, ¡que se jorobe!** wenn es ihm/ihr nicht passt, hat er/sie Pech gehabt!
jorrar [xo'rrar] *vt* schleppen
jota ['xota] *f* ❶ *(letra)* J *nt*; **no entender** [*o* **saber**] **ni ~** *(fam)* keinen blassen Schimmer haben; **no ver ni ~** *(fam)* stockblind sein ❷ *(baile)* Jota *f*
jotero, -a [xo'tero, -a] **I.** *adv* die Jota betreffend **II.** *m, f* Jotatänzer(in) *m(f)*
joto ['xoto] *m* ❶ *(Col: paquete)* Päckchen *nt*, Bündel *nt* ❷ *(Méx: pey: homosexual)* Tunte *f*
joven ['xoβen] **I.** *adj* jung; **de muy ~** in früher Jugend **II.** *mf* junger Mann *m*, junge Frau *f*; **los jóvenes** die jungen Leute
jovencito, -a [xoβen'θito, -a] **I.** *adj* jung **II.** *m, f (chico)* Junge *m*; *(chica)* (junges) Mädchen *nt*
jovenzuelo, -a [xoβen'θwelo, -a] *m, f (pey)* Grünschnabel *m*
jovial [xo'βjal] *adj* fröhlich
jovialidad [xoβjali'ðaᵈ] *f* Fröhlichkeit *f*
joya ['xoɟa] *f* ❶ *(alhaja)* Schmuckstück *nt*; *(piedra)* Juwel *nt o m*; **las ~s** der Schmuck ❷ *(persona, cosa)* Juwel *nt*; **esta mujer de la limpieza es una ~** sie ist ein Juwel von einer Putzfrau; **este niño es una ~** dieses Kind ist ein wahrer Schatz
joyería [xoɟe'ria] *f* Juwelierladen *m*
joyero[1] [xo'ɟero] *m* Schmuckkästchen *nt*
joyero, -a[2] [xo'ɟero, -a] *m, f* Juwelier(in) *m(f)*
joystick ['dʒoi̯stik] *m* <joysticks> (INFOR) Joystick *m*

J

Juan [xwan] *m* ≈ Johannes *m;* **es un don juan** er ist ein Frauenheld
juanete [xwa'nete] *m (del pie)* (Fuß)ballen *m*
jubilación [xuβila'θjon] *f* ❶ *(acción)* Pensionierung *f* ❷ *(pensión)* Rente *f*
jubilado, -a [xuβi'laðo, -a] *m, f* Rentner(in) *m(f)*
jubilar [xuβi'lar] **I.** *vt* ❶ *(a alguien)* pensionieren ❷ *(fam: un objeto)* ausrangieren **II.** *vr:* **~se** ❶ *(retirarse)* in Rente gehen ❷ *(AmC: hacer novillos)* schwänzen
júbilo ['xuβilo] *m* Jubel *m*
jubiloso, -a [xuβi'loso, -a] *adj* jubelnd; **estar ~** überglücklich sein
jubón [xu'βon] *m* Wams *nt*
judaico, -a [xu'ðai̯ko, -a] *adj* jüdisch
judaísmo [xuða'ismo] *m sin pl* Judaismus *m*
judas ['xuðas] *m* Judas *m;* **ser más falso que el alma de ~** ein Verräter sein
judeocristiano, -a [xuðeokris'tjano, -a] *adj* jüdisch-christlich
judería [xuðe'ria] *f* Judenviertel *nt*
judía [xu'ðia] *f* ❶ *(mujer)* Jüdin *f* ❷ (BOT) Bohne *f;* **~ roja** Kidneybohne *f*
judicatura [xuðika'tura] *f* ❶ *(cargo)* Richteramt *nt* ❷ *(de un país)* Richterstand *m* ❸ *(ejercicio)* Rechtsprechung *f,* Judikatur *f;* **~ del trabajo** Arbeitsgerichtsbarkeit *f*
judicial [xuði'θjal] *adj (de justicia)* Justiz-; *(de juicio)* Gerichts-; *(de juez)* richterlich
judicialmente [xuðiθjal'men̩te] *adv* gerichtlich
judío, -a [xu'ðio, -a] **I.** *adj* jüdisch **II.** *m, f* Jude, Jüdin *m, f*
judo ['dʒuðo] *m* (DEP) *v.* **yudo**
juego ['xweɣo] *m* ❶ *(diversión)* Spiel *nt;* **~ de mesa** Brettspiel *nt,* Gesellschaftsspiel *nt;* **~ de los roles** Rollenspiel *nt;* **hacer ~s malabares** jonglieren; **hacer trampas en el ~** falschspielen; **hay muchos millones en ~** es wird um viele Millionen gespielt; **perder dinero en el ~** Geld verspielen; **tengo mal ~** ich habe schlechte Karten; **poner en ~** *(fig)* aufs Spiel setzen; **diciendo esto le hace el ~ a su rival** seine/ihre Äußerungen kommen seinem/ihrem Gegner zugute; **se le ve fácilmente el ~** man kann ihn/sie leicht durchschauen; **se toma nuestra relación a ~** er/sie nimmt unsere Beziehung nicht ernst; **desgraciado en el ~, afortunado en amores** *(prov)* Pech im Spiel, Glück in der Liebe ❷ (DEP) Spiel *nt;* **~ en blanco** Null-zu-null-Spiel *nt;* **~ limpio** Fairplay *nt;* **~ sucio** unfaires Spiel; **fuera de ~** Abseits *nt;* **entrar en ~** ins Spiel kommen ❸ *(ropa, menaje de hogar)* Garnitur *f;* **~ de mesa** Service *nt;* **~ de cama/sábanas** Bettbezug *m;* **estos colores no hacen ~** diese Farben passen nicht zusammen ❹ (TÉC) Spiel *nt;* **esta llave no hace ~ con la cerradura** dieser Schlüssel passt nicht ins Schloss
juerga ['xwerɣa] *f* Gaudi *f o nt;* **ayer estuve de ~** *(fam)* ich habe gestern einen draufgemacht; **se le nota en la cara que se ha corrido unas cuantas ~s** *(fam)* man sieht ihm/ihr an, dass er/sie ein ausschweifendes Leben geführt hat; **ayer noche se armó una ~ increíble en este bar** *(fam)* gestern Abend war in dieser Kneipe der Bär los
juerguista [xwer'ɣista] *mf (salidor)* Nachtschwärmer *m; (fiestero)* Partylöwe *m,* Partygirl *nt*
jueves ['xweβes] *m inv* Donnerstag *m;* **J~ Santo** Gründonnerstag *m;* **no ser nada del otro ~** nichts Weltbewegendes sein; *v. t.* **lunes**
juez(a) [xweθ(a)] *m(f)* (*t.* JUR) Richter(in) *m(f);* **~ de instrucción** Untersuchungsrichter(in) *m(f);* **~ de línea** [*o* **de banda**] (DEP) Linienrichter(in) *m(f)*
jugada [xu'ɣaða] *f* ❶ (DEP) Spielzug *m;* **~ de ajedrez** Schachzug *m;* **~ antirreglamentaria** Foul *nt;* **las ~s de Dirk Nowitzki encandilan al público** das Publikum ist von der Spielweise Dirk Nowitzkis begeistert; **Maradona hizo una ~ genial** Maradona spielte einen genialen Ball ❷ *(apuesta)* Wette *f* ❸ *(jugarreta)* Streich *m;* **hacerle** [*o* **gastarle**] **una ~ a alguien** jdm übel mitspielen
jugador(a) [xuɣa'ðor(a)] **I.** *adj* **mi marido es muy ~** mein Mann ist eine Spielernatur **II.** *m(f)* (*t.* DEP) Spieler(in) *m(f);* **~ de ataque** Angriffsspieler(in) *m(f);* **~ suplente** Ersatzspieler(in) *m(f);* **~ profesional** Profi *m*
jugar [xu'ɣar] *irr* **I.** *vi* ❶ *(a un juego, deporte)* spielen; **~ de líbero** auf der Liberoposition spielen; **~ limpio/sucio** fair/unfair spielen; **~ a la lotería** (in der) Lotterie spielen; **~ a policías y ladrones** Räuber und Gendarm spielen; **¿puedo ~?** darf ich mitspielen?; **¿a qué juegas?** *(fig)* was soll denn das? ❷ *(bromear)* scherzen; **hacer algo por ~** etw aus Spaß machen ❸ *(en un negocio)* beteiligt sein (**en** an +*dat*); **~ a la bolsa** an der Börse spekulieren ❹ *(hacer juego)* zusammenpassen **II.** *vt* ❶ *(un juego, una partida)* spielen; **me la han jugado** *(fig)* man hat mir übel mitgespielt ❷ *(apostar)* wetten; **~ fuerte** mit hohem Einsatz spielen ❸ *(una carta)*

(aus)spielen; *(una torre)* spielen; **¿quién juega?** wer ist dran?; *(al ajedrez)* wer ist am Zug? **III.** *vr:* **~se** ① *(la lotería)* verlost werden ② *(apostar)* wetten (um +*akk*), setzen (**a** auf +*akk*); **¿qué te juegas que...?** wollen wir wetten, dass ...? ③ *(arriesgar)* aufs Spiel setzen; **~se el todo por el todo** alles auf eine Karte setzen

jugarreta [xuɣa'rreta] *f* *(fam)* übler Streich *m;* **hacerle una ~ a alguien** jdm übel mitspielen

juglar(esa) [xu'ɣlar, xuɣla'resa] *m(f)* (HIST) Spielmann *m,* fahrender Sänger, fahrende Sängerin *m, f*

jugo ['xuɣo] *m* ① *(de fruta, carne)* Saft *m;* **~s gástricos** Magensäfte *mpl* ② *(esencia)* Substanz *f;* **declaraciones con mucho ~** bedeutungsschwere Äußerungen; **este jefe saca el ~ a sus trabajadores** dieser Chef beutet seine Arbeitnehmer aus

jugosidad [xuɣosi'ða^{d}] *f* Saftigkeit *f*

jugoso, -a [xu'ɣoso, -a] *adj* ① *(fruta, carne)* saftig ② *(color)* frisch

juguete [xu'ɣete] *m* ① *(objeto)* Spielzeug *nt;* **el barco era un ~ de las olas** das Schiff war ein Spielball der Wellen ② *pl* (COM) Spielwaren *f pl*

juguetear [xuɣete'ar] *vi* ① *(con las llaves, un boli)* herumspielen; *(con una pelota)* tändeln ② *(los niños)* herumtollen

jugueteo [xuɣe'teo] *m* ① *(con las llaves)* Herumspielen *nt;* *(con una pelota)* Tändelei *f* ② *(de unos niños)* Herumtollen *nt*

juguetería [xuɣete'ria] *f* Spielwarengeschäft *nt*

juguetón, -ona [xuɣe'ton, -ona] *adj* verspielt

juicio ['xwiθjo] *m* ① *(facultad para juzgar)* Urteilsfähigkeit *f* ② *(razón)* Vernunft *f,* Verstand *m;* **falta de ~** Unvernunft *f;* **recobrar el ~** zur Vernunft kommen; **tú no estás en tu sano ~** du bist wohl nicht bei Verstand ③ *(opinión)* Meinung *f,* Urteil *nt;* **a mi ~** meiner Meinung nach; **emitir un ~ sobre algo** etw beurteilen ④ (JUR) Gerichtsverfahren *nt,* Prozess *m;* **~ criminal** Strafverfahren *nt;* **el día del J~ final** (REL) der jüngste Tag; **llevar a alguien a ~** jdm den Prozess machen

juicioso, -a [xwi'θjoso, -a] *adj* *(sensato)* vernünftig; *(acertado)* treffend

juico, -a ['xwiko, -a] *adj* *(Hond)* taub, gehörlos

jujú [xu'xu] *interj* juhu!, juchhe!

julepear [xulepe'ar] **I.** *vt* ① *(fam: dar reprimenda)* eine Standpauke halten +*dat* ② *(Arg, Par, Urug: meter miedo)* Angst einjagen +*dat* ③ *(Am: atormentar)* plagen ④ *(Col: urgir)* antreiben **II.** *vi* Julepe *(spanisches Kartenspiel)* spielen

julio ['xuljo] *m* ① (FÍS) Joule *nt* ② *(mes)* Juli *m; v. t.* **marzo**

juma ['xuma] *f* *(Am: fam)* Rausch *m*

jumado, -a [xu'maðo, -a] *adj* *(Am: fam)* besoffen

jumento [xu'meṇto] *m* Esel *m*

jumo[1] ['xumo] *m* *(PRico)* Rausch *m*

jumo, -a[2] ['xumo, -a] *adj* *(Am: borracho)* betrunken, besoffen, blau *fam*

juncal [xuŋ'kal] *adj* *(gallardo)* stattlich

junco ['xuŋko] *m* ① (BOT) Binse *f* ② *(bastón)* Spazierstock *m* ③ *(embarcación)* Dschunke *f*

jungla ['xuŋgla] *f* Dschungel *m*

junio ['xunjo] *m* Juni *m; v. t.* **marzo**

júnior ['ʤunjor] *m* <juniores> Junior *m*

junípero [xu'nipero] *m* ① (BOT) Wacholder *m* ② *(Col: necio)* Trottel *m fam,* Idiot *m fam*

junta ['xuṇta] *f* ① *(comité)* Ausschuss *m;* *(consejo)* Rat *m;* **~ calificadora** (ENS) Prüfungskommission *f;* **~ directiva** Vorstand *m;* **~ general** Generalversammlung *f;* **~ militar** Militärjunta *f;* **~ municipal** Gemeinderat *m* ② *(reunión)* Sitzung *f;* **celebrar ~** *(de la junta directiva)* eine Vorstandssitzung abhalten; *(de la junta general)* eine Generalversammlung abhalten ③ (TÉC: *de dos ladrillos, tablas*) Fuge *f;* *(de dos tubos)* Verbindung(sstelle) *f;* *(sellado)* Dichtung *f*

juntamente [xuṇta'meṇte] *adv* ① *(juntos)* zusammen, gemeinsam ② *(al mismo tiempo)* gleichzeitig

juntar [xuṇ'tar] **I.** *vt* ① *(aproximar)* **~ la mesa a la pared** den Tisch an die Wand rücken; **~ las sillas** die Stühle zusammenrücken ② *(unir)* verbinden ③ *(reunir: personas)* versammeln; *(objetos)* (an)sammeln; *(dinero)* (an)sparen ④ *(puerta, ventana)* anlehnen **II.** *vr:* **~se** ① *(reunirse)* sich versammeln ② *(unirse)* sich zusammenschließen ③ *(aproximarse)* zusammenrücken ④ *(liarse con alguien)* zusammenziehen; **se han juntado** sie wohnen zusammen

junto[1] ['xuṇto] **I.** *adv* **hablaba por teléfono y trabajaba en el ordenador, todo ~** er/sie telefonierte und arbeitete gleichzeitig am PC; **tengo en ~ cien euros** ich habe alles insgesamt hundert Euro; **comprar por ~** in großen Mengen kaufen **II.** *prep* ① *(local)* **~ a** neben +*dat,* an +*dat;* **¿quién es el que está ~ a ella?** wer ist der Mann (da) neben ihr?; **estábamos ~ a la entrada** wir waren am Eingang; **pasaron ~ a nosotros** sie liefen an uns vorbei

② *(con movimiento)* ~ **a** neben +*akk,* an +*akk;* **he puesto la botella ~ a las otras** ich habe die Flasche neben die anderen gestellt; **pon la silla ~ a la mesa** rück den Stuhl an den Tisch ③ *(con, en compañía de)* ~ **con** mit +*dat*

junto, -a[2] ['xuṇto, -a] *adj* zusammen, gemeinsam; **nos sentamos todos ~s** wir saßen alle beieinander; **me las pagarás todas juntas** das wirst du mir büßen

juntura [xuṇ'tura] *f* (TÉC: *de dos ladrillos, tablas*) Fuge *f;* *(de dos tubos)* Verbindung(sstelle) *f;* *(sellado)* Dichtung *f*

Júpiter ['xupiter] *m* (ASTR) Jupiter *m*

jupón, -ona [xu'pon, -ona] *adj* *(AmC)* stur, dickköpfig

jura ['xura] *f* Eid *m*

juraco [xu'rako] *m* *(Am)* Loch *nt,* Öffnung *f*

jurado[1] [xu'raðo] *m* ① (JUR: *miembro*) Geschworene(r) *mf;* *(tribunal)* Geschworenen *mpl* ② *(de un examen)* Prüfungskommission *f* ③ *(de un concurso)* Jury *f*

jurado, -a[2] [xu'raðo, -a] *adj* vereidigt; **intérprete ~** Gerichtsdolmetscher *m*

juramentar [xurameṇ'tar] **I.** *vt* vereidigen **II.** *vr:* **~se** sich eidlich verpflichten

juramento [xura'meṇto] *m* ① (*t.* JUR: *jura*) Eid *m;* **falso ~** Meineid *m;* **estar bajo ~** unter Eid stehen; **tomar ~ a alguien** jdn vereidigen ② *(blasfemia)* Fluch *m*

jurar [xu'rar] **I.** *vt* schwören (**por** bei +*dat*); **~ en falso** einen falschen Eid ablegen; **~ por todos los santos** Stein und Bein schwören; **jurársela(s) a alguien** *(fam)* jdm Rache schwören **II.** *vi* fluchen

jurásico[1] [xu'rasiko] *m* Jura *m*

jurásico, -a[2] [xu'rasiko, -a] *adj* jurassisch

jurel [xu'rel] *m* Makrele *f*

juricidad [xuriθi'ða^{d}] *f* Rechtmäßigkeit *f,* rechtliche Regelung *f*

jurídico, -a [xu'riðiko, -a] *adj* Rechts-, juristisch

jurisdicción [xurisði$^{\gamma}$'θjon] *f* ① (JUR: *potestad*) Rechtsprechung *f;* **~ militar** Militärgerichtsbarkeit *f;* **ese caso no está dentro de la ~ de este tribunal** dieser Fall fällt nicht in die Zuständigkeit dieses Gerichts ② *(territorio)* Gerichtsbezirk *m*

jurisdiccional [xurisði$^{\gamma}$θjo'nal] *adj* gerichtlich; **no ~** außergerichtlich; **aguas ~es** Hoheitsgewässer *ntpl*

jurisprudencia [xurispru'ðeṇθja] *f* ① *(ciencia)* Rechtswissenschaft *f* ② *(legislación)* Rechtsprechung *f*

jurista [xu'rista] *mf* Jurist(in) *m(f)*

jurungar [xuruŋ'gar] <g → gu> *vt, vr:* **~se** *(Ven)* (sich) langweilen

justamente [xusta'meṇte] *adv* ① *(con justicia)* mit [*o* zu] Recht ② *(precisamente)* genau, gerade ③ *(ajustadamente)* **este vestido viene ~ al cuerpo** das ist ein eng anliegendes Kleid

justar [xus'tar] *vi* in einem Turnier kämpfen, turnieren

justeza [xus'teθa] *f* Gerechtigkeit *f*

justicia [xus'tiθja] *f* ① *(cualidad)* Gerechtigkeit *f;* **en ~, él merece ganar el premio** genau genommen sollte er den Preis gewinnen; **hacerle ~ a alguien** jdm gerecht werden ② *(derecho)* Recht *nt;* **administrar ~** Recht sprechen ③ *(poder judicial)* Justiz *f*

justiciero, -a [xusti'θjero, -a] *adj* gerechtigkeitsliebend

justificable [xustifi'kaβle] *adj* *(comportamiento)* entschuldbar; *(error)* nachweisbar

justificación [xustifika'θjon] *f* ① *(disculpa)* Rechtfertigung *f;* **no hay ~ para lo que has hecho** es gibt keine Entschuldigung für das, was du gemacht hast ② *(prueba)* Beweis *m;* *(documento)* Beleg *m*

justificante [xustifi'kaṇte] *m* Beleg *m;* *(de ausencia)* ärztliches Attest *nt*

justificar [xustifi'kar] <c → qu> **I.** *vt* ① *(disculpar)* rechtfertigen; **mi desconfianza es justificada** mein Misstrauen ist berechtigt ② *(probar)* beweisen; *(con documentos)* belegen **II.** *vr:* **~se** sich rechtfertigen

justiprecio [xusti'preθjo] *m* *(aprecio)* Bewertung *f;* *(tasación)* Taxierung *f*

justo[1] ['xusto] **I.** *adv* ① *(exactamente)* genau; **llegué ~ a tiempo** ich kam gerade noch rechtzeitig ② *(escasamente)* gerade; **tengo ~ para vivir** mir reicht es gerade so zum Leben **II.** *mpl* Gerechten *pl*

justo, -a[2] ['xusto, -a] *adj* ① *(persona, decisión)* gerecht ② *(exacto)* genau; *(acertado)* treffend; **el peso ~** das exakte Gewicht; **¿tiene el dinero ~? es que no tengo cambio** haben Sie das Geld passend? ich habe nämlich kein Kleingeld ③ *(escaso)* knapp ④ *(ajustado)* eng; **este abrigo me viene ~** dieser Mantel ist mir zu eng

juvenil [xuβe'nil] **I.** *adj* Jugend-, jugendlich *f* **II.** *mf* (DEP) **juego con los ~es** ich spiele in der Jugendmannschaft

juventud [xuβeṇ'tu^{d}] *f* ① *(edad)* Jugend *f* ② *(estado)* Jugendlichkeit *f* ③ *(jóvenes)* Jugend *f,* Jugendliche(n) *mpl*

juzgado [xuθ'ɣaðo] *m* ① *(jueces, local)* Gericht *nt* ② *(territorio)* Gerichtsbezirk *m*

juzgar [xuθ'ɣar] <g → gu> **I.** *vt* ① *(juez: decidir)* richten (über +*akk*); *(condenar)* verurteilen ② *(opinar sobre)* beurteilen;

(considerar) halten; ~ **mal a alguien** jdn falsch einschätzen; **juzgo necesario avisarle** ich halte es für angebracht, ihm/ihr Bescheid zu sagen; **le ~on de maleducado** sie hielten ihn für ungezogen; **no te juzgo capaz de hacerlo** ich halte dich nicht für fähig, es zu tun **II.** *vi* ❶ *(juez)* richten ❷ *(opinar)* urteilen; ~ **sobre apariencias** nach dem äußeren Anschein urteilen; **a ~ por como me mira, debe conocerme** so, wie er/sie mich ansieht, scheint er/sie mich zu kennen

Kk

K, k [ka] *f* K, k *nt;* ~ **de kilo** K wie Kaufmann

ka [ka] *f* K *nt*

kafkiano, -a [kaf'kjano, -a] *adj* (LIT) kafkaesk

káiser ['kai̯ser] *m* Kaiser *m*

kaki ['kaki] *adj* khakifarben

kamikaze [kami'kaθe] *m* (MIL) Kamikaze *m*

kantismo [kan̪'tismo] *m inv* (FILOS) Kantianismus *m*

karaoke [kara'oke] *m* Karaoke *nt*

karate [ka'rate] *m,* **kárate** ['karate] *m* (DEP) Karate *nt*

karateka [kara'teka] *mf* (DEP) Karatekämpfer(in) *m(f)*

karma ['karma] *m* (REL) Karma(n) *nt*

kart [kar^{t}] *m* <karts> Go-Kart *m*

kayak [ka'ɟa^{k}] *m* <kayacs> (DEP) Kajak *m o nt*

Kazajistán [kaθaxis'tan] *m,* **Kazajstán** [kaθa^{ɣ}s'tan] *m* Kasachstan *nt*

kb [kilo'βi^{t}] *m inv abr de* **kilobit** (INFOR) KBit *nt*

KB [kilo'βai̯t] *m inv abr de* **kilobyte** (INFOR) KB *nt*

Kbit [kilo'βi^{t}] *m inv abr de* **kilobit** (INFOR) KBit *nt*

Kbps [kilo'βi^{t} por se'ɣun̪do] *abr de* **kilobit por segundo** (INFOR) Kbit/s

KBps [kilo'βai̯^{t} por se'ɣun̪do] *abr de* **kilobyte por segundo** (INFOR) KB/s

kbyte [kilo'βai̯^{t}] *abr de* **kilobyte** kbyte

kebab [ke'βa^{β}] *m* <kebabs> (GASTR) Kebab *m*

kéfir ['kefir] *m* Kefir *m*

kelvin ['kelβin] *m* (FÍS) Kelvin *nt*

kendo ['ken̪do] *m* (DEP) Kendo *nt*

Kenia ['kenja] *f* Kenia *nt*

keniano, -a [ke'njano, -a] **I.** *adj* kenianisch **II.** *m, f* Kenianer(in) *m(f)*

keniata [ke'njata] **I.** *adj* kenianisch **II.** *mf* Kenianer(in) *m(f)*

keroseno [kero'seno] *m* Kerosin *nt*

kétchup ['ke^{ð}tʃup] *m* <kétchups> Ketchup *m o nt*

kg ['kilo'ɣramo] *abr de* **kilogramo** kg

kibutz [ki'βuθ] *m* <kibutzs> Kibbuz *m*

kié [kje] *m (argot)* Kumpel *m*

kikirikí [kikiri'ki] *m* Kikeriki *nt*

kilo ['kilo] **I.** *m* Kilo *nt* **II.** *adv (argot: mucho)* sehr viel

kilobyte [kilo'βai^{t}] *m* (INFOR) Kilobyte *nt;* **~s por segundo** Kilobyte pro Sekunde

kilocaloría [kilokalo'ria] *f* Kilokalorie *f*

kilociclo [kilo'θiklo] *m* Kilohertz *nt*

kilogramo [kilo'ɣramo] *m* Kilogramm *nt*

kilohercio [kilo'erθjo] *m* Kilohertz *nt*

kilojulio [kilo'xuljo] *m* (FÍS) Kilojoule *nt*

kilolitro [kilo'litro] *m* Kiloliter *m*

kilometraje [kilome'traxe] *m* ❶ (AUTO) Kilometerstand *m* ❷ *(distancia)* Entfernung *f;* **hay que recorrer un buen ~** wir müssen einige Kilometer zurücklegen

kilometrar [kilome'trar] *vt* ❶ *(medir)* nach Kilometern messen ❷ *(río, carretera)* kilometrieren

kilométrico, -a [kilo'metriko, -a] *adj* ❶ *(en kilómetros)* kilometrisch ❷ *(muy largo)* kilometerlang; *(escrito)* ellenlang

kilómetro [ki'lometro] *m* Kilometer *m*

kilotón [kilo'ton] *m* Kilotonne *f*

kilovatio [kilo'βatjo] *m* Kilowatt *nt*

kilovoltio [kilo'βol̪tjo] *m* (ELEC) Kilovolt *nt*

kimono [ki'mono] *m* Kimono *m*

kínder ['kin̪der] *m inv,* **kindergarten** [kin̪der'ɣarten] *m inv (Am)* Kindergarten *m*

kiosco ['kjosko] *m,* **kiosko** ['kjosko] *m* Kiosk *m*

Kirguistán [kirɣis'tan] *m* Kirgisistan *nt*

Kiribati [kiri'bati] *m* Kiribati *nt*

kirsch [kirʃ] *m* Kirschwasser *nt*

kit [kit] *m* <kits> Baukasten *m*

kitesurf ['kai̯tsurf] *m* (DEP) Kitesurfen *nt*

kitsch [kitʃ] *m sin pl* Kitsch *m*

kiwi ['kiβi] *m* Kiwi *f*

kl [kilo'litro] *abr de* **kilolitro** kl

kleenex® ['kline^{ɣ}s] *m inv,* **klínex®** ['kline^{ɣ}s] *m inv* Tempo® *nt; v. t.* **clínex**

km [ki'lometro] *abr de* **kilómetro** km

K

km/h [ki'lometro por 'ora] *abr de* **kilómetro por hora** km/h
koala [ko'ala] *m* Koala *m*
koi [koj] *m* (ZOOL: *carpa japonesa*) Koi *m*
kosovar [koso'βar] *mf* Kosovare, -in *m, f*
Kósovo ['kosoβo] *m* Kosovo *m*
Kremlin ['kremlin] *m* Kreml *m*
kung-fu [kuŋ'fu] *m sin pl* (DEP) Kung-Fu *nt*
Kurdistán [kurðis'tan] *m* Kurdistan *nt*
kurdo, -a ['kurðo, -a] **I.** *adj* kurdisch **II.** *m, f* Kurde, -in *m, f*
Kuwait [ku'βait] *m* Kuwait *nt*
kuwaití [kuβai̯'ti] **I.** *adj* kuwaitisch **II.** *mf* Kuwaiter(in) *m(f)*
kv [kilo'βatjo] *abr de* **kilovatio** kW
kW [kilo'βatjo] *abr de* **kilovatio** kW
kWh [kilo'βatjo 'ora] *abr de* **kilovatio-hora** kWh

L

L, l ['ele] *f* L, l *nt;* ~ **de Lorenzo** L wie Ludwig
l ['litro] *abr de* **litro**(**s**) l
l. ['liβro-lei̯] ❶ *abr de* **libro** Buch ❷ *abr de* **ley** Gesetz
L. [lei̯-'lira] ❶ *abr de* **Ley** Gesetz ❷ *abr de* **lira**(**s**) L.
la [la] **I.** *art det v.* **el, la, lo** **II.** *pron pers f sg* ❶ *(objeto directo)* sie; **¡tráeme~!** bring sie mir! ❷ *(enclítico)* es; **¡buena ~ hemos hecho!** da haben wir uns etwas eingebrockt! ❸ *(con relativo)* ~ **que...** die(jenige), die ...; ~ **cual** die ❹ *(laísmo)* ihr **III.** *m* (MÚS) A *nt*
laberíntico, -a [laβe'rin̪tiko, -a] *adj* labyrinthisch; *(fig)* verworren
laberinto [laβe'rin̪to] *m* ❶ *(lugar)* Labyrinth *nt* ❷ *(maraña)* Durcheinander *nt*
labia ['laβja] *f (fam)* Zungenfertigkeit *f;* **tener mucha** ~ ein flinkes Mundwerk haben
labial [la'βjal] *adj* Lippen-
lábil ['laβil] *adj (carácter, t.* QUÍM) labil; *(frágil)* unsicher
labio ['laβjo] *m* ❶ *(boca)* Lippe *f;* (ZOOL) Lefze *f;* ~ **leporino** Hasenscharte *f;* **los ~s** der Mund; **cerrar los ~s** schweigen; **morderse los ~s** sich *dat* auf die Lippen beißen; *(fig)* sich *dat* das Lachen verbeißen ❷ *(borde)* Rand *m* ❸ *pl (vulva)* Schamlippen *f pl*
labioso, -a [la'βjoso, -a] *adj (Ecua: adulador)* schmeichlerisch
labor [la'βor] *f* Arbeit *f;* *(manualidad)* Handarbeit *f;* *(labranza)* Feldarbeit *f;* ~ **de ganchillo** Häkelarbeit *f;* **sus ~es** *(formularios)* Hausfrau *f;* **hacer ~es** handarbeiten
laborable [laβo'raβle] *adj* ❶ (AGR) kultivierbar ❷ *(de trabajo)* **día** ~ Werktag *m*
laboral [laβo'ral] *adj* Arbeits-
laboralista [laβora'lista] **I.** *adj* **abogado** ~ Arbeitsrechtler *m* **II.** *mf* Arbeitsrechtler(in) *m(f)*
laborar [laβo'rar] **I.** *vi* ❶ *(gestionar)* sich bemühen (**por/en favor de** um +*akk*) ❷ *(intrigar)* intrigieren **II.** *vt v.* **labrar**
laboratorio [laβora'torjo] *m* Labor *nt*
laborear [laβore'ar] *vt* ❶ *v.* **labrar** ❷ (MIN) fördern, schürfen
laboreo [laβo'reo] *m* ❶ (AGR) Ackerbau *m* ❷ (MIN) Bergbau *m;* ~ **exhaustivo** Raubbau *m*
laborío [laβo'rio] *m* Arbeit *f,* Mühe *f*
laboriosidad [laβorjosi'ðað] *f* Fleiß *m*
laborioso, -a [laβo'rjoso, -a] *adj* ❶ *(trabajador)* fleißig ❷ *(difícil)* mühsam
laborismo [laβo'rismo] *m* (POL) Labourbewegung *f*
laborista [laβo'rista] **I.** *adj* **partido** ~ Labour Party *f* **II.** *mf* Anhänger(in) *m(f)* der Labour Party
labrado¹ [la'βraðo] *m* ❶ *(acción)* Bearbeitung *f;* (AGR) Bestellung *f* ❷ *(resultado)* Arbeit *f;* *(dibujo)* Muster *nt;* *(de un cristal)* Schliff *m* ❸ *(campo)* Acker *m* ❹ *pl (tierra)* Ackerland *nt*
labrado, -a² [la'βraðo, -a] *adj* ❶ *(telas)* gemustert; *(objetos)* fein gearbeitet; *(madera)* behauen; *(cristal)* geschliffen ❷ *(tierra)* bestellt; **campo** ~ Ackerland *nt*
labrador(a) [laβra'ðor(a)] *m(f)* Landwirt(in) *m(f)*
labrandera [laβran̪'dera] *f* Handarbeiterin *f;* *(costurera)* Näherin *f*
labrantío¹ [laβran̪'tio] *m* Ackerland *nt*
labrantío, -a² [laβran̪'tio, -a] *adj* ❶ *(cultivado)* bebaut ❷ *(cultivable)* anbaufähig
labranza [la'βran̪θa] *f* ❶ *(cultivo)* Ackerbau *m* ❷ *(trabajo)* Feldarbeit *f* ❸ *(hacienda)* Bauernhof *m*
labrapuntas [laβra'pun̪tas] *m inv (Col)* Anspitzer *m*

labrar [la'βrar] *vt* ① *(trabajar un material)* bearbeiten; *(un dibujo)* herausarbeiten; *(cristal)* schleifen; **sin ~** unbearbeitet ② *(cultivar)* bestellen; *(arar)* pflügen; *(en jardín)* hacken ③ (MIN) ausbeuten ④ *(coser)* nähen; *(bordar)* sticken ⑤ *(acuñar)* prägen ⑥ *(causar gradualmente)* bewirken; **~ la felicidad de alguien** jdm zu seinem Glück verhelfen; **~ la perdición de alguien** jdn ins Verderben stürzen

labriego, -a [la'βrjeɣo, -a] *m, f* Landwirt(in) *m(f)*

laburar [laβu'rar] *vi (Arg, Urug)* arbeiten

laca ['laka] *f* ① *(pintura)* Lack *m* ② *(para el pelo)* Haarlack *m; (espray)* Haarspray *m o nt*

lacar [la'kar] <c → qu> *vt* lackieren

lacayo [la'kaʝo] *m* ① *(criado)* Lakai *m* ② *(pey: adulador)* Speichellecker *m*

lacerado, -a [laθe'raðo, -a] *adj* unglückselig

lacerante [laθe'ran̩te] *adj* unangenehm; *(dolor)* stechend; **un grito ~** ein gellender Schrei

lacerar [laθe'rar] *vt* ① *(herir)* verletzen; **~ el alma** das Herz zerreißen ② *(magullar)* quetschen ③ *(la honra)* Schaden zufügen +*dat*

laceria [la'θerja] *f* ① *(miseria)* Elend *nt* ② *(fatiga)* Mühe *f*

lacero, -a [la'θero, -a] *m, f* ① *(laceador)* Lassowerfer(in) *m(f)* ② *(perrero)* Hundefänger(in) *m(f)*

lacha ['latʃa] *f* ① (ZOOL) Sardelle *f* ② *(fam: vergüenza)* Scham *f;* **tener poca ~** unverschämt [*o* schamlos] sein

lachear [latʃe'ar] *vt (Chil)* den Hof machen +*dat,* umwerben

lacho ['latʃo] **I.** *adj (Chil, Perú: hombre enamoradizo)* leicht entflammbar; *(acostumbrado a galantear)* galant **II.** *m (Chil, Perú: enamorado)* Liebhaber *m; (pisaverde)* Galan *m*

lacio, -a ['laθjo, -a] *adj* ① *(marchito)* welk ② *(flojo)* schlaff; *(cabello)* glatt

lacón [la'kon] *m* (luftgetrockneter) Vorderschinken *m*

lacónico, -a [la'koniko, -a] *adj* lakonisch; *(persona)* wortkarg

laconismo [lako'nismo] *m* Lakonismus *m*

lacra ['lakra] *f* ① *(de una enfermedad)* Folgeerscheinung *f; (cicatriz)* Narbe *f* ② *(vicio)* Laster *nt*

lacrar [la'krar] *vt* ① *(cerrar)* versiegeln ② *(contagiar)* anstecken ③ *(perjudicar)* schädigen

lacre ['lakre] *m* Siegellack *m*

lacrimal [lakri'mal] *adj* Tränen-; **bolsa ~** Tränensack *m*

lacrimógeno, -a [lakri'moxeno, -a] *adj* **gas ~** Tränengas *nt;* **película lacrimógena** *(pey)* Schnulze *f*

lacrimoso, -a [lakri'moso, -a] *adj* ① *(lloroso)* tränend ② *(lastimoso)* zu Tränen rührend ③ *(quejumbroso)* wehleidig

lactancia [lak'tan̩θja] *f* ① *(acción)* Säugen *nt* ② *(período)* Stillzeit *f*

lactante [lak'tan̩te] **I.** *adj* stillend **II.** *mf* Säugling *m*

lactar [lak'tar] **I.** *vt* stillen, säugen **II.** *vi* saugen

lácteo, -a ['lakteo, -a] *adj* Milch-; *(parecido)* milchig; **vía láctea** Milchstraße *f*

láctico, -a ['laktiko, -a] *adj* Milch-

lactosa [lak'tosa] *f* Milchzucker *m*

lacustre [la'kustre] *adj* See-; **construcciones ~s** Pfahlbauten *mpl*

ladeado, -a [laðe'aðo, -a] *adj* schief

ladear [laðe'ar] **I.** *vt* ① *(inclinar)* (zur Seite) neigen; *(un sombrero)* schief aufsetzen ② *(desviar)* ausweichen +*dat;* **~ un problema** einem Problem aus dem Weg gehen **II.** *vi (caminar)* einen Hang entlanglaufen; *(desviarse)* vom Weg abkommen **III.** *vr:* **~se** ① *(inclinarse)* sich (zur Seite) neigen ② *(Chil: enamorarse)* sich verlieben ③ *(loc)* **~se con alguien** sich auf jds Seite stellen

ladeo [la'ðeo] *m* seitliche Neigung *f*

ladera [la'ðera] *f* Abhang *m*

ladilla [la'ðiʎa] *f* Filzlaus *f*

ladino, -a [la'ðino, -a] *adj* ① *(taimado)* abgefeimt ② *(políglota)* sprachgewandt

lado ['laðo] *m* ① *(lateral, t.* MAT) Seite *f;* **por un ~... y por el otro ~...** einerseits ... und andererseits ...; **a ambos ~s** beiderseits; **por el ~ materno** mütterlicherseits; **ir de un ~ a otro** hin und her gehen; **dormir del ~ izquierdo** auf der linken Seite schlafen; **por todos ~s** überall; **dejar de ~ a alguien** jdn ignorieren; **mirar de ~ a alguien** jdn schief anblicken; **al ~** daneben; **la casa de al ~** das Haus nebenan; **al ~ de** *(estar junto a)* neben +*dat; (colocar junto a)* neben +*akk;* **al ~ mío, a mi ~** *(estar)* neben mir; *(colocar)* neben mich ② *(borde)* Kante *f; (extremo)* Rand *m; (parte)* Teil *m* ③ *(lugar)* Gegend *f;* **por el ~ del río** in der Nähe des Flusses; **ir a algún otro ~** irgendwo anders hingehen ④ *(punto de vista)* Aspekt *m;* **por el ~ ecológico** vom ökologischen Standpunkt; **el ~ bueno de la vida** die angenehme(n) Seite(n) des Lebens ⑤ *(camino)* Weg *m;* **tomar por otro ~** einen anderen Weg einschlagen ⑥ *(partido)* **me puse de tu ~** ich ergriff für dich Partei

ladrador(a) [laðra'ðor(a)] *adj* bellend;

dice el refrán: perro ~ poco mordedor es heißt: Hunde, die bellen, beißen nicht
ladrar [la'ðrar] *vi (perro)* bellen; *(amenazar)* kläffen; **perro que ladra no muerde** *(prov)* Hunde, die bellen, beißen nicht
ladrido [la'ðrido] *m* ❶ *(perro)* Gebell *nt* ❷ *(pey: calumnia)* Beschimpfung *f*
ladrillo [la'ðriʎo] *m* ❶ *(de construcción)* Ziegel(stein) *m;* **color ~** Ziegelrot *nt* ❷ (TEAT, LIT) (langweiliger) Schinken *m*
ladrón[1] [la'ðron] *m (enchufe)* Mehrfachstecker *m*
ladrón, -ona[2] [la'ðron, -ona] **I.** *adj* diebisch **II.** *m, f (bandido)* Dieb(in) *m(f);* **~ cuatrero** Viehdieb *m;* **la ocasión hace al ~** *(prov)* Gelegenheit macht Diebe
ladronamente [laðrona'meṇte] *adv* verstohlen, heimlich
ladronera [laðro'nera] *f* ❶ *(escondrijo)* Diebesnest *nt* ❷ *(de un río o acequia)* unbefugte Wasserentnahme *f* ❸ *(defraudación)* Gaunerei *f*
ladronzuelo, -a [laðroṇ'θwelo, -a] *m, f (ratero)* Taschendieb(in) *m(f)*
lagar [la'ɣar] *m* ❶ *(aceite)* Ölpresse *f;* *(vino)* Kelter *f* ❷ *(edificio)* Kelterei *f*
lagartija [laɣar'tixa] *f* Mauereidechse *f*
lagarto[1] [la'ɣarto] **I.** *interj* toi, toi, toi! **II.** *m* ❶ *(reptil)* Eidechse *f* ❷ *(Am: caimán)* Kaiman *m*
lagarto, -a[2] [la'ɣarto, -a] **I.** *adj* verschlagen **II.** *m, f (persona)* Luder *nt*
lagartón, -ona [laɣar'ton, -ona] **I.** *adj* schlau; *(pey)* durchtrieben **II.** *m, f* Schlauberger(in) *m(f) fam;* *(pey)* gerissener Mensch *m*
lago ['laɣo] *m* See *m;* **~ de Constanza** Bodensee *m*
lágrima ['laɣrima] *f* ❶ *(del ojo)* Träne *f;* **llorar ~s de sangre por algo** wegen etw *gen/dat* heiße Tränen vergießen; **llorar a ~ viva, deshacerse en ~s** bitterlich weinen; **ser el paño de ~s de alguien** jds Trost sein ❷ *(de vino)* Schlückchen *nt*
lagrimal [laɣri'mal] **I.** *adj* Tränen- **II.** *m* Tränensack *m*
lagrimear [laɣrime'ar] *vi* tränen
lagrimón [laɣri'mon] *m (fam)* dicke Träne *f*
lagrimoso, -a [laɣri'moso, -a] *adj* tränend
laguna [la'ɣuna] *f* ❶ *(agua salada)* Lagune *f;* *(dulce)* Teich *m* ❷ *(omisión)* Lücke *f;* **~ en la memoria** Gedächtnislücke *f*
laicalización [lai̯kaliθa'θjon] *f (Chil)* Säkularisierung *f*
laicizar [lai̯θi'θar] <z → c> *vt* verweltlichen
laico, -a ['lai̯ko, -a] **I.** *adj* weltlich **II.** *m, f* Laie, -in *m, f*

L

laja ['laxa] *f* Steinplatte *f;* **~ de pizarra** Schieferplatte *f*
lama ['lama] *f* ❶ *(cieno)* Schlick *m* ❷ *(de metal)* Lahn *m*
lambarero, -a [lamba'rero, -a] *adj (Cuba: ocioso)* müßiggängerisch; *(errante)* umherschweifend, streunend
lambda [lambða] *f (letra griega)* Lambda *nt*
lamé [la'me] *m* Lamé *m*
lameculos [lame'kulos] *mf inv (vulg)* Arschkriecher(in) *m(f)*
lamedura [lame'ðura] *f* Lecken *nt*
lamentable [lameṇ'taβle] *adj* jämmerlich
lamentación [lameṇta'θjon] *f (acción)* (Weh)klagen *nt;* *(expresión)* (Weh)klage *f;* **las lamentaciones** das Gejammer
lamentar [lameṇ'tar] **I.** *vt* beklagen; **lo lamento** ich bedaure es **II.** *vr:* **~se** sich beklagen (**de** über +*akk*)
lamento [la'meṇto] *m* Wehklagen *nt*
lameplatos [lame'platos] *mf inv* ❶ *(fam: goloso)* Leckermaul *nt* ❷ *(pobre)* armer Schlucker *m*
lamer [la'mer] **I.** *vt* ❶ *(pasar la lengua)* (ab)lecken ❷ *(tocar)* leicht berühren; **las olas lamen las arenas** die Wellen rollen an den Strand; **mejor lamiendo que mordiendo** *(fig)* man erreicht mehr mit Lob als mit Tadel **II.** *vr:* **~se** sich lecken
lamido[1] [la'miðo] *m* Lecken *nt*
lamido, -a[2] [la'miðo, -a] *adj* ❶ *(flaco)* dünn ❷ *(pálido)* blass ❸ *(relamido)* geschniegelt ❹ *(gastado)* abgewetzt
lámina ['lamina] *f* ❶ *(hojalata)* dünnes Blech *nt;* *(hoja de metal)* Folie *f;* *(segmento)* Lamelle *f;* **~ para proyector** Overheadfolie *f* ❷ (TIPO) Druckplatte *f* ❸ *(ilustración)* Abbildung *f;* **con ~s** illustriert
laminación [lamina'θjon] *f* Walzen *nt*
laminador [lamina'ðor] *m (empresa)* Walzwerk *nt*
laminar [lami'nar] **I.** *adj* ❶ *(en forma de lámina)* Folien- ❷ *(formado de láminas)* schichtartig **II.** *vt* ❶ *(cortar)* (aus)walzen ❷ *(guarnecer)* mit Platten verkleiden
laminilla [lami'niʎa] *f* Lamelle *f;* **~ de cobre** Kupferfolie *f*
lampa ['lampa] *f (And: pala)* Schaufel *f;* *(azada)* Hacke *f*
lámpara ['lampara] *f* ❶ *(luz)* Lampe *f;* **~ de alarma** Warnleuchte *f;* **~ fluorescente** Leuchtstoffröhre *f;* **~ de pie** Stehlampe *f;* **~ de araña** Kronleuchter *m;* **~ de escritorio** Schreibtischlampe *f;* **atizar la ~** *(fig fam)* noch eine Runde Wein einschenken ❷ (TV, RADIO) Röhre *f* ❸ *(mancha)* Fettfleck *m*

lamparilla [lampa'riʎa] *f (luz)* Nachtlampe *f*

lamparón [lampa'ron] *m* ~ **de grasa** großer Fettfleck *m*

lampazo [lam'paθo] *m* (NÁUT) Schrubber *m*

lampiño, -a [lam'piɲo, -a] *adj (sin barba)* bartlos; *(sin pelo)* haarlos

lampión [lam'pjon] *m* Laterne *f*, Lampion *m o nt*

lampista [lam'pista] *mf* ① *(fabricante)* Lampenhersteller(in) *m(f)* ② *(vendedor)* Lampenverkäufer(in) *m(f)* ③ *(sereno)* Lampenanzünder(in) *m(f)*

lampistería [lampiste'ria] *f* ① *(fábrica)* Lampenfabrik *f* ② *(tienda)* Lampengeschäft *nt* ③ *(almacén)* Lampenwerkstatt *f*

lana ['lana] *f* ① *(material)* Wolle *f*; ~ **esquilada** Schurwolle *f*; **perro de ~s** Pudel *m*; **cardarle la ~ a alguien** *(fig fam)* jdm gehörig die Meinung sagen ② *(tela)* Wollstoff *m* ③ *(vulg: dinero)* Kohle *f fam*

lanar [la'nar] *adj* Woll-; **ganado** ~ Wollvieh *nt*

lance ['laṇθe] *m* ① *(acción)* Wurf *m*; *(red)* Auswerfen *nt* ② *(trance)* kritische Situation *f* ③ *(pelea)* Streit *m*; ~ **de honor** Duell *nt* ④ *(juego)* Aktion *f* ⑤ *(fam: compra)* Gelegenheit *f*; **comprar de** ~ ein Schnäppchen machen; **de** ~ aus zweiter Hand ⑥ *(loc)* ~ **de amor** Liebesabenteuer *nt*; ~ **de fortuna** Schicksalswendung *f*

lancero [laṇ'θero] *m* ① *(soldado)* Lanzenreiter *m* ② *(torero)* Lanzenkämpfer *m*

lancha ['lanʧa] *f* ① *(piedra)* Steinplatte *f*; ~ **de pizarra** Schieferplatte *f* ② *(bote)* Kahn *m*; ~ **motora** Motorboot *nt*; ~ **a remolque** Schleppkahn *m*; ~ **de salvamento** Seenotrettungskreuzer *m*

lanchar [lan'ʧar] *vi (Ecua)* ① *(nublarse)* sich bewölken ② *(helar)* (ge)frieren

land [laṇᵈ] *m* (deutsches) Bundesland *nt*

landa ['laṇda] *f* Heide *f*

lanero, -a [la'nero, -a] *adj* Woll-

langosta [laŋ'gosta] *f* ① *(insecto)* Heuschrecke *f*; **los muchachos son la** ~ *(fam)* vor den Jungen ist nichts (Essbares) sicher; **por esta nevera ha pasado la** ~ der Kühlschrank ist total leer geräumt worden ② *(crustáceo)* Languste *f*

langostino [laŋgos'tino] *m* Garnele *f*

langucia [laŋ'guθja] *f (Am)* Gefräßigkeit *f*

lánguidamente [laŋgiða'meṇte] *adv* matt, kraftlos

languidecer [laŋgiðe'θer] *vi irr como crecer* ① *(debilitarse)* verkümmern; *(alguien)* dahinsiechen; *(flores)* verwelken; *(fuego)* verglimmen; ~ **de amor** sich vor Liebe verzehren; **la conversación languideció** die Unterhaltung verlief schleppend ② *(espíritu)* niedergeschlagen sein

languidez [laŋgi'ðeθ] *f* ① *(debilidad)* Mattigkeit *f* ② *(espíritu)* Niedergeschlagenheit *f*

lánguido, -a ['laŋgiðo, -a] *adj* ① *(débil)* matt ② *(espíritu)* niedergeschlagen

lanilla [la'niʎa] *f (pelillo)* (Woll)flor *m*

lanolina [lano'lina] *f* Wollfett *nt*

lanoso, -a [la'noso, -a] *adj*, **lanudo, -a** [la'nuðo, -a] *adj* wollig; *(oveja)* wollreich

lanza ['laṇθa] *f* ① *(arma)* Lanze *f*; **quebrar ~s** *(fig)* sich verfeinden ② *(carro)* Deichsel *f*

lanzabengalas [laṇθaβeŋ'galas] *m inv* Leuchtpistole *f*

lanzacohetes [laṇθako'etes] *m inv* Raketenwerfer *m*

lanzada [laṇ'θaða] *f (golpe)* Lanzenstoß *m*; *(herida)* Lanzenstich *m*

lanzadera [laṇθa'ðera] *f* ① *(textil)* (Weber)schiffchen *nt* ② (AERO) Raumfähre *f*

lanzado, -a [laṇ'θaðo, -a] *adj* ① *(decidido)* entschlossen ② *(impetuoso)* ungestüm; *(fogoso)* feurig

lanzador(a) [laṇθa'ðor(a)] *m(f)* Werfer(in) *m(f)*

lanzagranadas [laṇθaɣra'naðas] *m inv* Granatwerfer *m*

lanzallamas [laṇθa'ʎamas] *m inv* Flammenwerfer *m*

lanzamiento [laṇθa'mjeṇto] *m* Wurf *m*; ~ **de bombas** Bombenabwurf *m*; ~ **comercial** Lancierung *f*; ~ **espacial** Raketenstart *m*; ~ **de peso** Kugelstoßen *nt*; ~ **de falta** (DEP) Freistoß *m*; ~ **de jabalina** (DEP) Speerwurf *m*

lanzaminas [laṇθa'minas] *m inv* Minenwerfer *m*; *(buque)* Minenleger *m*

lanzamisiles [laṇθami'siles] *m inv* Raketenwerfer *m*

lanzar [laṇ'θar] <z → c> **I.** *vt* ① *(arrojar)* werfen (**a** auf +*akk*); ~ **peso** kugelstoßen ② *(al mercado)* auf den Markt bringen **II.** *vr:* **~se** sich stürzen (**a/sobre** auf +*akk*); **~se a correr** losrennen; **~se al agua** ins Wasser springen; **~se en paracaídas** mit dem Fallschirm abspringen; **~se en picado** im Sturzflug fliegen

lanzaroteño, -a [laṇθaro'teɲo, -a] **I.** *adj* aus Lanzarote **II.** *m, f* Bewohner(in) *m(f)* von Lanzarote

lanzatorpedos [laṇθator'peðos] *m inv* Torpedoträger *m*

Laos ['laos] *m* Laos *nt*

lapa ['lapa] *f* ① (ZOOL) Napfschnecke *f* ② *(fam: persona)* Klette *f*

lapicera [lapi'θera] *f (Arg)* Füller *m*

L

lapicero [lapi'θero] *m* ❶ *(para lápices)* Bleistifthalter *m* ❷ *(lápiz)* Bleistift *m* ❸ *(Am: bolígrafo)* Kugelschreiber *m*

lápida ['lapiða] *f* Steintafel *f;* ~ **conmemorativa** Gedenktafel *f*

lapidación [lapiða'θjon] *f* Steinigung *f;* **le condenaron a muerte por** ~ er ist zum Tode durch Steinigen verurteilt worden

lapidar [lapi'ðar] *vt* steinigen

lapidario, -a [lapi'ðarjo, -a] *adj* ❶ *(piedras preciosas)* Edelstein- ❷ *(categórico)* lapidar, kurz und bündig

lapislázuli [lapis'laθuli] *m* Lapislazuli *m*

lápiz ['lapiθ] *m (de grafito)* Bleistift *m;* ~ **de color** Buntstift *m;* ~ **de ojos** Kajalstift *m;* ~ **de labios** Lippenstift *m;* ~ **de pizarra** Griffel *m*

lapón, -ona [la'pon, -ona] **I.** *adj* lappländisch **II.** *m, f (habitante)* Lappländer(in) *m(f)*, Lappe, -in *m, f*

Laponia [la'ponja] *f* Lappland *nt*

lapso ['laβso] *m* ❶ *(período)* ~ (**de tiempo**) Zeitraum *m* ❷ *v.* **lapsus**

lapsus ['laβsus] *m* Fehler *m*

laqueador(a) [lakea'ðor(a)] **I.** *adj* lackierend, Lackier-; **empresa ~a** Lackiererei *f* **II.** *m(f)* Lackierer(in) *m(f)*

L

laquear [lake'ar] *vt* lackieren

lar [lar] *m* ❶ *(fuego)* Herd *m* ❷ *(hogar)* Heim (und Herd) *nt*

lardo ['larðo] *m* ❶ *(tocino)* Speck *m* ❷ *(grasa)* Schmalz *nt*

lardoso, -a [lar'ðoso, -a] *adj* fettig

largamente [larɣa'mente] *adv* ❶ *(extensamente)* ausführlich ❷ *(tiempo)* lange ❸ *(holgadamente)* spielend, mühelos ❹ *(generosamente)* reichlich

largar [lar'ɣar] <g → gu> **I.** *vt* ❶ *(soltar)* loslassen ❷ *(fam: golpe)* versetzen; *(bofetada)* geben ❸ *(fam: discurso)* vom Stapel lassen **II.** *vr:* **~se** ❶ *(irse)* abhauen; *(de casa)* ausreißen ❷ *(Am: comenzar)* in Bewegung setzen; **~se a hacer algo** etw mit Schwung beginnen **III.** *vi (fam)* schwätzen

largavistas [larɣa'βistas] *m inv* Fernrohr *nt*

largo[1] ['larɣo] **I.** *adv* ❶ *(en abundancia)* reichlich; ~ **y tendido** in Hülle und Fülle ❷ *(loc)* **a lo ~ de** *(lugar)* an +*dat* ... entlang; *(período)* während; **a lo ~ del día** im Laufe des Tages; **pasear a lo ~ de la playa** am Strand entlanggehen; **¡~ de aquí!** weg hier! **II.** *m (longitud)* Länge *f;* **nadar tres ~s** drei Bahnen schwimmen; **diez metros de** ~ zehn Meter lang

largo, -a[2] ['larɣo, -a] *adj* ❶ *(tamaño, duración)* lang; **a ~ plazo, a la larga** langfristig; **a la larga o a la corta** über kurz oder lang; **a lo ~ de muchos años** viele Jahre lang; **dar largas a algo** etw auf die lange Bank schieben; **el pantalón te está ~** die Hose ist dir zu lang; **ir de ~** ein langes Kleid tragen; *(de gala)* ein Abendkleid tragen; **pasar de ~** weitergehen; *(fig)* außer Acht lassen; **tener cincuenta años ~s** weit über fünfzig sein; **tiene las manos largas** *(pegar)* ihm/ihr rutscht leicht die Hand aus; *(robar)* er/sie ist ein Langfinger ❷ *(extensivo)* ausführlich; *(mucho)* reichlich; **por ~** ausführlich ❸ *(fam: astuto)* clever

largometraje [larɣome'traxe] *m* Spielfilm *m*

larguero [lar'ɣero] *m* ❶ *(carpintería)* Holm *m* ❷ (DEP) (Tor)latte *f*

largueza [lar'ɣeθa] *f* ❶ *(largo)* Länge *f* ❷ *(generosidad)* Großzügigkeit *f* ❸ *(liberalidad)* Toleranz *f*

larguirucho, -a [larɣi'rutʃo, -a] *adj (fam)* schlaksig

largura [lar'ɣura] *f* Länge *f;* **con ~** spielend

laringe [la'riŋxe] *f* Kehlkopf *m*

laringitis [lariŋ'xitis] *f inv* Kehlkopfentzündung *f;* (MED) Laryngitis *f*

larva ['larβa] *f* Larve *f*

larvado, -a [lar'βaðo, -a] *adj* verborgen

las [las] **I.** *art det v.* **el, la, lo II.** *pron pers f pl* ❶ *(objeto directo)* sie; **¡míra~!** schau sie dir an! ❷ *(con relativo)* ~ **que...** die(jenigen), die ...; ~ **cuales** die ❸ *(laísmo)* ihnen

lasaña [la'saɲa] *f* (GASTR: *plato de origen italiano*) Lasagne *f*

lascivia [las'θiβja] *f* ❶ *(lujuria)* Lüsternheit *f* ❷ *(indecencia)* Unanständigkeit *f* ❸ *(sensualidad)* Laszivität *f*

lascivo, -a [las'θiβo, -a] *adj* ❶ *(sensual)* lasziv ❷ *(lujurioso)* lüstern ❸ *(indecente)* unanständig

láser ['laser] *m* Laser *m*

lasitud [lasi'tu[ð]] *f* Mattigkeit *f*

laso, -a ['laso -a] *adj* matt

lástima ['lastima] *f* ❶ *(compasión)* Mitleid *nt;* **dar** [*o* **causar**] ~ Mitleid erwecken; **de** [*o* **por**] ~ aus Mitleid; **estar hecho una** ~ in einem jämmerlichen Zustand sein; **¡qué ~!** wie schade! ❷ *(lamentación)* Jammer *m;* **llorar ~s** herumjammern

lastimador(a) [lastima'ðor(a)] *adj* verletzend

lastimadura [lastima'ðura] *f* Verletzung *f*

lastimar [lasti'mar] **I.** *vt* ❶ *(herir)* verletzen; **las botas me han lastimado los pies** ich habe mir in den Schuhen die Füße wund gelaufen ❷ *(agraviar)* beleidigen **II.** *vr:* **~se** ❶ *(herirse)* sich verletzen ❷ *(quejarse)* wehklagen (**de** über +*akk*)

lastimero, -a [lasti'mero, -a] *adj*, **lastimoso, -a** [lasti'moso, -a] *adj* mitleiderregend
lastimoso, -a [lasti'moso, -a] *adj* elend, mitleiderregend
lastra ['lastra] *f* Steinplatte *f*
lastrante [las'trante] *adj* belastend
lastrar [las'trar] **I.** *vt* ❶ *(poner peso)* (mit Ballast) beladen ❷ *(subrayar)* bekräftigen **II.** *vi* Ballast aufladen
lastre ['lastre] *m* ❶ *(cantera)* Schotterstein *m* ❷ (NÁUT) Ballast *m*
lata ['lata] *f* ❶ *(metal)* Blech *nt* ❷ *(envase)* Blechdose *f*, Blechbüchse *f* ❸ *(conversación)* langweilige Unterhaltung *f* ❹ *(fam: pesadez)* Last *f*; **dar la ~** nerven; **¡vaya ~!** *(fastidio)* das ist echt ätzend!; *(aburrido)* das ist ja stinklangweilig!
latazo [la'taθo] *m* *(fam)* ❶ *(tontería)* Blech *nt* ❷ *(pesadez)* Last *f*; **ser un ~** *(pesado)* lästig sein; *(fastidioso)* ätzend sein; *(aburrido)* stinklangweilig sein; **dar el ~** nerven
latear [late'ar] *vi* *(Am)* ❶ *(aburrir a alguien)* langweilen ❷ *(parlotear)* schwatzen; **se pasa el día lateando** er/sie redet den ganzen Tag herum
latente [la'tente] *adj* latent
lateral [late'ral] *adj* ❶ *(lado)* seitlich ❷ *(secundario)* Neben-
lateralidad [laterali'ðaᵈ] *f* *sin pl* (PSICO) Lateralität *f*
lateralmente [lateral'mente] *adv* seitlich
latero, -a [la'tero, -a] **I.** *adj* lästig **II.** *m, f* *(Am)* Klempner(in) *m(f)*
látex ['lateʸs] *m* Latex *m*
latido [la'tiðo] *m* ❶ *(corazón)* Schlagen *nt*; *(herida, arteria)* Pochen *nt*; **los ~s del corazón** der Herzschlag ❷ *(perro)* kurzes Bellen *nt*
latifundio [lati'fundjo] *m* Großgrundbesitz *m*
latifundista [latifun'dista] *mf* Großgrundbesitzer(in) *m(f)*
latigazo [lati'ɣaθo] *m* ❶ *(golpe)* Peitschenhieb *m* ❷ *(chasquido)* Peitschenknall *m* ❸ *(destino)* Schicksalsschlag *m* ❹ *(reprimenda)* Rüffel *m* *fam* ❺ *(fam: trago)* Schlückchen *nt*
látigo ['latiɣo] *m* Peitsche *f*
latiguear [latiɣe'ar] **I.** *vi* mit der Peitsche knallen **II.** *vt* *(Am)* auspeitschen
latiguillo [lati'ɣiʎo] *m* *(fam)* ❶ *(efectismo)* Effekthascherei *f* ❷ *(muletilla)* Füllwort *nt*; *(expresión)* stereotype Wendung *f*
latín [la'tin] *m* Latein *nt*; **saber** (**demasiado**) **~** *(fam fig)* (zu) clever sein
latinismo [lati'nismo] *m* (LING) Latinismus *m*
latino, -a [la'tino, -a] **I.** *adj* ❶ *(del latín)* lateinisch; **América Latina** Lateinamerika *nt* ❷ *(de descendientes de pueblos latinizados)* Latino- ❸ (LING) romanisch **II.** *m, f* *(descendiente de pueblos latinizados)* Latino, -a *m, f*
Latinoamérica [latinoa'merika] *f* Lateinamerika *nt*
latinoamericano, -a [latinoameri'kano, -a] **I.** *adj* lateinamerikanisch **II.** *m, f* Lateinamerikaner(in) *m(f)*
latir [la'tir] *vi* ❶ *(corazón)* klopfen; *(arteria, herida)* pochen ❷ *(perros)* kurz bellen
latitud [lati'tuᵈ] *f* ❶ (GEO, ASTR) Breite *f* ❷ *(extensión)* Ausdehnung *f*
lato, -a ['lato, -a] *adj* *(amplio)* weit; *(extendido)* ausgedehnt; **en sentido ~** im weitesten Sinne
latón [la'ton] *m* Messing *nt*
latoso, -a [la'toso, -a] *adj* lästig
laúd [la'uᵈ] *m* (MÚS) Laute *f*
laudable [lau̯'ðaβle] *adj* lobenswert
láudano ['lau̯ðano] *m* (MED) Laudanum *nt*
laudatorio, -a [lau̯ða'torjo, -a] *adj* lobend; **discurso ~** Laudatio *f*
laureado, -a [lau̯re'aðo, -a] *adj* preisgekrönt, ausgezeichnet
laurear [lau̯re'ar] *vt* ❶ *(coronar)* mit Lorbeeren bekränzen ❷ *(premiar)* (mit einem Preis) auszeichnen
laurel [lau̯'rel] *m* ❶ *(árbol)* Lorbeer(baum) *m* ❷ *(condimento)* Lorbeer *m* ❸ *pl* *(honor)* Lorbeeren *fpl*; **dormirse en los ~es** sich auf seinen Lorbeeren ausruhen
laureola [lau̯re'ola] *f* *(de laureles)* Lorbeerkranz *m*; *(aureola)* Heiligenschein *m*
lauro ['lau̯ro] *m* ❶ *v.* **laurel** ❷ *(gloria)* Ruhm *m*
lava ['laβa] *f* *(volcán)* Lava *f*
lavable [la'βaβle] *adj* waschbar; *(color)* waschecht
lavabo [la'βaβo] *m* ❶ *(pila)* Waschbecken *nt* ❷ *(cuarto)* Toilette *f*
lavacoches [laβa'kotʃes] *m* *inv* *(instalación)* Autowaschanlage *f*
lavadero [laβa'ðero] *m* *(de ropa)* Waschküche *f*
lavado [la'βaðo] *m* Wäsche *f*; (MED) Spülung *f*
lavadora [laβa'ðora] *f* Waschmaschine *f*; **~ de carga frontal** Frontlader *m*
lavamanos [laβa'manos] *m* *inv* Waschbecken *nt*
lavanda [la'βanda] *f* Lavendel *m*
lavandera [laβan'dera] *f* *v.* **lavandero**
lavandería [laβande'ria] *f* Wäscherei *f*
lavandero, -a [laβan'dero, -a] *m, f* Wäscher(in) *m(f)*

L

lavaparabrisas [laβapara'βrisas] *m inv* (AUTO) Scheibenwaschanlage *f*
lavaplatos [laβa'platos] *m inv* Spülmaschine *f*
lavar [la'βar] **I.** *vt (limpiar)* waschen; ~ **la cabeza** die Haare waschen; ~ **los platos** das Geschirr spülen **II.** *vr:* **~se** sich waschen; **~se los dientes** sich *dat* die Zähne putzen
lavativa [laβa'tiβa] *f* ❶ *(enema)* Einlauf *m* ❷ *(instrumento)* Klistierspritze *f*
lavatorio [laβa'torjo] *m* ❶ (MED) Reinigungssud *m* ❷ (REL) Fußwaschung *f;* ~ **del Jueves Santo** Fußwaschung am Gründonnerstag ❸ *(Am) v.* **lavabo**
lavavajillas [laβaβa'xiʎas] *m inv* (Geschirr)spülmaschine *f*
lavotear [laβote'ar] **I.** *vt* flüchtig waschen **II.** *vr:* **~se** sich oberflächlich waschen
lavoteo [laβo'teo] *m* Auswaschen *nt;* **dar a la ropa un simple** ~ die Wäsche nur kurz durchwaschen
laxante [laˠ'san̩te] *m* Abführmittel *nt*
laxar [laˠ'sar] *vt* ❶ *(relajar)* lockern ❷ *(vientre)* entleeren
laxativo[1] [laˠsa'tiβo] *m* Abführmittel *nt;* (MED) Laxans *nt,* Laxativ(um) *nt*
laxativo, -a[2] [laˠsa'tiβo, -a] *adj* abführend
laxitud [laˠsi'tuᵈ] *f* Schlaffheit *f*
laxo, -a ['laˠso, -a] *adj* ❶ *(flojo)* schlaff ❷ *(moral)* lax
laya ['laɟa] *f* ❶ *(palo fuerte de hierro)* (Abstech)spaten *m* ❷ *(especie)* Gattung *f,* Art *f* ❸ *(vulg: vergüenza)* Scham *f*
lazada [la'θaða] *f* Schlinge *f*
lazareto [laθa'reto] *m (de contagiosos)* Quarantänestation *f*
lazarillo, -a [laθa'riʎo, -a] *m, f* Blindenführer(in) *m(f);* **el Lazarillo de Tormes** *Figur des gleichnamigen spanischen Romans aus dem 16. Jh.*
lazo ['laθo] *m* ❶ *(nudo)* Schlinge *f* ❷ *(para caballos)* Lasso *nt; (para conejos)* Fangschlinge *f* ❸ *(cinta)* Schleife *f* ❹ *(vínculo)* Band *nt;* **~s afectivos** emotionale Bindungen
Lda. [limi'taða], **Ldo.** [limi'taðo] *abr de* **limitado, limitada** mit beschränkter Haftung
le [le] *pron pers* ❶ *m sg (reg: objeto directo)* ihn; *(forma cortés)* Sie ❷ *mf sg (objeto indirecto)* ihm, ihr; *(forma cortés)* Ihnen; **¡da~ un beso!** gib ihm/ihr einen Kuss!
leal [le'al] *adj* treu
lealtad [leal̩'taᵈ] *f* Treue *f*
leasing ['lisiŋ] *m sin pl* Leasing *nt*
lebrada [le'βraða] *f* (GASTR) *Gericht aus Hasenfleisch*
lebrel [le'βrel] *m* Windhund *m*
lección [leˠ'θjon] *f* ❶ *(lectura)* Lesen *nt* ❷ *(pl) (enseñanza escolar)* Unterricht *m;* **tomar lecciones de matemáticas** Mathematikstunden nehmen ❸ (UNIV) Vorlesung *f* ❹ *(tema a estudiar)* Lektion *f;* **dar la** ~ *(fam)* im Unterricht drankommen ❺ *(advertencia)* Lektion *f;* **dar una ~ a alguien** jdm eine Lektion erteilen; **¡que te sirva de ~!** das soll dir eine Lehre sein!
lechada [le'ʧaða] *f (argamasa)* Mörtel *m*
lechal [le'ʧal] **I.** *adj (cachorro)* Jung-; **cordero** ~ Milchlamm *nt* **II.** *m (cordero)* Milchlamm *nt*
lechar [le'ʧar] *adj* ❶ *(cachorro)* Jung-; **corzo** ~ Kitz *nt* ❷ *(productor)* **vaca** ~ Milchkuh *f*
leche ['leʧe] *f* ❶ *(alimento)* Milch *f;* ~ **entera** Vollmilch *f;* ~ **en polvo** Milchpulver *nt;* ~ **condensada** Kondensmilch *f* ❷ *(cosmético)* ~ **desmaquillante** Reinigungsmilch *f* ❸ *(vulg: esperma)* Sperma *nt* ❹ *(loc)* **¡~s!** *(fam)* Scheiße!; **ser la ~** unmöglich sein; **estar de mala ~** *(fam)* mies drauf sein; **tener mala ~** *(fam)* fies sein
lechera [le'ʧera] *f* ❶ *(recipiente)* Milchkanne *f* ❷ *(argot: coche de policía)* Polizeiauto *nt* ❸ *v.* **lechero**
lechería [leʧe'ria] *f* Milchgeschäft *nt*
lechero, -a [le'ʧero, -a] **I.** *adj* Milch- **II.** *m, f* Milchmann, -frau *m, f*
lecho ['leʧo] *m* Bett *nt; (río)* Flussbett *nt*
lechón, -ona [le'ʧon, -ona] *m, f* Ferkel *nt*
lechosa [le'ʧosa] *f (Am:* BOT) Papaya *f*
lechoso, -a [le'ʧoso, -a] *adj* ❶ *(como leche)* milchig ❷ *(planta, fruta)* milchhaltig
lechuga [le'ʧuɣa] *f* Kopfsalat *m;* **como una** ~ *(fig)* frisch und munter; **ser más fresco que una** ~ *(fam)* rotzfrech sein
lechuguino, -a [leʧu'ɣino, -a] *m, f (pey: presumido)* Geck *m,* (Mode)püppchen *f*
lechuza [le'ʧuθa] *f* Eule *f*
lectivo, -a [lek'tiβo, -a] *adj* **ciclo** ~ (ENS) Schuljahr *nt;* (UNIV) Vorlesungszeit *f;* **día** ~ Unterrichtstag *m*
lectoescritura [lektoeskri'tura] *f* Lesen und Schreiben *nt*
lector[1] [lek'tor] *m* (INFOR) Lesegerät *nt;* ~ **(de) CD-ROM/DVD** CD-ROM-/DVD-Laufwerk *nt;* ~ **de libros electrónicos** E-Book-Reader *m*
lector(a)[2] [lek'tor(a)] *m(f)* ❶ *(que lee)* Leser(in) *m(f); (en voz alta)* Vorleser(in) *m(f)* ❷ *(editorial, profesor)* Lektor(in) *m(f)*
lectorado [lekto'raðo] *m* Lektorat *nt*
lectura [lek'tura] *f* ❶ *(acción de leer)* Lesen *nt; (instrumento)* Ablesen *nt; (diser-*

tación) Lesung *f;* ~ (**en voz alta**) Vorlesen *nt* ② *(obra)* Lektüre *f* ③ *(conocimientos)* Belesenheit *f*

leer [le'er] *vt irr* ① *(percibir)* lesen; *(instrumento)* ablesen; ~ **en voz alta** vorlesen ② *(interpretar)* deuten; ~ **en la cara** vom Gesicht ablesen

legación [leɣa'θjon] *f* Gesandtschaft *f*

legado [le'ɣaðo] *m* ① (POL) Gesandte(r) *m;* (REL) Legat *m* ② *(herencia)* Vermächtnis *nt*

legajo [le'ɣaxo] *m* Akte *f*

legal [le'ɣal] *adj* ① *(determinado por la ley)* gesetzlich; **medicina** ~ Gerichtsmedizin *f* ② *(conforme a la ley)* legal ③ *(fiel)* rechtschaffen

legalidad [leɣali'ða^{ð}] *f* Legalität *f;* **al filo de la** ~ am Rande der Legalität; **fuera de la** ~ illegal

legalista [leɣa'lista] *adj* gesetzestreu

legalizable [leɣali'θaβle] *adj* legalisierbar

legalización [leɣaliθa'θjon] *f* ① *(autorización)* Legalisierung *f* ② *(atestamiento)* Beglaubigung *f*

legalizar [leɣali'θar] <z → c> *vt* ① *(autorizar)* legalisieren ② *(atestar)* beglaubigen

legalmente [leɣal'mente] *adv* ① *(según la ley)* kraft Gesetzes, gesetzmäßig; ~ **reconocido** gesetzlich anerkannt ② *(jurídicamente)* rechtlich, juristisch; ~ **protegido** rechtlich geschützt ③ *(argot: lealmente)* treu, ergeben; **se portó** ~ **con él** er/sie stand loyal zu ihm

légamo ['leɣamo] *m (cieno)* Schlick *m*

legaña [le'ɣaɲa] *f* Tränenflüssigkeit *f;* **tienes ~s** dir tränen die Augen; *(al despertar)* du hast Schlaf in den Augen

legar [le'ɣar] <g → gu> *vt* ① *(legado)* vermachen ② *(enviar)* entsenden

legendario, -a [lexen'darjo, -a] *adj* sagenhaft; *(famoso)* berühmt

leggings ['leɣins] *mpl* Leggings *pl*

legibilidad [lexiβili'ða^{ð}] *f* Lesbarkeit *f*

legible [le'xiβle] *adj* lesbar

legión [le'xjon] *f* ① (MIL) Legion *f* ② *(multitud)* Schar *f*

legionario, -a [lexjo'narjo, -a] **I.** *adj* Legion- **II.** *m, f* Legionär(in) *m(f)*

legislación [lexisla'θjon] *f (acción)* Gesetzgebung *f; (leyes)* Recht *nt*

legislador(a) [lexisla'ðor(a)] **I.** *adj* gesetzgeberisch **II.** *m(f)* ① *(que legisla)* Gesetzgeber(in) *m(f)* ② *(Am: parlamentario)* Abgeordnete(r) *mf*

legislar [lexis'lar] *vi* Gesetze erlassen

legislativo, -a [lexisla'tiβo, -a] *adj* gesetzgebend; **poder** ~ Legislative *f*

legislatura [lexisla'tura] *f* ① *(período)* Legislaturperiode *f* ② *(Am: parlamento)* Parlament *nt*

legista [le'xista] *mf* ① *(eminencia en leyes)* Rechtsgelehrte(r) *f(m); (jurisprudente)* Jurist(in) *m(f)* ② *(estudiante)* Jurastudent(in) *m(f)*

legítima [le'xitima] *f* (JUR) Pflichtteil *m o nt*

legitimación [lexitima'θjon] *f* ① *(legalización)* Legalisierung *f* ② *(habilitación)* Legitimation *f* ③ *(hijo)* Anerkennung *f*

legitimar [lexiti'mar] **I.** *vt* ① *(dar legitimidad)* für rechtmäßig erklären ② *(habilitar)* berechtigen ③ *(hijo)* anerkennen **II.** *vr:* **~se** sich ausweisen

legitimidad [lexitimi'ða^{ð}] *f* Legitimität *f;* ~ **de un niño** Ehelichkeit eines Kindes

legítimo, -a [le'xitimo, -a] *adj* ① *(legal)* rechtmäßig; **defensa legítima** Notwehr *f* ② *(verdadero)* echt ③ *(hijo)* ehelich

lego, -a ['leɣo, -a] **I.** *adj* ① *(no eclesiástico)* weltlich ② *(ignorante)* unwissend **II.** *m, f* Laie, -in *m, f;* **ser un** ~ **en el tema** nichts von der Sache verstehen

legua ['leɣwa] *f* Meile *f;* **a la** ~ von Weitem

legumbre [le'ɣumbre] *f* Hülsenfrucht *f;* **frutas y ~s** Obst und Gemüse

lehendakari [le(e)nda'kari] *m* (POL) *Ministerpräsident der baskischen Regionalregierung*

leíble [le'iβle] *adj* lesbar

leída [le'iða] *f* Lesen *nt;* **se lo aprendió de una** ~ er/sie lernte es nach einmaligem Durchlesen; **dar una** ~ **a algo** etw überfliegen

leído, -a [le'iðo, -a] *adj (persona)* belesen; *(revista)* viel gelesen

leitmotiv [lei^{ð}mo'tif] *m* (MÚS, LIT) Leitmotiv *nt*

lejanía [lexa'nia] *f* Ferne *f*

lejano, -a [le'xano, -a] *adj* fern (**de** von +*dat*); *(parentesco)* entfernt; **en un futuro no muy** ~ in absehbarer Zeit

lejía [le'xia] *f* ① (QUÍM) Lauge *f* ② *(para lavar)* Waschlauge *f; (para decolorar)* Bleichlauge *f*

lejos ['lexos] **I.** *adv* weit (entfernt); **a lo** ~ in der Ferne; **de** ~ von Weitem; **ir demasiado** ~ *(fig)* zu weit gehen; **llegar** ~ *(fig)* es weit bringen; **sin ir más** ~ *(fig)* (so) zum Beispiel **II.** *prep* ~ **de** weit (entfernt) von +*dat;* **está muy** ~ **de mí hacer algo** *(fig)* es liegt mir fern, etw zu tun

lelo, -a ['lelo, -a] *adj (fam)* ① *ser (tonto)* doof ② *estar (pasmado)* verdutzt; *(mareado)* benommen

lema ['lema] *m* ① *(tema)* Grundgedanke *m; (mote)* Motto *nt* ② *(contraseña)* Kennwort *nt*

lencería [lenθe'ria] *f* ① *(telas)* Stoffe *mpl; (ropa de cama)* Bettwäsche *f* ② *(tienda de telas)* Wäschegeschäft *nt; (de ropa inte-*

rior) Miederwarengeschäft *nt;* ~ **de un almacén** Wäscheabteilung eines Kaufhauses ❸ *(ropa interior)* Damen(unter)wäsche *f; (que sujeta)* Miederwaren *f pl*

lenco, -a ['leŋko, -a] *adj (Hond: tartamudo)* stotternd

lengua ['leŋgwa] *f* ❶ (ANAT) Zunge *f;* ~ **de trapo** *(fam)* Stotterer *m;* ~ **viperina** *(fam)* spitze Zunge; **atar la** ~ **a alguien** jdm den Mund verbieten; **darle a la** ~ *(fam)* quasseln; **lo tengo en la punta de la** ~ es liegt mir auf der Zunge; **morderse la** ~ *(t. fig)* sich *dat* auf die Zunge beißen; **no tener pelos en la** ~ kein Blatt vor den Mund nehmen; **parecer que alguien ha comido** ~ viel reden; **sacar la** ~ **a alguien** jdm die Zunge herausstrecken; **se me trabó la** ~ ich habe mich verhaspelt; **tener la** ~ **demasiado larga** ein loses Mundwerk haben; **tirar a alguien de la** ~ *(fam fig)* jdm die Würmer aus der Nase ziehen; **aquí alguien se ha ido de la** ~ da hat sich wohl jemand verplappert ❷ (LING) Sprache *f;* ~ **materna** Muttersprache *f;* ~ **oficial** Amtssprache *f;* ~ **extranjera** Fremdsprache *f* ❸ *(forma)* Zunge *f;* ~ **del agua** Uferstreifen *m* ❹ *(de campana)* Glockenklöppel *m*

lenguado [leŋ'gwaðo] *m* Seezunge *f*

lenguaje *m* ~ **inclusivo** [*o* **no sexista**] geschlechtergerechte Sprache

lenguaje [leŋ'gwaxe] *m* Sprache *f;* ~ **técnico** Fachsprache *f;* ~ **de señas** Gebärdensprache *f*

lenguaraz [leŋgwa'raθ] *adj* frech

lenguaz [leŋ'gwaθ] *adj* geschwätzig

lengüeta [leŋ'gweta] *f (zapato)* Lasche *f; (balanza)* Zünglein *nt; (flauta)* Zunge *f*

lengüetazo [leŋgwe'taθo] *m* Zungenschlag *m; (lamer)* Lecken *nt*

lengüetear [leŋgwete'ar] *vi (Am: fam)* schwatzen

lengüicorto, -a [leŋgwi'korto, -a] *adj (fam)* zurückhaltend, wortkarg; **es muy** ~ er/sie redet nicht gern

lenguón, -ona [leŋ'gwon, -ona] **I.** *adj (Am: calumniador)* gehässig; *(chismoso)* klatschhaft **II.** *m, f (Am: calumniador)* Verleumder(in) *m(f); (chismoso)* Klatschmaul *nt fam*

lenidad [leni'ðað] *f sin pl* Nachsicht *f*

lenificar [lenifi'kar] <c → qu> *vt* mildern, lindern

leninista [leni'nista] **I.** *adj* (POL) leninistisch **II.** *mf* (POL) Leninist(in) *m(f)*

lenitivo[1] [leni'tiβo] *m* ❶ *(medicamento)* Linderungsmittel *nt* ❷ *(consuelo)* Trost *m*

lenitivo, -a[2] [leni'tiβo, -a] *adj* lindernd

lente ['leṇte] *m o f* ❶ *(gafas)* Brille *f;* **llevar ~s** eine Brille tragen; *(lentillas)* ~ **de contacto** Kontaktlinse *f* ❷ *(cristal, t.* FOTO) Linse *f;* ~ **convergente** Sammellinse *f*

lenteja [leṇ'texa] *f* Linse *f;* **dar algo por un plato de ~s** *(fig)* etw für ein Linsengericht hergeben

lentejuela [leṇte'xwela] *f (adorno)* Paillette *f*

lenticular [leṇtiku'lar] *adj* linsenförmig

lentificar [leṇtifi'kar] <c → qu> *vt* verlangsamen

lentilla [leṇ'tiʎa] *f* Kontaktlinse *f*

lentitud [leṇti'tuð] *f* Langsamkeit *f; (fig)* Trägheit *f;* **con** ~ langsam

lento, -a ['leṇto, -a] *adj* langsam; *(fig)* träge; *(enfermedad)* schleichend; **a cámara lenta** in Zeitlupe; **a paso** ~ langsamen Schrittes; **quemar a fuego** ~ *(fig)* quälen

lentorro, -a [leṇ'torro, -a] *adj (pey)* schwerfällig, lahm *fam*

leña ['leɲa] *f sin pl* ❶ *(madera)* (Brenn)holz *nt;* **echar** ~ **al fuego** Holz auflegen; *(fig)* Öl ins Feuer gießen; **llevar** ~ **al monte** *(fig)* Eulen nach Athen tragen ❷ *(castigo)* Prügel *m pl;* **¡~ con él!** gib ihm Saures!; **dar** ~ verprügeln; **recibir** ~ Prügel einstecken

leñador(a) [leɲa'ðor(a)] *m(f)* Holzfäller(in) *m(f)*

leñazo [le'ɲaθo] *m (fam)* Schlag *m;* **¡qué ~ se pegó!** er/sie hat ganz schön was abgekriegt!; **darse un** ~ **en la cabeza** sich *dat* den Kopf anschlagen

leñe ['leɲe] *interj* verdammt noch mal!

leño ['leɲo] *m* ❶ *(de árbol)* Holzklotz *m* ❷ *(tonto)* Dummkopf *m*

leñoso, -a [le'ɲoso, -a] *adj* holzig

leo ['leo] *m* (ASTR: *persona*) Löwe *m*

Lèo ['leo] *m* (ASTR: *signo*) Löwe *m*

león [le'on] *m* Löwe *m; (Am: puma)* Puma *m;* ~ **marino** Seelöwe *m;* **no es tan fiero el** ~ **como lo pintan** *(fam)* nichts ist so schlimm, wie es aussieht

leonado, -a [leo'naðo, -a] *adj* falb

leonera [leo'nera] *f* ❶ *(jaula)* Löwenkäfig *m* ❷ *(habitación)* Rumpelkammer *f*

leonés, -esa [leo'nes, -esa] **I.** *adj* aus Leon **II.** *m, f* Einwohner(in) *m(f)* von Leon

leonino, -a [leo'nino, -a] *adj* Löwen-

leopardo [leo'parðo] *m* Leopard *m*

leotardo(s) [leo'tarðo(s)] *m(pl)* Strumpfhose *f*

leperada [lepe'raða] *f (AmC, Méx)* ❶ *(canallada)* Gemeinheit *f* ❷ *(expresión burda)* ordinäres Gerede *nt*

lépero, -a ['lepero, -a] **I.** *adj* ❶ *(AmC: grosero)* ordinär; *(vil)* niederträchtig ❷ *(Cuba: perspicaz)* scharfsinnig ❸ *(Ecua: fam: arruinado)* abgebrannt **II.** *m, f (AmC)* Schurke, -in *m, f*

L

leporino, -a [lepo'rino, -a] *adj* hasenartig; **labio ~** Hasenscharte *f*
lepra ['lepra] *f sin pl* Lepra *f*
leproso, -a [le'proso, -a] **I.** *adj* leprös **II.** *m, f* Leprakranke(r) *mf*
lerdear [lerðe'ar] *vi (AmC, Arg)* ❶ *(hacer algo con pesadez)* träge sein, schwerfällig sein ❷ *(demorarse)* sich *dat* Zeit lassen; *(llegar tarde)* zu spät kommen
lerdo, -a ['lerðo, -a] *adj* schwerfällig
leridano, -a [leri'ðano, -a] **I.** *adj* aus Lérida **II.** *m, f* Einwohner(in) *m(f)* von Lérida
les [les] *pron pers* ❶ *m pl (reg: objeto directo)* sie; *(forma cortés)* Sie ❷ *mf pl (objeto indirecto)* ihnen; *(forma cortés)* Ihnen
lesbiana [les'βjana] *f* Lesbierin *f*
lésbico, -a ['lesβiko, -a] *adj* lesbisch
lesera [le'sera] *f (Am)* Dummheit *f*
lesión [le'sjon] *f* Verletzung *f;* **~ cardiaca** Herzfehler *m*
lesionar [lesjo'nar] **I.** *vt* ❶ *(herir)* verletzen ❷ *(dañar)* schaden *+dat* **II.** *vr:* **~se** sich verletzen
lesivo, -a [le'siβo, -a] *adj* schädlich, schädigend
leso, -a ['leso, -a] *adj* verletzt
Lesoto [le'soto] *m* Lesotho *nt*
letal [le'tal] *adj (elev)* tödlich
letanía [leta'nia] *f* Litanei *f;* **¡ya está este con su ~!** jetzt fängt der schon wieder mit der alten Leier an!
letárgico, -a [le'tarxiko, -a] *adj* lethargisch
letargo [le'taryo] *m* Lethargie *f; (de un animal)* Winterschlaf *m*
letífero, -a [le'tifero, -a] *adj* todbringend, tödlich
letón, -ona [le'ton, -ona] **I.** *adj* lettisch **II.** *m, f* Lette, -in *m, f*
Letonia [le'tonja] *f* Lettland *nt*
letra ['letra] *f* ❶ *(signo)* Buchstabe *m;* **~ de molde** Fettdruck *m;* **~ mayúscula/minúscula** Groß-/Kleinbuchstabe *m;* **con ~ mayúscula/minúscula** groß-/kleingeschrieben; **al pie de la ~** wortwörtlich; **~ por ~** Wort für Wort; **poner cuatro ~s a alguien** jdm ein paar Zeilen schreiben ❷ *(escritura)* Schrift *f* ❸ *pl (saber)* Wissen *nt; (ciencias)* Geisteswissenschaften *f pl;* **bellas ~s** Literatur *f;* **aprender las primeras ~s** *(fam fig)* sich *dat* die Grundkenntnisse aneignen; **hombre de ~s** gebildeter Mann ❹ (MÚS) Text *m* ❺ (COM) **~** (**de cambio**) Wechsel *m;* **~ al portador** Inhaberpapier *nt;* **~ a la vista** Sichtwechsel *m;* **girar una ~ a cargo de alguien** einen Wechsel auf jdn ziehen
letrado, -a [le'traðo, -a] **I.** *adj* gelehrt **II.** *m, f* (JUR) Anwalt, -wältin *m, f*
letrero [le'trero] *m* Schild *nt*
letrina [le'trina] *f* Latrine *f*
letrista [le'trista] *mf* Textdichter(in) *m(f)*
leucemia [leu̯'θemja] *f sin pl* Leukämie *f*
leucémico, -a [leu̯'θemiko, -a] **I.** *adj* ❶ *(relativo a la leucemia)* leukämisch, Leukämie- ❷ *(enfermo)* leukämisch, an Leukämie leidend **II.** *m, f* Leukämiekranke(r) *f(m)*
leucocito [leu̯ko'θito] *m* Leukozyt *m*
leva ['leβa] *f* ❶ (MIL) Einberufung *f* ❷ *(barco)* Ablegen *nt*
levadizo, -a [leβa'ðiθo, -a] *adj* hebbar; **puente ~** Zugbrücke *f*
levadura [leβa'ðura] *f* ❶ *(masa)* Hefe *f;* **polvo de ~, ~ química** Backpulver *nt* ❷ *(hongo)* Hefepilz *m*
levantador(a) [leβan̪ta'ðor(a)] **I.** *adj* (hoch)hebend **II.** *m(f)* **~ de pesos** Gewichtheber *m*
levantamiento [leβan̪ta'mjen̪to] *m* ❶ *(amotinamiento)* Aufstand *m* ❷ *(alzar)* Hochheben *nt;* **~ del cadáver** (amtliche) Leichenschau *f*
levantar [leβan̪'tar] **I.** *vt* ❶ *(alzar)* (hoch)heben; *(del suelo)* aufheben; *(algo tumbado/inclinado)* wieder aufrichten; *(polvo)* aufwirbeln; *(telón)* heben; *(cartel)* aufstellen; *(un campamento)* abbrechen; *(las anclas)* lichten; **después del fracaso ya no levantó cabeza** nach dem Unglück hat er/sie sich nicht mehr erholt; **~ el vuelo** zum Flug anheben ❷ *(despertar)* wecken ❸ *(construir)* bauen; *(monumento)* errichten; *(muro)* hochziehen ❹ *(suprimir)* beenden; *(embargo, castigo)* aufheben ❺ *(mapa)* aufnehmen; **~ acta** protokollieren (**de** *+akk*); **no ~ás falso testimonio** du sollst kein falsches Zeugnis ablegen ❻ *(voz)* heben; **~ la voz a alguien** jdn anschreien ❼ *(mirada, mano)* (er)heben ❽ *(caza)* aufstöbern **II.** *vr:* **~se** ❶ *(de la cama)* aufstehen (**de** aus *+dat*); **~se con el pie izquierdo** mit dem linken Fuß zuerst aufstehen ❷ *(sobresalir)* sich erheben ❸ *(sublevarse)* sich erheben; **se ~on pocas voces críticas** es wurden nur wenige kritische Stimmen laut ❹ *(viento)* aufkommen ❺ *(robar)* sich auf und davon machen ❻ *(telón)* aufgehen
levante [le'βan̪te] *m sin pl* Osten *m; (viento)* Ostwind *m*
Levante [le'βan̪te] *m* Levante *m (Ostküste Spaniens bzw. die Regionen País Valenciano und Murcia)*
levantino, -a [leβan̪'tino, -a] **I.** *adj* levantinisch **II.** *m, f* Levantiner(in) *m(f)*
levantisco, -a [leβan̪'tisko, -a] *adj* unruhig
levar [le'βar] *vt* **~** (**las**) **anclas** die Anker lichten

leve ['leβe] *adj* *(enfermedad)* harmlos; *(peso, error)* leicht; *(sanción)* gnädig; *(pecado)* lässlich
levedad [leβe'ða^ð] *f sin pl* Leichtigkeit *f*
levemente [leβe'mente] *adv* leicht, geringfügig; **ha resultado ~ herida** sie wurde nur leicht verletzt
levístico [le'βistiko] *m* (BOT, GASTR) Liebstöckel *m*
levitación [leβita'θjon] *f* Levitation *f*
levitar [leβi'tar] *vi* in der Luft schweben
lexema [le^ɣ'sema] *m* (LING) Lexem *nt*
lexicalización [le^ɣsikaliθa'θjon] *f* (LING) Lexikalisierung *f*
lexicalizar [le^ɣsikali'θar] <z → c> *vt* lexikalisieren
léxico ['le^ɣsiko] *m* ❶ *(diccionario)* Wörterbuch *nt* ❷ *(vocabulario)* Wortschatz *m*
lexicografía [le^ɣsikoɣra'fia] *f* (LING) Lexikografie *f*
lexicología [le^ɣsikolo'xia] *f* (LING) Lexikologie *f*
lexicón [le^ɣsi'kon] *m* Wörterbuch *nt*
ley [lei̯] *f* ❶ (JUR, REL, FÍS) Gesetz *nt;* **L~ de cierre de comercios** Ladenschlussgesetz *nt;* **~ del embudo** *(pey fam)* Willkür *f;* **la L~ Fundamental** das Grundgesetz; **L~ General Tributaria** Abgabenordnung *f;* **~ marcial** Standrecht *nt;* **la ~ seca** die Prohibition; **~ de la selva** Recht des Stärkeren; **fuerza de ~** Gesetzeskraft *f;* **proyecto de ~** Gesetzentwurf *m;* **hacer algo con todas las de la ~** etw mit allem, was dazu gehört, machen; **respetar las ~es del juego** die Spielregeln einhalten; **hecha la ~, hecha la trampa** für jedes Gesetz findet sich ein Hintertürchen; **regirse por la ~ del embudo** mit zweierlei Maß messen; **según la ~ vigente** laut geltendem Recht; **se le aplicó la ~ de la fuga** er/sie wurde auf der Flucht erschossen; **ser de ~** *(fam)* recht und billig sein ❷ *pl* *(estudio)* Jura ❸ *(oro)* Feingehalt *m;* *(monedas)* Korn *nt;* **oro de ~** Feingold *nt;* **ser de buena ~** *(fig)* zuverlässig sein
leyenda [le'ɟenda] *f* ❶ (LIT, REL) Legende *f* ❷ *(plano)* Legende *f* ❸ *(moneda)* Umschrift *f*
lezna ['leθna] *f* Ahle *f*
liana [li'ana] *f* Liane *f*
liar [li'ar] <*1. pres* lío> **I.** *vt* ❶ *(fardo)* zusammenbinden; *(paquete)* einwickeln; **~ el petate** *(fam)* sein Bündel schnüren ❷ *(cigarrillo)* drehen ❸ *(fam: engañar)* an der Nase herumführen; *(enredar)* einwickeln ❹ *(loc, fam)* **¡ahora sí que la hemos liado!** jetzt haben wir es vermasselt! **II.** *vr:* **~se** ❶ *(fam: juntarse)* sich einlassen ❷ *(embarullarse)* durcheinanderkommen; **~se la manta a la cabeza** *(fam)* eine voreilige Entscheidung treffen ❸ *(ponerse a)* **~se a golpes con alguien** sich mit jdm prügeln
libanés, -esa [liβa'nes, -esa] **I.** *adj* libanesisch **II.** *m, f* Libanese, -in *m, f*
Líbano ['liβano] *m* **El ~** der Libanon
libar [li'βar] *vi* *(abeja)* saugen
libelo [li'βelo] *m* Pamphlet *nt*
libélula [li'βelula] *f* Libelle *f*
liberación [liβera'θjon] *f* Befreiung *f;* *(puesta en libertad)* Freilassung *f*
liberado, -a [liβe'raðo, -a] *adj* ❶ *(rescatado)* befreit; *(suelto)* freigelassen ❷ (FÍS) freigesetzt ❸ *(cargas)* abgelöst
liberador(a) [liβera'ðor(a)] **I.** *adj* befreiend, erlösend **II.** *m(f)* Befreier(in) *m(f),* Erlöser(in) *m(f)*
liberal [liβe'ral] **I.** *adj* (*t.* POL) liberal; *(generoso)* großzügig **II.** *mf* Liberale(r) *mf*
liberalidad [liβerali'ða^ð] *f* *(generosidad)* Großzügigkeit *f*
liberalismo [liβera'lismo] *m* (POL) Liberalismus *m*
liberalización [liβeraliθa'θjon] *f* Liberalisierung *f*
liberalizar [liβerali'θar] <z → c> *vt* liberalisieren
liberar [liβe'rar] *vt* befreien; *(soltar)* freilassen; *(eximir)* freistellen
Liberia [li'berja] *f* Liberia *nt*
liberiano, -a [liβe'rjano, -a] **I.** *adj* liberianisch **II.** *m, f* Liberianer(in) *m(f)*
líbero ['liβero] *m* (DEP) Libero *m*
libérrimo, -a [li'βerrimo, -a] *adj superl de* **libre**
libertad [liβer'ta^ð] *f* ❶ *(libre arbitrio)* Freiheit *f;* **~ de culto** Glaubensfreiheit *f;* **~ de expresión** Redefreiheit *f;* **~ de prensa** Pressefreiheit *f;* **poner en ~** freilassen; **tomarse demasiadas ~es** sich *dat* zu viel herausnehmen ❷ *(naturalidad)* Unbefangenheit *f*
libertador(a) [liβerta'ðor(a)] **I.** *adj* befreiend **II.** *m(f)* Befreier(in) *m(f)*
libertar [liβer'tar] *vt* befreien
libertario, -a [liβer'tarjo, -a] **I.** *adj* anarchistisch **II.** *m, f* Anarchist(in) *m(f)*
liberticida [liβerti'θiða] **I.** *adj* freiheitswidrig, die Freiheit beschneidend **II.** *mf* Freiheitsbeschneider(in) *m(f)*
libertinaje [liβerti'naxe] *m* Zügellosigkeit *f*
libertino, -a [liβer'tino, -a] **I.** *adj* zügellos **II.** *m, f* zügelloser Mensch *m*
Libia ['liβja] *f* Libyen *nt*
libidinoso, -a [liβiði'noso, -a] *adj* lüstern
libido [li'βiðo] *f sin pl* Trieb *m*
libio, -a ['liβjo, -a] **I.** *adj* libysch **II.** *m, f* Libyer(in) *m(f)*

L

libra[1] ['liβra] *f* Pfund *nt;* ~ **esterlina** Pfund Sterling; **una ~ de judías** ein Pfund Bohnen

libra[2] ['liβra] *f* (ASTR: *persona*) Waage *f*

Libra ['liβra] *f* (ASTR: *signo*) Waage *f*

librado, -a [li'βraðo, -a] *adj* **salir bien ~** mit einem blauen Auge davonkommen *fam;* **salir mal ~** schlecht wegkommen *fam*

librar [li'βrar] **I.** *vt* ① *(dejar libre)* befreien (**de** von/aus +*dat*); *(salvar)* retten (**de** vor +*dat*); **¡líbreme Dios!** Gott bewahre!; **y líbranos del mal** und befreie uns von dem Bösen ② (COM) ausstellen; **~ una letra a cargo de alguien** einen Wechsel auf jdn ziehen **II.** *vi (fam: tener libre)* frei haben **III.** *vr:* **~se** *(quedar libre)* sich befreien (**de** von/aus +*dat*); *(salvarse)* sich retten (**de** vor +*dat*); **¡se libró de una buena!** das ging gerade noch gut!

libre ['liβre] <libérrimo> *adj* ① *(en general)* frei; *(independiente)* unabhängig; **zona de ~ cambio** Freihandelszone *f;* **~ de franqueo** portofrei; **dar vía ~** grünes Licht geben; **este vestido me deja los brazos ~s** in diesem Kleid kann ich die Arme frei bewegen; **estar ~ de preocupaciones** keine Sorgen haben; **la imaginación es ~** Fantasie kennt keine Grenzen; **eres bien ~ de hacerlo** es steht dir frei, es zu tun ② *(soltero)* ledig ③ *(descarado)* frech

librea [li'βrea] *f (traje)* Livree *f*

librecambio [liβre'kambjo] *m sin pl* Freihandel *m*

librepensador(a) [liβrepensa'ðor(a)] *m(f)* Freidenker(in) *m(f)*

librería [liβre'ria] *f* ① *(tienda)* Buchhandlung *f; (papelería)* Schreibwarengeschäft *nt;* **~ de depósito** Sortimentsbuchhandlung *f;* **~ de ocasión** modernes Antiquariat ② *(biblioteca)* Bibliothek *f* ③ *(estantería)* Bücherregal *nt*

librero, -a [li'βrero, -a] *m, f* Buchhändler(in) *m(f)*

libresco, -a [li'βresko, -a] *adj* trocken, lebensfremd

libreta [li'βreta] *f* ① *(cuaderno)* Heft *nt; (para notas)* Notizbuch *nt* ② *(de ahorros)* Sparbuch *nt*

libreto [li'βreto] *m* Libretto *nt,* Textbuch *nt*

libro ['liβro] *m (escrito)* Buch *nt; (volumen)* Band *m;* **~ de bolsillo** Taschenbuch *nt;* **~ científico** Fachbuch *nt;* **~ de texto** Lehrbuch *nt;* **~ ilustrado** Bildband *m;* **~ infantil** Kinderbuch *nt;* **~ de divulgación** Sachbuch *nt;* **~ de cocina** Kochbuch *nt;* **los ~s de contabilidad** die Geschäftsbücher; **~ electrónico** E-Book *nt; (lector de ~s electrónicos)* E-Book-Lesegerät *nt,* E-Book-Reader *m;* **~ de escolaridad** Zeugnisheft *nt;* **~ de familia** Familienstammbuch *nt;* **los L~s Sagrados** die Heilige Schrift; **colgar los ~s** das Studium an den Nagel hängen; **cantar a ~ abierto** vom Blatt singen; **hablar como un ~ abierto** reden wie ein Buch

licencia [li'θeṇθja] *f* ① *(permiso)* Erlaubnis *f; (para un libro)* Druckerlaubnis *f; (Méx: de conducir)* Führerschein *m;* **~ de obras** Baugenehmigung *f;* **~ de pesca/de armas** Angel-/Waffenschein *m* ② *(soldado)* **estar tres días de ~** drei Tage Ausgang haben ③ *(libertad)* Freiheit *f*

licenciado, -a [liθeṇ'θjaðo, -a] *m, f* ① *(estudiante)* ≈ Akademiker(in) *m(f);* **~ en economía** Diplomvolkswirt *m* ② *(soldado)* Verabschiedete(r) *m*

licenciar [liθeṇ'θjar] **I.** *vt (despedir)* entlassen; *(soldado)* verabschieden **II.** *vr:* **~se** sein Examen machen

licenciatura [liθeṇθja'tura] *f (título)* Titel *m; (carrera)* Hochschulabschluss *m*

licencioso, -a [liθeṇ'θjoso, -a] *adj (persona)* ausschweifend; *(conducta)* anstößig; **mujer licenciosa** Prostituierte *f*

liceo [li'θeo] *m* ① *(sociedad)* Klub *m* ② *(Am: colegio)* Gymnasium *nt*

lichi ['litʃi] *m* Litschi *f*

licitación [liθita'θjon] *f* ① *(concurso)* (öffentliche) Ausschreibung *f* ② *(subasta)* Versteigerung *f*

licitar [liθi'tar] *vt* bieten

lícito, -a ['liθito, -a] *adj* ① *(permitido)* zulässig ② *(justo)* gerecht

licitud [liθi'tu^{d}] *f sin pl* Zulässigkeit *f*

licor [li'kor] *m* Likör *m*

licorería [likore'ria] *f* ① *(fábrica)* Likörfabrik *f* ② *(tienda)* Likörladen *m*

licuadora [likwa'ðora] *f* Entsafter *m*

licuar [li'kwar] <*1. pres* licúo> *vt* ① (FÍS) verflüssigen ② *(fruta)* auspressen ③ (MIN) schmelzen

lid [li^{d}] *f (elev: combate)* Kampf *m;* **es experto en esas ~es** er kennt sich in diesen Dingen gut aus

líder ['liðer] *mf* Führer(in) *m(f); (empresa)* Marktführer(in) *m(f);* (DEP) Führende(r) *mf; (de una liga)* Tabellenführer *m;* **la empresa ~** das führende Unternehmen; **es el ~ de los jóvenes** er ist ein Idol der Jugend

liderar [liðe'rar] *vt* ① *(ser el primero)* anführen; **el equipo que lidera la clasificación** der Tabellenführer ② *(dirigir)* leiten

liderato [liðe'rato] *m sin pl,* **liderazgo** [liðe'raθɣo] *m sin pl* Führung *f;* **capacidad de ~** Führungsqualitäten *fpl*

lidia ['liðja] *f* Kampf *m;* (TAUR) Stierkampf *m*

lidiar [li'ðjar] *vt, vi* kämpfen (mit +*dat*);

~ (**un toro**) mit einem Stier kämpfen; **~ con los niños** *(fig)* sich mit den Kindern herumärgern

liebre [lje'βre] *f* Hase *m;* **~ marina** Seehase *m;* **donde menos se piensa salta la ~** *(fig)* unverhofft kommt oft

Liechtenstein ['litʃtenstei̯n] *m* Liechtenstein *nt*

lienzo ['ljen̩θo] *m* ❶ *(tela)* Leinen *nt; (para cuadros)* Leinwand *f* ❷ *(óleo)* (Öl)gemälde *nt*

liga ['liɣa] *f* ❶ *(alianza)* Bund *m* ❷ *(prenda)* Strumpfhalter *m* ❸ (DEP) Liga *f*

ligación [liɣa'θjon] *f* ❶ *(mezcla)* Mischung *f; (acción)* Mischen *nt* ❷ *(metales)* Legierung *f; (acción)* Legieren *nt*

ligado [li'ɣaðo] *m* (MÚS) Legato *nt*

ligamento [liɣa'men̩to] *m* Band *nt*

ligar [li'ɣar] <g → gu> **I.** *vi (fam: tontear)* anbändeln **II.** *vt* ❶ *(atar)* (fest)binden ❷ *(metal)* legieren ❸ *(unir)* verbinden **III.** *vr:* **~se** ❶ *(unirse)* sich binden (**a** an +*akk*) ❷ *(fam: tontear)* anbändeln (**a**/**con** mit +*dat*)

ligeramente [lixera'men̩te] *adv* ❶ *(en pequeño grado)* ein wenig; **bajará ~ el precio de la gasolina** der Benzinpreis wird leicht sinken ❷ *(sin profundizar)* oberflächlich; **se leyó el texto ~** er/sie hat den Text überflogen

ligerear [lixere'ar] *vi (Chil: apresurarse)* sich beeilen

ligereza [lixe'reθa] *f* ❶ *(rapidez)* Schnelligkeit *f* ❷ *(levedad)* Leichtigkeit *f* ❸ *(error)* Leichtfertigkeit *f*

ligero, -a [li'xero, -a] *adj* ❶ *(leve, ingrávido)* leicht; *(ruido)* leise; *(tierra)* locker ❷ *(ágil)* flink ❸ *(loc)* **~ de cascos** *(fam)* oberflächlich; **ir muy ~ de ropa** sehr leicht gekleidet sein; **hacer algo a la ligera** etw tun, ohne groß zu überlegen; **tomarse algo a la ligera** etw auf die leichte Schulter nehmen

lignito [liɣ'nito] *m* Braunkohle *f*

ligón, -ona [li'ɣon, -ona] *m, f* Anmacher(in) *m(f) abw;* **ser un ~** gerne flirten

ligue ['liɣe] *m* *(fam)* ❶ *(acción)* Flirt *m* ❷ *(persona)* Freund(in) *m(f)*

liguero¹ [li'ɣero] *m* Strumpfhaltergürtel *m*

liguero, -a² [li'ɣero, -a] *adj* (DEP) Liga-; **competición liguera** Liga *f*

lija ['lixa] *f* ❶ *(papel)* Sandpapier *nt,* Glaspapier *nt; (piel)* Haifischhaut *f* ❷ (ZOOL) Katzenhai *m*

lijadora [lixa'ðora] *f* Schleifmaschine *f*

lijar [li'xar] *vt* (ab)schleifen

lijoso, -a [li'xoso, -a] *adj (Cuba)* eitel

lila¹ ['lila] **I.** *adj* lila **II.** *f* (BOT) Flieder *m*

lila² ['lila] *m (color)* Lila *nt*

lile ['lile] *adj (Chil)* schwächlich, abgezehrt

liliputiense [lilipu'tjense] **I.** *adj* liliputanisch **II.** *mf* Liliputaner(in) *m(f)*

lima ['lima] *f* ❶ *(instrumento)* Feile *f;* **~ para las** [*o* **de**] **uñas** Nagelfeile *f;* **rebajar con la ~** abfeilen; **comer como una ~** *(fam)* essen wie ein Mähdrescher ❷ *(fruta)* Limette *f; (árbol)* Limettenbaum *m*

limadura [lima'ðura] *f* ❶ *(pulido)* (Zurecht)feilen *nt* ❷ *pl (partículas)* Feilspäne *mpl*

limar [li'mar] *vt* ❶ *(pulir)* (zurecht)feilen; *(fig)* den letzten Schliff geben +*dat* ❷ *(consumir)* aufreiben

limaza [li'maθa] *f* Nacktschnecke *f*

limbo ['limbo] *m* ❶ (REL) Vorhölle *f;* **estar en el ~** *(fam: distraído)* geistig abwesend sein; *(no enterado)* keine Ahnung haben ❷ *(de vestido)* Rand *m*

limeño, -a [li'meɲo, -a] **I.** *adj* aus Lima **II.** *m, f* Bewohner(in) *m(f)* von Lima

limitación [limita'θjon] *f* Beschränkung *f; (de una norma)* Einschränkung *f;* **sin limitaciones** unbeschränkt; **el plan tiene sus limitaciones pero ha sido eficaz** der Plan war im Großen und Ganzen erfolgreich

limitado, -a [limi'taðo, -a] *adj* ❶ *(poco)* knapp; *(medios)* beschränkt; **un número ~** eine begrenzte Anzahl ❷ *(tonto)* beschränkt

limitador¹ [limita'ðor] *m* (TÉC) Begrenzer *m,* Begrenzungsvorrichtung *f;* **~ de ruido** Rausch-/Geräuschbegrenzer *m;* **~ de voz** (TEL) Sprachbeschneider *m*

limitador(a)² [limita'ðor(a)] *adj* begrenzend, Grenzen setzend

limitar [limi'tar] **I.** *vi* (an)grenzen (**con** an +*akk*) **II.** *vt* begrenzen; *(libertad)* einschränken; *(definir)* (genau) festlegen **III.** *vr:* **~se** sich beschränken (**a** auf +*akk*)

limitativo, -a [limita'tiβo, -a] *adj,* **limitatorio, -a** [limita'torjo, -a] *adj* beschränkend, einschränkend

límite ['limite] *m* Grenze *f; (inconveniente)* Schranken *fpl;* **~ de crédito** Kreditlinie *f;* **situación ~** Grenzsituation *f;* **sin ~s** grenzenlos; **la fecha ~ para entregarlo es el...** der letzte Abgabetermin ist der ...

limítrofe [li'mitrofe] *adj* angrenzend; **países ~s** Nachbarländer *ntpl*

limo ['limo] *m* Schlamm *m*

limón [li'mon] **I.** *adj* zitronengelb **II.** *m* Zitrone *f*

limonada [limo'naða] *f* (Zitronen)limonade *f;* **~ de vino** Sangria *f*

limonar [limo'nar] *m* ❶ (AGR) Zitronenpflanzung *f* ❷ *(Guat) v.* **limonero**

limonero [limo'nero] *m* Zitronenbaum *m*

limosna [li'mosna] *f* Almosen *nt;* **pedir ~** betteln
limosnear [limosne'ar] *vi* betteln
limosnero, -a [limos'nero, -a] **I.** *adj* wohltätig **II.** *m, f (Am: pedigüeño)* Bettler(in) *m(f)*
limoso, -a [li'moso, -a] *adj* schlammig
limpia[1] ['limpja] *f* Reinigung *f; (cereal)* Reinigen *nt*
limpia[2] ['limpja] *m (fam) abr de* **limpiabotas**
limpiabotas [limpja'βotas] *mf inv* Schuhputzer(in) *m(f)*
limpiachimeneas [limpjatʃime'neas] *mf inv* Schornsteinfeger(in) *m(f)*
limpiacristales[1] [limpjakris'tales] *m inv (producto)* Fensterputzmittel *nt*
limpiacristales[2] [limpjakris'tales] *mf inv (persona)* Fensterputzer(in) *m(f)*
limpiador[1] [limpja'ðor] *m* ① *(detergente)* Putzmittel *nt* ② *(máquina)* Reinigungsgerät *nt,* Reiniger *m;* **~ de alta presión** Hochdruckreiniger; **~ a** [*o* **de**] **vapor** Dampfreiniger
limpiador(a)[2] [limpja'ðor(a)] **I.** *adj* reinigend; **leche ~a** Reinigungsmilch *f* **II.** *m(f)* Raumpfleger(in) *m(f)*
limpiamente [limpja'meṇte] *adv* ① *(hábilmente)* säuberlich, sorgfältig ② *(sin trampas)* sauber; **llegó a presidente del partido ~, sin corromperse** er/sie ist ganz ohne Machenschaften Parteivorsitzende(r) geworden ③ *(con honradez)* offen und ehrlich; **le conté lo que había ocurrido ~** ich habe ihm/ihr alles genau so erzählt, wie es war
limpiametales [limpjame'tales] *m inv* Metallputzmittel *nt*
limpiamuebles [limpja'mweβles] *m inv* Möbelpolitur *f*
limpiaparabrisas [limpjapara'βrisas] *m inv* Scheibenwischer *m*
limpiar [lim'pjar] **I.** *vt* ① *(suciedad)* reinigen; *(zapatos, dientes, casa)* putzen; *(chimenea)* fegen; *(pescado)* ausnehmen; **~ el polvo** Staub wischen ② *(librar)* säubern; **~ de culpas** von Schuld reinwaschen ③ *(fam: robar)* klauen **II.** *vi (quitar la suciedad)* putzen, sauber machen **III.** *vr:* **~se** sich reinigen; *(nariz, dientes)* sich *dat* putzen; **~se de fiebre** kein Fieber mehr haben
limpidez [limpi'ðeθ] *f sin pl (elev)* Reinheit *f; (claridad)* Klarheit *f*
límpido, -a ['limpiðo, -a] *adj (elev: limpio)* klar
limpieza [lim'pjeθa] *f* ① *(lavar)* Reinigung *f; (casa, zapatos)* Putzen *nt; (fig)* Säuberung *f;* **~ de cutis** Gesichtsreinigung *f;* **~ a fondo** Großputz *m;* **hacer la ~** sauber machen; **señora de la ~** Putzfrau *f;* **producto de ~** Putzmittel *nt,* Reinigungsmittel *nt* ② *(estado)* Sauberkeit *f* ③ *(eliminación)* Säuberung *f* ④ *(habilidad)* Geschicklichkeit *f*
limpio[1] ['limpjo] *adv* ① *(sin trampas)* sauber; **jugar ~** fair spielen ② *(loc)* **escribir en ~** ins Reine schreiben; **en ~** *(dinero)* netto; **¿qué has sacado en ~ de todo este asunto?** *(fig)* was hat dir diese Sache nun gebracht?
limpio, -a[2] ['limpjo, -a] *adj (cocina, persona)* sauber; *(aire)* rein; *(agua)* klar; *(almendra)* geschält; *(fig)* rein; **acabar a tortazo ~** *(fam)* in eine Schlägerei ausarten; **lo dejaron ~** *(fam: sin dinero)* er war völlig blank
limpión [lim'pjon] *m* ① *(lavado)* flüchtige Reinigung *f;* **dar un ~** schnell und oberflächlich sauber machen ② *(Am: trapo)* Lappen *m*
limusina [limu'sina] *f* Limousine *f*
linaje [li'naxe] *m* Abstammung *f;* **de rancio ~** von altem Adelsgeschlecht
linaza [li'naθa] *f* Leinsamen *m;* **aceite de ~** Leinöl *nt*
lince ['liṇθe] *m* Luchs *m;* **ser un ~** *(fig)* ein Fuchs sein; **tener ojos de ~** Augen wie ein Luchs haben
linchamiento [lintʃa'mjeṇto] *m* Lynchjustiz *f*
linchar [lin'tʃar] *vt* lynchen
lindamente [liṇda'meṇte] *adv (elev)* ① *(con primor)* sorgfältig; **las niñas estaban ~ vestidas** die Mädchen waren adrett gekleidet ② *(con facilidad)* ohne Schwierigkeiten, mit Leichtigkeit
lindar [liṇ'dar] *vi* angrenzen (**con** an +*akk*)
linde ['liṇde] *m o f,* **lindero** [liṇ'dero] *m* (Grundstücks)grenze *f; (camino)* Grenzweg *m*
lindera [liṇ'dera] *f* Grenze *f,* Begrenzung *f;* **las ~s de la finca** die Grundstücksgrenzen
lindeza [liṇ'deθa] *f* ① *(bonito)* Niedlichkeit *f* ② *(gracioso)* Witzigkeit *f* ③ *pl (irón: insulto)* Schimpfworte *nt pl;* **me dijo esas y otras ~s parecidas** so und ähnlich hat er/sie mich bezeichnet
lindo, -a ['liṇdo, -a] *adj* hübsch; *(niño)* süß; **divertirse a lo ~** sich gut amüsieren
línea ['linea] *f* ① (MAT, MIL, ECON) Linie *f; (raya)* Strich *m;* **~ de intersección** Schnittstelle *f;* **~ recta** Gerade *f;* **fracasar en toda la ~** auf der ganzen Linie versagen ② *(fila)* Reihe *f* ③ *(renglón)* Zeile *f;* **~ en blanco** Leerzeile *f;* **leer entre ~s** zwischen den Zeilen lesen; **te pongo cuatro ~s para...** ich schreibe dir ein paar Zeilen

L

um … ❹ *(de trasporte)* Linie *f; (trayecto)* Strecke *f;* ~ **aérea** Fluglinie *f;* ~ **férrea** Bahnlinie *f;* **coche de** ~ Linienbus *m* ❺ (TEL) Leitung *f;* ~ **directa** [*o* **caliente**] Hotline *f;* ~ **para el fax** Faxanschluss *m* ❻ *(pariente)* (Verwandtschafts)linie *f;* **por** ~ **materna** mütterlicherseits ❼ (DEP) Linie *f;* ~ **de meta** *(fútbol)* Torlinie *f; (atletismo)* Ziellinie *f* ❽ *(tipo)* Linie *f;* **guardar la** ~ auf die Linie achten ❾ *(directriz)* Leitlinie *f*

lineal [line'al] *adj* ❶ *(relativo a la línea)* Linien- ❷ *(como una línea)* linienförmig; *(hoja)* länglich ❸ *(proporcional, t.* MAT, ARTE) linear

linfa ['liɱfa] *f* (BIOL) Lymphe *f*

linfático, -a [liɱ'fatiko, -a] *adj* lymphatisch; **ganglio** ~ Lymphknoten *m*

linfocito [liɱfo'θito] *m* (BIOL) Lymphozyt *m*

lingotazo [liŋgo'taθo] *m (fam)* Schluck *m;* **pegarse un** ~ sich *dat* einen hinter die Binde gießen

lingote [liŋ'gote] *m* Barren *m; (de acero)* Block *m*

L

lingüista [liŋ'gwista] *mf* Sprachwissenschaftler(in) *m(f)*

lingüística [liŋ'gwistika] *f* Sprachwissenschaft *f*

lingüístico, -a [liŋ'gwistiko, -a] *adj* sprachwissenschaftlich

linier [li'njer] *m* (DEP) Linienrichter *m*

linimento [lini'mento] *m* Einreibemittel *nt*

lino ['lino] *m* ❶ (BOT) Flachs *m* ❷ *(tela)* Leinen *nt*

linografía [linoɣra'fia] *f* Druckverfahren *nt* auf Leinen

linóleo [li'noleo] *m* Linoleum *nt*

linotipista [linoti'pista] *mf* (TIPO) Linotypist(in) *m(f)*

linterna [lin̪'terna] *f* ❶ *(de mano)* Taschenlampe *f; (para la cabeza)* ~ **frontal** Stirnlampe *f;* ~ **mágica** Laterna *f* magica ❷ *(farol)* Laterne *f* ❸ *(faro)* Leuchtturm *m*

lío ['lio] *m* ❶ *(de ropa)* Bündel *nt* ❷ *(embrollo)* Durcheinander *nt;* **¡déjame de ~s!** damit will ich nichts zu tun haben!; **me hago un** ~ **con tus explicaciones** deine Erklärungen bringen mich durcheinander; **¡me meto en cada ~!** ich gerate immer in die unmöglichsten Situationen; **no entiendo ese** ~ das ist mir zu verworren ❸ *(fam: relación)* Verhältnis *nt;* **sé que tienes un** ~ **por ahí** ich weiß, dass du was mit jemandem hast

liofilizado, -a [ljofili'θaðo, -a] *adj* gefriergetrocknet

lioso, -a [li'oso, -a] *adj (difícil)* verworren; **persona liosa** Intrigant(in) *m(f)*

lipidia [li'piðja] *f* ❶ *(AmC)* Armut *f,* Elend *nt* ❷ *(Cuba, Méx)* Unverschämtheit *f*

lípido ['lipiðo] *m* (BIOL) Lipid *nt*

lipotimia [lipo'timja] *f* (MED) Ohnmacht *f;* **le ha dado una** ~ er/sie ist ohnmächtig geworden

liquen ['liken] *m* Flechte *f*

liquidación [likiða'θjon] *f* ❶ *(de una mercancía)* Ausverkauf *m;* ~ **por fin de temporada** *(invierno)* Winterschlussverkauf *m; (verano)* Sommerschlussverkauf *m;* ~ **total** Räumungsverkauf *m* ❷ *(de una empresa)* Auflösung *f* ❸ *(de una factura)* Begleichung *f; (cuenta)* Abrechnung *f*

liquidar [liki'ðar] *vt* ❶ *(licuar)* verflüssigen ❷ *(fam: acabar)* erledigen; *(matar)* töten ❸ *(mercancía)* ausverkaufen; ~ **las existencias** das Lager räumen ❹ *(cerrar)* auflösen ❺ *(factura)* begleichen

liquidez [liki'ðeθ] *f* ❶ *(agua)* Flüssigkeit *f* ❷ (COM) Liquidität *f*

líquido[1] ['likiðo] *m* ❶ *(agua)* Flüssigkeit *f;* ~ **amniótico** Fruchtwasser *nt;* ~ **de frenos** Bremsflüssigkeit *f* ❷ *(saldo)* Überschuss *m;* ~ **imponible** zu versteuernder Betrag

líquido, -a[2] ['likiðo, -a] *adj* ❶ *(material, consonante)* flüssig ❷ *(dinero)* liquid; **renta líquida** Nettoerlös *m*

lira ['lira] *f* ❶ *(moneda)* Lira *f* ❷ *(instrumento)* Lyra *f,* Leier *f*

lírica ['lirika] *f* Lyrik *f*

lírico, -a ['liriko, -a] **I.** *adj* ❶ (LIT) lyrisch ❷ (MÚS) Opern- **II.** *m, f* Lyriker(in) *m(f)*

lirio ['lirjo] *m* Lilie *f;* ~ **de los valles** Maiglöckchen *nt*

lirismo [li'rismo] *m sin pl* ❶ (LIT) Lyrik *f* ❷ *(sentimentalismo)* Schwärmerei *f*

lirón [li'ron] *m* Siebenschläfer *m;* **dormir como un** ~ schlafen wie ein Murmeltier

lis [lis] *f* Lilie *f;* **flor de** ~ *(blasón)* Wappenlilie *f*

lisa ['lisa] *f* ❶ (ZOOL) *der Schmerle ähnlicher Fisch, der in den Flüssen Zentralspaniens vorkommt* ❷ *(mújol)* Meeräsche *f*

Lisboa [lis'βoa] *f* Lissabon *nt*

lisboeta [lisβo'eta] **I.** *adj* aus Lissabon **II.** *mf* Lissaboner(in) *m(f)*

lisiado, -a [li'sjaðo, -a] **I.** *adj* verkrüppelt **II.** *m, f* Krüppel *m*

lisiar [li'sjar] **I.** *vt (lesionar)* verletzen; *(mutilar)* verstümmeln **II.** *vr:* **~se** sich verletzen

liso, -a ['liso, -a] *adj* ❶ *(superficie, pelo)* glatt; **los 100 metros ~s** der 100-Me-

ter-Lauf ❷ *(tela)* einfarbig; *(vestido)* schlicht
lisonja [li'soŋxa] *f* Schmeichelei *f*
lisonjeador(a) [lisoŋxea'ðor(a)] **I.** *adj* schmeichelnd; **no seas tan ~ con tu jefe** umschmeichele deinen Chef nicht zu viel **II.** *m(f)* Schmeichler(in) *m(f)*
lisonjear [lisoŋxe'ar] *vt* schmeicheln *+dat*
lisonjero, -a [lisoŋ'xero, -a] **I.** *adj* schmeichelnd **II.** *m, f* Schmeichler(in) *m(f)*
lista ['lista] *f* ❶ *(enumeración)* Liste *f;* **~ de la compra** Einkaufszettel *m;* **~ electoral** Wählerliste *f;* **~ única** Einheitsliste *f;* **estar en la ~ de espera** auf der Warteliste stehen; **pasar ~** *(leer)* die Namen aufrufen; *(controlar siempre)* eine Anwesenheitsliste führen ❷ *(tira)* Streifen *m; (de madera)* Leiste *f;* **a ~s** gestreift
listado[1] [lis'taðo] *m* Auflistung *f*
listado, -a[2] [lis'taðo, -a] *adj* gestreift
listar [lis'tar] *vt* auflisten
listín [lis'tin] *m (de teléfonos)* Telefonbuch *nt*
listo, -a ['listo, -a] *adj* ❶ *ser (inteligente)* klug; *(sagaz)* gerissen; *(hábil)* geschickt; **pasarse de ~** zu weit gehen ❷ *estar (preparado)* fertig; **~ para enviar** (INFOR) sendebereit; **~ para el envío/para el tiraje** versandfertig/druckreif; **~ para despegar** startklar; **estás ~ si crees que...** *(fam)* wenn du meinst, dass ..., hast du dich geschnitten
listón [lis'ton] *m (madero)* Latte *f;* **poner el ~ muy alto** *(fig)* einen sehr hohen Maßstab anlegen
lisura [li'sura] *f* ❶ *(llano)* Glätte *f* ❷ *(Am: frescura)* Frechheit *f* ❸ *(fig: ingenuidad)* Naivität *f*
litera [li'tera] *f (cama)* Etagenbett *nt;* (FERRO) Liegewagenplatz *m;* (NÁUT) Schlafkoje *f*
literal [lite'ral] *adj* wörtlich
literalmente [literal'mente] *adv* ❶ *(al pie de la letra)* (wort)wörtlich; **siempre traduce ~ de una lengua a otra** er übersetzt immer wörtlich ❷ *(en sentido estricto)* buchstäblich; **estoy ~ arruinado** ich bin im wahrsten Sinne des Wortes ruiniert
literario, -a [lite'rarjo, -a] *adj* literarisch; **lenguaje ~** Schriftsprache *f;* **texto ~** literarischer Text
literato, -a [lite'rato, -a] *m, f* Literat(in) *m(f)*
literatura [litera'tura] *f* Literatur *f;* **~ de no ficción** Sachliteratur *f;* **~ narrativa** Erzählliteratur *f;* **~ barata** Schundliteratur *f;* **¡eso solamente es hacer ~!** das ist bloß leeres Gerede!
litigante [liti'ɣaṇte] **I.** *adj (en un juicio)* prozessführend **II.** *mf* Prozessteilnehmer(in) *m(f)*
litigar [liti'ɣar] <g → gu> *vt* ❶ *(disputar, t.* JUR) streiten ❷ *(llevar a juicio)* prozessieren (**con/contra** gegen *+akk*)
litigio [li'tixjo] *m* ❶ *(disputa)* Streit *m;* **en caso de ~** im Streitfall; **en ~** strittig ❷ *(juicio)* Prozess *m*
litigioso, -a [liti'xjoso, -a] *adj* ❶ *(cosa)* strittig ❷ *(persona)* streitsüchtig
litis ['litis] *f inv* (JUR) Rechtsstreit *m,* Prozess *m*
litografiar [litoɣrafi'ar] <*1. pres* litografío> *vt* lithografieren
litoral [lito'ral] **I.** *adj* Küsten- **II.** *m (costa)* Küste *f; (playa)* Strand *m*
litosfera [litos'fera] *f* (GEO) Lithosphäre *f*
litro ['litro] *m* Liter *m o nt;* **un ~ de leche** ein Liter Milch
litrona [li'trona] *f (argot)* 1-Liter-Flasche *f* Bier
Lituania [li'twanja] *f* Litauen *nt*
lituano, -a [li'twano, -a] **I.** *adj* litauisch **II.** *m, f* Litauer(in) *m(f)*
liturgia [li'turxja] *f* Liturgie *f*
litúrgico, -a [li'turxiko, -a] *adj* liturgisch; **ornamento ~** Kirchenschmuck *m*
liviano, -a [li'βjano, -a] *adj* ❶ *(superficial)* leichtfertig ❷ *(lascivo)* unanständig ❸ *(ligero)* leicht; *(error)* unbedeutend
lividecer [liβiðe'θer] *irr como crecer vi* erbleichen, erblassen
lividez [liβi'ðeθ] *f* Blässe *f*
lívido, -a ['liβiðo, -a] *adj* ❶ *(amoratado)* dunkelviolett; **~ de frío** blaugefroren ❷ *(pálido)* blass
living ['liβiŋ] *m* <livings> Wohnzimmer *nt*
living-comedor ['liβiŋ kome'ðor] *m* Wohnküche *f*
liza ['liθa] *f* ❶ *(lucha)* Kampf *m;* **en este tema entran** [*o* **están**] **en ~ intereses contrapuestos** bei diesem Thema prallen entgegengesetzte Interessen aufeinander ❷ *(campo)* Kampfplatz *m,* Turnierplatz *m;* **entrar en ~** den Kampf antreten
llaga ['ʎaɣa] *f* ❶ *(herida)* Wunde *f; (úlcera)* Geschwür *nt; (ampolla)* Blase *f* ❷ *(pena)* Schmerz *m*
llagar [ʎa'ɣar] <g → gu> **I.** *vt (herir)* verwunden; *(rozar)* wund scheuern **II.** *vr:* **~se** ❶ *(ulcerarse)* eitern ❷ *(herirse)* sich wund reiben; **~se** (**los pies**) sich *dat* Blasen (an den Füßen) laufen
llallí [ʎa'ʎi] *f (Chil)* Popcorn *nt*
llama ['ʎama] *f* ❶ *(fuego)* Flamme *f; (fig)* Feuer *nt* ❷ (ZOOL) Lama *nt*
llamada [ʎa'maða] *f* ❶ *(voz)* Ruf *m;* **~ al orden** Ordnungsruf *m;* **~ del programa** (INFOR) Programmaufruf *m* ❷ *(de teléfono)*

L

Anruf *m;* ~ **urbana** Ortsgespräch *nt* ③ *(gesto)* Herbeiwinken *nt* ④ *(a la puerta)* Klopfen *nt* ⑤ *(en un libro)* Hinweis *m* ⑥ (MIL) Appell *m*

llamado, -a [ʎa'maðo, -a] *adj (conocido como)* so genannte(r, s)

llamador [ʎama'ðor] *m* ① *(picaporte)* (Tür)klopfer *m* ② *(timbre)* (Klingel)knopf *m*

llamamiento [ʎama'mjen̩to] *m* ① *(exhortación)* Aufruf *m; (soldado)* Appell *m;* **hacer un ~ a todos** an alle appellieren ② (MIL) ~ **a filas** Einberufung *f* zum Wehrdienst ③ (JUR: *citación*) Vorladung *f*

llamar [ʎa'mar] **I.** *vt* ① *(voz)* rufen; *(por teléfono)* anrufen; ~ **a declarar a alguien** jdn zur Aussage vorladen; ~ **a filas** (MIL) einberufen; **le llaman al teléfono** er wird am Telefon verlangt; ~ **a capítulo a alguien** jdn zur Rechenschaft ziehen; ~ **al perro con un silbido** nach dem Hund pfeifen ② *(denominar)* nennen; **lo llamé idiota a la cara** ich sagte ihm ins Gesicht, dass er ein Idiot sei ③ *(despertar)* (er)wecken; ~ **la atención** *(reprender)* ermahnen; *(ser llamativo)* auffallen; ~ **la atención sobre algo** auf etw aufmerksam machen **II.** *vi* ① *(a la puerta)* anklopfen; *(el timbre)* klingeln; **¿quién llama?** wer ist da? ② *(fam: gustar)* schmecken; **el chocolate no me llama nada** Schokolade ist nicht mein Ding **III.** *vr:* **~se** heißen; **¿cómo te llamas?** wie heißt du?; **¡como me llamo… que lo harás!** du machst das, so wahr ich … heiße!

llamarada [ʎama'raða] *f* ① *(llama)* Flackerfeuer *nt* ② *(rubor)* Röte *f*

llamativo, -a [ʎama'tiβo, -a] *adj (traje)* auffällig; *(color)* grell

llamear [ʎame'ar] *vi* lodern

llana ['ʎana] *f (herramienta)* Kelle *f*

llanamente [ʎana'men̩te] *adv* schlicht und einfach; **dile ~ lo que piensas de él** sag ihm ganz einfach, was du von ihm hältst

llaneza [ʎa'neθa] *f sin pl* Umgänglichkeit *f*

llano¹ ['ʎano] *m* Ebene *f*

llano, -a² ['ʎano, -a] *adj* ① *(liso)* flach; *(terreno)* eben ② *(campechano)* umgänglich ③ (LING) auf der vorletzten Silbe betont ④ *(loc)* **el pueblo ~** das (einfache) Volk; **a la pata la llana** ohne Umstände

llanta ['ʎan̩ta] *f (rueda)* Reifen *m; (cerco)* Felge *f;* ~ **de aleación** Alufelge

llantera [ʎan̩'tera] *f* Geheule *nt,* lautes Weinen *nt*

llantería [ʎan̩te'ria] *f sin pl (Am)* Weinen *nt,* Jammern *nt*

llantina [ʎan̩'tina] *f (fam)* Geflenne *nt*

llanto ['ʎan̩to] *m* Weinen *nt*

llanura [ʎa'nura] *f* Ebene *f*

llave ['ʎaβe] *f* ① *(instrumento, t. fig)* Schlüssel *m; (de reloj)* Uhrschlüssel *m;* ~ **de contacto** (AUTO) Zündschlüssel *m;* ~ **maestra** Hauptschlüssel *m;* **ama de ~s** Wirtschafterin *f;* **~s en mano** schlüsselfertig; **echar la ~** abschließen; **estar bajo ~** unter Verschluss sein; **la ~ no entra** der Schlüssel passt nicht; **la ~ para descubrir el secreto** der Schlüssel zum Geheimnis; **meter/sacar la ~** den Schlüssel hineinstecken/abziehen ② (MÚS) Ventil *nt* ③ *(grifo)* Hahn *m* ④ *(para tuerca)* Schraubenschlüssel *m;* ~ **inglesa** Engländer *m;* ~ **Allen** Inbusschlüssel *m* ⑤ *(interruptor)* Schalter *m* ⑥ (TIPO) Klammer *f* ⑦ (DEP) Griff *m*

llavero [ʎa'βero] *m (utensilio)* Schlüsselring *m*

llegada [ʎe'ɣaða] *f* ① *(al destino)* Ankunft *f* ② *(meta)* Ziel *nt*

llegar [ʎe'ɣar] <g → gu> **I.** *vi* ① *(al destino)* ankommen; *(avión)* landen; *(barco)* einlaufen; *(correo)* eingehen; ~ **a la meta** (DEP) ins Ziel kommen; **estar al ~** jeden Augenblick (an)kommen; **¡hasta ahí podíamos ~!** das fehlte gerade noch!; ~ **a Madrid** in Madrid ankommen; ~ **tarde** sich verspäten ② *(recibir)* **no me ha llegado el dinero** ich habe das Geld noch nicht erhalten ③ *(durar)* halten (**a** bis +*akk*); ~ **a viejo** alt werden; ~ **a los ochenta** die achtzig erreichen; **el enfermo no ~á hasta la primavera** der Kranke wird das Frühjahr nicht mehr erleben ④ *(ascender)* betragen (**a** +*akk*); **la cinta no llega a tres metros** das Band ist keine drei Meter lang; **no ~ a veinte euros** keine zwanzig Euro kosten ⑤ *(lograr)* **ese ~á lejos** der wird es weit bringen; ~ **a ser muy rico** steinreich werden; **llegamos a recoger 8.000 firmas** es ist uns gelungen, 8.000 Unterschriften zu sammeln; ~ **a ministro** es zum Minister bringen; **nunca ~é a entenderte** ich werde dich nie verstehen ⑥ *(ser suficiente)* (aus)reichen ⑦ *(tocar)* reichen (**a/hasta** bis zu +*dat*); **el niño no llega a los productos de limpieza** das Kind kommt nicht an die Putzmittel heran; **no me llegas ni a la suela de los zapatos** du kannst mir nicht das Wasser reichen ⑧ *(loc)* **ha llegado a mis oídos que…** ich habe erfahren, dass …; ~ **al alma** unter die Haut gehen; ~ **a la conclusión de que…** zu dem Schluss kommen, dass …; **¡todo llega!** alles hat seine Zeit!; **¡ya ~á la primavera!** der Frühling wird schon kommen! **II.** *vr:* **~se** *(ir)* gehen; **~se por casa de alguien** bei jdm vorbeikommen

llenar [ʎe'nar] **I.** *vt* ① *(atestar)* füllen (**de** mit +*dat*); **es necesario ~ esa laguna** *(fig)* diese Lücke muss geschlossen werden; **los niños ~on el suelo de papeles** die Kinder ließen überall auf dem Boden Papier herumliegen; **~se los bolsillos de caramelos** sich *dat* die Taschen mit Bonbons vollstopfen ② *(comida)* sättigen ③ *(cumplimentar)* ausfüllen ④ *(colmar)* erfüllen (**de** mit +*dat*); *(satisfacer)* ausfüllen ⑤ *(agradecer)* gefallen +*dat* **II.** *vr:* **~se** *(fam)* ① *(comida)* sich vollstopfen (**de** mit +*dat*) ② *(irritarse)* genug haben (**de** von +*dat*)

lleno[1] ['ʎeno] *m* **ese día en el teatro se logró el ~** an diesem Tag war das Theater ausverkauft

lleno, -a[2] ['ʎeno, -a] *adj (recipiente)* voll; **luna llena** Vollmond *m;* **~ de** voller +*gen/dat,* voll mit +*dat;* **a la planta le da el sol de ~** die Pflanze steht in der prallen Sonne; **el autobús iba ~** der Bus war voll; **estoy ~** *(fam)* ich bin satt

llevadero, -a [ʎeβa'ðero, -a] *adj* erträglich

llevar [ʎe'βar] **I.** *vt* ① *(a un destino, acompañar)* bringen; *(trasportar)* befördern; *(en brazos)* tragen; *(viento)* wehen; **~ a alguien en el coche** jdn (im Auto) mitnehmen; **~ algo a alguien** jdm etw bringen ② *(exigir, cobrar)* verlangen; *(costar)* kosten; **este trabajo lleva mucho tiempo** diese Arbeit ist sehr zeitaufwendig ③ *(tener)* **~ consigo** dabeihaben ④ *(conducir)* führen; **~ de la mano** an der Hand führen; **esto no lleva a ninguna parte** das führt zu nichts ⑤ *(ropa)* tragen ⑥ *(coche)* fahren ⑦ *(finca)* pachten ⑧ *(estar)* sein; **~ estudiando tres años** seit drei Jahren studieren; **llevo cuatro días aquí** ich bin seit vier Tagen hier ⑨ *(gestionar)* führen; **~ las cuentas** die Buchhaltung machen ⑩ *(inducir)* bringen (**a** zu +*dat*), dazu bringen (**a** zu +*inf*)*;* **~ a pensar que...** vermuten lassen, dass ... ⑪ *(exceder)* übertreffen; **te llevo dos años** ich bin zwei Jahre älter als du; **me llevas dos centímetros** du bist zwei Zentimeter größer als ich ⑫ *(loc)* **~ a cabo** durchführen; **~ consigo** [*o* **aparejado**] mit sich bringen; **~ el compás** den Takt schlagen; **~ idea de hacer algo** vorhaben, etw zu tun; **~ la voz cantante** das Sagen haben; **a él le gusta ~ la contraria** er widerspricht immer; **dejarse ~ por la ira** in Wut geraten; **llevaba trazas de no acabar nunca** es schien kein Ende zu nehmen; **~ la corriente a alguien** jdm immer Recht geben; **~ camino de hacer algo** auf dem (besten) Weg sein, etw zu tun; **no te dejes ~ por él** hör nicht auf ihn; **tú llevas las de perder** du wirst den Kürzeren ziehen; **... y me llevo cuatro** (MAT) ... und behalte vier **II.** *vr:* **~se** ① *(coger)* mitnehmen; **la riada se llevó (por delante) el puente** der Sturzbach riss die Brücke mit sich *dat;* **~se un susto** einen Schrecken bekommen; **~se dos años** zwei Jahre auseinander sein; **~se la palma** den Vogel abschießen ② *(ganar)* gewinnen; **~se la mayor/peor parte** den Löwenanteil bekommen/den Kürzeren ziehen ③ *(estar de moda)* in sein ④ *(soportarse)* auskommen; **mi jefe y yo nos llevamos bien/mal** ich komme mit meinem Chef gut/schlecht aus

llorar [ʎo'rar] **I.** *vi* ① *(lágrimas)* weinen; **desahogarse llorando** sich ausweinen; **la película te hacía ~** der Film rührte dich zu Tränen; **me lloran los ojos** mir tränen die Augen; **~ de alegría** vor Freude weinen; **~ como una Magdalena** *(fam)* heulen wie ein Schlosshund; **quien no llora no mama** *(fam)* wer nicht schreit, geht leer aus ② *(vid, árbol)* bluten **II.** *vt* ① *(lágrimas)* weinen (**por** um +*akk*); *(fig)* trauern (**por/a** um +*akk*); **~ la muerte de alguien** jdn beweinen ② *(quejarse)* beklagen ③ *(lamentar)* bereuen

llorera [ʎo'rera] *f (fam)* Geheule *nt*

llorica [ʎo'rika] *mf (fam)* Heulpeter *m,* Heulsuse *f*

lloriquear [ʎorike'ar] *vi* wimmern

lloriqueo [ʎori'keo] *m* Gewimmer *nt*

lloro(s) ['ʎoro(s)] *m(pl)* Weinen *nt;* **con estos ~s no conseguirás nada** mit diesen Tränen erreichst du nichts

llorón, -ona [ʎo'ron, -ona] **I.** *adj* weinerlich; **sauce ~** Trauerweide *f* **II.** *m, f* Heulpeter *m fam,* Heulsuse *f fam*

lloroso, -a [ʎo'roso, -a] *adj* verweint

llover [ʎo'βer] <o → ue> *vi, vt, vimpers* regnen; **está lloviendo** es regnet; **llueve a mares** [*o* **a cántaros**] es regnet in Strömen; **~ sobre mojado** Schlag auf Schlag kommen; **como llovido del cielo** wie aus heiterem Himmel; **llueven las malas noticias** es hagelt schlechte Nachrichten; **me escucha como quien oye ~** *(fam)* es interessiert ihn/sie nicht die Bohne, was ich erzähle; **ya ha llovido mucho desde aquella** *(fig)* seitdem ist schon viel Wasser den Rhein hinabgeflossen

llovida [ʎo'βiða] *f (Am)* Regen *m;* **¡qué ~!** so ein Regen!

llovizna [ʎo'βiθna] *f* Nieselregen *m*

lloviznar [ʎoβiθ'nar] *vimpers* **está lloviznando** es nieselt

lluqui ['ʎuki] *adj (Ecua: zurdo)* linkshändig

lluvia ['ʎuβja] *f* ① *(chubasco)* Regen *m;*

L

~ **ácida** saurer Regen; ~ **de estrellas** Sternschnuppenschwarm *m;* **época de las ~s** Regenzeit *f* 2 *(cantidad)* Unmenge *f* 3 *(Am: ducha)* Dusche *f*

lluvioso, -a [ʎu'βjoso, -a] *adj* regnerisch; **tiempo ~** Regenwetter *nt*

lo [lo] **I.** *art det v.* **el, la, lo II.** *pron pers m y nt sg* 1 *(objeto: masculino)* ihn; *(neutro)* es; **¡lláma~!** ruf ihn!; **¡haz~!** tu es! 2 *(con relativo)* ~ **que...** (das,) was ...; ~ **cual** was; ~ **que quiero decir es que...** was ich sagen will ist, dass ...

loa ['loa] *f (alabanza)* Lob *nt*

loable [lo'aβle] *adj* löblich

loador(a) [loa'ðor(a)] **I.** *adj* lobend, rühmend **II.** *m(f)* Lobredner(in) *m(f)*

loar [lo'ar] *vt (elev)* loben, rühmen

loba ['loβa] *f v.* **lobo**

lobato [lo'βato] *m* 1 *(lobo)* junger Wolf *m* 2 *(cachorro)* Welpe *m*

lobby ['loβi] *m* (POL) Lobby *f*

lobera [lo'βera] *f* (ZOOL) 1 *(guarida)* Wolfshöhle *f* 2 *(monte)* Wolfsversteck *nt*

lobezno [lo'βeθno] *m* junger Wolf *m*

lobo, -a ['loβo, -a] *m, f* Wolf, Wölfin *m, f;* ~ **cerval** Luchs *m;* ~ **de mar** *(fam fig)* alter Seebär; ~ **marino** Seehund *m;* **en esa ocasión le vimos las orejas al ~** wir sind gerade noch einmal davongekommen; **meterse en la boca del ~** sich in die Höhle des Löwen begeben; **ser un ~ con piel de oveja** ein Wolf im Schafspelz sein; **tener un hambre de ~s** einen Bärenhunger haben

lóbrego, -a ['loβreɣo, -a] *adj* finster

lobreguez [loβre'ɣeθ] *f* Dunkelheit *f*

lobulado, -a [loβu'laβo, -a] *adj (hoja)* gelappt

lóbulo ['loβulo] *m* (ANAT) Flügel *m;* ~ **de la oreja** Ohrläppchen *nt*

loca ['loka] *adj o f v.* **loco**

locación [loka'θjon] *f* (JUR: *arrendamiento*) Pacht *f,* Miete *f; (acción de arrendar)* Verpachtung *f,* Vermietung *f*

local [lo'kal] **I.** *adj* örtlich; **periódico ~** Lokalblatt *nt* **II.** *m* Raum *m;* (COM) Geschäftsraum *m;* ~ **público** Lokal *nt*

localidad [lokali'ðaᶞ] *f* 1 *(municipio)* Ort *m* 2 *(entrada)* Eintrittskarte *f; (asiento)* Sitz(platz) *m*

localismo [loka'lismo] *m (pey: chovinismo)* Lokalpatriotismus *m*

localista [loka'lista] *adj (pey)* lokalpatriotisch; **escritor ~** Heimatschriftsteller *m*

localizable [lokali'θaβle] *adj* erreichbar

localización [lokaliθa'θjon] *f* 1 *(búsqueda)* Aufspüren *nt;* (AERO) Ortung *f* 2 *(posición)* Standort *m*

localizador [lokaliθa'ðor] *m* (INFOR) URL *m*

localizar [lokali'θar] <z → c> *vt* 1 *(limitar)* eingrenzen; (AERO) orten; *(fuego, epidemia)* eindämmen 2 *(encontrar)* finden; ~ **por teléfono** telefonisch erreichen

locamente [loka'mente] *adv* ungeheuer; **vivo ~ enamorada de este cantante** ich bin unsterblich in diesen Sänger verliebt

locería [loθe'ria] *f (Am)* Töpferei *f*

loción [lo'θjon] *f* 1 *(líquido)* Flüssigkeit *f;* ~ **capilar** Haarwasser *nt;* ~ **tónica** Gesichtswasser *nt* 2 *(crema)* Lotion *f;* ~ **bronceadora** Sonnenmilch *f;* ~ **hidratante** Feuchtigkeitslotion *f* 3 *(fricción)* Einreibung *f*

lockout [lo'kauᶞ] *m* <lockouts> Aussperrung *f*

loco, -a ['loko, -a] **I.** *adj* 1 *(chalado)* verrückt; **a lo ~, a tontas y a locas** ohne Sinn und Verstand; **estar ~ de atar** völlig verrückt sein; **estar ~ por la música** Musik lieben; **estar ~ con la bicicleta** furchtbar gern Rad fahren; **estar ~ de contento** sich freuen wie verrückt; **estar medio ~** nicht alle Tassen im Schrank haben *fam* 2 *(maravilloso)* toll; **tener una suerte loca** unwahrscheinliches Glück haben **II.** *m, f* Verrückte(r) *mf;* **casa de ~s** *(t. fig)* Tollhaus *nt;* **cada ~ con su tema** jedem Tierchen sein Pläsierchen; **hacerse el ~** nicht reagieren; **hacer el ~** herumspinnen; **tener una vena de ~** nicht recht bei Trost sein

locomoción [lokomo'θjon] *f* Fortbewegung *f*

locomotor(a) [lokomo'tor(a)] *adj* Bewegungs-

locomotora [lokomo'tora] *f* Lokomotive *f*

locomotriz [lokomo'triθ] *adj* treibend

locuacidad [lokwaθi'ðaᶞ] *f* Gesprächigkeit *f; (charlatanería)* Geschwätzigkeit *f*

locuaz [lo'kwaθ] *adj* gesprächig; *(charlatán)* geschwätzig

locución [loku'θjon] *f (expresión)* Wendung *f;* ~ **prepositiva** Präpositionalergänzung *f*

locura [lo'kura] *f* 1 *(enajenación mental)* Wahn(sinn) *m;* ~ **bovina** Rinderwahnsinn *m;* **querer con ~** wahnsinnig lieben; **una casa de ~** eine Traumwohnung 2 *(disparate)* Verrücktheit *f;* **andar haciendo ~s** Unfug treiben

locutor(a) [loku'tor(a)] *m(f)* Sprecher(in) *m(f)*

locutorio [loku'torjo] *m* 1 *(claustro)* Sprechzimmer *nt* 2 (TEL) Telefonzelle *f*

lodazal [loða'θal] *m* Morast *m*

lodo ['loðo] *m* Schlamm *m*

lodoso, -a [lo'ðoso, -a] *adj* schlammig

loess ['loes] *m sin pl* (GEO) Löss *m*

logarítmico, -a [loɣa'riᵭmiko, -a] *adj* (MAT) logarithmisch, Logarithmen-; **tablas logarítmicas** Logarithmentafeln *f pl*
logaritmo [loɣa'riᵭmo] *m* (MAT) Logarithmus *m;* **tabla de ~s** Logarithmentafel *f*
logia ['loxja] *f* ❶ (ARQUIT) Loggia *f* ❷ *(reunión)* Loge *f*
lógica ['loxika] *f* Logik *f*
lógicamente [loxika'mente] *adv* ❶ *(de forma lógica)* selbstverständlich; **~, al Presidente hay que tratarle de usted** den Präsidenten muss man selbstverständlich siezen ❷ *(como es lógico)* logischerweise; **como era una estafa no pagamos, ~** da es sich um einen Betrug handelte, haben wir natürlich nicht bezahlt ❸ *(por consiguiente)* folglich, somit; **ese día no estaba en la ciudad, ~ no pudo ser él** an diesem Tag war er nicht in der Stadt, somit kann er es nicht gewesen sein ❹ *(coherentemente)* genau genommen; **~ hablando, no se trata de un silogismo** genau gesagt, handelt es sich nicht um einen Syllogismus
lógico, -a ['loxiko, -a] *adj* logisch; *(normal)* natürlich
logística [lo'xistika] *f* Logistik *f*
logístico, -a [lo'xistiko, -a] *adj* logistisch
logo ['loɣo] *m* Logo *nt*
logopeda [loɣo'peða] *mf* Logopäde, -in *m, f*
logopedia [loɣo'peðja] *f* Logopädie *f*
logotipo [loɣo'tipo] *m (distintivo)* Emblem *nt; (de una empresa)* Firmenzeichen *nt; (para un producto)* Warenzeichen *nt*
logrado, -a [lo'ɣraðo, -a] *adj* gelungen; **te ha quedado muy ~ el cuadro** das Bild ist dir sehr gut gelungen
lograr [lo'ɣrar] **I.** *vt* erreichen; *(premio)* gewinnen; **logré convencerla** ich schaffte es, sie zu überzeugen **II.** *vr:* **~se** gelingen
logro ['loɣro] *m* Erfolg *m*
logroñés, -esa [loɣro'ɲes, -esa] **I.** *adj* aus Logroño **II.** *m, f* Einwohner(in) *m(f)* von Logroño
lol [lol] *interj abr de* **laughing out loud** (INFOR) lol, ha, ha
loma ['loma] *f* Hügel *m*
lombriz [lom'briθ] *f* Wurm *m;* **~ intestinal** Spulwurm *m;* **~ de tierra** Regenwurm *m*
lomo ['lomo] *m* ❶ *(espalda)* Rücken *m;* **agachar el ~** *(fam fig)* malochen; **sobarle el ~ a alguien** *(fam fig)* jdm um den Bart gehen ❷ *(solomillo)* Lende *f* ❸ *(de libro)* Buchrücken *m* ❹ *(de cuchillo)* Rücken *m* ❺ *(loc, fam)* **ser un mentiroso de tomo y ~** es faustdick hinter den Ohren haben
lona ['lona] *f* Plane *f*
loncha ['lontʃa] *f* Scheibe *f*
lonchera [lon'tʃera] *f (Am)* Brotdose *f*
londinense [londi'nense] **I.** *adj* aus London **II.** *mf* Londoner(in) *m(f)*
Londres ['londres] *m* London *nt*
longanimidad [loŋganimi'ðaᵭ] *f sin pl* Geduld *f,* Langmut *f geh*
longánimo, -a [loŋ'ganimo, -a] *adj* geduldig, langmütig *geh*
longaniza [loŋga'niθa] *f* Bratwurst *f (aus Hackfleisch)*
longevidad [loŋxeβi'ðaᵭ] *f sin pl (duración)* Lebensdauer *f; (larga)* Langlebigkeit *f; (edad)* hohes Alter *nt*
longevo, -a [loŋ'xeβo, -a] *adj (que dura)* langlebig; *(viejo)* sehr alt
longitud [loŋxi'tuᵭ] *f* Länge *f;* **salto de ~** Weitsprung *m;* **cuatro metros de ~** vier Meter lang; **cincuenta grados ~ este/oeste** fünfzig Grad östlicher/westlicher Länge; **estar en la misma ~ de onda** *(fig)* auf der gleichen Wellenlänge liegen
longitudinal [loŋxituði'nal] *adj* **corte ~** Längsschnitt *m*
longitudinalmente [loŋxituðinal'mente] *adv* der Länge nach
longui(s) ['loŋgi(s)] *mf inv* **hacerse el ~** *(fam)* sich taub stellen
lonja ['loŋxa] *f* ❶ (COM) Warenbörse *f* ❷ *(loncha)* Scheibe *f*
lontananza [lonta'nanθa] *f sin pl* (ARTE) Ferne *f;* **se ve un barco en ~** man sieht ein Schiff in der Ferne
loquero [lo'kero] *m (fam)* Irrenaufseher *m*
Lorena [lo'rena] *f* Lothringen *nt;* **~-Lorena, Alsacia y ~** Elsaß-Lothringen *nt*
lorenés, -esa [lore'nes, -esa] **I.** *adj* lothringisch **II.** *m, f* Lothringer(in) *m(f)*
loro ['loro] *m* ❶ (ZOOL) Papagei *m;* **repetir como un ~** alles nachplappern ❷ *(fam pey: mujer)* hässliche Frau *f*
los [los] **I.** *art det v.* **el, la, lo II.** *pron pers m y nt pl* ❶ *(objeto directo)* sie; **¡lláma~!** ruf sie! ❷ *(con relativo)* **~ que...** die(jenigen), die ...; **~ cuales** die
losa ['losa] *f (piedra)* (Stein)platte *f; (lápida)* Grabstein *m; (baldosa)* Fliese *f*
loseta [lo'seta] *f dim de* **losa**
lote ['lote] *m* ❶ *(parte)* Teil *m;* (COM) Posten *m* ❷ *(argot)* **darse el ~** knutschen
lotería [lote'ria] *f* Lotterie *f;* **~ primitiva** Lotto *nt;* **administración de ~** Lottoannahmestelle *f;* **a Juan le tocó la ~** Juan hat in der Lotterie gewonnen; **un décimo de la ~** ein (Lotterie)los; **¡con ese hijo te tocó la ~!** mit diesem Sohn hast du richtig Glück gehabt!; **jugar a la ~** in der Lotterie spielen; *(primitiva)* Lotto spielen

L

lotero, -a [lo'tero, -a] *m, f* Lotterielosverkäufer(in) *m(f)*

loto¹ ['loto] *m* ① *(planta)* Lotus *m* ② *(flor)* Lotusblüte *f*

loto² ['loto] *f (fam)* Lotto *nt*

Lovaina [lo'βai̯na] *f* Leuven *nt*

loza ['loθa] *f* Steingut *nt; (vajilla)* Steingutgeschirr *nt*

lozanía [loθa'nia] *f sin pl* ① *(vegetación)* Üppigkeit *f* ② *(persona: robustez)* Kraft *f; (salud)* Gesundheit *f*

lozano, -a [lo'θano, -a] *adj* ① *(planta)* üppig ② *(persona: robusta)* kraftvoll; *(saludable)* gesund

LSD [ele(e)se'ðe] *m abr de* **Lysergsäurediäthylamid** (QUÍM) LSD *nt*

lubina [lu'βina] *f* Seebarsch *m*

lubricación [luβrika'θjon] *f v.* **lubrificación**

lubricante [luβri'kan̩te] *adj v.* **lubrificante**

lubricar [luβri'kar] <c → qu> *vt* (ein)schmieren

lúbrico, -a ['luβriko, -a] *adj (obsceno)* schlüpfrig

lubrificación [luβrifika'θjon] *f* ① *(acción)* (Ein)schmieren *nt* ② *(efecto)* Schmiere *f*

lubrificante [luβrifi'kan̩te] *adj* (Ein)schmier-; **aceite ~** Schmieröl *nt*

lubrificar [luβrifi'kar] <c → qu> *vt* (ein)schmieren

lucense [lu'θense] **I.** *adj* aus Lugo **II.** *mf* Einwohner(in) *m(f)* von Lugo

Lucerna [lu'θerna] *f* Luzern *nt*

lucero [lu'θero] *m* ① *(estrella)* Stern *m* ② *(mancha)* Blesse *f*

lucha ['luʧa] *f* Kampf *m* (**por** um +*akk*); (DEP) Ringkampf *m;* **~ cuerpo a cuerpo** Kampf Mann gegen Mann; **~ contra la droga** Drogenbekämpfung *f*

luchador(a) [luʧa'ðor(a)] *m(f)* Kämpfer(in) *m(f);* (DEP) Ringer(in) *m(f)*

luchar [lu'ʧar] *vi* kämpfen (**por** um +*akk*), ringen (**por** um +*akk*)

luchón, -ona [lu'ʧon, -ona] *adj (Méx)* kämpferisch, voller Kampfgeist; **es muy ~** er ist eine Kämpfernatur

lucidez [luθi'ðeθ] *f sin pl* ① *(estado)* Klarheit *f* ② *(clarividencia)* Hellsichtigkeit *f; (sagacidad)* Scharfsinn *m;* **antes de morir tuvo todavía un momento de ~** bevor er/sie starb, hatte er/sie noch einen hellen Augenblick

lucido, -a [lu'θiðo, -a] *adj* ① *(brillante)* prächtig, großartig; **tuvo una actuación muy lucida en el concurso** sein/ihr Auftritt beim Wettbewerb war fantastisch ② *(fam: gordo)* stattlich ③ *(loc)* **¡estás ~ si crees que te va a pagar!** du bist schön dumm, wenn du glaubst, dass er/sie zahlen wird!

lúcido, -a ['luθiðo, -a] *adj* ① *(clarividente)* hell(sichtig); *(sagaz)* scharfsinnig ② *(sobrio)* klar

luciérnaga [lu'θjernaɣa] *f* Glühwürmchen *nt*

Lucifer [luθi'fer] *m* (REL) Luzifer *m*

lucimiento [luθi'mjen̩to] *m* **una ópera de gran ~** eine glanzvolle Opernaufführung

lucio ['luθjo] *m* (ZOOL) Hecht *m*

lución [lu'θjon] *m* (ZOOL) Blindschleiche *f*

lucioperca [luθjo'perka] *m* (ZOOL) Zander *m,* Hechtbarsch *m*

lucir [lu'θir] *irr* **I.** *vi* ① *(brillar)* leuchten; *(sol)* scheinen; **esa lámpara luce muy poco** diese Lampe gibt sehr wenig Licht ② *(compensar)* sich auszahlen; *(verse)* zur Geltung kommen; **el vestido no le luce** das Kleid sieht an ihr nicht gut aus; **es un trabajo pesado y que no luce** die Mühe zahlt sich nicht aus; **ese collar luce mucho con el vestido rojo** diese Kette kommt mit dem roten Kleid gut zur Geltung; **este jersey hecho a mano no luce** man sieht nicht, wie viel Mühe in diesem selbst gestrickten Pullover steckt; **me he pasado la mañana recogiendo, pero no me luce** ich habe den ganzen Morgen aufgeräumt, aber man sieht nicht viel davon; **no te luce el dinero que tienes** man sieht dir nicht an, dass du viel Geld hast **II.** *vt (exhibir)* zur Schau stellen **III.** *vr:* **~se** ① *(exhibirse)* sich zeigen ② *(destacarse)* sich auszeichnen; **¡ahora sí que nos hemos lucido!** *(irón)* jetzt haben wir uns aber schön blamiert!

lucrarse [lu'krarse] *vr* profitieren

lucrativo, -a [lukra'tiβo, -a] *adj* einträglich; **no ~** unentgeltlich; **sin fines ~s** gemeinnützig

lucro ['lukro] *m* Gewinn *m;* **ánimo de ~** Gewinnstreben *nt;* **sin ánimo de ~** gemeinnützig

luctuoso, -a [luktu'oso, -a] *adj* traurig

ludibrio [lu'ðiβrjo] *m* Spott *m,* Hohn *m;* **hacer ~ de alguien** jdn verspotten

lúdico, -a ['luðiko, -a] *adj* ① *(relativo al juego)* Spiel- ② *(no serio)* spielerisch; **el aspecto ~ de la vida** die angenehmen Seiten des Lebens

ludópata [lu'ðopata] *mf* Spielsüchtige(r) *f(m)*

ludopatía [luðopa'tia] *f* (MED) Spielsucht *f*

ludoteca [luðo'teka] *f* Spielraum *m*

luego ['lweɣo] **I.** *adv* ① *(después)* später; **¡hasta ~!** tschüs! ② *(entonces)* dann ③ *(por supuesto)* **desde ~** selbstverständlich; **¡desde ~!** aber klar! **II.** *conj* ① *(así que)* also ② *(después de)* ~ **que** nachdem

luengo, -a ['lweŋgo, -a] *adj (elev)* lang; **hace ~s años** vor vielen, vielen Jahren

lugar [lu'ɣar] *m* ① *(sitio, localidad)* Ort *m; (situación)* Platz *m;* ~ **de autos/los hechos** Tatort *m;* ~ **de nacimiento** Geburtsort *m;* **en algún ~ de la casa** irgendwo im Haus; **hacerse una composición de ~** das Für und Wider abwägen; **la observación está fuera de ~** die Bemerkung ist fehl am Platz; **yo en ~ de Ud....** ich an Ihrer Stelle ... ② *(localidad)* Ortschaft *f* ③ *(motivo)* **no des ~ a que te reprendan** gib ihnen keinen Anlass, dich zu tadeln; **dar ~ a un escándalo** einen Skandal verursachen ④ *(loc)* **tener ~** stattfinden; **en primer/segundo ~** erstens/zweitens; **en ~ de** (an)statt

lugareño, -a [luɣa'reɲo, -a] **I.** *adj* dörflich **II.** *m, f* Dorfbewohner(in) *m(f)*

lugarteniente [luɣarte'njeṇte] *m* Stellvertreter *m*

luge [luʤ] *m* ① *(trineo)* (Rodel)schlitten *m* ② (DEP) Rennrodeln *nt*

lúgubre ['luɣuβre] *adj (sombrío)* düster

lugués, -esa [lu'ɣes, -esa] **I.** *adj* aus Lugo **II.** *m, f* Bewohner(in) *m(f)* von Lugo

lujo ['luxo] *m* Luxus *m;* **permitirse el ~ de...** sich *dat* den Luxus leisten, zu ...; **con gran ~ de detalles** sehr ausführlich

lujoso, -a [lu'xoso, -a] *adj* luxuriös

lujuria [lu'xurja] *f* Lüsternheit *f*

lujurioso, -a [luxu'rjoso, -a] **I.** *adj* lüstern **II.** *m, f* Lüstling *m,* lüsterne Frau *f*

lulú [lu'lu] <lulús> *m (perro faldero)* Schoßhündchen *nt; (raza)* Spitz *m*

lumbago [lum'baɣo] *m* Hexenschuss *m*

lumbalgia [lum'balxja] *f* (MED) Lendenschmerz *m*

lumbar [lum'bar] *adj* Lenden-

lumbre ['lumbre] *f sin pl (llamas)* Feuer *nt; (brasa)* Glut *f;* **sentados al amor de la ~** in der Nähe des Kamins sitzend; **poner a la ~** auf das Feuer stellen

lumbrera [lum'brera] *f* ① *(claraboya)* Dachluke *f* ② *(talento)* Genie *nt*

luminiscencia [luminis'θeṇθja] *f* Lumineszenz *f*

luminosidad [luminosi'ða^{d}] *f* Leuchten *nt; (astro, día)* Helligkeit *f*

luminoso, -a [lumi'noso, -a] *adj* ① *(brillante)* leuchtend; *(día)* hell; **anuncio ~** Leuchtreklame *f;* **potencia luminosa** Lichtstärke *f* ② *(excelente)* blendend

luminotecnia [lumino'teɣnja] *f* Beleuchtungstechnik *f*

luna ['luna] *f* ① (ASTR) Mond *m; (luz)* Mondlicht *nt;* ~ **creciente/menguante** zunehmender/abnehmender Mond; ~ **llena/nueva** Voll-/Neumond *m;* ~ **de miel** Flitterwochen *fpl;* **media ~** Halbmond *m;* **a la luz de la ~** im Mondschein; **estar en la ~** in den Wolken schweben; **pedir la ~** nach den Sternen greifen; **quedarse a la ~ de Valencia** das Nachsehen haben; **tener ~s** *(fig)* launisch sein ② *(cristal)* Glas *nt; (espejo)* Spiegelglas *nt;* **armario de ~** Spiegelschrank *m;* **~s del coche** Autofenster *ntpl*

lunar [lu'nar] **I.** *adj* Mond- **II.** *m* ① *(en la piel)* Muttermal *nt* ② *(en una tela)* Tupfen *m* ③ *(mancha)* Fleck *m*

lunático, -a [lu'natiko, -a] *adj* launisch

lunch [lanʧ] *m* Lunch *m*

lunes ['lunes] *m inv* Montag *m;* ~ **de carnaval** Rosenmontag *m;* ~ **de Pascua** Ostermontag *m;* **el ~** am Montag; **el ~ pasado** letzten Montag; **el ~ que viene** nächsten Montag; **el ~ por la noche/al mediodía/por la mañana/por la tarde** Montagabend/-mittag/-morgen/-nachmittag *m;* **los ~ por la noche/al mediodía/por la mañana/por la tarde** montagabends/-mittags/-morgens/-nachmittags; (**todos**) **los ~** jeden Montag, montags; **en la noche del ~ al martes** in der Nacht von Montag auf Dienstag; **el ~ entero** den ganzen Montag (über); **cada dos ~** (**del mes**) jeden zweiten Montag (im Monat); **hoy es ~, once de marzo** heute ist Montag, der elfte März; **pasar de ir al trabajo el ~** einen blauen Montag machen

luneta [lu'neta] *f* ① *(adorno)* Halbmond *m* ② *(anteojo)* Glas *nt* ③ (AUTO) ~ (**trasera**) Heckscheibe *f*

lupa ['lupa] *f* Lupe *f*

lupanar [lupa'nar] *m* Bordell *nt*

lúpulo ['lupulo] *m* Hopfen *m*

luso, -a ['luso, -a] **I.** *adj* portugiesisch **II.** *m, f* Portugiese, -in *m, f*

lustrar [lus'trar] *vt* polieren; *(zapatos)* putzen

lustre ['lustre] *m* ① *(brillo)* Glanz *m;* **sacar ~ a los zapatos/a los muebles** die Schuhe blank putzen/die Möbel polieren; **tener ~** *(fig)* gut aussehen ② *(Am: betún)* Schuhcreme *f*

lustro ['lustro] *m* Jahrfünft *nt;* **en el último ~** in den letzten fünf Jahren

lustroso, -a [lus'troso, -a] *adj* glänzend; **estar ~** *(fig)* gut aussehen

luterano, -a [lute'rano, -a] **I.** *adj* (REL) luther(an)isch **II.** *m, f* (REL) Lutheraner(in) *m(f)*

luto ['luto] *m* Trauer *f; (vestido)* Trauerkleid *nt;* **ir de ~** Trauer tragen; **estar de ~ por alguien** um jdn trauern; **declarar día**

de ~ nacional zum Staatstrauertag erklären

luxación [luˠsa'θjon] *f* Verrenkung *f*

Luxemburgo [luˠsem'burɣo] *m* Luxemburg *nt*

luxemburgués, -esa [luˠsembur'ɣes, -esa] **I.** *adj* luxemburgisch **II.** *m, f* Luxemburger(in) *m(f)*

luz [luθ] *f* ❶ *(resplandor)* Licht *nt;* **~ corta** Abblendlicht *nt;* **~ larga** Fernlicht *nt;* **~ de freno** Bremsleuchte *f;* **~ (lateral) de posición** Begrenzungsleuchte *f;* **~ trasera** Rückleuchte *f;* **~ natural** Tageslicht *nt;* **traje de luces** Torerokostüm *nt;* **a la ~ del día** bei Tageslicht; **a media ~** im Zwielicht; **claro como la ~ del día** glasklar; **dar a ~** entbinden; *(+ objeto)* zur Welt bringen; **¡~ de mis ojos!** mein Schatz!; **salir a la ~** *(fig)* ans Licht kommen; **arrojar ~ sobre un asesinato** Licht in einen Mordfall bringen; **a la ~ de los nuevos datos...** nach den neuen Erkenntnissen … ❷ *(energía)* Strom *m;* **¡da la ~!** mach das Licht an! ❸ *(fuente de luz)* Lichtquelle *f;* *(lámpara)* Lampe *f;* **encender/apagar la ~** das Licht an-/ausmachen ❹ (ARQUIT) Fenster *nt* ❺ *pl (inteligencia)* Verstand *m;* **el Siglo de las Luces** die Aufklärung; **ser de pocas luces** nicht bis drei zählen können; **tener pocas luces** beschränkt sein; **a todas luces** zweifellos

Mm

M

M, m ['eme] *f* M, m *nt;* **~ de Madrid** M wie Martha

Maastricht ['mastrixᵗ] **el Tratado de ~** der Vertrag von Maastricht

maca ['maka] *f* ❶ *(objeto)* (kleiner) Fehler *m* ❷ *(en un mueble)* Schramme *f* ❸ *(fruta)* Druckstelle *f* ❹ *(del carácter)* Makel *m* ❺ *(fam: hamaca)* Hängematte *f*

macabro, -a [ma'kaβro, -a] *adj* makaber

macaco, -a [ma'kako, -a] **I.** *adj (Cuba, Chil: feo)* hässlich **II.** *m, f* ❶ (ZOOL) Makak *m,* Makakenweibchen *nt;* *(masculino y femenino)* Meerkatze *f* ❷ *(Am: pey)* Brasilianer(in) *m(f)*

macacoa [maka'koa] *f* ❶ *(PRico: mala suerte)* Pech *nt* ❷ *(Col, Ven: tristeza, desgana)* Trübsinn *m*

macana [ma'kana] *f* ❶ *(Am: tontería)* Unsinn *m* ❷ *(mentira)* Lüge *f* ❸ (ECON) Ladenhüter *m* ❹ *(Am: porra)* Knüppel *m*

macaneador(a) [makanea'ðor(a)] *m(f)* *(Arg)* Schwindler(in) *m(f)*

macanear [makane'ar] **I.** *vi (CSur: disparatar)* Unsinn reden; *(hacer tonterías)* Unsinn machen; *(mentir)* schwindeln **II.** *vt* *(fam: chapucear)* verpfuschen

macanudo, -a [maka'nuðo, -a] *adj (Am: fam)* toll

macar [ma'kar] <c → qu> **I.** *vt* quetschen **II.** *vr:* **~se** anfaulen *(aufgrund von Druckstellen)*

macarra [ma'karra] *m (fam)* ❶ *(chorizo)* Gauner *m* ❷ *(chulo)* Zuhälter *m*

macarrón [maka'rron] *m* ❶ *pl (pasta)* Makkaroni *pl* ❷ *(bollo)* Makrone *f*

macedonia [maθe'ðonja] *f* **~ (de frutas)** Obstsalat *m*

Macedonia [maθe'ðonja] *f* Mazedonien *nt*

macedonio, -a [maθe'ðonjo, -a] **I.** *adj* mazedonisch **II.** *m, f* Einwohner(in) *m(f)* Mazedoniens

maceración [maθera'θjon] *f* ❶ (GASTR) Einlegen *nt;* **dejar la carne en ~ durante unas horas** das Fleisch einige Stunden lang einlegen ❷ (QUÍM) Mazeration *f* ❸ *(mortificación)* (Selbst)kasteiung *f*

macerar [maθe'rar] **I.** *vt* ❶ *(con golpes)* weich klopfen ❷ *(con un líquido)* aufweichen; *(en un líquido)* einweichen; (GASTR) einlegen ❸ *(mortificar)* kasteien **II.** *vr:* **~se** sich kasteien

maceta [ma'θeta] *f* ❶ *(tiesto)* Blumentopf *m* ❷ *(Chil: ramo)* Blumenstrauß *m* ❸ *(martillo)* Fäustel *m*

macetero [maθe'tero] *m* Blumenständer *m;* *(Am)* Blumenkasten *m*

machacado, -a [matʃa'kaðo, -a] *adj* zerstoßen, zerstampft

machacadura [matʃaka'ðura] *f* *(acción)* Zerstampfen *nt,* Zerdrücken *nt;* *(resultado)* Zerstampfte(s) *nt,* Zerdrückte(s) *nt;* **la ~ de tomate** die zerdrückte Tomate

machacar [matʃa'kar] <c → qu> **I.** *vt* ❶ *(triturar)* zerstampfen ❷ *(insistir)* herumreiten (auf +*dat*) *fam* ❸ *(fam: estudiar)* durchackern ❹ *(fam: destruir)* kleinkriegen **II.** *vr:* **~se** *(argot)* sich abrackern; **machacársela** *(vulg)* sich *dat* einen runterholen

machacón, **-ona** [maʧa'kon, -ona] *adj* *(pey)* lästig; **¡no seas ~!** *(no insistas)* hör auf, ständig darauf rumzureiten!

machaconería [maʧakone'ria] *f* *(pey)* Beharrlichkeit *f*

machamartillo [maʧamar'tiʎo] **creer a ~ en algo** fest an etw glauben; **repetir algo a ~** etw ununterbrochen wiederholen

machetazo [maʧe'taθo] *m* ❶ *(golpe)* (Säbel)hieb *m;* **recibir un ~** einen Schlag mit dem Säbel bekommen ❷ *aum de* **machete**

machete [ma'ʧete] *m* ❶ *(arma)* Säbel *m* ❷ *(cuchillo)* Machete *f* ❸ *(Arg: fam: chuleta)* Spickzettel *m*

machetear [maʧete'ar] **I.** *vt, vi* *(Arg: fam: copiar)* spicken **II.** *vr:* **~se** *(Méx: trabajar)* hart arbeiten; *(fam: empollar)* büffeln

machismo [ma'ʧismo] *m* Männlichkeitswahn *m*

machista [ma'ʧista] *adj* Macho-, chauvinistisch

macho ['maʧo] **I.** *m* ❶ (ZOOL: *masculino*) Männchen *nt;* **~ cabrío** Ziegenbock *m* ❷ *(fam: machote)* Kerl *m* ❸ *(pieza)* Haken *m* ❹ (ARQUIT) Pfeiler *m* **II.** *adj* ❶ *(masculino)* männlich ❷ *(fuerte)* stark, kräftig

machona [ma'ʧona] *f* *(Am: fam)* Mannweib *nt*

machote [ma'ʧote] **I.** *m* ❶ *(fam: hombre)* (ganzer) Kerl *m* ❷ *(Am: borrador)* Entwurf *m;* *(modelo)* Modell *nt* **II.** *adj* *(argot)* ❶ *(viril)* männlich ❷ *(atractivo)* toll

machucar [maʧu'kar] <c → qu> *vt* ❶ *(golpear)* einschlagen (auf +*akk*) ❷ *(destruir)* zertrümmern; *(aplastar)* zerquetschen

machucón [maʧu'kon, -ona] *m* *(fam)* Schlag *m,* Hieb *m*

macilento, **-a** [maθi'lento, -a] *adj* ❶ *(pálido)* bleich; *(cansado)* abgespannt ❷ *(flaco)* abgezehrt ❸ *(triste)* abgehärmt

macillo [ma'θiʎo] *m* (MÚS) Hammer *m*

macizo[1] [ma'θiθo] *m* ❶ *(masa)* Masse *f;* *(trozo)* Block *m* ❷ (GEO) (Gebirgs)massiv *nt* ❸ *(plantas)* Beet *nt* ❹ (ARQUIT) Pfeiler *m* ❺ *pl* (GASTR) (im Fass) eingelegte Sardinen *fpl*

macizo, **-a**[2] [ma'θiθo, -a] *adj* ❶ *(oro, puerta)* massiv; **de plata maciza** massiv silbern ❷ *(persona)* kräftig; **estar ~** gut gebaut sein; **un tío ~** ein knackiger Typ ❸ *(sólido)* solide

maco, **-a** ['mako, -a] *adj* schurkisch, gaunerhaft

macón, **-ona** [ma'kon, -ona] *adj* *(Col: grandullón)* riesig; *(hombre)* hoch aufgeschossen

macramé [makra'me] *m* ❶ *(tejido)* Makrameearbeit *f;* **hacer ~** Makrameearbeiten knüpfen ❷ *(hilo)* (Makramee)faden *m*

macrobiótica [makro'βjotika] *f* Makrobiotik *f*

macroconcierto [makrokon̥'θjerto] *m* *(argot)* Megakonzert *nt*

macrocosmo(s) [makro'kosmo(s)] *m sin pl* (FÍS, FILOS) Makrokosmos *m*

macroeconomía [makroekono'mia] *f* (ECON) Makroökonomie *f*

macrovisión [makroβi'sjon] *f* (CINE) Großaufnahme *f*

mácula ['makula] *f* ❶ *(mancha)* Fleck *m;* *(fig)* Makel *m;* **sin ~** *(fig)* makellos ❷ *(fam: engaño)* Schwindel *m*

macuto [ma'kuto] *m* ❶ *(mochila)* Rucksack *m;* (MIL) Tornister *m* ❷ *(argot: joroba)* Buckel *m* ❸ *(Ven: de los mendigos)* Bettelkorb *m*

Madagascar [maðaɣas'kar] *f* Madagaskar *nt*

madeja [ma'ðexa] *f* ❶ *(de hilo)* Knäuel *nt o m;* **~ sin cuenda** wirres Knäuel; *(fig)* verworrene Angelegenheit; **enredar la ~** *(fig)* zusätzliche Verwirrung stiften ❷ *(cabello)* Mähne *f* ❸ *(pey: hombre dejado)* Schlamper *m;* *(perezoso)* Faulpelz *m*

madera [ma'ðera] *f* ❶ *(de los árboles)* Holz *nt;* **~ contrachapada** Sperrholz *nt;* **de ~** hölzern; **tocar ~** auf Holz klopfen; **¡toca ~!** toi, toi, toi!; **ser de la misma ~** aus dem gleichen Holz geschnitzt sein; **tener** [*o* **ser de**] **buena/mala ~** einen guten/schlechten Charakter haben ❷ *(fam: policía)* Bullen *mpl*

maderería [maðere'ria] *f* Holzhandel *m;* *(almacén)* Holzlager *nt*

madero [ma'ðero] *m* ❶ *(viga)* (Holz)balken *m;* *(tablón)* (Holz)planke *f* ❷ *(persona)* Tölpel *m*

madrastra [ma'ðrastra] *f* ❶ *(pariente)* Stiefmutter *f* ❷ *(pey: mala madre)* Rabenmutter *f*

madraza [ma'ðraθa] *f* *(fam)* **es una verdadera ~** sie ist mit Leib und Seele Mutter

madre ['maðre] *f* ❶ *(de familia)* Mutter *f;* **~ de leche** Amme *f;* **~ política** Schwiegermutter *f;* **¡~ (mía)!** (oh) mein Gott!; **¡~ de Dios!** um Gottes willen!; **como su ~ lo/la parió** *(fam)* (pudel)nackt; **¡la ~ que lo parió!** *(vulg)* dieser Scheißkerl!; **¡la ~ que te parió!** *(vulg)* verdammt noch mal! *fam;* **¡viva la ~ que te parió!** *(fam)* bravo!; **¡tu ~!** *(fam)* von wegen!; **de puta ~** *(vulg)* geil *fam;* **el ciento y la ~** *(fam)* eine Menge Leute ❷ (REL) **la ~ Teresa** Mutter Theresa; **~ superior** Oberin *f* ❸ *(origen)* Mutter-; **~ patria** Mutterland *nt;* **ahí está la ~ del cordero** *(fam)*

M

da liegt der Hase im Pfeffer ❹ (GEO) Flussbett *nt* ❺ (TÉC) (Haupt)träger *m* ❻ (GASTR) Bodensatz *m* ❼ *(loc)* **los alquileres se están saliendo de ~** die Mieten geraten außer Kontrolle; **sacar a alguien de ~** jdn aus der Fassung bringen

madrear [maðre'ar] *vt* ❶ *(Méx: romper a golpes)* zerhauen, kaputtschlagen *fam* ❷ *(Méx: vulg: pegar fuerte a alguien)* zu Hackfleisch machen *fam*

madreselva [maðre'selβa] *f* (BOT) Geißblatt *nt*

madriguera [maðri'ɣera] *f* ❶ *(guarida)* Bau *m* ❷ *(escondrijo)* Schlupfwinkel *m*

madrileño, -a [maðri'leɲo, -a] **I.** *adj* aus Madrid; **las noches madrileñas** die Madrider Nächte **II.** *m, f* Madrider(in) *m(f)*

Madriles [ma'ðriles] *mpl (fam)* **los ~** Madrid *nt*

madrina [ma'ðrina] *f* ❶ *(de bautismo)* (Tauf)patin *f* ❷ *(de boda)* **~ (de boda)** Trauzeugin *f* ❸ *(de un artista/una asociación)* Förderin *f*

madroño [ma'ðroɲo] *m* ❶ (BOT: *arbusto*) Erdbeerbaum *m* ❷ (BOT: *fruta*) Erdbeere *f* ❸ *(borla)* Troddel *f*

madrugada [maðru'ɣaða] *f* ❶ *(alba)* (Morgen)dämmerung *f;* **en la** [*o* **de**] **~** früh morgens; **salimos de viaje de ~** wir brachen bei Tagesanbruch auf; **a las cinco de la ~** um fünf Uhr früh ❷ *(horas después de la media noche)* **a las tres de la ~** um drei Uhr nachts ❸ *(madrugón)* **pegarse una ~** sehr früh aufstehen

M

madrugador(a) [maðruɣa'ðor(a)] **I.** *adj* ❶ *(que se levanta pronto)* **ser muy ~** sehr früh aufstehen ❷ *(fam: astuto)* aufgeweckt **II.** *m(f)* Frühaufsteher(in) *m(f)*

madrugar [maðru'ɣar] <g → gu> *vi* (sehr) früh aufstehen; **tienes que ~ más para ganarme** *(fam fig)* um mich auszustechen, musst du früher aufstehen; **a quien madruga, Dios le ayuda** *(prov)* Morgenstund hat Gold im Mund; **no por mucho ~ amanece más temprano** *(prov)* eile mit Weile

madrugón [maðru'ɣon] *m* **darse un ~** sehr früh aufstehen

maduración [maðura'θjon] *f* ❶ *(acción)* Reifung *f* ❷ *(efecto)* Reife *f*

madurar [maðu'rar] **I.** *vt* ❶ *(hacer maduro)* reifen ❷ *(reflexionar sobre)* durchdenken **II.** *vi, vr:* **~se** *(volverse maduro)* reifen; *(persona)* reifer werden

madurez [maðu'reθ] *f* Reife *f; (de un plan)* Ausgereiftheit *f;* **estar en la ~** im reiferen Alter sein

maduro, -a [ma'ðuro, -a] *adj (fruta)* reif; *(plan)* ausgereift; *(persona: prudente)* reif; *(mayor)* im reiferen Alter; **una manzana demasiado madura** ein überreifer Apfel; **en la edad madura** im reiferen Alter; **estar a las duras y a las maduras** auch die Nachteile in Kauf nehmen

maese [ma'ese] *m* Meister *m*

maestra [ma'estra] *f* ❶ *v.* **maestro** ❷ *(profesora)* Lehrerin *f* ❸ *(mujer del maestro)* Lehrersfrau *f*

maestranza [maes'tran̪θa] *f* (MIL) Artilleriewerkstatt *f; (armería)* Waffenschmiede *f*

maestría [maes'tria] *f* ❶ *(habilidad)* Geschicklichkeit *f;* **con ~** meisterhaft ❷ *(título)* Meistertitel *m*

maestro, -a [ma'estro, -a] **I.** *adj* ❶ *(principal)* Haupt- ❷ *(que muestra gran conocimiento)* meisterlich; **obra maestra** Meisterwerk *nt* ❸ *(animal)* Haus- **II.** *m, f* ❶ *(profesor)* Lehrer(in) *m(f); (de primera enseñanza)* Grundschullehrer(in) *m(f)* ❷ *(persona de gran conocimiento)* Meister(in) *m(f)* ❸ *(de un taller)* Meister(in) *m(f); (capataz)* Vorarbeiter(in) *m(f);* **~ de cocina** Küchenchef *m;* **~ de obras** Bauleiter *m* ❹ *(lo que enseña)* Lehrmeister(in) *m(f);* **la vida es la mejor maestra** das Leben ist die beste Schule ❺ (MÚS) Maestro *m*

mafia ['mafja] *f* Mafia *f;* **~ de la cocaína** Kokainmafia *f*

mafioso, -a [ma'fjoso, -a] **I.** *adj* Mafia- **II.** *m, f* Mafioso, -a *m, f*

maganzón, -ona [maɣan̪'θon, -ona] **I.** *adj (Col, CRi)* faul **II.** *m, f (Col, CRi)* Faulenzer(in) *m(f)*

magdalena [maɣða'lena] *f (pastel)* ≈ Biskuit *m o nt;* **estar como una M~** völlig aufgelöst sein; **llorar como una M~** wie ein Schlosshund weinen

magenta [ma'xen̪ta] **I.** *adj* magentarot **II.** *f* (FOTO) Magenta *nt*

magia ['maxja] *f* ❶ *(arte)* Magie *f* ❷ *(poder)* Zauberkraft *f* ❸ *(atractivo)* Zauber *m*

magiar[1] [ma'xjar] *m* Madjarisch(e) *nt*

magiar[2] [ma'xjar] **I.** *adj* madjarisch **II.** *mf* Madjar(in) *m(f)*

mágico, -a ['maxiko, -a] **I.** *adj* ❶ *(misterioso)* magisch; **varita mágica** Zauberstab *m* ❷ *(maravilloso)* fantastisch **II.** *m, f* Zauberer, -in *m, f*

magín [ma'xin] *m (fam)* Einbildungskraft *f,* Fantasie *f*

magisterio [maxis'terjo] *m* ❶ *(labor)* Unterricht *m;* **dedicarse al ~** unterrichten ❷ *(profesión)* Lehramt *nt;* **estudiar ~** auf Lehramt studieren; **dedicarse al ~** im Lehramt tätig sein ❸ *(maestros)* Lehrer *mpl*

magistrado, -a [maxis'traðo, -a] *m, f (fun-*

cionario superior) hoher Beamter *m,* hohe Beamtin *f;* (JUR: *juez*) Richter(in) *m(f)*

magistral [maxis'tral] *adj* ❶ (ENS) Unterrichts- ❷ *(con maestría)* meisterhaft ❸ *(tono)* lehrerhaft

magistratura [maxistra'tura] *f* ❶ *(oficio)* Richteramt *nt; (dignidad)* Richterwürde *f* ❷ *(tiempo)* Amtszeit *f* ❸ *(jueces)* Richter *mpl; (funcionarios)* Justizbeamte *mpl*

magma ['maɣma] *m* Magma *nt*

magnanimidad [maɣnanimi'ðaᵈ] *f* ❶ *(generosidad)* Großzügigkeit *f* ❷ *(nobleza)* Edelmut *m*

magnánimo, -a [maɣ'nanimo, -a] *adj* ❶ *(generoso)* großzügig ❷ *(noble)* edelmütig

magnate [maɣ'nate] *m* Magnat *m;* ~ **de las finanzas** Finanzmagnat *m*

magnesia [maɣ'nesja] *f* (QUÍM) Magnesia *f*

magnesio [maɣ'nesjo] *m* Magnesium *nt*

magnético, -a [maɣ'netiko, -a] *adj* magnetisch

magnetismo [maɣne'tismo] *m* Magnetismus *m; (fig)* Anziehungskraft *f;* **ejercer un intenso ~ sobre alguien** eine magnetische Anziehungskraft auf jdn ausüben

magnetizar [maɣneti'θar] <z → c> *vt* ❶ *(un cuerpo)* magnetisieren ❷ *(hipnotizar)* hypnotisieren ❸ *(encantar)* verzaubern; *(entusiasmar)* begeistern; *(retener la atención)* fesseln

magnetofón [maɣneto'fon] *m* Tonbandgerät *nt*

magníficamente [maɣnifika'mente] *adv* prächtig, ausgezeichnet

magnificar [maɣnifi'kar] <c → qu> **I.** *vt (glorificar)* verherrlichen; *(alabar)* preisen **II.** *vr:* **~se** *(parecer más grande)* größer wirken; *(hacerse más grande)* sich größer machen

magnificencia [maɣnifi'θjenθja] *f* ❶ *(esplendor)* Pracht *f* ❷ *(liberalidad)* Großmut *f*

magnífico, -a [maɣ'nifiko, -a] *adj* ❶ *(lujoso)* prachtvoll; *(valioso)* wertvoll ❷ *(estupendo)* herrlich ❸ *(excelente)* großartig ❹ *(liberal)* großmütig ❺ *(título)* **M~ Señor Rector, ...** Eure Magnifizenz, ...

magnitud [maɣni'tuᵈ] *f* ❶ *(tamaño, t.* FÍS) Größe *f* ❷ *(importancia)* Ausmaß *nt;* **la ~ de este problema es alarmante** dieses Problem hat beängstigende Ausmaße angenommen

magno, -a ['maɣno, -a] *adj (importante)* bedeutend; **Alejandro M~** Alexander der Große; **aula magna** Audimax *nt*

magnolia [maɣ'nolja] *f* Magnolienblüte *f*

magnolio [maɣ'noljo] *m* (BOT) Magnolie *f*

mago, -a ['maɣo, -a] *m, f* Zauberer, -in *m, f;* **los Reyes M~s** die Heiligen Drei Könige

magrear [maɣre'ar] *vt (vulg)* betatschen *fam*

magrebí [maɣre'βi] **I.** *adj* maghrebinisch **II.** *mf* Maghrebiner(in) *m(f)*

magro[1] ['maɣro] *m (como el lomo)* (Schweine)filet *nt; (fam: carne magra)* (mageres) Fleisch *nt*

magro, -a[2] ['maɣro, -a] *adj* mager

magua ['maɣwa] *f (Cuba, PRico, Ven: contrariedad)* Unannehmlichkeit *f*

maguey [ma'ɣei̯] *m (Am)* Agave *f*

magulladura [maɣuʎa'ðura] *f,* **magullamiento** [maɣuʎa'mjento] *m (en el cuerpo)* Quetschung *f; (en una fruta)* Druckstelle *f*

magullar [maɣu'ʎar] *vt* quetschen

Maguncia [ma'ɣunθja] *f* Mainz *nt*

maguntino, -a [maɣun'tino, -a] **I.** *adj* Mainzer **II.** *m, f* Mainzer(in) *m(f)*

mahometano, -a [maome'tano, -a] **I.** *adj* mohammedanisch **II.** *m, f* Mohammedaner(in) *m(f)*

mahonesa [mao'nesa] *f* Mayonnaise *f*

maicena® [mai̯'θena] *f* Maismehl *nt*

maillot [ma'ʎoᵗ] *m* ❶ *(bañador)* Badeanzug *m; (gimnasia)* Turnanzug *m* ❷ *(camiseta)* Trikot *nt*

maíz [ma'iθ] *m* Mais *m*

majada [ma'xaða] *f* ❶ *(aprisco)* Pferch *m* ❷ *(estiércol)* Mist *m*

majaderear [maxaðere'ar] *vt (Am)* auf die Nerven gehen *+dat fam*

majadería [maxaðe'ria] *f* ❶ *(tontería)* Blödsinn *m fam;* **¡no hagas caso a sus ~s!** hör nicht auf sein/ihr dummes Geschwätz! ❷ *(imprudencia)* Unverschämtheit *f*

majadero, -a [maxa'ðero, -a] **I.** *adj* ❶ *(insensato)* dämlich ❷ *(porfiado)* lästig ❸ *(imprudente)* unverschämt **II.** *m, f* ❶ *(imbécil)* Idiot(in) *m(f)* ❷ *(porfiador)* Nervensäge *f fam*

majar [ma'xar] *vt* ❶ *(en un mortero)* zerstampfen ❷ *(en la era)* dreschen ❸ *(molestar)* auf die Nerven gehen *+dat fam* ❹ *(fam: azotar)* eindreschen (auf *+akk*)

majara [ma'xara], **majareta** [maxa'reta] **I.** *adj (fam)* verrückt **II.** *mf (fam)* Spinner(in) *m(f)*

maje ['maxe] **I.** *adj (Méx: fam)* dumm, blöd **II.** *mf (Méx: fam)* Dummkopf *m,* Blödmann *m*

majestad [maxes'taᵈ] *f* ❶ *(título)* Majestät *f;* **Su ~, ...** Eure (Königliche) Hoheit, ... ❷ *(majestuosidad)* Würde *f*

majestuosidad [maxestwosi'ðaᵈ] *f* Würde *f*

majestuoso, **-a** [maxestu'oso, -a] *adj* majestätisch

majo, **-a** ['maxo, -a] *adj* ❶ *(bonito)* hübsch; *(guapo)* gut aussehend ❷ *(agradable)* nett ❸ *(ataviado)* zurechtgemacht; **ponte maja para la fiesta** mach dich für das Fest hübsch

mal [mal] **I.** *adj v.* **malo** **II.** *m* ❶ *(daño)* Schaden *m; (injusticia)* Unrecht *nt; (sufrimiento)* Leid *nt;* **la caída del dólar le ha hecho mucho ~** der Kursverfall des Dollars hat ihm/ihr sehr geschadet ❷ *(lo malo)* Böse *nt;* **el ~ menor** das kleinere Übel; **estoy a ~ con mi vecino** ich habe mich mit meinem Nachbarn zerstritten; **tomarse algo a ~** etw übel nehmen; **tomarse a ~ un consejo** einen Ratschlag in den falschen Hals bekommen; **¡no te lo tomes tan a ~!** nimm es dir doch nicht so zu Herzen!; **decir ~ de alguien** schlecht von jdm reden; **menos ~** Gott sei Dank ❸ *(inconveniente)* Nachteil *m;* **el ~ está en que...** das Üble daran ist, dass ... ❹ *(enfermedad)* Krankheit *f;* **~ de montaña** Höhenkrankheit *f;* **~ de vientre** Bauchweh *nt* ❺ *(desgracia)* Unglück *nt;* **no te preocupes, no hay ~ que por bien no venga** mach dir keine Sorgen, es kommen auch mal bessere Zeiten; **no hay ~ que por bien no venga** *(prov)* ≈ Glück und Unglück liegen nah beieinander; **bien vengas, ~, si vienes solo** *(prov)* ein Unglück kommt selten allein **III.** *adv* ❶ *(de mala manera, insuficientemente)* schlecht; **dejar ~ a alguien** jdn blamieren; **esto acabará ~** das wird noch böse enden; **vas a acabar ~** mit dir wird es noch böse enden; **este chico va de ~ en peor** mit diesem Jungen wird es immer schlimmer; **aprobar los exámenes más ~ que bien** die Prüfungen mehr schlecht als recht bestehen; **~ que bien, el negocio sigue funcionando** trotz allem läuft das Geschäft noch; **~ que bien, tendré que ir al dentista este mes** ich muss wohl oder übel diesen Monat zum Zahnarzt; **me sentó ~ que te fueras sin despedirte** es hat mich gekränkt, dass du gegangen bist, ohne dich zu verabschieden; **la nueva compañera me cae ~** die neue Kollegin ist mir unsympathisch; **estar ~ de dinero** schlecht bei Kasse sein ❷ *(equivocadamente)* falsch ❸ *(difícilmente)* **~ podrás ganar con esta moto** mit diesem Motorrad wirst du wohl kaum siegen

malabarismo [malaβa'rismo] *m (juegos malabares)* Jonglieren *nt;* **hacer ~s para mantener su puesto de trabajo** *(fig)* Seiltänze vollführen, um seinen Arbeitsplatz zu sichern

malabarista [malaβa'rista] *mf (artista)* Jongleur(in) *m(f)*

malaconsejado, **-a** [malakonse'xaðo, -a] *adj* schlecht beraten; **actuar ~** falsch handeln

malaconsejar [malakonse'xar] *vt* schlecht beraten; **actuar malaconsejado** falsch handeln

malacostumbrado, **-a** [malakostum'braðo, -a] *adj* **estar ~** *(mimado)* verwöhnt sein; *(sin modales)* schlechte Manieren haben; *(vicioso)* einen schlechten Lebenswandel führen

malacostumbrar [malakostum'brar] **I.** *vt* ❶ *(mimar)* verwöhnen ❷ *(educar mal)* schlecht erziehen ❸ *(viciar)* einen schlechten Einfluss ausüben (**a** auf *+akk*) **II.** *vr:* **~se** sich *dat* einen schlechten Lebenswandel angewöhnen

malagueño, **-a** [mala'ɣeɲo, -a] **I.** *adj* aus Malaga **II.** *m, f* Einwohner(in) *m(f)* von Malaga

malandante [malan̪'dan̪te] *adj* unglückselig; **persona ~** Pechvogel *m fam*

malandanza [malan̪'dan̪θa] *f* Unglück *nt,* Schicksalsschlag *m;* **ha sido un año lleno de ~s** das war ein Jahr voller unglücklicher Begebenheiten

malandrín, **-ina** [malan̪'drin, -ina] **I.** *adj* böse **II.** *m, f* Schurke, -in *m, f*

malanga [ma'laŋga] **I.** *adj (Cuba)* schüchtern, unbeholfen **II.** *f* Strohhut *m*

malapata [mala'pata] *mf* ❶ *(patoso)* Tollpatsch *m;* **tener ~** *(poca destreza)* unbeholfen sein; *(malas intenciones)* gemein sein ❷ *(ceniza)* Pechvogel *m fam* ❸ *(loc)* **la cosa tiene ~** da stimmt was nicht

malaquita [mala'kita] *f* Malachit *m*

malaria [ma'larja] *f* Malaria *f*

Malasia [ma'lasja] *f* Malaysia *nt*

malasombra [mala'sombra] **I.** *adj* ❶ *(desastrado)* tollpatschig ❷ *(malvado)* gemein **II.** *mf* ❶ *(desastre)* Tollpatsch *m* ❷ *(mala persona)* gemeine Person *f*

Malaui [ma'lawi] *m* Malawi *nt*

malaúva[1] [mala'uβa] *f (fam)* schlechte Laune *f;* **hacer algo con ~** etw in böser Absicht tun; **tiene ~** er/sie ist schlecht drauf

malaúva[2] [mala'uβa] *mf (fam)* mieser Typ *m,* miese Type *f,* Fiesling *m*

malavenido, **-a** [malaβe'niðo, -a] *adj (disconforme)* unzufrieden; **son una pareja malavenida** die beiden verstehen sich schlecht

malaventura [malaβen̪'tura] *f* ❶ *(desgracia)* Unglück *nt,* Schicksalsschlag *m* ❷ *(mala suerte)* Pech *nt*

malaventurado, **-a** [malaβen̪tu'raðo, -a] *adj* vom Pech verfolgt, unglückselig

M

malaventuranza [malaβeṇtu'raṇθa] *f (mala suerte)* Pech *nt; (infortunio)* Unglück *nt*
malayo, -a [ma'laɟo, -a] **I.** *adj (cultura)* malaiisch; (POL) malaysisch **II.** *m, f* ❶ *(raza)* Malaie, -in *m, f* ❷ (POL) Malaysier(in) *m(f)*
malbaratar [malβara'tar] *vt* ❶ *(vender barato)* zu Schleuderpreisen verkaufen *fam* ❷ *(malgastar)* verprassen; **malbarató toda la herencia en solo un año** er/sie hat die gesamte Erbschaft in nur einem Jahr durchgebracht
malcarado, -a [malka'raðo, -a] *adj* ❶ *(repulsivo)* abstoßend ❷ *(enfadado)* eingeschnappt; *(furioso)* zähneknirschend; *(malhumorado)* verdrießlich
malcomer [malko'mer] *vi* ❶ *(poco)* nur wenig essen; **el dinero solo da para ~** das Geld reicht nur für das Nötigste an Essen ❷ *(sin ganas)* ohne Appetit essen ❸ *(cosas de mala calidad)* sich schlecht ernähren
malcontento[1] [malkoṇ'teṇto] *m* Schwarzer Peter *m*
malcontento, -a[2] [malkoṇ'teṇto, -a] *adj* ❶ *(descontento)* unzufrieden (**con/de** mit +*dat*) ❷ *(rebelde)* aufsässig, rebellisch
malcriadez [malkria'ðeθ] *f (AmC, AmS)* Unerzogenheit *f,* schlechtes Benehmen *nt,* Unhöflichkeit *f*
malcriado, -a [malkri'aðo, -a] *adj (mal educado)* ungezogen; *(descortés)* unhöflich
malcriar [malkri'ar] <*1. pres* malcrío> *vt* verziehen
maldad [maḷ'daᵈ] *f* Bosheit *f*
maldecir [maḷde'θir] *irr* **I.** *vt* verfluchen; **¡te maldigo!** Fluch über dich! **II.** *vi* ❶ *(jurar)* fluchen ❷ *(hablar mal)* schlecht sprechen (**de** über +*akk*); *(difamar)* verleumden (**de** +*akk*) ❸ *(quejarse)* sich beklagen (**de** über +*akk*)
maldición [maḷdi'θjon] *f* ❶ *(imprecación)* Fluch *m,* Verwünschung *f;* **parece que le ha caído una ~** sein/ihr Leben scheint wie verflucht; **en el mismo año le cayó la ~ del mago** noch im selben Jahr erfüllte sich der Fluch des Zauberers ❷ *(juramento)* Kraftausdruck *m;* **soltar una ~ contra alguien** über jdn fluchen
maldispuesto, -a [maḷdis'pwesto, -a] *adj* ❶ *(enfermo)* indisponiert; **estar ~** sich unwohl fühlen ❷ *(en mala disposición)* in schlechter Stimmung, schlecht gelaunt; **no me vengas hoy con tonterías, estoy ~** lass den Blödsinn, ich bin heute nicht in der Stimmung (dazu)
maldito, -a [maḷ'dito, -a] **I.** *pp de* **maldecir II.** *adj* ❶ *(endemoniado)* verdammt; **¡maldita sea!** *(fam)* verdammt noch mal!; **¡~ seas!** *(vulg)* du verfluchter Idiot! *fam;* **maldita la idea que tengo del tema** *(fam)* ich habe nicht die geringste Ahnung von dem Thema; **~ el caso que me hacen** *(fam)* kein Mensch achtet auf mich; **no vale la maldita pena** *(fam)* es lohnt sich ganz und gar nicht; **¡maldita la gracia** (**que me hace**)**!** das ist ja eine schöne Bescherung!; **¡malditas las ganas** (**que tengo**)**!** ich habe nicht die geringste Lust! ❷ *(maligno)* bösartig; **¡vete, ~!** scher dich zum Teufel!; **soltar la maldita** ein loses Mundwerk haben
Maldivas [maḷ'diβas] *fpl* Malediven *pl*
maldoso, -a [maḷ'doso, -a] *adj (Méx)* boshaft, garstig
maleable [male'aβle] *adj* ❶ *(forjable)* schmiedbar ❷ *(flexible)* geschmeidig ❸ *(dócil)* gefügig
maleante [male'aṇte] **I.** *adj* ❶ *(delincuente)* verbrecherisch; **gente ~** Gesindel *nt* ❷ *(maligno)* boshaft **II.** *mf* ❶ *(delincuente)* Gauner(in) *m(f);* **~s** Gesindel *nt* ❷ *(persona maligna)* Schuft *m*
malear [male'ar] **I.** *vt* ❶ *(pervertir)* verderben ❷ *(dañar: a alguien)* Schaden zufügen +*dat; (algo)* beschädigen; *(perjudicar)* schaden +*dat* **II.** *vr:* **~se** (moralisch) verkommen
malecón [male'kon] *m* ❶ *(dique)* Damm *m* ❷ *(rompeolas)* Kai *m* ❸ (FERRO) Bahndamm *m*
maledicencia [maleði'θeṇθja] *f* üble Nachrede *f;* (JUR) Verleumdung *f*
maleducado, -a [maleðu'kaðo, -a] *adj* ❶ *(sin modales)* ohne Manieren; *(niño)* ungezogen; **tu amigo es muy ~** dein Freund hat überhaupt keine Manieren ❷ *(descortés)* unhöflich ❸ *(mimado)* verwöhnt
maleducar [maleðu'kar] *vt* verziehen
maleficiencia [malefi'θjeṇθja] *f* Boshaftigkeit *f*
maleficio [male'fiθjo] *m* ❶ *(hechizo)* Zauberei *f; (efecto)* Zauber *m;* **desligar un ~** einen Zauber brechen ❷ *(daño)* Schaden *m*
maléfico, -a [ma'lefiko, -a] **I.** *adj* ❶ *(perjudicial)* schädlich ❷ *(que hechiza)* Zauberei betreibend; **poder ~** Zauberkraft *f* **II.** *m, f* Zauberer, -in *m, f*
malemplear [malemple'ar] **I.** *vt* vergeuden, verschwenden, nicht nutzen; **hay gente que malemplea su dinero** es gibt Leute, die ihr Geld zum Fenster hinauswerfen **II.** *vr:* **~se** vergeudet werden, zweckentfremdet werden
malentender [maleṇteṇ'der] <e → ie> *vt* missverstehen; **malentendió mis pala-**

M

bras er/sie hat meine Worte falsch verstanden

malentendido [malen̩ten̩'diðo] *m* Missverständnis *nt*

maléolo [ma'leolo] *m* (ANAT) (Fuß)knöchel *m;* ~ **externo** *(pernón)* Wadenbein *nt;* ~ **interno** *(tibia)* Schienbein *nt*

malestar [males'tar] *m* ❶ *(físico)* Unwohlsein *nt* ❷ *(espiritual)* Unbehagen *nt*

maleta[1] [ma'leta] *f* Koffer *m;* ~ **de/con ruedas** Rollkoffer *m;* **hacer la** ~ den Koffer packen

maleta[2] [ma'leta] *m (diletante)* Dilettant *m;* (DEP) Anfänger(in) *m(f);* **este carpintero es un** ~ dieser Schreiner hat zwei linke Hände

maletero[1] [male'tero] *m* (AUTO) Kofferraum *m*

maletero, -a[2] [male'tero, -a] *m, f* ❶ *(Chil: ladrón)* (Taschen)dieb(in) *m(f)* ❷ *(en las estaciones)* Gepäckträger(in) *m(f)*

maletín [male'tin] *m (de aseo)* Kosmetikkoffer *m; (para herramientas)* Werkzeugkoffer *m; (de un médico)* Arztkoffer *m; (en una bici)* Satteltasche *f;* ~ (**de viaje**) Handkoffer *m*

malevolencia [maleβo'len̩θja] *f* ❶ *(malignidad)* Böswilligkeit *f* ❷ *(animosidad)* Missgunst *f;* **no me trates con** ~ sei nicht so gemein zu mir

malevolente [maleβo'len̩te] *adj* böswillig, feindselig

malévolo, -a [ma'leβolo, -a] *adj* gemein

maleza [ma'leθa] *f* ❶ *(hierbas malas)* Unkraut *nt;* **el jardín se está llenando de** ~ der Garten verwildert zunehmend ❷ *(matorral)* Gestrüpp *nt*

malformación [malforma'θjon] *f (deformidad)* Missbildung *f;* ~ **cardíaca** Herzfehler *m*

malformado, -a [malfor'maðo, -a] *adj* missgebildet

malgache[1] [mal'ɣatʃe] **I.** *adj* madagassisch **II.** *mf* Madagasse, -in *m, f*

malgache[2] [mal'ɣatʃe] *m (lengua)* Madagassisch(e) *nt*

malgastador(a) [malɣasta'ðor(a)] **I.** *adj* verschwenderisch **II.** *m(f)* Verschwender(in) *m(f);* **ser un** ~ nicht mit Geld umgehen können

malgastar [malɣas'tar] *vt* verschwenden; ~ **todo el dinero en tabaco** sein gesamtes Geld für Zigaretten ausgeben; ~ **dinero en el bingo** Geld beim Bingo verspielen; **con él no haces más que** ~ **tu paciencia** mit ihm verschwendest du nur deine Geduld; ~ **el tiempo charlando** die Zeit verplaudern; ~ **una oportunidad** eine Chance vertun

malhablado, -a [mala'βlaðo, -a] **I.** *adj (fresco)* frech; **ser** ~ unanständig reden **II.** *m, f (descarado)* respektloser Mensch *m;* **en este bar solo hay ~s** in dieser Kneipe reden alle unanständig

malhadado, -a [mala'ðaðo, -a] **I.** *adj* ❶ *(desventurado)* unglücklich, unselig ❷ *(que trae mala suerte)* Unheil bringend; **es un anillo** ~ dieser Ring bringt nur Unglück **II.** *m, f* Unglücksrabe *m fam;* **ha sido toda su vida un** ~ er war sein Leben lang vom Unglück verfolgt

malhechor(a) [male'tʃor(a)] **I.** *adj* kriminell **II.** *m(f)* Verbrecher(in) *m(f)*

malherido [male'riðo, -a] *adj* schwer verletzt, schwer verwundet

malherir [male'rir] *vt irr como sentir* schwer verletzen

malhumor [malu'mor] *m* schlechte Laune *f;* **estar de** ~ schlechte Laune haben; **tener** ~ ein übellauniger Mensch sein

malhumorado, -a [malumo'raðo, -a] *adj* ❶ *ser* übellaunig ❷ *estar* schlecht gelaunt; **estar** ~ schlechte Laune haben

malhumorar [malumo'rar] **I.** *vt* die Laune verderben +*dat;* **le malhumoró su falta de interés** seine/ihre Interesselosigkeit hat ihm/ihr die Laune verdorben **II.** *vr:* **~se** die gute Laune verlieren

Mali ['mali] *m* Mali *nt*

malicia [ma'liθja] *f* ❶ *(intención malévola)* Arglist *f;* **hacer todo con** ~ stets arglistig handeln ❷ *(maldad)* Boshaftigkeit *f* ❸ *(picardía)* Verschlagenheit *f;* **tener mucha** ~ sehr verschlagen sein ❹ *(interpretación maliciosa)* Argwohn *m* ❺ *(fam: sospecha)* Zweifel *m;* **tener sus ~s** Zweifel hegen; **no tener** ~ naiv sein

malicioso, -a [mali'θjoso, -a] *adj* ❶ *(con intención malévola)* arglistig ❷ *(maligno)* boshaft ❸ *(que sospecha malicia)* argwöhnisch

malignidad [maliɣni'ða^ð] *f* Bösartigkeit *f*

maligno, -a [ma'liɣno, -a] *adj (pernicioso)* gefährlich; *(persona)* gemein; *(sonrisa)* hämisch; (MED) bösartig

malinformar [malimfor'mar] **I.** *vt* falsch informieren; **lo ~on a posta** sie lieferten ihm absichtlich falsche Informationen **II.** *vr:* **~se** sich falsch informieren

malintencionado, -a [malin̩ten̩θjo'naðo, -a] *adj* arglistig

malinterpretar [malin̩terpre'tar] *vt* missverstehen

malla ['maʎa] *f* ❶ *(de un tejido)* Masche *f;* **de** ~(**s**) **ancha**(**s**)/**estrecha**(**s**)/**fina**(**s**) weit-/eng-/feinmaschig; **caer en las ~s de alguien** in jds Fänge geraten ❷ *(tejido)* Netz *nt;* ~ **metálica** Drahtnetz *nt* ❸ *(ves-*

M

tido) (Gymnastik)trikot *nt* ④ *pl (pantalones)* Leggings *f pl* ⑤ *(Am: de baño)* Badeanzug *m*

mallorquín, -ina [maʎor'kin, -ina] **I.** *adj* mallorquinisch **II.** *m, f* Mallorquiner(in) *m(f)*

malmeter [malme'ter] *vt* ① *(malgastar)* vergeuden ② *(pervertir)* verderben, (zu Bösem) verführen ③ *(malquistar)* entzweien; **la malmetieron con su jefe** sie provozierten einen Streit zwischen ihr und ihrem Chef

malmirado, -a [malmi'raðo, -a] *adj* ① *(desacreditado)* schlecht angesehen, unbeliebt ② *(descortés)* unhöflich

malnacido, -a [malna'θiðo, -a] **I.** *adj* verabscheuenswert, gemein **II.** *m, f* Schuft *m*

malnutrición [malnutri'θjon] *f sin pl* Unterernährung *f*

malnutrido, -a [malnu'triðo, -a] *adj* unterernährt

malo, -a ['malo, -a] **I.** *adj* <peor, pésimo> *(precediendo un sustantivo masculino: mal)* ① *(en general)* schlecht; **mala gestión** Misswirtschaft *f*; **palabras malas** unanständige Worte; **tengo mala cabeza para los números** ich kann mir Zahlen schlecht merken; **eres ~ de entender** aus dir wird man nicht schlau; **fumar es ~ para la salud** Rauchen schadet der Gesundheit; **de mala gana** widerwillig; **me gusta el piso, lo ~ es que es demasiado caro** mir gefällt die Wohnung, aber leider ist sie zu teuer; **tener mala mano para algo** ungeschickt in etw *dat* sein; **siempre anda con malas mujeres** er verkehrt nur mit Flittchen; **se casó sin decirnos ni una mala palabra** er/sie heiratete, ohne uns ein Sterbenswörtchen davon zu sagen; **es ~ para madrugar** er steht nicht gerne früh auf; **~ sería si no llegáramos a una solución** es wäre ja gelacht, wenn wir zu keiner Lösung gelängen; **tener mala suerte** Pech haben; **hace un tiempo malísimo** das Wetter ist miserabel; **el trabajo en las minas es muy ~** die Arbeit im Bergwerk ist sehr hart; **me vino de malas** er/sie/es kam mir ungelegen; **la chapa de este coche es mala** dieses Auto ist aus billigem Blech; **hacer un trabajo de mala manera** eine Arbeit schlampig ausführen; **hierba mala nunca muere** *(prov)* Unkraut vergeht nicht; **más vale ~ conocido que bueno por conocer** *(prov)* besser den Spatz in der Hand als die Taube auf dem Dach ② *(falso)* unecht ③ *(malévolo)* böse; **tener mal genio** leicht reizbar sein; **una mala persona** ein schlechter Mensch; **venir de malas** böse Absichten haben ④ *(enfermo)* krank; **caer ~** krank werden ⑤ *(travieso)* ungezogen ⑥ *(estropeado)* schlecht; *(leche)* sauer; *(ropa)* abgetragen **II.** *adv* **si no pagas voluntariamente tendré que intentarlo por las malas** wenn du nicht freiwillig bezahlst, muss ich zu anderen Mitteln greifen; **hoy te llevo al dentista aunque sea por las malas** ich bring dich heute zum Zahnarzt, und wenn es mit Gewalt sein muss; **podemos llegar a un acuerdo por las buenas o por las malas** wir können uns im Guten oder im Bösen einigen; **estoy a malas con mi jefe** ich stehe mit meinem Chef auf dem Kriegsfuß; **se pusieron a malas por una tontería** sie haben sich wegen einer Nichtigkeit zerstritten; **andan a malas** sie haben Krach (miteinander); **han vuelto a fallar un penalti, hoy están de ~s** sie haben schon wieder einen Elfmeter verschossen, das Glück steht heute nicht auf ihrer Seite **III.** *m, f* Bösewicht *m*

malogrado, -a [malo'ɣraðo, -a] *adj* ① *(desaprovechado)* vergeudet ② *(frustrado)* gescheitert, misslungen ③ *(estropeado)* ruiniert, verdorben ④ *(mal desarrollado)* missraten ⑤ *(fallecido)* gestorben; *(en un accidente)* verunglückt

malogramiento [maloɣra'mjen̪to] *m* Fehlschlag *m*, Misserfolg *m*

malograr [malo'ɣrar] **I.** *vt* ① *(desaprovechar)* vergeuden; **has malogrado la ocasión** du hast die Chance vertan ② *(frustrar)* scheitern lassen ③ *(estropear)* ruinieren **II.** *vr:* **~se** ① *(fallar)* scheitern; **se han malogrado mis esperanzas** meine Hoffnungen wurden enttäuscht ② *(estropearse)* verderben ③ *(desarrollarse mal)* missraten ④ *(morir demasiado pronto)* (zu) früh sterben; *(morir en un accidente)* verunglücken ⑤ *(interrumpirse)* beendet werden

maloliente [malo'ljen̪te] *adj* stinkend; **me molestan tus cigarros ~s** mich stört der Gestank deiner Zigarren

malparado, -a [malpa'raðo, -a] *adj (roto, herido)* übel zugerichtet; **salió ~ de la pelea** er wurde bei der Schlägerei übel zugerichtet

malparar [malpa'rar] *vt (persona)* übel zurichten; **salió malparado de la pelea** er wurde bei der Schlägerei übel zugerichtet; **salir malparado de un asunto** bei einer Sache schlecht wegkommen

malparir [malpa'rir] *vi* eine Fehlgeburt haben

malparto [mal'parto] *m* Fehlgeburt *f*

malpensado, -a [malpen'saðo, -a] *adj*

M

argwöhnisch; **no seas tan** ~ denk doch nicht immer gleich an das Schlimmste

malpensar [malpen'sar] <e → ie> *vi* schlecht denken (**de** über +*akk*)

malqueda [mal'keđa] *mf (fam)* unzuverlässiger Mensch *m,* wortbrüchiger Mensch *m;* **eres un** ~ auf dich ist kein Verlass

malquerencia [malke'reṇθja] *f* ① *(antipatía)* Abneigung *f* (**hacia** gegen +*akk*), Antipathie *f* (**hacia** gegen +*akk*); **sentir mucha** ~ **hacia algo/alguien** eine starke Abneigung gegen etw/jdn verspüren ② *(mala voluntad)* Übelwollen *nt;* **siento** ~ **hacia mi enemigo** ich bin meinem Feind schlecht gesinnt

malquerer [malke'rer] *irr como querer* **I.** *vt* ① *(sentir antipatía)* nicht mögen ② *(tener mala voluntad)* übelwollen +*dat,* schlecht gesinnt sein +*dat* **II.** *m v.* **malquerencia**

malquisto, -a [mal'kisto, -a] *adj* ① *(enemistado)* zerstritten, verfeindet ② *(malmirado)* ungeliebt, verhasst

malsano, -a [mal'sano, -a] *adj* ① *(insano)* ungesund ② *(enfermizo)* kränklich ③ *(moralmente)* verderblich

malsonancia [malso'naṇθja] *f* Missklang *m; (indecencia)* Anstößigkeit *f,* Unanständigkeit *f*

malsonante [malso'naṇte] *adj (sonido)* unangenehm (klingend); *(palabra)* unanständig; *(doctrina)* anstößig; **ruidos ~s** Missklänge *mpl*

malsufrido, -a [malsu'friđo, -a] *adj* ① *(impaciente)* ungeduldig ② *(con poco aguante)* weichlich; **es un** ~ er hält nichts aus

malta ['maḷta] *f* ① (AGR) Malz *nt* ② *(café)* Malzkaffee *m* ③ *(Arg: cerveza)* Malzbier *nt*

Malta ['maḷta] *f* Malta *nt*

maltés, -esa [maḷ'tes, -esa] **I.** *adj* maltesisch **II.** *m, f* Malteser(in) *m(f)*

maltraer [maḷtra'er] *irr como traer vt* ① *(maltratar)* tyrannisieren, quälen ② *(loc)* **esta injusticia tan flagrante me trae a** ~ *(fam)* diese schreiende Ungerechtigkeit macht mich ganz verrückt

maltraído, -a [maḷtra'iđo, -a] *adj (Bol, Chil, Perú)* schlecht gekleidet

maltratar [maḷtra'tar] *vt* ① *(tratar mal)* schlecht behandeln ② *(daño físico/psíquico)* misshandeln; ~ **de obra** handgreiflich werden (gegen +*akk*) ③ *(insultar)* ~ (**de palabra**) beschimpfen ④ *(estropear)* übel zurichten

maltrato [maḷ'trato] *m* ① *(físico, psíquico)* Misshandlung *f* ② *(insulto)* Beschimpfung *f* ③ *(de una cosa)* Beschädigung *f*

maltrecho, -a [maḷ'treʧo, -a] *adj* ① *(golpeado)* übel zugerichtet ② *(deprimido)* am Boden zerstört

malura [ma'lura] *f (Chil)* Unwohlsein *nt*

malva ['malβa] **I.** *adj* (blass)lila **II.** *f* (BOT) Malve *f;* **estar criando ~s** *(fam fig)* sich *dat* die Radieschen von unten angucken; **ser** (**como**) **una** ~ *(fam)* lammfromm sein

malvado, -a [mal'βađo, -a] **I.** *adj* ruchlos; **una persona malvada** ein durch und durch schlechter Mensch **II.** *m, f* Unmensch *m*

malvavisco [malβa'βisko] *m* Hibiskus *m*

malvender [malβeṇ'der] *vt* unter Wert verkaufen

malversación [malβersa'θjon] *f* Veruntreuung *f,* Unterschlagung *f;* ~ **de los caudales públicos** Veruntreuung öffentlicher Gelder

malversar [malβer'sar] *vt* unterschlagen

Malvinas [mal'βinas] *fpl* Falklandinseln *fpl*

malvivir [malβi'βir] *vi* ① *(vivir en malas condiciones)* in schlechten [*o* ärmlichen] Verhältnissen leben, (finanzielle) Not leiden; **su sueldo solo le da para** ~ ihr/sein Gehalt reicht gerade, um sich über Wasser zu halten ② *(llevar mala vida)* einen schlechten Lebenswandel führen [*o* haben]

mama ['mama] *f* ① *(de una mujer)* Brust(drüse) *f; (de un animal)* Zitze *f; (ubre)* Euter *m* ② *(fam: mamá)* Mama *f*

mamá [ma'ma] *f (fam)* Mama *f*

mamada [ma'mađa] *f* ① *(acción)* Trinken *nt* (von Muttermilch); **el bebé se queda dormido después de cada** ~ nach dem Stillen schläft das Baby immer ein ② *(cantidad mamada)* Brustmahlzeit *f* ③ *(Am: ganga)* Schnäppchen *nt;* **¡vaya ~!** das ist ja geschenkt! ④ *(loc, vulg)* **hacerle una** ~ **a alguien** jdm einen blasen

mamadera [mama'đera] *f (Am: biberón y tetilla)* Babyflasche *f*

mamaíta [mama'ita] *f (fam) dim de* **mamá**

mamar [ma'mar] **I.** *vt, vi* ① *(en el pecho)* trinken; **no le des de** ~ **tanto al niño** still das Kind nicht so oft ② *(adquirir)* **has mamado la pereza** (**con la leche**) du hast die Faulheit mit der Muttermilch eingesaugt ③ *(fam: comer)* futtern ④ *(vulg)* **mamársela a alguien** jdm einen blasen **II.** *vr:* **~se** ① *(vulg: emborracharse)* sich volllaufen lassen *fam* ② *(fam: sin esfuerzo)* **se ha mamado este puesto** er/sie hat diese Stelle geschenkt gekriegt; **me lo he mamado** ich habe ihn (locker) in die Tasche gesteckt

mamario, -a [ma'marjo, -a] *adj* (ANAT) Brust(drüsen)-; (ZOOL) Zitzen-; *(ubre)* Euter-

mamarrachada [mamarra'tʃaða] *f* ❶ *(mamarracho)* Pfusch *m fam* ❷ *(acción ridícula)* Quatsch *m fam;* **no hace más que ~s** er/sie benimmt sich unmöglich

mamarracho [mama'rratʃo] *m* ❶ *(persona que viste mal)* Vogelscheuche *f; (ridícula)* Witzfigur *f fam* ❷ *(cosa mal hecha)* Pfusch *m fam; (fea)* Ungetüm *nt; (sin valor)* Kitsch *m* ❸ *(persona despreciable)* Nichtsnutz *m*

mambo ['mambo] *m* (MÚS) Mambo *m*

mameluco [mame'luko] *m* ❶ *(bobo)* Dummkopf *m* ❷ *(Am: de bebé)* Strampelanzug *m*

mami ['mami] *f (fam)* Mutti *f,* Mami *f*

mamífero [ma'mifero] **I.** *adj* Säuge- **II.** *m* Säugetier *nt*

mamografía [mamoɣra'fia] *f* (MED) Mammografie *f*

mamón, -ona [ma'mon, -ona] **I.** *adj (bebé)* im Säuglingsalter; **niño ~** Säugling *m;* **tiene una niña muy mamona** ihr Baby muss oft gestillt werden **II.** *m, f* ❶ *(niño)* Säugling *m* ❷ *(vulg: insulto)* Wichser *m,* Fotze *f* ❸ *(Am: fam: borracho)* Saufkopf *m*

mamotreto [mamo'treto] *m* ❶ *(pey: libro)* Wälzer *m* ❷ *(armatoste)* Gerümpel *nt;* **esta butaca es un ~** das ist ein Ungetüm von einem Sessel

mampara [mam'para] *f (cancel)* Wandschirm *m; (de ducha)* Duschkabine *f*

mamporro [mam'porro] *m (fam)* Schlag *m;* **darse un ~ contra la barandilla** sich am Geländer anstoßen; **con el hielo me pegué un ~ en medio de la calle** bei der Glätte hat es mich mitten auf der Straße hingeschlagen

mampostería [mamposte'ria] *f* ❶ *(obra)* Mauerwerk *nt;* **~ de ladrillos en bruto** Rohbau *m* ❷ *(oficio)* Maurerhandwerk *nt*

mampuesto [mam'pwesto] *m* ❶ *(piedra sin labrar)* Bruchstein *m; (piedras pequeñas)* Füllsteine *mpl* ❷ (MIL: *parapeto*) Brustwehr *f* ❸ *(Am: para apoyar el arma)* Schießscharte *f* ❹ *(loc)* **tener algo de ~** etw in Vorrat haben

mamut [ma'mu^{d}] *m* <mamuts> Mammut *nt*

maná [ma'na] *m* ❶ *(enviado por Dios)* Manna(brot) *nt* ❷ *(de ciertas plantas)* Manna *nt* ❸ *(regalo)* Geschenk *nt* (des Himmels)

manada [ma'naða] *f* ❶ *(rebaño)* Herde *f; (de peces/aves)* Schwarm *m; (de lobos/ciervos)* Rudel *nt;* **~ de gallinas** Schar Hühner; **~ de gente** Menschenschar *f;* **una ~ de curiosos** eine Gruppe Neugieriger; **llegaron en** [*o* **a**] **~s al concierto** die Leute kamen scharenweise zum Konzert; **pasamos la frontera en ~** wir überquerten geschlossen die Grenze ❷ *(cantidad)* Hand *f* voll

management [ma'nadʒemen^{t}] *m sin pl* Management *nt*

manager ['manadʒer] *mf* <managers> Manager(in) *m(f); v. t.* **mánayer**

managing ['manadʒiŋ] *m sin pl* Management *nt*

manantial [manaṇ'tjal] **I.** *adj* Quell- **II.** *m* ❶ *(fuente natural)* Quelle *f;* **~ caliente** Thermalquelle *f;* **~ medicinal** Heilquelle *f* ❷ *(fuente artificial)* Brunnen *m* ❸ *(origen)* Ursprung *m*

manar [ma'nar] **I.** *vt* hervorbringen; **la fuente mana agua fría** aus dem Brunnen sprudelt eiskaltes Wasser; **la herida no paraba de ~ sangre** aus der Wunde floss ununterbrochen Blut **II.** *vi* ❶ *(surgir)* fließen; **el agua manaba sucia de la fuente** aus dem Brunnen sprudelte schmutziges Wasser ❷ *(fluir fácilmente)* strömen; **las palabras manaban de su boca** die Worte sprudelten förmlich über seine/ihre Lippen ❸ *(abundar)* im Überfluss vorhanden sein; **en esta huerta manan los naranjos** dieser Garten ist reich an Orangenbäumen; **esta familia mana en** [*o* **de**] **dinero** diese Familie schwimmt in Geld

mánayer ['manadʒer] *mf* <mánayers> Manager(in) *m(f)*

manaza [ma'naθa] *f* große Hand *f*

manazas [ma'naθas] *mf inv* Tölpel *m;* **ser un ~** zwei linke Hände haben

manca ['maŋka] *adj o f v.* **manco**

manceba [maṇ'θeβa] *f* Geliebte *f*

mancebo[1] [maṇ'θeβo] *m* ❶ *(asistente)* Gehilfe *m; (en una farmacia)* Apothekersgehilfe *m; (en una tienda)* Ladengehilfe *m* ❷ *(oficial)* (Handwerks)geselle *m* ❸ *(mozo)* Bursche *m* ❹ *(soltero)* Junggeselle *m*

mancebo, -a[2] [maṇ'θeβo, -a] *adj* jung

mancha ['mantʃa] *f* ❶ *(en la ropa/piel)* Fleck *m; (de tinta)* Klecks *m; (salpicadura)* Sprenkel *m* ❷ *(toque de color)* (Farb)tupfer *m;* **este perro es blanco con ~s negras** dieser Hund ist gescheckt; **la corbata tiene ~s azules y blancas** die Krawatte ist blauweiß gesprenkelt ❸ *(boceto)* Farbskizze *f* ❹ *(deshonra)* Makel *m;* **sin ~** makellos

Mancha ['mantʃa] *f* **canal de la ~** Ärmelkanal *m*

manchado, -a [man'tʃaðo, -a] *adj* ❶ *(ropa, mantel)* schmutzig ❷ *(cara, fruta)* fleckig

❸ *(caballos, vacas)* gescheckt; *(salpicado)* gesprenkelt ❹ *(café)* **leche manchada** Latte macchiato *m o f*

manchapapeles [mantʃapa'peles] *m inv (pey)* Schreiberling *m*

manchar [man'tʃar] **I.** *vt* ❶ *(ensuciar)* schmutzig machen ❷ *(desprestigiar)* beschmutzen **II.** *vr:* **~se** *(ensuciarse)* sich schmutzig machen

manchego, -a [man'tʃeɣo, -a] **I.** *adj* aus der spanischen Region La Mancha; **queso ~** *typischer Käse aus La Mancha* **II.** *m, f* Bewohner(in) *m(f)* von La Mancha

manchón [man'tʃon] *m* ❶ *(mancha grande)* großer Fleck *m* ❷ *(de plantas)* dicht bewachsene Stelle *f* ❸ *(tierra de labor)* *Ackerland, das ein Jahr lang als Weideland genutzt wird*

mancilla [maṇ'θiʎa] *f* Makel *m,* (Schand)fleck *m;* **sin ~** unbefleckt, makellos; **tiene un pasado sin ~** er/sie hat eine tadellose Vergangenheit

mancillar [maṇθi'ʎar] *vt* beflecken

mancilloso, -a [maṇθi'ʎoso, -a] *adj* ❶ *(lleno de mancilla)* voller Makel ❷ *(que provoca lástima)* Mitleid erregend

manco, -a ['maŋko, -a] **I.** *adj* ❶ *(de un brazo)* einarmig; *(de una mano)* einhändig; **es ~ de la mano izquierda/derecha** *(le falta)* ihm fehlt die linke/rechte Hand; *(la tiene inutilizada)* seine linke/rechte Hand ist gelähmt; **no ser (cojo ni) ~** *(ser hábil)* sehr geschickt sein; *(ser largo de manos)* langfing(e)rig sein ❷ *(defectuoso)* fehlerhaft; *(incompleto)* unvollständig **II.** *m, f (con un brazo)* Einarmige(r) *mf; (con una mano)* Einhändige(r) *mf*

M

mancomunar [maŋkomu'nar] **I.** *vt* vereinen **II.** *vr:* **~se** sich zusammenschließen

mancomunidad [maŋkomuni'ðað] *f (comunidad)* Gemeinschaft *f*

mancuerna [maŋ'kwerna] *f* ❶ *(pareja)* zusammengebundenes Paar *nt;* **~ de reses** an den Hörnern zusammengebundene Tiere ❷ *(correa)* Strick *m* (mit dem die Rinder an den Hörnern zusammengebunden werden) ❸ *(Col, Cuba, Chil: hojas de tabaco)* an den Stielen zusammengewachsene Tabakblätter *ntpl*

mandado [maṇ'daðo] *m (encargo)* Auftrag *m; (orden)* Befehl *m; (compra)* Besorgung *f;* **hacer un ~** Besorgungen machen

mandamás [maṇda'mas] *mf (pey fam)* befehlshaberische Person *f*

mandamiento [maṇda'mjeṇto] *m* ❶ *(orden)* Befehl *m;* **~ de detención** Haftbefehl *m;* **~ judicial** gerichtliche Verfügung ❷ *(precepto)* Gebot *nt*

mandanga [maṇ'daŋga] *f (fam)* ❶ *(pachorra)* Trägheit *f,* Gleichgültigkeit *f* ❷ *pl (tonterías)* Blödsinn *m,* Unsinn *m;* **¡déjate de ~s y atiende de una vez!** hör auf mit dem Blödsinn und pass endlich auf!

mandante [maṇ'daṇte] *mf (cliente)* Auftraggeber(in) *m(f);* (JUR) Mandant(in) *m(f)*

mandar [maṇ'dar] **I.** *vt* ❶ *(ordenar)* befehlen; **~ a alguien que...** +*subj* jdm befehlen zu ... +*inf;* **lo que Ud. mande** zu Ihren Diensten ❷ *(prescribir)* vorschreiben ❸ *(dirigir)* leiten; *(gobernar)* regieren ❹ *(encargar)* veranlassen; **~ buscar/hacer/venir** holen/machen/kommen lassen ❺ *(enviar)* schicken; **~ al cuerno** *(fam)* zum Teufel schicken; **~ a freír espárragos** *(fam)* zum Kuckuck schicken ❻ *(legar)* vermachen ❼ (TÉC) steuern; **mandado a distancia** ferngesteuert **II.** *vr:* **~se** sich *dat* selbst helfen (können)

mandarina [maṇda'rina] *f* Mandarine *f*

mandatario, -a [maṇda'tarjo, -a] *m, f* Bevollmächtigte(r) *mf;* **primer ~** (POL) Staatschef *m*

mandato [maṇ'dato] *m* ❶ *(orden)* Befehl *m; (prescripción)* Vorschrift *f; (delegación)* Auftrag *m;* **~ judicial** gerichtliche Anweisung; **~ de pago** Mahnbescheid *m;* **por ~ de las leyes** auf Grund der gesetzlichen Bestimmungen ❷ (POL) Mandat *nt;* **~ internacional** völkerrechtliches Mandat; **~ parlamentario** Abgeordnetensitz *m*

mandíbula [maṇ'diβula] *f* ❶ (ANAT) Kiefer *m;* **~ superior/inferior** Ober-/Unterkiefer *m;* **reír(se) a ~ batiente** sich ausschütten vor Lachen ❷ (TÉC) Backe *f;* **~ prensora/de sujeción** Klemm-/Greifbacke *f*

mandil [maṇ'dil] *m* ❶ *(delantal)* Schürze *f; (de cuero)* (Leder)schurz *m* ❷ *(Am: de caballería)* Satteldecke *f*

mandinga [maṇ'diŋga] *m* ❶ *(Am: fam: diablo)* Teufel *m* ❷ *(Arg: fam: muchacho)* Lausbub *m*

mando ['maṇdo] *m* ❶ *(poder)* Macht *f;* (MIL) Kommando *nt; (del presidente)* Präsidialgewalt *f;* **don de ~** Führungsqualitäten *fpl;* **estar al ~ de** das Kommando haben über; **estar bajo el ~ de alguien** unter jds Befehl stehen; **tener el ~ y el palo** *(fam)* das (absolute) Sagen haben ❷ *(quien lo tiene)* **~s intermedios de una empresa** mittleres Management eines Unternehmens; **alto ~** (MIL) Oberbefehlshaber *m* ❸ (TÉC) Steuerung *f;* **~ a distancia** Fernsteuerung *f;* **~ manual** Handantrieb *m;* **botón de ~** Bedienungsknopf *m*

mandoble [maṇ'doβle] *m* ❶ *(golpe de espada)* Schwertstreich *m* ❷ *(fam: espada grande)* großes Schwert *nt* ❸ *(bofetada)*

Ohrfeige *f* ❹ *(represión severa)* strenger Verweis *m*

mandolina [maṇdo'lina] *f* Mandoline *f*

mandón, -ona [maṇ'don, -ona] **I.** *adj* herrschsüchtig **II.** *m, f* herrschsüchtige Person *f*

mandril [maṇ'dril] *m* ❶ (ZOOL: *mono*) Mandrill *m* ❷ (TÉC: *espiga*) (Richt)dorn *m; (plato de sujeción)* (Spann)futter *nt;* ~ **de taladrar** Bohrfutter *nt*

manducar [maṇdu'kar] <c → qu> *vi, vt (fam)* futtern

manducatoria [maṇduka'torja] *f (fam)* Essen *nt*

manecilla [mane'θiʎa] *f* ❶ *(del reloj)* Zeiger *m* ❷ *(broche)* Verschluss *m* ❸ (TÉC) Griff *m* ❹ *(signo)* Hinweiszeichen *nt* (in Handform)

manejabilidad [manexaβili'ðaᵈ] *f* ❶ *(de un objeto)* Handlichkeit *f* ❷ *(de una persona)* Fügsamkeit *f* ❸ (AUTO) Wendigkeit *f*

manejable [mane'xaβle] *adj* ❶ *(objeto)* handlich ❷ *(persona)* fügsam ❸ (AUTO) wendig

manejar [mane'xar] **I.** *vt* ❶ *(usar)* handhaben; *(máquina)* bedienen; *(fig)* umgehen (mit +*dat*); ~ **el cuchillo** mit dem Messer hantieren; **manejas bien las cifras** du kannst gut mit Zahlen umgehen; **saber ~ el dinero** gut mit Geld umgehen können; **'¡manéjese con cuidado!'** ,Vorsicht! Zerbrechlich!' ❷ (INFOR) steuern ❸ *(dirigir)* leiten; ~ **intereses** Interessen vertreten ❹ *(a alguien)* manipulieren; **maneja al marido a su antojo** sie macht mit ihrem Mann, was sie will ❺ *(Am: un coche)* lenken **II.** *vr:* **~se** zurechtkommen; **saber ~se en la vida** sich gut im Leben zurechtfinden; **manejárselas** *(fam)* sich *dat* zu helfen wissen

manejo [ma'nexo] *m* ❶ *(uso)* Handhabung *f; (de una máquina)* Bedienung *f; (fig)* Umgang *m* (**de** mit +*dat*); *(utilización)* Bedienung *f;* ~ **del agua** Wasserbewirtschaftung *f;* ~ **de animales** Umgang mit Tieren; ~ **a distancia** Fernbedienung *f* ❷ (INFOR) Steuerung *f;* ~ **de errores** Fehlerbehandlung *f;* ~ **de la memoria** Speicherbenutzung *f;* ~ **de información** Informationsaufbereitung *f* ❸ *(trato)* Umgang *m* ❹ *(de un negocio)* Leitung *f* ❺ *(Am: de un coche)* Steuerung *f* ❻ *pl (intrigas)* Machenschaften *fpl*

manera [ma'nera] *f* ❶ *(forma, modo)* Art *f,* Weise *f;* ~ **de decir** Redensart *f;* ~ **de obrar** Verhalten *nt;* ~ **de pensar** Ansicht *f;* ~ **de proceder** Vorgehensweise *f;* ~ **de ser** Wesen *nt;* ~ **de ver las cosas** Einstellung *f;* **a la ~ de** in der Art von; **a la ~ de la casa** nach Art des Hauses; **a ~ de** wie; **a mi ~** auf meine Art; **a mi ~ de ver** meiner Ansicht nach; **de la ~ que sea** egal wie; **de cualquier ~** [*o* **de todas ~s**], **no pienso ir ahí** ich gehe jedenfalls nicht dorthin; **de esta ~** so; **de ~ que** *(finalidad)* sodass; **mañana tienes que madrugar, de ~ que es mejor que te acuestes pronto** morgen musst du früh aufstehen, also ist es besser, wenn du bald ins Bett gehst; **¿de ~ que sacaste mala nota?** du hast also eine schlechte Note bekommen?; **de ninguna ~** keinesfalls; **se echó a gritar de tal ~ que...** er/sie fing derartig an zu schreien, dass ...; **de una ~ o de otra** so oder so; **en cierta ~** in gewisser Weise; **en gran ~** wesentlich; **no hay ~ de...** es ist unmöglich, zu ...; **¡qué ~ de llover!** so ein Regen!; **sobre ~** übermäßig (viel); **primero se lo dije de buena ~** erstmal habe ich ihn/sie höflich darauf hingewiesen; **contestar de mala ~** eine freche Antwort geben; **hacer las cosas de mala ~** pfuschen ❷ *pl (modales)* Manieren *fpl;* **¡estas no son ~s!** das ist keine Art!

manga ['maŋga] *f* ❶ *(del vestido)* Ärmel *m;* ~ **a la sisa** ärmellos; **de ~s cortas/largas** kurzärm(e)lig/langärm(e)lig; **estar en ~s de camisa** formlos gekleidet sein; **¡a buenas horas ~s verdes!** zu spät ist zu spät!; **ir ~ por hombro** *(fam)* drunter und drüber gehen; **poner algo ~ por hombro** *(fam)* etw heillos durcheinanderbringen; **sacarse algo de la ~** *(fig)* etw aus dem Ärmel schütteln; **ser más corto que las ~s de un chaleco** *(fig)* extrem schüchtern sein; **tener (la)** [*o* **ser de**] **~ ancha** *(fig)* alles durchgehen lassen ❷ *(tubo)* Schlauch *m* ❸ (AERO) ~ **de aire** Windsack *m* ❹ (METEO) ~ **de viento/de agua** Wind-/Wasserhose *f* ❺ (GASTR) ~ (**pastelera**) Spritzbeutel *m* ❻ *(fam: borrachera)* Schwips *m* ❼ *(Arg: pey: grupo de personas)* Haufen *m* (Leute) ❽ *(loc)* **hacer ~s y capirotes** *(fam)* unbesonnen handeln; **tirar la ~** *(fam)* sich *dat* Geld pumpen

mangajo, -a [maŋ'gaxo, -a] *m, f* ❶ *(Ecua: persona despreciable)* verabscheuenswerte, unansehnliche Person *f* ❷ *(Ecua, Perú: persona sin voluntad)* willenlose Person *f*

mangancia [maŋ'gaṇθja] *f (fam)* ❶ *(robo)* Gaunerei *f* ❷ *(holgazanería)* Faulenzerei *f* ❸ *(mendicidad)* Bettelei *f*

manganesa [maŋga'nesa] *f* (MIN) Braunstein *m,* Pyrolusit *m*

manganeso [maŋga'neso] *m* Mangan *nt*

manganeta [maŋga'neta] *f (Hond)* Trick *m,* Finte *f*

M

mangangá [maŋgaŋ'ga] *m* ❶ *(CSur: abejón zumbador)* ≈ Hummel *f* ❷ *(CSur, Bol: persona fastidiosa)* Nervensäge *f fam*
mangante [maŋ'gaņte] *mf* *(fam)* ❶ *(ladrón)* Gauner(in) *m(f)* ❷ *(holgazán)* Faulpelz *m* ❸ *(mendigo)* Bettler(in) *m(f)*
manganzón, **-ona** [maŋgaņ'θon, -ona] *m, f* *(Am)* Faulenzer(in) *m(f)*
mangar [maŋ'gar] <g → gu> *vt* *(fam)* klauen
mango ['maŋgo] *m* ❶ *(puño)* Griff *m;* *(alargado)* Stiel *m;* **tener la sartén por el ~** *(fig)* das Heft fest in der Hand haben ❷ *(árbol)* Mangobaum *m* ❸ *(fruta)* Mango *f*
mangoneador(a) [maŋgonea'ðor(a)] *adj* ❶ *(entrometido)* zudringlich ❷ *(dominador)* herrschsüchtig ❸ *(vago)* faul, müßig
mangonear [maŋgone'ar] **I.** *vi* *(fam)* ❶ *(entrometerse)* sich einmischen (**en** in +*akk*) ❷ *(vaguear)* sich herumtreiben **II.** *vt* *(fam)* bevormunden
mangoneo [maŋgo'neo] *m* *(fam)* ❶ *(entremetimiento)* Einmischung *f* ❷ *(vagancia)* Herumtreiberei *f*
mangostán [maŋgos'tan] *m* (BOT) Mangostane *f*
manguear [maŋge'ar] *vt* *(Arg: fam: dinero)* pumpen
manguera [maŋ'gera] *f* *(tubo)* Schlauch *m*
mangueta [maŋ'geta] *f* ❶ *(listón)* Leiste *f* ❷ *(palanca)* Hebel *m* ❸ *(retrete)* Ableitrohr *nt*
manguito [maŋ'gito] *m* ❶ *(mitón)* Muff *m* ❷ *(protección)* Ärmelschoner *m* ❸ *(cilindro hueco)* Manschette *f* ❹ *(anillo)* Schelle *f*
maní [ma'ni] *m* Erdnuss *f*
manía [ma'nia] *f* ❶ *(locura)* Wahn *m* ❷ *(extravagancia)* Marotte *f* ❸ *(obsesión)* fixe Idee *f;* **tener ~ por la moda** ein Modenarr sein ❹ *(fam: aversión)* Abneigung *f;* **tener(le) ~ a alguien** jdn nicht leiden können; **cogerle ~ a alguien** eine Abneigung gegen jdn entwickeln
maniaco, **-a** [ma'njako, -a], **maníaco**, **-a** [ma'niako, -a] **I.** *adj* wahnsinnig **II.** *m, f* Wahnsinnige(r) *mf;* **~ sexual** Sexbesessene(r) *m;* *(delincuente)* Triebtäter *m*
maniatar [manja'tar] *vt* *(persona)* an den Händen fesseln; **lo ~on a la silla** sie haben ihn mit den Händen an den Stuhl gebunden
maniático, **-a** [ma'njatiko, -a] **I.** *adj* ❶ *(loco)* verrückt ❷ *(extravagante)* seltsam **II.** *m, f* ❶ *(loco)* Wahnsinnige(r) *mf;* **un ~ de fútbol** ein Fußballfreak; **ser un ~ del cine** ein großer Kinoliebhaber sein ❷ *(extravagante)* Sonderling *m*
manicomio [mani'komjo] *m* Irrenanstalt *f*
manicura [mani'kura] *f* Maniküre *f*
manicuro, **-a** [mani'kuro, -a] *m, f* Handpfleger(in) *m(f)*, Maniküre *f*
manido, **-a** [ma'niðo, -a] *adj* ❶ *(alimentos)* leicht verdorben; **carne manida** gut abgehangenes Fleisch; **fruta manida** überreifes Obst ❷ *(objetos)* (ab)gebraucht; **libro ~** abgegriffenes Buch; **ropa manida** abgetragene Kleider ❸ *(trillado)* abgedroschen
manierismo [manje'rismo] *m* (ARTE) Manierismus *m*
manifestación [manifesta'θjon] *f* ❶ *(expresión)* Bekundung *f;* **como ~ de cariño** als Ausdruck der Zuneigung ❷ *(reunión)* Demo(nstration) *f*
manifestante [manifes'taņte] *mf* Demonstrant(in) *m(f)*
manifestar [manifes'tar] <e → ie> **I.** *vt* ❶ *(declarar)* erklären ❷ *(mostrar)* zeigen **II.** *vr:* **~se** ❶ *(declararse)* sich äußern; **~se a favor/en contra de algo** sich für/gegen etw aussprechen ❷ *(revelarse)* sich zeigen (**en** in +*dat*) ❸ *(política)* demonstrieren
manifiestamente [manifjesta'meņte] *adv* offensichtlich, eindeutig
manifiesto[1] [mani'fjesto] *m* Manifest *nt*
manifiesto, **-a**[2] [mani'fjesto, -a] *adj* ❶ *(evidente)* eindeutig ❷ *(loc)* **poner de ~** *(revelar)* offenbaren; *(expresar)* zum Ausdruck bringen
manija [ma'nixa] *f* *(palanca)* Griff *m*
manilla [ma'niʎa] *f* ❶ *(pulsera)* Armreif *m* ❷ *pl (para prisioneros)* Handschellen *fpl* ❸ *v.* **manija** ❹ *(del reloj)* Uhrzeiger *m*
manillar [mani'ʎar] *m* Lenker *m*
maniobra [mani'oβra] *f* ❶ *(operación manual)* Handgriff *m* ❷ *(uso)* Bedienung *f* ❸ *(ardid)* Intrige *fpl;* **~s fraudulentas** betrügerische Handlungen ❹ (MIL) Manöver *nt;* **estar de ~s** im Manöver sein ❺ *(vehículo)* Steuern *nt;* (FERRO) Rangieren *nt;* *(movimiento)* Manöver *nt*
maniobrable [manjo'βraβle] *adj* lenkbar; **un vehículo fácilmente ~** ein wendiges Fahrzeug
maniobrar [manjo'βrar] **I.** *vi* ❶ (MIL) ein Manöver abhalten ❷ *(intrigar)* intrigieren **II.** *vt* ❶ *(manejar)* steuern ❷ *(manipular)* beeinflussen
manipulable [manipu'laβle] *adj* manipulierbar
manipulación [manipula'θjon] *f* ❶ *(empleo)* Handhabung *f* ❷ *(elaboración)* Verarbeitung *f* ❸ *(alteración)* Manipulation *f*
manipulado, **-a** [manipu'laðo, -a] *adj* manipuliert
manipulador[1] [manipula'ðor] *m* ❶ *(mor-

se) Morsetaster *m* ② (TEL) Telegrafenschlüssel *m*

manipulador(a)[2] [manipula'ðor(a)] *adj* manipulierend

manipular [manipu'lar] *vt* ① *(maniobrar)* handhaben; *(máquina)* bedienen ② *(elaborar)* verarbeiten ③ *(alterar)* manipulieren ④ *(interferir)* eingreifen (in +*akk*) ⑤ *(manosear)* hantieren (mit +*dat*)

maniqueísmo [manike'ismo] *m sin pl* ① (REL) Manichäismus *m* ② (POL) Schwarzweißmalerei *f*

maniquí [mani'ki] <maniquíes> *m* ① *(modelo)* Mannequin *nt* ② *(muñeco)* Schaufensterpuppe *f* ③ *(pelele)* Marionette *f*

manirroto, -a [mani'rroto, -a] *adj* verschwenderisch

manita [ma'nita] *f* **hacer ~s** Händchen halten; **ser un ~s** handwerklich geschickt sein

manito [ma'nito] *m (Méx)* ≈ Kumpel *m*

manivela [mani'βela] *f* Kurbel *f*

manjar [maŋ'xar] *m* ① *(comestible)* Speise *f* ② *(exquisitez)* Delikatesse *f*

mano ['mano] *f* ① (ANAT) Hand *f;* **a ~ alzada** *(votación)* durch Handzeichen; **a ~ armada** bewaffnet; **a ~s llenas** großzügig; **alzar la ~ contra alguien** gegen jdn die Hand erheben; **apretón de ~s** Handschlag *m;* **bajo ~** unter der Hand; **cargar las ~s** übertreiben; **coger a alguien con las ~s en la masa** jdn auf frischer Tat ertappen; **cogidos de las ~s** Hand in Hand; **comer de la ~ de alguien** *(fig)* jdm aus der Hand fressen; **con la ~ en el corazón** freimütig; **dar de ~** *(al trabajo)* die Arbeit niederlegen; **dar de ~ a alguien** jdn links liegen lassen; **echar una ~ a alguien** jdm helfen; **dejar algo en ~s de alguien** jdm etw überlassen; **echar ~ de alguien** auf jdn zurückgreifen; **ser de ~ abierta/cerrada** großzügig/geizig sein; **estar al alcance de la ~** in Reichweite sein; **estar ~ sobre ~** *(fig)* die Hände in den Schoß legen; **hecho a ~** handgefertigt; **irse a las ~s** handgreiflich werden; **su vida se le había ido de las ~s** er/sie hatte die Kontrolle über sein/ihr Leben verloren; **se le ha ido la ~** *(desmesura)* er/sie hat das Maß überschritten; *(violencia)* er/sie ist handgreiflich geworden; **lavarse las ~s (como Pilatos)** seine Hände in Unschuld waschen; **llevar a alguien de la ~** jdn an der Hand führen; *(fig)* Einfluss auf jdn ausüben; **~ a ~** *(fig)* gleichzeitig; **¡~s a la obra!** ans Werk!; **meter ~** sich einmischen; **meter ~ a alguien** *(fam)* jdn befingern; **pedir la ~ de alguien** um jds Hand anhalten; **poner las ~s en el fuego por alguien** für jdn die Hand ins Feuer legen; **si a ~ viene...** wenn es gelegen ist ...; **echar ~ de una oferta** ein Angebot in Anspruch nehmen; **traer algo entre ~s** etw im Schilde führen; **tomarle la ~ a algo** *(fam)* sich in etw einarbeiten; **untar la ~ a alguien** jdn bestechen; **muchas ~s en un plato hacen mucho garabato** *(prov)* viele Köche verderben den Brei ② (ZOOL) Vorderfuß *m; (de un perro)* Vorderpfote *f;* **~ de ave** Klaue *f;* **~ de elefante** Rüssel *m* ③ *(reloj)* Zeiger *m* ④ *(lado)* Seite *f;* **a** [*o* **de**] [*o* **por**] **la ~ derecha** auf der rechten Seite ⑤ *(aplicación)* (Farb)auftrag *m; (capa)* (Farb)schicht *f;* **una ~ de pintura** ein Anstrich; **la pared necesita una ~ de pintura** die Wand muss noch einmal gestrichen werden; **dar la última ~ a algo** etw *dat* den letzten Schliff geben; **una ~ de azotes** eine Tracht Prügel ⑥ *(trabajador)* Arbeiter(in) *m(f);* **~ de obra** Arbeitskraft *f;* **~ de obra especializada** Facharbeiter(in) *m(f)* ⑦ *(habilidad)* Geschicklichkeit *f;* **tener buena ~ para coser** im Nähen geschickt sein; **tener ~s verdes** einen grünen Daumen haben ⑧ *(de naipes)* Runde *f;* **ser ~** herauskommen ⑨ *(de ajedrez)* Partie *f*

manojo [ma'noxo] *m* Hand *f* voll; **~ de llaves** Schlüsselbund *m o nt;* **ser un ~ de nervios** ein Nervenbündel sein

manoletina [manole'tina] *f (Damenschuh)* Ballerina *m*

manómetro [ma'nometro] *m* (FÍS) Manometer *nt*

manopla [ma'nopla] *f* ① *(guante)* Fäustling *m* ② *(para lavarse)* Waschlappen *m*

manoseado, -a [manose'aðo, -a] *adj* ① *(sobado)* gebraucht ② *(trillado)* abgedroschen

manosear [manose'ar] *vt* betasten; *(fam pey)* betatschen

manoseo [mano'seo] *m* ① *(fam: sobo)* Fummelei *f* ② *(toqueteo)* Belästigung *f*

manotazo [mano'taθo] *m* Schlag *m;* **dar ~s** um sich schlagen

manotear [manote'ar] **I.** *vi* gestikulieren **II.** *vt* mit der Hand schlagen

mansalva [man'salβa] *adv* **a ~** *(sobre seguro)* sicher; *(traidoramente)* aus dem Hinterhalt; *(en gran cantidad)* massenweise

mansamente [mansa'mente] *adv* zahm, gefügig, still

mansedumbre [manse'ðumbre] *f* ① *(suavidad)* Sanftmut *f* ② *(sumisión)* Gehorsam *m*

mansión [man'sjon] *f* ① *(casa suntuosa)*

M

Villa *f* ❷ *(morada)* Wohnsitz *m* ❸ *(detención)* Rast *f;* **hacer ~** sich aufhalten

manso, -a ['manso, -a] *adj* ❶ *(dócil)* sanft ❷ *(animales)* zahm ❸ *(aguas)* still ❹ *(viento)* lau ❺ *(clima)* mild

manta[1] ['maṇta] *f* ❶ *(cobertor)* Decke *f;* **~ para cubrir la cama** Tagesdecke *f;* **~ eléctrica** Heizdecke *f;* **a ~** massenhaft; **liarse la ~ a la cabeza** *(actuar con decisión)* Nägel mit Köpfen machen; *(de modo irreflexivo)* unbedacht handeln; *(aceptar)* sich *dat* etwas aufhalsen lassen; **tirar de la ~** Machenschaften aufdecken ❷ *(zurra)* Tracht *f* Prügel ❸ (ZOOL) Rochen *m*

manta[2] ['maṇta] *mf (persona torpe)* Tölpel *m*

mantancero, -a [maṇtaṇ'θero, -a] *m, f (Méx)* Fleischer(in) *m(f)*, Metzger(in) *m(f)*

manteado [maṇte'aðo] *m (AmC)* Zelt *nt*

mantear [maṇte'ar] *vt auf einer Decke mehrmals in die Luft werfen und wieder auffangen*

manteca [maṇ'teka] *f* ❶ *(grasa)* Fett *nt;* **~ de cerdo** Schweineschmalz *nt* ❷ *(mantequilla)* Butter *f;* **como ~** butterweich; **eso no se le ocurre ni al que asó la ~** um so etwas anzustellen, muss man schon ganz schön doof sein

M

mantecado [maṇte'kaðo] *m* ❶ *(bollo)* (weihnachtliches) Schmalzgebäck *nt* ❷ *(helado)* Milcheis *nt*

mantecoso, -a [maṇte'koso, -a] *adj* ❶ *(de manteca)* Butter-; *(sabor)* butt(e)rig ❷ *(consistencia)* butterweich; *(carne)* zart

mantel [maṇ'tel] *m* Tischdecke *f;* **levantar los ~es** *(fig)* nach dem Essen vom Tisch aufstehen; **comer a ~es** fein essen; **estar a mesa y ~** freie Verpflegung haben

mantelería [maṇtele'ria] *f* Tischwäsche *f*

mantener [maṇte'ner] *irr como tener* **I.** *vt* ❶ *(conservar)* halten; *(orden, relaciones)* aufrechterhalten; **~ a punto** instand halten; **~ la línea** fit bleiben; **~ la calma** die Ruhe bewahren ❷ *(perseverar)* beharren (auf *+dat*) ❸ *(sustentar)* unterhalten; **~ correspondencia con alguien** mit jdm in Briefkontakt stehen ❹ *(sostener)* stützen ❺ *(proseguir)* in Gang halten; **~ una conversación con alguien** mit jdm ein (langes) Gespräch führen **II.** *vr:* **~se** ❶ *(sostenerse)* sich halten ❷ *(continuar)* bleiben ❸ *(perseverar)* festhalten (an *+dat*); **~se en sus trece** *(fam)* auf seinem Standpunkt beharren ❹ *(sustentarse)* seinen Lebensunterhalt bestreiten (**gracias a** mit *+dat*)

mantenido, -a [maṇte'niðo, -a] *adj* anhaltend

mantenimiento [maṇteni'mjeṇto] *m* ❶ *(alimentos)* Unterhalt *m* ❷ (TÉC) Wartung *f;* **~ de datos** (INFOR) Datenpflege *f;* **sin ~** wartungsfrei

mantequilla [maṇte'kiʎa] *f* Butter *f*

mantilla [maṇ'tiʎa] *f* ❶ *(de mujer)* Mantille *f* ❷ *(de niño)* Wickeltuch *nt;* **estar en ~s** *(fam fig)* noch in den Windeln stecken; **estar en ~s sobre algo** *(fam)* wenig Ahnung von etw *dat* haben ❸ *(de caballo)* Satteldecke *f*

mantis ['maṇtis] *f* (ZOOL) Gottesanbeterin *f*

manto ['maṇto] *m* ❶ *(prenda)* Umhang *m;* *(talar)* Talar *m* ❷ *(capa)* Schicht *f;* **el ~ ácido de la piel** der Säureschutzmantel der Haut ❸ *(velo)* Schleier *m* ❹ (MIN) (dünne) Erdschicht *f* ❺ (GEO) **~ terrestre** Erdmantel *m* ❻ (BOT) **~ vegetal** Pflanzendecke *f*

mantón [maṇ'ton] *m* Umschlagtuch *nt*

manual [manu'al] **I.** *adj* ❶ *(con las manos)* Hand- ❷ *(manejable)* handlich **II.** *m* Handbuch *nt;* **~ de referencia** Nachschlagewerk *nt*

manualidad [manwali'ðaᵈ] *f* ❶ *(trabajo manual)* Handarbeit *f* ❷ *(pasatiempo)* Bastelarbeit *f*

manubrio [ma'nuβrjo] *m* ❶ *(puño)* Griff *m* ❷ *(manivela)* Kurbel *f;* **piano de ~** Drehorgel *f*

manufactura [manufak'tura] *f* ❶ *(fabricación)* Manufakturartikel *m* ❷ *(fábrica)* Manufaktur *f*

manufacturación [manufaktura'θjon] *f* Herstellung *f*

manufacturado, -a [manufaktu'raðo, -a] *adj* hergestellt; **artículos ~s** Manufakturartikel *mpl;* **~ en...** hergestellt in ...

manufacturar [manufaktu'rar] *vt* herstellen

manumitir [manumi'tir] *vt* (HIST) freilassen

manuscrito[1] [manus'krito] *m* ❶ *(escrito a mano)* Handschrift *f* ❷ *(de un autor)* Manuskript *nt*

manuscrito, -a[2] [manus'krito, -a] *adj* handschriftlich

manutención [manuteṇ'θjon] *f* ❶ *(alimentos)* Unterhalt *m* ❷ (TÉC) Instandhaltung *f*

manzana [maṇ'θana] *f* ❶ *(fruta)* Apfel *m;* **la ~ de la discordia** der Zankapfel; **sano como una ~** kerngesund ❷ *(cuadra)* (Häuser)block *m;* **dar la vuelta a la ~** um den Block gehen

manzanal [maṇθa'nal] *m* (BOT) ❶ *(terreno)* Apfelbaumplantage *f* ❷ *(árbol)* Apfelbaum *m*

manzanilla [maṇθa'niʎa] *f* ❶ *(planta)* Kamille *f* ❷ *(flor)* Kamillenblüte *f* ❸ *(infusión)* Kamillentee *m* ❹ *(vino)* Manzanilla(wein) *m*

manzano [man̪'θano] *m* Apfelbaum *m*
maña ['maɲa] *f* ❶ *(habilidad)* Geschicklichkeit *f;* **darse** [*o* **tener**] **~ para** [*o* **con**] **algo** etw gut können ❷ *(astucia)* Schläue *f;* **más vale ~ que fuerza** List geht über Kraft ❸ *pl (caprichos)* Mucken *fpl;* **tener ~s** verwöhnt sein
mañana[1] [ma'ɲana] I. *f (temprana)* Morgen *m; (hasta el mediodía)* Vormittag *m;* **a las 5 de la ~** um 5 Uhr morgens; **de la noche a la ~** über Nacht; **de ~** frühmorgens; **por la ~** morgens/vormittags; **todas las ~s** jeden Morgen/Vormittag; **~ por la ~** morgen früh/Vormittag II. *adv* ❶ *(día)* morgen; **¡hasta ~!** bis morgen!; **pasado ~** übermorgen; **~ será otro día** morgen ist auch noch ein Tag; **no dejes para ~ lo que puedas hacer hoy** *(prov)* was du heute kannst besorgen, das verschiebe nicht auf morgen ❷ *(futuro)* in der Zukunft
mañana[2] [ma'ɲana] *m* Zukunft *f;* **el día de ~** in näherer Zukunft
mañanear [maɲane'ar] *vi* früh aufstehen; **no soporto ~** morgens früh aufstehen finde ich schrecklich
mañanero, -a [maɲa'nero, -a] I. *adj* ❶ *(madrugador)* Frühaufsteher- ❷ *(de la mañana)* Morgen- II. *m, f* Frühaufsteher(in) *m(f)*
maño, -a ['maɲo, -a] I. *adj* aus Aragonien II. *m, f* Aragonier(in) *m(f)*
mañoso, -a [ma'ɲoso, -a] *adj* ❶ *(hábil)* geschickt ❷ *(sagaz)* flink ❸ *(caprichoso)* verwöhnt ❹ *(terco)* störrisch
maoísta [mao'ista] I. *adj* (POL) maoistisch II. *mf* (POL) Maoist(in) *m(f)*
mapa ['mapa] *m* (Land)karte *f; (de la ciudad)* Stadtplan *m;* **~ astronómico** Himmelskarte *f;* **borrar del ~** *(matar)* umbringen; **desaparecer del ~** verschwinden; **no estar en el ~** *(fig)* außergewöhnlich sein
mapache [ma'paʧe] *m,* **mapachín** [mapa'ʧin] *m (Am)* Waschbär *m*
mapamundi [mapa'mun̪di] *m* ❶ *(mapa)* Weltkarte *f* ❷ *(fam: trasero)* Hintern *m*
maqueta [ma'keta] *f* ❶ (ARQUIT) (Entwurfs)modell *nt* ❷ *(formato)* Layout *nt*
maquetación [maketa'θjon] *f* (PREN) Layout *nt*
maquetar [make'tar] *vt* (TIPO) das Layout machen (von +*dat*), layouten
maquetista [make'tista] *mf* ❶ *(bocetista)* Skizzenzeichner(in) *m(f)* ❷ *(modelista)* Modellbau-Spezialist(in) *m(f)* ❸ (TIPO) Layouter(in) *m(f)*
maquiavélico, -a [makja'βeliko, -a] *adj (retorcido)* heimtückisch
maquila [ma'kila] *f* Mahlportion *f,* Mahlmenge *f*
maquillador(a) [makiʎa'ðor(a)] *m(f)* Visagist(in) *m(f);* (TEAT) Maskenbildner(in) *m(f)*
maquillaje [maki'ʎaxe] *m* ❶ *(acción)* Schminken *nt* ❷ *(producto)* Make-up *nt;* (TEAT) Schminke *f*
maquillar [maki'ʎar] I. *vt* ❶ *(poner base de fondo)* Make-up auftragen (auf +*akk*); *(con pinturas)* schminken ❷ *(disimular)* beschönigen II. *vr:* **~se** *(con base de fondo)* Make-up auflegen; *(con pinturas)* sich schminken
máquina ['makina] *f* ❶ *(artefacto)* Maschine *f;* **~ de afeitar** Rasierapparat *m;* **~ de coser/lavar** Näh-/Waschmaschine *f;* **~ fotográfica** Kamera *f;* **~ de escribir** (**automática**) (elektrische) Schreibmaschine; **~ destructora de documentos** Aktenvernichter *m;* **a toda ~** mit Volldampf *fam;* **escrito a ~** maschinengeschrieben; **hecho a ~** maschinell hergestellt ❷ *(para comprar, ocio)* Automat *m;* **~ de tabaco** Zigarettenautomat *m;* **~ expendedora de billetes** Fahrkartenautomat *m;* **~ tragaperras** *(fam)* Spielautomat *m* ❸ *(tren)* Lokomotive *f*
maquinación [makina'θjon] *f* Intrige *f*
maquinador(a) [makina'ðor(a)] I. *adj* intrigant, intrigierend II. *m(f)* Intrigant(in) *m(f),* Ränkeschmied(in) *m(f)*
maquinal [maki'nal] *adj* ❶ *(de la máquina)* Maschinen-, maschinell ❷ *(acción, movimiento)* mechanisch
maquinar [maki'nar] *vt* ❶ *(urdir)* aushecken ❷ *(trabajar)* maschinell bearbeiten
maquinaria [maki'narja] *f* ❶ *(máquinas)* Maschinenpark *m* ❷ *(mecanismo)* Mechanismus *m* ❸ *(industria)* Maschinenbauindustrie *f*
maquinilla [maki'niʎa] *f* Rasierapparat *m*
maquinista [maki'nista] *mf* ❶ *(constructor)* Maschinenbauer(in) *m(f)* ❷ *(conductor)* Maschinenführer(in) *m(f);* **~ de trenes** Lokführer(in) *m(f)*
maquinizar [makini'θar] <z → c> *vt* mechanisieren
mar [mar] *m o f* ❶ (GEO) Meer *nt,* See *f;* **~ Antártico** Südliches Eismeer; **~ de las Antillas** Karibisches Meer; **~ de Aral** Aralsee *m;* **~ Ártico** Nordpolarmeer *nt;* **~ Báltico** Ostsee *f;* **~ de Irlanda** Irische See; **~ Mediterráneo** Mittelmeer *nt;* **~ del Norte** Nordsee *f;* **en alta ~** auf hoher See; **~ adentro** seewärts; **~ de fondo** Dünung *f; (fig)* unterschwellige Spannung; **por ~** auf dem Seeweg; **hacerse a la ~** in See stechen; **arar en el ~** *(fig)* Wasser in den Rhein tragen; **arrojarse a la ~** *(fig)*

M

ins kalte Wasser springen; **quien no se aventura no pasa la** ~ *(prov)* wer nicht wagt, der nicht gewinnt ② *(fam: abundancia)* Unmenge *f;* **hay la ~ de...** es gibt ... in Hülle und Fülle; **llueve a ~es** es schüttet; **llorar a ~es** wie ein Schlosshund weinen; **sudar a ~es** sehr stark schwitzen; **ser la ~ de aburrido** entsetzlich langweilig sein; **ser la ~ de bonita** äußerst hübsch sein

maraca [ma'raka] *f* ① *(instrumento musical)* Rumbakugel *f* ② *(sonajero)* Kürbisrassel *f*

maracuyá [maraku'ɟa] *m* (BOT) Maracuja *f*

marajá [mara'xa] *m* Maharadscha *m*

maraña [ma'raɲa] *f* ① *(maleza)* Gestrüpp *nt* ② *(lío)* Wirrwarr *m;* **~ de cabello** zerzaustes Haar; **~ de hilo** unentwirrbarer Knäuel ③ *(embuste)* List *f*

marasmo [ma'rasmo] *m* ① *(debilitamiento)* Kräfteverfall *m* ② *(inmovilidad)* Stillstand *m*

maratón [mara'ton] *m o f* Marathon *m;* **la reunión fue verdaderamente un ~** es war wahrhaftig eine Marathonsitzung

maravilla [mara'βiʎa] *f* ① *(portento)* Wunder *nt;* **a las mil ~s, de ~** wunderbar; **hablar ~s de alguien** jdn in den Himmel loben; **hacer ~s** *(fig)* wahre Wunder vollbringen ② *(admiración)* Bewunderung *f* ③ *(caléndula)* Ringelblume *f*

maravillar [maraβi'ʎar] **I.** *vt* in Bewunderung versetzen **II.** *vr:* **~se** sich wundern (**de** über +*akk*)

maravilloso, -a [maraβi'ʎoso, -a] *adj* wunderbar

marbellí [marβe'ʎi] *adj* aus Marbella

marbete [mar'βete] *m* Etikett *nt*

marca ['marka] *f* ① *(distintivo)* Kennzeichen *nt;* **~ de agua** Wasserzeichen *nt;* **~ de ganado** Brandzeichen *nt* ② *(de productos)* Marke *f;* **~ registrada** eingetragenes Warenzeichen; **ropa de ~** Designerkleider *ntpl;* **un idiota de ~ mayor** ein Idiot ersten Ranges ③ *(huella)* Spur *f* ④ (DEP) Rekord *m* ⑤ *(medida)* Standard *m* ⑥ (INFOR) Marke *f;* **~ (de texto)** Lesezeichen *nt,* Bookmark *f o nt*

marcadamente [markaða'meṇte] *adv* ① *(claramente)* deutlich ② *(singularmente)* besonders, vor allem ③ *(con énfasis)* nachdrücklich

marcado, -a [mar'kaðo, -a] *adj* ① *(señalado)* markiert ② *(evidente)* deutlich ③ *(singular)* sonderbar ④ *(enfático)* nachdrucksvoll

marcador [marka'ðor] *m* ① *(tablero)* Anzeigetafel *f;* **abrir el ~** die ersten Punkte erzielen; **cerraron el ~ con tres tantos** sie beendeten das Spiel mit drei Toren ② *(Arg: rotulador)* Filzstift *m*

marcaje [mar'kaxe] *m* (DEP) Deckung *f*

marcapaso(s) [marka'paso(s)] *m* *(inv)* (Herz)schrittmacher *m*

marcar [mar'kar] <c → qu> **I.** *vt* ① *(señalar)* markieren; *(ganado)* mit Brandzeichen versehen; *(mercancías)* auszeichnen; **~ una época** eine Epoche prägen; **~ el compás** den Takt (an)geben ② *(resaltar)* hervorheben ③ *(teléfono)* wählen ④ *(cabello)* (ein)legen ⑤ *(naipes)* zinken ⑥ (DEP) **~ un gol** ein Tor schießen; **~ un punto** einen Punkt erzielen ⑦ (DEP: *a un jugador*) decken **II.** *vr:* **~se** sich abzeichnen

marcha ['martʃa] *f* ① *(movimiento)* Gang *m;* **poner en ~** in Gang setzen; *(producción)* aufnehmen ② *(caminata)* Lauf *m* ③ *(curso)* Verlauf *m;* **~ de los negocios** Geschäftsverlauf *m;* **la ~ de los acontecimientos** der Gang der Ereignisse; **sobre la ~** zum richtigen Zeitpunkt ④ *(velocidad)* Gang *m;* **~ atrás** Rückwärtsgang *m;* **a toda ~** mit voller Geschwindigkeit ⑤ (*t.* MIL, MÚS) Marsch *m;* **~ silenciosa** Schweigemarsch *m* ⑥ *(salida)* Abreise *f;* **¡en ~!** los geht's! ⑦ *(argot: acción)* Stimmung *f;* **¡aquí hay mucha ~!** hier ist die Hölle los!; **ir de ~** ausgehen; **tener ~** unternehmungslustig sein

marchador(a) [martʃa'ðor(a)] *m(f)* unermüdlicher Läufer *m,* unermüdliche Läuferin *f*

marchamo [mar'tʃamo] *m* ① *(aduanas)* Zollplombe *f* ② *(embutidos)* Gütesiegel *nt*

marchante [mar'tʃaṇte] **I.** *adj* kommerziell **II.** *mf* Händler(in) *m(f);* **~ de obras de arte** Kunsthändler(in) *m(f)*

marchar [mar'tʃar] **I.** *vi* ① *(ir)* gehen; **¡marchando!** los geht's! ② *(funcionar)* laufen; **~ sobre ruedas** *(fig)* wie geschmiert laufen **II.** *vr:* **~se** ① *(irse)* (weg)gehen; **¿os marcháis?** geht ihr (schon)? ② *(huir)* ausreißen; **~se del país** das Land verlassen

marchitar [martʃi'tar] **I.** *vi* ① *(plantas)* welken ② *(personas)* dahinwelken **II.** *vr:* **~se** verwelken

marchito, -a [mar'tʃito, -a] *adj* welk

marchoso, -a [mar'tʃoso, -a] *adj* ① *(salidor)* unternehmungslustig ② *(elegante)* schick

marcial [mar'θjal] *adj* kriegerisch; **artes ~es** Kampfsportarten *fpl;* **ley ~** Ausnahmezustand *m*

marcialidad [marθjali'ða^{ð}] *f sin pl* kriegerisches Wesen *nt*

marciana [mar'θjana] *adj o f v.* **marciano**

marcianitos [marθja'nitos] *mpl* *(fam)* kleine grüne Männchen *ntpl*

M

marciano, -a [mar'θjano, -a] **I.** *adj* Mars- **II.** *m, f* Marsmensch *m*
marco ['marko] *m* ❶ *(recuadro)* Rahmen *m; (armazón)* Gestell *nt;* **el ~ legal** der rechtliche Rahmen ❷ *(ambiente)* Rahmen *m* ❸ *(hist: moneda)* Mark *f;* **~ alemán** Deutsche Mark
marea [ma'rea] *f* ❶ *(mar)* Gezeiten *pl;* **~ alta** Flut *f;* **~ baja** Ebbe *f;* **~ negra** Ölpest *f;* **~ roja** Algenpest *f;* **~ viva** Springflut *f;* **contra viento y ~** *(fig)* komme, was da wolle ❷ *(multitud)* Menge *f;* **una ~ humana** eine Menschenflut
mareado, -a [mare'aðo, -a] *adj* ❶ *(indispuesto)* krank; *(en el mar)* seekrank; *(al viajar)* reisekrank; **estoy ~** mir ist übel ❷ *(aturdido)* schwind(e)lig; **estoy ~** mir ist schwind(e)lig ❸ *(bebido)* beschwipst *fam*
mareante [mare'an̩te] *adj* ❶ *(vértigo)* schwindelerregend; *(náuseas)* Übelkeit erregend ❷ *(molestia)* nervenaufreibend; **su llanto le resultaba ~** sein/ihr Weinen ging ihm/ihr auf die Nerven
marear [mare'ar] **I.** *vt* ❶ *(fam: molestar)* auf die Nerven gehen *+dat* ❷ (MED) **algo marea a alguien** jdm wird von etw *dat* schlecht ❸ *(aturdir)* schwind(e)lig machen; *(fig)* überfordern **II.** *vr:* **~se** ❶ *(enfermarse)* krank werden; *(en el mar)* seekrank werden; *(al viajar)* reisekrank werden ❷ *(quedar aturdido)* **me mareo** mir wird schwind(e)lig ❸ *(emborracharse)* sich betrinken
marejada [mare'xaða] *f* hoher Seegang *m; (fig)* Brodeln *nt*
marejadilla [marexa'ðiʎa] *f* leichter Seegang *m*
maremagno [mare'maɣno] *m,* **maremágnum** [mare'maɣnun] *m* ❶ *(multitud)* Unmenge *f* ❷ *(confusión)* Durcheinander *nt*
maremoto [mare'moto] *m* Seebeben *nt*
marengo [ma'reŋgo] **I.** *adj* dunkelgrau; **gris ~** graumeliert **II.** *m* Marengo *m,* (graumelierter) Kammgarnstoff *m (für Mäntel und Kostüme)*
mareo [ma'reo] *m* ❶ *(malestar)* Übelkeit *f; (en el mar)* Seekrankheit *f; (al viajar)* Reisekrankheit *f* ❷ *(vértigo)* Schwindelanfall *m* ❸ *(loc)* **¡qué ~ de hombre!** was für ein unausstehlicher Kerl!
mareógrafo [mare'oɣrafo] *m* (NÁUT) Gezeitenschreiber *m*
marfil [mar'fil] *m* ❶ *(elefante)* Elfenbein *nt* ❷ *(dentadura)* Zahnbein *nt*
margarina [marɣa'rina] *f* Margarine *f*
margarita [marɣa'rita] *f* ❶ (BOT: *mayor)* Margerite *f; (menor)* Gänseblümchen *nt;* **deshojar ~s** ‚er/sie liebt mich, er/sie liebt mich nicht' spielen ❷ *(bebida)* Margarita *f* ❸ (ZOOL) Perlmuschel *f* ❹ *(perla)* Perle *f;* **echar ~s a puercos** Perlen vor die Säue werfen ❺ (TIPO) Typenrad *nt*
margen ['marxen] *m o f* ❶ *(borde)* Rand *m;* **el ~ del río** das Flussufer; **al ~** abseits; **dejar al ~** ausschließen; **mantenerse al ~ de algo** *(fig)* sich aus etw *dat* heraushalten ❷ *(página)* (Seiten)rand *m* ❸ *(libertad)* Spielraum *m;* **dar ~** Gelegenheit geben ❹ *(ganancia)* Spanne *f;* **~ de costos** Kostenrahmen *m;* **~ de seguridad** Sicherheitsmarge *f*
marginación [marxina'θjon] *f* ❶ *(exclusión)* Ausgrenzung *f* ❷ (POL) Diskriminierung *f*
marginado, -a [marxi'naðo, -a] **I.** *adj* ❶ *(excluido)* diskriminiert ❷ *(aislado)* isoliert **II.** *m, f* Außenseiter(in) *m(f)*
marginal [marxi'nal] *adj* ❶ *(al margen)* Rand- ❷ *(secundario)* nebensächlich
marginar [marxi'nar] *vt* ❶ *(ignorar algo)* beiseitelassen; *(a alguien)* ausgrenzen ❷ *(acotar)* mit Randbemerkungen versehen
maría [ma'ria] *f* ❶ *(fam: ama de casa)* Heimchen *nt* am Herd ❷ *(argot: marihuana)* Gras *nt*
marica [ma'rika] *m (vulg)* ❶ *(homosexual)* Schwule(r) *m fam* ❷ *(cobarde)* Hosenscheißer *m* ❸ *(insulto grosero)* Arschloch *nt*
Maricastaña [marikas'taɲa] *f* **tiempos de ~** *(fam)* Anno Tobak; **desde los tiempos de ~** seit ewigen Zeiten; **este chiste es de los tiempos de ~** dieser Witz ist doch schon uralt
maricón [mari'kon] *m (vulg) v.* **marica**
mariconada [mariko'naða] *f (vulg)* ❶ *(acción malintencionada)* Schweinerei *f fam;* **hacer una ~ a alguien** jdn reinlegen ❷ *(tontería)* Blödsinn *m fam*
maridar [mari'ðar] **I.** *vi* ❶ *(casarse)* heiraten ❷ *(hacer vida maridable)* in ehelicher Gemeinschaft leben **II.** *vt* vereinigen, verbinden
marido [ma'riðo] *m* Ehegatte *m;* **mi ~** mein Mann
mariguana [mari'ɣwana] *f sin pl,* **marihuana** [mari'wana] *f sin pl* Marihuana *nt*
marimacho [mari'matʃo] *m (fam)* Mannweib *nt*
marimandón, -ona [mariman̩'don, -ona] *m, f (fam)* herrschsüchtige Person *f*
marimoña [mari'moɲa] *f* (BOT) Ranunkel *f*
marimorena [marimo'rena] *f (fam)* Streit *m;* **armar la ~** schweren Streit anfangen; **se armó la ~** ein wüster Streit brach los

M

marina [ma'rina] *f* ❶ *(flota)* Marine *f* ❷ (ARTE) Seestück *nt* ❸ (GEO) Küstengebiet *nt*
marinar [mari'nar] *vt* ❶ *(conservar)* einpökeln ❷ *(aderezar)* marinieren
marinera [mari'nera] *f* ❶ *(blusa)* Matrosenbluse *f* ❷ *(And: baile)* Marinera *f (regionaler Volkstanz)*
marinero[1] [mari'nero] *m* Seemann *m;* ~ **de agua dulce** *(irón)* Landratte *f*
marinero, -a[2] [mari'nero, -a] *adj* ❶ *(relativo al mar)* See-; **buque** ~ seetüchtiges Schiff; **pueblo** ~ Fischerdorf *nt;* **pescado a la marinera** *Fischgericht mit Tomaten und Muscheln in Weinsoße* ❷ *(relativo a la marina)* Marine-; **nudo** ~ Seemannsknoten *m*
marino[1] [ma'rino] *m (navegante)* Seemann *m*
marino, -a[2] [ma'rino, -a] *adj* ❶ *(relativo al mar)* See- ❷ *(relativo a la marina)* Marine-
marioneta [marjo'neta] *f* ❶ *(títere)* Marionette *f* ❷ *pl (teatro)* Marionettentheater *nt*
mariposa [mari'posa] *f* ❶ (BIOL) Schmetterling *m;* ~ **nocturna** Nachtfalter *m* ❷ *(lámpara)* Öllampe *f* ❸ (DEP) Schmetterlingsstil *m* ❹ *(fam pey: afeminado)* Tunte *f*
mariposear [maripose'ar] *vi* ❶ *(ser inconstante)* flatterhaft sein ❷ *(flirtear)* herumflirten ❸ *(rondar)* sich herumdrücken (**a** um +*akk*)
mariquita[1] [mari'kita] *f* ❶ *(insecto)* Marienkäfer *m* ❷ *(perico)* Papagei *m*
mariquita[2] [mari'kita] *m (fam)* Schwule(r) *m*
marisabidilla [marisaβi'ðiʎa] *f (fam)* Besserwisserin *f*
mariscal [maris'kal] *m* Marschall *m*
marisco [ma'risko] *m* Meeresfrucht *f*
marisma [ma'risma] *f* Marschland *nt*
marisquería [mariske'ria] *f* ❶ *(tienda)* Fachgeschäft *nt* für Meeresfrüchte ❷ *(restaurante)* Spezialitätenrestaurant *nt* für Meeresfrüchte
marital [mari'tal] *adj* ehelich; **vida** ~ Eheleben *nt*
maritatas [mari'tatas] *fpl (Guat, Hond)* Klatsch *m,* Gerede *nt*
marítimo, -a [ma'ritimo, -a] *adj* maritim, See-; **ciudad marítima** Küstenstadt *f;* **seguro** ~ Schifffahrtsversicherung *f*
marmita [mar'mita] *f* Kochtopf *m*
mármol ['marmol] *m* Marmor *m;* **frío como el** ~ kalt wie Stein; **de** ~ marmorn
marmóreo, -a [mar'moreo, -a] *adj* marmorn, Marmor-
marmota [mar'mota] *f* ❶ (ZOOL) Murmeltier *nt* ❷ *(fam: dormilón)* Schlafmütze *f* ❸ *(pey: criada)* Trampel *m o nt*

M

maroma [ma'roma] *f* ❶ *(cuerda)* Tau *nt* ❷ *(Am: pirueta)* Kunststück *nt* ❸ *(Am: cambio de partido político)* plötzlicher Parteiwechsel *m; (de opinión)* plötzliche Meinungsänderung *m*
maromo [ma'romo] *m (argot)* Kerl *m*
marqués, -esa [mar'kes, -esa] *m, f* Marquis(e) *m(f)*
marquesina [marke'sina] *f* Markise *f*
marquetería [markete'ria] *f* Intarsie *f*
marrajo[1] [ma'rraxo] *m* (ZOOL) Mako *m*
marrajo, -a[2] [ma'rraxo, -a] *adj (toro)* bösartig; *(persona)* verschlagen
marrana [ma'rrana] *f* ❶ *(cerda)* Sau *f* ❷ *(fam pey: mujer sucia)* Schlampe; *(vil)* Miststück *nt*
marranada [marra'naða] *f (fam)* Schweinerei *f*
marrano[1] [ma'rrano] *m* ❶ *(cerdo)* Schwein *nt* ❷ *(fam pey: hombre sucio)* Schmutzfink *m; (grosero)* ungehobelter Kerl *m; (vil)* Schuft *m*
marrano, -a[2] [ma'rrano, -a] *adj* ❶ *(cochino)* ungehobelt ❷ *(sucio)* dreckig
marrar [ma'rrar] *vi* ❶ *(errar)* danebenschießen; ~ **el golpe** *(fig)* einen Bock schießen ❷ *(desviarse)* vom rechten Weg abkommen
marras ['marras] *adv* **tema de** ~ Gemeinplatz *m;* **la persona de** ~ die besagte Person; **lo de** ~ die alte Geschichte
marrón [ma'rron] **I.** *adj* (kastanien)braun; ~ **claro** hellbraun **II.** *m (Am: martillo)* Vorschlaghammer *m*
marroquí [marro'ki] **I.** *adj* marokkanisch **II.** *mf* Marokkaner(in) *m(f)*
marroquinería [marrokine'ria] *f* Lederwaren *fpl; (industria)* Lederwarenindustrie *f*
Marruecos [ma'rrwekos] *m* Marokko *nt*
marrullería [marruʎe'ria] *f* aufgesetzte Freundlichkeit *f;* **déjate de ~s** hör auf mit deinem Geschmeichel
marrullero, -a [marru'ʎero, -a] **I.** *adj* übertrieben freundlich **II.** *m, f* (durchtriebener) Schmeichler *m,* (durchtriebene) Schmeichlerin *f*
Marsella [mar'seʎa] *f* Marseille *nt*
marsellés, -esa [marse'ʎes, -esa] **I.** *adj* aus Marseille **II.** *m, f* Marseiller(in) *m(f)*
marsopa [mar'sopa] *f* Schweinswal *m*
marsupial [marsu'pjal] **I.** *adj* **animal** ~ Beuteltier *nt* **II.** *m* Beuteltier *nt*
marsupio [mar'supjo] *m* (ZOOL) Brutbeutel *m* der Beuteltiere
marta ['marta] *f* ❶ *(animal)* Marder *m;* ~ **cebellina** Zobel *m* ❷ *(piel)* Marderfell *nt*
Marte ['marte] *m* (ASTR) Mars *m*

martes ['martes] *m inv* Dienstag *m;* **¡~ y trece!** ≈ Freitag, der 13.; *v. t.* **lunes**
martillar [marti'ʎar] *vt v.* **martillear**
martillazo [marti'ʎaθo] *m* Hammerschlag *m*
martillear [martiʎe'ar] *vt* ❶ *(golpear)* hämmern (auf +*akk*) ❷ *(atormentar)* martern ❸ *(repetir)* ständig wiederholen
martilleo [marti'ʎeo] *m* Gehämmer *nt*
martillo [mar'tiʎo] *m* ❶ *(herramienta, t.* ANAT) Hammer *m;* **pez ~** Hammerhai *m;* **creer algo a macha ~** etw felsenfest glauben ❷ *(subasta)* Auktionshaus *nt*
martín [mar'tin] *m* **~ pescador** Eisvogel *m;* **~ del río** Nachtreiher *m*
martinete [marti'nete] *m* ❶ (ZOOL) Nachtreiher *m* ❷ (MÚS: *macillo*) (Klavier)hammer *m* ❸ *(mazo)* Fallhammer *m; (para clavar estacas)* Pfahlramme *f*
martingala [martiŋ'gala] *f (fam)* Trick *m*
mártir ['martir] *mf* Märtyrer(in) *m(f)*
martirio [mar'tirjo] *m* (REL) Martyrium *nt; (fig)* Marter *f*
martirizar [martiri'θar] <z → c> *vt* martern
maruja [ma'ruxa] *f (fam)* ≈ Klatschtante *f*
marxismo [mar'sismo] *m sin pl* Marxismus *m*
marxista [mar'sista] **I.** *adj* marxistisch **II.** *mf* Marxist(in) *m(f)*
marzo ['marθo] *m* März *m;* **en ~** im März; **a principios/a mediados/a fin(al)es de ~** Anfang/Mitte/Ende März; **el 21 de ~** der 21. März; **el mes de ~ tiene 31 días** der März hat 31 Tage; **el pasado ~ fue muy frío** im vergangenen März war es sehr kalt
mas [mas] **I.** *m* Gehöft *nt* **II.** *conj* (LIT) aber, jedoch
más [mas] **I.** *adv* ❶ *(cantidad)* **~ dinero** mehr Geld ❷ *(comparativo)* **~ grande/pequeño** größer/kleiner; **~ temprano/tarde** früher/später; **correr ~** schneller laufen; **esto me gusta ~** das gefällt mir besser; **es ~ guapo que tú** er sieht besser aus als du ❸ *(superlativo)* **la ~ bella** die Schönste; **el ~ listo de la clase** der Beste der Klasse; **el modelo que ~ se lleva** das Modell, das am meisten getragen wird; **lo que ~ me gusta** was mir am besten gefällt; **lo que ~ quieras** was dir am liebsten ist ❹ *(con numerales/cantidad)* **~ de treinta** über dreißig; **son ~ de las diez** es ist 10 Uhr vorbei ❺ *(preferencia)* **~ quiero la muerte que la esclavitud** lieber möchte ich sterben, als in der Sklaverei zu leben ❻ *(tan)* **¡está ~ guapa!** wie gut sie aussieht!; **¡qué tarde ~ apacible!** was für ein gemütlicher Nachmittag! ❼ *(con pronombre interrogativo/indefinido)* **¿algo ~?** noch etwas?; **no, nada ~** nein, nichts mehr ❽ *(en frases negativas)* nicht mehr; **no puedo ~** ich kann nicht mehr; **nunca ~** nie wieder ❾ (MAT) plus; **tengo tres libros, ~ los que he prestado** ich habe drei Bücher abgesehen von denen, die ich verliehen habe ❿ *(loc)* **~ o menos** mehr oder weniger; **el ~ allá** das Jenseits; **a lo ~** höchstens; **a ~ no poder** bis zum Gehtnichtmehr *fam;* **a ~ tardar** spätestens; **a ~ y mejor** nur noch; **llueve a ~ y mejor** es regnet und regnet; **divertirse a ~ y mejor** sich köstlich amüsieren; **cada día** [*o* **vez**] **~** immer mehr; **como el que ~** so wie jedermann; **cuanto ~ mejor** je mehr, je lieber; **de ~** zu viel; **hay comida de ~** es gibt reichlich zu essen; **estar de ~** überflüssig sein; **el que ~ y el que menos** jeder von uns; **es ~, ~ aún** mehr noch; **ayer lo vi; es ~: hablé con él** gestern habe ich ihn gesehen, ja, ich habe sogar mit ihm gesprochen; **de lo ~** äußerst; **lo ~ posible** so sehr es nur geht; **lo ~ pronto posible** so früh wie möglich; **~ acá** hierher; **~ adelante** *(local)* weiter vorn; *(temporal)* später; **~ allá de esto** darüber hinaus; **~ bien** vielmehr; **no es muy delgado; es ~ bien gordo** er ist eher dick als dünn; **~ de la cuenta** viel zu viel; **¿cómo te ha ido? – ~ o menos** wie ist es dir ergangen? – so einigermaßen; **~ o menos** *(aproximadamente)* ungefähr; **le va ~ o menos** es geht ihm/ihr nicht so gut; **~ que nunca** wie nie zuvor; **ni ~ ni menos** genauso; **por ~ que lo intento, no consigo dormirme** so sehr ich mich auch bemühe, ich kann einfach nicht einschlafen; **¿qué ~ da?** was macht das schon?; **quien ~ y quien menos** jeder; **sin ~ acá ni ~ allá** *(fam)* mir nichts, dir nichts; **sin ~ ni ~** aus heiterem Himmel; **tener sus ~ y sus menos** seine Vor- und Nachteile haben; **todo lo ~** höchstens; **el no va ~** das Höchste; **el no va ~ (de la moda)** der letzte Schrei (der Mode) **II.** *m* (MAT) Plus(zeichen) *nt*
masa ['masa] *f* ❶ *(pasta)* Masse *f; (para hornear)* Teig *m;* **coger a alguien con las manos en la ~** jdn auf frischer Tat ertappen ❷ *(volumen, muchedumbre)* Masse *f;* **~ monetaria** Geldmenge *f;* **medios de comunicación de ~s** Massenmedien *ntpl;* **el turismo de masas** der Massentourismus
masacrar [masa'krar] *vt* massakrieren
masacre [ma'sakre] *f* Massaker *nt*
masaje [ma'saxe] *m* Massage *f;* **~ cardíaco** (MED) Herzdruckmassage *f;* **dar ~s** massieren; **darse ~s** sich massieren lassen

masajear [masaxe'ar] *vt* massieren
masajista [masa'xista] *mf* Masseur(in) *m(f)*
mascado, -a [mas'kaðo, -a] *adj* geschenkt; **lo quiere todo ~** er/sie will alles fertig ausgearbeitet haben
mascar [mas'kar] <c → qu> *vt* ❶ *(masticar)* kauen ❷ *(mascullar)* murmeln ❸ *(presentir)* vorausahnen
máscara ['maskara] *f* ❶ *(careta)* Maske *f;* **traje de ~** Verkleidung *f;* **quitar la ~ a alguien** *(fig)* jdm die Maske vom Gesicht reißen; **quitarse la ~** *(fig)* die Maske fallen lassen ❷ *pl (fiesta)* Maskenball *m* ❸ *(enmascarado)* Maskierte(r) *mf; (de Carnaval)* Narr *m,* Närrin *f*
mascarada [maska'raða] *f* ❶ *(baile)* Maskenball *m* ❷ *(farsa)* Täuschung *f*
mascarilla [maska'riʎa] *f* ❶ *(máscara)* Maske *f* ❷ *(protección)* Mundschutz *m* ❸ *(cosmética)* Gesichtspackung *f;* **~ exfoliante** Peelingmaske *f;* **~ facial** Gesichtsmaske *f* ❹ *(molde)* Gesichtsabdruck *m*
mascarón [maska'ron] *m* (ARQUIT) Maskaron *m;* **~ de proa** Galionsfigur *f*
mascota [mas'kota] *f* Maskottchen *nt*
masculinidad [maskulini'ðaᵈ] *f* Männlichkeit *f*
masculinización [maskuliniθa'θjon] *f* ❶ (BIOL) Vermännlichung *f,* Maskulinisierung *f* ❷ (LING) Annahme *f* der Maskulinform; **la ~ del sustantivo 'puente' se produjo tardíamente** das Substantiv ‚puente' wurde erst spät zum Maskulinum
masculinizar [maskulini'θar] <z → c> *vt* maskulinisieren
masculino[1] [masku'lino] *m* (LING) Maskulinum *nt*
masculino, -a[2] [masku'lino, -a] *adj* ❶ *(de hombre)* männlich ❷ *(para hombre)* Männer-; **moda masculina** Herrenmode *f* ❸ (LING) **género ~** maskuliner Genus *m*
mascullar [masku'ʎar] *vt* murmeln
masía [ma'sia] *f* Gehöft *nt*
masificar [masifi'kar] <c → qu> *vt* ❶ *(hacer accesible a las masas)* für die breite Masse zugänglich machen; *(mercancías)* zur Massenware machen ❷ *(influir masivamente a favor de algo)* massiven Druck ausüben (auf +*akk*); **~ la presencia de la policía** ein massives Polizeiaufgebot einsetzen
masilla [ma'siʎa] *f* Fensterkitt *m*
masillar [masi'ʎar] *vt (aplicar masilla)* spachteln
masivamente [masiβa'meṇte] *adv* massiv; **la población acudió ~ a la manifestación** das Volk strömte in Massen zur Kundgebung
masivo, -a [ma'siβo, -a] *adj* ❶ *(grande)* massiv ❷ *(fuerte)* stark ❸ *(de masas)* Massen-
masón, -ona [ma'son, -ona] *m, f* Freimaurer(in) *m(f)*
masoquismo [maso'kismo] *m* Masochismus *m*
masoquista [maso'kista] **I.** *adj* masochistisch **II.** *mf* Masochist(in) *m(f)*
máster ['master] *m* <másters> (UNIV) Master *m*
masticar [masti'kar] <c → qu> *vt* ❶ *(mascar)* kauen ❷ *(meditar)* nachgrübeln (über +*akk*)
mástil ['mastil] *m* ❶ (NÁUT) Mast *m* ❷ *(poste)* Pfahl *m* ❸ *(de un violín)* Hals *m*
mastín [mas'tin] *m* Bulldogge *f*
mastodonte [masto'ðoṇte] *m* Mastodon *nt*
masturbación [masturβa'θjon] *f* Masturbation *f*
masturbarse [mastur'βarse] *vr* masturbieren
mata ['mata] *f* ❶ *(matorral)* Gestrüpp *nt* ❷ *(planta)* Staude *f; (arbusto)* Strauch *m* ❸ *pl (fam: cabellera)* Mähne *f* ❹ *(loc, fam)* **a salto de ~** *(repentinamente)* plötzlich; *(superficialmente)* irgendwie; **vivir a salto de ~** von der Hand in den Mund leben
matacaballo [mataka'βaʎo] *adv* **a ~** hastig
matadero [mata'ðero] *m* ❶ *(desolladero)* Schlachthof *m;* **ir al ~** *(fig)* sich in Lebensgefahr begeben; **llevar al ~** *(fig)* in den sicheren Tod schicken ❷ *(fatiga)* Plackerei *f*
matador(a) [mata'ðor(a)] **I.** *adj* ❶ *(que mata)* tödlich ❷ *(cansador)* erschöpfend ❸ *(fam: feo)* potthässlich **II.** *m(f)* ❶ *(asesino)* Mörder(in) *m(f)* ❷ (TAUR) Matador, Matadora *m, f*
matamoros [mata'moros] *mf inv* Angeber(in) *m(f)*
matamoscas [mata'moskas] *m inv* ❶ *(insecticida)* Insektenspray *nt* ❷ *(objeto)* Fliegenklatsche *f* ❸ *(trampa)* Fliegenfalle *f*
matanza [ma'taṇθa] *f* ❶ *(el matar)* Töten *nt* ❷ *(en batallas)* Gemetzel *nt;* **hacer una ~** ein Gemetzel anrichten ❸ *(carneada)* Schlachtung *f;* **hacer la ~** das Schlachtfest feiern ❹ (GASTR) Schlachtplatte *f*
matar [ma'tar] **I.** *vt* ❶ *(quitar la vida)* töten; **~ a golpes** erschlagen; **~ a palos** zu Tode prügeln; **~ a puñaladas** erstechen; **~ a tiros** erschießen; **que me maten si yo esperaba una cosa así** *(fam fig)* also, so was habe ich im Traum nicht erwartet ❷ *(carnear)* schlachten ❸ *(hambre, sed)* stillen ❹ *(luz, fuego, cal, yeso)* löschen ❺ *(se-

llos) abstempeln ❻ *(redondear)* abrunden ❼ *(naipes)* stechen ❽ *(color, brillo)* mattieren ❾ *(acabar con alguien)* zugrunde richten; ~ **a disgustos** zu Tode ärgern ❿ *(aniquilar)* vernichten; *(el tiempo)* totschlagen; *(el aburrimiento/nerviosismo)* überwinden ⓫ *(molestar)* quälen; ~ **a preguntas a alguien** jdm ein Loch in den Bauch fragen *fam* **II.** *vr:* **~se** ❶ *(suicidarse)* sich *dat* das Leben nehmen ❷ *(aniquilarse)* sich gegenseitig umbringen ❸ *(trabajar descanso)* sich abrackern; **~se por algo** für etw leben und sterben

matarife [mata'rife] *mf* Schlachter(in) *m(f)*

matarratas [mata'rratas] *m inv* ❶ *(raticida)* Rattengift *nt* ❷ *(pey fam: aguardiente)* Fusel *m*

matasanos [mata'sanos] *mf inv (fam irón)* Arzt, Ärztin *m, f; (pey)* Quacksalber(in) *m(f)*

matasellar [matase'ʎar] *vt* (einen Brief) abstempeln

matasellos [mata'seʎos] *m inv* Poststempel *m*

matasuegras [mata'sweɣras] *m inv (fam)* Tröte *f*

match [matʃ] *m* Spiel *nt*

mate ['mate] **I.** *adj* matt **II.** *m* ❶ *(ajedrez)* Matt *nt;* **jaque** ~ Schachmatt *nt* ❷ *(AmS: planta)* Matestrauch *m; (bebida)* Mate(tee) *m*

matemática [mate'matika] *adj o f v.* **matemático**

matemáticamente [matematika'mente] *adv* mathematisch (genau), rechnerisch

matemáticas [mate'matikas] *fpl* Mathematik *f*

matemático, -a [mate'matiko, -a] **I.** *adj* ❶ (MAT) mathematisch ❷ *(exacto)* exakt **II.** *m, f* Mathematiker(in) *m(f)*

materia [ma'terja] *f* ❶ *(sustancia, t.* FÍS) Materie *f;* ~ **gris** (ANAT) graue Substanz; ~ **prima** Rohstoff *m* ❷ *(tema)* Materie *f;* **en ~ de** hinsichtlich *+gen* ❸ *(disciplina)* Sachgebiet *nt;* (ENS) Fach *nt;* ~ **troncal** Pflichtfach *nt* ❹ (JUR) ~ **penal** (JUR) Strafrecht *nt*

material [mate'rjal] **I.** *adj* ❶ *(real)* materiell; **daño** ~ Sachschaden *m;* **el autor ~ del hecho** der Hintermann ❷ *(tosco)* prosaisch **II.** *m* Material *nt;* **~es de construcción** Baustoffe *mpl;* ~ **de enseñanza** Lehrmittel *ntpl;* ~ **de oficina** Büroartikel *mpl*

materialismo [materja'lismo] *m* Materialismus *m;* ~ **dialéctico** (FILOS) dialektischer Materialismus

materialista [materja'lista] **I.** *adj* materialistisch **II.** *mf* Materialist(in) *m(f)*

materialización [materjaliθa'θjon] *f sin pl* Verwirklichung *f; (en parapsicología)* Materialisation *f*

materializar [materjali'θar] <z → c> **I.** *vt* ❶ *(hacer material)* materialisieren ❷ *(realizar)* verwirklichen ❸ *(hacer aparecer)* erscheinen lassen **II.** *vr:* **~se** ❶ *(tomar cuerpo)* Gestalt annehmen ❷ *(hacerse realidad)* sich verwirklichen ❸ *(aparecerse)* sich materialisieren; *(fantasmas)* erscheinen

materialmente [materjal'mente] *adv* tatsächlich; **ser ~ posible** durchaus möglich sein

maternal [mater'nal] *adj* mütterlich, Mutter-

maternidad [materni'ðað] *f* ❶ *(el ser madre)* Mutterschaft *f* ❷ *(hospital)* Entbindungsheim *nt; (en un hospital)* Entbindungsstation *f*

materno, -a [ma'terno, -a] *adj* mütterlich; **abuelo** ~ Großvater mütterlicherseits; **lengua materna** Muttersprache *f*

matinal [mati'nal] *adj* morgendlich

matiné [mati'ne] *f* Matinee *f*

matiz [ma'tiθ] *m* ❶ *(gradación)* Nuance *f* ❷ *(toque)* Touch *m fam* ❸ *(rasgo)* Feinheit *f*

matización [matiθa'θjon] *f* Schattierung *f*

matizar [mati'θar] <z → c> *vt* ❶ *(combinar colores o tonos)* schattieren; ~ **de** [*o* **en**] [*o* **con**] **rojo** rot schattieren ❷ *(graduar)* abtönen (**de/con** mit *+dat*) ❸ *(de un sentido)* nuancieren (**de** mit *+dat*); ~ **una frase de significado irónico** einem Satz eine ironische Nuance geben

matón, -ona [ma'ton, -ona] *m, f* ❶ *(chulo)* Rowdy *m* ❷ *(guardaespaldas)* Leibwächter(in) *m(f)* ❸ *(asesino)* Killer(in) *m(f)*

matorral [mato'rral] *m* Dickicht *nt*

matraca [ma'traka] *f* ❶ *(carraca)* Ratsche *f* ❷ *(instrumento)* Klapper *f* ❸ *(loc)* **dar la** ~ quengeln; **ser** ~ lästig sein

matrerear [matrere'ar] *vi (Arg: vagabundear)* umherstreifen; *(fam: niños)* auf der Straße spielen

matrero, -a [ma'trero, -a] *adj* ❶ *(astuto)* schlau, gerissen ❷ *(receloso)* misstrauisch, argwöhnisch ❸ *(engañoso)* trügerisch ❹ *(AmS: fugitivo)* flüchtig (vor dem Gesetz)

matriarcado [matrjar'kaðo] *m* Matriarchat *nt*

matriarcal [matrjar'kal] *adj* matriarchalisch

matrícula [ma'trikula] *f* ❶ *(documento)* Anmeldebescheinigung *f* ❷ *(inscripción)* Anmeldung *f;* (UNIV) Immatrikulation *f*

③ (AUTO: *placa*) Nummernschild *nt;* ~ **de vehículo** Autokennzeichen *nt;* **número de la** ~ Autonummer *f* ④ *(lista)* Verzeichnis *nt* ⑤ *(conjunto de alumnos)* Schülerzahl *f* ⑥ *(loc)* **aprobar con** ~ **de honor** mit summa cum laude bestehen

matriculación [matrikula'θjon] *f* Anmeldung *f; (en la universidad)* Immatrikulation *f*

matriculado, -a [matriku'laðo, -a] *adj* angemeldet, eingetragen

matricular [matriku'lar] **I.** *vt* anmelden; (UNIV) immatrikulieren **II.** *vr* **~se en la Universidad** sich an der Universität immatrikulieren; **~se de oyente** sich als Gasthörer(in) einschreiben

matrimonial [matrimo'njal] *adj* ehelich; **agencia** ~ Heiratsinstitut *nt;* **vida** ~ Eheleben *nt*

matrimonio [matri'monjo] *m* ① *(institución)* Ehe *f; (ceremonia)* Heirat *f;* ~ **canónico** kirchliche Trauung; ~ **civil** standesamtliche Trauung; ~ **homosexual** gleichgeschlechtliche Ehe; **consumar el** ~ die Ehe vollziehen; **contraer** ~ heiraten ② *(marido y mujer)* Ehepaar *nt;* **cama de** ~ Ehebett *nt*

matriz [ma'triθ] **I.** *f* ① *(útero)* Gebärmutter *f* ② *(molde)* Gussform *f* ③ (TIPO) Matrize *f* ④ *(de un talonario)* Verwendungsnachweis *m* ⑤ (MAT) Matrix *f* **II.** *adj* Stamm-; **lengua** ~ Grundsprache *f*

matrona [ma'trona] *f* ① *(comadrona)* Hebamme *f* ② *(de familia)* Matrone *f*

matute [ma'tute] *m* ① *(contrabando)* Schmuggel *m;* **de** ~ *(fig)* heimlich; **pasar de** ~ schmuggeln; **viajar de** ~ schwarzfahren ② *(género)* Schmuggelware *f* ③ *(casa de juegos)* Spielhölle *f*

matutear [matute'ar] *vi* schmuggeln

matutino, -a [matu'tino, -a] *adj* morgendlich; **periódico** ~ Morgenzeitung *f;* **sesión matutina** Vormittagsvorstellung *f*

maula[1] ['mau̯la] *f* ① *(baratija)* Ramsch *m fam;* **este coche es una** ~ dieses Auto ist eine Schrottkarre *fam* ② *(engaño)* List *f*

maula[2] ['mau̯la] *mf (fam)* ① *(tramposo)* Betrüger(in) *m(f)* ② *(inútil)* Taugenichts *m*

maullar [mau̯'ʎar] *vi irr como aullar* miauen

maullido [mau̯'ʎiðo] *m* Miauen *nt*

Mauricio [mau̯'riθjo] *f* Mauritius

Mauritania [mau̯ri'tanja] *f* Mauretanien *nt*

mauritano, -a [mau̯ri'tano, -a] **I.** *adj* mauretanisch **II.** *m, f* Mauretanier(in) *m(f)*

mausoleo [mau̯so'leo] *m* Mausoleum *nt*

maxilar [maˠsi'lar] **I.** *adj* Kiefer- **II.** *m* Kiefer *m;* ~ **superior/inferior** Ober-/Unterkiefer *m*

máxima ['maˠsima] *f* Maxime *f*

máxime ['maˠsime] *adv* vor allem

maximizar [maˠsimi'θar] <z → c> *vt* maximieren

máximo, -a ['maˠsimo, -a] **I.** *adj* maximal; **rendimiento** ~ Höchstleistung *f;* **triunfo** ~ größter Erfolg; **pon la radio al** ~ lass das Radio ganz laut laufen **II.** *m, f* Maximum *nt;* **como** ~ höchstens; *(temporal)* spätestens

maya[1] ['maɟa] *f* (BOT) Gänseblümchen *nt*

maya[2] **I.** *adj* Maya-; **cultura** ~ Mayakultur *f* **II.** *mf* Maya *mf*

mayestático, -a [maɟes'tatiko, -a] *adj* majestätisch; **plural** ~ Pluralis majestatis *m*

mayo ['maɟo] *m* ① *(mes)* Mai *m; v. t.* **marzo** ② *(árbol)* Maibaum *m*

mayonesa [maɟo'nesa] *f* Mayonnaise *f*

mayor [ma'ɟor] **I.** *adj* ① *(tamaño)* ~ **que** größer als; **el** ~ **barco** das größte Schiff; **mal** ~ Unannehmlichkeit *f;* **comercio al por** ~ Großhandel *m;* **se repartieron palos al por** ~ es wurden kräftig Schläge verteilt ② *(edad)* ~ **que** älter als; **mi hermano** ~ mein älterer Bruder; **el** ~ **de mis hermanos** mein ältester Bruder; **ser** ~ alt sein; ~ **de edad** volljährig; **persona** ~ älterer Mensch; **los ~es** die Erwachsenen ③ (MÚS) Dur *nt;* **tono** ~ Dur *nt;* **tercera** ~ große Terz; **escala en do** ~ C-Dur-Tonleiter *f* **II.** *m* ① (MIL) Major *m* ② *(superior)* Vorgesetzte(r) *m* ③ *pl (ascendientes)* Vorfahren *mpl*

mayoral [maɟo'ral] *m (capataz)* Vorarbeiter *m*

mayordomo, -a [maɟor'ðomo, -a] *m, f* Hausverwalter(in) *m(f); (de una mansión)* Gutsverwalter(in) *m(f)*

mayoría [maɟo'ria] *f* Mehrheit *f;* ~ **de edad** Volljährigkeit *f;* ~ **relativa** einfache Mehrheit; **la** ~ **tiene un coche** die meisten besitzen ein Auto

mayorista [maɟo'rista] **I.** *adj* Großhandels-; **comercio** ~ Großhandel *m* **II.** *mf* Großhändler(in) *m(f)*

mayoritariamente [maɟoritarja'men̪te] *adv* überwiegend

mayoritario, -a [maɟori'tarjo, -a] *adj* Mehrheits-; **tener el apoyo** ~ von der Mehrheit unterstützt werden

mayormente [maɟor'men̪te] *adv* hauptsächlich, vor allem, insbesondere

mayúscula [ma'ɟuskula] *f* Großbuchstabe *m;* **escribirse con** ~ großgeschrieben werden

mayúsculo, -a [ma'ɟuskulo, -a] *adj*

❶ *(fam: grande)* riesig ❷ *(loc)* **letra mayúscula** Großbuchstabe *m*

maza ['maθa] *f* ❶ *(porra)* Keule *f* ❷ *(para machacar)* Stößel *m* ❸ *(percusor)* Schlägel *m*

mazacote [maθa'kote] *m* ❶ *(hormigón)* Beton *m;* **esta esponja está hecha un ~** dieser Schwamm ist ganz hart geworden ❷ *(fam: comida)* ≈ Pampe *f*

mazacotudo, -a [maθako'tuðo, -a] *adj (Am)* plump

mazapán [maθa'pan] *m* Marzipan *nt*

mazazo [ma'θaθo] *m* Schlag *m;* **dar ~s a alguien** *(fig)* jdm schaden; **la muerte de su hijo fue un ~ para él** der Tod seines Sohnes war ein schwerer Schlag für ihn

mazmorra [maθ'morra] *f* Verlies *nt*

mazo ['maθo] *m* ❶ *(martillo)* Holzhammer *m* ❷ *(maza pequeña)* Stößel *m* ❸ *(para la carne)* Fleischklopfer *m* ❹ *(manojo)* Bündel *nt* ❺ *(persona pesada)* Nervensäge *f fam*

mazorca [ma'θorka] *f (del maíz)* Maiskolben *m; (del cacao)* Kakaoschote *f*

mazurca [ma'θurka] *f* Mazurka *f*

Mb [meγa'βiᵗ] *m inv abr de* **megabit** (INFOR) MBit *nt*

Mbit [meγa'βiᵗ] *m inv abr de* **megabit** (INFOR) MBit *nt*

Mbyte [meγa'βai̯ᵗ] *m inv abr de* **megabyte** MByte *nt*

me [me] **I.** *pron pers* ❶ *(objeto directo)* mich; **¡míra~!** sieh mich an! ❷ *(objeto indirecto)* mir; **da~ el libro** gib mir das Buch **II.** *pron refl* **~ lavo** ich wasche mich; **~ voy** ich gehe; **~ he comprado un piso** ich habe mir eine Wohnung gekauft; **~ lavo el pelo** ich wasche mir die Haare

meada [me'aða] *f* ❶ *(fam: orina)* Pisse *f;* **echar una ~** pinkeln ❷ *(mancha de orina)* Urinlache *f;* **aquí hay una ~ de gato** eine Katze hat hierhin gepinkelt *fam*

meadero [mea'ðero] *m (vulg)* Pissbecken *nt*

meandro [me'an̩dro] *m (curva)* Biegung *f*

mear [me'ar] *vi, vr:* **~se** *(fam)* pinkeln; **el niño se ha meado en el pantalón** das Kind hat in die Hose gemacht; **~se de risa** sich totlachen

meato [me'ato] *m* (ANAT) Gang *m;* **~ auditivo** Gehörgang *m;* **~ urinario** Harnröhre *f*

mecachis [me'katʃis] *interj (fam)* ❶ *(enfado)* verflixt ❷ *(sorpresa)* na so was

mecánica [me'kanika] *f* Mechanik *f*

mecánicamente [me'kanikamen̩te] *adv* ❶ (FÍS) mechanisch ❷ *(automáticamente)* automatisch; **todas las noches se cepilla ~ los dientes** ganz automatisch putzt er/sie sich jeden Abend die Zähne

mecánico, -a [me'kaniko, -a] **I.** *adj* mechanisch **II.** *m, f* Mechaniker(in) *m(f)*

mecanismo [meka'nismo] *m* ❶ *(dispositivo)* Mechanismus *m;* **el ~ de cambios del SME** (FIN) der Wechselkursmechanismus des IWS ❷ *(funcionamiento)* Verfahren *nt*

mecanización [mekaniθa'θjon] *f* Mechanisierung *f;* **~ agrícola** Mechanisierung der Landwirtschaft

mecanizado¹ [mekani'θaðo] *m* Bearbeitung *f;* **~ por haz láser** Laserbearbeitung *f*

mecanizado, -a² [mekani'θaðo, -a] *adj* maschinenbearbeitet

mecanizar [mekani'θar] <z → c> *vt* ❶ *(automatizar)* mechanisieren ❷ *(elaborar)* mechanisch bearbeiten

mecano [me'kano] *m (juguete)* Baukasten *m*

mecanografía [mekanoγra'fia] *f* Maschineschreiben *nt*

mecanografiar [mekanoγra'fjar] <*1. pres* mecanografío> *vt* mit der Maschine schreiben

mecanógrafo, -a [meka'noγrafo, -a] *m, f* Maschinenschreiber(in) *m(f)*

mecedor [meθe'ðor] *m* Schaukel *f*

mecedora [meθe'ðora] *f* Schaukelstuhl *m*

mecenas [me'θenas] *mf inv* Mäzen(in) *m(f)*

mecer [me'θer] <c → z> **I.** *vt* ❶ *(menear)* schütteln ❷ *(balancear)* wiegen; *(columpiar)* schaukeln **II.** *vr:* **~se** ❶ *(menearse)* sich schütteln ❷ *(balancearse)* sich wiegen; *(columpiarse)* schaukeln

mecha ['metʃa] *f* ❶ *(pabilo)* Docht *m; (de explosivos)* Zündschnur *f* ❷ *(gasa)* (Verbands)mull *m* ❸ *(mechón)* (Haar)strähne *f* ❹ *pl (mechones teñidos)* Strähnchen *nt pl,* gefärbte Haarsträhnen *f pl;* **hacerse ~s** sich *dat* Strähnchen (ins Haar) machen lassen ❺ *(tocino)* Speck(streifen) *m* ❻ *(loc)* **a toda ~** wie der geölte Blitz; **aguantar ~** alles über sich ergehen lassen

mechar [me'tʃar] *vt* (GASTR) spicken; **he mechado el pavo para que esté más jugoso** damit er saftiger wird, habe ich den Puter gespickt

mechero [me'tʃero] *m* ❶ *(quemador)* Brenner *m* ❷ *(encendedor)* Feuerzeug *nt*

mechón [me'tʃon] *m* Büschel *nt*

mechudo, -a [me'tʃuðo, -a] *adj (Am: desgreñado)* zerzaust, strubbelig

Mecklemburgo-Pomerania Occidental [meklem'burγo-pome'ranja oᵞθiðen̩'tal] *m* Mecklenburg-Vorpommern *nt*

medalla [me'ðaʎa] *f* Medaille *f;* **~ militar** Orden *m*

M

medallero [meða'ʎero] *m* Medaillenrang *m*
medallista [meða'ʎista] *mf (ganador)* Medaillengewinner(in) *m(f)*
medallón [me'ðaʎon] *m* Medaillon *nt*
media ['meðja] *f* ❶ *(promedio)* Mittel *nt* ❷ *(calceta)* Strumpf *m; (Am: calcetín)* Socke *f*
mediacaña [meðja'kaɲa] *f* Hohlkehle *f*, Kannele *f*
mediación [meðja'θjon] *f* Vermittlung *f*
mediado, -a [me'ðjaðo, -a] *adj* halb voll; **a ~s de semana** Mitte der Woche
mediador(a) [meðja'ðor(a)] *m(f)* Vermittler(in) *m(f)*
medialuna [meðja'luna] *f* ❶ *(bollo)* Hörnchen *nt; (cruasán)* Croissant *nt* ❷ *(fortificación) halbkreisförmiges Bollwerk* ❸ (TAUR) *sichelförmiges Stierkampfinstrument*
media luna ['meðja 'luna] *f* Halbmond *m*, Mondsichel *f*
mediana [me'ðjana] *f* ❶ *(taco de billar) ein etwas längeres (Billard)queue* ❷ *(correa)* Deichselriemen *m* ❸ *(en la autopista)* Mittelstreifen *m* ❹ (MAT) Seitenhalbierende *f* ❺ *(fam: cerveza) 0,33-l-Bierflasche*

M

medianamente [meðjana'mente] *adv (regular)* mittelmäßig; **si fuera ~ inteligente no habría contestado de esa manera** wenn er/sie einigermaßen intelligent wäre, hätte er/sie so nicht geantwortet
medianejo, -a [meðja'nexo, -a] *adj (fam)* ziemlich klein
medianero, -a [meðja'nero, -a] **I.** *adj (en medio)* Zwischen- **II.** *m, f (intermediario)* Vermittler(in) *m(f)*
medianía [meðja'nia] *f* ❶ *(término medio)* Mittelmaß *nt* ❷ *(mediocridad)* Mittelmäßigkeit *f* ❸ *(persona)* **ser una ~** *(inteligencia)* nicht der Hellste sein
mediano, -a [me'ðjano, -a] *adj* ❶ *(calidad)* mittelmäßig ❷ *(tamaño)* von mittlerer Größe; **talla mediana** Größe M ❸ (ECON) mittelständisch
medianoche [meðja'notʃe] *f* ❶ *(hora)* Mitternacht *f*; **a ~** mitten in der Nacht ❷ *(panecillo)* ≈ Milchbrötchen *nt*
mediante [me'ðjante] **I.** *adj* **Dios ~** so Gott will **II.** *prep* mittels *+gen; (a través de)* durch *+akk*
mediar [me'ðjar] *vi* ❶ *(intermediar)* vermitteln ❷ *(interceder)* sich einsetzen (**por** für *+akk*) ❸ *(realizar hasta la mitad)* bis zur Hälfte schaffen ❹ *(interponerse)* behindern ❺ *(trascurrir)* vergehen ❻ *(existir)* dazwischen liegen; **entre tú y yo media un abismo** zwischen dir und mir liegen Welten
mediastino [meðjas'tino] *m* (ANAT) Mittelfell *nt*, Mediastinum *nt*
mediático, -a [me'ðjatiko, -a] *adj* Medien-; **sociedad mediática** Mediengesellschaft *f*
mediatizar [meðjati'θar] <z → c> *vt* ❶ (POL) mediatisieren ❷ *(coartar)* einschränken
medible [me'ðiβle] *adj* messbar
médica ['meðika] *adj o f v.* **médico**
medicación [meðika'θjon] *f* ❶ *(tratamiento)* Behandlung *f* ❷ *(medicamentos)* ≈ Medikamente *nt pl*
medicamento [meðika'mento] *m* Medikament *nt*; **~ circulatorio** Kreislaufmittel *nt*
medicar [meði'kar] <c → qu> **I.** *vt* Medikamente verabreichen *+dat* **II.** *vr:* **~se** Medikamente einnehmen
medicina [meði'θina] *f* Medizin *f*; **la ~ naturista** die Naturheilkunde
medicinal [meðiθi'nal] *adj* medizinisch; **balón ~** Medizinball *m*; **hierba ~** Arzneipflanze *f*
medición [meði'θjon] *f* Messung *f*; **~ de tiempos** Zeitnahme *f*
médico, -a ['meðiko, -a] **I.** *adj* ärztlich, Arzt-; **cuerpo ~** Ärzteschaft *f* **II.** *m, f* Arzt, Ärztin *m, f*; **Colegio de M~s** Ärztekammer *f*; **~ de cabecera** Hausarzt *m*; **~ forense** Gerichtsmediziner *m*; **~ naturista** Naturheilkundler *m*; **~ rural** Landarzt *m*; **~ del seguro (de enfermedad)** Kassenarzt *m*; **~ de urgencia** Notarzt *m*
medida [me'ðiða] *f* ❶ *(medición)* Messung *f* ❷ *(dimensión)* Maß *nt*; **a la ~** maßgeschneidert; **tomar la(s) ~(s)** Maß nehmen; **hasta cierta ~** in gewissem Maße; **en la ~ de lo posible** im Rahmen des Möglichen; **a ~ que** in dem Maße wie ❸ (LIT) Versmaß *nt* ❹ *(prudencia)* Vorsicht *f*; **con ~** behutsam ❺ *(moderación)* Maß *nt*; **sin ~** maßlos ❻ *(acción)* Maßnahme *f*; **tomar ~s** Maßnahmen ergreifen
medidor[1] [meði'ðor] *m* ❶ *(instrumento)* Messgerät *nt* ❷ *(Am: contador)* Zähler *m*
medidor(a)[2] [meði'ðor(a)] **I.** *adj* messend; **reloj ~** Messuhr *f* **II.** *m(f)* Vermesser(in) *m(f)*
medieval [meðje'βal] *adj* mittelalterlich
medievo [me'ðjeβo] *m* Mittelalter *nt*; **la sociedad del ~** die mittelalterliche Gesellschaft
medio[1] ['meðjo] *m* ❶ *(mitad)* Mitte *f*; **en ~ de** zwischen *+dat*; **en ~ de todo** trotz allem; **meterse por ~** *(fig)* dazwischenfunken *fam*; **quitar de en ~** *(fam fig)* aus

dem Weg schaffen ❷ *(instrumento)* Mittel *nt;* ~ **de trasporte** Verkehrsmittel *nt;* **por ~ de** mittels *+gen* ❸ (PREN, RADIO, TV) Medium *nt;* **~s de comunicación** Massenmedien *ntpl;* **~s (de comunicación) sociales** Social Media *ntpl* ❹ *(entorno)* Milieu *nt;* ~ **ambiente** Umwelt *f* ❺ (DEP) Mittelfeldspieler *m* ❻ *(Cuba: moneda)* 5-Cent-Münze *f* ❼ *pl (fuentes)* Quellen *fpl* ❽ *pl (capital)* (finanzielle) Mittel *ntpl;* **estar corto de ~s** knapp bei Kasse sein *fam*

medio, -a² ['meðjo, -a] **I.** *adj* ❶ *(mitad)* halb; **a las cuatro y media** um halb fünf; **litro y ~** anderthalb Liter; **mi media naranja** *(fig)* meine bessere Hälfte ❷ *(promedio)* **ciudadano ~** Durchschnittsbürger *m* **II.** *adv* halb; ~ **vestido** halb nackt; **a ~ asar** halb gegrillt; ~ **dormido, dormido a medias** halb eingeschlafen; ~ **hecho** *(carne)* halb durch; **tomar a medias** teilen; **ir a medias** halbe-halbe machen *fam*

medioambiental [meðjoambjen̩'tal] *adj* Umwelt-

mediocampista [meðjokam'pista] *mf* (DEP) Mittelfeldspieler(in) *m(f)*

mediocre [me'ðjokre] *adj* mittelmäßig

mediocridad [meðjokri'ðaᵈ] *f* Mittelmäßigkeit *f*

mediodía [meðjo'dia] *m* ❶ *(hora)* Mittag *m;* **al ~** mittags ❷ *(sur)* Süden *m*

mediofondista [meðjofon̩'dista] *mf* (DEP) Mittelstreckenläufer(in) *m(f)*

medir [me'ðir] *irr como pedir* **I.** *vt* ❶ *(calcular)* messen ❷ *(sopesar)* abwägen; ~ **los riesgos** die Risiken abwägen ❸ *(moderar)* mäßigen **II.** *vi* messen **III.** *vr:* **~se** sich messen

meditabundo, -a [meðita'βun̩do, -a] *adj* nachdenklich

meditación [meðita'θjon] *f* Meditation *f*

meditador(a) [meðita'ðor(a)] *adj* nachsinnend, meditierend

meditar [meði'tar] *vt, vi* meditieren (**en/sobre** über *+akk*)

mediterráneo, -a [meðite'rraneo, -a] *adj* mediterran; **isla mediterránea** Mittelmeerinsel *f*

Mediterráneo [meðite'rraneo] *m* Mittelmeer *nt*

médium ['meðiun] *mf sin pl* Medium *nt*

medra ['meðra] *f* ❶ *(aumento)* Wachstum *nt* ❷ *(mejora)* Verbesserung *f* ❸ *(progreso)* Fortschritt *m*

medrar [me'ðrar] *vi* ❶ *(crecer)* gedeihen ❷ *(avanzar)* Erfolg haben

medro ['meðro] *m* ❶ *(florecimiento)* Gedeihen *nt* ❷ *(crecimiento)* Wachstum *nt* ❸ *(mejora)* Verbesserung *f*

medrosamente [meðrosa'men̩te] *adv* ängstlich, furchtsam

medroso, -a [me'ðroso, -a] **I.** *adj* ❶ *estar* verängstigt ❷ *ser* ängstlich **II.** *m, f* Feigling *m*

médula ['meðula] *f* ❶ (ANAT) Knochenmark *nt;* ~ **espinal** Rückenmark *nt* ❷ (BOT) Mark *nt* ❸ *(meollo)* Kern *m;* **hay que llegar a la ~ de las cosas** man muss den Sachen auf den Grund gehen; **estar hasta la ~** *(fam)* die Nase (gestrichen) voll haben

medular [meðu'lar] *adj* ❶ *(tuétano)* Knochenmark-; *(médula espinal)* Rückenmark- ❷ *(esencial)* Kern-; **parte ~** Kernstück *nt*

medusa [me'ðusa] *f* Qualle *f*

mefistofélico, -a [mefisto'feliko, -a] *adj* mephistophelisch, diabolisch, teuflisch

mefítico, -a [me'fitiko, -a] *adj* ❶ *(dañino)* giftig, gesundheitsschädigend ❷ *(fétido)* mefitisch

megabit [meɣa'βiᵗ] *m* (INFOR) Megabit *nt;* **~/segundo** Megabit/Sekunde

megabyte [meɣa'βai̯ᵗ] *m* (INFOR) Megabyte *nt;* **~/segundo** Megabyte/Sekunde

megaciclo [meɣa'θiklo] *m* Megahertz *nt*

megafonía [meɣafo'nia] *f* ❶ *(técnica)* Verstärkertechnik *f* ❷ *(conjunto de aparatos)* Verstärkeranlage *f*

megáfono [me'ɣafono] *m* Megafon *nt*

megalomanía [meɣaloma'nia] *f* Größenwahn *m*

megalómano, -a [meɣa'lomano, -a] *adj* größenwahnsinnig

megavatio [meɣa'βatjo] *m* Megawatt *nt*

meigo, -a ['mei̯ɣo, -a] *m, f* Zauberer, -in *m, f,* Hexenmeister *m,* Hexe *f*

mejicano, -a [mexi'kano, -a] **I.** *adj s.* **mexicano II.** *m, f s.* **mexicano**

Méjico ['mexiko] *m s.* **México**

mejilla [me'xiʎa] *f* Wange *f*

mejillón [mexi'ʎon] *m* Miesmuschel *f*

mejor [me'xor] **I.** *adj* ❶ *(comparativo)* besser; **(es) ~ que...** *+subj* es ist besser, wenn ...; **cambiar a ~** sich bessern; **pasar a ~ vida** hinscheiden ❷ *(superlativo)* **el ~ alumno** der beste Schüler; **la ~ nota** die beste Note; **el/la/lo ~** der/die/das Beste; **~ postor** Meistbietende(r) *m;* **el ~ día** eines schönen Tages **II.** *adv* besser; **a lo ~** womöglich; **~ que ~** umso besser; **~ quiero un coche viejo que una moto** ich hätte lieber ein altes Auto als ein Motorrad

mejora [me'xora] *f* ❶ *(mejoramiento)* Verbesserung *f;* ~ **salarial** Gehaltsaufbesserung *f* ❷ *(puja)* höheres Gebot *nt*

mejorable [mexo'raβle] *adj* verbesserungsfähig

M

mejoramiento [mexora'mjeṇto] *m* Verbesserung *f*
mejorana [mexo'rana] *f* Majoran *m*
mejorar [mexo'rar] **I.** *vt* ① *(perfeccionar)* verbessern ② *(superar)* übertreffen; *(subasta)* überbieten **II.** *vi, vr:* **~se** ① *(enfermo)* genesen; **¡que se mejore!** gute Besserung! ② *(tiempo)* besser werden
mejoría [mexo'ria] *f* Besserung *f*
mejunje [me'xuŋxe] *m* ① *(cosmético, medicamento)* Mixtur *f* ② *(pey: bebida)* Gesöff *nt*
melancolía [melaŋko'lia] *f* Melancholie *f*
melancólico, -a [melaŋ'koliko, -a] **I.** *adj* melancholisch **II.** *m, f* Melancholiker(in) *m(f)*
melancolizar [melaŋkoli'θar] <z → c> **I.** *vt* traurig machen **II.** *vr:* **~se** traurig werden, sich betrüben *geh*
melanina [mela'nina] *f* Melanin *nt*
melanoma [mela'noma] *m* Melanom *nt*
melena [me'lena] *f* ① *(crin)* Mähne *f* ② *(pelo)* lange Haare; **soltarse la ~** die Haare offen tragen; *(fig)* sich *dat* einen Ruck geben
melenudo, -a [mele'nuðo, -a] **I.** *adj* langhaarig **II.** *m, f* Langhaarige(r) *mf*
melifluo, -a [me'liflwo, -a] *adj* ① *(como la miel)* honigsüß ② *(amable)* zuckersüß
melillense [meli'ʎense] **I.** *adj* aus Melilla **II.** *mf* Einwohner(in) *m(f)* von Melilla
melindre [me'liṇdre] *m* ① *(con miel y harina)* ≈ Honigpfannkuchen *m; (con mazapán)* ≈ Marzipanschnecke *f* ② *pl (delicadeza exagerada, afectada)* Zimperlichkeit *f,* Geziertheit *f,* Affektiertheit *f;* **andar con** [*o* **hacer**] **~s** sich zieren, sich anstellen
melindroso, -a [meliṇ'droso, -a] **I.** *adj (delicado)* zimperlich; *(afectado)* geziert **II.** *m, f (persona delicada)* zimperliche Person *f; (afectada)* affektierte Person *f*
melisa [me'lisa] *f* Melisse *f*
mella ['meʎa] *f* ① *(hendidura)* Scharte *f* ② *(hueco)* Lücke *f* ③ *(merma)* Schmälerung *f* ④ *(loc)* **hacer ~** beeindrucken
mellar [me'ʎar] *vt* ① *(hacer mellas)* ruinieren ② *(disminuir)* schmälern
mellizo, -a [me'ʎiθo, -a] **I.** *adj* ① *(gemelo)* Zwillings- ② *(igual)* gleich **II.** *m, f* Zwilling *m*
melocotón [meloko'ton] *m* ① *(fruto)* Pfirsich *m* ② *(fam: borrachera)* Rausch *m*
melocotonero [melokoto'nero] *m* Pfirsichbaum *m*
melodía [melo'ðia] *f (sucesión de sonidos)* Melodie *f*
melódico, -a [me'loðiko, -a] *adj* melodisch
melodioso, -a [melo'ðjoso, -a] *adj* melodiös
melodrama [melo'ðrama] *m* Melodram(a) *nt*
melomanía [meloma'nia] *f* Musikbegeisterung *f,* Musikschwärmerei *f*
melómano, -a [me'lomano, -a] *m, f* (fanatischer) Musikliebhaber, (fanatische) Musikliebhaberin *m, f*
melón[1] [me'lon] *m* ① *(fruto)* Melone *f* ② *(fam: cabeza)* Birne *f*
melón, -ona[2] [me'lon, -ona] *m, f (fam)* Dummkopf *m*
melonar [melo'nar] *m* Melonenfeld *nt*
meloncete [melon'θet] *m (irón)* dummer junger Mann
melopea [melo'pea] *f (fam: borrachera)* Rausch *m*
meloso, -a [me'loso, -a] *adj* lieblich
membrana [mem'brana] *f* Membran *f;* **~ mucosa** Schleimhaut *f*
membresía [membre'sia] *f (Am)* Mitgliedschaft *f*
membrete [mem'brete] *m* Briefkopf *m*
membrillo [mem'briʎo] *m (árbol)* Quittenbaum *m; (fruto)* Quitte *f;* **carne** [*o* **dulce**] **de ~** Quittenbrot *nt*
memez [me'meθ] *f* Dummheit *f*
memo, -a ['memo, -a] **I.** *adj* dumm **II.** *m, f* Dummkopf *m*
memorable [memo'raβle] *adj* denkwürdig
memorar [memo'rar] *vt (elev: evocar)* gedenken, erinnern
memoria [me'morja] *f* ① *(facultad)* Gedächtnis *nt; (recuerdo)* Erinnerung *f* (**de** an *+akk*); **a la** [*o* **en**] **~ de** im Gedenken an *+akk;* **de ~** auswendig; **flaco de ~** vergesslich; **hacer ~** scharf nachdenken; **traer a la ~** ins Gedächtnis rufen; **venir a la ~** einfallen ② *(informe)* Bericht *m* ③ (INFOR) Speicher *m;* **~ intermedia** Zwischenspeicher *m;* **~ USB** USB-Stick *m* ④ *pl (autobiografía)* Memoiren *pl*
memorial [memo'rjal] *m* ① *(petición)* Bittschrift *f* ② *(agenda)* Notizbuch *nt* ③ *(boletín)* Mitteilungsblatt *nt*
memorioso, -a [memo'rjoso, -a] *adj (elev)* ein gutes Gedächtnis habend, mit gutem Gedächtnis; **es muy ~** er/sie hat ein sehr gutes Gedächtnis
memorismo [memo'rismo] *m* Auswendiglernen *nt*
memorista [memo'rista] **I.** *adj* ein gutes Gedächtnis habend **II.** *mf* Person *f* mit gutem Gedächtnis
memorización [memoriθa'θjon] *f* ① *(aprendizaje)* Auswendiglernen *nt* ② (INFOR) Speicherung *f*
memorizar [memori'θar] <z → c> *vt*

M

① *(aprender)* auswendig lernen ② (INFOR) speichern

mena ['mena] *f* (MIN) Erz *nt*

menaje [me'naxe] *m* Hausrat *m*

mención [men̪'θjon] *f* Erwähnung *f;* **digno de ~** erwähnenswert; **hacer ~ de** erwähnen

mencionar [men̪θjo'nar] *vt* erwähnen

menda ['men̪da] **I.** *pron pers (fam)* ich; **aquí el** [*o* **este**] **~ no dijo nada** ich habe nichts gesagt **II.** *pron indef (fam)* **un ~** irgendjemand

mendaz [men̪'daθ] *adj (elev)* verlogen

mendicante [men̪di'kan̪te] **I.** *adj* Bettel- **II.** *mf* Bettler(in) *m(f)*

mendicidad [men̪diθi'ðaᵈ] *f (pordiosería)* Bettelei *f; (fenómeno social)* Bettlertum *nt;* **vivir de la ~** vom Betteln leben

mendigar [men̪di'ɣar] <g → gu> *vi, vt* betteln (um +*akk*)

mendigo, -a [men̪'diɣo, -a] *m, f* Bettler(in) *m(f)*

mendrugo [men̪'druɣo] *m* ① *(trozo de pan)* Stück *nt* trockenes Brot ② *(fam: torpe)* Trottel *m*

menear [mene'ar] **I.** *vt* schwenken; *(cabeza)* schütteln; **~ la cola** mit dem Schwanz wedeln **II.** *vr:* **~se** ① *(moverse)* wackeln ② *(fam: apresurarse)* sich sputen

meneo [me'neo] *m* ① *(brusco)* Ruck *m* ② *(fam: vapuleo)* Abreibung *f;* **dar un ~ a alguien** jdm eine Abreibung verpassen

menester [menes'ter] *m* ① *(necesidad)* Notwendigkeit *f;* **ser ~** nötig sein; **haber ~ de algo** etw brauchen ② *pl (tareas)* Pflichten *fpl* ③ *pl (necesidades fisiológicas)* Bedürfnisse *ntpl*

menesteroso, -a [meneste'roso, -a] **I.** *adj* bedürftig **II.** *m, f* Bedürftige(r) *mf*

menestra [me'nestra] *f* (Gemüse)eintopf *m*

menestral(a) [menes'tral(a)] *m(f)* Handwerker(in) *m(f)*

mengano, -a [meŋ'gano, -a] *m, f* **fulano y ~** Herr X und Herr Y

mengua ['meŋgwa] *f* ① *(disminución)* Rückgang *m;* **sin ~ de** ohne Beeinträchtigung +*gen* ② *(carencia)* Mangel *m;* **sin ~** absolut ③ *(descrédito)* Verruf *m*

menguado¹ [meŋ'gwaðo] *m* abgenommene Masche *f*

menguado, -a² [meŋ'gwaðo, -a] **I.** *adj* ① *(cobarde)* feige ② *(tonto)* einfältig ③ *(miserable)* niederträchtig **II.** *m, f* ① *(cobarde)* Feigling *m* ② *(tonto)* Einfaltspinsel *m fam* ③ *(miserable)* niederträchtige Person *f*

menguante [meŋ'gwan̪te] *f* ① *(marea)* Ebbe *f; (estiaje)* Niedrigwasser *nt* ② *(mengua)* Rückgang *m*

menguar [meŋ'gwar] <gu → gü> **I.** *vi* abnehmen **II.** *vt* reduzieren; *(punto)* abnehmen

meninge [me'niŋxe] *f* Hirnhaut *f;* **estrujarse las ~s** *(fam)* sich *dat* das Hirn zermartern

meningitis [meniŋ'xitis] *f inv* Hirnhautentzündung *f*

menisco [me'nisko] *m* Meniskus *m*

menopausia [meno'pau̯sja] *f (climaterio)* Wechseljahre *ntpl*

menor [me'nor] **I.** *adj* ① *(tamaño)* **Asia M~** Kleinasien *nt;* **~ que** kleiner als; *(número)* niedriger als; **al por ~** detailliert; (COM) en détail; **no dar la ~ importancia a algo** etw *dat* nicht die geringste Bedeutung beimessen ② *(edad)* **~ que** jünger als; **~ de edad** minderjährig; **el ~ de mis hermanos** mein jüngster Bruder ③ (MÚS) Moll; **tono ~** Moll *nt;* **tercera ~** kleine Terz **II.** *mf (menor de edad)* Minderjährige(r) *mf;* **esta película no es apta para ~es** dieser Film ist nicht jugendfrei

menorquín, -ina [menor'kin, -ina] **I.** *adj* aus Menorca **II.** *m, f* Einwohner(in) *m(f)* von Menorca

menos ['menos] **I.** *adv* ① *(contrario de más)* weniger; **a ~ que** es sei denn; **el/la ~...** der/die am wenigsten ...; **el piso** (**el**) **~ caro** die preiswerteste Wohnung; **eso es lo de ~** das ist nicht so wichtig; **lo ~** das Mindeste; **al** [*o* **por lo**] **~** wenigstens; **aún ~** erst recht nicht; **cuanto ~...** (**tanto**) **más** je weniger ... desto mehr; **de ~** zu wenig; **echar de ~** vermissen; **en ~ de nada** in null Komma nichts; **ir a ~** herunterkommen; **~ de** weniger als; **~ mal** Gott sei Dank; **¡ni mucho ~!** auf keinen Fall! ② (MAT) minus ③ *(excepto)* außer; **todo ~ eso** alles, nur das nicht **II.** *m* (MAT) Minuszeichen *nt*

menoscabar [menoska'βar] *vt* ① *(disminuir)* vermindern ② *(dañar)* beschädigen; *(fig)* schaden +*dat* ③ *(desacreditar)* in Verruf bringen

menoscabo [menos'kaβo] *m* ① *(disminución)* Verminderung *f* ② *(daño)* Beschädigung *f; (fig)* Schaden *m;* **sufrir ~** Schaden nehmen

menospreciable [mensopre'θjaβle] *adj* verachtenswert

menospreciar [menospre'θjar] *vt* ① *(despreciar)* verachten ② *(desdeñar)* gering schätzen ③ *(subestimar)* unterschätzen

menospreciativo, -a [menospreθja'tiβo, -a] *adj* geringschätzig

menosprecio [menos'preθjo] *m* ① *(des-*

precio) Verachtung *f* ② *(desdén)* Geringschätzung *f* ③ *(subestimación)* Unterschätzung *f*

mensaje *m* (TEL) ~ **de voz** Sprachnachricht *f*

mensaje [men'saxe] *m* ① *(recado)* Botschaft *f* ② (INFOR) ~ **de error** Fehlermeldung *f;* ~ **de ausencia** Abwesenheitsnotiz *f* ③ (RADIO, TEL) ~ **(de) radio** Funkspruch *m;* ~ **de socorro** Notruf *m* ④ (TEL) ~ **multimedia** Multimedianachricht *f,* Multimediamessage *f;* ~ **SMS** SMS *f;* ~ **de texto** Textnachricht *f*

mensajear [mensaxe'ar] **I.** *vi* eine SMS senden, simsen *fam* **II.** *vr:* **~se** (INFOR) sich gegenseitig eine SMS senden, sich gegenseitig simsen *fam*

mensajería [mensaxe'ria] *f* Kurierdienst *m*

mensajero, -a [mensa'xero, -a] **I.** *adj* Boten-; **paloma mensajera** Brieftaube *f* **II.** *m, f* Bote, -in *m, f*

menso, -a ['menso, -a] *adj (Méx: necio)* dumm, einfältig

menstruación [me^{n}strwa'θjon] *f* Menstruation *f*

menstrual [me^{n}stru'al] *adj* menstrual; **tener dolores ~es** Menstruationsbeschwerden haben

menstruar [me^{n}stru'ar] <*1. pres* menstrúo> *vi* die Menstruation haben

menstruo[1] ['me^{n}strwo] *m* ① *(menstruación)* Menstruation *f,* Monatsblutung *f* ② (QUÍM) Lösungsmittel *nt*

menstruo, -a[2] ['me^{n}strwo, -a] *adj* **sangre menstrua** Monatsblut *nt*

mensual [mensu'al] *adj* ① *(cada mes)* monatlich; **revista ~** Monatszeitschrift *f* ② *(que dura un mes)* Monats-

mensualidad [menswali'ða^d] *f* ① *(sueldo)* Monatseinkommen *nt* ② *(paga)* monatliche Zahlung *f; (compra aplazada)* Monatsrate *f;* ~ **del alquiler** Monatsmiete *f*

mensualmente [mensual'meṇte] *adv* monatlich; **visita a su abuelo ~** er/sie besucht jeden Monat seinen/ihren Großvater

mensurable [mensu'raβle] *adj* messbar

menta ['meṇta] *f* ① *(planta)* Minze *f* ② *(infusión)* Pfefferminztee *m* ③ *(extracto)* Pfefferminzöl *nt;* **caramelo de ~** Pfefferminzbonbon *nt*

mentado, -a [meṇ'taðo, -a] *adj* berühmt

mental [meṇ'tal] *adj* geistig; **cálculo ~** Kopfrechnen *nt*

mentalidad [meṇtali'ða^d] *f* Mentalität *f*

mentalización [meṇtaliθa'θjon] *f* Vergegenwärtigung *f*

mentalizar [meṇtali'θar] <z → c> *vt, vr:* **~se** (sich *dat*) klar machen

mentalmente [meṇtal'meṇte] *adv* in Gedanken, im Geist

mentar [meṇ'tar] <e → ie> *vt* erwähnen; ~ **la soga en casa del ahorcado** indiskret sein

mente ['meṇte] *f* ① *(pensamiento)* Denken *nt;* **tener en (la) ~** vorhaben; **no puedo quitarme esa idea de la ~** dieser Gedanke geht mir (einfach) nicht aus dem Kopf; **el nombre se me ha ido de la ~** der Name ist mir entfallen; **tener la ~ en blanco** sich nicht erinnern (können); **traer a la ~** ins Gedächtnis rufen ② *(intelecto)* Verstand *m*

mentecatada [meṇte'kaða] *f* Unsinn *m,* Dummheit *f*

mentecatez [meṇteka'teθ] *f* Dummheit *f*

mentecato, -a [meṇte'kato, -a] **I.** *adj* dumm **II.** *m, f* Dummkopf *m*

mentir [meṇ'tir] *vi irr como sentir* ① *(engañar)* lügen; **miente más que habla** er/sie lügt wie gedruckt; **¡miento!** falsch!, Irrtum! ② *(inducir a error)* täuschen

mentira [meṇ'tira] *f (embuste)* Lüge *f;* **¡parece ~!** unglaublich!

mentiroso, -a [meṇti'roso, -a] **I.** *adj (persona)* verlogen **II.** *m, f* Lügner(in) *m(f)*

mentol [meṇ'tol] *m* Menthol *nt*

mentolado, -a [meṇto'laðo, -a] *adj* mentholhaltig; **cigarrillo ~** Mentholzigarette *f*

mentón [meṇ'ton] *m* Kinn *nt*

mentor [meṇ'tor] *m* Mentor *m*

menú [me'nu] *m* <menús> ① *(comida)* Menü *nt* ② *(minuta)* Speisekarte *f* ③ (INFOR) Menü *nt*

menudear [menuðe'ar] **I.** *vi* häufig vorkommen **II.** *vt* häufig tun; ~ **sus visitas** häufig zu Besuch kommen

menudencia [menu'ðeṇθja] *f* ① *(pequeñez)* Kleinigkeit *f* ② *(meticulosidad)* Kleinlichkeit *f* ③ *pl (del cerdo)* (Schweine)innereien *f pl*

menudillos [menu'ðiʎos] *mpl (despojos)* Geflügelinnereien *f pl*

menudo, -a [me'nuðo, -a] *adj* ① *(minúsculo)* winzig ② *(pequeño y delgado)* zierlich ③ *(fútil)* unbedeutend ④ *(minucioso)* kleinlich; **relatar algo por ~** etw haarklein erzählen ⑤ *(exclamación)* **¡menuda película!** was für ein toller Film!; **¡~ lío has armado!** da hast du dir ja was Schönes eingebrockt! ⑥ *(loc)* **a ~** oft; **por [*o* a] la menuda** (COM) en détail

meñique [me'ɲike] **I.** *m* kleiner Finger *m* **II.** *adj (fam)* winzig

meollo [me'oʎo] *m* ① *(sesos)* Hirn *nt* ② *(médula)* Mark *nt* ③ *(fundamento)* Kern *m*

meón, -ona [me'on(a)] *adj (fam)* **ser un ~** eine Sextanerblase haben
mequetrefe [meke'trefe] *m (fam)* Volltrottel *m*
meramente [mera'meṇte] *adv* nur
merca ['merka] *f (fam)* Kauf *m;* **la ~ de la casa** der Hauskauf
mercachifle [merka'ʧifle] *m* Krämer *m*
mercadear [merkaðe'ar] *vi* handeln
mercadeo [merka'ðeo] *m* Handel *m*
mercader [merka'ðer] *m* Händler *m;* **~ de grueso** Großhändler *m*
mercadería [merkaðe'ria] *f* Ware *f*
mercadillo [merka'ðiʎo] *m* Flohmarkt *m*
mercado [mer'kaðo] *m* (*t.* ECON) Markt *m;* **~ de capitales** Kapitalmarkt *m;* **~ de divisas** Devisenbörse *f;* **~ exterior/interior** Auslands-/Binnenmarkt *m;* **M~ único europeo** Europäischer Binnenmarkt; **el ~ de Madrid** die Madrider Markthalle; **~ de valores** Wertpapierbörse *f;* **hay ~ los sábados** samstags ist Markttag
mercadotecnia [merkaðo'teɣnja] *f* Marketing *nt*
mercancía [merkaṇ'θia] *f* Ware *f;* **tren de ~s** (FERRO) Güterzug *m*
mercante [mer'kaṇte] **I.** *adj* Handels- **II.** *mf* Händler(in) *m(f)*
mercantil [merkaṇ'til] *adj* Handels-
mercantilismo [merkaṇti'lismo] *m* ① *(sistema económico)* Merkantilismus *m* ② *(espíritu mercantil)* Geschäftemacherei *f*
mercantilizar [merkaṇtili'θar] <z → c> *vt* kommerzialisieren
merced [mer'θe^{ð}] *f* Gnade *f;* **~ a** dank *+gen;* **estar a ~ de alguien** jdm ausgeliefert sein
mercenario, -a [merθe'narjo, -a] **I.** *adj* Söldner- **II.** *m, f* Söldner(in) *m(f)*
mercería [merθe'ria] *f* ① *(artículos)* Kurzwaren *fpl* ② *(tienda)* Kurzwarenhandlung *f*
Mercosur [merko'sur] *m* (POL) *gemeinsamer Markt des südlichen Lateinamerika*
mercurio [mer'kurjo] *m* (QUÍM) Quecksilber *nt*
Mercurio [mer'kurjo] *m* (ASTR) Merkur *m*
merdoso, -a [mer'ðoso, -a] *adj* völlig verdreckt, dreckig; **tu cuarto está en un estado ~** dein Zimmer ist ein Saustall
merecedor(a) [mereθe'ðor(a)] *adj* würdig; **hacerse ~ de algo** etw verdienen
merecer [mere'θer] *irr como crecer* **I.** *vt* ① *(ser digno de)* verdienen; **merece que...** *+subj* er/sie verdient es, dass ...; **merece respeto de nuestra parte** ihr/ihm gebührt unser Respekt; **este libro merece mención** dieses Buch ist erwähnenswert ② *(valer)* wert sein; **no merece la pena** es lohnt sich nicht **II.** *vi* **~ bien de alguien/algo** sich verdient machen um jdn/etw **III.** *vr:* **~se** verdienen
merecido [mere'θiðo] *m* verdiente Strafe *f;* **se llevó su ~** es geschah ihm/ihr recht
merecimiento [mereθi'mjeṇto] *m* Verdienst *nt*
merendar [mereṇ'dar] <e → ie> **I.** *vi, vt* vespern **II.** *vr:* **~se** *(fam)* sich (gegenseitig) ausstechen; **~se a alguien** jdn ausstechen
merendero [mereṇ'dero] *m* Ausflugslokal *nt*
merengue [me'reŋge] *m* ① *(dulce)* Baiser *nt* ② *(persona débil)* Schwächling *m* ③ *(CSur: fam: lío)* Chaos *nt*
meridiano[1] [meri'djano] *m* (ASTR) Meridian *m*
meridiano, -a[2] [meri'djano, -a] *adj* ① *(del mediodía)* Mittags- ② *(evidente)* klar
meridional [meridjo'nal] **I.** *adj* südlich; **Andalucía está en la España ~** Andalusien liegt in Südspanien **II.** *mf* Südländer(in) *m(f)*
merienda [me'rjeṇda] *f* ① *(comida por la tarde)* Vesper *f* ② *(picnic)* Picknick *nt;* **ir de ~** picknicken; **~ de negros** *(fig)* heilloses Durcheinander
mérito ['merito] *m* ① *(merecimiento)* Verdienst *nt;* **hacer ~s** sich dienstbeflissen zeigen; **callarse sus ~s** sein Licht unter den Scheffel stellen ② *(valor)* Wert *m;* **de ~** *(obra)* beachtlich; *(persona)* verdienstvoll
meritoriamente [meritorja'meṇte] *adv* verdienterweise, verdientermaßen
meritorio, -a [meri'torjo, -a] **I.** *adj* beachtlich **II.** *m, f (aprendiz)* Lehrling *m; (empleado sin sueldo)* Volontär(in) *m(f); (durante poco tiempo)* Praktikant(in) *m(f)*
merlo ['merlo] *m (Am)* Dummkopf *m*
merluza [mer'luθa] *f* ① (ZOOL) Seehecht *m* ② *(vulg: borrachera)* ordentlicher Schwips *m fam;* **coger una buena ~** sich *dat* einen antrinken *fam;* **estar (con la) ~** einen sitzen haben *fam*
merluzo, -a [mer'luθo, -a] *adj (fam)* dumm
merma ['merma] *f* Abnahme *f;* **~ de peso** Gewichtsverlust *m*
mermar [mer'mar] **I.** *vt* verringern; *(sueldo)* kürzen; **~ peso** an Gewicht verlieren **II.** *vi, vr:* **~se** sich verringern
mermelada [merme'laða] *f* Marmelade *f*
mero[1] ['mero] **I.** *adv* ① *(AmC, Méx: pronto)* bald ② *(Méx: muy)* sehr ③ *(Méx: precisamente)* genau **II.** *m* ① (ZOOL) Riesenzackenbarsch *m* ② *(Méx: jefe)* Boss *m*

M

mero, -a[2] ['mero, -a] *adj* ❶ *(sencillo)* einfach ❷ *(sin nada más)* bloß; **la mera verdad** die reine Wahrheit ❸ *(Méx: preciso)* genau ❹ *(Méx: propio)* eigene(r, s)

merodeador(a) [meroðea'ðor(a)] **I.** *adj* marodierend **II.** *m(f)* (MIL) Plünderer, -in *m, f*

merodear [meroðe'ar] *vi* herumstreichen (**por** in +*dat*); *(saqueando)* plündernd umherziehen (**por** in +*dat*)

merodeo [mero'ðeo] *m* Plündern *nt*

mes [mes] *m* ❶ *(período)* Monat *m;* **a principios/a mediados/a fin(al)es de ~** Anfang/Mitte/Ende des Monats; **1000 euros al ~** monatlich 1000 Euro; **todos los ~es** (all)monatlich; **el ~ corriente** der laufende Monat; **el ~ que viene/pasado** *(adverbial)* nächsten/letzten Monat; **hace un ~** vor einem Monat ❷ *(sueldo)* ~ (**de trabajo**) Monatsgehalt *nt;* **con un ~ de anticipo** einen Monat im Voraus ❸ *(fam: menstruación)* Regel *f;* **tener el ~** seine Tage haben

mesa ['mesa] *f* ❶ *(mueble)* Tisch *m;* **~ plegable** Klapptisch *m;* **~ de despacho** Schreibtisch *m;* **~ de tertulia** Stammtisch *m;* **vino de ~** Tafelwein *m;* **poner/quitar la ~** den Tisch decken/abräumen; **en la ~** *(comiendo)* bei Tisch; **¡a la ~!** zu Tisch, bitte!; **servir una ~** an einem Tisch bedienen; **bendecir la ~** das Tischgebet sprechen; **tener a alguien a ~ y a mantel** jdn sehr gut bewirten; **vivir** [*o* **estar**] **a ~ puesta** ohne Müh und Arbeit leben ❷ *(junta directiva)* Präsidium *nt* ❸ (POL) **~ electoral** Wahlausschuss *m* ❹ (GEO) Hochebene *f* ❺ (MÚS) **~ de mezclas** Mischpult *nt* ❻ *(pensión)* Verpflegung *f;* **~ y cama** Kost und Logis

M

mesero, -a [me'sero, -a] *m, f* *(Méx: camarero)* Kellner(in) *m(f)*

meseta [me'seta] *f* (GEO) Hochebene *f*

mesías [me'sias] *m* Messias *m*

Mesías [me'sias] *m* Messias *m*

mesilla [me'siʎa] *f* ❶ *(mesa pequeña)* Tischchen *nt;* **~ de noche** Nachttisch *m;* **~ de ruedas** Serviertischchen *nt* ❷ *(descansillo)* Treppenabsatz *m*

mesita [me'sita] *f* Ablagetisch *m;* **~ de noche** Nachttisch *m*

mesnada [mes'naða] *f* ❶ *(tropas)* Gefolgsleute *pl,* Gefolgschaft *f* ❷ *(partidarios)* Anhängerschaft *f*

mesón [me'son] *m* Gasthaus *nt*

mesonero, -a [meso'nero, -a] *m, f* (Gast)wirt(in) *m(f)*

mester [mes'ter] *m* (LIT) Kunst *f,* Handwerk *nt;* **~ de clerecía** gelehrte mittelalterliche Dichtkunst; **~ de juglaría** mittelalterliche Spielmannsdichtung

mestizaje [mesti'θaxe] *m* ❶ *(entre blancos e indios)* Vermischung von Weißen und Indianern ❷ *(colectivo)* Mestizen *mpl* ❸ *(cruce)* Rassenmischung *f*

mestizar [mesti'θar] <z → c> *vt* ❶ *(entre blancos e indios)* sich untereinander *(Weiße und Indianer)* vermischen ❷ *(cruzar)* mischen

mestizo, -a [mes'tiθo, -a] **I.** *adj* ❶ *(pey: entre blancos e indios)* mestizisch ❷ *(pey: entre dos razas)* mischrassig *pej* **II.** *m, f* ❶ *(pey: entre blancos e indios)* Mestize, -in *m, f pej* ❷ *(pey: entre dos razas)* Mischling *m pej*

mesura [me'sura] *f* ❶ *(moderación)* Maß *nt* ❷ *(cortesía)* Höflichkeit *f,* Umsicht *f* ❸ *(calma)* Beherrschung *f*

mesurado, -a [mesu'raðo, -a] *adj* ❶ *(moderación)* maßvoll ❷ *(cortesía)* höflich, umsichtig ❸ *(calma)* beherrscht, zurückhaltend

mesurar [mesu'rar] **I.** *vt* vorsichtig umgehen (mit +*dat*), maßvoll einsetzen **II.** *vr:* **~se** sich beherrschen (**en** bei +*dat*), sich im Griff haben (**en** bei +*dat*)

meta[1] ['meta] *f* *(en las carreras, t. fig)* Ziel *nt;* *(portería)* Tor *nt;* **la ~ de su vida** sein/ihr Lebensziel; **fijarse una ~** sich *dat* ein Ziel setzen

meta[2] ['meta] *mf* *(portero)* Torhüter(in) *m(f)*

metabolismo [metaβo'lismo] *m* Stoffwechsel *m*

metabolizar [metaβoli'θar] <z → c> *vt* ❶ *(alterar)* (im Stoffwechselprozess) umsetzen ❷ *(eliminar)* (im Stoffwechselprozess) abbauen

metadona [meta'ðona] *f* Methadon *nt*

metafísica [meta'fisika] *f* ❶ (FILOS) Metaphysik *f* ❷ *(pedantería)* Pedanterie *f*

metafísico, -a [meta'fisiko, -a] **I.** *adj* ❶ (FILOS) metaphysisch ❷ *(difícil)* kompliziert **II.** *m, f* Metaphysiker(in) *m(f)*

metáfora [me'tafora] *f* Metapher *f*

metafóricamente [metaforika'mente] *adv* metaphorisch, bildlich

metafórico, -a [meta'foriko, -a] *adj* metaphorisch

metal [me'tal] *m* ❶ *(material)* Metall *nt;* **~ noble** Edelmetall *nt;* **~ pesado** Schwermetall *nt* ❷ *(de voz)* Klang *m* ❸ *(instrumento)* Blechblasinstrument *nt* ❹ *(dinero)* **el vil ~** das (leidige) Geld

metálico[1] [me'taliko] *m* *(monedas)* Münzgeld *nt;* **en ~** (in) bar; **premio en ~** Geldpreis *m*

metálico, -a[2] [me'taliko, -a] *adj* ❶ *(pareci-*

do al metal) metallisch ❷ *(que contiene metal)* metallen; **tela metálica** Drahtgitter *nt*

metalizar [metali'θar] <z → c> **I.** *vt* metallisieren **II.** *vr:* **~se** ❶ *(adquirir propiedades metálicas)* metallisieren ❷ *(interesarse demasiado por el dinero)* nur ans Geld denken

metalurgia [meta'lurxja] *f sin pl* Metallurgie *f*

metalúrgico, -a [meta'lurxiko, -a] **I.** *adj* metallurgisch; **industria metalúrgica** Metallindustrie *f* **II.** *m, f* Metallarbeiter(in) *m(f)*

metamorfismo [metamor'fismo] *m* (GEO) Metamorphose *f*

metamorfosear [metamorfose'ar] **I.** *vt* metamorphosieren, verändern, umwandeln **II.** *vr:* **~se** sich verwandeln, sich verändern

metamorfosis [metamor'fosis] *f inv* ❶ (ZOOL, GEO) Metamorphose *f* ❷ *(en una persona)* Verwandlung *f*

metano [me'tano] *m* Methan *nt*

metástasis [me'tastasis] *f inv* (MED) Metastase *f*

metedura [mete'ðura] *f* **¡vaya ~ de pata!** was für eine Blamage!

meteduría [meteðu'ria] *f* Schmuggel *m*

metelón, -ona [mete'lon, -ona] *adj (Méx)* zudringlich, aufdringlich

meteórico, -a [mete'oriko, -a] *adj* ❶ (METEO) meteorisch ❷ *(rápido)* kometenhaft

meteorismo [meteo'rismo] *m* Blähungen *f pl*

meteorito [meteo'rito] *m* Meteorit *m*

meteoro [mete'oro] *m* ❶ (METEO) Himmelserscheinung *f* ❷ (ASTR) Meteor *m*

meteorología [meteorolo'xia] *f sin pl* Wetterkunde *f*

meteorológico, -a [meteoro'loxiko, -a] *adj* meteorologisch; **informe ~** Wetterbericht *m;* **estación meteorológica** Wetterwarte *f*

meteorólogo, -a [meteo'roloɣo, -a] *m, f* Meteorologe, -in *m, f*

meter [me'ter] **I.** *vt* ❶ *(introducir)* (hinein)stecken; *(en una caja, una bolsa)* (hinein)legen; **¡mete el enchufe!** steck den Stecker ein!; **~ un clavo en la pared** einen Nagel in die Wand schlagen; **~ el coche en el garaje** das Auto in die Garage fahren ❷ *(persona)* **~ a alguien en la cárcel** jdn ins Gefängnis stecken ❸ *(invertir)* investieren; **~ en el banco** auf die Bank bringen ❹ *(en costura)* enger machen ❺ *(fam: en cocina)* hinzufügen; **¡no le metas más sal!** mach kein Salz mehr rein! ❻ (DEP) **~ un gol** ein Tor schießen ❼ *(de contrabando)* (ein)schmuggeln ❽ *(argot: encascar)* aufschwatzen; *(vender)* unterjubeln; *(enjaretar)* aufhalsen; **nos metió una película aburridísima** wir mussten uns bei ihm/ihr einen besonders langweiligen Film anschauen; **le metieron tres meses de cárcel** sie haben ihn/sie zu drei Monaten Gefängnis verdonnert ❾ *(argot: pegar)* **~ un puñetazo a alguien** jdm einen Fausthieb verpassen ❿ *(provocar)* **~ miedo/un susto a alguien** jdm Angst/einen Schrecken einjagen; **~ prisa a alguien** jdn zur Eile antreiben; **~ ruido** Lärm machen ⓫ *(hacer participar)* beteiligen; **~ a toda la familia en el asunto** die ganze Familie in die Angelegenheit verwickeln ⓬ *(emplear)* einstellen (**de** als +*akk*); **~ a alguien a fregar platos** jdn als Tellerwäscher einstellen; **~ a una chica de peluquera** ein Mädchen eine Lehre als Friseuse beginnen lassen ⓭ *(loc)* **~ la pata** ins Fettnäpfchen treten; **~ mano a alguien** *(fam)* jdn befummeln; **a todo ~** *(argot)* ganz schnell; **me has metido en un buen lío** *(argot)* du hast mich ganz schön hineingeritten **II.** *vr:* **~se** ❶ *(fam: aceptar algo)* **¿cuándo se te ~á esto en la cabeza?** wann wirst du das je kapieren? ❷ *(introducirse)* hineinkommen; **~se el dedo en la nariz** in der Nase bohren; **~se algo en la cabeza** sich *dat* etw in den Kopf setzen ❸ *(entrar en un lugar)* verschwinden; **le vi ~se en un cine** ich sah ihn ins Kino hineingehen; **~se entre la gente** in der Menschenmenge untertauchen; **se metió en el armario** er/sie hat sich im Schrank versteckt; **¿dónde se habrá metido?** wo steckt er/sie bloß?; **~se para adentro** hineingehen ❹ *(entrar indebidamente)* eindringen ❺ *(inmiscuirse)* sich einmischen; **~se donde no lo/la llaman** [*o* **le importa**] sich in etwas einmischen, das einen nichts angeht ❻ *(provocar)* **~se con alguien** jdn ärgern ❼ *(comenzar un oficio)* **~se monja** ins Kloster gehen; **~se a actor** Schauspieler werden ❽ *(loc)* **~se en camisa de once varas** sich übernehmen; **¡métetelo donde te quepa!** *(argot)* steck's dir sonst wohin!

meticón, -ona [meti'kon, -ona] **I.** *adj (fam)* naseweis, neugierig; **mira que eres ~** du mischt dich aber auch in alles ein **II.** *m, f (fam)* aufdringlicher Mensch *m,* Schnüffler(in) *m(f)*

meticulosidad [metikulosi'ðað] *f* Kleinlichkeit *f,* peinliche Genauigkeit *f*

meticuloso, -a [metiku'loso, -a] **I.** *adj* kleinlich **II.** *m, f* Pedant(in) *m(f)*

metida [me'tiða] *f (fam: avance)* **dar una ~ a algo** sich mit etw *dat* gründlich befassen; **tengo que darle una buena ~ a los estudios** ich muss mich mal richtig (ins Lernen) hineinknien

metido[1] [me'tiðo] *m (fam)* ❶ *(reprimenda)* Anpfiff *m;* **pegar un ~ a alguien** jdn anpfeifen ❷ *(daño)* **el coche ha dejado un buen ~ en la valla** das Auto hat eine ziemliche Delle im Zaun verursacht

metido, -a[2] [me'tiðo, -a] *adj* ❶ *(introvertido)* **~ en sí mismo** introvertiert ❷ *(envuelto)* verwickelt; **sigue estando muy ~ en el negocio a pesar de su edad** er ist immer noch voll im Geschäft, trotz seines Alters ❸ *(con abundantes)* **un muchacho ~ en carnes** ein beleibter Junge; **una mujer metida en años** eine Frau im fortgeschrittenen Alter ❹ *(fam: relación)* **está muy ~ con esa chica** er hat eine enge Beziehung zu diesem Mädchen; **está muy ~ con la dirección de la empresa** er hat einen guten Draht zur Geschäftsleitung ❺ *(puesto)* **la llave está metida** der Schlüssel steckt

metimiento [meti'mjeṇto] *m* ❶ *(inserción)* Einführung *f,* (Hinein)stecken *nt,* (Hinein)legen *nt* ❷ *(influencia)* Einfluss *m* (**con** auf +*akk*)

metódico, -a [me'toðiko, -a] **I.** *adj* methodisch **II.** *m, f* Methodiker(in) *m(f)*

metodista [meto'ðista] **I.** *adj* methodistisch **II.** *mf* Methodist(in) *m(f)*

método ['metoðo] *m* ❶ *(sistema)* Methode *f; (para enseñar)* Lehrmethode *f;* **proceder con ~** systematisch vorgehen ❷ *(libro)* Lehrbuch *nt;* **un ~ de guitarra** eine Gitarrenschule

metodología [metoðolo'xia] *f* ❶ *(ciencia)* Methodologie *f* ❷ *(referente a la enseñanza)* Methodik *f*

metomentodo [metomeṇ'toðo] **I.** *adj inv* neugierig **II.** *mf inv (fam)* neugieriger Mensch *m;* **ser un ~** seine Nase überall hineinstecken

metraje [me'traxe] *m* Filmlänge *f;* **película de largo ~** Film in Langfassung; **película de corto ~** Kurzfilm *m*

metralla [me'traʎa] *f* ❶ *(munición)* Schrot *m o nt;* **fuego de ~** Maschinengewehrfeuer *nt* ❷ *(trozos)* (Kugel)splitter *mpl*

metralleta [metra'ʎeta] *f* Schnellfeuerwaffe *f*

métrica ['metrika] *f* Metrik *f*

métrico, -a ['metriko, -a] *adj* metrisch

metro ['metro] *m* ❶ *(unidad)* Meter *m o nt;* **~ cuadrado** Quadratmeter *m o nt;* **~ cúbico** Kubikmeter *m o nt;* **no levantar un ~ del suelo** sehr klein sein ❷ *(para medir)* Metermaß *nt;* **~ de cinta** Maßband *nt;* **~ plegable** Zollstock *m* ❸ *(metropolitano)* U-Bahn *f* ❹ *(poesía)* Versmaß *nt* ❺ (MÚS) Metrum *nt*

metrología [metrolo'xia] *f* Metrologie *f*

metrónomo [me'tronomo] *m* Metronom *nt*

metrópoli [me'tropoli] *f (urbe)* Weltstadt *f; (capital)* Hauptstadt *f*

metropolitano[1] [metropoli'tano] *m* (FERRO) U-Bahn *f*

metropolitano, -a[2] [metropoli'tano, -a] *adj* ❶ *(de la capital)* hauptstädtisch ❷ *(de la urbe)* weltstädtisch

metrosexual [metroseʸsu'al] **I.** *adj* metrosexuell **II.** *m* Metrosexuelle(r) *m*

mexicano, -a [mexi'kano, -a] **I.** *adj* mexikanisch **II.** *m, f* Mexikaner(in) *m(f)*

México ['mexiko] *m* Mexiko *nt*

mezcla ['meθkla] *f* ❶ *(sustancia)* Mischung *f;* **~ de carburantes** Kraftstoffgemisch *nt;* **~ explosiva** explosives Gemisch; *(fig)* explosive Mischung ❷ *(acto)* Mischen *nt* ❸ *(tela)* Mischgewebe *nt;* **sin ~** rein ❹ *(argamasa)* Mörtel *m*

mezclar [meθ'klar] **I.** *vt* ❶ *(unir)* (ver)mischen; (GASTR: *añadir*) unterrühren ❷ *(revolver)* durcheinanderbringen; *(confundir)* verwechseln ❸ *(involucrar)* hineinziehen **II.** *vr:* **~se** ❶ *(inmiscuirse)* sich einmischen ❷ *(en un grupo de personas)* **~se entre los espectadores** sich unter die Zuschauer mischen; **~se con gente de mucho dinero** mit sehr reichen Leuten zusammenkommen ❸ *(revolverse)* durcheinandergeraten

mezcolanza [meθko'laṇθa] *f (fam)* Mischmasch *m*

mezquindad [meθkiṇ'daᵈ] *f* ❶ *(tacañería)* Geiz *m* ❷ *(acto vil)* Gemeinheit *f*

mezquino, -a [meθ'kino, -a] **I.** *adj* ❶ *(tacaño)* geizig ❷ *(innoble)* gemein ❸ *(insuficiente)* dürftig ❹ *(despreciable)* schäbig **II.** *m, f* Geizhals *m*

mezquita [meθ'kita] *f* Moschee *f*

mi [mi] **I.** *adj pos (antepuesto)* mein(e); **~ amigo/amiga/casa** mein Freund/meine Freundin/mein Haus; **~s amigos/amigas** meine Freunde/Freundinnen **II.** *m inv* (MÚS) e *nt;* **~ mayor** E-Dur *nt;* **~ menor** e-Moll *nt*

mí [mi] *pron pers* **a ~** *(objeto directo)* mich; *(indirecto)* mir; **para ~** für mich; **¿y a ~ qué?** na und?; **para ~ (que)...** meiner Meinung nach ...; **por ~** von mir aus; **por ~ que no quede** an mir soll's nicht liegen; **por ~ mismo** allein; **¡a ~ con esas!** erzähl

M

das deiner Großmutter!; **¡a ~!** *(¡socorro!)* (zu) Hilfe!

mía *f* ① *(fam: ocasión, oportunidad)* **esta es la ~** *(fam)* das ist die Gelegenheit für mich ② *(loc)* **hice una de las ~s** das war (mal) wieder typisch für mich; **me he salido con la ~** ich habe erreicht, was ich wollte

miaja ['mjaxa] *f* Krümel *m*

miau [mjau̯] miau

mica ['mika] *f* ① (MIN) Glimmer *m* ② *(And: orinal)* Nachttopf *m* ③ *(AmC: fam: borrachera)* Vollrausch *m*

miche ['mitʃe] *m* *(CRi: pendencia)* Zwist *m,* Streit *m*

michelín [mitʃe'lin] *m* *(fam)* Rettungsring *m,* Fettwulst *m* um die Hüfte; **tengo que adelgazar para rebajar los michelines** ich muss abnehmen, um diese Rettungsringe loszuwerden

michino, -a [mi'tʃino, -a] *m, f* *(fam)* Kater *m,* Katze *f*

mico[1] ['miko] *m* *(fam)* ① *(hombre lujurioso)* Wüstling *m* ② *(loc)* **dar el ~ a alguien** *(engañar)* jdn betrügen; **dar ~ a alguien** *(dejar plantado)* jdn versetzen; **quedarse hecho un ~** *(avergonzado)* völlig blamiert sein; **volverse ~** außer Fassung geraten

mico, -a[2] ['miko, -a] *m, f* ① (ZOOL) Affe, Äffin *m, f* ② *(fam: persona fea)* hässlicher Kauz *m,* Vogelscheuche *f* ③ *(fam: niño)* Äffchen *nt* ④ *(fam: persona presumida)* koketter Mensch *m*

micosis [mi'kosis] *f inv* (MED) Mykose *f,* Pilzkrankheit *f*

micra ['mikra] *f* Mikrometer *nt*

micro ['mikro] *m* Mikro *nt*

microbio [mi'kroβjo] *m* Mikrobe *f*

microbiología [mikroβjolo'xia] *f sin pl* Mikrobiologie *f*

microbiológico, -a [mikroβjo'loxiko, -a] *adj* mikrobiologisch

microbús [mikro'βus] *m* Kleinbus *m*

microchip [mikro'tʃip] *m* Mikrochip *m*

microcircuito [mikroθirku'ito] *m* (ELEC) Mikroschaltung *f*

microcosmo(s) [mikro'kosmo(s)] *m (inv)* Mikrokosmos *m*

microeconomía [mikroekono'mia] *f* Mikroökonomie *f*

microelectrónica [mikroelek'tronika] *f sin pl* Mikroelektronik *f*

microfibra [mikro'fiβra] *f* Mikrofaser *f*

microficha [mikro'fitʃa] *f* Mikrofiche *f*

microfilm(e) [mikro'film(e)] *m* <microfilm(e)s> Mikrofilm *m*

micrófono [mi'krofono] *m* Mikrofon *nt*

microonda [mikro'on̩da/mi'kron̩da] *f (cocina, t.* FÍS) Mikrowelle *f;* **horno (de) ~s** Mikrowellenherd *m*

microorganismo [mikro(o)rɣa'nismo] *m* Mikrobe *f*

microprocesador [mikroproθesa'ðor] *m* Mikroprozessor *m*

microscópico, -a [mikros'kopiko, -a] *adj* mikroskopisch; *(fam: minúsculo)* winzig (klein); **de tamaño ~** mikroskopisch klein

microscopio [mikros'kopjo] *m* Mikroskop *nt;* **~ de 60 aumentos** Mikroskop mit 60facher Vergrößerung; **~ electrónico** Elektronenmikroskop *nt*

microtenis [mikro'tenis] *m inv* *(Am)* Tischtennis *nt*

miedica [mje'ðika] **I.** *adj* *(fam)* ängstlich **II.** *mf (fam)* Angsthase *m*

mieditis [mje'ðitis] *f inv (fam)* Bammel *m,* Muffensausen *nt*

miedo ['mjeðo] *m* ① *(angustia)* Angst *f* (**a/de** vor *+dat*); **por ~ a** [*o* **de**] aus Angst vor; **por ~ de que...** *+subj* aus Angst davor, dass ...; **meter ~ a alguien** jdm Angst einjagen; **dar ~** Angst machen; **tener ~ de algo/alguien** vor etw *dat*/jdm Angst haben, sich vor etw *dat*/jdm fürchten; **me entró** [*o* **dio**] **~** ich bekam Angst; **morirse de ~** eine Sterbensangst haben; **cagarse de ~** *(vulg)* sich *dat* vor Angst in die Hosen machen *fam;* **al que mal vive, el ~ le sigue** *(prov)* ≈ wer unredlich lebt, den verfolgt die Angst; **a quien ~ han, lo suyo le dan** *(prov)* ≈ wer gefürchtet wird, bekommt, was er will ② *(fam: maravilloso)* **de ~** toll; **el concierto estuvo de ~** das Konzert war sagenhaft ③ *(fam: terrible)* **de ~** schrecklich; **hace un frío de ~** es ist hundekalt

miedoso, -a [mje'ðoso, -a] **I.** *adj* ① *ser (temeroso)* ängstlich ② *estar (asustadizo)* schreckhaft **II.** *m, f* Feigling *m*

miel [mjel] *f* ① *(de abeja)* Honig *m;* **~ blanca** Bienenhonig *m;* **~ extraída** Schleuderhonig *m* ② *(loc)* **luna de ~** Flitterwochen *fpl;* **quedarse con la ~ en los labios** das Nachsehen haben; **si encima me pagan el viaje ¡~ sobre hojuelas!** wenn sie auch noch die Reisekosten übernehmen, umso besser!; **hacerse de ~** sich einschmeicheln; **hazte de ~ y te comerán las moscas** *(prov)* wer mit den Wölfen heult, wird von den Wölfen gefressen; **no hay ~ sin hiel** *(prov)* keine Rose ohne Dornen

miembro ['mjembro] **I.** *m* ① *pl (extremidades)* Glieder *ntpl* ② *(pene)* **~ (viril)** (männliches) Glied *nt* ③ *(socio)* Mitglied *nt;* **no ~** Nichtmitglied *nt;* **~ de pleno derecho** Vollmitglied *nt;* **hacerse**

M

~ **de** Mitglied werden in *+dat* ④ (LING, MAT) Glied *nt* ⑤ *(parte)* Teil *m* **II.** *adj* **los Estados ~s** die Mitglied(s)staaten

mientes ['mjeṇtes] *fpl* Gedanken *mpl;* **traer a las ~** in Erinnerung rufen; **¡ni por ~!** niemals!, nie im Leben!

mientras ['mjeṇtras] **I.** *adv* währenddessen; ~ (**tanto**) inzwischen **II.** *conj* ~ (**que**) während; ~ (**que**) *+subj* solange; ~ **se ríe no se llora** solange man lacht, weint man nicht; ~ **más le dan más pide el niño** je mehr das Kind bekommt, desto mehr will es

miércoles ['mjerkoles] *m inv* Mittwoch *m;* ~ **de ceniza** Aschermittwoch *m;* ~ **santo** Mittwoch vor Gründonnerstag; *v. t.* **lunes**

mierda ['mjerða] *f (vulg)* ① *(heces)* Scheiße *f* ② *(porquería)* Dreck *m fam* ③ *(loc)* **el maestro nuevo es una ~** der neue Lehrer ist eine Flasche *fam;* **esta película es una ~** dieser Film ist Scheiße; **¡200 euros, una ~!** 200 Euro, nie im Leben!; **es una ~ de coche** das ist ein Scheißauto; **cubrirse de ~** *(fig)* sich selbst in die Scheiße reiten; **mandar a la ~** zum Teufel jagen *fam;* **¡(vete) a la ~!** verpiss dich doch! *fam;* **¡eso te importa una ~!** das geht dich einen Scheiß an!; **¡~!** Scheiße!; **¡una ~!** ich glaub du spinnst wohl! *fam;* **¿qué ~ ocurre?** was zum Teufel ist los? *fam;* **irse a la ~** sich zum Teufel scheren *fam;* **no valer una ~** zu nichts nütze sein; **no comerse ni** (**una**) **~** nicht einen einzigen Treffer landen; **¡vaya ~ que cogí ayer!** *(borrachera)* Mensch, war ich gestern voll! *fam*

mies [mjes] *f* ① *(cereal maduro)* Korn *nt* ② *(temporada)* Ernte(zeit) *f* ③ *pl (campos)* Kornfelder *ntpl*

miga ['miɣa] *f* ① *(pan)* Krume *f;* **hacer buenas/malas ~s con alguien** mit jdm gut/schlecht auskommen; **hacer ~s a alguien** jdn fertigmachen; **estar hecho ~** *(cansado)* völlig kaputt sein; **hacer ~s** zerfetzen ② *(esencia)* Substanz *f;* **esto tiene su ~** das ist komplizierter als man denkt

migaja [mi'ɣaxa] *f* ① *(trocito)* Stückchen *nt;* **una ~ de algo** ein ganz klein wenig von etw *dat* ② *pl (sobras)* Reste *mpl*

migración [miɣra'θjon] *f* ① *(emigración)* Auswanderung *f* ② (ZOOL) Migration *f*

migraña [mi'ɣraɲa] *f* Migräne *f*

migrar [mi'ɣrar] *vi* migrieren, wandern

migratorio, -a [miɣra'torjo, -a] *adj* Wanderungs-

mijo ['mixo] *m* Hirse *f*

mil [mil] **I.** *adj inv* tausend; **dos ~ millones** zwei Milliarden; **ya se lo he dicho ~ veces** ich habe es ihm/ihr schon hundert Mal gesagt; *v. t.* **ocho II.** *m* ① *(número)* Tausend *nt; v. t.* **ocho** ② *(cantidad indefinida)* **~es** Tausende *ntpl;* **a ~es** zu Tausenden; **~es y ~es** Tausende und Abertausende; **varios ~es de dólares** einige Tausend Dollar ③ *(loc)* **a las ~** (**y quinientas**) viel zu spät; **pasar las ~ y una** viel durchmachen

milagrero, -a [mila'ɣrero, -a] **I.** *adj* ① *(que cree en milagros)* wundergläubig ② *(milagroso)* wundertätig **II.** *m, f* ① *(que cree en milagros)* Person *f*, die an Wunder glaubt ② *(milagroso)* Wundertäter(in) *m(f)*

milagro [mi'laɣro] *m* Wunder *nt;* **hacer ~s** Wunder vollbringen; **contar la vida y ~s de alguien** detailliert aus jds Leben erzählen; **esta vez se escapó de ~** dieses Mal hat er/sie noch einmal Glück gehabt; **si sales de esta, solo saldrás de ~** wenn du es dieses Mal schaffst, dann nur mit sehr viel Glück; ~ (**sería**) **que...** *+subj* es wäre ein Wunder, wenn …

milagroso, -a [mila'ɣroso, -a] *adj* ① *(que hace milagros)* wundertätig ② *(ocurrido por milagro)* wundersam ③ *(maravilloso)* wunderbar

Milán [mi'lan] *m* Mailand *nt*

milanés, -esa [mila'nes, -esa] **I.** *adj* mailändisch **II.** *m, f* Mailänder(in) *m(f)*

milanesa [mila'nesa] *f* (GASTR) (Wiener) Schnitzel *nt*

milano [mi'lano] *m* Milan *m*

milenario[1] [mile'narjo] *m (aniversario)* tausendster Jahrestag *m; (fiesta)* Tausendjahrfeier *f*

milenario, -a[2] [mile'narjo, -a] *adj* tausendjährig

milenio [mi'lenjo] *m* Jahrtausend *nt*

milésimo [mi'lesimo] *m (ordinal)* Tausendste(r) *mf o nt*

milésimo, -a [mi'lesimo, -a] *adj* tausendste(r, s); *v. t.* **octavo**

mileurista [mil'eu̯rista] *mf (fam) Person, die monatlich nicht mehr als 1.000 Euro verdient*

mili ['mili] *f (fam)* Wehrdienst *m;* **ir a** [*o* **hacer**] **la ~** den Wehrdienst (ab)leisten; *(en Alemania)* zum Bund gehen; **¿ya hiciste la ~?** warst du schon beim Bund?; **tener mucha ~** *(argot)* kein unbeschriebenes Blatt mehr sein

milibar [mili'βar] *m* Millibar *nt*

milicia [mi'liθja] *f* ① *(tropa)* Miliz *f;* **~ nacional** *(ciudadanos)* Bürgerwehr *f* ② *(actividades militares)* Manöver *nt*

miligramo [mili'ɣramo] *m* Milligramm *nt*

mililitro [mili'litro] *m* Milliliter *m*

milimetrado, -a [milime'traðo, -a] *adj* Millimeter-; **papel ~** Millimeterpapier *nt*

M

milimétrico, -a [mili'metriko, -a] *adj* millimetergenau
milímetro [mi'limetro] *m* Millimeter *m o nt*
militancia [mili'taṇθja] *f* (POL) (aktive) Mitgliedschaft *f*, (aktive) Teilnahme *f*
militante [mili'taṇte] **I.** *adj* militant **II.** *mf (de una partido)* Mitglied *nt*
militar [mili'tar] **I.** *vi* ❶ *(cumplir el servicio)* dienen (**en** bei/in +*dat*) ❷ *(en un partido)* angehören (**en** +*dat*) ❸ *(loc)* **~ en favor de/contra algo** sich für/gegen etw einsetzen **II.** *adj* Militär-; **los altos mandos ~es** die Militärs; **dictadura ~** Militärdiktatur *f* **III.** *m* Soldat *m*
militarismo [milita'rismo] *m sin pl* Militarismus *m*
militarista [milita'rista] **I.** *adj* militaristisch **II.** *mf* Militarist(in) *m(f)*
militarizar [militari'θar] <z → c> *vt* militarisieren
milla ['miʎa] *f* Meile *f*; **~ marina** Seemeile *f*
millar [mi'ʎar] *m* Tausend *nt*; **protestaron a ~es** sie protestierten zu Tausenden
millardo [mi'ʎarðo] *m* Milliarde *f*
millón [mi'ʎon] *m* Million *f*; **mil millones** Milliarde *f*; **cuatro millones de habitantes** vier Millionen Einwohner; **un ~ de gracias** tausend Dank
millonada [miʎo'naða] *f (fam: muchísimo dinero)* Vermögen *nt*
millonario, -a [miʎo'narjo, -a] *m, f* Millionär(in) *m(f)*
millonésimo [miʎo'nesimo] *m (ordinal)* Millionste(r) *mf o nt*
millonésimo, -a [miʎo'nesimo, -a] *adj* millionste(r, s); *v. t.* **octavo**
milonga [mi'loŋga] *f* ❶ *(baile)* Milonga *f (Name eines Volkstanzes und Gesanges in Lateinamerika)* ❷ *(And, CSur: fiesta)* Fest *nt* ❸ *(And, CSur: argot: trola, mentira)* Schwindel *m*, Ente *f*
milpa ['milpa] *f (Am)* ❶ *(campo)* Maisfeld *nt* ❷ *(planta)* Mais *m*
milpiés [mil'pjes] *m inv* Tausendfüß(l)er *m*
mimado, -a [mi'maðo, -a] *adj (consentido)* verwöhnt; *(consentido excesivamente)* verhätschelt; **niño ~** Hätschelkind *nt*
mimador(a) [mima'ðor(a)] *adj* verwöhnend
mimar [mi'mar] *vt* ❶ *(consentir)* verwöhnen; *(excesivamente)* verhätscheln ❷ *(favorecer)* bevorzugen
mimbre ['mimbre] *m* ❶ *(material)* Korbgeflecht *nt*; **de ~** geflochten; **muebles de ~** Rattanmöbel *ntpl*; **silla de ~** Korbstuhl *m* ❷ *(ramita)* Weidenrute *f*
mimbrera [mim'brera] *f* Korbweide *f*
mimeógrafo [mime'oɣrafo] *m (Am)* Kopiergerät *nt*
mimetismo [mime'tismo] *m* (ZOOL) Mimikry *f*
mímica ['mimika] *f* ❶ *(facial)* Mimik *f* ❷ *(señas)* Gebärdensprache *f* ❸ *(ademanes)* Gestik *f*
mímico, -a ['mimiko, -a] *adj* mimisch; (TEAT) schauspielerisch
mimo ['mimo] *m* ❶ *(actor)* Mime, -in *m, f*; **hacer ~ de alguien** jdn mimen ❷ *(caricia)* Zärtlichkeit *f*; **necesitar mucho ~** viele Streicheleinheiten brauchen ❸ *(condescencia)* Verhätschelung *f*; **le dan demasiado ~** er/sie wird zu sehr verhätschelt ❹ *(con cariño)* **realizar su trabajo con ~** seine Arbeit mit Liebe machen
mimosa [mi'mosa] *f* Mimose *f*
mimoso, -a [mi'moso, -a] *adj* ❶ *(mimado)* verhätschelt ❷ *ser (cariñoso)* verschmust ❸ *estar (apegado)* anhänglich
mina ['mina] *f* ❶ (MIN) Bergwerk *nt*; **~ de carbón** Kohlenbergwerk *nt*; **este negocio es una ~** dieses Geschäft ist eine (wahre) Goldgrube ❷ *(pasillo subterráneo)* Stollen *m* ❸ *(explosivo)* Mine *f*; **~ de mar** Seemine *f*; **~ de tierra** Landmine *f* ❹ *(de lápiz/bolígrafo)* Mine *f*
minar [mi'nar] **I.** *vt* ❶ *(excavar)* unterhöhlen ❷ *(colocar minas)* verminen ❸ *(debilitar)* unterminieren **II.** *vr:* **~se** *(argot: hartarse)* sich *dat* den Bauch vollschlagen
minarete [mina'rete] *m* Minarett *nt*
mineral [mine'ral] **I.** *adj* mineralisch; **agua ~** Mineralwasser *nt* **II.** *m* ❶ (GEO) Mineral *nt* ❷ (MIN) Erz *nt*
mineralogía [mineralo'xia] *f sin pl* Mineralogie *f*
minería [mine'ria] *f* ❶ *(explotación)* Bergbau *m* ❷ *(técnica)* Bergbautechnik *f*
minero, -a [mi'nero, -a] **I.** *adj* bergmännisch **II.** *m, f (trabajador)* Bergarbeiter(in) *m(f)*
mingón, -ona [miŋ'gon, -ona] *adj (Ven)* verhätschelt, verwöhnt
miniatura [minja'tura] *f* Miniatur *f*
minibar [mini'βar] *m* Minibar *f*
minibús [mini'βus] *m* Kleinbus *m*
minicadena [minika'ðena] *f* Mini-Stereoanlage *f*
minicalculadora [minikalkula'ðora] *f* Taschenrechner *m*
minidisco [mini'ðisko] *m* (INFOR) Minidiskette *f*
minifalda [mini'fa|da] *f* Minirock *m*
minifundio [mini'fuṇdjo] *m* landwirtschaftlicher Kleinbetrieb *m*
minifundista [mini'fuṇdista] *mf* Kleinbauer, -bäuerin *m, f*

M

minigolf [mini'ɣolf] *m* Minigolf *nt*

mínima ['minima] *f* (METEO) Minimum *nt,* niedrigste Temperatur *f*

minimalista [minima'lista] **I.** *adj* minimalistisch **II.** *mf* Minimalist(in) *m(f)*

minimizar [minimi'θar] <z → c> *vt* ① *(simplificar)* minimalisieren ② *(subestimar)* herunterspielen

mínimo[1] ['minimo] *m* Minimum *nt;* **~ de presión** (METEO) Tiefdruckgebiet *nt;* **el ~ de respeto** das Mindeste an Achtung; **como ~** *(cantidad)* mindestens; **como ~ podrías llamar por teléfono** du könntest wenigstens anrufen; **reducir al ~** auf das Mindestmaß reduzieren

mínimo, -a[2] ['minimo, -a] *adj* ① *superl de* **pequeño** Mindest-; **las temperaturas mínimas** die Tiefstwerte; **cifra mínima** kleinste Zahl; **la mínima obligación posible** die geringstmögliche Verpflichtung; **sin el más ~ ruido** ohne den geringsten Laut; **no ayudar en lo más ~** kein bisschen helfen ② *(minucioso)* minuziös

minino, -a [mi'nino, -a] *m, f (fam)* Kater, Katze *m, f*

miniordenador [miniorðena'ðor] *m* (INFOR) Kleincomputer *m*

miniserie [mini'serje] *f* Mehrteiler *m*

ministerial [ministe'rjal] *adj (de ministre)* Ministerial-; *(de gobierno)* Regierungs-

ministerio [minis'terjo] *m* ① *(cartera, edificio)* Ministerium *nt;* **M~ de Educación** Kultusministerium *nt;* **M~ del Interior** Innenministerium *nt* ② *(cargo)* Ministeramt *nt* ③ *(gabinete)* (Regierungs)kabinett *nt*

ministro, -a [mi'nistro, -a] *m, f* ① *(de un gobierno)* Minister(in) *m(f);* **primera ministra** Ministerpräsidentin *f;* **~ sin cartera** Minister ohne Geschäftsbereich; **M~ (Federal) del Interior/de Hacienda/de Economía** (Bundes)innen-/(Bundes)finanz-/(Bundes)wirtschaftsminister; **M~ Federal de Educación y Ciencia** Bundesminister für Bildung und Wissenschaft ② (JUR) Gerichtsdiener(in) *m(f)* ③ *(en la embajada)* Gesandte(r) *mf*

minivacaciones [miniβaka'θjones] *fpl* Kurzurlaub *m*

minoría [mino'ria] *f* Minderheit *f;* **~ de bloqueo** Sperrminorität *f;* **~ de edad** Minderjährigkeit *f*

minoridad [minori'ðaᵈ] *f* Minderjährigkeit *f*

minorista [mino'rista] **I.** *adj* Einzelhandels- **II.** *mf* Einzelhändler(in) *m(f)*

minoritario, -a [minori'tarjo, -a] *adj* Minderheits-

minucia [mi'nuθja] *f* ① *(de poca importancia)* Kleinigkeit *f* ② *pl (para decorar)* Nippes *m*

minuciosidad [minuθjosi'ðaᵈ] *f* Genauigkeit *f*

minucioso, -a [minu'θjoso, -a] *adj* minuziös

minúscula [mi'nuskula] *f* (LING) Kleinbuchstabe *m;* **en ~s** in Kleinbuchstaben; **escribirse con ~** kleingeschrieben werden

minúsculo, -a [mi'nuskulo, -a] *adj* ① *(muy pequeño)* sehr klein, winzig ② (LING) **letra minúscula** Kleinbuchstabe *m*

minusvalía [minusβa'lia] *f* ① *(física)* (körperliche) Behinderung *f* ② (COM) Wertverlust *m*

minusvalidez [minusβali'ðeθ] *f (pey)* (körperliche) Behinderung *f*

minusválido, -a [minus'βaliðo, -a] **I.** *adj (pey)* **II.** *m, f (pey) s.* **discapacitado**

minusvalorar [minusβalo'rar] *vt* unterbewerten

minuta [mi'nuta] *f* ① *(cuenta)* Honorarrechnung *f* ② *(borrador)* Konzept *nt; (copia)* Zweitschrift *f* ③ *(apunte)* Notiz *f* ④ *(menú)* Menü *nt*

minutero [minu'tero] *m* Minutenzeiger *m*

minuto [mi'nuto] *m* Minute *f;* **sin perder un ~** augenblicklich; **vuelvo en un ~** ich bin gleich wieder da

miñón [mi'ɲon] *adj* süß, herzig

mío, -a ['mio, -a] *pron pos* ① *(de mi propiedad)* **el libro es ~** das Buch gehört mir; **la botella es mía** das ist meine Flasche; **¡ya es ~!** geschafft! ② *(tras artículo)* **el ~/la mía/lo ~** meine(r, s); **los ~s** meine; *(parientes)* meine Angehörigen; **esta es la mía** *(fam)* das ist die Gelegenheit für mich; **una de las mías** einer von meinen (wohlbekannten) Streichen; **¡esto sí que es lo ~!** *(lo conozco)* damit kenne ich mich wirklich aus!; *(me gusta)* das ist etwas, das ich wirklich mag! ③ *(tras sustantivo)* mein(e), von mir; **una amiga mía** eine Freundin von mir; **¡amor ~!** mein Liebes!; (**no**) **es culpa mía** es ist (nicht) meine Schuld

miocardio [mjo'karðjo] *m* Herzmuskel *m*

mioma [mi'oma] *m* Myom *nt*

miope [mi'ope] **I.** *adj* kurzsichtig **II.** *mf* Kurzsichtige(r) *mf*

miopía [mjo'pia] *f* Kurzsichtigkeit *f*

mira ['mira] *f* ① *(para apuntar)* Visier *nt* ② (MIL) Wachturm *m;* **estar a la ~ de alguien** nach jdm Ausschau halten ③ *(mirada)* Blick *m;* **poner la ~ en algo/alguien** *(atención)* das Augenmerk auf etw/jdn richten; **poner la ~ en algo** *(aspirar)* etw anstreben; **con amplias ~s** mit Weitblick;

de ~s estrechas engstirnig; **con ~s a** im Hinblick auf *+akk* ❹ *(pl) (intención)* Absicht *f;* **con ~s desinteresadas** in uneigennütziger Absicht

mirada [mi'raða] *f* Blick *m;* ~ **perdida** Blick ins Leere; **devorar con la** ~ mit den Augen verschlingen; **echar una** ~ **a algo** einen (kurzen) Blick auf etw werfen; **levantar la** ~ aufblicken; **apartar la** ~ wegsehen; **ser el blanco de las ~s** alle Blicke auf sich ziehen

mirado, -a [mi'raðo, -a] *adj* ❶ *(respetuoso)* rücksichtsvoll ❷ *(fam: delicado)* pingelig ❸ *(cuidadoso)* umsichtig ❹ *(respetado)* **estar bien/mal** ~ *(persona)* wohl angesehen/nicht gerne gesehen sein; **está mal ~ ir sin regalo** es wird nicht gern gesehen, wenn man ohne ein Geschenk kommt ❺ *(si bien se mira)* **bien ~, ...** eigentlich ...

mirador [mira'ðor] *m* ❶ *(atalaya)* Aussichtspunkt *m* ❷ *(balcón)* (verglaster) Balkon *m; (ventana)* Erkerfenster *nt*

miramiento [mira'mjen̪to] *m* ❶ *(consideración)* Rücksicht(nahme) *f;* **tener ~ con alguien** auf jdn Rücksicht nehmen; **sin ~** rücksichtslos; **andar con ~s** auf alles und jeden Rücksicht nehmen; **sin ~s de** ungeachtet *+gen* ❷ *(cuidado)* Umsicht *f;* **sin ~** unvorsichtig ❸ *(timidez)* Scheu *f* ❹ *pl (cortesías)* Höflichkeiten *f pl,* Aufmerksamkeiten *f pl*

mirar [mi'rar] **I.** *vt* ❶ *(ver)* (an)schauen; *(observar)* beobachten; ~ **por la ventana** aus dem Fenster schauen; ~ **por un agujero** durch ein Loch schauen; ~ **atrás** zurückblicken; ~ **alrededor** um sich schauen; ~ **fijamente a alguien** jdn anstarren; ~ **por encima** kurz überfliegen ❷ *(buscar)* nachschauen ❸ *(prestar atención)* aufpassen (auf *+akk*); **mira bien el dinero que te devuelven** pass mit dem Wechselgeld auf; **¡mira el bolso!** behalte die Tasche im Auge! ❹ *(meditar)* überdenken ❺ *(tener en cuenta)* sich richten (nach *+dat*); **siempre estás mirando tu porvenir** du denkst ständig an deine Zukunft; ~ **el dinero** aufs Geld schauen; **siempre miramos por nuestros hijos** wir wollen immer nur das Beste für unsere Kinder ❻ *(dar)* **la casa mira al este** das Haus liegt nach Osten; **la ventana mira al mar** das Fenster geht zum Meer hinaus ❼ *(estimar)* ~ **bien** schätzen; ~ **mal** nicht gern sehen; ~ **algo con buena cara** von etw *dat* angetan sein; ~ **algo con mala cara** etw *dat* abgeneigt sein **II.** *vi* ❶ *(aviso)* **¡mirad!** schaut (mal)!; **¡mira! ya llega** schau! da kommt er/sie schon ❷ *(amenaza)* **¡pero mira lo que estás haciendo!** Mensch, schau mal, was du da machst! ❸ *(tener en cuenta)* **mira, que no nos queda mucho tiempo** denk daran, wir haben nicht mehr viel Zeit; **mira que si se cae este jarrón** stell dir vor, diese Vase fällt herunter ❹ *(ir a ver)* **mira (a ver) si han llegado ya** geh mal schauen, ob sie schon gekommen ist ❺ *(loc)* **eres de mírame y no me toques** du bist aber sehr empfindlich; **mire, ya se lo he explicado tres veces** schauen Sie mal, ich habe es Ihnen schon dreimal erklärt; **¡pues, mira por donde ...!** *(fam)* sieh mal einer an, (was) ...; **mira, mira, con que tú también apareces por aquí** sieh mal einer an, du kommst also auch hier vorbei; **mira, mira, déjate de tonterías** ach, komm schon, hör mit dem Blödsinn auf; **mira que es tonta, ¿eh?** sie ist aber wirklich sehr doof; **quedarse mirando** *(sorprendido)* ratlos (drein)schauen; **se mire como** [*o* **por donde**] **se mire** wie man es auch dreht und wendet; **por lo que mira a...** was ... *+akk* betrifft; **si bien se mira, mirándolo bien, bien mirado** eigentlich **III.** *vr:* **~se** *(verse)* sich anschauen; **~se a los ojos** sich *dat* in die Augen schauen; **~se en el espejo** sich im Spiegel betrachten

mirasol [mira'sol] *m* Sonnenblume *f*

miríada [mi'riaða] *f* Myriade *f; (cantidad incontable)* Unzahl *f*

mirífico, -a [mi'rifiko, -a] *adj (elev)* bewundernswert, beeindruckend

mirilla [mi'riʎa] *f (en la puerta)* Spion *m; (en la pared)* Guckloch *nt;* (FOTO) Sucher *m*

mirlo ['mirlo] *m* ❶ (ZOOL) Amsel *f* ❷ *(argot: lengua)* **achantar el ~** keinen Pieps sagen

mirón, -ona [mi'ron, -ona] **I.** *adj* schaulustig **II.** *m, f* ❶ *(espectador curioso)* Schaulustige(r) *mf; (pey: de intimidades)* Spanner(in) *m(f)* ❷ (INFOR) Lurker *m*

mirra ['mirra] *f* Myrrhe *f*

mirto ['mirto] *m* Myrte *f*

misa ['misa] *f* (REL: *ceremonia*) Gottesdienst *m;* ~ **de difuntos** Totenmesse *f;* ~ **del gallo** Christmette *f;* **ir a** ~ in die Kirche gehen; **ayudar a** ~ ministrieren; **cantar** ~ Primiz feiern; **decir** ~ einen Gottesdienst halten; **eso va a** ~ *(fam)* darauf kannst du Gift nehmen; **no saber de la ~ la media** *(fam)* keinen blassen Schimmer haben

misal [mi'sal] *m* (REL) Messbuch *nt*

misantropía [misan̪tro'pia] *f sin pl* Menschenfeindlichkleit *f*

misantrópico, -a [misan̪'tropiko, -a] *adj* misanthropisch, menschenfeindlich

M

misántropo, -a [mi'santropo, -a] **I.** *adj* menschenfeindlich **II.** *m, f* Menschenfeind *m*
miscelánea [misθe'lanea] *f (revoltijo)* Mischung *f*
miscible [mis'θiβle] *adj* mischbar
miserable [mise'raβle] **I.** *adj* ❶ *(pobre)* ärmlich ❷ *(lamentable)* erbärmlich ❸ *(tacaño)* knauserig ❹ *(poco, mísero)* schäbig; **un sueldo ~** ein Hungerlohn **II.** *mf* ❶ *(desdichado)* Pechvogel *m fam; (que da pena)* bedauernswerter Mensch *m* ❷ *(canalla)* gemeiner Mensch *m*
miseria [mi'serja] *f* ❶ *(pobreza)* Elend *nt;* **caer en la ~** in Not und Elend geraten; **vivir en la ~** in Armut leben ❷ *(poco dinero)* lächerliche Summe *f* ❸ *(tacañería)* Geiz *m* ❹ *pl (infortunios)* Schicksalsschläge *mpl*
misericordia [miseri'korðja] *f* ❶ *(compasión)* Erbarmen *nt* ❷ *(perdón)* Gnade *f*
misericordioso, -a [miserikor'ðjoso, -a] *adj* ❶ *(que siente)* teilnahmsvoll ❷ *(que perdona)* gnädig (**con/para** (**con**) mit +*dat*)
mísero, -a ['misero, -a] *adj v.* **miserable**
misérrimo, -a [mi'serrimo, -a] *adj* ärmlichst; **gana un salario ~** sein Verdienst ist mehr als erbärmlich

M

misil [mi'sil] *m,* **mísil** ['misil] *m* Rakete *f;* **~ de alcance medio** Mittelstreckenrakete *f;* **~ antiaéreo** Flugabwehrrakete *f*
misión [mi'sjon] *f* Mission *f*
misionar [misjo'nar] *vi* (REL) missionieren, bekehren
misionero, -a [misjo'nero, -a] *m, f* Missionar(in) *m(f)*
misiva [mi'siβa] *f* Schreiben *nt,* Brief *m,* (schriftliche) Mitteilung *f*
mismamente [misma'mente] *adv* ❶ *(solamente)* lediglich ❷ *(literalmente)* genauso ❸ *(hasta)* sogar; **da ~ escalofríos** da läuft es einem geradezu kalt den Rücken herunter ❹ *(en realidad)* eigentlich ❺ *(precisamente)* gerade; **ayer ~ estuvimos hablando de ello** gestern erst haben wir darüber geredet
mismo[1] ['mismo] *adv* ❶ *(incluso)* selbst; **me duele sentado ~** es schmerzt selbst beim Sitzen ❷ *(manera)* **así ~** genauso ❸ *(justamente)* **ahí ~** genau da; **aquí ~** gleich hier; **ayer ~** gerade gestern ❹ *(ejemplo)* **nos podemos ver el miércoles ~** wir können uns zum Beispiel am Mittwoch sehen
mismo, -a[2] ['mismo, -a] *adj* ❶ *(idéntico)* **el/lo ~** derselbe/dasselbe; **la misma** dieselbe; **al ~ tiempo** gleichzeitig; **da lo ~** das ist egal; **por lo ~** aus demselben Grund; **lo ~ José como** [*o* **que**] **María** sowohl José als auch María; **lo ~ que coma o no coma, sigo engordando** ob ich nun esse oder nicht, ich nehme weiterhin zu; **lo ~ no vienen** es kann gut sein, dass sie gar nicht kommen; **quedar** [*o* **seguir**] **en las mismas** keinen Fortschritt gemacht haben ❷ *(semejante)* **el ~/la misma/lo ~** der/die/das Gleiche; **llevar la misma falda** den gleichen Rock tragen ❸ *(reflexivo)* selbst; **te perjudicas a ti ~** du schadest dir selbst; **yo misma lo vi** ich habe es selbst gesehen; **lo hizo por sí misma** sie tat es für sich; **lo podemos hacer nosotros ~s** wir können es selbst machen ❹ *(precisamente)* **este ~ perro fue el que me mordió** genau dieser Hund hat mich gebissen; **¡eso ~!** genau! ❺ *(hasta)* selbst; **el ~ embajador asistió a la fiesta** der Botschafter selbst nahm an der Feier teil; **mi misma familia me abandonó** meine eigene Familie ließ mich im Stich
misógamo, -a [mi'soɣamo, -a] **I.** *adj* eheschеu, misogam **II.** *m, f* Ehegegner(in) *m(f)*
misoginia [miso'xinja] *f sin pl* Frauenhass *m;* (MED, PSICO) Misogynie *f*
miss [mis] *f* Schönheitskönigin *f;* **~ Alemania** Miss Germany
mistérico, -a [mis'teriko, -a] *adj* geheimnisvoll, geheimnisumwittert, rätselhaft
misterio [mis'terjo] *m (enigma, secreto)* Geheimnis *nt;* **obrar con ~** geheimnisvoll tun
misterioso, -a [miste'rjoso, -a] *adj* geheimnisvoll
mística ['mistika] *f sin pl* Mystik *f*
misticismo [misti'θismo] *m* Mystizismus *m*
místico, -a ['mistiko, -a] **I.** *adj* mystisch **II.** *m, f* Mystiker(in) *m(f)*
mistificación [mistifika'θjon] *f* Täuschung *f,* Irreführung *f,* Betrug *m*
mistificar [mistifi'kar] <c → qu> *vt* ❶ *(burlarse)* hereinlegen *fam* ❷ *(falsear)* verfälschen
mita ['mita] *f (Am:* HIST) *Pflicht der Indios zur Fronarbeit*
mitad [mi'taᵈ] *f* ❶ *(parte igual)* Hälfte *f;* **~ hombre ~ bestia** halb Mensch, halb Tier; **a ~ de precio** zum halben Preis; **cara ~** *(cónyuge)* bessere Hälfte; **mezcla harina y agua, ~ y ~** vermische Mehl und Wasser im Verhältnis eins zu eins; **¿estás contenta? – ~ y ~** bist du zufrieden? – teils, teils ❷ *(medio)* Mitte *f;* **en ~ del bosque** mitten im Wald; **cortar por la ~** in der Mitte durchschneiden ❸ (DEP) Halbzeit *f*

mítico, **-a** ['mitiko, -a] *adj* mythisch, Sagen-
mitigación [mitiɣa'θjon] *f* ① *(de dolores)* Linderung *f* ② *(del color, del calor, de la luz)* Abschwächung *f* ③ *(de cólera, de ira, de inquietud)* Beruhigung *f; (del temperamento)* Zügelung *f*
mitigar [miti'ɣar] <g → gu> **I.** *vt* ① *(dolores)* lindern, mildern; *(ira)* beschwichtigen; *(hambre, sed)* stillen; *(temperamento)* zügeln; ~ **la inquietud de alguien** jdn beruhigen ② *(colores, calor, luz)* abschwächen; ~ **las olas** die Fluten dämmen **II.** *vr:* **~se** ① *(dolores)* nachlassen ② *(color, calor, luz)* sich abschwächen
mitin ['mitin] *m* Treffen *nt*
mito ['mito] *m* Mythos *m,* Sage *f*
mitología [mitolo'xia] *f* Mythologie *f*
mitológico, **-a** [mito'loxiko, -a] *adj* mythologisch
mitólogo, **-a** [mi'toloɣo, -a] *m, f* Mythologe, -in *m, f*
mitomanía [mitoma'nia] *f sin pl* manisches Lügen *nt*
mitómano, **-a** [mi'tomano, -a] *m, f* manischer Lügner, manische Lügnerin *m, f*
mitosis [mi'tosis] *f inv* (BIOL) Mitose *f*
mitote [mi'tote] *m (Méx)* ① *(jaleo)* Radau *m fam; (caos)* Durcheinander *nt* ② *(danza)* Tanz *m* der Azteken
mixto[1] ['misto] *m (fósforo)* Streichholz *nt*
mixto, **-a**[2] ['misto, -a] *adj* gemischt
mixtura [mis'tura] *f* Mischung *f*
ml [mili'litro] *abr de* **mililitro** ml
mnemotecnia [nemo'teɣnja] *f sin pl* Mnemotechnik *f*
mobbing ['moβiŋ] *m sin pl* Mobbing *nt*
mobiliario [moβi'ljarjo] *m* Mobiliar *nt*
moca ['moka] *m* ① *(café)* Mokka *m* ② *(Ecua: ciénaga)* Sumpf *m*
mocarrera [moka'rrera] *f (fam)* laufende Nase *f,* Rotznase *f*
mocasín [moka'sin] *m* Mokassin *m*
mocedad [moθe'ðaᵈ] *f* Jugend *f*
mocejón [moθe'xon] *m* (ZOOL) Miesmuschel *f*
moceril [moθe'ril] *adj* jugendlich; **alegría** ~ jugendliche Fröhlichkeit
mocerío [moθe'rio] *m* Jugend *f;* **todo el ~ del pueblo acudió a la fiesta** die ganze Dorfjugend kam zum Fest
mocetón, **-ona** [moθe'ton, -ona] *m, f (chico)* strammer Bursche *m; (chica)* dralles Mädchen *nt*
mochales [mo'ʧales] *adj inv (fam)* **estar** ~ bekloppt sein
mochila [mo'ʧila] *f* Rucksack *m; (de un soldado)* Tornister *m; (de un estudiante)* Ranzen *m; (para bebés)* Babytrage *f*
mochilero, **-a** [moʧi'lero, -a] *m, f* Rucksacktourist(in) *m(f);* **ir de mochilera** backpacken
mocho, **-a** ['moʧo, -a] *adj* ① *(cuerno)* stumpf; *(árbol)* gekappt ② *(cabeza)* kahl ③ *(Am: mutilado)* verstümmelt
mochuelo [mo'ʧwelo] *m* ① (ZOOL) Kauz *m* ② *(fam: carga)* Bürde *f;* **cargar a alguien con el** ~ jdm eine Arbeit aufbürden; **siempre me toca cargar con el** ~ immer bleibt es an mir hängen
moción [mo'θjon] *f* ① *(movimiento)* Bewegung *f* ② (POL) Antrag *m;* **presentar una ~ de censura** einen Misstrauensantrag einbringen
moco[1] ['moko] *m* ① *(materia)* Schleim *m; (de la nariz)* (Nasen)schleim *m;* **limpiarse los ~s** sich *dat* die Nase putzen; **llorar a ~ tendido** *(fam)* Rotz und Wasser heulen ② *(del pavo)* Hautlappen *m* ③ *(de una mecha)* Dochtende *nt;* **a ~ de candil** bei Kerzenlicht
moco, **-a**[2] ['moko, -a] *adj (fam: borracho)* sternhagelvoll; *(drogado)* high
mococoa [moko'koa] *f (Col: murria)* Trübsinn *m; (mal humor)* schlechte Laune *f*
mocoso, **-a** [mo'koso, -a] **I.** *adj* rotzig *fam* **II.** *m, f (pey)* Rotzbengel *m,* Rotzgöre *f*
moda ['moða] *f* Mode *f;* **vestido/peinado de** ~ modische Kleidung/Frisur; **estar de** ~ (in) Mode sein; **ponerse/pasar de** ~ in Mode/aus der Mode kommen; **ir a la** (**última**) ~ sich nach der neuesten Mode kleiden
modal [mo'ðal] **I.** *adj* modal **II.** *mpl* Manieren *fpl;* **~es de la mesa** Tischsitten *fpl;* **¡qué ~es son estos!** so was gehört sich nicht!; **¿has olvidado tus ~es?** wo bleiben denn deine Manieren?
modales [mo'ðales] *mpl* Manieren *fpl,* Umgangsformen *fpl;* ~ **de la mesa** Tischsitten *fpl,* Tischmanieren *fpl;* **¡qué son estos ~!, ¡qué ~ son estos!** so was gehört sich nicht!; **¿has olvidado tus ~?** wo bleiben denn deine Manieren?
modalidad [moðali'ðaᵈ] *f* Art *f;* **~es de un contrato** Vertragsbestimmungen *fpl*
modelar [moðe'lar] *vt* modellieren; *(fig)* formen
modélico, **-a** [mo'ðeliko, -a] *adj* beispielhaft; **su comportamiento fue** ~ sein/ihr Benehmen war tadellos
modelismo [moðe'lismo] *m* Modellbau *m*
modelo[1] [mo'ðelo] *m* ① *(arquetipo)* Vorbild *nt;* **un político** ~ ein vorbildlicher Politiker ② *(muestra)* Muster *nt;* **hacer algo según el** ~ etw nach einer Vorlage anfertigen ③ *(maqueta, de coche, t.* COM) Modell *nt;* ~ **fuera de mercado** Auslaufmo-

M

dell *nt* ④ *(esquema)* Schema *nt* ⑤ *(vestido)* Modell *nt*

modelo² [mo'ðelo] *mf* ① *(de modas)* Model *nt* ② (ARTE, FOTO) Modell *nt;* ~ **vivo** Aktmodell *nt*

módem ['moðen] *m* Modem *nt o m;* ~ **USB** Surfstick *m*

moderación [moðera'θjon] *f* ① *(comedimiento)* Mäßigung *f;* **comer con** ~ sich beim Essen mäßigen ② (TV, RADIO) Moderation *f* ③ *(de un debate)* Leitung *f*

moderadamente [moðeraða'mente] *adv* mäßig, in Maßen

moderado, -a [moðe'raðo, -a] **I.** *adj (fuerza, alegría, propuesta)* gemäßigt; *(velocidad, vida)* mäßig; *(precio, petición)* maßvoll; *(castigo)* mild **II.** *m, f* (POL) gemäßigter Politiker, gemäßigte Politikerin *m, f*

moderador(a) [moðera'ðor(a)] **I.** *adj* mäßigend **II.** *m(f)* ① (TV, RADIO) Moderator(in) *m(f)* ② *(de un debate)* Diskussionsleiter(in) *m(f)*

moderar [moðe'rar] **I.** *vt* ① *(disminuir)* mäßigen ② (TV, RADIO) moderieren ③ *(debate)* leiten **II.** *vr:* **~se** sich mäßigen

modernidad [moðerni'ðaᵈ] *f* ① *(cualidad)* Modernität *f* ② *(espíritu)* Moderne *f*

M

modernismo [moðer'nismo] *m* ① (ARTE, LIT) Modernismus *m* ② (ARQUIT) Jugendstil *m*

modernización [moðerniθa'θjon] *f* Modernisierung *f*

modernizador(a) [moðerniθa'ðor(a)] *adj* modernisierend

modernizar [moðerni'θar] <z → c> **I.** *vt* modernisieren **II.** *vr:* **~se** moderner werden; *(en forma de pensar)* moderner denken

moderno, -a [mo'ðerno, -a] *adj* modern; **edad moderna** Neuzeit *f;* **historia moderna** neuere Geschichte

modestia [mo'ðestja] *f* ① *(humildad, sencillez)* Bescheidenheit *f;* ~ **aparte, pero...** ich will mich ja nicht rühmen, aber ...; **vestir con** ~ sich schlicht kleiden ② *(conformidad)* Genügsamkeit *f* ③ *(de una mujer)* Anstand *m*

modesto, -a [mo'ðesto, -a] *adj* ① *(humilde, sencillo)* bescheiden ② *(poco complicado)* genügsam ③ *(mujer)* anständig

módicamente [moðika'mente] *adv* maßvoll, nicht übertrieben

módico, -a ['moðiko, -a] *adj (cantidad)* gering; *(precio)* angemessen

modificable [moðifi'kaβle] *adj* ① *(general)* veränderbar; *(plan)* abänderbar ② (LING) modifizierbar

modificación [moðifika'θjon] *f* Veränderung *f; (de plan)* Abänderung *f; (de tema)* Abwandlung; (LING) Modifikation *f;* ~ **de estatutos** Satzungsänderung *f*

modificar [moðifi'kar] <c → qu> **I.** *vt* verändern; *(plan)* abändern; *(texto)* bearbeiten; *(tema)* abwandeln; (LING) modifizieren **II.** *vr:* **~se** sich verändern

modismo [mo'ðismo] *m* (Rede)wendung *f*

modista [mo'ðista] *mf* Damenschneider(in) *m(f)*

modisto [mo'ðisto] *m* Modemacher *m*

modo ['moðo] *m* ① *(manera)* Art *f;* ~ **de andar** Gang *m;* ~ **de hablar** Sprechweise *f;* **hazlo a tu** ~ mach es auf deine Art; **hacer algo de cualquier** ~ etw oberflächlich machen; **a mi** ~ **de pensar** nach meiner Auffassung; **no me gusta tu** ~ **de pensar** mir gefällt deine Einstellung nicht; **encontrar un** ~ **de resolver el problema** eine Lösung für das Problem finden; **de este** ~ so; **he encontrado el** ~ **de hacerlo** ich habe herausgefunden, wie man es machen kann; **no es** ~ **de hablar a un superior** in einem solchen Ton spricht man nicht mit einem Vorgesetzten ② (LING, INFOR) Modus *m;* ~ **de operación** Betriebsart *f* ③ *pl (comportamiento)* Benehmen *nt;* **tener buenos/malos ~s** gute/schlechte Manieren haben; **decir algo con buenos/malos ~s** sich höflich/unhöflich ausdrücken; **¿qué ~s son esos?** was ist denn das für eine Art? ④ *(loc)* **de cualquier** ~ **no hubiera ido** ich wäre sowieso nicht hingegangen; **de** ~ **que lo has conseguido** du hast es also geschafft; **de ningún** ~ auf keinen Fall; **utilizar el paraguas a** ~ **de espada** den Regenschirm als Schwert benutzen; **en cierto** ~ gewissermaßen; **de todos ~s no hubo heridos** es gab immerhin keine Verletzten; **de todos ~s, lo volvería a intentar** ich würde es jedenfalls noch einmal versuchen; **de todos ~s es mejor que te vayas** auf alle Fälle ist es besser, wenn du jetzt gehst

modorra [mo'ðorra] *f* ① *(somnolencia)* Schläfrigkeit *f* ② *(por la bebida)* Katzenjammer *m fam*

modorro, -a [mo'ðorro, -a] *adj* ① *(somnoliento)* schläfrig ② *(torpe)* schwerfällig ③ *(atontado)* benommen ④ *(fruta)* faul

modosidad [moðosi'ðaᵈ] *f sin pl* Wohlerzogenheit *f,* Artigkeit *f*

modoso, -a [mo'ðoso, -a] *adj* **ser** [*o* **estar**] ~ gute Manieren haben

modulador [moðula'ðor] *m* (INFOR) Modulator *m*

modular [moðu'lar] *vt, vi* modulieren

módulo ['moðulo] *m* ① (ARQUIT, ELEC, INFOR) Modul *nt* ② *(de una prisión)* Trakt *m*

❸ *(de un mueble)* (Anbau)element *nt* ❹ (ENS) Kurs *m* ❺ (MÚS) Modulation *f* ❻ (AERO) ~ **de mando** Raumkapsel *f*

modus operandi ['moðus ope'ran̩di] *(elev)* Vorgehensweise *f*, Modus operandi *m*

modus vivendi ['moðus βi'βen̩di] *m* Modus vivendi *m*, Lebensweise *f*

mofa ['mofa] *f* Spott *m;* **hacer ~ de algo** sich über etw lustig machen

mofar [mo'far] *vi, vr:* **~se** sich lustig machen (**de** über *+akk*)

mofeta [mo'feta] *f* ❶ (ZOOL) Stinktier *nt* ❷ (MIN) Grubengas *nt*

moflete [mo'flete] *m* Pausbacke *f*

mofletudo, -a [mofle'tuðo, -a] *adj* pausbäckig

mogollón [moɣo'ʎon] *m* ❶ *(vulg: cantidad)* Haufen *m;* **había ~ de gente en la fiesta** es waren unheimlich viele Leute auf dem Fest; **había ~ de público en el pabellón** die Halle war gerammelt voll *fam* ❷ *(vulg: lío)* Zoff *m fam* ❸ *(gratis)* **entramos al cine de ~** wir kamen umsonst ins Kino ❹ *(vulg: entrometimiento)* Einmischung *f*

mohín [mo'in] *m* Grimasse *f;* **hacer un ~ gracioso** das Gesicht zu einer lustigen Grimasse verziehen

mohína [mo'ina] *f* ❶ *(enfado)* Ärger *m* ❷ *(tristeza)* Traurigkeit *f* ❸ *(mohín)* Grimasse *f*

mohíno, -a [mo'ino, -a] *adj* ❶ *(enfadado)* verärgert; *(de mal humor)* missmutig ❷ *(triste)* traurig

moho ['mo(o)] *m* ❶ (BOT) Moder *m; (en la pared/alimentos)* Schimmel *m; (en líquidos)* Kahm *m;* **no (dejar) criar ~** *(alimentos)* schnell verzehren; *(un objeto)* ständig benutzen ❷ *(óxido)* Rost *m* ❸ *(desidia)* Arbeitsscheu *f*

mohosearse [mo(o)se'arse] *vr (Col, Perú)* verschimmeln

mohoso, -a [mo'oso, -a] *adj* ❶ *(de moho)* mod(e)rig; *(pared, alimentos)* schimmelig; *(líquido)* kahmig ❷ *(oxidado)* rostig

mojada [mo'xaða] *f* ❶ *(acción)* Nasswerden *nt* ❷ *(fam: herida)* Stichwunde *f*

mojado[1] [mo'xaðo] *m v.* **mojadura**

mojado, -a[2] [mo'xaðo, -a] *adj* nass, feucht

mojama [mo'xama] *f* getrockneter Thunfisch *m*

mojar [mo'xar] **I.** *vt* ❶ *(con un líquido)* nass machen; *(ligeramente)* befeuchten; *(para planchar)* einsprengen ❷ *(el pan)* eintauchen ❸ *(fam: celebrar)* begießen ❹ *(fam: apuñalar)* abstechen **II.** *vi (fam: en un asunto)* verwickelt sein (**en** in *+akk*) **III.** *vr:* **~se** ❶ *(con un líquido)* nass werden; **~se los pies** nasse Füße bekommen ❷ *(fam: comprometerse)* Farbe bekennen

mojicón [moxi'kon] *m* ❶ (GASTR) ≈ Biskuit *m o nt* ❷ *(fam: puñetazo)* Schlag *m* ins Gesicht

mojigatería [moxiɣate'ria] *f* ❶ *(gazmoñería)* Duckmäuserei *f* ❷ *(hipocresía)* Heuchelei *f*

mojigato, -a [moxi'ɣato, -a] *adj* ❶ *(gazmoño)* duckmäuserisch ❷ *(hipócrita)* heuchlerisch

mojo ['moxo] *m (reg:* GASTR) *Dressing (aus Öl, Essig, Knoblauch, Salz und anderen Gewürzen);* **~ de cilantro** *Dressing mit Koriander;* **~ picón** *Dressing mit Pepperoni*

mojón [mo'xon] *m* ❶ *(hito)* Grenzstein *m;* **~ kilométrico** Kilometerstein *m* ❷ *(poste)* Wegweiser *m*

mol [mol] *m* Mol *nt*

molar [mo'lar] **I.** *adj* ❶ *(de muela)* **diente ~** Backenzahn *m* ❷ *(de moler)* Mühl- **II.** *m* Backenzahn *m* **III.** *vi (fam)* ❶ *(gustar)* gefallen *+dat;* **este libro me mola** dieses Buch finde ich gut; **me molan las rubias** ich stehe auf Blondinen; **me mola este tío** dieser Kerl ist genau mein Typ ❷ *(llevarse)* in (Mode) sein; **ahora mola llevar pelo corto** kurze Haare sind jetzt in **IV.** *vt (argot)* antörnen

molcajete [molka'xete] *m (Ecua, Méx)* Mörser *m (aus Stein oder Keramik)*

Moldavia [mol̩'daβja] *f* Moldawien *nt*

moldavo, -a [mol̩'daβo, -a] **I.** *adj* moldawisch **II.** *m, f* Moldawier(in) *m(f)*

molde ['mol̩de] *m* ❶ (TÉC) (Guss)form *f;* (GASTR) (Back)form *f;* (TIPO) Matrize *f;* **pan de ~** Kastenbrot *nt;* **letras de ~** Druckbuchstaben *mpl;* **este vestido te viene de ~** dieses Kleid passt dir wie angegossen; **me vienes como de ~** du kommst mir wie gerufen; **este director de cine rompe ~s** das ist ein bahnbrechender Regisseur ❷ *(modelo)* Vorbild *nt*

moldeable [mol̩de'aβle] *adj* formbar; **el carácter de un niño es fácilmente ~** der Charakter eines Kindes ist leicht formbar

moldeado [mol̩de'aðo] *m* ❶ *(vaciado)* Abguss *m* ❷ *(de una figura)* Formen *nt* ❸ *(de cabello)* Lockenfrisur *f*, Formwelle *f* ❹ (TÉC) Formen *nt*

moldeador [mol̩dea'ðor] *m (para el cabello)* Lockenstab *m*

moldear [mol̩de'ar] *vt* ❶ *(formar)* formen; **diversas circunstancias han moldeado su vida** verschiedene Begebenheiten haben sein/ihr Leben geprägt ❷ *(vaciar)* (ab)gießen

M

moldura [moḷ'dura] *f* ① *(listón)* Leiste *f* ② (ARQUIT) Sims *m o nt*

mole[1] ['mole] *f (masa)* Masse *f*

mole[2] ['mole] *m (Méx)* ① *(salsa)* Chilisoße *f;* ~ **verde** *Soße aus grünen Chilis und grünen Tomaten* ② *(guiso)* Chilieintopf *m*

molécula [mo'lekula] *f* Molekül *nt*

molecular [moleku'lar] *adj* molekular; **biología** ~ Molekularbiologie *f*

moler [mo'ler] <o → ue> *vt* ① *(café, trigo)* mahlen; *(aceitunas)* pressen; *(caña de azúcar)* auspressen; ~ **a alguien a palos** jdn windelweich prügeln ② *(fatigar)* erschöpfen; **estoy molido de la excursión** dieser Ausflug hat mich völlig geschafft ③ *(molestar)* belästigen ④ *(estropear)* beschädigen

molestar [moles'tar] **I.** *vt (estorbar)* stören; *(fastidiar)* belästigen; *(dolores)* plagen; *(enfadar)* ärgern; **esta camisa me molesta** dieses Hemd ist mir zu eng; **este dolor en la espalda me molesta** dieser Schmerz im Rücken macht mir zu schaffen **II.** *vr:* ~**se** ① *(tomarse la molestia)* sich *dat* die Mühe machen; **ni siquiera te has molestado en comprobarlo** du hast es gar nicht erst überprüft; **no te molestes en ir allí** du brauchst nicht dorthin zu gehen; **no te molestes por mí** mach dir meinetwegen keine Umstände; **no tendrías que haberte molestado** das wäre wirklich nicht nötig gewesen ② *(ofenderse)* sich beleidigt fühlen; **se ha molestado por tu comentario** deine Bemerkung hat ihn/sie gekränkt

molestia [mo'lestja] *f* ① *(fastidio)* Belästigung *f; (por dolores)* Plage *f;* **ser una** ~ lästig sein; **no es ninguna** ~ das stört überhaupt nicht ② *(inconveniente)* Unannehmlichkeit *f;* **no es ninguna** ~ (**para mí**) das macht mir keine Umstände; **tomarse la** ~ sich *dat* die Mühe machen; **perdonen las** ~**s** bitte entschuldigen Sie die Störung ③ *(enfado)* Ärger *m* ④ *(dolor)* Beschwerde *f*

molesto, -a [mo'lesto, -a] *adj* ① *ser (desagradable)* unangenehm; *(fastidioso)* lästig; **esta comida es molesta para el estómago** dieses Essen liegt schwer im Magen ② *estar (enfadado)* verärgert (**por** über +*akk*); *(ofendido)* beleidigt (**por** wegen +*gen/dat*) ③ *estar (incómodo)* unbehaglich; **estoy** ~ **por el vendaje** der Verband stört mich

molido, -a [mo'liðo, -a] *adj (fam: cansado)* **estoy** ~ ich bin fix und fertig; **el trabajo me ha dejado** ~ die Arbeit hat mich völlig geschafft

molinero, -a [moli'nero, -a] **I.** *adj* Mühlen- **II.** *m, f* Müller(in) *m(f)*

molinete [moli'nete] *m* ① *(en una ventana)* Ventilator *m* ② *(juguete)* Windrad *nt*

molinillo [moli'niʎo] *m* ① *(aparato)* ~ **de café** Kaffeemühle *f* ② *(juguete)* Windrad *nt* ③ *(para batir)* Quirl *m*

molino [mo'lino] *m* ① *(máquina)* Mühle *f;* ~ **de agua/de viento** Wasser-/Windmühle *f;* **cada uno lleva el agua a su** ~ *(fig)* jeder ist nur auf seinen eigenen Vorteil bedacht ② *(inquieto)* Nervenbündel *nt fam* ③ *(pesado)* Nervensäge *f fam*

mollar [mo'ʎar] *adj* ① *(fruta)* weich; *(carne)* ohne Knochen ② *(persona)* leichtgläubig ③ *(trabajo)* einträglich

mollejas [mo'ʎexas] *fpl* (GASTR) (Kalbs)bries *nt*

mollera [mo'ʎera] *f* ① *(de la cabeza)* Schädeldecke *f* ② *(fontanela)* Fontanelle *f;* **la** ~ **se cierra** die Fontanelle schließt sich; **tiene la** ~ **cerrada** *(fig)* er/sie ist vernünftig ③ *(seso)* Verstand *m;* **eso no me entra en la** ~ das will mir nicht in den Kopf; **ser duro de** ~ schwer von Begriff sein

molón, -ona [mo'lon, -ona] *adj* ① *(fam: bonito)* klasse ② *(presumido)* angeberisch ③ *(Guat, Ecua, Méx: fastidioso)* lästig

molondro [mo'loṇdro] *mf (fam)* ① *(torpe)* Tölpel *m* ② *(perezoso)* Faulpelz *m*

molotov [molo'tof] *m* **cóctel** ~ Molotowcocktail *m*

molusco [mo'lusko] *m* Weichtier *nt*

momentáneo, -a [momeṇ'taneo, -a] *adj* ① *(instantáneo)* augenblicklich ② *(provisional)* provisorisch; **hacer un arreglo** ~ notdürftig reparieren ③ *(temporal)* vorübergehend

momento [mo'meṇto] *m* ① *(instante)* Augenblick *m,* Moment *m;* **¡espera un ~!** Augenblick!; **de un** ~ **a otro** jeden Augenblick; **al** ~ sofort; **en cualquier** [*o* **todo**] ~ jederzeit; **en el** ~ **adecuado** zum geeigneten Zeitpunkt; **en el** ~ **de la salida** beim Start; **en este** ~ **hay demasiado paro** heutzutage ist die Arbeitslosigkeit zu hoch; **en este** ~ **estaba pensando en ti** ich habe gerade an dich gedacht; **de ~, no te puedo decir nada** ich kann dir vorerst nichts sagen; **de** ~ **leeré el periódico y luego...** ich lese zunächst die Zeitung und dann ...; **de** [*o* **por el**] ~ **no sé nada de él** ich weiß immer noch nichts von ihm; **en un** ~ **de flaqueza** in einem Anfall von Schwäche; **la tensión aumentaba por** ~**s** die Spannung stieg von Minute zu Minute; **aparecer en el último** ~ in letzter Minute auftauchen; **en todo** ~ **mantuvo la calma** er/sie verlor nie die Ruhe; **no tengo un** ~ **libre** ich habe keinen Augenblick Ruhe; **hace un** ~ **que ha salido** er/sie ist gerade

M

eben gegangen; **este estudiante me pregunta a cada ~** dieser Student stellt mir ununterbrochen Fragen ② *(período)* Zeitraum *m;* **atravieso un mal ~** ich mache gerade eine schwere Zeit durch ③ *(actualidad)* Gegenwart *f;* **la música del ~** die Musik von heute ④ *(situación)* Lage *f* ⑤ (FÍS) Moment *nt*

momia ['momja] *f* ① *(egipcia)* Mumie *f* ② *(persona)* abgemagerter Mensch *m; (hombre)* Hering *m fam*

momio[1] ['momjo] *m* gutes Geschäft *nt;* **este trabajo es un ~** bei dieser Arbeit reißt man sich *dat* kein Bein aus; **de ~** kostenlos, umsonst

momio, -a[2] ['momjo, -a] *adj* mager

mona ['mona] *f* ① (ZOOL) Äffin *f* ② *(fam: borrachera)* Rausch *m;* **coger una ~** sich *dat* einen Rausch antrinken; **estar como una ~** einen Affen (sitzen) haben; **dormir la ~** seinen Rausch ausschlafen; **tener una ~** sternhagelvoll sein ③ (GASTR) **~ de Pascua** Osterkuchen *m* ④ *(loc)* **estar hecho una ~** tief beschämt sein; **vete a freír ~s** scher dich zum Teufel

monacal [mona'kal] *adj* ① *(del monje)* Mönchs- ② *(del convento)* Kloster-; **vida ~** Klosterleben *nt*

Mónaco ['monako] *m* Monaco *nt*

monada [mo'naða] *f* ① *(zalamería)* Schmeichelei *f* ② *(gracia)* Drolligkeit *f* ③ *pl (amaneramiento)* affiges Gehabe *nt* ④ *(algo bonito)* **es una ~ de chica** sie ist ein reizendes Mädchen; **¡qué ~ de vestido!** was für ein entzückendes Kleid!; **este bebé es una ~** dieses Baby ist goldig

monaguillo, -a [mona'ɣiʎo, -a] *m, f* Ministrant(in) *m(f)*

monarca [mo'narka] *mf* Monarch(in) *m(f)*

monarquía [monar'kia] *f* Monarchie *f;* **~ absoluta/constitucional/parlamentaria** absolute/konstitutionelle/parlamentarische Monarchie

monárquico, -a [mo'narkiko, -a] **I.** *adj* ① *(de la monarquía)* monarchisch ② *(partidario)* monarchistisch **II.** *m, f* Monarchist(in) *m(f)*

monasterio [monas'terjo] *m* Kloster *nt*

monda ['moṇda] *f* ① *(acción)* Schälen *nt* ② *(peladura)* Schale *f* ③ *(poda)* Beschneiden *nt* ④ *(loc, fam)* **tus chistes son la ~** deine Witze sind zum Schreien; **este pueblo es la ~, nadie sabe dónde está el cine** dieses Dorf ist ein Witz; keiner weiß, wo das Kino ist

mondadientes [moṇda'ðjeṇtes] *m inv* Zahnstocher *m*

mondadura [moṇda'ðura] *f* ① *(acción)* Schälen *nt* ② *pl (peladuras)* Schalen *fpl*

mondar [moṇ'dar] **I.** *vt* ① *(plátano, patata, palo)* schälen; *(guisantes)* enthülsen; *(rama)* entrinden ② *(árbol)* beschneiden **II.** *vr:* **~se** ① *(pelarse)* sich schälen ② *(loc)* **~se los dientes** sich *dat* in den Zähnen stochern; **~se de risa** *(fam)* sich totlachen

mondo, -a ['moṇdo, -a] *adj* ① *(cabeza)* haarlos ② *(de dinero)* **quedarse ~ (y lirondo)** *(fam)* völlig blank sein ③ *(sin nada más)* **vivo solamente de mi sueldo ~** ich lebe nur von meinem Gehalt; **para comer solamente tenemos un bocadillo ~** zum Essen haben wir nichts als ein Sandwich; **la verdad monda y lironda** *(fam)* die nackte Wahrheit

mondongo [moṇ'doŋgo] *m* Eingeweide *ntpl*

moneda [mo'neða] *f* ① *(pieza)* Münze *f;* **~ de dos euros** Zweieurostück *nt;* **~ suelta** Kleingeld *nt;* **teléfono de ~s** Münzfernsprecher *m;* **pagar a alguien con la misma ~** es jdm mit gleicher Münze heimzahlen ② *(de un país)* Währung *f;* **~ base** Leitwährung *f;* **~ de curso legal** gesetzliches Zahlungsmittel; **~ extranjera** Devisen *fpl;* **~ fuerte/débil** harte/weiche Währung; **~ nacional** Landeswährung *f;* **~ de los países participantes** Teilnehmerwährung *f;* **~ única** Gemeinschaftswährung *f* ③ *(loc)* **la otra cara de la ~** die Kehrseite der Medaille; **esto es ~ corriente** das ist nichts Ungewöhnliches; **si él me ofrece calidad, yo le pago en buena ~** wenn er mir Qualität bietet, werde ich seinen Forderungen entsprechen

monedero [mone'ðero] *m* ① *(bolsa)* Geldbeutel *m* ② *(persona)* **~ falso** Falschmünzer *m*

monegasco, -a [mone'ɣasko, -a] **I.** *adj* monegassisch **II.** *m, f* Monegasse, -in *m, f*

monería [mone'ria] *f (gracia)* Drolligkeit *f*

monetario, -a [mone'tarjo, -a] *adj* Währungs-; **institución monetaria** Geldinstitut *nt;* **patrón ~** Währungseinheit *f;* **tormentas monetarias** starke Währungsschwankungen

monetarismo [moneta'rismo] *m sin pl* Monetarismus *m*

Mongolia [moŋ'golja] *f* Mongolei *f*

mongólico, -a [moŋ'goliko, -a] **I.** *adj* (MED) mongoloid **II.** *m, f* (MED) Mongoloide *mf;* **ser un ~** am Downsyndrom leiden

mongolismo [moŋgo'lismo] *m sin pl* (MED) Mongolismus *m,* Downsyndrom *nt*

mongoloide [moŋgo'loi̯ðe] *adj* mongoloid

moni ['moni] *m sin pl (fam)* Kohle *f,* Moneten *pl;* **no tengo ~** ich habe keinen müden Cent

M

monigote [moni'ɣote] *m* ❶ *(dibujo mal hecho)* Gekritzel *nt; (figura)* (Strich)männchen *nt;* **hacer ~s** *(figuras humanas)* Männchen malen; *(borrones)* herumkritzeln ❷ *(muñeco)* Flickenpuppe *f* ❸ *(persona)* Hampelmann *m*

monitor[1] [moni'tor] *m* (TÉC, TV, INFOR) Monitor *m*

monitor(a)[2] [moni'tor(a)] *m(f) (de un deporte)* Übungsleiter(in) *m(f); (de un campamento)* (Gruppen)leiter(in) *m(f);* **~ de natación** Schwimmlehrer *m*

monitorizar [monitori'θar] <z → c> *vt* ❶ *(instalar monitores)* mit Überwachungskameras ausstatten ❷ *(controlar mediante monitores)* mit Monitoren überwachen

monja ['moŋxa] *f* Nonne *f*

monje ['moŋxe] *m* Mönch *m*

monjil [moŋ'xil] **I.** *adj* Nonnen-; **llevar una vida ~** *(fig)* ein sehr bescheidenes Leben führen **II.** *m* Nonnentracht *f*

mono[1] ['mono] *m* ❶ (ZOOL) Affe *m;* **estar de ~s** schmollen; **¿tengo ~s en la cara?** was starrst du mich so an?; **hacer ~s a alguien** jdm schöne Augen machen ❷ *(fantoche)* Hampelmann *m;* **en esta casa soy el último ~** in diesem Haus bin ich ein Nichts ❸ *(prenda)* Overall *m; (con peto)* Latzhose *f; (de mecánico)* Blaumann *m fam; (para la nieve)* Schneeanzug *m* ❹ *(argot: de drogas)* Turkey *m;* **tener el ~** auf Turkey sein; **le entra el ~** er bekommt Entzugserscheinungen ❺ *(persona fea)* Scheusal *nt* ❻ *(joven tonto)* Lackaffe *m fam* ❼ *(dibujo)* (Strich)männchen *nt*

mono, -a[2] ['mono, -a] *adj (niño)* süß; *(chica)* hübsch; *(vestido)* entzückend

monocarril [monoka'rril] *m* Einschienenbahn *f*

monocolor [monoko'lor] *adj* einfarbig; (ARTE, FOTO) monochrom; **un gobierno ~** eine Regierungspartei mit absoluter Mehrheit

monocorde [mono'korðe] *adj* ❶ (MÚS) **instrumento ~** Monochord *nt* ❷ *(monótono)* eintönig

monocromático, -a [monokro'matiko, -a] *adj* Monochrom-

monocromía [monokro'mia] *f* Einfarbigkeit *f;* (ARTE, FOTO) Monochromie *f*

monocromo, -a [mono'kromo, -a] *adj* einfarbig; (ARTE, FOTO) monochrom

monóculo [mo'nokulo] *m* Monokel *nt*

monocultivo [monokuḷ'tiβo] *m* Monokultur *f*

monogamia [mono'ɣamja] *f sin pl* Monogamie *f*

monógamo, -a [mo'noɣamo, -a] *adj* monogam

monografía [monoɣra'fia] *f* Monografie *f*

monograma [mono'ɣrama] *m* Monogramm *nt*

monolingüe [mono'liŋgwe] *adj* einsprachig

monolítico, -a [mono'litiko, -a] *adj* monolithisch

monólogo [mo'noloɣo] *m* Monolog *m*

monomotor [monomo'tor] **I.** *adj* (AERO) einmotorig **II.** *m* (AERO) einmotoriges Flugzeug *nt*

monona [mo'nona] *adj (fam)* anmutig; **es una niña muy ~** dieses Mädchen ist reizend

monoparental [monopareṇ'tal] *adj* **familia ~** Einelternfamilie *f*

monopatín [monopa'tin] *m* Skateboard *nt*

monoplaza [mono'plaθa] *m* (AUTO) Einsitzer *m;* **los ~s están en la parrilla de salida** die Rennwagen befinden sich am Startplatz

monopolio [mono'poljo] *m* Monopol *nt*

monopolizar [monopoli'θar] <z → c> *vt* (COM) monopolisieren; *(fig)* mit Beschlag belegen; **~ la atención de alguien** jds Aufmerksamkeit auf sich ziehen

monorraíl [monorra'il] **I.** *adj* (FERRO) mit einer Fahrschiene, Einschienen- **II.** *m* (FERRO) Einschienenbahn *f*

monorrueda [mono'rrweða] *m o f* Einrad *nt*

monosílabo[1] [mono'silaβo] *m* einsilbiges Wort *nt;* **responder con ~s** einsilbig antworten

monosílabo, -a[2] [mono'silaβo, -a] *adj* einsilbig

monoteísmo [monote'ismo] *m* Monotheismus *m*

monoteísta [monote'ista] **I.** *adj* monotheistisch **II.** *mf* Monotheist(in) *m(f)*

monotonía [monoto'nia] *f* Eintönigkeit *f*

monótono, -a [mo'notono, -a] *adj* eintönig

monóxido [mo'no^{ɣ}siðo] *m* Monoxid *nt*

monseñor [monse'ɲor] *m* Monsignore *m*

monserga [mon'serɣa] *f (fam)* ❶ *(lengua)* dummes Geschwätz *nt;* **¡no me vengas con ~s!** hör auf mit dem Quatsch! ❷ *(lata)* Last *f;* **este trabajo es una ~** diese Arbeit geht mir auf die Nerven

monstruo ['mo^{n}strwo] *m* ❶ *(ser fantástico)* Ungeheuer *nt* ❷ *(feo)* Scheusal *nt* ❸ *(perverso)* Unmensch *m* ❹ *(artista)* Meister *m* ❺ *(loc)* **una actuación ~** eine Veranstaltung der Superlative

monstruosidad [mo^{n}strwosi'ða^{ð}] *f* Ungeheuerlichkeit *f;* **eso que dices es una ~** das, was du sagst, ist ja ungeheuerlich!

monstruoso, -a [moⁿstru'oso, -a] *adj* ❶ *(desfigurado)* missgestaltet ❷ *(terrible)* abscheulich; **es ~ tener que estudiar durante el verano** es ist eine Zumutung, den Sommer über lernen zu müssen ❸ *(enorme)* riesig

monta ['moṇta] *f* ❶ *(de maquinaria)* Montage *f; (de joyas)* Einfassen *nt* ❷ *(de caballo)* Besteigen *nt* ❸ *(importe)* Endsumme *f* ❹ *(importancia)* Bedeutung *f;* **de poca ~** unbedeutend

montacargas [moṇta'karɣas] *m inv* Lastenaufzug *m;* (MIN) Förderkorb *m*

montado, -a [moṇ'taðo, -a] *adj* ❶ *(soldado)* beritten; **guardia montada** berittene Garde ❷ *(caballo)* gesattelt

montador(a) [moṇta'ðor(a)] *m(f)* ❶ (TÉC: *de máquinas*) Monteur(in) *m(f); (de grandes máquinas)* Maschinenschlosser(in) *m(f)* ❷ (CINE) Cutter(in) *m(f)*

montaje [moṇ'taxe] *m* ❶ (TÉC) Montage *f; (de una tribuna)* Aufbau *m* ❷ (CINE, FOTO) Montage *f* ❸ (TEAT) Inszenierung *f* ❹ *(engaño)* abgekartetes Spiel *nt*

montante [moṇ'taṇte] *m* ❶ *(importe)* Endsumme *f* ❷ *(de máquina)* Ständer *m; (de escalera/ventana)* Pfosten *m*

montaña [moṇ'taɲa] *f* ❶ (GEO: *monte*) Berg *m; (zona)* Gebirge *nt;* **alta ~** Hochgebirge *nt;* **~ rusa** Achterbahn *f;* **prefiero la ~ al mar** ich ziehe die Berge dem Meer vor; **la fe mueve ~s** der Glaube versetzt Berge ❷ *(de cosas)* Haufen *m*

montañero, -a [moṇta'ɲero, -a] *m, f* Bergsteiger(in) *m(f)*

montañés, -esa [moṇta'ɲes, -esa] **I.** *adj* ❶ *(de la montaña)* Berg- ❷ *(de Santander)* aus Santander **II.** *m, f* Einwohner(in) *m(f)* von Santander

montañismo [moṇta'ɲismo] *m* Bergsteigen *nt*

montañoso, -a [moṇta'ɲoso, -a] *adj* gebirgig

montaplatos [moṇta'platos] *m inv* Speiseaufzug *m*

montar [moṇ'tar] **I.** *vi* ❶ *(subir a una bici, un caballo)* aufsteigen (**en** auf +*akk*); *(en un coche)* einsteigen (**en** in +*akk*) ❷ *(ir a caballo)* reiten; **~ en bici** Rad fahren ❸ *(una cuenta)* sich belaufen (**a** auf +*akk*) ❹ *(loc)* **~ en cólera** in Zorn geraten; **tanto monta que vaya como que no** es ist egal, ob ich gehe oder nicht **II.** *vt* ❶ *(subir en un caballo)* besteigen; **no montes al niño en el alféizar** setz das Kind nicht aufs Fensterbrett ❷ *(ir a caballo)* reiten ❸ *(acaballar)* decken ❹ *(máquina)* montieren; *(una tribuna)* aufbauen; *(tienda)* aufschlagen ❺ *(clara de huevo)* steif schlagen ❻ *(casa)* einrichten ❼ *(negocio)* eröffnen ❽ (TEAT) inszenieren ❾ *(diamante)* (ein)fassen ❿ *(arma)* spannen ⓫ (CINE) cutten ⓬ *(fam: excursión)* aufziehen ⓭ *(guardia, ejército)* aufstellen ⓮ *(loc)* **~la** Krach schlagen; **~ un número** ein Riesentheater veranstalten **III.** *vr:* **~se** ❶ *(subir)* hinaufsteigen; **no te montes ahí** steig da nicht hinauf ❷ *(fam: arreglárselas)* **¿cómo te lo montas con el trabajo?** wie kommst du mit der Arbeit zurecht?; **no nos lo montamos muy bien entre nosotros** wir kommen miteinander nicht klar; **me lo monto solo** ich komme alleine zurecht

montaraz [moṇta'raθ] *adj* ❶ *(salvaje)* wild ❷ *(resistente)* abgehärtet ❸ *(tosco)* ungehobelt ❹ *(arisco)* spröde

monte ['moṇte] *m* ❶ *(montaña)* Berg *m;* **el ~ de los Olivos** der Ölberg ❷ *(bosque)* Wald *m;* **~ alto** (Hoch)wald *m;* **~ bajo** Unterholz *nt;* **batir el ~** *(cazar)* auf die Jagd gehen; *(buscar)* den Wald durchforsten; **echarse al ~** in den Untergrund gehen ❸ *pl (cordillera)* Gebirge *nt* ❹ *(loc)* **~ de piedad** Pfandhaus *nt;* **no todo el ~ es orégano** *(prov)* ≈ alles hat seine Tücken

montear [moṇte'ar] *vt* ❶ *(cazar)* jagen ❷ (ARQUIT) wölben

montenegrino, -a [moṇtene'ɣrino, -a] **I.** *adj* montenegrinisch **II.** *m, f* Montenegriner(in) *m(f)*

Montenegro [moṇte'neɣro] *m* Montenegro *nt*

montepío [moṇte'pio] *m* ❶ *(caja para viudas)* Witwenkasse *f; (para huérfanos)* Waisenkasse *f* ❷ *(pensión de viuda)* Witwenrente *f; (de huérfano)* Waisenrente *f*

montera [moṇ'tera] *f* ❶ *(gorra)* Kappe *f;* **ponerse el mundo por ~** auf die ganze Welt pfeifen ❷ *(de una galería)* Glasdach *nt*

montería [moṇte'ria] *f* (Treib)jagd *f*

montés, -esa [moṇ'tes, -esa] *adj* wild; **cabra montesa** Steinbock *m;* **gato ~** Wildkatze *f*

montículo [moṇ'tikulo] *m* Hügel *m*

monto ['moṇto] *m* Gesamtbetrag *m*

montón [moṇ'ton] *m* Haufen *m;* **un ~ de ropa** ein Haufen Wäsche; **había un ~ de gente** es waren unheimlich viele Leute da; **tengo problemas a montones** *(fam)* ich habe Probleme ohne Ende; **tomar montones de pastillas** *(fam)* Unmengen von Tabletten schlucken; **ser del ~** ein Durchschnittsmensch sein; **tener una cara del ~** ein Allerweltsgesicht haben; **la bomba atómica redujo Hiroshima a un**

M

~ **de escombros** die Atombombe legte Hiroshima in Schutt und Asche

montura [moṇ'tura] *f* ❶ *(arnés)* Geschirr *nt; (silla)* Sattel *m* ❷ *(animal)* Reittier *nt* ❸ *(de gafas)* Gestell *nt; (de una joya)* (Ein)fassung *f*

monumental [monumeṇ'tal] *adj* ❶ *(grande)* enorm; *(de importancia)* monumental; *(error)* gewaltig ❷ *(de monumento)* **el Madrid** ~ die Sehenswürdigkeiten Madrids

monumentalizar [monumeṇtali'θar] <z → c> *vt* monumentalisieren

monumento [monu'meṇto] *m* Denkmal *nt; (grande)* Monument *nt;* ~ **funerario** Grabmal *nt;* ~ **de la literatura** literarischer Meilenstein; **los ~s de una ciudad** die Sehenswürdigkeiten einer Stadt; **esta casa es un ~ nacional** dieses Haus steht unter Denkmalschutz; **esta chica es un ~** dieses Mädchen ist bildschön

monzón [moṇ'θon] *m o f* Monsun *m*

moña ['moɲa] *f* ❶ *(lazo)* Schleife *f* ❷ *(fam: borrachera)* Rausch *m;* **estar ~** betrunken sein

moño ['moɲo] *m* ❶ *(pelo)* Haarknoten *m* ❷ *(lazo)* Schleife *f* ❸ *(plumas)* Schopf *m* ❹ *(Col: capricho)* Marotte *f* ❺ *(Chil: pelo)* Haar *nt; (copete)* Schopf *m* ❻ *pl (adornos)* Flitterkram *m* ❼ *(loc)* **quitar ~s a alguien** jdm einen Dämpfer versetzen; **ponerse ~s** angeben; **estar hasta el ~ de algo** *(fam)* die Nase gestrichen voll von etw *dat* haben; **se me ha puesto en el ~ de...** ich habe es mir in den Kopf gesetzt, zu ...

MOPU ['mopu] *m abr de* **Ministerio de Obras Públicas y Urbanismo** Bau- und Stadtplanungsministerium *nt*

moquear [moke'ar] *vi* **estás moqueando** dir läuft die Nase

moquero [mo'kero] *m* Taschentuch *nt*

moqueta [mo'keta] *f* Teppichboden *m*

mora ['mora] *f* ❶ *(del moral)* Maulbeere *f; (de la zarzamora)* Brombeere *f* ❷ (JUR) Verzug *m*

morada [mo'raða] *f* ❶ *(casa)* Wohnung *f* ❷ *(residencia)* Wohnsitz *m* ❸ *(estancia)* Aufenthalt *m;* **la eterna ~** das Jenseits

morado, -a [mo'raðo, -a] *adj* dunkelviolett; **poner un ojo ~ a alguien** jdm ein blaues Auge verpassen; **pasarlas moradas** Blut und Wasser schwitzen; **ponerse ~** (**comiendo**) sich *dat* den Bauch vollschlagen *fam*

morador(a) [mora'ðor(a)] *m(f)* Bewohner(in) *m(f)*, Einwohner(in) *m(f)*

moradura [mora'ðura] *f* blauer Fleck *m*

moral [mo'ral] **I.** *adj* ❶ *(ético)* moralisch; **código ~** Sittenkodex *m;* **tengo la certidumbre ~** ich nehme mit Sicherheit an ❷ *(espiritual)* geistig **II.** *f* Moral *f;* ~ **relajada** lockere Moralvorstellungen; **tú y yo no tenemos la misma ~** wir haben unterschiedliche Moralvorstellungen; **levantar la ~ a alguien** jdn aufrichten; **hay que tener ~ para hacer eso** man muss echt viel Mut aufbringen, um das zu tun; **tener más ~ que el Alcoyano** sich nie geschlagen geben

moraleja [mora'lexa] *f* Moral *f*

moralidad [morali'ða^{d}] *f* ❶ *(cualidad)* Moralität *f*, Sittlichkeit *f* ❷ *(moraleja)* Moral *f*

moralista [mora'lista] *mf* Moralist(in) *m(f)*

moralización [moraliθa'θjon] *f* Moralisierung *f;* ~ **de los paganos** Heidenbekehrung *f*

moralizador(a) [moraliθa'ðor(a)] **I.** *adj* moralisierend, erzieherisch; **un ejemplo ~** ein erzieherisches Beispiel **II.** *m(f)* Moralprediger(in) *m(f) abw*

moralizante [morali'θaṇte] *adj* moralisierend; **me soltó un discurso ~** er/sie hielt mir eine Moralpredigt

moralizar [morali'θar] <z → c> **I.** *vi* moralisieren **II.** *vt* moralisch machen

morapio [mo'rapjo] *m (fam)* Rotwein *m*

morar [mo'rar] *vi (elev)* wohnen (**en** in +*dat*)

moratón *m* blauer Fleck *m*

moratoria [mora'torja] *f* Aufschub *m;* (FIN) Zahlungsaufschub *m;* ~ **nuclear** Atomstopp *m*

morbidez [morβi'ðeθ] *f* Weichheit *f;* (ARTE) Morbidezza *f*

mórbido, -a ['morβiðo, -a] *adj* ❶ *(enfermo)* kränklich ❷ *(suave)* zart

morbo ['morβo] *m* ❶ *(enfermedad)* Krankheit *f* ❷ *(interés malsano)* krankhaftes Interesse *nt;* **este partido de fútbol tiene mucho ~** dieses Fußballspiel erregt die Gemüter; **el color negro me da ~** die Farbe Schwarz turnt mich an *fam*

morbosidad [morβosi'ða^{d}] *f* ❶ *(enfermedad)* Kränklichkeit *f* ❷ *(de placer/imaginación)* Krankhaftigkeit *f*

morboso, -a [mor'βoso, -a] *adj* ❶ *(clima)* ungesund ❷ *(placer, imaginación)* krankhaft

morcilla [mor'θiʎa] *f* ❶ (GASTR) Blutwurst *f* ❷ (TEAT) Extempore *nt* ❸ *(Cuba: mentira)* Lüge *f* ❹ *(loc)* **¡que te den ~!** *(vulg)* du kannst mich mal! *fam*

morcillo [mor'θiʎo] *m* Haxe *f*

mordacidad [morðaθi'ða^{d}] *f* ❶ *(de una palabra)* Bissigkeit *f; (de una crítica)* Schär-

fe *f* ② *(sabor)* Schärfe *f* ③ *(poder corrosivo)* Ätzkraft *f*
mordaga [mor'ðaɣa] *f* Rausch *m,* Trunkenheit *f*
mordaz [mor'ðaθ] *adj* ① *(palabra)* bissig; *(crítica)* scharf ② *(sabor)* scharf ③ *(corrosivo)* ätzend
mordaza [mor'ðaθa] *f* ① *(en la boca)* Knebel *m;* **quieren ponerme una ~** *(fig)* man will mich mundtot machen ② (TÉC) (Klemm)backe *f*
mordedor(a) [mor'ðeðor(a)] *adj* bissig; **perro ladrador, poco ~** *(prov)* Hunde, die (viel) bellen, beißen nicht
mordedura [morðe'ðura] *f* Biss *m*
morder [mor'ðer] <o → ue> **I.** *vt* ① *(con los dientes)* beißen (in *+akk*); **te voy a hacer ~ el polvo** ich mache dich fertig *fam;* **está que muerde** er/sie ist fuchsteufelswild ② *(atrapar)* einklemmen ③ *(lima)* (ab)schleifen ④ *(corroer)* zersetzen ⑤ *(Am: estafar)* betrügen **II.** *vr:* **~se** sich beißen; **~se las uñas** Nägel kauen; **~se la lengua** sich *dat* auf die Zunge beißen; **no ~se la lengua** kein Blatt vor den Mund nehmen
mordida [mor'ðiða] *f* ① *(Méx: fam: acción)* Bestechung *f;* *(dinero)* Bestechungsgeld *nt* ② *(Arg)* *v.* **mordisco**
mordido[1] [mor'ðiðo] *m* ① *(mordedura)* Biss *m* ② *(Am: dinero)* Bestechungsgeld *nt*
mordido, -a[2] [mor'ðiðo, -a] *adj* *(mueble)* abgestoßen
mordiente [mor'ðjen̦te] *m* ① *(para textiles)* Beize *f* ② *(agua fuerte)* ätzende Substanz *f*
mordiscar [morðis'kar] <c → qu> *vt* knabbern (an *+dat*)
mordisco [mor'ðisko] *m* ① *(acción)* Biss *m* ② *(herida)* Bisswunde *f* ③ *(trozo)* Bissen *m*
mordisquear [morðiske'ar] *vt* knabbern (an *+dat*)
morena [mo'rena] *f* ① (ZOOL) Muräne *f* ② *(pan)* Schwarzbrot *nt* ③ (GEO) Moräne *f*
morenazo, -a [more'naθo, -a] *adj* *(fam)* attraktiv und braungebrannt
morenez [more'neθ] *f* Bräune *f* der Haut; *(bronceado)* (Sonnen)bräune *f*
moreno[1] [mo'reno] *m* Bräune *f*
moreno, -a[2] [mo'reno, -a] **I.** *adj* dunkel; *(de piel)* braun; *(de cabello)* dunkelhaarig; *(de ojos)* dunkeläugig **II.** *m, f* ① *(negro)* Farbige(r) *mf* ② *(Cuba: mulato)* Mulatte, -in *m, f*
morera [mo'rera] *f* Maulbeerbaum *m*
morería [more'ria] *f* ① *(barrio)* Maurenviertel *nt* ② *(país)* maurisches Land *nt*
morete [mo'rete] *m* *(AmC),* **moretón** [more'ton] *m* *(fam)* blauer Fleck *m*
morfema [mor'fema] *m* Morphem *nt*
morfina [mor'fina] *f* Morphium *nt*
morfinismo [morfi'nismo] *m* (MED) Morphinismus *m,* Morphinsucht *f*
morfinómano, -a [morfi'nomano, -a] **I.** *adj* morphiumsüchtig **II.** *m, f* Morphiumsüchtige(r) *mf*
morfología [morfolo'xia] *f* (FILOS, BIOL, LING) Morphologie *f*
morfosintaxis [morfosin̦'ta$^{\gamma}$sis] *f inv* (LING) Morphosyntax *f*
morgue ['morɣe] *f* *(Am)* Leichenschauhaus *nt*
moribundo, -a [mori'βun̦do, -a] **I.** *adj* im Sterben liegend **II.** *m, f* Sterbende(r) *mf*
morigerado, -a [morixe'raðo, -a] *adj* ① *(moderado)* mäßig ② *(bien criado)* artig, wohlerzogen ③ *(de buenas costumbres)* anständig
morir [mo'rir] *irr* **I.** *vi* ① *(perecer)* sterben (**de** an *+dat*); *(en catástrofe, guerra)* umkommen; *(en un accidente)* tödlich verunglücken; **~ de hambre/de sed** verhungern/verdursten; **~ ahogado** *(en agua)* ertrinken; *(en humo)* ersticken; **~ de viejo** an Altersschwäche sterben; **~ en un incendio** in den Flammen umkommen; **~ a causa de las graves heridas** seinen schweren Verletzungen erliegen; **~ al pie del cañón** bis zum letzten Atemzug arbeiten ② *(tarde)* zur Neige gehen; *(luz)* erlöschen; *(tradición)* aussterben; *(camino)* enden; *(río)* münden; *(sonido)* ersterben **II.** *vr:* **~se** ① *(perecer)* sterben; *(planta)* eingehen; **se le ha muerto su padre** sein/ihr Vater ist verstorben; **¡así te mueras!** *(fam)* hoffentlich krepierst du! ② *(con 'de')* **~se de hambre/de sed** verhungern/verdursten; **~se de frío** erfrieren; **~se de vergüenza** sich zu Tode schämen; **~se de risa** sich totlachen; **~se de pena** vor Kummer sterben ③ *(con 'por')* **me muero por conocer a tu nueva novia** ich brenne darauf, deine neue Freundin kennenzulernen; **me muero (de ganas) por saber lo que te dijo** ich bin gespannt, was er/sie dir gesagt hat; **me muero por ella** ich bin total verrückt nach ihr ④ *(miembro del cuerpo)* einschlafen
morisco, -a [mo'risko, -a] **I.** *adj* Morisken- **II.** *m, f* Moriske *mf*
morisqueta [moris'keta] *f* *(fam)* Streich *m,* Verspottung *f;* **los huelguistas le hacían ~s a los policías desde su escondrijo** die Streikenden verspotteten die Polizisten von ihren Verstecken aus

M

mormón, -ona [mor'mon, -ona] *m, f* Mormone, -in *m, f*

moro, -a ['moro, -a] **I.** *adj (musulmán)* maurisch **II.** *m, f* Maure, -in *m, f;* **ser un ~** *(fig fam)* sehr eifersüchtig sein; **¡hay ~s en la costa!** *(fig)* Vorsicht!; **¡no hay ~s en la costa!** *(fig)* die Luft ist rein!

morocho, -a [mo'rotʃo, -a] *adj (CSur: trigueño)* brünett

morondo, -a [mo'ronˌdo, -a] *adj* kahl, kahlköpfig, nackt

morosidad [morosi'ðaᵈ] *f* ❶ *(de deudor)* Säumigkeit *f* ❷ *(lentitud)* Langsamkeit *f*

moroso, -a [mo'roso, -a] **I.** *adj* ❶ *(deudor)* säumig ❷ *(elev: lento)* langsam; *(estilo)* schwerfällig; **el río avanza de manera morosa** der Fluss fließt träge dahin **II.** *m, f* säumiger Zahler, säumige Zahlerin *m, f*

morral [mo'rral] *m* ❶ *(de las caballerías)* Futtersack *m* ❷ *(zurrón)* Rucksack *m*

morralla [mo'rraʎa] *f* ❶ *(pescados)* kleine Fische *mpl* ❷ *(gente)* Gesindel *nt* ❸ *(cosas)* Plunder *m*

morrear(se) [morre'ar(se)] *vt, vr (vulg)* knutschen *fam*

morrillo [mo'rriʎo] *m* ❶ *(de res)* Fleischwulst *m* ❷ *(fam: de persona)* Stiernacken *m* ❸ *(canto rodado)* Kieselstein *m*

morriña [mo'rriɲa] *f sin pl (fam: nostalgia)* Heimweh *nt*

morro ['morro] *m* ❶ (ZOOL: *hocico*) Schnauze *f; (boca)* Maul *nt* ❷ *(pey: de persona)* Schnauze *f;* **beber a ~** aus der Flasche trinken; **caer de ~s** *(fam)* auf die Schnauze fallen; **te voy a partir los ~s** *(fam)* ich poliere dir die Schnauze; **estar de ~(s)** schmollen; **torcer el ~** ein saures Gesicht machen; **tiene un ~ que se lo pisa** *(fam)* er/sie ist unglaublich unverschämt; **lo hizo así, por el ~** *(fam)* er/sie hat das einfach aus Spaß so gemacht; **se quedó el dinero por (todo) el ~** er/sie hat das Geld einfach behalten ❸ *(de pistola)* Mündung *f; (de barco/avión/coche)* Nase *f* ❹ *(montículo)* Hügel *m*

morrocotudo, -a [morroko'tuðo, -a] *adj (fam)* ❶ *(formidable)* spitze ❷ *(susto, disgusto)* ungeheuer

morrón [mo'rron] **I.** *adj* **pimiento ~** gebratene rote Paprika *f* **II.** *m (fam: golpe)* Schlag *m*

morsa ['morsa] *f* Walross *nt*

morse ['morse] *m* Morsealphabet *nt;* **señal ~** Morsezeichen *nt*

mortadela [morta'ðela] *f* Mortadella *f*

mortaja [mor'taxa] *f* ❶ *(sábana)* Leichentuch *nt; (vestidura)* Totenhemd *nt* ❷ *(Am: de cigarrillo)* Zigarettenpapier *nt*

mortal [mor'tal] **I.** *adj* ❶ *(sujeto a la muerte)* sterblich ❷ *(que la causa)* tödlich; **pecado ~** Todsünde *f;* **peligro ~** Lebensgefahr *f;* **tener un odio ~ a alguien** jdn auf den Tod nicht leiden können ❸ *(pesado)* tödlich; *(aburrido)* todlangweilig **II.** *mf* Sterbliche(r) *mf*

mortalidad [mortali'ðaᵈ] *f* ❶ *(cualidad)* Sterblichkeit *f* ❷ *(número)* Sterblichkeit(srate) *f*

mortalmente [mortal'menˌte] *adv* ❶ *(de muerte)* tödlich; **la hirieron ~** sie wurde tödlich verwundet ❷ *(fam: totalmente)* total; **la película me aburrió ~** der Film hat mich tödlich gelangweilt ❸ *(fam: a muerte)* auf den Tod, wie die Pest; **le odio ~** ich hasse ihn wie die Pest

mortandad [mortanˌ'daᵈ] *f* Massensterben *nt;* **el virus ébola causó una gran ~ en Zaire** das Ebolavirus kostete in Zaire viele Menschenleben; **la ~ sin aclarar de las ballenas en la Patagonia** das unerklärte Massensterben von Walen in Patagonien

mortecino, -a [morte'θino, -a] *adj (luz)* trüb; *(color)* matt; *(fuego)* erlöschend

mortero [mor'tero] *m* ❶ *(cuenco)* Mörser *m* ❷ (MIL) Mörser *m* ❸ *(cemento)* Mörtel *m*

mortífero, -a [mor'tifero, -a] *adj* tödlich

mortificación [mortifika'θjon] *f* ❶ *(tormento)* Qual *f* ❷ (REL) Kasteiung *f* ❸ *(humillación)* Demütigung *f*

mortificador(a) [mortifika'ðor(a)] *adj,* **mortificante** [mortifi'kanˌte] *adj* quälend, plagend, demütigend

mortificar [mortifi'kar] <c → qu> **I.** *vt* ❶ *(atormentar)* quälen ❷ (REL) kasteien ❸ *(humillar)* demütigen **II.** *vr:* **~se** ❶ *(atormentarse)* sich grämen (**por** über +*akk*, wegen +*gen/dat*) ❷ (REL) sich kasteien ❸ *(Méx: avergonzarse)* sich schämen

mortinato, -a [morti'nato, -a] **I.** *adj* tot geboren **II.** *m, f* Totgeburt *f*

mortuorio, -a [mortu'orjo, -a] *adj* Todes-

moruno, -a [mo'runo, -a] *adj* maurisch

mosaico [mo'sai̯ko] *m* Mosaik *nt*

mosca ['moska] *f* ❶ (ZOOL) Fliege *f;* **por si las ~s** *(fam)* für alle Fälle; **estar con [*o* tener] la ~ en [*o* detrás de] la oreja** *(fam)* misstrauisch sein; **estar ~** *(fam: receloso)* misstrauisch sein; *(enfadado)* eingeschnappt sein; **no se oía el vuelo de una ~** man hätte eine Stecknadel fallen hören können; **papar ~s** *(fam)* Maulaffen feilhalten; **¿qué ~ te ha picado?** was ist denn in dich gefahren?; **andar cazando ~s** über den Wolken schweben ❷ *(barba)* Fliege *f* ❸ *(persona)* Nervensäge *f fam* ❹ *(fam: dinero)* Kohle *f;* **aflojar la ~** Geld locker machen

M

moscada [mos'kaða] *adj* **nuez ~** Muskatnuss *f*
moscarda [mos'karða] *f* Schmeißfliege *f*
moscardón [moskar'ðon] *m* ❶ *(moscarda)* Schmeißfliege *f* ❷ *(tábano)* Bremse *f* ❸ *(avispón)* Hornisse *f* ❹ *(persona)* Nervensäge *f fam*
moscatel [moska'tel] *m* Muskateller *m*
moscón[1] [mos'kon] *m v.* **moscardón**
moscón, -ona[2] [mos'kon, -ona] *m, f* Nervensäge *f fam*
moscovita [mosko'βita] **I.** *adj* moskauisch **II.** *mf* Moskauer(in) *m(f)*
Moscú [mos'ku] *m* Moskau *nt*
Mosela [mo'sela] *m* Mosel *f*
mosén [mo'sen] *m* (HIST) Pfarrer *m*
mosqueado, -a [moske'aðo, -a] *adj* ❶ *(fam: enfadado)* eingeschnappt; **estar ~ con alguien** auf jdn sauer sein ❷ *(moteado)* getüpfelt; *(vaca)* scheckig
mosquear [moske'ar] **I.** *vt* verscheuchen **II.** *vr:* **~se** *(fam: enfadarse)* einschnappen
mosqueo [mos'keo] *m* Wut *f;* **cogió un ~ de aúpa** er/sie raste vor Wut
mosquete [mos'kete] *m* Muskete *f*
mosquetero [moske'tero] *m* *(soldado)* Musketier *m*
mosquetón [moske'ton] *m* ❶ *(arma)* Karabiner *m* ❷ *(anilla)* Karabinerhaken *m*
mosquita [mos'kita] *f* **~ muerta** Duckmäuser *m;* **se hace la ~ muerta** er/sie sieht aus, als ob er/sie keiner Fliege etwas zuleide tun könnte
mosquitera [moski'tera] *f,* **mosquitero** [moski'tero] *m* Moskitonetz *nt*
mosquito [mos'kito] *m* Stechmücke *f;* *(en zonas tropicales)* Moskito *m*
mostacho [mos'taʧo] *m* ❶ *(bigote)* Schnurrbart *m* ❷ *(fam: mancha)* Gesichtsfleck *m*
mostaza [mos'taθa] *f* Senf *m;* *(semilla)* Senfsamen *m;* (**de**) **color ~** senffarben
mosto ['mosto] *m* Most *m*
mostrador [mostra'ðor] *m* ❶ *(tienda)* Ladentisch *m;* *(escaparate)* Schaufenster *nt* ❷ *(bar)* Theke *f* ❸ *(ventanilla)* Schalter *m*
mostrar [mos'trar] <o → ue> **I.** *vt* *(enseñar)* zeigen; *(presentar)* vorzeigen; **¡no muestres tu miedo!** lass dir deine Angst nicht anmerken! **II.** *vr:* **~se** sich zeigen; **~se amigo** sich freundlich zeigen
mostrenco, -a [mos'treŋko, -a] **I.** *adj* *(fam)* herrenlos; **bienes ~s** (JUR) herrenlose Güter **II.** *m, f* *(pey)* dicker, schwerfälliger Mensch *m*
mota ['mota] *f* ❶ *(partícula)* Fremdkörper *m;* **~** (**de polvo**) Staubkorn *nt* ❷ *(mancha)* Fleck *m;* *(lunar)* Punkt *m* ❸ *(tejido)* Knötchen *nt* ❹ *(montaña)* einsamer Hügel *m*
mote ['mote] *m* ❶ *(apodo)* Spitzname *m;* **~ cariñoso** Kosename *m* ❷ *(Am: maíz)* gekochter Mais *m*
moteado, -a [mote'aðo, -a] *adj* gesprenkelt
motear [mote'ar] *vt* tüpfeln
motejar [mote'xar] *vt* *(tildar)* bezeichnen (**de** als +*akk*)
motel [mo'tel] *m* Motel *nt*
motilidad [motili'ða^{d}] *f* Beweglichkeit *f,* Motilität *f*
motín [mo'tin] *m* Meuterei *f*
motivación [motiβa'θjon] *f* ❶ (PSICO) Motivation *f* ❷ *(explicación)* Begründung *f*
motivador(a) [motiβa'ðor(a)] *adj* motivierend
motivar [moti'βar] *vt* ❶ *(incitar)* motivieren (**a** zu +*dat*); **estar motivado** motiviert sein ❷ *(explicar)* begründen (**con/en** mit +*dat*) ❸ *(provocar)* verursachen; **los puntos que motivan el presente contrato son...** die diesem Vertrag zugrunde liegenden Punkte sind ...
motivo [mo'tiβo] *m* ❶ *(causa)* Grund *m;* *(crimen)* Motiv *nt;* **con ~ de...** anlässlich +*gen;* **por este ~** deshalb; **carecer de ~ alguno** unbegründet sein ❷ *(composición, sello)* Motiv *nt;* *(tela)* Muster *nt*
moto[1] ['moto] *f* *(fam)* Motorrad *nt;* **~ acuática** (DEP) Jet-Ski *m;* **ir en ~** Motorrad fahren; **iba como una ~** *(argot)* er war voll wie eine Haubitze; **vender la ~ a alguien** *(fig fam)* jdm einen Bären aufbinden, jdm etwas weismachen
moto, -a[2] ['moto, -a] *adj* *(AmC: huérfano)* verwaist
motocicleta [motoθi'kleta] *f,* **moto** ['moto] *f* *(fam)* Motorrad *nt;* **~ de carreras** Rennmaschine *f;* **~ de motocrós** Geländemotorrad *nt;* **~ de agua** Jetski® *m;* **ir en ~** Motorrad fahren; **iba como una ~** *(argot)* er war voll wie eine Haubitze
motociclismo [motoθi'klismo] *m sin pl* Motorradsport *m*
motociclista [motoθi'klista] *mf* Motorradfahrer(in) *m(f)*
motonáutica [moto'nau̯tika] *f sin pl* (DEP) Motorbootsport *m*
motoneta [moto'neta] *f* *(Am)* Motorroller *m*
motor[1] [mo'tor] *m* ❶ (TÉC: *t. fig)* Motor *m;* **~ de búsqueda** Suchmaschine *f;* **~ de explosión** Verbrennungsmotor *m;* **~ de reacción** Düsentriebwerk *nt;* **vehículo de ~** Kraftfahrzeug *nt* ❷ *(causa)* Beweggrund *m*
motor(a)[2] [mo'tor(a)] *adj* bewegend; **nervio ~** Bewegungsnerv *m*

M

motora [mo'tora] *f* Motorboot *nt*
motorismo [moto'rismo] *m sin pl* Motorsport *m*
motorista [moto'rista] *mf* ❶ (DEP) Motorradfahrer(in) *m(f)* ❷ *(chófer)* Kraftfahrer(in) *m(f)* ❸ *(policía)* Polizist(in) *m(f)* auf einem Motorrad
motorización [motoriθa'θjon] *f sin pl* Motorisierung *f*
motorizado, -a [motori'θaðo, -a] *adj* motorisiert
motorizar [motori'θar] <z → c> *vt* motorisieren
motorola® [moto'rola] *m* Handy *nt*
motosierra [moto'sjerra] *f* Motorsäge *f*
motriz [mo'triθ] *adj* antreibend; **fuerza ~** Triebkraft *f*
motu proprio ['motu 'proprjo] aus freiem Willen, aus eigenem Antrieb
mousse [mus] *m* Mousse *f*
movedizo, -a [moβe'ðiθo, -a] *adj* ❶ *(móvil)* beweglich; **arenas movedizas** Treibsand *m* ❷ *(inconstante)* wankelmütig
mover [mo'βer] <o → ue> **I.** *vt* ❶ *(desplazar)* bewegen; **~ la cola** mit dem Schwanz wedeln; **~ la cabeza** den Kopf schütteln ❷ *(ajedrez)* ziehen ❸ *(incitar)* bewegen ❹ (INFOR) verschieben; **~ archivo** eine Datei verschieben ❺ *(loc)* **~ a compasión** Mitleid erregen; **~ a lágrimas** zu Tränen rühren **II.** *vr:* **~se** sich bewegen; **¿nos movemos o qué?** gehen wir nun oder nicht?; **¡venga, muévete!** los, nun mach schon!
movible [mo'βiβle] *adj* ❶ *(pieza)* beweglich ❷ *(carácter)* wankelmütig
movida [mo'βiða] *f (argot)* Szene *f;* **¡qué ~!** *(lío)* was für ein Durcheinander!; *(ambiente)* was für eine Bombenstimmung!
movido, -a [mo'βiðo, -a] *adj* ❶ *(foto)* verwackelt ❷ *(agitado)* bewegt; *(activo)* aktiv; *(vivo)* lebhaft; **he tenido un día muy ~** heute war bei mir viel los ❸ (MÚS) schnell
móvil ['moβil] **I.** *adj* mobil **II.** *m* ❶ *(para colgar)* Mobile *nt* ❷ *(crimen)* Motiv *nt* ❸ (TEL) Handy *nt;* **tener el ~ apagado** das Handy ausgeschaltet haben; **tiene el ~ fuera de cobertura** sein/ihr Handy hat keinen Empfang
movilidad [moβili'ðaᵈ] *f sin pl* Mobilität *f*
movilización [moβiliθa'θjon] *f* ❶ *(recursos, tropas)* Mobilisierung *f* ❷ *(huelga)* Streik *m* ❸ *(dinero)* Bereitstellung *f*
movilizar [moβili'θar] <z → c> *vt* ❶ *(ejército, recursos, fuerzas)* mobilisieren ❷ *(dinero)* flüssigmachen
movimiento [moβi'mjento] *m* ❶ (*t.* FÍS) Bewegung *f;* **~ vibratorio** Vibration *f;* **hacer ~s** (ARQUIT) sich setzen; **poner en ~** in Gang setzen; **había mucho ~ en las tiendas** in den Geschäften war viel Betrieb ❷ *(ajedrez)* Zug *m* ❸ (MÚS) Tempo *nt* ❹ (POL, LIT) Bewegung *f;* **M~ 15-M** Bewegung *f* 15. Mai; **el M~ (Nacional)** der Franco-Putsch ❺ (COM) Umsatz *m;* **~ de cuenta** Kontobewegung *f;* **~s bursátiles** Börsengeschäfte *nt pl*
moza ['moθa] *f* ❶ *(chica)* Mädchen *nt;* **¡está ya hecha una ~!** sie ist schon ein großes Mädchen! ❷ *(criada)* **~ (de cámara)** Dienstmädchen *nt*
mozalbete [moθal'βete] *m* junger Bursche *m*
Mozambique [moθam'bike] *m* Mozambique *nt*
mozambiqueño, -a [moθambi'keɲo, -a] **I.** *adj* aus Mozambique **II.** *m, f* Bewohner(in) *m(f)* von Mozambique
mozárabe [mo'θaraβe] **I.** *adj* mozarabisch **II.** *mf* Mozaraber(in) *m(f) (unter maurischer Herrschaft lebender Spanier)*
mozo¹ ['moθo] *m* ❶ *(criado)* Diener *m;* **~ (de café)** Kellner *m;* **~ (de estación)** Gepäckträger *m* ❷ *(soldado)* Wehrpflichtige(r) *m*
mozo, -a² ['moθo, -a] **I.** *adj* ❶ *(joven)* jung; **la gente moza** die Jugend ❷ *(soltero)* ledig **II.** *m, f (chico)* Junge *m; (chica)* Mädchen *nt; (joven)* junger Mann *m,* junge Frau *f;* **¡pero si estás hecho un ~!** *(a un chico)* du bist ja schon ein richtiger junger Mann!; *(a un adulto)* du hast dich aber gut gehalten!
mozón, -ona [mo'θon, -ona] *adj (Perú)* Spaßmacher(in) *m(f),* Witzbold *m*
mozonada [moθo'naða] *f (Perú)* Spaß *m,* Scherz *m*
mozonear [moθone'ar] *vi (Perú)* Spaß machen, scherzen
mozzarella [moᵈsa'rela] *f* (GASTR) Mozzarella *m*
MP3 [emepe'tres] *m* MP3 *nt;* **reproductor de ~** MP3-Player *m;* **grabador de ~** MP3-Brenner *m*
mu [mu] **I.** *interj (vaca)* muh **II.** *m* **no decir ni ~** keinen Pieps sagen
mucamo, -a [mu'kamo, -a] *m, f (Am: criado)* Diener *m; (criada)* Dienstmädchen *nt*
muchachada [muʧa'ʧaða] *f (Am)* junge Leute *pl*
muchacho, -a [mu'ʧaʧo, -a] *m, f* ❶ *(chico)* Junge *m; (chica)* Mädchen *nt* ❷ *(criado)* Diener *m; (criada)* Dienstmädchen *nt*
muchedumbre [muʧe'ðumbre] *f* ❶ *(de cosas)* Menge *f;* **salió volando una ~ de pájaros** ein großer Vogelschwarm flog auf ❷ *(de personas)* Menschenmenge *f*
mucho, -a ['muʧo, -a] **I.** *adj* viel; **esto es ~**

M

para ella das ist zu viel für sie; **hace ya ~ tiempo que...** es ist schon lange her, dass …; **muchas veces** oft; **eso me parece ~ decir** das scheint mir etwas gewagt; **mal de ~s, consuelo de tontos** *(prov)* geteiltes Leid ist halbes Leid **II.** *adv (intensidad)* sehr; *(cantidad)* viel; *(mucho tiempo)* lange; *(muchas veces)* oft; **lo sentimos ~** es tut uns sehr leid; **no hace ~ estuvo aquí** vor Kurzem war er/sie hier; **es con ~ el más simpático** er ist mit Abstand der Netteste; **¡pero que muy ~!** aber hallo!; **lo tenemos en ~** wir schätzen ihn sehr; **por ~ que se esfuercen, no lo conseguirán** wie sehr sie sich auch anstrengen, sie werden es nicht schaffen; **no era nuestra intención molestarle ni ~ menos** wir wollten Sie wirklich nicht stören; **tener cincuenta años, como ~** höchstens fünfzig (Jahre alt) sein

mucilaginoso, -a [muθilaxi'noso, -a] *adj* schleimartig, schleimig

mucílago [mu'θilaɣo] *m (vegetal)* Pflanzenschleim *m; (solución)* schleimige Lösung *f*

mucosa [mu'kosa] *f* Schleimhaut *f*

mucosidad [mukosi'ða^ð] *f (moco)* Schleim *m*

mucoso, -a [mu'koso, -a] *adj* schleimig; **membrana mucosa** Schleimhaut *f*

muda ['muða] *f* ① *(ropa interior)* Unterwäsche *f; (cama)* Bettwäsche *f* ② *(serpiente)* Häuten *nt* ③ *(pájaro)* Mauser *f* ④ *(pelo)* Haarwechsel *m* ⑤ *(voz)* Stimmbruch *m;* **estar de ~** im Stimmbruch sein

mudable [mu'ðaβle] *adj* veränderlich

mudada [mu'ðaða] *f (AmC, AmS: traslado)* Umzug *m*

mudadizo, -a [muða'ðiθo, -a] *adj* wankelmütig, wechselhaft; **tiene una palabra muy mudadiza** er/sie ändert seine/ihre Meinung ziemlich häufig

mudamente [muða'mente] *adv* stumm, ohne ein Wort zu sagen

mudanza [mu'ðanθa] *f (de casa)* Umzug *m;* **camión de ~s** Möbelwagen *m;* **estar de ~** umziehen

mudar [mu'ðar] **I.** *vi, vt* ① *(cambiar)* ändern; *(por uno nuevo)* wechseln ((**de**) +*akk*); **~ (de) pluma/piel** sich mausern/häuten; **~ de voz** im Stimmbruch sein; **los años le han mudado el** [*o* **de**] **carácter** mit dem Alter hat sich sein/ihr Charakter verändert ② *(de ropa)* umziehen **II.** *vr:* **~se** ① *(casa)* umziehen; **nos mudamos (de aquí)** wir ziehen aus; **~se a Granada** nach Granada ziehen; **~se a una casa nueva** in ein neues Haus ziehen ② *(ropa)* **~se (de ropa)** sich umziehen

mudéjar [mu'ðexar] **I.** *adj* Mudejar-; **estilo ~** Mudejarstil *m* **II.** *m* Mudejar *m (unter christlicher Herrschaft lebender Maure, 12. – 16. Jh.)*

mudez [mu'ðeθ] *f sin pl* Stummheit *f; (silencio)* Schweigen *nt*

mudo, -a ['muðo, -a] **I.** *adj* stumm; **cine ~** Stummfilm *m;* **quedarse ~ de asombro** vor Staunen sprachlos werden **II.** *m, f* Stumme(r) *mf*

mueble ['mweβle] **I.** *m* ① *(pieza)* Möbelstück *nt;* **~ bar** Hausbar *f;* **~ biblioteca** Bücherwand *f;* **cama ~** Klappbett *nt;* **~ zapatero** Schuhschrank *m;* **~ de cocina** Küchenschrank *m* ② *pl* Möbel *pl;* **~s de cocina** Einbauküche *f;* **~s de época** antike Möbel; **~s tapizados** Polstermöbel *pl* **II.** *adj* **bienes ~s** bewegliche Güter *ntpl*

mueca ['mweka] *f* Grimasse *f;* **hacer ~s** Grimassen schneiden

muela ['mwela] *f* ① *(diente)* Backenzahn *m;* **~s del juicio** Weisheitszähne *mpl;* **~ picada** kariöser Zahn ② *(molino)* Mühlstein *m* ③ *(para afilar)* Schleifscheibe *f* ④ *(cerro)* Hügel *m*

muelle ['mweʎe] **I.** *m* ① *(resorte)* Sprungfeder *f; (reloj)* Uhrfeder *f* ② *(puerto)* Kai *m;* **~ flotante** Landungsbrücke *f* ③ *(andén)* Rampe *f* **II.** *adj (blando)* weich; *(cómodo)* bequem

muérdago ['mwerðaɣo] *m* Mistel *f*

muerdo ['mwerðo] *m (fam: mordisco)* Beißen *nt,* Biss *m*

muermo ['mwermo] *m* ① *(caballo)* Rotz *m* ② *(argot)* **¡qué ~!** wie öde!

muerta ['mwerta] *adj o f v.* **muerto**

muerte ['mwerte] *f* Tod *m; (asesinato)* Mord *m; (destrucción)* Vernichtung *f;* **~ a traición** Meuchelmord *m;* **~ forestal** Waldsterben *nt;* **pena de ~** Todesstrafe *f;* **morir de ~ natural** eines natürlichen Todes sterben; **a ~** erbarmungslos; **a ese tipo lo odio a ~** ich hasse diesen Typen wie die Pest; **de mala ~** elend; **hasta que la ~ os separe** *(matrimonio)* bis dass der Tod euch scheidet; **en caso de ~** im Todesfalle; **luchar contra la ~** mit dem Tode ringen; **estar enfermo de ~** todkrank sein; **llevarse un susto de ~** zu Tode erschrecken; **condenar a ~** zum Tode verurteilen; **en el lecho de ~** am Sterbebett

muerto, -a ['mwerto, -a] **I.** *pp de* **morir** **II.** *adj* tot; **cal muerta** gelöschter Kalk; **horas muertas** Mußestunden *fpl;* **naturaleza muerta** Stillleben *nt;* **estar ~ (de cansancio)** totmüde sein; **estar ~ de hambre/sed** fast vor Hunger/Durst sterben; **para mí esa está muerta** für mich existiert sie nicht mehr; **no tener dónde**

caerse ~ *(fam pey)* bettelarm sein **III.** *m, f* Tote(r) *mf; (difunto)* Verstorbene(r) *mf; (cadáver)* Leiche *f;* **están tocando a** ~ sie läuten die Totenglocken; **ahora me cargan el ~ a mí** jetzt wollen sie mir den Schwarzen Peter zuschieben; **hacerse el** ~ den toten Mann spielen; **hacer el** ~ (**nadando**) den toten Mann machen

muesca ['mweska] *f* Kerbe *f*

muesli ['mwesli] *m* Müsli *nt*

muestra ['mwestra] *f* ❶ *(mercancía)* Muster *nt;* ~ **gratuita** Gratisprobe *f;* **feria de ~s** Messe *f;* **por la ~ se conoce el paño** *(prov)* der Apfel fällt nicht weit vom Stamm ❷ *(prueba)* Probe *f;* ~ **hecha al azar** Stichprobe *f* ❸ *(demostración)* Beweis *m;* **dar ~(s) de valor** seinen Mut beweisen; **de ~, un botón** ein Beispiel möge genügen ❹ *(de labores)* Muster *nt;* ~ **de bordado/punto** Stick-/Strickmuster *nt* ❺ *(rótulo)* Schild *nt*

muestrario [mwes'trarjo] *m* Katalog *m*

muestreo [mwes'treo] *m* Stichprobenentnahme *f*

muffin ['mufin] *m* <-(e)s> Muffin *m*

mugido [mu'xiðo] *m* ❶ *(vaca)* Muhen *nt* ❷ *(viento, mar)* Tosen *nt*

mugir [mu'xir] <g → j> *vi* ❶ *(vaca)* muhen ❷ *(viento, agua)* tosen

mugre ['muɣre] *f sin pl* Schmutz *m*

mugriento, -a [mu'ɣrjeṇto, -a] *adj* schmutzig

mujer [mu'xer] *f* Frau *f;* ~ **de negocios** Geschäftsfrau *f;* ~ **de edad** alte Frau; ~ **fácil** leichtes Mädchen; ~ **fatal** Femme fatale *f;* ~ **de la limpieza** Putzfrau *f;* ~ **de la calle** Dirne *f;* **una ~ de rompe y rasga** eine Frau, die weiß, was sie will; **le presento a mi** ~ ich möchte Ihnen meine Frau vorstellen; **ser una ~ de su casa** eine gute Hausfrau sein; **tomar** ~ heiraten; **está hecha toda una** ~ sie ist schon eine richtige Frau; **esto es cosa de ~es** das ist Frauensache

mujeriego [muxe'rjeɣo] *m* Frauenheld *m*

mujeril [muxe'ril] *adj* ❶ *(femenino)* weiblich ❷ *(afeminado)* verweiblicht

mujerío [muxe'rio] *m* Frauen *f pl*

mujerzuela [muxer'θwela] *f (pey: prostituta)* Nutte *f*

mula ['mula] *f* ❶ *(animal)* Maultier *nt* ❷ *(argot: en narcotráfico)* Drogenkurier *m*

muladar [mula'ðar] *m (basurero)* Mülldeponie *f; (estiércol)* Mistgrube *f*

muladí [mula'ði] *mf zu Zeiten der arabischen Herrschaft in Spanien: Christ, der den moslemischen Glauben annahm*

mulata [mu'lata] *f* (ZOOL) Felsenkrabbe *f*

mulato, -a [mu'lato, -a] **I.** *adj (mestizo)* Mulatten-; *(color)* dunkelbraun **II.** *m, f* Mulatte, -in *m, f*

mulero, -a [mu'lero, -a] *m, f (RíoPl)* ❶ *(fam: mentiroso)* Schwindler(in) *m(f)* ❷ *(fam: tramposo)* Schummler(in) *m(f)*

muleta [mu'leta] *f* ❶ *(apoyo)* Krücke *f;* **andar con ~s** an Krücken gehen ❷ (TAUR) Muleta *f*

muletilla [mule'tiʎa] *f (coletilla)* Flickwort *nt*

mullido, -a [mu'ʎiðo, -a] *adj* weich

mullir [mu'ʎir] <*3. pret* mulló> *vt* ❶ *(cama)* aufschütteln ❷ *(tierra)* aufschütten; *(cepas)* häufeln

mulo, -a ['mulo, -a] *m, f (caballo y asna)* Maulesel *m; (asno y yegua)* Maultier *nt*

multa ['muḷta] *f* Geldstrafe *f;* **poner una ~ a alguien** jdn mit einer Geldstrafe belegen

multar [muḷ'tar] *vt* mit einer Geldstrafe belegen; **me han multado con 30 euros** ich muss 30 Euro Strafe zahlen

multicine [muḷti'θine] *m* Kino *nt (mit mehreren Sälen)*

multicolor [muḷtiko'lor] *adj* bunt; (TIPO) mehrfarbig

multicopiar [muḷtiko'pjar] *vt* vervielfältigen

multicopista [muḷtiko'pista] *f* Kopiergerät *nt*

multicultural [muḷtikuḷtu'ral] *adj* multikulturell

multicultural [muḷtikuḷtu'ral] *adj* multikulturell; **un encuentro/una sociedad ~** eine multikulturelle Begegnung/Gesellschaft

multiculturalidad [muḷtikuḷturali'ða^{d}] *f* Multikulturalität *f*

multidimensional [muḷtiðimensjo'nal] *adj* mehrdimensional

multiforme [muḷti'forme] *adj* vielgestaltig

multifuncional [muḷtifuṇθjo'nal] *adj* multifunktional

multilátero, -a [muḷti'latero, -a] *adj* (MAT) vielseitig

multilingüe [muḷti'liŋgwe] *adj* mehrsprachig

multimedia [muḷti'medja] *adj inv* multimedial; **programa ~ de computadora** Multimedia-Computerprogramm *nt*

multimediático, -a [muḷtime'ðjatiko, -a] *adj* (INFOR) Multimedia-

multimillonario, -a [muḷtimiʎo'narjo, -a] *m, f* Multimillionär(in) *m(f)*

multinacional [muḷtinaθjo'nal] **I.** *adj* multinational **II.** *f* multinationaler Konzern *m*

múltiple ['muḷtiple] *adj* mehrfach; *(variado)* vielfältig; **~s veces** mehrmals

multiplicable [muḷtipli'kaβle] *adj* multiplizierbar; **los beneficios son aún ~s por**

diez die Gewinne können noch um das Zehnfache gesteigert werden

multiplicación [mul̦tiplika'θjon] *f* ❶ (MAT) Multiplikation *f* ❷ *(reproducción)* Vermehrung *f*

multiplicar [mul̦tipli'kar] <c → qu> **I.** *vi, vt* ❶ (MAT) multiplizieren (**por** mit +*dat*); **la tabla de ~** das Einmaleins ❷ *(reproducir)* vermehren ❸ *(aumentar)* vervielfachen **II.** *vr:* **~se** ❶ *(reproducirse)* sich vermehren; **¡creced y multiplicaos!** (REL) wachset und mehret euch! ❷ *(desvivirse)* überall gleichzeitig sein

multiplicidad [mul̦tipliθi'ðaᵈ] *f* Vielfalt *f*

múltiplo, -a ['mul̦tiplo, -a] **I.** *adj* vielfach **II.** *m, f* Vielfache(s) *nt*

multirracial [mul̦tirra'θjal] *adj* multikulturell, Vielvölker-

multitarea [mul̦tita'rea] **I.** *f* (INFOR) Multitasking *nt* **II.** *adj* (INFOR) Multitasking-

multitud [mul̦ti'tuᵈ] *f* ❶ *(cantidad)* Menge *f;* **una ~ de flores** eine Menge Blumen ❷ *(gente)* (Volks)massen *fpl; (vulgo)* gemeines Volk *nt*

multitudinario, -a [mul̦tituði'narjo, -a] *adj* Massen-

multiuso [mul̦ti'uso] *adj inv* Mehrzweck-

multiventana [mul̦tiβen̦'tana] *f* (INFOR) Multitasking *nt*

mundanal [mun̦da'nal] *adj,* **mundano, -a** [mun̦'dano, -a] *adj* ❶ *(del mundo)* weltlich; *(terrenal)* irdisch ❷ *(extravagante)* mondän

mundial [mun̦'djal] *adj* weltweit; **campeonato ~ de fútbol** Fußballweltmeisterschaft *f;* **guerra ~** Weltkrieg *m;* **a nivel ~** weltweit

mundillo [mun̦'diʎo] *m* ❶ *(ambiente)* Welt *f;* **el ~ de la música** die Welt der Musik; **ella se maneja bien en ese ~** in diesen Kreisen weiß sie sich zu benehmen ❷ *(encaje)* Klöppelkissen *nt*

mundo ['mun̦do] *m* ❶ *(tierra, t. fig)* Welt *f; (planeta)* Erde *f; (globo)* Erdkugel *f;* **~ profesional** Berufsleben *nt;* **~ laboral** Arbeitswelt *f;* **el ~ antiguo** das Altertum; **el otro ~** das Jenseits; **no sabemos si en los otros ~s hay vida** wir wissen nicht, ob es auf den anderen Planeten Leben gibt; **dar la vuelta al ~** eine Weltreise machen; **echar al ~** in die Welt setzen; **venir al ~** auf die Welt kommen; **irse de este ~** sterben; **se bañaban como Dios los/las trajo al ~** sie badeten splitternackt; **ver ~** sich in der Welt umsehen; **andar por esos ~s de Dios** *(fam: estar de viaje)* die Welt bereisen; *(estar perdido)* irgendwo stecken; **recorrer medio ~** in der Welt herumkommen; **con la mayor tranquilidad del ~** in aller Seelenruhe; **rápidamente se le cae el ~ encima** ihm/ihr wird schnell alles zu viel; **vivir en otro ~** *(fig)* hinter dem Mond leben; **este ~ es un pañuelo** die Welt ist ein Dorf; **desde que el ~ es ~** seit die Welt besteht; **ponerse el ~ por montera, reírse del ~** tun und lassen, was man will; **hacer un ~ de algo** aus etw *dat* ein Drama machen; **así va** [*o* **anda**] **el ~** das ist der Lauf der Welt; **¡deja el ~ correr!** lass es gut sein!; **no es nada del otro ~** das ist nichts Besonderes; **por nada del ~** um nichts auf der Welt; **dejó el ~ y se metió monja** sie entsagte der Welt und wurde Nonne ❷ *(humanidad)* Welt *f;* **a la vista de todo el ~** vor allen Leuten; **todo el ~ sabe que...** jedermann weiß, dass ...; **lo sabe medio ~** die halbe Welt weiß es schon ❸ *(experiencia)* Weltkenntnis *f;* **Lola tiene mucho ~** Lola ist eine Frau von Welt

mundología [mun̦dolo'xia] *f sin pl (fam)* Lebenserfahrung *f*

Munich ['munitʃ] *m* München *nt*

munición [muni'θjon] *f (de armas)* Munition *f*

municipal [muniθi'pal] *adj* städtisch; **parque ~** Stadtpark *m;* **término ~** Gemeindebezirk *m*

municipalidad [muniθipali'ðaᵈ] *f* ❶ *(administración)* Gemeindeverwaltung *f* ❷ *(corporación)* Gemeinderat *m*

municipio [muni'θipjo] *m* ❶ *(población)* Gemeinde *f,* Gemeindebezirk *m* ❷ *(ayuntamiento)* Rathaus *nt* ❸ *(concejo)* Gemeinderat *m*

munificencia [munifi'θen̦θja] *f sin pl* Großzügigkeit *f,* Freigebigkeit *f*

munificiente [munifi'θjen̦te] *adj,* **munífico, -a** [mu'nifiko, -a] *adj* großzügig, freigebig

muniqués, -esa [muni'kes, -esa] **I.** *adj* münchnerisch **II.** *m, f* Münchner(in) *m(f)*

muñeca [mu'ɲeka] *f* ❶ *(brazo)* Handgelenk *nt* ❷ *(juguete)* Puppe *f* ❸ *(maniquí)* Schneiderpuppe *f;* **~ hinchable** Dummy *m* ❹ *(fig: niña)* niedliches Mädchen *nt*

muñeco [mu'ɲeko] *m* ❶ *(juguete)* Puppe *f;* **~ articulado** Gliederpuppe *f;* **~ de nieve** Schneemann *m* ❷ *(pey: monigote)* Marionette *f*

muñequera [muɲe'kera] *f* Armband *nt*

muñón [mu'ɲon] *m* Stumpf *m*

mural [mu'ral] **I.** *adj* Wand- **II.** *m* Wandbild *nt*

muralismo [mura'lismo] *m* (ARTE) Wandmalerei *f*

muralista [mura'lista] *mf* Wandmaler(in) *m(f)*

M

muralla [mu'raʎa] *f* Mauer *f*
murciano, **-a** [mur'θjano, -a] **I.** *adj* aus Murcia **II.** *m, f* Einwohner(in) *m(f)* von Murcia
murciélago [mur'θjelaɣo] *m* Fledermaus *f*
murga ['murɣa] *f (fam: banda)* schlechte Musikkapelle *f;* **dar la ~ a alguien** jdm auf den Wecker gehen; **¡deja de darme la ~!** lass mich endlich in Ruhe!
murmullo [mur'muʎo] *m* ❶ *(voz)* Gemurmel *nt; (cuchicheo)* Geflüster *nt* ❷ *(hojas, agua)* Rauschen *nt*
murmuración [murmura'θjon] *f (calumnia)* üble Nachrede *f; (cotilleo)* Klatsch *m fam*
murmurar [murmu'rar] **I.** *vi, vt (entre dientes)* murmeln; *(susurrar)* flüstern; **~ al oído** ins Ohr flüstern **II.** *vi* ❶ *(gruñir)* murren ❷ *(criticar)* herziehen (**de** über +*akk*); *(chismorrear)* klatschen (**de** über +*akk*) ❸ *(agua, hojas)* rauschen
muro ['muro] *m* Mauer *f; (pared)* Wand *f;* **~ de contención** Schutzwall *m;* **M~ de las Lamentaciones** Klagemauer *f;* **~ medianero** Zwischenwand *f*
murria ['murrja] *f sin pl (fam: tristeza)* Trübsinn *m*
murrio, **-a** ['murrjo, -a] *adj* trübsinnig
mus [mus] *m ein Kartenspiel*
musa ['musa] *f* Muse *f;* **soplarle a alguien la ~** von der Muse geküsst werden; *(en un juego)* Glück im Spiel haben
musaraña [musa'raɲa] *f* ❶ (ZOOL) Spitzmaus *f* ❷ *(fig: bicho)* kleines Tier *nt; (insecto)* kleines Insekt *nt;* **pensar en las ~s** *(fig)* in Gedanken woanders sein ❸ *(nubecilla)* Flimmern *nt*
muscular [musku'lar] *adj* Muskel-
muscularse [musku'larse] *vr* die Muskeln trainieren
musculatura [muskula'tura] *f* Muskulatur *f*
músculo ['muskulo] *m* Muskel *m;* **~ deltoides** Schultermuskel *m;* **~ abdominal** Bauchmuskel *m;* **~ dorsal** Rückenmuskel *m;* **~ frontal** Stirnmuskel *m;* **~ pectoral** Brustmuskel *m;* **~ trapecio** Kapuzenmuskel *m;* **ser puro ~** nur aus Muskeln bestehen
musculoso, **-a** [musku'loso, -a] *adj* muskulös
muselina [muse'lina] *f* Musselin *m*
museo [mu'seo] *m* Museum *nt;* **~ etnográfico** Völkerkundemuseum *nt*
museología [museolo'xia] *f sin pl* Museumskunde *f*
musgo ['musɣo] *m* Moos *nt*
musgoso, **-a** [mus'ɣoso, -a] *adj* moosartig; *(cubierto de musgo)* bemoost

M

música ['musika] *f* ❶ *(sonido)* Musik *f; (partituras)* Noten *f pl;* **~ folclórica** [*o* **popular**] Volksmusik *f;* **~ pop** Popmusik *f;* **~ ratonera** *(fam fig)* Katzenmusik *f;* **~ sacra** Kirchenmusik *f;* **banda de ~** (Musik)kapelle *f;* **caja de ~** Spieldose *f;* **¡vete con la ~ a otra parte!** lass mich in Ruhe!; **tus palabras nos sonaron a ~ celestial** deine Worte waren Musik in unseren Ohren; **tener talento para la ~** musikalisch sein ❷ *(orquesta)* (Musik)kapelle *f*
musical [musi'kal] **I.** *adj* musikalisch; **composición ~** Musikstück *nt* **II.** *m* Musical *nt*
musicalizar [musikali'θar] <z → c> *vt* (MÚS) vertonen
musicalmente [musikal'mente] *adv* musikalisch
músico, **-a** ['musiko, -a] **I.** *adj* Musik- **II.** *m, f* Musiker(in) *m(f); (compositor)* Komponist(in) *m(f);* **~ ambulante** (Straßen)musikant *m*
musicófilo, **-a** [musi'kofilo, -a] *m, f* Musikliebhaber(in) *m(f)*
musicografía [musikoɣra'fia] *f sin pl* Musikwissenschaft *f*
musicología [musikolo'xia] *f sin pl* Musikwissenschaft *f*
musicómano, **-a** [musi'komano, -a] *m, f* Musikfan *m,* Musikbegeisterte(r) *f(m)*
musitar [musi'tar] *vi* ❶ *(balbucear)* murmeln; *(susurrar)* flüstern; **~ al oído** ins Ohr flüstern ❷ *(hojas)* rauschen
muslim [mus'lin] *mf,* **muslime** [mus'lime] *mf* Moslem, Moslime *m, f,* Muslim(a) *m(f)*
muslo ['muslo] *m (persona)* Oberschenkel *m; (animal)* Keule *f*
mustela [mus'tela] *f* Wiesel *nt*
mustio, **-a** ['mustjo, -a] *adj* ❶ *(flores)* welk ❷ *(triste)* bedrückt
musulmán, **-ana** [musul'man, -ana] **I.** *adj* moslemisch **II.** *m, f* Moslem, Moslime *m, f*
mutable [mu'taβle] *adj* veränderlich
mutación [muta'θjon] *f* ❶ *(trasformación)* (Ver)änderung *f* ❷ *(genes)* Mutation *f* ❸ (TEAT) Szenenwechsel *m* ❹ (METEO) Wetterumschwung *m*
mutante [mu'tante] *mf* Mutant(e) *m(f)*
mutar [mu'tar] *vt, vr:* **~se** (sich) ändern
mutilación [mutila'θjon] *f* Verstümmelung *f*
mutilado, **-a** [muti'laðo, -a] *m, f* Krüppel *m;* **~ de guerra** Kriegsversehrte(r) *m*
mutilar [muti'lar] *vt* ❶ *(cuerpo)* verstümmeln ❷ *(recortar)* kürzen
mutis ['mutis] *m inv* ❶ (TEAT) Abgang *m;* **~ por el foro** Abgang *m;* **hacer ~** abgehen ❷ *(loc)* **¡~!** Ruhe!

mutismo [mu'tismo] *m* Schweigsamkeit *f;* **no hay manera de sacarlo de su ~** es ist unmöglich, ihn aus der Reserve zu locken
mutual [mutu'al] **I.** *adj* gegenseitig **II.** *f (CSur)* Sozialversicherung *f*
mutualidad [mutwali'ða^{d}] *f* ① *(reciprocidad)* Gegenseitigkeit *f* ② *(cooperativa)* ≈ Verein *m* auf Gegenseitigkeit; **~ de accidentes de trabajo** Berufsgenossenschaft *f;* **~ obrera** Arbeiterhilfe *f*
mutuamente [mutwa'meṇte] *adv* gegenseitig; **se gustaron ~ nada más verse** sie gefielen einander auf den ersten Blick
mutuo, -a ['mutwo, -a] *adj* gegenseitig
muy [mwi] *adv* sehr; **es ~ improbable que...** *+subj* es ist höchst unwahrscheinlich, dass ...; **¡guárdate ~ mucho de irlo contando por ahí!** *(fam)* hüte dich bloß, das überall zu erzählen!; **~ a pesar mío** zu meinem größten Bedauern; **~ de tarde en tarde** sehr selten; **~ de mañana** sehr früh morgens; **¿y qué ha hecho el ~ tunante?** und was hat der Schelm gemacht?; **le saluda ~ atentamente, ...** *(en cartas)* hochachtungsvoll, ...; **¡dejarnos plantados: eso es ~ de María!** uns einfach sitzen zu lassen; das ist typisch Maria!; **es Ud. ~ libre de hacer lo que quiera** es steht Ihnen völlig frei, das zu tun, was Ihnen beliebt
Myanmar [mjan'mar] *m* Myanmar *nt*
M.ª [ma'ria] *abr de* **María** María

Nn

N, n ['ene] *f* N, n *nt;* **~ de Navarra** N wie Nordpol
nabo ['naβo] *m* ① (BOT) weiße Rübe *f* ② (ARQUIT) Spindel *f* ③ *(vulg: pene)* Schwanz *m fam*
nácar ['nakar] *m* Perlmutt *nt;* **de ~** perlmuttern
nacarado, -a [naka'raðo, -a] *adj* perlmuttern
nacarino, -a [naka'rino, -a] *adj* perlmuttern
nacer [na'θer] *irr como crecer* **I.** *vi* ① *(venir al mundo)* geboren werden; **nací el 29 de febrero** ich bin am 29. Februar geboren; **no nací ayer** ich bin doch nicht von gestern *fam;* **~ de pies/cabeza** ein Sonntagskind/Pechvogel sein; **haber nacido para la música** der geborene Musiker sein; **nadie nace enseñado** *(prov)* es ist noch kein Meister vom Himmel gefallen; **no con quien naces, sino con quien paces** *(prov)* sage mir, mit wem du verkehrst, und ich sage dir, wer du bist ② *(del huevo)* schlüpfen ③ *(germinar)* sprießen ④ *(astro)* aufgehen; *(día)* anbrechen; **al ~ el día** bei Tagesanbruch ⑤ *(originarse)* seinen Ursprung haben (**de/en** in *+dat*); *(arroyo)* entspringen; *(surgir)* entstehen (**de** aus *+dat,* **de** durch *+akk*); **nació una duda en su mente** er/sie fing an zu zweifeln **II.** *vr:* **~se** keimen
nacido, -a [na'θiðo, -a] **I.** *adj* **bien ~** *(origen)* aus guter Familie; *(comportamiento)* wohlerzogen; **~ de padres ricos** aus wohlhabendem Hause **II.** *m, f* **recién ~** Neugeborene(s) *nt;* **los ~s el 2 de abril** alle am 2. April Geborenen; **un mal ~** ein Fiesling
naciente[1] [na'θjeṇte] *m (oriente)* Orient *m; (este)* Osten *m*
naciente[2] [na'θjeṇte] *f (Arg, Par)* Quelle *f*
nacimiento [naθi'mjeṇto] *m* ① *(venida al mundo)* Geburt *f;* **de ~** von Geburt an ② *(linaje)* Herkunft *f;* **ser de humilde ~** aus bescheidenen Verhältnissen stammen ③ *(comienzo)* Anfang *m;* **~ del pelo** Haaransatz *m*
nación [na'θjon] *f* Nation *f;* **las Naciones Unidas** die Vereinten Nationen
nacional [naθjo'nal] *adj* (POL) national; (ECON) inländisch; *(instituciones)* Staats-; **fiesta ~** Nationalfeiertag *m;* **carretera ~** *(en Alemania)* Bundesstraße *f; (en España)* Nationalstraße *f;* **moneda ~** Landeswährung *f;* **producto ~** Inlandsprodukt *nt;* **renta ~** Volkseinkommen *nt*
nacionalidad [naθjonali'ða^{d}] *f (ciudadanía)* Staatsangehörigkeit *f;* **ser de ~ española** die spanische Staatsangehörigkeit besitzen
nacionalismo [naθjona'lismo] *m sin pl* Nationalismus *m*
nacionalista [naθjona'lista] **I.** *adj* nationalistisch **II.** *mf* Nationalist(in) *m(f)*
nacionalización [naθjonaliθa'θjon] *f* ① *(ente)* Verstaatlichung *f* ② *(persona)* Einbürgerung *f*
nacionalizar [naθjonali'θar] <z → c> **I.** *vt* ① *(ente)* verstaatlichen ② *(persona)* ein-

bürgern **II.** *vr* **~se alemán** die deutsche Staatsangehörigkeit annehmen
nacionalmente [naθjonal'mente] *adv* national; **una decisión ~ aplaudida** eine auf nationaler Ebene vielbegrüßte Entscheidung
nacionalsocialismo [naθjonalsoθja'lismo] *m sin pl* (HIST) Nationalsozialismus *m*
nacionalsocialista [naθjonalsoθja'lista] **I.** *adj* (HIST) nationalsozialistisch **II.** *mf* (HIST) Nationalsozialist(in) *m(f)*
naco ['nako] *m* ❶ *(AmC: cobarde)* Feigling *m; (marica)* Schwule(r) *m fam* ❷ *(Arg: miedo)* Angst *f*
nada ['naða] **I.** *pron indef* nichts; **¡gracias! – ¡de ~!** danke! – keine Ursache!; **¡pues ~!** also gut!; **por ~ se queja** er/sie beschwert sich wegen jeder Kleinigkeit; **como si ~** als wäre nichts dabei; **le costó ~ más y ~ menos que...** es kostete ihn/sie die stolze Summe von ...; **~ menos que el director** der Direktor höchstpersönlich **II.** *adv* nichts; **~ más** *(solamente)* nur; *(no más)* nichts mehr; **¡~ más!** das wär's!; **~ de ~** überhaupt nichts; **no ser ~ difícil** gar nicht schwierig sein; **¡~ de eso!** nichts da! *fam;* **¡casi ~!** unglaublich!; **antes de ~** *(sobre todo)* vor allem; *(primero)* zuallererst; **para ~** umsonst; **a cada ~** *(Am)* dauernd **III.** *f* Nichts *nt*
nadador(a) [naða'ðor(a)] *m(f)* Schwimmer(in) *m(f)*
nadar [na'ðar] *vi* schwimmen; **~ en deudas** sich vor Schulden nicht mehr retten können
nadería [naðe'ria] *f* Nichtigkeit *f*
nadie ['naðje] *pron indef* niemand; **tú no eres ~ para...** du hast kein Recht, zu ...; **un don ~** ein Niemand
nadita [na'ðita] **I.** *f (Ecua, Méx)* **en ~ estuvo que lo mataran** er ist knapp dem Tod entronnen **II.** *adv (Méx)* keineswegs, auf (gar) keinen Fall
nado ['naðo] *adv* **a ~** schwimmend
nafta ['nafta] *f (CSur: gasolina)* Benzin *nt*
naftalina [nafta'lina] *f* (QUÍM) Naphthalin *nt*
nagua ['naɣwa] **I.** *adj (CRi)* **~s** feige **II.** *f (Am)* Unterrock *m,* Petticoat *m*
nagual [na'ɣwal] *f (Méx)* Lüge *f*
nagualear [naɣwale'ar] *vi (Méx: mentir)* lügen; *(robar)* klauen
náhuatl ['nawaðl] *m* Nahuatl *nt (Sprache der mexikanischen Indios)*
naif [na'if] *adj* naiv; **arte ~** naive Kunst
nailon ['nailon] *m* Nylon® *nt*
naipe ['naipe] *m* ❶ *(carta)* (Spiel)karte *f* ❷ *pl (baraja)* Kartenspiel *nt*
najarse [na'xarse] *vr (fam)* abhauen
nalga ['nalɣa] *f* Gesäßhälfte *f;* **~s** Gesäß *nt*
Namibia [na'miβja] *f* Namibia *nt*
namibio, -a [na'miβjo, -a] **I.** *adj* namibisch **II.** *m, f* Namibier(in) *m(f)*
nana ['nana] *f* ❶ *(canción)* Wiegenlied *nt* ❷ *(fam: abuela)* Oma *f;* **del año de la ~** uralt ❸ *(niñera)* Kindermädchen *nt*
nanacate [nana'kate] *m (Méx)* Pilz *m*
nanay [na'nai] *interj (fam)* kommt nicht in die Tüte!
nano, -a ['nano, -a] *adj (fam)* **¡qué ~ (que) es!** so ein Zwerg!
nanoya [na'noɟa] *f (Guat)* Großmutter *f,* Oma *f fam*
nao ['nao] *f (elev)* Schiff *nt*
napa ['napa] *f* ❶ *(piel)* Nappa(leder) *nt* ❷ *(fibras)* Vlies *nt*
napia(s) ['napja(s)] *f(pl) (fam)* Zinken *m*
Nápoles ['napoles] *m* Neapel *nt*
napolitano, -a [napoli'tano, -a] **I.** *adj* neapolitanisch **II.** *m, f* Neapolitaner(in) *m(f)*
naranja [na'raŋxa] **I.** *f* Orange *f;* **tu media ~** deine bessere Hälfte; **¡~s!** Quatsch! **II.** *adj* **(de color) ~** orange(n)
naranjada [naraŋ'xaða] *f* Orangenlimonade *f*
naranjado, -a [naraŋ'xaðo, -a] *adj* orange(n), orange(n)farben, orange(n)farbig
naranjal [naraŋ'xal] *m* Orangenhain *m*
naranjo [na'raŋxo] *m* Orangenbaum *m*
narcisismo [narθi'sismo] *m sin pl* Narzissmus *m*
narcisista [narθi'sista] **I.** *adj* narzisstisch **II.** *mf* ❶ *(en la mitología)* Narziss *m* ❷ *(erótico)* Narzisst *m*
narciso [nar'θiso] *m* ❶ *(persona)* Narziss *m* ❷ (BOT) Narzisse *f*
narco ['narko] *m (argot)* Dealer *m*
narcocontrabando [narkokontra'βando] *m* Drogenschmuggel *m*
narcosis [nar'kosis] *f inv* Narkose *f*
narcoterrorista [narkoterro'rista] *mf* Drogenterrorist(in) *m(f)*
narcótico[1] [nar'kotiko] *m* Betäubungsmittel *nt*
narcótico, -a[2] [nar'kotiko, -a] *adj* betäubend
narcotizar [narkoti'θar] <z → c> *vt* betäuben
narcotraficante [narkotrafi'kante] *mf* Drogenhändler(in) *m(f)*
narcotráfico [narko'trafiko] *m* Drogenhandel *m*
nardo ['narðo] *m* (BOT) Narde *f*
narigón[1] [nari'ɣon] *m* ❶ *(nariz)* große Nase *f* ❷ *(agujero)* Nasenloch *nt* ❸ *(argolla)* Nasenring *m*
narigón, -ona[2] [nari'ɣon, -ona] *adj* mit einer großen Nase

narigudo, -a [nari'ɣuðo, -a] *adj (narigón)* mit einer großen Nase

nariz [na'riθ] *f* ① (ANAT) Nase *f;* ~ **chata** Stumpfnase *f;* ~ **ganchuda** Hakennase *f;* ~ **respingona** Himmelfahrtsnase *f; (pequeña)* Stupsnase *f;* **estar hasta las narices** *(fam)* die Nase voll haben; **hasta que se me hinchen las narices** *(fam)* bis mir der Kragen platzt; **darse de narices con alguien** *(fam)* jdm (geradewegs) in die Arme laufen; **por narices** *(fam)* auf jeden Fall; **hago lo que me sale por las narices** *(fam)* ich mache, was ich will; **romper las narices a alguien** jdm die Schnauze polieren *fam;* **¡(qué) narices!** *(fam)* das wär ja noch schöner!; **no ver más allá de sus narices** *(fam)* nicht über den Tellerrand hinausgucken (können); **quedarse con un palmo de narices** *(fam)* in die Röhre schauen ② *(intuición)* Riecher *m fam;* **me da en la ~ que...** ich habe das Gefühl, dass ...

narizón, -ona [nari'θon, -ona] *adj* mit einer großen Nase; **según nos dice Quevedo, Góngora era un ~** laut Quevedo hatte Góngora eine große Nase

narizota [nari'θota] *f* große Nase *f*

narración [narra'θjon] *f* Erzählung *f*

narrador(a) [narra'ðor(a)] *m(f)* Erzähler(in) *m(f)*

narrar [na'rrar] *vt (contar)* erzählen; *(informar)* berichten

narrativa [narra'tiβa] *f* Prosa *f*

narrativo, -a [narra'tiβo, -a] *adj* erzählend; (LIT) narrativ

nasal [na'sal] **I.** *adj* ① (ANAT) Nasen- ② (LING) nasal **II.** *m* (LING) Nasal(laut) *m*

nasalizar [nasali'θar] <z → c> *vt* (LING) nasalieren

nata ['nata] *f* ① *(producto)* Sahne *f;* ~ **montada** Schlagsahne *f* ② *(sobre un líquido)* Haut *f* ③ *(lo más selecto)* Erlesenste(s) *nt;* **la crema y ~ de la sociedad** die Crème de la Crème der Gesellschaft

natación [nata'θjon] *f* Schwimmen *nt;* ~ **sincronizada** Synchronschwimmen *nt*

natal [na'tal] *adj* Geburts-; **ciudad ~** Heimatstadt *f*

natalicio, -a [nata'liθjo, -a] *adj* Geburtstags-

natalidad [natali'ðað] *f* Geburtenrate *f;* **de fuerte/baja ~** geburtenstark/geburtenschwach

natillas [na'tiʎas] *fpl* ≈ Cremespeise *f*

Natividad [natiβi'ðað] *f* ① *(navidades)* Weihnachten *nt* ② (REL) *Fest der Geburt Jesu, der Jungfrau Maria oder Johannes des Täufers*

nativo, -a [na'tiβo, -a] **I.** *adj* ① *(natal)* Heimat- ② *(metal)* rein ③ *(Am: persona)* einheimisch **II.** *m, f (Am)* Einheimische(r) *mf*

nato, -a ['nato, -a] *adj* geboren

natural [natu'ral] **I.** *adj* ① *(no artificial, sencillo)* natürlich; *(elaboración)* roh; *(alimentos)* unbehandelt; **al ~** *(comportamiento)* ungekünstelt; **esto es lo más ~ del mundo** *(normal)* das ist doch völlig natürlich; *(lógico)* das ist doch selbstverständlich ② *(nacido)* **ser ~ de Alemania** gebürtiger Deutscher sein **II.** *m* Naturell *nt*

naturaleza [natura'leθa] *f* ① *(campo)* Natur *f;* ~ **muerta** Stillleben *nt;* **en plena ~** in der freien Natur ② *(manera)* Natur *f* ③ *(índole)* Beschaffenheit *f;* **de ~ pública** öffentlich-rechtlich ④ *(derecho de ciudadano)* Bürgerrecht *nt*

naturalidad [naturali'ðað] *f sin pl* Natürlichkeit *f*

naturalismo [natura'lismo] *m sin pl* (ARTE, FILOS, LIT) Naturalismus *m*

naturalista [natura'lista] **I.** *adj* (ARTE, FILOS, LIT) naturalistisch **II.** *mf* (ARTE, FILOS, LIT) Naturalist(in) *m(f)*

naturalización [naturaliθa'θjon] *f* ① *(nacionalización)* Einbürgerung *f;* (JUR) Naturalisation *f* ② *(habituación)* Eingewöhnung *f,* Naturalisierung *f*

naturalizar [naturali'θar] <z → c> **I.** *vt* einbürgern; ~ **costumbres** Bräuche annehmen; ~ **un animal** ein Tier heimisch machen **II.** *vr:* **~se** *(habituarse)* sich einleben

naturalmente [natural'mente] *adv* ① *(de manera natural)* natürlich, ungekünstelt ② *(de por sí)* von Natur aus ③ *(claro)* natürlich, selbstverständlich; **¿esto lo has escrito tú? — ¡~!** das hat du geschrieben? — selbstverständlich!

naturismo [natu'rismo] *m sin pl* ① *(naturopatía)* Naturheilkunde *f* ② *(nudismo)* Freikörperkultur *f*

naufragar [nau̯fra'ɣar] <g → gu> *vi* ① *(hundirse)* Schiffbruch erleiden ② *(fracasar)* scheitern

naufragio [nau̯'fraxjo] *m* ① *(accidente)* Schiffbruch *m* ② *(fracaso)* Fehlschlag *m; (de negociaciones)* Scheitern *nt*

náufrago, -a ['nau̯fraɣo, -a] **I.** *adj* schiffbrüchig **II.** *m, f* Schiffbrüchige(r) *mf*

Nauru [na'uru] *f* Nauru *nt*

náusea ['nau̯sea] *f* Übelkeit *f;* **el pavo relleno me da ~s** gefüllten Puter finde ich ekelhaft

nauseabundo, -a [nau̯sea'βundo, -a] *adj* Ekel erregend

náuseas ['nau̯seas] *fpl* Übelkeit *f;* **tengo ~** mir ist schlecht; **dar ~ a alguien** jdn anekeln

náutica ['nau̯tika] *f sin pl* Schifffahrtskunde *f*
náutico, -a ['nau̯tiko, -a] *adj* Schifffahrts-
nava ['naβa] *f* Senke *f*
navaja [na'βaxa] *f* ① *(cuchillo)* Taschenmesser *nt;* ~ **de afeitar** Rasiermesser *nt;* ~ **automática** Springmesser *nt* ② (ZOOL) Schwertmuschel *f*
navajero, -a [naβa'xero, -a] *m, f (delincuente)* Messerstecher(in) *m(f)*
naval [na'βal] *adj (marítimo)* See-; *(referente a barcos)* Schiffs-
Navarra [na'βarra] *f* Navarra *nt*
navarro, -a [na'βarro, -a] **I.** *adj* aus Navarra **II.** *m, f* Einwohner(in) *m(f)* von Navarra
nave ['naβe] *f* ① *(barco)* Schiff *nt;* ~ **de carga** Frachtschiff *nt;* ~ **espacial** Raumschiff *nt;* **quemar las ~s** *(fig)* alle Brücken hinter sich *dat* abbrechen ② *(en una iglesia)* (Kirchen)schiff *nt;* ~ **central** Mittelschiff *nt* ③ *(almacén)* (Lager)halle *f*
navegable [naβe'ɣaβle] *adj* schiffbar; **rutas ~s** Schifffahrtsstraßen *f pl*
navegación [naβeɣa'θjon] *f* Schifffahrt *f*
navegador [naβeɣa'ðor] *m* ① (INFOR) Browser *m;* ~ **GPS** GPS-Browser *m* ② *(Am)* Navigationsgerät *nt*
navegante [naβe'ɣan̪te] *mf* ① *(por mar)* Seefahrer(in) *m(f)* ② (INFOR) Surfer(in) *m(f);* ~ **de** [*o* **por**] **internet** Internetsurfer *m*
navegar [naβe'ɣar] <g → gu> **I.** *vi, vt* (mit einem Schiff) fahren; ~ **a vela** segeln; ~ **ocho millas por hora** acht Meilen pro Stunde zurücklegen **II.** *vi* ① *(vagar)* herumziehen ② (INFOR) surfen; ~ **en** [*o* **por**] **la Web/red** im Web/Netz surfen
Navidad [naβi'ða^{ð}] *f* Weihnachten *nt;* **¡feliz ~!** fröhliche Weihnachten!
navideño, -a [naβi'ðeɲo, -a] *adj* Weihnachts-; *(ambiente)* weihnachtlich
naviera [na'βjera] *f* Reederei *f*
naviero, -a [na'βjero, -a] **I.** *m, f* Schiffseigentümer(in) *m(f)* **II.** *adj* Schifffahrts-
navío [na'βio] *m* Schiff *nt*
nazarí [naθa'ri] **I.** *adj* (HIST) die Nasriden betreffend; **la dinastía ~** die Dynastie der Nasriden *(letzte spanisch-arabische Dynastie in Granada)* **II.** *mf* (HIST) Nasride, -in *m, f*
nazi ['naθi] **I.** *adj* (HIST) Nazi- **II.** *mf* (HIST) Nazi *m*
nazismo [na'θismo] *m sin pl* Nationalsozialismus *m*
N. de la R. ['nota ðe la rreðaᵞ'θjon] *abr de* **nota de la redacción** Anm. d. Red.
N. del T. ['nota ðel̪ traðuk'tor] *abr de* **nota del traductor** Anm. des Übersetzers
NE [nor'ðeste] *abr de* **Nordeste** NO
neandertal [nean̪der'tal] *m* **hombre de ~** Neandertaler *m*
neblina [ne'βlina] *f* Bodennebel *m*
neblinoso, -a [neβli'noso, -a] *adj (nebuloso)* neb(e)lig; *(brumoso)* dunstig
nebulizador [neβuliθa'ðor] *m* Zerstäuber *m*
nebulosa [neβu'losa] *f* (ASTR) Nebelfleck *m,* Nebel *m*
nebulosidad [neβulosi'ða^{ð}] *f* ① *(niebla)* Nebelbildung *f* ② *(nubes)* Bewölkung *f*
nebuloso, -a [neβu'loso, -a] *adj* ① *(brumoso)* neb(e)lig ② *(nuboso)* bewölkt ③ *(vago)* nebulös ④ *(oscuro)* düster
necedad [neθe'ða^{ð}] *f* Dummheit *f;* **no decir más que ~es** nur dummes Zeug reden
necesariamente [neθesarja'men̪te] *adv* zwangsläufig
necesario, -a [neθe'sarjo, -a] *adj* notwendig; **es ~ que...** +*subj* es ist notwendig, dass ...; **la lluvia hizo ~ quedarse en casa** wegen des Regens mussten wir zu Hause bleiben
neceser [neθe'ser] *m* ① *(de aseo)* Kulturbeutel *m* ② *(de costura)* Necessaire *nt*
necesidad [neθesi'ða^{ð}] *f* ① *(ser preciso)* Notwendigkeit *f;* **de primera ~** lebensnotwendig; **de toda ~** dringend; **no tiene ~ de trabajar** er/sie braucht nicht zu arbeiten ② *(demanda)* Bedarf *m;* ~ **del arrendador** Eigenbedarf des Vermieters ③ *(requerimiento)* Bedürfnis *nt;* **tener ~ de algo** etw brauchen ④ *(apuro)* Not *f* ⑤ *pl (evacuación corporal)* Notdurft *f;* **hacer sus ~es** seine Notdurft verrichten
necesitado, -a [neθesi'taðo, -a] **I.** *adj (pobre)* bedürftig; **estar ~ de amor** Liebe brauchen **II.** *m, f* Bedürftige(r) *mf*
necesitar [neθesi'tar] **I.** *vt* ① *(precisar)* brauchen, benötigen; **se necesita piso** Wohnung gesucht ② +*inf (tener que)* müssen; **necesitas comer algo** du musst etwas essen **II.** *vi (precisar)* brauchen (**de** +*akk*)
necio, -a ['neθjo, -a] **I.** *adj* dumm; **a palabras necias, oídos sordos** *(prov)* eine dumme Frage verdient eine dumme Antwort **II.** *m, f* Dummkopf *m*
nécora ['nekora] *f* Krabbe *f*
necrófago, -a [ne'krofaɣo, -a] **I.** *adj* Aas fressend **II.** *m, f* Aasfresser *m*
necrología [nekrolo'xia] *f* ① *(biografía)* Nachruf *m* ② *(nota)* Todesanzeige *f*
necrológico, -a [nekro'loxiko, -a] *adj* Todes-
necrópolis [ne'kropolis] *f inv* Nekropolis *f*
néctar ['nektar] *m* ① (*t.* BOT) Nektar *m* ② *(licor)* Likör *m*

nectarina [nekta'rina] *f* Nektarine *f*
neerlandés, -esa [ne(e)rlan̪'des, -esa] **I.** *adj* niederländisch **II.** *m, f* Niederländer(in) *m(f)*
nefando, -a [ne'fan̪do, -a] *adj* niederträchtig
nefario, -a [ne'farjo, -a] *adj* ruchlos
nefasto, -a [ne'fasto, -a] *adj* unheilvoll; *(día)* schwarz
nefrítico, -a [ne'fritiko, -a] *adj* Nieren-
negable [ne'ɣaβle] *adj* verneinbar; **que ahora es de día no es una aserción ~** dass es jetzt Tag ist, lässt sich nicht verneinen
negación [neɣa'θjon] *f* ① *(desmentir)* Leugnen *nt;* *(renegar)* Verleugnen *nt* ② *(denegar)* Verweigerung *f* ③ (LING) Negation *f*
negado, -a [ne'ɣaðo, -a] **I.** *adj* ungeeignet **II.** *m, f* **ser un ~ para las matemáticas** schlecht in Mathematik sein; **ser un ~ para las labores de la casa** im Haushalt zwei linke Hände haben
negar [ne'ɣar] *irr como fregar* **I.** *vt* ① *(decir que no)* verneinen; *(desmentir)* leugnen; *(renegar)* verleugnen ② *(rehusar)* verweigern; *(rechazar)* abschlagen **II.** *vr:* **~se** sich weigern
negativa [neɣa'tiβa] *f (negación)* Nein *nt;* *(rehusamiento)* Weigerung *f;* *(rechazo)* Absage *f*
negatividad [neɣatiβi'ðaᵈ] *f* (ELEC) Negativität *f*
negativismo [neɣati'βismo] *m* ① *(calidad)* Negativität *f* ② *(doctrina)* Negativismus *m*
negativo¹ [neɣa'tiβo] *m* (FOTO) Negativ *nt*
negativo, -a² [neɣa'tiβo, -a] *adj* (*t.* MAT, FOTO) negativ; **tu respuesta fue negativa** du hast Nein gesagt
negligencia [neɣli'xen̪θja] *f (descuido)* Nachlässigkeit *f;* (JUR) Fahrlässigkeit *f*
negligente [neɣli'xen̪te] **I.** *adj (descuidado)* nachlässig; (JUR) fahrlässig; **ser ~ en** [*o* **para**] **su trabajo** nachlässig arbeiten **II.** *mf* (JUR) fahrlässig Handelnde(r) *mf*
negociable [neɣo'θjaβle] *adj* verhandelbar; **el precio es ~** Preis nach Vereinbarung
negociación [neɣoθja'θjon] *f (convenio)* Verhandlung *f;* **~ colectiva** Tarifverhandlung *f;* **~ de coalición** Koalitionsverhandlung *f;* **entrar en negociaciones con alguien** mit jdm Verhandlungen aufnehmen
negociado [neɣo'θjaðo] *m* ① *(dependencia)* Geschäftsstelle *f;* (ADMIN) Amt *nt,* Behörde *f;* **~ de patentes** Patentamt *nt;* **~ de cultura** Kulturreferat *nt* ② *(Arg, Chil, Ecua, Perú: negocio)* Klüngelei *f abw*
negociador(a) [neɣoθja'ðor(a)] **I.** *adj* Verhandlungs- **II.** *m(f)* ① *(comerciante)* Händler(in) *m(f)* ② *(mediador)* Unterhändler(in) *m(f)*
negociante [neɣo'θjan̪te] *mf* Händler(in) *m(f)*
negociar [neɣo'θjar] **I.** *vi* handeln (**en/con** mit +*dat*) **II.** *vi, vt (dialogar)* verhandeln **III.** *vt (concertar)* aushandeln
negocio [ne'ɣoθjo] *m* ① *(comercio)* Geschäft *nt;* **~ al detalle** Einzelhandel *m;* **~ redondo** *(fam)* Bombengeschäft *nt* ② *(asunto)* Sache *f*
negra ['neɣra] *f* (MÚS) Viertelnote *f*
negrero, -a [ne'ɣrero, -a] *m, f* ① *(que se dedica a la trata de esclavos)* Sklavenhändler(in) *m(f)* ② *(tirano)* Tyrann(in) *m(f)* ③ *(CSur: aprovechado)* Ausbeuter(in) *m(f)*
negrilla [ne'ɣriʎa] *f,* **negrita** [ne'ɣrita] *f* (TIPO) halbfette Schrift *f*
negro, -a ['neɣro, -a] **I.** *adj* schwarz; **~ del sol** sonnengebräunt; **estar/ponerse ~** *(fam)* wütend sein/werden; **verse ~ para...** *(fam)* große Mühe haben, zu ...; **verse ~** [*o* **pasarlas negras**] **para encontrar algo** etw nur mit Mühe finden; **las pasé negras** *(fam: sufrí)* es ging mir dreckig; **tener la negra** *(fam)* eine Pechsträhne haben **II.** *m, f* ① *(persona)* Schwarze(r) *mf;* **trabajar como un ~** *(fam)* schuften ② *(escritor)* Ghostwriter(in) *m(f)* ③ *(Arg: fam: cariño)* Liebling *m*
negroide [ne'ɣroi̯ðe] *adj* negroid
negror [ne'ɣror] *m* Schwärze *f,* Dunkelheit *f*
negrura [ne'ɣrura] *f* Schwärze *f*
negruzco, -a [ne'ɣruθko, -a] *adj* schwärzlich
nemotécnica [nemo'teɣnika] *f* Mnemotechnik *f;* **regla de ~** Eselsbrücke *f*
nene, -a ['nene, -a] *m, f (fam: niño)* Junge *m,* Mädchen *nt;* *(expresión de cariño)* Kleine(r) *mf*
nenúfar [ne'nufar] *m* Seerose *f*
neocapitalismo [neokapita'lismo] *m sin pl* (ECON) Neokapitalismus *m*
neoclasicismo [neoklasi'θismo] *m sin pl* (ARTE, LIT) Klassizismus *m;* (ARQUIT) Neoklassizismus *m*
neoclásico, -a [neo'klasiko, -a] *adj* (ARTE, LIT) klassizistisch; (ARQUIT) neoklassizistisch
neofascismo [neofas'θismo] *m sin pl* Neofaschismus *m*
neófito, -a [ne'ofito, -a] *m, f* ① *(bautizado)* Neugetaufte(r) *mf* ② *(iniciado)* Anfänger(in) *m(f)*

neoliberal [neoliβe'ral] *mf* (ECON, POL) Neoliberale(r) *mf*
neoliberalismo [neoliβera'lismo] *m sin pl* (ECON) Neoliberalismus *m*
neolítico [neo'litiko] *m* Jungsteinzeit *f*
neologismo [neolo'xismo] *m* Neologismus *m*
neón [ne'on] *m* Neon *nt*
neonato, -a [neo'nato, -a] **I.** *adj* neugeboren **II.** *m, f* Neugeborene(s) *nt*
neonazi [neo'naθi] *mf* Neonazi *mf*
neoyorquino, -a [neoɟor'kino, -a] **I.** *adj* aus New York **II.** *m, f* New Yorker(in) *m(f)*
neozelandés, -esa [neoθelan̦'des, -esa] **I.** *adj* neuseeländisch **II.** *m, f* Neuseeländer(in) *m(f)*
Nepal [ne'pal] *m* Nepal *nt*
nepalés, -esa [nepa'les, -esa] **I.** *adj* nepalesisch **II.** *m, f* Nepalese, -in *m, f*
nepotismo [nepo'tismo] *m sin pl* Vetternwirtschaft *f*
neptunio [nep'tunjo] *m* (QUÍM) Neptunium *nt*
Neptuno [nep'tuno] *m* (ASTR) Neptun *m*
nervadura [nerβa'ðura] *f* ❶ (ARQUIT) Rippe *f* ❷ (BOT) Äderung *f*
nervio ['nerβjo] *m* ❶ *(conductor)* Nerv *m;* **~ óptico** Sehnerv *m;* **ataque de ~s** Nervenzusammenbruch *m;* **crispar los ~s a alguien, poner a alguien los ~s de punta** *(fam: enfadar)* jdn auf hundert bringen; *(poner nervioso)* jdn nervös machen; **estar atacado de los ~s** nervlich sehr angespannt sein; **ser un puro ~** *(fam)* das reinste Nervenbündel sein ❷ *(tendón)* Sehne *f* ❸ (BOT) Ader *f* ❹ *(libro)* Heftschnur *f* ❺ *(ímpetu)* Energie *f* ❻ *(alma)* Triebfeder *f*
nerviosidad [nerβjosi'ða^{ð}] *f* ❶ *(tensión)* Nervenanspannung *f* ❷ *(nerviosismo)* Nervosität *f*
nerviosismo [nerβjo'sismo] *m* Nervosität *f*
nervioso, -a [ner'βjoso, -a] *adj* ❶ (ANAT) Nerven- ❷ *(intranquilo)* nervös
nervudo, -a [ner'βuðo, -a] *adj* sehnig
netamente [neta'men̦te] *adv* klar, eindeutig
neto, -a ['neto, -a] *adj* ❶ *(claro)* klar ❷ *(no bruto)* netto
neumático [neu̯'matiko] *m* Reifen *m*
neumólogo, -a [neu̯'moloɣo, -a] *m, f* (MED) Lungenfacharzt, -ärztin *m, f*
neumonía [neu̯mo'nia] *f* (MED) Lungenentzündung *f*
neura[1] ['neu̯ra] **I.** *adj (fam)* neurasthenisch **II.** *mf (fam: neurasténico)* Neurastheniker(in) *m(f)*
neura[2] ['neu̯ra] *f (fam: neurastenia)* Neurasthenie *f;* **estar de** [*o* **tener la**] **~** total genervt sein
neural [neu̯'ral] *adj* Nerven-
neuralgia [neu̯'ralxja] *f* (MED) Nervenschmerzen *mpl*
neurastenia [neu̯ras'tenja] *f* (MED) Neurasthenie *f*
neurocirugía [neu̯roθiru'xia] *f* (MED) Neurochirurgie *f*
neurodermitis [neu̯roðer'mitis] *f inv* (MED) Neurodermitis *f*
neurología [neu̯rolo'xia] *f sin pl* Neurologie *f*
neurólogo, -a [neu̯'roloɣo, -a] *m, f* Neurologe, -in *m, f*
neurona [neu̯'rona] *f* Neuron *nt*
neuropatía [neu̯ropa'tia] *f* (MED) Nervenkrankheit *f*
neurosis [neu̯'rosis] *f inv* Neurose *f*
neurótico, -a [neu̯'rotiko, -a] **I.** *adj* neurotisch **II.** *m, f* Neurotiker(in) *m(f)*
neurotizar [neu̯roti'θar] <z → c> *vt (fam)* nerven
neutral [neu̯'tral] **I.** *adj (imparcial)* neutral; *(sin partido)* parteilos **II.** *mf (persona imparcial)* Unparteiische(r) *mf; (sin partido)* Parteilose(r) *mf; (Estado)* neutraler Staat *m*
neutralidad [neu̯trali'ða^{ð}] *f* Neutralität *f*
neutralización [neu̯traliθa'θjon] *f* Neutralisierung *f*
neutralizador(a) [neu̯traliθa'ðor(a)] *adj* neutralisierend
neutralizante [neu̯trali'θan̦te] **I.** *adj* neutralisierend, Neutralisierungs-; **sustancia ~** (QUÍM) Neutralisierungsmittel *nt* **II.** *m* (QUÍM) Neutralisierungsmittel *nt*
neutralizar [neu̯trali'θar] <z → c> **I.** *vt* neutralisieren **II.** *vr:* **~se** sich neutralisieren
neutro, -a ['neu̯tro, -a] *adj* ❶ (*t.* QUÍM) neutral ❷ (ZOOL) geschlecht(s)los ❸ (LING) sächlich; **género ~** Neutrum *nt*
neutrón [neu̯'tron] *m* Neutron *nt*
nevada [ne'βaða] *f* ❶ *(caída)* Schneefall *m* ❷ *(nieve)* Schnee *m*
nevado, -a [ne'βaðo, -a] *adj* ❶ *(cubierto)* verschneit ❷ *(blanco)* schneeweiß
nevar [ne'βar] <e → ie> *vimpers* schneien
nevasca [ne'βaska] *f (nevada)* Schneefall *m; (ventisca)* Schneetreiben *nt*
nevazón [neβa'θon] *f (Arg, Chil, Ecua:* METEO) Schneesturm *m*
nevera [ne'βera] *f (frigorífico)* Kühlschrank *m*
nevería [neβe'ria] *f (Méx)* Eisdiele *f*
nevero [ne'βero] *m* ❶ *(lugar)* Schneegebirge *nt* ❷ *(nieve)* ewiger Schnee *m (des Hochgebirges)*
nevisca [ne'βiska] *f* leichter Schneefall *m*

neviscar [neβis'kar] <c → qu> *vimpers* leicht schneien
nexo ['neˠso] *m* Verbindung *f*
ni [ni] *conj* **~... ~** weder ... noch ...; **no fumo ~ bebo** ich rauche und trinke nicht; **~ (siquiera)** nicht einmal; **¡~ lo pienses!** auf gar keinen Fall!; **sin más ~ más** plötzlich; **¡~ que fuera tonto!** er ist doch nicht dumm!; **~ bien** *(Arg)* sobald (als) ...
Nicaragua [nika'raɣwa] *f* Nicaragua *nt*
nicaragüense [nikara'ɣwense] **I.** *adj* nicaraguanisch **II.** *mf* Nicaraguaner(in) *m(f)*
nicho ['nitʃo] *m* Nische *f; (sepultura)* Grabnische *f*
nicotina [niko'tina] *f* Nikotin *nt*
nidada [ni'ðaða] *f* ❶ *(huevos)* Gelege *nt* ❷ *(polluelos)* Brut *f*
nidificar [niðifi'kar] <c → qu> *vi* nisten
nido ['niðo] *m* ❶ *(lecho)* Nest *nt;* **~ de discordias** Unruheherd *m;* **caerse del ~** naiv sein ❷ *(nidal)* Nistplatz *m*
niebla ['njeβla] *f* Nebel *m;* **hace ~** es ist neb(e)lig
nieto, -a ['njeto, -a] *m, f* Enkel(in) *m(f);* **~ segundo** Urenkel *m*
nieve ['njeβe] *f* ❶ *(precipitación)* Schnee *m;* **~ carbónica** Trockeneis *nt* ❷ *pl* Schneefall *m* ❸ *(argot: cocaína)* Schnee *m* ❹ *(AmC: helado)* (Frucht)eis *nt*
N. I. F [nif] *m abr de* **número de identificación fiscal** Steuernummer *f*
Níger ['nixer] *m* Niger *m*
Nigeria [ni'xerja] *f* Nigeria *nt*
nigeriano, -a [nixe'rjano, -a] **I.** *adj* nigerianisch **II.** *m, f* Nigerianer(in) *m(f)*
nigromancia [niɣro'man̦θja] *f* Totenbeschwörung *f*
nigromántico, -a [niɣro'man̦tiko, -a] *adj* die Totenbeschwörung betreffend
nihilismo [ni(i)'lismo] *m sin pl* (FILOS) Nihilismus *m*
nihilista [ni(i)'lista] **I.** *adj* (FILOS) nihilistisch **II.** *mf* (FILOS) Nihilist(in) *m(f)*
Nilo ['nilo] *m* Nil *m*
nilón [ni'lon] *m* Nylon® *nt*
nimbo ['nimbo] *m (aureola)* Heiligenschein *m*
nimiedad [nimje'ðaᵈ] *f* ❶ *(insignificancia)* Kleinigkeit *f* ❷ *(minuciosidad)* Kleinlichkeit *f*
nimio, -a ['nimjo, -a] *adj* ❶ *(sin importancia)* unwichtig ❷ *(minucioso)* pedantisch
ninfa ['niɱfa] *f* ❶ *(mitología)* Nymphe *f* ❷ *(joven)* Grazie *f* ❸ (ZOOL) Puppe *f*
ninfómana [niɱ'fomana] *f* (MED, PSICO) Nymphomanin *f*
ningún [niŋ'gun] *adj indef v.* **ninguno**
ningunear [niŋgune'ar] *vt* ❶ *(no tomar en consideración)* übergehen ❷ *(menospreciar)* verachten
ninguneo [niŋgu'neo] *m* Verachtung *f*
ninguno, -a [niŋ'guno, -a] **I.** *adj indef (precediendo un sustantivo masculino singular: ningún)* keine(r, s); **por ningún lado** nirgends; **de ninguna manera** keinesfalls; **ninguna vez** nie; **en sitio ~** nirgendwo **II.** *pron indef* keine(r, s); *(personas)* niemand; **no quiso venir ~** niemand wollte kommen
nini [ni'ni] *mf sigla de* **ni trabaja ni estudia** *(fam pey) Jugendliche, die keine Schule besuchen und keiner Arbeit nachgehen und dies auch nicht unmittelbar anstreben*
niña ['niɲa] *f* ❶ *(chica)* Mädchen *nt* ❷ *(persona no adulta)* Kind *nt; v. t.* **niño** ❸ (ANAT) Pupille *f;* **eres como las ~s de mis ojos** du bist mein Augenstern
niñato, -a [ni'ɲato, -a] *m, f (fam)* Rotzbengel *m,* Rotzgöre *f*
niñera [ni'ɲera] *f* Kindermädchen *nt*
niñería [niɲe'ria] *f* ❶ *(de niños)* Kinderei *f* ❷ *(fam: pequeñez)* Kinkerlitzchen *nt*
niñero, -a [ni'ɲero, -a] **I.** *adj* kinderlieb **II.** *m, f* Babysitter *m;* **estar de ~** babysitten
niñez [ni'ɲeθ] *f* Kindheit *f*
niño ['niɲo] *m* ❶ *(chico)* Junge *m* ❷ *(persona no adulta)* Kind *nt;* **~ de la bola** Glückspilz *m;* **~ mimado** *(favorito)* Liebling *m;* **~ de pecho** Säugling *m;* **~ probeta** Retortenbaby *nt;* **¡no seas ~!** sei nicht kindisch! ❸ *(reg: joven)* junger Mann *m*
nipón, -ona [ni'pon, -ona] **I.** *adj* japanisch **II.** *m, f* Japaner(in) *m(f)*
níquel ['nikel] *m* Nickel *nt*
niquelar [nike'lar] *vt* vernickeln
niqui ['niki] *m (camiseta)* T-Shirt *nt*
nirvana [nir'βana] *f* (REL) Nirwana *nt*
níspero ['nispero] *m* ❶ (BOT: *arbusto y fruto*) Mispel *f* ❷ *(Am:* BOT) Kumquat *f*
niste ['niste] *adj (Nic)* ❶ *(gris)* aschgrau ❷ *(pálido)* blass
nitidez [niti'ðeθ] *f* Klarheit *f;* (FOTO) Schärfe *f*
nítido, -a ['nitiðo, -a] *adj* klar; (FOTO) scharf
nitrato [ni'trato] *m* Nitrat *nt*
nítrico, -a ['nitriko, -a] *adj* **ácido ~** Salpetersäure *f*
nitrito [ni'trito] *m* Nitrit *nt*
nitro ['nitro] *m* Salpeter *m*
nitrógeno [ni'troxeno] *m* Stickstoff *m*
nitroglicerina [nitroɣliθe'rina] *f* Nitroglyzerin *nt*
nitroso, -a [ni'troso, -a] *adj* salpet(e)rig
nivel [ni'βel] *m* ❶ *(instrumento)* Wasserwaage *f* ❷ *(horizontalidad, grado, t.* INFOR) Ebene *f;* **~ estilístico** Stilebene *f;* **a ~** auf

N

gleicher Höhe ③ *(cota)* Pegel *m;* ~ **de la riada** Hochwasserpegel *m;* **sobre el** ~ **del mar** über dem Meer(esspiegel) ④ *(estándar)* Niveau *nt;* ~ **de vida** Lebensstandard *m;* **estar al** ~ **de algo/alguien** mit etw *dat/*jdm mithalten können; **estar al** ~ **de lo exigido** den Anforderungen entsprechen

nivelación [niβela'θjon] *f* Nivellierung *f;* ~ **del presupuesto** Haushaltsausgleich *m*

nivelado, -a [niβe'laðo, -a] *adj* ① *(horizontal)* waag(e)recht, horizontal ② *(plano)* eben

nivelador[1] [niβela'ðor] *m* (TÉC) Nivellierinstrument *nt*

nivelador(a)[2] [niβela'ðor(a)] *adj* nivellierend

nivelar [niβe'lar] **I.** *vt* ① *(a igual nivel)* ausgleichen ② *(horizontal)* (ein)ebnen; (GEO, TÉC) nivellieren; *(parcela)* planieren **II.** *vr:* ~**se** sich ausgleichen; ~**se con alguien** jds Niveau erreichen

no [no] *adv* ① *(respuesta)* nein; **¡que ~!** nein, und nochmals nein! ② *(+ verbo/adjetivo)* nicht; ~ **protegido** ungeschützt; **hoy ~ hay clase** heute ist vorlesungsfrei ③ *(prefijo)* Nicht- ④ *(retórica)* oder nicht? ⑤ *(loc)* **¡a que ~!** wetten, dass nicht!; **¿cómo ~?** aber klar doch!; ~ **sea que...** +*subj* sonst ... womöglich; **a ~ ser que...** +*subj* es sei denn, dass ...; **a ~** *(Col)* sobald (als) ...; **~... nada** nichts; **~... nadie** niemand; **~... nunca** niemals; ~ **bien...** +*subj* sobald ...; **o, si ~** anderenfalls; ~ **tal** gar nicht; ~ **ya** nicht nur; **ya ~** nicht mehr; ~ **tiene más que un abrigo** er/sie hat nur einen Mantel; ~ **quedan más que dos botellas** es sind nur noch zwei Flaschen da; ~ **querer más hijos** keine Kinder mehr wollen; ~ **quiero hablar más de esto** ich will darüber nicht mehr sprechen; **tener un ~ sé que** das gewisse Etwas haben

NO [noro'este] *abr de* **Noroeste** NW

nobiliario, -a [noβi'ljarjo, -a] *adj* Adels-

nobilísimo, -a [noβi'lisimo, -a] *adj superl de* **noble**

noble ['noβle] **I.** *adj* <nobilísimo> ① *(aristócrata)* ad(e)lig ② (*t.* QUÍM) edel ③ *(bueno)* gutmütig ④ *(obediente)* gehorsam **II.** *mf* Adlige(r) *mf*

nobleza [no'βleθa] *f* ① *(linaje)* Adel *m* ② *(hidalguía)* Edelmut *m* ③ *(bondad)* Gutmütigkeit *f* ④ *(obediencia)* Gehorsamkeit *f*

noblote, -a [no'βlote, -a] *adj (fam)* gutherzig, edel gesinnt

nocaut [no'kau̯t] *m* Knock-out *m*

noche ['notʃe] *f* ① *(noche tardía)* Nacht *f;* ~ **cerrada** stockfinstere Nacht; **N~ Vieja** Silvester *m o nt;* **media ~** Mitternacht *f;* **pasar una ~ en blanco** eine schlaflose Nacht verbringen; **a media ~** mitten in der Nacht; **por la ~** nachts; **ayer (por la) ~** gestern Nacht; **hacerse de ~** Nacht werden; **hacer ~ en** übernachten in +*dat;* **ser como la ~ y el día** wie Tag und Nacht sein; **de la ~ a la mañana** von heute auf morgen ② *(noche temprana)* Abend *m;* **por la ~** abends ③ *(oscuridad)* Dunkelheit *f;* **es de ~** es ist dunkel

Nochebuena [notʃe'bwena] *f* Heiligabend *m;* **en ~** an Heiligabend

nochecita [notʃe'θita] *f (Am)* Abenddämmerung *f*

nochero [no'tʃero] *m* ① *(CSur: vigilante)* Nachtwächter *m* ② *(Col: mesilla)* Nachttisch *m*

Nochevieja [notʃe'βjexa] *f* Silvester *m o nt;* **esta ~** dieses Jahr an Silvester

nocilla® [no'θiʎa] *f* Nutella® *f*

noción [no'θjon] *f* ① *(idea)* Vorstellung *f* ② *pl (fundamentos)* Grundkenntnisse *fpl*

nocional [noθjo'nal] *adj* **conocimiento ~** Grundkenntnisse *fpl,* Grundwissen *nt*

nocivo, -a [no'θiβo, -a] *adj* schädlich; ~ **para la salud** gesundheitsschädlich

noctambular [noktambu'lar] *vi* ① *(soñar)* schlafwandeln ② *(trasnochar)* die Nacht zum Tage machen

noctambulismo [noktambu'lismo] *m sin pl* ① *(sueño)* Schlafwandeln *nt* ② *(diversión)* **en este barrio hay mucho ~** in diesem Viertel sind viele Nachtschwärmer unterwegs

noctámbulo, -a [nok'tambulo, -a] **I.** *adj* ① *(sonámbulo)* schlafwandelnd ② *(trasnochador)* **ser ~** ein Nachtmensch sein; *(salir)* ein Nachtschwärmer sein **II.** *m, f* ① *(sonámbulo)* Schlafwandler(in) *m(f)* ② *(trasnochador)* Nachtmensch *m; (que sale)* Nachtschwärmer(in) *m(f)*

nocturno[1] [nok'turno] *m* (MÚS) Nocturne *f*

nocturno, -a[2] [nok'turno, -a] *adj (de noche)* Nacht-; (BOT, ZOOL) nachtaktiv

nodo ['noðo] *m* Knoten *m*

nodriza [no'ðriθa] *f* ① *(ama)* Amme *f* ② *(trasporte)* **avión ~** Tankflugzeug *nt;* **buque ~** Mutterschiff *nt*

nódulo ['noðulo] *m* ① (MED) Knoten *m* ② (MIN) Knolle *f*

nogal [no'ɣal] *m,* **noguera** [no'ɣera] *f* (Wal)nussbaum *m*

nómada ['nomaða] **I.** *adj* nomadisch; **pueblo ~** Nomadenvolk *nt* **II.** *mf* Nomade, -in *m, f*

nomadismo [noma'ðismo] *m sin pl* Nomadenleben *nt*

nomás [no'mas] *adv (Am)* ❶ *(solamente)* nur ❷ *(apenas)* kaum ❸ *(loc)* **~ que** +*subj* sobald; **¡pase ~!** kommen Sie nur herein!

nombradía [nombra'ðia] *f* ❶ *(fama)* Berühmtheit *f;* **de gran ~** berühmt; **adquirir ~ mundial** Weltruhm erlangen ❷ *(reputación)* Ruf *m*

nombrado, -a [nom'braðo, -a] *adj* berühmt

nombramiento [nombra'mjeṇto] *m* ❶ *(designación)* Ernennung *f* ❷ *(documento)* Ernennungsurkunde *f*

nombrar [nom'brar] *vt* ❶ *(citar)* nennen; *(mencionar)* erwähnen ❷ *(llamar)* benennen ❸ *(designar)* ernennen (zu +*dat*); *(abogado)* bestellen

nombre ['nombre] *m* ❶ *(designación)* Name *m;* **~ y apellido** Vor- und Zuname; **~ de familia** Nachname *m;* **~ ficticio** Pseudonym *nt;* **~ de pila, primer ~** Vorname *m;* **~ del producto** Produktbezeichnung *f;* **~ de soltera** Mädchenname *m;* **~ de soltero** Geburtsname *m;* **~ de usuario** Benutzername *m;* **sin ~** namenlos; **a su propio ~** unter eigenem Namen; **conocer a alguien de ~** jdn dem Namen nach kennen; **dar su ~** seinen Namen nennen; **poner un ~ a alguien** jdm einen Namen geben; **llamar a las cosas por su ~** die Dinge beim Namen nennen; **tu conducta no tiene ~** dein Verhalten ist unerhört; **reservar a ~ de X** auf den Namen X reservieren ❷ *(reputación)* Ruf *m;* **de ~** angesehen ❸ (LING) Substantiv *nt;* **~ común** Gattungsname *m;* **~ propio** Eigenname *m*

nomenclatura [nomeŋkla'tura] *f* Nomenklatur *f*

nomeolvides [nomeol'βiðes] *f inv* (BOT) Vergissmeinnicht *nt*

nómina ['nomina] *f* ❶ *(lista)* Verzeichnis *nt; (de sueldos)* Gehaltsliste *f* ❷ *(haberes)* Gehalt *nt*

nominación [nomina'θjon] *f* Ernennung *f*

nominal [nomi'nal] *adj* ❶ *(relativo al nombre)* Namen(s)-; **citación ~** namentliche Nennung; **por llamamiento ~** namentlich ❷ *(solo de nombre)* nominal; **sueldo ~** Nominaleinkommen *nt;* **valor ~** Nennwert *m* ❸ (LING) nominal

nominalizar [nominali'θar] <z → c> *vt* (LING) nominalisieren; **~ una oración** einen Satz nominalisieren

nominar [nomi'nar] *vt* ernennen, nominieren

nominativo[1] [nomina'tiβo] *m* (LING) Nominativ *m*

nominativo, -a[2] [nomina'tiβo, -a] *adj* Namens-

non [non] **I.** *adj* ungerade **II.** *m* ❶ *(número)* ungerade Zahl *f;* **de ~** ungerade; **estar de ~** *(fam)* allein sein; **quedar de ~** *(fam)* übrig bleiben ❷ *pl (loc)* **decir (que) ~es** Nein sagen

nona ['nona] *f* (REL) None *f*

nonada [no'naða] *f* Kleinigkeit *f*

nonagenario, -a [nonaxe'narjo, -a] **I.** *adj* neunzigjährig, in den Neunzigern **II.** *m, f* Neunzigjährige(r) *mf*

nonagésimo[1] [nona'xesimo] *m* ❶ *(ordinal)* **el ~** der/die/das Neunzigste ❷ *(partitivo)* Neunzigstel *nt*

nonagésimo, -a[2] [nona'xesimo, -a] *adj* ❶ *(numeración)* neunzigste(r, s) ❷ *(parte)* neunzigstel; *v. t.* **octogésimo**[2]

nonato, -a [no'nato, -a] *adj* ❶ *(nacimiento)* durch Kaiserschnitt zur Welt gebracht ❷ *(no existente)* (noch) nicht vorhanden; *(no acaecido)* (noch) nicht geschehen

nono, -a ['nono, -a] *adj* neunte(r, s); *v. t.* **octavo**

noquear [noke'ar] *vt* k.o. schlagen

nordeste [nor'ðeste] *m* ❶ *(dirección)* Nordosten *m;* (NÁUT, METEO) Nordost *m* ❷ *(viento)* Nordostwind *m*

nórdico, -a ['norðiko, -a] *adj* nordisch

noria ['norja] *f* ❶ *(para agua)* Wasserrad *nt* ❷ *(fam: trabajo)* Tretmühle *f* ❸ *(columpio)* Riesenrad *nt*

norma ['norma] *f* ❶ *(regla)* Regel *f; (general)* Norm *f;* **~s de circulación** (Straßen)verkehrsregeln *fpl;* **~ técnica** Standard *m;* **observar la ~** die Norm erfüllen; **como ~ (general)** in der Regel ❷ *(escuadra)* Winkelmaß *nt*

normal [nor'mal] *adj* ❶ *(habitual)* normal ❷ *(según la norma)* vorschriftsmäßig

normalidad *f* Normalität *f;* **volver a la ~** zur Normalität zurückkehren

normalillo [norma'liʎo] *adj (pey)* durchschnittlich

normalización [normaliθa'θjon] *f* ❶ *(regularización)* Normalisierung *f* ❷ *(reglamentación)* Normung *f;* **~ elemental** Grundnormung *f*

normalizar [normali'θar] <z → c> *vt* ❶ *(volver normal)* normalisieren ❷ *(reglar)* normen

normalmente [normal'meṇte] *adv* normal(erweise)

normando, -a [nor'maṇdo, -a] **I.** *adj* normannisch **II.** *m, f* Normanne, -in *m, f*

normativa [norma'tiβa] *f* (gesetzliche) Regelungen *fpl;* **~ comunitaria** (UE) Gemeinschaftsrecht *nt*

normativo, -a [norma'tiβo, -a] *adj* maßgebend

nornordeste [nornor'ðeste] *m* ❶ *(punto*

cardinal) Nordnordost(en) *m* ❷ *(viento)* Nordnordostwind *m*

nornoroeste [nornoro'este] *m* ❶ *(punto cardinal)* Nordnordwest(en) *m* ❷ *(viento)* Nordnordwestwind *m*

noroccidental [noro^{ɣ}θiðeṇ'tal] *adj* nordwestlich

noroeste [noro'este] *m* ❶ *(dirección)* Nordwesten *m;* (NÁUT, METEO) Nordwest *m* ❷ *(viento)* Nordwestwind *m*

nororiental [nororjeṇ'tal] *adj* nordöstlich

norte[1] ['norte] *m* ❶ (METEO, NÁUT) Nord *m;* **el ~ de España** Nordspanien *nt;* **al ~ de** nördlich von +*dat* ❷ *(viento)* Nordwind *m* ❸ *(guía)* Wegweiser *m* ❹ *(objetivo)* Ziel *nt*

Norte[2] ['norte] *m* ❶ *(punto cardinal)* Norden *m* ❷ *(Polo Ártico)* Nordpol *m*

norteado, -a [norte'aðo, -a] *adj (Méx: vulg)* desorientiert, orientierungslos

norteamericano, -a I. *adj* nordamerikanisch **II.** *m, f* Nordamerikaner(in) *m(f)*

norteño, -a [nor'teɲo, -a] **I.** *adj* nordisch **II.** *m, f* Nordländer(in) *m(f)*

Noruega [no'rweɣa] *f* Norwegen *nt*

noruego, -a [no'rweɣo, -a] **I.** *adj* norwegisch **II.** *m, f* Norweger(in) *m(f)*

nos [nos] **I.** *pron pers* ❶ *(objeto)* uns ❷ *(mayestático)* wir **II.** *pron refl* uns

nosia ['nosja] *f* (MED) Wahrnehmungsfähigkeit *f*

N

nosocomio [noso'komjo] *m (Am: hospital)* Krankenhaus *nt*

nosotros, -as [no'sotros, -as] *pron pers 1. pl* ❶ *(sujeto)* wir ❷ *(tras preposición)* uns

nostalgia [nos'talxja] *f (de lugar)* Heimweh *nt; (de personas)* Sehnsucht *f* (**de** nach +*dat*); *(del pasado)* Nostalgie *f*

nostálgico, -a [nos'talxiko, -a] *adj (de alguien)* sehnsuchtsvoll; *(del pasado)* nostalgisch; **sentimiento ~** Heimweh *nt;* **estar ~** Heimweh haben

nota ['nota] *f* ❶ *(anotación)* Vermerk *m; (explicación)* Anmerkung *f; (advertencia)* Hinweis *m;* **~ al pie de la página** Fußnote *f;* **~ preliminar** Vorbemerkung *f* ❷ *(apunte)* Notiz *f;* **tomar ~** sich *dat* Notizen machen; **tomar (buena) ~ de algo** etw zur Kenntnis nehmen ❸ *(aviso)* Mitteilung *f;* **~ circular** Rundschreiben *nt;* **~ necrológica** Todesanzeige *f* ❹ *(calificación)* Note *f;* **~s** Zeugnis *nt;* **sacar malas ~s** schlechte Noten bekommen ❺ *(factura)* Schein *m;* **~ de caja** Kassenzettel *m* ❻ *(cuenta)* Rechnung *f* ❼ *(detalle)* Merkmal *nt;* **una ~ individual** eine individuelle Note ❽ (MÚS) Note *f* ❾ *(crédito)* Ansehen *nt;* **de ~** *(importante)* wichtig; *(conocido)* bekannt; **de mucha ~** berühmt ❿ *(loc, fam)* **dar la ~** unangenehm auffallen; **dejar mala ~** einen schlechten Eindruck hinterlassen; **forzar la ~** übertreiben

notabilidad [notaβili'ða^{ð}] *f* ❶ *(importancia)* Wichtigkeit *f,* Bedeutsamkeit *f* ❷ *(personalidad)* (wichtige) Persönlichkeit *f;* **una ~ mundial** eine weltbekannte Persönlichkeit

notable [no'taβle] **I.** *adj* beachtlich; *(suma)* beträchtlich **II.** *m* ❶ *(calificación)* Note *f* 'gut'; **sacar cuatro ~s** viermal die Note 'gut' bekommen ❷ *pl (personas importantes)* Honoratioren *pl*

notablemente [notaβle'meṇte] *adv* merklich, beachtlich; **ha mejorado ~** er/sie hat sich merklich verbessert

notación [nota'θjon] *f* ❶ *(sistema)* Zeichensystem *nt;* **~ musical** Notenschrift *f;* **~ fonética** phonetische Umschrift ❷ (MAT, QUÍM) Formel *f*

notar [no'tar] *vt* ❶ *(percibir)* (be)merken; *(calor)* spüren; **hacer ~** hinweisen auf; **hacerse ~** *(algo)* sich bemerkbar machen; *(alguien)* auffallen; **no te le nota nada** man merkt dir nichts an; **nótese que...** man beachte, dass ... ❷ *(apuntar)* notieren

notaría [nota'ria] *f* Notariat *nt*

notariado, -a [nota'rjaðo, -a] *adj* notariell beglaubigt

notarial [nota'rjal] *adj* (JUR) Notariats-; *(hecho por el notario)* notariell

notario, -a [no'tarjo, -a] *m, f* Notar(in) *m(f)*

notebook ['no^{t}buk] *m* <notebooks> (INFOR) Notebook *nt*

noticia [no'tiθja] *f* Nachricht *f;* **~ falsa** Falschmeldung *f;* **~ de prensa** Zeitungsnachricht *f;* **no tener ~ de alguien** lange nichts von jdm gehört haben; **tener ~ de algo** Kenntnis von etw *dat* haben; **andar atrasado de ~s** schlecht informiert sein

noticiar [noti'θjar] *vt* benachrichtigen, informieren

noticiario [noti'θjarjo] *m* (RADIO, TV) Nachrichten *fpl;* **~ deportivo** Sportnachrichten *fpl*

noticiero[1] [noti'θjero] *m* ❶ *(periódico)* Zeitung *f* ❷ (RADIO, TV) Nachrichten *fpl*

noticiero, -a[2] [noti'θjero, -a] *m, f* (Zeitungs)berichterstatter(in) *m(f)*

noticioso, -a [noti'θjoso, -a] *adj* unterrichtet (**de** über +*akk,* **de** von +*dat*), in Kenntnis gesetzt (**de** von +*dat*)

notificación [notifika'θjon] *f* Mitteilung *f;* **~ de accidentes** Unfallmeldung *f;* **~ por escrito** schriftlicher Bescheid; **~ pública** öffentliche Bekanntmachung; **~ de la sentencia** Urteilsverkündung *f*

notificador [notifika'ðor] *adj* (FIN) avisierend
notificar [notifi'kar] <c → qu> *vt* mitteilen; **hacer ~** bekannt machen
noto[1] ['noto] *m* (METEO) Südwind *m*
noto, -a[2] ['noto, -a] *adj* ① *(notorio)* allgemein bekannt, notorisch ② *(bastardo, ilegítimo)* unehelich; **hijo ~** uneheliches Kind
notoriedad [notorje'ða^{ð}] *f* ① *(nombradía)* Berühmtheit *f;* **adquirir ~** berühmt werden ② *(evidencia)* Offenkundigkeit *f*
notorio, -a [no'torjo, -a] *adj* ① *(conocido)* allgemein bekannt ② *(evidente)* offenkundig
novatada [noβa'taða] *f* ① *(broma)* Streich *m;* **gastar la ~ a alguien** jdm einen Streich spielen ② *(fam: complicación)* Ungeschick *nt*
novato, -a [no'βato, -a] *m, f (en sitio)* Neuling *m; (en actividad)* Anfänger(in) *m(f);* (INFOR) Newbie *m,* Neuling *m* im Internet
novecientos, -as [noβe'θjentos, -as] *adj* neunhundert; *v. t.* **ochocientos**
novedad [noβe'ða^{ð}] *f* ① *(acontecimiento)* Neuigkeit *f;* **¿hay alguna ~?** gibt es was Neues?; **las últimas ~es** das Neueste; **el enfermo sigue sin ~es** der Zustand des Kranken ist unverändert; **¡sin ~ en el frente!** keine Vorkommnisse! ② *(cosa)* Neuheit *f; (libro)* Neuerscheinung *f*
novedoso, -a [noβe'ðoso, -a] *adj (Am)* neuartig
novel [no'βel] **I.** *adj (futuro)* angehende(r, s); *(sin experiencia)* unerfahren **II.** *mf* Anfänger(in) *m(f)*
novela [no'βela] *f* Roman *m;* **~ corta** Novelle *f;* **~ por entregas** Fortsetzungsroman *m;* **~ policíaca** Krimi(nalroman) *m;* **¡déjate de ~s!** erzähl doch keine Märchen!
novelar [noβe'lar] **I.** *vi* Romane schreiben **II.** *vt* in Romanform erzählen
novelero, -a [noβe'lero, -a] **I.** *adj* ① *(de novelas)* **un chico ~** ein Junge, der gerne liest, eine Leseratte *fam* ② *(de novedades)* sehr neugierig ③ *(inconstante)* wankelmütig **II.** *m, f* ① *(de novelas)* begeisterter Romanleser, begeisterte Romanleserin *m, f* ② *(de novedades)* Neuigkeitskrämer(in) *m(f); (chismoso)* Klatschmaul *nt fam*
novelesco, -a [noβe'lesko, -a] *adj* Roman-; *(parecido)* romanhaft; *(fig)* fantastisch
novelista [noβe'lista] *mf* Romanautor(in) *m(f)*
novelística [noβe'listika] *f sin pl* Romanliteratur *f*
novelístico, -a [noβe'listiko, -a] *adj (relativo a la novela)* den Roman betreffend; *(a la novelística)* die Romanliteratur betreffend
novelón [noβe'lon] *m* Schinken *m fam*
noveno [no'βeno] *m* Neuntel *nt*
noveno, -a [no'βeno, -a] *adj (parte)* neuntel; *(numeración)* neunte(r, s); *v. t.* **octavo**
noventa [no'βenta] *adj inv* neunzig; *v. t.* **ochenta**
noventón, -ona [noβen'ton, -ona] **I.** *adj* in den Neunzigern **II.** *m, f* Neunzigjährige(r) *mf*
noviar [no'βjar] *vi (CSur)* eine Braut/einen Bräutigam haben; **~ con alguien** mit jdm gehen *fam*
noviazgo [no'βjaθγo] *m* ① *(para casarse)* Brautzeit *f* ② *(fam: relación)* Beziehung *f*
noviciado [noβi'θjaðo] *m* ① (REL) Noviziat *nt* ② *(aprendizaje)* Probezeit *f*
novicio, -a [no'βiθjo, -a] **I.** *adj* unerfahren **II.** *m, f* ① (REL) Novize, -in *m, f* ② *(principiante)* Anfänger(in) *m(f)*
noviembre [no'βjembre] *m* November *m; v. t.* **marzo**
novillada [noβi'ʎaða] *f (corrida)* Stierkampf *m (mit Jungstieren)*
novillero, -a [noβi'ʎero, -a] *m, f (torero)* angehender Stierkämpfer *m,* angehende Stierkämpferin *f*
novillo, -a [no'βiʎo, -a] *m, f* ① *(animal)* Jungstier, Jungkuh *m, f* ② *(loc, fam)* **hacer ~s** (die Schule) schwänzen
novio, -a ['noβjo, -a] *m, f* ① *(para casarse)* Bräutigam, Braut *m, f;* **los ~s** das Brautpaar; **viaje de ~s** Hochzeitsreise *f* ② *(en relación amorosa)* Freund(in) *m(f);* **echarse novia** sich *dat* eine Freundin zulegen; **tontear con el ~** flirten; **esa chica tiene solo quince años y ya tiene ~** dieses Mädchen ist erst fünfzehn und hat schon einen Freund
novísimo, -a [no'βisimo, -a] *adj* brandneu; *(noticia)* brandaktuell
nubarrón [nuβa'rron] *m* Gewitterwolke *f*
nube ['nuβe] *f* Wolke *f;* **~ de humo y gases** Smog *m;* **~ de mosquitos** Mückenschwarm *m;* **~ de polvo** Staubwolke *f;* **~ de verano** (METEO) Platzregen *m; (enfado)* vorübergehende Verstimmung; *(pequeñez)* Bagatelle *f;* **descargar una ~** regnen; **estar por las ~s** entsetzlich teuer sein; **se puso por las ~s** er/sie ging in die Luft; **andar por las ~s** geistesabwesend sein; **vivir en las ~s** völlig realitätsfern sein; **bajar de las ~s** auf den Boden der Tatsachen zurückkehren; **poner a alguien por las ~s** jdn in den Himmel heben
núbil ['nuβil] *adj* heiratsfähig
nublado [nu'βlaðo] *m* ① (METEO) Gewölk *nt* ② *(peligro)* drohende Gefahr *f*
nublar [nu'βlar] **I.** *vt* ① *(nubes)* bewölken ② *(mente, ojos)* trüben **II.** *vr:* **~se** ① *(nu-*

N

bes) sich bewölken ② *(mente, ojos)* sich trüben; **se me nubla la vista** mir wird schwarz vor Augen

nubloso, -a [nu'βloso, -a] *adj* ① *(cubierto de nubes)* wolkig, bewölkt ② *(fig: desgraciado)* düster, niedergeschlagen

nubosidad [nuβosi'ðaᵈ] *f* Bewölkung *f*

nuboso, -a [nu'βoso, -a] *adj* bewölkt

nuca ['nuka] *f* Genick *nt*, Nacken *m*

nuclear [nukle'ar] *adj* Kern-; **energía ~** Kernenergie *f*

nuclearizar [nukleari'θar] <z → c> *vt* ① *(un lugar)* auf Kernenergie umstellen ② *(un ejército)* mit Kernwaffen aufrüsten

núcleo ['nukleo] *m (centro)* Kern *m*; **~ de una idea** Kerngedanke *m*; **~ de población** Siedlung *f*; **~ productivo** Produktionszentrum *nt*

nudillo [nu'ðiʎo] *m* (ANAT) (Finger)knöchel *m*

nudismo [nu'ðismo] *m* Nudismus *m*

nudista [nu'ðista] *mf* Nudist(in) *m(f)*

nudo ['nuðo] *m* ① *(atadura)* Knoten *m*; *(mota)* Noppe *f*; **~ corredizo** Schlinge *f*; **deshacer el ~** den Knoten lösen; **hacer un ~ en la garganta** die Kehle zuschnüren ② *(madera)* Knorren *m*; **~ de rama** Astloch *nt*; **sin ~s** astfrei ③ (MED, NÁUT) Knoten *m* ④ *(punto de reunión)* Knotenpunkt *m*; **~ de comunicaciones** Verkehrsknotenpunkt *m* ⑤ *(cosa que une)* **el ~ de la amistad** die Freundschaftsbande ⑥ *(dificultad)* **el ~ del problema es...** das Verzwickte an dem Problem ist ...

nudosidad [nuðosi'ðaᵈ] *f* (MED) Knotigkeit *f*

nudoso, -a [nu'ðoso, -a] *adj* knotig; *(madera)* knorrig

nuera ['nwera] *f* Schwiegertochter *f*

nuestro, -a ['nwestro, -a] **I.** *adj pos (antepuesto)* unser(e); **~ perro/gato** unser Hund/unsere Katze; **~s nietos** unsere Enkel; **por nuestra parte** unsererseits; **hacer de las nuestras** was anstellen **II.** *pron pos* ① *(propiedad)* **la casa es nuestra** das Haus gehört uns; **¡ya es ~!** *(fig)* wir haben es geschafft! ② *(tras artículo)* **el ~/la nuestra/lo ~** der/die/das unsere, unsere(r, s); **los ~s** unsere; *(parientes)* unsere Angehörigen; **¡eso es lo ~!** das ist genau das Richtige für uns!; **esta es la nuestra** *(fam fig)* das ist die Gelegenheit für uns ③ *(tras sustantivo)* unser(e), von uns; **una amiga nuestra** eine Freundin von uns; **es culpa nuestra** es ist unsere Schuld

nueva ['nweβa] *f* Neuigkeit *f*, Nachricht *f*; **buena ~** gute Neuigkeit; **no te hagas de ~s** tu doch nicht so, als ob du nichts wüsstest!; **las malas ~s casi siempre son ciertas** schlechte Neuigkeiten sind fast immer wahr

nuevamente [nweβa'mente] *adv* ① *(otra vez)* nochmals, von Neuem ② *(últimamente)* neuerdings

Nueva Zelanda ['nweβa θe'landa] *f*, **Nueva Zelandia** ['nweβa θe'landja] *f* *(Am)* Neuseeland *nt*

nueve ['nweβe] *adj inv* neun; *v. t.* **ocho**

nuevo, -a ['nweβo, -a] **I.** *adj* neu; **de ~** von Neuem; **hacer de ~** noch einmal machen; **sentirse como ~** sich wie neugeboren fühlen; **¿qué hay de ~?** was gibt's Neues?; **hasta ~ aviso** bis auf weitere Mitteilung; **ponerle a alguien la cara nueva** jdn kräftig verprügeln **II.** *m, f* Neue(r) *mf*

nuez [nweθ] *f* ① (BOT) Walnuss *f*; **~ de anacardo** Cashewnuss *f*; **~ de coco** Kokosnuss *f*; **~ moscada** Muskatnuss *f*; **~ de macadamia** Macadamianuss *f*; **cascar nueces** Nüsse knacken; **mucho ruido y pocas nueces** *(prov)* viel Lärm um nichts ② (ANAT) Adamsapfel *m*; **apretar la ~ a alguien** *(fam)* jdn (er)würgen

nulamente [nula'mente] *adv* ungültig, nichtig

nulidad [nuli'ðaᵈ] *f* ① *(no válido)* Ungültigkeit *f*; **declarar la ~ de algo** etw für ungültig erklären ② *(persona)* Niete *f*; **ser una ~** eine Null sein

nulo, -a ['nulo, -a] *adj* ① *(inválido)* ungültig; **declarar ~** für nichtig erklären ② *(incapaz)* unfähig; **soy ~ para las matemáticas** in Mathematik bin ich eine Niete

núm. ['numero] *abr de* **número** Nr.

numerable [nume'raβle] *adj* ① *(con números)* nummerierbar, bezifferbar ② *(contable)* zählbar

numeración [numera'θjon] *f* ① *(sistema)* Nummerierung *f*; **~ arábiga** arabisches Zahlensystem; **~ correlativa** fortlaufende Nummerierung; **~ decimal** Dezimalsystem *nt* ② *(acción)* Zählung *f*

numerador [numera'ðor] *m* ① (MAT) Zähler *m* ② *(aparato)* Zähler *m*; *(sello)* Nummernstempel *m*

numeral [nume'ral] **I.** *adj* Zahl(en)- **II.** *m* (LING) Zahlwort *nt*

numerar [nume'rar] *vt* ① *(poner números)* nummerieren; **~ correlativamente** durchnummerieren ② *(contar)* zählen

numerario[1] [nume'rarjo] *m* Bargeld *nt*

numerario, -a[2] [nume'rarjo, -a] *adj* ① *(de números)* Zahlen- ② *(fijo)* ordentlich

numérico, -a [nu'meriko, -a] *adj* numerisch; **cerradura de combinación numérica** Zahlenschloss *nt*

número ['numero] *m* ① (MAT) Zahl *f*; **~ cardinal** Grundzahl *f*; **~ primo**

N

Primzahl *f;* ~ **quebrado** Bruchzahl *f;* ~ **de varias cifras** mehrstellige Zahl; **en ~s redondos** aufgerundet; **aprender de ~s** *(fam)* Rechnen lernen; **hacer ~s** Berechnungen anstellen; **hacer ~s para ver si...** ausrechnen, ob ... ❷ *(cantidad)* (An)zahl *f;* ~ **de habitantes** Einwohnerzahl *f;* **sin** ~ unzählig ❸ *(cifra)* Nummer *f; (en la lotería)* Losnummer *f;* ~ **de matrícula** Kfz-Kennzeichen *nt;* ~ **de teléfono** Telefonnummer *f;* ~ **de zapatos** Schuhgröße *f;* **es el ~ uno de la clase** er/sie ist Klassenbester/Klassenbeste ❹ *(edición)* Nummer *f;* ~ **suelto** Einzelheft *nt;* **el ~ 1000** die tausendste Ausgabe ❺ (LING) Numerus *m*

numeroso, -a [nume'roso, -a] *adj* zahlreich

numismática [numis'matika] *f sin pl* Numismatik *f*

nunca ['nuŋka] *adv* nie; ~ **jamás** niemals; **más que** ~ mehr denn je

nuncio ['nuṇθjo] *m* ❶ (REL) Nuntius *m* ❷ *(que anuncia)* Vorbote *m*

nuncupativo, -a [nuŋkupa'tiβo, -a] *adj* (JUR) mündlich

nupcial [nuβ'θjal] *adj* Hochzeits-; **corona** ~ Brautkranz *m*

nupcias ['nuβθjas] *f pl* Hochzeit *f;* **segundas** ~ zweite Ehe; **posteriores** ~ Wiederheirat *f*

nurse ['nurse] *f (Am)* ❶ *(niñera)* Kindermädchen *nt* ❷ *(enfermera)* Krankenschwester *f*

nutria ['nutrja] *f* Fischotter *m*

nutrición [nutri'θjon] *f* Ernährung *f*

nutricional [nutriθjo'nal] *adj* Ernährungs-; **tabla** ~ Ernährungstabelle *f*

nutricionista [nutriθjo'nista] *mf* (MED) Ernährungswissenschaftler(in) *m(f)*

nutrido, -a [nu'triðo, -a] *adj* ❶ *(alimentado)* genährt; **bien** ~ wohlgenährt ❷ *(numeroso)* zahlreich; *(biblioteca)* gut ausgestattet

nutriente [nu'trjeṇte] **I.** *adj* nahrhaft **II.** *m* Nährstoff *m*

nutrir [nu'trir] **I.** *vt* ❶ *(alimentar)* ernähren; *(piel)* nähren ❷ *(fortalecer)* stärken **II.** *vr:* **~se** sich ernähren (**con/de** von +*dat*)

nutritivo, -a [nutri'tiβo, -a] *adj* nahrhaft

nutual [nutu'al] *adj* (REL) widerruflich *(Amt)*

nº ['numero] *abr de* **número** Nr.

Ñ ñ

Ñ, ñ ['eɲe] *f* Ñ, ñ *nt (fünfzehnter Buchstabe des spanischen Alphabets)*

ña [ɲa] *f (AmC, AmS: fam: señora)* Frau *(als Anrede)*

ñam ñam [ɲam ɲam] *interj (fam)* lecker!

ñandú [ɲaṇ'du] *m* (ZOOL) Nandu *m*

ñangotado, -a [ɲaŋgo'taðo, -a] *adj (PRico)* ❶ *(servil)* dienstbeflissen ❷ *(alicaído)* energielos, kraftlos

ñangotarse [ɲaŋgo'tarse] *vr* ❶ *(PRico, RDom: ponerse en cuclillas)* sich hinhocken, sich niederhocken ❷ *(PRico: someterse)* sich beugen +*dat* ❸ *(PRico: perder el ánimo)* den Mut verlieren

ñaña ['ɲaɲa] *f (Chil)* Amme *f*

ñaño¹ ['ɲaɲo] *m (Chil: hermano mayor)* großer Bruder *m*

ñaño, -a² ['ɲaɲo, -a] **I.** *adj* ❶ *(Col, Pan: mimado)* verwöhnt ❷ *(Ecua, Perú: unido por amistad íntima)* eng befreundet **II.** *m, f (Perú)* Kind *nt*

ñapa ['ɲapa] *f (AmC, AmS: añadidura)* Zugabe *f; (propina)* Trinkgeld *nt*

ñata ['ɲata] *f (Am: fam)* Nase *f*

ñato, -a ['ɲato, -a] **I.** *adj* ❶ *(CSur: chato)* stumpfnasig ❷ *(Col: gangoso)* nasal **II.** *m, f (Am)* Liebling *m*

ñeque ['ɲeke] **I.** *adj (AmC)* stark, kraftvoll **II.** *m* ❶ *(Chil, Ecua, Perú: fuerza)* Kraft *f,* Tatkraft *f,* Energie *f* ❷ *(Perú: valor, coraje)* Mut *m*

ñiquiñaque [ɲiki'ɲake] *m (fam: cosa)* Schnickschnack *m; (persona)* Dummkopf *m*

ño [ɲo] *m (AmC, AmS: fam: señor)* Herr *m (als Anrede)*

ñoñería [ɲoɲe'ria] *f* ❶ *(simpleza)* Blödheit *f* ❷ *(dengues)* Zimperlichkeit *f*

ñoño, -a ['ɲoɲo, -a] **I.** *adj (fam)* ❶ *(soso)* fade; *(aburrido)* langweilig ❷ *(tonto)* blöd ❸ *(remilgado)* zimperlich **II.** *m, f (fam)* ❶ *(dengoso)* Zimperliese *f* ❷ *(tonto)* Dummkopf *m* ❸ *(aburrido)* Langweiler(in) *m(f)*

ñoqui ['ɲoki] *m* Gnocchi *pl*

ñu [ɲu] *m* Gnu *nt*

Oo

O, o [o] *f* O, o *nt;* ~ **de Oviedo** O wie Otto

o [o] *conj* oder; **~..., ~...** entweder ..., oder ...; ~ **sea** das heißt; ~ **bien** oder auch

O [o'este] *abr de* **oeste** W

oasis [o'asis] *m inv* Oase *f*

obcecación [oβθeka'θjon] *f* Verblendung *f*

obcecado, -a [oβθe'kaðo, -a] *adj* verblendet, blind

obcecar [oβθe'kar] <c → qu> **I.** *vt* verblenden **II.** *vr:* **~se** verblendet sein

obedecer [oβeðe'θer] *irr como crecer* **I.** *vt* *(a alguien)* gehorchen *+dat; (instrucciones)* befolgen; *(someterse)* sich fügen *+dat;* **hacerse** ~ sich *dat* Gehorsam verschaffen; ~ **una orden** einem Befehl Folge leisten; ~ **a la gravedad** dem Gesetz der Schwerkraft unterliegen **II.** *vi* *(provenir)* zurückzuführen sein (**a** auf *+akk*)

obedecimiento [oβeðeθi'mjen̪to] *m* Befolgung *f*

obediencia [oβe'ðjen̪θja] *f* Gehorsam *m*

obediente [oβe'ðjen̪te] *adj* gehorsam

obelisco [oβe'lisko] *m* Obelisk *m*

obertura [oβer'tura] *f* Ouvertüre *f*

obesidad [oβesi'ða^{ð}] *f* Fettleibigkeit *f*

obeso, -a [o'βeso, -a] *adj* fett(leibig)

óbice ['oβiθe] *m (elev)* **no ser ~ para que alguien...** *+subj* jdn nicht daran hindern, zu ... *+inf*

obispado [oβis'paðo] *m* ❶ *(cargo)* Bischofsamt *nt* ❷ *(diócesis)* Bistum *nt*

obispo [o'βispo] *m* (REL) Bischof *m;* ~ **auxiliar** Weihbischof *m;* **trabajar para el ~** *(fig)* ohne Entgelt arbeiten; **cada muerte de un ~** *(fig)* alle Jubeljahre

objeción [oβxe'θjon] *f* Einwand *m;* ~ **de conciencia** Kriegsdienstverweigerung aus Gewissensgründen

objetar [oβxe'tar] *vt* einwenden; **tengo algo que ~** ich habe etwas dagegen (einzuwenden)

objetivar [oβxeti'βar] *vt* objektivieren

objetividad [oβxetiβi'ða^{ð}] *f* Objektivität *f*

objetivo[1] [oβxe'tiβo] *m* ❶ *(finalidad)* Ziel *nt;* **tener como ~** zum Ziel haben ❷ (FOTO) Objektiv *nt* ❸ *(blanco)* Ziel *nt*

objetivo, -a[2] [oβxe'tiβo, -a] *adj* objektiv

objeto [oβ'xeto] *m* ❶ *(cosa)* Gegenstand *m;* ~ **de enseñanza** Lehrmittel *nt;* ~ **de lujo** Luxusartikel *m;* ~ **perdido** Fundsache *f;* **no tener ~** gegenstandslos sein ❷ *(motivo)* Zweck *m;* **el ~ de la presente es...** Anlass dieses Schreibens ist ...; **con (el)** [*o* **al**] ~ **de...** um zu ...; **no tener ~** zwecklos sein; **tener por ~** bezwecken

objetor [oβxe'tor] *m* ~ **de conciencia** Kriegsdienstverweigerer *m* aus Gewissensgründen

oblea [o'βlea] *f* ❶ *(hostia)* Oblate *f;* **estar hecho una ~** *(fam)* spindeldürr sein ❷ *(sello)* Siegelmarke *f*

oblicuidad [oβlikwi'ða^{ð}] *f* Schräge *f*

oblicuo, -a [o'βlikwo, -a] *adj* schräg

obligación [oβliɣa'θjon] *f* ❶ *(deber)* Verpflichtung *f;* ~ **alimenticia** Unterhaltspflicht *f;* ~ **de comunicación** Mitteilungspflicht *f;* ~ **de secreto** Schweigepflicht *f;* **contraer una ~** eine Verpflichtung eingehen; **cumplir con una ~** eine Verpflichtung erfüllen; **dedicarse a sus obligaciones** seinen Pflichten nachgehen; **faltar a sus obligaciones** seine Pflichten vernachlässigen; **tener la ~ de algo** zu etw *dat* verpflichtet sein ❷ *(deuda)* Schuld *f; (documento)* Schuldschein *m; (título)* Obligation *f*

obligado, -a [oβli'ɣaðo, -a] *adj* ❶ *estar (fuerza)* gezwungen (**a** zu *+dat*); *(deber)* verpflichtet (**a** zu *+dat*) ❷ *ser (imprescindible)* notwendig; **tema ~** Pflichtthema *nt;* **es ~...** es gehört sich ... ❸ *estar (agradecido)* zu Dank verpflichtet (**a** *+dat*)

obligar [oβli'ɣar] <g → gu> **I.** *vt* ❶ *(forzar)* zwingen (**a** zu *+dat*); *(comprometer)* verpflichten (**a** zu *+dat*) ❷ *(Chil, Arg)* zum Trinken einladen **II.** *vr:* **~se** sich verpflichten (**a** zu *+dat*)

obligatoriedad [oβliɣatorje'ða^{ð}] *f* Zwang *m;* **de ~ general** allgemein verbindlich; ~ **de visado** Visumspflicht *f;* ~ **del voto** Wahlpflicht *f*

obligatorio, -a [oβliɣa'torjo, -a] *adj* verpflichtend, obligatorisch; **asignatura obligatoria** Pflichtfach *nt;* **compromiso ~** bindende Abmachung; **no ~** nicht zwingend (vorgeschrieben); *(oferta)* unverbindlich; **es ~ llevar puesto el casco** das Tragen eines Helmes ist Pflicht

obliterar [oβlite'rar] *vt* ❶ *(anular)* löschen, ungültig machen; (ECON) tilgen ❷ (MED) verstopfen

oblongo, -a [o'βloŋgo, -a] *adj* länglich

obnubilación [oβnuβila'θjon] *f* ❶ *(trastorno)* Benommenheit *f,* Bewusstseinstrübung *f* ❷ *(ofuscación)* Verblendung *f* ❸ *(oscurecimiento)* Verdunkelung *f*

obnubilado, -a [oβnuβi'laðo, -a] *adj* ❶ *(trastornado)* benommen, benebelt

❷ *(ofuscado)* verblendet ❸ *(oscurecido)* verdunkelt

obnubilar [oβnuβi'lar] *vt* *(trastornar)* benebeln; *(ofuscar)* (ver)blenden

oboe [o'βoe] *m* ❶ *(instrumento)* Oboe *f* ❷ *(músico)* Oboist *m*

óbolo ['oβolo] *m* (HIST) Obolus *m;* *(fig)* milde Gabe *f*

obra ['oβra] *f* ❶ *(creación, labor)* Werk *nt;* ~ **benéfica** Wohltätigkeit *f;* ~**s completas** gesammelte Werke; ~ **de consulta** Nachschlagewerk *nt;* ~ **meritoria** verdienstvolle Tat; ~ **de teatro** Theaterstück *nt;* **por** ~ (**y gracia**) **de** dank +*gen* ❷ *(institución)* ~ **benéfica** Hilfswerk *nt;* ~ **pía** karitative Stiftung ❸ *(construcción)* Bau *m;* *(edificio)* Bauwerk *nt;* ~ **de caminos, canales y puertos** Tiefbau *m;* ~**s de construcción** Bauarbeiten *fpl;* ~**s públicas** öffentliche Bauten; ~ **de reforma** Umbau *m;* ~ **de romanos** *(fig)* ungeheure Leistung; ~ **vieja** Altbau *m;* **mano de** ~ Arbeitskraft *f;* **estar de** [*o* **hacer**] ~**s** umbauen; ~ **empezada, medio acabada** *(prov)* frisch gewagt ist halb gewonnen

obradera [oβra'ðera] *f* *(Col, Guat, Pan: diarrea)* Durchfall *m*

obrador[1] [oβra'ðor] *m* *(taller)* Werkstatt *f;* *(de confitería)* Konditorei *f*

obrador(a)[2] [oβra'ðor(a)] **I.** *adj* arbeitend **II.** *m(f)* Arbeiter(in) *m(f)*

obrar [o'βrar] **I.** *vi* ❶ *(actuar)* handeln; ~ **contra las buenas costumbres** gegen die guten Sitten verstoßen; ~ **a tontas y a locas** *(fam)* unbedacht vorgehen ❷ *(fam: defecar)* Stuhlgang haben ❸ *(encontrarse)* sich befinden **II.** *vi, vt* ❶ *(hacer efecto)* wirken; ~ **buen efecto** eine gute Wirkung haben; ~ **sobre alguien/algo** auf jdn/etw einwirken ❷ *(construir)* bauen ❸ *(hacer)* herstellen; *(trabajar)* bearbeiten; **sin** ~ unbearbeitet

obrera [o'βrera] *adj o f v.* **obrero**

obrerismo [oβre'rismo] *m* ❶ (POL) Arbeiterbewegung *f* ❷ *(conjunto)* Arbeiterschaft *f*

obrero, -a [o'βrero, -a] **I.** *adj* *(relativo al trabajo)* Arbeits-; *(relativo al obrero)* Arbeiter- **II.** *m, f* Arbeiter(in) *m(f);* ~ **agrícola** Landarbeiter *m;* ~ **asalariado** Lohnarbeiter *m;* ~ **desocupado** Arbeitslose(r) *m;* ~ **especializado** Facharbeiter *m;* ~ **fijo** feste Arbeitskraft; **ser alguien** ~ **de su propia ruina** sich selbst ins Unglück stürzen

obscenidad [o^βsθeni'ða^ð] *f* Obszönität *f*

obsceno, -a [o^βs'θeno, -a] *adj* obszön

obscurecer [o^βskure'θer] *vt irr como crecer v.* **oscurecer**

obscuridad [o^βskuri'ða^ð] *f v.* **oscuridad**

obscuro, -a [o^βs'kuro, -a] *adj v.* **oscuro**

obsequiar [oβse'kjar] *vt* ❶ *(con atenciones)* beehren; *(con bebidas/comida)* bewirten; *(con regalos)* beschenken ❷ *(agasajar)* zuvorkommend behandeln; *(festejar)* feiern; ~ **con su presencia** mit seiner Anwesenheit beehren; ~ **a alguien con un banquete** zu jds Ehren ein Bankett geben ❸ *(Am: regalar)* schenken

obsequio [oβ'sekjo] *m* ❶ *(agasajo)* Gefälligkeit *f;* **¡hágame Ud. este ~!** tun Sie mir den Gefallen!; **en** ~ **de alguien** zu jds Ehren ❷ *(regalo)* Geschenk *nt*

obsequiosamente [oβsekjosa'mente] *adv* ehrerbietig, zuvorkommend

obsequioso, -a [oβse'kjoso, -a] *adj* *(cortés)* zuvorkommend

observable [oβser'βaβle] *adj* wahrnehmbar

observación [oβserβa'θjon] *f* ❶ *(contemplación)* Beobachtung *f;* *(vigilancia)* Überwachung *f* ❷ *(comentario)* Bemerkung *f;* ~ **marginal** Randbemerkung *f* ❸ *v.* **observancia**

observador(a) [oβserβa'ðor(a)] **I.** *adj* beobachtend **II.** *m(f)* Beobachter(in) *m(f)*

observancia [oβser'βanθja] *f* Beachtung *f;* *(orden)* Befolgung *f;* *(normas, plazos)* Einhaltung *f*

observante [oβser'βante] *adj* *(orden)* streng

observar [oβser'βar] *vt* ❶ *(contemplar)* beobachten ❷ *(cumplir)* beachten; *(orden)* befolgen; *(normas, plazos)* einhalten ❸ *(notar)* bemerken; **hacer** ~ **algo a alguien** jdn auf etw aufmerksam machen

observatorio [oβserβa'torjo] *m* Observatorium *nt;* ~ **astronómico** Sternwarte *f;* ~ **meteorológico** Wetterwarte *f*

obsesión [oβse'sjon] *f* *(preocupación)* Besessenheit *f;* *(idea)* fixe Idee *f;* *(pasión)* Leidenschaft *f;* (PSICO) Zwangsvorstellung *f*

obsesionado, -a [oβsesjo'naðo, -a] *adj* besessen; **está** ~ **con ella** er ist verrückt nach ihr

obsesionante [oβsesjo'nante] *adj* ständig quälend; **una idea** ~ eine quälende Vorstellung

obsesionar [oβsesjo'nar] **I.** *vt* ❶ *(tormentar)* quälen; *(fig)* verfolgen ❷ *(atraer)* in seinen Bann schlagen; **el fútbol le obsesiona** er ist ein Fußballfanatiker **II.** *vr:* ~**se** besessen sein (**con** von +*dat*)

obsesivo, -a [oβse'siβo, -a] *adj* Zwangs-

obseso, -a [oβ'seso, -a] **I.** *adj* besessen **II.** *m, f* Besessene(r) *mf*

obsoleto, -a [oβso'leto, -a] *adj* veraltet

obstaculización [o^βstakuliθa'θjon] *f* Be-

O

hinderung *f;* ~ **de las comunicaciones** (AUTO) Verkehrsstörung *f*

obstaculizar [o$^{\beta}$stakuli'θar] <z → c> *vt* behindern; ~ **la carretera** die Straße blockieren; ~ **el progreso** dem Fortschritt im Wege stehen

obstáculo [o$^{\beta}$s'takulo] *m* Hindernis *nt;* **salvar un** ~ ein Hindernis nehmen; **triunfar ante todos los ~s** sämtliche Hindernisse überwinden; **poner ~s a alguien** jdm Hindernisse in den Weg legen

obstante [o$^{\beta}$s'tan̩te] *adv* **no** ~ trotzdem

obstar [o(β)s'tar] **I.** *vi* hinderlich sein **II.** *vimpers* entgegenstehen *+dat;* **eso no obsta para que...** ... steht nichts entgegen

obstetricia [o$^{\beta}$ste'triθja] *f* Geburtshilfe *f*

obstinación [o$^{\beta}$stina'θjon] *f* Hartnäckigkeit *f*

obstinado, -a [o$^{\beta}$sti'naðo, -a] *adj* hartnäckig

obstinarse [o$^{\beta}$sti'narse] *vr* hartnäckig bestehen (**en** auf *+dat*); ~ **en su silencio** sich durch nichts zum Reden bringen lassen; ~ **contra algo/alguien** etw *dat*/jdm die Stirn bieten

obstrucción [o$^{\beta}$stru$^{\gamma}$'θjon] *f* Blockierung *f;* (MED) Verstopfung *f*

obstruccionismo [o$^{\beta}$stru$^{\gamma}$θjo'nismo] *m* (POL) Verschleppungstaktik *f*

obstruir [o$^{\beta}$stru'ir] *irr como huir* **I.** *vt* ① *(el paso, acción)* blockieren ② *(una tubería)* verstopfen **II.** *vr:* **~se** sich verstopfen

obtención [oβten̩'θjon] *f* Erlangung *f;* (QUÍM) Gewinnung *f;* ~ **de alimentos** Nahrungsmittelerzeugung *f;* ~ **de datos** Datenerhebung *f;* ~ **de la velocidad máxima** Erreichen der Höchstgeschwindigkeit

obtener [oβte'ner] *vt irr como tener* erlangen; (QUÍM) gewinnen; *(resultado, ventaja, ganancia)* erzielen; ~ **un pedido** einen Auftrag erhalten; **difícil de** ~ schwer zu bekommen

obtenible [oβte'niβle] *adj* erhältlich

obturación [oβtura'θjon] *f (cierre)* Verschluss *m; (bloqueo)* Verstopfung *f; (de dientes)* Füllung *f*

obturador [oβtura'ðor] *m* (FOTO) Blende *f*

obturar [oβtu'rar] *vt (cerrar)* verschließen; *(bloquear)* verstopfen; *(los dientes)* plombieren

obtuso, -a [oβ'tuso, -a] *adj* ① *(cosa)* stumpf ② *(persona)* begriffsstutzig

obús [o'βus] *m* ① *(artillería)* Haubitze *f* ② *(proyectil)* Granate *f*

obviamente [oββja'men̩te] *adv* offensichtlich

obviar [oβ'βjar] **I.** *vi (obstar)* hinderlich sein *+dat* **II.** *vt (evitar)* abwenden; *(remover)* aus dem Weg räumen; ~ **un problema** ein Problem lösen

obviedad [oββje'ðað] *f* Offensichtlichkeit *f*

obvio, -a ['oββjo, -a] *adj* offensichtlich; **es** ~ das liegt auf der Hand; **lo** ~ **del mensaje** die Eindeutigkeit der Botschaft

oc ['on̩das 'kortas] *abr de* **ondas cortas** KW

oca ['oka] *f* (ZOOL) Gans *f;* **¡es la ~!** das ist die Höhe!

ocasión [oka'sjon] *f* Gelegenheit *f;* **coche de** ~ Gebrauchtwagen *m;* **aprovechar/desperdiciar la** ~ die Gelegenheit nutzen/versäumen; **en esta** ~ bei dieser Gelegenheit; **llegada la** ~ gegebenenfalls; **contadas ocasiones** seltene Gelegenheiten; **en ocasiones** gelegentlich; **en la primera** ~ bei nächster Gelegenheit; **con** ~ **de** anlässlich *+gen;* **dar a alguien** ~ **para quejarse** jdm Anlass geben, sich zu beschweren; **la** ~ **la pintan calva** man muss die Gelegenheit beim Schopf(e) fassen; **la** ~ **hace al ladrón** *(prov)* Gelegenheit macht Diebe

ocasional [okasjo'nal] *adj* ① *(no habitual)* gelegentlich; **trabajo** ~ Gelegenheitsarbeit *f* ② *(casual)* zufällig ③ *(para una ocasión)* Gelegenheits- ④ *(causante)* verursachend; **enfermedad** ~ Grundleiden *nt*

ocasionalmente [okasjonal'men̩te] *adv* gelegentlich

ocasionar [okasjo'nar] *vt* verursachen; ~ **dolores de cabeza a alguien** jdm Kopfschmerzen bereiten

ocaso [o'kaso] *m* ① (ASTR) Untergang *m; (del sol)* Sonnenuntergang *m; (fig)* Abend *m* ② *(decadencia)* Niedergang *m*

occidental [o$^{\gamma}$θiðen̩'tal] *adj* westlich; **potencias ~es** Westmächte *fpl*

occidentalizar [o$^{\gamma}$θiðen̩tali'θar] <z → c> *vt* verwestlichen

occidente [o$^{\gamma}$θi'ðen̩te] *m* Westen *m*

occipital [o$^{\gamma}$θipi'tal] *adj* (ANAT) Hinterhaupt-; **hueso** ~ Hinterhauptbein *nt*

occipucio [o$^{\gamma}$θi'puθjo] *m* Hinterkopf *m*

occiso, -a [o$^{\gamma}$'θiso, -a] *adj* ermordet

OCDE [oθeðe'e] *f abr de* **Organización para la Cooperación y el Desarrollo Económicos** OECD *f*

Oceanía [oθea'nia] *f* Ozeanien *nt*

océano [o'θeano] *m* ① *(mar)* Ozean *m;* ~ **Atlántico** Atlantischer Ozean, Atlantik *m;* ~ **Pacífico** Pazifischer Ozean, Pazifik *m;* ~ **Austral** Südsee *f;* ~ **Boreal** Nordsee *f;* ~ **Glacial** Eismeer *nt;* ~ **glacial Antártico** Südpolarmeer *nt;* ~ **Ártico** Nordpolarmeer *nt* ② *(cantidad)* Unmenge *f;* ~ **de gente** Menschenmasse *f;* **un** ~

de sangre Ströme von Blut; **un ~ de gente salía del concierto** eine Flut von Menschen strömte aus dem Konzertsaal

oceanografía [oθeanoɣra'fia] *f* Meereskunde *f*

oceanógrafo, -a [oθea'noɣrafo, -a] *m, f* Meereskundler(in) *m(f)*

oceanología [oθeanolo'xia] *f* Ozeanologie *f*

ochenta [o'ʧeṇta] **I.** *adj inv* achtzig; **los años ~** die Achtzigerjahre; **un hombre de alrededor de ~ años** ein Mann um die achtzig; **una mujer en sus ~** eine Frau in den Achtzigern **II.** *m* Achtzig *f*

ochentavo, -a [otʃeṇ'taβo, -a] **I.** *adj* achtzigstel **II.** *m, f* Achtzigstel *nt*

ochentón, -ona [otʃeṇ'ton, -ona] **I.** *adj* in den Achtzigern **II.** *m, f* Achtziger(in) *m(f);* **un ~** ein Mann in den Achtzigern

ocho ['otʃo] **I.** *adj inv* acht; **jornada de ~ horas** Achtstundentag *m;* **~ veces mayor/menor que...** achtmal so groß wie .../kleiner als ...; **a las ~** um acht Uhr; **son las ~ y media de la mañana/tarde** es ist halb neun (Uhr) morgens/abends; **las ~ y cuarto/menos cuarto** viertel nach acht/vor acht; **las ~ en punto** Punkt acht Uhr; **el ~ de agosto** der achte August; **dentro de ~ días** in acht Tagen; **de aquí a ~ días** heute in acht Tagen; **echar a alguien con los ~s y los nueves** jdm gehörig die Meinung sagen; **ser más chulo que un ~** ein aufgeblasener Gockel sein **II.** *m* Acht *f*

ochocientos, -as [otʃo'θjeṇtos, -as] *adj* achthundert

ocio ['oθjo] *m* Muße *f;* **~ anual** Jahresurlaub *m;* **horas de ~** Freizeit *f;* **entregarse al ~** nichts tun

ociosamente [oθjosa'meṇte] *adv* unnötigerweise; **vivir ~** ein nutzloses Leben führen

ociosidad [oθjosi'ðaᵈ] *f* Müßiggang *m;* **la ~ es madre de todos los vicios** *(prov)* Müßiggang ist aller Laster Anfang

ocioso, -a [o'θjoso, -a] *adj* ❶ *estar (inactivo)* müßig ❷ *ser (inútil)* unnütz; **palabras ociosas** leeres Gerede

oclusión [oklu'sjon] *f* Verschluss *m*

ocre ['okre] *adj* ocker

octaedro [okta'eðro] *m* (MAT) Oktaeder *nt*

octagonal [oktaɣo'nal] *adj* achteckig

octágono [ok'taɣono] *m* Achteck *nt*

octano [ok'tano] *m* (QUÍM) Oktan *nt*

octava [ok'taβa] *f* ❶ (LIT, MÚS) Oktave *f* ❷ (REL: *fiesta*) (achttägige) Festwoche *f*

octavilla [okta'βiʎa] *f (volante)* Flugblatt *nt;* **~ difamatoria** Schmähschrift *f*

octavo [ok'taβo] *m* Achtel *nt*

octavo, -a [ok'taβo, -a] *adj* achte(r, s); **en ~ lugar** an achter Stelle; *(enumeración)* achtens; **estoy en ~ curso** ich bin in der achten Klasse; **la octava parte** der achte Teil, ein Achtel

octogenario, -a [oktoxe'narjo, -a] **I.** *adj* in den Achtzigern **II.** *m, f* Achtziger(in) *m(f)*

octogésimo[1] [okto'xesimo] *m* Achtzigstel *nt*

octogésimo, -a[2] [okto'xesimo, -a] *adj* ❶ *(numeración)* achtzigste(r, s); **en ~ lugar** an achtzigster Stelle; **mañana se publicará la octogésima edición de su libro** morgen wird die achtzigste Auflage seines/ihres Buches erscheinen ❷ *(parte)* achtzigstel; **la octogésima parte de...** ein Achtzigstel von ... *dat*

octogonal [oktoɣo'nal] *adj* (MAT) achteckig, oktogonal

octógono [ok'toɣono] *m* Achteck *nt*

octosílabo, -a [okto'silaβo, -a] *adj* (LING, LIT) achtsilbig

octubre [ok'tuβre] *m* Oktober *m; v. t.* **marzo**

óctuplo, -a ['oktuplo, -a] *adj* achtfach

ocular [oku'lar] **I.** *adj* Augen-; **examen ~** Sehtest *m* **II.** *m* Okular *nt*

oculista [oku'lista] *mf* Augenarzt, -ärztin *m, f*

ocultación [okuḷta'θjon] *f,* **ocultamiento** [okuḷta'mjeṇto] *m* Verbergen *nt; (secreto)* Verheimlichung *f;* **~ fiscal** Steuerhinterziehung *f*

ocultar [okuḷ'tar] **I.** *vt (esconder)* verbergen (**de** vor *+dat*); *(callar)* verschweigen (**de** (vor) *+dat*); *(disimular)* verheimlichen (**de** (vor) *+dat*); **~ la cara entre** [*o* **con**] **las manos** das Gesicht hintern den Händen verbergen **II.** *vr:* **~se** sich verstecken

ocultismo [okuḷ'tismo] *m* Okkultismus *m*

oculto, -a [o'kuḷto, -a] *adj (escondido)* verborgen; *(secreto)* geheim; **de ~** inkognito; **en ~** insgeheim; **traerse algo ~** etw im Schilde führen

ocupación [okupa'θjon] *f* ❶ *(trabajo)* Beschäftigung *f;* **~ lucrativa** Erwerbstätigkeit *f;* **~ del ocio** Freizeitbeschäftigung *f;* **~ temporal** befristetes Beschäftigungsverhältnis; **sin ~** arbeitslos ❷ *(apoderamiento, t.* MIL) Besetzung *f;* **~ hotelera** Hotelbelegung *f;* **primera ~ de un apartamento** Erstbezug einer Wohnung; **zona de ~** besetztes Gebiet

ocupacional [okupaθjo'nal] *adj* Berufs-

ocupado, -a [oku'paðo, -a] *adj* ❶ *(con mucho trabajo)* beschäftigt; **no me molestes: estoy muy ~** stör mich nicht, ich habe viel zu tun ❷ *(teléfono, aseo)* besetzt ❸ *(mujer)* schwanger

ocupante [oku'paṇte] **I.** *adj* (MIL) Besatzungs- **II.** *mf* ❶ *(de vehículo)* (Fahrzeug)insasse, -in *m, f; (de tren/autobús)* Fahrgast *m; (de avión/barco)* Passagier(in) *m(f)* ❷ *(de un edificio)* Bewohner(in) *m(f)*

ocupar [oku'par] **I.** *vt* ❶ *(sitio)* einnehmen ❷ *(un cargo)* innehaben ❸ *(asiento, línea de teléfono)* belegen ❹ *(vivienda)* bewohnen ❺ (MIL) besetzen ❻ *(a una persona)* beschäftigen ❼ *(tiempo)* in Anspruch nehmen **II.** *vr:* **~se** sich beschäftigen (**con/en/de** mit *+dat*); *(cuidar)* sich kümmern (**de** um *+akk*); **ella se ocupó de todo** sie hat alles arrangiert

ocurrencia [oku'rreṇθja] *f* ❶ *(idea)* Idee *f;* **¡qué ~ pensar que es mi culpa!** wie kommst du denn darauf, es sei meine Schuld?; **dijo que podía comerse 20 panecillos, ¡qué ~!** er/sie hat behauptet 20 Brötchen essen zu können – so ein Quatsch!; **se bañó en el mar en pleno invierno, ¡qué ~!** er/sie badete mitten im Winter im Meer – so eine Schnapsidee!; **tener la ~ de...** auf die Idee kommen, zu ... ❷ *(acontecimiento)* Vorfall *m*

ocurrente [oku'rreṇte] *adj* einfallsreich

ocurrir [oku'rrir] **I.** *vi* geschehen; **¿qué ocurre?** was ist los?; **¿qué te ocurre?** was hast du?; **lo que ocurre es que...** die Sache ist so: ...; **cuida de que no vuelva a ~ algo semejante** sorge dafür, dass so etwas nie wieder vorkommt **II.** *vr:* **~se** einfallen *+dat;* **no se me ocurre nada** mir fällt nichts ein; **no se le ocurre más que decir tonterías** er kommt nur auf Dummheiten; **¿cómo se te ocurrió esto/esa tontería?** wie bist du denn auf die Idee/Schnapsidee gekommen?; **nunca se me hubiese ocurrido pensar que...** ich wäre nie auf die Idee gekommen, dass ...

oda ['oða] *f* Ode *f* (**a** an *+akk*)

odiar [o'ðjar] *vt* hassen; **~ a muerte** auf den Tod hassen

odio ['oðjo] *m* Hass *m;* **hacer algo por ~ a alguien** jdm etw aus Hass antun

odiosidad [oðjosi'ðað] *f* ❶ *(carácter)* Gehässigkeit *f* ❷ *(aversión)* heftige Abneigung *f* ❸ *(Am: molestia)* Belästigung *f*

odioso, -a [o'ðjoso, -a] *adj* ❶ *(hostil)* gehässig ❷ *(repugnante)* widerlich ❸ *(Am: fastidioso)* lästig

odisea [oði'sea] *f* Odyssee *f*

odontalgia [oðoṇ'talxja] *f* (MED) Zahnschmerz *m*

odontología [oðoṇtolo'xia] *f* Zahnmedizin *f*

odontólogo, -a [oðoṇ'toloɣo, -a] *m, f* Zahnarzt, -ärztin *m, f*

odorífero, -a [oðo'rifero, -a] *adj,* **odorífico, -a** [oðo'rifiko, -a] *adj (elev)* wohlriechend, duftend

odre ['oðre] *m (cuero)* (Wein)schlauch *m*

OEA [oe'a] *f abr de* **Organización de los Estados Americanos** OAS *f*

oeste [o'este] *m* ❶ *(punto)* Westen *m;* **el lejano ~** der Wilde Westen; **película del ~** Western *m;* **hacia el ~** westwärts; **al ~ de...** westlich von ... ❷ *(viento)* Westwind *m*

ofender [ofeṇ'der] **I.** *vt* ❶ *(humillar)* beleidigen; **~ la vista** eine Beleidigung für das Auge sein; **~ a Dios** sündigen; **hacerse el ~** schmollen ❷ *(herir)* verletzen **II.** *vr:* **~se** beleidigt sein; **¡no te ofendas conmigo!** sei mir nicht böse!

ofendido, -a [ofeṇ'diðo, -a] **I.** *adj* beleidigt, gekränkt **II.** *m, f* Beleidigte(r) *f(m);* (JUR) Geschädigte(r) *f(m);* **hacerse el ~** schmollen

ofensa [o'fensa] *f* Beleidigung *f;* **dicho sea sin ~ de nadie** mit dem Gesagten möchte ich niemandem zu nahe treten

ofensiva [ofen'siβa] *f* Angriff *m;* **tomar la ~** zum Angriff übergehen

ofensivo, -a [ofen'siβo, -a] *adj* ❶ *(hiriente)* beleidigend ❷ *(dañino)* schädlich; **~ para el medio ambiente** umweltschädlich ❸ *(que ataca)* Angriffs-

ofensor(a) [ofen'sor(a)] *adj* beleidigend

oferta [o'ferta] *f* Angebot *nt;* **~ de empleo** Stellenangebot *nt;* **~ especial** Sonderangebot *nt;* **este supermercado tiene muchas ~s** in diesem Supermarkt sind viele Waren im Angebot; **hacer mayor ~** überbieten

ofertar [ofer'tar] *vt* anbieten; **invitar a alguien a ~** jdn zu einem Angebot auffordern

oficial [ofi'θjal] *adj* offiziell; **boletín ~** Amtsblatt *nt*

oficial(a) [ofi'θjal(a)] *m(f)* ❶ *(oficio manual)* Geselle, -in *m, f; (administrativo)* kaufmännischer Angestellter, kaufmännische Angestellte *m, f;* **~ de albañil** Maurerpolier *m;* **~ cervecero** Braugehilfe *m;* **~ de obra** Bauhandwerker *m;* **~a de peluquería** Friseurgesellin *f;* **~a (de secretaría)** Sekretärin *f* ❷ (MIL) Offizier *m;* **~ de complemento** Reserveoffizier *m;* **~ marinero** Schiffsoffizier *m* ❸ *(funcionario)* Beamte(r) *m,* Beamtin *f;* **~ del juzgado** Gerichtsschreiber *m;* **~ de pluma** Dienststellenleiter *m;* **~ del registro civil** Standesbeamte(r) *m,* -beamtin *f*

oficialidad [ofiθjali'ða^ð] *f* ❶ *(carácter)* offizieller Charakter *m* ❷ (MIL) Offizierskorps *nt*

oficialismo [ofiθja'lismo] *m* ❶ *(Arg: buro-

cracia) Bürokratie *f* ❷ *(Am: del gobierno)* Regierungsapparat *m*

oficialista [ofiθja'lista] **I.** *adj* ❶ *(Am: burocrático)* bürokratisch ❷ *(Am: del gobierno)* regierungsnah **II.** *mf (Am)* Regierungsanhänger(in) *m(f)*

oficializar *vt* <z → c> offiziell bestätigen

oficialmente [ofiθjal'mente] *adv* amtlich, von Amts wegen; **fue invitada** ~ sie wurde offiziell eingeladen

oficiar [ofi'θjar] **I.** *vt* ❶ (REL) zelebrieren ❷ *(comunicar)* amtlich mitteilen **II.** *vi (fam: obrar)* fungieren (**de** als +*nom*); ~ **de intérprete** dolmetschen

oficina [ofi'θina] *f* Büro *nt;* ~ **de asistencia social** Sozialamt *nt;* ~ **colectiva** Großraumbüro *nt;* ~ **de correos** Postamt *nt;* ~ **de cuenta** Rechnungshof *m;* ~ **de empleo** ≈ Agentur *f* für Arbeit; ~ **de información matrimonial** Eheberatungsstelle *f;* ~ **de ingeniería** Konstruktionsbüro *nt;* ~ **de maquinaria** Maschinenwerkstatt *f;* ~ **de matrícula** Zulassungsstelle *f;* ~ **de objetos perdidos** Fundbüro *nt;* ~ **de pasaportes** Passbehörde *f*

oficinista [ofiθi'nista] *mf* Büroangestellte(r) *mf*

oficio [o'fiθjo] *m* ❶ *(profesión)* Beruf *m;* ~ **de ebanista** Tischlerhandwerk *nt;* ~ **especializado** ≈ anerkannter Lehrberuf; **ejercer un** ~ einem Beruf nachgehen; **sin** ~ **ni beneficio** ungelernt; **tomar algo por** ~ *(fam fig)* etw gewohnheitsmäßig tun; **ser del** ~ *(fam)* auf den Strich gehen ❷ *(función)* Amt *nt;* **defensor de** ~ Pflichtverteidiger *m;* **de** ~ von Amts wegen; **ofrecer sus buenos** ~**s** seine guten Dienste anbieten ❸ *(escrito)* amtliches Schreiben *nt* ❹ (REL) Gottesdienst *m;* ~ **de difuntos** Totenmesse *f;* **Santo O~** Inquisition *f*

oficioso, -a [ofi'θjoso, -a] *adj* ❶ *(activo)* geschäftig ❷ *(servicial)* dienstbeflissen ❸ *(extraoficial)* halbamtlich; **mentira oficiosa** Notlüge *f*

ofrecer [ofre'θer] *irr como crecer* **I.** *vt (brindar)* anbieten; *(presentar, dar)* bieten; (REL) darbringen; ~ **un banquete** ein Festessen geben; ~ **grandes dificultades** große Schwierigkeiten mit sich bringen; ~ **un sacrificio** ein Opfer bringen; **vamos a** ~ *(fig fam)* wir gehen etwas trinken **II.** *vr:* ~**se** ❶ *(brindarse)* sich anbieten; **¿se le ofrece algo?** was darf es sein?; **¿qué se le ofrece?** womit kann ich (Ihnen) dienen? ❷ *(ocurrirse)* einfallen

ofrecimiento [ofreθi'mjento] *m* ❶ *(oferta)* Angebot *nt* ❷ (REL) Darbringung *f*

ofrenda [o'frenda] *f* (milde) Gabe *f; (sacrificio)* Opfergabe *f*

ofrendar [ofren'dar] *vt* spenden; *(sacrificar)* opfern

oftalmología [oftalmolo'xia] *f* Augenheilkunde *f*

oftalmólogo, -a [oftal'moloɣo, -a] *m, f* Augenarzt, -ärztin *m, f*

ofuscación [ofuska'θjon] *f,* **ofuscamiento** [ofuska'mjento] *m (vista)* Blendung *f; (de la mente)* Trübung *f; (de alguien)* Verblendung *f*

ofuscar [ofus'kar] <c → qu> **I.** *vt (cegar)* blenden; *(la mente)* trüben; ~ (**la mente**) **a alguien** jdn verblenden **II.** *vr:* ~**se** beharren (**en** auf +*dat*); ~**se con una idea** von einer Idee besessen sein

ogro ['oɣro] *m* ❶ *(mitología)* Menschen fressender Riese *m* ❷ *(persona)* Scheusal *nt*

oh [o] *interj* oh

ohm [om] *m,* **ohmio** ['omjo] *m* Ohm *nt*

oíble [o'iβle] *adj* hörbar

oída [o'iða] *f* **de** ~**s** vom Hörensagen

oído [o'iðo] *m* ❶ *(sentido)* Gehör *nt;* **tener buen** ~ ein gutes Gehör haben; **aprender de** ~ nach Gehör lernen; **aguzar el** ~ die Ohren spitzen; **aplicar el** ~ aufmerksam zuhören ❷ (ANAT) Ohr *nt;* **cera de** ~**s** Ohrenschmalz *nt;* **zumbido de** ~**s** Ohrensausen *nt;* **me zumban los** ~**s** mir klingen die Ohren; **cerrar los** ~**s a algo** die Ohren vor etw *dat* verschließen; **duro de** ~ schwerhörig; **dar** ~**s a alguien** *(escuchar)* jdm sein Ohr leihen; *(creer)* jdm glauben; **hacer** ~**s de mercader** sich taub stellen; **ladrar a alguien al** ~ jdm in den Ohren liegen; **llegar a** ~**s de alguien** jdm zu Ohren kommen; **¡~ al parche!** aufgepasst!; **pegarse al** ~ ins Ohr gehen; **regalar los** ~**s** schmeicheln; **ser todo** ~**s** ganz Ohr sein; **a palabras necias** ~**s sordos** *(prov)* eine dumme Frage verdient eine dumme Antwort

oír [o'ir] *vt irr (sentir)* hören; *(escuchar)* anhören; **¡oye!** na hör mal!; **¡oye, ven aquí!** du, komm mal her!; **¿oyes?** hast du verstanden?; **¡oiga!** hallo!; ~ **como quien oye llover** nur mit halbem Ohr hinhören; **¡Dios te oiga!** dein Wort in Gottes Ohr!; ~ **decir que...** hören, dass ...; **parece que no has oído bien** du hast dich wohl verhört; **ya me oirá** der/die hört noch von mir!; **no se oye el vuelo de una mosca** es ist so still, dass man eine Stecknadel fallen hören könnte

ojal [o'xal] *m* ❶ *(para botones)* Knopfloch *nt* ❷ *(ojete)* Öse *f*

O

ojalá [oxa'la] *interj* hoffentlich; **¡~ tuvieras razón!** wenn du nur Recht hättest!
ojeada [oxe'aða] *f* **echar una ~ a algo** einen flüchtigen Blick auf etw werfen; **¿puedes echar una ~ a mi maleta?** kannst du bitte meinen Koffer im Auge behalten?
ojear [oxe'ar] *vt* ① *(mirar con atención)* beäugen ② *(pasar la vista)* durchsehen ③ *(la caza)* aufscheuchen
ojera [o'xera] *f* kleine Schale *f* zur Augenspülung
ojeras [o'xeras] *fpl* Augenringe *mpl;* **tener ~** Ringe unter den Augen haben
ojeriza [oxe'riθa] *f* Abneigung *f;* **tener ~ a alguien** jdn nicht ausstehen können
ojeroso, -a [oxe'roso, -a] *adj* mit Ringen unter den Augen
ojetada [oxe'taða] *f (Méx: vulg)* Gemeinheit *f fam*
ojete [o'xete] *m* ① *(ojal)* Öse *f* ② *(vulg: ano)* Arschloch *nt* ③ *(Arg: vagina)* Vagina *f*
ojímetro [o'ximetro] *m (fam)* **a ~** aufs Geratewohl
ojituerto, -a [oxi'twerto, -a] *adj* schielend
ojival [oxi'βal] *adj* spitzbogig
ojo ['oxo] *m* ① (ANAT) Auge *nt;* **~ de buey** (NÁUT) Bullauge *nt;* **~ del caldo** Fettauge *nt;* **~ de gallo** *(fig)* Hühnerauge *nt;* **~s rasgados** Schlitzaugen *nt pl;* **~s saltones** Glupschaugen *nt pl;* **a ~** nach Augenmaß; **a ~s cerrados** *(fig)* ohne nachzudenken; **a ~s vistas** augenscheinlich; **abrir los ~s** *(fig)* die Augen offen halten; **aguzar los ~s** die Augen zusammenkneifen; **andar con cien ~s** sehr vorsichtig sein; **cerrar los ~s a algo** *(fig)* die Augen vor etw *dat* verschließen; **con los ~s cerrados** *(fig)* in blindem Vertrauen; **clavar los ~s en algo** den Blick auf etw heften; **comerse con los ~s** mit den Augen verschlingen; **costar un ~ de la cara** ein Vermögen kosten; **echar el ~ a algo/alguien** *(querer)* ein Auge auf etw/jdn werfen; *(vigilar)* etw/jdn im Auge behalten; **en un abrir y cerrar de ~s** im Nu; **estar entrampado hasta los ~s** bis über die Ohren verschuldet sein; **estoy con el agua hasta los ~s** das Wasser steht mir bis zum Halse; **hacer del ~** sich *dat* zublinzeln; **los niños llenan antes los ~s que la barriga** bei Kindern sind die Augen meist größer als der Magen; **meter por los ~s** aufdrängen; **mirar con buenos/malos ~s** gernhaben/nicht ausstehen können; **¡mis ~s!** *(fig)* mein Schatz!; **no parecerse ni en el blanco de los ~s** sich *dat* kein bisschen ähnlich sehen; **no pegar ~** kein Auge zutun; **no saber dónde poner los ~s** niemanden haben, an den man sich wenden kann; **no tener ~s en la cara** *(fig)* keine Augen im Kopf haben; **tener ~** *(cuidado)* vorsichtig sein; **¡~!** Vorsicht!; **¡~ con este tipo!** nimm dich vor diesem Kerl in Acht!; **¡~ al dinero que es el amor verdadero!** man kann nicht von Luft und Liebe leben!; **pasar los ~s por algo** etw überfliegen; **poner delante de los ~s de alguien** *(fig)* jdm vor Augen führen; **poner los ~s en blanco** die Augen verdrehen; **¡qué ~ tienes!** dir entgeht aber auch nichts!; **sacarle los ~s a alguien** jdm die Augen auskratzen; **ser el ~ derecho de alguien** jds rechte Hand sein; **ser todo ~s** aufmerksam zusehen; **tener a alguien entre ~s** *(estar enfadado)* auf jdn schlecht zu sprechen sein; *(tener manía)* jdm grollen; **tener ~ a algo** etw im Auge behalten; **tener ~ clínico** gut diagnostizieren können; *(fig)* ein scharfer Beobachter sein; **tiene mucho ~ con los turistas** er/sie versteht es, mit Touristen umzugehen; **~ por ~ (y diente por diente)** *(prov)* Auge um Auge, Zahn um Zahn; **~s que no ven, corazón que no siente** *(prov)* aus den Augen, aus dem Sinn ② *(agujero)* Loch *nt;* **~ de aguja** Nadelöhr *nt;* **~ de cerradura** Schlüsselloch *nt;* **~ de patio** Lichthof *m;* **~ de un puente** Brückenbogen *m;* **meterse por el ~ de una aguja** pfiffig sein
ojota [o'xota] *f (Am: sandalia)* Sandale *f*
okapi [o'kapi] *m* Okapi *nt*
okey [o'kei̯] **I.** *adj* okay, gut **II.** *m (Am)* Okay *nt,* Einverständnis *nt;* **dar el ~** sein Okay geben **III.** *adv* okay, abgemacht
okupa [o'kupa] *mf (argot)* Hausbesetzer(in) *m(f)*
okupación [okupa'θjon] *f (argot)* Hausbesetzung *f*
ola ['ola] *f* Welle *f;* **~ de calor** Hitzewelle *f*
olé [o'le] *interj* bravo, weiter so
olé [o'le] *interj* bravo; (TAUR) olé
oleada [ole'aða] *f* ① *(ola)* Brecher *m* ② *(cantidad)* Flut *f;* **~ de gente** Menschenmenge *f;* **derramar ~s de tinta** *(fig)* sich *dat* die Finger wund schreiben
oleaginoso, -a [oleaxi'noso, -a] *adj (con aceite)* ölhaltig; *(como aceite)* ölartig
oleaje [ole'axe] *m* Seegang *m*
oleario, -a [ole'arjo, -a] *adj* ölig
óleo ['oleo] *m* ① *(aceite)* Olivenöl *nt* ② (ARTE) Ölfarbe *f;* **cuadro al ~** Ölbild *nt;* **pintar al ~** in Öl malen ③ (REL) **administrar los ~s** die Letzte Ölung geben
oleoducto [oleo'ðukto] *m* Pipeline *f*
oleografía [oleoɣra'fia] *f* (ARTE) Öldruck *m*
oleoso, -a [ole'oso, -a] *adj* ölig
oler [o'ler] *irr* **I.** *vi* riechen (**a** nach +*dat*);

O

~ (**bien**) duften; ~ (**mal**) stinken **II.** *vt* riechen; ~ **una flor** an einer Blume riechen; ~ **el peligro** die Gefahr wittern

olfa ['olfa] *mf (RíoPl)* ❶ *(fam: chupamedias)* Streber(in) *m(f)* ❷ *(fam: persona servil)* Schmeichler(in) *m(f),* Arschkriecher(in) *m(f) abw*

olfatear [olfate'ar] **I.** *vt* ❶ *(oliscar)* beschnuppern ❷ *(husmear)* wittern **II.** *vi* ❶ *(oliscar)* schnuppern ❷ *(curiosear)* herumschnüffeln *fam*

olfateo [olfa'teo] *m* Wittern *nt*

olfativo, -a [olfa'tiβo, -a] *adj* Geruchs-

olfato [ol'fato] *m* Geruchssinn *m;* **tener** (**buen**) ~ *(fig)* einen guten Riecher haben

oligarca [oli'ɣarka] *mf* (POL) Oligarch(in) *m(f)*

oligarquía [oliɣar'kia] *f* Oligarchie *f*

oligoelemento [oliɣoele'meṇto] *m* (BIOL) Spurenelement *nt*

oligofrénico, -a [oliɣo'freniko, -a] **I.** *adj* schwachsinnig **II.** *m, f* Schwachsinnige(r) *mf*

olimpiada [olim'pjaða] *f,* **olimpíada** [olim'piaða] *f* Olympiade *f*

olímpicamente [olimpika'meṇte] *adv (fam)* mit Abstand, überragend; **vencer al contrario** ~ den Gegner haushoch schlagen

olímpico, -a [o'limpiko, -a] *adj* olympisch

olimpo [o'limpo] *m* Olymp *m*

olisca [o'liska] *f* Geruchssinn *m*

oliscar [olis'kar] <c → qu> *vi* ❶ *(oler)* anfangen zu stinken ❷ *v.* **olfatear**

olisquear [oliske'ar] *vt, vi v.* **olfatear**

oliva [o'liβa] **I.** *adj* (**verde**) ~ oliv(grün) **II.** *f* ❶ (BOT) Olive *f* ❷ *(color)* Oliv(grün) *nt*

oliváceo, -a [oli'βaθeo, -a] *adj* oliv(grün)

olivero, -a [oli'βero, -a] *adj* Oliven-; **cultivo** ~ Olivenanbau *m*

olivo [o'liβo] *m* Olivenbaum *m;* **el Monte de los ~s** (REL) der Ölberg; **tomar el** ~ *(fam)* verduften

olla ['oʎa] *f* ❶ *(para cocinar)* Kochtopf *m;* ~ **exprés** Dampfkochtopf *m,* Schnellkochtopf *m;* ~ **de grillos** *(fam)* Tohuwabohu *nt;* **tengo la cabeza como una ~ de grillos** mir schwirrt der Kopf ❷ (GASTR) Eintopf *m;* **ser el garbanzo negro de la** ~ *(fam)* das schwarze Schaf sein; **por un garbanzo no se descompone la** ~ *(prov)* niemand ist unersetzlich

ollar [o'ʎar] *m* Nüster *f*

olmedo [ol'meðo] *m* (BOT) Ulmenwald *m*

olmo ['olmo] *m* Ulme *f;* **pedir peras al** ~ etwas Unmögliches verlangen

olor [o'lor] *m* Geruch *m;* (**buen**) ~ Duft *m;* (**mal**) ~ Gestank *m;* **viene al ~ de tu dinero** er/sie wittert dein Geld; **vivir en ~ de santidad** wie ein Heiliger verehrt werden

oloroso, -a [olo'roso, -a] *adj* duftend

OLP [oele'pe] *f abr de* **Organización para la Liberación de Palestina** PLO *f*

olvidadizo, -a [olβiða'ðiθo, -a] *adj* vergesslich

olvidado[1] [olβi'ðaðo] *m* (TIPO) Auslassung *f*

olvidado, -a[2] [olβi'ðaðo, -a] *adj* vergessen

olvidar(se) [olβi'ðar(se)] *vt, vr* vergessen; *(idioma)* verlernen; **no ~ que...** *(considerar)* bedenken, dass ...; **dejar olvidado** liegen lassen; **se me ha olvidado** [*o* **me he olvidado de**] **tu nombre** ich habe deinen Namen vergessen

olvido [ol'βiðo] *m* ❶ *(falta de memoria)* Vergesslichkeit *f* ❷ *(omisión)* Vergessen *nt;* ~ **de sí mismo** Selbstvergessenheit *f;* **caer en** (**el**) ~ in Vergessenheit geraten; **enterrar en el** ~ für immer vergessen

Omán [o'man] *m* Oman *nt*

ombligo [om'bliɣo] *m* ❶ (ANAT) (Bauch)nabel *m;* **se me encoge el** ~ mir wird angst und bange ❷ *(centro)* Mittelpunkt *m;* **el ~ del mundo** der Nabel der Welt

omega [o'meɣa] *f* ❶ *(letra griega)* Omega *nt* ❷ *(fig: final)* Ende *nt*

ominoso, -a [omi'noso, -a] *adj* ominös

omisión [omi'sjon] *f* ❶ *(supresión)* Auslassung *f* ❷ *(negligencia)* Unterlassung *f;* ~ **de auxilio** unterlassene Hilfeleistung

omiso, -a [o'miso, -a] *adj (negligente)* nachlässig; **hacer caso ~ de algo** etw nicht beachten

omitir [omi'tir] *vt* ❶ *(no hacer)* unterlassen; **no ~ esfuerzos** keine Mühen scheuen ❷ *(pasar por alto)* auslassen; *(coma)* weglassen

ómnibus ['omniβus] *m* (AUTO) (Omni)bus *m*

omnipotencia [omnipo'teṇθja] *f* Allmacht *f*

omnipotente [omnipo'teṇte] *adj* allmächtig

omnipresencia [omnipre'seṇθja] *f* Allgegenwart *f*

omnipresente [omnipre'seṇte] *adj* allgegenwärtig

omnisciente [omnis'θjeṇte] *adj* allwissend

omnívoro, -a [om'niβoro, -a] **I.** *adj* alles fressend **II.** *m, f* Allesfresser *m*

omoplato [omo'plato] *m,* **omóplato** [o'moplato] *m* Schulterblatt *nt*

omoto [o'moto] *m (Ecua)* Zwerg *m*

OMS [oms] *f abr de* **Organización Mundial de la Salud** WHO *f*

onanismo [ona'nismo] *m* Onanie *f*

O

once [ˈon̪θe] *adj inv* elf; **estar a las ~** *(fam: ropa)* schlecht sitzen; **estar a las ~ y cuarto** *(fig fam)* nicht richtig ticken; **tomar las ~** eine Frühstückspause machen; *v. t.* **ocho**

ONCE *f v.* **Organización Nacional de Ciegos Españoles** *Lotterie zugunsten der Sehbehinderten Spaniens*

onceavo, -a [on̪θeˈaβo, -a] *adj* elftel; *v. t.* **octavo**

onceno, -a [on̪ˈθeno, -a] *adj* elfte(r, s); **el ~, no estorbar** *(fam)* das elfte Gebot: du sollst nicht stören; *v. t.* **octavo**

oncología [oŋkoloˈxia] *f* (MED) Onkologie *f*

onda [ˈon̪da] *f* ❶ (*t.* FÍS, RADIO) Welle *f;* **~ explosiva** Druckwelle *f;* **~s del pelo** Wellen im Haar; **estar en la ~ de algo** *(fam: comprender)* über etw Bescheid wissen; *(seguir)* bei etw *dat* mitmachen ❷ *(Am: loc)* **¡qué buena ~!** klasse!; **tener ~ con alguien** auf jdn scharf sein *fam*

ondear [on̪deˈar] *vi (formar)* sich wellen; *(moverse)* wogen; *(bandera)* flattern

ondina [on̪ˈdina] *f* Undine *f*

ondulación [on̪dulaˈθjon] *f* ❶ *(movimiento)* Wellenbewegung *f* ❷ *(formación)* Wellung *f;* **~ permanente** Dauerwelle *f*

ondulado, -a [on̪duˈlaðo, -a] *adj* wellig; **cartón ~** Wellpappe *f*

ondulante [on̪duˈlan̪te] *adj* Wellen formend

ondular [on̪duˈlar] **I.** *vi (formar ondas)* sich wellen; *(moverse)* wogen; *(bandera)* flattern; *(culebra)* sich winden **II.** *vt* wellen

ondulatorio, -a [on̪dulaˈtorjo, -a] *adj* wellenförmig; **movimiento ~** Wellenbewegung *f*

oneroso, -a [oneˈroso, -a] *adj* ❶ *(molesto)* lästig; *(gravoso)* belastend ❷ *(costoso)* kostspielig ❸ *(remunerable)* entgeltlich

ONG [oeneˈxe] *f inv abr de* **Organización no Gubernamental** NGO *f*

ónice [ˈoniθe] *m* Onyx *m*

onírico, -a [oˈniriko, -a] *adj* Traum-

ónix [ˈoniˠs] *m* Onyx *m*

onomástica [onoˈmastika] *f* ❶ *(materia)* Namenkunde *f* ❷ *(día)* Namenstag *m;* **hoy es mi ~** ich habe heute Namenstag

onomatopeya [onomatoˈpeʝa] *f* (LING) ❶ *(palabra)* Onomatopoetikum *nt* ❷ *(figura)* Lautmalerei *f*

ontología [on̪toloˈxia] *f* (FILOS) Ontologie *f*

ONU [ˈonu] *f abr de* **Organización de las Naciones Unidas** UNO *f*

onubense [onuˈβense] **I.** *adj* aus Huelva **II.** *mf* Einwohner(in) *m(f)* von Huelva

onza [ˈon̪θa] *f* Unze *f*

opacidad [opaθiˈðaᵈ] *f* Lichtundurchlässigkeit *f*

opaco, -a [oˈpako, -a] *adj* ❶ *(no trasparente)* lichtundurchlässig ❷ *(sin brillo)* matt; *(oscuro)* düster; *(voz)* belegt ❸ *(persona)* unscheinbar

opalescente [opalesˈθen̪te] *adj* schillernd

ópalo [ˈopalo] *m* Opal *m*

opción [oβˈθjon] *f* ❶ *(elección)* Wahl *f;* *(posibilidad)* Wahlmöglichkeit *f;* **~ del menú** (INFOR) Menüoption *f;* **a ~** nach Wahl ❷ *(derecho)* Anrecht *nt* (**a** auf +*akk*); **~ al cambio** Umtauschrecht *nt* ❸ (ECON, JUR, POL) Option *f;* **~ de compra** Kaufoption *f*

opcional [oβθjoˈnal] *adj* nach Wahl, Wahl-; (INFOR) optional

OPEP [oˈpep] *f abr de* **Organización de Países Exportadores de Petróleo** OPEC *f*

ópera [ˈopera] *f* Oper *f*

operable [opeˈraβle] *adj* durchführbar; (MED) operabel, operierbar

operación [operaˈθjon] *f* ❶ (MAT, MED, MIL) Operation *f;* **~ cesárea** Kaiserschnitt *m;* **~ quirúrgica** chirurgischer Eingriff ❷ *(actividad)* Tätigkeit *f;* *(negocio)* Geschäft *nt;* **~ por acciones** Aktiengeschäft *nt;* **~ de saneamiento** Sanierungsmaßnahme *f*

operado, -a [opeˈraðo, -a] **I.** *adj* ❶ (TÉC) bedient, betätigt; **~ a mano** manuell [*o* von Hand] gesteuert; **~ por teclado** (INFOR) tastaturgesteuert ❷ (MED) operiert **II.** *m, f* Operierte(r) *f(m)*

operador(a) [operaˈðor(a)] *m(f)* ❶ (CINE) Filmvorführer(in) *m(f);* **~ de cámara** Kameramann *m* ❷ (INFOR) Operator(in) *m(f)* ❸ (MED) Chirurg(in) *m(f)*

operante [opeˈran̪te] *adj* wirkend

operar [opeˈrar] **I.** *vi* ❶ *(actuar)* vorgehen; (MIL) operieren ❷ (COM) handeln; **~ con bancos** Bankgeschäfte tätigen ❸ *(tener efecto)* wirken **II.** *vt* ❶ (MED) operieren ❷ *(producir un efecto)* bewirken; **~ milagros** Wunder vollbringen **III.** *vr:* **~se** sich operieren lassen

operario, -a [opeˈrarjo, -a] *m, f* Arbeiter(in) *m(f);* **~ sin cualificar** ungelernter Arbeiter

operatividad [operatiβiˈðaᵈ] *f* Betriebsfähigkeit *f;* **~ de las decisiones** Entscheidungsfähigkeit *f*

operativo, -a [operaˈtiβo, -a] *adj* ❶ *(efectivo)* wirksam ❷ (INFOR) **sistema ~** Betriebssystem *nt*

operatorio, -a [operaˈtorjo, -a] *adj* (MED) operativ; **intervención operatoria** operativer Eingriff

opereta [opeˈreta] *f* Operette *f*

operístico, -a [opeˈristiko, -a] *adj* Opern-; **temporada operística** Opernsaison *f*

opiáceo, **-a** [o'pjaθeo, -a] *adj* ❶ *(con opio)* opiumhaltig ❷ *(del opio)* Opium-

opinable [opi'naβle] *adj (discutible)* diskutabel; *(controvertido)* strittig

opinante [opi'nante] *adj* die Meinung äußernd, meinend

opinar [opi'nar] *vi, vt* ❶ *(pensar)* meinen; *(creer)* glauben; ~ **bien/mal de algo/alguien** über etw/von jdm eine gute/schlechte Meinung haben; **¿tú qué opinas** (**de** [*o* **sobre**] **esto**)**?** was meinst du (dazu)?; **¿qué opinas del nuevo jefe?** was hältst du vom neuen Chef? ❷ *(expresar)* sich äußern (**sobre/en/de** über +*akk*); **¿puedo ~?** darf ich meine Meinung dazu äußern?

opinión [opi'njon] *f* Meinung *f; (postura)* Stellungnahme *f; (punto de vista)* Ansicht *f;* **en mi** ~ meiner Meinung nach; **cambiar de** ~ seine Meinung ändern; **dar su** ~ (**sobre algo**) seine Meinung (zu etw *dat*) äußern; **ser de otra/la misma** ~ anderer/der gleichen Meinung sein; **ser de la** ~ **que...** der Meinung sein, dass ...; **tener buena/mala** ~ **de algo/alguien** über etw/von jdm eine gute/schlechte Meinung haben

opio ['opjo] *m* Opium *nt*

opíparo, **-a** [o'piparo, -a] *adj* opulent

oponente [opo'nente] *mf* Gegner(in) *m(f)*

oponer [opo'ner] *irr como poner* **I.** *vt* ❶ *(enfrentar)* entgegensetzen; *(confrontar)* gegenüberstellen ❷ *(objetar)* einwenden (**a/contra** gegen +*akk*); ~ **reparos** Einwände erheben; ~ **resistencia** Widerstand leisten **II.** *vr:* **~se** ❶ *(rechazar)* dagegen sein; **~se a algo** gegen etw sein ❷ *(enfrentarse)* sich dagegenstellen ❸ *(obstaculizar)* behindern ❹ *(ser contrario)* völlig unterschiedlich sein ❺ *(estar enfrente)* gegenüberliegen

oporto [o'porto] *m* Portwein *m*

oportunamente [oportuna'mente] *adv* zu gelegener Zeit, bei passender Gelegenheit

oportunidad [oportuni'ða^{ð}] *f* ❶ *(cualidad)* Opportunität *f; (temporal)* Rechtzeitigkeit *f; (adecuación)* Zweckmäßigkeit *f* ❷ *(posibilidad)* Gelegenheit *f; (ocasión)* Chance *f;* **a la primera** ~ bei der ersten Gelegenheit; **una segunda** ~ eine zweite Chance; **aprovechar la** ~ die Gelegenheit nutzen; (**no**) **tener** ~ **de...** (keine) Gelegenheit haben, zu ... ❸ *pl (ofertas)* Sonderangebote *ntpl*

oportunismo [oportu'nismo] *m* Opportunismus *m*

oportunista [oportu'nista] **I.** *adj* opportunistisch **II.** *mf* Opportunist(in) *m(f)*

oportuno, **-a** [opor'tuno, -a] *adj* angebracht; *(propicio)* günstig; *(adecuado)* zweckmäßig; *(apropiado)* geeignet; *(al caso)* zutreffend; *(permisible)* zulässig; **es muy** ~ das kommt sehr gelegen; **en el momento** ~ im rechten Augenblick; *(cuando llegue)* zu gegebener Zeit

oposición [oposi'θjon] *f* ❶ *(resistencia)* Widerstand *m;* **encontrar** ~ auf Widerstand stoßen; **presentar** ~ Widerstand leisten ❷ (POL) Opposition *f* ❸ *(objeción)* Einwendung *f* ❹ *(contraposición)* Gegensatz *m* ❺ *(pl) (examen)* Auswahlprüfung *f* für den öffentlichen Dienst; **por** ~ per Auswahlverfahren; **presentarse a unas oposiciones** an Auswahlprüfungen für den öffentlichen Dienst teilnehmen

opositar [oposi'tar] *vi* sich bewerben (**a** um +*akk*), an den Auswahlprüfungen für den öffentlichen Dienst teilnehmen

opositor(**a**) [oposi'tor(a)] **I.** *adj* oppositionell; **partido** ~ Oppositionspartei *f* **II.** *m(f) (oponente)* Gegner(in) *m(f);* (POL) Mitglied *nt* der Opposition

opresión [opre'sjon] *f* ❶ *(angustia)* Beklemmung *f* ❷ *(represión)* Unterdrückung *f* ❸ *(presión)* Druck *m; (compresión)* Einengung *f*

opresivo, **-a** [opre'siβo, -a] *adj* ❶ *(agobiante)* bedrückend ❷ *(represivo)* unterdrückend; *(constringente)* beengend ❸ *(apresionante)* drückend; *(comprimente)* einengend

opresor(**a**) [opre'sor(a)] **I.** *adj* unterdrückend **II.** *m(f)* Unterdrücker(in) *m(f)*

oprimente [opri'mente] *adj v.* **opresivo**

oprimir [opri'mir] *vt* ❶ *(presionar)* drücken; *(comprimir)* einengen ❷ *(agobiar)* bedrücken ❸ *(reprimir)* unterdrücken; *(constreñir)* beengen

oprobiar [opro'βjar] *vt (vilipendiar)* verleumden; *(infamar)* schänden *(Ansehen oder Ruf)*

oprobio [o'proβjo] *m* Schande *f*

oprobioso, **-a** [opro'βjoso, -a] *adj* schändlich

optar [op'tar] *vi* ❶ *(escoger)* wählen (**por** +*akk*); *(decidirse)* sich entscheiden (**por** für +*akk*) ❷ *(aspirar)* (für sich) beanspruchen (**a** +*akk*); *(solicitar)* sich bewerben (**a** um +*akk*); ~ **a un cargo** ein Amt anstreben ❸ *(tener acceso)* Anspruch haben (**a** auf +*akk*)

optativo, **-a** [opta'tiβo, -a] *adj* fakultativ; (**asignatura**) **optativa** Wahl(pflicht)fach *nt*

óptica ['optika] *f* ❶ (FÍS) Optik *f* ❷ *(establecimiento)* Optikergeschäft *nt* ❸ *(punto de vista)* Sichtweise *f;* **bajo esta** ~ aus diesem Blickwinkel betrachtet

O

óptico, **-a** ['optiko, -a] **I.** *adj* optisch; **nervio** ~ Sehnerv *m* **II.** *m, f* Optiker(in) *m(f)*
optimar [opti'mar] *vt* optimieren
optimismo [opti'mismo] *m* Optimismus *m*
optimista [opti'mista] **I.** *adj* optimistisch **II.** *mf* Optimist(in) *m(f)*
optimización [optimiθa'θjon] *f* Optimierung *f*
optimizar [optimi'θar] <z → c> *vt* optimieren
óptimo[1] ['optimo] *m* Optimum *nt*
óptimo, **-a**[2] ['optimo, -a] **I.** *superl de* **bueno** **II.** *adj* optimal; *(excelente)* ausgezeichnet
opuesto, **-a** [o'pwesto, -a] **I.** *pp de* **oponer** **II.** *adj* ❶ *(enfrente)* gegenüberliegend; **al lado** ~ auf der Gegenseite; **en dirección opuesta** in der Gegenrichtung ❷ *(diverso)* gegenteilig; *(contrario)* gegensätzlich; *(enfrentado)* entgegengesetzt; **polo** ~ *(t. fig)* Gegenpol *m;* **el sexo** ~ das andere Geschlecht ❸ *(enemigo)* gegnerisch
opugnar [opuɣ'nar] *vt* sich widersetzen +*dat*, sich stemmen (gegen +*akk*)
opulencia [opu'leṇθja] *f* ❶ *(abundancia)* Überfluss *m; (exuberancia)* Üppigkeit *f* ❷ *(riqueza)* Reichtum *m*
opulento, **-a** [opu'leṇto, -a] *adj* ❶ *(abundante)* üppig; *(lujoso)* luxuriös ❷ *(rico)* sehr reich
opus ['opus] *m inv* (MÚS) Opus *nt*
opúsculo [o'puskulo] *m* Opuskulum *nt*
oquedad [oke'ðaᵈ] *f* ❶ *(concavidad)* Höhlung *f*, Vertiefung *f* ❷ *(abertura)* Öffnung *f* ❸ *(vacío)* Hohlraum *m*
ora ['ora] *conj (elev)* **~..., ~...** bald ..., bald ...
oración [ora'θjon] *f* ❶ (REL) Gebet *nt;* **decir una** ~ ein Gebet sprechen ❷ *(frase)* Satz *m; (discurso)* Rede *f;* ~ **coordinada** beigeordneter Satz; ~ **subordinada** Nebensatz *m*
oráculo [o'rakulo] *m* Orakel *nt*
orador(a) [ora'ðor(a)] *m(f)* Redner(in) *m(f); (portavoz)* Sprecher(in) *m(f)*
oraje [o'raxe] *m* (METEO) ❶ *(estado del tiempo)* Wetterlage *f* ❷ *(borrasca)* Unwetter *nt*
oral [o'ral] *adj* mündlich; **sexo** ~ Oralverkehr *m;* **vista** ~ (JUR) Verhör *nt;* **por vía** ~ (MED) zum Einnehmen
orangután [oraŋgu'tan] *m* Orang-Utan *m*
orar [o'rar] *vi (elev)* beten (**por** für +*akk*); *(rogar)* flehen (**por** um +*akk*)
oratoria [ora'torja] *f* ❶ *(retórica)* Redekunst *f* ❷ *(elocuencia)* Redegewandtheit *f*
oratorio[1] [ora'torjo] *m* (REL) Kapelle *f*
oratorio, **-a**[2] [ora'torjo, -a] *adj* rednerisch
orbe ['orβe] *m* ❶ *(círculo)* Kreis *m; (esfera)* Sphäre *f; (terráqueo)* Erdkugel *f* ❷ *(mundo)* Welt *f*
órbita ['orβita] *f* ❶ (ASTR, FÍS) Umlaufbahn *f;* ~ **planetaria** Planetenbahn *f;* ~ **terrestre** Erdumlaufbahn *f;* **poner en** ~ in eine Umlaufbahn bringen; **estar en** ~ *(fig)* auf dem Laufenden sein; **estar fuera de** ~ *(fig)* hinter dem Mond leben ❷ *(ámbito)* Bereich *m; (de influencia)* Einflussbereich *m* ❸ (ANAT) Augenhöhle *f;* **se me salían los ojos de las ~s** *(fig)* mir fielen fast die Augen aus dem Kopf
orbital [orβi'tal] *adj* ❶ (ASTR) orbital, Umlaufbahn-; **cohete** ~ Orbitalrakete *f* ❷ (ANAT, MED) orbital
orbitar [orβi'tar] **I.** *vi* (ASTR, TÉC) umlaufen **II.** *vt* (ASTR, TÉC) in eine Umlaufbahn bringen
orca ['orka] *f* Schwertwal *m*
órdago ['orðaɣo] *m* **de** ~ *(fam)* enorm
orden[1] ['orðen] <órdenes> *m* ❶ *(colocación, organización, t.* BIOL) Ordnung *f;* **en** ~ ordentlich; *(reglamentario)* ordnungsgemäß; **alterar el** ~ die Ordnung stören; **llamar al** ~ zur Ordnung rufen; **poner en** ~ in Ordnung bringen; **ser persona de** ~ ein ordentlicher Mensch sein; *(fig)* ein rechtschaffener Mensch sein; **sin** ~ **ni concierto** planlos ❷ *(sucesión)* Reihenfolge *f;* **en** [*o* **por**] **su** (**debido**) ~ wie es sich gehört; **por** ~ der Reihe nach; **por** ~ **de antigüedad** nach dem Dienstalter ❸ *(categoría)* Rang *m;* **de primer/segundo** ~ erst-/zweitrangig; **del** ~ **de** etwa ❹ (JUR) ~ **constitucional** Verfassung *f;* ~ **jurídico** Rechtsordnung *f* ❺ (ARQUIT) Säulenordnung *f* ❻ (REL) Weihe *f*
orden[2] ['orðen] <órdenes> *f* ❶ *(mandato)* Befehl *m; (disposición)* Verfügung *f; (ordenamiento)* Verordnung *f;* ~ **de arresto** Haftbefehl *m;* ~ **ministerial** Ministerialerlass *m;* ~ **de registro** Durchsuchungsbefehl *m;* **órdenes son órdenes** Befehl ist Befehl; **¡a la ~!** zu Befehl!; **contrario a las órdenes** befehlswidrig; **dar una** ~ einen Befehl erteilen; **cumplir una** ~ einen Befehl ausführen; **estar a las órdenes de alguien** unter jds Befehl stehen; **hasta nueva** ~ bis auf Widerruf; **tus deseos son órdenes para mí** *(irón)* dein Wunsch sei mir Befehl; **estar a la** ~ **del día** *(fig)* an der Tagesordnung sein ❷ (COM, FIN) Order *f;* ~ **de entrega** Lieferschein *m;* ~ **de giro** Überweisungsauftrag *m;* ~ **de pago** Zahlungsanweisung *f;* ~ **permanente** Dauerauftrag *m;* **por** ~ im Auftrag; **por** ~ **de** im Auftrag von ❸ (REL) Orden *m;* **entrar en una** ~ einem Orden beitreten

O

4 *(condecoración)* Orden *m* 5 (HIST) Orden *m;* ~ **de caballería** Ritterorden *m* 6 *pl* (REL: *sacramento*) Weihen *fpl;* **las órdenes mayores/menores** die höheren/niederen Weihen

ordenación [orðena'θjon] *f* 1 *(disposición)* (An)ordnung *f* 2 *(ordenanza)* Anordnung *f; (regulación)* Regelung *f;* ~ **jurídica** Rechtsordnung *f;* ~ **territorial** Raumordnung *f* 3 (REL) Priesterweihe *f*

ordenada [orðe'naða] *f* (MAT) Ordinate *f;* **eje de ~s** Ordinatenachse *f*

ordenado, -a [orðe'naðo, -a] **I.** *adj* 1 *estar (en orden)* geordnet, ordentlich 2 *estar (encaminado)* ausgerichtet (**a** auf *+akk*) 3 *ser (persona)* ordentlich **II.** *m, f* (REL) Ordinierte(r) *mf*

ordenador [orðena'ðor] *m* Computer *m;* ~ **de a bordo** (AUTO) Bordcomputer *m;* ~ **de escritorio** Desktop *m;* ~ **personal** PC *m;* ~ **portátil** Laptop *m,* Notebook *nt;* **asistido por ~** computergestützt

ordenamiento [orðena'mjento] *m (ordenación)* Anordnung *f; (regulación)* Regelung *f;* ~ **constitucional** Verfassung *f;* ~ **jurídico** Rechtsordnung *f*

ordenanza[1] [orðe'nanθa] *f* 1 *(ordenación)* Anordnung *f; (medida)* Verordnung *f* 2 *pl* (ADMIN, MIL) Dienstordnung *f*

ordenanza[2] [orðe'nanθa] *m* 1 (MIL) Ordonnanz *f* 2 *(botones)* Bote *m*

ordenar [orðe'nar] **I.** *vi* Ordnung schaffen; *(en casa)* aufräumen **II.** *vt* 1 *(arreglar)* ordnen; *(habitación, armario)* aufräumen; *(colocar)* anordnen; *(clasificar)* ordnen (**por** nach *+dat*) 2 *(mandar)* anordnen 3 (REL) ordinieren **III.** *vr:* **~se** (REL) die Priesterweihe empfangen

ordeñadora [orðeɲa'ðora] *f* Melkmaschine *f*

ordeñar [orðe'ɲar] *vt* melken

ordinal [orði'nal] **I.** *adj* Ordnungs-; **número ~** Ordnungszahl *f* **II.** *m* Ordnungszahl *f*

ordinariamente [orðinarja'mente] *adv* 1 *(por costumbre)* gewöhnlich, üblicherweise 2 *(con grosería)* ordinär

ordinariez [orðina'rjeθ] *f (vulgaridad)* Vulgarität *f*

ordinario, -a [orði'narjo, -a] *adj* 1 (*t.* JUR: *regular*) ordentlich 2 *(habitual)* gewöhnlich; **de ~** üblicherweise 3 *(grosero)* ordinär

orear [ore'ar] **I.** *vt* 1 *(airear)* lüften 2 *(secar)* (an der Luft) trocknen **II.** *vr:* **~se** *(fam)* frische Luft schnappen

orégano [o'reɣano] *m (especia)* Oregano *m; (planta)* Dost *m;* **todo el monte es ~** *(fig)* alles läuft wie am Schnürchen *fam*

oreja [o'rexa] *f* 1 (ANAT) Ohr *nt; (sentido)* Gehör *nt;* **aguzar las ~s** die Ohren spitzen; **con las ~s gachas** *(fig)* mit hängendem Kopf; **agachar las ~s** klein beigeben; **¡no agaches las ~s!** halt die Ohren steif!; **calentar las ~s a alguien** jdm eins hinter die Ohren geben; *(fig)* jdm die Ohren lang ziehen; **enseñar la ~** *(fig)* sein wahres Gesicht zeigen; **ver las ~s al lobo** *(fig)* in Teufelsküche geraten; **haber visto las ~s al lobo** nochmal mit einem blauen Auge davongekommen sein; **ser todo ~s** ganz Ohr sein 2 *(lateral)* Seitenteil *nt o m; (lengüeta)* Zunge *f; (del zapato)* Lasche *f;* **sillón de ~s** Ohrensessel *m*

orejera [ore'xera] *f* 1 *(en una gorra)* Ohrenklappe *f* 2 *pl (en una cinta)* Ohrenschützer *mpl*

orejero, -a [ore'xero, -a] *m, f (Chil: pey)* Petze *f*

orensano, -a [oren'sano, -a] **I.** *adj* aus Orense **II.** *m, f* Einwohner(in) *m(f)* von Orense

oreo [o'reo] *m* 1 *(ventilación)* Lüften *nt* 2 *(desecación)* Trocknung *f* an der Luft

orfanato [orfa'nato] *m* Waisenhaus *nt*

orfandad [orfan'da^ð] *f* 1 *(estado)* Verwaisung *f* 2 *(pensión)* Waisenrente *f*

orfebre [or'feβre] *mf* Kunstschmied(in) *m(f); (orífice)* Goldschmied(in) *m(f); (platero)* Silberschmied(in) *m(f)*

orfebrería [orfeβre'ria] *f* 1 *(obra)* Schmiedearbeit *f; (en oro)* Goldschmiedearbeit *f* 2 *(arte)* Schmiedekunst *f; (en oro)* Goldschmiedekunst *f*

orfelinato [orfeli'nato] *m* Waisenhaus *nt*

orfeón [orfe'on] *m* Gesangverein *m*

orgánico, -a [or'ɣaniko, -a] *adj* organisch; **Ley Orgánica del Estado** Grundgesetz *nt*

organigrama [orɣani'ɣrama] *m* Organigramm *nt;* ~ **del programa** (INFOR) Programmablaufplan *m*

organillo [orɣa'niʎo] *m* Drehorgel *f*

organismo [orɣa'nismo] *m* 1 (ANAT, BIOL) Organismus *m* 2 *(institución)* Einrichtung *f;* ~ **oficial** Behörde *f*

organista [orɣa'nista] *mf* Organist(in) *m(f)*

organización [orɣaniθa'θjon] *f* Organisation *f;* ~ **central** Dachverband *m;* ~ **no gubernamental** nichtstaatliche Organisation; **O~ del Tratado del Atlántico Norte** Nordatlantikpakt *m*

organizado, -a [orɣani'θaðo, -a] *adj* 1 *estar* organisiert 2 *ser* ordentlich

organizador(a) [orɣaniθa'ðor(a)] **I.** *adj* organisierend; *(organizativo)* organisatorisch; **comité ~** Organisationsausschuss *m* **II.** *m(f) (de un evento)* Veranstalter(in) *m(f);* ~ **de despacho** Bürobutler *m*

O

organizar [orɣani'θar] <z → c> **I.** *vt* ① *(preparar)* organisieren ② *(crear)* aufbauen ③ *(ordenar)* ordnen; *(estructurar)* gliedern ④ *(realizar)* durchführen; *(celebrar)* veranstalten **II.** *vr:* **~se** ① *(asociarse)* sich zusammenschließen ② *(surgir)* zustande kommen; **¡menuda se organizó!** da war der Teufel los!; **se organizó una pelea** es kam zur Schlägerei ③ *(estructurarse)* sich gliedern ④ *(ordenar)* haushalten (mit +*dat*); **~se el tiempo** sich *dat* die Zeit einteilen

organizativo, -a [orɣaniθa'tiβo, -a] *adj* organisatorisch

órgano ['orɣano] *m* ① (ANAT) Organ *nt;* **~s sexuales** Geschlechtsorgane *nt pl* ② (MÚS) Orgel *f;* **~ automático** Musikautomat *m;* **~ electrónico** E-Orgel *f* ③ *(organismo)* Behörde *f;* **~ administrativo** Verwaltungsorgan *nt;* **~ de gobierno** Regierungsstelle *f;* **~ judicial** Gerichtsbehörde *f*

orgasmo [or'ɣasmo] *m* Orgasmus *m*

orgía [or'xia] *f* Orgie *f; (crápula)* Trinkgelage *nt; (desenfreno)* Zügellosigkeit *f*

orgullo [or'ɣuʎo] *m* ① *(satisfacción)* Stolz *m* (**por/de** auf +*akk*); **~ profesional** Berufsehre *f;* **sentir ~ por alguien/algo** stolz auf jdn/etw sein; **tener el ~ de...** stolz darauf sein, zu ... ② *(soberbia)* Hochmut *m*

orgulloso, -a [orɣu'ʎoso, -a] *adj* ① *estar (satisfecho)* stolz (**con/de** auf +*akk*); **sentirse ~ de algo/alguien** stolz auf etw/jdn sein ② *ser* stolz; *(soberbio)* hochmütig

orientable [orjen̩'taβle] *adj* drehbar; *(ajustable)* verstellbar

orientación [orjen̩ta'θjon] *f* ① *(situación)* Orientierung *f* ② *(posición)* Ausrichtung *f* ③ *(ajuste)* Einstellung *f* ④ *(asesoramiento)* Beratung *f; (dirección)* Lenkung *f* ⑤ *(tendencia)* Tendenz *f;* **tu ~ política** deine politische Einstellung

orientador(a) [orjen̩ta'ðor(a)] *adj* orientierend, richtungsweisend

oriental [orjen̩'tal] **I.** *adj* ① *(del Este)* östlich; **Alemania O~** Ostdeutschland *nt* ② *(Oriente Medio/Próximo)* orientalisch; **alfombra ~** Orientteppich *m* ③ *(Extremo Oriente)* fernöstlich; *(asiático)* asiatisch **II.** *mf* ① *(Oriente Medio/Próximo)* Orientale, -in *m, f* ② *(Extremo Oriente)* Asiate, -in *m, f*

orientalismo [orjen̩ta'lismo] *m* ① *(estudio, disciplina)* Orientalistik *f* ② *(carácter oriental)* orientalische Wesensart *f*

orientalista [orjen̩ta'lista] *mf* Orientalist(in) *m(f)*

orientar [orjen̩'tar] **I.** *vt* ① *(dirigir)* ausrichten (**a/hacia** auf +*akk*); **orientado a la práctica** praxisorientiert ② *(ajustar)* einstellen ③ *(asesorar)* beraten; *(dirigir)* lenken **II.** *vr:* **~se** ① *(dirigirse)* sich ausrichten; *(fig)* sich orientieren; **~se bien** eine gute Orientierung haben; **se orientó muy bien en el trabajo** er/sie fand sich sehr gut in die Arbeit hinein ② *(tender)* tendieren (**a/hacia** zu +*dat*)

orientativo, -a [orjen̩ta'tiβo, -a] *adj* Orientierungs-; **programa ~** Orientierungsprogramm *nt*

oriente [o'rjen̩te] *m* ① (GEO) Osten *m; (países)* Orient *m;* **el O~ Próximo, el Cercano O~** der Nahe Osten; **el Extremo** [*o* **Lejano**] **O~** der Ferne Osten ② *(viento)* Ostwind *m*

orificio [ori'fiθjo] *m (agujero)* Loch *nt; (abertura)* Öffnung *f;* **~ de salida** Mündung *f*

origen [o'rixen] *m* ① *(principio)* Ursprung *m* ② *(causa)* Ursache *f;* **dar ~ a** [*o* **ser ~ de**] **algo** etw verursachen; **tener su ~ en algo** von etw *dat* herrühren ③ *(ascendencia)* Abstammung *f* ④ *(procedencia)* Herkunft *f;* **de ~ español** aus Spanien; **ser de ~ español** gebürtiger Spanier/gebürtige Spanierin sein

original [orixi'nal] **I.** *adj* ① *(auténtico)* original; **versión ~** Originalfassung *f* ② *(primigenio)* ursprünglich; *(natural)* urwüchsig; **el pecado ~** die Erbsünde ③ *(originario)* stammend (**de** aus +*dat*) ④ *(creativo)* originell ⑤ *(singular)* eigenartig **II.** *m* Original *nt;* **fiel al ~** originalgetreu

originalidad [orixinali'ða^{d}] *f* ① *(autenticidad)* Originalität *f* ② *(del origen)* Ursprünglichkeit *f; (carácter primigenio)* Urwüchsigkeit *f* ③ *(creatividad)* Originalität *f* ④ *(singularidad)* Eigentümlichkeit *f*

originalmente [orixinal'men̩te] *adv* ① *(por su principio)* ursprünglich ② *(con originalidad)* originell

originar [orixi'nar] **I.** *vt (causar)* verursachen; *(provocar)* hervorrufen **II.** *vr:* **~se** entspringen; *(surgir)* entstehen; *(proceder)* herrühren (**en** von +*dat*)

originariamente [orixinarja'men̩te] *adv* ursprünglich

originario, -a [orixi'narjo, -a] *adj* ① *(original)* ursprünglich; *(innato)* angeboren ② *(oriundo)* stammend (**de** aus +*dat*); **es ~ de Chile** er ist gebürtiger Chilene ③ *(de origen)* **país ~** Herkunftsland *nt*

orilla [o'riʎa] *f* ① *(borde)* Rand *m* ② *(ribera)* Ufer *nt;* **a ~s del Rhin** am Rhein(ufer); **~ de** *(fam)* bei ③ *pl (Am: arrabales)* Stadtrand *m*

orillar [ori'ʎar] *vt* ① *(tela)* säumen; *(ador-*

nar) verzieren ❷ *(resolver)* erledigen ❸ *(sortear)* umgehen

orín [o'rin] *m* ❶ *(pl) (orina)* Urin *m* ❷ *(óxido)* Rost *m;* **cubierto de ~** rostig

orina [o'rina] *f* <orines> Urin *m*

orinal [ori'nal] *m* Nachttopf *m; (de niño)* Töpfchen *nt*

orinar [ori'nar] **I.** *vi, vt* urinieren; **~ sangre** Blut im Urin haben; **ir a ~** *(fam)* aufs Klo gehen **II.** *vr:* **~se** unkontrolliert Harn lassen; **~se en la cama** das Bett nässen; **estoy orinándome** *(fam)* ich muss ganz schnell aufs Klo

oriundo, -a [o'rjuṇdo, -a] *adj* stammend (**de** aus +*dat*); **es ~ de México** er ist gebürtiger Mexikaner

orla ['orla] *f (de tela)* Borte *f;* **~ de luto** Trauerrand *m*

ornamentación [ornameṇta'θjon] *f* Verzierung *f*

ornamental *adj* ornamental, verzierend

ornamentar [ornameṇ'tar] *vt* verzieren

ornamento [orna'meṇto] *m* ❶ *(adorno)* Verzierung *f* ❷ *pl* (REL: *vestiduras*) Ornat *m*

ornar [or'nar] *vt* schmücken (**con/de** mit +*dat*), ornieren *geh*

ornato [or'nato] *m* Zier(de) *f*

ornitólogo, -a [orni'toloɣo, -a] *m, f* Ornithologe, -in *m, f; (criador)* Vogelzüchter(in) *m(f)*

ornitorrinco [ornito'rriŋko] *m* Schnabeltier *nt*

oro ['oro] *m* ❶ *(metal)* Gold *nt;* **~ de ley** Feingold *nt;* **bodas de ~** goldene Hochzeit; **bañado en ~** vergoldet; **de ~** golden; **color ~** goldfarben; **como los chorros del ~** *(fam)* wie geleckt; **guardar como ~ en paño** wie seinen Augapfel hüten; **pagar a peso de ~** mit Gold aufwiegen; **prometer a alguien el ~ y el moro** *(fam)* jdm das Blaue vom Himmel versprechen; **mi palabra es ~** auf mein Wort ist Verlass; **valer su peso en ~** nicht mit Gold aufzuwiegen sein; **no es ~ todo lo que reluce** *(prov)* es ist nicht alles Gold, was glänzt ❷ *(dinero)* Gold(geld) *nt;* **hacerse de ~** steinreich werden; **nadar en ~** im Geld schwimmen *fam*

orondo, -a [o'roṇdo, -a] *adj* ❶ *(recipiente)* (dick)bauchig ❷ *(gordo)* dickbäuchig ❸ *(engreído)* aufgeblasen

oropel [oro'pel] *m* ❶ *(latón)* Flittergold *nt* ❷ *(adorno, t. pey)* Flitter *m*

orquesta [or'kesta] *f* Orchester *nt*

orquestación [orkesta'θjon] *f* (MÚS) Orchestrierung *f*

orquestar [orkes'tar] *vt* ❶ (MÚS) orchestrieren ❷ *(pey: organizar)* inszenieren

orquestina [orkes'tina] *f (de baile)* Tanzorchester *nt*

orquídea [or'kiđea] *f* Orchidee *f*

ortiga [or'tiɣa] *f* Brennnessel *f*

orto ['orto] *m* ❶ (ASTR) Sonnenaufgang *m* ❷ *(CSur: vulg: culo)* Arsch *m; (ano)* Arschloch *nt*

ortodoncia [orto'đoṇθja] *f* Kieferorthopädie *f*

ortodoxia [orto'đoʸsja] *f* Orthodoxie *f;* (REL) Rechtgläubigkeit *f*

ortodoxo, -a [orto'đoʸso, -a] **I.** *adj* orthodox; **ser católico ~** ein strenger Katholik sein **II.** *m, f* Orthodoxe(r) *mf*

ortogonal [ortoɣo'nal] *adj* rechtwinklig

ortogonio [orto'ɣonjo] *m* (MAT) Rechteck *nt,* Orthogon *nt*

ortografía [ortoɣra'fia] *f* Rechtschreibung *f;* **falta de ~** Rechtschreibfehler *m*

ortográfico, -a [orto'ɣrafiko, -a] *adj* orthografisch; **reglas ortográficas** Rechtschreibung *f;* **reforma ortográfica** Rechtschreibreform *f*

ortopeda [orto'peđa] *mf* Orthopäde, -in *m, f*

ortopedia [orto'peđja] *f* Orthopädie *f*

ortopédico, -a [orto'peđiko, -a] **I.** *adj* orthopädisch; **pierna ortopédica** Beinprothese *f* **II.** *m, f* Orthopäde, -in *m, f*

ortopedista [ortope'đista] *mf* Orthopäde, -in *m, f*

oruga [o'ruɣa] *f* ❶ (ZOOL) Raupe *f* ❷ (TÉC) Raupenkette *f*

orujo [o'ruxo] *m* ❶ *(residuo)* Trester *mpl* ❷ *(aguardiente)* Trester(schnaps) *m*

orza ['orθa] *f* ❶ *(tinaja)* (großer) Tonkrug *m* ❷ (NÁUT: *quilla*) Schwert *nt;* **a ~** luvwärts; **ir de ~** (an)luven

orzuelo [or'θwelo] *m* Gerstenkorn *nt*

os [os] **I.** *pron pers (objeto)* euch **II.** *pron refl* **¿~ marcháis?** geht ihr?

osa ['osa] *f* Bärin *f;* **¡anda la ~!** ach, du liebe Zeit!; **la O~ Mayor/Menor** (ASTR) der Große/Kleine Bär [*o* Wagen]

osadía [osa'đia] *f* Kühnheit *f*

osado, -a [o'sađo, -a] *adj* kühn

osamenta [osa'meṇta] *f (esqueleto)* Gerippe *nt; (restos mortales)* Gebein *nt*

osar [o'sar] *vi* wagen; **¿cómo osas decir esto?** wie kannst du es nur wagen, das zu sagen?

osario [o'sarjo] *m* Ossarium *nt;* (ARTE) Karner *m*

oscense [os'θense] **I.** *adj* aus Huesca **II.** *mf* Einwohner(in) *m(f)* von Huesca

oscilación [osθila'θjon] *f (vaivén)* Schwingung *f; (variación)* Schwankung *f; (indecisión)* Unschlüssigkeit *f*

oscilante [osθi'lan̩te] *adj (indeciso)* unschlüssig
oscilar [osθi'lar] *vi (en vaivén)* schwingen; *(péndulo)* pendeln; *(variar)* schwanken
oscilatorio, -a [osθila'torjo, -a] *adj* schwingend
ósculo ['oskulo] *m (elev)* Kuss *m*
oscurantismo [oskuran̩'tismo] *m* Obskurantismus *m*
oscurecer [oskure'θer] *irr como crecer* **I.** *vimpers* dunkel werden **II.** *vt* ❶ *(privar de luz, t. fig)* verdunkeln ❷ *(confundir)* verwirren **III.** *vr:* **~se** ❶ *(volverse oscuro, t. fig)* sich verdunkeln ❷ *(debilitarse, t. fig)* verblassen **IV.** *m* Abenddämmerung *f;* **al ~** in der Abenddämmerung
oscurecimiento [oskureθi'mjen̩to] *m (t. fig)* Verdunk(e)lung *f; (anochecer)* Dunkelwerden *nt*
oscuridad [oskuri'ða^ð] *f* ❶ *(falta de luz)* Dunkelheit *f;* **en la ~** im Dunkeln ❷ *(falta de claridad)* Unklarheit *f;* **en la ~** im Unklaren
oscuro, -a [os'kuro, -a] *adj (t. fig)* dunkel; **azul ~** dunkelblau; **a oscuras** im Dunkeln; **de ~ origen** von zweifelhafter Herkunft
óseo, -a ['oseo, -a] *adj* knöchern; **restos ~s** Knochen *mpl*
osera [o'sera] *f* Bärenhöhle *f*
osezno, -a [o'seθno, -a] *m, f* Bärenjunge(s) *nt*
osmosis [os'mosis] *f inv,* **ósmosis** ['osmosis] *f inv* ❶ (QUÍM, BOT) Osmose *f* ❷ *(influencia)* Beeinflussung *f*
oso ['oso] *m* Bär *m;* **~ de peluche** Teddy(bär) *m;* **~ polar** Eisbär *m;* **~ hormiguero** Ameisenbär *m;* **~ panda** Pandabär *m;* **fuerte como un ~** bärenstark
ostensible [osten'siβle] *adj* offenkundig; **hacer ~** offenbaren
ostensivo, -a [osten'siβo, -a] *adj* ❶ *(manifiesto)* offensichtlich ❷ *(ostentoso)* ostentativ
ostentación [osten̩ta'θjon] *f* Zurschaustellen *nt; (jactancia)* Prahlerei *f;* **hacer ~ de algo** etw zur Schau stellen; *(jactarse)* mit etw *dat* prahlen
ostentador(a) [osten̩ta'ðor(a)] **I.** *adj* prahlerisch **II.** *m(f)* Prahler(in) *m(f)*
ostentar [osten̩'tar] *vt* ❶ *(mostrar)* zur Schau stellen; *(jactarse)* prahlen (mit +*dat*) ❷ *(poseer)* aufweisen; *(puesto, poder)* innehaben
ostentativo, -a [osten̩ta'tiβo, -a] *adj v.* **ostensivo**
ostentoso, -a [osten̩'toso, -a] *adj* ❶ *(jactancioso)* prahlerisch ❷ *(llamativo)* auffallend; *(provocativo)* ostentativ

O

osteopatía [osteopa'tia] *f* (MED) Osteopathie *f; (patología)* Knochenerkrankung *f*
ostra ['ostra] *f* Auster *f;* **aburrirse como una ~** sich zu Tode langweilen; **¡~s!** herrje!
ostracismo [ostra'θismo] *m (de la vida pública)* Ächtung *f; (exilio)* Verbannung *f;* **condenar al ~** *(fig)* ächten
osudo, -a [o'suðo, -a] *adj* knochig, mit vielen Knochen
otalgia [o'talxia] *f* Ohrenschmerzen *mpl*
OTAN [o'tan] *f abr de* **Organización del Tratado del Atlántico Norte** NATO *f*
otario, -a [o'tarjo, -a] **I.** *adj (CSur)* dumm **II.** *m, f (CSur)* Dummkopf *m*
otate [o'tate] *m (Méx)* Weidengerte *f*
otear [ote'ar] **I.** *vt (ver)* erspähen; *(escudriñar)* absuchen; *(observar)* beobachten **II.** *vi* spähen; *(desde un alto)* hinabspähen
otitis [o'titis] *f inv* Ohrenentzündung *f;* **~ media** Mittelohrentzündung *f*
otólogo, -a [o'toloɣo, -a] *m, f* Ohrenarzt, -ärztin *m, f*
otomana [oto'mana] *f* Ottomane *f*
otomano, -a [oto'mano, -a] **I.** *adj* osmanisch **II.** *m, f* Osmane, -in *m, f*
otoñada [oto'ɲaða] *f* ❶ *(otoño)* Herbstzeit *f* ❷ *(cosecha)* Herbsternte *f;* **con estas lluvias tendremos buena ~** mit diesem Regen werden wir im Herbst eine gute Ernte haben
otoñal [oto'ɲal] *adj* ❶ *(lugar, tiempo)* herbstlich ❷ *(persona)* älter; **un amor ~** eine späte Liebe
otoño [o'toɲo] *m (estación)* Herbst *m;* **a fin(al)es de ~** im Spätherbst; **el ~ (de la vida)** der Herbst des Lebens
otorgamiento [otorɣa'mjen̩to] *m* ❶ (JUR) Verleihung *f; (concesión)* Erteilung *f; (de documento)* Ausstellung *f; (de contrato)* Abschluss *m; (de licencia)* Vergabe *f;* **~ de poder** Vollmachterteilung *f* ❷ *(consentimiento)* Bewilligung *f*
otorgante [otor'ɣan̩te] *mf* Verleiher(in) *m(f); (de poder)* Vollmachtgeber(in) *m(f); (de un documento, cheque)* Aussteller(in) *m(f); (ante un notario)* Beurkundende(r) *f(m)*
otorgar [otor'ɣar] <g → gu> *vt* ❶ *(conferir)* verleihen; *(conceder)* erteilen; *(ayudas)* gewähren; *(expedir)* ausstellen; **~ licencia** eine Lizenz vergeben; **~ un plazo** eine Frist einräumen; **~ poderes** eine Vollmacht erteilen ❷ *(acceder)* bewilligen; **~ su consentimiento** seine Zustimmung geben
otorrino, -a [oto'rrino, -a] *m, f (fam)* Hals-Nasen-Ohren-Arzt, -Ärztin *m, f*
otorrinolaringólogo, -a [otorrinolariŋ-

'goloyo, -a] *m, f* Hals-Nasen-Ohren-Arzt, -Ärztin *m, f*
otramente [otra'mente] *adv* andernfalls
otro, -a ['otro, -a] *adj o pron indef* ❶ *(distinto)* ein anderer, eine andere; **~s** andere; **el ~/la otra/lo ~** der/die/das andere; **otra persona, ~** jemand anders; **ninguna otra persona, ningún ~** kein anderer; **~ tanto** noch einmal so viel; **al ~ día** am Tag darauf; **el ~ día** neulich; **en otra ocasión** ein anderes Mal; **en ~ sitio** woanders; **de un sitio a ~** hin und her; **la otra semana** vorige Woche; **otra cosa** etwas anderes; **¡otra vez será!** ein anderes Mal!; **eso ya es otra cosa** das ist schon besser; **otra vez** noch (ein)mal; **no ~ que** kein anderer als; **esa es otra** *(cosa distinta)* das ist noch einmal etwas anderes; *(irón: aún peor)* das ist ja noch schöner!; **¡a otra cosa mariposa!** Schluss jetzt!; **¡hasta otra (vez)!** bis zum nächsten Mal! ❷ *(uno más)* noch eine(r, s); **otras tres personas** noch drei (weitere) Personen; **¡otra, otra!** Zugabe!; **es ~ Mozart** er ist ein zweiter Mozart
otrora [o'trora] *adv* damals, ehemals
otrosí [otro'si] **I.** *adv* überdies; (*t.* JUR) ferner; **~ digo** ich beantrage ferner **II.** *m* (JUR) weiterer (Klage)antrag *m*
output ['autput] *m* Ausgabe *f;* (ECON) Output *m o nt*
outsider [aut'saiđer] *m* Outsider *m*
ovación [oβa'θjon] *f* Beifall *m;* **dar una ~** Beifall spenden; **recibir una ~** Beifall ernten
ovacionar [oβaθjo'nar] *vt* Beifall spenden *+dat*
ovado, -a [o'βađo, -a] *adj* ❶ *(aves)* befruchtet ❷ *(de forma oval)* eiförmig, oval
oval [o'βal], **ovalado, -a** [oβa'lađo, -a] *adj* oval
ovalar [oβa'lar] *vt* oval machen
óvalo ['oβalo] *m (forma)* Oval *nt*
ovar [o'βar] *vi* Eier legen
ovario [o'βarjo] *m* (ANAT) Eierstock *m*
oveja [o'βexa] *f* Schaf *nt;* **cada ~ con su pareja** *(prov)* Gleich und Gleich gesellt sich gern
ovejero, -a [oβe'xero, -a] **I.** *adj* Hirten-, Schäfer-; **perro ~** Schäferhund *m* **II.** *m, f* ❶ *(ganadero)* Schäfer(in) *m(f); (pastor)* Schafhirt(in) *m(f)* ❷ *(Am: perro)* Schäferhund *m*
overol [oβe'rol] *m (Am)* Overall *m*
ovetense [oβe'tense] **I.** *adj* aus Oviedo **II.** *m* Einwohner(in) *m(f)* von Oviedo
oviducto [oβi'đukto] *m* Eileiter *m*
ovillar [oβi'ʎar] **I.** *vt* zu einem Knäuel wickeln; *(enrollar)* aufwickeln **II.** *vr:* **~se** sich zusammenrollen
ovillo [o'βiʎo] *m* Knäuel *m o nt; (fig)* Wirrwarr *m;* **hacerse un ~** *(enredarse)* sich verwickeln; *(encogerse)* sich zusammenrollen; *(al hablar)* sich verhaspeln
ovino, -a [o'βino, -a] **I.** *adj* Schaf-; **ganado ~** Schafe *ntpl* **II.** *m, f* Schaf *nt*
ovíparo, -a [o'βiparo, -a] *adj* Eier legend
ovni ['oβni] *m* UFO *nt*
ovoide [o'βoiđe] **I.** *adj* eiförmig **II.** *m* ❶ (MAT) Ovoid *nt* ❷ *(Am: pelota)* Rugbyball *m*
ovulación [oβula'θjon] *f* Eisprung *m*
ovular [oβu'lar] *vi* einen Eisprung haben
óvulo ['oβulo] *m* (ANAT) Eizelle *f*
oxidable [oᵞsi'đaβle] *adj (metal)* leicht rostend
oxidación [oᵞsiđa'θjon] *f* ❶ (QUÍM) Oxidation *f* ❷ *(metal)* (Ver)rosten *nt*
oxidante [oᵞsi'đante] **I.** *adj* (QUÍM) oxidierend **II.** *m* Oxidationsmittel *nt*
oxidar [oᵞsi'đar] **I.** *vt* ❶ (QUÍM) oxidieren ❷ *(metal)* rosten lassen; **un hierro oxidado** ein Stück rostiges Eisen **II.** *vr:* **~se** ❶ *(metal)* rosten; *(mente)* verkalken; **~se de no moverse** einrosten ❷ (QUÍM) oxidieren
óxido ['oᵞsiđo] *m* ❶ (QUÍM) Oxid *nt* ❷ *(orín)* Rost *m*
oxigenación [oᵞsixena'θjon] *f* Versetzung *f* mit Sauerstoff
oxigenar [oᵞsixe'nar] **I.** *vt* ❶ *(cabello)* mit Wasserstoffperoxid blondieren; (**rubio**) **oxigenado** wasserstoffblond ❷ (QUÍM) mit Sauerstoff versetzen; **agua oxigenada** Wasserstoffperoxid *nt* **II.** *vr:* **~se** *(fam)* frische Luft schnappen
oxígeno [oᵞ'sixeno] *m* Sauerstoff *m*
oyente [o'ɟente] *mf* Zuhörer(in) *m(f);* (RADIO) Hörer(in) *m(f);* (**libre**) **~** (UNIV) Gasthörer(in) *m(f)*
ozono [o'θono] *m* Ozon *nt;* **el agujero en la capa de ~** das Ozonloch
ozonosfera [oθonos'fera] *f* Ozonschicht *f;* (METEO) Ozonosphäre *f*

O

Pp

P, p [pe] *f* P, p *nt;* ~ **de París** P wie Paula

pabellón [paβe'ʎon] *m* ① *(tienda)* Zelt *nt* ② *(bandera)* Flagge *f* ③ (ARQUIT) Pavillon *m* ④ (ANAT: *de la oreja*) Ohrmuschel *f*

pábulo ['paβulo] *m* Nahrung *f; (fig)* Nährboden *m;* **dar ~ a rumores** Gerüchte hervorrufen

pacana [pa'kana] *f* (BOT) Pekannussbaum *m*

pacato, -a [pa'kato, -a] *adj* ① *(mojigato)* bigott ② *(apacible)* ruhig, friedfertig ③ *(tímido)* furchtsam

pacense [pa'θense] **I.** *adj* ① aus Badajoz ② aus Beja **II.** *mf* ① Einwohner(in) *m(f)* von Badajoz ② Einwohner(in) *m(f)* von Beja

pacer [pa'θer] *irr como crecer* **I.** *vi* grasen **II.** *vt* abgrasen

pachá [pa'ʧa] *m* Pascha *m;* **vivir como un ~** leben wie Gott in Frankreich

pachaco, -a [pa'ʧako, -a] *adj* ① *(AmC: aplastado)* zerquetscht, zusammengedrückt ② *(CRi: inútil, enclenque)* mickerig *fam abw*

pachamama [paʧa'mana] *f (And: Madre Tierra)* Mutter *f* Erde *(indianische Göttin)*

pachanga [pa'ʧaŋga] *f* ① *(danza) kubanischer Tanz* ② *(Am: fam: fiesta)* Fest *nt* ③ (DEP) *Fußball/Korbball mit nur einem Tor/einem Korb*

pachanguero, -a [paʧaŋ'gero, -a] *adj* **una fiesta pachanguera** ein lautes Fest

pacho, -a ['paʧo, -a] *adj* ① *(indolente)* träge, phlegmatisch ② *(Nic: flaco)* mager

pachocha [pa'ʧoʧa] *f* ① (GASTR) *eine Art Gazpacho mit Brot, Essig, Öl und Salz* ② *(pachorra)* Trägheit *f*

pachorra [pa'ʧorra] *f (fam)* Trägheit *f*

pachucho, -a [pa'ʧuʧo, -a] *adj* ① *(fam: persona)* schlapp ② *(fruta)* überreif

pachulí [paʧu'li] *m* (BOT) Patschulipflanze *f*

paciencia [pa'θjeṇθja] *f (espera)* Geduld *f;* **se me acabó la ~** meine Geduld ist am Ende

paciente [pa'θjeṇte] **I.** *adj* geduldig; **ser ~ con alguien** mit jdm viel Geduld haben **II.** *mf* Patient(in) *m(f);* **~ dependiente** Pflegefall *m*

pacienzudo, -a [paθjeṇ'θuðo, -a] *adj* sehr geduldig

pacificación [paθifika'θjon] *f (establecer paz)* Befriedung *f; (reconciliación)* Aussöhnung *f*

pacificador(a) [paθifika'ðor(a)] **I.** *adj* Frieden stiftend **II.** *m(f)* Frieden(s)stifter(in) *m(f)*

pacíficamente [paθifika'meṇte] *adv* friedlich; **resolver un desacuerdo ~** eine Unstimmigkeit auf friedlichem Wege lösen

pacificar [paθifi'kar] <c → qu> **I.** *vi* den Frieden wiederherstellen **II.** *vt (apaciguar)* befrieden; *(reconciliar)* aussöhnen **III.** *vr:* **~se** sich beruhigen; *(viento)* nachlassen

pacífico, -a [pa'θifiko, -a] *adj* ① *(de ánimo tranquilo)* friedfertig; **carácter ~** Friedfertigkeit *f* ② *(en estado tranquilo)* ruhig ③ (GEO) pazifisch; **el océano P~** der Pazifische Ozean

Pacífico [pa'θifiko] *m* Pazifik *m*

pacifismo [paθi'fismo] *m* Pazifismus *m*

pacifista [paθi'fista] **I.** *adj* pazifistisch **II.** *mf* Pazifist(in) *m(f)*

paco, -a ['pako, -a] *adj (Am)* rötlich

pacotilla [pako'tiʎa] *f* ① *(calidad inferior)* Schund *m;* **tienda de ~s** Kramladen *m;* **de ~** *(mercancía)* minderwertig; *(restaurante)* zweitklassig; **ser de ~** nichts wert sein; **hacer su ~** zu Geld kommen ② *(Am: chusma)* Gesindel *nt*

pacotillero, -a [pakoti'ʎero, -a] **I.** *adj* Kram-; **tienda pacotillera** Kramladen *m* **II.** *m, f* ① *(negociante sedentario)* Ramschverkäufer(in) *m(f)* ② *(Am: negociante que viaja)* Hausierer(in) *m(f)*

pactable [pak'taβle] *adj* vereinbar; **no ser ~** unvereinbar sein

pactar [pak'tar] **I.** *vi* sich fügen; **¡hay que ~ para sobrevivir!** im Leben muss man Kompromisse machen! **II.** *vt* einen Pakt schließen

pactista [pak'tista] **I.** *adj* kompromissbereit **II.** *mf* Paktierer(in) *m(f)*

pacto ['pakto] *m* Pakt *m; (contrato)* Vertrag *m;* **~ de estabilidad y crecimiento (económicos)** Stabilitäts- und Wachstumspakt *m*

padecer [paðe'θer] *irr como crecer* **I.** *vi* leiden **II.** *vt* ① *(sufrir)* leiden (unter +*dat*); *(enfermedad)* leiden (an +*dat*); **~ un error** einem Irrtum unterliegen ② *(soportar)* ertragen

padecimiento [paðeθi'mjeṇto] *m* ① *(sufrimiento)* Leiden *nt* ② *(enfermedad)* Krankheit *f*

padrastro [pa'ðrastro] *m* ① *(marido de madre)* Stiefvater *m* ② *(mal padre)* Rabenvater *m*

padrazo [pa'ðraθo] *m* **es un ~** *(fam)* er ist ein toller Vater

padre ['paðre] **I.** *m* ① *(t.* REL) Vater *m;* **~ espiritual** Seelsorger *m;* **¡tu ~!** *(fam)* verdammt noch mal!; **tal ~, tal hijo** *(prov)* der Apfel fällt nicht weit vom Stamm ② *pl (antepasados)* Vorfahren *mpl;* **dormir con sus ~s** tot sein ③ *pl (padre y madre)* Eltern *pl* **II.** *adj (fam)* riesengroß; **un escándalo ~** ein Riesenskandal; **recibir una paliza de ~ y muy señor mío** windelweich geprügelt werden

padrenuestro [paðre'nwestro] *m* Vaterunser *nt*

padrinazgo [paðri'naθɣo] *m* ① *(título)* Patenschaft *f* ② *(protección)* Schutz *m*

padrino [pa'ðrino] *m (de bautizo)* (Tauf)pate *m;* **~ (de boda)** Trauzeuge *m;* **tener buenos ~s** *(fig)* gute Beziehungen haben

padrón [pa'ðron] *m* ① *(nómina)* Einwohnerverzeichnis *nt* ② *(irón: infamia)* Schandfleck *m* ③ *(Am: caballo)* Zuchthengst *m*

padrote [pa'ðrote] *m (AmC, Méx)* ① *(equino)* Deckhengst *m; (bovino)* Zuchtbulle *m* ② *(fam: alcahuete)* Zuhälter *m*

paella [pa'eʎa] *f* ① *(comida)* Paella *f* ② *(utensilio)* Paellapfanne *f*

paellera [pae'ʎera] *f (utensilio)* Paellapfanne *f*

pág. ['paxina] *abr de* **página** S.

paga ['paɣa] *f* ① *(sueldo)* Lohn *m* ② *(acto)* Zahlung *f*

pagable [pa'ɣaβle] *adj* zahlbar

pagadero, -a [paɣa'ðero, -a] *adj* ① *(a pagar)* fällig ② *(pagable)* zahlbar

pagado, -a [pa'ɣaðo, -a] *adj* bezahlt; *(en aduana)* verzollt; **~ de sí mismo** selbstgefällig; **portes ~s** portofrei

pagador(a) [paɣa'ðor(a)] *m(f)* ① *(que paga)* Zahler(in) *m(f)* ② *(cajero)* Kassenführer(in) *m(f)*

paganismo [paɣa'nismo] *m sin pl* Heidentum *nt*

pagano, -a [pa'ɣano, -a] **I.** *adj* heidnisch **II.** *m, f* ① *(infiel)* Heide, -in *m, f* ② *(fam: pagador)* Zahler(in) *m(f);* **hacer de ~** immer für die anderen zahlen

pagar [pa'ɣar] <g → gu> **I.** *vt* ① *(gastos, a alguien)* bezahlen; *(sueldo que se debe)* auszahlen; *(una deuda)* begleichen; **~ un anticipo** eine Anzahlung leisten; **una cuenta sin ~** eine unbezahlte Rechnung; **~ una deuda a plazos** eine Schuld abzahlen; **ahora tiene que ~ el pato** *(fig)* jetzt muss er/sie es ausbaden ② *(expiar)* büßen; **~ una condena** eine Strafe verbüßen; **¡me las ~ás!** das wirst du mir büßen! ③ *(recompensar)* vergelten; *(una visita)* erwidern; **¡Dios se lo pague!** vergelt's Gott! **II.** *vr:* **~se** ① *(aficionarse)* eingenommen sein (**de/con** von +*dat*); *(presumir)* angeben (**de** mit +*dat*) ② *(contentarse)* sich abspeisen lassen (**de/con** mit +*dat*)

pagaré [paɣa're] *m* Schuldschein *m*

página ['paxina] *f* ① *(hoja)* Seite *f;* **~ principal, ~ inicial** (INFOR) Homepage *f;* **~ web** (INFOR) Webseite *f;* **pasar la ~ (adelante)** (vor)blättern ② *(episodio)* Kapitel *nt*

paginación [paxina'θjon] *f* Seitennummerierung *f*

paginar [paxi'nar] *vt* mit Seitenzahlen versehen

pago ['paɣo] *m* ① *(reintegro)* Zahlung *f;* **~ adicional** Nachzahlung *f;* **~ extraordinario** Zuschlag *m;* **~ inicial** Anzahlung *f;* **~ a plazos** Ratenzahlung *f;* **día de ~** Zahltag *m;* **anticipar el ~** vorauszahlen; **sujeto a ~** zahlungspflichtig ② *(salario)* Lohn *m;* **~ anticipado** Vorschuss *m;* **~ por hora** Stundenlohn *m;* **~ por incapacidad** Krankengeld *nt* ③ *(fig: recompensa)* Vergeltung *f;* **¿este es el ~ que me das?** so dankst du es mir? ④ *(heredad)* Gut *nt* ⑤ *(Arg, Perú: de nacimiento)* Heimatort *m*

pagoda [pa'ɣoða] *f* Pagode *f*

paila ['pai̯la] *f (Am: sartén)* Pfanne *f*

pailón[1] [pai̯'lon] *m (Bol, Ecua:* GEO) runde Niederung *f*

pailón, -ona[2] [pai̯'lon, -ona] *adj (Chil)* ① *(larguirucho)* schlaksig, hoch aufgeschossen ② *(fam: orejudo)* mit großen Ohren ③ *(torpe)* ungeschickt

paipai [pai̯'pai̯] *m* Fächer *m*

país [pa'is] *m* (GEO, POL) Land *nt;* **~ comunitario** EU-Land *nt;* **~ industrializado** Industrienation *f;* **~ limítrofe** Nachbarland *nt;* **~ miembro de la UEME** EWWU-Teilnehmerland *nt;* **País Vasco** Baskenland *nt;* **~ en vías de desarrollo** Entwicklungsland *nt;* **~ en vías de industrialización** Schwellenland *nt*

paisa ['pai̯sa] *m (Am) v.* **paisano**

paisaje [pai̯'saxe] *m* Landschaft *f*

paisajismo [pai̯sa'xismo] *m* (ARTE) Landschaftsmalerei *f*

paisajista [pai̯sa'xista] *mf* Landschaftsmaler(in) *m(f)*

paisajístico, -a [pai̯sa'xistiko, -a] *adj* Landschafts-

paisano, -a [pai̯'sano, -a] *m, f* ① *(no militar)* Zivilist(in) *m(f);* **ir de ~** in Zivil gehen ② *(compatriota)* Landsmann, -männin *m, f* ③ *(campesino)* Bauer, Bäuerin *m, f*

Países Bajos [pa'ises 'βaxos] *mpl* Niederlande *pl*

paja ['paxa] *f* Stroh *nt; (pajilla)* Strohhalm *m;* **cama de ~** Streu *f;* **apartar el**

P

grano de la ~ *(t. fig)* die Spreu vom Weizen trennen; **no pesar una ~** völlig unbedeutend sein; **no dormirse en las ~s** *(fig)* keine Gelegenheit versäumen; **hacerse una ~** *(vulg)* sich *dat* einen runterholen

pajar [pa'xar] *m* Scheune *f;* **buscar una aguja en un ~** *(fig)* eine Stecknadel im Heuhaufen suchen

pájara ['paxara] *f* ❶ *(ave)* kleiner Vogel *m* ❷ *(cometa)* Drachen *m* ❸ *(pey: mujer)* gerissenes Frauenzimmer *nt* ❹ *(loc)* **me entró la ~** auf einmal fühlte ich mich hundeelend

pajarera [paxa'rera] *f* Voliere *f*

pajarería [paxare'ria] *f* ❶ *(multitud de pájaros)* Vogelschwarm *m* ❷ *(comercio)* Tierhandlung *f*

pajarero, -a [paxa'rero, -a] **I.** *adj* ❶ *(de pájaros)* Vogel-; **redes pajareras** Vogelnetze *ntpl* ❷ *(persona)* lustig ❸ *(telas)* bunt(scheckig) ❹ *(Am: caballos)* leicht scheuend **II.** *m, f (cazador de pájaros)* Vogelfänger(in) *m(f); (criador de pájaros)* Vogelzüchter(in) *m(f); (vendedor de pájaros)* Vogelhändler(in) *m(f)*

pajarita [paxa'rita] *f (corbata)* Fliege *f*

pájaro ['paxaro] *m* Vogel *m;* **~ bobo** (Riesen)pinguin *m;* **~ carpintero** Specht *m;* **~ mosca** Kolibri *m;* **~ de cuenta** *(fig fam)* schräger Vogel; **~ gordo** *(fig)* hohes Tier; **tener la cabeza llena de ~s** ein Luftikus sein; **voló el ~** *(fig fam)* der Vogel ist ausgeflogen; **más vale ~ en mano que ciento volando** *(prov)* besser einen Spatz in der Hand als eine Taube auf dem Dach

P

pajarón, -ona [paxa'ron, -ona] *adj (Arg, Chil: fam)* zerstreut, unaufmerksam

pajarraco [paxa'rrako] *m (fam: pillo)* Gauner(in) *m(f)*

paje ['paxe] *m (criado)* Page *m*

pajear [paxe'ar] *vi* ❶ *(caballos)* viel Stroh fressen ❷ *(fam: portarse)* sich betragen, sich benehmen; **cada uno tiene su forma de ~** jeder benimmt sich auf seine Art

pajero [pa'xero] *m (CSur: vulg)* Wichser *m*

pajita [pa'xita] *f* Strohhalm *m*

pajizo, -a [pa'xiθo, -a] *adj* ❶ *(con/de paja)* Stroh- ❷ *(color)* strohgelb ❸ *(cabello)* strohig

pajolero, -a [paxo'lero, -a] *adj (fam)* verflixt

pajuela [pa'xwela] *f* ❶ *(para encender)* Schwefelfaden *m* ❷ *(Bol: cerilla)* Zündholz *nt* ❸ *(Bol, Col: mondadientes)* Zahnstocher *m*

Pakistán [pakis'tan] *m* Pakistan *nt*

pakistaní [pakista'ni] **I.** *adj* pakistanisch **II.** *mf* Pakistaner(in) *m(f)*

pala ['pala] *f* ❶ *(para cavar)* Schaufel *f; (cuadrada)* Spaten *m;* **~ mecánica** Löffelbagger *m; (Am)* Bulldozer *m* ❷ *(del timón)* Ruderblatt *nt* ❸ *(raqueta)* Schläger *m; (bate)* Schlagholz *nt* ❹ *(del calzado)* Oberleder *nt*

palabra [pa'laβra] *f* Wort *nt;* **~ clave** Codewort *nt;* (*t.* INFOR) Passwort *nt; (en una conversación)* Stichwort *nt;* **~s cruzadas** Kreuzworträtsel *nt;* **~ extranjera** Fremdwort *nt;* **~s insultantes** Schmähworte *ntpl;* **~ de matrimonio** Eheversprechen *nt;* **~s mayores** Schimpfwörter *ntpl;* **~ técnica** Fachausdruck *m;* **libertad de ~** Redefreiheit *f;* **bajo ~** auf Ehrenwort; **buenas ~s** leere Worte; **de ~** *(oral)* mündlich; *(que cumple sus promesas)* zuverlässig; **de pocas ~s** wortkarg; **ahorrar ~s** nicht viele Worte machen; **aprender las ~s** Vokabeln lernen; **beber las ~s a alguien** jdm ganz aufmerksam zuhören; **coger a alguien la ~** jdn beim Wort nehmen; **cumplir la ~** sein Wort halten; **faltar a la ~** sein Wort nicht halten; **dejar a alguien con la ~ en la boca** jdn nicht ausreden lassen; **hablar a medias ~s** nur Andeutungen machen; **llevar la ~** das Wort führen; **medir las ~s** seine Worte genau abwägen; **no entender ~** kein Wort verstehen; **quitar a alguien la ~ de la boca** jdm das Wort aus dem Munde nehmen; **tener el don de ~** wortgewandt sein; **voy a ponerle dos ~s** ich will ihm/ihr ein paar Zeilen schreiben

palabreja [pala'βrexa] *f* Zungenbrecher *m*

palabreo [pala'βreo] *m* leeres Gerede *nt;* **¡déjate de tanto ~!** hör auf mit diesem Geschwätz!

palabrería [palaβre'ria] *f* leeres Gerede *nt*

palabrero, -a [pala'βrero, -a] **I.** *adj* schwatzhaft, geschwätzig **II.** *m, f* Schwätzer(in) *m(f)*

palabro [pa'laβro] *m (fam)* ❶ *(palabra rara)* komisches, merkwürdiges Wort ❷ *(palabra mal dicha)* falsches Wort ❸ *(palabrota)* Schimpfwort *nt*

palabrota [pala'βrota] *f* Schimpfwort *nt*

palaciego, -a [pala'θjeɣo, -a] **I.** *adj* höfisch, Hof- **II.** *m, f* Höfling, Hofdame *m, f*

palacio [pa'laθjo] *m* Palast *m;* **P~ de las Cortes** Parlamentsgebäude *nt;* **P~ de Justicia** Gerichtsgebäude *nt;* **~ municipal** Rathaus *nt*

palada [pa'laða] *f* ❶ *(de la pala)* **una ~** eine Schaufel voll ❷ *(de remo)* Ruderschlag *m*

paladar [pala'ðar] *m* Gaumen *m;* **~ blando** Gaumensegel *nt;* **tener buen ~** ein Feinschmecker sein

paladear [palaðe'ar] *vt* ❶ *(degustar)*

schmecken ❷ *(saborear)* auskosten; ~ **un dulce** eine Süßigkeit im Munde zergehen lassen

paladín [pala'ðin] *m* ❶ *(caballero valeroso)* Ritter *m* ❷ *(defensor)* Paladin *m*

paladino, -a [pala'ðino, -a] *adj* offenkundig, öffentlich; **en lenguaje** ~ klar und deutlich gesprochen

palanca [pa'laŋka] *f* ❶ *(barra)* Hebel *m; (palanqueta)* Brechstange *f;* (AUTO) ~ **de cambio/freno/embrague** Schalt-/Brems-/Kupplungshebel *m;* ~ **de mando** (AERO) Steuerknüppel *m;* (INFOR) Joystick *m* ❷ *(influencia)* Einfluss *m;* **tener mucha** ~ sehr einflussreich sein ❸ *(en las piscinas)* Sprungbrett *nt*

palangana [palaŋ'gana] *f* *(jofaina)* (Wasch)becken *nt*

palanganear [palaŋgane'ar] *vi (Am: fam)* angeben, prahlen

palanqueta [palaŋ'keta] *f* Brecheisen *nt*

Palaos [pa'laos] *m* Palau *nt*

palatal [pala'tal] *adj* Gaumen-

Palatinado [palati'naðo] *m* Pfalz *f*

palatino, -a [pala'tino, -a] **I.** *adj* ❶ (ANAT) Gaumen-; **hueso** ~ Gaumenbein *nt* ❷ *(del palacio)* höfisch; **vida palatina** Hofleben *nt* ❸ *(del Palatinado)* pfälzisch; **conde** ~ Pfalzgraf *m* **II.** *m, f (habitante)* Pfälzer(in) *m(f)*

palco ['palko] *m (Am)* Tribüne *f;* (TEAT) Loge *f*

palear [pale'ar] *vt* schaufeln

palenque [pa'leŋke] *m* ❶ *(estacada)* Umzäunung *f* ❷ *(palestra)* Kampfplatz *m*

palentino, -a [palen̪'tino, -a] **I.** *adj* aus Palencia **II.** *m, f* Einwohner(in) *m(f)* von Palencia

paleografía [paleoɣra'fia] *f sin pl* Paläografie *f*

paleolítico[1] [paleo'litiko] *m sin pl* Paläolithikum *nt*

paleolítico, -a[2] [paleo'litiko, -a] *adj* paläolithisch

paleontología [paleon̪tolo'xia] *f sin pl* Paläontologie *f*

paleontólogo, -a [paleon̪'toloɣo, -a] *m, f* Paläontologe, -in *m, f*

palestino, -a [pales'tino, -a] **I.** *adj* palästinensisch **II.** *m, f* Palästinenser(in) *m(f)*

palestra [pa'lestra] *f* ❶ (HIST) Palästra *f,* Kampfplatz *m* ❷ *(competición)* Kampf *m* ❸ *(loc)* **salir** [*o* **saltar**] **a la** ~ auf das Parkett treten; **saltó a la ~ por un escándalo** er/sie trat wegen eines Skandals in das Rampenlicht der Öffentlichkeit

palet [pa'let] *m* Palette *f*

paleta [pa'leta] *f* ❶ *(pala)* kleine Schaufel *f; (del albañil)* Maurerkelle *f* ❷ *(del pintor)* Palette *f* ❸ *(de turbinas)* Schaufel *f* ❹ *(omóplato)* Schulterblatt *nt*

paletada [pale'taða] *f* **una ~ de yeso** eine Kelle voll Gips

paletilla [pale'tiʎa] *f (omóplato)* Schulterblatt *nt*

paleto[1] [pa'leto] *m* Damhirsch *m*

paleto, -a[2] [pa'leto, -a] **I.** *adj* provinziell **II.** *m, f* Provinzler(in) *m(f) fam*

paliar [pa'ljar] <*1. pres* palío, palio> *vt* ❶ *(delito)* vertuschen ❷ *(enfermedad)* lindern ❸ *(restar importancia)* verharmlosen

paliativo[1] [palja'tiβo] *m* Schmerzmittel *nt*

paliativo, -a[2] [palja'tiβo, -a] *adj* (MED) (schmerz)lindernd; **remedio** ~ Schmerzmittel *nt*

paliatorio, -a [palja'torjo, -a] *adj* beschönigend

palidecer [paliðe'θer] *vi irr como crecer* ❶ *(persona)* erblassen ❷ *(cosa)* verblassen

palidez [pali'ðeθ] *f* Blässe *f*

pálido, -a ['paliðo, -a] *adj* blass; *(luz)* fahl; *(estilo)* ausdruckslos

paliducho, -a [pali'ðutʃo, -a] *adj (fam)* blässlich

palillero [pali'ʎero] *m* ❶ *(para palillos de dientes)* Zahnstocherbehälter *m* ❷ *(portaplumas)* Federhalter *m*

palillo [pa'liʎo] *m* ❶ *(palo)* Stöckchen *nt;* **tener las piernas como ~s** Storchenbeine haben ❷ *(para los dientes)* Zahnstocher *m* ❸ *(para el tambor)* Trommelschlägel *m;* **tocar todos los ~s** *(fig)* alle Hebel in Bewegung setzen

palio ['paljo] *m (baldaquín)* Baldachin *m;* **recibir a alguien bajo** ~ *(fig)* jdn besonders freudig empfangen

palique [pa'like] *m (fam)* Geplauder *nt;* **estar de ~ con alguien** ein Schwätzchen mit jdm halten

palisandro [pali'san̪dro] *m* Palisanderholz *nt*

paliza [pa'liθa] *f (zurra)* (Tracht *f*) Prügel *mpl; (esfuerzo)* Anstrengung *f;* **dar una buena** ~ eine ordentliche Tracht Prügel verpassen; **les dieron una buena ~ en el partido** sie wurden beim Spiel ganz schön abgefertigt; **¡qué ~ me he pegado subiendo la montaña!** war das vielleicht anstrengend, den Berg zu besteigen!; **¡no me des la ~!** geh mir nicht auf die Nerven!

palma ['palma] *f* ❶ *(palmera)* Palme *f; (hoja de palmera)* Palm(en)blatt *nt* ❷ *(triunfo)* Sieg *m;* **llevarse la** ~ den Sieg davontragen ❸ (ANAT) Handfläche *f;* **conozco el barrio como la ~ de mi mano** ich kenne das Viertel wie meine Westentasche; **llevar a alguien en ~s** jdn auf Händen tragen ❹ *pl (ruido)* Händeklat-

P

schen *nt; (aplauso)* Beifall *m;* **tocar las ~s** in die Hände klatschen; *(aplaudir)* Beifall klatschen

palmada [pal'maða] *f* ❶ *(golpe)* Schlag *m* ❷ *pl (ruido)* Händeklatschen *nt;* **~s de aplauso** Beifallklatschen *nt;* **dar ~s** in die Hände klatschen

palmar [pal'mar] **I.** *m* Palmenwald *m;* **ser más viejo que un ~** uralt sein **II.** *vi (fam)* **~la** sterben

palmarés [palma'res] *m* (DEP) Siegerliste *f*

palmario, -a [pal'marjo, -a] *adj* offenkundig; **la diferencia es palmaria** der Unterschied liegt auf der Hand

palmear [palme'ar] *vi (aplaudir)* klatschen

palmense [pal'mense] **I.** *adj* aus Las Palmas de Gran Canaria **II.** *mf* Einwohner(in) *m(f)* von Las Palmas de Gran Canaria

palmera [pal'mera] *f* Palme *f*

palmeral [palme'ral] *m* Palmenwald *m*

palmero, -a [pal'mero, -a] **I.** *adj* aus Santa Cruz de la Palma **II.** *m, f* Einwohner(in) *m(f)* von Santa Cruz de la Palma

palmípedo, -a [pal'mipeðo, -a] *adj (ave)* mit Schwimmhäuten

palmito [pal'mito] *m* ❶ *(palma)* Zwergpalme *f; (tallo blanco, comestible)* Palmherz *nt* ❷ *(fam: cara bonita)* hübsches Gesicht *nt;* **esta mujer tiene buen ~** diese Frau hat ein hübsches Gesicht

palmo ['palmo] *m* Handbreit *f;* **~ a ~** Schritt für Schritt; **conocer una ciudad ~ a ~** jeden Winkel einer Stadt kennen; **dejar a alguien con un ~ de narices** *(fam)* jdm eine lange Nase machen; **con un ~ de la lengua fuera** *(fam)* ächzend

palmotear [palmote'ar] *vi* klatschen

palmoteo [palmo'teo] *m (aplauso)* Beifallklatschen *nt*

palo ['palo] *m* ❶ *(bastón)* Stock *m; (vara)* Stab *m; (garrote)* Knüppel *m; (estaca)* Pfahl *m;* (NÁUT) Mast *m;* **~ de agua** *(Am)* Regenguss *m;* **~ de la escoba** Besenstiel *m;* **~ de hockey** Hockeyschläger *m;* **~ de mando** (AERO, NÁUT) Steuerknüppel *m;* **~ de la portería** Torpfosten *m;* **~ de tienda** Zeltstange *f;* **ser un ~** *(Am: fig)* eine wichtige Persönlichkeit sein; **cada ~ aguanta su vela** *(prov)* jeder muss für seine (eigenen) Taten geradestehen ❷ *(madera)* Holz *nt;* **de tal ~, tal astilla** *(prov)* der Apfel fällt nicht weit vom Stamm ❸ *(paliza)* Schlag *m;* **andar a ~s** verkracht sein; **dar ~s de ciego** blind um sich schlagen; *(fig)* unüberlegt handeln; **dar un ~ a alguien** jdn fertigmachen; **echar a alguien a ~s** jdn gewaltsam rausschmeißen; **liarse a ~s con alguien** sich mit jdm schlagen; **moler a alguien a ~s** jdn windelweich prügeln

paloma [pa'loma] *f (ave)* Taube *f;* **~ mensajera** Brieftaube *f;* **ser una ~ sin hiel** *(fig)* keiner Fliege etwas antun können

palomar [palo'mar] *m* Taubenschlag *m*

palomilla [palo'miʎa] *f* ❶ *(mariposa nocturna)* Motte *f* ❷ *(tornillo)* Flügelmutter *f*

palomita [palo'mita] *f (de maíz)* Popcorn *nt*

palomo [pa'lomo] *m* Täuberich *m*

palote [pa'lote] *m* ❶ *(palillo)* (kurzer) Stock *m* ❷ *(ejercicio)* Schreibübung *f*

paloteo [palo'teo] *m* Streit *m,* Schlägerei *f*

palpable [pal'paβle] *adj* ❶ *(tangible)* ertastbar ❷ *(evidente)* klar, einleuchtend

palpación [palpa'θjon] *f* (MED) Abtasten *nt*

palpar [pal'par] *vt* ❶ *(tocar)* abtasten; *(fam: magrear)* betatschen ❷ *(percibir)* spüren; **se palpaba el entusiasmo** die Begeisterung war deutlich spürbar

palpitación [palpita'θjon] *f* ❶ *(estremecimiento)* Zuckung *f* ❷ *(del pulso)* Pulsschlag *m; (del corazón)* Herzschlag *m; (por estar excitado)* Herzklopfen *nt*

palpitante [palpi'tan̩te] *adj* ❶ *(corazón)* klopfend ❷ *(fig: emocionante)* ergreifend; *(interés)* brennend; **un problema de ~ actualidad** ein akutes Problem

palpitar [palpi'tar] *vi* ❶ *(contraerse)* zucken; *(corazón, pulso)* schlagen ❷ *(manifestarse)* **en sus palabras palpita la dulzura** aus seinen/ihren Worten spricht die Zärtlichkeit

pálpito ['palpito] *m* Vorahnung *f*

palta ['pal̩ta] *f (AmS)* Avocado *f*

paludismo [palu'ðismo] *m* (MED) Malaria *f*

palurdo, -a [pa'lurðo, -a] **I.** *adj* ungeschliffen **II.** *m, f* Tölpel *m*

pamela [pa'mela] *f* Strohhut *m*

pamema [pa'mema] *f (fam)* ❶ *(tontería)* Unsinn *m* ❷ *(melindre)* Zimperlichkeit *f*

pampa ['pampa] *f (CSur)* Pampa *f*

pámpano ['pampano] *m (vástago)* Ranke *f; (hoja)* Weinblatt *nt;* **echar ~s** sich ranken

pampero, -a [pam'pero, -a] **I.** *adj* aus der Pampa **II.** *m, f* Pampabewohner(in) *m(f)*

pamplina [pam'plina] *f (fam: pamema)* Unsinn *m*

pamplinada [pampli'naða] *f,* **pamplinería** [pampline'ria] *f* dummes Zeug *nt,* Unsinn *m*

pamplonés, -esa [pamplo'nes, -esa] **I.** *adj* aus Pamplona **II.** *m, f* Einwohner(in) *m(f)* von Pamplona

pamplonica [pamplo'nika] *adj o mf (fam) v.* **pamplonés**

P

pan [pan] *m* ① *(alimento, t. fig)* Brot *nt;* ~ **de azúcar** Zuckerhut *m;* ~ **candeal** Weizenbrot *nt;* ~ **integral** Vollkornbrot *nt;* ~ **árabe** Fladenbrot *nt;* ~ **de molde** Toastbrot *nt;* ~ **con mantequilla** Butterbrot *nt;* ~ **de molde** Kastenbrot *nt;* ~ **de munición** Kommissbrot *nt;* ~ **negro de Westfalia** Pumpernickel *m;* ~ **rallado** Paniermehl *nt,* Semmelbrösel *mpl;* **estar a ~ y agua** bei Wasser und Brot sitzen; **¡el ~ de cada día!** *(fig)* immer die gleiche Leier!; **este año hay mucho ~** dieses Jahr fällt die Ernte gut aus; (**llamar**) **al ~, ~ y al vino, vino** die Dinge beim Namen nennen; **comer el ~ de alguien** *(fig)* jdm auf der Tasche liegen; **comer ~ con corteza** *(fig: ser independiente)* selb(st)ständig sein; *(recuperar la salud)* wieder gesund sein; **con su ~ se lo coma** er/sie muss selbst wissen, was er/sie tut; **no cocérsele a alguien el ~** sehr ungeduldig sein; **ser ~ comido** kinderleicht sein; **ser más bueno que el ~, ser un pedazo de ~** herzensgut sein ② *(pieza)* **un ~ de jabón** ein Stück Seife ③ *(laminilla)* Plättchen *nt*

pana ['pana] *f (tejido)* Kord(samt) *m*

panacea [pana'θea] *f* Allheilmittel *nt*

panadera [pana'ðera] *f v.* **panadero**

panadería [panaðe'ria] *f* Bäckerei *f*

panadero, -a [pana'ðero, -a] *m, f* Bäcker(in) *m(f)*

panal [pa'nal] *m* Wabe *f*

Panamá [pana'ma] *m* Panama *nt*

panameño, -a [pana'meɲo, -a] **I.** *adj* aus Panama **II.** *m, f* Panamaer(in) *m(f)*

panarra [pa'narra] *m* ① *(fam pey: simple, tonto)* Einfaltspinsel *m* ② *(murciélago)* Fledermaus *f*

pan bimbo® [pan 'βimβo] *m* Toastbrot *nt*

pancarta [paŋ'karta] *f* Plakat *nt*

panceta [pan̪'θeta] *f* (GASTR) *durchwachsenes Schweinespeckstück*

pancho, -a ['pantʃo, -a] *adj (tranquilo)* ruhig

páncreas ['paŋkreas] *m inv* Bauchspeicheldrüse *f*

pancreático, -a [paŋkre'atiko, -a] *adj* (ANAT) Bauchspeicheldrüsen-; **jugos ~s** Bauchspeichel *m*

panda[1] ['pan̪da] *m* (ZOOL) Panda *m*

panda[2] ['pan̪da] *f v.* **pandilla**

pandemia [pan̪'demja] *f* (MED) Pandemie *f,* epidemische Erkrankungswelle *f*

pandemónium [pan̪de'monjun] *m* Pandämonium *nt; (fig fam) lauter, tumultuöser Schauplatz*

pandereta [pan̪de'reta] *f,* **pandero** [pan̪'dero] *m* (MÚS) Tamburin *nt*

pandilla [pan̪'diʎa] *f* Bande *f; (de amigos)* Clique *f;* ~ **de ladrones** Verbrecherbande *f*

pando, -a ['pan̪do, -a] *adj* ① *(curvado)* krumm, gebogen ② *(casi llano)* fast eben ③ *(poco profundo)* seicht ④ *(pausado)* träge

pandorguear [pan̪dorɣe'ar] *vt (Col)* böse Streiche spielen (**a** + *dat*)

panecillo [pane'θiʎo] *m* Brötchen *nt*

panegírico[1] [pane'xiriko] *m* Lobrede *f*

panegírico, -a[2] [pane'xiriko, -a] *adj* rühmend

panegirizar [panexiri'θar] <z → c> *vt* eine Lobrede halten (**a** auf + *akk*)

panel [pa'nel] *m* ① *(carpintería)* Paneel *nt* ② (TÉC) Tafel *f;* ~ **información** Anzeigetafel *f;* ~ **de control** Steuerpult *nt* ③ *(encuesta)* Panel *nt* ④ *(que discute en público)* Diskussionsrunde *f*

panera [pa'nera] *f* ① *(para trigo)* Getreidekammer *f* ② *(cesto)* Brotkorb *m*

pánfilo, -a ['paɱfilo, -a] *adj* ① *(fácil de engañar)* gutgläubig ② *(lento)* schwerfällig

panfleto [paɱ'fleto] *m* Pamphlet *nt*

pangolín [paŋgo'lin] *m* (ZOOL) Schuppentier *nt*

paniaguado, -a [panja'ɣwaðo, -a] *m, f* ① *(criado)* Hausangestellte(r) *f(m) (der/die zusätzlich zum Lohn freie Kost und Logis hat)* ② *(favorecido)* Günstling *m*

pánico[1] ['paniko] *m* Panik *f;* **entrar en ~** in Panik geraten; **tener ~ a algo** panische Angst vor etw *dat* haben

pánico, -a[2] ['paniko, -a] *adj* panisch

panizo [pa'niθo] *m* (BOT) Hirse *f*

panocha [pa'notʃa] *f,* **panoja** [pa'noxa] *f* ① *(de maíz)* Maiskolben *m* ② *(espiga)* Ähre *f; (racimo)* Rispe *f*

panoli [pa'noli] **I.** *adj (fam)* einfältig **II.** *mf (fam)* Simpel *m*

panoplia [pa'noplja] *f* ① *(armadura completa)* (vollständige) Ausrüstung *f* eines Kriegers ② *(colección de armas)* Waffensammlung *f* ③ *(en arqueología)* Waffenkunde *f*

panorama [pano'rama] *m* Panorama *nt; (fig)* Überblick *m;* **el ~ de cráteres en la luna** die Kraterlandschaft auf dem Mond

panorámica [pano'ramika] *f* (Aus)blick *m;* (CINE, FOTO, TV) Gesamtaufnahme *f*

panorámico, -a [pano'ramiko, -a] *adj* Panorama-; **vista panorámica** Rundblick *m*

panqué [paŋ'ke] *m (Cuba, Méx),* **panqueque** [paŋ'keke] *m (AmS:* GASTR) Pfannkuchen *m*

pantagruélico, -a [pan̪ta'ɣrweliko, -a] *adj (comidas)* üppig; **banquete ~** Festmahl *nt*

pantalla [pan̪'taʎa] *f* ① *(de la lámpara)* Lampenschirm *m* ② *(protección)* Abschir-

P

mung *f;* ~ **antirruido** Lärmschutzwand *f;* **servirse de alguien como** ~ hinter jds Rücken Schutz suchen; **servir de** ~ *(testaferro)* als Strohmann fungieren ③ (INFOR, TV) Bildschirm *m;* ~ **completa** Gesamtanzeige *f;* ~ **de bienvenida** Startbildschirm *m,* Splash-Screen *m;* ~ **táctil** Touchscreen *m;* ~ **de cristal líquido** Flüssigkristallanzeige *f;* ~ **cromática** Farbbildschirm *m* ④ (CINE) Leinwand *f;* ~ **panorámica** Breitwand *f;* **estrella de la** ~ Filmstar *m;* **pequeña** ~ *(fam)* Fernsehen *nt*

pantalón [pan̪ta'lon] *m* Hose *f;* ~ **bombacho** Knickerbocker *pl;* ~ **de pinzas** Bundfaltenhose *f;* ~ **pitillo** Röhrenhose *f;* ~ **de campana** Schlaghose *f;* ~ **tejano** [*o* **vaquero**] Jeans(hose) *f;* **llevar los pantalones** *(fig)* die Hosen anhaben

pantanal [pan̪ta'nal] *m* Sumpfgebiet *nt*

pantano [pan̪'tano] *m* ① *(laguna, t. fig)* Sumpf *m* ② *(embalse)* Stausee *m*

pantanoso, -a [pan̪ta'noso, -a] *adj* sumpfig

panteísmo [pan̪te'ismo] *m* (REL, FILOS) Pantheismus *m*

panteón [pan̪te'on] *m* ① (HIST) Pantheon *nt* ② *(sepultura)* Grabstätte *f;* ~ **de familia** Familiengrab *nt* ③ *(Am: cementerio)* Friedhof *m*

pantera [pan̪'tera] *f* (ZOOL) Panther *m*

panti(s) ['pan̪tis] *m(pl) (fam)* Strumpfhose *f*

pantimedia(s) [pan̪ti'meðja(s)] *f(pl) (Méx)* Strumpfhose *f*

P

pantomima [pan̪to'mima] *f* Pantomime *f*

pantomímico, -a [pan̪to'mimiko, -a] *adj* pantomimisch

pantomimo [pan̪to'mimo] *m* Pantomime *m*

pantorrilla [pan̪to'rriʎa] *f* Wade *f*

pantufla [pan̪'tufla] *f,* **pantuflo** [pan̪'tuflo] *m* Pantoffel *m*

panty ['pan̪ti] *m v.* **panti(s)**

panza ['pan̪θa] *f* ① *(barriga, de un recipiente)* Bauch *m;* **llenarse la** ~ sich *dat* den Wanst vollschlagen *fam* ② (ZOOL) Pansen *m*

panzada [pan̪'θaða] *f* ① *(golpe)* Stoß *m* mit dem Bauch ② *(hartazgo)* Übersättigung *f;* **darse una** ~ sich *dat* den Bauch vollschlagen

pañal [pa'ɲal] *m* Windel *f;* **dejar en ~es a alguien** *(fig)* jdn weit hinter sich *dat* lassen; **estar aún en ~es** *(fig)* noch in den Kinderschuhen stecken; **sacar a alguien de ~es** *(fig fam)* jdn aus dem Elend erretten; **en física estoy en ~es** von Physik habe ich keine Ahnung

pañería [paɲe'ria] *f (comercio)* Tuchhandel *m; (tienda)* Tuchhandlung *f*

paño ['paɲo] *m* ① *(tejido)* Stoff *m; (ancho de una tela)* Stoffbahn *f;* ~ **asargado** Tweed *m;* ~ **tirolés** Loden *m;* **¡conozco el ~!** *(fig)* ich weiß Bescheid!; **hay ~ que cortar** *(fig)* es ist genug von allem da ② *(trapo, prenda)* Tuch *nt;* ~ **de cocina** Küchenhandtuch *nt;* **~s menores** Unterwäsche *f;* **aplicar ~s calientes** heiße Umschläge machen; **¡no me vengas con ~s calientes!** *(fig)* komm mir nicht mit nutzlosen Ratschlägen!; **ser el ~ de lágrimas de alguien** *(fig)* jds Tröster sein ③ *(compresa)* Binde *f;* ~ **higiénico** Damenbinde *f* ④ *(mancha)* Leberfleck *m*

pañoleta [paɲo'leta] *f* Halstuch *nt*

pañuelo [pa'ɲwelo] *m* ① *(moquero)* Taschentuch *nt;* **el mundo es un** ~ die Welt ist ein Dorf ② *(pañoleta)* Halstuch *nt; (de cabeza)* Kopftuch *nt*

papa¹ ['papa] *m* Papst *m*

papa² ['papa] *f* ① *(reg, Am: patata)* Kartoffel *f;* **no entender ni** ~ überhaupt nichts verstehen; **~s arrugadas** runzelige Kartoffeln *(typisches kanarisches Kartoffelgericht)* ② *(fam) v.* **paparrucha** ③ *pl (comida)* Brei *m*

papá [pa'pa] *m (fam)* ① *(padre)* Papa *m;* **P~ Noel** Weihnachtsmann *m* ② *pl* **los ~s** die Eltern

papada [pa'paða] *f (de la persona)* Doppelkinn *nt; (del animal)* Wamme *f*

papado [pa'paðo] *m* Papsttum *nt*

papagayo [papa'ɣaʝo] *m* ① *(loro)* Papagei *m* ② *(hablador)* Schwätzer *m;* **hablar como un** ~ unaufhörlich quasseln ③ *(pez)* Papageifisch *m*

papal [pa'pal] **I.** *adj* päpstlich **II.** *m (Am)* Kartoffelfeld *nt*

papamoscas [papa'moskas] *m inv* ① (ZOOL) Fliegenschnäpper *m* ② *(fam: papanatas)* Trottel *m*

papamóvil [papa'moβil] *m* Papstmobil *nt*

papanatas [papa'natas] *m inv (fam)* Trottel *m*

papar [pa'par] *vt* essen *(ohne zu kauen);* ~ **moscas** *(fam)* Maulaffen feilhalten; **¡pápate esa!** *(fam)* schreib dir das hinter die Ohren!

paparrucha [papa'rrutʃa] *f,* **paparruchada** [paparru'tʃaða] *f (fam)* ① *(noticia falsa)* Falschmeldung *f; (patraña)* Schwindel *m* ② *(obra sin valor)* Schund *m;* **ese libro es una** ~ dieses Buch ist der reinste Schund

papaya [pa'paʝa] *f (fruta)* Papaya *f*

papayo [pa'paʝo] *m* Papaya *f,* Melonenbaum *m*

papear [pape'ar] *vi* lallen

papel [pa'pel] *m* ① *(para escribir, material)* Papier *nt; (escritura)* Schriftstück *nt;* ~ **de barba** Büttenpapier *nt;* ~ **de calcar** Pauspapier *nt;* ~ **cebolla** Durchschlagpapier *nt;* ~ **continuo** Endlospapier *nt;* ~ **de envolver** Einschlagpapier *nt;* ~ **de estraza** Packpapier *nt;* ~ **de fumar** Zigarettenpapier *nt;* ~ **higiénico** Toilettenpapier *nt;* ~ **de hilo** Leinenpapier *nt;* ~ **de lija** Schmirgelpapier *nt;* ~ **maché** Pappmaché *nt;* ~ **mojado** *(fig)* wertloses Schriftstück; ~ **moneda** Papiergeld *nt;* ~ **de música** Notenpapier *nt;* ~ **pautado** Linienpapier *nt;* ~ **pintado** Tapete *f;* ~ **de plata/aluminio** Aluminiumfolie *f;* ~ **de horno/hornear** Küchenpapier *nt;* ~ **reciclado** Umweltschutzpapier *nt;* ~ **secante** Löschpapier *nt;* ~ **de tornasol** Lackmuspapier *nt;* **tus palabras fueron** ~ **mojado** deine Worte waren nichts als leere Versprechungen; **ponerse más blanco que el** ~ kreideweiß werden ② *(rol)* Rolle *f;* ~ **protagónico** Hauptrolle *f;* ~ **secundario** Nebenrolle *f;* **hacer su** ~ sich bewähren; **hacer un** ~ **ridículo** sich lächerlich aufführen; **hacer buen/mal** ~ beeindruckend/lächerlich wirken; **hacer el** ~ **de malo en la película** im Film den Bösen spielen; **repartir los** ~**es** die Rollen besetzen ③ *pl (documentos)* Dokumente *ntpl; (de identidad)* (Ausweis)papiere *ntpl;* ~**es bursátiles** Börsenwertpapiere *ntpl*

papeleo [pape'leo] *m (trámites)* Papierkram *m fam;* ~ **burocrático** Papierkrieg *m fam abw*

papelera [pape'lera] *f* ① *(cesto)* Papierkorb *m* ② *(fábrica)* Papierfabrik *f* ③ *(mueble)* Aktenschrank *m*

papelería [papele'ria] *f* Schreibwarengeschäft *nt*

papelero, -a [pape'lero, -a] **I.** *adj* Papier- **II.** *m, f (vendedor)* Schreibwarenhändler(in) *m(f)*

papeleta [pape'leta] *f (cédula)* Zettel *m; (en el examen)* ausgeloste Prüfungsfrage *f;* ~ **del monte de piedad** Pfandschein *m;* ~ **de propaganda** Flugblatt *nt;* ~ **de voto** Stimmzettel *m;* **menuda** ~ **le ha tocado** er steht vor einer ganz schön schwierigen Aufgabe

papelillo [pape'liʎo] *m* ① *(en la farmacia)* (Pulver)päckchen *nt* ② *(cigarrillo)* selbst gedrehte Zigarette *f* ③ *(confeti)* Konfetti *nt* ④ *(PRico: papillote)* Lockenwickler *m*

papelón [pape'lon] *m* ① *(pey: papel inútil)* Wisch *m fam* ② *(fam: actuación)* Blamage *f;* **¡qué ~!** wie peinlich!; **hacer un** ~ sich blamieren ③ *(cartón)* dünner Karton *m*

papelote [pape'lote] *m,* **papelucho** [pa-pe'lutʃo] *m* ① *(pey: inútil)* Wisch *m fam* ② *(reciclable)* Altpapier *nt*

papeo [pa'peo] *m (fam)* Essen *nt*

papera [pa'pera] *f* ① *(bocio)* Kropf *m* ② *pl (enfermedad)* Mumps *m*

papi ['papi] *m (fam)* Papi *m*

papichulo [papi'tʃulo] *m (Bol, Méx, Par, PRico, RDom: fam)* heißer Typ, Sahneschnitte *f fig*

papila [pa'pila] *f* (ANAT) Papille *f*

papilla [pa'piʎa] *f* Brei *m;* **dar** ~ **a alguien** *(fig)* jdm etwas vormachen; **echar la primera** ~ sich heftig übergeben; **hacer** ~ **a alguien** *(fig)* jdn fertigmachen; **estar hecho** ~ *(fig)* völlig fertig sein

papillote [papi'ʎote] *m* Lockenwickler *m;* **a la** ~ (GASTR) *mit Butter und Öl zum Grillen in Papier eingewickelt*

papiro [pa'piro] *m* Papyrus *m*

papiroflexia [papiro'fleʸsja] *f* Origami *nt*

papista [pa'pista] **I.** *adj* papistisch *abw;* **ser más** ~ **que el papa** päpstlicher sein als der Papst **II.** *mf* Papist(in) *m(f) abw*

papo ['papo] *m* ① *(buche)* Kropf *m* ② *(papada)* Wamme *f*

Papúa Nueva Guinea [pa'pua 'nweβa gi'nea] *f* Papua-Neuguinea *nt*

paquebote [pake'βote] *m* Passagierschiff *nt;* (HIST) Paketboot *nt*

paquete[1] [pa'kete] *m* ① *(t. fig: atado)* Paket *nt;* **meter un** ~ **a alguien** *(reprender)* jdn zusammenstauchen; *(castigar)* jdn bestrafen ② *(fam: hombre)* **ayer ibas hecho un** ~ gestern warst du aber herausgeputzt

paquete, -a[2] [pa'kete, -a] *adj (Arg)* schick

paquete bomba [pa'kete 'βomba] *m* <paquetes bomba> Briefbombe *f*

paquetería [pakete'ria] *f* ① *(paquete)* Paketgut *nt* ② *(Arg: vanidad)* Eitelkeit *f*

paquidermo [paki'ðermo] **I.** *adj* (ZOOL) dickhäutig **II.** *m* (ZOOL) Dickhäuter *m*

paquistaní [pakista'ni] *adj o mf v.* **pakistaní**

par [par] **I.** *adj* ① *(número)* gerade ② *(igual)* gleich; **a la** ~ gleichzeitig; **esta película entretiene a la** ~ **que instruye** dieser Film ist unterhaltsam und bildend zugleich; **abrir una ventana de** ~ **en** ~ ein Fenster sperrangelweit öffnen; **sin** ~ unvergleichlich **II.** *m* ① *(dos cosas)* Paar *nt;* **un** ~ **de zapatos** ein Paar Schuhe; **un** ~ **de pantalones/de tijeras** eine Hose/eine Schere ② *(algunos)* **un** ~ **de minutos** ein paar Minuten

para ['para] **I.** *prep* ① *(destino)* für +*akk;* **asilo** ~ **ancianos** Altenheim *nt;* **un regalo**

~ **el niño** ein Geschenk für das Kind ❷ *(finalidad)* für +*akk*, zu +*dat;* **gafas ~ bucear** Taucherbrille *f;* **servir ~ algo** zu etw *dat* nützlich sein; **las frutas son buenas ~ guardar la línea** Obst ist gut für die schlanke Linie; **¿~ qué es esto?** wozu ist das gut? ❸ *(dirección)* nach +*dat;* **voy ~ Madrid** ich fahre nach Madrid; **mira ~ acá** schau hierher ❹ *(duración)* für +*akk; (plazo)* an +*dat;* ~ **siempre** für immer; **con esto tenemos ~ rato** damit kommen wir eine Zeit lang aus; **vendrá ~ Navidad/finales de marzo** er/sie kommt zu Weihnachten/gegen Ende März; **estará listo ~ el viernes** am Freitag ist es fertig; **diez minutos ~ las once** *(Am)* zehn (Minuten) vor elf ❺ *(contraposición)* für +*akk;* **es muy activo ~ la edad que tiene** für sein Alter ist er noch sehr aktiv ❻ *(trato)* ~ (**con**) zu +*dat;* **es muy amable ~ con nosotros** er/sie ist sehr freundlich zu uns ❼ *(loc)* **estar ~...** *(disposición)* bereit sein zu ...; *(a punto de)* im Begriff sein, zu ...; **no estoy ~ bromas** ich bin nicht zu Späßen aufgelegt; **está ~ llover** es fängt gleich an zu regnen; **está ~ llegar** er/sie muss jeden Augenblick hier sein; **quiere estar ~ sí** er/sie möchte allein sein; **~ mí, esto no es lo mismo** das ist meiner Ansicht nach nicht dasselbe; **~ mí que va a llover** ich glaube, dass es gleich regnet **II.** *conj* ❶ +*inf* um ... zu; **he venido ~ darte las gracias** ich bin gekommen, um dir zu danken ❷ +*subj* damit; **te mando al colegio ~ que aprendas algo** ich schicke dich zur Schule, damit du etwas lernst

P

para(p)sicología [para(β)sikolo'xia] *f* Parapsychologie *f*

para(p)sicólogo, **-a** [para(β)si'koloɣo, -a] *m, f* Parapsychologe, -in *m, f*

parabién [para'βjen] *m* Glückwunsch *m;* **dar el ~ a alguien** jdn beglückwünschen

parábola [pa'raβola] *f* ❶ *(alegoría)* Gleichnis *nt* ❷ (MAT) Parabel *f*

parabólica [para'βolika] *f* Parabolantenne *f*

parabólico, **-a** [para'βoliko, -a] *adj* ❶ *(alegórico)* gleichnishaft; **expresarse en sentido ~** in Gleichnissen reden ❷ (MAT) parabolisch ❸ (TÉC) Parabol-

parabrisas [para'βrisas] *m inv* Windschutzscheibe *f*

paracaídas [paraka'iðas] *m inv* Fallschirm *m*

paracaidismo [parakai̯'ðismo] *m sin pl* Fallschirmspringen *nt*

paracaidista [parakai̯'ðista] *mf* (DEP) Fallschirmspringer(in) *m(f);* (MIL) Fallschirmjäger(in) *m(f)*

parachoques [para'ʧokes] *m inv* Stoßstange *f*

parada [pa'raða] *f* ❶ *(de un autobús/tranvía)* Haltestelle; ~ **de taxis** Taxistand *m* ❷ *(acción de parar)* Anhalten *nt;* ~ **de una fábrica** Produktionsstopp *m;* **estoy cansada, tenemos que hacer una ~** ich bin müde, wir müssen eine Rast einlegen ❸ (DEP, MIL) Parade *f;* **paso de ~** Stechschritt *m;* **salirle a alguien a la ~** jdm zuvorkommen

paradero [para'ðero] *m* ❶ *(en una autopista)* Rastplatz *m* ❷ *(de una persona)* Aufenthaltsort *m; (de una cosa)* Verbleib *m;* **está en ~ desconocido** sein/ihr Aufenthaltsort ist unbekannt; **no logramos descubrir el ~ del paquete** es gelang uns nicht, herauszufinden, wo das Paket (gelandet) ist; **si sigues así tendrás mal ~** wenn du so weiter machst, wird es noch böse mit dir enden

paradigma [para'ðiɣma] *m (ejemplo)* Modell *nt*

paradisiaco, **-a** [paraði'sjako, -a] *adj*, **paradisíaco**, **-a** [paraði'siako, -a] *adj* paradiesisch; **un placer ~** ein himmlisches Vergnügen

parado, **-a** [pa'raðo, -a] **I.** *adj* ❶ *(que no se mueve)* stillstehend; *(fábrica)* stillgelegt; **estar ~** stillstehen; **quedarse ~** stehen bleiben; *(fig)* verblüfft sein; **me quedé tan ~ que no pude decir nada** ich war völlig sprachlos; **me has dejado ~** du hast mich überrascht ❷ *(sin empleo)* arbeitslos ❸ *(remiso)* träge ❹ *(tímido)* scheu ❺ *(loc)* **salir mal/bien ~ de un asunto** bei einer Sache schlecht/gut wegkommen; **fui la peor parada en este negocio** ich habe bei diesem Geschäft den Kürzeren gezogen **II.** *m, f* Arbeitslose(r) *mf;* ~ **de larga duración** Langzeitarbeitslose(r) *m*

paradoja [para'ðoxa] *f* ❶ *(absurdidad)* Paradoxie *f;* **esto es una ~** das ist doch widersinnig ❷ *(contradicción)* Widerspruch *m*

paradójicamente [paraðoxika'men̩te] *adv* paradoxerweise

paradójico, **-a** [para'ðoxiko, -a] *adj* paradox

parador [para'ðor] *m (mesón)* Gasthaus *nt*, Hotel *nt;* ~ (**nacional**) **de turismo** Parador *m o nt (staatliches spanisches Touristenhotel, meist an einem kulturhistorisch bedeutenden Ort)*

paraestatal [paraesta'tal] *adj* halbstaatlich

parafarmacia [parafar'maθja] *f* Parapharmazie *f*, Drogerie *f*

parafernalia [parafer'nalja] *f* Begleitumstände *mpl;* **la ~ de la guerra** das ganze Drumherum des Krieges

parafina [para'fina] *f* Paraffin *nt*

parafrasear [parafrase'ar] *vt* paraphrasieren; **~ un término** einen Begriff umschreiben

parágrafo [pa'raɣrafo] *m* ❶ *(de un texto)* Absatz *m;* **..., ~ aparte** ..., neuer Absatz; *(fam fig)* ..., so weit zu diesem Thema ❷ *(signo ortográfico)* Paragrafzeichen *nt* ❸ *(fam: charla)* Schwätzchen *nt;* **echar un ~** ein Schwätzchen halten; **echar ~s** viel reden

paraguas [pa'raɣwas] *m inv* Regenschirm *m*

Paraguay [para'ɣwai̯] *m* Paraguay *nt*

paraguaya [para'ɣwaɟa] *f* (BOT) *pfirsichähnliche Frucht*

paraguayo, -a [para'ɣwaɟo, -a] **I.** *adj* aus Paraguay **II.** *m, f* Paraguayer(in) *m(f)*

paragüería [paraɣwe'ria] *f* Regenschirmgeschäft *nt*

paragüero [para'ɣwero] *m* *(mueble)* Schirmständer *m*

paraíso [para'iso] *m* ❶ *(en el cielo)* Paradies *nt;* **el ~ terrenal** der Himmel auf Erden; **entrar en el ~** in den Himmel kommen ❷ (TEAT) Galerie *f* ❸ *(Méx: gallinero)* Hühnerstall *m*

paraje [pa'raxe] *m* ❶ *(lugar)* Ort *m;* *(punto)* Stelle *f;* *(paisaje)* Gegend *f* ❷ *(estado)* Zustand *m*

paralalia [para'lalja] *f* (PSICO) Wortverwechslung *f,* Paralalie *f*

paralelamente [paralela'mente] *adv* *(en la misma dirección)* parallel (**a** zu +*dat*); *(al mismo tiempo)* gleichzeitig; **desarrollarse ~** sich ähnlich [*o* parallel] entwickeln

paralelismo [parale'lismo] *m* *(semejanza)* Übereinstimmung *f;* (LING) Parallelismus *m;* (MAT) Parallelität *f*

paralelo[1] [para'lelo] *m* ❶ *(comparación)* Vergleich *m;* **establecer un ~ entre dos cosas** zwei Dinge miteinander vergleichen; **estos libros no admiten ~** diese Bücher kann man nicht (miteinander) vergleichen ❷ (GEO) Breitenkreis *m* ❸ (ELEC) **conexión en ~** Parallelschaltung *f;* **conectado en ~** parallel geschaltet

paralelo, -a[2] [para'lelo, -a] *adj* parallel (**a** zu +*dat*); **líneas paralelas** Parallelen *fpl;* **las calles son paralelas** die Straßen verlaufen parallel zueinander; **seguir caminos ~s** sich ähnlich entwickeln

paralelogramo [paralelo'ɣramo] *m* Parallelogramm *nt*

parálisis [pa'ralisis] *f inv* Lähmung *f;* **~ infantil** Kinderlähmung *f;* **sufre ~ de las piernas** seine/ihre Beine sind gelähmt

paralítico, -a [para'litiko, -a] **I.** *adj (persona)* gelähmt **II.** *m, f* Gelähmte(r) *mf*

paralización [paraliθa'θjon] *f* ❶ *(del cuerpo)* Lähmung *f* ❷ *(de un proyecto)* Abbrechen *nt;* *(de un proceso)* Behinderung *f;* **~ de una obra** Baustopp *m*

paralizador(a) [paraliθa'ðor(a)] *adj* lähmend

paralizar [parali'θar] <z → c> **I.** *vt* ❶ *(persona)* lähmen; **el frío/el miedo la paralizó** sie erstarrte vor Kälte/vor Angst ❷ *(cosa)* lahmlegen; **~ un trasporte** einen Transport blockieren **II.** *vr:* **~se** ❶ *(persona)* erstarren (**de** vor +*dat*) ❷ *(cosa)* zum Erliegen kommen

paramecio [para'meθjo] *m* (ZOOL) Pantoffeltierchen *nt*

paramedicina [parameði'θina] *f* Alternativmedizin *f*

paramento [para'mento] *m* Schmuck *m,* Verzierung *f,* Ornament *nt;* *(vestidura)* Umhang *m,* Gewand *nt*

parámetro [pa'rametro] *m* Parameter *m*

paramilitar [paramili'tar] *adj* paramilitärisch; **fuerzas ~es** paramilitärische Einheiten

páramo ['paramo] *m* ❶ *(terreno desierto)* Öde *f;* *(infértil)* unfruchtbares Land *nt;* *(yermo)* Brachfeld *nt;* *(altiplano)* Hochebene *f* ❷ *(lugar desamparado)* Einöde *f*

parangón [paraŋ'gon] *m* *(comparación)* Vergleich *m;* *(semejanza)* Entsprechung *f;* **sin ~** unvergleichlich

parangonable [paraŋgo'naβle] *adj* vergleichbar, ähnlich

paraninfo [para'nimfo] *m* Aula *f,* Festsaal *m*

paranoia [para'noja] *f* Paranoia *f*

paranoico, -a [para'noi̯ko, -a] **I.** *adj* ❶ *(loco)* paranoid ❷ *(relativo a la paranoia)* paranoisch **II.** *m, f* Paranoiker(in) *m(f)*

paranoide [para'noi̯ðe] *adj* (MED) paranoid

paranormal [paranor'mal] *adj* (PSICO) übersinnlich

paraolímpico, -a [parao'limpiko, -a] *adj* (DEP) paraolympisch

parapente [para'pente] *m* Paragliding *nt*

parapetarse [parape'tarse] *vr* sich verschanzen; **~ tras una excusa** eine Entschuldigung vorschieben; **se parapetó en el hecho de que no tenía dinero** er/sie drückte sich unter dem Vorwand, kein Geld zu haben

parapeto [para'peto] *m* ❶ (MIL) Schutz-

P

wall *m; (barricada)* Barrikade *f* ② *(baranda)* Brüstung *f*

paraplejia [para'plexja] *f*, **paraplejía** [paraple'xia] *f* Querschnittslähmung *f*

parapléjico, -a [para'plexiko, -a] **I.** *adj (persona)* querschnittsgelähmt **II.** *m, f* Querschnittsgelähmte(r) *mf*

parar ['parar] **I.** *vi* ① *(detenerse)* anhalten; *(en un discurso)* innehalten; **hablar sin ~** pausenlos reden; **¿para el tren en este pueblo?** hält der Zug in diesem Dorf?; **nunca para en casa** er/sie ist nie zu Hause; **a la vuelta paramos en casa de mi tía** auf dem Rückweg besuchten wir meine Tante; **la máquina funciona sin ~** die Maschine läuft nonstop; **mis hijos no me dejan ~** meine Kinder lassen mich nicht zur Ruhe kommen; **mis remordimientos de conciencia no me dejan ~** mein schlechtes Gewissen lässt mir keine Ruhe ② *(terminar)* aufhören; **ha parado de llover** es hat aufgehört zu regnen; **no para de quejarse** er/sie klagt unablässig; **no para (de trabajar)** er/sie ist ständig auf Trab ③ *(acabar)* enden; **si sigues así irás a ~ a la cárcel/~ás mal** wenn du so weitermachst, endest du noch im Gefängnis/wird es mit dir noch böse enden; **la maleta fue a ~ a Bilbao** der Koffer landete schließlich in Bilbao; **por fin, el paquete fue a ~ a tus manos** das Paket gelangte schließlich doch zu dir; **¿dónde iremos a ~?** wo soll das noch enden?; **¿en qué irá a ~ esto?** wohin soll das führen?; **salimos bien/mal parados del asunto** wir sind bei der Sache gut/schlecht weggekommen; **¿dónde quieres ir a ~ con esto?** worauf willst du damit hinaus?; **siempre venimos a ~ al mismo tema** wir kommen immer wieder auf dasselbe Thema zu sprechen ④ *(vivir)* sich aufhalten; **no sé dónde para** ich weiß nicht, wo er/sie sich gerade aufhält; **siempre para en el mismo hotel** er/sie übernachtet immer im selben Hotel; **¿paras mucho en este bar?** *(fam)* bist du oft in dieser Kneipe? ⑤ *(convertirse)* **la tienda paró en un restaurante** aus dem Laden wurde ein Restaurant **II.** *vt* ① *(detener)* anhalten; *(un golpe)* abwehren; *(un gol)* halten; *(el motor)* abstellen; **cuando se enfada no hay quien lo pare** wenn er wütend ist, ist er nicht zu bremsen ② *(en el juego)* setzen **III.** *vr:* **~se** ① *(detenerse)* anhalten; *(reloj)* stehen bleiben; **el reloj se ha parado** die Uhr ist stehen geblieben; **~se a pensar** gründlich nachdenken; **~se a descansar** eine (Ruhe)pause einlegen ② *(Am: levantarse)* aufstehen

P

pararrayos [para'rrajos] *m inv* Blitzableiter *m*

parasitar [parasi'tar] *vt* (BIOL) schmarotzen

parasitario, -a [parasi'tarjo, -a] *adj* parasitär; **una enfermedad parasitaria** eine durch Parasiten übertragene Krankheit

parásito, -a [pa'rasito, -a] **I.** *adj* ① (BIOL) parasitär; **planta parásita** Schmarotzerpflanze *f* ② *(persona)* schmarotzerhaft **II.** *m, f* ① (BIOL) Parasit *m* ② *(persona)* Schmarotzer(in) *m(f)*

parasol [para'sol] *m* ① *(quitasol)* Sonnenschirm *m* ② *(umbela)* Markise *f* ③ *(en el coche)* Sonnenblende *f* ④ (BOT) Parasol(pilz) *m*

paravientos [para'βjeṇtos] *m inv* Windverstrebung *f*

parcamente [parka'meṇte] *adv* spärlich, einfach, nüchtern, sparsam

parcela [par'θela] *f* ① *(terreno)* Grundstück *nt;* **~ de cultivo** Feld *nt;* **~ edificable** Baugrundstück *nt* ② *(parte)* (Bruch)teil *m*

parcelación [parθela'θjon] *f* Parzellierung *f*

parcelar [parθe'lar] *vt (dividir)* parzellieren; *(medir)* vermessen

parchar [par'tʃar] *vt (Méx)* flicken

parche ['partʃe] *m* ① *(pegote)* Flicken *m; (para una herida)* Pflaster *nt;* **bolsillo de ~** aufgesetzte Tasche; **~ para el ojo** Augenklappe *f;* **poner un ~** flicken ② *(retoque)* (notdürftige) Ausbesserung *f; (de pintura)* (Farb)klecks *m;* **poner ~s** notdürftig ausbessern; *(fig)* sich mit Notlösungen behelfen ③ *(piel del tambor)* Trommelfell *nt* ④ *(tambor)* Trommel *f* ⑤ *(loc)* **pegar un ~ a alguien** jdn über den Tisch ziehen

parchear [partʃe'ar] *vt* ① *(poner parches)* (notdürftig) ausbessern; *(con pegotes)* flicken ② *(manosear)* betasten

parchís [par'tʃis] *m (juego)* Mensch-ärgere-dich-nicht *nt*

parcial [par'θjal] **I.** *adj* ① *(de una parte)* teilweise, Teil-; *(eclipse)* partiell; **la venta ~ del terreno** der Verkauf eines Teils des Grundstücks ② *(incompleto)* unvollständig ③ *(arbitrario)* parteiisch; *(crítico)* voreingenommen; *(juez)* befangen ④ *(partidario)* **ser ~ de una teoría** eine Theorie vertreten **II.** *mf* Anhänger(in) *m(f)*

parcialidad [parθjali'ðaᵈ] *f* ① *(preferencia)* Parteilichkeit *f* ② *(bando)* Fraktion *f; (seguidores)* Anhänger *mpl* ③ *(familiaridad)* Vertrautheit *f* ④ *(de un pueblo)* Stamm *m*

parcialmente [parθjal'meṇte] *adv* ① *(en parte)* teilweise ② *(con parcialidad)* voreingenommen ③ *(familiarmente)* vertraulich

parco, -a ['parko, -a] *adj* ① *(moderado)* bescheiden; *(sobrio)* nüchtern ② *(escaso)* spärlich; ~ **en palabras** wortkarg; **ser ~ en conceder favores** mit Gefälligkeiten geizen

parda ['parða] *adj o f v.* **pardo**

pardal [par'ðal] **I.** *adj (pey)* bauernhaft, bäu(e)risch **II.** *m* ① *(gorrión)* Spatz *m* ② *(leopardo)* Leopard *m* ③ *(jirafa)* Giraffe *f* ④ *(pardillo)* Rotkehlchen *nt* ⑤ *(fam: hombre bellaco)* Haudegen *m*

pardiez [par'ðjeθ] *interj* Donnerwetter!

pardillo[1] [par'ðiʎo] *m* Rotkehlchen *nt*

pardillo, -a[2] [par'ðiʎo, -a] **I.** *adj* ① *(palurdo)* tölpelhaft ② *(principiante)* unerfahren **II.** *m, f* ① *(palurdo)* Tölpel *m* ② *(principiante)* Anfänger(in) *m(f)*

pardo, -a ['parðo, -a] **I.** *adj* ① *(color)* (grau)braun; *(terroso)* erdfarben; **oso ~** Braunbär *m;* **de ojos ~s** braunäugig ② *(oscuro)* düster; *(nube)* grau ③ *(voz)* klanglos **II.** *m, f (Am)* Mulatte, -in *m, f*

pardusco, -a [par'ðusko, -a] *adj* bräunlich

pareado [pare'aðo] *m* Paarreim *m*

parear [pare'ar] *vt* ① *(formar parejas)* paarweise zusammentun; *(atar)* paarweise bündeln; *(ropa)* paarweise zusammenlegen ② (BIOL) paaren ③ *(igualar)* aufeinander abstimmen

parecer [pare'θer] **I.** *vi irr como crecer* ① *(tener cierto aspecto)* aussehen; *(aparentar)* scheinen; **a lo que parece** anscheinend; **tu idea me parece bien** ich bin mit deiner Idee einverstanden; **parece mayor de lo que es** er/sie sieht älter aus als er/sie ist; **parece mentira que...** *+subj* (es ist) kaum zu glauben, dass ...; **aunque parezca mentira** so unglaublich es auch ist; **me parece que no tienes ganas** ich glaube, du hast keine Lust; **parece que va a llover** es sieht nach Regen aus; **¿qué te parece?** was hältst du davon?; **¿qué te parece el piso?** wie findest du die Wohnung?; **si te parece bien, ...** wenn du einverstanden bist, ...; **parecen hermanos** sie sehen aus wie Geschwister ② *(aparecer)* erscheinen; **quien no parece, perece** *(prov)* wer nicht will, der hat schon **II.** *vr irr como crecer* **~se** sich *dat* ähneln; **se parece a una estrella de cine** er/sie sieht aus wie ein bekannter Filmstar; **te pareces mucho a tu madre** du ähnelst deiner Mutter sehr; **¡esto se te parece!** das sieht dir (wieder einmal) ähnlich! **III.** *m* ① *(opinión)* Meinung *f; (juicio)* Urteil *nt;* **a mi ~** meiner Meinung nach; **arrimarse al ~ de la mayoría** sich der Mehrheit anschließen; **esto es cuestión de ~es** das ist (reine) Ansichtssache; **toma mi ~** hör auf mich ② *(aspecto)* Aussehen *nt; (apariencia)* Anschein *m;* **ser de buen ~** gut aussehen; **al ~** anscheinend; **por el bien ~** um den äußeren Schein zu wahren

parecido[1] [pare'θiðo] *m* Ähnlichkeit *f;* **tienes un gran ~ con tu hermana** du ähnelst deiner Schwester sehr

parecido, -a[2] [pare'θiðo, -a] *adj* ① *(semejante)* ähnlich ② *(loc)* **ser bien/mal ~** *(persona)* gut/schlecht aussehen; *(cosa)* schicklich/unschicklich sein; **esto no es bien ~** das schickt sich nicht

pared [pa'reð] *f* ① *(tabique)* Wand *f; (muro)* Mauer *f; (de una montaña)* (Fels)wand *f; (separación)* (Trenn)wand *f; (superficie lateral)* (Seiten)wand *f;* **~ abdominal** Bauchdecke *f;* **~ maestra** tragende Wand; **dejar a alguien pegado a la ~** *(fig)* jdn in die Enge treiben; **quedarse pegado a la ~** *(fig)* sich in die Enge getrieben fühlen; **entre cuatro ~es** von der Außenwelt abgeschnitten; **estar blanco como la ~** kreidebleich sein; **estar entre la espada y la ~** mit dem Rücken zur Wand stehen; **hablar a la ~** in den Wind reden; **¡cuidado, que estas ~es oyen!** Vorsicht, diese Wände haben Ohren!; **subirse por las ~es** *(fig)* die Wände hochgehen; **se subía por las ~es al oír la noticia** die Nachricht brachte ihn/sie auf die Palme; **vivimos ~ por medio** wir leben Tür an Tür ② *(personas)* Mauer *f; (cosas)* Berg *m*

paredón [pare'ðon] *m* Mauer *f;* **llevar a alguien al ~** jdn an die Wand stellen

pareja [pa'rexa] *f* ① *(par)* Paar *nt; (de la guardia civil)* Streife *f* der Guardia civil; **~ de hecho** Ehe ohne Trauschein; **hacen buena ~** sie passen gut zusammen; **¿dónde está la ~ de este guante?** wo ist das Gegenstück zu diesem Handschuh? ② *(compañero)* Partner(in) *m(f); (en un baile)* Tanzpartner(in) *m(f)* ③ *pl (en los dados)* Pasch *m; (en los naipes)* Pärchen *nt* ④ (DEP) **~s mixtas** gemischtes Doppel *nt* ⑤ *(loc)* **su bondad y su modestia corrían ~s** er/sie war ebenso gütig wie bescheiden; **no correr ~s** nicht vereinbar sein

parejo, -a [pa'rexo, -a] *adj* ① *(igual)* gleich; *(semejante)* (sehr) ähnlich; **por (un) ~** gleich; **los caballos iban ~s** die Pferde lagen Kopf an Kopf ② *(llano)* eben

paremia [pa'remja] *f* Sprichwort *nt,* Parömie *f*

parentela [paren̩'tela] *f* Verwandtschaft *f*

parentesco [paren̩'tesko] *m (entre familiares)* Verwandtschaft *f; (entre cosas)* Bin-

P

dung *f;* ~ **por consanguinidad** Blutsverwandtschaft *f*

paréntesis [pa'reṇtesis] *m inv* ❶ *(signo)* Klammer *f;* **poner algo entre** ~ etw in Klammern setzen; **entre ~, …** *(fig)* übrigens …; **abrir/cerrar el** ~ Klammer auf/zu; *(fig)* etw unterbrechen/wieder aufnehmen ❷ *(oración)* Parenthese *f* ❸ *(interrupción)* Unterbrechung *f;* **hicimos un ~ para almorzar** wir legten eine Frühstückspause ein

pareo [pa'reo] *m* ❶ *(vestido) großes Tuch, das um den Körper geschlungen und von Frauen z. B. am Strand getragen wird* ❷ *(acción de unir)* (paarweises) Zusammenfügen *nt; (acción de igualar)* Abstimmen *nt* ❸ (BIOL) Paarung *f*

paria ['parja] *mf* ❶ *(en la India)* Paria *m (Angehörige(r) der untersten Kaste in Indien)* ❷ *(marginado)* Ausgestoßene(r) *mf,* Geächtete(r) *mf*

parida [pa'riða] *f* ❶ *(animal) Weibchen, das gerade geworfen hat* ❷ *(fam: tontería)* Blödsinn *m*

paridad [pari'ðaᵈ] *f* ❶ *(comparación)* Gleichsetzung *f* ❷ (FIN, ECON) Parität *f;* ~ **adquisitiva** Kaufkraftparität *f;* ~ (**de cambio**) (Währungs)parität *f* ❸ *(igualdad)* Gleichheit *f; (semejanza)* (große) Ähnlichkeit *f;* ~ **de fuerzas** Kräftegleichgewicht *nt;* **competir a ~ de medios** unter denselben Bedingungen (miteinander) konkurrieren

pariente, -a [pa'rjeṇte, -a] **I.** *adj* ❶ *(parecido)* ähnlich ❷ *(de la misma familia)* verwandt **II.** *m, f* ❶ *(familiar)* Verwandte(r) *mf;* **los ~s** die Verwandtschaft; ~ **mayor** Urahne *m* ❷ *(fam: marido, mujer)* Mann *m,* Frau *f;* **mi** ~ *(irón)* mein Angetrauter

paripé [pari'pe] *m* Show *f;* **hacer el** ~ eine Show abziehen *fam; (presumir)* sich aufspielen; *(fingir)* falsche Tatsachen vortäuschen; *(fingir cariño)* Zuneigung heucheln

parir [pa'rir] **I.** *vt* ❶ *(dar a luz)* gebären; *(animal)* werfen ❷ *(producir)* hervorbringen; *(causar)* verursachen **II.** *vi* ❶ *(descubrirse)* ans Licht kommen ❷ *(expresarse)* sich verständlich machen; **pares sin dificultad** du kannst deine Gedanken gut in Worte fassen

París [pa'ris] *m* Paris *nt*

parisiense [pari'sjense] **I.** *adj* pariserisch, Pariser **II.** *mf* Pariser(in) *m(f)*

parisino, -a [pari'sino, -a] *adj v.* **parisiense**

paritario, -a [pari'tarjo, -a] *adj* paritätisch

paritorio [pari'torjo] *m* ❶ *(sala)* Kreißsaal *m* ❷ *(AmC: parto)* Entbindung *f*

P

parking ['parkiŋ] *m* <parkings> *(cubierto)* Parkhaus *nt; (abierto)* Parkplatz *m*

párkinson ['parkinson] *m* (MED) Parkinsonkrankheit *f*

parkour [par'kur] *m* (DEP) Parkour *m o nt*

parla ['parla] *f* ❶ *(labia)* Redegewandtheit *f,* Beredsamkeit *f* ❷ *(hablar mucho)* Gesprächigkeit *f,* Geschwätzigkeit *f abw* ❸ *(parloteo)* Geschwätz *nt fam;* **esto no es más que** ~ das ist doch nur leeres [*o* hohles] Geschwätz

parlamentar [parlameṇ'tar] *vi* ❶ *(hablar)* sich unterhalten ❷ *(negociar)* verhandeln

parlamentario, -a [parlameṇ'tarjo, -a] **I.** *adj* parlamentarisch; **debate** ~ Parlamentsdebatte *f* **II.** *m, f* ❶ *(diputado)* Parlamentarier(in) *m(f)* ❷ *(negociador)* Unterhändler(in) *m(f)*

parlamentarismo [parlameṇta'rismo] *m* (POL) Parlamentarismus *m*

parlamento [parla'meṇto] *m* ❶ *(cámara)* Parlament *nt* ❷ *(discurso)* Rede *f;* (TEAT) Monolog *m* ❸ *(negociaciones)* Verhandlungen *f*

parlanchín, -ina [parlan'ʧin, -ina] **I.** *adj (fam)* geschwätzig **II.** *m, f (fam: persona cotorra)* Quasselstrippe *f; (indiscreta)* Klatschmaul *nt*

parlante [par'laṇte] *adj* ❶ *(elocuente)* redegewandt, beredt; **un ave** ~ ein sprechender Vogel ❷ *(pey: muy hablador)* geschwätzig, schwatzhaft

parlar [par'lar] **I.** *vi* ❶ *(hablar)* sprechen ❷ *(fam: cotorrear)* plappern **II.** *vt (revelar)* ausplaudern

parlero, -a [par'lero, -a] *adj* ❶ *(muy hablador)* redselig; *(pey)* geschwätzig ❷ *(chismoso)* schwatzhaft ❸ *(expresivo)* ausdrucksvoll; **ojos ~s** ausdrucksvolle Augen ❹ *(pájaros)* zwitschernd; **ave parlera** Singvogel *m* ❺ *(arroyo)* murmelnd, plätschernd

parlotear [parlote'ar] *vi v.* **parlar**

parloteo [parlo'teo] *m* ❶ *(charla)* Plappern *nt* ❷ *(conversación)* Schwätzchen *nt*

parmesano [parme'sano] *m (queso)* Parmesan(käse) *m*

parné [par'ne] *m (fam: dinero)* Kohle *f*

paro ['paro] *m* ❶ *(pararse)* Stillstand *m;* ~ **cardíaco** Herzstillstand *m* ❷ *(parar: una máquina)* Abstellen *nt; (una fábrica)* Stilllegung *f; (de trabajar)* Arbeitsunterbrechung *f* ❸ *(huelga)* ~ **laboral** Streik *m; (por parte de los empresarios)* Aussperrung *f* ❹ *(desempleo)* Arbeitslosigkeit *f;* ~ **forzoso** Arbeitslosigkeit *f;* **estar en** ~ arbeitslos sein ❺ (ZOOL) Meise *f;* ~ **carbonero** Kohlmeise *f*

parodia [pa'roðja] *f* Parodie *f* (**de** auf

+*akk*); **hacer una ~ de algo** etw parodieren

parodiador(a) [paroðja'ðor(a)] **I.** *adj* parodierend **II.** *m(f)* Parodist(in) *m(f)*

parodiar [paro'ðjar] *vt* parodieren

paródico, -a [pa'roðiko, -a] *adj* parodistisch

parodista [paro'ðista] *mf* Parodist(in) *m(f)*

parón [pa'ron] *m (paro brusco)* plötzliches Anhalten *nt; (paro prolongado)* langandauernder Stillstand *m*

parpadeante [parpaðe'an̩te] *adj* flackernd, flimmernd

parpadear [parpaðe'ar] *vi* ① *(ojos)* blinzeln; **sin ~** *(fig)* ohne mit der Wimper zu zucken ② *(luz)* flimmern; *(llama)* flackern

parpadeo [parpa'ðeo] *m* ① *(de los ojos)* Blinzeln *nt* ② *(de una luz)* Flimmern *nt; (de una llama)* Flackern *nt*

párpado ['parpaðo] *m* (Augen)lid *nt*

parque ['parke] *m* ① *(jardín)* Park *m; (infantil)* Spielplatz *m;* **~ de atracciones** Vergnügungspark *m;* **~ natural** Naturschutzgebiet *nt;* **~ nacional** Nationalpark *m;* **~ zoológico** Zoo *m* ② *(depósito)* Lager *nt;* **~ de bomberos** Feuerwache *f,* Feuerwehrhaus *nt;* **~ militar** Arsenal *nt* ③ *(conjunto)* Bestand *m;* **~ industrial** Gewerbepark *m;* **~ de maquinaria** Maschinenpark *m;* **~ móvil** öffentlicher Fuhrpark; **~ de vehículos** Fuhrpark *m* ④ *(para niños)* Laufstall *m*

parqué [par'ke] *m* Parkett *nt*

parqueadero [parkea'ðero] *m (Am)* Parkplatz *m*

parquear [parke'ar] *vt (Am)* parken

parquedad [parke'ðaᵈ] *f* ① *(en el gasto)* Sparsamkeit *f; (en el uso)* Genügsamkeit *f* ② *(parsimonia)* Zurückhaltung *f;* **habla con ~** er/sie ist wortkarg

parquet [par'ke⁽ᵗ⁾] *m* Parkett *nt*

parquímetro [par'kimetro] *m* Parkuhr *f*

parra ['parra] *f (vid)* Weinstock *m;* **subirse a la ~** *(enfadarse)* in die Luft gehen; *(darse importancia)* abheben; *(fam: atreverse)* übermütig werden

parrafada [parra'faða] *f* ① *(conversación detenida)* eingehendes Gespräch *nt; (conversación confidencial)* vertrauliches Gespräch *nt;* **echar una ~** ein Gespräch unter vier Augen führen ② *(monólogo)* Wortschwall *m; (irón)* Predigt *f*

párrafo ['parrafo] *m v.* **parágrafo**

parral [pa'rral] *m* ① *(parras)* Spalier *nt; (techo)* Weinlaube *f* ② *(viña)* Weinberg *m*

parrampán [parram'pan] *m (Pan)* Angeber *m*

parranda [pa'rran̩da] *f (juerga)* Trubel *m; (de bar en bar)* Kneipentour *f;* **ir de ~** um die Häuser ziehen

parricidio [parriθi'ðjo] *m (padre)* Vatermord *m; (madre)* Muttermord *m; (hijo)* Kindsmord *m*

parrilla [pa'rriʎa] *f* ① *(para la brasa)* (Grill)rost *m;* **hacer a la ~** grillen; *(de un horno)* (Ofen)rost *m* ② *(establecimiento)* (Grill)restaurant *nt* ③ (DEP) **~ (de salida)** Startplatz *m* ④ *(Am:* AUTO) Dachgepäckträger *m*

parrillada [parri'ʎaða] *f* Grillplatte *f;* **~ de pescado/de carne** gegrillte Fisch-/Fleischspezialitäten

párroco ['parroko] **I.** *adj* Gemeinde- **II.** *m* Pfarrer *m*

parroquia [pa'rrokja] *f* ① *(territorio, fieles)* Gemeinde *f* ② *(iglesia)* (Pfarr)kirche *f* ③ *(clientela)* (Stamm)kundschaft *f*

parroquial [parro'kjal] *adj* Gemeinde-; **iglesia ~** Pfarrkirche *f*

parroquiano, -a [parro'kjano, -a] **I.** *adj* Gemeinde- **II.** *m, f* ① *(feligrés)* Gemeindemitglied *nt* ② *(cliente)* Stammkunde, -in *m, f*

parsimonia [parsi'monja] *f* ① *(calma)* Ruhe *f; (lentitud)* Trägheit *f;* **con ~** in aller Ruhe ② *(en los gastos)* Sparsamkeit *f* ③ *(prudencia)* Rücksicht *f; (moderación)* Zurückhaltung *f*

parsimonioso, -a [parsimo'njoso, -a] *adj* ① *(tranquilo)* ruhig, bedächtig; *(relajado)* träge, schwerfällig ② *(ahorrador)* sparsam, genügsam ③ *(prudente)* rücksichtsvoll; *(moderado)* zurückhaltend

parte[1] ['parte] *f* ① *(porción)* Teil *m; (elemento)* (Bestand)teil *m; (de repuesto)* Ersatzteil *nt;* **~ alícuota** Bruchteil *m;* **~ constitutiva** Bestandteil *m;* **~ esencial** wesentlicher Bestandteil; **~ del león** Löwenanteil *m;* **~ del mundo** Erdteil *m;* **una cuarta ~** ein Viertel; **de varias ~s** mehrteilig; **en ~** teilweise; **en gran ~** zu einem großen Teil; **en mayor ~** größtenteils; **~ por ~** Stück für Stück; **por ~s** der Reihe nach; **tomar ~ en algo** an etw *dat* teilnehmen; **tener ~ en algo** an etw *dat* beteiligt sein ② *(repartición)* Anteil *m* (**de** an +*dat*), Teil *m* (**de** +*gen*); **~ hereditaria** Erbteil *nt;* **dar ~ a alguien en algo** jdn an etw *dat* beteiligen; **llevarse la peor ~** den Kürzeren ziehen; **llevarse la mejor ~** am besten abschneiden ③ *(lugar)* Ort *m;* **¿a qué ~?** wohin?; **a ninguna ~** nirgendwohin; **en ninguna ~** nirgends; **en cualquier ~** irgendwo; **por todas (las) ~s** überall; **en otra ~** woanders, anderswo; **¿de qué ~ de España es tu familia?** aus welcher Gegend Spaniens stammt deine

Familie?; **no llevar a ninguna ~** *(fig)* zu nichts führen; **en todas ~s (se) cuecen habas** *(prov)* das passiert woanders auch; **que no te dé vergüenza, ¡en todas ~s (se) cuecen habas!** schäm dich nicht, das kommt in den besten Familien vor! ❹ *(bando, t.* JUR) Partei *f; (en un negocio)* Teilhaber(in) *m(f); (en una discusión)* Gesprächsteilnehmer(in) *m(f);* **~ contratante** Vertragspartner *m;* **~ laboral** Arbeitnehmerseite *f;* **~ pública** Staatsanwalt *m* ❺ *(lado)* Seite *f;* **~ de delante/de atrás** Vorder-/Rückseite *f;* **dale recuerdos de mi ~** grüß ihn/sie von mir; **somos primos por ~ de mi padre/de mi madre** wir sind Cousins väterlicherseits/mütterlicherseits; **por mi ~ puedes hacer lo que quieras** von mir aus kannst du tun, was du willst; **estar de ~ de alguien** auf jds Seite sein; **ponerse de ~ de alguien** jds Partei ergreifen; **saber de buena ~** aus zuverlässiger Quelle wissen; **me tienes de tu ~** ich bin auf deiner Seite; **de ~ a ~** *(de un lado a otro)* von rechts nach links; *(de arriba a abajo)* von oben nach unten; **por otra ~** and(e)rerseits; *(además)* außerdem ❻ *(sección)* Teil *m; (tomo)* Band *m; (capítulo)* Kapitel *nt* ❼ (TEAT, MÚS: *papel*) Part *m; (actor)* Schauspieler(in) *m(f); (cantante)* Sänger(in) *m(f)* ❽ *pl (genitales)* Geschlechtsteile *ntpl;* **me dio una patada en salva sea la ~** er/sie trat mich in den Allerwertesten ❾ *(loc)* **no lo tomes [*o* eches] a mala ~** versteh mich nicht falsch; **de primeros de mes a esta ~** seit Beginn dieses Monats; **de unos cuantos días a esta ~** seit einigen Tagen

parte² ['parte] *m* ❶ *(comunicado)* Bericht *m; (telegráfico)* Telegramm *nt; (por radio)* Funkmeldung *f;* **dar ~** Bericht erstatten; **tienes que dar ~ del robo a la policía** du musst den Diebstahl der Polizei melden ❷ (RADIO, TV) Nachrichten *fpl;* **~ meteorológico** Wetterbericht *m*

parteaguas [parte'aɣwas] *m inv (Cuba)* Wendepunkt *m*

partenaire [parte'ner] *mf* Partner(in) *m(f);* **~ de baile** Tanzpartner(in) *m(f);* **~ de tenis** Tennispartner(in) *m(f)*

partero, -a [par'tero, -a] *m, f* Geburtshelfer(in) *m(f)*

parterre [par'terre] *m* ❶ *(arriate)* Blumenbeet *nt* ❷ *(jardín)* Gartenanlage *f*

partible [par'tiβle] *adj* teilbar

partición [parti'θjon] *f* ❶ *(acción de partir)* Aufteilung *f* (**entre** unter +*dat*) ❷ (MAT) Division *f*

participación [partiθipa'θjon] *f* ❶ *(intervención)* Teilnahme *f* (**en** an +*dat*); *(en un negocio)* Beteiligung *f* (**en** an +*dat*); *(en una decisión)* Mitbestimmung *f;* **~ en los beneficios** Gewinnbeteiligung *f* ❷ *(parte)* Anteil *m* (**en** an +*dat*) ❸ *(billete)* (Lotterie)los *nt; (parte que se juega)* (anteiliger) Lotterieeinsatz *m* ❹ *(anuncio)* Anzeige *f; (aviso)* Mitteilung *f*

participante [partiθi'pan̪te] *mf (en una acción)* Teilnehmer(in) *m(f)* (**en** an +*dat*); *(en una empresa)* Teilhaber(in) *m(f)*

participar [partiθi'par] **I.** *vi* ❶ *(tomar parte)* teilnehmen (**en** an +*dat*); **los países participantes** die Teilnehmerländer; **~ en un juego** mitspielen; **participo en tu alegría** ich freue mich mit dir ❷ *(tener parte)* beteiligt sein (**en** an +*dat*); **~ en una herencia** Miterbe sein **II.** *vt* ❶ *(comunicar)* mitteilen ❷ *(tener en común)* teilen (**de** +*akk*); **participamos de la misma opinión** wir sind derselben Meinung

partícipe [par'tiθipe] **I.** *adj* beteiligt **II.** *mf* Beteiligte(r) *mf* (**de** an +*dat*); *(en una empresa)* Teilhaber(in) *m(f);* **hacer a alguien ~ de algo** *(compartir)* etw mit jdm teilen; *(informar)* jdm etw mitteilen

participial [partiθi'pjal] *adj* (LING) partizipial, Partizipial-

participio [parti'θipjo] *m* Partizip *nt;* **~ activo** [*o* **de presente**] Partizip Präsens; **~ pasivo** [*o* **de pretérito**] Partizip Perfekt

partícula [par'tikula] *f* ❶ *(t.* FÍS, QUÍM) Teilchen *nt;* **~ elemental** Elementarteilchen *nt;* **~s de polvo** Staubpartikel *ntpl o fpl* ❷ (LING) Partikel *f;* **~ prepositiva** Präfix *nt*

particular¹ [partiku'lar] **I.** *adj* ❶ *(propio)* eigen; *(individual)* individuell; *(típico)* typisch; *(personal)* persönlich; **el sabor ~ del azafrán** der typische Safrangeschmack ❷ *(raro)* eigenartig ❸ *(extraordinario)* besondere(r, s); **caso ~** Sonderfall *m;* **en ~** besonders; **posee un talento ~ para dibujar** er/sie kann außergewöhnlich gut zeichnen ❹ *(privado)* privat; **envíamelo a mi domicilio ~** schick es mir an meine Privatadresse ❺ *(determinado)* bestimmt; **tenemos que concentrarnos en este problema ~** wir müssen uns auf dieses eine Problem konzentrieren **II.** *mf* Privatperson *f*

particular² [partiku'lar] *m* Angelegenheit *f*

particularidad [partikulari'ðaᵈ] *f* ❶ *(especialidad)* Besonderheit *f; (singularidad)* Einzigartigkeit *f; (peculiaridad)* Außergewöhnliche(s) *nt;* **la ~ de este método estriba en que...** das Besondere an diesem Verfahren ist, dass ... ❷ *(rareza)* Eigenart *f* ❸ *(detalle)* Detail *nt; (circunstancia)* Umstand *m;* **las ~es del crimen** die näheren Umstände des Verbrechens ④ *(en el trato)* Vertraulichkeit *f*

particularizar [partikulari'θar] <z → c> **I.** *vt* ① *(explicar)* (detailliert) erläutern ② *(mostrar preferencia)* bevorzugen ③ *(personalizar)* sich konkret beziehen (**en** auf +*akk*) ④ *(distinguir)* charakterisieren; **sus saques particularizan su estilo de jugar** das Besondere an seinem Spiel ist sein Aufschlag **II.** *vi (explicar)* ins Detail gehen

particularmente [partikular'men̩te] *adv* vor allem

partida [par'tiða] *f* ① *(salida)* Abfahrt *f* ② *(envío)* Sendung *f* ③ (FIN) Posten *m;* ~ **doble** doppelte Buchführung ④ *(anotación)* (Register)eintrag *m; (certificado)* Urkunde *f;* ~ **de defunción** Sterbeurkunde *f* ⑤ *(juego)* Partie *f;* **jugar una ~ de ajedrez** eine Partie Schach spielen; **jugar una mala ~ a alguien** jdm übel mitspielen ⑥ *(grupo)* Gruppe *f;* (MIL) Truppe *f; (de amigos)* Clique *f; (en un juego)* Mannschaft *f; (excursión)* Partie *f;* ~ **de campo** Landpartie *f* ⑦ *(muerte)* Tod *m* ⑧ *(lugar)* Bezirk *m*

partidario, -a [parti'ðarjo, -a] **I.** *adj (parcial)* parteiisch; *(juez)* befangen **II.** *m, f* ① *(seguidor)* Anhänger(in) *m(f); (afiliado)* Mitglied *nt; (de un proyecto, una idea)* Befürworter(in) *m(f);* **ser ~ de algo** etw befürworten ② *(guerrillero)* Partisan(in) *m(f)*

partidismo [parti'ðismo] *m* ① *(parcialidad)* Parteilichkeit *f; (de un juez)* Befangenheit *f; (a favor de un partido)* politische Neigung *f* ② (POL) Parteitreue *f*

partidista [parti'ðista] **I.** *adj* ① *(parcial)* parteiisch; *(juez)* befangen ② *(sometido a la ideología de un partido)* parteitreu; **ser ~** sich an die Parteilinie halten ③ *(relativo a un partido)* parteilich **II.** *mf* Parteianhänger(in) *m(f)*

partido[1] [par'tiðo] *m* ① (POL) Partei *f;* ~ **de clase media** Mittelstandspartei *f;* ~ **de derecha(s)/de izquierda(s)** Rechts-/Linkspartei *f;* ~ **obrero** Arbeiterpartei *f;* ~ **pequeño** Splitterpartei *f;* ~ **político** politische Partei; ~ **popular** Volkspartei *f;* ~ **único** Einheitspartei *f* ② *(grupo)* (Interessen)gruppe *f;* **formar ~** sich zusammenschließen; **esta idea tiene mucho ~** diese Idee wird von vielen befürwortet; **el candidato tenía cada vez menos ~** der Kandidat hatte immer weniger Anhänger; **la película tuvo mucho ~ en el extranjero** der Film war im Ausland sehr erfolgreich ③ (DEP: *juego*) Spiel *nt;* ~ **amistoso** Freundschaftsspiel *nt* ④ *(equipo)* Mannschaft *f* ⑤ *(para casarse)* Partie *f;* **encontrar un buen ~** eine gute Partie machen ⑥ (ADMIN) Bezirk *m;* ~ **judicial** Gerichtsbezirk *m;* **cabeza de ~** Bezirkshauptstadt *f* ⑦ *(determinación)* Stellungnahme *f;* **tomar ~** *(inclinarse)* Partei ergreifen (**a favor de** für +*akk*); *(opinar)* Stellung beziehen; *(decidirse)* sich entscheiden; (MIL) sich freiwillig melden ⑧ *(provecho)* Nutzen *m;* **de esto aún se puede sacar ~** daraus lässt sich noch was machen; **no sacarás ~ de él** er ist ein hoffnungsloser Fall; **saqué ~ del asunto** ich habe von der Sache profitiert ⑨ *(Am: del pelo)* Scheitel *m*

partido, -a[2] [par'tiðo, -a] *adj (liberal)* freigebig

partidor [parti'ðor] *m* Verteiler *m*

partir [par'tir] **I.** *vt* ① *(dividir)* teilen (**en** in +*akk*); (MAT) dividieren (**en** durch +*akk*); ~ **por la mitad** halbieren ② *(romper)* zerbrechen; *(en muchas piezas)* zertrümmern; *(madera)* (zer)hacken; *(una nuez)* knacken; ~ **el pan** (REL) das Brot brechen; ~ **la cabeza a alguien** jdm den Schädel einschlagen ③ (TÉC) spalten ④ *(repartir)* aufteilen; *(clasificar)* klassifizieren ⑤ *(compartir)* teilen ⑥ *(una baraja)* abheben **II.** *vi* ① *(tomar como base)* ausgehen (**de** von +*dat*); **a ~ de ahora** von nun an; **a ~ de mañana** ab morgen; **a ~ de las seis** ab sechs Uhr; **a ~ de entonces** von da an ② *(salir de viaje)* abreisen; *(ponerse en marcha)* losfahren; *(a pie)* losgehen; **partimos de Heidelberg a las cinco** wir sind um fünf in Heidelberg losgefahren **III.** *vr:* **~se** *(rajarse)* zerbrechen; *(cristal)* zersplittern; **~se de risa** sich vor Lachen biegen

partisano, -a [parti'sano, -a] *m, f* Partisan(in) *m(f)*

partitivo, -a [parti'tiβo, -a] *adj* ① (LING) partitiv ② *(que se puede partir)* teilbar; *(que se puede romper)* zerbrechlich

partitura [parti'tura] *f* Partitur *f*

parto ['parto] *m (alumbramiento)* Geburt *f; (de un animal)* Werfen *nt;* ~ **prematuro** Frühgeburt *f;* **dolores de ~** Wehen *fpl;* **estar de ~** in den Wehen liegen; **esto es el ~ de los montes** der Berg kreißte und gebar eine Maus

parturienta [partu'rjen̩ta] *f* ① *(que está de parto)* Gebärende *f* ② *(que acaba de parir)* Wöchnerin *f*

parva ['parβa] *f* ① (AGR) Dreschgut *nt* ② *(montón)* Menge *f; (de chiquillos)* Kinderschar *f*

parvada [par'βaða] *f* ① (AGR) Dreschgut *nt* ② *(pollos)* ausgeschlüpftes Gelege *nt* ③ *(multitud)* Menge *f,* Haufen *m* ④ *(Am: bandada)* (Vogel)schwarm *m*

P

parvedad [parβe'ðaᵈ] *f* ❶ *(escasez)* Spärlichkeit *f; (pequeñez)* Winzigkeit *f; (poquedad)* Kleinigkeit *f* ❷ *(para comer)* Happen *m*

parvo, -a ['parβo, -a] *adj (pequeño)* klein; *(escaso)* spärlich

parvulario [parβu'larjo] *m* Kindergarten *m; (educación preescolar)* Vorschule *f*

párvulo, -a ['parβulo, -a] *m, f* Kind *nt* (im Vorschulalter); **escuela de ~s** Vorschule *f;* **clase de ~s** Vorschulklasse *f*

pasa ['pasa] *f (uva seca)* Rosine *f;* **~ de Corinto** Korinthe *f;* **chocolate de ron y ~s** Trauben-Nuss-Schokolade *f;* **estar hecho una ~** *(fam)* verrunzelt sein

pasable [pa'saβle] *adj* passabel

pasacalle [pasa'kaʎe] *m* Marsch *m*

pasada [pa'saða] *f* ❶ *(paso)* Vorbeigehen *nt;* **hacer varias ~s** mehrmals vorbeigehen; **de ~** im Vorbeigehen; *(fig)* flüchtig; **dar ~ a algo** *(fig)* etw durchgehen lassen ❷ *(mano)* Durchgang *m; (pintura)* Anstrich *m;* **dar una ~ a algo** etw überarbeiten; **dar otra ~ con agua limpia** nochmals mit klarem Wasser drüberwischen ❸ *(fam: comportamiento)* Gemeinheit *f;* **¡vaya (mala) ~!** so eine Gemeinheit!; **hacer una mala ~ a alguien** jdm übel mitspielen ❹ *(fam: exageración)* Übertreibung *f* ❺ *(puntada)* (Heft)stich *m; (costura)* (Heft)naht *f;* **dar unas ~s** heften (**a** +*akk*) ❻ *(con la plancha)* **solamente le voy a dar una ~** ich bügle nur leicht drüber ❼ *(en un juego)* Durchgang *m*

P

pasadero, -a [pasa'ðero, -a] *adj* ❶ *(aceptable)* passabel; *(tolerable)* erträglich ❷ *(transitable)* überquerbar

pasadizo [pasa'ðiθo] *m (pasillo)* Durchgang *m; (entre dos calles)* Passage *f;* **~ secreto** Geheimgang *m*

pasado[1] [pa'saðo] *m* ❶ *(tiempo, vida, t.* LING) Vergangenheit *f;* **en el ~** früher; **son cosas del ~** das ist Schnee von gestern ❷ *pl (antepasados)* Vorfahren *mpl*

pasado, -a[2] [pa'saðo, -a] *adj* ❶ *(de atrás)* vergangen; **el año ~** letztes Jahr; **la conferencia del año ~** die letztjährige Konferenz; **~ mañana** übermorgen; **~s dos meses** nach zwei Monaten; **~ de moda** veraltet; *(vestido)* altmodisch ❷ *(estropeado)* kaputt; *(fruta)* faul; *(alimentos)* verdorben; *(leche)* sauer; *(mantequilla)* ranzig; *(ropa)* abgetragen; *(flores)* welk; **el yogur está ~ de fecha** das Verfallsdatum des Joghurts ist überschritten ❸ *(muy cocido)* übergar; *(verdura)* zerkocht; **¿quieres el filete muy ~?** möchtest du das Steak sehr durchgebraten?; **un huevo ~ por agua** ein weichgekochtes Ei

pasador [pasa'ðor] *m* ❶ *(alfiler)* (Steck)nadel *f; (imperdible)* Sicherheitsnadel *f; (broche)* Anstecknadel *f; (de corbata)* Krawattennadel *f; (para sujetarlo a la camisa)* Krawattenhalter *m* ❷ *(para el cabello)* Haarspange *f* ❸ *(cerrojo)* (Tür)riegel *m* ❹ *(colador)* Sieb *nt* ❺ *pl (gemelos)* Manschettenknöpfe *mpl*

pasaje [pa'saxe] *m* ❶ *(paso)* Passieren *nt; (de una calle)* Überquerung *f; (de un territorio)* Durchquerung *f* ❷ *(derecho)* Wegegeld *nt* ❸ *(en barco)* Schiffspassage *f* ❹ *(billete de avión)* Flugticket *nt; (de barco)* Schiffsticket *nt; (precio)* Tarif *m* ❺ *(pasajeros)* Passagiere *mpl* ❻ *(pasillo)* Durchgang *m;* **~ subterráneo** Unterführung *f* ❼ *(estrecho)* Meerenge *f*

pasajero, -a [pasa'xero, -a] **I.** *adj* ❶ *(transitorio)* vorübergehend; *(breve)* kurz(lebig); *(fugaz)* flüchtig; *(perecedero)* vergänglich ❷ *(calle, plaza)* belebt **II.** *m, f (viajero)* Reisende(r) *mf; (en barco/avión)* Passagier(in) *m(f); (en tren/coche)* Fahrgast *m;* **tren de ~s** Personenzug *m*

pasamanería [pasamane'ria] *f* ❶ *(obra de pasamanos)* Posamentierarbeit *f* ❷ *(taller, tienda de pasamanos)* Posamenterie *f* ❸ *(oficio)* Posamentierhandwerk *nt*

pasamano(s) [pasa'mano(s)] *m(pl) (barandal)* Handlauf *m; (barandilla)* Geländer *nt*

pasamontañas [pasamon̩'taɲas] *m inv* Kopfschützer *m*

pasante [pa'san̩te] **I.** *adj (viajante)* auf der Durchreise **II.** *mf* ❶ *(auxiliar)* Assistent(in) *m(f); (de un abogado)* Referendar(in) *m(f);* **~ de pluma** Schreiber(in) *m(f)* ❷ *(profesor)* Repetitor(in) *m(f)*

pasantía [pasan̩'tia] *f* Assistentenzeit *f,* Praktikantenzeit *f; (de un abogado)* Referendariat *nt*

pasaporte [pasa'porte] *m (para viajar)* (Reise)pass *m;* **dar ~ a alguien** *(despedirlo)* jdm den Laufpass geben *fam; (matarlo)* jdn umlegen *fam*

pasapuré(s) [pasapu're(s)] *m (inv)* Passiersieb *nt*

pasar [pa'sar] **I.** *vi* ❶ *(por delante)* vorbeigehen; *(en coche)* vorbeifahren; **~ corriendo** vorbeilaufen; **~ desapercibido** unbemerkt bleiben; **~ de largo** *(no detenerse)* nicht anhalten; *(no entrar)* nicht hereinkommen; **pásate un momento por mi casa** komm doch auf einen Sprung zu mir; **dejar ~** *(por delante)* vorbeilassen; **no dejes ~ la oportunidad** lass die Gelegenheit nicht ungenutzt; **el avión pasó por encima del Teide** das Flugzeug flog über den Teide ❷ *(por un hueco)* durchgehen;

(en coche) durchfahren; **el sofá no pasa por la puerta** das Sofa passt nicht durch die Tür; **el Ebro pasa por Zaragoza** der Ebro fließt durch Zaragoza; ~ **por una crisis** eine Krise durchleben ③ *(trasladarse)* hinübergehen; *(entrar)* hereinkommen; **me hizo** ~ er/sie bat mich herein; **pasemos al comedor** lass uns doch ins Esszimmer gehen ④ *(acaecer)* passieren; **¿qué pasa?** was ist los?; **¿qué te pasa?** was hast du?; **pase lo que pase** auf jeden Fall; **dejar** ~ **algo** etw zulassen; **lo que pasa es que, ...** es ist Folgendes: ... ⑤ *(acabar)* vorübergehen; **ya ha pasado la tormenta** das Gewitter ist vorbei; **cuando pasen las vacaciones...** nach den Ferien ... ⑥ *(el tiempo)* vergehen; **han pasado dos semanas sin llover** es hat schon seit zwei Wochen nicht mehr geregnet; **lo pasado, pisado** Schwamm drüber ⑦ *(ser trasferido)* übergehen; (MED) sich übertragen ⑧ *(poder existir)* auskommen; **vamos pasando** es geht uns (einigermaßen) gut ⑨ *(aparentar)* durchgehen (**por** als +*nom*); **pasa por nuevo** alle glauben, es sei neu; **podrías** ~ **por alemana** man könnte dich glatt für eine Deutsche halten; **hacerse** ~ **por médico** sich als Arzt ausgeben ⑩ *(cambiar)* übergehen (**a** zu +*dat*); **paso a explicarte porqué** ich erzähle dir jetzt, warum; ~ **a mayores** sich verschlimmern ⑪ *(ser admisible)* durchgehen; **arreglándolo aún puede** ~ wenn du es reparierst, ist es noch brauchbar; ~ **por un control** einer Prüfung standhalten ⑫ *(no jugar)* passen ⑬ *(fam: no necesitar)* verzichten (können) (**de** auf +*akk*); **yo paso de salir** ich möchte nicht ausgehen; **paso de esta película** dieser Film interessiert mich nicht; **pasa de todo** ihm/ihr ist alles egal ⑭ *(loc)* ~ **por alto** auslassen; ~ **por encima de** *(un obstáculo)* überwinden; *(una persona)* übergehen, ignorieren **II.** *vt* ① *(atravesar)* überqueren; *(un territorio)* durchqueren; ~ **el semáforo en rojo** *(a pie)* über eine rote Ampel laufen; *(en coche)* über eine rote Ampel fahren; ~ **el puente** über die Brücke gehen ② *(por un hueco)* (durch)führen; ~ **la tarjeta por la ranura** die Karte durch den Schlitz ziehen; ~ **algo por debajo de la puerta** etw unter der Tür durchschieben ③ *(trasladar)* verlegen; ~ **a limpio** ins Reine schreiben ④ *(dar)* reichen ⑤ *(una temporada)* verbringen; ~ **el invierno en Mallorca** auf Mallorca überwintern; ~**lo bien** sich amüsieren; ~**lo en grande** einen Riesenspaß haben; ~**lo mal** eine schlechte Zeit durchleben; **¡que lo paséis bien!** viel Spaß! ⑥ *(sufrir)* leiden; ~ **hambre** hungern; ~ **frío** frieren; **has pasado mucho** du hast viel durchgemacht; **pasé un mal rato** es ging mir schlecht ⑦ *(trasmitir)* übertragen; *(una película)* vorführen; *(una noticia)* weiterleiten; *(dinero)* überweisen; ~ **un recado** etwas ausrichten; **me has pasado el resfriado** du hast mich mit deiner Erkältung angesteckt; **le paso a la Sra. Ortega** ich verbinde Sie mit Fr. Ortega ⑧ *(sobrepasar)* übertreffen; *(cierta edad)* überschreiten; **he pasado los treinta** ich bin schon über dreißig; **te paso en altura** ich bin größer als du ⑨ *(hacer deslizar)* ~ **la mano por la mesa** mit der Hand über den Tisch streichen; ~ **la aspiradora** Staub saugen ⑩ *(tolerar)* durchgehen lassen ⑪ *(aprobar)* bestehen ⑫ *(omitir)* auslassen ⑬ *(leer sin atención)* überfliegen; *(recitar sin atención)* herunterleiern ⑭ *(repasar)* wiederholen; *(estudiar)* durchgehen ⑮ *(tragar)* (hinunter)schlucken; **no puedo** ~**me la pastilla** ich krieg die Tablette nicht runter ⑯ *(colar)* passieren ⑰ *(la pelota)* abspielen; *(a alguien)* zuspielen ⑱ *(las hojas de un libro)* umblättern ⑲ *(géneros prohibidos)* schmuggeln **III.** *vr:* ~**se** ① *(acabarse)* verstreichen; *(dolor)* nachlassen; **se me han pasado las ganas** ich habe keine Lust mehr; **ya se le** ~**á el enfado** sein/ihr Ärger wird schon verfliegen; ~**se de fecha** das Verfallsdatum überschreiten ② *(exagerar)* übertreiben; ~**se de la raya** über die Stränge schlagen; ~**se de listo** besonders schlau sein wollen; **te has pasado de listo** da hast du dich selbst überlistet; **te has pasado un poco con la sal** du hast etwas zu viel Salz genommen ③ *(por un sitio)* vorbeigehen; **me pasé un rato por casa de mi tía** ich habe kurz bei meiner Tante vorbeigeschaut; **se me pasó por la cabeza que...** es ging mir durch den Kopf, dass ...; **no se te pasará ni por la imaginación** du wirst ja wohl nicht im Traum daran denken; ~**se la mano por el pelo** sich *dat* mit der Hand durch die Haare fahren ④ *(cambiar)* wechseln (**a** zu +*dat*); (MIL) überlaufen (**a** zu +*dat*); **se ha pasado de trabajadora a perezosa** sie ist jetzt nicht mehr fleißig, sondern faul ⑤ *(olvidarse)* entfallen; **se me pasó tu cumpleaños** ich habe deinen Geburtstag vergessen ⑥ *(estropearse)* verderben; *(fruta)* faul werden; *(alimentos)* schlecht werden; *(leche)* sauer werden; *(mantequilla)* ranzig werden; *(flores)* welken; **se ha pasado el arroz** der Reis ist zerkocht ⑦ *(escaparse)* entgehen; **se me pasó la oportunidad** ich verpasste die Chance; **se me pasó el turno** ich

merkte nicht, dass ich an der Reihe war ❽ *(loc)* **~se de moda** aus der Mode kommen

pasarela [pasa'rela] *f* ❶ *(para desfiles)* Laufsteg *m* ❷ *(de un barco)* Gangway *f* ❸ *(puente provisional)* Steg *m; (para peatones)* Fußgängerübergang *m*

pasarrato [pasa'rrato] *m (Méx, PRico),* **pasatiempo** [pasa'tjempo] *m (diversión)* Zeitvertreib *m; (hobby)* Freizeitbeschäftigung *f;* **los ~s del periódico** die Rätselecke in der Zeitung

pascana [pas'kana] *f* ❶ *(AmS: etapa de un viaje)* Reiseaufenthalt *m* ❷ *(Arg, Bol, Perú: posada)* Raststätte *f*

Pascua ['paskwa] *f* ❶ *(de resurrección)* Ostern *nt;* **~ de florida, Domingo de ~** Ostersonntag *m;* **mona de ~** ≈ Osterkuchen *m;* **de ~s a Ramos** sehr selten ❷ *(fiesta judía)* Passah(fest) *nt* ❸ *pl (navidad)* Weihnachten *nt;* **dar las ~s** frohe Weihnachten wünschen ❹ *pl (Pentecostés)* Pfingsten *nt* ❺ *(loc)* **¡y santas ~s!** und damit basta!; **santas ~s** wenn es denn sein muss; **estar como una(s) ~(s)** sich freuen wie ein Schneekönig; **tener cara de ~(s)** *(fam)* strahlen wie ein Honigkuchenpferd; **hacer la ~ a alguien** jdm das Leben schwer machen

pase ['pase] *m* ❶ *(desfile)* Modenschau *f* ❷ (DEP) Pass *m* ❸ (CINE) (Film)vorführung *f* ❹ *(en los naipes)* Passen *nt* ❺ *(permiso)* Erlaubnis *f; (licencia)* Lizenz *f;* (MIL) Passierschein *m; (para entrar gratis)* Freikarte *f; (para viajar en tren)* Freifahrkarte *f; (durante un largo periodo)* Dauerkarte *f;* **~ (de trasporte)** Transporterlaubnis *f* ❻ *(Am: pasaporte)* (Reise)pass *m*

paseante [pase'aṇte] *mf* Spaziergänger(in) *m(f);* **~ (en corte)** *(fam)* Müßiggänger(in) *m(f)*

pasear [pase'ar] **I.** *vt* ❶ *(en coche)* spazieren fahren; *(a pie)* spazieren führen; **~ al perro** mit dem Hund Gassi gehen *fam;* **~ a un caballo** einem Pferd Auslauf verschaffen ❷ *(llevar a todas las partes)* (überall) herumzeigen **II.** *vi, vr:* **~se** ❶ *(a pie)* spazieren gehen; *(en coche)* spazieren fahren; *(a caballo)* ausreiten (**por** in +*dat*) ❷ *(caballo)* traben **III.** *vr:* **~se** ❶ *(discurrir)* **se me pasean miles de ideas por la cabeza** mir schießen tausend Ideen durch den Kopf ❷ *(estar ocioso)* herumhängen

paseo [pa'seo] *m* ❶ *(a pie)* Spaziergang *m; (en coche/barco)* Spazierfahrt *f; (en caballo)* Ausritt *m;* **dar un ~** spazieren gehen; **¡vete a ~!** hau ab!; **mandar a alguien a ~** jdn zum Teufel jagen ❷ *(para pasear)* Promenade *f;* **~ marítimo** Strandpromenade *f* ❸ *(distancia)* Katzensprung *m;* **de aquí al colegio solo hay un ~** von hier bis zur Schule ist es nur ein Katzensprung

pasibilidad [pasiβili'ða^{d}] *f* Empfindsamkeit *f*

pasillo [pa'siʎo] *m (corredor)* Korridor *m; (entre habitaciones/pisos)* Gang *m*

pasión [pa'sjon] *f* ❶ *(ardor)* Leidenschaft *f;* **~ de ánimo** Sehnsucht *f;* **con ~** leidenschaftlich; **sin ~** nüchtern ❷ *(afecto)* Liebe *f; (preferencia)* Vorliebe *f;* **sentir ~ por el fútbol** passionierter Fußballfan sein ❸ *(padecimiento)* Leiden *nt* ❹ *(de Jesucristo)* Passion *f*

pasional [pasjo'nal] *adj* ❶ *(ardiente)* leidenschaftlich; **crimen ~** Verbrechen aus Leidenschaft ❷ (REL) Passions-

pasionaria [pasjo'narja] *f* ❶ (BOT) Passionsblume *f* ❷ *(flor)* Passionsblüte *f* ❸ *(fruto)* Passionsfrucht *f*

pasito [pa'sito] *adv* ❶ *(sin prisa)* gemächlich, langsam; *(con tiento)* behutsam, sachte ❷ *(en voz baja)* leise

pasividad [pasiβi'ða^{d}] *f* Passivität *f*

pasivo[1] [pa'siβo] *m* ❶ *(deuda)* Verbindlichkeiten *fpl* ❷ *(en el balance)* Soll *nt* ❸ (LING) Passiv *nt* ❹ *(pensión)* Rente *f*

pasivo, -a[2] [pa'siβo, -a] **I.** *adj* ❶ *(que es objeto, indiferente, inactivo)* passiv ❷ (LING) passivisch; **verbo ~** Verb im Passiv; **voz pasiva** Passiv *nt* ❸ (ECON) **haber ~** Rente *f;* **las clases ~s** die Rentenempfänger **II.** *m, f* Rentenempfänger(in) *m(f)*

pasma ['pasma] *f (fam)* Bullen *mpl*

pasmado, -a [pas'maðo, -a] **I.** *adj (torpe)* tölpelhaft **II.** *m, f* Tölpel *m*

pasmar [pas'mar] **I.** *vt* ❶ *(enfriar)* gefrieren lassen; **la helada ha pasmado las lechugas** die Salatköpfe sind im Frost eingegangen ❷ *(asombrar)* verblüffen; **me has dejado pasmado** ich bin sprachlos; **no te quedes ~** schau nicht so dumm aus der Wäsche ❸ *(enajenar)* begeistern ❹ *(aturdir)* betäuben **II.** *vr:* **~se** ❶ *(helarse)* gefrieren; *(planta)* im Frost eingehen ❷ *(asombrarse)* verblüfft sein ❸ *(quedar fascinado)* begeistert sein (**ante** von +*dat*)

pasmarote [pasma'rote] *m (fam)* Trottel *m*

pasmo ['pasmo] *m* ❶ *(asombro)* Verwunderung *f; (admiración)* Bewunderung *f* ❷ *(objeto)* Erstaunliche(s) *nt;* **ser el ~ de alguien** *(fam: asombrar)* jdn verblüffen; *(enajenar)* jdn begeistern

pasmoso, -a [pas'moso, -a] *adj* unglaublich

pasmuno, -a [pas'muno, -a] *adj (PRico)* chronisch; **tiene una llaga pasmuna** er/

sie hat eine schwer heilende (Schürf)wunde

paso ['paso] **I.** *m* ① *(acción de pasar)* Vorbeiziehen *nt; (a pie)* Vorbeischreiten *nt; (en coche)* Vorbeifahren *nt;* **al ~** im Vorübergehen; **me salió al ~ en el pasillo** er/sie hielt mich auf dem Gang an; **ceder el ~** *(a una persona)* vorlassen; *(en el tráfico)* Vorfahrt gewähren *+dat;* **estar de ~** auf der Durchreise sein; **al ~ que come ve la tele** er/sie sieht während des Essens fern; **de ~** *(indirectamente)* nebenbei; **de ~ que vas al centro, puedes llevarme a la estación** wenn du in die Stadt fährst, kannst du mich bei der Gelegenheit am Bahnhof absetzen; **nadie salió al ~ de sus mentiras** keiner gebot seinen/ihren Lügen Einhalt ② *(movimiento)* Schritt *m; (progreso)* Fortschritt *m;* **bailar a ~ de vals** einen Walzer tanzen; **ir al ~** im Schritt gehen; **llevar el ~ al ritmo de una melodía** im Rhythmus einer Melodie marschieren; **marcar el ~** auf der Stelle marschieren; **a cada ~** ständig; **a ~ llano** problemlos; **~ a ~** Schritt für Schritt; **contar los ~s a alguien** jdn auf Schritt und Tritt beobachten; **dar un ~ adelante/atrás** einen Schritt nach vorne/nach hinten machen; **dar un ~ en falso** mit dem Fuß umknicken; *(fig)* einen falschen Schritt machen; **he dado un enorme ~ en mis investigaciones** ich bin in meinen Forschungen einen enormen Schritt vorangekommen ③ *(velocidad)* Tempo *nt;* **a ~s agigantados** im Eilschritt; *(fig)* rapide; **a buen ~** schnell; **a ~ de tortuga** im Schneckentempo; **a este ~ no llegarás** bei diesem Tempo kommst du nie an; **a este ~ no conseguirás nada** *(fig)* auf diese Art (und Weise) erreichst du nichts ④ *(sonido)* Schritt *m; (de un caballo)* Hufschlag *m* ⑤ *(manera de andar)* Gang *m;* **salir de su ~** neue Wege beschreiten ⑥ *(pisada)* Fußabdruck *m; (de un animal)* Spur *f;* **seguir los ~s de alguien** jdn auf Schritt und Tritt verfolgen; *(fig)* in jds Fußstapfen treten; **volver sobre sus ~s** umkehren ⑦ *(distancia)* Schritt *m;* **vive a dos ~s de mi casa** er/sie wohnt gleich bei mir um die Ecke ⑧ *(pasillo)* Durchgang *m; (en el mar)* Straße *f; (entre montañas)* (Berg)pass *m;* **~ de peatones** Fußgängerüberweg *m;* **~ subterráneo** Unterführung *f;* **abrirse ~** sich *dat* Durchgang verschaffen; *(fig)* seinen Weg machen; **esta puerta da ~ al jardín** diese Tür führt in den Garten; **¡prohibido el ~!** *(pasar)* Durchgang verboten!; *(entrar)* kein Zutritt!; **andar en malos ~s** auf Abwege geraten; **con este dinero puedo salir del ~** dieses Geld hilft mir aus der Klemme; **solamente lo has dicho para salir del ~** das hast du nur gesagt, um dich aus der Affäre zu ziehen ⑨ *(para atravesar algo)* Übergang *m;* **~ de cebra** Zebrastreifen *m;* **~ a nivel** (Eisen)bahnübergang *m;* **¡~!** Platz da! ⑩ *(medida)* Schritt *m;* **dar todos los ~s necesarios** die erforderlichen Schritte unternehmen; **no dar ~** nichts unternehmen; **dar un ~ en falso** einen Fauxpas begehen ⑪ *(de un contador)* Zählereinheit *f;* **marcar los ~s** die Einheiten zählen ⑫ *(de un escrito)* Passage *f* **II.** *adv* leise

pasodoble [paso'ðoβle] *m* Paso doble *m*

pasota [pa'sota] **I.** *adj* anarchistisch; *(fig)* cool **II.** *mf* (gesellschaftlicher) Außenseiter, (gesellschaftliche) Außenseiterin *m, f; (fig)* Freak *m;* **ser un ~** *(fig)* über den Dingen stehen

pasotismo [paso'tismo] *m* ① *(movimiento)* No-Future-Bewegung *f* ② *(forma de pensar)* Null-Bock-Mentalität *f*

pasquín [pas'kin] *m* Schmähschrift *f*

password ['paswor^{ð}] <passwords> *m* (INFOR) Passwort *nt*

pasta ['pasta] *f* ① *(masa)* Paste *f; (para un pastel)* Teig *m; (para paredes)* Spachtelmasse *f; (para madera, ventanas)* Kitt *m;* **~ de dientes** Zahnpasta *f* ② *(fideos)* Nudeln *f pl; (comida italiana)* Nudelgericht *nt* ③ *(pastelería)* Kleingebäck *nt* ④ *(encuadernación)* Bucheinband *m* ⑤ *(fam: dinero)* Knete *f* ⑥ *(madera)* Holz *nt;* **tener ~ para algo** das Zeug zu etw *dat* haben; **tiene ~ para ser ministro** er ist aus dem Holz, aus dem man Minister macht; **tener buena ~** ein gutmütiges Wesen haben

pastaflora [pasta'flora] *f* (GASTR) *sehr feiner, leichter Teig aus Mehl, Zucker und Eiern;* **ser de ~** *(fam)* ein Weichling sein

pastar [pas'tar] **I.** *vt* weiden lassen **II.** *vi* weiden

paste(u)rizado, -a [paste(u̯)ri'θaðo, -a] *adj* pasteurisiert

paste(u)rizar [paste(u̯)ri'θar] <z → c> *vt* pasteurisieren

pastear [paste'ar] **I.** *vt* ① *(pastar)* auf die Weide treiben, weiden lassen ② *(Perú: espiar)* nachspionieren (**a** *+dat*), nachschnüffeln (**a** *+dat*) *fam* **II.** *vi* weiden, grasen

pastel [pas'tel] *m* ① *(torta)* Kuchen *m,* Torte *f; (bollo)* Gebäckstück *nt; (de carne/pescado)* Pastete *f* ② *(lápiz)* Buntstift *m* ③ *(pintura)* Pastell *nt* ④ *(chapucería)* Pfusch *m* ⑤ *(loc)* **descubrir el ~** Lunte riechen; **vámonos antes de que se descubra el ~** lass uns abhauen, bevor alles auffliegt

pastelear [pastele'ar] *vi* ❶ *(contemporizar)* sich einschmeicheln ❷ *(chanchullear)* mauscheln

pasteleo [paste'leo] *m (fam)* Schmeichelei *f*

pastelera [paste'lera] *f v.* **pastelero**

pastelería [pastele'ria] *f* ❶ *(comercio, arte)* Konditorei *f* ❷ *(pasteles)* Backwaren *fpl*

pastelero, -a [paste'lero, -a] *m, f* ❶ *(repostero)* Konditor(in) *m(f)* ❷ *(contemporizador)* Wendehals *m;* **ser un ~** sein Fähnchen nach dem Wind drehen; *(transigir fácilmente)* kein Rückgrat haben

pastelillo [paste'liʎo] *m (dulce)* Gebäckstück *nt; (de carne/pescado)* Pastetchen *nt*

pastiche [pas'tiʧe] *m* Plagiat *nt*

pastilla [pas'tiʎa] *f* ❶ *(medicinal)* Tablette *f;* **~ contra el dolor** Schmerztablette *f;* **~ para la garganta** Lutschtablette *f;* **~ para la tos** Hustenbonbon *nt;* **~ efervescente** Brausetablette *f;* **~ de amoníaco** Salmiakpastille *f* ❷ *(dulce)* Bonbon *nt;* **~ de café con leche** Mokkabonbon *nt* ❸ *(trozo)* Stück *nt;* **~ de caldo** Brühwürfel *m;* **~ de chocolate** Tafel Schokolade; **~ de jabón** Stück Seife ❹ *(loc)* **ir a toda ~** *(fam)* einen Affenzahn draufhaben

pastizal [pasti'θal] *m* Weide *f*

pasto ['pasto] *m* ❶ *(pastura)* Weiden *nt* ❷ *(pastizal)* Weide *f* ❸ *(hierba)* Weidegras *nt;* **~ seco** Heu *nt* ❹ *(alimento)* Futter *nt* ❺ *(materia, rumores)* Nahrung *f;* **ser ~ de las llamas** den Flammen zum Opfer fallen; **ser ~ de la murmuración** ein gefundes Fressen für böse Zungen sein ❻ *(loc)* **a todo ~** im Überfluss; **pudimos beber y comer a ~** wir konnten nach Herzenslust essen und trinken; **de ~** für den täglichen Gebrauch; **vino de ~** Tafelwein *m*

pastón [pas'ton] *m* ❶ *aum de* **pasta** *(fam)* **un ~** ein Haufen Geld ❷ *(tierra)* (unfruchtbares) Weideland *nt*

pastor[1] [pas'tor] *m* ❶ (REL) Pastor *m; (obispo)* Bischof *m* ❷ (ZOOL) **~ alemán** Schäferhund *m;* **perro ~** Hirtenhund *m*

pastor(a)[2] [pas'tor(a)] *m(f) (de ganado)* (Vieh)hirt(in) *m(f); (de ovejas)* Schäfer(in) *m(f)*

pastoral [pasto'ral] **I.** *adj* ❶ *(relativo a los prelados)* Bischofs-; **carta ~** Hirtenbrief *m* ❷ *(idílico)* pastoral; **poesía ~** Hirtendichtung *f* **II.** *m* (MÚS, LIT) Pastorale *nt o f*

pastorear [pastore'ar] *vt* ❶ *(cuidar el ganado)* hüten; *(llevarlo a los pastos)* auf die Weide treiben ❷ (REL) (be)hüten ❸ *(AmC: mimar)* verwöhnen ❹ *(Am: atisbar)* beäugen

pastoreo [pasto'reo] *m* Weiden *nt*

pastosidad [pastosi'ða^{d}] *f* ❶ *(viscosidad)* Geschmeidigkeit *f* ❷ *(pegajosidad)* Klebrigkeit *f; (espesura)* Zähflüssigkeit *f* ❸ *(voz)* voller Klang *m*

pastoso, -a [pas'toso, -a] *adj* ❶ *(blando)* geschmeidig ❷ *(pegajoso)* klebrig; *(espeso)* zäh(flüssig); **lengua pastosa** belegte Zunge ❸ *(voz)* sonor ❹ *(Am: región)* reich an Weidefläche

pata ['pata] *f* ❶ (ANAT: *fam)* Bein *nt; (de un perro)* Pfote *f; (de un gato)* Tatze *f; (de una silla)* Stuhlbein *nt; (de una mesa)* Tischbein *nt;* **~ de gallo** (BOT) Hahnenfuß *m; (dibujo)* Hahnentrittmuster *nt;* **~s de gallo** *(en el rostro)* Krähenfüße *mpl;* **~ de palo** Holzbein *nt;* **mala ~** *(fam)* Pech *nt;* **estirar la ~** *(fam)* den Löffel abgeben; **ir a ~** *(fam)* zu Fuß gehen; **meter la ~** *(cometer una indiscreción)* ins Fettnäpfchen treten; *(intervenir)* dazwischenpfuschen; **he metido la ~** ich habe es verdorben; **~s arriba** durcheinander; **la habitación está ~s arriba** im Zimmer herrscht ein wüstes Durcheinander; **poner todo ~s arriba** alles auf den Kopf stellen; **a la ~ coja** auf einem Bein; **a (la) ~ llana** ungekünstelt; **a cuatro ~s** auf allen Vieren; **poner a alguien de ~s en la calle** jdn an die (frische) Luft setzen ❷ (ZOOL) Ente *f* ❸ *(fam: cojo)* Hinkebein *nt*

patada [pa'taða] *f* ❶ *(contra algo)* (Fuß)tritt *m; (en el suelo)* (Auf)stampfen *nt;* **dar una ~ contra la pared** gegen die Wand treten; **dar ~s en el suelo** auf den Boden stampfen; **romper una puerta a ~s** eine Tür eintreten; **dar la ~ a alguien** jdm den Laufpass geben; **me da cien ~s** er/sie/es geht mir gegen den Strich; **echar a alguien a ~s** jdn hochkant hinauswerfen; **tratar a alguien a ~s** jdn mit Füßen treten; **a ~s** *(fig)* in Hülle und Fülle ❷ *(fam: paso)* Schritt *m; (de un caballo)* Hufschlag *m;* **esto me ha costado muchas ~s** *(fig)* ich habe mich dafür ganz schön abstrampeln müssen ❸ *(huella de un pie)* Fußabdruck *m; (de una pata)* Spur *f*

Patagonia [pata'ɣonja] *f* Patagonien *nt*

patalear [patale'ar] *vi* strampeln; *(en el suelo)* trampeln; **~ de rabia** vor Wut wild auf den Boden stampfen; **está que patalea** er/sie ist außer sich *dat*

pataleo [pata'leo] *m* ❶ *(acción de patalear)* Strampeln *nt; (en el suelo)* Trampeln *nt* ❷ *(ruido)* Getrappel *nt* ❸ *(queja)* Protest *m;* **derecho al ~** Recht auf Widerrede

P

pataleta [pata'leta] *f (fam)* Wutanfall *m*
patán [pa'tan] **I.** *adj* bauernhaft; **ser ~** *(fig)* keine Manieren haben **II.** *m* Bauer *m*
patarata [pata'rata] *f* ❶ *(tontería)* Unsinn *m*, Schwachsinn *m* ❷ *(ridiculez)* Albernheit *f; (comportamiento afectado)* (affektiertes) Getue *nt*
pataratero, -a [patara'tero, -a] **I.** *adj* albern, affektiert **II.** *m, f* Schwätzer(in) *m(f)*, affektierter Mensch *m*
patas ['patas] *m inv (fam)* Teufel *m*
patasca [pa'taska] *f (Am)* ❶ *(Arg:* GASTR) *Gericht aus gekochtem Schweinefleisch mit Mais* ❷ *(Pan: disputa)* Streit *m*
patata [pa'tata] *f* Kartoffel *f;* **~s bravas** wilde Kartoffeln *f pl (frittierte Kartoffeln mit scharf gewürzter Mayonnaise);* **~s fritas** Pommes frites *pl;* **una bolsa de ~s fritas** eine Tüte (Kartoffel)chips; **no entender ni ~** *(fam: palabra)* kein Wort verstehen; *(ser tonto)* strohdumm sein
patatús [pata'tus] *m inv (fam)* ❶ *(desmayo)* Ohnmachtsanfall *m;* **le dio un ~** er/sie wurde ohnmächtig ❷ *(síncope)* Zusammenbruch *m;* **me ha dado un ~** ich bin zusammengeklappt
patchwork [paʧ'worˠ] *m* Patchwork *nt*
paté [pa'te] *m* (GASTR) Leberpastete *f*
pateadura [patea'ðura] *f*, **pateamiento** [patea'mjen̪to] *m* ❶ *(golpe)* Tritt *m* ❷ *(pisoteo)* Zertrampeln *nt* ❸ *(en el suelo)* Getrampel *nt*, Stampfen *nt; (fig: de rabia)* Toben *nt*
patear [pate'ar] **I.** *vt* ❶ *(dar golpes)* treten (gegen +*akk*); **~ el estómago a alguien** jdm [*o* jdn] in den Magen treten ❷ *(pisotear)* zertrampeln ❸ *(tratar rudamente)* mit Füßen treten **II.** *vi* ❶ *(en el suelo)* trampeln; *(estar enfadado)* (vor Wut) außer sich *dat* sein ❷ *(andar mucho)* viel herumlaufen; **estar pateando todo el día** den ganzen Tag auf Achse sein; **tuve que ~ para tener este éxito** für diesen Erfolg habe ich mich abstrampeln müssen
patentado, -a [paten̪'taðo, -a] *adj* (JUR) patentiert
patentar [paten̪'tar] *vt* ❶ *(registrar)* patentieren (lassen) ❷ *(conceder patentes)* genehmigen
patente [pa'ten̪te] **I.** *adj* ❶ *(visible)* sichtbar ❷ *(evidente)* eindeutig; **hacer ~** aufzeigen; *(comprobar)* beweisen; *(revelar)* ans Licht bringen **II.** *f* ❶ *(documento)* Bescheinigung *f; (permiso)* Genehmigung *f;* **~ de comercio** Gewerbeschein *m;* **~ de sanidad** Gesundheitspass *m* ❷ *(título)* Patent *nt;* **~ de piloto** Pilotenschein *m* ❸ (JUR) Patent *nt;* **~ industrial** gewerbliches Patent; **~ pendiente** zum Patent angemeldet; **~ de privilegio** Erfindungspatent *nt;* **solicitar la ~** zum Patent anmelden
patentizar [paten̪ti'θar] <z → c> *vt* offenlegen, (auf)zeigen, beweisen, ans Licht bringen, aufdecken
pateo [pa'teo] *m* ❶ *(en el suelo)* Getrampel *nt*, Stampfen *nt; (de rabia)* Toben *nt* ❷ *(abucheo)* Ausbuhen *nt*, Buhrufe *m pl*
patera [pa'tera] *f* kleines Holzboot *nt*
paternal [pater'nal] *adj* väterlich; **amor ~** Vaterliebe *f*
paternalismo [paterna'lismo] *m* ❶ *(carácter paternal)* Väterlichkeit *f* ❷ *(actitud protectora)* Bevormundung *f* ❸ (POL) Paternalismus *m*
paternidad [paterni'ðaᵈ] *f* ❶ *(relación)* Vaterschaft *f* ❷ *(calidad)* Väterlichkeit *f* ❸ (REL) **Vuestra P~** Euer Hochwürden
paterno, -a [pa'terno, -a] *adj* väterlich, Vater-; **casa paterna** Elternhaus *nt;* **mi abuelo ~** mein Großvater väterlicherseits
patético, -a [pa'tetiko, -a] *adj* ❶ *(conmovedor)* ergreifend; *(tierno)* rührend; *(manifestando dolor)* leidend ❷ *(pey: exagerado)* pathetisch
patetismo [pate'tismo] *m sin pl* ❶ *(que conmueve)* Bewegende(s) *nt*, Ergreifende(s) *nt* ❷ *(pey: sentimentalidad exagerada)* Pathetik *f*
patibulario, -a [patiβu'larjo, -a] *adj* Furcht erregend, schaurig
patíbulo [pa'tiβulo] *m* Schafott *nt; (horca)* Galgen *m*
paticojo, -a [pati'koxo, -a] **I.** *adj (fam)* hinkend **II.** *m, f (fam)* Hinkebein *nt*
patidifuso, -a [patiði'fuso, -a] *adj* verblüfft; *(de horror)* entsetzt; **me quedé ~** ich war sprachlos
patilla [pa'tiʎa] *f* ❶ *(de unas gafas)* Bügel *m; (de un madero)* Stift *m* ❷ *pl (pelo)* Koteletten *pl*
patín [pa'tin] *m* ❶ *(de hielo)* Schlittschuh *m; (de ruedas)* Rollschuh *m;* **patines en línea** Inlineskates *m pl* ❷ *(patinete)* Roller *m* ❸ *(de vela)* Katamaran *m; (de pedales)* Tretboot *nt* ❹ (TÉC) Kufe *f*
pátina ['patina] *f sin pl* Patina *f*
patinador(a) [patina'ðor(a)] **I.** *adj (sobre cuchillas)* gleitend; *(sobre ruedas)* rollend **II.** *m(f) (de hielo)* Schlittschuhläufer(in) *m(f); (sobre ruedas)* Rollschuhläufer(in) *m(f); (artístico sobre hielo)* Eiskunstläufer(in) *m(f); (sobre ruedas)* Rollkunstläufer(in) *m(f); (de velocidad)* Eisschnellläufer(in) *m(f)*
patinaje [pati'naxe] *m* ❶ *(sobre hielo)* Schlittschuhlaufen *nt; (sobre ruedas)* Rollschuhlaufen *nt;* **~ artístico** *(sobre hielo)*

P

Eiskunstlauf *m; (sobre ruedas)* Rollkunstlauf *m;* ~ **de velocidad** Eisschnelllauf *m* ❷ *(deslizamiento)* (Aus)rutschen *nt; (de un vehículo)* Schleudern *nt*

patinar [pati'nar] *vi* ❶ *(sobre patines de hielo)* eislaufen; *(sobre patines de ruedas)* Rollschuh laufen ❷ *(deslizarse)* ausrutschen; *(un vehículo)* ins Schleudern geraten ❸ *(equivocarse)* sich *dat* einen Ausrutscher leisten

patinazo [pati'naθo] *m* ❶ *(deslizamiento)* (Aus)rutschen *nt; (de un vehículo)* Schleudern *nt* ❷ *(equivocación, indiscreción)* Ausrutscher *m*

patinete [pati'nete] *m* Roller *m*

patio ['patjo] *m* ❶ (ARQUIT) Hof *m; (interior)* Innenhof *m; (entre dos casas)* Hinterhof *m;* ~ **de recreo** Schulhof *m* ❷ (TEAT) Parkett *nt*

patiperrear [patiperre'ar] *vi (Chil)* umherstreichen, herumirren

patitieso, -a [pati'tjeso, -a] *adj* ❶ *(paralizado)* steif, starr; **quedarse ~ de frío** vor Kälte erstarren ❷ *(sorprendido)* verdutzt, verblüfft; **quedarse ~** platt [*o* sprachlos] sein

patituerto, -a [pati'twerto, -a] *adj* ❶ *(patas, piernas torcidas)* krummbeinig; **ser ~** O-Beine haben ❷ *(torcido)* krumm, verbogen

patizambo, -a [pati'θambo, -a] *adj* krummbeinig; **ser ~** X-Beine haben

pato, -a ['pato, -a] *m, f* ❶ (ZOOL) Ente *f; (macho)* Erpel *m;* **pagar el ~** der/die Leidtragende sein; **estar hecho un ~ (de agua)** klatschnass sein ❷ *(fam: torpe)* Trampel *m o nt*

patochada [pato'ʧaða] *f (tontería)* Unsinn *m;* **decir ~s** albernes Zeug reden

patógeno, -a [pa'toxeno, -a] *adj* (MED) krankheitserregend; **germen ~** Krankheitserreger *m*

patología [patolo'xia] *f* Pathologie *f*

patológico, -a [pato'loxiko, -a] *adj* (MED) pathologisch; *(fig)* krankhaft

patoso, -a [pa'toso, -a] *adj* ❶ *(soso)* witzlos ❷ *(torpe)* ungeschickt

patraña [pa'traɲa] *f* Lüge *f*

patria ['patrja] *f* Heimat *f;* ~ **adoptiva** Wahlheimat *f;* ~ **celestial** Himmel *m;* **madre ~** Mutterland *nt; (Am)* Spanien *nt*

patriarca [pa'trjarka] *m* (REL) Patriarch *m*

patriarcado [patrjar'kaðo] *m* (SOCIOL, REL) Patriarchat *nt*

patriarcal [patrjar'kal] **I.** *adj* (*t.* REL) patriarchalisch **II.** *f* (REL) ❶ *(iglesia)* Patriarchalkirche *f* ❷ *(patriarcado)* Patriarchat *nt*

patricio, -a [pa'triθjo, -a] **I.** *adj* patrizisch **II.** *m, f* ❶ *(noble romano)* Patrizier(in) *m(f)* ❷ *(notable)* renommierter Bürger, renommierte Bürgerin *m, f,* Patrizier(in) *m(f) geh*

patrimonial [patrimo'njal] *adj* Erb-; **bien ~** Erbe *nt*

patrimonio [patri'monjo] *m* ❶ *(herencia)* Erbe *nt;* ~ **cultural** Kulturgut *nt;* ~ **cultural de la humanidad** Weltkulturerbe *nt* ❷ *(riqueza)* Vermögen *nt*

patrio, -a ['patrjo, -a] *adj* ❶ *(relativo a la patria)* Heimat-, vaterländisch ❷ *(relativo al padre)* väterlich

patriota [pa'trjota] **I.** *adj* patriotisch **II.** *mf* ❶ *(que ama a su patria)* Patriot(in) *m(f)* ❷ *(compatriota)* Landsmann, -männin *m, f*

patriotería [patrjote'ria] *f,* **patrioterismo** [patrjote'rismo] *m* Chauvinismus *m,* Nationalismus *m*

patriotero, -a [patrjo'tero, -a] **I.** *adj* chauvinistisch **II.** *m, f* Chauvinist(in) *m(f)*

patriótico, -a [pa'trjotiko, -a] *adj* patriotisch

patriotismo [patrjo'tismo] *m* ❶ *(del patriota)* Patriotismus *m* ❷ *(del patriotero)* Chauvinismus *m*

patrocinador(a) [patroθina'ðor(a)] *m(f)* Schirmherr(in) *m(f);* (DEP) Sponsor(in) *m(f)*

patrocinar [patroθi'nar] *vt* unterstützen; *(apadrinar)* die Schirmherrschaft übernehmen +*gen;* (DEP) sponsern

patrocinio [patro'θinjo] *m* ❶ *(protección)* Unterstützung *f; (cargo)* Schirmherrschaft *f* ❷ (DEP) Sponsoring *nt*

patrón[1] [pa'tron] *m* ❶ *(modelo)* Muster *nt; (de costura)* Schnittmuster *nt* ❷ (FIN) ~ **monetario** Ankerwährung *f*

patrón, -ona[2] [pa'tron, -ona] *m, f* ❶ *(que protege)* Beschützer(in) *m(f)* ❷ *(jefe)* Chef(in) *m(f)* ❸ *(de una casa)* Hausherr(in) *m(f); (de una pensión)* Hauswirt(in) *m(f)* ❹ *(santo)* Schutzheilige(r) *mf*

patronal [patro'nal] **I.** *adj (empresario)* Arbeitgeber-; **cierre ~** Aussperrung *f* **II.** *f* Arbeitgeberverband *m*

patronato [patro'nato] *m,* **patronazgo** [patro'naθɣo] *m* ❶ *(protección)* Schirmherrschaft *f* ❷ (ECON) Arbeitgeberverband *m* ❸ *(fundación)* Wohlfahrtsverband *m* ❹ *(junta directiva)* Vorstand *m*

patrono, -a [pa'trono, -a] *m, f* ❶ *(jefe)* Arbeitgeber(in) *m(f)* ❷ *(de un feudo)* Gutsherr(in) *m(f)* ❸ *(miembro del patronato)* Vorstandsmitglied *nt* ❹ (REL) Schutzheilige(r) *mf*

patrulla [pa'truʎa] *f* (MIL) Patrouille *f; (de policía)* (Polizei)streife *f;* **estoy de ~** ich bin im Streifendienst; **la policía está de ~** die Polizei geht auf Streife

patrullaje [patru'ʎaxe] *m* Patrouille *f*, Kontrollgang *m*
patrullar [patru'ʎar] *vi, vt* patrouillieren
patrullero [patru'ʎero] *m* ❶ (MIL: *buque*) Patrouillenboot *nt; (avión)* Flugzeug *nt* für Erkundungsflüge ❷ *(de policía)* Polizeistreife *f*
patucos [pa'tukos] *mpl (para bebés)* Babyschühchen *ntpl; (para mayores)* Bettschuhe *mpl*
paturro, -a [pa'turro, -a] *adj (Col)* pummelig, rundlich
paular [pau̯'lar] *m* ❶ *(pantano)* Sumpf *m*, Morast *m* ❷ *(atolladero)* Pfütze *f*, (Wasser)lache *f*
paulatinamente [pau̯latina'mente] *adv* nach und nach, allmählich, mit der Zeit; **recuperarse ~ de algo** sich allmählich von etw *dat* erholen
paulatino, -a [pau̯la'tino, -a] *adj* (sehr) langsam
paupérrimo, -a [pau̯'perrimo, -a] *adj superl de* **pobre**
pausa ['pau̯sa] *f* Pause *f*; **con ~** langsam
pausado, -a [pau̯'saðo, -a] *adj* langsam
pauta ['pau̯ta] *f* ❶ *(modelo)* Muster *nt* ❷ *(normas)* Grundsatz *m*; **marcar la ~** eine Regel aufstellen ❸ *(falsilla)* Linien *fpl* ❹ *(regla)* Lineal *nt*
pautado, -a [pau̯'taðo, -a] *adj* liniert; **papel ~** liniertes Papier, Linienpapier *nt*
pava ['paβa] *f* ❶ (ZOOL) *v.* **pavo** ❷ *(fam)* **pelar la ~** *(los enamorados)* turteln ❸ *(Am: olla)* Kessel *m; (tetera)* Teekanne *f* ❹ *(Am: sombrero)* Strohhut *m* ❺ *(And, AmC: flecos)* Fransen *fpl*
pavada [pa'βaða] *f* ❶ *(CSur: disparate)* Blödsinn *m* ❷ *(CSur: poquísimo)* lächerlicher Betrag *m* ❸ *(AmC: mala suerte)* Pech *nt*
pavear [paβe'ar] **I.** *vi* ❶ *(CSur: hacer el tonto)* herumblödeln ❷ *(CSur: pelar la pava)* turteln **II.** *vt* ❶ *(And, CSur: bromear)* verschaukeln ❷ *(And: asesinar)* hinterhältig umbringen
pávido, -a ['paβiðo, -a] *adj (elev)* ❶ *(medroso)* furchtsam ❷ *(tímido)* schüchtern
pavimentación [paβimenta'θjon] *f* ❶ *(con adoquín)* Pflastern *nt; (con asfalto)* Asphaltieren *nt* ❷ *(con losas)* Fliesen *nt*
pavimentar [paβimen'tar] *vt (con adoquín)* pflastern; *(con asfalto)* asphaltieren; *(con losas)* fliesen
pavimento [paβi'mento] *m* ❶ *(recubrimiento: en una casa)* Estrich *m; (en la carretera)* Unterbau *m* ❷ *(material: en una casa)* (Fuß)bodenbelag *m; (en una carretera)* Straßenbelag *m*
pavo, -a ['paβo, -a] **I.** *m, f* ❶ (ZOOL) Truthahn, Pute *m, f*; **~ real** Pfau *m* ❷ *(persona)* Tölpel *m* ❸ *(loc)* **estar en la edad del ~** in den Flegeljahren sein; **comer ~** *(fam)* ein Mauerblümchen sein; **no es moco de ~** *(fam)* das ist kein Kinkerlitzchen; **se me subió el ~** *(fam)* ich wurde putterrot; **ir de ~** *(Am)* schwarzfahren **II.** *adj* tölpelhaft
pavón [pa'βon] *m* (ZOOL) Pfau *m*
pavonada [paβo'naða] *f (fam)* Unternehmung *f*; **darse una ~** etwas unternehmen
pavonado, -a [paβo'naðo, -a] *adj* dunkelblau; *(acero)* blau angelaufen
pavonearse [paβone'arse] *vr* sich aufspielen (**de** mit +*dat*)
pavoneo [paβo'neo] *m* Wichtigtuerei *f fam*
pavor [pa'βor] *m* Entsetzen *nt*
pavorido, -a [paβo'riðo, -a] *adj* sehr verängstigt
pavoroso, -a [paβo'roso, -a] *adj* entsetzlich
payasa [pa'ɟasa] *f v.* **payaso**
payasada [paɟa'saða] *f* Clownerie *f; (pey)* Blödsinn *m*
payaso, -a [pa'ɟaso, -a] *m, f* ❶ *(del circo)* Clown *m* ❷ *(bromista)* Spaßvogel *m*; **¡deja de hacer el ~!** hör auf den Kasper zu spielen!
payé [pa'ɟe] *m (CSur)* ❶ *(brujo)* ≈ Medizinmann *m* ❷ *(brujería)* Hexerei *f* ❸ *(amuleto)* Amulett *nt* ❹ *(poderes sobrenaturales)* übernatürliche Kräfte *fpl* ❺ *(hechizo)* Zauberspruch *m*
payés, -esa [pa'ɟes, -esa] *m, f (reg)* Bauer, Bäuerin *m, f*
payo, -a ['paɟo, -a] **I.** *adj* hinterwäldlerisch **II.** *m, f* ❶ *(campesino ignorante)* Hinterwäldler(in) *m(f)* ❷ Nichtroma(in) *m(f) (aus der Sicht der Roma)*
paz [paθ] *f* Frieden *m; (tratado)* Friedensvertrag *m*; **hacer las paces** sich versöhnen; **no dar ~ a la lengua** ohne Punkt und Komma reden; **estar en ~ con alguien** mit jdm quitt sein; **¡a la ~ de Dios!** Friede sei mit dir!; **¡... y en ~!** ... und Schluss!; **que en ~ descanse** Gott hab ihn/sie selig
pazguatería [paθɣwate'ria] *f* Dummheit *f*, Einfältigkeit *f*
pazguato, -a [paθ'ɣwato, -a] **I.** *adj* dumm **II.** *m, f* Dummkopf *m*
pazo ['paθo] *m* Herrensitz *m*
PC [pe'θe] *m inv abr de* **personal computer** (INFOR) PC *m*; **~ multimedia** Multimedia-PC *m*
P. C. [pe'θe] *m abr de* **Partido Comunista** KP *f*
P. D. [pos'ðata] *abr de* **posdata** PS
PDC [peðe'θe] *m abr de* **Partido Demó-**

P

crata Cristiano *christlich demokratische Partei*

PDP [peðe'pe] *m abr de* **Partido Demócrata Popular** *demokratische Volkspartei*

pe [pe] *f* P *nt;* **de ~ a pa** von A bis Z

peaje [pe'axe] *m* ① *(de tránsito)* Transitgebühr *f; (de carretera)* Autobahngebühr *f,* Mautgebühr *f Österr* ② *(taquilla)* Maut *f,* Mautstelle *f Österr*

peana [pe'ana] *f (pedestal)* Sockel *m*

peatón, -ona [pea'ton, -ona] *m, f* Fußgänger(in) *m(f)*

peatonal [peato'nal] *adj* Fußgänger-; **zona ~** Fußgängerzone *f*

pebete[1] [pe'βete] *m* ① *(varillas ambientadoras)* Räucherstäbchen *nt* ② *(mecha)* Zündschnur *f* (an Feuerwerkskörpern) ③ *(cosa fétida)* Gestank *m*

pebete, -a[2] [pe'βete, -a] *m, f (fam)* Knirps *m*

peca ['peka] *f* Sommersprosse *f*

pecado [pe'kaðo] *m* Sünde *f;* **~ capital** Todsünde *f;* **~ original** Erbsünde *f;* **sin ~** frei von Sünde; *(fig)* makellos; **pagar sus ~s** seine Fehler teuer bezahlen; **sería un ~ rechazarlos** es wäre eine Sünde, sie nicht anzunehmen; **a ~ nuevo, penitencia nueva** *(prov)* auf neue Sünde folgt neue Reue; **¡estos niños de mis ~s!** *(irón fam)* was soll ich mit diesen Kindern nur machen?; **¡ay, José de mis ~s!** *(irón fam)* ach, mein über alles geliebter José!

pecador(a) [peka'ðor(a)] **I.** *adj* sündig **II.** *m(f)* Sünder(in) *m(f)*

pecaminosidad [pekaminosi'ða^{d}] *f* Sünde *f,* Sündhaftigkeit *f*

pecaminoso, -a [pekami'noso, -a] *adj* sündhaft

pecante [pe'kante] **I.** *adj* sündig, sündhaft **II.** *mf* Sünder(in) *m(f)*

pecar [pe'kar] <c → qu> *vi* ① (REL: *t. fig)* sündigen ② *(errar)* einen Fehler machen ③ *(por exceso)* **~ por exceso** es übertreiben; **peca por exceso de confianza** er/sie ist zu vertrauensselig; **este no peca de hablador** der redet ja nicht gerade viel

pecera [pe'θera] *f* Fischglas *nt*

pechada [pe'tʃaða] *f* ① *(empujón)* Stoß *m* ② *(Arg: fam: sablazo)* Anpumpen *nt,* Schnorren *nt*

pechador(a) [petʃa'ðor(a)] *m(f) (Arg: fam)* Schnorrer(in) *m(f)*

pechar [pe'tʃar] *vt* ① *(pagar)* zahlen ② *(empujar)* stoßen ③ *(Arg: fam: pedir)* schnorren; **~ a alguien** jdn anpumpen

peche ['petʃe] **I.** *adj (ElSal)* kränklich, schwächlich **II.** *mf (ElSal)* kränkliche Person *f*

pechina [pe'tʃina] *f* ① *(concha)* (leere) Muschel *f* ② (ARQUIT) (Bogen)zwickel *m*

pecho ['petʃo] *m* ① (ANAT) Brust *f;* **dar el ~ al bebé** das Baby stillen; **el bebé toma el ~** das Baby wird gestillt; **a ~ descubierto** *(sin armas)* unbewaffnet; *(fig)* (ganz) offen; **dar el ~ a alguien** *(fig)* jdm die Stirn bieten; **gritar a todo ~** aus vollem Halse schreien; **partirse el ~ por alguien** sich *dat* für jdn ein Bein ausreißen ② *(pulmones)* Lunge *f* ③ *(en la costura)* Oberweite *f* ④ *(conciencia)* Herz *nt;* **abrir su ~ a alguien** jdm sein Herz ausschütten; **tomarse algo muy a ~** sich *dat* etw sehr zu Herzen nehmen ⑤ *(coraje)* Mut *m;* **¡~ al agua!** nur Mut!

pechuga [pe'tʃuɣa] *f* ① *(pecho de ave)* Geflügelbrust *f;* **~ de pollo** Hähnchenbrust *f* ② *(fam: de mujer)* Dekolletee *nt*

pechugón, -ona [petʃu'ɣon, -ona] **I.** *adj (Am)* ① *(descarado)* frech ② *(franco)* offen **II.** *m, f (Am: descarado)* freche Person *f*

pecina [pe'θina] *f* ① *(estanque de peces)* Fischteich *m,* Fischbecken *nt* ② *(cieno)* Schlamm *m* (der sich in Pfützen bildet)

pecoso, -a [pe'koso, -a] *adj* sommersprossig

pectoral [pekto'ral] **I.** *adj* ① (ANAT) Brust- ② *(contra la tos)* hustenlindernd **II.** *m* (MED) Hustenmittel *nt*

pecuario, -a [pe'kwarjo, -a] *adj* Vieh-

peculiar [peku'ljar] *adj* ① *(especial)* besondere(r, s) ② *(raro)* sonderbar

peculiaridad [pekuljari'ða^{d}] *f* ① *(singularidad)* Besonderheit *f* ② *(distintivo)* Eigentümlichkeit *f*

peculiarmente [pekuljar'mente] *adv* eigentümlicherweise

peculio [pe'kuljo] *m* Ersparte(s) *nt,* Vermögen *nt*

pecunia [pe'kunja] *f (fam)* Münze *f,* Geld *nt*

pecuniariamente [pekunjarja'mente] *adv* geldlich, finanziell

pecuniario, -a [peku'njarjo, -a] *adj* finanziell *(das Bargeld betreffend);* **mi situación pecuniaria no es buena** ich bin im Moment etwas knapp bei Kasse

pedagogía [peðaɣo'xia] *f sin pl* Pädagogik *f*

pedagógico, -a [peða'ɣoxiko, -a] *adj* pädagogisch

pedagogo, -a [peða'ɣoɣo, -a] *m, f* Pädagoge, -in *m, f*

pedal [pe'ðal] *m* Pedal *nt;* **pisar el ~** (AUTO) Gas geben

pedalear [peðale'ar] *vi* (in die Pedale) treten

pedaleo [peða'leo] *m* Radfahren *nt*

pedante [pe'ðante] **I.** *adj* besserwisserisch **II.** *mf* Besserwisser(in) *m(f)*

pedantería [peðante'ria] *f* Besserwisserei *f*

pedazo [pe'ðaθo] *m* ❶ *(parte)* Stück *nt;* ~ **de papel** Papierfetzen *m;* **caerse a ~s** zu Bruch gehen; **estoy que me caigo a ~s** *(fam)* ich bin völlig kaputt; **hacerse ~s** kaputtgehen; **hacer ~s** kaputt machen; *(madera)* in Stücke hacken; *(un pastel)* in Stücke teilen; *(papel)* in Stücke reißen; *(con tijeras)* in Stücke schneiden ❷ *(persona)* ~ **de mi alma** mein Herz; **ser un ~ de pan** sehr gutmütig sein; **¡~ de animal!** *(fam)* du Idiot!; **¡~ de bruto!** *(fam)* du Trampel!; **¡~ de alcornoque!** *(fam)* du Holzkopf!

pederasta [peðe'rasta] *m* Päderast *m*

pedernal [peðer'nal] *m* Feuerstein *m*

pedestal [peðes'tal] *m* ❶ *(cimiento)* Fuß *m;* **tener a alguien en un ~** jdn sehr hoch schätzen ❷ *(apoyo)* Grundlage *f*

pedestre [pe'ðestre] *adj* ❶ *(a pie)* zu Fuß (gehend); **carrera ~** Wettgehen *nt* ❷ *(chabacano)* plump

pedestrismo [peðes'trismo] *m* ❶ *(andando)* Walking *nt,* Schnellgehen *nt* ❷ *(corriendo)* Dauerlauf *m,* Jogging *nt*

pediatra [pe'ðjatra] *mf* Kinderarzt, -ärztin *m, f*

pediatría [peðja'tria] *f sin pl* Kinderheilkunde *f*

pediátrico, -a [pe'ðjatriko, -a] *adj* pädiatrisch; **clínica pediátrica** Kinderklinik *f*

pedicura [peði'kura] *f* Fußpflege *f;* **hacerse la ~** zur Fußpflege gehen

pedicuro, -a [peði'kuro, -a] *m, f* Fußpfleger(in) *m(f)*

pedida [pe'ðiða] *f* ~ **de mano** Heiratsantrag *m*

pedido[1] [pe'ðiðo] *m* (COM: *de un servicio*) Auftrag *m;* *(de un producto)* Bestellung *f;* ~ **suplementario** Nachbestellung *f;* **enviar sobre ~** auf Bestellung liefern; **a ~** auf Bestellung; **a ~ de** im Auftrag von

pedido, -a[2] [pe'ðiðo, -a] *adj* ❶ *(solicitado)* vorgemerkt; **este anillo ya lo tiene ~ mi nieta** dieser Ring ist schon für meine Enkelin vorgemerkt ❷ *(encargado)* bestellt; **el armario ya está ~** der Schrank ist schon in Auftrag gegeben

pedigrí [peði'ɣri] *m* Stammbaum *m*

pedigüeño, -a [peði'ɣweɲo, -a] **I.** *adj* quengelig **II.** *m, f* Quengler(in) *m(f)*

pedimento [peði'mento] *m* ❶ *(petición)* Antrag *m* ❷ (JUR) Klageantrag *m,* Eingabe *f* ❸ *(Méx: permiso)* Bewilligung *f,* Erlaubnis *f*

pedir [pe'ðir] *vt irr* ❶ *(rogar)* bitten; ~ **algo a alguien** jdn um etw bitten; **os pido que hagáis menos ruido** ich bitte euch, etwas leiser zu sein; **al agradecido, más de lo pedido** *(prov)* dem Dankbaren gebührt mehr als er erbittet ❷ *(exigir, cobrar)* verlangen; *(necesitar)* brauchen; *(solicitar)* beantragen; *(demandar)* fordern; ~ **a gritos algo** *(fig)* förmlich nach etw *dat* schreien; **una paella que no hay más que ~** eine sagenhafte Paella ❸ *(encargar)* bestellen ❹ *(para casarse)* ~ **la mano de alguien** um jds Hand anhalten; ~ **en matrimonio a alguien** jdm einen Heiratsantrag machen ❺ *(mendigar)* betteln; ~ **limosna** um eine milde Gabe bitten; **están pidiendo para la Cruz Roja** sie sammeln für das Rote Kreuz; **ni sirvas a quien sirvió, ni pidas a quien pidió** *(prov)* diene keinem, der gedient hat, und bettle bei keinem, der gebettelt hat

pedo ['peðo] *m* *(vulg)* ❶ *(ventosidad)* Furz *m;* **tirarse un ~** einen fahren lassen *fam* ❷ *(borrachera)* Suff *m fam;* **estar en ~** voll wie eine Haubitze sein *fam;* **ponerse en ~** sich volllaufen lassen *fam*

pedofilia [peðo'filja] *f sin pl* Pädophilie *f*

pedorro, -a [pe'ðorro, -a] *m, f* *(vulg)* Furzer(in) *m(f) fam*

pedrada [pe'ðraða] *f* ❶ *(lanzar)* Steinwurf *m;* **matar a alguien a ~s** jdn steinigen; **pegar una ~ a alguien** einen Stein nach jdm werfen ❷ *(ofensa)* spitze Bemerkung *f* ❸ *(loc)* **la noticia le sentó como una ~** die Nachricht traf ihn wie ein Schlag; **venir como ~ en ojo de boticario** wie gerufen kommen

pedrea [pe'ðrea] *f* ❶ *(lanzar pedradas)* Steinigung *f* ❷ (METEO) Hagelsturm *m* ❸ *(lotería)* Kleinstlotteriegewinn *m*

pedregal [peðre'ɣal] *m* Schotterplatz *m*

pedregoso, -a [peðre'ɣoso, -a] *adj* steinig

pedrera [pe'ðrera] *f* Steinbruch *m*

pedrería [peðre'ria] *f* Juwelen *nt pl*

pedrisco [pe'ðrisko] *m* (METEO) Hagel *m*

pedrizo, -a [pe'ðriθo, -a] *adj* steinig

pedrusco [pe'ðrusko] *m* ❶ *(piedra)* Steinblock *m* ❷ *(Am)* *v.* **pedregal**

peeling ['piliŋ] *m* Peeling *nt*

pega ['peɣa] *f* ❶ *(fam: dificultades)* Haken *m;* **poner ~s a alguien** jdn kritisieren ❷ *(pregunta)* Fangfrage *f* ❸ *(falso)* **de ~** falsch ❹ *(CSur, Méx: argot: trabajo)* Job *m*

pegada [pe'ɣaða] *f* *(CSur)* ❶ *(mentira)* Lüge *f* ❷ *(suerte)* Glückspilz *m*

pegadizo, -a [peɣa'ðiθo, -a] **I.** *adj* ❶ *(pegajoso)* klebrig; *(enfermedad)* ansteckend; **melodía pegadiza** Ohrwurm *m fam*

P

❷ *(postizo)* künstlich ❸ *(gorrón)* schmarotzend **II.** *m, f* Schmarotzer(in) *m(f)*

pegado[1] [pe'ɣaðo] *m* (MED) (Heft)pflaster *nt*

pegado, -a[2] [pe'ɣaðo, -a] *adj* ❶ *(cariñoso)* anhänglich; *(exageradamente)* aufdringlich; **siempre anda ~ a mí** er klebt förmlich an mir ❷ *(argot: asombrado)* **dejar a alguien ~** jdn schockieren ❸ *(argot: sin idea)* **estar ~** auf dem Schlauch stehen ❹ *(junto a)* **~ a esta carta** beiliegend, anbei

pegajoso, -a [peɣa'xoso, -a] *adj* ❶ *(adhesivo)* klebrig ❷ *(pesado)* aufdringlich ❸ (MED) ansteckend

pegamento [peɣa'meṇto] *m* Kleber *m*

pegar [pe'ɣar] <g → gu> **I.** *vt* ❶ *(aglutinar)* kleben; *(madera)* leimen; **~ un sello** eine Briefmarke aufkleben; **no he pegado ni ojo en toda la noche** ich habe die ganze Nacht kein Auge zugetan ❷ *(con hilo/grapa)* heften ❸ *(muebles)* **~ la mesilla a la cama** den Nachttisch nahe an das Bett rücken ❹ *(contagiar)* anstecken ❺ *(fuego)* legen ❻ *(golpear)* schlagen; **~ una paliza a alguien** jdn grün und blau schlagen ❼ *(un grito)* loslassen; *(una patada/bofetada)* verpassen; *(un tiro)* abfeuern; **~ un salto** aufspringen; **~ un susto a alguien** jdm einen Schrecken einjagen ❽ *(Am: argot: tener suerte)* **~la** Schwein haben ❾ *(Méx: atar)* festmachen **II.** *vi* ❶ *(hacer juego)* (gut) zusammenpassen; **te pegan bien los zapatos con el bolso** deine Schuhe passen sehr gut zur Tasche; **esto no pega ni con cola** das passt überhaupt nicht zusammen ❷ *(rozar)* streifen (**en** +*akk*); *(tocar)* stoßen (**en** an +*akk*) ❸ *(golpear)* schlagen (**en** gegen +*akk*) ❹ *(argot: currar)* malochen ❺ *(loc)* **¡cómo pega el sol hoy!** heute ist es ganz schön heiß in der Sonne! **III.** *vr:* **~se** ❶ *(con algo)* sich stoßen (**con** an +*dat*); *(con alguien)* sich schlagen (**con** mit +*dat*); **~se un tortazo en el coche** *(fam)* einen Autounfall bauen ❷ *(quemarse)* anbrennen ❸ *(entrometerse)* sich einmischen (**a** in +*akk*) ❹ *(aficionarse)* sich begeistern (**a** für +*akk*) ❺ *(acompañar siempre)* sich hängen (**a** an +*akk*); **~se a alguien** *(perseguir)* sich an jds Fersen heften; **siempre anda pegado a mí** er hängt an mir wie eine Klette ❻ *(contagiarse)* **finalmente se me pegó el sarampión** schließlich bekam auch ich die Masern ❼ *(fam: loc)* **pegársela a alguien** *(burlarse)* jdn auf den Arm nehmen; **pegársela al marido/a la mujer** fremdgehen; **~se un tiro** sich erschießen; **~se un tiro en la cabeza** sich *dat* eine Kugel durch den Kopf jagen

P

pegatina [peɣa'tina] *f* Aufkleber *m*

pego ['peɣo] *m* Betrug *m,* Täuschung *f;* **esta pistola de plástico da el ~** diese Plastikpistole sieht täuschend echt aus; **finge saber hablar el italiano y da el ~ a cualquiera** er/sie tut so, als ob er/sie Italienisch sprechen könnte, und jeder nimmt es ihm/ihr ab

pegote [pe'ɣote] *m* ❶ *(emplasto)* Heftpflaster *nt* ❷ *(pey fam: guisote)* Mansch *m* ❸ *(fam: persona)* Schmarotzer *m* ❹ *(fam: chapuza)* Schlamperei *f* ❺ *(loc)* **esa corbata es un ~** *(fam)* diese Krawatte ist völlig daneben; **tirarse ~s** *(argot)* aufschneiden

peinado[1] [pei̯'naðo] *m* Frisur *f;* **hacerse un ~** sich frisieren

peinado, -a[2] [pei̯'naðo, -a] *adj (arreglado)* zurechtgemacht; *(relamido)* herausgeputzt

peinador [pei̯na'ðor] *m* ❶ *(para peinar)* Frisierumhang *m; (para afeitar)* Rasierumhang *m* ❷ *(tocador)* Frisiertisch *m*

peinar [pei̯'nar] **I.** *vt* ❶ *(desenredar)* kämmen ❷ *(acicalar)* frisieren ❸ *(rastrear)* durchkämmen **II.** *vr:* **~se** sich kämmen

peine ['pei̯ne] *m (para peinarse)* Kamm *m;* **¡te vas a enterar de lo que vale un ~!** *(fig)* du wirst deine gerechte Strafe schon noch bekommen!; **¡ya apareció el ~!** *(fig)* jetzt hab ich's!

peineta [pei̯'neta] *f* Zierkamm *m*

p. ej. [por e'xemplo] *abr de* **por ejemplo** z.B.

peje ['pexe] *m* ❶ *(pez)* Fisch *m* ❷ *(astuto)* gewitzter Bursche *m,* Schlauberger *m fam*

pejiguera [pexi'ɣera] *f (fam)* Unannehmlichkeiten *f pl*

pekinés[1] [peki'nes] *m (perro)* Pekinese *m*

pekinés, -esa[2] [peki'nes, -esa] **I.** *adj* Pekinger **II.** *m, f* Einwohner(in) *m(f)* Pekins

pela ['pela] *f* ❶ *(fam: dinero)* **me debes 1000 ~s** du schuldest mir 1000 Mäuse; **no me queda ni una sola ~** ich habe nicht einen müden Groschen mehr; **no me quedan más ~s** ich habe keine Knete mehr; **~ larga** Geld wie Heu ❷ *(estar pelando)* Schälen *nt*

pelada [pe'laða] *f* ❶ *(rapada)* (sehr kurzer) Haarschnitt *m* ❷ *(CSur: calva)* Glatze *f* ❸ *(Am: error)* Irrtum *m* ❹ *(Am: muerte)* **la P~** der Tod

peladilla [pela'ðiʎa] *f* ❶ *(almendra) Mandel mit Zuckerglasur* ❷ *(guijarro)* Kieselstein *m*

pelado[1] [pe'laðo] *m (fam: pobretón)* armer Schlucker *m*

pelado, -a[2] [pe'laðo, -a] *adj* ❶ *(rapado)* kahl geschoren ❷ *(escueto)* einfach ❸ *(despojado)* kahl ❹ *(fam: números)* glatt; **esto vale las 5000 peladas** das kostet glatte 5000 ❺ *(Am: fam: sin dinero)* knapp bei Kasse

pelador(a) [pela'ðor(a)] *adj* Schäl-; **cuchillo ~** Schälmesser *nt*

peladura [pela'ðura] *f* ❶ *(del pelo)* Schneiden *nt; (de frutas)* Schälen *nt* ❷ *(zona pelada)* kahle Stelle *f* ❸ *pl (cáscaras)* Schalen *fpl*

peladuras [pela'ðuras] *fpl (cáscaras)* Schalen *fpl*

pelagatos [pela'ɣatos] *m inv (fam)* armer Teufel *m*

pelaje [pe'laxe] *m* ❶ *(piel)* Fell *nt* ❷ *(pey: pinta)* Art *f*

pelambre [pe'lambre] *m o f* ❶ *(pelo)* Haare *ntpl; (de animales)* Fell *nt; (pelambrera)* Mähne *f* ❷ *(zona calva)* kahle Stelle *f* ❸ *(Am: habladurías)* Gerede *nt*

pelambrera [pelam'brera] *f* ❶ *(pelo)* Mähne *f* ❷ *(calvicie)* Kahlköpfigkeit *f*

pelandusca [pelan̩'duska] *f (fam)* Nutte *f*

pelar [pe'lar] **I.** *vt* ❶ *(pelo)* schneiden; *(rapar)* scheren; *(plumas)* rupfen; *(frutas, verduras)* schälen; *(animales)* häuten ❷ *(murmurar)* lästern (**a** über +*akk*) ❸ *(robar)* bestehlen ❹ *(en el juego)* ausnehmen ❺ *(difícil)* **duro de ~** ein harter Brocken ❻ *(Am: argot: dar una paliza)* verprügeln ❼ *(And: argot: morir)* **~la** ins Gras beißen **II.** *vi (fam)* **hace un frío que pela** es ist saukalt **III.** *vr:* **~se** ❶ *(el pelo)* sich *dat* die Haare schneiden lassen; **ir a ~se** zum Friseur gehen ❷ *(la piel)* sich schälen ❸ *(vulg: masturbarse)* **pelársela** sich *dat* einen runterholen ❹ *(fam: loc)* **corre que se las pela** er/sie rennt wie der Teufel; **pelárselas por algo** nach etw *dat* verrückt sein; **pelárselas por hacer algo** alles daransetzen, um etw tun zu können

peldaño [pel̩'daɲo] *m* (Treppen)stufe *f; (escalera portátil)* Sprosse *f*

pelea [pe'lea] *f* ❶ *(en general)* Streit *m* ❷ *(lucha: personas)* Schlägerei *f; (animales)* Kampf *m* ❸ *(verbal)* Auseinandersetzung *f; (en matrimonio)* Ehekrach *m*

peleador(a) [pelea'ðor(a)] **I.** *adj* ❶ *(relativo a pelea)* Kampf- ❷ *(meterse con todos)* streitlustig **II.** *m(f)* ❶ *(que lucha)* Kämpfer(in) *m(f)* ❷ *(pendenciero)* Raufbold *m*

pelear [pele'ar] **I.** *vi* ❶ *(luchar)* kämpfen ❷ *(discutir)* streiten ❸ *(sufrir)* erdulden ❹ *(trabajar)* sich abmühen (**por** für +*akk*) ❺ *(afanarse)* sich bemühen (**con** um +*akk*) **II.** *vr:* **~se** ❶ *(en general)* sich streiten (**por** um +*akk*) ❷ *(con violencia)* sich prügeln (**por** um +*akk*) ❸ *(enemistarse)* sich zerstreiten

pelechar [pele'tʃar] *vi* ❶ *(echar pelo)* haaren; *(echar plumas)* sich mausern ❷ *(fam: recobrar salud, fortuna)* wieder auf die Beine [*o* zu Kräften] kommen, sich aufrappeln

pelele [pe'lele] *m* ❶ *(muñeco)* (Stroh)puppe *f* ❷ *(de bebés)* Strampelanzug *m* ❸ *(fam: persona)* Hampelmann *m*

peleón[1] [pele'on] *m (fam: vino)* Fusel *m*

peleón, -ona[2] [pele'on, -ona] *adj* kampflustig

peleona [pele'ona] *f* Schlägerei *f,* Rauferei *f*

peletería [pelete'ria] *f* ❶ *(costura)* Kürschnerei *f; (venta)* Pelz(fach)geschäft *nt* ❷ *(AmC: zapatería)* Schuhgeschäft *nt*

peli ['peli] *f (fam)* Film *m*

peliagudo, -a [pelja'ɣuðo, -a] *adj* ❶ *(animal)* langhaarig ❷ *(complicado)* haarig; *(situación)* verzwickt

pelicano [peli'kano] *m,* **pelícano** [pe'likano] *m* Pelikan *m*

película [pe'likula] *f* Film *m;* **~ en blanco y negro** Schwarzweißfilm *m;* **~ de dibujos animados** Zeichentrickfilm *m;* **~ del Oeste** Western *m;* **~ de suspense** Thriller *m;* **~ de terror** Horrorfilm *m;* **~ romántica** Liebesfilm *m;* **de ~** außergewöhnlich; **como de ~** wie im Märchen; **un matrimonio como de ~** eine Bilderbuchehe; **poner en ~** verfilmen; **rodar una ~** einen Film drehen; **¡allá ~s!** mach, was du willst!

peliculón [peliku'lon] *m (fam: película buena)* sehr guter Film *m; (larga y aburrida)* Schinken *m fig; (sentimental)* Schnulze *f*

peligrar [peli'ɣrar] *vi* in Gefahr sein; **~ de hacer algo** Gefahr laufen, etw zu tun; **hacer ~** gefährden

peligro [pe'liɣro] *m* Gefahr *f;* **~ de incendio** Brandgefahr *f;* **puesta en ~** Gefährdung *f;* **correr (un gran) ~** in (großer) Gefahr sein; **correr ~ de hacer algo** Gefahr laufen, etw zu tun; **estar en ~ de muerte** in Lebensgefahr sein; **fuera de ~** außer Gefahr; **poner en ~** gefährden; **poniendo en ~ su propia vida** unter Einsatz des eigenen Lebens

peligrosidad [peliɣrosi'ðað] *f* Gefährlichkeit *f;* **de alta ~** hochgefährlich

peligroso, -a [peli'ɣroso, -a] *adj* gefährlich

pelillo [pe'liʎo] *m (fam: pequeñez)* Bagatelle *f;* **echar ~s a la mar** das Kriegsbeil begraben; **¡~s a la mar!** Schwamm drüber!; **no se para en ~s** er/sie hält sich nicht mit Kleinigkeiten auf

P

pelirrojo, **-a** [peli'rroxo, -a] *adj* rothaarig
pella ['peʎa] *f* ① *(masa)* Klumpen *m;* **~ de algodón** Wattebausch *m* ② *(fam: dinero)* Batzen *m* Geld
pelleja [pe'ʎexa] *f* ① *(de animal)* Fell *nt* ② *(fam: persona muy delgada)* Bohnenstange *f;* **ser una ~** nur Haut und Knochen sein ③ *(vulg: prostituta)* Nutte *f fam abw*
pellejo [pe'ʎexo] *m* ① *(de animal)* Fell *nt* ② *(de persona)* Haut *f;* **arriesgarse el ~** Kopf und Kragen riskieren; **para esto yo no daría mi ~** dafür würde ich meinen Kopf nicht hinhalten; **si yo estuviera en tu ~...** ich an deiner Stelle ...; **no caber en su ~** vor Stolz und Zufriedenheit platzen; **pagar con el ~** mit dem Leben bezahlen; **perder el ~** *(fig fam)* ins Gras beißen; **quitar el ~ a alguien** über jdn lästern; **salvar(se) el ~** mit heiler Haut davonkommen; **no tener más que el ~** nur (noch) Haut und Knochen sein ③ *(odre)* Weinschlauch *m* ④ *(fruta)* Haut *f;* *(salchicha)* Pelle *f* ⑤ *(de las uñas)* Nagelhaut *f* ⑥ *(fam: ebrio)* Trinker *m*
pellizcar [peʎiθ'kar] <c → qu> **I.** *vt* ① *(repizcar)* kneifen ② *(fam: pizcar algo)* abzwacken; *(comida)* naschen **II.** *vr:* **~se** sich *dat* einklemmen
pellizco [pe'ʎiθko] *m* ① *(pizco)* Kneifen *nt;* **dar un ~ a alguien** jdn kneifen ② *(poquito)* Stückchen *nt;* *(de sal)* Prise *f;* *(de tu bocadillo)* Bissen *m*
pelma ['pelma] *m*, **pelmazo** [pel'maθo] *m (fam: pesado)* Nervensäge *f*
pelmacería [pelmaθe'ria] *f* Trägheit *f*, Schwerfälligkeit *f*
pelmazo [pel'maθo] *m (fig fam)* Nervensäge *f*, Quälgeist *m*
pelo ['pelo] *m* ① *(cabello)* Haar *nt;* *(de animal)* Fell *nt;* *(de ave)* Flaum *m;* *(de barba)* Stoppel(n) *f(pl);* **tener el ~ rubio** blondes Haar haben; **tirar el ~** *(perro)* haaren; **por un ~ te caes** *(fig)* um ein Haar wärst du heruntergefallen; **escaparse por un ~** gerade noch entkommen; **agarrarse a un ~** *(fig)* sich an jedem Strohhalm festklammern; **colgado de un ~** *(fig)* am seidenen Faden hängend; **contar algo con ~s y señales** etw haarklein erzählen; **cortar un ~ en el aire** *(cuchillo)* sehr scharf sein; *(listo)* sehr scharfsinnig sein; **estar hasta los ~s** die Nase gestrichen voll haben; **no tener ~s en la lengua** kein Blatt vor den Mund nehmen; **no tocar un ~ (de la ropa) a alguien** jdm kein Haar krümmen; **soltarse el ~** die Haare offen tragen; *(fig)* sagen, was Sache ist; **tomarle el ~ a alguien** jdn auf den Arm nehmen; **no tener (un) ~ de tonto** kein bisschen blöd sein ② *(vello, pelusa)* Härchen *nt pl;* *(de tela/plantas/un bebé)* Flaum *m;* *(de alfombra)* Flor *m* ③ *(loc, fam)* **de ~** betucht; **la gente de medio ~** die kleinen Leute; **luce buen ~** ihm/ihr geht es gut; **a ~** *(la cabeza descubierta)* ohne Kopfbedeckung; *(sin prepararse)* unvorbereitet; **cabalgar a ~** ohne Sattel reiten; **al ~** genau; **todo irá al ~** es wird alles glattgehen; **el traje ha quedado al ~** der Anzug sitzt wie angegossen; **venir al ~** sehr gelegen kommen; **sin venir al ~** völlig unangebracht; **a contra ~** ungelegen; **de ~ en pecho** mutig; **no se mueve ni un ~ de aire** es geht kein bisschen Wind; **no se te ve el ~, ¿por dónde andas?** du lässt dich ja gar nicht mehr blicken, wo steckst du denn?
pelón, **-ona** [pe'lon, -ona] **I.** *adj* ① *(calvo)* glatzköpfig ② *(rapado)* kurz geschoren **II.** *m, f (fam: pobre)* armer Schlucker *m*
pelota[1] [pe'lota] *f* ① *(balón)* Ball *m;* **echar la ~ a alguien** *(fig)* jdm den Schwarzen Peter zuspielen ② *(esfera, proyectil)* Kugel *f;* **devolver la ~ a alguien** *(argumentar)* den Spieß umdrehen; *(vengarse)* es jdm mit gleicher Münze heimzahlen; **la ~ sigue en el tejado** *(fig)* die Sache ist immer noch ungeklärt ③ *(juego)* Pelota *f* ④ *pl (vulg: testículos)* Eier *nt pl;* **y esto lo hago así porque me sale de las ~s** und das mache ich so, weil es mir passt *fam;* **¡fíjate, que tiene ~s!** Mensch, der/die hat aber Mumm! *fam;* **tocar las ~s** auf die Eier gehen ⑤ *(argot: loc)* **de ~s** geil; **en ~s** splitter(faser)nackt; **dejar a alguien en ~s** *(juego)* jdn völlig ausnehmen; *(ropa)* jdn völlig ausziehen; **pillar a alguien en ~s** *(fig)* jdn unvorbereitet antreffen; **hacer la ~ a alguien** bei jdm schleimen; **¡y esto es así, por ~s!** und das ist und bleibt so, basta!
pelota[2] [pe'lota] *m (fam)* Schleimer *m*
pelotazo [pelo'taθo] *m* ① *(con el pie)* (harter) Schuss *m;* *(tirando)* Wurf *m;* *(con la raqueta)* Schlag *m* ② *(argot: bebida)* harte Mischung *f;* **meterse un ~** sich *dat* einen hinter die Binde gießen
pelotear [pelote'ar] **I.** *vi* ① (DEP) sich einspielen ② *(de un sitio al otro)* hin- und herwerfen (**con** +*akk*) **II.** *vt (cuentas)* vergleichen
peloteo [pelo'teo] *m* (DEP) Einspielen *nt*
pelotera [pelo'tera] *f (fam)* Auseinandersetzung *f*
pelotilla [pelo'tiʎa] *f (fam)* **hacer la ~ a alguien** sich bei jdm einschmeicheln; **hacer ~s** popeln
pelotillero, **-a** [peloti'ʎero, -a] **I.** *adj (fam)* schleimig **II.** *m, f (fam)* Schleimer(in) *m(f)*

P

pelotón [pelo'ton] *m* ① *(enredo)* Wirrwarr *m* ② *(de gente)* Ansammlung *f; (en carreras)* Feld *nt;* (MIL) Trupp *m*
pelotudo, -a [pelo'tuðo, -a] **I.** *adj (CSur: vulg)* saublöd *fam* **II.** *m, f (CSur: vulg)* Vollidiot(in) *m(f)*
peluca [pe'luka] *f* Perücke *f;* **usar ~** eine Perücke tragen
peluche [pe'lutʃe] *m* ① *(tejido)* Plüsch *m* ② *(juguete)* Plüschtier *nt;* **oso ~** Teddybär *m*
pelucón[1] [pelu'kon] *m (And: fam)* hohes Tier *nt*
pelucón, -ona[2] [pelu'kon, -ona] *adj (And: fam)* langhaarig
peludo, -a [pe'luðo, -a] *adj* ① *(peliagudo)* stark behaart; *(con una barba)* bärtig ② *(AmC: fam: difícil)* haarig
peluquear [peluke'ar] **I.** *vt (AmS, CRi, Méx: cortar el pelo)* die Haare schneiden (**a** *+dat*); *(arreglar el pelo)* frisieren **II.** *vr:* **~se** sich *dat* die Haare machen lassen
peluquera [pelu'kera] *f v.* **peluquero**
peluquería [peluke'ria] *f* Friseursalon *m;* **~ de señoras/señores** Damen-/Herrensalon *m;* **ir a la ~** zum Friseur gehen
peluquero, -a [pelu'kero, -a] *m, f* Friseur, -euse *m, f*
peluquín [pelu'kin] *m* Toupet *nt;* **¡ni hablar del ~!** das kommt gar nicht infrage!
pelusa [pe'lusa] *f,* **pelusilla** [pelu'siʎa] *f* ① *(vello)* Flaum *m; (tejido)* Flor *m* ② *(de polvo)* Staubfussel *f* ③ *(fam: celos)* Eifersucht *f;* **sentir ~** eifersüchtig sein ④ *(envidia)* Neid *m;* **sentir ~** neidisch sein
pélvico, -a ['pelβiko, -a] *adj* (ANAT) Becken-; **hueso ~** Beckenknochen *m*
pelvis ['pelβis] *f inv* (ANAT) Becken *nt*
pena ['pena] *f* ① *(tristeza)* Kummer *m;* **ahogar las ~s** seinen Kummer ertränken ② *(lástima)* **ser una ~** schade sein; **¡qué ~!** schade!; **me da mucha ~ el gato** die Katze tut mir unwahrscheinlich leid; **me da mucha ~ el tener que verlo así** es tut mir in der Seele weh, ihn so sehen zu müssen ③ *(sanción)* Strafe *f;* **~ de cadena perpetua** lebenslange Haftstrafe; **~ capital** Todesstrafe *f;* **~ pecuniaria** Geldstrafe *f* ④ *(dificultad)* Mühsal *f;* **pasar las ~s del purgatorio** die Hölle auf Erden durchmachen; **a duras ~s** mit Mühe und Not; *(apenas)* kaum; **sin ~ ni gloria** mittelmäßig; **valer la ~** sich lohnen; **¡allá ~s!** ist mir doch egal! ⑤ *(Am: vergüenza)* Scham *f;* **tener ~** sich schämen ⑥ *(loc)* **so ~ que...** *+subj* es sei denn, ...
penable [pe'naβle] *adj* strafbar
penacho [pe'natʃo] *m* ① *(adorno, t. de aves)* Federbusch *m* ② *(fam: vanidad)* Hochmut *m*
penado, -a [pe'naðo, -a] **I.** *adj* ① *(triste)* betrübt, leidend ② *(difícil)* mühselig, mühsam ③ *(Am: tímido)* schüchtern, verschämt **II.** *m, f* Sträfling *m*
penal [pe'nal] **I.** *adj* (JUR) Straf-; **antecedentes ~es** Vorstrafen *f pl* **II.** *m* ① *(prisión)* Gefängnis *nt* ② *(Am: falta)* Foul *nt* ③ *(penalti)* Elfmeter *m; (en baloncesto)* Freiwurf *m*
penalidad [penali'ðað] *f* ① *(molestia)* Strapaze *f* ② *(sanción)* Strafe *f*
penalización [penaliθa'θjon] *f* Bestrafung *f*
penalizar [penali'θar] <z → c> *vt* bestrafen
penalti [pe'nalti] *m* <penaltis> ① *(falta)* Foul *nt;* **área de ~s** Strafraum *m* ② *(sanción)* Elfmeter *m; (en baloncesto)* Freiwurf *m*
penar [pe'nar] **I.** *vt* ① *(castigar)* bestrafen ② *(prever la ley)* unter Strafe stellen **II.** *vi* ① *(padecer)* leiden; **~ de amores** Liebeskummer haben ② *(ansiar)* sich sehnen (**por** nach *+dat*)
penca ['peŋka] *f* ① *(hoja)* Blatt *nt* ② *(Am: borrachera)* **agarrarse una ~** sich betrinken ③ *(And: atractivo)* **una ~ de hombre/de mujer** ein Bild von einem Mann/von einer Frau; **una ~ de casa** ein wunderschönes Haus
pencar [peŋ'kar] <c → qu> **I.** *vi (fam)* schuften, arbeiten wie ein Pferd **II.** *vt* geißeln
penco ['peŋko] *m* ① *(jamelgo)* Klepper *m* ② *(And: fam: atractivo)* **un ~ de hombre/de mujer** ein Bild von einem Mann/von einer Frau ③ *(fam: holgazán)* Faulpelz *m; (inútil)* Nichtsnutz *m; (torpe)* Tollpatsch *m*
pendejada [peṇde'xaða] *f (Am: fam)* ① *(disparate)* etwas Verrücktes *nt,* etwas Albernes *nt;* **¿cómo se te pudo ocurrir tal ~?** wie konnte dir nur so etwas Verrücktes einfallen? ② *(estupidez)* Dummheit *f* ③ *(acto cobarde)* memmenhaftes [*o* feiges] Verhalten *nt* ④ *(cualidad de cobarde)* Feigheit *f,* Furchtsamkeit *f*
pendejo[1] [peṇ'dexo] *m (fam)* ① *(del pubis)* Schamhaar *nt* ② *(cobarde)* Angsthase *m* ③ *(imbécil)* Idiot *m*
pendejo, -a[2] [peṇ'dexo, -a] **I.** *adj (fam)* ① *(Am: necio)* dumm, einfältig ② *(cobarde)* feige ③ *(And: listo)* schlau, gewitzt **II.** *m, f (sabelotodo)* Besserwisser(in) *m(f),* Neunmalkluge(r) *mf*
pendencia [peṇ'deṇθja] *f* Streit *m;* **armar ~** Streit anfangen

pendenciero, **-a** [pen̩den̩'θjero, -a] *adj* streitsüchtig

pender [pen̩'der] *vi* ❶ *(colgar)* hängen (**de/en** an +*dat*); *(cernerse)* schweben (**sobre** über +*dat*) ❷ (JUR) abhängen (**ante** von +*dat*)

pendiente[1] [pen̩'djen̩te] **I.** *adj* ❶ *(hacia arriba)* steigend; *(hacia abajo)* fallend ❷ *(problema, asunto, cuenta)* offen; *(trabajo, pedido)* unerledigt; **una cuenta ~ de pago** eine fällige Rechnung; **quedar ~ una asignatura** ein Fach nicht bestehen ❸ *(fam: ocuparse)* **voy a salir un momento, mientras, estate ~ del arroz** ich gehe mal kurz hinaus, pass solange auf den Reis auf; **¡tú estate ~ de lo tuyo!** kümmere du dich um deine Angelegenheiten!; **estar ~ de los labios de alguien** *(estar atento)* an jds Lippen hängen; **de momento, solamente estoy ~ de si me conceden la beca o no** im Augenblick beschäftigt mich nur, ob ich das Stipendium bekomme oder nicht ❹ *(depender)* **estamos ~s de lo que digan nuestros padres** wir müssen erst abwarten, wie unsere Eltern entscheiden **II.** *m (de oreja)* Ohrring *m; (de nariz)* Nasenring *m*

pendiente[2] [pen̩'djen̩te] *f* ❶ *(cuesta)* Abhang *m;* **de mucha ~** sehr steil ❷ *(del tejado)* Neigung *f*

pendón [pen̩'don] *m (estandarte)* Banner *nt*

pendular [pen̩du'lar] *adj* Pendel-

péndulo ['pen̩dulo] *m* Pendel *nt*

pene ['pene] *m* Penis *m*

P

penetrabilidad [penetraβili'ðað] *f* Durchdringungsvermögen *nt*

penetración [penetra'θjon] *f* ❶ *(acción)* Durchdringung *f* ❷ *(comprensión)* Auffassungsgabe *f; (inteligencia)* Scharfsinn *m*

penetrador(**a**) [penetra'ðor(a)] *adj* scharfsinnig

penetrante [pene'tran̩te] *adj* ❶ *(profundo)* tiefgehend; *(dolor)* stark ❷ *(frío)* beißend; *(hedor)* penetrant

penetrar [pene'trar] **I.** *vi* eindringen (**en/entre/por** in +*akk*) **II.** *vt* ❶ *(luz, sonido, proyectil)* durchdringen; *(mirada)* durchbohren ❷ *(entender)* verstehen; **~ un misterio** hinter ein Geheimnis kommen; **~ una intención** eine Absicht erkennen; **~ los pensamientos de alguien** jds Gedanken lesen **III.** *vr:* **~se** sich *dat* bewusst werden (**de** über +*akk*)

penicilina [peniθi'lina] *f* Penizillin *nt*

península [pe'ninsula] *f* Halbinsel *f;* **la P~ Ibérica** die Iberische Halbinsel

peninsular [peninsu'lar] *adj* Halbinsel-; **las costas ~es** die Küsten der Halbinsel

penique [pe'nike] *m* Penny *m*

penitencia [peni'ten̩θja] *f* ❶ *(pena)* Sühne *f;* **imponer una ~ a alguien** jdm eine Strafe auferlegen ❷ (REL) Buße *f;* **hacer ~** Buße tun ❸ *(arrepentimiento)* Reue *f*

penitenciaría [peniten̩θja'ria] *f* Strafanstalt *f*

penitenciario, **-a** [peniten̩'θjarjo, -a] *adj* ❶ *(relativo a la penitenciaría)* Gefängnis- ❷ *(relativo a la penitencia)* Straf-

penitente [peni'ten̩te] **I.** *adj* reuig **II.** *mf* (REL) Büßer(in) *m; (que se confiesa)* Beichtende(r) *mf*

penoso, **-a** [pe'noso, -a] *adj* ❶ *(arduo)* heikel ❷ *(dificultoso)* mühselig ❸ *(con pena)* traurig ❹ *(Am: vergonzoso)* scheu

pensado, **-a** [pen'saðo, -a] *adj* ❶ *(reflexionado)* überdacht; **esto está poco ~** das ist nicht wohl überlegt; **lo tengo bien ~** ich habe mir das genau überlegt; **tener ~ hacer algo** vorhaben, etw zu tun; **el día menos ~ volverá** wenn man es am wenigsten erwartet, wird er/sie zurückkommen ❷ *(persona)* **ser un mal ~** immer gleich das Schlimmste vermuten

pensador(**a**) [pensa'ðor(a)] **I.** *adj* denkend, überlegend **II.** *m(f)* Denker(in) *m(f)*

pensamiento [pensa'mjen̩to] *m* ❶ *(acción)* (Nach)denken *nt* ❷ *(idea)* Idee *f; (intención)* Absicht *f* ❸ *(objeto)* Gedanke *m;* **ya el ~ solo me da risa** schon beim bloßen Gedanken daran muss ich lachen ❹ *(mente)* Sinn *m;* **tengo un problema en el ~** ein Gedanke beschäftigt mich; **¿cuándo te vino esa idea al ~?** wann fiel dir das ein? ❺ *(apotegma)* Maxime *f* ❻ *(contenido)* Thema *nt* ❼ (BOT) Stiefmütterchen *nt*

pensante [pen'san̩te] **I.** *adj* denkend **II.** *mf* Denker(in) *m(f)*

pensar [pen'sar] <e → ie> **I.** *vi, vt* ❶ *(proyectar algo en la mente)* denken (**en** an +*akk*); *(considerar)* bedenken; **todo pasa cuando menos se piensa** (**en ello**) alles geschieht, wenn man am wenigsten damit rechnet; **¡ni ~lo!** nicht im Traum!; **¡no quiero ni ~lo!** nicht auszudenken! ❷ *(reflexionar)* nachdenken; **nos dio mucho que ~ que no hubiera regresado aún** es gab uns zu denken, dass er/sie noch nicht zurück war; **esto es algo para ~lo bien** das ist etwas, was gut überdacht sein muss; **lo hicimos sin ~lo** wir taten es, ohne zu überlegen; **sin ~lo me dio una bofetada** und plötzlich gab er/sie mir eine Ohrfeige; **pensándolo bien** bei genauerer Betrachtung ❸ *(concluir)* beschließen **II.** *vi (opinar)* denken; *(suponer)* annehmen; *(imaginarse)* sich *dat* denken können; **pienso**

que deberíamos irnos ich denke wir sollten gehen; ~ **muy mal de alguien** eine schlechte Meinung von jdm haben **III.** *vt* ❶ *(intención)* vorhaben; **pensábamos venir este fin de semana** wir wollten dieses Wochenende kommen; **lo pensó mejor y no lo hizo** er/sie besann sich eines Besseren und tat es nicht ❷ *(inventar; tramar)* sich *dat* ausdenken

pensativo, -a [pensa'tiβo, -a] *adj* nachdenklich

pensión [pen'sjon] *f* ❶ *(paga)* (Alters)rente *f;* ~ **recibida de la empresa** Betriebsrente *f;* ~ **de viudez** Witwenrente *f;* **aún no cobra la** ~ *(no recibe la paga)* er/sie bekommt noch keine Rente bezahlt; *(no tiene la edad)* er/sie ist noch nicht in Rente ❷ *(para huéspedes)* Pension *f* ❸ *(precio por alojamiento)* Kostgeld *nt;* ~ **completa** Vollpension *f;* **media** ~ Halbpension *f*

pensionado[1] [pensjo'naðo] *m* (ENS) Internat *nt*

pensionado, -a[2] [pensjo'naðo, -a] *m, f* *(jubilado)* Rentner(in) *m(f)*

pensionar [pensjo'nar] *vt* pensionieren

pensionista [pensjo'nista] *mf* ❶ *(jubilado)* Rentner(in) *m(f)* ❷ *(huésped)* Pensionsgast *m* ❸ *(alumno)* Internatsschüler(in) *m(f)*

pentagonal [pen̪taɣo'nal] *adj* fünfeckig

pentágono [pen̪'taɣono] *m* Fünfeck *nt*

pentagrama [pen̪ta'ɣrama] *m* Notenlinien *f pl*

pentámetro [pen̪'tametro] *m* (LIT) Pentameter *m*

pentatlón [pen̪taᵈ'lon] *m* Fünfkampf *m*

Pentecostés [pen̪tekos'tes] *m* (REL) ❶ *(cristiano)* Pfingsten *nt;* **Pascua de** ~ Pfingstsonntag *m* ❷ *(judío)* Passah(fest) *nt*

penúltima [pe'nul̪tima] *f* (LING) vorletzte Silbe *f*

penúltimo, -a [pe'nul̪timo, -a] *adj* vorletzte(r, s)

penumbra [pe'numbra] *f* Halbdunkel *nt;* (ASTR) Halbschatten *m*

penumbroso, -a [penum'broso, -a] *adj* halbdunkel

penuria [pe'nurja] *f* ❶ *(escasez)* Mangel *m;* (FIN) Geldmangel *m;* **pasar muchas ~s** viel durchmachen ❷ *(pobreza)* Armut *f*

peña ['peɲa] *f* ❶ *(roca)* Fels(en) *m* ❷ *(grupo)* Zirkel *m; (de aficionados)* Fanklub *m; (tertulia)* Stammtisch *m; (de jóvenes)* Clique *f*

peñasco [pe'ɲasko] *m (peña)* Felsblock *m*

peñascoso, -a [peɲas'koso, -a] *adj* felsig

péñola ['peɲola] *f* Schreibfeder *f,* Federkiel *m (zum Schreiben)*

peñón [pe'ɲon] *m* ❶ *(peñasco)* Felsblock *m;* **el P~** Gibraltar *nt* ❷ *(monte)* Felsengebirge *nt*

peón [pe'on] *m* ❶ *(obrero)* Hilfsarbeiter *m; (jornalero)* Tagelöhner *m;* (AGR) Landarbeiter *m; (Méx: aprendiz)* Lehrling *m* ❷ *(en juegos)* Stein *m;* ~ **de ajedrez** Bauer *m* ❸ *(juguete)* Brummkreisel *m*

peonaje [peo'naxe] *m* ❶ (MIL) Infanterie *f* ❷ *(colectivo)* Arbeiterschaft *f*

peonía [peo'nia] *f* ❶ (BOT) Pfingstrose *f* ❷ *(jornal)* Tagewerk *nt*

peonza [pe'on̪θa] *f (juguete)* Kreisel *m*

peor [pe'or] *adv o adj compar de* **mal(o)** *(calidad)* schlechter; *(condición)* schlimmer; **en matemáticas soy ~ que tú** in Mathematik bin ich schlechter als du; **el ~ de la clase** der Schlechteste in der Klasse; **el pequeño es el ~ de los dos** der Kleine ist der Schlimmere von beiden; **y verás, será ~ aún** und du wirst sehen, es kommt noch schlimmer; **el ~ día, verás como te hablará** wenn du es am wenigsten erwartest, wird er/sie dich ansprechen; **en el ~ de los casos** schlimmstenfalls; **pero lo ~ de todo fue...** aber das Allerschlimmste war …; **vas de mal en ~** es wird immer schlimmer mit dir; ~ **es nada** besser als gar nichts

pepa ['pepa] *f* ❶ *(Am: pepita)* Kern *m* ❷ *(And: mentira)* Lügengeschichte *f*

Pepa ['pepa] *f (fam)* **¡viva la ~!** *(indiferencia)* mir ist das piepegal; *(regocijo)* Hurra!

pepenado, -a [pepe'naðo, -a] *m, f (Guat, Méx)* ❶ *(hijo adoptivo)* Adoptivkind *nt* ❷ *(expósito)* ausgesetztes Kind *nt*

pepenar [pepe'nar] *vt* ❶ *(AmC, Méx: fam: recoger del suelo)* auflesen; *(revolver)* durchwühlen ❷ *(Méx: adoptar)* adoptieren ❸ *(Méx: golpear)* verprügeln; *(hurtar)* stehlen

pepenche [pe'penʧe] *m (Méx)* ❶ *(agregado)* Hausgast *m* ❷ *(mantenido)* Schmarotzer *m*

pepermín [peper'min] *m sin pl (Am)* Pfefferminz

pepinillo [pepi'niʎo] *m* Essiggurke *f*

pepino [pe'pino] *m* ❶ *(para ensaladas)* Gurke *f;* **eso me importa un** ~ *(fam)* das ist mir total egal ❷ *(melón)* unreife Honigmelone *f*

pepita [pe'pita] *f* (BOT) Kern *m*

pepito [pe'pito] *m* (GASTR) Schnitzelbrötchen *nt*

pepsina [peβ'sina] *f* Pepsin *nt*

pequén [pe'ken] *m (Chil)* ❶ *(lechuza) kleine, tagaktive Eule;* **ser como el** ~ *(tímido)* schüchtern sein; *(cobarde)* feige sein;

P

hacer ~ a alguien jdn hereinlegen ② *(empanada)* Teigtasche *f*
pequeña [pe'keɲa] *adj o f v.* **pequeño**
pequeñajo, -a [peke'ɲaxo, -a] **I.** *adj (fam)* klein **II.** *m, f (fam)* Kleine(r) *mf*
pequeñez [peke'ɲeθ] *f* ① *(tamaño)* Kleinheit *f* ② *(minucia)* Kleinigkeit *f*
pequeño, -a [pe'keɲo, -a] **I.** *adj* klein; *(cuento, falda)* kurz; **es la misma casa, solo que en pequeño** das ist das gleiche Haus, nur kleiner; **ya desde ~ solía venir a este sitio** schon als ich klein war, kam ich hierher **II.** *m, f* Kleine(r) *mf*
pequeñoburgués, -esa [pekeɲoβur'ɣes, -esa] **I.** *adj* kleinbürgerlich **II.** *m, f* Kleinbürger(in) *m(f)*
pequinés[1] [peki'nes] *m* (ZOOL) Pekinese *m*
pequinés, -esa[2] [peki'nes, -esa] **I.** *adj* Pekinger **II.** *m, f* Pekinger(in) *m(f)*
pera ['pera] **I.** *adj* schick; **restaurante ~** Nobelrestaurant *nt;* **niño ~** *Kind aus einer besseren Familie* **II.** *f* ① (BOT) Birne *f;* **pedir ~s al olmo** das Unmögliche verlangen; **eso es la ~** das ist der Gipfel; **poner a alguien las ~s a cuarto** jdn zurechtweisen ② *(barba)* Ziegenbart *m* ③ (TÉC) **~ de goma** Handblasebalg *m* ④ *(vulg: loc)* **hacerse una ~** sich *dat* einen runterholen; **tocarse la ~** Däumchen drehen *fam*
peral [pe'ral] *m* Birnbaum *m*
peralte [pe'ralte] *m* (TÉC) Überhöhung *f*
perca ['perka] *f* Barsch *m*
percance [per'kanθe] *m (contratiempo)* Zwischenfall *m; (por culpa propia)* Missgeschick *nt; (de plan/proyecto)* (Rück)-schlag *m*
per capita [per 'kapita] *adv* pro Kopf; **consumo ~** Pro-Kopf-Verbrauch *m*
percatación [perkata'θjon] *f* Bewusstwerdung *f*
percatarse [perka'tarse] *vr (darse cuenta)* merken (**de** +*akk*); *(comprender)* verstehen (**de** +*akk*)
percebe [per'θeβe] *m* ① (ZOOL: *crustáceo*) *essbare Entenmuschel* ② *(fam: tonto)* Dummkopf *m*
percepción [perθeβ'θjon] *f* ① *(acción)* Wahrnehmung *f* ② *(idea)* Gedanke *m; (impresión)* Eindruck *m* ③ (FIN) Erhebung *f*
perceptibilidad [perθeptiβili'ða^{ð}] *f* ① *(cualidad)* Wahrnehmbarkeit *f,* Fassbarkeit *f* ② *(capacidad)* Wahrnehmungsfähigkeit *f*
perceptible [perθep'tiβle] *adj* ① *(que puede comprenderse)* fassbar ② (FIN) einziehbar
perceptivo, -a [perθep'tiβo, -a] *adj* perzeptorisch
perceptor(a) [perθep'tor(a)] *m(f)* Bezieher(in) *m(f)*
percha ['pertʃa] *f* ① *(en el armario)* Kleiderbügel *m* ② *(perchero)* Garderobenständer *m; (en la tienda)* Kleiderständer *m;* **vestido de ~** Kleid von der Stange ③ *(AmC: chaqueta)* Sakko *nt* ④ *(argot: tipo)* Körperbau *m*
perchero [per'tʃero] *m* Garderobe *f;* **~ (de pared)** Garderobenhaken *m;* **~ (de pie)** Garderobenständer *m*
percibir [perθi'βir] *vt* ① *(notar)* wahrnehmen ② *(darse cuenta)* sehen ③ *(comprender)* verstehen ④ *(cobrar)* beziehen
percudir [perku'ðir] *vt* ① *(desgastar)* abnutzen, verschleißen, strapazieren ② *(mancharse)* verschmutzen, verdrecken
percusión [perku'sjon] *f* ① *(golpeo)* Erschütterung *f* ② (TÉC) Schlag *m;* **barra de ~** Brecheisen *nt* ③ *(al examinar)* Abklopfen *nt* ④ (MÚS) Percussion *f;* **instrumento de ~** Schlaginstrument *nt*
percusionista [perkusjo'nista] *mf (de bongos, congas)* Perkussionist(in) *m(f); (de batería)* Schlagzeuger(in) *m(f)*
percusor [perku'sor] *m* Schlagbolzen *m*
percutir [perku'tir] *vt* ① (TÉC) schlagen, stoßen ② (MED: *examinar*) perkutieren, abklopfen
perdedor(a) [per'ðeðor(a)] **I.** *adj* Verlierer- **II.** *m(f)* Verlierer(in) *m(f)*
perder [per'ðer] <e → ie> **I.** *vt* ① *(en general)* verlieren; **~ la cuenta** sich verrechnen; **ayúdame a buscar mis gafas, que las he perdido** hilf mir mal suchen, ich habe meine Brille verlegt; **~ terreno** *(fig)* den Anschluss verlieren ② *(malgastar)* vergeuden ③ *(no aprovechar)* **si llego tarde al espectáculo pierdo la entrada** wenn ich zu spät zur Veranstaltung komme, wird meine Eintrittskarte ungültig ④ *(peso)* abnehmen; *(costumbre)* ablegen ⑤ *(oportunidad, tren)* verpassen ⑥ *(ocasionar daños)* zerstören; **el fuego perdió todo el edificio** das Feuer legte das ganze Gebäude in Schutt und Asche; **esa equivocación nos perdió** dieser Fehler wurde uns zum Verhängnis; **el juego le ~á** das Spiel wird ihn noch ins Unglück stürzen; **el régimen lo llevo muy bien, lo que me pierde es ver comer a los demás** die Diät halte ich sehr gut ein, ich werde nur schwach, wenn ich andere essen sehe ⑦ (ENS: *suspender*) **~ el curso** das Schuljahr wiederholen müssen **II.** *vi* ① *(en general)* verlieren; **Portugal perdió por 1 a 2 frente a Italia** Portugal verlor 1 zu 2 gegen Italien; **tener buen ~** ein guter Verlierer sein; **vas a salir perdiendo** du wirst am Ende den Kür-

zeren ziehen; **tener todas las de ~** keine guten Karten haben; **lo echó todo a ~** er/sie verlor alles; **la comida se quemó y todo se echó a ~** das Essen verbrannte und es war nichts mehr zu retten; **cómete esos plátanos que sino se echan a ~** iss diese Bananen, sonst werden sie schlecht ② *(decaer)* einbüßen (**en** an *+dat*); **por mi profesión he perdido mucho en salud** durch meinen Beruf habe ich meine Gesundheit vernachlässigt ③ *(desteñir)* abfärben **III.** *vr:* **~se** ① *(extraviarse)* abhandenkommen; **¿qué se le habrá perdido por allí?** *(fig)* was hat er/sie dort bloß verloren? ② *(por el camino)* sich verlaufen (**en/por** in *+dat*) ③ *(bailando)* aus dem Takt kommen; *(leyendo)* in den Zeilen verrutschen; **~se en palabrerías complicadas** *(hablando)* sich in wilden Verstrickungen verlieren ④ *(desaparecer)* verschwinden ⑤ *(arruinarse)* sich ruinieren (**por** mit *+dat*) ⑥ *(desperdiciarse)* verloren gehen; **se pierde mucha agua por falta de conciencia ecológica** aus mangelndem Umweltbewusstsein wird viel Wasser verschwendet ⑦ *(ocasión)* verpassen; **si no te vienes, tú te lo pierdes** wenn du nicht mitkommst, bist du selbst schuld ⑧ *(extinguirse)* aussterben; **poco a poco la minifalda se va perdiendo** der Minirock wird immer weniger getragen ⑨ *(exceso)* (ganz) verrückt sein (**por** nach *+dat*)

perdición [perði'θjon] *f* ① *(acción, daño)* Verlust *m* ② *(moral)* Ruin *m*

pérdida ['perðiða] *f* Verlust *m;* **~ de cabellos** Haarausfall *m;* **~ de conciencia** Bewusstlosigkeit *f;* **~ de energía** Energieverlust *m;* **~ por fricción** Reibungsverlust *m;* **esto es una ~ de tiempo** das ist reine Zeitverschwendung; **es fácil de encontrar, no tiene ~** es ist leicht zu finden, man kann es gar nicht verfehlen; **el edificio ha sufrido ~s enormes después del incendio** das Gebäude hat nach dem Brand erhebliche Schäden erlitten; **el coche tiene una leve ~ de aceite** der Öltank des Autos leckt leicht

perdidamente [perðiða'mente] *adv* ① *(inútilmente)* vergebens, umsonst ② *(con exceso)* **estar ~ enamorado** bis über beide Ohren verliebt sein

perdidizo, -a [perði'ðiθo, -a] *adj* unauffindbar; **hacer algo ~** *(fam)* etw versteckt halten; **hacerse el ~** sich davonstehlen

perdido, -a [per'ðiðo, -a] **I.** *adj* ① *(que no se encuentra)* verloren; **dar a alguien por ~** jdn für vermisst erklären; **dar algo por ~** die Suche nach etw *dat* aufgeben; *(fig)* etw für verloren geben; **estar ~** in einer ausweglosen Lage sein ② *(vicioso, sin salida)* hoffnungslos; **estar loco ~** *(fam)* vollkommen verrückt sein ③ *(loc, fam: manchar)* **poner algo ~** etw ganz dreckig machen; **ponerse ~ de pintura** sich mit Farbe vollschmieren **II.** *m, f* ① *(fam: vago)* Taugenichts *m; (pobre)* armer Hund *m* ② *(libertino)* Windhund *m* ③ *(fam)* **hacerse el ~** sich rarmachen

perdigón[1] [perði'ɣon] *m* ① *(proyectil de plomo)* Schrotkorn *nt* ② *(perdiz macho)* Feldhuhnmännchen *nt,* Rebhuhnmännchen *nt* (als Lockvogel) ③ *(pollo de perdiz)* Feldhuhnküken *nt,* Rebhuhnküken *nt* ④ *(derrochador)* Verschwender *m* ⑤ *pl (munición)* Schrot *m o nt*

perdigón, -ona[2] [perði'ɣon, -ona] *m, f (fam)* Verlierer(in) *m(f)*

perdiz [per'ðiθ] *f* Rebhuhn *nt;* **ni todos los días ~, ni todos los días Beatriz** nur nicht übertreiben; **... y fueron felices y comieron perdices.** ... und wenn sie nicht gestorben sind, dann leben sie noch heute.

perdón [per'ðon] *m* ① *(absolución)* Verzeihung *f; (de pecados)* Vergebung *f* ② *(indulto)* Begnadigung *f; (gracia)* Gnade *f* ③ *(disculpa)* **¡~!** Entschuldigung!; **¿~?** (wie) bitte?; **¡con ~!** Verzeihung, darf ich?; **no cabe ~** es ist unentschuldbar; **pedir ~ a alguien** jdn um Verzeihung bitten; **y os tengo que decir, con ~ de la mesa, que esto es una porquería** und ich muss euch sagen, bitte verzeiht mir den Ausdruck bei Tisch, dass das hier eine Schweinerei ist

perdonable [perðo'naβle] *adj* verzeihlich, entschuldbar

perdonar [perðo'nar] *vt* ① *(ofensa)* verzeihen; *(pecado)* vergeben; *(pena, deuda)* erlassen; **no te perdono** ich verzeihe dir nicht; **perdona que te interrumpa** entschuldige, dass ich dich unterbreche; **perdona, ¿puedo pasar?** Entschuldigung, darf ich durch?; **perdona pero estás equivocado** es tut mir leid, aber ich glaube, du irrst dich ② *(obligación)* befreien (von *+dat*); **te perdono los 10 euros** ich schenke dir die 10 Euro; **les he perdonado la tarde a mis empleados** ich habe meinen Angestellten den Nachmittag freigegeben ③ *(loc)* **no perdono ningún esfuerzo** ich scheue keine Mühe; **no perdono ningún medio** ich lasse kein Mittel unversucht; **la guerra no perdona a nadie** der Krieg verschont niemanden

perdulario, -a [perðu'larjo, -a] **I.** *adj* ① *(descuidado)* schlampig ② *(vicioso)* lasterhaft **II.** *m, f* Taugenichts *m*

perdurabilidad [perðuraβili'ðaᵈ] *f* ① *(durabilidad)* Dauerhaftigkeit *f* ② *(eternidad)* Ewigkeit *f*

perdurable [perðu'raβle] *adj* ① *(duradero)* dauerhaft ② *(eterno)* ewig; **las ~s obras de reparación del puente** die unendlich langen Reparaturarbeiten an der Brücke

perdurar [perðu'rar] *vi* ① *(todavía)* anhalten ② *(indefinidamente)* Bestand haben; **su recuerdo ~á para siempre entre nosotros** er/sie wird uns für immer in Erinnerung bleiben

perecedero, -a [pereθe'ðero, -a] *adj* ① *(pasajero)* vergänglich ② *(alimento)* leicht verderblich

perecer [pere'θer] *irr como crecer* **I.** *vi* ① *(morir)* sterben; *(en accidente/la guerra)* ums Leben kommen; **~ de sed** verdursten ② *(daño, sufrimiento)* leiden (**de** *+akk*) **II.** *vr:* **~se** sich sehnen (**por** nach *+dat*)

peregrinación [pereɣrina'θjon] *f,* **peregrinaje** [pereɣri'naxe] *m* Wallfahrt *f;* **ir en ~** pilgern

peregrinamente [pereɣrina'mente] *adv* ① *(de modo raro)* seltsam ② *(con primor)* sorgfältig

peregrinar [pereɣri'nar] *vi* ① (REL) pilgern ② *(viajar: a pie)* (herum)wandern; *(con vehículo)* (herum)reisen; **para matricularme tuve que ~ por ciento de oficinas** für meine Immatrikultion musste ich einen Marsch durch Hunderte von Büros auf mich nehmen

P

peregrino, -a [pere'ɣrino, -a] **I.** *adj* ① *(extraño)* fremd ② *(raro)* seltsam ③ *(extraordinario)* außerordentlich **II.** *m, f* Pilger(in) *m(f)*

perejil [pere'xil] *m* ① (BOT) Petersilie *f* ② *pl (adornos)* Flitter *m*

perenne [pe'renne] *adj* ① *(perpetuo)* ewig; (BOT) immergrün ② *(constante)* ständig; **ser de ~ buen humor** immer gut gelaunt sein

perennidad [pereⁿni'ðaᵈ] *f* ① *(perpetuidad)* Ewigkeit *f,* Unvergänglichkeit *f* ② *(constancia)* Beständigkeit *f*

perentoriedad [perentorje'ðaᵈ] *f* ① *(urgencia)* Dringlichkeit *f* ② *(con decisión)* Beständigkeit *f*

perentorio, -a [peren'torjo, -a] *adj* ① *(urgente)* dringlich ② *(pago)* fällig ③ *(decisión)* endgültig; **plazo ~** Ausschlussfrist *f*

pereza [pe'reθa] *f* ① *(gandulería)* Faulheit *f* ② *(de movimientos)* Trägheit *f;* **me dio ~ ir y me quedé en casa** ich hatte keine Lust zu gehen und blieb zu Hause

perezosa [pere'θosa] *f (Arg, Perú, Urug)* Liegestuhl *m*

perezoso, -a [pere'θoso, -a] *adj* ① *(gandul)* faul ② *(movimiento)* träge ③ *(loc)* **y ni corto ni ~ me soltó un sopapo** und ohne lange darüber nachzudenken, verpasste er/sie mir eine Ohrfeige

perfección [perfeᵞ'θjon] *f* Vollkommenheit *f;* **estilo de gran ~** vollendeter Stil; **hacer algo a la ~** etw perfekt tun

perfeccionamiento [perfeᵞθjona'mjento] *m* Vervollkommnung *f; (de técnica, sistema)* Perfektionierung *f geh; (profesional)* Fortbildung *f*

perfeccionar [perfeᵞθjo'nar] *vt* vervollkommnen; *(de técnica, sistema)* perfektionieren

perfeccionismo [perfeᵞθjo'nismo] *m sin pl* Perfektionismus *m*

perfeccionista [perfeᵞθjo'nista] **I.** *adj* perfektionistisch **II.** *mf* Perfektionist(in) *m(f)*

perfectamente [perfekta'mente] *adv* **sabes ~ que...** du weißt ganz genau, dass ...; **te entiendo ~** ich verstehe dich voll und ganz; **es ~ comprensible** es ist völlig verständlich; **¡~!** in Ordnung!

perfecto[1] [per'fekto] *m* (LING) Perfekt *nt*

perfecto, -a[2] [per'fekto, -a] *adj* ① *ser* perfekt; *(obra, belleza, harmonía)* vollkommen; *(ideal)* ideal; **nadie es ~** nobody is perfect; **habla un alemán ~** er/sie spricht perfekt Deutsch; **un ~ caballero** ein vollendeter Kavalier; **eres un ~ idiota** du bist ein Vollidiot ② *estar* einwandfrei ③ (LING) **pretérito ~** Perfekt *nt*

perfidia [per'fiðja] *f* ① *(deslealtad)* Treulosigkeit *f* ② *(traición)* Verrat *m*

pérfido, -a ['perfiðo, -a] *adj* ① *(desleal)* treulos ② *(traidor)* verräterisch

perfil [per'fil] *m* ① *(de cara, t. TÉC)* Profil *nt;* **~ genético** genetisches Profil; **de ~** im Profil ② *(contorno)* Umriss *m* ③ *(de personalidad/doctrina)* Grundzug *m;* **el ~ del candidato** das Anforderungsprofil des Bewerbers

perfilar [perfi'lar] **I.** *vt* ① *(retocar)* abrunden ② *(sacar perfil)* die Umrisse skizzieren *+gen;* (TÉC) profilieren **II.** *vr:* **~se** ① *(ponerse de perfil)* sich im Profil zeigen ② *(distinguirse)* sich abzeichnen ③ *(fam: aderezarse)* sich herausputzen

perforación [perfora'θjon] *f* ① *(con máquina)* (Durch)bohrung *nt; (de oreja)* Durchstechen *nt; (de otras partes del cuerpo)* Piercing *nt; (de papel)* Lochung *f; (con muchos agujeros)* Durchlöcherung *f* ② *(agujeros, línea)* Perforation *f*

perforadora [perfora'ðora] *f* ① *(taladradora)* Bohrer *m;* **~ de cinta** (INFOR) Strei-

fenlocher *m;* ~ **de fichas** (INFOR) Kartenlocher *m;* ~ **de percusión** Bohrhammer *m* ② *(de oficina)* Locher *m*
perforar [perfo'rar] *vt (con máquina)* (durch)bohren; *(oreja)* durchstechen; *(papel)* lochen; *(con muchos agujeros)* durchlöchern; *(para decorar/para arrancar)* perforieren
perfumador [perfuma'ðor] *m (utensilio)* Parfümzerstäuber *m*
perfumar [perfu'mar] **I.** *vt* parfümieren; **las flores perfuman la habitación** der Blumenduft erfüllt das Zimmer **II.** *vi* duften
perfume [per'fume] *m* ① *(sustancia)* Parfüm *nt* ② *(olor)* Duft *m*
perfumería [perfume'ria] *f* ① *(tienda)* Parfümerie *f* ② *(productos)* Parfümartikel *mpl*
pergamino [perɣa'mino] *m* Pergament *nt;* **libro** (**con encuadernación**) **en** ~ Pergamentband *m;* **familia de ~s** Familie adliger Herkunft
pergeñar [perxe'ɲar] *vt (fam)* skizzieren
pergeño [per'xeɲo] *m* Aussehen *nt,* Erscheinungsbild *nt*
pérgola ['perɣola] *f* Pergola *f*
pericardio [peri'karðjo] *m* (ANAT) Herzbeutel *m*
pericia [pe'riθja] *f* ① *(habilidad)* Geschick *nt* ② *(práctica)* Erfahrung *f*
pericial [peri'θjal] *adj* sachkundig; **informe** ~ Sachverständigengutachten *nt*
periclitar [perikli'tar] *vi* ① *(peligrar)* in Gefahr sein ② *(teoría)* überholt sein; *(sistema, método)* veraltet sein
perico [pe'riko] *m* ① (ZOOL) Sittich *m* ② *(orinal)* Nachttopf *m* ③ *(espárrago)* (großer) Spargel *m* ④ *(argot)* Koks *m*
periferia [peri'ferja] *f* Peripherie *f; (de ciudad)* Stadtrand *m*
periférico[1] [peri'feriko] *m* (INFOR) Peripheriegerät *nt*
periférico, -a[2] [peri'feriko, -a] *adj* peripher(isch); **barrio** ~ Stadtrandviertel *nt*
perifollo [peri'foʎo] *m* ① (BOT) Kerbel *m* ② *(fam: adornos)* Flitter *m*
periforme [peri'forme] *adj (elev)* birnenförmig
perífrasis [pe'rifrasis] *f inv* Umschreibung *f*
perifrástico, -a [peri'frastiko, -a] *adj* umschreibend
perilla [pe'riʎa] *f* ① *(barba)* Kinnbart *m* ② *(loc)* **esto viene de ~s** das kommt wie gerufen
perímetro [pe'rimetro] *m* (MAT) Umfang *m*
perineo [peri'neo] *m* (ANAT) Damm *m*
perinola [peri'nola] *f (peonza)* Kreisel *m*
periodicidad [perjoðiθi'ðaᵈ] *f* Regelmäßigkeit *f*
periódico[1] [pe'rjoðiko] *m (diario)* Zeitung *f;* ~ **digital** digitale Zeitung; ~ **sensacionalista** Boulevardzeitung *f*
periódico, -a[2] [pe'rjoðiko, -a] *adj* regelmäßig; **sistema** ~ (QUÍM) Periodensystem *nt*
periodismo [perjo'ðismo] *m* ① *(profesión)* Journalismus *m* ② *(estudios)* Journalistik *f*
periodista [perjo'ðista] *mf* Journalist(in) *m(f)*
periodístico, -a [perjo'ðistiko, -a] *adj* ① *(de los periodistas)* journalistisch ② *(de los periódicos)* Zeitungs-; **reportaje** ~ Zeitungsbericht *m*
periodización [perjoðiθa'θjon] *f* Periodisierung *f*
periodo [pe'rjoðo] *m,* **período** [pe'rioðo] *m* ① *(tiempo)* Zeitraum *m;* ~ **de doble circulación** Doppelwährungsphase *f;* ~ **productivo** Lebensarbeitszeit *f;* ~ **de prueba** Probezeit *f;* ~ **transitorio** [*o* **de transición**] Übergangszeit *f* ② *(época)* Zeit *f;* ~ **álgido** Höhepunkt *m;* ~ **glacial** Eiszeit *f* ③ *(menstruación, t.* MAT, FÍS, GEO) Periode *f*
periostio [pe'rjostjo] *m* (ANAT) Knochenhaut *f*
peripatético, -a [peripa'tetiko, -a] **I.** *adj* (FILOS) peripatetisch **II.** *m, f* (FILOS) Peripatetiker(in) *m(f)*
peripecia [peri'peθja] *f (incidente)* Zwischenfall *m;* **ha pasado por muchas ~s en esta vida** er/sie hat in seinem/ihrem Leben schon viele Auf und Abs durchlebt
peripuesto, -a [peri'pwesto, -a] *adj (fam)* geschniegelt
periquete [peri'kete] *m* **esto lo hago yo en un** ~ das erledige ich im Handumdrehen; **estoy lista en un** ~ ich bin gleich fertig
periquito [peri'kito] *m* (ZOOL) Wellensittich *m*
periscopio [peris'kopjo] *m* Fernrohr *nt*
perista [pe'rista] *mf* Hehler(in) *m(f)*
peritaje [peri'taxe] *m* ① *(informe)* Gutachten *nt* ② (UNIV) Ingenieurstudium *nt*
peritar [peri'tar] *vt* begutachten
perito, -a [pe'rito, -a] **I.** *adj* sachkundig **II.** *m, f* ① *(experto)* Sachverständige(r) *mf* ② (UNIV) Diplomingenieur(in) *m(f);* ~ **agrónomo** Diplomlandwirt *m;* ~ **mercantil** Diplomkaufmann *m;* **Escuela de P~s** ≈ Fachhochschule *f*
peritoneo [perito'neo] *m* Bauchfell *nt*
peritonitis [perito'nitis] *f inv* (MED) Bauchfellentzündung *f*

P

perjudicado, -a [perxuðiˈkaðo, -a] *m, f* (JUR) Geschädigte(r) *m(f)*

perjudicador(a) [perxuðikaˈðor(a)] **I.** *adj* beeinträchtigend, schädigend **II.** *m(f)* Schädiger(in) *m(f)*

perjudicar [perxuðiˈkar] <c → qu> **I.** *vt* ① *(causar daño)* schaden +*dat; (objeto)* beschädigen; *(naturaleza)* zerstören; *(proceso, desarrollo)* beeinträchtigen; *(organización)* durcheinanderbringen; **fumar perjudica la salud** Rauchen gefährdet die Gesundheit ② *(causar desventaja)* benachteiligen **II.** *vr:* **~se** sich *dat* (selbst) schaden

perjudicial [perxuðiˈθjal] *adj* ① *(que causa daño)* schädlich (**a/para** für +*akk*); **~ para la salud** gesundheitsschädlich ② *(desventajoso)* nachteilig (**a/para** für +*akk*)

perjuicio [perˈxwiθjo] *m* ① *(daño)* Schaden *m* (**a** an +*dat*); *(de imagen)* Schädigung *f; (de objeto)* Beschädigung *f; (de naturaleza)* Zerstörung *f; (de libertad)* Beeinträchtigung *f; (de organización)* Durcheinanderbringen *nt;* **causar ~s** Schaden zufügen +*dat;* **sin ~ de que...** +*subj* ungeachtet der Tatsache, dass ... ② *(detrimento)* Nachteil *m;* **ir en ~ de alguien** jdm zum Nachteil gereichen

perjurar [perxuˈrar] *vi* ① *(en falso)* einen Meineid leisten ② *(faltar al juramento)* seinen Eid brechen

perjurio [perˈxurjo] *m* ① *(en falso)* Meineid *m* ② *(faltar al juramento)* Eidbruch *m*

perjuro, -a [perˈxuro, -a] **I.** *adj* ① *(que jura en falso)* meineidig ② *(que falta al juramento)* eidbrüchig **II.** *m, f* Person *f*, die einen Meineid leistet

P

perla [ˈperla] *f* Perle *f;* **~ cultivada** Zuchtperle *f;* **eso viene de ~s** das kommt wie gerufen

perlesía [perleˈsia] *f* ① *(enfermedad)* Lähmung *f* ② *(debilidad)* Gebrechlichkeit *f*

permanecer [permaneˈθer] *vi irr como crecer* ① *(estar)* **~ quieto** stehen bleiben; **~ invariable** gleichbleiben ② *(seguir)* **~ dormido** weiterschlafen; **~ sentado** sitzen bleiben

permanencia [permaˈnen̩θja] *f* ① *(estancia)* Aufenthalt *m; (duración)* Dauerhaftigkeit *f* ② *(persistencia)* Beständigkeit *f* ③ *(continuación)* Fortdauer *f;* **luchar para lograr la ~ en primera** (DEP) kämpfen, um nicht in die zweite Liga abzusteigen

permanente [permaˈnen̩te] **I.** *adj* ständig, permanent; *(relación)* dauerhaft; *(lluvia)* anhaltend; **estado ~** Dauerzustand *m* **II.** *f* Dauerwelle *f*

permeabilidad [permeaβiliˈðaᵈ] *f* Durchlässigkeit *f*

permeable [permeˈaβle] *adj* durchlässig; **~ al agua** wasserdurchlässig

permisible [permiˈsiβle] *adj* zulässig

permisión [permiˈsjon] *f* Erlaubnis *f*

permisividad [permisiβiˈðaᵈ] *f* Nachgiebigkeit *f; (moral)* Freizügigkeit *f*

permisivo, -a [permiˈsiβo, -a] *adj* nachgiebig; *(en lo moral)* freizügig

permiso [perˈmiso] *m* ① *(aprobación, autorización)* Erlaubnis *f;* **~ de residencia/de trabajo** Aufenthalts-/Arbeitserlaubnis *f;* **me dio ~ para hacerlo** er/sie erlaubte mir, es zu tun; **pedir ~ a alguien** jdn um Erlaubnis bitten ② *(licencia)* Genehmigung *f;* **~ de conducir** Führerschein *m;* **~ de trabajo definido/indefinido** befristete/unbefristete Arbeitserlaubnis ③ *(vacaciones)* Urlaub *m;* **pedir ~** Urlaub beantragen; **estar de ~** (MIL) auf Urlaub sein

permitir [permiˈtir] **I.** *vt* ① *(consentir)* erlauben; **¿me permite pasar/entrar/salir?** darf ich bitte durch/hinein/hinaus?; **no está permitido fumar** Rauchen ist verboten; **si me permite la expresión** wenn ich mir den Ausdruck erlauben darf ② *(autorizar)* genehmigen ③ *(hacer posible, tolerar)* zulassen; **esta máquina permite trabajar el doble** mit dieser Maschine kann die doppelte Arbeitsleistung erbracht werden; **no permito que me levantes la voz** diesen Ton lasse ich mir nicht gefallen **II.** *vr:* **~se** sich *dat* erlauben

permuta [perˈmuta] *f* (Aus)tausch *m*

permutación [permutaˈθjon] *f* (Aus)tausch *m;* (MAT) Permutation *f*

permutar [permuˈtar] *vt* (aus)tauschen

pernera [perˈnera] *f* Hosenbein *nt*

pernicioso, -a [perniˈθjoso, -a] *adj* schädlich (**para** für +*akk*); *(tumor)* bösartig

pernil [perˈnil] *m* ① *(del pantalón)* Hosenbein *nt* ② *(del cerdo)* Keule *f*

perno [ˈperno] *m (con cabeza)* Bolzen *m; (sin cabeza)* Stift *m*

pernoctación [pernoktaˈθjon] *f* Übernachtung *f*

pernoctar [pernokˈtar] *vi* übernachten

pero [ˈpero] **I.** *conj* aber; *(sin embargo)* jedoch; **¡~ si todavía es una niña!** sie ist doch noch ein Kind!; **¡~ si ya le conoces!** du kennst ihn doch!; **¿~ qué es lo que quieres?** was willst du eigentlich? **II.** *m (objeción)* Aber *nt;* **el proyecto tiene sus ~s** das Projekt hat so seine Tücken; **sin un ~** ohne Wenn und Aber; **poner ~s a algo** an etw *dat* etwas auszusetzen haben; **¡no hay ~ que valga!** keine Widerrede!; **poner ~s a todo** an allem etwas auszusetzen haben

perol [pe'rol] *m* Kessel *m*
peroné [pero'ne] *m* Wadenbein *nt*
perorar [pero'rar] *vi* ❶ *(dar discurso)* eine Rede halten; *(pey)* salbadern ❷ *(fam: hablar)* palavern ❸ *(pedir)* inständig bitten
perorata [pero'rata] *f (pey)* Tirade *f*
peróxido [pe'roˠsiðo] *m* Peroxid *nt*
perpendicular [perpeṇdiku'lar] **I.** *adj* senkrecht; *(pared)* lotrecht **II.** *f* Senkrechte *f*
perpendicularidad [perpeṇdikulari'ðaᵈ] *f* senkrechte Lage *f*, Senkrechtstellung *f*
perpetración [perpetra'θjon] *f* Begehen *nt*, Begehung *f*
perpetrar [perpe'trar] *vt* begehen
perpetuación [perpetwa'θjon] *f* ❶ *(de recuerdo, memoria)* Bewahrung *f* ❷ *(de situación)* Verewigung *f* ❸ *(de error, mentira)* Aufrechterhaltung *f* ❹ *(de especie)* Fortleben *nt*
perpetuar [perpetu'ar] <*1. pres* perpetúo> **I.** *vt* ❶ *(recuerdo, memoria)* bewahren ❷ *(nombre, situación)* verewigen ❸ *(error, mentira)* aufrechterhalten **II.** *vr:* **~se** fortleben
perpetuidad [perpetwi'ðaᵈ] *f* ❶ *(continuidad)* Beständigkeit *f* ❷ *(eternidad)* Ewigkeit *f*; **a ~** auf ewig; **condenar a ~** zu lebenslänglicher Freiheitsstrafe verurteilen ❸ *(de crédito)* Unkündbarkeit *f*
perpetuo, -a [per'petwo, -a] *adj* ❶ *(incesante)* fortwährend; **nieves perpetuas** ewiger Schnee ❷ *(vitalicio)* lebenslänglich; *(renta)* auf Lebenszeit ❸ *(crédito)* unkündbar
perplejidad [perplexi'ðaᵈ] *f* Verwirrung *f*
perplejo, -a [per'plexo, -a] *adj* verwirrt; **me quedé ~ cuando me lo dijo** ich war wie vor den Kopf geschlagen, als er/sie es mir sagte
perra ['perra] *f* ❶ (ZOOL) Hündin *f* ❷ *(obstinación)* Fimmel *m fam* ❸ *(fam: rabieta)* Wutanfall *m*; **coger una ~** einen Wutanfall bekommen ❹ *(fam: modorra)* Schläfrigkeit *f*; *(pereza)* Faulheit *f* ❺ *(puta)* Hure *f abw* ❻ *(fam: dinero)* Kohle *f*; **no tener una ~** völlig abgebrannt sein ❼ *(fam: borrachera)* Rausch *m*
perramente [perra'meṇte] *adv (fam)* miserabel
perramus [pe'rramus] *m inv (Arg, Bol, Urug: impermeable)* Regenmantel *m*
perrera [pe'rrera] *f (casa)* Hundehütte *f*; *(edificio)* Hundezwinger *m*
perrería [perre'ria] *f (vileza)* Gemeinheit *f*
perrero, -a [pe'rrero, -a] *m, f* Hundefänger(in) *m(f)*
perrito [pe'rrito] *m* **~ caliente** Hotdog *m o nt*
perro[1] ['perro] *m* (ZOOL: *t. pey)* Hund *m*; **~ callejero** Promenadenmischung *f*; **~ faldero** Schoßhund *m*; **~ de lanas** Pudel *m*; **~ lazarillo** Blindenhund *m*; **~ de búsqueda y rescate** Rettungshund *m*; **humor de ~s** Hundslaune *f*; **tiempo de ~s** Hundewetter *nt*; **¡cuidado con el ~!** Vorsicht, bissiger Hund!; **sacar al ~** mit dem Hund Gassi gehen *fam*; **echar los ~s a alguien** jdn fertigmachen; **se llevan como el ~ y el gato** sie sind wie Hund und Katze; **morir como un ~** gottverlassen sterben; **¡venga ya, a otro ~ con ese hueso!** das kannst du deiner Großmutter erzählen!; **ser ~ viejo** ein alter Hase sein; **a ~ flaco todo son pulgas** *(prov)* ein Unglück kommt selten allein; **~ ladrador, poco mordedor** *(prov)* Hunde, die bellen, beißen nicht
perro, -a[2] ['perro, -a] *adj* gemein; **llevar una vida perra** ein Hundeleben führen
perruno, -a [pe'rruno, -a] *adj* Hunde-; **tengo el olfato ~** ich habe ein sehr feines Gespür
persa ['persa] **I.** *adj* persisch; **alfombra ~** Perserteppich *m* **II.** *mf* Perser(in) *m(f)*
persecución [perseku'θjon] *f* Verfolgung *f*; **~ en coche** (Auto)verfolgungsjagd *f*
perseguido, -a [perse'ɣiðo, -a] *m, f* Verfolgte(r) *f(m)*
perseguidor(a) [perseɣi'ðor(a)] **I.** *adj* verfolgend **II.** *m(f)* Verfolger(in) *m(f)*
perseguimiento [perseɣi'mjeṇto] *m v.* **persecución**
perseguir [perse'ɣir] *vt irr como seguir* verfolgen; *(contrato, chica)* hinterherlaufen; **la policía persigue al fugitivo** die Polizei ist hinter dem Ausbrecher her; **me persigue la mala suerte** ich bin vom Pech verfolgt; **me persiguen los remordimientos** mich plagen Gewissensbisse; **el jefe me persigue todo el día** mein Chef sitzt mir den ganzen Tag im Nacken; **¿qué persigues con esto?** was willst du damit erreichen?
perseverancia [perseβe'raṇθja] *f* ❶ *(insistencia)* Beharrlichkeit *f* (**en** bei +*dat*) ❷ *(en trabajo, actividad)* Ausdauer *f* (**en** bei +*dat*) ❸ *(firmeza)* Standhaftigkeit *f*
perseverante [perseβe'raṇte] *adj* ❶ *(insistente)* beharrlich ❷ *(constante)* ausdauernd ❸ *(firme)* standhaft
perseverar [perseβe'rar] *vi* ❶ *(insistir)* beharren (**en** auf +*dat*) ❷ *(mantener)* durchhalten; **~ en algo** bei etw *dat* nicht aufgeben
Persia ['persja] *f* Persien *nt*
persiana [per'sjana] *f* Rollladen *m*

P

pérsico, **-a** ['persiko, -a] *adj* persisch

persignarse [persiɣ'narse] *vr* sich bekreuzigen

persistencia [persis'teṇθja] *f* ❶ *(insistencia)* Beharrlichkeit *f* ❷ *(perduración)* Anhalten *nt* ❸ *(en trabajo, actividad)* Ausdauer *f*

persistente [persis'teṇte] *adj* ❶ *(persona)* beharrlich ❷ *(acción)* anhaltend; *(recuerdo)* bleibend

persistir [persis'tir] *vi* ❶ *(insistir)* beharren (**en** auf +*dat*) ❷ *(perdurar)* anhalten

persona [per'sona] *f* Person *f;* ~ **de contacto** Ansprechpartner *m;* ~ (**non**) **grata** Persona (non) grata; **en** ~ persönlich; **ser buena/mala** ~ ein guter/böser Mensch sein; **había muchas ~s** es waren viele Leute da; **no había ninguna ~ allí** es war niemand da; **se apareció en la ~ de...** er/sie erschien in der Gestalt von …; **ese es una ~ de cuidado** bei ihm ist Vorsicht geboten

personaje [perso'naxe] *m* ❶ *(personalidad)* Persönlichkeit *f;* ~ **de culto** Kultfigur *f* ❷ (TEAT, LIT) Person *f*

personal[1] [perso'nal] **I.** *adj* persönlich; **datos ~es** Personalien *fpl;* **pronombre** ~ Personalpronomen *nt* **II.** *m* ❶ *(plantilla)* Personal *nt; (en empresa)* Belegschaft *f;* ~ **de a bordo** (AERO) Flugzeugbesatzung *f;* ~ **docente** Lehrkräfte *fpl;* ~ **de tierra** (AERO) Bodenpersonal *nt* ❷ *(fam: gente)* Leute *pl*

personal[2] [perso'nal] *f* (DEP) Foul *nt*

personalidad [personali'ðaᵈ] *f* Persönlichkeit *f*

personalizable [personali'θaβle] *adj* (*t.* INFOR) personalisierbar; **productos ~s** (INFOR) personalisierbare Produkte

personalización [personaliθa'θjon] *f* Personalisierung *f*

personalizar [personali'θar] <z → c> *vt* ❶ *(aludir)* namentlich nennen ❷ *(hacer personal)* persönlich gestalten

personalmente [personal'meṇte] *adv* ❶ *(en persona)* persönlich ❷ *(de manera personal)* personenbezogen; **el jefe lleva la empresa demasiado ~** der Chef führt das Unternehmen zu eigenwillig ❸ *(en cuanto a mí)* **~, prefiero la playa a la montaña** ich meinerseits ziehe den Strand den Bergen vor

personarse [perso'narse] *vr* persönlich erscheinen (**en** bei +*dat*); ~ **en juicio** vor Gericht erscheinen; **persónese ante el director** melden Sie sich beim Chef

personero, **-a** [perso'nero, -a] *m, f (Am)* Vertreter(in) *m(f);* ~ **oficial** Regierungsvertreter *m*

personificación [personifika'θjon] *f* Verkörperung *f; (de cualidades)* Personifizierung *f*

personificar [personifi'kar] <c → qu> *vt* verkörpern; **personifica la maldad** er/sie ist die Bosheit in Person

perspectiva [perspek'tiβa] *f* ❶ *(general)* Perspektive *f;* ~ **narrativa** (LIT) Erzählperspektive *f* ❷ *(vista)* Anblick *m* ❸ *pl (posibilidad)* Aussichten *fpl* ❹ *(distancia)* **aún no disponemos de la ~ adecuada para valorar este periodo** wir haben noch nicht die nötige Distanz, um diese Periode zu beurteilen

perspicacia [perspi'kaθja] *f* Scharfsinn *m*

perspicaz [perspi'kaθ] *adj* ❶ *(vista)* gut ❷ *(persona)* scharfsinnig

perspicuidad [perspikwi'ðaᵈ] *f* ❶ *(transparencia)* Durchsichtigkeit *f* ❷ *(de estilo)* Deutlichkeit *f,* Klarheit *f*

perspicuo, **-a** [pers'pikwo, -a] *adj* ❶ *(transparente)* durchsichtig ❷ *(estilo)* deutlich, klar; **una persona perspicua** ein Mensch, der sich deutlich [*o* klar] ausdrückt

persuadir [perswa'ðir] **I.** *vt* ❶ *(inducir)* überreden; **le ~é para que no haga el viaje** ich werde ihm die Reise ausreden ❷ *(convencer)* überzeugen **II.** *vr:* **~se** sich überzeugen

persuasión [perswa'sjon] *f* ❶ *(acto)* Überredung *f;* **emplear todo su poder de ~** seine ganze Überredungskunst aufbieten ❷ *(convencimiento)* Überzeugung *f;* **tener la ~ de que...** davon überzeugt sein, dass …

persuasiva [perswa'siβa] *f* Überredungskunst *f*

persuasivo, **-a** [perswa'siβo, -a] *adj,* **persuasorio**, **-a** [perswa'sorjo, -a] *adj* überzeugend

pertenecer [pertene'θer] *vi irr como crecer* ❶ *(ser de)* gehören (**a** +*dat*); **esta casa me pertenece** dieses Haus gehört mir; **esta cita pertenece a Hamlet** dieses Zitat stammt aus Hamlet ❷ *(tener obligación)* **a ti te pertenece barrer** du bist für das Fegen zuständig

perteneciente [pertene'θjeṇte] *adj* (da)zugehörig; **los países ~s a la ONU** die Mitglied(s)staaten der UNO; **todo lo ~ al caso** alles, was mit dem Fall zu tun hat; **un cuadro ~ a la colección de Thyssen** ein Gemälde aus der Thyssen-Sammlung

pertenencia [perte'neṇθja] *f* ❶ *(acción)* Zugehörigkeit *f* ❷ *pl (bienes)* Eigentum *nt* ❸ *pl (accesorios)* Zubehör *nt*

pértiga ['pertiɣa] *f (vara)* lange Stange *f;* (DEP) Stabhochsprungstab *m;* **la ~ del trole**

der Stromabnehmer; **salto de ~** Stabhochsprung *m;* **saltar con ~** Stabhochsprung machen

pertiguista [perti'ɣista] *mf* (DEP) Stabhochspringer(in) *m(f)*

pertinacia [perti'naθja] *f* Andauern *nt,* Hartnäckigkeit *f*

pertinaz [perti'naθ] *adj* ❶ *(lluvia, tos)* anhaltend ❷ *(persona)* hartnäckig

pertinente [perti'nen̪te] *adj* ❶ *(oportuno)* angemessen ❷ *(datos, indicación)* sachdienlich; *(pregunta, comentario)* sachbezogen ❸ *(relativo)* **en lo ~ a...** was ... betrifft

pertrechar [pertre'ʧar] **I.** *vt* ausrüsten **II.** *vr:* **~se** *(de alimentos)* sich versorgen (**de/con** mit +*dat*); *(de equipamiento)* sich ausrüsten (**de/con** mit +*dat*)

pertrechos [per'treʧos] *mpl* Ausrüstung *f;* **~ de guerra** Kriegsausrüstung *f*

perturbable [pertur'βaβle] *adj* leicht aus der Ruhe zu bringen

perturbación [perturβa'θjon] *f* Störung *f;* *(social)* Unruhe *f*

perturbado, -a [pertur'βaðo, -a] **I.** *adj* (PSICO) geistesgestört **II.** *m, f* **~** (**mental**) Geistesgestörte(r) *m*

perturbador(a) [perturβa'ðor(a)] **I.** *adj* ❶ *(noticia)* beunruhigend ❷ *(ruido)* störend **II.** *m(f)* ❶ *(por hacer ruido)* Ruhestörer(in) *m(f)* ❷ *(por alborotar)* Unruhestifter(in) *m(f)*

perturbar [pertur'βar] *vt* stören; *(confundir)* verwirren; *(alterar)* aus der Ruhe bringen

Perú [pe'ru] *m* Peru *nt*

peruano, -a [pe'rwano, -a] **I.** *adj* peruanisch **II.** *m, f* Peruaner(in) *m(f)*

perversidad [perβersi'ðaᵈ] *f* ❶ *(maldad)* Bösartigkeit *f* ❷ *(sexual)* Perversität *f*

perversión [perβer'sjon] *f* ❶ *(acción)* Pervertierung *f;* *(de costumbres)* Verfall *m;* **~ de menores** Verführung von Minderjährigen ❷ *(cualidad)* Perversion *f*

perverso, -a [per'βerso, -a] *adj* ❶ *(malo)* böse ❷ *(moral)* verkommen ❸ *(sexual)* pervers

pervertido, -a [perβer'tiβo, -a] **I.** *adj* pervers **II.** *m, f* Perverse(r) *mf*

pervertimiento [perβerti'mjen̪to] *m* Pervertierung *f;* *(de menores)* Verführung *f;* *(de costumbres)* Verfall *m*

pervertir [perβer'tir] *irr como sentir* **I.** *vt* ❶ *(costumbres)* verderben ❷ *(a alguien)* verführen ❸ *(corromper)* pervertieren **II.** *vr:* **~se** ❶ *(en costumbres, ideología)* pervertieren ❷ *(depravarse)* verkommen

pervivir [perβi'βir] *vi* weiterleben

pesa ['pesa] *f* Gewicht *nt;* (DEP) Hantel *f;* **~ del reloj** Uhrgewicht *nt;* **hacer** (**entrenamiento de**) **~s** Krafttraining machen; **levantamiento de ~s** Gewichtheben *nt*

pesacartas [pesa'kartas] *m inv* Briefwaage *f*

pesada [pe'saða] *f* ❶ *(acción de pesar)* Wiegen *nt* ❷ *(cantidad que se pesa)* Wiegemenge *f*

pesadez [pesa'ðeθ] *f* ❶ *(de objeto)* Schwere *f* ❷ *(de movimiento)* Schwerfälligkeit *f* ❸ *(de sueño)* Tiefe *f* ❹ *(de tarea)* Lästigkeit *f* ❺ *(de persona)* Aufdringlichkeit *f* ❻ *(de viaje)* Mühsamkeit *f* ❼ *(de lectura)* Langatmigkeit *f* ❽ *(de dibujo)* Überladung *f*

pesadilla [pesa'ðiʎa] *f* Alptraum *m*

pesado, -a [pe'saðo, -a] *adj* ❶ *(que pesa)* schwer; **tengo la cabeza pesada** ich habe einen schweren Kopf; **tengo el estómago ~** das Essen liegt mir schwer im Magen ❷ *(lento)* schwerfällig ❸ *(molesto)* lästig ❹ *(duro)* mühsam; **hacer un diccionario es ~** ein Wörterbuch zu schreiben ist eine langwierige Angelegenheit ❺ *(aburrido)* langweilig ❻ *(sueño)* bleiern; *(tiempo)* drückend; *(viaje)* lang; *(lectura)* langatmig; *(dibujo)* schnörkelig

pesadumbre [pesa'ðumbre] *f* Kummer *m*

Pésaj ['pesax] *m* Passah *nt*

pésame ['pesame] *m* Beileid *nt;* **dar el ~** sein Beileid aussprechen; **reciba mi más sincero ~ por la muerte de su hermana** zum Tod Ihrer Schwester möchte ich Ihnen mein aufrichtiges Beileid aussprechen

pesar [pe'sar] **I.** *vi* ❶ *(tener peso)* wiegen; **esta caja pesa mucho** diese Kiste ist sehr schwer; **pon encima lo que no pese** stell die leichten Sachen oben drauf ❷ *(cargo, responsabilidad)* (schwer) lasten (auf +*dat*); *(problemas)* belasten +*akk* ❸ *(hipoteca)* lasten (**sobre** auf +*dat*) **II.** *vt* ❶ *(objeto, persona)* wiegen; *(cantidad concreta)* auswiegen; **¿me puede ~ la fruta?** können Sie mir das Obst bitte auswiegen? ❷ *(ventajas)* abwägen ❸ *(disgustar)* **me pesa haberte mentido** ich bedauere es, dich belogen zu haben; **mal que te pese...** ob es dir nun gefällt oder nicht, ...; **pese a quien pese** egal, was es kostet; **pese a que...** obwohl ... **III.** *m* ❶ *(pena)* Kummer *m;* **muy a ~ mío** zu meinem großen Bedauern ❷ *(remordimiento)* Gewissensbisse *mpl* ❸ *(loc)* **a ~ de...** trotz +*gen;* **a ~ de todo lo quiere intentar** er/sie will es trotz allem versuchen

pesario [pe'sarjo] *m* (MED) Pessar *nt;* **~ anticonceptivo** Pessar zur Empfängnisverhütung

P

pesaroso, -a [pesa'roso, -a] *adj* ❶ *(afligido)* traurig; **está ~ por haberlo dicho** er bedauert (es) sehr, es gesagt zu haben ❷ *(disgustado)* verärgert ❸ *(preocupado)* besorgt

pesca ['peska] *f* ❶ *(acción)* Fischfang *m;* **ir de ~** auf Fischfang gehen ❷ *(oficio, industria)* Fischerei *f;* **~ de altura** Hochseefischerei *f;* **~ de bajura** Küstenfischerei *f* ❸ *(captura)* Fang *m*

pescadería [peskaðe'ria] *f (tienda)* Fischgeschäft *nt*

pescadero, -a [peska'ðero, -a] *m, f* Fischhändler(in) *m(f)*

pescadilla [peska'ðiʎa] *f* (junger) Seehecht *m*

pescado [pes'kaðo] *m* Fisch *m;* **~ ahumado** Räucherfisch *m*

pescador(a) [peska'ðor(a)] *m(f) (de caña)* Angler(in) *m(f); (de mar)* Fischer(in) *m(f)*

pescadora [peska'ðora] *f* ❶ *(persona) v.* **pescador** ❷ *(camisa) Hemd mit geschnürtem Ausschnitt*

pescante [pes'kaṇte] *m* ❶ (NÁUT) Davit *m* ❷ *(de carruaje)* Kutschbock *m* ❸ (TEAT) Bühnenmaschine *f* ❹ *(de grúa)* Ausleger *m*

pescar [pes'kar] <c → qu> *vt* ❶ *(con caña)* angeln; *(en barco)* fischen; **ir a ~ sardinas** auf Sardinenfang gehen ❷ *(resfriado)* sich *dat* zuziehen ❸ *(fam: novio)* sich *dat* angeln ❹ *(fam: entender)* kapieren ❺ *(sorprender)* erwischen

pescozón [pesko'θon] *m* Schlag *m* ins Genick

pescuezo [pes'kweθo] *m* Nacken *m;* **retorcer el ~ a alguien** jdm den Hals umdrehen; **sacar el ~** hochnäsig sein; **salvar el ~** den Hals aus der Schlinge ziehen

pese ['pese] *adv* **~ a** trotz *+gen*

pesebre [pe'seβre] *m* Krippe *f; (de Navidad)* Weihnachtskrippe *f*

peseta [pe'seta] *f* (HIST) Pesete *f;* **cambiar la ~** *(fig fam)* kotzen

pesetero, -a [pese'tero, -a] *m, f* Raffke *m fam;* **este comerciante es un ~** dieser Kaufmann denkt nur ans Geld

pesimismo [pesi'mismo] *m sin pl* Pessimismus *m*

pesimista [pesi'mista] **I.** *adj* pessimistisch **II.** *mf* Pessimist(in) *m(f)*

pésimo, -a ['pesimo, -a] *adj* sehr schlecht

peso ['peso] *m* ❶ *(de objeto)* Gewicht *nt;* **coger/perder ~** zu-/abnehmen; **¿qué ~ tiene?** wie viel wiegt es?; **vender a ~** nach Gewicht verkaufen; **comprar a ~ de oro** zu einem überhöhten Preis kaufen; **eso cae de su propio ~** das liegt auf der Hand ❷ *(pesadez)* Schwere *f;* **tener ~ en las piernas** schwere Beine haben ❸ *(importancia)* Bedeutung *f;* **es un gran ~ dentro de la empresa** er/sie ist in der Firma ein großes Tier; **tener una razón de ~** einen gewichtigen Grund haben ❹ *(carga)* Last *f;* **llevar el ~ de algo** die Verantwortung für etw tragen; **me saco un ~ de encima** mir fällt ein Stein vom Herzen ❺ (DEP: *bola*) Kugel *f* ❻ (DEP: *boxeo*) **~ gallo** Bantamgewicht *nt* ❼ *(moneda)* Peso *m*

pespuntar [pespuṇ'tar] *vt* (ab)steppen

pespunte [pes'puṇte] *m* ❶ *(acción)* Steppen *nt* ❷ *(costura)* Steppnaht *f* ❸ *(puntada)* Steppstich *m*

pespuntear [pespuṇte'ar] *vt* (ab)steppen

pesquero[1] [pes'kero] *m* Fischdampfer *m*

pesquero, -a[2] [pes'kero, -a] *adj* Fischer-

pesquis ['peskis] *m sin pl (fam)* Grips *m*

pesquisa[1] [pes'kisa] *f* Nachforschung *f; (de la policía)* Ermittlung *f;* **hacer ~s** Nachforschungen anstellen

pesquisa[2] [pes'kisa] *m (Arg, Ecua, Par)* Geheimpolizist *m*

pesquisar [peski'sar] *vt* ermitteln (in *+dat*)

pesquisidor(a) [peskisi'ðor(a)] *m(f)* Ermittlungsbeamte(r) *f(m),* Ermittlungsbeamtin *f*

pestañ(e)ar [pesta'ɲar/pestaɲe'ar] *vi* blinzeln; **escuchó la sentencia sin ~** er/sie zuckte nicht einmal mit der Wimper, als er/sie das Urteil hörte

pestaña [pes'taɲa] *f* (ANAT) Wimper *f;* **quemarse las ~s** *(fig)* die ganze Nacht büffeln

pestañeo [pesta'ɲeo] *m* Blinzeln *nt*

peste ['peste] *f* ❶ (MED) Pest *f;* **~ bubónica** Beulenpest *f* ❷ *(olor)* Gestank *m;* **aquí hay una ~ increíble** hier stinkt es wie die Pest ❸ *(plaga)* Plage *f* ❹ *(loc)* **echar ~s de alguien** jdn schlechtmachen

pesticida [pesti'θiða] *m* Pestizid *nt*

pestífero, -a [pes'tifero, -a] *adj* ❶ *(fétido)* übel riechend ❷ *(pernicioso)* schädlich

pestilencia [pesti'leṇθja] *f* ❶ (MED) Pest *f* ❷ *(olor)* Gestank *m*

pestilente [pesti'leṇte] *adj v.* **pestífero**

pestillo [pes'tiʎo] *m* ❶ *(de puerta: pasador)* Riegel *m; (tirador)* (Tür)klinke *f;* **echar el ~** die Tür verriegeln ❷ *(de la cerradura)* Falle *f;* **~ de golpe** Schnappschloss *nt*

petaca [pe'taka] *f* ❶ *(para cigarros)* Zigarrenetui *nt; (para tabaco)* Tabakbeutel *m* ❷ *(Am: caja)* Lederkoffer *m; (baúl)* Schrankkoffer *m; (cesto)* (Weiden)korb *m* ❸ *(AmC: joroba)* Buckel *m*

petacón, -ona [peta'kon, -ona] *adj* ❶ *(CSur, Méx, Perú: rechoncho)* pummelig ❷ *(Col: remolón)* schwerfällig ❸ *(Méx: nalgudo)* mit einem dicken Gesäß

pétalo ['petalo] *m* Blütenblatt *nt*

petanca [pe'taŋka] *f* Boccia *f o nt*

petaquear [petake'ar] **I.** *vi, vr:* **~se** *(Col: desmayar)* ohnmächtig werden; *(aflojar)* nachlassen **II.** *vt* ① *(Col: embrollar)* verwickeln ② *(Méx: embalar en petacas)* in Koffer packen

petardear [petarðe'ar] *vt* ① *(tirar petardos)* (auf)sprengen ② *(dinero)* sich *dat* borgen *(mit dem Vorsatz, es nicht zurückzugeben)*

petardo [pe'tarðo] *m* ① *(cohete)* Sprengkörper *m; (de fiesta)* Böller *m;* **tirar ~s** böllern ② *(estafa)* Schwindel *m;* **pegar un ~ a alguien** jdn übers Ohr hauen ③ *(loc)* **alguien es un ~** jd ist hässlich wie die Nacht; **algo es un ~** etw ist stinklangweilig

petate [pe'tate] *m* ① *(de soldado)* Gepäck *nt; (de marinero)* Seesack *m;* **liar el ~** *(fig)* sein Bündel schnüren ② *(fam: despreciable)* Schuft *m*

petateada [petate'aða] *f* ① *(Hond: insulto)* Beleidigung *f* ② *(Méx: muerte)* Tod *m*

petatearse [petate'arse] *vr (Méx: morirse)* sterben

petición [peti'θjon] *f* ① *(ruego)* Bitte *f; (formal)* Ersuchen *nt;* **a ~ de...** auf Ersuchen von ...; **¿has hecho ya la ~ de mano?** hast du schon um die Hand deiner Freundin angehalten? ② *(escrito)* Gesuch *nt* ③ *(solicitud)* Antrag *m*

peticionario, -a [petiθjo'narjo, -a] **I.** *adj* antragstellend **II.** *m, f* ① *(solicitante)* Antragsteller(in) *m(f);* **~ de asilo** Asylbewerber *m* ② *(que pide)* Bittsteller(in) *m(f)*

petimetre [peti'metre] *m* Geck *m*

petirrojo [peti'rroxo] *m* Rotkehlchen *nt*

petiso, -a [pe'tiso, -a] **I.** *adj (Arg, Urug)* ① *(pequeño)* klein; *(muy pequeño)* winzig ② *(enano)* kleinwüchsig **II.** *m, f* kleinwüchsige Person *f*

petitorio, -a [peti'torjo, -a] *adj* Bitt-

peto ['peto] *m* ① *(de armadura)* Brustpanzer *m* ② *(de bebé/delantal)* Latz *m*

pétreo, -a ['petreo, -a] *adj* ① *(como piedra)* steinartig ② *(pedregoso)* steinig ③ *(duro)* steinhart

petrificación [petrifika'θjon] *f* Versteinerung *f*

petrificado, -a [petrifi'kaðo, -a] *adj* versteinert, petrifiziert *geh;* **me quedé ~** ich war wie versteinert

petrificar [petrifi'kar] <c → qu> **I.** *vt* ① *(convertir en piedra)* versteinern ② *(a alguien)* erstarren lassen **II.** *vr:* **~se** zu Stein werden

petrodólar [petro'ðolar] *m* Petrodollar *m*

petróleo [pe'troleo] *m* ① *(carburante)* (Erd)öl *nt* ② *(de lámpara)* Petroleum *nt*

petrolero[1] [petro'lero] *m (barco)* (Erd-öl)tanker *m*

petrolero, -a[2] [petro'lero, -a] **I.** *adj* ① *(del carburante)* (Erd)öl- ② *(de la lámpara)* Petroleum- **II.** *m, f (persona)* Brandstifter(in) *m(f)*

petrolífero, -a [petro'lifero, -a] *adj* ölhaltig; **campo ~** (Erd)ölfeld *nt;* **industria petrolífera** (Erd)ölindustrie *f*

petroquímica [petro'kimika] *f sin pl* Petrolchemie *f*

petroquímico, -a [petro'kimiko, -a] *adj* petrolchemisch

petulancia [petu'laṇθja] *f* ① *(arrogancia)* Arroganz *f* ② *(insolencia)* Unverschämtheit *f*

petulante [petu'laṇte] *adj* anmaßend, arrogant; *(creído)* selbstgefällig, eingebildet; *(insolente)* unverschämt

petunia [pe'tunja] *f* Petunie *f*

peúco [pe'uko] *m* Babyschuh *m*

peyorativo, -a [peɟora'tiβo, -a] *adj* abwertend

pez[1] [peθ] *m* (ZOOL) Fisch *m;* **~ de agua dulce** Süßwasserfisch *m;* **~ de aguas abisales** Tiefseetier *nt;* **~ globo** Kugelfisch *m;* **~ vela** Fächerfisch *m;* **~ aguja** Hornhecht *m;* **estar como el ~ en el agua** sich pudelwohl fühlen; **estar ~ en español** kein Wort Spanisch sprechen; **ese es un buen ~** der ist ein gerissener Bursche

pez[2] [peθ] *f* ① *(betún)* Pech *nt* ② *(excremento)* Kindspech *nt*

pezón [pe'θon] *m* ① (BOT) Stiel *m* ② *(de mujer)* Brustwarze *f* ③ *(de animal)* Zitze *f*

pezuña [pe'θuɲa] *f* ① *(de león, águila)* Klaue *f; (de caballo, asno)* Huf *m* ② *pl (fam: de persona)* Quanten *pl*

P. H. N. [plan iðro'loxiko naθjo'nal] *abr de* **Plan Hidrológico Nacional** staatlicher Plan *m* zur Wasserversorgung

pi [pi] *f* (MAT) Pi *nt*

piadoso, -a [pja'ðoso, -a] *adj* ① *(misericordioso)* barmherzig; *(bondadoso)* gutherzig ② *(devoto)* fromm

pialar [pja'lar] *vt (Am)* mit dem Lasso einfangen

pianista [pja'nista] *mf* Klavierspieler(in) *m(f); (profesional)* Pianist(in) *m(f)*

piano [pi'ano] **I.** *m* Klavier *nt;* **~ de cola** Flügel *m* **II.** *adv* (MÚS) piano

pianoforte [piano'forte] *m* (MÚS) Klavier *nt*

piar [pi'ar] <*1. pres* pío> *vi* ① *(pollo)* piep(s)en ② *(clamar)* **~ por algo** sich *dat* etw brennend wünschen

piara [pi'ara] *f* Schweineherde *f*

P

piastra [pi'astra] *f* Piaster *m*

PIB [pei'βe] *m abr de* **Producto Interior Bruto** BIP *nt*

pibe, -a ['piβe, -a] *m, f (Arg: chico)* Junge *m; (chica)* Mädchen *nt*

pica ['pika] *f* ① *(lanza)* Lanze *f* ② *(de cartas)* Pik *nt*

picacho [pi'katʃo] *m* Bergspitze *f*

picada [pi'kaða] *f* ① *(de avispa)* Stich *m; (de serpiente)* Biss *m; (de pez)* Anbiss *m* ② *(CSur: tapas)* Häppchen *nt*

picadero [pika'ðero] *m (para adiestrar)* Reitbahn *f; (escuela)* Reitschule *f*

picadillo [pika'ðiʎo] *m (carne picada)* Hackfleisch *nt;* (GASTR) Haschee *nt; (para embutido)* Wurstfüllung *f; (para salchichas)* Brät *nt;* **hacer ~ a alguien** *(fam)* aus jdm Hackfleisch machen

picado[1] [pi'kaðo] *m (de avión)* Sturzflug *m;* **las acciones cayeron en ~** die Aktien fielen ins Bodenlose; **su fama ha caído en ~** sein/ihr Stern ist rapide gesunken

picado, -a[2] [pi'kaðo, -a] *adj* ① *(con picaduras: abrigo)* mottenzerfressen; *(fruta)* angefressen; *(muela)* faul; *(cara)* pockennarbig ② *(con agujeros)* durchlöchert ③ *(mar)* kabbelig ④ *(fam: enfadado)* pikiert

picador [pika'ðor] *m* ① *(adiestrador)* Zureiter(in) *m(f)* ② (TAUR) Pikador *m* ③ (MIN) Hauer *m*

picadura [pika'ðura] *f* ① *(de insecto)* Stich *m; (de serpiente)* Biss *m* ② *(en ropa)* Mottenloch *nt; (en metal)* angefressene Stelle *f* ③ *(tabaco)* Grobschnitt *m* ④ *(caries)* Karies *f*

picajoso, -a [pika'xoso, -a] *adj* empfindlich

picana [pi'kana] *f* ① *(AmS: garrocha)* Lanze *f,* Spieß *m* ② *(AmS: porra)* elektrischer Knüppel *m* ③ *(Chil: vaca)* Rindfleisch *nt* aus der Keule

picante [pi'kan̪te] **I.** *adj* pikant **II.** *m* ① (GASTR) scharf gewürztes Gericht *nt* ② *(de comida)* Schärfe *f* ③ *(de expresión)* Pikanterie *f*

picapica [pika'pika] *f* (**polvos de**) ~ Juckpulver *nt*

picapleitos [pika'pleitos] *m inv* Winkeladvokat *m*

picaporte [pika'porte] *m* ① *(aldaba)* Türklopfer *m* ② *(tirador)* Türklinke *f* ③ *(pestillo)* Riegel *m*

picar [pi'kar] <c → qu> **I.** *vi* ① *(sol, ojos)* brennen ② *(chile, pimienta)* scharf sein ③ *(pez, clientes)* anbeißen *fam* ④ *(de la comida)* kleine Mengen essen ⑤ *(tener picazón)* jucken; **me pica la espalda** es juckt mich am Rücken ⑥ *(avión)* einen Sturzflug machen ⑦ *(puerta)* klopfen (**a** an +*akk*) ⑧ *(loc)* ~ **muy alto** hoch hinaus wollen; **su actitud pica en valiente** sein/ihr Verhalten kann man als mutig bezeichnen **II.** *vt* ① *(con punzón)* stechen ② *(sacar)* ~ **una oliva de la lata** eine Olive aus der Dose picken ③ *(insecto)* stechen; *(serpiente)* beißen ④ *(ave)* picken ⑤ *(desmenuzar)* zerkleinern; **carne picada** Hackfleisch *nt;* **tabaco picado** Grobschnitt *m* ⑥ *(caballo)* die Sporen geben +*dat* ⑦ *(papel, tela)* durchstechen; *(billete)* lochen ⑧ *(ofender)* verletzen; **estar picado con alguien** auf jdn sauer sein; **¿qué mosca te ha picado?** welche Laus ist dir über die Leber gelaufen? ⑨ *(incitar)* anspornen ⑩ (TIPO) eintippen **III.** *vr:* **~se** ① *(metal)* angefressen werden; *(muela)* faul werden; *(ropa)* (von Motten) zerfressen sein; *(vino)* einen Stich bekommen; *(semillas)* unbrauchbar werden ② *(mar)* kabbelig werden ③ *(ofenderse)* gekränkt sein; *(mosquearse)* sich ärgern; **~se por nada** schnell beleidigt sein; **siempre se pica cuando juega** er/sie kann nicht verlieren ④ *(Am: embriagarse)* sich betrinken

picardía [pikar'ðia] *f* ① *(malicia)* Verschmitztheit *f;* **lo dije con ~** ich habe mir meinen Teil gedacht, als ich das sagte ② *(travesura)* Streich *m* ③ *(broma)* Spaß *m*

picaresca [pika'reska] *f* ① (LIT) Schelmenliteratur *f* ② *(hampa)* Gaunertum *nt*

picaresco, -a [pika'resko, -a] *adj* ① (LIT) schelmenhaft; **novela picaresca** Schelmenroman *m* ② *(astuto)* schelmisch ③ *(comentario)* frech

pícaro, -a ['pikaro, -a] **I.** *adj* ① *(granuja)* betrügerisch ② *(astuto)* schelmisch ③ *(comentario)* frech **II.** *m, f (granuja)* Gauner(in) *m(f)*

picarón [pika'ron] *m (Am: buñuelo)* ≈ Krapfen *m*

picatoste [pika'toste] *m* geröstetes Brot *nt*

picazón [pika'θon] *f* ① *(comezón)* Jucken *nt* ② *(disgusto)* Ärger *m*

picha ['pitʃa] *f (vulg)* Schwanz *m fam*

pichi ['pitʃi] *m* ① *(falda)* Trägerrock *m* ② *(CSur: fam: pipí)* Pipi *nt*

pichicata [pitʃi'kata] *f (Arg)* ① *(inyección)* Spritze *f* ② *(medicina)* Medikament *nt* ③ *(droga)* Droge *f*

pichichi [pi'tʃitʃi] *m* (DEP) Torschützenkönig *m*

pichín [pi'tʃin] *m (CSur: fam: pipí)* Pipi *nt*

pichincha [pi'tʃintʃa] *f (Arg)* Schnäppchen *nt*

pichón[1] [pi'tʃon] *m* (ZOOL) junge Taube *f*

pichón, -ona[2] [pi'tʃon, -ona] *m, f (querido)* Schatz *m*

P

pichoso, -a [pi'ʧoso, -a] *adj* ① *(Col: de ojos llorosos)* mit tränenden Augen ② *(Ven: sucio)* dreckig

pichula [pi'ʧula] *f (Chil: fam: pene)* Pimmel *m*

pichulear [piʧule'ar] *vt* ① *(Chil: engañar)* betrügen ② *(CSur: negociar)* verschachern

pícnic ['piɣni^{ɣ}] *m* Picknick *nt*

pico ['piko] *m* ① *(pájaro)* Specht *m* ② *(del pájaro)* Schnabel *m* ③ *(fig: boca)* Mund *m;* **~ de oro** ausgezeichneter Redner; **tener un buen ~** ein flinkes Mundwerk haben; **¡él de ~ todo lo que quieras!** versprechen tut er viel!; **alguien se fue del ~** jd hat sich verplappert; **¡ese se perderá por el ~!** der wird sich noch um Kopf und Kragen reden! ④ *(herramienta)* Spitzhacke *f* ⑤ *(montaña)* Spitze *f;* **cortado a ~** steil ⑥ *(jarra)* Tülle *f* ⑦ *(loc)* **llegar a las cuatro y ~** um kurz nach vier kommen; **tiene bien cuarenta y ~ de años** er/sie ist längst in den Vierzigern

picor [pi'kor] *m (en la piel)* Jucken *nt; (en la boca)* Brennen *nt*

picota [pi'kota] *f (tortura)* Pranger *m;* **poner en la ~ a alguien** jdn an den Pranger stellen

picotear [pikote'ar] **I.** *vi* ① *(comer)* ≈ knabbern ② *(hablar)* schwatzen **II.** *vt* anpicken **III.** *vr:* **~se** ① *(personas)* sich zanken ② *(pájaros)* schnäbeln

pictografía [piktoɣra'fia] *f* (LING) Bilderschrift *f*

pictórico, -a [pik'toriko, -a] *adj* malerisch; **técnica pictórica** Maltechnik *f*

picudo, -a [pi'kuðo, -a] *adj* ① *(puntiagudo)* spitz; *(anguloso)* kantig ② *(charlatán)* schwatzhaft

pidón, -ona [pi'ðon, -ona] **I.** *adj (fam)* quengelig **II.** *m, f (fam)* Quengler(in) *m(f)*

pie [pje] *m* ① *(extremidad, medida)* Fuß *m;* **~s planos** Plattfüße *mpl;* **¿qué ~ calza Ud.?** welche Schuhgröße haben Sie?; **al ~ del árbol** am Baumstamm; **al ~ de la carta** am Ende des Briefes; **a(l) ~ de (la) obra** auf der Baustelle; **venir a ~** zu Fuß kommen; **a ~ firme** ohne sich von der Stelle zu rühren; **quedarse de ~** stehen bleiben; **estar de ~** stehen; **ponerse de ~** aufstehen; **estar al ~ del cañón** Gewehr bei Fuß stehen; **seguí al ~ de la letra tu consejo** ich bin deinem Rat aufs Wort gefolgt; **buscarle tres ~s al gato** *(daño)* ein Unglück heraufbeschwören; *(complicaciones)* eine Sache schwieriger machen, als sie ist; **caer de ~s** auf die Füße fallen; **ya sabemos de qué ~ cojea** *(fig)* wir kennen seine/ihre Schwächen schon; **con buen ~** fröhlich; **este informe está hecho con los ~s** dieser Bericht ist sehr schlecht gemacht; **hay que andarse con ~s de plomo** man muss sehr vorsichtig sein; **ya tiene un ~ en el hoyo** er/sie steht schon mit einem Bein im Grab; **echar ~ a tierra** aussteigen; **estar en ~ de guerra** auf (dem) Kriegsfuß stehen; **no hacer ~ en una piscina** in einem Schwimmbecken nicht stehen können; **perder ~** den Boden unter den Füßen verlieren; **se marchó del hospital por su propio ~** er/sie konnte laufen, als er/sie das Krankenhaus verließ; **este nació de ~** der ist unter einem günstigen Stern geboren; **hoy no doy ~ con bola** *(fam)* heute kriege ich nichts geregelt; **estoy cansada: no me tengo en ~** ich bin ganz erschöpft: ich kann nicht mehr stehen; **parar los ~** zur Räson bringen; **~s, ¿para qué os quiero?** nichts wie weg hier!; **poner ~s en polvorosa** sich aus dem Staub machen; **no le des ~ para que se queje de ti** liefere ihm/ihr keinen Anlass, sich über dich zu beschweren ② (TIPO) **~ de imprenta** Druckvermerk *m;* **~ de página** Fußzeile *f* ③ *(planta)* Stängel *m; (tronco)* Stamm *m;* **~ de vid** Rebstock *m* ④ *(métrica)* Versfuß *m* ⑤ (TEAT) Stichwort *nt* ⑥ *(trípode)* Stativ *nt* ⑦ *(loc)* **~ de banco** *(fam)* Schnapsidee *f;* **~ de fuerza** *(Am)* Streitkräfte *fpl;* **en ~ de igualdad** gleichberechtigt; **creer a ~ juntillas** ganz fest glauben; **de a ~** normal

piedad [pje'ða^{d}] *f sin pl* ① (REL) Frömmigkeit *f; (compasión)* Erbarmen *nt;* **¡ten ~ de nosotros!** erbarme dich unser! ② *(loc)* **monte de ~** Pfandhaus *nt*

piedra ['pjeðra] *f* ① (GEO, MED) Stein *m;* **~ angular** *(fig)* Eckstein *m;* **~ filosofal** *(fig)* Stein der Weisen; **~ pómez** Bimsstein *m;* **~ preciosa** Edelstein *m;* **~ de toque** *(fig)* Prüfstein *m;* **cartón ~** Pappmaché *nt;* **edad de ~** Steinzeit *f;* **no te quejes, ¡que menos da una ~!** *(fig)* beklag dich nicht, es hätte auch noch schlimmer kommen können!; **no dejará ~ por mover hasta que lo consiga** *(fig)* er/sie wird alle Hebel in Bewegung setzen, um es zu schaffen; **poner la primera ~** den Grundstein legen; **no quedó ~ sobre ~** kein Stein blieb auf dem anderen; **cuando lo supimos nos quedamos de ~** als wir es erfuhren, waren wir wie versteinert; **tirar la ~ y esconder la mano** nicht für seine Taten einstehen; **tirarse ~s a su propio tejado** sich *dat/akk* ins eigene Fleisch schneiden ② *(granizo)* Hagel *m* ③ *(mechero)* Feuerstein *m*

piel [pjel] *f* ① *(de persona)* Haut *f;* **se me puso la ~ de gallina oyendo su historia**

ich bekam eine Gänsehaut, als ich seine/ihre Geschichte hörte; **estos niños son de la ~ del diablo** diese Kinder sind richtige Rabauken; **en esa empresa se dejó la ~** er/sie hat sich in außerordentlichem Maße in dieses Unternehmen eingebracht ❷ *(de animal)* Pelz *m; (cuero)* Leder *nt* ❸ *(de fruta)* Schale *f*

pienso ['pjenso] *m (ganado)* Futter *nt;* **~ completo** Fertigfutter *nt*

piercing ['pirsin] *m v.* **pirsin**

pierna ['pjerna] *f (extremidad)* Bein *nt; (entre la rodilla y el pie)* Unterschenkel *m; (ternera)* Keule *f;* **~ ortopédica** Beinprothese *f;* **estirar las ~s** sich *dat* die Beine vertreten; **con las ~s cruzadas** mit übergeschlagenen Beinen; **dormir a ~ suelta** fest schlafen

pietista [pje'tista] **I.** *adj* pietistisch **II.** *mf* Pietist(in) *m(f)*

pieza ['pjeθa] *f* ❶ *(pedazo)* Stück *nt; (parte)* Teil *nt; (reproducción)* Exemplar *nt;* **~ de artillería** Geschütz *nt;* **~ de recambio** Ersatzteil *nt;* **~ suelta** Einzelteil *nt;* **un traje de dos ~s** ein zweiteiliges Kostüm; **~ por ~** Stück für Stück; **vender a ~s** nach Stück verkaufen; **¡menuda ~ está hecho ese!** das ist mir ein sauberer Vogel!; **se quedó de una ~ al oírlo** als er/sie es hörte, verschlug es ihm/ihr die Sprache ❷ *(caza)* Stück *nt* Wild; *(pesca)* Fisch *m* ❸ (MÚS, TEAT) Stück *nt* ❹ *(damas)* Stein *m; (ajedrez)* Figur *f* ❺ *(Am: habitación)* Zimmer *nt* ❻ *(moneda)* Münze *f*

pífano ['pifano] *m* ❶ *(instrumento)* Pikkoloflöte *f* ❷ *(músico)* Pikkolospieler *m*

pifia ['pifja] *f* ❶ *(error)* Fauxpas *m* ❷ *(And: escarnio)* Hohn *m*

pifiar [pi'fjar] **I.** *vi* ❶ *(flauta)* unsauber anblasen ❷ *(billar)* einen Fehlstoß machen **II.** *vt (Arg, And)* verhöhnen

pigmentación [piɣmeṇta'θjon] *f* Pigmentierung *f*

pigmentar [piɣmeṇ'tar] *vt* pigmentieren

pigmento [piɣ'meṇto] *m* (BIOL) Pigment *nt; (pintura)* Farbstoff *m*

pigmeo, -a [piɣ'meo, -a] *m, f* Pygmäe, -in *m, f; (enano)* Zwerg(in) *m(f); (pey)* Knirps *m*

pignorar [piɣno'rar] *vt* verpfänden

pigre ['piɣre] *adj* faul, träge

pija ['pixa] *f (Am: vulg: pene)* Schwanz *m fam*

pijada [pi'xaða] *f (argot: tontería)* Blödsinn *m;* **¡eso son ~s!** das ist doch ausgemachter Blödsinn!

pijama [pi'xama] *m* Schlafanzug *m*

pije ['pixe] *m (Chil: fam: fanfarrón)* Angeber *m*

pijo[1] ['pixo] *m (vulg: pene)* Schwanz *m fam;* **¡y un ~!** verdammte Scheiße!

pijo, -a[2] ['pixo, -a] *m, f (argot)* Yuppie *m*

pijotada [pixo'taða] *f (vulg) v.* **pijada**

pijotero, -a [pixo'tero, -a] *adj* ❶ *(pey: fastidioso)* lästig ❷ *(Am: tacaño)* knickerig

pila ['pila] *f* ❶ *(recipiente)* Becken *nt; (lavadero)* Spülbecken *nt; (fuente)* Brunnenbecken *nt; (bautismal)* Taufbecken *nt;* **nombre de ~** Taufname *m* ❷ (FÍS) Batterie *f;* **~ reversible** Akku(mulator)batterie *f* ❸ *(montón)* Stapel *m;* **una ~ de libros** ein Stapel Bücher ❹ (ARQUIT) Brückenpfeiler *m* ❺ (INFOR) **~ de discos** (Magnetplatten)laufwerk *nt*

pila botón ['pila βo'ton] *f* <pilas botón> *(batería)* Babyzelle *f*

pilar [pi'lar] *m* ❶ *(camino)* Wegweiser *m* ❷ *(columna)* Säule *f* ❸ *(fuente)* Brunnenbecken *nt* ❹ *(apoyo)* Stütze *f*

pilates [pi'lates] *m* <inv> (DEP) Pilates *nt*

pilcha ['pilʧa] *f (CSur: fam)* Klamotten *pl*

píldora ['piḷdora] *f* Pille *f;* **~ (anticonceptiva)** (Antibaby)pille *f;* **dorar la ~ a alguien** jdm die bittere Pille versüßen; **me tragué la ~** *(fig)* ich habe es geschluckt

pileta [pi'leta] *f (RíoPl)* ❶ *(de cocina)* Spülbecken *nt* ❷ *(piscina)* Schwimmbad *nt* ❸ *(abrevadero)* Tränke *f*

pillador(a) [piʎa'ðor(a)] **I.** *adj* stehlend **II.** *m(f)* Dieb(in) *m(f)*

pillaje [pi'ʎaxe] *m* Plünderung *f*

pillán [pi'ʎan] *m (Chil)* ❶ *(demonio)* Teufel *m* ❷ *(trueno)* Donner *m* ❸ *(rayo)* Blitz *m*

pillar [pi'ʎar] *vt* ❶ *(encontrar)* antreffen; *(en flagrante)* ertappen; **me pillas de buen humor** ich bin heute gut gelaunt; **la noche nos pilló en el monte** die Nacht überraschte uns auf dem Berg; **eso no me pilla de sorpresa** das ist für mich keine Überraschung; **aquí te pillo, aquí te mato** *(fig)* jetzt oder nie; **tu casa nos pilla de camino** dein Haus liegt für uns auf dem Weg; **correos no nos pilla cerca** die Post ist nicht gerade nah für uns ❷ *(atropellar)* überfahren ❸ *(entender)* verstehen ❹ *(robar)* rauben ❺ *(Arg: orinar)* pinkeln *fam*

pillastre [pi'ʎastre] *m (fam)* Gauner *m*

pillería [piʎe'ria] *f* Schurkenstreich *m*

pillín, -ina [pi'ʎin, -ina] *adj* schlau

pillo, -a ['piʎo, -a] **I.** *adj (fam)* schlau **II.** *m, f (fam)* Gauner(in) *m(f)*

pilluelo, -a [pi'ʎwelo, -a] *adj (fam)* schlau

pilón [pi'lon] *m* ❶ *(lavadero)* (Brunnen)becken *nt; (abrevadero)* Tränke *f* ❷ *(mortero)* Mörser *m* ❸ *(pesa)* Läufer *m* ❹ (ARQUIT) Säule *f*

pilosidad [pilosi'ða^{d}] *f* Behaarung *f*

pilotaje [pilo'taxe] *m* ❶ *(dirigir)* Steuern *nt* ❷ *(ciencia)* Lotsenkunde *f* ❸ *(tasa)* Lotsengeld *nt* ❹ (ARQUIT) Pfahlwerk *nt*
pilotar [pilo'tar] *vt (barco)* lotsen; *(coche, avión)* steuern
pilote [pi'lote] *m* Pfahl *m*
pilotear [pilote'ar] *vt (Am)* ❶ *(ayudar)* begleiten ❷ *(patrocinar)* fördern ❸ *(Chil: explotar)* ausnutzen
piloto[1] [pi'loto] *m (lámpara)* Warnlampe *f*
piloto[2] [pi'loto] **I.** *mf* ❶ (NÁUT) Steuermann *m; (práctico)* Lotse, -in *m, f* ❷ (AERO) Pilot(in) *m(f);* **poner el ~ automático** den Autopiloten einschalten ❸ (AUTO) Fahrer(in) *m(f);* **~ de carreras** Rennfahrer(in) *m(f)* **II.** *adj (de prueba)* Versuchs-; *(de modelo)* Muster-; **experiencia ~** Pilotversuch *m*
piltrafa [pil'trafa] *f* ❶ *(carne)* schlechtes Fleisch *nt* ❷ *(persona)* Wrack *nt*
pilucho, -a [pi'lutʃo, -a] *adj (Chil)* nackt
pimentero [pimen̩'tero] *m* ❶ (BOT) Pfefferstrauch *m* ❷ *(vasija)* Pfefferstreuer *m*
pimentón [pimen̩'ton] *m* Paprika *m*
pimienta [pi'mjen̩ta] *f* Pfeffer *m*
pimiento [pi'mjen̩to] *m* Paprika *m;* **~ encarnado** roter Paprika; **me importa un ~ lo que él diga** es ist mir vollkommen wurscht, was er sagt
pimpante [pim'pan̩te] *adj* elegant; *(lozano)* stramm
pimpollo [pim'poʎo] *m* ❶ *(capullo)* Rosenknospe *f* ❷ *(monada)* hübsches Kind *nt;* **estás hecho un ~** du bist wie der junge Frühling ❸ *(brote)* Trieb *m*
pimpón [pim'pon] *m* (DEP) Tischtennis *nt*
pin [pin] *m inv* Stift *m*
PIN [pin] *m inv abr de* **personal identification number** *(número personal de identificación)* PIN *f*
pinacoteca [pinako'teka] *f* Pinakothek *f*
pináculo [pi'nakulo] *m* Giebel *m*
pinar [pi'nar] *m* Kiefernwald *m*
pincel [pin̩'θel] *m* Pinsel *m; (de cocina)* Backpinsel *m*
pincelada [pin̩θe'laða] *f* Pinselstrich *m;* **dar las últimas ~s** *(fig)* den letzten Schliff geben
pincelar [pin̩θe'lar] *vt* (be)malen; *(retratar)* porträtieren
pincha[1] ['pintʃa] *f* ❶ *(mujer)* Küchenhilfe *f* ❷ *(espina)* Stachel *m*
pincha[2] ['pintʃa] *mf abr de* **pinchadiscos** DJ *m*
pinchadiscos [pintʃa'ðiskos] *mf inv* Diskjockey *m*
pinchar [pin'tʃar] **I.** *vi* ❶ *(rueda)* einen Platten haben ❷ *(fracasar)* versagen; **ese aquí ni pincha ni corta** der hat hier gar nichts zu melden **II.** *vt* ❶ *(alfiler)* stechen ❷ *(estimular)* aufreizen; *(mortificar)* kränken ❸ *(inyección)* eine Spritze geben *+dat;* **tengo que ir al médico para que me pinche** ich muss zum Arzt und mir eine Spritze geben lassen ❹ *(teléfono)* anzapfen **III.** *vr:* **~se** ❶ *(alfiler)* sich stechen ❷ *(rueda)* **se nos ha pinchado una rueda** wir haben einen Platten ❸ *(insulina)* sich *dat* spritzen ❹ *(argot: drogarse)* sich *dat* einen Schuss setzen
pinchazo [pin'tʃaθo] *m* ❶ *(espina)* Stich *m;* **me dieron unos ~s insoportables en el estómago** ich spürte heftige Stiche im Magen ❷ *(neumático)* Reifenpanne *f;* **tuvimos un ~ tras la curva** nach der Kurve hatten wir einen Platten
pinche ['pintʃe] *mf* Küchenhilfe *f*
pinchito [pin'tʃito] *m (tapa)* Snack *m; (en un palillo)* Spieß *m*
pincho ['pintʃo] *m* ❶ *(avispa)* Stachel *m; (rosa)* Dorn *m* ❷ (GASTR) Snack *m;* **~ moruno** Fleischspieß *m*
pinchudo, -a [pin'tʃuðo, -a] *adj* stachelig
pindonguear [pin̩doŋge'ar] *vi (fam)* sich herumtreiben
pinedo [pi'neðo] *m (AmC)* Kiefernwald *m*
pingajo [piŋ'gaxo] *m (fam)* Fetzen *m*
pingar [piŋ'gar] <g → gu> *vi* ❶ *(pender, colgar)* herabhängen, herunterhängen ❷ *(gotear)* (ab)tropfen
pingo ['piŋgo] *m* ❶ *(fam: harapo)* Fetzen *m* ❷ *(fam pey: mujer)* Schlampe *f* ❸ *(CSur: caballo)* Pferd *nt* ❹ *(loc, fam)* **ir de ~** die Zeit vertrödeln; **poner a alguien hecho un ~** jdn ordentlich herunterputzen
pingonear [piŋgone'ar] *vi (fam)* die Zeit vertrödeln
pingorota [piŋgo'rota] *f* Spitze *f,* höchste Stelle *f*
ping-pong [piŋ'poŋ] *m sin pl v.* **pimpón**
pingucho[1] [piŋ'gutʃo] *m (Chil: fam: almuerzo ligero)* leichtes Mittagessen *nt*
pingucho, -a[2] [piŋ'gutʃo, -a] **I.** *adj (Chil)* erbärmlich **II.** *m, f (Chil)* armer Teufel *m*
pingüe ['piŋgwe] *adj (negocio)* einträglich; **~s beneficios** hohe Gewinne
pingüino [piŋ'gwino] *m* Pinguin *m*
pino ['pino] *m* ❶ *(árbol, madera)* Kiefer *f;* **~ piñonero** Pinie *f* ❷ *(loc)* **hacer el ~** (DEP) einen Handstand machen; **vivir en el quinto ~** sehr weit weg wohnen
pinocha [pi'notʃa] *f* ❶ *(panoja)* Maiskolben *m* ❷ *(pino)* Kiefernnadel *f*
pinta ['pin̩ta] *f* ❶ *(mancha)* Flecken *m; (animal)* Tüpfel *m o nt;* **a ~s** getupft ❷ *(fam: aspecto)* Aussehen *nt;* **tener ~ de caro** teuer aussehen; **tener buena ~**

P

(GASTR) lecker aussehen; *(persona)* gut aussehen; **sacar por la ~** am Aussehen erkennen

pintada [piṇ'taða] *f* ① (ZOOL) Perlhuhn *nt* ② *(pared)* Wandkritzelei *f*

pintado, -a [piṇ'taðo, -a] *adj (animal)* gesprenkelt; **papel ~** Tapete *f;* **eso viene como ~** das kommt wie gerufen; **el traje te sienta que ni ~** das Kostüm steht dir ausgezeichnet; **no lo puedo ver ni ~** ich kann ihn nicht ausstehen

pintalabios [piṇta'laβjos] *m inv* Lippenstift *m*

pintamonas [piṇta'monas] *mf inv* schlechter Maler, schlechte Malerin *m, f*

pintar [piṇ'tar] **I.** *vi* ① (ARTE) malen ② *(bolígrafo)* schreiben **II.** *vt* ① *(pared)* (an)streichen; *(con dibujos)* bemalen; **~ de azul** blau (an)streichen; **¡recién pintado!** frisch gestrichen! ② *(cuadro)* malen; **¿qué pinta ese aquí?** *(fig)* was hat der denn hier zu suchen?; **no ~ nada** *(fig: persona)* nichts zu sagen haben; *(asunto)* nicht von Bedeutung sein ③ *(describir)* schildern **III.** *vr:* **~se** sich schminken

pintarrajear [piṇtarraxe'ar] **I.** *vi (fam)* klecksen **II.** *vt (fam)* beklecksen

pintaúñas [piṇta'uɲas] *m* <inv> Nagellack *m*

pintiparado, -a [piṇtipa'raðo, -a] *adj* ① *(adecuado)* sehr gelegen; **eso viene ~** das kommt wie gerufen ② *(parecido)* äußerst ähnlich

pintiparar [piṇtipa'rar] *vt* vergleichen

pinto, -a ['piṇto, -a] *adj* gesprenkelt

pintor(a) [piṇ'tor(a)] *m(f)* Maler(in) *m(f)*

pintoresco, -a [piṇto'resko, -a] *adj* malerisch

pintura [piṇ'tura] *f* ① *(arte)* Malerei *f;* **~ a la aguada** Aquarellmalerei *f;* **~ al óleo** Ölmalerei *f;* **~ rupestre** Höhlenmalerei *f;* **voy a clases de ~** ich habe Malunterricht ② *(cuadro)* Gemälde *nt;* **no lo puedo ver ni en ~** ich kann ihn nicht ausstehen ③ *(color)* Farbe *f;* *(barniz)* Lack *m;* **caja de ~s** Malkasten *m;* **dar una capa de ~ a algo** etw (über)streichen

pinturero, -a [piṇtu'rero, -a] **I.** *adj* eingebildet **II.** *m, f* eingebildeter Mensch *m*

pinza(s) ['piṇθa(s)] *f(pl)* ① *(tenacilla)* Zange *f;* *(para la ropa)* Wäscheklammer *f;* *(para depilar)* Pinzette *f* ② *(costura)* Abnäher *m* ③ *(cangrejo)* Schere *f* ④ *(de cocina)* Küchenzange *f*

pinzamiento [piṇθa'mjeṇto] *m* (MED) Klammern *nt*

pinzar [piṇ'θar] <z → c> *vt* mit der Klemme nehmen

pinzón [piṇ'θon] *m* Fink *m*

piña ['piɲa] *f* ① *(pino)* Kiefernzapfen *m* ② *(fruta)* Ananas *f*

piñata [pi'ɲata] *f* ① *(olla)* Kochtopf *m* ② *(en una fiesta) geschmücktes Tongefäß mit Süßigkeiten für Kinder, das zerschlagen wird*

piñón [pi'ɲon] *m* ① *(pino)* Pinienkern *m;* **estar a partir un ~ con alguien** *(fam)* mit jdm dick befreundet sein ② (TÉC) Zahnrad *nt*

piñonear [piɲone'ar] *vi (irón fam)* ① *(niño)* pubertieren ② *(hombre)* sich Frauen gegenüber wie ein Pubertierender aufführen

piños ['piɲos] *mpl (argot)* Zähne *mpl*

pío[1] [pio] *m* Piepen *nt;* **no decir ni ~** keinen Piep sagen *fam;* **¡~, ~, ~!** put, put, put!

pío, -a[2] [pio, -a] *adj (piadoso)* fromm; *(bondadoso)* gutherzig; **monte ~** berufsgenossenschaftliche Kasse; **obra pía** karitative Stiftung

piocha ['pjotʃa] *adj (Méx: fam: magnífico)* super

piojería [pjoxe'ria] *f sin pl (fam fig)* Elend *nt*

piojo ['pjoxo] *m* Laus *f;* **estar como ~s en costura** eingepfercht sein

piojoso, -a [pjo'xoso, -a] **I.** *adj* ① *(con piojos)* verlaust; *(miserable)* lumpig; *(sucio)* schmutzig ② *(pey: mezquino)* gemein **II.** *m, f (pey)* Bösewicht *m*

piola ['pjola] *f (AmS: cuerda)* Schnur *f*

piolín [pjo'lin] *m (AmS)* Schnur *f*

pionero, -a [pjo'nero, -a] *m, f* Pionier(in) *m(f)*

pipa ['pipa] *f* ① *(fumador)* Pfeife *f;* **preparar la ~** die Pfeife stopfen ② *(tonel)* Weinfässchen *nt* ③ *(fruta)* Kern *m* ④ *(CRi: fam: cabeza)* Rübe *f* ⑤ *(argot: pistola)* Ballermann *m* ⑥ *pl (de girasol)* (geröstete) Sonnenblumenkerne *mpl;* *(de calabaza)* Kürbiskerne *f* ⑦ *(loc, fam)* **lo pasamos ~** wir haben uns sehr gut amüsiert

pipe ['pipe] *m (AmC: camarada)* Kumpel *m*

pipeta [pi'peta] *f* (QUÍM) Pipette *f*

pipí [pi'pi] *m (fam)* Pipi *nt*

pípila ['pipila] *f (Méx: prostituta)* Prostituierte *f*

pipiolo, -a [pi'pjolo, -a] *m, f* ① *(irón: novato)* Anfänger(in) *m(f)* ② *(Méx: niño)* Kind *nt*

pipón, -ona [pi'pon, -ona] **I.** *adj (Ant, Arg, Ecua: fam: barrigón)* dickbäuchig; *(harto)* pappsatt **II.** *m, f (PRico: fam: niño)* Knirps *m;* *(niña)* Göre *f*

pique ['pike] *m* ① *(rivalidad)* Groll *m;* **menudo ~ se traían entre ellos** sie waren ziemlich wütend aufeinander ② *(Arg, Par,*

Nic: camino) Schneise *f* ③ *(loc)* **irse a ~** (NÁUT) sinken; *(plan)* scheitern

piqueta [pi'keta] *f* Spitzhacke *f*

piquete [pi'kete] *m* ① *(huelga)* Streikposten *m* ② (MIL) Kommando *nt* ③ *(jalón)* Pflock *m*

pira ['pira] *f (hoguera)* Lagerfeuer *nt;* **~ funeraria** Scheiterhaufen *m*

pirado, -a [pi'raðo, -a] **I.** *adj (argot)* bekloppt **II.** *m, f (argot)* Irre(r) *mf*

piragua [pi'raɣwa] *f* Kanu *nt*

piragüismo [pira'ɣwismo] *m* Kanusport *m*

piramidal [pirami'ðal] *adj* pyramidenförmig

pirámide [pi'ramiðe] *f* Pyramide *f*

piraña [pi'raɲa] *f* Piranha *m*

pirarse [pi'rarse] *vr (argot)* verschwinden; **~ una clase** den Unterricht schwänzen

pirata [pi'rata] **I.** *mf* Pirat(in) *m(f)* **II.** *adj* Raub-; **emisora ~** Piratensender *m*

piratear [pirate'ar] *vi* Seeraub begehen; *(copiar)* Raubdrucke herstellen; **la música pirateada** die raubkopierte Musik

pirateo [pira'teo] *m* Hacking *nt;* **~ de películas** (INFOR) Filmraub *m*

piratería [pirate'ria] *f* Piraterie *f;* **~ informática** (INFOR) Computerpiraterie *f*

pirenaico, -a [pire'nai̯ko, -a] *adj* Pyrenäen-; **el Aneto es el pico ~ más elevado** der (Pico de) Aneto ist der höchste Gipfel der Pyrenäen

pirético, -a [pi'retiko, -a] *adj* (MED) fieberhaft, fiebrig

Pirineos [piri'neos] *mpl* Pyrenäen *pl*

piripi [pi'ripi] *adj (fam)* leicht beschwipst

piromanía [piroma'nia] *f* (MED, PSICO) Pyromanie *f*

pirómano, -a [pi'romano, -a] *m, f* Pyromane, -in *m, f*

piropear [pirope'ar] *vt (fam)* Komplimente machen +*dat*

piropo [pi'ropo] *m* ① *(fam: lisonja)* Kompliment *nt;* **echar ~s** Komplimente machen ② *(granate)* Pyrop *m*

pirotecnia [piro'teɣnja] *f sin pl* Pyrotechnik *f*

pirrarse [pi'rrarse] *vr (argot)* verrückt sein (**por** nach +*dat*)

pirsin ['pirsin] *m* Piercing *nt;* **hacerse un ~ en el ombligo** sich *dat* den Bauchnabel piercen

pirueta [pi'rweta] *f* Pirouette *f*

piruleta [piru'leta] *f,* **pirulí** [piru'li] *m* <pirulís> Lutscher *m*

pis [pis] *m (fam)* Pipi *nt*

pisa ['pisa] *f* ① *(acción de pisar)* Treten *nt* ② *(fam: paliza)* Tracht *f* Prügel

pisada [pi'saða] *f* ① *(acción)* Tritt *m* ② *(huella)* Fußstapfen *m;* **seguir las ~s de alguien** *(fig)* in jds Fußstapfen treten ③ *(patada)* Fußtritt *m*

pisapapeles [pisapa'peles] *m inv* Briefbeschwerer *m*

pisar [pi'sar] *vt* ① *(poner el pie)* treten; **¡no pises las flores!** tritt nicht auf die Blumen!; **me han pisado en el bus** jemand ist mir im Bus auf den Fuß getreten; **ir pisando huevos** *(fig)* wie auf Eiern gehen; **~ los talones a alguien** *(fig)* jdm auf den Fersen folgen; **~ fuerte** *(fig)* selbstbewusst auftreten ② *(entrar)* betreten ③ *(uvas, aceitunas)* keltern; *(tierra)* stampfen ④ *(humillar)* schikanieren ⑤ *(fam: planes)* vereiteln; **con su proyecto me pisan el terreno** mit ihrem Vorhaben kommen sie mir ins Gehege; **me han pisado el tema** sie sind mir mit dem Thema zuvorgekommen

piscicultura [pisθikul̦'tura] *f* Fischzucht *f*

piscifactoría [pisθifakto'ria] *f* Fischzucht *f;* **~ de truchas** Forellenzucht *f*

piscina [pis'θina] *f* Schwimmbad *nt;* **~ cubierta** Hallenbad *nt;* **~ para niños** Planschbecken *nt;* **~ de competición** Wettkampfbecken *nt*

piscis ['pisθis] *m* (ASTR: *persona*) Fische *mpl*

Piscis ['pisθis] *m* (ASTR: *signo*) Fische *mpl*

piscolabis [pisko'laβis] *m inv (fam)* Imbiss *m*

piso ['piso] *m* ① *(pavimento)* (Fuß)boden *m; (calle)* Pflaster *nt* ② *(planta)* Stock *m;* **de dos ~s** zweistöckig ③ *(zapato, t.* MIN) Sohle *f* ④ *(vivienda)* Wohnung *f;* **un piso compartido** eine Wohngemeinschaft

pisotear [pisote'ar] *vt* niedertreten; *(fig)* mit Füßen treten

pisotón [piso'ton] *m* Tritt *m;* **dar un ~ a alguien** jdm auf den Fuß treten

pispar [pis'par] *vt (Arg: oír)* belauern; *(observar)* beobachten

pista ['pista] *f* ① *(huella, indicio)* Spur *f;* **estar sobre la buena ~** auf der richtigen Spur sein; **seguirle la ~ a alguien** jdn verfolgen ② *(circo, t.* AERO, DEP) Piste *f; (de baile)* Tanzfläche *f;* **~ de esquí de fondo** Loipe *f* ③ *(camino)* Rollbahn *f* ④ (INFOR) Trackball *m*

pistacho [pis'taʧo] *m* Pistazie *f*

pistilo [pis'tilo] *m* ① (BOT) Stempel *m* ② *(mortero)* Pistill *nt*

pisto ['pisto] *m* ① *(caldo)* Hühnerbrühe *f* ② *(fritada)* Gemüsepfanne *f* ③ *(mezcla)* Mischmasch *m* ④ *(AmC: dinero)* Geld *nt* ⑤ *(loc)* **él se da mucho ~** er ist ein alter Angeber

pistola [pis'tola] *f* ① *(arma)* Pistole *f* ② *(del pintor)* Spritzpistole *f*

pistolera [pisto'lera] *f* (Pistolen)halfter *m*

pistolero, -a [pisto'lero, -a] *m, f* Bandit(in) *m(f)*

pistoletazo [pistole'taθo] *m* (Pistolen)schuss *m*

pistón [pis'ton] *m* ① *(émbolo)* Kolben *m* ② *(arma)* Sprengkapsel *f* ③ (MÚS) Klappe *f*

pistonudo, -a [pisto'nuðo, -a] *adj (argot)* stark

pita ['pita] *f* ① (BOT) Agave *f* ② *(fam: gallina)* Henne *f;* **¡~, ~, ~!** put, put, put!

pitada [pi'taða] *f* ① *(silbidos)* Pfeifen *nt* ② *(bocinazo)* Hupen *nt;* **dar una ~** hupen ③ *(fig: extravagancia)* unangebrachte Bemerkung ④ *(Arg, Perú: calada)* Zug *m (an der Zigarette)* ⑤ *(loc)* **dar una ~** sich im Ton vergreifen

Pitágoras [pi'taɣoras] *m* Pythagoras *m;* **teorema de ~** (MAT) Satz des Pythagoras, pythagoreischer Lehrsatz

pitahaya [pi'taʝa/pita'aʝa] *f Kakteenfrucht*

pitanza [pi'tan̩θa] *f* ① *(alimentos)* Essen *nt; (ración)* Ration *f* ② *(precio)* Entgelt *nt*

pitar [pi'tar] **I.** *vt, vi* ① *(tocar)* pfeifen; **me pitan los oídos** ich habe Ohrensausen ② *(pagar)* zahlen ③ *(AmS: fumar)* rauchen ④ *(Chil: engañar)* betrügen **II.** *vi* ① *(fam: funcionar)* gut laufen ② *(loc)* **salir pitando** eilig davonlaufen; **¡con la mitad vas que pitas!** mit der Hälfte hast du mehr als genug!

pitido [pi'tiðo] *m* Pfiff *m*

pitillera [piti'ʎera] *f (estuche)* Zigarettenetui *nt*

pitillo [pi'tiʎo] *m* Zigarette *f*

pitiminí [pitimi'ni] *m* **de ~** unwichtig; **rosa de ~** (BOT) Kletterrose *f*

pitipié [piti'pje] *m (mapa, plano)* Maßstab *m*

pito[1] ['pito] *m* ① *(silbato)* Pfeife *f; (claxon)* Hupe *f;* **hacer ~s** (mit den Fingern) schnippen; **por ~s o por flautas no puedes ayudarme** *(fam)* du hast immer einen Grund, weshalb du mir nicht helfen kannst; **tomar a alguien por el ~ del sereno** *(fam)* jdn nicht ernst nehmen; **no me importa un ~** *(fam)* das ist mir schnuppe; **no valer un ~** *(fam)* keinen Pfifferling wert sein ② *(canica)* Murmel *f;* **jugar a los ~s** mit Murmeln spielen ③ *(cigarro)* Zigarette *f* ④ *(fam: pene)* Pimmel *m*

pito, -a[2] ['pito, -a] *adj (fam)* elegant; **iba todo ~** er sah aus wie geleckt

pitón [pi'ton] *m* ① (ZOOL) Pythonschlange *f* ② *(cuerno)* Hornspitze *f; (toro)* Horn *nt* ③ *(pitorro)* Schnabel *m*

pitonisa [pito'nisa] *f* Wahrsagerin *f*

pitorrearse [pitorre'arse] *vr (fam)* sich lustig machen (**de** über +*akk*)

pitorreo [pito'rreo] *m (fam)* Spott *m;* **¡esto es un ~!** das ist ja der reine Hohn!

pitorro [pi'torro] *m (fam)* Schnabel *m*

pitote [pi'tote] *m* Durcheinander *nt,* Chaos *nt;* **me importa un ~** *(fam)* das ist mir (völlig) schnuppe

pituco, -a [pi'tuko, -a] **I.** *adj (CSur)* ① *(cursi)* kitschig ② *(muy acicalado)* geschniegelt *fam* ③ *(nuevo rico)* neureich **II.** *m, f (CSur)* ① *(cursi)* Geck *m,* Lackaffe *m fam,* Modepuppe *f fam* ② *(nuevo rico)* Neureiche(r) *f(m)*

pitufo [pi'tufo] *m (fam)* Schlumpf *m*

pituitario, -a [pitwi'tarjo, -a] *adj* schleimig; **glándula pituitaria** Hypophyse *f;* **membrana pituitaria** Nasenschleimhaut *f*

pituso, -a [pi'tuso, -a] *adj* klein, niedlich

pívot ['piβot] *mf* (DEP) mittlerer Angriffsspieler, mittlere Angriffsspielerin *m, f*

pivotar [piβo'tar] *vi* **~ en torno a un asunto** sich um ein Thema drehen

pivote [pi'βote] *m* (TÉC) Zapfen *m*

pixel ['piˠsel] *m* Pixel *nt*

pixelar [piˠse'lar] *vt* (INFOR) verpixeln

piyama [pi'ʝama] *m (Am)* Schlafanzug *m*

pizarra [pi'θarra] *f* ① *(roca)* Schiefer *m* ② *(encerado)* (Schiefer)tafel *f*

pizarrín [piθa'rrin] *m* Griffel *m*

pizarrón [piθa'rron] *m (Am: encerado)* (Wand)tafel *f*

pizca ['piθka] *f* ① *(fam: poco)* kleines Stück *nt;* **una ~** ein bisschen; **una ~ de sal** eine Prise Salz; **no tienes ni ~ de vergüenza** du schämst dich wohl überhaupt nicht ② *(Méx: cosecha)* Ernte *f*

pizcar [piθ'kar] <c → qu> *vt (Méx)* ernten

pizco ['piθko] *m* ① *(poco)* kleines Stück *nt;* **un ~** ein bisschen ② *(fam: pellizco)* Kneifen *nt*

pizpireta [piθpi'reta] *adj (mujer)* lebhaft

pizza ['pitsa] *f* Pizza *f*

placa ['plaka] *f* ① *(lámina)* Platte *f;* **~ giratoria** Drehscheibe *f* ② *(cartel)* Schild *nt;* **~ conmemorativa** Gedenktafel *f* ③ *(plancha, t.* FOTO, INFOR) Scheibe *f,* Platte *f;* **~ gráfica 16 colores** Grafikkarte 16-farbig; **~ solar fotovoltaica** Sonnenkollektor *m* ④ (AUTO) Nummernschild *nt* ⑤ (MED) **~ dental** Zahnbelag *m* ⑥ *(identificación)* **~ de policía** Polizeiabzeichen *nt*

placebo [pla'θeβo] *m* (MED) Placebo *nt*

pláceme ['plaθeme] *m* Glückwunsch *m,* Gratulation *f*

placenta [pla'θen̩ta] *f* Plazenta *f*

placentero, -a [plaθen̩'tero, -a] *adj* angenehm

placentino, -a [plaθen̪'tino, -a] **I.** *adj* aus Plasencia **II.** *m, f* Einwohner(in) *m(f)* von Plasencia

placer [pla'θer] **I.** *m* ❶ *(goce)* Freude *f;* **con sumo ~** mit großem Vergnügen ❷ *(sexual)* Lust *f;* **casa de ~** Bordell *nt* ❸ *(arena)* Sandbank *f* **II.** *vi irr como crecer* gefallen *+dat;* **¡haré lo que me plazca!** ich werde das tun, wozu ich Lust habe!

placero, -a [pla'θero, -a] *m, f (Am: vendedor)* Straßenverkäufer(in) *m(f)*

plácet ['plaθet] *m (formal)* Zustimmung *f,* Plazet *nt;* **dar el ~ a algo** sein Plazet zu etw *dat* geben

placidez [plaθi'ðeθ] *f* Ruhe *f*

plácido, -a ['plaθiðo, -a] *adj* ruhig

placiente [pla'θjen̪te] *adj* angenehm, ansprechend

plácito ['plaθito] *m* Meinung *f,* Ansicht *f*

plafón [pla'fon] *m* Deckenleuchte *f*

plaga ['plaɣa] *f* ❶ (AGR) Plage *f* ❷ *(calamidades)* Leid *nt; (lacra)* Geißel *f* ❸ *(abundancia)* Überfluss *m* (**de** an *+dat*); **este año hemos tenido una ~ de cerezas** dieses Jahr hatten wir eine Kirschenschwemme

plagado, -a [pla'ɣaðo -a] *adj* voll (**de** mit *+dat*); **el texto estaba ~ de faltas** der Text wimmelte von Fehlern; **la casa está plagada de cucarachas** das Haus ist voller Kakerlaken

plagar [pla'ɣar] <g → gu> **I.** *vt (llenar)* vollstopfen (**de** mit *+dat*); **~on la ciudad de carteles** die Stadt wurde vollkommen zuplakatiert **II.** *vr:* **~se** heimgesucht werden (**de** von *+dat*); **el pueblo se plagó de ratas** das Dorf wurde von einer Rattenplage heimgesucht

plagiar [pla'xjar] *vt* ❶ *(copiar)* abschreiben ❷ *(Am: secuestrar)* entführen

plagio ['plaxjo] *m* ❶ *(copia)* Plagiat *nt* ❷ *(Am: secuestro)* Entführung *f*

plaguicida [plaɣi'θiða] *m* (AGR) Pflanzenschutzmittel *nt*

plan [plan] *m* ❶ *(proyecto)* Plan *m;* **~ de emergencia** Notstandsplan *m;* **~ de pensiones privado** (FIN) private Altersvorsorge; **~ de estudios** Lehrplan *m;* **si no tienes ~ para esta noche paso a buscarte** wenn du heute Abend noch nichts vorhast, hole ich dich ab ❷ *(argot: ligue)* (Liebes)bekanntschaft *f* ❸ *(loc)* **esto no es ~** *(argot)* so geht es nicht (weiter); **en ~ de ...** als ...; **está en un ~ que no lo soporto** *(argot)* so, wie er zurzeit drauf ist, ertrage ich ihn nicht

plana ['plana] *f* ❶ *(folio)* Seite *f;* **a toda ~** ganzseitig; **un artículo en primera ~** ein Artikel auf der ersten Seite ❷ *(caligrafía)* Schreibübung *f* ❸ *(planicie)* Ebene *f* ❹ *(loc)* **la ~ mayor del partido** die Parteispitze

plancha ['plantʃa] *f* ❶ *(lámina)* Platte *f;* (TIPO) Druckplatte *f* ❷ *(para ropa)* Bügeleisen *nt* ❸ (NÁUT) Laufplanke *f* ❹ *(fam: desacierto)* Blamage *f;* **hacer** [*o* **tirarse**] **una ~** sich blamieren ❺ (GASTR) **a la ~** gegrillt

planchado[1] [plan'tʃaðo] *m (acción)* Bügeln *nt; (ropa)* Bügelwäsche *f*

planchado, -a[2] [plan'tʃaðo, -a] *adj* ❶ *(AmC: acicalado)* geschniegelt *fam* ❷ *(loc)* **lo dejé ~** *(fam fig)* er war platt

planchar [plan'tʃar] *vt* bügeln

planchazo [plan'tʃaθo] *m* ❶ *(ropa)* kurzes Bügeln *nt* ❷ *(desacierto)* Blamage *f*

plancton ['plaŋkton] *m sin pl* Plankton *nt*

planeador [planea'ðor] *m* (AERO) Segelflugzeug *nt*

planeadora [planea'ðora] *f (embarcación) schnelles Boot mit Außenbordmotor*

planeamiento [planea'mjen̪to] *m* Planung *f;* **~ preliminar** Vorplanung *f*

planear [plane'ar] **I.** *vi (ave)* schweben; (AERO) gleiten **II.** *vt* planen

planeo [pla'neo] *m* (AERO) Gleitflug *m*

planeta [pla'neta] *m* (ASTR) Planet *m*

planetario[1] [plane'tarjo] *m* Planetarium *nt*

planetario, -a[2] [plane'tarjo, -a] *adj* Planeten-

planicie [pla'niθje] *f* Ebene *f*

planificación [planifika'θjon] *f* Planung *f;* **~ familiar** Familienplanung *f;* **~ regional** Raumplanung *f*

planificador(a) [planifika'ðor(a)] *m(f)* Planer(in) *m(f);* **~ económico** Wirtschaftsplaner *m*

planificar [planifi'kar] <c → qu> *vt* planen

planilla [pla'niʎa] *f* ❶ (ECON: *personal*) Belegschaft *f* ❷ *(impreso)* Formular *nt;* **~ de cálculo** (INFOR) Tabellenkalkulationsprogramm *nt* ❸ *(Am: liquidación)* Abrechnung *f*

planisferio [planis'ferjo] *m* Sternkarte *f*

plano[1] ['plano] *m* ❶ (MAT) Ebene *f;* **~ inclinado** schiefe Ebene ❷ *(mapa)* Plan *m;* **levantar un ~** einen Plan entwerfen ❸ (CINE) **primer ~** Großaufnahme *f;* **en primer ~** *(delante)* im Vordergrund ❹ *(loc)* **de ~** durchaus; **aceptó de ~ nuestra propuesta** er/sie nahm unseren Vorschlag ohne Einschränkungen an

plano, -a[2] ['plano, -a] *adj* flach; **superficie plana** Ebene *f*

planta ['plan̪ta] *f* ❶ (BOT) Pflanze *f;* **~ anual** einjährige Pflanze; **~ bulbosa** Zwiebelgewächs *nt;* **~ de interior** Zimmerpflanze *f;* **~ trepadora** Kletterpflanze *f;* **~ medicinal** Arzneipflanze *f;* **~ vivaz**

P

Staude *f* ② *(pie)* Fußsohle *f* ③ *(fábrica)* Anlage *f;* ~ **de abastecimientos de agua** Wasserwerk *nt;* ~ **incineradora** Müllverbrennungsanlage *f;* ~ **industrial** Industrieanlage *f;* ~ **de reciclaje de basuras** Müllaufbereitungsanlage *f;* ~ **siderúrgica** Stahlwerk *nt* ④ *(Am:* ELEC) ~ **de energía atómica/hidráulica** Atomkraft-/Wasserkraftwerk *nt* ⑤ *(piso)* Stockwerk *nt;* ~ **alta/baja** Ober-/Erdgeschoss *nt* ⑥ (ARQUIT) Grundriss *m; (proyecto)* Bauplan *m* ⑦ *(de hopital)* Station; ~ **infantil** Kinderstation *f* ⑧ *(loc)* **tener buena** ~ gut aussehen

plantación [plaṇta'θjon] *f* Pflanzung *f; (finca)* Plantage *f*

plantar [plaṇ'tar] **I.** *vt* ① *(bulbo)* pflanzen; **han plantado el monte** der Berg ist aufgeforstet worden ② *(clavar)* befestigen; ~ **una tienda de campaña** ein Zelt aufschlagen ③ *(fam: tortazo)* versetzen ④ *(fam: cita)* versetzen; **desapareció y me dejó plantado** er/sie verschwand und ließ mich einfach stehen; **dejó plantada a su novia** er ließ seine Freundin sitzen; **lo ~on en la calle** man hat ihn entlassen ⑤ *(abandonar)* aufgeben **II.** *vr:* **~se** ① *(resistirse)* sich widersetzen (**ante** *+dat*) ② *(asno, perro)* nicht von der Stelle wollen ③ *(aparecer)* auftauchen; **se ~on en mi casa en un periquete** sie waren blitzschnell bei mir ④ *(negarse)* sich hartnäckig weigern ⑤ *(en los naipes)* passen; **aquí me planto** ich passe

P

plante ['plaṇte] *m* Streik *m;* **dar ~ a alguien** jdn sitzen lassen

planteamiento [plaṇtea'mjeṇto] *m* ① *(idea)* Gesichtspunkt *m;* **tu ~ de la cuestión no me parece el adecuado** dein Ansatz scheint mir nicht der richtige zu sein ② (MAT) Ansatz *m*

plantear [plaṇte'ar] **I.** *vt* ① *(asunto, problema)* angehen; **este problema está mal planteado** dieses Problem ist falsch angegangen worden ② *(causar)* verursachen; *(discusión)* auslösen **II.** *vr:* **~se** ① *(reflexionar)* überdenken ② *(cuestión)* aufwerfen; **ahora me planteo la pregunta si...** für mich wirft sich jetzt die Frage auf, ob ...

plantel [plaṇ'tel] *m* ① *(vivero)* Baumschule *f* ② *(conjunto)* Gruppe *f* ③ *(Arg: plantilla)* Belegschaft *f*

planteo [plaṇ'teo] *m (Arg)* Protest *m*

plantificación [plaṇtifika'θjon] *f (implantación)* Aufstellung *f,* Errichtung *f*

plantificar [plaṇtifi'kar] <c → qu> **I.** *vt (golpe)* versetzen **II.** *vr:* **~se** auftauchen; **se plantificó allí al poco tiempo** er/sie war in kürzester Zeit da

plantilla [plaṇ'tiʎa] *f* ① *(empleados)* Belegschaft *f;* ~ **de profesores** Lehrerschaft *f* ② *(zapato)* Einlegesohle *f* ③ *(zapatero)* Brandsohle *f* ④ *(patrón)* Schablone *f* ⑤ *(equipo)* Mannschaft *f*

plantío [plaṇ'tio] *m* ① *(plantación)* Pflanzung *f* ② *(terreno)* Garten *m;* (AGR) Plantage *f* ③ *(lo plantado)* Bepflanzung *f*

plantón [plaṇ'ton] *m* ① (AGR) Setzling *m* ② *(loc)* **dar un ~ a alguien** jdn versetzen; **y ahora estoy de ~** jetzt muss ich hier stehen und warten

plañidero, -a [plaɲi'ðero, -a] *adj (lloroso)* weinerlich; *(lastimero)* erbärmlich

plañir [pla'ɲir] <*3. pret* plañó> *vi* jammern

plaqué [pla'ke] *m (de oro)* Goldüberzug *m; (de plata)* Silberüberzug *m*

plaqueta [pla'keta] *f* Thrombozyt *m*

plasma ['plasma] *m* Plasma *nt*

plasmación [plasma'θjon] *f* Gestaltung *f; (representación)* Darstellung *f*

plasmar [plas'mar] *vt* ① *(moldear, t. fig)* gestalten ② *(representar)* widerspiegeln

plasta[1] ['plasta] *f (mal hecha)* ≈ Pfusch *m; (desastre)* Katastrophe *f*

plasta[2] ['plasta] *mf (pey)* Nervensäge *f*

plástica ['plastika] *f* Plastik *f*

plasticidad [plastiθi'ðaᵈ] *f* Plastizität *f; (fig)* Anschaulichkeit *f*

plástico[1] ['plastiko] *m* Kunststoff *m*

plástico, -a[2] ['plastiko, -a] *adj* ① *(materia)* Plastik-; **papel ~** Plastikfolie *f* ② *(modelable, expresivo)* plastisch; **las artes plásticas** die bildenden Künste

plastificación [plastifika'θjon] *f* ① *(revestimiento)* Einschweißen *nt* in Plastik ② *(con plastificante)* Weichmachen *nt*

plastificar [plastifi'kar] <c → qu> *vt* (in Plastik) einschweißen

plastilina® [plasti'lina] *f* Plastilin® *nt*

plata ['plata] *f* ① *(metal)* Silber *nt;* ~ **labrada** Silber(geschirr) *nt;* ~ **de ley** Feinsilber *nt;* **bodas de ~** Silberhochzeit *f* ② *(moneda)* Silbergeld *nt* ③ *(Am: dinero)* Geld *nt;* **¡adiós mi ~!** *(CSur: fam)* jetzt ist alles verloren! ④ *(loc)* **hablar en ~** Klartext reden

plataforma [plata'forma] *f* ① *(estrado)* Podium *nt* ② *(tranvía)* Plattform *f; (vagón)* Plattformwagen *m;* ~ **de elevación** Hebebühne *f;* ~ **giratoria** Drehscheibe *f* ③ (POL) Forum *nt* ④ (GEO) ~ **continental** Kontinentalsockel *m*

platanero [plata'nero] *m (árbol)* Banane(nstaude) *f*

plátano ['platano] *m* ① *(árbol frondoso)* Platane *f* ② *(árbol frutal tropical)* Banane(nstaude) *f; (fruta)* Banane *f;* ~ **guineo** Kochbanane *f*

platea [pla'tea] *f* Parkett *nt*

plateado, -a [plate'aðo, -a] *adj* silbern

platense [pla'tense] *adj* ❶ *(de La Plata)* aus La Plata ❷ *(de Río de La Plata)* aus den Rio-de-la-Plata-Ländern

platería [plate'ria] *f* ❶ *(tienda)* Juweliergeschäft *nt* ❷ *(taller)* Silberschmiede *f* ❸ *(vajilla)* Silbergeschirr *nt*

platero, -a [pla'tero, -a] *m, f* Silberschmied(in) *m(f); (joyero)* Juwelier(in) *m(f)*

plática ['platika] *f* ❶ *(conversación)* Unterhaltung *f;* **estar de** ~ plaudern ❷ *(sermón)* Predigt *f*

platicar [plati'kar] <c → qu> *vi (fam)* sich unterhalten

platija [pla'tixa] *f* Flunder *f*

platillo [pla'tiʎo] *m* ❶ *(de una taza)* Untertasse *f* ❷ *(balanza)* Waagschale *f* ❸ (MÚS) Becken *nt*

platina [pla'tina] *f* ❶ *(microscopio)* Objekttisch *m* ❷ (TIPO) Tiegel *m* ❸ (INFOR) Platine *f*

platino [pla'tino] *m* ❶ (QUÍM) Platin *nt* ❷ *pl* (AUTO) Unterbrecher *mpl*

plato ['plato] *m* ❶ *(vajilla)* Teller *m; (para taza)* Untertasse *f;* ~ **llano** Essteller *m;* ~ **hondo** Suppenteller *m;* **tiro al** ~ (DEP) Tontaubenschießen *nt;* **ahora tengo que pagar los ~s rotos** *(fig)* nun muss ich die Sache auch ausbaden; **tener cara de no haber roto un ~ en la vida** aussehen, als ob man keiner Fliege etwas zuleide tun könnte; **comer en un mismo** ~ *(fig)* wie Pech und Schwefel zusammenhalten ❷ *(comida)* Gericht *nt;* ~ **combinado** ≈ Tellergericht *nt;* ~ **principal/fuerte** Hauptgericht *nt; (fig)* Hauptthema *nt;* **hoy hay ~ único** heute gibt es nur einen Gang; **nos sirvieron tres ~s y postre** uns wurden drei Gänge und Nachtisch serviert ❸ *(balanza)* Waagschale *f*

plató [pla'to] *m* (CINE) Kulisse *f*

platón [pla'ton] *m (Am)* Schüssel *f*

platónico, -a [pla'toniko, -a] *adj* platonisch

platudo, -a [pla'tuðo, -a] *adj (Am)* steinreich

plausible [plau̯'siβle] *adj* ❶ *(loable)* lobenswert ❷ *(admisible)* plausibel

playa ['plaɟa] *f* ❶ *(mar)* Strand *m;* ~ **nudista** FKK-Strand *m* ❷ *(Am: espacio)* Gelände *nt;* ~ **de estacionamiento** Parkplatz *m*

playback ['plei̯βakᵏ] *m* <playbacks> Playback *nt; v. t.* **sonido**

playboy [plei̯'βoi̯] *m* <playboys> Playboy *m*

playera [pla'ɟera] *f (Guat, Méx: camiseta)* T-Shirt *nt*

playeras [pla'ɟeras] *fpl (zapatillas)* ≈ Turnschuhe *mpl*

playo, -a ['plaɟo, -a] *adj (CSur)* flach; **plato** ~ flacher Teller

plaza ['plaθa] *f* ❶ *(espacio, t.* COM) Platz *m; (de mercado)* Marktplatz *m; (de toros)* Arena *f;* ~ **de abastos** Markt *m;* **fuimos a la ~ a comprar** wir sind auf den Markt einkaufen gegangen ❷ *(asiento)* Sitzplatz *m; (de garaje/parking)* Stellplatz *m* ❸ *(empleo)* Stelle *f* ❹ *(en instituciones/viajes)* Platz *m*

plazo ['plaθo] *m* ❶ *(vencimiento)* Frist *f;* ~ **de entrega** Lieferzeit *f;* ~ **de preaviso** Kündigungsfrist *f;* **a corto/largo** ~ kurz-/langfristig; **fuera del** ~ nicht fristgemäß; **en el ~ de un mes** innerhalb eines Monats; **en el banco tengo dos millones a ~ fijo** ich habe auf der Bank zwei Millionen festgelegt; **¿cuándo vence el ~ para la presentación de solicitudes?** wann läuft die Bewerbungsfrist ab? ❷ *(cantidad)* Rate *f;* **a ~s** auf Raten

plazoleta [plaθo'leta] *f,* **plazuela** [pla'θwela] *f dim de* **plaza**

pleamar [plea'mar] *f* Flut *f*

plebe ['pleβe] *f sin pl* ❶ (HIST) Plebs *f* ❷ *(pey: chusma)* Gesindel *nt*

plebeyez [pleβe'ɟeθ] *f* Primitivität *f*

plebeyo, -a [ple'βeɟo, -a] **I.** *adj* ❶ *(t.* HIST) plebejisch ❷ *(sin linaje)* bürgerlich ❸ *(inculto)* ungebildet; *(grosero)* ungehobelt **II.** *m, f* ❶ *(t.* HIST) Plebejer(in) *m(f)* ❷ *(sin linaje)* Bürgerliche(r) *mf* ❸ *(grosero)* Grobian *m*

plebiscito [pleβis'θito] *m* Volksbefragung *f*

plegable [ple'ɣaβle] *adj (papel)* faltbar; *(mueble)* zusammenklappbar; **silla** ~ Klappstuhl *m*

plegadizo, -a [pleɣa'ðiθo, -a] *adj* (zusammen)klappbar, faltbar; **silla plegadiza** Klappstuhl *m*

plegar [ple'ɣar] *irr como fregar* **I.** *vt* ❶ *(doblar)* zusammenfalten; *(muebles)* zusammenklappen ❷ *(imprenta)* falzen **II.** *vr:* **~se** sich fügen

plegaria [ple'ɣarja] *f* Gebet *nt*

pleitear [plei̯te'ar] *vt* (JUR) prozessieren

pleitesía [plei̯te'sia] *f* Huldigung *f,* Verehrung *f;* **rendir ~ a alguien** jdm seine Huldigung darbringen

pleitista [plei̯'tista] *mf* Querulant(in) *m(f)*

pleito ['plei̯to] *m* ❶ (JUR) Prozess *m* ❷ *(disputa)* Streit *m*

plenario, -a [ple'narjo, -a] *adj* **asamblea plenaria** Vollversammlung *f;* **sesión plenaria** Plenarsitzung *f*

P

plenilunio [pleni'lunjo] *m sin pl* Vollmond *m*
plenipotenciario, -a [plenipoten̩'θjarjo, -a] **I.** *adj* bevollmächtigt **II.** *m, f* Bevollmächtigte(r) *f(m)*
plenitud [pleni'tuð] *f* ① *(totalidad)* Fülle *f;* **sensación de ~** vollkommene Zufriedenheit ② *(apogeo)* Höhepunkt *m;* **en la ~ de sus facultades físicas** auf der Höhe seiner/ihrer körperlichen Fähigkeiten
pleno[1] ['pleno] *m* ① Plenum *nt;* **el ayuntamiento en ~** die gesamte Stadtverwaltung ② *(en juegos de azar)* Volltreffer *m,* Sechser *m fam*
pleno, -a[2] ['pleno, -a] *adj* voll; **~ empleo** Vollbeschäftigung *f;* **en el ~ uso de sus facultades mentales** unter Einsatz all seiner/ihrer geistigen Fähigkeiten; **le robaron a plena luz del día** er wurde am helllichten Tag ausgeraubt; **en ~ verano** im Hochsommer
pletórico, -a [ple'toriko, -a] *adj* strotzend (**de** vor +*dat*); **~ de salud** kerngesund
pleura ['pleu̯ra] *f* Brustfell *nt*
plexiglás® [pleɣsi'ɣlas] *m sin pl* Plexiglas® *nt*
pléyade ['pleɟaðe] *f* ① (LIT) Pléiade *f* ② *(multitud)* **había una ~ de candidatos** es gab eine Menge Bewerber
plica ['plika] *f* versiegelter Umschlag *m*
pliego ['pljeɣo] *m* ① *(hoja)* Bogen *m* ② *(documento)* Schrift *f;* **~ de cargos** Anklageschrift *f;* **~ de condiciones** Ausschreibungsbedingungen *f pl* ③ *(libro)* Heft *nt* ④ *(comunicación)* Postsendung *f*
pliegue ['pljeɣe] *m (doblez, t.* GEO) Falte *f;* **el mantel cae hasta el suelo haciendo ~s** die Tischdecke fällt in Falten bis auf den Boden
plisado [pli'saðo] *m* Plissee *nt*
plisar [pli'sar] *vt* plissieren
plomada [plo'maða] *f (albañilería)* Lot *nt;* **echar la ~** ausloten
plomazo [plo'maθo] *m* ① *(fam: pesado)* Nervensäge *f* ② *(perdigón)* Schusswunde *f*
plomero [plo'mero] *m* ① *(trabajador)* Bleiarbeiter *m; (comerciante)* Bleiwarenhändler *m* ② *(reg: fontanero)* Klempner *m*
plomizo, -a [plo'miθo, -a] *adj* ① *(color)* bleigrau ② *(material)* bleiern
plomo ['plomo] *m* ① *(metal)* Blei *nt;* **gasolina sin ~** bleifreies Benzin; **andarse con pies de ~** *(fig)* sehr vorsichtig sein; **caer a ~** der Länge nach hinfallen; **ser un ~** sehr lästig sein ② *(plomada)* Bleilot *nt* ③ *(bala)* Kugel *f* ④ *pl* (ELEC) Sicherung *f*
pluma ['pluma] *f* ① *(ave)* Feder *f;* **cambiar la ~** sich mausern; **quedarse cacareando y sin ~s** trotz eines Misserfolgs noch frohlocken; **vestirse de ~s ajenas** sich mit fremden Federn schmücken ② *(escribir)* Feder *f;* **~ estilográfica** Füllfederhalter *m* ③ *(escritor)* Schriftsteller *m* ④ *(estilo)* Stil *m*
plumada [plu'maða] *f* Federstrich *m*
plumaje [plu'maxe] *m* ① *(ave)* Gefieder *nt* ② *(adorno)* Federbusch *m*
plumario, -a [plu'marjo, -a] *m, f (AmC, Méx: pey: periodista)* Schreiberling *m*
plumazo [plu'maθo] *m (trazo)* Federstrich *m;* **suprimieron de un ~ las subvenciones** alle Subventionen wurden auf einmal gestrichen
plúmbeo, -a ['plumbeo, -a] *adj* bleiern; *(pesado)* bleischwer
plumear [plume'ar] *vt (Am: escribir)* schreiben
plumero [plu'mero] *m* ① *(limpieza)* Staubwedel *m* ② *(plumier)* Griffelkasten *m* ③ *(adorno)* Federbusch *m* ④ *(loc)* **a ese se le ve el ~** der ist leicht zu durchschauen
plumier [plu'mjer] *m (caja)* Griffelkasten *m; (estuche)* Federmäppchen *nt*
plumilla [plu'miʎa] *f* Feder *f*
plumín [plu'min] *m* Feder *f (eines Füllfederhalters)*
plumón [plu'mon] *m* ① *(ave)* Daune *f* ② *(cama)* Federbett *nt*
plural [plu'ral] **I.** *adj* vielfältig; **número ~** Plural *m* **II.** *m* Plural *m;* **~ mayestático** Pluralis majestatis *m*
pluralidad [plurali'ðað] *f* Vielfältigkeit *f;* **a ~ de votos** mehrheitlich
pluralismo [plura'lismo] *m sin pl* ① (FILOS) Pluralismus *m* ② *(multiplicidad)* Vielzahl *f*
pluralista [plura'lista] *adj* pluralistisch
pluralizar [plurali'θar] <z → c> *vt* ① *(generalizar)* verallgemeinern; **tú cuenta lo que te pasó a ti y no pluralices** erzähl, was dir passiert ist, und sprich nicht im Plural ② (LING) die Pluralform bilden (von +*dat*)
plurianual [plurianu'al] *adj* mehrjährig
pluriempleado, -a [pluriemple'aðo, -a] *m, f Person, die mehrere Arbeitsplätze gleichzeitig hat*
pluriempleo [pluriem'pleo] *m* Mehrfachbeschäftigung *f*
plurifamiliar [plurifami'ljar] *adj* Mehrfamilien-
plurilingüe [pluri'liŋgwe] *adj (políglota)* mehrsprachig
pluripartidismo [pluriparti'ðismo] *m* Mehrparteiensystem *nt*
plus [plus] *m (gratificación)* Zulage *f; (ven-*

taja) Vorteil *m;* **de ~** zusätzlich; **~ por trabajar en días festivos** Feiertagszulage *f*
pluscuamperfecto [pluskwamper'fekto] *m* Plusquamperfekt *nt*
plusmarca [plus'marka] *f* (DEP) Rekord *m*
plusmarquista [plusmar'kista] *mf* Rekordhalter(in) *m(f);* **ser el ~ mundial de lanzamiento de jabalina** den Weltrekord im Speerwerfen halten
plusvalía [plusβa'lia] *f sin pl* Mehrwert *m*
plutón [plu'ton] *m* (GEO) Pluton *m*
Plutón [plu'ton] *m* (ASTR) Pluto *m*
plutonio [plu'tonjo] *m* Plutonium *nt*
pluvial [plu'βjal] *adj* Regen-
pluviómetro [plu'βjometro] *m* (METEO) Regenmesser *m*
pluvioso[1] [plu'βjoso] *m* Pluviose *m (fünfter Monat nach der Zeitrechnung der französischen Revolution)*
pluvioso, -a[2] [plu'βjoso, -a] *adj* regnerisch
p.m. [pe'eme] *abr de* **post meridiem** p. m. *(nachmittags)*
P. M. [pe'eme] *f abr de* **policía militar** Militärpolizei *f*
PN ['peso 'neto] *m abr de* **peso neto** Nettogewicht *nt*
PNB [pe(e)ne'be] *m abr de* **producto nacional bruto** BSP *nt*
PNN [pe'nene] *m abr de* **producto nacional neto** Nettosozialprodukt *nt*
PNV [pene'uβe] *m abr de* **Partido Nacionalista Vasco** *Baskische Nationalistische Partei*
p. o. [por 'orðen] *abr de* **por orden** i.A.
poblacho [po'βlatʃo] *m (pey)* Kaff *nt*
población [poβla'θjon] *f* ❶ *(habitantes)* Bevölkerung *f;* **~ activa** (ECON) erwerbstätige Bevölkerung ❷ *(localidad)* Ort *m* ❸ (BIOL) Population *f*
poblado[1] [po'βlaðo] *m (pueblo)* Dorf *nt; (colonia)* Siedlung *f*
poblado, -a[2] [po'βlaðo, -a] *adj* ❶ *(habitado)* bewohnt ❷ *(cejas)* dicht
poblador(a) [poβla'ðor(a)] *m(f) (habitante)* Bewohner(in) *m(f); (colono)* Siedler(in) *m(f)*
poblamiento [poβla'mjento] *m* ❶ *(acción)* Bevölkern *nt* ❷ *(asentamiento)* (An)siedlung *f;* **~ urbano** Stadtsiedlung *f*
poblano, -a [po'βlano, -a] **I.** *adj (Am)* ländlich, vom Lande **II.** *m, f* Dorfbewohner(in) *m(f),* Bauer *m,* Bäuerin *f*
poblar [po'βlar] <o → ue> **I.** *vi, vt* ❶ *(colonizar)* besiedeln ❷ (BOT) bepflanzen (**de** mit *+dat*); **han poblado el monte de pinos** der Berg ist mit Pinien aufgeforstet worden ❸ *(habitar)* bewohnen ❹ (ZOOL) **distintas especies pueblan el fondo del mar** verschiedene Arten leben auf dem Meeresgrund **II.** *vr:* **~se** sich füllen; **la costa se pobló rápidamente** die Küste war bald voller Menschen
pobre ['poβre] **I.** *adj* <paupérrimo> arm (**de** an *+dat*); *(desgraciado)* unglücklich; *(humilde)* elend; **¡~ de ti si dices mentiras!** wehe dir, wenn du lügst!; **es una lengua ~ de expresiones** in dieser Sprache gibt es kaum Redewendungen **II.** *mf* Arme(r) *mf; (mendigo)* Bettler(in) *m(f)*
pobretería [poβrete'ria] *f* ❶ *(tacañería)* Knauserei *f* ❷ *(pobreza)* Armut *f,* Not *f;* **la ~** die Armen
pobreza [po'βreθa] *f* ❶ *(necesidad)* Armut *f* ❷ *(pusilanimidad)* Kleinmütigkeit *f*
pochar [po'tʃar] *vt* pochieren; **huevos pochados** pochierte Eier
pocho, -a ['potʃo, -a] *adj* ❶ *(fruta)* verdorben ❷ *(persona)* matt
pochoclo [po'tʃoklo] *m (Arg)* Popcorn *nt*
pocilga [po'θilɣa] *f* Schweinestall *m*
pócima ['poθima] *f,* **poción** [po'θjon] *f* Arznei *f; (pey: brebaje)* Gesöff *nt;* **la ~ mágica** der Zaubertrank
poco[1] ['poko] **I.** *m* ❶ *(cantidad)* **un ~ de azúcar** ein bisschen Zucker; **acepta el ~ de dinero que te puedo dar** nimm das wenige Geld, das ich dir geben kann; **espera un ~** warte ein wenig ❷ *pl* wenige; **los ~s que vinieron...** die wenigen, die kamen ...; **es un envidioso como hay ~s** er ist ein Neidhammel wie sonst keiner **II.** *adv* wenig; **escribir ~** wenig schreiben; **es ~ simpático** er ist nicht sehr sympathisch; **nos da ~ más o menos lo mismo** es ist uns relativ egal; **~ a ~** Schritt für Schritt; **~ a ~ dejamos de creerle** allmählich haben wir aufgehört, ihm zu glauben; **a ~ de llegar...** kurz nachdem er gekommen war ...; **~ después** bald darauf; **dentro de ~** bald; **desde hace ~** seit Kurzem; **hace ~** vor Kurzem; **a** [*o* **con**] [*o* **por**] **~ que se esfuerce lo conseguirá** wenn er/sie sich nur ein wenig anstrengt, wird es ihm/ihr gelingen; **por ~ me estrello** beinahe hätte ich einen Unfall gehabt; **tener en ~ a alguien** nicht viel von jdm halten; **y por si fuera ~...** und obendrein ...
poco, -a[2] ['poko, -a] <poquísimo> *adj* wenig, gering; **~s de los presentes lo sabían** nur wenige der Anwesenden wussten es; **aquí hay poca comida para dos personas** das ist zu wenig Essen für zwei Personen; **hay pocas colecciones mejores que esta** es gibt kaum eine bessere Sammlung als diese; **las probabilidades son pocas** die Wahrscheinlichkeit ist gering; **tiene pocas probabilidades de aprobar** er/sie hat wenig Chancen, zu bestehen

poda ['poða] *f* Beschneiden *nt (von Pflanzen);* ~ **de árboles frutales** Obstbaumschnitt *m*
podadera [poða'ðera] *f (tijeras)* Baumschere *f; (navaja)* Gartenmesser *nt*
podadora [poða'ðora] *f (Méx)* Rasenmäher *m*
podar [po'ðar] *vt* beschneiden
podenco [po'ðeŋko] *m* (spanischer) Jagdhund *m*
poder [po'ðer] **I.** *vi irr* können; **no ~ más de hambre** schrecklichen Hunger haben; **yo a ti te puedo** *(fam)* ich bin stärker als du; **no ~ con el alma** hundemüde sein; **no puedes cogerlo sin permiso** du darfst das nicht unerlaubt nehmen; **no podemos abandonarlo** wir können ihn nicht einfach im Stich lassen; **bien pod(r)ías habérmelo dicho** du hättest mir das sehr wohl sagen können; **bien puede haber aquí un millón de abejas** es ist gut möglich, dass es hier eine Million Bienen gibt; **no puedo verlo todo el día sin hacer nada** ich halte es nicht aus, ihn den ganzen Tag so untätig zu sehen; **no puedo con mi madre** ich komme mit meiner Mutter nicht klar; **la sala se llenó a más no ~** der Saal war zum Bersten voll; **de ~ ser, no dudes que lo hará** wenn er/sie kann, wird er/sie es zweifellos tun; **no pude menos que preguntarle qué hacía por allí** ich konnte nicht umhin, ihn/sie zu fragen, was er/sie dort tat **II.** *vimpers irr* **puede ser que después vuelva** vielleicht komme ich später zurück; **¡puede!** kann sein!; **¿se puede?** darf man (hereinkommen)? **III.** *m* ❶ *(autoridad, t.* POL) Macht *f;* ~ **absoluto** unumschränkte Macht; ~ **ejecutivo** Exekutive *f;* ~ **judicial** Judikative *f;* ~ **legislativo** Legislative *f;* **los ~es fácticos** die tatsächliche Macht; **los ~es públicos** die Behörden; **la división de ~es** die Gewaltenteilung; **el partido en el ~** die Regierungspartei; **subir al ~** die Macht übernehmen; **los documentos están en ~ del juez** die Dokumente sind in der Gewalt des Richters; **haré todo lo que esté en mi ~** ich werde alles tun, was in meiner Macht steht ❷ *(autorización)* Vollmacht *f;* ~ **de decisión** Entscheidungsbefugnis *f* ❸ *(fuerza)* Kraft *f;* ~ **adquisitivo** (ECON) Kaufkraft *f*
poderío [poðe'rio] *m* ❶ *(autoridad)* Macht *f* ❷ *(riqueza)* Reichtum *m* ❸ *(fuerza)* Kraft *f*
poderosamente [poðerosa'mente] *adv* gewaltig
poderoso, -a [poðe'roso, -a] *adj* ❶ *(influyente)* mächtig ❷ *(rico)* reich ❸ *(eficaz)* wirkungsvoll
podio ['poðjo] *m,* **pódium** ['podjun] *m (tarima)* Podium *nt;* (DEP) Podest *nt;* (ARQUIT) Sockel *m*
podólogo, -a [po'ðoloɣo, -a] *m, f* Facharzt, -ärztin *m, f* für Fußleiden
podre ['poðre] *f* ❶ *(putrefacción)* Fäulnis *f* ❷ *(pus)* Eiter *m*
podredumbre [poðre'ðumbre] *f* ❶ *(putrefacción)* Fäulnis *f* ❷ *(depravación)* Verkommenheit *f*
podrido, -a [po'ðriðo, -a] *adj* faul; *(fig)* verdorben; **estar ~ de dinero** stinkreich sein
podrir [po'ðrir] *vt, vr irr v.* **pudrir**
poema [po'ema] *m* Gedicht *nt;* ~ **épico** Epos *nt;* ~ **en prosa** lyrische Prosa; **¡fue todo un ~!** *(gracioso)* das war vielleicht lustig!
poemario [poe'marjo] *m* (LIT) Gedichtsammlung *f*
poesía [poe'sia] *f* ❶ *(género)* Poesie *f* ❷ *(poema)* Gedicht *nt;* **libro de ~(s)** Gedichtband *m*
poeta, -isa [po'eta, poe'tisa] *m, f* Dichter(in) *m(f)*
poética [po'etika] *f* Poetik *f*
poético, -a [po'etiko, -a] *adj* dichterisch; *(t. fig)* poetisch; **arte poética** Poetik *f;* **licencia poética** dichterische Freiheit
poetisa [poe'tisa] *f v.* **poeta**
poetizar [poeti'θar] <z → c> *vt* poetisieren
póker ['poker] *m sin pl v.* **póquer**
polaco, -a [po'lako, -a] **I.** *adj* polnisch **II.** *m, f* Pole, -in *m, f*
polaina [po'lai̯na] *f* Gamasche *f*
polar [po'lar] *adj* polar; **círculo ~ ártico/antártico** nördlicher/südlicher Polarkreis
polaridad [polari'ða^ð] *f* (FÍS) Polarität *f; (fig)* Gegensätzlichkeit *f*
polarización [polariθa'θjon] *f* Polarisierung *f*
polarizar [polari'θar] <z → c> *vt* (FÍS) polarisieren; *(fig)* anziehen; **el espectáculo polarizó la atención de los visitantes** das Stück zog die Zuschauer in seinen Bann
polca ['polka] *f* Polka *f*
polea [po'lea] *f* Rolle *f; (roldana)* Seilrolle *f;* **sistema de ~s** Flaschenzug *m*
polémica [po'lemika] *f* Polemik *f*
polémico, -a [po'lemiko, -a] *adj* strittig
polemizar [polemi'θar] <z → c> *vi* polemisieren (**con/contra** gegen +*akk*)
polen ['polen] *m* Pollen *m;* **tengo alergia al ~** ich habe eine Pollenallergie

poleo [po'leo] *m* (BOT) Polei *m;* **menta ~** Poleiminze *f*
polera [po'lera] *f* ❶ *(Chil: camiseta)* T-Shirt *nt* ❷ *(Arg: de cuello alto)* Rollkragenpulli *m*
poli ['poli] *f (fam)* Polente *f*
poliamida [polja'miða] *f* Polyamid *nt*
poliarquía [poljar'kia] *f* (POL) Vielherrschaft *f,* Polyarchie *f*
policía[1] [poli'θia] *f* Polizei *f;* **~ antidisturbios** *Spezialeinheit der Polizei gegen Unruhen und Tumulte,* ≈ Bereitschaftspolizei *f;* **~ judicial** Kriminalpolizei *f;* **~ de tráfico** Verkehrspolizei *f;* **~ autónoma** *Polizei der spanischen Autonomien;* **agente de ~** Polizist(in) *m(f);* **coche de ~** Streifenwagen *m;* **comisaría de ~** Polizeiwache *f;* **jefatura de ~** Polizeipräsidium *nt*
policía[2] [poli'θia] *mf* Polizist(in) *m(f);* **perro ~** Polizeihund *m*
policiaco, -a [poli'θjako, -a] *adj,* **policíaco, -a** [poli'θiako, -a] *adj* polizeilich; **Estado ~** Polizeistaat *m;* **película/novela policíaca** Kriminalfilm *m/*-roman *m*
policial [poli'θjal] *adj v.* **policíaco**
policlínica [poli'klinika] *f,* **policlínico** [poli'kliniko] *m* Poliklinik *f*
policromar [polikro'mar] *vt (estatuas, relieves)* mit mehreren Farben versehen
policromo, -a [poli'kromo, -a] *adj,* **polícromo, -a** [po'likromo, -a] *adj* polychrom, vielfarbig, mehrfarbig
polideportivo [poliðepor'tiβo] *m* Sportzentrum *nt*
poliedro [poli'eðro] *m* (MAT) Polyeder *nt*
poliéster [po'ljester] *m* Polyester *m*
poliestireno [poljesti'reno] *m* Styropor® *nt*
polietileno [poljeti'leno] *m* Polyäthylen *nt*
polifacético, -a [polifa'θetiko, -a] *adj* vielseitig
polifonía [polifo'nia] *f sin pl* (MÚS) Polyfonie *f*
poligamia [poli'ɣamja] *f sin pl* Polygamie *f*
poligámico, -a [poli'ɣamiko, -a] *adj* (SOCIOL) die Polygamie betreffend
polígamo, -a [po'liɣamo, -a] *adj* polygam
políglota [po'liɣlota] **I.** *adj* polyglott **II.** *mf* Polyglotte(r) *mf*
polígloto, -a [po'liɣloto, -a] *adj* polyglott, mehrsprachig
poligonal [poliɣo'nal] *adj* vieleckig
polígono [po'liɣono] *m* ❶ (MAT) Vieleck *nt* ❷ *(loc)* **~ industrial** Industriegebiet *nt*
polilla [po'liʎa] *f* Motte *f;* **no tener ~ en la lengua** kein Blatt vor den Mund nehmen
polímero [po'limero] *m* (QUÍM) Polymer *nt*
polimorfo, -a [poli'morfo, -a] *adj* vielgestaltig
polinesio, -a [poli'nesjo, -a] **I.** *adj* polynesisch **II.** *m, f* Polynesier(in) *m(f)*
polinizar [polini'θar] <z → c> *vt* (BOT) bestäuben (**con** mit *+dat*)
polinomio [poli'nomjo] *m* (MAT) Polynom *nt*
polinosis [poli'nosis] *f inv* (MED) Pollenallergie *f*
polio ['poljo] *f inv,* **poliomielitis** [poljomje'litis] *f inv* Kinderlähmung *f*
pólipo ['polipo] *m* Polyp *m*
polisarcia [poli'sarθja] *f* (MED) Fettleibigkeit *f*
polisemia [poli'semja] *f sin pl* Polysemie *f*
polisémico, -a [poli'semiko, -a] *adj* (LING) mehrdeutig
polisílabo, -a [poli'silaβo, -a] *adj* mehrsilbig
polisíndeton [poli'sin̩deton] *m* (LIT) Polysyndeton *nt*
politburó [poli^tβu'ro] *m* (POL) Politbüro *nt*
politécnico, -a [poli'teɣniko, -a] *adj* polytechnisch
politeísmo [polite'ismo] *m sin pl* (REL) Polytheismus *m,* Vielgötterei *f*
política [po'litika] *f* Politik *f;* **P~ Agraria Común** (UE) Gemeinsame Agrarpolitik; **~ interior/exterior** Innen-/Außenpolitik *f;* **~ del medio ambiente** Umweltpolitik *f;* **~ monetaria** Währungspolitik *f;* **~ pesquera** Fischereipolitik *f;* **~ de privacidad** *(en una página web)* Datenschutzerklärung *f*
políticamente [politika'men̩te] *adv* politisch; **~ correcto** politisch korrekt
político, -a [po'litiko, -a] **I.** *adj* ❶ (POL) politisch; **ciencias políticas** Politikwissenschaften *f pl;* **economía política** Volkswirtschaft(slehre) *f* ❷ *(parentesco)* Schwieger-; **hermano ~** Schwager *m;* **hermana política** Schwägerin *f* **II.** *m, f* Politiker(in) *m(f)*
politiquear [politike'ar] *vi (pey)* ❶ *(actuar)* in der Politik intrigieren, klüngeln *fam* ❷ *(hablar)* politisieren
politizar [politi'θar] <z → c> *vt, vr:* **~se** (sich) politisieren
politología [politolo'xia] *f sin pl* Politologie *f*
politólogo, -a [poli'toloɣo, -a] *m, f* Politologe, -in *m, f*
poliuretano [poljure'tano] *m* (QUÍM) Polyurethan *nt*
polivalencia [poliβa'len̩θja] *f* Mehrwertigkeit *f*
póliza ['poliθa] *f* ❶ (JUR) Police *f;* **me he hecho una ~ de seguros** ich habe eine

P

Versicherungspolice abgeschlossen ❷ *(sello)* Stempelmarke *f*
polizón [poli'θon] *mf* blinder Passagier *m*
polizonte [poli'θon̩te] *m (pey)* Bulle *m fam*
polla ['poʎa] *f* ❶ *(gallina)* Junghenne *f;* ~ **de agua** (ZOOL) Blesshuhn *nt* ❷ *(chica)* junges Mädchen *nt* ❸ *(vulg: pene)* Schwanz *m fam* ❹ *(Am: carrera)* Pferderennen *nt*
pollear [poʎe'ar] *vi (fam)* in die Pubertät kommen
pollera [po'ʎera] *f* ❶ *(gallinero)* Hühnerstall *m* ❷ *(Am: falda)* Rock *m*
pollería [poʎe'ria] *f* Geflügelhandlung *f*
pollerudo [poʎe'ruðo] **I.** *adj (CSur)* ❶ *(chismoso)* klatschhaft ❷ *(blando)* weichlich; **niño** ~ Mamasöhnchen *nt;* **hombre** ~ Memme *f* **II.** *m (CSur: pey: clérigo)* Priester *m*
pollina [po'ʎina] *f (PRico, Ven: del pelo)* Pony *m*
pollino, -a [po'ʎino, -a] *m, f* ❶ *(borrico)* junger Esel, junge Eselin *m, f* ❷ *(fig: tonto)* Dummkopf *m*
pollito, -a [po'ʎito, -a] *m, f (t. fig)* Küken *nt*
pollo ['poʎo] *m* ❶ (GASTR) Hähnchen *nt;* ~ **asado** Brathähnchen *nt* ❷ *(cría)* (Vogel)junge(s) *nt; (de gallina)* junges Huhn *nt;* **sacar ~s** Hühner züchten; **voló el** ~ *(fig)* die Hoffnung ist dahin ❸ *(joven)* junger Bursche *m*
polluelo [po'ʎwelo] *m* Küken *nt*
polo ['polo] *m* ❶ (GEO, FÍS, ASTR) Pol *m;* **P~ Ártico** [*o* **Norte**] Nordpol *m;* **P~ Antártico** [*o* **Sur**] Südpol *m;* ~ **industrial** Entwicklungsregion *f* ❷ (DEP) Polo *nt* ❸ *(camiseta)* Polohemd *nt* ❹ *(helado)* Eis *nt* am Stiel
polola [po'lola] *f v.* **pololo**
pololear [polole'ar] *vi (AmS)* gehen (**con** mit +*dat*)
pololeo [polo'leo] *m (Chil)* ❶ *(noviazgo)* Verlobungszeit *f* ❷ *(trabajito)* Nebenverdienst *m*
pololo, -a [po'lolo, -a] *m, f (And)* Bräutigam *m,* Braut *f*
polonés, -esa [polo'nes, -esa] **I.** *adj* polnisch **II.** *m, f* Pole, -in *m, f*
polonesa [polo'nesa] *f* Polonaise *f*
Polonia [po'lonja] *f* Polen *nt*
poltrón, -ona [pol̩'tron, -ona] *adj* faul, träge
poltrona [pol̩'trona] *f* Lehnstuhl *m*
polución [polu'θjon] *f* ❶ *(contaminación)* Verschmutzung *f;* ~ **ambiental** Umweltverschmutzung *f* ❷ *(semen)* Samenerguss *m*
polucionar [poluθjo'nar] *vt* (ECOL) verschmutzen
poluto, -a [po'luto, -a] *adj (elev)* verschmutzt
polvareda [polβa'reða] *f* Staubwolke *f;* **levantar una** ~ *(fig)* viel Staub aufwirbeln
polvera [pol'βera] *f* Puderdose *f*
polvo ['polβo] *m* ❶ *(limpieza)* Staub *m;* **quitar el** ~ abstauben; **hacer** ~ *(algo)* kaputt machen; *(a alguien)* fertigmachen; **estoy hecho** ~ *(fam)* ich bin fix und fertig; **hacer morder el ~ a alguien** jdn ins Gras beißen lassen; **sacudir a alguien el** ~ *(fig)* jdn verprügeln ❷ *(sustancia)* Pulver *nt;* **levadura en** ~ Backpulver *nt* ❸ *(vulg: coito)* Nummer *f fam;* **echar un** ~ eine Nummer schieben *fam* ❹ *pl (cosmética)* Puder *m*
pólvora ['polβora] *f* (Schieß)pulver *nt;* **no haber inventado la** ~ das Pulver auch nicht (gerade) erfunden haben
polvoriento, -a [polβo'rjen̩to, -a] *adj* staubig
polvorín [polβo'rin] *m* Pulverkammer *f;* **estamos sentados sobre un** ~ *(fig)* wir sitzen auf einem Pulverfass
polvorón [polβo'ron] *m* ≈ Schmalzgebäck *nt*
polvoso, -a [pol'βoso, -a] *adj (Am)* staubig
poma ['poma] *f* ❶ *(manzana)* Apfel *m* ❷ *(perfume)* Duftlampe *f* ❸ *(bola)* Duftkugel *f*
pomada [po'maða] *f* Salbe *f;* ~ **contra mosquitos** Mückenschutzsalbe *f*
pomelo [po'melo] *m* Grapefruit *f*
Pomerania [pome'ranja] *f* Pommern *nt*
pómez ['pomeθ] *f* Bimsstein *m*
pomo ['pomo] *m* ❶ *(puerta)* Türknauf *m* ❷ *(poma)* Duftkugel *f; (frasco)* Flakon *m* ❸ (BOT) Kernfrucht *f* ❹ *(espada)* Knauf *m*
pompa ['pompa] *f* ❶ *(burbuja)* Blase *f* ❷ *(esplendor)* Pracht *f; (ostentación)* Pomp *m;* **~s fúnebres** Bestattungsinstitut *nt*
pompis ['pompis] *m inv (fam)* Po(po) *m*
pompo, -a ['pompo, -a] *adj (Col, Ecua: sin filo)* stumpf
pomposo, -a [pom'poso, -a] *adj* pompös; *(grandilocuente)* hochtrabend; *(estilo)* geschwollen
pómulo ['pomulo] *m* Backenknochen *m*
ponchada [pon'ʧaða] *f (CSur: fam)* **una ~ de** ein Haufen +*gen*
ponchar [pon'ʧar] **I.** *vt (perforar)* löchern; *(pinchar)* stechen; ~ **el billete** die Fahrkarte knipsen **II.** *vr:* **~se** *(pincharse)* sich stechen; **se nos ponchó la llanta del coche** wir hatten einen Platten
ponche ['ponʧe] *m* Punsch *m*

P

poncho[1] ['pontʃo] *m* Poncho *m*
poncho, -a[2] ['pontʃo, -a] *adj (Am)* faul
ponderación [pon̩dera'θjon] *f* ❶ *(elogio)* Lob *nt* ❷ *(sopesar)* Abwägen *nt;* **sistema de ~ del voto** (UE) System der Stimmengewichtung; **con ~** vorsichtig ❸ *(pesar)* Abwiegen *nt* ❹ *(exageración)* Übertreibung *f*
ponderado, -a [pon̩de'raðo, -a] *adj* gewichtet; **media ponderada** gewogenes Mittel
ponderador(a) [pon̩dera'ðor(a)] *adj* abwägend, bedenkend; *(con exageración)* übertreibend
ponderar [pon̩de'rar] *vt* ❶ *(sopesar)* abwägen ❷ *(encomiar)* preisen
ponderativo, -a [pon̩dera'tiβo, -a] *adj* ❶ *(cauteloso)* vorsichtig ❷ *(que alaba)* rühmend
ponencia [po'nen̩θja] *f* Referat *nt; (informe)* Bericht *m*
ponente [po'nen̩te] *mf* Referent(in) *m(f); (informador)* Berichterstatter(in) *m(f)*
poner [po'ner] *irr* **I.** *vt* ❶ *(colocar)* stellen; *(horizontalmente)* legen; *(inyección)* geben; *(sellos, etiqueta)* aufkleben; *(tirita)* auflegen; *(huevos)* legen; **pon el espejo mirando hacia mí** dreh den Spiegel zu mir hin; **pon la ropa en el tendedero** häng die Wäsche auf den Ständer; **¿dónde habré puesto...?** wo habe ich nur ... gelassen?; **lo pongo en tus manos** *(fig)* ich lege es in deine Hände; **eso es querer ~ barreras al campo** *(prov)* das ist eine Zumutung ❷ *(disponer)* herrichten; *(la mesa)* decken; **~ algo a disposición de alguien** jdm etw zur Verfügung stellen ❸ *(encender)* anmachen; **pon el despertador para las cuatro** stell den Wecker auf vier Uhr; **~ en marcha** in Gang bringen ❹ *(convertir)* machen; **~ de mal humor a alguien** jdm die Laune verderben; **la noticia me puso de buen humor** die Nachricht versetzte mich in gute Laune; **~ colorado a alguien** jdn verlegen machen; **el sol te pondrá moreno** in der Sonne wirst du braun werden ❺ *(suponer)* annehmen; **pon que no viene** stell dir mal vor, er/sie kommt nicht; **pongamos que resolvemos el problema en dos días...** nehmen wir mal an, wir lösen dieses Problem in zwei Tagen ...; **pongamos por** [*o* **el**] **caso que no llegue a tiempo** gesetzt den Fall, er/sie kommt nicht rechtzeitig ❻ *(exponer)* **~ la ropa a secar al sol** die Wäsche zum Trocknen in der Sonne ausbreiten; **~ la leche al fuego** die Milch auf den Herd stellen; **~ en peligro** aufs Spiel setzen ❼ *(contribuir)* beitragen; *(juego)* setzen; **¿cuánto has puesto tú en el fondo común?** wie viel hast du in die Kasse gezahlt?; **pusimos todo de nuestra parte** wir haben von uns aus alles getan ❽ *(una expresión)* machen; **~ mala cara** ein böses Gesicht machen ❾ *(tratar)* behandeln; **~ a alguien a parir** jdn übel beschimpfen; **~ a alguien por las nubes** jdn in den Himmel heben; **~ de idiota** *(pey)* wie einen Trottel behandeln ❿ *(denominar)* nennen; **le pusieron por** [*o* **de**] **nombre Manolo** sie haben ihn Manolo genannt; **¿qué nombre le van a ~?** welchen Namen soll er/sie bekommen? ⓫ *(espectáculo)* zeigen; **~ en escena** inszenieren; **¿qué ponen hoy en el cine?** was läuft heute im Kino? ⓬ *(imponer)* **hoy nos han puesto muchos deberes** heute haben wir viele Hausaufgaben aufbekommen; **~ una multa** eine Strafe auferlegen; **~ condiciones** Bedingungen stellen ⓭ *(instalar)* einrichten ⓮ *(a trabajar)* **tendré que ~ a mis hijos a trabajar** ich werde meinen Kindern eine Arbeit suchen müssen; **puse a mi hijo de aprendiz de panadero** ich habe meinem Sohn eine Lehrstelle als Bäcker gesucht ⓯ *(añadir)* hinzufügen ⓰ *(escribir)* schreiben; *(un telegrama)* aufgeben; **~ entre comillas** in Anführungszeichen setzen; **~ la firma** unterschreiben; **~ un anuncio** inserieren; **~ por escrito la propuesta** den Vorschlag schwarz auf weiß niederschreiben; **te pongo cuatro letras para decirte que...** ich schreibe dir ein paar Zeilen, um dir zu sagen, dass ... ⓱ *(estar escrito)* stehen ⓲ *(vestido, zapato)* anziehen; *(anillo)* anstecken; *(gafas)* aufsetzen; **le puso el collar al cuello** er/sie legte ihm/ihr die Kette um ⓳ *(teléfono)* verbinden; **me puse al habla con mi amigo** ich setzte mich mit meinem Freund in Verbindung ⓴ *(loc)* **~ aparte** beiseitelegen; **~ atención** aufpassen; **~ en la calle** *(fig)* auf die Straße setzen; **pusieron a diez trabajadores en la calle** zehn Arbeiter sind entlassen worden; **~ (en) claro** klarstellen; **~ algo en conocimiento de alguien** jdn von etw *dat* in Kenntnis setzen; **~ a alguien al corriente de algo** jdn über etw informieren; **~ por delante** vorschieben; **~ al día** auf den neuesten Stand bringen; **~ por encima** bevorzugen; **~ en evidencia** beweisen; **~ el grito en el cielo** sich empören; **~ en movimiento** in Bewegung setzen; **~ peros a algo** Bedenken gegen etw haben; **~ algo en práctica** etw in die Tat umsetzen; **~ algo en tela de juicio** an etw *dat* zweifeln; **~ a la venta** verkaufen **II.** *vr:* **~se**

P

① *(vestido, zapato)* sich anziehen; **ponte guapo** mach dich hübsch; **~se de invierno** sich winterlich kleiden; **~se de luto** Trauer tragen; **~se de largo** sich festlich kleiden ② (ASTR) untergehen; **el sol se pone por el oeste** die Sonne geht im Westen unter ③ *(mancharse)* **se pusieron perdidos de barro** sie waren von oben bis unten voller Matsch ④ *(comenzar)* anfangen; **por la tarde se puso a llover** nachmittags fing es an zu regnen ⑤ *(con adjetivo)* werden; **se puso chulo y no nos dejó entrar** er wollte sich aufspielen und ließ uns nicht hinein; **estás en tu casa, ponte cómodo** fühl dich wie zu Hause, mach es dir bequem ⑥ *(loc)* **¡no te pongas así que no es para tanto!** stell dich doch nicht so an!; **dile que se ponga al teléfono** sag ihm/ihr, er/sie soll ans Telefon kommen; **~se las botas** bis zum Umfallen essen; **nos pusimos de acuerdo para comprarle un regalo** wir haben uns darauf geeinigt, ein gemeinsames Geschenk zu kaufen; **¡póngase en mi lugar!** versetzen Sie sich in meine Lage!

pongo ['poŋgo] *1. pres de* **poner**

poni ['poni] *m* Pony *nt*

poniente [po'njen̩te] *m* ① *(oeste)* Westen *m* ② *(viento)* Westwind *m*

pontevedrés, -esa [pon̩teβe'ðres, -esa] **I.** *adj* aus Pontevedra **II.** *m, f* Einwohner(in) *m(f)* von Pontevedra

pontificado [pon̩tifi'kaðo] *m* (REL) Pontifikat *nt*

pontificar [pon̩tifi'kar] <c → qu> *vi (fig)* dozieren

pontífice [pon̩'tifiθe] *m* (HIST) Pontifex *m;* **Sumo** [*o* **Romano**] **P~** (REL) Pontifex maximus *m*

ponzoña [pon̩'θoɲa] *f* Gift *nt*

ponzoñoso, -a [pon̩θo'ɲoso, -a] *adj* giftig; *(fig)* schädlich, verderblich

pool [pul] <pools> *m* (ECON) Pool *m*

pop [pop] **I.** *adj inv* Pop- **II.** *m inv* Popmusik *f*

popa ['popa] *f* ① *(barco)* Heck *nt;* **viento en ~** Rückenwind *m;* **a ~** achtern ② *(fam: trasero)* Hintern *m*

pope ['pope] *m* (REL) Pope *m*

popoff [po'pof] *adj inv (Méx: fam)* vornehm

popote [po'pote] *m (Méx: paja)* Strohhalm *m*

populachero, -a [popula'tʃero, -a] *adj* primitiv, populistisch

populacho [popu'latʃo] *m* Pöbel *m*

popular [popu'lar] *adj* ① *(del pueblo)* volkstümlich; **aire ~** Volkslied *nt* ② *(conocido)* populär; *(admirado)* beliebt

popularidad [populari'ðaᵈ] *f* Popularität *f*

popularización [populariθa'θjon] *f* Popularisierung *f*

popularizar [populari'θar] <z → c> **I.** *vt* populär machen; *(extender)* verbreiten **II.** *vr:* **~se** populär werden

popularmente [popular'men̩te] *adv* volkstümlich, populär; **actuar ~** populär handeln; **~ reconocido** von der breiten Masse anerkannt

populismo [popu'lismo] *m sin pl* (POL) Populismus *m*

populista [popu'lista] **I.** *adj* ① *(relativo al pueblo)* Volks-; **partido ~** Volkspartei *f* ② *(relativo al populismo)* populistisch **II.** *mf* Populist(in) *m(f)*

populoso, -a [popu'loso, -a] *adj* dicht besiedelt

popurrí [popu'rri] *m* Potpourri *nt*

poquedad [poke'ðaᵈ] *f* ① *(escasez)* Knappheit *f* ② *(pusilanimidad)* Kleinmut *m* ③ *(insignificancia)* Kleinigkeit *f*

póquer ['poker] *m* Poker *nt o m;* **poner cara de ~** ein Pokerface aufsetzen

poquísimo, -a [po'kisimo, -a] *adj superl de* **poco**^{2}

poquito [po'kito] *adv* wenig; **bébelo ~ a poco, bébelo a ~** trink es Schluck für Schluck

por [por] *prep* ① *(lugar: a través de)* durch +*akk; (vía)* über +*akk; (en)* in +*dat;* **~ aquí** hier entlang; **limpia la botella ~ dentro/fuera** spül die Flasche von innen/außen; **pasé ~ Madrid hace poco** ich war vor Kurzem in Madrid; **adelantar ~ la izquierda** links überholen; **volar ~ encima de los Alpes** über die Alpen fliegen; **ese pueblo está ~ Castilla** das Dorf liegt irgendwo in Kastilien; **la cogió ~ la cintura** er/sie fasste sie um die Taille ② *(tiempo)* für +*akk,* um +*akk;* **~ la(s) mañana(s)** morgens; **mañana ~ la mañana** morgen früh; **~ la tarde** nachmittags; **ayer ~ la noche** gestern Abend; **~ noviembre** im November; **~ fin** endlich; **tengo un contrato ~ tres años** ich habe einen Vertrag für drei Jahre ③ *(a cambio de)* für +*akk; (en lugar de)* statt +*gen; (sustituyendo a alguien)* anstelle +*gen;* **le cambié el libro ~ el álbum** ich habe das Buch gegen das Album getauscht ④ *(agente)* von +*dat* ⑤ (MAT: *multiplicación*) mal ⑥ *(reparto)* pro; **toca a cuatro ~ cabeza** jeder von uns bekommt vier; **el ocho ~ ciento** acht Prozent ⑦ *(finalidad)* für +*akk* ⑧ *(causa)* wegen +*gen/dat; (en cuanto a)* von ... aus; **lo merece ~ los esfuerzos que ha hecho** er/sie hat es verdient, weil er/sie sich so bemüht hat; **lo hago ~ ti** ich tue es dir zuliebe; ~ **desesperación** aus Verzweiflung; ~ **consiguiente** folglich; ~ **eso** deshalb; ~ **lo que a eso se refiere** was das betrifft; ~ **mí que se vayan** meinetwegen können sie gehen; **no te preocupes ~ hacer muchas fotocopias** mach dir keine Sorgen wegen der vielen Fotokopien ⑨ *(preferencia)* für *+akk;* **estoy ~ dejarlo plantado** ich bin kurz davor, ihn sitzen zu lassen; **estar loco ~ alguien** verrückt nach jdm sein ⑩ *(dirección)* **voy (a) ~ tabaco** ich gehe Zigaretten holen ⑪ *(pendiente)* **este pantalón está ~ lavar** diese Hose muss gewaschen werden ⑫ *(aunque)* trotz *+gen;* ~ **muy cansado que esté no lo dejará a medias** trotz seiner Müdigkeit wird er es fertig stellen ⑬ *(medio)* per *+akk; (alguien)* durch *+akk;* **poner ~ escrito** aufschreiben; **al ~ mayor** en gros ⑭ *(interrogativo)* **¿~ (qué)?** warum? ⑮ *(final)* ~ **que** *+subj* damit; **hizo todo ~ que no viniera** er/sie tat alles, damit er/sie nicht käme; **lo hago ~ si acaso** ich mache es vorsichtshalber ⑯ *(casi)* ~ **poco** fast; ~ **poco me ahogo** ich wäre beinahe ertrunken

porcelana [porθe'lana] *f* Porzellan *nt;* ~ **de Sajonia** Meißner Porzellan

porcentaje [porθeṇ'taxe] *m* Prozentsatz *m;* ~ **de derechos del autor** Tantiemen *f pl*

porcentual [porθeṇtu'al] *adj* prozentual

porche ['portʃe] *m* ① *(pórtico)* Vorhalle *f* ② *(cobertizo)* Veranda *f*

porcino, -a [por'θino, -a] *adj* Schweine-

porción [por'θjon] *f* Teil *m,* Portion *f*

pordiosear [porðjose'ar] *vi* betteln

pordiosero, -a [porðjo'sero, -a] *m, f* Bettler(in) *m(f)*

porfía [por'fia] *f* Hartnäckigkeit *f;* **a ~** mit großem Eifer

porfiado, -a [por'fjaðo, -a] **I.** *adj* starrköpfig **II.** *m, f* Starrkopf *m*

porfiador(a) [porfja'ðor(a)] **I.** *adj* streitsüchtig **II.** *m(f)* Starrkopf *m*

porfiar [porfi'ar] <*1. pres* porfío> *vi* ① *(insistir)* beharren (**en** auf *+dat*); **porfió en cerrar la puerta** er/sie wollte unbedingt die Tür schließen ② *(disputar)* streiten

pormenor [porme'nor] *m* Einzelheit *f*

pormenorizado, -a [pormenori'θaðo, -a] *adj* detailliert

pormenorizar [pormenori'θar] <z → c> *vt* genau beschreiben

porno ['porno] **I.** *adj inv (fam)* pornografisch **II.** *m (fam)* Porno *m*

pornografía [pornoɣra'fia] *f* Pornografie *f*

pornográfico, -a [porno'ɣrafiko, -a] *adj* pornografisch

poro ['poro] *m* Pore *f*

pororó [poro'ro] *m (CSur: palomitas)* Popcorn *nt*

porosidad [porosi'ðaᵈ] *f* Porosität *f*

poroso, -a [po'roso, -a] *adj* porös

poroto [po'roto] *m (AmS)* Bohne *f; (guiso)* Bohnengericht *nt*

porque ['porke] *conj* ① *(causal)* weil; **lo hizo ~ sí** er/sie tat es aus Eigensinn ② *+subj (final)* damit; **recemos ~ llueva** lasst uns um Regen beten

porqué [por'ke] *m* Grund *m*

porquería [porke'ria] *f (fam)* ① *(suciedad)* Dreck *m* ② *(acto)* Schweinerei *f* ③ *(comida)* Schweinefraß *m* ④ *(cacharro)* Mistding *nt* ⑤ *(pequeñez)* Kleinigkeit *f*

porqueriza [porke'riθa] *f* Schweinestall *m*

porra ['porra] *f* ① *(bastón)* Schlagstock *m* ② *(churro)* gebratenes Spritzgebäck ③ *(loc, fam)* **¡vete a la ~!** scher dich zum Teufel!; **¡~(s)!** verdammt!

porrada [po'rraða] *f* Menge *f,* Unmenge *f;* **dijo una ~ de disparates** er/sie redete nur Unsinn

porrazo [po'rraθo] *m* Schlag *m*

porrero, -a [po'rrero, -a] *m, f (argot)* Kiffer(in) *m(f)*

porreta [po'rreta] *f* **en ~(s)** splitternackt

porrista [po'rrista] *mf (Méx)* Fan *m*

porro ['porro] *m* ① *(argot: canuto)* Joint *m* ② *(puerro)* Lauch *m* ③ *(fam: torpe)* Trampel *m o nt*

porrón [po'rron] *m* Wasserkrug *m*

porsiaca [porsi'aka] *adv (fam)* vorsichtshalber

portaaviones [porta(a)βi'ones] *m inv* Flugzeugträger *m*

portabebés [portaβe'βes] *m inv (pectoral)* Babytragegurt *m; (tipo mochila)* Babytragegestell *nt*

portacontenedores [portakoṇtene'ðores] *m inv* Containerschiff *nt*

portada [por'taða] *f* ① *(fachada)* Portal *nt* ② (TIPO) Titelblatt *nt;* (PREN) Titelseite *f*

portador(a) [porta'ðor(a)] *m(f)* ① *(de gérmenes)* Träger(in) *m(f)* ② (COM) Inhaber(in) *m(f)*

portaequipaje(s) [portaeki'paxe(s)] *m (inv)* ① *(maletero)* Kofferraum *m* ② *(baca, de bicicleta)* Gepäckträger *m* ③ *(tren)* Gepäcknetz *nt*

portafolios [porta'foljos] *m inv* Aktentasche *f*

portal [por'tal] *m* ① *(de un edificio)* Eingangsbereich *m; (soportal)* Vorhalle *f;* ~ **de Belén** (REL) Krippe *f* ② (INFOR) Homepage *f*

portalámpara(s) [porta'lampara(s)] *m (inv)* Fassung *f*

P

portalápices [porta'lapiθes] *m* <inv> Stifthalter *m*
portallaves [porta'ʎaβes] *m inv (Ven)* Schlüsselanhänger *m*
portalón [porta'lon] *m* ❶ (ARQUIT) Tor *nt* ❷ (NÁUT) Fallreeptür *f*
portamaletas [portama'letas] *m inv* (AUTO) Kofferraum *m*
portaminas [porta'minas] *m inv* Druckbleistift *m*, Drehbleistift *m*
portamonedas [portamo'neðas] *m inv* Geldbörse *f*
portante [por'tan̪te] *m* **tomar el ~** *(fam)* verduften; **dar el ~ a alguien** jdn entlassen
portar [por'tar] **I.** *vt (perro)* apportieren **II.** *vr:* **~se** sich benehmen; **~se bien con alguien** jdm gegenüber zuvorkommend sein; **el niño se porta bien/mal** das Kind ist artig/unartig; **~se como un hombre** tapfer sein; **nuestro equipo se ha portado** unsere Mannschaft hat sich glänzend geschlagen
portarretrato(s) [portarre'trato(s)] *m (inv)* Fotorahmen *m*
portarrollos [porta'rroʎos] *m inv* Halter *m*; **~ de papel higiénico** Toilettenpapierhalter *m*
portátil [por'tatil] *adj* tragbar; **máquina de escribir ~** Reiseschreibmaschine *f*; **ordenador ~** Laptop *m*
portavoz[1] [porta'βoθ] *m* ❶ *(periódico)* Organ *nt* ❷ *(bocina)* (Trichter)sprachrohr *nt*
portavoz[2] [porta'βoθ] *mf (persona)* Sprecher(in) *m(f)*
P
portazo [por'taθo] *m* Zuschlagen *nt* (einer Tür); **dar un ~** die Tür heftig zuschlagen; **despedirse con un ~** die Tür hinter sich *dat* zuschlagen; **darle a alguien un ~ en las narices** *(fam)* jdm die Tür vor der Nase zuschlagen
porte ['porte] *m* ❶ *(trasporte)* Beförderung *f*; **~ aéreo** Luftfracht *f*; **gastos de ~** Frachtspesen *pl*; **a ~ debido** Fracht zahlt Empfänger ❷ *(gastos de trasporte)* Fracht(gebühr) *f* ❸ *(correo)* Porto *nt*; **~ por expreso** Eilzustellgebühr *f*; **~ de un paquete** Paketgebühr *f*; **~ suplementario** Nachporto *nt* ❹ *(buque)* Ladefähigkeit *f*; **buque de gran ~** Seeschiff *nt* ❺ *(aspecto)* Auftreten *nt*; **es un hombre de ~ distinguido** er ist eine vornehme Erscheinung; **mostrar un ~ severo** streng wirken
portear [porte'ar] **I.** *vi (cerrar de golpe)* zuschlagen **II.** *vt* befördern, transportieren **III.** *vr:* **~se** *(aves migratorias)* von einem Ort zum anderen ziehen
portento [por'ten̪to] *m* Wunder *nt* (**de** an +*dat*); **niño ~** Wunderkind *nt*; **un ~ de energía** ein Energiebündel; **admirar un ~** nicht schlecht staunen
portentoso, -a [porten̪'toso, -a] *adj* wunderbar
porteño, -a [por'teɲo, -a] *m, f* ❶ *(Arg)* Einwohner(in) *m(f)* von Buenos Aires ❷ *(Chil)* Einwohner(in) *m(f)* von Valparaiso ❸ *(Col)* Einwohner(in) *m(f)* von Puerto Carreño
porteo [por'teo] *m* Beförderung *f*
portera [por'tera] *f v.* **portero**
portería [porte'ria] *f* ❶ *(cuarto)* Pförtnerloge *f*; *(casa)* Pförtnerhaus *nt* ❷ *(empleo del portero)* Pförtnerstelle *f* ❸ (DEP) Tor *nt*
portero, -a [por'tero, -a] *m, f* ❶ *(conserje)* Pförtner(in) *m(f)*; **~ automático** (Gegen)sprechanlage *f* ❷ *(Arg: administrador)* Hausverwalter(in) *m(f)* ❸ (DEP: *fútbol*) Torwart, -frau *m, f*
portezuela [porte'θwela] *f* ❶ *dim de* **puerta** ❷ *(del coche)* Wagentür *f*; *(del tren)* Abteiltür *f*; *(del horno)* Ofentür *f*
pórtico ['portiko] *m* ❶ *(porche)* Säulenhalle *f*; *(galería)* Säulengang *m* ❷ (INFOR) Schnittstelle *f*
portilla [por'tiʎa] *f* (NÁUT) Bullauge *nt*
portillo [por'tiʎo] *m* ❶ *(abertura)* Durchschlupf *m* ❷ *(postigo)* Pförtchen *nt* ❸ *(entre montañas)* Engpass *m* ❹ *(punto débil)* Schwachstelle *f*
portorriqueño, -a [portorri'keɲo, -a] **I.** *adj* puerto-ricanisch **II.** *m, f* Puerto-Ricaner(in) *m(f)*
portuario, -a [por'twarjo, -a] **I.** *adj* Hafen- **II.** *m, f* Hafenarbeiter(in) *m(f)*
Portugal *m* Portugal *nt*
portugués, -esa [portu'ɣes, -esa] **I.** *adj* portugiesisch **II.** *m, f* Portugiese, -in *m, f*
porvenir [porβe'nir] *m* Zukunft *f*; **en el ~ lejano** in ferner Zukunft; **lleno de ~** zukunftsträchtig; **tener el ~ asegurado** eine gesicherte Zukunft haben; **un joven de ~** ein junger Mann, der eine viel versprechende Zukunft vor sich *dat* hat
pos [pos] **I.** *adv* **ir en ~ de algo** hinter etw *dat* hergehen; **ir en ~ de alguien** jdm nachgehen; **van en ~ del éxito** sie laufen dem Erfolg hinterher **II.** *conj (Méx: fam) v.* **pues**
pos(t)data [pos'ðata] *f* Postskriptum *nt*
pos(t)grado [pos'ɣraðo] *m* **de ~** Postgraduierten-
pos(t)guerra [pos'ɣerra] *f* Nachkriegszeit *f*
pos(t)venta [pos'βen̪ta] **I.** *adj* **servicio ~** Kundendienst *m* **II.** *f* Garantiezeit *f*
posada [po'saða] *f* ❶ *(parador)* Raststätte *f*; *(fonda)* Gasthof *m*; *(pensión)* Pension *f* ❷ *(hospedaje)* Beherbergung *f*; **dar ~**

a alguien jdn beherbergen; **hacer** ~ einkehren; **pedir** ~ um Unterkunft bitten ❸ *(apartamento)* Wohnung *f*

posaderas [posa'ðeras] *f pl (fam)* Hintern *m*

posadero, -a [posa'ðero, -a] *m, f* Gastwirt(in) *m(f)*

posar [po'sar] **I.** *vi* ❶ *(reposar)* sich ausruhen ❷ *(modelo)* posieren ❸ *(hospedarse)* logieren **II.** *vt* ❶ *(poner suavemente)* sanft auflegen (**sobre** auf +*akk*) ❷ *(carga)* absetzen ❸ *(mirada)* richten (**sobre** auf +*akk*) **III.** *vr:* **~se** sich setzen; **el sol se posaba en el mar** die Sonne ging über dem Meer unter; **la golondrina se posó en el árbol** die Schwalbe landete auf dem Baum

posavasos [posa'βasos] *m inv* Untersetzer *m (für Gläser)*

posdata [pos'ðata] *f* Postskriptum *nt*

pose ['pose] *f (postura)* Pose *f*

poseedor(a) [pose(e)'ðor(a)] *m(f)* Besitzer(in) *m(f)*

poseer [po'ser/pose'er] *irr como leer* **I.** *vt* besitzen; ~ **bien un idioma** eine Sprache gut beherrschen; ~ **una importante posición social** eine bedeutende gesellschaftliche Stellung einnehmen; ~ **a alguien a la fuerza** jdn vergewaltigen **II.** *vr:* **~se** sich beherrschen

poseído, -a [pose'iðo, -a] **I.** *adj* besessen (**de/por** von +*dat*); ~ **de odio** hasserfüllt; **una chica poseída de su belleza** ein Mädchen, das sich *dat* auf seine Schönheit viel einbildet **II.** *m, f* Besessene(r) *mf;* **gritar como un** ~ wie ein Wahnsinniger schreien

posesión [pose'sjon] *f (propiedad)* Besitz *m;* **estoy en ~ de su atenta carta...** ich habe Ihr freundliches Schreiben erhalten ...

posesionar [posesjo'nar] **I.** *vt* ~ **a alguien de algo** jdm etw überlassen, jdn in Besitz von etw bringen **II.** *vr:* **~se** Besitz ergreifen (**de** von +*dat*)

posesivo, -a [pose'siβo, -a] *adj* ❶ *(persona)* Besitz ergreifend ❷ (LING) possessiv; **pronombre** ~ Possessivpronomen *nt*

poseso, -a [po'seso, -a] **I.** *adj* besessen **II.** *m, f* Besessene(r) *mf*

posesor(a) [pose'sor(a)] *m(f)* Besitzer(in) *m(f)*, Inhaber(in) *m(f)*

posibilidad [posiβili'ðaᵈ] *f* ❶ *(lo posible)* Möglichkeit *f;* **tener grandes ~es de éxito** gute Aussichten auf Erfolg haben ❷ *(aptitud)* Eignung *f;* **tienes ~es de llegar a ser un buen actor** du hast das Zeug zu einem guten Schauspieler ❸ *(facultad)* Fähigkeit *f;* **esto está por encima de mis ~es** das übersteigt meine Kräfte ❹ *pl (medios económicos)* Vermögen *nt;* **estás viviendo por encima de tus ~es** du lebst über deine Verhältnisse

posibilitar [posiβili'tar] *vt* ermöglichen

posible [po'siβle] **I.** *adj* möglich; **hacer** ~ ermöglichen; **hacer lo ~ para que...** +*subj* sich anstrengen, um zu ... +*inf;* **hacer todo lo** ~ sein Möglichstes tun; **hacer todo lo humanamente** ~ das Menschenmögliche tun; **es ~ que...** +*subj* vielleicht ...; **es muy ~ que...** +*subj* es ist sehr wahrscheinlich, dass ...; **¡no es ~!** das kann nicht wahr sein!; **¿será ~?** soll man es für möglich halten?; **si es** ~ wenn möglich; **en lo** ~ nach Möglichkeit; **lo antes** ~ möglichst bald; **no lo veo** ~ ich sehe keine Möglichkeit **II.** *m* ❶ *(lo probable)* Mögliche(s) *nt* ❷ *pl (recursos)* Mittel *nt pl*

posiblemente [posiβle'mente] *adv* möglicherweise, vielleicht

posición [posi'θjon] *f (colocación, postura, t.* MIL) Stellung *f;* ~ **clave** Schlüsselposition *f;* ~ **del cuerpo** Körperhaltung *f;* ~ **del cursor** Cursorposition *f;* **la ~ económica** die wirtschaftlichen Verhältnisse; ~ **de empleado** Angestelltenverhältnis *nt;* **la ~ geográfica** die geografische Lage; **en buena** ~ wirtschaftlich gutgestellt; **de** ~ hoch gestellt, von Rang; **mi ~ ante este asunto...** meine Einstellung zu dieser Frage ...; **tomar** ~ Stellung beziehen

posicionado, -a [posiθjo'naðo, -a] *adj* gestellt, positioniert

posicionamiento [posiθjona'mjento] *m* Positionierung *f*

posicionar [posiθjo'nar] **I.** *vi* Stellung beziehen **II.** *vt* positionieren

pósit ['posit] *m* Haftnotiz *f*, Post-it® *nt*

positivamente [positiβa'mente] *adv* positiv, bestimmt, gewiss; **saber algo** ~ etw absolut sicher wissen

positivista [positi'βista] **I.** *adj* positivistisch **II.** *mf* Positivist(in) *m(f)*

positivo¹ [posi'tiβo] *m* (FOTO) Positiv *nt*

positivo, -a² [posi'tiβo, -a] *adj* ❶ *(afirmativo, favorable, t.* MAT, FÍS) positiv ❷ *(cierto)* tatsächlich ❸ *(seguro)* sicher ❹ *(práctico)* sachlich; **un hombre** ~ ein Optimist

positura [posi'tura] *f* Lage *f*, Zustand *m*

posma ['posma] *f (fam)* ❶ *(pesadez)* Schwerfälligkeit *f*, Trägheit *f* ❷ *(persona)* Tranfunzel *f*

posmodernidad [posmoðerni'ðaᵈ] *f sin pl* Postmoderne *f*

posmoderno, -a [posmo'ðerno, -a] *adj* postmodern

poso ['poso] *m* ❶ *(sedimento)* Bodensatz *m;* **hasta los ~s** *(fig)* bis zur Neige ❷ *(descanso)* Ruhe *f*

P

posología [posolo'xia] *f* (MED) Dosierung *f*
posponer [pospo'ner] *vt irr como poner* ❶ *(postergar)* zurückstellen ❷ *(aplazar)* verschieben
posposición [posposi'θjon] *f* ❶ *(postergación)* Zurückstellung *f*, Hintanstellung *f geh* ❷ *(aplazamiento)* Verschiebung *f*, Verlegung *f* ❸ (LING) Postposition *f*
pospositivo, -a [posposi'tiβo, -a] *adj* (LING) nachstehend, postpositiv; **preposición pospositiva** nachgestellte Präposition
posta ['posta] *f* ❶ *(munición)* kleinkalibrige Gewehrkugel *f* ❷ *(pedazo de carne)* Fleischstück *nt* ❸ *(letrero conmemorativo)* Gedenktafel *f* ❹ *(loc)* **a ~** absichtlich; **por la ~** in größter Eile, eiligst
postal [pos'tal] **I.** *adj* postalisch, Post-; **una fotografía tamaño ~** ein Foto im Postkartenformat **II.** *f* Postkarte *f*
poste ['poste] *m* ❶ *(pilar)* Pfosten *m;* (ELEC, TEL) Mast *m;* **~ indicador** Wegweiser *m;* **~ kilométrico** Kilometerstein *m;* **dar ~ a alguien** jdn lange warten lassen; **estar hecho un ~** untätig herumstehen; **más serio que un ~** todernst; **no contestar más un ~** überhaupt keine Antwort geben; **oler el ~** Lunte riechen; **ser un ~** *(lerdo)* sehr träge sein; *(fam: sordo)* stocktaub sein ❷ *(castigo)* **dar ~ a alguien** jdn in die Ecke stellen
postema [pos'tema] *f (Méx: pus)* Eiter *m*
póster ['poster] *m* Poster *nt o m*
postergación [posterɣa'θjon] *f* ❶ *(aplazamiento)* Verschiebung *f*, Aufschub *m* ❷ *(posposición injusta)* Schlechterstellung *f*, Zurücksetzung *f*, Übergehung *f (bei der Beförderung)*
postergar [poster'ɣar] <g → gu> *vt* ❶ *(aplazar)* verschieben; **~ la fecha** zurückdatieren ❷ *(posponer injustamente)* übergehen; **~ al saber** das Wissen nicht gebührend würdigen; **~ el ascenso de alguien** jdn bei der Beförderung übergehen
posteridad [posteri'ðaᵈ] *f* ❶ *(descendencia)* Nachkommenschaft *f* ❷ *(generaciones venideras)* Nachwelt *f* ❸ *(futuro)* Zukunft *f* ❹ *(fama póstuma)* Nachruhm *m;* **pasar a la ~** berühmt werden
posterior [poste'rjor] *adj* ❶ *(de tiempo)* spätere(r, s); **~ a** nach +*dat* ❷ *(de lugar)* hintere(r, s); **~ a alguien** hinter jdm; **la parte ~ de la cabeza** der Hinterkopf; **en la parte ~ del coche está el maletero** im hinteren Teil des Autos befindet sich der Kofferraum
posterioridad [posterjori'ðaᵈ] *f* spätere Zeit *f;* **~ de fecha** späteres Datum; **con ~** nachträglich
posteriormente [posterjor'mente] *adv* nachher, nachträglich
postigo [pos'tiɣo] *m* ❶ *(puerta falsa)* Blendtür *f* ❷ *(portillo)* Pförtchen *nt; (puerta pequeña en otra mayor)* kleine Nebentür *f* ❸ *(contraventana)* Fensterladen *m*
postilla [pos'tiʎa] *f* (MED) Schorf *m*, Grind *m*
postín [pos'tin] *m* ❶ *(lujo)* Luxus *m;* **de ~** luxuriös ❷ *(presunción)* Wichtigtuerei *f;* **darse mucho ~** sich aufspielen
postinear [postine'ar] *vi* angeben, sich aufspielen
postinero, -a [posti'nero, -a] *adj (fam)* aufgeblasen
postizo¹ [pos'tiθo] *m* Haarteil *nt*
postizo, -a² [pos'tiθo, -a] *adj* künstlich; **cuello ~** Stehkragen *m;* **dentadura postiza** (falsches) Gebiss *nt;* **nombre ~** Spitzname *m;* **ojo ~** Glasauge *nt;* **pelo ~** Perücke *f*
postor(a) [pos'tor(a)] *m(f)* Bieter(in) *m(f);* **mejor ~** Meistbietende(r) *m*
postración [postra'θjon] *f* ❶ *(humillación)* Kniefall *m* ❷ *(por enfermedad)* Entkräftung *f; (por aflicción)* Niedergeschlagenheit *f;* **~ nerviosa** Nervenzusammenbruch *m*
postrado, -a [pos'traðo, -a] *adj* ❶ *(arrodillado)* auf der Erde kniend ❷ *(humillado)* erniedrigt ❸ *(abatido)* kraftlos; **~ de dolor** schmerzgebeugt; **~ en cama** bettlägerig; **quedar ~ por una enfermedad** daniederliegen ❹ *(desanimado)* niedergeschlagen
postrar [pos'trar] **I.** *vt* ❶ *(derribar)* niederwerfen ❷ *(humillar)* demütigen ❸ *(debilitar)* schwächen **II.** *vr:* **~se** ❶ *(arrodillarse)* (sich) niederknien (**ante** vor +*dat*) ❷ *(perder las fuerzas)* zusammenbrechen
postre ['postre] *m* Nachtisch *m;* **servir los ~s** den Nachtisch auftragen; **a (la) ~** *(fig)* letztendlich; **llegar a los ~s** *(fig)* zu spät kommen
postrer [pos'trer] *adj*, **postrero, -a** [pos'trero, -a] *adj* letzte(r, s), hinterste(r, s); **el ~** der Allerletzte
postrero, -a [pos'trero, -a] *adj* letzte(r, s)
postrimería [postrime'ria] *f* ❶ *(personas)* Lebensabend *m*, letzte Lebensjahre *ntpl;* **estar en sus ~s** mit dem Tode ringen ❷ *(tiempo)* letzter Abschnitt *m;* **en las ~s del siglo pasado** gegen Ende des letzten Jahrhunderts
postrimerías [postrime'rias] *fpl* ❶ *(personas)* Lebensabend *m;* **estar en sus ~** mit dem Tode ringen ❷ *(tiempo)* letzter Abschnitt *m;* **en las ~ del siglo pasado** gegen Ende des letzten Jahrhunderts
postulado [postu'laðo] *m* Forderung *f*

postulante, -a [postu'lante, -a] *m, f* ❶ *(solicitante)* Bewerber(in) *m(f)* ❷ (REL) Postulant(in) *m(f)* ❸ *(colecta)* Sammler(in) *m(f)* von Geldspenden

postular [postu'lar] *vt* ❶ *(pedir)* bitten (um +*akk*); *(donativos)* sammeln ❷ *(solicitar)* sich bewerben (um +*akk*)

póstumo, -a ['postumo, -a] **I.** *adj* post(h)um; *(hijo)* nachgeboren; **fama póstuma** Nachruhm *m* **II.** *m, f* Nachgeborene(r) *mf*

postura [pos'tura] *f* ❶ *(colocación)* Stellung *f* ❷ *(actitud)* Einstellung *f* ❸ *(subasta)* Gebot *nt;* ~ **mayor** Meistgebot *nt;* **hacer** ~ bieten ❹ *(cantidad)* Einsatz *m* ❺ *(convenio)* Abkommen *nt* ❻ *(de las aves)* Gelege *nt; (poner huevos)* Eierlegen *nt* ❼ (BOT) Setzling *m* ❽ *(loc)* ~ **del sol** Sonnenuntergang *m*

posverdad [posber'ðaᶞ] *f* postfaktische Wahrheit

pota ['pota] *f* (ZOOL) Tintenfisch *m*

potabilizar [potaβili'θar] <z → c> *vt* trinkbar machen

potable [po'taβle] *adj* ❶ *(bebible)* trinkbar; **agua** ~ Trinkwasser *nt* ❷ *(fam: aceptable)* annehmbar; **Juan es una persona** ~ Juan ist ganz nett

potaje [po'taxe] *m* ❶ *(sopa)* (Gemüse)suppe *f; (guiso)* (Gemüse)eintopf *m* ❷ *(legumbres secas)* Dörrgemüse *nt* ❸ *(brebaje)* Gebräu *nt* ❹ *(fam: mezcla)* Mischmasch *m*

potasio [po'tasjo] *m* Kalium *nt*

pote ['pote] *m* ❶ *(de barro)* irdenes Gefäß *nt; (de metal)* Blechbüchse *f; (para plantas)* Blumentopf *m* ❷ *(para cocinar)* Kochtopf *m* ❸ (GASTR) Eintopf ❹ *(loc)* **a** ~ in Hülle und Fülle; **darse** ~ sich wichtigmachen

potencia [po'tenθja] *f* ❶ *(fuerza)* Kraft *f; (capacidad)* Vermögen *nt;* ~ **de carga** Tragkraft *f;* ~ **explosiva** Sprengkraft *f;* ~ **generativa** Potenz *f;* ~ **imaginativa** Einbildungskraft *f;* ~ **intelectual** geistiges Leistungsvermögen; ~ **mágica** Zauberkraft *f;* ~ **del motor** Motorleistung *f;* ~ **motriz** Antriebsleistung *f;* ~ **visual** Sehvermögen *nt* ❷ *(poder)* Macht *f;* **gran** ~ Großmacht *f* ❸ (INFOR) ~ **de entrada/de salida** Eingangs-/Ausgangsleistung *f* ❹ (FILOS) Möglichkeit *f;* **en** ~ potenziell ❺ (MAT) Potenz *f;* **elevar a ~s** potenzieren

potenciación [potenθja'θjon] *f* ❶ *(incrementación)* Verstärkung *f* ❷ (MAT) Potenzierung *f*

potenciador(a) [potenθja'ðor(a)] *adj* steigernd, verstärkend

potencial [poten'θjal] **I.** *adj* ❶ *(que tiene potencia)* leistungsstark ❷ *(posible)* potenziell ❸ (LING) **el modo** ~ der Konditional **II.** *m* ❶ *(poder, capacidad)* Potenzial *nt;* ~ **financiero** Finanzkraft *f* ❷ (FÍS) Potenzial *nt;* (ELEC) Spannung *f* ❸ (LING) Konditional *m*

potencialidad [potenθjali'ðaᶞ] *f* ❶ *(posibilidad)* Möglichkeit *f* ❷ *(máquinas)* Leistungsfähigkeit *f;* ~ **de cómputo** (INFOR) Rechenleistung *f*

potencialización [potenθjaliθa'θjon] *f gesteigerte Wirkung einiger Medikamente bei gleichzeitiger Einnahme anderer Medikamente*

potencialmente [potenθjal'mente] *adv* potenziell

potenciar [poten'θjar] *vt* (ver)stärken

potente [po'tente] *adj* ❶ *(poderoso)* mächtig ❷ *(eficiente)* leistungsfähig ❸ *(sexualidad)* potent

potestad [potes'taᶞ] *f* Amtsgewalt *f;* ~ **electoral** Wahlberechtigung *f;* ~ **legislativa** Legislative *f;* ~ **reglamentaria** Verordnungsgewalt *f;* **patria** ~ Sorgerecht *nt*

potingue [po'tiŋge] *m (pey)* ❶ *(bebida)* Gebräu *nt* ❷ *(fam: cosmético)* Schminke *f;* **darse ~s** sich anmalen

potra ['potra] *f* ❶ *(yegua joven)* Stut(en)fohlen *nt (bis viereinhalb Jahre),* junge Stute *f* ❷ (MED: *hernia*) Bruch *m* ❸ *(fam)* **tener** ~ Glück haben

potranco, -a [po'traŋko, -a] *m, f* Fohlen *nt*

potrear [potre'ar] *vt* ❶ *(fam: incomodar)* plagen ❷ *(Am: domar)* zureiten ❸ *(Guat, Perú: pegar)* prügeln

potro ['potro] *m* ❶ (ZOOL) Fohlen *nt* ❷ (DEP) (Turn)bock *m* ❸ *(de tortura)* Folterbank *f;* **tener a alguien en el** ~ *(fig)* jdn auf die Folter spannen ❹ *(de herrar)* Notstall *m* ❺ *(lo que atormenta)* Qual *f*

POUM ['poum] *m abr de* **Partido Obrero de Unificación Marxista** *marxistische Arbeiterpartei*

poza ['poθa] *f (charca)* Pfütze *f*

pozal [po'θal] *m (cubo)* Schöpfeimer *m*

pozo ['poθo] *m* ❶ *(manantial)* Brunnen *m;* ~ **de garrucha** Ziehbrunnen *m* ❷ *(hoyo profundo)* Schacht *m;* ~ **de abono líquido** Jauchegrube *f;* ~ **airón** tiefe Grube; ~ **de extracción** Förderschacht *m;* ~ **de lobos** Fallgrube *f;* ~ **negro** Fäkaliengrube *f;* ~ **petrolífero** Ölquelle *f;* ~ **de retrete** Latrine *f;* ~ **séptico** biologische Klärgrube; **caer en un** ~ *(fig)* in Vergessenheit geraten; **ser un** ~ **sin fondo** *(fig)* ein Fass ohne Boden sein; **ser un** ~ **de ciencia** *(fig)* ein unerschöpfliches Wissen haben ❸ *(CSur: bache)* Schlagloch *nt*

P

PP [pe'pe] ❶ *abr de* **Partido Popular** *konservative Partei Spaniens* ❷ *abr de* **polipropileno** Polypropylen *nt*

p. p. [por po'ðer] *abr de* **por poder** pp.

práctica ['praktika] *f* ❶ *(experiencia)* Praxis *f;* ~ **en la conducción** Fahrpraxis *f;* **una ~ de muchos años** langjährige Erfahrung; **adquirir ~** Erfahrung sammeln; **perder la ~** aus der Übung kommen; **tener ~ en algo** Übung in etw *dat* haben; **la ~ hace al maestro** *(prov)* Übung macht den Meister ❷ *(ejercitación)* Übung *f* ❸ *(ejercicio de algo)* Ausübung *f;* ~ **profesional** Berufsausübung *f* ❹ *(cursillo)* Praktikum *nt;* ~ **preprofesional** Berufspraktikum *nt* ❺ *(realización)* Ausführung *f;* **en la ~** in der Praxis; **llevar a la ~** in die Praxis umsetzen; **poner en ~** realisieren; **poner en ~ una posibilidad** von einer Möglichkeit Gebrauch machen ❻ *(costumbre)* Brauch *m;* ~ **judicial** Rechtspflege *f;* **la ~ de los negocios** die Geschäftsgepflogenheiten ❼ *(modo)* Art und Weise *f; (método)* Methode *f;* **la ~ comercial** die Geschäftsmethoden

practicable [prakti'kaβle] *adj* ❶ *(realizable)* realisierbar, durchführbar ❷ *(camino)* begehbar; *(calle)* befahrbar ❸ *(puerta, ventana)* benutzbar

prácticamente [praktika'meṇte] *adv* praktisch, so gut wie

practicante [prakti'kaṇte] **I.** *adj* praktizierend; **un católico ~** ein praktizierender Katholik **II.** *mf* ❶ *(que practica)* Praktikant(in) *m(f)* ❷ *(que tiene título para curar sin ser médico)* Heilpraktiker(in) *m(f)* ❸ *(farmacia)* Apothekengehilfe, -helferin *m, f*

P

practicar [prakti'kar] <c → qu> **I.** *vi* ein Praktikum absolvieren **II.** *vt* praktizieren; ~ **deporte** Sport treiben; **estudió medicina, pero no practica** er/sie hat Medizin studiert, übt aber den Beruf nicht aus; ~ **el español** die spanische Sprache sprechen; ~ **una operación** eine Operation durchführen

practicidad [praktiθi'ðaᵈ] *f* Zweckmäßigkeit *f,* Nützlichkeit *f*

práctico¹ ['praktiko] *m* Lotse *m;* ~ **de aeropuerto** Fluglotse *m*

práctico, -a² ['praktiko, -a] **I.** *adj* praktisch; *(experimentado)* erfahren **II.** *m, f* Praktiker(in) *m(f)*

pradera [pra'ðera] *f* große Wiese *f*

pradería [praðe'ria] *f* Weideland *nt*

prado ['praðo] *m (para ganado)* Weide *f; (para pasear)* Wiese *f*

Praga ['praɣa] *f* Prag *nt*

pragmática [praɣ'matika] *f* ❶ (JUR) Verordnung *f,* Gesetzesdekret *nt;* **las ~s** (**de Cataluña**) *die königlichen Erlasse von 1214 — 1555* ❷ (LING) Pragmatik *f*

pragmático, -a [praɣ'matiko, -a] **I.** *adj* pragmatisch **II.** *m, f* Pragmatiker(in) *m(f)*

pragmatismo [praɣma'tismo] *m* Pragmatismus *m*

praguense [pra'ɣense] **I.** *adj* Prager **II.** *mf* Prager(in) *m(f)*

praliné [prali'ne] *m* (GASTR) *eine Art Mandelkonfekt mit Karamell*

preacuerdo [prea'kwerðo] *m* Vorvereinbarung *f*

preámbulo [pre'ambulo] *m* Präambel *f;* **sin ~s** *(fig)* ohne Umschweife; **no andarse con ~s** mit der Tür ins Haus fallen; **¡déjese de ~s!** kommen Sie zur Sache!

preaviso [prea'βiso] *m* Voranmeldung *f*

prebenda [pre'βeṇda] *f* ❶ (REL) Pfründe *f* ❷ *(fam: trabajo)* ruhiger Posten *m*

precalentamiento [prekaleṇta'mjeṇto] *m* Vorwärmung *f;* (DEP) Aufwärmen *nt*

precalentar [prekaleṇ'tar] <e → ie> **I.** *vt* vorwärmen **II.** *vr:* **~se** (DEP) sich aufwärmen

precariedad [prekarje'ðaᵈ] *f* Unsicherheit *f*

precario, -a [pre'karjo, -a] *adj* ❶ *(de poca estabilidad)* prekär ❷ (JUR) widerruflich

precarización [prekariθa'θjon] *f* Verschlechterung *f;* **la ~ económica** die Verschlimmerung der wirtschaftlichen Lage

precaución [prekau̯'θjon] *f* Vorsicht *f;* **tomar precauciones** Vorkehrungen treffen

precaver [preka'βer] **I.** *vt (prevenir)* vorbeugen *+dat; (evitar)* verhindern **II.** *vr:* **~se** sich schützen (**de** vor *+dat,* **contra** gegen *+akk*); **hay que ~se de todas las eventualidades** man muss auf alles gefasst sein

precavido, -a [preka'βiðo, -a] *adj* vorsichtig

precedencia [preθe'ðeṇθja] *f* ❶ *(prioridad)* Vorrang *m,* Vorzug *m;* **dar ~ a alguien** jdm den Vortritt lassen ❷ *(superioridad)* Überlegenheit *f*

precedente [preθe'ðeṇte] **I.** *adj* vorhergehende(r, s) **II.** *m* Präzedenzfall *m;* **sentar un ~** einen Präzedenzfall schaffen; **sin ~s** beispiellos

preceder [preθe'ðer] *vt* ❶ *(anteceder)* vorausgehen *+dat;* **un banquete precedido de varios discursos** ein Festessen, dem mehrere Reden vorausgehen ❷ *(tener primacía)* Vorrang haben (**a** vor *+dat*); ~ **en categoría** höhergestellt sein

preceptiva [preθep'tiβa] *f* Grundregeln *f pl*

preceptivo, -a [preθep'tiβo, -a] *adj* vorschriftsmäßig

precepto [pre'θepto] *m* ① *(mandamiento)* Befehl *m* ② *(norma)* Vorschrift *f;* ~ **básico** Grundsatz *m;* ~ **de conducta** Verhaltensregel *f;* ~ **jurídico** Rechtssatz *m;* ~ **de ley** gesetzliche Vorschrift

preceptor(a) [preθep'tor(a)] *m(f)* Lehrer(in) *m(f); (a domicilio)* Hauslehrer(in) *m(f)*

preceptuar [preθeptu'ar] <*1. pres* preceptúo> *vt* vorschreiben

preciado, -a [pre'θjaðo, -a] *adj* ① *(estimado)* geschätzt ② *(jactancioso)* angeberisch; ~ **de sí mismo** eingebildet

preciarse [pre'θjarse] *vr* sich brüsten (**de** mit +*dat*)

precintado[1] [preθiṇ'taðo] *m* Plombierung *f; (aduana)* zollamtliche Verplombung *f*

precintado, -a[2] [preθiṇ'taðo, -a] *adj* versiegelt; *(aduana)* verplombt, plombiert

precintar [pre'θiṇtar] *vt* ① *(aduana)* plombieren ② *(cigarrillos)* banderolieren

precinto [pre'θiṇto] *m (sello)* Siegel *nt;* ~ **de aduana** Zollplombe *f*

precio ['preθjo] *m* Preis *m;* ~ **abordable** erschwinglicher Preis; ~ **alzado** Pauschalbetrag *m;* ~ **astronómico** Wucherpreis *m;* ~ **al consumidor** Verbraucherpreis *m;* ~ **al contado** Nettopreis *m;* ~ **de conversión** Konversionskurse *mpl;* **el** ~ **de conversión del euro y las respectivas monedas nacionales** die Konversionskurse zwischen dem Euro und den nationalen Währungseinheiten; ~ **de coste** Selbstkostenpreis *m;* ~ **al detalle** Einzelhandelspreis *m;* ~ **de fábrica** Herstellerpreis *m;* ~ **irrisorio** Schleuderpreis *m;* ~ **de liquidación** Räumungspreis *m;* ~ **al por mayor** Mengenpreis *m;* ~ **preferente** Vorzugspreis *m;* ~ **de presentación** Einführungspreis *m;* ~ **al productor** Erzeugerpreis *m;* ~ **prohibitivo** unerschwinglicher Preis; ~ **razonable** angemessener Preis; ~ **recomendado** Preisempfehlung *f;* ~ **de rescate** Lösegeld *nt;* ~ **de salvación** Bergelohn *m;* ~ **solicitado** Preis auf Anfrage; ~ **de tarifa** Listenpreis *m;* ~ **de temporada** saisonbedingter Preis; ~**s únicos** Einheitspreise *mpl;* ~ **unitario** Einzelpreis *m;* ~ **de venta al público** Verkaufspreis *m;* **a buen** ~ günstig; **a** ~ **controlado** preisgebunden; **a mitad de** ~ zum halben Preis; **a poco** ~ billig; **a** ~ **de oro** sehr teuer; **poner el** ~ mit einer Preisangabe versehen; **¿qué** ~ **tiene el libro?** wie viel kostet das Buch?; **de todos los** ~**s** in allen Preislagen; **no tener** ~ *(fig)* unbezahlbar sein; **al** ~ **de la salud** auf Kosten der Gesundheit; **querer conseguir algo a cualquier** ~ etw um jeden Preis erreichen wollen; **poner** ~ **a la cabeza de alguien** einen Preis auf jds Kopf aussetzen

preciosamente [preθjosa'meṇte] *adv* herrlich, wunderbar

preciosidad [preθjosi'ða^{d}] *f* Kostbarkeit *f;* **este cuadro es una** ~ dieses Bild ist sehr kostbar; *(fig)* dieses Bild ist eine Augenweide; **esta chica es una** ~ dieses Mädchen ist entzückend

preciosista [preθjo'sista] *adj* preziös, geziert, gekünstelt

precioso, -a [pre'θjoso, -a] *adj* ① *(valioso)* kostbar ② *(hermoso)* entzückend

precipicio [preθi'piθjo] *m* Abgrund *m;* **estar al borde del** ~ *(fig)* am Rande des Abgrunds stehen

precipitación [preθipita'θjon] *f* ① *(prisa)* Hast *f;* **con** ~ übereilt ② (METEO) Niederschlag *m*

precipitadamente [preθipitaða'meṇte] *adv* überstürzt

precipitado[1] [preθipi'taðo] *m* (QUÍM) Präzipitat *nt*

precipitado, -a[2] [preθipi'taðo, -a] *adj* ① *(apresurado)* hastig, übereilt, vorschnell ② (QUÍM) gefällt

precipitar [preθipi'tar] **I.** *vt* ① *(arrojar)* (hinab)stürzen; **lo ~on por la ventana** sie stürzten ihn aus dem Fenster ② *(apresurar)* übereilen; *(acelerar)* beschleunigen **II.** *vr:* ~**se** ① *(arrojarse)* sich (hinab)stürzen (**a** in +*akk,* **por/desde** von +*dat*) ② *(atacar)* sich stürzen (**sobre** auf +*akk*) ③ *(acontecimientos)* sich überstürzen; *(personas)* überstürzt handeln; **¡no se precipite!** nur keine Hast!

precisado, -a [preθi'saðo, -a] *adj* ① *(detallado)* detailliert [*o* genau] angegeben ② *(necesitado)* benötigt ③ *(obligado)* gezwungen (**a** zu +*dat*), genötigt (**a** zu +*dat*)

precisamente [preθisa'meṇte] *adv* genau; **¿tiene que ser** ~ **hoy?** muss es ausgerechnet heute sein?; ~ **por eso** eben deshalb

precisar [preθi'sar] **I.** *vi* unbedingt nötig sein **II.** *vt* ① *(determinar)* präzisieren ② *(necesitar)* benötigen; **preciso tu ayuda** ich brauche deine Hilfe ③ *(obligar)* zwingen

precisión [preθi'sjon] *f* ① *(exactitud)* Genauigkeit *f;* **aparato de** ~ Präzisionsgerät *nt;* ~ **de funcionamiento** Zuverlässigkeit *f;* ~ **de tiro** Treffsicherheit *f;* **hablar con** ~ deutlich sprechen ② *(determinación)* Bestimmtheit *f* ③ *(necesidad)* Notwendigkeit *f;* **tener** ~ **de hacer algo** etw tun müssen

P

preciso, -a [pre'θiso, -a] *adj* ① *(necesario)* notwendig; **es ~ que...** *+subj* es ist notwendig, dass ...; **es ~ que nos veamos** wir müssen uns unbedingt sehen; **si es ~...** falls erforderlich ... ② *(exacto)* genau; *(estilo)* klar; **a la hora precisa** pünktlich
precitado, -a [preθi'taðo, -a] *adj* oben erwähnt, vorher genannt
preclaro, -a [pre'klaro, -a] *adj* berühmt
precocidad [prekoθi'ða^{ð}] *f* ① *(del niño)* Frühreife *f* ② *(de tiempo)* Frühzeitigkeit *f*
precocinado, -a [prekoθi'naðo, -a] *adj* vorgekocht; **plato ~** Fertiggericht *nt*
precognición [prekoɣni'θjon] *f* (PSICO) Vorkenntnis *f,* Präkognition *f*
precolombino, -a [prekolom'bino, -a] *adj* präkolumbisch
preconcebir [prekoṇθe'βir] *vt irr como pedir* bedenken
preconizable [prekoni'θaβle] *adj* anerkennenswert
preconizar [prekoni'θar] <z → c> *vt* ① *(recomendar)* befürworten ② *(encomiar)* lobpreisen
precoz [pre'koθ] *adj* frühreif
precursor(a) [prekur'sor(a)] **I.** *adj* bahnbrechend **II.** *m(f)* Vorläufer(in) *m(f)*
predador(a) [preða'ðor(a)] *m(f)* ① Plünderer, -in *m, f* ② *(animal)* Raubtier *nt*
predecesor(a) [preðeθe'sor(a)] *m(f)* ① *(en el cargo)* Vorgänger(in) *m(f)* ② *(antepasados)* Vorfahr(in) *m(f)*
predecible [preðe'θiβle] *adj* voraussagbar
predecir [preðe'θir] *vt irr como decir* voraussagen
predefinir [preðefi'nir] *vt* (REL) vorbestimmen
predestinación [preðestina'θjon] *f* Vorbestimmung *f*
predestinado, -a [preðesti'naðo, -a] *adj* ① *(elegido)* auserkoren ② *(destino)* vorherbestimmt; **estar ~ al crimen** zum Verbrecher prädestiniert sein
predestinar [preðesti'nar] *vt* vorherbestimmen
predeterminación [preðetermina'θjon] *f* Vorausbestimmung *f*
predeterminar [preðetermi'nar] *vt* vorausbestimmen
prédica ['preðika] *f* Predigt *f; (discurso)* Rede *f*
predicación [preðika'θjon] *f* ① *(sermonear)* Predigen *nt* ② *(sermón)* Predigt *f*
predicado [preði'kaðo] *m* (LING) Prädikat *nt*
predicador(a) [preðika'ðor(a)] **I.** *adj* predigend **II.** *m(f)* Prediger(in) *m(f)*
predicamento [preðika'meṇto] *m* ① (FILOS) Kategorie *f,* Begriffsfach *nt* ② *(reputación)* Ruf *m;* **buen ~** Beliebtheit *f;* **estar en gran ~** einen guten Ruf haben
predicar [preði'kar] <c → qu> *vt* ① *(sermonear)* predigen; **~ en desierto** tauben Ohren predigen; **hay que ~ con el ejemplo** man muss mit gutem Beispiel vorangehen; **una cosa es ~ y otra dar trigo** *(prov)* ≈ Reden und Handeln ist zweierlei; **no se puede ~ y andar en la procesión** *(prov)* man kann nicht auf zwei Hochzeiten tanzen ② *(publicar)* verkünden ③ *(elogiar)* überschwänglich loben ④ *(amonestar)* die Leviten lesen *+dat fam*
predicativo, -a [preðika'tiβo, -a] *adj* (LING) prädikativ
predicción [preði^{ɣ}'θjon] *f* Vorhersage *f;* **~ económica** Wirtschaftsprognose *f*
predilección [preðile^{ɣ}'θjon] *f* Vorliebe *f*
predilecto, -a [preði'lekto, -a] *adj* bevorzugt; **hijo ~** Lieblingskind *nt;* **plato ~** Leibgericht *nt*
predio ['preðjo] *m* ① (JUR) Grundstück *nt;* **~ familiar** Familienbesitz *m;* **~ municipal** kommunales Grundstück ② *(finca)* Gut *nt,* Bauernhof *m;* **~ pequeño** bäuerlicher Kleinbetrieb
predisponer [preðispo'ner] *irr como poner* **I.** *vt* ① *(fijar por anticipado)* im Voraus festlegen; **predispongamos ya la fecha de nuestra próxima reunión** lass uns jetzt schon den Termin unserer nächsten Sitzung festlegen; **venía predispuesto a pelearse** er war auf Streit aus, als er kam ② *(influir)* beeinflussen; **~ a alguien a favor/en contra de alguien** jdn für/gegen jdn einnehmen ③ *(inclinar)* empfänglich machen (**a** für *+akk*); (MED) anfällig machen (**a** für *+akk*) **II.** *vr:* **~se** ① *(prepararse)* sich einstellen (**a** auf *+akk*) ② *(tomar partido)* sich *dat* vorschnell ein Urteil bilden (**respecto a/de** über *+akk*); **~se a favor/en contra de alguien** jdm gegenüber positiv/negativ eingestellt sein
predisposición [preðisposi'θjon] *f* Veranlagung *f; (tendencia)* Neigung *f;* (MED) Prädisposition *f;* **~ al crimen** kriminelle Veranlagung; **tener ~ a engordar** zum Dickwerden neigen
predispuesto, -a [preðis'pwesto, -a] **I.** *pp de* **predisponer II.** *adj* ① *ser (sensible)* anfällig; **ser ~ a coger todos los virus** für jegliche Art von Viren empfänglich sein ② *estar (prevenido)* voreingenommen; **estar (mal) ~ contra alguien** jdm gegenüber voreingenommen sein
predominante [preðomi'naṇte] *adj* vorherrschend
predominar [preðomi'nar] *vi, vt* ① *(prevalecer)* überwiegen; **aquí predo-**

P

mina el compañerismo bei uns wird Kameradschaft großgeschrieben; **en este parque las palomas predominan en número sobre los gorriones** in diesem Park sind die Tauben den Spatzen zahlenmäßig weit überlegen ❷ *(sobresalir)* überragen ((**sobre**) +*akk*, **en** an +*dat*)

predominio [preðo'minjo] *m* ❶ *(poder)* Vorherrschaft *f* (**en** in +*dat*) ❷ *(preponderancia)* Übergewicht *nt* (**en** an +*dat*) ❸ *(superioridad)* Vorrang *m* (**sobre** vor +*dat*)

preeminencia [pre(e)mi'neṇθja] *f* Vorrang *m*

preeminente [pre(e)mi'neṇte] *adj* vorrangig

preescolar [pre(e)sko'lar] *adj* vorschulisch; **edad ~** Vorschulalter *nt*

preestablecido, -a [pre(e)staβle'θiðo, -a] *adj* bereits festgelegt, im Voraus festgelegt

preestreno [pre(e)s'treno] *m* Voraufführung *f*

preexistente [pre(e)ʸsis'teṇte] *adj* vorher bestehend; (FILOS) präexistent

preexistir [pre(e)ʸsis'tir] *vi* vorher bestehen

prefabricado, -a [prefaβri'kaðo, -a] *adj* vorgefertigt; **casa prefabricada** Fertighaus *nt*

prefacio [pre'faθjo] *m (libro)* Vorwort *nt; (discurso)* Vorrede *f*

prefecto [pre'fekto] *m* Präfekt *m*, Vorsteher *m;* **~ de la policía** Polizeipräfekt *m*

preferencia [prefe'reṇθja] *f* ❶ *(elección, trato)* Bevorzugung *f* (**por** +*gen*); **mostrar ~ por alguien** jdn bevorzugen ❷ *(predilección)* Vorliebe *f* (**por** für +*akk*); **sentir ~ por alguien** eine Vorliebe für jdn haben ❸ *(prioridad)* Vorrang *m;* **~ de paso** Vorfahrt *f;* **precio de ~** Vorzugspreis *m;* **sitio de ~** Rangloge *f;* **tener ~ ante alguien** den Vortritt vor jdm haben; **dar ~** den Vorzug geben; **de ~** vorzugsweise

preferente [prefe'reṇte] *adj* vorrangig; *(urgente)* vordringlich; **acciones ~s** (FIN) Vorzugsaktien *fpl*

preferentemente [prefereṇte'meṇte] *adv* hauptsächlich

preferible [prefe'riβle] *adj* vorzuziehen; **sería ~ que lo hicieras** du solltest es besser tun

preferiblemente [preferiβle'meṇte] *adv* besser

preferido, -a [prefe'riðo, -a] *adj* bevorzugt, Lieblings-

preferir [prefe'rir] *vt irr como sentir* vorziehen; **prefiero que...** +*subj* es ist mir lieber, wenn ...; **prefiero ir a pie** ich gehe lieber zu Fuß

prefigurar [prefiɣu'rar] **I.** *vt* eine erste Vorstellung geben (von +*dat*) **II.** *vr:* **~se** sich *dat* im Voraus denken [*o* ausmalen]

prefijar [prefi'xar] *vt* ❶ *(determinar)* (im Voraus) festsetzen ❷ (LING) präfigieren

prefijo [pre'fixo] *m* ❶ (LING) Präfix *nt* ❷ (TEL) Vorwahl(nummer) *f*

pregón [pre'ɣon] *m* öffentliche Bekanntmachung *f;* **con/sin ~** *(fig)* mit (großem)/ohne (jegliches) Aufsehen

pregonar [preɣo'nar] *vt* ❶ *(en público)* öffentlich ausrufen; **~ una mercancía** eine Ware anpreisen ❷ *(lo que estaba oculto)* ausposaunen *fam;* **~ a los cuatro vientos** *(fam)* an die große Glocke hängen; **~ a tambor batiente** ausplaudern ❸ *(alabar)* öffentlich loben

pregonero, -a [preɣo'nero, -a] *m, f* ❶ *(público)* Ausrufer(in) *m(f); (en el mercado)* Marktschreier(in) *m(f)* ❷ *(fam: chismoso)* Klatschmaul *nt*

pregunta [pre'ɣuṇta] *f* ❶ *(demanda)* Frage *f;* **~ capciosa** Fangfrage *f;* **~ retórica** rhetorische Frage; **hacer ~s capciosas a alguien** jdn aufs Glatteis führen *fam;* **estar a la cuarta ~** schlecht bei Kasse sein; **estrechar a ~s a alguien** jdm Löcher in den Bauch fragen *fam;* **a tal ~ tal respuesta** auf dumme Fragen bekommt man dumme Antworten ❷ *(de datos)* Abfrage *f*

preguntadera [preɣuṇta'ðera] *f (Col)* Kreuzverhör *nt*

preguntar [preɣuṇ'tar] **I.** *vt* fragen; **~ la lección** abfragen; **~ a un sospecho** einen Verdächtigen verhören; **~ por alguien** nach jdm fragen; **quien pregunta no yerra** *(prov)* mit Fragen kommt man durch die Welt **II.** *vr:* **~se** sich fragen

preguntón, -ona [preɣuṇ'ton, -ona] *adj* wissbegierig

prehistoria [preis'torja] *f* Vorgeschichte *f*

prehistórico, -a [preis'toriko, -a] *adj* vorgeschichtlich, prähistorisch

preincaico, -a [preiŋ'kai̯ko, -a] *adj* vorinkaisch, Präinka-

preinscribir [preiⁿskri'βir] *vt, vr:* **~se** (sich) voreintragen

prejubilación [prexuβila'θjon] *f* Vorruhestand *m*

prejuicio [pre'xwiθjo] *m* Vorurteil *nt*

prejuzgar [prexuθ'ɣar] <g → gu> *vt* vorschnell beurteilen

prelación [prela'θjon] *f* Vorrang *m*, Priorität *f*

prelado [pre'laðo] *m* Prälat *m*

prelavado [prela'βaðo] *m* Vorwäsche *f*

preliminar [prelimi'nar] *adj* ❶ *(inicial)*

P

einleitend, Vor- ❷ *(preparatorio)* vorbereitend
preludio [pre'luðjo] *m* ❶ *(principio)* Einleitung *f* ❷ *(composición)* Präludium *nt*
premamá [prema'ma] *adj inv* Umstands-; **vestido** ~ Umstandskleid *nt*
prematuro, -a [prema'turo, -a] *adj* ❶ *(persona)* frühreif ❷ *(antes de tiempo)* vorzeitig; *(apresurado)* voreilig; **detección prematura del cáncer** Krebsfrüherkennung *f;* **nacimiento** ~ Frühgeburt *f*
premeditación [premeðita'θjon] *f* Vorsatz *m;* **con** ~ vorsätzlich
premeditado, -a [premeði'taðo, -a] *adj* wissentlich
premeditar [premeði'tar] *vt (pensar)* sich *dat* vorher überlegen; *(planear)* planen; (JUR) vorsätzlich planen
premiación [premja'θjon] *f (And)* Preisverleihung *f*
premiado, -a [pre'mjaðo, -a] **I.** *adj* preisgekrönt **II.** *m, f* Preisträger(in) *m(f)*
premiar [pre'mjar] *vt* ❶ *(recompensar)* belohnen ❷ *(dar un premio)* prämiieren
première [pre'mjere] *f* (CINE, TEAT) Premiere *f*
premio ['premjo] *m* ❶ *(galardón)* Preis *m;* ~ **Nobel** (**de literatura**) Nobelpreis *m* (für Literatur); **conceder un** ~ einen Preis verleihen ❷ *(recompensa)* Belohnung *f;* ~ **por hallazgo** Finderlohn *m* ❸ *(remuneración)* Prämie *f;* ~ **al ahorro** Sparprämie *f;* ~ **de antigüedad** Dienstalterszulage *f;* ~ **de constancia** Treueprämie *f;* ~ **de natalidad** Mutterschaftsgeld *nt* ❹ *(lotería)* Lotteriegewinn *m;* **el** ~ **gordo** der Haupttreffer ❺ *(ganador)* Preisträger(in) *m(f);* **García Márquez es** ~ **Nobel de literatura** García Márquez ist Literaturnobelpreisträger
premioso, -a [pre'mjoso, -a] *adj* ❶ *(ajustado)* eingeengt ❷ *(molesto)* lästig ❸ *(estrecho)* eng, knapp ❹ *(torpe)* schwerfällig ❺ *(estricto)* streng, starr, steif
premisa [pre'misa] *f* ❶ *(condición)* Voraussetzung *f* ❷ *(indicio)* Kennzeichen *nt*
premonición [premoni'θjon] *f (presentimiento)* Vorahnung *f*
premonitorio, -a [premoni'torjo, -a] *adj* vorwarnend; (MED) prämonitorisch
premunir [premu'nir] **I.** *vt (Am)* versorgen (**de** mit +*dat*) **II.** *vr:* **~se** *(Am)* sich eindecken (**de** mit +*dat*)
premura [pre'mura] *f* ❶ *(apuro)* Dringlichkeit *f* ❷ *(prisa)* Eile *f* ❸ *(falta)* Mangel *m* (**de** an +*dat*)
prenatal [prena'tal] *adj* vorgeburtlich
prenda ['prenda] *f* ❶ *(fianza)* Pfand *nt;* **en** ~ als Pfand; **en ~s** als Beweis; **hacer** ~ als Pfand einbehalten; **soltar** ~ sich verpflichten; **no soltar** ~ *(fam)* nichts herauslassen; **a mí no me duelen ~s** es macht mir gar nichts aus ❷ *(pieza)* Kleidungsstück *nt;* **~s interiores** Unterwäsche *f;* ~ **protectora** Schutzkleidung *f* ❸ *(cariño)* Schatz *m;* **la** ~ **de mi corazón** mein Herzallerliebster/meine Herzallerliebste ❹ *(cualidades)* Gabe *f;* **~s del espíritu** Geistesgaben *f pl;* **un hombre de ~s** ein begabter Mensch
prendar [pren'dar] **I.** *vt* ❶ *(tomar como prenda)* pfänden ❷ *(ganar el afecto)* für sich gewinnen **II.** *vr:* **~se** sich verlieben (**de** in +*akk*)
prendedor [prende'ðor] *m (broche)* Brosche *f; (de corbata)* Krawattennadel *f*
prender [pren'der] **I.** *vi (planta)* Wurzeln schlagen; *(medicamentos)* anschlagen; *(ideas)* sich verbreiten; **sus ideas prendieron fácilmente en la juventud** seine/ihre Ideen fanden bei der Jugend sofort Anklang **II.** *vt* ❶ *(sujetar)* befestigen; *(con alfileres)* feststecken; *(con cola)* festkleben; *(en un gancho)* aufhängen; *(el pelo)* hochstecken; *(juntar el pelo)* zusammenbinden; ~ **un babero a un niño** einem Kind ein Lätzchen umbinden; ~ **un alfiler de corbata** eine Krawattennadel anstecken ❷ *(detener)* festnehmen ❸ *(fuego)* **el coche prendió fuego** das Auto fing Feuer ❹ *(Am: encender)* anzünden; *(luz)* anmachen; ~ **un cigarrillo** eine Zigarette anstecken **III.** *vr:* **~se** ❶ *(mujeres)* sich herausputzen; **~se una flor en el ojal** sich *dat* eine Blume ins Knopfloch stecken ❷ *(PRico: emborracharse)* sich betrinken
prendimiento [prendi'mjento] *m* ❶ *(captura)* Festnahme *f* ❷ *(Chil: opresión)* Druck *m* ❸ *(Col, Ven: irritación)* Erregung *f*
prensa ['prensa] *f* ❶ *(máquina)* Presse *f;* ~ **de uvas** Weinpresse *f* ❷ *(imprenta)* Druckerei *f;* **dar a la** ~ in Druck geben; **estar en** ~ sich im Druck befinden ❸ (PREN) Presse *f;* ~ **amarilla** Sensationspresse *f;* ~ **especializada** Fachpresse *f;* **secretario de** ~ Pressesprecher *m;* **P~ y Relaciones Públicas** Presse- und Öffentlichkeitsarbeit *f;* **tener buena/mala** ~ *(fig)* einen guten/schlechten Ruf haben
prensado[1] [pren'saðo] *m* ❶ *(prensar)* Pressen *nt; (uvas)* Keltern *nt* ❷ *(lustre)* Pressglanz *m*
prensado, -a[2] [pren'saðo, -a] *adj* gepresst; ~ **en caliente** warmgepresst; ~ **en frío** kaltgepresst
prensar [pren'sar] *vt* pressen; *(uvas)* keltern

P

prensil [pren'sil] *adj* Greif-
preñada [pre'ɲaða] *adj (mujer)* schwanger
preñado, -a [pre'ɲaðo, -a] *adj* ❶ *(animal)* trächtig ❷ *(lleno)* voll (**de** mit +*dat*); **una nube preñada de agua** eine regenschwere Wolke; **una palabra preñada** ein tiefsinniges Wort; ~ **de dificultades** voller Schwierigkeiten; ~ **de emoción** gefühlvoll
preñar [pre'ɲar] *vt* ❶ *(mujer)* schwängern ❷ *(animal)* decken ❸ *(llenar)* füllen
preñez [pre'ɲeθ] *f* ❶ *(de la mujer)* Schwangerschaft *f* ❷ *(del animal)* Trächtigkeit *f* ❸ *(incertidumbre)* Ungewissheit *f*; *(dificultad)* Schwierigkeit *f*
preocupación [preokupa'θjon] *f* ❶ *(desvelo)* Sorge *f* (**por** um +*akk*, wegen +*gen/dat*); **¡déjate de preocupaciones!** mach dir nicht so viele Gedanken!; **sin preocupaciones** sorglos ❷ *(pesadumbre)* Kummer *m*; **causar preocupaciones a alguien** jdm Kummer bereiten ❸ *(obsesión)* fixe Idee *f*; **tu única ~ es el dinero** du denkst nur ans Geld ❹ *(prejuicio)* Voreingenommenheit *f*; (JUR) Befangenheit *f*
preocupado, -a [preoku'paðo, -a] *adj (inquieto)* besorgt (**por** wegen +*gen/dat*, über +*akk*); **mi padre anda bastante ~** mein Vater macht sich *dat* ziemlich große Sorgen; **tener el espíritu ~ por algo** völlig mit etw *dat* beschäftigt sein
preocupante [preoku'paṇte] *adj* Besorgnis erregend
preocupar [preoku'par] **I.** *vt* ❶ *(inquietar)* beunruhigen, Sorgen machen +*dat*; **¿por qué preocupas tanto a tus padres?** warum bereitest du deinen Eltern solche Sorgen? ❷ *(prevenir)* einnehmen (**por** für +*akk*, **contra** gegen +*akk*) **II.** *vr:* **~se** ❶ *(inquietarse)* sich *dat* Sorgen machen (**por** um +*akk*, wegen +*gen/dat*); **¡no se preocupe!** seien Sie unbesorgt!; **¡no te preocupes tanto!** mach dir nicht so viele Gedanken! ❷ *(encargarse)* sich kümmern (**de** um +*akk*); **no se preocupa de arreglar el asunto** er/sie hält es nicht für nötig, die Sache in Ordnung zu bringen ❸ *(tener prejuicios)* voreingenommen sein
preordinar [preorði'nar] *vt* (REL) vorausbestimmen
preparación [prepara'θjon] *f* ❶ *(de un asunto)* Vorbereitung *f* ❷ *(de la comida)* Zubereitung *f* ❸ *(de materias primas)* Aufbereitung *f*; ~ **de datos** (INFOR) Datenaufbereitung *f* ❹ *(formación)* Ausbildung *f*; ~ **académica** Hochschulausbildung *f*; ~ **especializada** Fachausbildung *f*; ~ **profesional** Berufsausbildung *f*; **sin ~** ohne Vorbildung ❺ *(farmacéutica)* Präparat *nt*
preparado[1] [prepa'raðo] *m* Präparat *nt*; ~ **listo** Fertigpräparat *nt*
preparado, -a[2] [prepa'raðo, -a] *adj (listo)* bereit; ~ (**para funcionar**) betriebsbereit; **tener ~** bereithalten; ~ **para recepción** empfangsbereit
preparar [prepa'rar] **I.** *vt* ❶ *(disponer)* vorbereiten; *(la comida)* zubereiten; *(materias primas)* aufbereiten; **en esta escuela profesional te preparan bien** auf dieser Berufsschule erhältst du eine gute Ausbildung; **en inglés me prepara una profesora nativa** ich werde von einer Engländerin in Englisch unterrichtet; ~ **un buque para zarpar** ein Schiff klarmachen zum Auslaufen; ~ **el camino** den Weg bahnen; ~ **una casa para vivir en ella** ein Haus herrichten; ~ **un discurso** eine Rede ausarbeiten; ~ **las maletas** die Koffer packen; **ya puedes ~ la maleta** *(fam)* es kann jederzeit losgehen; ~ **la tierra** den Boden bearbeiten ❷ (QUÍM) ansetzen ❸ (INFOR: *datos*) aufbereiten; *(programa)* erstellen ❹ (ANAT) präparieren **II.** *vr:* **~se** sich vorbereiten (**para/a** auf/für +*akk*); **me preparaba a salir, cuando empezó a llover** ich wollte mich gerade zum Gehen fertig machen, da fing es an zu regnen; **se prepara una tormenta** es braut sich ein Unwetter zusammen; **~se para cualquier eventualidad** sich auf alles gefasst machen
preparativo[1] [prepara'tiβo] *m* Vorbereitung *f*
preparativo, -a[2] [prepara'tiβo, -a] *adj* vorbereitend
preparatoria [prepara'torja] *f* *(Méx)* *Vorbereitungskurs zur Zulassung zum Hochschulstudium*
preparatorio, -a [prepara'torjo, -a] *adj* vorbereitend; **curso ~** Vorbereitungskurs *m*; **trabajos ~s** Vorarbeiten *fpl*
preponderancia [prepoṇde'raṇθja] *f* Übergewicht *nt*
preponderante [prepoṇde'raṇte] *adj* vorherrschend
preponderar [prepoṇde'rar] *vi* überwiegen
preposición [preposi'θjon] *f* Präposition *f*
prepotencia [prepo'teṇθja] *f* ❶ *(superioridad)* Übermächtigkeit *f* ❷ *(arrogancia)* Arroganz *f*
prepotente [prepo'teṇte] *adj* ❶ *(superior)* übermächtig ❷ *(arrogante)* überheblich
prepucio [pre'puθjo] *m* (ANAT) Vorhaut *f*
prerrequisito [prerreki'sito] *m* Vorbedingung *f*, Voraussetzung *f*
prerrogativa [prerroɣa'tiβa] *f* *(privilegio)* Vorrecht *nt*

P

presa ['presa] *f* ❶ *(acción)* (Ein)fangen *nt;* **las llamas hicieron ~ en la casa** das Haus wurde ein Opfer der Flammen ❷ *(objeto, de caza)* Beute *f;* **hacer una ~** Beute machen; *(un ave)* Beute schlagen; **ser ~ del terror** von Panik ergriffen werden ❸ (ZOOL) **animal de ~** Raubtier *nt* ❹ *(dique: en valle)* Talsperre *f; (en río)* Staudamm *m* ❺ *(colmillo)* Fangzahn *m* ❻ *(uña)* Kralle *f* ❼ *(acequia)* Bewässerungskanal *m* ❽ *(de comida)* Stück *nt* ❾ (DEP) Griff *m;* **~ de brazo** *(yudo)* Armhebel *m*

presagiar [presa'xjar] *vt* voraussagen; **estas nubes presagian tormenta** diese Wolken sehen nach Gewitter aus

presagio [pre'saxjo] *m* ❶ *(señal)* Omen *nt* ❷ *(presentimiento)* Vorahnung *f*

présbita ['presβita] **I.** *adj* weitsichtig **II.** *mf* weitsichtiger Mensch *m*

presbiterio [presβi'terjo] *m* Altarraum *m*

prescindible [presθiṇ'diβle] *adj* entbehrlich

prescindir [presθiṇ'dir] *vi* ❶ *(renunciar a)* verzichten (**de** auf +*akk*); **tenemos que ~ del coche** wir müssen ohne Auto auskommen; **no podemos ~ de él** wir kommen ohne ihn nicht zurecht ❷ *(pasar por alto)* übergehen (**de** +*akk*); **han prescindido de mi opinión** sie haben meine Meinung ignoriert ❸ *(no contar)* nicht rechnen (**de** mit +*dat*)

prescribir [preskri'βir] *irr como escribir* **I.** *vi (delito)* verjähren **II.** *vt* ❶ *(indicar)* vorschreiben; **prescrito por la ley** gesetzlich vorgeschrieben ❷ (MED) verordnen; *(recetar)* verschreiben

prescripción [preskriβ'θjon] *f* ❶ *(indicación)* Vorschrift *f* ❷ (MED) Verordnung *f; (receta)* Rezept *nt* ❸ *(de delito)* Verjährung *f*

prescriptivo, **-a** [preskrip'tiβo, -a] *adj* ❶ *(indicable)* vorschreibend ❷ *(decretable)* verordnend ❸ *(delito)* Verjährungs-; **plazo ~** Verjährungsfrist *f*

prescrito, **-a** [pres'krito, -a] *adj* ❶ *(ordenado)* vorgeschrieben ❷ *(extinguido)* verjährt

presea [pre'sea] *f (elev)* Juwel *nt,* Schmuckstück *nt*

presencia [pre'seṇθja] *f* ❶ *(asistencia)* Gegenwart *f;* **sin la ~ del ministro** ohne Beisein des Ministers ❷ *(aspecto)* Aussehen *nt;* **buena ~** gepflegtes Äußeres; **tener buena ~** gut aussehen ❸ *(existencia)* **estamos en ~ del aeropuerto más grande de Europa** wir haben den größten Flughafen Europas vor uns; **los vecinos están asustados por la ~ de ladrones** die Nachbarn haben Angst vor den Dieben; **la constante ~ de ese recuerdo no le dejaba dormir** die ständige Erinnerung daran brachte ihn um den Schlaf

presencial [preseṇ'θjal] *adj* **testigo ~** Augenzeuge, -in *m, f*

presenciar [preseṇ'θjar] *vt* ❶ *(asistir)* beiwohnen +*dat;* **10.000 personas ~on el concierto** 10.000 Leute besuchten das Konzert ❷ *(ver)* sehen

presentable [preseṇ'taβle] *adj* **este trabajo está ~** diese Arbeit ist akzeptabel; **este trabajo es ~** diese Arbeit kann man vorzeigen; **ponerse ~** sich zurechtmachen; **vestido así no estás ~** in diesem Aufzug kannst du dich nicht sehen lassen

presentación [preseṇta'θjon] *f* ❶ *(de una novela, t.* TV, RADIO*)* Präsentation *f; (de una máquina/un número artístico)* Vorführung *f;* (TEAT) Inszenierung *f* ❷ *(de instancia/dimisión/trabajo)* Einreichen *nt;* **el plazo de ~ de solicitudes finaliza hoy** die Frist für die Antragstellung läuft heute ab ❸ *(de argumentos)* Vorbringen *nt; (de pruebas)* Beibringen *nt; (de propuesta)* Unterbreitung *f* ❹ *(de pasaporte/documento)* Vorlage *f;* **a su ~** (**de la letra**) bei Vorlage (des Wechsels) ❺ *(aspecto)* Aussehen *nt; (de un libro)* Aufmachung *f* ❻ *(Am: súplica)* Gesuch *nt*

presentador(a) [preseṇta'ðor(a)] *m(f) (de programa)* Moderator(in) *m(f); (de telediario)* Nachrichtensprecher(in) *m(f)*

presentar [preseṇ'tar] *vt* ❶ *(mostrar)* vorstellen; *(moda)* vorführen ❷ *(ofrecer)* aufweisen; **el viaje presenta dificultades** die Reise birgt Schwierigkeiten in sich; **la ciudad presenta un aspecto de gala** die Stadt zeigt sich in vollem Glanz; **este informe presenta los sucesos de una manera clara** dieser Bericht legt die Geschichte deutlich dar ❸ (TV, RADIO) präsentieren; (TEAT) aufführen; *(presentador)* moderieren ❹ *(instancia, dimisión, trabajo)* einreichen ❺ *(argumentos)* vorbringen; *(pruebas)* beibringen; *(propuesta)* unterbreiten ❻ *(pasaporte, documento)* vorlegen ❼ *(persona)* vorstellen; **te presento a mi marido** darf ich dir meinen Mann vorstellen? ❽ *(candidato)* vorschlagen

presente[1] [pre'seṇte] *m* ❶ *(actualidad)* Gegenwart *f;* **hasta el ~** bis jetzt; **por el ~** augenblicklich ❷ (LING) Präsens *nt* ❸ *(regalo)* Geschenk *nt*

presente[2] [pre'seṇte] **I.** *adj* ❶ *(que está)* anwesend; **¡~!** hier!; **estar ~** dabei sein ❷ *(actual)* gegenwärtig ❸ *(este)* **la ~ edición** diese Ausgabe; **la ~ tesina** die vorliegende Diplomarbeit ❹ *(loc)* **hay que**

P

tener ~ las circunstancias man muss sich *dat* die Umstände vor Augen führen; **por la ~ deseo comunicarle que...** *(en una carta)* hiermit möchte ich Ihnen mitteilen, dass ...; **ten ~ lo que te he dicho** denk daran, was ich dir gesagt habe **II.** *mf (asistente)* Anwesende(r) *mf*

presentimiento [presen̩ti'mjen̩to] *m* Vorahnung *f;* **tengo el ~ de que...** ich habe das Gefühl, dass ...

presentir [presen̩'tir] *vt irr como sentir* vorausahnen; **presiento que mañana lloverá** ich habe das Gefühl, dass es morgen regnen wird

preservación [preserβa'θjon] *f* Schutz *m;* **~ del medio ambiente** Umweltschutz *m*

preservador[1] [preserβa'ðor] *m* (INFOR) **~ de pantalla** Bildschirmschoner *m*

preservador(a)[2] [preserβa'ðor(a)] *adj* schützend (**de/contra** vor +*dat*)

preservar [preser'βar] **I.** *vt* schützen (**de/contra** vor +*dat*) **II.** *vr:* **~se** sich schützen (**de/contra** vor +*dat*)

preservativo [preserβa'tiβo] *m* Präservativ *nt*

presidencia [presi'ðen̩θja] *f* ❶ *(mandato)* Präsidentschaft *f;* **asumir la ~** das Präsidentenamt antreten; **esta orden viene de ~** dieser Befehl kommt vom Präsidenten selbst ❷ *(edificio)* Amtssitz *m* des Präsidenten ❸ *(de organización/asamblea: conjunto)* Präsidium *nt; (individuo)* Vorsitzende(r) *mf;* **asumir la ~** den Vorsitz übernehmen

presidencial [presiðen̩'θjal] *adj* ❶ (POL) präsidial, Präsidenten- ❷ *(de asamblea)* Vorstands-

presidente [presi'ðen̩te] *mf* ❶ (POL) Präsident(in) *m(f);* **el ~ alemán** der Bundespräsident; **el ~ de Baden-Württemberg** der Ministerpräsident von Baden-Württemberg ❷ *(de asociación)* Vorsitzende(r) *mf*

presidiario, -a [presi'ðjarjo, -a] *m, f* Häftling *m*

presidio [pre'siðjo] *m* Gefängnis *nt;* **condenar a 20 años de ~** zu 20 Jahren Gefängnis verurteilen

presidir [presi'ðir] *vt* ❶ *(ocupar presidencia)* den Vorsitz (inne)haben (in +*dat*) ❷ *(mandar)* leiten ❸ *(dominar)* dominieren

presilla [pre'siʎa] *f* Schlaufe *f*

presión [pre'sjon] *f* Druck *m;* **~ arterial** Blutdruck *m;* **~ competitiva** Konkurrenzdruck *m;* **~ fiscal** Steuerbelastung *f;* **~ social** sozialer Zwang; **grupo de ~** Lobby *f;* **zona de altas presiones** (METEO) Hochdruckgebiet *nt;* **cerrar a ~** unter Druck verschließen; **¿a qué ~ llevas las ruedas?** mit welchem Reifendruck fährst du?; **estar bajo ~** unter Druck stehen; **hacer ~ sobre alguien** jdn unter Druck setzen; **no acepto presiones de nadie** ich lasse mich nicht unter Druck setzen; **Arantxa se ha sabido sacar muy bien la ~ de encima con este golpe** Arantxa hat sich mit diesem Schlag aus der Bedrängnis befreit

presionar [presjo'nar] *vt* ❶ *(apretar)* drücken ❷ *(coaccionar)* unter Druck setzen

preso, -a ['preso, -a] *m, f* Häftling *m;* **~ político** politischer Gefangener

prestación [presta'θjon] *f* ❶ *(de ayuda/servicio)* Leistung *f;* **~ por desempleo** Arbeitslosengeld *nt;* **prestaciones en especie** Sachleistungen *fpl;* **~ de servicios** Erbringung von Dienstleistungen; **P~ Social Sustitutoria** Zivildienst *m* ❷ *pl (de coche)* Extras *ntpl;* **un coche con todas las prestaciones técnicas** ein Auto mit allen technischen Finessen

prestado, -a [pres'taðo, -a] *adj* geliehen, geborgt; **voy de ~, el traje me lo han dejado** der Anzug gehört mir nicht, ich habe ihn mir nur geliehen; **vive de ~ en casa de una amiga** er/sie wohnt umsonst [*o* mietfrei] bei einer Freundin

prestamista [presta'mista] *mf* (Geld)verleiher(in) *m(f); (profesional, contra fianza)* Pfandleiher(in) *m(f); (banco)* Darlehensgeber(in) *m(f)*

préstamo ['prestamo] *m* ❶ *(acción)* (Aus)leihen *nt* ❷ *(lo prestado: para exposición)* Leihgabe *f;* (FIN) Darlehen *nt;* **~ hipotecario** Bauspardarlehen *nt;* **~ a interés fijo** Darlehen mit festen Zinssätzen; **la duración de un ~** die Laufzeit eines Darlehens ❸ (LING) Lehnwort *nt*

prestancia [pres'tan̩θja] *f* ❶ *(excelencia)* Vorzüglichkeit *f* ❷ *(distinción)* Vornehmheit *f*

prestar [pres'tar] **I.** *vt* ❶ *(dejar)* (aus)leihen, borgen; *(pagando a cambio)* (ver)leihen; **¿me prestas la bici, por favor?** kannst du mir bitte dein Fahrrad (aus)leihen?; **el banco me ha prestado el dinero** die Bank hat mir das Geld geliehen ❷ *(dedicar)* **~ ayuda/servicios** Hilfe/Dienste leisten; **~ colaboración** mithelfen; **~ apoyo** Unterstützung zusagen ❸ *(declaración)* abgeben; *(juramento)* leisten ❹ *(silencio)* bewahren; *(paciencia)* aufbringen; *(atención)* schenken; **~ oídos** Aufmerksamkeit schenken **II.** *vi* ❶ *(dar de sí)* **los zapatos son pequeños pero ya ~án** die Schuhe sind klein, aber sie werden sich schon weiten; **este pantalón presta mucho** diese Hose dehnt sich sehr; **esta cuerda no presta** dieses Seil reicht nicht

P

❷ *(ser útil)* taugen **III.** *vr:* **~se** ❶ *(ofrecerse)* sich anbieten (**para** für +*akk*); **se prestó a ayudarme en la mudanza** er/sie bot mir seine/ihre Hilfe beim Umzug an ❷ *(avenirse)* sich bequemen (**a** zu +*dat*) ❸ *(dar motivo)* verursachen; **tus palabras se prestan a confusión** deine Worte stiften Verwirrung

prestatario, -a [presta'tarjo, -a] *m, f* Darlehensnehmer(in) *m(f)*

presteza [pres'teθa] *f* Schnelligkeit *f; (de ejecución)* Promptheit *f*

prestidigitador(a) [prestiðixita'ðor(a)] *m(f)* Taschenspieler(in) *m(f)*

prestigiar [presti'xjar] *vt* Ansehen verleihen +*dat*

prestigio [pres'tixjo] *m* Ansehen *nt;* **una cuestión de ~** eine Prestigesache; **hoy viene un conferenciante de ~** der heutige Redner gilt als Kapazität auf seinem Gebiet

prestigioso, -a [presti'xjoso, -a] *adj* angesehen; **muy ~** hoch angesehen

presto[1] ['presto] *adv* ❶ *(rápidamente)* schnell ❷ *(al instante)* sofort

presto, -a[2] ['presto, -a] *adj* ❶ *(listo)* bereit ❷ *(rápido)* prompt

presumible [presu'miβle] *adj* vermutlich; **es ~ que...** +*subj* es ist anzunehmen, dass ...

presumido, -a [presu'miðo, -a] *adj* ❶ *(arrogante)* arrogant ❷ *(vanidoso)* eitel

presumir [presu'mir] **I.** *vi* ❶ *(vanagloriarse)* angeben (**de** mit +*dat*) ❷ *(cuidarse)* sich herausputzen; **~ más que una mona** *(fam)* ein Lackaffe/ein Modepüppchen sein **II.** *vt* annehmen

presunción [presuṇ'θjon] *f* ❶ *(sospecha)* Annahme *f* ❷ *(petulancia)* Angeberei *f* ❸ *(vanidad)* Einbildung *f*

presunto, -a [pre'suṇto, -a] *adj* ❶ *(supuesto)* vermutlich; **el ~ asesino** der mutmaßliche Mörder ❷ *(equivocadamente)* vermeintlich

presuntuosidad [presuṇtwosi'ðaᵈ] *f* ❶ *(petulancia)* Angeberei *f* ❷ *(vanidad)* Einbildung *f*

presuntuoso, -a [presuṇtu'oso, -a] *adj* eitel

presuponer [presupo'ner] *vt irr como poner* ❶ *(suponer)* voraussetzen ❷ *(calcular)* veranschlagen

presuposición [presuposi'θjon] *f* Voraussetzung *f*

presupuestar [presupwes'tar] *vt* ❶ (POL, ECON) den Haushaltsplan aufstellen (für +*akk*) ❷ *(gastos)* veranschlagen; **~ los gastos en tres millones** die Kosten mit drei Millionen veranschlagen

presupuestario, -a [presupwes'tarjo, -a] *adj (proyecto)* Budget-; *(política, déficit)* Haushalts-; *(razón)* budgetär

presupuesto [presu'pwesto] *m* ❶ (POL, ECON) Haushalt(splan) *m;* **~ anual** Jahresetat *m;* **P~ General del Estado** Staatshaushalt *m;* **la confección del ~** die Aufstellung des Haushaltsplanes ❷ *(cálculo)* (Kosten)voranschlag *m* ❸ *(suposición)* Voraussetzung *f*

presura [pre'sura] *f* ❶ *(opresión)* Bedrängnis *f* ❷ *(prisa)* Eile *f* ❸ *(ahínco)* Eifer *m*

presuroso, -a [presu'roso, -a] *adj* eilig; **iba ~ por la calle** er eilte durch die Straße

pretencioso, -a [preteṇ'θjoso, -a] *adj* eitel

pretender [preteṇ'der] *vt* ❶ *(aspirar a)* streben (nach +*dat*); **~ subir de categoría** eine Beförderung anstreben ❷ *(pedir)* beanspruchen; **¿qué pretendes que haga?** was soll ich tun?; **no puedes ~ que te traten con corrección si...** du kannst nicht verlangen, dass die Leute höflich zu dir sind, wenn ... ❸ *(tener intención)* vorhaben; **no pretendía molestar** ich wollte nicht stören ❹ *(intentar)* versuchen ❺ *(afirmar)* behaupten ❻ *(puesto)* sich bewerben (um +*akk*) ❼ *(cortejar)* werben (um +*akk*)

pretendido, -a [preteṇ'diðo, -a] *adj* angeblich

pretendiente [preteṇ'djeṇte] *m (de trabajo)* Bewerber *m; (de mujer)* Verehrer; *(a la corona)* Thronanwärter *m*

pretensión [preten'sjon] *f* ❶ *(derecho)* Anspruch *m;* **~ económica** Gehaltsforderung *f* ❷ *(ambición)* Ehrgeiz *m; (aspiración)* Streben *nt;* **es una persona con muchas pretensiones** er/sie will hoch hinaus; **es una persona con pocas pretensiones** er/sie gibt sich mit wenig zufrieden; **tener muchas pretensiones laborales** Karriere machen wollen; **tiene la ~ de que vaya con él** er/sie erwartet, dass ich mit ihm gehe ❸ *pl (vanidad)* **tiene pretensiones de actor** er spielt sich als Schauspieler auf ❹ *(solicitud)* Bewerbung *f*

pretérito[1] [pre'terito] *m* (LING) Präteritum *nt*

pretérito, -a[2] [pre'terito, -a] *adj* vergangen

pretextar [pretes'tar] *vt* vorschieben; **pretextó que estaba enfermo** er gab vor krank zu sein; **siempre pretexta algo** er/sie findet immer einen Vorwand

pretexto [pre'testo] *m* Vorwand *m;* **a ~ de...** unter dem Vorwand ...

pretil [pre'til] *m* ❶ *(de puente)* Brüstung *f* ❷ *(Am: atrio)* Vorhalle *f*

pretina [pre'tina] *f* ❶ *(cinta)* (Hosen)schnalle *f* ❷ *(de calzoncillos)* Gummizug *m* ❸ *(de prenda)* Gürtel *m* ❹ *(cintura)* Taille *f*

preuniversitario, -a [preuniβersi'tarjo, -a] *adj* **curso ~** ≈ letztes Schuljahr *nt* (vor dem Abitur)

prevalecer [preβale'θer] *vi irr como crecer* ❶ *(imponerse)* sich durchsetzen (**entre/sobre** gegenüber +*dat*); **la verdad prevaleció sobre la mentira** die Wahrheit siegte über die Lüge ❷ *(predominar)* vorherrschen; **en esta ciudad prevalecen los de derechas sobre los de izquierdas** in dieser Stadt gibt es mehr Rechte als Linke ❸ *(triunfar)* siegen ❹ (BOT) Wurzeln schlagen ❺ *(prosperar)* gedeihen

prevaleciente [preβale'θjen̩te] *adj (moda)* aktuell; *(costumbre)* weit verbreitet

prevalerse [preβa'lerse] *vr irr como valer* ❶ *(de alguien)* ausnutzen (**de** +*akk*) ❷ *(de algo)* sich bedienen (**de** +*gen*)

prevaricación [preβarika'θjon] *f* ❶ *(del deber)* Pflichtverletzung *f* ❷ (JUR) Rechtsbeugung *f*

prevaricar [preβari'kar] <c → qu> *vi* ❶ *(faltar al deber)* die Pflicht verletzen ❷ (JUR) das Recht beugen

prevención [preβen̩'θjon] *f* ❶ *(preparativo)* Vorbereitung *f* ❷ *(precaución)* Vorkehrung *f;* **~ de accidentes** Unfallverhütung *f;* **~ de siniestros** Schadensvorbeugung *f* ❸ (MED) Vorbeugung *f;* **~ del cáncer** Krebsvorsorge *f*

prevenido, -a [preβe'niðo, -a] *adj* ❶ *estar (alerta)* **estar ~** auf der Hut sein ❷ *ser (previsor)* vorsichtig; **hombre ~ vale por dos** *(prov)* Vorsicht ist besser als Nachsicht

prevenir [preβe'nir] *irr como venir* **I.** *vt* ❶ *(preparar)* vorbereiten; **~ las armas** zum Kampf rüsten ❷ *(proveer)* versorgen (**de** mit +*dat*) ❸ *(protegerse de)* vorbeugen +*dat; (evitar)* verhindern; **más vale ~ que curar** *(prov)* vorbeugen ist besser als heilen ❹ *(advertir)* warnen ❺ *(predisponer)* **~ a alguien a favor/en contra de alguien** jdn für/gegen jdn einnehmen **II.** *vr:* **~se** ❶ *(proveerse)* sich versorgen (**de** mit +*dat*), sich versehen (**de** mit +*dat*) ❷ *(tomar precauciones)* Vorkehrungen treffen ❸ *(contra alguien)* feindlich eingestellt sein (**contra** gegenüber +*dat*)

preventivo, -a [preβen̩'tiβo, -a] *adj* vorbeugend; **guerra preventiva** Präventivkrieg *m;* **medida preventiva** Vorbeugungsmaßnahme *f;* **prisión preventiva** Untersuchungshaft *f*

prever [pre'βer] *vt irr como ver* vorhersehen

previdencia [preβi'ðen̩θja] *f* Vorhersehen *nt; (visión de futuro)* Weitblick *m*

previo[1] ['preβjo] *m* (TV, CINE) Play-back *nt*

previo, -a[2] ['preβjo, -a] *adj* vorherige(r, s); (**sin**) **~ aviso** (ohne) Vorankündigung; **previa presentación del D.N.I.** bei Vorlage des Personalausweises; **~ pago de la matrícula** gegen eine Einschreibegebühr; **tuve una entrevista previa con él** ich hatte zuvor eine Besprechung mit ihm

previsible [preβi'siβle] *adj* ❶ *(probable)* voraussichtlich ❷ *(que se puede prever)* voraussehbar; **dentro de un futuro ~** in absehbarer Zeit; **era ~** das war vorauszusehen

previsión [preβi'sjon] *f* ❶ *(de prever)* Vorhersage *f;* **~ del tiempo** Wettervorhersage *f;* **las previsiones económicas** die Wirtschaftsprognosen; **esto supera todas las previsiones** das übertrifft alle Erwartungen; **en ~ de...** falls ... ❷ *(precaución)* Vorsorge *f;* **hay que tener ~ de futuro** man muss für die Zukunft vorsorgen ❸ *(cálculo)* Voranschlag *m*

previsor(a) [preβi'sor(a)] *adj* ❶ *(con visión)* vorausschauend; *(política)* weit blickend ❷ *(precavido)* vorsorglich

previsto, -a [pre'βisto, -a] *adj* **el éxito estaba ~** der Erfolg war zu erwarten; **todo lo necesario está ~** es ist für alles Notwendige gesorgt

prez [preθ] *m o f (elev)* ❶ *(honor)* Ehre *f* ❷ *(gloria)* Ruhm *m*

prietamente [prjeta'men̩te] *adv* eng, dicht gedrängt

prieto, -a ['prjeto, -a] *adj* ❶ *(apretado)* eng ❷ *(negro)* schwarz; *(negruzco)* schwärzlich ❸ *(tacaño)* geizig

prima ['prima] *f* ❶ *(pariente)* Kusine *f;* **~ hermana/segunda** Kusine ersten/zweiten Grades ❷ (FIN) Prämie *f*

primacía [prima'θia] *f* ❶ *(supremacía)* Vorrangstellung *f;* (MIL, POL) Vormachtstellung *f* ❷ *(prioridad)* Vorrang *m*

primada [pri'maða] *f (fam)* **no hagas la ~ de comprarte este traje** sei nicht so dumm, dir den Anzug zu kaufen; **me han hecho una ~** man hat mich übers Ohr gehauen

primar [pri'mar] **I.** *vi* **en esta escuela prima el orden** in dieser Schule ist Ordnung das Wichtigste; **aquí priman los enchufes sobre la capacidad personal** hier sind Beziehungen wichtiger als persönliche Fähigkeiten **II.** *vt* eine Prämie bezahlen +*dat*

primario, -a [pri'marjo, -a] *adj* ❶ *(principal, primero)* primär; **corriente primaria** (ELEC) Primärstrom *m;* **enseñanza prima-**

P

ria Grundschule *f;* **necesidades primarias** Grundbedürfnisse *ntpl* ❷ *(persona)* simpel

primate [pri'mate] *m* Primat *m*

primavera [prima'βera] **I.** *adj* simpel **II.** *f* ❶ *(estación)* Frühling *m;* **estar en la ~ de la vida** im Frühling des Lebens stehen ❷ (BOT) Primel *f* ❸ *pl (años)* Lenze *mpl*

primaveral [primaβe'ral] *adj* Frühlings-

primer [pri'mer] *adj v.* **primero, primera**

primera [pri'mera] *f* ❶ (AUTO) erster Gang *m;* **ir en ~** im ersten Gang fahren ❷ (FERRO, AERO) **viajar en ~** erster Klasse reisen ❸ *(loc)* **de ~** erstklassig; **fue eliminado a las ~s de cambio** er schied bereits nach ein paar Runden aus; **a las ~s de cambio** *(de repente)* plötzlich; **lo hice a la ~** ich habe es auf Anhieb geschafft

primeriza [prime'riθa] *f* Erstgebärende *f*

primerizo, -a [prime'riθo, -a] *m, f (novato)* Neuling *m*

primero[1] [pri'mero] *adv* ❶ *(en primer lugar)* zuerst; **~..., segundo...** erstens ..., zweitens ...; **~ dice una cosa, luego otra** er/sie sagt einmal hü und einmal hott *fam* ❷ *(antes)* lieber

primero, -a[2] [pri'mero, -a] **I.** *adj (ante sustantivo masculino: primer)* erste(r, s); **primera calidad** Topqualität *f;* **primera edición** Erstausgabe *f;* **el Primer Ministro** der Premierminister; **primera representación** Uraufführung *f;* **estado ~** ursprünglicher Zustand; **a primera hora** (**de la mañana**) früh morgens; **a ~s de mes** am Monatsanfang; **de primera calidad** erstklassig; **desde un primer momento** von Anfang an; **en primer lugar** zuerst; **ocupar una de las primeras posiciones** einen der vorderen Plätze belegen; **lo ~ es lo ~** immer der Reihe nach; **para mí tú eres lo ~** du kommst für mich an erster Stelle; **lo ~ es ahora la familia** die Familie hat jetzt Vorrang **II.** *m, f* Erste(r) *mf;* **el ~ de la carrera** der Erstplatzierte im Rennen; **el ~ de la clase** der Klassenbeste; **estar entre los ~s** unter den Ersten sein; **eres el ~ en llegar** du bist als Erster angekommen

primicia [pri'miθja] *f* ❶ *(lo primero)* Erstling *m* ❷ (PREN, TV, RADIO) Exklusivmeldung *f* ❸ *pl (frutos)* **las ~s** die ersten Früchte

primitivamente [primitiβa'mente] *adv* ❶ *(originariamente)* ursprünglich ❷ *(de manera primitiva)* primitiv; **comportarse ~** sich ungehobelt benehmen

primitivismo [primiti'βismo] *m* ❶ *(actitud)* primitives Verhalten *nt* ❷ (ARTE) Primitivismus *m*

primitivo, -a [primi'tiβo, -a] *adj* primitiv; **los habitantes ~s** die Ureinwohner; **lotería primitiva** *(spanisches) Lotto;* **palabra primitiva** (LING) Stammwort *nt*

primo[1] ['primo] *m* ❶ *(pariente)* Cousin *m;* **~ hermano/segundo** Vetter ersten/zweiten Grades ❷ *(fam: ingenuo)* Einfaltspinsel *m;* **he hecho el ~: he pagado 50 euros por esto** man hat mich übers Ohr gehauen: ich habe dafür 50 Euro bezahlt; **¡no seas ~!** sei doch kein Dummkopf!

primo, -a[2] ['primo, -a] *adj* ❶ *(primero)* **materia prima** Rohstoff *m* ❷ *(primoroso)* geschickt ❸ *(excelente)* vortrefflich ❹ (MAT) **número ~** Primzahl *f*

primogénito, -a [primo'xenito, -a] **I.** *adj* erstgeboren **II.** *m, f* Erstgeborene(r) *mf*

primogenitor(a) [primoxeni'tor(a)] *m(f)* Erzeuger(in) *m(f),* Vater *m,* Mutter *f*

primor [pri'mor] *m* ❶ *(habilidad)* Geschicklichkeit *f* ❷ *(esmero)* Sorgfältigkeit *f;* **hacer algo con ~** etw sorgfältig machen ❸ *(cosa)* Meisterwerk *nt* ❹ *(loc)* **llueve que es un ~** es regnet in Strömen

primordial [primor'ðjal] *adj* ❶ *(más importante)* vorrangig; **este asunto es de interés ~** diese Angelegenheit hat Vorrang ❷ *(fundamental)* wesentlich; **para vivir en Alemania es ~ hablar alemán** um in Deutschland zu leben, muss man unbedingt Deutsch sprechen

primoroso, -a [primo'roso, -a] *adj* ❶ *(hábil)* geschickt ❷ *(con esmero)* sorgfältig; **es un bordado ~** das ist eine sauber gearbeitete Stickerei ❸ *(excelente)* vortrefflich; **labios ~s** sehr schöne Lippen

prímula ['primula] *f* (BOT) Primel *f*

princesa [prin'θesa] *f v.* **príncipe**[2]

principado [prinθi'paðo] *m* Fürstentum *nt;* **el P~** Katalonien *nt;* **el P~ de Andorra** Andorra *nt*

principal[1] [prinθi'pal] *m* ❶ *(piso)* erster Stock *m* ❷ *(edición)* Erstausgabe *f*

principal[2] [prinθi'pal] **I.** *adj* ❶ *(más importante)* hauptsächlich; **el problema ~** das Hauptproblem; **su carrera profesional era lo ~ para él** seine Karriere war für ihn das Wichtigste ❷ *(esencial)* wesentlich **II.** *mf (de negocio)* Geschäftsinhaber(in) *m(f)*

principalmente [prinθipal'mente] *adv* hauptsächlich, im Wesentlichen; **se trataba ~ de...** in erster Linie ging es darum, ...; **esta política beneficia ~ a los más necesitados** diese Politik kommt vor allem [*o* insbesond(e)re] den Bedürftigen zugute

príncipe[1] ['prinθipe] *adj* **edición ~** Erstausgabe *f*

P

príncipe, **princesa**[2] ['prin̩θipe, prin̩'θesa] *m, f* ① *(soberano)* Fürst(in) *m(f)* ② *(hijo del rey)* Prinz, Prinzessin *m, f;* ~ **heredero** Kronprinz *m;* **la Princesa de Asturias** die spanische Kronprinzessin; **el ~ azul** der Märchenprinz

principesco, **-a** [prin̩θi'pesko, -a] *adj* fürstlich

principiante [prin̩θi'pjan̩te] *mf* Anfänger(in) *m(f)*

principiar [prin̩θi'pjar] *vi, vt* beginnen, anfangen

principio [prin̩'θipjo] *m* ① *(comienzo)* Anfang *m;* **al ~** am Anfang; **ya desde el ~** bereits am Anfang; **desde un ~** von Anfang an; **a ~s de diciembre** Anfang Dezember; **dar ~ a algo** mit etw *dat* anfangen ② *(causa)* Ursache *f;* *(origen)* Ursprung *m;* **el ~ de la discusión** der Auslöser der Diskussion ③ *(fundamento, t.* FÍS) Prinzip *nt;* **en ~** im Prinzip ④ (QUÍM) Element *nt* ⑤ *pl (de ciencia)* Abriss *m*

pringado, **-a** [priŋ'gaðo, -a] *m, f* **¡calla, ~!** *(pey)* halt die Klappe, du Trottel!

pringar [priŋ'gar] <g → gu> **I.** *vt* ① *(manchar)* beschmieren (**de/con** mit +*dat*) ② *(mojar)* eintauchen (**en** in +*akk*) ③ *(fam: herir)* verwunden ④ *(fam: desacreditar)* runtermachen **II.** *vi* ① *(fam: en negocio)* beteiligt sein (**en** an +*dat*) ② *(fam: trabajar)* schuften ③ *(Am: lloviznar)* nieseln ④ *(fam: morir)* abkratzen **III.** *vr:* **~se** ① *(mancharse)* sich beschmieren (**de/con** mit +*dat*) ② *(en negocio)* beteiligt sein (**en** an +*dat*) ③ *(loc)* **se ha pringado en 20 euros** er/sie hat 20 Euro mitgehen lassen

pringón[1] [priŋ'gon] *m* ① *(acción)* Sichbeschmieren *nt* ② *(mancha)* Fettfleck *m*

pringón, **-ona**[2] [priŋ'gon, -ona] *adj (fam)* dreckig

pringoso, **-a** [priŋ'goso, -a] *adj* schmierig

pringue ['priŋge] *m* ① *(grasa)* Fett *nt* ② *(suciedad)* Schmutz *m* ③ *(loc)* **¿que tienes que repetir el trabajo? ¡vaya ~ tío!** *(fam)* was, du musst die Arbeit nochmal machen? so eine Schweinerei!

prior(a) [pri'or(a)] *m(f)* (REL) Prior(in) *m(f)*

prioridad [prjori'ðaᵈ] *f* ① *(anterioridad)* Vorzeitigkeit *f* ② *(urgencia)* Priorität *f;* **de máxima ~** von allerhöchster Dringlichkeit; **dar ~ a un asunto** eine Angelegenheit vorrangig behandeln ③ (AUTO) Vorfahrt *f*

prioritario, **-a** [prjori'tarjo, -a] *adj* vorrangig; **este plan es ~** dieser Plan hat Vorrang

priorizar [prjori'θar] <z → c> **I.** *vi* Prioritäten setzen [*o* festlegen] **II.** *vt* Priorität einräumen +*dat*

prisa ['prisa] *f* Eile *f;* **a toda ~** in aller Eile; **darse prisa** sich beeilen; **de ~** schnell; **de ~ y corriendo** *(con demasiada prisa)* hastig; *(rápidamente)* schleunigst; **no corre ~** es hat Zeit; **¡date ~!** beeil dich!; **meter ~** zur Eile drängen; **tengo ~** ich habe es eilig; **no tengas ~** lass dir Zeit

prisión [pri'sjon] *f* ① *(reclusión)* Haft *f;* *(de guerra)* Gefangenschaft *f;* **~ celular** Einzelhaft *f;* **~ preventiva** Untersuchungshaft *f* ② *(edificio)* Gefängnis *nt;* **~ de alta seguridad** Hochsicherheitsgefängnis *nt;* **estar en ~** im Gefängnis sitzen

prisionero, **-a** [prisjo'nero, -a] *m, f* Gefangene(r) *mf;* *(convicto)* Häftling *m;* **hacer ~ a alguien** jdn gefangen nehmen

prisma ['prisma] *m (figura)* Prisma *nt*

prismático, **-a** [pris'matiko, -a] *adj* prismatisch

prismáticos [pris'matikos] *mpl* Fernglas *nt*

prístino, **-a** ['pristino, -a] *adj* ① *(primitivo)* ursprünglich, primitiv ② *(puro)* rein

privacidad [priβaθi'ðaᵈ] *f* Privatsphäre *f;* *(en una página web)* Datenschutzerklärung *f*

privación [priβa'θjon] *f* ① *(desposesión)* Entzug *m;* **~ de libertad** (JUR) Freiheitsberaubung *f;* *(cárcel)* Freiheitsentzug *m* ② *(carencia)* Entbehrung *f*

privado[1] [pri'βaðo] *m (de rey)* Günstling *m;* *(de ministro)* Protegé *m*

privado, **-a**[2] [pri'βaðo, -a] *adj* ① *(reunión, fiesta)* privat; *(sesión)* nicht öffentlich ② *(personal, confidencial)* privat; **vida privada** Privatleben *nt;* **en el trabajo es insoportable, pero en ~...** bei der Arbeit ist er/sie unerträglich, aber privat ...; **quisiera hablar en ~ contigo** ich möchte mit dir unter vier Augen sprechen ③ *(falto)* **~ de...** ohne ...; **~ de flexibilidad** *(cosa)* ungeschmeidig; *(persona)* unflexibel; **~ de inteligencia** beschränkt; **~ de la libertad** inhaftiert; **~ de medios** mittellos

privanza [pri'βan̩θa] *f (de príncipe)* Gunst *f;* *(de ministro)* Protektion *f*

privar [pri'βar] **I.** *vt* ① *(desposeer)* **~ a alguien del permiso de conducir** jdm die Fahrerlaubnis entziehen; **~ a alguien de libertad** jdn seiner Freiheit berauben; **~ a alguien de un derecho** jdm ein Recht aberkennen; **~ a alguien de un cargo** jdn eines Amtes entheben ② *(prohibir)* verbieten; **no me prives de visitarte** erlaub mir bitte, dich zu besuchen ③ *(gustar)* schwärmen (für +*akk*); **está privado por esa chica** er hat an diesem Mädchen einen Narren gefressen **II.** *vi* ① *(estar de moda)* in Mode sein ② *(influir)* in Gunst stehen (**con** bei +*dat*) **III.** *vr:* **~se** verzichten (**de**

auf +*akk*); **no se privan de nada** es fehlt ihnen an nichts

privativo, -a [priβa'tiβo, -a] *adj (propio)* eigen (**de** +*dat*); **esta facultad es privativa del presidente** dazu ist ausschließlich der Präsident befugt

privatización [priβatiθa'θjon] *f* Privatisierung *f*

privatizar [priβati'θar] <z → c> *vt* privatisieren

privilegiado, -a [priβile'xjaðo, -a] **I.** *adj* privilegiert; **tiene una memoria privilegiada** er/sie hat ein hervorragendes Gedächtnis **II.** *m, f* Privilegierte(r) *f(m)*

privilegiar [priβile'xjar] *vt* privilegieren

privilegio [priβi'lexjo] *m* Privileg *nt;* ~ **fiscal** Steuererleichterung *f*

pro [pro] **I.** *m o f* ❶ *(provecho)* Pro *nt;* **valorar los ~s y los contras** Pro und Kontra abwägen; **en ~ de** zugunsten +*gen;* **campaña en ~ de la erradicación de las pruebas nucleares** Kampagne gegen Atomtests ❷ *(loc)* **un hombre de ~** ein rechtschaffener Mann **II.** *prep* für +*akk,* pro +*akk*

proa ['proa] *f* (NÁUT) Bug *m;* **poner la ~ en un asunto** eine Sache energisch anpacken; **poner la ~ a alguien** jdm die Stirn bieten

probabilidad [proβaβili'ða[ð]] *f* ❶ *(verosimilitud)* Wahrscheinlichkeit *f;* **con toda ~** aller Wahrscheinlichkeit nach ❷ *(posibilidad)* Aussicht *f;* **hay ~es de rescatar los rehenes** es besteht Aussicht auf Befreiung der Geiseln

P

probable [pro'βaβle] *adj* ❶ *(verosímil)* wahrscheinlich; **un resultado ~** ein mögliches Ergebnis; **el ~ campeón** der voraussichtliche Sieger ❷ *(que se puede probar)* nachweisbar

probablemente [proβaβle'mente] *adv* wahrscheinlich

probado, -a [pro'βaðo, -a] *adj* erprobt, bewährt; **hechos ~s** bewiesene Tatsachen

probador [proβa'ðor] *m* Umkleidekabine *f*

probanza [pro'βanθa] *f* (JUR) ❶ *(averiguación)* Beweisführung *f* ❷ *(cosa)* Beweis *m*

probar [pro'βar] <o → ue> **I.** *vt* ❶ *(demostrar)* beweisen; **todavía no está probado que sea culpable** seine/ihre Schuld ist noch nicht erwiesen ❷ *(experimentar)* ausprobieren; *(aparato)* (aus)testen ❸ *(a alguien)* auf die Probe stellen ❹ *(vestido)* anprobieren ❺ (GASTR) probieren; **no he probado nunca una paella** ich habe noch nie Paella gegessen **II.** *vi* ❶ *(intentar)* versuchen ❷ *(ser conveniente)* ~ **bien/mal** gut/schlecht bekommen

probatorio, -a [proβa'torjo, -a] *adj* Beweis-

probatura [proβa'tura] *f (fam)* Versuch *m;* (TEAT, CINE) Probe *f*

probeta [pro'βeta] *f (tubo)* Reagenzglas *nt;* ~ **graduada** Messglas *nt*

problema [pro'βlema] *m* ❶ *(cuestión)* Frage *f* ❷ *(dificultad)* Problem *nt;* **~s de adaptación** Anpassungsschwierigkeiten *f pl;* ~ **de aritmética** Rechenaufgabe *f;* ~ **de liquidez** Liquiditätsengpass *m;* **el planteamiento del ~** die Problemstellung ❸ *(ejercicio)* Aufgabe *f*

problemática [proβle'matika] *f* Problematik *f*

problemático, -a [proβle'matiko, -a] *adj* problematisch

probo, -a ['proβo, -a] *adj* ❶ *(honrado)* rechtschaffen ❷ *(íntegro)* integer

procacidad [prokaθi'ða[ð]] *f* ❶ *(insolencia)* Unverschämtheit *f,* Frechheit *f* ❷ *(grosería)* Grobheit *f*

procaz [pro'kaθ] *adj* ❶ *(insolente)* unverschämt ❷ *(grosero)* grob

procedencia [proθe'ðenθja] *f* ❶ *(origen)* Herkunft *f;* **anunciar la ~ del tren** ankündigen, woher der Zug kommt ❷ (JUR) Zulässigkeit *f*

procedente [proθe'ðente] *adj* ❶ *(oportuno)* angebracht ❷ *(que viene de)* aus; **el tren ~ de Hamburgo con destino a Munich** der Zug von Hamburg nach München ❸ (JUR) berechtigt

proceder [proθe'ðer] **I.** *m* ❶ *(comportamiento)* Verhalten *nt* ❷ *(actuación)* Vorgehen *nt* **II.** *vi* ❶ *(familia)* abstammen (**de** von +*dat*); *(de un lugar)* kommen (**de** aus +*dat*); *(idea)* entstehen (**de** aus +*dat*); *(pasión)* herrühren (**de** von +*dat*) ❷ *(actuar)* verfahren ❸ *(ser oportuno)* angebracht sein; **no ~** unangebracht sein; **ahora procede guardar silencio** wir sollten jetzt ganz ruhig sein; **táchese lo que no proceda** Unzutreffendes bitte streichen ❹ *(pasar a)* schreiten (**a** zu +*dat*) ❺ (JUR: *iniciar un proceso*) ein Verfahren einleiten; *(procesar)* prozessieren

procedimiento [proθeði'mjento] *m* ❶ *(actuación)* Vorgehen *nt;* **¿qué ~ se puede seguir aquí?** wie kann man hier vorgehen? ❷ *(método)* Verfahren *nt* ❸ (JUR) Gerichtsverfahren *nt*

prócer ['proθer] **I.** *adj* bedeutend, herausragend **II.** *m* bedeutende [*o* herausragende] Persönlichkeit *f*

procesado, -a [proθe'saðo, -a] *m, f* Angeklagte(r) *mf*

procesador [proθesa'ðor] *m* Prozessor *m*

procesal [proθe'sal] *adj (costos, actuación)* Prozess-; *(regla, derecho)* Verfahrens-

procesamiento [proθesa'mjen̩to] *m* ❶ (JUR) Prozessführung *f* ❷ (INFOR) Verarbeitung *f;* ~ **de datos** Datenverarbeitung *f;* ~ **en línea** Onlineverarbeitung *f*

procesar [proθe'sar] *vt* ❶ (JUR) prozessieren (**a** gegen +*akk*); **le procesan por violación** er steht wegen Vergewaltigung vor Gericht ❷ (TÉC) verarbeiten

procesión [proθe'sjon] *f* ❶ *(marcha)* Marsch *m;* (REL) Prozession *f* ❷ *(hilera)* Reihe *f; (de personas)* Schlange *f* ❸ *(loc)* **permaneció tranquilo aunque la ~ iba por dentro** er blieb ruhig, obwohl es in seinem Innern ganz anders aussah

proceso [pro'θeso] *m* ❶ *(desarrollo)* Prozess *m,* Vorgang *m;* ~ **de cambio para las transacciones en efectivo** Bargeldumstellung *f;* ~ **de una enfermedad** Krankheitsentwicklung *f* ❷ *(procedimiento)* Verfahren *nt* ❸ (JUR: *causa*) Prozess *m* ❹ *(intervalo)* **en el ~ de un mes** innerhalb eines Monats; **en el ~ de esta semana** im Laufe der Woche

proclama [pro'klama] *f* ❶ *(matrimonial)* Aufgebot *nt* ❷ *(política)* Aufruf *m*

proclamación [proklama'θjon] *f* Verkündigung *f;* ~ **de la independencia** Unabhängigkeitserklärung *f*

proclamar [prokla'mar] **I.** *vt* ❶ *(hacer público)* verkünden; ~ **la República** die Republik ausrufen ❷ *(aclamar)* zujubeln +*dat* ❸ *(sentimiento)* offenbaren ❹ *(ganador)* ausrufen; **fue proclamado Premio Nobel** er wurde mit dem Nobelpreis ausgezeichnet **II.** *vr* **~se presidente** sich zum Präsidenten erklären; **~se ganador** gewinnen

proclive [pro'kliβe] *adj* geneigt (**a** zu +*dat*)

proclividad [prokliβi'ðaᵈ] *f* Neigung *f*

procreación [prokrea'θjon] *f* ❶ *(engendramiento)* Zeugung *f* ❷ *(reproducción)* Fortpflanzung *f*

procreador(a) [prokrea'ðor(a)] **I.** *adj* erzeugend **II.** *m(f)* Erzeuger(in) *m(f)*

procrear [prokre'ar] *vt* ❶ *(engendrar)* zeugen ❷ *(reproducirse)* sich fortpflanzen

procuración [prokura'θjon] *f* ❶ *(procura)* Prokura *f,* Vollmacht *f* ❷ *(procuración)* Prokuration *f,* Geschäftsführung *f*

procurador(a) [prokura'ðor(a)] *m(f)* Bevollmächtigte(r) *mf; (en negocios)* Prokurist(in) *m(f); (en tribunal)* Klagevertreter(in) *m(f)*

procurar [proku'rar] **I.** *vt* ❶ *(intentar)* versuchen; **procura hacerlo lo mejor que puedas** versuch, dein Bestes zu tun; **procura que no te vean más por aquí** lass dich hier nicht mehr blicken; **procura que no te oigan** pass auf, dass dich niemand hört ❷ *(proporcionar)* verschaffen **II.** *vr:* **~se** sich *dat* verschaffen, sich *dat* besorgen

prodigalidad [proðiɣali'ðaᵈ] *f* ❶ *(despilfarro)* Verschwendung *f* ❷ *(abundancia)* Überfluss *m,* Fülle *f*

prodigar [proði'ɣar] <g → gu> **I.** *vt* ❶ *(malgastar)* verschwenden ❷ *(dar)* überhäufen (**de** mit +*dat*) **II.** *vr* **se prodigó en toda clase de atenciones con nosotros** er/sie erwies uns allerlei Gefälligkeiten; **se prodigó en elogios hacia él** er/sie lobte ihn überschwänglich; **se prodiga tanto en las explicaciones que nadie la entiende** ihre Erklärungen sind so umständlich, dass niemand sie versteht

prodigio [pro'ðixjo] *m* Wunder *nt;* **niño ~** Wunderkind *nt*

prodigiosidad [proðixjosi'ðaᵈ] *f (extraordinario)* Außergewöhnlichkeit *f; (maravilloso)* Wunderbare(s) *nt*

prodigioso, -a [proði'xjoso, -a] *adj* ❶ *(extraordinario)* außerordentlich ❷ *(maravilloso)* wunderbar

pródigo, -a ['proðiɣo, -a] *adj* ❶ *(malgastador)* verschwenderisch ❷ *(generoso)* großzügig ((**para**) **con** gegenüber +*dat*); **la pródiga naturaleza** die reiche Natur ❸ *(loc)* **el hijo ~** der verlorene Sohn

producción [proðuᵞ'θjon] *f* ❶ *(de frutos)* Hervorbringung *f* ❷ *(de cereales)* Produktion *f* ❸ *(fabricación, t.* CINE) Produktion *f; (cuadro)* Anfertigung *f; (libro)* Herstellung *f;* ~ **en cadena** Fließbandfertigung *f;* ~ **por encargo** Auftragsfertigung *f;* ~ **en masa** Massenproduktion *f;* ~ **a medida** Fertigung nach Maß ❹ (JUR: *de pruebas*) Erbringung *f; (de documentos)* Beibringung *f*

producir [proðu'θir] *irr como traducir* **I.** *vt* ❶ *(frutos)* hervorbringen ❷ *(fabricar, t.* CINE) produzieren, herstellen; *(energía)* erzeugen; *(cuadro)* anfertigen ❸ *(beneficios)* (ein)bringen; *(intereses)* tragen ❹ *(alegría)* bereiten; *(aburrimiento)* hervorrufen; *(miedo)* auslösen; *(daño)* zufügen; *(impresión)* machen; ~ **tristeza** traurig stimmen ❺ (JUR: *pruebas*) erbringen; *(documentos)* beibringen **II.** *vr:* **~se** ❶ *(fabricarse)* produziert werden ❷ *(tener lugar)* sich ereignen; **se produjo una crisis** es kam zu einer Krise; **se ha producido una mejora** es ist eine Besserung eingetreten ❸ *(ocurrir)* sich ergeben; **cuando se produzca el caso...** wenn der Fall eintritt …

productividad [proðuktiβi'ðaᵈ] *f* Produktivität *f; (de máquina)* Leistungsfähigkeit *f; (de mina)* Ergiebigkeit *f; (de negocio)* Einträglichkeit *f; (de tierra)* Fruchtbarkeit *f*

productivo, -a [proðuk'tiβo, -a] *adj* pro-

P

duktiv; *(máquina)* leistungsfähig; *(mina)* ertragreich; *(negocio)* einträglich; *(tierra)* ertragreich

producto [pro'đukto] *m* ❶ *(objeto, t.* QUÍM, MAT) Produkt *nt,* Erzeugnis *nt;* ~ **abastecido** Zulieferprodukt *nt;* ~ **agrícola** Agrarprodukt *nt;* ~ **alimenticio** Nahrungsmittel *nt;* ~**s alimenticios** Lebensmittel *ntpl;* ~ **de belleza** Kosmetikartikel *m;* ~**s de higiene** Toilettenartikel *mpl;* ~ **estancado** Monopolware *f;* ~**s a granel** Massengüter *ntpl;* ~ **de línea blanca** No-Name-Produkt *nt;* ~ **de marca** Markenartikel *m;* ~**s químicos** Chemikalien *fpl;* ~ **(semi)manufacturado** (Halb)fertigware *f;* ~ **terminado** Fertigprodukt *nt* ❷ *(de un negocio)* Ertrag *m; (de una venta)* Erlös *m;* **P~ Interior Bruto** Bruttoinlandsprodukt *nt;* **P~ Nacional Bruto** Bruttosozialprodukt *nt*

productor(a) [prođuk'tor(a)] **I.** *adj* Produktions-, produzierend **II.** *m(f)* Produzent(in) *m(f)*

productora [prođuk'tora] *f* (CINE) Produktionsfirma *f*

proemio [pro'emjo] *m* Vorwort *nt*

proeza [pro'eθa] *f* Heldentat *f*

profanación [profana'θjon] *f* ❶ *(de templo)* Entweihung *f* ❷ *(de memoria, nombre)* Beschmutzung *f*

profanar [profa'nar] *vt* ❶ *(templo, cementerio)* entweihen ❷ *(memoria, nombre)* beschmutzen

profanidad [profani'đa^đ] *f* ❶ *(secular)* Weltlichkeit *f,* Profanität *f geh* ❷ *(irreverente)* Respektlosigkeit *f* ❸ *(ignorante)* Unwissenheit *f*

profano, -a [pro'fano, -a] *adj* ❶ *(secular)* weltlich, profan ❷ *(irreverente)* respektlos ❸ *(ignorante)* unerfahren; **soy ~ en esta materia** ich habe von diesem Thema keine Ahnung

profe ['profe] *m (fam)* Prof *m*

profecía [profe'θia] *f* Prophezeiung *f*

proferir [profe'rir] *vt irr como sentir* von sich *dat* geben; *(insulto, grito)* ausstoßen; *(queja)* äußern

profesar [profe'sar] **I.** *vt* ❶ *(oficio)* ausüben ❷ *(admiración)* bekunden ❸ *(religión, doctrina)* sich bekennen (zu +*dat*) ❹ (ENS) lehren **II.** *vi, vr:* ~**se** die Ordensgelübde ablegen

profesión [profe'sjon] *f* ❶ *(empleo)* Beruf *m;* **la ~ más antigua del mundo** das älteste Gewerbe der Welt; **trabajar en una ~ liberal** freiberuflich arbeiten ❷ *(de admiración)* Bekundung *f* ❸ *(de religión, doctrina)* Bekenntnis *nt* (**de** zu +*dat*); ~ **de fe** Glaubensbekenntnis *nt* ❹ *(loc)* **hacer ~ de algo** *(jactarse)* mit etw *dat* prahlen

profesional [profesjo'nal] **I.** *adj* ❶ *(de la profesión)* beruflich; **ética ~** Berufsethos *nt;* **secreto ~** Schweigepflicht *f* ❷ *(no aficionado)* professionell; **deportista ~** Profi *m* ❸ *(académico)* akademisch **II.** *mf* ❶ *(experto, no aficionado)* Profi *m* ❷ *(académico)* Akademiker(in) *m(f)*

profesionalidad [profesjonali'đa^đ] *f* Professionalität *f*

profesionalismo [profesjona'lismo] *m sin pl* ❶ *(cualidad)* Professionalismus *m* ❷ *(de un trabajo)* Professionalität *f*

profesionalizar [profesjonali'θar] <z → c> *vt* professionalisieren

profesor(a) [profe'sor(a)] *m(f) (no universitario)* Lehrer(in) *m(f); (universitario)* Dozent(in) *m(f); (catedrático)* Professor(in) *m(f);* ~ **agregado** außerordentlicher Professor; ~ **numerario** ordentlicher Professor

profesorado [profeso'rađo] *m* ❶ *(cargo no universitario)* Lehramt *nt* ❷ *(conjunto)* Lehrkörper *m; (en la escuela)* Lehrerschaft *f*

profeta, -isa [pro'feta, profe'tisa] *m, f* Prophet(in) *m(f);* **nadie es ~ en su tierra** der Prophet gilt nichts im eigenen Land(e)

profético, -a [pro'fetiko, -a] *adj* prophetisch

profetizar [profeti'θar] <z → c> *vt* prophezeien

profiláctico, -a [profi'laktiko, -a] *adj* prophylaktisch

profilaxis [profi'la^ɣsis] *f inv* Prophylaxe *f*

prófugo[1] ['profuɣo] *m* (MIL) Fahnenflüchtige(r) *m*

prófugo, -a[2] ['profuɣo, -a] *m, f* Flüchtige(r) *mf*

profundamente [profuṇda'meṇte] *adv* tief; ~ **ofendido** zutiefst beleidigt; ~ **sentido** tief empfunden; **una persona ~ moral** ein äußerst moralischer Mensch

profundidad [profuṇdi'đa^đ] *f* Tiefe *f;* **analizar en ~** ergründen; **tener mucha/poca ~** sehr tief/nicht sehr tief sein; **una cueva de cinco metros de ~** eine fünf Meter tiefe Höhle

profundización [profuṇdiθa'θjon] *f* Vertiefung *f*

profundizar [profuṇdi'θar] <z → c> **I.** *vt* vertiefen **II.** *vi* ~ **en algo** etw vertiefen

profundo, -a [pro'fuṇdo, -a] *adj* tief; *(capa, estrato)* tief liegend; *(observación)* tiefsinnig; *(pena)* tief empfunden; *(dificultad)* tief greifend; **psicología profunda** Tiefenpsychologie *f;* **en lo más ~ de mi corazón** im Grunde meines Herzens

profusión [profu'sjon] *f* Fülle *f* (**de** an +*dat*); ~ **de ideas** Ideenreichtum *m;* ~ **de trabajo** Übermaß an Arbeit; **con** ~ **de detalles** detailliert; **hay gran** ~ **de noticias** es gibt viele Neuigkeiten

profuso, -a [pro'fuso, -a] *adj* übermäßig

progenie [pro'xenje] *f* ❶ *(casta)* Geschlecht *nt* ❷ *(clan)* Sippe *f*

progenitor(a) [proxeni'tor(a)] *m(f)* ❶ *(antepasado)* direkter Vorfahr(e), direkte Vorfahrin *m, f* ❷ *(mayor)* Vater, Mutter *m, f;* **los ~es** die Eltern

programa [pro'ɣrama] *m* ❶ (*t.* POL: *plan*) Programm *nt;* ~ **de las clases** (**de la Universidad**) Vorlesungsverzeichnis *nt;* ~ **de estudios** Lehrplan *m;* ~ **de trabajo** Arbeitsplan *m* ❷ (INFOR) Programm *nt;* ~ **antiespía** Anti-Spyware-Programm *nt;* ~ **antivirus** [*o* **cazavirus**] Antivirenprogramm *nt;* ~ **aplicativo** [*o* **de aplicación**] Anwendungsprogramm *nt;* ~ **de ayuda** Hilfsprogramm *nt;* ~ **contaminado** virusverseuchte Software; ~ **de demostración** Demosoftware *f;* ~ **de gráficas** Grafikprogramm *nt;* ~ **de tratamiento de textos** Textverarbeitungsprogramm *nt*

programación [proɣrama'θjon] *f* ❶ *(acción)* Programmierung *f* ❷ (TV, RADIO) Programm *nt*

programador(a) [proɣrama'ðor(a)] *m(f)* Programmierer(in) *m(f)*

programar [proɣra'mar] *vt* programmieren; **la conferencia está programada para el domingo** der Vortrag steht für Sonntag auf dem Programm; **¿qué tienes programado para esta tarde?** was hast du heute Nachmittag vor?

programático, -a [proɣra'matiko, -a] *adj* programmatisch

progre ['proɣre] **I.** *adj (fam)* fortschrittlich; (POL) links; **sus ideas son ~s** er/sie ist links eingestellt **II.** *mf* Progressist(in) *m(f);* (POL) Linke(r) *mf*

progresar [proɣre'sar] *vi* Fortschritte machen (**en** in +*dat*, bei +*dat*); *(enfermedad)* fortschreiten; *(ciencia)* sich weiterentwickeln; ~ **profesionalmente** beruflich vorwärtskommen

progresión [proɣre'sjon] *f* ❶ *(avance)* Fortschreiten *nt* ❷ (MAT) Reihe *f* ❸ (MÚS) Sequenz *f*

progresismo [proɣre'sismo] *m sin pl* Progressismus *m geh*

progresista [proɣre'sista] **I.** *adj* fortschrittlich, progressiv **II.** *mf* Progressist(in) *m(f)*

progresivamente [proɣresiβa'men̪te] *adv* zunehmend; **recuperarse** ~ sich nach und nach erholen

progresivo, -a [proɣre'siβo, -a] *adj (que progresa)* fortschreitend; *(que aumenta)* zunehmend; (FIN) progressiv; **aspecto** ~ (LING) Verlaufsform *f*

progreso [pro'ɣreso] *m* Fortschritt *m*

prohibición [proi̯βi'θjon] *f* Verbot *nt*

prohibido, -a [proi̯'βiðo, -a] *adj* ~ **fumar** Rauchen verboten; **fruto** ~ verbotene Früchte

prohibir [proi̯'βir] *vt irr* verbieten; **prohibirle algo a alguien** jdm etw verbieten; **en los hospitales prohíben fumar** in Krankenhäusern herrscht Rauchverbot

prohibitivo, -a [proi̯βi'tiβo, -a] *adj,* **prohibitorio, -a** [proi̯βi'torjo, -a] *adj* Verbots-; **a precio** ~ unerschwinglich

prohijar [proi'xar] *irr como airar vt* ❶ *(a alguien)* adoptieren ❷ *(doctrina)* übernehmen

prójimo ['proximo] *m* ❶ *(semejante)* Mitmensch *m;* **amor al** ~ Nächstenliebe *f* ❷ *(pey: sujeto)* Typ *m;* **¡menudo ~ tenemos de vecino!** da haben wir ja einen schönen Nachbarn!

prolapso [pro'laβso] *m* (MED) Vorfall *m,* Prolaps(us) *m;* ~ **del recto** Mastdarmvorfall *m*

prole ['prole] *f* Kinder *nt pl;* **padre con numerosa** ~ Vater einer kinderreichen Familie

prolegómeno [prole'ɣomeno] *m (a un escrito)* Vorbemerkung *f; (al hablar)* Vorrede *f;* **déjate de ~s y ve al grano** *(fam)* spar dir deine (langen) Vorreden und komm zur Sache

proletariado [proleta'rjaðo] *m* Proletariat *nt*

proletario, -a [prole'tarjo, -a] **I.** *adj* proletarisch; **barrio** ~ Arbeiterviertel *nt* **II.** *m, f* Proletarier(in) *m(f);* **tiene modales de** ~ er benimmt sich wie ein Prolet

proliferación [prolifera'θjon] *f* ❶ *(en cantidad)* Vermehrung *f* ❷ *(incontrolada, t.* MED) Wuchern *nt* ❸ *(de armas)* Verbreitung *f;* **tratado de no ~ de armas nucleares** Atom(waffen)sperrvertrag *m*

proliferar [prolife'rar] *vi* ❶ *(en cantidad)* sich vermehren ❷ *(incontroladamente, t.* MED) wuchern ❸ *(epidemia, rumor)* um sich greifen

prolífero, -a [pro'lifero, -a] *adj,* **prolífico, -a** [pro'lifiko, -a] *adj* fruchtbar; *(escritor)* äußerst produktiv

prolífico, -a [pro'lifiko, -a] *adj* fruchtbar; *(escritor)* äußerst produktiv

prolijo, -a [pro'lixo, -a] *adj* ❶ *(extenso)* weitschweifig ❷ *(esmerado)* minuziös ❸ *(cargante)* umständlich

prologar [prolo'ɣar] <g → gu> *vt* ein Vorwort schreiben (zu +*dat*); **edición prolo-**

P

gada por... Ausgabe mit einem Vorwort von …

prólogo ['proloɣo] *m (de libro)* Vorwort *nt;* (TEAT, DEP) Prolog *m*

prolongación [prolonga'θjon] *f* Verlängerung *f; (de decisión)* Hinauszögerung *f*

prolongado, -a [prolonˈgaðo, -a] *adj* länglich

prolongar [prolonˈgar] <g → gu> **I.** *vt* verlängern; *(decisión)* hinauszögern; *(un estado)* in die Länge ziehen **II.** *vr:* **~se** sich verlängern; *(un estado)* sich in die Länge ziehen; *(reunión)* länger dauern; **la fiesta se prolongó hasta bien entrada la noche** das Fest dauerte bis tief in die Nacht; **las negociaciones se están prolongando demasiado** die Verhandlungen ziehen sich zu sehr in die Länge

promediar [prome'ðjar] **I.** *vt* ① *(repartir)* halbieren ② *(sacar promedio)* den Durchschnitt ermitteln *+gen* **II.** *vi* ① *(mediar)* vermitteln ② *(temporal)* **antes de ~ el año** in der ersten Jahreshälfte; **promediaba el mes cuando...** es war Mitte des Monats, als …

promedio [pro'meðjo] *m* Durchschnitt *m;* **veo la tele un ~ de dos horas al día** ich sehe jeden Tag durchschnittlich zwei Stunden fern

promesa [pro'mesa] *f* Versprechen *nt;* (REL) Gelübde *nt;* **~ de matrimonio** Verlobung *f;* **el director me ha dado su ~ de que...** der Direktor hat mir zugesagt, dass …

P

prometer [prome'ter] **I.** *vt* versprechen; (REL) geloben; **te prometo que lo haré** du kannst dich darauf verlassen, dass ich es tue; **te prometo por mis muertos que...** ich gebe dir mein Ehrenwort, dass …; **~ el oro y el moro** das Blaue vom Himmel versprechen; **lo prometido es deuda** *(prov)* was man verspricht, muss man auch halten **II.** *vi* **este negocio promete** das ist ein viel versprechendes Geschäft **III.** *vr:* **~se** ① *(novios)* sich verloben ② *(esperar)* sich *dat* versprechen; **prometérselas muy felices** sich *dat* viel versprechen

prometido, -a [prome'tiðo, -a] *m, f* Verlobte(r) *mf*

prominencia [promi'nenθja] *f* ① *(abultamiento)* hervortretende Stelle *f* ② *(del terreno)* Anhöhe *f* ③ (MED) Auswuchs *m*

prominente [promi'nente] *adj* ① *(pómulo)* vorstehend; *(nariz)* vorspringend ② *(persona)* hervorragend

promiscuidad [promiskwi'ðaᵈ] *f* ① *(mezcla)* Mischung *f* ② *(de sexos)* **aboga a favor de la ~ de sexos en las escuelas** er/sie ist für gemischte Schulen ③ *(sexual)* Promiskuität *f*

promiscuo, -a [pro'miskwo, -a] *adj* ① *(pey: mezclado)* gemischt ② *(ambiguo)* zweideutig ③ *(sexualmente)* promiskuitiv

promoción [promo'θjon] *f* ① *(de empresa/alguien)* Förderung *f* ② *(de categoría)* Beförderung *f* ③ *(de producto/película, t.* DEP) Promotion *f* ④ *(de licenciados)* Jahrgang *m*

promocionar [promoθjo'nar] **I.** *vt* ① *(a empresa/alguien)* fördern ② *(de categoría)* befördern ③ *(producto, película)* werben (für *+akk*); **está promocionando su nueva película** er/sie ist auf Promotiontour für seinen/ihren neuen Film **II.** *vi* (DEP) um den Aufstieg spielen

promontorio [promon'torjo] *m* ① *(terreno)* Anhöhe *f; (montes)* Vorgebirge *nt* ② *(de papeles)* Stapel *m*

promotor(a) [promo'tor(a)] *m(f)* ① *(de altercado)* Anstifter(in) *m(f),* Rädelsführer(in) *m(f)* ② *(patrocinador)* Förderer, -in *m, f; (deportivo, artístico)* Promoter(in) *m(f); (de espectáculo)* Veranstalter(in) *m(f)*

promovedor(a) [promoβe'ðor(a)] *m(f)* ① *(de altercado)* Anstifter(in) *m(f)* ② *(patrocinador)* Förderer, -in *m, f*

promover [promo'βer] <o → ue> *vt* ① *(querella)* erheben; *(proceso)* anstrengen; *(recurso)* einlegen ② *(en el cargo)* befördern ③ *(escándalo, aplausos)* auslösen; *(altercado)* anfangen

promulgación [promulɣa'θjon] *f* Verkündung *f; (divulgación)* Verbreitung *f*

promulgador(a) [promulɣa'ðor(a)] **I.** *adj* verkündend **II.** *m(f)* Verkünder(in) *m(f)*

promulgar [promul'ɣar] <g → gu> *vt* verkünden; *(divulgar)* verbreiten

pronombre [pro'nombre] *m* Pronomen *nt*

pronominal [pronomi'nal] *adj* pronominal, Pronominal-; **verbo ~** reflexives Verb

pronosticación [pronostika'θjon] *f* Vorhersage *f*

pronosticar [pronosti'kar] <c → qu> *vt* vorhersagen

pronóstico [pro'nostiko] *m* ① *(predicción)* Voraussage *f;* **~ del tiempo** (METEO) Wettervorhersage *f* ② (ECON, MED) Prognose *f;* (DEP) Tipp *m;* **lesiones de ~ reservado** ziemlich schwere Verletzungen

prontitud [pronti'tuᵈ] *f* ① *(celeridad)* Schnelligkeit *f; (de ejecución)* Promptheit *f* ② *(de ingenio)* Scharfsinn *m*

pronto[1] ['pronto] **I.** *adv* ① *(rápido)* prompt ② *(enseguida)* bald; *(inmediatamente)* gleich ③ *(temprano)* früh ④ *(loc)* **al ~** sofort; **de ~** auf einmal; **¡hasta ~!** bis bald!;

por de [*o* **lo**] ~ fürs Erste **II.** *conj* **tan ~ como** sobald; **tan ~ como llegaron/lleguen** sobald sie ankamen/ankommen

pronto, -a² ['pron̪to, -a] *adj* ① *(rápido)* prompt; *(despierto)* flink; **inteligencia pronta** wache Intelligenz ② *(dispuesto)* bereit; **estar ~** *(CSur)* fertig sein

prontuario [pron̪'twarjo] *m* ① *(resumen)* Abriss *m* ② *(manual)* Handbuch *nt*

pronunciación [pronuṇθja'θjon] *f* ① (LING) Aussprache *f* ② (JUR) Verlesung *f*

pronunciado, -a [pronuṇ'θjaðo, -a] *adj* ausgesprochen; *(marcado)* ausgeprägt; **arrugas pronunciadas** tiefe Falten; **una curva pronunciada** eine scharfe Kurve; **rasgos ~s** markante (Gesichts)züge

pronunciamiento [pronuṇθja'mjen̪to] *m* ① *(alzamiento)* Putsch *m* ② (JUR) Fällung *f;* **~ judicial** Richterspruch *m;* **~ de sentencia** Urteilsverkündung *f*

pronunciar [pronuṇ'θjar] **I.** *vt* ① *(articular)* aussprechen; **~ un brindis por alguien** auf jdn einen Trinkspruch ausbringen; **~ un discurso** eine Rede halten; **~ unas palabras** ein paar Worte sprechen; **~ sentencia** das Urteil verkünden ② *(resaltar)* betonen **II.** *vr:* **~se** ① *(levantarse)* putschen ② *(apoyar)* sich aussprechen ③ *(opinar)* Stellung nehmen (**sobre** zu +*dat*) ④ *(acentuarse)* ausgeprägter werden

propagación [propaɣa'θjon] *f* ① *(multiplicación)* Vermehrung *f; (reproducción)* Fortpflanzung *f* ② *(extensión)* Verbreitung *f; (trasmisión)* Ausbreitung *f*

propagador(a) [propaɣa'ðor(a)] **I.** *adj* verbreitend **II.** *m(f)* Verbreiter(in) *m(f); (de rumores)* Gerüchtemacher(in) *m(f)*

propaganda [propa'ɣan̪da] *f* ① (MIL, POL) Propaganda *f* ② *(publicidad)* Werbung *f; (promoción)* Publicity *f*

propagandístico, -a [propaɣan̪'distiko, -a] *adj* propagandistisch; **campaña propagandística** Propagandafeldzug *m*

propagar [propa'ɣar] <g → gu> **I.** *vt* ① *(multiplicar)* vermehren; *(reproducir)* fortpflanzen ② *(extender, divulgar)* verbreiten; **~ un rumor** ein Gerücht in die Welt setzen **II.** *vr:* **~se** ① *(multiplicarse)* sich vermehren; *(reproducirse)* sich fortpflanzen ② *(extenderse, divulgarse)* sich verbreiten; *(incendio, enfermedad)* sich ausbreiten; *(epidemia)* grassieren; *(propalarse)* ruchbar werden ③ *(trasmitirse)* sich übertragen

propalar [propa'lar] **I.** *vt* verbreiten **II.** *vr:* **~se** ruchbar werden

propano [pro'pano] *m* Propan(gas) *nt*

propasar [propa'sar] **I.** *vt* überschreiten **II.** *vr:* **~se** *(extralimitarse)* zu weit gehen; *(excederse)* über das Ziel hinausschießen (**en** bei +*dat*); **~se con alguien** jdm an die Wäsche wollen

propedéutico, -a [prope'ðeu̯tiko, -a] *adj* propädeutisch

propensión [propen'sjon] *f* Neigung *f* (**a** zu +*dat*); (MED) Anfälligkeit *f* (**a** für +*akk*); **~ al consumo** Konsumbereitschaft *f;* **tener gran ~ a resfriarse** sich sehr leicht erkälten

propenso, -a [pro'penso, -a] *adj (a enfermedades)* anfällig (**a** für +*akk*); *(dispuesto)* bereit (**a** zu +*dat*); **ser ~ a algo** zu etw *dat* neigen

propiamente [propja'men̪te] *adv* eigentlich; *(realmente)* wirklich; *(exactamente)* genau; **~ dicho** genau genommen

propiciación [propiθja'θjon] *f* ① *(reconciliación)* Versöhnung *f;* (REL) Sühnen *nt,* Sühnung *f* ② *(fomento)* Begünstigung *f,* Förderung *f*

propiciador(a) [propiθja'ðor(a)] *m(f)* *(Am: patrocinador)* Sponsor(in) *m(f)*

propiciar [propi'θjar] **I.** *vt* ① *(aplacar)* versöhnen ② *(favorecer)* begünstigen; *(posibilitar)* ermöglichen; **el viento propició la extensión de las llamas** durch den Wind griff der Brand um sich **II.** *vr:* **~se** *(conseguir)* gewinnen; **con sus palabras se propició el respeto de todos** seine Worte verschafften ihm/ihr bei allen Respekt

propiciatorio, -a [propiθja'torjo, -a] *adj* Sühn(e)-; **víctima propiciatoria** Sühn(e)opfer *nt; (fig)* Sündenbock *m*

propicio, -a [pro'piθjo, -a] *adj* ① *(favorable)* günstig; **en el momento ~** im günstigsten Moment ② *(dispuesto)* bereit (**a** zu +*dat*); **mostrarse (poco) ~ a/para...** sich (wenig) geneigt zeigen zu …

propiedad [propje'ðaᵈ] *f* ① *(pertenencia)* Eigentum *nt; (inmuebles)* Besitz *m; (derechos)* Urheberrecht *nt;* **~ exclusiva** Alleinbesitz *m;* **~ horizontal** Wohnungseigentum *nt;* **~ industrial/intelectual** gewerbliches/geistiges Eigentum; **~ (in)mobiliaria** (Im)mobilien *pl;* **~ privada** Privateigentum *nt;* **~ rústica** landwirtschaftlicher Grundbesitz; **un piso de mi ~** eine Eigentumswohnung; **en ~** Eigentums-; **ser ~ de alguien** jdm gehören ② *(cualidad, t.* FÍS) Eigenschaft *f;* **~es** Beschaffenheit *f* ③ *(corrección)* Richtigkeit *f; (exactitud)* Genauigkeit *f;* **expresarse con ~** sich treffend ausdrücken

propietario, -a [propje'tarjo, -a] **I.** *adj* besitzend **II.** *m, f* Eigentümer(in) *m(f); (terrateniente)* Grundbesitzer(in) *m(f); (casero)* Vermieter(in) *m(f)*

P

propina [pro'pina] *f* Trinkgeld *nt;* **de ~** *(fig)* obendrein

propinar [propi'nar] *vt (golpes)* versetzen

propio, **-a** ['propjo, -a] *adj* ❶ *(de uno mismo)* eigene(r, s); **con la propia mano** eigenhändig; **con sus propias manos** mit eigenen Händen; **entregar en propia mano** persönlich übergeben; **en defensa propia** in Notwehr; **es tu propia culpa** du bist selbst schuld; **lo he visto con mis ~s ojos** ich habe es mit eigenen Augen gesehen; **tengo piso ~** ich habe eine Eigentumswohnung ❷ *(mismo)* selbst; **lo ~** dasselbe; **el ~ interesado** der Interessent selbst; **al ~ tiempo** zur gleichen Zeit; **nombre ~** (LING) Eigenname *m* ❸ *(característico)* eigen(tümlich); **los productos ~s del país** die heimischen Produkte des Landes; **eso (no) es ~ de ti** das passt (nicht) zu dir ❹ *(apropiado)* angemessen

proponer [propo'ner] *irr como poner* **I.** *vt* ❶ *(sugerir, presentar)* vorschlagen (**como** als *+akk,* **para** für *+akk*); **~ un brindis por alguien** auf jdn ein Hoch ausbringen ❷ *(plantear)* stellen; **~ un acertijo** ein Rätsel aufgeben; **~ una cuestión** eine Frage aufwerfen ❸ *(solicitar)* beantragen **II.** *vr:* **~se** sich *dat* vornehmen; *(tener intención)* vorhaben; **¿qué te propones?** was hast du eigentlich vor?

proporción [propor'θjon] *f* ❶ *(relación)* Verhältnis *nt;* **no guardar ~ con algo** in keinem Verhältnis zu etw *dat* stehen ❷ *(porcentaje)* Anteil *m* ❸ *pl (dimensión)* Ausmaß *nt;* **un accidente de enormes proporciones** ein Unfall größten Ausmaßes

proporcionado, **-a** [proporθjo'naðo, -a] *adj* proportioniert

proporcional [proporθjo'nal] *adj* proportional; *(relativo)* anteilig; **reparto ~** proportionale Verteilung; **sistema ~** (POL) Verhältniswahlsystem *nt*

proporcionalidad [proporθjonali'ða^{ð}] *f* (*t.* MAT) Proportionalität *f*

proporcionar [proporθjo'nar] *vt* ❶ *(dar proporción)* proportionieren; *(adecuar)* anpassen (**a** an *+akk*) ❷ *(repartir)* proportional aufteilen ❸ *(facilitar)* beschaffen; *(conseguir)* besorgen; *(procurar)* verschaffen; *(crear)* schaffen; *(producir)* bringen; **~ víveres a alguien** jdn mit Lebensmitteln versorgen ❹ *(ocasionar)* bewirken; **~ disgustos a alguien** jdm Sorgen bereiten

proposición [proposi'θjon] *f* ❶ *(propuesta)* Vorschlag *m;* *(solicitud)* Antrag *m;* *(oferta)* Angebot *nt;* **~ de ley** Gesetzesvorlage *f;* **~ de matrimonio** Heiratsantrag *m* ❷ *(oración)* Satz *m*

propósito [pro'posito] **I.** *m* ❶ *(intención)* Absicht *f;* *(plan)* Plan *m;* **buenos ~s** gute Vorsätze; **tener el ~ de...** vorhaben zu ... ❷ *(objetivo)* Ziel *nt* ❸ *(loc)* **a ~** *(adrede)* absichtlich; *(adecuado)* angemessen; *(por cierto)* übrigens; **fuera de ~** unangebracht; **¡a ~! tu hermana viene mañana** apropos, deine Schwester kommt morgen **II.** *prep* **a ~ de** über *+akk*

propuesta [pro'pwesta] *f (proposición)* Vorschlag *m;* *(solicitud)* Antrag *m;* *(oferta)* Angebot *nt;* *(recomendación)* Empfehlung *f;* *(presentación)* Aufstellung *f;* **~ global** Verhandlungspaket *nt;* **a ~ de alguien** auf jds Antrag hin; **formular una ~** einen Antrag stellen

propugnar [propuɣ'nar] *vt (defender)* verfechten; *(apoyar)* eintreten (für *+akk*); *(promover)* fördern

propulsar [propul'sar] *vt* ❶ (TÉC) antreiben ❷ *(fomentar)* fördern

propulsión [propul'sjon] *f* (TÉC) Antrieb *m;* **~ delantera/trasera** (AUTO) Vorderrad-/Hinterradantrieb *m;* **~ a hélice** Propellerantrieb *m;* **~ por reacción** Düsenantrieb *m;* **~ total** (AUTO) Allradantrieb *m*

propulsor [propul'sor] *m* (TÉC) ❶ *(combustible)* Treibstoff *m* ❷ *(motor)* Triebwerk *nt;* **~ de hélice** Propellertriebwerk *nt*

prórroga ['prorroɣa] *f* ❶ *(prolongación)* Verlängerung *f;* (ECON) Stundung *f;* **~ de pago** Zahlungsaufschub *m* ❷ *(dilatoria)* Aufschub *m;* *(retraso)* Verschiebung *f;* *(aplazamiento)* Verlegung *f;* *(cambio de fecha)* Vertagung *f*

prorrogable [prorro'ɣaβle] *adj* ❶ *(ampliable)* verlängerungsfähig ❷ *(aplazable)* verlegbar

prorrogar [prorro'ɣar] <g → gu> *vt* ❶ *(prolongar)* verlängern; (ECON) stunden ❷ *(dilatar)* aufschieben; *(retrasar)* verschieben; *(aplazar)* verlegen; *(cambiar de fecha)* vertagen; (JUR) prorogieren

prorrumpir [prorrum'pir] *vi* ❶ *(salir)* hervorbrechen ❷ *(estallar)* ausbrechen

prosa ['prosa] *f* Prosa *f;* **texto en ~** Prosatext *m*

prosaico, **-a** [pro'sai̯ko, -a] *adj* prosaisch

proscribir [proskri'βir] *vt irr como escribir* ächten

proscrito, **-a** [pros'krito, -a] **I.** *pp de* **proscribir** **II.** *m, f* Geächtete(r) *mf*

prosecución [proseku'θjon] *f* ❶ *(continuación)* Fortsetzung *f* ❷ *(de un fin, t.* JUR) Verfolgung *f;* **~ criminal** Strafverfolgung *f*

prosecutor(a) [proseku'tor(a)] *m(f)* (JUR)

öffentlicher Ankläger, öffentliche Anklägerin *m, f*

proseguir [prose'ɣir] *irr como seguir* **I.** *vi (alguien)* weitermachen; (METEO) anhalten; ~ **con** [*o* **en**] **algo** *(mantener)* etw beibehalten; *(continuar con)* etw fortsetzen **II.** *vt* ❶ *(continuar)* fortsetzen ❷ *(un fin)* verfolgen ❸ (JUR) verfolgen; ~ **diligencias** das Strafmaß ermitteln

proselitismo [proseli'tismo] *m* Sendungsbewusstsein *nt*

prosista [pro'sista] *mf* Prosaschriftsteller(in) *m(f)*

prosístico, -a [pro'sistiko, -a] *adj* die Prosa betreffend [*o* gehörend], Prosa-; **texto** ~ Prosatext *m*

prosopopeya [prosopo'peɟa] *f* ❶ (LING, LIT: *personificación*) Personifikation *f*, Prosopopöie *f* ❷ *(fam: afectación)* Aufgeblasenheit *f*, Wichtigtuerei *f*

prospección [prospeˠ'θjon] *f* (MIN) Prospektierung *f*; ~ **petrolífera** Erdölsuche *f*; ~ **de mercado** (ECON) Marktforschung *f*

prospecto [pros'pekto] *m* *(folleto)* Prospekt *m o nt*; *(de instrucciones)* Bedienungsanleitung *f*; *(informativo)* Broschüre *f*; *(de un medicamento)* Packungsbeilage *f*

prosperar [prospe'rar] *vi* ❶ *(crecer)* gedeihen; *(avanzar)* gut vorankommen; *(florecer)* florieren; *(tener éxito)* Erfolg haben ❷ *(imponerse)* sich einbürgern

prosperidad [prosperi'ðaᵈ] *f* *(bienestar)* Wohlstand *m*; ~ **económica** Wirtschaftsaufschwung *m*

próspero, -a ['prospero, -a] *adj* ❶ *(feliz)* glücklich; **¡P~ Año Nuevo!** frohes neues Jahr!; *(brindis)* prosit Neujahr! ❷ *(floreciente)* florierend ❸ *(rico)* wohlhabend; *(con éxito)* erfolgreich

próstata ['prostata] *f* Prostata *f*

prosternarse [proster'narse] *vr* sich niederwerfen, sich zu Boden werfen; (REL) prosternieren (**ante** vor +*dat*)

prostíbulo [pros'tiβulo] *m* Bordell *nt*

prostitución [prostitu'θjon] *f* Prostitution *f*; **ejercer la** ~ der Prostitution nachgehen

prostituir [prostitu'ir] *irr como huir* **I.** *vt* auf den Strich schicken **II.** *vr:* **~se** auf den Strich gehen; *(fig)* sich prostituieren; *(denigrarse)* sich erniedrigen

prostituto, -a [prosti'tuto, -a] *m, f* Prostituierte(r) *mf*

protagonismo [protaɣo'nismo] *m* Geltung *f*; **afán de** ~ Geltungssucht *f*

protagonista [protaɣo'nista] **I.** *adj* **la actriz** ~ die Hauptdarstellerin; **el papel** ~ die Hauptrolle **II.** *mf* Hauptperson *f*; (CINE, TEAT) Hauptdarsteller(in) *m(f)*; (LIT) (Roman)held(in) *m(f)*

protagonizar [protaɣoni'θar] <z → c> *vt* *(un papel)* spielen; **un gran actor protagoniza esta película** in diesem Film spielt ein namhafter Schauspieler die Hauptrolle

prótasis ['protasis] *f inv* ❶ (LIT) Exposition *f* ❷ (LING) Einleitung *f*, Vordersatz *m*

protección [proteˠ'θjon] *f* Schutz *m*; *(recubrimiento)* Abdeckung *f*; *(apoyo)* Unterstützung *f*; *(mecenazgo, t.* POL) Protektion *f*; (MIL) Deckung *f*; *(patrocinio)* Schirmherrschaft *f*; ~ **acústica** Lärmschutz *m*; ~ **antiaérea** Luftschutz *m*; ~ **anticopia** Kopierschutz *m*; ~ **contra incendios** Brandschutz *m*; ~ **a la maternidad** Mutterschutz *m*; ~ **del medio ambiente** Umweltschutz *m*; ~ **de menores** Jugendschutz *m*; ~ **sanitaria** Gesundheitsschutz *m*; ~ **solar** Sonnencreme *f*; **ser de alta** ~ *(crema)* einen hohen Schutzfaktor haben; **poner a alguien bajo** ~ jdn unter Schutz stellen; **tomar a alguien bajo su** ~ jdn in Schutz nehmen

proteccionismo [proteˠθjo'nismo] *m* (ECON) Protektionismus *m*; ~ **económico** Wirtschaftsprotektionismus *m*

proteccionista [proteˠθjo'nista] **I.** *adj* protektionistisch; **política** ~ Schutzzollpolitik *f* **II.** *mf* Protektionist(in) *m(f)*

protector¹ [protek'tor] *m* Schutz *m*; ~ **labial** Lippen(schutz)pomade *f*; ~ **solar** Sonnen(schutz)creme *f*

protector(a)² [protek'tor(a)] **I.** *adj* schützend; **casco** ~ Schutzhelm *m*; **sociedad ~a de animales** Tierschutzverein *m* **II.** *m(f)* *(persona)* Beschützer(in) *m(f)*; *(mecenas)* Gönner(in) *m(f)*; *(proxeneta)* Zuhälter *m*; (POL) Protektor(in) *m(f)*; *(patrocinador)* Schirmherr(in) *m(f)*

protectorado [protekto'raðo] *m* Protektorat *nt*

proteger [prote'xer] <g → j> **I.** *vt* ❶ *(resguardar)* (be)schützen (**de/contra** vor +*dat*) ❷ *(asegurar)* (ab)sichern ❸ (ECOL) unter Naturschutz stellen; *(como mecenas)* fördern ❹ (POL) protegieren **II.** *vr:* **~se** sich schützen (**de/contra** vor +*dat*); **~se los ojos** seine Augen schützen

protegeslip [protexes'lip] *m* <-s> Slipeinlage *f*

protegido, -a [prote'xiðo, -a] **I.** *adj* geschützt; ~ **contra escritura** (INFOR) schreibgeschützt; ~ **contra el uso indebido** missbrauchgeschützt; ~ **por patente** patentgeschützt **II.** *m, f* Protegé *m*; *(pupilo)* Mündel *nt*

proteína [prote'ina] *f* Protein *nt*

P

prótesis ['protesis] *f inv* Prothese *f;* ~ **auditiva** Hörgerät *nt;* ~ **dental** Zahnprothese *f*

protesta [pro'testa] *f* ❶ *(queja)* Protest *m* ❷ (JUR) Einspruch *m* ❸ *(aseveración)* Beteuerung *f*

protestante [protes'taṇte] **I.** *adj* (REL) protestantisch **II.** *mf* (REL) Protestant(in) *m(f)*

protestantismo [protestaṇ'tismo] *m sin pl* ❶ (REL) Protestantismus *m;* **convertir al** ~ zum Protestantismus bekehren ❷ *(pey: inconformismo)* Querulantentum *nt*

protestar [protes'tar] **I.** *vi* ❶ *(oponerse, quejarse)* protestieren ❷ *(aseverar)* beteuern (**de** +*akk*) **II.** *vt* ❶ *(confesar)* bekennen ❷ (JUR) anfechten

protocolar [protoko'lar] **I.** *vt* protokollieren **II.** *adj* protokollarisch

protocolizar [protokoli'θar] <z → c> *vt* protokollieren, zu Protokoll nehmen, notariell beurkunden

protocolo [proto'kolo] *m* Protokoll *nt*

protohistórico, -a [protois'toriko, -a] *adj* urgeschichtlich; *(t. fig)* frühgeschichtlich

protón [pro'ton] *m* Proton *nt*

prototipo [proto'tipo] *m* Prototyp *m*

protuberancia [protuβe'raṇθja] *f* Höcker *m; (bulto)* Wulst *m o f; (excrecencia)* Auswuchs *m*

protuberante [protuβe'raṇte] *adj* hervortretend

provecho [pro'βetʃo] *m* ❶ *(aprovechamiento)* Nutzen *m; (ventaja)* Vorteil *m; (producto)* Ertrag *m; (beneficio)* Gewinn *m;* **propio** ~ Eigennutz *m;* **de** ~ von Nutzen; **nada de** ~ nichts Brauchbares; **en** ~ **de alguien** zu jds Wohl(e); **sacar** ~ **de algo** aus etw *dat* Nutzen ziehen; **sacar** ~ **de alguien** jdn ausnutzen ❷ *(progreso)* Fortschritt *m; (mejora)* Besserung *f* ❸ *(de alimentos)* Bekömmlichkeit *f;* **¡buen ~!** guten Appetit!; **hacer** (**buen**) ~ gut bekommen

provechoso, -a [proβe'tʃoso, -a] *adj* einträglich; *(productivo)* ertragreich; *(útil)* nützlich; *(ventajoso)* vorteilhaft; *(saludable)* gesund; *(digestivo)* bekömmlich

provecto, -a [pro'βekto] *adj* betagt

proveedor[1] [proβe(e)'ðor] *m* (INFOR) Anbieter *m,* Provider *m*

proveedor(a)[2] [proβe(e)'ðor(a)] **I.** *adj* Liefer- **II.** *m(f)* Lieferant(in) *m(f)*

proveer [pro'βer/proβe'er] *irr* **I.** *vi* sorgen (**a** für +*akk*); ~ **a las necesidades de alguien** jdn versorgen; **¡Dios ~á!** der Herrgott wird's schon richten! **II.** *vt* ❶ *(abastecer)* versorgen (**de** mit +*dat*); *(equipar)* ausstatten (**de** mit +*dat*); *(dotar)* versehen (**de** mit +*dat*); *(suministrar)* beliefern (**de** mit +*dat*) ❷ *(un puesto)* besetzen; *(conceder)* vergeben ❸ (JUR) entscheiden (**sobre** über +*akk*) **III.** *vr:* **~se** sich eindecken (**de** mit +*dat*)

proveniencia [proβe'njeṇθja] *f* Herkunft *f,* Ursprung *m*

proveniente [proβe'njeṇte] *adj* **el tren** ~ **de Madrid** der Zug aus Madrid

provenir [proβe'nir] *vi irr como venir* herkommen (**de** von +*dat*); *(proceder)* herrühren (**de** von +*dat*); *(ser originario)* stammen (**de** aus +*dat*)

Provenza [pro'βeṇθa] *f* Provence *f*

proverbial [proβer'βjal] *adj* sprichwörtlich; *(sabido)* allgemein bekannt

proverbio [pro'βerβjo] *m* Sprichwort *nt; (pensamiento)* Spruch *m*

providencia [proβi'ðeṇθja] *f* ❶ *(prevención)* Vorsehung *f* ❷ *(medida)* Vorsorge *f* ❸ (JUR) Verfügung *f; (disposición)* Entscheidung *f;* ~ **ejecutoria** Vollstreckungsbescheid *m*

providencial [proβiðeṇ'θjal] *adj* ❶ *(de la providencia)* von der Vorsehung bestimmt ❷ *(oportuno)* angebracht; **su intervención resultó** ~ sein/ihr Eingreifen war ausschlaggebend

providenciar [proβiðeṇ'θjar] *vt* ❶ *(tomar medidas)* Vorkehrungen treffen (für +*akk*) ❷ (JUR) verfügen, anordnen

providente [proβi'ðeṇte] *adj* ❶ *(prudente)* vorsichtig ❷ *(cuidadoso)* sorgsam, sorgfältig; *(previsor)* vorausschauend

próvido, -a ['proβiðo, -a] *adj* ❶ *(previsor)* sorgfältig, sorgsam; *(precavido)* vorausschauend ❷ *(propicio)* günstig; *(productivo)* ertragreich; *(provechoso)* nutzbringend

provincia [pro'βiṇθja] *f* Provinz *f; (Arg: estado)* (Glied)staat *m;* **ciudad de ~s** Kleinstadt *f*

provincial [proβiṇ'θjal] **I.** *adj* Provinz(ial)-; **capital** ~ Provinzhauptstadt *f;* **delegación** ~ Provinzialbehörde *f* **II.** *m* (REL) Provinzial *m*

provincianismo [proβiṇθja'nismo] *m sin pl (pey)* Provinzialität *f*

provinciano, -a [proβiṇ'θjano, -a] **I.** *adj* provinziell; *(pey)* provinzlerisch **II.** *m, f* Provinzbewohner(in) *m(f); (pey)* Provinzler(in) *m(f)*

provisión [proβi'sjon] *f* ❶ *(reserva)* Vorrat *m;* **provisiones** Proviant *m* ❷ *(suministro)* Versorgung *f* ❸ *(cobertura)* Deckung *f; (reserva)* Rücklage *f* ❹ *(comisión)* Provision *f* ❺ *(medida)* Vorsichtsmaßnahme *f* ❻ *(de un cargo)* Besetzung *f* ❼ (JUR) Anordnung *f*

provisional [proβisjo'nal] *adj* provisorisch;

(temporal) vorläufig; **gobierno ~** Interimsregierung *f;* **medida ~** Übergangslösung *f*
provisionalidad [proβisjonali'ða^{d}] *f* Vorläufigkeit *f*
provisorio, -a [proβi'sorjo, -a] *adj v.* **provisional**
provisto, -a [pro'βisto, -a] **I.** *pp de* **proveer II.** *adj* ausgestattet (**de** mit +*dat*), versehen (**de** mit +*dat*); (COM) assortiert (**de** mit +*dat*)
provocación [proβoka'θjon] *f* ❶ *(ataque)* Provokation *f;* *(instigación)* Anstiftung *f* ❷ *(causa)* Hervorrufen *nt;* (MED) Auslösen *nt*
provocador^{1} [proβoka'ðor] *m* Auslöser *m;* (MED) Erreger *m*
provocador(a)^{2} [proβoka'ðor(a)] **I.** *adj* provokant; *(excitante)* aufreizend; (MED) auslösend **II.** *m(f)* (POL) Provokateur(in) *m(f)*
provocar [proβo'kar] <c → qu> **I.** *vt* ❶ *(incitar)* provozieren; *(irritar)* aufregen; *(excitar)* aufreizen; *(instigar)* anstiften; (POL) aufwiegeln; **¡no me provoques!** geh mir nicht auf die Nerven!; *(advertencia)* ich warne dich! ❷ *(causar)* provozieren; (MED) auslösen; *(artificialmente)* einleiten; **~ risa a alguien** jdn zum Lachen bringen; **~ lástima a alguien** jds Mitleid erregen; **~ un cambio/una guerra** zu einer Wende/einem Krieg führen; **~ una escena** eine Szene machen; **~ un incendio** einen Brand verursachen **II.** *vi (Am: apetecer)* (**no**) **me provoca** ich habe (keine) Lust
provocativo, -a [proβoka'tiβo, -a] *adj* provokativ; *(excitante)* aufreizend
proxeneta [pro$^{\gamma}$se'neta] *mf (de prostitutas)* Zuhälter *m;* *(alcahuete)* Kuppler(in) *m(f)*
próximamente [pro$^{\gamma}$sima'meṇte] *adv* demnächst
proximidad [pro$^{\gamma}$simi'ða^{d}] *f* ❶ *(cercanía)* Nähe *f;* **~es** Nachbarschaft *f;* **en las ~es** in der Nähe ❷ *(parentesco)* Verwandtschaftsgrad *m*
próximo, -a ['pro$^{\gamma}$simo, -a] *adj* ❶ *(cercano)* nahe (**a** bei/zu +*dat*); *(local)* nahe gelegen; *(temporal)* nahe bevorstehend; **en fecha próxima** demnächst; **estar ~ a...** drauf und dran sein, zu ... ❷ *(siguiente)* nächste(r, s); **el ~ año** nächstes Jahr; **el ~ viernes** am nächsten Freitag; **el ~ 3 de octubre** am 3. Oktober diesen Jahres; **la próxima vez** nächstes Mal; **¡hasta la próxima!** bis bald!; **~ al próximo tema** zum nächsten Thema übergehen
proyección [proɟe$^{\gamma}$'θjon] *f* ❶ (FÍS, FOTO, CINE) Projektion *f;* *(sesión)* Vorführung *f;* *(lanzamiento)* Werfen *nt;* *(impulso)* Schleudern *nt;* **~ de sombras** Schattenwurf *m* ❷ *(cartografía)* Projektion *f* ❸ (ARQUIT, MAT) Grundriss *m* ❹ *(influencia)* Einfluss *m;* *(orientación)* Orientierung *f;* **una empresa de ~ internacional** eine weltweit orientierte Firma ❺ *(proyecto)* Planung *f*
proyectable [proɟek'taβle] *adj* **asiento ~** (AERO) Schleudersitz *m*
proyectar [proɟek'tar] **I.** *vt* ❶ (FÍS, FOTO, CINE) projizieren; *(lanzar)* werfen (**hacia** auf +*akk*); *(impulsar)* schleudern (**hacia** gegen +*akk*); **~ luz/sombra** Licht/Schatten werfen ❷ *(planear)* planen; *(diseñar)* entwerfen; (TÉC) konstruieren ❸ *(proponerse)* vorhaben **II.** *vr:* **~se** ❶ *(luz, sombra)* fallen (**sobre** auf +*akk*) ❷ (PSICO) sich projizieren (**en** auf +*akk*) ❸ *(orientarse)* sich orientieren
proyectil [proɟek'til] *m* Geschoss *nt;* **~ anticarro** Panzerabwehrgeschoss *nt*
proyecto [pro'ɟekto] *m* Projekt *nt;* *(proyección)* Planung *f;* *(borrador)* Entwurf *m;* *(pormenorizado)* Ausarbeitung *f;* *(propuesta)* Vorschlag *m;* **~ fin de carrera** (UNIV) Diplomarbeit *f;* *(en Letras)* Magisterarbeit *f;* **~ de gobierno** Kabinettsentwurf *m;* **~ de ley** Gesetz(es)entwurf *m;* **en ~** geplant; **tener ~s** Pläne haben; **tener algo en ~** etw vorhaben
proyector [proɟek'tor] *m* (FOTO, CINE) Projektor *m;* *(lanzador)* Werfer *m;* **~ de cine** Filmprojektor *m;* **~ de luz** Scheinwerfer *m;* **~ de luz diurna** Tageslichtprojektor *m*
prudencia [pru'ðeṇθja] *f* ❶ *(precaución)* Vorsicht *f;* *(previsión)* Bedachtsamkeit *f;* *(cautela)* Behutsamkeit *f* ❷ *(cordura)* Vernunft *f;* *(astucia)* Klugheit *f* ❸ *(moderación)* Mäßigkeit *f*
prudencial [pruðeṇ'θjal] *adj (razonable)* vernünftig; *(adecuado)* angebracht; *(previsor)* bedachtsam; **una cantidad ~** eine angemessene Menge
prudenciarse [pruðeṇ'θjarse] *vr (AmC, Col, Méx)* ❶ *(ser prudente)* vorsichtig sein ❷ *(moderarse)* sich mäßigen ❸ *(conservar la calma)* Ruhe bewahren
prudente [pru'ðeṇte] *adj* ❶ *(precavido)* vorsichtig; *(previsor)* bedacht; *(cauteloso)* behutsam ❷ *(razonable)* vernünftig; *(avisado)* klug ❸ *(adecuado)* angemessen
prueba ['prweβa] *f* ❶ *(examen)* Prüfung *f;* *(test)* Test *m;* *(experimento)* Versuch *m;* *(comprobación)* Probe *f;* *(ensayo)* Erprobung *f;* (DEP: *competición*) Wettkampf *m;* *(de ropa)* Anprobe *f;* (TIPO) Probeabzug *m;* (TÉC) Probelauf *m;* **~ de acceso** Aufnahmeprüfung *f;* **~ de alcoholemia** (Blut)alko-

holtest *m;* ~ **de aptitud** Eignungstest *m;* ~ **al azar** Stichprobe *f;* ~ **de azúcar en la sangre** Blutzuckertest *m;* ~ **de embarazo** Schwangerschaftstest *m;* ~ **clasificatoria/eliminatoria** Qualifikations-/Ausscheidungsspiel *nt;* ~ **de colisión** Crashtest *m;* ~ **de degustación** Kostprobe *f; (cata)* Weinprobe *f;* ~ **de fuego** *(fig)* Feuerprobe *f;* ~ **de imprenta** Druckfahne *f;* **~s nucleares** Atomversuche *mpl;* **período de** ~ Probezeit *f;* **poner a** ~ auf die Probe stellen; **someter a** ~ einer Prüfung unterziehen; **sufrir una dura** ~ eine schwere Prüfung durchmachen; **a** ~ **de agua** wasserdicht; **a** ~ **de balas** kugelsicher; **a** ~ **de robo** diebstahlsicher; **a título de** ~ zur Probe; **a toda** ~ voll erprobt; *(fig)* mit allen Wassern gewaschen ❷ *(testimonio)* Beweis *m; (verificación)* Nachweis *m;* ~ **circunstancial** Indizienbeweis *m;* ~ **documental** Urkundenbeweis *m;* ~ **de paternidad** Vaterschaftsnachweis *m;* **dar ~s de afecto** Zuneigung beweisen; **en** ~ **de nuestro reconocimiento** als Zeichen unserer Anerkennung; **presentar la** ~ den Nachweis erbringen; **ser** ~ **de algo** ein Beweis für etw sein; **tener ~s de que...** beweisen können, dass ...

prurito [pru'rito] *m* ❶ *(picor)* Juckreiz *m* ❷ *(afán)* innerer Ansporn *m*

Prusia ['prusja] *f* Preußen *nt*

prusiano, -a [pru'sjano, -a] **I.** *adj* preußisch **II.** *m, f* Preuße, -in *m, f*

P. S. [pos es'kriptun] *abr de* **post scriptum** PS

PSA [peese'a] *m abr de* **Partido Socialista Andaluz** *sozialistische andalusische Partei*

(p)seudo- ['seu̯ðo] pseudo-

(p)seudónimo [seu̯'ðonimo] *m* Pseudonym *nt*

(p)sicoanálisis [sikoa'nalisis] *m sin pl* Psychoanalyse *f*

(p)sicoanalista [sikoana'lista] *mf* Psychoanalytiker(in) *m(f)*

(p)sicoanalizar [sikoanali'θar] <z → c> *vt* (MED) psychoanalysieren

(p)sicodélico, -a [siko'ðeliko, -a] *adj* psychedelisch

(p)sicofármaco [siko'farmako] *m* Psychopharmakon *nt*

(p)sicología [sikolo'xia] *f sin pl* ❶ *(ciencia)* Psychologie *f;* ~ **infantil** Kinderpsychologie *f* ❷ *(vida anímica)* Psyche *f*

(p)sicológico, -a [sikolo'xiko, -a] *adj* psychologisch; **terror** ~ Psychoterror *m*

(p)sicólogo, -a [si'koloɣo, -a] *m, f* Psychologe, -in *m, f;* **es muy/poco** ~ *(fam)* er ist sehr/wenig einfühlsam

(p)sicópata [si'kopata] *mf* Psychopath(in) *m(f);* ~ **sexual** Triebtäter *m*

(p)sicopatología [sikopatolo'xia] *f* (MED) Psychopathologie *f*

(p)sicosis [si'kosis] *f inv* Psychose *f;* ~ **colectiva** Massenpsychose *f*

(p)sicosomático, -a [sikoso'matiko, -a] *adj* psychosomatisch

(p)sicoterapeuta [sikotera'peu̯ta] *mf* Psychotherapeut(in) *m(f)*

(p)sicoterapéutico, -a [sikotera'peu̯tiko, -a] *adj* (PSICO) psychotherapeutisch

(p)sicoterapia [sikote'rapja] *f* Psychotherapie *f*

(p)sique ['sike] *f* Psyche *f*

(p)siquiatra [si'kjatra] *mf* Psychiater(in) *m(f)*

(p)siquiatría [sikja'tria] *f* Psychiatrie *f*

(p)siquiátrico, -a [si'kjatriko, -a] *adj* psychiatrisch

(p)síquico, -a [si'kiko, -a] *adj* psychisch

(p)siquis ['sikis] *f inv* (PSICO, MED) Psyche *f*

PSOE [pe'soe] *m abr de* **Partido Socialista Obrero Español** *sozialistische spanische Arbeiterpartei*

(p)soriasis [so'rjasis] *f inv* (MED) Schuppenflechte *f,* Psoriasis *f*

PSP [peese'pe] *m abr de* **Partido Socialista Popular** *sozialistische Volkspartei*

pta. [pe'seta] *f* <pt(a)s.> *abr de* **peseta** (HIST) Pesete *f*

pu [pu] *interj (de repugnancia)* bah!, bäh!, igitt!

pu(l)lóver [pu'loβer] *m (Am)* Pullover *m*

púa ['pua] *f* ❶ *(espina)* Stachel *m* ❷ *(del peine)* Zinke *f; (pico)* Zacken *m* ❸ (MÚS) Plektron *nt*

puaj [pwax] *interj* igitt, pfui

pub [pa^{β}] <pubs> *m* Pub *m o nt*

pubertad [puβer'ta^{d}] *f* Pubertät *f*

pubescencia [puβes'θeṇθja] *f* ❶ *(pubertad)* Pubertät *f;* (MED) Pubeszenz *f* ❷ (BOT) Flaum *m*

púbico, -a ['puβiko, -a] *adj* Scham-; **zona púbica** Schamgegend *f*

pubis ['puβis] *m inv (zona)* Scham(gegend) *f; (hueso)* Schambein *nt*

publicable [puβli'kaβle] *adj* druckfähig, druckreif

publicación [puβlika'θjon] *f* ❶ *(acción)* Veröffentlichung *f; (anuncio)* Bekanntmachung *f; (proclamación)* Verkündung *f;* (JUR) Offenlegung *f* ❷ (TIPO: *edición*) Publikation *f; (impreso)* Druckwerk *nt;* ~ **electrónica** *(resultado)* elektronische Publikation; *(proceso)* elektronisches Publizieren; ~ **reciente** Novität *f*

publicador(a) [puβlika'ðor(a)] **I.** *adj* veröffentlichend, herausgebend; **el diario** ~ **de**

este anuncio die Zeitung, die diese Anzeige veröffentlicht **II.** *m(f)* Veröffentlicher(in) *m(f)*, Herausgeber(in) *m(f)*

publicar [puβli'kar] <c → qu> **I.** *vt* veröffentlichen; *(anunciar)* bekannt geben; (JUR) offenlegen; *(proclamar)* verkünden **II.** *vr:* **~se** erscheinen

publicidad [puβliθi'ða^{ð}] *f* ① *(carácter público)* Öffentlichkeit *f;* **dar ~** bekannt machen; **este programa le ha dado mucha ~** durch diese Sendung ist er/sie sehr bekannt geworden ② *(propaganda)* Werbung *f,* Reklame *f; (promoción)* Publicity *f;* **~ disimulada** Schleichwerbung *f;* **~ sobreimpresa** Werbeeinblendung *f;* **~ en TV** Fernsehwerbung *f;* **hacer ~ de algo** für etw werben

publicista [puβli'θista] *mf* ① *(profesional de la publicidad)* Werbefachmann, -frau *m, f* ② *(periodista de opinión)* Publizist(in) *m(f)*

publicista [puβli'θista] *mf* Publizist(in) *m(f)*

publicitario, -a [puβliθi'tarjo, -a] *adj* Werbe-

público[1] ['puβliko] *m* ① *(colectividad)* Öffentlichkeit *f;* **en ~** in aller Öffentlichkeit; **aparecer en ~** öffentlich auftreten; **el gran ~** die breite Masse ② *(asistente)* Publikum *nt;* **para todos los ~s** für jeden Geschmack; (CINE) freigegeben ab 6 Jahren; **abierto/cerrado al ~** für den Publikumsverkehr geöffnet/geschlossen; **hoy hay poco ~** heute ist wenig Betrieb

público, -a[2] ['puβliko, -a] *adj* ① *(no privado)* öffentlich; *(estatal)* staatlich; **deuda pública** öffentliche Anleihe; **relaciones públicas** Public Relations *pl;* **el sector ~** die öffentliche Hand; **trasporte ~** öffentliche Verkehrsmittel ② *(común)* allgemein; **de utilidad pública** gemeinnützig ③ *(conocido)* allgemein bekannt; **escándalo ~** öffentlicher Skandal; **hacer ~** publik machen; **hacerse ~** bekannt werden; **ser del dominio ~** allgemein bekannt sein

pucha ['puʧa] *interj (CSur: caramba)* **¡la ~!** Donnerwetter!

pucherazo [puʧe'raθo] *m (electoral)* Wahlbetrug *m*

puchero [pu'ʧero] *m* ① *(olla)* Kochtopf *m* ② (GASTR) ≈ Eintopf *m* ③ *(fam: alimento)* das tägliche Brot; **hay que ganarse el ~** man muss ja seine Brötchen verdienen ④ *(loc)* **hacer ~s** eine Schnute ziehen

pucho ['puʧo] *m (Am: resto)* Rest *m; (colilla)* Zigarettenstummel *m*

púdico, -a ['puðiko, -a] *adj v.* **pudoroso**

pudiente [pu'ðjeņte] *adj* wohlhabend

pudor [pu'ðor] *m* ① *(recato)* Sittsamkeit *f; (decencia)* Züchtigkeit *f; (vergüenza)* Schamhaftigkeit *f* ② *(modestia)* Bescheidenheit *f*

pudoroso, -a [puðo'roso, -a] *adj* ① *(recatado)* sittsam; *(vergonzoso)* schamhaft; *(decente)* züchtig ② *(modesto)* bescheiden

pudridero [puðri'ðero] *m (estercolero)* Misthaufen *m; (muladar)* Mistgrube *f; (de cadáveres)* Leichenkammer *f*

pudrir [pu'ðrir] *irr* **I.** *vt* ① *(descomponer)* zum Faulen bringen; *(fig)* verderben; **estar podrido de dinero** *(vulg)* vor Geld stinken *fam* ② *(fam: molestar)* stinken *+dat* **II.** *vr:* **~se** (ver)faulen; *(descomponerse)* verrotten; *(estropearse)* vergammeln; *(fig)* verderben; **~se en la cárcel** *(argot)* im Knast verschimmeln; **¡ahí te pudras!** *(vulg)* von mir aus kannst du verrecken! *fam*

pueblerino, -a [pweβle'rino, -a] **I.** *adj* dörflich; *(pey)* bäurisch **II.** *m, f* Dorfbewohner(in) *m(f); (pey)* Bauerntölpel *m*

pueblo ['pweβlo] *m* ① *(nación)* Volk *nt; (tribu)* Volksstamm *m;* **~ llano** Volksmasse *f;* **el ~ bajo** das gemeine Volk; **un hombre del ~** ein Mann aus dem Volke ② *(población)* Dorf *nt;* **~ costero** Küstenort *m;* **~ de mala muerte** *(fam)* trostloses Kaff; **~ joven** *(Am)* Slums *pl;* **de ~** Land-; *(pey)* bäurisch

puente ['pweņte] *m* ① *(construcción)* Brücke *f;* **~ aéreo** Luftbrücke *f;* (AERO) Luftpendelverkehr *m* ② *(de las gafas)* Brillensteg *m; (de un instrumento)* Steg *m;* **~ dental** (Zahn)brücke *f* ③ (NÁUT) Brückendeck *nt;* **~ de mando** Kommandobrücke *f;* **~ de maniobras/de paseo** Arbeits-/Promenadendeck *nt* ④ (ELEC) Überbrückung *f;* **hacer un ~ a un coche** ein Auto kurzschließen; **~ de luces** Lichtleiste *f* ⑤ *(loc)* **hacer/tener ~** einen Brückentag machen/haben

puentear [pweņte'ar] *vt* (ELEC) überbrücken

puentin(g) ['pweņtiŋ] *m* (DEP) Bungeejumping *nt*

puerco, -a ['pwerko, -a] **I.** *adj* ① *estar (fam: sucio)* saudreckig ② *ser (indecente)* schweinisch *fam* **II.** *m, f* ① *(cerdo)* Schwein *nt; (macho)* Eber *m; (hembra)* Sau *f;* **~ espín** Stachelschwein *nt* ② *(fam: persona sucia)* Schlamper, Schlampe *m, f; (obsceno)* Schweinigel *m* ③ *(fam: canalla)* Schweinehund *m*

puericia [pwe'riθja] *f* Kindheit *f,* Kindesalter *nt*

puericultor(a) [pweriku|'tor(a)] *m(f)* (MED)

P

Kinderkrankenpfleger, -schwester *m, f; (en la guardería)* Kindergärtner(in) *m(f)*

puericultura [pwerikuḷ'tura] *f sin pl* Kinderkrankenpflege *f*

pueril [pwe'ril] *adj* ① *(infantil)* kindlich; **edad ~** Kindesalter *nt* ② *(inmaduro)* kindisch

puerro ['pwerro] *m* Lauch *m*

puerta ['pwerta] *f* ① *(abertura)* Tür *f; (portal)* Pforte *f; (portalón)* Tor *nt; (acceso)* Zugang *m;* **~ de la calle** Haustür *f;* **~ corredera** Schiebetür *f;* **~ cortafuego** Brandschutztür *f;* **~ del maletero** Kofferraumklappe *f;* **~ de servicio** Lieferanteneingang *m;* **~ de socorro** Notausgang *m;* **día de ~s abiertas** Tag der offenen Tür; **quinta ~** (AUTO) Heckklappe *f;* **a la ~ de casa** vor der Haustür; **a ~ abierta** (*t.* JUR) öffentlich; **a ~ cerrada** (*t.* JUR) nicht öffentlich; **a las ~s de la muerte** an der Schwelle des Todes; **enseñar la ~ a alguien** jdm die Tür weisen; **estar a las ~s** *(fig)* vor der Tür stehen; **dar a alguien con la ~ en las narices** jdm die Tür vor der Nase zuschlagen; **de ~s adentro** *(fig)* intern; **ir de ~ en ~** von Haus zu Haus gehen; **cerrar las ~s a alguien** *(fig)* jdm den Weg versperren; **poner a alguien en la ~ (de la calle)** jdn vor die Tür setzen; **por la ~ grande** (TAUR: *t. fig)* mit Glanz und Gloria; **tiene todas las ~s abiertas** *(fig)* ihm/ihr stehen alle Türen offen ② (DEP) Tor *nt;* **disparo a ~** Torschuss *m*

puerto ['pwerto] *m* ① (NÁUT) Hafen *m; (ciudad)* Hafenstadt *f;* **~ deportivo** Jachthafen *m;* **~ franco** Freihafen *m;* **~ interior** Binnenhafen *m;* **~ marítimo** Seehafen *m;* **~ de matrícula** Heimathafen *m;* **tomar ~** den Hafen anlaufen ② *(de montaña)* Bergpass *m* ③ (INFOR) Schnittstelle *f;* **~ USB** USB-Schnittstelle *f;* **~ para módem** Modemanschluss *m;* **~ serie** serielle Schnittstelle; **~ de trasmisión en paralelo/en serie** Parallel-/Serienschnittstelle *f* ④ *(refugio)* Zuflucht *f*

Puerto Rico [pwertorri'ko] *m* Puerto Rico *nt*

puertorriqueño, -a [pwertorri'keɲo, -a] **I.** *adj* puerto-ricanisch **II.** *m, f* Puerto-Ricaner(in) *m(f)*

pues [pwes] **I.** *adv* ① *(entonces)* dann; *(así que)* also; **Ana quiere conocerte – ~ que venga** Ana möchte dich kennenlernen – dann soll sie kommen; **he vuelto a suspender – ~ estudia más** ich bin schon wieder durchgefallen – dann musst du eben mehr lernen; **~ entonces, nada** dann eben nicht ② *(ilativo)* also; **~ bien** also gut; **la consecuencia es, ~, ...** daraus folgt also ...; **dejémoslo, ~** lassen wir es also lieber sein ③ *(causal)* nämlich; **estudio alemán – ¡ah, ~ yo también!** ich lerne Deutsch – ach, ich auch!; **yo soy de Salamanca – ~ yo, de Soria** ich komme aus Salamanca – und ich aus Soria; **¿quién es? – ~ no sé** wer ist es? – ich weiß es nicht ④ *(expletivo)* doch; **¿estuvisteis por fin en Toledo? – ~ no/sí** wart ihr schließlich in Toledo? – nein, doch nicht/ja; **¡~ esto no es nada!** das ist noch gar nichts!; **estoy muy cansado – ~ aún queda mucho camino** ich bin sehr müde – wir haben aber noch eine ziemlich lange Strecke vor uns; **¡qué caro! – ¿sí? ~ a mí me parece barato** wie teuer! – findest du? ich finde es eher billig ⑤ *(exclamativo)* **¡~ vaya lata!** so ein Mist!; **¡~ no faltaría más!** das wäre ja noch schöner! ⑥ *(interrogativo)* **no voy a salir – ¿~ cómo es eso?** ich gehe nicht aus – wieso das denn?; **¿~ qué quieres?** was willst du denn?; **¿y ~?** ja, und?; **¿~ qué ha pasado?** was ist denn passiert? ⑦ *(atenuación)* **¿por qué no viniste a la fiesta? – ~ es que tenía mucho que hacer** warum bist du nicht zur Party gekommen? – tja, ich hatte viel zu tun; **¿nos vemos mañana? – ~ no sé todavía** sehen wir uns morgen? – tja, ich weiß noch nicht ⑧ *(insistencia)* **~ así es** so ist es halt; **~ claro** aber klar; **¡vamos ~!** na, los!; **¡~ entonces!** na, dann! **II.** *conj* ① *(causal)* **~ no me queda otro remedio, venderé el coche** da mir nichts anderes übrig bleibt, werde ich das Auto verkaufen; **no voy de viaje, ~ no tengo dinero** ich mache keine Reise, denn ich habe kein Geld ② *(elev)* **~ que** da

puesta ['pwesta] *f* ① *(general)* Stellung *f;* **~ a cero** Nullstellung *f; (calibrar)* Eichung *f;* **~ al día** Aktualisierung *f;* **~ en escena** (TEAT) Inszenierung *f;* **~ en función** Betätigung *f;* **~ en funcionamiento** Inbetriebnahme *f;* **~ en hora** Zeiteinstellung *f;* **~ en libertad** Haftentlassung *f;* **~ en marcha** Inbetriebnahme *f;* (AUTO) Anlassen *nt;* **~ en práctica** Verwirklichung *f;* **~ a punto** Generalrevision *f;* (AUTO) (Urlaubs)check *m* ② *(de aves)* Gelege *nt* ③ *(de sol)* Sonnenuntergang *m* ④ *(en el juego)* Einsatz *m*

puesto[1] ['pwesto] *m* ① *(lugar)* Platz *m; (posición)* Stellung *f;* **~ de información** Auskunftsstelle *f;* **~ de observación** (ASTR) Beobachtungsstation *f;* (MED) Wachstation *f;* **ceder/mantener el ~** (DEP) den Listenplatz verlieren/halten ② *(empleo)* (Arbeits)stelle *f; (cargo)* Amt *nt; (posición)* Position *f* ③ *(tenderete)* (Markt)stand *m;*

(feria de muestras) Messestand *m; (chiringuito)* Imbissstand *m;* ~ **de periódicos** Zeitungskiosk *m* ❹ (MIL) Posten *m* ❺ *(guardia)* Wache *f;* ~ **de policía** Polizeiwache *f;* ~ **de socorro** Rettungswache *f* ❻ *(caza)* Hochsitz *m*

puesto, -a[2] ['pwesto, -a] **I.** *pp de* **poner** **II.** *adj* ❶ (COM) (frei) ab; ~ **en esta** frei ab hier; ~ **en fábrica** ab Werk ❷ *(loc)* ~ **al día** auf dem neuesten Stand; **ir muy bien** ~ *(fam)* schick angezogen sein; **tienen el piso muy bien** ~ *(fam)* sie haben die Wohnung sehr gut eingerichtet; **tenerlos muy bien ~s** *(vulg)* ein ganzer Kerl sein *fam;* **estar ~ en un tema** *(fam)* sich in einem Thema auskennen **III.** *conj* ~ **que** da

puf [puf] **I.** *interj* ächz **II.** *m (asiento)* Puff *m*

púgil ['puxil] *m,* **pugilista** [puxi'lista] *m* (DEP) Boxer *m*

pugilismo [puxi'lismo] *m* (DEP) Boxen *nt,* Faustkampf *m*

pugna ['puɣna] *f (lucha)* Kampf *m; (conflicto)* Streit *m*

pugnante [puɣ'nan̪te] *adj* feindlich, gegnerisch

pugnar [puɣ'nar] *vi* ❶ *(pelear)* streiten; *(fig)* hadern ❷ *(esforzarse)* ringen (**por** um +*akk*) ❸ *(intentar)* kämpfen (**por** um +*akk*)

puja ['puxa] *f* ❶ *(esfuerzo)* Anstrengung *f* ❷ *(en una subasta)* höheres Gebot *nt;* ~ **mínima** Mindestgebot *nt*

pujanza [pu'xan̪θa] *f (fuerza)* Kraft *f; (impulso)* Schwung *m; (brío)* Elan *m*

pujar [pu'xar] *vi* ❶ *(esforzarse)* sich anstrengen; ~ **por** sich bemühen zu ❷ *(en una subasta)* höher bieten

pujo ['puxo] *m* ❶ (MED: *de orinar*) Harndrang *m; (de defecar)* Stuhldrang *m* ❷ *(deseo)* Drang *m;* **sentí ~s de gritar** ich spürte den Drang, zu schreien ❸ *(conato)* Fehlschlag *m*

pularda [pu'larða] *f* Poularde *f*

pulcritud [pulkri'tu^{d}] *f* ❶ *(aseo)* Reinlichkeit *f* ❷ *(cuidado)* Sorgfalt *f; (finura)* Feinheit *f*

pulcro, -a ['pulkro, -a] <pulquérrimo> *adj* ❶ *(aseado)* reinlich ❷ *(cuidadoso)* sorgfältig; *(fino)* fein

pulga ['pulɣa] *f* Floh *m;* (INFOR) (Programm)fehler *m;* **tener malas ~s** *(fam)* schnell aus der Haut fahren; **buscar las ~s a alguien** *(fam)* jdn auf die Palme bringen

pulgada [pul'ɣaða] *f (medida)* Zoll *m; (fam: aproximada)* Daumenbreite *f*

pulgar [pul'ɣar] **I.** *adj* **dedo** ~ Daumen *m* **II.** *m* Daumen *m*

Pulgarcito [pulɣar'θito] *m* Däumling *m*

pulgón [pul'ɣon] *m* Blattlaus *f*

pulido[1] [pu'liðo] *m* Polieren *nt; (abrillantado)* Glätten *nt; (esmerilado)* Schliff *m; (con cera)* Bohnern *nt*

pulido, -a[2] [pu'liðo, -a] *adj* ❶ *(brillante)* blank ❷ *(fino)* fein; *(estilo)* ausgefeilt

pulidor[1] [puli'ðor] *m* (TÉC) Poliermaschine *f; (con cera)* Bohnermaschine *f; (esmeriladora)* Schleifmaschine *f*

pulidor(a)[2] [puli'ðor(a)] *adj* (TÉC) Polier-

pulimentar [pulimen̪'tar] *vt* polieren; *(alisar)* glätten; *(esmerilar)* schleifen

pulimento [puli'men̪to] *m* ❶ *v.* **pulido**[1] ❷ *(sustancia)* Politur *f*

pulir [pu'lir] **I.** *vt* ❶ *(abrillantar)* polieren; *(suavizar)* glätten; *(esmerilar)* schleifen; *(con cera)* bohnern ❷ *(perfeccionar)* den letzten Schliff geben +*dat; (refinar)* Schliff verpassen +*dat* **II.** *vr:* **~se** ❶ *(refinarse)* Schliff bekommen ❷ *(derrochar)* verschwenden

pulla ['puʎa] *f* Stichelei *f*

pullman ['pulman] *m (Am: coche cama)* Schlafwagen *m*

pulmón [pul'mon] *m* Lunge *f;* ~ **de acero** eiserne Lunge; ~ **acuático** Unterwasseratemgerät *nt;* **a pleno** ~ aus voller Lunge; **enfermo de** ~ lungenkrank; **padecer de los pulmones** es auf der Lunge haben

pulmonar [pulmo'nar] *adj* Lungen-

pulmonía [pulmo'nia] *f* Lungenentzündung *f*

pulóver [pu'loβer] *m (Am: jersey)* Pullover *m*

pulpa ['pulpa] *f* ❶ (ANAT) Mark *nt;* ~ **cerebral** Gehirnmasse *f;* ~ **dental** Pulpa *f* ❷ *(de la fruta)* Fruchtfleisch *nt;* ~ **de madera** Holzmasse *f*

pulpejo [pul'pexo] *m* (ANAT) Daumenballen *m; (yema)* Fingerkuppe *f*

pulpería [pulpe'ria] *f (Am: tienda y bar)* *Kolonialwarenladen mit Ausschank*

púlpito ['pulpito] *m* Kanzel *f*

pulpo ['pulpo] *m* ❶ (ZOOL) Krake *m;* **como un ~ en un garaje** *(fam)* fehl am Platze ❷ *(sujeción)* Gepäckspinne *f*

pulposo, -a [pul'poso, -a] *adj* markig; *(carnoso)* fleischig; (MED) pulpös

pulsación [pulsa'θjon] *f* ❶ (ANAT: *latido*) Pulsschlag *m* ❷ *(de una tecla)* Tastendruck *m; (mecanografía)* Anschlag *m;* ~ **doble** (INFOR) Überschreiben *nt*

pulsador [pulsa'ðor] *m (tecla)* Taste *f; (botón)* Knopf *m; (conmutador)* Schalter *m*

pulsar [pul'sar] **I.** *vi (latir)* pulsieren **II.** *vt* ❶ *(oprimir)* drücken; *(teclado)* anschlagen; ~ **el timbre** klingeln ❷ *(tomar el* *pulso)* den Puls fühlen +*dat;* ~ **la opinión pública** die öffentliche Meinung sondieren

pulsátil [pul'satil] *adj* pulsierend, klopfend

pulsera [pul'sera] *f* Armband *nt;* **reloj de** ~ Armbanduhr *f*

pulsímetro [pul'simetro] *m* (MED) Blutdruckmessgerät *nt*

pulso ['pulso] *m* Puls *m; (fig)* Behutsamkeit *f;* **a** ~ *(sin apoyarse)* freihändig; *(por su propio esfuerzo)* auf eigene Faust; **con** ~ behutsam; **echar un ~ a alguien** mit jdm Arm drücken; **tener buen** ~ eine ruhige Hand haben; **tomar el ~ a alguien** jdm den Puls fühlen

pulular [pulu'lar] *vi* ❶ *(brotar)* sprießen ❷ *(multiplicarse)* wuchern ❸ *(bullir)* **los turistas pululaban por la plaza** der Platz wimmelte von Touristen

pulverización [pulβeriθa'θjon] *f* ❶ *(en polvo)* Pulverisierung *f,* Zermahlung *f* ❷ *(atomizado)* Zerstäubung *f;* (AGR) Verneblung *f*

pulverizador [pulβeriθa'ðor] *m (aparato)* Sprühgerät *nt; (botella)* Sprühflasche *f; (atomizador)* Zerstäuber *m; (espray)* Sprühdose *f*

pulverizar [pulβeri'θar] <z → c> **I.** *vt* ❶ *(reducir a polvo)* pulverisieren; *(rallar)* zerreiben; *(moler)* zermahlen ❷ *(atomizar)* zerstäuben ❸ *(fig: aniquilar)* vernichten; *(argumento)* entkräften **II.** *vr:* **~se** zu Staub werden

pum [pun] *interj* bums!; **ni** ~ *(fam)* nicht die Bohne

P

puma ['puma] *m* Puma *m*

puna ['puna] *f (AmS)* ❶ *(altiplano)* Puna *f* ❷ *(malestar)* Höhenkrankheit *f*

punción [puṇ'θjon] *f* Einstich *m*

pundonor [puṇdo'nor] *m* ❶ *(honorabilidad)* Anständigkeit *f* ❷ *(honor)* Ehre *f*

pundonoroso, -a [puṇdono'roso, -a] *adj* ❶ *(honorable)* grundanständig, grundehrlich ❷ *(obsesionado por su fama)* ehrliebend

pungir [puŋ'xir] <g → j> *vt* ❶ *(punzar)* stechen ❷ *(hacer padecer)* quälen

punible [pu'niβle] *adj* strafbar; **no** ~ straffrei

punición [puni'θjon] *f* (JUR) Strafe *f,* Bestrafung *f; (sanción)* Ahndung *f*

punir [pu'nir] *vt* (JUR) (be)strafen; *(sancionar)* ahnden

punitivo, -a [puni'tiβo, -a] *adj* Straf-, strafend

punk [punᵏ] **I.** *adj* **música** ~ Punk(rock) *m* **II.** *mf* Punk *m*

punki ['puŋki] **I.** *adj* punkig **II.** *mf* Punk(er), Punkerin *m, f*

punta ['puṇta] *f* Spitze *f; (pico)* Zacken *m; (extremo)* Ende *nt; (de tierra)* Landzunge *f; (un poco)* Körnchen *nt;* **a ~ de navaja/pistola** mit gezücktem Messer/gezogener Pistole; **acabar en** ~ spitz zulaufen; **estar de ~ con alguien** mit jdm zerstritten sein; **de ~ a** ~ restlos; **de ~ en blanco** *(fam)* herausgeputzt; **hora**(s) ~ Stoßzeit *f;* **ponerse de ~ con alguien** sich mit jdm anlegen; **se me pusieron los pelos de** ~ die Haare standen mir zu Berge; **sacar** ~ *(afilar)* anspitzen; **lo tenía en la ~ de la lengua** es lag mir auf der Zunge

puntada [puṇ'taða] *f (costura)* Nahtstich *m; (pinchazo)* Nadelstich *m; (fig)* Stichelei *f*

puntaje [puṇ'taxe] *m (Am) v.* **puntuación**

puntal [puṇ'tal] *m* ❶ *(madero)* Balken *m; (fig: apoyo)* Stütze *f* ❷ *(Am: refrigerio)* Häppchen *nt*

puntapié [puṇta'pje] *m* Fußtritt *m;* **a ~s** mit Fußtritten; **pegar un ~ a alguien** jdm einen Tritt versetzen; **tratar a alguien a ~s** *(fig)* jdn mit Füßen treten

puntazo [puṇ'taθo] *m* ❶ *(pinchazo)* Stich *m;* (TAUR) Hornstoß *m* ❷ *(pulla)* Stichelei *f* ❸ *(argot: muy bien)* **¡eres un ~!** du bist echt eine Wucht!

puntear [puṇte'ar] *vt* ❶ *(marcar con puntos)* punktieren; *(motear)* tüpfeln ❷ *(tachar)* abhaken ❸ *(dar puntadas)* sticheln (gegen +*akk*) ❹ (MÚS) zupfen

puntera [puṇ'tera] *f* ❶ *(en el zapato)* Schuhspitze *f; (media)* Zehenspitze *f;* **~ reforzada** verstärkte Spitze ❷ *(líder)* Spitzenreiterin *f*

puntería [puṇte'ria] *f* ❶ *(apuntar)* Zielen *nt* ❷ *(destreza)* Treffsicherheit *f;* **tener buena/mala** ~ ein guter/schlechter Schütze sein

puntero[1] [puṇ'tero] *m (vara)* Zeigestock *m*

puntero, -a[2] [puṇ'tero, -a] **I.** *adj* ❶ *(con puntería)* treffsicher ❷ *(sobresaliente)* führend; **el equipo** ~ (DEP) die Spitzenmannschaft **II.** *m, f* Spitzenreiter(in) *m(f)*

puntiagudo, -a [puṇtja'ɣuðo, -a] *adj* spitz

puntilla [puṇ'tiʎa] *f* ❶ *(encaje)* Spitzenbordüre *f* ❷ *(marcador)* (Schreib)griffel *m* ❸ *(golpe de gracia)* Gnadenstoß *m;* **dar la ~ a alguien** *(fig)* jdm den Rest geben ❹ *(loc)* **de ~s** auf Zehenspitzen; **andar de ~s** auf Zehenspitzen gehen; **ponerse de ~s** sich auf die Zehenspitzen stellen

puntillo [puṇ'tiʎo] *m* ❶ *(amor propio)* Ehrpussligkeit *f* ❷ (MÚS) Verlängerungspunkt *m*

puntilloso, -a [puṇti'ʎoso, -a] *adj* ehrpusselig; *(criticón)* kritt(e)lig; *(descontentadizo)* heikel

punto ['pun̪to] *m* ① *(general)* Punkt *m;* **~ álgido** Höhepunkt *m;* **~ y aparte** (LING) neuer Absatz; **~ de arranque** Ausgangspunkt *m;* **¡~ en boca!** Mund zu!; **~ cardinal** Himmelsrichtung *f;* **~ cero** Nullpunkt *m;* **~ clave** Angelpunkt *m;* **~ y coma** (LING) Semikolon *nt;* **sin ~ de comparación** ohne möglichen Vergleich; **~ de destino** Bestimmungsort *m;* **~ de ebullición** Siedepunkt *m;* **~ de encuentro** Treffpunkt *m;* **~ de enlace a la red** (INFOR) Network Access Point *m,* Einwahlknoten *m;* **~ esencial** Schwerpunkt *m;* **~ final** *(t. fig)* Schlusspunkt *m;* **~ fuerte** Stärke *f;* **~ de intersección** Schnittpunkt *m;* **~ máximo** Höhepunkt *m;* **~ muerto** (AUTO) Leerlauf *m;* **~ de referencia** Anhaltspunkt *m;* **~ y seguido** (LING) Punkt *m* (ohne neuen Absatz); **~s suspensivos** Auslassungspunkte *mpl;* **~ a tratar** Tagesordnungspunkt *m;* **~ de venta** Verkaufsstelle *f;* **~ de vista** Standpunkt *m;* **dos ~s** (LING) Doppelpunkt *m;* **dar el ~** den letzten Schliff geben *+dat;* **derrotar/ganar por ~s** nach Punkten schlagen/gewinnen; **poner ~ final a algo** den Schlussstrich unter etw ziehen; **poner a ~** (TÉC) checken; *(ajustar)* justieren; **poner los ~s sobre las íes** *(fig)* Klartext sprechen; **tener a ~** bereithalten; **al ~** *(en seguida)* sofort; **hasta tal ~ que...** dermaßen, dass ...; **con ~s y comas** haarklein; **de todo ~** durchaus; **la una en ~** Punkt ein Uhr; **en ~ a** bezüglich *+gen;* **hasta cierto ~** gewissermaßen; **¿hasta qué ~?** inwiefern?; **¡y ~!** und damit basta!; **¡vamos por ~s!** jetzt aber langsam! ② *(calceta)* Stricken *nt;* *(labor)* Strickarbeit *f;* **~ de media** Stricken *nt;* **de ~** gestrickt; **chaqueta de ~** Strickjacke *f;* **hacer ~** stricken ③ *(puntada)* Stich *m;* **~ de sutura** Stich *m;* **la herida necesitó diez ~s** die Wunde wurde mit zehn Stichen genäht ④ *(pey: tipo)* Individuum *nt;* **es un ~ filipino** er/sie ist eine miese Kanaille ⑤ *(loc)* **a ~** *(preparado)* bereit; (GASTR) gar; **a ~ de** kurz davor, zu; **a ~ fijo** bestimmt; **a ~ de nieve** (GASTR) steif geschlagen; **en su ~** (GASTR) gar; *(fig)* genau richtig

puntuable [pun̪'twaβle] *adj* (DEP) punktrelevant, punktentscheidend; **~ para el campeonato** für die Meisterschaft relevant

puntuación [pun̪twa'θjon] *f* ① (LING) Zeichensetzung *f;* **signo de ~** Satzzeichen *nt* ② *(calificación)* Bewertung *f;* *(escuela)* Benotung *f;* (DEP) Punktzahl *f;* **sistema de ~** Punktsystem *nt*

puntual [pun̪tu'al] *adj* ① *(concreto)* punktuell ② *(exacto)* genau ③ *(sin retraso)* pünktlich

puntualidad [pun̪twali'ðaᵈ] *f* Pünktlichkeit *f;* **falta de ~** Unpünktlichkeit *f*

puntualización [pun̪twaliθa'θjon] *f* *(detalle)* Einzelangabe *f;* *(precisión)* Präzisierung *f;* *(aclaración)* Klarstellung *f*

puntualizar [pun̪twali'θar] <z → c> *vt* *(especificar)* im Einzelnen anführen; *(precisar)* präzisieren; *(aclarar)* klarstellen

puntualmente [pun̪tual'men̪te] *adv* pünktlich

puntuar [pun̪tu'ar] <*1. pres* puntúo> *vt* ① *(un escrito)* Satzzeichen setzen (in *+dat*) ② *(conseguir puntos)* punkten ③ *(calificar)* benoten; (DEP) mit Punkten bewerten

punzada [pun̪'θaða] *f* *(dolor)* stechender Schmerz *m;* *(en los costados)* Seitenstechen *nt*

punzador(a) [pun̪θa'ðor(a)] *adj* stechend

punzante [pun̪'θan̪te] *adj* ① *(puntiagudo)* spitz ② *(mordaz)* bissig

punzar [pun̪'θar] <z → c> **I.** *vt* ① *(pinchar)* stechen; *(agujerear)* lochen; *(grabar)* stanzen ② *(conciencia)* nagen (an *+dat*) **II.** *vi* *(doler)* stechen

punzón [pun̪'θon] *m* Ahle *f;* *(sello)* Punze *f;* *(cincel)* Stichel *m;* *(taladro)* Bohrmeißel *m;* *(buril)* Griffel *m*

puñado [pu'ɲaðo] *m* Handvoll *f;* **a ~s** *(mucho)* haufenweise; **un ~** *(argot: mucho)* total

puñal [pu'ɲal] *m* Dolch *m;* **poner a alguien el ~ al pecho** jdm das Messer an die Kehle setzen

P

puñalada [puɲa'laða] *f* Dolchstoß *m;* *(herida)* Dolchstich *m;* *(fig)* Stoß *m* (ins Herz); **coser a ~s** mit Stichen durchlöchern; **dar una ~ trapera a alguien** *(fig)* jdm in den Rücken fallen

puñeta [pu'ɲeta] *f* *(vulg)* ① *(molestia)* **¡(qué) ~(s)!** so ein Scheiß!; **hacer la ~ a alguien** jdm eine schöne Suppe einbrocken *fam;* *(adrede)* jdn schikanieren ② *(bobada)* dummes Zeug *nt fam;* **¡déjate de ~s!** hör mit dem Scheiß auf!; **¿qué ~s estás diciendo?** was redest du da für einen Scheiß?; **en la quinta ~** am Arsch der Welt ③ *(Am: masturbación)* Wichsen *nt;* **mandar a alguien a hacer ~s** jdn zum Teufel schicken *fam;* **¡vete a hacer ~s!** scher dich zum Teufel! *fam*

puñetazo [puɲe'taθo] *m* Faustschlag *m*

puñetero, -a [puɲe'tero, -a] *adj* *(fam)* verdammt; **el muy ~ no me ayudó** der Scheißkerl hat mir nicht geholfen

puño ['puɲo] *m* ① *(mano)* Faust *f;* **~ cerrado** geballte Faust; **apretar los ~s** *(fig)* die

Zähne zusammenbeißen; **comerse los ~s** *(fig)* einen Bärenhunger haben; **como un ~** faustgroß; **con el ~ en alto** mit erhobener Faust; **verdades como ~s** die reine Wahrheit; **de su ~ y letra** eigenhändig; **meter a alguien en un ~** jdn in die Enge treiben; **tener a alguien en un ~** jdn unter der Fuchtel haben ❷ *(puñado)* Hand *f* voll ❸ *(mango)* Griff *m; (pomo)* Knauf *m* ❹ *(de la ropa)* Manschette *f; (de punto)* Armbund *m; (adorno)* Ärmelbesatz *m;* ~ **vuelto** Ärmelaufschlag *m*

pupa ['pupa] *f* ❶ *(ampolla)* Lippenbläschen *nt; (heridilla)* kleine Wunde *f* ❷ *(fam: dolor)* Wehweh(chen) *nt;* **¡~!** aua! ❸ (ZOOL) Puppe *f*

pupila [pu'pila] *f* (ANAT) Pupille *f;* **tener ~** *(fam)* ausgefuchst sein

pupilaje [pupi'laxe] *m (tutela)* Vormundschaft *f*

pupilo, -a [pu'pilo, -a] *m, f* Mündel *nt*

pupitre [pu'pitre] *m* ❶ *(escritorio)* (Schreib)pult *nt; (en la escuela)* Schulbank *f* ❷ (TÉC) Pult *nt;* ~ **de control** Schaltpult *nt;* ~ **de mezclas** Mischpult *nt*

puramente [pura'mente] *adv* ❶ *(con pureza)* rein ❷ *(meramente)* lediglich, bloß; **simple y ~ no es posible** es geht schlicht und einfach nicht

purasangre [pura'saŋgre] **I.** *adj* Vollblut- **II.** *m* Vollblut(pferd) *nt*

puré [pu're] *m* Püree *nt;* **hacer ~** pürieren; *(fig)* zerstampfen; **estar hecho ~** *(fig fam)* fix und fertig sein

pureza [pu'reθa] *f* Reinheit *f; (integridad)* Lauterkeit *f*

purga ['purɣa] *f* ❶ *(medicamento)* Abführmittel *nt* ❷ *(eliminación)* Säuberung *f*

purgación [purɣa'θjon] *f* ❶ (MED) Abführen *nt* ❷ (TÉC) Ablassen *nt* ❸ *pl (fam: blenorragia)* Tripper *m*

purgante [pur'ɣante] **I.** *adj* ❶ (MED) abführend ❷ (TÉC) reinigend **II.** *m* ❶ (MED) Abführmittel *nt* ❷ (TÉC) Reinigungsmittel *nt*

purgar [pur'ɣar] <g → gu> **I.** *vt* ❶ *(limpiar)* säubern; *(aguas)* klären; *(fig)* reinigen ❷ (MED) purgieren ❸ *(evacuar)* ablassen ❹ *(expiar)* büßen; (JUR) verbüßen **II.** *vr:* **~se** ❶ *(limpiarse, t. fig)* sich reinigen (**de** von +*dat*) ❷ (MED) ein Abführmittel einnehmen

purgativo, -a [purɣa'tiβo, -a] *adj* abführend

purgatorio [purɣa'torjo] *m* Fegefeuer *nt*

puridad [puri'ða^{d}] *f (elev)* ❶ *(pureza)* Reinheit *f* ❷ *(secreto)* Geheimnis *nt* ❸ *(loc)* **en ~** klar und deutlich, ohne Umschweife

purificación [purifika'θjon] *f* Läuterung *f; (limpieza)* Reinigung *f;* (TÉC) Klärung *f;* (REL) Purifikation *f;* **la P~** Lichtmess

purificador[1] [purifika'ðor] *m* Reiniger *m;* ~ **de humos** Rauchfilter *m*

purificador(a)[2] [purifika'ðor(a)] *adj* **planta ~a** Kläranlage *f*

purificante [purifi'kante] *adj* klärend, reinigend; **mascarilla ~** klärende Gesichtsmaske

purificar [purifi'kar] <c → qu> **I.** *vt (limpiar)* reinigen; *(fig)* befreien **II.** *vr:* **~se** sich läutern; *(fig)* sich befreien

purín [pu'rin] *m* (AGR) Jauche *f*

purista [pu'rista] **I.** *adj* puristisch **II.** *mf* Purist(in) *m(f)*

puritanismo [purita'nismo] *m sin pl* (REL) Puritanismus *m; (fig)* Sittenstrenge *f*

puritano, -a [puri'tano, -a] **I.** *adj* puritanisch **II.** *m, f* Puritaner(in) *m(f)*

puro[1] ['puro] *m* Zigarre *f*

puro, -a[2] ['puro, -a] *adj* rein; *(inmaculado)* makellos; *(auténtico)* echt; *(sin mezcla)* pur; *(íntegro)* lauter; **por pura cortesía** aus reiner Höflichkeit; **pura lana** reine Schurwolle; **la pura verdad** die reine Wahrheit; **pura casualidad** purer Zufall; **de ~ miedo** vor lauter Angst; **se cae de ~ bueno/tonto** er ist einfach zu gut/blöd

púrpura ['purpura] **I.** *adj* purpurrot **II.** *f (color)* Purpur *m*

purpurina [purpu'rina] *f* ❶ *(colorante rojo)* Purpurin *nt* ❷ *(polvo de metal)* Glitzerstaub *m*

purulento, -a [puru'lento, -a] *adj* eitrig

pus [pus] *m sin pl* Eiter *m*

pusilánime [pusi'lanime] *adj* zaghaft

pusilanimidad [pusilanimi'ða^{d}] *f* Kleinmut *m,* Zaghaftigkeit *f*

pústula ['pustula] *f* Pustel *f*

puta ['puta] *f (vulg)* Nutte *f fam;* **casa de ~s** Puff *m fam; (fig)* Sauladen *m fam;* **ir de ~s** (herum)huren *fam*

putada [pu'taða] *f (vulg)* Sauerei *f fam;* **hacer una ~ a alguien** jdm übel mitspielen *fam*

putativo, -a [puta'tiβo, -a] *adj* vermeintlich

puteada [pute'aða] *f (CSur: vulg)* Fluch *m;* **dar ~s** fluchen

putear [pute'ar] **I.** *vi (fam: ir de putas)* (herum)huren **II.** *vt (argot: fastidiar)* schikanieren; **me putea tanta gilipollez** der ganze Scheiß geht mir auf den Sack; **estoy puteado** ich bin völlig am Arsch; **¡te han puteado bien!** die haben dich ganz schön angeschmiert!

putero [pu'tero] *m (vulg)* Hurenbock *m*

puticlub [puti'klu$^{\beta}$] *m (argot)* Bumslokal *nt*

puto, -a ['puto, -a] *adj (vulg)* verdammt *fam;* **¡de puta madre!** geil! *fam;* **¡qué puta suerte!** so ein Schweineglück! *fam;* **el ~ coche no arranca** das Scheißauto springt nicht an; **ni puta idea** keinen blassen Schimmer *fam;* **las estoy pasando putas** es geht mir völlig dreckig *fam*

putrefacción [putrefaˠ'θjon] *f* Verrottung *f*

putrefacto, -a [putre'fakto, -a] *adj* verrottet

pútrido, -a ['putriðo, -a] *adj* faul

puya ['puɟa] *f* ❶ *(punta)* Spitze *f* ❷ *(injuria)* Stichelei *f;* **echar una ~ a alguien** gegen jdn sticheln

puzle ['puθle] *m* Puzzle *nt;* **hacer un ~** puzzeln

PVC [peuβe'θe] *m abr de* **polivinilcloruro** PVC *nt*

PVP ['preθjo ðe 'βeṇta (a)l 'puβliko] *m abr de* **precio de venta al público** Ladenverkaufspreis *m*

PYME ['pime] *f pl abr de* **pequeñas y medianas empresas** Klein- und Mittelbetriebe *mpl*

Qq

Q, q [ku] *f* Q, q *nt;* **~ de Quebec** Q wie Quelle

que [ke] **I.** *pron rel* ❶ *(con antecedente)* der/die/das; **la pelota ~ está pinchada** der Ball, der kaputt ist; **la pelota ~ compraste** der Ball, den du gekauft hast; **el rey al ~ sirvo** der König, dem ich diene; **la historia de ~ te hablé** die Geschichte, von der ich dir erzählt habe; **reacciones a las ~ estamos acostumbrados** Reaktionen, an die wir gewöhnt sind; **el proyecto en el ~ trabajo** das Projekt, an dem ich arbeite; **la empresa para la ~ trabajo** die Firma, für die ich arbeite ❷ *(sin antecedente)* **el/la/lo ~...** der(jenige)/die(jenige)/das(jenige), der/die/das ...; **los ~ hayan terminado** diejenigen, die fertig sind; **el ~ quiera, ~ se marche** wer will, kann gehen; **es de los ~...** er gehört zu denen, die ...; **el ~ más y el ~ menos** jeder; **es todo lo ~ sé** das ist alles, was ich weiß; **lo ~ haces** (das,) was du machst; **no sabes lo difícil ~ es** du weiß nicht, wie schwer das ist ❸ *(con preposición)* **de lo ~ habláis** wovon ihr sprecht **II.** *conj* ❶ *(completivo)* dass; **me pidió ~ le ayudara** er/sie bat mich um Hilfe ❷ *(estilo indirecto)* **ha dicho ~...** er/sie hat gesagt, dass ... ❸ *(comparativo)* **más alto ~** größer als; **lo mismo ~** genauso viel wie ❹ *(porque)* denn; **le ayudaré, seguro, ~ se lo he prometido** ich helfe ihm/ihr bestimmt, ich habe es ihm/ihr doch versprochen ❺ *(para que)* **dio órdenes a los trabajadores ~ trabajaran más rápido** er/sie befahl den Arbeitern, schneller zu arbeiten ❻ *(sin que)* **no voy de vacaciones, ~ no me roben** im Urlaub werde ich immer bestohlen ❼ *(de manera que)* **corre ~ vuela** er/sie ist äußerst schnell ❽ *(o, ya)* **~ paguen, ~ no paguen, eso ya se verá** ob sie zahlen oder nicht, werden wir ja sehen ❾ *(y)* **lo hizo él, ~ no yo** er hat es getan, ich nicht ❿ *(frecuentativo)* **y él dale ~ dale con la guitarra** und er spielte unaufhörlich Gitarre ⓫ *(explicativo)* **es ~, hoy no vendré, es ~ estoy cansado** ich komme heute nicht, ich bin nämlich müde; **no es ~ no pueda, es ~ no quiero** nicht, dass ich nicht könnte, aber ich will einfach nicht; **¿es ~ no puedes venir?** kannst du etwa nicht kommen? ⓬ *(enfático)* **¡~ sí/no!** aber ja doch!/nein, auf keinen Fall!; **sí ~ lo haré** ja, ich tue es ganz bestimmt ⓭ *(de duda)* **¿~ no está en casa?** er/sie soll nicht zu Hause sein? ⓮ *(exclamativo)* **¡~ me canso!** ich kann nicht mehr!; **¡~ sea yo el que tenga que hacerlo!** ausgerechnet ich soll es tun! ⓯ *(con verbo)* **hay ~ trabajar más** man muss mehr arbeiten; **tener ~ hacer algo** etw tun müssen; **dar ~ hablar** Anlass zum Gerede geben ⓰ *(loc)* **antes ~** bevor; **por mucho ~ tú digas...** was du auch sagst ...; **a menos ~...** *+subj* es sei denn, ...; **con tal (de) ~...** *+subj* vorausgesetzt, dass ...; **a la ~ llegue** wenn er/sie kommt; **yo ~ tú...** ich an deiner Stelle ...

qué [ke] *adj o pron inter* ❶ *(general)* was; *(cuál)* welche(r, s); *(qué clase de)* was für eine(r, s); **¿por ~?** warum?; **¿en ~ piensas?** woran denkst du?; **¿para ~?** wozu?, wofür?; **¿de ~ hablas?** wovon redest du?; **¿a ~ esperas?** worauf wartest du?; **¿~ día llega?** an welchem Tag kommt er/sie?; **¿~ cerveza tomas?** was für ein Bier trinkst du?; **¿a ~ vienes?** was suchst du hier?; **¿~ edad tiene?** wie alt ist er/sie?; **según ~ gente no la soporto** bestimmte Leute ertrage ich nicht ② *(exclamativo)* **¡~ alegría!** das freut mich sehr!; **¡~ gracia!** wie witzig!; **¡~ suerte!** welch ein Glück! ③ *(cuán)* **¡~ magnífica vista!** so ein schöner Blick!; **¡mira ~ contento está!** sieh, wie glücklich er ist! ④ *(cuánto)* **¡~ de gente!** wie viele Leute! ⑤ *(loc)* **¿~?** wie bitte?, was? *fam;* **¿~ tal?** wie geht's?; **¿~ tal si...?** wie wär's, wenn ...?; **¿y ~?** na und?; **¿y a mí ~?** was geht mich das an?; **~, ¿vienes o no?** was ist nun, kommst du oder nicht?

quebrada [ke'βraða] *f* ① *(paso)* Pass *m* ② *(hendidura)* Schlucht *f* ③ *(Am: arroyo)* Bach *m*

quebradero [keβra'ðero] *m* **producir ~(s) de cabeza a alguien** jdm Kopfzerbrechen bereiten

quebradizo, -a [keβra'ðiθo, -a] *adj* ① *(objeto)* zerbrechlich ② *(de salud)* kränklich; *(persona mayor)* gebrechlich ③ *(voz)* brüchig

quebrado[1] [ke'βraðo] *m* (MAT) Bruch *m*

quebrado, -a[2] [ke'βraðo, -a] *adj* ① *(empresa)* bankrott ② *(herniado)* an einem Leistenbruch leidend ③ *(terreno)* holp(e)rig ④ *(rostro)* blass

quebradura [keβra'ðura] *f* ① *(cerámica)* Sprung *m; (pared)* Riss *m; (más grande)* Spalte *f* ② (MED) Bruch *m,* Hernie *f* ③ (GEO) Pass *m*

quebrajar [keβra'xar] **I.** *vt* spalten **II.** *vr:* **~se** sich spalten, Risse bekommen

quebrajoso, -a [keβra'xoso, -a] *adj* ① *(frágil)* zerbrechlich ② *(resquebrajado)* rissig

quebrantado, -a [keβran̩'taðo, -a] *adj* ① *(quebrajoso)* rissig ② *(dolorido)* schmerzerfüllt; **tengo las espaldas quebrantadas** mir tut der Rücken weh

quebrantahuesos [keβran̩ta'wesos] *m inv* ① (BOT) Bartgeiger *m* ② *(fam: persona pesada)* Nervensäge *f*

quebrantamiento [keβran̩ta'mjen̩to] *m* ① *(al romper)* Zerbrechen *nt* ② *(al cascar)* Aufknacken *nt* ③ *(al machacar)* Zermalmen *nt* ④ (JUR: *de la ley*) Übertretung *f,* Verstoß *m; (del orden)* Störung *f;* **~ de forma** Formverletzung *f,* Formverstoß *m*

quebrantar [keβran̩'tar] **I.** *vt* ① *(romper)* zerbrechen; *(cascar)* (auf)knacken; *(sello)* aufbrechen; *(machacar)* zermalmen; **~ la prisión** aus dem Gefängnis ausbrechen ② *(ley)* brechen; *(obligación)* nicht nachkommen +*dat; (secreto)* preisgeben ③ *(furia)* schwächen; *(autoridad)* unterminieren; *(salud)* ruinieren **II.** *vr:* **~se** *(estado de salud)* ruiniert sein; *(fuerza)* abnehmen

quebranto [ke'βran̩to] *m* ① *(de romper)* Zerbrechen *nt; (de cascar)* (Auf)knacken *nt; (de machacar)* Zermalmen *nt* ② *(económico)* Zusammenbruch *m* ③ *(moral)* Niedergeschlagenheit *f; (físico)* Erschöpfung *f* ④ *(pena)* Kummer *m*

quebrar [ke'βrar] <e → ie> **I.** *vt* ① *(romper)* zerbrechen ② *(interrumpir)* unterbrechen ③ *(el cuerpo)* beugen ④ *(rostro)* erblassen lassen ⑤ *(ley)* brechen ⑥ *(suavizar)* abschwächen **II.** *vi* ① *(con alguien)* Schluss machen ② *(ceder)* nachlassen ③ (COM) Konkurs machen ④ *(intento)* scheitern ⑤ *(Méx: darse por vencido)* sich geschlagen geben **III.** *vr:* **~se** ① (MED) sich *dat* einen Bruch heben ② *(la voz)* sich überschlagen ③ *(rostro)* erblassen ④ *(cuerpo)* sich beugen; **~se de dolor** sich vor Schmerzen krümmen

quechua ['ketʃwa] **I.** *adj* Quechua- **II.** *mf (persona)* Quechua *mf*

quedada [ke'ðaða] *f (fam: burla)* Spott *m*

quedado, -a [ke'ðaðo, -a] *adj (Arg, Chil)* träge, lustlos

quedar [ke'ðar] **I.** *vi* ① *(permanecer)* bleiben; **los problemas quedan atrás** die Probleme sind gelöst; **¿cuánta gente queda?** wie viele Leute sind noch da?; **~ a deber algo** etw schulden ② *(sobrar)* übrig bleiben; **no nos queda otro remedio que...** uns bleibt nichts anderes übrig als zu ...; **no queda pan** es gibt kein Brot mehr; **no queda ningún ejemplar de este libro** das Buch ist vergriffen ③ *(resultar)* **todo quedó en una simple discusión** am Ende wurde nur noch gestritten; **~ acordado** vereinbart werden; **~ cojo** hinken; **~ eliminado** ausscheiden; **~ fuera de servicio** (ECON) den Betrieb einstellen; **~ en ridículo** sich lächerlich machen ④ *(acordar)* vereinbaren **(en** +*akk*); **¿en qué habéis quedado?** wie seid ihr verblieben?; **quedamos a las 10** wir haben uns um 10 Uhr verabredet; **¿quedamos a las 10?** wollen wir uns um 10 Uhr treffen?; **primero dices una cosa y luego otra, ¿en qué quedamos?** zuerst behauptest du das eine, dann das andere – was ist nun? ⑤ *(estar situado)* liegen; **~ por** [*o* **hacia**] **el norte** im Norden liegen; **~ lejos de algo** weit von etw *dat* entfernt sein ⑥ *(faltar)* **quedan aún 100 km para llegar a casa** es sind immer noch 100 km bis nach Hause; **aún queda mucho por hacer** es gibt noch viel zu tun ⑦ *(terminar)* zu Ende sein; **... y ahí quedó el concierto** ... und das war das Ende des Konzerts ⑧ *(en una subasta)* **el cuadro queda por medio millón de**

euros das Gebot von einer halben Million Euro erhält den Zuschlag ⑨ *(+ por)* ~ **por cobarde** für einen Feigling gehalten werden ⑩ *(loc)* **por mí que no quede** an mir soll es nicht liegen; ~ **bien/mal** einen guten/schlechten Eindruck hinterlassen; ~ **mal en un examen** bei einer Prüfung schlecht abschneiden; ~ **mal con un amigo** sich mit einem Freund entzweien; ~ **como un señor** einen guten Eindruck hinterlassen; ~ **como un idiota** als völliger Idiot dastehen **II.** *vr:* **~se** ① *(permanecer)* bleiben; **~se atrás** zurückbleiben; **~se en blanco** [*o* **in albis**] ein(en) Black-out haben; **~se colgado** *(ordenador)* abstürzen; **durante la tormenta nos quedamos a oscuras** während des Gewitters fiel der Strom aus; **cuando me lo dijo me quedé muda/de piedra** als er/sie es mir sagte, verschlug es mir die Sprache/erstarrte ich vor Schreck ② *(resultar)* **~se ciego** blind werden; **~se viudo** verwitwen; **al freír la carne se ha quedado en nada** nach dem Braten war das Fleisch zusammengeschrumpft ③ *(conservar, adquirir)* **me quedo con el coche pequeño** ich nehme das kleine Auto; **quédate el libro** du kannst das Buch behalten; **~se sin nada** alles verlieren; **entre el mar y la montaña me quedo con el mar** ich ziehe das Meer dem Gebirge vor ④ *(burlarse)* **~se con alguien** jdn an der Nase herumführen

quedito [ke'ðito] *adv* sehr leise

quedo, **-a** ['keðo, -a] **I.** *adj* ① *(quieto)* ruhig ② *(voz, paso)* leise **II.** *adv* leise

quehacer [kea'θer] *m* Aufgabe *f;* **los ~es de la casa** die Hausarbeit; **dar ~ a alguien** jdm Mühe bereiten

queja ['kexa] *f* Klage *f;* **no tengo ~ de él** ich kann mich über ihn nicht beklagen

quejarse [ke'xarse] *vr* ① *(formular queja)* sich beklagen (**de** über +*akk*); **se queja del frío** er/sie jammert über die Kälte; **¿qué tal te va el negocio? – bien, gracias, no puedo quejarme** wie läuft dein Geschäft? – danke, ich kann nicht klagen ② *(gemir)* stöhnen (**de** über +*akk*)

quejica [ke'xika] **I.** *adj (por dolor)* wehleidig; *(por manera de ser)* nörg(e)lig; **¡no seas ~, hombre!** hör auf zu meckern! **II.** *mf* Jammerlappen *m; (criticón)* Nörgler(in) *m(f)*

quejicoso, **-a** [kexi'koso, -a] *adj v.* **quejica**

quejido [ke'xiðo] *m* Jammern *nt; (constante)* Gejammer *nt;* ~ **de dolor** Schmerzensschrei *m;* **dar ~s** jammern

quejoso, **-a** [ke'xoso, -a] *adj* **estar ~ de alguien** sich über jdn beklagen

quejumbrar [kexum'brar] *vi* grundlos klagen, jammern

quejumbroso, **-a** [kexum'broso, -a] *adj (voz)* kläglich, weinerlich; *(por dolor)* wehleidig

quelite [ke'lite] *m (Méx)* Gemüse *nt*

quema ['kema] *f* ① *(acción)* Verbrennen *nt; (completa)* Niederbrennen *nt* ② *(incendio)* Brand *m; (fuego)* Feuer *nt;* **huir de la ~** *(fig)* die Gefahr meiden

quemado[1] [ke'maðo] *m* verbrannter Wald *m*

quemado, **-a**[2] [ke'maðo, -a] *adj* verbrannt; **saber a ~** verbrannt [*o* angebrannt] schmecken; **oler a ~** verbrannt riechen; **este político está ~** *(fam)* dieser Politiker ist völlig ausgebrannt; **estar ~ con alguien** *(fam)* mit jdm böse sein

quemador[1] [kema'ðor] *m* ① (TÉC) Brenner *m* ② *(Am: encendedor)* Feuerzeug *nt*

quemador(a)[2] [kema'ðor(a)] *m(f)* Brandstifter(in) *m(f)*

quemadura [kema'ðura] *f* Brandwunde *f; (de sol)* Sonnenbrand *m;* ~ **de primer grado** Verbrennung ersten Grades

quemar [ke'mar] **I.** *vi* brennen; **cuidado, esta sopa quema** Vorsicht, diese Suppe ist heiß **II.** *vt* ① *(objeto)* verbrennen; *(casa: completamente)* niederbrennen; ~ **un bosque** einen Wald in Brand stecken ② *(comida)* anbrennen lassen ③ *(aguardiente)* brennen ④ *(sol)* verbrennen ⑤ *(licor, pimienta)* brennen; **este chili quema la garganta/la lengua** dieser Chili brennt im Hals/auf der Zunge ⑥ *(lejía)* ätzen ⑦ *(planta: calor)* ausdörren; *(planta: frío)* erfrieren lassen ⑧ *(fortuna)* vergeuden ⑨ *(fastidiar)* ärgern ⑩ *(AmC: denunciar)* anzeigen **III.** *vr:* **~se** ① *(arder)* (ver)brennen; **el bosque se quema** der Wald brennt (ab); **me he quemado los cabellos** ich habe mir die Haare versengt ② *(herir)* verbrennen ③ *(comida)* verbrennen; *(ligeramente)* anbrennen ④ *(tener calor)* **me estoy quemando** mir ist sehr heiß ⑤ *(por una pasión)* **~se de amor** vor Liebe vergehen ⑥ *(acertar)* **¡que te quemas!** (ganz) heiß!

quemarropa [kema'rropa] **disparar a ~** aus kürzester Entfernung schießen; **hacer preguntas a ~** rundheraus fragen

quemazón [kema'θon] *f* ① *(quema)* (Ver)brennen *nt* ② *(calor)* große Hitze *f* ③ *(ardor)* **siento una ~ en el estómago** ich verspüre ein Brennen im Magen ④ *(dicho)* spitze Bemerkung *f*

quemo ['kemo] *m (Arg)* Blamage *f*

quena ['kena] *f indianische Flöte*

quepo ['kepo] *1. pres de* **caber**

querella [ke'reʎa] *f* ① (JUR) Klage *f;* ~ **criminal** Anklage *f;* **poner una ~ contra alguien** gegen jdn klagen ② *(discordia)* Streit *m*

querellado, -a [kere'ʎaðo,-a] **I.** *adj* (JUR) beklagt **II.** *m, f* (JUR) Beklagte(r) *f(m)*

querellarse [kere'ʎarse] *vr* ① *(quejarse)* sich beklagen (**de/por** über +*akk*) ② (JUR) klagen

querelloso, -a [kere'ʎoso, -a] *m, f* ① (JUR) Kläger(in) *m(f)* ② *(quejica)* Nörgler(in) *m(f)*

querencia [ke'ren̩θja] *f (aprecio)* Anhänglichkeit *f; (cariño)* Zuneigung *f; (afición)* Vorliebe *f;* **tomar ~ a algo/alguien** etw/jdn lieb gewinnen

querendón, -ona [keren̩'don,-ona] *adj (Am)* liebevoll, zärtlich

querer [ke'rer] *irr* **I.** *vt* ① *(desear)* wollen; *(más suave)* mögen; **como tú quieras** wie du willst [*o* möchtest]; **has ganado – ¿qué más quieres?** du hast gewonnen – was willst du mehr?; **hacer algo queriendo/sin ~** etw mit Absicht/unbeabsichtigt tun; **quisiera tener 20 años menos** ich wäre gern 20 Jahre jünger; **eso es lo que quería decir** genau das meinte ich; **quiero que sepáis que...** ihr sollt wissen, dass ...; **y yo, ¡qué quieres que le haga!** was soll ich denn tun!; ~ **es poder** wer will, der kann ② *(amar)* gernhaben, mögen; *(más fuerte)* lieben; **te quiero con locura** ich bin ganz verrückt nach dir ③ *(pedir)* wollen, verlangen ④ *(requerir)* **estas plantas quieren mucha agua** diese Pflanzen brauchen viel Wasser ⑤ *(loc)* **donde quiera que esté** wo immer er/sie auch sein mag; **¡por lo que más quieras, deja ese tema!** ich bitte dich, lass das Thema!; **como quiera que sea** auf jeden Fall **II.** *vimpers* **parece que quiere llover** es sieht (ganz) nach Regen aus **III.** *m* Liebe *f*

querido, -a [ke'riðo, -a] **I.** *adj* lieb **II.** *m, f (amante)* Geliebte(r) *mf; (como vocativo)* Liebling *m*

queroseno [kero'seno] *m* Kerosin *nt*

querubín [keru'βin] *m* ① (REL) Cherub *m* ② *(niño)* Engelknabe *m*

quesadilla [kesa'ðiʎa] *f* ① *(pastel)* Käsekuchen *m* ② *(pastelillo) mit Sirup gefülltes Gebäck* ③ *(Am: tortilla)* gefüllter Maisfladen *m*

quesera [ke'sera] *f (plato)* Käseglocke *f*

quesería [kese'ria] *f* ① *(fábrica)* Käserei *f* ② *(tienda)* Käseladen *m*

queso ['keso] *m* ① (GASTR) Käse *m;* ~ **de bola** Edamer Käse; ~ **rallado** Reibkäse *m;* **darla con ~ a alguien** jdn reinlegen ② *(fam: pie)* Fuß *m;* **te huelen los ~s** du hast Käsefüße

quetzal [ke^{ð}'θal] *m* (ZOOL) Quetzal *m*

quia [kja] *interj (fam: negación)* auf keinen Fall; *(incredulidad)* ehrlich?, echt?

quicio ['kiθjo] *m* ① *(de puerta)* Türangel *f; (de ventana)* Fensterangel *f* ② *(loc)* **sacar de ~** auf die Palme bringen; **me saca de ~ ver maltratar a un niño** wenn jemand ein Kind misshandelt, sehe ich einfach rot; **me saca de ~ verla llorar** es macht mich wahnsinnig, sie weinen zu sehen; **no saques las cosas de ~** übertreibe nicht; **en esta casa todo está fuera de ~** in diesem Haus ist alles aus den Fugen geraten

quico ['kiko] *m (fam)* geröstetes Maiskorn *nt*

quídam ['kiðan] *m* ① *(fam: cualquiera)* irgendein Mensch *m* ② *(pey)* **ser un ~** ein Niemand sein

quiebra ['kjeβra] *f* ① (COM) Konkurs *m;* **dar en ~** Konkurs machen ② *(hendidura)* Spalte *f; (rotura)* Riss *m* ③ *(fracaso)* Scheitern *nt; (pérdida)* Verlust *m,* Einbuße *f;* **la ~ de los valores** der Verfall der Werte; **este asunto no tiene ~** diese Sache kann nicht schiefgehen

quiebre ['kjeβre] *m (Chil)* Bruch *m,* Beziehungsbruch *m*

quiebro ['kjeβro] *m* ① *(movimiento)* Ausweichen *nt;* **Maradona le hizo un ~ al defensa** Maradona wich dem Verteidiger aus ② *(gorgorito)* Trillern *nt*

quien [kjen] *pron rel* ① *(con antecedente)* der/die/das, welche(r, s); **el chico de ~...** der Junge, von dem ...; **las chicas con ~es...** die Mädchen, mit denen ... ② *(sin antecedente)* der(jenige)/die(jenige)/das(jenige), der/die/das ...; **no hay ~ lo aguante** es ist nicht auszuhalten mit ihm; **hay ~ dice que...** manche sagen, dass ...; ~ **opine eso...** wer das meint, ...; ~ **más, ~ menos, todos tenemos problemas** jeder hat Probleme, der eine mehr, der andere weniger

quién [kjen] *pron inter* wer; **¿~ es?** *(llama)* wer ist da?; **¿~es son tus padres?** wer sind deine Eltern?; **¿a ~ has visto?** wen hast du gesehen?; **¿a ~ se lo has dado?** wem hast du es gegeben?; **¿~ eres tú para decirme esto?** mit welchem Recht sagst du mir das?; **¿por ~ me tomas?** für wen hälst du mich?; **¡~ tuviera 20 años!** wäre ich doch wieder 20!

quienquiera [kjeŋ'kjera] *pron indef* <quienesquiera> (irgend)wer; ~ **que sea que pase** wer auch immer da ist, er/sie soll eintreten

quietismo [kje'tismo] *m sin pl* ① *(quie-*

tud) Stille *f,* Ruhe *f* ❷ *(doctrina)* Quietismus *m*

quieto, -a [kjeto, -a] *adj* ❶ *(tranquilo)* ruhig; **no puede estar nunca ~** *(niño)* er kann nicht stillsitzen ❷ *(parado)* stillstehend; **quedarse ~** sich nicht bewegen; **el asunto está ~** die Sache geht nicht voran

quietud [kje'tu^ð] *f* ❶ *(calma)* Ruhe *f* ❷ *(inmovilidad)* Unbeweglichkeit *f*

quijada [ki'xaða] *f* Kiefer *m*

quijotesco, -a [kixo'tesko, -a] *adj* ❶ *(referido a)* Don Quichotte betreffend ❷ *(idealista)* weltfremd

quilate [ki'late] *m* Karat *nt;* **de muchos ~s** *(t. fig)* hochkarätig

quilla ['kiʎa] *f* (NÁUT) Kiel *m*

quilo ['kilo] *m* ❶ *(peso)* Kilo *nt* ❷ *(loc)* **sudar el ~** *(fam)* sich abrackern

quilogramo [kilo'ɣramo] *m* Kilogramm *nt*

quilombo [ki'lombo] *m* ❶ *(Chil: burdel)* Puff *m o nt fam* ❷ *(Ven: choza)* Hütte *f* ❸ *(Arg: jaleo)* Durcheinander *nt*

quilometraje [kilome'traxe] *m* ❶ (AUTO) Kilometerstand *m* ❷ *(distancia)* Entfernung *f*

quimba ['kimba] *f* ❶ *(Am: garbo)* Anmut *f* ❷ *(Am: sandalia)* Sandale *f* ❸ *(Col: conflicto)* Auseinandersetzung *f*

quimera [ki'mera] *f (ilusión)* Trugbild *nt; (aprensión)* fixe Idee *f*

quimérico, -a [ki'meriko, -a] *adj* chimärisch; *(fantástico)* fantastisch

química ['kimika] *f* Chemie *f*

químico, -a ['kimiko, -a] **I.** *adj* chemisch; **productos ~s** Chemikalien *fpl* **II.** *m, f* Chemiker(in) *m(f)*

quimioterapia [kimjote'rapja] *f* (MED) Chemotherapie *f*

quimono [ki'mono] *m* Kimono *m*

quina ['kina] *f* Chinarinde *f;* **ser más malo que la ~** ein übler Bursche sein; **tragar ~** *(fig)* die (bittere) Pille schlucken

quincalla [kiŋ'kaʎa] *f* ❶ *(objetos)* Eisenwaren *fpl* ❷ *(adornos)* Flitter(kram) *m*

quince ['kiṇθe] **I.** *adj inv* fünfzehn; **dentro de ~ días** in vierzehn Tagen **II.** *m* Fünfzehn *f; v. t.* **ocho**

quinceañero, -a [kiṇθea'ɲero, -a] **I.** *adj* fünfzehnjährig **II.** *m, f* Fünfzehnjährige(r) *mf*

quinceavo, -a [kiṇθe'aβo, -a] *adj* fünfzehntel; *v. t.* **octavo**

quincena [kiṇ'θena] *f (días)* vierzehn Tage *mpl,* zwei Wochen *fpl*

quincenal [kiṇθe'nal] *adj* vierzehntägig; **revista ~** Halbmonatsschrift *f*

quincuagenario, -a [kiŋkwaxe'narjo, -a] **I.** *adj* ❶ *(de 50 partes)* fünfzigteilig ❷ *(de 50 años)* fünfzigjährig **II.** *m, f* Fünfzigjährige(r) *mf*

quincuagésimo, -a [kiŋkwa'xesimo, -a] **I.** *adj (parte)* fünfzigstel; *(numeración)* fünfzigste(r, s); **la quincuagésima parte de...** ein Fünfzigstel von ... **II.** *m, f* Fünfzigstel *nt; v. t.* **octogésimo**

quingombó [kiŋgom'bo] *m* (BOT) Okra *f*

quiniela [ki'njela] *f* ❶ *(juego)* (Fußball)toto *nt;* **jugar a las ~s** im Toto tippen ❷ *(boleto)* Totoschein *m* ❸ *(CSur: lotería)* Lotterie *f*

quinientos, -as [ki'njeṇtos, -as] *adj* fünfhundert; *v. t.* **ochocientos**

quinina [ki'nina] *f* Chinin *nt*

quinqué [kiŋ'ke] *m* Petroleumlampe *f*

quinquenal [kiŋke'nal] *adj* fünfjährig; **plan ~** Fünfjahresplan *m*

quinqui ['kiŋki] *mf (fam)* Verbrecher(in) *m(f)*

quinta ['kiṇta] *f* ❶ (MIL) **entrar en ~s** einberufen werden; **ese es de mi ~** er gehört zu meinem Jahrgang ❷ *(casa)* Landhaus *nt*

quintaesencia [kiṇtae'seṇθja] *f* Quintessenz *f*

quintal [kiṇ'tal] *m* Zentner *m,* Quintal *m Österr, Schweiz;* **~ métrico** hundert Kilo

quinteto [kiṇ'teto] *m* (MÚS) Quintett *nt*

quintillizo, -a [kiṇti'ʎiθo, -a] *m, f* Fünfling *m*

quinto[1] ['kiṇto] *m* Fünftel *nt*

quinto[2] ['kiṇto] *m* Wehrpflichtige(r) *m*

quinto, -a ['kiṇto, -a] *adj (parte)* fünftel; *(numeración)* fünfte(r, s); *v. t.* **octavo**

quíntuple ['kiṇtuple] *adj v.* **quíntuplo**

quintuplicar [kiṇtupli'kar] <c → qu> *vt* verfünffachen

quíntuplo, -a ['kiṇtuplo, -a] *adj* fünffach; *v. t.* **óctuplo**

quinua[1] ['kinwa] *f* (BOT) Gartenmelde *f*

quinua[2] ['kinwa] *m* Gänsefußgewächs *nt (amarantähnliche Getreidesorte aus den Anden)*

quiñar [ki'ɲar] *vt* ❶ *(Am: con trompo)* den Kreisel tanzen lassen ❷ *(Am: empujar)* stoßen, schubsen

quiñazo [ki'ɲaθo] *m* ❶ *(Am: encontronazo)* Zusammenstoß *m* ❷ *(Am: cachada)* Schlag *m* auf den Kreisel

quiosco ['kjosko] *m* ❶ *(de jardín)* Pavillon *m* ❷ *(de periódicos)* Kiosk *m*

quiquiriquí [kikiri'ki] *m* ❶ *(onomatopeya)* Kikeriki *nt* ❷ *(persona)* Großmaul *nt*

quirófano [ki'rofano] *m* Operationssaal *m;* **pasar por el ~** operiert werden

quiromancia [kiro'maṇθja] *f* Handlesekunst *f*

quiromasaje [kiroma'saxe] *m* Chiromassage *f*

quirúrgicamente [kirurxika'meṇte] *adv* chirurgisch; **intervenir ~ a alguien** jdn operieren
quirúrgico, **-a** [ki'rurxiko, -a] *adj* chirurgisch
quirurgo, **-a** [ki'ruryo, -a] *m, f (elev)* Chirurg(in) *m(f)*
quisicosa [kisi'kosa] *f (fam)* Rätsel *nt*
quisque ['kiske] *pron indef,* **quisqui** ['kiski] *pron indef (vulg)* **cada ~** jeder; **todo ~** alle (Welt); **se lo dijo a todo ~** er/sie hängte es an die große Glocke
quisquilloso, **-a** [kiski'ʎoso, -a] *adj* ❶ *(susceptible)* überempfindlich ❷ *(meticuloso)* pingelig
quiste ['kiste] *m* Zyste *f*
quitaesmalte [kitaes'maḷte] *m* Nagellackentferner *m*
quitagusto [kita'ɣusto] *m (Ecua, Perú: intruso)* Eindringling *m*
quitamanchas [kita'mantʃas] *m inv* Fleck(en)entferner *m*
quitamiedos [kita'mjeðos] *m inv (en carretera)* Leitplanke *f*
quitanieves [kita'njeβes] *f inv* Schneepflug *m*
quitapenas [kita'penas] *m inv (fam)* Alkohol *m*
quitar [ki'tar] **I.** *vt* ❶ *(piel, funda)* abziehen; *(sombrero, tapa)* abnehmen; *(jersey, zapato)* ausziehen; *(botón)* abtrennen; **~ la mesa** den Tisch abräumen; **una capucha de quita y pon** eine abnehmbare Kapuze ❷ *(desposeer)* wegnehmen; *(robar)* stehlen; **me lo has quitado de la boca** du hast mir das Wort aus dem Munde genommen; **el café me quita el sueño** wenn ich Kaffee trinke, kann ich nicht schlafen; **ese asunto me quita el sueño** diese Sache raubt mir den Schlaf ❸ *(mancha)* entfernen; *(obstáculo)* beseitigen; *(dolor)* abklingen lassen; *(vida)* nehmen ❹ *(de plan, horario, texto)* streichen ❺ *(regla)* abschaffen ❻ *(apartar)* wegnehmen; *(mueble)* wegstellen; **¡quita!** *(¡no me molestes!)* geh mir aus dem Weg!; *(¡deja eso!)* lass das!; *(¡déjate de tonterías!)* hör auf! ❼ (MAT) abziehen; **quitando dos** bis auf zwei ❽ *(loc)* **el médico me ha quitado de fumar** der Arzt hat mir das Rauchen verboten; **ese ni quita ni pone en la empresa** der hat in der Firma nicht viel zu sagen **II.** *vr:* **~se** ❶ *(anillo)* abziehen; *(barba, sombrero, gafas)* abnehmen; *(jersey, zapatos)* ausziehen; *(vida)* sich *dat* nehmen; **~se de la bebida** sich *dat* das Trinken abgewöhnen ❷ *(loc)* **~se de encima algo/a alguien** sich *dat* etw/jdn vom Halse schaffen; **quítate de mi vista** geh mir aus dem Weg; **~se años** (**de encima**) sich jünger machen
quizá(s) [ki'θa(s)] *adv* vielleicht; **~ y sin ~** ganz bestimmt

Q

Rr

R, r ['erre] *f* R, r *nt;* ~ **de Ramón** R wie Richard

r(o)uter [rr(o)'uter] *m* (INFOR) Router *m*

rabadilla [rraβa'ðiʎa] *f* (ANAT) Steißbein *nt*

rábano ['rraβano] *m* Rettich *m;* ~ **picante** Meerrettich *m;* **déjame tu coche – ¡y un ~!** *(fam)* leih mir dein Auto – nichts da!; **tu hermano es más listo que tú – ¡y un ~!** *(fam)* dein Bruder ist schlauer als du – von wegen!; **me importa un ~** *(fam)* das ist mir piepegal; **tomar el ~ por las hojas** *(fam: interpretación)* es völlig missverstehen; *(ejecución)* das Pferd am Schwanz aufzäumen

rabia ['rraβja] *f* ❶ *(hidrofobia)* Tollwut *f* ❷ *(furia)* Wut *f;* **¡qué ~!** wie ärgerlich!; **tener/tomar ~ a alguien** *(enfado)* auf jdn wütend sein/werden; *(manía)* jdn nicht ausstehen können; **me da ~ solamente pensarlo** schon der Gedanke daran macht mich wütend ❸ *(fam)* **con ~** *(mucho)* maßlos

rabiar [rra'βjar] *vi* ❶ *(padecer rabia: animal)* tollwütig sein; *(persona)* an Tollwut erkrankt sein ❷ *(enfadarse)* vor Wut rasen; **hacer ~ a alguien** jdn bis aufs Blut reizen ❸ *(sufrir)* rasen (**de** vor +*dat*) ❹ *(ansiar)* brennen (**por** auf +*akk*) ❺ *(desear)* erpicht sein (**por** auf +*akk*) ❻ *(loc)* **a ~** *(mucho)* wahnsinnig; **está que rabia** *(fam: picante)* es ist höllisch scharf

rabieta [rra'βjeta] *f* Wutanfall *m*

rabillo [rra'βiʎo] *m* ❶ *(pedúnculo)* Stängel *m;* *(tallo)* Stiel *m* ❷ *(extremo)* Ende *nt* ❸ *(del ojo)* Augenwinkel *m;* **mirar con** [*o* **por**] **el ~ del ojo** *(con disimulo)* aus den Augenwinkeln betrachten; *(con recelo)* misstrauisch beäugen; *(con desprecio)* schief ansehen ❹ (BOT) Taumellolch *m*

rabino [rra'βino] *m* Rabbiner *m*

rabiosamente [rraβjosa'mente] *adv (fam)* ❶ *(con ira, rabia)* rabiat, voller Zorn; **me gritó ~** er/sie schrie mich zornig an ❷ *(intensamente)* wahnsinnig, furchtbar; **es ~ guapa** sie ist wahnsinnig hübsch

rabioso, -a [rra'βjoso, -a] *adj* ❶ *(hidrofóbico)* tollwütig ❷ *(furioso)* wütend; *(desconsiderado)* rabiat ❸ *(fam: picante)* höllisch scharf ❹ *(fig: vehemente)* brennend; **un tema de rabiosa actualidad** ein hochaktuelles Thema

rabo ['rraβo] *m* ❶ *(cola)* Schwanz *m;* **salir con el ~ entre las piernas** *(fam fig)* den Schwanz einziehen; **aún queda el ~ por desollar** *(fam fig)* das dicke Ende kommt noch ❷ *(extremo)* Ende *nt* ❸ *(tallo)* Stängel *m* ❹ *(vulg: pene)* Schwanz *m fam*

rabona [rra'βona] *f (fam)* **hacer(se) (la) ~** die Schule schwänzen, blaumachen

racanear [rrakane'ar] *vi, vt (fam)* knausern; **~ algo a alguien** mit etw *dat* jdm gegenüber knausern; **~ dinero a alguien** jdn kurzhalten

racanería [rrakane'ria] *f (fam: acto)* Knauserei *f;* *(carácter)* Knauserigkeit *f*

rácano, -a ['rrakano, -a] *adj* ❶ *(fam: tacaño)* knauserig ❷ *(reg: enclenque)* mick(e)rig ❸ *(fam: gandul)* arbeitsscheu

racha ['rratʃa] *f* ❶ *(de aire)* Windstoß *m* ❷ *(fase)* Phase *f;* **a** [*o* **por**] **~s** phasenweise; **tener buena/mala ~** eine Glückssträhne/Pechsträhne haben ❸ *(loc)* **arrancar un coche a ~s, dar una ~ a un coche** ein Auto anschieben

racheado, -a [rratʃe'aðo, -a] *adj* stoßartig; **viento ~** (NÁUT) Bö(e) *f*

racial [rra'θjal] *adj (étnico)* rassisch; **disturbios ~es** Rassenunruhen *f pl*

racimo [rra'θimo] *m* Traube *f;* **~ de uvas** Traube Weinbeeren

raciocinar [rraθjoθi'nar] *vi (razonar)* rational denken; *(deducir)* schlussfolgern

raciocinio [rraθjo'θinjo] *m (facultad)* rationales Denken *nt;* *(razón)* Vernunft *f;* *(proceso mental)* Gedankenfolge *f*

ración [rra'θjon] *f* ❶ *(tapa)* Portion *f;* **una ~ de patatas fritas** eine Portion Pommes; **una ~ de queso** ein Käseteller ❷ (MIL) Ration *f;* **poner a alguien a media ~** *(fig)* jdn auf halbe Ration setzen

racional [rraθjo'nal] *adj* rational

racionalidad [rraθjonali'ða^{ð}] *f sin pl* ❶ (FILOS, PSICO, MAT) Rationalität *f* ❷ *(lógica)* Rationalität *f;* *(adecuación)* Zweckmäßigkeit *f*

racionalismo [rraθjona'lismo] *m sin pl* (FILOS) Rationalismus *m*

racionalista [rraθjona'lista] **I.** *adj* (FILOS) rationalistisch **II.** *mf* (FILOS) Rationalist(in) *m(f)*

racionalización [rraθjonaliθa'θjon] *f* (ECON, PSICO) Rationalisierung *f*

racionalizar [rraθjonali'θar] <z → c> *vt* rationalisieren

racionamiento [rraθjona'mjento] *m* Rationierung *f*

racionar [rraθjo'nar] *vt* ❶ *(repartir)* in Rationen aufteilen ❷ *(limitar)* rationieren

racismo [rra'θismo] *m sin pl* Rassismus *m*

racista [rra'θista] **I.** *adj* rassistisch **II.** *mf* Rassist(in) *m(f)*

radar [rra'ðar] *m* Radar *m o nt;* **por ~** über Radar

radiación [rraðja'θjon] *f* Strahlung *f; (irradiación)* Ausstrahlung *f; (tratamiento)* Bestrahlung *f;* **~ solar** Sonnen(ein)strahlung *f;* **~ ultravioleta** UV-Strahlen *f*

radiactividad [rraðjaktiβi'ðað] *f* Radioaktivität *f*

radiactivo, -a [rraðjak'tiβo, -a] *adj* radioaktiv

radiador [rraðja'ðor] *m* ❶ *(calefacción)* Heizkörper *m* ❷ (AUTO) Kühler *m*

radial [rra'ðjal] *adj* ❶ *(forma)* strahl(enförm)ig; (TÉC) radial; (BIOL, MAT) radiär; **músculo ~** (ANAT) Speichenmuskel *m* ❷ *(Am:* RADIO) Rundfunk-

radiante [rra'ðjante] *adj (brillante)* glänzend; **~ de alegría/felicidad** freude-/glückstrahlend; **estás ~ con ese vestido** in diesem Kleid siehst du glänzend aus; **está ~ con su nuevo trabajo** er/sie strahlt vor Glück über seine/ihre neue Stelle

radiar [rra'ðjar] **I.** *vi* ❶ *(irradiar)* strahlen ❷ *(emitir)* funken **II.** *vt* ❶ *(irradiar; t.* RADIO) ausstrahlen; **un debate radiado** eine im Rundfunk übertragene Diskussion ❷ (MED) bestrahlen ❸ *(Am: eliminar)* streichen

radical [rraði'kal] **I.** *adj* ❶ *(extremado)* radikal ❷ (*t.* BOT: *de la raíz*) Wurzel- ❸ (MAT) radikal ❹ *(fundamental)* gründlich **II.** *m* ❶ (LING) Stamm *m* ❷ (MAT, QUÍM, PSICO) Radikal *nt* ❸ (MAT: *signo*) Wurzelzeichen *nt* **III.** *mf* (POL) Radikale(r) *mf;* **~ de derecha** Rechtsradikale(r) *mf*

radicalidad [rraðikali'ðað] *f* Radikalität *f,* radikale Art *f*

R

radicalismo [rraðika'lismo] *m sin pl* Radikalismus *m*

radicalización [rraðikaliθa'θjon] *f* Radikalisierung *f*

radicalizar [rraðikali'θar] <z → c> **I.** *vt* radikalisieren **II.** *vr:* **~se** ❶ *(extremar)* sich radikalisieren ❷ *(agudizarse)* sich verschärfen

radicar [rraði'kar] <c → qu> **I.** *vi* ❶ (*t.* BOT: *arraigar*) Wurzeln schlagen; *(fig)* wurzeln (**en** in +*dat*); **el problema radica en su comportamiento** das Problem liegt in seinem/ihrem Verhalten ❷ *(estar asentado)* ansässig sein ❸ *(basarse)* beruhen (**en** auf +*dat*); *(consistir)* bestehen (**en** in +*dat*) **II.** *vr:* **~se** *(establecerse)* sich niederlassen

radio[1] ['rraðjo] *f* (RADIO, TEL) ❶ *(radiodifusión)* Rundfunk *m;* **hablar por la ~** im Radio sprechen; **retrasmitir por ~** im Rundfunk übertragen ❷ *(receptor)* Radio(gerät) *nt; (radiotelefonía)* Funk(sprech)gerät *nt;* **~ del coche** Autoradio *nt;* **dirigido por ~** funkgesteuert ❸ *(emisora)* (Radio)sender *m;* **~ pirata** Piratensender *m*

radio[2] ['rraðjo] *m* ❶ (MAT) Radius *m* ❷ *(en la rueda)* (Rad)speiche *f* ❸ (ANAT) Speiche *f* ❹ (QUÍM) Radium *nt* ❺ *(ámbito)* Bereich *m; (esfera)* Kreis *m;* **~ de acción** Aktionsradius *m; (fig)* Wirkungsbereich *m;* **~ de alcance** Reichweite *f;* **~ de atracción** Einzugsgebiet *nt;* **~ visual** Sichtfeld *nt;* **en un ~ de varios kilómetros** im Umkreis von mehreren Kilometern

radioactividad [rraðjoaktiβi'ðað] *f* Radioaktivität *f*

radioactivo, -a [rraðjoak'tiβo, -a] *adj* radioaktiv

radioaficionado, -a [rraðjoafiθjo'naðo, -a] *m, f* Amateurfunker(in) *m(f)*

radiocomunicación [rraðjokomunika'θjon] *f* ❶ *(radioenlace)* Funk(sprech)verbindung *f* ❷ *(radioconferencia)* Funkgespräch *nt*

radiodespertador [rraðjoðesperta'ðor] *m* Radiowecker *m*

radiodifusión [rraðjoðifu'sjon] *f* Rundfunk *m; (radiotrasmisión)* Rundfunkübertragung *f*

radioemisora [rraðjoemi'sora] *f* (RADIO) (Rund)funksender *m; (estación)* Rundfunkstation *f*

radioescucha [rraðjoes'kutʃa] *mf v.* **radioyente**

radiofonía [rraðjofo'nia] *f* ❶ *(radiodifusión)* Rundfunk *m* ❷ *(radiotelefonía)* Sprechfunk *m*

radiofónico, -a [rraðjo'foniko, -a] *adj* (RADIO, TEL) Radio-; **guion ~** Hörspiel *nt;* **programa ~** *(programación)* Radioprogramm *nt; (emisión)* Rundfunkprogramm *nt*

radiografía [rraðjoɣra'fia] *f* ❶ *(técnica)* Radiografie *f* ❷ *(placa)* Röntgenaufnahme *f*

radiografiar [rraðjoɣrafi'ar] <*1. pres* radiografío> *vt* ❶ (RADIO, TEL) funken ❷ (MED) röntgen

radiología [rraðjolo'xia] *f* (MED) ❶ *(ciencia)* Radiologie *f* ❷ *(aplicación)* Röntgenologie *f;* **servicio de ~** Röntgenabteilung *f*

radiólogo, -a [rra'ðjoloɣo, -a] *m, f* Radiologe, -in *m, f*

radionovela [rraðjono'βela] *f* Radioserie *f*

radiopatrulla [rraðjopa'truʎa] *f* Funkstreife *f*

radioso, -a [rra'ðjoso, -a] *adj (Am) v.* **radiante**

radiotaxi [rraðjo'taɣsi] *m* Funktaxi *nt*

radiotecnia [rraðjo'teknja] *f* (RADIO, TEL) Radiotechnik *f*
radiotelecomunicación [rraðjoteleko-munika'θjon] *f* (RADIO, TEL) Funkwesen *nt*
radiotelegrafiar [rraðjoteleɣrafi'ar] <*1. pres* radiotelegrafío> *vt* funken
radiotelescopio [rraðjoteles'kopjo] *m* (ASTR, FÍS) Radioteleskop *nt*
radioterapia [rraðjote'rapja] *f* Bestrahlung *f*
radiotrasmisor [rraðjotrasmi'sor] *m* (RADIO, TEL) Funksender *m*
radioyente [rraðjo'ɟeņte] *mf* (RADIO) Hörer(in) *m(f)*; ~ **clandestino** Schwarzhörer *m*
R. A. E. ['rrae] *f inv abr de* **Real Academia Española** (**de la Lengua**) Spanische Sprachakademie *f*
raer [rra'er] *vt irr* ① *(raspar)* (ab)schaben; (MED) ausschaben ② *(desgastar)* abscheuern; *(deslucir)* abwetzen
ráfaga ['rrafaɣa] *f* ① *(de aire)* Windstoß *m* ② *(de lluvia)* (Regen)schauer *m* ③ *(de luz)* Lichtblitz *m* ④ *(inspiración)* Erleuchtung *f* ⑤ *(de disparos)* Salve *f*
rafia ['rrafja] *f* ① (BOT) Raphia(palme) *f* ② *(fibra)* Raphiabast *m*
rafting ['rraftiŋ] *m* (DEP) Rafting *nt*
ragú [rra'ɣu] <ragús> *m* Ragout *nt*
raid [rrai̯ᵈ] *m* (AERO, MIL) Überraschungsangriff *m*, Raid *m*
raído, -a [rra'iðo, -a] *adj* abgeschabt, abgetragen, abgewetzt
rail [rrai̯l] *m*, **raíl** [rra'il] *m* Schiene *f*; *(riel)* Laufschiene *f*
raíz [rra'iθ] *f* ① (ANAT, BOT: *t. fig*) Wurzel *f*; **de** ~ *(fig)* völlig; **arrancar de** ~ *(fig)* mit Stumpf und Stiel ausrotten; **atajar de** ~ *(fig)* im Keim ersticken; **echar raíces** *(fig)* Wurzeln schlagen; **como si hubiera echado raíces** *(fig)* wie angewurzelt; **tener sus raíces en un lugar** *(fig)* an einem Ort fest verwurzelt sein ② *(causa)* Ursache *f*; *(origen)* Ursprung *m*; **a** ~ **de** als Folge von; **tener su** ~ **en algo** in etw *dat* begründet liegen ③ (LING) Stamm *m* ④ (MAT) Wurzel *f*; ~ **cuadrada/cúbica** Quadrat-/Kubikwurzel *f*; **extraer la** ~ die Wurzel ziehen
raizalismo [rrai̯θa'lismo] *m sin pl (Col)* Heimatliebe *f*, Heimatverbundenheit *f*
raja ['rraxa] *f* ① *(grieta)* Riss *m*; *(resquebrajadura)* Sprung *m*; *(hendedura)* Spalt *m* ② *(abertura)* Schlitz *m*; *(separación)* Ritze *f*; *(vulg: vulva)* Möse *f*; *(raja del culo)* Arschritze *f* ③ *(rodaja)* Scheibe *f*
rajá [rra'xa] <rajaes> *m* Radscha *m*
rajada [rra'xaða] *f (fam)* ① *(Arg: fuga)* Flucht *f* ② *(Méx: cobardía)* Rückzieher *m*
rajado, -a [rra'xaðo, -a] *m, f (argot)* jemand, der einen Rückzieher macht oder häufig absagt; **ser un** ~ kneifen
rajar [rra'xar] **I.** *vi* ① *(pey: hablar mal)* tratschen (**de** über +*akk*) ② *(fam: charlar)* quatschen **II.** *vt* ① *(cortar)* schneiden (in +*akk*); *(abrir)* (auf)schlitzen; *(hender)* aufspalten; *(quitar)* abschneiden; *(partir)* zerlegen; *(en rajas)* in Scheiben schneiden ② *(fam: apuñalar)* einstechen (auf +*akk*) **III.** *vr:* ~**se** ① *(abrirse)* aufplatzen; *(agrietarse)* aufspringen ② *(argot: echarse atrás)* kneifen ③ *(argot: disculparse)* absagen ④ *(cortarse)* sich schneiden (in +*akk*)
rajatabla [rraxa'taβla] **a** ~ *(estrictamente)* sehr streng; *(exactamente)* haargenau; *(a toda costa)* um jeden Preis
raje ['rraxe] *m (Arg)* ① *(fam: huída)* Flucht *f*; **al** ~ Hals über Kopf; **tomar**(**se**) **el** ~ die Flucht ergreifen ② *(fam: el despedir)* Hinauswurf *m*; **dar el** ~ **a alguien** jdn hinauswerfen
rajo ['rraxo] *m* ① *(AmC: desgarrón)* Riss *m*; *(rotura)* Bruch *m* ② *(Chil: barranco)* Schlucht *f (in einer Salpetergrube)*
rajón, -ona [rra'xon, -ona] *adj* ① *(AmC, Méx: fanfarrón)* angeberisch ② *(AmC: ostentoso)* prahlerisch ③ *(Cuba, Méx: cobarde)* feige ④ *(Méx: poco fiable)* unzuverlässig
ralea [rra'lea] *f (pey)* Gesindel *nt*; **son todos de la misma** ~ das ist alles die gleiche Sippschaft
ralear [rrale'ar] *vi* sich lichten, ausfallen
ralentí [rraleņ'ti] *m sin pl* ① (CINE) Zeitlupe *f*; **al** ~ *(fig)* im Zeitlupentempo ② (AUTO) Leerlauf *m*; **en** ~ im Leerlauf
ralentizar [rraleņti'θar] <z → c> **I.** *vt* verlangsamen; (ECON) abschwächen **II.** *vr:* ~**se** sich verlangsamen
rallador [rraʎa'ðor] *m* Raspel *f*
ralladura [rraʎa'ðura] *f* Raspel *m*
rallar [rra'ʎar] *vt* reiben; *(verdura, nueces, chocolate)* raspeln; **pan rallado** Semmelbrösel *pl*
ralo, -a ['rralo, -a] *adj* ① *(escaso)* spärlich; *(árboles)* licht; *(cabello)* schütter; *(tejido)* fadenscheinig ② *(CSur: insustancial)* fadenscheinig
RAM [rram] *f inv abr de* **Random Access Memory** (INFOR) RAM *nt*; **memoria** ~ RAM-Speicher *m*
rama ['rrama] *f* ① *(de árbol, t.* BOT, MAT*)* Ast *m*; *(ramo)* Zweig *m*; ~ **florida** Blütenzweig *m*; ~**s secas** Reisig *nt*; **algodón en** ~ Rohbaumwolle *f*; *(preparado)* Watte *f*; **canela en** ~ Zimtstangen *f pl*; **andarse por las** ~**s** *(rodeos)* um den heißen Brei herumreden; **irse por las** ~**s** *(desviarse)*

abschweifen ② *(ámbito)* Zweig *m; (sector)* Gebiet *nt;* (ECON) Branche *f* ③ *(derivación)* Abzweigung *f* ④ *(parentesco)* Linie *f;* **por la ~ materna/paterna** mütterlicher-/väterlicherseits

ramada [rra'maða] *f (Chil: puesto de feria)* Marktstand *m*

ramadán [rrama'ðan] *m* (REL) Ramadan *m*

ramaje [rra'maxe] *m* Geäst *nt; (follaje)* Gezweig *nt*

ramal [rra'mal] *m* ① *(cabo)* Strang *m* ② *(ramificación)* Abzweigung *f; (de un río)* Seitenarm *m;* (FERRO) Nebenbahn *f*

ramalazo [rrama'laθo] *m* ① *(trallazo)* Hieb *m; (marca)* Striemen *m; (fig: de dolor)* Stechen *nt* ② *(fam: parecido)* Hauch *m;* **tener un ~ a su padre** etwas von seinem Vater haben; **tener un ~ de loco** etwas Verrücktes an sich *dat* haben; **tener ~** *(aire de homosexual)* tuntig sein

rambla ['rrambla] *f (paseo)* Allee *f*

ramera [rra'mera] *f* Hure *f*

ramificación [rramifika'θjon] *f* Verzweigung *f*

ramificar [rramifi'kar] <c → qu> **I.** *vt* ausbreiten, verzweigen; **hoy en día es importante ~ las capacidades y los conocimientos** heutzutage ist es wichtig, seine Kompetenzen und Kenntnisse zu erweitern **II.** *vr:* **~se** ① *(dividirse)* sich verästeln, sich verzweigen; **el camino se ramifica allí** der Weg teilt sich hier ② *(extenderse)* sich ausbreiten

ramificarse [rramifi'karse] <c → qu> *vr* sich verzweigen

ramillete [rrami'ʎete] *m* Sträußchen *nt; (para la mesa)* Blumengesteck *nt*

ramo ['rramo] *m* ① *(de flores)* Strauß *m* ② *(de árbol)* Zweig *m* ③ *(ámbito)* Zweig *m; (sector)* Gebiet *nt;* (ECON) Branche *f;* **~ de la construcción** Baugewerbe *nt;* **del ~** vom Fach

rampa ['rrampa] *f* ① *(inclinación)* Rampe *f; (en carretera)* Auffahrt *f;* **en ~** am Hang ② *(fam: contracción)* Krampf *m*

ramplón, -ona [rram'plon, -ona] *adj* ① *(basto)* grob; *(chapucero)* pfuscherhaft ② *(vulgar)* derb; *(chabacano)* geschmacklos ③ *(simplón)* platt

ramplonería [rramplone'ria] *f* ① *(bastedad)* Grobheit *f; (chapucería)* Pfuscherei *f; (chapuza)* Pfusch *m* ② *(vulgaridad)* Derbheit *f; (chabacanería)* Geschmacklosigkeit *f* ③ *(simplonería)* Plattheit *f*

rana ['rrana] *f* (ZOOL) Frosch *m;* **~ de San Antonio** Laubfrosch *m;* **hombre ~** Froschmann *m;* **el príncipe ~** der Froschkönig; **tener ojos de ~** Glupschaugen haben; **salir ~ a alguien** *(fam)* jdn schwer enttäuschen; **cuando las ~s críen pelo** am Sankt-Nimmerleins-Tag

ranchero, -a [rran'tʃero, -a] *m, f* ① (MIL) Feldkoch, -köchin *m, f* ② *(granjero)* Rancher(in) *m(f); (pey)* Bauerntölpel *m* ③ *(colono)* Siedler(in) *m(f)*

rancho ['rrantʃo] *m* ① (*t.* MIL: *comida*) Verpflegung; *(pey: de mala calidad)* Fraß *m;* **hacer el ~** kochen; **hacer ~ aparte** *(fig)* sein eigenes Süppchen kochen ② *(granja)* Ranch *f*

ranciarse [rran'θjarse] *vr* ranzig werden

rancio, -a ['rranθjo, -a] *adj* ① *(antiguo)* uralt; *(pey: anticuado)* altbacken ② *(grasas)* ranzig

rango ['rraŋgo] *m (categoría, puesto)* Rang *m; (ordenación)* Rangordnung *f;* **de primer/segundo ~** erst-/zweitrangig; **según el ~** rangabhängig; **de (alto) ~** hochrangig

rangoso, -a [rraŋ'goso, -a] *adj (AmC)* ① *(generoso)* großzügig ② *(ostentoso)* prahlerisch

ranura [rra'nura] *f* Schlitz *m; (muesca)* Nut *f; (junta)* Fuge *f; (fisura)* Ritze *f*

raño ['rraɲo] *m* (ZOOL) *barschartiger Fisch*

rap [rrap] *m* (MÚS) Rap *m*

rapacidad [rrapaθi'ða^{d}] *f* Raffgier *f*

rapapolvo [rrapa'polβo] *m (fam)* Rüffel *m;* **echar un ~ a alguien** jdn abkanzeln

rapar [rra'par] *vt* ① *(pelo)* stutzen ② *(fam: mangar)* klauen

rapaz[1] [rra'paθ] **I.** *adj (ávido)* raffgierig; *(expoliador)* räuberisch; **ave ~** Greifvogel *m* **II.** *f* Greifvogel *m*

rapaz(a)[2] [rra'paθ(a)] *m(f)* (kleines) Kind *nt; (muchacho)* (kleiner) Junge *m; (niña)* (kleines) Mädchen *nt*

rape ['rrape] *m* ① *(pescado)* Seeteufel *m* ② *(fam: afeitado)* Blitzrasur *f;* **al ~** *(pelo)* kahl geschoren; *(a la orilla)* haarscharf geschnitten

rapé [rra'pe] *m* Schnupftabak *m;* **polvos de ~** Schnupftabak *m*

rapear [rrape'ar] *vi* (MÚS) rappen

rapidez [rrapi'ðeθ] *f* Schnelligkeit *f;* **~ de reflejos** gute Reflexe; **con (gran) ~** rasend schnell

rápido[1] ['rrapiðo] *m* ① *(tren)* Eilzug *m* ② *pl (de un río)* Stromschnelle *f*

rápido, -a[2] ['rrapiðo, -a] *adj* ① *(veloz)* schnell ② *(breve)* flüchtig ③ *(corriente)* reißend

rapiña [rra'piɲa] *f* Raub *m; (saqueo)* Plünderung *f;* **animal de ~** Raubtier *nt*

rapiñar [rrapi'ɲar] *vt* rauben; *(saquear)* plündern

rapónchigo [rra'pontʃiɣo] *m* (BOT) Rapunzel *f,* Teufelskralle *f*

raposeo [rrapo'seo] *m* List *f,* Listigkeit *f*

raposo, -a [rra'poso, -a] *m, f* ❶ *(zorro)* Fuchs, Füchsin *m, f* ❷ *(astuto)* Schlitzohr *nt*

rapsodia [rraβ'soðja] *f* (LIT, MÚS) Rhapsodie *f*

raptar [rrap'tar] *vt* entführen

rapto ['rrapto] *m* ❶ *(secuestro)* Entführung *f;* ~ **de un niño** Kindesentführung *f* ❷ *(arrebato)* Anfall *m;* **en un ~ de celos** in einem Anfall von Eifersucht; **en un ~ de generosidad** in einer Anwandlung von Großzügigkeit

raptor(a) [rrap'tor(a)] *m(f)* Entführer(in) *m(f)*

raqueta [rra'keta] *f* ❶ (DEP: *pala*) Schläger *m* ❷ (DEP: *tenista*) Tennisspieler(in) *m(f)* ❸ *(para nieve)* Schneeschuh *m* ❹ *(del croupier)* Rateau *nt*

raquídeo, -a [rra'kiðeo, -a] *adj* (ANAT) Spinal-; **bulbo ~** verlängertes Rückenmark; (MED) Medulla *f* oblongata

raquítico, -a [rra'kitiko, -a] *adj* ❶ (MED) rachitisch ❷ *(fam: enclenque)* mick(e)rig ❸ *(débil)* schwächlich

raquitismo [rraki'tismo] *m sin pl* (MED) Rachitis *f*

raramente [rrara'mente] *adv* ❶ *(casi nunca)* selten ❷ *(extrañamente)* seltsamerweise

rareza [rra'reθa] *f* ❶ *(escasez)* Seltenheit *f* ❷ *(cualidad)* Seltsamkeit *f* ❸ *(curiosidad)* Rarität *f* ❹ *(peculiaridad)* Eigenartigkeit *f;* *(manía)* Marotte *f;* **tener sus ~s** *(ser caprichoso)* seine Launen haben

rarífico, -a [rra'rifiko, -a] *adj (Chil)* außergewöhnlich

raro, -a ['rraro, -a] *adj* ❶ *(extraño, inesperado)* seltsam; **¡(qué) cosa más rara!** (wie) komisch! ❷ *(inusual)* selten; *(escaso)* rar; **rara vez** selten; **raras personas** (nur) wenige Menschen; **no es ~ que...** +*subj* es kommt nicht selten vor, dass ... ❸ (FÍS, QUÍM) dünn; **gases ~s** Edelgase *ntpl*

ras [rras] *m* Höhengleichheit *f;* **a(l) ~ de** auf der Höhe von; **a ~ de agua** auf Wasserhöhe; **a ~ de tierra** ebenerdig; **volar a ~ de suelo** dicht am Boden (entlang)fliegen; **al ~** gestrichen voll

rasante [rra'sante] **I.** *adj* rasant **II.** *f* Gefälle *nt;* **cambio de ~** Gefälle *nt*

rasar [rra'sar] **I.** *vt* ❶ *(igualar)* abstreichen ❷ *(rozar)* streifen ❸ *(arrasar)* dem Erdboden gleichmachen **II.** *vr:* **~se** *(cielo)* aufklaren

rascacielos [rraska'θjelos] *m inv* Wolkenkratzer *m*

rascador [rraska'ðor] *m* ❶ (TÉC) Schaber *m;* *(de desbastar)* Zugmesser *nt;* *(del carnicero)* Schabglocke *f* ❷ *(de cerillas)* Reibfläche *f* ❸ *(de grano)* Entkörner *m* ❹ *(de la cabeza)* Haarnadel *f*

rascadura [rraska'ðura] *f* Kratzen *nt*

rascar [rras'kar] <c → qu> **I.** *vt* ❶ *(arrascar)* kratzen ❷ *(raspar)* abkratzen; *(con espátula)* abschaben ❸ *(fam irón: instrumento)* ~ **la guitarra** auf der Gitarre herumklimpern; ~ **el violín** auf der Geige kratzen **II.** *vr:* **~se** ❶ *(arrascarse)* sich kratzen; **~se la barriga** *(reg: fam fig)* sich auf die faule Haut legen; **~se la faltriquera** *(fam)* das Portmonee zücken; **no tener tiempo ni para ~se** *(fam fig)* keine freie Minute haben ❷ *(AmS: achisparse)* sich *dat* einen antrinken

rasco, -a ['rrasko, -a] *adj (Chil: fam)* billig, derb

rascuache [rras'kwatʃe] *adj (Méx: fam)* ❶ *(pobre)* ärmlich ❷ *(baja calidad)* minderwertig

rasera [rra'sera] *f (espumadera)* Schaumlöffel *m*

rasero [rra'sero] *m* Abstreifer *m* (für ein Maß); **medirlo todo con** [*o* **por**] **el mismo ~** alles über einen Kamm scheren

rasgadura [rrasɣa'ðura] *f* Riss *m*

rasgar [rras'ɣar] <g → gu> **I.** *vt* ❶ *(romper por un lado)* einreißen; *(en dos)* durchreißen; *(en pedazos)* zerreißen; *(abrir)* aufreißen; **ojos rasgados** Schlitzaugen *ntpl* ❷ *(cortar)* aufschlitzen **II.** *vr:* **~se** ❶ *(desgarrarse)* reißen ❷ *(Am: vulg: diñarla)* abkratzen *fam*

rasgo ['rrasɣo] *m* ❶ *(del rostro)* Gesichtszug *m;* *(del carácter)* Charakterzug *m* ❷ *(acción)* Handlung *f;* **un ~ de generosidad** eine großzügige Geste ❸ *(trazo)* Linienführung *f;* **a grandes ~s** in großen Zügen

rasgón [rras'ɣon] *m* Riss *m*

rasguear [rrasɣe'ar] **I.** *vi (en la escritura)* (Feder)striche ziehen **II.** *vt* (MÚS) anschlagen

rasguñar [rrasɣu'ɲar] **I.** *vt* ❶ *(arañar)* zerkratzen; *(herir)* aufkratzen; *(cortar)* aufritzen ❷ (ARTE) skizzieren **II.** *vr:* **~se** *(arañarse)* sich kratzen; *(herirse)* sich aufkratzen; *(cortarse)* sich aufritzen; *(excoriarse)* sich aufschürfen (**con** an +*dat*)

rasguño [rras'ɣuɲo] *m (arañazo)* Kratzer *m;* *(rasponazo)* Schramme *f;* *(excoriación)* Abschürfung *f;* **sin un ~** *(fig)* völlig unversehrt

raso[1] ['rraso] *m* Satin *m*

raso, -a[2] ['rraso, -a] *adj* ❶ *(liso)* glatt; *(llano)* flach ❷ *(cielo)* klar; **al ~** im Freien ❸ *(al borde)* randvoll; **una cucharada rasa** ein gestrichener Esslöffel

raspa ['rraspa] *f* ❶ *(del pescado)* Gräte *f* ❷ *(del cereal)* Granne *f* ❸ *(Am: ramera)* Straßenhure *f* ❹ *(fam fig: delgado)* dünner Hering *m*
raspadita [rraspa'dita] *f* *(Arg, Hond, Urug: juego de azar)* Rubbellos *nt*
raspado [rras'paðo] *m* ❶ (TÉC) (Ab)schaben *nt; (limado)* Raspeln *nt* ❷ (MED) Ausschabung *f*
raspador [rraspa'ðor] *m* ❶ *(instrumento)* Schaber *m; (lima)* Raspel *f;* (MED) Kürette *f* ❷ *(de fósforos)* Reibfläche *f*
raspadura [rraspa'ðura] *f* ❶ *(raspado)* Abkratzen *nt; (con espátula)* Abschaben *nt* ❷ *(brizna)* Späne *mpl*
raspar [rras'par] **I.** *vi (ser rasposo)* kratzen; *(en sorteos)* rubbeln **II.** *vt* ❶ *(rascar)* abkratzen ❷ (MED) ausschaben ❸ *(rozar)* streifen ❹ *(Am: fam: mangar)* klauen ❺ *(AmS: fam: abroncar)* anschnauzen **III.** *vr:* **~se** sich aufschürfen (**con** an +*dat*)
raspear [rraspe'ar] **I.** *vi* kratzen **II.** *vt (reprender)* schelten
raspón [rras'pon] *m* ❶ *(arañazo)* Schramme *f,* (Ab)schürfung *f,* Kratzer *m* ❷ *(Col: sombrero)* Strohhut *m* der Bauern
rasponazo [rraspo'naθo] *m* Schramme *f*
rasposo, -a [rras'poso, -a] *adj* rau
rasqueta [rras'keta] *f* Schaber *m; (en serigrafía)* Rakel *f*
rasquiña [rras'kiɲa] *f* *(Am: comezón)* Juckreiz *m*
rastra ['rrastra] *f* ❶ *(rastrillo)* Harke *f* ❷ *(rastro)* Spur *f* ❸ *(loc)* **a ~s** widerwillig; **ir a ~s** *(fam)* sich dahinschleppen; **llevar a ~s** mitschleifen
rastreador(a) [rrastrea'ðor(a)] **I.** *adj* Spuren suchend; **perro ~** Spürhund *m* **II.** *m(f)* Fährtensucher(in) *m(f)*
rastrear [rrastre'ar] **I.** *vt* ❶ *(seguir)* nachspüren +*dat* ❷ *(investigar)* nachforschen +*dat* ❸ *(llevar arrastrando)* schleppen ❹ *(registrar)* durchkämmen ❺ *(minas)* suchen **II.** *vi* ❶ *(investigar)* nachforschen ❷ *(rastrillar)* harken
rastreo [rras'treo] *m* ❶ *(persecución)* Nachspüren *nt* ❷ *(pesquisa)* Nachforschung *f* ❸ *(pesca)* Grundnetzfang *m*
rastrero, -a [rras'trero, -a] *adj* ❶ *(tendido por el suelo)* kriechend; **planta rastrera** Kriechpflanze *f* ❷ *(rastreador)* Spuren suchend; **perro ~** Spürhund *m* ❸ *(pey: servil)* kriecherisch ❹ *(pey: despreciable)* verachtenswert; *(canallesco)* niederträchtig
rastrillar [rrastri'ʎar] *vt* harken
rastrillo [rras'triʎo] *m* ❶ *(herramienta)* Harke *f* ❷ *(mercadillo)* Flohmarkt *m*
rastro ['rrastro] *m* ❶ *(indicio, pista)* Spur *f;* **ni ~** keine Spur; **sin dejar (ni) ~** spurlos; **seguir el ~ a [*o* de] alguien** jdm nachspüren ❷ *(mercadillo)* Flohmarkt *m* ❸ *(herramienta)* Harke *f*
rastrojo [rras'troxo] *m (residuo)* Stoppel *f*
rasurar [rrasu'rar] **I.** *vt* rasieren **II.** *vr:* **~se** sich rasieren
rata[1] ['rrata] *f* (ZOOL) Ratte *f;* **~ de alcantarilla** Kanalratte *f;* **~ de biblioteca** *(fig)* Bücherwurm *m;* **más pobre que las ~s** arm wie eine Kirchenmaus; **escabullirse como una ~** sich davonstehlen
rata[2] ['rrata] *mf* ❶ *(descuidero)* Dieb(in) *m(f)* ❷ *(rácano)* Geizkragen *m*
ratear [rrate'ar] **I.** *vi (gatear)* krabbeln **II.** *vt* ❶ *(fam: mangar)* mitgehen lassen ❷ *(fam: racanear)* knausern (mit +*dat*) ❸ *(prorratear)* aufteilen
ratería [rrate'ria] *f* ❶ *(hurto)* (kleiner) Diebstahl *m* ❷ *(racanería)* Knauserei *f*
ratero, -a [rra'tero, -a] *m, f* Dieb(in) *m(f)*
raticida [rrati'θiða] *m* Rattengift *nt*
ratificación [rratifika'θjon] *f* ❶ (JUR, POL) Ratifizierung *f* ❷ *(confirmación)* Bestätigung *f*
ratificar [rratifi'kar] <c → qu> **I.** *vt* ❶ (JUR, POL) ratifizieren ❷ *(confirmar)* bestätigen **II.** *vr:* **~se** ❶ (JUR, POL) in Kraft treten ❷ *(reafirmarse)* beharren (**en** auf +*dat*)
ratio ['rratjo] *m* Quote *f;* **~ de tesorería** (FIN) Liquiditätsgrad *m*
rato ['rrato] *m* Weile *f; (momento)* Augenblick *m;* **a ~s** von Zeit zu Zeit; **a cada ~** immer wieder; **al (poco) ~** (kurz) darauf; **de ~ en ~** ab und zu; **todo el ~** die ganze Zeit; **un buen ~** eine ganze Weile; **en un ~ perdido** in einer Mußestunde; **pasar un buen/mal ~** eine gute/schlechte Zeit verbringen; **pasar el ~** sich *dat* die Zeit vertreiben; **tener para ~** noch viel vor sich *dat* haben; **aún hay para ~** das wird noch dauern; **¡hasta otro ~!** bis zum nächsten Mal!; **un ~ (largo)** *(fam fig)* jede Menge; **me gusta un ~** *(fam)* es gefällt mir unheimlich gut; **es un ~ tonto** *(fam)* er/sie ist so was von blöd
ratón [rra'ton] *m* Maus *f;* **~ (electrónico)** (INFOR) Maus *f;* **~ de biblioteca** *(fig)* Bücherwurm *m*
ratoncito [rratoṇ'θito] *m (Bol)* Blindekuhspiel *nt*
ratonera [rrato'nera] *f* ❶ *(trampa)* Mausefalle *f; (fig)* Falle *f;* **estar en una ~** *(fig)* in der Falle sitzen; **caer en la ~** *(fig)* in die Falle tappen ❷ *(agujero)* Mauseloch *nt*
raudal [rrau̯'ðal] *m* Flut *f;* **~ de palabras** Redeschwall *m;* **a ~es** *(fig)* in Hülle und Fülle; **por la ventana entra la luz a ~es** das Licht flutet durchs Fenster
raudo, -a ['rrau̯ðo, -a] *adj* rasch

R

rave ['rreif] *m* (MÚS) Rave *m*

raya ['rraɟa] *f* ❶ *(línea)* Strich *m; (sobre la calzada)* Fahrbahnbegrenzung *f; (guion)* Gedankenstrich *m; (de quebrado)* Bruchstrich *m;* **a ~s** strichweise; **pasar(se) de la ~** *(fig)* zu weit gehen; **tener a alguien a ~** jdn im Zaume halten ❷ *(franja)* Streifen *m; (cortafuegos)* Waldschneise *f;* **a ~s** *(estampado)* gestreift ❸ *(del pelo)* Scheitel *m;* **~ al lado/en medio** Seiten-/Mittelscheitel *m;* **hacer la ~** das Haar scheiteln ❹ (ZOOL) Rochen *m* ❺ *(doblez)* (Bügel)falte *f*

rayado [rra'ɟaðo] *m (líneas)* Linierung *f; (plumeado)* Schraffur *f; (rayajo)* Gekritzel *nt*

rayador [rraɟa'ðor] *m (Am:* ZOOL) *eine Art Seeschwalbe*

rayano, -a [rra'ɟano, -a] *adj* angrenzend (**en** an *+akk*)

rayar [rra'ɟar] **I.** *vi* ❶ *(lindar)* (an)grenzen (**con** an *+akk*) ❷ *(asemejarse)* grenzen (**en** an *+akk*) ❸ *(amanecer)* **~ el alba** dämmern; **al ~ el día** bei Tagesanbruch **II.** *vt* ❶ *(marcar con rayas)* linieren; *(plumear)* schraffieren ❷ *(tachar)* (durch)streichen ❸ *(arañar)* verkratzen ❹ *(grabar)* ritzen **III.** *vr:* **~se** einen Kratzer abbekommem

rayo ['rraɟo] *m* ❶ *(de luz)* Strahl *m;* **~ de luna** Mondschein *m* ❷ *(radiación)* **~s infrarrojos** Infrarotstrahlen *mpl;* **~s X** Röntgenstrahlen *mpl;* **emitir ~s** strahlen ❸ *(relámpago)* Blitz *m;* **¡~s (y centellas)!** (Himmel)donnerwetter!; **ha caído un ~ en la torre** ein Blitz hat in den Turm eingeschlagen; **como un ~** *(fig)* blitzschnell; **como tocado por el ~** *(fig)* wie vom Blitz getroffen; **echar ~s y centellas** *(fig)* Gift und Galle speien; **¡mal ~ te parta!** *(fam)* der Teufel soll dich holen!; **que un ~ me parta si no es verdad** *(fam)* mich soll der Schlag treffen, wenn es nicht stimmt ❹ *(infortunio)* (Schicksals)schlag *m* ❺ *(radio)* Speiche *f*

rayuela [rra'ɟwela] *f* ❶ *(sacar piedra)* Himmel und Hölle *nt* ❷ *(tirar monedas)* Münzwurfspiel *nt*

raza ['rraθa] *f* ❶ *(casta)* Rasse *f; (estirpe)* Geschlecht *nt; (pueblo)* Volk *nt;* **de ~** reinrassig; **de ~ blanca/negra** weiß/schwarz ❷ *(temperamento)* Rassigkeit *f;* **de (pura) ~** rassig

razia ['rraθja] *f* Razzia *f*

razón [rra'θon] **I.** *f* ❶ *(discernimiento)* Vernunft *f; (entendimiento)* Verstand *m;* **puesto en ~** vernünftig; **entrar en ~** zur Vernunft kommen; **meter en ~** zur Vernunft bringen; **hacer perder la ~ a alguien** jdn um den Verstand bringen; **privar de la ~ a alguien** jdn seiner Sinne berauben ❷ *(argumento)* Begründung *f; (razonamiento)* Argumentation *f;* **(no) atender a razones** sich (nicht) überzeugen lassen; **ponerse a razones con alguien** sich mit jdm auseinandersetzen; **venirse a razones con alguien** mit jdm übereinkommen ❸ *(motivo)* Grund *m; (justificación)* Berechtigung *f;* **~ de Estado** Staatsräson *f;* **~ de ser** Daseinsberechtigung *f;* **~ de más para...** *+inf,* **~ de más para que...** *+subj* ein Grund mehr, zu ... *+inf;* **la ~ por la que...** der Grund, aus dem ...; **fuera de ~** grundlos; **por ~ de** auf Grund von; **por razones de seguridad** aus Sicherheitsgründen; **por una u otra ~** aus dem einen oder anderen Grund; **tener razones para...** *+inf* Grund haben, zu ... *+inf* ❹ *(acierto)* Recht *nt;* **la ~ de la fuerza** das Recht des Stärkeren; **¡con (mucha) ~!** (völlig) zu Recht!; **sin ~** zu Unrecht; **cargarse de ~** sich völlig im Recht fühlen; **dar la ~ a alguien** jdm Recht geben; **llevar la ~** das Recht auf seiner Seite haben; **tener (mucha) ~** (vollkommen) Recht haben; **en eso (no) tienes ~** da hast du (Un)recht; **me asiste la ~** ich habe das Recht auf meiner Seite; **perder la ~** *(fig)* den Ton verfehlen ❺ *(información)* Auskunft *f; (recado)* Nachricht *f;* **~ aquí** Näheres hier; **dar ~ de alguien** Auskunft über jdn erteilen; **dar ~ de sí** von sich *dat* hören lassen; *(fig)* seinen Mann stehen; **mandar ~ a alguien de algo** jdm etw ausrichten lassen; **pedir ~ de alguien** sich nach jdm erkundigen ❻ (MAT: *proporción*) Verhältnis *nt;* **a ~ de tres por persona** drei pro Kopf; **a ~ del 10%** zu 10 %; **a ~ de 2 euros el kilo** zu 2 Euro pro Kilo; **este coche consume a ~ de seis litros por 100 kilómetros** dieses Auto verbraucht sechs Liter auf 100 Kilometer ❼ (JUR) **~ social** Firma *f* **II.** *prep* **en ~ de** *(en cuanto a)* hinsichtlich *+gen; (a causa de)* aufgrund *+gen*

razonable [rraθo'naβle] *adj* ❶ *(sensato)* vernünftig ❷ *(justo)* angemessen; *(adecuado)* angebracht

razonamiento [rraθona'mjento] *m* ❶ *(pensamientos)* Gedankengang *m; (reflexión)* Überlegung *f* ❷ *(argumentación)* Argumentation *f; (exposición)* Erörterung *f; (fundamentación)* Begründung *f;* **tus ~s no son convincentes** deine Ausführungen sind nicht stichhaltig ❸ *(conversación)* Diskussion *f*

razonar [rraθo'nar] **I.** *vi* ❶ *(pensar)* (nach)denken; *(juzgar)* urteilen; *(reflexionar)* überlegen; *(deducir)* Schlüsse ziehen

R

❷ *(argumentar)* argumentieren ❸ *(conversar)* diskutieren ❹ *(corresponder)* eingehen (**con** auf +*akk*); **es inútil tratar de ~ con él** es bringt nichts, sich mit ihm auseinanderzusetzen **II.** *vt* ❶ *(exponer)* darlegen ❷ *(fundamentar)* begründen

razziar [rra'θjar] *vt* (MIL) verwüsten, plündern

RDA [erreðe'a] *f abr de* **República Democrática Alemana** DDR *f*

RDSI [erreðe(e)se'i] *f abr de* **Red Digital de Servicios Integrados** (INFOR, TEL) ISDN *nt*

re [rre] *m* (MÚS) d, D *nt;* ~ **bemol** Des *nt*

reabrir [rrea'βrir] *vt irr como abrir* wieder eröffnen; (JUR) wieder aufnehmen

reacción [rreaˠ'θjon] *f* Reaktion *f;* ~ **en cadena** Kettenreaktion *f;* ~ **excesiva** Überreaktion *f;* **avión a** ~ Düsenflugzeug *nt*

reaccionar [rreaˠθjo'nar] *vi* reagieren (**a/ante** auf +*akk*); *(responder)* antworten (**a** auf +*akk*); *(repercutir)* sich auswirken (**en/sobre** auf +*akk*); *(sobreponerse)* überwinden (**a** +*akk*); *(entrar en calor)* sich aufwärmen; **el cuerpo no reacciona a las pastillas** der Körper spricht nicht auf die Tabletten an

reaccionario, -a [rreaˠθjo'narjo, -a] **I.** *adj* reaktionär **II.** *m, f* Reaktionär(in) *m(f)*

reacio, -a [rre'aθjo, -a] *adj* abgeneigt (**a** +*dat*); **el pintor era ~ a mostrarse en público** der Maler zeigte sich ungern in der Öffentlichkeit; **es ~ a las fiestas** er geht nur ungern auf Feste

reacondicionamiento [rreakoṇdiθjona'mjeṇto] *m* Neueinrichtung *f,* Wiederherstellung *f*

reacondicionar [rreakoṇdiθjo'nar] *vt* neu einrichten, wiederherstellen

reactivación [rreaktiβa'θjon] *f* ❶ (*t.* TÉC, MED) Reaktivierung *f* ❷ (ECON) Wiederaufschwung *m;* ~ **económica** Ankurbelung der Wirtschaft; ~ **del mercado** Wiederbelebung des Marktes

reactivar [rreakti'βar] *vt* reaktivieren; (ECON) ankurbeln

reactividad [rreaktiβi'ðaᵈ] *f* (BIOL, QUÍM) Reaktionsfähigkeit *f,* Reaktivität *f*

reactivo [rreak'tiβo] *m* Reagens *nt; (indicador)* Indikator *m; (fig)* Auslöser *m*

reactor [rreak'tor] *m* ❶ *(motor)* Reaktor *m;* ~ **atómico** [*o* **nuclear**] Atomreaktor *m,* Kernreaktor *m* ❷ *(propulsor)* Düsentriebwerk *nt* ❸ *(avión)* Düsenflugzeug *nt*

reactualizar [rreaktwali'θar] <z → c> *vt* (INFOR) updaten, aktualisieren

readaptación [rreaðapta'θjon] *f* Wiederanpassung *f* (**a** an +*akk*); *(reintegración)* Wiedereingliederung *f* (**a** in +*akk*); ~ **profesional** Umschulung *f*

readaptar [rreaðap'tar] **I.** *vt* wieder anpassen (**a** an +*akk*); *(reintegrar)* wieder eingliedern (**a** in +*akk*); *(profesión)* umschulen **II.** *vr:* **~se** sich wieder anpassen (**a** an +*akk*); *(reintegrarse)* sich wieder eingliedern (**a** in +*akk*)

readmisión [rreaðmi'sjon] *f* Wiederzulassung *f; (de despedidos)* Wiedereinstellung *f*

readmitir [rreaðmi'tir] *vt* wieder zulassen; *(despedidos)* wieder einstellen

reafirmación [rreafirma'θjon] *f* erneute Bekräftigung *f*

reafirmar [rreafir'mar] **I.** *vt* ❶ *(apoyar)* bekräftigen ❷ *(poner firme)* stärken; *(la piel)* straffen ❸ *(insistir)* beharren (auf +*dat*) **II.** *vr:* **~se** ❶ *(confirmarse)* sich erneut behaupten (**como** als +*nom*) ❷ *(insistir)* beharren (**en** auf +*dat*)

reagravar [rreaɣra'βar] *vr:* **~se** sich verschlimmern, sich verschärfen

reagrupación [rreaɣrupa'θjon] *f,* **reagrupamiento** [rreaɣrupa'mjeṇto] *m* Neugruppierung *f,* Umgruppierung *f,* Neueinteilung *f;* ~ **familiar** Familienzusammenführung *f*

reagrupar [rreaɣru'par] **I.** *vt* umgruppieren; *(redistribuir)* neu einteilen **II.** *vr:* **~se** sich neu gruppieren

reajustar [rreaxus'tar] *vt* ❶ *(adaptar)* neu anpassen; *(reestructurar)* umgestalten; *(reorganizar)* neu gestalten ❷ (TÉC) nachjustieren ❸ (ECON) angleichen

reajuste [rrea'xuste] *m* ❶ *(adaptación)* Neuanpassung *f; (reestructuración)* Umgestaltung *f; (reorganización)* Neugestaltung *f* ❷ (TÉC) Nachjustierung *f* ❸ (ECON) Angleichung *f;* ~ **salarial** Lohnausgleich *m*

real [rre'al] **I.** *adj* ❶ *(verdadero)* wirklich; *(verídico)* wahr; *(auténtico)* echt; (MAT) reell; (FILOS) real; (ECON, JUR) Real- ❷ *(del rey)* königlich; **Alteza** ~ Königliche Hoheit; **palacio** ~ Königspalast *m* ❸ *(espléndido)* prachtvoll **II.** *m* ❶ *(dinero)* Real *m;* **estar sin un** ~ *(fam)* keinen roten Heller mehr haben ❷ *(de la feria)* Messplatz *m; (prado)* Festwiese *f*

realce [rre'al̦θe] *m* ❶ *(relieve)* Reliefarbeit *f* ❷ *(esplendor)* Glanz *m; (acento)* Betonung *f;* **dar** ~ unterstreichen

realengo, -a [rrea'leŋgo, -a] *adj* ❶ (HIST) der Krone gehörend ❷ *(Am: sin amo)* herrenlos; *(vagabundo)* streunend

realengo [rrea'leŋgo] *m* (HIST) Domäne *f,* königlicher Landbesitz *m*

realeza [rrea'leθa] *f* ❶ *(dignidad)* Königswürde *f* ② *(grandeza)* Herrlichkeit *f;* *(boato)* Pracht *f*

realidad [rreali'ðaᵈ] *f* Realität *f;* *(verdad)* Wahrheit *f;* **ajeno a la ~** wirklichkeitsfremd; **en ~** in Wirklichkeit; **hacer ~** verwirklichen; **hacerse ~** sich verwirklichen; *(cumplirse)* sich erfüllen

realinear [rrealine'ar] **I.** *vt* ① (MIL) wieder aufstellen ② (ECON) angleichen, anpassen **II.** *vr:* **~se** ① (MIL) sich wieder aufstellen ② (POL) sich neu formieren, sich umgruppieren

realismo [rrea'lismo] *m sin pl* ① (ARTE, LIT, FILOS, CINE) Realismus *m;* **~ mágico** (LIT) magischer Realismus ② *(ideología)* Realistik *f* ③ (POL) Royalismus *m*

realista [rrea'lista] **I.** *adj* ① (ARTE, LIT, FILOS, CINE) realistisch ② (POL) royalistisch **II.** *mf* ① (ARTE, LIT, FILOS, CINE) Realist(in) *m(f)* ② (POL) Royalist(in) *m(f)*

realizable [rreali'θaβle] *adj* ① *(practicable)* realisierbar; *(factible)* machbar ② (ECON) verwertbar; **bienes ~s** Vermögensgegenstände *mpl*

realización [rrealiθa'θjon] *f* ① *(materialización)* Verwirklichung *f;* *(cumplimiento)* Erfüllung *f* ② *(ejecución)* Durchführung *f* ③ *(organización)* Gestaltung *f* ④ (ECON) Realisierung *f;* **~ de un pedido** Auftragsabwicklung *f;* **~ de plusvalías** Gewinnmitnahme *f* ⑤ (CINE) Realisation *f;* **asistente de ~** Regieassistent(in) *m(f)*

realizador(a) [rrealiθa'ðor(a)] *m(f)* (CINE, TV) Regisseur(in) *m(f)*

realizar [rreali'θar] <z → c> **I.** *vt* ① *(hacer realidad)* verwirklichen; *(sueños)* erfüllen ② *(efectuar)* durchführen; *(hacer)* unternehmen ③ (ECON) realisieren; *(ganancia, aportaciones)* einbringen ④ (CINE, TV) realisieren ⑤ *(Am: notar)* (be)merken **II.** *vr:* **~se** ① *(desarrollarse)* sich selbst verwirklichen ② *(materializarse)* sich verwirklichen; *(hacerse realidad)* Wirklichkeit werden; *(cumplirse)* in Erfüllung gehen

realmente [rreal'meṇte] *adv* ① *(en efecto)* wirklich; **esta casa es ~ bonita** dieses Haus ist wirklich schön ② *(verdaderamente)* wahrhaftig ③ *(auténticamente)* echt, wirklich; **el clima en esta región es ~ duro** das Klima in dieser Region ist wirklich hart ④ *(de hecho)* in der Tat, tatsächlich; **parece difícil, pero ~ es muy sencillo** es sieht schwierig aus, aber es ist eigentlich sehr einfach

realquilar [rrealki'lar] *vt* untervermieten; **vivir en una vivienda realquilada** zur Untermiete wohnen

realzar [rreaḷ'θar] <z → c> *vt* ① *(labrar)* herauswölben ② *(acentuar)* betonen; *(subrayar)* unterstreichen

reanimación [rreanima'θjon] *f* Wiederbelebung *f*

reanimar [rreani'mar] **I.** *vt* ① *(reavivar)* wieder beleben ② *(reactivar)* reaktivieren ③ *(animar)* ermutigen **II.** *vr:* **~se** ① *(recuperar el conocimiento)* wieder zu sich *dat* kommen ② *(restablecerse)* wieder aufleben ③ *(animarse)* neuen Mut schöpfen

reanudación [rreanuða'θjon] *f* Wiederaufnahme *f;* **~ de la instancia** (JUR) Aufnahme des Verfahrens

reanudar [rreanu'ðar] *vt* wieder aufnehmen

reapertura [rreaper'tura] *f* Wiedereröffnung *f;* (JUR) Wiederaufnahme *f*

reaprovisionar [rreaproβisjo'nar] **I.** *vt* neu versorgen (**de** mit +*dat*), wieder auffüllen (**de** mit +*dat*) **II.** *vr:* **~se** sich neu eindecken (**de** mit +*dat*); *(combustible)* auftanken

rearme [rre'arme] *m* Wiederbewaffnung *f*

reata [rre'ata] *f* ① *(correa, animales)* Koppel *f;* **una ~ de mulos** eine Koppel Maultiere; **de ~** *(sucesivamente)* der Reihe nach; *(en hilera)* in Reihen ② *(Am: de flores)* Blumenbeet *nt*

reatar [rrea'tar] *vt* ① *(volver a atar)* wieder verknoten ② *(atar apretadamente)* fest verknoten

reavivar [rreaβi'βar] **I.** *vt* wieder beleben **II.** *vr:* **~se** wieder aufleben

rebaba [rre'βaβa] *f* Grat *m*

rebaja [rre'βaxa] *f* ① *(oferta)* Sonderangebot *nt;* **~s de verano** Sommerschlussverkauf *m;* **estar de ~s** heruntergesetzte Waren haben ② *(descuento)* Rabatt *m;* *(reducción)* Preisnachlass *m;* **ya vendrá el tío Paco con la ~** *(fam fig)* irgendeinen Haken wird die Sache schon haben

rebajado, -a [rreβa'xaðo, -a] *adj* ① (COM) **precios ~s** herabgesetzte Preise ② (MIL) **soldado ~** vom Dienst entbundener Soldat

rebajamiento [rreβaxa'mjeṇto] *m* ① *(condescendencia)* Herablassung *f* ② *(humillación)* Herabwürdigung *f*

rebajar [rreβa'xar] **I.** *vt* ① *(abaratar)* reduzieren ② *(humillar)* demütigen ③ *(mitigar)* dämpfen; (*t.* FOTO: *debilitar*) abschwächen; *(disminuir)* mindern ④ *(una bebida)* verdünnen ⑤ *(dispensar)* vom Dienst freistellen ⑥ *(limar)* abfeilen; *(pulir)* abschleifen; *(acepillar)* abhobeln **II.** *vr:* **~se** ① *(humillarse)* sich herabwürdigen ② *(condescender)* sich herablassen (**a** zu +*dat*) ③ *(dispensarse)* sich vom Dienst freistellen lassen

rebanada [rreβa'naða] *f* Scheibe *f*

R

rebanar [rreβa'nar] *vt* ① *(hacer rebanadas)* in Scheiben schneiden ② *(partir)* abschneiden

rebañar [rreβa'ɲar] *vt* ① *(apurar)* auskratzen ② *(pey: recoger)* raffen

rebaño [rre'βaɲo] *m* Herde *f;* *(fig)* Horde *f*

rebasar [rreβa'sar] *vt* ① *(sobrepasar)* überschreiten; (MIL) stürmen; **~ el límite** *(fig)* über das Ziel hinausschießen; **esto rebasa los límites de mi paciencia** ich bin mit meiner Geduld am Ende ② *(exceder)* übertreffen (**en** um +*akk*)

rebatible [rreβa'tiβle] *adj* ① *(refutable)* anfechtbar, widerlegbar ② *(Am: abatible)* klappbar

rebatir [rreβa'tir] *vt* ① *(discutir)* bestreiten; *(refutar)* widerlegen; *(rechazar)* zurückweisen ② *(repeler)* zurückschlagen ③ *(batir)* klopfen ④ *(abatir)* zusammenklappen

rebeca [rre'βeka] *f* Strickjacke *f*

rebeco [rre'βeko] *m* Gämse *f*

rebelar [rreβe'lar] *vr:* **~se** rebellieren, sich empören, sich auflehnen

rebelarse [rreβe'larse] *vr* rebellieren; *(oponerse)* sich auflehnen

rebelde [rre'βel̩de] **I.** *adj* ① *(indócil)* rebellisch; *(levantisco)* aufsässig; *(fig)* widerspenstig ② *(insurrecto)* aufständisch ③ *(persistente)* hartnäckig ④ *(difícil)* verzwickt ⑤ (JUR) säumig **II.** *mf* *(indócil, insurrecto)* Rebell(in) *m(f);* *(revoltoso)* Aufrührer(in) *m(f)*

rebeldía [rreβel̩'dia] *f* ① *(cualidad)* Aufsässigkeit *f;* *(fig)* Widerspenstigkeit *f* ② *(oposición)* Widerstand *m* ③ *(insubordinación)* Aufsässigkeit *f;* (MIL) Gehorsamsverweigerung *f* ④ (JUR) Nichterscheinen *nt;* **declarar en ~** für säumig erklären; **juzgar en ~** in Abwesenheit verurteilen

R

rebelión [rreβe'ljon] *f* Rebellion *f;* *(levantamiento)* Aufstand *m*

reblandecer [rreβlan̩de'θer] *irr como crecer* **I.** *vt* weich machen **II.** *vr:* **~se** weich werden

rebobinar [rreβoβi'nar] *vt* *(retroceder)* zurückspulen

reborde [rre'βorðe] *m* ① *(acanaladura)* Sicke *f* ② *(rebordeado)* Randverstärkung *f* ③ *(rebaba)* Gussnaht *f*

rebosadero [rreβosa'ðero] *m* Überlauf *m;* *(en presas)* Überfall *m;* *(metalurgia)* Steigetrichter *m*

rebosante [rreβo'san̩te] *adj* überfüllt; *(vaso)* randvoll; *(fig)* überquellend (**de** vor +*dat*); **~ de salud** vor Gesundheit strotzend

rebosar [rreβo'sar] *vi* ① *(desbordar)* überlaufen; *(fig)* überquellen (**de** vor +*dat*); **le rebosa el dinero/la soberbia** er/sie strotzt vor Geld/Hochmut; **la gota que hizo ~ el vaso** der Tropfen, der das Fass zum Überlaufen brachte ② *(estar lleno)* wimmeln (**de** vor +*dat*); (**lleno**) **a ~** brechend voll ③ *(abundar)* schwimmen

rebotar [rreβo'tar] **I.** *vi* ① *(botar)* abprallen; *(repetidamente)* hüpfen ② *(chocar)* prallen (**contra/en** gegen/auf +*akk*); **salir rebotado** zurückprallen; *(fig)* hochkant rausfliegen **II.** *vt* ① *(botar)* prellen ② *(fam: enfadar)* verprellen **III.** *vr:* **~se** ① *(vino)* umschlagen ② *(fam: enfadarse)* sauer werden

rebote [rre'βote] *m* *(bote)* Abprall *m;* (DEP) Abpraller *m;* *(golpe)* Prellen *nt;* **de ~** *(como resultado)* als indirekte Folge; *(sentimiento)* wieder aufflackernd

rebozado [rreβo'θaðo] *m* (GASTR) Panade *f;* *(acción)* Panieren *nt*

rebozar [rreβo'θar] <z → c> **I.** *vt* ① *(envolver)* verhüllen ② (GASTR) panieren **II.** *vr:* **~se** sich verhüllen

rebozo [rre'βoθo] *m* ① *(velo)* Verhüllung *f* ② *(pretexto)* Vorwand *m;* **sin ~** aufrichtig

rebozuelo [rreβo'θwelo] *m* (BOT) Pfifferling *m*

rebujo [rre'βuxo] *m* Knäuel *m o nt;* *(trapos)* Bündel *nt;* **hacer un ~ con la ropa** die Wäsche zu einem Bündel zusammenknäulen

rebullir [rreβu'ʎir] <*3. pret* rebulló> *vi, vr:* **~se** sich bewegen; **sin ~se** ganz ruhig

rebuscar [rreβus'kar] <c → qu> **I.** *vi* herumsuchen **II.** *vt* *(buscar)* durchsuchen **III.** *vr* **rebuscárselas** *(CSur: defenderse)* sich durchschlagen

rebuznar [rreβuθ'nar] *vi* *(burro)* iahen

rebuzno [rre'βuθno] *m* Eselsschrei *m*

recabar [rreka'βar] *vt* ① *(obtener)* erhalten (**de** bei/von +*dat*); *(datos)* erheben ② *(pedir)* sich bemühen (um +*akk*)

recadero, -a [rreka'ðero, -a] *m, f* Bote, -in *m, f*

recado [rre'kaðo] *m* ① *(mensaje)* Nachricht *f;* **dar el ~ a alguien** jdm Bescheid geben; **¿puedes darle el siguiente ~?** kannst du ihm/ihr Folgendes ausrichten? ② *(encargo)* Besorgung *f*

recaer [rreka'er] *vi irr como caer* ① *(culpa, herencia)* fallen (**en/sobre** auf +*akk*) ② *(enfermedad)* einen Rückfall erleiden ③ *(delito)* rückfällig werden; **~ en el mismo error una y otra vez** immer wieder in den gleichen Fehler verfallen; **~ en la bebida** wieder anfangen zu trinken

recaída [rreka'iða] *f* Rückfall *m*

recalar [rreka'lar] **I.** *vi* ① (NÁUT) anlaufen (**en** +*akk*) ② *(persona)* erscheinen (**en**

bei/in +*dat*) **II.** *vt* durchtränken **III.** *vr:* **~se** durchtränkt werden

recalcar [rrekal'kar] <c → qu> *vt* ❶ *(palabras)* betonen ❷ *(apretar)* zusammenpressen ❸ *(llenar)* vollstopfen; ~ **la cuba con mosto** das Fass mit Most füllen

recalcitrante [rrekal̥θi'tran̪te] *adj* hartnäckig

recalentamiento [rrekalen̪ta'mjen̪to] *m* Überhitzung *f;* ~ **económico** (ECON) Konjunkturüberhitzung *f*

recalentar [rrekalen̪'tar] <e → ie> **I.** *vt* ❶ *(comida)* aufwärmen ❷ *(aparato)* überhitzen **II.** *vr:* **~se** *(motor)* heiß laufen

recalificar [rrekalifi'kar] <c → qu> *vt* neu qualifizieren

recámara [rre'kamara] *f* ❶ *(para ropa)* Kleiderkammer *f* ❷ *(arma)* Patronenlager *nt*

recambio [rre'kambjo] *m* *(repuesto)* Ersatz *m; (envase)* Nachfüllpackung *f*

recapacitar [rrekapaθi'tar] **I.** *vt* überdenken **II.** *vi* nachdenken

recapitulación [rrekapitula'θjon] *f* Zusammenfassung *f,* Rekapitulation *f geh*

recapitular [rrekapitu'lar] *vt* zusammenfassen

recarga [rre'karɣa] *f* Nachfüllung *f*

recargable [rrekar'ɣaβle] *adj (pila)* aufladbar; *(pluma, envase)* nachfüllbar

recargar [rrekar'ɣar] <g → gu> *vt* ❶ *(pila)* aufladen ❷ *(impuesto)* heraufsetzen ❸ *(decorar)* überladen; **el vestido recargado de lazos y botones no se vendió** das Kleid mit den vielen Schleifen und Knöpfen wurde nicht gekauft ❹ *(carga)* überladen; ~ **de trabajo** mit Arbeit überhäufen

recargo [rre'karɣo] *m* ❶ *(tasas)* Zuschlag *m; (sobreprecio)* Aufschlag *m;* **llamada sin** ~ gebührenfreier Anruf ❷ *(fiebre)* starker Fieberanfall *m*

recatado, -a [rreka'taðo, -a] *adj* ❶ *(decoroso)* sittsam; *(modesto)* bescheiden ❷ *(cauto)* zurückhaltend

recatar [rreka'tar] *vt* verheimlichen

recatear [rrekate'ar] *vt* ❶ *(regatear)* aushandeln ❷ *(revender)* weiterverkaufen ❸ *(no cumplir)* nicht ausführen [*o* erledigen] wollen, nicht richtig ausführen [*o* erledigen]

recato [rre'kato] *m* ❶ *(decoro)* Sittsamkeit *f* ❷ *(cautela)* Zurückhaltung *f; (pudor)* Scheu *f*

recauchutar [rrekau̯tʃu'tar] *vt* *(llanta)* runderneuern

recaudación [rrekau̯ða'θjon] *f* ❶ *(cobro)* Einnehmen *nt; (cantidad)* Einnahmen *f pl;* ~ **diaria** Tageseinnahmen *f pl* ❷ *(de impuestos)* Steuererhebung *f; (cantidad)* Steuerbetrag *m*

recaudar [rrekau̯'ðar] *vt (impuestos)* erheben; *(dinero)* einziehen

recaudo [rre'kau̯ðo] *m* ❶ *(ganancia)* Einnehmen *nt* ❷ (JUR) Kaution *f* ❸ *(loc)* **poner algo a buen** ~ etw in Sicherheit bringen

recelar [rreθe'lar] **I.** *vt (temer)* argwöhnen **II.** *vi, vr:* **~se** misstrauen (**de** +*dat*); (**me**) **recelo de mi secretaria** ich traue meiner Sekretärin nicht ganz

recelo [rre'θelo] *m* Argwohn *m;* **mirar con** ~ argwöhnisch betrachten

receloso, -a [rreθe'loso, -a] *adj* argwöhnisch; **estar** ~ **de alguien** jdm misstrauen; **ponerse** ~ Argwohn schöpfen; **poner** ~ **a alguien** jds Argwohn erregen

recensión [rreθen'sjon] *f* Rezension *f*

recepción [rreθeβ'θjon] *f* Empfang *m,* Rezeption *f*

recepcionista [rreθeβθjo'nista] *mf* Empfangschef, -dame *m, f*

receptividad [rreθeptiβi'ða^{d}] *f* Aufnahmefähigkeit *f;* (MED) Anfälligkeit *f*

receptivo, -a [rreθep'tiβo, -a] *adj* ❶ *(curioso)* aufmerksam ❷ (MED) anfällig

receptor[1] [rreθep'tor] *m (radio)* Empfänger *m; (teléfono)* Hörer *m;* ~ **digital** Digitalempfänger *m*

receptor(a)[2] [rreθep'tor(a)] *m(f)* ❶ *(recipiente)* Empfänger(in) *m(f)* ❷ (JUR) Gerichtsvollzieher(in) *m(f)*

recesión [rreθe'sjon] *f* Rezession *f*

recesivo, -a [rreθe'siβo, -a] *adj* (BIOL: *caracteres*) rezessiv

receso [rre'θeso] *m (Am: vacaciones)* Urlaub *m*

receta [rre'θeta] *f* Rezept *nt;* **con ~ médica** auf Rezept; **venta con** ~ rezeptpflichtig

recetar [rreθe'tar] *vt* ❶ (MED) verordnen ❷ *(fam: pedir)* bestellen; ~ **largo** viele Wünsche haben

recetario [rreθe'tarjo] *m* ❶ (GASTR) Kochbuch *nt* ❷ (MED: *libro*) Arzneibuch *nt; (talonario)* Rezeptblock *m; (de un enfermo)* Krankenblatt *nt*

rechazar [rretʃa'θar] <z → c> *vt* zurückweisen; *(denegar, no tolerar)* ablehnen; *(órgano)* abstoßen; ~ **de plano las acusaciones** die Anschuldigungen weit von sich *dat* weisen

rechazo [rre'tʃaθo] *m* Zurückweisung *f; (denegación)* Ablehnung *f; (de un órgano)* Abstoßen *nt*

rechiflar [rretʃi'flar] **I.** *vt* auspfeifen **II.** *vr:* **~se** sich lustig machen (**de** über +*akk*)

rechinar [rretʃi'nar] *vi* knarren; ~ **los dientes** mit den Zähnen knirschen

R

rechistar [rretʃis'tar] *vi* (sich) mucksen

rechoncho, -a [rre'tʃontʃo, -a] *adj (fam)* pummelig

rechupete [rretʃu'pete] **de ~** ausgezeichnet; **la tarta estaba de ~** der Kuchen war sehr lecker

reciamente [rreθja'men̩te] *adv* heftig, stark

recibidor [rreθiβi'ðor] *m* Vorzimmer *nt*

recibimiento [rreθiβi'mjen̩to] *m* ① *(acogida)* Empfang *m;* **le dispensaron un ~ multitudinario** sie empfingen ihn/sie mit großer Begeisterung ② *(recibidor)* Vorzimmer *nt*

recibir [rreθi'βir] **I.** *vt* ① *(tomar)* bekommen, erhalten ② *(personas)* empfangen ③ *(aceptar)* aufnehmen **II.** *vi (médico)* Sprechstunde haben; *(ministro)* Besucher empfangen **III.** *vr:* **~se** die Staatsprüfung bestehen (**de** als +*nom*); *(médico, farmacéutico)* die Approbation erlangen; **~se de abogado** als Anwalt zugelassen werden

recibo [rre'θiβo] *m* ① *(de la luz, del agua)* Rechnung *f;* **~ de entrega** Lieferschein *m* ② *(de una carta)* Empfang *m* ③ *(recibidor)* Vorzimmer *nt* ④ *(loc)* **ser de ~** annehmbar sein; **si llaman, abre tú porque yo no estoy de ~** wenn sie klingeln, mach du auf; ich bin noch nicht fertig

reciclable [rreθi'klaβle] *adj* wiederverwertbar

reciclado¹ [rreθi'klaðo] *m* Recycling *nt,* Wiederverwertung *f*

reciclado, -a² [rreθi'klaðo, -a] *adj* recycelt, wiederverwertet

reciclaje [rreθi'klaxe] *m* Recycling *nt;* **~ profesional** *(fig)* Umschulung *f*

reciclar [rreθi'klar] *vt* wiederverwerten

reciedumbre [rreθje'ðumbre] *f* Kraft *f,* Stärke *f*

R

recién [rre'θjen] *adv* ① *(acabado de)* soeben; **~ cocido/pintado** frisch gebacken/gestrichen; **los ~ casados** die Jungvermählten; **el ~ nacido** das Neugeborene ② *(Am: en cuanto)* sobald

reciente [rre'θjen̩te] *adj* ① *(nuevo)* neu; *(fresco)* frisch ② *(que acaba de suceder)* jüngst; **a causa de una enfermedad ~ no puedo moverme** wegen einer Krankheit, die mich vor Kurzem befallen hat, kann ich mich nicht bewegen; **un libro de ~ publicación** ein gerade erschienenes Buch

recientemente [rreθjen̩te'men̩te] *adv* vor Kurzem

recinto [rre'θin̩to] *m* Gelände *nt;* **~ fortificado** Festung *f;* **~ universitario** Campus *m*

recio, -a ['rreθjo, -a] **I.** *adj* ① *(fuerte)* stark ② *(rígido)* hart; **en lo más ~ del invierno** mitten im strengsten Winter ③ *(raudo)* schnell **II.** *adv* heftig; **hablar ~** laut sprechen

recipiente [rreθi'pjen̩te] *m* Behälter *m;* *(de vidrio/barro)* Gefäß *nt*

reciprocidad [rreθiproθi'ðaᵈ] *f* Gegenseitigkeit *f*

recíproco, -a [rre'θiproko, -a] *adj* gegenseitig; **... y a la recíproca** ... und umgekehrt

recitación [rreθita'θjon] *f* Rezitation *f*

recitador(a) [rreθita'ðor(a)] **I.** *adj* rezitatorisch **II.** *m(f)* Rezitator(in) *m(f)*

recital [rreθi'tal] *m* (MÚS) Konzert *nt;* (LIT) Dichterlesung *f*

recitar [rreθi'tar] *vt* vortragen; **~ maquinalmente el menú** den Speiseplan herunterrasseln

reclamación [rreklama'θjon] *f* ① *(recurso)* Einspruch *m;* *(queja)* Beschwerde *f;* *(de defectos)* Reklamation *f* ② *(exigencia)* Forderung *f;* *(de deuda)* Mahnung *f*

reclamar [rrekla'mar] **I.** *vi (protestar)* Einspruch erheben; *(quejarse)* sich beschweren (**por** über +*akk,* **a** bei +*dat*); *(defectos)* reklamieren (**ante** bei +*dat*) **II.** *vt (pedir)* fordern; *(una deuda)* anmahnen; **nos reclama el dinero que nos prestó hace un mes** er/sie verlangt das Geld zurück, das er/sie uns vor einem Monat geliehen hat; **el terrorista es reclamado por la justicia sueca a Italia** die schwedische Justiz verlangt von Italien die Auslieferung des Terroristen; **España reclama Gibraltar a Inglaterra desde hace siglos** seit Jahrhunderten macht Spanien gegenüber England Ansprüche auf Gibraltar geltend

reclame [rre'klame] *m (Arg, Urug)* Reklame *f,* Werbung *f*

reclamo [rre'klamo] *m* ① *(caza)* Lockvogel *m;* *(utensilio)* Lockpfeife *f;* *(grito)* Lockruf *m;* **acudir al ~** in die Falle gehen ② (COM) Reklame *f*

reclasificar [rreklasifi'kar] <c → qu> *vt* neu einteilen; **~ un puesto de trabajo** eine Arbeitsstelle neu einstufen

reclinable [rrekli'naβle] *adj* verstellbar; **asiento ~** Liegesitz *m*

reclinar [rrekli'nar] **I.** *vt* anlehnen; *(hacia atrás)* zurücklehnen; **reclinó su cabeza contra** [*o* **en**] [*o* **sobre**] **mis hombros** er/sie lehnte seinen/ihren Kopf an meine Schulter **II.** *vr:* **~se** *(inclinarse)* sich (an)lehnen (**contra/en/sobre** an/gegen +*akk*); *(apoyarse)* sich (auf)stützen (**en/sobre** auf +*akk*)

reclinatorio [rreklina'torjo] *m* Betstuhl *m*

recluir [rreklu'ir] *irr como huir* **I.** *vt* einsperren **II.** *vr:* **~se** sich zurückziehen

reclusión [rreklu'sjon] *f* ❶ (JUR) Haft *f* ❷ *(aislamiento)* Zurückgezogenheit *f*
recluso, -a [rre'kluso, -a] **I.** *adj (preso)* inhaftiert; **la población reclusa vive en condiciones inhumanas** Häftlinge leben unter unmenschlichen Bedingungen **II.** *m, f* Häftling *m*
recluta [rre'kluta] *mf* Rekrut(in) *m(f)*
reclutamiento [rrekluta'mjento] *m* Rekrutierung *f*
reclutar [rreklu'tar] *vt* rekrutieren
recobrar [rreko'βrar] **I.** *vt* wiederbekommen; ~ **las fuerzas** wieder zu Kräften kommen; ~ **las pérdidas** den Verlust wettmachen; ~ **el sentido** wieder zu sich *dat* kommen; ~ **la vista** das Sehvermögen wiedererlangen; ~ **las ganas de vivir** neuen Lebensmut schöpfen **II.** *vr:* **~se** sich erholen
recochineo [rrekotʃi'neo] *m (fam pey: burla)* Spott *m;* **sin** ~ Spaß beiseite
recodo [rre'koðo] *m (río)* Biegung *f*
recogedor [rrekoxe'ðor] *m* Kehrschaufel *f*
recogepelotas [rrekoxepe'lotas] *mf inv* (DEP: *chico*) Balljunge *m; (chica)* Ballmädchen *nt*
recoger [rreko'xer] <g → j> **I.** *vt* ❶ *(buscar)* abholen; **te voy a ~ a la estación** ich hole dich vom Bahnhof ab; **recogen las cartas a las ocho** die Briefkästen werden um acht geleert ❷ *(coger)* einsammeln; *(ordenar)* aufräumen; *(guardar)* wegräumen; ~ **del suelo** vom Boden aufheben; **¡es hora de ~!** Schluss für heute! ❸ *(juntar)* sammeln ❹ *(cosecha)* ernten; ~ **la fruta de su trabajo** die Früchte seiner Arbeit ernten; **quien siembra vientos, recoge tempestades** *(prov)* wer Wind sät, wird Sturm ernten ❺ *(acoger)* aufnehmen ❻ *(arremangar: vestido)* raffen; *(pantalón)* hochziehen ❼ *(cabello)* hochstecken ❽ *(enrollar: velas)* einholen; *(cortinas)* zusammenraffen **II.** *vr:* **~se** ❶ *(a casa)* nach Hause gehen; *(a la cama)* ins Bett gehen ❷ (REL) sich sammeln
recogida [rreko'xiða] *f (juntar)* Einsammeln *nt; (buscar)* Abholen *nt;* ~ **de basuras** Abfallentsorgung *f;* ~ **de beneficios** (FIN) Gewinnmitnahme *f;* ~ **del correo** Briefkastenleerung *f;* ~ **de equipajes** (AERO) Gepäckausgabe *f*
recogido, -a [rreko'xiðo, -a] *adj* ❶ *(acogedor)* gemütlich ❷ *(retirado)* zurückgezogen
recogimiento [rrekoxi'mjento] *m (devoción)* Andacht *f; (retraimiento)* Zurückgezogenheit *f;* **oímos la misa con** ~ wir haben andächtig die Messe gehört
recolección [rrekoleʸ'θjon] *f* (AGR) Ernte *f; (periodo)* Erntezeit *f*
recolectar [rrekolek'tar] *vt* ❶ *(cosas)* sammeln ❷ *(frutos)* ernten
recolector(a) [rrekolek'tor(a)] **I.** *adj* ❶ *(de dinero)* (ein)sammelnd ❷ *(de cosecha)* Ernte- **II.** *m(f)* ❶ *(de dinero)* Sammler(in) *m(f)* ❷ *(cosechador)* Pflücker(in) *m(f)*
recoleto[1] [rreko'leto] *m* (in Klausur lebender) Mönch *m*
recoleto, -a[2] [rreko'leto, -a] *adj* zurückgezogen, einsam
recomendable [rrekomen'daβle] *adj* ratsam
recomendación [rrekomenda'θjon] *f* Empfehlung *f;* **con la ayuda de tu** ~ auf deine Empfehlungen hin; **por** ~ **de mi médico** auf Empfehlung meines Arztes; **al ser hijo del alcalde tiene muchas recomendaciones** als Sohn des Bürgermeisters hat er gute Beziehungen
recomendado, -a [rrekomen'daðo, -a] **I.** *adj (precio)* unverbindlich; **precio de venta al público** ~ unverbindliche Preisempfehlung **II.** *m, f (enchufado)* Schützling *m*
recomendar [rrekomen'dar] <e → ie> *vt* empfehlen; **nos recomendó no salir de casa** er/sie riet uns, nicht aus dem Haus zu gehen
recomerse [rreko'merse] *vr* sich innerlich verzehren; **~se de envidia** vor Neid platzen; **se recome porque no lo invitaron** er kann es nicht verwinden, dass er nicht eingeladen worden ist
recompensa [rrekom'pensa] *f,* **recompensación** [rrekompensa'θjon] *f* Belohnung *f;* **ofrecer una ~ de 50 euros por algo** eine Belohnung von 50 Euro für etw aussetzen; **¿es esta la ~ a todos mis esfuerzos?** ist das der Dank für (all) meine Mühe?; **en** ~ als Belohnung
recompensable [rrekompen'saβle] *adj* ausgleichbar; **lo que has hecho por nosotros es difícilmente** ~ was du für uns getan hast, ist kaum angemessen zu belohnen
recompensar [rrekompen'sar] *vt* ❶ *(a alguien)* belohnen (**de/por** für +*akk*); ~ **de un daño** entschädigen; **fue recompensado por sus gastos** ihm wurden seine Auslagen vergütet ❷ *(un servicio)* vergüten
recomponer [rrekompo'ner] *vt irr como poner* reparieren
reconcentrar [rrekonθen'trar] **I.** *vt* konzentrieren (**en** auf +*akk*) **II.** *vr:* **~se** sich in Gedanken vertiefen; **~se en algo** sich in etw vertiefen

R

reconciliación [rrekoṇθilja'θjon] *f* Versöhnung *f;* **darse la mano en señal de ~** sich *dat* die Hand zur Versöhnung reichen

reconciliador(a) [rrekoṇθilja'ðor(a)] *adj* versöhnend, versöhnlich

reconciliar [rrekoṇθi'ljar] **I.** *vt* versöhnen **II.** *vr:* **~se** sich versöhnen

reconcomio [rrekoŋ'komjo] *m sin pl* Groll *m,* Gram *m*

recóndito, -a [rre'koṇdito, -a] *adj* verborgen; **la casa está en lo más ~ del bosque** das Haus ist tief im Wald verborgen; **en lo más ~ de mi corazón** im Innersten meines Herzens

reconducir [rrekoṇdu'θir] *irr como traducir vt* ① *(dirigir)* zurückführen ② (JUR: *un contrato*) verlängern

reconfortante [rrekoɱfor'taṇte] *adj* Trost bringend

reconfortar [rrekoɱfor'tar] *vt* trösten

reconocer [rrekono'θer] *irr como crecer* **I.** *vt* ① *(identificar)* erkennen; **~ por la voz** an der Stimme erkennen; **el pintor reconoció el cuadro como suyo** der Maler hat das Bild als seins erkannt ② *(admitir)* zugestehen; *(un error)* zugeben; **~ como hijo** als Sohn anerkennen ③ *(examinar)* überprüfen; (MED) untersuchen ④ (POL) anerkennen ⑤ (MIL) aufklären ⑥ *(advertir)* erkennen; **reconociendo que...** in der Erkenntnis, dass ... **II.** *vr:* **~se** ① *(declararse)* sich bekennen; **~se culpable** sich schuldig bekennen ② *(loc)* **no se reconoció a sí misma** sie kannte sich selbst nicht mehr; **no me reconocí en la novela** ich habe mich in dem Roman nicht wiedererkannt

reconocible [rrekono'θiβle] *adj* erkennbar

reconocido, -a [rrekono'θiðo, -a] *adj* *(agradecido)* dankbar

reconocimiento [rrekonoθi'mjeṇto] *m* ① (POL) Anerkennung *f;* **el no ~ de Bosnia-Herzegovina** die Nichtanerkennung von Bosnien-Herzegowina ② *(exploración)* Erkundung *f;* **~ médico** ärztliche Untersuchung; **~ precoz** (MED) Früherkennung *f;* **vuelo de ~** Aufklärungsflug *m* ③ *(gratitud)* Dankbarkeit *f;* **en ~ de mi labor** als Dank für meine Leistungen ④ (INFOR) **~ de errores** Fehlererkennung *f*

reconquista [rrekoŋ'kista] *f* Wiedereroberung *f;* (HIST) die Reconquista

reconquistar [rrekoŋkis'tar] *vt* zurückerobern; *(fig)* wiedergewinnen

reconstitución [rreko^{n}stitu'θjon] *f* Wiederherstellung *f*

reconstituir [rreko^{n}stitu'ir/rreko^{n}sti'twir] *vt irr como huir* ① *(restablecer)* wiederherstellen ② *(rehacer)* rekonstruieren; **~ una escena histórica** eine Szene historisch getreu nachbilden

reconstituyente [rreko^{n}stitu'ɟeṇte] *m* (MED) Kräftigungsmittel *nt*

reconstrucción [rreko^{n}stru^{ɣ}'θjon] *f* ① *(país)* Wiederaufbau *m* ② (JUR) Rekonstruktion *f*

reconstruir [rreko^{n}stru'ir/rreko^{n}s'trwir] *vt irr como huir* ① *(reedificar)* wieder aufbauen ② *(componer)* rekonstruieren; *(completar)* zusammenfügen

recontar [rrekoṇ'tar] <o → ue> *vt* ① *(cantidad)* nachzählen; *(votos)* zählen ② *(cuento)* nacherzählen

recontra [rre'koṇtra] *(Am: fam)* **¡idiota! – ¡que te ~!** Blödmann! – selber Blödmann!

recontrabueno, -a [rrekoṇtra'βweno, -a] *adj (Am: fam)* echt gut

reconvenir [rrekombe'nir] *vt irr como venir (reprender)* tadeln (**por** wegen *+gen/dat*)

reconversión [rrekomber'sjon] *f (cambio)* Umstellung *f; (adaptación)* Anpassung *f;* **~ industrial** Umstrukturierung *f* der Industrie; **~ profesional** Umschulung *f*

reconvertir [rrekomber'tir] *vt irr como sentir* umstellen

Recopa [rre'kopa] *f* (DEP) Pokal *m* der Pokalsieger

recopilación [rrekopila'θjon] *f* Sammlung *f*

recopilar [rrekopi'lar] *vt* zusammenstellen

récord ['rrekor$^{(ð)}$] <récords> *m* Rekord *m*

recordable [rrekor'ðaβle] *adj* erinnerlich, erinnerungswert, erinnerungswürdig

recordar [rrekor'ðar] <o → ue> **I.** *vi, vt* ① *(acordarse)* sich erinnern (an *+akk*) ② *(traer a la memoria, semejar)* erinnern (an *+akk*); **recuérdale a mamá que me traiga el libro** erinnere Mama daran, dass sie mir das Buch mitbringen soll; **este paisaje me recuerda (a) la Toscana** diese Landschaft erinnert mich an die Toskana; **si mal no recuerdo** wenn ich mich recht erinnere **II.** *vi, vr:* **~se** *(Arg, Méx: despertarse)* aufwachen **III.** *vr:* **~se** *(acordarse)* sich erinnern

recordatorio [rrekorða'torjo] *m* ① *(comunión)* Erinnerungskarte *f* zur Kommunion; *(fallecimiento)* Todesanzeige *f* ② *(advertencia)* Mahnung *f* (**de** an *+akk*)

recorrer [rreko'rrer] *vt* ① *(atravesar)* durchqueren; *(viajar por)* bereisen; **~ Europa en bicicleta** mit dem Fahrrad durch Europa reisen ② *(trayecto)* zurücklegen; **recorrimos tres kilómetros a pie** wir sind drei Kilometer zu Fuß gelaufen ③ *(registrar)* durchsuchen; *(terreno)* absuchen

❹ *(texto)* überlesen; ~ **con la vista** überfliegen

recorrida [rreko'rriða] *f (Arg)*, **recorrido** [rreko'rriðo] *m* ❶ *(trayecto, itinerario)* Strecke *f; (a pie)* Wegstrecke *f; (en coche)* Fahrstrecke *f; (en tren)* Bahnstrecke *f;* **vuelo de corto/largo** ~ Kurz-/Langstreckenflug *m;* **tren de largo** ~ Fernzug *m* ❷ *(vuelta)* Tour *f;* **su** ~ **por la biblioteca le fue muy útil** sein/ihr Gang durch die Bibliothek war sehr ergiebig

recorrido [rreko'rriðo] *m* ❶ *(trayecto, itinerario)* Strecke *f; (a pie)* Wegstrecke *f; (en coche)* Fahrstrecke *f;* **vuelo de corto/largo** ~ Kurz-/Langstreckenflug *m* ❷ *(vuelta)* Tour *f*

recortable [rrekor'taβle] *adj* zum Ausschneiden; **muñeca** ~ Anziehpuppe *f*

recortar [rrekor'tar] **I.** *vt* ❶ *(figuras)* ausschneiden; *(barba, uñas)* schneiden; *(quitar)* abschneiden ❷ *(disminuir)* kürzen **II.** *vr:* **~se** sich abzeichnen; **el perfil de las montañas se recorta sobre el horizonte** die Silhouette der Berge zeichnet sich am Horizont ab

recorte [rre'korte] *m* ❶ *(periódico)* Ausschnitt *m* ❷ *(rebajamiento)* Kürzung *f* ❸ *pl (cortaduras)* Abfall *m;* **~s de papel** Papierschnitzel *mpl o ntpl;* **~s de tela** Stoffreste *mpl*

recoser [rreko'ser] *vt* nachnähen, flicken, ausbessern

recostar [rrekos'tar] <o → ue> **I.** *vt (apoyar)* (auf)stützen (**en/sobre** auf +*akk*); *(inclinar)* (an)lehnen (**contra/en** an/gegen +*akk*); ~ **la espalda contra una columna** sich mit dem Rücken gegen eine Säule lehnen **II.** *vr:* **~se** *(inclinarse)* sich (an)lehnen (**contra/en** an/gegen +*akk*); *(apoyarse)* sich (auf)stützen (**en/sobre** auf +*akk*)

recoveco [rreko'βeko] *m* ❶ *(escondrijo)* Schlupfwinkel *m* ❷ *(falta de claridad)* Undurchschaubarkeit *f;* **sin** ~ ehrlich; **persona con** ~ undurchsichtige Person ❸ *(vuelta)* Biegung *f*

recreación [rrekrea'θjon] *f* ❶ *(reproducción)* Nachahmung *f* ❷ *(diversión)* Zeitvertreib *m*

recrear [rrekre'ar] **I.** *vt* ❶ *(reproducir)* nachahmen ❷ *(divertir)* unterhalten **II.** *vr:* **~se** sich zerstreuen; **se recrea contemplando cuadros** er/sie schaut sich *dat* gern Bilder an

recreativo, -a [rrekrea'tiβo, -a] *adj* entspannend; (**salón de juegos**) **~s** Spielhölle *f*

recrecer [rrekre'θer] *irr como crecer* **I.** *vt* vergrößern **II.** *vi* ❶ *(aumentar)* sich vergrößern ❷ *(ocurrir de nuevo)* wieder geschehen **III.** *vr:* **~se** *(cobrar bríos)* wieder aufleben

recreo [rre'kreo] *m* (Schul)pause *f;* **de** ~ Freizeit-; **casa de** ~ Wochenendhaus *nt;* **puerto de** ~ Jachthafen *m*

recriminación [rrekrimina'θjon] *f* ❶ *(reproche)* Vorwurf *m* ❷ *(acusación)* Beschuldigung *f*

recriminar [rrekrimi'nar] *vt* ❶ *(reprochar)* Vorwürfe machen +*dat* ❷ *(acusar)* beschuldigen

recriminatorio, -a [rrekrimina'torjo, -a] *adj (con reproches)* vorwurfsvoll; *(acusando)* beschuldigend

recrudecer [rrekruðe'θer] *vi, vr irr como crecer* **~se** sich verschlimmern; *(conflicto)* sich verschärfen

recrudecimiento [rrekruðeθi'mjen̩to] *m* Verschlimmerung *f; (combate)* Verschärfung *f*

recta ['rrekta] *f* Gerade *f;* **entrar en la** ~ **final** (DEP: *t. fig)* in die Zielgerade einlaufen

rectamente [rrekta'men̩te] *adv (honradamente)* redlich

rectangular [rrektaŋgu'lar] *adj* rechteckig

rectángulo[1] [rrek'taŋgulo] *m* Rechteck *nt*

rectángulo, -a[2] [rrek'taŋgulo, -a] *adj* rechtwinklig

rectificación [rrektifika'θjon] *f (corrección)* Berichtigung *f; (de alguien)* Verbesserung *f*

rectificador[1] [rrektifika'ðor] *m* Gleichrichter *m*

rectificador(a)[2] [rrektifika'ðor(a)] *adj* berichtigend

rectificar [rrektifi'kar] <c → qu> *vt* ❶ *(corregir)* berichtigen; *(a alguien)* verbessern ❷ *(carretera)* begradigen

rectilíneo, -a [rrekti'lineo, -a] *adj* ❶ *(forma)* geradlinig ❷ *(persona)* streng

rectitud [rrekti'tuᵈ] *f (honradez)* Rechtschaffenheit *f*

recto[1] ['rrekto] *m* (ANAT) Mastdarm *m*

recto, -a[2] ['rrekto, -a] *adj* ❶ (*t.* MAT: *forma*) gerade; **ángulo** ~ rechter Winkel; **línea recta** Gerade *f* ❷ *(sin desviarse)* geradewegs; *(dirección)* geradeaus; **siga todo** ~ gehen Sie geradeaus weiter ❸ *(honrado)* rechtschaffen

rector(a) [rrek'tor(a)] **I.** *adj* leitend **II.** *m(f)* Rektor(in) *m(f)*

rectorado [rrekto'raðo] *m* Rektorat *nt*

recua ['rrekwa] *f* Herde *f (von Lasttieren);* **con él llegó toda su** ~ **de amigos** *(fam)* mit ihm kam eine ganze Horde von Freunden

recuadro [rre'kwaðro] *m (casilla)* Kästchen *nt*

recubrimiento [rrekuβri'mjeṇto] *m* Beschichtung *f*
recubrir [rreku'βrir] *vt irr como abrir* überziehen
recuento [rre'kweṇto] *m* Nachzählung *f;* ~ **de votos** Stimmenauszählung *f*
recuerdo [rre'kwerðo] *m* ❶ *(evocación)* Erinnerung *f;* **en** [*o* **como**] ~ **de nuestro encuentro** zum Andenken an unsere Begegnung; **traer al** ~ ins Gedächtnis rufen; **tener un buen** ~ **de algo** etw in guter Erinnerung haben ❷ *(de un viaje)* Souvenir *nt* ❸ *pl (saludos)* Grüße *mpl;* **dales muchos ~s de mi parte** sag ihnen viele Grüße von mir; **María te manda muchos ~s** María lässt dich herzlich grüßen
recular [rreku'lar] *vi* ❶ *(retroceder)* zurückweichen; *(automóvil)* rückwärtsfahren; *(para aparcar)* (rückwärts) einparken ❷ *(fam: ceder)* nachgeben
recuperable [rrekupe'raβle] *adj* (zu)rückgewinnbar; *(material)* wiederverwertbar; **no** ~ *(estado)* nicht wiederherstellbar; *(material)* nicht wiederverwertbar
recuperación [rrekupera'θjon] *f* ❶ *(recobrar)* Wiedergewinnung *f;* ~ **de datos** (INFOR) Datenwiederherstellung *f* ❷ (ECON) Aufschwung *m;* ~ **de las cotizaciones** Kurserholung *f;* **la** ~ **de los precios** das Wiederanziehen der Preise ❸ *(enfermo)* Genesung *f* ❹ *(materiales)* Recycling *nt* ❺ *(asignatura)* Bestehen *nt;* **examen de** ~ Wiederholungsklausur *f* ❻ *(rescate)* Bergung *f*
recuperar [rrekupe'rar] **I.** *vt* ❶ *(recobrar)* wiedererlangen; (MIL) zurückerobern ❷ *(tiempo)* nachholen ❸ *(papel, hierro)* wiederverwerten ❹ *(rescatar)* bergen ❺ *(asignatura)* (im zweiten Anlauf) bestehen; **mi hijo no recuperó la física en el examen de septiembre** mein Sohn ist bei der Physikprüfung auch im zweiten Anlauf im September durchgefallen **II.** *vr:* **~se** sich erholen
recurrencia [rreku'rreṇθja] *f* (MAT) Rekursion *f*
recurrir [rreku'rrir] *vi* ❶ (JUR) Beschwerde einlegen ❷ *(dirigirse)* sich wenden (**a** an +*akk*); *(acudir)* zurückgreifen (**a** auf +*akk*); ~ **a la justicia** den Rechtsweg beschreiten; ~ **a todos los medios** alle Hebel in Bewegung setzen; **no tener a quien** ~ niemanden haben, an den man sich wenden kann; **si no me pagas ~é a un abogado** wenn du nicht zahlst, werde ich einen Anwalt einschalten
recurso [rre'kurso] *m* ❶ (JUR) ~ (**de apelación**) Berufung *f;* ~ **de amparo** Verfassungsbeschwerde *f;* ~ **de queja** Beschwerde *f;* **interponer un** ~ **contra la sentencia** gegen das Urteil Einspruch erheben ❷ *(remedio)* Hilfe *f;* *(expediente)* Zuflucht *f;* **no me queda otro** ~ **que...** es bleibt mir nichts anderes übrig als … ❸ *pl (bienes)* Mittel *ntpl;* **familias sin ~s** mittellose Familien ❹ *pl (reservas)* Vorräte *mpl;* **~s naturales** natürliche Ressourcen; **el país cuenta con abundantes ~s minerales** das Land ist reich an Bodenschätzen ❺ *(loc)* **ser una persona de ~s** ein findiger Kopf sein
recusación [rrekusa'θjon] *f* (*t.* JUR) Ablehnung *f*
recusar [rreku'sar] *vt* ablehnen
red [rreᵈ] *f* Netz *nt;* ~ **comercial** Vertriebsnetz *nt;* ~ **fluvial** Flussnetz *nt;* ~ **social** soziales Netzwerk; ~ **vial** Straßennetz *nt;* ~ **eléctrica** Stromnetz *nt;* ~ **ferroviaria** Schienennetz *nt;* **echar las ~es** die Netze auswerfen; **han desarticulado una** ~ **de carteristas** sie haben einen Ring von Taschendieben zerschlagen; **caer en la** ~ *(fig)* in die Falle gehen
redacción [rreðaʸ'θjon] *f* ❶ (ENS) Aufsatz *m* ❷ (PREN) Redaktion *f*
redactar [rreðak'tar] *vt* verfassen; *(documento)* aufsetzen; *(testamento)* abfassen
redactor(a) [rreðak'tor(a)] *m(f)* Verfasser(in) *m(f);* (PREN) Redakteur(in) *m(f)*
redada [rre'ðaða] *f* ❶ *(de la policía)* Razzia *f* ❷ *(pescado, t. fig)* Fischzug *m*
redargüir [rreðar'ɣwir] <gü → gu> *vt* widerlegen; (JUR) anfechten, zurückweisen
redecilla [rreðe'θiʎa] *f (pelo)* Haarnetz *nt;* *(equipaje)* Gepäcknetz *nt*
rededor [rreðe'ðor] *m* **al** [*o* **en**] ~ ringsherum; **al** ~ **de la casa** rings um das Haus
redención [rreðeṇ'θjon] *f* ❶ (REL) Erlösung *f* ❷ *(cautivo)* Befreiung *f* ❸ *(finca)* Ablösung *f*
redentor(a) [rreðeṇ'tor(a)] *m(f)* Erlöser(in) *m(f)*
redicho, -a [rre'ðiʧo, -a] *adj (fam)* affektiert
redil [rre'ðil] *m* Pferch *m;* **volver al** ~ *(fig)* wieder auf den rechten Weg kommen
redimir [rreði'mir] *vt* ❶ (REL) erlösen ❷ *(esclavo)* loskaufen ❸ *(finca)* ablösen
rediós [rre'ðjos] *interj (fam)* oh Gott!, meine Güte!
redistribución [rreðistriβu'θjon] *f* Umverteilung *f*
redistribuir [rreðistri'βwir] *vt irr como huir* umverteilen; ~ **la riqueza** den Wohlstand umverteilen
rédito ['rreðito] *m* Rendite *f*
redituar [rreðitu'ar] <*3. pres* reditúa> *vt* bringen, abwerfen

R

redoblado, -a [rreðo'βlaðo, -a] *adj* verdoppelt, verstärkt

redoblar [rreðo'βlar] **I.** *vt* ① *(aumentar)* verdoppeln ② *(clavo)* umbiegen **II.** *vi (tambor)* einen Trommelwirbel schlagen; *(tormenta, t. fig)* heftiger werden

redomado, -a [rreðo'maðo, -a] *adj* gerissen

redonda [rre'ðon̪da] *f* ① *(dehesa)* Aue *f*; **en tres kilómetros a la ~** im Umkreis von drei Kilometern ② (MÚS) ganze Note *f*

redondear [rreðon̪de'ar] *vt* (ab)runden; **~ por defecto/por exceso** ab-/aufrunden

redondel [rreðon̪'del] *m* Kreis *m*

redondela [rreðon̪'dela] *f* ① *(Arg, Chil: objeto circular)* kreisförmiges Objekt *nt* ② *(Chil: fam: círculo)* Kreis *m*

redondez [rreðon̪'deθ] *f* Rundung *f*; **en toda la ~ de la Tierra** auf dem ganzen Erdenrund

redondo, -a [rre'ðon̪do, -a] *adj (circular, t.* MAT) rund; *(redondeado)* abgerundet; **mirar con unos ojos ~s como platos** anstarren; **hacer un negocio ~** ein gutes Geschäft machen; **se cayó ~** *(derrumbarse)* er/sie ist der Länge nach hingefallen; *(quedarse mudo)* ihm/ihr blieb die Sprache weg; **negarse en ~** sich rundheraus weigern

reducción [rreðuˠ'θjon] *f* ① *(disminución, t.* QUÍM) Reduktion *f; (de precios, gastos)* Senkung *f; (rebaja)* Rabatt *m; (de personal)* Abbau *m;* **~ de la jornada laboral** Arbeitszeitverkürzung *f* ② (ECON) Kürzung *f;* (JUR) Minderung *f* ③ *(fotografía, dibujo)* Verkleinerung *f* ④ (FÍS, MAT) Reduktion *f;* **~ de quebrados** Bruchkürzung *f;* **tabla de ~** Umrechnungstabelle *f* ⑤ (MED) Einrenken *nt*

reducible [rreðu'θiβle] *adj* reduzierbar; (MAT) zerlegbar

reducido, -a [rreðu'θiðo, -a] *adj* klein; *(estrecho)* eng; *(precio)* ermäßigt, niedrig; **a precios ~s** zu herabgesetzten Preisen; **a escala reducida** in verkleinertem Maßstab

reducir [rreðu'θir] *irr como traducir* **I.** *vt* ① *(disminuir, t.* QUÍM) reduzieren; *(personal)* abbauen; *(gastos)* senken; *(precios)* herabsetzen ② *(foto, dibujo)* verkleinern; **~ de escala** in einem kleineren Maßstab wiedergeben ③ *(someter)* unterwerfen; **la policía redujo al agresor** die Polizei überwältigte den Täter ④ *(convertir)* verwandeln (**a** in +*akk*); **el fuego redujo la casa a cenizas** bei dem Feuer brannte das Haus völlig nieder; **~/quedar reducido a escombros** in Schutt und Asche legen/liegen; **~ al absurdo algo** etw ad absurdum führen ⑤ *(limitar)* beschränken (**a** auf +*akk*) ⑥ *(resumir)* zusammenfassen; *(acortar)* kürzen ⑦ (MED) einrenken ⑧ (MAT) umrechnen; **~ al común denominador** *(t. fig)* auf einen gemeinsamen Nenner bringen **II.** *vi* (AUTO) zurückschalten **III.** *vr:* **~se** sich beschränken (**a** auf +*akk*)

reductor[1] [rreðuk'tor] *m* (QUÍM) Reduktionsmittel *nt*

reductor(a)[2] [rreðuk'tor(a)] *adj* reduzierend; (QUÍM) reduktiv, Reduktions-

redundancia [rreðun̪'dan̪θja] *f* Redundanz *f*

redundante [rreðun̪'dan̪te] *adj* überflüssig

redundar [rreðun̪'dar] *vi* **eso redunda en beneficio nuestro** das liegt in unserem eigenen Interesse; **eso redunda en beneficio de todos** das wirkt sich vorteilhaft für alle aus; **eso ~á en perjuicio vuestro** das wird schlimme Folgen für euch haben

reduplicar [rreðupli'kar] <c → qu> *vt* verdoppeln; (LING) reduplizieren

reedición [rre(e)ði'θjon] *f* Neuauflage *f*

reedificación [rre(e)ðifika'θjon] *f* Wiederaufbau *m*

reedificar [rre(e)ðifi'kar] <c → qu> *vt* wieder aufbauen

reeditar [rre(e)ði'tar] *vt* neu auflegen

reeducar [rre(e)ðu'kar] <c → qu> *vt* heilgymnastisch behandeln

reelaborar [rre(e)laβo'rar] *vt* ① *(producto)* wiederverarbeiten ② *(idea)* neu erfassen, neu gestalten; **tenemos que ~ el proyecto** wir müssen das Projekt neu gestalten

reelección [rre(e)leˠ'θjon] *f* Wiederwahl *f*

reelegir [rre(e)le'xir] *vt irr como elegir* wiederwählen

reembolsar [rre(e)mbol'sar] *vt* zurückerstatten

reembolso [rre(e)m'bolso] *m (devolución)* Rückerstattung *f;* **me enviarán el paquete contra ~** ich bekomme das Paket per Nachnahme geschickt

reemplazar [rre(e)mpla'θar] <z → c> *vt* ersetzen; *(representar)* vertreten

reemplazo [rre(e)m'plaθo] *m* ① *(sustitución)* Austausch *m;* (DEP) Auswechseln *nt* ② *(tropas)* Reserve *f;* **ser del mismo ~** demselben Jahrgang angehören

reencarnación [rre(e)ŋkarna'θjon] *f* Reinkarnation *f*

reencarnar [rre(e)ŋkar'nar] *vi, vr:* **~se** wiedergeboren werden

reencontrar [rre(e)ŋkon̪'trar] <o → ue> *vt* wiedertreffen

reencuentro [rre(e)ŋ'kwen̪tro] *m* ① *(en-*

R

cuentro) Wiedersehen ❷ *(choque)* Zusammenstoß *m* ❸ (MIL) Gefecht *nt*
reenganchar [rre(e)ŋgan'ʧar] **I.** *vt* wieder anwerben **II.** *vr:* **~se** ❶ (MIL) sich weiter verpflichten ❷ *(fig: droga)* wieder süchtig werden
reenviar [rre(e)mbi'ar] <*1. pres* reenvío> *vt* *(al remitente)* zurückschicken (**a** an +*akk*); *(a un nuevo destinatario)* weitersenden (**a** an +*akk*)
reenvío [rre(e)m'bio] *m* *(al remitente)* Rücksendung *f* (**a** an +*akk*); *(a un destinatario)* Weitersendung *f* (**a** an +*akk*)
reestructuración [rre(e)struktura'θjon] *f* (ECON) Umstrukturierung *f;* **~ financiera** finanzielle Umstrukturierung
reestructurar [rre(e)struktu'rar] *vt* umstrukturieren
reexaminar [rre(e)ʸsami'nar] *vt* überprüfen
reexpedir [rre(e)espe'ðir] *vt irr como pedir* *(al remitente)* zurückschicken (**a** an +*akk*); *(a un nuevo destinatario)* weitersenden (**a** an +*akk*); **¡reexpídase a manos del destinario!** bitte nachsenden!
refacción [rrefaʸ'θjon] *f* Imbiss *m,* Stärkung *f*
refaccionar [rrefaʸθjo'nar] *vt* *(Am: edificios)* renovieren, restaurieren
refajo [rre'faxo] *m* *(de tela gruesa)* Flanellrock *m;* *(combinación)* Unterrock *m*
referencia [rrefe'reṇθja] *f* ❶ *(relación)* Bezug *m;* *(alusión)* Anspielung *f* (**a** auf +*akk*); *(indicación)* Hinweis *m* (**a** auf +*akk*); **punto de ~** Anhaltspunkt *m;* **con ~ a** begzüglich +*gen;* **hacer una pequeña ~ a alguien** jdn am Rande erwähnen ❷ *pl* *(informes)* Referenzen *f pl* ❸ *(nota)* (Akten)zeichen *nt;* **nuestra/su ~** *(en un escrito)* unser/Ihr Zeichen ❹ *(relato)* Erzählung *f*
referendo [rrefe'reṇdo] *m,* **referéndum** [rrefe'reṇdun] <referéndums> *m* *(popular)* Volksabstimmung *f;* *(sindical)* Urabstimmung *m*
referente [rrefe'reṇte] *adj* bezüglich (**a** +*gen*); (**en lo**) **~ a su queja** mit Bezug auf Ihre Klage
referible [rrefe'riβle] *adj* relevant, erwähnenswert
referir [rrefe'rir] *irr como sentir* **I.** *vt* berichten **II.** *vr:* **~se** sich beziehen (**a** auf +*akk*); **en** [*o* **por**] **lo que se refiere a nuestras relaciones** was unsere Beziehungen betrifft; **no me estaba refiriendo a Ud.** damit habe ich nicht Sie gemeint
refilón [rrefi'lon] **mirar de ~** schräg ansehen; **el sol da en mi ventana de ~** die Sonne scheint nicht direkt in mein Zimmer

refinado, -a [rrefi'naðo, -a] *adj* raffiniert
refinamiento [rrefina'mjeṇto] *m* Raffinesse *f*
refinanciar [rrefinaṇ'θjar] *vt* (FIN) refinanzieren; *(créditos)* umschulden; **~ la deuda** die Schulden refinanzieren
refinar [rrefi'nar] **I.** *vt* *(petróleo, azúcar)* raffinieren; *(grasas)* verfeinern; *(metal)* veredeln **II.** *vr:* **~se** sich *dat* bessere Manieren angewöhnen
refinería [rrefine'ria] *f* Raffinerie *f*
refino, -a [rre'fino, -a] *adj* hochfein
reflectar [rreflek'tar] *vi* (FÍS) reflektieren
reflector[1] [rreflek'tor] *m* *(foco)* Rückstrahler *m*
reflector(a)[2] [rreflek'tor(a)] *adj* reflektierend
reflejar [rrefle'xar] **I.** *vi, vt* widerspiegeln; **tus palabras reflejan miedo** deine Worte verraten Angst **II.** *vr:* **~se** sich (wider)spiegeln
reflejo[1] [rre'flexo] *m* ❶ *(luz)* Reflex *m;* **las esmeraldas despiden unos preciosos ~s verdes** Smaragde haben einen wunderschönen grünen Glanz ❷ *(imagen)* (Wider)spiegelung *f;* **su comportamiento es un fiel ~ de su estado de ánimo** sein/ihr Verhalten spiegelt seinen/ihren Gemütszustand genau wider ❸ (MED, PSICO) Reflex *m;* **para ello hay que ser rápido de ~s** dafür braucht man sehr gute Reflexe
reflejo, -a[2] [rre'flexo, -a] *adj* reflektiert; **dolor ~** ausstrahlender Schmerz; **movimiento ~** Reflexbewegung *f*
reflexión [rrefleʸ'sjon] *f* ❶ *(consideraciones)* Überlegung *f* ❷ *(rayos)* Reflexion *f*
reflexionar [rrefleʸsjo'nar] *vi, vt* nachdenken (**sobre/en** über +*akk*); **reflexiona bien antes de dar ese paso** überleg es dir gut, bevor du diesen Schritt unternimmst
reflexividad [rrefleʸsiβi'ðaᵈ] *f* (FILOS) Reflexivität *f*
reflexivo, -a [rrefleʸ'siβo, -a] *adj* ❶ *(sensato)* besonnen; *(reflectante)* nachdenklich ❷ (LING) reflexiv
reflotar [rreflo'tar] *vt* (*t.* NÁUT) wieder flottmachen
refluir [rreflu'ir] *vi irr como huir* zurückfließen
reflujo [rre'fluxo] *m* Ebbe *f*
refocilarse [rrefoθi'larse] *vr* *(pey)* sich weiden (**con/en** an +*dat*)
reforestación [rreforesta'θjon] *f* (Wieder)aufforstung *f*
reforestar [rrefores'tar] *vt* (wieder) aufforsten
reforma [rre'forma] *f* ❶ *(mejora)* Verbesserung *f;* *(modificación)* Reform *f;* **~ educativa** Schulreform *f;* **~ monetaria** Wäh-

R

rungsreform *f;* ~ **del sistema tributario** Steuerreform *f* ② (ARQUIT: *reestructuración*) Umbau *m; (renovación)* Renovierung *f;* **hacer una ~ en el cuarto de baño** das Badezimmer renovieren ③ (REL) **R~ Protestante** Reformation *f* ④ *(reparación)* Wiederherstellung *f*

reformación [rreforma'θjon] *f* ① *(mejora)* Verbesserung *f; (del comportamiento)* Besserung *f* ② *(modificación)* Reform *f*

reformado, -a [rrefor'maðo, -a] **I.** *adj* ① *(iglesia)* reformiert ② *(protestante)* protestantisch; **religión reformada** Protestantismus *m* **II.** *m, f* ① *(protestante)* Protestant(in) *m(f)* ② *(orden)* reformierter Orden *m* ③ *(miembro de una orden)* Angehörige(r) *f(m)* eines reformierten Ordens

reformador(a) [rreforma'ðor(a)] **I.** *adj* ① *(que mejora)* verbessernd; *(que modifica)* reformerisch, reformatorisch; *(partidario de reformas)* reformfreudig; **propuesta ~a** Verbesserungsvorschlag *m;* **política ~a** Reformpolitik *f* ② (REL) Reformations- **II.** *m(f)* ① *(ejecutor, partidario de reformas)* Reformer(in) *m(f)* ② (REL) Reformator(in) *m(f)*

reformar [rrefor'mar] **I.** *vt* ① *(mejorar)* verbessern; *(modificar)* reformieren; ~ **su conducta** sich besser benehmen ② *(a alguien)* umerziehen ③ (ARQUIT: *reestructurar*) umbauen; *(renovar)* renovieren ④ (REL) reformieren ⑤ *(rehacer)* wiederherstellen ⑥ *(deshacer)* auflösen **II.** *vr:* **~se** sich bessern; **~se en el vestir** sich besser kleiden

reformativo, -a [rreforma'tiβo, -a] *adj* reformerisch, Reform-

reformatorio[1] [rreforma'torjo] *m* Erziehungsanstalt *f;* ~ **para delincuentes juveniles** Jugendvollzugsanstalt *f*

reformatorio, -a[2] [rreforma'torjo, -a] *adj (que mejora)* verbessernd; *(que modifica)* reformerisch

reformismo [rrefor'mismo] *m sin pl* Reformismus *m*

reformista [rrefor'mista] **I.** *adj (que reforma)* Reform-; *(partidario de reformas)* reformfreudig; **tendencias ~s** Reformbestrebungen *f pl;* **ser ~** *(ejecutar reformas)* Reformen durchführen; *(ser partidario)* sich für Reformen einsetzen **II.** *mf* Reformer(in) *m(f)*

reforzado, -a [rrefor'θaðo, -a] *adj* verstärkt

reforzamiento [rreforθa'mjeṇto] *m* ① *(de algo)* Verstärkung *f; (con vigas)* Verstrebung *f* ② *(de alguien)* Ermutigung *f*

reforzar [rrefor'θar] *irr como forzar* **I.** *vt* ① *(fortalecer)* verstärken; *(con vigas)* verstreben ② *(animar)* ermutigen **II.** *vr:* **~se** Mut fassen

refractar [rrefrak'tar] **I.** *vt* brechen **II.** *vr:* **~se** sich brechen

refractario, -a [rrefrak'tarjo, -a] *adj* ① *(rebelde)* störrisch; **ser ~ a algo** etw ablehnen ② *(inmune)* immun (**a** gegen *+akk*) ③ (QUÍM, FÍS) feuerfest

refrán [rre'fran] *m* Sprichwort *nt*

refranero [rrefra'nero] *m* Sprichwörtersammlung *f*

refregar [rrefre'ɣar] *irr como fregar* **I.** *vt* ① *(frotar)* abreiben; ~ **con un cepillo** scheuern; ~ **la cacerola con un estropajo, ~ un estropajo por la cacerola** den Topf (mit einem Putzschwamm) blank scheuern ② *(fam: reprochar)* vorhalten; ~ **algo a alguien** (**por las narices**) jdm etw unter die Nase reiben **II.** *vr:* **~se** sich (ab)reiben; **~se los ojos** sich *dat* die Augen reiben; **~se la manga contra la puerta recién pintada** mit dem Ärmel die frisch gestrichene Tür streifen

refrenar [rrefre'nar] **I.** *vt* zügeln **II.** *vr:* **~se** sich zügeln

refrendar [rrefreṇ'dar] *vt* ① *(autorizar)* gegenzeichnen ② *(un pasaporte)* mit Sichtvermerk versehen ③ *(aceptar)* zustimmen *+dat*

refrescante [rrefres'kaṇte] *adj (que refresca)* kühl; *(a alguien)* erfrischend

refrescar [rrefres'kar] **I.** *vt* ① *(a algo)* abkühlen; *(a alguien)* erfrischen; **el baño me ha refrescado** das Bad war sehr erfrischend ② *(cosas olvidadas)* auffrischen; *(sentimiento)* neu aufleben lassen; ~ **la memoria** dem Gedächtnis nachhelfen **II.** *vi* ① *(aire)* abkühlen ② *(dar fresco)* erfrischen; **esta bebida refresca mucho** das ist ein sehr erfrischendes Getränk ③ *(beber)* eine Erfrischung zu sich *dat* nehmen ④ *(reponerse)* sich ausruhen ⑤ *(viento)* auffrischen **III.** *vr:* **~se** ① *(aire, cosa)* (sich) abkühlen; **el día se ha refrescado** es ist kühler geworden ② *(persona: mojarse)* sich abkühlen, sich erfrischen; *(beber)* eine Erfrischung zu sich *dat* nehmen; **voy a ducharme para ~me** ich geh mich mal unter der Dusche abkühlen; **~se con una cerveza** sich mit einem Bier erfrischen ③ *(reponerse)* sich ausruhen ④ *(tomar el fresco)* an die frische Luft gehen ⑤ *(viento)* auffrischen **IV.** *vimpers* **por la tarde refresca** abends kühlt es ab

refresco [rre'fresko] *m* ① *(bebida)* Erfrischung *f; (gaseosa, naranjada)* Erfrischungsgetränk *nt* ② *(comidas y bebidas)* Imbiss *m; (refrigerio)* Snack *m*

refriega [rre'frjeɣa] *f* ① (MIL) Scharmützel *nt* ❷ *(fam: pelea)* Streit *m; (violenta)* Schlägerei *f*

refrigeración [rrefrixera'θjon] *f* Kühlung *f; (de una habitación)* Klimatisierung *f;* ~ **por aire/agua** Luft-/Wasserkühlung *f*

refrigerador[1] [rrefrixera'ðor] *m* ❶ *(nevera)* Kühlschrank *m; (cámara)* Kühlkammer *f; (instalación)* Kühlanlage *f* ❷ *(de un automóvil)* Kühler *m*

refrigerador(a)[2] [rrefrixera'ðor(a)] *adj* kühlend; **aparato** ~ *(para comestibles)* Kühlanlage *f; (para habitaciones)* Klimaanlage *f*

refrigeradora [rrefrixera'ðora] *f (Perú: nevera)* Kühlschrank *m*

refrigerante [rrefrixe'raṇte] **I.** *adj* kühlend, Kühl- **II.** *m* Kühlmittel *nt*

refrigerar [rrefrixe'rar] **I.** *vt (enfriar)* kühlen; *(una habitación)* klimatisieren **II.** *vr:* **~se** ❶ *(enfriarse)* (sich) abkühlen ❷ *(reponer fuerzas)* sich stärken

refrigerio [rrefri'xerjo] *m* Imbiss *m*

refucilo [rrefu'θilo] *m (Arg, Ecua)* Blitz *m*

refuerzo [rre'fwerθo] *m* ❶ *(reforzamiento)* Verstärkung *f; (viga)* Verstrebung *f; (parche)* Flicken *m* ❷ *(ayuda)* Unterstützung *f; (complemento)* Nachschub *m* ❸ *pl* (MIL) Verstärkung *f*

refugiado, -a [rrefu'xjaðo, -a] *m, f* Flüchtling *m*

refugiarse [rrefu'xjarse] *vr (en un lugar)* Zuflucht suchen (**en** in +*dat*); *(de algo)* sich in Sicherheit bringen (**de** vor +*dat*); ~ **en una mentira** zu einer Lüge greifen; **se refugió en mis brazos** er/sie suchte in meinen Armen Trost

refugio [rre'fuxjo] *m* ❶ *(protección, consuelo)* Zuflucht *f* (**de** vor +*dat*) ❷ *(lugar)* Zufluchtsort *m; (construcción)* Schutzhütte *f;* ~ (**montañero**) Berghütte *f* ❸ (MIL) Bunker *m* ❹ *(para mendigos)* Obdachlosenasyl *nt* ❺ *(persona)* Stütze *f* ❻ *(tráfico)* Verkehrsinsel *f*

refulgencia [rreful'xeṇθja] *f* Leuchten *nt*

refulgente [rreful'xeṇte] *adj* leuchtend, strahlend

refulgir [rreful'xir] <g → j> *vi* leuchten

refundición [rrefuṇdi'θjon] *f* Einschmelzung *f,* Umschmelzung *f,* Verschmelzung *f*

refundir [rrefuṇ'dir] **I.** *vt* ❶ *(metal: fundir)* einschmelzen; *(modificar)* umschmelzen ❷ *(revisar)* überarbeiten; *(libro)* neu bearbeiten ❸ *(reunir)* (miteinander) verschmelzen ❹ *(perder)* verlieren **II.** *vr:* **~se** ❶ *(reunirse)* verschmelzen ❷ *(AmC: perderse)* abhandenkommen

refunfuñar [rrefumfu'ɲar] *vi* murren

refunfuñón, -ona [rrefumfu'ɲon, -ona] **I.** *adj* mürrisch, brummig **II.** *m, f* Brummbär *m*

refutable [rrefu'taβle] *adj* widerlegbar

refutación [rrefuta'θjon] *f* ❶ *(acción, palabras)* Widerlegung *f* ❷ *(argumento)* (Gegen)argument *nt; (prueba)* (Gegen)beweis *m*

refutar [rrefu'tar] *vt* widerlegen

regadera [rreɣa'ðera] *f* ❶ *(recipiente)* Gießkanne *f* ❷ *(reguera)* Bewässerungsgraben *m* ❸ *(loc)* **estar como una** ~ *(fam)* spinnen

regadío[1] [rreɣa'ðio] *m* Bewässerungsgelände *nt;* **estos campos son de** ~ diese Felder werden (künstlich) bewässert

regadío, -a[2] [rreɣa'ðio, -a] *adj* ❶ *(de riego)* bewässert ❷ *(que se puede regar)* bewässerbar

regaifa [rre'ɣai̯fa] *f* (GASTR) Torte *f*

regalado, -a [rreɣa'laðo, -a] *adj* ❶ *(cómodo)* angenehm; **llevar una vida regalada** ein sorgloses Leben führen ❷ *(barato)* spottbillig; **vender algo a precio** ~ etw zu Schleuderpreisen verkaufen ❸ *(delicado)* verweichlicht

regalar [rreɣa'lar] **I.** *vt* ❶ *(obsequiar)* schenken; **en esta tienda regalan la fruta** *(fig)* in diesem Laden ist Obst spottbillig ❷ *(mimar)* verwöhnen ❸ *(deleitar)* ergötzen ❹ *(acariciar)* liebkosen **II.** *vr:* **~se** ❶ *(llevar buena vida)* es sich *dat* gut gehen lassen; **~se la buena vida** ein sorgloses Leben führen ❷ *(proporcionarse)* sich *dat* gönnen (**con** +*akk*) ❸ *(deleitarse)* sich ergötzen (**con** an +*dat*)

regaliz [rreɣa'liθ] *m* ❶ *(golosina)* Lakritze *f* ❷ (BOT) Süßholzstrauch *m*

regalo [rre'ɣalo] *m* ❶ *(obsequio)* Geschenk *nt;* **a este precio el coche es un** ~ zu diesem Preis ist der Wagen geschenkt ❷ *(gusto)* Genuss *m;* ~ **para la vista** Augenschmaus *m* ❸ *(comodidad)* Komfort *m*

regalón, -ona [rreɣa'lon, -ona] *adj (fam)* verwöhnt

regalonear [rreɣalone'ar] **I.** *vi (Chil: fam: dejarse mimar)* sich verwöhnen lassen **II.** *vt (Arg, Chil: fam: mimar)* verwöhnen

regañadientes [rreɣaɲa'ðjeṇtes] **a** ~ zähneknirschend

regañado, -a [rreɣa'ɲaðo, -a] *adj (boca)* schief; *(ojo)* nicht schließend

regañar [rreɣa'ɲar] **I.** *vt (fam)* schimpfen (mit +*dat*) **II.** *vi* ❶ *(reñir)* (sich) streiten; *(dejar de tener trato)* sich zerstreiten; **ha regañado con su novio** *(reñir)* sie hat sich mit ihrem Freund gestritten; *(separarse)* sie hat sich von ihrem Freund getrennt; **estoy regañado con mis vecinos** meine

Nachbarn und ich sind zerstritten ❷ *(refunfuñar)* murren

regañina [rreɣa'ɲina] *f* ❶ *(reprensión)* Schelte *f;* **echar una ~ a alguien** mit jdm schimpfen ❷ *(riña)* Reiberei *f;* **tener una ~ por algo** sich wegen etw *gen/dat* streiten

regaño [rre'ɣaɲo] *m* ❶ *(fam: reprensión)* Schelte *f;* **echar un ~ a alguien** mit jdm schimpfen ❷ *(gesto)* saure Miene *f*

regañón, -ona [rreɣa'ɲon, -ona] **I.** *adj* ❶ *(pendenciero)* streitsüchtig ❷ *(refunfuñón)* mürrisch **II.** *m, f* ❶ *(pendenciero)* Streithahn *m fam* ❷ *(refunfuñón)* Brummbär *m*

regar [rre'ɣar] *vt irr como fregar* ❶ *(con agua: una planta, el jardín)* gießen; *(las calles, el césped)* sprengen; (AGR) bewässern ❷ *(con un líquido)* vollspritzen; *(mojar)* nass machen; *(con algo menudo)* bestreuen; **~ el suelo con arena** Sand auf den Boden streuen; **~ la alfombra con pintura** Farbe auf dem Teppich verschütten; **~ algo con lágrimas** etw mit Tränen benetzen ❸ *(atravesar)* durchfließen

regata [rre'ɣata] *f* (DEP) Regatta *f*

regatear [rreɣate'ar] **I.** *vi* ❶ *(mercadear)* handeln ❷ *(hacer regates)* ausweichen **II.** *vt* ❶ *(debatir)* aushandeln ❷ *(escasear)* geizen (mit +*dat*); **no ~ esfuerzos** keine Mühen scheuen ❸ *(vender)* (wieder) verkaufen

regateo [rreɣa'teo] *m sin pl* Handeln *nt*

regazo [rre'ɣaθo] *m* Schoß *m*

regencia [rre'xeṇθja] *f* ❶ *(gobierno)* Regentschaft *f* ❷ *(dirección)* Leitung *f; (de un negocio)* Geschäftsführung *f*

regeneración [rrexenera'θjon] *f* ❶ (*t.* BIOL) Regenerierung *f* ❷ (ELEC) Rückkopplung *f*

regenerador[1] [rrexene'raðor] *m* ❶ *(agente)* Regenerierungsmittel *nt;* **~ del cabello** Haarwuchsmittel *nt* ❷ (TÉC) Regenerator *m*

regenerador(a)[2] [rrexene'raðor(a)] *adj* regenerierend

regenerar [rrexene'rar] **I.** *vt* ❶ *(algo)* regenerieren ❷ *(a alguien)* bessern ❸ (ELEC) rückkoppeln **II.** *vr:* **~se** ❶ *(renovarse)* sich regenerieren; *(cabello)* nachwachsen ❷ *(reformarse)* sich bessern

regentar [rrexeṇ'tar] *vt* ❶ *(dirigir)* leiten ❷ *(ejercer)* innehaben

regente [rre'xeṇte] *mf* ❶ *(que gobierna)* Herrscher(in) *m(f)* ❷ *(que dirige)* Leiter(in) *m(f); (un negocio)* Geschäftsführer(in) *m(f)*

reggae ['rreɣe] *m* (MÚS) Reggae *m*

regidor(a) [rrexi'ðor(a)] **I.** *adj (que gobierna)* regierend; *(que dirige)* leitend **II.** *m(f)* ❶ *(concejal)* Gemeinderat, -rätin *m, f* ❷ (TEAT) Inspizient(in) *m(f)*

régimen ['rreximen] *m* <regímenes> ❶ *(sistema)* System *nt; (reglamentos)* Ordnung *f;* **~ abierto** *(en una prisión)* Freigang *m;* **~ legal de la seguridad social para jubilación e invalidez** gesetzliche Rentenversicherung; **~ de patentes** Patentwesen *nt;* **~ penitenciario** Strafvollzugsrecht *nt* ❷ (POL) Regierungssystem *nt* ❸ *(dieta)* Diät *f;* **~ de adelgazamiento** Schlankheitsdiät *f;* **estar a ~** Diät essen; **poner a ~** auf Diät setzen ❹ *(manera de vivir)* Lebensweise *f;* **llevar un ~ de austeridad** enthaltsam leben ❺ (LING) Rektion *f*

regimiento [rrexi'mjeṇto] *m* Regiment *nt*

regio, -a ['rrexjo, -a] *adj* ❶ *(real)* königlich ❷ *(magnífico)* prächtig

región [rre'xjon] *f* ❶ *(territorio)* Gegend *f,* Gebiet *nt* ❷ *(espacio)* Bereich *m; (del cuerpo)* Region *f;* **~ abdominal** Bauchgegend *f;* **~ lumbar** Lende *f*

regional [rrexjo'nal] *adj* regional

regionalismo [rrexjona'lismo] *m sin pl* (*t.* POL, LIT, LING) Regionalismus *m*

regionalizar [rrexjonali'θar] <z → c> *vt* (POL) regionalisieren

regir [rre'xir] *irr como elegir* **I.** *vt* ❶ *(gobernar)* regieren; *(dirigir)* leiten ❷ *(guiar)* lenken; *(ley)* regeln ❸ (LING) regieren **II.** *vi* ❶ *(tener validez)* gelten ❷ *(funcionar)* funktionieren ❸ *(fam: estar cuerdo)* bei Verstand sein; **¡tú no riges!** du tickst wohl nicht richtig! **III.** *vr:* **~se** sich richten (**por** nach +*dat*)

registrador(a) [rrexistra'ðor(a)] **I.** *adj* Registrier- **II.** *m(f)* ❶ *(funcionario)* Registrator(in) *m(f);* **~ de la propiedad** Grundbuchführer(in) *m(f)* ❷ (TÉC) Schreiber *m;* **~ de sonidos** (Ton)aufnahmegerät *nt*

registrar [rrexis'trar] **I.** *vt* ❶ *(examinar)* durchsuchen; **¡a mí que me registren!** *(fig)* ich habe damit nichts zu tun! ❷ *(inscribir)* registrieren; *(una empresa, un patente)* anmelden; **marca registrada** (eingetragene) Schutzmarke *f* ❸ *(incluir)* aufnehmen ❹ *(señalar)* registrieren; *(grabar)* aufzeichnen **II.** *vr:* **~se** ❶ *(inscribirse)* sich einschreiben ❷ *(observarse)* zu verzeichnen sein

registro [rre'xistro] *m* ❶ *(examinación)* Durchsuchung *f;* **~ de la casa** Haus(durch)suchung *f* ❷ *(con un instrumento)* Registrierung *f; (grabación)* Aufzeichnung *f* ❸ *(inscripción)* Registrierung *f; (inclusión)* Aufnahme *f; (de una empresa, una patente)* Anmeldung *f; (de* *datos)* Erfassung *f* ❹ *(nota)* (Register)eintrag *m; (protocolo)* Protokoll *nt;* ~ **de entrada/de salida** Eingangs-/Ausgangsvermerk *m;* ~ **de inventario** Inventurliste *f* ❺ *(libro)* Register *nt;* ~ **de autores** Autorenkatalog *m;* ~ **electoral** Wählerverzeichnis *nt;* ~ **de entradas/salidas** Eingangs-/Ausgangsbuch *nt;* ~ **de la propiedad** Grundbuch *nt* ❻ *(oficina)* Amt *nt; (archivo)* Registratur *f;* ~ **civil** Standesamt *nt;* ~ **de la propiedad** Grundbuchamt *nt;* ~ **de la propiedad industrial** Patentamt *nt* ❼ *(abertura)* Schieber *m* ❽ *(de un mecanismo)* Regler *m* ❾ *(de un libro)* Register *nt* ❿ (MÚS) Register *nt;* **tiene un ~ muy amplio** er/sie hat einen großen Stimmumfang; **tocar todos los ~s** *(fig)* alle Register ziehen

regla ['rreɣla] *f* ❶ *(instrumento)* Lineal *nt;* ~ **de cálculo** Rechenschieber *m* ❷ *(norma)* Regel *f;* **~s de exportación** (COM) Ausfuhrbestimmungen *fpl;* **por ~ general** in der Regel; **estar en ~** in Ordnung sein; **poner en ~** regeln; **salir de la ~** zu weit gehen; **ser la ~** üblich sein; **la ~ es que...** *+subj* es ist üblich, dass ...; **por qué ~ de tres...** warum in aller Welt ...; **la excepción confirma la ~** *(prov)* Ausnahmen bestätigen die Regel ❸ (MAT) ~ **de tres** Dreisatz *m;* **las cuatro ~s** die vier Grundrechenarten ❹ *(moderación)* Maß *nt;* **beber con ~** in Maßen trinken ❺ *(menstruación)* Regel *f;* **le viene la ~** sie bekommt ihre Tage

reglable [rre'ɣlaβle] *adj* regelbar, regulierbar

reglado, -a [rre'ɣlaðo, -a] *adj* ❶ *(sujeto a reglas)* geregelt, (durch Regeln) bestimmt [*o* festgesetzt] ❷ *(moderado en comer)* gemäßigt

reglaje [rre'ɣlaxe] *m* ❶ *(de un mecanismo)* Regelung *f* ❷ *(del papel)* Linierung *f*

reglamentación [rreɣlamen̩ta'θjon] *f* ❶ *(acción)* Regelung *f; (pey)* Reglementierung *f* ❷ *(reglas)* Vorschriften *fpl; (escrita)* Ordnung *f*

reglamentar [rreɣlamen̩'tar] *vt* regeln; *(con leyes)* gesetzlich regeln; *(pey)* reglementieren

reglamentario, -a [rreɣlamen̩'tarjo, -a] *adj* ❶ *(relativo al reglamento)* Ordnungs- ❷ *(conforme al reglamento)* vorgeschrieben; *(acto, comportamiento)* vorschriftsgemäß

reglamento [rreɣla'men̩to] *m* Vorschriften *fpl; (escrito)* Ordnung *f;* (JUR, ADMIN) Verfügung *f;* (DEP) Reglement *nt; (de una organización)* Statut *nt; (del legislador)* Verordnung *f; (de una empresa)* Betriebsordnung *f;* ~ **europeo** EU-Verordnung *f;* ~ (**de funcionarios**) Dienstordnung *f;* ~ (**interno**) Geschäftsordnung *f;* ~ **de tráfico** Straßenverkehrsordnung *f*

reglar [rre'ɣlar] **I.** *vt* ❶ *(reglamentar)* regeln ❷ *(con líneas)* linieren ❸ (TÉC) normen **II.** *vr:* **~se** ❶ *(sujetarse)* sich richten (**por** nach *+dat*) ❷ *(moderarse)* sich beschränken (**a** auf *+akk*)

regocijado, -a [rreɣoθi'xaðo, -a] *adj* fröhlich, vergnügt

regocijar [rreɣoθi'xar] **I.** *vr:* **~se** ❶ *(alegrarse)* sich freuen (**con** über *+akk*) ❷ *(divertirse)* Spaß haben (**con** an *+dat*) **II.** *vt* erfreuen

regocijo [rreɣo'θixo] *m* ❶ *(alegría)* Freude *f; (diversión)* Spaß *m;* **esperar algo con ~** sich auf etw freuen ❷ *(júbilo)* Jubel *m;* **~s públicos** Feierlichkeiten *fpl*

regodearse [rreɣoðe'arse] *vr* ❶ *(gozar)* genießen (**con/en** *+akk*); *(alegrarse)* sich freuen (**con/en** über *+akk*); **se regodea viéndome sufrir** es macht ihm/ihr Spaß, mich leiden zu sehen ❷ *(fam: chacotear)* spaßen

regodeo [rreɣo'ðeo] *m* ❶ *(placer)* Vergnügen *nt* ❷ *(fam: chacoteo)* Spaßen *nt; (burla)* Spaß *m* ❸ *(fam: fiesta)* Fest *nt*

regordete, -a [rreɣor'ðete, -a] *adj* mollig

regresar [rreɣre'sar] **I.** *vi (volver)* zurückkehren **II.** *vt (Méx: devolver)* zurückgeben **III.** *vr:* **~se** *(Am: volver)* zurückkehren

regresión [rreɣre'sjon] *f* Rückgang *m*

regresivo, -a [rreɣre'siβo, -a] *adj* rückläufig

regreso [rre'ɣreso] *m (vuelta)* Rückkehr *f;* (**viaje de**) ~ Rückreise *f;* **estar de ~** zurück sein

regüeldo [rre'ɣwel̩do] *m (acción)* Rülpsen *nt fam; (efecto)* Rülpser *m fam*

reguero [rre'ɣero] *m* ❶ *(chorro)* Rinnsal *nt* ❷ *(señal)* Spur *f;* **expandirse como un ~ de pólvora** *(fig)* sich wie ein Lauffeuer verbreiten

reguetón [rreɣe'ton] *m* (MÚS) Reggaeton *m (lateinamerikanische Musikrichtung)*

regulable [rreɣu'laβle] *adj* regelbar, einstellbar; ~ **en altura** höhenverstellbar

regulación [rreɣula'θjon] *f* ❶ *(reglamentación)* Regelung *f;* ~ **administrativa** Verwaltungserlass *m* ❷ (*t.* TÉC: *organización, ajustación*) Regulierung *f; (de un río)* Begradigung *f;* **de ~ automática** selbst regulierend; ~ **de la demanda** (ECON) Nachfragesteuerung *f*

regulado, -a [rreɣu'laðo, -a] *adj (reglamentario)* vorschriftsgemäß

regulador [rreɣula'ðor] *m* Regler *m*

regular [rreɣu'lar] **I.** *vt* ❶ (*t.* TÉC: *organizar,* *ajustar*) regulieren; *(el volumen)* einstellen ❷ *(reglamentar)* regeln ❸ *(poner en orden)* in Ordnung bringen **II.** *adj* ❶ *(conforme a una regla)* regulär; **verbos ~es** regelmäßige Verben; **por lo ~** gewöhnlich; **tu comportamiento no me parece ni medio ~** *(fam)* ich finde dein Verhalten völlig daneben ❷ *(reglamentado, ordenado)* geregelt ❸ *(estable)* konstant ❹ *(uniforme)* gleichmäßig ❺ *(mediano)* durchschnittlich; *(mediocre)* mittelmäßig; *(nota)* befriedigend; **de tamaño ~** mittelgroß **III.** *adv* mittelmäßig

regularidad [rreɣulari'ðaᵈ] *f* ❶ *(conformidad)* Ordnungsmäßigkeit *f* ❷ *(periodicidad)* Regelmäßigkeit *f;* **con ~** regelmäßig ❸ *(uniformidad)* Gleichmäßigkeit *f* ❹ *(estabilidad)* Konstanz *f* ❺ *(medianía)* Durchschnittlichkeit *f; (mediocridad)* Mittelmäßigkeit *f* ❻ *(puntualidad)* Pünktlichkeit *f*

regularización [rreɣulariθa'θjon] *f* ❶ *(normalización)* Normalisierung *f* ❷ (ECON) Saldenbereinigung *f*

regularizar [rreɣulari'θar] <z → c> **I.** *vt (poner en orden)* in Ordnung bringen; *(normalizar)* normalisieren **II.** *vr:* **~se** *(regularse)* in Ordnung kommen; *(normalizarse)* sich normalisieren

regularmente [rreɣular'men̩te] *adv (ordinariamente)* normalerweise

regulativo, -a [rreɣula'tiβo, -a] *adj* regelnd

regurgitar [rreɣurxi'tar] *vi, vt* erbrechen

regusto [rre'ɣusto] *m (que queda)* Nachgeschmack *m; (secundario)* Beigeschmack *m;* **el cuadro tiene un cierto ~ surrealista** das Bild erinnert an surrealistische Werke

rehabilitación [rreaβilita'θjon] *f* ❶ (*t.* JUR, MED: *de alguien*) Rehabilitierung *f; (restitución)* Wiedereinsetzung *f* ❷ *(de una cosa)* Wiederherstellung *f; (de un edificio)* Wiederaufbau *m*

rehabilitar [rreaβili'tar] **I.** *vt* ❶ (*t.* JUR, MED: *a alguien*) rehabilitieren; *(restituir)* wieder einsetzen ❷ *(una cosa)* wiederherstellen; *(un edificio)* wieder aufbauen; **~ la memoria** [*o* **la buena fama**] **de alguien** jdn rehabilitieren **II.** *vr:* **~se** sich rehabilitieren

rehacer [rrea'θer] *irr como hacer* **I.** *vt* ❶ *(volver a hacer)* noch einmal machen; **~ una carta** einen Brief neu schreiben ❷ *(reconstruir)* wiederherstellen; *(reparar)* reparieren; *(un edificio)* wieder aufbauen; **~ su vida con alguien** einen neuen Anfang mit jdm wagen **II.** *vr:* **~se** *(recuperar las fuerzas)* wieder zu Kräften kommen; *(la salud)* gesund werden; *(la tranquilidad)* die Fassung wiedergewinnen; **~se de una desgracia** sich von einem Schicksalsschlag erholen

rehecho, -a [rre'eʧo, -a] **I.** *pp de* **rehacer** **II.** *adj (robusto)* gedrungen

rehén [rre'en] *m* ❶ *(persona)* Geisel *f* ❷ *(cosa)* Unterpfand *nt*

reherir [rre(e)'rir] *irr como sentir vt* zurückweisen

rehogar [rreo'ɣar] <g → gu> *vt* andünsten

rehuir [rreu'ir] *vt irr como huir* ❶ *(eludir)* (ver)meiden; **~ a alguien** jdm aus dem Weg gehen; **~ una obligación** sich einer Verpflichtung entziehen; **rehuye fregar los platos** er/sie drückt sich vor dem Spülen ❷ *(rechazar)* verweigern; **rehuye decir la verdad** er/sie weigert sich, die Wahrheit zu sagen

rehundir [rreun̩'dir] *vt* ❶ *(sumergir)* versenken; *(introducir)* einsenken; **~ una estaca en la tierra** einen Pfahl tief in die Erde einlassen ❷ *(hacer más hondo)* vertiefen ❸ *(gastar)* verschwenden ❹ *(fundir)* einschmelzen

rehusar [rreu'sar] *vt* ablehnen; *(el pago)* verweigern; *(una reclamación)* abweisen; **¡rehusado!** Annahme verweigert!; **rehúsa verme** er/sie weigert sich, mich zu sehen

reiki ['rrei̯ki] *m* Reiki *nt*

reimplantar [rreimplan̩'tar] *vt* ❶ *(introducir)* wieder einführen ❷ (MED) wieder einpflanzen

reimportar [rreimpor'tar] *vt* wiedereinführen; (ECON) reimportieren

reimpresión [rreimpre'sjon] *f* Nachdruck *m,* Neuauflage *f,* Reprint *m;* **~ pirata** Raubdruck *m*

reimprimir [rreimpri'mir] *vt irr como imprimir* neu auflegen

reina ['rrei̯na] *f* ❶ *(soberana, la mejor, t.* ZOOL) Königin *f;* **~ madre** Königinmutter *f;* **~ abeja** Bienenkönigin *f* ❷ *(fam: cariño)* Schatz *m* ❸ *(dama)* Dame *f* ❹ (BOT) **~ luisa** Melisse *f*

reinado [rrei̯'naðo] *m* ❶ *(gobierno)* Herrschaft *f; (tiempo)* Regierungszeit *f* ❷ *(auge)* Blütezeit *f* ❸ *(predominio)* Vorherrschaft *f*

reinante [rrei̯'nan̩te] *adj* herrschend

reinar [rrei̯'nar] *vi* ❶ *(gobernar)* regieren, herrschen ❷ *(dominar)* vorherrschen ❸ *(existir)* herrschen

reincidencia [rreiṇθi'ðeṇθja] *f* Rückfall *m*

reincidente [rreiṇθi'ðen̩te] **I.** *adj* rückfällig **II.** *mf* Rückfalltäter(in) *m(f)*

reincidir [rreiṇθi'ðir] *vi* ❶ *(error)* erneut begehen (**en** +*akk*); **~ en un delito** rückfällig werden; **~ siempre en el mismo**

R

error immer wieder in den alten Fehler verfallen ❷ (MED) einen Rückfall erleiden

reincorporar [rreiŋkorpo'rar] **I.** *vt* wieder eingliedern (**a** in +*akk*); ~ **a alguien a un puesto** jdn wieder einstellen; ~ **al servicio** wieder in den Dienst aufnehmen **II.** *vr:* **~se** *(a un territorio/una corporación)* wieder beitreten (**a** +*dat*); *(a un servicio/un empleo)* wieder aufnehmen (**a** +*akk*); **~se al trabajo** wieder arbeiten (gehen)

reiniciar [rreini'θjar] *vi* (noch einmal) von vorn beginnen

reinicio [rrei'niθjo] *m* Neubeginn *m*

reino ['rrei̯no] *m* Reich *nt; (de un monarca)* Königreich *nt;* **R~ Unido** Vereinigtes Königreich; **mi ~ por una silla** ein Himmelreich für einen Stuhl

reinserción [rreinser'θjon] *f* soziale Wiedereingliederung *f; (de un criminal)* Resozialisierung *f*

reinsertar [rreinser'tar] *vt* wieder in die Gesellschaft eingliedern; *(a un criminal)* resozialisieren

reinstalar [rreiⁿsta'lar] *vt* ❶ (TÉC, INFOR) neu installieren ❷ *(en un cargo)* wieder einsetzen (**en** in +*akk*); *(Méx: en el trabajo)* wieder einstellen

reintegrar [rrein̪te'ɣrar] **I.** *vt* ❶ *(reincorporar)* wieder aufnehmen; *(en un cargo)* wieder einsetzen; ~ **a alguien a su puesto de trabajo** jdn wieder einstellen ❷ *(devolver)* zurückgeben; *(dinero)* erstatten; *(desembolsos)* ersetzen **II.** *vr:* **~se** ❶ *(reincorporarse)* sich wieder eingliedern; *(a una organización)* wieder eintreten; **~se al trabajo** wieder arbeiten (gehen) ❷ *(recobrar)* zurückerhalten (**de** +*akk*)

reintegro [rrein̪'teɣro] *m* ❶ *(reintegración)* Wiedereingliederung *f; (en un cargo)* Wiedereinsetzung *f* ❷ *(premio)* **me tocó un ~** ich habe den Einsatz zurückgewonnen ❸ *(pago)* Auszahlung *f; (de la cuenta)* Abhebung *f; (devolución)* Erstattung *f*

reinterpretar [rrein̪terpre'tar] *vt* ❶ *(texto)* neu interpretieren, neu auslegen ❷ (CINE, TEAT) nochmals darstellen; ~ **el papel de Romeo** die Rolle des Romeo erneut spielen

reír [rre'ir] *irr* **I.** *vi* ❶ *(desternillarse)* lachen; **echarse a ~** auflachen; **no me hagas ~** *(fig)* mach dich nicht lächerlich; **me río de tu dinero** *(fig)* ich pfeife auf dein Geld; **el que ríe último ríe mejor** *(prov)* wer zuletzt lacht, lacht am besten ❷ *(sonreír)* lächeln **II.** *vr:* **~se** ❶ *(desternillarse)* lachen (**de** über +*akk*); **~se a carcajadas** aus vollem Hals lachen; **~se en las barbas de alguien** jdm ins Gesicht lachen; **~se hasta de su sombra** über jede Kleinigkeit lachen ❷ *(sonreír)* lächeln ❸ *(burlarse)* sich lustig machen (**de** über +*akk*); *(de alguien t.)* auslachen (**de** +*akk*); *(no tomar en serio)* lachen (**de** über +*akk*) ❹ *(fam: romperse)* kaputtgehen **III.** *vt* belachen, lachen (über +*akk*)

reiteración [rreitera'θjon] *f* Wiederholung *f;* (JUR) Rückfall *m*

reiteradamente [rreiteraða'men̪te] *adv* wiederholt

reiterar [rreite'rar] **I.** *vt* wiederholen; **te reitero las gracias** ich möchte dir nochmals danken; **reiteró su intención de ayudarme** er/sie betonte immer wieder, dass er/sie mir helfen wolle **II.** *vr:* **~se** (sich) wiederholen; **se reiteró en su decisión de dejar de fumar** er/sie betonte immer wieder, dass er/sie das Rauchen aufgeben wolle

reivindicación [rreiβin̪dika'θjon] *f* Forderung *f* (**de** nach +*dat*)

reivindicar [rreiβin̪di'kar] <c → qu> *vt* ❶ *(pedir)* fordern ❷ *(recobrar)* zurückgewinnen ❸ *(una acción)* sich bekennen (zu +*dat*); ~ **un atentado** sich zu einem Attentat bekennen

reivindicativo, -a [rreiβin̪dika'tiβo, -a] *adj* Rückforderungs-, zurückfordernd

reja ['rrexa] *f* ❶ *(barras)* Gitter *nt;* **estar entre ~s** *(fam fig)* hinter Gittern sitzen ❷ *(del arado)* Pflugschar *f* ❸ *(labor)* Umpflügen *nt*

rejego [rre'xeɣo] *adj (AmC, Méx)* ❶ *(indomable)* unbändig, verwildert ❷ *(intratable)* ungenießbar, jähzornig

rejilla [rre'xiʎa] *f (enrejado)* Gitter *nt; (parrilla)* Rost *m; (brasero)* Ofen *m; (tejido)* Geflecht *nt; (para equipaje)* Gepäcknetz *nt*

rejo ['rrexo] *m* ❶ *(punta)* Stachel *m* ❷ (BOT) Wurzelkeim *m* ❸ *(Am: látigo)* Peitsche *f*

rejón [rre'xon] *m (barra)* Lanze *f*

rejuvenecer [rrexuβene'θer] *irr como crecer* **I.** *vt* ❶ *(hacer más joven)* verjüngen; **este peinado te rejuvenece** diese Frisur macht dich jünger ❷ *(modernizar)* modernisieren **II.** *vr:* **~se** jünger aussehen

rejuvenecimiento [rrexuβeneθi'mjen̪to] *m* ❶ *(de alguien, un colectivo)* Verjüngung *f* ❷ *(modernización)* Modernisierung *f*

relación [rrela'θjon] *f* ❶ *(entre cosas/hechos)* Zusammenhang *m;* ~ **entre la causa y el efecto** Kausalzusammenhang *m;* **hacer ~ a** sich beziehen auf +*akk;* **con ~** [*o* **en ~**] **a su escrito** bezüglich Ihres Schreibens ❷ *(entre dos magnitudes)* Verhältnis *nt;* ~ **calidad-precio** Preis-Leistungs-Verhältnis *nt;* **los gastos no guardan ~ con el presupuesto** die

Ausgaben stehen in keinem Verhältnis zum Kostenvoranschlag ❸ *(entre personas)* Beziehung *f;* **relaciones públicas** Public Relations *fpl;* **tener relaciones con alguien** Kontakt zu jdm haben; **tener muchas relaciones** *(amigos)* einen großen Bekanntenkreis haben; *(influyentes)* gute Beziehungen haben; **tienen buenas/malas relaciones** sie haben ein gutes/schlechtes Verhältnis (zueinander) ❹ *pl (noviazgo)* Verlobung *f;* **han roto sus relaciones** sie haben ihre Verlobung gelöst ❺ *pl (amorío)* Verhältnis *nt;* **mantienen relaciones** sie haben ein Verhältnis miteinander; **mantener relaciones sexuales con alguien** Geschlechtsverkehr mit jdm haben ❻ *(relato)* Schilderung *f; (informe)* Bericht *m;* **hacer una ~ de algo** etw schildern; **hacer una ~ detallada de algo** ausführlich über etw berichten ❼ *(lista)* Verzeichnis *nt*

relacionar [rrelaθjo'nar] **I.** *vt* ❶ *(poner en relación)* in Zusammenhang bringen ❷ *(relatar)* schildern **II.** *vr:* **~se** ❶ *(estar relacionado)* zusammenhängen ❷ *(iniciar relaciones)* in Beziehung treten (**con** zu +*dat*); *(mantener relaciones)* Kontakt haben (**con** zu +*dat*); **~se mucho** *(tener amigos)* einen großen Bekanntenkreis haben; *(influyentes)* gute Beziehungen haben

relajación [rrelaxa'θjon] *f* ❶ *(distensión, distracción)* Entspannung *f* ❷ *(malas costumbres)* Zügellosigkeit *f* ❸ *(debilitación)* Erschlaffung *f* ❹ *(atenuación)* Lockerung *f;* **~ de la pena** Strafmilderung *f* ❺ (MED) Verstauchung *f; (de la hernia)* Leistenbruch *m*

relajante [rrela'xan̩te] **I.** *adj* entspannend **II.** *m* (MED) Relaxans *nt*

relajar [rrela'xar] **I.** *vt* ❶ *(distender, distraer)* entspannen ❷ *(suavizar)* lockern; *(la pena)* mildern **II.** *vr:* **~se** ❶ *(distenderse, descansar)* sich entspannen ❷ *(debilitarse)* erschlaffen ❸ *(suavizarse)* lockerer werden ❹ *(viciarse)* in schlechte Gewohnheiten verfallen ❺ *(lesionarse)* sich *dat* verstauchen; *(herniarse)* sich *dat* einen Leistenbruch zuziehen

relamer [rrela'mer] **I.** *vt* ablecken **II.** *vr:* **~se** ❶ *(los labios)* sich *dat* die Lippen lecken ❷ *(gozar)* genießen (**con** +*akk*); **~se con un manjar** eine Speise für sein Leben gern essen ❸ *(gloriarse)* prahlen (**de** mit +*dat*) ❹ *(arreglarse)* sich herausputzen ❺ *(animal)* sich putzen

relámpago [rre'lampaɣo] *m* Blitz *m;* **ser (veloz como) un ~** schnell wie der Blitz sein

relampaguear [rrelampaɣe'ar] *vi, vimpers* blitzen

relampagueo [rrelampa'ɣeo] *m* Blitzen *nt*

relance [rre'lan̩θe] *m* ❶ *(Chil: piropo)* Kompliment *nt* ❷ *(Col)* **de ~** *(al contado)* in bar

relanzar [rrelan̩'θar] <z → c> *vt* ❶ *(reactivar)* wieder beleben; **~ la economía** die Wirtschaft ankurbeln ❷ *(rehusar)* ablehnen ❸ *(vender)* wieder auf den Markt bringen ❹ *(arrojar)* zurückschleudern

relatar [rrela'tar] *vt* schildern

relativa [rrela'tiβa] *f* (LING) Relativsatz *m*

relativamente [rrelatiβa'men̩te] *adv* ❶ *(en relación con)* bezüglich; **~ a este tema, no sé mucho** zu diesem Thema weiß ich wenig ❷ *(en términos relativos)* im Verhältnis ❸ *(fam: en cierto modo)* relativ, verhältnismäßig; **la solución es ~ simple** die Lösung ist relativ simpel

relatividad [rrelatiβi'ðaᵈ] *f sin pl* Relativität *f*

relativismo [rrelati'βismo] *m sin pl* (FILOS) Relativismus *m*

relativización [rrelatiβiθa'θjon] *f* Relativierung *f*

relativizar [rrelatiβi'θar] <z → c> *vt* relativieren

relativo[1] [rrela'tiβo] *m (pronombre)* Relativpronomen *nt;* **oración de ~** Relativsatz *m*

relativo, -a[2] [rrela'tiβo, -a] *adj* ❶ *(referente)* betreffend; **un artículo ~ a...** ein Artikel über ... ❷ *(dependiente)* relativ; **pronombre ~** Relativpronomen *nt;* **ser ~ a** abhängig sein von +*dat* ❸ *(poco)* gering

relato [rre'lato] *m* Schilderung *f,* Bericht *m;* (LIT) Erzählung *f;* **~ corto** Kurzgeschichte *f*

relator(a) [rrela'tor(a)] **I.** *adj* berichtend; *(narrando)* erzählend **II.** *m(f)* Berichtende(r) *f(m),* Erzähler(in) *m(f),* Berichterstatter(in) *m(f)*

relax [rre'laˠs] *m inv* Entspannung *f;* (MED, PSICO) Relaxation *f*

relé [rre'le] *m* Relais *nt*

releer [rrele'er/rre'ler] *vt irr como leer* nochmals lesen

relegación [rreleɣa'θjon] *f* ❶ *(apartamiento)* Verbannung *f,* Verweisung *f; (de un país)* Landesverweisung *f* ❷ *(desprecio)* Übergehung *f,* Missachtung *f*

relegar [rrele'ɣar] <g → gu> *vt (apartar)* verweisen; *(desterrar)* des Landes verweisen; **~ algo a un plano secundario** etw in den Hintergrund drängen; **ser relegado al olvido** in Vergessenheit geraten

relente [rre'len̩te] *f* (Nacht)tau *m*

relevación [rreleβa'θjon] *f* ❶ *(acentuación)* Hervorhebung *f* ❷ *(liberación)* Be-

freiung *f; (de deudas)* Erlass *m; (de una culpa)* Vergebung *f* ❸ *(destitución)* Entlassung *f* ❹ (MIL) Ablösung *f*
relevancia [rrele'βaṇθja] *f* Wichtigkeit *f*
relevante [rrele'βaṇte] *adj* ❶ *(importante)* wichtig ❷ *(sobresaliente)* herausragend
relevar [rrele'βar] **I.** *vt* ❶ *(acentuar)* hervorheben ❷ *(liberar)* befreien; **~ de un juramento** von einem Eid entbinden; **~ a alguien de sus deudas** jdm seine Schulden erlassen; **~ a alguien de sus culpas** jdm seine Sünden vergeben ❸ (JUR: *destituir*) entheben; **~ a alguien de un cargo** jdn eines Amtes entheben ❹ *(reemplazar)* ersetzen; (MIL, DEP) ablösen **II.** *vr:* **~se** sich abwechseln
relevo [rre'leβo] *m* ❶ *(reemplazo)* Ablösung *f* ❷ *(pl) (competición)* Staffel *f;* **carrera de ~s** Staffellauf *m*
relicario [rreli'karjo] *m* ❶ *(para reliquias)* Reliquiar *nt* ❷ *(Am: medallón)* Medaillon *nt*
relicto [rre'likto] *m* (BIOL, ECOL) Relikt *nt*
relieve [rre'ljeβe] *m* ❶ (ARTE, GEO) Relief *nt;* **en bajo ~** vertieft ❷ *(renombre)* Ansehen *nt;* **de ~** bedeutend ❸ *(loc)* **poner de ~** hervorheben
religión [rreli'xjon] *f* ❶ *(creencia, doctrina)* Religion *f;* **~ reformada** Protestantismus *m;* **sin ~** konfessionslos ❷ *(virtud)* Frömmigkeit *f* ❸ *(orden)* **entrar en ~** ins Kloster gehen
religiosamente [rrelixjosa'meṇte] *adv* ❶ *(con religiosidad)* religiös; **los monjes oraban ~** die Mönche beteten voll Hingabe ❷ *(a la perfección)* haargenau; **hizo ~ todo lo que le habían pedido** er/sie tat haargenau alles, worum sie ihn/sie gebeten hatten ❸ *(fam: puntual y exactamente)* pünktlich und genau; **pagó ~** er/sie hat pünktlichst gezahlt
religiosidad [rrelixjosi'ða^ð] *f* ❶ *(observancia)* Religiosität *f* ❷ *(piedad)* Frömmigkeit *f*
religioso, -a [rreli'xjoso, -a] **I.** *adj* ❶ *(relativo a una doctrina)* religiös ❷ *(que cree)* gläubig ❸ *(pío)* fromm ❹ *(puntual)* pünktlich; *(exacto)* gewissenhaft ❺ *(relativo a una orden)* Ordens- **II.** *m, f* Mönch, Nonne *m, f*
relimpio, -a [rre'limpjo, -a] *adj (fam)* makellos (sauber); *(que brilla)* blitzblank
relinchar [rrelin'ʧar] *vi* wiehern
relincho [rre'linʧo] *m* ❶ *(de un caballo)* Wiehern *nt* ❷ *(de alguien)* Jauchzer *m*
reliquia [rre'likja] *f* ❶ *(resto)* Relikt *nt* ❷ (REL) Reliquie *f* ❸ *(achaque)* Beschwerden *f pl*

R

rellamada [rreʎa'maða] *f* (TEL) Wahlwiederholung *f*
rellano [rre'ʎano] *m (de escalera)* Treppenabsatz *m*
rellena [rre'ʎena] *f (Col, Méx: morcilla)* Wurst *f*
rellenable [rreʎe'naβle] *adj* nachfüllbar
rellenar [rreʎe'nar] **I.** *vt* ❶ (*t.* GASTR: *llenar*) füllen (**de/con** mit +*dat*); *(una almohada)* ausstopfen; *(un sillón)* polstern; **~ los agujeros de yeso** die Löcher vergipsen ❷ *(por completo)* ganz vollmachen; *(demasiado)* vollstopfen ❸ *(volver a llenar)* nachfüllen, auffüllen ❹ *(completar)* ausfüllen ❺ *(fam: dar de comer)* (mit Essen) vollstopfen **II.** *vi* ❶ *(llenarse)* sich (an)füllen (**de** mit +*dat*) ❷ *(fam: comer)* sich vollstopfen (**de** mit +*dat*)
relleno[1] [rre'ʎeno] *m* ❶ (*t.* GASTR: *material*) Füllung *f* ❷ *(superfluidad)* Füllsel *nt;* **palabra de ~** Füllwort *nt*
relleno, -a[2] [rre'ʎeno, -a] *adj* ❶ *(lleno)* gefüllt; *(demasiado)* vollgestopft ❷ *(fam: gordo)* pummelig
reloj [rre'lox] *m* Uhr *f;* **~ despertador** Wecker *m;* **~ de pulsera** Armbanduhr *f;* **~ de arena** Sanduhr *f;* **~ de pared** Wanduhr *f;* **~ para fichar** Stechuhr *f;* **carrera contra ~** Zeitfahren *nt;* **trabajar contra ~** gegen die Zeit arbeiten; **ser (como) un ~** *(mecanismo)* wie am Schnürchen laufen; *(persona)* auf die Minute pünktlich sein
relojera [rrelo'xera] *f (bolsa)* Uhrtasche *f; (caja)* Uhretui *nt*
relojería [rreloxe'ria] *f* Uhrmacherei *f*
relojero, -a [rrelo'xero, -a] *m, f* Uhrmacher(in) *m(f)*
reluciente [rrelu'θjeṇte] *adj* glänzend; **~ de limpio** blitzblank
relucir [rrelu'θir] *vi irr como lucir* ❶ *(despedir luz)* leuchten; *(reflejar luz)* glänzen ❷ *(sobresalir)* glänzen ❸ *(loc)* **sacar/salir a ~** zur Sprache bringen/kommen
relumbrante [rrelum'braṇte] *adj* leuchtend, strahlend, glänzend
relumbrar [rrelum'brar] *vi* ❶ *(emitir luz)* leuchten, strahlen; *(reflejar)* glänzen ❷ *(sobresalir)* glänzen
remachado[1] [rrema'ʧaðo] *m* ❶ *(de dos piezas)* Vernietung *f* ❷ *(cabeza)* Ende *nt* ❸ *(golpear)* Einschlagen *nt; (doblar)* Umschlagen *nt; (aplastar)* Breitschlagen *nt*
remachado, -a[2] [rrema'ʧaðo, -a] *adj* ❶ *(nariz)* platt ❷ *(Col: callado)* wortkarg, schweigsam
remachadora [rremaʧa'ðora] *f* Nietmaschine *f*
remachar [rrema'ʧar] **I.** *vt* ❶ *(golpear)* einhämmern ❷ *(doblar)* umschlagen; *(aplas-*

tar) breit schlagen ❸ *(sujetar)* (ver)nieten ❹ *(subrayar)* nochmals betonen; ~ **algo a alguien** jdm etw einhämmern **II.** *vr:* **~se** *(Col)* schweigen

remache [rre'matʃe] *m* ❶ *(de dos piezas)* Vernietung *f* ❷ *(clavo)* Niete *f*

remake [rri'mei̯k] *m* (CINE, MÚS, TV) Remake *nt*

remanente [rrema'nen̩te] **I.** *adj* übrig **II.** *m* Rest *m*

remangar [rremaŋ'gar] <g → gu> **I.** *vt* hochkrempeln **II.** *vr:* **~se** ❶ *(las mangas)* sich *dat* die Ärmel hochkrempeln ❷ *(fam: decidirse)* sich aufraffen

remanso [rre'manso] *m (represa)* angestautes Wasser *nt; (agua muerta)* stehendes Gewässer *nt;* ~ **de paz** friedlicher Ort *m*

remar [rre'mar] *vi (bogar)* rudern

remarcable [rremar'kaβle] *adj* bemerkenswert, beachtlich

remarcar [rremar'kar] <c → qu> *vt* ❶ *(volver a marcar: un objeto)* nochmals kennzeichnen; *(un número)* nochmals wählen ❷ *(hacer notar)* hervorheben ❸ *(notar)* bemerken

rematado, -a [rrema'taðo, -a] *adj* vollkommen; **un tonto** ~ ein ausgesprochener Dummkopf

rematar [rrema'tar] **I.** *vt* ❶ *(concluir)* beenden; *(terminar de hacer)* fertig stellen; **nunca rematas lo que has empezado** du bringst das, was du anfängst, nie zu Ende ❷ *(de un tiro)* den Gnadenschuss geben +*dat; (de una puñalada)* den Gnadenstoß versetzen +*dat* ❸ *(una costura)* vernähen ❹ *(gastar)* aufbrauchen ❺ (DEP) aufs Tor schießen ❻ *(adjudicar)* zuschlagen ❼ *(vender)* ausverkaufen **II.** *vi* ❶ (DEP) aufs Tor schießen ❷ *(terminar)* enden (**en** in +*dat*); **la torre remata en punta** der Turm läuft nach oben spitz zu

remate [rre'mate] *m* ❶ *(conclusión)* Beendigung *f; (de un producto)* Fertigstellung *f;* **dar ~ a un edificio** ein Gebäude fertig stellen ❷ *(final, extremo)* Abschluss *m;* **poner ~ a un mueble** bei einem Möbelstück eine Abschlussverzierung anbringen ❸ *(puñalada)* Gnadenstoß *m; (tiro)* Gnadenschuss *m* ❹ *(adjudicación)* Zuschlag *m* ❺ *(oferta)* Höchstgebot *nt* ❻ (DEP) Abschluss *m* ❼ *(consumo)* Verbrauch *m;* **dar** ~ aufbrauchen ❽ *(venta)* Ausverkauf *m* ❾ *(loc)* **estar loco de** ~ vollkommen verrückt sein; **ser tonto de** ~ ausgesprochen dumm sein; **para** ~ zu allem Unglück; **por** ~ am Ende

remedar [rreme'ðar] *vt (imitar)* nachahmen; *(parodiar)* parodieren

remediable [rreme'ðjaβle] *adj* ❶ *(reparable)* behebbar ❷ *(evitable)* vermeidbar ❸ *(corregible)* verbesserbar

remediar [rreme'ðjar] *vt* ❶ *(evitar)* vermeiden; *(un perjuicio)* verhindern; **no me cae bien, no puedo ~lo** ich kann mir nicht helfen, er/sie ist mir nicht sympathisch ❷ *(acabar con, reparar)* beheben; *(compensar)* wiedergutmachen; **llorando no remedias nada** davon, dass du weinst, wird es auch nicht besser; **más vale prevenir que tener que** ~ *(prov)* Vorsicht ist besser als Nachsicht ❸ *(corregir)* verbessern ❹ *(ayudar)* helfen +*dat*

remedio [rre'meðjo] *m* ❶ *(arreglo)* Behebung *f; (compensación)* Wiedergutmachung *f; (corrección)* Verbesserung *f;* **poner ~ a un mal** einem Übel abhelfen; **no hay** ~ da ist nichts zu machen; **no llores, ya no tiene** ~ weine nicht, da ist nichts mehr zu machen; **eso tiene fácil** ~ dem ist leicht abzuhelfen; **tu problema no tiene** ~ dein Problem ist nicht zu lösen; **mi hermano no tiene** ~ bei meinem Bruder ist alle Mühe umsonst; **sin** ~ hoffnungslos; **un idealista sin** ~ ein unverbesserlicher Idealist ❷ *(evitación)* Vermeidung *f; (de un perjuicio)* Verhinderung *f;* **sin** ~ unvermeidlich; **la crisis no tiene** ~ die Krise ist nicht zu vermeiden ❸ *(ayuda)* Hilfe *f;* **buscar ~ en sus amigos** bei seinen Freunden Trost suchen; **buscar ~ en la bebida** Zuflucht zum Alkohol nehmen ❹ *(medio)* Mittel *nt;* ~ **naturalista** Naturheilmittel *nt;* **no hay/no tenemos más ~ que...** es gibt/uns bleibt keine andere Wahl als ...

remembranza [rremem'bran̩θa] *f* Erinnerung *f* (**de** an +*akk*)

rememoración [rrememora'θjon] *f* Erinnerung *f* (**de** an +*akk*)

rememorar [rrememo'rar] *vt* sich erinnern (an +*akk*)

remendado, -a [rremen̩'daðo, -a] *adj (con pintas)* gefleckt, gescheckt

remendar [rremen̩'dar] <e → ie> *vt* ❶ *(reparar)* ausbessern; *(con parches)* flicken; *(zurcir)* stopfen ❷ *(corregir)* verbessern ❸ *(añadir)* hinzufügen; ~ **la salsa con vinagre** der Soße Essig zufügen

remera [rre'mera] *f* ❶ (ZOOL) Schwungfeder *f* ❷ *(Arg: camiseta)* T-Shirt *nt*

remero, -a [rre'mero, -a] *m, f* Ruderer, -in *m, f*

remesa [rre'mesa] *f* Sendung *f;* (FIN) Überweisung *f*

remesar [rreme'sar] **I.** *vt* ❶ *(enviar)* versenden, verschicken ❷ *(el cabello)* raufen +*dat* **II.** *vr:* **~se** sich *dat* raufen

remiendo [rre'mjen̩do] *m* ❶ *(reparación)* (notdürftige) Reparatur *f; (con parches)*

Flickarbeit *f;* *(zurcidura)* Stopfarbeit *f* ② *(corrección)* Verbesserung *f* ③ *(extra)* Zusatz *m* ④ *(parche)* Flicken *m* ⑤ *(mancha)* Fleck *m*

remilgado, -a [rremil'ɣaðo, -a] *adj* geziert

remilgo [rre'milɣo] *m* Gehabe *nt;* **sin ~s** ohne sich zu zieren; **hacer ~s** sich zieren

reminiscencia [rreminis'θeṇθja] *f* ① *(recuerdo)* (vage) Erinnerung *f* (**de** an +*akk*); **me quedan ~s de mi primera comunión** ich erinnere mich noch vage an meine erste Kommunion ② *(en una obra)* Anklang *m* (**de** an +*akk*); **la ópera tiene ~s wagnerianas** die Oper enthält Anklänge an Wagner ③ *(lo que sobrevive)* Überbleibsel *nt* (**de** aus +*dat*)

remirar [rremi'rar] **I.** *vt* nochmals betrachten, eingehend betrachten; **por más que miro y remiro no encuentro tu libro** so sehr ich auch suche, ich finde dein Buch nicht **II.** *vr:* **~se** ① *(poner cuidado)* umsichtig vorgehen ② *(admirar)* mit Genugtuung betrachten

remisión [rremi'sjon] *f* ① *(de una obligación)* Befreiung *f;* *(de los pecados)* Vergebung *f;* *(de una deuda/una pena)* Erlass *m;* **sin ~** rettungslos ② *(referencia)* Verweis *m* (**a** auf +*akk*) ③ *(atenuación)* Rückgang *m* ④ *(envío)* Versendung *f;* *(a alguien)* Zusendung *f*

remiso, -a [rre'miso, -a] *adj* unwillig, zögerlich; *(lento)* träge; **mostrarse ~ a hacer algo** keine(rlei) Anstalten machen, etw zu tun

remite [rre'mite] *m* Absender *m*

remitente [rremi'teṇte] *mf* Absender(in) *m(f)*

remitir [rremi'tir] **I.** *vt* ① *(enviar)* (ab)senden; (FIN) überweisen; **~ algo a alguien** jdm etw (zu)schicken ② *(referirse)* verweisen (**a** auf +*akk*) ③ *(de una obligación)* befreien; **~ a alguien de una pena/deuda** jdm eine Strafe/Schuld erlassen; **~ a alguien de sus pecados** jdm seine Sünden vergeben ④ *(aplazar)* verschieben; *(un juicio)* vertagen ⑤ *(confiar)* überlassen ⑥ *(ceder)* einstellen **II.** *vi* *(calmarse)* nachlassen **III.** *vr:* **~se** ① *(referirse)* sich beziehen (**a** auf +*akk*) ② *(calmarse)* nachlassen ③ *(confiarse)* sich anvertrauen; **~se al juez** sich der Entscheidung des Richters unterwerfen

remo ['rremo] *m* ① *(pala)* Ruder *nt;* **tomar el ~** *(fig fam)* die Führung übernehmen ② (DEP) Rudern *nt;* **a(l) ~** rudernd; *(fig)* mit Mühe; **a ~ y vela** *(fam)* ruck, zuck; **andar al ~** *(fam fig)* schuften

remoción [rremo'θjon] *f* ① *(eliminación)* Entfernung *f,* Beseitigung *f,* Wegräumen *nt* ② *(agitación)* Aufwühlen *nt,* Umrühren *nt* ③ *(de un asunto)* Aufrühren *nt,* Aufwärmen *nt fam* ④ *(de un cargo)* Absetzung *f,* Amtsenthebung *f*

remodelación [rremoðela'θjon] *f* Umgestaltung *f;* **~ del gabinete** Kabinettsumbildung *f*

remodelar [rremoðe'lar] *vt* umgestalten; *(gobierno)* umbilden

remojar [rremo'xar] **I.** *vt* ① *(mojar)* nass machen; *(humedecer)* anfeuchten; *(empapar)* durchnässen; *(sumergir)* eintauchen; *(ablandar)* einweichen ② *(celebrar)* begießen **II.** *vr:* **~se** *(mojarse)* nass werden; *(bañarse)* (sich) baden

remojo [rre'moxo] *m* ① *(empapamiento)* Durchnässen *nt;* *(sumersión)* Eintauchen *nt;* *(baño)* Bad *nt;* **poner en ~** einweichen ② *(celebración)* Umtrunk *m*

remojón [rremo'xon] *m* *(empapamiento)* Durchnässen *nt;* *(sumersión)* Eintauchen *nt;* *(baño)* Bad *nt;* **como no llevaba paraguas me di un ~** weil ich keinen Schirm dabeihatte, wurde ich bis auf die Haut nass; **darse un ~ en la piscina** im Pool baden

remolacha [rremo'latʃa] *f* Rübe *f*

remolcador[1] [rremolka'ðor] *m* Schlepper *m*

remolcador(a)[2] [rremolka'ðor(a)] *adj* Schlepp-; **grúa ~a** Abschleppwagen *m*

remolcar [rremol'kar] <c → qu> *vt* ① *(arrastrar)* schleppen; *(un vehículo averiado)* abschleppen ② *(convencer)* überreden

remoler [rremo'ler] <o → ue> **I.** *vt* ① *(moler)* (fein) zermahlen ② *(Perú: fastidiar)* nerven; **~ la paciencia de alguien** jds Geduld überstrapazieren **II.** *vi* *(Chil, Perú)* ausgehen, bummeln gehen

remolino [rremo'lino] *m* ① *(movimiento)* Wirbel *m;* *(de agua)* Strudel *m;* **~ de viento** Wirbelwind *m* ② *(pelo)* (Haar)wirbel *m* ③ *(gente)* Gewimmel *nt* ④ *(confusión)* Trubel *m* ⑤ *(fam: persona)* Wirbelwind *m*

remolón, -ona [rremo'lon, -ona] **I.** *adj* faul **II.** *m, f* *(vago)* Faulenzer(in) *m(f);* *(que evita algo)* Drückeberger(in) *m(f) fam;* **hacerse el ~** *(vaguear)* faulenzen; **siempre se hace el ~ a la hora de fregar** er drückt sich immer vor dem Abwasch

remolque [rre'molke] *m* ① *(arrastre)* Schleppen *nt;* *(de un vehículo averiado)* Abschleppen *nt* ② *(vehículo)* Anhänger *m* ③ *(cuerda)* Schlepptau *nt;* *(para averías)* Abschleppseil *nt;* **llevar a ~** im Schlepptau haben; *(un coche averiado)* abschleppen; **hacer algo a ~** *(fig)* etw nur widerwillig tun

remontar [rremon̪'tar] **I.** *vt* ① *(superar)* überwinden ② *(subir)* hinaufgehen; *(en coche/barco)* hinauffahren; ~ **un río** *(navegar)* flussaufwärts fahren; *(nadar)* flussaufwärts schwimmen ③ *(elevar)* aufsteigen lassen ④ *(la caza)* verscheuchen ⑤ *(el calzado)* besohlen; *(un pantalón)* flicken; *(una silla)* aufpolstern **II.** *vr:* **~se** ① *(volar)* aufsteigen; *(ave)* sich in die Lüfte erheben ② *(gastos)* sich belaufen (**a** auf +*akk*) ③ *(pertenecer, retroceder)* zurückgehen; **la construcción de la iglesia se remonta al siglo pasado** der Bau der Kirche geht ins letzte Jahrhundert zurück; **el discurso se remonta a los orígenes del automóvil** die Rede geht bis zu den Ursprüngen des Automobils zurück

remonte [rre'mon̪te] *m* ① *(vuelo)* Aufsteigen *nt;* *(de un ave)* Emporschwingen *nt* ② *(telesilla)* (Ski)lift *m* ③ *(pelota)* (Variante der) Pelota *f* ④ *(cesta)* (kurzer, flacher) Pelotaschläger *m*

remoquete [rremo'kete] *m* ① *(fam: apodo)* Spitzname *m* ② *(golpe)* Faustschlag *m* ③ *(pulla)* spitze Bemerkung *f,* Stichelei *f* ④ *(fam: galanteo)* Flirten *nt*

rémora ['rremora] *f* ① (ZOOL) Schiffshalter *m* ② *(obstáculo)* Hindernis *nt*

remordimiento [rremorði'mjen̪to] *m* Gewissensbiss *m;* **tener ~s (de conciencia) por algo** Gewissensbisse wegen etw *gen/dat* haben; **el ~ no lo deja dormir** sein schlechtes Gewissen plagt ihn

remotamente [rremota'men̪te] *adv* ① *(vagamente)* vage ② *(lejos)* weit weg, abgelegen; *(en el tiempo)* vor langer Zeit ③ *(loc)* **ni** ~ nicht im Entferntesten

remoto, -a [rre'moto, -a] *adj* ① *(lejano)* fern; *(hechos)* weit zurückliegend; **en tiempos ~s** in ferner Vergangenheit ② *(improbable)* unwahrscheinlich; **no existe ni la más remota posibilidad** es besteht nicht die geringste Chance; **no tener ni la más remota idea** nicht die blasseste Ahnung haben; **ni por lo más** ~ nicht im Entferntesten

remover [rremo'βer] <o → ue> **I.** *vt* ① *(eliminar)* entfernen; *(apartar)* wegräumen; *(dificultades)* aus dem Weg räumen ② *(agitar)* aufwühlen; *(dar vueltas)* umrühren ③ *(activar)* aufrühren ④ *(destituir)* absetzen; ~ **a alguien (de un cargo)** jdn eines Amtes entheben **II.** *vi* herumwühlen **III.** *vr:* **~se** ① *(moverse)* sich wälzen ② *(aguas)* in Wallung kommen

remozamiento [rremoθa'mjen̪to] *m* ① *(de algo)* Modernisierung *f* ② *(de alguien)* Verjüngung *f*

remozar [rremo'θar] <z → c> *vt* ① *(algo)* modernisieren ② *(a alguien)* verjüngen

remuda [rre'muða] *f* ① *(reemplazo)* Auswechslung *f;* (MIL) Ablösung *f* ② *(trasplantación)* Umpflanzung *f,* Umsetzen *nt* ③ *(ropa)* (Wäsche)garnitur *f*

remunerable [rremune'raβle] *adj* entgeltlich

remuneración [rremunera'θjon] *f* ① *(pago)* Bezahlung *f,* Vergütung *f;* *(sueldo)* Lohn *m* ② *(recompensa)* Belohnung *f* ③ *(rendimiento)* Gewinn *m*

remunerar [rremune'rar] *vt* ① *(pagar)* bezahlen; *(un trabajo)* vergüten; ~ **a alguien por un servicio** jdn für eine Dienstleistung entlohnen ② *(recompensar)* belohnen ③ *(rendir)* Gewinn bringen; **este negocio no te va a** ~ das wird kein gewinnbringendes Geschäft für dich

remunerativo, -a [rremunera'tiβo, -a] *adj* einträglich

remuneratorio, -a [rremunera'torjo, -a] *adj* entgeltlich

renacentista *adj* Renaissance-; **pintor** ~ Renaissancemaler *m*

renacer [rrena'θer] *vi irr como crecer* ① *(volver a nacer)* wiedergeboren werden ② *(regenerarse)* aufleben; **sentirse** ~ sich wie neugeboren fühlen

renacimiento [rrenaθi'mjen̪to] *m* ① (FILOS, REL) Wiedergeburt *f* ② *(regeneración)* Aufleben *nt*

Renacimiento [rrenaθi'mjen̪to] *m* (ARTE, HIST, LIT) Renaissance *f*

renacuajo[1] [rrena'kwaxo] *m* (ZOOL) Kaulquappe *f*

renacuajo, -a[2] [rrena'kwaxo, -a] *m, f* *(pey: chico)* Knirps *m;* *(chica)* unscheinbares Mädchen *nt*

renal [rre'nal] *adj* Nieren-

Renania [rre'nanja] *f* Rheinland *nt*

Renania del Norte-Westfalia [rre'nanja del 'norte-βes'falja] *f* Nordrhein-Westfalen *nt*

Renania-Palatinado [rre'nanja-palati'naðo] *m* Rheinland-Pfalz *nt*

renano, -a [rre'nano, -a] **I.** *adj* ① *(del Rin)* rheinisch; **provincia renana** Rheinprovinz *f* ② *(de Renania)* rheinländisch **II.** *m, f* Rheinländer(in) *m(f)*

rencilla [rren̪'θiʎa] *f* Streit *m*

rencor [rreŋ'kor] *m* Groll *m;* **guardar ~ a alguien** (mit) jdm böse sein

rencoroso, -a [rreŋko'roso, -a] *adj* ① *(vengativo)* nachtragend ② *(resentido)* verärgert

rendición [rren̪di'θjon] *f* ① *(capitulación)* Kapitulation *f* ② *(entrega)* Übergabe *f;* ~ **de cuentas** Rechnungslegung *f* ③ *(su-*

misión) Hingabe *f* ❹ *(utilidad)* Ertrag *m* ❺ *(fatiga)* Erschöpfung *f* ❻ *(conquista)* Eroberung *f*

rendidamente [rreṇdiða'meṇte] *adv* hingebungsvoll, ergeben; **estar ~ enamorado** hoffnungslos verliebt sein

rendido, -a [rreṇ'diðo, -a] *adj* ❶ *(cansado)* todmüde ❷ *(sumiso)* ergeben; **cayó ~ ante su belleza** er erlag ihrer Schönheit

rendija [rreṇ'dixa] *f* Spalte *f*

rendimiento [rreṇdi'mjeṇto] *m* ❶ *(productividad)* Leistung *f;* (ECON: *máximo*) Kapazität *f;* **a pleno ~** voll ausgelastet ❷ *(beneficio)* Ertrag *m;* **de gran ~** sehr ertragreich ❸ *(cansancio)* Erschöpfung *f* ❹ *pl (ingresos)* Einkünfte *fpl* ❺ *(humildad)* Unterwürfigkeit *f* ❻ *(obsequiosidad)* Zuvorkommenheit *f*

rendir [rreṇ'dir] *irr como pedir* **I.** *vt* ❶ *(rentar)* einbringen; **~ utilidad** Gewinn bringen; **~ fruto** Früchte tragen; **la inversión ha rendido mucho** die Investition hat sich bezahlt gemacht ❷ *(trabajar)* leisten; **estas máquinas rinden mucho** diese Maschinen sind sehr leistungsfähig ❸ *(tributar)* erweisen; **~ las gracias a alguien** jdm seinen Dank abstatten; **~ importancia a algo** etw *dat* Bedeutung beimessen ❹ *(entregar)* abgeben; *(pruebas)* erbringen; *(una confesión)* ablegen; **~ cuentas** abrechnen; *(fig)* Rechenschaft ablegen; **~ un informe** Bericht erstatten; **~ obsequios a alguien** jdn beschenken; **~ la comida** das Essen erbrechen; **~ las armas** kapitulieren ❺ *(vencer)* besiegen, bezwingen ❻ *(cansar)* ermüden; **me rindió el sueño** der Schlaf übermannte mich ❼ *(sustituir)* ablösen **II.** *vr:* **~se** ❶ *(entregarse)* sich ergeben; **~se al enemigo** vor dem Feind kapitulieren; **~se a la evidencia de algo** etw einsehen; **~se a las razones de alguien** sich von jds Argumenten überzeugen lassen ❷ *(cansarse)* **~se de cansancio** vor Müdigkeit umfallen

renegado¹ [rrene'ɣaðo] *m (juego de naipes)* Lomber *nt*

renegado, -a² [rrene'ɣaðo, -a] **I.** *adj* ❶ *(religión)* abtrünnig ❷ *(fam: carácter)* schroff, übellaunig **II.** *m, f* ❶ *(religión)* Abtrünnige(r) *f(m),* Renegat(in) *m(f)* ❷ *(fam: carácter)* Miesepeter *m*

renegar [rrene'ɣar] *irr como fregar* **I.** *vi* ❶ *(protestar)* fluchen (**de** über +*akk*) ❷ *(renunciar)* sich lossagen; **~ de la fe** vom Glauben abfallen; **~ del partido** aus der Partei austreten **II.** *vt* ❶ *(negar)* verleugnen ❷ *(detestar)* verabscheuen

renegociar [rreneɣo'θjar] *vt* neu aushandeln

renegrido, -a [rrene'ɣriðo, -a] *adj* schwärzlich

RENFE ['rreɱfe] *f abr de* **Red Nacional de Ferrocarriles Españoles** *spanische Eisenbahngesellschaft*

renglón [rreŋ'glon] *m* ❶ *(línea)* Zeile *f;* **a ~ seguido** sofort ❷ *(partida)* Posten *m*

rengo, -a ['rreŋgo, -a] *adj (CSur: cojo)* hinkend

renguear [rreŋge'ar] *vi (CSur: cojear)* hinken

reniego [rre'njeɣo] *m* ❶ *(blasfemia)* Gotteslästerung *f,* Blasphemie *f* ❷ *(taco)* Fluch *m* ❸ *(denegación)* Verleugnung *f*

reno ['rreno] *m* Ren(tier) *nt*

renombrado, -a [rrenom'braðo, -a] *adj (célebre)* renommiert, angesehen

renombre [rre'nombre] *m* (guter) Ruf *m;* **una empresa de gran ~** ein namhaftes Unternehmen; **una persona de ~** eine angesehene Person; **adquirir ~** Ruhm erlangen; **gozar de ~** Ruhm genießen

renovable [rreno'βaβle] *adj* erneuerungsfähig

renovación [rrenoβa'θjon] *f* Erneuerung *f; (del pasaporte)* Verlängerung *f; (de un edificio)* Renovierung *f*

renovar [rreno'βar] <o → ue> *vt* erneuern; *(una casa)* renovieren; *(el pasaporte)* verlängern; *(un país)* reformieren; **~ un pedido** nachbestellen; **~ la pintura** den Anstrich erneuern; **~ la memoria** das Gedächtnis auffrischen; **~ un aviso** eine Mitteilung wiederholen

renquear [rreŋke'ar] *vi (persona)* hinken; *(animal)* lahmen

renta ['rreṇta] *f* ❶ *(beneficio)* Ertrag *m; (ingresos)* Einkommen *nt;* **~ per capita** Pro-Kopf-Einkommen *nt;* **~s públicas** Staatseinkünfte *fpl* ❷ *(pensión)* Rente *f;* **~ por incapacidad laboral** Erwerbsunfähigkeitsrente *f;* **~ vitalicia** Rente auf Lebenszeit; **~ de viudez** Witwenrente *f* ❸ *(alquiler)* Miete *f;* **en ~** zur Miete; **tomar a ~ un negocio** ein Geschäft pachten

rentabilidad [rreṇtaβili'ðaᵈ] *f* Wirtschaftlichkeit *f;* **~ competitiva** Wettbewerbsfähigkeit *f;* **dar una ~ de...** einen Gewinn von ... abwerfen

rentabilizar [rreṇtaβili'θar] <z → c> *vt* gewinnbringend bewirtschaften; **~ una finca** ein Gut rentabel bewirtschaften

rentable [rreṇ'taβle] *adj* rentabel

rentar [rreṇ'tar] **I.** *vt* ❶ *(beneficio)* einbringen ❷ *(Am: alquilar)* mieten **II.** *vi* Gewinn bringen; **~ bien** sich rentieren

rentero, -a [rreṇ'tero, -a] *m, f* ❶ *(arrenda-*

tario) Pächter(in) *m(f)* ② *(Arg: contribuyente)* Steuerzahler(in) *m(f)*
renuencia [rre'nweṇθja] *f* Widerspenstigkeit *f*
renuncia [rre'nuṇθja] *f* ① *(abandono)* Verzicht *m* (**a/de** auf +*akk*); ~ **del cargo** Amtsniederlegung *f;* ~ **al contrato** Rücktritt vom Vertrag; **presentar su** ~ kündigen ② *(escrito)* Entlassungsurkunde *f*
renunciación [rrenuṇθja'θjon] *f* (JUR) Verzicht *m,* Entsagung *f*
renunciar [rrenuṇ'θjar] *vi* ① *(desistir)* verzichten (**a** auf +*akk*); ~ **al trono** abdanken; ~ **a un cargo** ein Amt niederlegen; ~ **a una herencia** ein Erbe ausschlagen ② *(rechazar)* ablehnen (**a** +*akk*)
reñido, -a [rre'ɲiðo, -a] *adj* ① *(enojado)* uneins, zerstritten; **estamos ~s** wir haben uns verzankt; **la injusticia está reñida con las ideas democráticas** die Ungerechtigkeit ist mit den demokratischen Prinzipien unvereinbar ② *(encarnizado)* heftig, erbittert; **una lucha reñida** ein erbitterter Kampf
reñir [rre'ɲir] *irr como ceñir* **I.** *vi* streiten; **¿has reñido con tu novio?** hast du dich mit deinem Freund gestritten? **II.** *vt* schelten
reo, -a ['rreo, -a] **I.** *adj* schuldig **II.** *m, f* *(culpado)* Angeklagte(r) *mf;* *(autor)* Täter(in) *m(f);* ~ **de asesinato** Mörder *m;* ~ **habitual** Gewohnheitsverbrecher *m;* ~ **preventivo** Untersuchungshäftling *m*
reojo [rre'oxo] *m* **mirar de** ~ *(con hostilidad)* schief ansehen; *(con disimulo)* verstohlen ansehen
reorganización [rreorɣaniθa'θjon] *f* Reorganisation *f;* ~ **del gobierno** Regierungsumbildung *f*
reorganizar [rreorɣani'θar] <z → c> *vt* reorganisieren; *(gobierno)* umbilden
repajolero, -a [rrepaxo'lero, -a] *adj (fam)* verdammt, verflucht; **toda tu repajolera vida...** dein ganzes verflixtes Leben ...
repanchigarse [rrepanʧi'ɣarse] <g → gu> *vr,* **repantigarse** [rrepaṇti'ɣarse] <g → gu> *vr* sich rekeln
reparable [rrepa'raβle] *adj (arreglable)* reparabel
reparación [rrepara'θjon] *f* ① *(arreglo)* Reparatur *f* ② *(indemnización)* Entschädigung *f;* *(enmienda)* Wiedergutmachung *f;* ~ **de perjuicios** Schaden(s)ersatz *m*
reparador[1] [rrepa'raðor] *m* Reparaturwerkstatt *f*
reparador(a)[2] [rrepa'raðor(a)] **I.** *adj* kräftigend, erquickend; **un sueño** ~ ein erquickender Schlaf **II.** *m(f)* ① *(que repara)* Reparateur, -euse *m, f* ② *(que critica)* Nörgler(in) *m(f)*
reparar [rrepa'rar] **I.** *vt* ① *(arreglar)* reparieren; ~ **el daño** den Schaden beheben ② *(indemnizar)* ersetzen; *(enmendar)* wiedergutmachen ③ *(advertir)* merken (**en** +*akk*); *(considerar)* achten (**en** auf +*akk*); **sin** ~ **en gastos** ohne Rücksicht auf die Kosten; **no** ~ **en sacrificios/en gastos** kein Opfer/keine Kosten scheuen ④ *(recuperar)* ~ **fuerzas** wieder zu Kräften kommen; **con la siesta reparo fuerzas** der Mittagsschlaf gibt mir neue Kraft **II.** *vr:* **~se** sich beherrschen
reparo [rre'paro] *m* ① *(arreglo)* Ausbesserung *f* ② *(inconveniente)* Bedenken *nt;* **sin** ~ **alguno** ganz ungeniert; **me da** ~ **decírselo** ich scheue mich davor, es ihm/ihr zu sagen ③ *(objeción)* Einwand *m* (**a** gegen +*akk*); **sin** ~ anstandslos; **no andar con ~s** sich *dat* seiner Sache sicher sein; **poner ~s a algo** Einwände gegen etw haben
repartición [rreparti'θjon] *f* ① *v.* **repartimiento** ② *(Am: oficina)* Amt *nt*
repartidor(a) [rreparti'ðor(a)] *m(f)* ① *(recadero)* Zusteller(in) *m(f),* Bote, -in *m, f;* ~ **de periódicos** Zeitungsausträger(in) *m(f)* ② *(en tribunales)* (Geschäfts)verteiler(in) *m(f)*
repartimiento [rreparti'mjeṇto] *m (distribución)* Verteilung *f;* *(división)* Aufteilung *f*
repartir [rrepar'tir] **I.** *vt* verteilen; *(correos)* zustellen; ~ **leña** *(fig)* Prügel austeilen **II.** *vr:* **~se** ① *(colocarse)* sich verteilen ② *(dividir)* aufteilen; **~se el mercado** den Markt unter sich aufteilen
reparto [rre'parto] *m* ① *(distribución)* Verteilung *f;* *(división)* Aufteilung *f;* ~ **de contribuciones** Steuerveranlagung *f;* ~ **domiciliario** Hauszustellung *f;* ~ **de equipajes** Gepäckausgabe *f;* ~ **postal** Postzustellung *f* ② *(relación)* Verhältnis *nt;* ~ **de poderes** (ECON) Machtverhältnisse *ntpl*
repasar [rrepa'sar] *vt* ① *(la ropa)* ausbessern ② *(un texto, la lección)* noch einmal durchgehen; **segunda edición repasada y corregida** zweite neu bearbeitete Auflage ③ *(la cuenta)* nachprüfen ④ *(un coche)* überholen ⑤ *(una carta)* überfliegen
repaso [rre'paso] *m* ① *(revisión)* Überarbeitung *f* ② *(inspección)* (Über)prüfung *f;* *(de un coche)* Überholung *f*
repatear [rrepate'ar] *vt (fam)* nerven
repatriación [rrepatrja'θjon] *f* Rückführung *f;* (JUR, POL) Repatriierung *f;* ~ **de divisas** Devisenrückführung *f*

R

repatriar [rrepa'trjar] *vt* in die Heimat zurückschicken

repecho [rre'petʃo] *m* Böschung *f*

repeinar [rrepei̯'nar] **I.** *vt* sorgfältig kämmen; *(pey)* schniegeln **II.** *vr:* **~se** sich sorgfältig kämmen; *(pey)* sich schniegeln

repelencia [rrepe'leṇθja] *f* Abscheu *f,* Ekel *m*

repelente [rrepe'leṇte] **I.** *adj* ❶ *(rechazador)* abweisend; **~ al agua** Wasser abweisend ❷ *(repugnante)* abstoßend ❸ *(redicho)* besserwisserisch **II.** *mf (sabelotodo)* Besserwisser(in) *m(f)*

repeler [rrepe'ler] *vt* ❶ *(rechazar)* abweisen; *(un ataque)* abwehren; **los imanes se repelen mutuamente** Magnete stoßen sich gegenseitig ab ❷ *(repugnar)* anwidern

repelón [rrepe'lon] *m (del pelo)* Ziehen *nt* an den Haaren; **a repelones** *(con dificultad)* mit Mühe und Not

repeluzno [rrepe'luθno] *m (escalofrío)* Schauder *m*

repensado, -a [rrepen'saðo, -a] *adj* durchdacht, überlegt

repente [rre'peṇte] *m* plötzliche Bewegung *f;* **de ~** plötzlich; **hablar de ~** aus dem Stegreif reden; **tocar de ~** vom Blatt spielen

repentino, -a [rrepeṇ'tino, -a] *adj* plötzlich

repentización [rrepeṇtiθa'θjon] *f* Improvisation *f*

repercusión [rreperku'sjon] *f* ❶ *(efecto)* (Aus)wirkung *f;* **tener gran ~** *(éxito)* großen Anklang finden ❷ *(del choque)* Rückprall *m*

repercutir [rreperku'tir] *vi* ❶ *(efecto)* sich auswirken (**en** auf *+akk*); **~ en la salud** der Gesundheit schaden ❷ *(del choque)* zurückprallen ❸ *(eco)* widerhallen

repertorio [rreper'torjo] *m* ❶ *(lista)* Verzeichnis *nt;* **~ legislativo** Gesetzessammlung *f* ❷ (*t.* TEAT) Repertoire *nt* (**de** an *+dat*)

repesca [rre'peska] *f (fam)* Wiederholungsprüfung *f*

repetición [rrepeti'θjon] *f* Wiederholung *f;* **~ de orden** Nachbestellung *f;* **fusil de ~** Repetiergewehr *nt;* **en caso de ~** im Wiederholungsfall

repetidamente [rrepetiða'meṇte] *adv* häufig, wiederholt

repetido, -a [rrepe'tiðo, -a] *adj* wiederholt; **repetidas veces** mehrmals; **tengo muchos sellos ~s** ich habe viele Briefmarken doppelt

repetidor[1] [rrepeti'ðor] *m* (TÉC) Verstärker *m*

repetidor(a)[2] [rrepeti'ðor(a)] **I.** *adj* wiederholend **II.** *m(f)* ❶ *(estudiante)* Wiederholer(in) *m(f)* ❷ *(profesor)* Repetitor(in) *m(f)*

repetir [rrepe'tir] *irr como pedir* **I.** *vi* ❶ *(sabor)* aufstoßen; **los ajos repiten mucho** Knoblauch stößt einem immer wieder auf ❷ *(plato)* **~ de un plato de comida** noch eine Portion essen **II.** *vt* ❶ *(reiterar)* wiederholen; **~ curso** sitzen bleiben; **~ un pedido de mercancía** Ware nachbestellen ❷ *(recitar)* aufsagen **III.** *vr:* **~se** sich wiederholen

repetitivo, -a [rrepeti'tiβo, -a] *adj* wiederholbar; (INFOR) rekursiv

repicar [rrepi'kar] <c → qu> **I.** *vi (campanas)* läuten; *(castañuelas)* klappern **II.** *vt* ❶ *(campanas)* läuten; *(instrumento)* schlagen; **no se puede estar en misa y ~** man kann nicht auf zwei Hochzeiten gleichzeitig tanzen; **ponerse el traje de cuando repican gordo** sich in Schale werfen ❷ *(despedazar)* klein hacken **III.** *vr:* **~se** sich brüsten (**de** mit *+dat*)

repintar [rrepiṇ'tar] **I.** *vt* übermalen **II.** *vr:* **~se** ❶ *(maquillarse mucho)* sich stark schminken ❷ (TIPO) abschmieren

repipi [rre'pipi] *adj* etepetete

repique [rre'pike] *m* ❶ *(de las campanas)* Läuten *nt* ❷ *(fam: riña)* Streiterei *f*

repiquetear [rrepikete'ar] *vi, vt* läuten; *(castañuelas)* schlagen

repiqueteo [rrepike'teo] *m* Geläute *nt;* *(castañuelas)* Klappern *nt*

repisa [rre'pisa] *f* Konsole *f;* **~ de chimenea** Kaminsims *m;* **~ de ventana** Fensterbrett *nt,* Fensterbank *f*

replantear [rreplaṇte'ar] *vt* ❶ *(asunto)* wieder aufwerfen; *(plan)* neu konzipieren ❷ (ARQUIT) abstecken

replegar [rreple'ɣar] *irr como fregar* **I.** *vt* ❶ *(doblar)* mehrmals falten ❷ *(para atrás)* zurückklappen **II.** *vr:* **~se** (MIL) sich zurückziehen

repleto, -a [rre'pleto, -a] *adj* prall gefüllt (**de** mit *+dat*); *(demasiado)* vollgestopft (**de** mit *+dat*); **tener una cartera repleta de billetes** eine Brieftasche voller Geldscheine haben; **el tren está ~** der Zug ist total überfüllt; **estoy ~** ich bin vollkommen satt; **está repleta de energía** sie sprüht vor Energie

réplica ['rreplika] *f* ❶ *(respuesta)* Antwort *f;* *(objeción)* Widerrede *f* ❷ (ARTE) Nachbildung *f*

replicar [rrepli'kar] <c → qu> **I.** *vt* erwidern **II.** *vi* ❶ *(replicar)* antworten ❷ *(contradecir)* widersprechen; **obedecer sin ~** ohne Widerspruch gehorchen

replicón, -ona [rrepli'kon, -ona] **I.** *adj*

(fam) frech, schnippisch **II.** *m, f (fam)* Frechdachs *m,* Frechling *m*

repliegue [rre'pljeɣe] *m* ① *(dobladura)* Falte *f* ② (MIL) Rückzug *m*

repoblación [rrepoβla'θjon] *f* Wiederbevölkerung *f;* ~ **forestal** (Wieder)aufforstung *f*

repoblar [rrepo'βlar] <o → ue> *vt* wieder bevölkern; *(de árboles)* wieder aufforsten

repollo [rre'poʎo] *m* Kohl *m*

reponer [rrepo'ner] *irr como poner* **I.** *vt* ① *(volver a poner)* wieder hinstellen; *(teléfono)* auflegen; *(máquina)* wieder in Betrieb setzen; *(en su cargo)* wieder einsetzen ② *(reemplazar)* ersetzen ③ *(completar)* auffüllen ④ *(replicar)* erwidern ⑤ (CINE, TEAT) wieder aufführen **II.** *vr:* **~se** sich erholen

reportaje [rrepor'taxe] *m* Bericht *m;* ~ **gráfico** Bildbericht *m*

reportar [rrepor'tar] **I.** *vt* ① *(refrenar)* zurückhalten ② *(proporcionar)* einbringen ③ *(Am: informar)* berichten **II.** *vr:* **~se** sich zusammenreißen

reporte [rre'porte] *m* ① *(noticia)* Nachricht *f;* ~ **de enfermedad** Krankenakte *f* ② *(Méx: reportaje)* Bericht *m* ③ *(chisme)* Klatsch *m,* Gerede *nt*

repórter [rre'porter] *m (Am),* **reportero, -a** [rrepor'tero, -a] *m* Reporter(in) *m(f)*

reposabrazos [rreposa'βraθos] *m inv* Armlehne *f*

reposacabezas [rreposaka'βeθas] *m inv* Kopfstütze *f*

reposado, -a [rrepo'saðo, -a] *adj* ruhig, gesetzt; **agua reposada** abgestandenes Wasser

reposapiés [rreposa'pjes] *m inv* Fußstütze *f*

reposar [rrepo'sar] **I.** *vi* (aus)ruhen; **aquí reposan los restos mortales de...** hier ruht in Frieden ... **II.** *vt* zur Ruhe bringen; ~ **la comida** Mittagsruhe halten **III.** *vr:* **~se** *(líquidos)* sich (ab)setzen; *(vino)* ablagern

reposera [rrepo'sera] *f (Am: tumbona)* Liegestuhl *m*

reposición [rreposi'θjon] *f* ① *(de un objeto)* Ersetzung *f;* ~ **de existencias** Lagerauffüllung *f;* ~ **de maquinaria** Maschinenerneuerung *f* ② *(de lugar)* Rückstellung *f;* ~ **al cero** Nullstellung *f* ③ *(del mercado)* Wiederbelebung *f* ④ *(de una persona)* Erholung *f* ⑤ *(de una situación)* Beruhigung *f* ⑥ (TEAT) Neuinszenierung *f*

reposo [rre'poso] *m (tranquilidad)* Ruhe *f; (descanso)* Erholung *f;* ~ **en cama** Bettruhe *f;* **una máquina en** ~ eine Maschine im Stillstand

repostada [rrepos'taða] *f (AmC: contestación)* Retourkutsche *f*

repostaje [rrepos'taxe] *m* (AUTO) Auftanken *nt*

repostar [rrepos'tar] *vt* ① *(provisiones)* sich neu versorgen (mit +*dat*) ② *(combustible)* auftanken

repostería [rreposte'ria] *f* ① *(pastelería, oficio)* Konditorei *f* ② *(productos)* Feingebäck *nt* ③ *(mueble)* Anrichte *f* ④ (NÁUT) Pantry *f*

repostero, -a [rrepos'tero, -a] *m, f* Konditor(in) *m(f)*

reprender [rrepren̪'der] *vt* tadeln; **~le algo a alguien** jdm etw vorwerfen

reprensión [rrepren'sjon] *f* Tadel *m;* (JUR) Verwarnung *f*

reprensor(a) [rrepren'sor(a)] **I.** *adj* verweisend, tadelnd **II.** *m(f)* Tadler(in) *m(f)*

represalia [rrepre'salja] *f* Repressalie *f;* **en ~ por...** als Vergeltung für ...

represar [rrepre'sar] **I.** *vt (agua)* stauen; *(fig)* unterdrücken **II.** *vr:* **~se** sich stauen

representable [rrepresen̪'taβle] *adj* darstellbar

representación [rrepresen̪ta'θjon] *f* ① *(substitución, delegación)* Vertretung *f;* ~ **colectiva** Arbeitnehmervertretung *f;* ~ **exclusiva** Alleinvertretung *f;* ~ **mayoritaria** Mehrheitswahl *f;* ~ **proporcional** Verhältniswahl *f;* **por** [*o* **en**] ~ stellvertretend ② (TEAT) Aufführung *f* ③ *(reproducción)* Darstellung *f; (ilustración)* Abbildung *f;* ~ **digital** Digitalanzeige *f* ④ *(idea)* Begriff *m* ⑤ *(autoridad)* Ansehen *nt;* **ser hombre de** ~ eine angesehene Persönlichkeit sein

representante [rrepresen̪'tan̪te] *mf* ① *(delegado)* Abgeordnete(r) *mf; (suplente)* Vertreter(in) *m(f);* ~ **especial** Sonderbeauftragte(r) *mf* ② *(actor)* Darsteller(in) *m(f)*

representar [rrepresen̪'tar] **I.** *vt* ① *(sustituir)* vertreten ② *(actuar)* spielen; *(una obra)* aufführen; ~ **el papel de amante** den Liebhaber spielen ③ *(significar)* bedeuten ④ *(encarnar, reproducir)* darstellen; *(personificar)* verkörpern; *(ilustrar)* abbilden; ~ **visualmente** (INFOR) auf dem Bildschirm anzeigen ⑤ *(aparentar)* aussehen; **representa ser más joven** er/sie sieht jünger aus, als er/sie ist ⑥ *(evocar)* schildern **II.** *vr:* **~se** sich *dat* vorstellen

representatividad [rrepresen̪tatiβi'ðaᵈ] *f* ① *(carácter)* repräsentativer Charakter *m* ② *(significado)* Aussagekraft *f;* **una obra de gran** ~ ein Werk von hoher Aussagekraft ③ (JUR) Vertretungsbefugnis *f*

representativo, -a [rrepresen̪ta'tiβo, -a]

adj repräsentativ; **gobierno ~** parlamentarische Regierung

represión [rrepre'sjon] *f (contención)* Unterdrückung *f; (limitación)* Beschränkung *f;* **~ de crímenes** Verbrechensbekämpfung *f;* **~ militar** militärische Unterdrückung

represivo, -a [rrepre'siβo, -a] *adj* repressiv

represor(a) [rrepre'sor(a)] **I.** *adj* unterdrückend **II.** *m(f)* Unterdrücker(in) *m(f)*

reprimenda [rrepri'meṇda] *f* Tadel *m; (oficial)* Verweis *m*

reprimido, -a [rrepri'miðo, -a] *adj* ❶ *(contenido)* unterdrückt ❷ *(cohibido)* gehemmt

reprimir [rrepri'mir] **I.** *vt* unterdrücken **II.** *vr:* **~se** ❶ *(contenerse)* sich beherrschen; **~se de hablar** sich mit Worten zurückhalten ❷ *(cohibirse)* sich verkrampfen

reprobable [rrepro'βaβle] *adj* verwerflich

reprobación [rreproβa'θjon] *f (condenación)* Missbilligung *f; (rechazamiento)* Verwerfung *f*

reprobado, -a [rrepro'βaðo, -a] *adj* ❶ *(condenado)* verdammt ❷ *(Am: suspenso en un examen)* nicht bestanden

reprobador(a) [rreproβa'ðor(a)] *adj* tadelnd; **una mirada ~a** ein missbilligender Blick

reprobar [rrepro'βar] <o → ue> *vt* missbilligen

reprobatorio, -a [rreproβa'torjo, -a] *adj* tadelnd

reprochable [rrepro'ʧaβle] *adj* tadelnswert

reprochar [rrepro'ʧar] *vt* vorwerfen

reproche [rre'proʧe] *m* Vorwurf *m;* **en son de ~** in vorwurfsvollem Ton; **hacer ~s a alguien por algo** jdm Vorwürfe wegen etw *gen/dat* machen

R

reproducción [rreproðuᵞ'θjon] *f* ❶ *(procreación)* Fortpflanzung *f;* **~ bovina** Rinderzucht *f* ❷ *(repetición)* Reproduktion *f; (copia)* Vervielfältigung *f;* **~ (de un libro)** Nachdruck *m;* **~ de un discurso** Wiederholung eines Vortrags ❸ *(representación)* Wiedergabe *f;* **~ magnetofónica** Bandaufnahme *f;* **~ radiofónica** Rundfunkübertragung *f*

reproducible [rreproðu'θiβle] *adj* reproduzierbar

reproducir [rreproðu'θir] *irr como traducir* **I.** *vt* ❶ *(procrear)* fortpflanzen ❷ *(repetir)* reproduzieren; *(copiar)* vervielfältigen; *(un libro)* nachdrucken ❸ *(representar)* wiedergeben; *(imitar)* nachahmen; *(contar)* nacherzählen **II.** *vr:* **~se** sich fortpflanzen

reproductivo, -a [rreproðuk'tiβo, -a] *adj* reproduktiv

reproductor[1] [rreproðuk'tor] *m (aparato)* Wiedergabegerät *nt;* **~ de discos compactos** [*o* **CD**] CD-Player *m;* **~ de MP3** MP3-Player *m*

reproductor(a)[2] [rreproðuk'tor(a)] **I.** *adj* Fortpflanzungs- **II.** *m(f) (animal)* Zuchttier *nt*

reptar [rrep'tar] *vi* kriechen

reptil [rrep'til] *m* Reptil *nt*

república [rre'puβlika] *f* Republik *f;* **~ coronada** konstitutionelle Monarchie; **R~ Dominicana** Dominikanische Republik; **R~ Federal de Alemania** Bundesrepublik Deutschland; **R~ Centroafricana** Zentralafrikanische Republik *f;* **R~ Checa** Tschechische Republik *f;* **R~ del Congo** Republik Kongo *f;* **R~ Democrática del Congo** Demokratische Republik Kongo *f;* **~ miembro** Mitgliedsstaat *m*

republicano, -a [rrepuβli'kano, -a] **I.** *adj* republikanisch **II.** *m, f* Republikaner(in) *m(f)*

repudiable [rrepu'ðjaβle] *adj* verwerflich

repudiar [rrepu'ðjar] *vt* ❶ *(rechazar)* ablehnen ❷ *(parientes)* verstoßen

repudio [rre'puðjo] *m* ❶ *(rechazo)* Ablehnung *f* ❷ *(de parientes)* Verstoßung *f*

repuesto[1] [rre'pwesto] *m* ❶ *(pieza)* Ersatzteil *nt* ❷ *(de alimentos)* Vorrat *m* (**de** an +*dat*)

repuesto, -a[2] [rre'pwesto, -a] *pp de* **reponer**

repugnancia [rrepuɣ'naṇθja] *f* ❶ *(repulsión)* Abneigung *f* (**a** gegen +*akk*); *(asco)* Ekel *m* (**a** vor +*dat*); **tener ~ al pescado** sich vor Fisch ekeln ❷ *(resistencia)* Widerwille *m;* **hacer algo con ~** etw widerwillig tun

repugnante [rrepuɣ'naṇte] *adj* ekelhaft

repugnar [rrepuɣ'nar] **I.** *vi* ❶ *(producir aversión)* abstoßen; *(asquear)* anekeln; **me repugna la carne grasosa** fettes Fleisch finde ich ekelhaft ❷ *(disgustar)* widerstreben +*dat* **II.** *vt (rehusar)* ablehnen **III.** *vr:* **~se** *(contradecirse)* sich (gegenseitig) ausschließen

repujado[1] [rrepu'xaðo] *m* getriebene Arbeit *f,* Reliefarbeit *f*

repujado, -a[2] [rrepu'xaðo, -a] *adj* getrieben; **cuero ~** gepunztes Leder

repujar [rrepu'xar] *vt (metal)* treiben; *(cuero)* punzen

repulsa [rre'pulsa] *f (rechazo)* Ablehnung *f*

repulsar [rrepul'sar] *vt (persona)* zurückweisen; *(deseo)* abschlagen

repulsión [rrepul'sjon] *f (aversión)* Abneigung *f; (asco)* Ekel *m*

repulsivo, **-a** [rrepul'siβo, -a] *adj* ekelhaft

repuntar [rrepun̪'tar] **I.** *vi* ❶ *(AmS: reaparecer)* unverhofft erscheinen ❷ *(CSur: río)* wieder ansteigen **II.** *vt* ❶ *(RíoPl: el liderazgo)* wieder aufnehmen ❷ *(CSur: animales)* zusammentreiben

reputación [rreputa'θjon] *f* Ruf *m;* **mujer de mala ~** Prostituierte *f;* **tener muy buena/mala ~** höchst angesehen/sehr schlecht angesehen sein; **un local con mala ~** ein berüchtigtes Lokal

reputar [rrepu'tar] *vt* ❶ *(considerar)* halten (**por** für *+akk*) ❷ *(apreciar)* schätzen

requebrar [rreke'βrar] <e → ie> *vt (a una mujer)* Komplimente machen *+dat*

requemar [rreke'mar] **I.** *vt* ❶ *(asar bien)* durchbraten; *(demasiado)* anbrennen lassen ❷ *(plantas)* ausdörren ❸ *(doler)* **~ la garganta/la lengua** im Hals/auf der Zunge brennen **II.** *vr:* **~se** ❶ *(quemarse)* anbrennen ❷ *(enfadarse)* sich grämen ❸ *(de un sentimiento)* sich verzehren (**de** vor *+dat*) ❹ *(plantas)* verdorren

requerimiento [rrekeri'mjen̪to] *m* ❶ *(requisitoria)* Ersuchen *nt* (**de** um *+akk*); *(escrito)* Antrag *m* (**de** auf *+akk*); **~ de información** Anfrage *f;* **a ~ de** auf Verlangen von; **hacer el ~ para la publicación de las proclamas** das Aufgebot bestellen ❷ *(exigencia)* Anforderung *f* ❸ *(aviso)* Aufforderung *f* (**de** zu *+dat*)

requerir [rreke'rir] *vt irr como sentir* ❶ *(necesitar)* erfordern; **esto requiere toda la atención** hier ist höchste Aufmerksamkeit geboten; **este asunto requiere mucho tiempo** diese Angelegenheit ist sehr zeitraubend ❷ *(amorosamente)* den Hof machen *+dat;* **~ de amores** Liebeserklärungen machen *+dat* ❸ *(intimar)* auffordern; **~ a alguien que...** *+subj* jdn auffordern zu ... *+inf*

requesón [rreke'son] *m* Quark *m*

requetebién [rrekete'βjen] *adv (fam)* super

requetebueno, **-a** [rrekete'βweno, -a] *adj (Am: fam)* echt gut

requetecaro, **-a** [rrekete'karo, -a] *adj (Am: fam)* übermäßig teuer

requiebro [rre'kjeβro] *m* Kompliment *nt*

requilorio [rreki'lorjo] *m (fam)* ❶ *(palabras)* Umschweife *mpl,* Umstände *mpl* ❷ *(adornos)* Flitter *m*

requisa [rre'kisa] *f* ❶ *(inspección)* Inspektion *f* ❷ *(confiscación)* Beschlagnahme *f*

requisar [rreki'sar] *vt* beschlagnahmen

requisito [rreki'sito] *m (requerimiento)* Anforderung *f; (condición)* Voraussetzung *f;* **~ previo** Vorbedingung *f;* **exigir ciertos ~s** gewisse Anforderungen stellen; **con todos los ~s** *(fam fig)* mit allem Drum und Dran

requisitoria [rrekisi'torja] *f* ❶ (JUR) Ersuchen *nt* (**de** nach *+dat*); **~ de busca y captura** Steckbrief *m* ❷ *(Arg)* Haftbefehl *m*

res [rres] *f* ❶ *(animal)* Vieh *nt;* **~es de matadero** Schlachtvieh *nt* ❷ *(Am: vaca)* Rind *nt*

resabiado, **-a** [rresa'βjaðo, -a] *adj* ❶ *(caballo)* störrisch ❷ *(persona)* misstrauisch

resabiarse [rresa'βjarse] *vr* ❶ *(disgustarse)* grollen, sich ärgern ❷ *(deleitarse)* sich laben (**en** an *+dat*)

resabido, **-a** [rresa'βiðo, -a] *adj* ❶ *(cosa)* wohl bekannt, bestens bekannt; **es un cuento ~** (**por nosotros**) die Geschichte kennen wir schon in- und auswendig ❷ *(persona)* überklug; *(niño)* altklug

resabio [rre'saβjo] *m* ❶ *(sabor)* (schlechter) Nachgeschmack *m* ❷ *(costumbre)* schlechte Angewohnheit *f*

resaca [rre'saka] *f* ❶ *(fam: malestar)* Kater *m* ❷ *(olas)* Brandung *f*

resalado, **-a** [rresa'laðo, -a] *adj* anmutig

resaltar [rresal̪'tar] *vi* ❶ *(rebotar)* zurückprallen ❷ *(sobresalir)* hervorragen ❸ *(desprenderse)* abspringen ❹ *(distinguirse)* ins Auge springen; **hacer ~** hervorheben

resalte [rre'sal̪te] *m,* **resalto** [rre'sal̪to] *m (saliente)* Absatz *m*

resarcimiento [rresarθi'mjen̪to] *m* Entschädigung *f;* **~ de daños** Schaden(s)ersatz *m*

resarcir [rresar'θir] <c → z> **I.** *vt* ❶ *(compensar)* entschädigen (**de** für *+akk*) ❷ *(reparar)* ausbessern **II.** *vr:* **~se** ❶ *(de un daño)* sich schadlos halten (**de** für *+akk,* **de** an *+dat*) ❷ *(de las fatigas)* sich erholen

resbaladizo, **-a** [rresβala'ðiθo, -a] *adj* rutschig

resbalar [rresβa'lar] *vi* rutschen, gleiten; *(sin querer)* ausrutschen; **¡cuidado con no ~!** Vorsicht Glatteis!; **mis palabras le resbalan** meine Worte lassen ihn/sie kalt

resbalón [rresβa'lon] *m* Ausrutscher *m;* **dar un ~** ausrutschen

rescatar [rreska'tar] *vt* ❶ *(a un prisionero)* befreien; *(con dinero)* auslösen ❷ *(a un náufrago)* retten ❸ *(algo perdido)* wiederfinden ❹ *(una deuda)* begleichen ❺ *(tiempo)* zurückgewinnen; **quisiera ~ mi juventud** ich wäre gerne wieder jung ❻ *(culpas viejas)* wiedergutmachen ❼ *(Am: mercancías)* Tauschhandel betreiben (mit *+dat*)

rescate [rres'kate] *m* ❶ *(de un prisionero)*

R

Befreiung *f;* *(con dinero)* Auslösung *f* ❷ *(de un náufrago)* Rettung *f* ❸ *(de una prenda)* (Pfand)einlösung *f* ❹ *(recuperación)* Rückkauf *m;* **con facultad de ~** mit Rückkaufrecht ❺ *(dinero para rescatar)* Lösegeld *nt*

rescindible [rresθiṇ'diβle] *adj* aufhebbar, kündbar

rescindir [rresθiṇ'dir] *vt (la ley)* aufheben; *(un contratante)* (auf)kündigen

rescisión [rresθi'sjon] *f (la ley)* Ungültigkeitserklärung; *(un contratante)* Kündigung *f;* **~ de una deuda** Erlöschen einer Schuld

rescoldo [rres'koḷdo] *m* ❶ *(borrajo)* glimmende Asche *f;* **donde candelita hubo, siempre ~ quedó** *(prov)* alte Liebe rostet nicht ❷ *(escrúpulos)* Gewissensbisse *mpl*

rescontrar [rreskoṇ'trar] <o → ue> *vt* (COM) (gegeneinander) aufrechnen

resecar [rrese'kar] <c → qu> *vt (secar mucho)* austrocknen

reseco, -a [rre'seko, -a] *adj* ❶ *(muy seco)* sehr trocken ❷ *(flaco)* (spindel)dürr

resentido, -a [rreseṇ'tiðo, -a] *adj* ❶ *estar (ofendido)* beleidigt ❷ *estar (débil)* angeschlagen ❸ *ser* nachtragend

resentimiento [rreseṇti'mjeṇto] *m* Groll *m*

resentirse [rreseṇ'tirse] *vr irr como sentir* ❶ *(ofenderse)* sich ärgern (**por/de** über +*akk*) ❷ *(sentir dolor)* leiden (**de/con** unter +*dat*); **~ del costado** Seitenstechen haben; **todavía se resiente de las heridas del accidente** die Unvallverletzungen machen ihm/ihr immer noch zu schaffen ❸ *(debilitarse)* nachgeben; *(muros)* bersten; **los edificios se resintieron cuando abrieron el túnel del metro** als der Schacht für die U-Bahn gebaut wurde, bekamen die Gebäude Risse

reseña [rre'seɲa] *f* ❶ *(de un libro)* Rezension *f* ❷ *(de una persona)* (Personen)beschreibung *f* ❸ *(narración)* Bericht *m* ❹ (MIL) Musterung *f*

reseñar [rrese'ɲar] *vt* ❶ *(un libro)* besprechen ❷ *(una persona)* beschreiben ❸ *(resumir)* berichten (über +*akk*) ❹ (MIL) mustern

reserva [rre'serβa] *f* ❶ *(previsión)* Vorrat *m;* (FIN) Reserve *f;* *(fondos)* Rücklage *f;* **~ de equipajes** *(Am)* Gepäckaufbewahrung(sstelle) *f;* **tener algo en ~** etw vorrätig haben ❷ *(de plazas)* Reservierung *f* ❸ *(biológica)* Reservat *nt* ❹ (MIL) Reserve *f;* **pasar a la ~** zur Reserve abgestellt werden ❺ *(discreción)* Zurückhaltung *f;* **guardar la ~** Verschwiegenheit bewahren ❻ *(circunspección)* Vorbehalt *m;* **~ mental** stillschweigender Vorbehalt; **a ~ de que...** +*subj* vorausgesetzt, dass ...; **sin la menor ~** vorbehaltslos

reservación [rreserβa'θjon] *f* ❶ *(de hotel)* Reservierung *f;* **~ anticipada** Vorbestellung *f* ❷ *(guarda)* Aufbewahrung *f* ❸ *(secreto)* Verheimlichung *f*

reservado[1] [rreser'βaðo] *m* ❶ (FERRO) Sonderabteil *nt* ❷ *(habitación)* Nebenzimmer *nt*

reservado, -a[2] [rreser'βaðo, -a] *adj* ❶ *(derecho)* vorbehalten; **quedan ~s todos los derechos** alle Rechte vorbehalten ❷ *(callado)* reserviert ❸ *(confidencial)* vertraulich ❹ *(cauteloso)* vorsichtig

reservar [rreser'βar] **I.** *vt* ❶ *(retener plaza)* reservieren; **~ un asiento** *(ocupar)* einen Sitzplatz belegen; *(para un viaje)* einen Sitzplatz reservieren ❷ *(guardar)* zurückbehalten; *(dinero)* zurücklegen ❸ *(ocultar)* verheimlichen (**de** vor +*dat*) **II.** *vr:* **~se** ❶ *(conservarse)* sich schonen ❷ *(cautelarse)* sich zurückhalten

reservista [rreser'βista] **I.** *adj* (MIL) Reserve- **II.** *mf* (MIL) Reservist(in) *m(f)*

resfriado [rresfri'aðo] *m* Erkältung *f*

resfriadura [rresfrja'ðura] *f* Erkältung *f*

resfriar [rresfri'ar] <*3. pres* resfría> **I.** *vi, vt* abkühlen **II.** *vr:* **~se** ❶ *(enfriarse)* abkühlen ❷ (MED) sich erkälten

resfrío [rres'frio] *m (Am)* Erkältung *f*

resguardar [rresɣwar'ðar] **I.** *vt* ❶ *(proteger)* (be)schützen (**de** vor +*dat*) ❷ *(poner en seguridad)* sicherstellen; **~ los derechos** alle Rechte vorbehalten **II.** *vr:* **~se** sich schützen (**de** vor +*dat*); **~se con un muro** hinter einer Mauer Schutz suchen

resguardo [rres'ɣwarðo] *m* ❶ *(protección)* Schutz *m* ❷ *(guardia)* Sicherstellung *f;* **~ de la legalidad** Wahrung der Gesetzlichkeit ❸ *(recibo)* Quittung *f;* **~ de almacén/de entrega** Lager-/Lieferschein *m;* **~ de trasferencia** Überweisungsbeleg *m*

residencia [rresi'ðeṇθja] *f* ❶ *(domicilio)* Wohnsitz *m;* **~ habitual** ständiger Wohnsitz; **cambiar de ~** den Wohnort wechseln ❷ *(estancia)* Aufenthalt *m* ❸ *(casa lujosa)* Residenz *f;* **~ real** Königspalast *m;* **~ señorial** Herrenhaus *nt* ❹ *(internado)* Heim *nt;* *(colegio)* Internat *nt;* **~ de estudiantes** Studentenwohnheim *nt;* **~ de ancianos** Altersheim *nt;* **~ de huérfanos** Waisenhaus *nt* ❺ *(hostal)* Pension *f*

residencial [rresiðeṇ'θjal] **I.** *adj* Wohn- **II.** *m (urbanización)* Wohnanlage *f*

residente [rresi'ðeṇte] **I.** *adj* *(persona)* wohnhaft; *(por mucho tiempo)* ansässig;

~ **en el lugar** ortsansässig **II.** *mf* Einwohner(in) *m(f)*
residir [rresi'ðir] *vi* ❶ *(habitar)* wohnen ❷ *(radicar)* liegen
residual [rresiðu'al] *adj* Rest-, Abfall-
residuo [rre'siðwo] *m* ❶ *(resto)* Rest *m;* (QUÍM) Rückstand *m* ❷ *pl (basura)* Abfall *m; (géneros defectuosos)* Ausschuss *m;* **~s de las fábricas** Fabrikabfälle *mpl;* **~s radiactivos** Atommüll *m;* **~s tóxicos** Giftmüll *m*
resignación [rresiɣna'θjon] *f* Resignation *f; (renuncia)* Verzicht *m*
resignar [rresiɣ'nar] **I.** *vt* niederlegen **II.** *vr:* **~se** resignieren; **~se con** [*o* **a**] **algo** sich mit etw *dat* abfinden
resina [rre'sina] *f* Harz *nt*
resinoso, -a [rresi'noso, -a] *adj* harzig
resistencia [rresis'teṇθja] *f* Widerstand *m* (**a** gegen *+akk*); **~ a la autoridad** Widerstand gegen die Staatsgewalt; **~ al choque** Stoßfestigkeit *f;* **~ al frío** Kältebeständigkeit *f;* **~ al pago** Zahlungsverweigerung *f;* **~ a la publicidad** Werbemüdigkeit *f;* **~ a la rotura** Bruchfestigkeit *f;* **carrera de ~** Dauerlauf *m;* **plato de ~** Hauptgericht *nt;* **oponer ~** Widerstand leisten; **formar parte de la ~** im Widerstand sein; **la ~ alemana** die deutschen Widerstandskämpfer
resistente [rresis'teṇte] **I.** *adj* widerstandsfähig (**a** gegen *+akk*); **~ al calor** hitzebeständig; **~ a la intemperie** wetterfest; **~ a la lavadora** waschmaschinenfest; **~ a la luz** lichtecht; **~ a la rotura** bruchsicher **II.** *mf* Widerstandskämpfer(in) *m(f)*
resistir [rresis'tir] **I.** *vi, vt* standhalten *+dat;* **~ a una tentación** einer Versuchung widerstehen; **~ al enemigo** dem Feind Widerstand leisten; **resistió la enfermedad** er/sie hat die Krankheit überstanden; **¡no resisto más!** ich halte das nicht länger aus!; **no resisto la comida pesada** ich kann schweres Essen nicht vertragen; **no puedo ~ a esta persona** ich kann diese Person nicht ausstehen **II.** *vr:* **~se** sich weigern
resistividad [rresistiβi'ða^{d}] *f* (ELEC) Widerstandsfähigkeit *f*
resollar [rreso'ʎar] *vi* ❶ *(aspirar)* schnaufen; **~ comiendo** schlürfen; **beber algo sin ~** *(fig)* etw in einem Zug austrinken; **trabajar horas y horas sin ~** *(fig)* pausenlos arbeiten ❷ *(fam: dar noticia de sí)* von sich *dat* hören lassen
resoluble [rreso'luβle] *adj* (auf)lösbar
resolución [rresolu'θjon] *f* ❶ *(firmeza)* Entschlossenheit *f* ❷ *(decisión)* Entschluss *m;* (POL) Resolution *f;* **~ administrativa** Bescheid *m;* **~ arbitral** Schiedsspruch *m;* **~ judicial** Gerichtsentscheidung *f;* **tomar una ~** einen Beschluss fassen ❸ *(solución)* Auflösung *f*
resolutivo[1] [rresolu'tiβo] *m* (MED) Auflösungsmittel *nt*
resolutivo, -a[2] [rresolu'tiβo, -a] *adj* ❶ *(decisivo)* Entscheidungs- ❷ (MED) auflösend
resoluto, -a [rreso'luto, -a] *adj* resolut
resolutorio, -a [rresolu'torjo, -a] *adj* aufhebend, auflösend
resolver [rresol'βer] *irr como volver* **I.** *vt* ❶ *(acordar)* beschließen ❷ *(solucionar)* lösen; **~ un problema** ein Problem lösen ❸ *(decidir)* beschließen ❹ *(disolver)* auflösen **II.** *vr:* **~se** ❶ *(solucionarse)* sich klären ❷ *(decidirse)* sich entscheiden ❸ *(disolverse)* sich auflösen
resonancia [rreso'naṇθja] *f* ❶ *(sonido)* Resonanz *f;* **caja de ~** Resonanzkörper *m* ❷ *(difusión)* Anklang *m;* **de ~ universal** weltbewegend; **este libro no tiene ~** dieses Buch findet keinen Anklang ❸ *(loc)* **~ magnética** (FÍS) Magnetresonanz *f*
resonante [rreso'naṇte] *adj (importante)* nachhaltig; **con éxito ~** mit glänzendem Erfolg; **una victoria ~** ein bedeutender Sieg
resonar [rreso'nar] <o → ue> *vi* (wider)hallen; **los gritos de angustia resuenan todavía en mis oídos** ich höre immer noch die Angstschreie in meinen Ohren; **~ fuera de las fronteras** *(fig)* über die Grenzen hinweg bekannt werden
resoplar [rreso'plar] *vi* schnauben; **~ de rabia** vor Wut schnauben
resorte [rre'sorte] *m* Feder *f; (fig)* Triebfeder *f;* **tocar todos los ~s** *(fig)* alle Hebel in Bewegung setzen
respaldar [rrespaḷ'dar] **I.** *vt* ❶ *(apoyar)* unterstützen ❷ *(proteger)* decken ❸ *(anotar)* auf der Rückseite vermerken **II.** *vr:* **~se** ❶ *(apoyarse)* sich anlehnen; *(hacia atrás)* sich zurücklehnen; **~se contra la pared** sich an die Wand lehnen; **~se en el sillón** sich im Sessel zurücklehnen ❷ *(ampararse)* sich *dat* Rückendeckung verschaffen **III.** *m* Rückenlehne *f*
respaldo [rres'paḷdo] *m* ❶ *(respaldar)* Rückenlehne *f* ❷ *(reverso)* Rückseite *f;* **en el ~** auf der Rückseite ❸ *(apoyo)* Unterstützung *f; (protección)* Rückendeckung *f*
respectar [rrespek'tar] *vi (verbo defectivo)* betreffen; **por** [*o* **en**] **lo que respecta a él...** was ihn betrifft ...
respectivamente [rrespektiβa'meṇte] *adv* **le hemos regalado ~ un coche** wir haben jedem/jeder ein Auto geschenkt; **Anne y Maite compran la fruta y el**

R

pan, ~ Anne und Maite kaufen ein, die eine das Obst und die andere das Brot

respectivo, -a [rrespek'tiβo, -a] *adj* betreffende(r, s)

respecto [rres'pekto] *m* Hinsicht *f;* (**con**) ~ **a** bezüglich +*gen;* **con ~ a eso, al ~** diesbezüglich; **a este ~** in dieser Hinsicht; **al ~ de** im Verhältnis zu +*dat*

respetabilidad [rrespetaβili'ðaᵈ] *f* Achtbarkeit *f*

respetable [rrespe'taβle] *adj* ❶ *(digno de respeto)* achtbar; **persona ~** Respektsperson *f* ❷ *(notable)* beachtlich

respetar [rrespe'tar] *vt* ❶ *(honrar)* respektieren; **hacerse ~** sich *dat* Respekt verschaffen ❷ *(considerar)* Rücksicht nehmen (auf +*akk*) ❸ *(cumplir)* beachten

respeto [rres'peto] *m* ❶ *(veneración)* Respekt *m;* ~ **a las leyes** Achtung vor dem Gesetz; ~ **a la naturaleza** Ehrfurcht vor der Natur; ~ **de un plazo** Einhaltung einer Frist; **falta de ~** Respektlosigkeit *f;* **una persona de ~** eine angesehene Person; **faltar al ~ a alguien** jdm keinen Respekt entgegenbringen; **ofrecer los ~s a alguien** jdm seine Aufwartung machen; **¡mis ~s a su señora!** meine Empfehlungen an Ihre Frau Gemahlin!; **tener mucho ~ a las tormentas** große Angst vor Gewittern haben; **campar por sus ~s** auf seinen eigenen Nutzen bedacht sein ❷ *(loc)* **de ~** Not-

respetuosamente [rrespetwosa'mente] *adv* höflich, hochachtungsvoll

respetuosidad [rrespetwosi'ðaᵈ] *f* Ehrerbietigkeit *f*

respetuoso, -a [rrespetu'oso, -a] *adj* respektvoll; **ser ~ con las leyes** die Gesetze beachten

respingar [rrespiŋ'gar] <g → gu> *vi* ❶ *(refunfuñar)* murren ❷ *(animal)* bocken ❸ *(falda)* abstehen

respingo [rres'piŋgo] *m* ❶ *(refunfuño)* Murren *nt* ❷ *(movimiento)* Ruck *m; (animal)* Aufbäumen *nt;* **dar un ~** erschreckt in die Höhe fahren

respingón, -ona [rrespiŋ'gon, -ona] *adj* ❶ *(animal)* bockig ❷ *(levantado)* abstehend; **nariz respingona** Stupsnase *f*

respiración [rrespira'θjon] *f (inhalación)* Atmung *f; (aliento)* Atem *m;* ~ **artificial** künstliche Beatmung; ~ **boca a boca** Mund-zu-Mund-Beatmung *f;* **hacer la ~ boca a boca a alguien** jdn von Mund zu Mund beatmen; **dificultad de ~** Atemnot *f;* **cortar la ~** *(fig)* den Atem verschlagen

respiradero [rrespira'ðero] *m* ❶ *(abertura)* Luftloch *nt* ❷ *(descanso)* Atempause *f* ❸ *(fam: órganos de respiración)* Atmungsorgane *ntpl*

respirar [rrespi'rar] *vi* atmen; ~ **aliviado** erleichtert aufatmen; ~ **trabajosamente** nach Luft schnappen; **sin ~** *(fig)* pausenlos; **escuchar sin ~** *(fig)* gespannt zuhören; **¡déjame que respire!** lass mich doch mal verschnaufen!; **no me atrevo a ~ delante de él** in seiner Gegenwart wage ich kaum zu atmen; **ahora sé por donde respira** jetzt weiß ich, wo es bei ihm/ihr langgeht

respiratorio, -a [rrespira'torjo, -a] *adj* Atmungs-; **vías respiratorias** Atemwege *mpl*

respiro [rres'piro] *m* ❶ *(respiración)* Atmen *nt* ❷ *(pausa)* Atempause *f* ❸ *(de alivio)* Seufzer *m*

resplandecer [rresplaṇde'θer] *vi irr como crecer (lucir)* leuchten; *(reflejar)* glänzen; ~ **de alegría** vor Glück strahlen; ~ **por su inteligencia** durch seine Intelligenz hervorstechen

resplandeciente [rresplaṇde'θjeṇte] *adj* glänzend; ~ **de limpio** blitzblank

resplandecimiento [rresplaṇdeθi'mjeṇto] *m* ❶ *(de un cuerpo)* Funkeln *nt,* Glänzen *nt* ❷ *(fig: gloria, lustre)* Glanz *m*

resplandor [rresplaṇ'dor] *m* Glanz *m*

responder [rrespoṇ'der] *vi* ❶ *(contestar)* antworten; **el perro responde por el nombre de...** der Hund hört auf den Namen ... ❷ *(contradecir)* widersprechen +*dat* ❸ *(corresponder)* entsprechen +*dat; (cumplir con)* erfüllen +*akk* ❹ *(ser responsable)* verantwortlich sein (**por** für +*akk*) ❺ *(garantizar)* einstehen (**de/por/con** für +*akk*); *(con dinero)* haften (**de/por/con** für +*akk*); ~ **de una deuda** für eine Schuld aufkommen

respondón, -ona [rrespoṇ'don, -ona] **I.** *adj* frech **II.** *m, f* frecher Mensch *m*

responsabilidad [rresponsaβili'ðaᵈ] *f* ❶ *(por un niño)* Verantwortung *f* (**de/por** für +*akk*); ~ **propia** Eigenverantwortung *f;* **exigir ~** zur Verantwortung ziehen ❷ *(por un daño)* Haftung *f* (**de/por** für +*akk*); ~ **civil** Haftpflicht *f;* ~ **del daño** Schaden(s)ersatzpflicht *f;* **incurrir en ~** haftbar gemacht werden; **no acepto la ~** ich komme nicht dafür auf

responsabilizar [rresponsaβili'θar] <z → c> **I.** *vt* verantwortlich machen (**de** für +*akk*) **II.** *vr:* **~se** *(asumir la responsabilidad)* die Verantwortung übernehmen (**de** für +*akk*); *(garantizar)* einstehen (**de** für +*akk*); (JUR) die Haftung übernehmen (**de** für +*akk*)

responsable [rrespon'saβle] **I.** *adj* verantwortlich (**de** für +*akk*); **ser civilmente ~**

R

persönlich haften **II.** *mf* Verantwortliche(r) *mf*

responso [rres'ponso] *m* ① *(por los difuntos)* Responsorium *nt* ② *(fam: regaño)* Tadel *m*

respuesta [rres'pwesta] *f* Antwort *f* (**a** auf +*akk*); ~ **negativa** abschlägige Antwort; **en ~ a su carta del...** in Beantwortung Ihres Schreibens vom ...; **dar la callada por ~** überhaupt nicht antworten; **por toda ~ se encogió de hombros** seine/ihre einzige Antwort war ein Achselzucken

resquebrajadura [rreskeβraxa'ðura] *f* Riss *m*

resquebrajar [rreskeβra'xar] **I.** *vt* spalten **II.** *vr:* **~se** Risse bekommen

resquemar [rreske'mar] **I.** *vi, vt* prickeln, brennen **II.** *vr:* **~se** sich (sehr) ärgern

resquemor [rreske'mor] *m* ① *(escozor)* Prickeln *nt* ② *(resentimiento)* Groll *m*

resquicio [rres'kiθjo] *m* ① *(abertura)* Ritze *f,* Spalt *m* ② *(ocasión)* Ausweg *m;* **~ de esperanza** Hoffnungsschimmer *m*

resta ['rresta] *f* Subtrahieren *nt*

restablecer [rrestaβle'θer] *irr como crecer* **I.** *vt* wiederherstellen **II.** *vr:* **~se** sich erholen

restablecimiento [rrestaβleθi'mjen̩to] *m* ① *(recuperación)* Wiederherstellung *f* ② *(cura)* Genesung *f*

restallar [rresta'ʎar] *vi* knallen; **hacer ~ el látigo** mit der Peitsche knallen

restante [rres'tan̩te] **I.** *adj* restlich; **cantidad ~** Restbetrag *m* **II.** *m* Rest *m*

restañar [rresta'ɲar] *vt (la sangre)* stillen; **~ las heridas** *(fig)* dem Ärger Einhalt gebieten

restar [rres'tar] **I.** *vi* übrig bleiben; **aún restan algunos días para finalizar el año** bis zum Jahresende fehlen noch einige Tage **II.** *vt* abziehen; **~ energías a alguien** jdm Kräfte entziehen; **no ~ un ápice del mérito** nicht im geringsten den Erfolg schmälern; **~se años** sich für jünger ausgeben, als man ist

restauración [rrestau̯ra'θjon] *f* Wiederherstellung *f;* (ARTE) Restauration *f;* **~ de la monarquía** Wiedereinführung der Monarchie

restaurador(a) [rrestau̯ra'ðor(a)] **I.** *adj* wiederherstellend **II.** *m(f)* ① *(que restaura)* Wiederhersteller(in) *m(f);* (ARTE) Restaurator(in) *m(f)* ② *(propietario de restaurante)* Restaurantbesitzer(in) *m(f),* Gastwirt(in) *m(f)*

restaurante [rrestau̯'ran̩te] *m* Restaurant *nt*

restaurar [rrestau̯'rar] *vt* wiederherstellen; (ARTE) restaurieren

restitución [rrestitu'θjon] *f* ① *(devolución)* Rückgabe *f;* (FIN) Erstattung *f* ② *(reposición)* Wiederherstellung *f*

restituir [rrestitu'ir] *irr como huir* **I.** *vt* ① *(devolver)* zurückgeben; (FIN) (zurück)erstatten ② *(restablecer)* wiederherstellen **II.** *vr:* **~se** zurückkehren (**a** an +*akk*)

resto ['rresto] *m (lo que sobra)* Rest *m;* **~s de un buque** Schiffswrack *nt;* **los ~s mortales** die sterblichen Überreste; **lo recordaré el ~ de mis días** ich werde ihn bis ans Ende meiner Tage nicht vergessen

restorán [rresto'ran] *m* Restaurant *nt*

restregar [rrestre'ɣar] *irr como fregar* **I.** *vt* scheuern; **~le a alguien algo por las narices** *(fig)* jdm etw unter die Nase reiben **II.** *vr:* **~se** sich abreiben; **~se los ojos** sich *dat* die Augen reiben

restregón [rrestre'ɣon] *m* Abreibung *f,* (Ab)reiben *nt*

restricción [rrestriɣ'θjon] *f (limitación)* Beschränkung *f; (recorte)* Kürzung *f;* **~ de la natalidad** Geburtenregelung *f;* **~ mental** stiller Vorbehalt; **sin restricciones** unbeschränkt

restrictivo, -a [rrestrik'tiβo, -a] *adj* einschränkend

restringible [rrestriŋ'xiβle] *adj* einschränkbar, begrenzbar

restringir [rrestriŋ'xir] <g → j> *vt* einschränken (**a** auf +*akk*)

resucitar [rresuθi'tar] **I.** *vi* auferstehen **II.** *vt* ① *(de la muerte)* vom Tode erwecken ② *(un estilo, una moda)* neu beleben

resuello [rre'sweʎo] *m* Keuchen *nt;* **sin ~** außer Atem; **meterle a alguien el ~ en el cuerpo** jdn einschüchtern

resuelto, -a [rre'swel̩to, -a] **I.** *pp de* **resolver** **II.** *adj* resolut

resulta [rre'sul̩ta] *f* ① *(resultado)* Ergebnis *nt* ② *(consecuencia)* Folge *f;* **de ~s de** infolge von

resultado [rresul̩'taðo] *m* Ergebnis *nt,* Resultat *nt;* **~ del reconocimiento (médico)** Befund *m;* **dar buen/mal ~** gelingen/misslingen; **tener por ~** zur Folge haben

resultante [rresul̩'tan̩te] **I.** *adj* (FÍS) resultierend; **fuerza ~** resultierende Kraft **II.** *f* (FÍS) Resultante *f,* Resultierende *f*

resultar [rresul̩'tar] *vi* ① *(deducirse)* sich ergeben (**de** aus +*dat*) ② *(surtir)* sein; **~ muerto en un accidente** tödlich verunglücken ③ *(tener éxito)* erfolgreich sein ④ *(comprobarse)* sich erweisen (als +*nom*) ⑤ *(loc)* **~ en beneficio de alguien** zu jds Gunsten verlaufen

resumen [rre'sumen] *m* ① *(sumario)* Zu-

R

sammenfassung *f;* **en** ~ kurz und gut ❷ *(extracto)* Auszug *m*
resumir [rresu'mir] **I.** *vt* zusammenfassen **II.** *vr:* **~se** sich beschränken (**en** auf +*akk*)
resurgimiento [rresurxi'mjeṇto] *m* Wiederaufleben *nt*
resurgir [rresur'xir] <g → j> *vi* ❶ *(reaparecer)* wieder erscheinen ❷ *(renacer)* auferstehen ❸ *(revivir)* wieder aufleben
resurrección [rresurreʸ'θjon] *f* ❶ (REL) Auferstehung *f;* **Pascua de R~** Ostern *nt* ❷ *(restablecimiento)* Wiederbelebung *f*
retablo [rre'taβlo] *m* ❶ *(obra arquitectónica)* Retabel *nt* ❷ *(pintura) Gemäldegruppe mit biblischen Motiven;* **ser un ~ de dolores** vom Schicksal geschlagen sein ❸ *(drama) Theaterstück über ein biblisches Thema*
retador(a) [rreta'ðor(a)] **I.** *adj* herausfordernd **II.** *m(f)* Herausforderer, -in *m, f*
retaguardia [rreta'ɣwarðja] *f* (MIL) Nachhut *f;* **a** [*o* **en**] **~** *(tarde)* verspätet; **a ~ de** *(detrás de)* hinter; **estar a la ~ de algo** *(fig)* auf etw lauern; **quedarse en la ~** *(fig)* im Hintergrund bleiben
retahíla [rreta'ila] *f* Reihe *f;* **soltar la ~** eine Liste runterbeten
retajar [rreta'xar] *vt* ❶ *(en redondo)* rund schneiden ❷ *(alrededor)* ausschneiden ❸ *(circuncidar)* beschneiden
retal [rre'tal] *m* Rest *m*
retama [rre'tama] *f* Ginster *m*
retar [rre'tar] *vt* herausfordern (**a** zu +*dat*)
retardar [rretar'ðar] **I.** *vt* verzögern **II.** *vr:* **~se** sich verzögern; **me he retardado** ich bin in Verzug geraten
retardo [rre'tarðo] *m* Verzögerung *f;* **sufrir un ~** sich verzögern; **tener ~ con algo** mit etw in Verzug sein
retazo [rre'taθo] *m* ❶ *(retal)* Stoffrest *m* ❷ *(fragmento)* Fragment *nt; (de conversación)* Bruchstück *nt*
rete ['rrete] *adj (Méx: muy)* sehr; **su hija es ~ alta** seine/ihre Tochter ist sehr groß
retemblar [rretem'blar] <e → ie> *vi* beben; **hacer ~** erbeben lassen
retén [rre'ten] *m* Reserve *f*
retención [rreteṇ'θjon] *f* ❶ *(custodia)* Einbehaltung *f; (deducción)* Abzug *m;* **~ fiscal** Steuerabzug *m;* **certificado de retenciones** Bescheinigung über einbehaltene Abzüge ❷ *(memorizar)* Behalten *nt* ❸ *(moderación)* Zurückhaltung *f* ❹ *(tráfico)* Stau *m*
retener [rrete'ner] *irr como tener* **I.** *vt* ❶ *(conservar)* zurückhalten; *(el pasaporte)* einbehalten; *(la respiración)* anhalten ❷ *(recordar, detener)* behalten **II.** *vr:* **~se** sich zurückhalten

R

retentiva [rreteṇ'tiβa] *f* Gedächtnis *nt*
reticencia [rreti'θeṇθja] *f* ❶ *(indirecta)* Anspielung *f;* **andar con ~s** (nur) Andeutungen machen ❷ *(renuencia)* Widerwille *m* ❸ *(reserva)* Vorbehalt *m* (**ante** gegen +*akk*)
reticente [rreti'θeṇte] *adj* zögerlich
retícula [rre'tikula] *f* ❶ *(red)* Netz *nt* ❷ (TIPO) Raster *m*
reticular [rretiku'lar] *adj* netzartig; **bóveda ~** Netzgewölbe *nt*
retículo [rre'tikulo] *m (red)* Netz *nt*
retina [rre'tina] *f* Netzhaut *f*
retintín [rretiṇ'tin] *m* ❶ *(son)* Nachklang *m* ❷ *(tonillo)* (ironischer) Unterton *m*
retiración [rretira'θjon] *f* (TIPO) Gegendruck *m*
retirada [rreti'raða] *f* ❶ *(abandono)* Rücktritt *m;* (MIL) Rückzug *m* ❷ *(eliminación)* Beseitigung *f*
retirado, -a [rreti'raðo, -a] **I.** *adj* ❶ *(lejos)* abgelegen ❷ *(jubilado)* pensioniert **II.** *m, f* Pensionär(in) *m(f)*
retirar [rreti'rar] **I.** *vt* ❶ *(apartar)* weglegen; *(tropas)* abziehen; *(dinero)* abheben ❷ *(echar)* verweisen; **~on de la sala a los manifestantes** die Demonstranten wurden des Saales verwiesen ❸ *(recoger)* abholen ❹ *(quitar)* entziehen ❺ *(desdecirse)* zurücknehmen ❻ *(negar)* verweigern ❼ *(jubilar)* in den Ruhestand versetzen **II.** *vr:* **~se** ❶ (*t.* MIL: *abandonar*) sich zurückziehen (**de** aus +*dat*) ❷ *(retroceder)* zurücktreten (**de** von +*dat*) ❸ *(jubilarse)* in den Ruhestand treten
retiro [rre'tiro] *m* ❶ *(pensión)* Pension *f* ❷ *(refugio)* abgelegener Ort *m* ❸ *(retraimiento)* Zurückgezogenheit *f*
reto ['rreto] *m* Herausforderung *f*
retobado, -a [rreto'βaðo, -a] *adj* ❶ *(AmC, Méx, Ecua: respondón)* frech, schnippisch ❷ *(AmC, Cuba, Ecua: indómito)* unbeugsam ❸ *(Arg, Méx, Urug: enconado)* gereizt
retocado [rreto'kaðo] *m* ❶ *(última mano)* Überarbeitung *f* ❷ *(retoque)* Ausbesserung *f* ❸ (FOTO) Retusche *f*
retocar [rreto'kar] <c → qu> *vt (repasar)* überarbeiten; *(perfeccionar)* ausbessern; (FOTO) retuschieren
retomar [rreto'mar] *vt* wieder aufnehmen
retoñar [rreto'ɲar] *vi* (BOT) wieder sprießen; *(fig)* wieder auftreten
retoño [rre'toɲo] *m* ❶ *(vástago)* Spross *m* ❷ *(persona)* Sprössling *m*
retoque [rre'toke] *m* ❶ *(corrección)* Ausbesserung *f;* (FOTO) Retusche *f* ❷ (FIN) Bereinigung *f*

retorcer [rretor'θer] *irr como cocer* **I.** *vt* ① *(torcer)* verdrehen ② *(enroscar)* winden **II.** *vr:* **~se** ① *(enroscarse)* sich verdrehen ② *(de dolor)* sich winden (**de** vor +*dat*)

retorcido, -a [rretor'θiðo, -a] *adj* ① *(conceptuoso)* geschraubt ② *(maligno)* falsch ③ *(complicado)* **pensar de manera retorcida** um zwei Ecken denken; **¡qué ~!** das ist doppelt gemoppelt!

retorcimiento [rretorθi'mjen̩to] *m* ① *(torcedura)* Verdrehung *f* ② *(vuelta)* Windung *f* ③ *(encorvadura)* Verkrümmung *f*

retórica [rre'torika] *f* Rhetorik *f*

retórico, -a [rre'toriko, -a] **I.** *adj* rhetorisch **II.** *m, f* Rhetoriker(in) *m(f)*

retornable [rretor'naβle] *adj* **botella ~** Mehrwegflasche *f;* **botella no ~** Einwegflasche *f*

retornar [rretor'nar] **I.** *vi* zurückkehren **II.** *vt* ① *(devolver)* zurückgeben ② *(retroceder)* umwenden, umdrehen

retorno [rre'torno] *m* ① *(regreso)* Rückkehr *f* ② *(devolución)* Rückgabe *f*

retorrománico, -a [rretorro'maniko, -a] *adj* (LING) rätoromanisch

retorromano[1] [rretorro'mano] *m (lengua)* Rätoromanisch(e) *nt*

retorromano, -a[2] [rretorro'mano, -a] **I.** *adj* rätoromanisch **II.** *m, f (individuo)* Rätoromane, -in *m, f*

retorta [rre'torta] *f* Retorte *f*

retortijón [rretorti'xon] *m* ① *(ensortijamiento)* Verkrümmung *f* ② *(dolor)* Stechen *nt;* **tengo un ~ de estómago** ich habe Magenkrämpfe

retozar [rreto'θar] <z → c> *vi* ① *(brincar)* tollen ② *(coquetear)* turteln

retozón, -ona [rreto'θon, -ona] *adj* verspielt

retracción [rretra^{y}'θjon] *f* ① (JUR) Zurücknahme *f* ② *(retroceso)* Rückkehr *f* ③ *(impedimento)* Verhinderung *f* ④ *(retiro)* Rücktritt *m* ⑤ (MED) Schrumpfung *f*

retractación [rretrakta'θjon] *f* Widerruf *m*

retractar [rretrak'tar] **I.** *vt (desdecirse)* zurücknehmen (**de** +*akk*); (JUR) widerrufen (**de** +*akk*) **II.** *vr:* **~se** widerrufen (**de** +*akk*)

retráctil [rre'traktil] *adj* einziehbar

retraer [rretra'er] *irr como traer* **I.** *vt* ① *(traer)* wiederbringen ② (JUR) zurücknehmen ③ *(impedir)* hindern (**de** an +*dat*) ④ *(encoger)* einziehen **II.** *vr:* **~se** ① *(retirarse)* zurücktreten (**de** von +*dat*) ② *(aislarse)* sich zurückziehen (**a/en** in +*akk*) ③ *(retroceder)* sich zurückversetzen (**a** in +*akk*)

retraído, -a [rretra'iðo, -a] *adj (reservado)* zurückhaltend

retraimiento [rretrai̯'mjen̩to] *m* Zurückhaltung *f*

retranquear [rretraŋke'ar] *vt* (ARQUIT) zurücksetzen

retransmisión [rretra^{n}smi'sjon] *f* Übertragung *f;* **~ deportiva** Sportberichterstattung *f;* **~ en directo** Liveübertragung *f;* **~ por televisión** Fernsehübertragung *f*

retransmitir [rretra^{n}smi'tir] *vt* übertragen

retrasado, -a [rretra'saðo, -a] *adj* ① *(atrasado)* verspätet ② *(anticuado)* rückständig; **~ en tecnología** technologisch rückständig ③ *(no actual)* alt ④ *(subdesarrollado)* zurückgeblieben; **~ mental** geistig zurückgeblieben

retrasar [rretra'sar] **I.** *vt* ① *(demorar)* verzögern ② *(el reloj)* zurückstellen **II.** *vi* ① *(el reloj)* nachgehen ② *(no estar al día)* zurückbleiben **III.** *vr:* **~se** sich verspäten

retrasmisión [rretrasmi'sjon] *f* Übertragung *f;* **~ deportiva** Sportberichterstattung *f;* **~ por televisión** Fernsehübertragung *f*

retrasmisor [rretrasmi'sor] *m* (TEL) Nebensender *m*

retrasmitir [rretrasmi'tir] *vt* übertragen

retraso [rre'traso] *m* ① *(demora)* Verspätung *f* ② *(del desarrollo)* Rückständigkeit *f* ③ *(de la deuda)* Verzug *m;* **tener ~ en los pagos** mit den Zahlungen in Verzug sein

retratar [rretra'tar] *vt* porträtieren

retrato [rre'trato] *m* ① *(representación)* Porträt *nt;* (FOTO) Porträtaufnahme *f* ② *(parecido)* Ebenbild *nt;* **ser el vivo ~ de alguien** jdm zum Verwechseln ähnlich sein

retrato robot [rre'trato rro'βo^{t}] <retratos robot> *m* Phantombild *nt*

retrechero, -a [rretre'ʧero, -a] **I.** *adj (fam)* ① *(granuja)* schlitzohrig ② *(atractivo)* attraktiv **II.** *m, f (fam)* ① *(granuja)* Schlitzohr *nt* ② *(atractivo)* attraktive Person *f*

retreparse [rretre'parse] *vr* ① *(referente al cuerpo)* sich zurückbeugen ② *(recostarse)* sich zurücklehnen

retreta [rre'treta] *f* Zapfenstreich *m*

retrete [rre'trete] *m* Toilette *f*

retribución [rretriβu'θjon] *f* Vergütung *f; (sueldo)* Gehalt *nt;* **retribuciones dinerarias** Geldbezüge *pl;* **retribuciones en especie** Sachbezüge *pl*

retribuir [rretriβu'ir] *vt irr como huir* ① *(remunerar)* vergüten ② *(Am: compensar)* sich erkenntlich zeigen (für +*akk*)

retributivo, -a [rretriβu'tiβo, -a] *adj* einträglich

retroactividad [rretroaktiβi'ða^{ð}] *f* Rückwirkung *f*

R

retroactivo, -a [rretroak'tiβo, -a] *adj* rückwirkend
retroalimentación [rretroalimeṇta'θjon] *f* Rückkopplung *f*
retroceder [rretroθe'ðer] *vi* ❶ *(regresar)* zurückgehen ❷ *(desistir)* zurückweichen
retroceso [rretro'θeso] *m* ❶ *(regresión)* Rückgang *m;* ~ **en las negociaciones** Rückschlag bei den Verhandlungen ❷ (MED) Rückfall *m*
retrógrado, -a [rre'troɣraðo, -a] **I.** *adj* ❶ *(que retrocede)* retrograd ❷ *(pey: reaccionario)* reaktionär **II.** *m, f* Reaktionär(in) *m(f)*
retropropulsión [rretropropul'sjon] *f* Rückstoßantrieb *m*
retroproyector [rretroproɟek'tor] *m* Overheadprojektor *m*
retrospección [rretrospeˠ'θjon] *f* Überprüfung *f*
retrospectiva [rretrospek'tiβa] *f* Rückblick *m*
retrospectivo, -a [rretrospek'tiβo, -a] *adj* retrospektiv
retrovirus [rretro'birus] *m inv* Retrovirus *nt*
retrovisor [rretroβi'sor] *m* Rückspiegel *m;* ~ **exterior** Außenspiegel *m;* **mirar por el espejo** ~ in den Rückspiegel schauen
retumbar [rretum'bar] *vi* dröhnen
reuma ['rreu̯ma] *m o f,* **reúma** [rre'uma] *m o f* Rheuma *nt*
reumático, -a [rreu̯'matiko, -a] *adj* rheumatisch
reumatismo [rreu̯ma'tismo] *m sin pl* Rheumatismus *m*
reunificación [rreunifika'θjon] *f* Wiedervereinigung *f*
reunificar [rreunifi'kar] <c → qu> *vt* wiedervereinigen
reunión [rreu'njon] *f* ❶ *(encuentro, asamblea)* Versammlung *f;* ~ **de los trabajadores** Betriebsversammlung *f* ❷ *(conferencia)* Besprechung *f;* **estar en** ~ in einer Besprechung sein; **celebrar una** ~ eine Besprechung abhalten ❸ *(el juntar)* Sammlung *f* ❹ *(grupo, invitados)* Gesellschaft *f*
reunir [rreu'nir] *irr* **I.** *vt* ❶ *(congregar)* versammeln ❷ *(unir)* vereinigen ❸ *(juntar)* sammeln **II.** *vr:* **~se** ❶ *(congregarse)* sich versammeln ❷ *(unir)* sich vereinigen ❸ *(juntarse)* sich sammeln
reusar [rreu̯'sar] *vt* wiederverwenden
reutilizable [rreutili'θaβle] *adj* wiederverwertbar
reutilizar [rreutili'θar] <z → c> *vt* wiederverwerten
reválida [rre'βaliða] *f* ❶ *(confirmación)* Bestätigung *f* ❷ *(examen)* Abschlussprüfung *f*
revalidación [rreβaliða'θjon] *f* Bestätigung *f,* Anerkennung *f*
revalidar [rreβali'ðar] **I.** *vt* bestätigen **II.** *vr:* **~se** anerkannt werden
revaloración [rreβalora'θjon] *f* Neubewertung *f*
revalorización [rreβaloriθa'θjon] *f* Aufwertung *f*
revalorizar [rreβalori'θar] <z → c> *vt* aufwerten
revaluar [rreβalu'ar] <*1. pres* revalúo> *vt* neu bewerten; *(subir el valor)* aufwerten
revancha [rre'βanʧa] *f* ❶ *(desquite)* Revanche *f;* **tomarse la ~ por algo** sich für etw revanchieren ❷ *(venganza)* Vergeltung *f;* **tomarse la ~** sich rächen
revelación [rreβela'θjon] *f* ❶ *(descubrimiento)* Enthüllung *f* ❷ (REL) Offenbarung *f*
revelado [rreβe'laðo] *m* (FOTO) Entwicklung *f*
revelador[1] [rreβela'ðor] *m* (FOTO) Entwickler *m*
revelador(a)[2] [rreβela'ðor(a)] *adj* aufschlussreich
revelar [rreβe'lar] *vt* ❶ *(dar a conocer)* enthüllen; *(un secreto)* lüften ❷ (FOTO) entwickeln ❸ (REL) offenbaren
revellín [rreβe'ʎin] *m* ❶ *(Cuba: dificultad)* Schwierigkeit *f* ❷ *(loc)* **echar** ~ vor Wut schäumen
revenir [rreβe'nir] *vi, vr irr como venir* **~se** ❶ *(encoger)* schrumpfen ❷ *(agriarse)* sauer werden ❸ *(secarse)* austrocknen
reventa [rre'βeṇta] *f* Wiederverkauf *m*
reventado, -a [rreβeṇ'taðo, -a] *adj* ❶ *(fam: hecho polvo)* kaputt ❷ *(Arg: sinuoso)* heimtückisch
reventar [rreβeṇ'tar] <e → ie> **I.** *vi* ❶ *(romperse)* platzen (**de/por** vor +*dat*); **lleno hasta ~** zum Bersten voll; **la agonía del pobre, ~ por que no sobre** *(prov)* lieber den Magen verrenkt, als dem Wirt was geschenkt ❷ *(vulg: morir)* verrecken *fam;* **¡que reviente!** soll er/sie doch von mir aus verrecken! *fam* **II.** *vt* ❶ *(romper)* zum Platzen bringen ❷ *(fam: molestar)* nerven **III.** *vr:* **~se** ❶ *(romperse)* platzen ❷ *(vulg: morirse)* verrecken *fam*
reventón [rreβeṇ'ton] *m* (AUTO) **tener un ~** einen Platten haben
reverberar [rreβerβe'rar] *vi (luz)* reflektiert werden; *(sonido)* widerhallen
reverbero [rreβer'βero] *m* ❶ *(reflejo) v.* **reverberación** ❷ *(farol)* (Straßen)laterne *f;* (AUTO) Scheinwerfer *m* ❸ *(Am: hornillo)* Spirituskocher *m*

reverdecer [rreβerđe'θer] *vi irr como crecer* ❶ *(verdear)* (wieder) ergrünen ❷ *(vigorizar)* erstarken

reverencia [rreβe'renθja] *f* ❶ *(veneración)* Hochachtung *f;* **Su R~** Euer Hochwürden ❷ *(inclinación)* Verbeugung *f*

reverendo, -a [rreβe'rendo, -a] **I.** *adj* ehrwürdig **II.** *m, f* Pfarrer(in) *m(f)*

reverente [rreβe'rente] *adj* ehrerbietig

reversibilidad [rreβersiβili'ðaᵈ] *f* Umkehrbarkeit *f*

reversible [rreβer'siβle] *adj* umkehrbar; *(prenda de vestir)* Wende-

reversión [rreβer'sjon] *f* Umkehrung *f*

reverso [rre'βerso] *m (dorso)* Rückseite *f;* **el ~ de la medalla** *(fig)* die Kehrseite der Medaille

revertir [rreβer'tir] *vi irr como sentir* zurückfallen (**a** an +*akk*); **revirtió en su beneficio** es verlief zu seinen/ihren Gunsten

revés [rre'βes] *m* ❶ *(reverso)* Rückseite *f;* **al** [*o* **del**] **~** umgekehrt; **te has puesto el jersey del ~** du hast deinen Pullover linksherum angezogen; **poner a alguien del ~** *(confundir)* jdn durcheinanderbringen; *(poner a caldo)* jdm die Meinung ins Gesicht sagen ❷ *(golpe)* Schlag *m* mit dem Handrücken ❸ (DEP) Rückhand *f* ❹ *(infortunio)* Rückschlag *m;* **~ de fortuna** Schicksalsschlag *m*

revestimiento [rreβesti'mjento] *m* Verkleidung *f* (**con/de** mit +*dat*)

revestir [rreβes'tir] *irr como pedir* **I.** *vt* ❶ *(recubrir)* verkleiden (**con/de** mit +*dat*); **~ de cinc** verzinken ❷ *(tener)* **~ importancia** bedeutungsvoll sein **II.** *vr:* **~se** *(aparentar)* sich wappnen (**con/de** mit +*dat*)

reviejo[1] [rre'βjexo] *m* überalterter Ast

reviejo, -a[2] [rre'βjexo, -a] *adj* uralt

revisable [rreβi'saβle] *adj* überprüfbar

revisar [rreβi'sar] *vt* überprüfen; (TÉC) überholen; *(textos)* überarbeiten; *(edición)* neu bearbeiten

revisión [rreβi'sjon] *f* Überprüfung *f;* (TÉC) Überholung *f;* (JUR, TIPO) Revision *f;* (MED) Untersuchung *f*

revisionismo [rreβisjo'nismo] *m sin pl* Revisionismus *m*

revisor(a) [rreβi'sor(a)] *m(f)* ❶ *(controlador)* Prüfer(in) *m(f);* **~ de cuentas** Buchprüfer *m* ❷ (FERRO) Schaffner(in) *m(f)*

revista [rre'βista] *f* ❶ (PREN) Zeitschrift *f;* **las ~s del corazón** die Regenbogenpresse; **~ electrónica** elektronische Zeitschrift; **~ especializada** Fachzeitschrift *f;* **~ ilustrada** Illustrierte *f* ❷ *(inspección)* Überprüfung *f;* (MIL) Truppenbesichtigung *f;* **pasar ~ a las tropas** die Truppe besichtigen ❸ *(espectáculo)* Revue *f*

revistar [rreβis'tar] *vt* (MIL) besichtigen

revitalizar [rreβitali'θar] <z → c> *vt* stärken; (MED) revitalisieren

revivificar [rreβiβifi'kar] <c → qu> *vt* beleben

revivir [rreβi'βir] **I.** *vi* wieder aufleben, zu neuem Leben erwachen; **el nuevo abono hizo ~ las plantas** das neue Düngemittel ließ die Pflanzen wieder aufleben **II.** *vt* ❶ *(volver a la vida)* zu neuem Leben erwecken ❷ *(evocar)* heraufbeschwören; **~ la pesadilla** den Albtraum noch einmal durchleben; **~ los recuerdos** die Erinnerungen heraufbeschwören

revocable [rreβo'kaβle] *adj* widerrufbar

revocación [rreβoka'θjon] *f (anulación)* Widerruf *m*

revocar [rreβo'kar] <c → qu> **I.** *vt* ❶ *(anular)* widerrufen, aufheben ❷ *(apartar)* abbringen ❸ *(hacer retroceder)* zurückdrängen ❹ *(enlucir)* tünchen **II.** *vi (humo)* abziehen

revolcar [rreβol'kar] *irr como volcar* **I.** *vt* ❶ *(derribar)* zu Boden werfen ❷ *(fam: vencer)* in den Sack stecken ❸ *(fam: suspender)* durchfallen lassen **II.** *vr:* **~se** ❶ *(restregarse)* sich wälzen (**por** auf +*dat*) ❷ *(obstinarse)* sich versteifen (**en** auf +*akk*)

revolcón [rreβol'kon] *m* **dar un ~ a alguien** *(fig)* jdm einen schweren Schlag versetzen

revolotear [rreβolote'ar] *vi* flattern

revoloteo [rreβolo'teo] *m* Flattern *nt*

revoltijo [rreβol'tixo] *m* ❶ *(embrollo)* Durcheinander *nt* ❷ *(tripas)* Eingeweide *nt pl*

revoltoso, -a [rreβol'toso, -a] **I.** *adj* ❶ *(travieso)* unbändig, ungestüm ❷ *(rebelde)* aufsässig ❸ *(intrincado)* verworren **II.** *m, f* Störenfried *m*

revolución [rreβolu'θjon] *f* ❶ (*t.* POL: *cambio*) Revolution *f* ❷ *(inquietud)* Aufruhr *m* ❸ *(rotación)* Umdrehung *f;* **número de revoluciones** Drehzahl *f* ❹ (ASTR) Umlauf *m*

revolucionar [rreβoluθjo'nar] *vt* ❶ *(amotinar)* aufwiegeln ❷ *(trasformar)* revolutionieren ❸ *(excitar)* in Aufregung versetzen ❹ (TÉC) die Drehzahl erhöhen +*gen*

revolucionario, -a [rreβoluθjo'narjo, -a] **I.** *adj* revolutionär **II.** *m, f* Revolutionär(in) *m(f)*

revoluta [rreβo'luta] *f (AmC) v.* **revolución**

revolver [rreβol'βer] *irr como volver* **I.** *vt* ❶ *(mezclar)* umrühren ❷ *(desordenar)*

R

durcheinanderbringen ③ *(soliviantar)* aufwühlen ④ *(investigar)* durchforsten **II.** *vr:* **~se** ① *(moverse)* sich wälzen; **se me revuelve el estómago** da dreht sich mir der Magen um ② *(enfrentarse)* sich widersetzen (**contra** +*dat*) ③ *(el tiempo)* umschlagen

revólver [rre'βolβer] *m* Revolver *m*

revuelco [rre'βwelko] *m (golpe)* Schlag *m*

revuelo [rre'βwelo] *m* ① *(segundo vuelo)* Rückflug *m;* **de ~** *(fig)* wie im Fluge ② *(turbación)* Aufruhr *m;* **causar ~** für Aufruhr sorgen

revuelta [rre'βwel̪ta] *f* ① *(tumulto)* Tumult *m* ② *(rebelión)* Revolte *f* ③ *(encorvadura)* Krümmung *f;* **carretera con muchas ~s** kurvenreiche Straße ④ *(cambio)* Umschwung *m*

revuelto, -a [rre'βwel̪to, -a] **I.** *pp de* **revolver II.** *adj* ① *(agitado)* aufgewühlt ② *(desordenado)* durcheinander ③ *(tiempo)* wechselhaft ④ *(irritado)* aufgebracht ⑤ *(intrincado)* verworren

revulsar [rreβul'sar] *vt, vi (Méx: vomitar)* sich übergeben, brechen

revulsivo, -a [rreβul'siβo, -a] *adj* (MED) hyperämisierend

rey [rrei̯] *m* König *m;* **los R~es Magos** die Heiligen Drei Könige; **el día de ~es** am Dreikönigsfest; **en tiempo del ~ Perico** anno dazumal; **ni quitar ni poner ~** *(fig)* sich raushalten; **ni ~ ni roque** überhaupt niemand; **no temer ~ ni roque** weder Tod noch Teufel fürchten; **vivir a cuerpo de ~** leben wie Gott in Frankreich

reyerta [rre'ɟerta] *f* heftige Auseinandersetzung *f*

rezagado, -a [rreθa'ɣaðo, -a] *m, f* Nachzügler(in) *m(f)*

rezagar [rreθa'ɣar] <g → gu> **I.** *vt* ① *(dejar atrás)* zurücklassen ② *(suspender)* aufschieben **II.** *vr:* **~se** zurückbleiben

rezar [rre'θar] <z → c> **I.** *vt* beten (**a** zu +*dat,* **por** für +*akk*); **~ una oración** ein Gebet sprechen **II.** *vi* ① *(decir)* lauten ② *(corresponder)* passen (**con** zu +*dat*)

rezo ['rreθo] *m* ① *(el rezar)* Beten *nt* ② *(oración)* Gebet *nt*

rezongar [rreθoŋ'gar] <g → gu> *vi* murren

rezongón, -ona [rreθoŋ'gon, -ona] **I.** *adj (fam)* mürrisch **II.** *m, f (fam)* Brummbär *m*

rezumar [rreθu'mar] **I.** *vi* ① *(filtrarse)* (durch)sickern (**por** durch +*akk*); **el sudor le rezumaba por la frente** der Schweiß stand ihm/ihr auf der Stirn ② *(rebosar)* strotzen (vor +*dat*) **II.** *vr:* **~se** *(traslucirse)* (durch)sickern

RFA [erre(e)fe'a] *f v.* **República Federal de Alemania** BRD *f*

ría ['rria] *f* ① (GEO) Ria *f* ② (DEP) Wassergraben *m*

riachuelo [rrja'ʧwelo] *m* Bach *m*

riada [rri'aða] *f* Hochwasser *nt*

ribera [rri'βera] *f (orilla)* Ufer *nt; (tierra)* Uferlandschaft; *(vega)* Aue *f*

ribereño, -a [rriβe'reɲo, -a] **I.** *adj* Ufer-; **carretera ribereña** Uferstraße *f* **II.** *m, f* Uferbewohner(in) *m(f)*

ribete [rri'βete] *m* ① *(galón)* Besatz *m* ② *(adorno)* Verzierung *f; (de una narración)* Ausschmückung *f* ③ *pl (indicios)* Züge *mpl*

ribeteado, -a [rriβete'aðo, -a] *adj* ① *(con ribetes)* eingesäumt, eingefasst ② *(ojos)* entzündet

ribetear [rriβete'ar] *vt* einfassen

ricamente [rrika'men̪te] *adv* ① *(con abundancia)* reichlich ② *(con placer)* genüsslich

ricino [rri'θino] *m* Rizinus *m*

rico, -a ['rriko, -a] **I.** *adj* ① *(acaudalado)* reich; **es muy ~** er ist steinreich ② *(sabroso)* lecker; **la comida está muy rica** das Essen schmeckt sehr gut ③ *(abundante)* reich (**en** an +*dat*) ④ *(fructífero)* fruchtbar ⑤ *(excelente)* prächtig ⑥ *(simpático)* reizend **II.** *m, f* ① *(rico)* Reiche(r) *mf;* **nuevo ~** Neureiche(r) *m* ② *(apelativo)* Schatz *m*

rictus ['rriktus] *m sin pl* Anflug *m*

ricura [rri'kura] *f (fam)* **ser una ~** eine Wucht sein; **¡anda, ~!** auf geht's, mein Schatz!

ridiculez [rriðiku'leθ] *f* ① *(lo ridículo, nimiedad)* Lächerlichkeit *f;* **me pagan la ~ de cinco euros** sie zahlen mir lausige fünf Euro ② *(tontería)* Unsinn *m*

ridiculizar [rriðikuli'θar] <z → c> *vt* lächerlich machen

ridículo, -a [rri'ðikulo, -a] *adj* ① *(risorio)* lächerlich; **poner(se) en ~** (sich) lächerlich machen ② *(tacaño)* geizig

riego ['rrjeɣo] *m* Bewässerung *f;* **~ sanguíneo** Durchblutung *f*

riel [rrjel] *m* Schiene *f*

rienda ['rrjen̪da] *f* ① *(correa)* Zügel *m;* **a ~ suelta** zügellos; **aflojar las ~s** *(fig)* die Zügel lockern; **dar ~ suelta** *(fig)* die Zügel schießen lassen; **llevar las ~s** *(fig)* die Zügel in der Hand haben; **tirar de la ~** *(fig)* die Zügel anziehen; **tener las ~s del poder** *(fig)* an den Schalthebeln der Macht sitzen ② *pl (gobierno)* Führung *f*

riente ['rrjen̪te] *adj* fröhlich, vergnügt

riesgo ['rrjesɣo] *m* Risiko *nt;* **~ cambiario** Wechselkurs-Risiko *nt;* **~ monetario** Währungsrisiko *nt;* **a ~ de que...** *+subj* auf die Gefahr hin, dass ...; **a ~ y ventura de...** auf Risiko von ...; **por cuenta y ~ propios** auf eigene Gefahr; **asumir un ~** ein Risiko eingehen; **correr el ~ de...** Gefahr laufen, zu ...; **estar asegurado a todo ~** (AUTO) vollkaskoversichert sein; **exponer a un ~** in Gefahr bringen; **exponerse a un ~** sich in Gefahr begeben

riesgoso, -a [rrjes'ɣoso, -a] *adj (Am)* ① *(arriesgado)* risikofreudig, gewagt ② *(peligroso)* gefährlich

rifa ['rrifa] *f* ① *(sorteo)* Verlosung *f* ② *(riña)* Streitigkeit *f*

rifar [rri'far] **I.** *vt* verlosen **II.** *vi* (sich) streiten

rifirrafe [rrifi'rrafe] *m (fam)* kleine Auseinandersetzung *f*

rifle ['rrifle] *m* Gewehr *nt*

rigidez [rrixi'ðeθ] *f* ① *(inflexibilidad)* Starrheit *f* ② *(severidad)* Strenge *f*

rígido, -a ['rrixiðo, -a] *adj* ① *(inflexible)* starr ② *(severo)* streng

rigor [rri'ɣor] *m* ① *(severidad)* Strenge *f* ② *(exactitud)* Genauigkeit *f;* **en ~** genau genommen ③ (METEO) **~ del invierno** Strenge des Winters; **~ del verano** Hitze des Sommers ④ *(loc)* **de ~** unerlässlich

rigurosidad [rriɣurosi'ða^{d}] *f* Rigorosität *f*

riguroso, -a [rriɣu'roso, -a] *adj* ① *(severo)* rigoros ② *(exacto)* genau ③ (METEO) extrem

rija ['rrixa] *f (riña)* Streit *m*

rijoso, -a [rri'xoso, -a] *adj* ① *(pendenciero)* streitlustig ② *(lujurioso)* lüstern; *(animal)* brünstig

rilar [rri'lar] *vi* zittern

rima ['rrima] *f* ① (LIT) Reim *m;* **tener ~** sich reimen ② *(montón)* Stapel *m*

rimador(a) [rrima'ðor(a)] **I.** *adj* reimend, Verse schmiedend **II.** *m(f) (irón)* Versemacher(in) *m(f),* Reimer(in) *m(f)*

rimar [rri'mar] **I.** *vi* ① *(versificar)* reimen ② *(tener rima)* sich reimen (**con** auf *+akk*) **II.** *vt* reimen (**con** auf *+akk,* **con** mit *+dat*)

rimbombante [rrimbom'baṇte] *adj* bombastisch

rímel ['rrimel] *m* Wimperntusche *f*

Rin [rrin] *m* Rhein *m*

rincón [rriŋ'kon] *m* ① *(esquina)* Ecke *f;* **por todos los rincones** *(fig)* überall ② *(escondrijo)* Winkel *m; (tranquilo)* stiller Winkel *m* ③ *(fam: habitación)* Bude *f*

rinconera [rriŋko'nera] *f (armario)* Eckschrank *m; (mesa)* Ecktisch *m*

rinde ['rriṇde] *m (Arg)* Ertrag *m,* Nutzen *m*

ring [rriŋ] <rings> *m* (DEP) (Box)ring *m*

rinoceronte [rrinoθe'roṇte] *m* Nashorn *nt*

riña ['rriɲa] *f* Streit *m;* **~ de gallos** Hahnenkampf *m*

riñón [rri'ɲon] *m* ① *(órgano)* Niere *f;* **tener piedras en el ~** Nierensteine haben; **costar un ~** eine (schöne) Stange Geld kosten; **tener riñones** *(fig)* Schneid haben; **tener el ~ bien cubierto** *(fig)* gut betucht sein ② *pl (parte de la espalda)* Kreuz *nt* ③ *(centro)* Kern *m*

riñonera [rriɲo'nera] *f* ① *(faja)* Nierengurt *m* ② *(cinturón con bolsa)* Gürteltasche *f*

río ['rrio] *m* Fluss *m,* Strom *m;* **~ abajo** flussabwärts; **~ arriba** flussaufwärts; **pescar en ~ revuelto** *(fig)* im Trüben fischen; **tener un ~ de oro** einen Goldesel haben; **no hay tío pásame el ~** daran kommt man nicht vorbei; **no llegará el agua al ~** *(fig)* so weit wird es nicht kommen

riojano, -a [rrio'xano, -a] **I.** *adj* aus Rioja **II.** *m, f* Einwohner(in) *m(f)* von Rioja

rioplatense [rriopla'tense] **I.** *adj* vom Rio de la Plata **II.** *mf* Person *f* vom Rio de la Plata

ripio ['rripjo] *m* ① *(cascajo)* Bauschutt *m;* **no valer un ~** *(sin valor)* nicht viel wert sein; *(feo)* eher hässlich sein ② *(palabra inútil)* Füllwort *nt;* **meter ~** Füllwörter verwenden; **no perder ~** sich *dat* nichts entgehen lassen

ripioso, -a [rri'pjoso, -a] *adj* ① *(superfluo)* voller Füllwörter ② *(sin valor)* schäbig ③ *(feo)* hässlich

riqueza [rri'keθa] *f* Reichtum *m*

risa [rri'sa] *f* Lachen *nt;* **digno de ~** lächerlich; **mondarse de ~** sich kaputtlachen; **llorar de ~** Tränen lachen; **tener un ataque de ~** einen Lachkrampf haben; **tomar algo a ~** etw nicht ernst nehmen; **no quiero oír ~s a mis espaldas** ich möchte nicht, dass hinter meinem Rücken gelacht wird; **¡qué ~!** (wie) köstlich!; **no estoy para ~s** mir ist nicht zum Lachen zumute

risco ['rrisko] *m* steiler Felsen *m*

risible [rri'siβle] *adj* lustig

risotada [rriso'taða] *f* Gelächter *nt;* **soltar una gran ~** in schallendes Gelächter ausbrechen

ríspido, -a ['rrispiðo, -a] *adj (Am: rudo)* grob, rau

ristra ['rristra] *f* ① *(trenza)* Zopf *m* ② *(fam: sarta)* Reihe *f*

risueño, -a [rri'sweɲo, -a] *adj* ① *(alegre)* heiter ② *(placentero)* behaglich ③ *(próspero)* verheißungsvoll

rítmico, -a ['rri^{d}miko, -a] *adj* rhythmisch

ritmo ['rri^{d}mo] *m* Rhythmus *m*

rito ['rrito] *m* Ritual *nt*

ritual [rritu'al] **I.** *adj* rituell **II.** *m* Ritual *nt*

ritualizar [rritwali'θar] <z → c> *vt* ritualisieren

rival [rri'βal] **I.** *adj* rivalisierend **II.** *mf* Rivale, -in *m, f*

rivalidad [rriβali'ða^{ð}] *f* Rivalität *f*

rivalizar [rriβali'θar] <z → c> *vi* rivalisieren (**con** mit +*dat*, **por** um +*akk*)

rizado, -a [rri'θaðo, -a] *adj* *(cabello)* lockig

rizador [rriθa'ðor] *m* Brennschere *f;* *(bigudí)* Lockenwickler *m;* **~ de pestañas** Wimpernzange *f*

rizar [rri'θar] <z → c> **I.** *vt* ① *(encrespar)* kräuseln ② *(plegar)* fälteln **II.** *vr:* **~se** sich kräuseln

rizo^1 ['rriθo] *m* ① *(mechón)* Locke *f;* **rizar el ~** *(imponerse)* sich durchboxen; *(complicar)* die Sache unnötig komplizieren ② *(terciopelo)* Plüsch *m* ③ (AERO) Looping *m o nt;* **rizar el ~** einen Looping drehen

rizo, -a^2 ['rriθo, -a] *adj* kraus

rizoma [rri'θoma] *m* Wurzelstock *m*

RNE ['rraðjo naθjo'nal de (e)s'paɲa] *f abr de* **Radio Nacional de España** Staatlicher Spanischer Rundfunk *m*

robar [rro'βar] *vt* ① *(hurtar)* stehlen; **me ~on en París** ich wurde in Paris bestohlen; **me robó la novia** *(fam)* er hat mir die Freundin ausgespannt; **esto roba mucho tiempo** das ist sehr zeitaufwendig ② *(un río)* fortspülen ③ *(estafar)* übervorteilen ④ *(en juegos)* ziehen

robellón [rroβe'ʎon] *m* Steinpilz *m*

roble ['rroβle] *m* Eiche *f;* **estar como un ~** (sehr) robust sein

robo ['rroβo] *m* ① *(hurto)* Raub *m;* **~ con homicidio** Raubmord *m;* **~ a mano armada** bewaffneter Raubüberfall ② *(presa)* Beute *f* ③ *(estafa)* Übervorteilung *f*

robot [rro'βo^{t}] <robots> *m* Roboter *m;* **~ de cocina** Küchenmaschine *f*

R

robótica [rro'βotika] *f* Robotertechnik *f*

robustecer [rroβuste'θer] *irr como crecer* **I.** *vt* stärken **II.** *vr:* **~se** sich stärken

robustecimiento [rroβusteθi'mjento] *m* Kräftigung *f,* Stärkung *f*

robusto, -a [rro'busto, -a] *adj* robust

roca ['rroka] *f* ① *(materia)* Gestein *nt;* **ese hombre es una ~** dieser Mann hat ein Herz aus Stein ② *(peña)* Felsen *m*

rocalla [rro'kaʎa] *f* Gesteinsbrocken *mpl*

roce ['rroθe] *m* ① *(fricción)* Reibung *f* ② *(huella)* Streifen *m* ③ *(contacto)* Umgang *m;* **tener mucho ~ con alguien** mit jdm gut bekannt sein ④ *(pelea)* Reiberei *f*

rociar [rroθi'ar] <*3. pres* rocía> **I.** *vimpers* tauen **II.** *vt* ① *(regar)* besprühen ② *(esparcir)* bestreuen (**de/con** mit +*dat*)

rocín [rro'θin] *m* ① *(jamelgo)* Klepper *m abw;* **ir de ~ a ruin** vom Regen in die Traufe kommen ② *(fam: tosco)* Tölpel *m*

rocío [rro'θio] *m* ① *(relente)* Tau *m;* **cae ~** es taut ② *(lluvia)* Sprühregen *m* ③ *(rociada)* Berieselung *f*

rock [rro^{k}] **I.** *adj* Rock-; **grupo de música ~** Rockband *f* **II.** *m* (MÚS) Rock *m*

rockero, -a [rro'kero, -a] **I.** *adj* rockig **II.** *m, f* Rocker, Rockerbraut *m, f*

rococó [rroko'ko] *m sin pl* Rokoko *nt*

rocoso, -a [rro'koso, -a] *adj* felsig; **Montañas Rocosas** Rocky Mountains

rodaballo [rroða'βaʎo] *m* (ZOOL) Steinbutt *m*

rodada [rro'ðaða] *f* Reifenspur *f*

rodado, -a [rro'ðaðo, -a] *adj* ① *(fluido)* eingespielt; **venir ~** *(sin dificultades)* wie geschmiert laufen; *(de perlas)* wie gerufen kommen ② (AUTO) **tráfico ~** Straßenverkehr *m* ③ *(caballo)* gescheckt, scheckig

rodaja [rro'ðaxa] *f* Scheibe *f*

rodaje [rro'ðaxe] *m* ① (CINE) Dreharbeiten *fpl* ② *(rodar)* Einfahren *nt* ③ *(impuesto)* Kraftfahrzeugsteuer *f* ④ *(ruedas)* Räderwerk *nt*

rodapié [rroða'pje] *m* Sockel *m*

rodar [rro'ðar] <o → ue> **I.** *vi* ① *(dar vueltas, moverse sobre ruedas)* rollen; **~ por el suelo** über den Boden rollen; **echarlo todo a ~** *(fig)* alles über Bord werfen ② *(girar sobre el eje)* rotieren ③ *(deslizarse)* (herunter)rollen ④ *(abundar)* in großer Menge vorhanden sein; **antes rodaban más las enfermedades infecciosas** früher traten Infektionskrankheiten häufiger auf ⑤ *(ir)* umherlaufen; **he rodado de tienda en tienda** ich bin von Geschäft zu Geschäft gelaufen **II.** *vt* ① *(hacer dar vueltas)* rollen ② *(película)* drehen ③ *(coche)* einfahren

rodear [rroðe'ar] **I.** *vi* ① *(circunvalar)* einen Umweg machen ② *(divagar)* Umschweife machen **II.** *vt* ① *(cercar)* umgeben (**de** mit +*dat*); **estar rodeado de** umgeben sein von ② *(hacer dar vueltas)* drehen ③ *(un tema)* herumreden (um +*akk*) **III.** *vr:* **~se** sich umgeben (**de** mit +*dat*)

rodeo [rro'ðeo] *m* ① *(desvío)* Umweg *m;* **dar un ~** einen Umweg machen; **conseguir algo con ~s** etw auf Umwegen erreichen ② *(evasiva)* Ausflucht *f;* **sin ~s** ohne Umschweife; **andarse con ~s** um den heißen Brei herumreden; **dejarse de ~s** Klartext reden ③ (DEP) Rodeo *m o nt*

rodilla [rro'ðiʎa] *f* ① (ANAT) Knie *nt;* **de ~s** kniend; **ponerse de ~s** sich hinknien ② *(paño)* Scheuerlappen *m*

rodillera [rroði'ʎera] *f* ① *(protección)*

Knieschützer *m*, Knieschoner *m* ❷ *(del pantalón)* ausgebeulte Knie *ntpl;* **para que no salgan ~s al pantalón** damit sich die Hose am Knie nicht ausbeult

rodillo [rro'ðiʎo] *m* ❶ (TÉC) Walze *f* ❷ *(de cocina)* Nudelholz *nt*

rododendro [rroðo'ðen̩dro] *m* (BOT) Rhododendron *m o nt*

rodrigón [rroðri'ɣon] *m* ❶ *(para plantas)* Rebpfahl *m;* **~ de lúpulo** Hopfenstange *f* ❷ *(fam: acompañante)* Anstandswauwau *m*

roedor [rroe'ðor] *m* Nagetier *nt*

roer [rro'er] *vt irr* nagen (**a** an +*dat*); **los ratones royeron mi libro** die Mäuse haben mein Buch zerfressen; **~se las uñas** an den Nägeln kauen; **las preocupaciones me roen el alma** die Sorgen nagen an mir

rogación [rroɣa'θjon] *f* Bitte *f;* (REL) Fürbitte *f*, Rogation *f*

rogador(a) [rroɣa'ðor(a)] **I.** *adj* flehend, bittend **II.** *m(f)* Bittende(r) *f(m);* (JUR) Einbringer(in) *m(f) (eines Gesetzes)*

rogar [rro'ɣar] *vt irr como colgar* bitten; (JUR) beantragen; **rogamos nos contesten inmediatamente nuestra carta** wir bitten um sofortige Beantwortung unseres Schreibens; **¡te ruego que me escuches!** hör mir doch bitte zu!; **le gusta hacerse de ~** er/sie lässt sich gerne bitten

rogativa [rroɣa'tiβa] *f* ❶ *(oración)* Bittgebet *nt* ❷ *pl (procesión)* Bittprozession *f*

rojillo, -a [rro'xiʎo] *m, f (fam)* Linker(in) *m(f)*

rojizo, -a [rro'xiθo, -a] *adj* rötlich

rojo, -a ['rroxo, -a] *adj* (*t.* POL) rot; *(persona)* rothaarig; **~ chillón/subido/burdeos** knallrot/tiefrot/weinrot; **al ~ (vivo)** rot glühend; *(fig)* außer sich *dat* vor Wut; **poner ~ a alguien** jdn in Verlegenheit bringen; **ponerse ~** erröten

rol [rrol] *m* ❶ *(lista)* Verzeichnis *nt;* **~ de pago** Gehaltsstreifen *m* ❷ *(papel)* Rolle *f;* **desempeñar un ~** eine Rolle spielen

rollista [rro'ʎista] **I.** *adj (pey fam)* lästig, nervtötend **II.** *mf (pey fam)* Langweiler(in) *m(f)*, Sprücheklopfer(in) *m(f)*

rollito *m dim de* **rollo: ~ de primavera** (GASTR) Frühlingsrolle *f*

rollizo, -a [rro'ʎiθo, -a] *adj* ❶ *(robusto)* stramm ❷ *(cilíndrico)* walzenförmig

rollo ['rroʎo] *m* ❶ *(de papel, alambre)* Rolle *f;* (FOTO) Rollfilm *m;* **hacer un ~ de algo** etw zusammenrollen ❷ *(fam: cosa aburrida)* langweilige Sache *f;* **¡qué ~ de película!** so ein langweiliger Film!; **soltar siempre el mismo ~** immer wieder die alte Platte laufen lassen ❸ *(argot: tipo de vida)* Lebensweise *f; (asunto)* Geschichte *f;* **montarse el ~** sich *dat* sein Leben gestalten; **ir a su ~** nur an sich selbst denken; **tener mucho ~** viel reden; **traerse un mal ~** auf die schiefe Bahn geraten sein; **acaba con el ~, muchacho** mach Schluss damit, Junge; **corta el ~** *(palabrería)* hör auf (mit dem Gequatsche); *(mentiras)* erzähl das deiner Großmutter; **¿de qué va el ~?** worum geht es? ❹ *(del cuerpo)* Rettungsring(e) *m(pl) fam* ❺ (GASTR) Kringel *m;* **este niño está hecho un ~ de manteca** dieses Kind ist gut beisammen

ROM [rrom] *f inv abr de* **Read Only Memory** (INFOR, INFOR) ROM *nt*

romaico[1] [rro'mai̯ko] *m* modernes Griechisch *nt*

romaico, -a[2] [rro'mai̯ko, -a] *adj* griechisch

romana [rro'mana] *f* Schnellwaage *f*

romance [rro'man̩θe] **I.** *adj* romanisch **II.** *m* ❶ *(aventura, t.* LIT) Romanze *f;* **~ de ciego** Bänkelsängerlied *nt;* **tiene un ~ con la vecina** er hat eine Affäre mit der Nachbarin ❷ (HIST: *castellano*) Spanisch(e) *nt;* **hablar en ~** *(fig)* klar und verständlich sprechen ❸ *pl (monsergas)* Geschwätz *nt;* **solo son ~s** *(excusas)* das sind pure Ausflüchte!

romancero[1] [rroman̩'θero] *m* Romanzensammlung *f; (de romances españoles)* Romanzero *m*

romancero, -a[2] [rroman̩'θero, -a] *m, f (que hace romances)* Romanzendichter(in) *m(f); (que canta romances)* Romanzensänger(in) *m(f)*

románico, -a [rro'maniko, -a] *adj* romanisch

romanista [rroma'nista] *mf* Romanist(in) *m(f)*

romanización [rromaniθa'θjon] *f* (HIST) Romanisierung *f*

romanizar [rromani'θar] <z → c> *vt, vi* romanisieren

romano, -a [rro'mano, -a] **I.** *adj* ❶ *(de Roma)* römisch ❷ (REL) römisch-katholisch ❸ *(latín)* lateinisch **II.** *m, f (de Roma)* Römer(in) *m(f)*

romanticismo [rroman̩ti'θismo] *m sin pl* Romantik *f*

romántico, -a [rro'man̩tiko, -a] **I.** *adj* romantisch **II.** *m, f* Romantiker(in) *m(f)*

rombal [rrom'bal] *adj* rautenförmig

rombo ['rrombo] *m* Raute *f*

romboide [rrom'boi̯ðe] *m* (MAT) Rhomboid *nt*

romería [rrome'ria] *f* ❶ *(peregrinaje)* Wallfahrt *f* ❷ *(fiesta)* Volksfest *nt* ❸ *(muchedumbre)* Menschenmenge *f*

romerito [rrome'rito] *m (Méx)* Gemüse *nt*

romero[1] [rro'mero] *m* (BOT) Rosmarin *m*

R

romero, -a² [rro'mero, -a] **I.** *adj* pilgernd, Pilger- **II.** *m, f* Pilger(in) *m(f)*

romo, -a ['rromo, -a] *adj* ① *(sin punta)* stumpf ② *(de nariz pequeña)* stumpfnasig ③ *(tosco)* plump

rompecabezas [rrompeka'βeθas] *m inv (juego)* Puzzle *nt; (acertijo)* Rätsel *nt*

rompecorazones [rrompekora'θones] *mf inv (fam)* Herzensbrecher(in) *m(f)*

rompehielos [rrompe'ɟelos] *m inv* (NÁUT) Eisbrecher *m*

rompeolas [rrompe'olas] *m inv* Wellenbrecher *m*

romper [rrom'per] *irr* **I.** *vi* ① *(las olas)* brechen ② *(empezar bruscamente)* (plötzlich) anfangen (**a** zu +*inf*)*;* ~ **a llorar** in Tränen ausbrechen ③ *(el día)* anbrechen; **al ~ el día** bei Tagesanbruch ④ *(separarse)* sich trennen **II.** *vt* ① *(destrozar)* kaputt machen; *(quebrar)* zerbrechen; *(un cristal)* einschlagen; *(un plato)* zerschlagen; *(papel, tela)* zerreißen; *(el pan)* brechen; *(los zapatos)* durchlaufen; *(un terreno)* roden; ~ **a martillazos/a golpes** zerhämmern/zerschlagen; ~ **doblando** abknicken; ~ **una ventana a pedradas** ein Fenster einwerfen; ~ **la cara a alguien** *(fam)* jdm den Schädel einschlagen ② *(negociaciones, relaciones)* abbrechen; *(contrato, promesa)* brechen; ~ **el silencio/el encanto** das Schweigen brechen/den Zauber lösen; ~ **el hilo del discurso** das Gespräch unterbrechen; ~ **(las) filas** (MIL) wegtreten ③ *(iniciar)* ~ **el fuego** das Feuer eröffnen; **los pájaros rompen vuelo** die Vögel fliegen auf; **una persona de rompe y rasga** ein Draufgänger **III.** *vr:* **~se** ① *(hacerse pedazos)* zerbrechen ② *(fracturarse)* sich *dat* brechen; **~se la cabeza** *(fig)* sich *dat* den Kopf zerbrechen; **¿qué tripa se te ha roto?** *(fam fig)* warum bist du so schlecht drauf?

rompiente [rrom'pjeṇte] *m* natürlicher Wellenbrecher *m*

rompimiento [rrompi'mjeṇto] *m* ① *(rotura)* Bruch *m,* Abbruch *m* ② *(en la pintura)* Durchblick *m;* (TEAT) Vorhang *m* mit Durchblick

ron [rron] *m* Rum *m*

roncamente [rroŋka'meṇte] *adv* rüde, barsch, rau; **responder ~** barsch antworten

roncar [rroŋ'kar] <c → qu> *vi (persona)* schnarchen; *(gamo)* röhren; *(viento)* heulen; *(olas)* brausen; *(suelo)* knarren

roncha ['rronʧa] *f* ① *(hinchazón)* Schwellung *f; (cardenal)* blauer Fleck *m; (picadura)* Quaddel *f* ② *(loncha)* dünne Scheibe *f;* **una ~ de chorizo** eine dünne Scheibe Paprikawurst ③ *(fam: timo)* Prellerei *f*

ronchar [rron'ʧar] **I.** *vi* ① *(crujir)* knacken, krachen ② *(producir ronchas)* Beulen verursachen **II.** *vt* knuspern, knabbern

ronco, -a ['rroŋko, -a] *adj (afónico)* heiser; *(áspero)* rau

ronda ['rroṇda] *f* ① *(de vigilancia)* Streife *f;* **hacer una ~ de inspección por la fábrica** einen Rundgang durch die Fabrik machen ② *(de copas)* Runde *f;* **pagar una ~ de vino** eine Runde Wein ausgeben ③ (POL) Runde *f* ④ *(jóvenes)* Rondasänger *mpl; (serenata)* (nächtliches) Ständchen *nt;* **andar de ~** *(tocar música)* nächtliche Ständchen bringen; *(buscar aventura)* auf Liebesabenteuer aus sein ⑤ *(avenida)* Ringstraße *f*

rondalla [rroṇ'daʎa] *f* ① *(música)* Straßenmusik *f* ② *(conjunto musical)* Straßenmusikanten *mpl*

rondar [rroṇ'dar] **I.** *vi* ① *(vigilar)* die Runde machen ② *(andar paseando de noche)* nachts umherstreifen **II.** *vt* ① *(a las mujeres)* den Hof machen +*dat* ② *(rodear)* umkreisen; **las mariposas nocturnas rondan la luz** die Nachtfalter umschwärmen das Licht; **lo ronda a todas horas para conseguir el empleo** er/sie ist ständig hinter ihm her, um den Job zu bekommen; **esta mujer anda rondando los setenta años** diese Frau ist um die siebzig

ronquera [rroŋ'kera] *f* Heiserkeit *f*

ronquido [rroŋ'kiðo] *m (de una persona)* Schnarchen *nt; (del viento)* Heulen *nt; (del mar)* Brausen *nt; (de la sierra)* Kreischen *nt; (del suelo)* Knarren *nt; (del gamo)* Röhren *nt*

ronronear [rronrrone'ar] *vi (gato)* schnurren

ronroneo [rronrro'neo] *m (gato)* Schnurren *nt*

ronzar [rroṇ'θar] <z → c> **I.** *vi* knacken **II.** *vt (mascar)* knabbern

roña ['rroɲa] *f* ① *(sarna de carneros)* Schafräude *f* ② *(mugre)* Schmutz *m* ③ *(mezquindad)* Schäbigkeit *f; (tacañería)* Knauserigkeit *f* ④ *(orín)* Rost *m*

roñería [rroɲe'ria] *f (mezquindad)* Schäbigkeit *f; (tacañería)* Knauserei *f*

roñoso, -a [rro'ɲoso, -a] *adj* ① *(sarnoso)* räudig ② *(sucio)* schmutzig ③ *(oxidado)* verrostet ④ *(tacaño)* geizig

ropa ['rropa] *f* ① *(géneros de tela)* Wäsche *f;* ~ **blanca** Kochwäsche *f;* ~ **de color** Buntwäsche *f;* ~ **delicada** Feinwäsche *f;* ~ **(interior)** Unterwäsche *f;* **cambiar la ~ de cama** das Bett frisch beziehen; **¡cuidado que hay ~ tendida!** *(fig)*

Achtung: Feind hört mit! ② *(vestidos, traje)* Kleidung *f;* **~s hechas** Konfektionskleidung *f;* **cambiar(se) la ~** (sich) umziehen; **estar en ~s menores** in Unterwäsche dastehen; **poner(se) la ~** (sich) anziehen; **ponerse ~ de abrigo** sich warm anziehen; **ligero de ~** leicht gekleidet; **a quema ~** unvermittelt; **disparar a quema ~** aus unmittelbarer Nähe schießen; **de buena ~** aus gutem Hause; **de poca ~** armselig; **no tocarle la ~ a alguien** jdm nicht zu nahe treten

ropaje [rro'paxe] *m* ① *(ropas)* Kleidung *f* ② *(ropa elegante)* Robe *f*

ropero [rro'pero] *m* ① *(armario)* Kleiderschrank *m* ② *(asociación benéfica)* Kleidersammelstelle *f*

roque ['rroke] *m* ① *(ajedrez)* Turm *m;* **lo mismo me da rey que ~** *(fig)* es ist mir vollkommen schnuppe *fam* ② *(loc)* **quedarse ~** fest einschlafen

roquefort [rroke'for] <roqueforts> *m* Roquefort *m*

roqueño, -a [rro'keɲo, -a] *adj* ① *(rocoso)* felsig ② *(duro)* steinhart

roquero, -a [rro'kero, -a] **I.** *adj* ① *(de rocas)* Felsen-; **castillo ~** Ritterburg *f* ② (MÚS) Rock- **II.** *m, f* Rocker(in) *m(f)*

rorro ['rrorro] *m (fam)* Baby *nt*

rosa ['rrosa] **I.** *adj* rosa; **~ pálido/antiguo/fucsia** hellrosa/altrosa/pink **II.** *f* (BOT) Rose *f;* **~ de azafrán** Safranblüte *f;* **~ náutica** Windrose *f;* **color de ~** Rosa *nt; (como adjetivo)* rosafarben; **esencia de ~s** Rosenöl *nt;* **tener la piel como una ~** eine Pfirsichhaut haben; **encontrarse como las propias ~s** sich pudelwohl fühlen; **verlo todo color de ~** alles durch die rosarote Brille sehen; **su vida no ha sido ningún camino de ~s** er/sie war nicht auf Rosen gebettet; **no hay ~ sin espinas** *(prov)* keine Rose ohne Dornen

rosáceo, -a [rro'saθeo, -a] *adj* rosig

rosado, -a [rro'saðo, -a] *adj (color)* rosa; **vino ~** Rosé(wein) *m*

rosal [rro'sal] *m* Rosenstock *m*

rosaleda [rrosa'leða] *f* Rosengarten *m*

rosario [rro'sarjo] *m* ① (REL) Rosenkranz *m;* **tener el ~ al cuello y el diablo en el cuerpo** scheinheilig sein; **acabar como el ~ de la aurora** ein böses Ende nehmen ② *(serie)* Reihe *f;* **un ~ de coches/de injurias** eine Autoschlange/eine Flut von Schimpfworten

rosbif [rros'βif] <rosbifs> *m* Roastbeef *nt*

rosca ['rroska] *f* ① (TÉC) Gewinde *nt;* **el tornillo se pasó de ~** das Schraubengewinde ist ausgeleiert; **pasarse de ~** *(fig)* zu weit gehen ② *(forma de espiral)* Windung *f;* **hecho una ~** zusammengerollt; **hacerse ~** *(gato, serpiente)* sich zusammenrollen ③ *(bollo)* Kringel *m; (torta)* Kranz *m;* **~ de Reyes** *(Méx)* Dreikönigskuchen *m;* **no comerse una ~** *(fig)* keinen Erfolg bei Männern/Frauen haben ④ *(loc)* **hacer la ~ a alguien** jdm schmeicheln; **tirarse una ~** bei der Prüfung durchrasseln

rosco ['rrosko] *m (bollo)* Kringel *m;* **~ de viento** ≈ Spritzkuchen *m*

roscón [rros'kon] *m* Kranzkuchen *m;* **~ de Reyes** Dreikönigskuchen *m*

roseta [rro'seta] *f* ① *(rosa pequeña)* Röschen *nt* ② *(parecida a la rosa)* Rosette *f* ③ *pl (palomitas)* Popcorn *nt* ④ *(de la regadera)* (Gießkannen)brause *f*

rosetón [rrose'ton] *m* (ARQUIT) Rosette *f; (en iglesias)* Fensterrose *f*

roso[1] ['rroso] *adj* abgewetzt, abgeschabt; *(sin pelos)* haarlos

roso, -a[2] ['rroso, -a] *adj* rot glühend

rosquilla [rros'kiʎa] *f* Kringel *m;* **venderse como ~s** *(fig)* weggehen wie warme Semmeln

rostizado, -a [rrosti'θaðo, -a] *adj (Méx)* gegrillt

rostro ['rrostro] *m* ① *(cara)* Gesicht *nt;* **echar en ~ algo a alguien** *(fig)* jdm etw vorhalten; **hacer ~ al enemigo** dem Feind die Stirn bieten; **tener mucho ~** sehr dreist sein ② *(pico)* Schnabel *m*

rota ['rrota] *f* (BOT) Rotang *m,* Peddigrohr *nt*

rotación [rrota'θjon] *f* Umdrehung *f;* (FÍS) Rotation *f;* **~ de cultivos** (AGR) Fruchtfolge *f;* **~ del capital** Kapitalumsatz *m;* **~ de mercancías** Warenumschlag *m*

rotar [rro'tar] *vi* rotieren

rotativa [rrota'tiβa] *f* (TIPO) Rotations(druck)maschine *f*

rotativo[1] [rrota'tiβo] *m* Zeitung *f*

rotativo, -a[2] [rrota'tiβo, -a] *adj* rotierend; **impresión rotativa** (TIPO) Rotationsdruck *m*

rotatorio, -a [rrota'torjo, -a] *adj* rotierend

roto[1] ['rroto] *m (desgarrón)* Riss *m; (agujero)* Loch *nt*

roto, -a[2] ['rroto, -a] **I.** *pp de* **romper** **II.** *adj* ① *(despedazado)* kaputt; **un vestido/un florero/un cristal ~** ein zerrissenes Kleid/eine zerbrochene Vase/eine eingeschlagene Scheibe; **no cayó en saco ~** *(fig)* die Mühe war nicht umsonst ② *(andrajoso)* zerlumpt ③ *(licencioso)* ausschweifend ④ *(destrozado)* zerstört

rotonda [rro'toṇda] *f* (ARQUIT) Rotunde *f*

rotor [rro'tor] *m* (TÉC) Rotor *m*

rotoso, -a [rro'toso, -a] **I.** *adj (Am)* schäbig **II.** *m, f* zerlumpter Mensch *m*

rótula ['rrotula] *f* ❶ (ANAT) Kniescheibe *f* ❷ (TÉC) Kugelgelenk *nt*

rotulación [rrotula'θjon] *f (de letreros)* Beschriftung *f; (de mercancías)* Etikettierung *f*

rotulador [rrotula'ðor] *m* Filzstift *m*

rotular [rrotu'lar] *vt (letreros)* beschriften; *(mercancías)* etikettieren; (CINE) mit Untertiteln versehen

rótulo ['rrotulo] *m* Aufschrift *f; (encabezamiento)* Überschrift *f; (etiqueta)* Etikett *nt; (letrero)* Schild *nt; (anuncio público)* Anschlag *m;* (CINE) Untertitel *m;* **~ de población** Ortsschild *nt*

rotundamente [rrotuṇda'meṇte] *adv* ❶ *(sin rodeos)* ohne Umschweife, rundheraus ❷ *(terminantemente)* rundweg, entschieden; **negar ~** strikt ablehnen

rotundidad [rrotuṇdi'ðaᵈ] *f* ❶ *(redondez)* Rundung *f* ❷ *(determinación)* Bestimmtheit *f*

rotundo, -a [rro'tuṇdo, -a] *adj* ❶ *(terminante)* entschieden, kategorisch; **un éxito ~** ein durchschlagender Erfolg; **una negativa rotunda** eine glatte Absage ❷ *(lleno y sonoro)* volltönend; **palabras rotundas** gehaltvolle Worte

rotura [rro'tura] *f* Bruch *m*

roturar [rrotu'rar] *vt* (AGR) roden

roza ['rroθa] *f,* **rozado** [rro'θaðo] *m (Arg:* AGR) Rodung *f*

rozadura [rroθa'ðura] *f* Schramme *f; (de la piel)* Hautabschürfung *f*

rozagante [rroθa'ɣaṇte] *adj (elev)* ❶ *(vistoso)* ansehnlich, prächtig ❷ *(ufano)* stolz

rozamiento [rroθa'mjeṇto] *m* ❶ *(fricción)* Reibung *f* ❷ *(roce)* Streifen *nt* ❸ *(desavenencias)* Reibereien *f pl*

rozar [rro'θar] <z → c> **I.** *vi* streifen; **roza (por) los cincuenta** er/sie ist um die fünfzig **II.** *vt* ❶ *(t. fig: tocar ligeramente)* streifen ❷ *(frotar)* reiben ❸ (AGR) roden; *(animales)* abgrasen **III.** *vr:* **~se** ❶ *(restregarse)* sich durchscheuern ❷ *(tropezarse)* stolpern ❸ *(trabarse la lengua)* stammeln ❹ *(relacionarse)* Umgang haben

rte. [rremi'teṇte] *abr de* **remitente** Abs.

RTVE [erreteuβe'e] *f abr de* **Radio Televisión Española** Spanische Rundfunk- und Fernsehanstalt *f*

ruana ['rrwana] *f (AmS: poncho)* Poncho *m*

Ruanda [ru'anda] *f* Ruanda *nt*

rubeola [rruβe'ola] *f sin pl,* **rubéola** [rru'βeola] *f sin pl* Röteln *pl*

rubí [rru'βi] *m* Rubin *m*

rubia ['rruβja] *f (mujer)* Blondine *f*

rubio, -a ['rruβjo, -a] **I.** *adj* blond **II.** *m, f* Blonde(r) *mf; (mujer)* Blondine *f*

rublo ['rruβlo] *m* Rubel *m*

rubor [rru'βor] *m* ❶ *(color)* Röte *f; (de vergüenza)* Schamröte *f* ❷ *(vergüenza)* Schamhaftigkeit *f;* **lo confieso con el ~ de mi cara** ich gestehe es zu meiner eigenen Schande; **el ~ le quema la cara** sein/ihr Gesicht ist schamrot

ruborizar [rruβori'θar] <z → c> **I.** *vt* zum Erröten bringen **II.** *vr:* **~se** erröten

ruboroso, -a [rruβo'roso, -a] *adj* ❶ *(vergonzoso)* schamhaft ❷ *(ruborizado)* schamrot

rúbrica ['rruβrika] *f* ❶ *(firma)* Namenszeichen *nt; (después del nombre)* (Unterschrifts)schnörkel *m* ❷ *(epígrafe)* Überschrift *f*

rubricar [rruβri'kar] <c → qu> *vt* ❶ *(firmar)* mit dem Namenszeichen versehen; *(ratificar)* unterzeichnen ❷ *(sellar)* besiegeln

rubro ['rruβro] *m (Am)* ❶ *(título)* Überschrift *f,* Titel *m* ❷ (COM: *partida*) Posten *m*

ruco, -a ['rruko, -a] *adj* ❶ *(AmC: caballo)* ausgedient, alt ❷ *(Méx: fam: persona)* uralt, greisenhaft

rúcula ['rrukula] *f* (BOT) Rucola *m*

rudamente [rruða'meṇte] *adv* grob, roh

rudeza [rru'ðeθa] *f* ❶ *(brusquedad)* Grobheit *f* ❷ *(tosquedad)* Plumpheit *f* ❸ *(torpeza)* Ungeschicklichkeit *f*

rudimentario, -a [rruðimeṇ'tarjo, -a] *adj* rudimentär

rudimento [rruði'meṇto] *m* ❶ (BIOL: *germen*) Ansatz *m,* Keim *m* ❷ (BIOL: *órgano no desarrollado*) Rudiment *nt* ❸ *pl* Grundbegriffe *mpl;* **los ~s de la gramática** die Grundsätze der Grammatik

rudo, -a ['rruðo, -a] *adj* ❶ *(material)* rau; *(sin trabajar)* roh ❷ *(persona tosca)* plump; *(brusca)* grob; *(torpe)* ungeschickt; *(poco inteligente)* ungebildet ❸ *(penoso)* schwer; *(invierno)* hart

rueca ['rrweka] *f* Spinnrocken *m*

rueda ['rrweða] *f* ❶ *(que gira)* Rad *nt;* **~ de aspas** Windrad *nt;* **~ elevadora** Schöpfrad *nt;* **~ de paletas** Schaufelrad *nt;* **~ de repuesto/recambio** Ersatzreifen *m;* **vapor de ~s** Raddampfer *m;* **comulgar con ~s de molino** sich *dat* einen Bären aufbinden lassen; **todo marcha sobre ~s** *(fig)* alles läuft wie am Schnürchen; **el pavo hace la ~** der Pfau schlägt ein Rad; **hacer la ~** *(fig)* sich aufplustern; **hacer la ~ a una mujer** einer Frau den Hof machen ❷ *(de personas)* Runde *f;* **~ de prensa** Pressekonferenz *f* ❸ *(rodaja)*

Scheibe *f;* **una ~ de salami** eine Scheibe Salami ❹ *(orden sucesivo)* Reihenfolge *f*

ruedo ['rrweðo] *m* ❶ *(contorno)* Umkreis *m* ❷ *(borde)* Rand *m; (del vestido)* Saum *m* ❸ (TAUR) Arena *f;* **echarse al ~** *(fig)* sich ins Abenteuer stürzen ❹ *(estera)* (runde) Matte *f*

ruego ['rrweɣo] *m* Bitte *f;* **~s y preguntas** (POL) Anfragen im Parlament; **no valen ~s ni súplicas** da hilft kein Bitten und Flehen

rufián [rru'fjan] *m* ❶ *(chulo)* Zuhälter *m* ❷ *(granuja)* Gauner *m*

rufo, -a ['rrufo, -a] *adj* ❶ *(de pelo ensortijado)* krausköpfig ❷ *(pelirrojo)* rothaarig ❸ *(robusto)* stramm ❹ *(vistoso)* ansehnlich ❺ *(fanfarrón)* eingebildet, prahlerisch

rugby ['rruˠβi] *m sin pl* (DEP: *del inglés*) Rugby *nt*

rugido [rru'xiðo] *m (del león)* Brüllen *nt; (del viento)* Brausen *nt; (de las tripas)* Knurren *nt*

rugir [rru'xir] <g → j> **I.** *vi (león)* brüllen; *(viento)* brausen; *(estómago)* knurren; **sus tripas rugen** sein/ihr Magen knurrt; **este hombre está que ruge** dieser Mann tobt vor Wut **II.** *vimpers* ruchbar werden

rugosidad [rruɣosi'ða^{d}] *f* Runz(e)ligkeit *f; (arruga)* Runzel *f;* (TÉC) Rauheit *f*

rugoso, -a [rru'ɣoso, -a] *adj* ❶ *(arrugado)* runz(e)lig ❷ *(áspero)* rau ❸ *(ondulado)* uneben

ruibarbo [rrwi'βarβo] *m* Rhabarber *m*

ruido ['rrwiðo] *m* ❶ *(sonido)* Geräusch *nt;* (ELEC) Rauschen *nt;* **~s parásitos** Nebengeräusche *nt pl* ❷ *(estrépito)* Lärm *m;* **nivel de ~** Lärmpegel *m;* **mucho ~ y pocas nueces** *(fig)* viel Lärm um nichts; **hacer ~** *(fig)* Aufsehen erregen; **querer ~** *(fig)* auf Streit aus sein; **quitarse de ~s** *(fig)* sich aus gefährlichen Angelegenheiten heraushalten

ruidoso, -a [rrwi'ðoso, -a] *adj* laut; *(fig)* Aufsehen erregend; **una carcajada ruidosa** ein schallendes Gelächter; **tener un éxito ~** einen durchschlagenden Erfolg haben

ruin [rrwin] *adj* ❶ *(malvado)* niederträchtig; *(vil)* gemein ❷ *(tacaño)* knauserig ❸ *(enclenque)* mick(e)rig

ruina ['rrwina] *f* ❶ *(destrucción)* Einsturz *m* ❷ (ARQUIT) Ruine *f;* **las ~s de un castillo** die Burgruine; **este hombre está hecho una ~** dieser Mann ist nur noch ein Wrack ❸ *pl (escombros)* Trümmer *pl;* **convertir una ciudad en ~s** eine Stadt in Schutt und Asche legen; **declarar una casa en ~s** ein Haus für baufällig erklären ❹ *(perdición)* Ruin *m;* **causar la ~ de alguien** jdn zugrunde richten; **estar en la ~** ruiniert sein; **salvar a alguien de la ~** jdn vor dem Untergang bewahren

ruindad [rrwiṇ'da^{d}] *f* ❶ *(maldad)* Gemeinheit *f* ❷ *(tacañería)* Knauserigkeit *f*

ruinoso, -a [rrwi'noso, -a] *adj* ❶ *(edificios)* baufällig ❷ *(perjudicial)* schädlich; (ECON) ruinös

ruiseñor [rrwise'ɲor] *m* Nachtigall *f*

ruleta [rru'leta] *f* ❶ *(juego)* Roulette *nt* ❷ (TÉC) Rändelrad *nt*

ruletero, -a [rrule'tero, -a] *m, f (AmC, Méx: conductor)* Taxifahrer(in) *m(f)*

rulo ['rrulo] *m* ❶ *(del cabello)* Locke *f* ❷ *(rizador)* Lockenwickler *m* ❸ (TÉC) Walze *f*

ruma ['rruma] *f (AmS: montón)* **una ~ de...** ein Haufen ... *+gen;* **~s de...** Berge von ... *+dat*

Rumania [rru'manja] *f,* **Rumanía** [rruma'nia] *f* Rumänien *nt*

rumano, -a [rru'mano, -a] **I.** *adj* rumänisch **II.** *m, f* Rumäne, -in *m, f*

rumba ['rrumba] *f* Rumba *f*

rumbo ['rrumbo] *m* ❶ *(dirección)* (Fahrt)richtung *f;* (AERO, NÁUT: *t. fig)* Kurs *m;* **tomar ~ a un puerto** einen Hafen ansteuern; **dar otro ~ a la conversación** dem Gespräch eine neue Wendung geben; **no tengo ~ fijo** ich habe kein bestimmtes Ziel; **la negociación está tomando un ~ favorable** das Geschäft lässt sich gut an; **tomar otro ~** (POL) einen anderen Kurs einschlagen ❷ *(pompa)* Pracht *f;* **de ~** prunkvoll; **una fiesta con mucho ~** ein pompöses Fest

rumboso, -a [rrum'boso, -a] *adj* ❶ *(generoso)* großzügig ❷ *(pomposo)* prunkvoll

rumiante [rru'mjaṇte] *m* Wiederkäuer *m*

rumiar [rru'mjar] *vt* ❶ *(vacas)* wiederkäuen ❷ *(fam: cavilar)* nachgrübeln (über *+akk*) ❸ *(fam: refunfuñar)* murren

rumión, -ona [rru'mjon, -ona] *adj (fam)* ❶ *(que cavila)* grüblerisch ❷ *(refunfuñón)* mürrisch

rumor [rru'mor] *m* ❶ *(chisme)* Gerücht *nt;* **a título de ~** gerüchteweise; **poner un ~ en circulación** ein Gerücht in die Welt setzen; **corren ~es de que...** es geht das Gerücht, dass ... ❷ *(ruido)* Geräusch *nt; (de las olas)* Brausen *nt; (del viento)* Säuseln *nt; (del bosque)* Rauschen *nt;* **~ de voces** Stimmengewirr *nt*

rumorearse [rrumore'arse] *vr* **se rumorea que...** es geht das Gerücht um, dass ...

rumoroso, -a [rrumo'roso, -a] *adj* geräuschvoll; *(olas)* brausend; *(viento)* säuselnd; *(bosque)* rauschend

runrún [rrun'rrun] *m (fam)* ❶ *(ruido)* Geräusch *nt; (murmullo)* Gemurmel *nt* ❷ *(chisme)* Gerücht *nt*

rupestre [rru'pestre] *adj* Felsen-; **pintura ~** Höhlenmalerei *f*

rupia ['rrupja] *f* ❶ *(moneda de Indonesia)* Rupiah *f; (de la India y otros)* Rupie *f* ❷ (MED) Hautpustel *f*

ruptura [rrup'tura] *f* Bruch *m; (de relaciones)* Abbruch *m*

rural [rru'ral] **I.** *adj* ländlich; **vida ~** Landleben *nt* **II.** *m* ❶ *(Am: t. pey: rústico)* Bauer *m* ❷ *pl (Méx: policía)* Landpolizei *f*

Rusia ['rrusja] *f* Russland *nt*

ruso, -a ['rruso, -a] **I.** *adj* russisch; **ensaladilla rusa** ≈ Kartoffelsalat *m* **II.** *m, f* Russe, -in *m, f*

rústico, -a ['rrustiko, -a] **I.** *adj* ❶ *(campestre)* rustikal; **finca rústica** Bauernhof *m* ❷ *(tosco)* ungeschliffen; **en rústica** (TIPO) ungebunden **II.** *m, f* Bauer, Bäuerin *m, f*

ruta ['rruta] *f* Weg *m;* **~ federal** *(Am)* Bundesstraße *f;* **~ de itinerario** Reiseroute *f;* **~ de vuelo** Flugstrecke *f;* **tienes que cambiar de ~ para aprobar el examen** um die Prüfung zu bestehen, musst du einen anderen Weg einschlagen

rutilante [rruti'lan̪te] *adj* glänzend

rutina [rru'tina] *f* ❶ *(costumbre)* Routine *f;* **~ cotidiana** Alltag *m* ❷ (INFOR) Programm *nt*

rutinario, -a [rruti'narjo, -a] *adj* routinemäßig; **un hombre ~** ein Gewohnheitsmensch

Ss

S, s ['ese] *f* S, s *nt;* **~ de sábado** S wie Siegfried

S. [san] *abr de* **san** St.

S. A. [ese'a] *f* ❶ *abr de* **sociedad anónima** AG *f* ❷ *abr de* **su alteza** I. H.

sábado ['saβaðo] *m* ❶ *(día)* Samstag *m; v. t.* **lunes** ❷ *(judaísmo)* Sabbat *m*

sabana [sa'βana] *f* Savanne *f*

sábana ['saβana] *f* (Bett)laken *nt;* **~ ajustable** Spannbetttuch *nt;* **se me han pegado las ~s** *(fam)* ich habe verschlafen

sabandija [saβan̪'dixa] *f* ❶ *(insecto)* Ungeziefer *nt* ❷ *(pey: persona)* Schurke, -in *m, f;* **¡qué ~s!** was für ein Gesindel!

sabañón [saβa'ɲon] *m* Frostbeule *f;* **comer como un ~** *(fam pey)* wie ein Scheunendrescher essen

S

sabático, -a [sa'βatiko, -a] *adj* ❶ *(judaísmo)* Sabbat- ❷ *(universidad)* **un año ~** ≈ ein Forschungsjahr

sabatino, -a [saβa'tino, -a] *adj* Samstag(s)-; *(judaísmo)* Sabbat-

sabedor(a) [saβe'ðor(a)] *adj (informado)* unterrichtet (**de** über +*akk*); **el general era ~ de esos manejos** der General war über diese Intrigen informiert

sabelotodo [saβelo'toðo] *mf inv (fam)* Besserwisser(in) *m(f)*

saber [sa'βer] *irr* **I.** *vt* ❶ *(estar informado)* wissen; **a ~** nämlich; **¡(vete tu) a ~ (si es cierto)!** wer weiß(, ob das stimmt)!; **(al menos) que yo sepa** soweit ich weiß; **~ más que Lepe** *(fam)* ein schlauer Fuchs sein; **¿se puede ~ si...?** darf man fragen, ob ...?; **no ~ ni jota** *(fam)* keine Ahnung haben; **sin ~lo yo** ohne mein Wissen; **¡va a ~ quién soy yo!** er/sie wird mich noch kennenlernen!; **¡no sé ni por dónde ando!** *(fam)* ich weiß nicht, wo mir der Kopf steht!; **¡pues no sé qué te diga!** ich weiß nicht so recht; **tener (un) no sé qué de raro** irgendetwas Seltsames an sich *dat* haben; **se sabe que...** bekanntlich ... ❷ *(habilidad para hacer algo)* können; **él sabe (hablar) ruso** er kann Russisch (sprechen); **no ~(se) la poesía** das Gedicht nicht (auswendig) können ❸ *(nombre)* kennen; **¿sabes mi nombre?** weißt du, wie ich heiße? ❹ *(conocer un arte)* sich auskennen ((**de**) mit/in +*dat*); **~ mucho de literatura** sich in der Literatur gut auskennen ❺ *(noticia)* erfahren (**por** durch +*akk*, aus +*dat*); **lo supe por mi hermano/por el periódico** ich habe es von meinem Bruder/aus der Zeitung erfahren; **la prensa lo hizo ~ anoche** die Presse gab es gestern Abend bekannt **II.** *vi* ❶ *(tener sabor)* schmecken (**a** nach +*dat*); **(me) supo a quemado** es schmeckte verbrannt; **la conferencia me supo a poco** ich hätte mehr von der Konferenz erwartet; **sabe a traición** es riecht nach Verrat; **me supo mal aquella respuesta** die Antwort hat mich geärgert ❷ *(tener noticia)* unterrichtet sein (**de** über +*akk*); **no sé nada de mi hermano** ich habe nichts von meinem Bruder gehört ❸ *(tener la habilidad)* fähig sein; **él no sabe resolver ni los ejerci-**

cios más fáciles er ist nicht einmal fähig, die einfachsten Aufgaben zu lösen **III.** *vr* **esa se las sabe todas** *(fam)* der kann keiner etwas vormachen **IV.** *m sin pl* Wissen *nt;* **el ~ no ocupa lugar** *(prov)* Wissen schadet nie

sabichoso, -a [saβi'ʧoso, -a] *adj (Cuba, PRico)* klug; *(sabiondo)* besserwisserisch

sabidillo, -a [saβi'ðiʎo, -a] *m, f (fam)* Besserwisser(in) *m(f),* Schlauberger(in) *m(f); (niño)* Naseweis *m;* **dárselas de ~** *(pey)* sich für besonders schlau halten

sabido, -a [sa'βiðo, -a] *adj* ❶ *(conocido)* bekannt; **es cosa sabida** das ist eine altbekannte Tatsache; **dar por ~** als bekannt voraussetzen ❷ *(leído)* gebildet

sabiduría [saβiðu'ria] *f* ❶ *(conocimientos)* Wissen *nt; (ciencia)* Wissenschaft *f* ❷ *(sensatez)* Weisheit *f* ❸ *(erudición)* Gelehrsamkeit *f*

sabiendas [sa'βjeṇdas] **a ~** bewusst; **lo hizo a ~ de que me molestaba** er/sie störte mich mit Absicht

sabiente [sa'βjeṇte] *adj* wissend

sabihondo, -a [saβi'oṇdo, -a] *m, f v.* **sabiondo**

sabio, -a ['saβjo, -a] **I.** *adj* weise **II.** *m, f* Weise(r) *mf;* **errar es de ~s** *(prov)* Irren ist menschlich

sabiondo, -a [saβj'oṇdo, -a] *m, f* Besserwisser(in) *m(f); (niño)* Naseweis *m*

sablazo [sa'βlaθo] *m* ❶ *(golpe)* Säbelhieb *m* ❷ *(fam)* **dar a alguien un ~** jdn um Geld anpumpen

sable ['saβle] *m* Säbel *m*

sablear [saβle'ar] *vi (fam)* schnorren

sablista [sa'βlista] *mf (fam)* Schmarotzer(in) *m(f)*

sabor [sa'βor] *m* Geschmack *m;* **tener (un) ~ a naranja** nach Orangen schmecken; **de ~ romántico** mit einem Hauch von Romantik; **dejar un mal ~ de boca** einen üblen Nachgeschmack hinterlassen

saborear [saβore'ar] *vt* auskosten

sabotaje [saβo'taxe] *m* Sabotage *f*

sabotear [saβote'ar] *vt* sabotieren; *(plan)* vereiteln

sabroso, -a [sa'βroso, -a] *adj* ❶ *(sazonado)* schmackhaft ❷ *(gracioso)* pikant ❸ *(salado)* salzig

sabueso, -a [sa'βweso, -a] *m, f* ❶ *(caza)* Schweißhund *m* ❷ *(fisgón)* Schnüffler(in) *m(f)*

saburra [sa'βurra] *f* (MED) ❶ *(de la lengua)* Zungenbelag *m* ❷ *(del estómago)* Magenverschleimung *f*

saca ['saka] *f* ❶ *(saco)* großer Sack *m* ❷ *(extracción)* Entnahme *f* ❸ *(exportación)* (Waren)ausfuhr *f* ❹ *(copia)* Abschrift *f*

sacacorchos [saka'korʧos] *m inv* Korkenzieher *m;* **tener que sacar las cosas a alguien con ~** jdm die Worte aus der Nase ziehen müssen

sacamanchas [saka'manʧas] *m inv* Fleck(en)entferner *m*

sacamuelas [saka'mwelas] *mf inv (pey)* Zahnklempner(in) *m(f); (fig)* Plappermaul *nt*

sacapuntas [saka'puṇtas] *m inv* (Bleistift)spitzer *m*

sacar [sa'kar] <c → qu> **I.** *vt* ❶ *(de un sitio)* herausnehmen; *(agua)* schöpfen; *(diente, espada)* ziehen; **~ a bailar** zum Tanz auffordern; **~ a alguien de la cama** *(fig)* jdn aus dem Bett jagen; **~ a alguien de la cárcel** jdn aus dem Gefängnis holen; **~ a alguien de quicio** jdn aus dem Häuschen bringen; **~ a pasear** spazieren führen; **¡sácalo del garaje!** hol es aus der Garage!; **¡saca las plantas al balcón!** bring die Pflanzen hinaus auf den Balkon!; **¿de dónde lo has sacado?** wo hast du es her?; **recién sacado del horno** frisch gebacken; **¡te voy a ~ los ojos!** *(fig)* dir werde ich es noch zeigen! ❷ *(de una situación)* retten; **~ adelante** *(persona, negocio)* vorwärtsbringen; *(niño)* großziehen; *(con esfuerzo)* durchbringen; **~ a alguien del atolladero/de la pobreza** jdm aus der Klemme/aus der Not helfen ❸ *(solucionar)* lösen ❹ *(reconocer)* erkennen; **lo saqué por sus gafas** ich habe ihn an seiner Brille erkannt ❺ *(entrada)* lösen ❻ *(obtener)* erreichen; *(premio)* gewinnen; *(votos)* bekommen; *(información)* entlocken; **~ las consecuencias** Schlussfolgerungen ziehen; **~ provecho de algo** aus etw *dat* Nutzen ziehen; **~ el gordo** das große Los ziehen; **no ~ ni para vivir** kaum genug zum Leben verdienen; **~ a alguien 20 euros** jdn um 20 Euro anpumpen *fam* ❼ (MIN) fördern ❽ *(aceite, vino)* auspressen ❾ *(parte del cuerpo)* herausstrecken ❿ *(foto)* machen; *(dibujo)* zeichnen; **¡sácame una foto!** fotografier mich mal!; **el pintor te sacó muy bien** der Maler hat dich gut getroffen ⓫ *(mancha)* entfernen ⓬ *(producto)* herausbringen; *(libro)* herausgeben; **~ un apodo a alguien** sich *dat* für jdn einen Spitznamen ausdenken ⓭ *(mostrar)* zeigen; *(desenterrar)* ausgraben; **~ en hombros** auf die Schultern nehmen; **~ a relucir** *(pey)* wieder aufwärmen ⓮ *(ventaja)* **mi hermana me sacó dos minutos** meine Schwester war zwei Minuten schneller als ich ⓯ *(te-*

S

nis) aufschlagen; *(fútbol)* anspielen **II.** *vr* **~se los zapatos** sich *dat* die Schuhe ausziehen; **se sacó una pestaña del ojo** er/sie wischte sich *dat* eine Wimper aus dem Auge

sacarina [saka'rina] *f sin pl* Süßstoff *m*

sacarosa [saka'rosa] *f* (QUÍM) Saccharose *f*

sacerdocio [saθer'ðoθjo] *m sin pl* ① *(ministerio)* Priesteramt *nt* ② *(estado)* Priesterstand *m* ③ *(órdenes)* Priesterweihe *f* ④ *(consagración)* Hingabe *f;* **él se toma la medicina como un ~** er hat sich ganz der Medizin verschrieben

sacerdote [saθer'ðote] *m* Priester *m*

sacerdotisa [saθerðo'tisa] *f* Priesterin *f*

saciable [sa'θjaβle] *adj* stillbar, zu sättigen; **sus deseos son fácilmente ~s** seine/ihre Wünsche sind leicht zu erfüllen

saciado, -a [sa'θjaðo, -a] *adj* satt; (*t.* QUÍM) gesättigt; **estoy ~** ich bin satt

saciar [sa'θjar] **I.** *vt (hambre, curiosidad)* stillen; *(instintos sexuales)* befriedigen **II.** *vr:* **~se** *(t. fig)* satt werden; **me sacié de salchichas** ich habe mich an Würstchen satt gegessen

saciedad [saθje'ðaᵈ] *f sin pl* Sattheit *f;* **repetir hasta la ~** bis zum Überdruss wiederholen

saco ['sako] *m* ① *(bolsa)* Sack *m;* **~ de dormir** Schlafsack *m* ② *(prenda)* Sakko *m o nt* ③ *(bahía)* Einbuchtung *f* ④ *(saqueo)* Plünderung *f;* **entrar a ~** (aus)plündern ⑤ *(loc, fig)* Haufen *m;* **hombre del ~** Buhmann *m;* **echar en ~ roto** *(fig fam)* in den Wind schlagen, dein Ratschlag hat gewirkt; **meter en el mismo ~** *(fig)* in einen Topf werfen

sacralizar [sakrali'θar] <z → c> *vt* ≈ einen sakralen Charakter verleihen; *(persona)* ≈ als heilig verehren

sacramental [sakramen̩'tal] **I.** *adj* ① (REL) sakramental; **auto ~** Sakramentspiel *nt (christliches Theaterstück)* ② *(palabra)* herkömmlich **II.** *f (reg: cofradía)* ≈ Begräbnisbruderschaft *f*

sacramente [sakra'men̩te] *adv* heilig

sacramento [sakra'men̩to] *m* Sakrament *nt;* **el ~ de la Eucaristía** das heilige Abendmahl; **administrar a alguien los últimos ~s** jdm die Sterbesakramente erteilen; **con todos los ~s** *(fig)* in aller Form

sacrificado, -a [sakrifi'kaðo, -a] *adj* opferwillig, selbstlos

sacrificar [sakrifi'kar] <c → qu> **I.** *vt* ① *(ofrecer)* opfern; *(t. fig)* widmen ② *(animal)* schlachten **II.** *vr:* **~se** *(t. fig)* sich (auf)opfern (**por** für +*akk*)

sacrificio [sakri'fiθjo] *m* Opfer *nt;* **el Santo S~** die heilige Messe

sacrilegio [sakri'lexjo] *m* Schändung *f;* *(fig)* Sakrileg *nt*

sacrílego, -a [sa'krileɣo, -a] *adj* frevelhaft; **acción sacrílega** Freveltat *f*

sacristán [sakris'tan] *m* Küster *m;* **¡ese es un buen ~!** *(fam)* das ist ein gerissener Kerl!; **los dineros del ~ cantando se vienen y cantando se van** *(prov)* wie gewonnen, so zerronnen

sacristía [sakris'tia] *f (lugar)* Sakristei *f*

sacro, -a ['sakro, -a] *adj* ① *(sagrado)* heilig ② (ANAT) sakral; **hueso ~** Kreuzbein *nt*

sacrosanto, -a [sakro'san̩to, -a] *adj* hochheilig; *(fig)* unantastbar

sacudida [saku'ðiða] *f* Erschütterung *f;* **~ eléctrica** elektrischer Schlag; **~ sísmica** Erdstoß *m;* **el coche pegaba ~s** das Auto wackelte (hin und her); **¡dale una ~ a la alfombra!** klopf den Teppich aus!

sacudido, -a [saku'ðiðo, -a] *adj* ① *(intratable)* störrisch, unzugänglich ② *(atrevido)* kühn

sacudir [saku'ðir] **I.** *vt* schütteln; *(noticia, terremoto)* erschüttern; *(pegar)* verprügeln; *(alfombras)* ausklopfen; **~ el rabo** mit dem Schwanz wedeln; **~ a alguien por los hombros** jdn an den Schultern packen und schütteln; **un estremecimiento le sacudió todo el cuerpo** ein Schauder fuhr ihm/ihr durch den Körper **II.** *vr:* **~se** sich schütteln; **~se la duda** jeden Zweifel von sich *dat* weisen; **~se el yugo** das Joch abschütteln; **~se a alguien de encima** jdn loswerden

sádico, -a ['saðiko, -a] **I.** *adj* sadistisch **II.** *m, f* Sadist(in) *m(f)*

sadismo [sa'ðismo] *m sin pl* Sadismus *m*

sadomasoquismo [saðomaso'kismo] *m sin pl* Sadomasochismus *m*

saeta [sa'eta] *f* ① *(flecha)* Pfeil *m* ② *(reloj)* (Uhr)zeiger *m;* *(brújula)* Magnetnadel *f*

safari [sa'fari] *m* Safari *f;* **~ fotográfico** Fotosafari *f*

sagacidad [saɣaθi'ðaᵈ] *f sin pl* Scharfsinn *m*

sagaz [sa'ɣaθ] *adj* scharfsinnig

sagitario [saxi'tarjo] *m* (ASTR: *persona*) Schütze *m;* **conozco a pocas (mujeres) ~** ich kenne wenige Frauen, die Schütze sind

Sagitario [saxi'tarjo] *m* (ASTR: *signo*) Schütze *m*

sagrado, -a [sa'ɣraðo, -a] <sacratísimo> *adj* heilig

sagrario [sa'ɣrarjo] *m (para las hostias)* Tabernakel *m*

Sahara [sa'ara] *m* **el ~** die Sahara

Sáhara ['saxara] *m* **el ~** die Sahara; **el ~ español** (HIST) die Spanische Sahara *(seit 1976: Westsahara)*

saharaui [saxa'rawi] *adj* saharauisch

sahariana [saxa'rjana] *f* leichte Tropenjacke *f* (mit Gürtel)
sahumar [sau'mar] *vt* räuchern
sainete [sai̯'nete] *m* (TEAT) Schwank *m*
sajón, -ona [sa'xon, -ona] **I.** *adj* sächsisch **II.** *m, f* Sachse, Sächsin *m, f*
Sajonia [sa'xonja] *f* Sachsen *nt;* **Baja ~** Niedersachsen *nt*
Sajonia-Anhalt [sa'xonja-'aŋxal̥t] *f* Sachsen-Anhalt *nt*
sal [sal] *f* ❶ *(condimento)* Salz *nt;* **~ común** Speisesalz *nt;* **poner demasiada ~ a algo** etw versalzen; **tener poca ~ en la mollera** *(fig fam)* wenig Grütze im Kopf haben ❷ *pl (perfume)* Riechsalz *nt;* **~es de baño** Badesalz *nt* ❸ *(gracia)* Witz *m; (encanto)* Charme *m;* **la ~ de la vida** die Würze des Lebens ❹ *(Am: mala suerte)* Pech *nt*
sala ['sala] *f* ❶ *(habitación)* Raum *m; (grande)* Saal *m;* **~ de espera** Wartezimmer *nt;* **~ de estar** Wohnzimmer *nt;* **~ de fiestas** Tanzlokal *nt;* **~ de reuniones** Besprechungsraum *m;* **~ de partos** Kreißsaal *m* ❷ (JUR) Kammer *f;* **S~ de lo Civil/Penal** Zivil-/Strafkammer *f*
salado, -a [sa'laðo, -a] *adj* ❶ *(comida)* salzig ❷ *(gracioso)* witzig; *(encantador)* charmant ❸ *(Am: infortunado)* unglücklich
saladura [sala'ðura] *f* Pökeln *nt*
salamandra [sala'man̪dra] *f* (ZOOL) Salamander *m;* **~ acuática** Molch *m*
salamanquesa [salamaŋ'kesa] *f* Gecko *m;* **~ de agua** (Wasser)molch *m*
salame [sa'lame] *m (CSur)* ❶ *(salami)* Salami *f* ❷ *(papanatas)* Trottel *m*
salami [sa'lami] *m* Salami *f*
salar [sa'lar] *vt* ❶ *(condimentar)* salzen; **~ demasiado** versalzen ❷ *(para conservar)* (ein)pökeln ❸ *(Am: echar a perder)* verderben
salarial [sala'rjal] *adj* Lohn-
salario [sa'larjo] *m* Lohn *m;* **~ en especie** Naturallohn *m;* **~ mínimo interprofesional** Mindestlohn *m*
salazón [sala'θon] *m* ❶ *(saladura)* Pökeln *nt* ❷ *pl (carne)* Pökelfleisch *nt; (pescado)* Pökelfisch *m*
salchicha [sal'ʧiʧa] *f* Wurst *f;* **~ asada** Bratwurst *f;* **perro ~** *(fam)* Dackel *m*
salchichón [salʧi'ʧon] *m* ≈ Salami *f*
saldar [sal̥'dar] *vt* ❶ *(cuenta, deuda)* begleichen; **todavía no hemos saldado nuestras diferencias** wir haben unsere Unstimmigkeiten noch nicht beigelegt ❷ *(mercancía)* ausverkaufen; **la tienda salda** das Geschäft macht Räumungsverkauf
saldo ['sal̥do] *m* ❶ *(diferencia)* Saldo *m;* *(pago)* Zahlung *f;* **~ acreedor** Guthaben *nt;* **~ de cuenta** Kontostand *m* ❷ *pl (rebajas)* Räumungsverkauf *m*
saledizo[1] [sale'ðiθo] *m* (ARQUIT) Stirnbrett *nt*
saledizo, -a[2] [sale'ðiθo, -a] *adj* vorspringend
salero [sa'lero] *m* ❶ *(objeto)* Salzstreuer *m* ❷ *(gracia)* Witz *m; (encanto)* Charme *m*
saleroso, -a [sale'roso, -a] *adj (fam: ingenioso)* witzig; *(encantador)* charmant
salida [sa'liða] *f* ❶ *(puerta)* Ausgang *m;* **~ para coches** Ausfahrt *f;* **~ de emergencia** Notausgang *m;* **a la ~ del teatro** nach der Vorstellung; **callejón sin ~** Sackgasse ❷ *(de un tren)* Abfahrt *f; (de un avión)* Start *m; (de un barco)* Auslaufen *nt* ❸ *(astro)* Aufgang *m;* **~ des sol** Sonnenaufgang *m* ❹ (DEP) Start *m;* **~ nula** Fehlstart *m;* **dar la ~** das Startzeichen geben ❺ (COM) Absatz *m; (partida)* Ausgabe *f;* **este producto no tiene ~** dieses Produkt ist unverkäuflich ❻ *(fam: ocurrencia)* Einfall *m;* **~ de tono** unangebrachte Bemerkung; **¡menuda ~!** was für eine Schnapsidee! ❼ *(pretexto)* Ausrede *f* ❽ *(solución)* Ausweg *m;* **en este asunto no hay ~** diese Sache ist ausweglos ❾ (INFOR) **~ de datos** Datenausgabe *f*
saliente [sa'ljen̪te] *adj* ❶ *(excelente)* hervorragend ❷ *(ojos)* hervorstehend ❸ *(ministro)* scheidend
salina [sa'lina] *f (instalación)* Salzwerk *nt; (mina)* Salzgrube *f*
salinidad [salini'ða^ð] *f sin pl* Salzgehalt *m*
salinización [saliniθa'θjon] *f* Versalzung *f;* **~ de las aguas subterráneas** Grundwasserversalzung *f*
salino, -a [sa'lino, -a] *adj (salobre)* salzig
salir [sa'lir] *irr* **I.** *vi* ❶ *(de un sitio)* herauskommen (**de** aus +*dat*); *(ir fuera)* gehen (**de** aus +*akk*) ❷ *(de viaje)* abfahren; *(avión)* starten; **~ del huevo** (aus dem Ei) schlüpfen; **~ pitando** *(fam)* davoneilen; **para ~ de dudas le pregunté directamente** um mir Klarheit zu verschaffen, habe ich ihn/sie direkt gefragt; **~ por peteneras** *(fam)* vom Thema abschweifen ❸ *(aparecer)* erscheinen; *(sol)* aufgehen; *(fuente)* entspringen; *(flores)* sprießen; **~ a la luz** ans Licht kommen; **~ en la tele** ins Fernsehen kommen ❹ *(convertirse)* werden; **salió un buen artista** aus ihm ist ein guter Künstler geworden ❺ *(parecerse)* ähneln (**a** +*dat*); **este niño ha salido a su padre** der Junge kommt ganz nach seinem Vater ❻ (INFOR) verlassen (**de** +*akk*) ❼ (DEP) starten ❽ *(costar)* kosten; **nos sale a 5 euros el metro** es kostet uns 5 Euro pro

Meter ⑨ *(loc)* ~ **adelante** (irgendwie) weiterkommen; ~ **con alguien** *(fam)* mit jdm gehen; ~ **a dar una vuelta** spazieren gehen; ~ **mal con alguien** sich mit jdm entzweien **II.** *vr:* **~se** ① *(derramarse)* verlassen; *(líquido)* überlaufen; *(leche)* überkochen; *(vasija)* undicht sein; **~se de la Iglesia** aus der Kirche austreten; **el río se salió (de madre)** der Fluss ist über die Ufer getreten ② *(loc)* **~se con la suya** seinen Kopf durchsetzen

salitre [sa'litre] *m* Salpeter *m*

saliva [sa'liβa] *f* Speichel *m;* **gastar ~ en balde** *(fig fam)* sich *dat* den Mund fusselig reden; **tragar ~** *(fig fam)* seinen Ärger hinunterschlucken

salivar [sali'βar] *vi* Speichel bilden

salivazo [sali'βaθo] *m* Spucke *f*

salmantino, -a [salmaṇ'tino, -a] **I.** *adj* aus Salamanca **II.** *m, f* Einwohner(in) *m(f)* von Salamanca

salmo ['salmo] *m* Psalm *m;* **cantarle a alguien el ~** *(fig fam)* jdm die Leviten lesen

salmodiar [salmo'ðjar] **I.** *vi* Psalmen singen **II.** *vt (pey)* (herunter)leiern

salmón [sal'mon] **I.** *adj* lachsfarben **II.** *m* Lachs *m*

salmonelosis [salmone'losis] *f inv* Salmonellenvergiftung *f;* (MED) Salmonellose *f*

salmonete [salmo'nete] *m* Meerbarbe *f*

salmuera [sal'mwera] *f* Lake *f*

salobre [sa'loβre] *adj* salzig

salomónico, -a [salo'moniko, -a] *adj* ① *(sabio)* salomonisch ② (ARQUIT: *columna*) gewunden

salón [sa'lon] *m* ① *(de casa)* Wohnzimmer *nt* ② *(local)* Salon *m;* ~ **de baile** Tanzsaal *m;* ~ **de belleza** Schönheitssalon *m* ③ *(muebles)* Wohnzimmermöbel *pl* ④ *(feria)* Ausstellung *f*

salpicadero [salpika'ðero] *m* Armaturenbrett *nt*

salpicadura [salpika'ðura] *f* *(acción)* (Be)spritzen *nt;* *(mancha)* (Spritz)fleck *m*

salpicar [salpi'kar] <c → qu> *vt* ① *(rociar)* bespritzen (**con/de** mit +*dat*); *(con pintura)* besprenkeln; ~ **la mesa de flores** den Tisch mit Blumen schmücken ② *(manchar)* beschmutzen (**con/de** mit +*dat*) ③ *(con chistes)* würzen

salpicón [salpi'kon] *m v.* **salpicadura**

salpimentar [salpimeṇ'tar] <e → ie> *vt* mit Salz und Pfeffer würzen; *(fig)* würzen (**con/de** mit +*dat*)

salsa ['salsa] *f* ① (GASTR) Soße *f;* *(caldo)* Brühe *f;* ~ **mayonesa** Mayonnaise *f;* ~ **verde** Petersiliensoße *f;* **la ~ de san Bernardo** *(fig fam)* einen Bärenhunger; **estar en su propia ~** *(fig fam)* in seinem Element sein ② *(gracia)* Reiz *m;* **este libro tiene mucha ~** dieses Buch ist sehr spannend; **esa es la ~ de la vida** *(fam)* das macht das Leben lebenswert ③ (MÚS) Salsa *f*

salsera [sal'sera] *f* Soßenschüssel *f*

saltador[1] [saḷta'ðor] *m* *(comba)* Springseil *nt*

saltador(a)[2] [saḷta'ðor(a)] **I.** *adj* springend **II.** *m(f)* ① *(atleta)* Springer(in) *m(f);* ~ **de altura** Hochspringer *m;* ~ **de longitud** Weitspringer *m;* ~ **de pértiga** Stabhochspringer *m* ② *(saltimbanqui)* Seiltänzer(in) *m(f)*

saltamontes [saḷta'moṇtes] *m inv* Heuschrecke *f*

saltar [saḷ'tar] **I.** *vi* ① *(botar)* springen; *(chispas)* sprühen; ~ **por los aires** explodieren; *(fig)* schiefgehen; ~ **de alegría** vor Freude in die Luft springen; ~ **a la cuerda** seilspringen; ~ **en pedazos** in Stücke zerspringen; **los jugadores ~on al terreno de juego** die Spieler liefen auf das Spielfeld ② *(lanzarse)* springen; ~ **al agua/a la calle** ins Wasser/auf die Straße springen; ~ **con paracaídas** fallschirmspringen ③ *(explotar)* platzen; *(bomba)* explodieren; *(costura)* reißen ④ *(atención)* **eso salta a la vista** das ist offensichtlich ⑤ *(picarse)* (zornig) auffahren ⑥ *(irrumpir)* herausplatzen (**con** mit +*dat*) ⑦ *(trabajo)* eine steile Karriere machen; *(ser destituido)* abgesetzt werden ⑧ *(desprenderse)* abspringen **II.** *vt* ① *(movimiento)* springen (über +*akk*); **andar a la que salta** auf jede günstige Gelegenheit lauern ② *(animal)* decken **III.** *vr:* **~se** ① *(ley, norma)* missachten ② *(línea, párrafo)* überspringen ③ *(desprenderse)* abspringen; **se me saltó un botón** ich habe einen Knopf verloren; **se me ~on las lágrimas** mir kamen die Tränen

saltarín, -ina [saḷta'rin, -ina] **I.** *adj* *(saltar)* springend; *(bailar)* tanzend **II.** *m, f* ① *(bailarín)* Tänzer(in) *m(f)* ② *(zarandillo)* Luftikus *m fam*

salteador(a) [saḷtea'ðor(a)] *m(f)* Straßenräuber(in) *m(f)*

saltear [saḷte'ar] *vt* ① *(asaltar)* überfallen ② (GASTR) sautieren

saltimbanqui [saḷtim'baŋki] *m* Gaukler(in) *m(f)*

salto ['saḷto] *m* ① *(en general)* Sprung *m;* ~ **de agua** Wasserfall *m;* *(presa)* Talsperre *f;* **de** [*o* **en**] **un ~** schnell; **apartarse de un ~** beiseitespringen; **dar un ~** aufspringen; *(fig)* rasch vorwärtskommen; **dar ~s de alegría** vor Freude an die Decke springen; **dar un ~ atrás** zurückspringen; **me**

S

pegó un ~ el corazón mein Herz tat einen Sprung; **moverse a ~s** sich sprunghaft bewegen; **vivir a ~ de mata** *(fig)* mehr schlecht als recht leben ② (INFOR) **~ de página** Seitenumbruch *m* ③ (DEP) Sprung *m;* **~ de altura** Hochsprung *m;* **~ de longitud** Weitsprung *m;* **~ con pértiga** Stabhochsprung *m;* **~ del potro** Bockspringen *nt* ④ *(trabajo)* Beförderung *f* ⑤ *(bata)* **~ de cama** Morgenrock *m*

saltón, -ona [saḷ'ton, -ona] *adj* ① *(saltarín)* springend ② *(sobresaliente)* hervorspringend; **ojos saltones** Glotzaugen *nt pl*

salubre [sa'luβre] *adj* <salubérrimo> *(saludable)* gesund; *(curativo)* heilsam

salubridad [saluβri'ða^{ð}] *f sin pl* Zuträglichkeit *f;* *(Am: higiene)* Hygiene *f*

salud [sa'lu^{ð}] *f sin pl (estado físico)* Gesundheit *f;* **¡~!** *(al estornudar)* Gesundheit!; *(saludo)* grüß Gott!; **a la ~ de...** auf das Wohl von ...; **rebosante de ~** kerngesund; **¡~, dinero y amor!** *(fam)* prost!; **curarse en ~** *(fig)* es nicht darauf ankommen lassen; **gastar ~** sich wohl fühlen; **lo juro por la ~ de mis hijos** ich schwöre es bei meiner Seele

saludable [salu'ðaβle] *adj* ① *(sano)* gesund ② *(provechoso)* nützlich

saludar [salu'ðar] *vt (al encontrar)* grüßen; (MIL) salutieren; *(recibir)* begrüßen; *(mandar saludos)* einen Gruß bestellen *+dat;* **le saluda afectuosamente su...** *(formal)* es grüßt Sie herzlich Ihr ...; **he ido a ~ a mis padres** ich bin kurz bei meinen Eltern vorbeigegangen; **estos ya ni se saludan** die reden kein Wort mehr miteinander

saludo [sa'luðo] *m* Gruß *m;* *(recibimiento)* Begrüßung *f;* *(carta)* Grußformel *f;* **con un cordial ~** *(formal)* mit herzlichen Grüßen; **¡dele ~s de mi parte!** grüßen Sie ihn/sie von mir!; **tu madre te manda ~s** deine Mutter lässt dich grüßen; **¡muchos ~s a tu hermano de mi parte!** grüße deinen Bruder von mir!

salutación [saluta'θjon] *f* Gruß *m;* *(recibimiento)* Begrüßung *f;* *(oración)* Avemaria *nt*

salva ['salβa] *f* Salve *f;* **~ de aplausos** Beifallssturm *m*

salvable [sal'βaβle] *adj* (noch) zu retten

salvación [salβa'θjon] *f* Rettung *f;* (REL) Erlösung *f;* **Ejército de S~** Heilsarmee *f*

salvado [sal'βaðo] *m* Kleie *f*

salvador(a) [salβa'ðor(a)] **I.** *adj* rettend; (REL) erlösend; *(curativo)* heilend **II.** *m(f)* Retter(in) *m(f)*

Salvador [salβa'ðor] *m* ① (GEO) **El ~** El Salvador *nt* ② *(Jesucristo)* **El ~** der Erlöser

salvadoreño, -a [salβaðo'reɲo, -a] **I.** *adj* salvadorianisch **II.** *m, f* Salvadorianer(in) *m(f)*

salvaguardar [salβaɣwar'ðar] *vt* beschützen; *(derechos, intereses)* wahren

salvaguardia [salβa'ɣwarðja] *f* ① *(protección)* Schutz *m;* *(de intereses)* Wahrung *f* ② (MIL) Geleit *nt* ③ *(salvoconducto)* Geleitbrief *m*

salvajada [salβa'xaða] *f* Gräueltat *f*

salvaje [sal'βaxe] **I.** *adj (planta, animal)* wild; *(persona)* unzivilisiert; *(acto)* grausam **II.** *mf* Wilde(r) *mf;* *(persona ruda)* Barbar(in) *m(f)*

salvajismo [salβa'xismo] *m sin pl (animal)* Wildheit *f;* *(gamberrismo)* Vandalismus *m;* *(crueldad)* Grausamkeit *f*

salvamanteles [salβamaṇ'teles] *m inv* Untersetzer *m*

salvamento [salβa'meṇto] *m* Rettung *f;* *(accidente, naufragio)* Bergung *f*

salvapantallas [salβapaṇ'taʎas] *m inv* (INFOR) Bildschirmschoner *m*

salvar [sal'βar] **I.** *vt* ① *(peligro)* retten (**de** vor *+dat*); (REL) erlösen; **~ del peligro** aus der Gefahr retten ② *(foso)* überspringen; *(distancia)* zurücklegen; *(obstáculo)* überwinden; **~ las apariencias** den Schein wahren **II.** *vr:* **~se** sich retten (**de** vor *+dat*); (REL) erlöst werden; **~se por los pelos** nur knapp entkommen

salvavidas [salβa'βiðas] *m inv* Rettungsring *m;* **bote ~** Rettungsboot *nt;* **chaleco ~** Schwimmweste *f*

salvedad [salβe'ða^{ð}] *f* ① *(excepción)* Ausnahme *f* ② *(condición)* Vorbehalt *m;* **con la ~ de que...** unter dem Vorbehalt, dass ...

salvia ['salβja] *f* Salbei *m o f*

salvo[1] ['salβo] *prep* außer *+dat;* **~ que** [*o* **si**] **...** *+subj* es sei denn, dass ...; **~ error u omisión** *(formal)* Irrtum bzw. Auslassung vorbehalten; **~ aviso en contrario** *(formal)* vorbehaltlich anders lautender Mitteilungen

salvo, -a[2] ['salβo, -a] *adj* heil; **poner a ~** in Sicherheit bringen

salvoconducto [salβokoṇ'dukto] *m* Passierschein *m*

samaritano, -a [samari'tano, -a] **I.** *adj* (GEO, REL) samarit(an)isch, aus Samaria **II.** *m, f* Samarit(an)er(in) *m(f);* **el buen ~** der barmherzige Samariter

samba ['samba] *f* (MÚS) Samba *m o f*

sambenito [sambe'nito] *m* Büßerhemd *nt;* **colgar** [*o* **poner**] **el ~ a alguien** jdn abstempeln

Samoa [sa'moa] *f* Samoa *nt*

samovar [samo'βar] *m* Samowar *m*

san [san] *adj v.* **santo**

sanable [sa'naβle] *adj* heilbar

sanar [sa'nar] **I.** *vi* gesund werden (**de** von +*dat*) **II.** *vt* heilen

sanatorio [sana'torjo] *m* Sanatorium *nt*

sanción [saṇ'θjon] *f* ① *(multa)* Strafe *f;* (ECON) Sanktion *f* ② *(ley)* Gesetz *nt* ③ *(autorización)* Genehmigung *f*

sancionable [saṇθjo'naβle] *adj* strafbar

sancionar [saṇθjo'nar] *vt* ① *(castigar)* bestrafen; (ECON: *aplicar sanciones*) Sanktionen verhängen (**a** gegen +*akk*) ② *(aprobar)* billigen; (JUR) sanktionieren

sancocho [saŋ'kotʃo] *m* ① *(AmC, PRico, Ven: lío)* Durcheinander *nt* ② *(And, Ven)* ≈ Eintopf *m*

San Cristóbal y Nieves [san kris'toβal i 'njeβes] *m* St. Kitts und Nevis *nt*

sancta ['saṇta] **non ~** verdorben; **una casa non ~** ein verruchtes Haus

sandalia [saṇ'dalja] *f* Sandale *f*

sándalo ['saṇdalo] *m* *(árbol)* Sandelbaum *m; (madera)* Sandelholz *nt*

sandez [saṇ'deθ] *f* Dummheit *f;* **no decir más que sandeces** nur Unsinn reden

sandía [saṇ'dia] *f* Wassermelone *f*

sandinista [saṇdi'nista] **I.** *adj* sandinistisch **II.** *mf* Sandinist(in) *m(f)* *(Mitglied der Frente Sandinista de Liberación Nacional, Nicaragua)*

sandio, -a ['saṇdjo, -a] *adj* einfältig, dumm

sandunguero, -a [saṇduŋ'gero, -a] *adj* *(elegante)* graziös, anmutig, witzig

sándwich ['saŋgwitʃ] *m* Sandwich *m o nt;* **día ~** *(Arg: fam)* Brückentag *m*

sandwichera [saŋgwi'tʃera] *f* Sandwichmaker *m*

saneado, -a [sane'aðo, -a] *adj* ① (ECON: *haber*) lastenfrei ② *(edificio)* saniert, renoviert; *(economía)* gesund

saneamiento [sanea'mjeṇto] *m* ① (ARQUIT, ECON: *t. fig*) Sanierung *f* ② (JUR) Mängelhaftung *f*

sanear [sane'ar] *vt* ① (ARQUIT, ECON) sanieren ② (JUR) haften (für +*akk*); **~ un vicio** einen Mangel beheben

Sanfermines [saɱfer'mines] *mpl* San-Fermín-Fest *nt (Volksfest in Pamplona am 7. Juli)*

sangradera [saŋgra'ðera] *f* ① (MED) Schnäpper *m* ② *(recipiente) Gefäß zum Auffangen von Blut* ③ *(Am: sangría)* Aderlass *m* ④ *(compuerta)* Abzugsgraben *m*

sangrar [saŋ'grar] **I.** *vi* bluten; **estar sangrando por la nariz** Nasenbluten haben; **estar sangrando** *(fig)* ganz frisch sein **II.** *vt* ① (MED) zur Ader lassen; *(cerdo)* abstechen ② *(dinero)* schröpfen ③ *(agua, resina)* abzapfen ④ (TIPO) einrücken

sangre ['saŋgre] *f* Blut *nt; (linaje)* Abstammung *f; (carácter)* Gemüt *nt;* **a ~ fría** kaltblütig; **de ~ azul** blaublütig; **animales de ~ caliente/fría** Warm-/Kaltblüter *mpl;* (**caballo de**) **pura ~** Vollblut(pferd) *nt;* **chupar la ~** (**de las venas**) **a alguien** *(fam)* jdn ausnutzen; **conservar la ~ fría** ruhig Blut bewahren; **dar la ~ de sus venas** *(fig)* zu jedem Opfer bereit sein; **hacerse mala ~** sich *dat* graue Haare wachsen lassen; **le hierve la ~** er/sie kocht vor Wut; **no llegar la ~ al río** *(fam)* Pack schlägt sich, Pack verträgt sich; **llevar algo en la ~** etw im Blut haben; **se le sube la ~ a la cabeza** *(fig)* er/sie platzt vor Wut; **tener mala ~** *(fam)* hundsgemein sein; **la ~ se me heló en las venas** mir erstarrte das Blut in den Adern

sangría [saŋ'gria] *f* ① (MED) Aderlass *m;* **una ~ de votos** ein hoher Stimmenverlust; **lo mismo son ~s que ventosas** *(fig fam)* da hilft weder das eine noch das andere ② *(brazo)* Armbeuge *f* ③ *(aguas)* Abzapfung *f* ④ *(bebida)* Sangria *f*

sangriento, -a [saŋ'grjeṇto, -a] *adj* blutig; *(injusticia)* grausam; **hecho ~** Bluttat *f*

sangriligero, -a [saŋgrili'xero, -a] *adj* *(AmC)* nett, sympathisch

sánguche ['saŋgutʃe] *m* *(Am: fam)* belegtes Brötchen, Sandwich *m o nt*

sanguijuela [saŋgi'xwela] *f* (ZOOL) Blutegel *m; (pey: persona)* Blutsauger *m*

sanguina [saŋ'gina] *f (lápiz)* Rotstift *m; (dibujo)* Rotstiftzeichnung *f*

sanguinario, -a [saŋgi'narjo, -a] *adj (persona, animal)* blutrünstig; *(hecho)* grausam

sanguíneo, -a [saŋ'gineo, -a] *adj* ① (MED) Blut-; **rojo ~** blutrot ② *(temperamento)* sanguinisch

sanguinolento, -a [saŋgino'leṇto, -a] *adj* blutig; *(color)* blutrot; *(ojos)* blutunterlaufen

sanidad [sani'ðað] *f sin pl* Gesundheit *f;* **~ privada** private Gesundheitsvorsorge; **~** (**pública**) (öffentliches) Gesundheitswesen *nt*

sanitario[1] [sani'tarjo] *m (váter)* Toilette *f*

sanitario, -a[2] [sani'tarjo, -a] **I.** *adj* gesundheitlich; *(aparatos, medidas)* sanitär **II.** *m, f* Sanitäter(in) *m(f)*

sano, -a ['sano, -a] *adj* ① *(robusto, saludable)* gesund; **~ de juicio** zurechnungsfähig; **cortar por lo ~** das Übel an der Wurzel packen; **estar más ~ que una manzana** kerngesund sein; **salir ~ y salvo** mit heiler Haut davonkommen ② *(no roto)* heil ③ *(sincero)* ehrlich

sanseacabó [sanseaka'βo] *interj* *(fam)*

Schluss (jetzt); **lo haces así y ~** du machst es so und damit basta!

sansón [san'son] *m (fig)* bärenstarker Mann *m*

santamente [san̪ta'men̪te] *adv* ① *(con santidad)* fromm, heilig ② *(sencillamente)* (schlicht und) einfach

santanderino, -a [san̪tan̪de'rino, -a] **I.** *adj* aus Santander **II.** *m, f* Einwohner(in) *m(f)* von Santander

santero, -a [san̪'tero, -a] **I.** *adj (pey: beato)* frömmelnd; **ese es muy ~** das ist ein Betbruder **II.** *m, f* ① *(pey: beato)* Betbruder, -schwester *m, f* ② *(guardián)* ≈ Kirchendiener(in) *m(f)*

santiaguino, -a [san̪tja'ɣino, -a] **I.** *adj* aus Santiago de Chile **II.** *m, f* Einwohner(in) *m(f)* von Santiago de Chile

santiamén [san̪tja'men] *m* **en un ~** im Nu

santidad [san̪ti'ðaᵈ] *f* Heiligkeit *f*

santificar [san̪tifi'kar] <c → qu> *vt* ① *(consagrar)* heiligen ② *(canonizar)* heiligsprechen ③ *(respetar)* heilighalten

santiguar [san̪ti'ɣwar] <gu → gü> **I.** *vt* ① *(signarse)* segnen ② *(fam: maltratar)* misshandeln **II.** *vr:* **~se** sich bekreuzigen

santo, -a ['san̪to, -a] **I.** *adj* heilig; *(piadoso)* fromm; *(planta)* heilsam; *(inviolable)* unantastbar; **la Santa Sede** der Heilige Stuhl; **campo ~** Friedhof *m;* **Jueves S~** Gründonnerstag *m;* **Semana Santa** Karwoche *f;* **Viernes S~** Karfreitag *m;* **¿qué haces en Semana Santa?** was machst du zu Ostern?; **se pasó todo el ~ día haciendo...** den lieben langen Tag machte er/sie ... **II.** *m, f* ① *(personaje)* Heilige(r) *mf;* **día de Todos los S~s** Allerheiligen *nt;* **se me ha ido el ~ al cielo** ich habe den Faden verloren; **no sé a ~ de qué me dijo eso** ich weiß beim besten Willen nicht, warum er/sie mir das gesagt hat; **¡esta se come los ~s!** *(fig fam)* das ist eine Betschwester!; **hoy tengo el ~ de cara/espalda** heute habe ich richtig Glück/Pech; **yo creía que era llegar y besar el ~** *(fig)* ich habe mir das einfacher vorgestellt; **ese no es ~ de mi devoción** er ist nicht gerade mein Fall; **dormirse como un ~ (bendito)** *(fam)* sofort einschlafen; **ese hace perder la paciencia a un ~** er ist eine richtige Nervensäge; **alzarse con el ~ y la limosna** *(fig fam)* sich *dat* die Rosinen herauspicken; **quedarse para vestir ~s** *(fam: una mujer)* keinen Mann finden; **ser mano de ~** *(fam)* ein wunderbares Mittel sein ② *(fiesta)* Namenstag *m;* **el día de mi ~** an meinem Namenstag ③ *(imagen)* (Heiligen)bild *nt;* **ver los ~s de un libro** sich *dat* die Bilder in einem Buch anschauen

santoral [san̪to'ral] *m* ① *(hagiografía)* Heiligenlegende *f* ② *(calendario)* Verzeichnis *nt* von Heiligennamen ③ (MÚS) Chorbuch *nt*

santuario [san̪tu'arjo] *m* ① *(templo)* Tempel *m;* *(capilla)* Kapelle *f* ② *(Col: tesoro)* Schatz *m*

santurrón, -ona [san̪tu'rron, -ona] **I.** *adj* frömmelnd; *(hipócrita)* scheinheilig **II.** *m, f* Frömmler(in) *m(f); (hipócrita)* Scheinheilige(r) *mf*

saña ['saɲa] *f* ① *(ira)* Wut *f* ② *(rencor)* Hass *m;* **lo hizo con toda la mala ~** er/sie tat es auf eine ganz gehässige Art

sañudo, -a [sa'ɲuðo, -a] *adj (irritado)* wütend; *(despiadado)* erbarmungslos; *(rencoroso)* nachtragend

sapiencia [sa'pjen̪θja] *f sin pl* ① *(conocimientos)* Wissen *nt* ② *(sensatez)* Weisheit *f*

sapo ['sapo] *m* ① (ZOOL) Kröte *f;* **pisar el ~** *(fam fig)* spät aufstehen; **echar por la boca ~s y culebras** *(fam)* Gift und Galle spucken ② *(persona)* schwerfällige Person *f* ③ *(fam: bicho)* Ungeziefer *nt*

saque ['sake] *m* ① *(fútbol)* Anstoß *m;* *(tenis)* Aufschlag *m;* **~ de esquina/córner** Eckstoß *m;* **de banda** Einwurf *m* ② *(loc)* **tener buen ~** *(fam: apetito)* einen guten Appetit haben

saquear [sake'ar] *vt* plündern

saqueo [sa'keo] *m* Plünderung *f*

sarampión [saram'pjon] *m sin pl* (MED) Masern *pl*

sarao [sa'rao] *m (fiesta)* Tanzabend *m;* **¡menudo ~ se armó allí!** da war was los!

sarape [sa'rape] *m (Méx)* Poncho *m*

sarasa [sa'rasa] *m (pey)* Tunte *f*

sarcasmo [sar'kasmo] *m sin pl* Sarkasmus *m*

sarcástico, -a [sar'kastiko, -a] *adj* sarkastisch

sarcófago [sar'kofaɣo] *m* Sarkophag *m;* *(sepulcro)* Steinsarg *m*

sardana [sar'ðana] *f* Sardana *f (katalanischer Volkstanz)*

sardina [sar'ðina] *f* (ZOOL) Sardine *f;* **~s en aceite** Ölsardinen *f pl;* **entierro de la ~** ≈ Aschermittwochstreffen *nt;* **arrimar el ascua a su ~** *(fig)* seine Schäfchen ins Trockene bringen

sardo, -a ['sarðo, -a] **I.** *adj* sardi(ni)sch **II.** *m, f* Sardinier(in) *m(f)*

sardónico, -a [sar'ðoniko, -a] *adj* (MED) sardonisch; *(movimiento)* krampfhaft; *(rostro)* verzerrt; **risa sardónica** sardonisches [*o* hämisches] Lachen

sargento [sar'xeṇto] *m* Feldwebel *m*
sargo ['saryo] *m* Weißbrasse *f*
sarmentoso, -a [sarmeṇ'toso, -a] *adj (extremidades)* knochig
sarmiento [sar'mjeṇto] *m (tallo)* Ranke *f*
sarna ['sarna] *f sin pl* Krätze *f; (de los animales)* Räude *f;* **ser más viejo que la ~** *(fam)* steinalt sein; **~ con gusto no pica(, pero mortifica)** *(prov)* was nicht tötet, härtet ab
sarnoso, -a [sar'noso, -a] *adj (persona)* krätzig; *(animal)* räudig
sarpullido [sarpu'ʎiðo] *m (irritación)* Hautausschlag *m*
sarracina [sarra'θina] *f* Schlägerei *f,* Rauferei *f*
Sarre ['sarre] *m* ① *(estado federado)* Saarland *nt* ② *(río)* Saar *f*
sarro ['sarro] *m* ① (MED: *de los dientes*) Zahnstein *m; (en la lengua)* Belag *m* ② *(poso)* Bodensatz *m*
sarta ['sarta] *f* ① *(hilo)* Schnur *f* ② *(serie)* Reihe *f;* **decir una ~ de tonterías** eine Dummheit nach der anderen sagen
sartén [sar'ten] *f* Pfanne *f;* **ella es la que tiene la ~ por el mango** *(fam fig)* sie hat das Heft in der Hand; **saltar de la ~ y dar en las brasas** *(fam)* vom Regen in die Traufe kommen
sastre, -a ['sastre, -a] *m, f* Schneider(in) *m(f);* **traje ~** Kostüm *nt;* **de eso, será lo que tase un ~** *(fam)* das werden wir schon sehen
sastrería [sastre'ria] *f* Schneiderei *f*
Satanás [sata'nas] *m* Satan *m*
satánico, -a [sa'taniko, -a] *adj* teuflisch
satélite [sa'telite] *m* (ASTR, TÉC) Satellit *m;* **(país) ~** Satellitenstaat *m*
satén [sa'ten] *m* Satin *m*
satinar [sati'nar] *vt (papel)* glätten
sátira ['satira] *f* Satire *f*
satírico, -a [sa'tiriko, -a] **I.** *adj* satirisch **II.** *m, f* Satiriker(in) *m(f)*
satirizante [satiri'θaṇte] *adj* spöttisch
satirizar [satiri'θar] <z → c> *vt* spötteln (über *+akk*)
sátiro ['satiro] *m (hombre lascivo)* Lustmolch *m*
satisfacción [satisfaɣ'θjon] *f* ① *(pago)* Bezahlung *f* ② (REL) Buße *f* ③ *(estado)* Zufriedenheit *f; (alegría)* Freude *f;* **a mi entera ~** zu meiner vollen Zufriedenheit ④ *(de deseos)* Befriedigung *f*
satisfacer [satisfa'θer] *irr como hacer* **I.** *vt* ① *(pagar)* (be)zahlen; **~ la penitencia por sus pecados** für seine Sünden büßen ② *(deseo, curiosidad)* befriedigen; *(hambre)* stillen; *(sed)* löschen; *(demanda)* decken; **~ todos los caprichos de sus hijos** seinen Kindern jeden Wunsch erfüllen ③ *(requisitos)* entsprechen *+dat* ④ *(agravio)* wiedergutmachen **II.** *vr:* **~se** ① *(contentarse)* zufrieden sein ② *(agravio)* sich *dat* Genugtuung verschaffen
satisfactorio, -a [satisfak'torjo, -a] *adj (solución)* befriedigend; **no ser ~** unbefriedigend sein; **resulta ~ comprobar que...** es ist erfreulich, festzustellen, dass ...
satisfecho, -a [satis'fetʃo, -a] **I.** *pp de* **satisfacer II.** *adj (contento)* zufrieden; *(exigencias, deseo sexual)* befriedigt; **~ de sí mismo** selbstzufrieden; **estar ~** *(harto)* satt sein
saturación [satura'θjon] *f* Sättigung *f*
saturado, -a [satu'raðo, -a] *adj* (QUÍM, ECON) gesättigt; **un mercado ~** ein gesättigter Markt; **no ~** ungesättigt
saturar [satu'rar] *vt* sättigen
Saturno [sa'turno] *m* (ASTR) Saturn *m*
sauce ['saṷθe] *m* Weide *f;* **~ llorón** Trauerweide *f*
saúco [sa'uko] *m* Holunder *m*
saudade [saṷ'ðaðe] *f* Sehnsucht *f; (de la patria)* Heimweh *nt*
saudí [saṷ'ði] <saudíes>, **saudita** [saṷ'ðita] **I.** *adj* saudiarabisch; **Arabia S~** Saudiarabien *nt* **II.** *mf* Saudiaraber(in) *m(f)*
sauna ['saṷna] *f* Sauna *f*
saurio ['saṷrjo] *m* Schuppenkriechtier *nt;* **los ~s** *(categoría)* die Echsen; *(extinguidos)* die Saurier
savia ['saβja] *f* ① (BOT) Pflanzensaft *m; (de árbol)* Baumsaft *m* ② *(energía)* Kraft *f*
saxo ['saɣso] *m (fam)* Saxofon *nt*
saxofón [saɣso'fon] *m* Saxofon *nt*
saxofonista [saɣsofo'nista] *mf* Saxofonist(in) *m(f)*
saxófono [saɣ'sofono] *m* Saxofon *nt*
saya ['saɟa] *f (de mujer)* Unterrock *m*
sayo ['saɟo] *m (fam: vestido)* Kleid *nt;* **cortar a alguien un ~** *(fig)* über jdn herziehen
sazón [sa'θon] *f* ① *(condimento)* Würze *f* ② *(madurez)* Reife *f;* **estar en ~** reif sein ③ *(loc)* **a la ~** damals; **en ~** zur rechten Zeit; **fuera de ~** zu einem ungünstigen Zeitpunkt
sazonado, -a [saθo'naðo, -a] *adj* ① *(comida)* schmackhaft ② *(frase)* witzig
sazonar [saθo'nar] *vt* ① *(comida)* würzen ② *(madurar)* reifen lassen
scout [es'kaṷt] *mf v.* **escultista**
script [es'kript] <scripts> *m* (CINE) Drehbuch *nt,* Skript *nt*
se [se] *pron pers* ① *(forma reflexiva)* sich ② *(objeto indirecto)* **mi hermana ~ lo prestó a su amiga** meine Schwester hat es ihrer Freundin geliehen ③ *(oración imper-*

S

sonal) man ④ *(oración pasiva)* ~ **confirmó la sentencia** das Urteil wurde bestätigt; ~ **ruega no fumar** bitte nicht rauchen

sé [se] *1. pres de* **saber**

SEBC [ese(e)βe'θe] *m abr de* **Sistema Europeo de Bancos Centrales** (FIN) Europäisches System der Zentralbanken

sebo ['seβo] *m* Fett *nt;* **hacer** ~ *(Arg: fam)* (faul) herumlungern

seboso, -a [se'βoso, -a] *adj* fettig

seca ['seka] *f* ① *(sequía)* Dürre *f; (Am: temporada)* Trockenzeit *f* ② *(banco de arena)* Sandbank *f*

secadero [seka'ðero] *m (local)* Trockenraum *m; (recinto)* Trockenplatz *m*

secado [se'kaðo] *m* Trocknen *nt*

secador [seka'ðor] *m (para la ropa)* Wäscheständer *m; (para las manos)* Trockner *m; (para el pelo)* Trockenhaube *f;* ~ (**de mano**) Föhn *m*

secadora [seka'ðora] *f* (Wäsche)trockner *m*

secano [se'kano] *m* ① *(tierra)* unbewässertes Land *nt;* **cultivo de** ~ Trockenkultur *f;* **ese es de** ~ *(fam)* der zieht das Land dem Meer vor ② *(isleta)* Sandbank *f*

secante[1] [se'kante] **I.** *adj* schneidend; **línea** ~ Sekante *f* **II.** *m* ① *(pintura)* Trockenmittel *nt* ② *(papel)* Löschpapier *nt*

secante[2] [se'kante] *f* (MAT) Sekante *f*

secapelos [seka'pelos] *m inv* Föhn *m,* Haartrockner *m*

secar [se'kar] <c → qu> **I.** *vt* ① *(deshumedecer)* trocknen; **papel secante** Löschpapier *nt* ② *(enjugar)* abtrocknen ③ *(agostar)* austrocknen ④ *(cicatrizar)* abheilen **II.** *vr:* **~se** ① *(deshumedecer)* trocknen ② *(enjugar)* sich abtrocknen ③ *(desecarse)* austrocknen; *(fuente)* versiegen; *(agostarse)* vertrocknen ④ *(curarse)* abheilen ⑤ *(enflaquecer)* abmagern ⑥ *(insensibilizarse)* abstumpfen ⑦ *(estar sediento)* verdursten; **~se de sed** eingehen vor Durst

sección [seɣ'θjon] *f* ① *(cortadura, dibujo del perfil)* Schnitt *m* ② *(parte)* Teil *m,* Abschnitt *m;* ~ **por** ~ abschnitt(s)weise ③ *(departamento)* Abteilung *f;* ~ **caballeros** Herrenabteilung *f;* ~ **de niños/infantil** Kinderabteilung *f;* ~ **de papelería** Schreibwarenabteilung *f;* ~ **de ropa del hogar** Heimtextilienabteilung *f;* ~ **de señoras** Damenabteilung *f;* ~ **de mercería** Kurzwaren *f*

seccionar [seɣθjo'nar] *vt* zerteilen

secesión [seθe'sjon] *f (separación)* Abspaltung *f; (fracción de Estado)* Sezession *f*

secesionismo [seθesjo'nismo] *m* (POL) Sezessionismus *m*

seco, -a ['seko, -a] *adj* ① *(sin agua)* trocken; **golpe** ~ dumpfer Schlag; **a secas** nur; **en** ~ plötzlich; **dejar** ~ **a alguien** jdn auf der Stelle umbringen; **estar** ~ großen Durst haben; **quedarse** ~ sterben ② *(desecado)* getrocknet; **frutos ~s** Trockenfrüchte *f pl* ③ *(río)* ausgetrocknet ④ *(marchito)* verwelkt ⑤ *(flaco)* dürr ⑥ *(cicatriz)* abgeheilt ⑦ *(tajante)* trocken ⑧ *(vino)* trocken

secreción [sekre'θjon] *f* ① *(sustancia)* Sekret *nt* ② *(el segregar)* Sekretion *f*

secreta [se'kreta] *f* ① *(oración)* Sekret *f* ② *(sumaria)* verdeckte Ermittlung *f* ③ *(fam: policía)* Zivilstreife *f*

secretar [sekre'tar] *vt* absondern

secretaría [sekreta'ria] *f* ① *(oficina)* Sekretariat *nt* ② *(cargo)* Sekretärsposten *m* ③ *(Am: ministerio)* Ministerium *nt*

secretariado [sekreta'rjaðo] *m* ① *(oficina)* Sekretariat *nt* ② *(cargo)* Sekretärsposten *m* ③ *(carrera)* Sekretärslaufbahn *f*

secretario, -a [sekre'tarjo, -a] *m, f* ① *(de oficina)* Sekretär(in) *m(f);* ~ **con idiomas** Fremdsprachensekretär *m* ② *(Am: ministro)* Minister(in) *m(f)*

secretear [sekrete'ar] *vi (fam)* tuscheln

secreteo [sekre'teo] *m (fam)* Tuschelei *f*

secreter [sekre'ter] *m (mueble)* Sekretär *m*

secretismo [sekre'tismo] *m* Geheimniskrämerei *f*

secreto[1] [se'kreto] *m* ① *(misterio)* Geheimnis *nt;* ~ **profesional** Schweigepflicht *f;* ~ **a voces** offenes Geheimnis; **en** ~ heimlich; **mantener en** ~ geheim halten; **guardar un** ~ ein Geheimnis hüten ② *(receta, método)* Geheimrezept *nt* ③ *(reserva)* Vorsicht *f* ④ *(lugar)* Geheimfach *nt*

secreto, -a[2] [se'kreto, -a] *adj* ① *(oculto)* geheim; **puerta secreta** Geheimtür *f* ② *(callado)* schweigsam

secta ['sekta] *f (grupo)* Sekte *f*

sectario, -a ['sek'tarjo, -a] **I.** *adj* ① *(de secta)* sektiererisch ② *(fanático)* fanatisch **II.** *m, f* ① *(de una secta)* Sektenmitglied *nt* ② *(fanático)* Fanatiker(in) *m(f)*

sector [sek'tor] *m* ① (*t.* MAT) Sektor *m;* ~ **circular** Kreisausschnitt *m;* ~ **económico** Wirtschaftszweig *m;* ~ **hotelero** Hotelgewerbe *nt;* ~ **de la informática** Computerbranche *f;* ~ **de inicialización** (INFOR) Bootsektor *m;* ~ **multimedia** Multimediabereich *m;* ~ **servicios** Dienstleistungssektor *m* ② *(grupo)* Fraktion *f*

sectorial [sekto'rjal] *adj* **huelga** ~ **de los campesinos** Streik im landwirtschaftlichen Bereich

secuaz [se'kwaθ] *mf (pey)* Parteigänger(in) *m(f)*

secuela [se'kwela] *f* Folge *f;* ~ (**de una en-**

fermedad) Folgeerscheinung *f;* **dejar ~s** Spuren hinterlassen

secuencia [se'kweṇθja] *f* ❶ *(serie)* Reihe *f;* **~ de caracteres** (*t.* INFOR) Zeichenfolge *f* ❷ (CINE) Sequenz *f* ❸ *(orden de las palabras)* Wortstellung *f*

secuencial [sekweṇ'θjal] *adj* sequenziell; **~ indexado** logisch fortlaufend

secuestrador(a) [sekwestra'ðor(a)] *m(f)* Entführer(in) *m(f)*

secuestrar [sekwes'trar] *vt* ❶ *(raptar)* entführen ❷ *(embargar)* beschlagnahmen

secuestro [se'kwestro] *m* ❶ *(rapto)* Entführung *f* ❷ *(bienes)* beschlagnahmte Ware *f* ❸ *(embargo)* Beschlagnahmung *f*

sécula ['sekula] *(elev)* **in ~ seculórum** für immer und ewig

secular [seku'lar] *adj* säkular

secularización [sekulariθa'θjon] *f* Säkularisation *f*

secularizar [sekulari'θar] <z → c> **I.** *vt* säkularisieren **II.** *vr:* **~se** *sich als Priester in den Laienstand versetzen lassen*

secundar [sekuṇ'dar] *vt* unterstützen

secundario, -a [sekuṇ'darjo, -a] *adj (segundo)* zweitrangig; *(cargo)* untergeordnet; **papel ~** (CINE, TEAT) Nebenrolle *f;* **esto es ~** das ist nebensächlich

sed [se^{ð}] *f* ❶ *(falta de agua)* Durst *m* ❷ *(de plantas)* Wasserbedarf *m;* **tener ~** Wasser brauchen ❸ *(afán)* Durst *m* (**de** nach +*dat*); **~ de amor** Liebesbedürfnis *nt;* **~ de poder** Machthunger *m*

seda ['seða] *f* ❶ (ZOOL) Spinnfaden *m* ❷ *(tela, hilo)* Seide *f;* **de ~ natural** reinseiden; **como una ~** *(tacto)* seidenweich; *(persona)* pflegeleicht; *(sin tropiezos)* wie am Schnürchen ❸ *(cerda)* Borste *f*

sedación [seða'θjon] *f (calmar la excitación)* Beruhigung *f; (calmar el dolor)* Schmerzlinderung *f*

sedal [se'ðal] *m (para pescar)* Angelschnur *f*

sedante [se'ðaṇte] **I.** *adj* (**de efecto**) **~** schmerzlindernd **II.** *m* Schmerzmittel *nt*

sedar [se'ðar] *vt* lindern

sedativo, -a [seða'tiβo, -a] *adj* schmerzstillend

sede ['seðe] *f (residencia)* Sitz *m;* **la Santa S~** der Heilige Stuhl

sedentario, -a [seðeṇ'tarjo, -a] *adj* sesshaft

sedentarismo [seðeṇta'rismo] *m sin pl* Sesshaftigkeit *f*

sedeño, -a [se'ðeɲo, -a] *adj* ❶ *(referente a la seda)* seiden ❷ *(referente a la cerda)* borstig

sedición [seði'θjon] *f* Aufstand *m*

sedicioso, -a [seði'θjoso, -a] **I.** *adj* aufständisch; **acto ~** Aufstand *m* **II.** *m, f* Aufständische(r) *mf*

sediento, -a [se'ðjeṇto, -a] *adj* durstig (**de** nach +*dat*); **~ de poder** machthungrig

sedimentación [seðimeṇta'θjon] *f* Ablagerung *f*

sedimentar [seðimeṇ'tar] **I.** *vt (sosegar)* beruhigen **II.** *vr:* **~se** ❶ *(depositarse)* sich ablagern ❷ *(sosegarse)* sich beruhigen

sedimento [seði'meṇto] *m* Sediment *nt,* Bodensatz *m*

sedoso, -a [se'ðoso, -a] *adj* seidig

seducción [seðu^{γ}'θjon] *f* ❶ *(persuasión)* Verführung *f* ❷ *(tentación)* Verlockung *f*

seducir [seðu'θir] *vt irr como traducir* ❶ *(persuadir)* verführen ❷ *(fascinar)* verlocken

seductor(a) [seðuk'tor(a)] **I.** *adj* verführerisch; **artes ~as** Verführungskünste *fpl* **II.** *m(f)* Verführer(in) *m(f)*

sefardí **I.** *adj* sephardisch **II.** *mf* <sefardíes> Spaniole *mf;* **los ~es** die Sephardim

segador(a) [seɣa'ðor(a)] **I.** *adj* Mäh- **II.** *m(f)* Mäher(in) *m(f)*

segadora [seɣa'ðora] *f* Mähmaschine *f*

segar [se'ɣar] *vt irr como fregar* ❶ *(cortar)* abschneiden; *(hierba)* mähen; **~ algo en flor** *(fig)* etw im Keim ersticken ❷ *(frustrar)* zerstören

seglar [se'ɣlar] *adj* weltlich

segmentación [seɣmeṇta'θjon] *f* Segmentation *f;* **~ del mercado** (ECON) Marktaufteilung *f*

segmentar [seɣmeṇ'tar] *vt* segmentieren

segmento [seɣ'meṇto] *m (parte)* Teil *m;* (MAT) Segment *nt*

segoviano, -a [seɣo'βjano, -a] **I.** *adj* aus Segovia **II.** *m, f* Einwohner(in) *m(f)* von Segovia

segoviense [seɣo'βjense] *adj o mf v.* **segoviano**

segregación [seɣreɣa'θjon] *f* Trennung *f*

segregacionismo [seɣreɣaθjo'nismo] *m sin pl* Doktrin *f* der Segregation

segregar [seɣre'ɣar] <g → gu> *vt* trennen

segueta [se'ɣeta] *f* Laubsäge *f*

seguida [se'ɣiða] *f* (Ab)folge *f,* Reihe *f;* **de ~** ununterbrochen; **en ~** sofort

seguido, -a [se'ɣiðo, -a] *adj* ❶ *(continuo)* ununterbrochen; **un año ~** ein ganzes Jahr ❷ *(en línea recta)* geradeaus; **por aquí ~** auf diesem Weg

seguidor(a) [seɣi'ðor(a)] *m(f)* Anhänger(in) *m(f)*

seguimiento [seɣi'mjeṇto] *m (cumplimiento)* Befolgung *f; (persecución)* Verfolgung *f; (sucesión)* Folge *f*

seguir [se'ɣir] *irr* **I.** *vt* ❶ *(suceder, ser adepto)* folgen +*dat* ❷ *(perseguir)* verfolgen

S

3 *(cursar)* ~ **un curso de informática** einen Informatikkurs besuchen 4 *(acompañar)* folgen +*dat* 5 *(continuar)* ~ **adelante** weitermachen; **¡que sigas bien!** lass es dir weiterhin gut gehen! II. *vi* **sigue por esta calle** geh diese Straße entlang III. *vr:* ~**se** folgen

según [se'ɣun] I. *prep* gemäß +*dat,* laut +*gen/dat;* ~ **eso** demnach; ~ **la ley** laut Gesetz; ~ **tus propias/tu sonrisa** deinen Worten/deinem Lächeln nach II. *adv* 1 *(como)* wie; ~ **lo convenido** wie vereinbart 2 *(mientras)* während; **podemos hablar ~ vamos andando** wir können uns beim Laufen unterhalten 3 *(eventualidad)* ~ (**y como**) je nachdem; ~ **el trabajo iré o no** je nachdem, ob ich viel Arbeit habe, werde ich gehen oder nicht

segunda [se'ɣun̦da] *f* 1 (AUTO) zweiter Gang *m* 2 *(loc)* **con ~s** mit Hintergedanken

segundero [seɣun̦'dero] *m* Sekundenzeiger *m*

segundo[1] [se'ɣun̦do] *m (tiempo)* Sekunde *f*

segundo, -a[2] [se'ɣun̦do, -a] I. *adj* zweite(r, s); **primo** ~ Cousin zweiten Grades; **segunda intención** Hintergedanke *m;* **vivir en el** ~ im zweiten Stock wohnen II. *m, f* Stellvertreter(in) *m(f)*

segundón, -ona [seɣun̦'don, -ona] *m, f* Zweitgeborene(r) *mf*

seguramente [seɣura'men̦te] *adv* 1 *(de modo seguro)* mit Sicherheit 2 *(probablemente)* sicherlich

seguridad [seɣuri'ðaᵈ] *f* 1 *(protección)* Sicherheit *f;* **S~ Social** (ADMIN) Sozialversicherungssystem *nt;* **agentes de** ~ Sicherheitspolizei *f;* **departamento de** ~ Polizeirevier *nt* 2 *(certeza)* Sicherheit *f,* Gewissheit *f;* **para mayor** ~ sicherheitshalber 3 *(firmeza)* Sicherheit *f;* **habla con mucha** ~ er/sie ist sehr sicher im Sprechen 4 *(garantía)* Garantie *f* 5 *(confiabilidad)* Zuverlässigkeit *f*

seguro[1] [se'ɣuro] I. *m* 1 *(contrato)* Versicherung *f;* ~ **médico** Krankenversicherung *f;* ~ **privado** Privatversicherung *f;* ~ **de protección jurídica** Rechtsschutzversicherung *f;* ~ **a riesgo parcial** (AUTO) Teilkaskoversicherung *f;* ~ **a todo riesgo** (AUTO) Vollkaskoversicherung *f* 2 *(mecanismo)* Sicherung *f* II. *adv* sicher(lich); **a** (**buen**) [*o* **de**] ~ sicher(lich); **sobre** ~ ohne Risiko; **en** ~ unbeschadet; **tener ~ algo** (sich *dat*) etw *gen* sicher sein

seguro, -a[2] [se'ɣuro, -a] *adj* 1 *(exento de peligro)* sicher 2 *(firme)* fest 3 *(sólido)* solide 4 *(convencido)* sicher; ~ **de sí mismo** selbstsicher; **¿estás ~?** bist du (dir) sicher?

seis [sei̯s] I. *adj inv* sechs; *v. t.* **ocho** II. *m inv* Sechs *f*

seisavo, -a [sei̯'saβo, -a] *adj* sechstel; *v. t.* **octavo**

seiscientos, -as [sei̯s'θjen̦tos, -as] *adj* sechshundert; *v. t.* **ochocientos**

seísmo [se'ismo] *m* Erdbeben *nt*

selección [seleʸ'θjon] *f* Auswahl *f;* ~ **natural** natürliche Auslese; ~ **nacional de fútbol** Fußballnationalmannschaft *f*

seleccionador(a) [seleʸθjona'ðor(a)] *m(f)* (DEP) Trainer(in) *m(f)*

seleccionar [seleʸθjo'nar] *vt* auswählen

selectividad [selektiβi'ðaᵈ] *f* 1 *(elección)* Auswahl *f* 2 *(selección)* Selektion *f* 3 (UNIV) *Eignungsprüfung für die Aufnahme an einer spanischen Universität*

selectivo, -a [selek'tiβo, -a] *adj* selektiv; **método** ~ Auswahlmethode *f*

selecto, -a [se'lekto, -a] *adj* erlesen

selector[1] [selek'tor] *m* Regler *m;* ~ **de cambio de marcha** Schalthebel *m*

selector(a)[2] [selek'tor(a)] *adj* Wähl-

selenio [se'lenjo] *m* (QUÍM) Selen *nt*

selenita[1] [sele'nita] *f* Selenit *m*

selenita[2] [sele'nita] *mf* Mondbewohner(in) *m(f)*

selfi ['selfi] *m (fam)* Selfie *nt; v. t.* **autofoto**

sellado, -a [se'ʎaðo, -a] *adj* 1 *(timbrado)* abgestempelt 2 *(concluido)* besiegelt 3 *(cerrado)* versiegelt

sellar [se'ʎar] *vt* 1 *(timbrar)* stempeln 2 *(dejar huella)* Spuren hinterlassen (in/auf +*dat*) 3 *(concluir)* besiegeln 4 *(precintar)* siegeln; *(cerrar)* versiegeln; ~ **los labios** Stillschweigen bewahren

sello ['seʎo] *m* 1 *(instrumento, marca)* Stempel *m;* ~ **de garantía** Gütezeichen *nt;* ~ **oficial** Dienststempel *m* 2 *(viñeta)* Marke *f;* ~ (**postal**) Briefmarke *f* 3 *(precinto)* Siegel *nt;* **cerrar con un** ~ versiegeln 4 *(distintivo)* Kennzeichen *nt;* **esta película lleva el ~ de su director** dieser Film trägt die Handschrift seines Regisseurs 5 *(anillo)* Siegelring *m* 6 (MED) Oblate *f*

selva ['selβa] *f* Wald *m;* ~ **lluviosa** Regenwald *m;* ~ (**virgen**) Urwald *m*

selvático, -a [sel'βatiko, -a] *adj* 1 *(de la selva)* Wald-; *(de jungla)* Urwald- 2 *(salvaje)* wild

semáforo [se'maforo] *m* 1 *(de circulación)* (Verkehrs)ampel *f* 2 *(telégrafo)* Signalmast *m*

semana [se'mana] *f* Woche *f;* **S~ Santa** Karwoche *f;* **fin de** ~ Wochenende *nt;* **du-**

rante ~s (**enteras**) wochenlang; **entre ~** unter der Woche
semanal [sema'nal] *adj* wöchentlich; **revista ~** Wochenzeitschrift *f*
semanario[1] [sema'narjo] *m* Wochenzeitung *f*
semanario, -a[2] [sema'narjo, -a] *adj* Wochen-
semántica [se'maṇtika] *f sin pl* Semantik *f*
semántico, -a [se'maṇtiko, -a] *adj* (LING) semantisch
semblante [sem'blaṇte] *m* ❶ *(cara)* Gesicht *nt* ❷ *(expresión)* Gesichtsausdruck *m;* **tener un ~ alegre** einen glücklichen Eindruck machen; **componer el ~** ein ernstes Gesicht machen
semblanza [sem'blaṇθa] *f* ❶ *(parecido)* Ähnlichkeit *f* ❷ *(bosquejo biográfico)* Kurzbiografie *f*
sembrado [sem'braðo] *m* Saatfeld *nt*
sembrador(a) [sembra'ðor(a)] *m(f)* Säer(in) *m(f)*
sembrar [sem'brar] <e → ie> *vt* ❶ *(plantar)* säen ❷ *(esparcir)* streuen; **~ una calle de flores** eine Straße mit Blumen bestreuen; **~ para el futuro** für die Zukunft vorsorgen; **~ el terror** Angst verbreiten
semejante [seme'xaṇte] **I.** *adj* ❶ *(similar)* ähnlich ❷ *(tal)* solch; **~ persona** solch eine Person **II.** *m* Mitmensch *m*
semejanza [seme'xaṇθa] *f* *(similitud)* Ähnlichkeit *f*
semejar [seme'xar] **I.** *vi* ähneln +*dat* **II.** *vr:* **~se** sich *dat* ähneln; **~se a alguien** jdm ähneln
semejos [se'mexos] *mpl (Col)* **darse ~** sich ähneln
semen ['semen] *m* ❶ *(espermatozoide)* Sperma *nt* ❷ *(semilla)* Samen *m*
semental [semeṇ'tal] **I.** *adj* ❶ (AGR) Saat- ❷ (ZOOL) Zucht-; **caballo ~** Zuchthengst *m* **II.** *m* Zuchttier *nt*
sementar [semeṇ'tar] <e → ie> *vt* säen
semestral [semes'tral] *adj* halbjährig; (UNIV) Semester-
semestre [se'mestre] *m* Halbjahr *nt;* (UNIV) Semester *nt*
semiacabado[1] [semiaka'βaðo] *m* (ECON: *producto*) Halbfabrikat *nt,* Halbfertigprodukt *nt*
semiacabado, -a[2] [semiaka'βaðo, -a] *adj* halbfertig
semiautomático, -a [semiau̯to'matiko, -a] *adj* halbautomatisch
semicircular [semiθirku'lar] *adj* halbkreisförmig
semicírculo [semi'θirkulo] *m* (MAT) Halbkreis *m*

S

semiconductor [semikoṇduk'tor] *m* Halbleiter *m*
semiconsciente [semikoⁿs'θjeṇte] *adj* halb bei Bewusstsein
semicorchea [semikor'ʧea] *f* (MÚS) Sechzehntelnote *f*
semidesértico, -a [semiðe'sertiko, -a] *adj* ❶ *(vacío)* halb leer ❷ *(abandonado)* halb verlassen
semidesnatado, -a [semiðesna'taðo, -a] *adj* halbfett
semidiós, -osa [semi'ðjos, -osa] *m, f* Halbgott, -göttin *m, f*
semidormido, -a [semiðor'miðo, -a] *adj* im Halbschlaf
semielaborado, -a [semielaβo'raðo, -a] *adj* halb fertig
semifinal [semifi'nal] *f* Halbfinale *nt;* **pasar a la ~** das Halbfinale erreichen
semifinalista [semifina'lista] *mf* (DEP) Halbfinalist(in) *m(f)*
semilla [se'miʎa] *f* Samen *m; (fig)* Keim *m*
semillero [semi'ʎero] *m* ❶ *(sementera)* Saatfeld *nt* ❷ *(origen)* Keim *m*
seminal [semi'nal] *adj* Samen-
seminario [semi'narjo] *m* ❶ (ENS, REL) Seminar *nt* ❷ *(origen)* Keim *m* ❸ *(sementera)* Saatfeld *nt*
seminarista [semina'rista] *mf* ❶ (REL) Seminarist(in) *m(f)* ❷ (ENS) Seminarteilnehmer(in) *m(f)*
seminuevo, -a [semi'nweβo, -a] *adj* fast neu
semiología [semjolo'xia] *f sin pl* (LING, MED) Semiologie *f*
semioscuridad [semioskuri'ðaᵈ] *f* Halbdunkel *nt*
semiótica [se'mjotika] *f sin pl* (LING, MED) Semiotik *f*
semiprecioso, -a [semipre'θjoso, -a] *adj* **piedra semipreciosa** Halbedelstein *m*
semiproducto [semipro'ðukto] *m* Halbfertigware *f*
semirrecto, -a [semi'rrekto, -a] *adj* **ángulo ~** 45°-Winkel *m*
semirremolque [semirre'molke] *m* Sattelanhänger *m*
semiseco, -a [semi'seko, -a] *adj* halbtrocken; *(champán)* demi-sec
semita [se'mita] **I.** *adj* semitisch **II.** *mf* Semit(in) *m(f)*
semítico, -a [se'mitiko, -a] *adj* semitisch
semitismo [semi'tismo] *m sin pl* ❶ *(referente a las costumbres)* semitische Wesensart *f* ❷ *(referente al lenguaje)* semitische Spracheigentümlichkeit *f*
semitono [semi'tono] *m* (MÚS) Halbton *m*
sémola ['semola] *f* Grieß *m*

sempiterno, -a [sempi'terno, -a] *adj* immerwährend, ewig
Sena ['sena] *m* Seine *f*
senado [se'naðo] *m* Senat *m*
senador(a) [sena'ðor(a)] *m(f)* Senator(in) *m(f)*
sencillamente [sen̪θiʎa'men̪te] *adv* schlichtweg
sencillez [sen̪θi'ʎeθ] *f* ① *(simplicidad)* Einfachheit *f* ② *(naturalidad)* Schlichtheit *f* ③ *(sinceridad)* Aufrichtigkeit *f* ④ *(candidez)* Einfältigkeit *f*
sencillo, -a [sen̪'θiʎo, -a] *adj* ① *(simple)* einfach ② *(natural)* schlicht; **gente sencilla** einfache Leute ③ *(sincero)* aufrichtig ④ *(cándido)* einfältig
senda ['sen̪da] *f* ① *(camino)* Pfad *m;* ~ **del jardín** Gartenweg *m* ② *(método)* Weg *m*
senderismo [sen̪de'rismo] *m* Wandern *nt*
senderista [sen̪de'rista] *mf* ① *(caminante)* Wanderer, -in *m, f* ② (POL) *Anhänger der peruanischen Guerrillabewegung 'Sendero Luminoso'*
sendero [sen̪'dero] *m v.* **senda**
sendos, -as ['sen̪dos, -as] *adj* **llegamos en ~ coches** wir kamen jeder mit seinem Wagen
Senegal [sene'ɣal] *m* Senegal *m*
senegalés, -esa [seneɣa'les, -esa] **I.** *adj* senegalesisch **II.** *m, f* Senegalese, -in *m, f*
senil [se'nil] *adj* ① *(de la vejez)* Alters- ② *(decrépito)* senil
senilidad [senili'ða^{ð}] *f (decrepitud)* Senilität *f*
sénior ['senjor] **I.** *adj* senior **II.** *mf* Senior(in) *m(f)*
seno ['seno] *m* ① *(concavidad)* Vertiefung *f* ② (ANAT, MAT) Sinus *m;* ~ **frontal** Stirnhöhle *f* ③ *(matriz)* Schoß *m* ④ *(pecho)* Brust *f*
sensación [sensa'θjon] *f* ① *(sentimiento)* Gefühl *nt;* ~ **térmica** (METEO) gefühlte Temperatur ② *(novedad)* Sensation *f* ③ *(reacción)* **causar ~** Aufsehen erregen; **de ~** Aufsehen erregend
sensacional [sensaθjo'nal] *adj* sensationell
sensacionalismo [sensaθjona'lismo] *m sin pl* Sensationsgier *f*
sensacionalista [sensaθjona'lista] *adj* sensationslüstern; **prensa ~** Sensationspresse *f*
sensatez [sensa'teθ] *f* Besonnenheit *f*
sensato, -a [sen'sato, -a] *adj* besonnen
sensibilidad [sensiβili'ða^{ð}] *f* Sensibilität *f*
sensibilización [sensiβiliθa'θjon] *f* (*t.* FOTO) Sensibilisierung *f*
sensibilizado, -a [sensiβili'θaðo, -a] *adj* sensibilisiert; (FOTO) lichtempfindlich
sensibilizar [sensiβili'θar] <z → c> *vt* sensibilisieren
sensible [sen'siβle] *adj* ① *(sensitivo)* empfindlich (**a** gegen +*akk*); *(impresionable)* sensibel; ~ **a los cambios de tiempo** wetterfühlig; ~ **a la luz** lichtempfindlich ② *(perceptible)* wahrnehmbar
sensiblemente [sensiβle'men̪te] *adv* ① *(perceptible)* spürbar ② *(doloroso)* schmerzlich
sensiblería [sensiβle'ria] *f* Gefühlsduselei *f*
sensiblero, -a [sensi'βlero, -a] *adj* gefühlsdus(e)lig
sensitiva [sensi'tiβa] *f* Mimose *f*
sensitivo, -a [sensi'tiβo, -a] *adj* ① *(sensorial)* Sinnes-; **tacto ~** Gefühlssinn *m* ② *(sensible)* sensibel ③ *(sensual)* sinnlich
sensor [sen'sor] *m* Sensor *m*
sensorial [senso'rjal] *adj* sensorisch; **órgano ~** Sinnesorgan *nt*
sensorio[1] [sen'sorjo] *m* Bewusstsein *nt*
sensorio, -a[2] [sen'sorjo, -a] *adj v.* **sensorial**
sensual [sensu'al] *adj* sinnlich
sensualidad [senswali'ða^{ð}] *f sin pl* Sinnlichkeit *f*
sensualismo [senswa'lismo] *m sin pl* ① *(sensualidad)* Sinnlichkeit *f* ② (FILOS) Sensualismus *m*
sentada [sen̪'taða] *f (protesta)* Sitzstreik *m*
sentadilla [sen̪ta'ðiʎa] *f (ejercicio de gimnasia)* Kniebeuge *f*
sentado, -a [sen̪'taðo, -a] *adj* ① *(sensato)* besonnen ② *(loc)* **dar algo por ~** etw nicht infrage stellen; **doy por ~ que él acudirá** für mich steht fest, dass er kommt
sentar [sen̪'tar] <e → ie> **I.** *vi* ~ **bien/mal** *(comida)* gut/schlecht bekommen; *(vestidos)* gut/schlecht stehen; ~ **como un tiro** auf den Magen schlagen **II.** *vt* setzen; **estar sentado** sitzen; **estar bien sentado** *(fig)* gut situiert sein **III.** *vr:* **~se** ① *(asentarse)* sich setzen; **¡siéntese!** nehmen Sie Platz! ② *(establecerse)* sich niederlassen ③ *(estabilizarse)* sich stabilisieren
sentencia [sen̪'ten̪θja] *f* ① *(proverbio)* (Sinn)spruch *m* ② (JUR) Urteil *nt;* **dictar ~** das Urteil sprechen
sentenciar [sen̪ten̪'θjar] *vt* ① *(decidir)* urteilen (über +*akk*) ② *(condenar)* verurteilen (**a** zu +*dat*)
sentidamente [sen̪tiða'men̪te] *adv* ① *(con sentimiento)* mit Gefühl, gefühlvoll ② *(con lamentación)* mit Bedauern
sentido[1] [sen̪'tiðo] *m* ① *(facultad, significado)* Sinn *m;* ~ **común** gesunder Menschenverstand; ~ **de la vista** Sehsinn *m;* ~ **del equilibrio** Gleichgewichtssinn *m;*

S

~ **del gusto** Geschmackssinn *m;* ~ **del oído** Hörsinn *m;* ~ **del olfato** Geruchssinn *m;* ~ **del tacto** Tastsinn *m;* ~ **del deber** Pflichtgefühl *nt;* ~ **del humor** Sinn für Humor; **costar un** ~ sündhaft teuer sein; **estar con los cinco ~s en el asunto** voll bei der Sache sein; **estar sin** ~ bewusstlos sein; **perder el** ~ in Ohnmacht fallen ② *(dirección)* Richtung *f;* **en el ~ de la flecha** in Pfeilrichtung; **en el ~ de las agujas del reloj** im Uhrzeigersinn

sentido, -a² [sen̪'tiðo, -a] *adj* ① *(conmovido)* innig ② *(sensible)* empfindlich; **ser muy** ~ keinen Spaß verstehen

sentimental [sen̪timen̪'tal] *adj* sentimental

sentimentalismo [sen̪timen̪ta'lismo] *m* Sentimentalität *f*

sentimentaloide [sen̪timen̪ta'loi̯ðe] *mf* *(pey)* gefühlsdusliger Mensch *m*

sentimiento [sen̪ti'mjen̪to] *m* ① *(emoción)* Gefühl *nt;* **sin ~s** gefühllos ② *(pena)* Bedauern *nt;* **le acompaño en el** ~ (mein) herzliches Beileid

sentir [sen̪'tir] *irr* **I.** *vt* ① *(percibir)* fühlen; **siento frío** mir ist kalt; **sin** ~ unvermittelt ② *(opinar)* meinen ③ *(lamentar)* bedauern; **lo siento mucho** es tut mir sehr leid; **siento que...** +*subj* schade, dass … **II.** *vr:* **~se** ① *(estar)* sich fühlen ② *(padecer)* Beschwerden haben (**de** in +*dat*) **III.** *m* ① *(opinión)* Meinung *f;* ~ **popular** öffentliche Meinung; **en mi** ~ meiner Meinung nach ② *(sentimiento)* Gefühl *nt*

seña ['seɲa] *f* ① *(gesto)* Zeichen *nt;* **hacer ~s** winken ② *(particularidad)* Kennzeichen *nt;* **~s mortales** unverwechselbare Kennzeichen; **por más ~s** außerdem ③ *pl* *(dirección)* Adresse *f*

señal [se'ɲal] *f* ① *(particularidad)* Kennzeichen *nt* ② *(signo)* Zeichen *nt;* ~ **de tráfico** Verkehrszeichen *nt;* **en ~ de** als Zeichen +*gen;* **dar ~es de vida** *(fig)* von sich *dat* hören lassen ③ *(teléfono)* Freizeichen *nt* ④ *(huella)* Spur *f* ⑤ *(cicatriz)* Narbe *f* ⑥ *(adelanto)* Anzahlung *f;* **paga y** ~ Anzahlung *f;* **dejar una** ~ eine Anzahlung leisten

señaladamente [seɲalaða'men̪te] *adv* ① *(expresamente)* ausdrücklich ② *(extraordinariamente)* besonders

señalado, -a [seɲa'laðo, -a] *adj* ① *(famoso)* berühmt ② *(importante)* bedeutend, wichtig ③ *(insigne)* hervorragend

señalamiento [seɲala'mjen̪to] *m* ① *(acción de marcar)* Markierung *f,* Kennzeichnung *f* ② *(acción de fijar)* Festsetzung *f* ③ (JUR) Anberaumung *f*

señalar [seɲa'lar] **I.** *vt* ① *(anunciar)* signalisieren ② *(marcar)* kennzeichnen ③ *(estigmatizar)* brandmarken ④ *(mostrar)* zeigen ⑤ *(indicar)* hinweisen (auf +*akk*) ⑥ *(fijar)* festlegen ⑦ *(firmar)* abzeichnen **II.** *vr:* **~se** sich hervorheben

señalización [seɲaliθa'θjon] *f* Beschilderung *f*

señalizar [seɲali'θar] <z → c> *vt* beschildern

señera [se'ɲera] *f* *(bandera)* Banner *nt*

señero, -a [se'ɲero, -a] *adj* ① *(levantando la señera)* bannerführend ② *(solitario)* einsam ③ *(único)* einzigartig, unvergleichlich ④ *(importante)* bedeutend, wichtig

señor(a) [se'ɲor(a)] **I.** *adj* *(fam)* ① *(noble)* vornehm ② *(enorme)* gewaltig; **~a casa** Mordshaus *nt* **II.** *m(f)* ① *(dueño)* Herr(in) *m(f)* (**de** über +*akk*) ② *(hombre)* Mann *m;* *(mujer)* Frau *f;* *(dama)* Dame *f;* **~a de compañía** Anstandsdame *f;* **¡~as y ~es!** meine Damen und Herren! ③ *(título)* Herr *m,* Frau *f;* **el ~/la ~a García** Herr/Frau García; **los ~es García** Herr und Frau García; **muy ~ mío: ...** sehr geehrter Herr, …; **¡no, ~!** keineswegs!; **¡sí, ~!** aber natürlich! ④ (REL) **el S~** der Herr; **nuestra S~a** die Heilige Maria; **descansar en el S~** entschlafen

señorear [seɲore'ar] **I.** *vt* ① *(dominar)* beherrschen ② *(sobresalir)* überragen **II.** *vr:* **~se** sich bemächtigen (**de** +*gen*)

señori(a)l [seɲo'ril/seɲo'rjal] *adj* herrschaftlich; **casa** ~ Herrenhaus *nt*

señoría [seɲo'ria] *f* Herrschaft *f;* **Su S~** Euer Gnaden

señorío [seɲo'rio] *m* ① *(dominio)* Herrschaft *f* ② *(territorio)* herrschaftlicher Besitz *m* ③ *(dignidad)* Würde *f* ④ *(personas)* Herrschaften *pl*

señorita [seɲo'rita] *f* ① *(tratamiento)* Fräulein *nt* ② *(cigarro)* Zigarillo *m o nt*

señorito [seɲo'rito] *m* junger Herr *m*

señuelo [se'ɲwelo] *m* Lockvogel *m;* *(fig)* Köder *m;* **caer en el** ~ in die Falle gehen

sépalo ['sepalo] *m* (BOT) Kelchblatt *nt*

separable [sepa'raβle] *adj* trennbar

separación [separa'θjon] *f* ① *(desunión)* Trennung *f;* ~ **de poderes** Gewaltenteilung *f* ② *(espacio)* Zwischenraum *m*

separado [sepa'raðo] *adv* **por** ~ getrennt; **contar por** ~ einzeln zählen

separar [sepa'rar] **I.** *vt* ① *(desunir)* trennen (**de** von +*dat*) ② *(apartar)* aussortieren ③ *(destituir)* entlassen (**de** aus +*dat*) **II.** *vr:* **~se** sich trennen (**de** von +*dat*)

separatismo [separa'tismo] *m sin pl* (POL) Separatismus *m*

separatista [separa'tista] **I.** *adj* (POL) separatistisch **II.** *mf* (POL) Separatist(in) *m(f)*

S

separo [se'paro] *m* *(Méx: celda)* (Gefängnis)zelle *f*
sepelio [se'peljo] *m* Begräbnis *nt*
sepia ['sepja] *f* Sepia *f*; **de color ~** sepia(braun)
septentrión [septen̩'trjon] *m* ① *(polo ártico)* Nordpol *m* ② *(norte)* Norden *m*; **viento ~** Nordwind *m* ③ *(viento)* Nordwind *m*
septentrional [septen̩trjo'nal] *adj* nördlich
septicemia [septi'θemja] *f* (MED) Blutvergiftung *f*, Sepsis *f*
septiembre [sep'tjembre] *m* September *m*; *v. t.* **marzo**
séptimo ['septimo] *m* Siebtel *nt*
séptimo, -a ['septimo, -a] *adj* *(parte)* siebtel; *(numeración)* siebte(r, s); *v. t.* **octavo**
septuagenario, -a [septwaxe'narjo, -a] **I.** *adj* siebzigjährig **II.** *m, f* Siebzigjährige(r) *mf*; *v. t.* **octogenario**
septuagésimo, -a [septwa'xesimo, -a] **I.** *adj* *(parte)* siebzigstel; *(numeración)* siebzigste(r, s); **la septuagésima parte de...** ein Siebzigstel von ... *+dat* **II.** *m, f* Siebzigstel *nt*; *v. t.* **octogésimo**
séptuplo, -a ['septuplo, -a] *adj* siebenfach; *v. t.* **óctuplo**
sepulcral [sepul'kral] *adj* Grab-; **silencio ~** Grabesstille *f*
sepulcro [se'pulkro] *m* ① *(tumba)* Grab *nt*; **ser un ~** *(fig)* verschwiegen wie ein Grab sein ② *(relicario)* Schrein *m*
sepultar [sepul̩'tar] **I.** *vt* ① *(inhumar, t. fig)* begraben ② *(cubrir)* unter sich *dat* begraben **II.** *vr:* **~se** *(sumergir)* versinken
sepultura [sepul̩'tura] *f* ① *(sepelio)* Begräbnis *nt* ② *(tumba)* Grab *nt*; **dar ~ a alguien** jdn zu Grabe tragen; **estar cavando su ~** sich *dat* sein eigenes Grab schaufeln
sepulturero, -a [sepul̩tu'rero, -a] *m, f* Totengräber(in) *m(f)*
sequedad [seke'ða^{d}] *f* ① *(aridez)* Trockenheit *f* ② *(descortesía)* Unfreundlichkeit *f*; **con ~** unwirsch
sequía [se'kia] *f* Dürre *f*
séquito ['sekito] *m* Gefolge *nt*
ser [ser] *irr* **I.** *aux* ① *(construcción de la pasiva)* **las casas fueron vendidas** die Wohnungen wurden verkauft; **el triunfo fue celebrado** der Sieg wurde gefeiert ② *(en frases pasivas)* **es de suponer que vendrán** es ist anzunehmen, dass sie kommen werden; **era de esperar** das war zu erwarten; **es de esperar que...** *+subj* man darf hoffen, dass ... **II.** *vi* ① *(absoluto, copulativo, existir, constituir)* sein; **cuatro y cuatro son ocho** vier und vier ist acht; **éramos cuatro** wir waren zu viert; **¿quién es?** *(puerta)* wer ist da?; *(teléfono)* wer ist am Apparat?; **soy Pepe** *(al teléfono)* hier spricht Pepe; **es de noche** es ist Nacht; **son las cuatro** es ist vier Uhr; **el que fue director del teatro** der ehemalige Intendant des Theaters ② *(tener lugar)* **el examen es mañana** die Klausur ist morgen; **el concierto es en el pabellón** das Konzert findet in der Sporthalle statt; **eso fue en 2015** das geschah (im Jahre) 2015 ③ *(costar)* **¿a cuánto es el pollo?** wie viel kostet das Hühnchen?; **¿cuánto es todo?** wie viel macht alles zusammen? ④ *(estar)* **el cine es en la otra calle** das Kino ist in der anderen Straße ⑤ *(convertirse en)* **¿qué quieres ~ de mayor?** was willst du werden, wenn du groß bist?; **¿qué es de él?** was macht er?; **qué ha sido de ella?** was ist aus ihr geworden?; **llegó a ~ ministro** er brachte es bis zum Minister ⑥ *(depender)* **todo es que se decida pronto** alles hängt nur davon ab, wie schnell er/sie eine Entscheidung trifft ⑦ *(con 'de': posesión)* **¿de quién es esto?** wem gehört das?; **el paquete es de él** das Paket gehört ihm; **el anillo es de plata** der Ring ist aus Silber; **el coche es de color azul** das Auto ist blau; **ser de Suabia** aus Schwaben kommen; **~ de 3 euros** 3 Euro kosten; **es de 30 años** er/sie ist 30 (Jahre alt); **lo que ha hecho es muy de ella** was sie gemacht hat, ist typisch für sie; **esta manera de hablar no es de un catedrático** diese Ausdrucksweise passt nicht zu einem Professor; **es de lo más guay** es ist einfach spitze; **eres de lo que no hay** du bist einzigartig; **es de un cobarde que no veas** er/sie ist schrecklich feige ⑧ *(con 'para')* **yo no soy para tutearlo** ich traue mich nicht, ihn zu duzen; **este estilo no es para ti** dieser Stil passt nicht zu dir; **¿para quién es el vino?** wer bekommt den Wein?; **la película no es para niños** der Film ist nicht für Kinder geeignet; **no es para ponerse así** reg dich deshalb nicht so auf; **es como para no hablarte más** ich hätte guten Grund, nicht mehr mit dir zu reden ⑨ *(con 'que')* **esto es que no lo has visto bien** wahrscheinlich hast du es nicht richtig gesehen; **es que ahora no puedo** ich kann jetzt nämlich nicht; **si es que merece la pena** wenn es sich überhaupt lohnt; **¡y es que tenía unas ganas de acabarlo!** wie habe ich mir gewünscht, damit fertig zu werden! ⑩ *(oraciones enfáticas, interrogativas)* **¡esto es!** *(así se hace)* gut so!; *(así se dice)* gut gesagt!; *(correcto)* richtig!; **¿pero qué es esto?** was soll denn das (sein)?; **¿cómo es eso?** wie ist das möglich?;

¡como debe ~¡ wie es sich gehört!; **¡no puede ~!** das kann doch nicht wahr sein!; **¿no puede ~?** ist es nicht möglich?; **¡eso es cantar!** das nennt man Singen! ⑪ *(en futuro)* **¿~á capaz?** wird er/sie das können?; **¡~á capaz!** der Typ ist echt dreist; **~á lo que ~á** mal sehen, was daraus wird ⑫ *(en infinitivo)* **manera de ~** Wesen *nt;* **razón de ~** Daseinsberechtigung *f;* **a no ~ que...** *+subj* es sei denn, dass ...; **todo puede ~** alles ist möglich; **quizá ganemos el campeonato – todo puede ~** vielleicht gewinnen wir die Meisterschaft – alles ist noch offen; **por lo que pueda ~** für alle Fälle; **con ~ su marido, no puede tragarla** obwohl er ihr Mann ist, kann er sie nicht ausstehen ⑬ *(en indicativo, condicional)* **es más** ja mehr noch; **siendo así** wenn das so ist; **y eso es todo** das wär's; **~ más/menos que alguien** besser/schlechter als jd sein; **es igual** *(no importa)* macht nichts; **yo soy de los que piensan que...** ich gehöre zu denen, die glauben, dass ...; **de no haber sido por ti...** wenn du nicht gewesen wärst ...; **no es lo que tú piensas** es ist nicht so, wie du denkst; **con el carisma que tiene sería un buen líder (de un partido)** bei seinem Charisma gäbe er einen guten (Partei)chef ab; **el lema electoral es: ...** die Wahlparole lautet: ... ⑭ *(en subjuntivo)* **si yo fuera tú** wenn ich du wäre; **si no fuera por eso...** wenn das nicht wäre ...; **si por mí fuera** wenn es nach mir ginge; **me tratas como si fuera un niño** du behandelst mich wie ein Kind; **sea lo que sea** wie dem auch sei; **lo que sea ~á** es kommt wie es kommen muss; **hazlo sea como sea** tu es, egal wie; **sea quien sea** egal wer; **dos reales, o sea, 50 céntimos** zwei Reales, das heißt 50 Céntimos; **el color que quieras, pero que no sea rojo** irgendeine Farbe, außer Rot; **cómprame un chupa chups o lo que sea** kauf mir einen Lutscher oder sonst was; **cómprame un chupa chups ni que sea** kauf mir wenigstens einen Lutscher; **por listo que sea...** möge er noch so schlau sein ...; **cualquiera que sea el día** an irgendeinem Tag **III.** *m* ① *(criatura)* Wesen *nt;* **~ vivo** Lebewesen *nt* ② *(esencia)* Wesen *nt* ③ (FILOS) Sein *nt*

serba ['serβa] *f* Vogelbeere *f*

serbal [ser'βal] *m* (BOT) Eberesche *f,* Vogelbeerbaum *m*

Serbia ['serβja] *f* Serbien *nt*

serbio, -a ['serβjo, -a] **I.** *adj* serbisch **II.** *m, f* Serbe, -in *m, f*

serbocroata [serβokro'ata] **I.** *adj* serbokroatisch **II.** *m (lengua)* Serbokroatisch(e) *nt*

serena [se'rena] *f* ① *(fam: humedad durante la noche)* Nachttau *m* ② (LIT) *eine Art Serenade*

serenar [sere'nar] **I.** *vt (calmar)* beruhigen **II.** *vi, vr:* **~se** *(calmarse)* sich beruhigen; *(tiempo)* aufklaren

serenata [sere'nata] *f* Serenade *f*

serenidad [sereni'ðaᵈ] *f sin pl* ① *(sosiego)* Gelassenheit *f* ② *(príncipe)* **Su S~** Seine/Ihre Durchlaucht

sereno¹ [se'reno] *m* ① *(humedad)* Tau *m;* **al ~** (nachts) im Freien ② *(vigilante)* ≈ Nachtwächter *m*

sereno, -a² [se'reno, -a] *adj* ① *(sosegado)* ruhig ② *(sin nubes)* heiter

serial [se'rjal] *m* (RADIO, TV) Serie *f; (publicación)* Reihe *f*

seriamente [serja'mente] *adv* ernst; **tengo que hablar ~ contigo** ich muss ein ernstes Wort mit dir reden

serie ['serje] *f* ① *(sucesión)* Serie *f;* **~ de artículos** Produktreihe *f;* **~ televisiva** Fernsehserie *f;* **fuera de ~** herausragend ② *(gran cantidad, t.* MAT) Reihe *f* ③ (DEP) Vorrunde *f*

seriedad [serje'ðaᵈ] *f sin pl* Ernsthaftigkeit *f*

serigrafía [seriɣra'fia] *f* (TIPO) Siebdruck *m,* Serigrafie *f*

serio, -a ['serjo, -a] *adj* ① *(grave)* ernst(haft) ② *(severo)* streng ③ *(formal)* seriös ④ *(responsable)* verantwortungsbewusst ⑤ *(sin burla)* ernst(haft); **esto va en ~** das ist jetzt ernst gemeint; **¿en ~?** wirklich?

sermón [ser'mon] *m* Predigt *f;* **echar un ~ a alguien** jdm eine Standpauke halten

sermonear [sermone'ar] **I.** *vi* predigen **II.** *vt (fam)* eine Standpauke halten *+dat*

sermoneo [sermo'neo] *m (fam)* Strafpredigt *f,* Standpauke *f*

seropositivo, -a [seroposi'tiβo, -a] *adj* HIV-positiv

serpear [serpe'ar] *vi* sich schlängeln

serpenteante [serpente'ante] *adj* gewunden; **carretera ~** Serpentinenstraße *f*

serpentear [serpente'ar] *vi* sich schlängeln

serpenteo [serpen'teo] *m* Serpentine *f*

serpentín [serpen'tin] *m* ① (QUÍM) Kühlschlange *f* ② *(de armas de fuego)* Zündstift *m; (del mosquete)* Luntenschloss *nt* ③ *(piedra)* Serpentin *m*

serpentina [serpen'tina] *f (de papel)* Luftschlange *f*

serpiente [ser'pjente] *f* Schlange *f;* **~ de**

S

cascabel Klapperschlange *f;* ~ **de vidrio** Blindschleiche *f*

serpollar [serpo'ʎar] *vi* (BOT) austreiben, ausschlagen

serranía [serra'nia] *f* Bergland *nt*

serrano, -a [se'rrano, -a] *adj* Gebirgs-; **jamón** ~ luftgetrockneter Schinken

serrar [se'rrar] <e → ie> *vt* sägen

serrería [serre'ria] *f* Sägewerk *nt*

serrín [se'rrin] *m* Sägemehl *nt*

serrucho [se'rrutʃo] *m* *(sierra)* Fuchsschwanz *m*

servible [ser'βiβle] *adj* brauchbar

servicial [serβi'θjal] *adj* zuvorkommend

servicio [ser'βiθjo] *m* ❶ *(acción de servir)* Dienst *m;* ~ **de mensajería** Kurierdienst *m;* ~ **civil sustitutorio** Zivildienst *m;* ~ **de información telefónica** Telefonauskunft *f;* ~ **militar** Wehrdienst *m;* ~**s en línea** [*o* **en línea**] (INFOR) Onlinedienste *mpl;* ~ **a domicilio** Lieferservice *m;* ~ **postal express** Eilzustellung *f;* ~ **posventa** Kundendienst *m;* ~ **público** öffentlicher Dienst; **estar de** ~ im Dienst sein; **hacer el** ~ den Wehrdienst ableisten; **hacer un** ~ **a alguien** jdm einen Dienst erweisen; **hacer un flaco** ~ **a alguien** jdm einen Bärendienst erweisen ❷ *(criados)* Hauspersonal *nt;* **entrada de** ~ Dienstboteneingang *m;* ~ **de habitaciones** *(en hoteles)* Zimmerservice *m* ❸ *(culto)* Gottesdienst *m* ❹ *(cubierto)* Geschirr *nt;* ~ **de té** Teeservice *nt* ❺ *(retrete)* Toilette *f* ❻ (DEP) Aufschlag *m* ❼ (ECON) Dienstleistung *f* ❽ (MED) Einlauf *m*

servidor[1] [serβi'ðor] *m* (INFOR) Server *m;* ~ **de correo** Mail Server *m;* ~ **de internet** Internet-Server *m;* ~ **de red** Netzserver *m,* Server im Netzwerk; ~ **web** Webserver *m;* **descargar algo del** ~ etw vom Server herunterladen

servidor(a)[2] [serβi'ðor(a)] *m(f)* *(criado)* Diener(in) *m(f);* **un** ~ **se va a dormir** ich gehe schlafen; **¿quién es el último?** – ~ wer ist der Letzte? – ich

servidumbre [serβi'ðumbre] *f* ❶ *(personal)* Dienerschaft *f* ❷ *(esclavitud)* Leibeigenschaft *f* ❸ *(trabajo de siervo)* Fron(arbeit) *f* ❹ *(sujeción)* Hörigkeit *f* ❺ (JUR) Dienstbarkeit *f*

servil [ser'βil] **I.** *adj* unterwürfig **II.** *m* Kriecher *m*

servilismo [serβi'lismo] *m sin pl* Unterwürfigkeit *f*

servilleta [serβi'ʎeta] *f* Serviette *f;* **doblar la** ~ *(fig fam)* den Löffel abgeben

servilletero [serβiʎe'tero] *m* Serviettenhalter *m;* *(aro)* Serviettenring *m*

servir [ser'βir] *irr como pedir* **I.** *vi* ❶ *(ser útil)* nützen; **no sirve de nada** es bringt nichts; **no sirve para nada** das ist für nichts gut ❷ *(ser soldado/criado)* dienen ❸ *(ayudar)* behilflich sein; **¿en qué puedo ~le?** womit kann ich Ihnen dienen?; **¡para ~le!** zu Ihren Diensten! ❹ *(atender a alguien)* bedienen ❺ (DEP) aufschlagen ❻ *(suministrar)* (aus)liefern ❼ *(poner en el plato)* auftun ❽ *(en el vaso)* einschenken **II.** *vr:* **~se** ❶ *(utilizar)* sich bedienen (**de** *+gen*) ❷ *(dignarse)* **sírvase cerrar la ventana** seien Sie so freundlich und schließen Sie bitte das Fenster

servo ['serβo] *m* (AUTO, TÉC) Servomechanismus *m*

servoasistido, -a [serβoasis'tiðo, -a] *adj* Servo-

servodirección [serβoðireʸ'θjon] *f* (AUTO) Servolenkung *f*

servofreno [serβo'freno] *m* (AUTO) Servobremse *f*

servomotor [serβomo'tor] *m* (TÉC) Servomotor *m*

sesada [se'saða] *f* (*t.* GASTR) Hirn *nt*

sésamo ['sesamo] *m* (BOT) Sesam *m;* **¡ábrete, ~!** Sesam, öffne dich!; **barrio** ~ (TV) Sesamstraße *f*

sesenta [se'sen̪ta] **I.** *adj inv* sechzig **II.** *m* Sechzig *f;* *v. t.* **ochenta**

sesentavo, -a [sesen̪'taβo, -a] **I.** *adj* sechzigstel **II.** *m, f* Sechzigstel *nt;* *v. t.* **ochentavo**

sesentena [sesen̪'tena] *f* Einheit *f* von sechzig Stück; (HIST) Schock *nt*

sesentón, -ona [sesen̪'ton, -ona] **I.** *adj* sechzigjährig **II.** *m, f* Sechzigjährige(r) *mf;* *v. t.* **ochentón**

sesera [se'sera] *f* ❶ *(cerebro)* Gehirn *nt* ❷ *(fam: cabeza)* Birne *f;* *(inteligencia)* Köpfchen *nt*

sesgado, -a [ses'ɣaðo, -a] *adj* ❶ *(sosegado)* ruhig, gelassen ❷ *(cortado oblicuamente)* schräg geschnitten ❸ *(parcial)* parteiisch, tendenziös; **información sesgada** tendenziöse Information

sesgar [ses'ɣar] <g → gu> *vt* ❶ *(cortar)* schräg schneiden ❷ *(torcer)* zur Seite biegen

sesgo ['sesɣo] *m* ❶ *(oblicuidad)* Schräge *f;* **al** ~ schräg ❷ *(orientación)* Verlauf *m*

sesión [se'sjon] *f* ❶ *(reunión)* Sitzung *f;* ~ **a puerta cerrada** nicht öffentliche Sitzung; **abrir/levantar la** ~ die Sitzung eröffnen/schließen ❷ *(representación)* Vorstellung *f;* ~ **de noche** Spätvorstellung *f* ❸ (INFOR) **iniciar la** ~ sich einloggen; **cerrar la** ~ sich ausloggen

seso ['seso] *m* ❶ (ANAT) Gehirn *nt* ❷ *(inteligencia)* Verstand *m;* **beber(se) los ~s**

S

(fig) den Verstand verlieren; **calentarse los ~s** *(fam)* sich *dat* das Hirn zermartern; **tener sorbido el ~ a alguien** *(fam)* jdn voll im Griff haben ③ *pl* (GASTR) Hirn *nt*

sesudo, -a [se'suðo, -a] *adj* ① *(inteligente)* intelligent ② *(sensato)* vernünftig

set [set] *m* <sets> ① (DEP) Satz *m* ② *(conjunto)* Set *nt*

seta ['seta] *f* Pilz *m;* **crecer como ~s** wie Pilze aus dem Boden schießen

setecientos, -as [sete'θjeṇtos, -as] *adj* siebenhundert; *v. t.* **ochocientos**

setenta [se'teṇta] **I.** *adj inv* siebzig **II.** *m* Siebzig *f; v. t.* **ochenta**

setentavo, -a [seteṇ'taβo, -a] **I.** *adj* siebzigstel **II.** *m, f* Siebzigstel *nt; v. t.* **ochentavo**

setentón, -ona [seteṇ'ton, -ona] **I.** *adj* siebzigjährig **II.** *m, f* Siebzigjährige(r) *mf; v. t.* **ochentón**

setiembre [se'tjembre] *m v.* **septiembre**

seto ['seto] *m* Zaun *m;* **~ vivo** Hecke *f*

seudónimo [seu̯'ðonimo] *m* Pseudonym *nt*

Seúl [se'ul] *m* Seoul *nt*

severidad [seβeri'ðaᵈ] *f sin pl* Strenge *f*

severo, -a [se'βero, -a] *adj* streng (**con** zu +*dat*)

sevicia [se'βiθja] *f (elev: crueldad)* Grausamkeit *f; (trato cruel)* Misshandlung *f*

sevillano, -a [seβi'ʎano, -a] **I.** *adj* aus Sevilla **II.** *m, f* Einwohner(in) *m(f)* von Sevilla

sexagenario, -a [seˠsaxe'narjo, -a] **I.** *adj* sechzigjährig **II.** *m, f* Sechzigjährige(r) *mf; v. t.* **octogenario**

sexagésimo[1] [seˠsa'xesimo] *m* ① *(ordinal)* **el ~** der/die/das Sechzigste ② *(partitivo)* Sechzigstel *nt*

sexagésimo, -a[2] [seˠsa'xesimo, -a] *adj* ① *(numeración)* sechzigste(r, s) ② *(parte)* sechzigstel; *v. t.* **octogésimo**[2]

sexi ['seˠsi] *adj inv* sexy

sexismo [seˠ'sismo] *m sin pl* ① *(discriminación)* Sexismus *m* ② *(obsesión)* Sexbesessenheit *f*

sexista [seˠ'sista] **I.** *adj* sexistisch **II.** *mf* Sexist(in) *m(f)*

sexo ['seˠso] *m* ① *(conjunto de individuos, t.* BIOL) Geschlecht *nt* ② *(órganos)* Geschlechtsorgane *ntpl* ③ *(actividad)* Sex *m*

sexología [seˠsolo'xia] *f sin pl* Sexualwissenschaft *f,* Sexologie *f*

sexólogo, -a [seˠ'soloɣo, -a] *m, f* Sexualforscher(in) *m(f),* Sexualwissenschaftler(in) *m(f)*

sex shop [seɣ'ʃop] *m* Sexshop *m*

sextante [ses'taṇte] *m* Sextant *m*

sexteto [ses'teto] *m* Sextett *nt*

sexto ['sesto] *m* Sechstel *nt*

sexto, -a ['sesto, -a] *adj (parte)* sechstel; *(numeración)* sechste(r, s); *v. t.* **octavo**

sextuplicar [sestupli'kar] <c → qu> *vt, vr:* **~se** (sich) versechsfachen

séxtuplo, -a ['sestuplo, -a] **I.** *adj* sechsfach **II.** *m, f* Sechsfache(s) *nt; v. t.* **óctuplo**

sexual [seˠsu'al] *adj* ① (BIOL) geschlechtlich; **órganos ~es** Geschlechtsorgane *ntpl* ② *(sexualidad)* sexuell, Sexual-

sexualidad [seˠswali'ðaᵈ] *f sin pl* Sexualität *f*

sexy ['seˠsi] *adj inv v.* **sexi**

Seychelles [sei̯'ʧeles] *fpl* Seychellen *pl*

shakesperiano, -a [ʃespi'rjano, -a] *adj* (LIT) shakespearisch; **las obras shakesperianas** die Shakespearschen Werke; **esta obra tiene un toque ~** dieses Stück erinnert an Shakespeare

shock [ʃoᵏ/ʧoᵏ] *m* Schock *m*

shorts [ʃorᵈs] *mpl* Shorts *pl*

show ['ʃou̯] *m* <shows> Show *f*

si [si] **I.** *conj* ① *(condicional)* wenn; **~ acaso** wenn etwa; **~ no** sonst, andernfalls; **por ~...** für den Fall, dass ...; **por ~ acaso** für alle Fälle ② *(en preguntas indirectas)* ob ③ *(en oraciones concesivas)* **~ bien** obwohl ④ *(comparación)* **como ~... +***subj* als ob ...; **el padre está más nervioso que ~ fuera él mismo a dar a luz** der Vater ist so nervös, als müsste er selbst entbinden ⑤ *(en frases desiderativas)* **¡~ hiciera un poco más de calor!** wenn es nur ein bisschen wärmer wäre! ⑥ *(protesta, sorpresa)* doch; **¡pero ~ ella se está riendo!** aber sie lacht doch! ⑦ *(énfasis)* **fíjate ~ es tonto que...** er ist so einfältig, dass ... **II.** *m* (MÚS) h *nt*

sí [si] **I.** *adv* ja; **¡~, señor!** jawohl, der Herr!; **porque ~** einfach so; **¡(claro) que ~!** aber ja doch!; **creo que ~** ich denke schon; **¡eso ~ que no!** das kommt nicht infrage!; **por ~ o por no** in jedem Fall; **¡~ que está buena la tarta!** Mensch, schmeckt der Kuchen gut! **II.** *pron pers* sich; **a ~ mismo** zu sich *dat;* **de ~** von sich *dat* aus; **dar de ~** genügen; *(tela)* sich weiten; **el tema da mucho de ~** es ist ein sehr umfangreiches Thema; **en** [*o* **de por**] **~** an sich; **estar fuera de ~** außer sich *dat* sein; **hablar entre ~** untereinander reden; **por ~** per se; **mirar por ~** egoistisch sein **III.** *m* Ja *nt;* **dar el ~** Ja sagen; *(casamiento)* das Jawort geben; **tener el ~ de la madre** die Erlaubnis der Mutter haben; **no hay entre ellos ni un ~ ni un no** sie sind sich vollkommen einig

siamés, -esa [sja'mes, -esa] *adj* siamesisch; **gato ~** Siamkatze *f*

sibarita [siβa'rita] **I.** *adj* genusssüchtig **II.** *mf* Genießer(in) *m(f)*
Siberia [si'βerja] *f* Sibirien *nt*
siberiano, -a [siβe'rjano, -a] **I.** *adj* sibirisch **II.** *m, f* Sibir(i)er(in) *m(f)*
sibilino, -a [siβi'lino, -a] *adj* geheimnisvoll
sicario [si'karjo] *m* Killer *m*
Sicilia [si'θilja] *f* Sizilien *nt*
siciliano, -a [siθi'ljano, -a] **I.** *adj* sizilianisch **II.** *m, f* Sizilianer(in) *m(f)*
sicología [sikolo'xia] *f v.* (**p**)**sicología**
sicológico, -a [siko'loxiko, -a] *adj* seelisch; (PSICO) psychologisch
sicólogo, -a [si'koloɣo, -a] *m, f* (PSICO) Psychologe, -in *m, f*
sicomoro [siko'moro] *m* (BOT) Maulbeerfeigenbaum *m*
sicosis [si'kosis] *f inv* Psychose *f*, Geisteskrankheit *f*
sicoterapeuta [sikotera'peu̯ta] *mf* (MED, PSICO) Psychoterapeuth(in) *m(f)*
sicoterapia [sikote'rapja] *f* Psychoteraphie *f*
sida, SIDA ['siða] *m abr de* **síndrome de inmunodeficiencia adquirida** Aids *nt*
sidecar [siðe'kar] *m* <sidecares> Beiwagen *m*
sideral [siðe'ral] *adj* siderisch; **espacio ~** Weltraum *m*
siderurgia [siðe'rurxja] *f* Eisenindustrie *f*
siderúrgico, -a [siðe'rurxiko, -a] *adj* Eisen-; **productos ~s** Produkte der Eisenindustrie
sidoso, -a [si'ðoso, -a] **I.** *adj (pey)* Aids-; **enfermo ~** Aidskranke(r) *m* **II.** *m, f (pey)* Aidskranke(r) *mf*
sidra ['siðra] *f* Apfelwein *m*
sidrería [siðre'ria] *f* Apfelweinstube *f*
siega ['sjeɣa] *f* ❶ *(el segar)* Mähen *nt* ❷ *(tiempo)* Mähzeit *f* ❸ *(mieses)* Gemähte(s) *nt*
siembra ['sjembra] *f* ❶ *(el sembrar)* Aussaat *f* ❷ *(tiempo)* Saatzeit *f* ❸ *(terreno)* Saatfeld *nt*
siempre ['sjempre] *adv* immer; **de ~** seit jeher; **a la hora de ~** zur gewohnten Zeit; **una amistad de ~** eine langjährige Freundschaft; **eso es así desde ~** das war schon immer so; **~ pasa lo mismo** es ist immer das Gleiche; **¡hasta ~!** leb(e) wohl!; **por ~** auf ewig; **por ~ jamás** für immer und ewig; **~** [*o* **y cuando**] **que...** +*subj* vorausgesetzt, dass ...
siempreviva [sjempre'βiβa] *f* (BOT) Strohblume *f*, Immortelle *f*
sien [sjen] *f* Schläfe *f*
sierpe ['sjerpe] *f* ❶ (ZOOL) große Schlange *f*; **tener una lengua de ~** *(fig)* eine böse Zunge haben ❷ *(persona feroz)* fürchterlicher Mensch *m*; *(colérica)* zorniger Mensch *m*; *(fea)* hässlicher Mensch *m*
sierra ['sjerra] *f* ❶ *(herramienta)* Säge *f*; **~ continua** Bandsäge *f*; **~ mecánica** Motorsäge *f* ❷ *(lugar)* Sägewerk *nt* ❸ (GEO) Gebirgskette *f*; **~ de peñascos cortados** Kammgebirge *nt*; **S~ Leona** Sierra Leone *nt*
siervo, -a ['sjerβo, -a] *m, f* ❶ *(esclavo)* Sklave, -in *m, f* ❷ *(servidor)* Diener(in) *m(f)*
siesta ['sjesta] *f* ❶ *(descanso)* Mittagsschlaf *m*; *(pausa del mediodía)* Mittagsruhe *f*; **echar** [*o* **dormir**] **la ~** einen Mittagsschlaf halten ❷ *(hora de calor)* Mittagshitze *f*
siete ['sjete] **I.** *adj inv* sieben; **comer por ~** essen wie ein Scheunendrescher; **pícaro de ~ suelas** *(fam)* Erzgauner *m*; *v. t.* **ocho** **II.** *m* ❶ *(número)* Sieben *f*; *v. t.* **ocho** ❷ *(fam: rasgón)* Riss *m* ❸ *(carpintería)* Schraubstock *m* ❹ *(AmS, Méx: vulg: ano)* Arsch *m*
sietemesino, -a [sjeteme'sino, -a] **I.** *adj* **niño ~** Siebenmonatskind *nt* **II.** *m, f* ❶ *(prematuro)* Siebenmonatskind *nt* ❷ *(fam: chico presumido)* Milchbart *m*
sífilis ['sifilis] *f inv* (MED) Syphilis *f*
sifón [si'fon] *m* ❶ *(tubo)* Saugheber *m* ❷ *(tubería, botella)* Siphon *m* ❸ *(soda)* Soda(wasser) *nt*
siga ['siɣa] *f (Chil)* Verfolgung *f*; **estar a la ~ de algo/alguien** hinter etw/jdm her sein
sigilar [sixi'lar] *vt* ❶ *(ocultar)* verheimlichen ❷ *(sellar)* versiegeln
sigilo [si'xilo] *m* ❶ *(discreción)* Verschwiegenheit *f*; **~ profesional** (berufliche) Schweigepflicht *f* ❷ *(secreto)* Geheimnis *nt*; **~ sacramental** Beichtgeheimnis *nt* ❸ *(sello)* Siegel *nt*
sigiloso, -a [sixi'loso, -a] *adj* verschwiegen
sigla ['siɣla] *f* ❶ *(letra inicial)* Anfangsbuchstabe *m* ❷ *(rótulo de siglas)* Akronym *nt*; **~ de fabricante** Herstellerzeichen *nt*
siglo ['siɣlo] *m* Jahrhundert *nt*; **S~ de las Luces** Zeitalter der Aufklärung; **Siglo de Oro** Goldenes Zeitalter; **el ~ XX** das 20. Jahrhundert; **por los ~s de los ~s** bis in alle Ewigkeit; **hace un ~ que no te veo** ich habe dich (schon) seit einer Ewigkeit nicht mehr gesehen; **retirarse del ~** sich aus dem weltlichen Leben zurückziehen
sigma ['siɣma] *f* Sigma *nt*
signar [siɣ'nar] **I.** *vt* ❶ *(marcar)* abzeichnen ❷ *(firmar)* unterschreiben ❸ (REL) bekreuzen **II.** *vr:* **~se** sich bekreuzigen
signatario, -a [siɣna'tarjo, -a] **I.** *adj* un-

S

terzeichnend; **poder** ~ (JUR) Unterschriftsvollmacht *f* **II.** *m, f* Unterzeichner(in) *m(f)*

signatura [siɣna'tura] *f* ① *(firma)* Unterschrift *f* ② (TIPO) Signatur *f*

significación [siɣnifika'θjon] *f* Bedeutung *f*

significado [siɣnifi'kaðo] *m* Bedeutung *f*

significante [siɣnifi'kante] **I.** *adj* bezeichnend **II.** *m* (LING) Signifikant *m*

significar [siɣnifi'kar] <c → qu> **I.** *vt, vi* bedeuten; **¿qué significa eso?** was soll das bedeuten? **II.** *vr:* **~se** sich auszeichnen (**por** durch +*akk*)

significativo, -a [siɣnifika'tiβo, -a] *adj* bezeichnend

signo ['siɣno] *m* ① *(señal, t.* LING, MAT) Zeichen *nt;* ~ **de enfermedad** Krankheitssymptom *nt;* ~ **de más/menos** Plus-/Minuszeichen *nt;* ~ **de la multiplicación** Malzeichen *nt;* ~ **de puntuación** Satzzeichen *nt* ② *(escrito)* Schriftzeichen *nt* ③ (ASTR) ~ (**del zodiaco** [*o* **zodíaco**]) Sternzeichen *nt* ④ (LIT: *destino*) Schicksal *nt*

siguiente [si'ɣjente] **I.** *adj* folgende(r, s); **de la ~ manera** folgendermaßen **II.** *mf* Nächste(r) *mf;* **¡el ~!** der Nächste, bitte!

sij [six] *m* Sikh *m*

sílaba ['silaβa] *f* Silbe *f;* ~ **aguda** betonte Silbe; **de dos ~s** zweisilbig

silabación [silaβa'θjon] *f* (LING) Silbentrennung *f*

silabear [silaβe'ar] *vi, vt* in einzelnen Silben aussprechen

silba ['silβa] *f* Auspfeifen *nt*

silbar [sil'βar] *vi, vt* ① *(chiflar)* pfeifen; *(serpiente)* zischen; *(sirena)* heulen ② *(abuchear)* auspfeifen

silbatina [silβa'tina] *f (AmS)* Auspfeifen *nt*

silbato [sil'βato] *m* Pfeife *f*

silbido [sil'βiðo] *m* Pfiff *m; (serpiente)* Zischen *nt; (sirena)* Geheul *nt; (viento)* Pfeifen *nt;* ~ **de los oídos** Ohrensausen *nt*

silbo ['silβo] *m* ① *(silbido)* Pfiff *m* ② *(voz, serpiente)* Zischen *nt; (viento)* Pfeifen *nt*

silenciador [silenθja'ðor] *m* Schalldämpfer *m*

silenciar [silen'θjar] *vt* ① *(callar)* verschweigen ② *(hacer callar)* zum Schweigen bringen

silencio [si'lenθjo] *m* ① *(falta de ruido)* Stille *f;* **¡~!** Ruhe! ② *(el callar)* Schweigen *nt;* **en ~** stillschweigend; **entregar algo al ~** *(fig)* über etw schweigen; **guardar ~ sobre algo** über etw Stillschweigen bewahren; **imponer ~** Schweigen gebieten; **pasar algo en ~** etw unerwähnt lassen; **reducir al ~** zum Schweigen bringen; **romper el ~** das Schweigen brechen ③ (MÚS) Pause *f*

silencioso, -a [silen'θjoso, -a] *adj* ① *(poco hablador)* schweigsam ② *(callado)* schweigend ③ *(sin ruido)* still; *(motor)* geräuscharm

silente [si'lente] *adj* ruhig, gelassen

Silesia [si'lesja] *f* Schlesien *nt*

silesio, -a [si'lesjo, -a] **I.** *adj* schlesisch **II.** *m, f* Schlesier(in) *m(f)*

sílex ['sileˠs] *m inv* Feuerstein *m*

sílfide ['silfiðe] *f* Sylphide *f*

silgado, -a [sil'ɣaðo, -a] *adj (Ecua)* dünn, schlank, dürr, knochig

sílice ['siliθe] *m* (QUÍM) Kieselsäure *f*

silicio [si'liθjo] *m* (QUÍM) Silizium *nt*

silicona [sili'kona] *f* Silikon *nt*

silla ['siʎa] *f* ① *(asiento, t.* REL) Stuhl *m;* ~ **de manos** Sänfte *f;* ~ **plegable** Klappstuhl *m;* ~ **de ruedas** Rollstuhl *m* ② *(montura)* Sattel *m*

sillar [si'ʎar] *m* ① (ARQUIT) Quaderstein *m* ② *(lomo de la caballería) Teil des Reittierrückens, auf dem der Sattel aufliegt*

sillín [si'ʎin] *m* Sattel *m*

sillón [si'ʎon] *m (butaca)* (Arm)sessel *m*

silo ['silo] *m* Silo *m o nt;* ~ **de granos** Getreidesilo *m o nt*

silogismo [silo'xismo] *m* Syllogismus *m*

silueta [si'lweta] *f* Silhouette *f;* **cuidar la ~** auf die Figur achten

siluro [si'luro] *m* (ZOOL) Wels *m;* ~ **eléctrico** Zitterwels *m*

silvestre [sil'βestre] *adj* wild

silvicultura [silβikul'tura] *f* ① *(cultivo)* Forstwirtschaft *f* ② *(ciencia)* Forstwissenschaft *f*

sima ['sima] *f* Erdspalte *f*

simbiosis [sim'bjosis] *f inv* (BIOL: *t. fig)* Symbiose *f*

simbólico, -a [sim'boliko, -a] *adj* symbolisch

simbolismo [simbo'lismo] *m* ① *(sistema, significado)* Symbolik *f* ② (ARTE, LIT) Symbolismus *m*

simbolización [simboliθa'θjon] *f* Symbolisierung *f*

simbolizar [simboli'θar] <z → c> *vt* symbolisieren

símbolo ['simbolo] *m* Symbol *nt*

simbología [simbolo'xia] *f sin pl* ① *(estudio)* Symbolkunde *f* ② *(sistema)* Symbolik *f*

simetría [sime'tria] *f* Symmetrie *f*

simétrico, -a [si'metriko, -a] *adj* symmetrisch

simiente [si'mjente] *f* Samen *m*

simiesco, -a [si'mjesko, -a] *adj* affenartig, affenähnlich

S

símil ['simil] **I.** *adj* ähnlich **II.** *m* Vergleich *m*
similar [simi'lar] *adj* ähnlich
similitud [simili'tuᵈ] *f* Ähnlichkeit *f*
simio ['simjo] *m* Affe *m*
simón [si'mon] *m* ❶ *(coche)* Mietkutsche *f* ❷ *(cochero)* Lohnkutscher *m*
simpatía [simpa'tia] *f* ❶ *(agrado)* Sympathie *f;* **sentir ~ por algo** etw *dat* wohlwollend gegenüberstehen; **tener ~ por alguien** für jdn Sympathie empfinden ❷ *(carácter)* sympathisches Wesen *nt*
simpático, -a [sim'patiko, -a] *adj* sympathisch
simpatizante [simpati'θante] *mf* Sympathisant(in) *m(f)*
simpatizar [simpati'θar] <z → c> *vi* sympathisieren
simple ['simple] <simplísimo *o* simplicísimo> **I.** *adj* ❶ *(sencillo)* einfach ❷ *(fácil)* leicht, einfach ❸ *(mero)* bloß; **a ~ vista** mit bloßem Auge ❹ *(mentecato)* einfältig **II.** *m* ❶ *(persona)* einfältige Person *f* ❷ *(tenis)* Einzel *nt*
simplemente [simple'mente] *adv* nur, schlicht und einfach
simpleza [sim'pleθa] *f* ❶ *(bobería)* Einfältigkeit *f* ❷ *(tontería)* Dummheit *f* ❸ *(insignificancia)* Kleinigkeit *f*
simplicidad [simpliθi'ðaᵈ] *f sin pl* ❶ *(sencillez)* Einfachheit *f* ❷ *(ingenuidad)* Naivität *f*
simplicísimo, -a [simpli'θisimo, -a] *adj superl de* **simple**
simplificación [simplifika'θjon] *f* ❶ *(hacer simple)* Vereinfachung *f* ❷ (MAT) Kürzen *nt*
simplificador(a) [simplifika'ðor(a)] *adj* vereinfachend
simplificar [simplifi'kar] <c → qu> *vt* ❶ *(facilitar)* vereinfachen ❷ (MAT) kürzen
simplismo [sim'plismo] *m* grobe Vereinfachung *f*
simplón, -ona [sim'plon, -ona] **I.** *adj (fam)* einfältig **II.** *m, f (fam)* Einfaltspinsel *m*
simposio [sim'posjo] *m* Symposium *nt*
simulación [simula'θjon] *f* Vortäuschung *f*
simulacro [simu'lakro] *m* ❶ *(apariencia)* Trugbild *nt* ❷ *(acción simulada)* Übung *f*
simulador[1] [simula'ðor] *m* (TÉC) Simulator *m;* **~ de vuelo** (AERO) Flugsimulator *m*
simulador(a)[2] [simula'ðor(a)] *m(f)* Simulant(in) *m(f)*
simular [simu'lar] *vt* vortäuschen
simultanear [simultane'ar] *vt* gleichzeitig tun
simultaneidad [simultanei̯'ðaᵈ] *f sin pl* Gleichzeitigkeit *f*
simultáneo, -a [simul'taneo, -a] *adj* gleichzeitig; **interpretación simultánea** Simultandolmetschen *nt*
sin [sin] **I.** *prep* ohne +*akk;* **~ dormir** ohne zu schlafen; **~ querer** ungewollt; *(mala intención)* ohne Absicht; **~ más** ohne Weiteres; **~ más ni más** mir nichts, dir nichts **II.** *adv* **~ embargo** trotzdem
sinagoga [sina'ɣoɣa] *f* Synagoge *f*
sincerarse [sinθe'rarse] *vr* sich aussprechen (**ante** bei +*dat*)
sinceridad [sinθeri'ðaᵈ] *f* Aufrichtigkeit *f;* **con toda ~** in aller Offenheit
sincero, -a [sin'θero, -a] *adj* aufrichtig
síncope ['siŋkope] *m* (LING, MED, MÚS) Synkope *f*
sincronía [siŋkro'nia] *f sin pl* ❶ *(simultaneidad)* Gleichzeitigkeit *f* ❷ (LING) Synchronie *f*
sincrónico, -a [siŋ'kroniko, -a] *adj* synchron
sincronización [siŋkroniθa'θjon] *f* Synchronisation *f;* **~ de semáforos** grüne Welle
sincronizador(a) [siŋkroniθa'ðor(a)] **I.** *adj* synchronisierend **II.** *m(f)* Synchronsprecher(in) *m(f)*
sincronizar [siŋkroni'θar] <z → c> *vt* synchronisieren
sindéresis [sin'deresis] *f inv (elev)* Vernunft *f*
sindical [sindi'kal] *adj* Gewerkschafts-
sindicalismo [sindika'lismo] *m* ❶ *(movimiento)* Gewerkschaftsbewegung *f* ❷ *(doctrina)* Syndikalismus *m*
sindicalista [sindika'lista] **I.** *adj (sindical)* gewerkschaftlich **II.** *mf (miembro)* Gewerkschaft(l)er(in) *m(f)*
sindicar [sindi'kar] <c → qu> **I.** *vt* ❶ *(organizar)* gewerkschaftlich organisieren ❷ *(delatar)* verraten ❸ *(poner bajo sospecha)* verdächtigen **II.** *vr:* **~se** einer Gewerkschaft beitreten
sindicato [sindi'kato] *m* Gewerkschaft *f*
síndico ['sindiko] *m* ❶ *(administrador de la quiebra)* Konkursverwalter *m* ❷ *(representante)* gewählter Vertreter *m*
síndrome ['sindrome] *m* Syndrom *nt;* **~ de abstinencia** Entzugserscheinungen *f pl;* **~ de cansancio crónico** Burn-out(-Syndrom) *nt,* Burnout(-Syndrom) *nt*
sine die ['sine 'ðie] auf unbestimmte Zeit
sinergia [si'nerxja] *f* Synergie *f*
sinestesia [sines'tesja] *f* (LIT, PSICO) Synästhesie *f*
sinfín [siɱ'fin] *m* Unmenge *f* (**de** an/von +*dat,* **de** +*gen*)
sinfonía [siɱfo'nia] *f* Sinfonie *f*

sinfónico, -a [siɱ'foniko, -a] *adj* **orquesta sinfónica** Sinfonieorchester *nt*
Singapur [siŋga'pur] *m* Singapur *nt*
singladura [siŋgla'ðura] *f* ① (NÁUT: *jornada*) Schiffstagesreise *f* ② (NÁUT: *intervalo de veinticuatro horas*) Etmal *nt* ③ *(rumbo)* Kurs *m*
singular [siŋgu'lar] **I.** *adj* ① *(único)* einzeln; **ejemplar** ~ Einzelexemplar *nt* ② *(excepcional)* einzigartig; **en** ~ insbesondere **II.** *m* (LING) Einzahl *f*; **¡habla en ~!** *(fig)* sprich nur für dich!
singularidad [siŋgulari'ða(ð)] *f* ① *(unicidad)* Einmaligkeit *f* ② *(excepcionalidad)* Einzigartigkeit *f* ③ *(distinción)* Besonderheit *f*
singularizar [siŋgulari'θar] <z → c> **I.** *vt* *(particularizar)* herausheben **II.** *vr:* **~se** sich hervorheben
singularmente [siŋgular'men̩te] *adv* besonders
sinhueso [sin'weso] *f (fam)* Zunge *f*; **soltar** [*o* **sacar a pasear**] **la** ~ schwatzen
siniestra [si'njestra] *f* ① *(mano)* linke Hand *f* ② *(del escudo)* linke Seite *f*
siniestrado, -a [sinjes'traðo, -a] **I.** *adj* verunglückt **II.** *m, f* Opfer *nt (eines Unglücks)*, Katastrophengeschädigte(r) *f(m)*
siniestro[1] [si'njestro] *m* *(accidente)* Unfall *m*; *(catástrofe)* Unglück *nt*
siniestro, -a[2] [si'njestro, -a] *adj* ① *(izquierdo)* linke(r, s); **a diestra y siniestra** kreuz und quer ② *(maligno)* böse ③ *(funesto)* unheilvoll
sinnúmero [sin'numero] *m sin pl* Unzahl *f* (**de** an/von +*dat*, **de** +*gen*)
sino ['sino] **I.** *m* Schicksal *nt* **II.** *conj* ① *(al contrario)* sondern ② *(solamente)* **no espero ~ que me creas** ich hoffe nur, dass du mir glaubst ③ *(excepto)* außer +*dat*
sinonimia [sino'nimja] *f* (LING) Synonymie *f*
sinónimo[1] [si'nonimo] *m* Synonym *nt*
sinónimo, -a[2] [si'nonimo, -a] *adj* synonym
sinopsis [si'noβsis] *f inv* ① *(resumen)* Zusammenfassung *f* ② *(esquema)* Diagramm *nt*
sinóptico, -a [si'noptiko, -a] *adj* *(resumido)* zusammenfassend; *(esquemático)* schematisch
sin papeles [sinpa'peles] *mf (fam)* Illegale(r) *f(m)*
sinrazón [sinrra'θon] *f* Unrecht *nt*
sinsabor [sinsa'βor] *m* ① *(insipidez)* Fadheit *f* ② *(disgusto)* Verdruss *m*
sinsentido [sinsen̩'tiðo] *m* Unsinn *m*
sinsu(b)stancia [sinsu(β)s'tan̩θja] *mf (fam)* oberflächliche Person *f*
sintáctico, -a [sin̩'taktiko, -a] *adj* syntaktisch
sintagmático, -a [sin̩taɣ'matiko, -a] *adj* (LING) syntagmatisch
sintaxis [sin̩'ta(ɣ)sis] *f inv* Syntax *f*
síntesis ['sin̩tesis] *f inv* Synthese *f*; **en** ~ kurzum
sintético, -a [sin̩'tetiko, -a] *adj* synthetisch
sintetizador [sin̩tetiθa'ðor] *m* (MÚS) Synthesizer *m*
sintetizar [sin̩teti'θar] <z → c> *vt* ① (QUÍM) synthetisieren ② *(resumir)* zusammenfassen
síntoma ['sin̩toma] *m* Symptom *nt*
sintomático, -a [sin̩to'matiko, -a] *adj* symptomatisch
sintomatología [sin̩tomatolo'xia] *f* Symptomatik *f*
sintonía [sin̩to'nia] *f* ① *(adecuación)* Abstimmung *f* ② *(señal sonora)* Jingle *m* ③ *(loc)* **estar en ~** (**con alguien**) (mit jdm) auf der gleichen Wellenlänge liegen
sintonización [sin̩toniθa'θjon] *f* (ELEC, RADIO, TV) Abstimmung *f*
sintonizador [sin̩toniθa'ðor] *m* (ELEC, RADIO, TV) Tuner *m*
sintonizar [sin̩toni'θar] <z → c> **I.** *vt* abstimmen; ~ **una emisora** einen Sender einstellen **II.** *vi* übereinstimmen
sinuosidad [sinwosi'ða(ð)] *f* ① *(curvación)* Krümmung *f* ② *(concavidad)* Einbuchtung *f*
sinuoso, -a [sinu'oso, -a] *adj* ① *(curvado)* kurvig ② *(montañoso)* bergig ③ *(retorcido)* heimtückisch
sinusitis [sinu'sitis] *f inv* (MED) (Nasen)nebenhöhlenentzündung *f*
sinusoide [sinu'soi̯ðe] *f* (MAT) Sinuskurve *f*
sinvergonzonería [simberɣon̩θone'ria] *f* Unverschämtheit *f*
sinvergüenza [simber'ɣwen̩θa] **I.** *adj* unverschämt **II.** *mf* unverschämte Person *f*
sionismo [sjo'nismo] *m sin pl* Zionismus *m*
siquiatra [si'kjatra] *mf* Psychiater(in) *m(f)*
síquico, -a ['sikiko, -a] *adj v.* (**p**)**síquico**
siquiera [si'kjera] **I.** *adv* wenigstens; **ni** ~ nicht einmal **II.** *conj* +*subj* auch wenn
sirena [si'rena] *f* Sirene *f*
sirgar [sir'ɣar] <g → gu> *vt* (NÁUT) treideln
Siria ['sirja] *f* Syrien *nt*
sirio, -a ['sirjo, -a] **I.** *adj* syrisch **II.** *m, f* Syr(i)er(in) *m(f)*
siroco [si'roko] *m* (METEO) Schirokko *m*
sirope [si'rope] *m (AmC, Col: jarabe)* Sirup *m*
sirviente [sir'βjen̩te] *mf (criado)* Bedienstete(r) *mf*; *(servidor)* Diener(in) *m(f)*

sisa ['sisa] *f* ① *(corte)* (Arm)ausschnitt *m* ② *(dinero)* geklautes Geld *nt fam*

sisar [si'sar] *vt* ① *(cortar una sisa)* den (Arm)ausschnitt schneiden (in *+akk*) ② *(hurtar)* klauen *fam*

sisear [sise'ar] *vt* auszischen

siseo [si'seo] *m* Zischen *nt*

sisirisco [sisi'risko] *m (Méx)* ① *(ano)* After *m* ② *(miedo)* Angst *f*

sismar [sis'mar] *vi (Urug: cavilar)* nachdenken

sísmico, -a ['sismiko, -a] *adj* seismisch

sismo ['sismo] *m* Erdbeben *nt*

sismografía [sismoɣra'fia] *f* (GEO) Seismografie *f*

sismógrafo [sis'moɣrafo] *m* Seismograf *m*

sismológico, -a [sismo'loxiko, -a] *adj* seismologisch

sistema [sis'tema] *m* ① *(principio, plan)* System *nt;* ~ **de prevención** Schutzsystem *nt* ② *(dispositivo)* ~ **de alarma** Alarmanlage *f;* ~ **antibloqueo de frenos** (AUTO) Antiblockiersystem *nt* ③ (INFOR) ~ **operativo** Betriebssystem *nt* ④ (QUÍM) ~ **periódico** Periodensystem *nt* ⑤ (ASTR) ~ **planetario** Planetensystem *nt;* ~ **solar** Sonnensystem *nt* ⑥ (ANAT) ~ **circulatorio** Herz-Kreislauf-System *nt;* ~ **nervioso** Nervensystem *nt;* ~ **respiratorio** Atmungssystem *nt;* ~ **urinario** Harnsystem *nt* ⑦ *(loc)* **por** ~ grundsätzlich

sistemática [siste'matika] *f* (*t.* BIOL) Systematik *f*

sistemático, -a [siste'matiko, -a] *adj* systematisch

sistematizar [sistemati'θar] <z → c> *vt* systematisieren

sístole ['sistole] *f* (LIT, MED) Systole *f*

sitiado, -a [si'tjaðo, -a] **I.** *adj* belagert; **ciudad sitiada** belagerte Stadt **II.** *m, f* Belagerte(r) *f(m)*

sitiador(a) [sitja'ðor(a)] **I.** *adj* belagernd **II.** *m(f)* Belagerer, -in *m, f*

sitial [si'tjal] *m* Ehrenstuhl *m*

sitiar [si'tjar] *vt* belagern; *(fig)* in die Enge treiben

sitio ['sitjo] *m* ① *(espacio)* Platz *m;* ~ **de veraneo** Urlaubsort *m;* **en cualquier** ~ irgendwo; **en ningún** ~ nirgends; **en todos los ~s** überall; **guardar el ~ a alguien** jdm einen Platz freihalten; **hacer** ~ Platz machen; **ocupar mucho** ~ viel Platz beanspruchen; **poner a alguien en su** ~ *(fig)* jdm den Kopf waschen; **quedarse en su** ~ *(fig)* auf der Stelle tot sein ② (MIL) Belagerung *f*

sito, -a ['sito, -a] *adj* gelegen

situación [sitwa'θjon] *f* ① *(ubicación)* Lage *f* ② *(estado)* Situation *f;* **estar en ~ desahogada** wohlhabend sein

situado, -a [situ'aðo, -a] *adj* gelegen; **estar ~** liegen; **estar bien ~** *(trabajo)* gut situiert sein

situar [situ'ar] <*1. pres* sitúo> **I.** *vt* *(colocar)* stellen; *(emplazar)* platzieren **II.** *vr:* **~se** ① *(ponerse en un lugar)* sich stellen ② *(abrirse paso)* eine gehobene Position erreichen ③ (DEP) sich platzieren

skateboarding [eskei̯t'βoarðiŋ] *m* Skateboardfahren *nt*

sketch [es'ketʃ] *m* Sketsch *m*

ski [es'qui] *m* (DEP) Ski *m*

S. L. [ese'ele] *f abr de* **Sociedad Limitada** (ECON, JUR) GmbH *f*

slang [es'laŋ] *m* (LING) Slang *m*

slip [es'lip] *m* <slips> Slip *m*

slogan [es'loɣan] *m* <slogans> Slogan *m*

SME [ese(e)me'e] *m abr de* **Sistema Monetario Europeo** EWS *nt*

smog [es'moɣ] *m sin pl* Smog *m;* ~ **electrónico** Elektrosmog *m*

SMS [ese(e)me'ese] *m abr de* **Short Message Service** (TEL: *servicio de mensajes cortos*) SMS *f;* **enviar un** (**mensaje**) ~ (**a alguien**) (jdm) eine SMS(-Nachricht) senden, (jdm) simsen *fam*

snowboard [esnou'βoar] *m* Snowboard *nt*

snowboarder [esnou'βoarðer] *mf* Snowboardfahrer(in) *m(f)*

so [so] **I.** *interj* brr! **II.** *prep* unter *+dat;* ~ **pena de...** sonst droht die Strafe, dass ...; ~ **pretexto de que...** unter dem Vorwand, dass ... **III.** *m (fam)* **¡~ imbécil!** du Idiot!

SO [suðo'este] *abr de* **sudoeste** SW

soba ['soβa] *f (fam)* ① *(manoseo)* Fummelei *f* ② *(zurra)* Tracht *f* Prügel

sobaco [so'βako] *m* Achsel(höhle) *f*

sobado[1] [so'βaðo] *m* Schmalzgebäck *nt*

sobado, -a[2] [so'βaðo, -a] *adj* ① *(objetos)* abgenutzt ② *(papel)* abgegriffen ③ *(tema)* abgedroschen

sobajar [soβa'xar] *vt* ① *(manosear con fuerza)* durchkneten ② *(Méx: humillar)* erniedrigen

sobaquera [soβa'kera] *f* ① *(en vestidos)* *nicht geschlossene Naht im Bereich der Achselhöhle* ② *(refuerzo)* *Stoffeinlage zur Verstärkung im Bereich der Achselhöhle* ③ *(protección contra el sudor)* Armblatt *nt*

sobaquina [soβa'kina] *f* Achselgeruch *m*

sobar [so'βar] *vt* ① *(manosear)* betasten ② *(ablandar)* durchkneten ③ *(pegar)* prügeln ④ *(molestar)* belästigen

soberanamente [soβerana'mente] *adv*

(extremadamente) äußerst; **divertirse ~** sich köstlich amüsieren

soberanía [soβera'nia] *f* ① (POL) Souveränität *f;* ~ **territorial** Gebietshoheit *f* ② *(majestad)* Erhabenheit *f*

soberano, -a [soβe'rano, -a] **I.** *adj* ① (POL) souverän ② *(excelente)* erhaben ③ *(fam: enorme)* gewaltig **II.** *m, f (monarca)* Herrscher(in) *m(f); (príncipe)* Fürst(in) *m(f)*

soberbia [so'βerβja] *f* ① *(orgullo)* Hochmut *m* ② *(suntuosidad)* Pracht *f* ③ *(ira)* Jähzorn *m*

soberbio, -a [so'βerβjo, -a] *adj* ① *(orgulloso)* hochmütig ② *(suntuoso)* prächtig ③ *(fam: enorme)* gewaltig

sobón, -ona [so'βon, -ona] *adj* ① *(impertinente)* plump-vertraulich ② *(fam: vago)* arbeitsscheu

sobornable [soβor'naβle] *adj* bestechlich

sobornar [soβor'nar] *vt* bestechen

soborno [so'βorno] *m* ① *(acción)* Bestechung *f* ② *(dinero)* Bestechungsgeld *nt; (regalo)* Bestechungsgeschenk *nt*

sobra ['soβra] *f* ① *(exceso)* Überfluss *m;* **de ~** *(en abundancia)* im Überfluss; *(inútilmente)* überflüssig; **saber algo de ~** etw nur zu gut wissen ② *pl (desperdicios)* Abfall *m; (restos)* Reste *mpl*

sobrado[1] [so'βraðo] **I.** *m* Dachboden *m* **II.** *adv* zur Genüge

sobrado, -a[2] [so'βraðo, -a] *adj* ① *(demasiado)* übermäßig viel; **estar ~ de algo** etw in Hülle und Fülle haben ② *(atrevido)* kühn ③ *(rico)* wohlhabend, vermögend

sobrante [so'βran̪te] **I.** *adj* ① *(que sobra)* übrig; (COM, FIN) überschüssig ② *(de más)* überflüssig **II.** *m (que sobra)* Übriggebliebene(s) *nt; (superávit)* Überschuss *m; (saldo)* Saldo *m*

sobrar [so'βrar] *vi* ① *(quedar)* übrig bleiben; **nos sobra bastante tiempo** uns bleibt noch genügend Zeit ② *(abundar)* zu viel sein; **me sobran cinco kilos** ich habe fünf Kilo zu viel; **aquí sobran las palabras** hier wäre jedes Wort zu viel ③ *(estar de más)* überflüssig sein; *(molestar)* stören; **creo que sobras aquí** ich glaube, du bist hier fehl am Platz

sobre ['soβre] **I.** *m* ① *(para una carta)* (Brief)umschlag *m;* ~ **monedero** Geldbrief *m;* ~ **de ventanilla** Fensterbriefumschlag *m;* **un ~ de levadura** ein Päckchen Backpulver ② *(fam: cama)* Bett *nt;* **irse al ~** in die Falle gehen **II.** *prep* ① *(local: encima de)* auf +*dat; (por encima de)* über +*dat* ② *(poner, movimiento)* auf +*akk;* **deja el periódico ~ la mesa** leg die Zeitung auf den Tisch; **marchar ~ la ciudad** bis in die Stadt vordringen ③ *(cantidad aproximada)* **pesar ~ los cien kilos** (so) um die hundert Kilo wiegen ④ *(aproximación temporal)* **llegar ~ las tres** (so) gegen drei Uhr (an)kommen; **irse de vacaciones ~ el 20** (so) um den 20. (herum) in Urlaub fahren ⑤ *(tema, asunto)* über +*akk;* ~ **ello** darüber ⑥ *(reiteración)* über +*akk;* **le caía lágrima ~ lágrima** er/sie war in Tränen aufgelöst ⑦ *(además de)* außer +*dat* ⑧ *(vigilar)* **estar ~ alguien** jdn kontrollieren ⑨ *(superioridad)* **el boxeador triunfó ~ su adversario** der Boxer besiegte seinen Gegner; **destacar ~ alguien por su estatura** größer als jd sein ⑩ *(porcentajes)* von +*dat;* **tres ~ cien** drei von hundert ⑪ (FIN) **un préstamo ~ una casa** ein Darlehen auf ein Haus; **préstame cien euros ~ este anillo** leih mir hundert Euro für diesen Ring

sobre(e)ntender [soβre(e)n̪ten̪'der] <e → ie> **I.** *vt* zwischen den Zeilen lesen, ableiten, erraten; **sobre(e)ntendemos que...** wir setzen voraus, dass ...; **de todo ello sobre(e)ntendemos que...** aus all(e)dem schließen wir, dass ... **II.** *vr:* **~se** sich von selbst verstehen; **aquí se sobre(e)ntiende que...** das impliziert hier gleichzeitig, dass ...

sobre(e)stimar [soβre(e)sti'mar] *vt* überschätzen

sobre(e)xcitar [soβre(e)sθi'tar] **I.** *vt* ① *(un órgano)* überreizen ② (ELEC: *micrófono*) übersteuern **II.** *vr:* **~se** sich übermäßig aufregen

sobreabundancia [soβreaβun̪'dan̪θja] *f* Überfluss *m* (**de** an +*dat*)

sobreabundar [soβreaβun̪'dar] *vi* im Überfluss vorhanden sein

sobreactuar [soβreaktu'ar] *vi* überreagieren, übertreiben

sobrealimentación [soβrealimen̪ta'θjon] *f* Überernährung *f*

sobrealimentar [soβrealimen̪'tar] *vt* überernähren; *(animales)* überfüttern

sobreañadir [soβreaɲa'ðir] *vt* hinzufügen, ergänzen

sobrecama [soβre'kama] *f* Tagesdecke *f*

sobrecarga [soβre'karɣa] *f (de peso)* Überbelastung *f; (de tareas)* Überlastung *f*

sobrecargar [soβre'karɣar] **I.** *vt (por peso)* überladen; *(por esfuerzo)* überbeanspruchen **II.** *vr:* **~se** sich übernehmen; **~se de trabajo** sich *dat* zu viel Arbeit aufbürden

sobrecargo [soβre'karɣo] *m* ① *(de precio)* Mehrpreis *m,* Aufpreis *m* ② (NÁUT: *oficial*) Ladungsoffizier *m,* Superkargo *m*

sobrecogedor(a) [soβrekoxe'ðor(a)] *adj* ① *(sorprendente)* überraschend ② *(espantoso)* erschreckend

sobrecoger [soβre'koxer] **I.** *vt* ① *(sorprender)* überraschen ② *(espantar)* erschrecken **II.** *vr:* **~se** ① *(asustarse)* sich erschrecken ② *(sorprenderse)* erstaunt sein
sobrecubierta [soβre'kuβjerta] *f* Überdecke *f; (de libro)* Schutzumschlag *m*
sobredicho, -a [soβre'ðitʃo, -a] *adj* oben genannt
sobredosis [soβre'ðosis] *f inv* Überdosis *f*
sobreentender [soβre(e)n̪ten̪'der] <e → ie> **I.** *vt* ① *(adivinar)* zwischen den Zeilen lesen; **de todo ello sobreentendemos que...** aus all(e)dem schließen wir, dass … ② *(presuponer)* voraussetzen **II.** *vr:* **~se** *(ser evidente)* sich von selbst verstehen; **aquí queda sobreentendido que...** *(implicado)* das impliziert hier gleichzeitig, dass …
sobreesdrújulo, -a [soβre(e)s'druxulo, -a] *adj (palabra) auf der viertletzten Silbe betont*
sobreestimar [soβre(e)sti'mar] *vt* überschätzen
sobreexceder [soβre(e)sθe'ðer] **I.** *vt* übertreffen **II.** *vr:* **~se** ausschweifen
sobreexcitar [soβre(e)sθi'tar] **I.** *vt (órgano)* überreizen **II.** *vr:* **~se** sich übermäßig aufregen
sobreexpuesto, -a [soβre(e)s'pwesto, -a] *adj* ① (FOTO) überbelichtet ② *(arriba mencionado)* oben erwähnt [*o* genannt]
sobrefaz [soβre'faθ] *f* Oberfläche *f*
sobregirar [soβrexi'rar] *vt (saldo deudor)* überziehen; **~ la cuenta** das Konto überziehen
sobrehilado [soβrei'laðo] *m* ① *(acción)* Heften *nt* ② *(puntada)* Heftstich *m*
sobrehilar [soβrei'lar] *vt* heften
sobrehumano, -a [soβreu'mano, -a] *adj* übermenschlich
sobrelleno, -a [soβre'ʎeno, -a] *adj* übervoll, prallvoll
sobrellevar [soβreʎe'βar] *vt* ① *(aguantar)* ertragen; **~ mal** schwernehmen; **~ bien** mit Fassung tragen ② *(peso)* **~ algo a alguien** jdm etw abnehmen
sobremanera [soβrema'nera] *adv* außerordentlich
sobremesa [soβre'mesa] *f* ① *(mantel)* Tischtuch *nt* ② *(postre)* Nachtisch *m* ③ *(loc)* **de ~** *(después)* nach dem Essen; **conversación de ~** Tischgespräch *nt;* **programa de ~** (TV) (Nach)mittagsprogramm *nt;* **estar de ~** nach dem Essen noch (gemütlich) bei Tisch sitzen
sobrenadar [soβrena'ðar] *vi* (auf der Oberfläche) schwimmen
sobrenatural [soβrenatu'ral] *adj* ① *(preternatural)* übernatürlich; **ciencias ~es** Okkultismus *m;* **la vida ~** das Leben nach dem Tod ② *(extraordinario)* unglaublich
sobrenombre [soβre'nombre] *m* ① *(calificativo)* Beiname *m* ② *(apodo)* Spitzname *m*
sobrentender [soβren̪ten̪'der] <e → ie> *vt, vr v.* **sobreentender**
sobreparto [soβre'parto] *m* Wochenbett *nt;* **dolores de ~** Nachwehen *fpl;* **morir de ~** im Wochenbett sterben
sobrepasar [soβrepa'sar] *vt* ① *(en cantidad)* übersteigen; *(límite)* überschreiten; **~ su ámbito de responsabilidades** seine Befugnisse überschreiten ② *(aventajar)* übertreffen; *(un récord, el mejor)* schlagen ③ *(adelantar)* überholen
sobrepeso [soβre'peso] *m* Übergewicht *nt*
sobreponer [soβrepo'ner] *irr como poner* **I.** *vt* ① *(encima de algo)* obenauf legen, obenauf stellen; *(cubierta)* legen; *(funda)* überziehen; *(bordado)* aufsetzen; *(añadir)* hinzugeben ② *(en consideración/rango/autoridad)* stellen (**a** über +*akk*); *(anteponer)* den Vorzug geben +*dat;* **~ a alguien a todos los demás** jdn über alle anderen stellen **II.** *vr:* **~se** ① *(calmarse)* sich beherrschen ② *(al enemigo, a una enfermedad)* besiegen; *(al miedo, a un susto)* überwinden
sobreprecio [soβre'preθjo] *m* Aufpreis *m*
sobrepujar [soβrepu'xar] *vt* übertreffen (**en** in +*dat*)
sobresaliente [soβresa'ljen̪te] **I.** *adj* ① *(excelente)* hervorragend ② (ENS: *nota*) sehr gut **II.** *m* (ENS: *nota*) Sehr gut *nt*
sobresalir [soβresa'lir] *vi irr como salir* ① *(por tamaño/estatura, t.* ARQUIT) herausragen (**de** aus +*dat*) ② *(distinguirse)* sich abheben (**entre/por/de** von +*dat*) ③ *(ser excelente)* sich auszeichnen (**en** durch +*akk*)
sobresaltar [soβresal̪'tar] **I.** *vi* hervorstechen **II.** *vt* erschrecken **III.** *vr:* **~se** (sich) erschrecken (**con/de** bei +*dat*)
sobresalto [soβre'sal̪to] *m (susto)* Schrecken *m; (turbación)* Bestürzung *f;* **con ~** bestürzt; **de ~** plötzlich
sobrescrito [soβres'krito] *m* ① *(señas)* Adresse *f* ② *(indicación)* Aufschrift *f*
sobresdrújulo, -a [soβres'ðruxulo, -a] *adj v.* **sobreesdrújulo**
sobreseer [soβrese'er] *irr como leer* **I.** *vt* (JUR) einstellen, vertagen; *(interrumpir)* aussetzen, unterbrechen **II.** *vi* aufgeben, verzichten (**de/en** auf +*akk*), zurücktreten (**de/en** von +*dat*); **~ los pagos** die Zahlungen einstellen
sobreseimiento [soβresei̯'mjen̪to] *m*

S

(JUR: *fin*) Einstellung *f;* *(aplazamiento)* Aufschub *m;* *(interrupción)* Aussetzung *f;* *(renuncia)* Verzicht *m* (**de/en** auf +*akk*)

sobrestante [soβres'tan̩te] *m* ① *(capataz)* Polier *m,* Aufseher *m* ② *(gerente)* Leiter *m*

sobrestimar [soβresti'mar] *vt* überschätzen

sobresueldo [soβre'swel̩do] *m* Gehaltszulage *f*

sobretasa [soβre'tasa] *f (suplemento)* Zuschlag *m;* ~ **por retraso** Säumniszuschlag *m*

sobretodo [soβre'toðo] *m* (Über)mantel *m*

sobrevalorar [soβreβalo'rar] *vt* überbewerten

sobrevenir [soβreβe'nir] *vi irr como venir* *(epidemia)* (plötzlich) aufkommen; *(desgracia, guerra)* hereinbrechen; *(tormenta)* losbrechen

sobreviviente [soβreβi'βjen̩te] *mf* Überlebende(r) *mf*

sobrevivir [soβreβi'βir] *vi (a acontecimientos/alguien)* überleben (**a** +*akk*); *(después de cierta fecha)* weiterleben; **pero ella sigue sobreviviendo en mi recuerdo** aber sie lebt in meiner Erinnerung fort

sobrevolar [soβreβo'lar] <o → ue> *vt* überfliegen

sobrexceder [soβresθe'ðer] *vt, vr v.* **sobreexceder**

sobrexcitar [soβresθi'tar] *vt, vr v.* **sobreexcitar**

sobriedad [soβrje'ðaᵈ] *f sin pl* ① *(sin comer/beber)* Nüchternheit *f* ② *(moderación)* Genügsamkeit *f* ③ *(prudencia)* Besonnenheit *f* ④ *(estilo)* Schlichtheit *f*

sobrino, -a [so'βrino, -a] *m, f* Neffe *m,* Nichte *f*

sobrio, -a ['soβrjo, -a] *adj* ① *(en ayunas, no borracho)* nüchtern ② *(moderado)* genügsam ③ *(prudente)* besonnen; ~ **de palabras** wortkarg ④ *(estilo)* nüchtern

socaire [so'kai̯re] *m* (NÁUT) **al** ~ im Windschatten; **al** ~ **de** *(fig)* im Schutz +*gen,* unter dem Vorwand +*gen;* **escaparon al** ~ **de la oscuridad** sie entkamen im Schutz der Dunkelheit

socaliña [soka'liɲa] *f* ① *(astucia)* List *f,* Tücke *f* ② *(estafa)* Schwindelei *f,* Täuschung *f,* Gaunerei *f*

socarrón, -ona [soka'rron, -ona] **I.** *adj* ① *(sarcástico)* spöttisch ② *(astuto)* durchtrieben **II.** *m, f* ① *(pícaro)* Schelm *m* ② *(taimado)* verschlagene Person *f*

socarronería [sokarrone'ria] *f* List *f,* Tücke *f*

socavar [soka'βar] *vt* untergraben

socavón [soka'βon] *m* ① (MIN) Stollen *m* ② *(en el suelo)* Schlagloch *nt*

S

sociabilidad [soθjaβili'ðaᵈ] *f sin pl* ① *(en la convivencia)* Geselligkeit *f;* *(afabilidad)* Gemeinschaftssinn *m* ② *(capacidad de comunicación)* Kontaktfreudigkeit *f* ③ *(compañerismo)* Kameradschaftlichkeit *f*

sociable [so'θjaβle] *adj* ① *(tratable)* gesellig; *(que no discute)* verträglich ② *(comunicativo)* kontaktfreudig ③ *(afable)* kameradschaftlich

social [so'θjal] *adj* ① *(relativo a la sociedad)* gesellschaftlich; *(a la convivencia)* sozial ② *(por parte del estado)* **asistencia** ~ Sozialhilfe *f;* **asistente** ~ Sozialarbeiter *m;* **Estado S~** Wohlfahrtsstaat *m* ③ (JUR, ECON) gesellschaftlich, Gesellschafts-

socialcristiano, -a [soθjalkris'tjano, -a] *adj* christlich-sozial

socialdemocracia [soθjal̩demo'kraθja] *f* (POL) Sozialdemokratie *f*

socialdemócrata [soθjal̩de'mokrata] **I.** *adj* sozialdemokratisch **II.** *mf* Sozialdemokrat(in) *m(f)*

socialdemocrático, -a [soθjal̩demo'kratiko, -a] *adj* (POL) sozialdemokratisch

socialismo [soθja'lismo] *m sin pl* Sozialismus *m*

socialista [soθja'lista] **I.** *adj* sozialistisch **II.** *mf* Sozialist(in) *m(f)*

socialización [soθjaliθa'θjon] *f* Verstaatlichung *f*

socializar [soθjali'θar] <z → c> *vt* verstaatlichen

sociata [so'θjata] *mf (pey fam)* Sozialist(in) *m(f)*

sociedad [soθje'ðaᵈ] *f* ① *(población, humanidad)* Gesellschaft *f;* ~ **del bienestar** Wohlstandsgesellschaft *f* ② *(trato)* Gesellschaft *f;* **la** ~ **con la que tratas** der Umgang, den du hast ③ *(empresa)* Gesellschaft *f;* ~ **anónima** Aktiengesellschaft *f;* ~ **mediática** Mediengesellschaft *f* ④ *(asociación)* Verein *m;* **la S~ de Jesús** der Jesuitenorden ⑤ (JUR) ~ **conyugal** Ehegemeinschaft *f* ⑥ *(mundo elegante)* Gesellschaft *f;* **la buena** [*o* **alta**] ~ die High Society

socio, -a ['soθjo, -a] *m, f* ① *(de una asociación)* Mitglied *nt* ② *(en sociedad comercial)* Gesellschafter(in) *m(f);* ~ **comercial** Handelspartner *m* ③ *(argot: compañero)* Kumpel *m*

sociocultural [soθjokul̩tu'ral] *adj* soziokulturell

socioeconómico, -a [soθjoeko'nomiko, -a] *adj* sozioökonomisch

sociolingüística [soθjoliŋ'gwistika] *f sin pl* (LING) Soziolinguistik *f*

sociología [soθjolo'xia] *f sin pl* Soziologie *f*

sociológico, -a [soθjo'loxiko, -a] *adj* soziologisch

sociólogo, -a [so'θjoloɣo, -a] *m, f* Soziologe, -in *m, f*

sociopolítico, -a [soθjopo'litiko, -a] *adj* gesellschaftspolitisch

socorrer [soko'rrer] *vt* helfen +*dat;* ~ **a alguien con algo** jdm mit etw *dat* aushelfen

socorrido, -a [soko'rriðo, -a] *adj* ❶ *(útil)* hilfreich ❷ *(que ayuda)* hilfsbereit ❸ *(comprobado)* (alt)bewährt ❹ *(común)* alltäglich; *(trillado)* abgedroschen

socorrismo [soko'rrismo] *m sin pl* Rettungsdienst *m*

socorrista [soko'rrista] *mf (de playas)* Rettungsschwimmer(in) *m(f); (en piscinas)* Bademeister(in) *m(f)*

socorro [so'korro] *m* ❶ *(ayuda)* Hilfe *f; (salvamento)* Rettung *f;* **pedir** ~ um Hilfe rufen ❷ *(dinero)* Vorschuss *m*

soda ['soða] *f (bebida)* Sodawasser *nt*

sodio ['soðjo] *m* Natrium *nt*

sodomita [soðo'mita] **I.** *adj* sodomitisch **II.** *mf* ❶ *(de Sodoma)* Sodomit(in) *m(f)* ❷ *(pey)* Homosexuelle(r) *f(m)*

sodomizar [soðomi'θar] <z → c> *vi* sodomieren

soez [so'eθ] *adj* obszön

sofá [so'fa] <sofás> *m* Sofa *nt*

sofá cama [so'fa 'kama] <sofás cama> *m* Schlafsofa *nt*

sofisma [so'fisma] *m* Sophisma *nt*

sofisticación [sofistika'θjon] *f* ❶ *(razonamiento)* Sophisterei *f* ❷ *(exceso de artificio)* Getue *nt,* Ziererei *f* ❸ *(de un mecanismo)* Präzision *f*

sofisticado, -a [sofisti'kaðo, -a] *adj* ❶ *(afectado)* gekünstelt ❷ (TÉC) hoch entwickelt

sofisticar [sofisti'kar] <c → qu> *vt* ❶ *(palabras)* verfälschen, verdrehen ❷ *(refinar excesivamente)* erkünsteln; **sofistica demasiado su forma de escribir** sein/ihr Schreibstil ist zu gekünstelt

soflama [so'flama] *f* ❶ *(llama)* kleine Flamme *f* ❷ *(discurso ardoroso)* Hetzrede *f* ❸ *(rubor)* Schamröte *f* ❹ *(zalamería)* Schöntuerei *f,* Schönred(n)erei *f*

soflamar [sofla'mar] **I.** *vt* ❶ *(fingir)* schöntun, schönreden ❷ *(abochornar con reproches)* tief beschämen, beschimpfen ❸ *(chamuscar)* ansengen; *(plumaje)* absengen; *(comida)* anbrennen **II.** *vr:* **~se** anbrennen

sofocación [sofoka'θjon] *f* ❶ *(sofoco)* Atemnot *f,* Erstickung *f;* (MED) Hitzewallung *f* ❷ *(bochorno)* Beschämung *f*

sofocado, -a [sofo'kaðo, -a] *adj* **estar** ~ außer Atem sein

sofocante [sofo'kante] *adj* ❶ *(asfixiante)* beklemmend; *(ambiente, aire)* stickig; **hace un calor** ~ es ist unerträglich schwül ❷ *(avergonzante)* beschämend

sofocar [sofo'kar] <c → qu> **I.** *vt* ❶ *(asfixiar)* ersticken ❷ *(impedir que progrese)* hemmen; *(fuego)* ersticken; *(revolución)* im Keim ersticken; *(epidemia)* unterdrücken ❸ *(avergonzar)* beschämen ❹ *(enojar)* aufregen *fam* **II.** *vr:* **~se** ❶ *(ahogarse)* keine Luft (mehr) bekommen ❷ *(sonrojar)* sich schämen ❸ *(excitarse)* sich aufregen; *(enojarse)* aufbrausen

sofoco [so'foko] *m* ❶ *(ahogo)* Atemnot *f; (después de un esfuerzo)* Kurzatmigkeit *f* ❷ *(excitación)* Aufregung *f* ❸ *(calor)* Hitzewallung *f*

sofocón [sofo'kon] *m (fam)* ❶ *(enojo)* (Riesen)ärger *m* ❷ *(excitación)* Wut *f*

sofreír [sofre'ir] *vt irr como reír* anbraten

sofrito [so'frito] *m* (GASTR) *Soße aus in Öl angebratenen Zwiebeln oder Tomaten zum Würzen von Speisen*

sóftbol ['softβol] *m* (DEP) Softball *m*

software ['softwer] *m sin pl* (INFOR) Software *f;* ~ **de dictado** Diktatsoftware *f;* ~ **de dominio público** Shareware *f;* ~ **de control remoto** Fernsteuerungssoftware *f;* ~ **de navegación** Navigationssoftware *f;* ~ **libre** freie Software

soga ['soɣa] *f* Seil *nt;* **dar** ~ das Seil langsam laufen lassen; **dar ~ a alguien** *(fig)* jdn einfach reden lassen; *(burlarse)* sich über jdn lustig machen; **Pedro está con la ~ al cuello** *(fig)* Pedro steht das Wasser bis zum Hals

soja ['soxa] *f* (BOT) Soja *f;* **semilla de** ~ Sojabohne *f;* ~ **trasgénica** Gensoja *nt*

sojuzgar [soxuθ'ɣar] <g → gu> *vt* unterwerfen

sol [sol] *m* ❶ *(astro)* Sonne *f; (luz)* Sonnenschein *m;* **al ~ puesto** im Morgengrauen; **de ~ a ~** von (früh)morgens bis (spät)abends; **día de** ~ sonniger Tag; **ponerse al** ~ *(tumbarse)* sich in die Sonne legen; *(sentarse)* sich in die Sonne setzen; **tomar el** ~ sich sonnen; **hoy hace** ~ heute scheint die Sonne; **no dejar a alguien ni a ~ ni a sombra** nicht von jds Seite weichen; **arrimarse al ~ que más calienta** *(fig)* ein Trittbrettfahrer sein ❷ (GASTR) ~ **y sombra** *Mixgetränk aus Anís und Weinbrand* ❸ *(moneda)* Sol *m* ❹ *(fam: alabanza)* Goldstück *nt* ❺ (MÚS) g, G *nt;* ~ **mayor** G-Dur *nt*

solador(a) [sola'ðor(a)] *m(f)* Bodenleger(in) *m(f),* Fliesenleger(in) *m(f)*

solamente [sola'mente] *adv* ❶ *(únicamente)* nur ❷ *(expresamente)* einzig und allein

S

solana [so'lana] *f* ① *(en edificios)* Südseite *f; (en montañas)* Südhang *m* ② *(galería)* Wintergarten *m*
solanera [sola'nera] *f* ① *(exceso de sol)* brütende Sonne *f* ② (MED: *quemadura*) Sonnenbrand *m; (insolación)* Sonnenstich *m*
solano [so'lano] *m* Ostwind *m*
solapa [so'lapa] *f* ① *(chaqueta)* Revers *nt o m* ② *(libro)* Klappe *f* ③ *(pretexto)* Vorwand *m*
solapamiento [solapa'mjento] *m* ① *(solapo)* Überlappung *f* ② *(en las llagas)* Höhlung *f (in einer Wunde bei Tieren)*
solapar [sola'par] **I.** *vi* sich überlappen **II.** *vt* ① *(cubrir)* überlappen ② *(chaqueta, vestido)* umschlagen ③ *(disimular)* vertuschen
solapo [so'lapo] *m* ① *(de las tejas)* Überdeckung *f*, Überlappung *f*; **a ~** *(fam)* verstohlen, heimlich ② *(sopapo)* Ohrfeige *f*
solar [so'lar] **I.** *adj* Sonnen-; **plexo ~** Solarplexus *m;* **sistema ~** (ASTR) Sonnensystem *nt* **II.** *m* ① *(terreno)* Grundstück *nt;* **~ para edificaciones** Baugrundstück *nt* ② *(casa)* Stammsitz *m* ③ *(linaje)* Abstammung *f;* **venir del ~ de...** aus dem Hause der ... kommen ④ *(AmC: patio)* Innenhof *m* **III.** *vt* <o → ue> ① *(pavimentar)* fliesen ② *(calzado)* besohlen
solariego, -a [sola'rjeɣo, -a] **I.** *adj* ① *(de linaje noble)* adelig ② *(propiedad)* Stamm-; **casa solariega** Stammsitz *m* **II.** *m, f* ① *(noble)* Gutsherr(in) *m(f)* ② *(propiedad)* Stammgut *nt*
solárium [so'lariun] *m* <solarios> Solarium *nt*
solaz [so'laθ] *m* ① *(recreo)* Erholung *f* ② *(esparcimiento)* Vergnügung *f*
solazar [sola'θar] <z → c> **I.** *vt* ① *(recrear)* erfrischen ② *(divertir)* erheitern; *(entretener)* zerstreuen **II.** *vr:* **~se** ① *(recrearse)* sich erholen ② *(divertirse)* sich vergnügen; *(entretenerse)* sich zerstreuen
soldada [sol̩'daða] *f (salario)* Lohn *m;* (MIL) Sold *m*
soldado, -a [sol̩'daðo, -a] *m, f* ① (MIL) Soldat(in) *m(f)* ② *(defensor)* Befürworter(in) *m(f)*
soldador [sol̩da'ðor] *m* Lötkolben *m*
soldadura [sol̩da'ðura] *f* (TÉC) ① *(trabajo)* Schweißarbeit(en) *f(pl)* ② *(punto de unión)* Schweißnaht *f*
soldar [sol̩'dar] <o → ue> **I.** *vt (con metal fundido)* löten; *(unir)* zusammenlöten; *(solo mediante el calor)* schweißen; *(unir)* verschweißen; *(con pegamento)* zusammenkleben **II.** *vr:* **~se** *(herida)* verheilen; *(huesos)* zusammenwachsen
soleado, -a [sole'aðo, -a] *adj* sonnig
solear [sole'ar] **I.** *vt* in die Sonne legen/stellen; *(blanquear)* bleichen **II.** *vr:* **~se** sich sonnen
soledad [sole'ða^{ð}] *f* Einsamkeit *f*
solemne [so'lemne] *adj* ① *(ceremonioso)* feierlich; **discurso ~** Festrede *f* ② *(mentira)* ungeheuer; *(error)* gewaltig
solemnidad [solemni'ða^{ð}] *f* ① *(cualidad)* Feierlichkeit *f* ② (REL: *festividad*) Fest *nt* ③ *pl (formalidades)* Förmlichkeiten *fpl*
solemnizar [solemni'θar] <z → c> *vt* feierlich begehen
soler [so'ler] <o → ue> *vi* **~ hacer** gewöhnlich tun; **en España se suelen celebrar los santos** in Spanien ist es üblich, den Namenstag zu feiern; **suele ocurrir que...** es kommt oft vor, dass ...
solera [so'lera] *f* ① *(puntal)* Stützbalken *m* ② *(del molino)* Mühlstein *m* ③ *(del vino)* Bodensatz *m* ④ *(abolengo)* Tradition *f;* **un país de ~ celta** ein Land mit keltischer Tradition; **con mucha ~** traditionsreich
soleta [so'leta] *f* ① *(tela)* Stoffstück *nt* zum Flicken der Strumpfsohle ② *(fam: mujer)* dreiste Frau *f* ③ *(loc)* **dar ~ a alguien** jdn hinauswerfen; **tomar ~** [*o* **apretar de ~**] *(fam)* verduften, sich aus dem Staub machen
solfa ['solfa] *f* ① (MÚS: *signos*) Noten *fpl; (arte de solfear)* Solfeggieren *nt; (melodía)* Melodie *f;* **estar (escrito) en ~** völlig unleserlich sein ② *(fam: zurra)* Tracht *f* Prügel ③ *(loc)* **poner algo en ~** *(ridiculizar)* etw lächerlich machen; *(con arte y orden)* etw sehr ordentlich machen
solfear [solfe'ar] *vt* ① (MÚS) solfeggieren ② *(pegar)* verprügeln ③ *(fam: reprender)* anmotzen
solfeo [sol'feo] *m* ① (MÚS: *acción*) Solfeggieren *nt; (fragmento)* Solfeggio *nt* ② *(fam: zurra)* Tracht *f* Prügel
solicitación [soliθita'θjon] *f* ① *(petición)* Bitte *f* ② *(para un trabajo)* Bewerbung *f*
solicitante [soliθi'tante] *mf* ① *(de una petición)* Antragsteller(in) *m(f);* **~ de asilo** Asylbewerber(in) *m(f)* ② *(para un trabajo)* Bewerber(in) *m(f)*
solicitar [soliθi'tar] *vt* ① *(pedir)* bitten (um +*akk*); *(gestionar)* beantragen; *(un trabajo)* sich bewerben (um +*akk*); **~ un médico** nach einem Arzt verlangen ② *(compañía, amor, atención)* werben (um +*akk*); **~ la mano de una mujer** um die Hand einer Frau anhalten; **te solicitan en todas partes** du bist heiß begehrt
solícito, -a [so'liθito, -a] *adj (diligente)* fleißig; *(cuidadoso)* sorgfältig
solicitud [soliθi'tu^{ð}] *f* ① *(diligencia)*

S

Fleiß *m;* *(cuidado)* Gewissenhaftigkeit *f* ② *(petición)* Bitte *f;* *(formal)* Antrag *m;* ~ **de empleo** Bewerbung *f*

solidaridad [soliðari'ðaᶞ] *f sin pl* Solidarität *f;* **por** ~ **con** aus Solidarität mit *+dat*

solidario, -a [soli'ðarjo, -a] *adj* solidarisch; **hacerse** ~ **de alguien** für jdn eintreten

solidarizarse [soliðari'θarse] <z → c> *vr* sich solidarisieren; **me solidarizo con tu opinión** ich teile deine Meinung

solidez [soli'ðeθ] *f* Festigkeit *f;* *(estabilidad)* Haltbarkeit *f*

solidificación [soliðifika'θjon] *f* (FÍS) Verfestigung *f*

solidificar [soliðifi'kar] <c → qu> **I.** *vt* fest werden lassen; *(fig)* festigen **II.** *vr:* **~se** sich verfestigen

sólido[1] ['soliðo] *m* ① (FÍS) fester Körper *m* ② *(geometría)* Körper *m*

sólido, -a[2] ['soliðo, -a] *adj* (*t.* FÍS) fest; *(material, construcción)* stabil; *(colores)* farbecht; *(ingreso)* sicher; *(precios)* stabil; *(voz)* nachdrücklich

soliloquio [soli'lokjo] *m* Selbstgespräch *nt;* (TEAT) Monolog *m*

solista [so'lista] *mf* Solist(in) *m(f)*

solitaria [soli'tarja] *f* Bandwurm *m*

solitario[1] [soli'tarjo] *m* ① *(diamante)* Solitär *m* ② *(cartas)* Patience *f*

solitario, -a[2] [soli'tarjo, -a] **I.** *adj* ① *(sin compañía)* allein; *(abandonado)* einsam; **en** ~ im Alleingang ② *(lugar)* einsam **II.** *m, f* Einsiedler(in) *m(f)*

sólito, -a ['solito, -a] *adj* gewöhnlich, üblich, gewohnt

soliviantado, -a [soliβjan̪'taðo, -a] *adj* gehetzt, unruhig

soliviantar [soliβjan̪'tar] *vt* ① *(incitar)* aufwiegeln ② *(enojar)* verärgern ③ *(encandilar)* Flausen in den Kopf setzen *+dat* ④ *(inquietar)* aufregen; **los celos le tienen soliviantado** er ist krank vor Eifersucht

soliviar [soli'βjar] **I.** *vt* ① *(alzar)* hochheben ② *(Arg: fam: hurtar)* klauen **II.** *vr:* **~se** sich halb aufrichten

solla ['soʎa] *f* (ZOOL) Rotzunge *f,* Scholle *f*

sollozar [soʎo'θar] <z → c> *vi* schluchzen

sollozo [so'ʎoθo] *m* Schluchzen *nt*

solo[1] ['solo] *m* ① *(baile, t.* MÚS) Solo *nt* ② *(cartas)* Patience *f*

solo, -a[2] ['solo, -a] *adj* ① *(sin compañía)* allein; *(sin familia)* alleinstehend; *(solitario)* einsam; **a solas** ganz allein; **por sí** ~ von selber; **lo hace como ella sola** sie macht es wie nur sie allein es kann ② *(único)* einzig; **ni una sola vez** nicht ein einziges Mal ③ *(sin añadir nada)* allein; *(café)* schwarz; **comer el pan** ~ das Brot ohne Aufstrich essen

solo[3] ['solo] *adv,* **sólo** ['solo] *adv* ① *(únicamente)* nur; **solo que...** es ist nur so, dass ...; **tan solo** wenigstens; **aunque solo sean 10 minutos de deporte al día...** (auch) mit nur 10 Minuten Sport am Tag ... ② *(exckusivamente)* einzig und allein

solomillo [solo'miʎo] *m* Filet *nt*

solsticio [sols'tiθjo] *m* Sonnenwende *f*

soltar [sol̪'tar] *irr* **I.** *vt* ① *(dejar de sujetar)* loslassen; *(liberar)* freilassen; *(dejar caer)* fallen lassen ② *(nudo)* lösen; *(quitar las ligaduras)* losbinden ③ *(para independizarse)* loslassen ④ *(expresión, grito)* loslassen; *(tacos)* ausstoßen; ~ **una carcajada** laut loslachen ⑤ *(paliza)* verpassen; *(tiro)* abfeuern; ~ **una bofetada a alguien** jdm eine runterhauen ⑥ *(puesto)* aufgeben ⑦ *(lágrimas)* vergießen ⑧ (AUTO: *embrague*) kommen lassen; *(frenos)* lösen; *(cinturón)* abschnallen ⑨ *(gases)* ~ **un pedo** *(fam)* einen fahren lassen ⑩ *(fam: dinero)* ausgeben; ~ **la mosca** ein paar Kröten springen lassen **II.** *vr:* **~se** ① *(liberarse)* sich befreien; *(de unas ataduras)* sich losmachen; **~se de la mano** sich von der Hand losreißen ② *(un nudo/lazo/tiro)* sich lösen ③ *(al hablar)* sich gehenlassen; *(una palabra, expresión)* herausrutschen; **se me soltó la lengua** ich redete zu viel ④ *(desenvoltura)* sicher werden; **~se a hacer algo** allmählich anfangen, etw zu tun ⑤ *(para independizarse)* sich lösen

soltería [sol̪te'ria] *f* Ledigenstand *m,* Ehelosigkeit *f*

soltero, -a [sol̪'tero, -a] **I.** *adj* ledig **II.** *m, f* Junggeselle, -in *m, f;* **apellido de soltera** Mädchenname *m;* **de solteras solíamos salir mucho** als wir noch unverheiratet waren, gingen wir viel aus

solterón, -ona [sol̪te'ron, -ona] *m, f* alter Junggeselle, alte Junggesellin *m, f;* *(pey: mujer)* alte Jungfer *f*

soltura [sol̪'tura] *f* Gewandtheit *f;* *(de forma relajada)* Ungezwungenheit *f;* *(al hablar)* Redegewandtheit *f*

solubilidad [soluβili'ðaᶞ] *f* Löslichkeit *f*

soluble [so'luβle] *adj* ① *(líquido)* löslich; ~ **en agua** wasserlöslich ② *(problema)* lösbar

solución [solu'θjon] *f* ① *(líquido)* Lösung *f;* ~ **anticongelante** Frostschutzmittel *nt* ② *(de un problema)* Lösung *f;* **no tener** ~ unlösbar sein; *(situación)* ausweglos sein; **no hay más** ~ man kann nichts weiter tun; **proponer una** ~ eine Lösung vorschlagen ③ *(interrupción)* ~ **de continuidad** Unterbrechung *f*

solucionar [soluθjo'nar] *vt* lösen

S

solvencia [sol'βeṇθja] *f* ① (FIN) Zahlungsfähigkeit *f* ② *(responsabilidad)* Vertrauenswürdigkeit *f;* ~ **moral** Charakter *m;* **de toda ~ moral** hochanständig

solventar [solβeṇ'tar] *vt* ① *(problema)* lösen; *(asunto)* erledigen; *(desavenencia)* beilegen ② *(deuda, cuenta)* begleichen

solvente [sol'βeṇte] **I.** *adj* ① (FIN) zahlungsfähig ② *(sin deudas)* schuldenfrei ③ *(reputación)* redlich **II.** *m* (QUÍM) Lösungsmittel *nt*

somalí [soma'li] <somalíes> *mf* Somalier(in) *m(f)*

Somalia [so'malja] *f* Somalia *nt*

somatén [soma'ten] *m* ① *(milicia)* Bürgerwehr *f,* Miliz *f* ② *(disturbio)* Aufruhr *m,* Unruhe *f,* Tumult *m*

somático, -a [so'matiko, -a] *adj* somatisch, körperlich

somatizar [somati'θar] <z → c> *vt* (PSICO) somatisieren

sombra ['sombra] *f* ① *(proyección)* Schatten *m;* **~s chinescas** Schattentheater *nt;* **~ de ojos** *(producto cosmético)* Lidschatten *m;* **hacer ~** Schatten werfen; **hacer ~ a alguien** *(fig)* jdn in den Schatten stellen; **dar (una) buena ~** viel Schatten spenden; **sentarse a la ~ de un árbol** sich in den Schatten eines Baumes setzen; **quita de ahí que me haces ~** verschwinde da, du stehst mir in der Sonne; **esta persona se ha convertido en mi ~** diese Person verfolgt mich überallhin; **no ver más que ~s a su alrededor** immer nur schwarzsehen; **no fiarse ni de su (propia) ~** niemandem über den Weg trauen; **no es ~ de lo que era** er/sie ist nur noch der Schatten seiner/ihrer selbst ② *pl (oscuridad)* Dunkelheit *f* ③ *(clandestinidad)* **trabajar en la ~** schwarzarbeiten ④ (ARTE) Schattierung *f* ⑤ *(cantidad mínima)* Schimmer *m;* **esto no tiene la más mínima ~ de verdad** da ist absolut nichts Wahres dran; **una ~ de tristeza** ein Anflug von Traurigkeit ⑥ *(de un difunto)* Geist *m* ⑦ *(defecto)* dunkler Fleck *m* ⑧ *(fam: cárcel)* **a la ~** im Knast; **poner a la ~** einlochen ⑨ *(loc)* **ni por ~** nicht im Traum; **adiós, ¡y vete por la ~!** *(fam)* tschüs, und pass auf dich auf!; **tener buena ~** *(tener chiste)* geistreich sein; *(ser simpático)* sympathisch sein; *(tener suerte)* Glück haben; **tener mala ~** *(tener mala suerte)* ein Pechvogel sein; *(ser antipático)* unsympathisch sein

sombreado [sombre'aðo] *m* Schattierung *f*

sombrear [sombre'ar] *vt* ① *(dar sombra)* Schatten werfen (auf +*akk*); *(a alguien)* Schatten spenden +*dat;* **~ los ojos** Lidschatten auftragen ② (ARTE) schattieren

sombrerería [sombrere'ria] *f* ① *(venta)* Hutgeschäft *nt* ② *(fabricación)* Hutmacherei *f*

sombrerero, -a [sombre'rero, -a] *m, f* Hutmacher(in) *m(f)*

sombrerete [sombre'rete] *m* ① *(irón: pequeño)* Hütchen *nt* ② (BOT: *setas*) Hut *m* ③ *(para cubrir)* Haube *f;* *(de chimenea)* Schornsteinaufsatz *m*

sombrero [som'brero] *m (prenda, t.* BOT) Hut *m;* **~ de copa** Zylinder *m;* **quitarse el ~ ante algo** den Hut vor etw *dat* ziehen

sombrilla [som'briʎa] *f* Sonnenschirm *m*

sombrío, -a [som'brio, -a] *adj* ① *(en la sombra)* schattig; *(oscuro)* dunkel ② *(triste)* düster; *(pesimista)* schwermütig

somero, -a [so'mero, -a] *adj* ① *(aguas)* seicht ② *(superficial)* oberflächlich; *(vago)* vage

someter [some'ter] **I.** *vt* ① *(dominar)* unterwerfen; *(subyugar)* unterjochen; **~ la voluntad** den Willen brechen ② *(a una acción/un tratamiento)* unterziehen (**a** +*dat*); *(a efectos)* aussetzen (**a** +*dat*) ③ *(plano, proyecto, ideas, oferta)* unterbreiten +*dat* ④ *(encomendar)* **el asunto es sometido a los Tribunales** das Gericht hat über die Angelegenheit zu befinden ⑤ *(subordinar)* unterordnen; **todo está sometido a tu decisión** alles hängt von deiner Entscheidung ab **II.** *vr:* **~se** ① *(en una lucha)* sich ergeben ② *(a una acción/un tratamiento)* sich unterziehen (**a** +*dat*) ③ *(a una decisión/opinión)* sich beugen (**a** +*dat*); **~se a las órdenes/a la voluntad de alguien** sich jds Anordnungen/Willen fügen

sometimiento [someti'mjeṇto] *m* ① *(subyugación)* Unterwerfung *f,* Fügung *f,* Beugung *f* ② *(presentación)* Vorlegung *f,* Unterbreitung *f*

somier [so'mjer] <somieres> *m (de la cama)* (Sprungfeder)rahmen *m*

somnífero[1] [som'nifero] *m* Schlafmittel *nt*

somnífero, -a[2] [som'nifero, -a] *adj* einschläfernd

somnolencia [somno'leṇθja] *f (sueño)* Schläfrigkeit *f*

somnoliento, -a [somno'ljeṇto, -a] *adj (con sueño)* schläfrig; *(al despertarse)* verschlafen

somorgujo [somor'ɣuxo] *m,* **somormujo** [somor'muxo] *m* (ZOOL) Taucher *m*

somos ['somos] *1. pres pl de* **ser**

son [son] **I.** *m* ① *(sonido)* Klang *m;* **bailar al ~ de una guitarra** zum Klang einer Gitarre tanzen ② *(rumor, voz)* Ge-

S

rücht *nt;* **corre el ~ de que...** es geht das Gerücht um, dass ... ③ *(loc)* **¿a ~ de qué?**, **¿a qué ~?** warum?; **bailar al ~ que le tocan** *(fam)* nach der Pfeife anderer tanzen; **hacer algo a su ~** etw auf seine Art machen; **venir en ~ de paz** in friedlicher Absicht kommen; **en ~ de broma** als Witz; **sin ~** grundlos; **sin ton ni ~** völlig grundlos; **hablar sin ton ni ~** zusammenhangloses Zeug reden **II.** *3. pres pl de* **ser**

sonada [so'naða] *f* **hacer una ~** einen Skandal provozieren, Aufsehen erregen

sonado, -a [so'naðo, -a] *adj* ① *(corriente)* geläufig; *(famoso)* bekannt; *(escandaloso)* Aufsehen erregend; *(sensacional)* sensationell ② *(loc, fam)* **estar ~** nicht richtig ticken

sonajero [sona'xero] *m* Rassel *f*

sonambulismo [sonambu'lismo] *m sin pl* Schlafwandeln *nt*

sonámbulo, -a [so'nambulo, -a] **I.** *adj* schlafwandlerisch **II.** *m, f* Schlafwandler(in) *m(f)*

sonante [so'nante] *adj* **dinero contante y ~** Bargeld *nt*

sonar [so'nar] <o → ue> **I.** *vi* ① *(hacer ruido: timbre, teléfono)* klingeln; *(campanas)* läuten; *(instrumento)* erklingen; **me suenan las tripas** mir knurrt der Magen ② *(tener cierto sonido, parecerse, t.* LING, MÚS) klingen; **~ a algo** wie etw klingen; **~ a hueco** hohl klingen; **esto me suena** das kommt mir bekannt vor; (**tal y**) **como suena** *(lo digo)* genauso, wie ich es sage ③ *(loc)* **lo que sea ~á** was geschehen muss, das soll geschehen **II.** *vt* ① *(instrumento)* spielen ② *(la nariz)* schnäuzen; **~le la nariz a un niño** einem Kind die Nase putzen **III.** *vr:* **~se** sich schnäuzen **IV.** *vimpers* (**se**) **suena que...** es heißt, dass ...

sonata [so'nata] *f* Sonate *f*

sonda ['sonda] *f* ① *(acción)* Sondieren *nt* ② *(catéter)* Sonde *f* ③ (NÁUT) Lot *nt;* **~ acústica** Echolot *nt*

sondar [son'dar] *vt* ① (MED) sondieren ② (NÁUT) (aus)loten ③ *(explorar)* erkunden

sondear [sonde'ar] *vt* ① (MIN) Probebohrungen machen (von *+dat*) ② *(fam: intención)* unter die Lupe nehmen

sondeo [son'deo] *m* ① (MED) Sondierung *f* ② (MIN) (Probe)bohrungen *fpl* ③ (NÁUT) (Aus)loten *nt* ④ *(averiguación)* Erforschung *f;* **~ de mercado** (ECON) Marktforschung *f*

soneto [so'neto] *m* Sonett *nt*

songa-songa ['songa-'songa] *(AmC, Chil, Ecua)* **a la ~** klammheimlich

songo, -a ['songo, -a] *adj (Col, Méx)* ① *(tonto)* blöd ② *(taimado)* hinterlistig

sonido [so'niðo] *m* ① *(ruido)* Ton *m* ② *(manera de sonar, t.* MÚS) Klang *m* ③ *(fonema)* Laut *m* ④ (FÍS) Schall *m* ⑤ (RADIO) Ton *m;* **~ estereofónico** Stereoton *m*

sonoridad [sonori'ðað] *f* ① *(características, t.* MÚS) Klang *m; (agradable)* Wohlklang *m* ② (LING) Stimmhaftigkeit *f*

sonorización [sonoriθa'θjon] *f* (*t.* CINE) Vertonung *f*

sonorizar [sonori'θar] <z → c> *vt* ① (CINE) vertonen ② (LING) stimmhaft aussprechen

sonoro, -a [so'noro, -a] *adj* ① *(que puede sonar)* klingend; *(acústico)* akustisch; *(bóveda)* (wider)hallend ② *(fuerte)* laut; *(agradable)* wohlklingend; **una voz sonora/poco sonora** eine kräftige/leise Stimme ③ (LING) stimmhaft ④ (FÍS) Schall- ⑤ (CINE) **banda sonora** Soundtrack *m;* **película sonora** Tonfilm *m*

sonreír [sonrre'ir] *irr como reír* **I.** *vi, vr:* **~se** *(reír levemente)* lächeln; *(fugazmente)* schmunzeln; **~ a alguien** jdn anlächeln; **~ maliciosamente** grinsen; **~ de felicidad** vor Glück strahlen **II.** *vi (la vida, la suerte)* lachen; **le sonríe la fortuna** das Glück ist auf seiner/ihrer Seite

sonriente [son'rriente] *adj* ① *(sonriéndose)* lächelnd ② *(contentísimo)* strahlend, heiter, fröhlich

sonrisa [son'rrisa] *f (leve)* Lächeln *nt; (fugaz)* Schmunzeln *nt; (maliciosa)* Grinsen *nt*

sonrojar [sonrro'xar] **I.** *vt* erröten lassen **II.** *vr:* **~se** erröten

sonrojo [son'rroxo] *m* ① *(acción)* Erröten *nt* ② *(rubor)* Schamröte *f* ③ *(causa)* Beschämung *f*

sonrosado, -a [sonrro'saðo, -a] *adj* rosig, rosa(farben); *(mejillas)* rotbackig

sonrosar [sonrro'sar] **I.** *vt* rot werden lassen **II.** *vr:* **~se** rot werden

sonsacar [sonsa'kar] <c → qu> *vt* ① *(indagar)* herausbekommen (**a** aus *+dat*); *(secreto)* entlocken ② *(empleado)* abwerben

sonsear [sonse'ar] *vi (CSur: tontear)* blödeln

sonso, -a ['sonso, -a] *m, f (CSur: tonto)* Dumme(r) *mf*

sonsonete [sonso'nete] *m* ① *(golpecitos)* Klopfen *nt; (lluvia)* Prasseln *nt* ② *(de mofa)* spöttischer Unterton *m* ③ *(monotonía)* Leiern *nt*

soñación [soɲa'θjon] *f* **¡ni por ~!** nie im Leben!

soñado, -a [so'ɲaðo, -a] *adj (con que se sueña)* erträumt; **el hombre ~** der Traummann

soñador(a) [soɲa'ðor(a)] **I.** *adj* träumerisch **II.** *m(f)* Träumer(in) *m(f)*

soñar [so'ɲar] <o → ue> *vi, vt* träumen (**con** von +*dat*); ~ **despierto** tagträumen; **¡ni ~lo!** nie im Leben!; **siempre he soñado con ser médico** mein Traum war schon immer, Arzt zu werden; **sueño con volver a verte** ich wünsche mir sehnlichst, dich wiederzusehen

soñera [so'ɲera] *f* ① *(fam: ganas de dormir)* (große) Müdigkeit *f;* **¡qué ~ tenía anoche!** war ich müde gestern Abend! ② *(sueño pesado)* Tiefschlaf *m,* tiefer Schlaf *m*

soñolencia [soɲo'leṇθja] *f* ① *(sueño)* Schläfrigkeit *f; (al despertarse)* Benommenheit *f* ② (MED) Somnolenz *f*

soñoliento, -a [soɲo'ljeṇto, -a] *adj* schläfrig

sopa ['sopa] *f* ① *(caldo)* Suppe *f* ② *pl (pan)* eingetunktes Brot *nt* ③ *(loc, fam)* **comer la** [*o* **andar a la**] ~ **boba** auf Kosten anderer leben; **estar** ~ sehr erkältet sein; **como una ~, hecho una ~** *(mojado)* völlig durchnässt; **poner a alguien como la ~ de Pascua** jdm ordentlich die Leviten lesen; **ver hasta en la ~** ständig und überall antreffen; **ese os da ~s con honda a todos vosotros** der steckt euch alle in die Tasche

sopapear [sopape'ar] *vt* ① *(fam: abofetear)* ohrfeigen ② *(maltratar)* misshandeln; *(insultar)* beleidigen

sopapo [so'papo] *m* ① *(puñetazo)* Faustschlag *m* ② *(fam: bofetada)* Ohrfeige *f;* **te voy a dar un ~** ich knall dir gleich eine!

sopear [sope'ar] *vt* ① *v.* **sopar** ② *(hollar)* treten (auf +*akk*), betreten ③ *(despreciar)* mit Füßen treten

sopera [so'pera] *f* Suppenschüssel *f*

sopero, -a [so'pero, -a] **I.** *adj* Suppen-; **ser muy ~** sehr gerne Suppe essen **II.** *m, f* Suppenfreund *m*

sopesar [sope'sar] *vt* (in der Hand) wiegen; *(fig)* abwägen

sopetón [sope'ton] *m* Schlag *m;* **de ~** völlig unvermittelt

soplado[1] [so'plaðo] *m (de vidrio)* Blasen *nt*

soplado, -a[2] [so'plaðo, -a] *adj* ① *ser (limpio)* sehr gepflegt; *(pulcro)* peinlich sauber ② *ser (engreído)* eingebildet, arrogant ③ *(vidrio)* geblasen; **~ a boca** mundgeblasen

soplagaitas [sopla'ɣai̯tas] *m inv (fam)* Blödmann *m*

soplar [so'plar] **I.** *vi* blasen; *(viento)* wehen; *(poco viento)* gehen; **¡sopla!** sag bloß! **II.** *vt* ① *(con la boca)* blasen; *(apartar)* wegblasen; *(velas)* ausblasen; *(hinchar)* aufblasen; *(fuego)* anfachen; **soplado a boca** mundgeblasen ② *(en un examen)* vorsagen; (TEAT) soufflieren ③ *(delatar)* verraten; *(entre alumnos)* verpetzen ④ *(fam: hurtar)* klauen; *(cobrar)* abknöpfen ⑤ *(golpe)* verpassen ⑥ *(loc)* **hoy no te sopla la musa** heute wirst du nicht von der Muse geküsst **III.** *vr:* **~se** *(fam)* ① *(comer)* verdrücken; *(beber)* hinunterstürzen ② *(engreírse)* sich aufblasen

soplete [so'plete] *m* Gebläse *nt;* **~ soldador** Schweißbrenner *m*

soplido [so'pliðo] *m* ① *(acción)* Blasen *nt,* Pusten *nt* ② *(de viento)* Winden *nt,* Wehen *nt; (leve)* Hauch *m*

soplo ['soplo] *m* ① *(acción)* Blasen *nt;* **apagar las velas de un ~** alle Kerzen auf einmal ausblasen ② *(viento leve)* Hauch *m;* **~ de viento** Windstoß *m* ③ *(tiempo)* **como un ~** in Windeseile ④ *(denuncia)* Hinweis *m* ⑤ *(sonido)* Pfeifen *nt*

soplón, -ona [so'plon, -ona] *m, f* Verräter(in) *m(f); (entre alumnos)* Petze *f*

soponcio [so'poṇθjo] *m* ① *(desmayo)* Ohnmacht *f* ② *(mareo)* Schwindelanfall *m*

sopor [so'por] *m* Schläfrigkeit *f;* (MED) Sopor *m*

soporífero[1] [sopo'rifero] *m* Schlafmittel *nt*

soporífero, -a[2] [sopo'rifero, -a] *adj* ① *(que da sueño)* einschläfernd; *(té)* schlaffördernd ② *(aburrido)* langweilig

soportable [sopor'taβle] *adj* erträglich

soportal [sopor'tal] *m* ① *(entrada)* überdachter (Haus)eingang *m* ② *(porche)* Säulengang *m*

soportar [sopor'tar] *vt* ① *(sostener)* halten ② *(aguantar)* ertragen, aushalten

soporte [so'porte] *m (apoyo, t. fig)* Stütze *f; (pilar)* Träger *m; (de madera)* Balken *m;* **~ para bicicletas** Fahrradständer *m;* **~ de información** Datenträger *m*

soprano[1] [so'prano] *m (voz)* Sopran *m*

soprano[2] [so'prano] *mf* Sopranist(in) *m(f)*

soquete [so'kete] *m (Am: calcetín)* Socke *f*

sor [sor] *f* (Ordens)schwester *f*

sorber [sor'βer] *vt* ① *(con los labios)* schlürfen; *(por una pajita)* trinken; *(por la nariz)* einziehen; *(tabaco)* schnupfen; (MED) inhalieren ② *(empaparse de)* aufsaugen ③ *(escuchar)* in sich aufsaugen

sorbete [sor'βete] *m* Sorbet(t) *m o nt*

sorbo ['sorβo] *m (cantidad, trago)* Schluck *m;* **beber a ~s** in kleinen Schlucken trinken; **tomar de un ~** in einem Schluck trinken; **échame otro ~** schenk mir noch ein bisschen nach

sordera [sor'ðera] *f* ❶ *(privación)* Taubheit *f* ❷ *(disminución)* Schwerhörigkeit *f*
sordez [sor'ðeθ] *f* (LING) Stummheit *f*
sordidez [sorði'ðeθ] *f* ❶ *(suciedad)* Schäbigkeit *f* ❷ *(obscenidad)* Obszönität *f* ❸ *(avaricia)* Geiz *m,* Knickerigkeit *f* ❹ *(mezquindad)* Gemeinheit *f*
sórdido, -a ['sorðiðo, -a] *adj* ❶ *(sucio)* schäbig, schmutzig, dreckig ❷ *(obsceno)* obszön, schmutzig, dreckig ❸ *(mezquino)* gemein
sordina [sor'ðina] *f* ❶ (MÚS) Sordine *f,* Sordino *m* ❷ *(sigilosamente)* **con ~** heimlich, still und leise
sordo, -a ['sorðo, -a] **I.** *adj* ❶ *(que no oye)* taub; **~ de un oído** auf einem Ohr taub; **hacer oídos ~s** sich taub stellen; **~ como una tapia** stocktaub ❷ *(que oye mal)* schwerhörig ❸ *(algo que no hace ruido)* leise; **a sordas, a lo ~, a la sorda** still und leise ❹ *(de timbre oscuro)* dumpf ❺ *(que no presta atención)* sich taub stellend ❻ *(sentimiento, pasión)* still ❼ (LING) stumm **II.** *m, f* ❶ *(que no oye)* Taube(r) *mf;* **hacerse el ~** sich taub stellen; **predicar a los ~s** tauben Ohren predigen ❷ *(que oye mal)* Schwerhörige(r) *mf*
sordomudez [sorðomu'ðeθ] *f sin pl* Taubstummheit *f*
sordomudo, -a [sorðo'muðo, -a] **I.** *adj* taubstumm **II.** *m, f* Taubstumme(r) *mf*
soriano, -a [so'rjano, -a] **I.** *adj* aus Soria **II.** *m, f* Einwohner(in) *m(f)* von Soria
sorna ['sorna] *f* ❶ *(al obrar)* Schwerfälligkeit *f* ❷ *(al hablar)* Spott *m*
soroche [so'rotʃe] *m (Am: malestar de las alturas)* Höhenkrankheit *f*
sorprendente [sorpren̦'den̦te] *adj* ❶ *(inesperado)* überraschend; *(desarrollo, evolución)* ungeahnt; *(asombroso)* erstaunlich; **es ~ que...** *+subj* es ist erstaunlich, dass … ❷ *(que salta a la vista)* auffallend; **poseer una estatura ~** auffallend groß sein ❸ *(extraordinario)* außergewöhnlich; **no es ~ que...** *+subj* es ist nicht (weiter) verwunderlich, dass …
sorprender [sorpren̦'der] **I.** *vt* ❶ *(coger desprevenido)* überraschen; *(asombrar)* erstaunen, verblüffen; *(extrañar)* wundern; **estar sorprendido** überrascht sein; **no me ~ía que viniera** es würde mich nicht wundern, wenn er/sie käme; **durante un momento me quedé sorprendida** ich stutzte einen Augenblick lang ❷ *(descubrir algo)* entdecken ❸ *(pillar)* erwischen ❹ (MIL: *atacar*) überfallen **II.** *vr:* **~se** *(no esperar)* überrascht sein; *(asombrarse)* erstaunt sein (**de** über *+akk*); *(extrañarse)* sich wundern; *(dudar)* stutzen
sorpresa [sor'presa] *f* ❶ *(acción)* Überraschen *nt;* **coger a alguien de** [*o* **por**] **~** jdn überraschen ❷ *(efecto)* Überraschung *f; (asombro)* Erstaunen *nt; (extrañeza)* Verwunderung *f* ❸ *(regalo, noticia)* Überraschung *f*
sorpresivo, -a [sorpre'siβo, -a] *adj (Am)* ❶ *(sorprendente)* überraschend, erstaunlich ❷ *(imprevisto)* unerwartet ❸ *(repentino)* plötzlich
sortear [sorte'ar] *vt* ❶ *(decidir)* auslosen; *(destino)* losen; *(rifar)* verlosen ❷ *(esquivar)* ausweichen *+dat*
sorteo [sor'teo] *m* ❶ *(decisión)* Auslosen *nt;* *(rifa)* Verlosung *f;* *(lotería)* Ziehung *f* ❷ *(esquivación)* Umgehung *f*
sortija [sor'tixa] *f* ❶ *(joya)* Ring *m;* *(con sello)* Siegelring *m* ❷ *(rizo)* (Haar)locke *f*
sortilegio [sorti'lexjo] *m* ❶ *(brujería)* Hexerei *f;* **hacer ~** zaubern ❷ *(vaticinio)* Wahrsagung *f;* **hacer ~** wahrsagen
sosa ['sosa] *f* ❶ (QUÍM) Soda *f o nt,* Natriumkarbonat *nt* ❷ (BOT) Salzkraut *nt*
sosaina [so'sai̯na] **I.** *adj (fam)* fade, langweilig **II.** *mf (fam)* Langweiler(in) *m(f),* Schlaftablette *f,* Schlafmütze *f*
sosegado, -a [sose'ɣaðo, -a] *adj* ❶ *(apacible)* friedfertig ❷ *(tranquilo)* ruhig
sosegar [sose'ɣar] *irr como fregar* **I.** *vt (calmar)* beruhigen **II.** *vi, vr:* **~se** *(descansar)* zur Ruhe kommen **III.** *vr:* **~se** *(calmarse)* sich beruhigen
soseras [so'seras] *mf inv (fam)* Langweiler(in) *m(f)*
sosería [sose'ria] *f* Fadheit *f;* **esto es una ~** hier ist absolut nichts los
sosia ['sosja] *m* Doppelgänger *m*
sosiego [so'sjeɣo] *m* Ruhe *f;* **hacer algo con ~** etw in aller Ruhe machen
soslayar [sosla'ɟar] *vt* ❶ *(objeto)* schräg halten ❷ *(evitar)* ausweichen *+dat;* *(encuentro)* vermeiden
soslayo, -a [sos'laɟo, -a] *adj* schräg; **mirar a alguien de ~** jdn aus den Augenwinkeln betrachten; **pasar de ~ por la casa de la abuela** im Vorbeigehen bei der Oma reinschauen; **pasar por un tema de** [*o* **al**] **~** ein Thema streifen
soso, -a ['soso, -a] *adj* ❶ *(sin sal)* ungesalzen; *(sin sabor)* fade ❷ *(persona)* fade
sospecha [sos'petʃa] *f* ❶ *(suposición)* Vermutung *f* ❷ *(desconfianza)* Misstrauen *nt* ❸ *(de un crimen)* Verdacht *m;* *(contra alguien concreto)* Verdächtigung *f;* **bajo ~ de asesinato** unter Mordverdacht
sospechar [sospe'tʃar] **I.** *vt* ❶ *(creer posible)* vermuten; **¡ya lo sospechaba!** das hatte ich mir schon gedacht! ❷ *(recelar)* befürchten **II.** *vi* verdächtigen (**de** *+akk*)

S

sospechoso, -a [sospe'ʧoso, -a] **I.** *adj* verdächtig; **me resulta ~ que...** *+subj* es kommt mir verdächtig vor, dass … **II.** *m, f* Verdächtige(r) *mf*

sostén [sos'ten] *m* ① *(apoyo, t. fig)* Stütze *f;* **pilar de ~** Stützpfeiler *m* ② *(prenda)* BH *m* ③ *(de familia)* Unterhalt *m; (alimentos)* Nahrung *f*

sostener [soste'ner] *irr como tener* **I.** *vt* ① *(sujetar)* (fest)halten; **esta cuerda sostiene la pata de la mesa** an diesem Seil ist das Tischbein festgemacht ② *(aguantar)* halten; *(por debajo)* tragen; *(por debajo, por los lados)* stützen ③ *(afirmar)* behaupten; *(idea, teoría)* vertreten ④ *(persona)* unterstützen ⑤ *(lucha)* bestehen; *(tren de vida)* durchhalten; *(velocidad, posición)* beibehalten; **~ una larga conversación** ein langes Gespräch führen **II.** *vr:* **~se** ① *(sujetarse)* sich festhalten ② *(aguantarse)* sich halten ③ *(en pie)* sich aufrecht halten; *(sobre agua, en el aire)* sich halten ④ *(económicamente)* **apenas me puedo ~** ich kann kaum meinen Lebensunterhalt bestreiten ⑤ *(en opinión)* beharren (**en** auf/bei *+dat*)

sostenibilidad [sostensiβili'ðað] *f* Nachhaltigkeit *f*

sostenible [soste'niβle] *adj* nachhaltig

sostenido¹ [soste'niðo] *m* (MÚS) Kreuz *nt,* Erhöhungszeichen *nt;* **poner un ~** erhöhen

sostenido, -a² [soste'niðo, -a] *adj* ① *(esfuerzo)* ausdauernd ② (MÚS) erhöht; **fa ~** Fis *nt*

sostenimiento [sosteni'mjeṇto] *m* ① *(acción)* Halten *nt* ② *(apoyo)* Halt *m* ③ *(manutención)* Unterhalt *m* ④ *(mantenimiento)* Aufrechterhaltung *f*

sota ['sota] *f (naipe)* ≈ Bube *m*

sotana [so'tana] *f* Soutane *f*

sótano ['sotano] *m* ① *(piso)* Untergeschoss *nt* ② *(habitación)* Keller *m*

sotavento [sota'βeṇto] *m* Lee *f o nt*

soterrado, -a [sote'rraðo, -a] *adj* ① *(bajo tierra)* vergraben ② *(sentimiento)* verborgen, heimlich

soterrar [sote'rrar] <e → ie> *vt* ① *(enterrar)* vergraben ② *(esconder)* verstecken; *(sentimientos)* verbergen

sotreta [so'treta] *adj (Arg, Bol, Urug)* ① *(caballo)* störrisch ② *(holgazán)* faul; *(no fiable)* unzuverlässig

soturno, -a [so'turno, -a] *adj (Ven: taciturno)* verschlossen

soufflé [su'fle] *m v.* **suflé**

soul [soul] *m* (MÚS) Soul *m*

soviet ['soβjeᵗ] *m* Sowjet *m*

soviético, -a [so'βjetiko, -a] **I.** *adj* sowjetisch **II.** *m, f* Sowjetbürger(in) *m(f)*

soy [soi] *1. pres de* **ser**

spaguetti [espa'ɣeti] *mpl* Spaghetti *pl*

spinning® [es'piniŋ] *m* (DEP) Spinning® *nt*

split [es'pliᵗ] <splits> *m* (ECON, FIN) Splitting *nt*

sponsor [es'ponsor] *mf* Sponsor(in) *m(f);* **hacer de ~** sponsern

spot [es'poᵗ] *m* <spots> ① *(anuncio)* (Werbe)spot *m* ② *(foco de luz)* Spot *m,* Spotlight *nt*

spray [es'prai] *m* <sprays> *v.* **espray**

sprint [es'priṇᵗ] *m v.* **esprín**

squash [es'kwaʃ] *m sin pl* Squash *nt*

Sr. [se'ɲor] *abr de* **señor** H.; *(en direcciones)* Hrn.

Sra. [se'ɲora] *abr de* **señora** Fr.

Srta. [seɲo'rita] *f abr de* **señorita** Frl.

Sta. ['saṇta] *f abr de* **santa** St.

stand [es'tan] *m* <stands> (Messe)stand *m*

stand by [es'tand bai] *m* (INFOR) (**funcionamiento**) **en ~** Stand-by-Betrieb *m;* **en ~** im Stand-by-Betrieb

standing [es'taṇ'diŋ] *m sin pl* ① *(lujo)* Luxus *m;* **pisos de alto ~** Luxuswohnungen *fpl* ② *(posición social)* Standing *nt,* Ansehen *nt*

stick [es'tiᵏ] *m* ① (DEP) Schläger *m* ② *(desodorante)* Deostift *m*

Sto. ['saṇto] *abr de* **santo** St.

stop [es'top] *m* ① *(parada)* Stopp *m* ② *(señal)* Stoppschild *nt*

streaming ['strimiŋ] *m* (INFOR) Livestream *m,* Streaming *nt;* **ver un vídeo en ~** sich *dat* ein Video per Livestream [*o* per Streaming] ansehen

stress [es'tres] *m sin pl* Stress *m*

su [su] *adj (de él)* sein(e); *(de ella)* ihr(e); **~ familia** seine/ihre Familie

Suabia ['swaβja] *f* Schwaben *nt*

suabo, -a ['swaβo, -a] **I.** *adj* schwäbisch **II.** *m, f* Schwabe, Schwäbin *m, f*

suampo ['swampo] *m (AmC: ciénaga)* Sumpf *m*

suave [su'aβe] *adj* ① *(superficie)* glatt; *(piel)* zart; *(jersey, cepillo, cabello, droga)* weich; *(masaje)* sanft; *(viento, noche)* mild; *(sopa, salsa)* sämig ② *(aterrizaje)* sanft; *(contacto)* sacht; *(curva, subida)* sanft; *(temperatura, tabaco)* mild ③ *(carácter)* sanft; *(maneras)* geschliffen; *(palabras)* freundlich

suavidad [swaβi'ðaᵈ] *f sin pl* ① *(de superficie)* Glätte *f; (de piel)* Zartheit *f; (de jersey/cepillo)* Weichheit *f; (de masaje)* Sanftheit *f; (de viento/noche/temperatura)* Milde *f; (de sopa)* Sämigkeit *f* ② *(de* *aterrizaje/caricia/curva/subida)* Sanftheit *f* ③ *(de carácter)* Sanftheit *f;* *(de palabras)* Freundlichkeit *f*

suavizante [swaβi'θan̪te] **I.** *adj* **crema ~** Hautcreme *f* **II.** *m* ① *(para la ropa)* Weichspüler *m* ② *(para el cabello)* Spülung *f*

suavizar [swaβi'θar] <z → c> *vt* ① *(hacer suave)* weicher machen; *(pelo, piel)* geschmeidiger machen; *(superficie)* glätten; *(navaja)* schärfen ② *(expresión, posición)* mildern; *(situación)* entspannen ③ *(persona)* besänftigen ④ *(recorrido, trabajo)* erleichtern; *(velocidad)* reduzieren

suavizar(se) [swaβi'θar(se)] <z → c> *vt* ① *(hacer suave)* weicher machen, geschmeidiger machen ② *(expresión, posición)* mildern; **la situación en el país se ha suavizado** die Lage im Land hat sich entspannt ③ *(persona)* besänftigen, beschwichtigen ④ *(recorrido, trabajo)* erleichtern; *(velocidad)* mindern, reduzieren

Suazilandia [swaθi'lan̪dja] *f* Swasiland *nt*

suba ['suβa] *f (Arg: alza)* Steigerung *f,* Steigen *nt*

subacuático, **-a** [suβa'kwatiko, -a] *adj* Unterwasser-

subalimentación [suβalimen̪ta'θjon] *f* Unterernährung *f*

subalimentado, **-a** [suβalimen̪'taðo, -a] *adj* unterernährt

subalterno, **-a** [suβal̪'terno, -a] **I.** *adj* untergeben **II.** *m, f (empleado)* Untergebene(r) *mf*

subarrendar [suβarren̪'dar] <e → ie> *vt (ceder: piso)* untervermieten; *(finca)* unterverpachten

subarriendo [suβa'rrjen̪do] *m (cesión: de piso)* Untervermietung *f;* *(de finca)* Unterverpachtung *f*

subasta [su'βasta] *f* ① *(venta)* Versteigerung *f;* **~ forzada** Zwangsversteigerung *f;* **sacar a ~ pública** öffentlich versteigern ② *(de plaza pública)* Ausschreibung *f*

subastador(a) [suβasta'ðor(a)] *m(f)* Auktionator(in) *m(f)*

subastar [suβas'tar] *vt* ① *(vender)* versteigern ② *(plaza pública)* ausschreiben

subcampeón, **-ona** [suβkampe'on, -ona] *m, f* Vizemeister(in) *m(f);* **~ mundial** Vizeweltmeister *m*

subcampeonato [suβkampeo'nato] *m* Vizemeisterschaft *f;* **ha ganado el ~** er/sie ist Vizemeister(in) geworden

subconsciencia [suβkoⁿs'θjen̪θja] *f* Unterbewusstsein *nt*

subconsciente [suβkoⁿs'θjen̪te] *adj* unterbewusst

subcontinente [suβkon̪ti'nen̪te] *m* Subkontinent *m*

subcontratar [suβkon̪tra'tar] **I.** *vt* an einen Subunternehmer vergeben **II.** *vi* einen Subunternehmer verpflichten

subcultura [suβkul̪'tura] *f* Subkultur *f*

subcutáneo, **-a** [suβku'taneo, -a] *adj* subkutan

subdelegado, **-a** [suβðele'ɣaðo, -a] *m, f* Unterbevollmächtigte(r) *mf;* (POL) stellvertretender Delegierter *m,* stellvertretende Delegierte *f*

subdesarrollado, **-a** [suβðesarro'ʎaðo, -a] *adj* unterentwickelt

subdesarrollo [suβðesa'rroʎo] *m* Unterentwicklung *f*

subdirector(a) [suβðirek'tor(a)] *m(f)* stellvertretender Direktor, stellvertretende Direktorin *m, f*

súbdito, **-a** ['suβðito, -a] *m, f* ① *(sometido)* Untertan(in) *m(f)* ② (POL) Staatsbürger(in) *m(f)*

subdividir [suβðiβi'ðir] *vt* unterteilen

subdivisión [suβðiβi'sjon] *f* Unterteilung *f*

subempleo [suβem'pleo] *m* Unterbeschäftigung *f*

subestimar [suβesti'mar] **I.** *vt* unterschätzen **II.** *vr:* **~se** sich unterschätzen

subexponer [suβespo'ner] *vt irr como poner* (FOTO) unterbelichten

subfusil [suβfu'sil] *m* automatische Handfeuerwaffe *f*

subgravedad [suβɣraβe'ðaᵈ] *f* (FÍS) Schwerelosigkeit *f*

subida [su'βiða] *f* ① *(de una calle)* Steigung *f;* *(de un río)* Anstieg *m* ② *(cuesta)* Steigung *f;* **la calle hace ~** die Straße steigt an ③ *(de precios/temperaturas/costes: acción)* Steigerung *f;* *(efecto)* Anstieg *m* ④ *(en coche, teleférico)* Auffahrt *f* ⑤ (POL) **~ al poder** Machtergreifung *f;* **~ al trono** Thronbesteigung *f*

subido, **-a** [su'βiðo, -a] *adj* ① *(color)* intensiv; *(olor)* scharf; **rojo/blanco ~** knallrot/schneeweiß ② *(fam: persona)* arrogant, eingebildet; **me lo dijo en un tono ~** er/sie sagte es (zu) mir in einem überheblichen Ton ③ *(precio)* überhöht

subir [su'βir] **I.** *vi* ① *(ascender: calle, cuesta)* ansteigen; *(humo)* aufsteigen; *(sol, pastel)* aufgehen; *(globo)* hochsteigen; *(río)* ansteigen; **~ a la cima** zum Gipfel aufsteigen; **~ a primera** (DEP) in die erste Liga aufsteigen; **la marea ha subido** es ist Flut ② *(andando)* hochgehen; *(en ascensor)* hochfahren; **sube a por tus cosas** geh hoch und hol deine Sachen ③ *(aumentar)* steigen (**en** um *+akk*); **la gasolina ha subido** das Benzin ist teurer geworden ④ *(montar: coche, metro)* einsteigen (**a** in

S

+*akk*); *(caballo, globo, bici)* aufsteigen (**a** auf +*akk*); *(árbol)* klettern (**a** auf +*akk*) **II.** *vt* ① *(precio)* erhöhen; **hacer ~ los precios** die Preise hochtreiben ② *(música)* lauter stellen; *(voz)* erheben ③ *(andando)* hinauflaufen; *(en coche)* hinauffahren; *(montaña)* besteigen ④ *(poner más alto: brazos)* heben; *(cortina, persiana)* hochziehen; *(cuello de abrigo)* hochschlagen; *(cabeza)* hochhalten; *(pesas)* stemmen; **~ a un niño en brazos** ein Kind auf den Arm nehmen ⑤ *(llevar)* hinauftragen; **~ al tercer piso** in den dritten Stock hinauftragen ⑥ *(pared)* hochziehen **III.** *vr:* **~se** ① *(al tren, coche, a un globo)* einsteigen (**en** in +*akk*); *(a una bici)* aufsteigen (**en** auf +*akk*); *(a un árbol)* klettern (**a** auf +*akk*); *(a una silla)* steigen (**a** auf +*akk*) ② *(loc)* **se me ha subido el vino a la cabeza** der Wein ist mir zu Kopf gestiegen; **~se a las barbas de alguien** *(fam)* jdm auf der Nase herumtanzen; **se me han subido los colores a la cabeza** ich bin schamrot geworden

súbito[1] ['suβito] *adv* plötzlich; **de ~** *(repentinamente)* plötzlich; *(inesperadamente)* unerwartet(erweise)

súbito, -a[2] ['suβito, -a] *adj* ① *(repentino)* plötzlich ② *(inesperado)* unerwartet ③ *(carácter, genio)* hitzig

subjetividad [suβxetiβi'ða^{ð}] *f sin pl* Subjektivität *f*

subjetivizar [suβxetiβi'θar] <z → c> *vt* subjektivieren

subjetivo, -a [suβxe'tiβo, -a] *adj* subjektiv

subjuntivo [suβxuṇ'tiβo] *m* Konjunktiv *m*

sublevación [suβleβa'θjon] *f* Aufstand *m*

sublevar [suβle'βar] **I.** *vt* ① *(amotinar)* aufwiegeln ② *(irritar)* sehr ärgern **II.** *vr:* **~se** sich auflehnen

sublimar [suβli'mar] *vt* ① *(a alguien)* verherrlichen ② (PSICO, QUÍM) sublimieren

sublime [su'βlime] *adj* erhaben

sublimidad [suβlimi'ða^{ð}] *f sin pl* Erhabenheit *f*

subliminal [suβlimi'nal] *adj* unterschwellig

submarinismo [su^{β}mari'nismo/su^{m}mari'nismo] *m sin pl* Tauchsport *m;* **hacer ~** tauchen

submarinista [su^{β}mari'nista/su^{m}mari'nista] *mf* (Sport)taucher(in) *m(f)*

submarino[1] [su^{β}ma'rino/su^{m}ma'rino] *m* U-Boot *nt*

submarino, -a[2] [su^{β}ma'rino, -a/su^{m}ma'rino, -a] *adj* Unterwasser-; *(vida)* unterseeisch

submenú [su^{β}me'nu/su^{m}me'nu] *m* (INFOR) Untermenü *nt*

submúltiplo[1] [su^{β}'muḷtiplo/su^{m}'muḷtiplo] *m* (MAT) Faktor *m*

submúltiplo, -a[2] [su^{β}'muḷtiplo, -a/su^{m}'muḷtiplo, -a] *adj* (MAT) in einer anderen Zahl mehrfach enthalten

subnormal [suβnor'mal] **I.** *adj* geistig behindert **II.** *mf (persona)* geistig Behinderte(r) *mf;* **¡eres un ~!** *(pey)* du bist ja nicht ganz richtig im Kopf!

suboficial [suβofi'θjal] *m* (MIL) Unteroffizier *m*

suborden [suβ'orðen] *m* (BIOL) Unterordnung *f,* Untergattung *f*

subordinación [suβorðina'θjon] *f* Unterordnung *f; (obediencia)* Gehorsam *m*

subordinado, -a [suβorði'naðo, -a] **I.** *adj* ① *(en el trabajo)* untergeben ② (LING) **oración subordinada** Nebensatz *m* **II.** *m, f (en el trabajo)* Untergebene(r) *mf*

subordinar [suβorði'nar] *vt* unterordnen

subproducto [suβpro'ðukto] *m* Nebenprodukt *nt*

subrayado [suβrra'ɟaðo] *m* Unterstreichung *f*

subrayar [suβrra'ɟar] *vt* ① *(con raya)* unterstreichen ② *(recalcar)* betonen

subrepticio, -a [suβrrep'tiθjo, -a] *adj* ① *(pey: obtenido)* erschlichen ② *(a escondidas)* heimlich

subrogación [suβrroɣa'θjon] *f* ① (JUR: *temporal*) Vertretung *f; (definitiva)* Ersatz *m* ② (JUR) Surrogation *f*

subrogar [suβrro'ɣar] <g → gu> *vt* (JUR: *temporalmente*) vertreten; *(definitivamente)* ersetzen; *(cosa)* austauschen

subsanación [suβsana'θjon] *f (de un defecto)* Behebung *f; (de un error)* Wiedergutmachung *f*

subsanar [suβsa'nar] *vt* ① *(falta)* hinwegsehen (über +*akk*) ② *(error)* wiedergutmachen; *(defecto)* beheben; *(mal)* abhelfen +*dat* ③ *(dificultad)* überwinden

subscribir [su^{β}skri'βir] *vt, vr irr como escribir v.* **suscribir**

subscripción [su^{β}skriβ'θjon] *f v.* **suscripción**

subscriptor(a) [su^{β}skrip'tor(a)] *m(f) v.* **suscriptor**

subsecretario, -a [suβsekre'tarjo, -a] *m, f* ① (POL) Staatssekretär(in) *m(f)* ② *(en oficina)* stellvertretender Sekretär, stellvertretende Sekretärin *m, f*

subseguir [suβse'ɣir] *irr como seguir vi, vr:* **~se** ① *(seguir)* unmittelbar folgen (**a** auf +*akk*) ② *(deducirse)* sich ergeben (**de** aus +*dat*)

subsidiar [suβsi'ðjar] *vt* unterstützen

subsidiario, -a [suβsi'ðjarjo, -a] *adj* ① *(de subsidio)* unterstützend; **órgano ~** *(insti-*

tución) Hilfsorgan *nt* ② *(secundario)* sekundär

subsidio [suβ'siðjo] *m* Beihilfe *f;* ~ **de desempleo** [*o* **paro**] Arbeitslosengeld *nt*

subsiguiente [suβsi'ɣjeṇte] *adj* nachfolgend

subsistencia [suβsis'teṇθja] *f* ① *(hecho)* Existenz *f* ② *pl (alimentos)* Nahrung *f* ③ *(material)* Lebensunterhalt *m*

subsistente [suβsis'teṇte] *adj (existente)* bestehend

subsistir [suβsis'tir] *vi* ① *(vivir)* leben ② *(perdurar)* anhalten; *(creencia)* fortbestehen; *(empresa)* weiterbestehen

substancia [su(β)s'taṇθja] *f v.* **sustancia**

substancioso, -a [suβstaṇ'θjoso, -a] *adj v.* **sustancioso**

substantivo [su(β)staṇ'tiβo] *adj o m v.* **sustantivo**

substitución [su(β)stitu'θjon] *f v.* **sustitución**

substraer [su(β)stra'er] *vt irr como traer v.* **sustraer**

substrato [suβs'trato] *m* Substrat *nt*

subsuelo [suβ'swelo] *m* Untergrund *m;* **riquezas del** ~ Bodenschätze *mpl*

subsumir [suβsu'mir] *vt* ① *(en una categoría)* unterordnen (**en** +*dat*), einordnen (**en** unter +*dat*), subsumieren (**en** unter +*dat*) *geh* ② *(en un tema)* zusammenfassen (**en** unter +*dat*), subsumieren (**en** unter +*dat*) *geh*

subteniente [suβte'njeṇte] *m* (MIL) Leutnant *m*

subterfugio [suβter'fuxjo] *m (evasiva)* Ausrede *f; (pretexto)* Vorwand *m*

subterráneo, -a [suβte'rraneo, -a] *adj* unterirdisch

subtitular [suβtitu'lar] *vt* untertiteln; **película subtitulada en alemán** Film mit deutschen Untertiteln

subtítulo [suβ'titulo] *m* Untertitel *m*

subtropical [suβtropi'kal] *adj* subtropisch

suburbano, -a [suβur'βano, -a] *adj (teatro, cine)* Vorstadt-; *(barrio)* vorstädtisch; **línea suburbana** Vorortbahn *f*

suburbial [suβur'βjal] *adj (teatro, cine)* Vorstadt-; *(barrio, distrito)* vorstädtisch

suburbio [su'βurβjo] *m* ① *(alrededores)* Vorstadt *f;* **vivir en los ~s de París** am Stadtrand von Paris wohnen ② *(barrio)* Vorort *m*

subvención [suββeṇ'θjon] *f* Zuschuss *m;* (POL) Subvention *f*

subvencionar [suββeṇθjo'nar] *vt* finanziell unterstützen; (POL) subventionieren; (ADMIN) bezuschussen

subvenir [suββe'nir] *irr como venir vi* ~ **a las necesidades de alguien** jdn unterstützen; ~ **a los gastos** die Kosten tragen [*o* bestreiten]

subversión [suββer'sjon] *f* Umsturz *m*

subversivo, -a [suββer'siβo, -a] *adj* umstürzlerisch

subyacente [suβɟa'θeṇte] *adj* ① *(capa)* tiefer liegend ② *(problema)* zugrunde liegend

subyacer [suβɟa'θer] *vi irr como yacer* ① *(estar debajo)* darunterliegen ② *(problema)* zugrunde liegen

subyugador(a) [suβɟuɣa'ðor(a)] *adj* ① *(que oprime)* unterwerfend ② *(sugestionador)* bezaubernd, faszinierend; **tiene un carácter** ~ er/sie hat ein einnehmendes Wesen

subyugar [suβɟu'ɣar] <g → gu> *vt* ① *(oprimir)* unterwerfen ② *(sugestionar)* bezaubern

succión [suɣ'θjon] *f* Saugen *nt;* **efecto de** ~ Saugwirkung *f*

succionar [suɣθjo'nar] *vt* (ein)saugen; *(tierra, esponja)* aufsaugen

sucedáneo[1] [suθe'ðaneo] *m* Ersatz *m*

sucedáneo, -a[2] [suθe'ðaneo, -a] *adj* Ersatz-

suceder [suθe'ðer] **I.** *vi* ① *(seguir)* folgen (**a** auf +*akk*) ② *(en cargo)* nachfolgen; ~ **al rey** die Thronfolge antreten ③ *(heredar)* beerben +*akk* **II.** *vt* geschehen; **¿qué sucede?** was ist los?; **por lo que pueda** ~ für alle Fälle; **suceda lo que suceda** komme, was wolle; **lo más que puede ~ es que...** +*subj* im schlimmsten Fall ...; **sucede que...** die Sache ist die, dass ...

sucedido [suθe'ðiðo] *m (fam)* Ereignis *nt;* **después del ~...** nach dem, was geschehen ist ...

sucesión [suθe'sjon] *f* ① *(acción)* Folge *f* ② *(serie)* Aufeinanderfolge *f* ③ *(en el cargo)* Nachfolge *f; (de título)* Erbfolge *f; (del trono)* Thronfolge *f* ④ *(herencia)* Erbe *nt* ⑤ *(descendencia)* Nachkommenschaft *f*

sucesivo, -a [suθe'siβo, -a] *adj* (aufeinander) folgend; **en lo** ~ von nun an; **hicimos el examen en dos días ~s** wir hatten zwei Tage hintereinander Prüfung

suceso [su'θeso] *m* ① *(hecho)* Ereignis *nt; (repentino)* Vorfall *m* ② *(trascurso)* Verlauf *m*

sucesor(a) [suθe'sor(a)] *m(f)* ① *(a un cargo)* Nachfolger(in) *m(f); (al trono)* Thronfolger(in) *m(f)* ② *(heredero)* Erbe, -in *m, f*

sucesorio, -a [suθe'sorjo, -a] *adj* Nachfolge-; **comunidad sucesoria** Erbengemeinschaft *f*

suche ['sutʃe] **I.** *adj (Ven: agrio)* säuerlich

II. *m (Chil)* ❶ *(subalterno)* Untergebene(r) *m* ❷ *(rufián)* Gauner *m*

suciedad [suθje'ðaᵈ] *f* ❶ *(cualidad)* Schmutzigkeit *f* ❷ *(porquería)* Schmutz *m* ❸ *(jugada)* Gemeinheit *f*

sucinto, -a [su'θin̩to, -a] *adj* kurz

sucio[1] ['suθjo] *adv* **jugar ~** unfair spielen

sucio, -a[2] ['suθjo, -a] *adj* schmutzig; *(que se mancha fácilmente)* schmutzempfindlich; *(jugado)* unfair; **tengo los apuntes en ~** ich habe die Notizen nur ins Unreine geschrieben; **hacer el trabajo ~** die Drecksarbeit machen

suculencia [suku'len̩θja] *f* ❶ *(de sabroso)* Schmackhaftigkeit *f* ❷ *(valor nutritivo)* Nahrhaftigkeit *f* ❸ *(jugosidad)* Saftigkeit *f*

suculento, -a [suku'len̩to, -a] *adj* ❶ *(sabroso)* schmackhaft ❷ *(nutritivo)* nahrhaft ❸ *(jugoso)* saftig

sucumbir [sukum'bir] *vi* ❶ *(rendirse)* erliegen *+dat;* (JUR) unterliegen *+dat;* **Andy Roddick sucumbió ante Rafael Nadal** Andy Roddick wurde von Rafael Nadal geschlagen ❷ *(morir)* ums Leben kommen

sucursal [sukur'sal] *f* ❶ *(de empresa)* Niederlassung *f; (de banco/negocio)* Filiale *f* ❷ *(negociado)* Geschäftsstelle *f*

sudaca [su'ðaka] *mf (pey fam)* Lateinamerikaner(in) *m(f)*

sudadera [suða'ðera] *f* ❶ (DEP) Sweatshirt *nt; (con capucha)* Kapuzenpullover *m;* **darse una ~** aus allen Poren schwitzen ❷ *(para caballería)* Sattelunterlage *f*

sudado, -a [su'ðaðo, -a] *adj* verschwitzt; *(rostro)* schweißbedeckt

Sudáfrica [su'ðafrika] *f* Südafrika *nt*

sudafricano, -a [suðafri'kano, -a] **I.** *adj* südafrikanisch **II.** *m, f* Südafrikaner(in) *m(f)*

Sudamérica [suða'merika] *f* Südamerika *nt*

S

sudamericano, -a [suðameri'kano, -a] **I.** *adj* südamerikanisch **II.** *m, f* Südamerikaner(in) *m(f)*

Sudán [su'ðan] *m* Sudan *nt;* **~ del Sur** Südsudan *m*

sudanés, -esa [suða'nes, -esa] **I.** *adj* sudanesisch **II.** *m, f* Sudanese, -in *m, f*

sudar [su'ðar] **I.** *vi, vt* schwitzen; **me sudan los pies** ich schwitze an den Füßen; **estoy sudando a chorros** ich bin schweißgebadet **II.** *vi (fam: trabajar)* sich abrackern **III.** *vt* ❶ *(camisa)* verschwitzen; **~ la gota gorda** Blut und Wasser schwitzen ❷ *(conseguir)* **gano mucho pero lo sudo** ich verdiene zwar viel, muss aber auch schwer dafür schuften

sudeste [su'ðeste] *m* Südosten *m*

sudoeste [suðo'este] *m* Südwesten *m*

sudoku [su'ðoku] *m* Sudoku *nt*

sudor [su'ðor] *m (de la piel)* Schweiß *m;* **con el ~ de mi frente** im Schweiße meines Angesichts

sudoración [suðora'θjon] *f* Schwitzen *nt*

sudoriento, -a [suðo'rjen̩to, -a] *adj* ❶ *(que suda)* schwitzend ❷ *(sudado)* schweißnass, verschwitzt

sudorífico [suðo'rifiko] *m* (MED) schweißtreibendes Mittel *nt,* Diaphoretikum *nt*

sudoroso, -a [suðo'roso, -a] *adj* schweißbedeckt

sudsudeste [suðsu'ðeste] *m* Südsüdosten *m;* (METEO) Südsüdost *m*

sudsudoeste [suðsuðo'este] *m* Südsüdwesten *m;* (METEO) Südsüdwest *m*

Suecia ['sweθja] *f* Schweden *nt*

sueco, -a ['sweko, -a] **I.** *adj* schwedisch **II.** *m, f* Schwede, -in *m, f;* **hacerse el ~** sich dumm stellen

suegro, -a ['sweɣro, -a] *m, f* Schwiegervater, Schwiegermutter *m, f;* **los ~s** die Schwiegereltern

suela ['swela] *f* ❶ *(del zapato)* (Schuh)sohle *f;* **echar las medias ~s** die Schuhe besohlen (lassen); **tú no me llegas a la ~ del zapato** du kannst mir nicht das Wasser reichen ❷ *(loc, fam)* **es un tonto de siete ~s** er ist saudumm

sueldo ['swel̩do] *m (por horas)* Lohn *m; (de empleado)* Gehalt *nt; (de funcionario)* Bezüge *mpl;* (MIL) Sold *m;* **~ fijo** Fixum *nt;* **¿qué ~ ganas?** wie viel verdienst du?

suelo ['swelo] *m* ❶ *(de la tierra)* (Erd)boden *m;* **~ natal** Heimat *f;* **poner una maleta en el ~** einen Koffer abstellen; **dar consigo en el ~** hinfallen; **besar el ~** auf die Nase fallen; **está muy hondo, no toco (el) ~** es ist sehr tief, ich komme nicht auf den Grund; **no toca con los pies en el ~ de contento** *(fig)* er kriegt sich vor Freude kaum ein ❷ *(de casa)* (Fuß)boden *m* ❸ *(terreno)* Grundstück *nt;* **~ edificable** Bauland *nt* ❹ *(de vasija)* Boden *m* ❺ *(poso)* Bodensatz *m* ❻ (DEP) Bodenturnen *nt;* **ejercicios de ~** Bodenübungen *fpl* ❼ *(loc)* **estar por los ~s** *(deprimido)* am Boden zerstört sein; **poner por el ~** durch den Schmutz ziehen; **no te dejes arrastrar por el ~** *(fig)* lass dich nicht so schlechtmachen; **el plan se ha venido al ~** der Plan ist ins Wasser gefallen; **los pisos están por los ~s** *(fam)* die Wohnungen sind äußerst günstig

suelto[1] ['swel̩to] *m* ❶ *(dinero)* Kleingeld *nt* ❷ *(artículo)* Kurznachricht *f*

suelto, -a[2] ['swel̩to, -a] *adj* ❶ *(desenganchado: tornillo, arroz, lana)* locker ❷ *(de-*

satado: cordón, pelo) lose; *(broche)* offen; *(perro)* frei laufend ❸ *(no sujeto: hojas)* lose; **dinero** ~ Kleingeld *nt;* **un prisionero anda** ~ ein Gefangener läuft frei herum ❹ *(separado)* einzeln; **pieza suelta** Einzelteil *nt* ❺ *(vestido)* weit ❻ *(incontrolado)* **tener la lengua suelta** ein loses Mundwerk haben ❼ *(estilo)* gewandt; *(lenguaje)* flüssig; **dibujar con mano suelta** sehr geschickt zeichnen ❽ *(no envasado)* lose ❾ *(fam: no agarrotado)* locker; **eso lo hago yo fácil y** ~ das schaffe ich locker ❿ *(loc)* **voy** ~ **de vientre** ich habe Durchfall

sueño ['sweɲo] *m* ❶ *(acto de dormir)* Schlaf *m;* **me cogió el** ~ der Schlaf überkam mich; **descabezar** [*o* **echarse**] **un** ~ ein Nickerchen machen; **entre ~s** im Halbschlaf ❷ *(ganas de dormir)* Müdigkeit *f;* **tener** ~ müde sein; **caerse de** ~ vor Müdigkeit fast umfallen; **quitar el** ~ den Schlaf rauben ❸ *(fantasía)* Traum *m;* **ni en** [*o* **por**] **~s haces tú eso** das schaffst du im Traum nicht; **un coche que es un** ~ ein Traumauto; **los ~s, ~s son** *(prov)* Träume sind Schäume

suero ['swero] *m* ❶ *(de leche)* Molke *f* ❷ (MED) Serum *nt*

suerte ['swerte] *f* ❶ *(fortuna)* Glück *nt;* **¡buena ~!** viel Glück!; **tener buena/mala** ~ Glück/Pech haben; **por** ~ zum Glück; **probar** ~ sein Glück versuchen; **ser cuestión de** ~ Glückssache sein; **tener una** ~ **loca** ein Glückspilz sein; **dentro de la desgracia aún has tenido** ~ du hast Glück im Unglück gehabt ❷ *(destino)* Schicksal *nt;* **echar algo a ~(s)** etw durch Los entscheiden; **¿quién sabe la ~ que te espera?** wer weiß, was noch auf dich zukommt? ❸ *(casualidad)* Zufall *m* ❹ *(manera)* Weise *f;* **de ~ que...** sodass ...; **de esta** ~ so ❺ *(tipo)* Sorte *f;* **tratar con toda ~ de gente** mit allen möglichen Menschen verkehren ❻ *(condición)* Situation *f*

suertero, -a [swer'tero, -a] **I.** *adj (Ecua, Hond, Perú)* glücklich, vom Glück begünstigt **II.** *m, f (Perú)* Lotterielosverkäufer(in) *m(f)*

suertudo, -a [swer'tuðo, -a] *adj (vulg)* glücklich; **ser un** ~ ein Glückspilz sein

suéter ['sweter] *m* Pullover *m*

suficiencia [sufi'θjeṇθja] *f* ❶ *(lo bastante)* Hinlänglichkeit *f* ❷ *(presunción)* Einbildung *f;* **decir con aires de** ~ in einem anmaßenden Ton sagen ❸ *(pedantería)* Pedanterie *f* ❹ *(aptitud)* Eignung *f*

suficiente [sufi'θjeṇte] **I.** *adj* ❶ *(bastante)* genug, ausreichend; **ser** ~ genügen; **~ que conozco eso yo** das kenne ich zur Genüge ❷ *(presumido)* eingebildet ❸ *(pedante)* pedantisch **II.** *m* (ENS: *nota*) Note *f* ‚ausreichend'

sufijación [sufixa'θjon] *f* (LING) Suffixbildung *f*

sufijo [su'fixo] *m* Suffix *nt*

suflé [su'fle] *m* (GASTR) Soufflé *nt*

sufragar [sufra'ɣar] <g → gu> **I.** *vt* ❶ *(ayudar)* unterstützen ❷ *(costear: gastos)* bestreiten; *(tasa)* entrichten; *(beca)* finanzieren; *(vicios)* bezahlen **II.** *vi (Am: votar)* stimmen (**por** für +*akk*)

sufragio [su'fraxjo] *m* ❶ *(voto)* Stimme *f* ❷ *(derecho)* Wahlrecht *nt;* ~ **universal** allgemeines Wahlrecht ❸ *(sistema)* Wahlsystem *nt;* ~ (**universal**) **directo** (allgemeine) Direktwahl *f* ❹ (REL) Fürbitte *f*

sufrible [su'friβle] *adj* erträglich

sufrido, -a [su'friðo, -a] *adj* ❶ *(persona)* ergeben; **eres demasiado** ~ du lässt dir zu viel gefallen ❷ *(color)* gedeckt; **una tela sufrida** ein strapazierfähiger Stoff ❸ *(marido)* zu nachsichtig

sufridor[1] [sufri'ðor] *m (Col, Ven: sudadero)* Woilach *m*

sufridor(a)[2] [sufri'ðor(a)] *m(f) (persona)* Leidende(r) *mf*

sufrimiento [sufri'mjeṇto] *m* ❶ *(acción)* Leiden *nt* ❷ *(moral)* Leid *nt;* *(físico)* Schmerz *m*

sufrir [su'frir] *vt* ❶ *(aguantar)* ertragen; *(peso)* tragen; *(a alguien)* ausstehen können ❷ *(padecer)* erleiden; *(enfermedad)* leiden (**de** an +*dat*); ~ **de celos** krank vor Eifersucht sein; ~ **de la espalda** Rückenschmerzen haben; ~ **persecuciones** Verfolgungen ausgesetzt sein; ~ **quejas** Klagen über sich ergehen lassen; ~ **las consecuencias** unter den Folgen leiden ❸ *(experimentar: cambio, recaída, derrota)* erleiden; *(examen)* ablegen; *(desengaño)* erleben; *(accidente)* haben; *(pena)* büßen; ~ **una operación** sich einer Operation unterziehen

sugerencia [suxe'reṇθja] *f* ❶ *(inspiración)* Anregung *f* ❷ *(propuesta)* Vorschlag *m* ❸ *(recomendación)* Empfehlung *f*

sugerente [suxe'reṇte] *adj* anregend; **una imagen** ~ ein Bild, das die Fantasie anregt

sugerir [suxe'rir] *vt irr como sentir* ❶ *(inspirar)* anregen ❷ *(proponer)* vorschlagen ❸ *(insinuar)* andeuten ❹ *(evocar)* heraufbeschwören

sugestión [suxes'tjon] *f* ❶ *(inspiración)* Anregung *f* ❷ *(propuesta)* Vorschlag *m* ❸ *(de sugestionar)* Suggestion *f*

sugestionable [suxestjo'naβle] *adj* beeinflussbar, suggestibel *geh*
sugestionar [suxestjo'nar] **I.** *vt* ❶ *(ideas)* suggerieren ❷ *(dominar)* beeinflussen **II.** *vr:* **~se** Autosuggestion praktizieren
sugestivo, **-a** [suxes'tiβo, -a] *adj* ❶ *(que sugiere)* anregend ❷ *(que influencia)* beeinflussend ❸ *(plan)* verlockend
suich [switʃ] *m (Méx: botón)* Schalter *m; (de un coche)* Anlasser *m*
suicida [swi'θiða] **I.** *adj* selbstmörderisch **II.** *mf* Selbstmörder(in) *m(f)*
suicidarse [swiθi'ðarse] *vr* sich umbringen
suicidio [swi'θiðjo] *m* Selbstmord *m;* **~ asistido** Beihilfe *f* zum Selbstmord
suite [swit] *f* Suite *f*
Suiza ['swiθa] *f* Schweiz *f*
suizo[1] ['swiθo] *m* (GASTR) heiße Schokolade *f* mit Sahne
suizo, **-a**[2] ['swiθo, -a] **I.** *adj* schweizerisch; **chocolate ~** Schweizer Schokolade **II.** *m, f* Schweizer(in) *m(f)*
sujeción [suxe'θjon] *f* ❶ *(dominio)* Beherrschung *f; (sometimiento)* Unterwerfung *f; (dependencia)* Abhängigkeit *f* ❷ *(agarre)* Festhalten *nt* ❸ *(aseguramiento)* Befestigung *f* ❹ *(a un convenio/una promesa)* Gebundenheit *f*
sujetador [suxeta'ðor] *m* ❶ *(sostén)* BH *m;* **~ de deporte** Sport-BH *m;* **~ de lactancia** Still-BH, m ❷ *(del bikini)* (Bikini)oberteil *nt*
sujetapapeles [suxetapa'peles] *m inv* Büroklammer *f*
sujetar [suxe'tar] **I.** *vt* ❶ *(dominar)* beherrschen ❷ *(someter)* unterwerfen ❸ *(agarrar)* festhalten (**por** an +*dat*) ❹ *(asegurar)* befestigen; *(pelo)* feststecken; *(con clavos)* festnageln; *(con tornillos)* festschrauben **II.** *vr:* **~se** ❶ *(agarrarse)* sich festhalten (**a** an +*dat*) ❷ *(a reglamento)* sich halten (**a** an +*akk*)
sujeto[1] [su'xeto] *m* ❶ *(tema)* Thema *nt* ❷ *(pey: individuo)* Subjekt *nt*
sujeto, **-a**[2] [su'xeto, -a] *adj (expuesto a)* verpflichtet (**a** zu +*dat*); *(a revisión/restricciones)* unterworfen (**a** +*dat*); **~ a comprobación/aduana** nachweis-/zollpflichtig; **~ a la inflación** inflationsanfällig; **estar ~ a fluctuaciones** Schwankungen ausgesetzt sein
sulfatar [sulfa'tar] *vt* (AGR) sulfat(is)ieren
sulfato [sul'fato] *m* Sulfat *nt*
sulfurar [sulfu'rar] **I.** *vt* ❶ *(con azufre)* schwefeln ❷ *(exasperar)* wütend machen (**por** mit +*dat*) **II.** *vr* **~se por algo/alguien** über etw/auf jdn wütend sein
sulfúrico, **-a** [sul'furiko, -a] *adj* Schwefel-
sulfuro [sul'furo] *m* Schwefel *m*

S

sulfuroso, **-a** [sulfu'roso, -a] *adj* ❶ *(del azufre)* schweflig ❷ *(que lo contiene)* schwefelhaltig; **ácido ~** schweflige Säure
sultán, **-ana** [sul'tan, -ana] *m, f* Sultan(in) *m(f)*
suma ['suma] *f* ❶ (MAT: *acción*) Addition *f; (resultado)* Summe *f;* **~ y sigue** *(fig fam)* und so weiter und so fort ❷ *(cantidad)* Summe *f* ❸ *(esencia)* Essenz *f* ❹ *(loc)* **en ~** kurz und gut
sumamente [suma'mente] *adv* äußerst
sumando [su'mando] *m* (MAT) Summand *m*
sumar [su'mar] **I.** *vt* ❶ (MAT) addieren ❷ *(una obra)* zusammenfassen; *(hechos)* summieren **II.** *vr:* **~se** *(a una manifestación/una idea)* sich anschließen (**a** +*dat*); *(a una discusión)* sich beteiligen (**a** an +*dat*)
sumario[1] [su'marjo] *m* ❶ (JUR) Ermittlungsverfahren *nt* ❷ *(resumen)* Zusammenfassung *f; (de hechos)* Sammlung *f*
sumario, **-a**[2] [su'marjo, -a] *adj* ❶ *(explicación)* kurzgefasst ❷ (JUR) **juicio ~** Schnellverfahren *nt*
sumergible [sumer'xiβle] **I.** *adj* ❶ *(reloj)* wasserdicht ❷ *(submarino)* tauchfähig **II.** *m* Tauchboot *nt*
sumergir [sumer'xir] <g → j> **I.** *vt* (ein)tauchen **II.** *vr:* **~se** versinken
sumidero [sumi'ðero] *m (rejilla)* Abflussgitter *nt; (de la calle)* Gully *m o nt*
suministrable [suminis'traβle] *adj* (COM) lieferbar
suministrador[1] [suministra'ðor] *m* (COM) Zulieferer *m*
suministrador(a)[2] [suministra'ðor(a)] **I.** *adj* Liefer- **II.** *m(f) (persona)* Lieferant(in) *m(f); (empresa)* Lieferfirma *f*
suministrar [suminis'trar] *vt* ❶ *(datos, información, t.* COM) liefern ❷ *(abastecer)* versorgen ❸ *(facilitar)* beschaffen
suministro [sumi'nistro] *m* ❶ *(de datos, información, t.* COM) Lieferung *f;* **~ de informaciones** Auskunfterteilung *f* ❷ *(abastecimiento)* Versorgung *f;* **~ de calorías** Kalorienzufuhr *f*
sumir [su'mir] **I.** *vt (hundir)* (ein)tauchen; **~ en la miseria a alguien** jdn ins Elend stürzen **II.** *vr:* **~se** versinken
sumisión [sumi'sjon] *f* ❶ *(acción)* Unterwerfung *f* ❷ *(carácter)* Unterwürfigkeit *f* ❸ *(obediencia)* Gehorsamkeit *f*
sumiso, **-a** [su'miso, -a] *adj* ❶ *(que se somete)* unterwürfig ❷ *(que no rechista)* gehorsam
sumo, **-a** ['sumo, -a] *adj* ❶ *(más alto)* höchste(r, s); **a lo ~** höchstens; **en grado ~** hochgradig ❷ *(mayor)* größte(r, s)

sunami [su'nami] *m v.* **tsunami**

sungo, -a ['suŋgo, -a] *adj (Col: de raza negra)* schwarz; **dejar ~ a alguien** jdn beleidigen

suntuario, -a [sun̪tu'arjo, -a] *adj* Luxus-

suntuosidad [sun̪twosi'ða^{ð}] *f* ① *(lujo)* Luxus *m* ② *(opulencia)* Üppigkeit *f* ③ *(aparatosidad)* Prunk *m*

suntuoso, -a [sun̪tu'oso, -a] *adj* ① *(lujoso)* luxuriös ② *(opulento)* üppig ③ *(aparatoso)* aufwendig

supeditación [supeðita'θjon] *f* ① *(sometimiento)* Unterwerfung *f* ② *(subordinación)* Unterordnung *f* ③ *(a una condición)* Abhängigkeit *f*

supeditar [supeði'tar] **I.** *vt* ① *(someter)* unterwerfen ② *(subordinar)* unterordnen ③ *(condicionar)* abhängig machen (**a** von +*dat*) **II.** *vr:* **~se** sich unterordnen

súper[1] ['super] **I.** *adj (fam)* super **II.** *m* Supermarkt *m*

súper[2] ['super] *f* Super(benzin) *nt*

superable [supe'raβle] *adj* ① *(récord)* verbesserbar ② *(situación)* überwindbar

superabundancia [superaβun̪'dan̪θja] *f (en cantidad)* Überfluss *m* (**de** an +*dat*); *(en diversidad)* Überfülle *f* (**de** von +*dat*)

superabundante [superaβun̪'dan̪te] *adj* **~ en...** *(positivo)* reich an ...; *(negativo)* mit übermäßig viel ...

superación [supera'θjon] *f* ① *(de récord)* Verbesserung *f* ② *(de situación)* Überwindung *f*

superar [supe'rar] **I.** *vt* ① *(sobrepasar: a alguien)* übertreffen; *(límite)* überschreiten; *(récord)* brechen; **~ todo lo que se había visto hasta ahora** alles bisher Dagewesene in den Schatten stellen ② *(prueba)* bestehen ③ *(situación)* überwinden **II.** *vr:* **~se** sich selbst übertreffen

superávit [supe'raβit] *m* <superávit(s)> Überschuss *m*

superchería [supertʃe'ria] *f (engaño)* Betrug *m; (mentira)* Lüge *f*

superconductor[1] [superkon̪duk'tor] *m* (ELEC) Supraleiter *m*

superconductor(a)[2] [superkon̪duk'tor(a)] *adj* (ELEC) supraleitend

supercopa [super'kopa] *f* (DEP) Supercup *m*

superdotado, -a [superðo'taðo, -a] *adj* hochbegabt

superestrella [superes'treʎa] *f* Superstar *m*

superestructura [superestruk'tura] *f* ① (NÁUT) Aufbauten *pl* ② (ECON) Überbau *m*

superficial [superfi'θjal] *adj* oberflächlich; *(detalle)* äußerlich; **efecto ~** Oberflächenwirkung *f*

superficialidad [superfiθjali'ða^{ð}] *f* Oberflächlichkeit *f*

superficie [super'fiθje] *f* ① *(parte externa)* Oberfläche *f;* **~ cultivable** Anbaufläche *f;* **salir a la ~** *(submarino)* auftauchen; *(minero)* auffahren; *(fig)* zum Vorschein kommen ② (MAT) Fläche *f; (área)* Flächeninhalt *m* ③ *(apariencia)* äußerer Eindruck *m*

superfluo, -a [su'perflwo, -a] *adj* überflüssig; *(gastos)* unnötig

superhombre [super'ombre] *m* Übermensch *m*

superíndice [super'in̪diθe] *m* (INFOR) hochgestelltes Zeichen *nt*

superintendente [superin̪ten̪'den̪te] *mf* Leiter(in) *m(f); (de policía)* Hauptkommissar(in) *m(f)*

superior[1] [supe'rjor] *adj* ① *(más alto)* obere(r, s) *m;* **el curso ~ de un río** der Oberlauf eines Flusses; **el piso ~ al mío** die Wohnung über mir ② *(en calidad)* besser; *(en rango)* höher; *(en inteligencia/fuerza)* überlegen ③ *(excelente)* hervorragend; **mujer ~** Superfrau *f*

superior(a)[2] [supe'rjor(a)] *m(f)* ① (REL) Obere(r), -in *m, f* ② *(jefe)* Vorgesetzte(r) *mf*

superioridad [superjori'ða^{ð}] *f (ventaja)* Überlegenheit *f* (**sobre** über +*akk*); **hablar con un tono de ~** in einem anmaßendem Ton sprechen

superlativo[1] [superla'tiβo] *m* (LING) Superlativ *m*

superlativo, -a[2] [superla'tiβo, -a] *adj* überragend; (LING) superlativisch

superlujo [super'luxo] *m* Spitzenqualität *f*

supermercado [supermer'kaðo] *m* Supermarkt *m*

supermodelo [supermo'ðelo] *mf* Topmodel *nt*

superpetrolero [superpetro'lero] *m* Supertanker *m*

superpoblación [superpoβla'θjon] *f* Übervölkerung *f*

superpoblado, -a [superpo'βlaðo, -a] *adj* über(be)völkert

superponer [superpo'ner] *vt irr como poner* ① *(dos cosas)* aufeinanderlegen; **~ algo a algo** etw auf etw legen ② *(dar prioridad)* Vorrang geben +*dat*

superposición [superposi'θjon] *f* Übereinanderlagerung *f*

superpotencia [superpo'ten̪θja] *f* Großmacht *f*

superproducción [superproðu^{ɣ}'θjon] *f* ① (COM) Überproduktion *f* ② (CINE) Mammutproduktion *f*

S

supersensible [supersen'siβle] *adj* ① *(aparato)* hochempfindlich ② *(carácter)* hochsensibel, überempfindlich
supersónico, -a [super'soniko, -a] *adj* Überschall-
superstición [supersti'θjon] *f* Aberglaube *m*
supersticioso, -a [supersti'θjoso, -a] *adj* abergläubisch
supérstite [su'perstite] **I.** *adj* (JUR) überlebend, hinterblieben **II.** *mf* (JUR) Überlebende(r) *f(m)*, Hinterbliebene(r) *f(m)*
supervalorar [superβalo'rar] *vt* überbewerten
superventas [super'βeṇtas] *m inv* Verkaufsschlager *m; (libro)* Bestseller *m*
supervisar [superβi'sar] *vt* beaufsichtigen; *(en un examen)* Aufsicht führen (über +*akk*)
supervisión [superβi'sjon] *f* ① *(vigilancia)* Beaufsichtigung *f* ② *(en examen)* Aufsicht *f*
supervisor(a) [superβi'sor(a)] *m(f)* Aufseher(in) *m(f); (funcionario)* Aufsichtsbeamte(r) *m*, -beamtin *f*
supervivencia [superβi'βeṇθja] *f* Überleben *nt*
superviviente [superβi'βjeṇte] **I.** *adj* überlebend **II.** *mf* Überlebende(r) *mf*
superyó [super'ɟo] *m* (PSICO) Überich *nt*
supino, -a [su'pino, -a] *adj* ① *(posición)* auf dem Rücken (liegend) ② *(excesivo)* **ignorancia supina** völlige Unwissenheit
suplantación [suplaṇta'θjon] *f* ① *(en el trabajo)* unbefugte Vertretung *f* ② *(de escrito)* Fälschung *f*
suplantar [suplaṇ'tar] *vt* ① *(en el trabajo)* unbefugt vertreten ② *(escrito)* fälschen
suplementario, -a [suplemeṇ'tarjo, -a] *adj* ergänzend; **tomo** ~ Ergänzungsband *m*
suplemento [suple'meṇto] *m* ① *(complemento)* Ergänzung *f* ② *(tomo)* Ergänzungsband *m* ③ *(de periódico)* Beilage *f* ④ *(precio)* Aufpreis *m; (del tren)* Zuschlag *m; (plus)* Zulage *f;* ~ **por turnos** Schichtzulage *f*
suplencia [su'pleṇθja] *f* Vertretung *f*
suplente [su'pleṇte] **I.** *adj* vertretend; **maestro** ~ Aushilfslehrer *m* **II.** *mf* Vertretung *f;* (DEP) Ersatzspieler(in) *m(f)*
supletorio[1] [suple'torjo] *m* (TEL) Nebenanschluss *m*
supletorio, -a[2] [suple'torjo, -a] *adj* zusätzlich
súplica ['suplika] *f* Flehen *nt; (escrito)* Bittgesuch *nt*
suplicación [suplika'θjon] *f* ① *(ruego)* inständige Bitte *f*, Flehen *nt* ② (JUR) Einspruch *m*
suplicante [supli'kaṇte] **I.** *adj* flehentlich, flehend **II.** *mf* Bittsteller(in) *m(f)*
suplicar [supli'kar] <c → qu> *vt* ① *(rogar)* anflehen; *(algo)* inständig bitten (um +*akk*); ~ **de rodillas** auf Knien anflehen ② (JUR) Einspruch einlegen (gegen +*akk*)
suplicio [su'pliθjo] *m* ① *(tortura)* Folter *f* ② *(tormento)* Qual *f;* **el viaje fue un** ~ die Reise war eine einzige Strapaze
suplir [su'plir] *vt* ① *(completar)* ergänzen ② *(sustituir)* ersetzen; ~ **el bolígrafo por un lápiz** einen Bleistift statt eines Kugelschreibers benutzen ③ *(en el trabajo)* vertreten
supo ['supo] *3. pret de* **saber**
suponer [supo'ner] *vt irr como poner* ① *(dar por sentado)* annehmen; **vamos a ~ que...** nehmen wir an, dass ...; **se supone que...** es ist anzunehmen, dass ...; **suponiendo que...** in der Annahme, dass ...; **supongamos que...** wenn wir davon ausgehen, dass ...; **dar algo por supuesto** etw für selbstverständlich halten ② *(figurar)* annehmen; **supongo que vendrás, ¿no? – supongo que sí** ich nehme an, du kommst, oder? – wahrscheinlich schon; **no supongo que...** +*subj* ich glaube nicht, dass ...; **puedes ~ que...** du kannst sicher sein, dass ...; **¿estás suponiendo que...?** willst du damit andeuten, dass ...? ③ *(atribuir)* **le supongo unos 40 años** ich schätze ihn/sie auf etwa vierzig; **no le suponía tan fuerte** ich habe ihn nicht für so stark gehalten ④ *(significar)* bedeuten; *(demostrar)* beweisen; ~ **un duro golpe para alguien** ein harter Schlag für jdn sein; **esto me supone 100 euros al mes** das kostet mich monatlich 100 Euro; **no ~ molestia alguna** keine Mühe bereiten
suposición [suposi'θjon] *f* Annahme *f*, Vermutung *f; (presunción)* Mutmaßung *f*
supositorio [suposi'torjo] *m* (MED) Zäpfchen *nt*
supremacía [suprema'θia] *f (superioridad)* Überlegenheit *f; (política, económica)* Vorherrschaft *f; (prioridad)* Vorrang *m*
supremo, -a [su'premo, -a] *adj (altísimo)* höchste(r, s); *(fig)* äußerste(r, s); **el instante ~** der Höhepunkt
supresión [supre'sjon] *f* ① *(eliminación)* Abschaffung *f; (de fronteras)* Abbau *m; (de obstáculos)* Beseitigung *f; (de una regla)* Aufhebung *f* ② *(omisión)* Streichung *f*
supresor [supre'sor] *m* ~ **de interferencias** (ELEC) Entstörer *m*
suprimir [supri'mir] *vt* ① *(poner fin)* ab-

S

schaffen; *(fronteras)* abbauen; *(controles, obstáculos, amenaza)* beseitigen; *(regla)* aufheben ② *(omitir)* streichen ③ *(silenciar)* verschweigen

supuesto[1] [su'pwesto] *m* Annahme *f*

supuesto, -a[2] [su'pwesto, -a] *adj (ladrón, asesino)* mutmaßlich; *(testigo, nombre)* angeblich; *(causa)* vermutlich; **por ~** selbstverständlich; **dar algo por ~** etw für selbstverständlich halten

supurar [supu'rar] *vi* eitern

sur[1] [sur] *m* ① (METEO, NÁUT) Süd *m;* **el ~ de España** Südspanien *nt* ② *(viento)* Südwind *m*

Sur[2] [sur] *m* ① *(punto cardinal)* Süden *m* ② *(Polo Antártico)* Südpol *m*

surafricano, -a [surafri'kano, -a] **I.** *adj* südafrikanisch **II.** *m, f* Südafrikaner(in) *m(f)*

suramericano, -a [surameri'kano, -a] **I.** *adj* südamerikanisch **II.** *m, f* Südamerikaner(in) *m(f)*

surcar [sur'kar] <c → qu> *vt* ① *(tierra)* (durch)furchen ② *(mar)* **~ el mar** durch das Meer gleiten

surco ['surko] *m* ① *(en tierra)* Furche *f* ② *(arruga)* Falte *f* ③ *(en disco)* Rille *f*

sureste [sur'este] *m* Südosten *m*

surf [surf] *m sin pl* Surfing *nt;* **hacer ~** surfen

surfear [surfe'ar] *vi* (INFOR) surfen

surfista [sur'fista] *mf* Surfer(in) *m(f)*

surgimiento [surxi'mjento] *m (de dificultades, de una disputa)* Aufkommen *nt; (de una persona, de un fantasma)* Auftauchen *nt*

surgir [sur'xir] <g → j> *vi* ① *(agua)* herausquellen ② *(aparecer: dificultades)* aufkommen; *(posibilidad)* sich ergeben; *(pregunta)* sich stellen; *(persona)* auftauchen ③ *(edificio)* emporragen

suricato [suri'kato] *m* (ZOOL) Erdmännchen *nt,* Surikate *f*

Surinam [suri'nam] *m* Suriname *nt*

suroeste [suro'este] *m* Südwesten *m*

surrealismo [surrea'lismo] *m sin pl* (ARTE) Surrealismus *m*

surrealista [surrea'lista] **I.** *adj* surrealistisch **II.** *mf* Surrealist(in) *m(f)*

surtida [sur'tiða] *f* ① *(de los sitiados)* Ausfall *m* (der Belagerten) ② *(puerta falsa)* Schlupfpforte *f,* Geheimpforte *f*

surtido[1] [sur'tiðo] *m* Sortiment *nt*

surtido, -a[2] [sur'tiðo, -a] *adj* ① *(mezclado)* gemischt; **galletas surtidas** Keksmischung *f* ② *(variado)* sortiert

surtidor [surti'ðor] *m* ① *(chorro)* Fontäne *f; (fuente)* Springbrunnen *m* ② *(de gasolina)* Zapfsäule *f*

surtir [sur'tir] **I.** *vt* ① *(proveer)* versorgen (**de** mit +*dat*) ② *(loc)* **~ efecto** *(palabras)* Wirkung haben; *(medicamento)* wirken **II.** *vi* herausquellen **III.** *vr:* **~se** sich versorgen (**de** mit +*dat*)

sus [sus] *interj* auf geht's

susceptibilidad [susθeptiβili'ðad] *f (sensibilidad)* (Über)empfindlichkeit *f;* (MED) Anfälligkeit *f*

susceptible [susθep'tiβle] *adj* ① *(cosa)* **~ de mejora** verbesserungsfähig; **materiales ~s de ser reutilizados** wiederverwendbare Stoffe ② *(persona: sensible)* (über)empfindlich; *(irritable)* reizbar

suscitación [susθita'θjon] *f* Erweckung *f,* Verursachung *f,* Heraufbeschwörung *f,* Anstiftung *f*

suscitar [susθi'tar] *vt (sospecha)* (er)wecken; *(discusión)* auslösen; *(escándalo)* verursachen; *(odio)* schüren; *(comentarios)* provozieren; *(problema)* schaffen; *(discordia)* entfachen; *(conflicto)* anstiften; *(antipatías, curiosidad)* hervorrufen

suscri(p)tor(a) [suskri(p)'tor(a)] *m(f)* ① *(firmante)* Unterzeichner(in) *m(f),* Unterzeichnende(r) *f(m)* ② (FIN: *de acciones*) Zeichner(in) *m(f)* ③ *(de una revista)* Abonnent(in) *m(f)*

suscribir [suskri'βir] *irr como escribir* **I.** *vt* ① *(escrito)* unterschreiben ② *(opinión)* teilen ③ *(acciones)* zeichnen **II.** *vr* **~se a una revista** eine Zeitschrift abonnieren

suscripción [suskriβ'θjon] *f* ① *(firma)* Unterzeichnung *f* ② *(de acciones)* Zeichnung *f* ③ *(a una revista)* Abonnement *nt*

suscriptor(a) [suskrip'tor(a)] *m(f)* ① *(firmante)* Unterzeichner(in) *m(f)* ② *(de acciones)* Zeichner(in) *m(f)* ③ *(de una revista)* Abonnent(in) *m(f)*

sushi ['suʃi] *m* Sushi *nt*

susodicho, -a [suso'ðitʃo, -a] *adj (dicho arriba)* oben genannt; *(dicho antes)* zuvor erwähnt

suspender [suspen'der] *vt* ① *(tener en el aire)* aufhängen (**de** an +*dat*) ② *(trabajador)* suspendieren; *(deportista)* sperren ③ *(en un examen)* durchfallen lassen; **he suspendido matemáticas** ich bin in Mathe durchgefallen ④ *(interrumpir: sesión)* unterbrechen; *(tratamiento)* aussetzen; *(embargo)* aufheben; **~ las disputas** den Streit beenden; **se ha suspendido la función de esta noche** die heutige Nachtvorstellung fällt aus ⑤ *(embelesar)* bezaubern

suspense [sus'pense] *m* Spannung *f;* **una película de ~** ein spannender Film

suspensión [suspen'sjon] *f* ① (TÉC) Aufhängung *f;* (AUTO) Federung *f* ② *(laboral)* Suspendierung *f;* (DEP) Sperre *f* ③ *(inte-*

S

rrupción: de sesión) Unterbrechung *f; (de tratamiento)* Aussetzung *f; (de disputas)* Beendigung *f; (de producción)* Einstellung *f; (de embargo)* Aufhebung *f;* ~ **de armas** Waffenruhe *f;* ~ **de la pena** Strafaussetzung *f*

suspensivo, -a [suspen'siβo, -a] *adj* **puntos ~s** Auslassungspunkte *mpl*

suspenso[1] [sus'penso] *m* ❶ (ENS) **sacar un ~** durchfallen ❷ *(Am) v.* **suspense**

suspenso, -a[2] [sus'penso, -a] *adj (perplejo)* erstaunt

suspensores [suspen'sores] *mpl (Am: tiradores)* Hosenträger *mpl*

suspicacia [suspi'kaθja] *f* ❶ *(cualidad)* Misstrauen *nt* ❷ *(actitud)* misstrauisches Wesen *nt*

suspicaz [suspi'kaθ] *adj* misstrauisch

suspirado, -a [suspi'raðo, -a] *adj* ersehnt; **muy ~** heiß ersehnt

suspirar [suspi'rar] *vi* ❶ *(dar suspiros)* seufzen ❷ *(anhelar)* sich sehnen (**por** nach +*dat*)

suspiro [sus'piro] *m (de persona)* Seufzer *m; (del viento)* Säuseln *nt*

sustancia [sus'taṇθja] *f* ❶ *(materia, esencia)* Substanz *f;* ~ **activa** Wirkstoff *m;* **la ~ gris** (ANAT) die graue Substanz; ~ **nociva** Schadstoff *m;* **este ensayo no tiene ~** dieses Essay ist gehaltlos ❷ *(de alimentos)* Nährwert *m* ❸ *(juicio)* **un fundamento sin ~** eine fadenscheinige Begründung; **decir cosas sin ~** Unsinn reden; **un comentario sin ~** eine überflüssige Bemerkung ❹ *(loc)* **en ~** kurz und gut

sustancial [sustaṇ'θjal] *adj* ❶ *(esencial)* wesentlich; *(fundamental)* grundlegend ❷ *(comida)* nahrhaft ❸ *(libro)* gehaltvoll

sustanciar [sustaṇ'θjar] *vt* ❶ *(resumir)* begründen ❷ (JUR) ~ **un proceso** einen Prozess betreiben

S

sustancioso, -a [sustaṇ'θjoso, -a] *adj* ❶ *(comida)* nahrhaft ❷ *(libro)* gehaltvoll

sustantivo[1] [sustaṇ'tiβo] *m* Substantiv *nt*

sustantivo, -a[2] [sustaṇ'tiβo, -a] *adj* ❶ *(esencial)* wesentlich; *(fundamental)* grundlegend ❷ (LING) substantivisch

sustentable [susteṇ'taβle] *adj* vertretbar, haltbar

sustentación [susteṇta'θjon] *f* ❶ *(soporte)* Stütze *f,* Träger *m* ❷ *(de familia)* Unterhalt *m* ❸ (AERO) Auftrieb *m*

sustentar [susteṇ'tar] **I.** *vt* ❶ *(una cosa)* halten; *(columna)* stützen ❷ *(esperanza)* aufrechterhalten ❸ *(familia)* unterhalten **II.** *vr:* **~se** ❶ *(alimentarse)* sich ernähren (**con/de** von +*dat*) ❷ *(aguantarse)* sich stützen (**en** auf +*akk*)

sustento [sus'teṇto] *m* ❶ *(mantenimiento)* (Lebens)unterhalt *m* ❷ *(apoyo)* Stütze *f*

sustitución [sustitu'θjon] *f* Ersatz *m; (temporal de alguien)* Vertretung *f*

sustituible [sustitu'iβle] *adj* ersetzbar

sustituir [sustitu'ir] *vt irr como huir* ❶ *(algo)* ersetzen ❷ (DEP) auswechseln ❸ *(a alguien: temporalmente)* vertreten; *(definitivamente)* ersetzen

sustitutivo[1] [sustitu'tiβo] *m* Ersatz *m*

sustitutivo, -a[2] [sustitu'tiβo, -a] *adj* Ersatz-

sustituto, -a [susti'tuto, -a] *m, f* Vertreter(in) *m(f)*

susto ['susto] *m* Schreck(en) *m;* **poner cara de ~** ein erschrockenes Gesicht machen; **dar un ~** einen Schreck einjagen; **pegarse un ~** erschrecken; **pegarle un ~ a alguien** jdn erschrecken; **no ganar para ~s** keinen Augenblick Ruhe haben

sustracción [sustra$^{\gamma}$'θjon] *f* ❶ (MAT) Subtraktion *f* ❷ *(robo)* Entwendung *f; (malversación)* Unterschlagung *f* ❸ *(privación)* Entziehung *f* ❹ *(separación)* Trennung *f*

sustraer [sustra'er] *irr como traer* **I.** *vt* ❶ *(restar)* abziehen ❷ *(robar)* stehlen ❸ *(privar)* entziehen ❹ *(separar)* trennen **II.** *vr* **~se de algo** sich etw *dat* entziehen; **~se de los periodistas** den Journalisten aus dem Wege gehen

sustrato [sus'trato] *m* Substrat *nt*

susurrante [susu'rraṇte] *adj* ❶ *(hablando: bajo)* flüsternd, wispernd; *(no claro)* murmelnd ❷ *(viento)* säuselnd, rauschend

susurrar [susu'rrar] **I.** *vi* ❶ *(hablar bajo)* flüstern; *(no claro)* murmeln; ~ **algo a alguien** jdm etw zuflüstern ❷ *(viento)* rauschen **II.** *vr:* **~se** umgehen **III.** *vimpers* **se susurra que...** man munkelt, dass ...

susurro [su'surro] *m* ❶ *(al hablar: bajo)* Flüstern *nt; (no claro)* Murmeln *nt* ❷ *(del viento)* Rauschen *nt*

sutil [su'til] *adj* ❶ *(velo, hilo)* fein; *(rebanada)* dünn ❷ *(sabor)* fein; *(aroma)* zart ❸ *(diferencia, ironía)* subtil; *(jugada, sistema)* raffiniert ❹ *(persona)* spitzfindig

sutileza [suti'leθa] *f,* **sutilidad** [sutili'ða^{d}] *f* ❶ *(de velo/hilo)* Feinheit *f* ❷ *(de sabor)* Feinheit *f; (de aroma)* Zartheit *f* ❸ *(de diferencia, ironía)* Subtilität *f; (de jugada, sistema)* Raffiniertheit *f* ❹ *(de persona)* Spitzfindigkeit *f*

sutilizar [sutili'θar] <z → c> *vt* ❶ *(hacer sutil)* verfeinern ❷ *(diferencia)* nuancieren; *(jugada)* verbessern ❸ *(discurrir)* austüfteln

sutura [su'tura] *f* Naht *f;* **punto de ~** Stich *m*

suturar [sutu'rar] *vt* (ver)nähen

suyo, **-a** ['suɟo, -a] *adj o pron (de él)* seine(r); *(de ella, ellos, ellas)* ihre(r); *(de usted, ustedes)* Ihre(r); **el regalo es ~** das Geschenk ist von ihm/ihr; **este encendedor es ~** dieses Feuerzeug gehört ihm/ihr; **siempre habla de los ~s** er/sie redet immer von seiner/ihrer Familie; **~ afectísimo...** hochachtungsvoll, Ihr ...; **darle a alguien lo ~** jdm geben, was er verdient; **ya ha hecho otra de las suyas** *(fam)* er/sie hat schon wieder was Schönes angerichtet; **leer 'Fausto' tiene lo ~** *(es difícil)* ‚Faust' zu lesen hat es in sich; *(es interesante)* ‚Faust' zu lesen hat etwas für sich; **el problema es ya de ~ difícil de resolver** das Problem an sich ist schon schwer lösbar; **hacerse ~ a alguien** jdn für sich gewinnen; **hacer suyas las quejas de los alumnos** sich den Beschwerden der Schüler anschließen; **Albert es muy ~** Albert ist sehr eigen; **eso es muy ~** das ist typisch für ihn/sie; **ir a lo ~** eigene Wege gehen

SWIFT [suift] *m inv* (FIN) *abr de* **Society for Worldwide Interbank Financial Telecommunication** SWIFT *m*

Tt

T, **t** [te] *f* T, t *nt;* **~ de Tarragona** T wie Theodor

taba ['taβa] *f* ❶ (ANAT) Sprungbein *nt;* **menear las ~s** *(fam: andar deprisa)* schnell laufen; *(ir ajetreado)* alle Hände voll zu tun haben ❷ *pl (juego) Kinderspiel, bei dem ein Knöchel geworfen wird*

tabacalero, **-a** [taβaka'lero, -a] **I.** *adj* Tabak(s)- **II.** *m, f* Tabakpflanzer(in) *m(f)*

tabaco [ta'βako] *m* ❶ *(planta, producto)* Tabak *m;* **de color ~** tabakbraun; **~ negro/rubio** schwarzer/heller Tabak ❷ *(cigarrillo)* Zigarette *f; (cigarro)* Zigarre *f;* **¿tienes ~?** hast du Zigaretten?

tabalear [taβale'ar] **I.** *vt, vr:* **~se** schaukeln, (sich) hin und her bewegen **II.** *vi* mit den Fingern trommeln

tábano ['taβano] *m* ❶ (ZOOL) Bremse *f* ❷ *(persona)* Nervensäge *f fam*

tabaquera [taβa'kera] *f* Tabakdose *f*

tabaquismo [taβa'kismo] *m sin pl* chronische Nikotinvergiftung *f*

tabardo [ta'βarðo] *m* Mantel *m*

tabarra [ta'βarra] *f* Plage *f;* **dar la ~** nerven

taberna [ta'βerna] *f* Kneipe *f*

tabernero, **-a** [taβer'nero, -a] *m, f* Wirt(in) *m(f)*

tabicar [taβi'kar] <c → qu> **I.** *vt* zumauern **II.** *vr:* **~se** verstopfen

tabique [ta'βike] *m* Trennwand *f;* **~ nasal** Nasenscheidewand *f*

tabla ['taβla] *f* ❶ *(pieza plana)* Brett *nt;* **~ de cocina** Schneidebrett *nt;* **~ de planchar** Bügelbrett *nt;* **ser la única ~ de salvación** *(fig)* die einzige Rettung sein ❷ *(en libros)* Inhaltsverzeichnis *nt* ❸ *(lista)* Tabelle *f; (cuadro)* Tafel *f;* **las T~s de la Ley** die Gesetzestafeln; **decir la ~** das Einmaleins aufsagen ❹ *(en vestidos)* Plisseefalte *f* ❺ (GASTR) **~ de quesos** Käseteller *m* ❻ *(pintura)* Tafelbild *nt* ❼ (AGR: *para plantas*) Beet *nt; (más extensión)* Feld *nt* ❽ *pl (ajedrez)* Remis *nt* ❾ (DEP) **~ de surf** Surfbrett *nt;* **~ de snowboard** Snowboard *nt* ❿ *pl* (TEAT) Bühne *f* ⓫ *pl (experiencia)* **un político con muchas ~s** ein Politiker mit großer Erfahrung ⓬ *(loc)* **a raja ~** koste es, was es wolle; **hacer ~ rasa de algo** mit etw *dat* Tabula rasa machen

tablado [ta'βlaðo] *m* ❶ *(suelo)* Holzboden *m* ❷ *(entarimado)* Podium *nt* ❸ *(del escenario)* Bühne *f*

tablao [ta'βlao] *m* ❶ *(escenario)* Bühne *f* ❷ *(local)* Flamencolokal *nt*

tablear [taβle'ar] *vt* ❶ *(madero)* in Bretter schneiden ❷ *(tela)* plissieren ❸ *(terreno)* in Beete unterteilen ❹ *(tierra)* einebnen

tablero [ta'βlero] *m* ❶ *(de madera)* Holztafel *f;* **~ de anuncios** Schwarzes Brett ❷ *(pizarra)* Tafel *f* ❸ (DEP) **~ de ajedrez/damas** Schach-/Damebrett *nt* ❹ *(de mesa)* Tischplatte *f* ❺ (AUTO) Armaturenbrett *nt* ❻ *(ábaco)* Rechenbrett *nt*

tablet ['taβle[t]] <tablets> *m o f* (INFOR) *v.* **tableta**

tableta [ta'βleta] *f* ❶ (MED) Tablette *f* ❷ *(de chocolate)* Tafel *f* ❸ (INFOR) Tablet *nt*

tabletear [taβlete'ar] *vi (puerta)* klappern; *(máquina)* rattern

tableteo [taβle'teo] *m (de puerta, ventana)* Klappern *nt; (de metralleta, perforadora)* Knattern *nt*

tablilla [ta'βliʎa] *f* ❶ *(listón)* kleines

T

Brett *nt* ② *(de anuncios)* (kleines) Schwarzes Brett *nt* ③ *(para escribir)* Schreibtafel *f*

tabloide [ta'βloi̯ðe] *m (Am)* Boulevardzeitung *f*

tablón [ta'βlon] *m* ① *(de andamio)* Brett *nt;* ~ **de anuncios** Schwarzes Brett ② *(borrachera)* Rausch *m* ③ *(Am: para plantas)* Beet *nt; (más grande)* Feld *nt*

tabú [ta'βu] *m* <tabúes> Tabu *nt*

tabulación [taβula'θjon] *f* ① *(con tabuladores)* Tabulierung *f* ② (INFOR) Tabellierung *f;* ~ **cruzada** Kreuztabelle *f*

tabulador [taβula'ðor] *m (tecla)* Tabulator *m*

tabular [taβu'lar] *vt (listar)* tabellieren

taburete [taβu'rete] *m (sin respaldo)* Hocker *m; (con respaldo)* Stuhl *m*

tacada [ta'kaða] *f* ① *(golpe)* Stoß *m;* **de una ~** auf einmal ② *(carambolas)* Punkte *mpl*

tacañear [takaɲe'ar] *vi* knausern

tacañería [takaɲe'ria] *f* Knauserigkeit *f*

tacaño, -a [ta'kaɲo, -a] **I.** *adj* knauserig **II.** *m, f* Geizhals *m*

tacha ['tatʃa] *f* ① *(defecto)* Fehler *m;* **sin ~** fehlerlos ② *(tachuela)* Tapeziernagel *m*

tachadura [tatʃa'ðura] *f* ① *(acción)* Streichung *f* ② *(tachón)* Strich *m*

tachar [ta'tʃar] *vt* ① *(rayar)* (durch)streichen ② *(atribuir)* bezeichnen (**de** als +*akk*)

tacho ['tatʃo] *m (Am)* ① *(vasija)* Kessel *m* ② *(hojalata)* Blech *nt* ③ *(cubo)* Mülleimer *m*

tachón [ta'tʃon] *m* ① *(borrón)* Strich *m* ② *(tachuela)* Tapeziernagel *m*

tachonar [tatʃo'nar] *vt* ① *(clavetear)* mit Tapeziernägeln befestigen ② *(adornar)* verzieren (**de/con** mit +*dat*)

tachuela [ta'tʃwela] *f* Tapeziernagel *m*

tácito, -a ['taθito, -a] *adj* stillschweigend

taciturno, -a [taθi'turno, -a] *adj* ① *(callado)* schweigsam ② *(melancólico)* niedergeschlagen

taco ['tako] *m* ① *(pedazo)* Block *m;* **~s de salida** Startblöcke *mpl* ② *(de arma)* Pfropf *m* ③ *(de billar)* Queue *nt* ④ *(de bota)* Stollen *m;* ~ **de rosca** Schraubenstollen *m* ⑤ *(de papel)* Block *m; (calendario)* Kalenderblock *m* ⑥ *(fam: de jamón)* Würfel *m; (de vino)* Schluck *m* Wein; *(bocado)* Happen *m* ⑦ (TÉC) Dübel *m* ⑧ *(fam: palabrota)* Schimpfwort *nt;* **decir** [*o* **soltar**] **~s** fluchen ⑨ *(fam: lío)* Durcheinander *nt;* **dejar hecho un ~** verwirren ⑩ *(Am: tacón)* Absatz *m* ⑪ *pl (fam: años)* Jahre *ntpl*

tacón [ta'kon] *m* Absatz *m;* ~ **de aguja** *(fam)* Pfennigabsatz *m*

taconear [takone'ar] **I.** *vi* ① *(suelo)* aufstampfen ② *(arrogantemente)* stolzieren **II.** *vr* **~se todas las oficinas** alle Büros ablaufen

taconeo [tako'neo] *m* Aufstampfen *nt*

táctica ['taktika] *f* Taktik *f;* **ir con ~** taktisch vorgehen

táctico, -a ['taktiko, -a] **I.** *adj* taktisch **II.** *m, f* Taktiker(in) *m(f)*

táctil ['taktil] *adj* Tast-

tacto ['takto] *m* ① *(sentido)* Tastsinn *m;* **ser áspero al ~** sich rau anfühlen ② *(contacto)* Berührung *f* ③ *(habilidad)* Takt *m;* **no tener ~** taktlos sein

tacuche [ta'kutʃe] *m (Méx)* ① *(bulto)* Bündel *nt* ② *(traje)* Anzug *m* ③ *(cosa sin valor)* wertloses Zeug *nt* ④ *(persona despreciable)* Kretin *m*

taekwondo [tai̯'kwon̪do] *m* (DEP) Taekwondo *nt*

tafetán [tafe'tan] *m (tela)* Taft *m*

tafilete [tafi'lete] *m* Saffian *m*

tahona [ta'ona] *f (panadería)* Bäckerei *f*

tahonero, -a [tao'nero, -a] *m, f* Bäcker(in) *m(f)*

taichi [tai'tʃi] *m* Tai-Chi *nt*

taifa ['tai̯fa] *f* ① *(bando)* Bande *f* ② *(chusma)* Gesindel *nt* ③ (HIST) **los reinos de Taifas** die Taifas *(Teilreiche im islamischen Spanien)*

taiga ['tai̯ɣa] *f* Taiga *f*

tailandés, -esa [tai̯lan̪'des, -esa] **I.** *adj* thailändisch **II.** *m, f* Thailänder(in) *m(f)*

Tailandia [tai̯'lan̪dja] *f* Thailand *nt*

taima ['tai̯ma] *f (Chil)* ① *(emperramiento)* Hartnäckigkeit *f* ② *(pertinacia)* Ausdauer *f*

taimado, -a [tai̯'maðo, -a] *adj (maligno)* verschlagen

Taiwán [tai̯'wan] *m* Taiwan *nt*

taiwanés, -esa [tai̯wa'nes, -esa] **I.** *adj* taiwanisch **II.** *m, f* Taiwaner(in) *m(f)*

tajada [ta'xaða] *f* ① *(porción)* Scheibe *f;* **sacar ~ de algo** von etw *dat* profitieren ② *(fam: ronquera)* **tener una ~** einen Frosch im Hals haben ③ *(fam: borrachera)* Rausch *m*

tajadera [taxa'ðera] *f* ① *(cuchilla)* Wiegemesser *nt* ② *(trozo de madera)* (Hack)klotz *m* ③ *(cortafrío)* Hartmeißel *m*

tajante [ta'xan̪te] *adj* ① *(respuesta)* kategorisch; *(actitud)* unnachgiebig; *(medidas)* drastisch ② *(absoluto)* völlig ③ *(cortante)* scharf

tajar [ta'xar] *vt* (durch)schneiden

tajo ['taxo] *m* ① *(corte)* Schnitt *m;* **darse un ~ en el dedo** sich *dat/akk* in den Finger schneiden ② (GEO) Steilwand *f* ③ *(filo)* Schneide *f* ④ *(trabajo)* Arbeit *f;* **ir al ~** arbeiten gehen ⑤ *(de carnicero)* Hackblock *m; (para decapitar)* Richtblock *m*

tal [tal] **I.** *adj* ① *(igual)* so; ~ **día hace un año** heute vor einem Jahr; **en ~ caso** in so einem Fall; **no digas ~ cosa** sag so etwas nicht; **no he dicho nunca ~ cosa** das habe ich nie gesagt ② *(tanto)* so; **la distancia es ~ que...** die Entfernung ist so groß, dass ... ③ *(cierto)* gewiss **II.** *pron* ① *(alguien)* ~ **habrá que piense así** es gibt sicher jemanden, der so denkt; **el ~** der Dings; ~ **o cual** irgendjemand; **¡ese es otro que ~!** das ist auch so einer! ② *(cosa)* **no haré ~** ich mache so etwas nicht; **¡no hay ~!** das ist nicht wahr!; **hablar de ~ y cual** von diesem und jenem reden; **... y ~** *(enumeración)* ... und dergleichen **III.** *adv* ① *(así)* so ② *(de la misma manera)* genauso; **es ~ cual lo buscaba** das ist genau das, wonach ich gesucht habe; **son ~ para cual** sie sind einer wie der andere; **estar ~ cual** sich nicht verändert haben; ~ **y como** genauso wie ③ *(cómo)* **¿qué ~ (te va)?** wie geht's (dir)?; **¿qué ~ el viaje?** wie war die Reise?; **¿qué ~ te lo has pasado?** wie war's?; **¿qué ~ si tomamos una copa?** wie wär's mit einem Drink?; ~ **y como están las cosas** so wie die Dinge stehen **IV.** *conj* **con ~ de...** +*inf,* **con ~ de que...** +*subj (mientras)* wenn nur ...; *(condición)* vorausgesetzt, dass...

tala ['tala] *f* ① *(de árboles)* Fällen *nt* ② *(destrucción)* Verwüstung *f*

taladradora [talaðra'ðora] *f* Bohrmaschine *f; (sin cable)* Akkubohrer *m*

taladrar [tala'ðrar] *vt* ① *(con taladro)* durchbohren ② *(oídos)* durchdringen

taladro [ta'laðro] *m* Bohrer *m*

talanquera [talaŋ'kera] *f* ① *(valla de defensa)* Schutzwehr *f* ② *(seguridad y defensa)* Zuflucht *f,* Zufluchtsort *m;* **hablar de** [*o* **desde**] **la ~** *(fam)* aus sicherer Entfernung kommentieren

talante [ta'laṇte] *m* ① *(modo)* Art *f* ② *(humor)* Laune *f;* **de buen/mal ~** gut/schlecht gelaunt ③ *(gana)* **de buen ~** gerne

talar [ta'lar] **I.** *adj* **túnica ~** Talar *m* **II.** *vt* ① *(árboles)* fällen ② *(destruir)* verwüsten

talco ['talko] *m* ① *(mineral)* Talk *m* ② *(polvos)* Puder *m o nt*

talega [ta'leɣa] *f* ① *(bolsa)* Beutel *m* ② *(fam: dinero)* Kohle *f*

talego [ta'leɣo] *m* ① *(talega)* Beutel *m* ② *(fam: persona)* Brocken *m* ③ *(argot: cárcel)* Knast *m*

talento [ta'leṇto] *m (capacidad)* Talent *nt;* **de gran ~** hochbegabt; **tener ~ para los idiomas** sprachbegabt sein

talentoso, -a [taleṇ'toso, -a] *adj* begabt

Talgo ['talɣo] *m inv abr de* **Tren Articulado Ligero Goicoechea Oriol** Talgo *m (spanischer Intercityzug)*

talión [ta'ljon] *m* Talion *f;* **la ley del ~** Talionslehre *f*

talismán [talis'man] *m* Talisman *m*

talla ['taʎa] *f* ① *(de diamante)* Schliff *m* ② *(en madera)* Schnitzerei *f; (en piedra)* Meißelung *f* ③ *(estatura)* Körpergröße *f;* **¿qué ~ haces?** wir groß bist du?; **ser de poca ~** klein sein; **no dar la ~** (MIL) wehrdienstuntauglich sein; *(fig)* der Situation nicht gewachsen sein ④ *(medidor)* Messstab *m* ⑤ *(de vestido)* (Konfektions)größe *f;* **un pantalón de la ~ 42** eine Hose in Größe 42 ⑥ *(moral, intelectual)* Format *nt*

tallar [ta'ʎar] *vt* ① *(diamante)* schleifen ② *(madera)* schnitzen; *(en piedra)* meißeln ③ *(la estatura)* messen ④ *(en juego)* Bankhalter sein

tallarín [taʎa'rin] *m* Bandnudel *f*

talle ['taʎe] *m* ① *(cintura, del vestido)* Taille *f* ② *(figura)* Figur *f*

taller [ta'ʎer] *m* ① (TÉC) Werkstatt *f;* ~ **artesanal** Handwerksbetrieb *m* ② *(seminario)* Workshop *m* ③ *(estudio)* Atelier *nt*

tallo ['taʎo] *m* ① (BOT) Stiel *m* ② *(renuevo)* Schössling *m* ③ *(germen)* Keim *m*

talludo, -a [ta'ʎuðo, -a] *adj* ① (BOT) langstielig ② *(mayor)* betagt ③ *(espigado)* hochgeschossen

talmente [tal'meṇte] *adv* ① *(exactamente tal)* genau so; ~ **ocurrió** (genau)so geschah es; **su habitación es ~ una pocilga** sein/ihr Zimmer ist ein regelrechter Schweinestall ② *(fam: fórmula de asentimiento)* ganz genau; **canta como un jilguero — ~ (así)** er/sie singt wie eine Nachtigall — (ganz) genau

talón [ta'lon] *m* ① *(del pie/zapato/calcetín)* Ferse *f;* **pisar a alguien los talones** *(fam: perseguir)* jdm auf den Fersen sein; *(emular)* mit jdm wetteifern ② *(cheque)* Scheck *m;* **hazme un ~ de 500 euros** stell mir einen Scheck über 500 Euro aus ③ *(resguardo)* Abholschein *m; (recibo)* Quittung *f*

talonario [talo'narjo] *m* ① *(de cheques)* Scheckheft *nt* ② *(de recibos)* Quittungsheft *nt*

talud [ta'luᵈ] *m* Böschung *f*

tamango [ta'maŋgo] *m (CSur: calzado)* Schuhwerk *nt*

tamañamente [tamaɲa'meṇte] *adv* ① *(de tal manera)* derart, dermaßen ② *(tanto cuanto)* ebenso viel wie

tamaño[1] [ta'maɲo] *m* ① *(medida)* Größe *f;* **de ~ natural** lebensgroß; **¿de qué ~ es?**

wie groß ist es? ❷ *(formato)* Format *nt;* **en ~ grande** großformatig
tamaño, -a² [ta'maɲo, -a] *adj* ❶ *(grande)* groß ❷ *(pequeño)* klein ❸ *(semejante)* so; **tamaña tontería** so eine Dummheit
tamarindo [tama'rin̪do] *m* (BOT) Tamarinde *f*
tambache [tam'batʃe] *m (Méx: fam)* Haufen *m*
tambaleante [tambale'an̪te] *adj (trapecista, árbol)* schwankend; *(por cansancio)* taumelnd; *(borracho)* torkelnd; *(monarquía)* wankend
tambalear [tambale'ar] *vi, vr:* **~se** schwanken; *(fig)* ins Wanken geraten; **después de la operación se le tambaleaban las piernas** nach der Operation war er/sie sehr schwach auf den Beinen
tambaleo [tamba'leo] *m* ❶ *(de trapecista, árbol)* Schwanken *nt; (por cansancio)* Taumeln *nt; (de torre)* Wanken *nt* ❷ *(de monarquía)* Wanken *nt geh*
tambarria [tam'barrja] *f (Am: holgorio)* Rummel *m; (Perú: fiesta)* Fest *nt*
también [tam'bjen] *adv* auch
tambo ['tambo] *m (Am: vaquería)* Molkerei *f*
tambor [tam'bor] *m* ❶ *(cilindro, instrumento)* Trommel *f;* **tocar el ~** trommeln; **proclamar algo a ~ batiente** für etw die Trommel rühren ❷ *(músico)* Trommler(in) *m(f)* ❸ (ANAT) Trommelfell *nt*
tamboril [tambo'ril] *m* Handtrommel *f*
tamborilear [tamborile'ar] *vi* ❶ *(tocar)* die Handtrommel spielen ❷ *(con dedos)* (mit den Fingern) trommeln
tamborilero, -a [tambori'lero, -a] *m, f* Handtrommelspieler(in) *m(f)*
tamborín [tambo'rin] *m* (MÚS) Tamburin *nt*
Támesis ['tamesis] *m* **el ~** die Themse
tamiz [ta'miθ] *m* Sieb *nt;* **pasar por el ~** sieben
tamizar [tami'θar] <z → c> *vt* sieben; *(fig)* aussieben
tampoco [tam'poko] *adv* auch nicht; **ni puedo ni ~ quiero** ich kann und will nicht
tampón [tam'pon] *m* ❶ *(de tinta)* Stempelkissen *nt* ❷ *(para la mujer)* Tampon *m*
tamtam [tan̪'tan] *m* (MÚS) Tamtam *nt*
tamuga [ta'muɣa] *f (AmC: fardo)* Bündel *nt; (talego)* Sack *m*
tan [tan] *adv* so; **~ ... como ...** so ...wie ...; **~ es así que no he podido hacerlo** um es kurz zu machen: ich konnte es nicht tun; **de ~ simpático me resulta insoportable** er ist so sympathisch, dass ich ihn kaum ertrage; **~ siquiera una vez** wenigstens einmal; **ni ~ siquiera** nicht einmal
tanatorio [tana'torjo] *m* Leichenhalle *f*
tanda ['tan̪da] *f* ❶ *(turno)* Reihe *f;* **estar en la ~** anstehen; **¿me puedes guardar la ~?** kannst du für mich anstehen? ❷ *(serie)* Reihe *f;* **por ~s** reihenweise; **en ~s de ocho** *(en filas)* in Achterreihen; *(en grupos)* in Achtergruppen; **~ de palos** Tracht Prügel ❸ *(de trabajo, capa)* Schicht *f* ❹ *(trabajo)* Arbeit *f,* Job *m fam*
tándem ['tan̪den] *m* Tandem *nt*
tanga ['taŋga] *m* Tanga *m*
tangencial [taŋxen̪'θjal] *adj* tangential (**a** an +*dat*); *(fuerza, presión)* Tangential-; *(distancia)* Tangenten-
tangente [taŋ'xen̪te] *f* Tangente *f;* **salirse** [*o* **irse**] **por la ~** *(fig)* einer Frage aus dem Wege gehen
tangible [taŋ'xiβle] *adj* berührbar; *(fig)* handfest
tango ['taŋgo] *m* Tango *m*
tano, -a ['tano, -a] **I.** *adj (Arg, Urug: fam: italiano)* italienisch **II.** *m, f (Arg, Urug: fam: italiano)* Italiener(in) *m(f)*
tanque ['taŋke] *m* ❶ (MIL) Panzer *m* ❷ *(cisterna)* Tank *m* ❸ *(vehículo)* Tankwagen *m* ❹ *(fam: de cerveza)* Halbe *f* ❺ *(vulg: gordo)* Brocken *m fam* ❻ *(Am: estanque)* Teich *m*
tanqueta [taŋ'keta] *f* (MIL) (Transport)panzer *m*
tantear [tan̪te'ar] *vt* ❶ *(calcular: cantidad)* (grob) berechnen; *(tamaño, volumen)* (grob) ausmessen; *(a ojo)* (ab)schätzen; *(precio)* überschlagen ❷ *(probar)* prüfen; *(sondear a alguien)* vorfühlen (bei +*dat*); **~ el terreno** *(fig)* die Lage sondieren ❸ *(dibujo)* skizzieren ❹ (DEP: *puntos*) erzielen; *(goles)* schießen
tanteo [tan̪'teo] *m* ❶ *(cálculo: cantidad)* (grobe) Berechnung *f; (de tamaño, volumen)* (grobe) Ausmessung *f; (a ojo)* (Ab)schätzung *f; (de precio)* Überschlag *m;* **al** [*o* **por**] **~** ungefähr ❷ *(sondeo)* Sondierung *f* ❸ (DEP: *de puntos*) Punktestand *m; (de goles)* Spielstand *m;* **~ final** Endergebnis *nt*
tanto¹ ['tan̪to] **I.** *m* ❶ *(cantidad)* bestimmte Menge *f;* (COM) Teilbeitrag *m;* **~ alzado** Pauschalpreis *m;* **~ por ciento** Prozentsatz *m;* **me pagan a ~ la hora** ich bekomme so viel die Stunde; **costar otro ~** genauso viel kosten ❷ *(punto)* Punkt *m; (gol)* Tor *nt* ❸ *(loc)* **apuntarse un ~ a favor** einen Pluspunkt erzielen; **estar al ~ de algo** über etw auf dem Laufenden sein; **estar un ~ harto de algo** von etw *dat* die Nase ziemlich voll haben **II.** *adv* ❶ *(de tal*

T

modo) so (sehr); **no es para ~** so schlimm ist es nun auch wieder nicht; **pensé que vendrías; ~ es así que no salí de casa** ich dachte, du würdest kommen, und blieb deshalb zu Hause ② *(en tal cantidad)* so viel; **no me das ni ~ así de pena** du tust mir nicht im Geringsten leid ③ *(de duración)* so lange; **tu respuesta tardó ~ que...** deine Antwort kam so spät, dass … ④ *(comparativo)* (genau)so viel; **~ mejor/peor** umso besser/schlechter; **~ como** *(+ subst)* genau(so) wie; **eso era ~ como no decir nada** das hieß so gut wie gar nichts; **~ cuanto necesito para vivir** alles, was ich zum Leben brauche; **~ si llueve como si no...** egal, ob es regnet oder nicht, … ⑤ *(loc)* **entre ~** währenddessen, inzwischen; **por (lo) ~** also; **~... como...** sowohl …, als auch …; **¡ni ~ ni tan calvo!** lass uns mal nicht so übertreiben!; **por lo ~ mejor callar** also, besser nichts sagen; **en ~ (que)** *+subj (mientras)* solange

tanto, -a² ['tan̪to, -a] **I.** *adj* ① *(comparativo)* so viel; **no tengo ~s años como tú** ich bin nicht so alt wie du ② *(tal cantidad, ponderativo)* so viel; **tantas posibilidades** so viele Möglichkeiten; **¡hace ~ tiempo!** es ist so lange her!; **¡hace ~ tiempo que no te veo!** ich habe dich so lange nicht mehr gesehen!; **~ gusto en conocerle** ich habe mich sehr gefreut, Sie kennenzulernen; **¿a qué se debe tanta risa?** worüber wird hier so gelacht? ③ *pl (número indefinido)* **en mil novecientos ochenta y ~s** irgendwann in den Achtzigerjahren; **estamos a ~s de enero** wir haben den soundsovielten Januar; **tener 40 y ~s años** über vierzig sein; **venir a las tantas** *(fam)* sehr spät kommen **II.** *pron dem* **~s** so viele; **coge ~s como quieras** nimm, so viel du möchtest; **no llego a ~** da bin ich überfordert; **no me imaginaba que iba a llegar a ~** ich habe nicht geglaubt, dass es so weit kommen würde; **jamás podré llegar a ~** ich werde es nie so weit bringen

Tanzania [tan̪'θanja] *f* Tansania *nt*

tanzano, -a [tan̪'θano, -a] **I.** *adj* tansanisch **II.** *m, f* Tansanier(in) *m(f)*

tañedor(a) [taɲe'ðor(a)] *m(f)* (MÚS: *de guitarra*) Gitarrenspieler(in) *m(f)*; *(de piano)* Klavierspieler(in) *m(f)*

tañer [ta'ɲer] <*3. pret* tañó> **I.** *vt* ① *(instrumento)* spielen ② *(campanas)* läuten **II.** *vi* (mit den Fingern) trommeln

tañido [ta'ɲiðo] *m* Klang *m*

taoísmo [tao'ismo] *m sin pl* Taoismus *m*

tapa ['tapa] *f* ① *(cubierta)* Deckel *m;* **~ de rosca** Schraubverschluss *m;* **libro de ~s duras** Hardcover *nt;* **levantarle a alguien la ~ de los sesos** jdm eine Kugel durch den Kopf jagen ② *(de zapato)* Absatz *m* ③ (GASTR) Häppchen *nt;* **una ~ de aceitunas** eine Portion Oliven

tapacubos [tapa'kuβos] *m inv* (AUTO) Radkappe *f,* Achskappe *f*

tapada [ta'paða] *f* ① *(Col)* Zudecken *nt,* Abdecken *nt* ② (HIST) *schwarzer Schleier der Limeñas (Peru) im 18. und 19. Jahrhundert*

tapadera [tapa'ðera] *f* ① *(de vasija)* Deckel *m* ② *(negocio)* Tarnung *f*

tapadillo [tapa'ðiʎo] *m* **de ~** heimlich

tapado¹ [ta'paðo] *m (AmS: abrigo)* Mantel *m*

tapado, -a² [ta'paðo, -a] *adj (Am: animal)* einfarbig

tapadura [tapa'ðura] *f* Zudecken *nt*

tapajuntas [tapa'xun̪tas] *m inv* (Ab)deckleiste *f*

tapar [ta'par] **I.** *vt* ① *(cuerpo)* bedecken; *(cazuela, en cama)* zudecken ② *(puerta)* zumauern; *(desagüe)* verstopfen; *(agujero)* zustopfen; *(botella)* verschließen ③ *(vista)* **¿te tapo?** versperre ich dir die Sicht?; **la pared nos tapa el viento** die Wand schützt uns gegen den Wind ④ *(ocultar)* verheimlichen **II.** *vr:* **~se** ① *(con ropa)* sich einpacken *fam;* *(en cama)* sich zudecken; *(completamente)* (sich) einmummen; *(con velo)* sich verschleiern ② *(oídos, ojos)* sich *dat* zuhalten; **~se la cara** sich *dat* die Hände vor das Gesicht halten

tapear [tape'ar] *vi (fam)* durch Tapa-Bars ziehen

táper ['taper] *m* Tupperdose *f;* *(para bocadillos)* Butterbrotdose *f*

tapete [ta'pete] *m* Tischdecke *f;* **~ verde** *(fig)* Spieltisch *m;* **estar sobre el ~** *(fig)* zur Diskussion stehen; **poner sobre el ~** *(fig)* zur Sprache bringen

tapia ['tapja] *f* Lehmwand *f;* *(de jardín)* Gartenmauer *f;* **estar más sordo que una ~** stocktaub sein

tapiar [ta'pjar] *vt* ① *(cerrar)* zumauern ② *(rodear)* ummauern

tapicería [tapiθe'ria] *f* ① *(tapices)* Wandteppiche *mpl* ② *(tienda: de tapices)* Teppichgeschäft *nt;* *(de muebles, t. taller)* Polsterei *f* ③ *(arte)* Gobelinstickerei *f* ④ *(tela)* Polsterstoff *m;* **muebles de ~** Polstermöbel *ntpl*

tapicero, -a [tapi'θero, -a] *m, f* ① *(de sillones)* Polsterer, -in *m, f* ② *(de paredes)* Tapezierer(in) *m(f)*

tapir [ta'pir] *m* (ZOOL) Tapir *m*

tapiz [ta'piθ] *m* Wandteppich *m;* *(con dibujos)* Gobelin *m*

T

tapizar [tapi'θar] <z → c> *vt (muebles)* (mit Stoff) beziehen; *(acolchar)* polstern

tapón [ta'pon] *m* ① *(obturador)* Verschluss *m; (cilindro, de fregadero)* Stöpsel *m; (de corcho)* Korken *m; (de cuba)* Spund *m;* (AUTO) Tankdeckel *m* ② *(persona)* pummeliger Mensch *m* ③ (MED) Tampon *m; (para el oído)* Ohrstöpsel *m* ④ *(cerumen)* Wachspfropf *m* ⑤ *(de tráfico)* Stau *m*

taponamiento [tapona'mjen̪to] *m* ① *(tapón)* Verschließen *nt,* Zustöpseln *nt,* Verstöpseln *nt; (con cemento)* Zustopfen *nt; (con espátula)* Zuspachteln *nt* ② (MED) Tamponade *f,* Tamponieren *nt*

taponar [tapo'nar] *vt* ① *(cerrar)* verschließen; *(con corcho)* verkorken; *(de plástico)* zustöpseln; *(cuba)* verspunden; *(con espátula)* zuspachteln; *(desagüe)* verstopfen ② *(herida)* tamponieren

tapujarse [tapu'xarse] *vr (fam)* sich vermummen, sich verhüllen

tapujo [ta'puxo] *m* ① *(embozo)* Kragen *m* ② *(fam: disimulo)* Verhüllung *f;* **andar con ~s** *(obrar)* heimlichtun; **no andarse con ~s** *(hablar)* kein Blatt vor den Mund nehmen

taquear [take'ar] **I.** *vi (Am)* ① *(jugar)* Billard spielen ② *(arma)* schießen ③ *(llenar)* vollstopfen **II.** *vr:* **~se** *(Am)* sich vollstopfen

taquicardia [taki'karðja] *f* Herzjagen *nt;* (MED) Tachykardie *f*

taquigrafía [takiɣra'fia] *f* Stenografie *f*

taquigrafiar [takiɣrafi'ar] *<1. pres* taquigrafío*> vt* stenografieren

taquilla [ta'kiʎa] *f* ① *(armario)* Schließfach *nt; (archivador)* Fach *nt* ② (TEAT, CINE, DEP) Kasse *f;* (FERRO) (Fahrkarten)schalter *m; (de apuestas)* Wettannahme *f;* **éxito de ~** Kassenerfolg *m* ③ *(recaudación)* Einnahmen *fpl*

taquillaje [taki'ʎaxe] *m* ① *(entradas)* Eintrittskarten *fpl* ② *(recaudaciones)* Einnahmen *fpl (aus Eintrittskarten)*

taquillero, -a [taki'ʎero, -a] **I.** *adj* **artista ~/película taquillera** Kassenmagnet *m* **II.** *m, f* (FERRO) Schalterbeamte(r) *m,* -beamtin *f;* (TEAT, CINE) Kartenverkäufer(in) *m(f)*

tara ['tara] *f (defecto)* Mangel *m*

tarabilla [tara'βiʎa] *f* ① *(fam: parlanchín)* Quasselstrippe *f;* **hablar como una ~ descompuesta** wie ein Wasserfall reden ② *(palabra)* Geplapper *nt* ③ *(de ventana)* (Fenster)riegel *m*

tarado, -a [ta'raðo, -a] **I.** *adj* ① *(objeto)* schadhaft ② *(alocado)* verrückt; *(imbécil)* doof **II.** *m, f (loco)* Spinner(in) *m(f)*

tarambana [taram'bana] *mf (fam)* Spinner(in) *m(f)*

tarántula [ta'ran̪tula] *f* Tarantel *f*

tarar [ta'rar] *vt* (COM) tarieren

tarará [tara'ra] *m v.* **tararí**

tararear [tarare'ar] *vt* trällern; *(con labios cerrados)* summen

tararí [tara'ri] *m* ① *(de trompeta)* Schmettern *nt* ② *(loc)* **estar ~** einen Rausch haben

tarascón [taras'kon] *m (AmS: mordedura)* Biss *m; (herida)* Bisswunde *f*

tardanza [tar'ðan̪θa] *f* Verspätung *f;* **perdona la ~ en escribirte** verzeih mir, dass ich dir so spät schreibe

tardar [tar'ðar] *vi* ① *(emplear tiempo)* brauchen; **a más ~** spätestens; **sin ~** unverzüglich; **no tardo nada** ich brauche nicht lange ② *(demasiado tiempo)* **~ en llegar** zu spät kommen; (FERRO) mit Verspätung eintreffen; **~ en responder** mit der Antwort zögern; **~án mucho en arreglarlo** es wird lange dauern, bis es repariert ist; **no ~é en volver** ich bin bald wieder da; **¡no tardes!** komm bald zurück!

tarde ['tarðe] **I.** *f* ① *(primeras horas)* Nachmittag *m;* **por la ~** nachmittags; **¡buenas ~s!** guten Tag! ② *(últimas horas)* Abend *m;* **¡buenas ~s!** guten Abend!; (**todos**) **los viernes por la ~** jeden Freitagabend **II.** *adv* spät; **~ o temprano** früher oder später; **de ~ en ~** von Zeit zu Zeit; **se me hace ~** ich bin spät dran; **más vale ~ que nunca** *(prov)* besser spät als nie

tardío, -a [tar'ðio, -a] *adj* ① *(atrasado)* spät; **es un consejo ~** dieser Rat kommt zu spät ② *(lento)* langsam ③ *(vulg: sordo)* schwerhörig

tardo, -a ['tarðo, -a] *adj* langsam; *(fig)* begriffsstutzig; **~ de oído** schwerhörig

tardón, -ona [tar'ðon, -ona] **I.** *adj* ① *(lento)* langsam ② *(tonto)* begriffsstutzig **II.** *m, f* ① *(lento)* Trödler(in) *m(f) fam;* **es un ~** er verspätet sich immer ② *(tardo)* Spätzünder *m fam*

tarea [ta'rea] *f* ① *(faena)* Aufgabe *f* ② *(trabajo)* Arbeit *f;* **~s de la casa** Hausarbeit *f* ③ *pl* (ENS) Hausaufgaben *fpl*

tarifa [ta'rifa] *f* Tarif; **~ especial** Sondertarif *m;* **~ plana** Internet-Flatrate *f*

tarima [ta'rima] *f* Podium *nt*

tarjeta [tar'xeta] *f* ① Karte *f;* **~ postal** Postkarte *f,* Karte *f;* **~ de visita** Visitenkarte *f;* **~ de embarque** (AERO) Bordkarte *f* ② (INFOR, TEL) **~ gráfica** [*o* **de gráficos**] Grafikkarte *f;* **~ de memoria** Speicherkarte *f;* **~ de sonido** Soundkarte *f;* **~ SIM** SIM-Karte *f* ③ (FIN) **~ prepago** (*t.* TEL) Prepaidkarte *f;* ~ **de crédito** Kreditkarte *f;* ~ **aestro**® EC-Karte *f*

tarjetero [tarxe'tero] *m* Geldbörse *f*

tarot [ta'rot] *m* Tarot *nt o m*

tarraconense [tarrako'nense] **I.** *adj* aus Tarragona **II.** *mf* Einwohner(in) *m(f)* von Tarragona

tarrina [ta'rrina] *f* kleiner Behälter *m;* ~ **de helado** Eisbecher *m*

tarro ['tarro] *m* ❶ *(envase)* Becher *m; (de cristal)* Glas *nt* ❷ *(fam: cabeza)* Schädel *m;* **comer el ~ a alguien** auf jdn einschwätzen

tarta ['tarta] *f* Torte *f*

tartaja [tar'taxa] *adj o mf v.* **tartajoso**

tartajear [tartaxe'ar] *vi* stottern

tartajoso, -a [tarta'xoso, -a] **I.** *adj* stotternd, stammelnd **II.** *m, f* Stotterer, -in *m, f*

tartamudear [tartamuđe'ar] *vi* stottern

tartamudeo [tartamu'ðeo] *m* Stottern *nt*

tartamudez [tartamu'ðeθ] *f* Stottern *nt; (por nervios)* Stammeln *nt*

tartamudo, -a [tarta'muðo, -a] **I.** *adj* stott(e)rig **II.** *m, f* Stotterer, -in *m, f*

tartán [tar'tan] *m* ❶ *(tela)* Schottenstoff *m* ❷ (DEP: ®) Tartan® *m*

tartana [tar'tana] *f* ❶ (HIST: *carro*) Kremser *m (offener Wagen)* ❷ *(pey: coche)* Vehikel *nt;* **este coche es una ~** dieses Auto ist eine Schrottkarre

tártaro[1] ['tartaro] *m* ❶ (QUÍM) Weinstein *m* ❷ *(sarro)* Zahnstein *m* ❸ *(elev: infierno)* Tartaros *m* ❹ *(lengua)* Tartarisch(e) *nt*

tártaro, -a[2] ['tartaro, -a] **I.** *adj* tartarisch; **bistec ~** Tartarbeefsteak *nt;* **salsa tártara** Tartarensoße *f* **II.** *m, f* Tartar(in) *m(f)*

tartera [tar'tera] *f* ❶ *(para tartas)* Kuchenform *f* ❷ *(fiambrera)* Frischhaltebox *f*

tarugo [ta'ruɣo] *m* ❶ *(trozo)* Klotz *m* ❷ *(clavija)* Pflock *m* ❸ *(pan)* Brotkanten *m* ❹ *(persona)* Trottel *m*

tarumba [ta'rumba] *adj (fam)* **estar ~** durcheinander sein; **volver a alguien ~** jdn verrückt machen

tasa ['tasa] *f* ❶ *(valoración)* Schätzung *f* ❷ *(precio)* Preis *m; (derechos)* Gebühr *f; (de impuesto)* Satz *m* ❸ *(de joya)* Schätzwert *m* ❹ *(porcentaje)* Rate *f;* ~ **de desempleo** Arbeitslosenquote *f;* ~ **de interés** Zinssatz *m;* ~ **de nacimiento** Geburtenrate *f*

tasación [tasa'θjon] *f* ❶ *(de producto)* Festlegung *f* des Preises; *(de impuesto)* Veranlagung *f* ❷ *(de joya)* Schätzung *f*

tasador(a) [tasa'ðor(a)] *m(f)* Schätzer(in) *m(f);* **perito ~** Taxator *m*

tasar [ta'sar] *vt* ❶ *(precio)* den Preis festsetzen (für +*akk*); *(impuesto)* besteuern ❷ *(valorar)* schätzen (**en** auf +*akk*); *(trabajo)* berechnen; ~ **en exceso** überbewerten ❸ *(tabaco, comida)* dosieren; *(libertad)* einschränken

tasca ['taska] *f (taberna)* Kneipe *f*

tata[1] ['tata] *f (fam)* Kindermädchen *nt*

tata[2] ['tata] *m (Am: papá)* Vati *m*

tatarabuelo, -a [tatara'βwelo, -a] *m, f* Urgroßvater, Ururgroßmutter *m, f*

tataranieto, -a [tatara'njeto, -a] *m, f* Ururenkel(in) *m(f)*

tate ['tate] *interj* ❶ *(cuidado)* aufgepasst! ❷ *(despacito)* sachte! ❸ *(sorpresa)* (ach) du meine Güte!

tatuaje [tatu'axe] *m* Tätowierung *f*

tatuar [tatu'ar] <*1. pres* tatúo> *vt* tätowieren

taurino, -a [tau̯'rino, -a] *adj* ❶ *(del toro)* Stier- ❷ *(de la corrida)* Stierkampf-

tauro ['tau̯ro] *m* (ASTR: *persona*) Stier *m;* **soy de ~** ich bin (ein) Stier

Tauro ['tau̯ro] *m* (ASTR: *signo*) Stier *m*

tauromaquia [tau̯ro'makja] *f sin pl* Stierkampfkunst *f*

tautología [tau̯tolo'xia] *f* Tautologie *f*

taxativo, -a [taˠsa'tiβo, -a] *adj* beschränkend; *(categórico)* kategorisch

taxi ['taˠsi] *m* Taxi *nt*

taxidermista [taˠsiðer'mista] *mf* Taxidermist(in) *m(f)*

taxímetro [taˠ'simetro] *m* Taxameter *m o nt*

taxista [taˠ'sista] *mf* Taxifahrer(in) *m(f)*

taxonomía [taˠsono'mia] *f sin pl* (BIOL) Taxonomie *f*

Tayikistán [taʎikis'tan] *m* Tadschikistan *nt*

taza ['taθa] *f* ❶ *(de café)* Tasse *f;* **una ~ de café** *(con café)* eine Tasse Kaffee; *(para el café)* eine Kaffeetasse ❷ *(del váter)* Klobecken *nt,* Kloschüssel *f* ❸ *(de fuente)* Becken *nt*

tazón [ta'θon] *m* Schale *f*

TDT[1] [teđe'te] *m inv abr de* **sintonizador de Televisión Digital Terrestre** *(fam)* DVB-T Receiver *m*

TDT[2] [teđe'te] *f inv abr de* **Televisión Digital Terrestre** DVB-T *nt*

te [te] **I.** *f* T *nt* **II.** *pron pers* ❶ *(objeto directo)* dich; **¡míra~!** schau dich mal an! ❷ *(objeto indirecto)* dir **III.** *pron refl* ~ **vistes** du ziehst dich an; ~ **levantas** du stehst auf; **¿~ has lavado los dientes?** hast du dir die Zähne geputzt?

té [te] *m* Tee *m;* ~ **a la menta** Minztee *m;* ~ **helado** Eistee *m;* **dar a alguien el ~** *(fig)* jdm auf die Nerven gehen

tea ['tea] *f* ❶ *(astillas)* Kienspan *m; (antorcha)* Kienfackel *f* ❷ *(fam: borrachera)* Rausch *m*

teatral [tea'tral] *adj* Theater-; *(efecto, ex-*

T

periencia, autor) Bühnen-; *(fig)* theatralisch

teatralidad [teatrali'ða^{d}] *f* Theatralik *f*

teatrero, -a [tea'trero, -a] *adj (fam)* theatralisch, pathetisch

teatro [te'atro] *m* ① (TEAT: *t. fig)* Theater *nt;* **obra de ~** Theaterstück *nt;* (LIT) Schauspiel *nt;* **el ~ de Calderón** Calderons Dramen; **hacer ~** *(t. fig)* Theater spielen; *(exagerar)* Theater machen ② *(escenario)* Schauplatz *m*

tebeo [te'βeo] *m* Comic(heft) *nt;* **esto está más visto que el ~** *(fam)* das ist ein alter Hut

teca ['teka] *f* Teak *nt*

techado [te'ʧaðo] *m* Dach *nt*

techador(a) [teʧa'ðor(a)] *m(f)* Dachdecker(in) *m(f)*

techar [te'ʧar] *vt* überdachen

techo ['teʧo] *m* ① *(de habitación)* (Zimmer)decke *f* ② *(de casa)* Dach *nt;* **vivir bajo el mismo ~** unter einem Dach leben ③ *(tope)* Limit *nt; (de evolución)* Höhepunkt *m*

techumbre [te'ʧumbre] *f* ① *(techo)* Dach *nt* ② *(estructura)* Dachkonstruktion *f*

tecla ['tekla] *f* ① *(de piano, ordenador)* Taste *f;* **~ Enter** Eingabetaste *f,* Enter-Taste *f;* **~ de bloqueo de mayúsculas** Feststelltaste *f;* **~ de control** Steuerungstaste *f;* **~ de escape** Escapetaste *f;* **~ de mayúsculas** Umschalttaste *f;* **~ de tabulación** Tabulatortaste *f;* **~ suprimir en retroceso** Rücklöschtaste *f;* **~ de función** Funktionstaste *f;* **tocar una ~** *(piano)* eine Taste anschlagen; *(ordenador)* eine Taste drücken; **dar en la ~** *(fam fig)* den richtigen Dreh finden; **hay que tocar muchas ~s para averiguar eso** man muss alle Register ziehen, um das herauszufinden ② *(materia)* heikles Thema *nt*

teclado [te'klaðo] *m* Tastatur *f;* **tocar los ~s en un grupo** als Keyboarder in einer Band spielen

teclear [tekle'ar] *vi* ① *(piano)* die Tasten anschlagen; *(ordenador)* tippen ② *(dedos)* mit den Fingern trommeln (auf +*akk*)

teclista [te'klista] *mf* Keyboardspieler(in) *m(f)*

técnica ['teɣnika] *f* Technik *f*

tecnicismo [teɣni'θismo] *m* Fachausdruck *m*

técnico, -a ['teɣniko, -a] **I.** *adj* ① *(de la técnica)* technisch ② *(de especialidad)* fachlich; **término ~** Fachausdruck *m* **II.** *m, f (especialista)* Fachmann, -frau *m, f;* (TÉC) Techniker(in) *m(f)*

tecno ['teɣno] *m* (MÚS) Technomusik *f*

tecnocracia [teɣno'kraθja] *f* Technokratie *f*

tecnócrata [teɣ'nokrata] **I.** *adj* technokratisch **II.** *mf* Technokrat(in) *m(f)*

tecnocrático, -a [teɣno'kratiko, -a] *adj* technokratisch

tecnología [teɣnolo'xia] *f* ① (TÉC, ECON) Technologie *f;* **~ punta** Spitzentechnologie *f* ② *(técnica)* Technik *f*

tecnológico, -a [teɣno'loxiko, -a] *adj* ① (TÉC) Technologie-; *(desarrollo)* technologisch; **parque ~** Technologiepark ② *(técnico)* technisch

tecnologizar [teɣnoloxi'θar] <z → c> *vt* technifizieren

tecnólogo, -a [teɣ'noloɣo, -a] *m, f* (TÉC) Technologe, -in *m, f*

tecolote [teko'lote] *m (AmC, Méx: búho)* Uhu *m*

tedio ['teðjo] *m* ① *(aburrimiento)* Langeweile *f;* **eso me produce ~** das langweilt mich ② *(hastío)* Überdruss *m*

tedioso, -a [te'ðjoso, -a] *adj* langweilig

tee [ti] *m (golf)* Tee *nt*

teflón® [te'flon] *m* Teflon® *nt*

teja ['texa] *f* ① *(del tejado)* Dachziegel *m* ② *(sombrero)* Priesterhut *m* ③ *(loc)* **pagar a toca ~** bar auf den Tisch zahlen; **de ~s abajo** hier auf der Erde; **de ~s arriba** überirdisch

tejadillo [texa'ðiʎo] *m (de apisonadora, t.* ARQUIT) Wetterdach *nt*

tejado [te'xaðo] *m* Dach *nt;* **empezar la casa por el ~** *(fig)* das Pferd von hinten aufzäumen; **la pelota sigue en el ~** *(fig)* die Sache ist noch nicht entschieden; **tirar piedras sobre su propio ~** *(fig)* sich *dat/akk* ins eigene Fleisch schneiden; **quien tiene el ~ de vidrio, no tire piedras al de su vecino** *(prov)* wer im Glashaus sitzt, soll nicht mit Steinen werfen

tejano, -a [te'xano, -a] **I.** *adj* ① *(de Tejas)* texanisch ② *(ropa)* Jeans-; **pantalón ~** Jeans(hose) *f* **II.** *m, f* Texaner(in) *m(f)*

tejanos [te'xanos] *mpl (pantalones)* Jeans *fpl*

tejar [te'xar] **I.** *vt* decken **II.** *m* Ziegelei *f*

tejaván [texa'βan] *m (Am)* ① *(cobertizo)* Vordach *nt* ② *(corredor)* Korridor *m* ③ *(alero)* Dachtraufe *f* ④ *(casa)* Hütte *f* mit Ziegeldach

tejedor(a) [texe'ðor(a)] *m(f)* Weber(in) *m(f)*

tejedura [texe'ðura] *f* ① *(acción)* Weben *nt* ② *(de hilos)* Gewebe *nt*

tejeduría [texeðu'ria] *f* ① *(arte)* Webkunst *f* ② *(taller)* Weberei *f*

tejemaneje [texema'nexe] *m (fam)* ① *(actividad)* reges Treiben *nt;* **traerse un**

~ **increíble con los papeles** geschäftig mit den Papieren herumhantieren ❷ *(intriga)* Machenschaften *f pl*

tejer [te'xer] *vt* ❶ *(tela)* weben; ~ **y destejer** *(fig)* schalten und walten ❷ *(cestos, trenzas)* flechten ❸ (ZOOL) spinnen ❹ *(intrigas, plan)* schmieden

tejido [te'xiðo] *m* ❶ *(textura, t.* ANAT) Gewebe *nt* ❷ *(tela)* Stoff *m;* **los ~s** die Textilien

tejo ['texo] *m* ❶ *(disco)* Stück *nt* Dachziegel; **tirar los ~s a alguien** *(fam)* jdm Avancen machen ❷ (BOT) Eibe *f*

tejón [te'xon] *m* Dachs *m*

tejuelo [te'xwelo] *m* (TIPO) Signatur *f*

tela ['tela] *f* ❶ *(tejido)* Stoff *m;* ~ **de araña** Spinnennetz *nt;* ~ **metálica** Maschendraht *m;* ~ **de punto** Trikot *m o nt* ❷ *(en leche)* Haut *f* ❸ *(fam: asunto)* Thema *nt;* **hay ~ para rato** [*o* **marinera**] *(para discutir)* der Gesprächsstoff ist bei Weitem nicht erschöpft; *(para trabajar)* es ist noch (unheimlich) viel zu erledigen; **este asunto trae** ~ es steckt einiges hinter dieser Sache; **este problema tiene** ~ dies ist ein äußerst heikles Problem ❹ *(lienzo)* Leinwand *f;* **una ~ de Barceló** ein Gemälde von Barceló ❺ *(fam: dinero)* Kohle *f* ❻ *(loc)* **llegar a las ~s del corazón** unter die Haut gehen; **poner algo en ~ de juicio** *(dudar)* etw infrage [*o* in Frage] stellen; *(tener reparos)* Bedenken gegen etw äußern

telar [te'lar] *m (máquina)* Webstuhl *m*

telaraña [tela'raɲa] *f (de araña)* Spinnennetz *nt;* **mirar las ~s** *(fig)* zerstreut sein; **tener ~s en los ojos** *(fig)* verblendet sein

tele ['tele] *f abr de* **televisión** *(fam)* **ver la** ~ Fernsehen gucken

teleadicto, -a [telea'ðikto, -a] *adj* fernsehsüchtig

telearrastre [telea'rrastre] *m* (DEP) Schlepplift *m*

telebanco [tele'βaŋko] *m,* **telebanking** [tele'βaŋkiŋ] *m* (INFOR, TEL) Telebanking *nt*

telebasura [teleβa'sura] *f (fam)* Fernsehmüll *m*

telecabina [teleka'βina] *f* Seilbahn *f*

telecomando [teleko'maṇdo] *m (de televisor)* Fernbedienung *f;* *(de una puerta)* Fernsteuerung *f*

telecomedia [teleko'meðja] *f* ❶ *(serie)* Fernsehserie *f* ❷ *(película)* Fernsehfilm *m*

telecompra [tele'kompra] *f* (INFOR) Teleshopping *nt*

telecomunicación [telekomunika'θjon] *f* ❶ *(sistema)* Telekommunikation *f,* Nachrichtentechnik *f;* **ingeniero de Telecomunicaciones** Nachrichtentechniker *m* ❷ *pl (empresa)* Fernmeldewesen *nt*

teleconferencia [telekoɱfe'reṇθja] *f* (INFOR) Telekonferenz *f*

telecontrol [telekoṇ'trol] *m* Fernsteuerung *f,* Fernbedienung *f*

telediario [teleði'arjo] *m* (Fernseh)nachrichten *f pl*

teledirigir [telediri'xir] <g → j> *vt* fernsteuern

teleférico [tele'feriko] *m* (Draht)seilbahn *f*

telefilm [tele'fil^{m}] *m* <telefilm(e)s> Fernsehfilm *m*

telefonazo [telefo'naθo] *m (fam)* Anruf *m;* **dar un ~ a alguien** jdn kurz anrufen

telefonear [telefone'ar] **I.** *vt* ❶ *(comunicar)* telefonisch mitteilen ❷ *(fam: a alguien)* anrufen **II.** *vi* telefonieren

telefonía [telefo'nia] *f* Fernmeldewesen *nt;* ~ **móvil** Mobilfunk *m*

Telefónica [tele'fonika] **la** ~ *die spanische Telefongesellschaft*

telefónico, -a [tele'foniko, -a] *adj* ❶ *(de teléfono)* telefonisch; **cabina telefónica** Telefonzelle *f;* **guía telefónica** Telefonbuch *nt;* **llamada telefónica** Anruf *m* ❷ *(de telefonía)* Fernmelde-

telefonista [telefo'nista] *mf* Telefonist(in) *m(f)*

teléfono [te'lefono] *m* ❶ *(sistema, aparato)* Telefon *nt;* ~ **inteligente** Smartphone *nt;* ~ **público** öffentlicher Fernsprecher; ~ **de tarjeta** Kartentelefon *nt;* **por** ~ telefonisch; **hablar por** ~ telefonieren; **llamar por** ~ anrufen ❷ *(número)* Telefonnummer *f* ❸ *pl (compañía)* Telefongesellschaft *f*

telegrafía [teleɣra'fia] *f* Telegrafie *f*

telegrafiar [teleɣrafi'ar] <*1. pres* telegrafío> *vt, vi* telegrafieren

telegráfico, -a [tele'ɣrafiko, -a] *adj* ❶ *(por telégrafo)* telegrafisch ❷ *(relativo a la telegrafía)* Telegrafen-

telégrafo [te'leɣrafo] *m* ❶ *(aparato)* Telegraf *m* ❷ *pl (administración)* Telegrafenamt *nt*

telegrama [tele'ɣrama] *m* Telegramm *nt*

teleguiado, -a [teleɣi'aðo, -a] *adj* (TÉC) ferngelenkt, ferngesteuert

telele [te'lele] *m (fam)* Anfall *m;* **como me digas que no, me da un ~** wenn du Nein sagst, kriege ich einen Anfall

telemando [tele'maṇdo] *m* Fernsteuerung *f;* *(de la televisión)* Fernbedienung *f*

telemárquetin [tele'marketiŋ] *m* Telemarketing *nt*

telemática [tele'matika] *f* Datenfernübertragung *f*

telemetría [teleme'tria] *f* (TÉC) Telemetrie *f*

telenovela [teleno'βela] *f* Seifenoper *f*

telenque [te'leŋke] **I.** *adj* ❶ *(Chil: temblón)* zitt(e)rig; *(enfermizo)* kränklich ❷ *(ElSal: torcido)* krumm **II.** *m (Guat: cachivache)* Sonderling *m*

teleobjetivo [teleoβxe'tiβo] *m* Teleobjektiv *nt*

telepatía [telepa'tia] *f sin pl* Telepathie *f*

telepático, -a [tele'patiko, -a] *adj* telepathisch

telepredicador(a) [telepreðika'ðor(a)] *m(f)* Fernsehprediger(in) *m(f)*

teleprompter® [tele'promter] *m* Teleprompter® *m*

telequinesia [teleki'nesja] *f sin pl* Telekinese *f*

telerruta [tele'rruta] *f* (**servicio de**) ~ *telefonischer Verkehrsmeldedienst*

telescópico, -a [teles'kopiko, -a] *adj* teleskopisch

telescopio [teles'kopjo] *m* Teleskop *nt*

teleserie [tele'serje] *f* (TV) Fernsehserie *f*

telesilla [tele'siʎa] *f* Sessellift *m*

telespectador(a) [telespekta'ðor(a)] *m(f)* Fernsehzuschauer(in) *m(f)*

telesquí [teles'ki] *m* (Ski)lift *m*

teletex [tele'teʸs] *m inv* (TEL) Teletex *nt*, Bürofernschreiben *nt*

teletexto [tele'testo] *m* Videotext *m*

teletienda [tele'tjeṇda] *f* Teleshopping *nt*

teletipo [tele'tipo] *m* Fernschreiber *m*

teletrabajo [teletra'βaxo] *m* Tele(heim)arbeit *f*

televidente [teleβi'ðeṇte] *mf v.* **telespectador**

televisado, -a [teleβi'saðo, -a] *adj* (TV) im Fernsehen übertragen

televisar [teleβi'sar] *vt* senden; *(en directo)* übertragen

televisión [teleβi'sjon] *f* ❶ *(sistema, organización)* Fernsehen *nt;* ~ **digital** digitales Fernsehen; **T~ Digital Terrestre** terrestrisches Digitalfernsehen; ~ **de pago** Pay-TV *nt;* ~ **en abierto** Free-TV *nt;* ~ **por cable** Kabelfernsehen *nt;* ~ **por satélite** Satellitenfernsehen *nt* ❷ *(fam: televisor)* Fernseher *m;* ~ **en color** Farbfernseher *m*

T

televisivo, -a [teleβi'siβo, -a] *adj* ❶ *(relativo a)* Fernseh-; **programa** ~ Fernsehsendung *f* ❷ *(apto para)* fürs Fernsehen geeignet

televisor [teleβi'sor] *m* Fernsehgerät *nt*

televisual [teleβi'swal] *adj* (TV) *v.* **televisivo**

télex ['teleʸs] *m* Telex *nt*

telón [te'lon] *m* Vorhang *m;* **el ~ de acero** der eiserne Vorhang; ~ **de fondo** Hintergrund *m*

telonero, -a [telo'nero, -a] **I.** *adj (artista)* das Vorprogramm bestreitend; *(boxeador)* den Vorkampf bestreitend **II.** *m, f (artista, boxeador, orador)* Künstler, Boxer oder Redner, der das Vorprogramm bestreitet

tema ['tema] *m* (*t.* MÚS, LIT) Thema *nt;* **cada loco con su ~** jedem Tierchen sein Pläsierchen; **ese es el ~ de mi sermón** *(fig)* (das ist) meine Rede

temario [te'marjo] *m* Themenkreis *m*

temática [te'matika] *f* Thematik *f*

temático, -a [te'matiko, -a] *adj* thematisch

temblar [tem'blar] <e → ie> *vi* zittern; ~ **de miedo** vor Angst zittern; ~ **por alguien** um jdn zittern; **te tiemblan las carnes** du zitterst wie Espenlaub; **dejar temblando** *(comer)* fast ganz aufessen; *(beber)* fast leer trinken

tembleque [tem'bleke] *m (fam)* ❶ *(temblor)* Zittern *nt;* **me dio un ~** ich fing (plötzlich) an zu zittern ❷ *(persona)* zitt(e)riger Mensch *m*

temblequear [tembleke'ar] *vi (fam)* zitt(e)rig sein

temblón[1] [tem'blon] *m* ❶ (BOT) (**álamo**) ~ Zitterpappel *f* ❷ (ZOOL) Zitterrochen *m*

temblón, -ona[2] [tem'blon, -ona] *adj (fam)* zitt(e)rig

temblor [tem'blor] *m (tembleque)* Zittern *nt; (escalofrío)* Schauder *m;* ~ **de frío** Schüttelfrost *m;* ~ (**de tierra**) Erdbeben *nt*

tembloroso, -a [temblo'roso, -a] *adj* zitt(e)rig

temer [te'mer] **I.** *vt* ❶ *(sentir temor)* fürchten ❷ *(sospechar)* (be)fürchten **II.** *vi* sich fürchten; ~ **por alguien** um jdn bangen **III.** *vr:* **~se** (be)fürchten

temerario, -a [teme'rarjo, -a] *adj* ❶ *(imprudente)* waghalsig ❷ *(sin fundamento)* unüberlegt

temeridad [temeri'ðaᵈ] *f sin pl* ❶ *(imprudencia)* Waghalsigkeit *f;* ~ **manifiesta** (JUR) grobe Fahrlässigkeit ❷ *(insensatez)* unüberlegte Handlung *f*

temeroso, -a [teme'roso, -a] *adj* ❶ *(medroso)* ängstlich; ~ **de Dios** gottesfürchtig; ~ **de que...** +*subj* aus Angst davor, dass … ❷ *(temible)* Furcht erregend

temible [te'miβle] *adj* Furcht erregend

temor [te'mor] *m* ❶ *(miedo)* Furcht *f* (**a/de** vor +*dat*); **por ~ a lo que diga la gente** aus Angst vor dem, was die Leute sagen ❷ *(sospecha)* Befürchtung *f*

témpano ['tempano] *m* ❶ *(pedazo)* Scheibe *f; (de hielo)* (Eis)scholle *f; (de tocino)* Speckscheibe *f;* **quedarse como un ~** starr vor Kälte sein; **tener las manos como un ~** eiskalte Hände haben ❷ *(tambor)* Pauke *f; (piel)* Trommelfell *nt*

témpera ['tempera] *f* ① *(pintura)* Tempera(farbe) *f* ② *(obra)* Temperamalerei *f*
temperación [tempera'θjon] *f* ① *(moderación)* Mäßigung *f;* (MED) Milderung *f* ② *(Am: cambio)* Klimawechsel *m*
temperamental [temperamen̪'tal] *adj* ① *(del temperamento)* Temperaments-; **característica ~** Charaktereigenschaft *f* ② *(persona)* temperamentvoll
temperamento [tempera'men̪to] *m (carácter, vivacidad)* Temperament *nt;* **tener mucho ~** sehr temperamentvoll sein
temperar [tempe'rar] **I.** *vt* mäßigen; (MED) mildern **II.** *vr:* **~se** sich mäßigen
temperatura [tempera'tura] *f* Temperatur *f; (de una persona)* Körpertemperatur *f; (fiebre)* Fieber *nt;* **el niño tiene mucha ~** der Kleine hat hohes Fieber; **tengo algo de ~** ich habe (erhöhte) Temperatur
tempestad [tempes'ta$^{\eth}$] *f (tormenta)* Gewitter *nt; (marejada)* Sturm *m; (agitación)* Aufruhr *f;* **~ de aplausos** Beifallssturm *m;* **~ de injurias** Flut von Beschimpfungen; **~ de silbidos** Pfeifkonzert *nt;* **levantar ~es** Unruhe stiften; **levantar una ~ de protestas** einen Proteststurm auslösen
tempestivo, -a [tempes'tiβo, -a] *adj (elev)* gelegen, zeitlich günstig
tempestuoso, -a [tempestu'oso, -a] *adj* stürmisch; *(ambiente)* geladen
templadamente [templaða'men̪te] *adv* mäßig, in Maßen
templado, -a [tem'plaðo, -a] *adj* ① *(tibio)* lau(warm) ② *(temperado)* mild ③ *(moderado)* maßvoll; **ser ~ en la bebida** nur wenig trinken ④ *(sereno)* ruhig ⑤ *(valiente)* mutig ⑥ *(fam: bebido)* beschwipst; **estar ~** einen Schwips haben
templanza [tem'plan̪θa] *f* ① *(moderación)* Enthaltsamkeit *f* ② *(clima, temperatura)* Milde *f*
templar [tem'plar] **I.** *vt* ① *(moderar)* mäßigen; *(suavizar)* lindern; *(calmar)* beruhigen ② *(calentar)* (auf)wärmen ③ (MÚS) stimmen; **~ a alguien la gaita** jdn zurechtweisen ④ *(apretar)* anziehen ⑤ *(mezclar)* verdünnen ⑥ *(acero)* härten **II.** *vr:* **~se** ① *(moderarse)* sich mäßigen (**en** bei/in +*dat*) ② *(calentarse)* wärmer werden; *(enfriarse)* abkühlen ③ *(Am: enamorarse)* sich verlieben ④ *(Col, Perú: emborracharse)* sich betrinken
temple ['temple] *m* ① *(valentía)* Mut *m* ② *(carácter)* Gemüt *nt; (humor)* Laune *f;* **estar de buen/mal ~** gut/schlecht gelaunt sein ③ *(temperatura)* Temperatur *f; (tiempo)* Wetter *nt* ④ *(del acero: proceso)* Härtung *f; (dureza)* Härtegrad *m* ⑤ (MÚS) Stimmen *nt* ⑥ (ARTE) Temperafarbe *f*
templete [tem'plete] *m (armazón)* Schrein *m*
templo ['templo] *m* Tempel *m;* **una verdad como un ~** *(fam)* eine unumstößliche Wahrheit
tempo ['tempo] *m* Tempo *nt*
temporada [tempo'raða] *f (tiempo)* Zeit *f; (época)* Saison *f;* **~ alta** Hauptsaison *f;* **~ baja** *(anterior)* Vorsaison *f; (posterior)* Nachsaison *f;* **fruta de ~** Obst der Jahreszeit; **llevo una ~ que salgo poco** in letzter Zeit bin ich wenig ausgegangen
temporal [tempo'ral] **I.** *adj* ① *(relativo al tiempo)* zeitlich ② *(no permanente)* vorübergehend; *(no eterno)* vergänglich; **contrato ~** Zeitvertrag *m* ③ *(secular)* weltlich ④ (ANAT) **hueso ~** Schläfenbein *nt* **II.** *m* ① *(tormenta)* Gewitter *nt; (marejada)* Sturm *m;* **capear el ~** *(fig)* Schwierigkeiten meistern ② (ANAT) Schläfenbein *nt*
temporalidad [temporali'ða$^{\eth}$] *f* ① *(limitación)* Befristung *f; (transitoriedad)* Vergänglichkeit *f* ② (REL) Weltlichkeit *f* ③ *pl* (REL) Einkünfte *fpl* der Geistlichen
temporalmente [temporal'men̪te] *adv* vorübergehend, zeitweilig
temporario, -a [tempo'rarjo, -a] *adj (Am)* zeitweilig
temporero, -a [tempo'rero, -a] **I.** *adj* Aushilfs-; **trabajador ~** Aushilfe *f* **II.** *m, f* Aushilfe *f;* (AGR) Saisonarbeiter(in) *m(f)*
temporizador [temporiθa'ðor] *m* (ELEC) Zeitschalter *m,* Timer *m*
temporizar [tempori'θar] <z → c> *vi* ① *(contemporizar)* sich anpassen (**con** +*akk*), Zugeständnisse machen (**con** +*dat*); **~ con alguien** sich jds Meinung anschließen ② *(por pasar el tiempo)* die Zeit totschlagen
tempranero, -a [tempra'nero, -a] **I.** *adj* ① *(anticipado)* vorzeitig; *(fruta)* frühreif ② *(madrugador)* **ser ~** ein Frühaufsteher sein; **¡qué ~ estás hoy!** heute bist du aber schon früh auf den Beinen! **II.** *m, f* Frühaufsteher(in) *m(f)*
temprano[1] [tem'prano] *adv* ① *(a primera hora)* früh; **~ por la mañana** frühmorgens ② *(antes)* vorzeitig; **llegar (demasiado) ~** zu früh sein
temprano, -a[2] [tem'prano, -a] *adj* früh; **a edad temprana** in jungen Jahren
tenacidad [tenaθi'ða$^{\eth}$] *f sin pl* ① *(persona)* Hartnäckigkeit *f; (porfía)* Sturheit *f* ② *(material)* Widerstandsfähigkeit *f* ③ *(dolor, mancha)* Hartnäckigkeit *f*
tenacillas [tena'θiʎas] *fpl* Zange *f; (para rizar)* Lockenschere *f; (para depilar)* Pinzette *f*
tenaz [te'naθ] *adj* ① *(perseverante)* be-

harrlich; *(cabezota)* stur; **ser ~ en sus decisiones** sich nicht von seinen Entscheidungen abbringen lassen ❷ *(resistente)* robust ❸ *(persistente)* hartnäckig; *(niebla)* dicht

tenaza(s) [te'naθa(s)] *f(pl)* Zange *f;* **no me pudieron sacar la verdad ni con ~s** es war unmöglich, die Wahrheit aus mir herauszubekommen; **no les podemos sacar el reloj ni con ~s** was wir auch tun, sie rücken die Uhr nicht raus

tenca ['teŋka] *f* Schleie *f*

tencha ['tentʃa] *f (Guat: cárcel)* Gefängnis *nt*

tendal [teṇ'dal] *m (toldo)* Sonnendach *nt*

tendear [teṇde'ar] *vi (Méx)* bummeln

tendedero [teṇde'ðero] *m* ❶ *(lugar)* Trockenplatz *m* ❷ *(armazón)* Wäscheständer *m; (cuerdas)* Wäscheleine *f*

tendencia [teṇ'deṇθja] *f* ❶ *(inclinación)* Neigung *f* (**a** zu +*dat*); **tener ~ a algo** zu etw *dat* neigen ❷ *(dirección)* Tendenz *f;* **~ alcista** Aufwärtstrend *m;* **~ al alza/a la baja** steigende/rückläufige Tendenz; **las últimas ~s de la moda** die aktuellen Modetrends ❸ *(aspiración)* Streben *nt* (**a** nach +*dat*); **~s autonomistas** Autonomiebestreben *nt*

tendencioso, -a [teṇdeṇ'θjoso, -a] *adj (pey)* tendenziös

tendente [teṇ'deṇte] *adj* zielend (**a** auf +*akk*), tendierend (**a** nach +*dat*)

tender [teṇ'der] <e → ie> **I.** *vt* ❶ *(desdoblar, esparcir)* ausbreiten (**sobre** auf +*dat*); **~ la cama** *(Am)* das Bett machen; **~ la mesa** *(Am)* den Tisch decken ❷ *(tumbar)* hinlegen (**sobre/en** auf +*akk*); *(de golpe)* zu Boden strecken ❸ *(colocar: ropa)* aufhängen; *(cuerda)* spannen; *(puente)* schlagen; *(línea, vía)* verlegen ❹ *(aproximar)* reichen; **~ la mano a alguien** *(fig)* jdm helfen **II.** *vi* ❶ *(tirar)* tendieren; **tu cabello tiende a rojizo** deine Haarfarbe geht ins Rötliche ❷ *(inclinarse)* neigen (**a** zu +*dat*); **tiendo a salir poco** ich gehe nur ungern aus ❸ (MAT) gehen (**a** gegen +*akk*) ❹ *(aspirar)* streben (**a** nach +*dat*); *(estar dirigido)* abzielen (**a** auf +*akk*) **III.** *vr:* **~se** ❶ *(tumbarse)* sich hinlegen (**sobre/en** auf +*akk*) ❷ *(abandonarse)* nachlässig werden

T

tenderete [teṇde'rete] *m* (COM) Stand *m*

tendero, -a [teṇ'dero, -a] *m, f* ❶ *(dueño)* Ladenbesitzer(in) *m(f)* ❷ *(dependiente)* Verkäufer(in) *m(f)*

tendidamente [teṇdiða'meṇte] *adv* ausführlich, weitschweifig; **explicar algo larga y ~** etw lang und breit erklären

tendido[1] [teṇ'diðo] *m* ❶ *(de un cable)* Verlegen *nt* ❷ *(cables)* Leitungen *fpl* ❸ *(ropa)* (zum Trocknen aufgehängte) Wäsche *f* ❹ (TAUR) Sperrsitze *mpl* ❺ *(Am: de la cama)* Bettwäsche *f*

tendido, -a[2] [teṇ'diðo, -a] *adj (galope)* gestreckt; **largo y ~** ausführlich

tendinitis [teṇdi'nitis] *f inv* (MED) Sehnenentzündung *f*

tendón [teṇ'don] *m* Sehne *f*

tenducho [teṇ'dutʃo] *m (pey)* (schäbiger) Kramladen *m*

tenebrosidad [teneβrosi'ðaᵈ] *f* ❶ *(de un lugar)* Finsternis *f* ❷ *(del porvenir)* Düsterkeit *f* ❸ *(de palabras, hechos)* Rätselhaftigkeit *f*

tenebroso, -a [tene'βroso, -a] *adj (oscuro, t. fig)* finster; *(tétrico)* düster

tenedor[1] [tene'ðor] *m (para comer)* Gabel *f*

tenedor(a)[2] [tene'ðor(a)] *m(f)* ❶ *(propietario)* Inhaber(in) *m(f);* **~ de tierras** Pächter *m* ❷ (FIN) **~ de libros** Buchhalter *m*

tenencia [te'neṇθja] *f* (JUR) Besitz *m;* **~ ilícita de armas** unerlaubter Waffenbesitz

tener [te'ner] *irr* **I.** *vt* ❶ *(poseer, disfrutar, sentir, padecer)* haben; **~ los ojos azules** blaue Augen haben; **~ 29 años** 29 (Jahre alt) sein; **~ poco de tonto** alles andere als dumm sein; **no ~ nada de especial** nichts Besonderes sein; **¿(con que) esas tenemos?** so ist das also!; **~la tomada con alguien** *(fam)* jdn auf dem Kieker haben; **no ~las todas consigo** schlechte Karten haben; **no ~ nada que perder** nichts zu verlieren haben; **no ~ precio** unbezahlbar sein; **~ cariño a alguien** jdn lieb haben; **~ la culpa de algo** an etw *dat* schuld sein; **¿tienes frío?** ist dir kalt?; **le tengo lástima** er/sie tut mir leid; **~ sueño** müde sein ❷ *(considerar)* halten (**por** für +*akk*); **~ a alguien en menos/mucho** wenig/viel von jdm halten; **ten por seguro que...** du kannst dich darauf verlassen, dass ...; **tengo para mí que...** ich persönlich glaube, dass ... ❸ *(guardar)* aufbewahren ❹ *(contener)* beinhalten; **el frasco ya no tiene miel** es ist kein Honig mehr im Glas ❺ *(coger)* nehmen ❻ *(sujetar)* festhalten; **~ a alguien por el brazo** jdn am Arm festhalten ❼ *(recibir)* bekommen; **ha tenido un niño** sie hat ein Kind gekriegt ❽ *(hacer sentir)* **me tienes preocupada** ich mache mir deinetwegen Sorgen; **me tienes loca** du machst mich ganz verrückt; **me tienes hasta las narices** *(fam)* ich habe die Nase voll von dir; **la tengo hasta las narices con mis preguntas** *(fam)* sie hat die Nase voll von meinen Fragen ❾ *(cumplir)* **~ su palabra** sein Wort halten ❿ *(loc)* **~ cuida-**

do vorsichtig sein; **me tiene sin cuidado** das ist mir egal; ~ **prisa** es eilig haben; ~ **en cuenta** berücksichtigen; ~ **presente algo** sich *dat* etw vor Augen halten **II.** *vr:* **~se** ① *(considerarse)* sich halten (**por** für +*akk*); **~se en mucho** viel auf sich halten ② *(sostenerse)* sich halten; **~se de pie** stehen (bleiben); **~se firme** aufrecht stehen (bleiben); *(fig)* standhaft bleiben; **estoy que no me tengo** ich bin todmüde ③ *(dominarse)* sich beherrschen ④ *(atenerse)* sich halten (**a** an +*akk*) **III.** *aux* ① *(con participio concordante)* ~ **pensado hacer algo** vorhaben etw zu tun; **ya tengo comprado todo** ich habe schon alles gekauft; **me lo tenía callado** ich habe kein Sterbenswort gesagt; **ya me lo tenía pensado** das habe ich mir bereits gedacht ② *(obligación, necesidad)* ~ **que** müssen; ~ **mucho que hacer** viel zu tun haben; **¿qué tiene que ver esto conmigo?** was hat das mit mir zu tun?

Tenerife [tene'rife] *m* Teneriffa *nt*

tenia ['tenja] *f* (ZOOL) Bandwurm *m*

tenida [te'niða] *f* *(Chil)* Kleidung *f;* *(traje)* Anzug *m;* *(uniforme)* Uniform *f*

teniente [te'njen̩te] **I.** *adj* ① *(fam: sordo)* schwerhörig ② *(inmaduro)* unreif **II.** *m* (MIL) Leutnant *m;* ~ **coronel** Oberstleutnant *m*

tenis ['tenis] *m sin pl* Tennis *nt*

tenista [te'nista] *mf* Tennisspieler(in) *m(f)*

tenor [te'nor] *m* ① *(contenido, t.* MÚS) Tenor *m;* **a este** ~ in diesem Stil; **a** ~ **de** gemäß +*dat* ② *(constitución)* Beschaffenheit *f*

tenorio [te'norjo] *m* Don Juan *m*

tensar [ten'sar] *vt* straffen

tensiómetro [ten'sjometro] *m* (FÍS) Tensometer *nt,* Dehnungsmesser *m*

tensión [ten'sjon] *f* ① (FÍS) Spannung *f* ② *(estado: cosa)* Gespanntheit *f;* *(cuerda, piel)* Straffheit *f;* *(nervios, músculos)* Anspannung *f;* *(impaciencia)* Spannung *f;* **película de** ~ Thriller *m;* **estar en** ~ *(nervioso)* sehr angespannt sein; *(impaciente)* gespannt sein ③ (MED) ~ **arterial** Blutdruck *m* ④ *pl* *(conflicto)* Spannungen *fpl*

tenso, -a ['tenso, -a] *adj* *(cosa, situación)* gespannt; *(cuerda, piel)* straff; *(músculos, nervios)* angespannt; *(impaciente)* gespannt

tensor [ten'sor] *m* ① *(mecanismo)* Spanner *m* ② *(para hacer gimnasia)* Expander *m* ③ *(músculo)* Spannmuskel *m;* (MED) Tensor *m* ④ (MAT) Tensor *m*

tentación [ten̩ta'θjon] *f* Versuchung *f;* **me dan tentaciones de...** ich bin versucht zu …

tentáculo [ten̩'takulo] *m* Fangarm *m*

tentador(a) [ten̩ta'ðor(a)] **I.** *adj* verführerisch **II.** *m(f)* Verführer(in) *m(f)*

tentar [ten̩'tar] <e → ie> *vt* ① *(palpar)* betasten; *(reconocer)* ertasten ② *(atraer)* (ver)locken; *(seducir)* verführen (**a** zu +*dat*); **no me tientes** führe mich nicht in Versuchung

tentativa [ten̩ta'tiβa] *f* Versuch *m;* ~ **de robo** versuchter Diebstahl

tentempié [ten̩tem'pje] *m* *(fam: refrigerio)* Snack *m*

tentetieso [ten̩te'tjeso] *m* Stehaufmännchen *nt*

tenue ['tenwe] *adj* ① *(delgado)* dünn; *(delicado)* fein ② *(sutil)* zart; *(débil)* schwach; **luz** ~ Dämmerlicht *nt* ③ *(sencillo)* schlicht

tenuidad [tenwi'ðað] *f* ① *(de una tela)* Feinheit *f* ② *(de colores)* Zartheit *f;* *(de la luz)* Schwäche *f* ③ *(del estilo)* Schlichtheit *f* ④ *(pequeñez)* Kleinigkeit *f*

teñido [te'ɲiðo] *m* ① *(acción)* Färben *nt* ② *(efecto)* Färbung *f*

teñir [te'ɲir] *vt, vr irr como ceñir* **~se** (sich) färben; ~(**se**) **de rojo** (sich) rot färben; **~se el cabello de negro** sich *dat* die Haare schwarz färben; ~ **de tristeza** mit Trauer erfüllen

teocracia [teo'kraθja] *f* Theokratie *f*

teología [teolo'xia] *f* Theologie *f*

teólogo, -a [te'oloɣo, -a] **I.** *adj* theologisch **II.** *m, f* Theologe, -in *m, f;* *(estudiante)* Theologiestudent(in) *m(f)*

teorema [teo'rema] *m* Lehrsatz *m*

teorético, -a [teo'retiko, -a] *adj* theoretisch

teoría [teo'ria] *f* Theorie *f;* ~ **de los colores** Farbenlehre *f;* **en** ~ theoretisch

teórica [te'orika] *f* Theorie *f*

teórico, -a [te'oriko, -a] **I.** *adj* theoretisch **II.** *m, f* Theoretiker(in) *m(f)*

teorizar [teori'θar] <z → c> **I.** *vt* theoretisch behandeln **II.** *vi* theoretisieren

tequiar [te'kjar] *vt* *(AmC: perjudicar)* benachteiligen

tequila [te'kila] *m* (GASTR) Tequila *m*

tequio ['tekjo] *m* *(AmC, Méx)* ① *(molestia)* Belästigung *f* ② *(daño)* Schaden *m*

tequioso, -a [te'kjoso, -a] *adj* *(AmC)* ① *(travieso)* frech; *(niño)* ungezogen ② *(molesto)* lästig

TER [ter] *m inv abr de* **Tren Español Rápido** TER *m (spanischer IC)*

terapeuta [tera'peu̯ta] *mf* Therapeut(in) *m(f)*

terapéutica [tera'peu̯tika] *f* Therapeutik *f*

terapéutico, -a [tera'peu̯tiko, -a] *adj* therapeutisch

terapia [te'rapja] *f* Therapie *f*

T

tercer [ter'θer] *adj v.* **tercero**

tercera [ter'θera] *f* ❶ (AUTO) dritter Gang *m* ❷ (MÚS) Terz *f* ❸ (FERRO) dritte Klasse *f*

tercería [terθe'ria] *f (mediación)* Vermittlung *f*

tercermundismo [terθermuṇ'dismo] *m sin pl* ❶ *(subdesarrollo)* Unterentwicklung *f* ❷ *(problemática)* Dritte-Welt-Problematik *f*

tercermundista [terθermuṇ'dista] *adj* Dritte-Welt-

Tercer Mundo [ter'θer 'muṇdo] *m sin pl* Dritte Welt *f*

tercero [ter'θero] **I.** *m* ❶ (*t.* JUR) Dritte(r) *m* ❷ *(alcahuete)* Kuppler *m,* Vermittler(in) *m(f)* **II.** *adv* drittens

tercero, -a [ter'θero, -a] *adj (delante de un sustantivo masculino: tercer)* dritte(r, s); **terceras personas** Dritte *pl;* **en tercer lugar** drittens; **a la tercera va la vencida** *(prov)* aller guten Dinge sind drei; *v. t.* **octavo**

terceto [ter'θeto] *m* Terzett *nt*

tercia ['terθja] *f* (REL) Terz *f*

terciado, -a [ter'θjaðo, -a] *adj* ❶ *(dividido)* dreigeteilt ❷ *(con un tercio gastado)* zu einem Drittel verbraucht ❸ *(de menor calidad)* **azúcar ~** brauner Zucker *m*

terciar [ter'θjar] **I.** *vt* ❶ *(dividir)* dritteln ❷ *(atravesar)* (quer) umhängen ❸ *(la carga)* gleichmäßig verteilen ❹ *(Am: aguar)* panschen **II.** *vi* ❶ *(intervenir)* eingreifen ❷ *(mediar)* vermitteln (**con** bei +*dat*) ❸ *(participar)* mitmachen (**en** bei +*dat*); ~ **en un juego** mitspielen **III.** *vr, vimpers:* **~se** ❶ *(ocasión)* sich ergeben; **si se tercia** wenn es sich ergibt; **prepararse por lo que se pueda ~** für alle Fälle gerüstet sein ❷ *(ponerse)* sich *dat* (quer) umhängen

terciario [ter'θjarjo] *m* (GEO) Tertiär *nt*

terciario, -a [ter'θjarjo, -a] *adj* (*t.* GEO) tertiär

T

tercio ['terθjo] *m* ❶ *(parte)* Drittel *nt; v. t.* **octavo** ❷ *(loc)* **hacer buen/mal ~ a alguien** jdm einen guten/schlechten Dienst erweisen

terciopelo [terθjo'pelo] *m* Samt *m;* **de ~** samten

terco, -a ['terko, -a] **I.** *adj* ❶ *(persona)* stur ❷ *(niño)* trotzig ❸ *(animal)* störrisch ❹ *(cosa)* steif **II.** *m, f* Dickkopf *m*

tere ['tere] *adj (Col)* ❶ *(llorón)* weinerlich ❷ *(enclenque)* schwächlich

tereque [te'reke] *m (Col, RDom, PRico, Ven: cachivache)* Gerümpel *nt*

tergal® [ter'ɣal] *m* Tergal® *nt*

tergiversar [terxiβer'sar] *vt (hechos)* verfälschen; *(la verdad)* verdrehen; *(palabras)* falsch wiedergeben

termal [ter'mal] *adj* thermal; **aguas ~es** Thermalquelle *f*

termalismo [terma'lismo] *m* therapeutische Nutzung *f* der Thermalquellen; ~ **social** *von der öffentlichen Gesundheitskasse bezuschusster Kururlaub*

termas ['termas] *fpl (baños)* Thermalbad *nt; (de los romanos)* Thermen *fpl*

térmico, -a ['termiko, -a] *adj* thermisch; **central térmica** Wärmekraftwerk *nt*

terminación [termina'θjon] *f* ❶ *(acción)* Beendung *f; (de un proyecto)* Abschluss *m; (producción)* Fertigstellung *f; (de un plazo)* Ablauf *m* ❷ *(final)* Ende *nt; (borde)* Abschluss *m*

terminado [termi'naðo] *m* Verarbeitung *f*

terminal¹ [termi'nal] **I.** *adj* End-; **parte ~** Schlussteil *m;* **un enfermo ~** ein sich im Endstadium befindender Kranker **II.** *m* (INFOR) Terminal *nt;* ~ **de autoembarque** Check-in-Automat *m;* ~ **de cobro con tarjeta** Chipkartenterminal *nt*

terminal² [termi'nal] *f* ❶ *(estación)* Endstation *f;* (FERRO) Endbahnhof *m* ❷ *(de (aero)puerto)* Terminal *m o nt;* ~ **aérea** Flughafenterminal *m o nt*

terminante [termi'naṇte] *adj* ❶ *(claro)* eindeutig ❷ *(definitivo)* endgültig

terminar [termi'nar] **I.** *vt* ❶ *(finalizar)* beenden; *(proyecto)* abschließen; **¿cuándo terminas?** wann bist du fertig? ❷ *(producir)* fertig stellen; **¿cuándo van a ~ el puerto?** wann wird der Hafen fertig gestellt?; **estar bien terminado** sorgfältig verarbeitet sein ❸ *(consumir)* aufbrauchen; *(beber)* austrinken; *(comer)* aufessen **II.** *vi* ❶ *(tener fin)* enden; *(plazo, contrato)* ablaufen; ~ **en punta** spitz zulaufen; **¿cuándo termina la película?** wann ist der Film zu Ende?; **la escuela termina a las dos** die Schule ist um zwei aus ❷ *(acercarse al final)* zu Ende gehen; **ya termina la película** der Film ist bald zu Ende ❸ *(poner fin)* aufhören ❹ *(destruir)* vernichten (**con** +*akk*); **el tabaco va a ~ contigo** das Rauchen macht dich noch kaputt ❺ *(de hacer algo)* ~ **de construir** fertig stellen; ~ **de hacer/coser/comer** fertig machen/nähen/essen; **cuando termines de comer...** wenn du mit dem Essen fertig bist, ... ❻ *(separarse)* Schluss machen ❼ *(llegar a)* ~ **por hacer algo** schließlich etw tun; **terminaron peleándose** am Ende stritten sie sich ❽ *(haber hecho)* ~ **de hacer algo** gerade etwas getan haben ❾ (DEP) ins Ziel kommen **III.** *vr:* **~se** ❶ *(aproximarse al final)* zu Ende gehen

❷ *(no haber más)* ausgehen; **se me está terminando la paciencia** ich bin bald mit meiner Geduld am Ende

término ['termino] *m* ❶ *(fin)* Ende *nt;* **me bajé en el ~** ich stieg an der Endstation aus; **he llegado al ~ de mi paciencia** ich bin mit meiner Geduld am Ende; **dar ~ a algo** etw beenden; **llevar a ~** zu Ende bringen; **poner ~ a algo** etw *dat* ein Ende machen; **sin ~** endlos ❷ *(plazo)* Zeitraum *m;* **en el ~ de quince días** innerhalb von zwei Wochen ❸ *(linde)* Grenze *f* ❹ (ADMIN) Bezirk *m;* **~ municipal** Gemeindebezirk *m* ❺ *(vocablo)* Ausdruck *m; (especial)* Terminus *m;* **en buenos ~s** gelinde gesagt; **en otros ~s** mit anderen Worten; **contestar en malos ~s** barsch antworten ❻ *(parte)* Teil *m* ❼ *pl (de un contrato)* Bestimmungen *fpl;* **~s y condiciones generales** (JUR) allgemeine Geschäftsbedingungen ❽ *(loc)* **~ medio** Durchschnitt *m;* **por ~ medio** durchschnittlich; **en primer ~** an erster Stelle; **en último ~** letztendlich; **estar en buenos/malos ~s** sich gut/schlecht verstehen; **separarse en buenos/malos ~s** gütlich/im Streit auseinandergehen

terminología [terminolo'xia] *f* Fachwortschatz *m*

terminológico, -a [termino'loxiko, -a] *adj* fachsprachlich; **diccionario ~** Fachwörterbuch *nt*

termita [ter'mita] *f* (ZOOL) Termite *f*

termitero [termi'tero] *m* (ZOOL) Termitenhügel *m*

termo ['termo] *m* Thermosflasche *f*

termodinámica [termoði'namika] *f* (FÍS) Thermodynamik *f*

termología [termolo'xia] *f* (FÍS) Wärmelehre *f*

termómetro [ter'mometro] *m* Thermometer *nt;* **~ clínico** Fieberthermometer *nt*

termonuclear [termonukle'ar] *adj* (FÍS) thermonuklear

termorregulación [termorreɣula'θjon] *f* (BIOL, TÉC) Wärmeregelung *f*

termostato [termos'tato] *m,* **termóstato** [ter'mostato] *m* Thermostat *m,* Temperaturregler *m*

termotecnia [termo'teɣnja] *f* Wärmetechnik *f*

terna ['terna] *f (candidatos)* Kandidatenliste *f (mit drei Vorschlägen)*

ternario, -a [ter'narjo, -a] *adj* Dreier-; *(de tres unidades)* dreiteilig

terne ['terne] **I.** *adj* ❶ *(fam: bravucón)* großmäulig ❷ *(fam: cabezota)* stur ❸ *(recio)* kräftig **II.** *m (fam: bravucón)* Großmaul *nt*

ternejo, -a [ter'nexo, -a] *adj (Ecua, Perú: persona)* kraftvoll, energisch

ternera [ter'nera] *f (carne)* Kalbfleisch *nt*

ternero, -a [ter'nero, -a] *m, f* Kalb *nt*

ternilla [ter'niʎa] *f* Knorpel *m*

terno ['terno] *m* ❶ *(conjunto)* Dreiheit *f* ❷ *(traje)* dreiteiliger Anzug *m* ❸ *(juramento)* Kraftausdruck *m;* **echar ~s** fluchen

ternura [ter'nura] *f* ❶ *(cariño)* Zärtlichkeit *f* ❷ *(dulzura)* Lieblichkeit *f* ❸ *(blandura, delicadeza, suavidad, sensibilidad)* Zartheit *f* ❹ *(Chil, Ecua, Guat: inmadurez)* Unreife *f*

terquedad [terke'ðaᵈ] *f* ❶ *(testarudez)* Sturheit *f* ❷ *(porfía)* Rechthaberei *f* ❸ *(de un niño)* Trotz *m* ❹ *(de un animal)* Störrischkeit *f*

terracota [terra'kota] *f* Terrakotta *f*

terrado [te'rraðo] *m* (Flach)dach *nt; (terraza)* (Dach)terrasse *f*

terral [te'rral] **I.** *adj* **viento ~** Landwind *m* **II.** *m* (METEO) Landwind *m*

Terranova [terra'noβa] *f* Neufundland *nt*

terraplén [terra'plen] *m* ❶ *(montón)* (Erd)aufschüttung *f; (protección)* (Erd)wall *m* ❷ *(desnivel)* Damm *m;* **~ de un ferrocarril** Bahndamm *m*

terráqueo, -a [te'rrakeo, -a] **I.** *adj* Erd-; **globo ~** Erdkugel *f* **II.** *m, f* Erdbewohner(in) *m(f)*

terrario [te'rrarjo] *m* Terrarium *nt*

terrateniente [terrate'njente] *mf* Großgrundbesitzer(in) *m(f)*

terraza [te'rraθa] *f (jardín, terrado)* Terrasse *f; (balcón)* Balkon *m*

terremoto [terre'moto] *m* Erdbeben *nt*

terrenal [terre'nal] *adj* irdisch; **paraíso ~** Paradies auf Erden

terreno[1] [te'rreno] *m* ❶ *(suelo)* (Erd)boden *m;* (GEO) Formation *f;* **~ arcilloso** Tonboden *m* ❷ *(espacio)* Gelände *nt; (parcela)* Grundstück *nt; (campo)* Feld *nt;* (DEP) Spielfeld *nt;* **~ edificable** Bauland *nt;* **vehículo todo ~** Geländefahrzeug *nt* ❸ *(esfera)* Gebiet *nt;* **~ desconocido** Neuland *nt;* **está en su propio ~** er/sie kennt sich auf diesem Gebiet aus ❹ *(loc)* **sobre el ~** an Ort und Stelle; **explorar el ~** *(fig)* das Terrain sondieren; **ganar/perder ~** an Boden gewinnen/verlieren; **minar el ~ a alguien** *(fig)* jdm Fallstricke legen; **preparar el ~ para las negociaciones** das Terrain für die Verhandlungen vorbereiten

terreno, -a[2] [te'rreno, -a] *adj* irdisch

térreo, -a ['terrreo, -a] *adj (de tierra)* erdig; *(parecido a la tierra)* erdartig; **de color ~** erdfarben

terrera [te'rrera] *f* (ZOOL) Lerche *f*

T

terrero[1] [te'rrero] *m* Haufen *m;* (MIN) Halde *f*

terrero, -a[2] [te'rrero, -a] *adj* ❶ *(de/para la tierra)* Erd-; **casa terrera** *(PRico)* einstöckiges Haus ❷ *(bajo, humilde)* niedrig

terrestre [te'rrestre] **I.** *adj* ❶ *(de la Tierra)* Erd-; **globo** ~ Erdkugel *f* ❷ *(en la tierra)* Land-; **animal** ~ Landlebewesen *nt;* **trasporte** ~ Beförderung auf dem Landweg ❸ *(terrenal)* irdisch **II.** *mf* Erdbewohner(in) *m(f)*

terrible [te'rriβle] *adj* schrecklich; **hace un frío** ~ es ist schrecklich kalt; **tener un hambre** ~ furchtbar hungrig sein

terriblemente [terriβle'mente] *adv* schrecklich, furchtbar; **está** ~ **resfriado** er ist furchtbar erkältet

terrícola [te'rrikola] **I.** *adj (terrestre)* Erd-; **animales** ~**s** Landlebewesen *ntpl* **II.** *mf* Erdbewohner(in) *m(f);* **marcianos y** ~**s** Marsmenschen und Erdbewohner

territorial [territo'rjal] *adj* ❶ (GEO, POL) territorial; **división** ~ Gebietsteilung *f* ❷ (ZOOL) Revier-

territorio [terri'torjo] *m* ❶ *(región)* Gebiet *nt;* (POL) Territorium *nt;* (JUR) Bezirk *m;* ~ **jurisdiccional** Gerichtsbezirk *m* ❷ (ZOOL) Revier *nt*

terrón [te'rron] *m* ❶ *(masa)* Klumpen *m;* ~ (**de azúcar**) Stück Zucker; ~ (**de tierra**) Erdklumpen *m;* **azúcar de** ~ Würfelzucker *m* ❷ *(pl) (fam: campo)* Scholle *f*

terror [te'rror] *m* ❶ *(miedo)* (panische) Angst *f;* **película de** ~ Horrorfilm *m;* **las arañas me dan** ~ ich habe panische Angst vor Spinnen; **me domina el** ~ ich bin von großer Angst geplagt ❷ *(que provoca miedo)* Schrecken *m* ❸ (POL) Terror *m;* **reino de** ~ Terrorherrschaft *f*

terrorífico, -a [terro'rifiko, -a] *adj* schrecklich

terrorismo [terro'rismo] *m sin pl* ❶ *(lucha)* Terrorismus *m* ❷ *(dominación)* Terrorisierung *f*

terrorista [terro'rista] **I.** *adj* terroristisch; **organización** ~ Terrororganisation *f* **II.** *mf* Terrorist(in) *m(f)*

terroso, -a [te'rroso, -a] *adj* erdig; *(color)* erdfarben

terruño [te'rruɲo] *m* ❶ *(trozo)* (Erd)scholle *f* ❷ *(comarca)* Gegend *f; (patria)* Heimat *f* ❸ *(terreno)* Grundstück *nt;* (AGR) Scholle *f*

terso, -a ['terso, -a] *adj* ❶ *(liso)* glatt; *(tirante)* straff ❷ *(limpio)* sauber; *(trasparente)* klar; *(brillante)* glänzend ❸ *(sencillo)* klar; *(fluido)* flüssig

tersura [ter'sura] *f* ❶ *(lisura)* Glätte *f; (tirantez)* Straffheit *f* ❷ *(limpieza)* Sauberkeit *f; (trasparencia)* Klarheit *f; (brillo)* Glanz *m* ❸ *(sencillez)* Klarheit *f; (fluidez)* Flüssigkeit *f*

tertulia [ter'tulja] *f* ❶ *(reunión)* Treffen *nt; (para conversar)* (Gesprächs)kreis *m; (en un bar)* Stammtisch *m;* ~ **literaria** literarischer Zirkel ❷ *(para jugar)* Spielsaal *m*

tertuliano, -a [tertu'ljano, -a] *m, f* Teilnehmer(in) *m(f)* an einem Gesprächskreis

tertuliar [tertu'ljar] *vi (Am)* plaudern

tesina [te'sina] *f* Diplomarbeit *f; (en Letras)* Magisterarbeit *f*

tesis ['tesis] *f inv* ❶ *(proposición)* These *f* ❷ *(doctoral)* Dissertation *f*

tesitura [tesi'tura] *f* ❶ *(disposición)* Stimmung *f* ❷ (MÚS) Stimmlage *f*

teso, -a ['teso, -a] *adj* ❶ *(tieso)* steif, starr ❷ (ARQUIT) **lima tesa** Dachgrat *m,* Dachecke *f*

tesón [te'son] *m* Beharrlichkeit *f;* **trabajar con** ~ hart arbeiten

tesonero, -a [teso'nero, -a] *adj (Am)* ❶ *(perseverante)* beharrlich ❷ *(tenaz)* zielstrebig

tesorería [tesore'ria] *f* ❶ *(cargo)* Schatzmeisteramt *nt* ❷ *(despacho, t.* FIN) Kasse *f*

tesorero, -a [teso'rero, -a] *m, f* Schatzmeister(in) *m(f)*

tesoro [te'soro] *m* ❶ *(de gran valor)* Schatz *m;* **ser un** ~ **de una persona** ein wunderbarer Mensch sein; **valer un** ~ Gold wert sein ❷ *(fortuna)* Vermögen *nt;* ~ (**público**) Fiskus *m* ❸ *(cariño)* Schatz *m*

test [tes[t]] *m inv* Test *m*

testa ['testa] *f* ❶ *(cabeza)* Haupt *nt;* ~ **dura** Dickkopf *m;* ~ **de ferro** Strohmann *m* ❷ *(frente)* Vorderseite *f* ❸ *(fam: sensatez)* Köpfchen *nt*

testador(a) [testa'ðor(a)] *m(f)* Erblasser(in) *m(f)*

testaferro [testa'ferro] *m* Strohmann *m*

testamento [testa'mento] *m* Testament *nt;* ~ **abierto** öffentliches Testament; **hacer** ~ sein Testament machen

testar [tes'tar] *vi* sein Testament machen

testarudez [testaru'ðeθ] *f* ❶ *(cualidad)* Dickköpfigkeit *f* ❷ *(acción)* stures Verhalten *nt*

testarudo, -a [testa'ruðo, -a] **I.** *adj* dickköpfig **II.** *m, f* Dickkopf *m*

testear [teste'ar] *vt (Arg, Chil: someter a prueba)* testen

testera [tes'tera] *f* ❶ *(de la cabeza)* Stirn *f* ❷ *(parte)* Vorderseite *f; (fachada)* Fassade *f*

testículo [tes'tikulo] *m* Hoden *m*

testificación [testifika'θjon] *f* ❶ *(declaración)* Erklärung *f; (de un testigo)* (Zeugen)aussage *f* ❷ *(afirmación)* Bezeugung *f;*

T

(documento) Bescheinigung *f,* Nachweis *m* ③ *(prueba)* Beweis *m,* Zeugnis *nt*

testificar [testifi'kar] <c → qu> **I.** *vt* ① *(declarar)* erklären; *(testigo)* aussagen ② *(afirmar: testigo)* bezeugen; *(documento)* bescheinigen ③ *(demostrar)* beweisen **II.** *vi* (als Zeuge) aussagen

testigo[1] [tes'tiɣo] *mf* (*t.* JUR) Zeuge, -in *m, f;* **~ de cargo/de descargo** Belastungs-/Entlastungszeuge *m;* **~ de matrimonio** Trauzeuge *m;* **~ ocular** Augenzeuge *m;* **fui ~ del accidente** ich habe den Unfall gesehen; **examinar ~s** Zeugen vernehmen; **poner a alguien por ~** sich auf jdn berufen

testigo[2] [tes'tiɣo] *m (prueba)* Zeugnis *nt;* **ser ~ de algo** von etw *dat* zeugen

testimonial [testimo'njal] *adj* ① *(que afirma)* Zeugen-; **declaración ~** Zeugenaussage *f* ② *(que prueba)* Beweis-

testimoniar [testimo'njar] **I.** *vt* ① *(declarar)* aussagen ② *(afirmar)* bezeugen ③ *(dar muestra)* bekunden ④ *(probar)* beweisen **II.** *vi* (als Zeuge) aussagen

testimonio [testi'monjo] *m* ① *(declaración)* Aussage *f;* **dar ~** aussagen ② *(afirmación)* Bezeugung *f* ③ *(muestra)* Bekundung *f* ④ *(prueba)* Beweis *m*

testosterona [testoste'rona] *f* (BIOL) Testosteron *nt*

testuz [tes'tuθ] *m o f* ① *(frente)* Stirn *f* ② *(nuca)* Nacken *m*

teta ['teta] *f* ① *(pecho)* Brust *f;* **niño de ~** Säugling *m;* **dar la ~** stillen; **quitar la ~** abstillen ② *(ubre)* Euter *m* ③ *(pezón: mujer)* Brustwarze *f; (animal)* Zitze *f*

tétano(s) ['tetano(s)] *m (inv)* Wundstarrkrampf *m*

tetar [te'tar] *vt (personas)* stillen, die Brust geben *+dat; (animales)* säugen

tetera [te'tera] *f* ① *(para té)* Teekanne *f* ② *(Am: tetilla)* Sauger *m* ③ *(Am) v.* **tetero**

tetero [te'tero] *m (Am)* (Saug)flasche *f*

tetilla [te'tiʎa] *f* ① *(biberón)* Sauger *m* ② *(animal)* Zitze *f*

tetina [te'tina] *f (tetilla del biberón)* Sauger *m*

tetona [te'tona] *adj (fam)* vollbusig

tetrabrik® [tetra'βrik] *m* Tetra Pak® *m*

tetraedro [tetra'eðro] *m* (MAT) Tetraeder *nt*

tetragonal [tetraɣo'nal] *adj* (MAT) ① *(forma)* viereckig, tetragonal ② *(relativo al tetrágono)* Vierecks-

tetrapléjico, -a [tetra'plexiko, -a] *adj* (MED) an Armen und Beinen gelähmt

tétrico, -a ['tetriko, -a] *adj* düster; **estar de un humor ~** niedergeschlagen sein

tetuda [te'tuða] *adj (pey)* vollbusig

teutón, -ona [teu̯'ton, -ona] **I.** *adj* teutonisch **II.** *m, f* Teutone, -in *m, f*

textil [tes'til] **I.** *adj* textil; **planta ~** Faserpflanze *f* **II.** *m* (Textil)faser *f*

texto ['testo] *m* Text *m; (pasaje)* Textstelle *f;* (**libro de**) **~** Schulbuch *nt*

textual [testu'al] *adj* ① *(relativo al texto)* textuell; *(escrito)* schriftlich ② *(conforme al texto)* textgemäß; *(literal)* wörtlich; *(exacto)* genau; **con las palabras ~es** (wort)wörtlich

textura [tes'tura] *f* ① *(acción)* Weben *nt* ② *(tejido)* Gewebe *nt* ③ *(estructura)* Struktur *f;* (GEO, QUÍM) Textur *f*

tez [teθ] *f* (Gesichts)haut *f;* **de ~ morena** dunkelhäutig

ti [ti] *pron pers* **a ~** *(objeto directo)* dich; *(indirecto)* dir; **de ~** von dir; **de ~ para mí** unter uns gesagt; **para ~** für dich; **por ~** deinetwegen

tía ['tia] *f* ① *(pariente, señora)* Tante *f;* **¡(cuéntaselo a) tu ~!** *(fam)* das kannst du deiner Großmutter erzählen!; **no hay tu ~** *(fam)* da ist nichts zu machen ② *(fam: mujer)* Frau *f; (pey)* Tante *f;* **¡qué ~ más buena!** so ein Klasseweib!; **vaya ~ más tonta** so eine blöde Kuh ③ *(fam: ramera)* Nutte *f* ④ *(fam: tratamiento)* **pero ~, ¿qué te pasa, ~?** Mensch, was ist denn mit dir los?

tiara [ti'ara] *f* Tiara *f*

tiberio [ti'βerjo] *m (fam)* Krach *m,* Radau *m*

Tíbet ['tiβet] *m* Tibet *nt*

tibetano, -a [tiβe'tano, -a] **I.** *adj* tibetisch **II.** *m, f* Tibeter(in) *m(f)*

tibia ['tiβja] *f* (ANAT) Schienbein *nt*

tibiarse [ti'βjarse] *vr (AmC, Ven: irritarse)* böse werden

tibiera [ti'βjera] *f (Ven)* ① *(molestia)* Belästigung *f* ② *(fastidio)* Ärger *m*

tibieza [ti'βjeθa] *f* Lauheit *f*

tibio, -a ['tiβjo, -a] *adj* ① *(temperatura)* lau(warm) ② *(carácter, sentimiento)* lau ③ *(Am: fam: enfadado)* sauer ④ *(loc)* **ponerse ~** sich *dat* den Bauch vollschlagen; **poner ~ a alguien** jdn fertigmachen; *(hablar mal)* kein gutes Haar an jdm lassen

tiburón [tiβu'ron] *m* Hai(fisch) *m;* **~ blanco** weißer Hai

tic [ti^{k}] **I.** *interj* tick **II.** *m* <tics> Tick *m*

tictac [tik'tak] **I.** *interj* ticktack; **hacer ~** ticken **II.** *m sin pl* Ticken *nt*

tie-break ['tai̯-'brei̯k] *m* (DEP) Tiebreak *m o nt*

tiemple ['tjemple] *m (Chil)* ① *(amor)* Liebe *f* ② *(pasión)* Leidenschaft *f*

tiempo ['tjempo] *m* ① *(momento, duración, periodo)* Zeit *f;* **~ libre** Freizeit *f;* **a**/

de ~ completo Vollzeit-; **a/de ~ parcial** (in) Teilzeit-, (in) Vollzeit-; **~ de pago** Zahlungsfrist *f;* **los buenos ~s** die gute alte Zeit; **a ~** rechtzeitig; **a su ~** zu gegebener Zeit; **todo a su ~** alles zu seiner Zeit; **al (mismo) ~, a un ~** gleichzeitig; **al ~ que...** während ...; **antes de ~** vorzeitig; **llegar antes de ~** zu früh kommen; **andando el ~** im Laufe der Zeit; **con ~** frühzeitig; **llegué a la estación con ~** ich war früh genug am Bahnhof; **hazlo con ~** lass dir Zeit; **de ~ en ~** von Zeit zu Zeit; **desde hace mucho ~** seit Langem; **durante cierto ~** eine Zeit lang; **en ~s** früher; **en ~s de Franco** zu Francos Zeiten; **en mis ~s** zu meiner Zeit; **el ~ pasa volando** die Zeit vergeht wie im Fluge; **amanecerán ~s mejores** es kommen auch mal bessere Zeiten; **dar ~ al ~** abwarten; **este problema ya viene de ~** dieses Problem besteht schon seit geraumer Zeit; **hace ~ que...** es ist schon lange (Zeit) her, dass ...; **hace ~ que no voy al cine** ich war schon lange nicht mehr im Kino; **hacer ~** sich *dat* die Zeit vertreiben; **hay ~** wir haben genug Zeit; **matar el ~** die Zeit totschlagen; **mucho/demasiado ~** *(adverbial)* lange/zu lange; **perder el ~** die Zeit vergeuden; **sin perder ~** unverzüglich; **si me da ~...** wenn ich Zeit habe, ...; **ya es ~ que...** +*subj* es wird Zeit, dass ...; **el ~ es oro** *(prov)* Zeit ist Geld ❷ *(época)* Zeit *f;* *(estación)* Jahreszeit *f* ❸ (METEO) Wetter *nt;* **chaqueta de entre~** Übergangsjacke *f;* **cerveza del ~** ungekühltes Bier; **el ~ amenaza lluvia** es sieht nach Regen aus; **hoy hace mal ~** heute ist schlechtes Wetter; **a(l) mal ~ buena cara** *(prov)* gute Miene zum bösen Spiel ❹ (LING) Tempus *nt;* **~ presente** Präsens *nt* ❺ *(edad)* Alter *nt;* **¿cuánto ~ tiene el niño?** wie alt ist das Kind? ❻ (DEP) (**medio**) **~** Halbzeit *f;* **~ muerto** Auszeit *f* ❼ *(velocidad,* MÚS) Tempo *nt;* (TÉC) Takt *m;* **motor de dos ~s** Zweitakter *m*

T

tienda ['tje̜nda] *f* ❶ *(establecimiento)* Laden *m;* **~ de comestibles** Lebensmittelgeschäft *nt;* **~ ecológica** Ökoladen *m* ❷ *(alojamiento)* **~ (de campaña)** Zelt *nt*

tienta ['tje̜nta] *f* ❶ (MED) Sonde *f* ❷ *(astucia)* Schlauheit *f* ❸ *(loc)* **andar a ~s** *(fig)* im Dunkeln tappen

tiento ['tje̜nto] *m* ❶ *(acción)* Betasten *nt;* **a ~** tastend ❷ *(prueba)* Probieren *nt;* **darle un ~ a la botella** *(fam)* einen Schluck aus der Flasche nehmen ❸ *(examinación)* Untersuchung *f;* **dar un ~** prüfen ❹ *(tacto)* Behutsamkeit *f;* *(cautela)* Vorsicht *f;* **con ~** behutsam; *(cuidado)* vorsichtig ❺ *(de un ciego)* Blindenstock *m* ❻ *(tentáculo)* Fangarm *m* ❼ *(pulso)* Ruhe *f;* **con ~** mit ruhiger Hand

tierno, **-a** ['tjerno, -a] **I.** *adj* ❶ *(blando)* zart; *(pan, dulces)* mürb(e) ❷ *(suave, delicado, sensible)* zart; **a la tierna edad de...** im zarten Alter von ...; **a tierna edad** als Kind; **desde mi más tierna edad...** von Kindesbeinen an ...; **en mi más tierna niñez** in meiner frühesten Kindheit ❸ *(cariñoso)* zärtlich ❹ *(Chil, Ecua, Guat: inmaduro)* unreif **II.** *m, f* *(Guat, Nic)* Säugling *m*

tierra ['tjerra] *f* ❶ *(materia, superficie, planeta)* Erde *f;* **~ vegetal** Komposterde *f;* **toma de ~** (ELEC) Erdung *f;* **bajo ~** (MIN) unter Tage; **echar ~ a algo** *(fig)* etw vertuschen; **estar bajo ~** unter der Erde liegen; **caer por ~** *(fig)* den Bach runtergehen *fam;* **dar en ~** stürzen; **echar por ~** zu Boden werfen; *(fig)* zunichtemachen; **me falta ~** *(fig)* mir fehlt die nötige Sicherheit; **¡trágame, ~!** ich würde (vor Scham) am liebsten in den (Erd)boden versinken!; **parece que se lo ha tragado la ~** er scheint wie vom Erdboden verschwunden ❷ *(firme)* (Fest)land *nt;* **~ adentro** landeinwärts; **poner ~ por medio** das Weite suchen; **tomar ~** (AERO) landen; (NÁUT) anlegen; **como no lleguemos pronto a la estación, nos vamos a quedar en ~** wenn wir nicht bald am Bahnhof sind, verpassen wir unseren Zug ❸ *(región)* Gegend *f;* **T~ Santa** Heiliges Land; **~ (natal)** Heimat *f* ❹ *(hacienda)* Land *nt;* **~ de labor** Ackerland *nt;* **~ de pastos** Weideland *nt;* **poseer ~s** Land besitzen

tierral [tje'rral] *m* *(Am: polvareda)* Staubwolke *f*

tieso[1] ['tjeso] *adv* kräftig

tieso, **-a**[2] ['tjeso, -a] *adj* ❶ *(rígido)* steif; **dejar ~ a alguien** *(fam)* jdn kaltmachen; **quedarse ~** *(de frío)* vor Kälte erstarren; *(miedo)* vor Angst erstarren; *(morirse)* sterben; *(dormirse)* einschlafen ❷ *(erguido)* aufrecht; *(orejas)* gespitzt ❸ *(terco)* stur; **tenérselas tiesas** nicht nachgeben ❹ *(serio)* steif ❺ *(engreído)* arrogant; **no te pongas ~** jetzt werd bloß nicht unverschämt ❻ *(tirante)* straff ❼ *(valiente)* mutig ❽ *(robusto)* kräftig; *(sano)* fit

tiesto ['tjesto] *m* Blumentopf *m*

tiesura [tje'sura] *f* ❶ *(rigidez)* Steifheit *f,* Starrheit *f* ❷ *(seriedad)* Förmlichkeit *f*

tifón [ti'fon] *m* ❶ *(huracán)* Taifun *m* ❷ *(tromba)* Wasserhose *f*

tifus ['tifus] *m inv* Typhus *m*

tigre(sa)[1] ['tiɣre, ti'ɣresa] *m(f)* 1 (ZOOL) Tiger(in) *m(f)* 2 *(persona)* Ungeheuer *nt*
tigre, -a[2] ['tiɣre, -a] *m, f (Am)* Jaguar *m*
tijera [ti'xera] *f* 1 *(pl) (utensilio, con esta forma)* Schere *f;* **silla de ~** Klappstuhl *m;* **echar ~ a algo** *(fam)* etw abschneiden 2 *(persona)* Lästermaul *nt fam* 3 (DEP) Schere *f*
tijereta [tixe'reta] *f* (ZOOL) Ohrwurm *m*
tijeretada [tixere'taða] *f,* **tijeretazo** [tixere'taθo] *m* Schnitt *m* mit der Schere
tijeretear [tixerete'ar] **I.** *vt* herumschnippeln (an *+dat*) **II.** *vi* 1 *(cortar)* herumschnippeln 2 *(fam: entrometerse)* sich einmischen
tila ['tila] *f* 1 *(tilo)* Linde *f* 2 *(flor)* Lindenblüte *f* 3 *(té)* Lindenblütentee *m*
tildar [til̪'dar] *vt* 1 *(con acento)* mit Akzent versehen 2 *(la ñ)* mit Tilde versehen 3 *(a alguien)* bezeichnen (**de** als *+akk*) 4 *(tachar)* durchstreichen
tilde ['til̪de] *f* 1 *(acento)* Akzent *m* 2 *(de la ñ)* Tilde *f* 3 *(tacha)* Makel *m* 4 *(cosa mínima)* Kleinigkeit *f*
tiliches [ti'litʃes] *mpl (AmC, Méx: trastos)* Gerümpel *nt*
tilico, -a [ti'liko, -a] *adj (Bol, Méx)* schwächlich, kränklich
tilín [ti'lin] *m sin pl* 1 *(sonido)* Klingeln *nt;* **¡~!** klingeling! 2 *(loc)* **hacer ~** gefallen; **el pastel no me hace ~** der Kuchen schmeckt mir nicht besonders
tilingo, -a [ti'liŋgo, -a] *adj* 1 *(CSur, Méx: atolondrado)* leichtsinnig 2 *(Arg: demente)* schwachsinnig
tilo ['tilo] *m* Linde *f*
timador(a) [tima'ðor(a)] *m(f)* Betrüger(in) *m(f)*
timar [ti'mar] **I.** *vt* 1 *(estafar)* ergaunern 2 *(engañar)* betrügen; *(mentir)* beschwindeln **II.** *vr:* **~se** *(hacerse guiños)* sich *dat* zuzwinkern; *(tontear)* turteln
timba ['timba] *f (fam)* 1 *(partida)* Spiel *nt* 2 *(lugar)* Spielhölle *f* 3 *(Am: barriga)* Bauch *m*
timbal [tim'bal] *m* 1 (MÚS) Trommel *f; (grande)* Pauke *f* 2 (GASTR) Pastete *f*
timbalero, -a [timba'lero, -a] *m, f* (MÚS) Paukenschläger(in) *m(f)*
timbrar [tim'brar] *vt (pegar)* mit einer Marke versehen; *(estampar)* (ab)stempeln
timbrazo [tim'braθo] *m* Klingeln *nt*
timbre ['timbre] *m* 1 *(aparato)* Klingel *f;* **han tocado el ~** es hat geklingelt 2 *(sonido, t.* MÚS) Timbre *nt* 3 *(sello que se pega)* Marke *f; (que se estampa)* Stempel *m* 4 *(acción)* Verdienst *nt;* **~ de gloria** Ruhmestat *f;* **ser un ~ de gloria para alguien** jdm zur Ehre gereichen
timidez [timi'ðeθ] *f* Schüchternheit *f*
tímido, -a ['timiðo, -a] *adj* schüchtern
timo ['timo] *m* 1 *(fraude)* Betrug *m;* **dar un ~ de 10 euros a alguien** jdn um 10 Euro prellen 2 *(glándula)* Thymusdrüse *f*
timón [ti'mon] *m* Steuer *nt;* **llevar el ~ de una empresa** *(fam)* ein Unternehmen leiten
timonear [timone'ar] **I.** *vi* (NÁUT, AERO) steuern **II.** *vt (fam: dirigir)* leiten
timonel [timo'nel] *mf* Steuermann, -frau *m, f*
timorato, -a [timo'rato, -a] *adj* 1 *(de Dios)* gottesfürchtig; *(pey)* prüde 2 *(tímido)* zaghaft
Timor Oriental [ti'mor orjen̪'tal] *m* Osttimor *nt*
tímpano ['timpano] *m* 1 (ANAT: *membrana*) Trommelfell *nt* 2 *(instrumento)* Pauke *f*
tina ['tina] *f* Kübel *m; (Am: bañera)* Badewanne *f*
tinaja [ti'naxa] *f* Tonkrug *m*
tincar [tiŋ'kar] <c → qu> *vt* 1 *(Chil: presentir)* vermuten, ahnen 2 *(Arg, Chil: bola, pelota)* anschneiden
tinción [tin̪'θjon] *f (acción)* Färben *nt; (resultado)* Färbung *f*
tinerfeño, -a [tiner'feɲo, -a] **I.** *adj* aus Teneriffa **II.** *m, f* Einwohner(in) *m(f)* Teneriffas
tinga ['tiŋga] *f (Méx: alboroto)* Remmidemmi *nt fam*
tinglado [tiŋ'glaðo] *m* 1 *(cobertizo)* Schuppen *m* 2 *(artimaña)* Intrige *f* 3 *(fam: lío)* Durcheinander *nt* 4 *(tablado)* Bretterbühne *f*
tiniebla [ti'njeβla] *f* Finsternis *f;* **estar en ~s sobre algo** *(fig)* keine Ahnung von etw *dat* haben
tino ['tino] *m* 1 *(puntería)* Treffsicherheit *f* 2 *(destreza)* Geschicklichkeit *f* 3 *(moderación)* Mäßigkeit *f;* **a buen ~** nach Gefühl; **sin ~** ohne Maß und Ziel; **estar a ~** gelegen sein; **sacar de ~ a alguien** jdn aus der Fassung bringen 4 *(tina)* Kübel *m*
tinoso, -a [ti'noso, -a] *adj (Col, Ven)* geschickt, gewandt
tinta ['tin̪ta] *f* 1 *(para escribir)* Tinte *f;* **~ china** Tusche *f;* **~ de imprenta** Druckfarbe *f;* **a dos ~s** zweifarbig; **saber algo de buena ~** etw aus guter Quelle haben; **sudar ~** sich abmühen; **recargar las ~s** es übertreiben; **sobre este asunto han corrido ríos de ~** über dieses Thema ist viel Tinte verschrieben worden 2 *(color)* Farbton *m;* **ser medias ~s** weder Fisch noch Fleisch sein
tintar [tin̪'tar] *vt* färben

T

tinte ['tiṇte] *m* ① *(teñidura)* Färben *nt* ② *(colorante)* Färbemittel *nt* ③ *(tintorería)* Reinigung *f* ④ *(matiz)* Färbung *f; (apariencia)* (An)schein *m;* **un cierto ~ de ironía** ein leichter Anflug von Ironie; **tus palabras tenían un cierto ~ de alegría** in deinen Worten schwang Freude mit

tintero [tiṇ'tero] *m* Tintenfass *nt;* **dejar(se) algo en el ~** *(fig)* etw nicht erwähnen

tintin(e)ar [tiṇti'nar/tiṇtine'ar] *vi* klingeln

tintineo [tiṇti'neo] *m* Klingeln *nt*

tinto, -a ['tiṇto, -a] *adj (rojo oscuro)* weinrot; *(uvas)* rot; **vino ~** Rotwein *m*

tintorería [tiṇtore'ria] *f* (chemische) Reinigung *f*

tintorero, -a [tiṇto'rero, -a] *m, f* Färber(in) *m(f)*

tintorro [tiṇ'torro] *m (fam)* (schlechter) Rotwein *m*

tintura [tiṇ'tura] *f* ① *(tinte)* Färben *nt* ② *(colorante)* Färbemittel *nt* ③ *(maquillaje)* Schminke *f* ④ (MED) Tinktur *f*

tiña ['tiɲa] *f* ① (MED) Grind *m* ② *(fam: miseria)* Schäbigkeit *f*

tiñoso, -a [ti'ɲoso, -a] *adj* ① (MED) grindig ② *(fam: mísero)* schäbig

tío, -a ['tio, -a] *m, f* ① *(pariente)* Onkel, Tante *m, f;* **tener un ~ en América** einen reichen Onkel haben ② *(fam: hombre)* Kerl *m;* **¡oye ~!** Mensch!; **ser un ~ bueno** stark aussehen

tiovivo [tio'βiβo] *m* Karussell *nt;* **dar más vueltas que un ~** von Pontius zu Pilatus laufen

tip [tip] *m (Méx)* Tipp *m,* Hinweis *m*

tipejo [ti'pexo] *m (pey)* seltsamer Vogel *m*

típico, -a ['tipiko, -a] *adj* typisch (**de** für +*akk*)

tipificar [tipifi'kar] <c → qu> *vt* typisieren

tipismo [ti'pismo] *m* Eigenartigkeit *f*

tipo[1] ['tipo] *m* ① *(modelo)* Modell *nt* ② *(muestra)* Muster *nt; (espécimen)* Typ(us) *m* ③ *(cuerpo)* Körperbau *m;* **tener buen ~** eine gute Figur haben; **arriesgar el ~** *(fam)* sein Leben aufs Spiel setzen; **mover el ~** *(fam)* tanzen ④ *(clase)* Art *f* ⑤ (FIN) Satz *m;* **~ de cambio** Wechselkurs *m;* **~ de conversión** Umrechnungskurs *m;* **~ de interés** Zinssatz *m* ⑥ (TIPO) Drucktype *f;* **~ de letra** (INFOR) Schriftart *f*

tipo, -a[2] ['tipo, -a] *m, f (fam)* Mann, Frau *m, f; (pey)* Type *f*

tipografía [tipoɣra'fia] *f* ① *(impresión)* Hochdruck *m* ② *(taller)* Druckerei *f*

tipográfico, -a [tipo'ɣrafiko, -a] *adj* typografisch

tipógrafo[1] [ti'poɣrafo] *m (máquina)* Typograf *m*

tipógrafo, -a[2] [ti'poɣrafo, -a] *m, f (persona)* Drucker(in) *m(f)*

tipología [tipolo'xia] *f* ① *(clasificación)* Typenlehre *f* ② (PSICO: *de personalidades*) Typologie *f*

tipológico, -a [tipo'loxiko, -a] *adj* typologisch

tique ['tike] *m* Ticket *nt; (de viaje)* Fahrschein *m; (de espectáculos)* Eintrittskarte *f; (de compra)* Kassenzettel *m*

tiquear [tike'ar] *vt* ① *(AmC, PRico: chequear)* überprüfen ② *(Chil: perforar)* lochen

tíquet ['tike[t]] *m* <tíquets> *v.* **tique**

tiquismiquis[1] [tikis'mikis] *mpl* ① *(remilgo)* übertriebene Bedenken *ntpl* ② *(ñoñería)* Getue *nt*

tiquismiquis[2] [tikis'mikis] *mf inv (remilgado)* umständlicher Mensch *m*

tira ['tira] *f* ① *(banda)* Band *nt,* Streifen *m;* **hacer ~s algo** etw zerreißen ② *(argot: mucho)* **esto me ha gustado la ~** das hat mir super gefallen

tirabuzón [tiraβu'θon] *m* ① *(rizo)* (Korkenzieher)locke *f* ② *(sacacorchos)* Korkenzieher *m*

tirachinas [tira'ʧinas] *m inv* Gummischleuder *f*

tirada [ti'raða] *f* ① *(edición)* Auflage *f;* **de una ~** *(fig)* auf einen Streich ② *(distancia)* Entfernung *f*

tirado, -a [ti'raðo, -a] **I.** *adj* ① *estar (fam: barato)* spottbillig ② *ser (pey: descuidado)* schlampig ③ *estar (fam: fácil)* kinderleicht **II.** *m, f (argot)* Penner(in) *m(f)*

tirador[1] [tira'ðor] *m* ① *(agarradero)* Griff *m* ② *(cordón)* Klingelzug *m* ③ *(tirachinas)* Schleuder *f*

tirador(a)[2] [tira'ðor(a)] *m(f) (disparador)* Schütze, -in *m, f*

tiraje [ti'raxe] *m* (TIPO) ① *(impresión)* Druck *m* ② *(edición)* Auflage *f*

tiralevitas [tirale'βitas] *mf inv* Schmeichler(in) *m(f)*

tiramisú [tirami'su] *m* Tiramisu *nt*

tiranía [tira'nia] *f* Tyrannei *f;* **someterse a la ~ de la moda** sich dem Diktat der Mode unterwerfen

tiránico, -a [ti'raniko, -a] *adj* tyrannisch

tiranizar [tirani'θar] <z → c> *vt* tyrannisieren

tirano, -a [ti'rano, -a] **I.** *adj* tyrannisch **II.** *m, f* Tyrann(in) *m(f)*

tirante [ti'raṇte] **I.** *adj* ① *(tieso)* straff; **el pantalón me está ~** die Hose kneift ② *(conflictivo)* gespannt; **estar ~ con alguien** eine gespannte Beziehung zu jdm haben **II.** *m* ① *(cinta, travesaño)* Träger *m;*

T

~s (**elásticos**) Hosenträger *mpl* ❷ *(de caballería)* Strang *m*

tirantez [tiraṇ'teθ] *f* ❶ *(tensión)* Spannung *f* ❷ *(extensión)* Längsausdehnung *f*

tirar [ti'rar] **I.** *vi* ❶ *(arrastrar)* ziehen (**de** an +*dat*); **tira y afloja** Tauziehen *nt;* **a todo ~** höchstens; **~ de la lengua a alguien** jdm die Würmer aus der Nase ziehen ❷ *(atraer)* anziehen; **no me tiran los libros** ich mache mir nichts aus Büchern ❸ *(sacar)* hervorziehen (**de** +*akk*) ❹ *(chimenea, t.* AUTO) ziehen ❺ *(colores)* **~ a rojo** ins Rote spielen ❻ *(vestidos)* **esta camisa me tira de los hombros** diese Bluse spannt an den Schultern ❼ *(querer lograr)* **~ para director** Direktor werden wollen ❽ *(parecerse)* ähneln (**a** +*dat*) ❾ *(torcer)* abbiegen; **aquí cada uno tira por su lado** hier trennen sich unsere Wege ❿ *(disparar)* schießen (**a** auf +*akk*); **~ al blanco** das Ziel treffen ⓫ *(loc)* **¿cómo estás? – voy tirando** wie geht's? – es geht so **II.** *vt* ❶ *(lanzar)* werfen; **~ piedras a alguien** mit Steinen nach jdm werfen ❷ *(malgastar)* verschwenden ❸ *(desechar)* wegwerfen ❹ *(disparar)* schießen; *(bombas)* abwerfen; *(cohetes)* abfeuern ❺ *(derribar)* zu Boden werfen; *(árbol)* fällen; *(edificio)* abreißen ❻ *(trazar)* ziehen ❼ *(imprimir)* drucken ❽ *(extender)* spannen ❾ (FOTO) schießen ❿ *(loc)* **~ un mordisco** beißen; **~ un pellizco** kneifen **III.** *vr:* **~se** ❶ *(lanzarse)* sich stürzen (**a** in +*akk,* **sobre** auf +*akk*) ❷ *(echarse)* sich hinlegen (**en** auf +*akk*) ❸ *(fam: pasar)* verbringen; **~se una hora esperando** eine ganze Stunde warten ❹ *(acometer)* (los)stürzen (**a** in +*akk,* **sobre** auf +*akk*) ❺ *(vulg: copular)* **~se a alguien** es mit jdm treiben *fam*

tirita [ti'rita] *f* (Heft)pflaster *nt*

tiritar [tiri'tar] *vi* frösteln (**de** vor +*dat*); **se me ha quedado la cuenta del banco tiritando** mein Bankkonto ist fast leer

tiritón [tiri'ton] *m* Schauder *m;* **dar tiritones** frösteln

tiro ['tiro] *m* ❶ *(lanzamiento)* Wurf *m;* **~ a portería** Torwurf *m;* **estar a un ~ de piedra** einen Steinwurf entfernt sein ❷ *(disparo)* Schuss *m;* **~ al aire** Warnschuss *m;* **barraca de ~ al blanco** Schießbude *f;* **~ con arco** (DEP) Bogenschießen *nt;* **a ~** in Schussweite; *(fig)* erreichbar; **a ~ limpio** mit Waffengewalt; **dar un ~** einen Schuss abgeben; **¡que le den un ~!** verrecken soll er/sie!; **darse un ~** sich *dat* eine Kugel durch den Kopf jagen; *(argot: heroína)* sich *dat* einen Schuss setzen; **no van por ahí los ~s** *(fam)* die Sache verhält sich anders; **me salió el ~ por la culata** *(fam)* der Schuss ging nach hinten los ❸ *(munición)* Schuss *m* ❹ *(daño)* Einschuss *m* ❺ *(alcance)* Reichweite *f* ❻ *(arrastre)* Ziehen *nt* ❼ *(caballerías)* Gespann *nt* ❽ *(arreos)* Zuggurt *m;* **poner el ~ a los caballos** die Pferde anspannen ❾ *(corriente de aire)* Zug *m* ❿ *(loc)* **de ~s largos** piekfein; **ni a ~s** nicht um alles in der Welt; **sentar como un ~** *(comida)* schlecht bekommen +*dat;* *(noticia)* umhauen +*akk*

tiroides [ti'roi̯ðes] **I.** *adj inv* **glándula ~** Schilddrüse *f* **II.** *m inv* (MED) Schilddrüse *f*

Tirol *m* Tirol *nt*

tirolés, -esa [tiro'les, -esa] **I.** *adj* tirol(er)isch **II.** *m, f* Tiroler(in) *m(f)*

tirón [ti'ron] *m* *(acción)* Zerren *nt;* *(efecto)* Ruck *m;* **de un ~** *(bruscamente)* mit einem Ruck; *(de una vez)* in einem Zug; **no lo sacan de aquí ni a dos tirones** ihn bringen keine zehn Pferde von hier weg

tirotear [tirote'ar] **I.** *vt* beschießen **II.** *vr:* **~se** ❶ *(disparar)* sich gegenseitig beschießen ❷ *(disputar)* sich herumstreiten

tiroteo [tiro'teo] *m* Schießerei *f*

tirria ['tirrja] *f* *(fam)* Voreingenommenheit *f;* **tener ~ a alguien** jdm gegenüber voreingenommen sein

tisana [ti'sana] *f* Heilkräutertee *m*

tísico, -a ['tisiko, -a] **I.** *adj* (MED) schwindsüchtig **II.** *m, f* Schwindsüchtige(r) *mf*

tisis ['tisis] *f inv* Schwindsucht *f*

tisú [ti'su] *m* Lamé *m*

titán [ti'tan] *m* Titan *m*

titánico, -a [ti'taniko, -a] *adj* titanisch

titanio [ti'tanjo] *m* (QUÍM) Titan *nt*

titeo [ti'teo] *m* *(Arg, Bol, Urug)* ❶ *(burla)* Spott *m* ❷ *(tomadura de pelo)* Veralberung *f;* **tomar a alguien para el ~** jdn aufziehen

títere ['titere] *m* ❶ *(muñeco)* Handpuppe *f;* *(t. fig: marioneta)* Marionette *f;* **no dejar ~ con cabeza** alles kurz und klein schlagen ❷ *(tipejo)* Trottel *m* ❸ *pl* *(espectáculo)* Puppentheater *nt*

titilación [titila'θjon] *f* ❶ *(temblor)* Zittern *nt* ❷ *(centelleo)* Funkeln *nt*

titilar [titi'lar] *vi* ❶ *(temblar)* zittern ❷ *(centellear)* funkeln

titipuchal [titipu'ʧal] *m* *(Méx: fam: tropel)* Schar *f,* Haufen *m,* Menge *f*

titiritero, -a [titiri'tero, -a] *m, f* ❶ *(titerista)* Puppenspieler(in) *m(f)* ❷ *(acróbata)* Seiltänzer(in) *m(f)*

tito, -a ['tito, -a] *m, f* *(fam) dim de* **tío**

titubeante [tituβe'aṇte] *adj* zögernd, schwankend

titubear [tituβe'ar] *vi* ❶ *(vacilar)* schwanken; *(fig)* zögern ❷ *(balbucear)* stammeln

titubeo [titu'βeo] *m* ❶ *(vacilación)*

T

Schwanken *nt; (fig)* Zögern *nt;* **deja a un lado tus ~s** zaudere nicht länger ② *(balbuceo)* Stammeln *nt*

titulación [titula'θjon] *f* ① *(denominación)* Betitelung *f;* *(académica)* akademischer Titel *m*

titulado, -a [titu'laðo, -a] **I.** *adj* diplomiert **II.** *m, f* Titelträger(in) *m(f);* **~ universitario** Hochschulabsolvent *m*

titular[1] [titu'lar] **I.** *m* Überschrift *f;* **aparecer en los ~es** Schlagzeilen machen; **ocupar los ~es** die Schlagzeilen beherrschen **II.** *vt (poner título)* betiteln; **el libro se titula...** das Buch trägt den Titel ... **III.** *vr:* **~se** einen akademischen Grad erwerben

titular[2] [titu'lar] **I.** *adj* **médico ~** leitender Arzt; **profesor ~** außerordentlicher Professor **II.** *mf* Inhaber(in) *m(f);* **~ de acciones** Aktionär(in) *m(f)*

titularidad [titulari'ða^{d}] *f* Berechtigung *f;* **~ sucesoria** Erbberechtigung *f*

título ['titulo] *m* ① *(rótulo, dignidad)* Titel *m;* **tu composición no lleva ~** dein Aufsatz hat keine Überschrift ② *(diploma, t.* UNIV) Diplom *nt;* **~ universitario** Hochschulabschluss *m;* **~ de grado** Bachelor *m* ③ *(motivo)* Grund *m;* **¿a ~ de qué hace Ud. eso?** aus welchem Grund machen Sie das?; **a justo ~** mit vollem Recht ④ *(en calidad de)* **a ~ de** als; **a ~ de devolución** mit der Bitte um Rückgabe; **a ~ gratuito** unentgeltlich; **a ~ de prueba** versuchsweise ⑤ *(valor comercial)* Wertpapier *nt*

tiza ['tiθa] *f* Kreide *f*

tiznar [tiθ'nar] **I.** *vt* ① *(ennegrecer)* schwärzen ② *(desacreditar)* anschwärzen **II.** *vr:* **~se** *(entiznarse)* verrußen

tizne ['tiθne] *m o f (hollín)* Ruß *m*

tiznón [tiθ'non] *m* Rußfleck *m*

tizón [ti'θon] *m* ① *(palo)* halb verbranntes Holzscheit *nt;* **más negro que un ~** kohlrabenschwarz ② *(deshonra)* dunkler Punkt *m*

T

TNT [te(e)ne'te] *m abr de* **trinitrotolueno** TNT *nt*

toalla [to'aʎa] *f* Handtuch *nt;* **arrojar la ~** *(fig)* das Handtuch werfen

toallero [toa'ʎero] *m* Handtuchhalter *m*

toallita [toa'ʎita] *f* *(desmaquillante)* Abschminktuch *nt;* *(húmeda)* Feuchttuch *nt*

toba ['toβa] *f* ① *(piedra)* Stein *m* ② *(sarro)* Zahnstein *m* ③ *(capa)* Belag *m*

tobera [to'βera] *f* Düse *f*

tobillera [toβi'ʎera] *f* Stützverband *m (am Knöchel)*

tobillo [to'βiʎo] *m* (Fuß)knöchel *m*

tobo ['toβo] *m (Ven: cubo)* Eimer *m*

tobogán [toβo'ɣan] *m* ① *(trineo)* (Rodel)schlitten *m* ② *(pista)* Rodelbahn *f* ③ *(deslizadero)* Rutschbahn *f*

toca ['toka] *f* Haube *f*

tocadiscos [toka'ðiskos] *m inv* Plattenspieler *m*

tocado[1] [to'kaðo] *m* ① *(peinado)* Frisur *f* ② *(complemento)* Kopfschmuck *m*

tocado, -a[2] [to'kaðo, -a] *adj* ① *(perturbado)* verrückt; **estar ~ (de la cabeza)** nicht recht bei Verstand sein ② *(lesionado)* angeschlagen ③ *(medio podrido)* angefault ④ *(cubierto en la cabeza)* **ir ~ de un sombrero** einen Hut tragen

tocador[1] [toka'ðor] *m* ① *(mueble)* Toilettentisch *m* ② *(habitación)* Toilette *f* ③ *(estuche)* Kulturbeutel *m*

tocador(a)[2] [toka'ðor(a)] *m(f)* (MÚS) **~ de guitarra** Gitarrenspieler *m*

tocamiento [toka'mjento] *m* ① *(toque)* Berührung *f* ② *(llamamiento)* Berufung *f*

tocante [to'kante] *adj* **~ a** in Bezug auf +*akk*

tocar [to'kar] <c → qu> **I.** *vt* ① *(contacto)* berühren; **¡tócala!** schlag ein!; **¡toca madera!** klopf auf Holz!; **no ~ ni un pelo a alguien** jdm kein Haar krümmen; **~ un tema** ein Thema streifen; **¡mejor no toquemos el tema!** lassen wir das Thema lieber!; **~ de cerca algo** *(fig)* sich mit etw *dat* auskennen ② (MÚS) spielen; *(campana)* läuten; *(tambor)* schlagen; **~ la bocina** hupen; **~ alarma** Alarm schlagen; **~ a fuego** Feueralarm auslösen; **~ a misa** zur Messe läuten; **~ a muerto** die Totenglocke läuten; **~ todos los registros** alle Register ziehen; **~ el timbre** klingeln ③ *(modificar)* (ver)ändern ④ *(chocar)* leicht anstoßen (**en** an +*dat*) ⑤ *(afectar)* betreffen; **~ en el corazón** zu Herzen gehen ⑥ *(peinar)* frisieren **II.** *vi* ① *(corresponder)* zustehen; **te toca jugar** du bist dran; **hoy me toca salir** heute habe ich Ausgang ② *(obligación)* **me toca barrer el patio todas las mañanas** es ist meine Aufgabe, jeden Morgen den Hof zu kehren ③ *(llegar el momento oportuno)* an der Zeit sein; **toca ir a la compra** es ist an der Zeit, einkaufen zu gehen ④ *(caer en suerte)* entfallen (**a** auf +*akk*) ⑤ *(estar muy cerca)* hart an der Grenze sein (**en** zu +*dat*) ⑥ *(ser parientes)* verwandt sein (**a** mit +*dat*) **III.** *vr:* **~se** ① *(estar en contacto)* sich berühren; **los extremos se tocan** *(prov)* Gegensätze ziehen sich an ② *(peinarse)* sich frisieren ③ *(cubrirse la cabeza)* **~se con un sombrero** einen Hut aufsetzen; **~se con un pañuelo** sich *dat* ein Tuch um den Kopf binden ④ *(loc)* **tocárselas** *(fam)* Reißaus nehmen

tocata [to'kata] *f* ❶ (MÚS) Tokkata *f* ❷ *(paliza)* Tracht *f* Prügel

tocateja [toka'texa] **a ~** in bar

tocayo, -a [to'kaɟo, -a] *m, f* Namensvetter(in) *m(f)*

tocho[1] ['toʧo] *m* ❶ *(hierro)* Eisenblock *m* ❷ *(fam: libro)* Schinken *m*

tocho, -a[2] ['toʧo, -a] *adj* ❶ *(tosco)* ungehobelt ❷ *(necio)* einfältig

tocino [to'θino] *m* ❶ *(lardo)* Speck *m;* **confundir la velocidad con el ~** die Begriffe durcheinanderwerfen ❷ *(reg: cerdo)* Schwein *nt*

tocólogo, -a [to'koloɣo, -a] *m, f* Geburtshelfer(in) *m(f)*

tocón [to'kon] *m* (BOT) (Baum)stumpf *m*

todavía [toða'βia] *adv* ❶ *(aún)* noch; **~ no** noch nicht ❷ *(sin embargo)* trotzdem

todo[1] ['toðo] **I.** *pron indef* alles; **~ lo que** [*o* **cuanto**] **...** alles, was ...; (**o**) **~ o nada** (entweder) alles oder nichts; **ante** [*o* **sobre**] **~** vor allem; **antes que ~** zuallererst; **después de ~** *(fam)* letztendlich; **en ~ y por ~** in jeder Hinsicht; **y ~** sogar; **me invitó a comer y ~** er/sie hat mich sogar zum Essen eingeladen **II.** *adv (fam)* ganz, völlig **III.** *m sin pl* ❶ *(la totalidad)* Ganze(s) *nt;* **del ~** ganz und gar; **no del ~** nicht ganz; **jugarse el ~ por el ~** aufs Ganze gehen; **ser el ~** die Hauptperson sein ❷ *(de charada)* Lösungswort *nt*

todo, -a[2] ['toðo, -a] *adj indef* ❶ *(entero)* ganz; **toda la familia** die ganze Familie; **toda España** ganz Spanien; **~ el mundo** jedermann; **a toda prisa** in aller Eile ❷ *(cada)* jede(r, s); **a toda costa** um jeden Preis; **toda precaución es poca** man kann nicht vorsichtig genug sein ❸ *pl* alle; **día de T~s los Santos** Allerheiligen *nt;* **~s los niños** alle Kinder; **~s y cada uno** alle samt und sonders; **a todas horas** zu jeder Tages- und Nachtzeit; **en todas partes** überall; **de ~s modos** auf alle Fälle; **de todas todas** so oder so ❹ *(intensificación)* **su cara es toda nariz** sein/ihr Gesicht besteht nur aus Nase; **ser ~ nervios** ein einziges Nervenbündel sein

todopoderoso, -a [toðopoðe'roso, -a] *adj* allmächtig

todoterreno [toðote'rreno] **I.** *adj inv* geländegängig **II.** *m* (AUTO) Geländefahrzeug *nt;* **ser un ~** *(fig)* überall einsatzfähig sein

toga ['toɣa] *f* Talar *m; (romana)* Toga *f*

Togo ['toɣo] *m* Togo *nt*

togolés, -esa [toɣo'les, -esa] **I.** *adj* togoisch **II.** *m, f* Togoer(in) *m(f)*

toldo ['to̞ldo] *m* ❶ *(marquesina)* Sonnendach *nt; (en el balcón)* Markise *f* ❷ *(de carro)* Wagenplane *f* ❸ *(engreimiento)* Dünkel *m*

tole ['tole] *m* ❶ *(bulla)* Tumult *m* ❷ *(rumor)* Gerede *nt* ❸ *(loc)* **tomar** [*o* **agarrar**] **el ~** *(fam)* verduften, die Kurve kratzen

toledano, -a [tole'ðano, -a] **I.** *adj* aus Toledo; **noche toledana** *(fig)* schlaflose Nacht **II.** *m, f* Einwohner(in) *m(f)* Toledos

tolerabilidad [toleraβili'ðað] *f* Erträglichkeit *f*

tolerable [tole'raβle] *adj* ❶ *(soportable)* erträglich ❷ *(aceptable)* tolerierbar

tolerado, -a [tole'raðo, -a] *adj (película)* jugendfrei

tolerancia [tole'ran̩θja] *f* ❶ *(indulgencia)* Toleranz *f* ❷ *(resistencia)* Widerstandsfähigkeit *f*

tolerante [tole'ran̩te] *adj* tolerant

tolerar [tole'rar] *vt* ❶ *(soportar)* ertragen; *(alimentos, medicinas)* vertragen ❷ *(permitir)* dulden ❸ *(aceptar)* tolerieren

tolete [to'lete] *m* ❶ *(Am: garrote)* Schlagstock *m* ❷ *(Col, Cuba: trozo)* Brocken *m*

tolondro[1] [to'lon̩dro] *m* Beule *f* (am Kopf)

tolondro, -a[2] [to'lon̩dro, -a] *adj* unbesonnen, gedankenlos

toma ['toma] *f* ❶ *(adquisición)* Nehmen *nt;* **~ de conciencia** Bewusstwerdung *f;* **~ de decisiones** Entscheidungsfindung *f;* **~ de poder** Machtergreifung *f;* **~ de posesión** Amtsübernahme *f;* **~ de rehenes** Geiselnahme *f* ❷ *(conquista)* Einnahme *f;* **~ por asalto** Erstürmung *f* ❸ *(dosis)* Dosis *f* ❹ (TÉC) Anschluss *m;* **~ eléctrica** Stromanschluss *m;* **~ de tierra** Erd(ungs)leitung *f* ❺ *(grabación)* Aufnahme *f*

tomacorriente [tomako'rrjen̩te] *m (Am: colector)* Stromabnehmer *m*

tomadura [toma'ðura] *f* Nehmen *nt;* **~ de pelo** Scherz *m*

tomar [to'mar] **I.** *vt* ❶ *(coger)* nehmen; *(préstamo)* aufnehmen; *(aliento, fuerzas)* schöpfen; **~ las armas** zu den Waffen greifen; **~ una decisión** eine Entscheidung treffen; **~ medidas** Maßnahmen ergreifen; **~ el sol** sich sonnen; **toma buena nota de lo que te digo ahora** merk dir gut, was ich dir jetzt sage ❷ *(comer, beber)* zu sich *dat* nehmen; **~ café** Kaffee trinken ❸ *(interpretar)* auffassen; **~ a la ligera** auf die leichte Schulter nehmen; **~ a mal** übel nehmen; **~ muy a pecho** sehr schwernehmen; **~ a risa** als Scherz auffassen; **~ en serio** ernst nehmen; **~ a alguien por ladrón** jdn für einen Dieb halten ❹ *(adquirir)* erwerben; **~ conciencia de algo** sich *dat* einer Sache bewusst werden ❺ *(sentir)* empfinden; **~ cariño/odio a alguien**

jdn lieb gewinnen/jdn hassen; ~ **confianza a alguien** zu jdm Vertrauen fassen; ~ **aborrecimiento a algo** etw verabscheuen ❻ *(conquistar)* einnehmen ❼ *(copiar)* übernehmen ❽ *(contratar)* einstellen; ~ **un abogado** sich *dat* einen Anwalt nehmen ❾ *(alquilar)* mieten ❿ *(hacerse cargo)* übernehmen; ~ **sobre sí** auf sich nehmen ⓫ *(quitar)* wegnehmen ⓬ *(fotografiar, filmar)* aufnehmen ⓭ *(sobrevenir)* überkommen ⓮ *(llevar)* mitnehmen ⓯ *(calcular)* messen ⓰ *(Am: emborracharse)* **~la** sich betrinken ⓱ (ZOOL: *copular*) decken; **¡vete a ~ por culo!** *(vulg)* leck mich am Arsch! ⓲ *(loc)* **¡toma!** sieh mal an!; **haberla tomado con algo/alguien** es auf etw/jdn abgesehen haben; ~ **las de Villadiego** *(fam)* Reißaus nehmen **II.** *vi* abbiegen; ~ **por la derecha** nach rechts abbiegen **III.** *vr:* **~se** ❶ *(coger)* sich *dat* nehmen; **~se libertades** sich *dat* Freiheiten herausnehmen; **~se unas vacaciones** sich *dat* ein paar Tage Urlaub nehmen ❷ *(comer, beber)* zu sich *dat* nehmen; **me he tomado un vaso de leche** ich habe ein Glas Milch getrunken ❸ *(cubrirse de)* **~se de moho** anlaufen; **~se de orín** rostig werden; **~se de polvo** verstauben ❹ *(Am: emborracharse)* **tomársela** sich betrinken ❺ *(loc)* **¡tómate esa!** das hat gesessen!

tomate [to'mate] *m* ❶ *(planta)* Tomate *f;* **ponerse rojo como un ~** knallrot werden; **poner a alguien el culo como un ~** *(fam)* jdm gehörig den Hintern versohlen ❷ *(fam: agujero)* Kartoffel *f* ❸ *(fam: jaleo)* Durcheinander *nt*

tomatera [toma'tera] *f* Tomate *f*

tomavistas[1] [toma'βistas] *m inv (cámara)* Filmkamera *f*

tomavistas[2] [toma'βistas] *mf inv (operador)* Kameramann, -frau *m, f*

tómbola ['tombola] *f* Tombola *f*

tomillo [to'miʎo] *m* Thymian *m*

tomo ['tomo] *m* ❶ *(volumen)* Band *m;* **de cuatro ~s** vierbändig ❷ *(loc)* **de ~ y lomo** *(fam)* mordsmäßig

tomografía [tomoɣra'fia] *f* (MED) Tomografie *f;* ~ **axial computarizada** Computertomografie *f;* ~ **por resonancia magnética** Kernspintomografie *f*

ton [ton] *(fam)* **sin ~ ni son** völlig grundlos

tonada [to'naða] *f* ❶ *(canción)* Lied *nt* ❷ *(melodía)* Weise *f,* Melodie *f* ❸ *(Am: tonillo)* Tonfall *m*

tonal [to'nal] *adj* (MÚS) Ton-; **altura ~** Tonhöhe *f*

tonalidad [tonali'ða^{ð}] *f* ❶ (LING) Tonfall *m* ❷ (MÚS) Tonart *f* ❸ (ARTE) Schattierung *f*

tonel [to'nel] *m* ❶ *(barril)* Fass *nt* ❷ *(fam: persona gorda)* Tonne *f*

tonelada [tone'laða] *f (peso)* Tonne *f*

tonelaje [tone'laxe] *m* ❶ *(capacidad)* Tonnage *f* ❷ *(peso)* Ladegewicht *nt*

tóner ['toner] *m* (INFOR) Toner *m*

tonga ['toŋga] *f* ❶ *(Col: tarea)* Aufgabe *f; (dormida)* Schlaf *m* ❷ *(Col, Perú: bebida) aus Stechapfel hergestelltes Getränk* ❸ *(Ecua: merienda)* Pausenbrot *nt,* Vesperbrot *nt südd*

Tonga ['toŋga] *f* Tonga *nt*

tongo ['toŋgo] *m* (DEP) illegale Absprache *f*

tónica ['tonika] *f* ❶ (MÚS) Grundton *m* ❷ *(bebida)* Tonic(water) *nt* ❸ *(tono general)* Grundstimmung *f*

tonicidad [toniθi'ða^{ð}] *f* (MED) Spannungszustand *m*

tónico[1] ['toniko] *m* ❶ (MED) Tonikum *nt* ❷ *(para el rostro)* Gesichtswasser *nt; (para el cabello)* Haarwasser *nt*

tónico, -a[2] ['toniko, -a] *adj* ❶ (LING) betont ❷ (MÚS) tonisch; **nota tónica** Grundton *m* ❸ (MED) stärkend

tonificación [tonifika'θjon] *f* Stärkung *f,* Kräftigung *f;* ~ **muscular** Stärkung [*o* Kräftigung] der Muskeln

tonificador(a) [tonifika'ðor(a)] *adj* stärkend

tonificar [tonifi'kar] <c → qu> *vt* stärken

tonillo [to'niʎo] *m* ❶ *(deje)* Tonfall *m* ❷ *(habla monótona)* monotoner Tonfall *m* ❸ *(retintín)* spöttischer Unterton *m*

tono ['tono] *m* ❶ *(altura)* Tonlage *f;* ~ **agudo/grave** hohe/tiefe Tonlage ❷ *(señal)* Ton *m;* ~ **de marcar** (TEL) Freizeichen *nt* ❸ *(intensidad)* Lautstärke *f;* **bajar el ~** die Lautstärke dämpfen ❹ *(deje, estilo, grado de color)* Ton *m;* **en ~ de reproche** in vorwurfsvollem Ton; **bajar el ~** seinen Ton mäßigen; **dar el ~** den Ton angeben; **darse ~** sich wichtigmachen; **estar a ~ con algo** mit etw *dat* harmonieren; **subirse de ~** sich aufs hohe Ross setzen ❺ *(atmósfera)* Stimmung *f* ❻ *(maneras)* **el buen ~** der gute Ton; **de buen ~** höflich; **de mal ~** unhöflich ❼ (MED) Tonus *m* ❽ (MÚS: *modo*) Tonart *f;* ~ **mayor/menor** Dur-/Molltonart *f*

tontada [toṇ'taða] *f* Dummheit *f*

tontaina [toṇ'tai̯na] *mf (fam)* Dummkopf *m*

tontamente [toṇta'meṇte] *adv* dumm; **se dejó engañar ~** er/sie ließ sich ganz dumm hereinlegen

tontear [toṇte'ar] *vi* ❶ *(bobear)* (herum)albern ❷ *(fam)* flirten

tontera [toṇ'tera] *f* Dummheit *f*

tontería [tonte'ria] *f* ① *(memez)* Dummheit *f* ② *(nadería)* Lappalie *f*

tonto, -a ['tonto, -a] **I.** *adj* dumm; **ser más ~ que Picio** *(fam)* dümmer sein, als die Polizei erlaubt; **hacer algo a tontas y a locas** etw aufs Geratewohl tun; **ponerse ~** *(fam)* sich *dat* ganz schön was einbilden **II.** *m, f* Dummkopf *m*

tontorrón, -ona [tonto'rron, -ona] *adj (fam)* dämlich

toña ['toɲa] *f* ① *(juego) Kinderspiel* ② *(fam: golpe)* Schlag *m* ③ *(fam: paliza)* Prügel *mpl*

top [to^p] *m* <tops> kurzes Top *nt;* **~ de tirantes** kurzes Trägertop

topacio [to'paθjo] *m* Topas *m*

topar [to'par] **I.** *vi* ① *(chocar)* zusammenstoßen (**con** mit +*dat*), stoßen (**contra/en** gegen +*akk*) ② *(hallar)* stoßen (**con** auf +*akk*) ③ *(consistir)* bestehen (**en** in +*dat*) ④ *(fam: salir bien)* klappen; **por si topa** für alle Fälle ⑤ *(en el juego)* mithalten **II.** *vt* ① *(chocar)* stoßen (an +*akk*) ② *(hallar: algo)* stoßen (auf +*akk*); *(a alguien)* treffen (**a** +*akk*) **III.** *vr:* **~se** ① *(chocar)* zusammenstoßen ② *(encontrar)* zufällig treffen (**con** +*akk*)

tope ['tope] **I.** *adj* Höchst- **II.** *m* ① *(extremo)* Spitze *f;* **estar hasta el ~** *(lleno)* überfüllt sein; *(harto)* die Nase voll haben; **estoy a ~ de trabajo** ich stecke bis zum Hals in Arbeit ② *(parachoques)* Puffer *m;* (AUTO) Stoßstange *f* ③ *(para impedir un movimiento)* Anschlag *m; (puerta)* Türstopper *m* ④ *(obstáculo)* Hindernis *nt* ⑤ *(riña)* Zusammenstoß *m*

topetada [tope'taða] *f* Zusammenstoß *m*

topetar [tope'tar] *vi, vt* (mit den Hörnern) stoßen

topetazo [tope'taθo] *m* Zusammenstoß *m*

tópico[1] ['topiko] *m* ① *(lugar común)* Gemeinplatz *m* ② *(estereotipo)* Klischee *nt* ③ (MED) Medikament *nt* zur äußerlichen Anwendung

tópico, -a[2] ['topiko, -a] *adj* ① *(trivial)* banal ② *(local)* örtlich ③ (MED) topisch; **de uso ~** zur äußerlichen Anwendung

topless ['toβles] *m* **en ~** oben ohne

topo ['topo] *m* ① *(roedor, espía)* Maulwurf *m;* **ser un ~** *(fam)* blind wie ein Maulwurf sein ② *(persona torpe)* Tölpel *m*

topocho, -a [to'potʃo, -a] *adj (Ven)* pummelig, rundlich

topografía [topoɣra'fia] *f* Topografie *f*

topográfico, -a [topo'ɣrafiko, -a] *adj* topografisch

topógrafo, -a [to'poɣrafo, -a] *m, f* Topograf(in) *m(f)*

toponimia [topo'nimja] *f sin pl* Ortsnamenkunde *f*

topónimo [to'ponimo] *m* Ortsname *m*

toposo, -a [to'poso, -a] *adj (Ven)* ① *(entrometido)* zudringlich ② *(pedante)* eingebildet

toque ['toke] *m* ① *(roce)* Berührung *f* ② *(golpe)* Klopfen *nt;* **dar un ~ en la puerta** an die Tür klopfen ③ *(sonido)* **~ de atención** Warnsignal *nt;* **~ de campanas** Glockengeläut(e) *nt;* **~ de queda** Ausgangssperre *f;* **~ de tambor** Trommelschlag *m* ④ *(advertencia)* Hinweis *m* ⑤ *(matiz)* Hauch *m* ⑥ *(modificación)* kleinere Veränderung *f;* **dar los últimos ~s a algo** etw *dat* den letzten Schliff geben ⑦ *(pincelada)* leichter Pinselstrich *m* ⑧ *(ensayo)* Prüfen *nt;* **piedra de ~** Probierstein *m* ⑨ *(lo principal)* Knackpunkt *m fam* ⑩ *(aplicación medicinal)* Betupfen *nt*

toquetear [tokete'ar] *vt (fam)* befummeln

toqueteo [toke'teo] *m (fam)* Befummeln *nt*

toquilla [to'kiʎa] *f (pañuelo)* Schultertuch *nt*

tórax ['tora$^{\gamma}$s] *m inv* Brustkorb *m*

torbellino [torβe'ʎino] *m* Wirbel *m;* **ser un ~** ein richtiger Wirbelwind sein

torcaz [tor'kaθ] *adj* **paloma ~** Ringeltaube *f*

torcedura [torθe'ðura] *f* ① *(encorvamiento)* Biegen *nt* ② *(dislocación)* Zerrung *f* ③ *(desvío)* Umlenkung *f* ④ *(vino)* Tresterwein *m*

torcer [tor'θer] *irr como cocer* **I.** *vi* abbiegen; **~ a la izquierda** nach links abbiegen **II.** *vt* ① *(encorvar)* biegen ② *(dar vueltas, desviar)* (ver)drehen; **~ el cuello a alguien** jdm den Hals umdrehen; **~ las intenciones de alguien** jdn von seinen Vorsätzen abbringen; **~ las manos** die Hände ringen; **~ la vista** schielen ③ *(referente al gesto)* **~ el gesto** das Gesicht verziehen **III.** *vr:* **~se** ① *(encorvarse)* sich biegen ② *(dislocarse)* sich *dat* zerren; **me he torcido el pie** ich bin mit dem Fuß umgeknickt ③ *(corromperse)* auf Abwege geraten; *(fracasar)* scheitern ④ *(agriarse)* sauer werden

torcida [tor'θiða] *f* Docht *m*

torcido, -a [tor'θiðo, -a] *adj* ① *(ladeado)* schief ② *(encorvado)* krumm ③ *(artero)* unaufrichtig

tordo[1] ['torðo] *m* Drossel *f*

tordo, -a[2] ['torðo, -a] **I.** *adj* ① *(color)* **yegua torda** Grauschimmelstute *f* ② *(torpe)* unbeholfen **II.** *m, f* Grauschimmel *m*

torear [tore'ar] **I.** *vi (lidiar)* mit Stieren

T

kämpfen **II.** *vt* ❶ *(lidiar)* kämpfen (mit +*dat*) ❷ *(evitar)* geschickt aus dem Wege gehen +*dat* ❸ *(engañar)* etwas vormachen +*dat* ❹ *(tomar el pelo)* hänseln

toreo [to'reo] *m* ❶ *(tauromaquia)* Stierkampfkunst *f* ❷ *(lidia)* Stierkampf *m* ❸ *(burla)* Hänselei *f*

torera [to'rera] *f* Bolero *m*

torero, -a [to'rero, -a] **I.** *adj (fam)* Stierkampf-; **valor ~** Mut eines Stierkämpfers **II.** *m, f* Stierkämpfer(in) *m(f)*; **saltarse algo a la torera** sich um etw nicht scheren

tormenta [tor'meṇta] *f* ❶ *(temporal, t. fig)* Gewitter *nt* ❷ *(agitación)* Sturm *m*; **una ~ de celos** ein Eifersuchtsanfall

tormento [tor'meṇto] *m* ❶ *(castigo)* Folter *f*; **potro de ~** Folterbank *f*; **dar ~ a alguien** jdn foltern ❷ *(congoja)* Qual *f*

tormentoso, -a [tormeṇ'toso, -a] *adj* stürmisch

torna ['torna] *f* ❶ *(devolución)* Rückgabe *f* ❷ *(regreso)* Rückkehr *f* ❸ *(loc)* **se vuelven las ~s** das Blatt wendet sich

tornadizo, -a [torna'ðiθo, -a] *adj* wetterwendisch

tornado [tor'naðo] *m* Wirbelsturm *m*

tornar [tor'nar] **I.** *vi* zurückkehren; **~ en sí** wieder zu sich *dat* kommen; **~ a hacer algo** etw wieder tun **II.** *vt* ❶ *(devolver)* zurückgeben ❷ *(cambiar)* verwandeln; **~ triste** traurig machen **III.** *vr:* **~se** sich verwandeln; **~se gris** grau werden

tornasol [torna'sol] *m* ❶ *(girasol)* Sonnenblume *f* ❷ *(reflejo)* Schillern *nt* ❸ (QUÍM) Lackmus *nt o m*

torneado[1] [torne'aðo] *m (de metales)* Drehen *nt*; *(de madera)* Drechseln *nt*

torneado, -a[2] [torne'aðo, -a] *adj* ❶ *(metal)* gedreht; *(madera)* gedrechselt ❷ *(de curvas suaves)* mit sanften Rundungen; **brazos ~s** weich gerundete Arme; **un talle bien ~** eine wohlgeformte Taille

T

tornear [torne'ar] **I.** *vi* ❶ *(dar vueltas)* sich drehen ❷ *(en un torneo)* an einem Turnier teilnehmen ❸ *(cavilar)* seine Gedanken kreisen lassen **II.** *vt (metal)* drehen; *(madera)* drechseln

torneo [tor'neo] *m* Turnier *nt*

tornero, -a [tor'nero, -a] *m, f (de metal)* Dreher(in) *m(f)*; *(de madera)* Drechsler(in) *m(f)*

tornillo [tor'niʎo] *m* ❶ *(clavo con rosca)* Schraube *f*; **apretar un ~** eine Schraube anziehen; **apretar los ~s a alguien** *(fig)* jdm die Daumenschrauben anlegen; **te falta un ~** bei dir ist eine Schraube locker ❷ *(fam: deserción)* Fahnenflucht *f* ❸ *(abrazadera)* Schraubzwinge *f*

torniquete [torni'kete] *m (puerta)* Drehkreuz *nt*

torniscón [tornis'kon] *m (fam)* ❶ *(bofetón)* Ohrfeige *f* ❷ *(pellizco)* Kneifen *nt*, Zwicken *nt*

torno ['torno] *m* ❶ *(máquina)* Drehbank *f*; *(para madera)* Drechslerbank *f*; *(de alfarero)* Drehscheibe *f* ❷ *(cabrestante)* Winde *f* ❸ *(giro)* Runde *f* ❹ *(freno)* Handbremse *f* ❺ *(de un río)* (Fluss)biegung *f* ❻ *(loc)* **en ~ a** um ... herum; **en ~ a ese tema** zu diesem Thema

toro ['toro] *m* ❶ *(animal)* Stier *m*; **coger el ~ por los cuernos** *(fig)* den Stier bei den Hörnern packen; **¡otro ~!** *(fig)* Themawechsel! ❷ *pl (toreo)* Stierkampf *m*; **ver los ~s desde las barreras** *(fig)* das Geschehen aus sicherer Entfernung verfolgen ❸ *(hombre)* kräftiger Mann *m*

toronjil [toroŋ'xil] *m* (Zitronen)melisse *f*

torpe ['torpe] *adj* ❶ *(pesado)* schwerfällig ❷ *(inhábil)* ungeschickt ❸ *(obsceno)* unzüchtig

torpedear [torpeðe'ar] *vt* torpedieren

torpedero [torpe'ðero] *m* Torpedoboot *nt*

torpedo [tor'peðo] *m* Torpedo *m*

torpeza [tor'peθa] *f* ❶ *(pesadez)* Schwerfälligkeit *f* ❷ *(inhabilidad)* Ungeschicklichkeit *f* ❸ *(obscenidad)* Unzüchtigkeit *f* ❹ *(tontería)* Dummheit *f*

torrar [to'rrar] *vt* rösten

torre ['torre] *f* Turm *m*; **~ de alta tensión** Hochspannungsmast *m*; **~ de viento** *(fig)* Luftschloss *nt*

torrefacción [torrefa^ɣ'θjon] *f* Röstung *f*

torrefacto, -a [torre'fakto, -a] *adj* geröstet

torreja [to'rrexa] *f (Am:* GASTR) ≈ armer Ritter *m*

torrencial [torreṇ'θjal] *adj* **lluvia ~** sintflutartiger Regen

torrente [to'rreṇte] *m* ❶ *(corriente)* Sturzbach *m* ❷ *(multitud)* Schwall *m*

torreón [torre'on] *m* Festungsturm *m*

torreta [to'rreta] *f* (MIL) Geschützturm *m*

torrezno [to'rreθno] *m* gebratene Speckscheibe *f*

tórrido, -a ['torriðo, -a] *adj (elev)* heiß

torrija [to'rrixa] *f* (GASTR) ≈ armer Ritter *m*

torsión [tor'sjon] *f (desviación)* Drall *m*; **~ hacia la izquierda** Linksdrall *m*

torso ['torso] *m* Rumpf *m*; (ARTE) Torso *m*

torta ['torta] *f* ❶ *(pastel)* Kuchen *m*; *(Am)* Torte *f*; **no saber ni ~** *(fam)* keinen blassen Schimmer haben; **ser ~s y pan pintado** *(fam)* halb so schlimm sein ❷ *(fam: bofetada)* Ohrfeige *f*; *(golpe)* Schlag *m*; **darse una ~** sich stoßen ❸ *(fam: borrachera)* Rausch *m*

tortazo [tor'taθo] *m (fam)* ❶ *(bofetada)*

Ohrfeige *f* ② *(choque)* Stoß *m;* **darse un** ~ sich heftig stoßen

tortícolis [tor'tikolis] *m o f inv* (MED) steifer Hals *m*

tortilla [tor'tiʎa] *f* ① *(de huevos)* Omelett(e) *nt;* ~ **española** [*o* **de patata**] Kartoffelomelett(e) *nt;* **hacer ~ a alguien** jdn zusammenschlagen; **hacer ~ algo** etw kurz und klein schlagen; **se ha vuelto la ~** das Blatt hat sich gewendet ② *(Am: de harina)* Maisfladen *m*

tortillera [torti'ʎera] *m (vulg)* Lesbe *f fam*

tórtola ['tortola] *f* Turteltaube *f*

tortolito, -a [torto'lito, -a] *adj (fam)* ① *(atortolado)* verliebt ② *(sin experiencia)* unerfahren

tórtolo ['tortolo] *m* ① *(ave)* Turteltauber(ich) *m* ② *(hombre)* Verliebte(r) *m* ③ *pl (enamorados)* Turteltauben *f pl*

tortuga [tor'tuɣa] *f* Schildkröte *f;* **a paso de ~** im Schneckentempo

tortuoso, -a [tortu'oso, -a] *adj* ① *(sinuoso)* geschlängelt ② *(astuto)* verschlagen

tortura [tor'tura] *f (suplicio)* Folter *f;* **sufrir ~s** gefoltert werden

torturador(a) [tortura'ðor(a)] **I.** *adj* qualvoll **II.** *m(f)* Folterer *m*

torturar [tortu'rar] *vt* foltern

torunda [to'ruṇda] *f* (MED) Tupfer *m*

torvo, -a ['torβo, -a] *adj* wild; *(mirada)* finster

torzal [tor'θal] *m* Zwirn *m*

tos [tos] *f* Husten *m;* ~ **ferina** Keuchhusten *m*

tosco, -a ['tosko, -a] *adj* grob

toser [to'ser] *vi* husten; **no hay quien te tosa** niemand kann es mit dir aufnehmen

tosquedad [toske'ðaᵈ] *f* Ungeschliffenheit *f*

tostada [tos'taða] *f* Toast *m;* **olerse la ~** *(fam)* den Braten riechen; **pegar una ~ a alguien** *(fam)* jdm eins auswischen

tostadero [tosta'ðero] *m* Rösterei *f*

tostado, -a [tos'taðo, -a] *adj (café)* geröstet; *(pan)* getoastet; *(piel)* gebräunt

tostador [tosta'ðor] *m,* **tostadora** [tosta'ðora] *f* Toaster *m*

tostar [tos'tar] <o → ue> **I.** *vt* ① *(torrar)* rösten; *(pan)* toasten ② *(curtir)* bräunen **II.** *vr:* **~se** sich bräunen

tostón [tos'ton] *m* ① *(de pan)* Croûton *m* ② *(cochinillo)* gebratenes Spanferkel *nt* ③ *(persona pesada)* Klette *f;* *(molesta)* Nervensäge *f*

total [to'tal] **I.** *adj* total; **importe ~** Gesamtbetrag *m;* **en ~** insgesamt **II.** *m* (MAT) (Gesamt)summe *f* **III.** *adv* also

totalidad [totali'ðaᵈ] *f sin pl* Gesamtheit *f;* **en su ~** in vollem Umfang

totalitario, -a [totali'tarjo, -a] *adj* ① *(completo)* umfassend ② *(dictatorial)* totalitär

totalitarismo [totalita'rismo] *m sin pl* Totalitarismus *m*

totalizar [totali'θar] <z → c> *vt* zusammenzählen

totalmente [total'meṇte] *adv* völlig

toxicidad [toˠsiθi'ðaᵈ] *f sin pl* (MED) Toxizität *f*

tóxico[1] ['toˠsiko] *m* Giftstoff *m*

tóxico, -a[2] ['toˠsiko, -a] *adj* giftig

toxicodependencia [toˠsikoðepeṇ'deṇθja] *f* (MED) Drogenabhängigkeit *f,* Drogensucht *f*

toxicomanía [toˠsikoma'nia] *f sin pl* Rauschgiftsucht *f*

toxicómano, -a [toˠsi'komano, -a] **I.** *adj* rauschgiftsüchtig **II.** *m, f* Rauschgiftsüchtige(r) *mf*

toxina [toˠ'sina] *f* (MED) Toxin *nt*

tozudez [toθu'ðeθ] *f* Halsstarrigkeit *f,* Dickköpfigkeit *f*

tozudo, -a [to'θuðo, -a] **I.** *adj* dickköpfig **II.** *m, f* Dickkopf *m*

tra(n)satlántico[1] [tra(n)sað'laṇtiko] *m* Passagierdampfer *m*

tra(n)satlántico, -a[2] [tra(n)sað'laṇtiko, -a] *adj* überseeisch; **barco ~** Passagierdampfer *m*

tra(n)sbordador [tra(n)sβorða'ðor] *m* ① (NÁUT) Fähre *f* ② (AERO) Raumfähre *f*

tra(n)sbordar [tra(n)sβor'ðar] **I.** *vt* ① *(por río)* übersetzen (**a** auf +*akk*) ② *(mercancías)* umladen (**a** in/auf +*akk*); *(en grandes cantidades)* umschlagen; *(entre barcos)* umschiffen **II.** *vi* umsteigen

tra(n)sbordo [tra(n)s'βorðo] *m* ① *(por río)* Übersetzen *nt* ② *(mercancías)* Umladung *f;* *(grandes cantidades)* Umschlag *m;* *(entre barcos)* Umschiffung *f* ③ *(de tren)* Umsteigen *nt;* **hacer ~** umsteigen

tra(n)scribir [tra(n)skri'βir] *vt irr como escribir* ① *(copiar)* abschreiben ② *(transliterar, t.* MÚS) transkribieren

tra(n)scripción [tra(n)skriβ'θjon] *f* ① *(copia: acción)* Abschreiben *nt;* *(efecto)* Abschrift *f* ② *(trasliteración: acción)* Transkribieren *nt;* *(efecto)* Transkription *f;* ~ **fonética** phonetische Umschrift ③ (MÚS) Transkription *f*

tra(n)scurrir [tra(n)sku'rrir] *vi (el tiempo)* vergehen

tra(n)scurso [tra(n)s'kurso] *m* Verlauf *m;* **en el ~ del día** im Laufe des Tages

tra(n)sferencia [tra(n)sfe'reṇθja] *f* ① *(traslado)* Verlegung *f* ② (FIN) Überweisung *f;* **a través de una ~ de orden permanente** per Dauerauftrag ③ *(de propie-*

dad) Übertragung *f* ❹ (INFOR) Transfer *m;* ~ **de datos** Datenübertragung *f*

tra(n)sferible [tra(n)sfe'riβle] *adj* ❶ *(trasladable)* verlegbar ❷ *(posponible)* verlegbar, verschiebbar ❸ *(propiedad)* übertragbar

tra(n)sferir [tra(n)sfe'rir] *vt irr como sentir* ❶ *(trasladar)* verlegen (**a** nach +*dat*) ❷ *(posponer)* verlegen ❸ (FIN) überweisen (**a** auf +*akk*, an +*akk*) ❹ *(propiedad, derecho)* übertragen (**a** auf +*akk*)

tra(n)sfiguración [tra(n)sfiɣura'θjon] *f* ❶ *(transformación)* Verwandlung *f* ❷ (REL) Verklärung *f*, Transfiguration *f*

tra(n)sfigurar [tra(n)sfiɣu'rar] *vt* ❶ *(transformar)* verwandeln ❷ (REL) verklären

tra(n)sfinito, -a [tra(n)sfi'nito, -a] *adj* (MAT) unendlich, transfinit

tra(n)sformable [tra(n)sfor'maβle] *adj* veränderbar

tra(n)sformación [tra(n)sforma'θjon] *f* Verwandlung *f; (de costumbres)* Veränderung *f*

tra(n)sformador [tra(n)sforma'ðor] *m* (ELEC) Transformator *m*

tra(n)sformar [tra(n)sfor'mar] *vt* verwandeln; *(costumbres)* verändern; **desde el accidente está trasformado** seit dem Unfall ist er wie umgewandelt

tra(n)sfronterizo, -a [tra(n)sfron̩te'riθo, -a] *adj* grenzüberschreitend, grenzübergreifend

trá(n)sfuga ['tra(n)sfuɣa] *mf* ❶ (MIL) Überläufer(in) *m(f)* ❷ (POL) Abtrünnige(r) *mf*

tra(n)sfusión [tra(n)sfu'sjon] *f* ❶ *(de líquido)* Umfüllung *f* ❷ (MED) (Blut)transfusion *f*

tra(n)sgénico, -a [tra(n)s'xeniko, -a] *adj* (MED) transgen

tra(n)sgredir [tra(n)sɣre'ðir] *vt irr como abolir (ley)* übertreten; *(orden)* verstoßen (gegen +*akk*)

tra(n)sgresión [tra(n)sɣre'sjon] *f (ley)* Übertretung *f; (orden)* Verstoß *m*

tra(n)slúcido, -a [tra(n)s'luθiðo, -a] *adj* durchscheinend

tra(n)smigración [tra(n)smiɣra'θjon] *f* ❶ *(de personas)* Auswanderung *f* ❷ (REL) **la ~ de las almas** die Seelenwanderung

tra(n)smigrar [tra(n)smi'ɣrar] *vi* ❶ *(personas)* auswandern ❷ (REL: *las almas*) wandern

tra(n)smisible [tra(n)smi'siβle] *adj* übertragbar; *(herencia)* vererblich

tra(n)smisión [tra(n)smi'sjon] *f* ❶ *(de noticia)* Übermitt(e)lung *f;* ~ **de datos** (INFOR) Datenübertragung *f* ❷ (TV, RADIO, INFOR) Übertragung *f* ❸ *(enfermedad)* Übertragung *f* ❹ (TÉC) Übertragung *f; (mecanismo)* Transmission *f; (propulsión)* Antrieb *m;* (AUTO) Getriebe *nt* ❺ (FÍS) Leitung *f* ❻ *(por herencia)* Vererbung *f*

tra(n)smisor¹ [tra(n)mi'sor] *m* (TÉC) Sender *m*

tra(n)smisor(a)² [tra(n)smi'sor(a)] *adj* **estación ~a** Sender *m*

tra(n)smitir [tra(n)smi'tir] *vt* ❶ *(noticia)* übermitteln ❷ (TV, RADIO, TÉC) übertragen ❸ *(enfermedad)* übertragen ❹ *(por herencia)* vererben ❺ (FÍS) leiten

tra(n)smutable [tra(n)smu'taβle] *adj* umwandelbar, verwandelbar; (QUÍM) transmutierbar

tra(n)smutación [tra(n)smuta'θjon] *f* Umwandlung *f*, Verwandlung *f;* (QUÍM) Transmutierung *f*

tra(n)smutar [tra(n)smu'tar] *vt* umwandeln

tra(n)sparencia [tra(n)spa'ren̩θja] *f* ❶ *(calidad)* Durchsichtigkeit *f* ❷ *(de intención)* Durchschaubarkeit *f* ❸ (FOTO) Dia(positiv) *nt* ❹ *(para un proyector)* Folie *f*

tra(n)sparentar [tra(n)sparen̩'tar] **I.** *vt* durchscheinen lassen **II.** *vi, vr:* **~se** *(ser trasparente)* durchsichtig sein **III.** *vr:* **~se** *(dejarse ver/adivinar)* durchscheinen

tra(n)sparente [tra(n)spa'ren̩te] **I.** *adj* ❶ *(material)* durchsichtig ❷ *(intenciones)* durchschaubar **II.** *m* Transparent *nt*

tra(n)spiración [tra(n)spira'θjon] *f (persona)* Schweißabsonderung *f*

tra(n)spirar [tra(n)spi'rar] *vi* ❶ *(persona)* schwitzen ❷ (BOT) Wasser ausdünsten

tra(n)sponer [tra(n)spo'ner] *irr como poner* **I.** *vt (persona)* umsetzen; *(cosa)* umstellen; *(trasplantar)* umpflanzen **II.** *vr:* **~se** ❶ *(persona)* sich verstecken ❷ *(sol)* untergehen ❸ *(dormirse)* einschlafen

tra(n)sportable [tra(n)spor'taβle] *adj* ❶ *(movible)* transportierbar, transportabel, fahrbar ❷ *(peso, caja)* tragbar

tra(n)sportar [tra(n)spor'tar] **I.** *vt (trasladar)* bringen; *(en brazos)* tragen; *(en un vehículo)* befördern; ~ **por barco** verschiffen **II.** *vr:* **~se** entzückt sein

tra(n)sporte [tra(n)s'porte] *m* ❶ (COM) Transport *m; (de personas, t.* TÉC) Beförderung *f;* ~ **aéreo/marítimo** Beförderung per Flugzeug/Schiff; ~ **por carretera** Beförderung per LKW; **compañía de ~s** Spedition *f* ❷ *(vehículo)* **~s públicos** öffentliche Verkehrsmittel *ntpl;* **¿qué ~ utilizas para ir a la ciudad?** wie fährst du in die Stadt? ❸ *pl (conjunto)* Verkehrswesen *nt* ❹ *(exaltación)* Entzückung *f*

tra(n)sportista [tra(n)spor'tista] *mf (empresa, agente)* Spediteur *m*

tra(n)sposición [tra(n)sposi'θjon] *f* ① *(de persona)* Umsetzung *f;* *(de cosa)* Umstellen *nt* ② *(trasplante)* Umpflanzung *f* ③ (LING, MÚS) Transposition *f*

tra(n)spuesto, -a [tra(n)s'pwesto, -a] **I.** *pp de* **tra(n)sponer** **II.** *adj* **quedarse ~** einschlafen

tra(n)sversal [tra(n)sβer'sal] *adj (atravesado, perpendicular)* quer; **calle ~** Querstraße *f*

tra(n)sverso, -a [tra(n)s'βerso, -a] *adj v.* **tra(n)sversal**

tra(n)svestido [tra(n)sβes'tiðo] *m* Transvestit *m*

traba ['traβa] *f* ① *(trabamiento)* Verbindung *f* ② *(cuerda)* Fessel *f* ③ *(obstáculo)* Hindernis *nt*

trabado, -a [tra'βaðo, -a] *adj* ① *(coherente)* zusammenhängend, kohärent ② *(nervudo)* stämmig

trabadura [traβa'ðura] *f* Verbindung *f*

trabajado, -a [traβa'xaðo, -a] *adj* ① *(cansado)* erschöpft, abgearbeitet ② *(realizado con esmero)* ausgefeilt

trabajador(a) [traβaxa'ðor(a)] **I.** *adj* fleißig **II.** *m(f)* Arbeiter(in) *m(f)*

trabajar [traβa'xar] **I.** *vi* arbeiten; **~ de vendedora** als Verkäuferin arbeiten; **en edad de ~** im arbeitsfähigen Alter **II.** *vt* ① *(tratar)* bearbeiten; *(caballo)* zureiten ② *(inquietar)* zu schaffen machen *+dat* **III.** *vr:* **~se** sich bemühen

trabajo [tra'βaxo] *m* Arbeit *f;* **~ en cadena** Fließbandarbeit *f;* **~ a destajo** Akkordarbeit *f;* **~ doméstico** Hausarbeit *f;* **~ estacional** Saisonarbeit *f;* **~s forzados** Zwangsarbeit *f;* **puesto de ~** Arbeitsplatz *m;* **~ temporal** Zeitarbeit *f;* **~ escrito** *(para clase)* Klassenarbeit *f;* *(en a la universidad)* Hausarbeit *f;* **con/sin ~** mit Mühe/mühelos; **costar ~** Mühe kosten; **tomarse el ~ de hacer algo** sich *dat* die Mühe machen, etw zu tun

trabajoso, -a [traβa'xoso, -a] *adj* mühsam

trabalenguas [traβa'leŋgwas] *m inv* Zungenbrecher *m*

trabar [tra'βar] **I.** *vt* ① *(juntar)* verbinden ② *(coger)* ergreifen ③ *(atar)* fesseln ④ *(impedir)* behindern ⑤ *(espesar)* andicken ⑥ *(comenzar)* beginnen; *(contactos)* knüpfen ⑦ *(embargar bienes)* beschlagnahmen **II.** *vi* greifen **III.** *vr:* **~se** sich verheddern; **~se la lengua** stottern

trabazón [traβa'θon] *f* ① *(enlace)* Verbindung *f* ② *(el espesar)* Eindickung *f*

trabilla [tra'βiʎa] *f* Schlaufe *f;* *(en la pernera)* Steg *m*

trabucar [traβu'kar] <c → qu> **I.** *vt* durcheinanderbringen **II.** *vr:* **~se** sich versprechen, sich verschreiben

trabuco [tra'βuko] *m* ① *(arma de fuego)* Stutzen *m* ② *(catapulta)* Steinschleuder *f,* Katapult *m o nt*

trácala ['trakala] *f* ① *(Ecua: multitud)* Menge *f* ② *(Méx, PRico: fullería)* Mogelei *f* ③ *(Méx: persona tramposa)* Betrüger *m*

tracción [tra$^{\gamma}$'θjon] *f* ① *(tirar)* Ziehen *nt* ② *(accionar)* Antrieb *m;* **~ a cuatro ruedas** Allradantrieb *m;* **~ delantera/trasera** Vorderrad-/Hinterradantrieb *m*

tractor [trak'tor] *m* Traktor *m*

tractorista [trakto'rista] *mf* Traktorfahrer(in) *m(f)*

tradición [traði'θjon] *f* Tradition *f*

tradicional [traðiθjo'nal] *adj* traditionell

tradicionalista [traðiθjona'lista] **I.** *adj* traditionalistisch **II.** *mf* Traditionalist(in) *m(f)*

traducción [traðu$^{\gamma}$'θjon] *f* Übersetzung *f;* **~ al/del inglés** Übersetzung ins Englische/aus dem Englischen

traducir [traðu'θir] *vt irr* übersetzen

traductor(a) [traðuk'tor(a)] **I.** *adj* Übersetzungs- **II.** *m(f)* Übersetzer(in) *m(f)*

traer [tra'er] *irr* **I.** *vt* ① *(llevar: a alguien)* bringen; *(consigo)* bei sich *dat* haben; *(vestido)* anhaben; **tengo una carta para ti – trae** ich habe einen Brief für dich – gib ihn her; **¿has traído la carta?** hast du den Brief mitgebracht?; **lo traigo en la cartera** ich habe es im Geldbeutel ② *(ir a por)* holen ③ *(atraer)* anziehen ④ *(ocasionar)* mit sich bringen ⑤ *(más adjetivo)* **~ convencido** überzeugt sein; **~ preocupado a alguien** jdm Sorgen machen; **~ frito a alguien** *(fam)* jdn den letzten Nerv kosten; **esta mujer me trae perdido** diese Frau macht mich verrückt ⑥ *(más sustantivo)* **~ retraso** mit Verspätung kommen; **~ prisa** es eilig haben; **~ hambre** Hunger haben; **traes cara de palo** *(fam)* was ziehst denn du für ein Gesicht! ⑦ *(tener pendiente)* **~ un pleito con alguien** gegen jdn prozessieren ⑧ *(razones, ejemplos)* anführen ⑨ *(más 'a')* **~ a colación** zur Sprache bringen; **~ a cuento** aufs Tapet bringen; **~ a alguien a razones** jdn zur Vernunft bringen; **~ a la memoria** ins Gedächtnis rufen ⑩ *(loc)* **~ a alguien arrastra(n)do** jdn strapazieren; **¿qué te trae por aquí?** was führt dich hierher?; **el jefe me trae de aquí para allí todo el día** der Chef lässt mich keine Minute in Ruhe; **esto me trae sin cuidado** das ist mir egal **II.** *vr:* **~se** ① *(llevar a cabo)* **~se algo entre manos** etw laufen haben ② *(vestirse)* **~se bien** sich gut kleiden ③ *(loc)* **este examen se las trae**

diese Prüfung hat es in sich; **hace un frío que se las trae** es ist bitterkalt

trafagar [trafa'ɣar] <g → gu> *vi* ❶ *(traficar)* handeln ❷ *(correr mundo)* in der Welt herumziehen

tráfago ['trafaɣo] *m* ❶ *(trabajo)* Schufterei *f* ❷ *(tráfico)* Verkehr *m* ❸ *(ajetreo)* Betrieb *m*

traficante [trafi'kan̩te] *mf* Händler(in) *m(f); (de drogas)* Dealer(in) *m(f); (de asilados/coches)* Schlepper(in) *m(f),* Schleuser(in) *m(f)*

traficar [trafi'kar] <c → qu> *vi* handeln (**en** mit +*dat*); *(con drogas)* dealen (**con/en** mit +*dat*); *(con asilados)* schleppen (**con/en** +*akk*)

tráfico ['trafiko] *m* ❶ (COM) Handel *m; (de drogas)* Drogenhandel *m; (de asilados/coches)* Schlepperei *f;* ~ **de contrabando** Schmuggel *m;* ~ **de influencias** Vetternwirtschaft *f* ❷ *(de vehículos)* Verkehr *m;* ~ **por carretera** Straßenverkehr *m*

trafulcar [traful'kar] <c → qu> *vt* verwechseln, durcheinanderbringen

tragaderas [traɣa'ðeras] *fpl* ❶ *(faringe)* Rachen *m;* **tener buenas** ~ *(fam)* ein Vielfraß sein ❷ *(fam: credulidad)* **tener** ~ leichtgläubig sein ❸ *(fam: tolerancia)* **tener buenas/malas** ~ tolerant/intolerant sein

tragadero [traɣa'ðero] *m* ❶ *(faringe)* Schlund *m* ❷ *(orificio)* Abfluss *m;* ~ **de basuras** Müllschlucker *m*

tragaldabas [traɣal̩'daβas] *mf inv* Vielfraß *m fam*

tragaluz [traɣa'luθ] *m (grande)* Dachfenster *nt; (pequeño)* Fensterluke *f*

tragaperras [traɣa'perras] *f inv* Münzautomat *m; (de juego)* Spielautomat *m*

tragar [tra'ɣar] <g → gu> **I.** *vt, vr:* **~se** ❶ *(comida, bebida, crítica)* (hinunter)schlucken; *(historia, mentira)* schlucken; **tuve que ~me el enfado** ich musste meinen Ärger hinunterschlucken; **ese se lo traga todo** *(fig)* der lässt sich *dat* alles aufbinden ❷ *(devorar, t. fig)* verschlingen; **¡trágame tierra!** ich möchte vor Scham am liebsten im Erdboden versinken! **II.** *vt* ❶ *(soportar)* **no ~ a alguien** jdn nicht ausstehen können ❷ *(consumir)* verbrauchen; *(absorber)* absorbieren

T

tragedia [tra'xeðja] *f* Tragödie *f*

trágico, -a ['traxiko, -a] **I.** *adj* tragisch; **no te pongas** ~ stell dich nicht so an **II.** *m, f* ❶ (TEAT) Tragödiendarsteller(in) *m(f)* ❷ (LIT) Tragödiendichter(in) *m(f)*

tragicomedia [traxiko'meðja] *f* ❶ *(de suceso)* Tragikomik *f* ❷ (LIT, TEAT) Tragikomödie *f*

tragicómico, -a [traxi'komiko, -a] *adj* tragikomisch

trago ['traɣo] *m* ❶ *(de bebida)* Schluck *m;* **a ~s** schluckweise; **a ~s largos** in langen Zügen; **de un** ~ in einem Zug ❷ *(bebida)* Drink *m;* **tomar un ~ de más** *(fam)* einen über den Durst trinken ❸ *(vicio)* Trinken *nt,* Trunksucht *f* ❹ *(experiencia)* bitteres Erlebnis *nt*

tragón, -ona ['traɣon, -ona] *m, f (fam)* Vielfraß *m*

traición [trai̯'θjon] *f* Verrat *m;* **matar a** ~ hinterrücks ermorden

traicionar [trai̯θjo'nar] *vt* verraten; *(adulterio)* betrügen; **la memoria me traiciona** mein Gedächtnis lässt mich im Stich

traicionero, -a [trai̯θjo'nero, -a] **I.** *adj (persona)* verräterisch; *(acción)* heimtückisch; *(memoria)* trügerisch; *(animal)* tückisch **II.** *m, f* Verräter(in) *m(f)*

traído, -a [tra'iðo, -a] *adj* abgetragen, abgelaufen, abgescheuert; **un asunto muy ~ y llevado** ein abgedroschenes Thema

traidor(a) [trai̯'ðor(a)] **I.** *adj* verräterisch; *(falso)* falsch **II.** *m(f)* Verräter(in) *m(f)*

traigo ['trai̯ɣo] *1. pres de* **traer**

tráiler ['trai̯ler] *m* ❶ *(de camión)* Trailer *m,* Sattelschlepper *m* ❷ (CINE) Trailer *m*

traílla [tra'iʎa] *f* ❶ *(correa)* (Hunde)leine *f* ❷ *(dos perros)* Meute *f*

traje ['traxe] *m* ❶ *(vestidura)* Kleidung *f;* ~ **de baño** Badeanzug *m;* ~ **de luces** Toreroanzug *m* ❷ *(de hombre)* Anzug *m;* ~ **de etiqueta** Galaanzug *m;* ~ **hecho a la medida** Maßanzug *m;* ~ **de confección** Anzug von der Stange ❸ *(de mujer)* Kleid *nt;* ~ **de noche** Abendkleid *nt;* ~ (**de**) **chaqueta** Schneiderkostüm *nt* ❹ *(popular)* Tracht *f* ❺ *(de época)* Kostüm *nt*

trajeado, -a [traxe'aðo, -a] *adj* **ir bien/mal** ~ gut/schlecht gekleidet sein

trajear [traxe'ar] **I.** *vt* (ein)kleiden **II.** *vr:* **~se** sich (ein)kleiden

trajín [tra'xin] *m* ❶ *(de mercancías)* Transport *m* ❷ *(ajetreo)* geschäftiges Treiben *nt;* **el ~ de la ciudad** das Gewühl in der Stadt; **había un gran** ~ es herrschte reger Betrieb

trajinante [traxi'nan̩te] *m* ❶ *(comerciante)* Händler *m* ❷ *(zascandil)* unruhiger Mensch *m*

trajinar [traxi'nar] **I.** *vt* befördern **II.** *vi* herumhantieren; **llevo todo el día trajinando** ich war heute sehr beschäftigt

tralla ['traʎa] *f* ❶ *(cuerda)* Peitschenschnur *f* ❷ *(látigo)* Peitsche *f*

trallazo [tra'ʎaθo] *m* ❶ *(latigazo: ruido)* Peitschenknall *m; (golpe)* Peitschenhieb *m* ❷ *(represión)* Standpauke *f fam*

trama ['trama] *f* ❶ *(de hilos)* Schuss *m* ❷ (LIT) Handlung *f* ❸ *(intriga)* Intrige *f*

tramar [tra'mar] *vt* ❶ *(traición)* anzetteln; *(intriga, plan)* schmieden; **¿qué estarán tramando?** was führen sie nur im Schilde?; **aquí se está tramando algo** hier ist etwas im Gange ❷ *(tejidos)* (ein)schießen

tramitación [tramita'θjon] *f* ❶ *(de negocio)* Abwicklung *f* ❷ *(de asunto)* amtliche Erledigung ❸ *(de expediente)* Bearbeitung *f;* **gastos de ~** Bearbeitungsgebühren *f pl;* **mi pasaporte está en ~** mein Pass ist in Bearbeitung

tramitar [trami'tar] *vt* ❶ *(asunto)* erledigen; *(negocio)* abwickeln; **está tramitando el divorcio** er/sie hat die Scheidung eingereicht ❷ *(expediente)* bearbeiten

trámite ['tramite] *m* ❶ *(diligencias)* **~ burocrático** Verfahrensweg *m;* **pasar por todos los ~s** alle Instanzen durchlaufen ❷ *(formalidad)* Formalität *f;* **el asunto está en ~** die Angelegenheit wird gerade bearbeitet; **esto es puro ~** das ist eine reine Routineangelegenheit; **¿has hecho los ~s para el pasaporte?** hast du schon deinen Pass beantragt?

tramo ['tramo] *m* ❶ *(de camino)* Abschnitt *m;* (FERRO) Streckenabschnitt *m* ❷ *(de escalera)* Treppenabschnitt *m*

tramontana [tramon̪'tana] *f* ❶ *(viento)* Nordwind *m* ❷ *(vanidad)* Eitelkeit *f*

tramoya [tra'moɟa] *f* ❶ (TEAT) Bühnenmaschinerie *f* ❷ *(engaño)* Schwindel *m,* Betrug *m*

trampa ['trampa] *f* ❶ *(para personas, animales)* Falle *f;* **poner una ~ a un animal/a alguien** einem Tier/jdm eine Falle stellen; **caer en la ~** *(animal)* in die Falle gehen; *(persona)* hereinfallen ❷ *(trampilla)* Falltür *f* ❸ *(del mostrador)* (Ladentisch)klappe *f* ❹ *(engaño)* Schwindel *m;* *(en los juegos)* Mogelei *f fam;* **hacer ~** *(engañar)* schwindeln; *(jugando)* mogeln; *(en el deporte)* tricksen; **sin ~ ni cartón** ohne Tricks; **hecha la ley hecha la ~** *(prov)* jedes Gesetz hat sein Hintertürchen ❺ *(fam: deuda)* Schuld *f*

trampear [trampe'ar] *vi* ❶ *(fam: estafar)* betrügen ❷ *(de penuria)* sich *dat* in der Not zu helfen wissen ❸ *(ir tirando)* sich durchschlagen

trampero [tram'pero] *m* Trapper *m*

trampilla [tram'piʎa] *f* ❶ *(en habitación)* Falltür *f* ❷ *(portezuela)* Klappe *f* ❸ (AUTO) Sonnendach *nt*

trampolín [trampo'lin] *m* *(de piscina)* Sprungbrett *nt;* *(de gimnasia)* Trampolin *nt;* *(de esquí)* (Sprung)schanze *f*

tramposo, -a [tram'poso, -a] **I.** *adj* betrügerisch **II.** *m, f* ❶ *(estafador)* Betrüger(in) *m(f)* ❷ *(en los juegos)* Falschspieler(in) *m(f)*

tranca ['traŋka] *f* ❶ *(palo)* Knüppel *m;* *(de la puerta)* Türriegel *m* ❷ *(fam: borrachera)* Rausch *m* ❸ *(loc)* **a ~s y barrancas** *(fam)* mit Müh und Not

trancar [traŋ'kar] <c → qu> *vt* ❶ *(puerta: con tranca)* verriegeln; *(con objetos)* versperren ❷ *(dar trancos)* mit großen Schritten gehen

trancazo [traŋ'kaθo] *m* ❶ *(golpe)* Knüppelschlag *m* ❷ *(fam: gripe)* Grippe *f*

trance ['tran̪θe] *m* ❶ *(momento)* **pasar un ~ difícil** Schweres durchmachen ❷ *(hipnótico)* Trance *f* ❸ *(loc)* **estar en ~ de hacer algo** gerade dabei sein, etw zu tun; **estar en ~ de muerte** im Sterben liegen; **querer hacer algo a todo ~** etw unbedingt machen wollen

tranco ['traŋko] *m* ❶ *(paso)* großer Schritt *m;* **andar a ~s** mit großen Schritten gehen; **subir una escalera a ~s** eine Treppe hinauffliegen ❷ *(umbral)* Schwelle *f* ❸ *(loc)* **a ~s** hastig

tranqui ['traŋki] *adj (fam)* **¡oye, ~!** reg dich wieder ab!

tranquilamente [traŋkila'men̪te] *adv* in Ruhe

tranquilidad [traŋkili'ðað] *f* *(calma, serenidad)* Ruhe *f;* *(de mar)* Stille *f;* *(autocontrol)* Gelassenheit *f;* *(despreocupación)* Unbekümmertheit *f;* **~ de conciencia** Seelenruhe *f;* **con mucha ~** seelenruhig; **trabajar con ~** ungestört arbeiten; **debo decirte para tu ~ que...** ich muss dir zu deiner Beruhigung sagen, dass ...

tranquilizador(a) [traŋkiliθa'ðor(a)] *adj* beruhigend

tranquilizante [traŋkili'θan̪te] *m* Beruhigungsmittel *nt*

tranquilizar [traŋkili'θar] <z → c> **I.** *vt* beruhigen; *(con palabras)* beschwichtigen **II.** *vr:* **~se** sich beruhigen

tranquilla [traŋ'kiʎa] *f* ❶ *(pasador)* Riegel *m* ❷ *(para desorientar)* Fallstrick *m*

tranquillo [traŋ'kiʎo] *m* **cogerle el ~ a algo** bei etw *dat* den Dreh heraushaben

tranquilo, -a [traŋ'kilo, -a] *adj* ❶ *(no agitado)* ruhig; *(mar)* still; **¡déjame ~!** lass mich in Ruhe!; **mientras no te digan nada, tú ~** solange sie nichts zu dir sagen, kannst du ruhig weitermachen ❷ *(persona: serena)* ruhig; *(con autocontrol)* gelassen; *(despreocupada)* unbekümmert; **tú ~, que no pasará nada** sei ruhig unbesorgt, es wird nichts geschehen

transacción [transak'θjon] *f* ❶ (JUR) Ver-

gleich *m;* (POL) Kompromiss *m* ② (COM) Geschäft *nt;* (FIN) Transaktion *f*
transar [tran'sar] *vi (Am: transigir)* Kompromisse eingehen
transeúnte [transe'uṇte] **I.** *adj* vorübergehend; *(habitante)* nicht ortsansässig **II.** *mf* ① *(peatón)* Passant(in) *m(f)* ② *(habitante)* **los ~s** die Leute, die nicht ortsansässig sind
transexual [transe^{y}su'al] **I.** *adj* transsexuell **II.** *mf* Transsexuelle(r) *f(m)*
transición [transi'θjon] *f* Übergang *m*
transido, -a [tran'siðo, -a] *adj (elev)* ~ **de dolor/pena** von Schmerz/Kummer gequält [*o* geplagt]
transigencia [transi'xeṇθja] *f* ① *(condescendencia)* Nachgiebigkeit *f* ② *(tolerancia)* Toleranz *f* ③ (POL) Kompromissbereitschaft *f*
transigente [transi'xeṇte] *adj* ① *(condescendiente)* nachgiebig ② *(tolerante)* tolerant ③ (POL) kompromissbereit
transigir [transi'xir] <g → j> *vi* ① *(ceder)* nachgeben *+dat* ② *(tolerar)* dulden (**con** *+akk*) ③ (POL) einen Kompromiss finden; (JUR) sich vergleichen (**sobre** hinsichtlich *+gen*)
Transilvania [transil'βanja] *f* Siebenbürgen *nt;* (HIST) Transsilvanien *nt*
transistor [transis'tor] *m* Transistor *m*
transitable [transi'taβle] *adj (en coche)* befahrbar; *(a pie)* begehbar
transitar [transi'tar] *vi (en coche)* fahren (**por** auf *+dat*); *(por un túnel)* durchfahren (**por** *+akk*); *(a pie)* entlanggehen (**por** *+akk*); **una calle muy transitada** eine viel befahrene Straße; **nadie transitaba por la calle** es war kein Mensch auf der Straße
transitivo, -a [transi'tiβo, -a] *adj* (LING) transitiv
tránsito ['transito] *m* ① *(circulación)* Verkehr *m;* **de mucho** ~ verkehrsreich; **el ~ por esta calle es algo complicado** durch diese Straße zu fahren ist ziemlich kompliziert ② *(de personas)* Durchreise *f;* (COM) Transit *m*
transitorio, -a [transi'torjo, -a] *adj* ① *(temporal)* vorübergehend; *(ley, periodo, disposición)* Übergangs- ② *(pasajero)* vergänglich
transponer [tra^{n}spo'ner] *irr como poner* **I.** *vt* ① *(persona)* umsetzen; *(cosa)* umstellen ② *(trasplantar)* umpflanzen **II.** *vr:* **~se** ① *(persona)* sich verstecken ② *(sol)* untergehen ③ *(dormirse)* einschlafen, einnicken
transportador [transporta'ðor] *m (círculo graduado)* Winkelmesser *m*
transubstanciación [transu$^{(\beta)}$staṇθja'θjon] *f* (REL) Transsubstantiation *f*

tranvía [tram'bia] *m* Straßenbahn *f*
trapa[1] ['trapa] *m o f* ① *(de los pies)* Getrampel *nt* ② *(vocerío)* Geschrei *nt*
trapa[2] ['trapa] *f* (REL) Trapistenorden *m*
trapacear [trapaθe'ar] *vi* betrügen, schwindeln
trapacería [trapaθe'ria] *f* Betrug *m*
trapajoso, -a [trapa'xoso, -a] *adj* ① *(en el vestir)* schäbig ② *(en el hablar)* **tener una lengua trapajosa** nuscheln
trápala[1] ['trapala] *f* ① *(de gente)* Geschrei *nt* ② *(de caballo)* Trappeln *nt,* Getrappel *nt* ③ *(fam: embuste)* Betrug *m,* Schwindel *m*
trápala[2] ['trapala] *m (fam)* Geschwätzigkeit *f*
trápala[3] ['trapala] *mf* ① *(trapacero)* Gauner(in) *m(f)* ② *(parlanchín)* Schwätzer(in) *m(f)*
trapatiesta [trapa'tjesta] *f* ① *(fam: riña: verbal)* Krach *m; (con puñetazos)* Schlägerei *f* ② *(fam: jaleo)* Radau *m*
trapaza [tra'paθa] *f* Schwindelei *f,* Betrug *m*
trapear [trape'ar] *vt (Am: limpiar)* wischen
trapecio [tra'peθjo] *m* ① *(de circo, t.* MAT) Trapez *nt* ② (ANAT) Trapezmuskel *m*
trapecista [trape'θista] *mf* Trapezkünstler(in) *m(f)*
trapero, -a [tra'pero, -a] *m, f* Lumpensammler(in) *m(f)*
trapichear [trapiʧe'ar] *vi* ① *(fam: enredos)* krumme Sachen machen; *(intrigar)* intrigieren; *(con artimañas)* tricksen; ~ **en los negocios** krumme Geschäfte machen ② *(comerciar)* Kleinhandel treiben
trapicheo [trapi'ʧeo] *m (fam)* ① *(enredo)* krumme Sache *f; (negocio)* krummes Geschäft *nt* ② *(intriga)* Intrige(n) *f(pl); (artimaña)* List *f;* **ha habido ~s en las elecciones** bei den Wahlen wurde getrickst
trapío [tra'pio] *m* Grazie *f,* Anmut *f*
trapisonda [trapi'soṇda] *f* ① *(riña, alboroto)* Krach *m* ② *(intriga)* Intrige *f*
trapo ['trapo] *m* ① *(tela)* Lumpen *m* ② *(para limpiar)* Lappen *m;* **pasar el ~ por algo** etw mit einem Tuch abwischen ③ *pl (fam: vestidos)* Klamotten *pl* ④ (NÁUT) Segel *nt;* **a todo ~** mit vollen Segeln; **el coche iba a todo ~** *(fam)* das Auto hatte einen Affenzahn drauf; **poner la música a todo ~** *(fam)* die Musik auf volle Lautstärke stellen ⑤ (TEAT) (Bühnen)vorhang *m* ⑥ *(loc, fam)* **poner a alguien como un ~** jdn durch den Schmutz ziehen; **sacar los ~s sucios a relucir** schmutzige Wäsche (vor anderen Leuten) waschen; **soltar el ~**

T

(reír) losplatzen; *(llorar)* in Tränen ausbrechen; **estar hecho un ~** fix und fertig sein

tráquea ['trakea] *f* Luftröhre *f*

traquetear [trakete'ar] **I.** *vi (chapa, vajilla)* klappern; *(motor, ametralladora)* rattern; *(sillas, carro)* poltern **II.** *vt* schütteln

traqueteo [trake'teo] *m* Krach *m; (chapa, vajilla)* Geklapper *nt; (ametralladora, motor)* Rattern *nt; (de sillas, carro)* Poltern *nt*

tras [tras] **I.** *prep* ❶ *(temporal)* nach *+dat* ❷ *(espacial: detrás de)* hinter *+dat; (orden)* nach *+dat;* **voy ~ tuyo** *(en la cola)* ich bin nach dir dran; *(en el coche)* ich fahre dir nach; **ir ~ alguien** *(perseguir)* hinter jdm her sein ❸ *(con movimiento)* hinter *+akk;* **ponerse uno ~ otro** sich hintereinander aufstellen ❹ *(además de)* außer *+dat;* **~ de ser de pésima calidad es caro** es ist nicht nur von miserabler Qualität, sondern dazu auch noch teuer **II.** *m (fam)* Hintern *m* **III.** *interj* **¡~ ~!** klopf, klopf!

trasañejo, -a [trasa'ɲexo, -a] *adj* ❶ *(muy añejo)* sehr alt ❷ *(tresañejo)* über drei Jahre alt

trasbordar [trasβor'ðar] *vt, vi v.* **tra(n)sbordar**

trascendencia [trasθeṇ'deṇθja] *f (importancia)* Bedeutung *f;* **no tener ~** unbedeutend sein; **un incidente sin más ~** ein Vorfall ohne schlimmere Folgen

trascendental [trasθeṇdeṇ'tal] *adj* ❶ *(importante)* von großer Bedeutung [*o* Tragweite] ❷ (FILOS) transzendent(al)

trascendente [trasθeṇ'deṇte] *adj* transzendent

trascender [trasθeṇ'der] <e → ie> *vi* ❶ *(hecho, noticia)* durchsickern ❷ *(efecto, consecuencias)* sich auswirken (**a** auf *+akk*) ❸ *(ir más allá)* hinausgehen (**de** über *+akk*) ❹ *(olor)* durchdringen

trascordarse [traskor'ðarse] <o → ue> *vr* vergessen, verwechseln

trascurrir [trasku'rrir] *vi v.* **tra(n)scurrir**

trasegar [trase'ɣar] *vt irr como fregar* ❶ *(objetos: desordenar)* durcheinanderbringen; *(cambiar)* umstellen ❷ *(líquidos)* umfüllen; *(de garrafa a botella)* abfüllen ❸ *(alcohol)* (viel) trinken

trasera [tra'sera] *f* Rückseite *f*

trasero[1] [tra'sero] *m (fam)* Hintern *m*

trasero, -a[2] [tra'sero, -a] *adj* hintere(r, s); **asiento ~** Rücksitz *m;* **luz trasera** Rücklicht *nt;* **parte trasera** Hinterseite *f;* **propulsión trasera** Heckantrieb *m;* **rueda trasera** Hinterrad *nt*

trasferir [trasfe'rir] *vt irr como sentir v.* **tra(n)sferir**

trasfigurar [trasfiɣu'rar] *vt* verwandeln

trasfondo [tras'foṇdo] *m* Hintergrund *m*

trasguear [trasɣe'ar] *vi* spuken; *(enredar)* Unfug anstellen

trasiego [tra'sjeɣo] *m* ❶ *(de objetos: desorden)* Durcheinander *nt* ❷ *(cambio)* Umstellung *f* ❸ *(de líquidos)* Umfüllen *nt; (a botella)* Abfüllung *f*

traslación [trasla'θjon] *f* ❶ *(de cosas)* Umstellen *nt; (de cuerpo)* Überführung *f; (de tropa)* Verlegung *f* ❷ *(traducción)* Übersetzung *f* (**a** in *+akk,* **de** aus *+dat*)

trasladar [trasla'ðar] **I.** *vt* ❶ *(cosas)* umstellen; *(cuerpo)* überführen; *(tropa, tienda)* verlegen; *(prisionero: a otra prisión)* verlegen; *(a otra comisaría)* überstellen ❷ *(funcionario)* versetzen (**a** in *+akk,* nach *+dat*) ❸ *(fecha)* verschieben (**a** auf *+akk*) ❹ *(traducir)* übersetzen (**a** in *+akk*) ❺ *(idea, obra)* **~ al papel** zu Papier bringen; **~ a la pantalla** verfilmen ❻ *(orden, medida)* übertragen (**a** auf *+akk*) ❼ *(escrito)* kopieren **II.** *vr:* **~se** ❶ *(ir a)* sich begeben; **~se en coche** mit dem Auto fahren ❷ *(mudarse)* umziehen (**a** nach *+dat*)

traslado [tras'laðo] *m* ❶ *(de cosas)* Umstellen *nt; (cuerpo)* Überführung *f; (tropa)* Verlegung *f; (prisionero: de prisión)* Verlegung *f; (de comisaría)* Überstellung *f* ❷ *(de funcionario)* Versetzung *f* ❸ *(de fecha)* Verschiebung *f* ❹ *(mudanza)* Umzug *m* ❺ *(copia)* Kopie *f* ❻ *(de orden, medida)* Übertragung *f*

traslucir [traslu'θir] *irr como lucir* **I.** *vt (cara)* widerspiegeln; **dejar ~ algo** *(alguien)* etw andeuten **II.** *vr:* **~se** ❶ *(ser traslúcido)* lichtdurchlässig sein ❷ *(verse, notarse)* durchschimmern ❸ *(hecho, intención)* durchschaubar sein

trasluz [tras'luθ] *m* Schein *m;* **mirar al ~** gegen das Licht betrachten

trasmano [tras'mano] **no puedo cogerlo, me pilla a ~** ich komme nicht ran, es ist zu weit weg; **su casa cae tan a ~ que apenas lo visito** sein Haus ist so abgelegen, dass ich ihn kaum besuche

trasmigrar [trasmi'ɣrar] *vi v.* **tra(n)smigrar**

trasmisión [trasmi'sjon] *f v.* **tra(n)smisión**

trasmitir [trasmi'tir] *vt v.* **tra(n)smitir**

trasmutar [trasmu'tar] *vt* umwandeln

trasnochada [trasno'ʧaða] *f* ❶ *(vela)* schlaflose Nacht *f* ❷ *(vigilancia)* Nachtwache *f* ❸ *(noche anterior)* vergangene Nacht *f*

trasnochado, -a [trasno'ʧaðo, -a] *adj* ❶ *(comida)* verdorben ❷ *(idea, plan)* überholt ❸ *(persona)* übernächtigt

trasnochador(a) [trasnoʧa'ðor(a)] *m(f)* Nachtschwärmer(in) *m(f)*
trasnochar [trasno'ʧar] **I.** *vi* ❶ *(no dormir)* nicht schlafen gehen; *(ir de juerga)* die ganze Nacht durchmachen; *(trabajando)* die Nacht zum Tage machen ❷ *(acostarse tarde)* spät schlafen gehen ❸ *(pernoctar)* übernachten **II.** *vt* überschlafen
trasoír [traso'ir] *irr como oír vt* falsch verstehen, sich verhören
traspapelar [traspape'lar] **I.** *vt* verlegen **II.** *vr:* **~se** verloren gehen
trasparentar(se) [trasparen̩'tar(se)] *vt, vr v.* **tra(n)sparentar**
traspasable [traspa'saβle] *adj* übertragbar
traspasar [traspa'sar] *vt* ❶ *(atravesar: arma)* durchbohren; *(rayos)* durchdringen; *(líquido)* durchsickern; *(calle, río)* überqueren ❷ *(pasar a)* übertragen (**a** auf +*akk*); (FIN) überweisen (**a** auf +*akk*) ❸ *(sentidos)* **~ el corazón** das Herz zerreißen ❹ *(límite)* hinausgehen (über +*akk*); *(ley)* überschreiten
traspaso [tras'paso] *m* ❶ *(de arma)* Durchbohrung *f; (de rayos)* Durchdringung *f; (de líquido)* Durchsickern *nt; (de calle, río)* Überquerung *f* ❷ *(de piso, negocio)* Übertragung *f; (dinero)* Abstandssumme *f* ❸ *(de límite)* Überschreitung *f*
traspié(s) [tras'pje(s)] *m (inv)* Stolpern *nt; (fig)* Ausrutscher *m;* **dar un ~** *(tropezar)* stolpern; *(resbalar)* ausgleiten; *(meter la pata)* ins Fettnäpfchen treten; *(en sociedad)* einen Fauxpas begehen
trasplantable [trasplan̩'taβle] *adj* verpflanzbar, transplantierbar
trasplantar [trasplan̩'tar] **I.** *vt* ❶ *(planta)* umpflanzen ❷ *(personas)* umsiedeln ❸ (MED) transplantieren **II.** *vr:* **~se** umsiedeln
trasplante [tras'plan̩te] *m* ❶ *(de plantas)* Umpflanzung *f* ❷ *(de persona)* Umsiedlung *f* ❸ (MED) Transplantation *f*
trasportar(se) [traspor'tar(se)] *vt, vr v.* **tra(n)sportar**
trasquilado, -a [traski'laðo, -a] *adj* übel zugerichtet; **salir ~ de algo** bei etw schlecht wegkommen
trasquilar [traski'lar] *vt* ❶ *(persona)* stutzen ❷ *(animal)* scheren ❸ *(fam: cosa)* schmälern
trasroscarse [trasrros'karse] <c → qu> *vr* ❶ *(rosca)* auleiern ❷ *(fam fig)* zu weit gehen, es zu weit treiben
trast(r)abillar [trast(r)aβi'ʎar] *vi* ❶ *(dar traspiés)* stolpern ❷ *(tambalear)* taumeln ❸ *(tartamudear)* stottern
trastabillar [trastaβi'ʎar] *vi (dar tropezones)* stolpern
trastada [tras'taða] *f* ❶ *(fam: travesura)* Streich *m;* **hacerle una ~ a alguien** jdm einen Streich spielen ❷ *(mala pasada)* übler Streich *m*
trastazo [tras'taθo] *m (fam)* heftiger Schlag *m;* **pegarse un ~** sich *dat* den Kopf anschlagen; **pegarse un ~ contra algo** gegen etw knallen
traste ['traste] *m* ❶ *(de guitarra)* Bund *m* ❷ *(Am: trasto)* Gerümpel *nt* ❸ *(loc)* **irse al ~** ins Wasser fallen; **dar al ~ con algo** etw kaputt machen *fam*
trastear [traste'ar] **I.** *vt* **~ a alguien** *(fam)* jdn nach seiner Pfeife tanzen lassen **II.** *vi (trastos)* umräumen
trastero, -a [tras'tero, -a] *adj* **cuarto ~** Abstellkammer *f;* **~ de alquiler** Mietlager *nt,* Self-Storage-Box *f*
trastienda [tras'tjen̩da] *f* ❶ *(de tienda)* Hinterzimmer *nt* ❷ *(fam: astucia)* **tener mucha ~** raffiniert sein
trasto ['trasto] *m* ❶ *(mueble)* Möbelstück *nt; (utensilio)* Haushaltsgerät *nt;* **tirarse los ~s por la cabeza** sich in die Haare kriegen ❷ *pl (herramientas)* Ausrüstung *f* ❸ *pl (para tirar)* Gerümpel *nt* ❹ *(persona)* **mi hijo es un ~** mein Sohn ist ein Tunichtgut; **tratar como un ~** wie ein Stück Dreck behandeln
trastocar [trasto'kar] <c → qu> **I.** *vt* in Unordnung bringen **II.** *vr:* **~se** den Verstand verlieren
trastornado, -a [trastor'naðo, -a] *adj (confundido)* durcheinander; *(sicológicamente)* verwirrt; *(loco)* verrückt
trastornar [trastor'nar] **I.** *vt* ❶ *(cosa)* durcheinanderbringen; *(de arriba abajo)* auf den Kopf stellen ❷ *(orden, plan, ideas)* zunichtemachen; *(orden público)* stören ❸ *(sicológicamente)* aus dem Gleichgewicht bringen; *(por amor)* verrückt machen; **la muerte de su marido la trastornó** der Tod ihres Mannes hat sie stark mitgenommen ❹ *(encantar)* **me trastornan los coches** ich bin verrückt nach Autos **II.** *vr:* **~se** den Verstand verlieren
trastorno [tras'torno] *m* ❶ *(desorden)* Durcheinander *nt* ❷ *(del orden público)* Störung *f;* **~s políticos** politische Unruhen; **ocasionar ~s** Unannehmlichkeiten verursachen ❸ *(sicológicamente)* Verwirrung *f* ❹ (MED) Störung *f;* **~s estomacales** Magenbeschwerden *fpl*
trastrocar [trastro'kar] <c → qu> *vt* ❶ *(el orden)* durcheinanderbringen ❷ *(de sitio)* vertauschen ❸ *(el sentido)* verdrehen ❹ *(el estado)* umwandeln
trastrueque [tras'trweke] *m* ❶ *(de orden)* Durcheinander *nt* ❷ *(de sitio)* Vertau-

schen *nt* ③ *(de sentido)* Verdrehung *f* ④ *(del estado)* Umwandlung *f*

trasuntar [trasuṇ'tar] *vt* ① *(escrito)* abschreiben, kopieren ② *(compendiar)* zusammenfassen

trasunto [tra'suṇto] *m* ① *(escrito)* Kopie *f* ② *(imitación)* Abbild *nt;* **ser un ~ de algo** *(reflectar)* etw widerspiegeln

trasvasar [trasβa'sar] *vt* ① *(líquido)* umfüllen, umgießen, abfüllen ② *(río)* umleiten

trasvase [tras'βase] *m* ① *(líquido)* Umfüllung *f,* Umgießung *f,* Abfüllung *f* ② *(río)* Umleitung *f*

trasver [tras'βer] *irr como ver vt* ① *(distinguir)* ausmachen, erkennen ② *(ver a través)* hindurchsehen, hindurchschauen ③ *(ver mal)* schlecht erkennen

tratable [tra'taβle] *adj* umgänglich

tratado [tra'taðo] *m* ① (*t.* POL) Vertrag *m;* **T~ de Amsterdam** Vertrag von Amsterdam; **~ europeo** EU-Vertrag *m;* **~ de no agresión** Nichtangriffspakt *m;* **~ comercial** Handelsabkommen *nt* ② *(científico)* Abhandlung *f* (**de** über +*akk*)

tratamiento [trata'mjeṇto] *m* ① *(de asunto, t.* MED, QUÍM) Behandlung *f* ② *(elaboración, t.* INFOR) Verarbeitung *f;* **~ de agua potable** Trinkwasseraufbereitung *f;* **~ de textos** Textverarbeitung *f* ③ *(de cortesía)* Anrede *f;* **el ~ de Ud.** das Siezen; **¿qué ~ se le da a un cardenal?** wie spricht man einen Kardinal an?

tratante [tra'taṇte] *mf* Händler(in) *m(f)*

tratar [tra'tar] **I.** *vt* ① *(manejar, portarse)* behandeln; **no es una persona fácil de ~** der Umgang mit ihm/ihr ist keineswegs leicht ② (MED, QUÍM) behandeln ③ *(elaborar, t.* INFOR) verarbeiten; *(agua, minerales)* aufbereiten ④ *(dar tratamiento)* anreden; **~ de tú/usted** duzen/siezen; **~ a alguien de loco** jdn als verrückt bezeichnen ⑤ *(tema, asunto)* behandeln **II.** *vi* ① *(libro, película)* handeln (**de/sobre** von +*dat*) ② *(intentar)* versuchen; **trata de concentrarte** versuche, dich zu konzentrieren ③ *(con alguien)* verkehren ④ (COM) handeln (**en** mit +*dat*) **III.** *vr:* **~se** ① *(tener trato)* miteinander verkehren; **no me trato con él** ich habe keinen Kontakt zu ihm ② *(ser cuestión de)* sich handeln (**de** um +*akk*); **¿de qué se trata?** worum geht es?; **tratándose de ti...** in deinem Fall ...

trato ['trato] *m* ① *(manejo, comportamiento)* Behandlung *f;* **malos ~s** Misshandlungen *fpl;* **recibir un buen ~** gut behandelt werden ② *(contacto)* Umgang *m;* **~ carnal** Geschlechtsverkehr *m;* **tener ~ de gentes** gut mit Menschen umgehen können; **romper el ~ con alguien** den Kontakt zu jdm abbrechen; **no querer ~s con alguien** mit jdm nichts zu tun haben wollen; **es una señora de un ~ exquisito** sie ist eine Dame mit gepflegten Umgangsformen ③ *(pacto)* Abmachung *f; (negocio)* Geschäft *nt;* **cerrar un ~ con alguien** mit jdm zu einer Einigung kommen; **entrar en ~s con alguien** mit jdm Geschäfte machen; **¡~ hecho!** abgemacht!

trauma ['trau̯ma] *m* Trauma *nt*

traumático, -a [trau̯'matiko, -a] *adj* traumatisch

traumatismo [trau̯ma'tismo] *m* Verletzung *f;* (MED) Trauma *nt*

traumatizar [trau̯mati'θar] <z → c> *vt* (MED, PSICO) traumatisieren

traumatología [trau̯matolo'xia] *f sin pl* (MED) Traumatologie *f*

traumatólogo, -a [trau̯ma'toloɣo, -a] *m, f* Traumatologe, -in *m, f*

través [tra'βes] **I.** *m* ① *(inclinación)* Neigung *f* ② *(contratiempo)* Missgeschick *nt* ③ *(loc)* **colocar de ~** quer stellen; **dar al ~ con algo** etw zunichtemachen; **mirar de ~** schief ansehen **II.** *prep* **a ~ de** *(de un lugar)* quer über +*akk; (de la radio)* über +*akk*

travesaño [traβe'saɲo] *m* ① (ARQUIT) Querbalken *m* ② (DEP) Querlatte *f* ③ *(de una escalera)* Sprosse *f*

travesía [traβe'sia] *f* ① *(por aire)* Flugreise *f; (por mar)* Überfahrt *f* ② *(distancia)* Entfernung *f* ③ *(calle)* Querstraße *f*

travesti [tra'βesti] *mf,* **travestí** [traβes'ti] *mf,* **travestido, -a** [traβes'tiðo, -a] *m* Transvestit *m*

travestismo [traβes'tismo] *m sin pl* Transvesti(ti)smus *m*

travesura [traβe'sura] *f (fuerte)* Streich *m*

traviesa [tra'βjesa] *f* ① (FERRO) Schwelle *f* ② *(de poste)* Querbalken *m*

travieso, -a [tra'βjeso, -a] *adj* ① *(de través)* quer; **correr a campo ~** querfeldein laufen ② *(niño)* ungezogen ③ *(adulto)* scharfsinnig

trayecto [tra'ɟekto] *m (trecho)* Strecke *f; (ruta)* Weg *m*

trayectoria [traɟek'torja] *f* ① *(de cuerpo)* (Flug)bahn *f;* **~ de la Luna** Mondbahn *f* ② *(profesional)* Werdegang *m*

traza ['traθa] *f* ① *(plan, t.* ARQUIT) Plan *m* ② *(habilidad)* Geschick *nt;* **tener ~ para escribir** Talent zum Schreiben haben; **tener ~ para hablar** redegewandt sein ③ *(aspecto)* Aussehen *nt;* **por las ~s** dem Aussehen nach; **lleva todas las ~s de acabar mal** das scheint kein gutes Ende zu nehmen

trazado[1] [tra'θaðo] *m* ① *(de plan, t.* ARQUIT)

T

Plan *m* ❷ *(recorrido)* Strecke *f;* (FERRO) Trasse *f* ❸ *(dirección)* Verlauf *m*

trazado, **-a²** [tra'θaðo, -a] *adj* **bien ~** wohlgeformt; **mal ~** missgestaltet

trazador¹ [traθa'ðor] *m* ❶ (QUÍM) Isotopenindikator *m* ❷ (INFOR) **~ de gráficos** Plotter *m;* **~ plano** Flachbettplotter *m*

trazador(a)² [traθa'ðor(a)] *m(f)* Planer(in) *m(f)*

trazar [tra'θar] <z → c> *vt* ❶ *(líneas)* ziehen; *(esquemáticamente)* skizzieren; *(dibujos)* zeichnen ❷ *(plan, t.* ARQUIT) entwerfen ❸ *(describir)* umreißen

trazo ['traθo] *m* ❶ *(de boli, lápiz)* Strich *m;* **dibujar al ~** skizzieren ❷ *(de escritura)* Schriftzug *m* ❸ *(dibujo)* Skizze *f* ❹ *(de la cara)* Falte *f*

trebejo [tre'βexo] *m* Gerät *nt;* **~s de pesca** Angelausrüstung *f*

trébol ['treβol] *m* ❶ *(planta)* Klee *m;* *(hoja)* Kleeblatt *nt* ❷ *(cartas)* Kreuz *nt*

trece ['treθe] **I.** *adj inv* dreizehn; **seguir en sus ~** dabei bleiben **II.** *m* Dreizehn *f; v. t.* **ocho**

treceavo [treθe'aβo] *m* Dreizehntel *nt*

treceavo, **-a** [treθe'aβo, -a] *adj* dreizehntel; *v. t.* **octavo**

trecho ['tretʃo] *m* ❶ *(recorrido)* Strecke *f* ❷ *(trozo)* Stück *nt;* **a ~s..., a ~s...** teils ..., teils ...; **a ~s** hier und da; **hacer algo a ~s** etw mit Unterbrechungen tun; **el jersey lo he hecho a ~s** ich habe mal hier, mal dort an dem Pulli gestrickt

trefilar [trefi'lar] *vt* (TÉC: *alambre*) ziehen

tregua ['treɣwa] *f* ❶ (MIL) Waffenstillstand *m* ❷ *(discurso)* (Ruhe)pause *f;* **dar ~s** *(dolor)* kommen und gehen

treinta ['treinta] **I.** *adj inv* dreißig **II.** *m* Dreißig *f; v. t.* **ochenta**

treintañero, **-a** [treinta'ɲero, -a] **I.** *adj* dreißigjährig **II.** *m, f* Dreißigjährige(r) *mf*

treintavo, **-a** [trein'taβo, -a] *adj* dreißigstel; *v. t.* **ochentavo**

T

treintena [trein'tena] *f* ❶ *(treinta unidades)* **una ~** dreißig Stück; **una ~ de años** dreißig Jahre ❷ *(parte)* Dreißigstel *nt*

trekking ['trekiŋ] *m* (DEP) Trekking *nt*

tremebundo, **-a** [treme'βundo, -a] *adj* schrecklich

tremendamente [tremenda'mente] *adv* schrecklich; **~ aburrido** schrecklich langweilig, langweilig ohne Ende *fam*

tremendismo [tremen'dismo] *m sin pl* (ARTE, LIT) Tremendismo *m (schockierender Realismus)*

tremendista [tremen'dista] *adj* schockierend; **eres un ~** du siehst nur das Grausamste an allem

tremendo, **-a** [tre'mendo, -a] *adj* ❶ *(temible)* schrecklich ❷ *(enorme)* riesig ❸ *(niño)* ungezogen ❹ *(respetable)* ansehnlich ❺ *(loc)* **querer conseguir algo por la tremenda** etw auf Biegen oder Brechen erreichen wollen; **siempre te tomas las cosas a la tremenda** du nimmst immer alles so schwer

trementina [tremen'tina] *f* Terpentin *nt*

tremolar [tremo'lar] *vi* wehen

tremolina [tremo'lina] *f* ❶ *(del viento)* Brausen *nt* ❷ *(bulla)* Lärm *m,* Krach *m*

trémulo, **-a** ['tremulo, -a] *adj (elev)* zitternd; *(luz)* flackernd

tren [tren] *m* ❶ (FERRO) Zug *m;* **~ interurbano** Intercity(zug) *m;* **~ de juguete** Spielzeugeisenbahn *f;* **~ rápido** D-Zug *m;* **~ de alta velocidad** Hochgeschwindigkeitszug *m;* **~ de mercancías** Güterzug *m* ❷ (AERO) **~ de aterrizaje delantero** Bugfahrwerk *nt;* **~ de aterrizaje (principal)** Fahrwerk *nt* ❸ (TÉC) **~ de lavado** Autowaschanlage *f* ❹ *(lujo)* **~ de vida** Lebensstandard *m;* **llevar un gran ~ de vida** auf großem Fuß leben ❺ *(loc)* **imponer un fuerte ~ en la carrera** das Rennen schnell machen; **perder el último ~** *(fig)* den Anschluss verpassen; **estar como un ~** *(fam: persona)* umwerfend sein; **hay sangría como para parar un ~** es gibt jede Menge Sangria

trena ['trena] *f (fam)* Knast *m*

trenca ['treŋka] *f (abrigo)* Anorak *m*

trenza ['trenθa] *f* ❶ *(de pelo)* Zopf *m* ❷ *(de cintas)* Flechte *f*

trenzado [tren'θaðo] *m* ❶ *(de pelo)* Zopf *m;* *(de cintas)* Flechte *f;* (TÉC) Geflecht *nt* ❷ *(de bailarín)* Entrechat *m*

trenzar [tren'θar] <z → c> *vt* flechten

trepa ['trepa] *f (astucia)* Trick *m*

trepado¹ [tre'paðo] *m* ❶ *(de vestido)* Besatz *m* ❷ *(de sello)* Perforation *f*

trepado, **-a²** [tre'paðo, -a] *adj* ❶ *(postura)* zurückgelehnt ❷ *(animal)* kräftig

trepador(a) [trepa'ðor(a)] **I.** *adj* **planta ~a** Kletterpflanze *f* **II.** *m(f) (arribista)* Emporkömmling *m*

trepanar [trepa'nar] *vt* (MED) trepanieren

trepar [tre'par] **I.** *vi, vt* ❶ *(al árbol)* (hinauf)klettern (**a** auf +*akk*) ❷ *(planta)* hochklettern **II.** *vt* durchbohren

trepidante [trepi'ðante] *adj* bebend; *(fig)* spannungsreich

trepidar [trepi'ðar] *vi* ❶ *(temblar)* beben ❷ *(Am: vacilar)* zögern

treque ['treke] *adj (Ven)* ❶ *(ingenioso)* scharfsinnig ❷ *(chistoso)* witzig

tres [tres] **I.** *adj inv* drei; **esta traducción no me sale ni a la de ~** das kann ich im Leben nie übersetzen; **esto es así como ~**

y dos son cinco das ist so sicher wie das Amen in der Kirche **II.** *m inv* Drei *f; v. t.* **ocho**

trescientos, -as [tres'θjeṇtos, -as] *adj* dreihundert; *v. t.* **ochocientos**

tresillo [tre'siʎo] *m (mueble)* Couchgarnitur *f*

treta ['treta] *f* Trick *m*

Tréveris ['treβeris] *m* Trier *nt*

tría ['tria] *f* Auswahl *f*

triangulado, -a [triaŋgu'laðo, -a] *adj* in dreieckiger Form

triangular [triaŋgu'lar] *adj* dreieckig

triángulo [tri'aŋɣulo] *m* ❶ *(figura)* Dreieck *nt* ❷ (MÚS) Triangel *m* ❸ *(sentimental)* Dreiecksbeziehung *f*

triar [tri'ar] <*1. pres* trío> *vt* (aus)wählen

triatlón [tria^ð'lon] *m* (DEP) Triathlon *nt*

tribal [tri'βal] *adj* Stammes-

tribu ['triβu] *f* Stamm *m;* ~ **urbana** (SOCIOL) Gang *f,* Jugendbande *f*

tribulación [triβula'θjon] *f* ❶ *(pena)* Kummer *m* ❷ *(sufrimiento)* Leiden *nt* ❸ *(adversidad)* Widrigkeit *f*

tribuna [tri'βuna] *f* ❶ *(en parlamento)* Rednerpult *nt* ❷ *(en desfile/estadio)* Tribüne *f* ❸ (JUR) ~ **de jurados** Geschworenenbank *f*

tribunal [triβu'nal] *m* ❶ (JUR) Gericht *nt;* **T~ Constitucional** Verfassungsgericht *nt;* **T~ Europeo de Cuentas** Europäischer Rechnungshof; **T~ de Justicia Europeo** Europäischer Gerichtshof; ~ (**de lo**) **penal** Strafgericht *nt;* **T~ Supremo** Oberster Gerichtshof; **llevar a los ~es** verklagen ❷ *(comisión)* ~ **examinador** Prüfungsausschuss *m*

tribuno [tri'βuno] *m* (HIST) (Volks)tribun *m*

tributación [triβuta'θjon] *f* ❶ *(acción)* Besteuerung *f* ❷ *(tributo)* Steuer *f;* ~ **por utilidades** Einkommenssteuer *f* ❸ *(sistema)* Steuersystem *nt*

tributar [triβu'tar] *vt* ❶ *(impuestos)* zahlen ❷ *(honor)* erweisen; *(respeto)* zollen; ~ **un homenaje a alguien** jdm huldigen

tributario, -a [triβu'tarjo, -a] *adj* Steuer-; *(imponible)* besteuerbar; **agencia tributaria** Finanzamt *nt*

tributo [tri'βuto] *m* ❶ *(impuesto)* Steuer *f* ❷ *(homenaje)* Tribut *m;* **pagar** ~ Tribut zollen

tríceps ['triθeβs] *m inv* (ANAT) Trizeps *m*

triciclo [tri'θiklo] *m* Dreirad *nt*

tricolor [triko'lor] *adj* dreifarbig

tricota [tri'kota] *f (Am: chaqueta)* Strickjacke *f*

tricotar [triko'tar] *vt* stricken

tridente [tri'ðeṇte] *m* Dreizack *m*

tridimensional [triðimensjo'nal] *adj* dreidimensional

trienal [trie'nal] *adj* ❶ *(duración)* dreijährig ❷ *(cada 3 años)* dreijährlich

trienio [tri'enjo] *m* Dauer *f* von drei Jahren

trifásico[1] [tri'fasiko] *m (argot)* Vitamin B *nt fam,* Beziehungen *f pl*

trifásico, -a[2] [tri'fasiko, -a] *adj* (ELEC, FÍS) Dreiphasen-; **corriente trifásica** Dreiphasenstrom *m,* Drehstrom *m*

trifulca [tri'fulka] *f (fam)* Streit *m*

trigal [tri'ɣal] *m* Weizenfeld *nt*

trigésimo, -a [tri'xesimo, -a] **I.** *adj (parte)* dreißigstel; *(numeración)* dreißigste(r, s); **la trigésima parte de...** ein Dreißigstel von ... **II.** *m, f* Dreißigstel *nt; v. t.* **octogésimo**

trigo ['triɣo] *m* (BOT) ❶ *(planta)* Weizen *m* ❷ *(grano)* Weizenkorn *nt;* **no ser ~ limpio** *(fig)* nicht ganz einwandfrei sein

trígono ['triɣono] *m* ❶ (ANAT) Trigonum *nt* ❷ (ASTR) Trigon *nt* ❸ (GEO) Trigon *nt,* Dreieck *nt*

trigonometría [triɣonome'tria] *f* Trigonometrie *f,* Dreiecksberechnung *f*

trigueño, -a [tri'ɣeɲo, -a] **I.** *adj* bräunlich; *(pelo)* dunkelblond; *(piel)* goldbraun; *(Am: persona)* farbig **II.** *m, f (Am)* Farbige(r) *mf*

trilla ['triʎa] *f* ❶ *(acción)* Dreschen *nt* ❷ *(época)* Dreschzeit *f* ❸ *(Am: argot: paliza)* Tracht *f* Prügel ❹ *(trillo)* Dreschmaschine *f*

trillado, -a [tri'ʎaðo, -a] *adj (fam: asunto)* abgedroschen

trilladora [triʎa'ðora] *f* (AGR) Dreschmaschine *f*

trillar [tri'ʎar] *vt* ❶ *(grano)* dreschen ❷ *(usar)* abnutzen ❸ *(Am: argot: golpear)* verdreschen

trillizo, -a [tri'ʎiθo, -a] **I.** *adj* Drillings-; **hermana trilliza** Drillingsschwester *f* **II.** *m, f* Drilling *m*

trillón [tri'ʎon] *m* Trillion *f*

trilogía [trilo'xia] *f* (LIT, TEAT) Trilogie *f*

trimestral [trimes'tral] *adj* ❶ *(duración)* dreimonatig ❷ *(cada tres meses)* vierteljährlich

trimestre [tri'mestre] *m* ❶ *(período)* Vierteljahr *nt* ❷ *(paga)* Vierteljahreszahlung *f; (alquiler)* Vierteljahresmiete *f*

trinar [tri'nar] *vi* ❶ *(persona)* trillern; *(pájaro)* zwitschern ❷ *(fam: rabiar)* **está que trina** er/sie ist auf 180

trinca ['triŋka] *f* ❶ *(tres)* Dreiergruppe *f* ❷ *(And, CSur: pandilla)* Bande *f* ❸ *(Am: argot: embriaguez)* Rausch *m* ❹ *(CSur: canicas)* Murmel *f*

trincar [triŋ'kar] <c → qu> **I.** *vt* ❶ *(con cuerdas)* festbinden ❷ *(detener)* festneh-

T

men ❸ *(romper)* zerbrechen; *(papel)* zerreißen ❹ *(argot: robar)* klauen ❺ *(argot: matar)* umbringen ❻ *(Am: apretar)* quetschen **II.** *vr:* **~se** *(argot: emborracharse)* sich vollaufen lassen

trinchar [trinˈʧar] *vt* transchieren

trinchera [trinˈʧera] *f* ❶ (MIL) Schützengraben *m;* **guerra de ~s** Stellungskrieg *m* ❷ *(gabardina)* Trenchcoat *m*

trineo [triˈneo] *m* Schlitten *m*

trinidad [triniˈða^{d}] *f* Dreifaltigkeit *f*

Trinidad y Tobago [triniˈða^{d} i toˈβago] *f* Trinidad und Tobago *nt*

trino[1] [ˈtrino] *m* ❶ *(tararear)* Trillern *nt* ❷ *(pájaro)* Zwitschern *nt,* Trällern *nt*

trino, -a[2] [ˈtrino, -a] *adj* dreifach, dreigeteilt

trinquete [triŋˈkete] *m* ❶ (TÉC) Sperrmechanismus *m* ❷ *(mástil)* Fockmast *m*

trinquis [ˈtriŋkis] *m inv (fam)* Schluck *m (eines alkoholischen Getränks)*

trío [ˈtrio] *m* Trio *nt*

tripa [ˈtripa] *f* ❶ *(intestino)* Darm *m* ❷ *pl (vísceras)* Eingeweide *ntpl; (comestibles)* Innereien *fpl;* **echar las ~s** *(fam: vomitar)* sich übergeben; **hacer de ~s corazón** *(fam)* Mut fassen; **¿qué ~ se te ha roto?** *(fam)* was ist denn jetzt schon wieder?; **me suenan las ~s** mir knurrt der Magen; **quitarle las ~s a un pez** einen Fisch ausnehmen; **se me revuelven las ~s** mir dreht sich der Magen um; **¡te voy a sacar las ~s!** *(fam)* ich drehe dir den Hals um!; **tener malas ~s** *(fam)* grausam sein ❸ *(vientre)* Bauch *m;* **echar ~** *(fam)* einen Bauch bekommen; **llenar(se) la ~** *(fam)* sich *dat* den Bauch vollschlagen; **estar con ~** *(embarazada)* schwanger sein; **dejar con ~** *(argot)* schwängern ❹ *pl (interior)* Innere(s) *nt; (de fruta)* Herz *nt*

triple [ˈtriple] **I.** *adj* dreifach; *(de tres capas)* dreilagig **II.** *m (cantidad)* Dreifache(s) *nt;* **ser el ~ de grande** dreimal so groß sein

triplicado, -a [tripliˈkaðo, -a] *adj* verdreifacht; **por ~** *(acta)* in dreifacher Ausfertigung

triplicar [tripliˈkar] <c → qu> **I.** *vt* verdreifachen **II.** *vr:* **~se** sich verdreifachen

trípode [ˈtripoðe] *m* (FOTO) Stativ *nt*

tripón, -ona [triˈpon, -ona] **I.** *adj (fam)* dickbäuchig **II.** *m, f* ❶ *(Méx: fam)* kleiner Junge *m,* kleines Mädchen *nt;* **los tripones** die Kinder ❷ *(fam: persona gorda)* Dickbauch *m,* Fettbauch *m abw*

tríptico [ˈtriptiko, -a] *m* ❶ (ARTE: *para el altar*) Triptychon *nt* ❷ *(tratado, composición)* dreiteiliger Schein *m*

tripudo, -a [triˈpuðo, -a] **I.** *adj (fam)* dickbäuchig **II.** *m, f* Dickbauch *m*

tripulación [tripulaˈθjon] *f (avión, barco)* Crew *f*

tripulante [tripuˈlan̪te] *mf* Besatzungsmitglied *nt*

tripular [tripuˈlar] *vt* ❶ *(proveer de tripulación)* bemannen ❷ *(conducir: coche)* lenken; *(avión, barco)* steuern

tripulina [tripuˈlina] *f (Chil)* Durcheinander *nt,* Tohuwabohu *nt*

trique [ˈtrike] *m (fam)* Knall *m;* **a cada ~** jeden Augenblick

triquiñuela [trikiˈɲwela] *f* Trick *m*

triquitraque [trikiˈtrake] *m* ❶ *(ruido)* Geklirre *nt* ❷ *(tira)* Platzpatronenstreifen *m*

tris [tris] *m inv* Knall *m;* **en un ~** im Handumdrehen; **estar en un ~ de hacer algo** drauf und dran sein, etw zu tun; **por un ~** um ein Haar

trisca [ˈtriska] *f* ❶ *(crujido)* Knacken *nt* ❷ *(jaleo)* Lärm *m* ❸ *(AmC: mofa)* Witz *m*

triscar [trisˈkar] <c → qu> **I.** *vi* ❶ *(patalear)* stampfen ❷ *(jugar)* herumtollen; *(travesuras)* Streiche spielen **II.** *vt* ❶ *(mezclar)* vermengen ❷ *(confundir)* durcheinanderbringen ❸ *(AmC: mofar)* Witze reißen (**a** über +*akk*)

triste [ˈtriste] *adj* traurig; *(mustio, pálido)* trist; *(descolorido)* fade; *(paisaje)* öde; *(flor)* welk; **un ~ sueldo** ein jämmerliches Einkommen; **aún no he comido ni un ~ bocadillo** ich habe noch nicht mal ein einfaches Brötchen gegessen; **aún no he ganado ni un ~ euro** ich habe noch nicht einen müden Euro verdient; **es ~ que no podamos ir** es ist schade, dass wir nicht hingehen können

tristeza [trisˈteθa] *f* Traurigkeit *f*

tristón, -ona [trisˈton, -ona] *adj* ein wenig traurig, schwermütig, trübsinnig; **estar ~** etwas bedrückt sein

tristura [trisˈtura] *f (Am)* Traurigkeit *f*

tritón [triˈton] *m* Molch *m*

triturado, -a [trituˈraðo, -a] *adj (hecho puré)* püriert; *(molido)* zermahlt; *(desmenuzado)* zerkleinert

trituradora [trituraˈðora] *f* (TÉC) Brecher *m; (de la cocina)* Reibemühle *f;* **~ de carne** Fleischwolf *m;* **~ de forraje** Häckselmaschine *f;* **~ de papel** Reißwolf *m*

triturar [trituˈrar] *vt* ❶ *(desmenuzar)* zerkleinern; *(moler)* zermahlen; *(al masticar)* zerkauen ❷ *(maltratar)* zermalmen; *(destruir)* vernichten ❸ *(criticar)* durch die Mangel drehen

triunfador(a) [trjuɱfaˈðor(a)] **I.** *adj* Triumph- **II.** *m(f)* Sieger(in) *m(f)*

triunfal [trjuɱ'fal] *adj* triumphal; **canto** ~ Siegeslied *nt*

triunfalismo [trjuɱfa'lismo] *m sin pl* übertriebener Optimismus *m,* Euphorie *f*

triunfalista [trjuɱfa'lista] **I.** *adj* übertrieben optimistisch, euphorisch, siegessicher **II.** *mf* übertriebener Optimist *m,* übertriebene Optimistin *f*

triunfante [trjuɱ'fante] *adj* triumphierend

triunfar [trjuɱ'far] *vi* ① *(en general)* siegen (**de/sobre** über +*akk*); *(tener éxito)* Erfolg haben ② *(exultar)* jubeln (**de** über +*akk*) ③ *(naipes)* Trumpf sein; *(jugar un triunfo)* trumpfen; **triunfan corazones** Herz ist Trumpf

triunfo ['trjuɱfo] *m* ① *(victoria)* Sieg *m;* *(éxito)* Erfolg *m;* **arco del** ~ Triumphbogen *m;* **costar un** ~ viel Mühe kosten ② *(naipe)* Trumpf *m*

trivial [tri'βjal] *adj* trivial

trivialidad [triβjali'ðað] *f* ① *(cualidad)* Trivialität *f* ② *(dicho)* Plattitüde *f*

trivializar [triβjali'θar] <z → c> *vt* ① *(restar importancia)* herunterspielen ② *(simplificar)* zu stark vereinfachen

triza ['triθa] *f* Stück *nt;* **estar hecho ~s** fix und fertig sein; **hacer ~s** in Stücke schlagen; *(papel)* zerreißen; *(película)* verreißen; **hacerse ~s** völlig kaputtgehen; *(jarrón)* in tausend Stücke zerbrechen; **hacer ~s a alguien** jdn fertigmachen

trizar [tri'θar] <z → c> *vt* zerreißen, in Fetzen/Stücke reißen, in Stücke reißen

troca ['troka] *f (Méx: camión de carga)* Lastwagen *m*

trocar [tro'kar] *irr como volcar* **I.** *vt* ① *(cambiar)* tauschen (**por** gegen +*akk*); *(palabras)* austauschen ② *(dinero)* wechseln (**en** in +*akk*) ③ *(confundir)* verwechseln ④ *(vomitar)* sich übergeben ⑤ *(CSur: vender)* verkaufen **II.** *vr:* **~se** *(cambiar)* sich verändern; *(trasformarse)* sich verwandeln

trocear [troθe'ar] *vt* zerstückeln

trocha ['trotʃa] *f* ① *(senda)* Pfad *m;* *(atajo)* Abkürzung *f* ② *(Am:* FERRO) Spurweite *f*

trofeo [tro'feo] *m* ① *(señal)* Trophäe *f;* ~ **de guerra** Kriegsbeute *f* ② *(victoria)* Sieg *m;* *(éxito)* Erfolg *m*

troglodita [troɣlo'ðita] *mf* ① (HIST: *que vive en cavernas*) Höhlenmensch *m* ② *(rudo, grosero)* Barbar *m* ③ *(huraño)* Eigenbrötler(in) *m(f),* Einzelgänger(in) *m(f)* ④ *(glotón)* Vielfraß *m;* *(más fino)* Gourmand *m*

troglodítico, -a [troɣlo'ðitiko, -a] *adj* ① (HIST: *relativo al que vive en cavernas*) Höhlenbewohner- ② *(rudo)* barbarisch, roh ③ *(huraño)* eigenbrötlerisch, ungesellig

trola ['trola] *f (fam: mentira)* Lüge *f*

trole ['trole] *m* (ELEC) Stromabnehmer *m*

trolero, -a [tro'lero, -a] *m, f* Lügner(in) *m(f),* Schwindler(in) *m(f)*

tromba ['tromba] *f* (METEO) ~ (**de agua**) Wasserhose *f;* ~ (**terrestre**) Wirbelwind *m;* **en** ~ heftig

trombo ['trombo] *m* (MED) Blutgerinnsel *nt,* Thrombus *m*

trombón [trom'bon] *m* (MÚS) ① *(instrumento)* Posaune *f* ② *(músico)* Posaunist(in) *m(f)*

trombosis [trom'bosis] *f inv* Thrombose *f*

trompa¹ ['trompa] *f* ① (ZOOL: *elefante*) Rüssel *m;* *(insectos)* Saugrüssel *m;* ~ **de Falopio** Eileiter *m* ② *(fam: nariz)* Zinken *m* ③ *(Am: fam: labios)* (volle) Lippen *f pl;* **¡cierra la ~!** halt den Schnabel! ④ (MÚS: *instrumento*) Horn *nt* ⑤ *(peonza)* Brummkreisel *m* ⑥ (METEO) *v.* **tromba** ⑦ *(fam: borrachera)* Rausch *m;* **coger una** ~ sich *dat* einen hinter die Binde kippen; **estar** ~ einen in der Kanne haben

trompa² ['trompa] *mf* ① *(músico)* Hornist(in) *m(f)* ② *(CSur: fam: patrón)* Boss *m*

trompada [trom'paða] *f,* **trompazo** [trom'paθo] *m* *(porrazo)* (heftiger) Schlag *m;* *(choque)* Zusammenstoß *m;* *(puñetazo)* Fausthieb *m*

trompear [trompe'ar] **I.** *vt (Am: fam)* schlagen **II.** *vr:* **~se** *(fam)* ① *(emborracharse)* sich betrinken ② *(Am: pelearse)* sich prügeln

trompeta¹ [trom'peta] *f (instrumento)* Trompete *f*

trompeta² [trom'peta] *mf (músico)* Trompeter(in) *m(f)*

trompetazo [trompe'taθo] *m* ① *(de trompeta)* Trompetengeschmetter *nt* ② *v.* **trompada**

trompetista [trompe'tista] *mf* Trompetenspieler(in) *m(f)*

trompicar [trompi'kar] <c → qu> *vi* straucheln

trompicón [trompi'kon] *m* ① *(tropezón)* Straucheln *nt;* **a trompicones** stoßweise ② *(AmC: puñetazo)* Fausthieb *m*

trompis ['trompis] *m inv (Arg, Urug: trompada)* Hieb *m,* Schlag *m*

trompo ['trompo] *m* Brummkreisel *m;* **ponerse como un** ~ *(fam: comiendo)* sich *dat* den Bauch vollschlagen; *(bebiendo)* sich volllaufen lassen

trona ['trona] *f* (MIN) Trona *f,* natürliche Soda *f*

tronada [tro'naða] *f* Gewitter *nt*

tronado, -a [tro'naðo, -a] *adj* ① *(desgastado)* alt, abgenutzt, verbraucht, heruntergekommen ② *(fam: loc)* **estar** ~ *(loco)* nicht ganz richtig ticken, verrückt sein; *(arruinado)* abgebrannt sein, ohne einen Pfennig in der Tasche sein

tronar [tro'nar] <o → ue> **I.** *vimpers* (METEO) donnern **II.** *vi* ① *(ruido)* donnern; *(gritar)* brüllen ② *(oponerse)* wettern **III.** *vt (Méx: fusilar)* erschießen

troncal [troŋ'kal] *adj* ① *(del tronco)* Stamm- ② *(principal)* Haupt-; **asignatura ~** (ENS) Hauptfach *nt;* **idea ~** Hauptidee *f;* **línea ~** *(Am:* FERRO*)* Hauptlinie *f*

troncha ['tronʧa] *f (Arg, Chil, Perú: lonja)* Scheibe *f*

tronchado[1] [tron'ʧaðo] *m (Méx)* Goldmine *f,* gutes Geschäft *nt*

tronchado, -a[2] [tron'ʧaðo, -a] *adj (And: lisiado)* verkrüppelt; *(achacoso)* gebrechlich

tronchar [tron'ʧar] **I.** *vt* ① *(tronco)* entwurzeln; *(rama)* abbrechen ② *(vida)* beenden; *(esperanzas)* zerschlagen **II.** *vr:* **~se** zerbrechen; **~se de risa** *(fam)* sich totlachen

troncho ['tronʧo] *m* ① (BOT) Stiel *m; (de hortaliza)* Strunk *m* ② *(CSur: trozo)* Stück *nt*

tronco ['troŋko] *m* ① *(árbol)* Stamm *m; (flor)* Stiel *m; (hortaliza)* Strunk *m; (de un árbol talado)* Stumpf *m; (leño)* Scheit *nt;* **dormir como un ~** wie ein Stein schlafen ② (ANAT: *cuerpo*) Rumpf *m;* **~ cerebral** Hirnstamm *m* ③ *(de familia)* Abstammung *f* ④ *(amigo)* Kumpel *m* ⑤ *(conducto)* Ast *m*

tronera[1] [tro'nera] *f* ① *(ventana)* Luke *f; (en el tejado)* Dachluke *f* ② (MIL) (Schieß)scharte *f* ③ *(billar)* Loch *nt* ④ *(Méx: chimenea)* Kamin *m*

tronera[2] [tro'nera] *mf (tarambana)* Windhund *m*

trono ['trono] *m (asiento)* Thron *m;* **subir al ~** den Thron besteigen; **sucesor al ~** Thronfolger *m*

tronzado [tron̩'θaðo] *m* ① *(división)* Zerstückeln *nt* ② *(rotura)* Zerbrechen *nt* ③ *(cortar)* Kleinschneiden *nt*

tronzar [tron̩'θar] <z → c> *vt* ① *(dividir)* (zer)stückeln, teilen ② *(romper)* (zer)brechen ③ *(cansar)* zermürben, weichmachen

tropa ['tropa] *f* ① *(multitud)* Schar *f; (pey: grupo)* Meute *f;* **en ~** scharenweise ② (MIL) Truppe *f*

tropecientos, -as [trope'θjen̩tos, -as] *adj (fam)* zig; **hace ~ años** vor tausenden von Jahren; **te he dicho tropecientas veces que no toques mis cosas** ich habe dir schon zigmal [*o* tausend Mal] gesagt, dass du nicht an meine Sachen gehen sollst

tropel [tro'pel] *m* ① *(mucha gente)* Getümmel *nt;* **en ~** scharenweise ② *(prisa)* Hast *f* ③ *(desorden)* Wirrwarr *m*

tropelía [trope'lia] *f* ① *(prisa)* Hast *f* ② *(abuso de autoridad)* Amtsmissbrauch *m; (acto violento)* Gewalttat *f*

tropezar [trope'θar] *irr como empezar* **I.** *vi* ① *(con los pies)* stolpern (**en/contra** über +*akk*) ② *(reñir)* aneinandergeraten ③ *(cometer un error)* stolpern (**en/contra** über +*akk*); *(moralmente)* einen Fehltritt begehen ④ *(topar)* stoßen (**con** auf +*akk*) **II.** *vr:* **~se** *(encontrarse)* stoßen (**con** auf +*akk*)

tropezón [trope'θon] *m* ① *(acción)* Stolpern *nt;* **dar un ~** stolpern; **a tropezones** stoßweise; *(fig)* mit Ach und Krach ② *(error)* Fehltritt *m; (moralmente)* Ausrutscher *m* ③ *(persona)* Tollpatsch *m* ④ *(en sopas, legumbres)* Fleischeinlage *f*

tropical [tropi'kal] *adj* (GEO) tropisch; **clima ~** Tropenklima *nt*

trópico ['tropiko] *m* **~s** (GEO) Tropen *pl;* **~ de Cáncer/de Capricornio** Wendekreis *m* des Krebses/des Steinbocks; **pasar los ~s** *(AmC: fig)* schwere Zeiten durchmachen

tropiezo [tro'pjeθo] *m* ① *(en el camino)* Hindernis *nt;* **dar un ~** stolpern ② *(error)* Fehltritt *m; (moralmente)* Ausrutscher *m* ③ *(desgracia)* Unglück *nt; (en el amor)* Enttäuschung *f* ④ *(discusión)* Meinungsverschiedenheit *f*

tropilla [tro'piʎa] *f (CSur)* Gruppe *f*

troposfera [tropos'fera] *f sin pl* (METEO) Troposphäre *f*

troquel [tro'kel] *m* Stempel *m*

troquelar [troke'lar] *vt* prägen

trotamundos [trota'mun̩dos] *mf inv* Globetrotter *m,* Weltenbummler(in) *m(f)*

trotar [tro'tar] *vi* ① *(caballos)* traben; *(jinete)* Trab reiten ② *(con prisas)* auf Trab sein

trote ['trote] *m* ① *(caballos)* Trab *m;* **ir al ~** traben ② *(con prisa)* Hin und Her *nt;* **a(l) ~** schnell ③ *(ropa)* **para todo ~** zum Alltagsgebrauch; **ser de mucho ~** sehr strapazierfähig sein ④ *(loc)* **meterse en malos ~s** sich in dunkle Angelegenheiten verwickeln; **es demasiado viejo, ya no está para estos ~s** *(prisas)* er ist schon zu alt, er kann nicht mehr so schnell; *(emociones)* er ist schon zu alt, er darf sich nicht so sehr aufregen

trova ['troβa] *f (verso)* Vers *m; (poema)* Gedicht *nt; (canción)* Minne(ge)sang *m*

trovador [troβa'ðor] *m* Minnesänger *m*

trovar [tro'βar] *vi* Verse dichten, Verse schmieden

trozo ['troθo] *m* Stück *nt;* **a ~s** in Stücken

trucar [tru'kar] <c → qu> *vi (billar)* (die Kugel) versenken

trucha ['trutʃa] *f* ❶ (ZOOL: *pez*) Forelle *f;* ~ **de río** Bachforelle *f* ❷ *(AmC:* COM: *caseta)* Stand *m*

trucho, -a ['trutʃo, -a] *adj (Arg, Col)* arglistig, heimtückisch

truco ['truko] *m* ❶ *(trampa)* Trick *m;* **esto tiene** ~ da ist ein Trick dabei; **ese tiene muchos ~s** der hat viele Tricks auf Lager; **coger el** ~ den Dreh heraushaben; **el** ~ **del almendruco** *(fam)* Trick 17 ❷ *pl (billar)* (Pool)billard *nt*

truculencia [truku'len̪θja] *f* ❶ *(crueldad)* Grausamkeit *f,* Brutalität *f* ❷ *(dramatismo)* Gruseleffekt *m*

truculento, -a [truku'len̪to, -a] *adj* ❶ *(cruel)* grausam ❷ *(terrible)* schrecklich

trueno ['trweno] *m* ❶ *(ruido)* Donner *m* ❷ *(fam: juerguista)* Nachtschwärmer *m; (alborotador)* Unruhestifter *m;* **ir de** ~ einen draufmachen ❸ *(And: argot: pistola)* Schießeisen *nt*

trueque ['trweke] *m* Austausch *m;* (COM: *sin dinero*) Tauschhandel *m;* **a** ~ **de** im Tausch gegen +*akk*

trufa ['trufa] *f* ❶ *(dulce, t.* BOT: *hongo)* Trüffel *m* ❷ *(mentira)* Lüge *f; (embuste)* Betrug *m; (fanfarronada)* Aufschneiderei *f*

trufar [tru'far] **I.** *vi (mentir)* schwindeln; *(engañar)* betrügen; *(fanfarronear)* aufschneiden **II.** *vt (rellenar)* mit Trüffeln füllen

truhan [tru'an] *m (estafador)* Gauner *m; (charlatán)* Scharlatan *m*

trulla ['truʎa] *f* ❶ *(bulla)* Lärm *m,* Radau *m* ❷ *(llana de albañil)* Maurerkelle *f*

trullo ['truʎo] *m (argot)* Knast *m*

truncado, -a [truŋ'kaðo, -a] *adj* ❶ *(cilindro, cono)* verkürzt; **cono** ~ Kegelstumpf *m* ❷ *(incompleto)* unvollständig ❸ *(mutilado)* verstümmelt ❹ *(frustrado)* ruiniert

truncar [truŋ'kar] <c → qu> *vt* ❶ *(cortar)* wegschneiden; *(la cabeza)* enthaupten; *(una extremidad)* verstümmeln ❷ *(texto)* verkürzen; *(significado)* verstümmeln; *(cita)* entstellen ❸ *(desarrollo)* stoppen; *(esperanzas, ilusiones)* zunichtemachen

trunco, -a ['truŋko, -a] *adj* ❶ *(frase, texto)* verkürzt, entstellt, verstümmelt, unvollständig ❷ *(ilusiones)* ruiniert ❸ *(cuerpo sin cabeza)* enthauptet, geköpft, verstümmelt

trusa ['trusa] *f (Méx, Perú: bragas)* Schlüpfer *m*

tsunami [tsu'nami] *m* Tsunami *m*

tu [tu] *adj pos* dein(e); ~ **padre/blusa/libro** dein Vater/deine Bluse/dein Buch; ~**s hermanos/hermanas** deine Brüder/Schwestern

tú [tu] *pron pers 2. sg* du; **yo que** ~ ich an deiner Stelle; **tratar de** ~ duzen

tuba ['tuβa] *f* Tuba *f*

tubérculo [tu'βerkulo] *m* ❶ (BOT) Knolle *f* ❷ *(bulto, t.* MED) Knoten *m*

tuberculosis [tuβerku'losis] *f inv* Tuberkulose *f*

tubería [tuβe'ria] *f* ❶ *(tubo)* Rohr *nt* ❷ *(conjunto)* Rohre *ntpl*

Tubinga [tu'βiŋga] *f* Tübingen *nt*

tubo ['tuβo] *m* ❶ *(para fluidos/gases)* Rohr *nt;* ~ **de chimenea** Ofenrohr *nt;* ~ **digestivo** Verdauungstrakt *m;* ~ **de ensayo** Reagenzglas *nt;* ~ **de escape** (AUTO) Auspuff *m;* ~ **de respiración** Luftröhre *f;* **tienes que pasar por el** ~ *(fig)* da musst du durch ❷ (RADIO, TV) Röhre *f* ❸ *(recipiente)* Tube *f* ❹ *(Am:* TEL: *auricular)* Hörer *m* ❺ *(argot: metro)* U-Bahn *f*

tubular [tuβu'lar] **I.** *adj* rohrförmig **II.** *m (prenda)* Rollkragenpulli *m*

tucán [tu'kan] *m* Tukan *m*

tuerca ['twerka] *f* (Schrauben)mutter *f;* ~ **mariposa** Flügelmutter *f*

tuerto, -a ['twerto, -a] **I.** *adj* ❶ *(de un ojo)* einäugig ❷ *(torcido)* krumm **II.** *m, f* Einäugige(r) *mf*

tuétano ['twetano] *m* ❶ *(médula)* (Knochen)mark *nt* ❷ *(corazón, esencia)* Innere(s) *nt,* Innerste(s) *nt;* **hasta los ~s** durch und durch; **enamorado hasta los ~s** bis über beide Ohren verliebt; **llegar al** ~ **de un asunto** einer Sache auf den Grund gehen

tufarada [tufa'raða] *f* Gestank *m;* **¡qué** ~ **a cerveza echaba!** der/die hatte aber eine Bierfahne!

tufillo [tu'fiʎo] *m* Hauch *m; (de la cocina)* leckerer Küchengeruch *m*

tufo ['tufo] *m* ❶ *(vapor)* Dampf *m* ❷ *(olor malo)* Gestank *m; (de cuerpo)* Körpergeruch *m; (halitosis)* Mundgeruch *m; (a alcohol)* Fahne *f* ❸ *(rizo)* Locke *f* ❹ *pl (vanidad)* Hochmut *m*

tugurio [tu'ɣurjo] *m* ❶ *(chabola)* Baracke *f; (cuartucho)* Loch *nt* ❷ *pl (barrio)* Slumviertel *nt*

tuición [twi'θjon] *f* (JUR) ❶ *(guarda)* Schutz *m* ❷ *(defensa)* Verteidigung *f*

tuit [twit] *m* Tweet *m*

tuitear [twite'ar] *vi* (INFOR) twittern

tul [tul] *m* Tüll *m*

tulenco, -a [tu'leŋko, -a] *adj (AmC)* lahm, verkrüppelt

tulipa [tu'lipa] *f* Lampenschirm *m*

tulipán [tuli'pan] *m* Tulpe *f*

tullido, -a [tu'ʎiðo, -a] **I.** *adj (persona)* gelähmt; *(pey)* verkrüppelt; *(brazo)* lahm **II.** *m, f* Gelähmte(r) *mf*

tullir [tu'ʎir] <*3. pret* tulló> *vt* ❶ *(maltratar)* misshandeln ❷ *(herir)* verletzen; *(lisiar)* zum Krüppel machen; **te voy a ~ a palos** ich schlage dich windelweich ❸ *(paralizar)* lähmen ❹ *(agotar)* ermüden

tumba ['tumba] *f* ❶ *(sepulcro)* Grab *nt;* **ser (como) una ~** *(callado)* schweigsam wie ein Grab sein; **llevar a alguien a la ~** jdn ins Grab bringen; **hablar a ~ abierta** offen reden; **lanzarse a ~ abierta en algo** sich Hals über Kopf in etw stürzen; **tu abuelo se revolvería en su ~** dein Großvater würde sich im Grabe umdrehen ❷ *(voltereta)* Purzelbaum *m* ❸ *(Am: tala)* Abholzung *f; (claro)* Lichtung *f*

tumbado[1] [tum'baðo] *m (Col, Ecua)* niedrige Zimmerdecke *f*

tumbado, -a[2] [tum'baðo, -a] *adj (baúl, coche)* gewölbt

tumbar [tum'bar] **I.** *vt* ❶ *(tirar)* niederwerfen; *(pegando)* niederschlagen; *(fam: matar)* umnieten; **estar tumbado** liegen ❷ (ENS: *fam: suspender)* durchrasseln lassen ❸ *(fam: perturbar, impresionar)* umhauen ❹ *(Am: árboles)* abholzen; *(tierra)* roden ❺ *(vulg: copular)* flachlegen *fam* **II.** *vr:* **~se** ❶ *(acostarse)* sich hinlegen; **~se en la cama** sich auf das Bett legen ❷ *(desistir)* aufgeben ❸ *(fam: en el trabajo)* sich *dat* einen faulen Lenz machen

tumbo ['tumbo] *m* ❶ *(caída)* Sturz *m* ❷ *(vaivén)* Taumeln *nt;* **dar un ~** taumeln; **ir por la vida dando ~s** im Leben immer wieder auf die Nase fallen ❸ *(voltereta)* Purzelbaum *m*

tumbón, -ona [tum'bon, -ona] **I.** *adj* faul **II.** *m, f* Faulpelz *m*

tumbona [tum'bona] *f* Liegestuhl *m*

tumefacción [tumefaʸ'θjon] *f* Schwellung *f*

tumefacto, -a [tume'fakto, -a] *adj* (MED) geschwollen

T

túmido, -a ['tumiðo, -a] *adj (elev)* geschwollen

tumor [tu'mor] *m* Tumor *m*

tumoral [tumo'ral] *adj* (MED) Tumor-

túmulo ['tumulo] *m* ❶ *(monumento)* Grabmal *nt* ❷ *(elevación)* Grabhügel *m*

tumulto [tu'mul̦to] *m* Tumult *m*

tumultuoso, -a [tumul̦tu'oso, -a] *adj* ❶ *(rebelde)* aufrührerisch, rebellisch ❷ *(alborotado)* Unruhe stiftend, lärmend ❸ *(sin orden)* durcheinander

tuna ['tuna] *f* ❶ (MÚS) Studentenkapelle *f* ❷ *(vida picaresca)* Müßiggang *m;* **correr la ~** dem Müßiggang frönen

tunante [tu'nan̦te] *m v.* **tuno**

tunco[1] ['tuŋko] *m (Hond, Méx)* Schwein *nt*

tunco, -a[2] ['tuŋko, -a] *adj (Guat, Hond, Méx)* verkrüppelt

tunda ['tun̦da] *f* ❶ *(paliza)* Tracht *f* Prügel ❷ *(esfuerzo)* Anstrengung *f* ❸ *(de paños)* Scheren *nt*

tundir [tun̦'dir] *vt* ❶ *(pegar)* schlagen ❷ *(paños)* scheren ❸ *(hierba)* mähen

tundra ['tun̦dra] *f* Tundra *f*

tunecino, -a [tune'θino, -a] **I.** *adj* tunesisch **II.** *m, f* Tunesier(in) *m(f)*

túnel ['tunel] *m* Tunnel *m;* **~ aerodinámico** Windkanal *m;* **~ de lavado** Waschstraße *f*

Túnez ['tuneθ] *m* ❶ *(país)* Tunesien *nt* ❷ *(capital)* Tunis *nt*

túnica ['tunika] *f* ❶ *(vestidura)* Tunika *f* ❷ *(membrana)* Membran *f*

tuno, -a ['tuno, -a] **I.** *adj* ❶ *(astuto)* schlau ❷ *(pícaro)* frech **II.** *m, f* ❶ *(truhan)* Gauner *m* ❷ *(astuto)* schlauer Fuchs *m fam* ❸ *(niño)* Frechdachs *m*

tuntún [tun̦'tun] *m* **al (buen) ~** aufs Geratewohl; **juzgar al buen ~** voreilige Schlüsse ziehen

tupé [tu'pe] *m* ❶ *(cabello)* Toupet *nt* ❷ *(frescura)* Frechheit *f*

tupido, -a [tu'piðo, -a] **I.** *adj* ❶ *(denso)* dicht ❷ *(Am: obstruido)* verstopft ❸ *(Méx: frecuente)* weit verbreitet ❹ *(con tesón)* hartnäckig **II.** *adv (a menudo)* häufig

tupir [tu'pir] **I.** *vt* ❶ *(apretar)* zusammendrücken; *(tapar agujeros)* abdichten ❷ *(obstruir)* verstopfen **II.** *vr:* **~se** ❶ *(comer mucho)* sich *dat* den Bauch vollschlagen *fam; (beber mucho)* sich *dat* einen antrinken *fam* ❷ *(Am: obstruirse)* verstopfen

turba ['turβa] *f* ❶ *(materia)* Torf *m* ❷ *v.* **turbamulta**

turbación [turβa'θjon] *f* ❶ *(disturbio)* Störung *f* ❷ *(alarma)* Unruhe *f* ❸ *(vergüenza)* Scham *f* ❹ *(confusión)* Verwirrung *f*

turbado, -a [tur'βaðo, -a] *adj* ❶ *(disturbado)* gestört ❷ *(alarmado)* beunruhigt ❸ *(avergonzado)* verschämt ❹ *(confuso)* verwirrt; *(un asunto)* verworren

turbador(a) [turβa'ðor(a)] *adj* ❶ *(disturbador)* störend ❷ *(alarmante)* beunruhigend, bestürzend ❸ *(avergonzante)* beschämend ❹ *(desconcertante)* verwirrend

turbamulta [turβa'mul̦ta] *f* Menschenmenge *f; (pey)* Pöbel *m*

turbante [tur'βan̦te] *m* Turban *m*

turbar [tur'βar] **I.** *vt* ❶ *(disturbar)* stören ❷ *(alarmar)* beunruhigen ❸ *(avergonzar)* beschämen ❹ *(desconcertar)* verwirren ❺ *(agua)* trüben **II.** *vr:* **~se** ❶ *(ser disturbado)* sich gestört fühlen ❷ *(alarmarse)* sich aufregen ❸ *(avergonzarse)* sich schämen ❹ *(desconcertarse)* durcheinanderkommen ❺ *(agua)* trüb werden

turbiedad [turβje'ðaᵈ] *f* ❶ *(líquido)* Trübe *f* ❷ *(asunto)* Verworrenheit *f*, Durcheinander *nt; (sin trasparencia)* Undurchsichtigkeit *f* ❸ *(pey: carácter)* Zweifelhaftigkeit *f*

turbina [tur'βina] *f* Turbine *f*

turbio, -a ['turβjo, -a] *adj (líquido)* trübe; *(asunto)* verworren; *(sin trasparencia, carácter)* undurchsichtig; *(negocio)* schmutzig; *(vista)* getrübt

turbión [tur'βjon] *m* ❶ *(aguacero)* Regenschauer *m; (devastador)* Wolkenbruch *m* ❷ *(todo a la vez)* Schwall *m;* ~ **de balas** Kugelhagel *m*

turbo ['turβo] *adj* **motor** ~ Turbomotor *m*

turborreactor [turβorreak'tor] *m* (AERO, TÉC) Turbojet *m*

turbulencia [turβu'leṇθja] *f* ❶ *(agua, aire)* Turbulenz *f* ❷ *(alboroto)* Unruhe *f; (confusión)* Verwirrung *f* ❸ *(sin trasparencia)* Trübung *f*

turbulento, -a [turβu'leṇto, -a] *adj* ❶ *(agua, aire)* turbulent ❷ *(alborotado)* unruhig; *(confuso)* wirr ❸ *(rebelde)* aufsässig ❹ *(turbio)* trübe

turca ['turka] *f (fam)* Rausch *m*, Besoffenheit *f*

turco, -a ['turko, -a] **I.** *adj* türkisch **II.** *m, f* Türke, -in *m, f;* **cabeza de** ~ *(fig)* Sündenbock *m*

turgente [tur'xeṇte] *adj* ❶ *(hinchado)* geschwollen ❷ *(abultado)* massiv; *(pechos)* üppig

Turingia [tu'riŋxja] *f* Thüringen *nt*

turismo [tu'rismo] *m* ❶ *(viajar)* Tourismus *m;* ~ **de masas** Massentourismus *m;* ~ **rural** [*o* **verde**] Ferien auf dem Bauernhof; ~ **sostenible** nachhaltiger Tourismus; **industria del** ~ Tourismusbranche *f;* **oficina de** ~ Fremdenverkehrsamt *nt;* **hacer** ~ als Tourist reisen ❷ (AUTO) Personenwagen *m*

turista [tu'rista] *mf* Tourist(in) *m(f)*

turístico, -a [tu'ristiko, -a] *adj* touristisch; **viaje** ~ Urlaubsreise *f;* **guía turística** Reiseführer *m*

Turkmenistán [turkmenis'tan] *m* Turkmenistan *nt*

turmalina [turma'lina] *f* (GEO) Turmalin *m*

turnar [tur'nar] *vi, vr:* **~se** sich abwechseln

turné [tur'ne] *f* Tournee *f;* (TEAT) Gastspielreise *f*

turno ['turno] *m* ❶ *(en la fábrica)* Schicht *f;* **cambio de** ~ Schichtablösung *f;* **estar de** ~ Dienst haben; **trabajar por ~s** Schicht arbeiten ❷ *(orden)* Reihenfolge *f;* **a** [*o* **por**] **~s** abwechselnd; **es tu** ~ du bist an der Reihe

turón [tu'ron] *m* Iltis *m*

turquesa[1] [tur'kesa] **I.** *adj* türkis **II.** *m (color)* Türkis *nt*

turquesa[2] [tur'kesa] *f (piedra)* Türkis *m*

Turquía [tur'kia] *f* Türkei *f*

turrón [tu'rron] *m harte oder weiche Nuss-, Mandel- oder Nugathonigtafeln als Weihnachtsspezialität*

turulato, -a [turu'lato, -a] *adj* verblüfft; **dejar a alguien** ~ jdn verblüffen

tururú [turu'ru] **I.** *adj* verrückt; **estar** ~ verrückt sein **II.** *interj* **y ¡~!** ätsch!

tuso, -a ['tuso, -a] *adj* ❶ *(Col, PRico: pelón)* kahl, geschoren ❷ *(Col, Ven: picado de viruelas)* pockennarbig ❸ *(PRico: rabón)* schwanzlos

tute ['tute] *m Kartenspiel;* **darse un** ~ sich abmühen

tutear [tute'ar] **I.** *vt* duzen **II.** *vr:* **~se** sich duzen

tutela [tu'tela] *f* ❶ *(cargo)* Vormundschaft *f* (**de** über +*akk*); **poner bajo la** ~ **de alguien** unter jds Vormundschaft stellen ❷ *(amparo)* Schutz *m;* **estar bajo la** ~ **de alguien** unter jds Schutz stehen

tutelaje [tute'laxe] *m (CSur, Guat, Méx) v.* **tutela**

tutelar [tute'lar] **I.** *adj* ❶ (JUR) vormundschaftlich; **juez** ~ Vormundschaftsrichter *m* ❷ *(protector)* schützend **II.** *vt* ❶ *(ejercer la tutela)* die Vormundschaft haben (über +*akk*) ❷ *(proteger)* schützen ❸ *(velar)* beaufsichtigen

tuteo [tu'teo] *m* Duzen *nt*

tutiplén [tuti'plen] *adv (fam)* **a** ~ reichlich; **comer a** ~ essen wie ein Scheunendrescher

tutor(a) [tu'tor(a)] *m(f)* ❶ (JUR) Vormund *m* ❷ *(protector)* (Be)schützer(in) *m(f)* ❸ *(profesor)* Privatlehrer(in) *m(f)* ❹ (ENS, UNIV) Tutor(in) *m(f); (de doctorado)* Doktorvater, Doktormutter *m, f*

tutoría [tuto'ria] *f* ❶ (JUR) Vormundschaft *f* ❷ (UNIV) Sprechstunde *f*

Tuvalu [tu'βalu] *m* Tuvalu *nt*

tuyo, -a ['tuɟo, -a] *pron pos* ❶ *(propiedad)* **el perro es** ~ der Hund gehört dir; **la botella/la casa es tuya** das ist deine Flasche/dein Haus; **¡ya es ~!** du hast es geschafft! ❷ *(tras artículo)* **el ~/la tuya/lo ~** deine(r, s); **mi coche está roto, vamos en el** ~ mein Auto ist kaputt, fahren wir mit deinem; **los ~s** deine; *(parientes)* deine Angehörigen; **esta es la tuya** *(fam fig)* das ist die Gelegenheit für dich; **una de las tuyas** *(travesura)* einer von deinen Streichen ❸ *(tras sustantivo)* dein(e), von dir;

T

una amiga tuya eine Freundin von dir; **es culpa tuya** es ist deine Schuld

TV [te'uβe] *f abr de* **televisión** TV *nt;* **~ digital** digitales Fernsehen

TVE [teuβe'e] *f abr de* **Televisión Española** *staatlicher spanischer Fernsehsender*

tweet ['twit] *m* (INFOR) Tweet *m o nt*

twit(t)ear [twite'ar] *vi (Am:* INFOR) twittern

Uu

U, u [u] *f* <úes> U, u *nt;* **~ de Uruguay** U wie Ulrich

u [u] *conj* oder; **uno ~ otro** der eine oder der andere

ubicación [uβika'θjon] *f* ❶ *(lugar)* Stelle *f; (de una empresa)* Sitz *m* ❷ *(situación)* Lage *f* ❸ *(Am: colocación)* Platzierung *f*

ubicar [uβi'kar] <c → qu> **I.** *vi* sich befinden **II.** *vt (Am: situar)* platzieren; *(guardar)* unterbringen **III.** *vr:* **~se** sich befinden

ubicuidad [uβikwi'ðaᵈ] *f sin pl* Allgegenwart *f*

ubicuo, -a [u'βikwo, -a] *adj* allgegenwärtig

ubre [u'βre] *f (de la vaca)* Euter *nt; (de otros mamíferos)* Zitze *f*

UC [u'θe] *f abr de* **Unión de Consumidores** ≈ Verbraucherverband *m*

UCD [uθe'ðe] *f abr de* **Unión de Centro Democrático** Union *f* des Demokratischen Zentrums *(Partei der Mitte Spaniens, die in der Übergangszeit zur Demokratie Spanien regierte)*

UCI ['uθi] *f inv* ❶ (MED) *abr de* **unidad de cuidados intensivos** Intensivstation *f* ❷ (DEP) *abr de* **Unión Ciclista Internacional** Internationaler Radsportverband *m*

Ucrania [u'kranja] *f* Ukraine *f*

ucrani(an)o, -a² [ukra'nj(an)o, -a] **I.** *adj* ukrainisch **II.** *m, f* Ukrainer(in) *m(f)*

ucraniano¹ [ukra'njano] *m (lengua)* Ukrainisch(e) *nt*

ucranio, -a ['ukranjo, -a] **I.** *adj* ukrainisch **II.** *m, f* Ukrainer(in) *m(f)*

Ud(s). [us'teᵈ(es)] *abr de* **usted(es)** Sie

UE [u'e] *f abr de* **Unión Europea** (ECON, POL) EU *f*

UEME [ue'eme'e] *f abr de* **Unión Económica y Monetaria Europea** (UE, FIN) EWWU *f*

uf [uf] *interj* ❶ *(de asco)* i!, igitt(igitt)! ❷ *(de fastidio)* Mensch!

ufanarse [ufa'narse] *vr* prahlen (**con/de** mit +*dat*)

ufanía [ufa'nia] *f* ❶ *(orgullo)* Stolz *m* ❷ *(engreimiento)* Einbildung *f; (arrogancia)* Hochnäsigkeit *f* ❸ *(satisfacción)* Zufriedenheit *f*

ufano, -a [u'fano, -a] *adj* ❶ *(orgulloso)* stolz ❷ *(engreído)* eingebildet; *(arrogante)* hochnäsig ❸ *(satisfecho)* zufrieden (**de** mit +*dat*); **va muy ~ con su nueva moto** er ist sehr stolz auf sein neues Motorrad ❹ *(planta)* üppig, kräftig

ufología [ufolo'xia] *f sin pl* Ufologie *f*

Uganda [u'ɣaṇda] *f* Uganda *nt*

ugandés, -esa [uɣaṇ'des, -esa] **I.** *adj* ugandisch **II.** *m, f* Ugander(in) *m(f)*

UGT [uxe'te] *f abr de* **Unión General de Trabajadores** sozialistische Gewerkschaft *f* Spaniens

ujier [u'xjer] *m* ❶ *(de un tribunal)* Gerichtsdiener *m* ❷ *(de un palacio)* Saaldiener *m*

újule ['uxule] *interj (Méx: fam)* ❶ *(¡vaya!)* Mannomann! ❷ *(¡huy!)* aua, autsch

úlcera ['ul̩θera] *f* Geschwür *nt*

ulceración [ul̩θera'θjon] *f* (MED) Geschwürbildung *f*

ulcerar [ul̩θe'rar] **I.** *vt* ein Geschwür verursachen (an/in +*dat*) **II.** *vr:* **~se** geschwürig werden

Ulises [u'lises] *m* Odysseus *m*

ulterior [ul̩te'rjor] *adj (posterior)* spätere(r, s); *(más)* weitere(r, s)

ulteriormente [ul̩terjor'meṇte] *adv* nachher, später, danach

ultimación [ul̩tima'θjon] *f* Abschluss *m; (de una obra)* Fertigstellung *f*

últimamente [ul̩tima'meṇte] *adv* ❶ *(recientemente)* in letzter Zeit ❷ *(hace poco)* neulich ❸ *(por último)* schließlich

ultimar [ul̩ti'mar] *vt* ❶ *(proyecto, acuerdo)* abschließen; *(obra)* fertig stellen ❷ *(Am: matar)* umbringen

ultimátum [ul̩ti'matun] *m sin pl* Ultimatum *nt;* **dar el ~ a alguien** jdm ein Ultimatum stellen

último, -a ['ul̩timo, -a] *adj* ❶ *(en orden)* letzte(r, s); **el ~ de cada mes** am jeweils Letzten des Monats; **a ~s de mes** gegen Monatsende; **soy el ~ de la clase** ich bin der Schlechteste in der Klasse; **fue el ~ en firmar** er unterzeichnete als Letzter; **siempre llega el ~** er kommt immer zuletzt; **por última vez** zum letzten Mal; **hacia la**

U

última parte la película mejora gegen Ende wird der Film besser; **la última moda** die neueste Mode; **unos estudian ciencias, otros letras. Los ~s...** die einen studieren Naturwissenschaften, die anderen Geisteswissenschaften. Letztere ... ② *(espacio)* **la última fila** die hintere Reihe; **en el ~ piso** im obersten Stock; **ocupar la última posición de la tabla** am Tabellenende stehen; **el ~ rincón del mundo** wo sich Hase und Fuchs gute Nacht sagen ③ *(loc)* **por ~** schließlich; **en ~ término** letzten Endes; **no en ~ término** nicht zuletzt; **en ~ caso** schlimmstenfalls; **estar en las últimas** *(muriéndose)* in den letzten Zügen liegen; *(arruinado)* am Ende sein; **¡es lo ~!** das ist doch wirklich das Letzte!

ultra ['ul̩tra] **I.** *adj* rechtsextremistisch; *(radical)* rechtsradikal **II.** *mf* Rechtsextremist(in) *m(f)*; *(radical)* Rechtsradikale(r) *mf* **III.** *adv* außerdem

ultracongelado, -a [ul̩trakoŋxe'laðo, -a] *adj* tiefgefroren, tiefgekühlt

ultraconservador(a) [ul̩trakonserβa'ðor(a)] *adj* erzkonservativ

ultraderecha [ul̩traðe'reʧa] *f inv* extreme Rechte *f*

ultraderechista [ul̩traðere'ʧista] **I.** *adj* rechtsradikal **II.** *mf* Rechtsextremist(in) *m(f)*; *(activo y más violento)* Rechtsradikale(r) *f(m)*

ultrafino, -a [ul̩tra'fino, -a] *adj* hauchdünn

ultraizquierda [ul̩traiθ'kjerða] *f inv* extreme Linke *f*

ultrajar [ul̩tra'xar] *vt* ① *(insultar)* beleidigen; *(monumento)* schänden; **~ de palabra** beschimpfen ② *(humillar)* demütigen ③ *(ajar)* zerknautschen

ultraje [ul̩'traxe] *m* Beleidigung *f*; **~ a la bandera** Schändung der Flagge

ultramar [ul̩tra'mar] *m sin pl* Übersee *f*

ultramarino, -a [ul̩trama'rino, -a] *adj* überseeisch

ultramarinos [ul̩trama'rinos] *mpl* ① *(tienda)* Lebensmittelgeschäft *nt* ② *(víveres)* Lebensmittel *ntpl*

ultramoderno, -a [ul̩tramo'ðerno, -a] *adj* hochmodern

ultranza [ul̩'tran̩θa] ① *(a muerte)* **defender algo a ~** etw bis aufs Äußerste verteidigen; **luchar a ~** auf Leben und Tod kämpfen ② *(resueltamente)* **ser de izquierda a ~** ein radikaler Linker sein; **ser un ecologista a ~** ein überzeugter Umweltschützer sein

ultraportátil [ul̩trapor'tatil] *m* (INFOR) Ultrabook *nt*

ultrarrápido, -a [ul̩tra'rrapiðo, -a] *adj* sehr schnell; **tren ~** Hochgeschwindigkeitszug *m*

ultrasecreto, -a [ul̩trase'kreto, -a] *adj* streng geheim

ultrasensible [ul̩trasen'siβle] *adj* überempfindlich

ultrasónico, -a [ul̩tra'soniko, -a] *adj* Ultraschall-

ultrasonido [ul̩traso'niðo] *m sin pl* Ultraschall *m*

ultratumba [ul̩tra'tumba] *f sin pl* Jenseits *nt*

ultravioleta [ul̩traβjo'leta] *adj inv* ultraviolett; **rayos ~** UV-Strahlen *mpl*

ulular [ulu'lar] *vi* ① *(animal)* heulen; *(perro)* jaulen ② *(persona)* schreien ③ *(viento)* heulen

umbilical [umbili'kal] *adj* Nabel-

umbral [um'bral] *m* ① *(de puerta)* (Tür)schwelle *f*; **atravesar los ~es de una casa** über die Schwelle treten ② *(principio)* Anfang *m* ③ (ECON) **~ de rentabilidad** Gewinnschwelle *f*; **país ~** Schwellenland *nt*

umbrío, -a [um'brio, -a] *adj* schattig

umbroso, -a [um'broso, -a] *adj* ① *(con sombra)* schattig ② *(que causa sombra)* Schatten spendend

un, una [un, 'una] <unos, -as> **I.** *art indet* ① *(no determinado)* ein(e); **un perro/puente/niño** ein Hund/eine Brücke/ein Kind; **una mujer/mesa/chica** eine Frau/ein Tisch/ein Mädchen; **¡tiene una jeta!** er/sie ist dermaßen unverschämt! ② *pl (algunos)* einige, ein paar ③ *pl (aproximadamente)* **unos 100 euros** ungefähr 100 Euro **II.** *adj v.* **uno**

unánime [u'nanime] *adj* ① *(opinión)* einmütig ② *(decisión)* einstimmig

unánimemente [unanime'men̩te] *adv* einstimmig

unanimidad [unanimi'ðaᵈ] *f* ① *(de opinión)* Einmütigkeit *f* ② *(de decisión)* Einstimmigkeit *f*; **aprobar algo por ~** etw einstimmig beschließen

unción [un̩'θjon] *f* ① (MED) Einsalbung *f* ② (REL) Salbung *f* ③ *(extremaunción)* Letzte Ölung *f*

uncir [un̩'θir] <c → z> *vt* (ins Joch) einspannen

unco ['uŋko] *m (Perú)* Hemd *nt*

undécimo [un̩'deθimo] **I.** *m* Elftel *nt* **II.** *adv* **en ~ lugar** elftens

undécimo, -a [un̩'deθimo, -a] *adj (parte)* elftel; *(numeración)* elfte(r, s); *v. t.* **octavo**

UNESCO [u'nesko] *f abr de* **United Nations Educational, Scientific and Cultural Organization** UNESCO *f*

ungir [uŋ'xir] <g → j> *vt* ① *(con aceite)* einölen, einreiben ② (REL) salben
ungüento [uŋ'gwen̩to] *m* ① (MED) Salbe *f* ② *(remedio)* Balsam *m*
ungular [uŋgu'lar] *adj* (ANAT) Nagel-
únicamente [unika'men̩te] *adv* nur
unicameral [unikame'ral] *adj* Einkammer-
UNICEF [uni'θef] *f abr de* **United Nations International Children's Emergency Fund** UNICEF *f*
unicelular [uniθelu'lar] *adj* einzellig
unicidad [uniθi'ða^{ð}] *f* Einzigartigkeit *f*
único, -a ['uniko, -a] *adj* ① *(solo)* einzig; **calle de dirección única** Einbahnstraße *f;* **heredero ~** Alleinerbe *m;* **hijo ~** Einzelkind *nt;* **hoy hay plato ~** heute gibt es nur einen (einzigen) Gang ② *(extraordinario)* einzigartig, einmalig
unicolor [uniko'lor] *adj* einfarbig, uni
unicornio [uni'kornjo] *m* Einhorn *nt*
unidad [uni'ða^{ð}] *f* ① *(entidad, medida, t.* MIL) Einheit *f;* **~ familiar** Haushalt *m* ② (MAT) Einer *m* ③ *(de organización)* Abteilung *f* ④ *(de hospital)* Station *f;* **U~ de Cuidados Intensivos** Intensivstation *f* ⑤ (LIT) Einheitlichkeit *f* ⑥ (TÉC: *aparato*) Anlage *f;* **~ de control** Steuergerät *nt;* **~ externa de disco duro** (INFOR) externes Festplattenlaufwerk; **~ móvil** (TV, RADIO) Ü-Wagen *m*
unidimensional [uniðimensjo'nal] *adj* eindimensional
unidireccional [uniðire^{ɣ}θjo'nal] *adj (de una dirección)* in einer Richtung verlaufend; (ELEC) einseitig
unido, -a [u'niðo, -a] *adj (frente, equipo)* geschlossen; *(nación, partido)* geeint; **estamos muy ~s** wir stehen uns sehr nahe
unifamiliar [unifami'ljar] *adj* **casa ~** Einfamilienhaus *nt*
unificación [unifika'θjon] *f* ① *(unión)* Vereinigung *f;* **la ~ política** die politische Einigung ② *(uniformización)* Vereinheitlichung *f*
unificador(a) [unifika'ðor(a)] *adj* vereinigend, vereinheitlichend
unificar [unifi'kar] <c → qu> *vt* ① *(pueblos)* verein(ig)en; *(esfuerzos)* vereinen; **~ posiciones** verschiedene Standpunkte in Einklang bringen ② *(uniformar)* vereinheitlichen
uniformado, -a [unifor'maðo, -a] *m, f* Uniformierte(r) *mf*
uniformar [unifor'mar] *vt* ① *(hacer unitario)* vereinheitlichen; *(impreso)* standardisieren ② *(vestir)* uniformieren; **ir uniformado** Uniform tragen
uniforme [uni'forme] **I.** *adj (igual)* einheitlich; *(de la misma forma)* gleichförmig; *(calor, movimiento)* gleichmäßig **II.** *m* Uniform *f;* **vestir de ~** Uniform tragen
uniformemente [uniforme'men̩te] *adv* ① *(de la misma forma)* gleichförmig ② (FÍS) **movimiento ~ acelerado** gleichmäßig beschleunigte Bewegung
uniformidad [uniformi'ða^{ð}] *f (constancia)* Einheitlichkeit *f; (similaridad)* Gleichförmigkeit *f; (de calor, movimiento)* Gleichmäßigkeit *f*
uniformizar [uniformi'θar] <z → c> *vt* vereinheitlichen; *(mezclar)* vermischen
unilateral [unilate'ral] *adj (visión)* einseitig; (POL) unilateral
unilateralidad [unilaterali'ða^{ð}] *f* Einseitigkeit *f*
unión [u'njon] *f* ① *(de dos elementos, t.* TÉC) Verbindung *f;* **no hay muchos puntos de ~ entre nosotros** uns verbindet nicht viel ② *(territorial)* Vereinigung *f;* (ECON) Zusammenschluss *m;* **en ~ con** zusammen mit ③ *(matrimonio)* Heirat *f;* **~ civil** eingetragene Lebenspartnerschaft ④ (COM) Verband *m* ⑤ (POL) Union *f;* **U~ Económica y Monetaria (Europea)** (Europäische) Wirtschafts- und Währungsunion; **U~ Europea** Europäische Union; **~ monetaria** Währungsunion *f* ⑥ *(armonía)* Einigkeit *f;* **la ~ hace la fuerza** *(prov)* Einigkeit macht stark
unionista [unjo'nista] **I.** *adj* unionistisch **II.** *mf* Unionist(in) *m(f)*
unipersonal [uniperso'nal] *adj* ① *(de una persona)* Einpersonen-; *(individual)* individuell ② (LING) unpersönlich
unir [u'nir] **I.** *vt* ① *(dos elementos, t.* TÉC) verbinden ② *(territorios, familia)* verein(ig)en; **nos une una gran amistad** uns verbindet eine enge Freundschaft ③ *(ingredientes)* verrühren ④ *(esfuerzos)* vereinen **II.** *vr:* **~se** *(territorios)* sich vereinigen; (ECON) sich zusammenschließen; *(dos personas)* sich zusammentun; **~se en matrimonio** heiraten
unisex [uni'se^{ɣ}s] *adj* unisex; **moda ~** Mode für Mann und Frau; **peluquería ~** Damen- und Herrensalon *m*
unísono¹ [u'nisono] *m* (MÚS) Unisono *nt;* **protestaron al ~** sie klagten einstimmig; **trabajar al ~** harmonisch zusammenarbeiten; **actuar al ~** in Übereinstimmung handeln
unísono, -a² [u'nisono, -a] *adj* ① *(de un solo tono)* unisono ② *(de una sola voz)* einstimmig
unitario, -a [uni'tarjo, -a] *adj* einheitlich; **escuela unitaria** Einheitsschule *f*
universal [uniβer'sal] *adj* ① *(del universo)* universal; **receptor ~** (RADIO) Weltempfän-

ger *m* ② *(del mundo)* Welt-; **de renombre ~** weltberühmt ③ *(general, amplio)* universell; **regla ~** allgemeingültige Regel; **persona de educación ~** universell gebildeter Mensch ④ (TÉC: *tractor*) Allzweck-; *(máquina)* Mehrzweck-; **detergente ~** Allzweckreiniger *m*

universalidad [uniβersali'ða^ð] *f (de regla)* Allgemeingültigkeit *f*

universalismo [uniβersa'lismo] *m sin pl* Universalismus *m*

universalización [uniβersaliθa'θjon] *f* Universalisierung *f*

universalizar [uniβersali'θar] <z → c> *vt* verallgemeinern

universalmente [uniβersal'meṇte] *adv* ① *(en todo el mundo)* **~ conocido** weltberühmt ② *(generalmente)* allgemein

universidad [uniβersi'ða^ð] *f* Universität *f;* **U~ Popular** ≈ Volkshochschule *f;* **ir a la ~** auf die Universität gehen; **¿a qué ~ vas?** an welcher Universität bist du?

universitario, -a [uniβersi'tarjo, -a] **I.** *adj* Universitäts-; **catedrático ~** Professor *m;* **profesor ~** Dozent *m;* **tener estudios ~s** ein Hochschulstudium abgeschlossen haben **II.** *m, f* Student(in) *m(f)*

universo [uni'βerso] *m (cosmos)* Universum *nt*

unívoco, -a [u'niβoko, -a] *adj* eindeutig

uno[1] ['uno] *m* Eins *f*

uno, -a[2] ['uno, -a] **I.** *adj* ① *(número)* eins; **a la una** *(hora)* um eins; **¡(a la) una, (a las) dos y (a las) tres!** eins, zwei, drei!; **fila ~** erste Reihe ② *(único)* **solo hay una calle** es gibt nur eine einzige Straße **II.** *pron indef* ① *(alguno)* eine(r, s); **cada ~** jeder; **~s cuantos** einige; **~..., el otro...** der eine ..., der andere ...; **~ de tantos** einer von vielen; **aquí hay ~ que pregunta por ti** da ist jemand, der nach dir fragt; **una de dos, o... o...** eins von beiden, entweder ... oder ...; **una que otra vez** dann und wann ② *pl (algunos)* einige ③ *(indeterminado)* man ④ *(loc)* **cantar a una** zusammen singen; **luchar todos a una** Schulter an Schulter kämpfen; **de ~ en ~** einzeln, Stück für Stück; **me ha dejado pero me he quedado el piso, lo ~ por lo otro** er/sie hat mich verlassen, aber ich behalte die Wohnung, damit sind wir quitt; **no acierto una** *(fig)* alles läuft bei mir schief

unt(u)oso, -a [uṇ'toso, -a/uṇtu'oso, -a] *adj* ① *(pingüe)* schmierig ② *(jabón)* schlüpfrig ③ *(pegajoso)* klebrig

untado, -a [uṇ'taðo, -a] *adj (Arg, Chil)* betrunken

untar [uṇ'tar] **I.** *vt* ① *(con mantequilla)* bestreichen ② *(mojar)* eintauchen ③ *(con grasa)* (ein)fetten; *(con aceite)* (ein)ölen; *(el cuerpo)* eincremen ④ *(sobornar)* bestechen, schmieren *fam* **II.** *vr:* **~se** ① *(mancharse)* sich beschmieren ② *(con crema)* sich eincremen ③ *(dinero)* sich bereichern (**con** an +*dat*)

unto ['uṇto] *m* ① *(grasa)* Schmiermittel *nt* ② (MED) Salbe *f* ③ *(Chil: betún)* Schuhcreme *f*

untuosidad [uṇtwosi'ða^ð] *f* ① *(de grasa)* Schmierigkeit *f* ② *(del jabón)* Schlüpfrigkeit *f* ③ *(pegajosidad)* Klebrigkeit *f*

untura [uṇ'tura] *f* ① (MED) Salbe *f* ② *(grasa)* Schmiermittel *nt*

uña ['uɲa] *f* ① *(de persona)* Nagel *m; (de gato)* Kralle *f;* **~s de los pies** Zehennägel *mpl;* **hacerse las ~s** die Nägel maniküren (lassen); **comerse las ~s** an den Nägeln kauen; *(fig)* wüten ② *(pezuña)* Huf *m* ③ *(del alacrán)* Stachel *m* ④ *(de instrumento)* Haken *m* ⑤ *(de planta)* (gebogener) Stachel *m* ⑥ (TÉC: *muesca*) Kerbe *f; (saliente)* Klaue *f* ⑦ *(loc)* **afilar(se) las ~s** sich geistig anstrengen; **estar de ~s con alguien** mit jdm auf (dem) Kriegsfuß stehen; **dejarse las ~s en el trabajo** sich abrackern; **ser largo de ~s** *(fig)* ein Langfinger sein; **ser ~ y carne** ein Herz und eine Seele sein; **defenderse con ~s y dientes** sich mit Händen und Füßen wehren

uñada [u'ɲaða] *f* ① *(arañazo)* Kratzer *m,* Schramme *f* ② *(señal)* Markierung *f* mit dem Nagel

uñero [u'ɲero] *m (inflamación)* Nagelbettentzündung *f*

upa ['upa] **I.** *interj* auf!, hoch!; **llevar a ~ (un niño)** (ein Kind) tragen **II.** *adj (Ecua, Perú: tonto)* dumm

upar [u'par] *vt* hochheben

Urales [u'rales] *mpl* Ural *m*

uranio [u'ranjo] *m* (QUÍM) Uran *nt*

Urano [u'rano] *m* (ASTR) Uranus *m*

urbanidad [urβani'ða^ð] *f* Höflichkeit *f*

urbanismo [urβa'nismo] *m (planificación)* Stadtplanung *f*

urbanístico, -a [urβa'nistiko, -a] *adj* städtebaulich; **plan ~** Bebauungsplan *m*

urbanizable [urβani'θaβle] *adj* bebaubar

urbanización [urβaniθa'θjon] *f* ① *(acción)* Bebauung *f* ② *(de casas)* (Wohn)siedlung *f*

urbanizar [urβani'θar] <z → c> **I.** *vt* bebauen **II.** *vt, vr:* **~se** verstädtern

urbano[1] [ur'βano] *m* Verkehrspolizist *m*

urbano, -a[2] [ur'βano, -a] *adj* ① *(de la ciudad)* städtisch; **conferencia urbana** (TEL) Ortsgespräch *nt;* **un hombre ~** ein Stadtmensch; **planificación urbana** Stadtplanung *f* ② *(cortés)* höflich

U

urbe ['urβe] *f* Großstadt *f*
urdir [ur'ðir] *vt (conspiración)* anzetteln; ~ **intrigas** Intrigen spinnen
urea [u'rea] *f* (MED) Harnstoff *m*
uréter [u'reter] *m* (ANAT) Harnleiter *m*
uretra [u'retra] *f* Harnröhre *f*
urgencia [ur'xeṇθja] *f* ❶ *(cualidad)* Dringlichkeit *f* ❷ *(caso)* Notfall *m;* **llamada de** ~ Notruf *m;* **en caso de** ~ im Notfall; **tratar algo con la debida** ~ etw mit der notwendigen Eile behandeln ❸ *pl (en hospital)* Notaufnahme *f;* **servicio de ~s** *(en ambulatorio)* Bereitschaftsdienst *m;* **médico de ~s** Notarzt *m*
urgente [ur'xeṇte] *adj* dringend; *(carta, telegrama, pedido)* Eil-; **¿es ~?** eilt es?
urgir [ur'xir] <g → j> *vi* eilen
urinario[1] [uri'narjo] *m* Pissoir *nt*
urinario, -a[2] [uri'narjo, -a] *adj* Urin-; **aparato** ~ (MED) Harnwege *mpl*
urna ['urna] *f* ❶ *(para cenizas, t.* POL) Urne *f;* **acudir a las ~s** zur Wahl gehen ❷ *(caja de cristal)* Glaskasten *m*
urogallo [uro'ɣaʎo] *m* Auerhahn *m*
urología [urolo'xia] *f sin pl* Urologie *f*
urólogo, -a [u'roloɣo, -a] *m, f* Urologe, -in *m, f*
urraca [u'rraka] *f* ❶ (ZOOL) Elster *f* ❷ *(cotorra)* Quasselstrippe *f;* **hablar más que una** ~ reden wie ein Wasserfall
URSS [urrs] *f abr de* **Unión de Repúblicas Socialistas Soviéticas** UdSSR *f*
urticante [urti'kaṇte] *adj* brennend
urticaria [urti'karja] *f* (MED) Nesselausschlag *m*
Uruguay [uru'ɣwai̯] *m* Uruguay *nt*
uruguayo, -a [uru'ɣwaʝo, -a] **I.** *adj* uruguayisch **II.** *m, f* Uruguayer(in) *m(f)*
usado, -a [u'saðo, -a] *adj (libro)* zerlesen; *(vestido)* abgetragen; *(esterilla)* abgetreten; *(sello)* (ab)gestempelt; *(expresión)* abgedroschen; *(coche)* gebraucht
usanza [u'saṇθa] *f* Brauch *m*
usar [u'sar] **I.** *vt* ❶ *(utilizar)* benutzen, gebrauchen; *(palabra, libro)* verwenden; *(labia, persuasión)* aufwenden; *(razón)* walten lassen; *(máquina)* einsetzen; *(técnica, fuerza)* anwenden; *(ropa, gafas)* tragen; *(derecho)* geltend machen; **tuve que ~ (de) mis influencias** ich musste meine Beziehungen spielen lassen ❷ *(cargo, oficio)* ausüben ❸ *(soler)* **usa nadar en esta piscina** er/sie geht gewöhnlich in dieses Schwimmbad **II.** *vr:* **~se** ❶ *(utilizar)* benutzt [*o* gebraucht] werden; **esta palabra ya no se usa** dieser Ausdruck ist nicht mehr gebräuchlich ❷ *(ropa)* in Mode sein
usina [u'sina] *f (Am: de gas)* Gaswerk *nt; (de electricidad)* Elektrizitätswerk *nt*

uso ['uso] *m* ❶ *(utilización)* Benutzung *f,* Gebrauch *m; (de palabras, libros)* Verwendung *f; (de labia, persuasión)* Aufwendung *f; (de técnica, fuerza)* Anwendung *f;* ~ **ilegal** Missbrauch *m;* **de ~ externo** zur äußerlichen Anwendung; **hacer ~ de algo** etw benutzen; **hacer ~ de la palabra** das Wort ergreifen; **una expresión de ~ corriente** ein geläufiger Ausdruck; **tener muchos ~s** vielseitig verwendbar sein; **en buen** ~ *(fam)* in gutem Zustand; **desde que tengo ~ de razón...** seit meiner frühesten Kindheit ...; **estar en pleno ~ de sus facultades** voll zurechnungsfähig sein ❷ *(moda)* Mode *f* ❸ *(costumbre)* Brauch *m;* **métodos al** ~ übliche Methoden; **estar en/fuera de** ~ üblich/unüblich sein
usted [us'teᵈ] *pron* Sie; **~es** *(en España)* Sie; *(Am: vosotros)* ihr; **tratar de ~ a alguien** jdn siezen; **¡gracias! – ¡a ~!** danke! – ich habe zu danken!
usual [usu'al] *adj* ❶ *(de siempre)* üblich ❷ *(común)* gebräuchlich ❸ *(tradicional)* herkömmlich
usuario, -a [usu'arjo, -a] *m, f* Benutzer(in) *m(f);* (INFOR) Anwender(in) *m(f)*
usufructo [usu'frukto] *m* (JUR) Nießbrauch *m*
usura [u'sura] *f* Wucher *m;* **pagar con ~ un favor** sich mehr als angemessen für einen Gefallen revanchieren
usurero, -a [usu'rero, -a] *m, f* Wucherer, -in *m, f*
usurpación [usurpa'θjon] *f* widerrechtliche Anmaßung *f;* ~ **de atribuciones** Amtsanmaßung *f*
usurpador(a) [usurpa'ðor(a)] **I.** *adj* usurpatorisch **II.** *m(f)* Usurpator(in) *m(f)*
usurpar [usur'par] *vt* an sich reißen; *(derecho)* sich *dat* anmaßen
utensilio [uten'siljo] *m* Gerät *nt; (herramienta)* Werkzeug *nt;* **~s de pintor** Malutensilien *pl*
uterino, -a [ute'rino, -a] *adj* (ANAT) Gebärmutter-; (MED) uterin; **furor** ~ Nymphomanie *f;* **hermano** ~ Halbbruder mütterlicherseits
útero ['utero] *m* Gebärmutter *f*
útil ['util] **I.** *adj* ❶ *(objeto)* nützlich, brauchbar; **¿en qué puedo serle ~?** wie kann ich Ihnen behilflich sein? ❷ *(persona)* geeignet; **ser declarado** ~ (MIL) für (wehrdienst)tauglich befunden werden ❸ *(ayuda)* wertvoll ❹ *(inversión)* nutzbringend ❺ *(loc)* **día** ~ Arbeitstag *m* **II.** *mpl* Geräte *ntpl*
utilería [utile'ria] *f* (TEAT) Requisiten *fpl*
utilidad [utili'ðaᵈ] *f* ❶ *(de objeto)* Brauch-

U

barkeit *f*, Nützlichkeit *f;* **ser de ~** nützlich sein ② *(de persona)* Tauglichkeit *f* ③ *(de inversión)* Nutzen *m* ④ (INFOR) Hilfsprogramm *nt*

utilitario[1] [utili'tarjo] *m* Nutzfahrzeug *nt*

utilitario, -a[2] [utili'tarjo, -a] *adj (persona, punto de vista)* utilitaristisch; *(objetivo)* utilitär; **pensamiento ~** Nützlichkeitsdenken *nt*

utilitarismo [utilita'rismo] *m* (FILOS) Utilitarismus *m*

utilizable [utili'θaβle] *adj* benutzbar; *(terreno)* nutzbar; *(calle)* befahrbar; *(restos)* verwertbar

utilización [utiliθa'θjon] *f* Benutzung *f*, Gebrauch *m; (de un derecho)* Inanspruchnahme *f; (de una persona)* Ausnutzung *f; (de restos)* Verwertung *f*

utilizar [utili'θar] <z → c> *vt, vr:* **~se** benutzen, gebrauchen; *(derecho, hospitalidad)* in Anspruch nehmen; *(tiempo)* nutzen; *(a alguien)* ausnutzen; *(terreno, instalación)* nutzbar machen; *(restos)* verwerten

utillaje [uti'ʎaxe] *m* Ausrüstung *f*

utopía [uto'pia] *f* Utopie *f*

utópico, -a [u'topiko, -a] *adj* utopisch

uva ['uβa] *f* Traube *f;* **~ pasa** Rosine *f;* **estar de mala ~** schlecht gelaunt sein; **tener mala ~** übel gesinnt sein; **de ~s a peras** alle Jubeljahre (mal)

uve ['uβe] *f* V *nt;* **~ doble** W *nt*

UVI ['uβi] *f inv abr de* **Unidad de Vigilancia Intensiva** Intensivstation *f*

úvula ['uβula] *f* Zäpfchen *nt*

uvular [uβu'lar] *adj* ① *(de la úvula)* Zäpfchen- ② (LING) uvular

Uzbekistán [uθβekis'tan] *m* Usbekistan *nt*

uzbeko, -a [uθ'βeko, -a] **I.** *adj* usbekisch **II.** *m, f* Usbeke, -in *m, f*

Uzbequistán [uθβekis'tan] *m* Usbekistan

V v

V, v ['uβe] *f* V, v *nt;* **~ de Valencia** V wie Viktor

vaca ['baka] *f* ① (ZOOL) Kuh *f;* **~ marina** Seekuh *f;* **~ de San Antón** Marienkäfer *m;* **síndrome de las ~s locas** Rinderwahnsinn *m;* **~s gordas/flacas** *(fig)* gute/schlechte Zeiten ② *(carne)* Rindfleisch *nt* ③ *(cuero)* Rind(s)leder *nt*

vacaciones [baka'θjones] *f pl (del trabajo)* Urlaub *m; (de la escuela)* Ferien *pl;* **estar de ~** im Urlaub sein; **irse de ~ a Tenerife** auf Teneriffa Urlaub machen

vacante [ba'kan̪te] **I.** *adj* frei **II.** *f* freie Stelle *f*

vacar [ba'kar] <c → qu> *vi* ① *(cargo: quedar vacante)* frei werden; *(estar vacante)* unbesetzt sein ② *(alguien)* vorübergehend aussetzen

vaciado [baθi'aðo] *m* ① *(molde)* Abguss *m* ② *(ahuecamiento)* Entleeren *nt*

vaciar [baθi'ar] <*1. pres* vacío> *vt* ① *(dejar vacío)* leeren; *(habitación, mueble)* ausräumen; *(dejar sin gente)* räumen; **~ con bomba de agua** leer pumpen ② *(verter)* ausleeren ③ *(hueco)* aushöhlen ④ *(escultura)* gießen ⑤ *(afilar)* schleifen

vaciedad [baθje'ða^{d}] *f sin pl (fig)* Albernheit *f*

vacilación [baθila'θjon] *f (duda)* Zögern *nt; (irresolución)* Unschlüssigkeit *f;* **sin vacilaciones** ohne zu zögern

vacilante [baθi'lan̪te] *adj (indeciso)* unschlüssig; *(no firme)* wackelig; *(voz)* zittrig; *(pasos)* unsicher

vacilar [baθi'lar] *vi* ① *(balancearse)* schwanken; *(borracho)* taumeln; *(llama)* flackern ② *(dudar)* zögern ③ *(argot: tomar el pelo)* an der Nase herumführen; **no me vaciles** erzähl mir keine Märchen

vacile [ba'θile] *m (argot)* ① *(broma)* Scherz *m* ② *(persona)* Scherzbold *m*

vacilón, -ona [baθi'lon, -ona] **I.** *adj (argot)* neckisch **II.** *m, f* Scherzbold *m;* **ser un ~** immer zu Scherzen aufgelegt sein

vacío[1] [ba'θio] *m sin pl* ① *(espacio, ausencia)* Leere *f;* (FÍS) Vakuum *nt; (hueco)* Lücke *f; (abismo)* Abgrund *m;* **~ legal** Gesetzeslücke *f;* **~ de poder** Machtvakuum *nt;* **hacer el ~** (FÍS) ein Vakuum herstellen; **hacer el ~ a alguien** jdm aus dem Weg gehen; **la propuesta cayó en el ~** der Vorschlag fand keinen Anklang ② (ANAT) Weiche *f*

vacío, -a[2] [ba'θio, -a] *adj* ① *(sin contenido, gente)* leer; *(hueco)* hohl; **envasado al ~** vakuumverpackt; **peso en ~** Leergewicht *nt;* **volví de ~** *(fig)* ich kam zurück, ohne etwas erreicht zu haben ② *(insustancial)* inhaltslos; *(superficial)* oberflächlich

V

vacuidad [bakwi'ða^{ð}] *f sin pl* Leere *f*
vacuna [ba'kuna] *f* ❶ *(substancia)* Impfstoff *m;* ~ **anticolérica** Choleraimpfstoff *m* ❷ *(vacunación)* Impfung *f;* ~ **antirrábica** Tollwutimpfung *f;* **eso te servirá de** ~ *(fig)* das wird dir eine Lehre sein ❸ *(de las vacas)* Kuhpocken *fpl*
vacunación [bakuna'θjon] *f* Impfung *f;* **cartilla de** ~ Impfpass *m*
vacunar [baku'nar] **I.** *vt* impfen **II.** *vr:* **~se** sich impfen lassen
vacuno[1] [ba'kuno] *m* Rind *nt*
vacuno, -a[2] [ba'kuno, -a] *adj* Rind(er)-; (**carne de**) ~ Rindfleisch *nt;* **ganado** ~ Rinder *ntpl*
vacuo, -a ['bakwo, -a] *adj* leer
vadeable [baðe'aβle] *adj* ❶ *(río)* seicht ❷ *(dificultad)* überwindbar
vadear [baðe'ar] *vt* ❶ *(río)* durchwaten ❷ *(dificultad)* überwinden
vado ['baðo] *m* ❶ *(río)* Furt *f;* **tentar el** ~ das Wasser ausloten ❷ *(loc)* ~ **permanente** Halteverbot *nt*
vagabundo, -a [baɣa'βun̪do, -a] **I.** *adj* vagabundierend; *(perro)* streunend; *(fig)* rastlos **II.** *m, f* Landstreicher(in) *m(f)*
vagamente [baɣa'men̪te] *adv* vage, verschwommen; **recuerdo** ~ **su cara** ich erinnere mich vage an sein/ihr Gesicht
vagancia [ba'ɣan̪θja] *f sin pl* Faulheit *f*
vagante [ba'ɣan̪te] *adj* schweifend, frei herumlaufend
vagar [ba'ɣar] **I.** *vi* <g → gu> ❶ *(vagabundear)* vagabundieren; *(errar)* umherirren ❷ *(descansar)* faulenzen **II.** *m* Muße *f*
vagina [ba'xina] *f* Scheide *f*
vaginal [baxi'nal] *adj* (ANAT) vaginal; **tiene una infección** ~ sie hat eine Scheideninfektion
vago, -a ['baɣo, -a] **I.** *adj* ❶ *(perezoso)* faul ❷ *(impreciso)* vage ❸ *(vagante)* vagabundierend; *(errante)* umherirrend **II.** *m, f* ❶ *(vagabundo)* Landstreicher(in) *m(f)* ❷ *(holgazán)* Faulpelz *m;* **hacer el** ~ faulenzen
vagón [ba'ɣon] *m* Wagen *m; (mercancías t.)* Waggon *m;* ~ **cisterna** Tankwagen *m;* ~ **restaurante** Speisewagen *m*
vagoneta [baɣo'neta] *f* (*t.* MIN) Lore *f*
vaguada [ba'ɣwaða] *f* (Tal)sohle *f*
vaguear [baɣe'ar] *vi* ❶ *(holgazanear)* faulenzen ❷ *(vagar)* sich herumtreiben
vaguedad [baɣe'ða^{ð}] *f* ❶ *(imprecisión)* Unklarheit *f* ❷ *(palabras)* vages Gerede *nt*
vaharada [ba(a)'raða] *f* ❶ *(aliento)* Atem *m,* Hauch *m* ❷ *(vapor)* (Dunst)wolke *f*
vahído [ba'iðo] *m* Ohnmacht *f;* **me dio un** ~ mir wurde schwind(e)lig
vaho ['bao] *m* ❶ *(vapor)* Dampf *m* ❷ *(aliento)* Atem *m* ❸ *pl* Inhalation *f*
vaina[1] ['bai̯na] *f* ❶ *(de la espada)* Scheide *f* ❷ (BOT) Hülse *f*
vaina[2] ['bai̯na] *m (pey)* Idiot *m*
vainilla [bai̯'niʎa] *f* Vanille *f;* ~ **azucarada** Vanillezucker *m*
vaivén [bai̯'βen] *m (horizontal)* Hin und Her *nt; (vertical)* Auf und Ab *nt; (balanceo)* Wiegen *nt; (sacudida)* Rütteln *nt*
vajilla [ba'xiʎa] *f* Geschirr *nt*
vale ['bale] *m* Gutschein *m;* (FIN) Gutschrift *f*
valedero, -a [bale'ðero, -a] *adj (válido)* gültig; *(vigente)* geltend; **ser** ~ **por seis meses** sechs Monate gültig sein
valedor(a) [bale'ðor(a)] *m(f) (que protege)* Beschützer(in) *m(f); (que favorece)* Gönner(in) *m(f)*
valedura [bale'ðura] *f* ❶ *(Col, Cuba: en un juego) Geschenk des Gewinners an den Verlierer oder an Zuschauer* ❷ *(Méx: favor)* Gefallen *m,* Hilfe *f*
valemadrista [balema'ðrista] **I.** *adj (Méx: fam)* ❶ *(apático)* apathisch, teilnahmslos ❷ *(cínico)* zynisch **II.** *mf (Méx: fam)* ❶ *(persona apática)* apathischer Mensch *m* ❷ *(persona cínica)* Zyniker(in) *m(f)*
valencia [ba'len̪θja] *f* Valenz *f*
valenciana [balen̪'θjana] *f* ❶ *(CSur: encaje)* feine Spitze *f* ❷ *(Méx: del pantalón)* Hosenumschlag *m*
valenciano, -a [balen̪'θjano, -a] **I.** *adj* aus Valencia **II.** *m, f* Valencianer(in) *m(f)*
valentía [balen̪'tia] *f* ❶ *(valor)* Mut *m* ❷ *(hazaña)* Heldentat *f*
valentón, -ona [balen̪'ton, -ona] **I.** *adj (pey)* angeberisch **II.** *m, f (pey)* Großmaul *nt*
valer [ba'ler] *irr* **I.** *vt* ❶ *(costar)* kosten; **vale tanto oro como pesa** *(fig: cosa)* es ist sein Gewicht in Gold wert; *(persona)* er/sie ist ein Goldstück ❷ *(funcionar)* nutzen; **esta vez no te valdrán tus excusas** diesmal werden dir deine Entschuldigungen nichts nützen; **yo no sé para qué vale este trasto** ich weiß nicht, wofür dieses Ding gut sein soll ❸ *(equivaler)* entsprechen +*dat* ❹ *(producir)* einbringen ❺ *(proteger)* (be)schützen; **¡válgame Dios!** (ach) du meine Güte! ❻ *(loc)* **¡vale!** in Ordnung!; **¡vale ya!** jetzt ist's (aber) genug!; **... valga la expresión** ... wenn ich das so sagen darf; **vale la pena ver la película** es lohnt sich, den Film anzuschauen; **vale más que te olvides de él** am besten vergisst du ihn; **hacer** ~ **sus derechos** seine Rechte gel-

tend machen; **más vale un pájaro en mano que ciento volando** *(prov)* besser ein Spatz in der Hand als eine Taube auf dem Dach; **más vale tarde que nunca** *(prov)* besser spät als nie **II.** *vi* ❶ *(ropa)* passen ❷ *(tener validez)* gültig sein; **no** ~ ungültig sein ❸ *(tener mérito)* (etwas) taugen; ~ **poco/nada** wenig/nichts taugen ❹ *(estar permitido)* erlaubt sein; **¡eso no vale!** das gilt nicht! **III.** *vr:* **~se** ❶ *(servirse)* zurückgreifen (**de** auf +*akk*); **~se de los servicios de alguien** jds Dienste in Anspruch nehmen; **~se de sus contactos** seine Beziehungen spielen lassen ❷ *(desenvolverse)* zurechtkommen; **ya no poder ~se** nicht mehr alleine zurechtkommen

valeriana [bale'rjana] *f* Baldrian *m*

valeroso, -a [bale'roso, -a] *adj* mutig

valetudinario, -a [baletuði'narjo, -a] *adj* kränklich, gebrechlich

valía [ba'lia] *f sin pl* Wert *m*

validación [baliða'θjon] *f* ❶ *(acción de validar)* Gültigmachung *f* ❷ *(validez)* Gültigkeit *f*

validar [bali'ðar] *vt* gültig machen

validez [bali'ðeθ] *f sin pl* Gültigkeit *f;* **periodo de** ~ Geltungsdauer *f;* **dar ~ a algo** etw *dat* Gültigkeit verleihen; **tener** ~ gültig sein; *(ley)* in Kraft sein; **no tener** ~ ungültig sein; *(ley)* außer Kraft sein

valido [ba'liðo] *m* (POL) Günstling *m;* (HIST) Favorit *m (des Königs)*

válido, -a ['baliðo, -a] *adj* gültig; **no ser** ~ ungültig sein

valiente [ba'ljen̩te] *adj* mutig; **¡~ amigo tienes que...!** *(irón)* ein schöner Freund ist das, der …!

valija [ba'lixa] *f* Handkoffer *m;* *(del cartero)* Posttasche *f*

valimiento [bali'mjen̩to] *m sin pl* Schutz *m,* Gunst *f*

valioso, -a [ba'ljoso, -a] *adj* wertvoll

valla ['baʎa] *f* ❶ *(tapia)* Zaun *m;* *(barrera)* Absperrung *f;* *(defensa)* Schutzwall *m* ❷ *(publicitaria)* Plakatwand *f* ❸ (DEP) Hürde *f*

valladar [baʎa'ðar] *m* ❶ *(cerca)* Wall *m,* Umzäunung *f* ❷ *(elev: dificultad)* Hindernis *nt*

vallado [ba'ʎaðo] *m* Zaun *m*

vallar [ba'ʎar] *vt* einzäunen; ~ **con un muro** mit einer Mauer umgeben

valle ['baʎe] *m* Tal *nt;* ~ **de lágrimas** Jammertal *nt*

vallisoletano, -a [baʎisole'tano, -a] **I.** *adj* aus Valladolid **II.** *m, f* Einwohner(in) *m(f)* Valladolids

vallunco, -a [ba'ʎuŋko, -a] *adj* *(AmC)* ❶ *(rústico)* ländlich ❷ *(campesino)* bäuerlich

valón[1] [ba'lon] *m* *(dialecto)* Wallonisch(e) *nt*

valón, -ona[2] [ba'lon, -ona] **I.** *adj* wallonisch **II.** *m, f* Wallone, -in *m, f*

valor [ba'lor] *m* ❶ *(valentía)* Mut *m;* ~ **cívico** Zivilcourage *f;* **armarse de** ~ Mut fassen ❷ *(desvergüenza)* Frechheit *f* ❸ *(valía, t.* COM, MÚS) Wert *m;* *(cuantía)* Geldbetrag *m;* *(significado)* Bedeutung *f;* ~ **actual** Istwert *m;* ~ **nutritivo** Nährwert *m* ❹ *pl* (FIN) Wertpapiere *ntpl;* **~es bursátiles** Börsenpapiere *ntpl;* **~es declarados** Wertsendung *f*

valoración [balora'θjon] *f* Bewertung *f;* *(del precio)* Schätzung *f;* *(análisis)* Auswertung *f*

valorar [balo'rar] *vt* schätzen (**en** auf +*akk*); **valoro muchísimo tu generosidad** ich weiß deine Großzügigkeit sehr zu schätzen

valorización [baloriθa'θjon] *f v.* **valoración**

valorizar [balori'θar] <z → c> *vt v.* **valorar**

vals [bals] *m* (MÚS) Walzer *m*

valse ['balse] *m* *(Am)* *v.* **vals**

valuar [balu'ar] <*1. pres* valúo> *vt* schätzen

valva ['balβa] *f* Schale *f*

válvula ['balβula] *f* ❶ (ANAT) Klappe *f* ❷ (TÉC) Ventil *nt*

vampiresa [bampi'resa] *f* Vamp *m;* ~ **de seguridad** Sicherheitsventil *nt*

vampirismo [bampi'rismo] *m* ❶ *(creencia)* Vampirglauben *m* ❷ *(codicia excesiva)* übertriebene Habsucht *f*

vampiro [bam'piro] *m* Vampir *m;* *(fig)* Blutsauger *m*

vanagloria [bana'ɣlorja] *f sin pl* Eitelkeit *f*

vanagloriarse [banaɣlo'rjarse] *vr* prahlen (**de** mit +*dat*)

vanaglorioso, -a [banaɣlo'rjoso, -a] *adj* eingebildet

vanamente [bana'men̩te] *adv* vergeblich

vandálico, -a [ban̩'daliko, -a] *adj* wandalisch; **los hinchas cometieron actos ~s** die Fans führten sich auf wie die Wandalen

vandalismo [ban̩da'lismo] *m sin pl* Vandalismus *m*

vándalo, -a ['ban̩dalo, -a] **I.** *adj* vandalisch **II.** *m, f* Vandale, -in *m, f*

vanguardia [baŋ'gwarðja] *f* ❶ (MIL) Vorhut *f* ❷ *(movimiento)* Avantgarde *f;* (POL) Vorkämpfer *mpl;* **de** ~ avantgardistisch

vanguardismo [baŋgwar'ðismo] *m sin pl* Avantgardismus *m*

vanguardista [baŋgwar'ðista] **I.** *adj*

V

avantgardistisch **II.** *mf* Avantgardist(in) *m(f); (fig)* Pionier(in) *m(f)*

vanidad [bani'ða^{ð}] *f* ① *(presunción)* Eitelkeit *f* ② *(caducidad)* Vergänglichkeit *f*

vanidoso, -a [bani'ðoso, -a] *adj* eingebildet

vano[1] ['bano] *m* (ARQUIT) Öffnung *f*

vano, -a[2] ['bano, -a] *adj* ① *(ineficaz)* vergeblich ② *(infundado)* unbegründet; **es una vana ilusión** das ist nur eine Illusion

vánova ['banoβa] *f (Arg)* Bettdecke *f*

Vanuatu [ba'nwatu] *m* Vanuatu *nt*

vapor [ba'por] *m (vaho)* Dampf *m;* ~ **de agua** Wasserdampf *m;* (**barco de**) ~ Dampfer *m;* **cocer al** ~ dünsten

vaporar [bapo'rar] **I.** *vt* verdunsten [*o* verdampfen] lassen **II.** *vr:* **~se** verdunsten, verdampfen

vaporeta [bapo'reta] *f (fam)* Dampfreiniger *m;* ~ **spiradora** *(fam)* Dampfsauger *m*

vaporización [baporiθa'θjon] *f* ① *(evaporación)* Verdampfung *f* ② *(pulverización)* Zerstäubung *f*

vaporizador [baporiθa'ðor] *m (perfume)* Zerstäuber *m*

vaporizar [bapori'θar] <z → c> **I.** *vt* ① *(evaporar)* verdunsten (lassen) ② *(perfume)* zerstäuben **II.** *vr:* **~se** verdunsten

vaporoso, -a [bapo'roso, -a] *adj* ① *(tela)* leicht, luftig ② *(humeante)* dampfend

vapulear [bapule'ar] *vt* ① *(zurrar)* prügeln; *(zarandear)* schütteln ② *(criticar)* scharf kritisieren

vapuleo [bapu'leo] *m* Tracht *f* Prügel

vaquería [bake'ria] *f (explotación)* Kuhstall *m; (lechería)* Milchverkaufsstelle *f*

vaquero, -a [ba'kero, -a] **I.** *adj* Viehhirten- **II.** *m, f* Viehhirt(in) *m(f); (norteamericano)* Cowboy *m; (sudamericano)* Gaucho *m*

vaquero(s) [ba'kero(s)] *m(pl)* Jeans *f(pl)*

vaqueta [ba'keta] *f* Rind(s)leder *nt*

vaquetón, -ona [bake'ton, -ona] *adj (Méx)* ① *(fam: flojo)* schlaff, energielos ② *(vago)* faul ③ *(descarado)* dreist, verwegen

vaquilla [ba'kiʎa] *f* junge Kuh *f (anderthalb bis zwei Jahre alt);* **suelta de ~s** Stierkampf mit Jungtieren

vara ['bara] *f* ① *(rama)* Rute *f; (palo)* Stab *m* ② *(medida)* Elle *f;* **meterse en camisa de once ~s** *(fig)* sich in fremde Angelegenheiten mischen ③ (ADMIN) Stab *m;* **tener alta** ~ einflussreich sein; **doblar la ~ de la justicia** das Recht beugen

varadero [bara'ðero] *m* Stapel *m*

varado, -a [ba'raðo, -a] *adj (anclado)* verankert

varal [ba'ral] *m* Stange *f; (de un carro)* Deichsel *f*

varapalo [bara'palo] *m* ① *(rapapolvo)* Schimpfkanonade *f* ② *(golpe)* Schlag *m; (paliza)* Tracht *f* Prügel; **dar un ~ a alguien** jdn verprügeln ③ *(palo)* Stock *m*

varar [ba'rar] **I.** *vi* ① *(encallar)* stranden; *(fig)* stecken bleiben ② *(Am: coche)* eine Panne haben **II.** *vt* an Land ziehen

varear [bare'ar] *vt* ① *(fruta)* (vom Baum) abschlagen ② *(lana)* klopfen

varec [ba'rek] *m* (BOT: *zostera*) Seegras *nt; (algas)* Tang *m*

variabilidad [barjaβili'ða^{ð}] *f* Veränderlichkeit *f*

variable [ba'rjaβle] **I.** *adj* veränderlich; *(carácter)* unstet **II.** *f* (MAT) Variable *f*

variación [barja'θjon] *f* ① (MAT, MÚS) Variation *f* ② *(cambio)* (Ver)änderung *f; (oscilación)* Schwankung *f*

variado, -a [ba'rjaðo, -a] *adj (no siempre igual)* abwechslungsreich; *(distinto)* verschieden, unterschiedlich; *(colores)* bunt

variante [ba'rjante] *f* ① *(variedad)* Variante *f; (versión)* Version *f* ② *(diferencia)* Unterschied *m* ③ *(carretera)* Umgehungsstraße *f*

variar [bari'ar] <*1. pres* varío> **I.** *vi* ① *(modificarse)* wechseln; (*t.* MÚS) variieren ② *(ser distinto)* sich unterscheiden ③ *(cambiar)* ändern; ~ **de comida** abwechslungsreich kochen; ~ **de peinado** die Haare anders tragen **II.** *vt* ① *(cambiar)* (ver)ändern ② *(dar variedad)* variieren; **y para ~...** und zur Abwechslung …

varicela [bari'θela] *f sin pl* Windpocken *pl*

variedad [barje'ða^{ð}] *f* ① *(clase)* Sorte *f* ② *(pluralidad)* Vielfalt *f;* **una gran ~ de ofertas** ein breites Angebot; **en la ~ está el gusto** Abwechslung muss sein ③ *pl (espectáculo)* Varieté *nt*

variedades [barje'ðaðes] *fpl (espectáculo)* Varieté *nt*

varilla [ba'riʎa] *f* ① *dim de* **vara** ② *(de un paraguas)* Schirmstab *m; (de un abanico)* Fächerstab *m* ③ (AUTO) ~ **del aceite** Ölmessstab *m*

vario, -a ['barjo, -a] *adj* ① *(diferente)* verschieden ② *pl (algunos)* einige; **varias veces** mehrmals

variopinto, -a [barjo'pinto, -a] *adj* ① *(de colores)* bunt ② *(mezclado)* gemischt

varita [ba'rita] *f dim de* **vara: la ~ mágica** der Zauberstab

variz [ba'riθ] *f* Krampfader *f*

varón [ba'ron] *m* ① *(hombre)* Mann *m; (niño)* Junge *m* ② (NÁUT) Ruderkette *f*

varonil [baro'nil] *adj* männlich; **voz ~** Männerstimme *f*

Varsovia [bar'soβja] *f* Warschau *nt*
vasallaje [basa'ʎaxe] *m* (HIST: *sujeción*) Lehnspflicht *f;* *(señorío)* Lehnsherrschaft *f;* *(fig: servidumbre)* Knechtschaft *f*
vasallo, -a [ba'saʎo, -a] *m, f* Vasall *m*
vasco, -a ['basko, -a] **I.** *adj* baskisch; **País V~** Baskenland *nt* **II.** *m, f* Baske, -in *m, f*
Vascongadas [baskoŋ'gaðas] *fpl* ≈ Baskenland *nt*
vascongado, -a [baskoŋ'gaðo, -a] **I.** *adj* baskisch **II.** *m, f* Baske, -in *m, f*
vascuence [bas'kweņθe] *m* ❶ *(lengua)* Baskisch(e) *nt* ❷ *(fam: ininteligible)* Chinesisch *nt*
vascular [basku'lar] *adj* (ANAT) Gefäß-; **sistema ~** Gefäßsystem *nt*
vaselina [base'lina] *f* Vaseline *f*
vasera [ba'sera] *f* ❶ *(estantería)* Glasregal *nt* ❷ *(bandeja)* Tablett *nt (des Wasserträgers)*
vasija [ba'sixa] *f (recipiente)* Gefäß *nt*
vaso ['baso] *m* ❶ *(recipiente)* Glas *nt;* **~ de papel** (Papp)becher *m;* **un ~ de agua** ein Glas Wasser; **~ medidor** Messbecher *m* ❷ (ANAT) Gefäß *nt*
vástago ['bastaɣo] *m* ❶ (BOT) Trieb *m* ❷ *(fig: hijo)* Sohn *m* ❸ (TÉC) Schaft *m*
vastedad [baste'ða^ð] *f sin pl* Weite *f,* Ausdehnung *f*
vasto, -a ['basto, -a] *adj* weit; *(saber)* umfassend; *(conocimientos)* weit reichend
vate ['bate] *m* ❶ *(adivino)* Wahrsager *m* ❷ *(elev: poeta)* Dichter *m*
váter ['bater] *m* WC *nt*
vaticano, -a [bati'kano, -a] *adj* vatikanisch
Vaticano [bati'kano] *m* Vatikan *m;* **la ciudad del ~** die Vatikanstadt
vaticinar [batiθi'nar] *vt* prophezeien
vaticinio [bati'θinjo] *m* Prophezeiung *f*
vatio ['batjo] *m* Watt *nt;* **una bombilla de 100 ~s** eine 100-Watt-Glühbirne
vaya ['baja] **I.** *interj* **¡~!** na so was!; **¡~ coche!** was für ein Auto! **II.** *1., 3. subj pres irr de* **ir**
Vd. [us'te^ð] *pron pers abr de* **usted** Sie
vda. ['bjuða] *abr de* **viuda** Wwe.
V. E. ['bwestra esθe'leņθja] *abr de* **Vuestra Excelencia** S. E.
vecinal [beθi'nal] *adj* Gemeinde-
vecindad [beθiņ'da^ð] *f* Nachbarschaft *f;* **chisme de ~** *(fam)* Klatsch *m*
vecindario [beθiņ'darjo] *m* ❶ *(vecindad)* Nachbarn *mpl;* *(ciudadanos)* Bürger *mpl;* *(comunidad)* Gemeinde *f* ❷ *(padrón)* Melderegister *nt*
vecino, -a [be'θino, -a] **I.** *adj* benachbart (**de** mit +*dat*); *(cercano)* nahe; **pueblo ~** Nachbardorf *nt* **II.** *m, f* ❶ *(que vive cerca)* Nachbar(in) *m(f);* **hijo de ~** *(fam)* jedermann ❷ *(habitante)* Bewohner(in) *m(f);* **José García, ~ de Villavieja** José García, wohnhaft in Villavieja
vector [bek'tor] *m* Vektor *m*
vectorial [bekto'rjal] *adj* (MAT) vektoriell; **cálculo ~** Vektorrechnung *f*
veda ['beða] *f* *(prohibición)* Verbot *nt;* *(temporada)* Schonzeit *f;* **levantar la ~ de animales de caza** Wild zum Abschuss freigeben
vedado [be'ðaðo] *m* Sperrgebiet *nt;* **~ de caza** Jagdrevier *nt*
vedar [be'ðar] *vt* verbieten
vega ['beɣa] *f* ❶ *(de un río)* (Fluss)aue *f* ❷ *(Cuba: tabacal)* Tabakpflanzung *f* ❸ *(Chil: terreno pantanoso)* Sumpfgebiet *nt*
vegano, -a [be'ɣano, -a] **I.** *adj* vegan; **alimentos ~s/alimentación vegana** vegane Lebensmittel/vegane Ernährung **II.** *m, f* Veganer(in) *m(f)*
vegetación [bexeta'θjon] *f* ❶ (BOT) Vegetation *f* ❷ *pl* (ANAT) Wucherungen *fpl*
vegetal [bexe'tal] **I.** *adj* pflanzlich; **aceite ~** Pflanzenöl *nt;* **carbón ~** Holzkohle *f* **II.** *m* (BOT) Pflanze *f*
vegetar [bexe'tar] *vi* ❶ (BOT) wachsen ❷ *(enfermo)* dahinvegetieren ❸ *(pey: persona)* vegetieren
vegetarianismo [bexetarja'nismo] *m sin pl* Vegetarismus *m*
vegetariano, -a [bexeta'rjano, -a] **I.** *adj* vegetarisch **II.** *m, f* Vegetarier(in) *m(f)*
vegetativo, -a [bexeta'tiβo, -a] *adj* ❶ (BOT) pflanzlich ❷ (MED) vegetativ; **sistema nervioso ~** vegetatives Nervensystem
vehemencia [be(e)'meņθja] *f sin pl* ❶ *(ímpetu)* Nachdruck *m* ❷ *(entusiasmo)* Begeisterung *f*
vehemente [be(e)'meņte] *adj* ❶ *(impetuoso)* vehement ❷ *(ardiente)* leidenschaftlich ❸ *(persona)* gefühlsbetont
vehicular [beiku'lar] *vt* ❶ *(conducir)* fahren, lenken ❷ *(difundir)* verbreiten ❸ *(transmitir)* übertragen ❹ *(comunicar)* übermitteln
vehículo [be'ikulo] *m* ❶ *(trasporte)* Fahrzeug *nt;* **~ industrial** Nutzfahrzeug *nt;* **~ de motor** Kraftfahrzeug *nt* ❷ *(medio)* Mittel *nt;* (MED) Überträger *m*
veinte ['bei̯ņte] *adj inv* zwanzig; *v. t.* **ochenta**
veintena [bei̯ņ'tena] *f (unidades)* zwanzig Stück *nt;* *(años)* zwanzig Jahre *ntpl;* *(días)* zwanzig Tage *mpl;* **una ~ de** zwanzig; *(aproximadamente)* um die zwanzig
veinticinco [bei̯ņti'θiŋko] **I.** *adj* fünfundzwanzig **II.** *m* Fünfundzwanzig *f;* *v. t.* **ochenta**

veinticuatro [bei̯n̪tiˈkwatro] **I.** *adj* vierundzwanzig **II.** *m* Vierundzwanzig *f; v. t.* **ochenta**

veintidós [bei̯n̪tiˈðos] **I.** *adj* zweiundzwanzig **II.** *m* Zweiundzwanzig *f; v. t.* **ochenta**

veintinueve [bei̯n̪tiˈnweβe] **I.** *adj* neunundzwanzig **II.** *m* Neunundzwanzig *f; v. t.* **ochenta**

veintiocho [bei̯n̪tiˈotʃo] **I.** *adj* achtundzwanzig **II.** *m* Achtundzwanzig *f; v. t.* **ochenta**

veintiséis [bei̯n̪tiˈsei̯s] **I.** *adj* sechsundzwanzig **II.** *m* Sechsundzwanzig *f; v. t.* **ochenta**

veintisiete [bei̯n̪tiˈsjete] **I.** *adj* siebenundzwanzig **II.** *m* Siebenundzwanzig *f; v. t.* **ochenta**

veintitantos [bei̯n̪tiˈtan̪tos] *adj inv* über zwanzig

veintitrés [bei̯n̪tiˈtres] **I.** *adj* dreiundzwanzig **II.** *m* Dreiundzwanzig *f; v. t.* **ochenta**

veintiuno, -a [bei̯n̪ˈtjuno, -a] *adj (delante de un sustantivo: veintiún)* einundzwanzig; **el ~ de abril** der/am 21. April; *v. t.* **ochenta**

vejación [bexaˈθjon] *f,* **vejamen** [beˈxamen] *m* Schikane *f*

vejar [beˈxar] *vt* schikanieren

vejatorio, -a [bexaˈtorjo, -a] *adj* demütigend

vejestorio, -a [bexesˈtorjo, -a] *m, f (pey)* alter Knacker, alte Frau *m, f*

vejete [beˈxete] *m (fam)* Alte(r) *m*

vejez [beˈxeθ] *f sin pl (ancianidad)* Alter *nt; (envejecimiento)* Altern *nt;* **pasar su ~ en Mallorca** seinen Lebensabend auf Mallorca verbringen; **a la ~, viruelas** *(prov)* Alter schützt vor Torheit nicht

vejiga [beˈxiɣa] *f* Blase *f;* **se me levantaron ~s en los pies** ich hatte Blasen an den Füßen

vela [ˈbela] *f* ❶ *(luz)* Kerze *f;* **estaba derecho como una ~** *(fig)* er stand kerzengerade; **se está acabando la ~** die Kerze geht aus; **¿a ti quién te ha dado ~ en este entierro?** *(fig)* wer hat dich hierher bestellt?; **estar a dos ~s** *(fig)* arm wie eine Kirchenmaus sein; **poner una ~ a San Miguel y otra al diablo** auf zwei Hochzeiten zugleich tanzen ❷ (NÁUT) Segel *nt;* **~ cuadra** Quersegel *nt;* **~ mayor** Großsegel *nt;* **alzar ~s** Segel setzen; *(fig)* sich davonmachen; **a toda ~** mit vollen Segeln; *(fig)* mit vollem Einsatz; **ser un aficionado a la ~** gern segeln gehen; **recoger ~s** *(fig)* zurückweichen ❸ *(loc)* **pasar la noche en ~** die ganze Nacht kein Auge zutun

V

velada [beˈlaða] *f* Abend *m;* (LIT, MÚS, TEAT) Soiree *f*

velado, -a [beˈlaðo, -a] **I.** *adj* (FOTO) verschleiert; **con voz velada** mit von Trauer umflorter Stimme **II.** *m, f* Ehemann, -frau *m, f*

velador [belaˈðor] *m* ❶ *(mesita)* (rundes) Tischchen *nt (mit nur einem Fuß)* ❷ *(candelero)* Leuchter *m*

veladora [belaˈðora] *f (Am: vela)* Kerze *f*

velamen [beˈlamen] *m* (NÁUT) Segelwerk *nt*

velar [beˈlar] **I.** *vi* ❶ *(no dormir)* wachen; *(trabajar)* nachts arbeiten; *(estudiar)* nachts lernen ❷ *(cuidar)* wachen (**por** über +*akk*); **~ bien por sus intereses** seine Interessen vertreten **II.** *vt* ❶ *(vigilar)* bewachen; **~ al enfermo** am Krankenbett wachen; **~ a un muerto** Totenwache halten ❷ *(cubrir, ocultar)* verschleiern **III.** *vr:* **~se** sich verschleiern

velatorio [belaˈtorjo] *m* Totenwache *f*

velcro® [ˈbelkro] *m* Klettverschluss *m*

veleidad [belei̯ˈðaᵈ] *f* Wankelmut *m*

velero [beˈlero] *m* Segelschiff *nt*

veleta¹ [beˈleta] *f (banderilla)* Windfahne *f*

veleta² [beˈleta] *mf (persona)* wankelmütiger Mensch *m*

vello [ˈbeʎo] *m sin pl* ❶ *(corporal)* (Körper)behaarung *f;* **~ de las axilas** Achselhaare *nt pl* ❷ (BOT) Flaumhaar *nt*

vellocino [beʎoˈθino] *m* Vlies *nt,* Schaffell *nt;* **el ~ de oro** das Goldene Vlies

vellón [beˈʎon] *m (piel)* Vlies *nt*

vellosidad [beʎosiˈðaᵈ] *f sin pl* (Körper)haare *nt pl*

velloso, -a [beˈʎoso, -a] *adj* behaart

velludo, -a [beˈʎuðo, -a] *adj* stark behaart

velo *m (tela, prenda)* **~ islámico** Kopftuch *nt*

velo [ˈbelo] *m* ❶ *(tela, prenda)* Schleier *m;* **(des)correr el ~** *(fig)* den Schleier lüften; **corramos un tupido ~ sobre esa cuestión** lasst uns über all dies nicht mehr sprechen ❷ (ANAT) **~ del paladar** Gaumensegel *nt*

velocidad [beloθiˈðaᵈ] *f* ❶ *(t.* FÍS, INFOR) Geschwindigkeit *f;* **~ de crucero** Reisegeschwindigkeit *f;* **~ de trasferencia** [*o* **de trasmisión**] **de datos** (INFOR) Datenübertragungsrate *f,* Datentransferrate *f;* **exceso de ~** überhöhte Geschwindigkeit; **a toda ~** *(fam)* sehr schnell ❷ *(marcha)* Gang *m;* **cambio de ~es** Gangschaltung *f*

velocímetro [beloˈθimetro] *m* Tachometer *m o nt*

velocípedo [beloˈθipeðo] *m* Veloziped *nt,* Fahrrad *nt*

velocista [belo'θista] *mf* (DEP) Sprinter(in) *m(f)*

velódromo [be'loðromo] *m* Radrennbahn *f*

veloz [be'loθ] *adj* schnell; *(ágil)* flink; **raudo y ~** rasch

vena ['bena] *f* ❶ (ANAT) Ader *f,* Vene *f;* **~ yugular** Drosselvene *f* ❷ (BOT) Blattader *f* ❸ *(filón)* Erzader *f;* **~ de agua** Wasserader *f* ❹ *(inspiración)* Ader *f*

venado [be'naðo] *m (ciervo)* Hirsch *m; (caza mayor)* Hochwild *nt*

venal [be'nal] *adj* ❶ (ANAT) Ader- ❷ *(vendible)* käuflich ❸ *(sobornable)* bestechlich

venalidad [benali'ðað] *f sin pl* Bestechlichkeit *f*

venático, -a [be'natiko, -a] *adj* ❶ *(loco)* verrückt ❷ *(caprichoso)* launisch

vencedor(a) [beṇθe'ðor(a)] **I.** *adj* siegreich; **equipo ~** Siegermannschaft *f* **II.** *m(f)* Sieger(in) *m(f)*

vencejo [beṇ'θexo] *m* (ZOOL) Mauersegler *m*

vencer [beṇ'θer] <c → z> **I.** *vi* ❶ *(derrotar)* siegen; *(ganar)* gewinnen ❷ *(plazo)* ablaufen; *(cheque)* fällig werden **II.** *vt* ❶ *(enemigos)* besiegen; *(ganar)* schlagen; **¡no te dejes ~!** lass dich nicht unterkriegen!; **a la tercera va la vencida** *(prov)* aller guten Dinge sind drei ❷ *(obstáculo, sueño)* überwinden; *(dificultad)* meistern; **me venció el sueño** ich wurde vom Schlaf übermannt ❸ *(peso)* zu schwer sein (für *+akk*) **III.** *vr:* **~se** sich beherrschen

vencible [beṇ'θiβle] *adj* besiegbar

vencida [beṇ'θiða] *f* Sieg *m;* **a la tercera va la ~** *(prov)* aller guten Dinge sind drei

vencido, -a [beṇ'θiðo, -a] **I.** *adj* ❶ *(derrotado)* besiegt; **lo volvieron a suspender pero él no se da por ~** er ist wieder durchgefallen, aber er gibt sich nicht geschlagen ❷ (COM) fällig; **crédito ~** fälliger Kredit; **crédito no ~** laufender Kredit **II.** *m, f* Besiegte(r) *f(m)*

vencimiento [beṇθi'mjeṇto] *m* (COM) Fälligkeit *f*

venda ['beṇda] *f* (MED) Binde *f;* **tener una ~ en los ojos** die Augen verbunden haben; *(fig)* mit Blindheit geschlagen sein

vendaje [beṇ'daxe] *m* Verband *m*

vendar [beṇ'dar] *vt* verbinden

vendaval [beṇda'βal] *m (del sur)* Südwind *m; (del suroeste)* Südwestwind *m; (huracán)* Sturm *m*

vendedor(a) [beṇde'ðor(a)] *m(f)* Verkäufer(in) *m(f); (comerciante)* Händler(in) *m(f);* **~ ambulante** Straßenhändler *m;* **~ a domicilio** Vertreter *m*

vender [beṇ'der] **I.** *vt* verkaufen (**por/en/a** für *+akk*); *(bebidas)* ausschenken **II.** *vr:* **~se** ❶ (COM) verkauft werden; **se vende** zu verkaufen; **se ha vendido todo** es ist alles ausverkauft; **~se como rosquillas** *(fig)* wie warme Semmeln weggehen; **~se muy caro** *(fig)* sich sehr bitten lassen ❷ *(alguien)* sich verkaufen

vendetta [beṇ'deta] *f* Vendetta *f,* Blutrache *f*

vendimia [beṇ'dimja] *f* Weinlese *f*

vendimiador(a) [beṇdimja'ðor(a)] *m(f)* Arbeiter(in) *m(f)* bei der Weinlese

vendimiar [beṇdi'mjar] *vt* (ver)lesen

Venecia [be'neθja] *f* Venedig *nt*

veneciano, -a [bene'θjano, -a] **I.** *adj* venezianisch **II.** *m, f* Venezianer(in) *m(f)*

veneno [be'neno] *m* Gift *nt*

venenoso, -a [bene'noso, -a] *adj* giftig; **serpiente venenosa** Giftschlange *f*

venera [be'nera] *f* ❶ *(concha)* Jakobsmuschel *f,* Pilgermuschel *f* ❷ *(insignia)* Ritterkreuz *nt;* **no se te caerá la ~** *(fig)* es wird dir kein Zacken aus der Krone fallen ❸ *(manantial)* Wasserquelle *f*

venerable [bene'raβle] *adj* ehrwürdig

veneración [benera'θjon] *f sin pl (adoración)* Verehrung *f; (respeto)* Ehrfurcht *f*

venerar [bene'rar] *vt* verehren

venéreo, -a [be'nereo, -a] *adj* Geschlechts-

venero [be'nero] *m* ❶ *(manantial)* Wasserquelle *f; (fig)* Quelle *f* ❷ *(yacimiento)* Erzader *f,* Flöz *nt*

venezolano, -a [beneθo'lano, -a] **I.** *adj* venezolanisch **II.** *m, f* Venezolaner(in) *m(f)*

Venezuela [bene'θwela] *f* Venezuela *nt*

vengador(a) [beŋga'ðor(a)] **I.** *adj (que se venga)* rächend; *(propenso a)* rachsüchtig **II.** *m(f)* Rächer(in) *m(f)*

venganza [beŋ'gaṇθa] *f* Rache *f;* **deseo de ~** Rachgier *f*

vengar [beŋ'gar] <g → gu> **I.** *vt* rächen; **~ la muerte de alguien** jdn rächen **II.** *vr:* **~se** sich rächen (**por** für *+akk,* **en** an *+dat*)

vengativo, -a [beŋga'tiβo, -a] *adj* ❶ *(vengador)* rachsüchtig ❷ *(rencoroso)* nachtragend

venia ['benja] *f sin pl* Erlaubnis *f*

venial [be'njal] *adj (pecado)* lässlich

venida [be'niða] *f* ❶ *(llegada)* Ankunft *f; (vuelta)* Rückkehr *f* ❷ *(de un río)* Hochwasser *nt*

venidero, -a [beni'ðero, -a] *adj* kommend

venir [be'nir] *irr* **I.** *vi* ❶ *(trasladarse)* kommen; *(llegar)* ankommen; **vengo (a) por la leche** ich komme die Milch holen; **el que venga detrás, que arree** *(fig)* nach mir

V

die Sündflut ❷ *(ocurrir)* geschehen; **vino la guerra** es gab Krieg ❸ *(proceder)* herkommen; **el dinero me viene de mi padre** ich habe das Geld von meinem Vater; ~ **de una familia muy rica** aus einer sehr reichen Familie stammen ❹ *(idea, ganas)* überkommen; **me vinieron ganas de reír** ich verspürte Lust, zu lachen; **no sé porqué me vino eso a la memoria** ich weiß nicht, warum mir das eingefallen ist ❺ *(tiempo)* kommen; *(seguir)* folgen; **el mes que viene** nächsten Monat; **ya viene la primavera** nun fängt schon der Frühling an ❻ *(figurar)* stehen ❼ *(prenda)* passen ❽ *(aproximadamente)* **vienen a ser unos 20 euros para cada uno** das wären also ungefähr 20 Euro für jeden ❾ *(elev: servir para)* **aquel suceso vino a turbar nuestra tranquilidad** jenes Ereignis hat unsere Ruhe gestört ❿ *(terminar por)* **vino a dar con sus huesos en la cárcel** *(fam)* und schließlich landete er/sie im Gefängnis; ~ **a querer decir que...** in etwa sagen wollen, dass … ⓫ *(persistir)* bereits tun; **ya te lo vengo advirtiendo hace mucho tiempo** ich warne dich schon seit längerer Zeit (davor) ⓬ *(loc)* **a mí eso ni me va ni me viene** das ist mir ganz egal; **¿a qué viene ahora hacerme esos reproches?** was soll das, mir jetzt Vorwürfe zu machen?; **el dinero me viene muy bien** das Geld kommt mir wie gerufen; **es una familia venida a menos** die Familie ist ziemlich verarmt; **por motivos que no vienen aquí al caso** aus Gründen, die hier nicht weiter erwähnt werden müssen; **¿te viene bien mañana después de comer?** passt es dir morgen nach dem Mittagessen?; **me viene mal darte la clase por la tarde** es ist für mich ungünstig, dich nachmittags zu unterrichten; **¡venga esa mano!** schlag ein!; **ahora no me vengas con cuentos chinos** komm mir jetzt nicht mit Märchen **II.** *vr:* **~se** ❶ *(ir a)* kommen ❷ *(hundirse)* **~se abajo** einstürzen; *(fig)* scheitern

venta ['beṇta] *f* ❶ (COM) Verkauf *m; (de vino)* Ausschank *m;* ~ **callejera** Straßenverkauf *m;* ~ **a domicilio** Haus-zu-Haus-Verkauf *m;* **precio de ~ al público** Verkaufspreis *m;* **volumen de ~s** Umsatz *m;* **en** ~ zu verkaufen; **estar a la** [*o* **en**] ~ zum Verkauf stehen; **poner a la** [*o* **en**] ~ verkaufen ❷ *(posada)* Gasthof *m*

ventada [beṇ'taða] *f* Windstoß *m*

ventaja [beṇ'taxa] *f (beneficio, superioridad)* Vorteil *m;* (DEP) Vorsprung *m;* ~ **competitiva** Wettbewerbsvorteil *m;* **sacar ~ de la debilidad del contrincante** die Schwächen des Gegners ausnutzen; **tener ~ sobre alguien** jdm gegenüber im Vorteil sein; **dar 300 metros de ~** 300 Meter Vorsprung geben

ventajista [beṇta'xista] *adj* skrupellos

ventajoso, -a [beṇta'xoso, -a] *adj* vorteilhaft; *(negocio)* einträglich

ventana [beṇ'tana] *f* ❶ *(abertura)* Fenster *nt;* ~ **corrediza** Schiebefenster *nt;* ~ **de doble cristal** Doppelfenster *nt;* **echar la casa por la ~** sich in Unkosten stürzen ❷ (ANAT) ~ **de la nariz** Nasenloch *nt*

ventanal [beṇta'nal] *m* (großes) Fenster *nt*

ventanilla [beṇta'niʎa] *f* Fenster *nt;* **sobre con ~** Fensterbriefumschlag *m; (taquilla)* Schalter *m*

ventear [beṇte'ar] **I.** *vt* ❶ *(olfatear)* wittern; *(fig)* aufspüren ❷ *(airear)* lüften **II.** *vi (fig)* herumschnüffeln **III.** *vimpers* **ventea** es ist windig

ventilación [beṇtila'θjon] *f* Lüftung *f*

ventilador [beṇtila'ðor] *m* Ventilator *m;* (AUTO) Gebläse *nt*

ventilar [beṇti'lar] *vt, vr:* **~se** ❶ *(airear)* lüften ❷ *(persona)* einen klaren Kopf bekommen ❸ *(resolver)* erörtern

ventisca [beṇ'tiska] *f* Schneetreiben *nt*

ventiscar [beṇtis'kar] <c → qu> *vimpers* schneien und stürmen

ventisquero [beṇtis'kero] *m* ❶ *(de un monte) Stelle eines Berges, die Schneestürmen am stärksten ausgesetzt ist* ❷ *(glaciar)* Gletscher *m*

ventolera [beṇto'lera] *f* ❶ *(viento)* Windstoß *m* ❷ *(juguete)* Windmühle *f* ❸ *(loc)* **le ha dado la ~ de...** er/sie hat sich *dat* in den Kopf gesetzt zu …

ventorrillo [beṇto'rriʎo] *m* Gasthaus *nt (an der Straße außerhalb der Stadt)*

ventosa [beṇ'tosa] *f* ❶ *(objeto, t.* ZOOL) Saugnapf *m* ❷ *(abertura)* Entlüftungsventil *nt*

ventosear [beṇtose'ar] *vi* Blähungen haben

ventosidad [beṇtosi'ðaᵈ] *f* Blähung *f;* **~es** Winde *mpl*

ventoso, -a [beṇ'toso, -a] *adj* windig

ventral [beṇ'tral] *adj* Bauch-

ventricular [beṇtriku'lar] *adj* (ANAT) ventrikular

ventrículo [beṇ'trikulo] *m* Kammer *f; (del corazón)* Herzkammer *f; (del cerebro)* Gehirnkammer *f; (estómago)* Magengrube *f*

ventrílocuo, -a [beṇ'trilokwo, -a] *m, f* Bauchredner(in) *m(f)*

ventrudo, -a [beṇ'truðo, -a] *adj* dickbäuchig

ventura [beṇ'tura] *f* Glück *nt;* **mala ~**

Pech *nt;* **a la (buena) ~** auf gut Glück; **echar la buena ~ a alguien** jdm wahrsagen; **por ~** mit viel Glück; **probar ~** sein Glück versuchen; **viene ~ a quien la procura** *(prov)* hilf dir selbst, dann hilft dir Gott

venturero, -a [beṇtu'rero, -a] **I.** *adj* ❶ *(casual)* zufällig ❷ *(irregular)* unregelmäßig **II.** *m, f* Abenteurer(in) *m(f)*

venturoso, -a [beṇtu'roso, -a] *adj* glücklich

venus ['benus] *f* Schönheit *f,* schöne Frau *f*

Venus[1] ['benus] *f (diosa)* Venus *f*

Venus[2] ['benus] *m* (ASTR) Venus *f*

venusiano, -a [benu'sjano, -a] *adj* wunderschön, betörend

veo veo ['beo 'βeo] *m* **jugar a yo ~** ‚ich sehe was, was du nicht siehst' spielen

ver [ber] *irr* **I.** *vi, vt* ❶ *(con los ojos)* sehen; **llegar a ~ la paz** den Frieden erleben; **no se ve ni torta** man sieht die Hand nicht vor den Augen; **tengo un sueño que no veo** ich bin so müde, dass mir die Augen zufallen; **véase la página dos** siehe Seite zwei; **¡que se vean los forzudos!** na los, die Starken vor!; **lo nunca visto** das noch nie Dagewesene; **¡habráse visto!** nicht zu glauben!; **a ~** lass/lasst mal sehen; **si no lo veo, no lo creo** das hätte ich nie und nimmer für möglich gehalten; **~ y creer** erst sehen, dann glauben ❷ *(con la inteligencia)* (ein)sehen; **a mi modo de ~** meiner Ansicht nach; **¿no ves que...?** siehst du denn nicht, dass ...?; **quiero hacerte ~ esto** ich möchte dir das deutlich machen; **veo bien que te cases** ich finde es gut, dass du heiratest; **ya lo veo** jetzt sehe ich es auch ein ❸ *(observar)* anschauen; *(documentos, información)* durchsehen ❹ *(visitar)* besuchen; *(encontrarse)* sehen; **es de ~** *(fam)* das muss man gesehen haben ❺ *(comprobar)* nachschauen ❻ *(algo desagradable)* befürchten; **te veo venir** ich weiß, was du vorhast; **veo que hoy me tocará a mí** ich sehe es schon kommen, dass ich heute dran bin ❼ *(tema, asunto)* behandeln; **..., como vimos ayer en la conferencia** wie wir gestern im Vortrag gehört haben, ... ❽ (JUR: *causa*) verhandeln ❾ *(relación)* **tener que ~ con algo** mit etw *dat* zu tun haben ❿ *(duda)* **eso está por ~** das bleibt abzuwarten; **estoy por ~ si me dan el crédito** es bleibt abzuwarten, ob sie mir den Kredit gewähren; **habrá que ~ si eso es verdad** ob das stimmt, wird sich erst noch herausstellen ⓫ *(intentar)* **~é de hablarle** ich werde mal schauen, ob ich ihn sprechen kann ⓬ *(loc)* **a ~ cómo lo hacemos** mal sehen, wie wir das machen können; **¡a ~, escuchadme todos!** hey, hört mal alle her!; **a ~, venga** also, komm schon; **bueno, ya ~emos** nun, das sehen wir dann; **¡hay que ~!** das gibt's doch gar nicht!; **luego ya ~emos** danach werden wir schon weitersehen; **veamos, ...** schauen wir mal, ...; **¡~ás!** na warte!; **~ás como al final te engaña** du wirst schon sehen, dass er/sie dich letztendlich doch hereinlegt; **~emos, ...** nun, ...; **~ y callar** den Mund halten; **no veas lo contenta que se puso** du kannst dir nicht vorstellen, wie sehr sie sich freute; **no haberlas visto nunca más gordas** es noch nie so schwer gehabt haben; **¡para que veas!** so, da hast du's!; **no veas la que se armó allí** du glaubst gar nicht, was da los war; **hay que ~ lo tranquilo que es** es ist kaum zu glauben, wie ruhig er ist **II.** *vr:* **~se** ❶ *(encontrarse)* sich sehen ❷ *(estado)* sich fühlen; **~se apurado** sich in Schwierigkeiten befinden; **~se enfermo** erkranken; **~se negro** große Schwierigkeiten haben; **~se pobre** verarmen ❸ *(imaginarse)* sehen; **me lo estoy viendo de médico** ich sehe ihn schon als Arzt vor mir ❹ *(parecer)* **se ve que no tienen tiempo** sie haben scheinbar keine Zeit ❺ *(Am: tener aspecto)* aussehen **III.** *m* ❶ *(aspecto)* Aussehen *nt;* **tener buen ~** gut aussehen ❷ *(opinión)* Ansicht *f;* **a mi ~** meiner Ansicht nach

vera ['bera] *f* ❶ *(orilla)* Rand *m;* **~ de un río** Ufer *nt* ❷ *(lado)* Seite *f;* **a la ~ de** neben

veracidad [beraθi'ðaᵈ] *f* Wahrhaftigkeit *f;* *(de una declaración)* Richtigkeit *f*

veraneante [berane'aṇte] *mf* Sommerurlauber(in) *m(f)*

veranear [berane'ar] *vi* **~ en Ibiza** den Sommer(urlaub) auf Ibiza verbringen; **estar veraneando en Marruecos** in Marokko Urlaub machen

veraneo [bera'neo] *m* Sommerurlaub *m;* **lugar de ~** Urlaubsort *m;* **estar de ~** im Urlaub sein; **estar de ~ en la sierra** in der Sierra Urlaub machen

veraniego, -a [bera'njeɣo, -a] *adj* sommerlich; **tiempo ~** Sommerwetter *nt*

verano [be'rano] *m* Sommer *m*

veras ['beras] *f (verdad)* Wahrheit *f;* **de ~** *(de verdad)* wirklich; *(en serio)* im Ernst; **esto va de ~** jetzt mal im Ernst

veraz [be'raθ] *adj* ❶ *(hechos)* wahr ❷ *(persona)* wahrheitsliebend

verba ['berβa] *f* Geschwätzigkeit *f,* Redseligkeit *f;* **tiene mucha ~** er/sie ist sehr geschwätzig [*o* redselig]

verbal [ber'βal] *adj* ❶ *(del verbo)* verbal;

frase ~ Verbalphrase *f* ② *(oral)* mündlich ③ *(del sentido)* wörtlich

verbalizar [berβali'θar] <z → c> *vt (expresar)* in Worte fassen

verbena [ber'βena] *f* ① *(fiesta)* Fest *nt; (feria)* Jahrmarkt *m* ② (BOT) Eisenkraut *nt*

verbigracia [berβi'ɣraθja] *adv* zum Beispiel

verbo ['berβo] *m* ① *(expresa acción)* Verb *nt;* ~ **auxiliar** Hilfsverb *nt* ② *(palabra)* Wort *nt*

verborrea [berβo'rrea] *f,* **verbosidad** [berβosi'ðaᵈ] *f* ① *(locuacidad)* Redseligkeit *f; (pey)* Geschwätzigkeit *f* ② *(palabras)* Wortschwall *m*

verbosidad [berβosi'ðaᵈ] *f* ① *(locuacidad)* Geschwätzigkeit *f,* Redseligkeit *f* ② *(palabras)* Wortschwall *m*

verboso, -a [ber'βoso, -a] *adj* geschwätzig, redselig

verdad [ber'ðaᵈ] *f* Wahrheit *f;* ~ **de Perogrullo** Binsenweisheit *f;* **a la** ~ in Wahrheit; **bien es ~ que...** es stimmt zwar, dass ...; **bueno, a decir ~, ...** nun, ehrlich gesagt, ...; **¡de ~!** (das stimmt) wirklich!; **¡es ~!** stimmt!; **faltar a la** ~ nicht die Wahrheit sagen; **hay una parte de ~ en esto** da ist (et)was Wahres dran; **la ~ lisa y llana** die volle Wahrheit; **pues la ~, no lo sé** ehrlich gesagt, weiß ich es nicht; **ser** ~ wahr sein; **si bien es ~ que...** obwohl es zwar stimmt, dass ...; **un héroe de** ~ ein wahrhafter Held; **¿~?** stimmt's?; **¿~ que no fuiste tú?** du warst es doch nicht, oder?; **~es como puños** knallharte Tatsachen; **la ~ es que hace frío** Tatsache ist, dass es kalt ist; **decirle cuatro ~es a alguien** jdm die Meinung sagen

verdaderamente [berðaðera'mente] *adv* wirklich

verdadero, -a [berða'ðero, -a] *adj* ① *(cierto)* wahr ② *(real)* echt ③ *(persona)* wahrheitsliebend

verde ['berðe] **I.** *adj* ① *(color, t.* POL) grün; ~ **oliva** olivgrün ② (BOT: *no maduro*) unreif; *(no seco)* frisch; **segar la hierba en** ~ das Gras mähen während es noch grün ist; **estar** ~ *(principiante)* ein Grünschnabel sein; *(inocente)* noch feucht hinter den Ohren sein; **estar a las ~s y a las maduras** auf gute wie auf schlechte Zeiten vorbereitet sein ③ *(chistes, canciones)* unanständig ④ *(personas)* lüstern; **viejo** ~ Lustmolch *m* ⑤ *(loc)* **poner ~ a alguien** *(fam)* jdn herunterputzen; **estar ~ de envidia** grün und gelb vor Neid sein **II.** *m* ① *(color)* Grün *nt* ② *(hierba)* Gras *nt; (pienso)* Grünfutter *nt* ③ *(del árbol)* Blattwerk *nt* ④ *(CSur: pasto)* Weide *f* ⑤ *(CSur: mate)* Mate(tee) *m* ⑥ *(CSur: ensalada)* grüner Salat *m* ⑦ *(AmC, Méx: campo)* (Stück) Land *nt* ⑧ *(loc)* **darse un ~ de algo** *(fam: hartarse)* sich *dat* mit etw *dat* gehörig den Bauch vollschlagen; **darse un ~ de conciertos** Dutzende von Konzerten besuchen

V

verdear [berðe'ar] *vi* ① *(mostrarse verde)* grün sein ② *(tirar a verde)* einen Grünstich haben ③ *v.* **verdecer** ④ *(CSur: beber)* Mate(tee) trinken

verdecer [berðe'θer] *vi irr como crecer* (er)grünen

verdemar [berðe'mar] **I.** *adj* seegrün, meergrün **II.** *m* Seegrün *nt,* Meergrün *nt*

verdete [ber'ðete] *m* ① *(del cobre)* Grünspan *m* ② *(para tintar) hellgrüner Farbstoff*

verdiblanco, -a [berði'βlaŋko, -a] *adj* blassgrün

verdín [ber'ðin] *m* ① *(del cobre)* Grünspan *m* ② *(verde)* erstes Grün *nt* ③ *(musgo)* Moosschicht *f*

verdor [ber'ðor] *m* ① (BOT) (Pflanzen)grün *nt* ② *(juventud)* Jugend *f*

verdoso, -a [ber'ðoso, -a] *adj* grünlich

verdugo [ber'ðuɣo] *m* ① *(de ejecuciones)* Scharfrichter *m* ② *(tirano)* Tyrann *m; (atormentador)* Peiniger *m* ③ *(tormento)* Pein *f* ④ *(látigo)* Peitsche *f* ⑤ *(hematoma)* Strieme *f* ⑥ (BOT) Trieb *m*

verdugón [berðu'ɣon] *m* ① *(hematoma)* Strieme *f* ② (BOT) Trieb *m*

verdulera [berðu'lera] *f (pey)* ordinäres Weibsstück *nt*

verdulería [berðule'ria] *f* Gemüseladen *m*

verdulero, -a [berðu'lero, -a] *m, f* Gemüsehändler(in) *m(f)*

verdura [ber'ðura] *f* ① *(hortalizas)* Gemüse *nt* ② *(verdor)* Grün *nt* ③ *(obscenidad)* Unanständigkeit *f*

verecundia [bere'kundja] *f* Scham *f,* Scheu *f,* Schüchternheit *f*

verecundo, -a [bere'kundo, -a] *adj* scheu, schüchtern

vereda [be'reða] *f* ① *(sendero)* Pfad *m;* **entrar en** ~ *(cumplir)* seinen Verpflichtungen nachkommen; *(vida ordenada)* ein geregeltes Leben führen; **ir por la** ~ *(fig)* auf dem richtigen Weg sein; **hacer entrar en ~ a alguien** jdn auf den richtigen Weg bringen ② *(Am: acera)* Gehsteig *m*

veredicto [bere'ðikto] *m* (JUR) Urteil *nt;* ~ **de culpabilidad** Schuldspruch *m;* ~ **de inculpabilidad** Freispruch *m*

verga ['berɣa] *f* ① *(vara)* Stange *f* ② (ANAT) Glied *nt*

vergajo [ber'ɣaxo] *m* ① *(verga del toro)* Ochsenziemer *m* ② *(vulg: pene)*

Schwanz *m* ③ *(látigo)* Peitsche *f* ④ *(And: vulg: cerdo)* Schweinehund *m*

vergel [ber'xel] *m* Garten *m*

vergonzante [berɣoṇ'θaṇte] *adj* ① *(acción)* schändlich ② *(persona)* schamhaft

vergonzoso, -a [berɣoṇ'θoso, -a] *adj* ① *(persona)* schamhaft; *(tímido)* schüchtern ② *(acción)* schändlich

vergüenza [ber'ɣweṇθa] *f* ① *(rubor)* Scham *f;* **se me cae la cara de ~** ich schäme mich in Grund und Boden; **me da ~** es ist mir peinlich; **¿no te da ~?** schämst du dich (denn) nicht?; **pasar ~** sich schämen; **¡qué ~!** (mein Gott) wie peinlich! ② *(pundonor)* Anstand *m;* **perder la ~** sich gehen lassen; **perder la ~ ante alguien** jdm gegenüber unverschämt werden; **tener poca ~** unverschämt sein ③ *(persona, acción)* Schande *f; (escándalo)* Skandal *m;* **sacar a alguien a la ~ (pública)** jdn an den Pranger stellen ④ *(cortedad)* Schüchternheit *f; (sexual)* Schamhaftigkeit *f;* **le da ~ al hablar** er/sie wird beim Reden ganz verlegen ⑤ *pl* (ANAT) Geschlechtsteile *ntpl*

vericueto [beri'kweto] *m* unwegsame Strecke *f*

verídico, -a [be'riðiko, -a] *adj* ① *(verdadero)* wahr ② *(muy probable)* sehr wahrscheinlich ③ *(sincero)* wahrheitsliebend

verificable [berifi'kaβle] *adj* ① *(controlable)* (über)prüfbar, (nach)prüfbar, kontrollierbar ② *(probable)* nachweisbar, beweisbar

verificación [berifika'θjon] *f* ① *(inspección)* (Über)prüfung *f; (test)* Test *m* ② *(prueba)* Beweis *m* ③ *(realización)* Durchführung *f* ④ *(de una profecía)* Eintreten *nt*

verificar [berifi'kar] <c → qu> **I.** *vt* ① *(comprobar)* beweisen ② *(controlar)* (über)prüfen ③ *(realizar)* durchführen; *(ceremonia)* vornehmen **II.** *vr:* **~se** ① *(acto solemne)* stattfinden ② *(una profecía)* eintreten; *(deseos)* sich erfüllen; *(temores)* sich bewahrheiten

verija [be'rixa] *f* ① (ANAT: *genitales*) Intimbereich *m* ② *(Am:* ANAT: *de un caballo)* Flanke *f*

verismo [be'rismo] *m sin pl* ① *(realismo)* Wahrhaftigkeit *f,* Realismus *m* ② (ARTE, CINE, LIT) Verismus *m,* Naturalismus *m,* Verismo *m*

verja ['berxa] *f (rejas)* Gitter *nt; (cerca)* Zaun *m; (puerta)* Gatter *nt*

vermú [ber'mu] *m,* **vermut** [ber'mu] *m* <vermús> ① *(licor)* Wermut *m* ② *(And, CSur:* TEAT) Nachmittagsvorstellung *f*

vernáculo, -a [ber'nakulo, -a] *adj* einheimisch; **lengua vernácula** Landessprache *f*

verosímil [bero'simil] *adj* ① *(probable)* wahrscheinlich ② *(creíble)* glaubwürdig

verosimilitud [berosimili'tuᵈ] *f* Wahrscheinlichkeit *f*

verraco [be'rrako] *m* ① *(para procrear)* Zuchteber *m* ② *(AmC: jabalí)* Wildschwein *nt*

verraquear [berrake'ar] *vi (fam)* ① *(gruñir)* knurren, murren ② *(llorar)* heulen, plärren

verruga [be'rruɣa] *f* Warze *f; (fig)* Plage *f*

verrugoso, -a [berru'ɣoso, -a] *adj* ① *(con verrugas)* warzig ② *(parecido)* warzenartig

versado, -a [ber'saðo, -a] *adj* versiert, bewandert, erfahren

versalita [bersa'lita] **I.** *adj* **letra ~** Kapitälchen *nt* **II.** *f* Kapitälchen *nt*

versar [ber'sar] *vi* ① *(tratar)* handeln (**sobre** von *+dat*); **la conferencia ~á sobre las vacunas** der Vortrag wird das Thema Impfungen behandeln ② *(dar vueltas)* sich drehen ③ *(AmC: escribir)* dichten ④ *(AmC: charlar)* sich unterhalten ⑤ *(Méx: bromear)* witzeln

versátil [ber'satil] *adj* ① *(que se vuelve)* (um)drehbar; *(que se dobla)* faltbar ② *(persona)* wankelmütig

versatilidad [bersatili'ðaᵈ] *f* ① *(inconstancia)* Wankelmut *m* ② *(flexibilidad)* Flexibilität *f*

versículo [ber'sikulo] *m* ① (REL) Bibelspruch *m* ② *(poema)* Vers *m*

versificación [bersifika'θjon] *f (trasformación)* Versifikation *f; (composición)* Versdichtung *f*

versificar [bersifi'kar] <c → qu> **I.** *vt* in Verse bringen **II.** *vi* Verse schreiben

versión *f* (CINE) **~ original (sin subtítulos)** Originalfassung *f* (ohne Untertitel); **~ original subtitulada** [*o* **con subtítulos**] Originalfassung *f* mit Untertiteln

versión [ber'sjon] *f* ① *(interpretación)* Version *f; (descripción)* Darstellung *f;* **~ resumida** Kurzfassung *f* ② *(traducción)* Übersetzung *f*

verso ['berso] *m* ① *(palabras)* Vers *m;* **~ libre** Blankvers *m;* **en ~s** in Versform ② *(género)* Versdichtung *f* ③ *(poema)* Gedicht *nt*

vértebra ['berteβra] *f* Wirbel *m;* **~ cervical** Halswirbel *m;* **~ lumbar** Lendenwirbel *m*

vertebración [berteβra'θjon] *f* ① *(soporte)* Stütze *f,* Halt *m* ② *(estructura)* Grundstruktur *f,* Grundgerüst *nt*

vertebrado [berte'βraðo] *m* Wirbeltier *nt*

vertebral [berte'βral] *adj* Wirbel-; **columna ~** Wirbelsäule *f*

vertebrar [berte'βrar] *vt* ① *(apoyar)* stützen ② *(estructurar)* strukturieren
vertedero [berte'ðero] *m* *(escombrero)* Mülldeponie *f;* *(no autorizado)* Müllkippe *f;* ~ **ilegal** wilde Müllkippe
verter [ber'ter] <e → ie> **I.** *vt* ① *(vaciar)* schütten; *(líquido)* gießen; *(sin querer)* verschütten; *(recipiente)* ausleeren; *(basura)* abladen; ~ **el café en las tazas** Kaffee einschenken ② *(traducir)* übersetzen ③ *(ideas, conceptos)* einbringen **II.** *vi* fließen
vertical [berti'kal] **I.** *adj* senkrecht **II.** *f* Senkrechte *f*
verticalidad [bertikali'ða^{d}] *f* ① *(posición)* vertikale Position *f,* vertikale Stellung *f* ② *(dirección)* vertikale Richtung *f,* vertikaler Verlauf *m*
vértice ['bertiθe] *m* Scheitel *m*
verticidad [bertiθi'ða^{d}] *f* (FÍS) ① *(capacidad de girar)* Drehbarkeit *f* ② *(capacidad de moverse)* Beweglichkeit *f* (in alle Richtungen)
vertido [ber'tiðo] *m* ① *(al echar, descargar)* Ausleeren *nt* ② *pl* *(residuos)* Abfälle *mpl*
vertiente [ber'tjeṇte] *f* ① *(declive)* Abhang *m;* *(lado)* Seite *f* ② *(aspecto)* Aspekt *m;* *(punto de vista)* Ansicht *f* ③ *(And, CSur, Méx: fuente)* Springbrunnen *m*
vertiginoso, -a [bertixi'noso, -a] *adj* ① *(que marea)* Schwindel erregend ② *(velocidad)* rasend
vértigo ['bertiɣo] *m* ① *(mareo)* Schwindelgefühl *nt;* *(por las alturas)* Höhenangst *f;* **causar** ~(**s**) Schwindel erregen ② *(desmayo)* Ohnmachtsanfall *m* ③ *(frenesí)* Rausch *m;* *(locura)* Wahnsinn *m* ④ *(loc)* **de** ~ *(jaleo)* ohrenbetäubend; *(increíble)* unglaublich; *(fantástico)* fantastisch; *(rápidamente)* rasend schnell
vesania [be'sanja] *f* ① *(locura)* Wahnsinn *m,* Irrsinn *m* ② *(ira)* Zorn *m,* Wut *f*
vesánico, -a [be'saniko, -a] **I.** *adj* ① *(loco)* wahnsinnig, irrsinnig ② *(colérico)* rasend vor Wut, cholerisch **II.** *m, f* ① *(loco)* Wahnsinnige(r) *f(m),* Irrsinnige(r) *f(m)* ② *(colérico)* Choleriker(in) *m(f)*
vesícula [be'sikula] *f* Blase *f;* ~ **biliar** Gallenblase *f;* ~ **seminal** Samenbläschen *nt;* *(en la epidermis)* Bläschen *nt*
vespa® ['bespa] *f* *(moto)* Vespa® *f*
vespertino, -a [besper'tino, -a] *adj* Abend-, abendlich
vespino [bes'pino] *m* Mofa *nt*
vesre ['besrre] *m* *(Arg: fam)* *Jargon, bei dem Silben oder ganze Wörter verstellt werden;* **al** ~ seitenverkehrt
vestíbulo [bes'tiβulo] *m* *(de un piso)* (Haus)flur *m;* *(de un hotel)* Empfangshalle *f;* (TEAT) Foyer *nt;* *(atrio)* Atrium *nt*
vestido [bes'tiðo] *m* ① *(prenda)* Kleidungsstück *nt;* *(de mujer)* Kleid *nt* ② *(ropa)* Kleidung *f*
vestidor [besti'ðor] *m* Ankleideraum *m*
vestidura [besti'ðura] *f* ① *(ropa)* Kleidung *f* ② *pl* (REL) Gewand *nt*
vestigio [bes'tixjo] *m* ① *(huella)* Spur *f* ② *(señal)* Anzeichen *nt*
vestimenta [besti'meṇta] *f* Kleidung *f*
vestir [bes'tir] *irr como pedir* **I.** *vt* ① *(cuerpo, persona)* (be)kleiden; *(estatua, pared)* bedecken; *(adornar)* schmücken; **estar vestido de pirata** *(disfrazado)* als Pirat verkleidet sein; ~ **a alguien con un abrigo** jdn in einen Mantel hüllen ② *(llevar)* tragen; *(ponerse)* anziehen ③ *(confeccionar)* (ein)kleiden; **¿qué sastre le viste?** welcher Schneider arbeitet für Sie? ④ *(expresión)* ~ **el rostro de seriedad** ein ernstes Gesicht machen **II.** *vi* ① *(persona)* sich kleiden; ~ **de blanco** sich (in) Weiß kleiden; ~ **de uniforme** Uniform tragen; **el mismo que viste y calza** *(fig)* eben der; ~ **siempre muy bien** immer sehr gut angezogen sein ② *(loc)* **de** ~ *(elegante)* elegant; *(para una ocasión)* angebracht **III.** *vr:* ~**se** ① *(la ropa)* sich anziehen; *(cubrirse)* sich bedecken (**de** mit +*dat*); ~**se a la moda** sich modisch kleiden; ~**se de azul** Blau tragen; **los árboles se visten de verde** die Bäume werden grün; **los campos se visten de blanco** die Felder sind schneebedeckt; ~**se en Milán** *(comprar)* sich in Mailand einkleiden ② *(estado de ánimo)* ~**se de cierta actitud** eine bestimmte Haltung einnehmen; ~**se de seriedad** ein strenges Gesicht machen
vestón [bes'ton] *m* *(Chil: saco)* Jacke *f*
vestuario [bes'twarjo] *m* ① *(conjunto)* Garderobe *f* ② *(cuarto,* TEAT) Garderobe *f;* (DEP) Umkleidekabine *f*
veta ['beta] *f* ① (MIN) (Erz)ader *f* ② *(en madera, mármol)* Maser *f*
vetar [be'tar] *vt* sein Veto einlegen (gegen +*akk*)
veteado[1] [bete'aðo] *m* ① *(de la madera, piedra)* Maserung *f* ② *(del mármol)* Marmorierung *f*
veteado, -a[2] [bete'aðo, -a] *adj* ① *(madera, piedra)* gemasert ② *(como el mármol)* marmoriert
vetear [bete'ar] *vt* ① *(como la madera)* masern ② *(como el mármol)* marmorieren
veteranía [betera'nia] *f* ① *(en una empresa)* lange Betriebszugehörigkeit *f* ② *(estatus)* Veteranenstatus *m*

V

veterano[1] [bete'rano] *m* (MIL) Veteran *m*

veterano, -a[2] [bete'rano, -a] **I.** *adj* ① (MIL) altgedient ② *(experimentado)* erfahren **II.** *m, f* ① *(en una empresa)* langjähriger Mitarbeiter, langjährige Mitarbeiterin *m, f* ② *(experto)* Experte, -in *m, f*

veterinaria [beteri'narja] *f sin pl* Tiermedizin *f*

veterinario, -a [beteri'narjo, -a] *m, f* Tierarzt, -ärztin *m, f*

veto ['beto] *m* Veto *nt;* (**inter**)**poner** (**su**) **~ a algo** sein Veto gegen etw einlegen

vetustez [betus'teθ] *f* ① *(edad)* hohes Alter *nt* ② *(cosa)* Alter *nt; (pey)* Antiquiertheit *f*

vetusto, -a [be'tusto, -a] *adj* ① *(persona)* greis, betagt ② *(cosa)* sehr alt; *(pey)* antiquiert, altertümlich

vez [beθ] *f* ① *(acto repetido)* Mal *nt;* **a la ~** gleichzeitig; **a** [*o* **algunas**] **veces** manchmal; **alguna que otra ~** gelegentlich; **cada ~ me gusta menos** es gefällt mir immer weniger; **cada ~ que..** jedes Mal, wenn ...; **de una ~** *(en un solo acto)* mit einem Mal; *(sin interrupción)* auf einmal; *(definitivamente)* endgültig; **de ~ en cuando** ab und zu; **dilo otra ~** sag es noch einmal; **acabemos de una ~** lass es uns ein für alle Mal hinter uns bringen; **por primera ~** zum ersten Mal; **aquella ~** damals; **esta ~** diesmal; **alguna ~** einmal; **muchas veces** oft; **otra ~ será** dann eben ein anderes Mal; **pocas veces, rara ~** selten; **tal ~** vielleicht; **una y otra ~** immer wieder; **una ~ que haya terminado, ...** wenn ich erst einmal fertig bin, ...; **érase una ~...** es war einmal ... ② *(con número)* Mal *nt;* **una ~** ein Mal; **una y mil veces** hunderttausend Mal; **3 veces 9** (MAT) 3 mal 9; **repetidas veces** öfter(s); **de una ~ por todas** ein für allemal; **dos veces más que** doppelt so viel wie; **una ~ al año no hace daño** *(prov)* ein Mal ist kein Mal ③ *(turno)* **cuando llegue mi ~** wenn ich an der Reihe bin; **él a su ~ no respondió** er seinerseits antwortete nicht; **en ~ de** (an)statt; **hacer las veces de algo** als etw dienen; **hacer las veces de alguien** an jds Stelle treten; **ceder la ~ en una cola** in einer Schlange seinen Platz abtreten

vía ['bia] *f* ① *(camino)* Weg *m; (calle)* Straße *f;* **~ aérea** *(correos)* Luftpost *f;* **V~ láctea** Milchstraße *f;* **~ pública** Bürgersteig *m;* **por ~ aérea** auf dem Luftwege; *(correos)* per Luftpost; **¡~ libre!** Platz da! ② *(ruta)* via; **a Madrid ~ Paris** nach Madrid via Paris ③ *(carril)* Spur *f;* (FERRO) Gleis *nt;* **~ férrea** Eisenbahn *f;* **por ~ férrea** auf dem Schienenweg; **~ muerta** Abstellgleis *nt;* **de ~ estrecha** schmalspurig; *(fig)* mies; **de ~ única** eingleisig ④ (ANAT) Röhre *f;* **~s digestivas** Verdauungstrakt *m;* **~s respiratorias** Luftröhre *f;* **~s urinarias** Harnröhre *f;* **por ~ oral** oral ⑤ *(procedimiento)* Weg *m;* **por ~ judicial** auf dem Rechtsweg ⑥ (INFOR) Pfad *m* ⑦ *(loc)* **país en ~s de desarrollo** Entwicklungsland *nt;* **en ~s de recuperación** auf dem Wege der Genesung

viabilidad [bjaβili'ðaᵈ] *f* ① *(vida)* Lebensfähigkeit *f* ② *(factibilidad)* Durchführbarkeit *f;* **estudio de ~** Durchführbarkeitsstudie *f*

viabilizar [bjaβili'θar] <z → c> *vt* ① *(para vivir)* lebensfähig machen ② *(para caminar)* begehbar machen; *(para coches)* befahrbar machen ③ *(posibilitar)* möglich machen, ermöglichen

viable *adj* ① *(sano)* lebensfähig ② *(factible)* machbar ③ *(camino)* gangbar, begehbar; *(para coches)* befahrbar

viacrucis [bia'kruθis] *m inv* ① (REL: *camino*) Kreuzweg *m,* Leidensweg *m* (Christi) ② *(sufrimiento)* Leidensweg *m,* Qual *f*

viada [bi'aða] *f (And)* Geschwindigkeit *f*

viaducto [bja'ðukto] *m* Viadukt *m o nt;* (FERRO) Bahnbrücke *f*

viajante [bja'xante] *mf* Reisende(r) *mf;* (COM) Handelsreisende(r) *mf*

viajar [bja'xar] *vi* reisen; **~ por Italia** durch Italien reisen; **~ en avión** fliegen

viaje [bi'axe] *m* ① *(general)* Reise *f;* **~ astral** Astralreise *f;* **~ de novios** Hochzeitsreise *f;* **estar de ~** verreist sein; **irse de ~** verreisen; **salir de ~** abreisen ② *(carga)* Fuhre *f; (recorrido)* Fahrt *f;* **un ~ de leña** eine Fuhre Holz; **hacer la mudanza en cinco ~s** für den Umzug fünf Fahrten machen; **de un ~** *(AmC: fig)* in einem Aufwasch ③ *(argot: drogas)* Trip *m*

viajero, -a [bja'xero, -a] **I.** *adj* reisend; (ZOOL) Wander-; **ave viajera** Zugvogel *m* **II.** *m, f* Reisende(r) *mf; (pasajero)* Passagier(in) *m(f);* **~ diario** Pendler *m*

vial [bi'al] **I.** *adj (caminos)* Wege-; (FERRO) Schienen-; *(tráfico)* Verkehrs-; **circulación ~** Straßenverkehr *m;* (**poca**) **fluidez ~** (hohes) Verkehrsaufkommen *nt;* **reglamento ~** Straßenverkehrsordnung *f* **II.** *m* Allee *f*

vianda [bi'anda] *f (alimento)* Nahrung *f; (comida)* Speise *f*

viandante [bjan'dante] *mf (peatón)* Fußgänger(in) *m(f)*

viaraza [bja'raθa] *f (Am: rapto de ira)* Wutanfall *m;* **me dio la ~** ich tobte vor Wut

viario, -a [bi'arjo, -a] *adj* Wege-; *(de carre-*

V

teras) Straßen-; (FERRO) Schienen-; **red viaria** (FERRO) Schienennetz *nt; (de carreteras)* Straßennetz *nt*

viático [bi'atiko] *m* ① (REL) Viatikum *nt* ② *(alimentos)* Proviant *m* ③ *(subvención)* Reisespesen *pl*

víbora ['biβora] *f* ① (ZOOL) Viper *f* ② *(pey: persona)* (falsche) Schlange *f*

vibración [biβra'θjon] *f* ① *(vaivén)* Vibration *f;* **buenas vibraciones** *(fam)* gutes Feeling *nt* ② *(temblor)* Zittern *nt* ③ *(agitación)* (leichte) Erschütterung *f*

vibrador [biβra'ðor] *m* Vibrator *m*

vibrante [bi'βrante] *adj* ① *(sonoro)* kraftvoll ② *(entusiasta)* schwungvoll

vibrar [bi'βrar] **I.** *vi* ① *(oscilar)* vibrieren ② *(voz)* zittern **II.** *vt* ① *(agitar)* rütteln ② (LING) rollen

vibratorio, -a [biβra'torjo, -a] *adj* ① *(que vibra)* vibrierend, schwingend, Schwingungs- ② *(que tiembla)* bebend, zitternd

viburno [bi'βurno] *m* (BOT) Schneeball *m,* Viburnum *nt*

vicaría [bika'ria] *f* (REL) Vikariat *nt*

vicario [bi'karjo] *m* Vikar *m*

vicecanciller [biθekanθi'ʎer] *m* (POL) Vizekanzler *m*

vicedirector(a) [biθeðirek'tor(a)] *m(f)* stellvertretender Direktor, stellvertretende Direktorin *m, f*

vicenal [biθe'nal] *adj* ① *(que dura)* zwanzigjährig ② *(que se repite)* sich alle 20 Jahre ereignend

vicepresidente, -a [biθepresi'ðente, -a] *m, f* (POL) Vizepräsident(in) *m(f); (en juntas)* stellvertretender Vorsitzender *m,* stellvertretende Vorsitzende *f*

vicerrector(a) [biθerrek'tor(a)] *m(f)* ① (UNIV) Prorektor(in) *m(f)* ② (ENS) Konrektor(in) *m(f)*

vicesecretario, -a [biθesekre'tarjo, -a] *m, f* stellvertrende(r) Geschäftsführer(in) *m(f)*

viceversa [biθe'βersa] *adv* umgekehrt

vichar [bi'tʃar] *vt (Arg, Urug)* ① *(espiar)* ausspionieren ② *(ver)* sehen ③ *(buscar con la mirada)* spähen (nach +*dat*)

vichear [bitʃe'ar] *vt (Arg)* ausspionieren (**a** +*akk*), (heimlich) beobachten (**a** +*akk*), nachspionieren (**a** +*dat*)

viciado, -a [bi'θjaðo, -a] *adj (aire)* stickig

viciar [bi'θjar] **I.** *vt* ① *(anular)* annullieren ② *(falsear)* verfälschen; *(deformar)* entstellen **II.** *vr:* **~se** ① *(costumbres)* verkommen; *(persona)* verderben ② *(ser adicto)* süchtig sein (**con** nach +*dat*); **haberse viciado con la televisión** fernsehsüchtig sein ③ *(deformarse)* sich verformen; *(romperse)* defekt sein

vicio ['biθjo] *m* ① *(mala costumbre)* Laster *nt; (adicción)* Sucht *f;* **el ~ de siempre** das alte Laster; **hacer algo por ~** etw aus reiner Gewohnheit tun; **no poder quitarse el ~ de fumar** sich *dat* das Rauchen nicht abgewöhnen können; **tener el ~ de comerse las uñas** die schlechte Angewohnheit haben, an den Nägeln zu kauen ② *(objeto)* Defekt *m* ③ (JUR: *error*) Fehler *m; (en un documento)* Formfehler *m* ④ *(capricho)* Laune *f;* **le concedes demasiados ~s a ese niño** du bist zu nachgiebig mit dem Kind; **quejarse de ~** ewig unzufrieden sein ⑤ (BOT) **tener mucho ~** wuchern

viciosamente [biθjosa'mente] *adv* ① *(de costumbre)* gewohnheitsmäßig; *(de mala costumbre)* lasterhaft ② (BOT: *crecimiento*) üppig

vicioso, -a [bi'θjoso, -a] **I.** *adj* ① *(carácter)* verdorben ② *(que produce vicio)* lasterhaft ③ *(defecto)* defekt ④ *(niño)* verwöhnt ⑤ (BOT) üppig **II.** *m, f* **en lo que respecta a la bebida es un ~** er ist ein Gewohnheitstrinker

vicisitud [biθisi'tu^{ð}] *f* ① *(acontecimiento)* Ereignis *nt; (desgracia)* Unglück *nt* ② *(cambio)* Wende *f* ③ *pl (alternancia)* Auf und Ab *nt*

víctima ['biktima] *f* Opfer *nt; (afectado)* Betroffene(r) *mf;* **ser ~ de un fraude** Opfer eines Betrugs werden

victimar [bikti'mar] *vt (Am)* ① *(herir)* verwunden ② *(matar)* töten

victimario, -a [bikti'marjo, -a] *m, f* ① *(el que daña)* Verantwortliche(r) *f(m),* Verursacher(in) *m(f)* ② *(Am: el que mata)* Mörder(in) *m(f)*

victoria [bik'torja] *f* Sieg *m;* **~ por puntos** Sieg nach Punkten; **cantar ~** sich eines Sieges rühmen

victorioso, -a [bikto'rjoso, -a] *adj* siegreich

vid [bi^{ð}] *f* ① *(parra)* Weinstock *m* ② *(uva)* (Wein)rebe *f*

vida ['biða] *f* ① *(existencia, actividad)* Leben *nt;* **~ cotidiana** Alltag *m;* **~ íntima** Privatleben *nt;* **~ perra** Hundeleben *nt;* **¿cómo te va la ~?** wie geht's dir?; **complicarse la ~** sich *dat* das Leben schwer machen; **darse la ~ padre** sich *dat* ein schönes Leben machen; **dejarse la ~ en algo** sein ganzes Leben etw *dat* widmen; **¡en ~!** nie im Leben!; **estar aún con ~** noch am Leben sein; **estar entre la ~ y la muerte** in Lebensgefahr schweben; **este material es de corta ~** dieses Material ist kurzlebig; **hacer por la ~** *(fam)* essen; **hacer ~ marital** eheähnlich zusammenleben; **llevar una ~ miserable** ein kümmerliches Dasein fristen; **me va la ~ en este asunto** diese Angelegenheit ist lebenswichtig für mich; **partir de esta ~** sterben; **pasarse la ~ haciendo algo** die ganze Zeit damit verbringen, etw zu tun; **perder la ~** ums Leben kommen; **¿qué es de tu ~?** was gibt's Neues bei dir?; **quitarle la ~ a alguien** jdn töten; **quitarse la ~** sich *dat* das Leben nehmen; **salir con ~** mit dem Leben davonkommen; **de por ~** zu Lebzeiten ❷ *(sustento)* Lebensunterhalt *m;* **buscarse la ~** sich durchschlagen ❸ *(biografía)* Lebensgeschichte *f;* **de toda la ~** schon immer; **la ~ y milagros de alguien** jds ganzes Leben ❹ *(placer)* Wohltat *f;* **este sol es ~** dieser Sonnenschein ist eine wahre Wohltat ❺ *(alegría)* Lebensfreude *f* ❻ *(cariño)* **¡mi ~!** (mein) Schatz! ❼ *(prostituta)* **mujer de la ~** Dirne *f;* **hacer la ~** *(argot)* auf den Strich gehen

vide ['biðe] siehe

videncia [bi'ðeṇθja] *f* (Hell)sehen *nt*

vidente [bi'ðeṇte] *mf* (Hell)seher(in) *m(f)*

vídeo ['biðeo] *m* ❶ *(aparato)* Videorekorder *m;* **cámara de ~** Videokamera *f;* **editar en ~** als Videokassette herausbringen; **grabar en ~** auf Video aufnehmen ❷ *(película)* Video *nt*

videocámara [biðeo'kamara] *f* Videokamera *f*

videoclip [biðeo'klip] *m* <videoclips> Videoclip *m*

videoclub [biðeo'kluβ] *m* <videoclubs *o* videoclubes> Videoklub *m*

videoconferencia [biðeokoɱfe'reṇθja] *f* (INFOR) Videokonferenz *f*

videoconsola [biðeokon'sola] *f* Videokonsole *f*

videojuego [biðeo'xweɣo] *m* Videospiel *nt*

videopiratería [biðeopirate'ria] *f* Videopiraterie *f*

videoteca [biðeo'teka] *f* Videothek *f*

vidriar [bi'ðrjar] **I.** *vt (loza)* glasieren **II.** *vr:* **~se** ❶ *(hacerse trasparente)* glasig werden ❷ *(asunto)* heikel werden

vidriera [bi'ðrjera] *f* ❶ *(ventana)* Fenster *nt;* **puerta ~** Glastür *f* ❷ *(Am: escaparate)* Schaufenster *nt*

vidriería [biðrje'ria] *f* ❶ *(taller: fabricación)* Glashütte *f;* *(con caña de soplador)* Glasbläserei *f* ❷ *(tienda)* Glasgeschäft *nt* ❸ *(productos)* Glaswaren *fpl*

vidriero, -a [bi'ðrjero, -a] *m, f* ❶ *(soplador)* Glasbläser(in) *m(f)* ❷ *(que coloca vidrios)* Glaser(in) *m(f)*

vidrio ['biðrjo] *m* ❶ *(material)* Glas *nt;* **~ de color** Buntglas *nt;* **~ opalino** Milchglas *nt;* **~ reciclable** Altglas *nt;* **pagar los ~s rotos** *(fam fig)* die Suppe auslöffeln; **¡~!** *(frágil)* zerbrechlich!; *(cristal)* Achtung Glas! ❷ *(placa)* (Glas)scheibe *f;* *(de una ventana)* Fensterscheibe *f* ❸ *(objeto)* Glasarbeit *f;* *(productos)* Glaswaren *fpl*

vidrioso, -a [bi'ðrjoso, -a] *adj* ❶ *(como vidrio)* gläsern; *(mirada)* starr ❷ *(trasparente)* glasig; **ojos ~s** glasige Augen ❸ *(frágil)* zerbrechlich ❹ *(superficie)* glatt ❺ *(persona)* empfindlich ❻ *(asunto)* heikel

viejales [bje'xales] *m inv (fam)* alter Knacker *m*

viejera [bje'xera] *f (PRico)* ❶ *(vejez)* Alter *nt* ❷ *(cosa inservible)* altes Zeug *nt*

viejo, -a ['bjexo, -a] **I.** *adj* alt; *(usado)* gebraucht; *(gastado)* abgenutzt; *(ropa)* abgetragen; **Noche Vieja** Silvester *nt;* **tan ~ como Canalillo** *(fam)* uralt **II.** *m, f* Alte(r) *mf*

Viena ['bjena] *f* Wien *nt*

vienés, -esa [bje'nes, -esa] **I.** *adj* wienerisch **II.** *m, f* Wiener(in) *m(f)*

viento ['bjeṇto] *m* ❶ *(corriente)* Wind *m;* **~ ascendente** Aufwind *m;* **~ de cola** Rückenwind *m;* **~ de frente** Gegenwind *m;* **~ huracanado** (Wirbel)sturm *m;* **instrumento de ~** Blasinstrument *nt;* **hace ~** es ist windig; **beber los ~s por algo** *(desearlo)* sich *dat* etw innigst wünschen; **como el ~** in Windeseile; *(fig)* trotz aller Schwierigkeiten und Widrigkeiten; **corren malos ~s para...** *(fig)* es ist ein ungünstiger Augenblick um ...; **corre un poquito de ~** es weht ein leichter Wind; **un pequeño soplo de ~** ein Lüftchen; **estar lleno de ~** *(vacío)* leer sein; *(vanidoso)* aufgeblasen sein; **el negocio va ~ en popa** das Geschäft läuft bestens ❷ (NÁUT: *rumbo*) Kurs *m;* *(dirección)* Himmelsrichtung *f;* **a los cuatro ~s** in alle (vier Himmels)richtungen; **pregonar algo a los cuatro ~s** etw an die große Glocke hängen ❸ *(fam: irse)* **tomar ~** sich verziehen; **¡vete a tomar ~!** *(argot)* verpiss dich! ❹ *(olor)* Witterung *f;* *(olfato)* Spürsinn *m;* **me da el ~ que...** ich vermute, dass ... ❺ *(AmC:* MED) Rheumatismus *m* ❻ *(fam: loc)* **echar a alguien con ~ fresco** jdn hochkant hinauswerfen

vientre ['bjeṇtre] *m* ❶ *(abdomen)* Unterleib *m;* **hacer de ~** Stuhlgang haben; **regir bien el ~** regelmäßigen Stuhlgang haben ❷ *(barriga)* Bauch *m* ❸ *(matriz)* Mutterleib *m* ❹ *(interior)* Innere(s) *nt*

viernes ['bjernes] *m inv* Freitag *m;* **V~ Santo** Karfreitag *m;* **la semana que no tenga ~** am Sankt-Nimmerleins-Tag; *v. t.* **lunes**

Vietnam [bjeᵈ'nan] *m* Vietnam *nt*

vietnamita [bjeᶞna'mita] **I.** *adj* vietnamesisch **II.** *mf* Vietnamese, -in *m, f*

viga ['biɣa] *f (de madera)* Balken *m; (de metal)* Träger *m*

vigencia [bi'xen̩θja] *f* Gültigkeit *f;* **estar en ~** in Kraft sein; **entrar en ~** in Kraft treten; **perder ~** ungültig werden

vigente [bi'xen̩te] *adj* gültig

vigésimo, -a [bi'xesimo, -a] **I.** *adj (parte)* zwanzigstel; *(numeración)* zwanzigste(r, s); **la vigésima parte de...** ein Zwanzigstel von ... **II.** *m, f* Zwangzigstel *nt; v. t.* **octogésimo**

vigía[1] [bi'xia] *f* Wach(t)turm *m*

vigía[2] [bi'xia] *mf* Wach(t)posten *m*

vigilancia [bixi'lan̩θja] *f* ❶ *(cuidado)* Wachsamkeit *f* ❷ *(observación)* Überwachung *f; (servicio)* Aufsicht *f;* **tener a alguien bajo ~** jdn überwachen

vigilante [bixi'lan̩te] **I.** *adj (despierto)* wachsam; *(en alerta)* vorsichtig **II.** *mf* ❶ *(guardián)* Wächter(in) *m(f); (de cárcel)* Aufseher(in) *m(f); (en tienda)* Kaufhausdetektiv(in) *m(f); (en museo)* Aufsichtsperson *f;* **~ nocturno** Nachtwächter *m;* **~ de seguridad** Wachmann *m* ❷ *(CSur: policía)* Polizist(in) *m(f)*

vigilar [bixi'lar] **I.** *vt* überwachen; *(niños)* beaufsichtigen **II.** *vi* achten (**por/sobre** auf +*akk*)

vigilia [bi'xilja] *f* ❶ *(en el trabajo)* Nachtdienst *m* ❷ *(víspera)* Vorabend *m* ❸ *(sin comer)* Fasten *nt; (comida)* fleischlose Kost *f;* **día de ~** Fastentag *m;* **comer de ~** fasten ❹ *(no dormir)* Wachen *nt* ❺ *(falta de sueño)* Schlaflosigkeit *f*

vigor [bi'ɣor] *m* ❶ *(fuerza)* Kraft *f; (espiritual)* Stärke *f; (energía)* Energie *f;* **con ~** kraftvoll; **sin ~** kraftlos ❷ *(vitalidad)* Vitalität *f; (empuje)* Antrieb *m* ❸ *(al hablar)* Nachdruck *m* ❹ *(vigencia)* Gültigkeit *f;* **entrar en ~** in Kraft treten; **poner en ~** in Kraft setzen

vigorización [biɣoriθa'θjon] *f* ❶ *(revitalizando)* Kräftigung *f,* Stärkung *f,* Revitalisierung *f,* Belebung *f* ❷ *(dando impulso)* Motivierung *f*

vigorizador(a) [biɣoriθa'ðor(a)] *adj* ❶ *(que fortalece)* stärkend, kräftigend; (MED) tonisch ❷ *(que revitaliza)* belebend ❸ *(que anima)* motivierend ❹ *(que da firmeza)* festigend

vigorizar [biɣori'θar] <z → c> *vt* ❶ *(fortalecer)* stärken ❷ *(revitalizar)* beleben ❸ *(animar)* motivieren ❹ *(dar firmeza)* festigen

vigoroso, -a [biɣo'roso, -a] *adj* ❶ *(fuerte)* stark; *(resistente)* robust ❷ *(animado)* motiviert; *(vital)* vital ❸ *(protesta)* energisch

vigués, -esa [bi'ɣes, -esa] **I.** *adj* aus Vigo **II.** *m, f* Einwohner(in) *m(f)* von Vigo

VIH [uβei'atʃe] *m sin pl abr de* **virus de inmunodeficiencia humana** HIV *nt*

vil [bil] *adj (malo)* gemein; *(bajo)* niederträchtig; *(infame)* verwerflich

vileza [bi'leθa] *f* Gemeinheit *f*

vilipendiar [bilipen̩'djar] *vt* ❶ *(despreciar)* verachten; *(tratar)* geringschätzig behandeln ❷ *(denunciar)* verleumden

vilipendio [bili'pen̩djo] *m* ❶ *(desprecio)* Verachtung *f,* Geringschätzung *f* ❷ *(difamación)* Verunglimpfung *f,* Verleumdung *f*

vilipendioso, -a [bilipen̩'djoso, -a] *adj* ❶ *(con desprecio)* verächtlich, geringschätzig, herabwürdigend ❷ *(difamatorio)* verunglimpfend, verleumderisch

villa ['biʎa] *f* ❶ *(casa)* Villa *f* ❷ *(población)* Kleinstadt *f*

villancico [biʎan̩'θiko] *m* **~ (de Navidad)** Weihnachtslied *nt*

villanesco, -a [biʎa'nesko, -a] *adj (estilo)* rustikal, Bauern-; *(pey: comportamiento)* bäurisch, Bauern-

villanía [biʎa'nia] *f* ❶ *(bajeza)* Gemeinheit *f* ❷ *(expresión)* Unanständigkeit *f*

villano, -a [bi'ʎano, -a] **I.** *adj* ❶ *(bajo)* gemein ❷ *(rústico)* bäurisch; *(expresión)* ordinär **II.** *m, f (pey: grosero)* Bauer *m*

villorrio [bi'ʎorrjo] *m (fam pey)* Kaff *nt*

vilo ['bilo] *adv* **en ~** in der Schwebe; *(fig)* unruhig; **tener en ~** auf die Folter spannen; **estar en ~** gespannt sein

vinagre [bi'naɣre] *m* ❶ *(condimento)* Essig *m* ❷ *(persona)* Griesgram *m*

vinagrera [bina'ɣrera] *f* ❶ *(recipiente)* Essigflasche *f* ❷ *pl (para la mesa)* Menage *f* ❸ *(Am:* MED: *ardor)* Sodbrennen *nt*

vinagreta [bina'ɣreta] *f* Vinaigrette *f*

vincha ['bintʃa] *f (AmS: cinta)* Haarband *nt*

vinculación [biŋkula'θjon] *f* (Ver)bindung *f*

vinculante [biŋku'lan̩te] *adj* ❶ *(que une)* (ver)bindend ❷ *(obligatorio)* verpflichtend

vincular [biŋku'lar] *vt* ❶ *(ligar)* binden (**a/con** an +*akk*); *(unir)* verbinden ❷ *(obligar)* verpflichten

vínculo *m* (INFOR) Link *m*

vínculo ['biŋkulo] *m* ❶ *(unión)* (Ver)bindung *f;* **el ~ conyugal** das Band der Ehe; **~s familiares** Familienbande *pl;* **~s naturales** Blutsverwandtschaft *f;* **los ~s con el extranjero** die Beziehungen mit dem Ausland ❷ *(obligación)* Verpflichtung *f*

vindicación [bin̩dika'θjon] *f* ❶ *(venganza)* Rache *f,* Vergeltung *f* ❷ *(defensa)* Verteidigung *f* ❸ *(justificación)* Rechtfertigung *f*

vindicar [bin̩di'kar] <c → qu> *vt* ❶ *(vengar)* rächen, vergelten ❷ *(defender)* vertei-

digen ❸ *(justificar)* rechtfertigen ❹ (JUR: *reivindicar*) zurückfordern
vindicativo, -a [bin̪dika'tiβo, -a] *adj (elev)* rachsüchtig; **discurso** ~ ehrenrettende Rede, Verteidigungsrede *f*
vindicta [bin̪'dikta] *f* Rache *f*
vinícola [bi'nikola] **I.** *adj* Wein-; *(cultivo)* Weinbau- **II.** *mf* Winzer(in) *m(f)*
vinicultor(a) [binikul̪'tor(a)] *m(f)* Winzer(in) *m(f)*
vinicultura [binikul̪'tura] *f* Weinbau *m*
vino ['bino] *m* Wein *m;* ~ **caliente** Glühwein *m;* ~ **de mesa** Tafelwein *m;* ~ **de Jerez** Sherry *m;* ~ **moscatel** Muskateller *m;* ~ **de Oporto** Portwein *m;* ~ **peleón** Fusel *m;* ~ **rosado** Rosé(wein) *m;* ~ **tinto** Rotwein *m;* ~ **blanco** Weißwein *m;* **echar agua al** ~ *(fig)* von einer Behauptung Abstand nehmen; **tener buen/mal** ~ von Wein lustig/aggressiv werden
viña ['biɲa] *f* ❶ *(monte)* Weinberg *m;* **ser una** ~ *(fig)* eine Goldgrube sein; **tener una** ~ **con algo** sich *dat* an etw *dat* eine goldene Nase verdienen; **de todo hay en la** ~ **del Señor** *(prov)* es gibt nichts, was es nicht gibt ❷ *(planta)* Weinstock *m*
viñedo [bi'ɲeðo] *m* ❶ *(monte)* Weinberg *m* ❷ *(planta)* Weinstock *m*
viñeta [bi'ɲeta] *f* ❶ *(dibujo)* Vignette *f* ❷ *(emblema)* Emblem *nt*
viola ['bjola] *f* ❶ *(instrumento)* Bratsche *f* ❷ (BOT) Veilchen *nt*
violáceo, -a [bjo'laθeo, -a] *adj* veilchenblau
violación [bjola'θjon] *f* ❶ *(infracción)* Verletzung *f; (de una ley)* Verstoß *m* (**de** gegen +*akk*); ~ **de contrato** Vertragsbruch *m* ❷ *(de una mujer)* Vergewaltigung *f* ❸ *(invasión)* Überfall *m* ❹ *(de sepulturas)* Schändung *f*
violar [bjo'lar] *vt* ❶ *(mujer)* vergewaltigen ❷ *(sepulturas)* schänden ❸ *(ley, principio)* verstoßen (gegen +*akk*); *(contrato)* brechen
violencia [bjo'len̪θja] *f* ❶ *(condición)* Gewalt *f; (fuerza)* Wucht *f;* **no** ~ Gewaltlosigkeit *f;* **con** ~ gewaltsam; **sin** ~ gewaltlos; *(manifestación)* gewaltfrei; **costarle** ~ **a alguien** jdn Überwindung kosten; **hacer** ~ **a alguien** jdn zwingen ❷ *(acción)* Gewalttätigkeit *f*
violentar [bjolen̪'tar] **I.** *vt* ❶ *(obligar)* zwingen; *(sexualmente)* vergewaltigen ❷ *(puerta)* auftreten; *(cajón)* aufbrechen ❸ *(una casa)* einbrechen (in +*akk*); *(un banco)* überfallen ❹ *(principio)* verletzen ❺ *(al interpretar)* entstellen **II.** *vr:* **~se** *(obligarse)* sich zwingen
violento, -a [bjo'len̪to, -a] *adj* ❶ *(impetuoso)* gewaltig; *(esfuerzo)* mächtig; *(discusión)* heftig; *(temperamento)* stürmisch ❷ *(brutal)* brutal; *(con violencia)* gewaltsam; **acto** ~ Gewalttat *f* ❸ *(persona)* aufbrausend ❹ *(postura)* unnatürlich ❺ *(acto)* gezwungen; *(cohibido)* gehemmt; *(duro)* hart; **me es muy** ~ **tener que aceptarlo** es geht mir (gehörig) gegen den Strich, es akzeptieren zu müssen; **me resulta** ~ **decirle que no** es fällt mir sehr schwer, es ihm/ihr abzuschlagen ❻ *(tergiversado)* entstellt ❼ *(Am: de repente)* plötzlich
violeta [bjo'leta] **I.** *adj* violett **II.** *f* (BOT) Veilchen *nt*
violín [bjo'lin] *m (instrumento)* Geige *f*
violinista [bjoli'nista] *mf* Geiger(in) *m(f)*
violón [bjo'lon] *m (instrumento)* Bassgeige *f;* **tocar el** ~ *(fig)* Blödsinn reden
violoncelista [bjolon̪θe'lista] *mf* Cellist(in) *m(f)*
violoncelo [bjolon̪'θelo] *m* (MÚS) Violoncello *nt*
violonchelo [bjolon'ʧelo] *m* (MÚS) *v.* **violoncelo**
viraje [bi'raxe] *m* ❶ *(giro)* Wendung *f; (curva)* Kurve *f;* ~ **en horquilla** Haarnadelkurve *f;* **hacer** [*o* **dar**] **un** ~ eine Kurve nehmen ❷ *(cambio)* Wende *f; (de opinión)* Umschwung *m; (de dirección)* Kurswechsel *m*
virar [bi'rar] **I.** *vi* ❶ *(girar)* wenden; *(curva)* eine Kurve nehmen; ~ **en redondo** *(t. fig)* eine Kehrtwende machen; **la grúa viró a la izquierda** der Kran schwenkte nach links (aus) ❷ *(cambiar)* sich ändern; *(de opinión)* umschwenken **II.** *vt* ❶ *(girar)* wenden ❷ *(el volante)* herumreißen
virgen ['birxen] **I.** *adj* jungfräulich; *(fig)* rein; *(cinta)* unbespielt; *(tierras)* unbebaut **II.** *f* (REL) **la V~** die Jungfrau; **la Santísima V~ María** die Heilige Jungfrau Maria; **¡Santísima V~!** *(fam)* Heilige Mutter Gottes!; **ser de la V~ del puño** geizig sein; **ser un viva la V~** ein Faulpelz sein
virginal [birxi'nal] *adj (inmaculado)* unberührt; *(puro)* rein
virginidad [birxini'ðaᵈ] *f sin pl* Jungfräulichkeit *f*
virgo ['birɣo] *m* (ASTR: *persona*) Jungfrau *f*
Virgo ['birɣo] *m* (ASTR: *signo*) Jungfrau *f*
virguería [birɣe'ria] *f* ❶ *(de gran perfección)* Feinarbeit *f* ❷ *(pey: adorno)* Firlefanz *m;* **hacer ~s con algo** Fingerspitzengefühl haben für etw
virguero, -a [bir'ɣero, -a] *adj* ❶ *(fam: excelente)* super, hervorragend ❷ *(elegante)* elegant, schick ❸ *(delicado)* fein gearbeitet ❹ *(hábil)* mit Fingerspitzengefühl, geschickt

V

vírico, -a ['biriko, -a] *adj* (MED) Virus-; **infección vírica** Virusinfektion *f*
viril [bi'ril] *adj* ① *(masculino)* männlich; **edad ~** Mannesalter *nt* ② *(enérgico)* mannhaft
virilidad [birili'ða^{d}] *f sin pl* ① *(masculinidad)* Männlichkeit *f* ② *(energía)* Entschlossenheit *f* ③ *(potencia)* Manneskraft *f* ④ *(edad)* Mannesalter *nt*
viringo, -a [bi'riŋgo, -a] *adj (Col)* nackt, entblößt; *(sin pelo)* kahl(köpfig)
virola [bi'rola] *f* Zwinge *f*
virreina [bi'rrei̯na] *f* Vizekönigin *f*
virreinato [birrei̯'nato] *m* ① *(terreno)* Vizekönigreich *nt,* Vizekönigtum *nt* ② *(temporada)* Regierungszeit *f (eines Vizekönigs)*
virrey, -reina [bi'rrei̯, -na] *m, f* Vizekönig(in) *m(f)*
virtual [birtu'al] *adj* virtuell
virtualidad [birtwali'ða^{d}] *f* Virtualität *f,* Wirkungskraft *f*
virtualmente [birtual'men̩te] *adj* ① *(en potencia)* virtuell, potenziell ② *(implícitamente)* mit einbegriffen, implizit ③ *(tácitamente)* stillschweigend
virtud [bir'tu^{d}] *f* ① *(en las personas)* Tugend *f* ② *(poder)* Fähigkeit *f;* **tener la ~ de aliviar** eine lindernde Wirkung haben ③ *(loc)* **en ~ de** aufgrund *+gen*
virtuosismo [birtwo'sismo] *m sin pl* Virtuosität *f*
virtuoso, -a [birtu'oso, -a] *adj* ① *(con gran habilidad)* virtuos ② *(lleno de virtudes)* tugendhaft ③ *(que alivia)* wirksam
viruela [bi'rwela] *f* (MED) ① *(enfermedad)* Pocken *pl;* **~ loca** Windpocken *pl* ② *(pústula)* Pocke *f;* **picado de ~s** pockennarbig; **señales de (la) ~** Pockennarben *f pl*
virulé [biru'le] *f* **a la ~** *(fam: persona)* nicht ganz dicht; *(estropeado)* nicht in Ordnung; *(torcido)* schief; **poner a alguien un ojo a la ~** jdm ein Veilchen schlagen
virulencia [biru'len̩θja] *f* ① (MED) Virulenz *f* ② *(malignidad)* Bösartigkeit *f* ③ *(violencia)* Heftigkeit *f;* *(urgencia)* Dringlichkeit *f*
virulento, -a [biru'len̩to, -a] *adj* ① (MED) ansteckend ② *(maligno)* bösartig
virus ['birus] *m* (MED) Virus *nt o m*
viruta [bi'ruta] *f* Span *m;* **un ~s** *(fam irón: carpintero)* ein Schreiner
vis [bis] *f* **~ cómica** Witz *m*
visa ['bisa] *m o f (Am),* **visado** [bi'saðo] *m* Visum *nt;* **~ de entrada/de salida** Einreise-/Ausreisevisum *nt*
visaje [bi'saxe] *m* *(mueca)* Grimasse *f;* **hacer ~s** Grimassen schneiden
visar [bi'sar] *vt (pasaporte)* mit einem Visum versehen
víscera ['bisθera] *f* Eingeweide *nt*
visceral [bisθe'ral] *adj* ① *(de las vísceras)* Eingeweide-; (MED) viszeral ② *(irracional)* irrational; **odio ~** blinder Hass
viscosa [bis'kosa] *f* Viskose *f*
viscosidad [biskosi'ða^{d}] *f* ① *(consistencia)* Zähflüssigkeit *f* ② *(mucosidad)* Schleim *m*
viscoso, -a [bis'koso, -a] *adj* ① *(espeso)* zäh(flüssig) ② *(glutinoso)* schleimig; *(blando)* glibberig
visera [bi'sera] *f* ① (HIST, MIL) Visier *nt* ② *(de una gorra)* Schirm *m*
visibilidad [bisiβili'ða^{d}] *f (cualidad)* Sichtbarkeit *f;* *(distancia)* Sichtverhältnisse *nt pl*
visibilizar [bisiβili'θar] *vt* <z → c> sichtbar machen
visible [bi'siβle] *adj* ① *(perceptible)* sichtbar ② *(obvio)* offensichtlich ③ *(persona)* auffällig ④ *(fam: presentable)* vorzeigbar
visigodo, -a **I.** *adj* (HIST) westgotisch **II.** *m, f* (HIST) Westgote, -in *m, f*
visillo [bi'siʎo] *m* Gardine *f*
visión [bi'sjon] *f* ① *(vista)* Sicht *f* ② *(aptitud)* Sehvermögen *nt;* **perder la ~ de un ojo** die Sehkraft eines Auges verlieren ③ *(aparición)* Vision *f;* **ver visiones** *(fig)* Gespenster sehen; **me quedé (como) viendo visiones** *(fig)* ich traute meinen Augen nicht ④ *(punto de vista)* Sichtweise *f;* **~ de conjunto** Überblick *m;* **~ del mundo** Weltanschauung *f* ⑤ *(fam pey: mamarracho)* Vogelscheuche *f;* **ir hecho una ~** schauderhaft aussehen
visionar [bisjo'nar] *vt* ① *(creer)* sich einbilden ② (CINE, TV) betrachten; *(crítico)* eingehend betrachten
visionario, -a [bisjo'narjo, -a] **I.** *adj* ① *(con imaginación)* visionär ② *(adivinatorio)* seherisch ③ *(soñador)* wirklichkeitsfremd; *(pey)* spinnig **II.** *m, f* ① *(con imaginación)* Visionär(in) *m(f)* ② *(adivinador)* Seher(in) *m(f)* ③ *(soñador)* Traumtänzer(in) *m(f);* *(pey)* Fantast(in) *m(f)*
visita [bi'sita] *f* ① *(visitante)* Besucher(in) *m(f)* ② *(acción)* Besuch *m;* *(a un museo, una ciudad)* Besichtigung *f;* **~ del médico** Visite *f;* **~ guiada** Führung *f;* **~ oficial** (POL) Staatsbesuch *m;* **~ virtual** virtuelle Tour; **estar de ~ en casa de alguien** bei jdm zu Besuch sein; **ir de ~** jdn besuchen gehen; **rendir ~ a alguien** jdm einen Besuch abstatten; **tener (a alguien de) ~** (jdn zu) Besuch haben
visitador(a) [bisita'ðor(a)] **I.** *adj* ① *(que visita)* besuchend, Gast- ② *(propenso a)* besuchfreudig **II.** *m(f)* ① *(visitante)* Besu-

cher(in) *m(f)* ❷ (JUR) Inspektor(in) *m(f)*, Aufsichtsbeamte(r) *f(m)*, Aufsichtsbeamtin *f*

visitante [bisi'taṇte] **I.** *adj* besuchend; **comisión ~** Gastkommission *f* **II.** *mf* Besucher(in) *m(f)*

visitar [bisi'tar] *vt* besuchen; (MED) Visite machen (bei +*dat*); (ADMIN, JUR) inspizieren; *(una ciudad, un museo)* besichtigen

visitero, -a [bisi'tero, -a] *adj (pey)* aufdringlich

vislumbrar [bislum'brar] *vt* ❶ *(ver)* durchschimmern sehen ❷ *(conjeturar)* erahnen

vislumbre [bis'lumbre] *f* ❶ *(resplandor)* Schimmer *m* ❷ *(idea)* Ahnung *f;* **no tener ni la más leve ~ de algo** keinen blassen Schimmer von etw *dat* haben

viso ['biso] *m* ❶ *(resplandor)* Schimmer *m; (aspecto)* Anschein *m;* **esto tiene ~s de no acabar nunca** das scheint kein Ende nehmen zu wollen; **tiene ~s de llover** es sieht nach Regen aus ❷ *(irisación)* Schillern *nt;* **hacer ~s** schillern

visón [bi'son] *m* Nerz *m*

visor [bi'sor] *m* ❶ (MIL) Visier *nt;* **~ de luz infrarroja** Infrarotsichtgerät *nt* ❷ (FOTO) Sucher *m*

víspera ['bispera] *f (noche anterior)* Vorabend *m; (día anterior)* Vortag *m;* **en ~s de** kurz vor +*dat;* **estar en ~s de hacer algo** im Begriff sein, etw zu tun

vista ['bista] *f* ❶ *(visión)* Sicht *f; (capacidad)* Sehvermögen *nt; (mirada)* Blick *m;* **~ de lince** Adleraugen *ntpl;* **aguzar la ~** den Blick schärfen; **al/fuera del alcance de la ~** in/außer Sicht(weite); **a la ~** *(al parecer)* anscheinend; *(visible)* offensichtlich; *(previsible)* absehbar; **a la ~ de todos** vor aller Augen; **a la ~ está** sieht ganz so aus; **alzar/bajar la ~** den Blick heben/senken; **apartar la ~** wegschauen; **no apartar la ~ de alguien** jdn unaufhörlich anschauen; **a primera ~** auf den ersten Blick; **a simple ~** mit dem bloßen Auge; *(fig)* auf einen Blick; **comerse a alguien con la ~** jdn mit den Augen verschlingen; **con la ~ puesta en algo** den Blick auf etw gerichtet; **con ~s a...** im Hinblick auf ... +*akk;* **corto de ~** kurzsichtig; **dejar vagar la ~** den Blick schweifen lassen; **dirigir la ~ a algo** den Blick auf etw richten; **a Paco no hay quien le eche la ~ encima** Paco ist völlig von der Bildfläche verschwunden; **de ~** vom Sehen; **en vista de que...** angesichts der Tatsache, dass ...; **está a la ~ quién va a ganar** es ist abzusehen, wer gewinnen wird; **¡fuera de mi ~!** geh mir aus den Augen!; **hacer la ~ gorda** ein Auge zudrücken; **¡hasta la ~!** auf Wiedersehen!; **hasta donde alcanza la ~** so weit das Auge reicht; **nublar la ~** den Blick trüben; **se me nubla la ~** *(desmayo)* mir wird schwarz vor den Augen; **no perder de ~** nicht aus den Augen lassen; **pagadero a la ~** (COM) zahlbar bei Sicht; **perder de ~** aus den Augen verlieren; **quedar a la ~** zum Vorschein kommen; **saltar a la ~** ins Auge springen; **tener buena ~** gute Augen haben; **volver la ~** (**atrás**) zurückblicken; **tener ~** *(fig)* ein Schlitzohr sein ❷ *(panorama)* Aussicht *f;* **~ panorámica** Panoramablick *m; (mirador)* Aussichtspunkt *m;* **con ~s al mar** mit Blick auf das Meer ❸ *(imagen, perspectiva)* Ansicht *f;* (FOTO) Aufnahme *f;* **~ aérea** Luftaufnahme *f;* (ARQUIT) Aufsicht *f;* **~ general** Gesamtbild *nt;* **~ de pájaro** Vogelperspektive *f;* **a ~ de pájaro** aus der Vogelperspektive ❹ *(aspecto)* Aussehen *nt;* **tener buena ~** gut aussehen ❺ (JUR) Verhandlung *f;* **~ oral** Hauptverhandlung *f*

vistazo [bis'taθo] *m* (flüchtiger) Blick *m;* **de un ~** mit einem Blick; **echar un ~ a algo** einen Blick auf etw werfen; **voy a dar un ~** ich gehe mal nachschauen

visto, -a ['bisto, -a] **I.** *pp de* **ver** **II.** *adj* ❶ *(considerado)* angesehen ❷ *(anticuado)* veraltet; **está muy ~** *(fig)* das ist Schnee von gestern ❸ (JUR) **~ para sentencia** hauptverhandlungsfähig ❹ (ADMIN, JUR) gesehen und genehmigt ❺ *(loc)* **el pastel desapareció ~ y no ~** ehe man es sich versah, war der Kuchen weg; **está ~ que no puede ser de otra forma** offensichtlich kann es nicht anders sein; **este abrigo está muy ~** diesen Mantel trägt wirklich Hinz und Kunz; **nunca ~** nie dagewesen; *(inaudito)* unerhört; **por lo ~** allem Anschein nach **III.** *conj* **~ que...** angesichts der Tatsache, dass ...

visto bueno ['bisto 'βweno] *m* (ADMIN, JUR) Sichtvermerk *m;* **dar el ~ a algo** *(fig)* sein Plazet zu etw *dat* geben

vistosidad [bistosi'ða^ð] *f (atractivo)* Ansehnlichkeit *f; (hermosura)* Pracht *f*

vistoso, -a [bis'toso, -a] *adj (atractivo)* ansehnlich; *(llamativo)* auffällig; *(hermoso)* prächtig

visual [bi'swal] **I.** *adj* visuell; **campo ~** Gesichtsfeld *nt* **II.** *f* Augenlinie *f*

visualidad [biswali'ða^ð] *f (elev)* angenehmer Anblick *m*

visualización [biswaliθa'θjon] *f* Veranschaulichung *f; (display, t.* INFOR) Anzeige *f;* **~ por cristal líquido** LCD-Anzeige *f;* **~ por diodo luminoso** LED-Anzeige *f*

visualizador [biswaliθa'ðor] *m* (INFOR) Display *nt,* Browser *m*

visualizar [biswali'θar] <z → c> *vt* ❶ *(representar)* veranschaulichen ❷ *(Am: divisar)* erblicken ❸ (INFOR) anzeigen

vital [bi'tal] *adj* ❶ (*t.* MED) vital, Lebens-; **constantes ~es** Vitalfunktionen *f;* **fuerza ~** Lebenskraft *f* ❷ *(necesario)* lebenswichtig ❸ *(vivaz)* vital

vitalicio, -a [bita'liθjo, -a] *adj* (ADMIN, FIN) auf Lebenszeit; **renta vitalicia** Leibrente *f;* **seguro ~** Lebensversicherung *f*

vitalidad [bitali'ða^{d}] *f sin pl* ❶ *(importancia)* (lebenswichtige) Bedeutung *f* ❷ *(energía)* Vitalität *f; (alegría de vivir)* Lebensfreude *f*

vitalismo [bita'lismo] *m sin pl* (FILOS) Vitalismus *m*

vitalizador(a) [bitaliθa'ðor(a)] *adj,* **vitalizante** [bitali'θante] *adj* vitalisierend; *(vivificante)* belebend; *(fortalecedor)* Kraft spendend, kräftigend

vitalizar [bitali'θar] <z → c> *vt (vivificar)* beleben; *(fortalecer)* kräftigen

vitamina [bita'mina] *f* Vitamin *nt;* **pobre en ~s** vitaminarm; **rico en ~s** vitaminreich

vitaminar [bitami'nar] *vt* mit Vitaminen anreichern

vitamínico, -a [bita'miniko, -a] *adj* (MED) Vitamin-; **complejo ~** Vitaminpräparat *nt*

vitícola [bi'tikola] *adj* Weinbau-

viticultor(a) [bitikul'tor(a)] *m(f)* Winzer(in) *m(f)*

viticultura [bitikul'tura] *f* Weinbau *m*

vitivinicultor(a) [bitiβinikul'tor(a)] *m(f)* (AGR) Winzer(in) *m(f)*

vítor ['bitor] *m* Hochruf *m;* **prorrumpir en ~es** in Hochrufe ausbrechen

vitorear [bitore'ar] *vt* hochleben lassen

vitoriano, -a [bito'rjano, -a] **I.** *adj* aus Vitoria **II.** *m, f* Einwohner(in) *m(f)* von Vitoria

vitral [bi'tral] *m* (ornamentales) Kirchenfenster *nt*

vítreo, -a ['bitreo, -a] *adj* ❶ *(de vidrio)* gläsern, Glas- ❷ *(similar al vidrio)* glasartig; *(vidrioso)* glasig

vitrina [bi'trina] *f* Vitrine *f; (Am: escaparate)* Schaufenster *nt*

vituallas [bi'twaʎas] *fpl* (MIL) Proviant *m*

vituperable [bitupe'raβle] *adj* verwerflich, tadelnswert, verachtenswert

vituperación [bitupera'θjon] *f (reprobación)* Verwerfung *f; (censura)* Tadel *m,* Rüge *f*

vituperar [bitupe'rar] *vt (reprobar)* verwerfen; *(censurar)* tadeln

vituperio [bitu'perjo] *m (censura)* Tadel *m; (injuria)* Beleidigung *f*

viudedad [bjuðe'ða^{d}] *f* ❶ *v.* **viudez** ❷ *(pensión)* Witwenrente *f*

viudez [bju'ðeθ] *f (de la mujer)* Witwenstand *m; (del hombre)* Witwerstand *m*

viudo, -a ['bjuðo, -a] **I.** *adj* verwitwet; **quedarse ~** verwitwen **II.** *m, f* Witwer, Witwe *m, f*

viva ['biβa] **I.** *interj* hoch (soll er/sie leben)!; **¡~ el rey!** es lebe der König!; **¡~n los novios!** ein Hoch dem Brautpaar! **II.** *m* Hochruf *m;* **dar ~s a alguien** jdm zujubeln; **recibir con ~s** unter Hochrufen empfangen

vivacidad [biβaθi'ða^{d}] *f sin pl* ❶ *(viveza)* Lebhaftigkeit *f* ❷ *(energía)* Lebenskraft *f* ❸ *(movilidad)* Regsamkeit *f; (agilidad)* Rührigkeit *f* ❹ *(agudeza)* Aufgewecktheit *f*

vivales [bi'βales] *m inv* gerissener Bursche *m*

vivamente [biβa'mente] *adv* ❶ *(con eficacia)* scharfsinnig ❷ *(con propiedad)* treffend

vivaracho, -a [biβa'ratʃo, -a] *adj* ❶ *(vivo)* lebhaft ❷ *(despierto)* aufgeweckt

vivaz [bi'βaθ] *adj* ❶ (BOT) mehrjährig; *(perenne)* immergrün ❷ *(vivaracho)* lebhaft ❸ *(enérgico)* voller Lebenskraft ❹ *(despierto)* aufgeweckt

vivencia [bi'βenθja] *f* Erlebnis *nt*

vivenciar [biβen'θjar] *vt* (FILOS, PSICO) erleben

víveres ['biβeres] *mpl* Lebensmittel *ntpl;* (MIL) Proviant *m*

vivero [bi'βero] *m* ❶ *(de plantas)* Gärtnerei *f; (de árboles)* Baumschule *f* ❷ *(de peces)* Zuchtteich *m; (en un restaurante)* Bassin *nt*

viveza [bi'βeθa] *f* ❶ *(celeridad)* Behändigkeit *f; (agilidad)* Regsamkeit *f* ❷ *(energía)* Lebendigkeit *f* ❸ *(agudeza)* Aufgewecktheit *f* ❹ *(de colores)* Leuchtkraft *f*

vívido, -a ['biβiðo, -a] *adj* lebendig

vividor(a) [biβi'ðor(a)] *m(f)* Lebemann, -frau *m, f; (pey)* Windhund *m; (gorrón)* Nassauer *m*

vivienda [bi'βjenda] *f* ❶ *(piso)* Wohnung *f; (casa)* Wohnhaus *nt; (residencia)* Wohnsitz *m;* **sin ~** obdachlos; **el problema de la ~** das Wohnungsproblem ❷ *(Am: modo de vida)* Lebensweise *f*

viviente [bi'βjente] *adj* lebend, lebendig; **seres ~s** Lebewesen *ntpl;* **ni alma ~** *(fig)* keine Menschenseele

vivificador(a) [biβifika'ðor(a)] *adj,* **vivificante** [biβifi'kante] *adj* ❶ *(vitalizante)* belebend, anregend, vitalisierend ❷ *(fortalecedor)* Kraft spendend

vivificar [biβifi'kar] <c → qu> *vt* ❶ *(vitalizar)* beleben ❷ *(animar)* Kraft spenden +*dat*

V

vivíparo, -a [bi'βiparo, -a] *adj* (BIOL) lebend gebärend, vivipar

vivir [bi'βir] **I.** *vi* ① *(estar vivo)* leben; **~ al día** in den Tag hineinleben; **~ a lo grande** auf großem Fuß leben; **~ como un rey** wie Gott in Frankreich leben; **~ de rentas** *(fig)* vom Ruhm seiner Vergangenheit zehren; **¡~ para ver!** *(asombro)* wer hätte das gedacht!; *(confianza)* das wird sich noch zeigen!; **no dejar ~ a alguien** jdm das Leben zur Hölle machen; **no ~ de preocupación** vor Sorgen fast umkommen ② *(habitar)* wohnen ③ *(durar)* überdauern; *(perdurar)* fortleben **II.** *vt* erleben; *(experiencias negativas)* durchmachen; **~ su (propia) vida** sein (eigenes) Leben führen **III.** *m* Leben *nt; (modo de vida)* Lebensweise *f;* **de mal ~** anrüchig

vivo[1] ['biβo] *m* ① *(borde)* Rand *m* ② *(tira)* Biese *f*

vivo, -a[2] ['biβo, -a] **I.** *adj* ① *(viviente)* lebend(ig); **cal viva** ungelöschter Kalk; **ser ~** Lebewesen *nt;* **a fuego ~** (GASTR) bei starker Hitze; **a lágrima viva** tränenüberströmt; **a lo ~** bei lebendigem Leibe; **al rojo ~** blutrot; **a viva fuerza** mit Gewalt; **de viva voz** persönlich; **en carne viva** wund; **en ~** (MÚS) live; **estar ~** am Leben sein; **herir en lo más ~** *(fig)* tief verletzen; **tener el ~ deseo de que** +*subj* den lebhaften Wunsch haben, dass … ② *(vivaz)* lebhaft ③ *(enérgico)* heftig; **de genio ~** (leicht) aufbrausend ④ *(color)* leuchtend ⑤ *(actual)* frisch; *(presente)* präsent; *(duradero)* beständig ⑥ *(vívido)* lebendig ⑦ *(avispado)* aufgeweckt; *(pey)* gerissen **II.** *m, f* ① *(ser viviente)* Lebende(r) *mf* ② *(zorro)* schlauer Fuchs *m*

vizcaíno, -a [biθka'ino, -a] **I.** *adj* aus Biscaya **II.** *m, f* Einwohner(in) *m(f)* Biscayas

Vizcaya [biθ'kaɟa] *f* Biscaya *nt*

V. O. [ber'sjon orixi'nal] *abr de* **versión original** O. F.

vocablo [bo'kaβlo] *m* Vokabel *f*

vocabulario [bokaβu'larjo] *m* ① *(léxico)* Wortschatz *m;* **~ especializado** Fachwortschatz *m;* **tener un buen ~** einen breiten Wortschatz haben ② *(lista)* Glossar *nt*

vocación [boka'θjon] *f* Berufung *f;* **por ~** aus Berufung; **~ artística** künstlerische Ader; **por ~** aus Berufung; **sentir ~** sich berufen fühlen; **tener ~** berufen sein

vocal[1] [bo'kal] **I.** *adj* (MÚS) vokal **II.** *f* (LING) Vokal *m,* Selbstlaut *m*

vocal[2] [bo'kal] *mf* Mitglied *nt; (portavoz)* Wortführer(in) *m(f)*

vocálico, -a [bo'kaliko, -a] *adj* (LING) vokalisch, Vokal-; **cambio ~** Vokalwechsel *m,* Ablaut *m;* **sistema ~** Vokalsystem *nt;* **sonido ~** Selbstlaut *m*

vocalista [boka'lista] *mf* (MÚS) Vokalist(in) *m(f)*

voceador(a) [boθea'ðor(a)] **I.** *adj* schreiend **II.** *m(f)* ① *(pregonero)* Ausrufer(in) *m(f)* ② *(Am: de periódicos)* Zeitungsverkäufer(in) *m(f)*

vocear [boθe'ar] **I.** *vi* schreien; *(enfadado)* zetern **II.** *vt* ① *(manifestar)* herausschreien ② *(llamar)* rufen ③ *(pregonar)* ausrufen ④ *(divulgar)* ausposaunen ⑤ *(aclamar)* zujubeln +*dat* ⑥ *(presumir)* angeben (mit +*dat*)

voceras [bo'θeras] *m inv (fam: bocazas)* Großmaul *nt*

vocerío [boθe'rio] *m (griterío)* Geschrei *nt; (discusión)* Gezeter *nt*

vocero, -a [bo'θero, -a] *m, f (Am: portavoz)* Sprecher(in) *m(f)*

vociferar [boθife'rar] **I.** *vi* brüllen **II.** *vt* ① *(gritar)* herausschreien ② *(pey: proclamar)* ausposaunen

vocinglero, -a [boθiŋ'glero, -a] *adj (pey)* brüllend; **ser ~** ein Schreihals sein

vodka ['boθka] *m o f* Wodka *m*

voladizo [bola'ðiθo] *m (saledizo)* Vorsprung *m;* (ARQUIT) Auskragung *f*

volado, -a [bo'laðo, -a] *adj* ① (ARQUIT) vorspringend ② *(fam: loco)* übergeschnappt ③ *(Am: ausente)* abwesend; *(enamorado)* verschossen *fam* ④ *(CSur)* **~ de genio** *(fam)* leicht entzündlich ⑤ *(inquieto)* aufgewühlt

volador(a) [bola'ðor(a)] *adj* fliegend; **aparato ~** Fluggerät *nt*

voladura [bola'ðura] *f* Sprengung *f*

volandas [bo'laṇdas] *fpl* **en ~** *(en el aire)* in der Luft (schwebend); *(deprisa)* im Nu; **llevar en ~** mit sich *dat* fortreißen

volandero, -a [bolaṇ'dero, -a] *adj* ① *(volantón)* flügge ② *(móvil)* beweglich ③ *(fig: inquieto)* flatterhaft

volante [bo'laṇte] **I.** *adj (móvil)* beweglich; **rueda ~** Schwungrad *nt* **II.** *m* ① (AUTO) Lenkrad *nt;* **ir al ~** am Steuer sitzen; **ponerse al ~** sich ans Steuer setzen ② (TÉC) Schwungrad *nt; (manual)* Handrad *nt;* **~ de maniobra** Schaltrad *nt* ③ *(del reloj)* Unruh *f* ④ *(adorno)* Volant *m* ⑤ *(escrito)* Flugblatt *nt* ⑥ (MED) Überweisungsschein *m* ⑦ (DEP) Federball *m* ⑧ *(Am: conductor)* Autofahrer(in) *m(f);* (DEP) Rennfahrer(in) *m(f)*

volantín [bolaṇ'tin] *m* ① *(sedal)* Wurfangelschnur *f* ② *(Am: cometa)* Drachen *m* ③ *(Am: voltereta)* Überschlag *m; (acrobacia)* Salto *m*

volar [bo'lar] <o → ue> **I.** *vi* ① *(en el aire)*

V

fliegen; **echar a ~** losfliegen; **el tiempo vuela** die Zeit vergeht wie im Fluge ② *(desaparecer)* verschwinden; **el dinero ha volado** das Geld ist weg ③ *(apresurarse)* eilen; **¡voy volando!** ich fliege!; **~ a** *+inf* sich beeilen zu *+inf* ④ *(argot: con drogas)* high sein **II.** *vt* ① *(hacer explotar)* sprengen ② *(enfadar)* aufregen ③ *(hacer volar)* fliegen lassen; *(ave)* aufscheuchen; **hacer ~ una cometa** einen Drachen steigen lassen ④ (TIPO) hochstellen ⑤ *(AmC: loc, fam)* **~ diente** *(comer)* futtern; **~ lengua** *(hablar)* schwatzen; **~ pata** *(caminar)* sich *dat* die Beine vertreten **III.** *vr:* **~se** ① *(huir)* entfliegen ② *(desaparecer)* sich davonmachen ③ *(Am: enfadarse)* sich aufregen

volatería [bolate'ria] *f* *(pájaros)* Geflügel *nt*

volátil [bo'latil] **I.** *adj* ① *(volador)* fliegend ② (QUÍM) flüchtig ③ *(inconstante)* flatterhaft **II.** *m* Federvieh *nt*

volatilidad [bolatili'ðað] *f* ① (QUÍM) Flüchtigkeit *f* ② *(inconstancia)* Flatterhaftigkeit *f*

volatilización [bolatiliθa'θjon] *f* (QUÍM) Verflüchtigung *f*

volatilizar [bolatili'θar] <z → c> **I.** *vt* (QUÍM) verflüchtigen **II.** *vr:* **~se** (QUÍM) sich verflüchtigen; *(fig)* sich in Luft auflösen

volcán [bol'kan] *m* ① (GEO) Vulkan *m* ② *(Am: fig: montón)* Berg *m*

volcánico, -a [bol'kaniko, -a] *adj* ① (GEO) vulkanisch ② *(ardiente)* feurig

volcar [bol'kar] *irr* **I.** *vi* *(tumbarse)* (um)kippen; *(caer)* umfallen; (AERO) kippen **II.** *vt* ① *(hacer caer)* umwerfen; *(verter)* auskippen ② *(dar la vuelta)* umdrehen **III.** *vr:* **~se** ① *(darse la vuelta)* (um)kippen; *(caer)* umfallen; *(dar una voltereta)* sich überschlagen ② *(esforzarse)* sich bemühen; **~se con alguien en atenciones/amabilidad** jdm gegenüber extrem aufmerksam/überaus liebenswürdig sein; **~se en** [*o* **con**] **alguien** sich *dat* für jdn ein Bein ausreißen

volea [bo'lea] *f v.* **voleo**

volear [bole'ar] *vi, vt* *(tenis)* volley schlagen; *(fútbol)* volley schießen

voleibol [bolei̯'βol] *m* Volleyball *m*

voleiplaya [bolei̯'plaɟa] *m* Strandvolleyball *m*

voleo [bo'leo] *m* (DEP) Volley *m;* **a ~** volley; *(fig)* massenhaft; *(descuidadamente)* aufs Geratewohl

vóley-playa ['bolei̯-'plaɟa] *m* (DEP) Beachvolleyball *m*

volframio [bol'framjo] *m* (QUÍM) Wolfram *nt*

volován [bolo'βan] <volovanes> *m* (GASTR) Vol-au-Vent *m*

volquete [bol'kete] *m* Kipplore *f;* *(camión)* Kippwagen *m*

voltaje [bol̩'taxe] *m* Spannung *f*

voltario, -a [bol̩'tarjo, -a] *adj* *(Chil)* ① *(malgastador)* verschwenderisch, freigebig ② *(obstinado)* eigensinnig, starrköpfig

voltear [bol̩te'ar] **I.** *vi* ① *(dar vueltas: persona)* sich herumwälzen; *(cosa)* sich drehen ② *(volcar)* sich überschlagen ③ *(Am: torcer)* abbiegen; *(girarse)* sich umdrehen; **~ a** *+inf* wieder *+inf* ④ *(Am: pasear)* spazieren gehen **II.** *vt* ① *(invertir)* umdrehen; *(volver del revés)* umstülpen ② *(hacer girar)* zum Drehen bringen; **~ las campanas** die Glocken läuten ③ *(Am: volcar)* umkippen; *(volver)* (um)drehen; **~ la espalda a alguien** jdm den Rücken zudrehen ④ *(Am: lanzar al aire)* in die Luft werfen; *(el lazo)* schwingen **III.** *vr:* **~se** ① *(dar vueltas)* sich drehen; *(volcar)* sich überschlagen ② *(Am: volcar)* umkippen; *(darse la vuelta)* sich umdrehen

voltejear [bol̩texe'ar] *vt* ① *(voltear)* umdrehen ② *(mover)* durch Drehen [*o* Kippen] fortbewegen

voltereta [bol̩te'reta] *f* ① *(cabriola)* Purzelbaum *m;* *(en el aire)* Salto *m;* **dar una ~** einen Purzelbaum schlagen; *(en el aire)* einen Salto machen ② *(vuelco)* Umschwung *m*

voltio ['bol̩tjo] *m* Volt *nt*

volubilidad [boluβili'ðað] *f* ① (QUÍM) Flüchtigkeit *f* ② *(inconstancia)* Unbeständigkeit *f,* Unstetigkeit *f;* *(imprevisibilidad)* Unberechenbarkeit *f*

voluble [bo'luβle] *adj* ① (QUÍM) flüchtig ② *(inconstante)* unbeständig; *(imprevisible)* unberechenbar ③ (BOT) Schling-

volumen [bo'lumen] *m* ① *(tamaño)* Umfang *m;* (*t.* FÍS, MAT) Volumen *nt;* *(cabida)* Fassungsvermögen *nt;* *(cantidad)* (Gesamt)menge *f;* *(del pelo)* Fülle *f;* **~ de ventas** Umsatz *m;* **de gran ~** von großem Umfang ② *(de sonido)* Lautstärke *f;* **a todo ~** sehr laut; **poner la música a todo ~** die Musik voll aufdrehen ③ *(tomo)* Band *m;* **en dos/varios volúmenes** zwei-/mehrbändig

voluminoso, -a [bolumi'noso, -a] *adj* voluminös; *(poco manejable)* sperrig; *(grueso)* umfangreich; *(corpulento)* korpulent

voluntad [bolun̩'tad] *f* ① *(intención)* Wille *m;* *(fuerza de voluntad)* Willenskraft *f;* (JUR) Vorsatz *m;* **~ de vivir** Lebenswille *m;* **buena ~** Gutwilligkeit *f;* **mala ~** Böswilligkeit *f;* **a ~** nach Belieben; **con buena ~** aus gutem Willen; **con mucha/poca ~** willig/

unwillig; **contra su ~** widerwillig; **de última ~** letztwillig; **hacer su santa ~** seinen Willen durchsetzen; **poner ~ en algo** mit seinem ganzen Willen hinter etw *dat* stehen; **por propia ~** freiwillig; **quitar a alguien la ~ de algo** jdn von etw *dat* abbringen; **tener mucha/poca ~** einen starken/schwachen Willen haben ❷ *(cariño)* Zuneigung *f;* **dar la ~** eine kleine Zuwendung geben; **ganarse la ~ de alguien** jdn für sich gewinnen; **tener (mucha) ~ a alguien** jdm (sehr) zugeneigt sein

voluntariado [boluṇta'rjaðo] *m* ❶ (MIL) freiwilliger Dienst *m* ❷ *(social)* freiwillige Arbeit *f,* freiwilliger sozialer Dienst *m*

voluntariedad [boluṇtarje'ðaᵈ] *f* ❶ *(carácter voluntario)* Freiwilligkeit *f;* (JUR) Wille *m* ❷ *(arbitrariedad)* Willkür *f* ❸ *(fuerza de voluntad)* Willenskraft *f; (perseverancia)* Zielstrebigkeit *f*

voluntario, -a [boluṇ'tarjo, -a] **I.** *adj* ❶ *(libre)* freiwillig ❷ *(arbitrario)* willkürlich **II.** *m, f* Freiwillige(r) *mf;* **ofrecerse ~ para algo** sich für etw freiwillig melden

voluntarioso, -a [boluṇta'rjoso, -a] *adj* willensstark; *(perseverante)* zielstrebig; *(caprichoso)* eigenwillig

voluntarismo [boluṇta'rismo] *m sin pl* (FILOS) Voluntarismus *m*

voluptuosidad [boluptwosi'ðaᵈ] *f* ❶ *(pasión)* Wollust *f* ❷ *(sensualidad)* Sinnlichkeit *f*

voluptuoso, -a [boluptu'oso, -a] *adj* ❶ *(apasionado)* wollüstig ❷ *(sensual)* sinnlich

volver [bol'βer] *irr* **I.** *vi* ❶ *(dar la vuelta)* umdrehen; **~ atrás** umkehren ❷ *(regresar)* zurückkehren; **~ a casa** heimkehren; **al ~ a casa me acosté** als ich nach Hause kam, ging ich schlafen; **al ~ compra el pan** kauf auf dem Rückweg Brot; **al ~ me llamó** nach seiner/ihrer Rückkehr rief er/sie mich an; **he vuelto por la autopista** ich bin auf der Autobahn zurückgefahren; **~ en sí** wieder zu sich *dat* kommen; **~ sobre sí** in sich gehen; **volviendo al tema** um auf das Thema zurückzukommen ❸ *(repetir)* **~ a** *+inf* wieder *+inf;* **he vuelto a cometer el mismo error** ich habe schon wieder denselben Fehler begangen; **he vuelto a casarme** ich habe wieder geheiratet **II.** *vt* ❶ *(dar la vuelta)* umdrehen; **~ la espalda a alguien** *(t. fig)* jdm den Rücken zukehren; **~ la vista a algo** den Blick auf etw richten ❷ *(poner del revés)* wenden; *(manga)* umkrempeln ❸ *(trasformar)* verwandeln (in *+akk*); **~ furioso** wild machen; **~ a su estado original** in den ursprünglichen Zustand zurückbringen ❹ *(devolver)* zurückgeben; **~ algo a su sitio** etw (an seinen Platz) zurückstellen **III.** *vr:* **~se** ❶ *(darse la vuelta)* sich umdrehen (**a/hacia** nach *+dat*) ❷ *(dirigirse)* sich wenden (**a/hacia** an *+akk*); **~se contra alguien** sich gegen jdn wenden; **~se (para) atrás** umkehren; *(fig)* einen Rückzieher machen; **no tengo dónde ~me** ich habe niemanden, an den ich mich wenden kann ❸ *(regresar)* zurückkehren ❹ *(convertirse)* sich verwandeln (in *+akk*); *(ponerse)* werden; **~se viejo/rico** alt/reich werden

vomitar [bomi'tar] **I.** *vi* sich übergeben; **es para ~** *(argot)* es ist zum Kotzen; **este salchichón me da ganas de ~** von dieser Salami wird mir ganz übel; **me dan ganas de ~** mir ist schlecht **II.** *vt* erbrechen; *(fig)* spucken; *(insultos)* ausstoßen; *(sangre)* speien

vomitivo, -a [bomi'tiβo, -a] *adj* ❶ (MED) Brechreiz erregend ❷ *(argot: asqueroso)* ekelhaft; **ese es ~** der Typ ist ein echter Kotzbrocken

vómito ['bomito] *m (acción)* Erbrechen *nt; (lo vomitado)* Erbrochene(s) *nt;* **~ de sangre** Blutsturz *m;* **provocar ~s a alguien** jdn zum Erbrechen bringen

voracidad [boraθi'ðaᵈ] *f (ganas)* Gelüste *nt geh; (pey)* Essgier *f; (pey: glotonería)* Gefräßigkeit *f;* (MED) Vorazität *f;* **la ~ de las llamas** die alles verzehrenden Flammen

vorágine [bo'raxine] *f* ❶ *(remolino)* Strudel *m* ❷ *(confusión)* Trubel *m*

voraz [bo'raθ] *adj (pey: glotón)* gefräßig; *(hambriento)* heißhungrig; *(t. fig: devorador)* alles verzehrend; **apetito ~** Heißhunger *m*

vórtice ['bortiθe] *m (de agua)* Strudel *m; (de un ciclón)* Auge *nt* eines Wirbelsturms

vos [bos] *pron pers* ❶ (HIST: *usted*) Ihr *pl* ❷ *(Am: tú)* du ❸ *(Am: con preposición)* **esto es para ~** das ist für dich; **voy con ~** ich komme mit dir

vosear [bose'ar] *vt mit ‚vos' anstatt ‚tú' duzen (üblich in Argentinien)*

vosotros, -as [bo'sotros, -as] *pron pers* ❶ *(sujeto)* ihr ❷ *(tras preposición)* euch

votación [bota'θjon] *f* Abstimmung *f;* **~ a mano alzada** Abstimmung durch Handzeichen; **someter algo a ~** über etw abstimmen (lassen)

votante [bo'taṇte] *mf* Abstimmende(r) *mf*

votar [bo'tar] **I.** *vi* ❶ *(decidir)* abstimmen; *(elegir)* stimmen (**a/por** für *+akk*) ❷ (REL) ein Gelöbnis ablegen ❸ *(maldecir)* fluchen; **¡voto a tal!** verflucht! **II.** *vt* ❶ *(decidir)* abstimmen (über *+akk*); *(elegir)* stimmen

V

(für +*akk*); ~ **una ley/un presupuesto** ein Gesetz/einen Haushalt verabschieden ② (REL) geloben

voto ['boto] *m* ① (POL: *opinión*) Stimme *f;* (*acción*) Abstimmung *f;* ~ **afirmativo** [*o* **a favor**] Jastimme *f;* ~ **en blanco** Abgabe eines leeren Stimmzettels; ~ **de censura** Misstrauensvotum *nt;* ~ **por correo** Briefwahl *f;* ~ **negativo** [*o* **en contra**] Neinstimme *f;* **derecho a** ~ Stimmrecht *nt;* **dar su** ~ **a algo** für etw stimmen; **emitir su** ~ seine Stimme abgeben; **tener** (**derecho a**) ~ stimmberechtigt sein; **acción sin** ~ (FIN) Aktie ohne Stimmrecht ② (REL: *promesa*) Gelübde *nt;* **hacer ~s por** +*inf,* **hacer ~s por que...** +*subj* (*t. fig*) beten, dass ...

voy [boi̯] *1. pres de* **ir**

voyeurista [bwaɟe'rista] *adj* voyeuristisch

vóytelas ['boi̯telas] *interj* (*Méx: fam*) ja, so was!, unglaublich!

voz [boθ] *f* ① (*sonido, expresión, facultad, voto*) Stimme *f;* ~ **afeminada** Fistelstimme *f;* ~ **aguardentosa** Stimme wie ein Reibeisen; ~ **cantante** Solostimme *f;* ~ **de mando** Kommando *nt;* **a dos/cuatro voces** (MÚS) zwei-/vierstimmig; **aclarar la** ~ sich räuspern; **ahuecar la** ~ seine Stimme anheben; **levantar/bajar la** ~ lauter/leiser sprechen; **levantar la** ~ **a alguien** gegen jdn die Stimme erheben; **a media** ~ halblaut; **correr la** ~ **de algo** etw weitersagen; **de viva** ~ persönlich; **hablar en** ~ **alta/baja** laut/leise sprechen; **hacer oír su** ~ Gehör finden; **leer en** ~ **alta** vorlesen; **llevar la** ~ **cantante** (*fig*) den Ton angeben; **no tener ni** ~ **ni voto** nicht mitreden dürfen; (*fig*) nichts zu melden haben; **se me quebró la** ~ mir versagte die Stimme; (*fig*) es verschlug mir die Sprache; **tener** ~ **en algo** bei etw *dat* Mitspracherecht haben; (*fig*) bei etw *dat* ein Wörtchen mitzureden haben ② (*grito*) Ruf *m;* **voces** Geschrei *nt;* **a voces** schreiend; **a** ~ **en cuello** lauthals; **dar una** ~ **a alguien** jdm zurufen; **dar voces** schreien; **dar la** ~ **de alarma** Alarm schreien; **pegar** (**cuatro**) **voces** laut werden; **pedir algo a voces** nach etw *dat* schreien ③ (*sonido*) Klang *m* ④ (*rumor*) Gerücht *nt;* **corre la** ~ **de que te casas** man munkelt, dass du heiratest ⑤ (*vocablo*) Wort *nt;* ~ **técnica** Fachterminus *m;* **de viva** ~ mündlich ⑥ (*del verbo*) ~ **activa/pasiva** Aktiv *nt/* Passiv *nt*

vudú [bu'ðu] *m sin pl* Wodu *m*

vuelco ['bwelko] *m* (*tumbo*) Umkippen *nt;* (*voltereta*) Überschlag *m;* (*cambio*) Umschwung *m;* **dar un** ~ sich überschlagen; (*fig*) eine Kehrtwendung machen; **me dio un** ~ **el corazón** mir blieb das Herz stehen

vuelo ['bwelo] *m* ① (*en el aire*) Flug *m;* ~ **acrobático** Kunstflug *m;* ~ **en globo** Ballonfahrt *f;* ~ **sin motor** Segelflug *m;* ~ **nacional/internacional** Inland-/Auslandflug *m;* ~ **rasante** Tiefflug *m;* ~ **regular** Linienflug *m;* **levantar el** ~ emporfliegen; **al** ~ in der Luft; (*fig*) im Fluge; **cogerlas al** ~ (*fig*) im Nu kapieren; **cortar los ~s a alguien** jdm die Flügel stutzen; **de altos ~s** großspurig; **oír el** ~ **de una mosca** (*fig*) eine Stecknadel fallen hören; **tomar** ~ (*fig*) auffliegen ② (*de la ropa*) Weite *f;* **falda de** ~ weiter Rock

vuelta ['bwel̥ta] *f* ① (*giro*) (Um)drehung *f;* ~ **de campana** (AUTO) Überschlagen *nt;* **andar a ~s con algo** (*fam*) sich mit etw *dat* herumschlagen; **buscar las ~s a alguien** jdn übers Ohr hauen; **dar la** ~ wenden; (*poner cabeza abajo*) auf den Kopf stellen; (*llave*) herumdrehen; **dar muchas ~s a algo** (*fig*) sich *dat* über etw den Kopf zerbrechen; **darle cien ~s a alguien** (*fig*) jdm haushoch überlegen sein; **darse la** ~ sich umdrehen; (*de campana*) sich überschlagen; **dar ~s a algo** etw drehen; **dar**(**se**) **media** ~ sich umdrehen; **dar**(**se**) **una** ~ spazieren gehen; **no tiene** ~ **de hoja** (*fig*) so ist es nun mal; **poner a alguien de** ~ **y media** an jdm kein gutes Haar lassen ② (*regreso*) Rückkehr *f;* (*viaje*) Rückfahrt *f;* ~ **atrás** Umkehr *f;* (*fig*) Rückzieher *m;* (CINE) Rückblende *f;* **a la** ~ **pasaremos por vuestra casa** auf dem Rückweg werden wir bei euch vorbeischauen; **a la** ~ **empezaré a trabajar** nach meiner Rückkehr werde ich anfangen zu arbeiten; **de** ~ **a casa** auf dem Rückweg nach Hause; **estar de** ~ zurück(gekehrt) sein; **estar de** ~ **de todo** (*fig*) ein alter Hase sein ③ (*curva*) Biegung *f;* **dar ~s y revueltas** sehr kurvenreich sein ④ (*dinero*) Wechselgeld *nt;* **dar la** ~ herausgeben ⑤ (*cambio*) Wende *f;* **la vida da muchas ~s** erstens kommt es anders, und zweitens als man denkt; **¡las ~s que da la vida!** das Leben ist ein einziges Auf und Ab! ⑥ (DEP) Runde *f;* ~ **ciclista** Tour *f* ⑦ (POL) Wahlgang *m* ⑧ (*devolución*) Rückgabe *f* ⑨ (*reverso*) Rückseite *f* ⑩ (*de la ropa*) Aufschlag *m* ⑪ (*del tejido*) Reihe *f* ⑫ (*loc*) **a** ~ **de correo** postwendend; **a la** ~ **de** (*lugar*) um +*akk;* (*tiempo*) nach +*dat*

vuelto[1] ['bwel̥to] *m* (*Am: cambio*) Wechselgeld *nt;* **dar el** ~ herausgeben

vuelto, -a[2] ['bwel̥to, -a] *pp de* **volver**

vuestra *f* ① (*ocasión, oportunidad*) **esta**

V

es la ~ *(fam)* das ist die Gelegenheit für euch ② *(loc)* **siempre os salís con la** ~ ihr erreicht immer, was ihr wollt; **no hagáis otra de las ~s** heckt nicht schon wieder etwas aus!

vuestro, -a ['bwestro, -a] **I.** *adj* euer, eu(e)re; ~ **coche** euer Auto; **vuestra hija** eure Tochter; **~s vecinos** eure Nachbarn **II.** *pron pos* ① *(de vuestra propiedad)* euer(e); **¿es ~?** gehört es euch? ② *(tras artículo)* **el ~/la vuestra/lo ~** eure(r, s); **los ~s** eure; *(parientes)* eure Angehörigen; **mi radio no funciona, ¿me dejáis la vuestra?** mein Radio geht nicht, leiht ihr mir eures?; **esta es la vuestra** *(fam)* das ist die Gelegenheit für euch ③ *(tras sustantivo)* eure(r), von euch; **un amigo** ~ ein Freund von euch; (**no**) **es culpa vuestra** es ist (nicht) eure Schuld

vulcanismo [bulka'nismo] *m* (GEO) Vulkanismus *m*

vulcanizar [bulkani'θar] <z → c> *vt* (TÉC) vulkanisieren

vulcanología [bulkanolo'xia] *f sin pl* (GEO) Vulkanologie *f*

vulgar [bul'ɣar] *adj* ① *(común)* gemein; *(ordinario)* gewöhnlich ② *(pey: ordinario)* vulgär ③ *(bajo)* niedrig ④ *(ramplón)* platt

vulgaridad [bulɣari'ða^{ð}] *f* ① *(normalidad)* Gewöhnlichkeit *f* ② *(pey: grosería)* Derbheit *f* ③ *(ramplonería)* Plattheit *f*

vulgarismo [bulɣa'rismo] *m* (LING) Vulgarismus *m*

vulgarización [bulɣariθa'θjon] *f* Vereinfachung *f*, gemeinverständliche Darstellung *f*, Popularisierung *f*, Vulgarisierung *f geh*

vulgarizar [bulɣari'θar] <z → c> **I.** *vt* ① *(simplificar)* vereinfachen ② *(popularizar)* popularisieren **II.** *vr:* **~se** ① *(pey: persona)* vulgär werden ② *(trivializarse)* abflachen ③ *(popularizarse)* populär werden

vulgarmente [bulɣar'men̪te] *adv* ① *(de manera vulgar)* vulgär ② *(comúnmente)* gemeinhin, für gewöhnlich

vulgo ['bulɣo] *m* ① *(mayoría)* breite Allgemeinheit *f*; *(pey: masa)* Masse *f* ② *(pueblo, profanos)* gemeines Volk *nt*

vulnerabilidad [bulneraβili'ða^{ð}] *f* Verletzlichkeit *f*; *(de la salud, de máquinas)* Anfälligkeit *f*

vulnerable [bulne'raβle] *adj* verletzlich

vulneración [bulnera'θjon] *f* Verletzung *f*

vulnerar [bulne'rar] *vt* verletzen

vulpino, -a [bul'pino, -a] *adj (elev)* schlau, durchtrieben

vulva ['bulβa] *f* Schamgegend *f*; **labios de la** ~ Schamlippen *f pl*

V

Ww

W, **w** ['uβe 'ðoβle] *f* W, w *nt;* ~ **de Washington** W wie Wilhelm
wakeboarding [ɣweik'boarðiŋ] *m* (DEP) Wakeboarden *nt*
walkie-talkie ['walki 'talki] *m* Walkie-Talkie *nt*
wampa ['wampa] *f* *(Méx: ciénaga)* Sumpf *m*
wáter ['bater] *m*, **wáter closet** ['bater 'kloset] *m* Toilette *f*
waterpolista [baterpo'lista] *mf* Wasserballer(in) *m(f)*
waterpolo [bater'polo] *m* Wasserball *m*
watt [bat] *m* Watt *nt*
W. C. ['uβe θe] *m abr de* **wáter closet** WC *nt*
web [ueb] <webs> *m o f* (INFOR) Web *nt;* ~ **corporativa** Firmenwebsite *f*
wellness ['welnes] *m* Wellness *f;* **hotel** (**con**) ~ Wellnesshotel *nt*
western ['western] *m* (CINE) Western *m*
westfaliano, **-a** [besfa'ljano, -a] *adj* westfälisch
whisky ['wiski] *m* *(escocés)* Whisky *m;* *(americano, irlandés)* Whiskey *m*
wifi ['wifi] *m o f* WLAN *nt*
windsurf ['wiņdsurf] *m* ❶ (DEP) (Wind)surfen *nt* ❷ *(tabla)* Surfbrett *nt*
windsurfing [wiņd'surfiŋ] *m sin pl* (Wind)surfen *nt*
windsurfista [wiņdsur'fista] *mf* (Wind)surfer(in) *m(f)*
wok [gwok] *m* Wok *m*
wolframio [bol'framjo] *m* Wolfram *nt*
World Wide Web *f sin pl* (INFOR) World Wide Web *nt*
wrap [grap] *m* (GASTR) Wrap *m*
www *abr de* **World Wide Web** (INFOR) WWW *nt*

Xx

X, **x** ['ekis] *f* ❶ *(letra)* X, x *nt;* ~ **de xilófono** X wie Xanthippe; **rayos** ~ Röntgenstrahlen *mpl;* **en** (**forma de**) ~ x-förmig ❷ (MAT) x; ~ **veces** x-mal ❸ *(fig: indeterminado)* x-beliebig ❹ *(numeración romana)* X
xenofobia [seno'foβja] *f* Fremdenfeindlichkeit *f*
xenófobo, **-a** [se'nofoβo, -a] *adj* fremdenfeindlich
xenón [se'non] *m* (QUÍM) Xenon *nt*
xerocopiar [seroko'pjar] *vt* xerokopieren
xerografiar [seroɣra'fjar] <*1. pres* xerografío> *vt* xerografieren
xilófono [si'lofono] *m* Xylofon *nt*
xilografía [siloɣra'fia] *f* Holzschnitt *m*
xirgo, **-a** ['sirɣo, -a] *adj* *(Méx)* ❶ *(desaseado)* schlampig ❷ *(hirsuto)* zottelig
Xunta ['ʃuņta] *f* (POL) **la** ~ (**de Galicia**) *galicisches Regierungsorgan*

W

Yy

Y, y [ɟe] *f* Y, y *nt;* **~ de yegua** Y wie Ypsilon; **~ griega** Ypsilon *nt*

y [i] *conj* und; **¿~ qué?** na und?; **días ~ días** tagelang; **me voy de vacaciones – ¿~ tu trabajo?** ich mache Urlaub – und was ist mit deiner Arbeit?; **¿~ tu marido(, qué tal)?** wie geht es deinem Mann?; **¿~ mi monedero? – en el coche** wo ist denn mein Geldbeutel? – im Auto; **¿~ este paquete? – de mis padres** von wem ist dieses Paket? – von meinen Eltern; **¿~ esta chaqueta? – de mi madre** wem gehört diese Jacke? – meiner Mutter; **~ eso que** obwohl

ya [ɟa] **I.** *adv* ① *(en el pasado)* schon; **~ es hora de que cambies** es wird (höchste) Zeit, dass du dich änderst ② *(pronto)* gleich, sofort; **¡~ voy!** ich komme schon!; **~ verás** du wirst schon (noch) sehen ③ *(ahora)* jetzt; **~ falta poco para Navidades** bald ist Weihnachten ④ *(negación)* **~ no fumo** ich rauche nicht mehr; **no ~** [*o* **~ no**] **... sino...** nicht nur ..., sondern auch ... ⑤ *(afirmación)* ja; **~, ~** jaja, soso; **¡ah ~!** ach so!; **¡anda ~!** ach was!; **¡pues ~!** aber klar doch! **II.** *conj* ① *(porque)* **~ que** da, weil ② *(aprovechando que)* **~ que estás aquí...** wenn du schon hier bist, ...; **~ que lo mencionas...** weil du gerade davon anfängst, ... ③ *(o)* **~ por..., ~ por...** mal wegen ..., mal wegen ... **III.** *interj* ach so!

yac [ɟak] *m* (ZOOL) *v.* **yak**

yacaré [ɟaka're] *m* (ZOOL) Kaiman *m*

yacer [ɟa'θer] *vi irr* ① *(estar echado)* liegen ② *(estar enterrado)* ruhen ③ *(acostarse)* schlafen ④ *(estar)* sich befinden

yacija [ɟa'θixa] *f* ① *(pey: cama)* (Nacht)lager *nt* ② *(sepultura)* Grabstätte *f*

yacimiento [ɟaθi'mjeṇto] *m* (GEO, MIN) Vorkommen *nt; (capa)* Flöz *nt*

yacusi [ɟa'kusi] *m* Whirlpool *m*

yaguré [ɟaɣu're] *m (Am:* ZOOL) Stinktier *nt,* Skunk *m*

yak [ɟak] *m* Jak *nt*

yang [ɟaŋ] *m* (FILOS) Yang *nt*

yanqui ['ɟaŋki] **I.** *adj* (nord)amerikanisch **II.** *mf* (US-)Amerikaner(in) *m(f)*

yantar [ɟaṇ'tar] **I.** *vt (elev)* essen; *(al mediodía)* zu Mittag essen **II.** *m (elev)* Essen *nt*

yapa ['ɟapa] *f (Am)* ① *(a un precio)* Zuschlag *m* ② *(objeto)* Zugabe *f;* **de ~** zudem

yarda ['ɟarða] *f* Yard *nt*

yate ['ɟate] *m* Jacht *f;* **~ a motor** Motorjacht *f*

yayo, -a ['ɟaɟo, -a] *m, f (fam)* Opa, Oma *m, f*

yaz [ɟaθ] *m* Jazz *m*

yazco ['ɟaθko], **yazgo** ['ɟaθɣo] *1. pres de* **yacer**

ye [ɟe] *f* Ypsilon *nt*

yedra ['ɟeðra] *f* Efeu *m*

yegua ['ɟeɣwa] *f* ① (ZOOL) Stute *f* ② *(AmC: colilla)* Zigarettenstummel *m*

yeguada [ɟe'ɣwaða] *f* Pferdeherde *f*

yelmo ['ɟelmo] *m* Helm *m*

yema ['ɟema] *f* ① *(de un huevo)* Eigelb *nt,* (Ei)dotter *m o nt* ② *(de un dedo)* Fingerkuppe *f* ③ (GASTR) Eierkonfekt *nt* ④ (BOT) Knospe *f* ⑤ *(centro)* Mitte *f;* **en la ~ del invierno** im tiefsten Winter; **dar en la ~** *(fig fam)* den Nagel auf den Kopf treffen ⑥ *(parte mejor)* Beste(s) *nt*

Yemen ['ɟemen] *m* Jemen *m*

yemení [ɟeme'ni], **yemenita** [ɟeme'nita] **I.** *adj* jemenitisch **II.** *mf* Jemenit(in) *m(f)*

yen [ɟen] <yenes> *m* Yen *m*

yendo ['ɟeṇdo] *ger de* **ir**

yerba ['ɟerβa] *f* ① *(planta)* Kraut *nt;* **~ mate** *(RíoPl)* Matepflanze *f; (producto)* Mate(tee) *m* ② *(césped)* Gras *nt; (pasto)* Gras *nt; (seco)* Heu *nt*

yerbear [ɟerβe'ar] *vi (Am)* Mate(tee) trinken

yergo ['ɟerɣo] *1. pres de* **erguir**

yermo[1] ['ɟermo] *m* ① *(terreno)* Einöde *f* ② (AGR) Brachfeld *nt,* Brache *f*

yermo, -a[2] ['ɟermo, -a] *adj* ① *(inhabitado)* unbewohnt ② (AGR) brach(liegend); **dejar ~** brachlegen

yerno ['ɟerno] *m* Schwiegersohn *m*

yerro ['ɟerro] *m (equivocación)* Irrtum *m; (falta)* Fehler *m*

yerto, -a ['ɟerto, -a] *adj* starr; **quedar ~ (de un susto)** (vor Schreck) erstarren

yesca ['ɟeska] *f* Zunder *m*

yesería [ɟese'ria] *f* ① *(fábrica)* Gipswerk *nt* ② *(comercio)* Gipshandel *m*

yesero, -a [ɟe'sero, -a] **I.** *adj* Gips- **II.** *m, f* Gipser(in) *m(f); (decorador)* Stuckateur(in) *m(f)*

yeso ['ɟeso] *m (material)* Gips *m;* **de ~** gipsern; **dar de ~ una pared** eine Wand verputzen

yesquero [ɟes'kero] *m* (Zunder)feuerzeug *nt*

yeta ['ɟeta] *f (Arg, Urug)* Pech *nt*

yeyé [ɟe'ɟe] *adj (fam)* **hoy vas muy ~** heute bist du aber flippig angezogen

Yibuti [ɟi'buti] *m* Dschibuti *nt*

yidis ['ɟiðis] *m* Jiddisch(e) *nt*
yin [ɟin] *m* (FILOS) Yin *nt*
yo [ɟo] **I.** *pron pers* ich; ~ **que tú...** ich an deiner Stelle ...; **esto queda entre tú y ~** das bleibt unter uns **II.** *m* (*t.* PSICO) Ich *nt*
yod [ɟoᵈ] *f* (LING) Jot *nt*
yodado, -a [ɟo'ðaðo, -a] *adj (con yodo)* jodhaltig; *(añadido)* jodiert
yodo ['ɟoðo] *m* Jod *nt*
yoga ['ɟoɣa] *m* Yoga *nt o m*
yoguista [ɟo'ɣista] **I.** *adj* Yoga- **II.** *mf* Yoga--Anhänger(in) *m(f)*
yogur ['ɟoɣur] <yogures> *m* ❶ (GASTR) Joghurt *m;* ~ **de fruta** Früchtejoghurt *m* ❷ *(argot: genio)* **estar de mal ~** schlecht drauf sein; **tener muy mal ~** gemein sein
yogurtera [ɟoɣur'tera] *f* ❶ *(máquina)* Jog(h)urtbereiter *f* ❷ *(argot: coche)* Polizeiauto *nt*
yolo ['ɟolo] *m (Méx: fam: corazón)* Herz *nt;* **¡~ mío!** mein Schatz!
yonqui ['ɟoŋki] *mf (argot)* Junkie *m*
yóquey ['xokei̯] *m* Jockey *m*
youtuber [ɟu'tuβer] *mf v.* **youtubero**
youtubero, -a [ɟutu'βero, -a] *m, f* Youtuber(in) *m(f)*
yoyo *m,* **yoyó** *m* Jo-Jo *nt*
yoyoba [ɟo'ɟoβa] *f sin pl* (BOT) Jojoba *f;* **aceite de ~** Jojobaöl *nt*
yuan [xwan] *m* Yuan *m*
yuca ['ɟuka] *f (palma)* Yucca(palme) *f*
yudo ['ɟuðo] *m* Judo *nt*
yudoca [ɟu'ðoka] *mf* (DEP) Judoka *mf*
yugo ['ɟuɣo] *m* ❶ *(dominio, t.* AGR) Joch *nt;* **someterse al ~** sich unterwerfen ❷ *(de la campana)* Glockenstuhl *m*
Yugoslavia [ɟuɣos'laβja] *f* (HIST) Jugoslawien *nt*
yugoslavo, -a [ɟuɣos'laβo, -a] **I.** *adj* (HIST) jugoslawisch **II.** *m, f* (HIST) Jugoslawe, -in *m, f*
yugular [ɟuɣu'lar] **I.** *vt* ❶ *(decapitar)* köpfen ❷ *(detener)* zum Stillstand bringen; *(acabar)* unterbinden **II.** *adj* Hals-
yunque ['ɟuŋke] *m (para forjar, t.* ANAT) Amboss *m*
yunta ['ɟun̪ta] *f* ❶ *(par)* Gespann *nt,* Joch *nt* ❷ *pl (PRico, Urug, Ven)* Paar *nt* Manschettenknöpfe
yuppy ['ɟupi] *mf* Yuppie *m*
yurro ['ɟurro] *m (CRi: manantial)* Quelle *f; (arroyuelo)* Bächlein *nt*
yute ['ɟute] *m* Jute *f*
yuxtaponer [ɟustapo'ner] *irr como poner* **I.** *vt (a otra cosa)* stellen (**a** neben +*akk*); *(dos cosas)* nebeneinanderstellen **II.** *vr:* **~se** hinzukommen (**a** zu +*dat*)
yuxtaposición [ɟustaposi'θjon] *f (acción)* Nebeneinanderstellen *nt; (efecto)* Nebeneinanderliegen *nt;* (LING, GEO) Juxtaposition *f*
yuxtapuesto, -a [ɟusta'pwesto, -a] *adj* nebeneinanderliegend; (LING) aneinandergereiht
yuyal [ɟu'ɟal] *m (CSur)* Gebüsch *nt*
yuyo ['ɟuɟo] *m* ❶ *(CSur: yerbajo)* Unkraut *nt* ❷ *pl (Col, Ecua: condimento)* Gewürzkräuter *nt pl* ❸ *pl (Perú: verdura)* Gemüse *nt* ❹ *(AmC: ampolla)* Blase *f*

Y

Zz

Z, z ['θeta] *f* Z, z *nt;* ~ **de Zaragoza** Z wie Zeppelin

zabuir [θa'bwir] *vi (Col, PRico: zambullir)* eintauchen

zacate [θa'kate] *m (Am: paja)* Stroh *nt*

zacatón, -ona [θaka'ton, -ona] *m, f (Méx: fam)* Feigling *m,* Hasenfuß *m*

zafacoca [θafa'koka] *f (AmC, AmS)* Streit *m,* Auseinandersetzung *f*

zafacón [θafa'kon] *m (PRico, RDom: cubo de la basura)* Abfalleimer *m*

zafado, -a [θa'faðo, -a] *adj (Arg: descarado)* frech

zafadura [θafa'ðura] *f (Am: luxación)* Ausrenkung *f*

zafaduría [θafaðu'ria] *f (Arg, Urug)* Frechheit *f,* Unverschämtheit *f*

zafar [θa'far] **I.** *vt* (NÁUT) klarmachen **II.** *vr:* **~se** ❶ *(de una persona)* loswerden (**de** +*akk*) ❷ *(de un compromiso)* sich drücken (**de** vor +*dat*) ❸ (TÉC: *correa*) abgehen ❹ *(Am: dislocarse)* sich *dat* ausrenken

zafarrancho [θafa'rrantʃo] *m* ❶ (NÁUT) Klarmachen *nt* ❷ *(fam: limpieza)* Großreinemachen *nt* ❸ *(fam: riña)* Zank *m* ❹ *(fam: destrozo)* Verwüstung *f*

zafio, -a ['θafjo, -a] *adj* ❶ *(grosero)* ordinär ❷ *(tosco)* ungehobelt, ungeschliffen

zafiro [θa'firo] *m* Saphir *m*

zafo[1] ['θafo] *adv (Am: salvo)* abgesehen von +*dat,* bis auf +*akk*

zafo, -a[2] ['θafo, -a] *adj* heil; **salir** ~ ungeschoren davonkommen

zafra ['θafra] *f* ❶ *(cosecha)* Zuckerrohrernte *f* ❷ *(fabricación)* Zuckerherstellung *f* ❸ *(tiempo)* Zuckerrohrsaison *f* ❹ *(jarra)* Ölkrug *m*

zaga ['θaɣa] *f* ❶ *(parte posterior)* hinterer Teil *m;* **ir a la ~ de alguien** hinter jdm hergehen; **el vicepresidente no le va a la ~ al presidente** der Vizepräsident steht dem Präsidenten in nichts nach ❷ (DEP) Verteidigung *f*

zagal(a) [θa'ɣal(a)] *m(f) (muchacho)* Junge *m; (muchacha)* Mädchen *nt*

zaguán [θa'ɣwan] *m* ❶ *(vestíbulo)* Diele *f* ❷ *(exterior)* Vorhalle *f*

zaguero[1] [θa'ɣero] *m* (DEP: *en pelota*) Deckungsspieler *m; (en fútbol)* Verteidiger *m*

zaguero, -a[2] [θa'ɣero, -a] *adj* hintere(r, s)

zahareño, -a [θa(a)'reɲo, -a] *adj* spröde

zaherimiento [θaeri'mjen̪to] *m* ❶ *(reprimenda)* Tadel *m,* Rüge *f* ❷ *(mortificación)* Kränkung *f*

zaherir [θae'rir] *irr como sentir vt* ❶ *(reprender)* tadeln, rügen ❷ *(mortificar)* kränken

zahorí [θao'ri] <zahoríes> *m* ❶ *(vidente)* Hellseher(in) *m(f)* ❷ *(perspicaz)* Gedankenleser(in) *m(f)*

zaino, -a ['θai̯no, -a] *adj* ❶ *(persona)* hinterlistig; **mirar a lo ~** verstohlen ansehen ❷ *(res)* schwarz; *(caballo)* dunkelbraun

Zaire ['θai̯re] *m* Zaire *nt*

zaireño, -a [θai̯'reɲo, -a] **I.** *adj* zairisch **II.** *m, f* Zairer(in) *m(f)*

zalagarda [θala'ɣarða] *f* ❶ *(emboscada)* Hinterhalt *m* ❷ *(escaramuza)* Scharmützel *nt* ❸ *(lazo)* Schlinge *f,* Falle *f* ❹ *(fam: astucia maliciosa)* Durchtriebenheit *f*

zalamería [θalame'ria] *f* Schmeichelei *f*

zalamero, -a [θala'mero, -a] **I.** *adj* schmeichlerisch **II.** *m, f* Schmeichler(in) *m(f)*

zalema [θa'lema] *f* ❶ *(reverencia)* Verbeugung *f* ❷ *(zalamería)* Schmeichelei *f*

zamacuco, -a [θama'kuko, -a] *m, f (fam)* ❶ *(persona torpe)* Trottel *m,* Dummkopf *m* ❷ *(persona que finge ser torpe)* Schlitzohr *nt,* Schlauberger *m*

zamarra [θa'marra] *f* ❶ *(de pastor)* Hirtenjacke *f (aus Schaffell)* ❷ *(chaqueta)* pelzgefütterte Jacke *f* ❸ *(piel)* Schaffell *nt*

zamarrear [θamarre'ar] *vt* ❶ *(una presa)* herumzerren ❷ *(a alguien)* anrempeln, schubsen

zamarro [θa'marro] *m* ❶ *(chaqueta)* pelzgefütterte Jacke *f* ❷ *(piel)* Schaffell *nt* ❸ *(rústico)* Rüpel *m* ❹ *(bribón)* Gauner *m* ❺ *pl (Am: pantalones)* Reiterhosen *f pl*

zamba ['θamba] *f* (MÚS) Samba *f*

Zambeze [θam'beθe] *m* Sambesi *m*

Zambia ['θambja] *f* Sambia *nt*

zambiano, -a [θam'bjano, -a] **I.** *adj* sambisch **II.** *m, f* Sambier(in) *m(f)*

zambo, -a ['θambo, -a] *adj (piernas)* X-beinig

zambomba [θam'bomba] **I.** *f* (MÚS) Stabreibtrommel *f* **II.** *interj* meine Güte

zambombazo [θambom'baθo] *m (fam)* ❶ *(porrazo)* Schlag *m* ❷ *(explosión)* Knall *m*

zambombo [θam'bombo] *m (fam)* Rüpel *m*

zambra ['θambra] *f* ❶ *(bulla)* Trubel *m* ❷ *(riña)* Radau *m*

zambullida [θambu'ʎiða] *f* ❶ *(en el agua)* Untertauchen *nt* ❷ *(de cabeza)* Kopf-

Z

sprung *m;* **darse una ~** einen Kopfsprung machen

zambullir [θambu'ʎir] <*3. pret* zambulló> **I.** *vt* eintauchen **II.** *vr:* **~se** ① *(en el agua)* (ein)tauchen ② *(en un asunto)* sich stürzen ③ *(ocultarse)* sich verstecken; *(cubrirse)* sich einmummen *fam*

zamorano, -a [θamo'rano, -a] **I.** *adj* aus Zamora **II.** *m, f* Einwohner(in) *m(f)* von Zamora

zampabollos [θampa'βoʎos] *mf inv (fam)* Vielfraß *m*

zampar [θam'par] **I.** *vt* ① *(ocultar)* rasch wegstecken ② *(comer)* verschlingen ③ *(tirar)* (hin)werfen **II.** *vr:* **~se** ① *(en un lugar)* plötzlich auftauchen ② *(comer)* verschlingen ③ *(pey: invitarse)* reinplatzen

zampatortas [θampa'tortas] *mf inv (fam)* Vielfraß *m*

zampón, -ona [θam'pon, -ona] **I.** *adj (fam)* gefräßig **II.** *m, f (fam)* Vielfraß *m*

zampoña [θam'poɲa] *f* Panflöte *f*

zamuro [θa'muro] *m (Ven: buitre)* Geier *m*

zanahoria [θana'orja] *f* Mohrrübe *f,* Karotte *f*

zanca ['θaŋka] *f* ① *(del ave)* Vogelbein *nt* ② *(fam: del hombre)* langes Bein *nt*

zancada [θaŋ'kaða] *f* langer Schritt *m;* **dar ~s** große Schritte machen; **se recorrió la ciudad en dos ~s** er/sie besichtigte die Stadt in ein paar Minuten

zancadilla [θaŋka'ðiʎa] *f* **poner la ~ a alguien** jdm ein Bein stellen; *(fig)* jdm das Leben schwer machen

zancajo [θaŋ'kaxo] *m* ① *(calcáneo)* Fersenbein *nt* ② *(pie)* Ferse *f; (zapato)* Absatz *m*

zanco ['θaŋko] *m* Stelze *f*

zancón, -ona [θaŋ'kon, -ona] *adj* ① *(zancudo)* langbeinig ② *(Col, Guat, Méx: demasiado corto)* zu kurz; **traje ~** zu kurzer Anzug

zancudas [θaŋ'kuðas] *fpl* Stelzvögel *mpl*

zancudo[1] [θaŋ'kuðo] *m (Am)* Moskito *m*

zancudo, -a[2] [θaŋ'kuðo, -a] *adj* langbeinig

zanganada [θaŋga'naða] *f (fam)* Frechheit *f; (torpeza)* Ungeschicktheit *f*

zanganear [θaŋgane'ar] *vi (fam)* faulenzen

zángano ['θaŋgano] *m* ① *(vago, t.* ZOOL) Drohne *f* ② *(torpe)* Tollpatsch *m*

zangarriana [θaŋga'rrjana] *f* ① *(abatimiento)* Niedergeschlagenheit *f* ② *(achaque)* leichte Krankheit *f*

zangolotear [θaŋgolote'ar] **I.** *vi (fam)* herumbummeln **II.** *vt (fam)* schütteln, rütteln **III.** *vr:* **~se** *(ventana)* locker [*o* lose] sein

zangón [θaŋ'gon] *m (fam)* Nichtstuer *m*

zanguango, -a [θaŋ'gwaŋgo, -a] **I.** *adj (fam)* faul, träge **II.** *m, f (fam)* Faulpelz *m,* Faulenzer(in) *m(f)*

zanja ['θaŋxa] *f* ① *(excavación)* Graben *m* ② *(Am: arroyada)* Flusstal *nt*

zanjar [θaŋ'xar] *vt* ① *(abrir zanjas)* Gräben ziehen ② *(asunto)* lösen; *(disputa)* beilegen

zanquilargo, -a [θaŋki'larɣo, -a] *adj (fam)* langbeinig

zanquivano, -a [θaŋki'βano, -a] *adj (fam)* storchbeinig

['θapa] *f* ① *(pala)* Spaten *m;* **labor de ~** *(fig)* heimtückisches Vorgehen ② *(fam: zapatilla deportiva)* Sneaker *m*

zapa ['θapa] *f (pala)* Spaten *m;* **labor de ~** *(fig)* heimtückisches Vorgehen

zapador [θapa'ðor] *m* (MIL: *que cava zanjas*) Sappeur *m; (que construye puentes, etc.)* Pionier *m*

zapallo [θa'paʎo] *m* ① *(Am: calabaza)* Kürbis *m* ② *(Arg, Chil: chiripa)* Glück *nt*

zapar [θa'par] *vi (cavar)* graben

zapata [θa'pata] *f* (AUTO) Bremsschuh *m*

zapateado [θapate'aðo] *m* ① *(baile)* Zapateado *m* ② *(de la vela)* (heftiges) Flackern *nt*

zapatear [θapate'ar] **I.** *vt* ① *(golpear)* mit einem Schuh schlagen ② *(bailando)* mit dem Fuß (auf)stampfen **II.** *vi (velas)* (heftig) flackern

zapatería [θapate'ria] *f* ① *(tienda)* Schuhgeschäft *nt* ② *(fábrica)* Schuhfabrik *f* ③ *(taller)* Schuhmacherwerkstatt *f* ④ *(oficio)* Schuhmacherei *f*

zapatero, -a [θapa'tero, -a] **I.** *adj* eingeschrumpft **II.** *m, f* Schuhmacher(in) *m(f);* **~ a tus zapatos** *(prov)* Schuster bleib bei deinen Leisten

zapatilla [θapa'tiʎa] *f* ① *(para casa)* Hausschuh *m* ② *(de deporte)* Turnschuh *m;* **~s de clavos** Spikes *mpl;* **~s de tenis** Tennisschuhe *mpl*

zapato [θa'pato] *m* Schuh *m;* **~ de tacón** Pumps *m;* **tú no me llegas a la suela del ~** *(fig fam)* du kannst mir nicht das Wasser reichen

zape ['θape] *interj* ① *(animal)* husch ② *(peligro)* du meine Güte

zapear [θape'ar] *vt* ① *(espantar)* verscheuchen ② (TV: *fam)* zappen

zapeo [θa'peo] *m* (TV: *fam)* Zappen *nt*

zar [θar] *m* Zar *m*

zaragata [θara'ɣata] *f* ① *(alboroto)* Aufruhr *m,* Tumult *m* ② *pl (zalamerías)* schmeichelnde Worte *ntpl*

zaragate [θara'ɣate] *m (AmC, Perú, Ven)* Gauner *m,* Schnüffler *m*

zaragatear [θaraɣate'ar] *vi* ① *(alborotar)*

toben, lärmen ② *(con zalamerías)* schmeicheln
zaragozano, -a [θaraɣo'θano, -a] **I.** *adj* aus Zaragoza **II.** *m, f* Einwohner(in) *m(f)* von Zaragoza
zaramullo [θara'muʎo] *m (Perú, Ven)* Schurke *m*
zarandajas [θaraṇ'daxas] *fpl* Kleinigkeiten *fpl*
zarandear [θaraṇde'ar] **I.** *vt* ① *(cribar)* sieben ② *(sacudir: cosa)* schütteln; *(persona)* schubsen ③ *(ajetrear)* schikanieren ④ *(Am: ridiculizar)* bloßstellen **II.** *vr:* **~se** ① *(ajetrearse)* sich plagen ② *(burlarse)* sich lustig machen (**de** über +*akk*)
zarandeo [θaraṇ'deo] *m* ① *(cribado)* Sieben *nt* ② *(sacudida)* Rütteln *nt*
zarandillo [θaraṇ'diʎo] *m* ① *(criba)* kleines Sieb *nt* ② *(niño)* Zappelphilipp *m*
zarcillo [θar'θiʎo] *m* ① *(pendiente)* Ohrring *m* ② (BOT) Ranke *f*
zarco, -a ['θarko, -a] *adj* hellblau
zarina [θa'rina] *f* Zarin *f*
zarismo [θa'rismo] *m sin pl* (POL) Zarismus *m*
zarpa ['θarpa] *f* ① *(barco)* Auslaufen *nt* ② *(del león)* Pranke *f; (fam: del hombre)* Pfote *f;* **echar la ~** *(animal)* mit den Pranken zuschlagen; *(persona)* mit Gewalt zupacken
zarpar [θar'par] *vi (barco)* auslaufen
zarpazo [θar'paθo] *m* Prankenhieb *m*
zarrapastroso, -a [θarrapas'troso, -a] *adj (fam)* schlampig
zarza ['θarθa] *f* Dornbusch *m*
zarzal [θar'θal] *m* (BOT) Dorngestrüpp *nt*
zarzamora [θarθa'mora] *f* (BOT) Brombeere *f*
zarzaparrilla [θarθapa'rriʎa] *f* (BOT) Sarsaparille *f*
zarzarrosa [θarθa'rrosa] *f* (BOT) Blüte *f* der Heckenrose
zarzuela [θar'θwela] *f* (MÚS) Zarzuela *f*
zas [θas] *interj* ① *(de rapidez)* zack ② *(de golpe)* peng
zascandil [θaskaṇ'dil] *m (fam)* ① *(chismoso)* Klatschmaul *nt* ② *(entrometido)* Schnüffler *m*
zascandilear [θaskaṇdile'ar] *vi (fam)* ① *(chismorrear)* klatschen ② *(entrometerse)* herumschnüffeln
zen [θen] *m* (REL) Zen *nt*
zepelín [θepe'lin] *m* Zeppelin *m*
zeta ['θeta] *f* Z *nt*
zigzag [θiˠ'θaˠ] *m* <zigzagues *o* zigzags> Zickzack *m*
zigzagueante [θiˠθaɣe'aṇte] *adj* Zickzack-, zickzackförmig
zigzaguear [θiˠθaɣe'ar] *vi* zickzacken
Zimbabue [θim'baβwe] *m* Simbabwe *nt*
zimbabuo, -a [θim'baβwo, -a] **I.** *adj* simbabwisch **II.** *m, f* Simbabwer(in) *m(f)*
zinc [θiŋ] *m* <cines *o* zines> Zink *nt;* **óxido de ~** Zinkoxid *nt*
zíper ['θiper] *m (Méx: cremallera)* Reißverschluss *m*
zipizape [θipi'θape] *m (fam: riña)* Radau *m; (con golpes)* Schlägerei *f*
zócalo ['θokalo] *m* Sockel *m*
zoco ['θoko] *m* ① *(mercado)* (arabischer) Marktplatz *m* ② *(zócalo)* Sockel *m*
zodiaco [θo'djako] *m,* **zodíaco** [θo'ðiako] *m* Tierkreis *m;* **signos del ~** Tierkreiszeichen *ntpl,* Sternzeichen *ntpl*
zombi ['θombi] *m* ① *(muerto)* Zombie *m* ② *(atontado)* **estar ~** völlig benommen sein
zona ['θona] *f* ① *(general, t.* POL, GEO, METEO) Zone *f; (terreno)* Gebiet *nt; (área)* Bereich *m;* **~ azul** blaue Zone, Kurzparkzone *f;* **~ de ensanche** erschlossenes Baugebiet; **~ franca** Zollfreigebiet *nt;* **~ de influencia** Einflussbereich *m;* **~ peatonal** Fußgängerzone *f;* **~ urbana** Stadtgebiet *nt;* **~ verde** Grünzone *f;* **~ comercial** Einkaufsviertel *nt,* Geschäftsviertel *nt;* **~ industrial** Industriegebiet *nt;* **~ residencial** Wohngebiet *nt;* **~ sin cobertura** (TEL) Funkloch *nt* ② (DEP: *baloncesto: área*) Freiwurfraum *m; (defensa)* Raumdeckung *f; (falta)* Dreisekundenfehler *m*
zoncera [θoṇ'θera] *f (Am),* **zoncería** [θoṇθe'ria] *f (tontería)* Albernheit *f*
zonzo, -a ['θoṇθo, -a] *adj* ① *(aburrido)* langweilig, fade ② *(Am: tonto)* dumm
zoo ['θoo] *m* Zoo *m*
zoofilia [θo(o)'filja] *f* übertriebene Tierliebe *f*
zoófilo, -a [θo'ofilo, -a] **I.** *adj* tierliebend **II.** *m, f* Tierfreund(in) *m(f)*
zoología [θo(o)lo'xia] *f sin pl* Zoologie *f*
zoológico, -a [θo(o)'loxiko, -a] *adj* zoologisch; **parque ~** Zoo *m*
zoólogo, -a [θo'oloɣo, -a] *m, f* Zoologe, -in *m, f*
zoom [θum] *m v.* **zum**
zopenco, -a [θo'peŋko, -a] **I.** *adj* dumm, doof *fam* **II.** *m, f* Trottel *m*
zopilote [θopi'lote] *m* (ZOOL) Geier *m*
zopo, -a ['θopo, -a] *adj* verkrüppelt
zoquete [θo'kete] *m* ① *(madera)* Holzklotz *m* ② *(tarugo)* Dummkopf *m*
zorra ['θorra] *f* ① (ZOOL) Füchsin *f* ② *(astuta)* gerissene Frau *f* ③ *(fam: prostituta)* Hure *f* ④ *(fam: borrachera)* Rausch *m*
zorrear [θorre'ar] *vi* ① *(hacerse el zorro)* gerissen vorgehen ② *(Chil, Urug: cazar zorros)* auf Fuchsjagd gehen ③ *(dedicarse*

Z

a la prostitución) auf den Strich gehen *fam* ❹ *(tratar con prostitutas)* mit Prostituierten verkehren

zorrera [θo'rrera] *f* ❶ *(de zorros)* Fuchsbau *m,* Fuchshöhle *f* ❷ *(habitación)* miefiger Raum *m* ❸ *(modorra)* Schläfrigkeit *f*

zorrería [θorre'ria] *f* Schläue *f*

zorrero, -a [θo'rrero, -a] *adj* schlau, gewitzt

zorrillo [θo'rriʎo] *m (Am: mofeta)* Stinktier *nt*

zorro ['θorro] *m* ❶ (ZOOL) Fuchs *m* ❷ *(piel)* Fuchsfell *nt* ❸ *(fam: astuto)* (schlauer) Fuchs *m* ❹ *(loc, fam)* **hacerse el ~** sich dumm stellen; **estar hecho unos ~s** fix und fertig sein; **poner a alguien hecho unos ~s** jdn heruntermachen

zorzal [θor'θal] *m* ❶ (ZOOL) Drossel *f* ❷ *(listo)* schlauer Mensch *m* ❸ *(Am: papanatas)* Trottel *m*

zote ['θote] **I.** *adj* schwer von Begriff **II.** *mf* Dummkopf *m*

zozobra [θo'θoβra] *f* ❶ *(de embarcación)* Kentern *nt* ❷ *(de proyecto)* Scheitern *nt*

zozobrar [θoθo'brar] **I.** *vi* ❶ *(barco)* kentern ❷ *(plan)* scheitern ❸ *(persona)* sich ängstigen **II.** *vt* ❶ *(barco)* zum Kentern bringen ❷ *(plan)* zunichtemachen

zueco ['θweko] *m* Clog *m*

zulo ['θulo] *m Waffenlager oder Versteck einer terroristischen Gruppe*

zum [θum] *m* (FOTO) Zoom(objektiv) *nt;* **utilizar el ~** zoomen

zumba ['θumba] *f* ❶ *(cencerro)* Kuhglocke *f* ❷ *(juguete)* Knarre *f* ❸ *(burla)* Neckerei *f* ❹ *(Am: paliza)* Tracht *f* Prügel

zumbado, -a [θum'baðo, -a] *adj* **estar ~** *(fam)* spinnen

zumbador [θumba'ðor] *m* (ELEC) Summer *m*

zumbar [θum'bar] **I.** *vi* ❶ *(abejorro, máquina)* summen; **salir zumbando** davoneilen ❷ *(oídos)* dröhnen **II.** *vt* ❶ *(golpe)* versetzen ❷ *(Am: arrojar)* (weg)schmeißen; *(expulsar)* (raus)schmeißen ❸ *(guasear)* necken **III.** *vr:* **~se** sich lustig machen (**de** über +*akk*)

zumbido [θum'biðo] *m* ❶ *(ruido)* Summen *nt;* **~ de los oídos** Ohrensausen *nt* ❷ *(fam: golpe)* Schlag *m*

zumbón, -ona [θum'bon, -ona] *m, f (fam)* Spaßvogel *m*

zumo ['θumo] *m* ❶ *(de frutas)* Saft *m* ❷ *(fig: utilidad)* Nutzen *m;* **sacar ~ de algo** Nutzen aus etw *dat* ziehen

zupay [θu'pai̯] *m (Am: demonio)* Teufel *m*

zuque ['θuke] *m* ❶ *(Col: golpe)* Schlag *m* ❷ *(Méx: fam)* **estar ~** pleite sein

zurcir [θur'θir] <c → z> *vt* ❶ *(agujero)* stopfen; *(siete)* zunähen ❷ *(loc)* **¡que te zurzan!** *(fam)* du kannst mich mal!

zurda ['θurða] *f* linke Hand *f;* **hacer algo a ~s** etw mit der linken Hand machen

zurdo, -a ['θurðo, -a] **I.** *adj* linkshändig **II.** *m, f* Linkshänder(in) *m(f)*

zurra ['θurra] *f* ❶ *(de la piel)* Gerben *nt* ❷ *(paliza)* Tracht *f* Prügel; **dar una ~ a alguien** jdn verprügeln

zurrapa [θu'rrapa] *f* ❶ *(poso)* Bodensatz *m* ❷ *(fam: cosa)* Abscheulichkeit *f; (persona)* verachtenswerter Mensch *m*

zurraposo, -a [θurra'poso, -a] *adj* trübe

zurrar [θu'rrar] *vt* ❶ *(pieles)* gerben ❷ *(fam: apalizar)* versohlen ❸ *(fam: criticar)* heruntermachen

zurriagazo [θurrja'ɣaθo] *m* ❶ *(latigazo)* Peitschenhieb *m* ❷ *(desgracia)* Unglück *nt* ❸ *(desdén)* Verachtung *f*

zurriago [θu'rrjaɣo] *m (látigo)* Peitsche *f*

zurribanda [θurri'βaṇda] *f (fam)* ❶ *(tunda)* Tracht *f* Prügel ❷ *(riña)* Streiterei *f*

zurullo [θu'ruʎo] *m (fam)* ❶ *(grumo)* Klumpen *m* ❷ *(excremento)* Haufen *m*

zutano, -a [θu'tano, -a] *m, f* **fulano y ~** Hinz und Kunz; **fulano y ~ se han casado** der und die Soundso haben geheiratet

Z

Aa

A, a [aː] *nt* <-, -> ❶ *(Buchstabe)* A, a *f;* ~ **wie Anton** A de Antonio; **das ~ und O einer Sache** *(fam)* lo esencial de una cosa; **von ~ bis Z** *(fam)* de cabo a rabo ❷ (MUS) la *m*
a *Abk. von* **Ar** a
A ❶ *Abk. von* **Ampere** A ❷ *Abk. von* **Autobahn** autopista *f*
à *präp +akk* a... (cada uno); **10 Stück ~ drei Euro** 10 unidades a tres euros cada una
Aa *nt* <-, *ohne pl*> *(fam: Kindersprache)* caca *f;* ~ **machen** hacer caca
AA ❶ (POL) *Abk. von* **Auswärtiges Amt** Ministerio *m* de Asuntos Exteriores ❷ *Abk. von* **Anonyme Alkoholiker** Alcohólicos *mpl* Anónimos
Aachen ['aːxən] *nt* <-s> Aquisgrán *m*
Aal [aːl] *m* <-(e)s, -e> anguila *f*
aalen *vr:* **sich ~** *(fam)* repantingarse; **sich in der Sonne ~** tumbarse al sol
aalglatt *adj (abw)* escurridizo
a.a.O *Abk. von* **am angegebenen Ort, am aufgeführten Ort** ib(íd).
Aargau ['aːɐgaʊ] *m* <-s> *(Kanton der Schweiz)* Argovia *f*
Aas¹ [aːs, *pl* 'aːzə] *nt* <-es, -e> *(Tierleiche)* carroña *f*
Aas² [aːs, *pl:* 'ɛːzə] *nt* <-es, Äser> *(fam: Luder)* mal bicho *m*
Aasfresser *m* <-s, -> carroñero *m*
Aasgeier *m (a. fig, abw)* buitre *m*
ab [ap] **I.** *präp +dat* ❶ *(räumlich)* desde; ~ **Hamburg** desde Hamburgo; ~ **Werk** (COM) salida de fábrica ❷ *(zeitlich)* desde, a partir de; ~ **dem 28. November** a partir del 28 de noviembre; ~ **wann?** ¿desde cuándo?; ~ **sofort** desde ya ❸ *(ebenso viel und mehr)* a partir de, de... en adelante; **Kinder ~ 12 Jahren** niños de 12 años en adelante **II.** *adv* ❶ *(räumlich)* **die dritte Straße rechts ~** hay que torcer la tercera calle a la derecha; **Stuttgart ~ 8.30 Uhr** *(Bus-, Bahnabfahrtszeit)* salida de Stuttgart a las 8.30 horas ❷ *(zeitlich)* ~ **und zu** de vez en cuando ❸ *(Wend)* ~ **sein** *(fam: abgelöst)* haberse caído; *(erschöpft)* estar hecho polvo
Abakus ['aːbakʊs] *m* <-, -> (MATH) ábaco *m*
ab|ändern *vt* modificar, cambiar
Abänderung *f* modificación *f,* cambio *m*
Abänderungsantrag *m* <-(e)s, -träge> solicitud *f* de modificación; (POL) enmienda *f;* **einen ~ stellen** presentar una enmienda
abänderungsfähig *adj* modificable
ab|arbeiten I. *vt (Pensum)* terminar; **eine Schuld ~** pagar una deuda trabajando **II.** *vr:* **sich ~** matarse trabajando
Abart *f* variedad *f*
abartig *adj* ❶ *(anormal)* anormal; *(pervers)* pervertido ❷ *(fam: verrückt)* loco
Abbau *m ohne pl* ❶ *(Auseinandernehmen)* desmontaje *m* ❷ *(Reduzierung)* disminución *f,* reducción *f* ❸ *(von Ängsten)* superación *f* ❹ (CHEM) desintegración *f* ❺ (BERGB) explotación *f* ❻ (MED: *Verfall*) debilitamiento *m; (Knochen)* descalcificación *f*
abbaubar *adj* (CHEM) degradable; **biologisch ~** biodegradable
ab|bauen I. *vi (Kräfte einbüßen)* debilitarse **II.** *vt* ❶ *(zerlegen)* desmontar ❷ *(verringern)* disminuir; *(Steuern, Personal)* reducir ❸ *(Ängste)* superar ❹ (CHEM) descomponer ❺ (BERGB) explotar ❻ (MED) desgastar
Abbauprodukt *nt* (CHEM) producto *m* de desintegración
ab|beißen *irr* **I.** *vi* morder; **beiß mal ab!** ¡prueba! **II.** *vt* morder; **ich beiße mir lieber die Zunge ab, als ...** prefiero morir que...
ab|beizen *vt* tratar con decapante
Abbeizmittel *nt* <-s, -> decapante *m*
ab|bekommen* *vt irr* ❶ *(Schaden, Teil)* recibir, llevarse; **das Auto hat ganz schön was ~** el coche se dio un buen golpe ❷ *(entfernen können)* lograr quitar
ab|bestellen* *vt* anular; *(Telefon)* dar de baja
ab|bezahlen* *vt* (**in Raten**) ~ pagar a plazos
ab|biegen *irr* **I.** *vi sein (Richtung ändern)* torcer; *(beim Fahren)* girar, voltear *Am;* **nach rechts/links ~** doblar a la derecha/a la izquierda **II.** *vt (krümmen)* torcer
Abbiegespur *f* carril *m* de giro
Abbiegung *f* <-, -en> *(einer Straße)* desviación *f*
Abbild *nt* reproducción *f,* copia *f*
ab|bilden *vt* reproducir; (MATH) proyectar; **er ist in der Zeitschrift abgebildet** hay una foto suya en el periódico
Abbildung *f* <-en> ❶ *(das Abbilden)* reproducción *f,* copia *f* ❷ *(Bild)* ilustración *f,* lámina *f* ❸ (MATH) proyección *f*
ab|binden *irr* **I.** *vi* (ARCHIT) fraguar **II.** *vt*

❶ *(losbinden)* desatar ❷ (MED) comprimir (con ligadura) ❸ (GASTR: *Soße*) espesar

Abbitte *f* <-, *ohne pl*> *(geh)* **bei jdm wegen etw ~ leisten** presentar sus excusas a alguien por algo, disculparse con alguien por algo

ab|blasen *vt irr* ❶ *(Staub)* quitar soplando ❷ *(fam: absagen)* suspender

ab|blättern *vi sein* desconcharse

ab|blenden *vi* ❶ (FOTO) diafragmar ❷ (AUTO) bajar las luces

Abblendlicht *nt ohne pl* (AUTO) luz *f* de cruce

ab|blitzen *vi sein (fam)* **jdn ~ lassen** darle calabazas a alguien

ab|blocken *vt* bloquear; *(Angriff)* rechazar; *(Vorhaben)* impedir

ab|brechen *irr* **I.** *vi sein* ❶ *(Stück)* romperse ❷ *(unvermittelt aufhören)* interrumpirse **II.** *vt* ❶ *(Zweig)* romper ❷ *(Gebäude)* derribar ❸ *(Gespräch)* interrumpir ❹ (INFOR: *Programm*) cerrar

ab|bremsen *vi, vt* frenar

ab|brennen *irr* **I.** *vi sein* quemarse **II.** *vt* quemar

ab|bringen *vt irr* desviar (**von** de), apartar (**von** de); **ich lasse mich von meiner Meinung nicht ~** nada ni nadie me hará cambiar de opinión

ab|bröckeln *vi sein (Mauer)* desmenuzarse; *(Verputz)* desconcharse

Abbruch[1] *m* <-(e)s, *ohne pl*> *(zerlegen)* desmontaje *m; (Lager)* levantamiento *m; (Haus)* derribo *m;* **das tut der Sache keinen ~** *(fam)* esto no perjudica la cosa para nada

Abbruch[2] *m* <-(e)s, -brüche> ❶ *(Beendigung)* ruptura *f; (Wettkampf, Spiel)* suspensión *f* ❷ (INFOR) cancelación *f,* abort *m*

abbruchreif *adj* (en estado) ruinoso

ab|buchen *vt* (FIN) cargar (en cuenta)

Abbuchung *f* (FIN) adeudo *m*

Abbuchungsverfahren *nt* (FIN) domiciliación *f* de recibos

ab|bürsten *vt* cepillar

ab|büßen *vt* ❶ *(Strafe)* cumplir ❷ (REL) expiar

Abc [abe'tse:] *nt* <-, -> ❶ *(Alphabet)* abecedario *m;* **etw nach dem ~ ordnen** poner algo por orden alfabético ❷ *(Grundwissen)* abecé *m*

ab|checken *vt (kontrollieren)* controlar, chequear *Am*

Abc-Schütze *m* alumno, -a *m, f* de primer grado

ABC-Waffen *f pl* armas *f pl* atómicas, biológicas y químicas

ab|danken *vi (König)* abdicar; *(Minister)* dimitir

Abdankung *f* <-en> *(König)* abdicación *f; (Minister)* dimisión *f*

Abdeckcreme *f (Kosmetik)* corrector *m* (facial)

ab|decken *vt* ❶ *(wegnehmen)* quitar ❷ *(freimachen)* destapar; *(Tisch)* quitar; *(Haus)* destejar ❸ *(bedecken)* tapar ❹ *(Thema)* cubrir ❺ (FIN: *Schulden*) saldar; *(Risiko)* cubrir

Abdeckung *f* <-en> cubierta *f*

ab|dichten *vt (isolieren)* aislar (**gegen** contra); *(gegen Lärm)* insonorizar; *(gegen Wasser)* impermeabilizar

Abdichtung *f (Isolierung)* aislamiento *m; (gegen Lärm)* insonorización *f; (gegen Feuchtigkeit)* impermeabilización *f*

ab|drängen *vt* ❶ *(beiseitedrängen)* apartar (a empellones) ❷ (SPORT: *wegdrängen*) apartar

ab|drehen **I.** *vt* ❶ *(ausschalten)* apagar; *(zudrehen)* cerrar ❷ *(abwenden)* apartar **II.** *vi haben o sein (den Kurs wechseln)* girar (**nach** a), virar (**nach** a) **III.** *vr:* **sich ~** volverse; **er/sie drehte sich ab** volvió la espalda

ab|driften *vi sein* perder el rumbo; (NAUT) abatir; *(abtreiben)* ir a la deriva; **nach rechts ~** desviarse a la derecha; **in den Suff ~** *(fam)* caer en la bebida

Abdruck[1] *m* <-(e)s, -e> *(a. Vorgang)* reproducción *f; (Kopie)* copia *f*

Abdruck[2] *m* <-(e)s, -drücke> impresión *f; (in etwas Weichem)* impronta *f; (Spur)* huella *f; (Abguss)* molde *m*

ab|drucken *vt* imprimir; *(veröffentlichen)* publicar

ab|drücken **I.** *vi (schießen)* apretar el gatillo **II.** *vt* ❶ *(nachbilden)* moldear ❷ (MED: *Arterie*) estrangular ❸ *(fam)* **Geld ~** soltar la gallina **III.** *vr:* **sich ~** marcarse

ab|dunkeln *vt* oscurecer; *(Farbe)* matar *fam*

abduschen **I.** *vt* duchar **II.** *vr:* **sich ~** ducharse, tomar una ducha

ab|ebben *vi sein (Wut)* aplacarse; *(Erregung)* sosegarse; *(Lärm)* ir disminuyendo

Abend ['a:bənt] *m* <-s, -e> ❶ *(bis gegen 20 oder 21 Uhr)* tarde *f; (ab etwa 20 oder 21 Uhr)* noche *f;* **Heiliger ~** Nochebuena *f;* **am frühen ~** a última hora de la tarde; **am selben ~** la misma tarde [*o* noche]; **am ~ des 23. März** la tarde [*o* noche] del 23 de marzo; **gegen ~** al atardecer; **~ für ~** todas las tardes [*o* noches]; **eines ~s** una tarde [*o* noche]; **heute/gestern/morgen ~** hoy/ayer/mañana por la tarde [*o* por la noche]; **es wird ~** atardece; **zu ~ essen** cenar; **guten ~!** ¡buenas tardes [*o* noches]!; **es ist noch nicht aller Ta-**

ge ~ todavía puede pasar de todo ② *(Veranstaltung)* velada *f;* **bunter** ~ velada con programa variado

Abendandacht *f* misa *f* vespertina

Abendbrot *nt* cena *f;* ~ **essen** cenar

Abenddämmerung *f* crepúsculo *m* (vespertino), nochecita *f Am*

Abendessen *nt* cena *f*

abendfüllend *adj* que dura toda la noche

Abendgymnasium *nt* <-s, -gymnasien> (instituto *m*) nocturno *m*

Abendkasse *f* taquilla *f,* boletería *f Am*

Abendkleid *nt* traje *m* de noche

Abendkleidung *f* <-, -en> ropa *f* de fiesta [*o* de gala]; *(Kleid)* vestido *m* de noche, traje *m* de noche; *(Anzug)* traje *m* de gala

Abendkurs *m* curso *m* nocturno

Abendland *nt* Occidente *m*

abendländisch *adj* occidental

abendlich *adj* vespertino; **zu ~er Stunde** por la tarde

Abendmahl *nt* ① (REL: *Sakrament*) Eucaristía *f* ② (REL: *Empfang des Sakraments*) comunión *f*

Abendprogramm *nt* (FILM, TV) sesión *f* de noche; **welcher Film läuft heute im ~?** ¿qué película ponen hoy en la sesión de noche?

Abendrot *nt* crepúsculo *m*

abends ['a:bənts] *adv (bis gegen 20 oder 21 Uhr)* por la tarde; *(ab etwa 20 oder 21 Uhr)* por la noche; **um acht Uhr** ~ a las ocho de la tarde; **spät** ~ muy de noche; **dienstags** ~ el martes por la tarde [*o* la noche]

Abendschule *f* colegio *m* nocturno

Abendsonne *f ohne pl* sol *m* poniente

Abendstern *m* lucero *m* vespertino

Abendstunde *f* anochecer *m;* **in den frühen ~n** al caer la tarde

Abendvorstellung *f* (THEAT) función *f* de noche; (FILM) sesión *f* de noche

Abenteuer ['a:bəntɔɪɐ] *nt* <-s, -> ① *(Wagnis)* aventura *f* ② *(Liebesaffäre)* aventura *f* (amorosa)

abenteuerlich *adj* ① *(abenteuerlustig)* aventurero ② *(unwahrscheinlich)* fantástico ③ *(riskant)* arriesgado; **das ist ja ~!** ¡eso sí que es aventurado!

Abenteuerlust *f ohne pl* espíritu *m* aventurero, afán *m* de aventuras

abenteuerlustig *adj* aventurero

Abenteuerroman *m* novela *f* de aventuras

Abenteuerspielplatz *m* parque *m* de aventuras

Abenteurer(in) ['a:bəntɔɪrɐ] *m(f)* <-s, -; -nen> aventurero, -a *m, f*

aber ['a:bɐ] **I.** *konj* pero, sin embargo **II.** *(Verstärkungspartikel)* bueno, pero; ~, ~, **meine Herren!** ¡bueno, bueno, señores!; ~ **so setzen Sie sich doch!** ¡pero siéntese!; ~ **ja!** ¡claro que sí! **III.** *adv* ~ **und abermals** una y otra vez

Aber *nt* <-s, - *fam:* -s> pero *m;* **kein ~!** ¡y no hay peros que valgan!

Aberglaube(n) *m* superstición *f*

abergläubisch *adj* supersticioso

ab|erkennen* *vt irr* (JUR) **jdm Rechte** ~ privar a alguien de derechos

Aberkennung *f* <-en> (JUR) desposeimiento *m,* privación *f*

abermals ['a:bɐma:ls] *adv* otra vez

ab|ernten *vt* cosechar por completo

abertausend *adj inv (geh)* miles (de); **tausend und** ~ miles y miles (de)

Abertausende *pl (geh)* miles *mpl* (**von** de)

aberwitzig *adj* demente; *(Vorhaben)* absurdo

abfahrbereit *adj s.* **abfahrtbereit**

ab|fahren *irr* **I.** *vi sein (wegfahren)* salir; **auf den Typ fahre ich ab** este tío me alucina; **sie ließ ihn** ~ lo mandó a paseo **II.** *vt haben o sein (Strecke)* recorrer

Abfahrt *f* <-en> ① *(Zug)* salida *f* ② *(Abreise)* partida *f* ③ (SPORT) descenso *m* ④ *(Autobahnabfahrt)* salida *f*

Abfahrt(s)zeit *f* hora *f* de partida

abfahrtbereit *adj* dispuesto para salir

Abfahrtslauf *m* (SPORT) descenso *m*

Abfall[1] *m* <-(e)s, *ohne pl*> ① *(Lossagung)* apostasía *f* ② *(Abnahme)* disminución *f*

Abfall[2] *m* <-(e)s, -fälle> *(Müll)* basura *f,* desecho *m;* **radioaktiver** ~ residuos radi(o)activos

Abfallaufbereitung *f* tratamiento *m* de los residuos

Abfallbehälter *m* contenedor *m* de residuos

Abfallbeseitigung *f ohne pl* eliminación *f* de residuos

Abfalldeponie *f* <-, -n> vertedero *m* de residuos

Abfalleimer *m* cubo *m* de la basura

ab|fallen *irr vi sein* ① *(herunterfallen)* caerse; **alle Furcht fiel von ihm ab** sus temores se desvanecieron ② *(Gelände)* descender ③ *(fam: übrig bleiben)* sobrar ④ *(von einer Partei)* abandonar (**von**) ⑤ *(von seinem Glauben)* apostatar (**von** de), renegar (**von** de) ⑥ (SPORT) rendir menos (que de costumbre)

Abfallentsorgung *f* recogida *f* de basura; **getrennte** ~ recogida selectiva de basura

Abfallhaufen *m* montón *m* de basura

abfällig *adj (Bemerkung)* despectivo; *(Kritik)* adverso; **sich ~ über jdn äußern** hablar despectivamente de alguien

Abfallindustrie *f* <-, -n> industria *f* de residuos sólidos
Abfallprodukt *nt* producto *m* secundario
Abfallsortierung *f* clasificación *f* de los residuos
Abfallstoffe *mpl* residuos *mpl,* desechos *mpl*
Abfalltonne *f* cubo *m* de basura
Abfallvermeidung *f* contención *f* de la producción de residuos
Abfallverwertung *f* aprovechamiento *m* de residuos
Abfallwirtschaft *f ohne pl* reciclaje *m,* reciclado *m*
ab|fangen *irr vt* ① *(Brief)* interceptar ② (ARCHIT) apuntalar ③ *(unter Kontrolle bringen)* lograr dominar ④ (SPORT: *Gegner*) alcanzar; *(Ball)* interceptar
Abfangjäger *m* (MIL) caza *m* interceptor
ab|färben *vi* desteñir; **auf jdn ~** *(fig)* contagiar a alguien
ab|fassen *vt* redactar
Abfassung *f* <-, -en> redacción *f,* composición *f*
ab|faulen *vi sein* pudrirse
ab|federn *vt* ① (TECH) equipar de un amortiguador ② *(Stoß)* amortiguar
ab|feiern *vt (fam: Arbeitszeit)* librar por horas extras
ab|fertigen *vt* ① *(Waren)* despachar ② *(bedienen)* atender ③ *(fam: unfreundlich behandeln)* atender muy mal
Abfertigung *f* <-en> ① *(von Waren)* expedición *f* ② *(Bedienung, Abfertigungsstelle)* despacho *m*
Abfertigungshalle *f* (AERO) terminal *f*
Abfertigungsschalter *m* (AERO) mostrador *m* de facturación
ab|feuern *vt (Rakete)* lanzar; *(Schuss)* disparar
ab|finden *irr* **I.** *vt* compensar, indemnizar; **mit leeren Versprechungen ~** engañar con promesas vanas **II.** *vr:* **sich ~** ① *(sich einigen)* llegar a un acuerdo ② *(sich zufriedengeben)* conformarse
Abfindung *f* <-en> ① *(Entschädigung)* indemnización *f* ② *(Ausgleich)* compensación *f*
ab|flachen **I.** *vi sein* ① *(flacher werden)* reducirse ② *(Unterhaltung)* perder nivel **II.** *vt* aplanar **III.** *vr:* **sich ~** disminuir
Abflachung *f* <-, -en> ① *(abgeflachte Form)* aplanamiento *m; (Böschung)* declive *m,* pendiente *f,* talud *m; (Wall)* escarpa *f,* escarpadura *f* ② *(das Abflachen)* allanamiento *m,* nivelación *f* ③ *(Sinken)* reducción *f,* descenso *m*
ab|flauen ['apflaʊən] *vi sein* ① *(Wind)* calmarse ② *(Konjunktur)* retroceder
ab|fliegen *irr vi sein (Vögel)* echarse a volar; *(Flugzeug, Person)* salir
ab|fließen *irr vi sein (Wasser, Geld)* salir
Abflug *m* <-(e)s, -flüge> (AERO) salida *f*
abflugbereit *adj* (AERO) dispuesto para despegar
Abflughalle *f* (AERO) terminal *f* de salidas
Abflugzeit *f* (AERO) hora *f* de despegue
Abfluss *m* <-es, -flüsse> *(Rohr)* desagüe *m; (Wassermenge)* caudal *m;* **den reibungslosen ~ des Verkehrs behindern** impedir la circulación fluida en las carreteras
Abflussreiniger *m* (producto *m*) desatascador *m*
Abflussrinne *f (Haus)* canalón *m; (Straße)* cuneta *f*
Abflussrohr *nt* cañería *f* de desagüe
Abfolge *f* <-n> sucesión *f; (Takt)* ritmo *m*
Abfrage *f* <-n> (INFOR: *von Daten*) consulta *f*
ab|fragen *vt* ① *(prüfen)* preguntar ② (INFOR: *Daten*) consultar
abfrieren *irr* **I.** *vi sein* helarse **II.** *vt (fam)* congelarse, helarse; **ich fror mir einen ab** *(fam)* me quedé hecho un cubito [*o* un témpano]
Abfuhr ['apfuːɐ] *f* <-en> ① *(Abtransport)* tra(n)sporte *m; (von Müll)* recogida *f* ② *(Zurückweisung)* negativa *f;* **jdm eine ~ erteilen** dar calabazas a alguien ③ (SPORT) derrota *f*
ab|führen **I.** *vi* (MED) tener un efecto purgante; **etw zum A~ verschreiben** recetar algo como laxante **II.** *vt* ① *(Verbrecher)* llevar detenido ② *(Geld)* pagar (**an** a) ③ *(a. fig: ableiten)* apartar (**von** de), desviar (**von** de)
abführend **I.** *adj* purgante; (MED) eferente **II.** *adv* con efecto purgante; **~ wirken** tener un efecto purgante
Abführmittel *nt* laxante *m*
Abführtee *m* infusión *f* purgante
Abführung *f* <-en> ① *(Festnahme)* detención *f* ② (FIN: *Steuer*) pago *m,* liquidación *f* ③ *(Ableitung)* desviación *f*
ab|füllen **I.** *vt* ① *(Flüssigkeiten)* trasegar (**in** a); *(in Flaschen)* embotellar; *(in Gefäße)* envasar; *(in Säcke)* ensacar ② *(fam: betrunken machen)* emborrachar **II.** *vr:* **sich ~** *(fam)* emborracharse
Abfüllung *f* <-, -en> (proceso *m* de) embotellado *m*
Abgabe[1] *f ohne pl (Einreichung, Stimmabgabe)* entrega *f*
Abgabe[2] *f* <-n> ① *(Steuer)* impuesto *m;* **öffentliche ~n** impuestos *mpl;* **~n erheben/entrichten** cobrar/pagar impuestos

2 *(von Wärme, einer Erklärung)* emisión *f* 3 *(Verkauf)* venta *f*
abgabenfrei *adj* (FIN) libre de impuestos
Abgabenordnung *f* <-, -en> (FIN) ley *f* general tributaria
abgabenpflichtig *adj* (FIN) sujeto a impuestos
Abgabetermin *m* fecha *f* de entrega
Abgang *m* <-(e)s, *ohne pl*> 1 *(Fortgehen)* salida *f*, partida *f*; (THEAT) mutis *m inv* 2 *(Absendung)* despacho *m*, salida *f* 3 (MED: *Absonderung*) secreción *f*; *(Fehlgeburt)* aborto *m* (involuntario) 4 (COM: *Absatz*) venta *f*; ~ **finden** tener salida
Abgänger(in) *m(f)* *(formal)* niño, -a *m, f* que deja los estudios
Abgangszeugnis *nt* (SCH) *certificado para alguien que deja los estudios*
Abgas *nt* <-es, -e> (gas *m* de) escape *m*
Abgas(sonder)untersuchung *f* (AUTO) control *m* de los gases de combustión *(obligatoria al pasar la inspección técnica de vehículos)*
abgasarm *adj* (AUTO) pobre en gases de escape
abgasfrei *adj* sin gases de escape; **eine ~e Anlage** una instalación sin gases de combustión
Abgaskatalysator *m* (AUTO) catalizador *m* de gas de escape
Abgasuntersuchung *f* <-, -en> (AUTO) *s.* **Abgas(sonder)untersuchung**
ab|geben *irr* **I.** *vt* 1 *(zur Aufbewahrung)* depositar 2 *(verkaufen)* vender 3 *(Schuss)* disparar 4 *(Meinung, Erklärung)* dar; *(Urteil, Stimme)* emitir 5 *(Wärme)* irradiar 6 *(teilen)* dar una parte (**von** de); **er hat mir die Hälfte abgegeben** me ha dado la mitad 7 *(überlassen)* ceder 8 (SPORT: *Punkte*) perder; *(Ball)* entregar 9 *(fam: Aussehen)* ofrecer **II.** *vr:* **sich** ~ *(abw: sich einlassen)* tener trato; **mit diesen Leuten geben wir uns nicht ab** no queremos tener trato con esa gente
abgebrannt **I.** *pp von* **abbrennen** **II.** *adj* *(fam: pleite)* sin blanca
abgebrochen **I.** *pp von* **abbrechen** **II.** *adj* 1 *(ohne Abschluss beendet)* abandonado, interrumpido; **ein ~es Studium** una carrera no terminada 2 *(fam: ohne Abschluss)* sin haber terminado la carrera
abgebrüht *adj (fam: unempfindlich)* curado de espantos
abgedroschen *adj (fam)* trillado
abgefahren *adj (sl: cool, schräg)* enrollado
abgefeimt ['apgəfaɪmt] *adj (abw: Gauner)* taimado, astuto; *(Methode)* refinado
abgefuckt ['apgəfakt] *adj (vulg)* jodido
abgegriffen *pp von* **abgreifen**
abgehackt **I.** *adj* 1 *(Stil)* entrecortado 2 *(Bewegungen)* brusco **II.** *adv* a trompicones
abgehangen *pp von* **abhängen**[1]
abgehärmt ['apgəhɛrmt] *adj* afligido, acongojado
ab|gehen *irr* **I.** *vi sein* 1 *(sich entfernen)* marchar(se); *(Zug)* partir, salir; (THEAT) hacer mutis; **von der Schule** ~ dejar la escuela 2 *(Farbe)* irse; *(Knopf)* caerse; *(Schuss)* dispararse 3 *(fehlen)* faltar; **sich** *dat* **nichts ~ lassen** no privarse de nada 4 *(abweichen)* **nicht von seinen Grundsätzen** ~ insistir en sus principios 5 *(verlaufen)* **alles ging gut ab** todo salió bien 6 *(sl: los sein)* **hier geht es ab!** ¡menuda marcha hay aquí! 7 *(vulg)* **ihm ging einer ab** se corrió **II.** *vt* *(Grundstück)* recorrer (para inspeccionar)
abgehoben *pp von* **abheben**
abgekartet *adj (fam)* amañado
abgeklärt [a'pgəklɛːɐt] *adj (ausgeglichen)* sereno
abgelagert *adj* 1 (GEO) sedimentado 2 *(Wein)* almacenado; *(Zigarre)* (bien) seco; *(Holz)* curado; (**gut**) **~er Wein** vino añejo
abgelegen *adj* distante
abgeneigt *adj* contrario; **etw/jdm ~ sein** ser contrario a algo/alguien; (**nicht**) **~ sein, etw zu tun** (no) tener inconveniente en hacer algo
Abgeordnete(r) *mf* <-n, -n; -n> *(im Parlament)* diputado, -a *m, f*, legislador(a) *m(f) Am; (Vertreter)* delegado, -a *m, f*
Abgeordnetenhaus *nt* Congreso *m*, Cámara *f* de los Diputados
Abgeordnetensitz *m* escaño *m*
abgerissen **I.** *pp von* **abreißen** **II.** *adj* 1 *(zerlumpt)* andrajoso 2 *(unzusammenhängend)* deslavazado
Abgesandte(r) *mf* <-n, -n; -n> enviado, -a *m, f*
Abgesang *m* <-(e)s, -sänge> *(geh)* 1 *(letztes Werk)* canto *m* de cisne 2 *(Ausklang)* colofón *m*, remate *m*
abgeschieden ['apgəʃiːdən] **I.** *pp von* **abscheiden** **II.** *adj (geh)* 1 *(entlegen)* retirado; *(einsam)* solitario 2 *(verstorben)* fallecido
Abgeschiedenheit *f ohne pl* aislamiento *m*
abgeschlagen **I.** *pp von* **abschlagen** **II.** *adj* 1 (SPORT) de los últimos; *(Partei)* sin peso 2 *(reg: erschöpft)* rendido 3 *(Geschirr)* desportillado
abgeschlossen **I.** *pp von* **abschließen** **II.** *adj* 1 *(verschlossen)* cerrado 2 *(isoliert)* aislado 3 *(vollendet)* acabado

A

Abgeschlossenheit *f* <-, *ohne pl*> ❶ *(Isoliertheit)* aislamiento *m* ❷ *(Weltabgeschiedenheit)* retiro *m;* **er verbrachte seine letzten Lebensjahre in völliger ~** pasó su últimos años en el más absoluto retiro

abgeschmackt ['apgəʃmakt] *adj* de mal gusto

abgeschnitten *pp von* **abschneiden**

abgesehen *pp von* **absehen**

abgespannt *adj* fatigado; **er sieht ~ aus** parece fatigado

abgestanden ['apgəʃtandən] **I.** *pp von* **abstehen II.** *adj* ❶ *(Wasser)* reposado; *(Bier)* insípido ❷ *(fig)* manido

abgestorben ['apgəʃtɔrbən] *pp von* **absterben**

abgetragen *pp von* **abtragen**

abgetreten *pp von* **abtreten**

abgewetzt *adj (Stoff)* gastado

ab|gewinnen* *irr vt* ❶ *(Geld)* ganar ❷ *(finden)* sacar ❸ *(Gefallen finden)* **ich kann dieser Sache nichts ~** esto no me hace (ninguna) gracia

abgewogen *pp von* **abwägen, abwiegen**

ab|gewöhnen* *vt* deshabituar (de), desacostumbrar (de); **jdm etw ~** quitar a alguien la costumbre de algo; **sich** *dat* **etw ~** perder la costumbre de hacer algo; **ich muss mir das Rauchen ~** tengo que dejar de fumar

abgewrackt *adj* ❶ *(Schiff)* desguazado ❷ *(abw fam: Haus)* desvencijado; *(Typ)* depauperado; **ein ~er Künstler** un artista hundido en la miseria

abgezehrt *adj (Gesicht)* demacrado; *(Körper)* enflaquecido

abgezockt *(fam)* **I.** *pp von* **abzocken II.** *adj (kaltschnäuzig, routiniert)* curtido

ab|gießen *irr vt (Wasser)* verter; **die Nudeln ~** escurrir la pasta

Abgleich *m* <-(e)s, -e> comparación *f*

ab|gleiten *irr vi sein (geh)* ❶ *(abrutschen)* resbalar ❷ *(abschweifen)* desviarse; *(Gedanken)* divagar ❸ *(fig: absinken)* hundirse ❹ *(abprallen)* rebotar; **er ließ die Vorwürfe einfach an sich ~** le resbalaban los reproches

Abgott *m* <-(e)s, -götter> ídolo *m*

abgöttisch ['apgœtɪʃ] *adv* con idolatría; **jdn ~ lieben** idolatrar a alguien

ab|grasen *vt* ❶ *(Weide)* comer la hierba (de); **das Thema ist abgegrast** *(fam)* el tema está agotado ❷ *(fam: systematisch absuchen)* recorrer

ab|greifen *irr vt* ❶ *(betasten)* sobar ❷ (MED: *abtasten*) palpar ❸ *(abnutzen)* (des)gastar tocando

ab|grenzen I. *vt (begrenzen)* delimitar; *(abtrennen)* separar (**gegen/von** de) **II.** *vr:* **sich ~** diferenciarse (**von** de); *(sich distanzieren)* distanciarse (**von** de)

Abgrenzung *f* <-en> (de)limitación *f; (eines Feldes)* demarcación *f*

Abgrund *m* <-(e)s, -gründe> precipicio *m; (a. fig)* abismo *m*

abgrundhässlich *adj (fam)* feo como el demonio

abgrundtief *adj* enorme

ab|gucken I. *vi (sl)* copiar; **bei jdm ~** copiar de alguien **II.** *vt (fam)* **etw bei jdm ~** copiar algo de alguien

Abguss *m* <-es, -güsse> ❶ (KUNST) vaciado *m* ❷ *(Gussstück)* (pieza *f* de) fundición *f*

ab|hacken *vt* cortar

ab|haken *vt* ❶ *(loshaken)* descolgar, soltar ❷ *(markieren)* marcar (con una cruz); *(in einer Liste)* puntear; *(fig: als erledigt ansehen)* dar por resuelto

ab|halten *irr vt* ❶ *(fernhalten)* mantener a distancia ❷ *(hindern)* impedir; **jdn davon ~, etw zu tun** impedir a alguien que haga algo; **lass dich nicht ~!** *(fam: beirren)* ¡tú sigue (a lo tuyo)! ❸ *(Sitzung)* celebrar; **ein Seminar ~** organizar un seminario ❹ *(Unterricht)* dar

abhanden|kommen [ap'handən-] *irr vi sein* extraviarse, refundirse *AmC*

Abhandlung *f* <-en> tratamiento *m* (de); *(Essay)* tratado *m* (**über** sobre)

Abhang *m* <-(e)s, -hänge> pendiente *f*, guindo *m Guat*

ab|hängen[1] *irr vi* ❶ *(angewiesen sein)* depender (**von** de); **das hängt ganz davon ab** depende de las circunstancias ❷ (GASTR: *Fleisch*) manir

ab|hängen[2] *vt* ❶ *(Bild)* descolgar; *(Decke)* bajar ❷ *(abkoppeln)* desenganchar ❸ *(fam: abschütteln)* **jdn ~** quitarse a alguien de encima

abhängig *adj* dependiente; **ich mache das von der Bedingung ~, dass …** eso dependerá de si…

Abhängige(r) *mf* <-n, -n; -n> adicto, -a *m, f* (**von** a)

Abhängigkeit *f* <-en> dependencia *f* (**von** de); *(Sucht)* adicción *f* (**von** a); **gegenseitige ~** interdependencia *f*

Abhängigkeitsverhältnis *nt* relación *f* de dependencia

ab|härten I. *vi* robustecer el cuerpo (**gegen** contra/frente a) **II.** *vt* endurecer; *(Körper)* fortalecer (**gegen** contra/frente a) **III.** *vr:* **sich ~** endurecerse; *(Körper)* fortalecerse (**gegen** contra/frente a)

Abhärtung *f* <-en> endurecimiento *m* (**gegen** contra/frente a); *(des Körpers)* fortalecimiento *m* (**gegen** contra/frente a), robustecimiento *m* (**gegen** contra/frente a)

ab|hauen[1] <haut ab, haute ab, abgehauen> *vi sein (fam: verschwinden)* largarse; **hau ab!** ¡lárgate!

ab|hauen[2] <haut ab, hieb *o* haute *fam:* ab, abgehauen> *vt (abschlagen)* cortar; *(Baum)* talar; *(Putz)* quitar

ab|heben *irr* **I.** *vi* ① (AERO) despegar, decolar *AmS* ② *(fig: realitätsfremd werden)* apartarse de la realidad ③ *(hinweisen)* aludir (**auf** a) **II.** *vt* ① *(herunternehmen)* quitar; *(Deckel)* destapar; *(Telefonhörer)* descolgar; *(Karten)* cortar; *(Masche)* pasar ② (FIN: *Geld*) retirar **III.** *vr:* **sich ~** ① *(sich ablösen)* levantarse ② *(optisch hervortreten)* recortarse (**von/gegen** sobre) ③ *(unterscheiden)* destacar (**von** entre), destacarse (**von** de/de entre)

Abhebung *f* <-, -en> (FIN) reintegro *m*

ab|heften *vt (Schriftstücke)* archivar, failear *Am*

ab|heilen *vi* curarse; *(Wunde)* cerrarse

ab|helfen *irr vi* poner remedio (a); **dem ist leicht abzuhelfen** tiene fácil remedio

ab|hetzen *vr:* **sich ~** ajetrearse; **völlig abgehetzt sein** estar hecho polvo

Abhilfe *f ohne pl* remedio *m;* **einer Situation ~ schaffen** poner remedio a una situación; **für ~ sorgen** proporcionar remedio

abholbereit *adj* listo para recoger

ab|holen *vt* recoger; *(fam fig: verhaften)* trincar

Abholmarkt *m* mercado *m* de recogida

Abholpreis *m* precio *m* de recogida

Abholung *f* <-, -en> recogida *f;* **zahlbar bei ~** (WIRTSCH) a pagar al recogerlo

ab|holzen *vt* ① *(Bäume)* talar, tumbar *Am* ② *(Gebiet)* deforestar

Abholzung *f* <-en> ① *(Bäume)* tala *f* ② *(Waldgebiet)* deforestación *f*

Abhöranlage *f* dispositivo *m* de escucha

ab|hören *vt* ① *(Gelerntes)* repasar ② (MED) auscultar ③ *(Anrufbeantworter)* escuchar ④ *(Telefonleitung)* interceptar, pinchar *fam*

abhörsicher *adj* antiescucha *inv*

ab|hungern **I.** *vt* adelgazar **II.** *vr:* **sich ~** pasar hambre

Abi ['abiː] *nt* <-s, -s> *(fam)* bachillerato *m; (Prüfung)* examen *m* final de bachillerato *(equivalente a las pruebas de Selectividad)*

Abitur [abi'tuːɐ] *nt* <-s, -e> bachillerato *m; (Prüfung)* examen *m* final de bachillerato *(equivalente a las pruebas de Selectividad);* **das ~ machen/bestehen** hacer/aprobar la selectividad

Abiturfeier *f* <-, -n> *fiesta tras el examen final de enseñanza media*

Abiturient(in) [abituri'ɛnt] *m(f)* <-en, -en; -nen> preuniversitario, -a *m, f,* bachiller *mf Am*

Abiturjahrgang *m* ≈ clase *m* de 2° de bachillerato

Abiturklasse *f* ① *(Schüler)* ≈ (clase *m* de) 2° de bachillerato *m* ② *(Stufe)* ≈ (nivel *m* de) 2° de bachillerato *m*

Abiturprüfung *f* examen *m* final de bachillerato

Abiturzeugnis *nt* título *m* de bachiller

Abk. *Abk. von* **Abkürzung** abr.

abkanzeln *vt (fam)* sermonear

ab|kapseln **I.** *vt* aislar **II.** *vr:* **sich ~** enquistarse; *(fig)* aislarse

ab|kassieren* *vt (fam)* cobrar; **die Getränke/den Gast ~** cobrar las bebidas/al cliente; **er hat beim Poker richtig abkassiert** en la partida de póquer hizo su agosto

ab|kauen *vt* comer; **sich** *dat* **die Fingernägel ~** morderse las uñas

ab|kaufen *vt* ① *(Ware)* **jdm etw ~** comprar algo a alguien ② *(fam: glauben)* tragarse; **das kaufe ich dir nicht ab!** ¡eso no me lo trago!

Abkehr ['apkeːɐ] *f* <-, *ohne pl*> alejamiento *m* (**von** de), abandono *m* (**von** de)

ab|kehren **I.** *vt* ① *(abwenden)* apartar ② *(abfegen)* barrer **II.** *vr:* **sich ~** *(sich abwenden)* apartarse

ab|kippen **I.** *vi* caer, volcarse **II.** *vt* ① *(fallen lassen)* bajar ② *(abladen)* descargar, volcar; *(Müll)* verter

ab|klappern *vt (fam)* recorrer

ab|klären *vt* aclarar

Abklatsch *m* <-(e)s, -e> (KUNST) copia *f; (fig, abw)* mala copia *f,* plagio *m*

ab|klemmen *vt* ① (TECH) desconectar ② (MED: *Ader*) estrangular

ab|klingen *irr vi sein* decrecer; *(Lärm)* disminuir; *(Fieber)* ceder, bajar; *(Begeisterung)* reducirse

ab|klopfen *vt* ① *(säubern)* sacudir ② (MED) percutir ③ *(kritisch betrachten)* examinar (**auf** en busca de)

ab|knallen *vt (fam abw)* matar a tiros

ab|knicken **I.** *vi sein* ① *(Zweig)* doblarse, troncharse ② *(Straße)* girar **II.** *vt* ① *(abbrechen)* cortar ② *(umknicken)* doblar, tronchar

ab|knöpfen *vt* ① *(Angeknöpftes)* desabotonar ② *(fam: Geld)* sacar; **jdm Geld ~** dar un sablazo a alguien

ab|knutschen **I.** *vt (fam)* comer(se) a besos; *(abw)* besuquear **II.** *vr:* **sich ~** *(abw)* besuquearse

ab|kochen *vt* ❶ *(kochen)* hervir ❷ *(keimfrei machen)* esterilizar

abkommandieren* *vt* (MIL: *zu einer anderen Einheit*) destinar, enviar; *(zu einem bestimmtem Dienst)* destacar

ab|kommen *irr vi sein* ❶ *(abweichen)* perderse; **wir kamen vom Weg ab** nos perdimos; **vom Thema ~** irse por las ramas ❷ *(aufgeben)* dejar (**von**), abandonar (**von**); *(sich entfernen)* alejarse (**von** de); **von seiner Meinung ~** cambiar de opinión ❸ *(aus der Mode kommen)* pasarse de moda

Abkommen *nt* <-s, -> convenio *m*, acuerdo *m*

abkömmlich ['apkœmlɪç] *adj* disponible

Abkömmling ['apkœmlɪŋ] *m* <-s, -e> ❶ (*a.* JUR: *Nachkomme*) descendiente *mf* ❷ *(iron fam: Sprössling)* vástago *m*, hijo *m*

ab|können *irr vt (nordd: mögen)* llevarse bien (con); *(vertragen)* soportar

ab|koppeln **I.** *vt (Fahrzeug)* desenganchar; *(Raumfähre)* separar **II.** *vr:* **sich ~** *(fam: Organisation)* descolgarse

ab|kratzen **I.** *vi sein (fam: sterben)* estirar la pata, rasgarse *Am* **II.** *vt (entfernen)* rascar

ab|kriegen *vt (fam)* ❶ *(erhalten)* llevarse su parte (de) ❷ *(erleiden)* sufrir; **er hat ganz schön was abgekriegt** ha recibido lo suyo ❸ *(entfernen)* conseguir quitar

ab|kühlen **I.** *vr:* **sich ~** ❶ *(kühler werden)* enfriarse; *(Wetter)* refrescar; *(Beziehungen)* enfriarse; *(Leidenschaft)* calmarse ❷ *(sich erfrischen)* refrescarse **II.** *vt (Speisen)* (poner a) enfriar

Abkühlung *f* <-en> enfriamiento *m;* (TECH) refrigeración *f; (Wetter)* descenso *m* de las temperaturas; **sich** *dat* **eine ~ verschaffen** refrescarse

Abkunft ['apkʊnft] *f ohne pl (geh: Herkunft)* origen *m; (Abstammung)* ascendencia *f;* **er ist slawischer ~** es de origen eslavo

abkupfern *vt (fam: abschreiben)* plagiar; *(nachahmen)* copiar, imitar

ab|kürzen *vt* acortar; *(Weg)* atajar; *(Besuch, Verfahren)* abreviar; **„Jahrhundert" wird durch „Jh." abgekürzt** "Jh." es la abreviatura de "Jahrhundert"

Abkürzung *f* <-en> ❶ *(Weg)* atajo *m*, trilla *f AmC;* **eine ~ nehmen** tomar un atajo ❷ *(von Verfahren)* abreviación *f*, reducción *f* ❸ (LING) abreviatura *f*

Abkürzungsverzeichnis *nt* <-ses, -se> índice *m* de abreviaturas

ab|küssen *vt* besuquear

ab|laden *irr vt* ❶ *(Fahrzeug, Schiff)* descargar; *(Fracht)* desembarcar; *(Müll)* verter; *(Kisten)* sacar (**von** de); *(fig: Ärger)* descargar ❷ *(Arbeit, Schuld)* cargar (**auf** sobre)

Ablage *f* <-n> ❶ *(Archiv, Vorrichtung)* archivo *m* ❷ *(Schweiz: Annahmestelle)* despacho *m* de lotería

Ablagekorb *m* <-(e)s, -körbe> bandeja *f* (para documentos)

ab|lagern **I.** *vi (Wein)* añejarse; *(Holz, Tabak)* curarse; **abgelagerter Wein** vino añejo **II.** *vt* almacenar **III.** *vr:* **sich ~** *(sich absetzen)* posarse; (MED, GEO) sedimentarse

Ablagerung *f* <-en> ❶ (GEO, MED: *Vorgang*) sedimentación *f; (Material)* depósito *m*, sedimento *m* ❷ (GASTR: *Wein*) poso *m*

Ablagetisch *m* mesita *f* (auxiliar)

ab|lassen *irr* **I.** *vi (nicht weiterverfolgen)* desistir (**von** de), abandonar (**von**); **er lässt nicht von seinem Vorhaben ab** no desiste de sus propósitos **II.** *vt* ❶ *(Flüssigkeit)* dejar salir; *(Dampf)* purgar; *(Wasser)* desaguar; *(Behälter)* vaciar ❷ *(fam: nicht aufsetzen/anlegen)* no poner(se) ❸ *(ermäßigen)* **jdm etwas vom Preis ~** rebajar algo el precio a alguien

Ablauf *m* <-(e)s, -läufe> ❶ *(Verlauf)* (tras)curso *m*, desarrollo *m* ❷ *(einer Frist, Gültigkeit)* vencimiento *m*, expiración *f;* **nach ~ von zwei Stunden** al cabo de dos horas ❸ *(Abflussrohr)* desagüe *m* ❹ (GEO: *See*) canal *m* de vaciado

ab|laufen *irr sein* **I.** *vi* ❶ *(Flüssigkeit)* escurrirse; *(abfließen)* desaguar ❷ *(Film, Tonband)* desenrollarse ❸ *(stehen bleiben)* pararse ❹ *(Pass)* caducar ❺ *(Frist)* finalizar; **die Frist ist abgelaufen** el plazo ha expirado ❻ *(verlaufen)* tra(n)scurrir; **ist alles gut abgelaufen?** ¿ha ido todo bien? **II.** *vt* ❶ *(Schuhe)* (des)gastar ❷ *(Strecke, Stadt)* recorrer (**nach** en busca de)

Ableben *nt* <-s, *ohne pl*> *(geh)* defunción *f*

ab|lecken *vt* lamer

ab|legen **I.** *vi (Schiff)* zarpar **II.** *vt* ❶ *(ausziehen)* quitarse, sacarse *Am;* **bitte, legen Sie ab!** ¡quítese el abrigo, por favor! ❷ *(Gewohnheit)* quitarse; **Vorurteile ~** deshacerse de prejuicios ❸ *(hinlegen)* depositar; *(Akten)* archivar, failear *AmC; (Karten)* descartarse (de) ❹ *(Eid, Geständnis)* hacer, prestar; **über etw Rechenschaft ~** rendir cuentas de algo; **eine Prüfung ~** dar un examen (**in** en), examinarse (**in** en) *Am*

Ableger *m* <-s, -> ❶ (BOT) esqueje *m* ❷ (WIRTSCH) sucursal *f*

ab|lehnen *vt* ❶ *(zurückweisen)* rechazar; **er lehnte es ab, uns zu helfen** se negó a ayudarnos ❷ (JUR: *Gesuch*) denegar; *(Zeugen)* recusar

ablehnend *adj* negativo; **etw** *dat* **eher ~ gegenüberstehen** no estar mucho por algo

Ablehnung *f* <-en> ❶ *(Verweigerung)* negativa *f; (Zurückweisung)* rechazo *m; (von Anträgen)* denegación *f,* rechazo *m;* (JUR) recusación *f* ❷ *(Missbilligung)* rechazo *m,* repudio *m;* **er stieß bei ihnen auf ~** lo rechazaron

ab|leisten *vt (Wehrdienst)* cumplir

ab|leiten **I.** *vt* ❶ *(umlenken)* desviar ❷ (*a.* MATH: *herleiten*) derivar (**aus** de) **II.** *vr:* **sich ~** (LING) derivarse (**aus/von** de)

Ableitung *f* <-en> (MATH) derivación *f;* (LING) derivado *m*

ab|lenken **I.** *vi (ausweichen)* desviarse (**von** de) **II.** *vt* ❶ (PHYS: *Strahlen*) desviar ❷ *(abbringen)* distraer (**von** de)

Ablenkung *f* <-en> ❶ *(Richtungsänderung)* desviación *f* ❷ *(Zerstreuung)* distracción *f;* **sich** *dat* **~ verschaffen** distraerse

Ablenkungsmanöver *nt* maniobra *f* de distracción

ab|lesen *irr* **I.** *vt (vorlesen)* leer **II.** *vi* ❶ *(lesen)* **vom Blatt ~** leer la hoja; **den Zähler ~** leer el contador ❷ *(erkennen)* notarse (**von** en); **das konnte man ihr vom Gesicht ~** eso se le notaba en la cara

ab|lichten *vt* ❶ *(fotokopieren)* fotocopiar ❷ *(fotografieren)* fotografiar

ab|liefern *vt* entregar

Ablöse *f* <-, -n> (SPORT: *fam)* traspaso *m*

ab|lösen **I.** *vt* ❶ *(abmachen)* quitar; *(Aufgeklebtes)* despegar ❷ *(Wachposten)* relevar; *(bei der Arbeit)* reemplazar ❸ *(Hypothek)* amortizar; *(Schuld)* pagar **II.** *vr:* **sich ~** ❶ *(abgehen)* desprenderse ❷ *(sich abwechseln)* alternarse

Ablösesumme *f* (SPORT) traspaso *m*

Ablösung *f* <-en> ❶ *(das Sichablösen)* desprendimiento *m* ❷ *(Wechsel mit anderen)* relevo *m* ❸ *(aus dem Amt)* reemplazo *m,* su(b)stitución *f* ❹ (FIN) amortización *f*

ab|luchsen ['aplʊksən] *vt (fam: Geld)* sacar; *(Geheimnis)* sonsacar

Abluft *f* <-, *ohne pl*> (TECH: *Kernkraftwerk*) aire *m* de salida; *(Heizungsraum)* tiro *m*

ABM [a:beːˈʔɛm] *f* <-(s)> (WIRTSCH) *Abk. von* **Arbeitsbeschaffungsmaßnahme** *plan de fomento de empleo*

ab|machen *vt* ❶ *(fam: entfernen)* quitar; *(Aufgeklebtes)* despegar ❷ *(vereinbaren)* acordar; *(Termin, Preis)* fijar; **wir haben abgemacht, dass ...** hemos quedado en que...; **abgemacht!** ¡de acuerdo! ❸ *(fam: ableisten)* cumplir

Abmachung *f* <-en> acuerdo *m;* (*a.* POL, WIRTSCH) convenio *m;* **mit jdm eine ~ treffen** llegar a un acuerdo con alguien

ab|magern **I.** *vi sein* adelgazar; **bis auf die Knochen abgemagert sein** estar en los huesos **II.** *vt* reducir

Abmagerungskur *f* cura *f* de adelgazamiento

Abmahnung *f* <-en> sanción *f*

ab|malen *vt (abzeichnen)* pintar; *(porträtieren)* retratar; *(kopieren)* copiar

Abmarsch *m* <-(e)s, -märsche> (MIL) salida *f,* marcha *f;* **~!** ¡en marcha!

ab|melden *vt* darse de baja (**bei** en); *(Zeitung)* anular la suscripción; **sich polizeilich ~** dar parte a la policía (de su salida); **das Telefon ~** darse de baja del teléfono

Abmeldung *f* <-en> baja *f; (einer Zeitung)* anulación *f* de la suscripción; *(von der Schule)* aviso *m* de baja; *(beim Einwohnermeldeamt)* aviso *m* de cambio de residencia

ab|messen *irr vt* ❶ *(ausmessen)* medir ❷ *(abschätzen)* calcular

Abmessung *f* <-en> medida *f,* dimensión *f*

ab|montieren* *vt* desmontar

ABM-Stelle *f* (WIRTSCH) *puesto de trabajo proporcionado por el Plan de Fomento de Empleo*

ab|mühen *vr:* **sich ~** esforzarse mucho

ab|murksen ['apmʊrksən] *vt (fam)* **jdn ~** cargarse a alguien

ab|nabeln **I.** *vt (Neugeborenes)* cortar el cordón umbilical (a) **II.** *vr:* **sich ~** *(fam: sich lösen)* librarse; *(sich unabhängig machen)* independizarse

ab|nagen *vt* roer

Abnahme *f* <-n> ❶ *(das Entfernen)* desmontaje *m;* (MED) amputación *f* ❷ *(Herunternahme)* descenso *m* ❸ *(Verminderung)* disminución *f,* descenso *m* ❹ *(Kauf)* compra *f;* **bei ~ von 100 Stück** con la compra de 100 unidades; **~ finden** (WIRTSCH) tener salida ❺ *(einer Parade)* revista *f; (eines Autos)* inspección *f*

ab|nehmen *irr* **I.** *vi* ❶ *(Macht, Kräfte)* declinar; *(Interesse)* disminuir; *(Geschwindigkeit)* bajar; *(Mond)* menguar ❷ *(Gewicht verlieren)* adelgazar ❸ (TEL) descolgar; **es nimmt keiner ab** no contesta nadie **II.** *vt* ❶ *(Hut, Bart)* quitar(se); (MED) amputar; *(Blut)* sacar; *(abkaufen)* comprar; *(wegnehmen)* quitar; *(im Spiel)* sacar; *(abverlangen)* pedir; *(Maschen)* menguar ❷ *(übernehmen)* coger; **jdm eine Arbeit ~** librar a alguien de un trabajo ❸ *(entgegennehmen)* coger; *(Eid)* tomar; *(Beichte)* escuchar; **jdm**

A

das Versprechen ~, zu … hacer prometer a alguien que… ❹ *(Gebäude, Fahrzeug)* inspeccionar; *(Prüfung)* realizar; (MIL) pasar revista (a) ❺ *(fam: glauben)* creer

Abnehmer(in) *m(f)* <-s, -; -nen> comprador(a) *m(f)*, cliente *mf;* **~ finden** encontrar compradores

Abneigung *f* <-en> antipatía *f* (**gegen** hacia), rechazo *m* (**gegen** hacia/contra)

abnormal ['---] *adj* anormal, anómalo

ab|nötigen *vt (geh)* imponer; **er nötigt mir Respekt ab** me impone respeto

ab|nutzen I. *vt* (des)gastar; *(strapazieren)* deteriorar **II.** *vr:* **sich ~** desgastarse, deteriorarse

Abnutzung *f* <-en> desgaste *m*, deterioro *m*

Abo ['abo] *nt* <-s, -s> *(fam)* suscripción *f*

Abonnement [abɔn(ə)'mãː] *nt* <-s, -s> *(Zeitung)* suscripción *f*; *(Konzertkarten)* abono *m;* **ein ~ für etw haben** estar suscrito a algo; **ein ~ abbestellen** anular la suscripción

Abonnent(in) [abɔ'nɛnt] *m(f)* <-en, -en; -nen> suscriptor(a) *m(f)*, abonado, -a *m, f*

abonnieren* [abɔ'niːrən] *vt* suscribirse (a)

ab|ordnen *vt* delegar

Abordnung *f* <-en> delegación *f*, comisión *f*

Abort [a'bɔrt] *m* <-(e)s, -e> ❶ (MED) aborto *m* ❷ *(Toilette)* retrete *m*, servicio *m*

ab|passen *vt* aguardar; **den richtigen Augenblick ~** aguardar el momento oportuno; **jdn ~** salir al paso de alguien

abpausen *vt* calcar

abperlen *vi sein* gotear (**an** por)

ab|pfeifen *irr vt* (SPORT) **das Spiel ~** pitar el fin del partido

Abpfiff *m* <-(e)s, -e> (SPORT) pitada *f* final

ab|plagen *vr:* **sich ~** afanarse (**mit** en), agobiarse (**mit** con)

Abprall *m* <-(e)s, -e> rebote *m*

ab|prallen *vi sein (Ball)* rebotar; **die Kritik prallte an ihr ab** la crítica le resbaló

ab|pumpen *vt* ❶ *(Öl, Wasser)* extraer ❷ *(fam: pumpen)* sablear

ab|putzen *vt* limpiar

ab|quälen *vr:* **sich ~** desriñonarse; **sich** *dat* **ein Lächeln ~** esforzarse por sonreír

ab|rackern *vr:* **sich ~** *(fam)* matarse a trabajar

Abrakadabra ['aːbraka'daːbra] *nt* <-s, *ohne pl*> *(Zauberwort)* abracadabra *m*

ab|rasieren* *vt* afeitar; *(fam: zerstören)* arrasar

ab|raten *irr vi* **jdm von etw ~** desaconsejar algo a alguien

ab|räumen *vt* recoger; *(Teller)* retirar; (SPORT: *Kegel*) derribar; **den Tisch ~** recoger la mesa

ab|reagieren* **I.** *vt (Ärger)* descargar (**an** en), desahogar (**an** contra) **II.** *vr:* **sich ~** desfogarse

ab|rechnen I. *vi* ❶ *((Schluss)rechnung)* echar la cuenta ❷ *(zur Rechenschaft ziehen)* ajustar las cuentas; **mit ihm werde ich noch ~!** ¡ya le ajustaré las cuentas! **II.** *vt (abziehen)* descontar

Abrechnung *f* <-en> ❶ *(Abzug)* descuento *m* ❷ *(Bilanz)* cuenta *f*, planilla *f Am;* **die ~ machen** hacer las cuentas ❸ *(Rache)* ajuste *m* de cuentas

Abrede *f ohne pl* **etw in ~ stellen** negar algo

ab|regen *vr:* **sich ~** *(fam)* calmarse

ab|reiben *irr vt* ❶ *(Schmutz)* quitar frotando; *(Schuhe, Hände)* limpiar frotando ❷ *(trockenreiben)* secar (frotando) ❸ *(mit dem Reibeisen)* rallar

Abreibung *f* <-en> ❶ (*a.* MED) fricción *f* ❷ *(fam: Prügel)* paliza *f*, trilla *f Am;* **eine ~ kriegen/verpassen** recibir/dar una paliza

Abreise *f* <-n> salida *f*, partida *f*

ab|reisen *vi sein* salir (**nach** para), partir (**nach** para)

ab|reißen *irr* **I.** *vi sein* ❶ *(sich lösen)* arrancarse; *(abspringen)* saltar ❷ *(unterbrochen werden)* cortarse **II.** *vt* ❶ *(Papier, Heftpflaster)* arrancar ❷ *(Gebäude)* derribar ❸ *(fam: abnutzen)* destrozar

Abreißkalender *m* almanaque *m*

ab|richten *vt* amaestrar

Abrieg(e)lung *f* <-en> cierre *m; (Riegel)* cerrojo *m;* (MIL) cerco *m; (von Straßen)* control *m; (durch die Polizei)* cordón *m*

ab|riegeln *vt* ❶ *(Tür)* echar el cerrojo (de) ❷ (MIL: *Gebiet*) cercar; *(Straße)* cortar

ab|ringen *irr vt (Zugeständnis)* arrancar; **sich** *dat* **ein Lächeln ~** forzar una sonrisa

Abriss[1] *m* <-es, *ohne pl*> *(Abbruch)* derribo *m*

Abriss[2] *m* <-es, -e> ❶ *(von Eintrittskarten)* resguardo *m* (de control de entrada) ❷ *(Übersicht)* resumen *m*, compendio *m*

Abrissparty *f fiesta antes de un derribo o una reforma*

ab|rücken I. *vi sein* ❶ *(wegrücken)* apartarse (**von** de); **von einer Meinung ~** cambiar de opinión ❷ (MIL) retirarse **II.** *vt (wegschieben)* correr

Abruf *m* <-(e)s, *ohne pl*> ❶ *(abrufbar sein)* **auf ~ zur Verfügung stehen** estar disponible ❷ (INFOR) demanda *f*

abrufbar *adj (verfügbar)* disponible; *(erreichbar)* accesible, localizable; **~e Daten**

(INFOR) datos recuperables; **~es Wissen** conocimientos activos

abrufbereit *adj* ① *(Menschen)* a disposición ② (INFOR) recuperable

ab|rufen *irr vt* ① *(wegrufen)* llamar ② (INFOR: *Daten*) pedir

ab|runden *vt* ① *(rund machen, a.* MATH) redondear ② *(ausgewogener machen)* completar

abrupt [ap'rʊpt] *adj* abrupto; *(unerwartet)* inesperado; *(plötzlich)* repentino

ab|rüsten *vi* desarmar

Abrüstung *f ohne pl* desarme *m*

Abrüstungsverhandlungen *fpl* negociaciones *fpl* de desarme

ab|rutschen *vi sein* resbalar(se); *(fig)* hundirse (**in** en)

Abs. ① *Abk. von* **Absender** Rte. ② *Abk. von* **Absatz** párrafo *m*

ABS [aːbeː'ʔɛs] *nt* <-> (AUTO) *Abk. von* **Antiblockiersystem** ABS *m*

ab|sacken *vi sein (fam)* ① *(sinken)* descender; *(Boden)* hundirse; *(Blutdruck)* bajar de golpe; *(Flugzeug)* perder altura; (FIN) caer; *(nachlassen)* disminuir (**in** en), bajar (**in** en) ② *(fig: herunterkommen)* hundirse

Absage ['apzaːgə] *f* <-n> (respuesta *f*) negativa *f;* **jdm eine ~ erteilen** dar una negativa a alguien

ab|sagen I. *vi* excusarse; **jdm ~** anular una cita con alguien **II.** *vt (Treffen)* anular; *(Vorstellung)* suspender

ab|sägen *vt* ① *(Ast)* (a)serrar ② *(fam: kündigen)* echar; (POL) defenestrar

ab|sahnen I. *vi (fam)* hacer su agosto **II.** *vt (fam: Profit)* forrarse (con)

ab|satteln *vi, vt* desensillar

Absatz *m* <-es, -sätze> ① *(am Schuh)* tacón *m,* taco *m Am;* **auf dem ~ kehrtmachen** *(fig)* dar media vuelta y marcharse ② *(im Text)* párrafo *m;* (**neuer**) **~** *(beim Diktieren)* punto y aparte; **kein ~** *(beim Diktieren)* punto y seguido ③ *(Treppe)* descansillo *m,* tramo *m* ④ *(Verkauf)* venta *f;* **großen ~ finden** tener mucha salida

Absatzflaute *f* (WIRTSCH) estancamiento *m* de las ventas

Absatzgebiet *nt* (WIRTSCH) zona *f* de venta

Absatzmarkt *m* (WIRTSCH) mercado *m* de consumo

Absatzsteigerung *f* <-, -en> (WIRTSCH) incremento *m* de las (cifras de) ventas, alza *f* en el mercado

absatzweise *adv* por párrafos, párrafo a [*o* por] párrafo

ab|saugen *vt* aspirar; **Fett ~** absorber la grasa

ab|schaben *vt* raer

ab|schaffen *vt* ① *(aufheben)* abolir; *(Gesetz)* derogar ② *(fortgeben)* deshacerse (de)

Abschaffung *f* <-en> abolición *f;* (JUR) derogación *f*

ab|schalten I. *vi (fam)* ① *(unaufmerksam werden)* desconectar ② *(sich entspannen)* relajarse **II.** *vt (ausmachen)* apagar

Abschaltung *f* <-, -en> desconexión *f,* interrupción *f;* **die ~ der Maschinen erfolgte automatisch** las máquinas se desconectaron automáticamente

ab|schätzen *vt* ① *(taxieren)* calcular; (COM) tasar ② *(beurteilen)* valorar

abschätzig ['apʃɛtsɪç] *adj* despectivo

Abschätzung *f* <-, -en> ① *(Taxierung)* cálculo *m* (aproximado); (COM) tasación *f* ② *(Bewertung)* valoración *f*

ab|schauen I. *vi (fam)* **bei jdm ~** copiar de alguien **II.** *vt (fam)* **etw von jdm ~** copiar algo de alguien

Abschaum *m* <-(e)s, *ohne pl*> *(abw)* **der ~ der Menschheit** la escoria de la humanidad

ab|scheiden *irr* **I.** *vi sein (geh)* fallecer **II.** *vt* desprender; (MED) supurar **III.** *vr:* **sich ~** *(geh)* separarse (**von** de)

Abscheu *m o f* <-(e)s, *ohne pl*> *(Widerwille)* repugnancia *f; (Ekel)* asco *m;* **vor jdm/etw ~ haben** tener asco de alguien/algo; **jds ~ erregen** repeler a alguien

abscheulich [ap'ʃɔɪlɪç] *adj* ① *(ekelhaft)* repugnante ② *(verwerflich)* abominable ③ *(fam: unangenehm viel)* horrible

Abscheulichkeit *f* <-en> *(Tat, Bemerkung)* atrocidad *f;* **was erzählst du mir immer für ~en!** ¡qué asquerosidades me cuentas!

ab|schicken *vt* enviar

Abschiebehaft *f ohne pl* (POL) detención *f* previa a la expulsión

ab|schieben *irr* **I.** *vi sein (fam: weggehen)* largarse **II.** *vt* ① *(abrücken)* apartar (**von** de); *(Schuld)* achacar (**auf** a); *(Verantwortung)* cargar (**auf** a) ② *(ausweisen)* expulsar ③ *(loswerden)* deshacerse (de)

Abschiebepraxis *f* <-, *ohne pl*> (POL) prácticas *fpl* de expulsión

Abschiebung *f* <-en> expulsión *f*

Abschiebungshaft ['apʃiːbʊŋshaft] *f* <-, *ohne pl*> (POL) detención *f* previa a la expulsión

Abschied ['apʃiːt] *m* <-(e)s, -e> ① *(Trennung)* despedida *f;* **von jdm ~ nehmen** despedirse de alguien ② *(aus dem Amt)* retiro *m; (Abdankung)* dimisión *f*

Abschiedsbrief *m (fam)* carta *f* de despedida

Abschiedsfeier *f* fiesta *f* de despedida

A

Abschiedsgruß *m* fórmula *f* de despedida
Abschiedskuss *m* beso *m* de despedida
Abschiedsschmerz *m* <-es, *ohne pl*> *(geh)* dolor *m* de la separación [*o* de la despedida]
ab|schießen *irr vt* ❶ *(Geschoss)* disparar; *(Rakete)* lanzar ❷ *(Wild)* cazar; *(Mensch)* pegar un tiro (a) ❸ *(Flugzeug)* derribar; *(Panzer)* destruir ❹ *(fam: entlassen)* despachar
ab|schirmen *vt* ❶ *(schützen)* proteger (**gegen** de/contra) ❷ *(Licht)* matizar
Abschirmung *f* <-en> ❶ *(einer Gefahr)* protección *f* (**gegen** de/contra) ❷ *(des Lichtes)* matización *f*
ab|schlachten *vt* ❶ *(Tiere)* matar ❷ *(grausam töten)* matar brutalmente; *(viele Menschen)* masacrar
ab|schlaffen **I.** *vi sein (fam)* cansarse, desmadejarse **II.** *vt* cansar, desmadejar
Abschlag *m* <-(e)s, -schläge> ❶ (SPORT) saque *m* de puerta ❷ (FIN, WIRTSCH: *Preisnachlass*) descuento *m; (Rate)* plazo *m; (Vorschuss)* adelanto *m;* **etw auf ~ kaufen** comprar algo a plazos
ab|schlagen *irr vt* ❶ (SPORT) sacar (de puerta) ❷ *(Baum)* talar ❸ (MIL) repeler ❹ *(ablehnen)* rechazar; **jdm eine Bitte ~** negarle a alguien un favor
abschlägig ['apʃlɛːgɪç] *adj (formal)* negativo; **jdm eine ~e Antwort geben** dar a alguien una respuesta negativa
ab|schleifen *irr* **I.** *vt* rebajar; *(entfernen)* quitar lijando; *(Edelsteine)* tallar; *(Kristall)* biselar **II.** *vr:* **sich ~** desgastarse; *(a. fig)* suavizarse
Abschleppdienst *m* servicio *m* de remolque
ab|schleppen *vt* ❶ *(Auto)* remolcar ❷ *(fam: Person)* arrastrar
Abschleppfahrzeug *nt* (AUTO) (coche *m*) grúa *f*
Abschleppseil *nt* cuerda *f* de remolcar
Abschleppwagen *m* grúa *f*
ab|schließen *irr* **I.** *vi* ❶ *(mit Schlüssel)* cerrar con llave ❷ *(zum Schluss kommen)* concluir; **mit jdm ~** romper con alguien ❸ *(Abschluss bilden)* cerrar **II.** *vt* ❶ *(Tür)* cerrar con llave ❷ *(beenden)* concluir; *(Studium)* terminar; *(Tagung)* clausurar ❸ *(vereinbaren)* acordar; *(Geschäft)* concertar; *(Vertrag)* cerrar ❹ (FIN: *Bücher*) hacer balance (de); *(Konto)* saldar ❺ (COM: *Geschäftsjahr*) cerrar **III.** *vr:* **sich ~** *(sich isolieren)* aislarse (**von** de)
abschließend ['apʃliːsənt] **I.** *adj* último **II.** *adv* por último
Abschluss *m* <-es, -schlüsse> ❶ *(Verschluss)* cierre *m* ❷ *(Ende)* conclusión *f*, término *m;* **zum ~ kommen** terminar; **etw zum ~ bringen** concluir algo ❸ *(Examen)* diploma *m*, título *m* ❹ *(eines Vertrags, einer Wette)* cierre *m* ❺ (COM) transacción *f*, operación *f*
Abschlussball *m* baile *m* de despedida
Abschlussbericht *m* <-(e)s, -e> informe *m* final
Abschlussklasse *f* <-, -n> ❶ *(Schüler)* promoción *f* ❷ *(Stufe)* último curso *m*
Abschlussprüfung *f* examen *m* final
Abschlusszeugnis *nt* diploma *m; (nach acht Schuljahren)* título *m* de graduado escolar; *(Abitur)* título *m* de bachiller
ab|schmecken *vt* ❶ *(kosten)* probar ❷ (GASTR: *verfeinern*) sazonar
abschmettern *vt (fam)* rechazar, descartar
ab|schminken **I.** *vt* desmaquillar; **das kannst du dir ~!** *(fig)* ¡eso ya te lo puedes quitar de la cabeza! **II.** *vr:* **sich ~** desmaquillarse
ab|schmirgeln *vt (glätten)* esmerilar, pulir; *(entfernen)* quitar lijando
ab|schnallen **I.** *vi (fam)* ❶ *(abschalten)* desconectar ❷ *(fassungslos sein)* quedarse de una pieza; **da schnallste ab!** *(fam)* ¡si no lo veo, no lo creo! **II.** *vt (abnehmen)* desabrochar **III.** *vr:* **sich ~** *(Gurt lösen)* desabrocharse
ab|schneiden *irr* **I.** *vi* ❶ *(Weg)* acortar ❷ *(Ergebnis erzielen)* **gut/schlecht ~** tener/no tener éxito; **bei einer Prüfung gut/schlecht ~** sacar buena/mala nota en un examen **II.** *vt* ❶ *(abtrennen)* cortar ❷ *(absperren)* cortar, acordonar ❸ *(abkürzen)* acortar; **jdm das Wort ~** interrumpir a alguien ❹ *(isolieren)* aislar; **von der Außenwelt abgeschnitten sein** estar incomunicado
Abschnitt *m* <-(e)s, -e> ❶ *(im Text)* párrafo *m* ❷ *(eines Gebietes)* sector *m* ❸ *(Zeitspanne)* lapso *m*, etapa *f* ❹ *(Wertmarke)* cupón *m; (eines Formulars)* resguardo *m; (bei Eintrittskarten)* resguardo *m* (de control de entrada) ❺ (MATH) segmento *m*
abschnüren *vt* cortar; *(a. fig)* estrangular
ab|schöpfen *vt* ❶ *(obere Schicht)* quitar ❷ *(Gewinn)* retirar
Abschöpfung *f* <-, -en> (WIRTSCH) gravamen *m*
ab|schotten ['apʃɔtən] **I.** *vt* ❶ (NAUT) cerrar con mamparos ❷ *(isolieren)* aislar (**von** de) **II.** *vr:* **sich ~** aislarse (**von** de)
ab|schrauben *vt* desatornillar
ab|schrecken *vt* ❶ *(entmutigen)* desanimar; *(einschüchtern)* intimidar ❷ *(Nudeln)* pasar por agua fría ❸ (TECH) enfriar bruscamente; *(Eisen)* templar

abschreckend *adj* intimidatorio; *(warnend)* disuasorio

Abschreckung *f* <-en> intimidación *f;* **nukleare ~** intimidación nuclear

ab|schreiben *irr vt* ❶ *(kopieren)* copiar (**von** de) ❷ (WIRTSCH) amortizar ❸ *(fam: verloren geben)* dar por perdido; **ich hatte ihn längst abgeschrieben** hacía tiempo que le había borrado de mi lista

Abschreiber(in) *m(f)* <-s, -; -, -nen> (SCH: *fam)* copión, -ona *m, f*

Abschreibung *f* <-en> (WIRTSCH) ❶ *(steuerliche Absetzung)* deducción *f* ❷ *(Wertverminderung)* desvalorización *f*

Abschrift *f* <-en> copia *f*

ab|schuppen I. *vt* desescamar **II.** *vr:* **sich ~** *(Haut)* exfoliarse; *(Farbe)* desconcharse

ab|schürfen *vt* despellejar; (MED) excoriar

Abschürfung *f* <-en> (MED) excoriación *f*

Abschuss *m* <-es, -schüsse> ❶ *(einer Waffe)* disparo *m* ❷ *(einer Rakete)* lanzamiento *m* ❸ *(eines Flugzeugs)* derribo *m* ❹ *(bei der Jagd)* derribo *m;* **Tiere zum ~ freigeben** levantar la veda de animales

abschüssig ['apʃʏsɪç] *adj (Gelände)* empinado; *(Küste)* escarpado

Abschussliste *f (fig)* lista *f* negra; **auf der ~ stehen** estar en la lista negra

Abschussrampe *f* plataforma *f* de lanzamiento

ab|schütteln *vt* ❶ *(entfernen)* sacudir (**von** de) ❷ *(Person)* librarse (de); **die Müdigkeit ~** sacudir(se) la pereza

ab|schütten *vt* tirar; **die gekochten Kartoffeln ~** escurrir las patatas cocidas

ab|schwächen I. *vt* ❶ *(Wirkung)* debilitar ❷ *(Eindruck, Formulierung)* atenuar ❸ *(Stoß)* amortiguar **II.** *vr:* **sich ~** debilitarse

Abschwächung *f* <-, -en> debilitamiento *m*

ab|schwatzen *vt (fam)* sacar; *(Geld, Geheimnis)* sonsacar

ab|schweifen ['apʃvaɪfən] *vi sein* ❶ *(geh: vom Weg)* desviarse (**von** de) ❷ *(Gedanke)* divagar (**von** de)

Abschweifung *f* <-, -en> digresión *f,* divagación *f*

ab|schwellen *irr vi sein* ❶ *(Geschwulst)* deshincharse; **der Finger ist abgeschwollen** la inflamación del dedo ha bajado ❷ *(Lärm)* disminuir

ab|schwören *irr vi* ❶ *(dem Glauben)* abjurar (+*dat* de) ❷ *(dem Alkohol)* renunciar (+*dat* a)

ab|segnen *vt (fam)* dar el visto bueno (a)

absehbar *adj* previsible; **in ~er Zeit** en breve

ab|sehen *irr* **I.** *vi* descontar (**von** de); *(verzichten)* prescindir (**von** de); *(nicht berücksichtigen)* no tener en cuenta (**von**); **von einer Strafe ~** prescindir de un castigo; **abgesehen von ...** a excepción de...; **abgesehen davon** aparte de eso; **abgesehen davon, dass ...** aparte de que... **II.** *vt* ❶ *(lernen)* fijarse; **jdm etw ~** fijarse en cómo hace alguien algo ❷ *(voraussehen)* prever; **es ist abzusehen, dass ...** es de prever que... ❸ *(im Auge haben)* pretender; **es auf jdn abgesehen haben** *(gern haben wollen)* pretender conseguir a alguien; *(schikanieren)* tomarla con alguien

ab|seilen *vr:* **sich ~** ❶ (SPORT) descender en rapel ❷ *(fam: verschwinden)* esfumarse

Abseilen *nt* (SPORT) descenso *m* en rapel

abseits ['apzaɪts] **I.** *präp +gen* lejos de **II.** *adv* ❶ *(fern)* alejado ❷ (SPORT) fuera de juego

Abseits *nt* <-, *ohne pl*> (SPORT) fuera *m* de juego

ab|senden *irr vt (Paket, Telegramm)* enviar; *(Waren)* expedir

Absender(in) *m(f)* <-s, -; -nen> remitente *mf; (Absenderadresse)* remite *m;* (COM) expedidor(a) *m(f)*

absenken I. *vt (Grundwassser)* bajar de nivel **II.** *vr:* **sich ~** descender

ab|servieren* *vt* ❶ *(Geschirr, Tisch)* quitar ❷ *(fam: kaltstellen)* marginar; *(entlassen)* echar a la calle ❸ *(fam: ermorden)* eliminar

absetzbar *adj* ❶ (FIN) deducible ❷ *(verkäuflich)* vendible

ab|setzen I. *vt* ❶ *(Hut, Brille)* quitarse ❷ *(hinstellen)* poner (**auf** en); (GEO) depositar ❸ *(Feder)* levantar (del papel); *(Gewehr)* descansar; *(Glas)* posar ❹ *(den Reiter abwerfen)* derribar ❺ *(aussteigen lassen)* dejar (**an/in** en) ❻ *(Minister)* destituir; *(Beamte)* deponer ❼ *(absagen)* suspender; *(Theaterstück)* quitar del cartel ❽ (COM) vender ❾ (FIN) deducir (**von** de); **von der Steuer ~** deducir [*o* desgravar] de los impuestos ❿ (MED: *Behandlung*) abandonar; *(Medikament)* dejar de tomar **II.** *vr:* **sich ~** ❶ *(sich niederschlagen)* acumularse; *(in Flüssigkeiten)* depositarse ❷ *(fam: verschwinden)* escaparse ❸ *(sich unterscheiden)* destacarse (**von/gegen** de (entre)) ❹ (SPORT) ir a la cabeza ❺ (MIL) retirarse

Absetzung *f* <-, -en> ❶ *(Amtsenthebung)* destitución *f,* suspensión *f; (eines Herrschers)* derrocamiento *m; (eines Königs)* destronamiento *m* ❷ *(einer Veranstaltung)* suspensión *f* ❸ *(von der Steuer)* deducción *f*

A

ab|sichern I. *vt* *(Unfallstelle)* asegurar II. *vr:* **sich** ~ *(sich schützen)* asegurarse
Absicht *f* <-en> intención *f*, propósito *m;* *(Ziel)* objetivo *m;* **gute/böse ~en haben** tener buenas/malas intenciones; **etw mit/ohne ~ tun** hacer algo a propósito/sin querer; **es war** ~ fue con intención; **das war nicht meine** ~ no era mi intención; **er hat die ~, zu verreisen** tiene la intención de salir de viaje; **in der ~, etw zu tun** con el propósito de hacer algo
absichtlich I. *adj* intencionado II. *adv* a propósito, adifés *Ven;* **das hast du ~ getan** lo has hecho a propósito
ab|sinken *irr vi sein* *(Niveau)* descender; *(Schiff)* hundirse
ab|sitzen *irr* I. *vi sein* *(vom Pferd)* desmontar II. *vt* *(fam: Strafe, Dienstzeit)* cumplir
absolut [apzo'lu:t] I. *adj* absoluto II. *adv* absolutamente; *(in negativen Sätzen)* en absoluto; **das ist ~ unmöglich** es de todo punto imposible; ~ **nichts** nada en absoluto
Absolution [apzolu'tsjo:n] *f* <-en> (REL) absolución *f*
Absolutismus [apzolu'tɪsmʊs] *m* <-, *ohne pl*> absolutismo *m*
absolutistisch [apzolu'tɪstɪʃ] *adj* absolutista
Absolvent(in) [apzɔl'vɛnt] *m(f)* <-en, -en; -nen> *(vor dem Examen)* examinando, -a *m, f;* *(nach dem Examen)* exalumno, -a *m, f*
absolvieren* [apzɔl'vi:rən] *vt* ❶ *(Schule, Studium)* terminar; *(Prüfung)* aprobar; *(ableisten)* cumplir ❷ (REL) absolver
absonderlich [ap'zɔndelɪç] *adj* raro, singular
Absonderlichkeit *f* <-en> singularidad *f*, particularidad *f;* *(Geschehnis)* hecho *m* curioso
ab|sondern I. *vt* ❶ *(Kranke)* separar; *(Häftlinge)* incomunicar ❷ *(ausscheiden)* segregar; *(Sekret)* secretar II. *vr:* **sich** ~ apartarse (**von** de)
Absonderung ['apzɔndərʊŋ] *f* <-en> ❶ *(Isolierung)* separación *f*, aislamiento *m* ❷ (BIOL, MED: *Vorgang*) segregación *f;* *(Sekret)* secreción *f*
absorbieren* [apzɔr'bi:rən] *vt* *(a. fig)* absorber
Absorption *f* <-, *ohne pl*> absorción *f*
ab|spalten I. *vt* escindir; (CHEM) disociar II. *vr:* **sich** ~ escindirse (**von** de)
Abspann *m* <-(e)s, -e> (FILM, TV) créditos *mpl*
ab|specken ['apʃpɛkən] *vi* *(fam)* adelgazar
ab|speichern *vt* (INFOR) almacenar (**auf** en)
ab|speisen *vt* *(fam)* despachar; **jdn mit leeren Versprechungen** ~ despachar a alguien con promesas vacías
abspenstig ['apʃpɛnstɪç] *adj* **jdm etw ~ machen** mangar algo a alguien
ab|sperren *vt* ❶ *(Gebiet)* bloquear; *(Straße)* cortar ❷ *(Österr, südd: abschließen)* cerrar (con llave)
Absperrung *f* <-en> ❶ *(das Absperren)* bloqueo *m;* *(von Straßen)* corte *m* de carreteras ❷ *(Gitter)* reja *f;* *(Sperre)* barrera *f*
ab|spielen I. *vt* ❶ *(Schallplatte)* poner ❷ *(vom (Noten)blatt)* tocar sin preparación ❸ (SPORT) pasar II. *vr:* **sich** ~ ocurrir
Absprache *f* <-n> acuerdo *m;* **nach vorheriger/ohne vorherige** ~ según/sin acuerdo previo; **eine ~ treffen** llegar a un acuerdo
ab|sprechen *irr vt* ❶ *(vereinbaren)* acordar ❷ *(aberkennen)* privar (de), negar
ab|springen *irr vi sein* ❶ *(herunterspringen)* saltar (**von** de), arrojarse (**von** de); (SPORT) coger impulso ❷ *(Fahrradkette)* soltarse; *(Lack)* saltar ❸ *(fam: zurückziehen)* abandonar (**von**), retirarse (**von** de); *(Teilnehmer)* irse (**von** de); *(Vertragspartner)* volverse atrás
Absprung *m* <-(e)s, -sprünge> salto *m;* *(Fallschirmspringen)* salto *m* (en paracaídas), descenso *m;* *(vom Turngerät)* salida *f;* **den ~ schaffen/verpassen** *(fam fig)* aprovechar/dejar pasar el momento adecuado
ab|spülen *vt* *(Geschirr)* fregar; *(Schmutz)* limpiar
ab|stammen *vi* descender (**von** de), proceder (**von** de)
Abstammung *f ohne pl* ❶ *(Herkunft)* ascendencia *f*, origen *m* ❷ *(Geschlecht)* linaje *m* ❸ (BIOL, LING) origen *m*, procedencia *f*
Abstand *m* <-(e)s, -stände> ❶ *(räumlich)* distancia *f* ❷ *(zeitlich)* distancia *f*, intervalo *m;* **in regelmäßigen Abständen** a intervalos regulares ❸ *(Distanz)* distancia *f;* **von etw ~ gewinnen** *(fig)* cobrar distancia de algo; **davon ~ nehmen, etw zu tun** *(geh)* renunciar a hacer algo ❹ *(Unterschied)* diferencia *f;* *(im Sport)* ventaja *f;* **mit großem ~ führen** tener gran ventaja ❺ *(fam: Abfindung)* indemnización *f*
Abstandssumme *f* <-, -n> indemnización *f*, compensación *f*
ab|statten ['apʃtatən] *vt* *(geh)* **jdm einen Besuch** ~ rendir visita a alguien
ab|stauben ['apʃtaʊbən] *vt* ❶ *(putzen)* desempolvar, quitar el polvo (a) ❷ *(fam: nicht verdienen)* sacar (sin merecerlo); *(schnorren)* gorronear
ab|stechen *irr* I. *vi* *(sich abheben)* contras-

A

tar (**von** con) **II.** *vt* ① *(Tier)* degollar; *(sl: Menschen)* rajar ② *(Torf, Rasen)* cortar

Abstecher *m* <-s, -> ① *(Ausflug)* excursión *f* ② *(Umweg)* vuelta *f*

ab|stecken *vt* ① *(mit Pfählen)* jalonar; *(Grenze)* demarcar ② *(Saum)* marcar con alfileres ③ *(Ziel)* definir

ab|stehen *irr vi (herausragen)* destacarse; **~de Ohren** orejas de soplillo

Absteige ['apʃtaɪgə] *f* <-n> *(fam abw)* pensión *f* de mala muerte

ab|steigen *irr vi sein* ① *(abwärtsgehen)* ir hacia abajo; **auf dem ~den Ast sein** *(fam)* ir de capa caída ② *(vom Pferd, Fahrrad)* desmontar (**von** de), bajar (**von** de) ③ *(übernachten)* **in einer Pension ~** parar en una pensión ④ (SPORT) descender

Absteiger *m* <-s, -> (SPORT) equipo *m* que desciende

ab|stellen *vt* ① *(hinstellen)* colocar, poner; *(deponieren)* dejar ② *(parken)* aparcar ③ *(Wasser)* cerrar; *(Strom)* cortar; *(ausmachen)* apagar, parar ④ *(abkommandieren)* destinar, enviar (**für** a)

Abstellgleis *nt* apartadero *m*, vía *f* de depósito

Abstellkammer *f*, **Abstellraum** *m* (cuarto *m*) trastero *m*

ab|stempeln *vt* ① *(Briefe, Urkunden)* sellar; *(Briefmarken)* matasellar ② *(bezeichnen)* tildar (**als/zu** de)

ab|sterben *irr vi sein* ① *(Zellen, Blätter)* morirse ② *(Glieder)* entumecerse

Abstieg ['apʃtiːk] *m* <-(e)s, -e> bajada *f*, descenso *m*; *(Abhang)* pendiente *f*; *(Niedergang)* descenso *m*; (SPORT) descenso *m* a la categoría inferior

ab|stillen *vi, vt* destetar

ab|stimmen **I.** *vi (Stimme abgeben)* votar (**über** sobre); **über etw ~ lassen** someter algo a votación **II.** *vt (harmonisieren)* ajustar (**auf** a), compaginar (**auf** con); **sich mit jdm ~** ponerse de acuerdo con alguien

Abstimmung *f* <-en> ① *(Wahl)* votación *f*; **geheime ~** votación secreta; **zur ~ bringen** someter a votación ② *(Absprache)* coordinación *f*, armonización *f*

Abstimmungsergebnis *nt* <-ses, -se> (*a.* POL) resultado(s) *m(pl)* de la votación

abstinent [apsti'nɛnt] *adj* abstinente, temperante *Am*

Abstinenz [apsti'nɛnts] *f ohne pl* abstinencia *f*

Abstinenzler(in) *m(f)* <-s, -; -nen> abstinente *mf*, temperante *mf Am*

Abstoß *m* <-es, -stöße> ① (SPORT) saque *m* de puerta ② *(Stoß)* empujón *m*

ab|stoßen *irr* **I.** *vt* ① *(Boot)* alejar (**von** de) ② (MED: *Organ*) rechazar ③ *(verkaufen)* deshacerse (de) ④ *(beschädigen)* desportillar ⑤ *(anekeln)* asquear **II.** *vi (abstoßend sein)* repugnar

abstoßend *adj (ekelig)* repugnante

Abstoßung *f* <-, -en> (MED) rechazo *m*

ab|stottern *vt (fam)* pagar a plazos

abstrahieren* [apstra'hiːrən] **I.** *vi (geh)* hacer abstracción (**von** de) **II.** *vt* abstraer (**aus** de)

abstrakt [ap'strakt] *adj* abstracto

Abstraktion *f* <-en> abstracción *f*

ab|streifen *vt* ① *(entfernen)* quitar ② *(Vorurteile)* deshacerse (de); *(Unarten)* quitarse ③ *(absuchen)* inspeccionar

ab|streiten *irr vt* negar

Abstrich *m* <-(e)s, -e> ① *(Kürzung)* reducción *f*; *(Preise)* rebaja *f*; **wir müssen ~e machen** tenemos que reducir gastos ② (MED) frotis *m inv*

abstrus [ap'struːs] *adj* abstruso

ab|stufen *vt* ① *(stufenförmig machen)* escalonar ② *(Farben)* matizar ③ *(im Lohn herabsetzen)* bajar de categoría

Abstufung *f* <-en> ① *(des Lohnes)* descenso *m* de categoría salarial ② (FIN: *Staffelung*) clasificación *f* ③ *(Schattierung)* matización *f*

ab|stumpfen ['apʃtʊmpfən] **I.** *vi sein (fig)* embrutecerse; *(Gefühl)* embotarse **II.** *vt* truncar; *(fig)* embrutecer

Absturz *m* <-es, -stürze> ① *(Fall)* caída *f* ② (INFOR) fallo *m* general

ab|stürzen *vi sein* ① *(Flugzeug)* estrellarse; *(Bergsteiger)* caer ② *(steil abfallen)* caer en picado ③ (INFOR: *Programm*) producirse un error de tipo general (en); **mein Computer ist abgestürzt** *(fam)* se me ha quedado colgado el ordenador

ab|stützen **I.** *vt* apoyar **II.** *vr:* **sich ~** apoyarse

ab|suchen *vt* buscar por todas partes; *(Gelände)* batir

absurd [ap'zʊrt] *adj* absurdo

Absurdität [apzʊrdi'tɛːt] *f* <-en> absurdo *m*; *(Unsinn)* disparate *m*

Abszess [aps'tsɛs] *m* <-es, -e> (MED) absceso *m*

Abt, **Äbtissin** [apt] *m, f* <-(e)s, Äbte; -nen> abad(esa) *m(f)*

ab|tasten *vt* ① *(befühlen)* tentar; (MED) palpar; *(bei einer Durchsuchung)* registrar ② (INFOR) leer

ab|tauen **I.** *vt* ① *(Kühlschrank)* descongelar ② *(Eis)* derretir **II.** *vi* deshelarse

Äbte *pl von* **Abt**

Abtei [ap'taɪ] *f* <-en> abadía *f*

Abteil [ap'taɪl] *nt* <-(e)s, -e> compartim(i)ento *m*

A

ab|teilen *vt* ❶ *(Raum)* dividir ❷ *(abtrennen)* separar
Abteilung [-'--] *f* <-en> ❶ *(Abtrennung)* división *f* ❷ *(im Betrieb, Kaufhaus)* sección *f; (im Museum)* sala *f; (im Krankenhaus)* unidad *f* ❸ (MIL) destacamento *m*
Abteilungsleiter(in) *m(f)* jefe, -a *m, f* de sección
ab|tippen *vt (fam)* pasar a máquina
Äbtissin [ɛp'tɪsɪn] *f* <-nen> *s.* **Abt**
ab|töten *vt* matar
ab|tragen *irr vt* ❶ *(Gelände)* aplanar ❷ *(Mauer)* derribar ❸ *(Kleidung)* (des)gastar ❹ *(geh: Schulden)* ir pagando ❺ *(geh)* **die Teller ~** retirar los platos
abträglich ['aptrɛ:glɪç] *adj (geh)* perjudicial
ab|transportieren* *vt* ❶ *(Güter)* tra(n)sportar ❷ *(Person)* evacuar
ab|treiben *irr* **I.** *vi* ❶ *sein (Boot)* derivar; *(Flugzeug)* desviarse del rumbo ❷ *(Schwangerschaft abbrechen)* abortar **II.** *vt* ❶ *(weglenken)* arrastrar, apartar ❷ *(Schwangerschaft abbrechen)* abortar
Abtreibung *f* <-en> aborto *m*
Abtreibungspille *f* píldora *f* abortiva
ab|trennen *vt* ❶ *(Angenähtes)* descoser ❷ *(abteilen)* separar
Abtrennung *f* <-, -en> *(Abteilen)* división *f; (trennende Vorrichtung)* separación *f*
ab|treten *irr* **I.** *vi sein* ❶ (MIL) romper filas ❷ (THEAT) retirarse (**von** de) **II.** *vt* ❶ *(abnutzen: Teppich)* gastar; *(Absätze)* desgastar ❷ *(überlassen)* ceder; *(Geschäft)* traspasar ❸ *(säubern)* limpiar
Abtreter *m* <-s, -> *(fam)* felpudo *m*
Abtretung *f* <-en> cesión *f*, traspaso *m*
ab|trocknen *vt* secar
ab|tropfen *vi sein* escurrir
Abtropfsieb *nt* colador *m*
abtrünnig ['aptrʏnɪç] *adj* ❶ (REL) renegado; **dem Glauben ~ werden** apostatar de la fe ❷ (POL) disidente
Abtrünnige(r) *mf* <-n, -n; -n> ❶ (REL) apóstata *mf* ❷ (POL) disidente *mf*
ab|tun *irr vt* ❶ *(fam: Kleidung, Brille)* quitarse ❷ *(zurückweisen)* rechazar; **etw als belanglos ~** minimizar algo; **etw mit einem Achselzucken ~** rechazar algo encogiéndose de hombros
ab|tupfen *vt* ❶ *(Wunde)* taponar ❷ *(Stirn, Tränen)* secar, empapar
abturnen ['aptœrnən] *vi (sl)* ser un coñazo
Abverkauf *m* <-(e)s, -käufe> *(Österr: wegen Aufgabe des Geschäfts)* (venta *f* por) liquidación *f; (am Ende der Saison)* rebajas *fpl*
ab|verlangen* *vt* exigir (con descaro); **jdm etw ~** exigir algo a alguien
ab|wägen ['apvɛ:gən] <wägt ab, wog ab, abgewogen> *vt* ponderar, sopesar
Abwägung *f* <-, -en> ponderación *f*
ab|wählen *vt* ❶ *(Politiker)* anular la elección (de) ❷ (SCH: *Fach*) no elegir
ab|wälzen *vt (Schuld)* echar (**auf** a); *(Arbeit)* descargar (**auf** en)
ab|wandeln *vt* modificar
ab|wandern *vi sein* emigrar
Abwandlung *f* <-, -en> modificación *f*, variación *f*
Abwärme *f* <-, *ohne pl*> (TECH) calor *m* de escape [*o* residual], polución *f* térmica
Abwart(in) *m(f)* <-s, -e; -, -nen> *(Schweiz: Hausmeister)* portero, -a *m, f*
ab|warten *vt, vi* esperar; **die Ergebnisse ~** esperar los resultados
abwärts ['apvɛrts] *adv* hacia abajo
abwärtskompatibel *adj* (INFOR) compatible hacia abajo
Abwärtstrend *m* tendencia *f* descendente
Abwasch ['apvaʃ] *m* <-(e)s, *ohne pl*> *(fam)* ❶ *(Abspülen)* fregado *m* de la vajilla; **den ~ machen** fregar ❷ *(Geschirr)* vajilla *f* por fregar
abwaschbar *adj* lavable
ab|waschen *irr* **I.** *vi* fregar **II.** *vt* ❶ *(Geschirr)* fregar ❷ *(Schmutz)* limpiar
Abwasser *nt* <-s, -wässer> aguas *fpl* residuales
Abwasseraufbereitung *f* tratamiento *m* de las aguas residuales
Abwasserkanal *m* alcantarilla *f*, acequia *f Méx*
Abwasserreinigung *f* depuración *f* de aguas (residuales)
Abwasserrohr *nt* conducto *m* de aguas residuales
Abwechs(e)lung *f* <-en> cambio *m;* **zur ~** para variar
ab|wechseln *vi, vr:* **sich ~** alternar(se); *(Personen)* turnarse
abwechselnd *adv* alternativamente, por turnos; **sie passten ~ auf die Kinder auf** se turnaban para cuidar a los niños
abwechslungshalber ['apvɛkslʊŋshalbɐ] *adv* para variar
abwechslungslos **I.** *adj* ❶ *(immer gleich)* poco variado; *(ereignislos)* monótono ❷ *(langweilig)* aburrido; **ein ~es Programm** un programa aburrido **II.** *adv* sin variación
abwechslungsreich *adj* variado; *(ereignisreich)* rico en impresiones
abwegig ['apve:gɪç] *adj* desacertado
Abwegigkeit *f* <-, -en> desacierto *m*
Abwehr [a'pve:ɐ] *f ohne pl (Verteidigung)* defensa *f; (Abstoßung)* rechazo *m*
ab|wehren **I.** *vi* rehusar **II.** *vt* ❶ *(fernhal-*

ten) mantener a distancia; *(Krankheitserreger)* protegerse (de) ❷ *(ablehnen, a.* MIL) rechazar; *(Verdacht)* descartar ❸ (SPORT) despejar

Abwehrkräfte *fpl* (MED) defensas *fpl* (del organismo)

Abwehrmaßnahme *f* <-, -n> medida *f* de defensa

Abwehrreaktion *f* (PSYCH, MED) reacción *f* de defensa

Abwehrspieler(in) *m(f)* (SPORT) defensa *mf*

Abwehrsystem *nt* <-s, -e> (MED) sistema *m* profiláctico

ab|weichen *irr vi sein* ❶ *(vom Kurs, Thema)* desviarse (**von** de) ❷ *(sich unterscheiden)* divergir (**von** de); *(Meinung)* discrepar

abweichend *adj* divergente; **~e Meinungen** opiniones discrepantes

Abweichung *f* <-en> ❶ *(das Abweichen)* desviación *f* ❷ (TECH) anomalía *f,* irregularidad *f* ❸ *(Differenz)* divergencia *f*

ab|weisen *irr vt* ❶ *(Antrag)* rechazar; *(Anklage)* refutar ❷ *(wegschicken)* no recibir

abweisend *adj (ablehnend)* negativo; *(zurückweisend)* reservado

Abweisung *f* <-, -en> rechazo *m*

ab|wenden *irr* **I.** *vt* ❶ *(Blick)* apartar (**von** de), volver ❷ *(Gefahr)* evitar **II.** *vr:* **sich ~** *(sich wegdrehen)* apartarse (**von** de), volverse

ab|werben *irr vt* (WIRTSCH) quitar; **der Konkurrenz Mitarbeiter ~** hacerse con los colaboradores de la competencia

ab|werfen *irr* **I.** *vt* ❶ *(Reiter)* derribar; *(Latte)* tirar; *(Geweih)* echar; *(Blätter)* perder; *(Bomben)* lanzar ❷ *(Gewinn)* rendir ❸ *(Karten)* echar **II.** *vi* (SPORT: *vom Tor*) hacer un saque de puerta

ab|werten *vt* ❶ (FIN) devaluar ❷ *(herabsetzen)* despreciar, quitar valor (a)

abwertend *adj (negativ)* peyorativo; *(verächtlich)* despectivo

Abwertung *f* <-en> (FIN) devaluación *f*

abwesend ['apve:zənt] *adj* ❶ *(nicht zugegen)* ausente ❷ *(zerstreut)* distraído

Abwesende(r) *mf* <-n, -n; -n, -n> ausente *mf*

Abwesenheit *f* <-en> ❶ *(körperlich)* ausencia *f* ❷ *(geistig)* distracción *f*

Abwesenheitsnotiz *f (E-Mail)* mensaje *m* de [*o* en] ausencia

ab|wickeln *vt* ❶ *(Knäuel)* deshacer; *(Garn)* desenrollar ❷ *(Geschäft)* llevar a cabo

Abwicklung *f* <-, -en> (WIRTSCH) liquidación *f,* realización *f*

ab|wiegen *irr vt* pesar

ab|wimmeln *vt (fam: Arbeit)* quitarse de encima; *(Besucher)* deshacerse (de)

ab|winken *irr vi* hacer un gesto negativo con la mano

ab|wischen *vt* ❶ *(Staub, Schmutz)* limpiar; **wisch dir den Mund mit der Serviette gut ab!** ¡límpiate bien con la servilleta! ❷ *(Tisch)* limpiar, pasar con una bayeta ❸ *(abtrocknen)* secar, enjugar *elev*

abwracken *vt (verschrotten)* desguazar

Abwurf *m* <-(e)s, -würfe> ❶ *(von Bomben)* lanzamiento *m* ❷ (SPORT) saque *m*

ab|würgen *vt (fam)* ❶ *(Diskussion, Streik)* ahogar, reprimir ❷ *(Motor)* ahogar

ab|zahlen *vt* pagar; *(in Raten)* pagar a plazos

ab|zählen *vt* contar; **das kannst du dir doch an fünf Fingern ~!** *(fam)* ¡eso lo ve hasta un ciego!

Abzählreim *m* <-(e)s, -e> *canconcilla para elegir a algo o a alguien, p. ej. "Pinto, pinto, colorito…"*

Abzahlung *f* <-en> ❶ *(Ratenzahlung)* pago *m* a plazos; **etw auf ~ kaufen** comprar algo a plazos ❷ *(Rückzahlung)* importe *m* total

abzapfen ['aptsapfən] *vt* sacar

Abzeichen *nt* <-s, -> ❶ (MIL) condecoración *f* ❷ *(Anstecknadel)* distintivo *m*

ab|zeichnen **I.** *vt* ❶ *(kopieren)* copiar ❷ *(signieren)* firmar **II.** *vr:* **sich ~** ❶ *(sich abheben)* destacarse (**auf** de), perfilarse (**auf** sobre) ❷ *(deutlich werden)* perfilarse

Abziehbild *nt* calcomanía *f*

ab|ziehen *irr* **I.** *vi* ❶ *(Rauch)* salir(se); *(Gewitter)* alejarse ❷ *(Truppen, Zugvögel)* irse ❸ *(fam: weggehen)* largarse **II.** *vt* ❶ *(wegnehmen)* sacar (**von** de); *(entfernen)* quitar (**von** de); **das Bett ~** quitar las sábanas ❷ *(Tier)* despellejar ❸ (FOTO, TYPO) sacar copias (de) ❹ (MATH) restar ❺ *(vom Lohn, Preis)* deducir (**von** de), descontar (**von** de) ❻ (MIL) retirar ❼ *(Schweiz: ausziehen)* desnudar **III.** *vr:* **sich ~** *(Schweiz: sich ausziehen)* desnudarse

ab|zielen *vi (Bemerkung)* referirse (**auf** a); *(anstreben)* tener como meta (**auf**)

Abzocke *f ohne pl (abw fam)* abuso *m,* clavada *f*

ab|zocken *vt (sl: im Spiel)* desplumar

Abzug *m* <-(e)s, -züge> ❶ (MIL) retirada *f,* salida *f* ❷ *(Lohnabzug)* retención *f;* **nach ~ der Kosten** deducidos los gastos ❸ (CHEM) abductor *m* ❹ (FOTO) copia *f* ❺ *(am Gewehr)* gatillo *m* ❻ *(Luft, Kamin)* tiro *m*

abzüglich ['aptsy:klɪç] *präp +gen* descontando; **~ der Kosten** previa deducción de los costes

abzugsfähig *adj* (FIN) deducible, desgravable

Abzugshaube *f* campana *f* extractora

Abzugskanal *m* canal *m* de desagüe

Abzugsrohr *nt* tubo de salida *m*

ab|zweigen I. *vi sein* desviarse (**von** de, **zu** hacia) **II.** *vt (Geld)* apartar

Abzweigung *f* <-en> cruce *m*

Accessoire [aksɛso'aːɐ] *nt* <-s, -s> accesorio *m*

Acetat [atse'taːt] *nt* <-s, -e> *s.* **Azetat**

Aceton [atse'toːn] *nt* <-s, *ohne pl*> (CHEM) acetona *f*

ach [ax] *interj* ah; ~ **was!** ¿qué dices?; ~ **ja!** ¡ah, claro (que sí)!; ~ **so!** ¡ah, eso es otra cosa!; **~, du lieber Himmel!** ¡ay, Dios mío!; ~ **nee!** ¡no me digas!

Ach *nt* <-s, -(s)> *(fam)* **mit ~ und Krach** a trancas y barrancas

Achillesferse [a'xɪlɛsfɛrzə] *f* <-, -n> talón *m* de Aquiles

Achillessehne *f* (ANAT) tendón *m* de Aquiles

Achse ['aksə] *f* <-n> (TECH, POL, MATH) eje *m;* **sich um die eigene ~ drehen** girar sobre su propio eje; **immer auf ~ sein** *(fam)* estar siempre fuera

Achsel ['aksəl] *f* <-n> ❶ *(Achselhöhle)* axila *f* ❷ *(Schulter)* hombro *m;* **mit den ~n zucken** encogerse de hombros

Achselhaare *ntpl* vello *m* de la axila

Achselhöhle *f* axila *f,* sobaco *m*

Achselzucken *nt* encogimiento *m* de hombros

achselzuckend I. *adj* que solamente se encoge de hombros; *(gleichgültig)* indiferente **II.** *adv* encogiéndose de hombros; *(gleichgültig)* con indiferencia

Achsenbruch *m* (TECH) rotura *m* del eje

Achsenmächte ['ksənmɛçtə] *fpl* (HIST) potencias *fpl* del Eje *(Alemania, Italia y Japón)*

acht [axt] *adj inv* ocho; **es ist gleich ~** (**Uhr**) van a ser las ocho (horas); **alle ~ Tage** cada ocho días; **mit ~** (**Jahren**) a los ocho años; **um/gegen ~** (**Uhr**) a las/sobre las ocho (horas); **zu je ~** de a ocho; **zu ~** de ocho en ocho; **in ~ Tagen** dentro de ocho días; **vor ~ Tagen** hace ocho días; **heute in ~ Tagen** de hoy en ocho días; **morgen in ~ Tagen** mañana en ocho días

Acht[1] [axt] *f* <-en> *(Zahl)* ocho *m*

Acht[2] *f ohne pl* ❶ *(Aufmerksamkeit)* atención *f;* **etw außer aller ~ lassen** prescindir de algo; **sich** (**vor jdm**) **in ~ nehmen** cuidarse (de alguien); **~ geben** prestar atención; *s. a.* **achtgeben** ❷ (HIST) proscripción *f*

achtbar *adj* respetable

achte(**r, s**) *adj* octavo; **der ~ Dezember** el ocho de diciembre; **am ~n Dezember** el ocho de diciembre; **wir treffen uns Sonntag, den ~n Dezember** nos veremos el domingo, ocho de diciembre; **im ~n Stock** en el octavo piso; **das ~ Mal** la octava vez; **Heinrich der A~** Enrique VIII; **jeden ~n Tag** cada ocho días; **du bist der A~, der mich das fragt** eres la octava persona que me pregunta eso

Achteck *nt* octógono *m,* octágono *m*

achteckig *adj* octógono, octágono; **der Grundriss des Baptisteriums ist ~** la planta del baptisterio es octágona

achteinhalb ['axtʔaɪn'halp] *adj inv* ocho y medio; **bis dorthin sind es ~ Kilometer** faltan ocho kilómetros y medio

achtel *adj inv* octavo; **ein ~ Zentner** la octava parte de un quintal

Achtel ['axtəl] *nt* <-s, -> octavo, -a *m, f,* octava parte *f*

Achtelfinale *nt* (SPORT) octavos *mpl* de final

Achtelnote *f* (MUS) corchea *f*

achten ['axtən] **I.** *vi* ❶ *(beachten)* atender (**auf** a), cuidar (**auf** de); *(auf den Weg)* fijarse (**auf** en), prestar atención (**auf** a); **sie achtet darauf, dass ...** se cuida de que... +*subj* ❷ *(beaufsichtigen)* cuidar (**auf** de) **II.** *vt* ❶ *(schätzen)* estimar; *(Ansichten)* respetar ❷ *(befolgen)* observar

ächten ['ɛçtən] *vt* (HIST) proscribir; *(verbannen)* desterrar; *(fig: ausstoßen)* aislar

achtens ['axtəns] *adv* en octavo lugar; *(bei einer Aufzählung)* octavo; **... und ~ gilt es, in Zukunft über neue Maßnahmen nachzudenken** ... y octavo, es necesario reflexionar en lo sucesivo sobre nuevas medidas

achtenswert *adj* apreciable, digno de atención

Achterbahn *f* montaña *f* rusa

achterlei *adj inv* de ocho clases diferentes, ocho clases (diferentes) de; **es standen ~ Sorten Käse auf dem Tisch** en la mesa había ocho clases diferentes de quesos; **auf ~ Weise** de ocho formas diferentes

achtern *adv* (NAUT) a popa, hacia popa

achtfach I. *adj* óctuplo; **die ~e Menge** ocho veces la cantidad; **der Antrag muss in ~er Ausfertigung zugesandt werden** hay que mandar ocho copias de la candidatura **II.** *adv* ocho veces

achtgeben *irreg vi* prestar atención (**auf** a); *(auf Personen/die Gesundheit)* cuidar (**auf** de); **gib acht!** ¡cuidado!; **gib acht, wohin du trittst!** ¡ten cuidado de dónde pisas!; **gib auf dich acht!** ¡cuídate!

achthundert ['-'--] *adj inv* ochocientos; **dieser Baum ist mehr als ~ Jahre alt** este árbol tiene más de ochocientos años

A

achtjährig ['axtjɛːrɪç] *adj (acht Jahre alt)* de ocho años; *(acht Jahre dauernd)* de ocho años de duración
achtkantig *adj* octogonal; **jdn ~ hinauswerfen** *(fam)* echar a alguien con cajas destempladas
achtlos *adj* ❶ *(sorglos)* descuidado ❷ *(zerstreut)* distraído ❸ *(rücksichtslos)* desconsiderado ❹ *(unbesonnen)* despreocupado; **~ mit etw umgehen** tratar algo con descuido
Achtlosigkeit *f ohne pl* descuido *m,* dejadez *f; (Unbesonnenheit)* despreocupación *f*
achtmal *adv* ocho veces; **~ so viel(e)** ocho veces más; **~ täglich** ocho veces al día; **ich war schon ~ in Madrid** ya he estado ocho veces en Madrid
achtsam *adj (geh)* ❶ *(aufmerksam)* atento ❷ *(sorgfältig)* cuidadoso
Achtsamkeit *f ohne pl* cuidado *m,* atención *f*
Achtstundentag ['-'---] *m* jornada *f* (laboral) de ocho horas
achttägig *adj* de ocho días; **ein ~er Aufenthalt im Ausland** una estancia de ocho días en el extranjero
achttausend ['-'--] *adj inv* ocho mil; **dieser Stein ist ~ Jahre alt** esta piedra tiene ocho mil años
Achtundsechziger(in) ['--'---] *m(f)* <-s, -; -nen> sesentaiochista *mf (participante en el mayo del 68)*
Achtung ['axtʊŋ] *f ohne pl* ❶ *(Aufmerksamkeit)* atención *f;* **~ Stufe!** ¡cuidado con el escalón!; **~, fertig, los!** ¡preparados, listos, ya! ❷ *(Wertschätzung)* respeto *m* (**vor** a); **sich** *dat* **~ verschaffen** hacerse respetar
Ächtung ['ɛçtʊŋ] *f* <-en> (HIST) proscripción *f; (Verbannung)* destierro *m; (fig: Verdammung)* aislamiento *m*
achtzehn *adj inv* dieciocho; **wann wirst du ~?** ¿cuándo cumples los 18?; **der Film ist erst ab ~ (freigegeben)** la película no es autorizada para menores de dieciocho años; *s. a.* **acht**[1]
achtzehnte(r, s) *adj* decimoctavo; **morgen ist der ~ Mai** mañana es el dieciocho de mayo
achtzig ['axtsɪç] *adj inv* ochenta; **mit ~ (Stundenkilometern) fahren** ir a ochenta (por hora); **etwa ~ (Jahre alt)** sobre los ochenta (años); **mit ~ (Jahren)** a los [*o* con] ochenta (años); **über/unter ~** más de/menos de ochenta; **jdn auf ~ bringen** *(fam)* poner a alguien a cien; **die ~er Jahre** los años ochenta
achtziger ['axtsɪgɐ] *adj inv (1980 bis 1989)* de los ochenta, de la década de los ochenta; **sie wurde Anfang der ~ Jahre geboren** nació a comienzos de los ochenta
Achtziger *m* <-s, -> ❶ *(Wein)* cosecha *f* del ochenta, vino *m* de la añada del ochenta ❷ **in den ~n sein** ser un octogenario, ser un ochentón *fam*
Achtzigerjahre *ntpl* **die ~** [*o* **achtziger Jahre**] la década de los ochenta
achtzigjährig ['axtsɪçjɛːrɪç] *adj (80 Jahre alt)* octogenario, de ochenta años; *(80 Jahre dauernd)* de ochenta años de duración; *s. a.* **achtjährig**
Achtzigjährige(r) ['axtsɪçjɛːrɪgə, 'axtsɪçjɛːrɪgɐ] *mf* <-n, -n; -n, -n> octogenario, -a *m, f;* **als ~/~r** con ochenta años
achtzigste(r, s) *adj* octogésimo; **heute ist ihr ~r Geburtstag** hoy es su octogésimo aniversario
achtzigstel ['axtsɪçstl] *adj* ochentavo; *s. a.* **achtel**
ächzen ['ɛçtsən] *vi* ❶ *(Person)* gemir (**vor** de) ❷ *(Bretter, Gebälk)* crujir
Acker ['akɐ] *m* <-s, Äcker> campo *m*
Ackerbau *m ohne pl* agricultura *f*
Ackerbohne *f* haba *f*
Ackerland *nt ohne pl* tierra *f* de labor, tierras *fpl* de labranza
ackern *vi* ❶ (AGR) arar ❷ *(fam: arbeiten)* trabajar duramente
Ackersalat *m* (BOT) rapónchigo *m,* ruiponce *m*
Acre ['ekɐ] *m* <-(e)s, -(e)s> *(Flächenmaß)* acre *m*
Acryl [a'kryːl] *nt* <-s, *ohne pl*> (CHEM) fibra *f* acrílica
Acrylfarbe *f* colorante *m* acrílico
Acryllack *m* pintura *f* acrílica
Action ['ɛktʃən] *f ohne pl* acción *f*
Actionfilm *m* película *f* de acción
a.d. *Abk. von* **an der: Frankfurt a.d. Oder** Francfort del Oder
ad absurdum [at ap'zʊrdʊm] **etw ~ führen** reducir algo al absurdo
ADAC [aːdeːʔaːˈtseː] *m* <-> *Abk. von* **Allgemeiner Deutscher Automobil-Club** *Automóvil Club de Alemania*
ad acta [at 'akta] **etw ~ legen** dar carpetazo a algo
Adamsapfel ['aːdamsapfəl] *m* nuez *f* de Adán
Adamskostüm *nt (fam)* **im ~** en pelotas
Adaptation [adapta'tsjoːn] *f* <-en> (*a.* FILM, LIT) adaptación *f*
Adapter [a'daptɐ] *m* <-s, -> adaptador *m*
adaptieren* [adap'tiːrən] **I.** *vt* ❶ (FILM, LIT) adaptar (**für** a) ❷ *(Österr: herrichten)* habilitar **II.** *vr:* **sich ~** adaptarse (**an** a)
Adaption *f* <-, -en> *s.* **Adaptation**

adäquat [adɛ'kvaːt] *adj* adecuado
addieren* [a'diːrən] *vt* sumar (**zu** a)
Addition [adi'tsjoːn] *f* <-en> adición *f* (**zu** a)
Additiv [adi'tiːf] *nt* <-s, -e> (CHEM) aditivo *m;* **bleihaltige ~e** aditivos conteniendo plomo
ade [a'deː] *interj (reg)* adiós; **jdm ~ sagen** decir(le) adiós a alguien
Adel ['aːdəl] *m* <-s, *ohne pl*> ① *(Klasse, Stand)* nobleza *f,* aristocracia *f;* **von ~ sein** tener abolengo ② *(Titel)* título *m* de nobleza
adelig ['aːdəlɪç] *adj* noble
Adelige(r) *mf* <-n, -n; -n> noble *mf,* aristócrata *mf*
adeln ['aːdəln] *vt* ennoblecer
Adelstitel *m* título *m* nobiliario
Ader ['aːdɐ] *f* <-n> ① *(Blutgefäß)* vena *f* ② *(Anlage)* vena *f;* **eine künstlerische ~ haben** tener dotes artísticas ③ *(von Gestein, Holz)* veta *f; (Blatt)* nervio *m*
Aderlass *m* <-es, -lässe> sangría *f,* sangradera *f Am*
ad hoc [at hɔk] ad hoc
adieu [a'djøː] *interj (reg)* adiós; **jdm ~ sagen** despedirse de alguien
Adjektiv ['atjɛktiːf] *nt* <-s, -e> (LING) adjetivo *m*
adjektivisch *adj* (LING) adjetivo
adjustieren* *vt* (TECH) ajustar
Adler ['aːdlɐ] *m* <-s, -> águila *f; (Jungtier)* aguilucho *m*
Adlerauge *nt (fig)* vista *f* de águila; **~n haben** tener vista de lince
Adlernase *f* nariz *f* aguileña
adlig ['aːdlɪç] *adj s.* **adelig**
Adlige(r) *mf* <-n, -n; -n> *s.* **Adelige(r)**
Administration [atminɪstra'tsjoːn] *f* <-en> ① *(Verwaltung)* administración *f* ② *(Schweiz: einer Firma)* gestión *f*
administrativ [atminɪstra'tiːf] *adj* administrativo
Administrator [atminɪs'traːtoːɐ] *m* <-s, -en> (INFOR) administrador *m*
Admiral[1] [atmi'raːl] *m* <-s, -e> (ZOOL) vanesa *f* atlanta
Admiral(in)[2] [atmi'raːl] *m(f)* <-s, -e *o* -äle; -nen> (MIL) almirante *mf*
Admiralität [atmirali'tɛːt] *f* <-, -en> (JUR, MIL) almirantazgo *m*
adoptieren* [adɔp'tiːrən] *vt* adoptar
Adoption [adɔp'tsjoːn] *f* <-en> adopción *f*
Adoptiveltern *pl* padres *mpl* adoptivos
Adoptivkind *nt* hijo, -a *m, f* adoptivo , -a
Adrenalin [adrena'liːn] *nt* <-s, *ohne pl*> (MED) adrenalina *f*
Adrenalinstoß *m* (MED) descarga *f* de adrenalina
Adressat(in) [adrɛ'saːt] *m(f)* <-en, -en; -nen> destinatario, -a *m, f*
Adressbuch *nt* directorio *m*
Adresse [a'drɛsə] *f* <-n> ① *(Anschrift)* dirección *f,* señas *fpl;* **an der falschen ~ sein** *(fam)* haberse equivocado de persona; **die erste ~ für Weine** la mejor tienda para comprar vinos ② (INFOR) dirección *f*
Adressenliste *f* <-, -n> lista *f* de direcciones
Adressfeld *nt* <-es, -er> (INFOR) campo *m* de direcciones
adressieren* *vt* ① *(Postsendung)* poner la dirección ② *(richten)* dirigir (**an** a)
Adressierung *f* <-, -en> (INFOR) direccionamiento *m*
adrett [a'drɛt] *adj* atildado
Adria ['aːdria] *f* Adriático *m*
adriatisch *adj* adriático; **A~es Meer** mar Adriático
adstringierend *adj* (MED) astringente
A-Dur *nt* <-, *ohne pl*> (MUS) la *m* mayor
Advent [at'vɛnt] *m* <-(e)s, -e> Adviento *m*
Adventskalender *m* calendario *m* de Adviento
Adventskranz *m* corona *f* de Adviento
Adventszeit *f* (tiempo *m* de) adviento *m*
Adverb [at'vɛrp] *nt* <-s, -verbien> (LING) adverbio *m*
adverbial [atvɛr'bjaːl] *adj* (LING) adverbial; **~e Ergänzung** complemento circunstancial
Adverbialsatz *m* oración *f* adverbial
Advokat(in) [atvo'kaːt] *m(f)* <-en, -en; -nen> *(reg: Anwalt)* abogado, -a *m, f*
Advokatur *f ohne pl (Schweiz: Amt eines Anwalts)* abogacía *f*
Aerobic [ɛə'rɔbɪk] *nt* <-s, *ohne pl*> aeróbic *m,* gimnasia *f* aeróbica
Aerodynamik [aerody'naːmɪk] *f* (PHYS) aerodinámica *f*
aerodynamisch [aerody'naːmɪʃ] **I.** *adj* ① (PHYS) aerodinámico; **die ~en Gesetze** las leyes de la aerodinámica ② *(windschnittig)* de forma aerodinámica **II.** *adv (windschnittig)* de manera aerodinámica
Aerosol [aero'zoːl] *nt* <-s, -e> aerosol *m*
Affäre [a'fɛːrə] *f* <-n> ① *(Skandal)* affaire *m;* **sich mit etw aus der ~ ziehen** salir del apuro con algo; **in eine ~ verwickelt sein** estar envuelto en un affaire; **das ist doch keine ~** eso no es nada ② *(Liebesabenteuer)* aventura *f* amorosa
Affe ['afə] *m* <-n, -n> mono *m;* **mich laust der ~** *(fam)* eso me deja patitieso; **einen ~n (sitzen) haben** *(fig)* tener una mona

Affekt *m* <-(e)s, -e> arrebato *m* (pasional); **im ~ handeln** (JUR, PSYCH) actuar impulsado por un arrebato pasional

Affekthandlung *f* (JUR, PSYCH) delito *m* pasional

affektiert *adj (abw)* afectado

affenartig *adj (fam: affenähnlich)* simiesco; **mit ~er Geschwindigkeit fahren** *(fam)* ir a toda mecha

affengeil *adj (sl)* de puta madre

Affenhitze *f (fam)* calor *m* infernal

Affenmensch *m* <-en, -en> (BIOL) hombre mono *m*, homínido *m*

Affentempo *nt (fam)* velocidad *f* loca; **in einem ~** a toda mecha

Affentheater *nt (fam)* escándalo *m*

Affiche *f* <-n> *(Schweiz: Plakat)* cartel *m*

affig *adj (fam)* afectado

Äffin *f* <-nen> mona *f*

Affinität [afini'tɛ:t] *f* <-, -en> *(geh)* afinidad *f*

affirmativ [afɪrma'ti:f] *adj* afirmativo

Affront [a'frõ] *m* <-s, -s> *(geh)* afrenta *f* (**gegen** para), ofensa *f* (**gegen** a/para)

Afghane, -in [af'ga:nə] *m, f* <-n, -n; -nen> *(Person)* afgano, -a *m, f*

afghanisch *adj* afgano

Afghanistan [af'ga:nɪsta:n] *nt* <-s> Afganistán *m*

Afrika ['a(:)frika] *nt* <-s> África *f*

Afrikaans [afri'ka:ns] *nt* <-, *ohne pl*> *(Sprache)* afrikaans *m*

Afrikaner(in) [afri'ka:nɐ] *m(f)* <-s, -; -nen> africano, -a *m, f*

afrikanisch *adj* africano

Afrikanische Union *f* Unión Africana *f*

Afroamerikaner(in) ['a:froʔameri'ka:nɐ] *m(f)* afroamericano, -a *m, f*

afroamerikanisch *adj* afroamericano

Afrolook *m* look *m* afro

After ['aftɐ] *m* <-s, -> (ANAT) ano *m*

Aftershave [a:ftɐ'ʃɛɪf] *nt* <-(s), -s> aftershave *m*

AG [a:'ge:] *f* <(-s)> ❶ *Abk. von* **Aktiengesellschaft** S.A. *f* ❷ *Abk. von* **Arbeitsgruppe** grupo *m* de trabajo ❸ *Abk. von* **Arbeitsgemeinschaft** cooperativa *f* laboral

Ägäis [ɛ'gɛ:ɪs] *f* Egeo *m*

Agar-Agar ['a(:)ga:ɐ'a(:)ga:ɐ] *m o nt* <-s, *ohne pl*> Agar-Agar *m*

Agave [a'ga:və] *f* <-n> (BOT) agave *m o f*, maguey *m Am*, metl *m Méx*

Agent(in) [a'gɛnt] *m(f)* <-en, -en; -nen> agente *mf*; *(Spion)* espía *mf*

Agentin *f* <-, -nen> *s.* **Agent**

Agentur *f* <-en> agencia *f*; **~ für Arbeit** oficina *f* de empleo

Agglomeration [aglomera'tsjo:n] *f* <-en> ❶ *(geh: Anhäufung)* aglomeración *f* ❷ *(Schweiz: Ballungsraum)* aglomeración *f* urbana

Aggregat [agre'ga:t] *nt* <-(e)s, -e> ❶ (TECH) grupo *m* ❷ (WIRTSCH) agregado *m*

Aggregatzustand *m* <-(e)s, -stände> (CHEM) estado *m* de agregación; **flüssiger/fester/gasförmiger ~** estado de agregación líquido/sólido/gaseoso

Aggression [agrɛ'sjo:n] *f* <-en> ❶ *(Angriff)* agresión *f* ❷ *(Angriffslust)* agresividad *f*

aggressiv *adj* ❶ *(streitsüchtig)* agresivo ❷ *(zerstörend)* corrosivo

Aggressivität *f* <-en> ❶ (PSYCH) agresividad *f* ❷ *(aggressive Handlung)* agresión *f*, ataque *m*

Aggressor [a'grɛso:ɐ] *m* <-s, -en> (JUR, POL) agresor *m*, país *m* agresor

agieren* [a'gi:rən] *vi* actuar (**als** de/como)

agil [a'gi:l] *adj* ágil; *(geschickt)* mañoso

Agitation [agita'tsjo:n] *f* <-en> (POL) agitación *f* (política), propaganda *f*; **~ treiben** provocar los ánimos

Agitator(in) [agi'ta:to:ɐ] *m(f)* <-s, -en; -nen> (POL) agitador(a) *m(f)*

Agnostizismus *m* <-, *ohne pl*> (PHILOS) agnosticismo *m*

Agonie [ago'ni:] *f* <-n> *(geh, a.* MED) agonía *f*

Agrarland *nt* <-(e)s, *ohne pl*> *(landwirtschaftliche Nutzfläche)* terreno *m* agrícola

Agrarmarkt *m* mercado *m* de productos agrarios

Agrarpolitik *f* política *f* agraria; **Gemeinsame ~** (EU) Política agraria común

Agrarreform *f* reforma *f* agraria

Agrarwirtschaft *f ohne pl* economía *f* agrícola

Agrarwissenschaft *f* (AGR) agronomía *f*

Ägypten [ɛ'gʏptən] *nt* <-s> Egipto *m*

Ägypter(in) *m(f)* <-s, -; -nen> egipcio, -a *m, f*

ägyptisch *adj* egipcio

ah *interj* ah

Ah *Abk. von* **Amperestunde** Ah

aha [a'ha(:)] *interj* ajá, ya

Aha-Erlebnis *nt* (PSYCH) revelación *f*

ahnden ['a:ndən] *vt* castigar

ähneln ['ɛ:nəln] *vi* **jdm ~** parecerse a alguien

ahnen ['a:nən] *vt* ❶ *(voraussehen)* prever; *(vorausfühlen)* presentir; **nichts Böses ~** no presentir nada malo ❷ *(vermuten)* sospechar; *(schwach erkennen)* vislumbrar; **sie lachten nichts ~d** se reían sin sospechar nada; **so etwas habe ich doch geahnt** ya me figuraba algo semejante

Ahnen *mpl* antepasados *mpl*

Ahnenforschung *f ohne pl* genealogía *f*
Ahnengalerie *f* <-, -n> galería *f* de antepasados
Ahnentafel *f* <-, -n> tabla *f* genealógica
ähnlich ['ɛːnlɪç] *adj* parecido, semejante; **bei ~er Gelegenheit** en semejantes circunstancias
Ähnlichkeit *f* <-en> semejanza *f*, parecido *m*; **mit jdm/etw große ~ haben** tener mucho parecido con alguien/algo
ähnlich|sehen *irr vi (fam)* **das sieht ihm ähnlich!** ¡seguro que es una de las suyas!
Ahnung *f* <-en> ① *(Vorgefühl)* presentimiento *m*; **ich habe so eine ~, als ob es heute passiert** tengo el presentimiento de que va a pasar hoy ② *(Wissen)* idea *f*; **keine ~ von etw haben** no tener ni idea de algo; **keine ~!** ¡ni idea!
ahnungslos **I.** *adj* ① *(nichts ahnend)* desprevenido ② *(unwissend)* ignorante; **ich war völlig ~** no tenía ni (la menor) idea **II.** *adv (nichts ahnend)* sin sospechar nada
Ahnungslosigkeit *f* <-, *ohne pl*> ignorancia *f*; **die ~ einiger Bürger in politischen Angelegenheiten ist bedrückend** es preocupante el desconocimiento de parte de los ciudadanos en cuestiones políticas
Ahorn ['aːhɔrn] *m* <-s, -e> *(Baum, Holz)* arce *m*
Ahornsirup *m* sirope *m* de arce, jarabe *m* de arce
Ähre ['ɛːrə] *f* <-n> espiga *f*
Aids [ɛɪts] *nt* <-, *ohne pl*> (MED) sida *m*
Aidserreger *m* (MED) agente *m* patógeno del sida
Aidshilfe *f* ① (MED) ayuda *f* contra el sida ② *(Organisation)* organización *f* de lucha contra el sida
aidsinfiziert *adj* (MED) portador del (virus) VIH, infectado por el virus del sida
Aidsinfizierte(r) *mf* (MED) persona *f* infectada por el virus del sida
aidskrank *adj* enfermo de sida
Aidskranke(r) *mf* enfermo, -a *m, f* de sida
Aidstest *m* prueba *f* de VIH *o* del sida
Aidsübertragung *f* contagio *m* con el virus VIH *o* del sida
Aidsvirus *nt* virus *m* de VIH *o* del sida
Aikido *nt* <-, *ohne pl*> (SPORT) aikido *m*
Airbag ['ɛɐbɛːk] *m* <-s, -s> (AUTO) airbag *m*, bolsa *f* de aire
Airbus *m* (AERO) aerobús *m*
Airline ['ɛːɐ̯lain] *f* <-, -s> *(Fluglinie)* compañía *f* aérea
Ajatollah *m* <-(s), -s> (REL, POL) ayatola *m*
Akademie [akade'miː] *f* <-n> academia *f*
Akademiker(in) [aka'deːmikɐ] *m(f)* <-s, -; -nen> académico, -a *m, f*, profesionista *mf* *Méx*
akademisch *adj* académico
Akazie [a'kaːtsiə] *f* <-n> acacia *f*
akklimatisieren* [aklimati'ziːrən] *vr:* **sich ~** aclimatarse (**an** a)
Akklimatisierung *f ohne pl* aclimatación *f* (**an** a)
Akkord [a'kɔrt] *m* <-(e)s, -e> ① (WIRTSCH) destajo *m*; **im ~ arbeiten** trabajar a destajo ② (MUS) acorde *m*
Akkordarbeit *f* (WIRTSCH) trabajo *m* a destajo
Akkordarbeiter(in) *m(f)* (WIRTSCH) trabajador(a) *m(f)* a destajo
Akkordeon [a'kɔrdeɔn] *nt* <-s, -s> acordeón *m*
Akkreditierung *f* <-, -en> (POL) acreditación *f* (**bei** ante), credenciales *fpl* (**bei** ante)
Akkreditiv *nt* <-s, -e> (COM, FIN) crédito *m* documentario
Akku ['akuː] *m* <-s, -s> acumulador *m*
Akkubohrer *m* taladradora *f* sin cable [*o* inalámbrica]
Akkumulation *f* <-, -en> (*a.* GEO, MED) acumulación *f*
akkurat [aku'raːt] *adj (sorgfältig)* meticuloso; *(genau)* exacto
Akkusativ ['akuzatiːf] *m* <-s, -e> (LING) acusativo *m*
Akkusativobjekt *nt* (LING) complemento *m* directo
Akne ['aːknə] *f* <-n> (MED) acné *m*
Akribie [akri'biː] *f* <-, *ohne pl*> *(geh)* meticulosidad *f*, minuciosidad *f*
akribisch [a'kriːbɪʃ] *adj (geh)* meticuloso
Akrobat(in) [akro'baːt] *m(f)* <-en, -en; -nen> acróbata *mf*
Akrobatik *f ohne pl* acrobacia *f*
Akrobatin *f* <-nen> *s.* **Akrobat**
akrobatisch *adj* acrobático
Akronym [akro'nyːm] *nt* <-s, -e> (LING) sigla *f*, acrónimo *m*
Akt[1] [akt] *m* <-(e)s, -e> ① *(Handlung, Zeremonie)* acto *m*; **ein ~ der Verzweiflung** un acto de desesperación; **das ist doch kein ~** *(fam)* no es gran cosa ② (THEAT) acto *m* ③ (JUR) acción *f* judicial, actuación *f* judicial ④ (KUNST) desnudo *m* ⑤ *(im Zirkus)* prueba *f*, número *m* ⑥ *(Geschlechtsakt)* acto *m* carnal
Akt[2] *m* <-(e)s, -en> *(Österr) s.* **Akte**
Aktaufnahme *f* <-, -n> (FOTO) foto(grafía) *f* de un desnudo
Akte ['aktə] *f* <-n> *(Dokumentation)* acta *f*; *(in der Verwaltung)* dossier *m*, expediente *m*; **etw zu den ~n legen** *(fig)* dar carpetazo a algo

Aktenkoffer *m* maletín *m* (para documentos)
aktenkundig *adj* que consta en acta
Aktenmappe *f* <-, -n> cartera *f* para documentos, portafolios *m inv*
Aktennotiz *f* <-, -en> apunte *m,* nota *f* de acta(s)
Aktenordner *m* archivador *m*
Aktenschrank *m* (armario *m*) archivador *m*
Aktentasche *f* portafolios *m inv,* cartera *f*
Aktenvermerk *m* <-(e)s, -e> apunte *m,* nota *f* de un acta
Aktenvernichter *m* máquina *f* destructora de documentos
Aktenzeichen *nt* número *m* de registro
Aktfoto *nt* foto *f* de desnudo
Aktfotografie *f* <-, *ohne pl*> fotografía *f* de desnudos
Aktie ['aktsjə] *f* <-n> (FIN) acción *f;* **die ~n steigen/fallen** las acciones suben/bajan
Aktienfonds *m* (FIN) fondo *m* de acciones
Aktiengeschäft *nt* (FIN) negociación *f* de acciones
Aktiengesellschaft *f* (FIN) sociedad *f* anónima
Aktienindex *m* (FIN) índice *m* de las cotizaciones de (las) acciones
Aktienkurs *m* (FIN) cotización *f* de (las) acciones
Aktienmarkt *m* mercado *m* de acciones
Aktion [ak'tsjo:n] *f* <-en> ❶ *(Kampagne)* acción *f;* (COM) promoción *f* ❷ *(das Agieren)* acción *f;* **in ~ sein/treten** estar/entrar en acción
Aktionär(in) *m(f)* <-s, -e; -nen> accionista *mf*
Aktionismus *m* <-, *ohne pl*> accionismo *m;* **blinder ~** accionismo ciego
Aktionspreis *m* precio *m* de acción
Aktionsradius *m* radio *m* de acción
aktiv [ak'ti:f] *adj* ❶ (*a.* LING) activo ❷ (MIL) en activo
Aktiv ['akti:f] *nt* <-s, *ohne pl*> (LING) voz *f* activa
Aktiva [ak'ti:va] *pl* (FIN, WIRTSCH) activo *m*
aktivieren [akti'vi:rən] *vt* (*a.* CHEM) activar
aktivieren* [akti'vi:rən] *vt* ❶ *(mobilisieren)* activar ❷ (CHEM, INFOR) activar
Aktivierung *f* <-en> (*a.* CHEM) activación *f*
Aktivist(in) *m(f)* <-en, -en; -nen> activista *mf*
Aktivität *f* <-en> actividad *f*
Aktivkohle *f* <-, *ohne pl*> (CHEM) carbón *m* activo [*o* de uso enológico]
Aktivurlaub *m* vacaciones *fpl* activas
Aktmalerei *f* (KUNST) desnudo *m*
Aktmodell *nt* (KUNST) modelo *mf (para pintar desnudos)*
aktualisieren* [aktuali'zi:rən] *vt* actualizar
Aktualisierung *f* <-en> actualización *f*
Aktualität [aktuali'tɛ:t] *f ohne pl* actualidad *f*
Aktuar(in) [aktu'a:ɐ] *m(f)* <-s, -e; -, -nen> *(Schweiz: Schriftführer)* secretario, -a *m, f*
aktuell [aktu'ɛl] *adj* actual, de actualidad
Aktzeichnung *f* (KUNST) desnudo *m*
Akupressur [akuprɛ'su:ɐ] *f* <-en> (MED) acupresión *f*
Akupunkteur(in) [akupʊŋk'tø:ɐ, *pl:* akupʊŋk'tø:rə] *m(f)* <-s, -e; -, -nen> (MED) (médico, -a *m, f*) acupuntor(a) *m*
akupunktieren* [akupʊŋk'ti:rən] *vi, vt* hacer acupuntura (a)
Akupunktur [akupʊŋk'tu:ɐ] *f* <-en> (MED) acupuntura *f*
Akustik [a'kʊstɪk] *f ohne pl* (*a.* PHYS) acústica *f*
akustisch *adj* acústico
akut [a'ku:t] *adj* ❶ *(aktuell)* agudo; *(hochaktuell)* candente ❷ (MED) grave; *(konkrete Krankheit)* agudo
AKW [a:ka:'ve:] *nt* <-s, -s> *Abk. von* **Atomkraftwerk** central *f* nuclear
Akzent [ak'tsɛnt] *m* <-(e)s, -e> (*a.* LING) acento *m* (**auf** en); **den ~ auf etw legen** poner el acento en algo; **~e setzen** *(fig)* marcar la pauta
akzentfrei *adj* sin acento
akzentuieren* *vt (geh)* acentuar
akzeptabel [aktsɛp'ta:bəl] *adj* aceptable
Akzeptanz [aktsɛp'tants] *f ohne pl* aceptación *f*
akzeptieren* *vt* aceptar
Alabaster [ala'bastɐ] *m* <-s, -> alabastro *m*
Alarm [a'larm] *m* <-(e)s, -e> alarma *f;* **falscher ~** falsa alarma; **~ auslösen** provocar alarma; **~ schlagen** *(a. fig)* tocar la alarma
Alarmanlage *f* sistema *m* de alarma
Alarmbereitschaft *f ohne pl* estado *m* de alerta; **in ~ sein** estar en (estado de) alerta
alarmieren* *vt* alarmar
Alarmknopf *m* <-(e)s, -knöpfe> botón *m* de alarma
Alarmsignal *nt* señal *f* de alarma
Alarmstufe *f* grado *m* de alarma; **~ Rot** alerta roja
Alarmzustand *m* <-(e)s, -stände> estado *m* de alerta; **jdn in (den) ~ versetzen** poner a alguien en estado de alerta
Alaska [a'laska] *nt* <-s> Alaska *f*
Alb [alp] *m* <-(e)s, -en> *(Nachtmahr)* fantasma *m* (nocturno)
Albaner(in) [al'ba:nɐ] *m(f)* <-s, -; -nen> albanés, -esa *m, f*
Albanien [al'ba:niən] *nt* <-s> Albania *f*
albanisch *adj* albanés

A

Albatros ['albatrɔs] *m* <-, -se> albatros *m inv*
Alben *pl von* **Album**
albern¹ ['albɐn] *adj (abw)* tonto; *(kindisch)* pueril; **sich ~ benehmen** hacer el bobo
albern² *vi (abw)* tontear
Albernheit *f* <-en> *(abw)* sandez *f*, tontería *f*, pendejada *f Am; (kindisches Benehmen)* puerilidad *f*
Albino [al'bi:no] *m* <-s, -s> albino *m*
Albtraum *m s.* **Alptraum**
Album ['albʊm, *pl:* 'albən] *nt* <-s, Alben> álbum *m*
Alchimie [alçi'mi:] *f ohne pl* alquimia *f*
Alchimist(in) [alçi'mɪst] *m(f)* <-en, -en; -, -nen> alquimista *mf*
Aldehyd [alde'hy:t] *m* <-s, -e> (CHEM) aldehído *m*
al dente [al'dɛnte] *adj* (GASTR) al dente; **die Spaghetti ~ kochen** cocer los espagueti al dente
Alemanne, -in [alə'manə] *m, f* <-n, -n; -, -nen> alemánico, -a *m, f*, alamán, -ana *m, f*
alemannisch [alə'manɪʃ] *adj* alemánico
Alge ['algə] *f* <-n> alga *f*
Algebra ['algebra] *f ohne pl* (MATH) álgebra *f*
algebraisch [--'--] *adj* (MATH) algebraico, algébrico
Algenpest *f* marea *f* de algas
Algerien [al'ge:riən] *nt* <-s> Argelia *f*
Algerier(in) *m(f)* <-s, -; -nen> argelino, -a *m, f*
algerisch *adj* argelino
Algier ['alʒi:ɐ] *nt* <-s> Argel *m*
Algorithmus [algo'rɪtmʊs] *m* <-, Algorithmen> (MATH, INFOR) algoritmo *m*
alias ['a:lias] *adv* alias
Alibi ['a:libi] *nt* <-s, -s> coartada *f*
Alibifunktion *f (fig)* coartada *f*
Alien ['ɛɪliən] *m* <-, -s> alien *m*, extraterrestre *mf*
Alimente [ali'mɛntə] *pl* manutención *f*
Alkali [al'ka:li] *nt* <-s, -en> (CHEM) álcali *m*
alkalisch [al'ka:lɪʃ] *adj* (CHEM) alcalino, básico; **~ reagieren** reaccionar como una base
Alkohol ['alkoho:l] *m* <-s, -e> alcohol *m*
Alkoholeinfluss *m ohne pl* efectos *mpl* del alcohol; **unter ~ stehen** estar alcoholizado
Alkoholeinwirkung *f ohne pl* influencia *f* del alcohol; **unter ~ stehen** estar alcoholizado
Alkoholfahne *f (fam)* aliento *m* a vino, tufillo *m* a vino
alkoholfrei *adj* sin alcohol
Alkoholgehalt *m* graduación *f* alcohólica, grado *m* alcohólico
Alkoholgenuss *m ohne pl* consumo *m* de alcohol; **übermäßiger ~ schadet der Gesundheit** el abuso del alcohol perjudica la salud
alkoholhaltig *adj* alcohólico
Alkoholiker(in) [alko'ho:likɐ] *m(f)* <-s, -; -nen> alcohólico, -a *m, f*
alkoholisch [--'--] *adj* alcohólico; **~e Getränke** bebidas alcohólicas
alkoholisiert *adj* alcoholizado; **in ~em Zustand** bajo los efectos del alcohol
Alkoholismus *m* <-, *ohne pl*> alcoholismo *m*
Alkoholkonsum *m* consumo *m* de alcohol
alkoholkrank *adj* alcoholizado
Alkoholmissbrauch *m* abuso *m* del alcohol
Alkoholpegel *m* nivel *m* de alcoholemia
Alkoholspiegel *m* nivel *m* de alcohol en la sangre
alkoholsüchtig *adj* alcohólico; **~ sein** estar alcoholizado
Alkoholsünder(in) *m(f) (fam) conductor o conductora imprudente por culpa del alcohol*
Alkoholtest *m* prueba *f* de alcoholemia
Alkoholverbot *nt* prohibición *f* de (consumición de) alcohol
Alkoholvergiftung *f* (MED) intoxicación *f* etílica
Alkoholwirkung *f* efecto *m* alcohólico
all [al] *pron indef* todo; **~ die Mühe** todo el esfuerzo; **nach ~ dem Geschehenen** después de todo lo sucedido; *s. a.* **alle(r, s)**
All [al] *nt* <-s, *ohne pl*> universo *m*, espacio *m*
all(e)dem I. *pron* todo (ello); **zu ~ kommt noch, dass ...** y a todo esto se añade además que...; **aus ~ werde ich nicht schlau** no me aclaro con todo esto; **sie will trotz ~ weitermachen** quiere continuar a pesar de todo **II.** *adv* **trotz ~** a pesar de todo
allabendlich [al'a:bəntlɪç] *adj* de cada tarde [*o* noche]
Allah ['ala] *m* <-s, *ohne pl*> (REL) Alá *m*, Dios *m*
alle ['alə] *adv (fam)* **es ist ~** se acabó; **ich bin total ~** estoy hecho polvo
alle(r, s) *pron indef* ① *sg* todo; **wer war ~s da?** ¿quiénes estaban?; **~s, was du willst** todo lo que quieras; **ist das ~s?** ¿eso es todo?; **~s in ~m** *(insgesamt)* en total; *(kurzum)* en resumen; **was es nicht ~s gibt!** ¡hay de todo en este mundo!; **~s auf einmal** todo de una vez; **~s Gute!** ¡mis mejores deseos!; **~s Mög-**

liche de todo; **vor ~m** sobre [*o* ante] todo; **was soll das ~s?** ¿qué significa todo esto?; **in ~r Frühe** de madrugada; **mit ~r Deutlichkeit** con toda claridad ② *pl* todos; **es waren ~ da** estaban todos; **~, die …** todos los que…; **~ auf einmal** todos a la vez; **~ beide/drei** los dos/tres; **~ zehn Minuten** cada diez minutos; **auf ~ Fälle** de todos modos; *(so oder so)* sea como sea; **für ~ Zeiten** para siempre

Allee [a'le:, *pl:* a'le:ən] *f* <-n> avenida *f*, carrera *f Am*

Allegorie [alego'ri:] *f* <-, -n> (LIT) alegoría *f*

allegorisch *adj* (LIT) alegórico

allein [a'laɪn] **I.** *adj* ① *(getrennt, für sich)* solo, a solas; **kann ich dich einen Augenblick ~ sprechen?** ¿te puedo hablar un momento a solas? ② *(ohne Hilfe)* solo; **er macht das ganz ~** lo hace completamente solo ③ *(einsam)* solo; **ich bin so oft ~** estoy tantas veces solo **II.** *adv (nur)* solo, solamente; **sie ist ~ erziehend** es madre *f* soltera; **er ist ~ erziehend** es padre *m* soltero; **du ~ bist schuld daran** solamente tú tienes la culpa; **nicht ~ …, sondern auch …** no solo… sino también…; **einzig und ~** únicamente; **~ schon die Vorstellung macht mir Angst** me da miedo solo imaginarlo **III.** *konj (geh)* pero, sin embargo

alleine [a'laɪnə] *adj o adv (fam) s.* **allein**

Alleinerbe, -in *m, f* heredero, -a *m, f* único , -a

alleinerziehend *adj* monoparental; **sie ist ~** es madre *f* soltera; **er ist ~** es padre *m* soltero

Alleinerziehende(r) *mf (Vater)* padre *m* soltero; *(Mutter)* madre *f* soltera

Alleingang *m* (SPORT) incursión *f* a solas; **im ~** a solas

alleingelassen *adj* **er fühlte sich oft ~** a menudo se sentía abandonado

Alleinherrschaft *f* autocracia *f*

Alleinherrscher(in) *m(f)* autócrata *mf*

alleinig *adj* solo, único

Alleinsein *nt* <-s, *ohne pl*> soledad *f*

alleinstehend *adj* soltero

Alleinstehende(r) *mf* <-n, -n; -n, -n> soltero, -a *m, f*

Alleinunterhalter(in) *m(f)* animador(a) *m(f)*

Alleinvertretung *f* (WIRTSCH) representación *f* en exclusividad

Alleinvertrieb *m ohne pl* (COM) distribución *f* exclusiva

allemal ['alə'ma:l] *adv* siempre; **ein für ~** de una vez para siempre

allenfalls ['alən'fals] *adv* en el mejor de los casos

allenthalben *adv* por todas partes, por doquier

allerbeste(r, s) *adj* mejor (de todos); **meine ~ Freundin** mi mejor amiga; **es wäre am ~n, wenn …** lo mejor sería, que… +*subj*

allerdings ['alɐ'dɪŋs] *adv* ① *(einschränkend)* no obstante ② *(bekräftigend)* naturalmente; **bist du selbst da gewesen? – ~!** ¿has estado en persona? – ¡ya lo creo!

allererste(r, s) *adj* primero (de todos)

allerfrühestens *adv* lo más pronto

Allergen [alɛr'ge:n] *nt* <-s, -e> (MED) alérgeno *m*

Allergie [alɛr'gi:] *f* <-n> (MED) alergia *f* (**gegen** a)

Allergietest *m* test *m* de alergia

Allergiker(in) [a'lɛrgikɐ] *m(f)* <-s, -; -nen> (MED) alérgico, -a *m, f*

allergisch *adj* alérgico (**gegen** a)

Allergologe, -in [alɛrgo'lo:gə] *m, f* <-n, -n; -, -nen> (MED) alergólogo, -a *m, f*

allerhand ['--'-] *adj inv (fam)* ① *(ziemlich viel)* **das ist ~ Geld** eso es bastante dinero ② *(allerlei)* de toda clase; **dort gab es ~ Leute** allí había gente de todo tipo

Allerheiligen [--'---] *nt* <-, *ohne pl*> (Día *m* de) Todos los Santos

allerhöchste(r,s) *adj superl von* **hoch** ① *(Höhe)* más alto, mayor ② *(Rang)* más alto; **es wird ~ Zeit, dass …** ya es hora de que… +*subj;* **der A~** (REL) el Altísimo

allerlei ['alɐ'laɪ] *adj inv* **~ Tiere** animales de todas clases; **es wird ~ geredet** se dice de todo

Allerlei *nt* <-s, -s> mezcolanza *f;* **Leipziger ~** (GASTR) revuelto de Leipzig *(plato de verdura mixta)*

allerletzte(r, s) *adj* último (de todos); **das ist das A~!** ¡esto es lo último!

allerliebste(r, s) *adj* más querido; **mir wäre am ~n, wenn …** lo que más me gustaría sería que…

allermeiste(r, s) *adj* **die ~n Menschen** la mayor parte [*o* la mayoría] de la gente; **am ~n** sobre todo

allerneuste(r, s) *adj* más nuevo; **auf dem ~n Stand sein** estar (muy) al día

Allerseelen [--'--] *nt* <-, *ohne pl*> día *m* de Difuntos

allerseits ['alɐ'zaɪts] *adv (von allen)* por todo el mundo; **guten Abend ~!** ¡buenas tardes a todo el mundo!

allerspätestens ['--'---] *adv* a más tardar, como tarde

allerwenigste(r, s) *adj* la minoría de; **das ist doch das A~** eso es lo mínimo

A

Allerwerteste(r) ['--'---] *m* <-n, -n> *(fam iron)* trasero *m*
allesamt ['--'-] *adv* todos juntos
Allesfresser ['----] *m* <-s, -> (ZOOL) omnívoro *m*
Alleskleber ['----] *m* pegamento *m* universal, pegalotodo *m fam*
allg. *Abk. von* **allgemein** general
Allgäu ['algɔɪ] *nt* <-s> Algoia *f*
allgegenwärtig ['-----] *adj* omnipresente
allgemein ['algə'maɪn] **I.** *adj* ❶ *(Kenntnisse)* general ❷ *(alle betreffend)* universal; *(allen gemeinsam)* común; **dies stößt auf ~e Ablehnung** eso choca con el rechazo general; **im A~en** en general **II.** *adv* en general; (**ganz**) **~ gesprochen** hablando en general; **~ gültig** universal; **~ üblich/verbreitet** generalizado; **~ verständlich** comprensible para todos; **es ist ~ bekannt, dass ...** es de todos sabido que...; *s. a.* **allgemeingültig**
Allgemeinbefinden [--'----] *nt* (MED) estado *m* de salud
allgemeinbildend [--'---] *adj* de cultura general; (SCH) de formación universal
Allgemeinbildung [--'---] *f* cultura *f* general
allgemeingültig [--'---] *adj* universal
Allgemeingültigkeit *f* universalidad *f*, validez *f* universal
Allgemeinheit [--'--] *f ohne pl* público *m*, opinión *f* pública; **im Interesse der ~** para el interés general
Allgemeininteresse *nt (Interesse der Allgemeinheit)* interés *m* general
Allgemeinmedizin [--'----] *f ohne pl* medicina *f* general
Allgemeinmediziner(in) *m(f)* <-s, -; -, -nen> (MED) médico, -a *mf* general
Allgemeinwissen *nt* conocimientos *mpl* generales
Allgemeinwohl [--'--] *nt* bienestar *m* público
Allgemeinzustand *m* (*a.* MED) estado *m* general; **ihr ~ hat sich verschlechtert** su estado general ha empeorado
Allheilmittel [al'haɪl-] *nt* panacea *f*, curalotodo *m fam*
Allianz [ali'an(t)s] *f* <-en> alianza *f*
Alligator [ali'ga:to:ɐ] *m* <-s, -en> aligator *m*, caimán *m*
alliiert [ali'i:ɐt] *adj* aliado
Alliierte(r) *mf* <-n, -n; -n> aliado, -a *m, f*; **die ~n** los aliados
All-inclusive-Urlaub [ɔ:lɪn'klu:sɪfu:ɐlaup] *m* <-(e)s, -e> pack *m* de vacaciones
Alliteration [alitera'tsjo:n] *f* <-, -en> (LIT) aliteración *f*
alljährlich [-'--] **I.** *adj* de todos los años, anual **II.** *adv* todos los años, cada año
Allmacht *f ohne pl* omnipotencia *f*
allmächtig [-'--] *adj* omnipotente; **~er Gott!** *(fam)* ¡Dios mío!
Allmächtige(r) [al'mɛçtɪgə, al'mɛçtɪgɐ] *m* <-n, *ohne pl*> **der ~** el Todopoderoso, Dios Omnipotente; **~r!** ¡Dios mío!, ¡Dios todopoderoso!
allmählich [al'mɛ:lɪç] **I.** *adj* paulatino **II.** *adv* poco a poco; **es wird ~ Zeit!** *(iron)* ¡ya va siendo hora!
allnächtlich ['al'nɛçtlɪç] *adj* de cada noche; **~e Ruhestörungen** ruidos nocturnos continuados
Allradantrieb ['----] *m* (AUTO) tracción *f* a las cuatro ruedas
allseitig ['alzaɪtɪç] *adj* universal, general
allseits *adv* en todas partes
Alltag ['alta:k] *m ohne pl* ❶ *(Tagesablauf)* día *m* normal ❷ *(geh: tägliches Einerlei)* vida *f* cotidiana; *(Routine)* rutina *f* (diaria)
alltäglich [-'--] *adj* ❶ *(jeden Tag)* diario ❷ *(gewöhnlich)* banal
alltags ['--] *adv* en días laborables
Alltagskleidung *f* ropa *f* de diario
Alltagstrott *m* <-s, *ohne pl*> monotonía *f* de la rutina diaria
Allüren [a'ly:rən] *pl* caprichos *mpl*; **~ haben** ser un caprichoso
Allwetterreifen *m* (AUTO) *neumático (adecuado) para todas las estaciones del año*
allwissend ['-'--] *adj* omnisciente
Allwissenheit ['-'---] *f ohne pl* (REL, PHILOS) omnisciencia *f*
allzu ['--] *adv* demasiado; **~ gern** encantado; **~ häufig** con mucha frecuencia; **~ sehr** demasiado; **~ viel** demasiado; **das ist mir ~ blöd** esto me resulta demasiado tonto; **das mag er ~ gern** eso le encanta; **das mag sie nicht ~ gern** eso no le hace demasiada gracia
Allzweckhalle *f* salón *m* de actos
Allzweckreiniger *m* limpiador *m* general
Alm [alm] *f* <-en> pasto *m* de alta montaña
Almanach ['almanax] *m* <-s, -e> almanaque *m*
Almosen ['almo:zən] *nt* <-s, -> limosna *f*
Aloe ['a:loe] *f* <-, -n> (BOT) áloe *m*
Alpaka [al'paka] *nt* <-s, -s> alpaca *f*
Alpdruck ['alpdrʊk] *m* <-(e)s, -drücke> pesadilla *f*
Alpen ['alpən] *pl* Alpes *mpl*
Alpenland[1] *nt* <-(e)s, -länder> (GEO: *in den Alpen liegendes Land*) estado *m* alpino, país *m* alpino
Alpenland[2] *nt* <-(e)s, *ohne pl*> (GEO: *Ge-*

biet der Alpen) zona *f* alpina, región *f* alpina

Alpenpass *m* puerto *m* alpino

Alpenveilchen *nt* ciclamen *m,* ciclamino *m*

Alpenvorland *nt* región *f* subalpina

Alphabet [alfa'be:t] *nt* <-(e)s, -e> alfabeto *m,* abecedario *m*

alphabetisch *adj* alfabético; **~e Reihenfolge** orden alfabético; **~ geordnet** clasificado por orden alfabético

alphabetisieren* *vt* ❶ *(lesen lehren)* alfabetizar ❷ *(alphabetisch ordnen)* poner en orden alfabético, alfabetizar

Alphabetisierung *f* <-, -en> ❶ *(alphabetisch ordnen)* ordenación *f* alfabética ❷ *(Beseitigung des Analphabetentums)* alfabetización *f;* **eine Kampagne zur ~ der Bevölkerung** una campaña de alfabetización de la población

alphanumerisch [alfanu'me:rɪʃ] *adj* (INFOR) alfanumérico

Alphastrahlen *mpl* (PHYS) rayos *mpl* alfa

alpin [al'pi:n] *adj* alpino

Alpinismus [alpi'nɪsmʊs] *m* <-, *ohne pl*> (SPORT) alpinismo *m*

Alpinist(in) [alpi'nɪst] *m(f)* <-en, -en; -, -nen> (SPORT) alpinista *mf,* montañero, -a *m, f*

Alptraum *m* pesadilla *f*

als [als] *konj* ❶ *(gleichzeitig)* (justo) cuando, al +*inf;* **~ der Krieg ausbrach, ...** al estallar la guerra...; **gerade ~ wir losgehen wollten, begann es zu regnen** justo cuando íbamos a salir, empezó a llover ❷ *(vorzeitig, nachzeitig)* cuando ❸ *(als ob)* como si, que; **es sieht nicht so aus, ~ würden wir das Spiel verlieren** no parece que vayamos a perder el partido; **er sprach so klug, ~ ob er das studiert hätte** habló como si fuera un bachiller; **er ist zu anständig, ~ dass er so etwas tun könnte** es demasiado correcto como para hacer una cosa así ❹ *(bei Vergleichen)* que; **ich bin klüger ~ vorher** soy más listo que antes ❺ *(in der Eigenschaft)* como, de; **er kam ~ Freund zu uns** vino como amigo (a nuestra casa); **~ Belohnung waren 1.000 Euro ausgesetzt** fijaron 1.000 euros de recompensa

alsbald [-'-] *adv* inmediatamente

alsbaldig [als'baldɪç] *adj (formal)* inmediato

also ['alzo] **I.** *adv* ❶ *(folglich)* así, por consiguiente; **das heißt ~, dass ...** entonces esto quiere decir que...; **hier bist du ~!** ¡así que estás aquí! ❷ *(das heißt)* o sea **II.** *(Partikel)* bueno; **~, so was!** ¡bueno, mira tú!; **na ~!** ¡(pues) entonces!

Alsterwasser ['alstɐ-] *nt* (GASTR) ≈ clara *f (cerveza con limonada o gaseosa)*

alt [alt] *adj* <älter, am ältesten> ❶ *(auf das Alter bezogen)* viejo; *(bejahrt)* anciano; **A~ und Jung** viejos y jóvenes; **wie ~ bist du?** ¿cuántos años tienes?; **ich bin 17 Jahre ~** tengo 17 años; **er war erst wenige Tage ~** no tenía más que unos días; **sie ist doppelt so ~ wie ich** me dobla la edad; **hier siehst du aber ~ aus** *(fam fig)* con este asunto vas a acabar muy mal ❷ *(gebraucht)* usado; **zum ~en Eisen gehören** ser de la vieja guardia ❸ *(lange bestehend)* viejo; **ein ~er Freund von mir** un viejo amigo mío; **das A~e Testament** el Antiguo Testamento; **die A~e Welt** el viejo continente; **es bleibt alles beim A~en** todo sigue igual; **das Buch befindet sich am ~en Platz** el libro se encuentra en el sitio donde estaba antes ❹ *(klassisch)* clásico ❺ *(ehemalig)* antiguo; **seine ~en Schüler** sus antiguos alumnos

Alt[1] *m* <-s, *ohne pl*> (MUS) contralto *mf*

Alt[2] *nt* <-s, -> *(Altbier)* cerveza *f* negra

Altar [al'ta:ɐ, *pl:* al'tɛ:rə] *m* <-s, Altäre> altar *m*

Altarraum *m* presbiterio *m*

altbacken ['---] *adj* ❶ *(Brot)* de ayer ❷ *(abw: altmodisch)* anticuado

Altbau *m* <-(e)s, -ten> edificio *m* antiguo

Altbauwohnung *f* apartamento *m* en un edificio antiguo

altbekannt ['--'-] *adj* bien conocido; **das ist doch ~** eso ya se sabía

altbewährt ['--'-] *adj* probado

Altbier *nt* cerveza *f* negra

altdeutsch *adj (Möbel, Stil)* alemán antiguo *(s. XV–XVI)*

Alte(r) ['altɐ] *mf* <-n, -n; -n> ❶ *(alter Mensch)* anciano, -a *m, f; (abw)* viejo, -a *m, f* ❷ *(fam: Vater, Mutter)* viejo, -a *m, f* ❸ *(fam abw: Ehemann, -frau)* viejo, -a *m, f* ❹ *(fam: Vorgesetzter)* patrón, -ona *m, f*

alteingesessen *adj* arraigado

Alteisen *nt* chatarra *f*

Altenheim *nt* residencia *f* de ancianos

Altenhilfe *f* asistencia *f* a los ancianos

Altenpflege *f* cuidados *mpl* a ancianos

Altenpflegeheim *nt* residencia *f* asistida de ancianos

Altenpfleger(in) *m(f)* cuidador(a) *m(f)* de ancianos

Altenwohnheim *nt* residencia *f* de ancianos

Alter *nt* <-s, *ohne pl*> ❶ *(Lebensabschnitt)* vejez *f;* **im ~** en la vejez ❷ *(Anzahl der Jahre)* edad *f;* **im ~ von drei Jahren** a la edad de tres años; **ein Herr**

A

mittleren ~s un señor de mediana edad; **er ist in deinem ~** es de tu edad
älter ['ɛltɐ] *adj kompar von* **alt**
altern ['altɐn] *vi sein* envejecer
alternativ *adj* alternativo
Alternative *f* <-n> alternativa *f*
Alternative(r) *mf* <-n, -n; -n, -n> *practicante de una forma de vida alternativa*
Alternativenergie *f* energía alternativa *f*
Alternativreisende(r) *mf* viajero, -a *m, f* alternativo , -a
alters *adv* **von ~ her** *(geh)* desde hace mucho tiempo
Altersarmut *f* pobreza *f* entre los ancianos
altersbedingt *adj* debido a la edad
Altersbeschwerden *fpl* achaques *mpl*
Altersbezüge *mpl* pensiones *fpl*
Alterserscheinung *f* síntoma *m* de vejez
Altersgenosse, -in *m, f* coetáneo, -a *m, f*
Altersgrenze *f* límite *m* de edad; *(Rentenalter)* edad *f* de jubilación
Altersgründe *mpl* **er kann aus ~n nicht teilnehmen** por causa de su (avanzada) edad no puede participar
Altersgruppe *f* grupo *m* de personas de la misma edad; **die Kinder gehören alle der gleichen ~ an** los niños tienen todos la misma edad
Altersheilkunde *f ohne pl* geriatría *f*
Altersheim *nt* residencia *f* de ancianos
Altersklasse *f* (SPORT) categoría *f* por edades
Alterspyramide *f* pirámide *f* de edades
Altersrente *f* pensión *f* de ancianidad, jubilación *f*
Altersruhegeld *nt* renta *f* de jubilación
altersschwach *adj* ❶ *(Person)* decrépito ❷ *(Gegenstand)* acabado
Altersschwäche *f ohne pl* decrepitud *f*
Alterssitz *m* <-es, -e> (lugar *m* de) retiro *m*
altersspezifisch *adj* propio [*o* específico] de la edad
Altersstufe *f* edad *f*
Altersteilzeit *f ohne pl tipo de jubilación anticipada que permite reducir la jornada laboral (adaptando tambieén el sueldo) a los trabajadores de más de 55 años*
Altersunterschied *m* diferencia *f* de edad
Altersversicherung *f* seguro *m* (de previsión) para la vejez, fondo *m* de pensiones
Altersversorgung *f* pensión *f* de ancianidad, jubilación *f*
Altersvorsorge *f* plan *m* de pensiones; **private ~** plan *m* de pensiones privado
Altertum ['altɐtu:m] *nt* <-s, *ohne pl*> antigüedad *f*
Altertümer *pl* antigüedades *fpl,* reliquias *fpl pey*
altertümlich ['altɐty:mlɪç] **I.** *adj* ❶ *(alt)* antiguo ❷ *(veraltet)* anticuado **II.** *adv* a la antigua
Altertumswert *m ohne pl* valor *m* por la antigüedad
Alterung *f ohne pl* envejecimiento *m*
Alterungsprozess *m* proceso *m* de envejecimiento
älteste(r, s) *adj superl von* **alt**
Älteste(r) *mf* <-n, -n; -n> mayor *mf*
Ältestenrat *m* ❶ (JUR) consejo *m* de representantes de los partidos ❷ (POL) parlamento *m,* junta *f* de portavoces
Altflöte *f* <-, -n> (MUS) flauta *f* dulce contralto
Altglas *nt ohne pl* (botellas *fpl* de) vidrio *m* reciclable
Altglascontainer *m* contenedor *m* de vidrio reciclable
altgriechisch *adj* griego clásico [*o* antiguo]
althergebracht ['-'---] *adj* tradicional
Althochdeutsch ['---] *nt* antiguo alto alemán *m*
Altkleidersammlung ['-'----] *f* recogida *f* de ropas usadas
altklug *adj* sabi(h)ondo
Altlast *f* (ÖKOL) ❶ *(gefährliche Rückstände)* residuos *mpl* ❷ *(verseuchte Fläche)* zona *f* contaminada
ältlich ['ɛltlɪç] *adj* avejentado
Altmaterial *nt* (TECH) material *m* viejo; *(noch brauchbar)* material *m* reciclable
Altmeister(in) *m(f)* (SPORT) antiguo, -a campeón , -ona *m*
Altmetall *nt* chatarra *f*
altmodisch *adj* chapado a la antigua
Altöl *nt* aceites *mpl* usados
Altpapier *nt ohne pl* papel *m* reciclable
Altpapiercontainer *m* contenedor *m* de [*o* para] papel (usado)
Altpapiersammlung *f* recogida *f* de papel reciclable
altsprachlich *adj* relativo a las lenguas clásicas; **~es Gymnasium** *instituto de enseñanza media especializado en lenguas clásicas*
Altstadt *f* barrio *m* antiguo, casco *m* antiguo
Altstimme *f* (MUS) voz *f* de contralto
Altweiberfastnacht [-'----] *f (reg)* jueves *m* gordo
Altweibersommer [-'----] *m* veranillo *m* de San Miguel, veranillo *m* de San Juan *Am*
Alu ['a:lu] *nt* <-(s), *ohne pl*> (CHEM, TECH) *Abk. von* **Aluminium** aluminio *m*
Alufolie ['a:lufo:liə] *f* papel *m* de aluminio
Aluminium [alu'mi:niʊm] *nt* <-s, *ohne pl*> (CHEM) aluminio *m*
Aluminiumfolie *f* papel *m* de aluminio

A

Alzheimer [a'ltshaɪmɐ] *m* <*ohne pl*> *(fam)* enfermedad *f* de Alzheimer
Alzheimerkrankheit *f ohne pl* enfermedad *f* de Alzheimer
am [am] **I.** *(Superlativbildung)* **Lothar fährt ~ schnellsten** Lothar es el que más rápido conduce **II.** = **an dem** *s.* **an III.** *(fam: Verlaufsform)* **ich bin ~ Arbeiten** estoy trabajando
Amalgam [amal'ga:m] *nt* <-s, -e> *(fig a.* CHEM) amalgama *f*
Amateur(in) [ama'tø:ɐ] *m(f)* <-(e)s, -e; -nen> ❶ *(Nichtfachmann)* aficionado, -a *m, f,* diletante *mf* ❷ *(abw: Dilettant)* chapucero, -a *m, f*
amateurhaft *adj* aficionado; **das ist ~ gemacht!** *(fam)* ¡menuda chapucilla!
Amateurliga *f* (SPORT) liga *f* de aficionados
Amateurmannschaft *f* (SPORT) equipo amateur *m*
Amateursport *m ohne pl* deporte amateur *m*
Amazone [ama'tso:nə] *f* <-, -n> amazona *f*
Amazonien [ama'tso:niən] *nt* <-s> *(Amazonasbecken)* Amazonia *f,* Amazonía *f*
Ambiente [am'biɛntə] *nt* <*ohne pl*> *(geh)* ambiente *m*
Ambition [ambi'tsjo:n] *f* <-en> ambición *f*
ambitioniert [ambitsjo'ni:ɐt] *adj* ambicioso
ambivalent [ambiva'lɛnt] *adj* ambivalente
Amboss ['ambɔs] *m* <-es, -e> (TECH, MED) yunque *m*
ambulant [ambu'lant] *adj* ambulante; (MED) ambulatorio; **~e Behandlung** tratamiento ambulatorio; **~e Patient** paciente ambulante; **jdn ~ behandeln** tratar a alguien en régimen ambulatorio
Ambulanz [ambu'lants] *f* <-en> (MED) ambulatorio *m*
Ameise ['a:maɪzə] *f* <-n> hormiga *f*
Ameisenbär *m* oso *m* hormiguero
Ameisenhaufen *m* hormiguero *m*
Ameisensäure *f ohne pl* (CHEM) ácido *m* fórmico
amen ['a:mən] *adv* amén; **zu allem ja und ~ sagen** *(fam)* decir amén a todo
Amen *nt* <-s, -> amén *m;* **das ist so sicher wie das ~ in der Kirche** esto es tan cierto como que dos y dos son cuatro
American Football [ə'mɛrikən 'fʊtbɔ:l] *m* <- -(s), *ohne pl*> (SPORT) fútbol *m* americano
Amerika [a'me:rika] *nt* <-s> América *f*
Amerikaner(in) [ameri'ka:nɐ] *m(f)* <-s, -; -nen> americano, -a *m, f*
amerikanisch *adj* americano
Amerikanistik [amerika'nɪstɪk] *f* <-, *ohne pl*> americanística *f,* Filología *f* (Norte)americana
Amethyst [ame'tʏst] *m* <-(e)s, -e> amatista *f*
Ami ['ami] *m* <-s, -s> *(fam)* yanqui *mf*
Aminosäure [a'minozɔɪrə] *f* (CHEM) aminoácido *m*
Ammann ['aman, *pl:* 'amɛnɐ] *m* <-(e)s, -männer> *(Schweiz: Landammann)* presidente *m* del consejo cantonal; *(Gemeindeammann)* presidente *m* del concejo municipal; *(Vollstreckungsbeamter)* funcionario ejecutivo *m*
Amme ['amə] *f* <-n> nodriza *f,* ñaña *f Chil*
Ammenmärchen *nt (fam)* cuento *m* de viejas
Ammoniak [amo'njak] *nt* <-s, *ohne pl*> (CHEM) amoníaco *m*
Amnesie [amne'zi:] *f* <-n> (MED) amnesia *f*
Amnestie [amnɛs'ti:] *f* <-n> (JUR, POL) amnistía *f*
amnestieren* [amnɛs'ti:rən] *vt* (JUR, POL) amnistiar
Amnesty International ['ɛmnɛstɪ ɪntə'nɛʃnəl] *f* <- -> Amnistía *f* Internacional
Amöbe [a'mø:bə] *f* <-n> ameba *f*
Amok ['a:mɔk] *m* <-s, *ohne pl*> **~ laufen/fahren** *ir enloquecido, destruyendo o matando*
Amoklauf *m* <-(e)s, -läufe> amok *m (ataque de locura con impulsos homicidas)*
Amokläufer(in) *m(f)* loco, -a *m, f* homicida
a-Moll *nt* <-, *ohne pl*> (MUS) la *m* menor
amoralisch ['amora:lɪʃ] *adj* amoral
Amortisation [amɔrtiza'tsjo:n] *f* <-en> (WIRTSCH) amortización *f*
amortisieren* [amɔrti'zi:rən] **I.** *vt* (WIRTSCH: *Schuld*) amortizar **II.** *vr:* **sich ~** *(Investition)* amortizarse
amourös [amu'rø:s] *adj (geh)* amoroso
Ampel ['ampəl] *f* <-n> ❶ *(Verkehrsampel)* semáforo *m* ❷ *(Blumenampel)* maceta *f* colgante
Ampere [am'pe:ɐ] *nt* <-(s), -> (PHYS) amperio *m*
Amperemeter [--'--] *nt* (PHYS) amperímetro *m*
Amphetamin [amfeta'mi:n] *nt* <-s, -e> (CHEM) anfetamina *f*
Amphibie [am'fi:biə] *f* <-n> (ZOOL) anfibio *m*
amphibisch *adj* anfibio
Amphitheater *nt* anfiteatro *m*
Amplitude [ampli'tu:də] *f* <-, -n> (MATH, PHYS) amplitud *f*
Ampulle [am'pulə] *f* <-n> ampolla *f*

Amputation [amputa'tsjo:n] *f* <-en> (MED) amputación *f*
amputieren* [ampu'ti:rən] *vt* (MED) amputar
Amputierte(r) *mf* <-n, -n; -n, -n> (MED) tullido, -a *m, f*
Amsel ['amzəl] *f* <-n> mirlo *m*
Amt [amt, *pl:* 'ɛmtɐ] *nt* <-(e)s, Ämter> ❶ *(offizielle Stellung)* cargo *m;* **ein hohes ~** un alto cargo; **im ~ sein** estar en funciones; **sein ~ niederlegen** dimitir de su cargo ❷ *(übernommene Aufgabe)* obligaciones *f pl;* **seines ~es walten** atender a sus obligaciones ❸ *(Behörde, Gebäude)* departamento *m;* **Auswärtiges ~** (POL) Ministerio de Asuntos Exteriores; **von ~s wegen** prescrito (por la autoridad) ❹ (TEL) central *f* telefónica
amtieren* *vi* estar en funciones; *(vorübergehend)* actuar (**als** de)
amtlich *adj* ❶ *(behördlich)* oficial; **~es Kennzeichen** matrícula *f* ❷ *(glaubwürdig)* (de fuente) oficial
Amtsantritt *m* entrada *f* en funciones; (*a.* POL) asunción *f* del mando
Amtsarzt, -ärztin *m, f* médico, -a *m, f* oficial
Amtsblatt *nt* (*a.* POL) boletín *m* oficial; **~ der Stadt Heidelberg** boletín *m* de la ciudad de Heidelberg
Amtsdeutsch *nt (abw)* jerga *f* administrativa
Amtseid *m* jura *f* del cargo
Amtseinführung *f* <-, -en> investidura *f*
Amtsenthebung *f* <-, -en>, **Amtsführung** *f ohne pl* actuación *f*
Amtsgeheimnis *nt* secreto *m* profesional
Amtsgericht *nt* juzgado *m* de primera instancia e instrucción, juzgado *m* municipal
Amtsgeschäfte *nt pl* asuntos *m pl* oficiales, funciones *f pl*
Amtshandlung *f* acto *m* oficial
Amtshilfe *f* <-, -n> ayuda *f* administrativa, mutuo auxilio *m* entre autoridades
Amtsinhaber(in) *m(f)* (persona *f* en un) cargo *m*
Amtskollege, -in *m, f* homólogo, -a *m, f*
Amtsmissbrauch *m* (*a.* JUR) prevaricación *f*
Amtsniederlegung *f* dimisión *f*, renuncia *f* a un cargo
Amtsperiode *f* mandato *m*, legislatura *f;* **eine ~ von fünf Jahren** un mandato de cinco años
Amtsrichter(in) *m(f)* juez *mf* de primera instancia
Amtssprache *f* ❶ *(Verwaltungsjargon)* jerga *f* administrativa ❷ *(offizielle Landessprache)* idioma *m* oficial; (EU) lengua *f* oficial
Amtsträger(in) *m(f)* <-s, -; -, -nen> titular *mf* de un cargo, titular *mf* de un cargo
Amtsweg *m* vía *f* oficial; **den ~ beschreiten** hacer los trámites oficiales
Amtszeichen *nt* <-s, -> (TEL) señal *f* (de marcar)
Amtszeit *f* (duración *f* de un) cargo *m*
Amulett [amu'lɛt] *nt* <-(e)s, -e> amuleto *m*, payé *m CSur*
amüsant [amy'zant] *adj* ❶ *(unterhaltsam)* entretenido ❷ *(lustig)* divertido
amüsieren* [amy'zi:rən] **I.** *vt* divertir **II.** *vr:* **sich ~** ❶ *(sich vergnügen)* divertirse ❷ *(sich lustig machen)* burlarse (**über** de)
Amüsierviertel *nt* barrio *m* de diversiones; *(Rotlichtviertel)* barrio *m* bajo
an [an] **I.** *präp +dat* ❶ *(nahe bei)* en, junto a; **~ der Ecke** en la esquina; **~ der gleichen Stelle** en el mismo lugar; **am Fenster sitzen** estar sentado junto a la ventana; **er geht ~ mir vorbei** pasa por mi lado; **Tür ~ Tür wohnen** vivir puerta con puerta ❷ *(geografisch gelegen)* (a orillas) de; **Frankfurt ~ der Oder/am Main** Francfort del Oder/del Meno ❸ *(zeitlich)* a; **am Abend** por la tarde; **am Anfang** al principio; **am 29. November 2016** el 29 de noviembre de 2016 ❹ *(weitere Verwendungen)* **reich ~ Nährstoffen** rico en sustancias nutritivas; **das Entscheidende ~ der Sache ist, dass ...** lo decisivo del asunto es que...; **das gefällt mir nicht ~ ihm** esto no me acaba de gustar de él; **es ist ~ dir, etw zu tun** está en tu mano (el) hacer algo **II.** *präp +akk* ❶ *(in Richtung auf)* a, contra; **sich ~ die Wand lehnen** apoyarse contra la pared; **er trat ~s Fenster** fue hacia la ventana; **~ die Arbeit!** ¡al trabajo! ❷ *(für)* a, para; **ein Brief ~ seinen Sohn** una carta a su hijo; **ich habe eine Frage ~ dich** tengo una pregunta que hacerte; **~ (und für) sich** de por sí ❸ *(ungefähr)* aproximadamente, unos; **sie verdient ~ die 2.000 Euro** cobra unos 2.000 euros **III.** *adv* ❶ *(beginnend)* **von ... ~** a partir de...; **von hier ~** a partir de aquí; **von Anfang ~** desde el [*o* un] principio ❷ *(bei Ankunftszeiten)* a; **Münster ~: 12.40 Uhr** llegada a Münster a las 12.40 ❸ *(eingeschaltet)* encendido; **~ sein** *(fam: Licht)* estar encendido; *(Motor)* estar en marcha; *(Radio)* estar puesto
Anabolikum *nt* <-s, Anabolika> (MED, CHEM) anabolizante *m*
Anachronismus [anakro'nɪsmʊs] *m* <-, Anachronismen> *(geh)* anacronismo *m*
anachronistisch *adj (geh)* anacrónico

Anakonda [ana'kɔnda] *f* <-, -s> (ZOOL) anaconda *f*
anal [a'na:l] *adj* (MED, PSYCH) anal
analog [ana'lo:k] *adj* análogo; (INFOR) analógico
Analogie [analo'gi:] *f* <-n> analogía *f*
Analogkamera *f* cámara *f* analógica
Analphabet(in) ['analfabe:t, ---'-] *m(f)* <-en, -en; -nen> analfabeto, -a *m, f*
Analphabetentum *nt* <-s, *ohne pl*> analfabetismo *m*
Analphabetin *f* <-nen> *s.* **Analphabet**
Analphabetismus *m* <*ohne pl*> analfabetismo *m*
Analyse [ana'ly:zə] *f* <-n> análisis *m inv*
analysieren* [analy'zi:rən] *vt* analizar
Analytiker(in) [ana'ly:tikɐ] *m(f)* <-s, -; -, -nen> analista *mf*
analytisch *adj* analítico
Anämie [anɛ'mi:] *f* <-n> (MED) anemia *f*
Ananas ['ananas] *f* <-(se)> piña *f,* ananá(s) *m Am*
Ananasguave *f* (BOT) guayaba *f* de Brasil
Anarchie [anar'çi:] *f* <-n> anarquía *f*
anarchisch [a'narçɪʃ] *adj* anárquico; **hier herrschen ~e Zustände** aquí reina la anarquía
Anarchismus [anar'çɪsmʊs] *m* <*ohne pl*> anarquismo *m*
Anarchist(in) *m(f)* <-en, -en; -nen> anarquista *mf*
anarchistisch *adj* anarquista
Anästhesie [anɛste'zi:] *f* <-n> (MED) anestesia *f*
Anästhesist(in) [anɛste'zɪst] *m(f)* <-en, -en; -, -nen> (MED) anestesista *mf*
Anatomie [anato'mi:] *f ohne pl* anatomía *f*
anatomisch [ana'to:mɪʃ] *adj* anatómico
an|baggern ['anbagɐn] *vt* *(sl)* **jdn ~** entrarle a alguien
an|bahnen **I.** *vt* *(anknüpfen)* iniciar **II.** *vr:* **sich ~** iniciarse
an|bändeln ['anbɛndəln] *vi* *(fam)* ❶ *(Liebesbeziehung)* ligar ❷ *(Streit)* meterse
Anbau[1] *m* <-(e)s, -ten> ampliación *f;* *(Nebengebäude)* anexo *m*
Anbau[2] *m* <-s, *ohne pl*> *(von Nutzpflanzen)* cultivo *m;* **aus (kontrolliert-)biologischem/konventionellem ~** de cultivo biológico (controlado)/convencional
an|bauen *vt* ❶ *(Gebäude)* ampliar **(an)** ❷ *(Gemüse)* cultivar
Anbaufläche *f* (AGR) superficie *f* de cultivo
Anbaugebiet *nt* (AGR) zona *f* de cultivo
anbei [-'-] *adv* *(formal)* adjunto
an|beißen *irr* **I.** *vi* ❶ *(Fisch)* picar ❷ *(fam: Person)* aceptar **II.** *vt* *(Brot)* morder (en), dar un mordisco (a); **er sieht zum A~ aus** *(fam)* está para comérselo
anbelangen* ['anbəlaŋən] *vt* **was das/mich anbelangt ...** en cuanto a esto/a mí...
an|bellen *vt* ladrar (a)
an|beraumen* ['anbəraʊmən] *vt* *(formal: Sitzung)* convocar; *(Termin)* fijar
an|beten *vt* ❶ (REL) venerar ❷ *(Personen)* adorar
Anbetracht ['anbətraxt] **in ~** *+gen* en vista de; **in ~ dessen, dass ...** considerando que...
Anbetung *f* <-, -en> (REL) adoración *f*
an|biedern *vr:* **sich ~** congraciarse **(bei** con), hacerse el simpático **(bei** con)
an|bieten *irr* **I.** *vt* ❶ *(Kaffee, Hilfe)* ofrecer ❷ *(Waren)* ofertar ❸ *(vorschlagen)* proponer **II.** *vr:* **sich ~** ❶ *(zur Verfügung stellen)* ofrecerse **(als** como/de, **zu** a/para), brindarse **(zu** a); **sie bietet sich als Vermittlerin an** se ofrece como mediadora; **sie bot sich an, ihm zu helfen** se brindó a ayudarle ❷ *(geeignet sein)* ser apropiado
Anbieter *m* <-s, -> (WIRTSCH) vendedor *m;* *(Ausschreibung)* licitador *m*
an|binden *irr* *vt* atar (a), ligar (a); *(Boot)* amarrar (a); *(mit einer Kette)* encadenar (a); **kurz angebunden** *(fig)* seco
Anbindung *f* <-, -en> enlace *m,* conexión *f*
Anblick[1] *m* <-(e)s, *ohne pl*> *(das Anblicken)* vista *f;* **beim ersten ~** a primera vista
Anblick[2] *m* <-(e)s, -e> *(Aussehen)* aspecto *m*
an|blicken *vt* mirar; *(betrachten)* contemplar; *(flüchtig)* echar un vistazo (a)
an|brechen *irr* **I.** *vi sein* *(geh: Epoche)* empezar; *(Tag)* rayar; *(Nacht)* entrar **II.** *vt* ❶ *(Vorrat)* empezar; *(Packung)* abrir ❷ *(teilweise brechen)* romper en parte
an|brennen *irr* **I.** *vi sein* *(Speisen)* quemarse; **angebrannt riechen/schmecken** oler a/saber a quemado **II.** *vt* *(anzünden)* encender, prender fuego (a)
an|bringen *irr* *vt* ❶ *(herbeibringen)* traer ❷ *(befestigen)* colocar; *(installieren)* instalar ❸ *(äußern)* mencionar; *(Beschwerde)* presentar; *(Gründe)* alegar; *(Änderungen)* hacer
Anbruch *m* <-(e)s, *ohne pl*> principio *m,* comienzo *m;* **bei ~ der Nacht** al caer la noche; **bei ~ der Dunkelheit** al anochecer
an|brüllen *vt* gritar (a), echar una bronca (a)
Anchovis [an'ʃo:vɪs] *f* <-> anchoa *f*

A

Andacht[1] ['andaxt] *f* <-en> *(Gottesdienst)* misa *f,* oficio *m* divino
Andacht[2] *f ohne pl (Versenkung)* recogimiento *m*
andächtig ['andɛçtɪç] *adj* ❶ (REL) devoto ❷ *(konzentriert)* atento
Andalusien [anda'lu:ziən] *nt* <-s> Andalucía *f*
Andalusier(in) *m(f)* <-s, -; -nen> andaluz(a) *m(f)*
andalusisch *adj* andaluz
an|dauern *vi* durar; *(weitergehen)* seguir
andauernd *adj* continuo
Anden ['andən] *pl* Andes *mpl*
Andenken[1] *nt* <-s, *ohne pl*> *(Erinnerung)* recuerdo *m* (**an** de), memoria *f* (**de** an); **zum ~ an jdn** en conmemoración de alguien
Andenken[2] *nt* <-s, -> *(Souvenir)* recuerdo *m*
andere(r, s) *pron indef* ❶ *(verschieden)* otro; **mit ~n Worten** con otras palabras; **das ist etw ~s** es otra cosa; **zum einen ..., zum ~n ...** por una parte..., por la otra...; **ich bin ~r Meinung** soy de otra opinión; **alle ~n** todos los demás; **es blieb mir nichts ~s übrig** no tuve otro remedio; **unter ~m** entre otras cosas; **der eine oder ~** el uno o el otro; **der eine ..., der ~ ...** el uno..., el otro...; **es kam eins zum ~n** lo uno trajo lo otro; **jemand ~s** otra persona; **einer nach dem ~n** uno tras otro; **eins nach dem ~n** una cosa tras otra ❷ *(folgend)* siguiente; **von einem Tag auf den ~n** de la noche a la mañana; **am ~n Tag** al día siguiente
anderenfalls, andernfalls *adv* en caso contrario, en otro caso
anderenorts, andernorts *adv (geh)* en otro lugar
andererseits, andrerseits *adv* por otro lado, por otra parte; **einerseits ..., ~ ...** por una parte..., por otra,...
andermal *adv* **ein ~** en otra ocasión
ändern ['ɛndɐn] **I.** *vt* cambiar; **daran lässt sich nichts ~** esto no se puede cambiar; **seine Meinung ~** cambiar de opinión **II.** *vr:* **sich ~** cambiar
anders ['andɐs] *adv* de otra manera (**als** que), de otro modo (**als** que); *(unterschiedlich)* distinto (**als** a/de); *(im Gegensatz)* al contrario (**als** que); **~ ausgedrückt** dicho de otra manera; **~ denkend** de otra opinión; **~ Denkender** persona de diferente parecer; **~ gläubig** que tiene otras creencias; **sie sieht ~ aus als ihre Schwester** tiene otro aspecto que su hermana; **ich habe es nicht ~ erwartet** no había esperado otra cosa; **so und nicht ~** así y de ningún otro modo; **es geht nicht ~** no se puede hacer de otro modo; **ich habe es mir ~ überlegt** cambié de opinión; **wie sollte es auch ~ sein?** no podía haber sido de otra manera; **~ als sein Bruder, ...** al contrario que su hermano,...
andersartig *adj* distinto
andersdenkend *adj s.* **anders**
Andersdenkende(r) *mf* persona *f* de diferente parecer
andersfarbig *adj* de otro color; *(Rasse)* de otra raza
andersgläubig *adj* que tiene otras creencias
Andersgläubige(r) *mf* <-n, -n; -n, -n> (REL) heterodoxo, -a *m, f*
andersherum *adv* al revés
anderslautend *adj s.* **anders**
andersrum ['andɐsrʊm] *adj o adv (fam) s.* **andersherum**
anderswo ['--(')-] *adv* en (cualquier) otra parte
anderswoher ['---(')-] *adv* de (cualquier) otra parte
anderswohin ['---(')-] *adv* a (cualquier) otra parte
anderthalb ['andɐt'halp] *adj inv* uno y medio
Änderung ['ɛndərʊŋ] *f* <-en> ❶ *(Umgestaltung)* modificación *f* ❷ *(Wechsel)* cambio *m*
Änderungsantrag *m* (POL) enmienda *f*
Änderungsschneider(in) *m(f)* modista *mf* de arreglos
Änderungsschneiderei *f* <-, -en> sastrería *f* de arreglos
Änderungsvorschlag *m* propuesta *f* de enmienda
anderweitig ['----] *adj* ❶ *(sonstig)* otro ❷ *(an anderer Stelle)* en otra parte
an|deuten **I.** *vt* ❶ *(Wunsch)* indicar ❷ *(kurz erwähnen)* aludir (a); *(zu verstehen geben)* dar a entender; *(anspielen)* insinuar ❸ *(skizzieren)* esbozar **II.** *vr:* **sich ~** vislumbrarse
Andeutung *f* <-en> ❶ *(Anspielung)* alusión *f;* **~en über etw machen** hacer alusiones respecto a algo ❷ *(Anzeichen)* asomo *m,* indicio *m*
andeutungsweise *adv* indirectamente
andocken *vi* acoplar
Andorra [an'dɔra] *nt* <-s> Andorra *f*
Andorraner(in) *m(f)* <-s, -; -nen> andorrano, -a *m, f*
andorranisch *adj* andorrano
Andrang *m* <-(e)s, *ohne pl*> ❶ *(Gedränge)* aglomeración *f* de gente, gentío *m* ❷ *(Zuströmen)* afluencia *f* (**auf** a)

andre(r, s) ['andrə, 'andrɐ, 'andrəs] *pron indef s.* **andere(r, s)**
an|drehen *vt* ❶ *(Wasser, Heizung)* abrir; *(Licht, Radio)* encender; *(Maschine)* poner en marcha ❷ *(festdrehen)* apretar ❸ *(Wend)* **jdm etw ~** *(fam)* endosar algo a alguien
andrerseits *adv s.* **and(e)rerseits**
an|drohen *vt* **jdm etw ~** amenazar a alguien con algo
Androhung *f* <-, -en> amenaza *f;* **~ von Gewalt** amenaza de uso de fuerza
an|ecken ['anʔɛkən] *vi sein (fam)* meter la pata
an|eignen *vr:* **sich** *dat* **~** ❶ *(nehmen)* apropiarse (de), adueñarse (de); *(widerrechtlich)* usurpar; *(Gebiet)* anexionar ❷ *(Wissen)* adquirir; *(Meinung)* adoptar; *(Gewohnheit)* contraer
Aneignung *f* <-, -en> (JUR) apropiación *f;* **widerrechtliche ~** apropiación indebida
aneinander [--'--] *adv* el uno al otro; **~ denken** pensar el uno en el otro
aneinander|fügen *vt* unir
aneinandergeraten* *irr vi sein* reñir, tener un altercado; *(handgreiflich)* llegar a las manos
aneinandergrenzen *vi* limitar (uno con otro); *(Länder)* ser países limítrofes, tener fronteras comunes; *(Grundstücke)* ser fincas colindantes [*o* contiguas]
aneinander|reihen I. *vt* colocar pegados unos a los otros **II.** *vr* **sich ~** sucederse
Anekdote [anɛk'do:tə] *f* <-n> anécdota *f*
an|ekeln *vt* repugnar, dar asco (a)
Anemone [ane'mo:nə] *f* <-n> anémona *f*
anerkannt I. *pp von* **anerkennen II.** *adj (angesehen, unbestritten)* reconocido
an|erkennen* *irr vt* ❶ *(akzeptieren)* aceptar; *(Schuld)* confesar ❷ *(öffentlich bestätigen)* reconocer; *(gesetzlich)* legitimar; *(Vaterschaft)* reconocer
anerkennend *adj* de reconocimiento; **ein ~es Lächeln** una sonrisa aprobatoria
anerkennenswert I. *adj* loable **II.** *adv* encomiablemente
Anerkennung *f ohne pl* ❶ *(Würdigung)* reconocimiento *m,* aprobación *f;* **~ finden** hallar aprobación ❷ *(Abschlüsse)* homologación *f*
an|erziehen* *irr vt* inculcar
an|fachen ['anfaxən] *vt (geh)* ❶ *(Feuer)* atizar ❷ *(Leidenschaft)* avivar
an|fahren *irr* **I.** *vi sein* ❶ *(starten)* arrancar ❷ *(sich nähern)* acercarse (en un vehículo) **II.** *vt* ❶ *(heranschaffen)* acarrear ❷ *(ansteuern)* parar (en); *(Hafen)* arribar (a); **sie fuhren München an** se dirigieron a Múnich ❸ *(anstoßen)* chocar (contra); *(Person)* atropellar ❹ *(schelten)* increpar ❺ (TECH: *Maschine*) poner en marcha
Anfahrt *f* <-en> ❶ *(Strecke)* trayecto *m,* recorrido *m* para ir [*o* venir] ❷ *(Zeit)* tiempo *m* para ir [*o* venir]
Anfall *m* <-(e)s, -fälle> (MED) ataque *m;* **in einem ~ von Zorn** en un ataque de cólera
an|fallen *irr* **I.** *vi sein (sich ergeben)* producirse; *(Probleme)* presentarse **II.** *vt (angreifen)* atacar
anfällig ['anfɛlɪç] *adj* propenso (**für** a), predispuesto (**für** a); *(schwächlich)* achacoso
Anfälligkeit *f ohne pl* ❶ (MED) propensión *f* (**für** a), predisposición *f* (**für** a) ❷ (TECH) mala calidad *f*
Anfang ['anfaŋ] *m* <-(e)s, -fänge> comienzo *m,* principio *m;* **am ~ des Jahres** a principios del año; **~ nächster Woche** a principios de la próxima semana; **er ist ~ fünfzig** tiene poco más de cincuenta (años); **den ~ machen** comenzar; **einen neuen ~ machen** empezar de nuevo; **von ~ an** desde un principio; **das ist der ~ vom Ende** es el principio del fin; **von ~ bis Ende** de principio a fin; **aller ~ ist schwer** *(prov)* el primer paso es el que cuesta
an|fangen *irr* **I.** *vi (beginnen)* empezar, comenzar; **das fängt ja gut an!** ¡vaya comienzo!; **klein ~** empezar desde abajo **II.** *vt* ❶ *(beginnen)* empezar (**mit** con/por, **zu** a); *(plötzlich)* echarse (**zu** a), romper (**zu** a); *(einleiten)* iniciar; *(Gespräch)* entablar; **es fing an zu regnen** empezó a llover ❷ *(machen)* hacer; **was sollen wir jetzt nur ~?** pero, ¿qué hacemos ahora?; **damit kann ich nichts ~** no me sirve para nada
Anfänger(in) *m(f)* <-s, -; -nen> principiante *mf*
Anfängerkurs *m* curso *m* para principiantes
anfänglich ['anfɛŋlɪç] *adj* primero, inicial; **nach ~em Zögern/~en Schwierigkeiten** tras los titubeos/las dificultades iniciales
anfangs ['anfaŋs] **I.** *präp +gen (fam)* a principios de; **~ des Monats** a principios de mes **II.** *adv* al principio
Anfangsbuchstabe *m* (letra *f*) inicial *f*
Anfangsschwierigkeit *f* dificultad *f* inicial
Anfangsstadium *nt* fase *f* inicial
Anfangszeit *f* ❶ *(anfängliche Zeit)* comienzos *mpl* ❷ *(Beginn einer Veranstaltung)* hora *f* de comienzo
an|fassen I. *vi (mithelfen)* ayudar **II.** *vt* ❶ *(berühren)* tocar; *(greifen)* tomar, coger; *(stärker)* agarrar ❷ *(behandeln)* tratar;

A

(Problem) enfocar; **jdn hart ~** tratar a alguien con dureza; **du hast die Sache verkehrt angefasst** has enfocado mal el asunto **III.** *vr:* **sich ~** ❶ *(bei der Hand nehmen)* cogerse de la mano ❷ *(sich anfühlen)* **der Stoff fasst sich wie Seide an** el tejido tiene un tacto como de seda

an|fauchen *vt* ❶ *(Katze)* bufar ❷ *(zurechtweisen)* echar una bronca (a)

anfechtbar ['anfɛçtba:ɐ] *adj* ❶ *(Testament, Urteil)* impugnable ❷ *(Behauptung)* refutable

an|fechten *irr vt* ❶ *(bestreiten)* refutar; *(Urteil, Testament)* impugnar; *(Recht)* disputar; *(Berufung einlegen)* recurrir (de/contra) ❷ *(geh: bekümmern)* inquietar

Anfechtung *f* <-, -en> (JUR) impugnación *f* (de/contra)

Anfeindung *f* <-, -en> acoso *m* público, hostigamiento *m*

an|fertigen *vt* ❶ *(machen)* hacer ❷ *(herstellen)* fabricar; *(Kleidung)* confeccionar ❸ *(Schriftstück)* redactar

Anfertigung *f* <-en> fabricación *f; (Schneider)* confección *f; (Schreiben)* redacción *f*

an|feuchten ['anfɔɪçtən] *vt* humedecer; *(stärker)* mojar

an|feuern *vt (anheizen)* encender; *(anspornen)* enardecer

an|flehen *vt* implorar; (REL) impetrar

an|fliegen *irr* **I.** *vi sein (herankommen)* acercarse (volando) **II.** *vt (ansteuern)* dirigirse (a), acercarse (a); *(zur Zwischenlandung)* hacer escala (en)

Anflug *m* <-(e)s, -flüge> ❶ (AERO) vuelo *m* de aproximación ❷ *(Andeutung)* asomo *m* (**von** de), deje *m* (**von** de); **ein ~ von Heiterkeit** un asomo de alegría

an|fordern *vt* pedir; *(stärker)* reclamar, exigir

Anforderung *f* <-en> ❶ *(das Anfordern)* demanda *f* ❷ *(Anspruch)* exigencia *f,* requisito *m;* **den ~en nicht entsprechen** no reunir los requisitos

Anfrage *f* <-n> pregunta *f* (**bei** a); (POL) interpelación *f;* **auf ~** a petición (**von** de)

an|fragen *vi* preguntar (**bei** a), pedir informes (**bei** a); (POL) interpelar

an|freunden *vr:* **sich ~** ❶ *(Freundschaft schließen)* trabar amistad (**mit** con), amistarse *CSur; (enger)* intimar (**mit** con) ❷ *(sich gewöhnen)* familiarizarse (**mit** con), acostumbrarse (**mit** a)

an|fügen ['anfy:gən] *vt* ❶ *(bemerken)* añadir (**an** a) ❷ *(beilegen)* juntar

an|fühlen *vr* **sich hart/weich ~** ser duro/blando al tacto; **der Stoff fühlt sich gut an** el tejido tiene un buen tacto

Anfuhr ['anfu:ɐ] *f ohne pl* tra(n)sporte *m; (mit LKW)* camionaje *m*

an|führen *vt* ❶ *(vorangehen)* encabezar ❷ *(leiten)* dirigir ❸ *(vorbringen)* aducir ❹ *(zitieren)* citar

Anführer(in) *m(f)* <-s, -; -nen> jefe, -a *m, f;* (POL) líder *mf; (einer Bande)* cabecilla *mf*

Anführungsstrich *m* comilla *f;* **~e unten/oben** abrir/cerrar comillas

Anführungszeichen *nt s.* **Anführungsstrich**

Angabe[1] *f* <-n> ❶ *(Information)* indicación *f,* dato *m;* **~n zur Person** datos personales; **nähere ~n zu etw machen** describir algo más detalladamente ❷ (SPORT: *Aufschlag)* saque *m*

Angabe[2] *f ohne pl (Prahlerei)* fanfarronería *f,* chulería *f*

an|gaffen *vt (fam abw)* mirar de hito en hito [*o* sin pestañear]

an|geben *irr* **I.** *vi* ❶ *(fam: prahlen)* fanfarronear (**mit** de), palanganear *Am* ❷ (SPORT) sacar ❸ *(beim Kartenspiel)* jugar primero **II.** *vt* ❶ *(nennen)* indicar; *(mitteilen)* decir; *(im Einzelnen)* detallar; *(Gründe)* alegar ❷ *(Richtung)* determinar ❸ *(anzeigen)* denunciar; *(melden)* declarar

Angeber(in) *m(f)* <-s, -; -nen> *(fam)* fanfarrón, -ona *m, f,* chévere *mf AmS; (Aufschneider)* chulo, -a *m, f*

Angeberei *f* <-en> *(fam)* fanfarronada *f; (Aufschneiderei)* chulería *f*

Angeberin *f* <-nen> *(fam) s.* **Angeber**

angeberisch *adj (fam)* fanfarrón

Angebetete(r) *mf* <-n, -n; -n, -n> *(iron: Geliebte(r))* amado, -a *m, f*

angeblich ['ange:plɪç, -'--] **I.** *adj* supuesto **II.** *adv* según dicen

angeboren *adj* de nacimiento

Angebot *nt* <-(e)s, -e> ❶ *(Vorschlag)* ofrecimiento *m,* oferta *f* ❷ (WIRTSCH) oferta *f;* **~ und Nachfrage** oferta y demanda ❸ *(Auswahl)* surtido *m*

angebracht ['angəbraxt] **I.** *pp von* **anbringen II.** *adj (passend)* oportuno; *(ratsam)* recomendable

angebunden *pp von* **anbinden**

angegossen ['angəgɔsən] *adj (fam)* **etw passt wie ~** algo queda que ni pintado

angegriffen *pp von* **angreifen**

angeheiratet ['angəhaɪra:tət] *adj* emparentado por matrimonio, político; **mein ~er Onkel** mi tío político

angeheitert ['angəhaɪtɐt] *adj* achispado

an|gehen *irr* **I.** *vi sein* ❶ *(fam: beginnen)* empezar ❷ *(fam: Licht)* encenderse ❸ *(bekämpfen)* luchar (**gegen** contra); *(sich widersetzen)* oponerse (**gegen** a) ❹ *(vertretbar sein)* **es geht nicht an, dass ...** no puede ser que… +*subj* **II.** *vt* ① *(angreifen)* arremeter (contra), atacar ② *(in Angriff nehmen)* acometer ③ *(betreffen)* afectar; **das geht ihn gar nichts an** eso le importa un comino; **was deine Frage angeht, …** con respecto a tu pregunta…

angehende(r, s) *adj* futuro

an|gehören* *vi* pertenecer (a), ser (de); *(als Mitglied)* ser miembro (de)

Angehörige(r) *mf* <-n, -n; -n> ① *(der Familie)* pariente *mf* ② *(Mitglied)* miembro *m*

Angeklagte(r) *mf* <-n, -n; -n> acusado, -a *m, f*

Angel ['aŋəl] *f* <-n> ① *(für Fischfang)* caña *f* de pescar ② *(Türscharnier)* gozne *m;* **zwischen Tür und ~** *(fam)* deprisa y corriendo

Angelausrüstung *f* equipamiento *m* de pesca

Angelegenheit *f* <-en> asunto *m,* cuestión *f;* **das ist meine ~** esto es asunto mío; **sich in fremde ~en mischen** meterse en asuntos ajenos

angelernt *adj* ① *(Wissen)* aprendido ② *(Arbeiter)* especialista

Angelgerät *nt* útiles *mpl* de pesca

Angelhaken *m* anzuelo *m*

angeln ['aŋəln] **I.** *vi, vt (Fische)* pescar (con caña) **II.** *vr:* **sich** *dat* **~** *(fam: erwischen)* pescar; **sich** *dat* **einen Mann ~** pescar marido

Angelpunkt *m* piedra *f* angular; **der Dreh- und ~ einer Sache sein** ser el punto crucial de una cosa

Angelrute *f* caña *f* de pescar

Angelsachse, -sächsin *m, f* <-n, -n; -, -nen> anglosajón, -ona *m, f*

angelsächsisch *adj* anglosajón

Angelschein *m* licencia *f* de pesca

Angelschnur *f* sedal *m*

angemessen *adj* adecuado; *(Preis)* razonable; *(ausreichend)* suficiente; **etw für ~ halten** considerar algo adecuado

Angemessenheit *f* <-, *ohne pl*> ① *(angemessene Entsprechung)* (justa) proporción *f* ② *(passende Art)* adecuación *f;* **er achtete sehr auf die ~ seiner Worte** tuvo mucho cuidado de emplear las palabras adecuadas

angenehm ['angəne:m] *adj* agradable; *(Unterhaltung)* ameno; *(Mensch)* simpático; **es wäre mir ~, wenn …** me gustaría mucho que… +*subj;* **~!** *(bei einer Begrüßung)* ¡encantado!; **~en Aufenthalt!** ¡feliz estancia!

angenommen *pp von* **annehmen**

angepasst ['angəpast] *adj (Person)* conformista

Angepasstheit *f* <-, *ohne pl*> conformismo *m*

angeregt ['angəre:kt] *adj* animado; **sich ~ unterhalten** tener una conversación animada

angesagt ['angəza:kt] *adj (fam)* anunciado; **heute ist Regen ~** para hoy han anunciado lluvia

angeschlagen I. *pp von* **anschlagen II.** *adj (erschöpft)* agotado; **seine Gesundheit ist ~** su salud está quebrantada

angeschmutzt ['angəʃmʊtst] *adj* ligeramente sucio

angesehen I. *pp von* **ansehen II.** *adj* estimado

Angesicht *nt* <-(e)s, -er> *(geh)* cara *f,* rostro *m;* **von ~ zu ~** cara a cara

angesichts *präp +gen (geh)* ① *(beim Anblick)* ante, al ver ② *(hinsichtlich)* en vista de, ante; **~ der Tatsache, dass …** en vista del hecho de que…

angespannt ['angəʃpant] *adj* ① *(Lage, Muskeln)* tenso ② *(intensiv)* intenso

angestammt ['angəʃtamt] *adj* hereditario

angestaubt ['angəʃtaʊpt] *adj* empolvado; *(fam fig)* anticuado; **~e Ansichten** ideas pasadas de moda

Angestellte(r) *mf* <-n, -n; -n> empleado, -a *m, f*

Angestelltenverhältnis *nt* **im ~ stehen** estar empleado

angestrengt ['angəʃtrɛŋt] *adv* **~ über etw nachdenken** pensar intensamente en algo

angetan ['angəta:n] **I.** *pp von* **antun II.** *adj* **von jdm ~ sein** sentir mucha simpatía por alguien; **von etw ~ sein** estar encantado con algo

angetrunken I. *pp von* **antrinken II.** *adj* achispado

angewandt ['angəvant] *pp von* **anwenden**

angewiesen ['angəvi:zən] **I.** *pp von* **anweisen II.** *adj* **auf jdn/etw ~ sein** depender de alguien/algo

an|gewöhnen* *vt* **jdm etw ~** acostumbrar alguien a algo; **sich** *dat* **etw ~** acostumbrarse a algo

Angewohnheit *f* <-en> costumbre *f* (adquirida)

angewurzelt *adj* **wie ~ stehen bleiben** quedarse de piedra

angezeigt *adj (geh)* conveniente; **es schien ihm ~, zu gehen** estimó conveniente irse

Angina [aŋ'gi:na] *f* <Anginen> anginas *fpl;* **eine ~ haben** tener (las) anginas

an|gleichen *irr vt* ① *(vereinheitlichen)* igualar ② *(anpassen)* adaptar (**an** a), ajus-

A

tar (**an** a); *(Gehälter)* reajustar (**an** a); **sich jdm/etw ~** adaptarse a alguien/a algo

Angleichung *f* <-en> ❶ *(Gehalt, Gesetz)* equiparación *f* (**an** a) ❷ *(gegenseitig)* armonización *f*

Angler(in) ['aŋlɐ] *m(f)* <-s, -; -nen> pescador(a) *m(f)* de caña

Anglerweste *f* chaleco *m* de pesca

an|gliedern *vt* ❶ *(an eine Organisation)* asociar (**an** a); *(hinzufügen)* añadir (**an** a) ❷ *(Gebiet)* anexionar (**an** a)

Angliederung *f* <-en> incorporación *f* (**an** a); (POL) anexión *f* (**an** a)

anglikanisch [aŋgli'kaːnɪʃ] *adj* (REL) anglicano

Anglist(in) *m(f)* <-en, -en; -, -nen> (LING) angli(ci)sta *mf*

Anglistik [aŋ'glɪstɪk] *f ohne pl* filología *f* inglesa

Anglizismus *m* <Anglizismen> (LING) anglicismo *m*

an|glotzen *vt (fam abw)* mirar boquiabierto

Angola [aŋ'goːla] *nt* <-s> Angola *f*

Angolaner(in) *m(f)* <-s, -; -, -nen> angoleño, -a *m, f*

angolanisch *adj* angoleño

Angorawolle *f* <-, -n> lana *f* de Angora, angora *f*

angreifbar *adj* atacable

an|greifen *irr vt* ❶ (MIL, SPORT) atacar; *(überfallen)* asaltar; *(tätlich)* agredir ❷ *(kritisieren)* atacar ❸ *(schwächen)* debilitar; *(ermüden)* cansar; *(Gesundheit)* perjudicar; *(psychisch)* emocionar ❹ (CHEM) corroer ❺ *(Vorräte)* empezar a consumir; *(Ersparnisse)* empezar a gastar

Angreifer(in) *m(f)* <-s, -; -nen> agresor(a) *m(f)*, asaltante *mf; (Angriffsspieler)* atacante *mf*

an|grenzen *vi* limitar (**an** con), (co)lindar (**an** con)

angrenzend *adj* contiguo; *(Grundstück)* colindante

Angriff *m* <-(e)s, -e> (*a.* MIL, SPORT) ataque *m; (Überfall)* asalto *m;* **etw in ~ nehmen** *(fig)* emprender algo

Angriffsfläche *f* superficie *f* de ataque; **keine ~ bieten** ser inexpugnable

angriffslustig *adj* agresivo

Angriffsspieler(in) *m(f)* (SPORT) jugador(a) *m(f)* de ataque

Angriffsziel *nt* <-(e)s, -e> objetivo *m* (de ataque)

an|grinsen *vt* mirar sonriendo irónicamente

angst **mir ist ~** (**und bange**) me muero de miedo

Angst [aŋst, *pl:* 'ɛŋstə] *f* <Ängste> miedo *m* (**vor** a/de), julepe *m Am; (schwächer)* temor *m* (**vor** a/de); *(stärker)* espanto *m;* **vor jdm/vor etw ~ haben** tener miedo de alguien/a algo; **sie bekam ~** cogió miedo; **keine ~!** ¡no tengas miedo!; **jdm ~ einjagen** meterle miedo a alguien; **sie hat ~, dass ...** tiene miedo de que... +*subj*

Angsthase *m (fam)* miedica *mf,* gallina *mf*

ängstigen ['ɛŋstɪgən] **I.** *vt (Angst einjagen)* amedrentar; *(beunruhigen)* inquietar **II.** *vr:* **sich ~** ❶ *(Angst haben)* tener miedo (**vor** a/de) ❷ *(sich sorgen)* inquietarse (**um** por)

ängstlich ['ɛŋstlɪç] *adj* ❶ *(verängstigt)* miedoso; *(schüchtern)* apocado; **ein ~es Gesicht machen** poner cara de miedo ❷ *(besorgt)* preocupado

Ängstlichkeit *f ohne pl* pusilanimidad *f,* apocamiento *m*

Angstmacherei [--'-] *f (abw)* alarmismo *m*

Angstschrei *m* <-(e)s, -e> grito *m* de miedo [*o* de terror], chillido *m*

Angstschweiß *m* sudor *m* frío

angstvoll *adj* temeroso

an|gucken *vt (fam)* mirar; **sich** *dat* **etw ~** mirar algo

an|gurten *vr:* **sich ~** (AUTO) ponerse el cinturón de seguridad

an|haben *irr vt* ❶ *(Kleidung)* llevar (puesto) ❷ *(Schaden zufügen)* **jdm/etw nichts ~ können** no poder hacerle nada a alguien/a algo

an|halten *irr* **I.** *vi* ❶ *(andauern)* durar; *(weitergehen)* seguir ❷ *(stoppen)* parar(se) ❸ *(werben)* solicitar; **um jds Hand ~** pedir la mano de alguien **II.** *vt* ❶ *(Fahrzeug, Uhr)* parar; *(Atem)* contener; *(Ton)* sostener ❷ *(anleiten)* animar (**zu** a), incitar (**zu** a)

anhaltend *adj* constante, continuo

Anhalter(in) *m(f)* <-s, -; -nen> auto(e)stopista *mf;* **per ~ fahren** ir a dedo

Anhaltspunkt *m* punto *m* de referencia; *(Indiz)* indicio *m*

anhand [an'hant] *präp +gen* mediante

Anhang *m* <-(e)s, -hänge> apéndice *m*

an|hängen *irr* **I.** *vi* ❶ *(anhaften)* colgar (de); **das schlechte Image hing ihm noch lange an** el sambenito le quedó colgado por mucho tiempo ❷ *(zugehören)* seguir **II.** *vt* ❶ *(aufhängen)* colgar (**an** de/en); **jdm etw ~** *(fam)* colgar (el sambenito de) algo a alguien ❷ *(ankuppeln)* enganchar (**an** a) ❸ *(anfügen)* añadir (**an** a)

Anhänger[1] *m* <-s, -> ❶ (AUTO) remolque *m,* acoplado *m RíoPl* ❷ *(Schmuckstück)* colgante *m* ❸ *(für Koffer)* etiqueta *f*

Anhänger(in)[2] *m(f)* <-s, -; -nen> *(Person)*

seguidor(a) *m(f)*, adepto, -a *m, f;* (SPORT) aficionado, -a *m, f*
Anhängerkupplung *f* (AUTO) enganche *m* del remolque
Anhängerschaft *f* <-en> (SPORT) aficionados *mpl; (einer Doktrin)* seguidores *mpl*
anhängig *adj* (JUR) pendiente; **der Prozess ist ~** el juicio está pendiente
anhänglich *adj* apegado
Anhänglichkeit *f ohne pl* apego *m*
Anhängsel ['anhɛŋzəl] *nt* <-s, -> ❶ *(an einer Kette)* colgante *m* ❷ *(fam abw)* apéndice *m*
an|hauchen *vt (atmen)* alentar; *(Dampf)* echar vaho (a); **eine Scheibe ~** echar vaho a un cristal
an|hauen *irr vt (fam)* **jdn** (**um Geld**) **~** dar un sablazo a alguien
an|häufen I. *vt* acumular **II.** *vr:* **sich ~** acumularse; *(Menschen)* aglomerarse
Anhäufung *f* <-, -en> acumulación *f*, acopio *m*, apacheta *f AmS*
an|heben *irr vt* ❶ *(hochheben)* levantar ❷ *(erhöhen)* aumentar
an|heften *vt* fijar (**an** a/en), pegar (**an** a/en); *(mit Heftklammern)* grapar; *(mit einem Faden)* hilvanar
anheim|fallen [an'haɪm-] *irr vi sein (geh)* **etw** *dat* **~** ser víctima de algo
an|heuern ['anhɔɪɐn] **I.** *vi* (NAUT) enrolarse (**auf** en) **II.** *vt (anwerben)* enrolar
Anhieb ['anhiːp] *m ohne pl* **auf ~** *(fam)* al primer intento
an|himmeln ['anhɪməln] *vt (fam)* adorar; *(mit Blicken)* comer con los ojos
Anhöhe *f* <-n> elevación *f*, alto *m*
an|hören *vt* ❶ *(Gehör schenken)* escuchar; **das hört sich gut an** esto suena bien ❷ (JUR) oír
Anhörung *f* <-en> (JUR, EU) comparecencia *f; (Experten)* consulta *f;* **nach ~ der Parteien** oídas las partes
Animateur(in) [anima'tøːɐ] *m(f)* <-s, -e; -nen> animador(a) *m(f)*
Animation [anima'tsjoːn] *f* <-, -en> ❶ *(Tourismus)* programa *m* de actividades *(en club de vacaciones)* ❷ (FILM) animación *f*
Animierdame [ani'miːɐ-] *f* camarera *f* del descorche
animieren* [ani'miːrən] *vt* animar (**zu** a)
Anion ['anioːn] *nt* <-s, -en> (CHEM, PHYS) anión *m*
Anis [a'niːs, 'aːnɪs] *m* <-(es), -e> anís *m*
an|kämpfen *vi* luchar (**gegen** contra)
Ankauf *m* <-(e)s, -käufe> compra *f*, adquisición *f*
an|kaufen *vt* comprar, adquirir
Anker ['aŋkɐ] *m* <-s, -> (NAUT) ancla *f;* **den ~** (**aus**)**werfen/lichten** echar/levar anclas
ankern ['aŋkɐn] *vi* (NAUT) anclar
Ankerplatz *m* (NAUT) ancladero *m*
Ankerwährung *f* (WIRTSCH) patrón *m* monetario
an|ketten *vt* encadenar (**an** a)
Anklage *f* <-n> (JUR) acusación *f* (fiscal); *(Anklagevertretung)* acusación *f;* **~ gegen jdn erheben** acusar a alguien; **unter ~ stehen** estar acusado
Anklagebank *f* banco *m* de los acusados, banquillo *m;* **auf der ~ sitzen** estar en el banquillo
Anklageerhebung *f* (JUR) procesamiento *m*
an|klagen *vt* ❶ (JUR) acusar (**wegen** de) ❷ *(Missstände)* denunciar ❸ *(beschuldigen)* incriminar
anklagend *adj* de denuncia
Anklagepunkt *m* (JUR) cargo *m*
Ankläger(in) *m(f)* <-s, -; -nen> (JUR) acusador(a) *m(f)*
Anklageschrift *f* (JUR) escrito *m* de acusación
Anklagevertreter(in) *m(f)* (JUR) procurador(a) *m(f)* de los tribunales, representante *mf* de la acusación
Anklang *m* <-(e)s, -klänge> ❶ *(Zustimmung)* resonancia *f;* **bei jdm ~ finden** hallar resonancia en alguien; **großen ~ finden** tener éxito ❷ *(Ähnlichkeit)* reminiscencia *f;* **Anklänge an Wagner/an die Romantik** reminiscencias wagnerianas/románticas
an|kleben *vt* pegar (**an** a/en), fijar (**an** a/en)
Ankleidekabine *f* cabina *f* de baño
an|kleiden I. *vt (geh)* vestir **II.** *vr:* **sich ~** *(geh)* vestirse
Ankleideraum *m (Warenhaus, a.* THEAT) probador *m;* (SPORT) vestuario *m*
an|klicken *vt* pinchar; (INFOR) hacer clic
an|klopfen *vi* ❶ *(anpochen)* llamar (a la puerta) ❷ *(fam: bitten)* preguntar (**um** por)
an|knabbern *vt* roer
an|knipsen *vt (fam)* encender
anknoten *vt* anudar (**an** a)
an|knüpfen I. *vt* ❶ *(anknoten)* atar (**an** a) ❷ *(Gespräch)* entablar **II.** *vi* **an etw ~** fundarse en algo; *(fortführen)* continuar (algo)
an|kommen *irr vi sein* ❶ *(eintreffen)* llegar (**in/bei/auf** a); *(Schiff)* arribar (**in** a) ❷ *(fam: sich wenden)* **jdm mit etw ~** irle a alguien con algo ❸ *(fam: Resonanz finden)* gustar; **er kommt bei seinen Schülern gut an** tiene buena acogida entre los alumnos ❹ *(abhängen)* depender (**auf** de); **es kommt darauf an, ob ...** depende de

si…; **ich würde es nicht darauf ~ lassen** *(fam)* yo no esperaría sentado ⑤ *(wichtig sein)* ser importante; **es kommt darauf an, dass …** es importante que… *+subj* ⑥ *(sich durchsetzen)* **gegen jdn ~** imponerse a alguien

Ankömmling ['ankœmlɪŋ] *m* <-s, -e> recién llegado, -a *m, f*

ankoppeln *vt* ① *(Eisenbahnwaggon, Raumschiff)* acoplar (**an** *+akk* a) ② *(Anhänger)* enganchar (**an** *+akk* a)

an|kotzen *vt (vulg: anekeln)* dar asco (a)

an|kreiden ['ankraɪdən] *vt* **jdm etw ~** tomar a mal algo a alguien

an|kreuzen *vt* marcar con una cruz

an|kündigen **I.** *vt* anunciar **II.** *vr:* **sich ~** anunciarse; *(beginnen)* comenzar, empezar; *(spürbar sein)* hacerse sentir

Ankündigung *f* <-en> anuncio *m; (Plakat)* cartel *m; (schriftlich)* notificación *f*

Ankunft ['ankʊnft] *f ohne pl* llegada *f; (Schiff)* arribada *f*

Ankunftshalle *f* sala *f* de llegadas

Ankunftszeit *f* hora *f* de llegada

Ankurb(e)lung *f* <-en> (WIRTSCH) fomento *m*

an|kurbeln *vt* ① (TECH) poner en marcha ② *(in Schwung bringen)* estimular; *(Wirtschaft)* fomentar

an|lächeln *vt* mirar sonriendo; **jdn ~** sonreír a alguien

an|lachen *vt* mirar riendo; **sich** *dat* **jdn ~** *(fam)* pescar a alguien

Anlage *f* <-n> ① *(Veranlagung)* disposición *f* (**zu** para); (MED) predisposición *f* (**zu** a); *(Begabung)* talento *m* (**zu** para) ② *(Bau)* construcción *f; (Park)* jardín *m,* parque *m; (Sportplatz)* polideportivo *m;* **sanitäre ~n** instalaciones sanitarias ③ (TECH) dispositivo *m; (Industrieanlage)* planta *f; (Stereoanlage)* equipo *m* ④ (WIRTSCH) inversión *f* ⑤ *(Beilage)* anejo *m,* anexo *m,* suplemento *m;* **in der ~ erhalten Sie …** adjunto le remitimos…

Anlageberater(in) *m(f)* <-s, -; -, -nen> (FIN, WIRTSCH) consejero, -a *m, f* en inversiones, asesor(a) *m(f)* de inversiones

anlagern *vr:* **sich ~** (CHEM) adicionarse (**an** a), combinarse (**an** con)

Anlagevermögen *nt* (FIN, WIRTSCH) activo *m* fijo

an|langen **I.** *vi sein (eintreffen)* llegar (**an/zu** a) **II.** *vt* ① *(betreffen)* concernir; **was mich/diese Sache anlangt, …** en lo que se refiere a mí/a esto… ② *(reg: anfassen)* tocar

Anlass ['anlas, *pl:* 'anlɛsə] *m* <-es, -lässe> ① *(Grund)* motivo *m* (**zu** para), razón *f* (**zu** para); *(Ursache)* causa *f* (**zu** de); **das gibt ~ zur Sorge** esto es motivo de preocupación ② *(Gelegenheit)* ocasión *f;* **bei diesem ~** aprovechando la ocasión; **ein willkommener ~** una buena ocasión; **jdm ~ geben, zu …** dar a alguien la ocasión de…

an|lassen *irr* **I.** *vt* ① *(Motor)* poner en marcha; *(Wagen)* arrancar ② *(Licht, Radio)* dejar encendido ③ *(fam: Kleidung)* dejar puesto; **du kannst deine Schuhe ruhig ~** puedes dejarte los zapatos puestos **II.** *vr:* **sich ~** *(fam: sich entwickeln)* presentarse; *(positiv)* prometer (éxito)

Anlasser *m* <-s, -> (AUTO) motor *m* de arranque

anlässlich ['anlɛslɪç] *präp +gen* con motivo de

an|lasten ['anlastən] *vt* **jdm etw ~** imputar algo a alguien

Anlauf *m* <-(e)s, -läufe> ① (SPORT) carrerilla *f;* **~ nehmen** tomar carrerilla ② *(Versuch)* intento *m*

an|laufen *irr* **I.** *vi sein* ① *(angelaufen kommen)* llegar corriendo ② *(beginnen)* empezar; *(Film)* estrenarse; *(Motor)* ponerse en marcha ③ *(sich verfärben: Silber)* deslucirse; **rot ~** enrojecer; **blau ~** amoratarse ④ *(beschlagen)* empañarse ⑤ (SPORT) tomar la salida **II.** *vt* (NAUT) **einen Hafen ~** tocar en un puerto

Anlaufstelle *f* (ADMIN) sección *f* de coordinación

Anlaut *m* <-(e)s, -e> (LING) sonido *m* inicial

an|legen **I.** *vi (landen)* atracar **II.** *vt* ① *(Maßstab)* aplicar; *(Spielstein)* colocar; **letzte Hand ~** dar los últimos toques ② *(anlehnen)* poner; *(Leiter)* apoyar; *(Gewehr)* encarar ③ *(geh: anziehen)* ponerse ④ *(einrichten)* instalar; *(Garten)* plantar; *(Straße)* trazar; *(gründen)* fundar; *(bauen)* construir; *(Akte)* abrir; *(Vorräte)* almacenar; *(Liste)* hacer ⑤ *(investieren)* invertir (**in** en) ⑥ *(bezahlen)* pagar ⑦ *(absehen)* **du legst es wohl auf einen Streit mit mir an** me parece que te empeñas en reñir conmigo ⑧ *(ausrichten)* **der Film ist auf drei Stunden angelegt** la película dura tres horas ⑨ *(anbringen)* **jdm einen Verband ~** aplicar una venda a alguien **III.** *vr:* **sich ~** *(streiten)* pelearse

Anlegeplatz *m* (NAUT) atracadero *m*

Anleger(in) *m(f)* (FIN) inversor(a) *m(f)*

Anlegestelle *f* (NAUT) *s.* **Anlegeplatz**

an|lehnen **I.** *vt (Tür)* entornar; *(aufstützen)* apoyar (**an** en/contra) **II.** *vr:* **sich ~** *(sich abstützen)* apoyarse (**an** en); **sich an etw/jdn ~** *(a. fig)* apoyarse en algo/alguien; *(zum Vorbild nehmen)* imitar algo/a alguien

Anlehnung *f* <-en> apoyo *m*

anlehnungsbedürftig *adj* necesitado de afecto; **unsere Katze ist heute sehr ~** nuestra gata está hoy muy mimosa

an|leiern ['anlaɪɐn] *vt (fam)* montar; **wer hat das angeleiert?** ¿quién ha organizado esto?

Anleihe ['anlaɪə] *f* <-n> ① (FIN) empréstito *m,* préstamo *m* ② *(von Ideen)* inspiración *f*

an|leiten *vt* ① *(unterweisen)* iniciar ② *(lehren)* instruir

Anleitung *f* <-en> ① *(Vorgang)* dirección *f;* **unter ~ (von)** bajo la dirección (de) ② *(Text)* instrucciones *fpl; (Lehrbuch)* manual *m*

an|lernen *vt* instruir

an|lesen *irr vt* ① *(den Anfang lesen)* iniciar la lectura (de) ② *(sich aneignen)* **sich** *dat* **seine Kenntnisse ~** adquirir sus conocimientos a través de la lectura

anleuchten *vt* enfocar

an|liefern *vt* (COM) suministrar

Anlieferung *f* (COM) entrega *f,* suministro *m*

an|liegen *irr vi* ① *(fam: anstehen)* estar por hacer; **was liegt heute an?** ¿qué hay que hacer hoy? ② *(sich anschmiegen)* ajustarse

Anliegen *nt* <-s, -> *(Wunsch)* deseo *m; (Bitte)* petición *f*

anliegend *adj* ① *(benachbart)* adyacente ② *(beigefügt)* adjunto ③ *(Kleidung)* ceñido

Anlieger *m* <-s, -; -nen> vecino *m*

an|locken *vt* atraer

anlöten *vt* soldar (**an** a)

an|lügen *irr vt* mentir (a)

Anm. *Abk. von* **Anmerkung** nota *f*

Anmache *f ohne pl (sl)* ① *(Flirt)* ligue *m* ② *(Anrede)* piropo *m (fórmula para ligar)*

an|machen *vt* ① *(einschalten)* encender ② *(Mörtel)* amasar ③ (GASTR: *Salat*) aderezar ④ *(fam: anbändeln)* ligar (con) ⑤ *(anbringen)* fijar (**an** a/en) ⑥ *(reizen)* atraer

an|malen *vt* pintar

an|maßen ['anma:sən] *vr:* **sich** *dat* **~** permitirse; *(Rechte)* arrogarse; *(Fähigkeiten)* atribuirse

anmaßend ['anma:sənt] *adj* arrogante

Anmaßung *f* <-en> ① *(unberechtigter Anspruch)* arrogación *f* ② *(Überheblichkeit)* arrogancia *f*

Anmeldeformular *nt* impreso *m* de inscripción

Anmeldefrist *f* <-, -en> plazo *m* de inscripción [*o* de admisión]

Anmeldegebühr *f* tasas *fpl* de inscripción

an|melden I. *vt* ① *(ankündigen)* anunciar; **Konkurs ~** declararse en quiebra ② *(Fahrzeug, an einer Schule)* matricular; **ein Ferngespräch ~** pedir conferencia ③ *(Ansprüche)* presentar **II.** *vr:* **sich ~** matricularse; *(Wohnsitz)* empadronarse

anmeldepflichtig *adj* sujeto a registro

Anmeldeschluss *m* <-es, *ohne pl*> cierre *m* del plazo de inscripción

Anmeldung *f* <-en> ① *(Ankündigung)* aviso *m* ② *(Schule)* matrícula *f; (Kurs)* inscripción *f; (Patent)* registro *m* ③ *(fam: Rezeption)* recepción *f*

an|merken *vt* ① *(notieren)* señalar ② *(ergänzend bemerken)* decir, añadir ③ *(bemerken)* notar; **ich ließ mir nichts ~** procuré que no se me notase nada

Anmerkung *f* <-en> ① *(kurze Bemerkung)* observación *f,* advertencia *f* ② *(Fußnote)* nota *f* a pie de página; **~ des Übersetzers** nota del traductor ③ *(Kommentar)* comentario *m*

anmieten *vt (geh)* alquilar

an|motzen *vt (fam)* criticar

Anmut ['anmu:t] *f ohne pl (geh)* gracia *f,* quimba *f Am; (der Landschaft)* amenidad *f*

anmutig *adj (geh: Wesen, Landschaft)* encantador; *(Bewegung)* garboso

an|nähen *vt* coser (**an** a)

an|nähern I. *vt* acercar (**an** a) **II.** *vr:* **sich ~** acercarse (**an** a)

annähernd ['annɛ:ɐnt] **I.** *adj (ungefähr)* aproximado **II.** *adv* más o menos, alrededor de

Annäherung *f* <-en> aproximación *f; (an einen Menschen)* acercamiento *m*

Annäherungsversuch *m* tentativa *f* de acercamiento; *(aufdringlich)* insinuación *f*

annäherungsweise *adv* aproximadamente

Annäherungswert *m* valor *m* aproximativo

Annahme ['anna:mə] *f* <-n> ① *(Vermutung)* suposición *f;* **in der ~, dass ...** suponiendo que...; **ich bin der ~, dass ...** supongo que... ② *(das Annehmen)* recibo *m; (eines Briefs)* admisión *f; (eines Gesetzes)* aceptación *f* ③ *(Annahmestelle)* recepción *f*

Annahmefrist *f* <-, -en> plazo *m* de admisión

Annahmestelle *f* ① *(Lotto)* despacho *m* de billetes ② *(Schrott)* depósito *m* de entrega ③ *(für Aufträge, Filme)* despacho *m* de entrega

Annalen [a'na:lən] *pl* anales *mpl;* **in die ~ eingehen** pasar a los anales

annehmbar *adj* aceptable; *(zulässig)* admisible; *(Preis)* aceptable

an|nehmen *irr* **I.** *vt* ① *(entgegennehmen)* recibir; **das kann ich doch nicht ~** no puedo aceptar eso ② *(Auftrag)* aceptar;

(Rat) seguir; *(Antrag)* acceder (a) ③ *(Urteil)* aprobar ④ *(Religion, Meinung, Kind)* adoptar; *(Gewohnheit)* contraer; *(Umfang)* adquirir; **etw nimmt Gestalt an** algo va tomando forma; **nimm doch endlich Vernunft an!** ¡entra en razón de una vez! ⑤ *(vermuten)* suponer, asumir *Am;* **das nehme ich nicht an** no lo creo; **ich nehme an, dass …** supongo que…; **angenommen, dass …** en el caso de que… *+subj* **II.** *vr* **sich jds ~** cuidar de alguien; **sich etw** *gen* **~** encargarse de algo

Annehmlichkeit *f* <-en> amenidad *f; (Vorteil)* ventaja *f*

annektieren* [anɛk'tiːrən] *vt* anexionar

Annexion [anɛ'ksjoːn] *f* <-, -en> anexión *f*

anno *adv,* **Anno** *adv* en el año; **es war Winter, ~ 1941, als …** era invierno del año 1941 cuando…; **von ~ dazumal** del tiempo de Maricastaña

Annonce [a'nõsə] *f* <-n> anuncio *m,* aviso *m Am*

annoncieren* [anõ'siːrən] **I.** *vi (inserieren)* poner un anuncio **II.** *vt (Stelle, Hochzeit)* anunciar

annullieren* [anʊ'liːrən] *vt* anular

Annullierung *f* <-, -en> (JUR) anulación *f; (Gesetz)* derogación *f; (Urteil)* casación *f; (Vertrag)* revocación *f*

Anode [a'noːdə] *f* <-n> (PHYS) ánodo *m*

an|öden ['anøːdən] *vt (fam)* aburrir

anomal ['anomaːl, --'-] *adj* anómalo

Anomalie [anoma'liː] *f* <-n> anomalía *f*

anonym [ano'nyːm] *adj* anónimo; **~ bleiben** quedar(se) en el anonimato

Anonymität *f ohne pl* anonimato *m*

Anorak ['anorak] *m* <-s, -s> anorak *m*

an|ordnen *vt* ① *(befehlen)* ordenar ② *(aufstellen)* colocar; *(mit System)* ordenar

Anordnung *f* <-en> ① *(Befehl)* orden *f;* **auf jds ~** por orden de alguien ② *(Ordnung)* orden *m; (Aufstellung)* colocación *f; (Verteilung)* distribución *f*

Anorexie [anorɛ'ksiː] *f* <-, -n> (MED) anorexia *f*

anorganisch ['anɔrgaːnɪʃ] *adj* inorgánico

anormal ['anɔrmaːl] *adj* anormal

an|packen **I.** *vi (helfen)* ayudar, echar una mano **II.** *vt* ① *(anfassen)* agarrar, coger ② *(handhaben)* abordar; **eine Arbeit richtig/falsch ~** abordar un trabajo correctamente/erróneamente ③ *(fam: behandeln)* tratar

an|passen **I.** *vt* adaptar (**an** a) **II.** *vr:* **sich ~** amoldarse (**an** a)

Anpassung *f* <-en> ① (WIRTSCH: *Produktion, Verfahren*) ajuste *m* (**an** a), adaptación *f* (**an** a) ② *(Gehalt, Rente)* actualización *f* ③ *(Angleichung)* (re)ajuste *m*

anpassungsfähig *adj* adaptable (**an** a), flexible

Anpassungsfähigkeit *f* adaptabilidad *f,* flexibilidad *f*

Anpassungsschwierigkeiten *fpl* dificultades *fpl* de adaptación

an|peilen *vt* ① (NAUT) dirigirse (a/hacia) ② (TEL) interceptar ③ *(bessere Position)* estar resuelto a conseguir ④ *(jdn)* tener la mirada puesta (en)

an|pfeifen *irr* **I.** *vi, vt* (SPORT) dar el pitido inicial (de) **II.** *vt (fam)* abroncar

Anpfiff *m* <-(e)s, -e> ① (SPORT) pitido *m* inicial ② *(fam: Tadel)* bronca *f*

an|pflanzen *vt* plantar; *(Nutzpflanzen)* cultivar

an|pflaumen *vt (fam)* echar una bronca

an|pirschen *vr:* **sich ~** acercarse sigilosamente

an|pöbeln *vt (fam)* molestar

an|prangern ['anpraŋɐn] *vt* denunciar

an|preisen *irr vt* ① *(empfehlen)* recomendar ② *(loben)* elogiar

Anprobe *f* <-n> prueba *f*

an|probieren *vt* probar(se)

an|pumpen *vt (fam)* **jdn um 100 Euro ~** dar a alguien un sablazo de 100 euros

an|quatschen *vt (fam)* abordar

anraten *irr vt* aconsejar, recomendar; **auf A~ des Arztes** por [*o* siguiendo el] consejo del médico

an|rechnen *vt* ① *(in Rechnung stellen)* facturar ② *(gutschreiben)* abonar (**auf** en) ③ *(Studienzeiten)* convalidar (**auf** con) ④ *(schätzen)* valorar; **ich rechne es ihm hoch an, dass er mir geholfen hat** valoro muchísimo el que me haya ayudado

Anrechnung *f* <-, -en> (FIN, WIRTSCH) abono *m*

Anrecht *nt* <-(e)s, -e> derecho *m* (**auf** a)

Anrede *f* <-n> tratamiento *m; (im Brief)* encabezamiento *m*

an|reden *vt* hablar (a), dirigir la palabra (a); **jdn mit Du/mit Sie ~** tratar a alguien de tú/de Ud.

an|regen **I.** *vi (beleben)* estimular **II.** *vt* ① *(Appetit, Kreislauf)* excitar, estimular ② *(vorschlagen)* proponer, sugerir

anregend *adj (Tee, Kaffee)* excitante; (*a.* MED) estimulante; *(Gespräch)* sugestivo

Anregung[1] *f* <-en> *(Vorschlag)* sugerencia *f,* propuesta *f; (Inspiration)* inspiración *f;* **auf jds ~** por sugerencia de alguien

Anregung[2] *f ohne pl (Belebung)* estímulo *m*

an|reichern ['ənraɪçɐrn] *vt* (*a.* CHEM) enriquecer

Anreicherung *f* <-, -en> (*a.* CHEM) enriquecimiento *f*

Anreise *f* <-n> ① *(Anfahrt)* viaje *m* de ida ② *(Ankunft)* llegada *f*

an|reisen *vi sein* llegar; **mit dem Zug ~** llegar en tren

Anreiz *m* <-es, -e> estímulo *m,* aliciente *m; (finanziell)* incentivo *m*

an|rempeln ['anrɛmpəln] *vt (fam)* empujar

an|rennen *irr* **I.** *vi sein* ① *(herbeieilen)* llegar corriendo ② *(anstürmen)* arremeter (**gegen** contra) ③ *(ankämpfen)* luchar (**gegen** contra); **gegen den Wind ~** correr con el viento en contra **II.** *vt (fam: anstoßen)* chocar (**an** con/contra), golpear (**an** con/contra)

Anrichte ['anrɪçtə] *f* <-n> aparador *m,* bufete *m*

an|richten *vt* ① *(garnieren)* aderezar ② *(servieren)* servir; **es ist angerichtet** *(geh)* está servido ③ *(verursachen)* causar; **was hast du denn da wieder angerichtet?** ¡ya has vuelto a armar una buena!

anrüchig ['anrʏçɪç] *adj* de mala fama, sospechoso

anrücken I. *vi sein (Truppen, Polizei)* avanzar **II.** *vt (Möbel)* aproximar (**an** a), acercar (**an** a)

Anruf *m* <-(e)s, -e> ① *(laute Anrede)* llamada *f; (Appell)* llamado *m,* llamamiento *m* ② (TEL) llamada *f*

Anrufbeantworter *m* <-s, -> contestador *m* automático

an|rufen *irr vt* ① *(laut anreden)* llamar ② *(bitten)* pedir (a); *(flehend)* implorar (a), invocar; (JUR) acudir (a); **das Gericht ~** acudir a los tribunales ③ *(telefonieren)* llamar (por teléfono)

Anrufer(in) *m(f)* <-s, -; -nen> persona *f* que hace una llamada (telefónica)

an|rühren *vt* ① *(berühren)* tocar ② *(zu sich nehmen)* probar; **du hast das Essen kaum angerührt** apenas has probado la comida ③ *(Teig)* amasar

ans [ans] = **an das** *s.* **an**

Ansage ['anza:gə] *f* <-n> anuncio *m;* (TV) presentación *f;* **die ~ machen** hacer la presentación

an|sagen I. *vt (ankündigen)* anunciar; (TV) presentar **II.** *vr:* **sich ~** anunciarse

Ansager(in) *m(f)* <-s, -; -nen> (RADIO) locutor(a) *m(f);* (TV) presentador(a) *m(f)*

an|sammeln I. *vt* amontonar; *(Reichtümer)* atesorar **II.** *vr:* **sich ~** amontonarse

Ansammlung *f* <-en> aglomeración *f*

ansässig ['anzɛsɪç] *adj (Person)* domiciliado; *(Firma)* establecido

Ansatz *m* <-es, -sätze> ① (TECH) prolongación *f* ② *(Ablagerung)* depósito *m,* sedimento *m* ③ *(Anzeichen)* comienzo *m,* principio *m;* **im ~** en una primera fase

Ansatzpunkt *m* punto *m* de partida

ansatzweise *adv* **er hat es ~ verstanden** ha empezado a entenderlo; **das Problem konnte nur ~ gelöst werden** el problema no se pudo solucionar completamente

an|saufen *irr vt (fam)* **sich** *dat* **einen ~** pillarse un pedo

an|schaffen I. *vt (kaufen)* comprar(se), adquirir **II.** *vi (fam: Prostituierte)* prostituirse; **~ gehen** hacer la calle

Anschaffung *f* <-en> compra *f,* adquisición *f;* **~en machen** hacer compras

Anschaffungskosten *pl* costes *mpl* de compra

an|schalten *vt* ① *(Licht, Fernseher)* encender ② *(Atomkraftwerk)* poner en funcionamiento

an|schauen *vt* mirar

anschaulich *adj* plástico; **etw ~ machen** ilustrar algo

Anschaulichkeit *f ohne pl* ① *(Beispiel, Vortrag)* claridad *f* ② *(Beschreibung)* plasticidad *f*

Anschauung *f* <-en> ① *(Vorstellung)* concepto *m,* idea *f;* **etw aus eigener ~ wissen** saber algo por experiencia propia ② *(Ansicht)* opinión *f,* parecer *m;* **nach meiner ~** según mi parecer

Anschauungsmaterial *nt* material *m* ilustrativo

Anschein *m* <-(e)s, *ohne pl*> apariencia *f; (Eindruck)* impresión *f;* **allem ~ nach** según todas las apariencias

anscheinend *adv* al parecer

an|scheißen *irr vt (fam)* ① *(betrügen)* timar ② *(beschimpfen)* echar una bronca

an|schicken *vr* **sich ~, etw zu tun** *(geh)* disponerse a hacer algo

an|schieben *irr vt* empujar

an|schießen *irr* **I.** *vi sein (heranrasen)* llegar como una bala **II.** *vt (verletzen)* herir de un tiro

Anschiss *m* <-es, -e> *(fam)* bronca *f;* **einen ~ bekommen** ganarse una bronca

Anschlag *m* <-(e)s, -schläge> ① *(Plakat)* cartel *m,* anuncio *m* ② *(Überfall)* atentado *m* (**auf** contra); **einen ~ auf jdn verüben** atentar contra alguien; **einem ~ zum Opfer fallen** ser víctima de un atentado ③ (FIN, WIRTSCH) cálculo *m* ④ *(am Klavier, an der Schreibmaschine)* pulsación *f* ⑤ (TECH) tope *m;* **bis zum ~** hasta el tope ⑥ (MIL) posición *f* de tiro

Anschlagbrett *nt* tablón *m* de anuncios

an|schlagen *irr* **I.** *vi* ① *sein (anprallen)* chocar (**an** contra) ② *(Tabletten)* surtir efecto ③ (SPORT) tocar la meta ④ *(Laut ge-*

A

ben: Hund) ladrar; *(Vogel)* cantar ❺ *(fam: dick machen)* (hacer) engordar **II.** *vt* ❶ *(Plakat)* fijar (**an** a/en) ❷ *(beschädigen)* romper ❸ *(Taste)* pulsar ❹ (MUS: *Akkord*) tocar; *(Melodie)* entonar ❺ *(Fass)* espitar

an|schleichen *irr vr:* **sich** ~ acercarse sigilosamente (**an** a)

an|schleppen *vt* ❶ *(fam: mitbringen)* traerse; **wen hat dein Bruder denn schon wieder angeschleppt?** ¿a quién se ha vuelto a traer tu hermano? ❷ *(mühsam herbeibringen)* acarrear, cargar (con)

an|schließen *irr* **I.** *vt* ❶ *(festmachen)* sujetar (**an** a) ❷ *(Waschmaschine, Telefon)* conectar (**an** a) ❸ *(Bemerkung)* añadir (**an** a) **II.** *vr:* **sich** ~ ❶ *(sich zugesellen)* unirse (**an** a), juntarse (**an** con) ❷ *(folgen)* seguir (**an** a) ❸ *(beipflichten)* adherirse (a), mostrarse de acuerdo (con)

anschließend **I.** *adj* *(folgend)* posterior **II.** *adv* a continuación

Anschluss *m* <-es, -schlüsse> ❶ *(an eine Partei)* adhesión *f* (**an** a), afiliación *f* (**an** a); (POL) unión *f* (**an** a) ❷ *(an ein Netz)* conexión *f* (**an** con); (TEL) comunicación *f* (**an** con) ❸ *(Verkehr)* enlace *m,* entronque *m AmC* ❹ *(Kontakt)* compañía *f;* ~ **suchen/finden** buscar/encontrar compañía; **im ~ an ...** a continuación de...

an|schmiegen ['anʃmi:gən] *vr:* **sich** ~ *(Person)* arrimarse cariñosamente (**an** a)

anschmiegsam *adj (Person)* tierno

an|schnallen **I.** *vt* *(festbinden)* sujetar **II.** *vr:* **sich** ~ *(Auto, Flugzeug)* ponerse el cinturón de seguridad

Anschnallpflicht *f ohne pl* uso *m* obligatorio del cinturón de seguridad

an|schnauzen *vt* *(fam)* echar una bronca

an|schneiden *irr vt* ❶ *(Brot)* cortar ❷ *(Thema)* abordar ❸ *(Kurve)* cortar en diagonal ❹ (SPORT: *Ball*) jugar con efecto

an|schrauben *vt* atornillar (**an** a/en)

an|schreiben *irr vt* ❶ *(nicht sofort bezahlen)* comprar al fiado ❷ *(Person)* escribir (a) ❸ *(an eine Tafel)* escribir (**an** en)

an|schreien *irr vt* gritar (a), levantar la voz (a)

Anschrift *f* <-en> dirección *f,* señas *f pl*

an|schuldigen ['anʃʊldɪgən] *vt (geh)* acusar (**wegen** de), inculpar (**wegen** en)

Anschuldigung *f* <-en> acusación *f,* inculpación *f*

an|schwärzen ['anʃvɛrtsən] *vt (fam abw)* hablar mal (de, **bei** a)

an|schweigen *irr vt* no hablar; **sie schweigen sich schon seit 2 Wochen an** desde hace dos semanas no se cruzan una palabra

an|schwellen *irr vi sein* ❶ *(Körperteil)* hincharse ❷ *(Lärm)* crecer

an|schwemmen *vt* acarrear

an|schwindeln *vt (fam)* engañar

an|sehen *irr vt* ❶ *(betrachten)* mirar; *(prüfend)* examinar; *(Film)* (ir a) ver; *(besichtigen)* visitar; **ich kann das nicht länger mit** ~ no puedo soportarlo más ❷ *(erachten)* considerar; **ich sehe es als meine Pflicht an** lo considero mi deber ❸ *(anmerken)* notar; **man sieht dir dein Alter nicht an** no aparentas la edad que tienes

Ansehen *nt* <-s, *ohne pl*> ❶ *(Anschein)* apariencia *f;* **dem ~ nach zu urteilen** a juzgar por las apariencias ❷ *(Achtung)* reputación *f;* **großes ~ genießen** gozar de buena reputación

ansehnlich ['anze:nlɪç] *adj* ❶ *(beträchtlich)* considerable ❷ *(gutaussehend)* vistoso

an|seilen *vt* encordar

an|sengen ['anzɛŋən] *vt* chamuscar

an|setzen **I.** *vi* ❶ *(beginnen)* comenzar (**zu** a); **die Maschine setzt zur Landung an** el avión inicia el aterrizaje ❷ *(anbrennen)* pegarse **II.** *vt* ❶ *(in Position bringen)* poner, colocar ❷ *(Glas)* llevarse a los labios ❸ *(bilden)* echar; **Fett** ~ *(fam)* echar carnes ❹ *(vorbereiten)* preparar ❺ *(Termin, Kosten)* fijar (**für** para) ❻ *(auf eine Spur)* poner bajo la pista (**auf** de)

Ansicht *f* <-en> ❶ *(Meinung)* opinión *f* (**über** sobre); **sie vertritt/teilt die ~, dass ...** sostiene/comparte la opinión de que...; **meiner ~ nach** en mi opinión; **ich bin ganz ihrer** ~ soy de su misma opinión ❷ *(Abbildung)* vista *f* ❸ *(Blick)* vista *f;* **zur** ~ como muestra

Ansichtskarte *f* (tarjeta *f*) postal *f*

Ansichtssache *f* cuestión *f* de pareceres

Ansied(e)lung *f* <-en> asentamiento *m*

an|siedeln **I.** *vt* ❶ *(Menschen)* asentar ❷ *(Tierart)* introducir **II.** *vr:* **sich** ~ establecerse

Ansiedler(in) *m(f)* <-s, -; -, -nen> colono *m,* poblador(a) *m(f)*

ansonsten [an'zɔnstən] *adv* ❶ *(im Übrigen)* por lo demás ❷ *(andernfalls)* en caso contrario; *(wenn nicht)* si no

an|spannen *vt* ❶ *(Pferde)* enganchar ❷ *(Seil)* tensar ❸ *(Muskeln)* contraer

Anspannung *f* <-en> tensión *f*

Anspiel *nt* <-(e)s, -e> (SPORT: *beim Fußball*) saque *m;* *(bei Spielen)* apertura *f* del juego

an|spielen **I.** *vi* *(hinweisen)* aludir (**auf** a), referirse (**auf** a) **II.** *vt* ❶ (SPORT) pasar la pelota (a) ❷ (MUS: *Instrument*) probar; *(Melodie)* empezar a tocar

Anspielung *f* <-en> alusión *f* (**auf** a), insinuación *f* (**auf** sobre)

an|spitzen *vt* afilar; **den Bleistift ~** sacar punta al lápiz
Ansporn ['anʃpɔrn] *m* <-(e)s, *ohne pl*> estímulo *m,* acicate *m*
an|spornen *vt* ① *(anfeuern)* estimular (**zu** a), incitar (**zu** a) ② *(Pferd)* espolear, picar
Ansprache *f* <-n> discurso *m* (**an** a/ante); *(kurz)* alocución *f* (**an** a/ante); *(feierlich)* arenga *f* (**an** a/ante)
ansprechbar *adj (Kranker)* capaz de reaccionar; **nicht ~ sein** *(fam)* estar de mal humor
an|sprechen *irr* **I.** *vi* (MED) reaccionar (**auf** a) **II.** *vt* ① *(erwähnen)* mencionar; *(Thema)* abordar ② *(eine Gruppe)* dirigirse (a), dirigir la palabra (a); **jdn ~** hablar a alguien ③ *(gefallen)* gustar (a); *(anrühren)* llegar (a)
ansprechend *adj* agradable, grato; *(Person)* atractivo, simpático
Ansprechpartner(in) *m(f)* persona *f* a contactar
an|springen *irr* **I.** *vi sein* ① *(Motor)* arrancar ② *(fam: reagieren)* aceptar **II.** *vt (anfallen)* embestir
Anspruch *m* <-(e)s, -sprüche> ① *(Anrecht)* derecho *m* (**auf** a); *(Forderung)* pretensión *f* (**auf** sobre) ② *(Anforderung)* exigencia *f* (**auf** de); **hohe Ansprüche an jdn stellen** ser muy exigente con alguien; **den Ansprüchen gerecht werden** satisfacer las exigencias; **etw in ~ nehmen** hacer uso de algo; **das nimmt sehr viel Zeit in ~** eso exige mucho tiempo; **er ist sehr in ~ genommen** está muy ocupado
anspruchslos *adj* poco exigente; *(bescheiden)* modesto; *(belanglos)* intrascendente
Anspruchslosigkeit *f ohne pl* ① *(anspruchsloses Wesen)* modestia *f,* sencillez *f* ② *(Trivialität)* trivialidad *f; (Belanglosigkeit)* intra(n)scendencia *f*
anspruchsvoll *adj* exigente
an|spucken *vt* escupir (a)
an|stacheln ['anʃtaxəln] *vt* incitar (**zu** a), pinchar (**zu** a) *fam*
Anstalt ['anʃtalt] *f* <-en> ① *(Einrichtung)* establecimiento *m,* institución *f* ② *(fam: Psychiatrie)* centro *m* (p)siquiátrico ③ *pl (Vorbereitungen)* preparativos *mpl;* **er machte keine ~en, zu gehen** no dio muestras de irse; **~en zu etw treffen** hacer preparativos para algo
Anstand *m* <-(e)s, *ohne pl*> decencia *f,* buenos modales *mpl*
anständig ['anʃtɛndɪç] **I.** *adj* ① *(sittsam)* decente; *(ehrlich)* honrado, honesto; *(einwandfrei)* correcto ② *(fam: zufrieden stellend)* aceptable; **das sieht ganz ~ aus** esto tiene un aspecto bastante aceptable; **sie wird ~ bezahlt** le pagan bien ③ *(fam: ziemlich)* considerable; **eine ~e Tracht Prügel bekommen** llevarse una buena paliza **II.** *adv* ① *(korrekt)* como es debido ② *(fam: ziemlich)* bastante; **~ draufzahlen müssen** tener que pagar bastante más
anständigerweise *adv* decentemente; **sie hat ~ geschwiegen** ha callado por decencia
Anständigkeit *f ohne pl* decencia *f,* decoro *m*
anstandshalber *adv* por decencia, por decoro
anstandslos *adv* sin más, sin objeción alguna
an|starren *vt* mirar fijamente, clavar los ojos (en)
anstatt [an'ʃtat] **I.** *präp +gen* en vez de, en lugar de **II.** *konj* **~ etw zu tun** en vez de hacer algo
an|stauen *vr:* **sich ~** estancarse, acumularse
an|stechen *irr vt* pinchar; *(Fass)* espitar
an|stecken **I.** *vt* ① *(befestigen)* poner ② *(reg: anzünden)* prender fuego (a); *(Zigarette)* encender ③ *(infizieren, a. fig)* **jdn mit etw ~** contagiarle algo a alguien **II.** *vr:* **sich ~** contagiarse; **ich habe mich bei ihr angesteckt** ella me ha contagiado
ansteckend *adj* contagioso
Anstecker *m* <-s, -> alfiler *m; (Button)* pin *m*
Anstecknadel *f* ① *(Schmuck)* aguja *f* ② *(Plakette)* distintivo *m*
Ansteckung *f* <-en> (MED) contagio *m*
Ansteckungsgefahr *f* peligro *m* de contagio
an|stehen *irr vi* ① *(Arbeit, Problem)* quedar por hacer ② *(Termin)* estar fijado ③ *(Schlange stehen)* hacer cola
an|steigen *irr vi sein* ① *(aufwärtsführen)* subir; **steil ~d** empinado ② *(Preis, Temperatur)* subir
anstelle [an'ʃtɛlə] *präp +gen* en lugar de; *s. a.* **Stelle 1.**
an|stellen **I.** *vt* ① *(Maschine)* poner en marcha ② *(Fernseher)* encender ③ *(beschäftigen)* contratar ④ *(anlehnen)* colocar (**an** contra) ⑤ *(vornehmen)* efectuar, realizar; **Vermutungen ~** hacer conjeturas ⑥ *(fam: fertigbringen)* arreglárselas (con); **ich weiß nicht, wie ich es ~ soll** no sé cómo arreglármelas ⑦ *(fam: anrichten)* hacer; **was hast du da wieder angestellt?** ¿qué has hecho ahora? **II.** *vr:* **sich ~** ① *(fam: sich verhalten)* obrar; **sich dumm ~** hacer el tonto ② *(fam: sich zieren)* hacer melindres; **stell dich nicht so**

A

an! ¡déjate de comedias! ③ *(in einer Schlange)* ponerse a la cola
Anstellung *f* <-en> ① *(das Anstellen)* contratación *f* ② *(Stelle)* empleo *m*
ansteuern *vt* ① (NAUT) poner rumbo (a), navegar (hacia) ② *(Ziel)* poner la mira (en)
Anstich *m* <-(e)s, -e> ① *(eines Fasses)* acción *f* de espitar ② *(erster Ausschank)* primer trago *m* (de un barril)
Anstieg[1] ['anʃti:k] *m* <-(e)s, -e> *(Aufstieg)* ascenso *m,* ascensión *f*
Anstieg[2] *m* <-(e)s, *ohne pl*> ① *(Steigung)* pendiente *f* ② *(Zunahme)* subida *f*
an|stiften *vt* ① *(Unheil)* causar, provocar ② *(Verschwörung)* tramar
Anstifter(in) *m(f)* <-s, -; -nen> *(Straftat)* inductor(a) *m(f); (Verschwörung)* instigador(a) *m(f)*
Anstiftung *f* <-en> instigación *f,* inducción *f*
an|stimmen *vt (Lied)* entonar
Anstoß *m* <-es, -stöße> ① *(Ruck)* empujón *m* ② *(Impuls)* iniciativa *f,* impulso *m* ③ (SPORT) saque *m* ④ *(geh: Ärgernis)* molestia *f,* disgusto *m;* ~ **erregen bei jdm** causar escándalo a alguien; **an etw ~ nehmen** escandalizarse por algo
an|stoßen *irr* **I.** *vi* ① *sein (gegenstoßen)* golpearse (**an** en/contra) ② *(mit den Gläsern)* brindar (**auf** por) ③ (SPORT) sacar, hacer el saque inicial **II.** *vt (Stoß geben)* empujar
Anstößer(in) ['anʃtø:sɐ] *m(f)* <-s, -; -, -nen> *(Schweiz: Anwohner: eines Hauses)* vecino, -a *m, f; (eines Landes)* habitante *mf*
anstößig ['anʃtø:sɪç] *adj* indecente, escandaloso
an|strahlen *vt* ① *(anleuchten)* alumbrar; (FILM, THEAT) enfocar ② *(strahlend ansehen)* mirar con ojos radiantes
an|streben *vt* pretender, aspirar (a)
an|streichen *irr vt* ① *(mit Farbe)* pintar; **etw gelb ~** pintar algo de amarillo ② *(Fehler)* señalar
Anstreicher(in) *m(f)* <-s, -; -nen> pintor(a) *m(f); (abw: Maler)* pintor(a) *m(f)* de brocha gorda
an|strengen ['anʃtrɛŋən] **I.** *vi (ermüden)* cansar, fatigar **II.** *vt* ① *(Verstand)* aguzar; *(Gehör)* afinar ② (JUR: *Verfahren*) poner, presentar; **eine Klage ~** proceder (judicialmente) **III.** *vr:* **sich ~** *(sich bemühen)* esforzarse
anstrengend *adj (körperlich)* duro, agotador, cansador *Arg; (geistig)* laborioso, trabajoso
Anstrengung *f* <-en> esfuerzo *m*
Anstrich[1] *m* <-(e)s, -e> *(Farbe)* pintura *f*
Anstrich[2] *m* <-(e)s, *ohne pl*> ① *(das Anstreichen)* pintura *f* ② *(Anschein)* aire(s) *m(pl),* toque *m*
Ansturm *m* <-(e)s, -stürme> ① *(Angriff)* asalto *m* (**auf** a) ② *(Andrang)* concurrencia *f; (von Kunden)* afluencia *f*
Antagonist(in) [antago'nɪst] *m(f)* <-en, -en; -nen> antagonista *mf*
Antarktis [ant'arktɪs] *f* Antártida *f*
antarktisch *adj* antártico
an|tasten *vt* ① *(Ehre)* ofender; *(Rechte)* usurpar ② *(Geld)* empezar a gastar
Anteil *m* <-(e)s, -e> ① *(Teil)* parte *f* ② *(Beteiligung)* participación *f* ③ *(Interesse)* interés *m* ④ *(Mitgefühl)* compasión *f;* **an etw ~ nehmen** compartir algo
anteilig ['antaɪlɪç] *adj* proporcional
Anteilnahme ['antaɪlna:mə] *f ohne pl* ① *(Beteiligung)* participación *f* (**an** en) ② *(Mitgefühl)* interés *m* (**an** por) ③ *(Beileid)* pésame *m*
Antenne [an'tɛnə] *f* <-n> (TEL, ZOOL) antena *f*
Anthologie [antolo'gi:] *f* <-, -n> (LIT) antología *f*
Anthrazit [antra'tsi:t] *m* <-s, -e> antracita *f*
Anthropologe, -in [antropo'lo:gə] *m, f* <-n, -n; -, -nen> antropólogo, -a *m, f*
Anthropologie [antropolo'gi:] *f ohne pl* antropología *f*
Anthroposophie [antropozo'fi:] *f ohne pl* antroposofía *f*
anthroposophisch *adj* antroposófico
Antialkoholiker(in) [anti?alko'ho:likɐ] *m(f)* antialcohólico, -a *m, f*
antialkoholisch *adj* antialcohólico
antiamerikanisch *adj* antiamericano
antiautoritär *adj* antiautoritario
Antibabypille *f* píldora *f* anticonceptiva
antibakteriell *adj* antibacterial
Antibiotikum [antibi'o:tikʊm] *nt* <-s, Antibiotika> (MED) antibiótico *m*
Antiblockiersystem *nt* <-s, -e> (AUTO) sistema *m* antibloqueo de frenos, frenos *mpl* antibloqueo [*o* ABS]
Antidepressivum [antideprɛ'si:vʊm] *nt* <-s, -depressiva> (MED) antidepresivo *m*
Antifaltencreme [--'---] *f* crema *f* antiarrugas
Antifaschismus [---'--, '-----] *m ohne pl* antifascismo *m*
Antifaschist(in) *m(f)* <-en, -en; -, -nen> antifascista *mf*
antifaschistisch *adj* antifascista
Antigua und Barbuda [an'ti:gua ʊnt bar'bu:da] *nt* <-s> Antigua y Barbuda *f*
antihaftbeschichtet *adj* (con recubrimiento) antiadherente

Antiheld ['---] *m* antihéroe *m*
antik [an'ti:k] *adj* antiguo
Antike [an'ti:kə] *f ohne pl* Antigüedad *f*
antiklerikal [----'-, '-----] *adj* anticlerical
Antikörper ['----] *m* <-s, -> (MED) anticuerpo *m*
Antikriegskundgebung *f* <-, -en> manifestación *f* en contra de la guerra
Antillen [an'tɪlən] *pl* Antillas *fpl*
Antilope [anti'lo:pə] *f* <-n> antílope *m*
Antioxidans *nt* <-, -oxidantien> (MED) antioxidante *m*
Antipathie [antipa'ti:] *f* <-n> *(geh)* antipatía *f*
an|tippen *vt* ① *(Person)* tocar ② *(Thema)* tocar, abordar
Antiquar(in) [anti'kva:ɐ, *pl:* anti'kva:rə] *m(f)* <-s, -e; -, -nen> librero, -a *m, f* de libros antiguos
Antiquariat [antikvari'a:t] *nt* <-(e)s, -e> librería *f* de viejo; **modernes** ~ librería de ocasión
antiquarisch *adj (Druckwerke)* de segunda mano, usado
antiquiert *adj (abw)* anticuado
Antiquität *f* <-en> antigüedad *f*
Antiquitätengeschäft *nt* tienda *f* de antigüedades
Antiquitätenhändler(in) *m(f)* anticuario, -a *m, f*
Antiraucherkampagne *f* campaña *f* antitabaco
Antisemit(in) *m(f)* <-en, -en; -nen> antisemita *mf*
antisemitisch *adj* antisemita
Antisemitismus [antizemi'tɪsmʊs] *m* <-, *ohne pl*> antisemitismo *m*
Antiseptikum [anti'zɛptikʊm] *nt* <-s, -septika> (MED) antiséptico *m*
antiseptisch [anti'zɛptɪʃ] *adj* (MED) antiséptico
antistatisch [--'--] *adj* (PHYS) antiestático
Antiterroreinheit [--'----] *f* unidad *f* antiterrorista
Antiterrorkampf *m* lucha *f* antiterrorista
Antiterrorpolizei *f ohne pl* policía *f* antiterrorista [*o* antidisturbios]
Antithese ['----, --'--] *f* <-, -n> (PHILOS) antítesis *f inv*
Antivirenprogramm [anti'vi:rən-] *nt* (INFOR) programa *m* antivirus [*o* cazavirus]
antizyklisch [anti'tsy:klɪʃ] *adj* anticíclico
an|törnen ['antœrnən] *vt (sl)* dar marcha (a), enrollar, molar; **die Musik törnt mich an** la música me da marcha
Antrag ['antra:k, *pl:* 'antrɛ:gə] *m* <-(e)s, -träge> ① *(an eine Behörde)* solicitud *f* (**auf** de); **einen ~ auf etw stellen** presentar una solicitud de algo ② *(Formular)* (formulario *m* de) solicitud *f* ③ (POL) moción *f* (**auf** de) ④ *(Heiratsantrag)* propuesta *f* de matrimonio
Antragsformular *nt* (formulario *m* de) solicitud *f; (Vordruck)* (modelo *m* de) instancia *f*
Antragsteller(in) *m(f)* <-s, -; -nen> solicitante *mf;* (POL) autor(a) *m(f)* de una moción
an|treffen *irr vt* encontrar(se), localizar
an|treiben *irr* **I.** *vi sein (anschwimmen)* llegar flotando **II.** *vt* ① (TECH: *vorwärtstreiben*) impulsar, propulsar ② *(anschwemmen)* arrojar, acarrear ③ *(veranlassen)* incitar (**zu** a), julepear *Col;* **sie trieb ihn zur Eile an** le metió prisa
an|treten *irr* **I.** *vi sein* ① (MIL) formarse; **in Zweierreihen ~** formar filas de a dos; **zum Dienst ~** empezar el servicio ② (SPORT) enfrentarse (**gegen** a/con) **II.** *vt* ① *(Reise)* emprender ② *(Strafe)* (empezar a) cumplir ③ *(Erbe)* recibir ④ *(Stelle)* incorporarse (a) ⑤ *(Amt)* asumir
Antrieb *m* <-(e)s, -e> ① (TECH) tracción *f,* propulsión *f* ② *(Impuls)* estímulo *m,* acicate *m;* **aus eigenem ~** por iniciativa propia
Antriebskraft *f* (TECH) fuerza *f* motriz; *(fig)* motor *m*
antriebsschwach *adj* (PSYCH: *passiv*) carente de empuje
Antriebswelle *f* (TECH) árbol *m* de accionamiento
an|trinken *irr vt* **sich** *dat* **etw ~** *(fam)* coger algo (por medio de la bebida); **sich** *dat* **Mut ~** coger valor bebiendo
Antritt *m* <-(e)s, *ohne pl*> ① *(Beginn)* comienzo *m* ② *(eines Amtes)* toma *f* de posesión; *(einer Erbschaft)* adición *f; (der Regierung)* acceso *m* al poder; *(einer Stellung)* comienzo *m*
Antrittsrede *f* <-, -n> discurso *m* inaugural
Antrittsvorlesung *f* <-, -en> (UNIV) discurso *m* inaugural de un catedrático
an|tun *irr* **I.** *vt (zufügen)* **jdm etw ~** hacer(le) algo a alguien; **tu mir das nicht an!** *(fam)* ¡no me hagas eso!; **das werde ich mir nicht ~** no pienso pasar por eso; **sich** *dat* **etwas ~** atentar contra la propia vida **II.** *vi (Sympathie erregen)* encantar; **diese Gegend hat es ihm angetan** esta región le ha encantado
anturnen ['antœrnən] *vt s.* **antörnen**
Antwerpen [ant'vɛrpən] *nt* <-s> Amberes *m*
Antwort ['antvɔrt] *f* <-en> respuesta *f* (**auf** a); *(brieflich)* contestación *f* (**auf** a); **keine ~ bekommen** no recibir respuesta; **jdm Rede und ~ stehen** rendir cuentas a

alguien; **um ~ wird gebeten** se agradecerá respuesta

Antwortbrief *m* <-(e)s, -e> (carta *f* de) respuesta *f,* contestación *f*

antworten ['antvɔrtən] *vt* responder (**auf** a); *(brieflich)* contestar (**auf** a); **jdm auf einen Brief ~** contestar la carta de alguien

Antwortschein *m* cupón respuesta *m;* **internationaler ~** cupón respuesta internacional

Antwortschreiben *nt* (escrito *m* de) respuesta *f,* (escrito *m* de) contestación *f*

Anus ['a:nʊs] *m* <-, Ani> (ANAT) ano *m*

an|vertrauen* **I.** *vt* ① *(überlassen)* confiar, encomendar ② *(vertraulich erzählen)* confiar, revelar **II.** *vr:* **sich ~** *(sich offenbaren)* confiarse

an|visieren* ['anvizi:rən] *vt* ① *(anstreben)* poner la mira (en) ② (MIL) visar

an|wachsen *irr vi sein* ① *(Wurzeln schlagen)* echar raíces ② (MED: *Knochen*) crecer; *(Haut)* adherirse ③ *(zunehmen)* crecer, aumentar

Anwalt, -wältin ['anvalt, *pl:* 'anvɛltə] *m, f* <-(e)s, -wälte; -nen> ① (JUR) abogado, -a *m, f;* **sich** *dat* **einen ~ nehmen** recurrir a un abogado ② *(Fürsprecher)* defensor(a) *m(f)*

Anwaltsbüro *nt* bufete *m*

Anwaltschaft *f* <-en> (JUR) ① *(Vertretung eines Klienten)* defensa *f* ② *(Gesamtheit der Anwälte)* abogacía *f*

Anwaltskammer *f* <-, -n> colegio *m* de abogados

Anwaltskanzlei *f* bufete *m*

Anwaltspraxis *f* <-, -praxen> (JUR) bufete *m* de abogado, despacho *m* de abogado

Anwandlung *f* <-en> capricho *m; (von Furcht)* arrebato *m*

anwärmen *vt* calentar

Anwärter(in) *m(f)* <-s, -; -nen> candidato, -a *m, f* (**auf** a); *(Verehrer)* pretendiente *mf*

an|weisen *irr vt* ① *(anleiten)* instruir ② (FIN) girar ③ *(zuweisen)* señalar, indicar ④ *(beauftragen)* encargar

Anweisung *f* <-en> ① *(Befehl)* orden *f* ② *(Gebrauchsanweisung)* instrucciones *fpl* de uso ③ (FIN) giro *m,* tra(n)sferencia *f*

anwendbar *adj* aplicable (**in** en, **auf** a)

an|wenden *irr vt* ① *(Technik, Heilmittel)* aplicar ② *(List, Gewalt)* recurrir (a)

Anwender(in) *m(f)* <-s, -; -nen> usuario, -a *m, f*

anwenderfreundlich *adj* fácil para el usuario; (INFOR) amigable

anwenderorientiert *adj* adaptado a las necesidades del usuario

Anwendung *f* <-en> ① *(das Anwenden)* uso *m,* aplicación *f;* **zur ~ kommen** aplicarse ② (MED) aplicación *f*

an|werben *irr vt (Soldaten)* alistar, reclutar; *(Arbeitskräfte)* contratar

Anwesen ['anve:zən] *nt* <-s, -> propiedad *f,* mansión *f*

anwesend *adj* presente; *(bei einer Veranstaltung)* asistente; **bei einer Sitzung ~ sein** asistir a una reunión

Anwesende(r) *mf* <-n, -n; -n> presente *mf;* **die hier ~n** los aquí presentes

Anwesenheit *f ohne pl* ① *(von Personen)* presencia *f; (bei einer Veranstaltung)* asistencia *f;* **in jds ~** en presencia de alguien ② *(Vorhandensein)* existencia *f*

Anwesenheitsliste *f* lista *f* de asistencia

Anwesenheitspflicht *f ohne pl* asistencia *f* obligatoria; **bei diesem Seminar herrscht ~** la asistencia a este seminario es obligatoria

an|widern ['anvi:dɐn] *vt (abw)* dar asco (a)

anwinkeln *vt* doblar (en forma de ángulo)

Anwohner(in) *m(f)* <-s, -; -nen> vecino, -a *m, f*

Anwohnerparkplatz *m* <-es, -plätze> aparcamiento *m* reservado para los vecinos de la zona

Anzahl *f ohne pl* número *m; (Menge)* cantidad *f*

an|zahlen *vt* pagar el primer plazo (de)

Anzahlung *f* <-en> ① *(Rate)* primer plazo *m* ② *(Teilbetrag)* depósito *m*

an|zapfen *vt* ① *(Fass)* espitar ② *(fam: Leitung)* interceptar

Anzeichen *nt* <-s, -> señal *f;* (MED) síntoma *m*

Anzeige ['antsaɪgə] *f* <-n> ① *(Inserat)* anuncio *m,* aviso *m Am; (bei Tod)* esquela *f* ② (JUR) denuncia *f,* denuncio *m And;* **~ erstatten** formular una denuncia ③ (TECH) indicador *m;* (SPORT) marcador *m* ④ (INFOR) visualización *f,* despliegue *m*

Anzeigeerstatter(in) *m(f)* denunciante *mf*

an|zeigen *vt* ① (JUR) denunciar ② *(in einer Zeitung)* publicar (en un periódico) ③ *(ankündigen)* indicar, señalar ④ (INFOR) visualizar, indicar

Anzeigenblatt *nt* hoja *f* de anuncios

Anzeigenteil *m* sección *f* de anuncios

Anzeiger *m* <-s, -> ① *(Zeitung)* periódico *m* de provincias ② *(Gerät)* indicador *m*

Anzeigetafel *f* panel *m* de anuncios; (TECH) panel *m* indicador; (SPORT) marcador *m*

an|zetteln *vt (abw)* urdir, tramar

an|ziehen *irr* **I.** *vi* ① *(in Bewegung setzen)* arrancar ② *(sich erhöhen)* ir subiendo **II.** *vt* ① *(ankleiden)* vestir ② *(Kleidungsstück)* poner ③ *(Beine)* encoger, encogerse (de) ❹ *(festziehen)* apretar ❺ *(aufsaugen)* absorber ❻ *(Anziehungskraft ausüben)* atraer **III.** *vr:* **sich ~** vestirse; **sich warm ~** *(a. fig)* abrigarse; **ich ziehe mir den Mantel an** me pongo el abrigo

anziehend *adj (ansprechend)* atractivo; *(sympathisch)* simpático

Anziehung *f* <-en> atracción *f*

Anziehungskraft[1] *f* (PHYS) fuerza *f* de atracción; *(Schwerkraft)* gravitación *f*

Anziehungskraft[2] *f ohne pl (Attraktivität)* atracción *f*

Anzug[1] *m* <-(e)s, -züge> *(Kleidung)* traje *m*, percha *f AmC*

Anzug[2] *m* <-(e)s, *ohne pl*> **ein Gewitter ist im ~** está a punto de caer una tormenta

anzüglich ['antsy:klɪç] *adj* ❶ *(frech)* mordaz, ofensivo ❷ *(zweideutig)* picante

an|zünden *vt (Zigarette)* encender; *(Gebäude)* prender fuego (a)

Anzünder *m* <-s, -> *(fam)* encendedor *m*

an|zweifeln *vt* dudar (de), poner en duda

AOK [a:ʔo:'ka:] *f Abk. von* **Allgemeine Ortskrankenkasse** Caja *f* Local de Enfermedad *(seguro de enfermedad obligatorio)*

AOL (INFOR) *Abk. von* **America Online** AOL

Aorta [a'ɔrta] *f* <-, Aorten> (ANAT) aorta *f*

apart [a'part] *adj* atractivo

Apartheid [a'pa:ɐthaɪt] *f ohne pl* apartheid *m*

Apartment [a'partmənt] *nt* <-s, -s> apartamento *m*, departamento *m Am*

Apathie [apa'ti:] *f* <-n> apatía *f*

apathisch [a'pa:tɪʃ] *adj* apático

Aperitif [aperi'ti:f] *m* <-s, -s *o* -e> aperitivo *m*, copetín *m Méx*

Apfel ['apfəl, *pl:* 'ɛpfəl] *m* <-s, Äpfel> manzana *f*; **in den sauren ~ beißen** *(fam fig)* hacer de tripas corazón; **der ~ fällt nicht weit vom Stamm** *(prov)* el hijo de la rata ratones mata

Apfelbaum *m* manzano *m*

Apfelkuchen *m* pastel *m* de manzana

Apfelmost *m* <-(e)s, -e> mosto *m* de manzana fermentado

Apfelmus *nt* <-es, *ohne pl*> ≈ compota *f* de manzana

Apfelsaft *m* zumo *m* de manzana, jugo *m* de manzana *Am*

Apfelschorle *f zumo de manzana con agua mineral con gas*

Apfelsine [apfəl'zi:nə] *f* <-n> naranja *f*

Apfelstrudel *m rollo de manzana con canela que se toma caliente o frío*

Apfeltasche *f* pastelito *m* relleno de manzana

Apfelwein *m* vino *m* de manzana, sidra *f*

Aphorismus [afo'rɪsmʊs] *m* <-, Aphorismen> aforismo *m*

Aphrodisiakum [afrodi'zi:akʊm] *nt* <-s, Aphrodisiaka> afrodisiaco *m*, afrodisíaco *m*

apodiktisch [apo'dɪktɪʃ] *(geh)* **I.** *adj* apodíctico **II.** *adv* apodícticamente

Apokalypse [apoka'lʏpsə] *f* <-, *ohne pl*> apocalipsis *m*

Apostel [a'pɔstəl] *m* <-s, -> (REL) apóstol *m*

Apostroph [apo'stro:f] *nt* <-s, -e> (LING) apóstrofo *m*

Apotheke [apo'te:kə] *f* <-n> farmacia *f*

apothekenpflichtig *adj* de venta exclusiva en farmacias

Apotheker(in) [--'--] *m(f)* <-s, -; -nen> farmacéutico, -a *m, f*

App [ɛp] *f o nt* <-, -s> (INFOR) *Abk. von* **Applikation** aplicación *f*, apli *f*, app *f*

Apparat [apa'ra:t] *m* <-(e)s, -e> aparato *m;* **am ~!** *(Telefon)* ¡al habla!

Apparatur [apara'tu:ɐ] *f* <-en> conjunto *m* de aparatos, equipo *m* técnico

Appartement [apartə'mã:] *nt* <-s, -s> apartamento *m*, departamento *m Am*

Appell [a'pɛl] *m* <-s, -e> ❶ *(Aufruf)* llamamiento *m;* **einen ~ an jdn richten** hacer un llamamiento a alguien ❷ (MIL) llamada *f*

appellieren* *vi* hacer un llamamiento (**an** a), apelar (**an** a)

Appetit [ape'ti:t] *m* <-(e)s, *ohne pl*> apetito *m* (**auf** de), antojo *m Méx;* **Guten ~!** ¡Buen provecho!, ¡Que aproveche!; **jdm den ~ verderben** quitar(le) a alguien el apetito; **worauf haben Sie ~?** ¿qué le apetece?

appetitanregend *adj* estimulador del apetito

appetitlich *adj* apetitoso, sabroso

Appetitlosigkeit *f ohne pl* inapetencia *f*

Appetitzügler [ape'ti:ttsy:glɐ] *m* <-s, -> (MED) inhibidor *m* del apetito

applaudieren* [aplaʊ'di:rən] *vi* aplaudir

Applaus [a'plaʊs] *m* <-es, -e> *(Lob)* aplauso(s) *m(pl)*

Applikation [aplika'tsjo:n] *f* <-, -en> aplicación *f*

apportieren* [apor'ti:rən] *vi, vt (Hund)* cobrar

Apposition [apozi'tsjo:n] *f* <-, -en> (LING) aposición *f*

Après-Ski *nt* <-, *ohne pl*> après-ski *m*

Aprikose [apri'ko:zə] *f* <-n> albaricoque *m*, damasco *m Am*

April [a'prɪl] *m* <-(s), -e> abril *m;* **jdn in den ~ schicken** *(fam fig)* gastar(le) una inocentada a alguien; *s. a.* **März**

Aprilscherz *m* inocentada *f*

A

Aprilwetter *nt* tiempo *m* tornadizo

a priori [aː priˈoːri] *adv (geh)* a priori

apropos [aproˈpoː] *adv (geh: übrigens)* por cierto; **~ Weihnachten, was wünscht du dir denn?** hablando de Navidades, ¿qué es lo que quieres?

Aquädukt [akvɛˈdʊkt] *m o nt* <-(e)s, -e> acueducto *m*

Aquamarin [akvamaˈriːn] *m* <-s, -e> aguamarina *f*

Aquaplaning [akvaˈplaːnɪŋ] *nt* <-(s), *ohne pl*> (AUTO) acuaplaneo *m,* acuaplaning *m,* aquaplaning *m*

Aquarell [akvaˈrɛl] *nt* <-s, -e> acuarela *f*

Aquarellfarbe *f* <-, -n> acuarela *f*

Aquarellmalerei[1] *f* <-, -en> (KUNST: *Bild*) acuarela *f*

Aquarellmalerei[2] *f* <-, *ohne pl*> (KUNST: *das Malen*) (pintura *f* a la) acuarela *f*

Aquarium [aˈkvaːriʊm] *nt* <-s, Aquarien> acuario *m*

Äquator [ɛˈkvaːtoːɐ] *m* <-s, *ohne pl*> (GEO) ecuador *m*

äquatorial *adj* (GEO) ecuatorial

Äquatorialguinea *nt* <-s> Guinea *f* Ecuatorial

äquivalent [ɛkvivaˈlɛnt] *adj* equivalente

Äquivalent [ɛkvivaˈlɛnt] *nt* <-(e)s, -e> *(geh, a.* MATH, LING) equivalente *m;* **für dieses Wort gibt es im Deutschen kein ~** para esta palabra no existe equivalente en alemán

Äquivalenz *f* <-, -en> *(geh, a.* MATH, LING) equivalencia *f*

Ar [aːɐ] *nt o m* <-s, -e> área *f*

Ära [ˈɛːra] *f* <Ären> era *f,* época *f*

Araber(in) [ˈarabɐ] *m(f)* <-s, -; -nen> árabe *mf*

Arabeske [araˈbɛskə] *f* <-, -n> (KUNST, MUS) arabesco *m*

Arabien [aˈraːbiən] *nt* <-s> Arabia *f*

arabisch *adj* árabe

Arabisch *nt* <-(s), *ohne pl*>, **Arabische** *nt* <-n, *ohne pl*> árabe *m*

Arabische Liga *f* Liga Árabe *f*

Arabisches Meer *nt* mar Arábigo *m*

aragonesisch [aragoˈneːzɪʃ] *adj* aragonés

Aragonien [araˈgoːniən] *nt* <-s> Aragón *m*

Aragonier(in) *m(f)* <-s, -; -nen> aragonés, -esa *m, f*

Arbeit [ˈarbaɪt] *f* <-en> ① *(Tätigkeit)* trabajo *m; (Feldarbeit, Handarbeit)* labor *f; (Arbeitsplatz)* empleo *m;* **an die ~ gehen** empezar a trabajar; **sich an die ~ machen** poner manos a la obra; **etw ist in ~** algo está en marcha; **viel ~ haben** tener mucho trabajo; **bei der ~ sein** estar trabajando; **einer ~ nachgehen** dedicarse a un trabajo; **zur ~ gehen** ir al trabajo; **keine ~ haben** no tener trabajo; **sich ~ suchend melden** buscar un trabajo (en la oficina de desempleo) ② *(Mühe)* trabajo *m; (Anstrengung)* esfuerzo *m;* **etw macht/kostet viel ~** algo da/cuesta mucho trabajo ③ *(Schule, Uni)* trabajo *m; (Prüfung)* examen *m;* **eine ~ schreiben** escribir un examen

arbeiten [ˈarbaɪtən] **I.** *vi* ① *(tätig sein)* trabajar; **er arbeitet als Rechtsanwalt/in einer Firma** trabaja como abogado/en una empresa; **die ~de Bevölkerung** la población activa; **die Zeit arbeitet für/gegen uns** el tiempo está a nuestro favor/en contra de nosotros ② *(Maschine)* funcionar ③ *(Holz)* alabearse **II.** *vt (herstellen)* hacer, producir **III.** *vr* **sich nach oben ~** *(fig)* abrirse camino hacia los puestos más altos; **sich kaputt ~** *(fam)* matarse trabajando

Arbeiter(in) [ˈarbaɪtɐ] *m(f)* <-s, -; -nen> trabajador(a) *m(f); (Stand)* obrero, -a *m, f,* obrador(a) *m(f) Am*

Arbeiterbewegung *f ohne pl* (POL) movimiento *m* obrero

Arbeiterfamilie *f* familia *f* obrera

Arbeitergewerkschaft *f* <-, -en> sindicato *m* obrero [*o* de trabajadores]

Arbeiterin *f* <-nen> *s.* **Arbeiter**

Arbeiterpartei *f* (POL) partido *m* obrero; **Sozialistische ~** Partido Socialista de los Trabajadores

Arbeiterschaft *f ohne pl* obreros *mpl,* clase *f* obrera, faena *f Chil*

Arbeiterviertel *nt* barrio *m* obrero

Arbeiterwohlfahrt *f* asociación *f* de asistencia social para trabajadores

Arbeitgeber(in) [ˈarbaɪtgeːbɐ] *m(f)* <-s, -; -nen> patrón, -ona *m, f,* empleador(a) *m(f) Am; (Unternehmer)* empresario, -a *m, f*

Arbeitgeberanteil *m* cuota *f* patronal

Arbeitgeberin *f* <-nen> *s.* **Arbeitgeber**

Arbeitgeberverband *m* federación *f* patronal

Arbeitnehmer(in) [ˈarbaɪtneːmɐ] *m(f)* <-s, -; -nen> ① *(Angestellter)* empleado, -a *m, f,* asalariado, -a *m, f* ② *(Arbeiter)* trabajador(a) *m(f)*

Arbeitnehmeranteil *m* cuota *f* obrera

Arbeitnehmerin *f* <-nen> *s.* **Arbeitnehmer**

Arbeitsablauf *m* desarrollo *m* del trabajo

arbeitsam [ˈarbaɪtsaːm] *adj* trabajador

Arbeitsamt *nt* (HIST) oficina *f* de empleo

Arbeitsatmosphäre *f* <-, -n> ambiente *m* de trabajo [*o* laboral]

Arbeitsaufwand *m* cantidad *f* de trabajo;

A

das erfordert einen hohen ~ esto requiere mucho trabajo
arbeitsaufwendig *adj*, **arbeitsaufwändig** *adj* trabajoso
Arbeitsausfall *m* pérdida *f* de horas de trabajo
Arbeitsbedingungen *fpl* condiciones *fpl* de trabajo
Arbeitsbeginn *m* <-(e)s, *ohne pl*> comienzo *m* de la jornada (laboral), comienzo *m* del trabajo
Arbeitsbeschaffungsmaßnahme *f plan de fomento de empleo*
Arbeitsbiene *f* ❶ (ZOOL) abeja *f* obrera ❷ *(fam a. abw: fleißige Person)* hormiguita *f;* **ach, Mädel, so eine ~!** *(iron)* ¡ay, chica, qué hacendosa!
Arbeitseifer *m* ganas *fpl* de trabajar
Arbeitsentgelt *nt* remuneración *f*, salario *m*
Arbeitserlaubnis *f* permiso *m* de trabajo
Arbeitserleichterung *f* facilitación *f* del trabajo
Arbeitsessen *nt (nachmittags)* comida *f* de trabajo
arbeitsfähig *adj* en condiciones de trabajar
Arbeitsfläche *f* encimera *f;* **die Einbauküche hat eine ~ aus Marmor** la cocina empotrada tiene una encimera de mármol
Arbeitsgang *m* fase *f* de trabajo
Arbeitsgemeinschaft *f* colectivo *m* (de trabajo)
Arbeitsgericht *nt* (JUR) Magistratura *f* laboral [*o* de(l) trabajo]
Arbeitsgruppe *f* grupo *m* de trabajo
arbeitsintensiv *adj* costoso, de mucho trabajo
Arbeitskleidung *f* ropa *f* de trabajo
Arbeitsklima *nt* ambiente *m* laboral
Arbeitskollege, -in *m, f* compañero, -a *m, f* de trabajo, colega *mf*
Arbeitskraft[1] *f* <-kräfte> *(Personal)* mano *f* de obra
Arbeitskraft[2] *f ohne pl (Leistungskraft)* capacidad *f* productiva
Arbeitskreis *m* <-es, -e> grupo *m* de trabajo
Arbeitslager *nt* campo *m* de trabajos forzados
Arbeitsleben *nt ohne pl (Erwerbsleben)* vida *f* de trabajo
Arbeitsleistung *f* <-, -en> rendimiento *m* (laboral), productividad *f*
Arbeitslohn *m* salario *m*
arbeitslos *adj* parado, sin trabajo
Arbeitslose(r) *mf* <-n, -n; -n> parado, -a *m, f*, cesante *mf Am*
Arbeitslosengeld *nt* subsidio *m* de desempleo [*o* de paro]
Arbeitslosenhilfe *f ohne pl* ayuda *f* a los parados
Arbeitslosenquote *f* tasa *f* de desempleo, índice *m* de paro
Arbeitslosenunterstützung *f s.* **Arbeitslosengeld**
Arbeitslosenversicherung *f ohne pl* seguro *m* de desempleo
Arbeitslosenzahl *f* número *m* de desempleados
Arbeitslosigkeit *f ohne pl* desempleo *m*, paro *m*, cesantía *f Am*
Arbeitsmarkt *m* mercado *m* de trabajo [*o* laboral]
Arbeitsmaterial *nt* material *m* de trabajo
Arbeitsminister(in) *m(f)* ministro, -a *m, f* de trabajo
Arbeitsmittel *nt* <-s, -> instrumento *m* de trabajo; *(Werkstoff)* material *m* de trabajo
Arbeitsmoral *f* moral *f* de trabajo; **was ist denn das für eine ~?** pero, ¿qué moral de trabajo es esta?
Arbeitsniederlegung *f* huelga *f*, paro *m*
Arbeitsoberfläche *f* (INFOR) escritorio *m*
Arbeitsort *m* lugar *m* de trabajo; **sein ~ ist 35 km von seinem Wohnort entfernt** trabaja a 35 kms. de su lugar de residencia
Arbeitspensum *nt* <-s, -pensen *o* -pensa> volumen *m* de trabajo
Arbeitsplan *m* plan *m* de trabajo; **was steht heute auf unserem ~?** *(a. fig)* ¿qué tenemos hoy en el programa?
Arbeitsplatte *f* superficie *f* de trabajo
Arbeitsplatz *m* ❶ *(Platz)* lugar *m* de trabajo ❷ *(Arbeitsstätte)* trabajo *m* ❸ *(Stelle)* puesto *m* de trabajo
Arbeitsplatzbeschaffungsmaßnahme *f* creación *f* de empleo
Arbeitsplatz-Gifte *ntpl* tóxicos *mpl* en el puesto de trabajo
Arbeitsrecht *nt ohne pl* Derecho *m* Laboral
arbeitsreich *adj* muy ocupado
Arbeitsrhythmus *m* <-, -rhythmen> ritmo *m* de trabajo
Arbeitsrichter(in) *m(f)* juez *mf* de trabajo
arbeitsscheu *adj* gandul
Arbeitsschutz *m ohne pl* protección *f* laboral
Arbeitsspeicher *m* (INFOR) memoria *f* de trabajo [*o* con acceso inmediato]
Arbeitsstelle *f* puesto *m* de trabajo
Arbeitsstunde *f* hora *f* de trabajo
Arbeitssuche *f ohne pl* búsqueda *f* de trabajo
Arbeitstag *m* jornada *f* (de trabajo); *(Montag bis Freitag)* día *m* laboral
Arbeitsteilung *f ohne pl* división *f* del trabajo

A

Arbeitstier *nt* ❶ (ZOOL) acémila *f* ❷ *(fig, a. abw: persona)* mula *f;* **der schafft wie ein ~** *(fam)* ese trabaja como una mula
Arbeitstitel *m* <-s, -> título *m* provisional
arbeitsuchend *adj s.* **Arbeit 1.**
Arbeitsuchende(r) *mf* <-n, -n; -n> demandante *mf* de trabajo
arbeitsunfähig *adj* ❶ *(krank)* enfermo ❷ *(behindert)* inválido
Arbeitsunfähigkeit *f* incapacidad *f* laboral
Arbeitsunfähigkeitsbescheinigung *f* certificado *m* de incapacidad laboral
Arbeitsunfall *m* accidente *m* laboral
Arbeitsverhältnis *nt* relación *f* jurídica entre patrono y obrero; **in einem ~ stehen** tener un contrato laboral
Arbeitsvermittlung *f* tramitación *f* de trabajo
Arbeitsvertrag *m* contrato *m* de trabajo
Arbeitsverweigerung *f* negativa *f* a trabajar
Arbeitsweise *f* ❶ *(Mensch)* modo *m* de trabajar ❷ *(Maschine)* sistema *m* de funcionamiento
Arbeitswelt *f* mundo *m* laboral
arbeitswillig *adj* dispuesto a trabajar; *(beim Streik)* antihuelguista
Arbeitswoche *f* semana *f* laboral
arbeitswütig *adj* afanoso
Arbeitszeit *f* horario *m* de trabajo; *(Öffnungszeiten)* horas *fpl* de oficina; **verkürzte ~** jornada reducida
Arbeitszeitverkürzung *f* reducción *f* de jornada
Arbeitszeugnis *nt* certificado *m* de trabajo
Arbeitszimmer *nt* cuarto *m* de trabajo; *(Büro)* despacho *m*
archaisch [ar'ça:ɪʃ] *adj* arcaico
Archaismus [arça'ɪsmʊs, *pl:* arça'ɪsmən] *m* <-, Archaismen> (LING, KUNST) arcaísmo *m;* **in dem Text finden sich einige Archaismen** en el texto aparecen algunos arcaísmos
Archäologe, -in [arçεo'lo:gə] *m, f* <-n, -n; -nen> arqueólogo, -a *m, f*
Archäologie [arçεolo'gi:] *f ohne pl* arqueología *f*
Archäologin *f* <-nen> *s.* **Archäologe**
archäologisch *adj* arqueológico
Arche ['arçə] *f* <-n> arca *f;* **die ~ Noah** el arca de Noé
Architekt(in) [arçi'tεkt] *m(f)* <-en, -en; -nen> arquitecto, -a *m, f*
Architektenbüro *nt* <-s, -s> ❶ *(Konstruktionsraum)* estudio *m* de arquitecto ❷ *(Firma)* gabinete *m* de arquitectura
architektonisch [arçitεk'to:nɪʃ] *adj* arquitectónico
Architektur *f ohne pl* arquitectura *f*
Archiv [ar'çi:f] *nt* <-s, -e> archivo *m*
Archivar(in) [arçi'va:ɐ] *m(f)* <-s, -e; -nen> archivero, -a *m, f*
archivieren* *vt* archivar
ARD [a:ʔεr'de:] *f Abk. von* **Arbeitsgemeinschaft der öffentlich-rechtlichen Rundfunkanstalten der Bundesrepublik Deutschland** Organización *f* de la Radiotelevisión Pública de Alemania *(primera cadena de televisión)*
Areal [are'a:l] *nt* <-s, -e> ❶ *(Fläche)* área *f* ❷ *(Bezirk)* distrito *m*
Ären *pl von* **Ära**
Arena [a're:na, *pl:* a're:nən] *f* <Arenen> ❶ *(Kampfplatz)* arena *f* ❷ *(Stierkampfarena)* plaza *f* de toros ❸ *(Zirkus)* pista *f*
arg [ark] <ärger, am ärgsten> **I.** *adj (reg)* ❶ *(schlimm)* malo; **der ärgste Feind** el peor enemigo; **etw liegt im A~en** *(geh)* algo va por mal camino; **etw noch ärger machen** empeorar algo aún más; **jdm ~ mitspielen** jugar una mala pasada a alguien ❷ *(ernst)* grave; **in ~e Verlegenheit kommen** verse en un grave apuro **II.** *adv (reg: sehr)* muy, mucho; **es hat mir nicht so ~ gefallen** no me ha gustado demasiado
Argentinien [argεn'ti:niən] *nt* <-s> Argentina *f*
Argentinier(in) *m(f)* <-s, -; -nen> argentino, -a *m, f*
argentinisch *adj* argentino
ärger *adj kompar von* **arg**
Ärger ['εrgɐ] *m* <-s, *ohne pl*> ❶ *(Unmut)* fastidio *m,* disgusto *m,* boche *m Chil, Perú* ❷ *(Zorn)* enojo *m,* bronca *f Am* ❸ *(Wut)* rabia *f;* **seinen ~ hinunterschlucken** *(fam fig)* tragarse el enfado ❹ *(Schwierigkeiten)* dificultades *fpl;* **~ bekommen** llevarse una bronca; **es gab ~** hubo problemas; **mit jdm ~ haben** tener problemas con alguien; **jdm ~ machen** poner dificultades a alguien
ärgerlich *adj* ❶ *(verärgert)* enfadado; **über jdn/über etw ~ sein** estar enfadado con alguien/por algo ❷ *(erbost)* indignado, enojado ❸ *(unerfreulich)* desagradable, molesto, chocante *Am*
ärgern ['εrgɐn] **I.** *vt (ärgerlich machen)* fastidiar, molestar, embromar *Am* **II.** *vr:* **sich ~** *(böse werden)* enfadarse (**über** por); **ich habe mich sehr über dich geärgert** me he enfadado muchísimo por tu culpa
Ärgernis[1] *nt* <-ses, -se> *(Ärger)* fastidio *m,* volado *m Méx*
Ärgernis[2] *nt* <-ses, *ohne pl*> *(Anstoß)* escándalo *m;* **Erregung öffentlichen ~ses** (JUR) provocación de escándalo público

Arglist *f ohne pl* ❶ *(geh: Heimtücke)* malicia *f*; *(geh: Hinterlist)* astucia *f*, maña *f* ❷ (JUR) dolo *m*
arglistig *adj* ❶ *(gemein)* malicioso; *(verschlagen)* astuto ❷ (JUR) doloso
arglos *adj* sin malicia, de buena fe; *(naiv)* ingenuo, inocente
Arglosigkeit *f* <-, *ohne pl*> *(Ahnungslosigkeit)* falta *f* de malicia, ingenuidad *f*; *(Naivität)* candor *m*, candidez *f*
ärgste(r, s) *adj superl von* **arg**
Argument [argu'mɛnt] *nt* <-(e)s, -e> argumento *m*, alegato *m Perú*
Argumentation [argumɛnta'tsjo:n] *f* <-en> argumentación *f*
argumentativ *adj* argumentativo
argumentieren* *vi* argumentar (**für** en pro de, **gegen** contra)
Argwohn ['arkvo:n] *m* <-(e)s, *ohne pl*> *(geh)* sospecha *f*, suspicacia *f*; *(Misstrauen)* recelo *m*, desconfianza *f*; **jds ~ erregen** despertar la desconfianza de alguien
argwöhnen ['arkvø:nən] *vt (geh)* recelar
argwöhnisch I. *adj (geh)* desconfiado, receloso **II.** *adv (geh)* con recelo
Arie ['a:riə] *f* <-n> aria *f*
Arier(in) ['a:riɐ] *m(f)* <-s, -; -nen> ario, -a *m, f*
arisch ['a:rɪʃ] *adj* ario
Aristokrat(in) [arɪsto'kra:t] *m(f)* <-en, -en; -nen> aristócrata *mf*
Aristokratie [arɪstokra'ti:] *f* <-n> aristocracia *f*
Aristokratin *f* <-nen> *s.* **Aristokrat**
aristokratisch *adj* aristocrático
Arithmetik [arɪt'me:tɪk] *f ohne pl* (MATH) aritmética *f*
arithmetisch *adj* (MATH) aritmético
Arkade [ar'ka:də] *f* <-n> arcada *f*
Arktis ['arktɪs] *f* Ártico *m*, regiones *f pl* árticas
arktisch *adj* ártico
arm [arm] *adj* <ärmer, am ärmsten> ❶ *(bedürftig)* pobre, necesitado; *(mittellos)* sin recursos ❷ *(bedauernswert)* pobre; **ein ~er Irrer** un pobre imbécil; **du Ärmste!** ¡pobrecita de ti!; **er ist ~ dran** *(fam)* le van mal las cosas
Arm *m* <-(e)s, -e> ❶ *(Körperteil)* brazo *m*; **er nahm sie in den ~** la tomó en sus brazos; **sich** *dat* **in den ~en liegen** estar abrazados (el uno al otro); **jdn auf den ~ nehmen** *(fam)* tomar el pelo a alguien; **jdm unter die ~e greifen** echar una mano a alguien; **jdn mit offenen ~en aufnehmen** recibir a alguien con los brazos abiertos; **~ in ~ gehen** ir del brazo; **jds verlängerter ~ sein** *(fig)* ser el brazo derecho de alguien ❷ (TECH) brazo *m* ❸ *(eines Flusses)* brazo *m* ❹ *(Ärmel)* manga *f*
Armada [ar'ma:da] *f* <-, -s *o* Armaden> armada *f*
Armaturenbrett *nt* cuadro *m* de mandos
Armband *nt* pulsera *f*, brazalete *m*; *(einer Uhr)* correa *f*
Armbanduhr *f* reloj *m* de pulsera
Armbeuge ['armbɔɪgə] *f* (ANAT) pliegue *m* del codo
Armbinde *f* ❶ *(als Kennzeichen)* brazal *m* ❷ *(Tragetuch)* cabestrillo *m*
Armbrust *f* <-, -e *o* -brüste> ballesta *f*
Arme(r) *mf* <-n, -n; -n, -n> ❶ *(bedürftig)* pobre *mf*; **die ~n** los pobres ❷ *(bedauernswert)* **ich ~!** ¡pobre de mí!; **du ~r!** ¡pobre (de ti)!
Armee [ar'me:, *pl:* ar'me:ən] *f* <-n> ejército *m*
Ärmel ['ɛrməl] *m* <-s, -> manga *f*; **die ~ hochkrempeln** *(a. fig)* arremangarse; **etw aus dem ~ schütteln** *(fam)* sacarse algo de la manga
Ärmelkanal *m* Canal *m* de la Mancha
ärmellos *adj* sin mangas
Armenhaus *nt* asilo *m* de pobres
Armenien [ar'me:niən] *nt* <-s> Armenia *f*
Armenier(in) *m(f)* <-s, -; -nen> armenio, -a *m, f*
armenisch *adj* armenio
Armenviertel *nt* barrio *m* (de gente) pobre
ärmer *adj kompar von* **arm**
Armlehne *f (am Sessel)* brazo *m*; *(im Auto)* reposabrazos *m inv*
Armleuchter *m* ❶ *(Kerzenhalter)* candelabro *m*; *(Kronleuchter)* araña *f* ❷ *(fam abw: Dummkopf)* imbécil *mf*
ärmlich ['ɛrmlɪç] *adj* ❶ *(arm)* pobre, humilde ❷ *(elend)* miserable, mísero
Armreif *m* <-(e)s, -e>, **Armreifen** *m* <-s, -> brazalete *m*
armselig ['armse:lɪç] *adj* ❶ *s.* **ärmlich** ❷ *(unbedeutend)* insignificante
Armsessel *m* sillón *m* de brazos
ärmste(r, s) *adj superl von* **arm**
Armut ['armu:t] *f ohne pl* pobreza *f*, indigencia *f*, prángana *f Méx, PRico*
Armutsgrenze *f* umbral *m* de pobreza
Armutszeugnis *nt* muestra *f* de incapacidad
Armvoll *m s.* **Arm**
Arnika ['arnika] *f* <-, -s> (BOT) árnica *f*
Aroma [a'ro:ma, *pl:* a'ro:mas, a'ro:mən, a'ro:mata] *nt* <-s, -s *o* Aromen *o* Aromata> aroma *m*
Aromastoff *m* sustancia *f* aromática
Aromata *pl von* **Aroma**
Aromatherapie *f* aromaterapia *f*
aromatisch [aro'ma:tɪʃ] *adj* aromático

aromatisieren* *vt* (CHEM) aromatizar
Aromen *pl von* **Aroma**
Arrangement [arɑ̃ʒə'mɑ̃:] *nt* <-s, -s> ❶ *(Übereinkommen)* acuerdo *m* ❷ (MUS: *Anordnung*) arreglo *m*
arrangieren* [arɑ̃'ʒi:rən] **I.** *vt* ❶ *(organisieren)* organizar ❷ *(zusammenstellen)* combinar ❸ (MUS) arreglar **II.** *vr:* **sich ~** *(sich einigen)* llegar a un acuerdo
Arrest [a'rɛst] *m* <-(e)s, -e> ❶ (JUR) arresto *m* ❷ *(Beschlagnahmung)* confiscación *f*
arretieren* [are'ti:rən] *vt* (TECH) bloquear
arrogant [aro'gant] *adj* arrogante
Arroganz *f ohne pl* arrogancia *f*
Arsch [arʃ, *pl:* 'ɛrʃə] *m* <-(e)s, Ärsche> *(vulg)* culo *m,* orto *m CSur;* **du ~!** ¡hijo de puta!; **jdm in den ~ kriechen** lamer el culo a alguien; **jdm geht etw am ~ vorbei** a alguien le importa algo una mierda; **leck mich am ~!** ¡que te den por culo!; **am ~ der Welt** *(fam)* en el quinto coño
Arschkriecher *m* <-s, -> *(vulg abw)* lameculos *mf inv*
Arschloch *nt (vulg)* ❶ *(Körperteil)* ojo *m* del culo ❷ *(Schimpfwort)* cabrón, -ona *m, f,* orto *m CSur*
Arsen [ar'ze:n] *nt* <-s, *ohne pl*> (CHEM) arsénico *m*
Arsenal [arze'na:l] *nt* <-s, -e> arsenal *m*
Art. (*a.* JUR) *Abk. von* **Artikel** art.
Art[1] [art] *f* <-en> ❶ *(Klasse)* clase *f,* tipo *m* ❷ (BIOL) especie *f;* **eine vom Aussterben bedrohte ~** una especie amenazada de extinción ❸ *(Weise)* modo *m;* **~ und Weise** modo (y manera); **auf diese ~** de este modo; **nach ~ des Hauses** de la casa
Art[2] *f ohne pl (Wesensart)* carácter *m,* naturaleza *f;* **das ist nun mal meine ~** yo soy así
Art déco [ar de'ko] *m o nt* <- -, *ohne pl*> (KUNST) Art Deco *m*
Artefakt [arte'fakt] *nt* <-(e)s, -e> (*a.* ELEK, MED) artefacto *m*
Artenreichtum *m ohne pl* riqueza *f* de especies
Artenschutz *m* protección *f* de especies (en peligro de extinción)
Artenschutzabkommen *nt* (ÖKOL) acuerdo *m* para la protección de especies (en peligro de extinción)
Artensterben *nt* extinción *f* de las especies
Artenvielfalt *f* diversidad *f* de especies
Arterhaltung *f* (BIOL) conservación *f* de las especies
Arterie [ar'te:riə] *f* <-n> (MED) arteria *f*
arteriell [arteri'ɛl] *adj* (MED) arterial
Arterienverkalkung *f (fam)* arterio(e)sclerosis *f inv*
Arteriosklerose *f* <-, -n> (MED) arterio(e)sclerosis *f inv*
artfremd *adj* (BIOL) de otra especie
Artgenosse, -in *m, f* congénere *mf*
artgerecht *adj* acorde con la especie; **~e Tierhaltung** *(von Haustieren)* mantenimiento de los animales adaptado a las características de su especie; *(von Nutztieren)* ganadería biológica
Arthritis [ar'tri:tɪs] *f* <-, Arthritiden> (MED) artritis *f inv*
Arthrose [ar'tro:zə] *f* <-, -n> (MED) artrosis *f inv*
artig ['artɪç] *adj* obediente; **jetzt sei aber ~!** ¡ahora sé obediente!
Artikel [ar'ti:kəl, ar'tɪkəl] *m* <-s, -> (LING, PUBL, JUR) artículo *m*
Artikulation [artikula'tsjo:n] *f* <-en> articulación *f*
artikulieren* [artiku'li:rən] **I.** *vt (Laut, Gedanken)* articular **II.** *vr:* **sich ~** *(ausdrücken)* expresarse
Artillerie [artɪlə'ri:] *f* <-n> (MIL) artillería *f*
Artillerist ['artɪlərɪst, artɪlə'rɪst] *m* <-en, -en> (MIL) artillero *m*
Artischocke [arti'ʃɔkə] *f* <-n> alcachofa *f,* alcaucil *m Arg*
Artist(in) [ar'tɪst] *m(f)* <-en, -en; -nen> ❶ *(im Varieté, Zirkus)* artista *mf* ❷ *(Akrobat)* acróbata *mf*
artistisch *adj* artístico
artverwandt *adj* afín
Arznei [arts'naɪ] *f* <-en> medicamento *m*
Arzneibuch *nt* farmacopea *f,* recetario *m*
Arzneimittel *nt* medicamento *m*
Arzneimittelgesetz *nt* <-es, -e> (JUR) legislación *f* sobre medicamentos
Arzneimittelhersteller *m* fabricante *m* de productos farmacéuticos
Arzneimittelmissbrauch *m* abuso *m* de medicamentos
Arzneipflanze *f* <-, -n> planta *f* medicinal
Arzt, Ärztin [artst, *pl:* 'ɛrtstə] *m, f* <-es, Ärzte; -nen> médico, -a *m, f,* doctor(a) *m(f);* **praktischer ~** médico (de medicina) general; **zum ~ gehen** ir al médico
Arztbesuch *m* visita *f* médica
Ärztekammer *f* colegio *m* de médicos
Ärzteschaft *f ohne pl* cuerpo *m* médico
Arzthelfer(in) *m(f)* asistente *mf* médico, -a
Ärztin ['ɛrtstɪn] *f* <-nen> *s.* **Arzt**
ärztlich *adj* médico; **~es Attest** certificado médico
Arztpraxis *f* consulta *f* médica
As [as] *nt* <-, -> (MUS) la *m* bemol
Asbest [as'bɛst] *m* <-(e)s, -e> amianto *m*
aschblond ['aʃblɔnt] *adj* rubio ceniza

A

Asche ['aʃə] *f ohne pl* ceniza *f*
Aschenbahn *f* pista *f* de ceniza
Aschenbecher *m* cenicero *m*
Aschenputtel ['aʃənpʊtəl] *nt* <-s, -> cenicienta *f*
Ascher ['aʃɐ] *m* <-s, -> cenicero *m*
Aschermittwoch [--'--] *m* miércoles *m* de ceniza
aschfahl ['-'-] *adj* ceniciento, de color ceniza
aschgrau *adj* gris ceniza
ASCII-Code *m* (INFOR) código *m* ASCII
Aserbaidschan [azɛrbaɪ'dʒa:n] *nt* <-s> Azerbaiyán *m*
asexuell ['aseksuɛl] *adj* asexual
Asiat(in) *m(f)* <-en, -en; -nen> asiático, -a *m, f*
asiatisch *adj* asiático
Asien ['a:ziən] *nt* <-s> Asia *f*
Askese [as'ke:zə] *f ohne pl* ascetismo *m*, ascética *f*
Asket(in) [as'ke:t] *m(f)* <-en, -en; -nen> asceta *mf*
asketisch *adj* ascético
asozial ['azotsia:l] *adj* asocial; *(rücksichtslos)* incívico
Asoziale(r) *mf* <-n, -n; -n, -n> *(abw)* asocial *mf*
Aspekt [as'pɛkt] *m* <-(e)s, -e> aspecto *m*; **unter diesem ~** bajo ese aspecto
Asphalt [as'falt] *m* <-(e)s, -e> asfalto *m*, asfaltado *m Am*
Asphaltdecke *f* firme *m*, (pavimento *m* de) asfalto *m*, capa *f* asfáltica
asphaltieren* *vt* asfaltar
Aspik [as'pi:k, 'aspɪk] *m* <-s, -e> (GASTR) gelatina *f* (de carne)
Aspirin® *nt* <-s, -> aspirina® *f*
aß [a:s] *3. imp von* **essen**
Ass *nt* <-es, -e> as *m*
Assel ['asəl] *f* <-n> cochinilla *f*
Assimilation *f* <-en> (*a.* BIOL: *geh)* asimilación *f* (**an** a)
assimilieren* [asimi'li:rən] *vt* (*a.* BIOL: *geh)* asimilar
Assimilierung *f* <-, -en> *(geh, a.* BIOL) asimilación *f*
Assistent(in) [asɪs'tɛnt] *m(f)* <-en, -en; -nen> asistente *mf*
Assistenz [asɪs'tɛnts] *f* <-, -en> asistencia *f* (**bei** en); **unter jds ~** con la asistencia de alguien
Assistenzarzt, -ärztin *m, f* médico, -a *m, f* asistente
assistieren* *vi* asistir (**bei** en)
Assoziation [asotsia'tsjo:n] *f* <-en> asociación *f*
assoziieren* [asotsi'i:rən] *vt* asociar
Ast [ast, *pl:* 'ɛstə] *m* <-(e)s, Äste> ❶ *(vom Baum)* rama *f* ❷ *(im Holz)* nudo *m*
Aster ['astɐ] *f* <-n> áster *f*
Asteroid *m* <-en, -en> (ASTR) asteroide *m*
Astgabel *f* horcadura *f*
Ästhet(in) [ɛs'te:t] *m(f)* <-en, -en; -nen> esteta *mf*
Ästhetik *f ohne pl* estética *f*
Ästhetin *f* <-nen> *s.* **Ästhet**
ästhetisch *adj* estético
Asthma ['astma] *nt* <-s, *ohne pl*> (MED) asma *m o f*
Asthmatiker(in) *m(f)* <-s, -; -nen> (MED) asmático, -a *m, f*
asthmatisch [ast'ma:tɪʃ] *adj* (MED) asmático
astrein *adj (fam)* ❶ *(sehr schön)* genial ❷ *(moralisch einwandfrei)* **die Sache ist nicht ganz ~** aquí hay gato encerrado
Astrologe, -in [astro'lo:gə] *m, f* <-n, -n; -nen> astrólogo, -a *m, f*
Astrologie *f ohne pl* astrología *f*
Astrologin *f* <-nen> *s.* **Astrologe**
astrologisch *adj* astrológico
Astronaut(in) [astro'naʊt] *m(f)* <-en, -en; -nen> astronauta *mf*
Astronom(in) [astro'no:m] *m(f)* <-en, -en; -nen> astrónomo, -a *m, f*
Astronomie *f ohne pl* astronomía *f*
Astronomin *f* <-nen> *s.* **Astronom**
astronomisch *adj (a. fig)* astronómico
Astrophysik [astrofy'zi:k] *f* <-, *ohne pl*> astrofísica *f*
ASU *f Abk. von* **Abgassonderuntersuchung** control *m* de los gases de combustión
Asyl [a'zy:l] *nt* <-(e)s, -e> asilo *m*
Asylant(in) [azy'lant] *m(f)* <-en, -en; -nen> *s.* **Flüchtling**
Asylantenwohnheim *nt* residencia *f* de asilados
Asylantin *f* <-, -nen> *s.* **Asylant**
Asylantrag *m* solicitud *f* de asilo
Asylbewerber(in) *m(f)* solicitante *mf* de asilo
Asylrecht *nt ohne pl* derecho *m* de asilo
Asylsuchende(r) *mf* <-n, -n; -n> peticionario *m* de asilo
Asymmetrie [azyme'tri:] *f* <-n> (*a.* MATH) asimetría *f*
asymmetrisch ['azyme:trɪʃ] *adj* (*a.* MATH) asimétrico
asynchron ['azynkro:n] *adj* asincrónico
Aszendent [astsɛn'dɛnt] *m* <-en, -en> (ASTR) ascendente *m*
at¹ (PHYS: *alt) Abk. von* **technische Atmosphäre** at.
at² [ɛt] (INFOR) arroba *f*
Atelier [atə'lje:] *nt* <-s, -s> estudio *m*
Atem ['a:təm] *m* <-s, *ohne pl*> aliento *m*; *(Atmung)* respiración *f*; **den ~ anhalten**

A

contener la respiración; **wieder zu ~ kommen** recuperar el aliento; **~ holen** tomar aliento; **jdn in ~ halten** tener a alguien en vilo; **außer ~ sein** estar sin aliento; **das verschlägt mir den ~** eso me deja sin palabras

atemberaubend *adj* ❶ *(beeindruckend)* impresionante ❷ *(spannend)* emocionante ❸ *(sensationell)* sensacional

Atembeschwerden *fpl* trastornos *mpl* respiratorios

atemlos *adj* ❶ *(außer Atem)* sin aliento, jadeante ❷ *(gespannt)* absorto; **~ lauschen** escuchar sin parpadear

Atemlosigkeit *f* <-, *ohne pl*> apnea *f*

Atemnot *f ohne pl* asfixia *f*, ahogo *m;* (MED) apnea *f*

Atempause *f* ❶ *(zum Atmen)* pausa *f* respiratoria ❷ *(Ruhepause)* descanso *m*

Atemschutzmaske *f* <-, -n> mascarilla *f* antigás, máscara *f* antigás

Atemstillstand *m* paro *m* respiratorio

Atemwege *mpl* vías *fpl* respiratorias

Atemwegserkrankung *f* (MED) enfermedad *f* de las vías respiratorias

Atemzug *m* respiración *f;* **im selben ~** de un aliento

Atheismus [ate'ɪsmʊs] *m* <-, *ohne pl*> ateísmo *m*

Atheist(in) *m(f)* <-en, -en; -nen> ateo, -a *m, f*

atheistisch *adj* ateo

Athen [a'te:n] *nt* <-s> Atenas *m*

Äther ['ɛ:tɐ] *m* <-s, *ohne pl*> (CHEM) éter *m*

ätherisch [ɛ'te:rɪʃ] *adj* etéreo; **~e Öle** aceites etéreos

Äthiopien [ɛti'o:piən] *nt* <-s> Etiopía *f*

Äthiopier(in) *m(f)* <-s, -; -nen> etíope *mf*

äthiopisch *adj* etíope

Athlet(in) [at'le:t] *m(f)* <-en, -en; -nen> atleta *mf*

athletisch *adj* atlético

Atlanten *pl von* **Atlas**

Atlantik [at'lantɪk] *m* <-s> Atlántico *m*

atlantisch *adj* atlántico; **der A~e Ozean** el océano Atlántico

Atlas ['atlas, *pl:* at'lantən] *m* <-(ses), Atlanten> atlas *m*

atmen ['a:tmən] *vi, vt* respirar

Atmen *nt* <-s, *ohne pl*> respiración *f;* **das ~ durch die Nase fällt mir schwer** me resulta difícil respirar por la nariz

Atmosphäre [atmo'sfɛ:rə] *f* <-n> ❶ *(Lufthülle der Erde)* atmósfera *f* ❷ *(Stimmung)* ambiente *m*

atmosphärisch *adj* atmosférico

Atmung ['a:tmʊŋ] *f ohne pl* respiración *f*

atmungsaktiv *adj* tra(n)spirable

Atmungssystem *nt* sistema *m* respiratorio

Ätna ['ɛtna] *m* <-s> Etna *m*

Atoll [a'tɔl] *nt* <-s, -e> atolón *m*

Atom [a'to:m] *nt* <-s, -e> átomo *m*

Atomangriff *m* ataque *m* nuclear

atomar [ato'ma:ɐ] *adj* nuclear, atómico; **~e Rüstung/Bedrohung** armamento/amenaza nuclear; **~e Waffen** armas nucleares

Atombombe *f* bomba *f* atómica

Atombunker *m* refugio *m* atómico

Atomenergie *f ohne pl* energía *f* nuclear

Atomexplosion *f* explosión *f* atómica

Atomgegner(in) *m(f)* antinuclear *mf,* opositor(a) *m(f)* a la energía nuclear

Atomindustrie *f* (WIRTSCH) industria *f* atómica

atomisieren* *vt* atomizar

Atomkern *m* núcleo *m* atómico

Atomkraft *f ohne pl* energía *f* nuclear

Atomkraftwerk *nt* central *f* nuclear

Atomkrieg *m* guerra *f* nuclear

Atommacht *f* potencia *f* atómica

Atommüll *m* residuos *mpl* radi(o)activos

Atommüllendlager *nt* depósito *m* definitivo de residuos radi(o)activos

Atommülllagerung *f* almacenaje *m* de residuos radi(o)activos

Atomphysik *f* física *f* atómica

Atomrakete *f* misil *m* nuclear

Atomreaktor *m* reactor *m* nuclear [*o* atómico]

Atomspaltung *f* (PHYS) fisión *f* nuclear

Atomsperrvertrag *m* <-(e)s, *ohne pl*> (POL) tratado *m* de no proliferación de armas atómicas

Atomsprengkopf *m* (MIL) cabeza *f* atómica

Atomtest *m* prueba *f* nuclear

Atomteststopp *m* stop *m* a las pruebas nucleares

Atomwaffe *f* arma *f* atómica [*o* nuclear]

atomwaffenfrei *adj* desnuclearizado; **~e Zone** zona desnuclearizada

Atomwaffensperrvertrag *m ohne pl* (POL) *s.* **Atomsperrvertrag**

Atomzeitalter *nt* era *f* atómica

Atomzerfall *m* (PHYS) desintegración *f* atómica

atonal ['atona:l] *adj* (MUS) atonal

Atrium ['a:triʊm] *nt* <-s, Atrien> (ARCHIT) atrio *m,* pretil *m Am*

ätsch [ɛ:tʃ] *interj (fam)* toma ya, chúpate esa

Attacke [a'takə] *f* <-n> ❶ *(Angriff)* agresión *f* (**auf/gegen** contra), ataque *m* (**auf/gegen** contra) ❷ (MED) ataque *m,* acceso *m*

attackieren* *vt* atacar

Attentat ['atənta:t] *nt* <-(e)s, -e> atenta-

A

do *m* (**auf** contra); **ein ~ auf jdn verüben** atentar contra (la vida de) alguien

Attentäter(in) ['atəntɛ:tɐ, --'--] *m(f)* <-s, -; -nen> autor(a) *m(f)* del atentado

Attest [a'tɛst] *m* <-(e)s, -e> *(ärztliches)* certificado *m* médico

attestieren* *vt* atestar, certificar

Attraktion[1] [atrak'tsjo:n] *f* <-en> *(Glanznummer)* atracción *f*

Attraktion[2] *f ohne pl (Anziehung)* atractivo *m*

attraktiv [atrak'ti:f] *adj* atractivo

Attraktivität [atraktivi'tɛ:t] *f ohne pl* atractivo *m*

Attrappe [a'trapə] *f* <-n> objeto *m* de imitación [*o* de pega]

Attribut [atri'bu:t] *nt* <-(e)s, -e> (*a.* LING) atributo *m*

attributiv [atribu'ti:f, '----] *adj* (LING) atributivo

atypisch ['aty:pɪʃ, -'--] *adj* atípico (**für** de)

ätzen ['ɛtsən] *vi, vt* ❶ (CHEM) corroer ❷ (MED) cauterizar

ätzend *adj* ❶ *(Lauge)* cáustico; *(Säure)* corrosivo ❷ *(sl: furchtbar)* horrible; *(nervtötend)* cabreante

au [aʊ] *interj* ❶ *(Schmerz)* ay ❷ *(Begeisterung)* ay, uau; **~ ja!** ¡uau, sí!

AU (AUTO) *Abk. von* **Abgasuntersuchung** control *m* de los gases de combustión

aua ['aʊa] *interj* ay

Aubergine [obɛr'ʒi:nə] *f* <-n> berenjena *f*

auch [aʊx] *adv* ❶ *(ebenfalls)* también; **~ nicht** tampoco; **~ gut** bien también; **ich ~** yo también; **~ das noch!** ¡lo que faltaba! ❷ *(sogar)* incluso, ni siquiera; **ohne ~ nur zu fragen** sin ni siquiera preguntar; **~ wenn es regnen sollte** incluso si lloviese ❸ *(tatsächlich)* en efecto, de hecho; **das hat ~ niemand behauptet** de hecho nadie lo ha dicho ❹ *(außerdem)* además, también; **~ wäre es falsch, zu glauben, dass ...** además sería erróneo pensar que... *+subj;* **so was aber ~!** ¡qué cosas!; **wozu ~?** ¿para qué, realmente?; **wo ~ immer** dondequiera que (sea); **wie es ~ sei** sea como sea; **solange ich ~ wartete ...** por más que esperé...

Audienz [aʊdi'ɛnts] *f* <-en> audiencia *f*

audiovisuell [aʊdiovizu'ɛl] *adj* audiovisual

Auditorium [aʊdi'to:riʊm] *nt* <-s, Auditorien> ❶ *(Räumlichkeit)* auditorio *m* ❷ *(geh: Zuhörer)* auditorio *m*

Aue ['aʊə] *f* <-, -n> ❶ *(geh: Gelände)* vega *f* ❷ *(reg: Insel)* isla *f*

Auerhahn ['aʊɐha:n] *m* (ZOOL) urogallo *m*, gallo *m* silvestre

Auerochse *m* uro *m*

auf [aʊf] **I.** *präp +dat* ❶ *(oben darauf)* sobre, encima de, en; **~ dem Tisch** encima de la mesa; **~ dem Boden** en el suelo; **ich habe es ~ einem Bild gesehen** lo he visto en una foto ❷ *(darauf befindlich)* en; **~ Mallorca** en Mallorca; **~ der Straße** en la calle ❸ *(drinnen)* en; **~ der Bank/der Post/dem Polizeirevier** en el banco/Correos/la comisaría de policía; **~ dem Land(e)** en el campo; **~ meinem Konto** en mi cuenta ❹ *(während)* durante; **~ Reisen** de viaje; **~ der Flucht** durante la fuga; **~ der Geburtstagsfeier** en la fiesta de cumpleaños **II.** *präp +akk* ❶ *(nach oben)* a, en; **~ einen Berg steigen** subir a un monte; **sie setzte sich ~ die Bank** se sentó en el banco ❷ *(hin zu)* a, hacia; **sich ~ den Weg machen** ponerse en camino; **ich muss noch ~ die Post** tengo que ir todavía a Correos; **~ die Erde fallen** caer al suelo; **~s Land ziehen** irse a vivir al campo; **er kam ~ mich zu** vino hacia mí ❸ *(zeitlich)* **~ einmal** de repente; **Heiligabend fällt ~ einen Dienstag** Nochebuena cae en martes; **~ lange Sicht** a la larga; **die Sitzung wurde ~ morgen verschoben** la conferencia se aplazó a mañana; **bleib doch noch ~ eine Tasse Kaffee** quédate a tomar una taza de café; **~s Neue** de nuevo ❹ *(in einer bestimmten Art)* de; **~ diese Weise** de esta manera; **~ gut Glück** a la buena de Dios ❺ *(infolge)* **~ seinen Rat (hin)** siguiendo su consejo; **..., ~ Grund dessen ...** por cuyo motivo ❻ *(im Hinblick auf)* **~ Kosten von ...** a cuenta de...; **~ dein Wohl!** ¡a tu salud!; **~ eigene Gefahr** por propia cuenta y riesgo **III.** *adv* ❶ *(hinauf)* arriba; **~ und ab** arriba y abajo; **er ist ~ und davon** *(fam)* puso pies en polvorosa ❷ *(fam: nicht im Bett)* **~ sein** estar levantado ❸ *(offen, geöffnet)* abierto ❹ *(aufwärts)* arriba; **~!** ¡arriba!; **~ geht's!** ¡vamos!

Auf *nt* **das ~ und Ab** *(Bewegung)* las subidas y bajadas; *(Wechsel)* el altibajo

auf|arbeiten *vt* ❶ *(erledigen)* acabar ❷ *(erneuern)* modificar, renovar ❸ *(bewältigen)* superar

auf|atmen *vi* tomar aire, respirar hondamente

aufbacken *irr vt* retostar

auf|bahren ['aʊfba:rən] *vt* **einen Toten ~** velar a un muerto

Aufbau[1] *m* <-(e)s, -ten> *(das Aufgebaute)* construcción *f* adicional

Aufbau[2] *m* <-(e)s, *ohne pl*> ❶ *(Tätigkeit)* construcción *f*, montaje *m; (Schaffung)* creación *f* ❷ *(Gliederung)* estructura *f* ❸ (INFOR, TEL: *Leitung, Grafik*) formato *m*

auf|bauen I. *vt* ❶ *(errichten)* construir, edificar; *(Zelt)* montar ❷ *(anordnen)* colocar, disponer ❸ *(Institution, Industrie)* erigir, fundar ❹ *(Armee, Geschäft)* crear ❺ *(Land)* desarrollar ❻ *(gliedern)* estructurar ❼ *(aufmuntern)* animar ❽ *(sich stützen)* basarse (**auf** en) ❾ *(fördern)* promocionar **II.** *vr:* **sich ~** ❶ *(sich bilden, entstehen)* formarse ❷ *(fam: sich hinstellen)* ponerse (**vor** ante/delante de), plantarse (**vor** ante/delante de)

Aufbaukurs *m (Oberstufe)* curso *m* superior; *(Spezialisierung)* curso *m* de especialización

auf|bäumen ['aʊfbɔɪmən] *vr:* **sich ~** ❶ *(Pferd)* encabritarse, bellaquearse *Am* ❷ *(sich auflehnen)* rebelarse (**gegen** contra)

auf|bauschen ['aʊfbaʊʃən] *vt* ❶ *(aufblähen)* inflar ❷ *(übertreiben)* exagerar

Aufbaustudium *nt* <-s, *ohne pl*> (UNIV: *auf vorangegangenes Studium*) estudios *mpl* de pos(t)grado; *(auf eine Ausbildung)* estudios *mpl* preparatorios

auf|begehren* *vi* rebelarse (**gegen** contra)

auf|behalten* *irr vt (fam)* dejar puesto

auf|bekommen* *irr vt (fam)* ❶ *(öffnen können)* lograr abrir ❷ *(Aufgabe)* tener que hacer

auf|bereiten* *vt* ❶ *(Trinkwasser)* purificar, depurar; *(behandeln)* tratar ❷ *(Rohstoffe)* preparar, procesar ❸ *(Daten)* elaborar

Aufbereitung *f* <-en> ❶ *(von Trinkwasser)* purificación *f*, depuración *f*; *(Behandlung)* tratamiento *m* ❷ *(von Rohstoffen)* preparación *f*, elaboración *f* ❸ *(von Daten)* elaboración *f*

auf|bessern *vt* ❶ *(Gehalt)* aumentar ❷ *(Kenntnisse)* perfeccionar

Aufbesserung *f* <-, -en> mejora *f*; *(Gehalt, Zulage)* aumento *m*, subida *f*

auf|bewahren* *vt* guardar; *(Lebensmittel)* conservar

Aufbewahrung *f ohne pl* ❶ *(das Aufbewahren)* conservación *f* ❷ *(Bewachen)* custodia *f* ❸ *(Ort)* depósito *m*; *(für Garderobe)* guardarropa *m*; *(für Gepäck)* consigna *f*

Aufbewahrungsort *m* <-(e)s, -e> depósito *m*

auf|bieten *irr vt* ❶ *(einsetzen)* emplear ❷ *(Brautpaar)* amonestar

auf|binden *irr vt* ❶ *(Schnürsenkel)* desatar ❷ *(Schleife)* soltar ❸ *(fam: weismachen)* **jdm einen Bären ~** contar a alguien un cuento chino

auf|blähen I. *vt (aufschwellen)* inflar **II.** *vr:* **sich ~** ❶ *(Segel)* inflarse ❷ *(abw: sich großtun)* engreírse

aufblasbar *adj* hinchable

auf|blasen *irr* **I.** *vt (mit Luft)* hinchar, inflar **II.** *vr:* **sich ~** *(fam: sich wichtigtun)* hincharse

auf|bleiben *irr vi sein* ❶ *(Person)* no acostarse, quedarse levantado ❷ *(Geschäft, Tür)* quedar abierto

auf|blenden *vi* ❶ (AUTO) poner las luces largas ❷ (FILM, FOTO) abrir el diafragma

auf|blicken *vi* ❶ *(hochschauen)* alzar la vista (**zu** hacia) ❷ *(bewundernd)* admirar (**zu** a)

auf|blitzen *vi* ❶ *(aufleuchten)* encenderse [*o* iluminarse] de pronto ❷ *sein (Idee)* ocurrirse (**in** a)

auf|blühen *vi sein* ❶ *(Blumen)* abrirse ❷ *(sich entfalten)* florecer, prosperar

aufbohren *vt* abrir con un taladro, agujerear

auf|brauchen *vt* consumir

auf|brausen *vi sein (wütend werden)* encolerizarse

aufbrausend *adj (Temperament)* colérico; *(stürmisch)* tempestuoso; **mit ~em Beifall** con una atronadora ovación

auf|brechen *irr* **I.** *vi sein* ❶ *(Knospen)* abrirse ❷ *(weggehen)* marcharse **II.** *vt* ❶ *(Straßendecke)* abrir ❷ *(Schloss, Auto)* forzar

auf|brezeln *vr:* **sich ~** *(fam)* ponerse guapo

auf|bringen *irr vt* ❶ *(Geld, Geduld)* reunir; **sie brachte nicht den Mut auf, es ihm zu sagen** no reunió el valor suficiente para decírselo ❷ *(in Wut bringen)* enfurecer ❸ *(Gerücht)* hacer correr

Aufbruch¹ *m* <-(e)s, -brüche> *(geh: geistiges Erwachen)* resurgimiento *m*, auge *m*

Aufbruch² *m* <-(e)s, *ohne pl*> *(Abreise)* partida *f*, salida *f*

Aufbruchsstimmung *f ohne pl (vor dem Aufbrechen)* nerviosismo *m*; *(vor einer Erneuerung)* excitación *f*

auf|brühen *vt (Tee, Kaffee)* hacer, preparar

auf|brummen *vt (fam)* **jdm etw ~** endilgar algo a alguien

auf|bürden ['aʊfbʏrdən] *vt (geh)* cargar (con); **jdm etw ~** cargarle algo a alguien

auf|decken *vt* ❶ *(Zusammenhänge)* descubrir ❷ *(Bett)* abrir ❸ *(Karten)* enseñar ❹ *(Topf)* destapar ❺ *(enthüllen)* revelar

auf|donnern *vr:* **sich ~** *(fam abw)* emperejilarse

auf|drängen I. *vt (aufzwingen)* imponer **II.** *vr:* **sich ~** ❶ *(Gedanke)* imponerse ❷ *(zudringlich sein)* importunar, agobiar

auf|drehen I. *vi* ❶ *(fam: beschleunigen)* acelerar ❷ *(fam: in Stimmung kommen)* ponerse a tono **II.** *vt* ❶ *(fam: Wasserhahn)* abrir ❷ *(Schraubverschluss)* desenroscar

❸ *(Schraube)* aflojar ❹ *(fam: Radio)* subir el volumen (de)

aufdringlich ['aʊfdrɪŋlɪç] *adj (Person)* pesado, molesto; *(Geruch)* intenso

Aufdringlichkeit *f* <-en> *(einer Person)* importunidad *f; (eines Geruchs)* intensidad *f*

aufdröseln *vt (fam)* desenredar; *(a. fig)* desenmarañar

Aufdruck *m* <-(e)s, -e> impresión *f; (von Firmen)* membrete *m*

auf|drücken *vt* ❶ *(Tür)* abrir ❷ *(Pickel)* apretar ❸ *(aufprägen)* estampar

aufeinander [aʊfaɪ'nandɐ] *adv* ❶ *(räumlich)* uno encima del otro ❷ *(zeitlich)* uno tras otro; **~ folgen** sucederse; **~ folgend** consecutivo ❸ *(gegen)* uno contra el otro

aufeinander|folgen *vi sein* sucederse

aufeinanderfolgend *adj s.* **aufeinander 2.**

aufeinanderprallen *vi sein* chocar (uno con otro), entrechocar

Aufenthalt ['aʊfənthalt] *m* <-(e)s, -e> ❶ *(kurze Anwesenheit)* estancia *f* ❷ *(kurze Unterbrechung)* parada *f* ❸ *(Wohnort)* domicilio *m,* residencia *f*

Aufenthaltsdauer *f* <-, *ohne pl*> (duración *f* de la) estancia *f,* tiempo *m* de permanencia, estadía *f*

Aufenthaltserlaubnis *f* permiso *m* de residencia

Aufenthaltsgenehmigung *f* permiso *m* de residencia

Aufenthaltsort *m* paradero *m; (ständiger)* lugar *m* de residencia

Aufenthaltsraum *m* sala *f* de descanso; *(Warteraum)* sala *f* de espera

Aufenthaltsrecht *nt* (JUR) derecho *m* de permanencia

auf|erlegen* *vt (geh)* ❶ *(Strafe)* imponer, inflingir ❷ *(Steuern)* gravar (con)

auf|erstehen* *irr vi sein* (REL) resucitar

Auferstehung *f* <-en> (REL) resurrección *f*

auf|essen *irr* **I.** *vi* comer(se) todo **II.** *vt* comerse

auf|fahren *irr* **I.** *vi sein* ❶ *(aufprallen)* chocar (**auf** contra) ❷ *(dicht anschließen)* acercarse ❸ *(aufschrecken)* levantarse sobresaltado ❹ *(wütend werden)* encolerizarse ❺ (MIL) ponerse en posición **II.** *vt (fam: Speisen)* poner en la mesa

Auffahrt *f* <-en> ❶ *(das Hinauffahren)* subida *f* ❷ *(Zufahrt)* entrada *f; (Rampe)* rampa *f* de acceso; *(zur Autobahn)* acceso *m* a la autopista

Auffahrunfall ['aʊffa:ɐʔʊnfal] *m* choque *m* frontal

auf|fallen *irr vi sein* llamar la atención; *(bemerkt werden)* notarse; **unangenehm ~** causar mala impresión

auffallend *adj (auffällig)* vistoso, llamativo; *(beeindruckend)* espectacular; *(sonderbar)* raro

auffällig ['aʊffɛlɪç] *adj* ❶ *(prunkvoll)* ostentoso ❷ *(außergewöhnlich)* extraño, que llama la atención ❸ *(Farben)* llamativo

auffalten *vt* desdoblar

auf|fangen *irr vt* ❶ *(Ball)* recoger ❷ *(Gesprächsfetzen)* pillar ❸ *(Schlag)* parar ❹ *(Stoß, Aufprall)* amortiguar ❺ *(Flüssigkeit)* recoger ❻ *(negative Auswirkungen)* mitigar

Auffanglager *nt* campo *m* de acogida

auf|fassen *vt* ❶ *(auslegen)* interpretar ❷ *(begreifen)* entender

Auffassung *f* <-en> ❶ *(Ansicht)* opinión *f,* parecer *m;* **er ist der ~, dass ...** opina que... ❷ *(Deutung)* interpretación *f*

Auffassungsgabe *f ohne pl* entendimiento *m*

auffindbar *adj* localizable; **meine Brille ist nicht ~** no puedo encontrar mis gafas

auf|finden *irr vt* encontrar

auf|fliegen *irr vi sein* ❶ *(Vogel)* echarse a volar ❷ *(Tür)* abrirse de golpe ❸ *(fam: scheitern)* irse a pique

auf|fordern *vt* ❶ *(bitten)* pedir (a), requerir (**zu** para); **er forderte sie zum Tanz auf** la sacó a bailar ❷ *(befehlen)* mandar (a), exigir (a/de) ❸ *(ermuntern)* animar

Aufforderung *f* <-en> ❶ *(freundlich)* invitación *f* (**zu** a); *(stärker)* requerimiento *m* (**zu** de) ❷ *(streng)* exhortación *f* (**zu** a) ❸ *(Befehl)* mandato *m* (**zu** de), exigencia *f* (**zu** de)

auf|forsten ['aʊffɔrstən] *vt* repoblar

auf|fressen *irr vt (Futter)* comer(se)

auf|frischen **I.** *vi (Wind)* soplar más fuerte **II.** *vt* ❶ *(Farbe)* renovar ❷ *(Kenntnisse)* refrescar ❸ *(Impfung)* renovar

auf|führen **I.** *vt* ❶ *(Theaterstück, Oper)* representar ❷ *(darlegen)* presentar; *(Zeugen)* nombrar; *(Beispiele)* dar **II.** *vr:* **sich ~** *(sich benehmen)* (com)portarse

Aufführung *f* <-en> (THEAT) representación *f;* (FILM) proyección *f;* (MUS) actuación *f*

auf|füllen *vt* ❶ *(Behälter)* rellenar (**mit** de/con) ❷ *(Flüssigkeit)* echar ❸ *(Vorräte)* reponer

Aufgabe ['aʊfga:bə] *f* <-n> ❶ *(Auftrag)* tarea *f; (Pflicht)* obligación *f,* deber *m* ❷ *(Hausaufgaben)* deberes *mpl; (Übung)* ejercicio *m;* (MATH) problema *m* ❸ *(Aufhören)* cese *m; (eines Geschäftes)* liquidación *f* ❹ (MIL) rendición *f;* (SPORT) retirada *f* ❺ *(Verzicht)* abandono *m* (**von** de) ❻ *(von*

A

Gepäck) facturación *f; (eines Pakets)* expedición *f; (einer Anzeige)* inserción *f*
auf|gabeln *vt (fam)* pescar, pillar
Aufgabenbereich *m,* **Aufgabengebiet** *nt* área *f* de actividades
Aufgabenheft *nt* (SCH) cuaderno *m* de los deberes
Aufgabenstellung *f* <-, -en> formulación *f (de preguntas, ejercicios)*
Aufgabenverteilung *f* <-, -en> reparto *m* de tareas
Aufgang *m* <-(e)s, -gänge> ❶ *(eines Gestirns)* salida *f* ❷ *(Aufstieg)* subida *f* (**zu** a); *(Zugang)* acceso *m* (**zu** a); *(Treppe)* escalera *f* (**zu** a)
auf|geben *irr* **I.** *vi (sich geschlagen geben)* darse por vencido, rendirse **II.** *vt* ❶ *(Paket, Telegramm)* expedir; *(Koffer)* facturar; *(Anzeige)* poner ❷ *(Widerstand)* abandonar; *(Hoffnung)* perder; *(Beruf)* dejar
aufgeblasen **I.** *pp von* **aufblasen** **II.** *adj (fam)* arrogante; *(angeberisch)* fanfarrón, engreído
Aufgebot *nt* <-(e)s, -e> ❶ *(Anzahl)* cantidad *f* ❷ *(Heiratsankündigung)* publicación *f* de las amonestaciones
aufgebracht **I.** *pp von* **aufbringen** **II.** *adj (wütend)* enojado, furioso
aufgedreht *adj (fam: lebhaft)* pasado de rosca
aufgedunsen ['aʊfgədʊnzən] *adj (Körper)* abotargado, abultado; *(Gesicht)* hinchado
auf|gehen *irr vi sein* ❶ *(Gestirn)* salir ❷ *(Tür, Vorhang, Reißverschluss)* abrirse; *(Armband)* desabrocharse ❸ *(Saat)* brotar, salir ❹ *(Rechnung)* no dejar resto ❺ *(Hefeteig)* subir ❻ *(Wend)* **in der Arbeit ~** vivir solamente para el trabajo
aufgehoben *pp von* **aufheben**
auf|geilen **I.** *vt (fam)* poner caliente **II.** *vr:* **sich ~** *(fam)* ponerse caliente (**an** con)
aufgeklärt ['aufgəklɛːɐt] *adj* (PHILOS) ilustrado
aufgekratzt *adj (fam: lebhaft)* pasado de rosca
aufgelegt ['aʊfgəleːkt] *adj* **gut/schlecht ~ sein** estar de buen/mal humor
aufgelöst ['aʊfgəløːst] *adj* ❶ *(verwirrt)* confuso; *(außer sich)* fuera de sí ❷ *(erschöpft)* agotado; *(benommen)* deshecho
aufgeräumt ['aʊfgərɔɪmt] *adj (gut gelaunt)* de buen humor, alegre
aufgeregt ['aʊfgəreːkt] *adj* excitado, agitado; *(nervös)* nervioso
aufgeschlossen ['aʊfgəʃlɔsən] **I.** *pp von* **aufschließen** **II.** *adj (offen)* abierto; *(aufnahmefähig)* receptivo; *(mitteilsam)* comunicativo; *(zugänglich)* accesible; **~ für etw sein** ser receptivo a algo; **etw** *dat* **~ gegenüberstehen** estar abierto a algo
Aufgeschlossenheit *f ohne pl (Aufnahmefähigkeit)* receptividad *f; (Mitteilsamkeit)* comunicabilidad *f*
aufgeschmissen ['aʊfgəʃmɪsən] *adj (fam)* **ohne sie sind wir völlig ~** sin ella estamos perdidos
aufgesetzt *adj (Verhalten)* forzado; **seine Anteilnahme wirkt völlig ~** su condolencia resulta totalmente falsa
aufgeweckt ['aʊfgəvɛkt] *adj (geistig)* despierto, bagre *AmC; (Kind)* avispado
Aufgewecktheit *f* <-, *ohne pl*> viveza *f;* **dank seiner ~ bekam er gleich mit, was da faul war** gracias a ser despabilado se enteró enseguida de lo que andaba mal
auf|gießen *irr vt* ❶ *(Tee, Kaffee)* hacer ❷ *(Wasser)* echar
auf|gliedern *vt* (sub)dividir; (*a.* WIRTSCH) desglosar
auf|greifen *irr vt* ❶ *(Idee)* retomar ❷ *(festnehmen)* capturar, aprehender
aufgrund [aʊf'grʊnt] *präp +gen* a causa de, por; *s. a.* **Grund**[2]
Aufguss *m* <-es, -güsse> ❶ *(Lösung)* infusión *f* ❷ *(Sauna)* humidificación *f; (fig, abw: Abklatsch)* refrito *m*
auf|haben *irr* **I.** *vi (Geschäfte)* estar abierto **II.** *vt* ❶ *(Hut, Brille)* tener puesto ❷ *(fam: Schulaufgaben)* tener que hacer
auf|halsen ['aʊfhalzən] *vt (fam)* **jdm etw ~** endosar algo a alguien
auf|halten *irr* **I.** *vt* ❶ *(zurückhalten)* detener; *(Entwicklung)* impedir; *(Verkehr)* parar ❷ *(stören)* molestar; *(bei der Arbeit)* no dejar trabajar ❸ *(Tür)* mantener abierto **II.** *vr:* **sich ~** ❶ *(bleiben)* quedarse; *(wohnen)* encontrarse ❷ *(Zeit verschwenden)* demorarse, dilatarse *Am*
auf|hängen **I.** *vi (Telefongespräch beenden)* colgar **II.** *vt* ❶ *(Bild, Mantel, Telefonhörer)* colgar (**an** de/en); *(Wäsche)* tender ❷ *(töten)* colgar **III.** *vr:* **sich ~** ahorcarse
Aufhänger *m* <-s, -> ❶ *(für Kleider)* cinta *f* ❷ *(Anlass)* motivo *m*
Aufhängung *f* <-, -en> (AUTO) suspensión *f*
auf|heben *irr vt* ❶ *(aufbewahren)* guardar; **gut aufgehoben sein** estar en buenas manos ❷ *(Gesetz)* derogar, anular; *(Urteil)* revocar ❸ *(Verbot, Sitzung)* levantar ❹ *(vom Boden)* recoger (**von** de) ❺ *(ausgleichen)* compensar; *(Wirkung)* neutralizar
Aufheben *nt ohne pl (geh)* **viel ~(s) von etw machen** meter mucho ruido a propósito de algo
Aufhebung *f* <-en> ❶ *(Abschaffung)* abo-

A

lición *f*, supresión *f* ❷ *(Beendigung)* levantamiento *m;* *(eines Streiks)* desconvocatoria *f;* *(einer Wirkung)* neutralización *f* ❸ (JUR: *eines Urteils*) revocación *f;* *(eines Gesetzes)* debrogación *f*

auf|heitern ['aʊfhaɪtɐn] **I.** *vt (Person)* animar **II.** *vr:* **sich ~** *(Himmel)* despejarse

Aufheiterung *f* <-en> ❶ (METEO) despejo *m* ❷ *(Erheiterung)* animación *f*

auf|hellen I. *vt (Haar)* aclarar **II.** *vr:* **sich ~** ❶ *(Gesicht)* alegrarse ❷ *(Himmel)* despejarse

Aufhellung *f* <-, -en> ❶ *(der Haare)* aclaramiento *m* ❷ *(von etw Ungeklärtem)* esclarecimiento *m* ❸ (METEO) tiempo *m* despejado

auf|hetzen *vt* ❶ *(aufwiegeln)* incitar (**gegen** contra), ahuchar *Col, Méx* ❷ *(aufstacheln)* instigar (**zu** a), incitar (**zu** a)

Aufhetzung *f* <-, -en> ~ **zum Rassenhass** incitación *f* al racismo

auf|holen I. *vi* (SPORT) ganar terreno **II.** *vt* ❶ *(Verspätung, Lernstoff)* recuperar ❷ *(Anker)* levar

Aufholjagd *f* <-, *ohne pl*> ❶ (SPORT) persecución *f* ❷ *(fig)* esfuerzo *m* por recortar diferencias

auf|horchen *vi* aguzar los oídos; **diese Nachricht ließ alle ~** esta noticia les llamó la atención a todos

auf|hören *vi* terminar; **hör doch endlich auf!** ¡déjalo ya!; **da hört sich doch alles auf!** *(fam)* ¡es el colmo!

Aufkauf *m* <-(e)s, -käufe> absorción *f*, acopio *m*

auf|kaufen *vt* acaparar

aufklappbar *adj* (des)plegable

auf|klappen *vt (Koffer, Buch)* abrir; *(hochschlagen)* levantar

auf|klären I. *vt* ❶ *(Missverständnis, Irrtum)* clarificar, poner en claro; *(Verbrechen)* esclarecer ❷ *(belehren)* informar (**über** de/sobre); *(sexuell)* instruir en el terreno sexual ❸ (MIL) explorar **II.** *vr:* **sich ~** ❶ *(Fall, Rätsel)* resolverse ❷ *(Himmel)* despejarse

Aufklärer *m* <-s, -> (MIL) avión *m* de reconocimiento

Aufklärung[1] *f* <-en> ❶ *(völlige Klärung)* aclaración *f*, esclarecimiento *m;* *(Fall, Verbrechen)* resolución *f* ❷ (MIL) exploración *f*

Aufklärung[2] *f ohne pl* ❶ (PHILOS) Ilustración *f* ❷ *(Belehrung)* instrucción *f* (**über** de/sobre); **sexuelle ~** educación sexual

Aufklärungsbedarf *m* necesidad *f* de aclaración

Aufklärungsflugzeug *nt* (MIL) *s.* **Aufklärer**

Aufklärungskampagne *f* campaña *f* informativa

auf|klatschen *vt (sl: verprügeln)* **jdn ~** darle una paliza a alguien

auf|kleben *vt* pegar (**auf** a/en)

Aufkleber *m* <-s, -> adhesivo *m*, pegatina *f fam*

auf|knöpfen *vt* desabotonar, desabrochar

aufknüpfen I. *vt* ❶ *(erhängen)* ahorcar (**an** de/en), colgar (**an** de/en) ❷ *(aufknoten)* deshacer **II.** *vr:* **sich ~** ahorcarse (**an** de/en), colgarse (**an** de/en)

auf|kochen I. *vi sein* romper a hervir **II.** *vt* ❶ *(zum Kochen bringen)* llevar a ebullición ❷ *(kurz kochen)* dar un hervor (a)

auf|kommen *irr vi sein* ❶ *(entstehen)* surgir, aparecer; *(Gewitter, Wind)* levantarse; **keine Zweifel ~ lassen** no dejar lugar a dudas ❷ *(sich ausbreiten)* propagarse ❸ *(bezahlen)* pagar (**für**); *(unterhalten)* mantener (**für**); **sie muss für ihren Mann ~** tiene que mantener a su marido ❹ *(haften)* responder (**für** de) ❺ *(landen)* aterrizar

Aufkommen *nt* <-s, -> ❶ (METEO) formación *f* ❷ *(von Schadstoffen)* propagación *f;* *(von Verkehr)* formación *f*

auf|kratzen *vt (Wunde)* abrir (al rascarla); **nachts hat er sich (die Wunde) wieder aufgekratzt** por la noche se ha abierto otra vez la herida

auf|kreischen *vi* lanzar un chillido; *(fig: Bremse, Maschine)* chirriar (de repente)

auf|krempeln *vt* arremangar(se)

auf|kreuzen *vi sein (fam)* aparecer (**in/bei** en/por)

auf|kriegen *vt (fam) s.* **aufbekommen**

auf|lachen *vi* echarse a reír

auf|laden *irr* **I.** *vt* ❶ *(Batterie)* recargar ❷ *(Ladegut)* cargar ❸ *(fam: aufbürden)* **jdm etw ~** cargar a alguien con algo **II.** *vr:* **sich ~** *(sich elektrisch laden)* cargarse

Auflage *f* <-n> ❶ *(eines Buchs)* edición *f;* *(einer Zeitung)* tirada *f* ❷ *(Bedingung)* condición *f;* **mit der ~, dass ...** a condición de que... *+subj;* **es wurde ihm zur ~ gemacht, sein Haus nicht zu verlassen** se le puso la condición de que no abandonara su casa ❸ *(Überzug)* capa *f*, recubrimiento *f*

auf|lassen *irr vt (fam)* ❶ *(Tür)* dejar abierto ❷ *(Mütze, Brille)* dejar puesto

auf|lauern *vi* **jdm ~** acechar a alguien

Auflauf *m* <-(e)s, -läufe> ❶ *(Menschenauflauf)* gentío *m* ❷ *(Speise)* gratinado *m*

auf|laufen *irr vi sein* ❶ *(Zinsen)* acumularse ❷ (NAUT) encallar

Auflaufform *f* <-, -en> molde *m* para horno

A

auf|leben *vi sein* ❶ *(Mensch)* despabilar(se) ❷ *(Bräuche)* reavivarse
auf|legen I. *vi (Telefongespräch beenden)* colgar **II.** *vt* ❶ *(Tischdecke, Schallplatte)* poner ❷ *(Kompresse, Make-up)* aplicar ❸ *(Hörer)* colgar ❹ *(Buch)* editar; **neu ~** reeditar
auf|lehnen *vr:* **sich ~** sublevarse (**gegen** contra), alzarse *Am*
auf|lesen *irr vt* recoger (**von** de)
auf|leuchten *vi* destellar; *(Blitz)* fulgurar; *(Augen)* iluminarse
auf|listen ['aʊflɪstən] *vt* listar
Auflistung *f* <-, -en> ❶ *(Auflisten)* alistamiento *m; (Liste)* lista *f* ❷ (INFOR) listado *m*
auf|lockern I. *vt* ❶ *(Boden)* ahuecar ❷ *(Programm)* variar ❸ *(Atmosphäre)* relajar **II.** *vr:* **sich ~** *(Bewölkung)* despejarse, aclararse
Auflockerung *f* <-en> ❶ *(Boden)* mullimiento *m* ❷ *(Unterricht, Muskeln)* relajación *f* ❸ *(Bewölkung)* despejo *m*
auflösbar *adj* (*a.* CHEM) (di)soluble
auf|lösen I. *vt* ❶ *(Pulver)* disolver ❷ (MATH) reducir ❸ *(Haushalt)* liquidar; *(Versammlung)* disolver; *(Ehe)* anular; *(Verlobung)* deshacer; *(Demonstration)* dispersar; *(Konto)* cancelar ❹ *(Schwierigkeiten, Rätsel)* resolver; *(Widerspruch)* clarificar **II.** *vr:* **sich ~** ❶ *(Nebel)* disiparse ❷ *(Menschenmenge)* disolverse ❸ *(in Flüssigkeit)* disolverse ❹ *(sich zersetzen)* descomponerse (**in** en)
Auflösung *f* <-en> ❶ *(eines Vertrags, einer Einrichtung, des Nebels)* disolución *f* ❷ *(Zerlegung)* desintegración *f* ❸ *(Lösung)* (re)solución *f* ❹ *(Bildqualität, a.* INFOR) definición *f*
auf|machen I. *vi (fam: Geschäfte, Banken)* abrir **II.** *vt (fam)* ❶ *(Tür, Geschenk)* abrir; *(Haarknoten)* soltar; *(Knoten)* deshacer ❷ *(gründen)* poner ❸ (PUBL: *gestalten*) componer; *(darstellen)* representar **III.** *vr:* **sich ~** *(aufbrechen)* irse (**zu** a)
Aufmacher *m* <-s, -> (PUBL) titular *m* principal; *(Thema)* tema *m* central
Aufmachung *f* <-en> presentación *f*
Aufmarsch *m* (MIL) concentración *f; (Parade)* desfile *m*
aufmarschieren* *vi sein* (MIL) concentrarse, desplegarse; *(zur Parade)* desfilar
aufmerksam ['aʊfmɛrkza:m] *adj* ❶ *(konzentriert)* atento; *(wachsam)* alerta; **jdn auf jdn/etw ~ machen** llamar la atención de alguien sobre alguien/algo; **~ zuhören** escuchar con atención ❷ *(höflich)* atento, cortés; **vielen Dank, sehr ~ von Ihnen!** ¡muchas gracias, es Ud. muy amable!
Aufmerksamkeit *f* <-en> ❶ *(Wachsamkeit)* atención *f;* **darf ich um Ihre ~ bitten!** ruego su atención ❷ *(Zuvorkommenheit)* amabilidad *f; (Geschenk)* obsequio *m*
auf|mischen *vt (sl: verprügeln)* sacudir
auf|möbeln *vt (fam)* ❶ *(aufmuntern)* levantar la moral ❷ *(beleben)* animar
aufmotzen *vt (fam)* dar más vistosidad [*o* efecto] (a)
auf|mucken *vi (fam)* respingar; *(mit Verneinung)* (re)chistar
auf|muntern ['aʊfmʊntɐn] *vt (fam)* reconfortar; *(ermutigen)* animar
aufmunternd I. *adj (ermunternd)* reconfortante; **ein ~er Blick** una mirada reconfortante **II.** *adv (ermunternd)* de ánimo; **jdm ~ zulächeln** sonreír a alguien para darle ánimos
Aufmunterung *f* <-, -en> ❶ *(Aufheiterung)* animación *f* ❷ *(Ermutigung)* estímulo *m,* aliento *m* ❸ *(Belebung)* **zur ~** para animar(se), para recuperar fuerzas
aufmüpfig ['aʊfmʏpfɪç] *adj (fam)* gruñón
aufnähen *vt* coser encima (**auf** de); *(Verzierung, Taschen)* aplicar (**auf** a)
Aufnahme ['aʊfna:mə] *f* <-n> ❶ *(Empfang)* recibimiento *m,* acogida *f; (Beherbergung)* alojamiento *m; (Empfangsraum im Krankenhaus)* recepción *f* ❷ *(Zulassung)* admisión *f* (**in** en); *(in eine Schule, Partei)* ingreso *m* (**in** en) ❸ *(Eingliederung)* incorporación *f* (**in** en) ❹ *(auf Tonband)* grabación *f;* (FOTO) foto *f;* (FILM) toma *f* ❺ *(Beginn)* comienzo *m;* **die ~ von diplomatischen Beziehungen** el establecimiento de relaciones diplomáticas
aufnahmefähig *adj* receptivo
Aufnahmefähigkeit *f ohne pl* capacidad *f* de absorción, receptividad *f*
Aufnahmegebühr *f* cuota *f* de ingreso
Aufnahmelager *nt* <-s, -> campo *m* de acogida
Aufnahmeprüfung *f* prueba *f* de acceso
Aufnahmestudio *nt* estudio *m* de grabación
Aufnahmetaste *f* tecla *f* de grabación
auf|nehmen *irr vt* ❶ *(beginnen)* comenzar, iniciar; *(Verhandlungen)* entablar; **ein Gespräch wieder ~** reanudar una conversación ❷ *(Gedanke)* retomar ❸ *(aufsaugen)* absorber; *(Nahrung)* ingerir; *(geistig)* comprender ❹ *(Kredit)* pedir ❺ *(hochnehmen)* recoger (**von** de) ❻ *(auf Tonband)* grabar (**auf** en) ❼ *(empfangen)* acoger; *(über Nacht)* hospedar; *(im Krankenhaus)* ingresar (**in** en); *(im Verein)* admitir (**in** en); **wieder aufgenommen werden** ser readmitido ❽ *(sich messen)* **es mit jdm/etw ~ können** (poder) medirse con alguien/algo

auf|nötigen *vt* obligar a aceptar
auf|opfern *vr:* **sich** ~ sacrificarse (**für** por)
aufopfernd *adj s.* **aufopferungsvoll**
aufopferungsvoll *adj* abnegado
auf|passen *vi* ❶ *(aufmerksam sein)* tener cuidado; **aufgepasst!** ¡atención! ❷ *(beaufsichtigen)* cuidar
Aufpasser(in) *m(f)* <-s, -; -nen> *(abw)* ❶ *(Spitzel)* confidente *mf* ❷ *(Wächter)* guardián, -ana *m, f*
auf|peitschen *vt* ❶ *(Meer)* picar ❷ *(Menschen, Sinne)* excitar
auf|peppen ['aʊfpɛpən] *vt (fam)* dar(le) un toque
auf|platzen *vi sein (Naht)* reventar; *(Wunde)* abrirse
auf|plustern ['aʊfplu:stɐn] **I.** *vt (Gefieder)* ahuecar **II.** *vr:* **sich** ~ *(Vogel)* hincharse; *(abw: Mensch)* pavonearse
aufpolieren* *vt (Möbel)* abrillantar, sacar brillo (a); *(fam: Kenntnisse)* refrescar; **jds Image** ~ mejorar la imagen pública de alguien
Aufprall ['aʊfpral] *m* <-(e)s, -e> choque *m* (**auf** con/contra/en); *(Ball)* bote *m* (**auf** en/contra)
auf|prallen *vi sein* chocar (**auf** con/contra/en), rebotar (**auf** en/contra)
Aufpreis *m* <-es, -e> recargo *m,* sobreprecio *m;* **gegen** ~ pagando un sobreprecio
auf|probieren* *vt* probarse; **am besten, Sie probieren den Hut einmal auf** lo mejor es que se pruebe el sombrero
auf|pumpen *vt* inflar
auf|putschen *vt (abw)* ❶ *(erregen)* excitar ❷ *(aufhetzen)* acalorar
Aufputschmittel *nt* estimulante *m*
auf|quellen *irr vi sein* hincharse
auf|raffen I. *vt (aufheben)* recoger (**von** de) **II.** *vr:* **sich** ~ ❶ *(sich entschließen)* animarse (**zu** a) ❷ *(mühsam aufstehen)* levantarse a duras penas
auf|ragen ['aʊfra:gən] *vi* elevarse
auf|rappeln ['aʊfrapəln] *vr:* **sich** ~ *(fam)* ❶ *(sich überwinden)* sacar fuerzas de flaqueza ❷ *(nach Krankheit)* reanimarse
auf|räumen I. *vi* ❶ *(ordnen)* ordenar ❷ *(beenden)* **mit etw** ~ acabar con algo **II.** *vt (Schreibtisch etc.)* arreglar; **das Zimmer** ~ recoger la habitación
Aufräumungsarbeiten *fpl* trabajos *mpl* de descombro
aufrecht ['aʊfrɛçt] *adj* ❶ *(gerade)* erguido ❷ *(ehrlich)* íntegro, correcto
aufrecht|erhalten* *irr vt* mantener
Aufrechterhaltung *f ohne pl* mantenimiento *m*
auf|regen I. *vt (erregen)* alterar; *(ärgern)* irritar; *(empören)* exaltar; *(stärker)* exasperar **II.** *vr:* **sich** ~ alterarse (**über** por), excitarse (**über** por), volarse *Am; (sich ärgern)* irritarse (**über** por); *(sich empören)* exaltarse (**über** por); *(stärker)* exasperarse (**über** por)
aufregend *adj* excitante
Aufregung *f* <-en> excitación *f,* agitación *f,* batifondo *m CSur; (Sorge)* zozobra *f*
aufreibend *adj (zermürbend)* agotador
auf|reihen I. *vt (Dinge)* colocar en fila **II.** *vr:* **sich** ~ *(Personen)* ponerse en fila
auf|reißen *irr* **I.** *vi sein (Naht)* romperse **II.** *vt* ❶ *(Tür, Fenster)* abrir de un golpe ❷ *(durch Reißen öffnen)* rasgar ❸ *(beschädigen)* romper, desgarrar ❹ *(Straße)* abrir ❺ *(fam: anmachen)* **jdn** ~ pescar a alguien
auf|reizen *vt* provocar
aufreizend *adj* provocador; *(erregend)* excitante
auf|richten I. *vt* ❶ *(gerade stellen)* enderezar, poner derecho ❷ *(seelisch)* fortalecer **II.** *vr:* **sich** ~ ❶ *(hinsetzen)* enderezarse ❷ *(hinstellen)* ponerse de pie
aufrichtig *adj* sincero
Aufrichtigkeit *f ohne pl* sinceridad *f*
auf|rollen I. *vt* ❶ *(zusammenrollen)* enrollar ❷ *(auseinanderrollen)* desenrollar ❸ *(Prozess, Problem)* desarrollar, retomar **II.** *vr:* **sich** ~ enrollarse
auf|rücken *vi sein* ❶ *(zusammenrücken)* correrse ❷ *(befördert werden)* ascender (**zu** a)
Aufruf *m* <-(e)s, -e> ❶ *(das Aufrufen)* llamamiento *m,* llamada *f* ❷ (INFOR) llamada *f* ❸ *(öffentlicher Appell)* llamamiento *m* (**zu** a); *(zum Streik)* convocatoria *f* (**zu** de)
auf|rufen *irr vt* ❶ *(Schüler, Zeugen)* llamar ❷ (INFOR: *Programm*) acceder (a) ❸ *(auffordern)* llamar (**zu** a); **zum Streik** ~ convocar una huelga
Aufruhr ['aʊfru:ɐ] *m* <-(e)s, *ohne pl*> ❶ *(Revolte)* rebelión *f; (Tumult)* tumulto *m* ❷ *(Erregung)* agitación *f,* irritación *f*
Aufrührer(in) ['aʊfry:rɐ] *m(f)* <-s, -; -, -nen> rebelde *mf,* insurrecto, -a *m, f*
aufrührerisch *adj* insurrecto
auf|runden *vt* redondear
auf|rüsten *vt* ❶ (MIL) rearmar ❷ (TECH: *Computer*) armar
Aufrüstung *f* <-en> rearme *m*
auf|rütteln *vt* sacudir (**aus** de); *(fig)* arrancar (**aus** de)
aufs [aʊfs] *(fam)* = **auf das** *s.* **auf**
auf|sagen *vt* decir (de memoria); *(Gedicht)* recitar
auf|sammeln *vt* recoger
aufsässig ['aʊfzɛsɪç] *adj* rebelde
Aufsässigkeit *f* <-, *ohne pl*> ❶ *(Hartnä-*

A

ckigkeit) testarudez *f* ❷ *(rebellische Art)* rebeldía *f*

Aufsatz *m* <-es, -sätze> ❶ *(in der Schule)* redacción *f; (Abhandlung)* artículo *m* ❷ *(Aufbau)* elemento *m* sobrepuesto

Aufsatzthema *nt* <-s, -themen> (SCH) tema *m* de redacción [*o* de composición]

auf|saugen *vt (Flüssigkeit)* absorber, chupar

auf|schauen *vi* alzar la vista (**zu** hacia)

aufschäumen I. *vi haben o sein* espumar, hacer espuma **II.** *vt (Kunststoff)* esponjar (en forma de espuma); *(Milch)* espumar

auf|scheuchen *vt* espantar

auf|schichten *vt* apilar

auf|schieben *irr vt* ❶ *(öffnen)* abrir (empujando), correr ❷ *(verzögern)* aplazar

Aufschlag *m* <-(e)s, -schläge> ❶ *(das Aufschlagen)* golpe *m* (**auf** contra/en), choque *m* ❷ (SPORT) saque *m* ❸ *(Verteuerung)* subida *f,* aumento *m; (Zuschlag)* suplemento *m* (**auf** sobre), recargo *m* (**auf** con/contra/en) ❹ *(an Kleidung)* vuelta *f*

auf|schlagen *irr* **I.** *vi* ❶ *sein (anschlagen)* dar (**auf** contra/en) ❷ (SPORT) sacar **II.** *vt* ❶ *(Buch, Augen)* abrir; *(Bettdecke)* quitar; *(Ei)* romper ❷ *(Zelt)* montar ❸ *(verletzen)* abrirse; **ich habe mir das Knie aufgeschlagen** me he abierto la rodilla ❹ (COM: *hinzurechnen*) añadir (**auf** a)

auf|schließen *irr* **I.** *vi* (SPORT) avanzar **II.** *vt* *(öffnen)* abrir (con llave)

auf|schlitzen ['aʊfʃlɪtsən] *vt* abrir (con cuchillo)

Aufschluss *m* <-es, -schlüsse> información *f; (Erklärung)* explicación *f;* **jdm ~ über etw geben** dar información a alguien acerca de algo

auf|schlüsseln ['aʊfʃlʏsəln] *vt* repartir

aufschlussreich *adj* revelador; *(lehrreich)* instructivo

auf|schnappen *vt (fam)* coger al vuelo

auf|schneiden *irr* **I.** *vi (fam abw: prahlen)* fanfarronear, blofear *AmC, Méx* **II.** *vt* ❶ *(Verpackung)* cortar; *(Geschwür)* abrir ❷ *(Braten)* trinchar; *(Torte)* cortar

Aufschneider(in) *m(f)* <-s, -; -nen> fanfarrón, -ona *m, f,* blofista *m AmC*

Aufschnitt *m* <-(e)s, *ohne pl*> fiambre *m,* embutido *m*

auf|schnüren *vt* desatar

auf|schrauben *vt* ❶ *(öffnen: Gefäß)* abrir; *(Deckel)* desenroscar ❷ *(befestigen: Schild)* atornillar

auf|schrecken[1] <schreckt *o* schrickt auf, schreckte *o* schrak auf, aufgeschreckt> *vi sein* **aus dem Schlaf ~** despertarse sobresaltado

auf|schrecken[2] *vt* espantar, asustar

Aufschrei *m* <-(e)s, -e> grito *m*

auf|schreiben *irr vt* ❶ *(notieren)* apuntar ❷ *(verordnen)* recetar

auf|schreien *irr vi* gritar

Aufschrift *f* <-en> ❶ *(Etikett)* etiqueta *f* ❷ *(Beschriftung)* inscripción *f*

Aufschub *m* <-(e)s, -schübe> *(Verzögerung)* demora *f; (Verschiebung)* aplazamiento *m; (einer Frist)* prórroga *f*

aufschürfen *vt* **sich** *dat* **die Haut ~** rozarse [*o* levantarse] la piel; **sich** *dat* **das Knie ~** rozarse la rodilla

auf|schütten *vt (Wasser)* echar; *(Sand)* amontonar, acumular; *(Damm)* construir, levantar (acumulando tierra)

auf|schwatzen *vt* endilgar, endosar

Aufschwung *m* <-(e)s, -schwünge> ❶ *(innerer Antrieb)* impulso *m* ❷ (WIRTSCH) auge *m* ❸ (SPORT) elevación *f*

auf|sehen *irr vi* ❶ *(hochschauen)* alzar la vista (**zu** hacia) ❷ *(bewundernd)* admirar (**zu** a)

Aufsehen *nt* <-s, *ohne pl*> sensación *f; (negativ)* escándalo *m;* **~ erregend** llamativo; *(negativ)* escandaloso

aufsehenerregend *adj s.* **Aufsehen**

Aufseher(in) *m(f)* <-s, -; -nen> ❶ *(Wächter)* vigilante *mf* ❷ *(über Arbeiter)* capataz(a) *m(f)* ❸ *(in Museen)* celador(a) *m(f)*

aufseiten *adv* **~** [*o* **auf Seiten**] **der Schwächeren** de parte de los más débiles; *s. a.* **Seite 1.**

auf|setzen I. *vi (Flugzeug)* aterrizar **II.** *vt* ❶ *(Essen)* poner al fuego ❷ *(Brille, Hut)* ponerse; **eine unfreundliche Miene ~** poner cara de disgusto ❸ *(Fuß)* pisar (**auf** en) ❹ *(Text)* redactar; *(Urkunde)* extender ❺ *(daraufbauen)* agregar (**auf** a) ❻ *(aufnähen)* coser (**auf** sobre), aplicar (**auf** a) **III.** *vr:* **sich ~** *(sich aufrichten)* incorporarse, sentarse

Aufsicht[1] *f ohne pl* ❶ *(Überwachung)* vigilancia *f;* **unter ~ stehen** estar bajo vigilancia ❷ *(Kontrolle)* control *m,* inspección *f*

Aufsicht[2] *f* <-en> ❶ *(Leitung)* dirección *f* ❷ *(Person)* vigilante *mf* ❸ *(Draufsicht: Perspektive)* vista *f* en planta

Aufsichtführende(r) *mf* controlador(a) *m(f),* vigilante *mf*

Aufsichtspersonal *nt* <-s, *ohne pl*> personal *m* de vigilancia

Aufsichtspflicht *f ohne pl* (JUR) deber *m* de vigilancia

Aufsichtsrat *m* consejo *m* de administración

auf|sitzen *irr vi sein* ❶ *(aufsteigen)* montar (**auf** en) ❷ *(hereinfallen)* **einem Betrüger ~** dejarse engañar por un estafador

aufspalten I. *vt* ❶ *(teilen)* escindir, dividir

❷ *(zerlegen: Stück Holz)* partir; *(Eiweiß)* separar; *(Zelle, Atom)* dividir **II.** *vr:* **sich ~** dividirse, escindirse

Aufspaltung *f* <-, -en> ❶ desintegración *f* ❷ *(Partei, Verein)* división *f* ❸ *(Atom)* fisión *f* ❹ *(Zelle)* división *f* ❺ (CHEM) desdoblamiento *m*

auf|spannen *vt (Schirm)* abrir; *(Saite)* poner

auf|sparen *vt (Geld)* ahorrar; *(Vorräte)* dejar para más adelante

auf|sperren *vt* ❶ *(fam: weit öffnen)* abrir de par en par ❷ *(südd, Österr: aufschließen)* abrir con llave

auf|spielen I. *vi (zum Tanz)* tocar **II.** *vr:* **sich ~** *(fam: angeben)* darse (mucho) tono

auf|spießen *vt* ❶ *(mit der Gabel)* pinchar; *(auf einen Spieß)* ensartar ❷ *(auf Hörner)* empitonar; *(Stier)* coger

auf|springen *irr vi sein* ❶ *(hochspringen)* saltar; *(vom Sitz)* levantarse de repente; *(Ball)* botar ❷ *(sich plötzlich öffnen)* abrirse de golpe ❸ *(auf ein Fahrzeug)* saltar (**auf** a) ❹ *(Haut)* agrietarse; *(Knospen)* abrirse

aufsprühen *vt* ❶ *(Farbe, Lack)* aplicar con spray (**auf** sobre) ❷ *(Parolen)* hacer una pintada (**auf** en)

auf|spüren *vt* detectar

auf|stacheln ['aʊfʃtaxəln] *vt* ❶ *(aufwiegeln)* incitar (**zu** a) ❷ *(anspornen)* pinchar (**zu** para), estimular (**zu** a)

Aufstand *m* <-(e)s, -stände> levantamiento *m,* sublevación *f*

aufständisch ['aʊfʃtɛndɪʃ] *adj* sedicioso

Aufständische(r) *mf* <-n, -n; -n> (POL) insurrecto, -a *m, f,* rebelde *mf*

auf|stapeln *vt* apilar

auf|stauen I. *vt (Fluss)* embalsar **II.** *vr:* **sich ~** acumularse; *(Wasser)* estancarse

Aufsteckblitz *m* (FOTO) flash *m* desmontable

auf|stehen *irr vi* ❶ *sein (sich erheben)* ponerse de pie; *(morgens aus dem Bett)* levantarse ❷ *(offen stehen)* estar abierto

auf|steigen *irr vi sein* ❶ *(Nebel, Rauch)* subir; *(Gewitter)* levantarse; *(Flugzeug)* tomar altura; *(Ballon)* ascender ❷ *(beruflich)* ascender (**zu** a); (SPORT) pasar a una categoría superior, ascender (**in** a) ❸ *(auf ein Pferd, Fahrrad)* montar(se) (**auf** en) ❹ *(Gedanken)* ocurrir; *(Bedenken)* surgir

Aufsteiger[1] *m* <-s, -> (SPORT) equipo *m* ascendido

Aufsteiger(in)[2] *m(f)* <-s, -> *(fam)* trepa *mf*

auf|stellen I. *vt* ❶ *(aufbauen)* poner, colocar; *(Denkmal)* erigir; *(Zelt)* montar; *(Maschine)* instalar; *(in einer Reihe)* alinear ❷ *(aufrichten)* levantar ❸ *(Mannschaft)* alinear; *(Regierung, Truppen)* formar; *(Liste, Bilanz)* hacer ❹ *(Kandidat)* designar ❺ *(Rekord, Regel)* establecer; *(Theorie)* formular; *(Bedingung)* fijar; *(Plan)* trazar **II.** *vr:* **sich ~** *(sich postieren)* apostarse, ponerse; *(in einer Reihe)* ponerse en fila

Aufstellung *f* <-en> ❶ *(Regel, Plan)* establecimiento *m; (Schild, Denkmal)* colocación *f; (Maschine)* instalación *f* ❷ *(Mannschaftsaufstellung)* alineación *f* ❸ *(Truppenaufstellung)* formación *f* ❹ *(Kandidaten)* designación *f* ❺ *(Liste)* relación *f,* lista *f; (Tabelle)* tabla *f*

Aufstieg ['aʊfʃti:k] *m* <-(e)s, -e> ❶ *(das Aufsteigen)* ascenso *m; (eines Ballons)* ascensión *f; (beim Bergsteigen)* escalada *f* ❷ *(Weg)* subida *f* ❸ *(beruflich, sportlich)* ascenso *m*

Aufstiegschance *f* oportunidad *f* de ascenso

auf|stöbern ['aʊfʃtø:bɐn] *vt* ❶ *(Wild)* levantar, rastrear ❷ *(entdecken)* descubrir, encontrar

auf|stocken ['aʊfʃtɔkən] *vt* ❶ *(Vorräte)* aumentar ❷ *(Kapital)* ampliar (**um** con), aumentar (**um** en) ❸ *(Gebäude)* añadir un piso (a)

auf|stoßen *irr* **I.** *vi* ❶ *(rülpsen)* eructar ❷ *sein (fam: missfallen)* molestar ❸ *(hart aufsetzen)* golpear (**auf** contra/en) **II.** *vt* ❶ *(öffnen)* abrir de un empujón ❷ *(verletzen)* **ich habe mir den Ellbogen aufgestoßen** me he dado un golpe en el codo

aufstrebend *adj (fig)* floreciente, con un gran empuje

Aufstrich *m* <-(e)s, -e> *lo que se unta en el pan;* **was möchtest du als ~?** ¿qué te pongo en el pan?

auf|stützen I. *vt (Ellbogen, Kopf)* apoyar (**auf** en/sobre) **II.** *vr:* **sich ~** apoyarse (**auf** en/sobre)

auf|suchen *vt (Bekannte)* ir a ver; *(Arzt)* consultar

auftakeln ['aʊfta:kəln] **I.** *vt* (NAUT) aparejar **II.** *vr:* **sich ~** *(fam abw)* emperifollarse, emperejilarse

Auftakt *m* <-(e)s, -e> ❶ *(Beginn)* comienzo *m* ❷ (MUS) anacrusa *f*

auf|tanken *vt* ❶ *(Auto, Flugzeug)* repostar (combustible) ❷ *(fig: sammeln)* tomar

auf|tauchen *vi sein* ❶ *(Taucher, U-Boot)* emerger, salir a la superficie ❷ *(Person)* presentarse; *(Gegenstand)* aparecer ❸ *(Zweifel)* surgir

auf|tauen I. *vi sein* ❶ *(Eis, Schnee)* derretirse; *(Fluss, See)* deshelarse ❷ *(gesprächig werden)* soltarse **II.** *vt* descongelar

auf|teilen *vt* ❶ *(verteilen)* repartir (**unter**

A

entre, **an** a) ❷ *(unterteilen)* dividir (**in** en, **nach** según)

Aufteilung *f* <-en> ❶ *(Verteilung)* distribución *f* ❷ *(Unterteilung)* división *f*

auf|tischen ['aʊftɪʃən] *vt* ❶ *(Speisen)* servir ❷ *(fam abw)* **jdm Lügen ~** *(fam fig)* meter una bola a alguien

Auftrag ['aʊftra:k, *pl:* 'aʊftrɛ:gə] *m* <-(e)s, -träge> ❶ *(Anweisung)* orden *f;* **einen ~ erteilen** dar una orden; **im ~ von ...** por orden de... ❷ *(Bestellung)* pedido *m,* encargo *m;* **etw in ~ geben** encomendar algo ❸ *(Aufgabe)* misión *f,* comisión *f* ❹ *(Farbe)* mano *f,* capa *f*

auf|tragen *irr* **I.** *vt* ❶ *(geh: servieren)* servir ❷ *(Salbe, Make-up)* darse (**auf** en), ponerse (**auf** en); **Farbe ~** pintar; **dick ~** *(fam fig)* cargar las tintas ❸ *(Kleidung)* gastar ❹ *(beauftragen)* encargar **II.** *vi (Kleidungsstück)* hacer gordo

Auftraggeber(in) *m(f)* <-s, -; -nen> comitente *mf,* mandante *mf; (Kunde)* cliente *mf*

Auftragsabwicklung *f* (WIRTSCH) ejecución *f* de un pedido

Auftragsarbeit *f* <-, -en> encargo *m*

Auftragsbestand *m* (WIRTSCH) cartera *f* de pedidos

Auftragsbestätigung *f* (WIRTSCH) confirmación *f* de un pedido

Auftragseingang *m* (WIRTSCH) entrada *f* de pedidos

Auftragserledigung *f ohne pl* (WIRTSCH) ejecución *f* de un pedido

Auftragsfertigung *f ohne pl* (WIRTSCH) producción *f* por encargo

Auftragslage *f* (COM) situación *f* de pedidos

auf|treiben *irr vt (fam)* encontrar; *(Geld)* reunir

auf|trennen *vt* deshacer, descoser

auf|treten *irr* **I.** *vi sein* ❶ *(mit den Füßen)* pisar ❷ *(erscheinen)* presentarse; *(Schauspieler)* actuar; **er tritt als Zeuge auf** declara como testigo ❸ *(sich benehmen)* comportarse; **sicher ~** actuar con aplomo ❹ *(sich zeigen)* surgir, aparecer **II.** *vt (öffnen)* abrir a patadas

Auftreten *nt* <-s, *ohne pl*> ❶ *(Erscheinung)* aparición *f; (Schauspieler)* actuación *f* ❷ *(Benehmen)* conducta *f;* **ein sicheres ~ haben** tener aplomo

Auftrieb *m* <-(e)s, *ohne pl*> ❶ (PHYS) fuerza *f* ascensional ❷ *(Schwung)* ánimo(s) *m(pl),* estímulo *m*

Auftritt *m* <-(e)s, -e> ❶ (THEAT: *Auftreten*) salida *f* a escena, entrada *f* en escena; *(Vorstellung)* actuación *f* ❷ *(Streit)* escena *f*

auf|trumpfen *vi* demostrar su superioridad

auf|tun **I.** *vt (fam: entdecken)* descubrir **II.** *vr:* **sich ~** *(geh)* ❶ *(sich öffnen)* abrirse ❷ *(sich darbieten)* ofrecerse, presentarse

auftürmen ['aʊftʏrmən] **I.** *vt* amontonar, apilar **II.** *vr:* **sich ~** amontonarse

auf|wachen *vi sein* despertar(se) (**aus** de)

Aufwachraum *m* (MED) sala *f* de reanimación

auf|wachsen *irr vi sein* criarse

auf|wallen ['aʊfvalən] *vi sein (a. fig)* hervir

Aufwand ['aʊfvant] *m* <-(e)s, *ohne pl*> ❶ *(Einsatz)* esfuerzo *m* ❷ *(Prunk)* pompa *f,* suntuosidad *f;* **viel ~ mit etw treiben** hacer mucha ceremonia con algo ❸ *(Kosten)* gastos *mpl*

aufwändig *adj s.* **aufwendig**

Aufwandsentschädigung *f* reembolso *m* de los gastos

auf|wärmen **I.** *vt* ❶ *(Essen)* recalentar ❷ *(Erinnerungen)* rememorar **II.** *vr:* **sich ~** ❶ (SPORT) calentar, hacer un precalentamiento ❷ *(sich wärmen)* calentarse

aufwärts ['aʊfvɛrts] *adv* (hacia) arriba; **von einem bestimmten Betrag ~** a partir de una determinada cantidad

aufwärtskompatibel *adj* (INFOR) compatible hacia arriba

Aufwärtstrend *m* tendencia *f* ascendente

Aufwasch *m* <-(e)s, *ohne pl*> ❶ *(Teller)* platos *mpl* (sucios), cacharros *mpl* (sucios) ❷ *(fig: Aktion)* **alles in einem ~ erledigen** [*o* **machen**] matar dos pájaros de un tiro; **das ist ein** [*o* **geht in einem**] **~** esto se hace con el mismo esfuerzo

auf|wecken *vt* despertar

auf|weichen ['aʊfvaɪçən] **I.** *vi sein (weich werden)* reblandecer **II.** *vt (Boden, Brot)* ablandar, reblandecer

auf|weisen ['aʊfvaɪzən] *irr vt* ❶ *(erkennen lassen)* mostrar, tener ❷ *(aufzeigen)* presentar, exponer

auf|wenden *irr vt (Zeit)* dedicar, invertir; *(Kraft)* poner; *(Energie, Geld)* emplear, gastar

aufwendig *adj (kostspielig)* costoso; *(luxuriös)* lujoso

Aufwendung *f* <-, -en> ❶ *(das Aufwenden)* **unter ~ aller verfügbaren Mittel** empleando todos los medios disponibles ❷ *pl (Kosten)* **betriebliche/einmalige ~en** gastos empresariales/extraordinarios

auf|werfen *irr vt* ❶ *(Damm)* levantar ❷ *(Tür)* abrir bruscamente ❸ *(Probleme)* plantear

auf|werten *vt* ❶ *(Währung)* revalorizar ❷ *(Ansehen)* mejorar

Aufwertung *f* <-en> revalorización *f*

auf|wickeln *vt* devanar

auf|wiegeln ['aʊfviːgəln] *vt* incitar (**gegen** contra, **zu** a); *(Truppen)* amotinar, sublevar
auf|wiegen *irr vt* contrapesar; *(ausgleichen)* compensar
Aufwind *m* <-(e)s, -e> ① (METEO) corriente *f* ascendente, viento *m* ascendente ② *(fig: Auftrieb)* impulso *m,* estímulo *m*
auf|wirbeln *vt* arremolinar; **viel Staub ~** *(a. fig)* levantar una gran polvareda
auf|wischen *vt* ① *(Raum)* fregar ② *(Flüssigkeit)* limpiar (con un trapo)
auf|wühlen *vt* ① *(Erde)* (re)mover, escarbar; *(Meer)* agitar ② *(erregen)* emocionar
auf|zählen *vt* enumerar; *(einzeln)* detallar
Aufzählung *f* <-en> enumeración *f,* relación *f; (Liste)* lista *f*
auf|zäumen ['aʊftsɔɪmən] *vt* embridar
auf|zeichnen *vt* ① *(Plan, Muster)* dibujar, trazar ② *(Sendung)* grabar
Aufzeichnung *f* <-en> ① *pl (Notizen)* apuntes *mpl* ② *(Bild-, Tonaufnahme)* grabación *f*
auf|zeigen *vt (geh: darlegen)* mostrar; *(klarmachen)* demostrar, evidenciar
auf|ziehen *irr* **I.** *vi sein* ① *(Gewitter)* levantarse ② (MIL: *Truppen*) desplegarse **II.** *vt* ① *(hochziehen)* subir, levantar; *(Flagge)* izar ② *(öffnen)* abrir (tirando); *(Vorhang)* descorrer; *(Schleife)* deshacer ③ *(Uhr)* dar cuerda (a) ④ *(Kind, Tier)* criar; *(Pflanze)* cultivar ⑤ *(fam: organisieren)* organizar, montar ⑥ *(Foto)* fijar (**auf** en); *(Saiten)* poner (**auf** a) ⑦ *(Spritze, Serum)* preparar ⑧ *(fam: verspotten)* **jdn ~** tomar el pelo a alguien
Aufzucht *f ohne pl* ① *(von Tieren)* crianza *f* ② *(von Pflanzen)* cultivo *m*
Aufzug *m* <-(e)s, -züge> ① *(das Aufmarschieren)* despliegue *m; (das Herankommen)* acercamiento *m,* llegada *f* ② *(Lift)* ascensor *m,* elevador *m AmC; (für Lasten)* montacargas *m inv* ③ *(abw: Kleidung)* pinta *f* ④ (THEAT) escena *f,* acto *m*
auf|zwingen *irr vt* **jdm etw ~** imponer algo a alguien
Augapfel *m* globo *m* ocular [*o* del ojo]; **etw wie seinen ~ hüten** guardar algo como la niña de sus ojos
Auge ['aʊgə] *nt* <-s, -n> ① *(Sehorgan)* ojo *m; (Sehvermögen)* vista *f;* **~ in ~ mit jdm** cara a cara con alguien; **vor aller ~n** a la vista de todos; **ein blaues ~ haben** tener un ojo a la funerala; **mit bloßem ~** a simple vista; **große ~n machen** *(fam)* poner ojos como platos; **die ~n offen halten** mantener los ojos abiertos; **jdm die ~n öffnen** *(fig)* abrir a alguien los ojos; **sich** *dat* **etw vor ~n führen** *(fig)* tener algo presente; **etw ins ~ fassen** *(fig)* proponerse hacer algo; **etw im ~ haben** *(fig)* tener la intención de hacer algo; **beide ~n zudrücken** *(fig)* hacer la vista gorda; **so weit das ~ reicht** hasta donde alcanza la vista; **sie traute ihren ~n nicht** no daba crédito a sus ojos; **jdn nicht aus den ~n lassen** no quitar a alguien los ojos de encima; **jdn unter vier ~n sprechen** hablar a alguien a solas; **etw springt ins ~** *(fig)* algo salta a la vista; **ins ~ gehen** *(fam fig)* acabar mal; **ich habe die ganze Nacht kein ~ zugetan** *(fig)* no he pegado ojo en toda la noche; **mir wurde schwarz vor ~n** perdí el sentido; **das passt wie die Faust aufs ~** *(fam)* viene como a un Santo Cristo un par de pistolas; **jdm schöne ~n machen** *(fam)* poner ojitos a alguien; **mit einem blauen ~ davonkommen** *(fam fig)* salir bien parado; **aus den ~n, aus dem Sinn** *(prov)* ojos que no ven, corazón que no siente ② *(beim Würfel)* punto *m* ③ *(Fettauge)* ojo *m* ④ *(einer Kartoffel)* grillo *m* ⑤ *(eines Taifuns)* ojo *m*
Augenarzt, -ärztin *m, f* oculista *mf*
Augenaufschlag *m* mirada *f*
Augenblick *m* momento *m,* instante *m;* **er wird jeden ~ hier eintreffen** llegará de un momento a otro
augenblicklich **I.** *adj* ① *(gegenwärtig)* momentáneo, actual ② *(unverzüglich)* inmediato **II.** *adv (gegenwärtig)* de [*o* por el] momento
Augenbraue ['aʊgənbraʊə] *f* ceja *f;* **die ~n hochziehen** arquear las cejas
Augenentzündung *f* inflamación *f* de los ojos
augenfällig ['aʊgənfɛlɪç] *adj* obvio, manifiesto
Augenfarbe *f* color *m* de los ojos
Augenheilkunde ['aʊgənhaɪlkʊndə] *f* (MED) oftalmología *f*
Augenhöhe *f ohne pl* **in ~** a la altura de los ojos
Augenhöhle *f* órbita *f* ocular, cuenca *f* del ojo
Augenklappe *f* anteojera *f*
Augenlicht *nt ohne pl (geh)* vista *f*
Augenlid *m* párpado *m*
Augenmaß *nt ohne pl* sentido *m* de la proporción
Augenmerk ['aʊgənmɛrk] *nt ohne pl* **sein ~ auf etw/jdn richten** fijar la atención en algo/alguien
Augenoptiker(in) *m(f)* óptico, -a *m, f*
Augenringe *mpl* ojeras *fpl*
Augenschein *m* <-(e)s, *ohne pl*> *(geh)* vista *f; (Anschein)* apariencia *f;* **etw in ~ nehmen** examinar algo

A

A

augenscheinlich **I.** *adj* evidente, patente **II.** *adv* por lo visto
Augentropfen *mpl* (MED) colirio *m*
Augenweide *f ohne pl* deleite *m* para los ojos
Augenwinkel *m* rabillo *m* del ojo; **jdn aus den ~n anschauen** mirar a alguien por el rabillo del ojo
Augenwischerei [aʊgənvɪʃə'raɪ] *f* <-en> patraña *f*
Augenzeuge, -in *m, f* testigo *mf* ocular
Augenzwinkern *nt* guiño *m*
augenzwinkernd *adv* guiñando un ojo; **sie sahen sich ~ an** se hicieron un guiño
August [aʊ'gʊst] *m* <-(e)s, -e> agosto *m; s. a.* **März**
Augustinermönch *m* augustino *m*
Auktion [aʊk'tsjo:n] *f* <-en> subasta *f,* remate *m Am*
Auktionator(in) [aʊktsjo'na:to:ɐ] *m(f)* <-s, -en; -nen> subastador(a) *m(f)*
Aula ['aʊla] *f* <Aulen> salón *m* de actos; *(einer Universität)* paraninfo *m*
Aupairmädchen *nt,* **Au-pair-Mädchen** *nt* au pair *f*
Aura ['aʊra] *f ohne pl (geh)* aura *f*
Aureole [aʊre'o:lə] *f* <-, -n> aureola *f*
aus [aʊs] **I.** *präp +dat* ❶ *(heraus)* de, por; **er sah ~ dem Fenster** miró por la ventana; **~ der Flasche trinken** beber de la botella; **~ der Mode kommen** pasar de moda; **~ dem Gleichgewicht kommen** perder el equilibrio ❷ *(herkommend von)* de; **er ist ~ Leipzig** es de Leipzig ❸ *(beschaffen)* de; **~ Glas** de cristal ❹ *(mittels)* de, por; **~ Erfahrung** por experiencia; **~ dem Gedächtnis** de memoria ❺ *(infolge von)* de, por; **~ Angst** por miedo; **~ dem (einfachen) Grunde, dass ...** por el (simple y sencillo) motivo de que...; **~ diesem Anlass** por este motivo **II.** *adv* ❶ *(fam: vorbei)* **das Spiel ist ~** el partido ha terminado; **zwischen ihnen ist es ~** han cortado; **~ und vorbei** se acabó ❷ *(ausgeschaltet)* apagado; **Licht ~!** ¡apaguen la luz! ❸ (SPORT) fuera; **der Ball war ~** la pelota fue fuera de juego ❹ *(Wend)* **~ sein** *(fam: sich vergnügen)* haber salido; *(zu Ende sein)* haberse acabado; **auf etw ~ sein** ir detrás de algo; **von hier ~** desde aquí; **von sich** *dat* **~** por iniciativa propia; **von mir ~** *(fam: okay)* por mí
Aus *nt* <-, *ohne pl*> ❶ (SPORT) fuera *m* de banda ❷ *(Ende)* final *m*
aus|arbeiten *vt (Plan)* elaborar; *(Vortrag)* redactar
Ausarbeitung *f* <-, -en> elaboración *f; (einer Theorie)* formulación *f; (schriftlich)* redacción *f*
aus|arten ['aʊsartən] *vi sein* degenerar (**in** en)
aus|atmen *vi, vt* espirar
aus|baden *vt (fam)* **es ~ müssen** tener que pagar los platos rotos
Ausbau *m* <-(e)s, *ohne pl*> ❶ *(Erweiterung)* ampliación *f* ❷ *(Abbau)* desmontaje *m* ❸ *(Intensivierung)* intensificación *f*
aus|bauen *vt* ❶ *(herausmontieren)* desmontar, sacar ❷ *(Gebäude, Organisation)* ampliar; *(verbreitern)* ensanchar ❸ *(weiterentwickeln)* desarrollar; *(vertiefen)* intensificar
ausbaufähig *adj* ampliable; *(weiterentwickelbar)* desarrollable
aus|beißen *irr vt* **sich** *dat* **einen Zahn ~** romperse un diente (al morder); **ich habe mir daran die Zähne ausgebissen** *(fig)* me dejé los cuernos en ello
aus|bessern *vt* reparar; *(Kleidung)* arreglar; *(flicken)* remendar
Ausbesserung *f* <-en> reparación *f;* (FOTO) retoque *m*
aus|beulen *vt* ❶ *(Ärmel, Hose)* deformar ❷ *(Kotflügel)* desabollar
Ausbeute *f ohne pl* ❶ *(Ertrag)* producto *m,* rendimiento *m* ❷ (WIRTSCH) beneficio *m*
aus|beuten *vt* explotar
Ausbeuter(in) *m(f)* <-s, -; -nen> *(abw)* explotador(a) *m(f),* negrero, -a *m, f CSur*
Ausbeutung *f ohne pl* explotación *f*
aus|bezahlen* *vt (Geld)* pagar
aus|bilden **I.** *vt* ❶ *(Lehrling)* formar ❷ *(Fähigkeiten, Stimme)* desarrollar, cultivar **II.** *vr:* **sich ~** *(entstehen)* desarrollarse, formarse
Ausbilder(in) *m(f)* <-s, -; -nen> instructor(a) *m(f)*
Ausbildung *f* <-en> *(beruflich)* formación *f* profesional
Ausbildungsbeihilfe *f* ayuda *f* (estatal) durante la formación profesional
Ausbildungsberuf *m* <-(e)s, -e> profesión *f*
Ausbildungsbetrieb *m* <-(e)s, -e> *empresa que contrata jóvenes en período de formación*
Ausbildungsdauer *f* <-, *ohne pl*> duración *f* del período de formación profesional
Ausbildungsförderung *f* <-, -en> fomento *m* de la formación profesional
Ausbildungsplatz *m* puesto *m* de aprendizaje
Ausbildungsstätte *f* centro *m* de enseñanza
Ausbildungsvertrag *m* contrato *m* de formación profesional

aus|blasen *irr vt* apagar (de un soplo); **die Kerze ~** soplar la vela

aus|bleiben *irr vi sein* ① *(nicht eintreten)* no haber, no darse ② *(fernbleiben)* no venir, no aparecer

aus|blenden I. *vt (Musik)* quitar; *(Ton)* suprimir; (FILM: *Szene*) hacer un fundido **II.** *vr:* **sich ~** (TV, RADIO) desconectarse (**aus** de), salirse de la emisión

Ausblick *m* <-(e)s, -e> ① *(in die Ferne)* vista *f* (**auf** de) ② *(in die Zukunft)* perspectiva *f* (**auf** de)

ausbooten ['aʊsbo:tən] *vt (fam: aus einer Stellung)* poner de patitas en la calle; *(aus einer Position)* quitar de en medio

aus|borgen I. *vt (reg: verleihen)* prestar **II.** *vr* **sich** *dat* **etw ~** *(reg: sich ausleihen)* tomar prestado algo

aus|brechen *irr vi sein* ① *(Sturm)* estallar; *(Krieg)* estallar, declararse; *(Streik)* producirse; *(Vulkan)* entrar en erupción; *(Feuer, Epidemie)* declararse ② *(sich befreien)* escapar(se) (**aus** de) ③ *(Gefühl zeigen)* prorrumpir (**in** en), estallar (**in** en); **in Tränen ~** romper a llorar

Ausbrecher(in) *m(f)* <-s, -; -nen> *(fam: Gefangener)* fugitivo, -a *m, f*

aus|breiten I. *vt* ① *(Landkarte)* abrir; *(Decke)* extender ② *(Arme)* extender; *(Flügel)* desplegar ③ *(einzelne Gegenstände)* exponer, presentar; **sein Leben vor jdm ~** *(fig)* contarle a alguien toda su vida **II.** *vr:* **sich ~** ① *(Nachricht, Feuer)* propagarse ② *(sich erstrecken)* extenderse

Ausbreitung *f* <-en> ① *(Nachricht, Feuer)* propagación *f*; *(Rassismus)* expansión *f* ② *(Größe)* ampliación *f* ③ *(eines Plans, Details)* exposición *f*

aus|brennen *irr vi sein* ① *(Feuer)* extinguirse ② *(Gebäude, Auto)* abrasarse

Ausbruch *m* <-(e)s, -brüche> ① *(Flucht)* evasión *f* (**aus** de), fuga *f* (**aus** de) ② *(Beginn)* comienzo *m;* **zum ~ kommen** declararse ③ *(Eruption)* erupción *f*; *(Gefühlsentladung)* arrebato *m*

aus|brüten *vt* ① *(Eier)* incubar, empollar ② *(fam: Plan)* urdir, tramar

aus|büchsen *vi sein (fam: ausreißen)* largarse, pirárselas

Ausbuchtung ['aʊsbʊxtʊŋ] *f* <-, -en> convexidad *f*

aus|bügeln *vt (fam)* arreglar

ausbuhen ['aʊsbu:ən] *vt (fam)* abuchear

aus|bürgern ['aʊsbʏrgɐn] *vt* expatriar, desterrar

Ausbürgerung *f* <-en> expatriación *f*, destierro *m*

aus|bürsten *vt* cepillar; **sich** *dat* **die Haare ~** cepillarse el pelo

aus|checken *vi (im Hotel etc.)* registrar la entrada/salida

Ausdauer *f ohne pl (Beharrlichkeit)* constancia *f*, perseverancia *f*; *(körperlich)* resistencia *f*; *(anhaltender Fleiß)* tesón *m*; *(Geduld)* paciencia *f*; *(Zähigkeit)* tenacidad *f*

ausdauernd *adj (beharrlich)* perseverante, constante

ausdehnbar *adj* extensible

aus|dehnen I. *vt* ① *(dehnen)* ensanchar ② *(erweitern)* ampliar ③ *(verlängern)* prolongar **II.** *vr:* **sich ~** ① *(größer werden)* dilatarse, extenderse ② *(zeitlich)* prolongarse

Ausdehnung *f* <-en> ① *(Größe, Umfang)* extensión *f* ② *(Erweiterung, a. physikalisch)* expansión *f*; *(des Umfangs)* ampliación *f*; *(Dehnung)* dilatación *f*

aus|denken *irr vt* ① *(überlegen)* concebir ② *(vorstellen, erfinden)* imaginar, inventar

aus|diskutieren* *vt* discutir hasta llegar a un acuerdo

aus|drehen *vt* ① *(Licht, Radio)* apagar ② *(Gas, Wasserhahn)* cerrar

Ausdruck[1] *m* <-(e)s, -drücke> *(Wort)* término *m*, palabra *f*; *(Wendung)* expresión *f*, giro *m;* **sich im ~ vergreifen** equivocarse de tono

Ausdruck[2] *m* <-(e)s, -e> (*a.* INFOR, TYPO) impreso *m*

Ausdruck[3] *m* <-(e)s, *ohne pl*> ① *(Stil)* expresión *f* ② *(Bekundung)* manifestación *f*, expresión *f*; **etw zum ~ bringen** expresar algo

aus|drucken *vt* (*a.* INFOR, TYPO) imprimir

aus|drücken I. *vt* ① *(Schwamm)* estrujar; *(Frucht)* exprimir ② *(Zigarette)* apagar ③ *(äußern)* expresar **II.** *vr:* **sich ~** *(sich äußern)* expresarse

ausdrücklich ['aʊsdrʏklɪç, -'--] *adj* expreso, explícito; *(Verbot)* categórico

ausdruckslos *adj* inexpresivo

ausdrucksvoll *adj* expresivo, lleno de expresividad

Ausdrucksweise *f* forma *f* de expresión

ausdünnen ['aʊsdʏnən] *vt* ① *(reduzieren)* reducir ② *(lichten)* aclarar; *(Obstbaum)* podar; *(Haare)* rebajar

Ausdünstung *f* <-, -en> ① *(das Ausdünsten)* evaporación *f* ② *(vom Körper)* tra(n)spiración *f* ③ *(Geruch)* olor *m*

auseinander [aʊsaɪ'nandɐ] *adv* separadamente; **die beiden sind ein Jahr ~** *(vom Alter her)* se llevan un año

auseinander|brechen *irr* **I.** *vt haben* romper **II.** *vi sein* romperse; *(Partei)* dividirse

auseinander|bringen *irr vt (fam: trennen)* separar; *(entzweien)* enemistar

auseinander|fallen *irr vi sein* caerse en pedazos; *(Familie, Partei)* desintegrarse

A

auseinander|falten *vt* desdoblar

auseinander|gehen *irr vi sein* ① *(sich trennen)* separarse ② *(sich verzweigen)* bifurcarse; *(Meinungen)* discrepar, diferir ③ *(fam: kaputtgehen)* romperse ④ *(fam: dick werden)* echar carnes

auseinander|halten *irr vt* distinguir

auseinander|nehmen *irr vt (Motor)* desmontar; *(Radio)* desarmar

auseinander|schreiben *irr vt* **dieses Wort schreibt man auseinander** esta palabra se escribe separada

auseinander|setzen **I.** *vt (erklären)* explicar **II.** *vr* **sich mit etw ~** *(beschäftigen)* ocuparse de algo; *(streiten)* discutir algo

Auseinandersetzung *f* <-en> ① *(Beschäftigung)* análisis *m inv* (**mit** de) ② *(Diskussion)* discusión *f* (**über** acerca de), disputa *f* (**über** acerca de), quimba *f Col* ③ *(Streit)* conflicto *m*

auserkoren ['aʊsɛɐko:rən] *adj (geh)* elegido; **er ist von Gott dazu ~, uns zu erlösen** ha sido elegido por Dios para redimirnos

auserlesen ['aʊsɛɐle:zən] *adj (geh)* selecto

aus|erwählen* ['aʊsɛɐvɛ:lən] *vt (geh)* elegir

Auserwählte(r) *mf* <-n, -n; -n, -n> *(geh)* elegido, -a *m, f*

ausfahrbar ['aʊsfa:ɐba:ɐ] *adj* (TECH) replegable; *(Antenne)* extensible

aus|fahren *irr* **I.** *vi sein (hinausfahren)* salir; *(Schiff)* zarpar **II.** *vt* ① *(verteilen)* repartir ② *(spazieren fahren)* pasear ③ (TECH) desplegar; **das Fahrgestell ~** desplegar el tren de aterrizaje

Ausfahrt *f* <-en> salida *f;* **bitte die ~ freihalten!** ¡por favor, dejar la salida libre!

Ausfall[1] *m* <-(e)s, *ohne pl*> ① *(Haare, Zähne)* caída *f* ② *(Maschine)* avería *f*

Ausfall[2] *m* <-(e)s, -fälle> ① (MIL) ataque *m* ② *(Veranstaltung)* suspensión *f; (Verdienst)* pérdida *f,* merma *f*

aus|fallen *irr vi sein* ① *(herausfallen)* caerse ② *(nicht stattfinden)* no tener lugar, suspenderse; **die Schule fällt aus** no hay clase ③ *(durch Krankheit)* estar de baja ④ *(nicht funktionieren)* fallar ⑤ *(beschaffen sein)* resultar, quedar

ausfällen *vt* ① (CHEM) precipitar ② *(Schweiz: verhängen)* imponer, infligir

ausfallend *adj* ① *(grob)* agresivo ② *(beleidigend)* insultante, grosero

Ausfallschritt *m (Fitness,* SPORT) posición *f* de estocada

Ausfallstraße *f* carretera *f* de salida

aus|fechten *irr vt* combatir hasta el fin

aus|fegen *vt (reg: Raum)* barrer; *(Schmutz)* recoger

aus|feilen *vt (Text)* pulir, perfeccionar

aus|fertigen *vt (Pass)* expedir; *(Dokument)* extender; *(Zahlungsanweisungen)* librar

Ausfertigung *f* <-en> ① *(Vorgang)* redacción *f; (amtlich)* despacho *m* ② *(Schriftstück)* documento *m; (zweite)* copia *f;* **in doppelter ~** por duplicado

ausfindig ['aʊsfɪndɪç] *adv* **jdn/etw ~ machen** localizar a alguien/algo

aus|fließen *irr vi sein* derramarse

aus|flippen ['aʊsflɪpən] *vi sein (fam)* ① *(durch Drogen)* fliparse ② *(durchdrehen)* flipar

Ausflucht ['aʊsflʊxt, *pl:* 'aʊsflʏçtə] *f* <-flüchte> excusa *f*

Ausflug *m* <-(e)s, -flüge> excursión *f*

Ausflügler(in) ['aʊsfly:klɐ] *m(f)* <-s, -; -nen> excursionista *mf*

Ausflugslokal *nt* merendero *m*

Ausflugsziel *nt* destino *m* (de una excursión)

Ausfluss *m* <-es, -flüsse> ① *(das Auslaufen)* salida *f* ② *(Abfluss)* desagüe *m* ③ (MED) flujo *m*

aus|formulieren* *vt* formular (con todo detalle); *(Text)* redactar

aus|fragen *vt* **jdn** (**über etw**) **~** interrogar a alguien (sobre algo)

aus|fransen ['aʊsfranzən] *vi sein* deshilacharse

aus|fressen *irr vt (fam)* **etw ~** hacer algo malo

Ausfuhr ['aʊsfu:ɐ] *f* <-en> (COM) exportación *f*

ausführbar *adj* ① *(machbar)* realizable, factible ② *(exportierbar)* exportable ③ (INFOR) **eine ~e Datei** un archivo ejecutable

Ausfuhrbestimmungen *fpl* (COM) reglamentos *mpl* de exportación

aus|führen *vt* ① *(spazieren führen)* llevar de paseo ② *(exportieren)* exportar ③ *(durchführen)* llevar a cabo; *(Auftrag)* ejecutar, cumplir; *(Verbrechen)* cometer ④ (SPORT: *Ecke*) sacar; *(Schuss)* efectuar ⑤ *(erklären)* exponer, explicar; *(im Einzelnen)* detallar

Ausführende(r) *mf* <-n, -n; -n, -n> (THEAT) intérprete *mf*

ausführlich ['aʊsfy:ɐlɪç, -'--] **I.** *adj* detallado **II.** *adv* con todo detalle

Ausführlichkeit [-'---] *f ohne pl* detalle *m;* **in aller ~** con todo detalle

Ausführung *f* <-en> ① *(das Realisieren)* realización *f,* ejecución *f; (Befehl, Auftrag)* cumplimiento *m; (Verbrechen)* perpetración *f;* **zur ~ gelangen** llevarse a cabo ② (SPORT) ejecución *f* ③ *(Typ)* modelo *m,*

tipo *m* ❹ *pl (Darlegung)* declaraciones *fpl,* explicaciones *fpl; (Vortrag)* intervención *f*
Ausfuhrzoll *m* (COM) derechos *mpl* de exportación
aus|füllen *vt* ❶ *(Loch)* llenar ❷ *(Formular)* (re)llenar, cumplimentar ❸ *(befriedigen)* satisfacer
Ausgabe[1] *f ohne pl* ❶ *(das Verteilen)* distribución *f; (von Waren)* entrega *f* ❷ *(von Banknoten)* emisión *f*
Ausgabe[2] *f* <-n> ❶ *(Ausgabestelle)* despacho *m* ❷ *(eines Buches)* edición *f; (Zeitschrift)* número *m* ❸ (TV: *Sendung*) emisión *f* ❹ (INFOR) salida *f* ❺ *pl (Kosten)* gastos *mpl*
Ausgabegerät *nt* (INFOR) dispositivo *m* de salida
Ausgang[1] *m* <-(e)s, -gänge> ❶ *(Tür)* (puerta *f* de) salida *f* ❷ *(an einem Organ)* boca *f* ❸ *(Spaziergang)* paseo *m* ❹ *(freier Tag)* (día *m* de) salida *f;* ~ **haben** tener permiso de salida
Ausgang[2] *m* <-(e)s, *ohne pl*> ❶ *(Ergebnis)* resultado *m,* desenlace *m; (erfolgreich)* éxito *m* ❷ *(Anfang)* origen *m,* punto *m* de partida
Ausgangsbasis *f* <-, -basen> punto *m* de partida
Ausgangsprodukt *nt* <-(e)s, -e> producto *m* básico
Ausgangspunkt *m* punto *m* de partida
Ausgangssperre *f* toque *m* de queda
ausgebaut *adj* amplio, (ampliamente) desarrollado
aus|geben *irr* **I.** *vt* ❶ *(austeilen)* distribuir; *(Fahrkarten)* expender; **einen** ~ *(fam)* invitar (a una ronda) ❷ (INFOR) imprimir ❸ (FIN: *Aktien*) emitir ❹ *(Befehl, Parole)* dar ❺ *(Geld)* gastar (**für** en) **II.** *vr:* **sich** ~ *(so tun als ob)* hacerse pasar (**als/für** por)
ausgebrannt ['aʊsgəbrant] **I.** *pp von* **ausbrennen II.** *adj (körperlich erschöpft)* rendido; *(geistig erschöpft)* saturado
ausgebucht ['aʊsgəbu:xt] *adj* completo
ausgebufft ['aʊsgəbʊft] *adj (fam: trickreich)* mañoso; *(abw)* taimado
ausgedehnt *adj* ❶ *(zeitlich)* amplio, extenso ❷ *(räumlich)* extenso, vasto
ausgefallen I. *pp von* **ausfallen II.** *adj (ungewöhnlich)* extravagante
ausgeglichen ['aʊsgəglɪçən] **I.** *pp von* **ausgleichen II.** *adj* equilibrado
Ausgeglichenheit *f ohne pl* equilibrio *m*
aus|gehen *irr vi sein* ❶ *(weggehen)* salir ❷ *(erlöschen)* apagarse ❸ *(Haare, Zähne)* caerse ❹ *(abzweigen)* salir (**von** de) ❺ *(seinen Ursprung nehmen)* partir (**von** de), basarse (**von** en); **wir können davon ~, dass ...** podemos partir de la base de que... ❻ *(enden)* salir, acabar; **leer** ~ irse con las manos vacías ❼ *(zu Ende gehen)* acabarse
ausgehend *adj (endend)* de finales, de las postrimerías
ausgehungert *adj (hungrig)* hambriento; *(Hunger leidend)* famélico
ausgeklügelt ['aʊsgəkly:gəlt] *adj (fam)* ingenioso, bien pensado
ausgekocht *adj (fam abw)* cuco, taimado
ausgelassen I. *pp von* **auslassen II.** *adj* muy alegre; *(Kind)* travieso, retozón
Ausgelassenheit *f ohne pl (auf einem Fest)* alegría *f; (der Stimmung)* desenfado *m*
ausgemacht *adj* ❶ *(abgemacht)* convenido, acordado; *(entschieden)* decidido ❷ *(vollkommen)* de remate, redomado
ausgemergelt ['aʊsgəmɛrgəlt] *adj* demacrado
ausgenommen ['aʊsgənɔmən] **I.** *pp von* **ausnehmen II.** *präp +akk* a excepción de; **Anwesende** ~ a excepción de los presentes **III.** *konj* **~, dass ...** a no ser que... *+subj*
ausgepowert [aʊsgə'paʊɐt] *adj (fam)* agotado
ausgeprägt *adj (deutlich)* pronunciado, marcado
ausgerechnet ['--'--] *adv (fam)* precisamente, justamente; **muss das ~ heute sein?** ¿tiene que ser precisamente hoy?
ausgeschlafen I. *pp von* **ausschlafen II.** *adj (fam)* (d)espabilado
ausgeschlossen ['aʊsgəʃlɔsən] **I.** *pp von* **ausschließen II.** *adj (unmöglich)* imposible; **es ist nicht ~, dass ...** no se excluye que... *+subj*
ausgeschnitten ['aʊsgəʃnɪtən] **I.** *pp von* **ausschneiden II.** *adj (dekolletiert)* escotado
ausgesprochen ['aʊsgəʃprɔxən] **I.** *pp von* **aussprechen II.** *adj (ausgeprägt)* pronunciado, marcado; *(offensichtlich)* manifiesto, patente **III.** *adv (sehr)* realmente
ausgestorben ['aʊsgəʃtɔrbən] **I.** *pp von* **aussterben II.** *adj* ❶ *(Volk, Pflanzen, Tiere)* extinguido ❷ *(Ort)* desierto
ausgesucht ['aʊsgəzu:xt] *adj* ❶ *(hervorragend)* selecto, escogido ❷ *(ausgesprochen)* pronunciado
ausgewachsen I. *pp von* **auswachsen II.** *adj* ❶ *(voll entwickelt)* formado, desarrollado; *(erwachsen)* adulto ❷ *(vollkommen)* puro, de tomo y lomo
ausgewählt *adj* escogido, selecto
ausgewiesen I. *pp von* **ausweisen II.** *adj (anerkannt)* reconocido
ausgewogen ['aʊsgəvo:gən] **I.** *pp von*

A

auswiegen **II.** *adj (ausgeglichen)* armonioso, equilibrado
Ausgewogenheit *f <-, ohne pl>* equilibrio *m*
ausgezeichnet ['----, '--'--] *adj (hervorragend)* excelente, magnífico
ausgiebig ['aʊsgi:bɪç] **I.** *adj* abundante; *(Essen)* opulento; **einen ~en Mittagsschlaf halten** echarse una larga siesta **II.** *adv* con abundancia
aus|gießen *irr vt* ❶ *(Gefäß)* vaciar ❷ *(Flüssigkeit)* echar ❸ *(verschütten)* derramar, verter
Ausgleich ['aʊsglaɪç] *m <-(e)s, ohne pl>* compensación *f* (**für** por); *(Entschädigung)* indemnización (**für** por); (SPORT) empate *m;* **als ~ für etw** como compensación por algo
aus|gleichen *irr* **I.** *vi* (SPORT) igualar, empatar **II.** *vt* ❶ *(Unterschiede)* nivelar ❷ (FIN) saldar, liquidar ❸ *(Konflikt)* equilibrar ❹ *(Mangel)* compensar **III.** *vr:* **sich ~** compensarse
Ausgleichstor *nt* (SPORT) gol *m* del empate
ausgliedern *vt* ❶ *(herausnehmen)* excluir; *(beseitigen)* eliminar, suprimir ❷ *(nicht behandeln)* omitir
aus|graben *irr vt* ❶ *(Altertümer, Schätze)* desenterrar ❷ *(Vergessenes)* desempolvar
Ausgrabung *f <-en>* ❶ *(das Ausgraben)* excavación *f* ❷ *(Fundstätte, Fund)* excavación *f* arqueológica
Ausgrabungsstätte *f* sitio *m* arqueológico
aus|grenzen *vt* excluir
Ausgrenzung *f <ohne pl>* marginación *f* (**aus** de)
Ausguck ['aʊsgʊk] *m <-(e)s, -e>* (NAUT) puesto *m* de observación
aus|gucken *vt (fam: aussuchen)* **sich** *dat* **etw/jdn ~** escoger algo/a alguien
Ausguss *m <-es, -güsse>* ❶ *(Becken)* pila *f* ❷ *(reg: Tülle)* pitorro *m*
aus|haben *irr* **I.** *vi (fam: Schluss haben)* terminar **II.** *vt (fam)* ❶ *(Kleidung)* haberse quitado ❷ *(Buch)* haber terminado (de leer)
aus|halten *irr* **I.** *vi (durchhalten)* aguantar **II.** *vt* ❶ *(ertragen)* soportar, aguantar; **das ist ja nicht auszuhalten!** ¡esto es insoportable! ❷ *(standhalten)* resistir ❸ *(fam abw: Lebensunterhalt bezahlen)* mantener, sostener
aus|handeln *vt* regatear; *(Vertrag, Löhne)* negociar
aus|händigen ['aʊshɛndɪgən] *vt* ❶ *(Preis)* hacer entrega (de) ❷ *(Urkunde, Geld, Schreiben)* entregar
Aushang *m <-(e)s, -hänge>* anuncio *m*, aviso *m Am*
aus|hängen[1] *irr vi (aufgehängt sein)* estar colgado (en el tablón de anuncios)
aus|hängen[2] *vt* ❶ *(aufhängen)* publicar, hacer público ❷ *(Tür, Fenster)* desquiciar
Aushängeschild *nt* rótulo *m*
aus|harren ['aʊsharən] *vi (geh)* perseverar, aguantar
aus|hauchen *vt (geh: Atem, Rauch)* expirar, exhalar
aushebeln *vt (zunichtemachen)* invalidar, anular
aus|heben *irr vt* ❶ *(Graben)* excavar ❷ *(Verbrechernest)* descubrir ❸ *(Schweiz: Truppen, Rekruten)* reclutar
aus|hecken ['aʊshɛkən] *vt (fam)* tramar, maquinar
aus|helfen *irr vi* ayudar; **sie half ihm mit Werkzeug aus** le ayudó aportando herramientas
aus|heulen *vr:* **sich ~** *(fam)* desahogarse (llorando) (**bei** con)
Aushilfe *f <-n>* ❶ *(das Aushelfen)* ayuda *f* ❷ *(Person)* auxiliar *mf*, suplente *mf*
Aushilfskraft *f* temporero, -a *m, f*
Aushilfspersonal *nt ohne pl* personal *m* temporal
aushilfsweise *adv* temporalmente
aus|höhlen *vt* ❶ *(hohlmachen)* ahuecar ❷ *(schwächen)* minar
Aushöhlung *f <-, ohne pl> (a. fig: das Aushöhlen)* socava *f*, socavamiento *m*
aus|holen *vi* ❶ *(Schwung)* tomar impulso (**zu** para); **mit dem Arm ~** levantar el brazo (para golpear) ❷ *(zurückgreifen)* divagar; **bei einer Erzählung weit ~** empezar con Adán y Eva
aus|horchen *vt* tantear
aus|kehren *vt (reg) s.* **ausfegen**
aus|kennen *irr vr:* **sich ~** conocer bien; *(in einem Fach)* estar versado (**in/mit** en); **damit kenne ich mich gar nicht aus** de eso no entiendo nada
aus|kippen *vt* verter
aus|klammern *vt* dejar de lado
Ausklang *m <-(e)s, -klänge> (geh: Ende)* final *m*
ausklappbar *adj* plegable; *(Platte)* abatible
aus|klappen *vt* plegar; *(Platte)* abatir
aus|kleiden **I.** *vt* ❶ *(geh: entkleiden)* desvestir ❷ *(Raum, Wand)* revestir (**mit** de); *(mit Holz)* entarimar **II.** *vr:* **sich ~** desvestirse
aus|klingen *irr vi sein* ❶ *(Tag, Fest)* terminar ❷ *(Ton)* acabar de sonar
aus|klopfen *vt (Teppich)* sacudir
aus|klügeln ['aʊskly:gəln] *vt* idear
aus|knipsen *vt (fam)* apagar
aus|knobeln *vt (fam: ausklügeln)* discurrir;

wir haben einen guten Plan ausgeknobelt hemos ideado un buen plan

aus|kommen *irr vi sein* ❶ *(sich vertragen)* entenderse; **wir kommen gut miteinander aus** nos llevamos bien; **mit ihm kann man nicht ~** no hay quien le aguante ❷ *(mit etw zurechtkommen)* arreglarse; *(ausreichend haben)* alcanzar

Auskommen *nt* <-s, *ohne pl*> *(Einkommen)* ingresos *mpl*, sustento *m*; **sein ~ haben** arreglárselas para vivir; **sein ~ finden** sacarse lo suficiente para vivir

auskömmlich ['aʊskœmlɪç] **I.** *adj* ❶ *(ausreichend)* suficiente ❷ *(verträglich)* agradable; **meine Arbeitskollegin ist ein ~er Mensch** mi compañera es una persona agradable **II.** *adv (bequem)* holgadamente; **von seinem Gehalt konnte er ~ leben** podía vivir holgadamente con su sueldo

aus|kosten *vt (geh)* disfrutar (de)

aus|kotzen I. *vt (fam)* ❶ *(erbrechen)* potar ❷ *(aussprechen)* desembuchar; **ein Problem ~** despachar un problema **II.** *vr:* **sich ~** *(fam: erbrechen)* cambiar la peseta; **ich habe mich bei meinem Chef ausgekotzt** *(fig)* le he soltado todo a mi jefe

aus|kramen *vt (fam)* desenterrar

aus|kratzen *vt* rascar; *(Speisereste)* rebañar; **jdm die Augen ~** sacar(le) los ojos a alguien

aus|kriegen *vt (fam: ausziehen können)* conseguir quitarse; **kriegst du die Skistiefel alleine aus?** ¿te puedes quitar las botas de esquiar sin ayuda?

aus|kugeln *vt* dislocar, zafar *Am*

auskühlen I. *vi sein (abkühlen)* perder temperatura; *(Unterkühlung erleiden)* sufrir hipotermia; *(Raum)* enfriarse **II.** *vt* enfriar, refrigerar

aus|kundschaften ['aʊskʊntʃaftən] *vt* indagar; *(Gegend)* explorar

Auskunft ['aʊskʊnft, *pl:* 'aʊskʏnftə] *f* <-künfte> ❶ *(Information)* información *f*; *(über eine Person)* referencias *fpl* (**über** de); **jdm (eine) ~ geben** proporcionar a alguien (una) información ❷ *(Auskunftsstelle)* información *f*

aus|kuppeln *vi* (AUTO) desembragar

aus|kurieren* **I.** *vt (fam)* curar (completamente) **II.** *vr:* **sich ~** *(fam)* curarse (completamente)

aus|lachen *vt* reírse (de), burlarse (de)

aus|laden *irr vt* ❶ *(Fracht, Fahrzeug)* descargar ❷ *(Einladung zurücknehmen)* **jdn ~** retirar a alguien la invitación

Auslage *f* <-n> ❶ *(von Waren)* exposición *f*, muestra *f* ❷ *(Schaufenster)* escaparate *m*, vidriera *f Am* ❸ *pl (Geldbetrag)* desembolso *m*

auslagern *vt* ❶ *(an einen anderen Ort bringen)* poner a salvo [*o* en lugar seguro] ❷ *(aus dem Lager herausnehmen)* sacar del almacén, desalmacenar ❸ (INFOR) permutar, tapar

Auslagerung *f* <-, -en> ❶ *(an einen sicheren Ort)* traslado *m* a un lugar seguro ❷ (INFOR: *Daten, Dateien*) permuta *f*

Ausland *nt* <-(e)s, *ohne pl*> (país *m*) extranjero *m*

Ausländer(in) *m(f)* <-s, -; -nen> extranjero, -a *m, f*

Ausländerbeauftrage(r) *mf* encargado, -a *m, f* de asuntos de inmigración

ausländerfeindlich *adj* xenófobo

Ausländerfeindlichkeit *f ohne pl* xenofobia *f*

Ausländerin *f* <-nen> *s.* **Ausländer**

Ausländerpolitik *f* política *f* de extranjería

ausländisch *adj* extranjero

Auslandsaufenthalt *m* estancia *f* en el extranjero

Auslandsbeziehungen *fpl* (POL) relaciones *fpl* con el extranjero; **die ~ zu einem Land abbrechen** romper las relaciones con un país

Auslandsflug *m* vuelo *m* al extranjero

Auslandsgespräch *nt* (TEL) conferencia *f* internacional

Auslandskorrespondent(in) *m(f)* corresponsal *mf* en el extranjero

Auslandsreise *f* viaje *m* al extranjero

Auslandsschuld *f* deuda *f* exterior

Auslandssemester *nt* <-s, -> (UNIV) semestre *m* de estudios en el extranjero, semestre *m* en una universidad extranjera

Auslandsvertretung *f* ❶ (WIRTSCH) filial *f* en el extranjero ❷ (POL) representación *f* en el extranjero

aus|lassen *irr* **I.** *vt* ❶ *(Wort)* omitir ❷ *(Butter)* derretir ❸ *(fam: Radio, Licht)* dejar apagado ❹ *(abreagieren)* descargar (**an** sobre), desahogarse (**an** con) **II.** *vr:* **sich ~** *(sich mitteilen)* manifestarse (**über** sobre); *(lästern)* criticar (**über**); **er hat sich nicht näher darüber ausgelassen** no entró en detalles

Auslassung *f* <-en> ❶ *(Weggelassenes)* omisión *f*, supresión *f* ❷ *pl (abw: Äußerungen)* comentarios *mpl*

Auslassungspunkte *mpl* (LING) puntos *mpl* suspensivos

aus|lasten *vt* ❶ *(Maschine)* utilizar a pleno rendimiento ❷ *(Person)* ocupar en su totalidad

Auslauf *m* <-(e)s, -läufe> ❶ *(Ausfluss)* derrame *m* ❷ *(der Tiere)* corral *m*

aus|laufen *irr vi sein* ❶ *(Flüssigkeit)* derramarse; *(Gefäß)* vaciarse ❷ *(in See stechen)* zarpar ③ *(aufhören)* terminar; *(Vertrag)* expirar

Ausläufer *m* <-s, -> (GEO) estribación *f*

Auslaufmodell *nt* <-s, -e> (WIRTSCH) modelo *m* fuera de producción

aus|laugen *vt (Nährstoffe entziehen)* dejar sin sustancias nutritivas; *(erschöpfen)* agotar

Auslaut *m* <-(e)s, -e> (LING) sonido *m* final; **im ~** a final de la palabra

aus|leben *vr:* **sich ~** gozar de la vida, vivir la vida

aus|leeren *vt* ① *(Gefäß)* vaciar ② *(Flüssigkeit)* echar, verter

aus|legen *vt* ① *(Köder)* poner ② *(Leitungen, Kabel)* tender ③ *(Waren im Schaufenster)* exponer ④ *(Geld)* adelantar ⑤ *(auskleiden)* revestir (**mit** con/de) ⑥ *(bedecken)* cubrir (**mit** de/con); *(mit Teppich)* enmoquetar, alfombrar ⑦ *(Worte, Text)* interpretar

Ausleger *m* <-s, -> (TECH) saliente *m;* (NAUT: *am Ruderboot*) escálamo *m; (Kufe)* batanga *f*

Auslegung *f* <-en> interpretación *f*

aus|leiern I. *vi sein (fam)* dar(se) de sí; *(Gewinde)* pasarse de rosca **II.** *vt (fam)* deformar; *(Gewinde)* pasar de rosca

Ausleihe ['aʊslaɪə] *f* <-n> ① *(das Ausleihen)* préstamo *m* ② *(Raum)* sección *f* de préstamos

aus|leihen *irr vt (verleihen)* prestar; *(sich borgen)* tomar prestado; **jdm etw ~** prestar algo a alguien

aus|lernen *vi* terminar el aprendizaje; **man lernt nie aus** siempre se aprende algo nuevo

Auslese ['aʊsle:zə] *f* <-n> ① *(Auswahl)* selección *f* ② *(Wein)* vino *m* de uvas escogidas

aus|lesen *irr vt* ① *(Buch)* terminar (de leer) ② *(aussondern)* separar; *(entfernen)* sacar ③ (INFOR) seleccionar

ausleuchten *vt* iluminar, alumbrar

aus|liefern *vt* entregar; (JUR) extraditar; **ich bin ihr völlig ausgeliefert** *(fam)* estoy en sus manos

Auslieferung *f* <-en> entrega *f;* (JUR) extradición *f*

aus|liegen *irr vi* ① *(Zeitschriften)* estar a disposición (de los lectores) ② *(Schlingen, Netze)* estar expuesto

aus|loben *vt* **etw für etw ~** ofrecer algo como recompensa por algo

aus|löffeln *vt* sacar a cucharadas; **die Suppe ~** comerse la sopa (a cucharadas)

aus|loggen ['aʊslɔgən] *vr:* **sich ~** (INFOR) desconectarse

aus|löschen *vt* ① *(Licht)* apagar; *(Feuer)* extinguir ② *(Schrift, Spuren)* borrar ③ *(geh: Menschenleben)* apagar, extinguir

aus|losen ['aʊslo:zən] *vt* rifar, sortear

aus|lösen *vt* ① *(Schuss)* disparar ② *(hervorrufen)* producir, provocar ③ *(befreien)* rescatar, pagar el rescate (de/por)

Auslöser *m* <-s, -> ① (TECH) mecanismo *m* de disparo ② *(Anlass)* (factor *m*) desencadenante *m* (**für** de)

Auslosung *f* <-en> sorteo *m*

Auslösung *f* <-, -en> *(Entschädigung)* indemnización *f*

ausloten ['aʊslo:tən] *vt (a. fig)* sondear

aus|machen *vt* ① *(fam: Radio, Licht, Feuer)* apagar ② *(vereinbaren)* concertar ③ *(klären)* resolver, arreglar ④ *(erkennen)* divisar ⑤ *(darstellen)* constituir; **ihm fehlt alles, was einen Wissenschaftler ausmacht** le falta todo aquello que constituye un científico ⑥ *(betragen)* elevarse (a) ⑦ *(bedeuten)* importar; **macht es Ihnen etwas aus, wenn ...?** ¿le importa que...? *+subj*

aus|malen I. *vt (mit Farbe)* pintar (**mit** de), colorear (**mit** de) **II.** *vr* **sich** *dat* **etw ~** *(fig: sich vorstellen)* imaginarse algo

Ausmaß *nt* <-es, -e> ① *(räumlich)* dimensión *f,* extensión *f* ② *(Grad, Umfang)* dimensión *f;* **bis zu einem gewissen ~** hasta (un) cierto punto; **in großem ~** a gran escala

aus|merzen ['aʊsmɛrtsən] *vt* ① *(Ungeziefer)* exterminar, eliminar ② *(Fehler)* subsanar ③ *(Missstände)* eliminar

aus|messen *irr vt* medir, tomar la medida (de)

aus|misten *vt* ① *(Stall)* sacar el estiércol (de) ② *(fam: Schrank, Zimmer)* poner en orden

aus|mustern *vt* ① *(aussortieren)* desechar ② (MIL) declarar inútil

Ausnahme *f* <-n> excepción *f;* **eine ~ machen** hacer una excepción; **mit ~ von ...** a excepción de...; **ohne ~** sin excepción

Ausnahmeerscheinung *f* <-, -en> excepción *f*

Ausnahmefall *m* caso *m* excepcional, excepción *f*

Ausnahmezustand *m* estado *m* de excepción

ausnahmslos *adj* sin excepción

ausnahmsweise ['----, '--'--] *adv* excepcionalmente, como excepción

aus|nehmen *irr* **I.** *vt* ① *(Fisch)* limpiar ② *(Kaninchen, Geflügel)* destripar ③ *(ausschließen)* exceptuar (**von** de) ④ *(fam abw: Geld abnehmen)* desplumar, desvalijar **II.** *vr:* **sich ~** *(geh: wirken)* hacer efecto

ausnehmend *adv (geh)* extraordinariamente
aus|nüchtern *vi* desemborracharse *fam;* **hast du schon ausgenüchtert?** ¿ya se te ha pasado la borrachera?
Ausnüchterungszelle *f* celda *f* para desemborracharse
aus|nutzen *vt* ❶ *(Gelegenheit, Situation)* aprovechar, sacar provecho de ❷ *(Stellung, Notlage)* aprovecharse (de)
Ausnutzung *f* <-, *ohne pl*>, **Ausnützung** *f* <-, *ohne pl*> *(reg)* explotación *f; (Stellung, Notlage)* provecho *m* sin escrúpulos
aus|packen **I.** *vt* ❶ *(Koffer)* deshacer ❷ *(Geschenk)* abrir, desenvolver ❸ *(Waren, Paket)* desembalar, abrir **II.** *vi (fam: erzählen, verraten)* cantar, irse de la lengua
aus|peitschen *vt* azotar, latiguear *Am*
aus|pfeifen *irr vt* abuchear, silbar
aus|plaudern *vt* divulgar
aus|plündern *vt* ❶ *(Dorf, Laden)* saquear ❷ *(fam: Kühlschrank)* vaciar
aus|posaunen* *vt (fam)* pregonar, decir a los cuatro vientos
aus|pressen *vt (Saft)* extraer; *(Frucht)* exprimir
aus|probieren* *vt* probar
Auspuff ['aʊspʊf] *m* <-(e)s, -e> (AUTO) escape *m*
Auspuffrohr *nt* (AUTO) tubo *m* de escape
Auspufftopf *m* (AUTO) silenciador *m* de escape
aus|pumpen *vt* ❶ *(Wasser)* bombear; *(leeren)* vaciar bombeando; **völlig ausgepumpt sein** *(fam fig)* estar hecho polvo ❷ *(fam: ausleihen)* prestar
auspusten *vt (fam: ausblasen)* apagar soplando
aus|quartieren* ['aʊskvarti:rən] *vt* desalojar
aus|quetschen *vt* ❶ *(Frucht)* exprimir, estrujar ❷ *(fam: ausfragen)* acosar a preguntas
aus|radieren* *vt* ❶ *(Geschriebenes)* borrar ❷ *(abw: zerstören)* destruir, arrasar
aus|rangieren* ['aʊsraŋʒi:rən] *vt (fam)* desechar
aus|rasten *vi sein* ❶ (TECH) soltarse, desclavarse ❷ *(fam: zornig werden)* enfurecerse
aus|rauben *vt* desvalijar
aus|räumen *vt* ❶ *(Schrank)* vaciar; *(Bücher)* sacar; *(Zimmer)* desamueblar ❷ *(Missverständnis)* arreglar ❸ *(Schwierigkeit)* allanar ❹ *(Zweifel)* disipar
aus|rechnen *vt (Summe)* calcular
Ausrede *f* <-n> excusa *f; (Vorwand)* pretexto *m; (Ausflüchte)* evasiva *f*
aus|reden **I.** *vi (zu Ende reden)* acabar de hablar **II.** *vt (umstimmen)* **jdm etw ~** disuadir a alguien de algo **III.** *vr:* **sich ~** *(Österr: sich aussprechen)* desahogarse
aus|reichen *vt* bastar, ser suficiente
ausreichend *adj* ❶ *(genug)* bastante, suficiente ❷ *(Schulnote)* suficiente
Ausreise *f* <-n> salida *f* (**aus** de)
Ausreiseantrag *m* solicitud *f* de salida
Ausreisegenehmigung *f* permiso *m* de salida
aus|reisen *vi sein* salir (**aus** de)
aus|reißen *irr* **I.** *vi sein* ❶ *(abreißen)* arrancarse ❷ *(fam: weglaufen)* huir, escapar(se) **II.** *vt (entfernen)* arrancar
Ausreißer(in) *m(f)* <-s, -; -nen> *(fam)* fugitivo, -a *m, f*
aus|reiten *irr vi* salir a caballo
ausreizen *vt* ❶ *(Karten)* pujar al máximo ❷ *(Möglichkeit, Thema)* agotar
aus|renken ['aʊsrɛŋkən] *vt* dislocar, zafar *Am*
aus|richten **I.** *vt* ❶ *(Nachricht)* dar; **soll ich ihr etwas ~?** ¿quiere que le dé algún recado? ❷ *(einstellen)* ajustar (a), adaptar (**auf** a) ❸ *(erreichen)* conseguir; **ich konnte bei ihm nichts ~** no pude conseguir nada de él ❹ *(veranstalten)* organizar **II.** *vr:* **sich ~** orientarse (**auf** a/hacia)
Ausrichtung *f ohne pl* ❶ *(Sicheinstellen)* ajuste *m* (**auf** a) ❷ *(Veranstalten)* organización *f* ❸ *(Orientierung)* orientación *f*
Ausritt *m* <-(e)s, -e> paseo *m* a caballo
aus|rollen *vt* ❶ *(Teppich)* desenrollar ❷ *(Teig)* extender con el rodillo
aus|rotten ['aʊsrɔtən] *vt* ❶ *(Tiere, Volk)* exterminar ❷ *(Unsitte)* erradicar
Ausrottung *f* <-en> ❶ *(Tiere, Volk)* exterminación *f* ❷ *(Unsitte)* erradicación *f*
aus|rücken **I.** *vi sein* ❶ (MIL) salir (del cuartel), marcharse ❷ *(Feuerwehr)* salir ❸ *(fam: ausreißen)* escapar(se) **II.** *vt* (TYPO) sangrar
Ausruf *m* <-(e)s, -e> exclamación *f*
aus|rufen *irr vt* ❶ *(rufend nennen)* llamar; *(Abflug, Abfahrt)* anunciar (por altavoz) ❷ *(Streik)* convocar ❸ *(Notstand, Republik)* proclamar
Ausrufezeichen *nt* signo *m* de exclamación, (signo *m* de) admiración *f*
Ausrufungszeichen *nt*, **Ausrufzeichen** *nt* <-s, -> *(Schweiz)* *s.* **Ausrufezeichen**
aus|ruhen *vi, vr:* **sich ~** descansar (**von** de), reposar
aus|rüsten *vt* ❶ *(Person)* equipar (**mit** de/con), abastecer (**mit** de/con) ❷ *(Flugzeug, Expedition)* equipar, dotar
Ausrüstung *f* <-en> equipo *m*
aus|rutschen *vi sein* resbalar

A

Ausrutscher *m* <-s, -> *(fam: Fauxpas)* desliz *m*

Aussaat *f* <-en> ❶ *(Aussäen)* siembra *f* ❷ *(Saatgut)* semillas *fpl*

aus|säen *vt* sembrar

Aussage ['aʊsza:gə] *f* <-n> ❶ (JUR) declaración *f;* **eine ~ machen** prestar declaración; **die ~ verweigern** negarse a declarar ❷ *(Inhalt)* mensaje *m;* (LING) enunciado *m*

Aussagekraft *f* <-, *ohne pl*> fuerza *f* expresiva

aussagekräftig *adj* (de gran valor) informativo

aus|sagen I. *vi* (JUR) declarar **II.** *vt (ausdrücken)* expresar

aussägen *vt* cortar con la sierra

Aussagesatz *m* (LING) oración *f* enunciativa

Aussätzige(r) *mf* <-n, -n; -n> *(a. fig)* leproso, -a *m, f*

aus|saugen *vt (Frucht, Wunde)* chupar; *(Kolonie)* explotar

aus|schalten *vt* ❶ *(Motor, Licht)* apagar ❷ *(Konkurrenz, Gegner)* eliminar

Ausschaltung *f* <-, -en> ❶ (TECH) desconexión *f* ❷ *(Eliminierung)* eliminación *f;* **die ~ der Konkurrenz/eines Gegners** la eliminación de la competencia/de un contrario

Ausschank ['aʊsʃaŋk] *m* <-(e)s, *ohne pl*> *(Tätigkeit)* despacho *m* de bebidas

Ausschau *f ohne pl* **nach jdm/etw** *dat* **~ halten** buscar a alguien/algo con la vista

aus|schauen *vi* ❶ *(Ausschau halten)* buscar con la vista (**nach**) ❷ *(südd, Österr: Eindruck erwecken)* parecer

aus|scheiden *irr* **I.** *vi sein* ❶ *(aus einem Amt, einer Firma)* dimitir (**aus** de), retirarse (**aus** de) ❷ *(aus einem Club)* darse de baja (**aus** de/en) ❸ (SPORT) ser eliminado (**aus** de) ❹ *(Bewerber)* no entrar en consideración ❺ *(Möglichkeit)* quedar excluido **II.** *vt* ❶ (MED) segregar ❷ *(aussondern)* excluir

Ausscheidung *f* <-en> ❶ (MED) excreción *f* ❷ (SPORT) eliminatoria *f*

Ausscheidungskampf *m* (SPORT) eliminatoria *f*

Ausscheidungsspiel *nt* (SPORT) encuentro *m* eliminatorio

aus|schenken *vt* ❶ *(gießen)* echar ❷ *(im Lokal)* vender

aus|scheren ['aʊsʃe:rən] *vi sein* salirse (de la fila)

aus|schimpfen *vt* reprender, reñir

aus|schlachten *vt (fam)* ❶ *(Fahrzeug)* desguazar ❷ *(ausnutzen)* sacar provecho (de)

aus|schlafen *irr* **I.** *vi, vr:* **sich ~** dormir a su gusto **II.** *vt* **seinen Rausch ~** dormir la mona

Ausschlag *m* <-(e)s, -schläge> ❶ (MED) erupción *f* cutánea ❷ *(der Waage)* caída *f; (des Pendels)* oscilación *f; (der Magnetnadel)* desviación *f;* **den ~ geben** ser decisivo

aus|schlagen *irr* **I.** *vi* ❶ *(Pferd)* cocear ❷ *haben o sein (Baum)* brotar, retoñar ❸ *haben o sein (Zeiger)* oscilar; *(Kompassnadel)* desviarse **II.** *vt* ❶ *(Angebot)* rehusar ❷ *(Zahn)* partir ❸ *(mit Stoff)* forrar (**mit** de/con), revestir (**mit** de/con)

ausschlaggebend *adj* decisivo (**für** para)

aus|schließen *irr vt* ❶ *(Zweifel, Irrtum)* descartar; **es ist nicht auszuschließen, dass ...** no se puede descartar la posibilidad de que... *+subj* ❷ *(im Widerspruch stehen)* excluir; **das eine schließt das andere nicht aus** lo uno no excluye lo otro ❸ (JUR: *Öffentlichkeit*) excluir ❹ *(aus einer Gemeinschaft)* expulsar (**aus** de)

ausschließlich I. *adj (alleinig)* exclusivo **II.** *adv* únicamente; *(nur)* solo, solamente **III.** *präp +gen* con exclusión de, excluido

aus|schlüpfen *vi sein* salir del huevo

Ausschluss *m* <-es, -schlüsse> exclusión *f* (**aus** de); (SPORT) descalificación *f;* **unter ~ der Öffentlichkeit** (JUR) a puerta cerrada

aus|schmücken *vt* ❶ *(Raum)* adornar, decorar ❷ *(Geschichte)* adornar, embellecer

aus|schneiden *irr vt* ❶ *(Bild)* recortar (**aus** de) ❷ *(Büsche)* podar

Ausschnitt *m* <-(e)s, -e> ❶ *(Teil)* parte *f,* fragmento *m* ❷ *(aus einem Film)* escena *f* ❸ (MATH) sector *m* ❹ *(bei Kleidung)* escote *m* ❺ *(aus einer Zeitung)* recorte *m*

aus|schöpfen *vt* ❶ *(Flüssigkeit)* sacar, extraer ❷ *(Gefäß)* vaciar ❸ *(Möglichkeiten)* aprovechar; *(Reserven)* agotar

aus|schreiben *irr vt* ❶ *(Wort)* escribir entero; *(Zahl)* escribir en letra ❷ *(Wettbewerb, Wahlen)* convocar; *(Stelle)* sacar a concurso ❸ *(Rechnung)* hacer; *(Scheck)* extender

Ausschreibung *f* <-en> convocatoria *f; (von Stellen)* concurso *m*

Ausschuss[1] *m* <-es, -schüsse> *(Komitee)* comisión *f*

Ausschuss[2] *m* <-es, *ohne pl*> *(minderwertige Ware)* desecho *m*

aus|schütteln *vt* sacudir

aus|schütten *vt* ❶ *(Flüssigkeit)* verter, derramar ❷ *(Gefäß)* vaciar; **jdm sein Herz ~** *(fig)* abrir su corazón a alguien ❸ *(Dividende)* repartir

Ausschüttung *f* <-en> (FIN) reparto *m*

ausschwärmen *vi sein (Bienen)* salir en enjambres; *(Soldaten)* dispersarse

ausschweifen *vi sein* divagar; **seine Fantasie ~ lassen** dejar rienda suelta a la fantasía
ausschweifend ['aʊsʃvaɪfənt] *adj* ① *(Leben)* libertino, disoluto ② *(Fantasie)* desenfrenado
Ausschweifung *f* <-en> desenfreno *m*
aus|schweigen *irr vr:* **sich ~** guardar silencio (**über** sobre)
ausschwemmen *vt (Giftstoffe)* despedir; *(Gold)* limpiar con agua
aus|schwenken *vt* ① *(Kran)* girar hacia fuera; **nach links ~** girar a la izquierda ② *(Wäsche)* aclarar
aus|schwitzen *vt* sudar
aus|sehen *irr vi* parecer, tener aspecto (**nach** de); **gut ~** tener buen aspecto; *(Sache)* ser bonito; *(Person)* estar guapo; **gut ~d** bien parecido; **es sieht nach Regen aus** parece que va a llover; **wie sieht's aus?** *(fam)* ¿qué tal van las cosas?; **es sieht so au, als ob ...** parece como si... *+subj;* **er sieht aus wie sein Vater** se parece a su padre
Aussehen *nt* <-s, *ohne pl*> aspecto *m*
außen ['aʊsən] *adv* fuera; **von ~** por fuera; **den Schein nach ~ hin wahren** guardar las apariencias; **~ vor sein** quedar fuera
Außenantenne *f* <-, -n> antena *f* exterior
Außenbezirk *m* barrio *m* periférico, extrarradio *m*
Außenbordmotor *m* motor *m* fuera borda
aus|senden *irr vt* ① *(Expedition, Boten)* enviar ② *(Strahlen, Signale)* emitir
Außendienst *m* <-(e)s, *ohne pl*> servicio *m* externo
Außendienstmitarbeiter(in) *m(f)* colaborador(a) *m(f)* en el servicio exterior
Außenhandel *m* (COM) comercio *m* exterior
Außenminister(in) *m(f)* (POL) ministro, -a *m, f* de Asuntos Exteriores, canciller *m Am*
Außenministerium *nt* (POL) Ministerio *m* de Asuntos Exteriores, cancillería *f Am*
Außenpolitik *f* (POL) política *f* exterior
außenpolitisch *adj* (POL) referente a la política exterior
Außenseite *f* (parte *f*) exterior *m*
Außenseiter(in) *m(f)* <-s, -; -nen> marginado, -a *m, f;* (SPORT) outsider *mf*
Außenspiegel *m* (AUTO) espejo *m* retrovisor exterior
Außenstände *mpl* (WIRTSCH, FIN) atrasos *mpl*
Außenstehende(r) *mf* <-n, -n; -n> persona *f* ajena, profano, -a *m, f*
Außenstelle *f* agencia *f*
Außenstürmer(in) *m(f)* (SPORT) extremo, -a *m, f* delantero , -a
Außentank *m* tanque *m* exterior
Außentasche *f* <-, -n> bolsillo *m* exterior
Außentemperatur *f* temperatura *f* exterior
Außenwand *f* <-, -wände> pared *f* exterior, muro *m* exterior
Außenwelt *f ohne pl* mundo *m* exterior
Außenzelt *nt* tienda *f* de campaña para el exterior
außer ['aʊsɐ] **I.** *präp +dat* ① *(räumlich)* fuera de; **~ Sicht sein** no ser visible; **~ Haus** fuera de casa ② *(Zustand)* fuera de; **~ Betrieb/Gefahr** fuera de servicio/de peligro; **~ Dienst sein** estar retirado; **~ Atem** sin aliento; **sie war ~ sich vor Freude** estaba fuera de sí de alegría ③ *(ausschließlich)* excepto, a excepción de ④ *(abgesehen von)* aparte de **II.** *präp +gen (räumlich)* fuera de; **~ Landes** fuera del país **III.** *konj* excepto, a excepción de; **~ dass** excepto que *+subj;* **~ wenn** excepto si
außerberuflich *adj* extraprofesional
außerdem ['aʊsɐde:m, --'-] *adv* además, aparte
außerdienstlich *adj* extraoficial
äußere(r, s) *adj* exterior, externo
Äußere(s) *nt* <-n, *ohne pl*> aspecto *m; (Gesicht, Körper)* físico *m*
außerehelich ['aʊsɐʔe:əlɪç] *adj* ① *(Beziehung)* extramatrimonial ② *(Kind)* natural, ilegítimo
außereuropäisch *adj* extraeuropeo
außergerichtlich *adj* (JUR) extrajudicial
außergewöhnlich *adj* excepcional; *(ungewöhnlich)* desacostumbrado
außerhalb **I.** *präp +gen* fuera de; **~ der Stadt** fuera de la ciudad **II.** *adv* fuera; **wir wohnen ~** vivimos en las afueras
außerirdisch *adj* extraterrestre
äußerlich ['ɔɪsɐlɪç] *adj* ① *(außen)* externo; **nur ~ anwenden** *(Aufschrift auf Medikamenten)* solo para uso externo; **rein ~ betrachtet** visto solamente por fuera ② *(oberflächlich)* superficial ③ *(scheinbar)* aparente
Äußerlichkeit *f* <-en> apariencia *f*
äußern ['ɔɪsɐn] **I.** *vt* expresar; **seine Meinung ~** dar su opinión **II.** *vr:* **sich ~** ① *(seine Meinung sagen)* pronunciarse ② *(sich zeigen)* mostrarse
außerordentlich **I.** *adj* extraordinario, excepcional **II.** *adv (sehr)* sumamente, mucho; **etw ~ schätzen** apreciar algo extraordinariamente
außerorts *adv (Schweiz, Österr)* en las afueras

außerparlamentarisch *adj* extraparlamentario

außerplanmäßig *adj* extraordinario, fuera de norma

außerschulisch *adj* (SCH) extraescolar

äußerst ['ɔɪsɐst] *adv* muy, extraordinariamente

außerstande [aʊsɐ'ʃtandə] *adv* **~ sein, etw zu tun** no estar en condiciones de hacer algo; *s. a.* **Stand**[1]

äußerste(r, s) *adj* ❶ *(weit entfernt)* extremo; **am ~n Ende der Stadt** en el límite de la ciudad ❷ *(größtmöglich)* máximo, sumo

Äußerste(s) *nt* **jdm das ~ abverlangen** exigir lo máximo de alguien; **sein ~s geben** dar el máximo de sí; **auf das ~** [*o* **äußerste**] **gefasst sein** estar preparado para lo peor

äußerstenfalls ['ɔɪsɐstən'fals] *adv* a lo sumo

Äußerung ['ɔɪsərʊŋ] *f* <-en> declaración *f; (Bemerkung)* observación *f*

aus|setzen **I.** *vi* ❶ *(Atmung, Herz)* cesar ❷ *(unterbrechen)* interrumpirse; **zwei Runden ~** pasar dos turnos; **ohne auszusetzen** sin parar **II.** *vt* ❶ *(Tier)* abandonar ❷ (JUR: *Verhandlung*) aplazar; **die Strafe wurde zur Bewährung ausgesetzt** le concedieron remisión condicional de la pena ❸ *(bemängeln)* criticar, poner reparos (a) ❹ *(Belohnung)* ofrecer; *(Preis)* fijar ❺ *(preisgeben)* **jdn etw** *dat* **~** exponer a alguien a algo

Aussetzer *m* <-s, -> *(fam)* **einen ~ haben** quedarse en blanco

Aussetzung *f* <-, -en> (*a.* JUR: *eines Verfahrens*) suspensión *f*

Aussicht *f* <-en> ❶ *(Blick)* vista *f* (**auf** de), panorama *m* (**auf** de) ❷ *(Zukunftsmöglichkeit)* perspectiva *f* (**auf** de), esperanza *f* (**auf** de); **etw in ~ haben** tener algo en perspectiva; **etw hat ~ auf Erfolg** algo tiene probabilidad de éxito; **jdm etw in ~ stellen** prometer algo a alguien; **gute ~en haben** tener buenas perspectivas

aussichtslos *adj* sin esperanza; *(verzweifelt)* desesperado; *(unnütz)* inútil

Aussichtslosigkeit *f ohne pl* falta *f* de perspectivas

Aussichtsplattform *f* mirador *m*

Aussichtspunkt *m* mirador *m*

aussichtsreich *adj* prometedor

Aussichtsturm *m* mirador *m*

aus|sieben **I.** *vt* ❶ *(mit einem Sieb)* colar; **Klumpen aus der Soße ~** colar la salsa (para quitar los grumos) ❷ *(durch Auswahl)* cribar **II.** *vi* hacer una criba; **bei der Zwischenprüfung wird ausgesiebt** el examen de diplomatura es una criba

aus|siedeln *vt* evacuar

Aussiedler(in) *m(f)* <-s, -; -nen> expatriado, -a *m, f*

aus|sitzen *irr vt (fam)* dejar pasar

aus|söhnen ['aʊszøːnən] *vr:* **sich ~** (re)conciliarse

Aussöhnung *f* <-en> reconciliación *f*

aus|sondern *vt* apartar

aus|sortieren* *vt* desechar, separar

aus|spannen **I.** *vi (sich erholen)* descansar **II.** *vt* ❶ *(Netz)* (ex)tender ❷ *(Pferde)* desenganchar ❸ *(fam)* **jdm den Freund ~** quitar(le) a alguien el novio

Aussparung *f* <-, -en> boquete *m*, brecha *f*

ausspeien *irr* **I.** *vi* escupir (**vor** de) **II.** *vt (Lava, Qualm)* arrojar, escupir

aus|sperren **I.** *vt* ❶ *(aus der Wohnung)* cerrar la puerta (a, **aus** de) ❷ *(Arbeiter)* dejar en la calle mediante un cierre **II.** *vr:* **sich ~** *(aus der Wohnung)* quedarse fuera sin llaves (**aus** de)

Aussperrung *f* <-en> cierre *m*, lockout *m*

aus|spielen **I.** *vt* ❶ *(Karte)* jugar ❷ (SPORT: *Gegenspieler*) regatear ❸ *(aufwiegeln)* **jdn gegen jdn ~** aprovecharse de la rivalidad entre dos personas **II.** *vi (beim Kartenspiel)* salir

aus|spionieren* *vt* espiar

Aussprache *f* <-n> ❶ *(Artikulation)* pronunciación *f* ❷ *(Akzent)* acento *m* ❸ *(Unterredung)* discusión *f*, debate *m;* **eine ~ mit jdm haben** hablar francamente con alguien

aus|sprechen *irr* **I.** *vi (zu Ende sprechen)* terminar (la frase) **II.** *vt* ❶ *(Wörter, Laute)* pronunciar ❷ *(Lob, Verdächtigung)* expresar; **sie sprachen der Regierung ihr Vertrauen aus** expresaron su confianza al gobierno ❸ *(Verbot)* notificar **III.** *vr:* **sich ~** ❶ *(sein Herz ausschütten)* desahogarse (**bei** con) ❷ *(befürworten)* abogar (**für** por)

Ausspruch *m* <-(e)s, -sprüche> dicho *m*, frase *f* ingeniosa

aus|spucken *vi, vt* escupir

aus|spülen *vt* enjuagar

aus|staffieren* ['aʊsʃtafiːrən] *vt* ataviar (**mit** con/de), proveer (**mit** de)

Ausstand *m* <-(e)s, *ohne pl*> ❶ *(Streik)* huelga *f* ❷ *(Schweiz: Ausscheiden)* retirada *f* (**aus** de); **seinen ~ geben** celebrar su despedida del trabajo

aus|statten ['aʊsʃtatən] *vt* proveer (**mit** de), dotar (**mit** con/de)

Ausstattung *f* <-en> ❶ *(mit Geräten)* equipo *m* ❷ *(eines Buches)* presentación *f*

aus|stechen *irr vt* ❶ *(Unkraut)* extraer (con una pala); *(Auge)* vaciar ❷ *(übertreffen)* aventajar

Ausstechform *f* (GASTR) cortapastas *m inv*

aus|stehen *irr* **I.** *vi (fehlen)* faltar, estar pendiente **II.** *vt (ertragen)* aguantar, soportar; **ich kann ihn nicht ~** no le soporto

aus|steigen *irr vi sein* ❶ *(aus einem Fahrzeug)* bajar (**aus** de) ❷ *(fam: aufhören)* retirarse (**aus** de), abandonar (**aus**)

Aussteiger(in) *m(f)* <-s, -; -, -nen> *(fam) persona que ha dejado su oficio y entorno para estar libre de presiones sociales*

aus|stellen *vt* ❶ *(Waren, Bilder)* exhibir, exponer ❷ *(Bescheinigung, Zeugnis)* expedir; *(Scheck)* extender (**über** por) ❸ *(Gerät)* apagar

Aussteller(in) *m(f)* <-s, -; -nen> ❶ *(bei Ausstellungen)* expositor(a) *m(f)* ❷ *(von Urkunden)* otorgante *mf* ❸ *(von Wechseln)* librador(a) *m(f)*

Ausstellung *f* <-en> ❶ *(Veranstaltung)* exposición *f* ❷ *(von Schriftstücken)* expedición *f* ❸ *(von Schecks)* extensión *f* (**über** por)

Ausstellungsstück *nt* objeto *m* expuesto

aus|sterben *irr vi sein (Pflanze, Tierart, Sprache)* desaparecer; *(Brauch)* perderse, caer en desuso; **wie ausgestorben** *(Ort)* desierto

Aussterben *nt* <-s, *ohne pl*> **vom ~ bedroht** en vías de extinción

Aussteuer *f ohne pl* ajuar *m*, canastilla *f Arg, PRico; (Geld)* dote *f*

Ausstieg ['aʊsʃtiːk] *m* <-(e)s, -e> ❶ *(das Heraussteigen)* bajada *f* ❷ *(Ausgang)* salida *f* ❸ *(fam: Beendigung)* abandono *m*

aus|stopfen *vt* rellenar; *(Tier)* disecar

Ausstoß *m* <-es, *ohne pl*> ❶ (WIRTSCH) producción *f* ❷ *(Abgase)* expulsión *f*

aus|stoßen *irr vt* ❶ *(Atem, Abgase)* expulsar; *(Dampf, Rauchwolken)* expeler; *(Lava)* arrojar ❷ *(Seufzer)* lanzar ❸ *(produzieren)* producir ❹ *(ausschließen)* expulsar (**aus** de)

aus|strahlen *vt* ❶ *(Licht, Wärme)* emitir; *(Ruhe, Heiterkeit)* irradiar ❷ (RADIO) emitir, radiar; (TV) televisar

Ausstrahlung *f* <-en> ❶ (RADIO, TV) emisión *f* ❷ *(Charisma)* carisma *m*

aus|strecken **I.** *vt (Beine)* estirar **II.** *vr:* **sich ~** estirarse

aus|streichen *irr vt (durchstreichen)* borrar, tachar

aus|streuen *vt* esparcir, dispersar; *(Gerüchte)* difundir

aus|strömen **I.** *vi sein (Wasser)* derramarse; *(Gas, Dampf)* escaparse, salir **II.** *vt (Duft)* despedir, exhalar; *(Wärme)* despedir

aus|suchen *vt* escoger, elegir

Austausch *m* <-(e)s, *ohne pl*> (inter)cambio *m;* **im ~ für etw** a cambio de algo

austauschbar *adj* (inter)cambiable; *(ersetzbar)* su(b)stituible

aus|tauschen **I.** *vt* ❶ *(auswechseln)* cambiar ❷ *(Erfahrungen, Erinnerungen)* intercambiar ❸ *(Schüler)* intercambiar; *(Gefangene)* canjear **II.** *vr* **sich untereinander/mit jdm ~** cambiar impresiones uno con otro/con alguien

Austauschklasse *m* clase de intercambio *f*

Austauschschüler(in) *m(f)* alumno, -a *m, f* de intercambio *(dentro de un convenio internacional)*

aus|teilen *vt* repartir (**an** a, **unter** entre); *(Ohrfeige, Karten)* dar, repartir

Auster ['aʊstɐ] *f* <-n> ostra *f*

Austernpilz *m* champiñón *m* chino

aus|toben *vr:* **sich ~** *(Kinder)* desfogarse; *(beim Spielen)* jugar a lo loco

aus|tragen *irr vt* ❶ *(Briefe)* repartir ❷ *(Konflikt)* poner en claro ❸ *(Wend)* **ein Kind ~** (decidir) tener el niño

Australian Football [ɔs'trɛɪljən 'futboːl] *m* <-s, *ohne pl*> (SPORT) fútbol *m* australiano

Australien [aʊs'traːliən] *nt* <-s> Australia *f*

Australier(in) *m(f)* <-s, -; -nen> australiano, -a *m, f*

australisch *adj* australiano

aus|treiben *irr* **I.** *vt* ❶ *(Vieh)* sacar a pastar ❷ *(Teufel)* exorcizar ❸ *(Blüten)* echar ❹ *(abgewöhnen)* **jdm etw ~** quitar a alguien algo de la cabeza **II.** *vi (Pflanze)* echar hojas

Austreibung *f* <-en> ❶ *(von Menschen)* expulsión *f* ❷ *(vom Teufel)* exorcismo *m*

aus|treten *irr* **I.** *vi sein* ❶ *(Gas)* escaparse (**aus** por); *(Blut)* salir(se) (**aus** de) ❷ *(aus der Kirche, Partei)* salir (**aus** de); *(aus einem Verein)* darse de baja (**aus** en) ❸ *(fam: zur Toilette gehen)* ir al servicio, ir al váter **II.** *vt* ❶ *(Treppenstufen)* gastar; *(Schuhe)* (des)gastar ❷ *(Feuer)* apagar con los pies; *(Zigarette)* pisar

aus|tricksen ['aʊstrɪksən] *vt (fam)* engañar

aus|trinken *irr vi, vt* terminar(se) de beber

Austritt *m* <-(e)s, -e> ❶ *(aus einer Organisation)* abandono *m*, dimisión *f* ❷ *(von Flüssigkeit)* salida *f; (von Gas)* escape *m*

aus|trocknen **I.** *vi sein* (re)secarse **II.** *vt* secar

aus|tüfteln ['aʊstʏftəln] *vt (fam)* idear

aus|üben *vt* ❶ *(Beruf, Macht)* ejercer; *(Amt)* desempeñar ❷ *(Druck, Einfluss)* ejercer (**auf** sobre)

A

Ausübung *f ohne pl* ❶ *(Beruf)* ejercicio *m* ❷ *(Dienst, Pflicht)* cumplimiento *m*
aus|ufern *vi sein (Gewässer)* desbordarse; *(Diskussion)* salirse del tema
Ausverkauf *m* <-(e)s, -käufe> rebajas *fpl*
ausverkauft *adj* agotado
aus|wachsen **I.** *vi sein (groß werden)* alcanzar el pleno desarrollo **II.** *vr:* **sich ~** *(ausarten)* degenerar (**zu** en)
Auswahl[1] *f ohne pl (Wahl)* selección *f;* **die (freie) ~ haben** poder escoger a su gusto; **zur ~** a escoger
Auswahl[2] *f* <-en> ❶ *(Angebot)* surtido *m* ❷ (SPORT) selección *f*
aus|wählen *vt* elegir (**aus** de), escoger (**unter** de/entre)
Auswahlmenü *nt* (INFOR) menú *m* de opciones
Auswahlspieler(in) *m(f)* (SPORT) (jugador(a) *m(f)*) seleccionado, -a *m, f*
Auswahlverfahren *nt* proceso *m* de selección
auswalzen *vt* laminar
Auswanderer, -in *m, f* <-s, -; -nen> emigrante *mf*
aus|wandern *vi sein* emigrar (**aus** de, **nach** a)
Auswanderung *f* <-en> emigración *f* (**aus** de, **nach** a)
auswärtig ['aʊsvɛrtɪç] *adj* ❶ *(nicht einheimisch)* forastero, de fuera; *(ausländisch)* extranjero ❷ *(das Ausland betreffend)* exterior; **der ~e Dienst** el servicio exterior
auswärts ['aʊsvɛrts] *adv* ❶ *(nach außen)* hacia fuera ❷ *(nicht zu Hause)* fuera (de casa); **von ~** de fuera
Auswärtsspiel *nt* (SPORT) partido *m* fuera de casa
aus|waschen *irr vt* lavar, limpiar; (GEO) erosionar
Auswaschung *f* <-, -en> (GEO) erosión *f*
Auswechs(e)lung *f* <-en> cambio *m;* (TECH) (re)cambio *m*
Auswechselbank *f* (SPORT) banquillo *m* (de jugadores)
auswechselbar *adj* (inter)cambiable
Auswechsellinie *f* (SPORT) línea *f* de cambios
aus|wechseln *vt* cambiar; (TECH) (re)cambiar
Auswechselspieler(in) *m(f)* (SPORT) jugador(a) *m(f)* reserva
Ausweg *m* <-(e)s, -e> salida *f* (**aus** de), solución *f* (**aus** para)
ausweglos *adj* sin salida, sin solución; *(verzweifelt)* desesperado
Ausweglosigkeit *f* <-, *ohne pl*> falta *f* de salida; **die ~ der Situation** lo irremediable de la situación
aus|weichen *irr vi sein* **jdm ~** hacer sitio a alguien; **etw** *dat* **~** *(fig)* evitar algo; **eine ~de Antwort geben** responder con una evasiva; **auf etw anderes ~** decidirse por otra cosa
Ausweichmanöver *nt* ❶ (AUTO) maniobra *f* de elusión ❷ *(fam: Ausflüchte)* evasiva *f*
ausweiden *vt* destripar
aus|weinen *vr:* **sich ~** desahogarse (llorando); **sich bei jdm ~** desahogarse con alguien
Ausweis ['aʊsvaɪs] *m* <-es, -e> documento *m,* cartilla *f Am;* *(Studentenausweis)* carné *m* de estudiante; *(Personalausweis)* documento *m* nacional de identidad
aus|weisen ['aʊsvaɪzən] *irr* **I.** *vt* ❶ *(fortschicken)* expulsar (**aus** de) ❷ *(identifizieren)* identificar (**als** como/de), probar la identidad (**als** de/como) **II.** *vr:* **sich ~** *(Ausweis zeigen)* identificarse
Ausweiskontrolle *f* control *m* de pasaportes
Ausweispapiere *ntpl* documentación *f*
Ausweisung *f* <-en> (POL) expulsión *f*
aus|weiten **I.** *vt (vergrößern)* ampliar **II.** *vr:* **sich ~** ❶ *(weiter werden)* ensancharse, ampliarse ❷ *(sich auswachsen)* llegar a convertirse (**zu** en)
Ausweitung *f* <-en> ❶ *(Ausdehnung)* ensanchamiento *m;* **die ~ der Handelsbeziehungen** la ampliación de los contratos comerciales ❷ *(Auswachsen)* aumento *m;* **eine ~ der Unruhen soll verhindert werden** se ha de evitar que los disturbios vayan a más
auswendig ['aʊsvɛndɪç] *adv* de memoria; **etw ~ können** saberse algo de memoria
Auswendiglernen *nt ohne pl* memorización *f*
aus|werfen *irr vt* ❶ *(Anker, Netz)* echar; **die Angel ~** lanzar la caña ❷ *(geh: Blut, Schleim)* escupir ❸ *(produzieren)* fabricar, producir ❹ (INFOR: *Daten*) emitir, arrojar
aus|werten *vt* ❶ *(analysieren)* analizar ❷ *(verwerten)* utilizar
Auswertung *f* <-en> ❶ *(Bewertung)* evaluación *f,* análisis *m inv* ❷ *(Verwertung)* utilización *f*
aus|wickeln *vt* desenvolver
aus|wiegen *irr vt* pesar
aus|wirken *vr:* **sich ~** repercutir (**auf** en)
Auswirkung *f* <-en> repercusión *f* (**auf** en), consecuencia *f* (**auf** en/para)
aus|wischen *vt* ❶ *(Staub)* quitar ❷ *(Glas, Schrank)* limpiar ❸ *(Wend)* **jdm eins ~** *(fam)* jugar(le) a alguien una mala pasada
aus|wringen ['aʊsvrɪŋən] *irr vt* escurrir, retorcer
Auswuchs ['aʊsvu:ks, *pl:* 'aʊsvy:ksə] *m*

<-es, -wüchse> ① (MED) excrecencia *f;* *(Geschwulst)* tumor *m* ② *pl (Übersteigerung)* aberración *f*

auswuchten *vt* (TECH) compensar

Auswurf[1] *m* <-(e)s, *ohne pl*> *(das Auswerfen)* expulsión *f*

Auswurf[2] *m* <-(e)s, -würfe> (MED) esputo *m*

aus|zahlen I. *vt* pagar **II.** *vr:* **sich ~** merecer la pena

aus|zählen *vt* ① *(Stimmen)* escrutar ② *(beim Boxen)* contar al límite

Auszahlung *f* <-en> pago *m*

Auszählung *f* <-, -en> escrutinio *m,* recuento *m*

aus|zeichnen I. *vt* ① *(kennzeichnen, a. Waren)* marcar ② *(hervorheben)* distinguir ③ *(ehren)* honrar **II.** *vr:* **sich ~** destacarse (**durch** por)

Auszeichnung *f* <-en> ① *(Ehrung)* distinción *f;* (SCH) matrícula *f* de honor; **mit ~** con mención honorífica ② (MIL) condecoración *f,* distinción *f*

Auszeit *f* (SPORT) tiempo *m* muerto

ausziehbar *adj* extensible

aus|ziehen *irr* **I.** *vi sein (Wohnung räumen)* mudarse, cambiar(se) de casa **II.** *vt* ① *(Kleidung ablegen)* quitar; *(entkleiden)* desnudarse ② *(Tisch)* alargar **III.** *vr:* **sich ~** *(Kleidung)* desnudarse, quitarse la ropa, encuerarse *Am*

Ausziehtisch *m* mesa *f* extensible

Auszubildende(r) *mf* <-n, -n; -n> aprendiz(a) *m(f)*

Auszug *m* <-(e)s, -züge> ① *(aus der Wohnung)* mudanza *f* (**aus** de) ② *(Weggang)* **der ~ aus Ägypten** el éxodo de Egipto ③ *(Extrakt)* extracto *m* ④ *(aus einem Buch)* fragmento *m,* extracto *m*

auszugsweise *adv* en extracto; *(zusammengefasst)* en resumen

autark [aʊ'tark] *adj* autárquico

Autarkie *f* <-n> autarquía *f*

authentisch [aʊ'tɛntɪʃ] *adj* auténtico

Authentizität [aʊtɛntitsi'tɛ:t] *f ohne pl* autenticidad *f*

Autismus [aʊ'tɪsmʊs] *m* <-, *ohne pl*> (MED) autismo *m*

autistisch *adj* ① *(den Autismus betreffend)* autista, autístico ② *(an Autismus leidend)* autista

Auto ['aʊto] *nt* <-s, -s> coche *m,* auto *m Am;* **mit dem ~ fahren** ir en coche

Autoatlas *m* mapa *m* de carreteras

Autobahn *f* autopista *f*

Autobahnausfahrt *f* salida *f* de la autopista

Autobahndreieck *nt* cruce *m* de autopista

Autobahngebühr *f* peaje *m*

Autobahnkreuz *nt* cruce *m* de autopista

Autobahnraststätte *f* área *f* de servicio

Autobatterie *f* batería *f* de coche

Autobiografie [aʊtobiogra'fi:] *f* <-n> autobiografía *f*

autobiografisch *adj* autobiográfico

Autobombe *f (sl)* coche bomba *m*

Autobus ['aʊtobʊs] *m* autobús *m*

Autodidakt(in) [autodi'dakt] *m(f)* <-en, -en; -nen> autodidacta *mf*

autodidaktisch *adj* autodidáctico

Autodieb(in) *m(f)* ladrón, -ona *m, f* de coches

Autodiebstahl *m* <-(e)s, -stähle> robo *m* de automóviles

Autofähre *f* tra(n)sbordador *m* para coches, ferri *m* para coches

Autofahrer(in) *m(f)* conductor(a) *m(f),* automovilista *mf,* volante *mf Am*

Autofahrt *f* viaje *m* en coche, paseo *m* en auto

autogen [aʊto'ge:n] *adj* ① (TECH) autógeno ② (MED) **~es/Autogenes Training** técnica *f* de autorrelajación

Autogramm [aʊto'gram] *nt* <-s, -e> autógrafo *m*

Autohändler(in) *m(f)* vendedor(a) *m(f)* de automóviles

Autokino *nt* autocine *m*

Autoknacker(in) ['aʊtoknakɐ] *m(f) (fam)* ratero, -a *m, f* de coches

Autokrat(in) [aʊto'kra:t] *m(f)* <-en, -en; -nen> autócrata *mf*

Autokratie [aʊtokra'ti:] *f* <-n> autocracia *f*

Autokratin *f* <-nen> *s.* **Autokrat**

autokratisch *adj* autocrático

Automat [aʊto'ma:t] *m* <-en, -en> autómata *m;* *(Getränke-, Tabakautomat)* distribuidor *m* automático, máquina *f fam;* *(Geldautomat)* cajero *m* (automático)

Automatik [aʊto'ma:tɪk] *f* <-en> (TECH) automatismo *m;* **ein Fotoapparat mit ~** una cámara fotográfica automática

Automatikgetriebe *nt* (AUTO) cambio *m* automático

Automatikschaltung *f* (AUTO) tra(n)smisión *f* automática

Automatiktür *f* puerta *f* automática

automatisch *adj* automático

automatisieren* *vt* automatizar

Automatisierung *f* <-en> automatización *f*

Automechaniker(in) *m(f)* mecánico, -a *m, f* de coches

Automobil [aʊtomo'bi:l] *nt* <-s, -e> automóvil *m*

Automobilindustrie *f* industria *f* del automóvil

A

A

autonom [aʊto'no:m] *adj* autónomo; **~e Region** comunidad *f* autónoma
Autonome(r) *mf* <-n, -n; -n> autonomista *mf*
Autonomie [aʊtono'mi:] *f* <-n> autonomía *f*
Autonummer *f* matrícula *f* del coche
Autopilot *m* (TECH) piloto *m* automático
Autopsie [autɔ'psi:] *f* <-n> (MED) autopsia *f*
Autor(in) ['aʊto:ɐ] *m(f)* <-s, -en; -nen> autor(a) *m(f)*
Autoradio *nt* autorradio *f*
Autoreifen *m* neumático *m* del coche, caucho *m Col, Ven*
Autorennen *nt* carrera *f* de coches [*o* de automóviles]
Autorin [aʊ'to:rɪn] *f* <-nen> *s.* **Autor**
autorisieren* *vt* autorizar (**zu** para/a)
autoritär [aʊtori'tɛ:ɐ] *adj* autoritario
Autorität *f* <-en> autoridad *f*
Autoschlange *f* caravana *f* de coches
Autoschlüssel *m* llave *f* del coche
Autoskooter ['aʊtosku:tɐ] *m* <-s, -> autochoque *m*
Autostunde *f* hora *f* de coche
Autosuggestion [aʊtozʊgɛs'tjo:n] *f ohne pl* autosugestión *f*
autosuggestiv *adj (Methode, Techniken)* autosugestivo
Autotelefon *nt* teléfono *m* de automóvil
Autotransporter *m* tráiler *m* para coches
Autotür *f* puerta *f* del coche
Autounfall *m* accidente *m* de automóvil
Autoverkehr *m ohne pl* tráfico *m* rodado
Autoverleih *m* alquiler *m* de coches, establo *m Cuba*
Autovermietung *f* alquiler *m* de coches
Autowerkstatt *f* taller *m* de coches
Autowrack *nt* coche *m* para desguazar
autsch [aʊtʃ] *interj* ay
Avancen [a'vɑ̃:sə] *f pl* **jdm ~ machen** *(sexuell)* abordar a alguien, tirar los tejos a alguien *fam; (geschäftlich)* dirigirse a alguien, ir al encuentro de alguien
Avantgarde [avɑ̃'gardə] *f* <-n> vanguardia *f*
avantgardistisch [avɑ̃gar'dɪstɪʃ] *adj* vanguardista, de vanguardia
Aversion [avɛr'zjo:n] *f* <-en> aversión *f* (**gegen** contra)
Avocado [avo'ka:do] *f* <-s> aguacate *m*, palta *f Am*, ahuacatl *m Méx*
Axt [akst, *pl:* 'ɛkstə] *f* <Äxte> hacha *f*
Ayurveda [ajur've:da] *m* <-, *ohne pl*> (medicina *f*) ayurveda *m*
Azalee [atsa'le:ə] *f* <-n> azalea *f*
Azetat [atse'ta:t] *nt* <-s, -e> (CHEM) acetato *m*
Azoren [a'tso:rən] *pl* **die ~** las Azores
Azteke, -in [ats'te:kə] *m, f* <-n, -n; -nen> azteca *mf*
aztekisch [ats'te:kɪʃ] *adj* azteca
Azubi [a'tsu:bi] *mf* <-s, -s; -s> *(fam) Abk. von* **Auszubildende(r)** aprendiz(a) *m(f)*
azurblau [a'tsu:ɐblaʊ] *adj* azul celeste

Bb

B, b [beː] *nt* <-, -> ① *(Buchstabe)* B, b *f;* ~ **wie Berta** B de Barcelona ② (MUS: *Ton*) si *m* bemol ③ (MUS: *Erniedrigungszeichen*) bemol *m*

B *f Abk. von* **Bundesstraße** *(in Deutschland)* carretera *f* federal; *(in Spanien)* ≈ N *f*

babbeln **I.** *vi (reg)* ① *(Baby)* balbucear ② *(abw: schwatzen)* parlotear **II.** *vt (reg: reden)* decir; **sie babbelt ununterbrochen Unsinn** se pasa el día soltando tonterías

Baby ['beːbi, 'bɛɪbi] *nt* <-s, -s> bebé *m*

Babyartikel *f* productos *mpl* para bebés

Babyausstattung *f* canastilla *f*

Babydecke *f* mantita *f* (para bebés)

Babyfäustling *m* manopla *f*

Babyfon® ['beːbifoːn] *nt* vigilabebés *m inv*

Babyschlafsack *m* saco *m* de dormir (para bebés)

babysitten ['beːbisɪtən] *vi (fam)* hacer de babysitter

Babysitter(in) *m(f)* <-s, -; -nen> babysitter *mf,* canguro *mf*

Babyspeck *m (fam)* redondez *f* de recién nacido

Babytragetasche *f* portabebés *m inv*

Bach [bax, *pl:* 'bɛçə] *m* <-(e)s, Bäche> arroyo *m,* quebrada *f Am*

Bachelor ['bɛtʃəlɐ] <-(s) -s> *m (Hochschulabschluss)* bachelor *m*

Bachforelle *f* (ZOOL) trucha *f* (de río)

Bachstelze *f* <-n> (ZOOL) lavandera *f*

Backblech *nt* bandeja *f* de horno

Backbord ['bakbɔrt] *nt* <-(e)s, *ohne pl*> (NAUT, AERO) babor *m*

backbord(s) *adv* (NAUT, AERO) a babor

Backe ['bakə] *f* <-n> ① *(fam: Wange)* carrillo *m; (Pausbacke)* moflete *m* ② *(fam: Hinterbacke)* moflete *m* ③ (TECH: *einer Bremse*) zapata *f; (eines Schraubstocks)* mandíbula *f*

backen ['bakən] <backt *o* bäckt, backte, gebacken> **I.** *vi (gar werden)* cocer **II.** *vt (Brot, Kuchen)* hacer (en el horno)

Backenknochen *m* pómulo *m*

Backenzahn *m* muela *f*

Bäcker(in) ['bɛkɐ] *m(f)* <-s, -; -nen> ① *(Person)* panadero, -a *m, f* ② *(Geschäft)* panadería *f*

Bäckerei *f* <-en> panadería *f*

Bäckerin *f* <-nen> *s.* **Bäcker**

Bäckerladen *m* panadería(-bollería) *f*

Bäckermeister(in) *m(f)* maestro, -a *m, f* panadero , -a

backfertig *adj* (GASTR) listo para hornear

Backfisch *m* ① (GASTR) pescad(it)o *m* frito ② *(junges Mädchen)* pollita *f*

Backform *f* molde *m* de horno

Backgammon *nt* <-s, *ohne pl*> *(Spiel)* backgammon *m*

Backmischung *f* preparado *m* para un pastel

Backofen *m* horno *m*

Backpapier *nt ohne pl* papel *m* de estraza

Backpfeife *f (reg)* bofetada *f,* torta *f*

Backpflaume *f* ciruela *f* seca [*o* pasa]

Backpinsel *m* pincel *m* de cocina

Backpulver *nt* levadura *f* en polvo

Backslash ['bɛkslɛʃ] *m* <-s, -s> (INFOR) barra *f* inversa, barra *f* de directorio *(en MS-DOS)*

Backstein *m* ladrillo *m*

Backstube *f* horno *m* de pan, tahona *f*

bäckt [bɛkt] *3. präs von* **backen**

Backup [bɛk'ʔap] *nt* <-s, -s> (INFOR) backup *m*

Backwaren *fpl* productos *mpl* de panificación y pastelería

Backzeit *f* tiempo *m* de cocción (en el horno)

Bad [baːt, *pl:* 'bɛːdɐ] *nt* <-(e)s, Bäder> ① *(das Baden)* baño *m,* bañada *f Am;* **ein ~ nehmen** tomar un baño ② *(Badewasser)* (agua *m* para el) baño *m;* **sich ein ~ einlassen** prepararse un baño ③ *(Badezimmer)* (cuarto *m* de) baño *m,* lavatorio *m Am* ④ *(Heilbad, Seebad)* balneario *m* ⑤ (CHEM) baño *m*

Badeanzug *m* traje *m* de baño, mallas *fpl Am*

Badegast *m* bañista *mf*

Badehandtuch *nt* toalla *f* de baño

Badehose *f* bañador *m,* entrepierna *f Chil*

Badekappe *f* gorro *m* de baño

Badelatschen *mpl (fam)* chancletas *fpl*

Bademantel *m* albornoz *m*

Badematte *f* alfombrilla *f* de baño

Bademeister(in) *m(f)* bañero, -a *m, f*

Bademütze *f* <-, -n> gorro *m* de baño

baden ['baːdən] **I.** *vi* ① *(schwimmen)* bañarse ② *(ein Bad nehmen)* tomar un baño **II.** *vt (waschen)* bañar

Baden ['baːdən] *nt* <-s> Baden *m*

Badenixe *f* <-, -n> ondina *f,* belleza *f* en bikini

Baden-Württemberg *nt* <-s> Baden-Wurtemberg *m*

Badeort *m (Seebad)* lugar *m* de vacaciones *(en la costa); (Kurort)* balneario *m*

Badesaison *f* temporada *f* de baño
Badesalz *nt* sales *fpl* de baño
Badeschuhe *mpl* chancletas *fpl* de baño
Badestrand *m* <-(e)s, -strände> playa *f*
Badetuch *nt* toalla *f* de baño
Badewanne *f* bañera *f*, bañadera *f Am*
Badewasser *nt* <-s, *ohne pl*> agua *f* para el baño
Badewetter *nt* <-s, *ohne pl*> tiempo *m* para bañarse
Badezimmer *nt* cuarto *m* de baño, lavatorio *m Am*
Badezusatz *m* <-es, -sätze> *(Badesalz)* sales *fpl* de baño; *(Badeschaum)* baño *m* de espuma
Badminton ['bɛtmɪntən] *nt* <-, *ohne pl*> (SPORT) bádminton *m*
Badmintonplatz *m* (SPORT) cancha *f* de bádminton
Badmintonschläger *m* (SPORT) raqueta *f* de bádminton
baff [baf] *adj (fam)* ~ **sein** quedar(se) boquiabierto
Bafög ['ba:føːk], **BAföG** *nt* <-(s)> *Abk. von* **Bundesausbildungsförderungsgesetz** Ley *f* Federal de Promoción de la Enseñanza *(crédito oficial a estudiantes para sufragar los estudios)*
Bagatelldelikt *nt* (JUR) delito *m* leve
Bagatelle [baga'tɛlə] *f* <-n> bagatela *f*
bagatellisieren* *vt* quitar importancia (a)
Bagatellschaden *m* daño *m* insignificante; (JUR) siniestro *m* leve
Bagel ['bɛɪgəl] *m* <-s, -s> bag(u)el *m*, bei(u)el *m*
Bagger ['bagɐ] *m* <-s, -> excavadora *f*
baggern *vi* ① *(graben)* excavar, dragar ② *(Volleyball)* rematar
Baggersee *m* lago *m* (artificial)
Baguette [ba'gɛt] *nt* <-s, -s> barra *f* de pan *(blanco, estilo francés)*
Bahamas [ba'ha:mas] *pl* **die** ~ las Bahamas
Bahn [ba:n] *f* <-en> ① *(Weg)* camino *m*, paso *m*; **freie ~ haben** tener vía libre; **etw verläuft in gewohnten ~en** algo sigue su ritmo normal; **auf die schiefe ~ geraten** ir por mal camino ② *(Zug)* tren *m*; *(Eisenbahn)* ferrocarril *m*; **mit der ~ fahren** ir en tren ③ *(aus Stoff)* tira *f* ④ (SPORT) calle *f*, vía *f* ⑤ (ASTR: *von Planeten*) órbita *f* ⑥ *(einer Rakete)* trayectoria *f*
Bahnbeamte(r) *m*, **-beamtin** *f* (empleado, -a *m, f*) ferroviario, -a *m, f*
bahnbrechend *adj* revolucionario
Bahncard® *f* <-s> *tarjeta anual con cuya adquisición se obtiene una reducción en todos los trenes alemanes*
Bahndamm *m* terraplén *m* de vías férreas
bahnen ['ba:nən] *vt (Weg)* abrir; **jdm den Weg ~** *(fig)* preparar(le) el camino a alguien
Bahnfahrt *f* viaje *m* en tren
Bahngleis *nt* raíl *m*, vía *f*
Bahnhof *m* estación *f* (de ferrocarril)
Bahnhofshalle *f* vestíbulo *m* de la estación
Bahnhofsvorsteher(in) *m(f)* jefe, -a *m, f* de estación
Bahnlinie *f* línea *f* ferroviaria
Bahnschranke *f* barrera *f* de un paso a nivel
Bahnsteig ['ba:nʃtaɪk] *m* <-(e)s, -e> andén *m*
Bahnübergang *m* paso *m* a nivel
Bahnverbindung *f* comunicación *f* ferroviaria
Bahnwärter(in) *m(f)* guardabarros *mf inv*
Bahrain [ba'raɪn] *nt* <-s> Baréin *m*
Bahre ['ba:rə] *f* <-n> ① *(Trage)* parihuela *f*; *(Liege)* camilla *f* ② *(für Tote)* féretro *m*
Baht [ba:t] *m* <-, -> *(Währung)* baht *m* (tailandés)
Bai [baɪ] *f* <-en> bahía *f*
Baiser [bɛ'ze:] *nt* <-s, -s> (GASTR) merengue *m*
Baisse ['bɛ:s(ə)] *f* <-n> (FIN) baja *f*, caída *f*; **auf ~ spekulieren** jugar a la baja
Bajonett [bajo'nɛt] *nt* <-(e)s, -e> bayoneta *f*
Bakterie [bak'te:riə] *f* <-n> (BIOL, MED) bacteria *f*
bakteriell *adj* (BIOL, MED) bacterial, bactérico
bakteriologisch *adj* bacteriológico
Balance [ba'lã:s(ə)] *f* <-n> equilibrio *m*
Balanceakt *m* <-(e)s, -e> juego *m* de equilibrio
balancieren* **I.** *vi sein* hacer equilibrios **II.** *vt (im Gleichgewicht halten)* equilibrar
bald [balt] <eher, am ehesten> *adv* ① *(in Kürze)* pronto, en breve; **so ~ wie möglich** cuanto antes; **~ darauf** poco después; **bis ~!** ¡hasta pronto! ② *(fam: beinahe)* casi, por poco; **ich wäre ~ hingefallen** por poco me caigo ③ *(einmal)* **~ regnete es, ~ schien die Sonne** tan pronto llovía como salía el sol
Baldachin ['baldaxi:n] *m* <-s, -e> ① *(Schutzdach)* baldaquín *m*, baldaquino *m*; *(Betthimmel)* dosel *m* ② *(bei Prozessionen)* palio *m*
baldig ['baldɪç] *adj* pronto
baldigst ['baldɪkst] *adv*, **baldmöglichst** *adv* lo antes posible
Baldrian ['baldria:n] *m* <-s, -e> valeriana *f*
Balearen [bale'a:rən] *pl* **die** ~ las Baleares
Balg[1] [balk, *pl:* 'bɛlgə] *m* <-(e)s, Bälge>

❶ *(Fell)* piel *f*, pellejo *m* ❷ *(Blasebalg)* fuelle *m*
Balg[2] ['balk, *pl:* 'bɛlgɐ] *m o nt* <-(e)s, Bälger> *(fam abw: Kind)* diablillo *m*, concho *m CSur*
balgen ['balgən] *vr:* **sich ~** pelearse (**um** por)
Balgerei *f* <-en> pelea *f*
Balkan ['balka:n] *m* <-s> **der ~** los Balcanes; **auf dem ~** en los Balcanes
Balkanländer *ntpl* países *mpl* balcánicos
Balken ['balkən] *m* <-s, -> ❶ *(aus Holz, Stahl)* viga *f* ❷ (SPORT: *Schwebebalken*) barra *f* de equilibrio ❸ (TYPO: *dicker Strich*) raya *f*
Balkendiagramm *nt* <-s, -e> (INFOR) diagrama *m* de barras
Balkenwaage *f* balanza *f* (de brazos)
Balkon [bal'kɔŋ, bal'ko:n] *m* <-s, -e *o* -s> ❶ (ARCHIT) balcón *m* ❷ (THEAT) palco *m*
Balkonpflanze *f* planta *f* de balcón
Balkontür *f* puerta *f* del balcón
Ball [bal, *pl:* 'bɛlə] *m* <-(e)s, Bälle> ❶ (SPORT) pelota *f*, balón *m*; **~ spielen** jugar a la pelota; **am ~ bleiben** *(fam)* no perder de vista ❷ *(Tanzveranstaltung)* baile *m*
Ballade [ba'la:də] *f* <-n> balada *f*; (LIT) romance *m*
Ballast ['balast, -'-] *m* <-(e)s, -e> (*a.* NAUT, AERO) carga *f*
Ballaststoffe [-'---] *mpl* (MED) fibras *fpl* vegetales
ballen ['balən] **I.** *vt (Faust)* apretar, empuñar *Chil;* **die Hand zur Faust ~** cerrar los puños **II.** *vr:* **sich ~** ❶ *(Menschenmenge)* aglomerarse ❷ *(Wolken)* acumularse ❸ *(Verkehr)* concentrarse
Ballen *m* <-s, -> ❶ *(Stoffballen)* paca *f* ❷ *(an Hand-, Fußflächen)* pulpejo *m* ❸ *(einer Pflanze)* cepellón *m*
Ballerina [balə'ri:na] *f* <Ballerinen> bailarina *f*
ballern ['balɐn] **I.** *vi (fam: mehrmals schießen)* tirotear, abalear *Am* **II.** *vt (fam)* **jdm eine ~** sacudir(le) una bofetada a alguien
Ballett [ba'lɛt] *nt* <-(e)s, -e> ballet *m*
Balletttänzer(in) *m(f)* bailarín, -ina *m, f* de ballet
Ballistik [ba'lɪstɪk] *f* <-, *ohne pl*> (PHYS) balística *f*
Balljunge *m* (SPORT) recogepelotas *m inv*
Ballkleid *nt* traje *m* de fiesta
Ballon [ba'lɔŋ, ba'lo:n] *m* <-s, -s *o* -e> ❶ (AERO) globo *m* ❷ *(Glasbehälter)* balón *m* ❸ *(fam: Kopf)* coco *m*
Ballonfahrt *f* viaje *m* en globo
Ballsaal *m* salón *m* de baile
Ballspiel *nt* juego *m* de pelota
Ballung ['balʊŋ] *f* <-en> aglomeración *f*
Ballungsgebiet *nt* zona *f* de aglomeración
Ballungsraum *m* zona *f* de aglomeración
Ballungszentrum *nt* (centro *m* de) aglomeración *f*; **städtisches ~** megaciudad *f*
Balsam ['balza:m] *m* <-s, *ohne pl*> bálsamo *m*
Balte, -in ['baltə] *m, f* <-n, -n; -nen> báltico, -a *m, f*
Baltikum ['baltikʊm] *nt* <-s> países *mpl* bálticos
Baltin ['baltɪn] *f* <-nen> *s.* **Balte**
baltisch *adj* báltico
Balustrade [balʊs'tra:də] *f* <-n> balaustrada *f*
Balz [balts] *f* <-, *ohne pl*> (ZOOL) celo *m (de ciertas aves);* **in die ~ treten** entrar en celo; **auf die ~ gehen** *(Jagd)* ir a la caza de aves en celo
balzen ['baltsən] *vi* estar en (época de) celo
Bambus ['bambʊs] *m* <-(ses), -se> bambú *m*
Bambusrohr *nt* caña *f* de bambú
Bambussprossen *fpl* (GASTR) brotes *mpl* tiernos de bambú
Bammel ['baməl] *m* <-s, *ohne pl*> *(fam)* miedo *m*
banal [ba'na:l] *adj* banal
banalisieren* *vt (geh)* trivializar
Banalität [banali'tɛ:t] *f* <-en> banalidad *f*
Banane [ba'na:nə] *f* <-n> plátano *m*, banana *f Am*
Bananenschale *f* <-, -n> cáscara *f* de plátano, cáscara *f* de banana *Am*
Banause [ba'naʊzə] *m* <-n, -n> *(abw)* inculto, -a *m, f*
band [bant] *3. imp von* **binden**
Band[1] [bɛnt] *f* <-s> *(Musikgruppe)* grupo *m; (in Kennerkreisen)* banda *f*
Band[2] [bant, *pl:* 'bɛndə] *m* <-(e)s, Bände> *(Buch)* tomo *m*, volumen *m;* **dein Gesicht spricht Bände** *(fam)* tu cara lo dice todo
Band[3] [bant, *pl:* 'bɛndɐ] *nt* <-(e)s, Bänder> ❶ *(aus Stoff)* cinta *f*, lazo *m; (Auszeichnung)* banda *f* ❷ *(Fließband)* cadena *f* de fabricación; **am ~ arbeiten** trabajar en la cadena de montaje; **am laufenden ~** *(fam)* continuamente ❸ (TECH: *Tonband*) cinta *f* magnetofónica; *(Maßband)* cinta *f* métrica; *(Klebeband)* cinta *f* adhesiva; **ich habe dir aufs ~ gesprochen** *(fam)* te dejé un mensaje (en el contestador) ❹ *(am Gelenk)* ligamento *m* ❺ *(Frequenzbereich)* banda *f* de frecuencia
Bandage [ban'da:ʒə] *f* <-n> vendaje *m*
bandagieren* [banda'ʒi:rən] *vt* vendar
Bandbreite *f* ❶ (RADIO) anchura *f* de banda

② *(fig: Vielfalt)* diversidad *f* ③ (FIN) margen *m o f* de fluctuación

Bande ['bandə] *f* <-n> ① *(abw: Gruppe)* banda *f,* trinca *f And, CSur* ② *(Umrandung)* banda *f*

Bändel ['bɛndl] *m o nt* <-s, -> *(südd, Schweiz)* ① *(Schnürsenkel)* cordón *m* de zapatos ② *(Bändchen)* cintita *f* ③ **jdn am ~ haben** *(fam)* hacer de alguien lo que se quiere

Bandenkriminalität *f* <-, *ohne pl*> criminalidad *f* callejera organizada

Banderole [bandə'ro:lə] *f* <-n> precinto *m*

Bänderriss ['bɛndərɪs] *m* (MED) rotura *f* de ligamentos

bändigen ['bɛndɪgən] *vt* ① *(Tier)* domar; *(Mensch)* calmar ② *(Gefühle)* refrenar

Bandit(in) [ban'di:t] *m(f)* <-en, -en; -nen> bandido, -a *m, f*

Bandmaß *nt* cinta *f* métrica

Bandnudel *f* tallarín *m*

Bandscheibe *f* (MED) disco *m* intervertebral

Bandscheibenvorfall *m* <-(e)s, -fälle> (MED) hernia *f* discal

Bandschleifer *m* (TECH) lijadora *f* de banda

Bandwurm *m* tenia *f*

bang(e) *adj (reg)* miedoso; **es ist mir ~ (zumute)** tengo miedo

Bange *f ohne pl (reg)* temor *m* (**vor** a), miedo *m* (**vor** de/a)

bangen ['baŋən] **I.** *vi (geh)* ① *(Angst haben)* tener miedo (**vor** a) ② *(sich sorgen)* temer (**um** por) **II.** *vt (geh)* temer **III.** *vunpers* **mir bangt davor** lo temo

Bangladesch [baŋgla'dɛʃ] *nt* <-s> Bangladesh *m*

Bank[1] [baŋk, *pl:* 'bɛŋkə] *f* <Bänke> ① *(Sitzbank)* banco *m;* (SPORT) banquillo *m;* **durch die ~** sin excepción; **etw auf die lange ~ schieben** dar largas a algo ② *(Sandbank)* banco *m* de arena

Bank[2] [baŋk, *pl:* 'baŋkən] *f* <-en> ① *(Kreditinstitut)* banco *m* ② *(beim Spiel)* banca *f;* **die ~ sprengen** saltar la banca

Bankangestellte(r) *mf* empleado, -a *m, f* de banco

Bankautomat *m* cajero *m* automático

Bankdirektor(in) *m(f)* <-s, -en; -, -nen> director(a) *m(f)* de banco, jefe, -a *m, f* de banco

Bankensektor <-s, -en> *m* sector *m* bancario

Bankenviertel *nt* <-s, -> barrio *m* financiero, centro *m* bursátil

Banker ['bɛŋkɐ] *m* <-s, -; -nen> (WIRTSCH) banquero *m*

Bankett [baŋ'kɛt] *nt* <-(e)s, -e> festín *m,* banquete *m*

Bankfiliale *f* <-, -n> (FIN) filial *f* de banco, sucursal *f* de banco

Bankgeheimnis *nt* secreto *m* bancario

Bankgeschäft *nt* <-(e)s, -e> negocio *m* bancario; *(Transaktion)* transacción *f* bancaria

Bankier [baŋ'kje:] *m* <-s, -s> banquero, -a *m, f*

Bankkauffrau *f* empleada *f* titulada bancaria

Bankkaufmann *m* empleado *m* titulado bancario

Bankkonto *nt* cuenta *f* bancaria

Bankkredit *m* crédito *m* bancario

Bankleitzahl *m* código *m* de entidad financiera

Banknote *f* billete *m* de banco

Bankraub *m* robo *m* de banco

Bankräuber(in) *m(f)* atracador(a) *m(f)* de bancos

bankrott [bank'rɔt] *adj* en bancarrota, en quiebra

Bankrott *m* <-(e)s, -e> bancarrota *f,* quiebra *f;* **~ machen** ir a la quiebra

Bankschließfach *nt* casilla *f* bancaria

Banküberfall *m* atraco *m* a un banco

Bankverbindung *f* cuenta *f* bancaria

Bankvollmacht *f* <-, -en> autorización *f* bancaria

Bann [ban] *m* <-(e)s, -e> ① (REL) excomunión *f* ② *(geh: Zauber)* encantamiento *m,* hechizo *m;* **jdn in seinen ~ ziehen** cautivar a alguien; **in jds ~ geraten** estar hechizado por alguien

bannen ['banən] *vt* ① *(Gefahr, Geister)* conjurar ② *(Zuschauer)* cautivar ③ *(festhalten)* dejar inmóvil (como por encanto) (**auf** en); **wie gebannt zuhören** escuchar como hechizado ④ *(den Bann aussprechen)* excomulgar

Banner ['banɐ] *nt* <-s, -> estandarte *m*

Bannmeile *f* <-, -n> zona *f* de protección *(alrededor del edificio parlamentario)*

bar [ba:ɐ] *adj* ① (FIN) en efectivo; **etw (in) ~ bezahlen** pagar algo al contado ② *(geh: rein)* puro, verdadero; **das ist ~er Unsinn/Zufall** esto es pura sandez/coincidencia

Bar[1] [ba:ɐ] *f* <-s> ① *(Lokal)* bar *m; (Nachtlokal)* boite *f,* club *m* nocturno ② *(Theke)* barra *f*

Bar[2] *nt* <-s, -s> (PHYS) bar(o) *m*

Bär(in) [bɛ:ɐ] *m(f)* <-en, -en; -nen> oso, -a *m, f;* **jdm einen ~en aufbinden** *(fig fam)* contar a alguien un cuento chino

Baracke [ba'rakə] *f* <-n> barraca *f,* chabola *f*

Barbados [bar'ba:dɔs, 'barbadɔs] *nt* <-> Barbados
Barbar(in) [bar'ba:ɐ] *m(f)* <-en, -en; -nen> bárbaro, -a *m, f*
Barbarei [barba'raɪ] *f* <-en> barbarie *f*
Barbarin *f* <-nen> *s.* **Barbar**
barbarisch *adj* bárbaro
Barbe ['barbə] *f* <-n> (GASTR, ZOOL) barbo *m*
bärbeißig *adj (fam: Mensch)* gruñón; *(Miene)* arisco
Barcode ['ba:ko:t] *m* <-s, -s> (INFOR) código *m* de barras
Bardame *f* camarera *f* de un club nocturno
Bärendienst ['bɛ:rən-] *m* **jdm einen ~ erweisen** hacer un flaco servicio a alguien
Bärenhunger *m (fam)* hambre *f* canina; **einen ~ haben** tener un hambre de lobo
Bärenklau *m* <-, *ohne pl*> (BOT) acanto *m*
bärenstark ['-·'-] *adj (fam)* fuerte como un toro
Barett [ba'rɛt] *nt* <-(e)s, -e *o* -s> boina *f*; *(Geistlicher)* birreta *f*; *(Richter, Professor)* birrete *m*
barfuß *adj* descalzo
barg [bark] *3. imp von* **bergen**
Bargeld *nt* dinero *m* al contado
bargeldlos *adj* por cheque, por transacción; **~er Zahlungsverkehr** pagos por giro o cheque
Barhocker *m* taburete *m* de bar
Bärin ['bɛ:rɪn] *f* <-nen> *s.* **Bär**
Barista [ba'rɪsta] *m* <-(s), -s> barista *mf*
Bariton ['ba:ritɔn, *pl:* 'ba:rito:nə] *m* <-s, -e> (MUS) barítono *m*
Barium ['ba:riʊm] *nt* <-s, *ohne pl*> (CHEM) bario *m*
Barkauf *m* compra *f* al contado
Barke ['barkə] *f* <-n> barca *f*
Barkeeper ['ba:ɐki:pɐ] *m* <-s, -> barman *m*
Barmann *m* <-(e)s, -männer> barman *m*
barmherzig [barm'hɛrtsɪç] *adj* misericordioso, caritativo
Barmherzigkeit *f ohne pl* misericordia *f*
Barmixer *m* <-s, -> barman *m*
barock *adj* barroco
Barock [ba'rɔk] *m o nt* <-s, *ohne pl*> barroco *m*
Barometer [baro'me:tɐ] *nt* <-s, -> barómetro *m*
Barometerstand *m* <-(e)s, -stände> presión *f* barométrica, nivel *m* barométrico
Baron(in) [ba'ro:n] *m(f)* <-s, -e; -nen> barón, -onesa *m, f*
Barren ['barən] *m* <-s, -> ❶ *(Metall)* barra *f* ❷ (SPORT) (barras *fpl*) paralelas *fpl*
Barriere [ba'rje:rə] *f* <-n> barrera *f*
Barrierefreiheit *f kein pl* accesibilidad *f* (universal)
Barrikade [bari'ka:də] *f* <-n> barricada *f*; **für etw auf die ~n gehen** *(fig)* luchar por algo
barsch [barʃ] *adj* rudo, áspero
Barsch [barʃ] *m* <-(e)s, -e> (ZOOL, GASTR) perca *f*
Barscheck *m* cheque *m* abierto
barst [barst] *3. imp von* **bersten**
Bart [ba:ɐt, *pl:* 'bɛrtə] *m* <-(e)s, Bärte> ❶ *(bei Männern)* barba *f*; **sich einen ~ wachsen lassen** dejarse crecer la barba; **etw in den ~ murmeln** *(fam)* murmurar algo entre dientes; **jdm um den ~ gehen** *(fam)* hacer la pelotilla a alguien ❷ *(Katze, Robbe)* bigote(s) *m(pl)* ❸ (TECH: *Schlüsselbart*) paletón *m*
Barthaar *nt* <-(e)s, -e> ❶ *(Haar des Bartes)* pelo *m* de la barba ❷ (ZOOL: *Schnurrhaare*) (pelo *m* del) bigote *m*
bärtig ['bɛrtɪç, 'bɛ:ɐtɪç] *adj* barbudo
bartlos *adj* sin barba
Bartstoppeln *fpl* cañones *mpl* de la barba
Bartwuchs *m* <-es, *ohne pl*> barba *f*
Barzahlung *f* pago *m* al contado
Bas(e)ler(in) *m(f)* <-s, -; -nen> habitante *mf* de Basilea
Basar [ba'za:ɐ] *m* <-s, -e> bazar *m*
Base ['ba:zə] *f* <-n> ❶ *(südd: Cousine)* prima *f* ❷ *(Schweiz: Tante)* tía *f* ❸ (CHEM) base *f*
Baseball[1] *m* <-s, *ohne pl*> (SPORT: *Spiel*) béisbol *m*; **~ spielen** jugar al béisbol
Baseball[2] *m* <-s, -s> (SPORT: *Ball*) pelota *f* de béisbol
Baseballhandschuh *m* (SPORT) guante *m* de béisbol
Baseballschläger *m* <-s, -> (SPORT) bate *m* de béisbol
Basel ['ba:zəl] *nt* <-s> Basilea *f*
Basen *pl von* **Base**, **Basis**
basieren* [ba'zi:rən] *vi* basarse (**auf** en), fundarse (**auf** en)
Basilika [ba'zi:lika, *pl:* ba'zi:likən] *f* <Basiliken> basílica *f*
Basilikum [ba'zi:likʊm] *nt* <-s, *ohne pl*> albahaca *f*
Basis ['ba:zɪs] *f* <Basen> ❶ *(Grundlage)* base *f* ❷ (ARCHIT, POL, MATH) base *f* ❸ (MIL) base *f* militar
basisch *adj* (CHEM) básico
Basislager *nt* <-s, -> campamento *m* base
Basisstation *f* <-, -en> ❶ *(Expedition)* base *f* ❷ *(Telefon)* central *f*
Basiswissen *nt* <-s, *ohne pl*> conocimientos *mpl* básicos
Baske, -in ['baskə] *m, f* <-n, -n; -nen> vasco, -a *m, f*

B

Baskenland *nt* <-(e)s> País *m* Vasco, Euskadi *m*

Baskenmütze *f* chapela *f*, boina *f* vasca

Basketball[1] ['ba:skətbal] *m* <-(e)s, *ohne pl*> *(Sportart)* baloncesto *m*

Basketball[2] *m* <-(e)s, -bälle> *(Ball)* pelota *f* de baloncesto

Basketballkorb *m* <-(e)s, -körbe> canasta *f*

Baskin *f* <-nen> *s.* **Baske**

baskisch *adj* vasco; *(Sprache)* vascuence, euskera

Basmatireis [bas'ma:ti-] *m* arroz *m* basmati

Bass [bas, *pl:* 'bɛsə] *m* <-es, Bässe> ❶ *(Stimmlage, Sänger)* bajo *m* ❷ *(Instrument)* contrabajo *m; (elektrisch verstärkt)* bajo *m*

Bassgitarre *f* <-, -n> (MUS) bajo *m*

Bassin [ba'sɛ̃:] *nt* <-s, -s> depósito *m* de agua

Bassist(in) [ba'sɪst] *m(f)* <-en, -en; -nen> ❶ *(Sänger)* bajo *m* ❷ *(Bassspieler)* contrabajo *mf; (elektrisch verstärkt)* bajo *mf*

Bassschlüssel *m* (MUS) clave *f* de fa

Bassstimme *f* <-, -n> (MUS) voz *f* de bajo

Bast [bast] *m* <-(e)s, -e> rafia *f*

basta ['basta] *interj* basta; **du kommst, (und damit) ~!** ¡vienes, y no se hable más!

Bastard ['bastart] *m* <-(e)s, -e> bastardo *m;* (BIOL) híbrido *m*

basteln ['bastəln] **I.** *vi* ❶ *(handarbeiten)* hacer trabajos manuales; *(heimwerken)* dedicarse al bricolaje ❷ *(reparieren)* (intentar) arreglar (**an**) **II.** *vt* hacer (a mano)

Basteln *nt* <-s, *ohne pl*> trabajo *m* manual

Bastion [bas'tjo:n] *f* <-en> bastión *m*

Bastler(in) ['bastlɐ] *m(f)* <-s, -; -nen> aficionado, -a *m, f* a las manualidades

Bastmatte *f* <-, -n> estera *f* de pleitas [*o* de rafias]

bat [ba:t] *3. imp von* **bitten**

Bataillon [batal'jo:n] *nt* <-s, -e> (MIL) batallón *m*

Batik ['ba:tɪk] *f* <-en> batik *m (método de teñir tejidos)*

Batist [ba'tɪst] *m* <-(e)s, -e> batista *f*

Batterie [batə'ri:] *f* <-n> ❶ *(Stromspeicher)* pila *f* ❷ (AUTO, MIL) batería *f* ❸ *(fam: Anzahl)* pila *f;* **eine ganze ~ (von) Maßnahmen** una artillería de medidas

Batteriebetrieb *m* <-(e)s, *ohne pl*> (ELEK) alimentación *f* a pilas

batteriebetrieben *adj* accionado por batería; **ein ~es Radiogerät** una radio a pilas

Batzen ['batsən] *m* <-s, -> *(Klumpen)* grumo *m; (Brocken)* pedazo *m;* **ein schöner ~ Geld** *(fam)* un dineral

Bau[1] [baʊ] *m* <-(e)s, *ohne pl*> ❶ *(das Bauen)* construcción *f; (von Gebäuden)* edificación *f;* **sich im ~ befinden** estar en construcción ❷ *(fam: Baustelle)* construcción *f*, obra *f;* **auf dem ~ arbeiten** trabajar en la construcción ❸ *(sl: Gefängnis)* chirona *f* ❹ *(Konstitution)* constitución *f*

Bau[2] *m* <-(e)s, Bauten> *(Gebäude)* edificio *m*

Bau[3] *m* <-(e)s, -e> *(Erdhöhle)* madriguera *f*

Bauabschnitt *m* tramo *m* en construcción

Bauamt *nt* oficina *f* de obras y construcciones

Bauarbeiten *fpl* obras *fpl* de construcción

Bauarbeiter(in) *m(f)* obrero, -a *m, f* de la construcción

Bauch [baʊx, *pl:* 'bɔɪçə] *m* <-(e)s, Bäuche> ❶ *(bei Mensch, Tier)* vientre *m*, barriga *f*, tripa *f fam*, timba *f Am;* **mein Vater hat einen ~ bekommen** mi padre ha echado barriga; **sich** *dat* **den ~ mit etw vollschlagen** *(fam)* darse una panzada de algo; **etw aus dem ~ heraus entscheiden** *(fam fig)* decidir algo por intuición ❷ *(bei Flasche, Vase)* vientre *m*, panza *f; (bei Schiff, Flugzeug)* casco *m*

Bauchdecke *f* <-, -n> (ANAT) pared *f* abdominal

Bauchfell *nt* (ANAT) peritoneo *m*

Bauchhöhle *f* (ANAT) cavidad *f* abdominal

bauchig ['baʊxɪç] *adj* barrigudo; *(Gefäß)* abombado

Bauchladen *m* buhonería *f*

Bauchlandung *f* (AERO) aterrizaje *m* ventral

Bauchmuskel *m* músculo *m* abdominal

Bauchmuskeln *mpl* (ANAT) músculos *mpl* abdominales

Bauchnabel *m* ombligo *m*

Bauchredner(in) *m(f)* ventrílocuo, -a *m, f*

Bauchschmerzen *mpl* dolores *mpl* de barriga

Bauchspeck *m* (GASTR) panceta *f*

Bauchspeicheldrüse *f* páncreas *m inv*

Bauchtanz *m* danza *f* oriental

Bauchtänzerin *f* danzarina *f* oriental

Bauchweh *nt* <-s, *ohne pl*> *(fam)* dolor *m* de barriga

Baudenkmal *nt* monumento *m* conmemorativo

bauen ['baʊən] **I.** *vt* ❶ *(errichten)* construir; *(Gebäude)* edificar; *(Nest)* hacer ❷ *(fam: verursachen)* hacer; *(Unfall)* tener; **da hast du Mist gebaut** *(fam)* has metido la pata **II.** *vi* ❶ *(vertrauen)* confiar (**auf** en) ❷ *(sich verlassen)* contar (**auf** con)

Bauer[1] *m o nt* <-s, -> *(Vogelkäfig)* jaula *f*

Bauer, **Bäuerin**[2] ['baʊɐ] *m, f* <-n *o* -s, -; -nen> ❶ *(Landwirt)* agricultor(a) *m(f)*; *(Landarbeiter)* labrador(a) *m(f)*, campesino, -a *m, f*, concho, -a *m, f AmC* ❷ *(abw: ungebildeter Mensch)* paleto, -a *m, f*, rural *mf Am* ❸ *(Schachfigur)* peón *m* ❹ *(Spielkarte)* ≈ sota *f*

Bäuerchen ['bɔɪɐçən] *nt* <-s, -> *(fam)* regüeldo *m*, eructo *m*; **ein ~ machen** soltar un eructo

Bäuerin ['bɔɪərɪn] *f* <-nen> *s.* **Bauer**[2]

bäuerlich *adj* campesino, jíbaro *Am*; *(abw)* rústico

Bauernhaus *nt* casa *f* de labranza

Bauernhof *m* granja *f*

Bauernregel *f* almanaque *m* campesino

bauernschlau *adj* astuto

baufällig *adj* ruinoso, en ruina

Baufirma *f* empresa *f* constructora

Baugenehmigung *f* permiso *m* de edificación

Baugerüst *nt* andamio *m*

Baugesellschaft *f* empresa *f* constructora

Baugewerbe *nt ohne pl* ramo *m* de la construcción

Baugrube *f* zanja *f* (de una obra)

Baugrundstück *nt* solar *m*

Bauhaus *nt* <-es, *ohne pl*> (ARCHIT, KUNST) (estilo *m*) Bauhaus *m*

Bauherr(in) *m(f)* propietario, -a *m, f*

Bauholz *nt* madera *f* de construcción

Bauingenieur(in) *m(f)* ingeniero, -a *m, f* civil

Baujahr *nt* ❶ *(von Gebäuden)* año *m* de construcción ❷ *(von Fahrzeugen)* año *m* de fabricación

Baukasten *m* juego *m* de construcción (con cubos)

Bauklotz *m* cubo *m* aplicable; **Bauklötze staunen** *(fam)* quedarse atónito

Bauland *nt ohne pl* terreno *m* de edificación

Baulärm *m* ruido *m* provocado por la construcción

Bauleiter(in) *m(f)* director(a) *m(f)* de la obra

Bauleitung *f* <-, -en> ❶ *(Aufsicht)* dirección *f* de las obras; *(Büro)* oficina *f* de (dirección de) obras ❷ *(Bauleiter)* aparejador(a) *m(f)*

baulich *adj* arquitectónico; **~e Veränderungen vornehmen** realizar cambios arquitectónicos

Baulöwe *m* <-n, -n> *(fam abw) constructor sin escrúpulos*

Baum [baʊm, *pl:* 'bɔɪmə] *m* <-(e)s, Bäume> ❶ (BOT) árbol *m*; **stark wie ein ~** *(fam fig)* fuerte como un roble; **Bäume ausreißen können** *(fam fig)* rebosar de vitalidad ❷ (INFOR: *Struktur*) árbol *m*

Baumarkt *m* mercado *m* de materiales para la construcción

Baumaschine *f* <-, -n> máquina *f* de construcción

Baumaterial *nt* material *m* de construcción

Baumbestand *m* <-(e)s, -stände> arbolado *m*

Baumblüte *f* (BOT) florecimiento *m*, trama *f*

Baumeister(in) *m(f)* *(Erbauer)* constructor(a) *m(f)*; *(Beruf)* arquitecto, -a *m, f* técnico , -a

baumeln ['baʊməln] *vi (fam)* bambolearse

Baumgrenze *f* límite *m* de la arboleda

Baumkrone *f* copa *f*

Baumrinde *f* corteza *f*

Baumschule *f* plantel *m*, semillero *m*

Baumstamm *m* tronco *m*

Baumsterben *nt* muerte *f* de los bosques

Baumstruktur *f* (INFOR) estructura *f* en árbol

Baumstumpf *m* tocón *m*; *(Ballen)* cepellón *m*

Baumwipfel *m* cima *f* de un árbol

Baumwolle *f ohne pl* algodón *m*

Bauordnung *f* (ADMIN) ordenanza *f* de construcciones

Bauplan *m* ❶ *(Entwurf)* plan *m* de ejecución de las obras ❷ *(Bauvorhaben)* proyecto *m* de construcción

Bauplanung *f* <-, -en> planificación *f* de construcciones

Bauplatz *m* solar *m*

Baureihe *f* <-, -n> serie *f* (de construcción)

Bauruine *f (fam)* construcción *f* sin terminar

Bausch [baʊʃ] *m* <-(e)s, -e *o* Bäusche> *(Watte)* pelota *f* (de algodón); **in ~ und Bogen** a bulto

bauschig *adj* ❶ *(weich, füllig)* mullido ❷ *(weit, gewölbt)* abombado

Bauschutt *m* escombros *mpl*

bausparen *vi* ahorrar para vivienda

Bausparkasse *f* caja *f* de ahorro(s) para la construcción

Bausparvertrag *m* cuenta vivienda *f*

Baustein *m* ❶ (ARCHIT) piedra *f* de construcción ❷ *(Bestandteil)* componente *m*; **elektronischer ~** (INFOR) chip *m*

Baustelle *f* obras *fpl*; **Betreten der ~ verboten!** ¡prohibida la entrada a toda persona ajena a las obras!

Baustil *m* (ARCHIT) estilo *m* arquitectónico

Baustoff *m* ❶ *(Baumaterial)* material *m* de construcción ❷ (BIOL) sustancia *f* orgánica

B

Baustopp *m* <-s, -s> interrupción *f* de las obras; **einen ~ verhängen** prohibir las obras
Bausubstanz *f ohne pl* estructura *f* (del edificio)
Bauteil *nt (Teil zum Bauen)* elemento *m; (Teil einer Maschine)* componente *m* (de una máquina)
Bauten ['baʊtən] *pl von* **Bau²**
Bauunternehmen *nt* compañía *f* de construcciones
Bauunternehmer(in) *m(f)* contratista *mf* de obras
Bauvorhaben *nt* proyecto *m* de construcción
Bauweise *f* método *m* constructivo; *(Stil)* estilo *m*
Bauwerk *nt* edificio *m,* construcción *f*
Bauxit [baʊ'ksi:t] *m* <-s, -e> bauxita *f*
bay(e)risch *adj* bávaro
Bayer(in) ['baɪɐ] *m(f)* <-n, -n; -nen> bávaro, -a *m, f*
Bayern ['baɪɐn] *nt* <-s> Baviera *f*
bayrisch *adj s.* **bay(e)risch**
Bazillus [ba'tsɪlʊs] *m* <-, Bazillen> bacilo *m*
Bd. *Abk. von* **Band** t., vol.
B-Dur *nt* <-s, *ohne pl*> (MUS) si *m* bemol mayor
beabsichtigen* *vt* tener la intención (de); **das war nicht beabsichtigt!** ¡no fue intencionado!
beachten* *vt* ❶ *(Aufmerksamkeit schenken)* prestar atención (a); *(Rat)* seguir; **nicht ~** pasar por alto ❷ *(Vorschrift)* cumplir (con) ❸ *(berücksichtigen)* tener en cuenta, considerar ❹ *(bemerken)* fijarse (en)
beachtenswert *adj* notable
beachtlich *adj* ❶ *(beträchtlich)* considerable ❷ *(wichtig)* importante
Beachtung *f ohne pl* atención *f; (der Gesetze)* observancia *f;* **etw** *dat* **(keine) ~ schenken** (no) hacer caso a algo
Beachvolleyball ['bi:tʃ-] *m* <-(e)s, -bälle> ❶ *ohne pl (Spiel)* volleyplaya *m* ❷ *(Ball)* pelota *f* de volleyplaya
Beamer ['bi:mɐ] *m* <-s, -> proyector *m*
Beamte(r) *m* <-n, -n; -n>, **Beamtin** *f* <-nen> funcionario, -a *m, f* del Estado; **richterlicher ~r** oficial de justicia; **ein hoher ~r** un alto funcionario del Estado
Beamtenbeleidigung *f* desacato *m* a la autoridad
Beamtenlaufbahn *f* <-, -en> (ADMIN) carrera *f* de funcionario
Beamtentum *nt* <-s, *ohne pl*> funcionariado *m*
Beamtenverhältnis *nt* **im ~ stehen** tener calidad de funcionario
beamtet *adj* empleado como funcionario
Beamtin *f* <-nen> *s.* **Beamte(r)**
beängstigen* [bə'ʔɛŋstɪgən] *vt* atemorizar, dar miedo
beängstigend *adj* alarmante
beanspruchen* [bə'ʔanʃprʊxən] *vt* ❶ *(fordern)* exigir, reclamar ❷ *(Zeit, Platz)* exigir, requerir ❸ *(Hilfe)* recurrir (a) ❹ *(Geduld)* poner a prueba; *(Maschine)* usar; *(Person)* ocupar
Beanspruchung *f* <-en> ❶ *(das Inanspruchnehmen)* utilización *f; (Benutzung)* empleo *m* ❷ *(eines Menschen)* exigencia *f* ❸ *(Abnutzung)* desgaste *m*
beanstanden* *vt* poner reparos (a), objetar
Beanstandung *f* <-en> objeción *f,* reparo *m*
beantragen* *vt* solicitar
beantworten* [bə'ʔantvɔrtən] *vt* responder; *(Brief)* contestar
Beantwortung *f* <-en> respuesta *f;* **in ~ Ihres Schreibens vom ...** en respuesta a su carta del...
bearbeiten* *vt* ❶ *(behandeln)* tratar, trabajar; *(Stein)* labrar; *(Rohstoffe)* elaborar ❷ *(sich befassen mit)* ocuparse (de); *(Fall, Antrag)* tramitar ❸ *(Musikstück)* tra(n)scribir; *(Thema)* trabajar; *(Text)* revisar; *(für den Film)* adaptar ❹ *(schlagen)* pegar ❺ *(fam: einreden)* **jdn ~** tratar de persuadir a alguien
Bearbeiter(in) *m(f)* <-s, -; -nen> ❶ *(Sachbearbeiter)* encargado, -a *m, f* ❷ *(Text)* autor(a) *m(f),* corrector(a) *m(f);* (MUS) arreglista *mf,* adaptador(a) *m(f)*
Bearbeitung *f* <-en> ❶ *(das Bearbeiten)* (trabajo *m* de) elaboración *f; (Buch)* revisión *f;* **etw ist in ~** algo está en tramitación ❷ *(überarbeitete Fassung)* adaptación *f* ❸ (MUS) tra(n)scripción *f*
Bearbeitungsdauer *f* <-, *ohne pl*> *(eines Antrags)* tiempo *m* de tramitación; *(eines Produktes)* tiempo *m* de elaboración
Bearbeitungsgebühr *f* (ADMIN) tarifa *f* de tramitación
beargwöhnen* [bə'ʔarkvø:nən] *vt (geh)* sospechar (de), desconfiar (de)
Beat [bi:t] *m* <-(s), *ohne pl*> (MUS) beat *m*
beatmen* *vt* (MED) practicar la respiración artificial
Beatmung *f* <-, -en> (MED) **(künstliche) ~** respiración *f* artificial; *(mit Beatmungsgeräten)* respiración *f* asistida
beaufsichtigen* *vt* ❶ *(Schüler)* vigilar ❷ *(Arbeit, Bau)* controlar, supervisar
Beaufsichtigung *f* <-, -en> vigilancia *f,* supervisión *f;* **unter ~** bajo custodia; **ihm wurde die ~ der Kinder übertragen** se le encargó la custodia de los niños

beauftragen* *vt* encargar, encomendar; **jdn mit etw ~** encomendar algo a alguien
Beauftragte(r) *mf* <-n, -n; -n> encargado, -a *m, f,* comisionado, -a *m, f*
bebaubar *adj* cultivable
bebauen* *vt* ❶ *(mit Gebäuden)* edificar (en); *(verstädtern)* urbanizar ❷ *(Acker)* cultivar
Bebauung *f* <-en> edificación *f,* urbanización *f*
Bebauungsplan *m* plan *m* de urbanización
beben ['beːbən] *vi* temblar
Beben *nt* <-s, -> seísmo *m,* terremoto *m*
bebildern* *vt* ilustrar
Bebilderung *f* <-, -en> ❶ *(das Bebildern)* ilustración *f* ❷ *(die Bilder)* ilustraciones *f pl*
Becher ['bɛçɐ] *m* <-s, -> vaso *m; (Joghurtbecher)* tarrina *f*
bechern ['bɛçɐn] *vi (fam)* empinar el codo
Becken ['bɛkən] *nt* <-s, -> ❶ *(Waschbecken)* lavabo *m; (Spülbecken)* pila *f; (Schwimmbecken)* piscina *f* ❷ (ANAT) pelvis *f inv* ❸ (MUS) platillos *m pl* ❹ (GEO) cuenca *f*
Beckenknochen *m* hueso *m* ilíaco
bedacht [bə'daxt] *adj (umsichtig)* cuidadoso; *(überlegt)* deliberado; **~ handeln** actuar premeditadamente; **darauf ~ sein, dass ...** cuidar de que *+subj*
Bedacht *m ohne pl (geh)* **etw mit ~ tun** *(überlegt)* hacer algo deliberadamente; *(vorsichtig)* hacer algo con cuidado
bedächtig [bə'dɛçtɪç] *adj* ❶ *(langsam)* mesurado, lento ❷ *(vorsichtig)* prudente
bedachtsam *adj (geh)* prudente, discreto
bedanken* *vr* **sich bei jdm für etw ~** dar las gracias a alguien por algo
Bedarf [bə'darf] *m* <-(e)s, *ohne pl*> ❶ *(Bedürfnis)* necesidad *f,* falta *f;* **bei ~** cuando sea necesario; **(je) nach ~** según las necesidades; **danke, kein ~!** *(fam)* ¡gracias, no me interesa! ❷ (COM) demanda *f,* necesidad *f;* **den ~ an etw decken** satisfacer la demanda de algo
Bedarfshaltestelle *f* parada *f* discrecional
bedauerlich [bə'daʊɐlɪç] *adj* lamentable, lastimoso
bedauerlicherweise [-'----'--] *adv* lamentablemente
bedauern* [bə'daʊɐn] *vt* ❶ *(Verlust)* lamentar; **wir ~, Ihnen mitteilen zu müssen, dass ...** lamentamos tener que comunicarle(s) que...; **bedaure!** ¡lo lamento! ❷ *(Mensch)* compadecer (a)
Bedauern *nt* <-s, *ohne pl*> pesar *m; (für einen Menschen)* compasión *f;* **zu meinem größten ~ ...** muy a pesar mío...
bedauernd I. *adj* compasivo, de compasión **II.** *adv* compasivamente, con compasión
bedauernswert *adj* ❶ *(Sache)* lamentable ❷ *(Mensch)* digno de lástima
bedauernswürdig *adj (geh)* ❶ *(Sache)* deplorable ❷ *(Mensch)* digno de lástima
bedecken* *vt* cubrir (**mit** de/con)
bedeckt *adj (Himmel)* encapotado
Bedeckung *f* <-, -en> ❶ *(das Bedecken)* cobertura *f* ❷ *(das Bedeckende)* cubierta *f; (Schutz)* abrigo *m* ❸ (MIL) escolta *f*
bedenken* *irr vt* ❶ *(überlegen)* pensar(se) ❷ *(beachten)* considerar, tener en cuenta; **wenn man es recht bedenkt** considerándolo bien; **zu ~ geben, dass ...** señalar que...
Bedenken[1] *nt* <-s, *ohne pl*> *(das Überlegen)* reflexión *f;* **nach kurzem ~** después de una breve reflexión
Bedenken[2] *nt pl (Zweifel)* duda *f; (Einwand)* reparo *m;* **ohne ~** sin reparos
bedenkenlos *adj* ❶ *(ohne zu zögern)* sin vacilar; **da kannst du ~ hingehen** no dudes en pasarte por allí ❷ *(ohne Überlegung)* irreflexivo ❸ *(skrupellos)* sin escrúpulos
bedenkenswert *adj* digno de consideración; **dein Vorschlag ist ~** tu propuesta merece ser tomada en cuenta
bedenklich *adj* ❶ *(zweifelhaft)* dudoso, sospechoso ❷ *(Besorgnis erregend)* preocupante ❸ *(besorgt)* preocupado
Bedenkzeit *f ohne pl* tiempo *m* de reflexión
bedeuten* *vt* ❶ *(bezeichnen, meinen)* significar, querer decir; **das hat nichts zu ~** no quiere decir nada ❷ *(wichtig sein)* significar ❸ *(geh: zu verstehen geben)* dar a entender
bedeutend I. *adj* ❶ *(wichtig)* importante ❷ *(bemerkenswert)* notable, notorio ❸ *(bedeutsam)* significativo ❹ *(beachtlich)* considerable **II.** *adv (beträchtlich)* bastante, notoriamente
bedeutsam *adj (wichtig)* importante; *(viel sagend)* significativo
Bedeutung[1] *f* <-en> *(Sinn)* significado *m,* sentido *m;* **in übertragener/wörtlicher ~** en sentido figurado/literal
Bedeutung[2] *f ohne pl (Wichtigkeit)* importancia *f;* **etw ist von ~** algo es de importancia
bedeutungslos *adj* insignificante
Bedeutungslosigkeit *f ohne pl* insignificancia *f*
bedeutungsvoll *adj s.* **bedeutsam**
Bedeutungswandel *m* (LING) cambio *m* semántico
bedienen* **I.** *vt* ❶ *(im Geschäft)* atender;

B

(im Restaurant) servir; **werden Sie schon bedient?** ¿ya le atienden?; **damit ist er noch gut bedient** *(fam)* con ello puede darse por satisfecho; **ich bin bedient!** *(fam)* ¡estoy servido! ② *(beim Kartenspiel)* servir ③ *(Maschinen)* manejar ④ (FIN: *Schulden*) saldar **II.** *vr:* **sich ~** *(geh: benutzen)* **sich einer Sache ~** servirse de algo; **~ Sie sich!** ¡sírvase usted mismo!

bedienerfreundlich *adj* de fácil manejo

Bedienstete(r) *mf* <-n, -n; -n> ① (ADMIN: *Beschäftigter*) empleado, -a *m, f; (Beamter)* funcionario, -a *m, f* ② *(Dienstbote)* sirviente *mf*

Bedienung¹ *f* <-en> *(Kellner)* camarero, -a *m, f;* **hallo, ~!** ¡(oiga,) camarero!

Bedienung² *f ohne pl* ① *(eines Gastes)* servicio *m* ② *(eines Gerätes)* manejo *m*

Bedienungsanleitung *f* instrucciones *fpl* de manejo

Bedienungsfehler *m* fallo *m* operacional

Bedienungshinweise *mpl* instrucciones *fpl* de manejo

bedingen* [bəˈdɪŋən] **I.** *vt* ① *(bewirken)* causar, producir; *(bestimmen)* condicionar ② *(voraussetzen)* suponer ③ *(erfordern)* requerir **II.** *vr:* **sich ~** condicionarse

bedingt I. *adj* ① *(von Bedingungen abhängig)* relativo; *(beschränkt)* limitado; **~ durch ...** debido a... ② (JUR) condicionado **II.** *adv* ① *(teilweise)* **das ist nur ~ richtig** esto solo es correcto hasta cierto punto ② (JUR) a condición

Bedingung *f* <-en> ① *(Voraussetzung)* condición *f;* **etw zur ~ machen** poner algo como condición; **unter der ~, dass ...** a condición de que... *+subj;* **unter keiner ~ werde ich das tun** no lo haré por nada del mundo ② *(Forderung)* condiciones *fpl;* **~en stellen** poner condiciones ③ *pl (Umstände)* condiciones *fpl;* **unter erschwerten ~en arbeiten** trabajar bajo condiciones difíciles

bedingungslos *adj* sin condiciones

Bedingungssatz *m* (LING) oración *f* condicional

bedrängen* *vt* ① *(Gegner)* acosar ② *(belästigen)* importunar

Bedrängnis *f* <-se> *(geh)* apuro *m;* **in ~ geraten** verse en un apuro; **jdn in ~ bringen** poner a alguien en un apuro

bedrohen* *vt* amenazar

bedrohlich *adj* amenazante, amenazador

Bedrohung *f* <-en> amenaza *f*

bedrucken* *vt* estampar (**mit** con)

bedrücken* *vt* oprimir

bedrückend *adj* opresivo; *(beklemmend)* oprimente

bedrückt *adj* deprimido, apolismado *Méx, Ven*

Beduine, -in [beduˈiːnə] *m, f* <-n, -n; -nen> beduino, -a *m, f*

bedürfen* *irr vi (geh)* necesitar (de), requerir (de); **das bedarf keiner weiteren Erklärung** eso no requiere (de) más explicaciones

Bedürfnis *nt* <-ses, -se> necesidad *f;* **ein ~ verspüren, etw zu tun** sentir la necesidad de hacer algo; **jds ~se befriedigen** satisfacer las necesidades de alguien

bedürfnislos *adj* sin necesidades; *(bescheiden)* modesto

bedürftig *adj* menesteroso, necesitado

Bedürftigkeit *f* <-, *ohne pl*> indigencia *f*

Beefsteak [ˈbiːfsteːk] *nt* bistec *m*

beehren* **I.** *vt (geh)* honrar; **jdn mit einem Besuch ~** conceder a alguien el honor de su visita **II.** *vr* **sich ~, etw zu tun** tener el honor de hacer algo

beeiden* [bəˈʔaɪdən] *vt (Aussage)* jurar

beeilen* *vr:* **sich ~** darse prisa, apurarse *Am*

Beeilung *f* <-, *ohne pl*> **los, ~!** *(fam)* ¡venga, deprisa!

beeindrucken* *vt* impresionar

beeindruckend *adj* impresionante

beeinflussbar [bəˈʔaɪnflʊsbaːɐ] *adj (Person)* influenciable

beeinflussen* [bəˈʔaɪnflʊsən] *vt* influir (en/sobre), ejercer una influencia (sobre)

Beeinflussung *f* <-en> influjo *m*

beeinträchtigen* [bəˈʔaɪntrɛçtɪgən] *vt* ① *(vermindern)* disminuir ② *(stören)* dañar, perjudicar

Beeinträchtigung *f* <-en> perjuicio *m; (Verminderung)* merma *f;* **~ der Fahrtüchtigkeit** reducción del buen estado de marcha

Beelzebub [beˈɛltsəbuːp, ˈbeːltsəbuːp] *m* **den Teufel mit dem ~ austreiben** combatir el fuego con el fuego

beenden* *vt* acabar (con), terminar (con); (INFOR) terminar; **die Sitzung ~** finalizar la reunión

Beendigung *f ohne pl* término *m,* fin *m;* **nach ~ des Kurses** al finalizar el curso

beengen* [bəˈɛŋən] *vt (Kleidung)* apretar; *(Umgebung)* cohibir; **beengt wohnen** vivir estrechos; **sich beengt fühlen** sentirse cohibido

Beengtheit *f* <-, *ohne pl*> estrechez *f*

beerben* *vt* heredar

beerdigen* [bəˈʔeːɐdɪgən] *vt* enterrar

Beerdigung *f* <-en> entierro *m*

Beerdigungsfeier *f* funerales *mpl*

Beerdigungsinstitut *nt* funeraria *f*

Beere [ˈbeːrə] *f* <-n> baya *f*

Beet [beːt] *nt* <-(e)s, -e> *(mit Gemüse)* bancal *m,* cantero *m Am; (mit Blumen)* arriate *m,* macizo *m*
Beete *f* <-n> *s.* **Bete**
befähigen* [bəˈfɛːɪgən] *vt* capacitar (**zu** para); **er ist dazu befähigt** está capacitado para ello
befähigt *adj* capacitado
Befähigung *f* <-en> ❶ *(Fähigkeit)* capacidad *f; (Qualifikation)* cualificación *f;* **dazu fehlt ihr die ~** para ello no está capacitada ❷ *(Begabung)* talento *m*
Befähigungsnachweis *m (formal)* certificado *m* de aptitud
befahl *3. imp von* **befehlen**
befahrbar *adj* transitable
befahren* *irr vt* circular (por); *(Schiff)* navegar (por); **die Strecke wird wenig/stark ~** este trecho está poco/muy transitado
Befall *m* <-(e)s, *ohne pl*> ataque *m; (mit Schädlingen)* plaga *f*
befallen* *irr vt* ❶ *(geh: Angst)* invadir ❷ *(geh: Krankheit)* acometer; *(Hunger, Müdigkeit)* entrar ❸ *(Schädlinge)* infestar
befangen *adj* ❶ *(schüchtern)* tímido; *(gehemmt)* apocado, inhibido ❷ (JUR) parcial
Befangenheit *f ohne pl* ❶ *(Schüchternheit)* timidez *f; (Gehemmtsein)* apocamiento *m* ❷ (JUR) parcialidad *f*
befassen* **I.** *vr:* **sich ~** ❶ *(Angelegenheit)* ocuparse (**mit** de), dedicarse (**mit** a) ❷ *(handeln von)* tratar (**mit** de) **II.** *vt (beauftragen)* encargar (**mit** de)
Befehl [bəˈfeːl] *m* <-(e)s, -e> orden *f;* (MIL) mando *m;* (INFOR) orden *f,* comando *m;* **einen ~ ausführen** (*a.* INFOR) ejecutar una orden; **den ~ geben, zu …** dar la orden de…; **auf jds ~ handeln** actuar por orden de alguien; **~ von oben** órdenes superiores; **zu ~!** ¡a sus órdenes!
befehlen <befiehlt, befahl, befohlen> *vi, vt* mandar, ordenar; **er hat befohlen, dass …** ha ordenado que… *+subj*
befehligen* *vt* (MIL) mandar, capitanear
Befehlsdatei *f* (INFOR) archivo *m* de instrucción [*o* comando]
Befehlsform *f* (LING) modo *m* imperativo
befehlsgemäß *adv* con respecto a las órdenes
Befehlsgewalt *f ohne pl* mando *m* (**über** de)
Befehlshaber(in) *m(f)* <-s, -; -nen> (MIL) comandante *mf,* capitán *mf*
Befehlsleiste *f* (INFOR) barra *f* de instrucciones
Befehlston *m* tono *m* imperioso; **ich verbitte mir diesen ~!** ¡no tolero ese tono de ordeno y mando! *fam*
Befehlsverweigerung *f* (MIL) desobediencia *f* a una orden
Befehlszeile *f* (INFOR) línea *f* de programación
befestigen* *vt* ❶ *(Haken)* sujetar (**an** a), empatar *CRi* ❷ *(Straße)* reforzar ❸ (MIL) fortificar
Befestigung *f* <-en> ❶ *(einer Straße, eines Dammes)* refuerzo *m* ❷ (MIL) fortificación *f,* cota *f Fili* ❸ *(Vorrichtung)* fijación *f* (de un dispositivo)
befeuchten* *vt* humedecer
Befeuerung *f* <-, -en> ❶ (NAUT) balizamiento *m* luminoso ❷ (AERO) señalización *f* con balizas luminosas
befiehlt [bəˈfiːlt] *3. präs von* **befehlen**
befinden* *irr* **I.** *vr:* **sich ~** encontrarse; *(sein)* estar; **meine Wohnung befindet sich im zweiten Stock** mi apartamento está en el segundo piso; **sich auf dem Weg der Besserung ~** encontrarse en vías de mejora **II.** *vi (entscheiden)* decidir (**über** sobre) **III.** *vt (geh: erachten)* considerar (**für**); **jdn für schuldig ~** declarar culpable a alguien
Befinden *nt* <-s, *ohne pl*> ❶ *(Gesundheitszustand)* (estado *m* de) salud *f* ❷ *(geh: Meinung)* parecer *m*
befindlich [bəˈfɪntlɪç] *adj (Ort, Zustand)* situado, existente; **ein in Haft ~er Mann** un hombre en prisión
Befindlichkeit *f* <-en> estado *m* de ánimo [*o* de salud]
befingern* *vt (fam)* toquetear; *(sexuell)* meter mano
beflecken* *vt* ❶ *(mit Flecken)* manchar ❷ *(geh: entehren)* deshonrar; **jds Ehre/Ruf ~** manchar el honor/el nombre de alguien
beflissen [bəˈflɪsən] *adj* aplicado; *(hilfsbereit)* servicial
beflügeln* *vt (geh)* hacer volar; **die Angst beflügelte seine Schritte** el miedo aligeraba sus pasos
befohlen [bəˈfoːlən] *pp von* **befehlen**
befolgen* *vt (Befehl)* cumplir; *(Ratschlag)* seguir; *(Gesetz)* obedecer
Befolgung *f* <-, *ohne pl*> observación *f*
befördern* *vt* ❶ *(Waren)* tra(n)sportar; **jdn an die frische Luft ~** *(fam)* mandar a alguien a tomar viento fresco ❷ *(im Beruf)* ascender (**zu** a); **sie wurde zur Abteilungsleiterin befördert** ascendió a directora de sección
Beförderung *f* <-en> ❶ *(Transport)* tra(n)sporte *m* ❷ *(beruflich)* ascenso *m*
Beförderungsmittel *nt* medio *m* de tra(n)sporte

B

B

befrachten* *vt* ① *(beladen)* cargar (**mit** con) ② *(geh: Rede)* cargar (**mit** de)

Befrachter(in) *m(f)* <-s, -; -, -nen> (WIRTSCH) fletador(a) *m(f)*

befragen* *vt* interrogar; *(Arzt, Karten)* consultar (**wegen** por)

Befragte(r) *mf* <-n, -n; -n> interrogado, -a *m, f*

Befragung *f* <-en> ① (JUR) interrogatorio *m* ② *(Umfrage)* encuesta *f*

befreien* **I.** *vt* ① *(Volk)* liberar (**aus/von** de); **jdn aus einer schwierigen Lage ~** sacar a alguien de un aprieto ② *(Gefangene)* poner en libertad, liberar (**aus/von** de) ③ *(freistellen)* liberar (**von** de), dispensar (**von** de); *(vom Militärdienst)* eximir ④ *(von Schmerzen, Angst)* liberar (**von** de), quitar (**von** de); **ein ~des Lachen** una risa abierta ⑤ *(von Schmutz)* limpiar **II.** *vr:* **sich ~** ① *(Volk)* liberarse ② *(entkommen)* escaparse, evadirse

Befreier(in) *m(f)* <-s, -; -nen> libertador(a) *m(f)*

Befreiung *f* <-en> ① *(eines Landes, Menschen)* liberación *f;* **etw als ~ empfinden** considerar algo como una liberación; **die ~ der Frau** la emancipación de la mujer ② *(von einer Pflicht)* exención (**von** de)

Befreiungskampf *m* <-es, -kämpfe> lucha *f* por la libertad (política)

Befreiungsschlag *m* (SPORT) golpe *m* de castigo; (POL) golpe *m* de liberación

befremden* [bəˈfrɛmdən] *vt* extrañar; **es befremdet mich, dass ...** me extraña que… +*subj*

Befremden *nt* <-s, *ohne pl*> asombro *m,* extrañeza *f*

befremdend *adj* sorprendente

befremdlich *adj (geh)* extraño; *(erstaunlich)* sorprendente; *(ungewöhnlich)* insólito

befreunden* [bəˈfrɔɪndən] *vr* **sich mit jdm ~** hacerse amigo de alguien

befreundet *adj* amigo (**mit** de); **sie sind (eng) ~** son amigos (íntimos); **mit jdm ~ sein** ser amigo de alguien; **ein ~es Paar** una pareja amiga

befrieden* [bəˈfriːdən] *vt* (POL: *Land, geh)* pacificar, llevar la paz a

befriedigen* [bəˈfriːdɪgən] **I.** *vt* satisfacer **II.** *vr:* **sich ~** *(masturbieren)* masturbarse

befriedigend *adj* satisfactorio; *(Schulnote)* ≈ bien

Befriedigung *f* <-en> satisfacción *f;* **sie stellte mit ~ fest, dass ...** comprobó con satisfacción que…

befristen* *vt* fijar un plazo (para), limitar (**auf** a/hasta)

befristet *adj* limitado; **jdn ~ einstellen** contratar a alguien por un plazo limitado

Befristung *f* <-en> limitación *f*

befruchten* *vt* ① (BIOL) fecundar; *(Blüten)* polinizar ② *(geh: geistig anregen)* fructificar

Befruchtung *f* <-en> (BIOL) fecundación *f;* **künstliche ~** inseminación artificial

Befugnis [bəˈfuːknɪs] *f* <-se> autorización *f;* **keine ~ zu etw haben** no estar autorizado para algo

befugt *adj* **zu etw (nicht) ~ sein** (no) estar autorizado para hacer algo

befühlen* *vt* palpar, tocar

befummeln* *vt (fam: betasten)* toquetear; *(abw)* sobar; *(sexuell)* meter mano

Befund *m* <-(e)s, -e> (MED) diagnóstico *m;* **ohne ~** sin diagnóstico

befunden *pp von* **befinden**

befürchten* *vt* temer; **es ist zu ~, dass ...** es de temer que… +*subj*

Befürchtung *f* <-en> temor *m; (Vermutung)* sospecha *f;* **die ~ haben, dass ...** sospechar que…

befürworten* [bəˈfyːɐvɔrtən] *vt (dafür sein)* aprobar, defender; *(empfehlen)* recomendar

Befürworter(in) *m(f)* <-s, -; -nen> defensor(a) *m(f),* adicto, -a *m, f CSur*

begabt [bəˈgaːpt] *adj* dotado; **hoch ~** muy inteligente; *(Wunderkind)* superdotado; **durchschnittlich/vielseitig ~ sein** tener un talento medio/polifacético

Begabtenförderung *f* <-, -en> ① *(Verfahren)* fomento *m* de alumnos dotados ② *(Geld)* beca *f* para alumnos dotados

Begabung [bəˈgaːbʊŋ] *f* <-en> ① *(Anlage)* talento *m,* dotes *f pl* ② *(begabter Mensch)* talento *m*

begangen *pp von* **begehen**

begann [bəˈgan] *3. imp von* **beginnen**

begatten* *vt, vr:* **sich ~** (ZOOL) aparear(se)

Begattung *f* <-, -en> (ZOOL) apareamiento *m*

begeben* *irr* **I.** *vr:* **sich ~** *(geh)* ① *(stattfinden)* ocurrir ② *(beginnen)* empezar (**an** a); **sich an die Arbeit ~** ponerse a trabajar ③ *(gehen)* dirigirse (**zu/in** a), irse (**zu/in** a); **sich zu Bett ~** irse a la cama; **sich in ärztliche Behandlung ~** ponerse bajo tratamiento médico; **sich auf den Heimweg ~** dirigirse a casa; **sich in Gefahr ~** ponerse en peligro **II.** *vt* (FIN: *Wertpapiere*) emitir

Begebenheit *f* <-en> suceso *m,* acontecimiento *m*

begegnen* [bəˈgeːgnən] *vi sein* ① *(treffen)* **jdm ~** encontrarse a alguien; **einander ~** encontrarse ② *(stoßen auf)* **etw**

dat ~ encontrarse con algo ❸ *(widerfahren)* suceder, pasar; **so etwas ist mir ja noch nie begegnet!** ¡en mi vida (no) me pasó semejante cosa! ❹ *(geh: behandeln)* tratar; **man begegnete ihr mit Achtung** la trataban con respeto

Begegnung *f* <-en> (*a.* SPORT) encuentro *m*

begehbar *adj* transitable

begehen* *irr vt* ❶ *(Weg)* transitar (por); **eine Baustelle** ~ entrar en una obra ❷ *(Fehler)* cometer; **Selbstmord** ~ suicidarse; **ein Verbrechen/einen Mord** ~ cometer un crimen/un asesinato ❸ *(geh: Jubiläum)* celebrar

begehren* [bəˈgeːrən] *vt (geh)* ❶ *(wünschen)* ansiar, anhelar; *(habgierig)* codiciar; *(sexuell)* desear ❷ *(fordern)* pedir, solicitar

Begehren *nt* <-s, *ohne pl*> *(geh)* ansia *f*, anhelo *m; (Wunsch)* deseo *m*

begehrenswert *adj* deseable

begehrlich *adj (geh: heftig wünschend)* ansioso

Begehrlichkeit *f* <-, -en> *(geh)* ❶ *(Verlangen)* avidez *f; (Gier)* codicia *f* ❷ *(Wunsch)* deseo *m*

begehrt *adj (Person, Freundschaft, Ware)* solicitado; *(Ferienort)* popular

begeistern* [bəˈgaɪstɐn] **I.** *vt* entusiasmar (**für** por), apasionar (**für** por/con) **II.** *vr:* **sich** ~ entusiasmarse (**für** por/con), apasionarse (**für** por)

begeistert *adj* entusiasmado (**von** con/por); **~er Beifall** aplausos entusiasmados

Begeisterung *f ohne pl* entusiasmo *m* (**für** por); **in** ~ **geraten** entusiasmarse; **etw mit** ~ **tun** hacer algo con entusiasmo

begeisterungsfähig *adj* entusiasta

Begeisterungssturm *m* <-(e)s, -stürme> estallido *m* de entusiasmo, entusiasmo *m* desbordante; **ein** ~ **brach los** estalló el entusiasmo

Begierde [bəˈgiːɐdə] *f* <-n> ansias *f pl* (**nach** de), avidez *f* (**nach** de)

begierig *adj* ávido (**auf** de), ansioso (**auf** de/por)

begießen* *irr vt* ❶ *(Pflanzen)* regar ❷ *(fam: feiern)* celebrar con una copa

Beginn [bəˈgɪn] *m* <-(e)s, *ohne pl*> comienzo *m*, inicio *m;* **zu** ~ al inicio

beginnen <beginnt, begann, begonnen> **I.** *vi* comenzar (a), empezar (a); **es beginnt zu regnen** comienza a llover **II.** *vt* comenzar, empezar

beginnend *adj* (*a.* MED) incipiente; **es könnte sich um eine ~e Infektion handeln** podría tratarse de un principio de infección; **im ~en 20. Jahrhundert** en el entrante siglo XX

beglaubigen* [bəˈglaʊbɪgən] *vt* ❶ *(Urkunde)* certificar (de); *(Kopie)* compulsar ❷ *(Diplomaten)* acreditar

Beglaubigung *f* <-en> ❶ *(Schriftstück)* certificación *f; (einer Kopie)* autentificación *f* ❷ (POL) acreditación *f*

begleichen* *irr vt (geh)* saldar

Begleichung *f* <-, -en> *(einer Schuld, einer Rechnung)* liquidación *f*

begleiten* *vt* (*a.* MUS) acompañar

Begleiter(in) *m(f)* <-s, -; -nen> acompañante *mf; (Gefährte)* compañero, -a *m, f*

Begleiterscheinung *f* efecto *m* secundario

Begleitmusik *f* música *f* de acompañamiento

Begleitperson *f* acompañante *mf,* compañía *f*

Begleitschein *m* <-(e)s, -e> documento *m* adjunto; *(bei Warensendungen)* declaración *f* de contenido

Begleitschreiben *nt* <-s, -> (COM) carta *f* adjunta

Begleitumstände *mpl* (JUR) circunstancias *fpl* concomitantes

Begleitung *f* <-en> ❶ (*a.* MUS) acompañamiento *m;* **sie kam in** ~ **eines Freundes** vino acompañada de un amigo ❷ *(Begleiter)* acompañante *mf; (Gefolge)* séquito *m*

beglichen *pp von* **begleichen**

beglücken* *vt (geh)* deleitar (**mit** con), satisfacer (**mit** con); **ein ~des Gefühl** una sensación satisfactoria

beglückt **I.** *adj* alegre **II.** *adv* con alegría

beglückwünschen* *vt* felicitar (**zu** por); **er beglückwünschte sie zum Geburtstag/zur bestandenen Prüfung** la felicitó por su cumpleaños/por haber aprobado el examen

begnadet [bəˈgnaːdət] *adj* altamente dotado

begnadigen* *vt* indultar

Begnadigung *f* <-en> (POL) amnistía *f*

begnügen* [bəˈgnyːgən] *vr:* **sich** ~ conformarse (**mit** con)

Begonie [beˈgoːniə] *f* <-n> (BOT) begonia *f*

begonnen [bəˈgɔnən] *pp von* **beginnen**

begossen *pp von* **begießen**

begraben* *irr vt* ❶ *(Tote)* enterrar ❷ *(verschütten)* sepultar ❸ *(Streit)* poner fin (a); *(Hoffnung)* renunciar (a); **lass uns unseren Streit** ~ echemos tierra a nuestra disputa

Begräbnis [bəˈgrɛːpnɪs] *nt* <-ses, -se> entierro *m*, ancuviña *f Chil*

begradigen* [bə'gra:dɪgən] *vt (Fluss)* encauzar; *(Straße)* rectificar
Begradigung *f* <-, -en> rectificación *f*
begreifbar *adj* comprensible; **wie kann ich es dir ~ machen?** ¿cómo puedo hacértelo entender?
begreifen* *irr* **I.** *vt* comprender; **es ist einfach nicht zu ~, dass …** es sencillamente inconcebible que… *+subj* **II.** *vr:* **sich ~** *(sich auffassen)* considerarse (**als**); **er begreift sich als Experte** se considera un experto
begreiflich *adj* comprensible; **es ist einfach nicht ~, wie er so etwas tun konnte** es sencillamente incomprensible cómo pudo hacer algo parecido
begreiflicherweise [-'---'--] *adv* comprensiblemente
begrenzen* *vt* ① *(Gebiet)* delimitar ② *(beschränken)* limitar (**auf** a)
begrenzt *adj* limitado; **er hat einen ~en Horizont** tiene unos horizontes muy limitados
Begrenztheit *f* <-en> *(Möglichkeiten)* restricción *f,* limitación *f*
Begrenzung *f* <-en> ① *(das Begrenzen)* limitación *f,* restricción *f* ② *(Grenze)* límite *m*
Begriff *m* <-(e)s, -e> ① *(Ausdruck)* concepto *m* ② *(Vorstellung)* idea *f,* noción *f;* **sich** *dat* **einen ~ von etw machen** hacerse una idea de algo; **du machst dir keinen ~ davon, was heute los war** no te puedes imaginar lo que pasó hoy; **für meine ~e** en mi opinión; **das ist mir ein ~** me suena; **im ~ sein, etw zu tun** estar a punto de hacer algo; **schwer von ~ sein** *(fam)* ser corto de mollera
begriffen **I.** *pp von* **begreifen** **II.** *adj* con intención (**zu** de); **die Gäste sind im Aufbruch ~** los invitados están a punto de marcharse
begrifflich *adj* conceptual
begriffsstutzig *adj* tardo (en comprender)
Begriffsvermögen *nt ohne pl* facultad *f* de comprensión
begründen* *vt* ① *(Gründe aufführen)* justificar; **wie willst du das ~?** ¿cómo lo quieres justificar?; **womit willst du das ~?** ¿en qué lo quieres basar? ② *(gründen)* fundar; **wohl begründet** *(geh)* (muy) bien fundado
Begründer(in) *m(f)* <-s, -; -nen> iniciador(a) *m(f),* fundador(a) *m(f)*
begründet *adj* (*a.* JUR) fundado; **in etw** *dat* **~ liegen** fundarse en algo; **ich habe den ~en Verdacht, dass …** tengo la fundada sospecha de que…
Begründung *f* <-en> ① *(Grund)* motivo *m,* causa *f* ② *(Gründung)* fundación *f*
begrünen* *vt* ajardinar
begrüßen* *vt* ① *(Gast)* saludar; **ich würde mich sehr freuen, Sie bei mir ~ zu dürfen** estaría encantado de poder recibirle en mi casa ② *(Vorschlag)* celebrar; **wir ~ es sehr, dass …** celebramos mucho que… *+subj;* **ich würde es ~, wenn …** celebraría que… *+subj*
begrüßenswert *adj* plausible; **es ist ~, dass …** celebramos que… *+subj*
Begrüßung *f* <-en> saludo *m; (Empfang)* recibimiento *m*
begünstigen* [bə'gʏnstɪgən] *vt* ① *(förderlich sein)* favorecer; **er war vom Schicksal begünstigt** era un hombre de suerte ② (JUR: *Verbrechen*) encubrir ③ *(bevorzugen)* favorecer, privilegiar
Begünstigte(r) *mf* <-n, -n; -n, -n> beneficiario, -a *m, f*
Begünstigung *f* <-en> ① *(Förderung)* favorecimiento *m* ② (JUR) encubrimiento *m* ③ *(Bevorzugung)* trato *m* preferente
begutachten* *vt* emitir un dictamen (sobre)
Begutachtung *f* <-en> dictamen *m; (Untersuchung)* inspección *f*
begütert [bə'gy:tɐt] *adj* acaudalado, adinerado
begütigend **I.** *adj* apaciguador **II.** *adv* apaciguadoramente; **~ auf jdn einreden** apaciguar a alguien con palabras
behaart [bə'ha:ɐt] *adj* peludo, velludo
Behaarung *f* <-en> vellosidad *f,* pelo *m; (Tiere)* pelaje *m*
behäbig [bə'hɛ:bɪç] *adj (beleibt)* corpulento; *(phlegmatisch)* indolente
behaftet [bə'haftət] *adj* **mit etw** *dat* **~ sein** tener algo; **mit einem Mangel ~ sein** tener un defecto
behagen* [bə'ha:gən] *vi* **etw behagt jdm** algo agrada a alguien
Behagen *nt* <-s, *ohne pl*> gusto *m,* satisfacción *f*
behaglich [bə'ha:klɪç] *adj* ① *(Wärme)* agradable ② *(bequem)* cómodo, confortable; *(Leben)* desahogado, placentero
Behaglichkeit *f ohne pl* confort *m,* comodidad *f*
behalten* *irr vt* ① *(nicht wegwerfen)* conservar, guardar ② *(Glanz, gute Laune, Wert)* mantener; *(Geheimnis)* guardar; **die Nerven ~** no perder los nervios ③ *(sich merken)* retener (en la cabeza) ④ *(nicht abgeben)* quedarse (con); *(Hut)* dejar puesto; **der Kranke kann nichts bei sich ~** el enfermo no puede retener alimento alguno; **~ Sie (doch) Platz!** ¡no se levante!; **er**

muss immer seinen Willen ~ siempre quiere salirse con la suya

Behälter [bə'hɛltɐ] *m* <-s, -> ① *(Gefäß)* recipiente *m* ② *(Container)* contenedor *m*

Behältnis [bə'hɛltnɪs] *nt* <-ses, -se> ① *(Gefäß)* recipiente *m* ② *(Container)* contenedor *m*

behämmert [bə'hɛmɐt] *adj (fam)* idiota, lelo

behänd(e) *adj (flink)* ágil; *(gewandt)* hábil

behandeln* *vt* ① *(Mensch, Thema, Material)* tratar (**mit** con); **das Gericht behandelt heute den Fall X gegen Y** el tribunal se ocupa hoy del caso X contra Y; **er behandelt sie gut/schlecht** la trata bien/mal ② *(Krankheit)* tratar; *(heilen)* curar

Behandlung *f* <-en> ① *(Umgang)* trato *m* ② *(Therapie)* tratamiento *m; (Betreuung)* asistencia *f* médica; **ambulante/stationäre ~** tratamiento ambulatorio/hospitalario; **bei wem sind Sie in ~?** ¿con quién está usted en tratamiento? ③ *(eines Themas)* tratamiento *m* ④ (TECH) tratamiento *m*

Behandlungsfehler *m* <-s, -> error *m* de tratamiento

Behandlungskosten *pl* costes *mpl* del tratamiento

Behandlungsmethode *f* método *m* terapéutico

Behandlungsraum *m*, **Behandlungszimmer** *nt* sala *f* de curas

behängen* **I.** *vt* decorar (**mit** con) **II.** *vr:* **sich ~** *(fam abw)* llenarse (**mit** de)

beharren* [bə'harən] *vi* insistir (**auf** en); **er beharrte darauf, dass ...** insistía en que...; **er muss aber auch immer bei seiner Meinung ~** pero es que siempre tiene que aferrarse a su opinión

beharrlich *adj (nachdrücklich)* insistente; *(standhaft)* constante, perseverante

Beharrlichkeit *f ohne pl* ① *(Standhaftigkeit)* constancia *f*, perseverancia *f* ② *(Nachdruck)* insistencia *f*

behaupten* [bə'haʊptən] **I.** *vt* ① *(These)* afirmar; **es wird (von ihm) behauptet, dass ...** se dice (de él) que... ② *(Platz, Stelle)* defender **II.** *vr:* **sich ~** ① *(sich durchsetzen)* afirmarse; **sich gegen jdn ~** vencer a alguien ② *(Preise)* mantenerse firme

Behauptung *f* <-en> afirmación *f*; **eine ~ aufstellen** sostener una afirmación

Behausung [bə'haʊzʊŋ] *f* <-en> *(geh)* morada *f*

beheben* *irr vt* ① *(beseitigen)* eliminar; *(Missstand)* remediar; *(Schaden)* reparar ② *(Österr: abheben)* retirar

beheimatet [bə'haɪmaːtət] *adj* ① *(gebürtig)* oriundo (**in** de), natural (**in** de) ② *(wohnhaft)* establecido (**in** en)

beheizbar *adj* **das Wohnzimmer ist nicht ~** no hay calefacción en la sala de estar

beheizen* *vt* calentar

Behelf [bə'hɛlf] *m* <-(e)s, -e> recurso *m*, solución *f* de emergencia

behelfen* *irr vr:* **sich ~** defenderse (**mit** con, **ohne** sin), arreglárselas (**mit** con, **ohne** sin) *fam*

behelfsmäßig *adj* provisorio, provisional

behelligen* [bə'hɛlɪgən] *vt* molestar (**mit** con)

beherbergen* [bə'hɛrbɛrgən] *vt* alojar

Beherbergung *f* <-, *ohne pl*> hospedaje *m*

beherrschen* **I.** *vt* ① *(Macht haben)* dominar; *(regieren)* gobernar ② *(zügeln)* controlar, dominar ③ *(Handwerk, Sprache, Instrument)* conocer a fondo, dominar; *(Situation)* ser dueño (de), dominar **II.** *vr:* **sich ~** *(sich zügeln)* contenerse, dominarse

beherrscht *adj* controlado

Beherrschung *f ohne pl* ① *(Selbstbeherrschung)* autocontrol *m;* **die ~ verlieren** perder el control ② *(Wissen, Können)* dominio *m*

beherzigen* [bə'hɛrtsɪgən] *vt* tomar en consideración

beherzt [bə'hɛrtst] *adj* resuelto, audaz

Beherztheit *f* <-, *ohne pl*> valentía *f*

behilflich *adj* **jdm (bei etw) ~ sein** ayudar(le) a alguien (en algo)

behindern* *vt* ① *(stören)* molestar, estorbar (**bei** en); *(Verkehr)* impedir; *(Sicht)* dificultar ② *(verhindern)* entorpecer

behindert *adj (körperlich)* discapacitado; *(geistig)* retrasado

Behinderte(r) *mf* <-n, -n; -n> discapacitado, -a *m, f*

behindertengerecht *adj* acondicionado para disminuidos

Behindertenparkplatz *m* aparcamiento *m* para discapacitados

Behinderung *f* <-en> ① *(des Verkehrs)* impedimento *m; (einer Sache)* estorbo *m* ② (MED) discapacidad *f*

behoben *pp von* **beheben**

beholfen *pp von* **behelfen**

Behörde [bə'høːɐdə] *f* <-n> ① *(Amt)* autoridad *f* ② *(Gebäude)* administración *f*

Behördengang *m* <-(e)s, -gänge> visita *f* a un organismo oficial

behördlich [bə'høːɐtlɪç] *adj* oficial

behüten* *vt (schützen)* proteger (**vor** de); **Gott behüte!** ¡no lo quiera Dios!, ¡Dios nos libre!

B

behutsam [bəˈhuːtzaːm] **I.** *adj (sorgsam)* cuidadoso, concienzudo; *(rücksichtsvoll)* atento **II.** *adv* con cautela, con precaución
Behutsamkeit *f ohne pl* prudencia *f,* precaución *f*
bei [baɪ] *präp +dat* ① *(in der Nähe von)* cerca de, junto a; **in Unna ~ Dortmund** en Unna cerca de Dortmund; **die Schlacht ~ Leipzig** la batalla de Leipzig; **dicht ~ der Fabrik** junto a la fábrica; **ich saß ~ ihm** estuve sentado a su lado; **~ Tisch** a la mesa; **~m Bäcker** en la panadería ② *(für Firmen)* en; **sie arbeitet ~ der Bahn** trabaja en la compañía ferroviaria ③ *(für Wohnbereich)* en casa de, con; **wir sind ~ Susanne zum Abendessen eingeladen** estamos invitados a cenar en casa de Susanne; **er wohnt ~ seinen Eltern** vive con sus padres ④ *(an sich tragend)* encima; **ich habe kein Geld ~ mir** no llevo dinero encima ⑤ *(während)* durante, en; **~ der Arbeit** durante el trabajo; **~ Nacht** durante la noche; **Vorsicht ~m Aussteigen!** ¡cuidado al bajar!; **~ Gelegenheit** en alguna ocasión; **~m Lesen des Artikels** al leer el artículo; **~ näherer Betrachtung** en un examen más detallado ⑥ *(jemanden betreffend)* **das kommt oft ~ ihm vor** esto le sucede a menudo; **~ Kräften sein** estar robusto; **du bist nicht recht ~ Trost** *(fam)* no estás en tus cabales ⑦ *(mit)* con; **~ offenem Fenster schlafen** dormir con la ventana abierta; **~ seinen Fähigkeiten** con sus aptitudes ⑧ *(falls)* en caso de; **~ Nebel** en caso de niebla; **„~ Feuer Scheibe einschlagen"** "en caso de incendio, rómpase el cristal"
bei|behalten* *irr vt* mantener, conservar
Beiblatt *nt* <-(e)s, -blätter> hoja *f* adjunta
Beiboot *nt* (NAUT) bote *m* de servicio
bei|bringen *irr vt* ① *(beschaffen)* aportar ② *(lehren)* enseñar; **jdm etw ~** enseñar algo a alguien ③ *(mitteilen)* decir, comunicar ④ *(zufügen)* **jdm etw ~** causar algo a alguien
Beichte [ˈbaɪçtə] *f* <-n> (*a.* REL) confesión *f*
beichten *vi, vt* confesar(se)
Beichtgeheimnis *nt* (REL) secreto *m* de confesión
Beichtstuhl *m* (REL) confes(i)onario *m*
Beichtvater *m* (REL) confesor *m*
beide [ˈbaɪdə] *adj* los dos, ambos; **ihr habt ~ Recht** los/las dos tenéis razón; **wie geht es euch ~n?** ¿como estáis vosotros dos?; **alle ~** ambos, los dos; **keiner von ~n** ninguno de los dos; **ihre ~n Schwestern** sus dos hermanas; **~ Mal** en ambas ocasiones
beiderlei [ˈbaɪdɐlaɪ, ˈ-ˈ-] *adj inv* de los dos, de ambos; **~ Geschlechts** de ambos sexos
beiderseitig *adj* de ambas partes; *(gegenseitig)* recíproco, mutuo; **in ~em Einvernehmen** de mutuo acuerdo
beiderseits I. *präp +gen* a ambos lados de; **~ des Rheins** a ambos lados del Rhin **II.** *adv* de ambas partes; *(gegenseitig)* mutuamente, recíprocamente; **sie haben ~ versprochen, nichts zu sagen** ambos/ambas prometieron no decir nada por su parte
beidhändig *adj* ambidextro, ambidiestro; (*a.* SPORT) con ambas manos; **eine ~e Rückhand** *(Tennis)* un revés con las dos manos
beidseitig [ˈbaɪtzaɪtɪç] *adj* de doble lado; (MED) de doble cara; **zur ~en Zufriedenheit** para satisfacción de ambas partes
beidseits *präp (südd, Schweiz) s.* **beiderseits**
beieinander [-ˈ-ˈ--] *adv* junto, reunido
Beifahrer(in) *m(f)* <-s, -; -nen> acompañante *mf,* copiloto *mf*
Beifahrerseite *f* parte *f* del copiloto
Beifahrersitz *m* asiento *m* de copiloto
Beifall *m* <-(e)s, *ohne pl*> ① *(Applaus)* ovación *f; (Akklamation)* aclamación *f;* **jdm ~ spenden** conceder una ovación a alguien ② *(Zustimmung)* aprobación *f,* favor *m;* **jds ~ finden** lograr la aprobación de alguien; **~ klatschen** aplaudir
beifällig [ˈbaɪfɛlɪç] *adj* aprobatorio; **~ nicken** hacer un gesto aprobatorio con la cabeza
Beifallssturm *m* salva *f* de aplausos
bei|fügen *vt* ① *(Unterlagen)* incluir, adosar *Am* ② *(dazusagen)* añadir
Beigabe *f* <-n> añadido *m*
beige [beːʃ] *adj* beige
Beige *f* <-, -n> *(Schweiz, südd: Stapel)* montón *m; (Stoß)* pelo *m*
bei|geben *irr* **I.** *vi (geh: sich fügen)* doblegarse, someterse (a); **klein ~** ceder **II.** *vt (geh: hinzufügen)* **etw** *dat* **etw ~** añadir algo a algo
Beigeschmack *m* <-(e)s, *ohne pl*> gustillo *m*
Beiheft *nt* <-(e)s, -e> suplemento *m*
Beihilfe[1] *f* <-n> *(finanzielle Unterstützung)* ayuda *f* (económica), subsidio *m; (zum Studium)* beca *f*
Beihilfe[2] *f ohne pl* (JUR) complicidad *f;* **~ zum Mord** complicidad en el asesinato
bei|kommen *irr vi sein* ① *(zu fassen bekommen)* **jdm ~** coger a alguien; **ihr ist einfach nicht beizukommen** no hay modo de acercarse a ella ② *(bewältigen)* **etw** *dat* **~** resolver algo

Beil [baɪl] *nt* <-(e)s, -e> ① *(Axt)* hacha *f* ② *(Fallbeil)* guillotina *f*

Beilage *f* <-n> ① (PUBL) suplemento *m* ② (GASTR) guarnición *f*

Beilagensalat *m* ensalada *f* de guarnición

beiläufig ['baɪlɔɪfɪç] **I.** *adj* *(Frage)* casual **II.** *adv* de paso; ~ **gesagt** dicho sea de paso

bei|legen *vt* ① *(aus der Welt schaffen)* poner fin (a), concluir ② *(hinzulegen)* adjuntar, adosar *Am;* **er legte dem Brief ein Foto bei** adjuntó una foto a la carta ③ *(zuschreiben)* conceder, otorgar; **etw** *dat* **Gewicht/Wert** ~ otorgarle peso/valor a algo

Beilegung *f* <-en> ~ **eines Konflikts** arreglo *m* de un conflicto

beileibe [baɪ'laɪbə] *adv* ~ **nicht** en ningún caso

Beileid *nt* <-(e)s, *ohne pl*> pésame *m;* **mein aufrichtiges** ~ mi más sincero pésame; **jdm sein** ~ **ausdrücken** dar el pésame a alguien

Beileidsbekundung *f* <-, -en> expresión *f* de condolencia

Beileidskarte *f* tarjeta *f* de condolencia

bei|liegen *irr vi* estar incluido

beiliegend *adj* adjunto

beim [baɪm] = **bei dem** *s.* **bei**

bei|mengen *vt* añadir

bei|messen *irr vt* atribuir, conceder

bei|mischen *vt* añadir, agregar

Bein [baɪn] *nt* <-(e)s, -e> ① *(Körperteil)* pierna *f;* **die ~e übereinanderschlagen** cruzar las piernas; **er stellt ihm ein** ~ le pone la zancadilla; **sich** *dat* **(k)ein** ~ **ausreißen** *(fam fig)* (no) matarse trabajando; **mit einem** ~ **im Grab stehen** *(fam fig)* estar con un pie en la tumba; **sich** *dat* **die ~e in den Bauch stehen** *(fam fig)* estar de plantón; **mit beiden ~en im Leben stehen** *(fam fig)* tener los pies en el suelo; **jdm ~e machen** *(fam fig)* echar a alguien; **die ~e in die Hand nehmen** *(fam fig)* salir disparado; **etw auf die ~e stellen** *(fam fig)* montar algo; **er ist schon wieder auf den ~en** *(fam)* ya se ha recuperado totalmente ② *(eines Tieres, Stuhls)* pata *f* ③ *(geh: Knochen)* hueso *m;* **etw geht jdm durch Mark und** ~ *(fam)* algo le parte el alma a alguien

beinah(e) *adv* casi, por poco

Beiname *m* <-ns, -n> sobrenombre *m*

Beinbruch *m* fractura *f* de la pierna; **das ist (doch) kein ~!** *(fam)* ¡no es para tanto!; **Hals- und ~!** ¡(buena) suerte!

beinhalten* [bə'ɪnhaltən] *vt* incluir, contener

Beinprothese *f* (MED) prótesis *f inv* de la pierna, pierna *f* artificial

Beinschiene *f* ① (MED) férula *f* (para una pierna) ② (SPORT) espinillera *f* ③ (HIST) greba *f*

Beipackzettel *m* hoja *f* de instrucciones

bei|pflichten ['baɪpflɪçtən] *vi* **jdm** ~ secundar a alguien; **einem Vorhaben** ~ apoyar un proyecto

Beirat ['baɪra:t] *m* consejo *m* consultivo

Beiried *nt* <-(e)s, -e> *(Österr)* rosbif *m*

beirren* [bə'ɪrən] *vt* desconcertar, confundir; **lass dich dadurch nicht ~!** ¡no te dejes confundir por eso!

Beirut [baɪ'ru:t, '--] *nt* <-s> Beirut *m*

beisammen [baɪ'zamən] *adv* ① *(zusammen)* juntos, reunidos ② *(in guter Verfassung)* ~ **sein** *(körperlich)* estar fuerte; *(geistig)* estar cuerdo; **er ist noch gut** ~ aún está en sus cabales

Beisammensein *nt* <-s, *ohne pl*> reunión *f*

Beischlaf *m* <-(e)s, *ohne pl*> *(geh)* coito *m;* (JUR) cohabitación *f;* **außerehelicher** ~ adulterio *m*

Beisein ['baɪzaɪn] *nt* **in/ohne jds** ~ en presencia/sin la presencia de alguien

beiseite [baɪ'zaɪtə] *adv* a un lado, aparte; **Spaß ~!** ¡bromas aparte!

beiseitegehen *irr vi sein* irse a un lado

beiseite|legen *vt* **Geld** ~ ahorrar dinero

beiseite|nehmen *irr vt* **jdn** ~ hablar a solas con alguien

bei|setzen *vt (geh)* inhumar

Beisetzung *f* <-en> *(geh)* inhumación *f*

Beisitzer(in) *m(f)* <-s, -; -nen> ① *(am Gericht)* asesor(a) *m(f)* ② *(eines Ausschusses)* vocal *mf*

Beispiel *nt* <-(e)s, -e> ejemplo *m;* **(wie) zum** ~ (como) por ejemplo; **jdm ein** ~ **geben** dar ejemplo a alguien; **an ihm kannst du dir ein** ~ **nehmen** puedes tomar ejemplo de él; **mit gutem** ~ **vorangehen** predicar con el ejemplo

beispielhaft *adj* ejemplar, modelo

beispiellos *adj* sin precedente; *(unerhört)* inaudito; *(unvergleichbar)* sin igual, sin par

beispielsweise *adv* por ejemplo

beißen ['baɪsən] <beißt, biss, gebissen> **I.** *vi, vt (zubeißen)* morder; **in den Apfel** ~ morder la manzana; **ich habe mir auf die Zunge gebissen** me mordí la lengua; **nichts zu** ~ **haben** *(fam)* no tener nada que llevarse a la boca **II.** *vi (Geruch, Geschmack)* picar; **der Rauch beißt in den Augen** me pican los ojos del humo **III.** *vr:* **sich** ~ *(fam: Farben)* desentonar, no armonizar

beißend *adj (Geschmack)* picante, mordaz; *(Geruch, Qualm)* fuerte, picante; *(Spott)* mordaz, agudo

Beißzange *f* tenazas *fpl*

B

Beistand *m* <-(e)s, -stände> ① *(geh: Hilfe)* ayuda *f; (Unterstützung)* apoyo *m;* **jdm ~ leisten** prestar ayuda a alguien ② (JUR) asistencia *f; (Beratung)* asesoramiento *m;* **rechtlicher ~** asistencia jurídica
bei|stehen *irr vi* **jdm ~** apoyar a alguien, ayudar a alguien
Beistellschrank *m* armario *m* auxiliar, armarito *m*
bei|steuern *vt* contribuir con (**zu** a)
bei|stimmen *vi* aprobar
Beistrich *m* <-(e)s, -e> *(Österr: Komma)* coma *f*
Beitrag ['baɪtra:k] *m* <-(e)s, -träge> ① *(Anteil, Mitwirkung)* contribución *f;* **seinen ~ zu etw leisten** contribuir a algo ② *(Geldbetrag)* cuota *f* ③ *(Aufsatz, Artikel)* artículo *m*
bei|tragen *irr vt* contribuir (**zu** a), ayudar (**zu** a)
beitragsfrei *adj* libre de contribuciones
beitragspflichtig *adj* sujeto a pago
Beitragssatz *m* <-es, -sätze> (FIN) cuota *f*
Beitragsstaffelung *f* escalonamiento *m* de las cuotas
Beitragszahler(in) *m(f)* contribuyente *mf*
Beitragszahlung *f* contribución *f;* **~en an die Sozialversicherung** cotizaciones a la Seguridad Social
bei|treten *irr vi sein* ① *(einem Pakt)* adherirse (a) ② *(einer Organisation)* ingresar (en); *(einer Partei)* afiliarse (a)
Beitritt *m* <-(e)s, -e> adhesión *f* (**zu** a), ingreso *m* (**zu** en); *(zu einer Partei)* afiliación *f* (**zu** a); **seinen ~ erklären** ingresar
Beitrittserklärung *f* declaración *f* de ingreso
Beiwagen *m* <-s, -> sidecar *m*
Beiwerk *nt* <-(e)s, -e> *(geh)* accesorio *m*
bei|wohnen *vi (geh)* asistir (a), presenciar
Beize ['baɪtsə] *f* <-n> ① *(für Metall)* decapante *m; (für Textilien)* mordiente *m* ② *(für Holz)* barniz *m* ③ *(zum Gerben)* adobo *m* ④ (GASTR) escabeche *m*
beizeiten [baɪ'tsaɪtən] *adv* a tiempo
beizen ['baɪtsən] *vt* ① *(Metall)* decapar; *(Textilien)* tratar con mordiente ② *(Holz)* barnizar ③ (GASTR) adobar, escabechar
bejahen* [bə'ja:ən] *vt* ① *(Frage)* contestar afirmativamente ② *(Leben, Vorschlag)* decir que sí (a)
bejahend *adj* afirmativo
bejahrt [bə'ja:ɐt] *adj (geh)* entrado en años
Bejahung *f* <-, -en> ① *(Antwort)* respuesta *f* afirmativa ② *(Befürwortung)* aceptación *f*
bejammern* *vt* lamentar
bejammernswert *adj* lamentable, deplorable
bejubeln* *vt* ovacionar, vitorear
bekämpfen* *vt* combatir
Bekämpfung *f* <-en> lucha *f* (**von** contra)
bekannt [bə'kant] **I.** *pp von* **bekennen II.** *adj* ① *(Person)* conocido; *(Sache)* conocido; **~ geben** dar a conocer; *(veröffentlichen)* hacer público; **~ machen** hacer saber; *(öffentlich)* publicar, (llegar a) conocerse; **wohl ~** *(geh)* muy [*o* bien] conocido; **das ist uns wohl ~** lo conocemos muy bien; **als ~ voraussetzen** dar por sabido; **das kommt mir ~ vor** me suena de algo; **darf ich Sie mit Herrn X ~ machen?** ¿puedo presentarle al señor X? ② *(berühmt)* famoso (**für** por)
Bekannte(r) *mf* <-n, -n; -n> conocido, -a *m, f*
Bekanntenkreis *m* (círculo *m* de) conocidos *mpl*
bekanntermaßen *adv s.* **bekanntlich**
Bekanntgabe *f* <-n> notificación *f; (in einer Zeitung)* publicación *f*
bekanntgeben *irr vt s.* **bekannt II. 1.**
Bekanntheit *f ohne pl* popularidad *f;* **ein Name von großer ~** un nombre muy popular; **die ~ von Fakten** el conocimiento de los hechos
Bekanntheitsgrad *m* (grado *m* de) familiaridad *f;* **einen hohen/niedrigen ~ haben** tener mucha/poca familiaridad
bekanntlich *adv* como es sabido
bekanntmachen *vt s.* **bekannt II. 1.**
Bekanntmachung *f* <-en> ① *(Veröffentlichung)* publicación *f; (eines Gesetzes)* promulgación *f* ② *(amtlicher Anschlag)* edicto *m,* bando *m*
Bekanntschaft *f* <-en> ① *(persönliche Beziehung)* amistad *f;* **jds ~ machen** conocer a alguien ② *(Bekannter)* conocido, -a *m, f*
bekehren* **I.** *vt* ① (REL) convertir (**zu** a) ② *(zu einer Ansicht)* hacer adoptar **II.** *vr:* **sich ~** convertirse (**zu** a)
Bekehrung *f* <-en> (REL) conversión *f*
bekennen* *irr* **I.** *vt (zugeben)* reconocer; *(Attentat)* reivindicar; **Farbe ~** *(fam)* quitarse la careta **II.** *vr:* **sich ~** ① *(eintreten für)* declararse (**zu** en favor de) ② *(einstehen für)* confesar, declararse; **ich bekenne mich schuldig** me confieso culpable
Bekennerbrief *m* <-(e)s, -e>, **Bekennerschreiben** *nt* carta *f* de reivindicación
Bekennerschreiben *nt* <-s, -> *s.* **Bekennerbrief**
Bekenntnis *nt* <-ses, -se> (*a.* REL) confesión *f; (Erklärung)* declaración *f* (**zu** en favor de)
bekieken* *vt (nordd)* contemplar
beklagen* **I.** *vt (Unglück, Schaden)* lamen-

tar **II.** *vr:* **sich ~** lamentarse (**über** de); *(sich beschweren)* quejarse (**über** de); **ich kann mich nicht ~** no me puedo quejar

beklagenswert *adj* lamentable, deplorable

Beklagte(r) *mf* <-n, -n; -n> (JUR) demandado, -a *m, f*

beklatschen* *vt (applaudieren)* aplaudir

beklauen* *vt (fam)* robar; **jdn ~** mangar a alguien

bekleckern* **I.** *vt (fam)* manchar (**mit** con/de); *(beschmieren)* pringar (**mit** con/de) **II.** *vr:* **sich ~** mancharse (**mit** de), pringarse (**mit** de); **er hat sich nicht gerade mit Ruhm bekleckert** *(iron)* no se ha cubierto de gloria precisamente

bekleiden* *vt* ① *(geh: Amt, Rang)* ocupar ② *(anziehen)* vestir; **leicht bekleidet** con ropa ligera ③ *(bedecken)* revestir (**mit** de)

Bekleidung¹ *f ohne pl (eines Amtes)* ejercicio *m* (de cargo)

Bekleidung² *f* <-en> ① *(Kleidung)* ropa *f* ② *(Bedeckung)* revestimiento *m*

beklemmend *adj* angustioso; *(bedrückend)* oprimente

Beklemmung *f* <-en> agobio *m*, angustia *f*, prendimiento *m Chil; (physisch)* opresión *f*

beklommen [bəˈklɔmən] *adj* agobiado; *(bedrückt)* abatido

Beklommenheit *f* <-en> opresión *f*, angustia *f*

bekloppt [bəˈklɔpt] *adj (fam)* como una cabra [*o* una chota]; **~ sein** estar pirado

Bekloppte(r) *mf* <-n, -n; -n, -n> *(fam)* loco, -a *m, f*

beknackt *adj (fam)* ido, alelado

beknien* *vt (fam)* pedir de rodillas

bekochen* *vt* cocinar; **am Wochenende bekocht mich mein Mann** el fin de semana cocina mi marido para mí

bekommen* *irr* **I.** *vt* ① *(erhalten)* recibir; *(Recht, Einblick)* obtener, conseguir; **was ~ Sie (dafür)?** ¿cuánto le debo?; **sie bekommt 20 Euro (für) die Stunde** le pagan 20 euros la hora; **etw zu essen ~** recibir algo de comer; **ich habe es geschenkt ~** me lo han regalado; **eine Ohrfeige ~** recibir una bofetada; **er bekam ein Jahr Gefängnis** le cayó un año de cárcel ② *(Zug)* coger, alcanzar, pillar *argot;* **wenn ich ihn zu fassen bekomme** como le coja ③ *(Krankheit)* contraer; *(Komplexe)* desarrollar; *(Zähne)* echar, salir; **ein Kind ~** tener un hijo; **er bekommt graue Haare** le salen canas; **er bekommt eine Glatze** se está quedando calvo; **wir ~ anderes Wetter** tendremos un cambio de tiempo; **er bekam Hunger/Angst** le entró hambre/miedo; **er bekam Lust, schwimmen zu gehen** le entraron ganas de ir a nadar; **ich bekomme ihn nicht dazu, mir zu helfen** no consigo que me ayude **II.** *vi* ① *(bedient werden)* estar atendido; **~ Sie es schon?** ¿ya le atienden? ② *sein (Speisen)* **jdm gut/schlecht ~** sentar(le) bien/mal a alguien; **wohl bekomm's!** ¡que aproveche!

bekömmlich [bəˈkœmlɪç] *adj (Speisen)* **leicht ~** fácil de digerir, ligero; **schwer ~** indigesto

Bekömmlichkeit *f* <-, *ohne pl*> (GASTR) digestibilidad *f;* **zur besseren ~** para digerir mejor

beköstigen* [bəˈkœstɪgən] *vt* alimentar

bekräftigen* *vt* confirmar, afirmar

Bekräftigung *f* <-en> apoyo *m*, confirmación *f*

bekränzen* [bəˈkrɛntsən] *vt* coronar (**mit** de), enguirnaldar

bekreuzigen* *vr:* **sich ~** santiguarse

bekriegen* *vt* hacer la guerra (a); *(bekämpfen)* combatir, luchar (contra)

bekritzeln* *vt* garabatear (en)

bekümmern* *vt (besorgt machen)* preocupar; *(beunruhigen)* intranquilizar

bekümmert *adj (besorgt)* preocupado (**über** por); *(betrübt)* afligido (**über** por)

bekunden* [bəˈkʊndən] *vt* ① *(geh: Absicht, Mitgefühl)* mostrar, manifestar ② (JUR: *bezeugen*) testificar

Bekundung *f* <-, -en> manifestación *f*

belächeln* *vt* mofarse (de)

beladen* *irr* **I.** *vt* cargar (**mit** de/con) **II.** *vr:* **sich ~** cargar (**mit** con), cargarse (**mit** de)

Belag [bəˈlaːk, *pl:* bəˈlɛːgə] *m* <-(e)s, -läge> *(Zungenbelag)* saburra *f; (Zahnbelag)* sarro *m; (Straßen-, Fußbodenbelag)* pavimento *m; (Bremsbelag)* revestimiento *m*

Belagerer, -in [bəˈlaːgərɐ] *m, f* <-s, -; -nen> sitiador(a) *m(f)*

belagern* [bəˈlaːgɐn] *vt* ① (MIL) sitiar, cercar ② *(fam: sich drängen)* rodear, acorralar

Belagerung *f* <-en> (MIL) sitio *m*

Belagerungszustand *m* (JUR) estado *m* de sitio

belämmert [bəˈlɛmɐt] *adj (fam)* ① *(verlegen)* confuso; *(eingeschüchtert)* intimidado ② *(scheußlich)* horrible; *(abstoßend)* repugnante

Belang [bəˈlaŋ] *m* <-(e)s, *ohne pl*> *(Bedeutung)* importancia *f;* **etw ist von/ohne ~ für jdn/etw** algo es de/carece de importancia para alguien/algo

belangen* *vt* (JUR) demandar judicialmente

belanglos *adj* sin importancia

Belanglosigkeit *f* <-en> insignificancia *f;* **über ~en sprechen** hablar de naderías

belassen* *irr vt* dejar; **wir wollen es dabei ~** dejémoslo así

belastbar *adj* ① *(Material)* resistente; **eine bis zu zehn Tonnen ~e Brücke** un puente con una capacidad de carga de diez toneladas ② *(Mensch)* fuerte, resistente; **die Umwelt ist nicht weiter ~** no se puede sobrecargar más el medio ambiente

Belastbarkeit *f ohne pl* (capacidad *f* de) resistencia *f,* aguante *m fam*

belasten* **I.** *vt* ① (JUR: *beschuldigen*) imputar, incriminar; **~des Material** material incriminatorio ② *(mit Gewicht)* cargar ③ *(bedrücken)* pesar; *(nervlich)* agobiar ④ (ÖKOL) contaminar ⑤ (FIN: *Grundstück*) hipotecar; *(Konto)* debitar **II.** *vr:* **sich ~** ① (JUR) endeudarse, empeñarse ② *(sich aufbürden)* **sich mit etw ~** cargarse de algo

belästigen* [bəˈlɛstɪgən] *vt* molestar (**mit** con)

Belästigung *f* <-en> molestia *f,* odiosidad *f Am;* **sexuelle ~** acoso sexual

Belastung [bəˈlastʊŋ] *f* <-en> ① (PSYCH) carga *f* ② (JUR) cargo *m* ③ (ÖKOL) perjuicio *m* para el medio ambiente ④ (MED: *Kreislauf, Organ*) sobrecarga *f* ⑤ (FIN) carga *f*

Belastungsgrenze *f* <-, -n> (TECH) límite *m* de carga

Belastungsprobe *f* ① (TECH: *Material, Brücke*) prueba *f* de carga ② (MED) prueba *f* de esfuerzo ③ *(Ehe, Koalition)* prueba *f* de resistencia

Belastungszeuge, -in *m, f* (JUR) testigo *mf* de cargo

belaubt [bəˈlaʊpt] *adj* cubierto de hojas

belauern* *vt* acechar

belaufen* *irr vr:* **sich ~** elevarse (**auf** a), ascender (**auf** a)

belauschen* *vt* escuchar; *(spionieren)* espiar

beleben* **I.** *vt* estimular, reanimar, vitalizar *Am;* **wieder ~** *(Wirtschaft)* reactivar **II.** *vr:* **sich ~** *(Straße)* animarse, cobrar vida

belebend *adj* estimulante; *(stärker)* excitante

belebt *adj* ① *(lebendig)* animado ② *(Straße)* concurrido

Belebung *f* <-en> vivificación *f*

Beleg [bəˈleːk] *m* <-(e)s, -e> ① *(Quittung)* recibo *m* ② *(Beweis)* prueba *f*

belegen* *vt* ① *(Platz)* reservar, ocupar ② *(Seminar)* inscribirse (en) ③ (SPORT) ocupar; **er belegte den zweiten Platz** ocupó el segundo puesto ④ *(Behauptung)* documentar ⑤ *(Brot, Fußboden)* cubrir (**mit** con) ⑥ *(mit Zoll, Bußgeld)* cargar (**mit** de/con), gravar (**mit** con)

Belegexemplar *nt (Zeitschrift, Buch)* original *m*

Belegschaft *f* <-en> personal *m,* plantel *m Arg*

belegt *adj* ① *(Hotel)* completo; *(Zimmer, Platz)* ocupado ② *(Stimme)* **~e Stimme** voz tomada ③ *(Brot)* untado; **~es Brötchen** bocadillo ④ *(Zunge)* saburroso

Belegung *f* <-, -en> ① *(Telefon)* ocupación *f;* *(Platz, Stelle)* reserva *f* ② *(Nachweis)* justificación *f*

belehren* *vt* instruir (**über** sobre)

belehrend *adj* instructivo

Belehrung *f* <-en> ① *(Erklärung)* instrucción *f* ② *(Zurechtweisung)* reprimenda *f* ③ (JUR) informe *m*

beleibt [bəˈlaɪpt] *adj* corpulento

Beleibtheit *f* <-, *ohne pl*> *(geh)* corpulencia *f;* *(krankhaft)* obesidad *f*

beleidigen* [bəˈlaɪdɪgən] *vt* ofender, insultar

beleidigend *adj* ofensivo

Beleidigung *f* <-en> ofensa *f,* insulto *m*

beleihen* *irr vt (Haus)* hipotecar; *(Wertpapiere)* pignorar

belesen *adj (Person)* leído, culto

Belesenheit *f* <-, *ohne pl*> erudición *f*

beleuchten* *vt* ① *(mit Licht)* iluminar, alumbrar ② *(Frage)* analizar

Beleuchtung *f* <-en> iluminación *f,* luz *f*

Beleuchtungstechnik *f* <-, -en> luminotecnia *f*

Belgien [ˈbɛlgiən] *nt* <-s> Bélgica *f*

Belgier(in) *m(f)* <-s, -; -nen> belga *mf*

belgisch *adj* belga

Belgrad [ˈbɛlgraːt] *nt* <-s> Belgrado *m*

belichten* *vt* (FOTO) exponer (a la luz)

Belichtung *f* <-en> (FOTO) exposición *f*

Belichtungsmesser *m* fotómetro *m*

Belichtungszeit *f* tiempo *m* de exposición

belieben* **I.** *vi (geh)* desear; **wann es Ihnen beliebt** cuando Ud. guste **II.** *vunpers* **es beliebte ihm, bei uns vorbeizukommen** le entraron deseos de pasar a visitarnos

Belieben *nt* <-s, *ohne pl*> voluntad *f,* gusto *m;* **nach ~** al gusto

beliebig **I.** *adj* cualquiera; **jede ~e Arbeit annehmen** aceptar cualquier trabajo; **in ~er Reihenfolge** por el orden que se desee **II.** *adv* a gusto, a voluntad

beliebt *adj (Person)* estimado, apreciado; *(Ware)* solicitado; *(Thema)* popular; **sich ~ machen** hacerse querer

Beliebtheit *f ohne pl* popularidad *f* (**bei** entre); **jd/etw erfreut sich großer ~** alguien/algo goza de gran popularidad

beliefern* *vt* suministrar, abastecer (**mit** con)

Belieferung *f* <-en> suministro *m,* entrega *f*

Belize [beˈliːs, beˈliːθe] *nt* <-s> Belize *m*

bellen [ˈbɛlən] *vi* ladrar

bellend *adj* ladrador; **mit ~er Stimme** con voz chillona

Belletristik [bɛleˈtrɪstɪk] *f ohne pl* bellas letras *fpl*

belletristisch *adj* literario

Belobigung *f* <-, -en> elogio *m;* **jdm eine ~ aussprechen** dedicar unas palabras de elogio a alguien

belogen *pp von* **belügen**

belohnen* *vt* recompensar (**für** por); *(mit einem Preis)* premiar (**für** por)

Belohnung *f* <-en> recompensa *f; (Preis)* premio *m;* **eine ~ aussetzen** ofrecer una recompensa

belüften* *vt* airear; **dieses Zimmer ist schlecht belüftet** esta habitación está mal ventilada

Belüftung *f* <-en> ventilación *f*

belügen* *irr vt* mentir

belustigen* **I.** *vt (zum Lachen bringen)* divertir **II.** *vr:* **sich ~** *(geh: sich lustig machen)* reírse (**über** de)

Belustigung *f ohne pl (Erheiterung)* divertimiento *m;* **der öffentlichen ~ dienen** servir de público regocijo

bemächtigen* [bəˈmɛçtɪgən] *vr (geh)* **sich etw** *gen* **/jds ~** apoderarse de algo/alguien

bemalen* **I.** *vt* pintar **II.** *vr:* **sich ~** pintarse

Bemalung *f* <-en> pintura *f; (Graffiti)* pintada *f; (Kriegsbemalung)* pintura *f* (de guerra)

bemängeln* [bəˈmɛŋəln] *vt* censurar, criticar

bemannt [bəˈmant] *adj (Raumschiff)* tripulado

bemerkbar *adj* perceptible; **sich ~ machen** hacerse notar; *(durch Gesten)* atraer la atención

bemerken* *vt* ❶ *(wahrnehmen)* notar, darse cuenta (de) ❷ *(äußern)* decir, observar; *(erwähnen)* mencionar; **nebenbei bemerkt** dicho sea de paso

bemerkenswert *adj* notable

Bemerkung *f* <-en> comentario *m,* observación *f*

bemessen* *irr* **I.** *vt (messen)* medir, calcular; **meine Zeit ist knapp ~** estoy corto de tiempo **II.** *vr:* **sich ~** *(sich bestimmen)* tasarse (**nach** de acuerdo con)

Bemessungsgrundlage *f* base *f* de cálculo

bemitleiden* [bəˈmɪtlaɪdən] *vt* compadecer; **sich selbst ~** autocompadecerse

bemitleidenswert *adj* deplorable

bemühen* [bəˈmyːən] **I.** *vr:* **sich ~** *(sich Mühe geben)* esforzarse (**um** por), esmerarse (**um** por); **bitte ~ Sie sich nicht!** ¡por favor, no se moleste!; **sich um etw ~** esforzarse para conseguir algo; **sich um jdn ~** esforzarse por alguien; **wärst du so freundlich, dich zu mir zu ~?** ¿serías tan amable de pasarte por mi casa? **II.** *vt (geh: bitten)* pedir; *(benutzen)* servirse (de); **er bemühte sie zu sich** le pidió que fuera a verle

Bemühen *nt* <-s, *ohne pl*> *(geh)* empeño *m;* **jds ~** (**um jdn/etw**) los esfuerzos de alguien (por alguien/algo)

bemüht *adj* aplicado; **~ sein, etw zu tun** poner empeño [*o* aplicarse] en hacer algo; **um eine gute Note ~ sein** esforzarse por [*o* para] conseguir una buena nota; **um jdn ~ sein** esforzarse por [*o* para] alcanzar la simpatía de alguien

Bemühung *f* <-en> ❶ *(Anstrengung)* molestia *f* ❷ *pl (Dienstleistungen)* diligencia *f*

bemuttern* [bəˈmʊtɐn] *vt* mimar

benachbart [bəˈnaxbaːɐt] *adj* vecino

benachrichtigen* [bəˈnaːxrɪçtɪgən] *vt* informar (**von** de), avisar (**von** de)

Benachrichtigung *f* <-en> aviso *m; (offiziell)* parte *m; (Warnung)* advertencia *f*

benachteiligen* [bəˈnaːxtaɪlɪgən] *vt* perjudicar, discriminar (**wegen** por)

Benachteiligte(r) *mf* perjudicado, -a *m, f*

Benachteiligung *f* <-en> perjuicio *m,* discriminación *f*

benannt *pp von* **benennen**

benebeln* *vt (fam)* nublar; *(verwirren)* ofuscar; *(Alkohol)* embriagar; **ein ~der Duft durchzog den Raum** un perfume embriagador cruzó la sala

benebelt *adj (fam)* mareado; *(vom Alkohol)* achispado

Benediktiner(in) [benedɪkˈtiːnɐ] *m(f)* <-s, -; -, -nen> benedictino, -a *m, f*

Benefizkonzert [beneˈfiːts-] *nt* concierto *m* de beneficencia

benehmen* *irr vr:* **sich ~** (com)portarse (**wie** como); **benimm dich!** ¡pórtate bien!

Benehmen *nt* <-s, *ohne pl*> ❶ *(Verhalten)* comportamiento *m* ❷ *(Manieren)* modales *mpl;* **kein ~ haben** no tener modales

beneiden* [bəˈnaɪdən] *vt* envidiar (**um** por); **er ist nicht zu ~** no es de envidiar; **ich beneide dich um dein Glück** envidio tu suerte

beneidenswert *adj* envidiable

Beneluxländer *ntpl* (POL) (Estados *mpl* del) Benelux *m*

benennen* *irr vt* ❶ *(Namen geben)* nombrar, poner nombre (**nach** de) ❷ *(Kandidaten)* designar

Benennung *f* <-en> nombramiento *m*

benetzen* *vt (geh)* humedecer

Bengel ['bɛŋəl] *m* <-s, -(s)> *(fam)* ① *(frecher Bursche)* granujilla *m* ② *(kleiner Junge)* chaval *m,* pendejo *m CSur*

Benimm [bə'nɪm] *m* <-s, *ohne pl*> *(fam)* modales *mpl;* **der Kerl hat einfach keinen ~!** ¡este tipo no tiene modales!

Benimmregeln *fpl* reglas *fpl* de comportamiento

Benin [be'ni:n] *nt* <-s> Benín *m*

Benjamin *m* <-s, -e> *(fam: Jüngster)* benjamín *m*

benommen [bə'nɔmən] **I.** *pp von* **benehmen II.** *adj* aturdido (**von** por), abombado (**von** por) *AmS*

Benommenheit *f ohne pl* estupor *m; (Ohnmacht)* vahído *m*

benoten* *vt* calificar, poner nota

benötigen* [bə'nø:tɪgən] *vt* necesitar

Benotung *f* <-, -en> (SCH) calificación *f,* nota *f;* **eine gute/schlechte ~ erhalten** recibir buenas/malas calificaciones

benutzbar *adj* utilizable; **nur einmal ~** de un solo uso; **kaum noch ~** apenas aprovechable; **der Weg war nach dem Regen nicht mehr ~** el camino quedó intransitable tras la lluvia

benutzen* *vt* ① *(gebrauchen)* usar; *(verwenden)* emplear; *(Zug, Bus)* tomar ② *(ausnutzen)* aprovechar; **er benutzte die Gelegenheit, um zu fliehen** aprovechó la ocasión para escapar; **etw als Vorwand ~** poner algo como excusa; **ich fühle mich** (**von ihr**) **benutzt** me siento utilizado (por ella)

benützen* *vt (reg) s.* **benutzen**

Benutzer(in) *m(f)* <-s, -; -nen> (*a.* INFOR) usuario, -a *m, f*

benutzerdefiniert [-'--defini:ɐt] *adj* (INFOR) definido por el usuario

benutzerfreundlich *adj* de fácil manejo para el usuario

Benutzerfreundlichkeit *f ohne pl* facilidad *f* en el manejo

Benutzerhandbuch *nt* (INFOR) manual *m* de usuarios

Benutzerin *f* <-nen>, **Benützerin** *f* <-nen> *s.* **Benutzer**

Benutzerkonto *nt* (INFOR) cuenta *f* de usuario

Benutzername *m* (INFOR) nombre *m* de usuario

Benutzeroberfläche *f* (INFOR) superficie *f* de utilización

Benutzerrechte *ntpl* (INFOR) derechos *mpl* de usuario

Benutzerschnittstelle *f* (INFOR) interfaz *f* de usuario

Benutzung *f* <-en> uso *m,* empleo *m;* **etw in ~ haben/nehmen** tener/tomar algo en uso

Benutzungsgebühr *f* tasa *f* de utilización; *(für Straßen)* peaje *m*

Benzin [bɛn'tsi:n] *nt* <-s, -e> gasolina *f,* nafta *f CSur*

Benzinkanister *m* bidón *m* de gasolina

Benzinpumpe *f* (AUTO) bomba *f* de gasolina

Benzintank *m* (AUTO) tanque *m* de gasolina

Benzinuhr *f* (AUTO) indicador *m* del nivel de gasolina

Benzinverbrauch *m* (AUTO) consumo *m* de gasolina

Benzol [bɛn'tso:l] *nt* <-s, -e> (CHEM) benzol *m*

beobachtbar *adj* observable; *(wahrnehmbar)* apreciable; (**nicht**) **mit bloßem Auge ~** (no) apreciable a simple vista

beobachten* [bə'ʔo:baxtən] *vt* ① *(betrachten)* observar ② *(überwachen)* vigilar ③ *(bemerken)* observar (**an** en), notar (**an** en)

Beobachter(in) *m(f)* <-s, -; -nen> observador(a) *m(f)*

Beobachtung *f* <-en> observación *f;* **~en anstellen** hacer observaciones

Beobachtungsgabe *f* capacidad *f* de observación; **sie hat eine gute ~** tiene buenas dotes de observación

Beobachtungsposten *m* ① *(Person)* centinela *mf;* **der Kommissar hat drei ~ aufgestellt** el comisario ha apostado a tres vigilantes ② *(Standort)* puesto *m* de observación

Beobachtungsstation *f* (MED) estación *f* de vigilancia

beordern* *vt* ordenar

bepacken* *vt* cargar (**mit** con)

bepflanzen* *vt* plantar (**mit** de)

Bepflanzung *f* <-, -en> plantación *f*

bepinkeln* *vt (fam)* mear

bepinseln* *vt* dar pinceladas; *(fam: Wände)* pintar con brocha

bequatschen* *vt (fam)* ① *(besprechen)* conversar ② *(überreden)* convencer, persuadir

bequem [bə'kve:m] *adj* ① *(Möbel)* cómodo; **machen Sie es sich ~!** ¡póngase cómodo! ② *(abw: Person)* comodón

bequemen* *vr:* **sich ~** *(geh abw)* dignarse (**zu** a)

Bequemlichkeit[1] *f* <-en> *(Komfort)* comodidad *f*

Bequemlichkeit[2] *f ohne pl (Trägheit)* pereza *f;* **aus** (**purer**) **~** por (pura) pereza

berappen* [bə'rapən] *vt, vi (fam: Zeche, Steuer)* soltar la pasta *fam*

beraten* *irr* **I.** *vt* ① *(Rat geben)* aconsejar;

(fachlich) asesorar ❷ *(besprechen)* deliberar (**über** sobre), discutir **II.** *vr:* **sich ~** *(sich besprechen)* asesorarse (**mit** con), consultarse (**mit** con)

beratend *adj* consultivo

Berater(in) *m(f)* <-s, -; -nen> consejero, -a *m, f,* asesor(a) *m(f)*

beratschlagen* [-ˈ---] *vi, vt* aconsejar

Beratung *f* <-en> ❶ *(Ratschlag)* consejo *m; (fachlich)* asesoramiento *m* ❷ *(Besprechung)* deliberación *f*

Beratungsstelle *f* consultorio *m*

berauben* *vt* robar; *(eines Rechtes)* privar (de)

berauschen* **I.** *vt (geh: Alkohol, Droge)* embriagar **II.** *vr:* **sich ~** *(geh: sich betrinken)* embriagarse (**an** con); *(fig)* extasiarse (**an** ante)

berauschend *adj (Alkohol, Droge)* embriagador; **diese Aussichten sind nicht gerade ~** las perspectivas no son precisamente muy risueñas

Berber[1] *m* <-s, -> *(Teppich)* alfombra *f* berberisca

Berber(in)[2] [ˈbɛrbɐ] *m(f)* <-s, -; -nen> ❶ *(Volk)* beréber [*o* bereber] *mf,* berberisco, -a *m, f* ❷ *(fam: Nichtsesshafte)* vagabundo, -a *m, f*

Berberteppich *m* alfombra *f* berberisca

berechenbar [bəˈrɛçənbaːɐ] *adj (Kosten)* calculable; *(Verhalten)* previsible

berechnen* *vt* ❶ *(Preis, Zinsen, Entfernung)* calcular ❷ *(kalkulieren)* calcular, evaluar ❸ *(in Rechnung stellen)* cobrar (**für** por)

berechnend *adj (abw)* calculador

Berechnung *f* <-en> ❶ *(von Kosten)* cálculo *m* ❷ *(abw: Eigennutz)* interés *m;* **etw aus ~ tun** hacer algo en su propio interés

Berechnungsgrundlage *f* <-, -n> (WIRTSCH) base *f* de calculación

berechtigen* [bəˈrɛçtɪgən] *vt* autorizar (**zu** para); **das berechtigt zu der Annahme, dass ...** esto nos permite suponer que...; **berechtigt sein, etw zu tun** tener derecho a hacer algo

berechtigt *adj* ❶ *(befugt)* autorizado (**zu** para) ❷ *(Zweifel)* fundado

berechtigterweise [-ˈ---ˈ--] *adv* justificadamente, de manera justificada

Berechtigung *f ohne pl* ❶ *(Recht)* derecho *m* (**zu** a); *(Befugnis)* autorización *f* (**zu** para); *(Befähigung)* habilitación *f* (**zu** para) ❷ *(Rechtmäßigkeit)* legitimidad *f*

bereden* **I.** *vt* ❶ *(besprechen)* hablar (**mit** con) ❷ *(überreden)* persuadir (de) **II.** *vr:* **sich ~** *(beraten)* hablar

Beredsamkeit *f ohne pl* elocuencia *f*

beredt [bəˈreːt] *adj (Person)* elocuente

Bereich [bəˈraɪç] *m* <-(e)s, -e> ❶ *(Gebiet)* zona *f,* área *f;* **das liegt (nicht) im ~ des Möglichen** esto (no) está dentro de lo posible ❷ *(Sachgebiet)* terreno *m,* sector *m* ❸ *(Zuständigkeit)* competencia *f*

bereichern* **I.** *vt (vergrößern)* enriquecer (**mit** con) **II.** *vr:* **sich ~** *(Gewinn machen)* enriquecerse (**an** con)

Bereicherung *f* <-en> enriquecimiento *m*

Bereifung *f* <-en> (AUTO) neumáticos *mpl*

bereinigen* *vt (Missverständnis)* aclarar; *(Angelegenheit)* arreglar

Bereinigung *f* <-, -en> ❶ *(Missverständnis)* aclaración *f* ❷ *(Text, Statistik)* retoque *m*

bereisen* *vt* viajar (por); (*a.* COM) recorrer

bereit [bəˈraɪt] *adj* ❶ *(fertig)* preparado (**zu/für** para) ❷ *(gewillt)* dispuesto (**zu** para/a *+inf*)*;* **sich ~ erklären, etw zu tun** mostrarse dispuesto a hacer algo

bereiten* *vt* ❶ *(Speisen, Bad)* preparar ❷ *(Überraschung, Ärger)* dar, causar; *(Schwierigkeiten)* crear; *(Empfang)* dispensar; **das bereitet mir großes Vergnügen** esto me causa un gran placer; **etw** *dat* **ein Ende ~** poner fin a algo

bereit|halten *irr* **I.** *vt* tener preparado **II.** *vr:* **sich ~** estar a disposición

bereit|legen *vt* preparar, disponer

bereit|liegen *irr vi* estar preparado, estar listo

bereit|machen *vt, vr:* **sich ~** preparar(se) (**für** para)

bereits [bəˈraɪts] *adv* ya

Bereitschaft *f* <-en> disposición *f;* **in ~ sein** (MIL) estar en alerta; **~ haben** *(Arzt)* estar de servicio; *(Apotheke)* estar de guardia

Bereitschaftsarzt, -ärztin *m, f* médico, -a *m, f* de guardia

Bereitschaftsdienst *m* servicio *m* de urgencia; **~ haben** estar de guardia

bereit|stehen *irr vi* estar preparado, estar listo

bereit|stellen *vt* ❶ *(vorbereiten)* preparar ❷ *(zur Verfügung stellen)* poner a disposición

Bereitstellung *f* <-en> puesta *f* a disposición; **~ von Kapital** provisión de capital

bereitwillig **I.** *adj* solícito **II.** *adv* de buena gana

Bereitwilligkeit *f* <-en> buena voluntad *f*

bereuen* [bəˈrɔɪən] *vt* arrepentirse (de)

Berg [bɛrk] *m* <-(e)s, -e> ❶ *(Erhebung)* monte *m,* montaña *f;* **in die ~e fahren** ir a la montaña; **jdm stehen die Haare zu ~e** *(fig fam)* se le ponen los pelos de punta a alguien; **heute bin ich nicht auf dem ~** *(fig*

B

fam) hoy no estoy muy católico; (**noch nicht**) **über den ~ sein** *(fig fam)* (no) haber superado (aún) las dificultades; **längst über alle ~e sein** *(fig fam)* haber puesto pies en polvorosa; **mit etw hinter dem ~ halten** *(fig fam)* ocultar algo; **~e versetzen** (**können**) *(fig fam)* (poder) mover montañas ② *(Menge)* montón *m,* volcán *m Am*
bergab [bɛrk'ʔap] *adv* cuesta abajo; **~ gehen** *(Weg)* ir cuesta abajo; *(Geschäft)* ir de mal en peor; **es geht ~ mit ihm** *(fam)* va de mal en peor
Bergarbeiter(in) *m(f)* minero, -a *m, f*
bergauf [bɛrk'ʔaʊf] *adv* cuesta arriba; **es geht steil ~** es una subida empinada; **langsam geht es wieder ~ mit ihm** *(fam)* se va recuperando poco a poco
Bergbahn *f* ferrocarril *m* de montaña
Bergbau *m* <-(e)s, *ohne pl*> minería *f*
Bergbewohner(in) *m(f)* montañero, -a *m, f*
bergen ['bɛrgən] <birgt, barg, geborgen> *vt* ① *(retten)* rescatar ② *(geh: enthalten)* albergar, contener; *(verbergen)* esconder ③ *(schützen)* proteger (**vor** de)
Bergführer(in) *m(f)* <-s, -; -nen> guía *mf* (de montaña)
Berggipfel *m* cima *f,* pico *m*
Berghang *m* ladera *f* de montaña
Berghütte *f* refugio *m* (de montaña)
bergig *adj* montañoso
Bergkette *f* cadena *f* montañosa; *(Gebirge)* sierra *f*
Bergland *nt* <-(e)s, -länder> montaña *f*
Bergmann *m* (BERGB) minero, -a *m, f*
Bergmassiv *nt* <-s, -e> (GEO) macizo *m* montañoso, macizo *m* de montañas
Bergpredigt *f ohne pl* (REL) Sermón *m* de la Montaña
Bergrücken *m* cresta *f* (de la montaña)
Bergrutsch *m* desprendimiento *m*
Bergspitze *f* cima *f*
Bergstation *f* estación *f* de montaña
Bergsteigen *nt* <-s, *ohne pl*> alpinismo *m,* montañismo *m,* andinismo *m Am*
Bergsteiger(in) *m(f)* <-s, -; -nen> alpinista *mf,* andinista *mf Am*
Bergstraße *f* <-, -n> (GEO) ruta *f* por la montaña
Bergtour *f* excursión *f* por la montaña
Berg-und-Tal-Bahn [--'--] *f* <-, -en> montaña *f* rusa
Berg-und-Tal-Fahrt [--'--] *f viaje lleno de subidas y bajadas*
Bergung ['bɛrgʊŋ] *f* <-en> salvamento *m,* rescate *m*
Bergungsmannschaft *f* equipo *m* de salvamento
Bergwacht *f ohne pl* servicio *m* de salvamento de montaña
Bergwand *f* peña *f*
Bergwanderung *f* caminata *f* por la montaña
Bergwerk *nt* (BERGB) mina *f*
Bericht [bə'rɪçt] *m* <-(e)s, -e> informe *m;* (TV, RADIO) reportaje *m;* (MIL, MED) parte *m;* **jdm über etw ~ erstatten** informar a alguien sobre algo
berichten* *vi, vt* ① *(informieren)* informar (**über** sobre/de), reportar (**über** sobre/de) *Am* ② *(erzählen)* narrar, contar (**von** de) ③ *(mitteilen)* comunicar, informar; **uns wird soeben berichtet, dass ...** nos acaban de informar de que...
Berichterstatter(in) *m(f)* <-s, -; -nen> reportero, -a *m, f*
Berichterstattung *f* información *f*
berichtigen* [bə'rɪçtɪgən] *vt* rectificar, corregir
Berichtigung *f* <-en> rectificación *f*
berieseln* *vt* rociar; **sich mit Musik ~ lassen** *(fam fig)* bañarse en música
beritten [bə'rɪtən] *adj* montado, a caballo
Berlin [bɛr'li:n] *nt* <-s> Berlín *m*
Berliner(in) [bɛr'li:nɐ] *m(f)* <-s, -; -nen> berlinés, -esa *m, f*
berlinerisch *adj (fam)* berlinés
Bermudadreieck *nt* Triángulo *m* de las Bermudas
Bermudas [bɛr'mu:das] *pl* ① *(Inselgruppe)* Islas *f pl* Bermudas ② *(Hose)* bermudas *m pl o f pl*
Bermudashorts [bɛr'mu:da'ʃo:ɐts] *pl* bermudas *m pl o f pl*
Bern [bɛrn] *nt* <-s> Berna *f*
Berner(in) *m(f)* <-s, -; -nen> habitante *mf* de Berna
Bernhardiner [bɛrnhar'di:nɐ] *m* <-s, -> ① *(Mönch)* (monje *m*) bernardino *m* ② *(Hund)* (perro *m*) san bernardo *m*
Bernstein ['bɛrnʃtaɪn] *m* <-(e)s, -e> ámbar *m*
bernsteinfarben *adj* de color ámbar
bersten ['bɛrstən] <birst, barst, geborsten> *vi sein (a. fig)* estallar; **zum B~ voll sein** estar lleno a reventar; **vor Zorn ~** estallar en ira
berüchtigt [bə'rʏçtɪçt] *adj* de mala fama
berücksichtigen* [bə'rʏkzɪçtɪgən] *vt* tener en cuenta; **man muss dabei ~, dass ...** en esto hay que tener en cuenta que...
Berücksichtigung *f ohne pl* consideración *f;* **unter ~ aller Umstände** considerando todas las circunstancias
Beruf [bə'ru:f] *m* <-(e)s, -e> profesión *f;*

er ist Bäcker von ~ es panadero de profesión; **von ~s wegen** profesionalmente
berufen[1] *adj* competente; **sich zu etw ~ fühlen** sentirse designado para algo; **sich ~ fühlen zu helfen** sentirse llamado a ayudar
berufen*[2] *irr* **I.** *vt* ❶ *(ernennen)* nombrar; *(in ein Amt)* designar; **sie haben ihn zum Minister ~** lo han nombrado ministro ❷ *(beschwören)* conjurar **II.** *vr:* **sich ~** *(sich stützen)* remitirse (**auf** a)
beruflich *adj* profesional; **ihr ~er Werdegang** su carrera profesional; **was macht er ~?** ¿a qué se dedica profesionalmente?
Berufsarmee *f* (MIL) ejército *m* profesional
Berufsausbildung *f* formación *f* profesional
Berufsaussichten *fpl* perspectivas *fpl* profesionales
Berufsausübung *f ohne pl* ejercicio *m* de la profesión
berufsbedingt *adj* debido a la profesión
Berufsberater(in) *m(f)* asesor(a) *m(f)* de orientación profesional
Berufsberatung *f* orientación *f* profesional
Berufsbezeichnung *f* denominación *f* de la profesión
berufsbezogen **I.** *adj* ❶ *(orientiert)* orientado a la práctica profesional; **~er Unterricht** una clase orientada a la práctica profesional ❷ *(zusammenhängend)* relacionado con el ejercicio de la profesión **II.** *adv* enfocado a la práctica profesional
Berufsbild *nt* configuración *f* de una profesión
Berufseinstieg *m* iniciación *f* profesional
berufserfahren *adj* con experiencia profesional
Berufserfahrung *f* experiencia *f* profesional
Berufsethos *nt* <-, *ohne pl*> ética *f* del oficio
Berufsfachschule *f* escuela *f* de formación profesional
berufsfremd *adj* extraño a la profesión; **er übt eine ~e Tätigkeit aus** ejerce una actividad ajena a su profesión
Berufsgeheimnis *nt* secreto *m* profesional
Berufsgenossenschaft *f* cooperativa *f* para la prevención y el seguro de accidentes laborales
Berufsgruppe *f* grupo *m* de profesionales
Berufskleidung *f* ropa *f* de trabajo
Berufskrankheit *f* enfermedad *f* causada por el trabajo
Berufsleben *nt ohne pl* vida *f* profesional; **noch im ~ stehen** estar todavía en activo
berufsmäßig *adj* profesional; **etw ~ betreiben** dedicarse profesionalmente a algo
Berufspraxis *f ohne pl* práctica *f* en la profesión
Berufsrisiko *nt* riesgo *m* profesional
Berufsschule *f* escuela *f* de formación profesional
Berufsschüler(in) *m(f)* alumno, -a *m, f* de formación profesional
Berufssoldat(in) *m(f)* (MIL) soldado *m* profesional
Berufssportler(in) *m(f)* deportista *mf* profesional
Berufsstand *m* gremio *m*
berufstätig *adj* **~ sein** trabajar; **halbtags ~ sein** trabajar media jornada
Berufstätige(r) *mf* <-n, -n; -n> empleado, -a *m, f*, activo, -a *m, f*
Berufstätigkeit *f ohne pl* actividad *f* profesional
berufsunabhängig *adj* interprofesional; **~er Mindestlohn** salario mínimo interprofesional
berufsunfähig *adj* incapacitado profesionalmente
Berufsunfähigkeit *f* incapacidad *f* profesional
Berufsverband *m* asociación *f* de profesionales
Berufsverbot *nt* inhabilitación *f* profesional
Berufsverkehr *m* tráfico *m* en las horas punta
Berufswahl *f ohne pl* elección *f* de la profesión
Berufszweig *m* <-(e)s, -e> rama *f* profesional
Berufung [bəˈruːfʊŋ] *f* <-en> ❶ *(Befähigung, innerer Auftrag)* vocación *f* ❷ *(Ernennung)* nombramiento *m* ❸ (JUR) apelación *f*; **er legte gegen das Urteil ~ ein** apeló contra la sentencia; **in die ~ gehen** interponer un recurso de apelación
beruhen* *vi* basarse (**auf** en); **unser Vertrauen beruht auf Gegenseitigkeit** nuestra confianza es mutua; **etw auf sich ~ lassen** dejar las cosas como están
beruhigen* [bəˈruːɪgən] **I.** *vt* tranquilizar, calmar **II.** *vr:* **sich ~** *(Mensch, Tier)* tranquilizarse, calmarse; *(Meer)* calmarse, sosegarse; *(Sturm)* ceder; *(Lage)* estabilizarse
beruhigend **I.** *adj* ❶ *(ruhig machend)* tranquilizador; *(entspannend)* relajante; **~e Worte** palabras tranquilizadoras ❷ *(Arznei)* calmante; *(gegen Nervosität)* tranquilizante; **ich gebe Ihnen eine ~e Spritze** le voy a poner una inyección sedante **II.** *adv* ❶ *(entlastend)* tranquilizadoramente; **auf jdn ~ einsprechen** hablar tranqui-

B

lizadoramente con alguien ❷ *(Arznei)* con efectos calmantes; ~ **wirken** tener efectos calmantes

beruhigt I. *adj* tranquilizado; **dann bin ich ~!** ¡me quedo tranquilo! II. *adv* con tranquilidad; **jetzt kannst du ~ einschlafen!** ¡ahora ya puedes dormirte tranquilo!

Beruhigung *f* <-en> apaciguamiento *m; (der Lage)* estabilización *f;* **zu Ihrer ~ kann ich sagen ...** para su tranquilidad le puedo decir...

Beruhigungsmittel *nt* tranquilizante *m,* calmante *m*

Beruhigungsspritze *f* <-, -n> (MED) inyección *f* sedante

berühmt [bəˈryːmt] *adj* famoso (**für** por); **über Nacht ~ werden** hacerse famoso de la noche a la mañana; **deine Leistungen waren nicht gerade ~** *(fam abw)* lo que hiciste no fue nada del otro mundo

berühmt-berüchtigt *adj* tristemente célebre

Berühmtheit[1] *f ohne pl (das Berühmtsein)* fama *f*

Berühmtheit[2] *f* <-en> (FILM) estrella *f;* (SPORT) as *m*

berühren* *vt* ❶ *(anfassen)* tocar; *(streifen)* rozar ❷ *(betreffen, bewegen)* conmover ❸ *(Thema)* mencionar, tocar de pasada

Berührung *f* <-en> ❶ *(das Anfassen)* toque *m; (Streifen)* roce *m* ❷ *(Kontakt)* contacto *m;* **mit etw** *dat* **/jdm in ~ kommen** entrar en contacto con algo/alguien

Berührungsangst *f* (PSYCH) hafefobia *f*

Berührungsbildschirm *m* <-(e)s, -e> (INFOR, TECH) pantalla *f* sensorial

Berührungspunkt *m* punto *m* de contacto

Beryllium [beˈrʏliʊm] *nt* <-s, *ohne pl*> (CHEM) berilio *m*

besagen* *vt* ❶ *(ausdrücken)* (querer) decir ❷ *(bedeuten)* significar; **das hat nichts zu ~** esto no significa nada

besagte(r, s) *adj* antes mencionado, susodicho

besaiten* *vt* poner cuerdas (a); **zart besaitet sein** *(Person)* ser sensible

besamen* *vt* inseminar

Besamung *f* <-, -en> inseminación *f;* **künstliche ~** inseminación artificial

besänftigen* [bəˈzɛnftɪgən] *vt* calmar, tranquilizar

besänftigend *adj (beruhigend)* apaciguante; (MED: *schmerzlindernd*) calmante

Besänftigung *f* <-en> apaciguamiento *m*

Besatz *m* <-es, -sätze> *(Borte)* ribete *m*

Besatzer(in) *m(f)* <-s, -; -, -nen> *(abw)* invasor(a) *m(f),* ocupante *mf*

Besatzung *f* <-en> ❶ *(Garnison)* guarnición *f; (Truppen)* tropas *fpl* de ocupación ❷ (NAUT, AERO) tripulación *f*

Besatzungsarmee *f* (MIL) ejército *m* de ocupación

Besatzungsmacht *f* potencia *f* ocupante

Besatzungstruppen *fpl* (MIL) tropas *fpl* de ocupación

Besatzungszone *f* (MIL) zona *f* de ocupación

besaufen* *irr vr:* **sich ~** *(fam)* emborracharse

Besäufnis [bəˈzɔɪfnɪs] *nt* <-ses, -se> *(fam)* borrachera *f,* bebedera *f Méx*

besäuselt *adj (fam)* achispado

beschädigen* *vt* deteriorar, dañar

Beschädigung *f* <-en> deterioro *m; (leicht)* desperfecto *m*

beschaffen[1] *adj* **gut/schlecht ~ sein** estar en buenas/malas condiciones; **so ~ sein, dass ...** estar hecho de manera que...

beschaffen*[2] *vt* procurar, proporcionar

Beschaffenheit *f ohne pl (Zustand)* estado *m,* calidad *f; (Art)* naturaleza *f; (Zusammensetzung)* composición *f*

Beschaffung *f ohne pl* provisión *f,* aprovisionamiento *m*

Beschaffungskriminalität *f* <-, *ohne pl*> (JUR) criminalidad *f* relacionada con la consecución de drogas

beschäftigen* [bəˈʃɛftɪgən] I. *vt* ❶ *(einstellen)* emplear ❷ *(mit einer Aufgabe)* ocupar (**mit** en/con); *(mit einem Spiel)* entretener (**mit** con) ❸ *(gedanklich)* preocupar II. *vr:* **sich ~** *(sich befassen)* dedicarse (**mit** a)

beschäftigt *adj* ❶ *(befasst)* ocupado (**mit** con), atareado; **viel ~** muy ocupado ❷ *(angestellt)* empleado (**bei** en)

Beschäftigte(r) *mf* <-n, -n; -n, -n> empleado, -a *m, f;* **nicht ständig ~r** trabajador eventual

Beschäftigung *f* <-en> ❶ *(Tätigkeit)* ocupación *f,* actividad *f* ❷ *(geistige Auseinandersetzung)* dedicación *f* (**mit** a) ❸ *(Beruf)* trabajo *m; (Anstellung)* empleo *m*

beschäftigungslos *adj* desempleado, parado

Beschäftigungsmaßnahme *f* (WIRTSCH) medida *f* ocupacional

Beschäftigungstherapie *f* (MED) ergoterapia *f,* terapia *f* ocupacional; **das ist die reinste ~!** *(fam)* ¡esto es matar el tiempo!

beschämen* *vt* avergonzar; *(demütigen)* humillar; **das beschämt mich sehr** me avergüenza mucho

beschämend *adj* vergonzoso; *(demütigend)* humillante

beschämt *adj* avergonzado, escurrido *Méx, PRico; (gedemütigt)* humillado

Beschämung *f* <-, -en> vergüenza *f*
beschatten* *vt* vigilar
Beschattung *f* <-en> (ADMIN, MIL) vigilancia *f* (secreta), observación *f* (secreta)
beschauen* *vt (reg)* mirar; *(genau)* examinar
beschaulich *adj (ruhig)* tranquilo; *(friedlich)* apacible
Beschaulichkeit *f ohne pl* tranquilidad *f*
Bescheid [bəˈʃaɪt] *m* <-(e)s, -e> *(Auskunft)* información *f; (Nachricht)* aviso *m; (Antwort)* respuesta *f;* **~ sagen, dass .../ob ...** avisar que.../si...; **Sie bekommen ~** le informaremos; **er weiß gut ~** está bien informado; **damit du ~ weißt!** ¡para que te enteres!
bescheiden[1] *adj* ❶ *(anspruchslos)* modesto, humilde; **in ~en Verhältnissen leben** vivir modestamente ❷ *(einfach)* sencillo ❸ *(fam: schlecht)* asqueroso
bescheiden*[2] *irr* **I.** *vt* (ADMIN: *mitteilen*) comunicar; **das Gesuch wurde abschlägig beschieden** la petición fue rechazada **II.** *vr:* **sich ~** *(geh: sich begnügen)* darse por satisfecho (**mit** con)
Bescheidenheit *f ohne pl* modestia *f,* humildad *f;* **nur keine falsche ~!** ¡todo, menos falsa modestia!
bescheinigen* [bəˈʃaɪnɪgən] *vt* certificar, atestar; **den Empfang von etw ~** acusar recibo de algo
Bescheinigung *f* <-en> ❶ *(Vorgang)* certificación *f* ❷ *(Schriftstück)* certificado *m*
bescheißen* *irr vt (fam)* clavar, estafar
beschenken* *vt* regalar, obsequiar (**mit** con)
Beschenkte(r) *mf* <-n, -n; -n, -n> (JUR) donatario, -a *m, f*
bescheren* [bəˈʃeːrən] *vt* regalar
Bescherung *f* <-en> ❶ *(zu Weihnachten)* reparto *m* de regalos ❷ *(fam iron: Missgeschick)* sorpresa *f* desagradable; **das ist ja eine schöne ~!** ¡maldita la gracia!
bescheuert [bəˈʃɔɪɐt] *adj (fam)* como una cabra; **eine ~e Situation** una situación sin pies ni cabeza
beschichten* *vt* (TECH) revestir (**mit** de)
Beschichtung *f* <-en> (TECH) recubrimiento *m*
beschieden *pp von* **bescheiden**[2]
beschießen* *irr vt* tirotear, balear *AmS;* (PHYS: *Atomkern*) bombardear
beschildern* *vt* señalizar
Beschilderung *f* <-en> (AUTO) señalización *f*
beschimpfen* *vt* insultar
Beschimpfung *f* <-en> insulto *m*
Beschiss [bəˈʃɪs] *m* <-es, *ohne pl*> *(fam)* timo *m;* **das ist ja ~!** ¡qué timo!
beschissen [bəˈʃɪsən] **I.** *pp von* **bescheißen** **II.** *adj (fam)* hecho un asco; **so ein ~es Wetter!** ¡qué tiempo más asqueroso!; **gestern ging es mir ~** ayer estaba hecho una mierda
Beschlag *m* <-(e)s, -schläge> ❶ *(Metallstück)* herraje *m* ❷ *(Hufeisen)* herradura *f* ❸ *(auf Glas)* empaño *m;* **jdn/etw in ~ nehmen** acaparar a alguien/algo; **etw mit ~ belegen** monopolizar algo
beschlagen[1] *adj (fam)* entendido (**in** en), versado (**in** en)
beschlagen*[2] *irr* **I.** *vi sein (Glas)* empañarse; *(Metall)* perder brillo **II.** *vt* ❶ *(Möbel)* guarnecer ❷ *(Huftiere)* herrar
Beschlagnahme [bəˈʃlaːknaːmə] *f* incautación *f*
beschlagnahmen* *vt* ❶ (JUR: *Vermögen*) confiscar ❷ *(fam: in Anspruch nehmen)* retener, apropiarse (de)
Beschlagnahmung *f* <-en> (JUR, ADMIN) confiscación *f*
beschleichen* *irr vt (geh: Gefühle)* apoderarse (de)
beschleunigen* [bəˈʃlɔɪnɪgən] **I.** *vi* acelerar **II.** *vt* ❶ *(Tempo)* acelerar; **den Schritt ~** acelerar el paso ❷ *(Entwicklung)* activar **III.** *vr:* **sich ~** *(Tempo)* aumentar
Beschleunigung *f* <-en> aceleración *f*
beschlichen *pp von* **beschleichen**
beschließen* *irr vt* ❶ *(entscheiden)* decidir; *(gemeinsam)* acordar ❷ *(beenden)* terminar
beschlossen **I.** *pp von* **beschließen** **II.** *adj* **etw liegt** [*o* **ist**] **in etw** *dat* **~** algo está comprendido [*o* contenido] en algo
Beschluss *m* <-es, -schlüsse> decisión *f,* resolución *f;* **einen ~ fassen** tomar una decisión
beschlussfähig *adj* (JUR, POL) capacitado para tomar acuerdos
beschlussunfähig *adj* (JUR) sin reunir (el) quórum
beschmieren* *vt* ❶ *(Brot)* untar, empavonar *Am* ❷ *(Kleidung, Person)* ensuciar; *(mit Fett)* pringar; *(mit Dreck)* enlodar ❸ *(abw: vollschreiben)* garabatear
beschmutzen* *vt* manchar (**mit** de), ensuciar (**mit** de)
Beschmutzung *f* <-, -en> ensuciamiento *m*
beschneiden* *irr vt* ❶ *(stutzen)* cortar; *(Bäume)* podar ❷ *(Ausgaben, Löhne)* reducir, recortar; *(Freiheit)* limitar ❸ (MED) circuncidar
Beschneidung *f* <-en> ❶ (BOT) poda *f* ❷ *(von Rechten, Ausgaben)* reducción *f,* recorte *m* ❸ (MED) circuncisión *f*

B

beschnitten I. *pp von* **beschneiden** II. *adj* (MED) circunciso
beschnüffeln* *vt (a. fig)* husmear, olfatear
beschnuppern* *vt* olfatear, olisquear
beschönigen* [bəˈʃøːnɪgən] *vt* disimular
Beschönigung *f* <-, -en> encubrimiento *m;* **ohne ~ der Tatsachen** sin encubrir los hechos
beschossen *pp von* **beschießen**
beschränken* [bəˈʃrɛŋkən] I. *vt* limitar (**auf** a) II. *vr:* **sich ~** limitarse (**auf** a)
beschränkt *adj* ① *(eingeschränkt)* limitado, escaso ② *(abw: dumm)* de pocas luces ③ *(engstirnig)* limitado
Beschränktheit *f* <-, *ohne pl*> ① *(die Begrenztheit)* limitación *f* ② *(mangelnde Intelligenz)* limitación *f* ③ *(Engstirnigkeit)* estrechez *f* de miras
Beschränkung *f* <-en> restricción *f* (**auf** a), limitación *f* (**auf** a)
beschreiben* *irr vt* ① *(darstellen)* describir ② *(vollführen)* describir, ejecutar ③ *(vollschreiben)* escribir (en)
Beschreibung *f* <-en> ① *(Darstellung)* descripción *f* ② *(Gebrauchsanleitung)* instrucciones *fpl* de uso
beschreiten* *irr vt (geh)* seguir
beschrieben *pp von* **beschreiben**
beschriften* [bəˈʃrɪftən] *vt* rotular; *(mit Etikett)* etiquetar
Beschriftung *f* <-en> rótulo *m; (Aufschrift)* inscripción *f; (mit Etikett)* etiquetado *m*
beschritten *pp von* **beschreiten**
beschuldigen* [bəˈʃʊldɪgən] *vt* acusar, inculpar; **er wurde des Diebstahls beschuldigt** fue acusado de robo
Beschuldigte(r) *mf* <-n, -n; -n> (JUR) acusado, -a *m, f*
Beschuldigung *f* <-en> acusación *f*
Beschuss *m* <-es, *ohne pl*> ① (MIL) fuego *m,* ametrallamiento *m;* **jdn unter ~ nehmen** *(a. fig)* apuntar contra alguien; **unter ~ geraten** *(fam)* ser blanco de críticas ② (PHYS: *durch Neutronen*) bombardeo *m*
beschützen* *vt* proteger (**vor** de/contra)
Beschützer(in) *m(f)* <-s, -; -nen> protector(a) *m(f)*
beschwatzen* *vt (fam)* ① *(überreden)* engatusar (**zu** para que *+subj*) ② *(Thema)* charlar (sobre)
Beschwerde [bəˈʃveːɐdə] *f* <-n> ① *pl* (MED) molestia *f* ② *(Klage)* queja *f,* protesta *f;* **~ einlegen/einreichen** elevar/formular una protesta
beschwerdefrei *adj* (MED) sin molestias
beschweren* [bəˈʃveːrən] I. *vt* poner un peso; *(Briefe)* poner un pisapapeles II. *vr:* **sich ~** *(sich beklagen)* quejarse (**über** de); *(protestieren)* protestar (**über** contra)
beschwerlich *adj (mühsam)* pesado; *(lästig)* molesto
beschwichtigen* [bəˈʃvɪçtɪgən] *vt* tranquilizar, calmar
beschwichtigend I. *adj* apaciguador II. *adv* en tono conciliador; **~ auf jdn einreden** mantener con alguien una conversación conciliadora
Beschwichtigung *f* <-, -en> apaciguamiento *m,* aplacamiento *m*
beschwindeln* *vt (fam: belügen)* mentir; *(betrügen)* engañar, embaucar
beschwingt [bəˈʃvɪŋt] *adj* animado, alegre; **mit ~en Schritten** con paso ligero
beschwipsen* *vr:* **sich ~** achisparse
beschwipst [bəˈʃvɪpst] *adj (fam)* achispado, abombado *Chil*
beschwören* *irr vt* ① *(beeiden)* jurar ② *(anflehen)* suplicar, implorar ③ *(Erinnerung)* evocar ④ *(bannen)* conjurar
beseelen* *vt* animar, alentar
beseitigen* [bəˈzaɪtɪgən] *vt* ① *(Schmutz, Gegenstand)* quitar; *(Verdacht)* eliminar; *(Schaden)* reparar; *(Zweifel)* disipar ② *(fam: umbringen)* eliminar
Beseitigung *f* <-en> ① *(das Entfernen)* eliminación *f; (von Schaden)* arreglo *m* ② *(Ermordung)* eliminación *f*
Besen [ˈbeːzən] *m* <-s, -> escoba *f;* **ich fresse einen ~, wenn das stimmt** *(fam)* ¡juro en chino si es verdad!
Besenkammer *f* <-, -n> cuarto *m* de la limpieza
besenrein *adj* barrido
Besenstiel *m* mango *m* de la escoba
besessen [bəˈzɛsən] I. *pp von* **besitzen** II. *adj (von einer Idee)* obsesionado (**von** con), poseído (**von** por); **wie vom Teufel ~** como un endemoniado
Besessene(r) *mf* <-n, -n; -n, -n> (REL: *vom Teufel*) endemoniado, -a *m, f;* **wie eine ~** como una posesa
Besessenheit *f ohne pl* obsesión *f,* posesión *f*
besetzen* *vt* ① *(Sitzplatz, Stelle, a.* MIL) ocupar; **besetzt!** ¡ocupado!; **es ist besetzt** (TEL) está comunicando ② *(Haus)* okupar *argot* ③ *(Amt)* cubrir (**mit** con); *(Rolle)* repartir (los papeles) ④ *(verzieren)* (re)cubrir (**mit** de)
Besetztzeichen *nt* (TEL) señal *f* de ocupado
Besetzung *f* <-en> ① *(Zustand)* ocupación *f* ② *(einer Stelle)* provisión *f* ③ (THEAT) reparto *m* ④ (SPORT) alineación *f; (Mannschaft)* equipo *m*

besichtigen* [bə'zɪçtɪgən] *vt (Wohnung)* examinar; *(Stadt)* visitar
Besichtigung *f* <-en> ❶ *(von Sehenswürdigkeiten)* visita *f* ❷ *(Begutachtung)* inspección *f*
Besied(e)lung *f* <-en> (*a.* GEO) colonización *f*
besiedeln* *vt* poblar, colonizar
besiegeln* *vt* sellar; **damit war ihr Schicksal besiegelt** con esto firmó su propia sentencia
besiegen* *vt* ❶ *(Gegner)* vencer, derrotar ❷ *(Müdigkeit)* vencer; *(Schwierigkeiten)* superar
Besiegte(r) *mf* <-n, -n; -n> vencido, -a *m, f*
besinnen* *irr vr:* **sich ~** ❶ *(überlegen)* reflexionar; **sie besann sich eines Besseren** cambió de opinión ❷ *(sich erinnern)* acordarse (**auf** de), recordar
besinnlich *adj* contemplativo; *(nachdenklich)* pensativo
Besinnung *f ohne pl* ❶ *(Verstand)* juicio *m;* **die ~ verlieren** perder el juicio ❷ *(Nachdenken)* reflexión *f*
besinnungslos *adj* sin conocimiento
Besinnungslosigkeit *f ohne pl* (MED) desmayo *m*
Besitz *m* <-es, *ohne pl*> posesión *f; (Eigentum)* propiedad *f; (Güter)* bienes *mpl; (von Waffen)* tenencia *f;* **von etw ~ ergreifen** tomar posesión de algo
Besitzanspruch *m* (JUR) reclamación *f* de posesión; **~ auf etw haben** tener el derecho a los bienes
besitzanzeigend *adj* (LING) posesivo; **~es Pronomen** pronombre posesivo
besitzen* *irr vt* poseer, tener
besitzend *adj (begütert)* acomodado, adinerado; **die ~e Klasse** la clase acomodada
Besitzer(in) *m(f)* <-s, -; -nen> *(von Immobilien)* dueño, -a *m, f,* propietario, -a *m, f; (von Aktien, Werten)* tenedor(a) *m(f)*
besitzergreifend *adj* posesivo
Besitzergreifung *f* toma *f* de posesión; **widerrechtliche ~** usurpación *f*
Besitzerin *f* <-nen> *s.* **Besitzer**
besitzlos *adj* sin bienes
Besitztum *nt* <-s, -tümer> ❶ *(Eigentum)* propiedades *fpl* ❷ *(Landgut)* finca *f*
Besitzverhältnisse *ntpl* distribución *f* de las propiedades
besoffen [bə'zɔfən] **I.** *pp von* **besaufen** **II.** *adj (fam)* como una cuba, jumo *Am*
Besoffene(r) *mf* <-n, -n; -n, -n> *(fam)* borracho, -a *m, f*
besohlen* [bə'zo:lən] *vt* poner suelas
besolden* [bə'zɔldən] *vt* pagar el sueldo
Besoldung *f* <-en> *(das Besolden)* soldada *f; (das Gehalt)* sueldo *m*
besondere(r, s) *adj* ❶ *(speziell)* especial, particular; **im B~n** en particular; **nichts B~s** nada de particular ❷ *(eigentümlich)* singular, peculiar ❸ *(außergewöhnlich)* extraordinario
Besonderheit *f* <-en> ❶ *(Eigentümlichkeit)* peculiaridad *f,* singularidad *f* ❷ *(Kennzeichen)* particularidad *f*
besonders [bə'zɔndɐs] *adv* ❶ *(außerordentlich)* particularmente, especialmente; **wie geht es dir? – nicht ~** ¿cómo estás? – regular; **ich finde das nicht ~ lustig** no lo encuentro especialmente divertido ❷ *(vor allem)* especialmente, en particular
besonnen [bə'zɔnən] **I.** *pp von* **besinnen** **II.** *adj* sensato, juicioso; *(vorsichtig)* prudente; *(rücksichtsvoll)* considerado
Besonnenheit *f ohne pl* buen juicio *m; (Verständigkeit)* sensatez *f; (Vorsicht)* prudencia *f*
besorgen* *vt* ❶ *(beschaffen)* proporcionar, conseguir; *(kaufen)* comprar ❷ *(erledigen)* despachar
Besorgnis [bə'zɔrknɪs] *f* <-se> preocupación *f,* inquietud *f*
besorgniserregend *adj* preocupante; **höchst ~** muy preocupante
besorgt [bə'zɔrkt] *adj* preocupado (**über/wegen** por)
Besorgung[1] *f* <-en> *(Einkauf)* compra *f;* **~en machen** hacer compras
Besorgung[2] *f ohne pl (von Geschäften)* despacho *m*
bespannen* *vt (mit Stoff)* revestir (**mit** de); *(mit Saiten)* encordar (**mit** de)
Bespannung[1] *f* <-, -en> *(Stoff als Überzug)* revestimiento *m;* (MUS, SPORT: *Saiten*) cuerdas *fpl*
Bespannung[2] *f* <-, *ohne pl*> *(das Bespannen: mit Stoff)* revestimiento *m;* (MUS, SPORT) encordadura *f*
bespielbar *adj* ❶ (RADIO, TV) que se puede grabar; **eine CD-ROM ist nicht ~** en un CD-ROM no se puede grabar ❷ (SPORT) apto para el juego; **ein gut ~er Rasen** un césped en condiciones para jugar
bespielen* *vt* ❶ *(Kassette)* registrar ❷ *(Sportplatz)* jugar (en)
bespitzeln* *vt* espiar
besprechen* *irr* **I.** *vt* ❶ *(Angelegenheit)* hablar (de), discutir; **wie besprochen** según lo convenido ❷ *(Film, Buch)* reseñar ❸ *(Tonband)* grabar **II.** *vr:* **sich ~** *(sich beraten)* conversar (**mit** con)
Besprechung *f* <-en> ❶ *(Unterredung)* conferencia *f; (Sitzung)* reunión *f; (Ge-*

B

B

spräch) entrevista *f* ❷ *(Rezension)* reseña *f,* crítica *f*

Besprechungstisch *m* mesa *f* (de la sala) de reuniones

Besprechungszimmer *nt* <-s, -> sala *f* de juntas

bespritzen* *vt (nass machen)* mojar (**mit** con); *(schmutzig machen)* salpicar (**mit** de)

besprochen *pp von* **besprechen**

besser ['bɛsɐ] *adj kompar von* **gut** mejor (**als** que); ~ **Verdienende** persona mejor remunerada; **jdn eines B~en belehren** abrirle los ojos a alguien; **hast du nichts B~es zu tun?** *(fam)* ¿no tienes nada mejor que hacer?; **das gefällt mir** ~ eso me gusta más; ~ **gehen** estar mejor; ~ **werden** mejorar; **alles ~ wissen** saberlo todo mejor; **es kommt noch** ~ ahora viene algo mejor; **das ist auch ~ so** es mejor así; ~ **gesagt** mejor dicho

Bessergestellte(r) *mf* <-n, -n; -n, -n> (persona *f*) pudiente *mf*

bessern I. *vt (besser machen)* mejorar **II.** *vr:* **sich** ~ *(moralisch)* cambiar (de vida), componerse *Am; (Wetter)* mejorar(se)

Besserung *f ohne pl* mejora *f; (gesundheitlich)* mejoría *f,* restablecimiento *m;* **er befindet sich auf dem Wege der** ~ se encuentra en vías de restablecimiento; **gute ~!** ¡que se mejore!, ¡que te mejores!

Besserverdienende(r) *mf* <-n, -n; -n> persona *f* mejor remunerada

Besserwisser(in) *m(f)* <-s, -; -nen> sabelotodo *mf,* pendejo, -a *m, f CSur*

Besserwisserei *f* <-, *ohne pl*> *(abw)* sabihondez *f*

Besserwisserin *f* <-nen> *s.* **Besserwisser**

besserwisserisch I. *adj (abw)* sabihondo; **ich habe seine ~e Art endgültig satt!** ¡estoy más que harto de su pedantería! **II.** *adv (abw)* con pedantería; **er tut immer so ~!** ¡se comporta siempre de un modo tan pedante!

Bestand[1] [bəˈʃtant] *m* <-(e)s, *ohne pl*> *(Bestehen)* existencia *f; (Fortdauer)* duración *f,* continuidad *f;* ~ **haben** perdurar

Bestand[2] *m* <-(e)s, -stände> *(Vorrat)* existencias *fpl* (**an** en); *(Kassenbestand)* efectivo *m* en caja

bestanden I. *pp von* **bestehen II.** *adj* (SCH, UNIV) aprobado

beständig *adj* ❶ *(dauernd)* permanente, continuo ❷ *(Material)* consistente, resistente (**gegen** a/contra); *(gegen Hitze)* refractario ❸ *(Wetter)* estable

Beständigkeit *f ohne pl* ❶ *(Dauerhaftigkeit)* duración *f,* continuidad *f* ❷ *(Ausdauer)* constancia *f* ❸ *(von Material)* resistencia *f*

Bestandsaufnahme *f* inventario *m* de las existencias

Bestandteil *m* <-(e)s, -e> componente *m; (Einzelteil)* parte *f;* **etw löst sich in seine ~e auf** algo se descompone; **etw in seine ~e zerlegen** desmontar algo

bestärken* *vt* reforzar, fortalecer; *(unterstützen)* consolidar; **das hat mich in meinem Verdacht bestärkt, dass ...** esto ha reforzado mi sospecha de que...

Bestärkung *f* <-en> ❶ *(Unterstützung)* apoyo *m* ❷ *(Verstärkung: eines Zweifels, Verdachts)* confirmación *f,* reafirmación *f*

bestätigen* [bəˈʃtɛːtɪgən] *vt* ❶ *(These, Urteil)* confirmar, probar ❷ *(amtlich)* certificar; **hiermit wird bestätigt, dass ...** por la presente se certifica que... ❸ *(anerkennen)* ratificar, revalidar; **jdn im Amt ~** ratificar a alguien en el cargo

Bestätigung *f* <-en> ❶ *(einer These)* confirmación *f* ❷ *(Bescheinigung)* certificado *m; (Empfangsbestätigung)* (acuse *m* de) recibo *m*

bestatten* [bəˈstatən] *vt (geh)* dar sepultura

Bestattung *f* <-en> *(geh)* sepelio *m,* ancuviña *f Chil*

Bestattungsunternehmen *nt* funeraria *f*

bestäuben* [bəˈʃtɔɪbən] *vt* (BIOL) polinizar

Bestäubung *f* <-en> (BOT) polinización *f*

bestaunen* *vt* contemplar con asombro

beste(r, s) *adj superl von* **gut** mejor, óptimo; **ich will nur dein B~s** solamente deseo lo mejor para ti; **sein B~s geben** dar lo mejor de sí mismo; **ich werde mein B~s tun** haré todo lo que pueda; **der/die/das erste B~** el primero/la primera/lo primero que se presente; **etw zum B~n geben** contar algo; **in den ~n Jahren sein** estar en sus mejores años; **mit den ~n Wünschen** con los mejores deseos; **ich halte es für das B~, wenn wir gehen** considero que lo mejor es que nos vayamos; **wir wollen das B~ hoffen** esperemos lo mejor

bestechen* *irr* **I.** *vt (mit Geld)* sobornar; *(Beamte)* cohechar, corromper **II.** *vi (beeindrucken)* impresionar (**durch** por), convencer (**durch** por)

bestechend *adj (durch Schönheit)* cautivador; **das ist ein ~es Angebot** es una oferta tentadora

bestechlich [bəˈʃtɛçlɪç] *adj* sobornable, corruptible

Bestechlichkeit *f* <-, *ohne pl*> corruptibilidad *f,* venalidad *f*

Bestechung *f* <-en> soborno *m,* corrupción *f,* acomodo *m Am; (von Beamten)* cohecho *m*
Bestechungsgeld *nt* soborno *m,* mordido *m Am*
Bestechungsversuch *m* intento *m* de soborno
Besteck [bəˈʃtɛk] *nt* <-(e)s, -e> ① *(Essbesteck)* cubiertos *mpl;* **silbernes ~** cubertería de plata ② (MED) instrumental *m* ③ (NAUT) estima *f*
Besteckkasten *m* <-s, -kästen> estuche *f* de la cubertería
bestehen* *irr* **I.** *vi* ① *(existieren)* existir; **es besteht keine Möglichkeit** no existe ninguna posibilidad; **~ bleiben** mantenerse ② *(sich zusammensetzen)* constar (**aus** de), consistir (**in** en); **unsere Artikel ~ alle aus natürlichen Materialien** todos nuestros productos están hechos de materiales naturales; **worin besteht das Problem?** ¿en qué consiste el problema? ③ *(beharren)* insistir (**auf** en), empeñarse (**auf** en) **II.** *vt* ① *(Prüfung)* aprobar; **nicht ~** suspender ② *(Gefahr, Krise)* superar
Bestehen *nt* <-s, *ohne pl*> ① *(Vorhandensein)* existencia *f;* **seit ~ der Firma** desde la fundación de la empresa ② *(einer Prüfung)* aprobado *m*
bestehend *adj* ① *(geltend)* vigente; **sich an ~e Gesetze/Vorschriften halten** atenerse a las leyes/disposiciones vigentes ② *(existierend)* existente; **die ~e Gesellschaftsordnung** el orden social existente
bestehlen* *irr vt* robar; **jdn um 100 Euro ~** robar a alguien 100 euros
besteigen* *irr vt* subir (a); **den Thron ~** subir al trono
Besteigung *f* <-, -en> ① *(Berg)* escalada *f* (a) ② *(Thron)* subida *f* (a)
bestellen* *vt* ① *(Essen, Waren)* pedir; **haben Sie schon bestellt?** ¿ya han pedido? ② *(kommen lassen)* hacer venir, llamar; *(mit Termin)* citar; **dastehen wie bestellt und nicht abgeholt** estar plantado como un pasmarote ③ *(reservieren)* reservar ④ *(ausrichten)* **jdm Grüße ~** dar(le) recuerdos a alguien; **sie lässt ~, dass ...** ha dado recado de que... ⑤ *(Acker)* labrar, cultivar ⑥ *(ernennen)* nombrar
Bestellkarte *f* cupón *m* de pedido
Bestellnummer *f* número *m* de pedido
Bestellschein *m* hoja *f* de pedido
Bestellung *f* <-en> *(Auftrag)* encargo *m; (bestellte Ware)* pedido *m;* **eine ~ aufgeben** hacer un pedido
Bestellzettel *m* hoja *f* de pedido
bestenfalls *adv* en el mejor de los casos; *(höchstens)* como mucho
bestens [ˈbɛstəns] *adv* estupendamente
besteuerbar *adj* (WIRTSCH) imponible
besteuern* *vt* (WIRTSCH) gravar (con impuestos)
Besteuerung *f* <-en> (WIRTSCH) imposición *f*
Bestform *f ohne pl* (SPORT) mejor forma *f*
bestialisch [bɛsˈtjaːlɪʃ] *adj* bestial
Bestialität [bɛstjaliˈtɛːt] *f* <-en> bestialidad *f*
besticken* *vt* bordar
Bestie [ˈbɛstjə] *f* <-n> bestia *f,* fiera *f*
bestimmbar *adj* precisable; *(beschreibbar)* definible; *(erkennbar)* reconocible; *(Krankheit)* diagnosticable
bestimmen* **I.** *vi* ① *(entscheiden)* decidir; *(befehlen)* mandar; **du hast hier nichts zu ~** tú aquí no tienes ni voz ni voto ② *(verfügen)* disponer (**über** de) **II.** *vt* ① *(Termin, Preis)* determinar, fijar ② *(Stadtbild, Epoche)* caracterizar ③ *(ernennen)* nombrar ④ *(aussersehen)* destinar (**für/zu** para); **wir waren füreinander bestimmt** estábamos destinados el uno para el otro ⑤ *(Begriff)* definir; *(festlegen)* determinar; *(zuordnen)* clasificar ⑥ (CHEM) analizar, determinar
bestimmend *adj (entscheidend)* determinante; **für jdn/etw ~ sein** ser determinante para alguien/algo
bestimmt **I.** *adj* ① *(feststehend)* determinado; *(sicher)* seguro, concreto; **niemand weiß etwas B~es** nadie sabe nada concreto ② *(entschieden)* decidido, impositivo *CSur;* **höflich, aber ~** amable pero decidido **II.** *adv (sicherlich)* seguro, seguramente
Bestimmtheit *f ohne pl* ① *(Gewissheit)* certeza *f;* **das kann ich nicht mit ~ sagen** no lo puedo decir con certeza ② *(Entschiedenheit)* resolución *f,* firmeza *f*
Bestimmung *f* <-en> ① *(Festsetzung)* fijación *f* ② *(Vorschrift)* disposición *f;* **gesetzliche ~en** disposiciones oficiales; **nach den geltenden ~en** según las disposiciones vigentes ③ *(eines Begriffes)* definición *f;* (LING) complemento *m* ④ (CHEM) análisis *m inv* ⑤ *(Schicksal)* destino *m*
Bestimmungsbahnhof *m* estación *f* de destino
Bestimmungshafen *m* puerto *m* de destino
Bestimmungsort *m* lugar *m* de destino
Bestimmungswort *nt* (LING) determinante *m*
Bestleistung *f* (SPORT) mejor marca *f*
bestmögliche(r, s) *adj* el mejor posible;

sein B~s tun hacer todo lo que está al alcance de su mano

Best.-Nr. *Abk. von* **Bestellnummer** número *m* de pedido

bestochen *pp von* **bestechen**

bestrafen* *vt* castigar (**mit** con, **wegen** por); *(mit Geld)* imponer una multa

Bestrafung *f* <-en> castigo *m,* sanción *f*

bestrahlen* *vt* ❶ *(beleuchten)* iluminar, alumbrar ❷ (MED) radiar

Bestrahlung *f* <-en> ❶ *(Bühne)* iluminación *f* ❷ (MED) radiación *f; (mit Röntgenstrahlen)* tratamiento *m* con rayos X

Bestreben *nt* <-s, *ohne pl*> empeño *m,* afán *m;* **das ~ haben, etw zu tun** empeñarse en hacer algo

bestrebt [bəˈʃtreːpt] *adj* afanado, esforzado; **wir sind ~, unser Bestmögliches zu tun** nos esforzamos por hacer todo cuanto esté en nuestras manos

Bestrebung *f* <-, -en> aspiración *f*

bestreichen* *irr vt (mit Butter)* untar (**mit** con); *(mit Farbe)* cubrir (**mit** con)

bestreiken* *vt* boicotear (con huelgas)

bestreiten* *irr vt* ❶ *(abstreiten)* negar, refutar ❷ *(Unterhalt)* cargar con; **sie bestreitet ihren Unterhalt selbst** se mantiene por su propia cuenta ❸ *(Gespräch)* mantener, llevar

bestreuen* *vt* espolvorear (**mit** con)

bestrichen *pp von* **bestreichen**

bestritten *pp von* **bestreiten**

Bestseller [ˈbɛstsɛlɐ] *m* <-s, -> superventas *m*

Bestsellerautor(in) *m(f)* <-s, -en; -, -nen> autor(a) *m(f)* de best-sellers

Bestsellerliste *f* lista *f* de los libros más vendidos [*o* de best-sellers]

bestücken* [bəˈʃtʏkən] *vt* abastecer (**mit** de/con), equipar (**mit** de/con)

bestürmen* *vt* ❶ *(Festung)* asaltar ❷ *(bedrängen)* asediar (**mit** con), acosar (**mit** con); **jdn mit Fragen ~** asediar a alguien a preguntas

bestürzt [bəˈʃtʏrtst] *adj* atónito; *(verblüfft)* desconcertado

Bestürzung *f ohne pl (Fassungslosigkeit)* consternación *f; (Schrecken)* sobresalto *m*

Bestzeit *f* (SPORT) mejor tiempo *m;* **er lief seine persönliche ~** batió su propio récord

Besuch [bəˈzuːx] *m* <-(e)s, -e> ❶ *(das Besuchen)* visita *f; (der Schule)* asistencia *f;* **jdm einen ~ abstatten** hacer una visita a alguien; **bei jdm zu ~ sein** estar de visita en casa de alguien ❷ *(Person)* visita *f;* **~ haben/bekommen** tener/recibir visita

besuchen* *vt* ❶ *(Person, Ort)* visitar, ir a ver ❷ *(Veranstaltung)* asistir (a); **gut besucht** muy concurrido; **eine Schule ~** ir a un colegio

Besucher(in) *m(f)* <-s, -; -nen> visitante *mf*

Besucherparkplatz *m* <-es, -plätze> aparcamiento *m* para visitantes

Besucherzahl *f* <-, -en> número *m* de visitantes

Besuchszeit *f* hora *f* de visita, horario *m* de visita

besudeln* [bəˈzuːdəln] *vt* ❶ *(beschmieren)* ensuciar (**mit** *+dat* de/con), manchar (**mit** *+dat* de/con); *(abw)* embadurnar (**mit** *+dat* de/con), pringar (**mit** *+dat* de/con) *fam* ❷ *(herabwürdigen)* manchar; **jds Namen/Ehre ~** manchar el nombre/el honor de alguien

Beta [ˈbeːta] *nt* <-(s), -s> *(griechischer Buchstabe)* beta *f*

Betablocker [ˈbeːtablɔkɐ] *m* <-s, -> (MED) betabloqueante *m*

betagt [bəˈtaːkt] *adj (geh)* de avanzada edad

betasten* *vt* palpar

betätigen* [bəˈtɛːtɪgən] **I.** *vt (Hebel, Maschine)* accionar, poner en funcionamiento **II.** *vr (tätig sein)* **sich politisch ~** dedicarse a la política; **sich als Künstlerin/Sportler ~** trabajar como artista/deportista

Betätigung[1] *f ohne pl (einer Maschine)* puesta *f* en marcha

Betätigung[2] *f* <-en> *(Tätigkeit)* actividad *f,* función *f*

Betätigungsfeld *nt* campo *m* de actividades

betatschen* *vt (fam abw)* sobar; *(sexuell)* meter mano

betäuben* [bəˈtɔɪbən] *vt* ensordecer; (MED) anestesiar; *(Schmerz)* mitigar, aliviar; *(benommen machen)* aturdir; **ein ~der Duft** un perfume embriagador; **er betäubte seinen Kummer mit Alkohol** ahogó sus penas en alcohol

Betäubung *f* <-en> ❶ (MED) anestesia *f;* **örtliche ~** anestesia local ❷ *(Benommenheit)* aturdimiento *m*

Betäubungsmittel *nt* anestésico *m; (a. Rauschgift)* narcótico *m*

Bete [ˈbeːtə] *f* <-n> **Rote ~** remolacha *f* (colorada), betarraga *f Am*

beteiligen* [bəˈtaɪlɪgən] **I.** *vt (teilhaben lassen)* hacer participar (**an/bei** en) **II.** *vr:* **sich ~** *(teilnehmen)* participar (**an** en); *(sich einsetzen)* implicarse (**an** en); *(finanziell)* contribuir (**an** a)

beteiligt *adj* ❶ *(Plan, Unfall)* implicado (**an** en) ❷ *(Konzern, Umsatz)* partícipe, participante; **sie ist mit 49 % an seiner Firma ~** participa en su empresa con un 49%

Beteiligte(r) *mf* <-n, -n; -n> participante *mf; (an Verbrechen)* implicado, -a *m, f;* (JUR) parte *f* interesada

Beteiligung *f* <-en> ① *(an einer Veranstaltung)* participación *f; (Mitwirken)* colaboración *f; (Einsatz)* implicación *f;* **eine schwache ~** poca concurrencia ② (COM) participación *f* ③ (JUR) implicación *f*

beten ['be:tən] *vi, vt* rezar (**für** por, **um** por, **zu** a)

beteuern* [bə'tɔɪɐn] *vt* proclamar, reiterar

betiteln* *vt* titular (**als** de)

Beton [be'tɔŋ] *m* <-s, -s *Österr:* -e> hormigón *m,* concreto *m Am*

Betonbau *m* <-(e)s, -bauten> (ARCHIT: *Gebäude*) edificio *m* de hormigón, construcción *f* de hormigón

betonen* [bə'to:nən] *vt* ① *(Silbe, Note)* acentuar; **auf der zweiten Silbe ~** acentuar en la segunda sílaba ② *(nachdrücklich)* subrayar; *(hervorheben)* poner de relieve

betonieren* [beto'ni:rən] *vt* hormigonar

Betonklotz *m (abw)* mole *f* de cemento

Betonmischer *m* <-s, -> (TECH) mezcladora *f* de hormigón

Betonmischmaschine *f* mezcladora *f* de hormigón

betont [bə'to:nt] *adj* marcado, manifiesto

Betonung *f* <-en> ① *(Akzent)* acento *m* (prosódico), acentuación *f* ② *(einer Tatsache)* insistencia *f*

betören* [bə'tø:rən] *vt (geh)* ① *(entzücken)* fascinar, perturbar ② *(verführen)* seducir, embriagar

betörend *adj* embriagador; *(faszinierend)* fascinador; **ein ~er Duft lag in der Luft** en el aire flotaba un perfume embriagador

betr. (COM) *Abk. von* **betrifft, betreffs, betreffend** respecto a

Betr. (COM) *Abk. von* **Betreff** asunto *m*

Betracht [bə'traxt] *m* **etw in ~ ziehen** tomar algo en consideración; **etw außer ~ lassen** dejar algo de lado; (**nicht**) **in ~ kommen** (no) entrar en consideración

betrachten* *vt* ① *(anschauen)* contemplar; *(genau)* examinar; **genau betrachtet** mirándolo bien; **etw aus der Nähe ~** examinar algo de cerca ② *(einschätzen)* considerar (**als** como)

Betrachter(in) *m(f)* <-s, -; -nen> observador(a) *m(f)*

beträchtlich [bə'trɛçtlɪç] *adj* considerable

Betrachtung[1] *f ohne pl (eines Bildes)* contemplación *f;* **bei näherer/flüchtiger ~** mirándolo de cerca/por encima

Betrachtung[2] *f* <-en> *(Überlegung)* reflexión *f;* **philosophische ~en anstellen** hacer reflexiones filosóficas

Betrachtungsweise *f* visión *f*

Betrag [bə'tra:k, *pl:* bə'trɛ:gə] *m* <-(e)s, -träge> importe *m; (Gesamtbetrag)* total *m;* **~ dankend erhalten** importe recibido, pagado, cobrado

betragen* *irr* **I.** *vi (sich belaufen auf)* ascender (a); *(Rechnung)* elevarse (a) **II.** *vr:* **sich ~** *(sich benehmen)* comportarse

Betragen *nt* <-s, *ohne pl*> comportamiento *m*

betrauen* *vi* encomendar, confiar; **jdn mit etw ~** encomendar algo a alguien

betrauern* *vt* deplorar

Betreff [bə'trɛf] *m* <-(e)s, -e> *(Briefkopf)* asunto *m*

betreffen* *irr vt* ① *(angehen)* concernir, referirse (a); **was mich betrifft …** en lo que a mí se refiere… ② *(seelisch)* afectar

betreffend *adj* respectivo, en cuestión; **der oder die B~e möge sich bitte melden** que se presente la persona en cuestión; **unser letztes Schreiben ~ …** respecto a nuestro último escrito…

Betreffende(r) *mf* <-n, -n; -n, -n> persona *f* en cuestión

betreffs *präp +gen* en relación a

betreiben* *irr vt* ① *(Studien, Politik)* dedicarse (a) ② (SPORT) practicar ③ *(Handwerk)* ejercer ④ *(Geschäft)* regentar ⑤ (JUR) **einen Prozess ~** seguir una causa ⑥ *(Angelegenheit)* gestionar; **auf jds B~ hin** por iniciativa de alguien

Betreiber(in) *m(f)* <-s, -; -nen> *(Firma, Träger)* explotador(a) *m(f)*

betreten[1] *adj (verlegen)* turbado, cortado *fam;* **es herrschte ~es Schweigen** reinaba un silencio embarazoso

betreten*[2] *irr vt (Raum, Gebäude)* entrar (en); *(Rasen)* pisar; *(Podium)* subir (a); *(Spielfeld)* hacer su entrada (en); **B~ verboten!** ¡prohibida la entrada!

betreuen* [bə'trɔɪən] *vt (Kranke)* cuidar; *(Reisegruppe)* acompañar; **ein Projekt ~** dirigir un proyecto

Betreuer(in) *m(f)* <-s, -; -nen> tutor(a) *m(f); (Assistent)* asistente *mf; (Berater)* asesor(a) *m(f)*

Betreuung *f ohne pl* asistencia *f;* (SCH, UNIV) tutoría *f*

Betrieb[1] *m* <-(e)s, -e> ① *(Unternehmen)* empresa *f; (handwerklich)* taller *m* ② *(Belegschaft)* personal *m*

Betrieb[2] *m* <-(e)s, *ohne pl*> ① *(Tätigkeit)* marcha *f,* funcionamiento *m;* **in ~ sein** estar en funcionamiento; **etw in ~ nehmen** poner algo en marcha; **etw außer ~ setzen** poner algo fuera de servicio ② *(fam: Treiben)* tumulto *m*

betrieblich *adj* empresarial

B

B

betriebsam *adj* activo
Betriebsamkeit *f* <-en> actividad *f*
Betriebsangehörige(r) *mf* miembro *m* de la empresa
Betriebsanleitung *f* instrucciones *fpl* de servicio
Betriebsart *f* (INFOR) modo *m* de operación
Betriebsarzt, -ärztin *m, f* médico, -a *m, f* de empresa
Betriebsausflug *m* excursión *f* con la empresa
betriebsbedingt *adj* relativo a la empresa
betriebsbereit *adj* (TECH) listo para el servicio
betriebseigen *adj* perteneciente a la empresa
Betriebsfähigkeit *f ohne pl* estado *m* de funcionamiento
Betriebsfehler *m* (INFOR) error *m* de operación
Betriebsferien *pl* vacaciones *fpl* colectivas de la empresa
betriebsfertig *adj* listo para la puesta en marcha
Betriebsgeheimnis *nt* secreto *m* empresarial [*o* de producción]
Betriebsgelände *nt* <-s, -> terreno *m* de la empresa
betriebsintern *adj* interno (de la empresa)
Betriebskapital *nt* <-(e)s, -e> (WIRTSCH) capital *m* de explotación [*o* circulante]
Betriebsklima *nt* ambiente *m* en la empresa
Betriebskosten *pl* gastos *mpl* de producción
Betriebskrankenkasse *f* caja *f* de enfermedad de empresa
Betriebsleiter(in) *m(f)* director(a) *m(f)* gerente de la empresa
Betriebsleitung *f* dirección *f* de una empresa
Betriebsordnung *f* régimen *m* interior (de una empresa)
Betriebsprüfung *f* (WIRTSCH) revisión *f* (de empresa)
Betriebsrat[1] *m* <-(e)s, -räte> *(Organ)* comité *m* de empresa
Betriebsrat, -rätin[2] *m, f* <-(e)s, -räte; -nen> *(Mitglied)* representante *mf* del comité de empresa
Betriebsrente *f* pensión *f* recibida de la empresa
Betriebsschluss *m ohne pl* fin *m* de la jornada laboral; **nach ~** después del trabajo
Betriebsstörung *f* (TECH) perturbación *f* en el funcionamiento
Betriebssystem *nt* (INFOR) sistema *m* operativo
Betriebsunfall *m* accidente *m* de trabajo
Betriebsvereinbarung *f* acuerdo *m* empresarial
Betriebsverfassungsgesetz *nt ohne pl* ley *f* de régimen de empresa
Betriebswirt(in) *m(f)* (técnico, -a *m, f*) economista *mf*
Betriebswirtschaft *f ohne pl* ciencias *fpl* empresariales
Betriebswirtschaftslehre *f ohne pl* economía *f* industrial
Betriebszugehörigkeit *f ohne pl* **Dauer der ~** antigüedad *f* (en la empresa)
betrinken* *irr vr:* **sich ~** emborracharse, jalarse *Am*
betroffen [bəˈtrɔfən] **I.** *pp von* **betreffen II.** *adj* ❶ *(von Maßnahmen)* afectado (**von** por) ❷ *(bestürzt)* consternado
Betroffene(r) *mf* <-n, -n; -n> afectado, -a *m, f*
Betroffenheit *f ohne pl* consternación *f*
betrogen *pp von* **betrügen**
betrüben* *vt* afligir
betrüblich [bəˈtry:plɪç] *adj* triste
betrübt *adj (geh)* afligido (**über** de/por); **tief ~** profundamente afligido
Betrug [bəˈtru:k] *m* <-(e)s, *ohne pl*> engaño *m;* (JUR) fraude *m; (beim Spiel)* trampa *f*
betrügen* [bəˈtry:gən] *irr* **I.** *vt* engañar, morder *Am;* **sich um etw betrogen fühlen/sehen** sentirse/verse decepcionado por algo; **jahrelang betrog sie ihn mit ihrem Zahnarzt** durante años lo engañaba con su dentista **II.** *vr:* **sich (selbst) ~** engañarse (a sí mismo)
Betrüger(in) *m(f)* <-s, -; -nen> estafador(a) *m(f); (beim Spiel)* tramposo, -a *m, f*
Betrügerei *f* <-en> estafa *f,* fraude *m*
Betrügerin *f* <-nen> *s.* **Betrüger**
betrügerisch *adj* fraudulento, dañero *Ven*
betrunken [bəˈtrʊŋkən] **I.** *pp von* **betrinken II.** *adj* borracho, bolo *Am*
Betrunkene(r) *mf* <-n, -n; -n> borracho, -a *m, f,* bolo, -a *m, f Am*
Betrunkenheit *f* <-, *ohne pl*> embriaguez *f*
Bett [bɛt] *nt* <-(e)s, -en> ❶ *(Möbelstück)* cama *f;* **das ~ machen** hacer la cama; **im ~ liegen** estar en (la) cama; **ans ~ gefesselt sein** estar postrado en cama; **ins** [*o* **zu**] **~ gehen** ir(se) a la cama; **das ~ hüten müssen** tener que guardar cama; **mit jdm ins ~ gehen** *(fam)* acostarse con alguien; **an jds ~ sitzen** estar sentado junto al lecho de alguien; **er macht ins ~** *(fam)* se mea en la cama; **sich ins gemachte ~ legen** *(fig)* encontrárselo todo hecho ❷ *(Flussbett)* cauce *m,* lecho *m* ❸ *(Federbett)* edredón *m*

Bettbezug *m* funda *f* de edredón
Bettcouch *f* sofá cama *m*
Bettdecke *f* ① *(Tagesdecke)* colcha *f* ② *(Federbett)* edredón *m*
bettelarm ['--'-] *adj* pobre como una rata
Bettelei *f* <-en> *(abw)* pordiosería *f*
Bettelmönch *m* fraile *m* mendicante
betteln *vi* pedir limosna, mendigar
betten *vt (geh)* recostar; **jdn zur letzten Ruhe ~** sepultar a alguien
Bettflasche *f (südd: Wärmflasche)* botella *f* de agua caliente
Bettgestell *nt* armadura *f* de cama
Betthupferl ['bɛthʊpfɐl] *nt* <-s, -> *(reg) dulce que se da a los niños antes de acostarse*
Bettkante *f* borde *m* de la cama
bettlägerig ['bɛtlɛːgərɪç] *adj* postrado en cama
Bettlaken *nt* sábana *f*
Bettlektüre *f* lectura *f* entretenida *(para antes de dormir)*
Bettler(in) ['bɛtlɐ] *m(f)* <-s, -; -nen> mendigo, -a *m, f*
Bettnässer(in) *m(f)* <-s, -; -nen> *(fam)* meón, -ona *m, f (niño o niña que sufre de incontinencia nocturna de orina)*
bettreif *adj (fam)* con ganas de irse a dormir
Bettruhe *f* reposo *m* en cama
Bettsofa *nt* <-s, -s> sofá-cama *m;* **das ~ ausziehen** abrir el sofá-cama
Betttuch ['bɛttuːx] *nt* sábana *f*
Bettvorlage *f* <-, -n>, **Bettvorleger** ['bɛtvoːɐleːgɐ] *m* <-s, -> alfombrilla *f* (de cama)
Bettvorleger ['bɛtvoːɐleːgɐ] *m* alfombrilla *f* (de cama)
Bettwäsche *f* ropa *f* de cama, sábanas *fpl,* cobija *f Am*
Bettzeug *nt (fam)* ropa *f* de cama, sábanas *fpl*
betucht [bə'tuːxt] *adj (fam)* adinerado, fondeado *Am;* **gut ~ sein** estar forrado (de dinero)
betulich [bə'tuːlɪç] *adj (hilfsbereit)* solícito; *(abw)* exageradamente atento
Beuge ['bɔɪgə] *f* <-, -n> ① (ANAT: *des Beines*) flexión *f* de la pierna ② (SPORT) **in die ~ gehen** flexionar el cuerpo
beugen ['bɔɪgən] **I.** *vt* ① *(Arm)* doblar; **den Kopf ~** inclinar la cabeza; **vor Kummer gebeugt sein** estar postrado por las penas ② *(Recht)* violar ③ (LING: *Verb*) conjugar; *(Substantiv)* declinar **II.** *vr:* **sich ~** ① *(sich neigen)* inclinarse (**über** sobre); **er beugte sich leicht nach vorn/zu mir** se inclinó ligeramente hacia delante/hacia mí ② *(sich fügen)* someterse (a)
Beugung *f* <-en> ① (ANAT, LING) flexión *f* ② (PHYS: *Licht*) difracción *f*
Beule ['bɔɪlə] *f* <-n> ① *(Verletzung)* chichón *m* ② *(Delle)* abolladura *f* ③ (MED) buba *f*
beunruhigen* [bə'ʔʊnruːɪgən] **I.** *vt* inquietar **II.** *vr:* **sich ~** preocuparse (**über** de), inquietarse (**über** con/por), indigestarse (**über** con/de/por) *Am*
beunruhigend *adj* inquietante
Beunruhigung *f* <-en> inquietud *f*
beurkunden* *vt* dar fe (de), documentar
Beurkundung *f* <-, -en> ① *(das Beurkunden)* certificación *f* notarial ② *(Urkunde)* documento *f*
beurlauben* *vt* ① *(Urlaub geben)* conceder vacaciones; (MIL) dar permiso ② *(von Amtspflichten)* dar licencia; **beurlaubt sein** tener licencia ③ (UNIV) **sich ~ lassen** tomarse un semestre libre
Beurlaubung *f* <-en> excedencia *f*
beurteilen* *vt* juzgar; *(schätzen)* valorar, estimar
Beurteilung *f* <-en> ① *(Einschätzung)* juicio *m,* apreciación *f* ② *(Gutachten)* dictamen *m*
Beute ['bɔɪtə] *f ohne pl* ① *(Fang)* botín *m; (eines Tieres)* presa *f;* **reiche ~ machen** *(fam)* sacar un buen botín ② *(geh: Opfer)* víctima *f;* **leichte ~ für jdn sein** ser una víctima fácil para alguien
Beutel ['bɔɪtəl] *m* <-s, -> ① *(Behältnis)* bolsa *f* ② (ZOOL: *des Kängurus*) marsupio *m,* bolsa *f* ③ *(fam: Geldbeutel)* monedero *m*
beuteln **I.** *vt* ① *(Österr, südd: schütteln)* sacudir ② *(Österr, südd: mitnehmen)* estremecer; **vom Leben gebeutelt, zog er sich immer mehr zurück** castigado por la vida, vivía cada vez más apartado ③ *(reg: ausnehmen)* limpiar; **die haben dich aber ganz schön gebeutelt** esos te han limpiado todo el dinero **II.** *vi (sich ausbeulen)* dar(se) de sí
Beuteltier *nt* (ZOOL) marsupial *m*
bevölkern* [bə'fœlkɐn] *vt* poblar; **ein dicht/dünn bevölkertes Gebiet** una zona densamente/poco poblada
Bevölkerung *f* <-en> población *f;* **die einheimische/ländliche ~** la población nacional/rural
Bevölkerungsdichte *f ohne pl* densidad *f* de (la) población
Bevölkerungsexplosion *f* explosión *f* demográfica
Bevölkerungsgruppe *f* población *f*
Bevölkerungsrückgang *m* regresión *f* de la población
Bevölkerungsschicht *f* nivel *m* social

B

Bevölkerungswachstum *nt* <-s, *ohne pl*> crecimiento *m* demográfico
Bevölkerungszahl *f* población *f,* número *m* de habitantes
Bevölkerungszuwachs *m* aumento *m* de (la) población
bevollmächtigen* [bə'fɔlmɛçtɪgən] *vt* apoderar (**zu** a), autorizar (**zu** para), capacitar (**zu** para) *Am*
Bevollmächtigte(r) *mf* <-n, -n; -n> mandatario, -a *m, f,* capacitado, -a *m, f Am*
Bevollmächtigung *f* <-en> autorización *f,* capacitación *f Am*
bevor [bə'foːɐ] *konj* antes de +*inf,* antes de que +*subj;* **gieß bitte die Blumen, ~ du gehst** por favor, riega las plantas antes de irte; **ich will mit dem Essen fertig sein, ~ sie kommen** quiero haber terminado con la comida antes de que lleguen
bevormunden* [bə'fɔːɐmʊndən] *vt* poner bajo tutela
Bevormundung *f* <-en> tutela *f*
bevor|stehen *irr vi* ser inminente; **der ~de Krieg** la guerra inminente; **es steht uns noch sehr viel Arbeit bevor** aún nos queda mucho trabajo por delante; **die Wahlen stehen unmittelbar bevor** las elecciones están muy próximas
bevorzugen* [bə'foːɐtsuːgən] *vt* preferir, favorecer
bevorzugt **I.** *adj* ❶ *(privilegiert)* favorecido; **eine ~e Behandlung** un trato de favor ❷ *(beliebteste)* preferido **II.** *adv* preferentemente; *(privilegiert)* de favor; **jdn ~ behandeln** dar a alguien un trato de favor
Bevorzugung *f* <-en> preferencia *f*
bewachen* *vt* vigilar, custodiar
Bewacher(in) *m(f)* <-s, -; -, -nen> ❶ *(Wächter)* vigilante *mf* ❷ (SPORT: *Deckungsspieler*) marcador(a) *m(f)*
bewachsen [bə'vaksən] *adj* cubierto (**mit** de)
Bewachung *f* <-en> ❶ *(das Bewachen)* custodia *f,* vigilancia *f* ❷ *(Wache)* guardia *f*
bewaffnen* [bə'vafnən] *vt* armar (**mit** con); **bewaffnete Auseinandersetzung** enfrentamiento *m* armado; **er war bis an die Zähne bewaffnet** estaba armado hasta los dientes
Bewaffnung *f* <-en> ❶ *(Vorgang)* armamento *m* ❷ *(Waffen)* armas *f pl*
bewahren* [bə'vaːrən] *vt* ❶ *(beschützen)* proteger (**vor** de); **Gott bewahre!** ¡Dios me [*o* nos] libre! ❷ *(Stillschweigen)* guardar; *(in Erinnerung)* recordar; **bitte ~ Sie Ruhe!** ¡guarde(n) calma, por favor!; **seine gute Laune ~** conservar su buen humor ❸ *(geh: aufbewahren)* guardar
bewähren* [bə'vɛːrən] *vr:* **sich ~** *(Person)* acreditarse; *(Sache)* dar buen resultado
bewahrheiten* [bə'vaːɐhaɪtən] *vr:* **sich ~** confirmarse
bewährt [bə'vɛːɐt] *adj* acreditado; *(Mittel, Methode)* probado
Bewahrung *f* <-, *ohne pl*> ❶ *(Erhaltung)* preservación *f* ❷ *(Aufbewahrung)* custodia *f*
Bewährung *f* <-en> prueba *f;* (JUR) libertad *f* condicional; **er bekam drei Jahre mit/ohne ~** le condenaron a tres años con/sin libertad condicional
Bewährungsfrist *f* (JUR) período *m* de prueba
Bewährungshelfer(in) *m(f)* asistente *mf* durante el plazo de prueba
Bewährungsprobe *f* prueba *f*
bewaldet [bə'valdət] *adj* boscoso
bewältigen* [bə'vɛltɪgən] *vt* *(Problem)* vencer, superar; *(Aufgabe)* llevar a cabo
Bewältigung *f* <-en> *(eines Problems, Erlebnisses)* superación *f;* *(einer Aufgabe)* (re)solución *f;* **sie arbeitete an der ~ dieser Erlebnisse** se esforzaba por superar aquellas experiencias
bewandert [bə'vandɐt] *adj* experto (**in** en)
Bewandtnis [bə'vantnɪs] *f* <-se> motivo *m,* explicación *f;* **damit hat es folgende ~** el caso es el siguiente
bewässern* [bə'vɛsɐn] *vt* regar
Bewässerung *f* <-en> riego *m;* (AGR) irrigación *f*
Bewässerungsgraben *m* acequia *f,* apancle *m Méx*
Bewässerungskanal *m* canal *m* de riego
bewegen¹ [bə'veːgən] <bewegt, bewog, bewogen> *vt (veranlassen)* inducir (**zu** a), mover (**zu** a); **was hat dich dazu bewogen?** ¿qué te movió a hacerlo?
bewegen*² **I.** *vt* ❶ *(Arm, Lippen)* mover; *(in Gang setzen)* poner en marcha; **er konnte den Koffer kaum von der Stelle ~** casi no podía mover del lugar la maleta ❷ *(innerlich)* conmover, emocionar **II.** *vr:* **sich ~** ❶ *(Fahrzeug, Person)* moverse; **endlich bewegt sich etwas!** ¡por fin ocurre algo! ❷ *(schwanken)* variar (**um** en), oscilar (**um** alrededor de, **zwischen** entre); **die Preise ~ sich um die 100 Euro** los precios se sitúan sobre los 100 euros ❸ *(Erde, Sonne)* girar (**um** alrededor de)
Beweggrund *m* motivo *m*
beweglich [bə'veːklɪç] *adj* ❶ *(flexibel)* móvil; *(geistig)* flexible; **sie ist geistig noch sehr ~** todavía tiene la mente muy viva ❷ *(bewegbar)* movible; **~e Habe** bienes muebles
Beweglichkeit *f ohne pl* ❶ *(geistige Wen-*

digkeit) flexibilidad *f* ② *(bewegliche Beschaffenheit)* movilidad *f* ③ *(Mobilität)* libertad *f* de movimiento

bewegt [bəˈveːkt] *adj* ① *(See, Wasser)* agitado ② *(fig: Person)* conmovido; *(Leben, Zeiten)* turbulento; **tief ~** profundamente conmovido

Bewegung *f* <-en> ① (*a.* POL) movimiento *m;* **etw in ~ bringen** poner algo en marcha; **sich** *dat* **~ verschaffen** hacer ejercicio; **keine ~!** ¡que nadie se mueva!; **in ~ sein** estar en movimiento; **alle Hebel in ~ setzen** tocar todos los resortes ② *(Anteilnahme)* emoción *f*

Bewegungsablauf *m* trascurso *m* del movimiento

Bewegungsarmut *f* (MED) pobreza *f* cinética

Bewegungsfreiheit *f ohne pl* libertad *f* de acción; *(Platz)* libertad *f* de movimiento

bewegungslos *adj* inmóvil

Bewegungslosigkeit *f* <-, *ohne pl*> inmovilidad *f;* **zur (völligen) ~ erstarren** quedar (completamente) inmóvil

Bewegungsmangel *m ohne pl* falta *f* de movimiento

Bewegungsmelder *m* <-s, -> avisador *m* de movimientos

bewegungsunfähig *adj* incapaz de moverse

beweihräuchern* [bəˈvaɪrɔɪçɐn] **I.** *vt* ① *(mit Weihrauch umgehen)* incensar *pey fam* ② *(verherrlichen)* ensalzar (excesivamente) **II.** *vr* **sich selbst ~** *(fam abw)* ensalzarse

beweinen* *vt* llorar (a/por)

Beweis [bəˈvaɪs] *m* <-es, -e> prueba *f;* **aus Mangel an ~en** por falta de pruebas; **als ~** como prueba; **etw unter ~ stellen** dar prueba de algo; **den ~ antreten/erheben** presentar/administrar pruebas

Beweisaufnahme *f* (JUR) registro *m* de pruebas

beweisbar *adj* probable, demostrable

beweisen* *irr vt* probar, demostrar (de); **man konnte ihm die Tat nicht ~** no se pudo demostrar que hubiera sido él

Beweisführung *f* <-en> (JUR) argumentación *f*

Beweisgegenstand *m* <-(e)s, -stände> (JUR) documento *m* probatorio, instrumento *m* de prueba

Beweiskraft *f ohne pl* (JUR) fuerza *f* probatoria

beweiskräftig *adj* concluyente

Beweislage *f* (JUR) situación *f* probatoria

Beweismaterial *nt* material *m* de prueba

Beweismittel *nt* <-s, -> (JUR) medio *m* de prueba [*o* probatorio], prueba *f*

Beweisstück *nt* (JUR) pieza *f* justificativa

bewenden *vi* **es bei etw ~ lassen** darse por satisfecho con algo

bewerben* *irr* **I.** *vr:* **sich ~** solicitar (**um** a/para, **bei** en); **sich um eine Stelle ~** solicitar un puesto de trabajo, postular *Am;* **sich als Sekretärin ~** solicitar un puesto de secretaria **II.** *vt (Produkt)* promocionar

Bewerber(in) *m(f)* <-s, -; -nen> solicitante *mf; (um eine Stelle)* aspirante *mf*

Bewerbung *f* <-en> solicitud *f;* **eine schriftliche ~** una solicitud por escrito

Bewerbungsformular *nt* <-s, -e> impreso *m* de solicitud (de trabajo)

Bewerbungsgespräch *nt* entrevista *f* personal

Bewerbungsmappe *f* carpeta *f* de solicitud

Bewerbungsschreiben *nt* solicitud *f* de trabajo

Bewerbungsunterlagen *fpl* papeles *mpl* para una solicitud (de trabajo)

Bewerbungsverfahren *nt* (ADMIN) tramitación *f* de solicitudes

bewerfen* *irr vt* arrojar (**mit**); **jdn mit Schmutz ~** *(fig)* vilipendiar a alguien

bewerkstelligen* [bəˈvɛrkʃtɛlɪgən] *vt* realizar, efectuar

bewerten* *vt* evaluar, valorar; *(Arbeit)* calificar

Bewertung *f* <-en> evaluación *f; (einer Arbeit)* calificación *f;* (SPORT) puntuación *f*

Bewertungsmaßstab *m* escala *f* de valoración

bewiesen *pp von* **beweisen**

bewilligen* [bəˈvɪlɪgən] *vt* autorizar; *(Kredit)* conceder; *(Antrag)* aprobar

Bewilligung *f* <-en> concesión *f; (eines Antrags)* aprobación *f*

bewirken* *vt* ① *(verursachen)* provocar, causar ② *(erreichen)* conseguir

bewirten* [bəˈvɪrtən] *vt* atender, festinar *Am;* **wir wurden fürstlich bewirtet** nos trataron a cuerpo de rey

bewirtschaften* *vt* ① *(Gaststätte, Hof)* administrar ② *(Acker)* cultivar ③ *(kontrollieren)* controlar

Bewirtung *f* <-en> *(das Bewirten)* agasajo *m*

bewog [bəˈvoːk] *3. imp von* **bewegen[1]**

bewogen [bəˈvoːgən] *pp von* **bewegen[1]**

bewohnbar *adj* habitable

bewohnen* *vt* habitar

Bewohner(in) *m(f)* <-s, -; -nen> habitante *mf*

bewölken* [bəˈvœlkən] *vr:* **sich ~** nublarse; *(mit dunklen Wolken)* encapotarse

bewölkt *adj* nublado, nuboso

Bewölkung *f ohne pl* nubosidad *f*

beworben *pp von* **bewerben**
beworfen *pp von* **bewerfen**
Bewunderer, -in *m, f* <-s, -; -nen> admirador(a) *m(f)*
bewundern* *vt* admirar (**wegen** por)
bewundernswert, bewundernswürdig *adj* admirable
Bewunderung *f ohne pl* admiración *f;* **voller ~** lleno de admiración
bewusst [bə'vʊst] **I.** *adj* ① *(wissend)* consciente; (**sich** *dat*) **~ machen** concienciar(se); **sich** *dat* **etw** *gen* **~ sein/werden** ser consciente/tomar conciencia de algo; **ich bin mir keiner Schuld ~** no me siento culpable; **es war ihm ~, dass ...** era consciente de que... ② *(besagt)* consabido, en cuestión; **es war an jenem ~en Tag** ocurrió aquel día en cuestión ③ *(absichtlich)* intencionado **II.** *adv* ① *(absichtlich)* a propósito ② *(überlegt)* conscientemente
bewusstlos *adj* sin conocimiento; **~ werden** perder el conocimiento
Bewusstlosigkeit *f ohne pl* pérdida *f* del conocimiento; *(Ohnmacht)* desmayo *m*
Bewusstsein *nt* <-s, *ohne pl*> conciencia *f*, conocimiento *m;* **mir ist erst jetzt zu(m) ~ gekommen, dass ...** ahora mismo me he dado cuenta de que...; **sich** *dat* **etw ins ~ rufen** traer algo a la memoria; **das ~ verlieren** perder el conocimiento; **wieder zu ~ kommen** recobrar el conocimiento
Bewusstseinserweiterung *f* <-, -en> (PSYCH) ampliación *f* de los conocimientos sobre sí mismo, ampliación *f* de la conciencia
bezahlbar *adj* pagadero, pagable
bezahlen* *vt* pagar; **gut bezahlt** bien pagado; **hoch bezahlt** muy bien remunerado; **sich (nicht) bezahlt machen** (no) valer la pena
Bezahlfernsehen *nt ohne pl* televisión *f* de pago
Bezahlung *f ohne pl* ① *(einer Rechnung)* pago *m* ② *(Lohn)* paga *f; (Vergütung)* remuneración *f;* **gegen ~** por dinero
bezähmen* **I.** *vt (Hunger, Neugier)* dominar, contener **II.** *vr:* **sich ~** *(sich zurückhalten)* dominarse, contenerse
bezaubern* *vt* fascinar (**durch** por); **ein ~des Mädchen** una chica encantadora
bezeichnen* *vt* ① *(beschreiben)* describir ② *(nennen)* designar (**als** como); *(benennen)* denominar (**als** como); **wie bezeichnet man es, wenn ...?** ¿cómo se dice cuando...?
bezeichnend *adj* típico (**für** de), característico (**für** de)
bezeichnenderweise *adv* significativamente
Bezeichnung *f* <-en> denominación *f*
bezeugen* [bə'tsɔɪgən] *vt* atestiguar; (JUR) testificar; **er konnte ~, dass ...** pudo atestiguar que...
bezichtigen* [bə'tsɪçtɪgən] *vt* acusar; **jdn ~, etw zu tun** acusar a alguien de hacer algo
beziehen* *irr* **I.** *vt* ① *(überziehen)* revestir (**mit** de); *(Bett)* poner ropa limpia (a) ② *(Wohnung, Haus)* instalarse (en) ③ *(Einkommen)* cobrar; **Prügel ~** *(fam)* recibir una paliza ④ *(kaufen)* adquirir; *(Zeitung)* estar suscrito (a) ⑤ *(in Beziehung setzen)* relacionar (**auf** con), referir (**auf** a); **diese Bemerkung brauchst du nicht auf dich zu ~** no tienes que darte por aludido por esta observación ⑥ *(Posten)* ocupar **II.** *vr:* **sich ~** ① *(Himmel)* nublarse; *(mit dunklen Wolken)* encapotarse ② *(sich berufen)* referirse (**auf** a)
Bezieher(in) *m(f)* <-s, -; -nen> *(Einkommen)* beneficiario, -a *m, f; (Zeitung)* su(b)scriptor(a) *m(f); (Ware)* comprador(a) *m(f)*
Beziehung *f* <-en> ① *pl (Kontakt)* relación *f;* **gute ~en haben** tener buenas relaciones; **seine ~en spielen lassen** *(fam)* tocar todos los resortes; **diplomatische ~en** relaciones diplomáticas ② *(Hinsicht)* aspecto *m;* **er hat in mancher/jeder ~ Recht** tiene razón en algunos/en todos los aspectos ③ *(Verhältnis)* relación *f* (**zwischen** entre); *(Liebesbeziehung)* relación *f* amorosa; **in ~ stehen zu etw** estar relacionado con algo; **zwei Dinge zueinander in ~ setzen** relacionar una cosa con otra; **eine ~ eingehen** empezar una relación; **er hat keine ~ zur Literatur** no le dice nada la literatura
beziehungslos *adj* sin relación
beziehungsweise *konj* ① *(genauer gesagt)* por lo menos, mejor dicho ② *(oder, und)* respectivamente; **die Karten zu 50 ~ zu 30 Euro sind schon ausverkauft** las entradas a 50 y 30 euros respectivamente ya se agotaron
beziffern* [bə'tsɪfɐn] **I.** *vt (schätzen)* cifrar (**auf** en) **II.** *vr:* **sich ~** *(sich belaufen)* cifrarse (**auf** en)
Bezirk [bə'tsɪrk] *m* <-(e)s, -e> ① *(Gebiet)* comarca *f* ② *(Stadtbezirk)* barrio *m* ③ (ADMIN) distrito *m*
bezirzen* [bə'tsɪrtsən] *vt (fam)* embelesar
bezogen *pp von* **beziehen**
Bezug[1] [bə'tsu:k] *m* <-(e)s, -züge> ① *(Überzug)* funda *f* ② *pl (Gehalt)* sueldo *m*

Bezug[2] *m* <-(e)s, *ohne pl*> ❶ *(Kauf)* adquisición *f; (von Zeitschriften)* suscripción *f* ❷ *(Beziehung nehmen)* referencia *f;* **in ~ auf** (con) respecto a; **mit ~ auf Ihr Schreiben vom ...** con referencia a su carta del...; **auf etw ~ nehmen** remitirse a algo; **den ~ zu etw herstellen** establecer la relación hacia algo
bezüglich [bə'tsyːklɪç] **I.** *adj* al respecto; **alle darauf ~en Fragen** todas las cuestiones al respecto **II.** *präp +gen* en relación a, respecto a; **~ Ihres Schreibens vom ...** en relación a su escrito del...
Bezugnahme [bə'tsuːknaːmə] *f* <-n> **unter ~ auf** con referencia a
bezugsberechtigt *adj* beneficiario; **für etw ~ sein** ser beneficiario de algo
bezugsfertig *adj (Haus)* llave en mano
Bezugsperson *f* persona *f* de referencia
Bezugsquelle *f* (WIRTSCH) suministradores *mpl*
bezuschussen* [bə'tsuːʃʊsən] *vt* conceder una subvención
bezwecken* [bə'tsvɛkən] *vt* perseguir; **was willst du damit ~?** ¿qué persigues con esto?
bezweifeln* *vt* poner en duda, dudar
bezwingen* *irr vt* vencer; *(zügeln)* dominar; *(besiegen)* derrotar
bezwungen *pp von* **bezwingen**
BGB [beːgeː'beː] *nt* <-, *ohne pl*> (JUR) *Abk. von* **Bürgerliches Gesetzbuch** Código *m* Civil
BGH [beːgeː'haː] *m* <-, *ohne pl*> (JUR) *Abk. von* **Bundesgerichtshof** Tribunal *m* Federal Supremo
BH [beː'haː] *m* <-s, -s> *(fam) Abk. von* **Büstenhalter** sujetador *m,* brasier *m Am*
Bhagwan *m* <-s, *ohne pl*> Bhagwan *m*
Bhf. *Abk. von* **Bahnhof** estación *f* de ferrocarril
Bhutan ['buːtan] *nt* <-s> Bután *m*
bi [biː] *adj (fam)* bisexual
Biathlon ['biːatlɔn] *nt* <-s, -s> (SPORT) biatlón *m*
bibbern ['bɪbɐn] *vi (fam)* tiritar
Bibel ['biːbəl] *f* <-n> Biblia *f*
bibelfest *adj* versado en la Biblia
Bibelspruch *m* frase *f* bíblica
Bibelvers *m* <-es, -e> (REL) versículo *m* de la Biblia
Biber ['biːbɐ] *m* <-s, -> *(Tier, Pelz)* castor *m*
Biberratte *f* coipo *m,* coipú *m*
Bibliografie [bibliogra'fiː] *f* <-n> bibliografía *f*
bibliografisch *adj* bibliográfico
Bibliothek [biblio'teːk] *f* <-en> biblioteca *f*
Bibliothekar(in) [bibliote'kaːɐ] *m(f)* <-s, -e; -nen> bibliotecario, -a *m, f*
Bibliotheksausweis *m* carné *m* de la biblioteca
biblisch ['biːblɪs] *adj* bíblico; **ein ~es Alter haben** tener una edad bíblica
BIC ['bɪk] *m* <-(s), -(s)> *Abk. von* **Business Identifier Code** *(internationale Bankleitzahl,* FIN) BIC *m*
Bidet [bi'deː] *nt* <-s, -s> bidé *m*
bidirektional [bidirektsjo'naːl] *adj* (INFOR, TEL) bidireccional
bieder ['biːdɐ] *adj (abw)* conservador
Biedermann *m (abw)* burgués *m*
biegen ['biːgən] <biegt, bog, gebogen> **I.** *vi sein (Kurve machen)* torcer; *(mit dem Auto)* girar; **um die Ecke ~** doblar la esquina; **auf B~ und Brechen** *(fam)* a toda costa **II.** *vt* ❶ *(Zweige, Glieder)* doblar ❷ *(Österr: flektieren)* declinar **III.** *vr:* **sich ~** *(krumm werden)* doblarse; **sie bog sich vor Lachen** *(fam)* se partió de (la) risa
biegsam *adj* flexible
Biegsamkeit *f ohne pl* flexibilidad *f*
Biegung *f* <-en> curvatura *f; (Kurve)* curva *f*
Biene ['biːnə] *f* <-n> abeja *f,* colmena *f Méx*
Bienenhonig *m* miel *f* de abejas
Bienenkönigin *f* abeja *f* reina
Bienenkorb *m* <-(e)s, -körbe> colmena *f*
Bienenschwarm *m* enjambre *m*
Bienenstand *m* colmenar *m*
Bienenstich *m* ❶ *(Verletzung)* picadura *f* de abeja ❷ (GASTR) *pastel relleno con crema de vainilla y recubierto de una capa de almendras, mantequilla y azúcar*
Bienenstock *m* colmena *f*
Bienenwabe *f* panal *m*
Bienenwachs *nt* cera *f* de abejas
Bienenzucht *f ohne pl* apicultura *f*
Bier [biːɐ] *nt* <-(e)s, -e> cerveza *f;* **alkoholfreies ~** cerveza sin; **dunkles/helles ~** cerveza rubia/negra; **das ist nicht mein ~** *(fig fam)* eso no es asunto mío
Bierbauch *m (fam)* panza *f*
Bierbrauerei *f* fábrica *f* de cerveza
Bierdeckel *m* posavasos *m inv* de cartón
Bierdose *f* lata *f* de cerveza
bierernst ['-'-] *adj (fam)* exageradamente serio
Bierfass *nt* barril *m* de cerveza
Bierflasche *f* botella *f* de cerveza
Biergarten *m* cervecería *f* al aire libre
Bierglas *nt* vaso *m* para cerveza
Bierkasten *m* <-s, -kästen> caja *f* de cerveza
Bierkrug *m* jarra *f* de cerveza

Bierleiche *f* persona *f* borracha hasta la inconsciencia

Bierschaum *m ohne pl* espuma *f* de la cerveza

Bierzelt *nt tienda en la que se vende y bebe cerveza en las romerías*

Biest [bi:st] *nt* <-(e)s, -er> *(fam)* ❶ *(Tier)* bicho *m; (abw)* bestia *f* ❷ *(Mensch)* mal bicho *m*

biestig *adj* infame

bieten [bi:tən] <bietet, bot, geboten> **I.** *vt* ❶ *(Anblick, Gelegenheit)* ofrecer, presentar; **sie boten ein trauriges Bild** ofrecían un triste aspecto; **das lasse ich mir nicht ~** esto no se lo permito a nadie; **jdm die Stirn ~** hacer frente a alguien ❷ *(anbieten)* ofrecer (**für** para) **II.** *vi (bei Versteigerung)* pujar, dar; **wer bietet mehr?** ¿quién da más? **III.** *vr:* **sich ~** *(sich anbieten)* presentarse; **bei der nächsten sich ~den Gelegenheit** en la próxima ocasión que se presente

Bieter(in) *m(f)* <-s, -; -, -nen> postor(a) *m(f)*

Bigamie [biga'mi:] *f* <-n> bigamia *f*

bigott [bi'gɔt] *adj (fromm)* beato; *(scheinheilig)* mojigato

Bikini [bi'ki:ni] *m* <-s, -s> biquini *m*

Bilanz [bi'lants] *f* <-en> (*a.* WIRTSCH) balance *m;* **eine ~ aufstellen** confeccionar un balance; **die ~ ziehen** hacer (el) balance; **~ machen** revisar el dinero que se tiene en mano

Bilanzaufstellung *f* (WIRTSCH) formación *f* del balance

Bilanzbuchhalter(in) *m(f)* (WIRTSCH) contable *mf* de balances

Bilanzbuchhaltung *f* <-, -en> (WIRTSCH) contabilidad *f* de balances

bilateral ['bi:latera:l, ---'-] *adj* bilateral

Bild [bɪlt] *nt* <-(e)s, -er> ❶ *(Gemälde)* cuadro *m,* pintura *f; (Abbildung)* ilustración *f; (beim Kartenspiel)* figura *f; (im Spiegel)* imagen *f;* **ein ~ von einem Mann/einer Frau** una belleza escultural; **ein ~ für die Götter** *(fam)* una escena graciosísima; **ein ~ des Jammers bieten** ofrecer un aspecto desolador ❷ (TV) imagen *f;* (FOTO) foto *f;* **ein ~ machen** sacar una foto ❸ *(Vorstellung)* idea *f;* **sich** *dat* **ein ~ von etw machen** hacerse una idea de algo ❹ *(Ansicht)* aspecto *m* ❺ *(Metapher)* metáfora *f* ❻ *(auf dem Laufenden)* **im ~e sein** estar al corriente; **jdn ins ~ setzen über etw** poner al corriente a alguien sobre algo

Bildarchiv *nt* (PUBL) archivo *m* fotográfico

Bildauflösung *f* (TV) definición *f* de la imagen

Bildband *m* libro *m* con fotos

Bildbearbeitung *f* (INFOR) edición *f* de imágenes

Bildbericht *m* (PUBL) reportaje *m* gráfico

Bildbeschreibung *f* <-, -en> descripción *f* de una imagen

Bilddatei *f* (INFOR) fichero *m* gráfico

bilden ['bɪldən] **I.** *vt* ❶ *(Menschen)* educar ❷ *(formen)* formar; *(künstlerisch)* modelar; **~de Kunst** artes plásticas; **sich** *dat* **eine Meinung über etw ~** formarse una opinión sobre algo ❸ *(Regierung)* formar, crear; *(Mannschaft)* integrar, formar ❹ *(Höhepunkt, Ausnahme)* ser, constituir **II.** *vr:* **sich ~** ❶ *(entstehen)* formarse ❷ *(lernen)* educarse, formarse

Bilderbogen ['bɪldɐ-] *m* hoja *f* con dibujos

Bilderbuch *nt* libro *m* de dibujos; **ein Wetter wie im ~** un tiempo de película

Bildergalerie *f* pinacoteca *f*

Bilderrahmen *m* marco *m* para cuadros; **digitaler ~** marco digital

Bilderrätsel *nt* jeroglífico *m*

Bildfläche *f* plano *m* de la imagen; **auf der ~ erscheinen** *(fam)* aparecer en pantalla; **von der ~ verschwinden** *(fam)* desaparecer del mapa

bildhaft *adj* plástico, gráfico

Bildhauer(in) ['bɪlthaʊɐ] *m(f)* <-s, -; -nen> escultor(a) *m(f)*

Bildhauerei *f ohne pl* escultura *f*

Bildhauerin *f* <-nen> *s.* **Bildhauer**

Bildhauerkunst *f ohne pl* (arte *m* de la) escultura *f*

bildhübsch ['-'-] *adj* precioso, guapísimo

bildlich *adj* ❶ *(Darstellung)* gráfico, plástico ❷ *(Sinn)* figurado; *(Ausdruck)* metafórico

Bildmaterial *nt* <-s, -ien> ❶ *(Bilder zur Illustrierung)* material *m* ilustrativo ❷ (PUBL) material *m* gráfico

Bildnis ['bɪltnɪs] *nt* <-ses, -se> *(geh)* imagen *f; (Foto)* retrato *m*

Bildqualität *f* (TV) calidad *f* de la imagen

Bildröhre *f* (TV) tubo *m* de imagen

Bildschärfe *f* (TV) nitidez *f* de la imagen

Bildschirm *m* (*a.* INFOR) pantalla *f; (Monitor)* monitor *m*

Bildschirmarbeit *f* (INFOR, TEL) trabajo *m* frente a un monitor

Bildschirmschoner *m* (INFOR) salvapantallas *m inv*

Bildschirmtext *m ohne pl* (TEL, INFOR) teletexto *m*

bildschön ['-'-] *adj* bellísimo, hermosísimo

Bildstörung *f* (TV) interrupción *f* de la imagen

Bildtelefon *nt* (TEL) videoteléfono *m*

Bildung ['bɪldʊŋ] *f ohne pl* ❶ *(Schaffung)*

creación *f;* *(Gründung)* fundación *f;* *(Gestaltung)* formación *f,* constitución *f* ❷ *(Erziehung)* educación *f;* *(Allgemeinwissen)* formación *f,* cultura *f;* **höhere ~** formación superior

Bildungseinrichtung *f* centro *m* de enseñanza

Bildungsgut *nt* patrimonio *m* cultural

Bildungslücke *f* laguna *f* cultural

Bildungsniveau *nt* nivel *m* de educación

Bildungsnotstand *m* estado *m* de emergencia de la educación

Bildungspolitik *f* (POL) política *f* educativa

Bildungsreform *f* (POL) reforma *f* educativa

Bildungsreise *f* viaje *m* de estudios y de formación

Bildungssystem *nt* (POL) sistema *m* de educación

Bildungsurlaub *m* vacaciones *fpl* de formación

Bildungsweg *m* vía *f* de formación; **auf dem zweiten ~** en vía subsidiaria de formación

Bildungswesen *nt ohne pl* sistema *m* educativo

Bildwörterbuch *nt* diccionario *m* gráfico

Bildzuschrift *f* carta *f* con foto *(como respuesta a un anuncio)*

bilingual ['bi:lɪngua:l, ---'-] *adj* bilingüe

Billard ['bɪljart] *nt* <-s, *ohne pl*> billar *m;* **~ spielen** jugar al billar, taquear *Am*

Billardkugel *f* bola *f* de billar

Billardstock *m* taco *m*

Billardtisch *m* (mesa *f* de) billar *m*

Billett [bɪl'jɛt] *nt* <-(e)s, -e *o* -s> ❶ *(Schweiz: Fahr- oder Eintrittskarte)* billete *m* ❷ *(Österr: Brief)* esquela *f,* billete *m*

Billiarde [bɪ'ljardə] *f* <-n> mil billones *mpl*

billig ['bɪlɪç] *adj* ❶ *(preiswert)* barato; **~ abzugeben** se vende barato; **~ davonkommen** *(fam)* salir bien parado ❷ *(abw: minderwertig)* barato; *(Ausrede)* poco convincente; **das ist ein ~er Trost** es poco consuelo

Billiganbieter *m* oferente *m* de mercancías a bajo precio

Billigarbeiter(in) *m(f)* (WIRTSCH) mano *f* de obra barata

billigen ['bɪlɪgən] *vt* aprobar; **etw stillschweigend ~** admitir algo tácitamente

Billigflieger *m* *(fam)* compañía *f* aérea barata

Billigflug *m* vuelo *m* chárter

Billigpreis *m* (WIRTSCH) bajo precio *m;* **zu ~en verkaufen** vender a bajo precio

Billigprodukt *nt* producto *m* barato

Billigung *f ohne pl* aprobación *f;* **jds ~ finden** contar con la aprobación de alguien

Billigware *f* producto *m* rebajado

Billigwaren *fpl* (WIRTSCH) mercancías *fpl* baratas

Billion [bɪ'ljo:n] *f* <-en> billón *m*

Bimbam ['bɪm'bam] *m* **(ach) du heiliger ~!** ¡(ay) Dios mío!

bimmeln *vi* *(fam: Glocke)* repicar; *(Telefon)* sonar

Bimsstein *m* piedra *f* pómez, pumita *f*

bin [bɪn] *1. präs von* **sein**

binär [bi'nɛ:ɐ] *adj* (MATH, INFOR) binario

Binde ['bɪndə] *f* <-n> ❶ *(Verband)* venda *f* ❷ *(Armschlinge)* cabestrillo *m* ❸ *(Monatsbinde)* compresa *f* ❹ *(Wend)* **sich** *dat* **einen hinter die ~ kippen** *(fam fig)* empinar el codo

Bindegewebe *nt* tejido *m* conjuntivo

Bindeglied *nt* vínculo *m;* *(einer Kette)* eslabón *m*

Bindehaut *f* (MED) conjuntiva *f*

Bindehautentzündung *f* (MED) conjuntivitis *f inv*

Bindemittel *nt* aglutinante *m*

binden ['bɪndən] <bindet, band, gebunden> **I.** *vt* ❶ *(zusammenbinden)* atar; *(Strauß)* hacer; *(Buch)* encuadernar; **mir sind die Hände gebunden** *(fig)* tengo las manos atadas ❷ *(befestigen)* sujetar; *(Krawatte)* anudar ❸ (GASTR) espesar ❹ *(verpflichten)* comprometer, vincular; **eine ~de Zusage** una promesa vinculante ❺ (CHEM, PHYS) ligar, fijar ❻ *(Laute)* rimar **II.** *vr:* **sich ~** *(sich verpflichten)* vincularse (**an** a), comprometerse (**an** a)

bindend *adj* ❶ *(fig)* vinculante (**für** para) ❷ *(Leim)* aglutinante ❸ (JUR) vinculatorio

Bindestrich *m* guion *m*

Bindewort *nt* (LING) conjunción *f*

Bindfaden *m* cordón *m;* **es regnet Bindfäden** *(fig)* llueve a cántaros

Bindung ['bɪndʊŋ] *f* <-en> ❶ *(Partnerschaft)* relación *f;* *(feste Beziehung)* compromiso *m* ❷ *(an Heimat, Person)* apego *m* ❸ *(am Ski)* fijación *f* ❹ (CHEM) enlace *m*

binnen ['bɪnən] *präp +dat o geh: +gen* en (el trascurso de); (COM) en el término de; **~ Kurzem** [*o* **kurzem**] en breve; **~ einiger Stunden** en algunas horas

Binnengewässer *nt* aguas *fpl* continentales

Binnenhafen *m* puerto *m* fluvial

Binnenhandel *m ohne pl* comercio *m* interior

Binnenland *nt* <-(e)s, -länder> país *m* sin acceso al mar

Binnenmarkt *m* mercado *m* interior; **Europäischer ~** mercado único europeo
Binnenmeer *nt* mar *m* interior
Binnenschifffahrt *f* navegación *f* fluvial
Binnensee *m* lago *m* (continental)
Binnenverkehr *m* <-s, *ohne pl*> tráfico *m* interior
binokular [binoku'laːɐ] *adj* binocular
binomisch [bi'noːmɪʃ] *adj* (MATH) binomial; **~e Formel** fórmula binomial
Binse ['bɪnzə] *f* <-n> junco *m;* **etw geht in die ~n** *(fam)* algo se echa a perder
Binsenweisheit *f* perogrullada *f*
Bioabfall *m* basura *f* orgánica
bioaktiv [bioʔak'tiːf] *adj* (ÖKOL) biológicamente activo
Biobaumwolle *f* bioalgodón *m*
Biochemie [bioçe'miː] *f* (CHEM) bioquímica *f*
Biochemiker(in) *m(f)* (CHEM) bioquímico, -a *m, f*
biochemisch *adj* (CHEM) bioquímico
Biodiversität *f* <-, *ohne pl*> biodiversidad *f*
biodynamisch [--'--] *adj* biodinámico
Bioenergie *f* bioenergía *f*
Bioethik ['----] *f ohne pl* (PHILOS) bioética *f*
Biogas ['---] *nt* (ÖKOL) biogas *m*
Biograf(in) [bio'graːf] *m(f)* <-en, -en; -, -nen> biógrafo, -a *m, f*
Biografie [biogra'fiː] *f* <-n> biografía *f*
biografisch *adj* biográfico
Biokost ['---] *f* alimentación *f* biológica
Bioladen ['----] *m (fam)* tienda *f* de productos naturales
Biolandbau *m ohne pl* agricultura *f* ecológica
Biologe, -in [bio'loːgə] *m, f* <-n, -n; -nen> biólogo, -a *m, f*
Biologie [biolo'giː] *f ohne pl* biología *f*
Biologin *f* <-nen> *s.* **Biologe**
biologisch *adj* biológico; **~ abbaubar** biodegradable
Biomasse ['----] *f* <-, *ohne pl*> (BIOL) biomasa *f*
Biomechanik *f* biomecánica *f*
Biometrie [biome'triː] *f* <-, *ohne pl*> (AGR, BIOL, MED) biometría *f*
biometrisch [bio'meːtrɪʃ] *adj* biométrico; **~e Daten** datos biométricos
Biomüll ['---] *m* (ÖKOL) basura *f* orgánica, compost *m*
Biophysik [---'-] *f* (PHYS) biofísica *f*
Bioprodukt *nt* producto *m* biológico [*o* ecológico], bioproducto *m*
Biopsie [biɔ'psiː] *f* <-, -n> (MED) biopsia *f*
Biorhythmus ['----] *m* (BIOL) biorritmo *m*
Biosphäre [--'--] *f ohne pl* (GEO, BIOL) biosfera *f*
Biosynthese *f* biosíntesis *f inv*
Biotechnik ['----] *f ohne pl* (MED, BIOL) biotecnología *f*
Biotechnologie ['------, -----'-] *f* (BIOL) biotecnología *f*
Biotonne ['----] *f* (ÖKOL) contenedor *m* para la basura orgánica
Biotop [bio'toːp] *nt o m* <-s, -e> (BIOL) biotopo *m*
Biotreibstoff ['----] *m* (ÖKOL) biocarburante *m*
BIP [beːʔiː'peː] *nt* <-, *ohne pl*> (WIRTSCH) *Abk. von* **Bruttoinlandsprodukt** PIB *m*
Bipolarität [bipolari'tɛːt] *f ohne pl* bipolaridad *f*
Birdie ['bəːdi] *nt* <-s, -s> (SPORT: *beim Golf*) birdi(e) *m*
birgt [bɪrkt] *3. präs von* **bergen**
Birke ['bɪrkə] *f* <-n> (BOT) abedul *m*
Birkhuhn *nt* (ZOOL) gallo *m* lira
Birnbaum *m* peral *m*
Birne ['bɪrnə] *f* <-n> ❶ *(Frucht)* pera *f* ❷ *(Glühbirne)* bombilla *f* ❸ *(fam: Kopf)* coco *m*
birnenförmig *adj* en forma de pera, periforme
Birnenmelone *f* (GASTR) pepino *m* dulce
birst [bɪrst] *3. präs von* **bersten**
bis [bɪs] **I.** *präp +akk* ❶ *(räumlich, zeitlich)* hasta; **von … ~ …** de… a…, desde… hasta…; **~ wohin fahren Sie?** ¿hasta dónde va Ud.?; **~ Seite 30** hasta la página 30; **ich habe ~ drei Uhr gewartet** esperé hasta las tres; **von Freitag ~ Sonntag** de viernes a domingo; **von 9 ~ 11 Uhr** de 9 a 11; **~ morgen/Montag!** ¡hasta mañana/el lunes!; **~ bald/später!** ¡hasta pronto/luego!; **~ jetzt** hasta ahora; **~ dahin** hasta ahí; **noch fünf Minuten ~ zur Pause** faltan cinco minutos para el intermedio; **Jugendliche ~ zu 18 Jahren** jóvenes hasta los 18 años ❷ *(außer)* **~ auf** excepto, aparte de; **~ auf ihren Bruder waren alle da** aparte de su hermano estaban todos ❸ *(nicht mehr als)* **~ zu** como máximo, hasta; **~ zu 50.000 Menschen passen in das Stadion** en el estadio caben como máximo 50.000 personas ❹ *(Zahlenangabe)* de… a…, entre… y…; **das kostet zwei- ~ dreihundert Euro** cuesta entre dos(cientos) y trescientos euros; **drei ~ vier Tage** de tres a cuatro días **II.** *konj (bis zu einem Zeitpunkt)* hasta *+inf,* hasta que *+subj;* **ich sage lieber nichts, ~ ich ihn persönlich kennen lerne** prefiero no decir nada hasta conocerlo personalmente; **ich warte, ~ er zurückkommt** espero hasta que vuelva **III.** *adv* (MUS) bis

Bisam ['bi:zam] *m* <-s, -e *o* -s> ❶ *(Moschus)* almizcle *m* ❷ *(Pelz)* castor *m*
Bisamratte *f* rata *f* almizclera
Bischof, Bischöfin ['bɪʃɔf, *pl:* 'bɪʃø:fə] *m, f* <-s, Bischöfe; -nen> obispo, -a *m, f*
bischöflich *adj* obispal, episcopal
Bischofsamt *nt* (REL) obispado *m*
Bischofssitz *m* sede *f* episcopal
Bischofsstab *m* (REL) báculo *m* pastoral
bisexuell ['bi:sɛksuɛl, 'bi:zɛksuɛl] *adj* bisexual
bisher [bɪs'he:ɐ] *adv* hasta ahora
bisherige(r, s) *adj* antecedente, anterior; **der ~ Minister** el ex-ministro; **sein ~s Verhalten** su comportamiento hasta ese momento
Biskaya [bɪs'ka:ja] *f* golfo *m* de Vizcaya
Biskuit [bɪs'kvi:t] *nt o m* <-(e)s, -e *o* -s> bizcocho *m*
Biskuitrolle *f* ≈ brazo *m* de gitano *(pastel de bizcocho, enrollado y relleno)*
Biskuitteig *m* <-(e)s, -e> (GASTR) masa *f* de bizcocho
bislang [bɪs'laŋ] *adv s.* **bisher**
Bismarckhering ['bɪsmark-] *m* (GASTR) arenque *m* (sin espinas) en escabeche
Bison ['bi:zɔn] *m* <-s, -s> bisonte *m*
biss [bɪs] *3. imp von* **beißen**
Biss [bɪs] *m* <-es, -e> ❶ *(das Zubeißen)* mordisco *m* ❷ *(Bisswunde)* mordedura *f*
bisschen ['bɪsçən] *adj inv* **ein ~** un poco, un poquito; **ein kleines ~** un poquitín; **ich habe kein ~ Zeit für dich** no tengo nada de tiempo para ti; **nicht ein ~ mehr** ni una pizca más; **es geht mir kein ~ besser** no me encuentro ni un poquito mejor; **das ist ein ~ wenig** es muy poco; **ach du liebes ~!** ¡ay, Dios mío!
Bissen ['bɪsən] *m* <-s, -> bocado *m*
bissig *adj (Hund)* mordedor; *(Bemerkung)* mordaz
Bissigkeit[1] *f* <-, -en> *(bissige Bemerkung)* sarcasmo *m*, ironía *f*
Bissigkeit[2] *f* <-, *ohne pl*> ❶ *(Sarkasmus)* mordacidad *f* ❷ *(eines Hundes)* propensión *f* a morder
Bisswunde *f (von einer Schlange)* mordedura *f; (von einem Hund)* mordisco *m*
bist [bɪst] *2. präs von* **sein**
Bistum ['bɪstu:m, *pl:* 'bɪsty:mɐ] *nt* <-s, Bistümer> obispado *m*
bisweilen [bɪs'vaɪlən] *adv* de vez en cuando, a veces
Bit [bɪt] *nt* <-(s), -(s)> (INFOR) bit *m*
bitte *adv* por favor; **~ sehr!, ~ schön!** *(anbietend)* ¡tome!; *(auf Dank)* ¡de nada!; **Entschuldigung! – ~!** ¡perdone! – ¡no ha sido nada!; **(wie) ~?** ¿cómo dice?; **ja, ~?** ¿diga?; **~ nach Ihnen!** ¡por favor, Ud. primero!; **zahlen ~!** ¡por favor, la cuenta!; **na ~!** ¿lo ves?; **~, wie du willst** bueno, como quieras
Bitte *f* <-n> ruego *m; (Ersuchen)* solicitud *f*, aplicación *f Am;* **auf ihre ~ hin** a su ruego; **ich habe eine große ~ an dich** quisiera pedirte un favor muy grande; **ich habe nur die eine ~, dass ...** quiero pedirte únicamente que... *+subj*
bitten ['bɪtən] <bittet, bat, gebeten> *vt* ❶ *(Wunsch äußern)* pedir, rogar; **er bat um Geduld/Verzeihung** pidió paciencia/disculpas; **es wird gebeten, nicht zu rauchen** se ruega no fumar; **wenn ich ~ darf** si me permite; **er lässt sich nicht lange ~** no se hace de rogar; **ich muss doch sehr ~!** ¡pero por favor!; **darum möchte ich gebeten haben** *(geh)* eso se sobreentiende; **darf ich um Aufmerksamkeit ~** ruego que presten atención ❷ *(auffordern)* hacer pasar; *(als Gast)* invitar; **darf ich Sie in mein Büro ~?** ¿quiere pasar a mi despacho, por favor?; **ich lasse ~** que entre ❸ *(anflehen)* suplicar
bitter ['bɪtɐ] *adj* ❶ *(Geschmack, Wahrheit, Klage)* amargo ❷ *(Kälte)* intenso, fuerte; *(Unrecht)* grande; **~e Armut** extremada pobreza; **es ist mir ~er Ernst** estoy hablando muy en serio; **sich** *dat* **~e Vorwürfe machen** hacerse vivos reproches; **etw ~ bereuen** arrepentirse amargamente de algo; **etw ~ nötig haben** estar necesitadísimo de algo
bitterböse ['--'--] *adj* furioso, muy enojado
bitterernst ['--'-] *adj* totalmente serio
bitterkalt ['--'-] *adj* friísimo, terriblemente frío
Bitterkeit *f ohne pl* ❶ *(Geschmack)* amargor *m* ❷ *(Verbitterung)* amargura *f*
bitterlich **I.** *adj* amargo; *(Beigeschmack)* amarguillo **II.** *adv* **~ weinen** llorar amargamente; *(Kind)* llorar a moco tendido
bittersüß ['--'-] *adj* dulceamargo; *(süßsauer)* agridulce
Bittschrift *f* <-, -en> petición *f*, solicitud *f* escrita
Bittsteller(in) *m(f)* <-s, -; -nen> peticionario, -a *m, f*
Bitumen [bi'tu:mən] *nt* <-s, - *o* Bitumina> (CHEM) betún *m*
Biwak ['bi:vak] *nt* <-s, -s *o* -e> vivac *m*
bizarr [bi'tsar] *adj (seltsam)* raro; *(wunderlich)* extravagante, estrafalario
Bizeps ['bi:tsɛps] *m* <-(es), -e> bíceps *m inv*
BKA [be:ka:'ʔa:] *nt* <-, *ohne pl*> *Abk. von* **Bundeskriminalamt** Oficina *f* Federal de Investigación Criminal

B

Blabla [bla'bla:] *nt* <-s, *ohne pl*> *(fam)* blablá *m*
Blackout [blɛk'ʔaʊt, '--] *nt o m* <-(s), -s>, **Black-out** *nt o m* <-(s), -s> ① (MED: *Gedächtnislücke*) laguna *f; (Gedächtnisverlust)* pérdida *f* de memoria; **ein ~ haben** quedarse en blanco ② *(Stromausfall)* apagón *m*
blähen ['blɛ:ən] **I.** *vt* hinchar **II.** *vr:* **sich ~** hincharse **III.** *vi* (MED) provocar gases
Blähung *f* <-en> flato *m,* gases *mpl fam*
blamabel [bla'ma:bəl] *adj* vergonzoso
Blamage [bla'ma:ʒə] *f* <-n> plancha *f fam*
blamieren* **I.** *vt* poner en ridículo **II.** *vr:* **sich ~** hacer el ridículo
blanchieren* [blã'ʃi:rən] *vt* (GASTR) escaldar
blank [blaŋk] *adj* ① *(glänzend)* reluciente; **~ polierte Möbel** muebles pulidos [*o* lustrados]; **~ polierte Schuhe** zapatos lustrados [*o* brillantes]; **~ gewetzte Ärmel** mangas (des)gastadas [*o* rozadas] ② *(unbedeckt)* desnudo; **ich bin völlig ~** *(fam)* estoy sin blanca; **auf dem ~en Boden schlafen** dormir en el suelo raso ③ *(rein)* puro; **das ist ~er Unsinn** eso es un solemne disparate
blanko ['blaŋko] *adv* ① *(unbedruckt)* blanco ② *(ohne Eintrag)* en blanco; **einen Scheck ~ ausstellen** extender un cheque en blanco
Blankoscheck ['blaŋko-] *m* cheque *m* en blanco
Blankovollmacht *f* carta *f* blanca
blankpoliert *adj s.* **blank**
Blase [bla:zə] *f* <-n> ① *(Luftblase)* burbuja *f* ② *(auf der Haut)* ampolla *f,* yuyo *m AmC* ③ (ANAT: *Harnblase*) vejiga *f*
Blasebalg *m* fuelle *m*
blasen ['bla:zən] <bläst, blies, geblasen> **I.** *vi (Wind)* soplar **II.** *vt* ① *(Glas)* soplar ② (MUS) tocar (un instrumento de viento) ③ *(fam)* **jdm was ~** *(jdm die Meinung sagen)* decirle cuatro verdades a alguien ④ *(vulg)* **jdm einen ~** mamársela a alguien
Blasenentzündung *f* (MED) cistitis *f inv*
Blasenschwäche *f* <-, -n> (MED) incontinencia *f* de orina
Bläser(in) ['blɛ:zɐ] *m(f)* <-s, -; -nen> músico, -a *m, f (que toca un instrumento de viento)*
blasiert [bla'zi:ɐt] *adj (abw)* altanero, engreído
Blasinstrument ['bla:s-] *nt* instrumento *m* de viento
Blaskapelle *f* (MUS) orquesta *f* de instrumentos de viento
Blasmusik *f ohne pl* música *f* de instrumentos de viento
Blasorchester *nt* <-s, -> orquesta *f* de (instrumentos de) viento
Blasphemie [blasfe'mi:] *f* <-n> blasfemia *f*
Blasrohr *nt (Waffe)* cerbatana *f; (Düse)* tobera *f*
blass [blas] *adj* pálido, niste *Nic; (weißlich)* blanquecino; **~ werden** palidecer; **keinen ~en Schimmer von etw haben** *(fam)* no tener ni idea de algo
Blässe ['blɛsə] *f ohne pl* palidez *f*
blässlich *adj* paliducho
bläst [blɛ:st] *3. präs von* **blasen**
Blatt [blat, *pl:* 'blɛtɐ] *nt* <-(e)s, Blätter> ① (BOT) hoja *f;* **kein ~ vor den Mund nehmen** *(fam fig)* no tener pelos en la lengua ② *(Papier)* hoja *f; (Buchseite)* página *f; (Zeitung)* periódico *m; (Zeitschrift)* revista *f;* **lose Blätter** hojas sueltas; **das steht auf einem anderen ~** *(fam)* eso es harina de otro costal; **ein unbeschriebenes ~ sein** *(fam fig)* ser una persona sin antecedentes; **vom ~ spielen/singen** repentizar/cantar a primera vista ③ *(Spielkarten)* carta *f;* **ein gutes ~ (auf der Hand) haben** tener un buen juego ④ *(von einer Säge)* hoja *f* ⑤ *(an Ruder, Propeller)* pala *f*
Blättchen ['blɛtçən] *nt* <-s, -> *(Zigarettenpapier)* papelillo *m*
blättern ['blɛtɐn] *vi* hojear; **in einem Buch ~** hojear un libro
Blätterteig *m* hojaldre *m,* hojuela *f Cuba, Guat*
Blätterteiggebäck *nt* pastas *f pl* de hojaldre, dulce *m* de hojaldre
Blattgold *nt* (KUNST) oro *m* batido, pan *m* de oro
Blattgrün *nt ohne pl* (BOT) clorofila *f*
Blattlaus *f* (ZOOL) pulgón *m*
Blattpflanze *f* (BOT) planta *f* de hojas
Blattsalat *m* (GASTR) lechuga *f*
Blattspinat *m* <-(e)s, *ohne pl*> espinaca *f* entera (sin triturar)
Blattwerk *nt ohne pl* (BOT) follaje *m*
blau [blaʊ] *adj* ① *(Farbe)* azul; *(Lippen)* amoratado; **~es Auge** ojo morado; **~er Fleck** moratón *m;* **du wirst noch dein ~es Wunder erleben** *(fam)* te vas a llevar la sorpresa de tu vida ② *(fam: betrunken)* borracho, jumo *Am*
Blau *nt* <-s, -> azul *m*
Blaualge *f* <-, -n> alga *f* azul
blauäugig ['blaʊʔɔɪgɪç] *adj* ① *(mit blauen Augen)* de ojos azules ② *(leichtgläubig)* confiado
Blaubeere *f* arándano *m*
blaublütig *adj* de sangre azul; **~ sein** tener sangre azul
Blaue ['blaʊə] *nt* <-n> azul *m;* **das ~ vom**

Himmel versprechen *(fam)* prometer el oro y el moro; **eine Fahrt ins ~ machen** *(fam)* hacer un viaje al azar; **ins ~ hinein reden** *(fam)* hablar sin ton ni son

blaugrau *adj* gris azulado

blaugrün *adj* verde azulado

Blauhelm *m (UNO-Soldat)* casco *m* azul

Blaukraut *nt ohne pl (südd, Österr: Rotkohl)* (col *f*) lombarda *f*

bläulich ['blɔɪlɪç] *adj* azulado

Blaulicht *nt* sirena *f*

blau|machen *vi (fam: Schule)* fumarse la clase; *(Arbeit)* no ir al trabajo

Blaumann *m (fam: Arbeitsanzug)* mono *m* azul

Blaumeise *f* (ZOOL) herrerillo *m*

Blaupause *f* <-, -n> fotocalco *m* azul, cianotipo *m*

blaurot *adj* amoratado; **~ anlaufen** amoratarse

Blausäure *f ohne pl* (CHEM) ácido *m* cianhídrico

Blauschimmelkäse *m* (GASTR) queso *m* azul

blauschwarz *adj* negro azulado

Blauwal *m* (ZOOL) ballena *f* azul

Blazer ['ble:zɐ, 'blɛɪzɐ] *m* <-s, -> blazer *m*

Blech[1] [blɛç] *nt* <-(e)s, *ohne pl*> *(fam: Unsinn)* disparates *mpl*, tontería *f*

Blech[2] *nt* <-(e)s, -e> ❶ *(Metallplatte)* chapa *f* de metal; *(Weißblech)* (hoja)lata *f* ❷ *(Backblech)* bandeja *f* del horno

Blechbläser(in) *m(f)* <-s, -; -, -nen> (MUS) instrumentista *mf* de metal

Blechblasinstrument *nt* instrumento *m* de metal

Blechbüchse *f* <-, -n>, **Blechdose** *f* lata *f*

blechen ['blɛçən] *vi, vt (fam)* apoquinar

blechern ['blɛçɐn] *adj* ❶ *(Material)* de hojalata ❷ *(Klang)* metálico

Blechinstrument *nt* (MUS) instrumento *m* de metal

Blechmusik *f (abw)* charanga *f*

Blechschaden *m* (AUTO) daños *mpl* de carrocería

Blei [blaɪ] *nt* <-(e)s, *ohne pl*> (CHEM) plomo *m*; **es liegt mir wie ~ im Magen** me ha caído como una piedra en el estómago; *(fig)* tengo un gran pesar sobre mí

Bleibe ['blaɪbə] *f* <-n> alojamiento *m*

bleiben ['blaɪbən] <bleibt, blieb, geblieben> *vi sein* ❶ *(nicht weggehen)* quedarse; **~ Sie am Apparat!** ¡no cuelgue!; **hängen ~** *(an einem Ort)* quedarse; *(Wissen)* quedar en la memoria; *(Schüler)* suspender; **an etw hängen ~** *(kleben)* pegarse en algo; *(sich verhaken)* engancharse en algo; **wo bleibt er nur so lange?** ¿dónde se ha metido todo este rato?; **das bleibt unter uns!** ¡esto queda entre nosotros!; **sieh zu, wo du bleibst!** ¡apáñatelas como puedas! ❷ *(nicht ändern)* mantener(se); *(beharren)* perseverar; **gleich ~** no cambiar; **gleich ~d** constante; *(beständig)* permanente; **er bleibt bei seiner Behauptung, dass ...** mantiene su afirmación de que...; **es bleibt dabei** no hay cambios; **hier ist alles beim Alten geblieben** aquí sigue todo como antes; **die Frage blieb unbeantwortet** la pregunta quedó sin respuesta; **er ist derselbe geblieben** no ha cambiado; **er ist und bleibt ein Ganove** ha sido y es un bandido; **am Leben ~** quedar con vida; **liegen ~** *(Person)* quedarse tumbado; *(nicht verkauft werden)* no venderse; *(Auto)* quedar tirado; *(Arbeit)* quedar sin hacer; **offen ~** *(Tür, Fenster)* quedar abierto; **~ Sie doch sitzen!** ¡quédese sentado!; **stehen ~** quedarse de pie; *(anhalten)* detenerse; **stecken ~** *(festsitzen)* quedar fijo; *(im Schlamm)* quedar atascado; *(fam: beim Sprechen)* atascarse ❸ *(anhalten)* seguir, continuar; **das bleibt abzuwarten** hay que esperar; **es bleibt mir nichts weiter zu tun, als ...** no me queda otro remedio que...

bleibend *adj* duradero, persistente; **von ~em Wert** de valor duradero

Bleiberecht *nt* <-(e)s, *ohne pl*> (POL) derecho *m* de permanencia

bleich [blaɪç] *adj* pálido

bleichen **I.** *vt (Wäsche)* blanquear; *(entfärben)* desteñir; *(Haare)* oxigenar **II.** *vi (seine Farbe verlieren)* desteñirse

Bleichmittel *nt* descolorante *m*

bleiern ['blaɪɐn] *adj* ❶ *(Material)* de plomo ❷ *(Langeweile)* pesado ❸ *(geh: bleifarben)* plomizo

bleifrei *adj* sin plomo; **Super ~** gasolina súper sin plomo

Bleigießen *nt* <-s, *ohne pl*> *costumbre en la Nochevieja de derretir plomo, echarlo en agua fría y pronosticar el porvenir de las formas resultantes*

bleihaltig *adj* plomífero

Bleikristall *nt ohne pl* cristal *m* de Bohemia

bleischwer *adj* pesado como el plomo

Bleistift *m* lápiz *m*

Bleistiftspitzer *m* afilalápices *m inv*

Bleistiftzeichnung *f* dibujo *m* a lápiz

Bleivergiftung *f* (MED) intoxicación *f* causada por plomo

Blende ['blɛndə] *f* <-n> ❶ *(Lichtschutz)* pantalla *f* ❷ (FOTO) diafragma *m* ❸ *(an Fassaden: Tür)* puerta *f* ciega; *(Fenster)* ventana *f* ciega; *(an Kleidung)* tira *f* de tela (de adorno)

blenden ['blɛndən] **I.** *vi (Licht, Sonne)* cegar **II.** *vt* ① *(beeindrucken)* impresionar, deslumbrar ② *(blind machen)* cegar

blendend *adj* ① *(großartig)* estupendo; **sich ~ amüsieren/unterhalten** entretenerse/divertirse estupendamente ② *(strahlend)* deslumbrante, cegador; **~ weiß** blanco deslumbrante

blendfrei *adj* (TECH) antideslumbrante

Blessur [blɛ'suːɐ] *f* <-, -en> *(geh)* herida *f*

Blick[1] [blɪk] *m* <-(e)s, -e> *(Hinsehen, Ausdruck)* mirada *f*; *(kurz)* vistazo *m*; **alles auf einen ~** todo de una sola mirada; **einen ~ auf etw werfen** echar un vistazo a algo; **einen guten ~ für etw haben** tener buen ojo para algo; **keinen ~ für etw haben** no entender de algo; **auf den ersten ~** a primera vista; **jdn keines ~es würdigen** hacer caso omiso de alguien; **sie erwiderte seine ~e** le devolvió la mirada

Blick[2] *m* <-(e)s, *ohne pl*> *(Aussicht)* vista *f*, panorama *m*; **mit ~ auf den Dom** con vistas a la catedral

blicken ['blɪkən] *vi* mirar; **weit ~d** previsor; *(scharfsinnig)* clarividente; **sich ~ lassen** aparecer

Blickfang *m* <-(e)s, -fänge> centro *m* de atención

Blickfeld *nt* campo *m* visual

Blickkontakt *m* contacto *m* visual

Blickpunkt *m* centro *m* de interés; *(Gesichtspunkt)* punto *m* de vista

Blickrichtung *f* <-, -en> ① *(des Blicks)* dirección *f*; **in ~ (nach) Süden** en dirección sur ② *(Aspekt)* perspectiva *f*; **die ~ wechseln** cambiar de perspectiva

Blickwinkel *m* punto *m* de vista

blieb [bliːp] *3. imp von* **bleiben**

blies [bliːs] *3. imp von* **blasen**

blind [blɪnt] *adj* ① *(a. fig: ohne Sehvermögen)* ciego; **~ werden** perder la vista; **auf einem Auge ~** tuerto; **~er Gehorsam** obediencia ciega; **jdm ~ vertrauen** confiar en alguien ciegamente; **~ vor Wut** ciego de ira; **~ vor Eifersucht/Hass** cegado por los celos/el odio ② *(maßlos)* desmedido, sin límites ③ *(Spiegel)* empañado

Blindbewerbung *f* solicitud *f* enviada a ciegas

Blinddarm *m* (ANAT) apéndice *m*

Blinddarmentzündung *f* apendicitis *f inv*

Blind Date [blaɪnt dɛɪt] *nt* <- -(s), - -s> cita *f* a ciegas

Blinde(r) *mf* <-n, -n; -n> ciego, -a *m, f*

Blindekuh ['---] *f ohne pl* **~ spielen** jugar a la gallina ciega

Blindenhund *m* (perro *m*) lazarillo *m*

Blindenschrift *f ohne pl* (alfabeto *m*) Braille *m*

Blindenstock *m* tiento *m*, bastón *m* (para ciegos)

Blindflug *m* vuelo *m* sin visibilidad

Blindgänger ['blɪntgɛŋɐ] *m* <-s, -> ① *(Geschoss)* proyectil *m* sin estallar ② *(fam: Versager)* fracasado *m*

blindgläubig I. *adj* llevado por una fe ciega **II.** *adv* con fe ciega; **~ führten sie seine Befehle aus** ejecutaron sus órdenes con una fe ciega

Blindheit *f ohne pl* ceguera *f*; **mit ~ geschlagen sein** tener una venda en los ojos

blindlings ['blɪntlɪŋs] *adv (unvorsichtig)* sin precaución; *(unüberlegt)* a ciegas; *(ins Ungewisse)* al azar

Blindschleiche ['blɪntʃlaɪçə] *f* <-n> lución *m*

blindwütig *adj* rabioso

blinken ['blɪŋkən] *vi* ① *(funkeln)* fulgurar; *(Stern)* centellear ② *(Blinkzeichen geben)* destellar ③ (AUTO) poner el intermitente

Blinker *m* <-s, -> (AUTO) intermitente *m*; *(zum Angeln)* cebo *m* metálico destellante

Blinkerhebel *m* (AUTO) palanca *f* del intermitente

Blinklicht *nt* (luz *f*) intermitente *m*

Blinkzeichen *nt* señal *f* (luminosa) intermitente; **~ geben** dar el intermitente

blinzeln ['blɪntsəln] *vi* parpadear

Blitz [blɪts] *m* <-es, -e> ① (PHYS, METEO) rayo *m*; *(zwischen Wolken)* relámpago *m*; **die Nachricht schlug wie ein ~ ein** *(fam fig)* la noticia cayó como un rayo; **wie vom ~ getroffen** *(fam fig)* como tocado por el rayo ② (FOTO) flash *m*

Blitzableiter *m* pararrayos *m inv*

blitzartig *adj* fulminante

blitzblank ['-'-] *adj* reluciente, resplandeciente

blitzen *vi* ① *(strahlen)* brillar, relucir ② *(beim Gewitter)* relampaguear; **es blitzt und donnert** hay truenos y relámpagos

Blitzgerät *nt* (FOTO) flash *m*

blitzgescheit *adj (fam)* agudo

Blitzkarriere *f* carrera *f* fulgurante

Blitzkrieg *m* guerra *f* relámpago

Blitzlicht *nt* (FOTO) flash *m*

Blitzlichtgewitter *nt* <-s, -> *(fam)* lluvia *f* de flashes

blitzsauber ['-'--] *adj (fam)* limpio como una patena

Blitzschlag *m* rayo *m*

blitzschnell ['-'-] *adj (fam)* (rápido) como un rayo

Block[1] [blɔk, *pl:* blœkə] *m* <-(e)s, Blöcke> ① *(Stein)* bloque *m* ② (POL) bloque *m*

Block[2] *m* <-(e)s, -s *o* Blöcke> ❶ *(Häuserblock)* manzana *f,* bloque *m* ❷ *(Schreibblock)* bloc *m*
Blockade [blɔ'ka:də] *f* <-n> bloqueo *m*
Blockbuchstabe *m* letra *f* de imprenta
Blockdiagramm *nt* (INFOR) diagrama *m* de bloques
blocken *vi, vt* (SPORT) blocar
Blockflöte *f* flauta *f* dulce
blockfrei *adj* (POL) no alineado
Blockhaus *nt* casa *f* de troncos
Blockhütte *f* cabaña *f* de madera
blockieren* [blɔ'ki:rən] **I.** *vi (Räder, Bremsen)* bloquear **II.** *vt (Zugang, Verkehr)* cerrar, bloquear
Blocksatz *m ohne pl* (TYPO) composición *f* en forma de bloque
Blockschokolade *f* ≈ chocolate *m* a la piedra
Blockschrift *f ohne pl* letra *f* de imprenta
Blockunterricht *m* <-(e)s, *ohne pl*> enseñanza *f* en bloque
blöd(e) *adj (fam)* ❶ *(dumm)* tonto, apantallado *Méx* ❷ *(unangenehm)* fastidioso; **lass dich nicht ~ anmachen!** *(fam)* ¡no te dejes enrollar mal!
Blödelei[1] *f* <-en> *(fam: Bemerkung)* sandez *f,* chorrada *f*
Blödelei[2] *f ohne pl (fam: das Blödeln)* hacer el chorra *m;* **lass endlich diese ~!** ¡deja de hacer el chorra de una vez!
blödeln ['blø:dəln] *vi* hacer el tonto
blöderweise ['blø:dɐ'vaɪzə] *adj* desgraciadamente
Blödheit *f* <-en> estupidez *f,* tontería *f*
Blödmann *m* imbécil *m; (Schimpfwort)* gilipollas *m inv*
Blödsinn *m* <-(e)s, *ohne pl*> *(fam)* disparate *m,* tontería *f,* pavada *f CSur;* **mach keinen ~!** ¡no hagas tonterías!
blödsinnig *adj* ❶ *(schwachsinnig)* imbécil ❷ *(fam: blöd)* idiota
Blog [blɔg] *nt o m* <-s, -s> (INFOR) *Abk. von* **Weblog** blog *m,* bitácora *f*
bloggen ['blɔgən] *vi* (INFOR) bloguear
Blogger(in) ['blɔgɐ] *m(f)* <-s, -> (INFOR) blogger *mf*
blöken ['blø:kən] *vi* balar
blond [blɔnt] *adj* rubio
Blonde(r) *mf* <-n, -n; -n, -n> rubio, -a *m, f*
blondieren* *vt* teñir de rubio
Blondine [blɔn'di:nə] *f* <-n> rubia *f*
bloß [blo:s] **I.** *adj* ❶ *(unbedeckt)* descubierto; *(nackt)* desnudo ❷ *(nichts als)* puro, mero; **mit ~em Auge** a simple vista; **der ~e Gedanke macht mich nervös** solamente pensar en ello, me pone nervioso; **aus ~er Neugier** por pura curiosidad **II.** *adv (fam: nur)* únicamente, solo; **lass das ~!** ¡no se te ocurra meterte en eso!; **was hast du ~?** ¿pero qué te pasa?; **sag ~!** ¡no me digas!
Blöße ['blø:sə] *f* <-n> ❶ *(geh: Nacktheit)* desnudez *f* ❷ *(Schwachstelle)* punto *m* débil; **sich eine ~ geben** mostrar su punto débil
bloß|legen *vt* descubrir; *(enthüllen)* sacar a la luz
bloß|stellen **I.** *vt (Person)* desenmascarar, zarandear *Am* **II.** *vr:* **sich ~** exponerse
Blouson [blu'zɔ̃:] *m o nt* <-(s), -s> cazadora *f*
Blowjob ['bloʊdʒɔp] *m* <-s, -s> *(fam: Fellatio)* mamada *f*
blubbern ['blʊbɐn] *vi (fam)* burbujear
Bluejeans ['blu:'dʒi:ns] *fpl* vaquero(s) *m(pl),* tejano(s) *m(pl)*
Blues [blu:s] *m* <-, -> (MUS) blues *m inv*
Bluetooth-Headset® ['blu:tu:ð'hɛtsɛt] *nt* (TECH) auricular *m* bluetooth®
Bluff [blʊf] *m* <-s, -s> *(abw)* fanfarronada *f,* bolazo *m RíoPl*
bluffen ['blʊfən, 'blœfən] *vi (abw)* fanfarronear, blofear *AmC, Méx*
blühen ['bly:ən] *vi* ❶ *(Pflanzen)* florecer, florear *Am* ❷ *(Geschäft)* prosperar, florear *Am* ❸ *(fam: bevorstehen)* suceder; **das kann mir auch noch ~** esto también me puede suceder a mí
blühend ['bly:ənt] *adj* ❶ *(Pflanze, Sprache)* florido; *(Frau)* fresco; *(Gesichtsfarbe)* saludable ❷ *(Geschäft, Stadt)* próspero; *(Fantasie)* exuberante; **sie starb im ~en Alter** murió en la flor de la vida
Blume ['blu:mə] *f* <-n> ❶ (BOT) flor *f;* **~n pflanzen/pflücken/säen** plantar/coger/sembrar flores; **er hat es ihr durch die ~ gesagt** le soltó una indirecta ❷ *(von Wein)* buqué *m,* aroma *m* ❸ *(auf Bier)* espuma *f*
Blumenbeet *nt* arriate *m,* macizo *m* de flores
Blumenerde *f* <-, -n> tierra *f* para plantas, su(b)strato *m* vegetal
Blumengeschäft *nt* floristería *f,* tienda *f* de flores
Blumenhändler(in) *m(f)* florista *mf*
Blumenkasten *m* jardinera *f,* macetero *m Am*
Blumenkelle *f (für Gartenarbeit)* trasplantador *m*
Blumenkohl *m* coliflor *f*
Blumenladen *m* floristería *f*
Blumenmädchen *nt* <-s, -> florista *f*
Blumenständer *m* macetero *m*
Blumenstrauß *m* ramo *m* de flores, maceta *f Chil*
Blumentopf *m* maceta *f,* tiesto *m*
Blumenvase *f* florero *m*

B

Blumenwiese *f* prado *m* de flores

blumig ['blu:mɪç] *adj* ① *(Wein)* con buqué ② *(Stil)* florido; *(abw)* amanerado

Bluse ['blu:zə] *f* <-n> blusa *f*

Blut [blu:t] *nt* <-(e)s, *ohne pl*> sangre *f*; **blaues ~ haben** tener sangre azul; **jdm ~ abnehmen** sacar sangre a alguien; **ruhig ~ bewahren** guardar la sangre fría; **~ vergießen** derramar sangre; **jdn bis aufs ~ reizen** *(fam)* pudrirle [*o* quemarle] la sangre a alguien; **etw liegt jdm im ~** alguien lleva algo en la sangre; **~ und Wasser schwitzen** *(fam)* sudar la gota gorda; **jdm gefriert das ~ in den Adern** *(fig)* a alguien se le hiela la sangre en las venas; **er hat ~ geleckt** *(fam)* ha tomado gusto

Blutabnahme *f* extracción *f* de sangre

Blutalkohol *m ohne pl* contenido de alcohol en la sangre *m*

blutarm *adj* (MED) anémico

Blutbad *nt* derramamiento *m* de sangre

Blutbahn *f* (ANAT) sistema *m* circulatorio; *(Adern)* vasos *mpl* sanguíneos

Blutbank *f* (MED) banco *m* de sangre

Blutbild *nt* (MED) cuadro *m* sanguíneo

Blutdruck *m ohne pl* (MED) tensión *f* arterial; **hohen/niedrigen ~ haben** tener la tensión alta/baja; **den ~ messen** tomar/medir la tensión (arterial)

Blutdruckmesser *m* (MED) tonómetro *m*

Blutdruckmessgerät *nt* (MED) esfigmomanómetro *m*

blutdrucksenkend *adj* hipotensor; **Knoblauch enthält eine ~e Substanz** el ajo contiene una sustancia hipotensora

Blüte[1] ['bly:tə] *f* <-n> ① (BOT) flor *f* ② *(fam: Banknote)* billete *m* falso

Blüte[2] *f ohne pl* ① *(das Blühen)* floración *f*; **in voller ~ stehen** estar en plena floración ② *(Wohlstand)* prosperidad *f*, florecimiento *m* ③ *(Höhepunkt)* florecimiento *m*, apogeo *m*

Blutegel ['blu:tʔe:gəl] *m* sanguijuela *f*

bluten ['blu:tən] *vi* sangrar; **mir blutet das Herz** *(fig)* se me rompe el corazón

Blütenblatt *nt* (BOT) pétalo *m*

Blütenknospe *f* <-, -n> (BOT) capullo *m* (de flor), botón *m*

Blütenstand *m* <-(e)s, -stände> (BOT) inflorescencia *f*

Blütenstaub *m* (BOT) polen *m*

Blutentnahme *f* <-, -n> (MED) extracción *f* de sangre

blütenweiß *adj* blanquísimo

Blütenzweig *m* rama *f* florida

Bluter(in) ['blu:tɐ] *m(f)* <-s, -; -nen> (MED) hemofílico, -a *m, f*

Bluterguss ['blu:tʔɛɐgʊs] *m* (MED) derrame *m* sanguíneo

Bluterin *f* <-nen> *s.* **Bluter**

Bluterkrankheit ['blu:tɐ-] *f* (MED) hemofilia *f*

Blütezeit *f* floración *f*; *(fig)* apogeo *m*

Blutfleck *m* mancha *f* de sangre

Blutgefäß *nt* (ANAT) vaso *m* sanguíneo

Blutgerinnsel *nt* (MED) coágulo *m* de sangre

Blutgerinnung *f* (MED) coagulación *f* de la sangre

Blutgruppe *f* (MED) grupo *m* sanguíneo

Blutgruppenbestimmung *f* (MED) determinación *f* del grupo sanguíneo

Bluthochdruck *m* (MED) hipertensión *f* arterial

Bluthund *m* <-(e)s, -e> perro *m* de presa

blutig *adj* ① *(blutbefleckt)* ensangrentado ② *(Kampf)* sangriento ③ *(verstärkend)* muy, mucho; **ein ~er Anfänger** un novato

blutjung ['-'-] *adj* muy joven

Blutkonserve *f* (MED) conserva *f* de sangre

Blutkörperchen ['blu:tkœrpɐçən] *nt* <-s, -> (MED) glóbulo *m* de sangre, hematocito *m*

Blutkrebs *m* (MED) leucemia *f*

Blutkreislauf *m* (MED) circulación *f* sanguínea

Blutlache *f* <-, -n> charco *m* de sangre

blutleer *adj* exangüe, desangrado

Blutorange *f* sanguina *f*

Blutplasma *nt* (MED) plasma *m* sanguíneo

Blutplättchen ['blu:tplɛtçən] *nt* <-s, -> (MED) trombocito *m*

Blutprobe *f* (MED) prueba *f* de sangre

Blutrache *f* vendetta *f*

blutrot ['-'-] *adj* rojo vivo

blutrünstig ['blu:trʏnstɪç] *adj* sangriento

Blutsauger *m* ① *(Tier)* sanguijuela *f* ② *(abw: Mensch)* sanguijuela *f*, vampiro *m*

Blutsbruder *m* amigo *m* íntimo *(con el que la amistad se selló con sangre)*

Blutspende *f* (MED) donación *f* de sangre

Blutspender(in) *m(f)* donante *mf* de sangre

Blutspur *f* <-, -en> huella *f* de sangre

blutstillend *adj* hemostático

Blutstropfen *m* (MED) gota *f* de sangre

Blutsturz *m* (MED) hemorragia *f*

blutsverwandt *adj* consanguíneo

Blutsverwandte(r) *mf* pariente *mf* consanguíneo , -a

Bluttat ['blu:tta:t] *f* acto *m* cruento; *(Mord)* asesinato *m*

Bluttransfusion *f* (MED) tra(n)sfusión *f* de sangre

blutüberströmt ['blu:ty:bɐ(')strø:mt] *adj* bañado en sangre

Blutübertragung *f* (MED) tra(n)sfusión *f* de sangre

Blutung *f* <-en> hemorragia *f;* **die monatliche ~** la menstruación
blutunterlaufen ['blu:tʊntɐ(')laʊfən] *adj* inyectado en sangre
Blutuntersuchung *f* (MED) análisis *m inv* de sangre
Blutvergießen *nt* <-s, *ohne pl*> *(geh)* derramamiento *m* de sangre
Blutvergiftung *f* (MED) intoxicación *f* de la sangre
Blutverlust *m* (MED) pérdida *f* de sangre
Blutwäsche *f* (MED) depuración *f* de la sangre
Blutwurst *f* (GASTR) morcilla *f*
Blutzucker *m ohne pl* (MED) glucemia *f*
Blutzuckerspiegel *m* (MED) nivel *m* de azúcar en la sangre; **einen hohen ~ haben** tener el azúcar muy alto
Blutzuckerwert *m* (MED) nivel *m* de azúcar en la sangre
BLZ [be:ʔɛl'tsɛt] (FIN) *Abk. von* **Bankleitzahl** código *m* de identificación bancaria
b-Moll *nt* <-s, *ohne pl*> (MUS) si *m* bemol menor
B-Movie ['be:'mu:vi] *nt* <-s, -s> película *f* B
BMX-Rad [be:ʔɛm'ʔɪksra:t] *nt* bicicleta *f* BMX
BND [be:ʔɛn'de:] *m* <-, *ohne pl*> *Abk. von* **Bundesnachrichtendienst** servicio *m* secreto de la República Federal de Alemania
Bö [bø:] *f* <-en> racha *f*
Boa ['bo:a] *f* <-s> (*a.* ZOOL) boa *f*
Bob [bɔp] *m* <-s, -s> bob(sleigh) *m*
Bobbahn *f* (SPORT) pista *f* de bobsleigh
Bobfrisur *f* corte *m* bob
Bobsport *m ohne pl* bob *m*
Bock [bɔk, *pl:* 'bœkə] *m* <-(e)s, Böcke> ❶ (ZOOL) macho *m; (Ziegenbock)* macho *m* cabrío; **einen ~ schießen** *(fig)* meter la pata ❷ *(fam: Mensch)* tío *m,* tipo *m;* **er ist ein sturer ~** es un tío tozudo ❸ *(fam: Lust)* gana(s) *f(pl)* (**auf** de) ❹ (SPORT) potro *m* ❺ *(Gestell)* caballete *m* ❻ *(Hebebock)* cabria *f;* (AUTO) gato *m*
Bockbier *nt* cerveza *f* fuerte
bocken *vi* ❶ *(Kind, Tier)* ponerse terco ❷ *(Motor)* andar a trancas y barrancas
bockig *adj* tozudo, cabezota
Bockshorn ['bɔkshɔrn] *nt ohne pl (fam)* **jdn ins ~ jagen** intimidar a alguien
Bockspringen *nt* <-s, *ohne pl*> (SPORT) salto *m* de potro
Bockwurst *f* salchicha *f* cocida
Boden ['bo:dən, *pl:* 'bø:dən] *m* <-s, Böden> ❶ *(Erdboden)* tierra *f; (Fußboden)* suelo *m; (Gelände)* terreno *m;* **auf italienischem ~** en territorio italiano; **zu ~ fallen** caer al suelo; **an ~ gewinnen** ganar terreno; (**wieder**) **festen ~ unter den Füßen haben** *(fig)* (volver a) tener el porvenir asegurado; **den ~ unter den Füßen verlieren** perder pie; **jdm den ~ unter den Füßen wegziehen** privar a alguien de su base existencial; **am ~ zerstört sein** estar con el ánimo por los suelos ❷ *(von Gefäß, Meer)* fondo *m* ❸ *(Dachboden)* desván *m; (Dachwohnung)* ático *m* ❹ *(Grundlage)* base *f,* fundamento *m;* **auf dem ~ der Tatsachen stehen** estar con los pies en el suelo ❺ *(eines Regals)* balda *f*
Bodenbelag *m* pavimento *m*
Bodenbelastung *f* contaminación *f* del suelo
Bodenerosion *f* (ÖKOL) erosión *f* del suelo
Bodenfrost *m* helada *f* del suelo
Bodenhaftung *f* (AUTO) adherencia *f* de las ruedas al suelo
bodenlos *adj* ❶ *(tief)* sin fondo ❷ *(fam: unerhört)* increíble; **eine ~e Frechheit** una desfachatez sin nombre
Bodenpersonal *nt* (AERO) personal *m* de tierra
Bodenprobe *f* <-, -n> (AGR) prueba *f* del suelo
Bodenreform *f* (JUR) reforma *f* agraria
Bodensatz *m* poso *m,* sedimento *m*
Bodenschätze *mpl* riquezas *fpl* naturales
Bodensee *m* <-s> lago *m* de Constanza
bodenständig *adj* arraigado
Bodenstreitkräfte *fpl* (MIL) infantería *f*
Bodenturnen *nt* <-s, *ohne pl*> (SPORT) gimnasia *f* de suelo
Body ['bɔdi] *m* <-s, -s> *(Kleidungsstück)* bodi *m*
Bodyboarden *nt* (SPORT) bodyboarding *m*
Bodybuilding ['bɔdibɪldɪŋ] *nt* <-s, *ohne pl*> culturismo *m,* bodybuilding *m*
Bodyguard ['bɔdiga:ɐt] *m* guardaespaldas *m inv*
Body-Mass-Index ['bɔdimæsɪndɛks] *m* <-(es), -Indizes> índice *m* de masa corporal
Bodypainting *nt* <-s, ->, **Body-Painting** ['bɔdipe:ntɪŋ] *nt* <-s, -> (KUNST) body painting *m,* arte *m* de decorar el cuerpo
Böe ['bø:ə] *f* <-n> ráfaga *f,* racha *f*
bog [bo:k] *3. imp von* **biegen**
Bogen ['bo:gən, *pl:* 'bø:gən] *m* <-s, - *südd, Österr:* Bögen> ❶ *(Kurve)* curva *f;* **einen großen ~ um jdn/etw machen** *(fam)* evitar a alguien/algo; **er hat den ~ raus** *(fam)* ya sabe por dónde van los tiros; **jdn in hohem ~ hinauswerfen** *(fam)* mandar a alguien a freír espárragos ❷ *(Sportgerät)* arco *m;* **den ~ überspannen** *(fam)* ir demasiado lejos ❸ (ARCHIT,

MUS, MATH) arco *m* ❹ *(Blatt Papier)* hoja *f*, pliego *m*

B

bogenförmig ['bo:gənfœrmɪç] *adj* arqueado

Bogengang *m* (ARCHIT) arcada *f*

Bogenschießen *nt ohne pl* (SPORT) tiro *m* de arco

Bogenschütze, -in *m, f* (SPORT) arquero, -a *m, f*

Bogey ['bo:gi] *nt* <-s, -s> (SPORT: *beim Golf*) uno *m* sobre par

Boheme [bo'e:m, bo'ɛ:m] *f* <-, *ohne pl*> *(geh)* bohemia *f*

Bohemien [boe'mjɛ̃:] *m* <-s, -s> *(geh)* bohemio *m*

Böhme, -in ['bø:mə] *m, f* <-n, -n; -, -nen> bohemio, -a *m, f*

Böhmen ['bø:mən] *nt* <-s> Bohemia *f*

böhmisch ['bø:mɪʃ] *adj* bohemio; **das sind ~e Dörfer für mich** *(fam)* esto me suena a chino

Bohne ['bo:nə] *f* <-n> ❶ (BOT) judía *f*, poroto *m AmS;* **grüne ~n** judías verdes, ejotes *mpl AmC;* **schwarze ~** judía negra ❷ *(Kaffeebohne)* grano *m* de café; **nicht die ~!** *(fam)* ¡ni pizca!

Bohneneintopf *m* potaje *m* de judías

Bohnenkaffee *m* café *m* en grano

Bohnenstange *f* rodrigón *m*

bohnern ['bo:nɐn] *vi, vt* encerar

Bohnerwachs *nt* cera *f* para el piso

bohren ['bo:rən] **I.** *vt* ❶ *(Loch)* perforar, hacer; *(Brunnen)* (ex)cavar; **ein Loch ~** hacer un agujero ❷ *(mit Bohrer in Material)* taladrar, barrenar; **in der Nase ~** meterse el dedo en la nariz; **~de Zweifel** dudas atormentadoras **II.** *vi* ❶ *(fam: fragen)* insistir ❷ *(Öl, Wasser)* buscar **(nach)** ❸ *(Zahnarzt)* taladrar **III.** *vr* **sich in etw ~** penetrar en algo

bohrend *adj* **ein ~er Schmerz** un dolor lacerante; **~e Zweifel** dudas atormentadoras

Bohrer *m* <-s, -> taladro *m*, barrena *f*

Bohrinsel ['bo:ɐʔɪnzəl] *f* plataforma *f* de sondeo

Bohrloch *nt* agujero *m* de perforación; *(für Erdöl)* pozo *m* de sondeo

Bohrmaschine *f* taladradora *f*

Bohrturm *m* castillete *m* de sondeo

Bohrung *f* <-en> ❶ *(das Bohren)* perforación *f* ❷ *(Bohrloch)* agujero *m* de perforación

böig ['bø:ɪç] *adj* racheado

Boiler ['bɔɪlɐ] *m* <-s, -> calentador *m* (de agua), calefón *m Arg*

Boje ['bo:jə] *f* <-n> (NAUT) boya *f*

Bolero [bo'le:ro] *m* <-s, -s> ❶ *(Tanz)* bolero *m* ❷ *(Jäckchen)* torera *f*

Bolivianer(in) [boli'vja:nɐ] *m(f)* <-s, -; -nen> boliviano, -a *m, f*

bolivianisch *adj* boliviano

Bolivien [bo'li:viən] *nt* <-s> Bolivia *f*

Bollwerk ['bɔlvɛrk] *nt* <-(e)s, -e> ❶ (NAUT) muelle *m* ❷ *(fig: Festung)* baluarte *m*

Bolschewismus [bɔlʃe'vɪsmʊs] *m* <-, *ohne pl*> bolchevismo *m*

Bolschewist(in) *m(f)* <-en, -en; -, -nen> bolchevique *mf*

bolschewistisch *adj* bolchevique

Bolzen ['bɔltsən] *m* <-s, -> perno *m*, clavija *f*

Bombardement [bɔmbardə'mã:] *nt* <-s, -s *Schweiz:* -e> (MIL) bombardeo *m*

bombardieren* [bɔmbar'di:rən] *vt* ❶ (MIL) bombardear ❷ *(fam: überhäufen)* acribillar **(mit** a)

Bombardierung *f* <-en> ❶ (MIL) bombardeo *m;* **die Stadt hielt der schweren ~ stand** la ciudad resistió el intenso bombardeo ❷ *(fam: Überhäufung)* bombardeo *m* **(mit** de); **eine ~ mit Fragen/Vorwürfen** un bombardeo de preguntas/de reproches

bombastisch [bɔm'bastɪʃ] *adj (abw)* rimbombante

Bombe ['bɔmbə] *f* <-n> bomba *f;* **eine ~ legen** poner una bomba

Bombenalarm *m* alarma *f* de bombardeo

Bombenangriff *m* (MIL) bombardeo *m*

Bombenanschlag *m* (MIL) atentado *m* con bomba(s)

Bombenattentat *nt* atentado *m* con bomba

Bombendrohung *f* amenaza *f* de bomba; **die Polizei erhielt telefonisch eine ~** la policía recibió una amenaza telefónica de bomba

Bombenerfolg ['---'-] *m (fam)* éxito *m* rotundo

Bombengeschäft ['---'-] *nt (fam)* negocio *m* redondo

bombensicher ['--'--] *adj* ❶ (TECH) a prueba de bomba; *(fig)* infalible ❷ *(fam)* totalmente seguro

Bombenstimmung ['--'--] *f ohne pl (fam)* ambiente *m* fantástico

Bomber ['bɔmbɐ] *m* <-s, -> (MIL) bombardero *m*

bombig *adj (fam)* fantástico, magnífico

Bommel ['bɔməl] *f* <-, -n> *m* <-s, -> *(reg: Troddel)* borla *f*

Bon [bɔŋ, bõ:] *m* <-s, -s> ❶ *(Gutschein)* vale *m* ❷ *(Kassenzettel)* tique *m*

Bonbon [bɔŋ'bɔŋ, bõ'bõ:] *m o nt* <-s, -s> caramelo *m*

bongen ['bɔŋən] *vt* ❶ *(fam: an der Kasse)* registrar, marcar ❷ *(fam: versprechen)* **das ist gebongt!** ¡hecho!

Bongotrommel *f* <-, -n> bongó *m*
Bonität [boni'tɛːt] *f* <-, -en> (FIN) solvencia *f*, calidad *f* de solvente
Bonn [bɔn] *nt* <-s> Bonn *m*
Bonsai ['bɔnzaɪ] *m* <-(s), -s> bonsái *m*
Bonus ['boːnʊs] *m* <- *o* Bonusses, - *o* Bonusse *o* Boni> (COM) gratificación *f*
Bonze ['bɔntsə] *m* <-n, -n> *(abw)* cacique *m*
Bonzokratie *f* <-, -n> *(abw)* caciquismo *m*, caudillaje *m Arg, Chil, Perú*
Boom [buːm] *m* <-s, -s> bum *m*, boom *m*
boomen ['buːmən] *vi* (WIRTSCH: *fam: Geschäft)* prosperar; *(Literatur, Mode)* experimentar un auge
Boot [boːt] *nt* <-(e)s, -e> barca *f*; **wir sitzen alle im gleichen ~** *(fam)* todos tiramos de una cuerda
booten ['buːtən] *vt* (INFOR) inicializar
Bootsfahrt *f* viaje *m* en barca
Bootsflüchtling *m* balsero, -a *m, f*
Bootshaus *nt* casa *f* guardabotes
Bootsmann *m* <-(e)s, -leute> (NAUT) contramaestre *m*
Bootsrumpf *m* casco *m* (del barco)
Bootssteg *m* <-(e)s, -e> (NAUT) embarcadero *m*, amarradero *m*
Bootsverleih *m* alquiler *m* de barcas
Bor [boːɐ] *nt* <-s, *ohne pl*> (CHEM) boro *m*
Bord[1] [bɔrt] *m* <-(e)s, *ohne pl*> (NAUT) borda *f*; *(äußerlich)* bordo *m*; **an ~** a bordo; **alle Mann an ~!** ¡todos a bordo!; **über ~ gehen** caer por la borda; **von ~ gehen** desembarcar; **an ~ gehen** embarcarse; **alle Bedenken über ~ werfen** olvidarse de todas las dudas
Bord[2] *nt* <-(e)s, -e> ❶ *(Wandbrett)* estante *m* ❷ *(Schweiz: Rand, Böschung)* borde *m*
Bordcomputer *m* ordenador *m* de a bordo
Bordell [bɔr'dɛl] *nt* <-s, -e> burdel *m*
Bordkarte *f* (AERO) tarjeta *f* de embarque
Bordpersonal *nt* (AERO) tripulación *f*
Bordstein *m* bordillo *m*, cordón *m CSur*
Bordsteinkante *f* bordillo *m*
Bordüre [bɔr'dyːrə] *f* <-n> *(Stoff)* ribete *m*
borgen ['bɔrgən] *vt* ❶ *(ausleihen)* tomar prestado ❷ *(verleihen)* prestar
Borke ['bɔrkə] *f* <-n> *(nordd)* ❶ *(Rinde)* corteza *f* ❷ *(Kruste einer Wunde)* costra *f*
Borkenkäfer *m* escarabajo *m* de la corteza
borniert [bɔr'niːɐt] *adj (abw)* estrecho de miras
Börse ['bœrzə] *f* <-n> (FIN) bolsa *f*
Börsenbericht *m* (FIN) informe *m* bursátil
börsenfähig *adj* cotizable en bolsa
Börsengang *m* cotización *f* en bolsa
Börsengeschäft *nt* operación *f* bursátil
Börsenhandel *m ohne pl* contratación *f* bursátil
Börsenkrach *m* (FIN) caída *f* de la bolsa
Börsenkurs *m* (FIN) cotización *f* bursátil
Börsenmakler(in) *m(f)* corredor(a) *m(f)* de bolsa
börsennotiert *adj* (FIN: *Firma*) que cotiza en bolsa
Börsennotierung *f* <-, -en> cotización *f* bursátil
Börsenpapiere *ntpl* valores *f* bursátiles *pl*
Börsenschluss *m* <-es, *ohne pl*> (FIN) cierre *m* de bolsa, clausura *f* de bolsa
Börsenspekulant(in) *m(f)* (FIN) especulador(a) *m(f)* de bolsa
Börsenstart *m* (FIN) inicio *m* de la cotización bursátil
Borste ['bɔrstə] *f* <-n> (ZOOL: *künstlich*) cerda *f*
borstig *adj* hirsuto
Borte ['bɔrtə] *f* <-n> ribete *m*
bösartig ['bøːsʔaːɐtɪç] *adj* ❶ *(Mensch, Tier)* malo, malvado, canijo *Am*; *(Bemerkung)* malicioso ❷ *(Krankheit)* pernicioso; *(Geschwulst)* maligno; *(Fieber, Husten)* fuerte
Bösartigkeit *f* <-, *ohne pl*> ❶ *(Bosheit)* maldad *f* ❷ (MED) malignidad *f*
Böschung ['bœʃʊŋ] *f* <-en> ❶ *(an der Straße)* terraplén *m* ❷ *(Abhang)* declive *m*
böse ['bøːzə] **I.** *adj* ❶ *(schlecht)* malo; *(Kind)* maleducado ❷ *(unangenehm)* malo; **ein ~s Erwachen geben** una gran desilusión; **das wird ~ Folgen haben** eso tendrá graves consecuencias ❸ *(verärgert)* enfadado (**auf**/**mit** con), enojado (**auf**/**mit** con); **im B~n auseinandergehen** separarse por las malas; **ich bin** (**mit**) **ihm** [*o* **auf ihn**] **~** estoy enojado con él **II.** *adv* mal; **es wird ~ enden** eso terminará mal; **das sieht ~ aus** eso tiene mal aspecto
Böse *m* <-n, *ohne pl*> **der ~** *(geh: Teufel)* el Maligno
Bösewicht ['bøːzəvɪçt] *m* <-(e)s, -e *o* -er> bribón *m*, malvado *m*
boshaft ['boːshaft] *adj* malvado
Bosheit *f* <-en> maldad *f*, malicia *f*
Bosnien ['bɔsniən] *nt* <-s> Bosnia *f*
Bosnien-Herzegowina *nt* <-s> Bosnia-Herzegovina *f*
Bosnier(in) ['bɔsniɐ] *m(f)* <-s, -; -nen> bosnio, -a *m, f*
bosnisch ['bɔnɪʃ] *adj* bosnio
Bosporus ['bɔspɔrʊs] *m* <-> Bósforo *m*
Boss [bɔs] *m* <-es, -e> jefe *m*, trompa *m CSur: fam*
böswillig **I.** *adj* malévolo **II.** *adv* con mala intención
Böswilligkeit *f* <-en> malevolencia *f*

B

bot [boːt] *3. imp von* **bieten**
Botanik [boˈtaːnɪk] *f ohne pl* botánica *f*
Botaniker(in) [boˈtaːnikɐ] *m(f)* <-s, -; -, -nen> botánico, -a *m, f*
botanisch *adj* botánico
Bote, -in [ˈboːtə] *m, f* <-n, -n; -nen> recadero, -a *m, f*
Botengang *m* recado *m*
Botin [ˈboːtɪn] *f* <-nen> *s.* **Bote**
Botschaft [ˈboːtʃaft] *f* <-en> ① *(geh: Nachricht)* mensaje *m* ② (POL) embajada *f*
Botschafter(in) *m(f)* <-s, -; -nen> (POL) embajador(a) *m(f)*
Botswana [bɔˈtsvaːna] *nt* <-s> Botsuana *m*
Bottich [ˈbɔtɪç] *m* <-(e)s, -e> cuba *f*, tina *f*
Bouclé [buˈkleː] *nt* <-s, -s> *hilo con nudos (para labores de punto)*
Bouillon [bʊlˈjɔŋ, bʊlˈjõː] *f* <-s> (GASTR, MED) caldo *m*
Boule [buːl] *nt o f* <-(s), *ohne pl*> (SPORT) boule *m*
Boulevard [buləˈvaːɐ] *m* <-s, -s> bulevar *m*
Boulevardblatt *nt* <-(e)s, -blätter> *s.* **Boulevardzeitung**
Boulevardpresse *f ohne pl* prensa *f* sensacionalista [*o* amarilla]
Boulevardzeitung *f* periódico *m* sensacionalista
Boutique [buˈtiːk] *f* <-n> tienda *f* de ropa de moda, boutique *f*
Bowle [ˈboːlə] *f* <-n> (GASTR) ponche *m* *(bebida hecha de vino, champán, azúcar y frutas)*
Bowling [ˈboːlɪŋ, ˈbɔʊlɪŋ] *nt* <-s, *ohne pl*> bowling *m*
Bowlingkugel *f* <-, -n> bola *f* para jugar a los bolos
Box [bɔks] *f* <-en> ① *(für Pferde, Rennwagen)* box *m* ② *(Lautsprecher)* bafle *m* ③ *(Behälter)* caja *f*
boxen [ˈbɔksən] **I.** *vi* (SPORT) boxear **II.** *vt (schlagen)* pegar **III.** *vr* **sich gegenseitig ~** boxearse
Boxen *nt* <-s, *ohne pl*> (SPORT) boxeo *m*
Boxer[1] *m (Hund)* bóxer *m*
Boxer(in)[2] *m(f)* <-s, -; -nen> *(Sportler)* boxeador(a) *m(f)*
Boxernase *f* nariz *f* de boxeador
Boxershorts *pl*, **Boxer-Shorts** *pl* shorts *mpl*
Boxhandschuh *m* guante *m* de boxeo
Boxkampf *m* combate *m* de boxeo, box *m Am*
Boxring *m* <-(e)s, -e> (SPORT) ring *m*
Boxsport *m* <-(e)s, *ohne pl*> (SPORT) pugilismo *m*, boxeo *m*
Boykott [bɔɪˈkɔt] *m* <-(e)s, -e *o* -s> boicot *m*
boykottieren* *vt* boicotear
brabbeln [ˈbrabəln] *vt (fam)* mascullar
brach [braːx] **I.** *3. imp von* **brechen** **II.** *adj* yermo
brachial [braˈxjaːl] *adj (geh: Gewalt)* brutal, violento
Brachland *nt* <-(e)s, *ohne pl*> (AGR) barbecho *m*
brach|liegen *irr vi* ① *(Acker)* estar en barbecho ② *(Talent)* estar desaprovechado
brachte [ˈbraxtə] *3. imp von* **bringen**
Braindrain [ˈbrɛɪndrɛɪn] *m* <-s, *ohne pl*> fuga *f* de cerebros
Brainstorming [ˈbrɛɪnstɔːmɪŋ] *nt* <-s, *ohne pl*> brainstorming *m*
Branche [ˈbrãːʃə] *f* <-n> ramo *m*
Branchenbuch *nt* guía *f* sectorial
Branchenführer *m* <-s, -> (WIRTSCH) directorio *m* comercial
Branchenindex *m* <-(es), -indizes *o* -e> índice *m* de actividades
branchenüblich *adj* (WIRTSCH) habitual [*o* usual] en el ramo
Branchenverzeichnis *nt* (TEL) páginas *f pl* amarillas
Brand[1] [brant, *pl:* ˈbrɛndə] *m* <-(e)s, Brände> *(Feuer)* fuego *m*, incendio *m*; **etw in ~ setzen/stecken** pegar/prender fuego a algo; **in ~ geraten** (empezar a) arder
Brand[2] *m* <-(e)s, *ohne pl*> ① *(fam: Durst)* sed *f* abrasadora ② (MED) gangrena *f*
brandaktuell [ˈ---ˈ-] *adj* de gran actualidad
Brandanschlag *m* atentado *m* de incendio
Brandbekämpfung *f* lucha *f* contra incendios
Brandblase *f* ampolla *f* de quemadura
Brandbombe *f* bomba *f* incendiaria
brandeilig [ˈ-ˈ--] *adj (fam)* urgentísimo
branden [ˈbrandən] *vi (geh: Wellen)* romper (**an/gegen** contra)
Brandenburg [ˈbrandənbʊrk] *nt* <-s> Brandeburgo *m*
Brandfleck *m* quemadura *f*
Brandgefahr *f* peligro *m* de incendio
Brandkatastrophe *f* catástrofe *f* causada por un incendio
brandmarken [ˈbrantmarkən] *vt* denunciar públicamente
Brandmauer *f* cortafuego *m*
brandneu [ˈ-ˈ-] *adj (fam)* novísimo, flamante
Brandopfer *nt* víctima *f* de un incedio
Brandrodung *f* desmonte *m* por incendio
Brandschaden *m* daño *m* causado por un incendio

Brandschutz *m* protección *f* contra incendios
Brandstifter(in) *m(f)* incendiario, -a *m, f*
Brandstiftung *f* incendio *m* provocado
Brandung ['brandʊŋ] *f* <-en> oleaje *m*
Brandwunde *f* quemadura *f*
Brandzeichen *nt* marca *f* de fuego, hierra *f Am*
brannte ['brantə] *3. imp von* **brennen**
Branntwein *m* aguardiente *m*
Brasilianer(in) [brazi'lja:nɐ] *m(f)* <-s, -; -nen> brasileño, -a *m, f*
brasilianisch *adj* brasileño
Brasilien [bra'zi:liən] *nt* <-s> Brasil *m*
brät [brɛ:t] *3. präs von* **braten**
Brät [brɛ:t] *nt* <-s, *ohne pl*> *(reg:* GASTR) ≈ picadillo *m (relleno para salchichas)*
Bratapfel *m* manzana *f* asada
braten ['bra:tən] <brät, briet, gebraten> *vt* asar; *(in der Pfanne)* freír
Braten *m* <-s, -> asado *m*
Bratengabel *f* tenedor *m* de trinchar
Bratensaft *m* jugo *m* del asado
Bratensoße *f* salsa *f* del asado
Bratenwender *m* <-s, -> paleta *f*
Brathähnchen *nt* pollo *m* asado
Brathendl ['bra:thɛnd(ə)l] *nt* <-s, -n> *(Österr, südd)* pollo *m* asado
Brathering *m* arenque *m* frito
Brathuhn *nt* <-(e)s, -hühner> (GASTR) gallina *f* asada
Bratkartoffeln *fpl patatas cocidas y después salteadas con cebolla y especias*
Bratpfanne *f* sartén *f*
Bratsche ['bra:tʃə] *f* <-n> (MUS) viola *f*
Bratspieß *m* asador *m*
Bratwurst *f* salchicha *f* frita
Brauch [braʊx, *pl:* 'brɔɪçə] *m* <-(e)s, Bräuche> costumbre *f,* uso *m*
brauchbar *adj* ① *(nützlich)* útil ② *(geeignet)* apropiado; *(Schüler)* capaz
brauchen ['braʊxən] *vt* ① *(benötigen)* necesitar; *(Zeit)* llevar; **wie lange brauchst du dafür** [*o* **dazu**]**?** ¿cuánto tiempo necesitas para esto? ② *(fam: gebrauchen)* utilizar, emplear; **kannst du die Sachen ~?** ¿te sirven estas cosas? ③ *(verbrauchen)* gastar, consumir ④ *(müssen)* hacer falta (**zu** *+inf,* **dass** que *+subj*), ser necesario (**zu** *+inf,* **dass** que *+subj*)*;* **du brauchst nicht gleich zu schreien** no es necesario que te pongas a chillar enseguida; **ich brauche heute nicht zu arbeiten** hoy no tengo que trabajar
Brauchtum *nt* <-s, -tümer> costumbres *fpl*
Braue ['braʊə] *f* <-n> ceja *f*
brauen ['braʊən] *vt* ① *(Bier)* hacer ② *(fam: Kaffee)* preparar
Brauer(in) *m(f)* <-s, -; -nen> cervecero, -a *m, f*
Brauerei *f* <-en> cervecería *f,* fábrica *f* de cerveza
Brauerin *f* <-nen> *s.* **Brauer**
Brauhaus *nt s.* **Brauerei**
Braumeister(in) *m(f)* maestro, -a *m, f* cervecero , -a
braun [braʊn] *adj* ① *(Farbe)* marrón, pancho *Chil; (Haare)* castaño; *(Augen)* marrón; *(Teint)* moreno; **~ gebrannt** bronceado; **~ werden** ponerse moreno ② *(abw: nationalsozialistisch)* nazi
Braun *nt* <-s, -> marrón *m*
braunäugig ['braʊnʔɔɪgɪç] *adj* de ojos oscuros [*o* marrones]
Braunbär *m* oso *m* pardo
Bräune ['brɔɪnə] *f ohne pl* bronceado *m*
bräunen **I.** *vt* ① *(Körper)* broncear ② (GASTR) dorar **II.** *vr:* **sich ~** *(sich sonnen)* broncearse
braungebrannt *adj s.* **braun 1.**
Braunkohle *f ohne pl* lignito *m*
bräunlich *adj* pardusco, pardo
Braunschweig ['braʊnʃvaɪk] *nt* <-s> Brunswick *m*
Bräunung *f* <-, -en> bronceado *m,* (color *m*) tostado *m*
Brause ['braʊzə] *f* <-n> ① *(Dusche)* ducha *f* ② *(Limonade)* (limonada *f*) gaseosa *f*
brausen *vi* ① *(Wind)* bramar; **~der Beifall** aplauso cerrado ② *sein (rasen)* ir a toda velocidad
Brausepulver *nt* polvos *mpl* efervescentes
Brausetablette *f* pastilla *f* efervescente
Braut [braʊt, *pl:* 'brɔɪtə] *f* <Bräute> novia *f*
Bräutigam ['brɔɪtigam] *m* <-s, -e> novio *m*
Brautjungfer *f* doncella *f* de honor
Brautkleid *nt* traje *m* de novia
Brautkranz *m* corona *f* de la novia *(equivalente a la corona de azahar, pero tejida con mirto)*
Brautpaar *nt (verlobt)* novios *mpl; (verheiratet)* pareja *f* de recién casados
Brautschleier *m* <-s, -> velo *m* de novia
brav [bra:f] *adj* ① *(Kind, Tier)* bueno; *(gut erzogen)* bien educado ② *(Kleidung)* serio; *(fade)* soso
bravo ['bra:vo] *interj* bravo, bien
Bravour [bra'vu:ɐ] *f ohne pl* ① *(Tapferkeit)* bravura *f* ② *(Brillanz)* brillantez *f;* **etw mit ~ bestehen** pasar [*o* acabar] algo con brillantez
bravourös [bravu'rø:s] *adj* brillante
BRD [be:ʔɛr'de:] *f* (POL) *Abk. von* **Bundesrepublik Deutschland** RFA *f*

B

Breakdance ['brɛɪkdɛːns] *m* <-(s), *ohne pl*> (MUS) breakdance *m*
Brechdurchfall *m* (MED) cólera *m* nostras
Brecheisen *nt* palanqueta *f*
brechen ['brɛçən] <bricht, brach, gebrochen> **I.** *vi* ❶ *sein (zerbrechen)* romperse; **mir bricht das Herz** *(fig)* se me parte el corazón; **auf Biegen und B~** a toda costa ❷ *(Freundschaft)* romper (**mit** con) ❸ *(fam: erbrechen)* vomitar **II.** *vt* ❶ *(durchbrechen)* romper, partir; **in Stücke ~** romper en pedazos; **sich** *dat* **einen Arm/ein Bein ~** romperse un brazo/una pierna; **den Waffenstillstand ~** romper el alto el fuego; **das Eis ~** *(fig)* romper el hielo ❷ *(Widerstand)* romper; *(Rekord)* batir ❸ *(nicht einhalten)* violar, quebrantar; *(Gesetz)* infringir; *(Streik)* boicotear; **die Ehe ~** cometer adulterio; **sein Wort ~** faltar a su palabra ❹ *(Wellen)* romper; *(Licht)* refractar ❺ *(geh: Blume)* arrancar **III.** *vr:* **sich ~** ❶ *(Licht)* refractarse ❷ *(Wellen)* romperse
Brechmittel *nt* vomitivo *m*
Brechreiz *m* náuseas *fpl*
Brechstange *f* palanqueta *f*; **eine Tür mit einer ~ aufbrechen** apalancar una puerta hasta forzarla
Brechung *f* <-en> ❶ (MED) fractura *f* ❷ (PHYS) refracción *f*
Brei [braɪ] *m* <-(e)s, -e> *(für Kinder)* papilla *f*; *(Kartoffelbrei)* puré *m*; **jdn zu ~ schlagen** *(fam)* moler a alguien a palos; **um den heißen ~ herumreden** *(fam)* andarse con rodeos
breiig ['braɪɪç] *adj* pastoso
breit [braɪt] *adj* ancho; *(ausgedehnt)* amplio; **etw weit und ~ verkünden** pregonar algo a los cuatro vientos; **der Fluss ist 20 m ~** el río tiene 20 m de ancho; **die ~e Öffentlichkeit** el gran público; **~ sein** *(reg: fam)* estar borracho
breitbeinig *adj* despatarrado
Breite ['braɪtə] *f* <-n> ancho *m*, anchura *f*; *(Ausdehnung)* extensión *f*; (GEO) latitud *f*; **geografische ~** latitud geográfica; **in voller ~** extensamente; **in die ~ gehen** *(fam)* engordar
Breitengrad *m* (GEO) grado *m* de latitud
Breitenkreis *m* (GEO) paralelo *m*
Breitensport *m* <-(e)s, *ohne pl*> (SPORT) deporte *m* de masas [*o* popular]
breit|machen *vr:* **sich ~** *(fam)* ❶ *(sich ausbreiten)* extenderse ❷ *(Platz beanspruchen)* acomodarse ❸ *(sich niederlassen)* instalarse
breit|schlagen *irr vt (fam)* engatusar; **du hast dich schon wieder von ihm ~ lassen** te has vuelto a dejar engatusar por él
breitschult(e)rig *adj* ancho de hombros
Breitseite *f (breitere Seite)* lado *m* (más) ancho; (NAUT) costado *m*
breit|treten *irr vt (fam: Thema)* tratar detallada y repetidamente; *(Nichtigkeiten)* dar más importancia de lo necesario
Breitwand *f* (FILM) cinemascope *m*
Bremen ['breːmən] *nt* Bremen *m*, Brema *f anticuado*
Bremer(in) ['breːmɐ] *m(f)* <-s, -; -nen> habitante *mf* de Bremen
Bremsbacke *f* (AUTO) zapata *f* de freno
Bremsbelag *m* (AUTO) forro *m* de(l) freno
Bremse ['brɛmzə] *f* <-n> ❶ (AUTO) freno *m* ❷ (ZOOL) tábano *m*
bremsen *vi, vt* ❶ *(Fahrzeug)* frenar; **scharf ~** frenar con fuerza ❷ *(fam: Entwicklung)* refrenar; **er ist nicht zu ~** no hay quien le pare
Bremsflüssigkeit *f* (AUTO) líquido *m* de frenos
Bremsflüssigkeitsbehälter *m* depósito *m* del líquido de frenos
Bremshebel *m* palanca *f* de freno
Bremsklotz *m* <-es, -klötze> zapata *f* de freno, almohadilla *f* de freno
Bremsleuchte *f* luz *f* de freno
Bremslicht *nt* luz *f* de freno
Bremspedal *nt* pedal *m* de freno
Bremsspur *f* huella *f* de frenado
Bremsung *f* <-en> frenado *m*
Bremsvorrichtung *f* dispositivo *m* de freno
Bremsweg *m* distancia *f* de frenado
brennbar *adj* combustible; *(leicht entzündbar)* inflamable
Brennelement *nt* elemento *m* combustible
brennen ['brɛnən] <brennt, brannte, gebrannt> **I.** *vi* ❶ *(Feuer)* arder; *(Material)* quemarse, arder; *(Zigarette, Licht)* estar encendido; **es brennt!** ¡hay un incendio!; **lichterloh ~** arder en llamas; **wo brennt's denn?** *(fam)* ¿cuál es el problema?; **darauf ~, etw zu tun** morirse por hacer algo ❷ *(Wunde)* arder; *(Augen)* escocer; *(Gewürz)* picar ❸ *(Sonne)* quemar **II.** *vt* ❶ *(Ziegel)* cocer ❷ *(Schnaps)* destilar ❸ *(Kaffee)* tostar
brennend *adj* ❶ *(Holz)* ardiente; *(in Flammen)* en llamas ❷ *(Schmerz)* agudo ❸ *(Frage)* candente; *(Interesse)* vivo; **das interessiert mich ~** me interesa vivamente
Brenner *m* <-s, -> quemador *m*
Brennerei *f* <-en> destilería *f*
Brennglas *nt* vidrio *m* ustorio
Brennholz *nt ohne pl* leña *f*
Brennnessel ['brɛnnɛsəl] *f* <-n> ortiga *f*

Brennpunkt *m* ① (PHYS) foco *m* ② *(Mittelpunkt)* centro *m,* primer plano *m;* **im ~ stehen** figurar en el primer plano
Brennspiritus *m* alcohol *m* para quemar
Brennstab *m* (PHYS) barra *f* de combustible nuclear
Brennstoff *m* combustible *m;* **fossiler ~** combustible fósil; **rauchfreier ~** material combustible sin humo
Brennweite *f* (PHYS, FOTO) distancia *f* focal
Brennwert *m* <-(e)s, -e> valor *m* calorífico; **physiologischer ~** poder calorífico fisiológico
brenzlig ['brɛntslɪç] *adj (fam)* crítico, delicado
Bresche ['brɛʃə] *f* <-n> brecha *f;* **eine ~ schlagen** abrir una brecha
Bretagne [bre'tanjə] *f* Bretaña *f*
Bretone, **-in** [bre'to:nə] *m, f* bretón, -ona *m, f*
bretonisch *adj* bretón
Brett [brɛt] *nt* <-(e)s, -er> ① *(aus Holz)* tabla *f;* **schwarzes** [*o* **Schwarzes**] **~** cartelera *f; (Schaukasten)* tablón de anuncios; **ein ~ vor dem Kopf haben** *(fam)* no ver más allá de sus narices ② *(Spielbrett)* tablero *m* ③ *pl (Skier)* esquí(e)s *mpl*
brettern *vi sein (fam)* conducir como un loco; **mit dem Motorrad durch die Gegend ~** ir con la moto por ahí a toda pastilla
Bretterzaun *m* valla *f*
Brettspiel *nt* juego *m* de tablero
Brexit <-s> ['brɛksɪt] *m kein pl* (POL) brexit *m*
Brezel ['bre:tsəl] *f* <-n> *rosquilla salada típica del sur de Alemania*
bricht [brɪçt] *3. präs von* **brechen**
Bridge [brɪtʃ] *nt* <-, *ohne pl*> bridge *m*
Brief [bri:f] *m* <-(e)s, -e> carta *f;* **ein offener/versiegelter ~** una carta abierta/lacrada; **einen ~ zustellen/aufgeben** entregar/enviar una carta
Briefbeschwerer ['bri:fbəʃve:rɐ] *m* <-s, -> pisapapeles *m inv*
Briefbogen *m* pliego *m* de papel de cartas
Briefbombe *f* carta *f* bomba, carta bomba *f*
Briefdrucksache *f* (envío *m* de) impresos *mpl;* **als ~ versenden** enviar como impresos
briefen *vt (eine Zusammenfassung geben)* informar brevemente [*o* resumidamente]
Brieffreund(in) *m(f)* amigo, -a *m, f* por correspondencia
Briefgeheimnis *nt ohne pl* secreto *m* postal
Briefing ['bri:fɪŋ] *nt* <-s, -s> ① (MIL) breve conferencia *f* sobre la situación ② *(Informationsgespräch)* briefing *m*
Briefkasten *m* buzón *m;* **elektronischer ~** buzón *m* electrónico
Briefkastenfirma *f* empresa *f* buzón, compañía *f* fantasma
Briefkopf *m* membrete *m*
brieflich *adj* por carta, por escrito
Briefmarke *f* sello *m,* estampilla *f Am*
Briefmarkenautomat *m* expendedor *m* de sellos de correo
Briefmarkensammler(in) *m(f)* filatelista *mf*
Briefmarkensammlung *f* colección *f* de sellos de correo [*o* de estampillas]
Brieföffner *m* abrecartas *m inv*
Briefpapier *nt* papel *m* de cartas
Briefpartner(in) *m(f)* correspondiente *mf*
Briefporto *nt* <-s, -s *o* -porti> franqueo *m*
Brieftasche *f* cartera *f,* billetera *f AmC, Arg, Chil*
Brieftaube *f* paloma *f* mensajera
Briefträger(in) *m(f)* <-s, -; -nen> cartero, -a *m, f*
Briefumschlag *m* sobre *m,* cierro *m Chil*
Briefwaage *f* pesacartas *m inv*
Briefwahl *f* voto *m* por correo
Briefwechsel *m* correspondencia *f,* carteo *m;* **in ~ mit jdm stehen** cartearse con alguien
briet [bri:t] *3. imp von* **braten**
Brigade [bri'ga:də] *f* <-n> (MIL) brigada *f*
Brikett [bri'kɛt] *nt* <-s, -s> briqueta *f*
brillant [brɪ'ljant] *adj* excelente, magnífico
Brillant [brɪ'ljant] *m* <-en, -en> brillante *m*
Brillanz [brɪ'ljants] *f ohne pl* brillantez *f*
Brille ['brɪlə] *f* <-n> *(Augenglas)* gafas *fpl,* anteojos *mpl Am;* **etw durch eine rosarote/schwarze ~ sehen** ver algo de color de rosa/negro
Brillenetui *nt* estuche *m* para gafas
Brillengestell *nt* montura *f* de las gafas
Brillenglas *nt* cristal *m* de gafas
Brillenputztuch *nt* paño *m* de las gafas
Brillenträger(in) *m(f)* <-s, -; -nen> persona *f* que lleva gafas
Brimborium [brɪm'bo:riʊm] *nt* <-s, *ohne pl*> *(abw fam)* ① *(Drumherum)* historias *fpl* ② *(Aufheben)* montaje *m;* **ein ~ um etw machen** hacer un mundo de algo
bringen ['brɪŋən] <bringt, brachte, gebracht> *vt* ① *(herbringen)* traer; *(hinbringen)* llevar; *(befördern)* tra(n)sportar; *(begleiten)* acompañar; **das Essen auf den Tisch ~** poner la comida en la mesa; **etw in Ordnung ~** poner algo en orden; **jdn vor Gericht ~** llevar a alguien a juicio; **Ärger ~** traer problemas; **Glück ~** traer

B

buena suerte; **jdn in Verlegenheit ~** poner a alguien en un apuro; **etw an den Tag ~** revelar algo; **jdn auf die Palme ~** *(fam)* enfurecer a alguien; **jdn auf Touren ~** acuciar a alguien; **jdn aus dem Konzept ~** confundir a alguien; **etw zur Sprache ~** hablar de algo; **etw zu Papier ~** anotar algo; **etw auf den Markt ~** lanzar algo al mercado; **ein Kind zur Welt ~** dar a luz un niño; **es zu etwas ~** hacer carrera; **etw an sich ~** apoderarse de algo; **etw mit sich ~** traer algo consigo; **etw hinter sich ~** conseguir terminar algo; **sie wollen sie unbedingt unter die Haube ~** la quieren casar a toda costa; **seine Schäfchen ins Trockene ~** *(fig)* llevar el agua a su molino; **jdn um die Ecke ~** *(fam)* cargarse a alguien ② *(Ertrag, Gewinn)* rendir; **das bringt's!** *(fam)* ¡esto es!; **was bringt das?** ¿qué se consigue con esto?; **das bringt doch überhaupt nichts!** esto no conduce a nada ③ *(fam: veröffentlichen)* traer, publicar; *(Wetterbericht, Nachrichten)* emitir ④ *(wegnehmen)* quitar (**um**); **jdn ums Leben ~** matar a alguien; **jdn um den Verstand** volver loco a alguien ⑤ *(bekommen)* conseguir (**zu** *+inf*); **jdn zum Lachen ~** hacer reír a alguien; **etw nicht übers Herz ~** no ser capaz de hacer algo; **du bringst mich nicht dazu, das zu tun** no vas a conseguir que lo haga

brisant [bri'zant] *adj* explosivo; **ein ~es Thema** un tema explosivo

Brisanz[1] [bri'zants] *f ohne pl (Aktualität)* actualidad *f*

Brisanz[2] *f* <-en> *(Sprengkraft)* fuerza *f* explosiva

Brise ['bri:zə] *f* <-n> brisa *f*

Britannien [bri'tanjən] *nt* <-s> Gran Bretaña *f*

Brite, -in ['brɪtə, 'bri:tə] *m, f* <-n, -n; -nen> británico, -a *m, f*

britisch ['brɪtɪʃ] *adj* británico

bröckelig *adj* quebradizo, deleznable

bröckeln ['brœkəln] *vi sein (Steine)* desmoronarse; *(Putz, Lehm)* desmoronar; *(Brot)* desmigajarse

Brocken ['brɔkən] *m* <-s, -> trozo *m*, pedazo *m;* **ein paar ~ Spanisch verstehen** entender un poco de español; **die Prüfung ist ein harter ~ für ihn** el examen es muy duro para él

brodeln ['bro:dəln] *vi* ① *(Wasser)* hervir a borbotones ② *(Österr: fam: trödeln)* obrar con cachaza

Brokat [bro'ka:t] *m* <-(e)s, -e> brocado *m*

Broker(in) ['bro:kɐ] *m(f)* <-s, -; -nen> (FIN) bróker *mf*

Brokkoli ['brɔkoli] *pl* brécol *m,* bróculi *m*

Brom [bro:m] *nt* <-s, *ohne pl*> (CHEM) bromo *m*

Brombeere ['brɔmbe:rə] *f* <-n> (zarza)mora *f*

Brombeerstrauch *m* zarzal *m*

bronchial [brɔnçi'a:l] *adj* (MED) bronquial

Bronchialkatarr *m,* **Bronchialkatarrh** *m* (MED) catarro *m* bronquial

Bronchie ['brɔnçiə] *f* <-n> (ANAT) bronquio *m*

Bronchitis [brɔn'çi:tɪs] *f* <Bronchitiden> (MED) bronquitis *f inv*

Bronchopneumonie [brɔnçopnɔɪmo'ni:] *f* (MED) bronquioneumonía *f*

Bronze ['brõ:sə] *f* <-n> bronce *m*

bronzefarben *adj* bronceado

Bronzemedaille *f* (SPORT) medalla *f* de bronce

Bronzer ['brɔnsɐ] *m* <-s, -> bronceador *m*

Bronzezeit *f ohne pl* Edad *f* del Bronce

Brosche ['brɔʃə] *f* <-n> broche *m*

broschiert [brɔ'ʃi:ɐt] *adj (flexibel eingebunden)* (encuadernado) en rústica

Broschüre [brɔ'ʃy:rə] *f* <-n> folleto *m*

Brösel ['brø:zəl] *m* <-s, -> miga *f*

Brot [bro:t] *nt* <-(e)s, -e> pan *m;* **ein Laib ~** un pan; **sich** *dat* **sein ~ verdienen** ganarse el pan

Brotaufstrich *m todo cuanto se puede untar en el pan*

Brotbelag *m ohne pl fiambre, queso, chocolate... para poner en el pan*

Brötchen ['brø:tçən] *nt* <-s, -> panecillo *m;* **belegte ~** bocadillos *mpl;* **kleine ~ backen** *(fig)* conformarse con poco

Brötchengeber(in) *m(f)* <-s, -; -nen> *(fam)* patrono, -a *m, f*

Broteinheit *f* (MED) unidad *f* alimenticia

Broterwerb *m* sustento *m;* **etw zum ~ betreiben** dedicarse a un negocio para ganar el pan

Brotkasten *m* panera *f*

Brotkorb *m* cesta *f* del pan

Brotkrümel *m* miga *f* de pan, borona *f Am*

Brotkruste *f* corteza *f* de pan

brotlos *adj* **eine ~e Kunst** una profesión poco lucrativa

Brotmaschine *f* máquina *f* de cortar pan

Brotmesser *nt* cuchillo *m* del pan

Brotschneidemaschine *f* máquina *f* de cortar pan

Brotteller *m* plato *m* del pan

Brotzeit *f (reg)* hora *m* del bocadillo; **~ machen** hacer una pausa para comer un bocadillo

Browser ['braʊzɐ] *m* <-s, -> (INFOR, TEL) browser *m,* navegador *m,* visualizador *m;* **~ für das Internet** explorador de internet

Bruch [brʊx, *pl:* 'brʏçə] *m* <-(e)s, Brüche> ❶ *(das Zerbrechen)* rotura *f,* fractura *f;* **zu ~ gehen** hacerse añicos; **ihre Ehe ging in die Brüche** su matrimonio fracasó ❷ *(Zerbrochenes)* despojos *mpl* ❸ (MED: *Knochen*) fractura *f;* *(Eingeweide)* hernia *f;* **sich** *dat* **einen ~ heben** herniarse, quebrarse ❹ (MATH) fracción *f* ❺ *(eines Verhältnisses, Vertrages)* ruptura *f;* *(Gesetz)* infracción *f;* *(Eid)* perjurio *m;* *(Vertrauen)* indiscreción *f,* abuso *m* de confianza

Bruchbude *f (fam abw)* ruina *f*

bruchfest *adj* irrompible

brüchig ['brʏçɪç] *adj* ❶ *(Gestein)* quebradizo; *(Glas)* frágil ❷ *(Stoff, Stimme)* cascado

Bruchlandung *f* aterrizaje *m* forzoso

Bruchrechnen *nt* (MATH) cálculo *m* de fracciones

Bruchrechnung *f* (MATH) cálculo *m* de fracciones

Bruchstelle *f* (punto *m* de) rotura *f;* *(eines Knochens)* (punto *m* de) fractura *f*

Bruchstrich *m* <-(e)s, -e> (MATH) línea *f* de quebrado, raya *f*

Bruchstück *nt* fragmento *m,* trozo *m*

bruchstückhaft *adj* fragmentario

Bruchteil *m* fracción *f;* **im ~ einer Sekunde** en una fracción de segundo

Bruchzahl *f* (MATH) número *m* fraccionario

Brücke ['brʏkə] *f* <-n> ❶ (ARCHIT, MED, SPORT, NAUT) puente *m;* **alle ~n hinter sich abbrechen** *(fig)* quemar las naves ❷ *(Teppich)* alfombra *f* corta

Brückenbogen *m* arco *m* de puente

Brückenpfeiler *m* <-s, -> pilar *m* de puente, pila *f*

Brückentag *m* (día *m* de) puente *m;* **da nehme ich mir den ~ frei** voy a hacer puente

Bruder ['bru:dɐ, *pl:* 'bry:dɐ] *m* <-s, Brüder> ❶ *(Verwandter)* hermano *m;* **mein großer/kleiner ~** mi hermano mayor/menor ❷ *(Ordensbruder)* fraile *m;* *(vor dem Namen)* fray *m* ❸ *(fam abw: Kerl)* tipo *m*

brüderlich *adj* fraterno, fraternal

Brüderlichkeit *f ohne pl* hermandad *f*

Brudermord *m* fratricidio *m*

Brudermörder(in) *m(f)* fratricida *mf*

Bruderschaft *f* <-en> hermandad *f;* (REL) congregación *f*

Brüderschaft *f ohne pl* relación *f* amistosa; **mit jdm ~ trinken** ofrecerle el tuteo a alguien *(tomando una copa)*

Brügge ['brʏgə] *nt* <-s> Brujas *f*

Brühe ['bry:ə] *f* <-n> ❶ (GASTR) caldo *m* ❷ *(abw: Schmutzwasser)* agua *f* sucia

brühen *vt* (GASTR) escaldar

brühwarm ['-'-] *adj* **jdm eine Nachricht ~ weitererzählen** *(fam)* ir con la noticia fresca a alguien

Brühwürfel *m* pastilla *f* para caldo, cubito *m* de caldo

brüllen ['brʏlən] *vi* ❶ *(Stier)* bramar; *(Raubtier)* rugir; *(Kalb)* berrear ❷ *(Mensch)* gritar, vociferar

Brummbär *m (fam)* gruñón *m*

brummeln *vi* **etw vor sich hin ~** refunfuñar algo

brummen ['brʊmən] **I.** *vi* ❶ *(Bär, Mensch)* gruñir; *(Fliege, Motor)* zumbar; **mir brummt der Schädel** tengo la cabeza como un bombo ❷ *(fam: in Haft sein)* estar en chirona **II.** *vt* refunfuñar

Brummer *m* <-s, -> *(fam)* ❶ *(Fliege)* moscardón *m* ❷ *(LKW)* camión *m* pesado

Brummschädel *m (fam)* dolor *m* de cabeza

Brunch [brantʃ] *m* <-(e)s, -(e)s *o* -e> brunch *m (combinación entre desayuno y almuerzo)*

brunchen ['brantʃən] *vi combinar el desayuno con el almuerzo*

Brunei [bru:'naɪ] *nt* <-s> Brunéi *m*

brünett [bry'nɛt] *adj (Mensch)* moreno, morocho *CSur*

Brunft [brʊnft] *f* <-, Brünfte> (época *f* de) celo *m;* **in der ~ sein** estar en celo

Brunftzeit *f* época *f* de celo

Brunnen ['brʊnən] *m* <-s, -> ❶ *(Schöpfbrunnen)* pozo *m,* cachimba *f Urug* ❷ *(Springbrunnen)* fuente *f* ❸ *(Heilquelle)* fuente *f*

Brunnenbecken *nt* pilón *m* de la fuente

Brunnenkresse *f* berro *m* de fuente

Brunst [brʊnst, *pl:* 'brʏnstə] *f* <Brünste> (época *f* de) celo *m*

brünstig ['brʏnstɪç] *adj* en celo, alunado *CRi*

Brunstzeit *f* época *f* de celo

brüsk [brʏsk] *adj* brusco; *(unhöflich)* descortés

brüskieren* *vt* ofender, tratar con brusquedad

Brüssel ['brʏsəl] *nt* <-s> Bruselas *f*

Brüsseler *adj inv* bruselense; **~ Spitzen** encajes de Bruselas

Brust [brʊst, *pl:* 'brʏstə] *f* <Brüste> pecho *m;* *(Busen)* seno *m,* casco *m Perú;* *(Geflügelbrust)* pechuga *f;* **mit (vor Stolz) geschwellter ~** lleno de orgullo; **jdn an die ~ drücken** estrechar a alguien contra el pecho; **aus voller ~ singen** cantar a pleno pulmón; **dem Säugling die ~ geben** dar el pecho al bebé

Brustbein *nt* (ANAT) esternón *m*

Brustbeutel *m monedero colgado del cuello*

brüsten ['brʏstən] *vr:* **sich ~** *(abw)* presumir (**mit** de)
Brustfell *nt* (ANAT) pleura *f*
Brustkasten *m* (ANAT) tórax *m inv*
Brustkorb *m* (ANAT) tórax *m inv*
Brustkrebs *m* cáncer *m* de mama
Brustmuskel *m* (ANAT) músculo *m* pectoral
Brustschwimmen *nt* (SPORT) estilo *m* braza
Brustschwimmer(in) *m(f)* (SPORT) nadador(a) *m(f)* de braza; **sie ist ~in** su especialidad es la braza
Brusttasche *f* bolsillo *m* interior
Brustumfang *m* ancho *m* del pecho
Brüstung ['brʏstʊŋ] *f* <-en> ❶ *(Balkonbrüstung)* pretil *m* ❷ *(Fensterbrüstung)* antepecho *m*
Brustwarze *f (bei Frauen)* pezón *m; (bei Männern)* tetilla *f*
Brut[1] ['bru:t] *f* <-en> ❶ *(das Brüten)* incubación *f* ❷ *(Vogeljunge)* nidada *f; (Fische)* freza *f*
Brut[2] *f ohne pl (abw: Gesindel)* gentuza *f*
brutal [bru'ta:l] *adj* brutal
Brutalität [brutali'tɛ:t] *f* <-en> brutalidad *f*
Brutapparat *m* (AGR, MED) incubadora *f*
brüten ['bry:tən] *vi* ❶ *(Vögel)* empollar ❷ *(geh: Sonne)* quemar; **~de Hitze** calor aplastante ❸ *(nachgrübeln)* meditar (**über** sobre), reflexionar (**über** sobre)
Brüter *m* <-s, -> (PHYS) reactor *m* (reproductor); **schneller** [*o* **Schneller**] **~** reactor rápido
Bruthitze *f* <-, *ohne pl*> *(fam)* calor *m* achicharrante, chicharrina *f*
Brutkasten *m* (MED) incubadora *f*
Brutpflege *f* <-, *ohne pl*> (ZOOL) cuidados *mpl* de reproducción
Brutstätte *f* lugar *m* de incubación
brutto ['brʊto] *adv* bruto
Bruttoeinkommen *nt* (WIRTSCH) ingresos *mpl* brutos
Bruttogehalt *nt* (WIRTSCH) sueldo *m* bruto
Bruttogewinn *m* (WIRTSCH) ganancia *f* bruta
Bruttoinlandsprodukt *nt* (WIRTSCH) producto *m* interior bruto
Bruttolohn *m* (WIRTSCH) salario *m* bruto
Bruttopreis *m* <-es, -e> precio *m* bruto
Bruttosozialprodukt *nt* (WIRTSCH) producto *m* nacional bruto
Brutzeit *f* tiempo *m* de reproducción
brutzeln ['brʊtsəln] **I.** *vi* freírse **II.** *vt (fam)* freír
B-Säule ['be:-] *f* (AUTO) pilar *m* B
BSE [be:ʔɛs'ʔe:] *Abk. von* **Bovine Spongiforme Encephalopathie** (**Rinderwahnsinn**) encefalopatía *f* espongiforme bovina
BSP [be:ʔɛs'pe:] *nt* <-, *ohne pl*> (WIRTSCH) *Abk. von* **Bruttosozialprodukt** PNB *m*
Btx [be:te:'ʔɪks] *nt* <-, *ohne pl*> (TEL, INFOR) *Abk. von* **Bildschirmtext** videotexto *m*
Bub [bu:p] *m* <-en, -en> *(südd, Österr, Schweiz)* niño *m,* chico *m*
Bube ['bu:bə] *m* <-n, -n> *(Spielkarte)* sota *f*
Buch [bu:x, *pl:* 'by:çɐ] *nt* <-(e)s, Bücher> ❶ (LIT) libro *m;* **gebundenes ~** libro de tapa dura; *(Drehbuch)* guion *m;* **ein Gentleman wie er im ~e steht** un caballero como Dios manda; **er ist ein ~ mit sieben Siegeln für mich** es un enigma para mí; **das ~ der Bücher** la Biblia; **er redet wie ein ~** *(fam)* habla como un libro; **das Goldene ~ der Stadt** el libro de oro de la ciudad ❷ (FIN) libro(s) *m(pl);* **über etw ~ führen** llevar la contabilidad de algo; **etw schlägt zu ~e** *(fig)* algo tiene consecuencias
Buchbesprechung *f* <-, -en> recensión *f,* reseña *f*
Buchbinder(in) *m(f)* <-s, -; -nen> encuadernador(a) *m(f),* empastador(a) *m(f) Am*
Buchbinderei *f* <-en> taller *m* de encuadernación
Buchbinderin *f* <-nen> *s.* **Buchbinder**
Buchdeckel *m* tapa *f,* cubierta *f* de un libro
Buchdruck *m ohne pl* tipografía *f*
Buchdrucker(in) *m(f)* <-s, -; -nen> tipógrafo, -a *m, f*
Buchdruckerei[1] *f (Betrieb)* taller *m* de tipografía
Buchdruckerei[2] *f ohne pl (das Buchdrucken)* tipografía *f*
Buchdruckerkunst *f ohne pl* artes *fpl* gráficas
Buche ['bu:xə] *f* <-n> haya *f*
Buchecker ['bu:xʔɛkɐ] *f* <-n> hayuco *m*
buchen ['bu:xən] *vt* ❶ *(Reise, Platz)* reservar ❷ (COM) contabilizar ❸ *(fig)* **das kannst du als Erfolg für dich ~** puedes apuntarte un tanto
Bücherbrett *nt* estante *m*
Bücherbus *m* bibliobús *m*
Bücherei *f* <-en> biblioteca *f*
Bücherregal *nt* estantería *f* de libros
Bücherschrank *m* biblioteca *f*
Büchersendung *f* envío *m* de libros
Bücherwand *f* librería *f*
Bücherwurm *m (fam)* ratón *m* de biblioteca
Buchfink *m* pinzón *m*
Buchführung *f* <-en> (COM) contabilidad *f*
Buchhalter(in) *m(f)* <-s, -; -nen> (COM) contable *mf*

buchhalterisch *adj* (COM) relativo a la contabilidad

Buchhaltung *f ohne pl* (COM) contabilidad *f*

Buchhandel *m* librería(s) *f(pl)*; **im ~ erhältlich** de venta en librerías

Buchhändler(in) *m(f)* librero, -a *m, f*

Buchhandlung *f* librería *f*

Buchladen *m* librería *f*, tienda *f* de libros

Buchmacher(in) *m(f)* <-s, -; -nen> corredor(a) *m(f)* de apuestas

Buchmesse *f* feria *f* del libro

Buchprüfer(in) *m(f)* revisor(a) *m(f)* de cuentas

Buchprüfung *f* <-, -en> revisión *f* de cuentas

Buchrücken *m* lomo *m* del libro

Buchsbaum ['bʊksbaʊm] *m* boj *m*

Buchse ['bʊksə] *f* <-n> ① (TECH) cojinete *m* ② (ELEK) enchufe *m*

Büchse ['bʏksə] *f* <-n> ① *(Behälter)* bote *m* ② *(Konservendose)* lata *f* ③ *(fam: Sammelbüchse)* hucha *f* ④ *(Gewehr)* escopeta *f*

Büchsenmilch *f* <-, *ohne pl*> leche *f* condensada [*o* enlatada]

Büchsenöffner *m* abrelatas *m inv*

Buchstabe ['bu:xʃta:bə] *m* <-n(s), -n> letra *f*; **nach dem ~n des Gesetzes** según lo que dice la ley

buchstabieren* [bu:xʃta'bi:rən] *vi, vt* deletrear

buchstäblich ['bu:xʃtɛ:plɪç] *adj* literal, textual; **ich war ~ in Schweiß gebadet** estaba literalmente empapado en sudor

Buchstütze *f* atril *m*

Bucht [bʊxt] *f* <-en> (GEO) bahía *f*; *(Meeresbusen)* golfo *m*

Buchumschlag *m* <-(e)s, -schläge> sobrecubierta *f*

Buchung ['bu:xʊŋ] *f* <-en> ① (FIN) asiento *m* ② *(Reservierung)* reserva *f*

Buchungsbeleg *m* <-(e)s, -e> (FIN) documento *m* contable, comprobante *m* de asientos

Buchungsnummer *f* número *m* de reserva, número *m* de reservación *Am*

buchungstechnisch *adj* **aus ~en Gründen** por motivos contables

Buchweizen *m* alforfón *m*

Buchwert *m* <-(e)s, -e> (FIN, COM) valor *m* contable [*o* según libros]

Buckel ['bʊkəl] *m* <-s, -> ① *(fam: Rücken)* espalda *f*, chepa *f fam*; **er kann mir den ~ runterrutschen** *(fam fig)* se puede ir a freír espárragos; **seine 80 Jahre auf dem ~ haben** *(fam fig)* tener 80 años a cuestas ② (ANAT) joroba *f*

buckelig *adj (Mensch)* jorobado, cheposo *fam*

Buckelige(r) *mf* <-n, -n; -n> jorobado, -a *m, f*

buckeln *vi (fam)* ① *(Katze)* encorvarse ② *(abw: unterwürfig sein)* someterse (**vor** a); *(fig)* humillarse (**vor** ante)

bücken ['bʏkən] *vr*: **sich ~** *(nach unten)* agacharse; *(nach vorne)* inclinarse; **sich nach etw ~** agacharse para recoger algo

bucklig *adj s.* **buckelig**

Bucklige(r) *mf* <-n, -n; -n> *s.* **Buckelige(r)**

Bückling *m* <-s, -e> ① *(Fisch)* arenque *m* ahumado ② *(fam: Verbeugung)* reverencia *f*

Budapest ['bu:dapɛst] *nt* <-s> Budapest *m*

buddeln ['bʊdəln] *vt (fam)* cavar

Buddha ['bʊda] *m* <-s, -s> (REL, KUNST) Buda *m*

Buddhismus [bʊ'dɪsmʊs] *m* <-, *ohne pl*> budismo *m*

Buddhist(in) *m(f)* <-en, -en; -nen> budista *mf*

buddhistisch *adj* budista

Bude ['bu:də] *f* <-n> ① *(Kiosk)* chiringuito *m*, trucha *f AmC* ② *(fam abw: Laden)* tenducho *m* ③ *(fam: Zimmer)* habitación *f*, cuarto *m*; **Leben in die ~ bringen** *(fam)* animar el ambiente

Budget [by'dʒe:, bʏ'dʒe:] *nt* <-s, -s> (POL, COM) presupuesto *m*

Bufdi ['bʊfdi] *m* <-s, *kein pl*> *(fam) Akr. von* **Bundesfreiwilligendienst**

Büfett [bʏ'fɛt, bʏ'fe:] *nt* <-(e)s, -e *o* -s> ① *(Anrichte)* bufé *m*; **kaltes ~** bufé frío ② *(Theke)* mostrador *m*

Büffel ['bʏfəl] *m* <-s, -> búfalo *m*

büffeln ['bʏfəln] *vi, vt (fam)* empollar, chapar

Buffett *nt* <-s, -s>, **Büffett** *nt* <-s, -s> *(Österr, Schweiz) s.* **Büfett**

Bug[1] [bu:k] *m* <-(e)s, -e> ① (NAUT) proa *f* ② (AERO) morro *m*

Bug[2] *m* <-s, -s> (INFOR) defecto *m*

Bügel ['by:gəl] *m* <-s, -> ① *(Kleiderbügel)* percha *f* ② *(Griff)* manija *f*, asa *f* ③ *(Brillenbügel)* patilla *f* ④ *(Steigbügel)* estribo *m* ⑤ *(Geldbörse, Reisetasche)* estribo *m* ⑥ *(Gewehr)* fiador *m* ⑦ *(am Schlepplift)* estribo *m*

Bügelbrett *nt* tabla *f* de planchar

Bügeleisen *nt* plancha *f*

Bügelfalte *f* raya *f* del pantalón

bügelfrei *adj* no necesita plancha

bügeln *vi, vt* (**glatt**) ~ planchar

Bügelsäge *f* sierra *f* de arco [*o* de metales]

B

Bugfahrwerk *nt* (AERO) tren *m* de aterrizaje delantero
Buggy ['bagi] *m* <-s, -s> *(Kinderwagen)* cochecito *m*
Bugwulst *m* <-(e)s, -wülste> (NAUT) reborde *m* de proa
buh [bu:] *interj* fuera
buhen ['bu:ən] *vi (fam)* abuchear
buhlen ['bu:lən] *vi (geh abw)* luchar (**um** por)
Buhmann ['bu:man] *m (fam)* oveja *f* negra
Bühne ['by:nə] *f* <-n> ❶ (THEAT) escenario *m;* **etw über die ~ bringen** *(fam)* llevar algo a cabo; **etw geht gut über die ~** *(fam)* algo se resuelve sin problemas ❷ *(Schauspielhaus)* teatro *m* ❸ *(Hebebühne)* plataforma *f* elevadora
Bühnenarbeiter(in) *m(f)* tramoyista *mf*
Bühnenbild *nt* decorado *m,* escenografía *f*
Bühnenbildner(in) ['by:nənbɪltnɐ] *m(f)* escenógrafo, -a *m, f*
bühnenreif *adj* maduro para ser puesto en escena; **dein Auftritt war wirklich ~** *(iron)* tu actuación ha sido realmente digna de ser puesta en escena
Bühnenstück *nt* pieza *f* de teatro
bühnenwirksam *adj* con gran efecto teatral
Buhruf ['bu:ru:f] *m* abucheo *m*
buk *(alt) 3. imp von* **backen**
Bukarest ['bu:karɛst] *nt* <-s> Bucarest *m*
Bukett [bu'kɛt] *nt* <-(e)s, -e *o* -s> ❶ *(geh: Blumenstrauß)* ramo *m* ❷ *(von Wein)* buqué *m*
Bulette [bu'lɛtə] *f* <-n> *(reg)* albóndiga *f*
Bulgare, -in [bʊl'ga:rə] *m, f* <-n, -n; -nen> búlgaro, -a *m, f*
Bulgarien [bʊl'ga:riən] *nt* <-s> Bulgaria *f*
Bulgarin *f* <-nen> *s.* **Bulgare**
bulgarisch *adj* búlgaro
Bulgur [bʊl'gu:ɐ] *m* <-s, *ohne pl*> (GASTR) bulgur *m*
Bulimie [buli'mi:] *f* <-, *ohne pl*> (MED) bulimia *f*
Bullauge ['bʊlʔaʊgə] *nt* <-s, -n> (NAUT) portilla *f*
Bulldogge *f* <-n> (ZOOL) bulldog *m,* perro *m* de presa
Bulldozer ['bʊldo:zɐ] *m* <-s, -> buldócer *m*
Bulle ['bʊlə] *m* <-n, -n> ❶ *(Rind)* toro *m* ❷ *(fam abw: Mann)* tiarrón *m* ❸ *(fam abw: Polizist)* madero *m*
Bullenhitze ['--'--] *f (fam)* calor *m* sofocante
Bulletin [bʏl'tɛ̃:] *nt* <-s, -s> boletín *m*
bullig *adj (fam)* ❶ *(gedrungen)* fornido ❷ *(Hitze)* sofocante
Bumerang ['bʊməraŋ, 'bu:məraŋ] *m* <-s, -s *o* -e> bumerán *m*
Bumerangeffekt *m* efecto *m* bumerang
Bummel ['bʊməl] *m* <-s, -> *(fam)* vuelta *f;* **einen kleinen ~ durch die Stadt machen** dar una vuelta por la ciudad
Bummelei *f* <-en> *(fam)* ❶ *(Trödelei)* lentitud *f* ❷ *(Faulenzerei)* holgazanería *f*
bummeln *vi* ❶ *sein (fam: spazieren gehen)* dar una vuelta, remoler *Chil, Perú* ❷ *(fam abw: trödeln)* remolonear
Bummelstreik *m* huelga *f* de celo
Bummelzug *m (fam) tren que para en todas las estaciones*
bums [bʊms] *interj* zas, cataplún
bumsen ['bʊmzən] *vi* ❶ *sein (anprallen)* darse (**gegen** contra) ❷ *(schlagen, klopfen)* dar (**gegen** contra) ❸ *(dumpf dröhnen)* **an der Ecke hat es gebumst** *(fam)* hubo un accidente en la esquina ❹ *(vulg: Geschlechtsverkehr haben)* follar, coger *Am*
Bumslokal *nt (fam abw)* puticlub *m*
Bund[1] [bʊnt, *pl:* 'bʏndə] *m* <-(e)s, Bünde> ❶ *(Vereinigung)* unión *f; (Pakt)* alianza *f;* **den ~ fürs Leben schließen** *(geh)* casarse; **mit jdm im ~e sein** estar aliado con alguien ❷ *(an Hosen)* pretina *f*
Bund[2] [bʊnt] *m* <-(e)s, -e> *(Karotten)* manojo *m*
Bund[3] *m* <-(e)s, *ohne pl*> ❶ (POL) Estado *m* federal, confederación *f;* **~ und Länder** el Estado federal y los Länder ❷ *(fam: Bundeswehr)* mili *f*
BUND [be:ʔu:ʔɛn'de:] *m* <-, *ohne pl*> (ÖKOL) *Abk. von* **Bund für Umwelt und Naturschutz Deutschland** Liga *f* Alemana para la Protección del Medio Ambiente y de la Naturaleza
Bündchen ['bʏntçən] *nt* <-s, -> *(Ärmel)* puño *m; (Halsausschnitt)* cuello *m*
Bündel ['bʏndəl] *nt* <-s, -> ❶ *(Packen)* lío *m; (Ballen)* fardo *m; (von Holz, Stroh)* haz *m;* **ein ~ an Maßnahmen** un paquete de medidas; **jeder hat sein ~ zu tragen** cada uno tiene que cargar con lo suyo ❷ *(von Akten)* legajo *m* ❸ *(Geldscheine)* fajo *m*
bündeln *vt* ❶ *(zusammenschnüren)* hacer fardos (de); *(Stroh)* agavillar ❷ *(Strahlen)* enfocar
bündelweise *adv* en manojos; *(Geld)* en fajos; **Radieschen werden ~ angeboten** los rabanitos se venden en manojos; **er holte ~ Banknoten aus der Tasche** se sacó del bolsillo fajos de billetes
Bundesagentur *f* agencia *f* federal
Bundesamt *nt* <-(e)s, -ämter> (ADMIN) oficina *f* federal

B

Bundesanstalt *f* instituto *m* federal; **die ~ für Arbeit** el instituto federal (para mediación) del trabajo
Bundesanwalt, -anwältin *m, f* <-(e)s, -wälte; -, -nen> ❶ *(Deutschland)* fiscal *mf* federal ❷ *(Schweiz)* fiscal *mf* de la confederación helvética
Bundesausbildungsförderungsgesetz *nt* (JUR) Ley *f* Federal de Promoción de la Enseñanza *(crédito oficial a estudiantes para sufragar los estudios)*
Bundesbahn *f* (HIST) Ferrocarriles *mpl* Federales
Bundesbank *f ohne pl* (ADMIN, FIN) Banco *m* Federal
Bundesbehörde *f* <-, -n> (ADMIN) autoridad *f* federal
Bundesbürger(in) *m(f)* ciudadano, -a *m, f* de la República Federal de Alemania
Bundesebene *f* <-, -n> nivel *m* federal; **auf ~** en el plano federal
Bundesfinanzhof [---'--] *m* <-(e)s, -höfe> (ADMIN) Tribunal *m* Federal Fiscal
Bundesgebiet *nt ohne pl* territorio *m* federal
Bundesgenosse *m* (POL) confederado *m*, aliado *m*
Bundesgericht *nt (Schweiz:* ADMIN, JUR) Tribunal *m* de la Confederación Helvética
Bundesgerichtshof [---'--] *m ohne pl* (ADMIN, JUR) Tribunal *m* Federal Supremo
Bundesgrenzschutz *m* (ADMIN) policía *f* de fronteras de la República Federal de Alemania
Bundeshauptstadt *f* (ADMIN) capital *f* federal
Bundeshaus *nt* ❶ *(Bundestagsgebäude)* edificio *m* del Bundestag ❷ *(Schweiz)* lugar *m* de reunión del consejo federal
Bundesinnenminister(in) [--'-----] *m(f)* (ADMIN) ministro, -a *m, f* de asuntos interiores
Bundeskanzler(in) *m(f)* (ADMIN) canciller *mf* federal
Bundeskanzleramt *nt* (ADMIN) Cancillería *f* Federal
Bundesland *nt* (ADMIN) estado *m* federado, land *m*
Bundesliga ['bʊndəsliːga] *f* (SPORT) primera división *f*
Bundesminister(in) *m(f)* (ADMIN) ministro, -a *m, f* federal
Bundesministerium *nt* (ADMIN) ministerio *m* federal
Bundesnachrichtendienst *m servicio secreto de la República Federal de Alemania*
Bundespost *f* (HIST) Correos *mpl* Federales
Bundespräsident(in) *m(f)* (ADMIN) ❶ *(in Deutschland)* Presidente, -a *m, f* de la República Federal de Alemania; *(in Österreich)* Presidente, -a *m, f* de la República ❷ *(Vorsitzender des Bundesrates in der Schweiz)* Presidente, -a *m, f* de la Confederación
Bundesrat *m ohne pl* (ADMIN) ❶ *(in Deutschland)* Bundesrat *m*, Cámara *f* Alta de la República Federal; *(in Österreich)* Cámara *f* de Representantes ❷ *(zentrale Regierung in der Schweiz)* Consejo *m* Federal
Bundesrechnungshof *m* <-(e)s, *ohne pl*> Tribunal *m* Federal de Cuentas
Bundesrecht *nt ohne pl* derecho *m* federal
Bundesregierung *f* (ADMIN) gobierno *m* federal
Bundesrepublik *f ohne pl* (ADMIN) **~ Deutschland** República Federal de Alemania
Bundesstaat *m* (ADMIN) ❶ *(Mitgliedsstaat in einem Bund)* estado *m* (con)federado [*o* federal] ❷ *(Staatenbund)* confederación *f*
Bundesstraße *f* carretera *f* federal; *(in Spanien)* ≈ carretera *f* nacional
Bundestag *m ohne pl* (ADMIN) Cámara *f* Baja del Parlamento alemán, Bundestag *m*
Bundestagsabgeordnete(r) *mf* diputado, -a *m, f* en el Bundestag
Bundestagsfraktion *f* <-, -en> (ADMIN, POL) grupo *m* de la Asamblea Federal
Bundestagspräsident(in) *m(f)* Presidente, -a *m, f* del Bundestag
Bundestagswahl *f* (ADMIN) elección *f* al Parlamento alemán
Bundestrainer(in) *m(f)* (SPORT) entrenador(a) *m(f)* de la selección nacional
Bundesverdienstkreuz [---'--] *nt* (ADMIN) Cruz *f* Federal del Mérito
Bundesverfassungsgericht [---'----] *nt ohne pl* (ADMIN, JUR) Tribunal *m* Constitucional Federal
Bundesversammlung *f ohne pl* (ADMIN) Asamblea *f* Federal
Bundeswehr *f ohne pl* (MIL) ejército *m* de la República Federal de Alemania
bundesweit *adj* en todo el territorio federal
Bundfalte *f* <-, -n> pinza *f*
Bundfaltenhose *f* pantalón *m* de pinzas
bündig ['bʏndɪç] *adj* ❶ *(kurz)* conciso; *(bestimmt)* preciso; **kurz und ~** sin rodeos ❷ *(überzeugend)* convincente
Bündnis [bʏntnɪs] *nt* <-ses, -se> (POL) alianza *f*
Bündnisgrüne(r) *mf* (POL) partidario, -a *m, f* de Los Verdes
Bündnispartner(in) *m(f)* aliado, -a *m, f*
Bundweite *f* talla *f* de cintura
Bungalow ['bʊŋgalo] *m* <-s, -s> bungaló *m*, bóngalo *m Am*

Bungeejumping ['bandʒidʒampɪŋ] *nt* <-s, *ohne pl*>, **Bungeespringen** ['bandʒiʃprɪŋən] *nt* <-s, *ohne pl*> salto *m* elástico, puenting *m*

Bunker ['bʊnkɐ] *m* <-s, -> búnker *m*

bunkern *vt* almacenar

Bunsenbrenner ['bʊnzənbrɛnɐ] *m* (TECH) mechero *m* de Bunsen

bunt [bʊnt] *adj* ① *(mehrfarbig)* de varios colores; ~ **kariert** de cuadros multicolores; **er ist bekannt wie ein ~er Hund** *(fam)* está más visto que el tebeo ② *(abwechslungsreich)* ~ **gemischt** variado; **eine ~e Menge** una multitud abigarrada; **das wird ein ~er Abend** será una noche muy variada; **ein ~es Durcheinander** una mezcla ③ *(wirr)* desordenado; **jetzt wird's mir aber zu ~!** *(fam)* ¡eso pasa de castaño oscuro!

buntgemischt *adj s.* **bunt 2.**

Buntspecht *m* pico *m* picapinos

Buntstift *m* lápiz *m* de color

Buntwäsche *f ohne pl* ropa *f* de color

Bürde ['bʏrdə] *f* <-n> *(geh)* carga *f*

Bure, -in ['bu:rə] *m, f* bóer *mf*

Burg [bʊrk] *f* <-en> castillo *m*

Bürge, -in ['bʏrgə] *m, f* <-n, -n; -nen> fiador(a) *m(f)*

bürgen *vi* garantizar, avalar; **ich bürge für ihn** respondo de él

Bürger(in) ['bʏrgɐ] *m(f)* <-s, -; -nen> ① *(Staatsbürger)* ciudadano, -a *m, f* ② *(Einwohner)* habitante *mf* ③ *(Bourgeois)* burgués, -esa *m, f*

Bürgerbegehren *nt* petición *f* cívica

Bürgerbewegung *f* movimiento *m* ciudadano [*o* cívico]

bürgerfern *adj* alejado de los ciudadanos

Bürgerhaus *nt* <-es, -häuser> *(Gemeindehaus)* asociación *f* de vecinos, centro *m* cultural

Bürgerinitiative *f* iniciativa *f* ciudadana

Bürgerkrieg *m* guerra *f* civil

bürgerkriegsähnlich *adj* similar a una guerra civil, de preguerra civil

bürgerlich *adj* ① *(Schicht, Einstellung)* burgués ② (JUR) civil; **das B~e Gesetzbuch** el Código Civil

Bürgerliche(r) *mf* <-n, -n; -n, -n> burgués, -esa *m, f;* **er ist Graf, seine Frau eine ~** él es conde, su mujer burguesa

Bürgermeister(in) *m(f)* alcalde(sa) *m(f),* regente *mf Méx*

bürgernah *adj* cerca del pueblo

Bürgernähe *f* <-, *ohne pl*> proximidad *f* al pueblo

Bürgerrecht *nt* derecho *m* civil

Bürgerrechtler(in) *m(f)* <-s, -; -nen> defensor(a) *m(f)* de los derechos humanos y civiles

Bürgerrechtsbewegung *f* movimiento *m* por los derechos civiles

Bürgerschaft *f ohne pl* ciudadanía *f; (Bevölkerung)* población *f*

Bürgersteig ['bʏrgɐʃtaɪk] *m* <-(e)s, -e> acera *f,* vereda *f Am*

Bürgertum *nt* <-(e)s, *ohne pl*> burguesía *f*

Bürgin ['bʏrgɪn] *f* <-nen> *s.* **Bürge**

Burgruine *f* <-, -n> castillo *m* en ruinas

Bürgschaft ['bʏrkʃaft] *f* <-en> ① (JUR) aval *m,* garantía *f;* **für jdn eine ~ leisten** hacerse garante de alguien ② *(Betrag)* fianza *f*

Burgund [bʊr'gʊnt] *nt* <-s> Borgoña *f*

Burgunder[1] *m* <-s, -> *(Wein)* borgoña *m*

Burgunder(in)[2] *m(f)* <-s, -; -, -nen> *(Einwohner)* borgoñón, -ona *m, f*

Burgverlies *nt* <-es, -e> mazmorra *f*

Burkina Faso [bʊr'ki:na 'fa:zo] *nt* <- -s> Burkina Faso *f;* **aus ~** burkinés

burlesk [bʊr'lɛsk] *adj* burlesco, jocoso

Büro [by'ro:] *nt* <-s, -s> oficina *f,* archivo *m Col*

Büroangestellte(r) *mf* empleado, -a *m, f* de oficina, oficinista *mf*

Büroarbeit *f* trabajo *m* de oficina

Bürobedarf *m* material *m* de oficina

Bürogebäude *nt* edificio *m* de oficinas

Bürohaus *nt* edificio *m* de oficinas

Bürohengst *m (abw)* chupatintas *m inv*

Bürokauffrau *f* administrativa *f*

Bürokaufmann *m* administrativo *m*

Büroklammer *f* sujetapapeles *m inv,* ataché *m AmC*

Bürokraft *f* <-, -kräfte> oficinista *mf*

Bürokrat(in) [byro'kra:t] *m(f)* <-en, -en; -nen> *(abw)* burócrata *mf*

Bürokratie [byrokra'ti:] *f ohne pl* burocracia *f,* oficialismo *m Arg*

Bürokratin *f* <-nen> *s.* **Bürokrat**

bürokratisch *adj* burocrático, oficialista *Am*

Bürokratismus *m* <-, *ohne pl*> *(abw)* burocratismo *m*

Büromaterial *nt* material *m* de oficina

Bürostuhl *m* silla *f* de oficina [*o* de escritorio]

Bürostunden *f pl* horas *f pl* de despacho

Bursche ['bʊrʃə] *m* <-n, -n> chico *m,* chaval *m*

Burschenschaft *f* <-en> *(Studentenverbindung)* asociación *f* de estudiantes

burschikos [bʊrʃi'ko:s] *adj (Person)* campechano; *(ungezwungen)* desenvuelto

Bürste ['bʏrstə] *f* <-n> cepillo *m*

bürsten *vt* cepillar; **sich** *dat* **die Haare ~** cepillarse el pelo

Burundi [bu'rʊndi] *nt* <-s> Burundi *m*

Bus [bʊs] *m* <-ses, -se> ① *(Fahrzeug)* bus *m,* guagua *f Cuba, PRico* ② (INFOR) conductor *m* común

Busbahnhof *m* estación *f* de autobuses

Busch [bʊʃ, *pl:* 'bʏʃə] *m* <-(e)s, Büsche> ① *(Strauch)* arbusto *m,* mata *f;* **hier ist etwas im ~** *(fam)* aquí hay gato encerrado; **sich in die Büsche schlagen** *(fam)* desaparecer a la chita callando; **mit etw hinterm ~ halten** *(fam)* callar algo ② *(in den Tropen)* selva *f* ③ *(Federbusch)* penacho *m*

Büschel ['bʏʃəl] *nt* <-s, -> *(Gras, Heu)* haz *m; (Haare)* mechón *m*

büschelweise *adv (Gras, Heu)* en haces; *(Haare)* a mechones; **die Haare sind ihm ~ ausgegangen** el pelo se le cayó a mechones

Buschfeuer *nt* <-s, -> incendio *m* en la selva (tropical)

buschig *adj* peludo

Buschmann *m* bosquimano *m*

Buschmesser *nt* machete *m,* colín *m AmC, Ant*

Buschwerk *nt* <-(e)s, *ohne pl*> maleza *f*

Busen ['bu:zən] *m* <-s, -> seno *m; (Brust)* pecho *m*

Busenfreund(in) *m(f)* amigo, -a *m, f* íntimo , -a

Busfahrer(in) *m(f)* conductor(a) *m(f)* de autobús

Bushaltestelle *f* parada *f* de autobuses

Businessclass ['bɪznɪs kla:s] *f* <- -, *ohne pl*> (AERO) business class *m,* clase *f* ejecutiva

Businessklasse *f* (AERO) clase *f* business [*o* preferente]

Buslinie *f* línea *f* de autobuses

Bussard ['bʊsart] *m* <-s, -e> águila *f* ratonera

Buße ['bu:sə] *f* <-n> ① (REL) penitencia *f;* **~ tun** hacer penitencia ② *(a. Schweiz:* JUR*)* multa *f*

büßen ['by:sən] *vt* ① (REL) expiar ② *(Tat)* pagar; **das wirst du mir ~** esto me lo vas a pagar ③ *(Schweiz: mit Geldbuße belegen)* multar

Büßer(in) *m(f)* <-s, -; -nen> (REL) penitente, -a *m, f*

Busserl ['bʊsɐl] *nt* <-s, -(n)> *(südd, Österr)* beso *m*

Bußgeld ['bu:s-] *nt* (JUR) multa *f*

Bußgeldbescheid *m* (JUR) aviso *m* de multa

Bussi ['bʊsi] *nt* <-s, -s> *(fam)* besito *m*

Bußtag *m* (REL) día *m* de penitencia; **Buß- und Bettag** día de ayuno

Büste ['bʏstə] *f* <-n> busto *m*

Büstenhalter *m* <-s, -> sostén *m,* corpiño *m CSur*

Busverbindung *f* enlace *m* de autobús; **auf dem Land sind die ~en nicht gut** en el campo no hay un buen servicio de autobuses

Butan [bu'ta:n] *nt* <-s, -e> (CHEM) butano *m*

Butangas *nt ohne pl* gas *m* butano

Butt [bʊt] *m* <-(e)s, -e> *(Scholle)* platija *f; (Steinbutt)* rodaballo *m*

Bütte ['bʏtə] *f* <-n> tina *f*

Büttenrede *f (reg)* discurso *m* carnavalesco

Butter ['bʊtɐ] *f ohne pl* mantequilla *f;* **es ist alles in ~** *(fam)* todo está en orden; **er gönnt ihm nicht die ~ auf dem Brot** le envidia todo

Butterblume *f* (BOT) botón *m* de oro

Butterbrot *nt* (rebanada *f* de) pan *m* con mantequilla; **etw für ein ~ bekommen** *(fam)* recibir algo por un pedazo de pan; **für ein ~ arbeiten** *(fam)* trabajar por un pedazo de pan

Butterbrotdose *f* táper *m* para el bocadillo

Butterbrotpapier *nt* papel *m* pergamino

Buttercreme *f* <-, -s> (GASTR) crema *f* de mantequilla

Butterdose *f* mantequillera *f*

Butterkeks *m* <-es, -e> galleta *f* de mantequilla

Buttermilch *f* leche *f* batida

Buttersäure *f* <-, -n> (CHEM) ácido *m* butírico

butterweich ['--'-] *adj (Frucht)* como manteca; *(Metall, Plastik)* muy dúctil; *(Landung)* muy suave

Button ['batən] *m* <-s, -s> insignia *f*

Butzenscheibe ['bʊtsən-] *f vidrio abombado en el centro con el que se construyen ventanas emplomadas*

BVG [be:faʊ'ge:] *nt* <-, *ohne pl*> (JUR) *Abk. von* **Bundesverfassungsgericht** Tribunal *m* Constitucional Federal

b.w. *Abk. von* **bitte wenden** continúa al dorso

BWL [be:ve:'ʔɛl] *Abk. von* **Betriebswirtschaftslehre** teoría *f* de la empresa, economía *f* industrial

Bypass ['baɪpa:s] *m* <-(es), -pässe> (MED) bypass *m inv*

Byte [baɪt] *nt* <-s, -s> (INFOR) byte *m*

byzantinisch [bytsan'ti:nɪʃ] *adj* (HIST) bizantino

bzw. *Abk. von* **beziehungsweise** o sea, respectivamente

Cc

C, c [tseː] *nt* <-, -> ❶ *(Buchstabe)* C, c *f;* ~ **wie Cäsar** C de Carmen ❷ (MUS) do *m*
ca. *Abk. von* **circa** cerca de, aproximadamente
Cabrio [ˈkaːbrio] *nt* <-s, -s>, **Cabriolet** [kabrioˈleː] *nt* <-s, -s> cabriolé *m,* descapotable *m*
Cache [ˈkaʃ] *m* <-, *ohne pl*> (INFOR) caché *m*
Caddie [ˈkɛdi] *m* <-s, -s> *(Mensch)* cadi *m; (Wagen)* carrito *m* de golf
Cadmium [ˈkatmiʊm] *nt* <-s, *ohne pl*> (CHEM) cadmio *m*
Café [kaˈfeː] *nt* <-s, -s> café *m*
Cafeteria [kafeteˈriːa] *f* <Cafeterien> cafetería *f*
cal *Abk. von* **Kalorie** cal
Calcium [ˈkaltsiʊm] *nt* <-s, *ohne pl*> (CHEM) calcio *m*
Callboy [ˈkɔːlbɔɪ] *m* <-s, -s> prostituto, m, call boy *m*
Callcenter [ˈkoːlsɛntɐ] *nt* <-s, -> call center *m,* centralita *f* de márquetin telefónico
Callgirl [ˈkɔːlgœːl] *nt* <-s, -s> prostituta *f,* call girl *f*
Calvinismus [kalviˈnɪsmʊs] *m* <-, *ohne pl*> (REL) calvinismo *m*
Camcorder [ˈkɛmkɔrdɐ] *m* <-s, -> camcórder *m*
Camembert [ˈkamãbɛːɐ, ˈkaməmbeːɐ] *m* <-s, -s> (GASTR) queso *m* camembert
Camion [kaˈmjõ] *m* <-s, -s> *(Schweiz)* camión *m*
Camp [kɛmp] *nt* <-s, -s> campamento *m*
campen [ˈkɛmpən] *vi* (a)campar, hacer campin(g)
campieren* *vi* acampar
Camping [ˈkɛmpɪŋ] *nt* <-s, *ohne pl*> campin(g) *m*
Campingausrüstung *f* equipo *m* de campin(g)
Campingbus *m* caravana *f*
Campingplatz *m* campin(g) *m*
Campingstuhl *m* silla *f* de camping
Campingtoilette *f* inodoro *m* para campin(g)
Campus [ˈkampʊs] *m* <-, -> (UNIV) campus *m inv*
Canasta [kaˈnasta] *nt* <-s, *ohne pl*> *(Kartenspiel)* canasta *f*
Cannabis [ˈkanabɪs] *m* <-, *ohne pl*> (BOT) cáñamo *m; (sl: Haschisch)* hachís *m inv*
Cannelloni *pl* (GASTR) canelones *m pl*
Cañon [ˈkanjɔn] *m* <-s, -s> (GEO) cañón *m*
Cape [kɛɪp] *nt* <-s, -s> capa *f*
Capoeira [kaˈpoeːra] *f* <-, *ohne pl*> (SPORT) capoeira *f*
Cappuccino [kapuˈtʃiːno] *m* <-(s), -(s)> capuchino *m*
Caravan [ˈkaravan] *m* <-s, -s> ❶ *(Kombiwagen)* vehículo *m* compacto de carga, pick-up *m* ❷ *(Wohnwagen)* caravana *f*
Carport [ˈkaːɐpɔɐːt] *m* <-s, -s> aparcamiento *m* cubierto al aire libre
Carsharing [ˈkaːɐʃɛːrɪŋ] *nt* <-(s), *ohne pl*> carsharing *m,* coche *m* compartido
Cartoon [ˈkaːɐtuːn] *m* <-(s), -s> ❶ *(Karikatur)* caricatura *f* ❷ *(Bildgeschichte)* historieta *f* de dibujos animados
Casanova [kazaˈnɔːva] *m* <-s, -s> casanova *m*
Cashewkern *m* anacardo *m*
Cashewnuss [ˈkɛʃunʊs] *f* <-, -nüsse> anacardo *m*
Cashflow [ˈkɛʃflɔʊ] *m* <-s, *ohne pl*> (WIRTSCH) cash-flow *m*
Casino [kaˈziːno] *nt* <-s, -s> casino *m*
Cäsium [ˈtsɛːziʊm] *nt* <-s, *ohne pl*> (CHEM) cesio *m*
Castingshow [ˈkaːstɪŋʃoː] *f* <-, -s> programa *m* basado en un castin
Catering [ˈkɛɪtərɪŋ] *nt* <-s, *ohne pl*> (GASTR) cáterin *m,* abastecimiento *m*
Cateringservice *m* <-, -s> (GASTR) cáterin *m,* servicio *m* de comidas preparadas
Cayennepfeffer [kaˈjɛn-] *m* pimienta *f* de Cayena, ají *m AmS, Ant*
CB-Funk *m* citizen band *f*
CD [tseːˈdeː] *f* <-(s)> *Abk. von* **Compact Disk** CD *m inv*
CD-Brenner *m* <-s, -> grabador *m* de CD, (re)grabadora *f* de compacts
CD-Laufwerk *nt* (INFOR) unidad *f* de CD, reproductor *m* de CD
CD-Player *m* <-s, -> compact disc *m*
CD-ROM *f* <-(s)> (INFOR) CD-ROM *m,* cederrón *m*
CD-ROM-Laufwerk *nt* (INFOR) lector *m* de CD-ROM, reproductor *m* de CD-ROM
CD-Spieler *m s.* **CD-Player**
CDU [tseːdeːˈʔuː] *f Abk. von* **Christlich Demokratische Union** (**Deutschlands**) partido *m* de la Unión Cristiano Demócrata de Alemania
C-Dur *nt* <-, *ohne pl*> (MUS) do *m* mayor
Cellist(in) [tʃɛˈlɪst] *m(f)* <-en, -en; -nen> violonc(h)elista *mf*
Cello [ˈtʃɛlo, *pl:* ˈtʃɛli, ˈtʃɛlos] *nt* <-s, -s *o* Celli> violonc(h)elo *m*

Cellophan® [tsɛlo'fa:n] *nt* <-s, *ohne pl*> celofán® *m*

Celsius ['tsɛlziʊs] **30 Grad ~** 30 grados centígrados

Cembalo ['tʃɛmbalo, *pl:* 'tʃɛmbali, tʃɛmbalos] *nt* <-s, -s *o* Cembali> clavecín *m*

Cent [sɛnt] *m* <-(s), -(s)> *(Dollar)* centavo *m; (Euro)* céntimo *m;* **ich habe keinen ~ dabei** estoy sin un duro; **das ist keinen ~ wert** esto no vale un duro

Ces [tsɛs] *nt* <-, -> (MUS) do *m* bemol

Ceylon ['tsaɪlɔn] *nt* <-s> (HIST) Ceilán *m*

Cha-Cha-Cha ['tʃa'tʃa'tʃa] *m* <-(s), -s> chachachá *m*

Chalet [ʃa'le:, ʃa'lɛ] *nt* <-s, -s> *(Schweiz)* chalé *m*

Chamäleon [ka'mɛ:leɔn] *nt* <-s, -s> (ZOOL: *a. fig)* camaleón *m*

Champagner [ʃam'panjɐ] *m* <-s, -> champán *m*

Champignon ['ʃampɪnjɔŋ] *m* <-s, -s> champiñón *m*

Champion ['tʃɛmpjən] *m* <-s, -s> (SPORT) campeón, -ona *m, f*

Chance ['ʃã:s(ə)] *f* <-n> ❶ *(Gelegenheit)* oportunidad *f* (**zu** de), ocasión *f* (**zu** de); **eine ~ wahrnehmen** aprovechar una ocasión; **ich gebe dir noch eine letzte ~** aún te doy una última oportunidad ❷ *(Aussicht)* perspectiva *f* (**auf/zu** de); *(Möglichkeit)* posibilidad *f* (**auf/zu** de); **sich** *dat* **gute ~n ausrechnen** contar con buenas posibilidades; **~n auf einen Gewinn** perspectivas de ganar; **~n bei jdm haben** *(fam)* tener buenas posibilidades con alguien

Chancengleichheit *f ohne pl* igualdad *f* de oportunidades

chancenlos *adj (ohne Aussichten)* sin perspectivas; *(ohne Möglichkeiten)* sin posibilidades

Chanson [ʃã'sõ:] *nt* <-s, -s> canción *f*

Chansonsänger(in) *m(f)* cantante *mf* de canción francesa

Chaos ['ka:ɔs] *nt* <-, *ohne pl*> caos *m inv,* desorden *m;* **Ordnung in das ~ bringen** poner orden en el caos; **auf der Straße herrscht ein ziemliches ~** en la calle hay una gran confusión; **ein ~ im Kopf haben** tener un bollo mental *fam*

Chaot(in) [ka'o:t] *m(f)* <-en, -en; -nen> ❶ *(unbeherrschter Mensch)* persona *f* caótica ❷ *(abw: Radikaler)* extremista *mf*

chaotisch [ka'o:tɪʃ] *adj* caótico; *(unordentlich)* desordenado; **es geht ~ zu** es un caos

Charakter [ka'raktɐ, *pl:* karak'te:rə] *m* <-s, -e> carácter *m;* **er hat ~** tiene carácter; **sie sind ganz gegensätzliche ~e** son de naturaleza totalmente contraria; **die Unterredung hatte vertraulichen ~** la conversación ha sido de carácter confidencial

Charakterdarsteller(in) *m(f)* <-s, -; -, -nen> (FILM, THEAT) característico, -a *m, f*

Charaktereigenschaft *f* rasgo *m* de carácter

Charakterfehler *m* <-s, -> defecto *m* (de carácter)

charakterfest *adj* de carácter firme

charakterisieren* [karakteri'zi:rən] *vt* caracterizar (**als** de); **dieser Film charakterisiert das 18. Jahrhundert** esta película caracteriza el siglo XVIII; **Stress und Lärm ~ das Stadtleben** el estrés y el ruido caracterizan la vida en las ciudades

Charakterisierung *f* <-en> caracterización *f*

Charakteristik [karakte'rɪstɪk] *f* <-en> característica *f*

Charakteristikum [karakte'rɪstɪkʊm] *nt* <-s, Charakteristika> *(geh)* rasgo *m* característico, característica *f*

charakteristisch *adj* característico (**für** de); *(typisch)* típico (**für** de)

charakterlich *adj* de carácter; **er hat einige ~e Schwächen** tiene algunos defectos de carácter

charakterlos *adj* sin carácter

Charakterlosigkeit[1] *f* <-, -en> *(schändliche Tat)* canallada *f,* vileza *f*

Charakterlosigkeit[2] *f* <-, *ohne pl*> *(Niedertracht)* falta *f* de escrúpulos, bajeza *f*

Charakterschwäche *f* debilidad *f* de carácter

Charakterschwein *nt (fam)* cerdo *m*

Charakterstärke *f* fuerza *f* de carácter

Charakterzug *m* rasgo *m* de carácter

Charisma ['ka:rɪsma] *nt* <-s, -ta *o* Charismen> (*a.* REL) carisma *m*

Charismatiker(in) *m(f)* <-s, -; -, -nen> (*a.* REL) persona *f* carismática

charismatisch *adj* carismático; **~e Ausstrahlung** poder carismático

Charleston ['tʃarlstn] *m* <-, -s> charlestón *m*

charmant [ʃar'mant] *adj* encantador

Charme [ʃarm] *m* <-s, *ohne pl*> encanto *m;* **seinen ganzen ~ aufbieten** servirse de todo su encanto

Charmeur [ʃar'mø:ɐ] *m* <-s, -e> lisonjero *m*

Charta ['karta] *f* <-s> (POL) carta *f* constitucional

Charterer ['tʃartərɐ] *m* <-s, -> (WIRTSCH) fletador *m*

Charterflug *m* (AERO) (vuelo *m*) chárter *m*

Charterfluggesellschaft *f* (AERO) compañía *f* aérea de chárters

Charterflugzeug *nt* (AERO) (avión *m*) chárter *m*

Chartermaschine *f* (AERO) (avión *m*) chárter *m*

chartern ['tʃa:ɐtɐn] *vt* fletar

Charts ['tʃa:ɐts] *pl* (MUS) (listas *f pl* de) superventas *mpl;* **(ganz oben) in den ~ sein** estar en los primeros puestos de los superventas

Chassis [ʃa'si:] *nt* <-, -> ① (AUTO) chasis *m inv* ② (ELEK) placa *f* de base

Chat [tʃɛt] *m* <-s, -s> (INFOR, TEL: *sl)* charla *f,* chat *m*

chatten ['tʃɛtən] *vi* (INFOR) **(mit jdm) ~** chatear (con alguien)

Chauffeur(in) [ʃɔ'fø:ɐ] *m(f)* <-s, -e; -nen> chófer *mf*

chauffieren* *vt* conducir

Chauvi ['ʃo:vi] *m* <-s, -s> *(fam)* machista *m*

Chauvinismus [ʃovi'nɪsmʊs] *m* <-, *ohne pl*> *(abw)* ① *(Nationalismus)* chovinismo *m* ② *(Sexismus)* machismo *m*

Chauvinist *m* <-en, -en> *(abw: Sexist)* machista *m*

chauvinistisch *adj (abw)* ① *(nationalistisch)* chovinista ② *(frauenfeindlich)* machista

checken ['tʃɛkən] *vt* ① *(überprüfen)* revisar, chequear *Am* ② *(fam: kapieren)* captar ③ *(Eishockey)* empujar

Check-in *m o nt* <-s, -s> (AERO) facturación *f;* **um 15.00 Uhr beginnt der ~** a las tres se empieza a facturar (el equipaje)

Check-in-Automat *m* (AERO) terminal *f* de autoembarque

Check-in-Schalter *m* (AERO) mostrador *m* de embarque

Checkliste *f* ① *(Notizzettel)* recordatorio *m* ② (AERO) lista *f* de embarque

Check-up *m* <-s, -s> (MED) chequeo *m*

Chef(in) [ʃɛf] *m(f)* <-s, -s; -nen> jefe, -a *m, f*

Chefarzt, -ärztin *m, f* (MED: *eines Krankenhauses*) director(a) *m(f); (einer Station)* médico, -a *m, f* jefe

Chefetage *f* departamento *m* de ejecutivos

Chefin *f* <-nen> *s.* **Chef**

Chefkoch, -köchin *m, f* <-(e)s, -köche; -, -nen> cocinero, -a *m, f* jefe, jefe, -a, -a *m, f* de cocina

Chefredakteur(in) *m(f)* redactor(a) *m(f)* jefe

Chefredaktion *f* <-, -en> ① *(Aufgabe)* dirección *f,* cargo *m* de redactor jefe ② *(Büro)* despacho *m* del director [*o* del redactor jefe]

Chefsache *f* <-, -n> *(fam)* **diese Angelegenheit ist ~** la responsabilidad de esta cuestión la tiene el jefe

Chefsekretär(in) *m(f)* secretario, -a *m, f* de dirección

chem. *Abk. von* **chemisch** químico

Chemie [çe'mi:] *f ohne pl* química *f*

Chemiefaser *f* fibra *f* sintética

Chemiekonzern *m* empresa *f* multinacional química

Chemikalie [çemi'ka:liə] *f* <-n> sustancia *f* química

Chemikalienhandschuh *m guante protector para el manejo de sustancias químicas*

Chemiker(in) ['çe:mikɐ] *m(f)* <-s, -; -nen> químico, -a *m, f*

chemisch *adj* químico; **~e Reinigung** limpieza en seco

Chemotherapie [çemotera'pi:] *f* (MED) quimioterapia *f*

Cherimoya [tʃeri'mo:ja] *f* <-, -s> chirimoya *f*

Cherub ['çe:rʊp, 'ke:rʊp, *pl:* 'ke:rubi:m, çeru'bi:nən] *m* <-s, Cherubim *o* Cherubinen> (REL) querubín *m*

chic [ʃɪk] *adj* elegante, paquete *Arg;* **sich ~ machen** vestirse elegantemente; **es gilt als ~, in dieses Lokal zu gehen** está de moda ir a este local

Chicorée [ʃiko're:] *m* <-s, *ohne pl*> *f ohne pl* achicoria *f* (amarga)

Chiffon *m* <-s, -s> gasa *f* tra(n)sparente

Chiffre ['ʃɪfrə] *f* <-n> cifra *f*

chiffrieren* [ʃɪ'fri:rən] *vt* cifrar

Chile ['çi:le, 'tʃi:le] *nt* <-s> Chile *m*

Chilene, -in [çi'le:nə] *m, f* <-n, -n; -nen> chileno, -a *m, f*

chilenisch *adj* chileno

Chili ['tʃili] *m* <-s, *ohne pl*> (GASTR: *Pfefferschote*) chile *m,* chili *m Méx; (Pfeffersoße)* ají *m*

Chili-Sauce *f* (GASTR) chilmole *m*

Chilischote *f* chile *m,* ají *m*

chillig ['tʃɪlɪç] *adj* ① *(fam: erholsam, entspannend)* relajante ② *(fam: entspannt, unaufgeregt)* de relax, calmado

China ['çi:na] *nt* <-s> China *f*

Chinakohl *m* col *f* rizada

Chinarestaurant *nt* restaurante *m* chino

Chinese, -in [çi'ne:zə] *m, f* <-n, -n; -nen> chino, -a *m, f*

chinesisch *adj* chino

Chinesisch *nt* <-(s), *ohne pl*>, **Chinesische** *nt* <-n, *ohne pl*> chino *m*

Chinin [çi'ni:n] *nt* <-s, *ohne pl*> (MED) quinina *f*

Chip [tʃɪp] *m* <-s, -s> ① *(Spielmarke)* ficha *f* ② *pl (gebackene Kartoffelscheiben)* patatas *f pl* fritas ③ (INFOR) chip *m*

Chipkarte *f* (INFOR) tarjeta *f* chip
Chipkartenleser ['tʃɪp-] *m* lector *m* de tarjetas chip
Chipkartenterminal *nt* terminal *f* [*o* dispositivo *m*] de cobro con tarjeta
Chirurg(in) [çi'rʊrk] *m(f)* <-en, -en; -nen> cirujano, -a *m, f*
Chirurgie[1] [çirʊr'giː] *f ohne pl (Fach)* cirugía *f*
Chirurgie[2] *f* <-n> *(Abteilung)* sección *f* de cirugía
Chirurgin *f* <-nen> *s.* **Chirurg**
chirurgisch *adj* quirúrgico
Chlor [kloːɐ] *nt* <-s, *ohne pl*> (CHEM) cloro *m*
Chlorid *nt* <-(e)s, -e> (CHEM) cloruro *m*
chlorieren [klo'riːrən] *vt* (*a.* CHEM) clorar
chlorig *adj* clorado
Chloroform [kloro'fɔrm] *nt* <-s, *ohne pl*> (CHEM) cloroformo *m*
Chlorophyll [kloro'fʏl] *nt* <-s, *ohne pl*> (BOT) clorofila *f*
Choke [tʃoːk] *m* <-s, -s> (AUTO) aire *m*, estárter *m*; **den ~ ziehen** sacar el aire
Cholera ['koːlera, 'kɔləra] *f ohne pl* (MED) cólera *m*
Choleriker(in) [ko'leːrikɐ] *m(f)* <-s, -; -, -nen> colérico, -a *m, f*
cholerisch *adj* colérico, furioso
Cholesterin [kolɛste'riːn] *nt* <-s, *ohne pl*> (MED) colesterol *m*
Chor [koːɐ, *pl:* 'køːrə] *m* <-(e)s, Chöre> (MUS, ARCHIT) coro *m*; **im ~ sprechen/singen** hablar/cantar a coro
Choral [ko'raːl, *pl:* ko'rɛːlə] *m* <-s, Choräle> (MUS) cántico *m*, (composición *f*) coral *m*
Choreograf(in) [koreo'graːf] *m(f)* <-en, -en; -nen> coreógrafo, -a *m, f*
Choreografie [koreogra'fiː] *f* <-n> coreografía *f*
Choreografin *f* <-nen> *s.* **Choreograf**
choreografisch *adj* coreográfico
Chorgesang *m* (MUS) canto *m* a coro
Chorknabe *m* (MUS) niño *m* de coro
Chorleiter(in) *m(f)* (MUS) director(a) *m(f)* de coro
Chorsänger(in) *m(f)* (MUS) corista *mf*
Chose ['ʃoːzə] *f* <-n> *(fam)* ① *(Angelegenheit)* asunto *m* ② *(Dinge)* chismes *mpl*; **die ganze ~** todos los trastos
Chr. *Abk. von* **Christus, Christi** Cristo *m*
Christ(in) [krɪst] *m(f)* <-en, -en; -nen> cristiano, -a *m, f*
Christbaum *m* árbol *m* de Navidad
Christdemokrat(in) *m(f)* demócratacristiano, -a *m, f*
Christenheit *f* <-, *ohne pl*> cristiandad *f*
Christentum *nt* <-s, *ohne pl*> cristianismo *m*
Christi *gen von* **Christus: vor ~ Geburt** antes de Cristo
Christianisierung [krɪstjani'ziːrʊŋ] *f* <-, -en> cristianización *f*
Christin *f* <-nen> *s.* **Christ**
Christkind *nt ohne pl* niño *m* Jesús
christlich *adj* cristiano
Christmesse *f* <-n>, **Christmette** ['krɪstmɛtə] *f* <-n> (REL) misa *f* de(l) gallo
Christus ['krɪstʊs] *m* <Christi> Cristo *m*; **vor ~** antes de Cristo
Chrom [kroːm] *nt* <-s, *ohne pl*> (CHEM) cromo *m*
Chromatik [kro'maːtɪk] *f* <-, *ohne pl*> (MUS, PHYS) cromática *f*
chromatisch *adj* (PHYS, MUS) cromático
Chromosom [kromo'zoːm] *nt* <-s, -en> (BIOL) cromosoma *m*
Chronik ['kroːnɪk] *f* <-en> crónica *f*
chronisch *adj* crónico, pasmuno *PRico*
Chronist(in) [kro'nɪst] *m(f)* <-en, -en; -nen> cronista *mf*
Chronologie [kronolo'giː] *f* <-n> cronología *f*
chronologisch [krono'loːgɪʃ] *adj* cronológico; **in ~er Reihenfolge** por orden cronológico
Chronometer *m* <-s, -> (TECH) cronómetro *m*
Chrysantheme [kryzan'teːmə] *f* <-n> crisantemo *m*
CIA *m o f* <-, *ohne pl*> *Abk. von* **Central Intelligence Agency** CIA *f*
Cidre ['siːdɐ] *m* <-s, *ohne pl*> sidra *f*
circa ['tsɪrka] *adv* cerca de, aproximadamente; **~ drei Stunden/150 Euro** tres horas/150 euros aproximadamente; **~ ein km** cerca de un km
Cis [tsɪs] *nt* <-, -> (MUS) do *m* sostenido
City ['sɪti] *f* <-s> centro *m* económico y financiero (de una ciudad)
cl *Abk. von* **Zentiliter** cl
Clan *m* <-s, -s> clan *m*
clean [kliːn] *adj (sl: nicht mehr drogenabhängig)* **~ werden** desengancharse
Clementine [klemɛn'tiːnə] *f* <-n> clementina *f*
clever ['klɛvɐ] *adj (fam)* hábil y astuto
Clinch [klɪntʃ] *m* <-(e)s, *ohne pl*> *(fam)* disputa *f*; **mit jdm im ~ liegen** *(fam)* andar a la greña con alguien
Clip [klɪp] *m* <-s, -s> ① *(Schmuck)* clip *m* ② *(Verschluss)* cierre *m* ③ *(Videoclip)* videoclip *m*
Clique ['klɪkə] *f* <-n> ① *(Freunde)* pandilla *f*, percha *f Méx* ② *(abw: in der Politik)* camarilla *f*

C

C

Cliquenwirtschaft *f ohne pl (abw)* nepotismo *m*

Clou [klu:] *m* <-s, -s> *(fam)* atracción *f* principal; **das war der ~** eso fue lo mejor

Clown [klaʊn] *m* <-s, -s> payaso *m*, clown *m*; **den ~ spielen** *(fam)* hacer el payaso

Club [klʊp] *m* <-s, -s> club *m*

cm *Abk. von* **Zentimeter** cm

c-Moll *nt* <-, *ohne pl*> (MUS) do *m* menor

Co (CHEM) *Abk. von* **Kobalt** Co

Co. *Abk. von* **Kompanie** Cía.

CO_2-Ausstoß *m* emisión *f* de dióxido de carbono

CO_2-Bilanz *f* huella *f* de carbono

CO_2-Emission *f* emisión *f* de dióxido de carbono

Coach [kɔʊtʃ] *m* <-(s), -s> entrenador(a) *m(f)*

Coca ['ko:ka] *f* <-(s)>, *nt* <-(s), -(s)>, **Coca-Cola®** *f* <-(s)> *nt* <-(s), -(s)> refresco *m* de cola

Cockpit ['kɔkpɪt] *nt* <-s, -s> (AERO, AUTO) cabina *f* de pilotaje

Cocktail ['kɔktɛɪl] *m* <-s, -s> *(Party)* cóctel *m*; *(Getränk)* cóctel *m*, copetín *m Arg*

Cocktailbar *f* coctelería *f*

Cocktailkleid *nt* <-(e)s, -er> vestido *m* de cóctel

Cocktailparty *f* <-, -s> cóctel *m*

Cocktailshaker [-ʃɛɪkɐ] *m* <-s, -> coctelera *f*

Code [ko:t] *m* <-s, -s> código *m*

Codex[1] ['ko:dɛks] *m* <-es, -e *o* Codizes> (HIST) códice *m*

Codex[2] *m* <-es, -e> ❶ (JUR) código *m* ❷ *(alte Handschriften)* códice *m*

codieren* [ko'di:rən] *vt* ❶ (TECH) cifrar ❷ (LING) codificar

Codierung *f* <-en> codificación *f*

Cognac® *m* <-s, -s> coñac *m*

Cola ['ko:la] *f* <-(s)> *nt* <-(s), -(s)> *(fam)* (refresco *m* de) cola *f*

Collage [kɔ'la:ʒə] *f* <-n> colage *m*

College *nt* <-(s), -s> (SCH, UNIV) instituto *m*

Collier [kɔ'lje:] *nt* <-s, -s> collar *m*

Colt® [kɔlt] *m* <-s, -s> revólver *m*

Comeback [kam'bɛk] *nt* <-(s), -s>, **Come-back** *nt* <-(s), -s> vuelta *f*, regreso *m*; **sie feiert ihr ~** está celebrando sus nuevos éxitos

Comic ['kɔmɪk] *m* <-s, -s> cómic *m*, cartón *m Am*

Comicfigur *f* <-, en> figura *f* de cómic

Comicheft *nt* cómic *m*, tebeo *m*

Coming-out [kamɪŋ'aʊt] *nt* <-(s), -s> revelación *f*; **sein ~ haben** revelarse al público

Commonwealth ['kɔmənwɛlθ] *nt* <-, *ohne pl*> (POL) Commonwealth *f*

Community [kɔ'mju:niti] *f* <-, -s> (INFOR) comunidad *f* internauta

Compact Disc *f* <- -s> disco *m* compacto, compact disc *m*

Compact-Flash-Karte [kɔm'pɛktflɛʃ-] *f* (TECH) tarjeta *f* flash compacta

Compiler [kɔm'paɪlɐ] *m* <-s, -> (INFOR) compilador *m*

Computer [kɔm'pju:tɐ] *m* <-s, -> ordenador *m*, computador *m*, computadora *f Am*; **auf ~ umstellen** informatizar

computeranimiert *adj* (INFOR) animado por ordenador

Computerfehler *m* error *m* de ordenador

Computerfreak *m* <-s, -s> *(fam)* aficionado, -a *m, f* a la informática

Computergehäuse *nt* carcasa *f* del ordenador

computergesteuert *adj* controlado por ordenador

computergestützt *adj* informatizado, asistido por ordenador; **~es Lernen** enseñanza asistida por ordenador

Computergrafik *f* gráfica *f* (del ordenador), gráfico *m* (del ordenador)

computerisieren* *vt* (INFOR) computerizar

Computerkriminalität *f ohne pl* cibercriminalidad *f*

computerlesbar *adj* legible para el ordenador

Computerlinguistik *f* procesamiento *m* lingüístico de datos

computern* *vi (fam)* trabajar con (el) ordenador

Computerprogramm *nt* programa *m* de ordenador

Computerraum *m* sala *f* de ordenadores

Computerspiel *nt* juego *m* de ordenador

Computerspieler(in) *m(f)* jugador(a) *m(f)* de juegos de ordenador

Computersystem *nt* (INFOR) sistema *m* de ordenadores

Computertomografie *f* (MED) tomografía *f* computerizada

computerunterstützt *adj* asistido por ordenadores

Computervirus *m* (INFOR) virus *m inv* informático

Comtesse [kɔm'tɛs] *f* <-n> condesa *f*

Concierge [kõ'sjɛrʒ] *mf* <-, -s *o* -n; -, -s *o* -n> conserje *mf*

Conférencier [kõferã'sje:] *m* <-s, -s> presentador(a) *m(f)*, animador(a) *m(f)*

Consulting [kɔn'saltɪŋ] *nt* <-s, *ohne pl*> (WIRTSCH) consulting *m*, asesoría *f*

Consultingfirma *f* (WIRTSCH) empresa *f* de consulting

Container [kɔn'teːnɐ] *m* <-s, -> contenedor *m*, container *m*
Containerhafen *m* (WIRTSCH) terminal *f* de carga
Containerlager *nt* almacén *m* de contenedores
Containerschiff *nt* portacontenedores *m inv*
Contergan® [kɔntɛr'gaːn] *nt* <-s, *ohne pl*> talidomida *f*
Contergankind *nt (fam) niño con una discapacidad congénita por tomar la madre el medicamento Contergan® durante el embarazo*
Controlling [kɔn'trɔʊlɪŋ] *nt* <-s, *ohne pl*> (WIRTSCH) controlling *m;* **straffes ~** control rígido de la empresa
cool [kuːl] *adj (fam)* tranqui
Copilot(in) ['koːpiloːt] *m(f)* copiloto *mf*
Copyright ['kɔpiraɪt] *nt* <-s, -s> copyright *m*
Copyshop ['kɔpiʃɔp] *m* <-s, -s> copistería *f*, tienda *f* de fotocopias
Cord [kɔrt] *m* <-(e)s, -e *o* -s> pana *f*
Cordjeans ['kɔrtdʒiːns] *fpl* vaqueros *mpl* de pana
Cordon bleu [kɔrdõ'bløː] *nt* <- -, -s -s> (GASTR) cordon bleu *m*
Cornflakes ['kɔːnflɛɪks] *pl* cereales *mpl*
Cornichon [kɔrni'ʃõː] *nt* <-s, -s> (GASTR) pepinillo *m*
Corpus Delicti ['kɔrpʊs de'lɪkti] *nt* <- -, Corpora Delicti> (JUR) cuerpo *m* del delito
Cortison [kɔrti'zoːn] *nt* <-s, *ohne pl*> (MED) cortisona *f*
Costa Rica ['kɔsta 'riːka] *nt* <- -s> Costa Rica *f*
Costa-Ricaner(in) [kɔstari'kaːnɐ] *m(f)* <-s, -; -nen> costarricense *mf*, costarriqueño, -a *m, f*
costa-ricanisch *adj* costarricense, costarriqueño
Couch [kaʊtʃ] *f* <-s *o* -en> diván *m*
Couchgarnitur *f* tresillo *m*
Couchtisch *m* mesilla *f* de tresillo
Countdown ['kaʊnt'daʊn] *m* <-s, -s>, **Count-down** *m* <-s, -s> cuenta *f* atrás; **der ~ läuft** ha empezado la cuenta atrás
Countrymusik ['kantri-] *f* (MUS) música *f* country
Coup [kuː] *m* <-s, -s> golpe *m;* **einen ~ landen** dar el golpe
Coupé [ku'peː] *nt* <-s, -s> ❶ (AUTO) cupé *m* ❷ *(Österr: Zugabteil)* compartimiento *m*
Coupon [ku'põː] *m* <-s, -s> ❶ *(Beleg)* resguardo *m* ❷ (FIN) cupón *m* ❸ *(Stoffabschnitt)* retal *m*
Courage [kʊ'raʒə] *f ohne pl (fam)* valor *m;* **dazu fehlt ihm die ~** para eso le falta el valor
couragiert [kura'ʒiːɐt] *adj* valiente
Courtage [kʊr'taːʒə] *f* <-, -n> (FIN) derechos *mpl* de mediación
Couscous ['kʊskʊs] *m o nt* <-, -> (GASTR) cuscús *m*
Cousin, Cousine [ku'zɛ̃ː] *m, f* <-s, -s; -n> primo, -a *m, f*
Cover ['kavɐ] *nt* <-s, -> *(Schallplatte, Buch, Zeitschrift)* portada *f*
Covergirl *nt* <-s, -s> chica *f* de portada (de revista)
Coverversion *f* (MUS) coverversion *f*
Cowboy ['kaʊbɔɪ] *m* <-s, -s> cowboy *m*, vaquero *m*
Coyote [ko'joːtə] *m* <-n, -n> coyote *m*
Crack[1] [krɛk] *m* <-s, -s> *(Sportler)* deportista *mf* de primera
Crack[2] [krɛk] *nt* <-s, *ohne pl*> *(Rauschgift)* crack *m*
cracken ['krɛkn̩] *vt* ❶ (CHEM: *Schweröle spalten, in Leichtöle (Benzin) umwandeln*) craquear ❷ (INFOR: *in fremde Computersysteme eindringen*) crackear
Cracker *m* <-s, -(s)> cracker *m*
Crashkurs ['krɛʃkʊrs] *m (Schnellkurs)* cursillo *m* intensivo
Creme *f* <-s> (*a.* GASTR) crema *f*
Crème [kreːm] *f* <-, -s> **~ fraîche** nata fresca; **die ~ de la ~** *(geh)* la flor y nata
Crème brûlée [kreːm bry'leː] *f* <- -, -s -s> (GASTR) ≈ crema *f* catalana
cremefarben *adj* de color crema
Cremetorte *f* (GASTR) tarta *f* de crema
cremig ['kreːmɪç] *adj* cremoso
Crêpe[1] [krɛp] *f* <-s> (GASTR) crepe *f*, panqueque *m Am*
Crêpe[2] *m* <-s, -> *(Stoff)* crespón *m;* **~ de Chine** crespón de China
Crew [kruː] *f* <-s> (NAUT, AERO) tripulación *f*
Croissant [kroa'sõː] *nt* <-s, -s> cruasán *m*, medialuna *f Am*
Crosstrainer [krɔs-] *m* (SPORT) bicicleta *f* elíptica, cross trainer *m*
Croupier [kru'pjeː] *m* <-s, -s> crupier *m*
Crowdsurfing ['kraʊdsœːfɪŋ] *nt* <-s, *ohne pl*> (SPORT) crowd surfing *m*
Crux [krʊks] *f* <-, *ohne pl*> *(geh)* ❶ *(Kummer)* cruz *f;* **es ist eine ~ mit dir!** ¡qué cruz tengo contigo! ❷ *(Problem)* problema *m;* **die ~ bei der Sache ist, dass …** el problema del asunto es que…
C-Schlüssel *m* (MUS) clave *f* de do
CSU [tseːʔɛsʔuː] *f Abk. von* **Christlich Soziale Union** (**Deutschlands**) partido *m* de la Unión Social Cristiana de Alemania

C

cum tempore *adv* (UNIV) un cuarto de hora (académico) más tarde
Cup [kap] *m* <-s, -s> (SPORT) copa *f*
Cupido [ku'piːdo] *m* <-s> cupido *m*
Curling ['kəːlɪŋ] *nt* <-s, *ohne pl*> (SPORT) curling *m (deporte de invierno de procedencia escocesa)*
Curriculum [kʊ'riːkulʊm] *nt* <-s, Curricula> *(geh: Lehrplan)* plan *m* de estudios, currículo *m*
Curry ['kœri] *m o nt* <-s, -s> curry *m*
Currypulver *nt* curry *m* en polvo
Currywurst ['kœrivʊrst] *f* salchicha *f* con salsa de curry
Cursor ['kœːzɐ] *m* <-s, -s> (INFOR) cursor *m*
Cursorposition *f* <-, -en> (INFOR) posición *f* del cursor
cutten ['katn] *vt* (FILM, RADIO, TV) montar; **die einzelnen Szenen müssen richtig gecuttet werden** hay que hacer el montaje correcto de cada una de las escenas
Cutter(in) ['katɐ] *m(f)* <-s, -; -nen> montador(a) *m(f)*
CVJM [tseːvaʊjɔt'ʔɛm] *m Abk. von* **Christlicher Verein Junger Menschen** Asociación *f* de Jóvenes Cristianos
CVP [tseːfaʊ'peː] *f* (POL: *in der Schweiz*) *Abk. von* **Christlichdemokratische Volkspartei** partido *m* Popular Cristiano Demócrata
Cyan [tsy'aːn] *nt* <-s, *ohne pl*> (azul *m*) cian *m*
Cybercafé ['saɪbɐkafeː] *nt* ciberbar *m*
Cybersex ['saɪbɐsɛks] *m* cibersexo *m*, sexo *m* virtual
Cyberspace ['saɪbɐspɛɪs] *m* <-, *ohne pl*> (INFOR) ciberespacio *m*

Dd

D, d [deː] *nt* <-, -> ① *(Buchstabe)* D, d *f*; ~ **wie Dora** D de Dolores ② (MUS) re *m*
da [daː] **I.** *adv* ① *(dort)* allí, allá; *(hier)* ahí, aquí; ~ **draußen** allí fuera; ~ **kommt er** allí viene; **~, wo ...** allí donde...; ~ **drüben** allí enfrente; ~ **oben/unten** aquí arriba/abajo; **gehen sie ~ herum** vaya por allí; ~ **ist/sind ...** aquí hay...; **gibst du mir bitte mal das Buch? – ~!** por favor, ¿me das el libro? – ¡aquí tienes! ② *(zeitlich)* entonces; **es ist zwei Jahre her, ~ haben sie die Kirche restauriert** han pasado dos años desde que restauraron la iglesia; **als ich das machte, ~ ...** mientras estaba haciendo esto...; ~ **fällt mir gerade ein, ...** a todo esto se me acaba de ocurrir que...; **von ~ an** desde entonces ③ *(in diesem Falle)* en este caso; ~ **haben Sie aber nicht Recht** pero en este caso Ud. no tiene razón; **und ~ wagst du es noch, zu kommen?** ¿y después de todo esto aún te atreves a venir? ④ *(vorhanden)* ~ **sein** estar presente; *(vorrätig)* haber; **es ist niemand ~** no hay nadie; **ich bin gleich wieder ~** vuelvo enseguida; **war Thomas gestern ~** ¿estuvo Thomas ayer?; **ist noch Milch ~?** ¿queda leche todavía?; **das stellt alles ~ Gewesene in den Schatten** esto es algo que no tiene precedentes; ~ **ist er** aquí está ⑤ *(zur Verfügung)* ~ **sein für jdn** estar a disposición de alguien; **er ist immer für mich ~** siempre está ahí cuando lo necesito **II.** *konj* ① *(weil)* ya que, como; **es geht nicht, ~ die Zeit nicht reicht** no se puede hacer, ya que no llega el tiempo ② *(geh: als, wenn)* cuando; **sehnsüchtig erwartet er die Stunde, ~ sie bei ihm sein wird** ansiosamente espera la hora en la que ella estará junto a él
da|behalten* *irr vt* quedarse (con); **jdn ~** retener a alguien; **sie haben sie in der Klinik gleich ~** la ingresaron en la clínica en el acto
dabei [da'baɪ, 'daːbaɪ] *adv* ① *(örtlich)* incluido; **sind die Lösungen ~?** ¿trae las soluciones incluidas? ② *(währenddessen)* al mismo tiempo; **er arbeitete und hörte ~ Radio** trabajaba y escuchaba la radio al mismo tiempo; **sie fühlt sich wohl ~** se siente a gusto haciendo esto ③ *(bei dieser Sache)* en esto, en ello; **ich bleibe ~, dass ...** mantengo que...; **wichtig ~ ist, dass ...** lo importante en esto es que... +*subj;* **was hast du dir denn ~ gedacht?** ¿qué te imaginaste con esto?; ~ **darf man nicht vergessen, dass ...** en ello no se puede olvidar que... ④ *(außerdem)* además; *(gleichzeitig)* a la vez; **sie ist reich und ~ bescheiden** es rica y a la vez modesta ⑤ *(obgleich)* aunque; **er ist traurig, ~ hat er gar keinen Grund dazu** está triste sin tener motivo para estarlo ⑥ *(Wend)* **bei etw ~ sein** *(anwesend sein)* asistir a algo; *(mitmachen)* participar

en algo; ~ **sein, etw zu tun** estar haciendo algo

dabei|bleiben *irr vi (Tätigkeit)* continuar (**bei** con); *(Mitgliedschaft)* permanecer (**bei** en)

dabei|haben *irr vt (Gegenstand)* tener consigo; **jdn bei etw ~ wollen** querer que alguien esté presente en [*o* durante] algo

dabei|stehen *irr vi* estar (ahí)

da|bleiben *irr vi sein* quedarse (ahí)

da capo [da 'ka:po] *adv* ① *(Zugabe)* bis; **~ spielen** tocar un bis, bisar; **~!** ¡otra! ② (MUS) bis, da capo

Dach [dax, *pl:* 'dɛçɐ] *nt* <-(e)s, Dächer> techo *m; (Ziegeldach)* tejado *m;* (AUTO) cubierta *f;* **unterm ~ wohnen** vivir en la buhardilla; **etw unter ~ und Fach bringen** *(fam fig)* rematar algo; **ein ~ über dem Kopf haben** *(fam fig)* tener una vivienda; **mit jdm unter einem ~ wohnen** *(fam fig)* vivir bajo un mismo techo con alguien; **eins aufs ~ kriegen** *(fam fig)* recibir una reprimenda; **jdm aufs ~ steigen** *(fam fig)* decir a alguien cuatro verdades

Dachboden *m* desván *m*

Dachdecker(in) *m(f)* <-s, -; -nen> tejedor(a) *m(f)*

Dachfenster *nt* tragaluz *m*

Dachfirst *m* <-(e)s, -e> caballete *m* del tejado

Dachgarten *m* azotea *f* jardín

Dachgaube *f* ventana *f* abuhardillada

Dachgepäckträger *m* (AUTO) baca *f,* portaequipajes *m inv*

Dachgeschoss *nt* ático *m*

Dachkammer *f* guardilla *f*

Dachlatte *f* <-, -n> (ARCHIT) listón *m* del tejado

Dachlawine *f nieve que se cae del tejado de una casa*

Dachluke *f* tragaluz *m,* claraboya *f*

Dachorganisation *f* organización *f* central

Dachpappe *f* <-, -n> (ARCHIT) tela *f* asfáltica

Dachrinne *f* canalón *m*

Dachs [daks] *m* <-es, -e> tejón *m*

Dachschaden *m ohne pl* **einen ~ haben** *(fam)* no estar bien de la cabeza

Dachschräge *f* <-, -n> vertiente *f* del tejado; *(innen)* inclinación *f* del techo

Dachstube *f (reg) s.* **Dachkammer**

Dachstuhl *m* entramado *m* del tejado

dachte ['daxtə] *3. imp von* **denken**

Dachterrasse *f* azotea *f*

Dachverband *m* federación *f* central, holding *m*

Dachwohnung *f* ático *m*

Dachziegel *m* teja *f*

Dachzimmer *nt s.* **Dachkammer**

Dackel ['dakəl] *m* <-s, -> perro *m* salchicha

Dadaismus [dada'ɪsmʊs] *m* <-, *ohne pl*> (KUNST) dadaísmo *m*

dadurch ['da:dʊrç] *adv* ① *(örtlich)* por allí, por ahí ② *(auf diese Weise)* con ello, de esta manera; **~, dass ...** dado que...

dafür ['da:fy:ɐ, da'fy:ɐ] *adv* ① *(für das)* de esto, para esto; **wir haben kein Geld ~** no tenemos dinero para esto; **der Grund ~ ist, dass ...** la razón de esto es que...; **ich bin ~** estoy a favor; **alles spricht ~** todo está a favor ② *(zum Ausgleich)* en cambio; **in Englisch ist sie schlecht, ~ ist sie gut in Mathematik** es mala en inglés, pero en cambio sabe mucho de matemáticas ③ *(im Hinblick darauf)* teniendo en cuenta que; **~, dass er so klein ist, spielt er ganz gut Basketball** teniendo en cuenta lo bajo que es, juega muy bien al baloncesto ④ *(weil)* por algo, para algo; **sie kannte sich in Grammatik aus, ~ war sie ja Linguistin** sabía mucho de gramática, por algo era lingüista

dafür|können *irr vt* **etwas/nichts ~** tener/no tener la culpa; **ich kann nichts dafür** no es culpa mía

dagegen ['da:ge:gən, da'ge:gən] *adv* ① *(räumlich)* contra ello ② *(ablehnend)* en contra; **haben Sie was ~, wenn ich rauche?** ¿le molesta si fumo?; **~ ist nichts einzuwenden** no tengo nada en contra; **wer ist dafür und wer ~, dass ...?** ¿quién está a favor y quién en contra de que...? *+subj* ③ *(als Gegenmaßnahme)* contra; **es gibt kein Mittel ~** contra eso no hay remedio ④ *(verglichen mit)* en comparación; *(im Gegensatz)* en cambio; **es war dort unglaublich kalt, der Winter hier ist nichts ~** allí hacía un frío increíble, en comparación con eso el invierno aquí no es nada

dagegen|halten *irr vt* objetar; **da kann man nichts ~** no hay nada que oponer

da|haben *irr vt* ① *(fam: vorrätig)* tener; **haben wir genug Getränke für die Party da?** ¿tenemos suficientes bebidas para la fiesta? ② *(zu Besuch, im Haus)* tener (en casa); **wir haben heute Abend Freunde (zum Abendessen) da** esta noche tenemos amigos en casa (para cenar)

daheim [da'haɪm] *adv (südd)* en casa; **bei uns ~** en nuestra casa

Daheim *nt* <-s, *ohne pl*> *(südd, Österr, Schweiz)* hogar *m;* **mein/euer ~** mi/vuestra casa

daher ['da:he:ɐ, da'he:ɐ] *adv* ① *(von dorther)* de ahí; **das kommt ~, dass ...** esto viene de que... ② *(deshalb)* por eso; **von ~**

de ahí que *+subj;* **er hat viel gelesen, ~ weiß er das** ha leído mucho, por eso lo sabe

dahergelaufene(r, s) *adj (abw)* cualquiera

daher|reden *vi, vt (fam)* hablar sin ton ni son; **red doch nicht so blöd daher!** ¡no digas tantos disparates!

D

dahin ['da:hɪn, da'hɪn] *adv* ❶ *(an diesen Ort)* allí, ahí; **~ gehe ich nie wieder** allí no vuelvo nunca más ❷ *(in diese Richtung)* hacia allí, hacia ahí; **seine Bemühungen gehen ~, dass ...** todos sus esfuerzos van encaminados a... *+inf;* **~ gehend, dass** en el sentido de que ❸ *(so weit)* a tal extremo, a tal punto; **es ist ~ gekommen, dass ...** se ha llegado a tal punto que...; **er wird es ~ bringen, dass ...** va a llegar a tal extremo que... ❹ *(zeitlich)* **bis ~** hasta entonces ❺ *(Wend)* **~ sein** estar perdido

dahingestellt [-'---] *adj* indeciso; **etw bleibt ~** algo está en tela de juicio; **lassen wir es ~ (sein), ob ...** nos abstenemos de decidir si...

dahin|sagen [-'---] *vt* **etw nur so ~** no decir algo en serio

dahinscheiden *irr vi sein (geh)* finar, fallecer

dahin|schleppen [-'---] *vr:* **sich ~** *(Mensch)* arrastrarse; *(Zeit)* no pasar; *(Verhandlungen)* no avanzar

dahinten [da'hɪntən] *adv* allí atrás, allá atrás

dahinter [da'hɪntɐ] *adv* detrás; **da ist nichts ~** *(fam fig)* eso no tiene fondo

dahinter|kommen *irr vi sein (fam: herausfinden)* averiguar; *(verstehen)* caer en la cuenta

dahinter|stecken *vi (fam)* **es wird vermutet, dass die Mafia dahintersteckt** se supone que la Mafia tiene algo que ver con eso; **er redet viel, aber es steckt nichts dahinter** habla mucho, pero todo es paja; **da steckt doch was dahinter** aquí hay gato encerrado

dahinterstehen *irr vi (unterstützen)* apoyar

dahin|vegetieren* *vi* vegetar

Dahlie ['da:liə] *f* <-n> (BOT) dalia *f*

da|lassen *irr vt (fam)* dejar; *(hier)* dejar aquí; *(dort)* dejar allí

dalli ['dali] *adv (fam)* dale; **jetzt aber ~!** ¡vamos, de prisa!

Dalmatien [dal'ma:tsiən] *nt* <-s> Dalmacia *f*

Dalmatiner [dalma'ti:nɐ] *m* <-s, -> (perro *m*) dálmata *m*

damalige(r, s) *adj* de entonces, de aquel tiempo

damals ['da:ma:ls] *adv* entonces, en aquel tiempo; **seit ~** desde entonces; **~, als ...** en aquel tiempo, cuando...

Damast [da'mast] *m* <-(e)s, -e> damasco *m* de seda

Dame[1] ['da:mə] *f ohne pl (Brettspiel)* juego *m* de damas

Dame[2] *f* <-n> ❶ *(Frau)* señora *f;* **meine ~n und Herren** señoras y señores; **die ~ des Hauses** el ama (de la casa) ❷ *(im Schach, beim Damespiel, Spielkarte)* dama *f*

Damebrett *nt* tablero *m* de damas

Damenbinde *f* compresa *f*

damenhaft *adj* mujeril

Damenmode *f* moda *f* femenina

Damensitz *m ohne pl* silla *f* de amazona, galápago *m Hond, Perú, Ven;* **im ~ reiten** montar a mujeriegas

Damentoilette *f* lavabo *m* para señoras

Damenwahl *f ohne pl baile en el cual son las mujeres las que sacan a bailar a los hombres*

Damespiel *nt* juego *m* de damas

Damestein *m* peón *m*

Damhirsch ['damhɪrʃ] *m* (ZOOL) gamo *m*

damisch ['da:mɪʃ] *adj (südd, Österr)* ❶ *(fam: dumm)* tonto, baboso *Am* ❷ *(fam: schwindlig)* atolondrado

damit ['da:mɪt, da'mɪt] **I.** *adv* con ello; **was soll ich ~?** ¿qué hago yo con esto?; **~ befasse ich mich nicht** no me ocupo de esto; **es fing ~ an, dass ...** empezó con que...; **weg ~!** ¡fuera con esto!; **hör ~ auf!** ¡deja eso!; **ich bin ~ zufrieden, dass ...** estoy contento de que... *+subj* **II.** *konj* para *+inf,* para que *+subj*

dämlich ['dɛ:mlɪç] *adj (fam)* tonto, baboso *Am*

Dämlichkeit[1] *f* <-, -en> *(fam abw: Handlung)* tontería *f,* bobada *f*

Dämlichkeit[2] *f <-, ohne pl> (fam abw: Art, Verhalten)* tontería *f,* estupidez *f*

Damm [dam, *pl:* 'dɛmə] *m* <-(e)s, Dämme> ❶ *(Bahn-, Straßendamm)* terraplén *m;* **wieder auf dem ~ sein** *(fam fig)* sentirse bien de nuevo ❷ *(Deich)* dique *m* ❸ (ANAT) perineo *m*

dämmen *vt* ❶ *(geh: aufstauen)* estancar ❷ (TECH: *Schall*) absorber

dämmerig *adj* crepuscular; **es wird ~** *(morgens)* amanece; *(abends)* atardece

Dämmerlicht ['dɛmɐ-] *nt ohne pl* penumbra *f*

dämmern ['dɛmɐn] **I.** *vi* ❶ *(anbrechen)* **der Abend dämmert** cae el día; **der Morgen dämmert** apunta el día ❷ *(fam: bewusst werden)* darse cuenta; **es dämmert ihm, dass ...** se está dando cuenta de

que... **II.** *vunpers* **es dämmert** *(morgens)* amanece; *(abends)* atardece
Dämmerung ['dɛmərʊŋ] *f* <-en> crepúsculo *m; (Abenddämmerung)* ocaso *m; (Morgendämmerung)* alba *f;* **in der ~** en el crepúsculo
dämmrig *adj s.* **dämmerig**
Dämmung *f* <-, -en> ❶ (TECH: *Wärme, Kälte*) aislamiento *m; (Schall)* insonorización *f* ❷ *(geh: Aufstauung)* represa *f*
Dämon ['dɛːmɔn, *pl:* dɛ'moːnən] *m* <-s, -en> demonio *m*
dämonisch *adj* endemoniado
Dampf [dampf, *pl:* 'dɛmpfə] *m* <-(e)s, Dämpfe> vapor *m;* **unter ~ stehen** *(fam)* estar bajo presión; **jdm ~ machen** *(fam)* meter prisa a alguien; **~ ablassen** *(fam fig)* desahogarse
Dampfbad *nt* baño *m* de vapor
Dampfbügeleisen *nt* plancha *f* de vapor
Dampfdruck *m* presión *f* del vapor
dampfen ['dampfən] *vi* ❶ *(Speisen)* echar humo, humear ❷ *sein (fahren)* salir echando humo
dämpfen ['dɛmpfən] *vt* ❶ (GASTR) cocinar al vapor ❷ *(Licht)* atenuar; *(Lärm)* rebajar; *(Schall, Stoß)* amortiguar; *(Stimme)* bajar ❸ *(Ärger)* calmar; *(Schmerzen)* mitigar
Dampfer ['dampfɐ] *m* <-s, -> buque *m* de vapor; **auf dem falschen/richtigen ~ sein** *(fam fig)* estar equivocado/en lo cierto
Dämpfer ['dɛmpfɐ] *m* <-s, -> (MUS) sordina *f;* **einen ~ bekommen** *(fam)* llevarse un chasco
Dampfgarer ['gaːrɐ] *m* vaporera *f* eléctrica
Dampfkessel *m* (TECH) caldera *f* de vapor
Dampfkochtopf *m* olla *f* a presión
Dampfkraftwerk *nt* (TECH) central *f* termoeléctrica
Dampflok(omotive) *f* (EISENB) locomotora *f* de vapor
Dampfmaschine *f* (TECH) máquina *f* de vapor
Dampfnudel *f* (GASTR) *bollo de masa de levadura hecho al vapor y con una costra de sal*
Dampfreiniger *m* limpiadora *f* a [*o* de] vapor, vaporeta *f fam*
Dampfsauger *m* aspirador *m* a [*o* de] vapor, vaporeta *f* spiradora *fam*
Dampfschiff *nt* (NAUT) buque *m* de vapor
Dampfstrahler *m* limpiadora *f* de chorro de vapor
Dampfturbine *f* (TECH) turbina *f* a vapor
Dämpfung *f* <-, -en> ❶ *(Abschwächung)* reducción *f; (Schall)* amortiguamiento *m* ❷ (WIRTSCH: *Inflation, Nachfrage*) reducción *f; (Konjunktur)* debilitamiento *m*
Dampfwalze *f* apisonadora *f* de vapor
danach ['daːnaːx, da'naːx] *adv* ❶ *(zeitlich)* después; *(später)* más tarde; *(anschließend)* a continuación; **~ bin ich dran** después me toca a mí ❷ *(räumlich)* después, detrás; **sie griff ~** lo cogió ❸ *(dementsprechend)* como corresponde; **es sieht ganz ~ aus, als ob ...** tiene todo el aspecto como si... *+subj;* **richte dich bitte ~!** ¡compórtate de acuerdo con eso!
Däne, -in ['dɛːnə] *m, f* <-n, -n; -nen> danés, -esa *m, f*
daneben [da'neːbən, 'daːneːbən] *adv* ❶ *(räumlich)* al lado; **links/rechts ~** al lado a la izquierda/derecha; **im Haus ~** en la casa de al lado ❷ *(verglichen mit)* por el contrario ❸ *(außerdem)* además; *(gleichzeitig)* al mismo tiempo ❹ *(Wend)* **~ sein** *(fam: verwirrt sein)* estar atontado
daneben|benehmen* *irr vr:* **sich ~** *(fam)* meter la pata
daneben|gehen [-'----] *irr vi sein* ❶ *(Schuss)* errar el blanco ❷ *(fam: scheitern)* irse al traste, chingarse *Am*
daneben|liegen *irr vi (fam)* estar equivocado
danebentippen *vi* **da hast du danebengetippt** has hecho una mala apuesta
Dänemark ['dɛːnəmark] *nt* <-s> Dinamarca *f*
Dänin *f* <-nen> *s.* **Däne**
dänisch *adj* danés
Dänisch *nt* <-(s), *ohne pl*>, **Dänische** *nt* <-n, *ohne pl*> danés *m,* lengua *f* danesa
dank [daŋk] *präp +gen/dat* gracias a, merced a
Dank *m* <-(e)s, *ohne pl*> gracias *f pl;* **besten ~!** ¡muchas gracias!; **das ist nun der ~ dafür** así me lo pagan; **zum ~ für ...** en recompensa de...; **jdm ~ schulden** quedar agradecido a alguien; **ich bin Ihnen zu ~ verpflichtet** le estoy agradecido
dankbar *adj* ❶ *(Mensch)* agradecido; **ich bin Ihnen sehr ~** se lo agradezco mucho ❷ *(Aufgabe)* satisfactorio ❸ *(fam: strapazierfähig)* resistente
Dankbarkeit *f ohne pl* agradecimiento *m,* gratitud *f*
danke *interj* gracias; **~ schön/vielmals!** ¡muchas/muchísimas gracias!; **nein, ~!** no ¡gracias!
danken **I.** *vi (Dank aussprechen)* dar las gracias (**für** por), agradecer (**für**); **wir ~ für die Einladung** agradecemos la invitación; **~d annehmen/ablehnen** aceptar/rechazar agradecido; **nichts zu ~!** ¡no hay de qué! **II.** *vt* agradecer; **die ganze Mühe**

D

dankt dir keiner nadie te agradece el esfuerzo
dankenswert *adj* digno de agradecimiento
Dankeschön *nt* <-s, *ohne pl*> gracias *fpl;* **ein herzliches ~ sagen** dar las gracias de corazón
Danksagung *f* <-en> agradecimiento *m*

D

Dankschreiben *nt* carta *f* de agradecimiento
dann [dan] *adv* ❶ *(danach)* luego; *(später)* más tarde; *(Zeitpunkt)* entonces; **~ und wann** de vez en cuando; **und was ~?** ¿y entonces qué?; **bis ~!** ¡hasta luego! ❷ *(zu dem Zeitpunkt)* en aquel momento; **das Telefon klingelt immer ~, wenn ich gerade dusche** el teléfono suena siempre cuando me estoy duchando ❸ *(außerdem)* además ❹ *(unter diesen Umständen)* entonces; **~ eben nicht!** ¡entonces no!; **selbst ~, wenn …** incluso si… (+*subj*); **wenn nicht er, wer ~?** ¿si no él, quién entonces?
daran [da'ran, 'da:ran] *adv* ❶ *(räumlich)* al lado, por allí; **nahe ~** muy cerca; **wir kommen häufig ~ vorbei** pasamos muchas veces por allí; **du kannst dich ~ lehnen** puedes apoyarte en esto ❷ *(zeitlich)* **im Anschluss ~** a continuación; **er war nahe ~, das zu tun** estuvo a punto de hacerlo ❸ *(an dieses, an diesem)* en esto; **ich muss immer ~ denken** pienso continuamente en esto; **~ wird sich nichts ändern** esto no cambiará; **er ist ~ schuld** él tiene la culpa (de esto)
daran|gehen [-'---] *irr vi sein* ponerse (**zu** a)
daran|machen [-'---] *vr:* **sich ~** *(fam)* ponerse (**zu** a)
daran|setzen [-'---] **I.** *vt (einsetzen)* hacer; **du musst alles ~, um …** tienes que hacer todo lo posible para… **II.** *vr:* **sich ~** *(fam: in Angriff nehmen)* ponerse (**zu** a)
darauf ['da:rauf, da'rauf] *adv* ❶ *(räumlich)* encima; **im Zimmer stand ein Tisch, ~ lagen Bücher** en la habitación había una mesa con libros encima ❷ *(zeitlich)* después; **bald ~** poco después; **am ~ folgenden Tag** al día siguiente; **~ sagte er …** a lo que dijo… ❸ *(deshalb)* por lo que, en consecuencia ❹ *(auf dieses)* **ich bin stolz ~, dass …** estoy orgulloso de que… (+*subj*); **sich ~ verlassen, dass …** contar con que… (+*subj*); **das kommt ~ an** depende; **lasst uns ~ anstoßen** brindemos por ello
darauffolgende(r, s) *adj s.* **darauf 2.**
daraufhin ['---] *adv* ❶ *(danach)* a continuación ❷ *(infolgedessen)* en consecuencia, a lo cual
daraus ['da:raus, da'raus] *adv* de ello; **~ folgt, dass …** de esto se deduce que…; **ich mache mir nichts ~** *(fam)* esto me importa un comino
dar|bieten ['da:ɐbi:tən] *irr* **I.** *vt (geh: vorführen)* (re)presentar **II.** *vr:* **sich ~** *(geh: Gelegenheit)* presentarse; *(sich anbieten)* ofrecerse
Darbietung *f* <-en> ❶ *(geh: das Darbieten)* presentación *f* ❷ *(Darstellung)* representación *f; (Vorstellung)* función *f*
darf [darf] *3. präs von* **dürfen**
darin ['da:rɪn, da'rɪn] *adv* ❶ *(räumlich)* dentro ❷ *(in dieser Beziehung)* en esto, en eso; **~ ist er ganz groß** es un experto en esto; **wir stimmen ~ überein, dass …** estamos de acuerdo en que…
dar|legen ['da:ɐle:gən] *vt* ❶ *(Plan, Ansichten)* explicar ❷ *(Gründe)* exponer
Darlegung *f* <-, -en> exposición *f;* **die ausführliche ~ der Ergebnisse** la exposición detallada de los resultados
Darlehen ['da:ɐle:ən] *nt* <-s, -> préstamo *m,* avío *m Cuba, Chil, Perú;* **ein ~ aufnehmen/gewähren** tomar/conceder un préstamo
Darlehensgeber(in) *m(f)* (FIN) prestamista *mf*
Darlehensnehmer(in) *m(f)* (FIN) prestatario, -a *m, f*
Darlehenssumme *f* <-, -n> (FIN) importe *m* del préstamo, suma *f* del préstamo
Darm [darm, *pl:* 'dɛrmə] *m* <-(e)s, Därme> intestino *m*
Darmflora *f* <-, *ohne pl*> (MED) flora *f* intestinal
Darmgrippe *f* (MED) gripe *f* intestinal
Darminfektion *f* (MED) infección *f* intestinal
Darmsaite *f* (MUS, SPORT) cuerda *f* de tripa
Darmverschluss *m* <-es, -schlüsse> (MED) oclusión *f* intestinal
darstellbar *adj* representable, descriptible
dar|stellen ['da:ɐʃtɛlən] **I.** *vt* ❶ *(schildern)* exponer, presentar; *(beschreiben)* describir; *(schematisch)* esquematizar; *(durch Symbole)* simbolizar ❷ *(abbilden)* representar ❸ (THEAT) hacer el papel (de) ❹ *(bedeuten)* significar **II.** *vr:* **sich ~** *(zeigen)* plantearse; **so wie sich mir die Sache darstellt** tal como se me plantea el asunto
Darsteller(in) *m(f)* <-s, -; -nen> actor, actriz *m, f*
darstellerisch **I.** *adj* (THEAT, FILM) interpretativo **II.** *adv* (THEAT, FILM) desde el punto de vista interpretativo
Darstellung *f* <-en> ❶ (THEAT: *Wiedergabe*) representación *f* ❷ *(Schilderung)* exposición *f; (Beschreibung)* descripción *f*
Darts [da:ɐts] *nt* <-, *ohne pl*> dardos *mpl*

darüber ['da:rybɐ, da'ry:bɐ] *adv* ❶ *(räumlich)* encima; **die Wohnung ~ steht leer** la vivienda de arriba está vacía ❷ *(mehr)* más; **~ hinaus möchte ich noch bemerken, dass ...** además quisiera resaltar que... ❸ *(zeitlich)* en esto, mientras tanto; **~ verging die Zeit** en esto se nos pasó el tiempo ❹ *(über eine Angelegenheit)* de esto, sobre esto; **er hat sich ~ beschwert** se quejó de esto; **~ nachdenken** pensarlo

darüber|stehen *irr vi (fig)* estar por encima

darum ['da:rʊm, da'rʊm] *adv* ❶ *(deshalb)* por eso; **sie hat es nur ~ getan, weil ...** solamente lo hizo porque...; **warum? – ~!** ¿por qué? – ¡porque sí! ❷ *(räumlich)* en torno a, alrededor ❸ *(um diese Angelegenheit)* **es handelt sich ~, dass ...** se trata de que...; **red nicht lange ~ herum!** ¡no te vayas por otro camino!; **~ geht es mir gar nicht** no es eso lo que me importa; **ich bitte dich ~** te lo pido

darunter ['da:rʊntɐ, da'rʊntɐ] *adv* ❶ *(räumlich)* debajo; **die Wohnung ~ steht leer** la vivienda de abajo está vacía ❷ *(weniger)* menos ❸ *(dabei)* entre ellos; **es waren viele Kinder ~** había muchos niños entre ellos ❹ *(unter dieser Angelegenheit)* **er litt ~, dass ...** le apesadumbraba el que... *+subj;* **was versteht man ~?** ¿qué quiere decir esto?

Darwinismus [darvi'nɪsmʊs] *m* <-, *ohne pl*> (BIOL) darwinismo *m*

das [das] *art best o pron dem o pron rel s.* **der, die, das**

da|sein *irr vi sein s.* **da I. 4., I. 5.**

Dasein ['da:zaɪn] *nt* <-s, *ohne pl*> ❶ *(Vorhandensein)* existencia *f* ❷ *(Leben)* vida *f* ❸ *(Anwesenheit)* presencia *f*

Daseinsberechtigung *f (von Personen)* derecho *m* de vivir; *(von Dingen)* razón *f* de ser

da|sitzen *irr vi* estar sentado

dasjenige ['dasje:nɪgə] *pron dem s.* **derjenige, diejenige, dasjenige**

dass [das] *konj* que; **bis ~** hasta que *+subj;* **ohne ~** sin que *+subj;* **so ~** de modo que (*+subj*); **so ..., ~ ...** tan(to)... que...; **~ er nicht zur Hilfe kam, ist nicht zu entschuldigen** el que no viniera a ayudar no tiene disculpa; **es begann damit, ~ ...** empezó con que...; **~ du mir pünktlich nach Hause kommst!** ¡que vuelvas pronto a casa!

dasselbe [das'zɛlbə] *pron dem s.* **derselbe, dieselbe, dasselbe**

da|stehen *irr vi* ❶ *(örtlich)* estar allí (de pie) ❷ *(in einer Situation)* estar; **gut/schlecht ~** *(Geschäft)* marchar bien/mal; **er steht gut da** está en una buena posición

Datei [da'taɪ] *f* <-en> (INFOR) fichero *m*, archivo *m*

Dateiname *m* (INFOR) nombre *m* del fichero

Dateisystem *nt* <-s, -e> (INFOR) sistema *m* de archivos

Daten ['da:tən] *pl* ❶ *pl von* **Datum** ❷ *(Angaben, a.* INFOR) datos *mpl*

Datenabgleich *m* cruce *m* de datos

Datenaustausch *m ohne pl* (INFOR) intercambio *m* de datos

Datenautobahn *f* (INFOR, TEL) autopista *f* de datos

Datenbank *f* (INFOR) banco *m* de datos

Datenbestand *m* (INFOR) datos *mpl* existentes; **den ~ aktualisieren** actualizar los datos

Dateneingabe *f* (INFOR) entrada *f* de datos

Datenerfassung *f* (INFOR) registro *m* de datos

Datenfernübertragung *f* (INFOR, TEL) tra(n)smisión *f* de datos

Datenfluss *m* <-es, -flüsse> (INFOR) flujo *m* de datos

Datenformat *nt* (INFOR) formato *m* de datos

Dateninfobahn ['da:tənɪnfoba:n] *f* (INFOR) autopista *f* de la información

Datenklau *m ohne pl* (INFOR: *fam)* robo *m* de datos

Datenkomprimierung *f* (INFOR) compresión *f* de datos

Datenkonvertierung *f* (INFOR) conversión *f* de datos

Datenmissbrauch *m* (INFOR) abuso *m* de datos informáticos

Datenmüll *m ohne pl* datos *mpl* inservibles

Datenpflege *f* (INFOR) mantenimiento *m* de datos

Datenpiraterie *f* piratería *f* digital

Datenschutz *m* (JUR) protección *f* de datos

Datenschutzbeauftragte(r) *mf* encargado, -a *m, f* de la protección de datos

Datenschützer(in) *m(f) (fam) s.* **Datenschutzbeauftragte(r)**

Datenschutzerklärung *f (auf einer Internetseite)* política *f* de privacidad

Datenschutzgesetz *nt* <-es, -e> (JUR) ley *f* de protección de datos

Datensicherheit *f* <-, *ohne pl*> (INFOR) seguridad *f* de datos

Datensicherung *f ohne pl* (INFOR) aseguramiento *m* de datos

Datenspeicher *m* (INFOR) memoria *f* de datos

Datenträger *m* <-s, -> (INFOR) soporte *m* de datos

Datentypist(in) *m(f)* <-en, -en; -nen>

(INFOR) operador(a) *m(f)* de un terminal (de datos)
Datenübertragung *f* (INFOR) tra(n)smisión *f* de datos
Datenverarbeitung *f* (INFOR) tratamiento *m* de datos; **elektronische ~** tratamiento electrónico de datos
Datenwiederherstellung *f ohne pl* (INFOR) recuperación *f* de datos
datieren* [daˈtiːrən] **I.** *vt* fechar, datar; **datiert sein auf ...** llevar fecha de... **II.** *vi* datar (**aus** de)
Dativ [ˈdaːtiːf] *m* <-s, -e> (LING) dativo *m*
Dativobjekt *nt* (LING) complemento *m* indirecto
dato [ˈdaːto] *adv* **bis ~** hasta la fecha (de hoy)
Datscha [ˈdatʃa] *f* <-, Datschen> dacha *f*
Dattel [ˈdatəl] *f* <-n> (BOT, GASTR) dátil *m*
Datum [ˈdaːtʊm] *nt* <-s, Daten> fecha *f*; **das Werk ist jüngeren ~s** la obra es de fecha reciente; **welches ~ haben wir heute?** ¿a qué fecha estamos hoy?; **mit ~ vom 10. Oktober** con fecha del 10 de octubre; **~ des Poststempels** fecha del matasellos
Datumsanzeige *f* <-, -n> (INFOR) fecha *f* en pantalla
Datumsgrenze *f* <-, -n> línea *f* de cambio de fecha
Dauer [ˈdaʊɐ] *f ohne pl* duración *f*; *(Zeitspanne)* período *m*; **für die ~ eines Jahres** por un período de un año; **das war nicht von ~** esto no duró mucho; **auf die ~** a la larga
Dauerarbeitslose(r) *mf* parado, -a *m, f* de larga duración
Dauerarbeitslosigkeit *f* paro *m* de larga duración
Dauerauftrag *m* (FIN) orden *f* permanente
Dauerbrenner *m* ❶ *(Ofen)* estufa *f* de combustión lenta ❷ *(fam: Erfolg)* éxito *m* permanente
Dauerfrost *m* helada *f* persistente
Dauergast *m* <-(e)s, -gäste> ❶ *(Stammgast)* cliente *mf* fijo, -a ❷ *(im Hotel)* huésped *mf* fijo, -a, residente *mf* fijo, -a; **sich (bei jdm) als ~ einrichten** quedarse a vivir (en casa de alguien)
dauerhaft *adj* duradero; *(beständig)* permanente
Dauerhaftigkeit *f* <-, *ohne pl*> ❶ *(Beständigkeit)* estabilidad *f* ❷ *(Haltbarkeit)* durabilidad *f*
Dauerkarte *f* (billete *m* de) abono *m*
Dauerlauf *m* (SPORT) carrera *f* de resistencia
Dauerlutscher *m* <-s, -> chupachup(s) *m inv*
dauern [ˈdaʊɐn] **I.** *vi* durar; *(lange)* tardar; **das dauert und dauert** tarda horas y horas; **das dauert wieder!** ¡cómo tarda!; **das dauert mir zu lange** tarda demasiado; **wie lange dauert es denn noch?** ¿cuánto tiempo más va durar eso?; **es dauerte nicht lange, bis sie zurückkehrte** no tardó en volver; **die Verhandlungen ~ schon drei Tage** las negociaciones duran ya tres días **II.** *vt (geh: leidtun)* dar pena
dauernd [ˈdaʊɐnt] *adv* a cada momento; *(unaufhörlich)* sin cesar
dauernde(r, s) *adj* constante; *(ständig)* permanente
Dauerparker(in) *m(f) persona que aparca su coche por tiempo prolongado en un sitio determinado*
Dauerregen *m* <-s, *ohne pl*> (METEO) lluvia *f* continua
Dauerstellung *f* empleo *m* fijo
Dauerton *m* <-(e)s, -töne> (TEL, ELEK) tono *m* continuo
Dauerwelle *f* permanente *f*
Dauerzustand *m* estado *m* permanente
Daumen [ˈdaʊmən] *m* <-s, -> (dedo *m*) pulgar *m*; **am ~ lutschen** chupar el dedo; **jdm die ~ drücken** *(fam)* desearle suerte a alguien
Daumennagel *m* <-s, -nägel> (ANAT) uña *f* del pulgar
Daumenschraube *f* <-, -n> empulgueras *f pl*; **jdm (die) ~n anlegen** [*o* **ansetzen**] apretar(le) a alguien las tuercas [*o* las clavijas]
Däumling [ˈdɔɪmlɪŋ] *m* <-s, *ohne pl*> *(winzige Märchengestalt)* Pulgarcito *m*
Daune [ˈdaʊnə] *f* <-n> plumón *m*
Daunendecke *f* edredón *m*
Daviscup *m* <-s, *ohne pl*> (SPORT) copa *f* Davis
davon [ˈdaːfɔn, daˈfɔn] *adv* ❶ *(räumlich)* de aquí, de allí; **nicht weit ~** no muy lejos de aquí; **einige Meter ~ entfernt** a unos metros de aquí; **er ist auf und ~** tomó las de Villadiego ❷ *(Anteil)* de esto; **die Hälfte ~** la mitad de esto ❸ *(damit)* de esto; **~ kann man eine Suppe kochen** de esto se puede preparar una sopa ❹ *(Angelegenheit)* de ello, de esto; **hast du dich ~ erholt?** ¿te has recuperado de ello?; **das hängt ~ ab, ob ...** esto depende de si...; **was habe ich denn ~?** ¿qué saco yo de esto? ❺ *(dadurch)* **~ kannst du krank werden** con eso te puedes enfermar; **ich bin ~ aufgewacht** me desperté por eso; **das kommt ~, dass ...** esto viene de que...
davoneilen [-ˈ---] *vi sein (geh)* salir corriendo

davon|fliegen [-'---] *irr vi* alzar el vuelo, echar a volar
davon|gehen *irr vi sein* marcharse
davon|jagen I. *vi sein (sich entfernen)* salir pitando **II.** *vt (vertreiben)* echar
davon|kommen *irr vi sein* librarse; *(mit dem Leben)* salvarse; **mit einem blauen Auge ~** *(fig)* salir sin mayores perjuicios; **mit dem Schrecken ~** llevarse (solamente) un susto; **du kommst mir nicht ungeschoren davon** no te vas a librar (del castigo)
davon|laufen *irr vi sein* ❶ *(weglaufen)* echar a correr; *(fliehen)* huir ❷ *(fam: verlassen)* escaparse; **von zu Hause** [*o* **zuhause**] **~** escaparse de casa
davon|machen *vr:* **sich ~** *(fam)* largarse
davon|schleichen *irr* **I.** *vi sein* escurrirse; **bedrückt ist er davongeschlichen** se escabulló abatido de allí **II.** *vr:* **sich ~** escurrirse; **sich auf leisen Sohlen ~** irse de puntillas
davon|stehlen *irr vr:* **sich ~** *(geh)* escabullirse
davon|tragen *irr vt* ❶ *(Dinge)* llevarse ❷ *(geh: Sieg)* conseguir ❸ *(Verletzungen)* sufrir
davonziehen *irr vi sein (weggehen)* partir, marcharse
davor ['da:fo:ɐ, da'fo:ɐ] *adv* ❶ *(räumlich)* delante ❷ *(zeitlich)* antes; **kurz ~** poco antes ❸ *(im Hinblick auf)* de esto, de ello; **er hat mich ~ gewarnt** me previno acerca de esto; **sie hat keine Angst ~** esto no le da miedo
davorstehen *irr vi* estar (plantado) delante
dazu ['da:tsu, da'tsu:] *adv* ❶ *(räumlich)* a esto; **wozu gehört das? – ~** ¿a qué pertenece esto? – a esto ❷ *(außerdem)* además; **noch ~, wo ...** y además porque... ❸ *(dafür)* para esto, para eso; **ich brauche ~ einen Hammer** para esto me hace falta un martillo; **er/das ist ~ da, um ...** él/esto está para...; **ich habe keine Lust ~** no tengo ganas ❹ *(darüber)* al respecto; **was meinst du ~?** ¿qué opinas al respecto? ❺ *(Wend)* **das führt ~, das ...** esto lleva a que... *+subj;* **wie komme ich denn ~?** *(warum bekomme ich das?)* ¿de dónde me viene eso?; *(warum sollte ich es tun?)* ¿porqué (diablos) lo voy a hacer?
dazu|geben [-'---] *irr vt* añadir (**zu** a)
dazu|gehören* *vi* formar parte (**zu** de); **das gehört eben auch dazu** esto también forma parte del asunto; **es gehört schon einiges dazu** se requiere cierta valentía para hacerlo
dazugehörige(r, s) *adj* correspondiente
dazu|gesellen* *vr:* **sich ~** unirse (**zu** a)
dazu|kommen *irr vi sein* ❶ *(ankommen)* llegar (en el momento en que) ❷ *(hinzugefügt werden)* agregarse (**zu** a); **dazu kommt noch, dass er gelogen hat** y a esto hay que añadir que mintió
dazu|lernen *vt* aprender (algo nuevo)
dazu|rechnen *vt* añadir
dazu|setzen I. *vt* ❶ *(zu jdm setzen)* sentar al lado; **darf ich meine Tochter ~?** ¿puedo sentar a mi hija a su lado? ❷ *(dazuschreiben)* añadir; **möchtest du auf dieser Karte einen Gruß ~?** ¿quieres añadir un saludo en la postal? **II.** *vr:* **sich ~** sentarse al lado
dazu|tun *irr vt* añadir
Dazutun [-'--] *nt* **ohne sein ~** sin su ayuda
dazwischen ['da:tsvɪʃən, da'tsvɪʃən] *adv* ❶ *(räumlich)* en medio ❷ *(zeitlich)* en medio, de por medio; **es liegen einige Jahre ~** hay un par de años de por medio
dazwischen|funken [-'----] *vi (fam)* interrumpir
dazwischen|kommen *irr vi sein* ❶ *(hineinreichen)* caber; **mit der Hand komme ich dazwischen** me cabe la mano ❷ *(Ereignis)* ocurrir; *(Problem, Aufgabe)* surgir; **mir ist leider etwas dazwischengekommen** desgraciadamente me ha surgido un imprevisto
dazwischen|reden *vi* interrumpir
dazwischenrufen *irr vi* interrumpir
dazwischen|treten *irr vi* imponerse; *(eingreifen)* intervenir
dB [de:'be:] *Abk. von* **Dezibel** dB
DB [de:'be:] *f Abk. von* **Deutsche Bahn** Ferrocarriles *mpl* Alemanes
DDR [de:de:'ʔɛr] *f* (HIST) *Abk. von* **Deutsche Demokratische Republik** RDA *f*
D-Dur *nt* <-, *ohne pl*> (MUS) re *m* mayor
deaktivieren* [de:ʔakti'vi:rən] *vt* desactivar
Deal ['di:l] *m* <-s, -s> *(sl)* acuerdo *m; (Geschäft)* negocio *m*
dealen ['di:lən] *vi* traficar
Dealer(in) *m(f)* <-s, -; -nen> *(Drogendealer)* traficante *mf* de droga(s), camello *m fam*
Debakel [de'ba:kəl] *nt* <-s, -> *(geh)* desastre *m*
Debatte [de'batə] *f* <-n> (*a.* POL) debate *m;* **etw zur ~ stellen** poner algo a debate; **was steht zur ~?** ¿qué tenemos en el programa?
debattieren* *vi, vt* debatir (**über** sobre)
Debüt [de'by:] *nt* <-s, -s> estreno *m,* debut *m;* **sein ~ geben** hacer su debut
Debütant(in) [deby'tant] *m(f)* <-en, -en; -, -nen> debutante *mf*
dechiffrieren* [deʃɪ'fri:rən] *vt* descifrar

D

D

Deck [dɛk] *nt* <-(e)s, -s> (NAUT) cubierta *f;* **alle Mann an ~!** ¡todo el mundo a cubierta!
Deckblatt *nt* ❶ (PUBL: *Titelblatt*) portada *f* ❷ (BOT) bráctea *f*
Decke ['dɛkə] *f* <-n> ❶ *(Wolldecke)* manta *f* (de lana); *(Bettdecke)* manta *f,* cobertor *m; (Tagesdecke)* colcha *f; (Pferdedecke)* manta *f* (para caballerías); **mit jdm unter einer ~ stecken** *(fam fig)* hacer causa común con alguien ❷ *(Tischdecke)* mantel *m* ❸ *(Zimmerdecke)* techo *m;* **an die ~ gehen** *(fam fig)* subirse a la parra; **jdm fällt die ~ auf den Kopf** *(fam fig)* a alguien se le cae la casa encima ❹ *(Asphaltdecke)* pavimento *m* (de asfalto) ❺ *(Mantel eines Autoreifens)* cubierta *f*
Deckel ['dɛkəl] *m* <-s, -> ❶ *(von Gefäßen)* tapa *f,* tapadera *f* ❷ *(Buchdeckel)* tapa *f* ❸ *(fam: Hut)* sombrero *m;* **eins auf den ~ kriegen** *(fam fig)* llevarse una bronca
decken ['dɛkən] **I.** *vt* ❶ *(bedecken)* cubrir; *(zudecken)* tapar; **ein Tuch über etw ~** cubrir algo con un paño ❷ *(Bedarf)* cubrir; *(Nachfrage)* satisfacer ❸ *(Tisch)* poner; **den Tisch ~** poner la mesa ❹ (SPORT) marcar ❺ *(ein Verbrechen)* cubrir ❻ (FIN: *Scheck*) cubrir; **der Scheck ist nicht gedeckt** el cheque no está cubierto ❼ (ZOOL: *weibliche Tiere*) cubrir; *(Stuten)* acaballar **II.** *vr:* **sich ~** *(übereinstimmen)* coincidir
Deckenlampe *f* <-, -n> lámpara *f* de techo; *(direkt angebracht)* plafón *m*
Deckfarbe *f* <-, -n> ❶ *(Wandfarbe)* pintura *f* que cubre bien ❷ *(Wasserfarbe)* témpera *f*
Deckflügel *m* (ZOOL) élitro *m*
Deckmantel *m* pretexto *m;* **unter dem ~ ...** *+gen* bajo pretexto de...
Deckname *m* nombre *m* falso
Deckung ['dɛkʊŋ] *f ohne pl* ❶ (MIL) defensa *f;* **jdm ~ geben** cubrir a alguien; **in ~ gehen** ponerse a cubierto ❷ *(eines Verbrechers)* encubrimiento *m* ❸ *(von Bedarf, Scheck)* cobertura *f* ❹ *(Übereinstimmung)* armonía *f;* **unterschiedliche Standpunkte zur ~ bringen** armonizar diferentes puntos de vista ❺ (SPORT: *der Spieler*) marcaje *m; (Verteidigung)* defensa *f*
deckungsgleich *adj* congruente
Deckweiß *nt* (KUNST) blanco *m* opaco
Decoder [de'ko:dɐ] *m* <-s, -> (INFOR, TV) descodificador *m*
decodieren* [deko'di:rən] *vt* (INFOR) descodificar
deduktiv [dedʊk'ti:f] *adj* deductivo
de facto [de: 'fakto] *adv* de facto
Defätist(in) [defɛ'tɪst] *m(f)* <-en, -en; -, -nen> *(geh)* derrotista *mf*
defätistisch *adj (geh)* derrotista
defekt [de'fɛkt] *adj* defectuoso; *(nicht funktionstüchtig)* averiado
Defekt *m* <-(e)s, -e> ❶ (TECH) avería *f* ❷ (MED) defecto *m*
defensiv [defɛn'zi:f] *adj* defensivo
Defensive [defɛn'zi:və] *f* <-n> defensiva *f;* **in die ~ gehen** ponerse a la defensiva
Defibrillator [defibrɪ'la:to:ɐ] *m* <-s, -en> (MED) desfibrilador *m*
definierbar [defi'ni:ɐba:ɐ] *adj* definible; **etw ist nicht ~** (MATH) algo no puede ser definido
definieren* [defi'ni:rən] *vt* definir
Definition [defini'tsjo:n] *f* <-en> definición *f*
definitiv [defini'ti:f] *adj* definitivo
Defizit ['de:fitsɪt] *nt* <-s, -e> ❶ (WIRTSCH) déficit *m inv* ❷ *(Mangel)* falta *f* (**an** de); **die Partei hat ein ~ an Popularität** el partido carece de popularidad
defizitär [defitsi'tɛ:ɐ] **I.** *adj* (*a.* WIRTSCH) deficitario **II.** *adv* (WIRTSCH: *Entwicklung eines Geschäfts*) deficitariamente
Deflation [defla'tsjo:n] *f* <-en> (WIRTSCH) deflación *f*
deflationär *adj* (WIRTSCH) deflacionario, deflacionista
Deformation *f* <-, -en> deformación *f*
deformieren* [defɔr'mi:rən] *vt* deformar
deftig ['dɛftɪç] *adj* ❶ *(Essen: kräftig)* fuerte; *(nahrhaft)* substancioso ❷ *(Spaß)* fuerte; *(anzüglich)* verde
Degen ['de:gən] *m* <-s, -> espada *f*
Degeneration *f* <-, -en> (*a.* BIOL, MED) degeneración *f*
degradieren* [degra'di:rən] *vt* (*a.* MIL) degradar (**zu** a)
Degradierung *f* <-, -en> degradación *f*
dehnbar ['de:nba:ɐ] *adj* ❶ *(Material)* elástico; *(in die Länge)* extensible; (PHYS) dilatable ❷ *(Begriff)* vago
Dehnbarkeit *f* <-, *ohne pl*> ❶ *(eines Materials)* elasticidad *f; (eines Metalls)* ductilidad *f* ❷ *(eines Begriffs)* sentido *m* amplio
dehnen ['de:nən] **I.** *vt* ❶ *(Material)* estirar; (PHYS) dilatar; (MED: *Bänder*) extender ❷ *(Laute)* alargar **II.** *vr:* **sich ~** ❶ *(weiter werden)* ensancharse ❷ *(sich recken)* estirarse ❸ *(lange dauern)* dilatarse
Dehnung *f* <-, -en> ❶ *(das Dehnen)* alargamiento *m; (Erweiterung)* extensión *f; (durch Ziehen)* estiramiento *m* ❷ (MED: *Weitung*) dilatación *f; (in der Länge)* elongación *f*
Dehydrierung *f* <-, -en> (CHEM) deshidrogenación *f*

Deich [daɪç] *m* <-(e)s, -e> dique *m*
Deichsel ['daɪksəl] *f* <-n> lanza *f*
deichseln *vt (fam)* arreglar; **ich werde das schon** ~ ya lo arreglaré
dein, **deine**, **dein** [daɪn] *pron poss (adjektivisch)* tu, tus *pl;* ~ **Mantel/Buch** tu abrigo/libro; ~**e Freunde/Eltern** tus amigos/padres; **viele Grüße,** ~ **Peter** muchos saludos, Peter; **du rauchst wohl auch so ~e drei Schachteln am Tag** tú también te fumarás unos tres paquetes al día
deine(r, s) *pron poss (substantivisch)* (el) tuyo *m,* (la) tuya *f,* (los) tuyos *mpl,* (las) tuyas *fpl;* **der Wagen in der Einfahrt, ist das ~r?** el coche que está en la entrada, ¿es tuyo?; *s. a.* **dein, deine, dein**
deiner *pron pers gen von* **du** de ti; **wir werden stets** ~ **gedenken** *(geh)* siempre pensaremos en ti
deinerseits ['daɪnɐzaɪts] *adv* de tu parte
deinesgleichen ['daɪnəs'glaɪçən] *pron indef* de tu condición, tus semejantes; ~ **kenne ich schon allzu gut** a los de tu calaña los conozco muy bien
deinetwegen *adv* por ti; *(negativ)* por tu culpa
deinetwillen ['daɪnət'vɪlən] *adv* **um** ~ en consideración a ti, por ti
deinige ['daɪnɪgə] *pron poss* **der/die/das** ~ *geh für* **deine(r, s)** el tuyo/la tuya; **die ~n** los tuyos, las tuyas
deins *pron poss s.* **deine(r, s)**
deinstallieren *vt* (INFOR) desinstalar; **ein Programm** ~ desinstalar un programa
Déjà-vu-Erlebnis [deʒa'vy:-] *nt* (PSYCH) sensación *f* de haber vivido una situación ya una vez
Dekade [de'ka:də] *f* <-n> década *f*
dekadent [deka'dɛnt] *adj* decadente
Dekadenz *f ohne pl* decadencia *f;* (LIT) decadentismo *m*
Dekagramm [deka'gram] *nt* <-s, -e> decagramo *m*
Dekan[1] [de'ka:n] *m* <-s, -e> (REL) deán *m*
Dekan(in)[2] [de'ka:n] *m(f)* <-s, -e; -nen> (UNIV) decano, -a *m, f*
Dekanat [deka'na:t] *nt* <-(e)s, -e> (UNIV, REL) decanato *m*
Dekanin *f* <-nen> *s.* **Dekan**[2]
Deklaration [deklara'tsjo:n] *f* <-, -en> declaración *f*
deklarieren* [dekla'ri:rən] *vt* declarar
Deklination [deklina'tsjo:n] *f* <-en> (*a.* LING) declinación *f*
deklinieren* [dekli'ni:rən] *vt* (LING) declinar
dekodieren* [deko'di:rən] *vt* (INFOR) descodificar
Dekolleté *nt* <-s, -s>, **Dekolletee** [dekɔl'te:] *nt* <-s, -s> escote *m*
Dekor [de'ko:ɐ] *m o nt* <-s, -s *o* -e> decoración *f*
Dekorateur(in) [dekora'tø:ɐ] *m(f)* <-s, -e; -nen> decorador(a) *m(f)*
Dekoration [dekora'tsjo:n] *f* <-en> decoración *f*
dekorativ [dekora'ti:f] *adj* decorativo
dekorieren* [deko'ri:rən] *vt* decorar
Dekret [de'kre:t] *nt* <-(e)s, -e> decreto *m*
Delegation [delega'tsjo:n] *f* <-en> delegación *f*
delegieren* [dele'gi:rən] *vt* delegar (**an** en)
Delegierte(r) *mf* <-n, -n; -n> delegado, -a *m, f*
Delfin [dɛl'fi:n] *m* <-s, -e> (ZOOL) delfín *m,* bufeo *m Ant, Hond, Méx*
Delfinschwimmen *nt ohne pl* (SPORT) estilo *m* mariposa
delikat [deli'ka:t] *adj (geh)* ❶ *(wohlschmeckend)* delicioso; *(auserlesen)* exquisito ❷ *(heikel)* delicado
Delikatesse [delika'tɛsə] *f* <-n> ❶ *(Leckerbissen)* exquisitez *f* ❷ *(geh: Zartgefühl)* delicadeza *f*
Delikatessengeschäft *nt* tienda *f* de exquisiteces
Delikt [de'lɪkt] *nt* <-(e)s, -e> (JUR) delito *m,* felonía *f Am*
Delinquent(in) [delɪŋ'kvɛnt] *m(f)* <-en, -en; -nen> *(geh)* delincuente *mf*
Delirium [de'li:riʊm] *nt* <-s, Delirien> delirio *m*
Delle ['dɛlə] *f* <-n> *(reg)* abolladura *f*
Delta[1] ['dɛlta] *nt* <-s, -s *o* Delten> (GEO) delta *m*
Delta[2] *nt* <-(s), -s> *(griechischer Buchstabe)* delta *f*
Deltamuskel *m* (ANAT) deltoides *m inv*
Delten *pl von* **Delta**[1]
dem [de(:)m] *art best o pron dem o pron rel dat von* **der, das** *s.* **der, die, das**
Demagoge, -in [dema'go:gə] *m, f* <-n, -n; -nen> *(abw)* demagogo, -a *m, f*
Demagogie [demago'gi:] *f* <-n> *(abw)* demagogia *f*
Demagogin *f* <-nen> *s.* **Demagoge**
demagogisch *adj (abw)* demagógico
Demarkationslinie [demarka'tsjo:ns-] *f* (POL, MIL) línea *f* de demarcación
demaskieren* [demas'ki:rən] *vt* desenmascarar
Dementi [de'mɛnti] *nt* <-s, -s> mentís *m inv*
dementieren* *vt* desmentir
dementsprechend ['de:mʔɛnt'ʃprɛçənt] **I.** *adj* correspondiente **II.** *adv* conforme a,

D

D

por consiguiente; **sie wurden ~ behandelt** los trataron conforme a lo ocurrido; **~ war sie als Erste zu Hause** [*o* **zuhause**] por consiguiente fue la primera en llegar a casa

Demenz [de'mɛnts] *f* <-, -en> (MED) demencia *f*

demgegenüber ['---'--] *adv* por el contrario; **sie behauptete ~, dass ...** afirmó por el contrario que...

demgemäß ['de:mgəmɛ:s] *adj o adv s.* **dementsprechend**

Demission [demɪ'sjo:n] *f* <-en> (POL: *Rücktritt*) demisión *f*

demnach ['--] *adv* por lo tanto; **es ist ~ unmöglich, dass ...** por lo tanto es imposible que... *+subj*

demnächst [de:m'nɛ:kst] *adv* próximamente, dentro de poco

Demo ['de:mo] *f* <-s> *(fam)* mani *f*

Demograf(in) *m(f)* <-en, -en; -, -nen> demógrafo, -a *m, f*

Demografie [demogra'fi:] *f* <-, -n> demografía *f*

demografisch *adj* demográfico

Demokrat(in) [demo'kra:t] *m(f)* <-en, -en; -nen> demócrata *mf*

Demokratie [demokra'ti:] *f* <-n> democracia *f*

Demokratin *f* <-nen> *s.* **Demokrat**

demokratisch [demo'kra:tɪʃ] *adj* democrático; *(Person)* demócrata

Demokratische Republik Kongo *f* República *f* Democrática del Congo

demokratisieren* [demokrati'zi:rən] *vt* democratizar

Demokratisierung *f* <-en> democratización *f*

demolieren* [demo'li:rən] *vt* demoler

Demonstrant(in) [demɔn'strant] *m(f)* <-en, -en; -nen> manifestante *mf*

Demonstration [demɔnstra'tsjo:n] *f* <-en> ❶ *(Protestmarsch)* manifestación *f* (**für** a favor de, **gegen** en contra de) ❷ *(geh: Bekundung)* demostración *f*

Demonstrationsrecht *nt ohne pl* derecho *m* de manifestación

demonstrativ [demɔnstra'ti:f] **I.** *adj* demostrativo **II.** *adv* ostensivamente

Demonstrativpronomen *nt* (LING) pronombre *m* demostrativo

demonstrieren* **I.** *vi (protestieren)* manifestarse (**für** a favor de, **gegen** en contra de) **II.** *vt (bekunden)* demostrar

Demontage [demɔn'ta:ʒə] *f* <-, -n> ❶ *(von Industrieanlagen)* desmantelamiento *m* ❷ *(von Maschinen)* desarme *m* ❸ *(fig)* destrucción *f*; *(von Sozialleistungen)* recorte(s) *m(pl)*

demontieren* *vt* desmontar, desarmar

demoralisieren* [demorali'zi:rən] *vt* desmoralizar

Demoskopie[1] [demosko'pi:] *f* <-, *ohne pl*> *(Verfahren)* demoscopia *f*

Demoskopie[2] *f* <-, -n> *(Umfrage)* sondeo *m* de la opinión pública

demotivieren* *vt* (PSYCH: *geh)* desmotivar

demotiviert *adj* (PSYCH) desmotivado

demselben *pron dem dat von* **derselbe, dasselbe** *s.* **derselbe, dieselbe, dasselbe**

Demut ['de:mu:t] *f ohne pl* humildad *f*; **in ~** con humildad

demütig ['de:my:tɪç] *adj* humilde; *(unterwürfig)* sumiso

demütigen *vt* humillar

Demütigung *f* <-en> humillación *f*

demzufolge ['--'--] *adv (folglich)* por lo tanto, por consiguiente

den *art best o pron dem o pron rel akk von* **der**, *dat von pl* **die** *s.* **der, die, das**

denaturieren* [denatu'ri:rən] *vt* (CHEM) desnaturalizar

denen *pron dem o pron rel dat von pl* **die** *s.* **der, die, das**

Den Haag *nt* <- -s> La Haya *f*

Denkanstoß *m* estímulo *m* para reflexionar

Denkaufgabe *f* <-, -n> problema *m* de lógica

denkbar I. *adj* posible **II.** *adv (sehr)* sumamente; **ein ~ günstiges Angebot** una oferta sumamente favorable

denken ['dɛŋkən] <denkt, dachte, gedacht> **I.** *vi* ❶ *(überlegen)* pensar (**an** en, **über/von** de); *(logisch)* razonar; **laut ~** *(fam)* pensar en voz alta; **das gibt mir zu ~** esto me da que pensar; **solange ich ~ kann** hasta donde mi memoria alcanza; **ich denke nicht daran, dass zu tun!** ¡no pienso hacerlo!; **ich darf gar nicht daran ~** no quiero ni pensarlo; **wie denkst du darüber?** ¿qué piensas tú de eso? ❷ *(sich erinnern)* acordarse (**an** de), recordar (**an**); **denk daran!** ¡recuérdalo!; **wenn ich so an früher denke** al recordar los tiempos pasados ❸ *(annehmen)* pensar, suponer; **wer hätte das gedacht** quién lo hubiera pensado; **man sollte ~, dass ...** debería suponerse que...; **ich denke schon** creo que sí; **denkste!** *(fam)* ¡y un jamón!; **wo ~ Sie hin!** ¿qué se ha figurado Ud.? ❹ *(wollen)* querer; **ganz wie Sie ~** como Ud. quiera **II.** *vt (sich vorstellen)* imaginarse, figurarse; **was denkst du gerade?** ¿qué estás pensando?; **das hätte ich nicht von ihm gedacht!** ¡no me hubiera imaginado esto de él!; **wie hast du dir das**

gedacht? ¿cómo te lo has figurado?; **das kann ich mir ~** ya me lo imagino; **das hast du dir wohl so gedacht!** ¡eso te gustaría!; **ich habe mir nichts Böses dabei gedacht** no lo hice con mala intención; **für jdn/etw gedacht sein** ser para alguien/algo

Denken *nt* <-s, *ohne pl*> ❶ *(Nachdenken)* reflexión *f* ❷ *(logisches Denken)* raciocinio *m;* **positives ~** pensamiento positivo

Denker(in) *m(f)* <-s, -; -nen> pensador(a) *m(f)*

denkfaul *adj* lerdo

Denkfehler *m* error *m* de lógica

Denkmal ['dɛŋkma:l] *nt* <-s, -mäler *o* -e> monumento *m;* **jdm ein ~ setzen** erigir un monumento a alguien

Denkmal(s)schutz *m ohne pl* protección *f* de monumentos; **unter ~ stehen** ser declarado monumento nacional; **etw unter ~ stellen** declarar algo monumento nacional

Denkmalschutz *m* <-es, *ohne pl*> protección *f* de monumentos [*o* del patrimonio nacional]; **etw unter ~ stellen** declarar algo monumento nacional; **unter ~ stehen** ser declarado monumento nacional

Denkpause *f* <-, -n> pausa *f* para reflexionar; **eine ~ einlegen** hacer una pausa para la reflexión

Denkschrift *f* <-, -en> memorándum *m,* memoria *f*

Denksport *m* <-(e)s, *ohne pl*> resolución *f* de problemas lógicos

Denksportaufgabe *f* <-, -n> rompecabezas *m inv*

Denkvermögen *nt* <-s, *ohne pl*> ❶ *(Intelligenz)* capacidad *f* intelectual ❷ *(Konzentration)* capacidad *f* de pensar, capacidad *f* de concentración

Denkweise *f* modo *m* de pensar

denkwürdig *adj* memorable

Denkzettel *m* lección *f;* **jdm einen ~ verpassen** dar a alguien una lección

denn [dɛn] **I.** *part* pues; **was ist ~ passiert?** ¿qué ha pasado, pues?; **warum/wo ~?** pues ¿por qué/dónde?; **wieso ~ nicht?** ¡cómo que no!; **kannst du ~ nicht aufpassen?** ¿pero no puedes prestar atención?; **geschweige ~** y menos **II.** *konj* ❶ *(weil)* pues, porque; **ich wollte gehen, ~ es wurde schon dunkel** quería irme, pues se estaba haciendo de noche; **es sei ~, dass ...** a no ser que... +*subj* ❷ *(geh: als)* que; **mehr ~ je** más que nunca

dennoch ['dɛnɔx] *adv* a pesar de todo, no obstante

denselben *pron dem o pron dem akk von* **derselbe**, *dat von* **dieselben** *s.* **derselbe, dieselbe, dasselbe**

Denunziant(in) [denʊn'tsjant] *m(f)* <-en, -en; -nen> *(abw)* denunciante *mf*

Denunziation *f* <-, -en> *(abw)* denuncia *f*

denunzieren* [denʊn'tsi:rən] *vt (abw)* denunciar, batir *CSur*

Deo ['de:o] *nt* <-s, -s>, **Deodorant** [deo-do'rant] *nt* <-s, -e *o* -s> desodorante *m*

deodorierend **I.** *adj* desodorante **II.** *adv* con acción desodorante; **~ wirken** desodorizar

Deoroller *m* desodorante *m* de bola

Deospray *nt* desodorante *m* atomizador

Departement [departə'mã:] *nt* <-s, -s> (ADMIN: *Frankreich, Schweiz*) departamento *m*

Deponie [depo'ni:] *f* <-n> vertedero *m*

deponieren* *vt* depositar

Deportation [depɔrta'tsjo:n] *f* <-, -en> deportación *f*

deportieren* [depɔr'ti:rən] *vt* deportar

Deportierte(r) *mf* <-n, -n; -n, -n> deportado, -a *m, f*

Depot [de'po:] *nt* <-s, -s> ❶ *(für Waren, Wertsachen)* depósito *m* ❷ *(Fahrzeugpark)* terminal *m* ❸ (GASTR: *bei Wein*) bodega *f* ❹ *(Schweiz: Flaschenpfand)* fianza *f* para el casco

Depp [dɛp] *m* <-en *o* -s, -e(n)> *(abw)* tonto, -a *m, f*

Depression [deprɛ'sjo:n] *f* <-en> (PSYCH, WIRTSCH, GEO) depresión *f*

depressiv *adj* ❶ *(Stimmung)* depresivo ❷ (WIRTSCH) recesivo

deprimieren* [depri'mi:rən] *vt* deprimir

Deputierte(r) *mf* <-n, -n; -n> (POL) diputado, -a *m, f*

der *art best o pron dem gen/dat von* **die**, *gen von pl* **die** *s.* **der, die, das**

der, die, das [de:ɐ, di:, das] <die> **I.** *art best* el *m,* la *f,* los *mpl,* las *fpl* **II.** *pron dem* ❶ *(adjektivisch: hier)* este, -a *m,* estos *mpl,* estas *fpl; (da)* ese, -a *m,* esos *mpl,* esas *fpl;* **das Kind dort** aquel niño ❷ *(substantivisch)* este, -a *m,* esto *nt,* estos *mpl,* estas *fpl;* **was ist das?** ¿qué es eso?; **das hier/da** esto (de aquí)/eso (de ahí); **~/die dort** el/la de allí; **das bin ich** este soy yo; **~ mit dem Koffer** ese de la maleta; **ist das Ihr Auto?** ¿es (este) su coche?; **wie dem auch sei** sea como sea; **ich bin mir dessen bewusst** soy consciente de esto; **nach dem, was ich gehört habe** según lo que me han dicho; *s. a.* **diese(r, s), jene(r, s), derjenige** **III.** *pron rel* que, quien, quienes *pl,* el/la cual, los/las cuales *pl;* **der Mensch, ~ das getan hat** la persona que lo ha hecho; **der Mann, bei dem er**

wohnt el hombre con quien [*o* con el cual] vive; **der Nachbar, dessen Hund so oft bellt** el vecino cuyo perro ladra tan a menudo

derart ['--] *adv* de tal manera, tanto; **~, dass …** de tal manera que…

derartig **I.** *adj* de este tipo, semejante **II.** *adv* de tal manera, tanto; **er schnarchte ~, dass …** roncaba de tal manera que…

derb [dɛrp] *adj* ① *(kräftig)* recio ② *(stabil)* sólido ③ *(Ausdruck)* vulgar ④ *(Person)* grosero, pelado *Méx*

Derbheit[1] *f* <-, -en> *(derbe Äußerung)* grosería *f*, rudeza *f*

Derbheit[2] *f* <-, *ohne pl*> *(derbes Wesen)* ordinariez *f*

Derby ['dɛrbi] *nt* <-s, -s> (SPORT) derbi *m*

deregulieren* *vt (Markt, Arbeitsverhältnisse)* desregular

Deregulierung [de-] *f* <-, -en> (FIN) desregulación *f*

deren ['de:rən] *pron dem o pron rel gen von* **die** *s.* **der, die, das**

derentwillen ['de:rənt'vɪlən] *adv* **um ~** *(ihr zuliebe)* por ella; *(ihnen zuliebe)* por ellos

derer ['de:rɐ] *pron dem gen von pl* **die** *s.* **der, die, das**

dergestalt ['---] *adv (geh)* de tal manera; **~, dass …** de tal manera que…

dergleichen ['-'--] *pron dem inv* semejante, parecido; **und ~ mehr** y más cosas parecidas

Derivat *nt* <-(e)s, -e> (BIOL, CHEM, LING) derivado *m*

derjenige, diejenige, dasjenige ['de:ɐje:nɪgə, 'di:je:nɪgə, 'dasje:nɪgə] <diejenigen> *pron dem (hier)* el *m*, la *f*, lo *nt; (weiter entfernt)* aquel *m*, aquella *f*, aquello *nt*; **~, der am lautesten schreit** el que más alto grita; **~ Schüler, der das getan hat** aquel alumno que lo haya hecho; **ist das ~, welcher …?** *(fam)* ¿es aquel que…?

derjenigen *pron dem dat/gen von* **diejenige**, *gen von* **diejenigen** *s.* **derjenige, diejenige, dasjenige**

derlei ['de:ɐ'laɪ] *pron dem inv s.* **dergleichen**

dermaßen ['de:ɐ'ma:sən] *adv* tanto, de tal modo; **~, dass …** de tal modo que…; **die Freude war ~ groß** la alegría fue tan grande

Dermatologe, -in *m, f* <-n, -n; -, -nen> (MED) dermatólogo, -a *m, f*

Dermatologie [dɛrmatolo'gi:] *f* <-, *ohne pl*> (MED) dermatología *f*

derselbe, dieselbe, dasselbe [de:r'zɛlbə, di:'zɛlbə, das'zɛlbə] <dieselben> *pron dem* el mismo, la misma, lo mismo (**wie** que); **er ist immer noch ganz ~** es el mismo de siempre; **das ist doch ein und dasselbe** pero si es exactamente lo mismo

derweil(en) **I.** *adv* mientras tanto, entretanto **II.** *konj* mientras (que)

derzeit ['--] *adv* actualmente; **die ~ beste Methode** el mejor método actualmente

derzeitig *adj* actual; **der ~e Regierungschef** el actual jefe de gobierno

des [dɛs] *art best gen von* **der, das** *s.* **der, die, das**

Des [dɛs] *nt* <-, *ohne pl*> (MUS) re *m* bemol

Desaster [de'zastɐ] *nt* <-s, -> desastre *m*

desensibilisieren* [de-] *vt* (MED) desensibilizar

Deserteur(in) [dezɛr'tø:ɐ] *m(f)* <-s, -e; -nen> desertor(a) *m(f)*

desertieren* *vi haben o sein* desertar

Desertifikation [dezɛrtifika'tsjo:n] *f* <-, -en> (GEO) desertificación *f*

Desertion [dezɛr'tsjo:n] *f* <-, -en> (MIL) deserción *f*

desgleichen [dɛs'glaɪçən] *adv* asimismo, igualmente

deshalb ['--] *adv* por eso; **ich habe das ~ getan, weil …** lo hice porque…; **~ frage ich ja** por eso pregunto; **gerade ~** por eso mismo

Design [di'zaɪn] *nt* <-s, -s> diseño *m*

Designer(in) *m(f)* <-s, -; -nen> diseñador(a) *m(f)*

Designerin *f* <-nen> *s.* **Designer**

Designermode *f* moda *f* de diseñador

designiert [dezi'gni:ɐt] *adj* designado

Desillusionierung *f* <-, -en> desilusión *f*

Desinfektion [dezɪnfɛk'tsjo:n] *f* <-en> desinfección *f*

Desinfektionsmittel *nt* desinfectante *m*

desinfizieren* *vt* desinfectar

Desinfizierung *f* <-, -en> desinfección *f*

Desinformation ['dɛs-] *f* <-, -en> desinformación *f*

Desinteresse ['dɛsʔɪntərɛsə] *nt* <-s, *ohne pl*> desinterés *m* (**an/für** por)

desinteressiert ['dɛsʔɪntərɛsi:ɐt] *adj* desinteresado (**an/für** por)

Desktop ['dɛsktɔp] *m* <-s, -s> (INFOR) ordenador *m* de escritorio

Desktop-Computer *m* (INFOR) ordenador *m* de sobremesa, computadora *f* de sobremesa

Desktop-Publishing *nt* <-, *ohne pl*>, **Desktoppublishing** ['dɛsktɔp 'pablɪʃɪŋ] *nt* <-, *ohne pl*> (INFOR, TYPO) tratamiento *m* de texto avanzado

desolat [dezo'la:t] *adj* desolador, desastroso

desorientiert *adj* desorientado, desubicado *Am*
Despot(in) [dɛs'poːt] *m(f)* <-en, -en; -nen> déspota *mf*
despotisch *adj* despótico
desselben [-'--] *pron dem gen von* **derselbe, dasselbe** *s.* **derselbe, dieselbe, dasselbe**
dessen ['dɛsən] *pron dem o pron rel gen von* **der, das** *s.* **der, die, das**
dessentwillen ['dɛsənt'vɪlən] *adv* **um ~** por cuya causa
Dessert [dɛ'sɛːɐ] *nt* <-s, -s> postre *m*
Dessertlöffel *m* cucharilla *f* de postre
Dessertteller *m* <-s, -> plato *m* de postre
Dessous [dɛ'suː] *nt* <-, -> ropa *f* interior
destabilisieren* [de-] *vt* desestabilizar
Destillation [dɛstɪla'tsjoːn] *f* <-, -en> (CHEM) destilación *f*
destillieren* [dɛstɪ'liːrən] *vt* (CHEM) destilar
desto ['dɛsto] *konj* (tanto) más, tanto; **~ besser!** ¡tanto mejor!; **je mehr ... ~ mehr ...** cuanto más... (tanto) más...; **je früher, ~ besser** cuanto antes, mejor
destruktiv [destrʊk'tiːf, '---] *adj* destructivo
deswegen ['dɛs'veːgən] *adv s.* **deshalb**
Detail [de'taɪ, de'taːj] *nt* <-s, -s> detalle *m;* **ins ~ gehen** entrar en detalles
Detailfrage *f* <-, -n> cuestión *f* detallada, pregunta *f* en detalle
detailliert [deta'jiːrt] **I.** *adj* detallado **II.** *adv* en detalles, con pormenores
Detektiv(in) [detɛk'tiːf] *m(f)* <-s, -e; -nen> detective *mf*
Detektivbüro *nt* agencia *f* de detectives
Detektivroman *m* (LIT) novela *f* detectivesca
Detektor [de'tɛktoɐ, *pl:* detɛk'toːrən] *m* <-s, -en> ① (TECH) detector *m* ② *(im Funkwesen)* receptor *m* de galena
Detonation [detona'tsjoːn] *f* <-en> detonación *f*
detonieren* *vi sein* detonar
deuten ['dɔɪtən] **I.** *vi* ① *(zeigen)* señalar (**auf**) ② *(hinweisen)* indicar (**auf**); **alles deutet darauf hin, dass ...** todo indica que... **II.** *vt (Text)* interpretar; *(Sterne)* leer (en)
deutlich ['dɔɪtlɪç] **I.** *adj* ① *(klar)* claro; *(Handschrift)* legible; **jdm etw ~ machen** explicar algo a alguien; **jdm etw klar und ~ sagen** decir algo a alguien clara e inteligiblemente ② *(eindeutig)* obvio; **es wurde ~, dass ...** fue obvio que... **II.** *adv (spürbar)* bastante; **hier ist es ~ kälter** aquí hace bastante más frío
Deutlichkeit *f ohne pl* ① *(Klarheit)* claridad *f* ② *(Nachdruck)* franqueza *f;* **etw mit aller ~ sagen** decir algo con toda franqueza
deutsch [dɔɪtʃ] *adj* alemán
Deutsch *nt* <-, *ohne pl*> alemán *m;* **~ sprechen/lernen** hablar/aprender alemán; **etw ins ~e/aus dem ~en übersetzen** traducir algo al alemán/del alemán; **wir haben uns auf ~ unterhalten** conversamos en alemán; **auf gut ~ gesagt** dicho llanamente
Deutsche(r) *mf* <-n, -n; -n> alemán, -ana *m, f*
deutschfeindlich *adj* germanófobo; **eine ~e Haltung einnehmen** adoptar una actitud antialemana
deutschfreundlich *adj* germanófilo; **~e Äußerungen von sich** *dat* **geben** expresar opiniones proalemanas
Deutschland *nt* <-s> Alemania *f;* **das vereinte/vereinigte ~** la Alemania unida/reunificada
Deutschlandlied *nt* <-(e)s, *ohne pl*> himno *m* nacional de la República Federal de Alemania
Deutschlehrer(in) *m(f)* (SCH) profesor(a) *m(f)* de alemán
deutschsprachig ['dɔɪtʃʃpraːxɪç] *adj* de habla alemana
deutschstämmig ['dɔɪtʃʃtɛmɪç] *adj* de origen alemán
Deutschtürke, -türkin *m, f* <-n, -n; -, -nen> alemán, -ana *m, f* turco
Deutung *f* <-en> interpretación *f*
Devise [de'viːzə] *f* <-n> ① *(Wahlspruch)* lema *m* ② *pl (Währung)* divisas *fpl*
Devisenbörse *f* (FIN) bolsa *f* de divisas
Devisengeschäft *nt* <-(e)s, -e> (WIRTSCH) operación *f* en divisas
Devisenhandel *m* (FIN) comercio *m* de divisas
Devisenhändler(in) *m(f)* (WIRTSCH) cambista *mf*
Devisenkurs *m* (FIN) tipo *m* de cambio
Devisenmarkt *m* <-(e)s, -märkte> (FIN) mercado *m* de divisas
devot [de'voːt] *adj (geh abw)* sumiso, servil
Dezember [de'tsɛmbɐ] *m* <-(s), -> diciembre *m; s. a.* **März**
dezent [de'tsɛnt] *adj* ① *(taktvoll)* decente ② *(Farbe)* discreto
dezentral *adj* descentralizado
dezentralisieren* [de-] *vt* descentralizar
Dezentralisierung *f* <-, -en> descentralización *f*
Dezernat [detsɛr'naːt] *nt* <-(e)s, -e> negociado *m*
Dezernent(in) [detsɛr'nɛnt] *m(f)* <-en, -en; -nen> jefe, -a *m, f* de negociado

Dezibel ['de:tsibɛl, detsi'bɛl] *nt* <-s, -> (PHYS) decibel *m*

Dezigramm [detsi'gram, 'de:tsigram] *nt nach Zahlen:* decigramo *m*

Deziliter ['de:tsili:tɐ, detsi'li:tɐ] *m o nt* <-s, -> decilitro *m*

dezimal [detsi'ma:l] *adj* decimal

Dezimalbruch *m* (MATH) fracción *f* decimal

Dezimalpunkt *m* (MATH) punto *m* decimal, coma *f* decimal

Dezimalrechnung *f* <-, *ohne pl*> (MATH) cálculo *m* decimal

Dezimalstelle *f* (MATH) parte *f* decimal

Dezimalsystem *nt ohne pl* (MATH) sistema *m* decimal

Dezimalzahl *f* (MATH) número *m* decimal

Dezimeter ['de:tsime:tɐ, detsi'me:tɐ] *m o nt* <-s, -> decímetro *m*

dezimieren* [detsi'mi:rən] *vt* diezmar

DFÜ [de:ʔɛfʔy:] *f* (INFOR, TEL) *Abk. von* **Datenfernübertragung** tra(n)smisión *f* de datos

DGB [de:ge:'be:] *m* <-> *Abk. von* **Deutscher Gewerkschaftsbund** Confederación *f* de los Sindicatos Alemanes

d.h. *Abk. von* **das heißt** o sea, esto es

Dia ['di:a] *nt* <-s, -s> diapositiva *f*

Diabetes [dia'be:tɛs] *m* <-, *ohne pl*> (MED) diabetes *f inv*

Diabetiker(in) [dia'be:tikɐ] *m(f)* <-s, -; -nen> (MED) diabético, -a *m, f*

diabolisch [dia'bo:lɪʃ] *adj (geh)* diabólico

Diadem [dia'de:m] *nt* <-s, -e> diadema *f*

Diagnose [dia'gno:zə] *f* <-n> (MED, PSYCH) diagnóstico *m;* **eine ~ stellen** establecer/hacer un diagnóstico

Diagnosezentrum *nt* (MED) centro *m* de diagnóstico precoz

Diagnostik [dia'gnɔstɪk] *f* <-, *ohne pl*> (MED) diagnosis *f inv*

diagnostizieren* [diagnɔsti'tsi:rən] *vt* diagnosticar

diagonal [diago'na:l] *adj* diagonal

Diagonale *f* <-n> línea *f* diagonal

Diagramm [dia'gram] *nt* <-s, -e> diagrama *m*

Diakon[1] [dia'ko:n] *m* <-s *o* -en, -e *o* -en> *(katholisch, orthodox, anglikanisch)* diácono *m*

Diakon(in)[2] *m(f)* <-s *o* -en, -e *o* -en; -nen> *(evangelisch)* hermano, -a *m, f* de la caridad

Diakonie *f ohne pl* (REL) diaconía *f*

Diakonin *f* <-nen> *s.* **Diakon**[2]

Diakonissin *f* <-nen> diaconisa *f*

Dialekt [dia'lɛkt] *m* <-(e)s, -e> dialecto *m*

dialektal *adj* (LING) dialectal

Dialektik *f ohne pl* (PHILOS) dialéctica *f*

dialektisch [dia'lɛktɪʃ] *adj* ① (PHILOS) dialéctico ② (LING) dialectal

Dialog [dia'lo:k] *m* <-(e)s, -e> (*a.* INFOR) diálogo *m*

Dialogfenster *nt* (INFOR) ventana *f* de diálogo

Dialyse [dia'ly:zə] *f* <-, -n> (MED) hemodiálisis *f inv*

Diamant [dia'mant] *m* <-en, -en> diamante *m*

diamanten [dia'mantən] *adj* ① *(aus Diamant gearbeitet)* de diamante ② *(mit Diamanten besetzt)* con diamantes; **ein ~er Ring** un anillo de diamantes

diametral [diame'tra:l] *adj* diametral

Diaphragma [dia'fragma] *nt* <-s, Diaphragmen *o* -s> (MED: *Verhütungsmittel*) diafragma *m*

Diaprojektor ['-----] *m* (FOTO) proyector *m* de diapositivas

Diät [di'ɛ:t] *f* <-en> ① *(Abmagerungskur)* dieta *f,* régimen *m;* **streng ~ leben** seguir un régimen estricto; **eine ~ machen** hacer una dieta; **jdn auf ~ setzen** poner a alguien a dieta ② *pl* (POL) dietas *f pl*

diätetisch *adj* (*a.* MED) dietético

Diätkost *f* <-, *ohne pl*> (*a.* MED) comida *f* de régimen

dich [dɪç] **I.** *pron pers akk von* **du** te; *(betont)* a ti (te); *(mit Präposition)* ti; **ich sehe ~ nachher** luego te veo; **~ wollte ich fragen** a ti quería preguntarte; **es geht um ~** se trata de ti; **pass auf ~ auf!** ¡cuídate! **II.** *pron refl akk von* **du** te; **benimm ~!** ¡compórtate!

dicht [dɪçt] **I.** *adj* ① *(Wald, Verkehr, Nebel)* denso; *(Haar)* tupido; **~ gedrängt** apretado ② *(undurchlässig)* hermético; *(wasserdicht)* impermeable ③ *(fam: geschlossen)* cerrado ④ *(Wend)* **nicht ganz ~ sein** *(fam fig)* no estar muy bien de la cabeza **II.** *adv* ① *(nahe)* **~ an** [*o* **bei**] cerca de; **~ an ~ stehen** estar uno junto al otro; **~ davor/daneben** justo delante/al lado ② **~ besiedelt** [*o* **bevölkert**] densamente poblado; **~ bewölkt** (METEO) anubarrado

dichtbesiedelt *adj s.* **dicht II. 2.**

dichtbewölkt ['--'-] *adj s.* **dicht II. 2.**

Dichte *f* <-n> (*a.* PHYS) densidad *f*

dichten ['dɪçtən] *vi, vt* ① *(verfassen)* componer ② *(Leck)* tapar

Dichter(in) *m(f)* <-s, -; -nen> poeta, poetisa *m, f*

dichterisch *adj* poético

Dichterlesung *f* <-, -en> (LIT) recital *m* de poesía

dichtgedrängt *adj s.* **dicht II. 3.**

dicht|halten *irr vi (fam)* callarse; **er hat nicht dichtgehalten** se ha ido de la lengua

dicht|machen *vi, vt (fam: Laden, Fabrik)* cerrar; *(Grenze, Strecke)* bloquear
Dichtstoff *m* material *m* de sellado
Dichtung *f* <-en> ❶ *(Gattung)* poesía *f* ❷ *(Gedicht)* poema *m* ❸ (TECH) junta *f*
Dichtungsmasse *f* (TECH) masilla *f* para juntas
dick [dɪk] *adj* ❶ *(von großer Masse)* gordo; *(beleibt)* grueso; *(umfangreich)* voluminoso; **~ werden** engordar; **ein ~es Fell haben** *(fig)* ser duro de pellejo; **~ auftragen** *(fam abw: übertreiben)* exagerar ❷ *(fam: geschwollen)* hinchado ❸ *(Flüssigkeit)* espeso; *(Qualm, Nebel)* denso; **es herrscht ~e Luft** *(fam fig)* está la atmósfera cargada; **das ist ein ~er Hund!** *(fam fig)* ¡eso sí que es fuerte!; **sie sind ~ befreundet** *(fam)* son íntimos amigos
dickbäuchig ['dɪkbɔɪçɪç] *adj* barrigudo, pipón *Ant, Arg, Ecua: fam*
Dickdarm *m* (ANAT) intestino *m* grueso
Dicke ['dɪkə] *f* <-n> *(von Feststoffen)* grosor *m; (von Flüssigkeiten)* espesor *m*
Dickerchen ['dɪkɐçən] *nt* <-s, -> *(fam)* gordito, -a *m, f*
dickfellig ['dɪkfɛlɪç] *adj (fam: unempfindlich)* insensible; *(gleichgültig)* indiferente
dickflüssig *adj* espeso
Dickhäuter ['dɪkhɔɪtɐ] *m* <-s, -> *(Tier)* paquidermo *m; (fam: Mensch)* persona *f* insensible
Dickicht ['dɪkɪçt] *nt* <-s, -e> maleza *f*
Dickkopf *m (fam: Mensch)* cabezota *mf;* **einen ~ haben** ser un cabezota
dickköpfig *adj (fam)* cabezota
dicklich *adj* gordezuelo
dicklippig *adj* befo, bembudo *Am*
Dickmilch *f ohne pl* cuajada *f*
Dickschädel *m s.* **Dickkopf**
Dickwanst *m (fam abw)* panzudo, -a *m, f*
Didaktik [di'daktɪk] *f ohne pl* didáctica *f*
didaktisch *adj* didáctico
die [di(:)] *art best o pron dem o pron rel s.* **der, die, das**
Dieb(in) [di:p, 'di:bɪn] *m(f)* <-(e)s, -e; -nen> ladrón, -ona *m, f,* chorro, -a *m, f CSur: fam;* **haltet den ~!** ¡al ladrón!
Diebesbande *f (abw)* banda *m* de ladrones
Diebesgut ['di:bəsgu:t] *nt ohne pl* botín *m*
Diebesnest *nt* nido *m* de ladrones, guarida *f* de ladrones
diebisch *adj* ❶ *(Mensch)* ladrón ❷ *(Vergnügen)* enorme
Diebstahl *m* <-(e)s, -stähle> robo *m*
diejenige(n) *pron dem s.* **derjenige, diejenige, dasjenige**
Diele ['di:lə] *f* <-n> ❶ *(Brett)* tabla *f* del suelo ❷ *(Vorraum)* vestíbulo *m*
dienen ['di:nən] *vi* ❶ *(nützlich sein)* servir (**zu** para, **als** de); **das dient einem guten Zweck** esto es para una buena causa; **damit ist mir nicht gedient** esto no me sirve de ayuda; **womit kann ich ~?** ¿en qué puedo servirle?; **ich weiß nicht, wozu das ~ soll** no sé de qué sirve eso ❷ (MIL) hacer el servicio militar
Diener[1] *m* <-s, -> *(fam: Verbeugung)* reverencia *f*
Diener(in)[2] *m(f)* <-s, -; -nen> criado, -a *m, f; (Hausangestellte)* sirviente, -a *m, f,* mucamo, -a *m, f Am*
dienern ['di:nɐn] *vi (abw)* ❶ *(sich ständig verbeugen)* hacer reverencias (**vor** ante) ❷ *(sich unterwürfig verhalten)* hacer la pelota (**vor** a) *fam*
Dienerschaft *f* <-en> criados *mpl; (Hausangestellte)* servidumbre *f*
dienlich *adj* útil; **jdm/etw ~ sein** ser útil a alguien/algo
Dienst [di:nst] *m* <-(e)s, -e> servicio *m; (Amt)* función *f; (Aufgabe)* oficio *m; (Arbeitsschicht)* turno *m;* (MIL) retirado *m;* **öffentlicher ~** servicio público; **außer ~** jubilado; **zum ~ gehen** ir al trabajo; **~ haben** estar de servicio; **~ habend** (MIL) de servicio; *(Arzt)* de turno; **den ~ antreten** *(Schicht)* empezar el turno; *(Amt)* entrar en funciones; **den ~ quittieren** dimitir del cargo; **in jds ~en stehen** estar al servicio de alguien; **jdm einen schlechten ~ erweisen** hacerle a alguien un flaco favor; **sich in den ~ einer Sache stellen** ponerse al servicio de una causa; **seine Beine versagten ihm den ~** ya no pudo mantenerse de pie
Dienstag ['di:nsta:k] *m* <-(e)s, -e> martes *m; s. a.* **Montag**
Dienstagabend *m* noche *f* del martes, martes *m* por la noche; *s. a.* **Montagabend**
dienstagabends *adv* los martes por la noche
dienstags *adv* los martes
Dienstalter *nt* <-s, *ohne pl*> antigüedad *f* (laboral), años *mpl* de servicio
Dienstantritt *m ohne pl* entrada *f* en funciones; **bei/nach ~** al/tras entrar en funciones
Dienstanweisung *f* instrucción *f*
Dienstaufsicht *f* <-, -en> (JUR) inspección *f* jerárquica, vigilancia *f* oficial
dienstbeflissen *adj* solícito, dispuesto
dienstbereit *adj* de guardia; **~ sein** tener turno de guardia
Dienstbereitschaft *f ohne pl (für den Notfall)* servicio *m* de urgencia; **Arzt/Apotheke in ~** médico/farmacia de guardia; **~ haben** tener guardia

D

Dienstbote, -in *m, f* doméstico, -a *m, f*
Dienstboteneingang *m* entrada *f* de servicio
dienstfrei *adj* libre
Dienstgeheimnis *nt* secreto *m* profesional
Dienstgrad *m* (MIL) grado *m*
Dienstgürtel *m* cinturón *m* reglamentario
diensthabend ['di:nstha:bənt] *adj s.* **Dienst**
Dienstkleidung *f* <-, -en> uniforme *m* de servicio, ropa *f* de servicio; **in ~** de uniforme
Dienstleistung *f* (prestación *f* de) servicio *m*
Dienstleistungsbetrieb *m* empresa *f* de servicios
Dienstleistungsgewerbe *nt* (industria *f* del) sector *m* terciario
Dienstleistungssektor *m* sector *m* servicios
dienstlich *adj* oficial; **~ unterwegs sein** estar de viaje por razones de trabajo
Dienstmädchen *nt* criada *f*, muchacha *f Am*, china *f And, CSur*
Dienstplan *m* (*a.* MIL) horario *f* de servicio; **einen ~ aufstellen** establecer un horario de servicio
Dienstprogramm *nt* <-s, -e> (INFOR) utilidad *f*
Dienstreise *f* viaje *m* de trabajo
Dienstschluss *m ohne pl* hora *f* de cierre
Dienststelle *f* departamento *m;* **die zuständige ~** el departamento correspondiente
Dienststempel *m* (ADMIN) sello *m* oficial, estampilla *f* oficial *Am*
diensttauglich *adj* (MIL) apto para el servicio
dienstuntauglich *adj* (MIL) exento por incapacidad, inútil para el servicio; **~ sein/werden** ser/quedar inútil
Dienstverhältnis *nt* relación *f* de servicio *(entre el funcionario y la autoridad para la que trabaja)*
Dienstvertrag *m* <-(e)s, -träge> (JUR) contrato *m* de servicios
Dienstvorschrift *f* (ADMIN, MIL) instrucción *f*
Dienstwagen *m* coche *m* de servicio
Dienstweg *m* trámite *m* oficial
Dienstwohnung *f* vivienda *f* de servicio
Dienstzeit *f* ❶ *(Arbeitszeit)* horario *m* de trabajo ❷ *(Amtsdauer)* años *mpl* de servicio
dies [di:s] *pron dem s.* **diese(r, s)**
diesbezüglich ['----] **I.** *adj* correspondiente **II.** *adv* en relación a esto
diese(r, s) <diese> *pron dem* ❶ *(adjektivisch)* este *m*, esta *f; (weiter entfernt)* ese *m*, esa *f;* **Anfang ~s Jahres** a principios de este año ❷ *(substantivisch)* este *m*, esta *f*, esto *nt; (weiter entfernt)* ese *m*, esa *f*, eso *nt;* **~r hier** este de aquí; **dies und das** esto y lo otro; **~s und jenes** esto y aquello
Diesel[1] ['di:zəl] *m* <-s, *ohne pl*> *(fam)* gasoil *m*
Diesel[2] *m* <-(s), -> *(fam: Motor, Auto)* diesel *m*
dieselbe(n) *pron dem s.* **derselbe, dieselbe, dasselbe**
Diesellok *f* <-, -s>, **Diesellokomotive** *f* <-, -n> locomotora *f* Diesel
Dieselmotor *m* motor *m* diesel
Dieselöl *nt* gasóleo *m*
diesig ['di:zɪç] *adj* brumoso
diesjährige(r, s) *adj* de este año
diesmal *adv* esta vez
diesseitig *adj* de este lado; **die ~e Welt** este mundo
diesseits ['di:szaɪts] **I.** *präp +gen* a este lado de; *(bei Flüssen)* a esta orilla de **II.** *adv* a este lado
Diesseits *nt* <-, *ohne pl*> este mundo *m*
Dietrich ['di:trɪç] *m* <-s, -e> (TECH) ganzúa *f*
diffamieren* [dɪfa'mi:rən] *vt* difamar, calumniar; **eine ~de Hetzkampagne** una campaña difamatoria
Diffamierung *f* <-, -en> difamación *f*
Differential [dɪfərɛn'tsja:l] *nt* <-s, -e> *s.* **Differenzial**
Differenz [dɪfə'rɛnts] *f* <-en> ❶ *(Unterschied)* diferencia *f;* (COM) déficit *m inv* ❷ *(Streit)* disputa *f*
Differenzbetrag *m* <-(e)s, -träge> (FIN) diferencia *f*
Differenzial [dɪfərɛn'tsja:l] *nt* <-s, -e> (MATH) diferencial *f*
Differenzialrechnung *f* (MATH) cálculo *m* diferencial
differenzieren* *vt, vi* (*a.* MATH) diferenciar
differenziert *adj (geh: fein unterscheidend)* detallado
Differenzierung *f* <-, -en> (*a.* BIOL, MATH) diferenciación *f*
diffus [dɪ'fu:s] *adj* difuso
Diffusion [dɪfu'zjo:n] *f* <-, -en> (CHEM, PHYS) difusión *f*
digital [digi'ta:l] *adj* digital; **~es Fernsehen** televisión digital; **~er Bilderrahmen** marco digital
Digitalempfänger *m* (TV) receptor *m* digital
digitalisieren* *vt* (INFOR) digitalizar
Digitalkamera *f* cámara *f* digital
Diktat [dɪk'ta:t] *nt* <-(e)s, -e> ❶ *(Nachschrift)* dictado *m;* **nach ~ schreiben** es-

cribir al dictado ② *(Befehl)* imposición *f;* (POL) tratado *m* impuesto
Diktator(in) [dɪk'ta:to:ɐ] *m(f)* <-s, -en; -nen> dictador(a) *m(f)*
diktatorisch *adj* dictatorial
Diktatur [dɪkta'tu:ɐ] *f* <-en> dictadura *f*
diktieren* *vt* ① *(Text)* dictar ② *(geh: aufzwingen)* imponer
Diktiergerät *nt* dictáfono *m*
Dildo ['dɪldo] *m* <-s, -s> *(Kunstpenis)* consolador *m*
Dilemma [di'lɛma] *nt* <-s, -s *o* Dilemmata> dilema *m*
Dilettant(in) [dilɛ'tant] *m(f)* <-en, -en; -nen> ① *(Laie)* diletante *mf* ② *(abw: Stümper)* chapucero, -a *m, f*
dilettantisch *adj* ① *(laienhaft)* diletante ② *(abw: stümperhaft)* chapucero
Dill [dɪl] *m* <-s, -e> eneldo *m*
Dimension [dimɛn'zjo:n] *f* <-en> dimensión *f*
Dimmer ['dɪmɐ] *m* <-s, -> interruptor *m* con regulador de voltaje
DIN [di:n, dɪn] *f Abk. von* **Deutsche Industrie-Norm(en)** normas *f pl* DIN
Dinar [di'na:ɐ] *m* <-s, -e> dinar *m*
DIN-Format *nt* <-(e)s, -e> formato *m* DIN *(según el Instituto de Normalización Alemán)*
Ding[1] [dɪŋ] *nt* <-(e)s, -e> ① *(Gegenstand)* objeto *m; (Sache)* cosa *f;* **aller guten ~e sind drei** *(prov)* a la tercera va la vencida ② *(Angelegenheit)* asunto *m;* **vor allen ~en** sobre todo; **guter ~e sein** *(geh)* tener buen humor; **das geht nicht mit rechten ~en zu** aquí hay gato encerrado; **das ist ein ~ der Unmöglichkeit** es algo imposible; **so wie die ~e liegen ...** tal y como están las cosas...
Ding[2] *nt* <-(e)s, -er> *(fam: unbestimmte Sache)* cosa *f;* **krumme ~er** negocios turbios; **ein junges ~** una jovencilla inocente
dingfest *adj* **jdn ~ machen** arrestar a alguien
Dings[1] [dɪŋs] *mf* <-, *ohne pl> (fam: Person)* fulano, -a *m, f*
Dings[2] *nt* <-, *ohne pl> (fam: Sache)* cosa *f*
Dingsbums ['dɪŋsbʊms] *nt* <-, *ohne pl> s.* **Dings**
Dingsda[1] ['dɪŋsda:] *mf* <-, *ohne pl> s.* **Dings**
Dingsda[2] ['dɪŋsda:] *nt* <-, *ohne pl> s.* **Dings**
Dinkel *m* <-s, -> (BOT) espelta *f,* escanda *f*
Dinosaurier [dino'zaʊriɐ] *m* <-s, -> dinosaurio *m*
Diode [di'o:də] *f* <-n> (ELEK) diodo *m*
Dioptrie [diɔp'tri:, *pl:* diɔp'tri:ən] *f* <-n> *(Optik)* dioptría *f*
Dioxid *nt* <-s, -e> (CHEM) dióxido *m*
Dioxin [diɔ'ksi:n] *nt* <-s, *ohne pl>* (CHEM) dioxina *f*
Diözese [diø'tse:zə] *f* <-, -n> (REL, ADMIN) diócesis *f*
Dip *m* <-s, -s> (GASTR) salsa *f*
Diphtherie [dɪfte'ri:] *f* <-n> (MED) difteria *f*
Diphthong [dɪf'tɔŋ] *m* <-s, -e> (LING) diptongo *m*
Dipl. *Abk. von* **Diplom** diplomado *m*
Dipl.-Ing. *Abk. von* **Diplomingenieur(in)** ingeniero, -a *m, f* diplomado , -a
Diplom [di'plo:m] *nt* <-s, -e> diploma *m;* **sein ~ machen (in etw)** licenciarse (en algo)
Diplomarbeit *f* tesina *f*
Diplomat(in) [diplo'ma:t] *m(f)* <-en, -en; -nen> diplomático, -a *m, f*
Diplomatenlaufbahn *f* carrera *f* diplomática
Diplomatie [diploma'ti:] *f ohne pl* diplomacia *f*
Diplomatin *f* <-nen> *s.* **Diplomat**
diplomatisch *adj* diplomático; **~e Beziehungen zu ... unterhalten** mantener relaciones diplomáticas con...
diplomiert *adj* diplomado; *(Universitätszeugnis)* licenciado; **~e Chemikerin** licenciada en (Ciencias) Químicas
Diplomingenieur(in) *m(f)* ingeniero, -a *m, f* diplomado , -a
Diplomkaufmann *m* perito *m* mercantil
dippen *vt* **etw (in etw** *akk***) ~** *((in eine Soße) tunken)* untar algo (en algo)
dir [di:ɐ] **I.** *pron pers dat von* **du** te; *(betont)* a ti (te); *(mit Präposition)* ti; **ich habe ~ etwas mitgebracht** te he traído una cosa; **~ verrate ich nicht, was ich vorhabe!** ¡a ti no te contaré mis planes!; **hinter/vor/unter/über ~** detrás de/delante de/debajo de/encima de ti; **ein Freund von ~** un amigo tuyo **II.** *pron refl dat von* **du** te; **was hast du ~ gekauft?** ¿qué te has comprado?
direkt [di'rɛkt] **I.** *adj* ① *(ohne Umweg, unmittelbar)* directo; *(Frage)* sin rodeos; **~e Rede** (LING) estilo directo; **~ am Bahnhof** en la misma estación; **~ vor dem Haus** justo delante de la casa ② *(unverzüglich)* inmediato **II.** *adv* ① *(ohne Umweg)* derecho; **die Straße führt ~ ins Zentrum** la calle lleva directamente al centro; **~ übertragen** (RADIO, TV) tra(n)smitir en directo ② *(unverzüglich)* enseguida, directamente ③ *(fam: ausgesprochen)* realmente; **das ist ja ~ gefährlich, was du machst** es realmente peligroso lo que haces

Direktbank *f* (FIN) banco *m* directo, banco *m* por internet
Direktbanking [di'rɛktbɛŋkɪŋ] *nt* <-s, *ohne pl*> banca *f* directa
Direktflug *m* <-(e)s, -flüge> (AERO) vuelo *m* directo
Direktion [dirɛk'tsjo:n] *f* <-en> ❶ *(Leitung)* dirección *f* ❷ *(Schweiz: kantonales Ministerium)* departamento *m* cantonal
Direktmandat *nt* <-(e)s, -e> mandato *m* directo
Direktor(in) *m(f)* <-s, -en; -nen> director(a) *m(f)*
Direktorium [dirɛk'to:riʊm, *pl:* dirɛk'to:riən] *nt* <-s, Direktorien> directorio *m*
Direktrice [dirɛk'tri:sə] *f* <-n> sastra-directriz *f*
Direktübertragung *f* tra(n)smisión *f* en directo
Direktverbindung *f* (EISENB, AERO) comunicación *f* directa
Direktzugriff *m* (INFOR) acceso *m* directo
Dirigent(in) [diri'gɛnt] *m(f)* <-en, -en; -nen> (*a.* MUS) director(a) *m(f)* de orquesta
Dirigentenpult *nt* podio (del director) *m*
dirigieren* *vt* (*a.* MUS) dirigir
Dirigismus [diri'gɪsmʊs] *m* <-, *ohne pl*> (POL) dirigismo *m*
Dirndl ['dɪrnd(ə)l] *nt* <-s, -> *(österreichisch)* traje *m* tradicional tirolés; *(bayrisch)* vestido *m* tradicional bávaro
Dirndlkleid ['dɪrnd(ə)l-] *nt* traje *m* tradicional tirolés
Dirne ['dɪrnə] *f* <-n> prostituta *f*
Disco *f* <-s> disco *f*
Discounter [dɪs'kaunte] *m* <-s, -> (ECON) tienda *f* de descuento
Disharmonie [dɪsharmo'ni:, *pl:* dɪsharmo'ni:ən] *f* disonancia *f*
disharmonisch [dɪshar'mo:nɪʃ] *adj* (*a.* MUS) disonante
Diskette [dɪs'kɛtə] *f* <-n> (INFOR) disquete *m*
Diskettenlaufwerk *nt* (INFOR) disquetera *f*
Diskjockey ['dɪskdʒɔki] *m* pinchadiscos *mf inv*, disyóquey *mf*
Disko ['dɪsko] *f* <-s> disco *f*
Diskont [dɪs'kɔnt] *m* <-s, -e> (FIN) descuento *m*
Diskontsatz *m* (FIN) tipo *m* de descuento
Diskothek [dɪsko'te:k] *f* <-en> discoteca *f*
diskreditieren* [dɪskredi'ti:rən] *vt (geh)* desacreditar
Diskrepanz [dɪskre'pants] *f* <-en> discrepancia *f*
diskret [dɪs'kre:t] *adj* discreto
Diskretion [dɪskre'tsjo:n] *f ohne pl* discreción *f;* (WIRTSCH) confidencialidad *f*
diskriminieren* [dɪskrimi'ni:rən] *vt* discriminar
diskriminierend *adj* discriminatorio
Diskriminierung *f* <-en> discriminación *f*
Diskurs [dɪs'kʊrs] *m* <-es, -e> *(geh: Erörterung)* disertación *f*, charla *f; (Vortrag)* discurso *m;* (LING: *sprachliche Äußerung*) discurso *m;* **wissenschaftlicher ~** disertación científica
Diskus ['dɪskʊs] *m* <- *o* -ses, -se *o* Disken> (SPORT) disco *m*
Diskussion [dɪskʊ'sjo:n] *f* <-en> discusión *f*, argumento *m Am;* **ein Thema zur ~ stellen** poner un tema a debate
Diskussionsbeitrag *m* <-(e)s, -träge> intervención *f* en un debate
Diskussionsrunde *f* mesa *f* redonda
Diskuswerfen *nt* <-s, *ohne pl*> (SPORT) lanzamiento *m* de disco
Diskuswerfer(in) *m(f)* (SPORT) lanzador(a) *m(f)* de disco
diskutabel [dɪsku'ta:bəl] *adj* discutible; **die Idee halte ich durchaus für ~** según mi opinión, esta idea merece ser discutida
diskutieren* [dɪsku'ti:rən] *vi, vt* discutir (**über** de/sobre)
Dispens [dɪs'pɛns] *m* <-es, -e> dispensa *f*
Dispersion [dɪspɛr'zjo:n] *f* <-, -en> (CHEM, PHYS) dispersión *f*
Dispersionsfarbe *f* pintura *f* de dispersión
Display [dɪs'plɛɪ] *nt* <-s, -s> (INFOR) display *m*
Dispokredit ['dɪspokredi:t] *m* <-(e)s, -e> *(fam) s.* **Dispositionskredit**
disponieren* [dɪspo'ni:rən] *vi (geh)* disponer (**über** de)
Disposition [dɪspozi'tsjo:n] *f* <-en> *(geh)* ❶ *(Verwendung)* disposición *f;* (**jdm**) **zur ~ stehen** estar a disposición (de alguien) ❷ *(Planung)* planes *mpl* ❸ (MED: *Anlage*) predisposición *f*
Dispositionskredit *m* (FIN) crédito *m* disponible
Disput [dɪs'pu:t] *m* <-(e)s, -e> *(geh)* disputa *f*
Disqualifikation [dɪskvalifika'tsjo:n] *f* <-en> (*a.* SPORT) descalificación *f*
disqualifizieren* [dɪskvalifi'tsi:rən] *vt* (*a.* SPORT) descalificar
Disqualifizierung *f* <-, -en> *(geh)* descalificación *f*
Dissertation [dɪsɛrta'tsjo:n] *f* <-en> tesis *f inv* doctoral
Dissident(in) [dɪsi'dɛnt] *m(f)* <-en, -en; -nen> disidente *mf*
dissonant [dɪso'nant] *adj* (MUS) disonante
Dissonanz [dɪso'nants] *f* <-en> (*a.* MUS) disonancia *f*

Distanz [dɪs'tants] *f* <-en> distancia *f;* **~ wahren** guardar las distancias
distanzieren* *vr:* **sich ~** distanciarse
distanziert **I.** *adj (geh)* distante; **~ sein** ser distante **II.** *adv (geh)* de manera distante; **sie verhält sich ~** se comporta de un modo distante
Distel ['dɪstəl] *f* <-n> (BOT) cardo *m*
Distelfink *m* <-en, -en> (ZOOL) jilguero *m*
distinguiert [dɪstɪŋ'giːɐt] *adj (geh)* distinguido
Distrikt [dɪs'trɪkt] *m* <-(e)s, -e> distrito *m*
Disziplin [dɪstsi'pliːn] *f* <-en> disciplina *f*
disziplinarisch [dɪstsipli'naːrɪʃ] *adj* disciplinario
Disziplinarverfahren *nt* (ADMIN) procedimiento *m* disciplinario
disziplinieren* [dɪstsipli'niːrən] *vt* disciplinar
diszipliniert *adj* disciplinado
disziplinlos *adj* indisciplinado
Disziplinlosigkeit *f ohne pl (Eigenschaft)* falta *f* de disciplina
dito ['diːto] *adv (fam)* ídem, también
Diva ['diːva] *f* <-s *o* Diven> diva *f*
Divergenz *f* <-en> (*a.* MATH) divergencia *f*
divergieren* [divɛr'giːrən] *vi* (*a.* MATH) divergir
divers(e) *adj (geh)* ① *(mehrere)* diverso ② *(verschiedene)* diferente; **~er Ansicht sein** tener una opinión diferente
Diversifikation [divɛrzifika'tsjoːn] *f* <-, -en> (WIRTSCH) diversificación *f*
Diversität *f* <-, *ohne pl*> *(geh)* diversidad *f*
Dividend [divi'dɛnt] *m* <-en, -en> (MATH) dividendo *m*
Dividende [divi'dɛndə] *f* <-n> (FIN, WIRTSCH) dividendo *m;* **eine ~ ausschütten** repartir un dividendo
dividieren* *vt* (MATH) dividir (**durch** por)
Division [divi'zjoːn] *f* <-en> (MATH, MIL) división *f* (**durch** por)
Divisor [di'viːzoːɐ] *m* <-s, -en> (MATH) divisor *m*
DJ ['diːdʒɛɪ] *m* <-(s), -s> disyóquey *m*
DKP [deːkaː'peː] *f Abk. von* **Deutsche Kommunistische Partei** Partido *m* Comunista Alemán
dm *Abk. von* **Dezimeter** dm
DM *f inv* (HIST) *Abk. von* **Deutsche Mark** marco *m* alemán
d-Moll *nt* (MUS) re *m* menor
DNA-Spur [deːʔɛn'ʔaːʃpuːɐ] *f* <-, -en> huella *f* genética
DNA-Test *m* test *m* [*o* prueba *f*] de ADN
D-Netz *nt* (TEL: *europaweites Mobilfunknetz*) sistema *m* de comunicación móvil europeo
DNS [deːʔɛn'ʔɛs] *f Abk. von* **Desoxyribonukleinsäure** A.D.N. *m*
doch [dɔx] **I.** *adv* ① *(dennoch)* sin embargo, a pesar de todo; **er hatte ~ Recht** a pesar de todo tenía razón ② *(aber)* pero; **du weißt ~, wie ich das meine** pero ya sabes qué quiero decir; **das habe ich mir ~ gedacht** ya me lo había imaginado ③ *(denn)* pues; **er sagte nichts, wusste er ~, dass sie Recht hatte** no dijo nada pues sabía que ella tenía razón ④ *(Antwort)* sí, claro que sí; **kommst du nicht mit? – ~!** ¿no vienes? – ¡pues claro que sí! ⑤ *(Betonung)* sí que…; **es schmeckt ~** sí que está bueno **II.** *part* ① *(verstärkend)* pero, pues; **das ist ~ die Höhe!** ¡esto sí que es el colmo!; **nehmen Sie ~ Platz!** ¡pero tome asiento!; **du hast ~ nicht etwa …?** ¿no habrás…?; **wie hieß er ~ gleich?** ¿cómo se llamaba? ② *(auffordernd)* **gib ~ mal her!** ¡dámelo de una vez!; **soll er ~!** ¡que lo haga si quiere! ③ *(Zustimmung fordernd)* ¿verdad?; **hier darf man ~ rauchen?** aquí se puede fumar, ¿verdad? **III.** *konj (aber)* pero; **ich würde es gern tun, ~ ich traue mich nicht** me gustaría hacerlo pero no me atrevo
Docht [dɔxt] *m* <-(e)s, -e> mecha *f*
Dock [dɔk] *nt* <-(e)s, -s> dique *m;* **das Schiff liegt im ~** el barco se encuentra en dique
Dogge ['dɔgə] *f* <-n> (perro *m*) dogo *m*
Dogma ['dɔgma] *nt* <-s, Dogmen> dogma *m*
dogmatisch *adj* dogmático
Dogmen *pl von* **Dogma**
Dohle ['doːlə] *f* <-n> (ZOOL) grajilla *f*
Doktor(in) ['dɔktoːɐ] *m(f)* <-s, -en; -nen> doctor(a) *m(f);* (*a.* MED) médico, -a *m, f;* **Herr/Frau ~** doctor/doctora; **sie ist ~ der Philosophie** es doctora en filosofía; **den ~ machen** hacer el doctorado
Doktorand(in) [dɔkto'rant] *m(f)* <-en, -en; -nen> doctorando, -a *m, f*
Doktorarbeit *f* tesis *f inv* doctoral
Doktorin *f* <-nen> *s.* **Doktor**
Doktortitel *m* doctorado *m;* **den ~ erwerben** doctorarse
Doktorvater *m* (UNIV) director *m* de tesis
Doktorwürde *f* (UNIV) *s.* **Doktortitel**
Doktrin [dɔk'triːn] *f* <-en> doctrina *f*
Dokument [doku'mɛnt] *nt* <-(e)s, -e> documento *m*
Dokumentarfilm *m* (película *f*) documental *m*
dokumentarisch *adj* documental
Dokumentation [dokumɛnta'tsjoːn] *f* <-en> documentación *f*

D

D

dokumentieren* *vt* documentar
Dolch [dɔlç] *m* <-(e)s, -e> puñal *m*
Dolchstoß *m* puñalada *f*
doll [dɔl] **I.** *adj (fam)* ❶ *(unglaublich)* increíble ❷ *(großartig)* fantástico, fenomenal **II.** *adv (fam: sehr)* mucho, enormemente
Dollar ['dɔlaːɐ] *m* <-(s), -s> dólar *m*
Dollarkurs *m* (FIN) cotización *f* del dólar
dolmetschen ['dɔlmɛtʃən] **I.** *vi* hacer de intérprete **II.** *vt* traducir (oralmente)
Dolmetscher(in) *m(f)* <-s, -; -nen> intérprete *mf*
Dolomiten [dolo'miːtən] *pl* **die** ~ los Dolomitas
Dom [doːm] *m* <-(e)s, -e> *(Kathedrale)* catedral *f*
Domäne [do'mɛːnə] *f* <-n> ❶ *(Staatsgut)* finca *f* estatal ❷ *(Betätigungsfeld)* esfera *f*; *(Spezialgebiet)* especialidad *f*
dominant [domi'nant] *adj* dominante
Dominante *f* <-n> (MUS) dominante *f*
Dominanz [domi'nants] *f* <-en> (*a.* BIOL) dominancia *f*
Dominica [dɔ'miːnika] *nt* <-s> Dominica *f*
dominieren* **I.** *vi (vorherrschen)* (pre)dominar **II.** *vt (beherrschen)* dominar
Dominikaner(in) [domini'kaːnɐ] *m(f)* <-s, -; -, -nen> (REL) dominico, -a *m, f*
dominikanisch [domini'kaːnɪʃ] *adj* (REL) dominicano; **der ~e Orden** la Orden de los Dominicos
Dominikanische Republik *f* República *f* Dominicana
Domino ['doːmino] *nt* <-s, -s> dominó *m*
Dominostein *m* ❶ *(Spielstein)* ficha *f* de dominó ❷ (GASTR) *dulce navideño compuesto de capas de pan de especias, mazapán y gelatina de frutas, bañado en chocolate*
Domizil [domi'tsiːl] *nt* <-s, -e> *(geh)* domicilio *m*
Domkapitel *nt* (REL) cabildo *m* (de catedral)
Dompfaff ['doːmpfaf] *m* <-s *o* -en, -en> (ZOOL) pardillo *m*
Dompteur, -euse [dɔmp'tøːɐ] *m, f* <-s, -e; -n> domador(a) *m(f)*
Donau ['doːnaʊ] *f* **die** ~ el Danubio
Döner ['døːnɐ] *m* <-s, -> (GASTR) kebab *m*
Donner ['dɔnɐ] *m* <-s, -> trueno *m*, pillán *m Chil;* **wie vom ~ gerührt** atónito
donnern ['dɔnɐn] **I.** *vunpers* (METEO) tronar; **es donnert** truena **II.** *vi (lärmen)* retumbar
Donnerschlag *m* (estampido *m* del) trueno
Donnerstag ['dɔnɐstaːk] *m* <-(e)s, -e> jueves *m; s. a.* **Montag**
Donnerstagabend *m* noche *f* del jueves; *s. a.* **Montagabend**
donnerstagabends *adv* los jueves por la noche
donnerstags *adv* los jueves
Donnerwetter ['-'--] *nt* <-s, -> *(fam)* bronca *f;* **zum ~!** ¡diablos!; **~, das ist eine Leistung!** ¡caramba, vaya rendimiento!
Donut ['doʊnat] *m* <-s, -s> (GASTR) donut *m*
doof [doːf] <doofer *o* döfer, am doofsten *o* döfsten> *adj (fam abw)* tonto, estúpido, upa *Ecua, Perú;* **so was D~es!** ¡qué estupidez!; **unser ~er Englischlehrer** el estúpido de nuestro profesor de inglés
Doofheit[1] *f* <-en> *(abw fam: Handlung)* bobada *f; (stärker)* estupidez *f*
Doofheit[2] *f ohne pl (abw fam: Art)* bobería *f; (stärker)* estupidez *f*
Doofmann *m* <-(e)s, -männer> *(fam)* tonto *m*, estúpido *m*
Dope [doːp] *nt* <-s, *ohne pl*> *(sl: Haschisch)* chocolate *m*
dopen ['doːpən] **I.** *vt* (SPORT) dopar **II.** *vi, vr:* **sich** ~ (SPORT) doparse
Doping ['doːpɪŋ] *nt* <-s, -s> (SPORT) dopaje *m*
Dopingfall *m* caso *m* de dopaje
Dopingkontrolle *f* (SPORT) control *m* antidopaje
Doppel ['dɔpəl] *nt* <-s, -> ❶ *(Kopie)* copia *f; (Duplikat)* duplicado *m* ❷ (SPORT) dobles *mpl;* **gemischtes ~** dobles mixtos
Doppelagent(in) *m(f)* espía *mf* doble
Doppelbelastung *f* doble carga *f*
Doppelbett *nt* cama *f* de matrimonio
Doppeldecker *m* <-s, -> ❶ (AERO) biplano *m* ❷ *(fam: Bus)* ómnibus *m* de dos pisos
doppeldeutig ['dɔpəldɔɪtɪç] *adj* ambiguo, equívoco
Doppeldeutigkeit[1] *f (Äußerung)* doble sentido *m;* **der Text ist voll von ~en** el texto rebosa de palabras con doble sentido
Doppeldeutigkeit[2] *f ohne pl (Sinn)* ambigüedad *f;* **die ~ einer Aussage/eines Orakels** la ambigüedad de una afirmación/de un oráculo
Doppelfehler *m* <-s, -> *(Tennis)* doble falta *f*
Doppelfenster *nt* ventana *f* de doble hoja
Doppelgänger(in) *m(f)* <-s, -; -nen> doble *mf*
Doppelglasfenster *nt* (ARCHIT) ventana *f* de doble cristal
doppelgleisig *adj* (EISENB) de vía doble; **~ fahren** *(fig)* maniobrar en dos sentidos
Doppelhaus *nt* dos casas *fpl* adosadas
Doppelhaushälfte *f* ≈ (chalé *m*) adosado *m*
Doppelkinn *nt* papada *f*

Doppelklick *m* (INFOR) doble clic *m*
doppel|klicken *vt* (INFOR) hacer doble clic
Doppelkopf *m* <-(e)s, *ohne pl*> *(Kartenspiel) juego de cartas parecido al tresillo*
Doppelleben *nt* doble vida *f;* **ein ~ führen** llevar una doble vida
Doppelmoral *f ohne pl* doble moral *f*
Doppelname *m* nombre *m* compuesto
Doppelpass *m* <-es, -pässe> (SPORT) pared *f*
Doppelpunkt *m* dos puntos *mpl*
Doppelrolle *f* <-, -n> (FILM, THEAT) doble papel *m*
doppelseitig *adj* ① *(auf einer Doppelseite)* en dos páginas, a doble página ② (MED: *beidseitig*) doble; **~e Lähmung** hemiplejía bilateral ③ *(mit zwei Seiten)* de dos caras; **eine ~e Jacke** una chaqueta reversible
Doppelstecker *m* (ELEK) enchufe *m* doble
Doppelstunde *f* (SCH) dos horas *fpl*
doppelt ['dɔpəlt] **I.** *adj* doble; **in ~er Ausführung** por duplicado; **ich bin ~ so alt wie Hans** le doblo la edad a Hans; **auf das D~ steigen** duplicarse; **um das D~ erhöhen** doblar; **mit jdm ein ~es Spiel treiben** hacer doble juego con alguien **II.** *adv* repetido, dos veces; **die Briefmarke habe ich ~** tengo este sello repetido; **~ so viel** el doble; **~ sehen** ver doble; **alles ~ und dreifach sagen müssen** tener que repetir todo treinta mil veces; **~ genäht hält besser!** *(prov)* lo que abunda no daña
Doppelverdiener(in) *m(f)* ① *(Einzelperson)* persona *f* con dos sueldos ② *pl (Paar)* matrimonio *m* con dos sueldos
Doppelwährungsphase *f* (FIN) período *m* de doble circulación
Doppelzentner *m* quintal *m* métrico
Doppelzimmer *nt* habitación *f* doble
doppelzüngig ['dɔpəltsʏŋɪç] *adj* falso
Doppelzüngigkeit *f* <-, *ohne pl*> falsedad *f,* doblez *f*
Dorf [dɔrf, *pl:* 'dœrfɐ] *nt* <-(e)s, Dörfer> pueblo *m,* aldea *f;* **das olympische ~** la ciudad olímpica; **auf dem ~ wohnen** vivir en el pueblo; **vom ~ kommen** ser de pueblo
Dorfbewohner(in) *m(f)* aldeano, -a *m, f,* pueblerino, -a *m, f*
Dorfjugend *f* <-, *ohne pl*> juventud *f* rural [*o* lugareña]
dörflich *adj* ① *(des Dorfes)* del pueblo ② *(ländlich)* rural; **sie wuchs in einem ~en Milieu auf** creció en un entorno rural
Dorfplatz *m* <-es, -plätze> plaza *f* del pueblo
Dorfschaft *f* <-en> *(Schweiz)* aldea *f,* pueblo *m*
Dorftrottel *m* tonto, -a *m, f* del pueblo
Dorn[1] [dɔrn] *m* <-(e)s, -en> (BOT) espina *f;* **er war dem Chef schon lange ein ~ im Auge** *(fig)* hace tiempo que el jefe se sentía disgustado por él
Dorn[2] *m* <-(e)s, -e> (TECH: *Metallstift*) espiga *m; (Werkzeug)* mandril *m; (zum Lochen)* punzón *m*
Dornbusch *m* zarzal *m*
Dornenhecke *f* <-, -n> zarza *f,* seto *m* espinoso
Dornenkrone *f* corona *f* de espinas
dornig *adj* espinoso
Dornröschen [dɔrn'røːsçən] *nt* <-s, *ohne pl*> la Bella Durmiente *f*
dörren ['dœrən] *vt* secar
Dörrfleisch *nt ohne pl* tocino *m* entreverado
Dörrobst *nt* (GASTR) frutos *mpl* secos
dorsal [dɔr'zaːl] *adj* (MED, LING) dorsal
Dorsch [dɔrʃ] *m* <-(e)s, -e> (ZOOL) abadejo *m*
dort [dɔrt] *adv* allí, allá; **der Mann ~** el hombre allá; **~ oben/hinten** allí arriba/atrás; **ich komme gerade von ~** justamente vengo de allí
dorther ['-'-] *adv* de allí; **von ~** de allí
dorthin ['-'-] *adv* hasta allí, hacia ahí
dorthinaus ['--'-] *adv* por allí; **bis ~** *(fam)* hasta el no va más
dorthinein ['--'-] *adv* allí dentro
dortige(r, s) *adj* de allí
Dose ['doːzə] *f* <-n> ① *(mit Keksen)* caja *f; (Bier)* bote *m; (Konservendose)* lata *f* ② *(Steckdose)* enchufe *m*
Dosen *pl von* **Dosis**
dösen ['døːzən] *vi (fam)* dormitar
Dosenbier *nt* cerveza *f* en lata
Dosenfisch *m* pescado *m* en lata
Dosenmilch *f* leche *f* condensada
Dosenöffner *m* abrelatas *m inv*
Dosensuppe *f* <-, -n> (GASTR) sopa *f* de lata [*o* enlatada]
dosieren* [do'ziːrən] *vt* dosificar
Dosierkapsel *f* cápsula *f*
Dosierung[1] *f ohne pl (das Dosieren)* dosificación *f*
Dosierung[2] *f* <-en> *(Dosis)* dosis *f inv*
Dosis ['doːzɪs, *pl:* 'doːzən] *f* <Dosen> dosis *f inv*
Dossier [dɔ'sjeː] *nt* <-s, -s> expediente *m*
Dotation [dota'tsjoːn] *f* <-, -en> *(geh)* dotación *f,* donación *f*
Dotcom-Unternehmen ['dɔtkɔm-] *nt* (INFOR: *sl)* empresa *f* puntocom
dotieren* [do'tiːrən] *vt* dotar (**mit** con/de); **gut dotiert** *(Stellung)* bien remunerado
Dotter ['dɔtɐ] *m o nt* <-s, -> yema *f*
doubeln ['duːbəln] *vi, vt* (FILM) hacer de doble (en un filme)

D

D

Double ['du:b(ə)l] *nt* <-s, -s> (FILM) doble *m*
Doughnut ['doʊnat] *m* <-s, -s> (GASTR) donut *m*
Download ['daʊnlɔʊt] *nt* <-(s), -s> (INFOR) carga *f* descendente [*o* por teleproceso], download *m (trasferencia de un ordenador a otro)*
downloadbar *adj* (INFOR) descargable
downloaden ['daʊnlɔʊdən] *vt* (INFOR) descargar, bajar
Downsyndrom ['daʊnzʏndro:m] *nt ohne pl* (MED) mongolismo *m*
Dozent(in) [do'tsɛnt] *m(f)* <-en, -en; -nen> profesor(a) *m(f)* universitario , -a
dozieren* [do'tsi:rən] *vi* dar clases (magistrales) (**über** sobre)
dpa [de:pe:'ʔa:] *f Abk. von* **Deutsche Presse-Agentur** Agencia *f* de Prensa Alemana
Dr. *mf* <Dres.> *Abk. von* **Doktor** doctor(a) *m(f)*; **Herr/Frau ~ Müller** doctor/doctora Müller
Drache ['draxə] *m* <-n, -n> dragón *m*
Drachen *m* <-s, -> ❶ *(aus Papier)* cometa *f*, volantín *m Am;* **~ steigen lassen** echar (a volar) cometas ❷ *(fam abw: zänkische Frau)* furia *f*
Drachenfliegen *nt ohne pl* (SPORT) vuelo *m* en ala delta
Drachenflieger(in) *m(f)* (SPORT) deportista *mf* de ala delta
Dragee [dra'ʒe:] *nt* <-s, -s>, **Dragée** *nt* <-s, -s> (MED) gragea *f*
Draht [dra:t, *pl:* 'drɛ:tə] *m* <-(e)s, Drähte> alambre *m*, hilo *m* metálico; **einen ~ zu jdm haben** *(fam)* simpatizar con alguien; **auf ~ sein** *(fam)* estar en buena forma
Drahtbürste *f* cepillo *m* de púas de metal
Drahtgitter *nt* alambrado *m*
drahtig *adj (Figur)* vigoroso
drahtlos I. *adj* inalámbrico **II.** *adv* **~ telegrafieren** radiotelegrafiar
Drahtseil *nt* cable *m* metálico
Drahtseilakt *m* <-(e)s, -e> ❶ *(Zirkus)* número *m* en la cuerda floja ❷ *(fig: gewagtes Unterfangen)* empresa *f* peligrosa
Drahtseilbahn *f* teleférico *m*
Drahtzieher(in) *m(f)* <-s, -; -nen> instigador(a) *m(f)*
Drainage [drɛ'na:ʒə] *f* <-, -n> (MED, TECH) drenaje *m*
drakonisch [dra'ko:nɪʃ] *adj* draconiano
drall [dral] *adj (Person)* robusto; *(Körperteil)* regordete
Drall *m* <-(e)s, *ohne pl*> (PHYS) rotación *f* sobre el propio eje; **einen ~ nach rechts haben** desviarse a la derecha

Drama ['dra:ma, *pl:* 'dra:mən] *nt* <-s, Dramen> tragedia *f*, drama *m*
Dramatik [dra'ma:tɪk] *f* <-, *ohne pl*> ❶ (LIT) poesía *f* dramática ❷ *(Spannung)* dramatismo *m*
Dramatiker(in) [dra'ma:tikɐ] *m(f)* <-s, -; -nen> autor(a) *m(f)* dramático , -a
dramatisch *adj* (*a.* THEAT, LIT) dramático
dramatisieren* *vt* ❶ *(Roman)* adaptar a la escena ❷ *(aufbauschen)* dramatizar
Dramatisierung *f* <-, -en> dramatización *f*
Dramaturg(in) [drama'tʊrk] *m(f)* <-en, -en; -nen> (*a.* THEAT) asesor(a) *m(f)* artístico , -a
Dramaturgie [dramatʊr'gi:] *f* <-n> (*a.* THEAT) dramaturgia *f*, dramática *f*
Dramaturgin *f* <-nen> *s.* **Dramaturg**
dramaturgisch [drama'tʊrgɪʃ] *adj* dramatúrgico
Dramen *pl von* **Drama**
dran [dran] *adv (fam)* **du bist ~** es tu turno; **jetzt ist er ~** ahora le toca a él; **sind Sie noch ~?** *(Telefon)* ¿todavía está en la línea?; **er ist schlecht/gut ~** le va mal/bien; **früh/spät ~ sein** tener/no tener tiempo; **ich bin spät ~** ya no tengo tiempo; **da ist was ~** hay algo de verdad en ello; **an dem Radio ist alles ~, was man braucht** la radio tiene todo lo que se necesita; *s. a.* **daran**
Dränage [drɛ'na:ʒə] *f* <-, -n> (MED, TECH) drenaje *m*
dran|bleiben *irr vi sein (fam)* ❶ *(verfolgen)* no soltar (**an**), seguir la pista (**an** de) ❷ *(Telefon)* no colgar (**an**)
drang [draŋ] *3. imp von* **dringen**
Drang [draŋ] *m* <-(e)s, *ohne pl*> ❶ *(Trieb)* impulso *m; (Sehnsucht)* ansia *f* (**nach/zu** de); **aus innerem ~** por un impulso instintivo; **einen plötzlichen ~ nach etw verspüren** desear algo ardientemente ❷ *(Zwang)* apremio *m*
dran|gehen *irr vi sein (fam: in Angriff nehmen)* emprender (**an**)
Drängelei [drɛŋə'laɪ] *f* <-en> *(abw)* ❶ *(Schubsen)* apretujones *mpl* ❷ *(Bettelei)* ruegos *mpl* continuos y molestos
drängeln ['drɛŋəln] *vi, vt (fam)* ❶ *(schieben)* empujar; **nur nicht ~!** ¡no empujen! ❷ *(betteln)* apremiar
drängen ['drɛŋən] **I.** *vi* ❶ *(eilen)* urgir, correr prisa; **es drängt nicht** no corre prisa ❷ *(schieben)* empujar ❸ *(fordern)* insistir (**auf** en); **er drängt zur Eile** mete prisa **II.** *vt* ❶ *(schieben)* empujar; *(durch die Menge)* abrirse paso ❷ *(antreiben)* apremiar (**zu** para que +*subj*) **III.** *vr:* **sich ~** apiñarse

Drängen *nt* <-s, *ohne pl*> apremio *m;* **auf jds ~** (**hin**) a ruegos de alguien
drängend *adj* ① *(Fragen, Probleme)* inaplazable, perentorio ② *(Tonfall, Stimme)* insistente
drangsalieren* [draŋza'liːrən] *vt (abw)* torturar
dran|halten *irr* **I.** *vt (fam: zum Vergleich)* acercar (para comparar) **II.** *vr:* **sich ~** *(sich beeilen)* apurarse, apresurarse
dran|hängen *irr* **I.** *vt (fam: an etw befestigen)* colgar (**an** en); *(verlängern)* prolongar (por); **wir können an unseren Urlaub noch eine Woche ~** podemos prolongar nuestras vacaciones por una semana **II.** *vi (fam: an etw hängen)* tener cariño [*o* apego] (**an** a) **III.** *vr:* **sich ~** *(fam: verfolgen)* perseguir (**an**)
dran|kommen *irr vi sein (fam)* ① *(an die Reihe kommen)* tocar; **du kommst als Nächste dran** ahora te toca a ti ② (SCH: *aufgerufen werden*) ser llamado para decir la lección ③ *(abgefragt werden)* tocar; **welches Thema kommt denn dran?** ¿qué tema toca hoy? ④ *(erreichen)* alcanzar
dran|kriegen *vt (fam)* **jdn** (**schön**) **~** *(zu einer Leistung)* no dejar que alguien escurra el bulto; *(reinlegen)* jugársela a alguien
dran|lassen *irr vt (fam)* dejar puesto (**an** en)
dran|nehmen *irr vt (fam: Schüler)* preguntar; *(Kunden, Patienten)* atender
dran|setzen *vt* ① *(einsetzen)* arriesgar; **ich werde alles ~ um ...** haré todo lo posible para... ② *(beschäftigen)* ocupar; **da kann ich den Lehrling ~** esto se lo dejo hacer al aprendiz
drastisch ['drastɪʃ] *adj* drástico
drauf ['draʊf] *adv (fam)* **gut/schlecht ~ sein** estar de buenas/de mala leche; **wie ist der denn ~?** ¿a este qué mosca le picó?; **~ und dran sein, zu ...** estar a punto de...
drauf|bekommen* *irr vt (fam)* ① *(auf etw bekommen)* conseguir poner (**auf** a) ② *(Wend)* **eins ~** *(einen Klaps bekommen)* recibir un cachete; *(ausgeschimpft werden)* recibir una reprimenda
Draufgänger(in) ['draʊfgɛŋɐ] *m(f)* <-s, -; -nen> atrevido, -a *m, f*
draufgängerisch ['draʊfgɛŋərɪʃ] *adj* arrojado
drauf|gehen *irr vi sein (fam)* ① *(sterben)* palmarla ② *(Geld)* volar ③ *(Sache)* romperse
drauf|haben *irr vt (fam)* **etw ~** tener idea (de algo)
drauf|hauen *irr vi (fam)* dar porrazos (**auf** a); **einen ~** juerguearse
drauf|kommen *irr vi sein (sich einfallen lassen)* **ich komme nicht drauf!** ¡no se me ocurre!
drauf|kriegen *vi (fam)* **eins ~** caerle a alguien una bronca
drauf|lassen *irr vt (fam)* dejar puesto (**auf** en)
drauf|legen *vt (fam)* ① *(Betrag)* añadir (**auf** a) ② *(hinlegen)* poner encima (**auf** de)
drauflos [-'-] *adv* sin darle más vueltas
drauflos|arbeiten *vi (fam)* ponerse a trabajar sin plan previo
drauflos|gehen *irr vi sein (fam)* echar a andar sin rumbo fijo
drauflos|reden *vi (fam: unüberlegt)* hablar sin pensar; *(ohne Scheu)* hablar sin cortarse
drauflos|schlagen *irr vi (fam)* liarse a golpes
drauf|machen *vt (fam)* **einen ~** correrse una juerga
draufsatteln *vt* (POL: *sl*) añadir; *(Geld)* dar [*o* conceder] adicionalmente; *(Bemerkung)* soltar (a bocajarro)
Draufsicht *f* <-en> vista *f* de arriba; *(Zeichnung)* proyección *f* horizontal
drauf|stehen *irr vi (fam)* ① *(auf etw stehen)* estar (puesto) encima (**auf** de); *(Mensch, Tier)* estar (subido) encima (**auf** de); **aua, du stehst genau auf meinem Fuß drauf!** ¡ay, me estás pisando el pie! ② *(geschrieben stehen)* estar puesto (**auf** en); **was steht auf dem Zettel drauf?** ¿qué pone en la nota?
drauf|stoßen *irr* **I.** *vi sein (fam)* llegar directamente (**auf** a), darse de narices (**auf** con) **II.** *vt haben (fam)* **jdn auf etw ~** servir algo en bandeja (de plata) a alguien
drauf|zahlen **I.** *vi (fam)* pagar más **II.** *vt (fam)* añadir
draus [draʊs] *adv (fam) s.* **daraus**
draußen ['draʊsən] *adv* ① *(außerhalb)* fuera; *(im Freien)* al aire libre; **nach ~** hacia fuera; **von ~** de fuera ② *(weit entfernt)* lejos (de aquí); **~ auf dem Lande** allá en el campo
drechseln ['drɛksəln] *vi, vt* tornear
Drechsler(in) ['drɛkslɐ] *m(f)* <-s, -; -nen> tornero, -a *m, f*
Dreck [drɛk] *m* <-(e)s, *ohne pl*> ① *(fam: Schmutz)* suciedad *f; (Schlamm)* lodo *m; (Abfall)* basura *f;* **jdn wie den letzten ~ behandeln** *(fam)* tratar a alguien como a un perro, basurear a alguien *Arg, Urug;* **er hat ~ am Stecken** *(fig)* tiene las manos sucias; **jdn in den ~ ziehen** *(fam fig)* poner verde a alguien ② *(abw fam: Kleinigkeit)*

D

asuntillo *m;* **sich einen ~ um etw kümmern** importarle algo a alguien un comino; **die Nase in jeden ~ stecken** meter las narices en todas partes; **das geht dich einen ~ an** eso no te importa para nada

Dreckarbeit *f (abw) s.* **Drecksarbeit**

dreckig *adj (fam)* ① *(schmutzig)* sucio, pichoso *Ven;* **sich ~ machen** ensuciarse ② *(unanständig)* obsceno ③ *(Wend)* **es geht mir ~** estoy fatal

Drecksack *m (fam abw)* tipo *m* asqueroso

Drecksarbeit *f (abw: die dreckig macht)* trabajo *m* sucio; *(die verabscheut wird)* trabajo *m* asqueroso

Drecksau *f (vulg)* cerdo, -a *m, f*

Dreckschleuder *f* <-, -n> *(abw fam: Umweltverschmutzer)* persona *f* (o cosa) contaminadora [*o* contaminante]

Dreckschwein *nt* <-s, -e> *(vulg)* cerdo, -a *m, f*

Dreckspatz *m (fam a. abw)* marrano, -a *m, f*

Dreh [dre:] *m* <-(e)s, -s *o* -e> *(fam)* truco *m;* **den ~ heraushaben** conocer el truco

Dreharbeiten *f pl* (FILM) rodaje *m*

Drehbank *f* torno *m*

drehbar *adj* giratorio

Drehbewegung *f* movimiento *m* rotatorio; **eine ~ machen** hacer un movimiento giratorio

Drehbuch *nt* guion *m*

Drehbuchautor(in) *m(f)* guionista *mf*

Drehbühne *f* tarima *f* giratoria; (THEAT) escenario *m* giratorio

drehen ['dre:ən] **I.** *vt* ① *(um die Achse)* girar; *(Schraube)* enroscar; **den Kopf ~** volver la cabeza; **das Radio leiser ~** *(fam)* bajar la radio; **wie man es auch dreht und wendet** por más vueltas que se le dé ② *(Strick)* torcer; *(Faden)* hilar; *(Pillen)* fabricar; *(Zigarette)* liar ③ (FILM) rodar ④ *(fam abw: aussehen lassen)* influir (en); **vielleicht können wir die Sache so ~, dass ...** tal vez podamos influir en el asunto de manera que... *+subj* **II.** *vi* ① *(Wind)* cambiar; *(Schiff)* virar; *(Auto)* dar la vuelta ② *(am Schalter, Steuerrad)* girar (**an**) **III.** *vr:* **sich ~** ① *(rotieren)* girar, dar vueltas; **mir dreht sich alles im Kopf** la cabeza me da vueltas; **er drehte sich auf den Rücken** se puso boca arriba ② *(betreffen)* girar (**um** en torno a)

Dreher(in) *m(f)* <-s, -; -nen> tornero, -a *m, f*

Drehkran *m* <-(e)s, -e *o* -kräne> grúa *f* giratoria

Drehkreuz *nt* torniquete *m*

Drehleiter *f* <-, -n> escalera *f* giratoria

Drehmoment *nt* <-(e)s, -e> (PHYS, AUTO) momento *m* de giro

Drehorgel *f* organillo *m*

Drehort *m* (FILM) lugar *m* de rodaje

Drehpause *f* <-, -n> (FILM) pausa *f* en el rodaje, descanso *m* del rodaje

Drehpunkt *m* centro *m* de rotación

Drehscheibe *f* ① (EISENB) placa *f* giratoria ② *(des Töpfers)* torno *m*

Drehstrom *m* (ELEK) corriente *f* trifásica

Drehstuhl *m* silla *f* giratoria

Drehtür *f* puerta *f* giratoria

Drehung *f* <-en> giro *m;* *(Umdrehung)* vuelta *f;* *(um die Achse)* rotación *f;* **eine ~ um 180 Grad** un giro de 180 grados

Drehwurm *m* **einen ~ kriegen** marearse

Drehzahl *f* número *m* de revoluciones

Drehzahlmesser *m* cuentarrevoluciones *m inv*

drei [draɪ] *adj inv* tres; **~ Viertel** tres cuartos; **es ist ~ viertel zwei** *(südd)* son las dos menos cuarto; **er tut so, als könne er nicht bis ~ zählen** *(fam)* hace como si ni supiera contar hasta diez; **aller guten Dinge sind ~** *(prov)* a la tercera va la vencida; *s. a.* **acht**[1]

Drei *f* <-en> tres *m;* *(Schulnote)* bien *m*

dreidimensional ['draɪdimɛnzjona:l] *adj* tridimensional

Dreieck ['draɪʔɛk] *nt* <-(e)s, -e> triángulo *m*

dreieckig *adj* triangular

Dreiecksbeziehung *f* triángulo *m* amoroso

Dreiecksverhältnis *nt* ménage *m* à trois

dreieinhalb [draɪʔaɪn'halp] *adj inv* tres y medio

dreierlei ['draɪɐ'laɪ] *adj inv* de tres clases diferentes, tres clases (diferentes) de; *s. a.* **achterlei**

dreifach ['draɪfax] **I.** *adj* triple; **in ~er Ausfertigung** por triplicado **II.** *adv* tres veces; *s. a.* **achtfach**

Dreifaltigkeit [draɪ'faltɪçkaɪt] *f ohne pl* (REL) Trinidad *f*

Dreifuß *m (Schemel, Gestell)* trípode *m;* *(Gerät zum Kochen)* trébede *f*

Dreigestirn *nt* <-(e)s, -e> (ASTR) tres astros *m pl;* *(Dreiergruppe)* trinca *f*

dreihundert ['-'--] *adj inv* trescientos; *s. a.* **achthundert**

dreijährig *adj* trienal

Dreikampf *m* (SPORT) triatlón *m*

Dreikäsehoch [-'---] *m* <-s, -s> *(fam)* taponcito *m*

Dreiklang *m* <-(e)s, -klänge> (MUS) trítono *m*

Dreikönige [-'---] *pl* **nach ~** después de Reyes

Dreikönigsfest *nt* (REL) festividad *f* de los Reyes Magos, día *m* de Reyes *fam*
Dreikönigstag *m* (REL) día *m* de Reyes; **in Spanien bekommen die Kinder am ~ Geschenke** en España los niños reciben regalos el día de Reyes
Dreiländereck [-'---] *nt ohne pl* punto *m* de encuentro de las fronteras de tres países
dreimal *adv* tres veces; **~ darfst du raten** *(fam)* ¿por qué preguntas si ya lo sabes?; *s. a.* **achtmal**
drein|blicken *vi* **finster ~** poner mala cara
drein|reden *vi (fam)* meterse (**in** en); **jdm während einer Rede ~** meterse [*o* meter baza] en el discurso de alguien
drein|schauen *vi s.* **dreinblicken**
Dreiphasenstrom [-'---] *m ohne pl* (ELEK) corriente *f* trifásica
Dreirad *nt* ❶ *(für Kinder)* triciclo *m* ❷ *(Lieferwagen)* camioneta *f* de tres ruedas
Dreisatz *m* (MATH) regla *f* de tres
Dreisprung *m* <-(e)s, -sprünge> (SPORT) triple salto *m*
dreispurig *adj* de tres carriles
dreißig ['draɪsɪç] *adj inv* treinta; *s. a.* **achtzig**
dreißiger *adj inv* ❶ *(1930 bis 1939)* de los treinta ❷ *(von 1930)* del (año) treinta; *s. a.* **achtziger**
Dreißiger *m* <-s, -> ❶ *(Wein)* vino *m* (de la cosecha) del treinta ❷ *(Wend)* **in den ~n sein** andar por los treinta y tantos
Dreißigerjahre *ntpl* **die ~** los (años) treinta
dreißigjährig ['draɪsɪçjɛːrɪç] *adj* de treinta años; **der D~e Krieg** la Guerra de los Treinta Años
Dreißigjährige(r) *mf* treintañero, -a *m, f*
dreißigste(r, s) *adj* trigésimo; *s. a.* **achtzigste(r, s)**
Dreißigstel *nt* <-s, -> treintavo *m*; *s. a.* **Achtel**
dreist [draɪst] *adj (unverschämt)* descarado; *(frech)* fresco
dreistellig *adj* de tres cifras
Dreistigkeit ['draɪstɪçkaɪt] *f* <-en> impertinencia *f*, insolencia *f*
dreistufig *adj* de tres etapas
Dreitagebart [-'---] *m* <-(e)s, -bärte> barba *f* de tres días
dreitägig *adj* de tres días (de duración); **an einer ~en Exkursion teilnehmen** participar en una excursión de tres días
dreitausend ['-'--] *adj inv* tres mil; *s. a.* **achttausend**
dreiteilig *adj (Service)* de tres piezas; *(Fernsehserie)* de tres capítulos
dreiundzwanzig *adj inv* veintitrés
dreiviertellang *adj (Rock, Hose)* de tres cuartos
Dreiviertelstunde ['draɪvɪrtəl'ʃtʊndə] *f* tres cuartos *mpl* de hora; **in einer ~** en tres cuartos de hora
Dreivierteltakt [-'---] *m ohne pl* (MUS) compás *m* de tres por cuatro
Dreizack ['draɪtsak] *m* <-(e)s, -e> *(Stab mit drei Zinken)* tridente *m*
dreizehn ['--] *adj inv* trece; **jetzt schlägt's aber ~** *(fam)* esto es el colmo; *s. a.* **acht**[1]
dreizehnte(r, s) *adj* decimotercero; *s. a.* **achte(r, s)**
Dreizimmerwohnung [-'----] *f* piso *m* de tres habitaciones
dreschen <drischt, drosch, gedroschen> *vt* ❶ *(Getreide)* trillar; **Phrasen ~** *(fam)* hablar con clichés ❷ *(verprügeln)* zurrar
Dreschmaschine *f* (AGR) trilladora *f*
Dresden ['dreːsdən] *nt* <-s> Dresde *m*
dressieren* [drɛ'siːrən] *vt (Tier)* adiestrar
Dressing *nt* <-s, -s> (GASTR) aliño *m*
Dressur [drɛ'suːɐ] *f* <-en> adiestramiento *m*
Dressurreiten *nt ohne pl* hipismo *m* de adiestramiento
dribbeln ['drɪbəln] *vi* (SPORT) driblar
Dribbling ['drɪblɪŋ] *nt* <-s, -s> (SPORT) regate *m*, dribling *m*
driften ['drɪftən] *vi sein* (*a.* NAUT) derivar (**nach** hacia)
Drill [drɪl] *m* <-(e)s, *ohne pl*> (MIL) entrenamiento *m*
drillen ['drɪlən] *vt* ❶ (TECH) taladrar ❷ (MIL) instruir (**auf** en)
Drilling ['drɪlɪŋ] *m* <-s, -e> *(Kind)* trillizo *m*
drin [drɪn] *adv (fam)* dentro; **es ist noch alles ~** *(fig)* todavía todo está dentro de lo posible; **das ist nicht ~** *(fig)* esto no está previsto; *s. a.* **darin**
dringen ['drɪŋən] <dringt, drang, gedrungen> *vi* ❶ *sein* **durch etw ~** atravesar algo; **in etw ~** penetrar en algo; **aus etw ~** *(Flüssigkeit, Gas)* salir de algo; *(Geräusch)* venir de algo; **in jdn ~** asediar a alguien; **bis zu etw ~** penetrar hasta algo; **an die Öffentlichkeit ~** trascender al público ❷ *(verlangen)* **auf etw ~** insistir en algo
dringend *adj* ❶ *(eilig)* urgente ❷ *(nachdrücklich)* enérgico; **~ davon abraten, etw zu tun** desaconsejar seriamente de hacer algo; **~ verdächtig** altamente sospechoso
dringlich *adj* urgente
Dringlichkeit *f* <-en> urgencia *f*
drin|hängen *irr vi (fam)* **mit ~** *(ebenfalls*

beteiligt sein) estar alguien (metido) en el ajo

Drink [drɪnk] *m* <-s, -s> trago *m*

drinnen ['drɪnən] *adv* dentro; ~ **und draußen** dentro y fuera; **ich gehe nach ~** voy adentro

drin|stecken *vi (fam)* ❶ *(beschäftigt sein)* estar (muy) metido (**in** en) ❷ *(investiert sein)* costar; **da steckt eine Menge Arbeit drin** ha costado mucho trabajo ❸ *(verwickelt sein)* estar metido (**in** en)

drin|stehen *irr vi Österr, Schweiz, südd: sein (fam: in Raum)* estar (**in** en); *(in Buch)* poner (**in** en), decir (**in** en)

drischt [drɪʃt] *3. präs von* **dreschen**

dritt [drɪt] *adv* **zu ~** los tres

dritte(r, s) *adj* tercero; **D~ Welt** tercer mundo; *s. a.* **achte(r, s)**

Dritte(r) *mf* <-n, -n; -n, -n> tercero, -a *m, f;* **zugunsten eines ~n** a favor de un tercero

drittel *adj inv* tercio; *s. a.* **achtel**

Drittel ['drɪtəl] *nt* <-s, -> tercio *m,* tercera parte *f; s. a.* **Achtel**

dritteln *vt* dividir en tres partes

drittens ['drɪtəns] *adv* en tercer lugar; *(bei Aufzählung)* tercero; *s. a.* **achtens**

Dritte-Welt-Laden *m negocio que vende productos de los países del tercer mundo*

Dritte-Welt-Land ['--'--] *nt* país *m* tercermundista

drittklassig *adj (abw)* malo; *(Beschaffenheit)* de mala calidad

Drittländer *ntpl* (EU) países *mpl* terceros

Drittstaaten *mpl* (EU) países *mpl* terceros

DRK [de:ʔɛr'ka:] *nt* <-> *Abk. von* **Deutsches Rotes Kreuz** Cruz *f* Roja Alemana

droben ['dro:bən] *adv (geh)* arriba; **da ~** ahí arriba

Droge ['dro:gə] *f* <-n> droga *f,* pichicata *f Arg;* **synthetische ~** droga sintética; **~n nehmen** tomar drogas, drogarse

dröge ['drø:gə] *adj (nordd: trocken)* seco, poco jugoso; *(langweilig)* monótono

drogenabhängig *adj* drogadicto

Drogenabhängige(r) *mf* drogadicto, -a *m, f*

Drogenabhängigkeit *f ohne pl* drogadicción *f*

Drogenbekämpfung *f* lucha *f* contra la droga

Drogenfahnder(in) *m(f)* <-s, -; -, -nen> policía *mf* de narcóticos

Drogenhandel *m* narcotráfico *m*

Drogenkonsum *m* consumo *m* de drogas

Drogenmissbrauch *m* abuso *m* de drogas

Drogensucht *f s.* **Drogenabhängigkeit**

drogensüchtig *adj s.* **drogenabhängig**

Drogensüchtige(r) *mf s.* **Drogenabhängige(r)**

Drogenszene *f* ambiente *m* de las drogas

Drogentote(r) *mf* víctima *f* de drogas

Drogerie [drogə'ri:] *f* <-n> droguería *f*

Drogist(in) *m(f)* <-en, -en; -nen> droguero, -a *m, f*

Drohbrief *m* carta *f* conminatoria

drohen ['dro:ən] *vi* ❶ *(einschüchtern)* amenazar; **sie drohte ihm mit der Polizei** le amenazaba con llamar a la policía ❷ *(bevorstehen)* amenazar, ser inminente; **ihm droht Gefängnis** la condena es inminente ❸ *(zu befürchten sein)* **er drohte einzuschlafen** era de temer que se durmiera

drohend *adj* ❶ *(Gebärde)* amenazador ❷ *(Gefahr)* inminente

Drohmittel *nt* medio *m* de coacción

Drohne ['dro:nə] *f* <-n> (ZOOL) zángano *m*

dröhnen ['drø:nən] *vi (Geräusch)* retumbar; *(Schritte)* resonar; *(Ohren)* zumbar; **mir dröhnt der Kopf** tengo la cabeza como un bombo

Drohung ['dro:ʊŋ] *f* <-en> amenaza *f*

drollig ['drɔlɪç] *adj* ❶ *(Geschichte)* gracioso ❷ *(Kind)* salado

Dromedar ['dro:meda:ɐ, drome'da:ɐ] *nt* <-s, -e> (ZOOL) dromedario *m*

Drops [drɔps] *m* <-, -> caramelo *m* ácido

drosch [drɔʃ] *3. imp von* **dreschen**

Drossel ['drɔsəl] *f* <-n> (ZOOL) tordo *m*

drosseln ['drɔsəln] *vt* bajar; *(Tempo)* moderar; *(Inflation)* frenar; *(Ausgaben)* reducir

Drosselung *f* <-, -en> ❶ (WIRTSCH) disminución *f;* **die Regierung erwägt eine ~ der Importe** el gobierno sopesa una reducción de las importaciones ❷ (TECH) estrangulación *f*

drüben ['dry:bən] *adv* al otro lado, enfrente; **hier/da ~** aquí/allá enfrente

drüber ['dry:bɐ] *adv (fam) s.* **darüber**

Druck[1] [drʊk] *m* <-(e)s, *ohne pl*> ❶ *(das Drücken)* presión *f; (Beklemmung)* opresión *m;* **durch einen ~ auf den Knopf** pulsando el botón ❷ *(Zwang)* estrés *m;* **~ hinter etw machen** meter prisa a un asunto; **unter ~ stehen** estar en pleno estrés; **jdn unter ~ setzen** presionar a alguien ❸ *(das Drucken)* impresión *f;* **in ~ gehen** ser imprimido

Druck[2] *m* <-(e)s, Drücke> ❶ (PHYS) presión *f* ❷ *(sl: Schuss Rauschgift)* pinchazo *m*

Druck[3] *m* <-(e)s, -e> (KUNST) grabado *m*

Druckabfall *m ohne pl* (PHYS) descenso *m* de presión

Druckausgleich *m ohne pl* (PHYS) compensación *f* de presión
Druckbehälter *m* recipiente *m* a presión
Druckbleistift *m* portaminas *m inv*
Druckbuchstabe *m* letra *f* de imprenta
Drückeberger(in) ['drʏkəbɛrgɐ] *m(f)* <-s, -; -nen> *(fam abw)* gandul(a) *m(f)*
druckempfindlich *adj* sensible a la presión
drucken ['drʊkən] *vt* (TYPO) imprimir (**auf** en); **klein gedruckt** impreso en letras pequeñas; **das klein Gedruckte** la letra pequeña
drücken ['drʏkən] **I.** *vt* ① *(pressen)* apretar, trincar *Am; (Schalter)* pulsar; **jdm die Hand ~** estrecharle la mano a alguien; **jdm etw in die Hand ~** dar algo a alguien ② *(wegschieben)* empujar, apartar; **er drückte sie zur Seite** la empujó a un lado; **„~"** *(an einer Tür)* "empujar" ③ *(Kleidung)* apretar ④ *(umarmen)* apretar entre los brazos ⑤ *(Preise)* bajar **II.** *vi (Kleidung, Last)* apretar; *(Hitze)* pesar; **das trübe Wetter drückt auf die Stimmung** el tiempo nubloso agobia **III.** *vr:* **sich ~** *(fam)* escaquearse (**vor** de); **sie hat sich vor der** [*o* **um die**] **Arbeit gedrückt** se ha escaqueado del trabajo
drückend *adj (Sorgen, Last)* abrumador; *(Wetter)* bochornoso; *(Hitze)* agobiante
Drucker[1] *m* <-s, -> (INFOR) impresora *f*
Drucker(in)[2] *m(f)* <-s, -; -nen> impresor(a) *m(f); (Buchdrucker)* tipógrafo, -a *m, f*
Drücker *m* <-s, -> ① *(Klinke)* picaporte *m* ② *(Türdrücker)* portero *m* automático ③ *(am Gewehr)* gatillo *m;* **am ~ sitzen** *(fam)* tener la decisión en la propia mano; **auf den letzten ~** *(fam)* en el último momento
Druckerei *f* <-en> imprenta *f; (für Bücher)* tipografía *f*
Druckerin *f* <-nen> *s.* **Drucker**[2]
Druckerlaubnis *f* permiso *m* de impresión
Druckerschwärze ['drʊkɐʃvɛrtsə] *f* (TYPO) tinta *f* de imprenta
Druckertreiber *m* <-s, -> (INFOR) controlador *m* de impresora
Druckfahne *f* <-, -n> (TYPO) galerada *f*
Druckfarbe *f* (TYPO) tinta *f* de impresión
Druckfehler *m* (TYPO) errata *f*
druckfertig *adj* listo para imprimir
druckfrisch *adj* (TYPO) recién impreso
Druckkabine *f* <-, -n> (AERO) cabina *f* presurizada
Druckknopf *m* (TECH) botón *m* pulsador
Drucklegung *f* <-, -en> impresión *f*
Druckluft *f ohne pl* (PHYS) aire *m* presión
Druckluftflasche *f* botella *f* de aire comprimido
Druckmesser *m* (PHYS) manómetro *m*
Druckmittel *nt (Maßnahme)* medida *f* de presión
Druckplatte *f* (TYPO) plancha *f*
druckreif *adj* listo para la imprenta
Drucksache *f* (*a.* TYPO) impreso *m*
Druckschrift *f* (TYPO) letra *f* de imprenta
drucksen ['drʊksən] *vi (fam)* titubear, hacerse el remolón
Druckstelle *f* huella *f* de presión
Drucktaste *f* pulsador *m*
Druckverband *m* (MED) vendaje *m* compresivo
Druckwelle *f* (PHYS) onda *f* expansiva; *(bei einer Explosion)* onda *f* explosiva
Druckwerk *nt* obra *f* impresa
Druide [dru'i:də] *m* <-n, -n> (HIST) druida *m*
drum [drʊm] *adv (fam)* **sei's ~** sea; **mit allem D~ und Dran** con pelos y señales; *s. a.* **darum**
Drumherum [--'-] *nt* <-s, *ohne pl*> *(fam)* **das ganze ~** todo lo que hace parte
drunten ['drʊntən] *adv (südd, Österr)* abajo
drunter ['drʊntɐ] *adv (fam)* **es ging alles ~ und drüber** estaba todo revuelto; *s. a.* **darunter**
Drüse ['dry:zə] *f* <-n> glándula *f*
Dschibuti [dʒi'bu:ti] *nt* <-s> Yibuti *m*
Dschungel ['dʒʊŋəl] *m* <-s, -> jungla *f*
dt. *Abk. von* **deutsch** alemán
DTP [de:te:'pe:] *nt* (INFOR) *Abk. von* **Desktoppublishing** tratamiento *m* de texto avanzado
dtsch. *Abk. von* **deutsch** al.
Dtzd. *Abk. von* **Dutzend** docena *f*
du [du:] *pron pers 2. sg* tú; **bist ~ es?** ¿eres tú?; **wenn ich ~ wäre** yo que tú
Du *nt* <-(s), -(s)> tú *m;* **jdm das ~ anbieten** ofrecerle el tuteo a alguien; **mit jdm per ~ sein** tutear a alguien
dual [du'a:l] *adj* binario, dual
Dualsystem *nt* (*a.* MATH) sistema *m* binario
Dübel ['dy:bəl] *m* <-s, -> taco *m*
dubios [du'bjo:s] *adj* dudoso
ducken ['dʊkən] **I.** *vt (abw: demütigen)* humillar **II.** *vr:* **sich ~** ① *(sich bücken)* agacharse; *(niederkauern)* agazaparse ② *(unterwürfig sein)* doblegarse
Duckmäuser ['dʊkmɔɪzɐ] *m* <-s, -> *(fam)* acoquinado, -a *m, f*
dudeln ['du:dəln] *vi (fam)* ① (RADIO) sonar ② *(musizieren)* tocar un instrumento
Dudelsack ['du:dəlzak] *m* gaita *f*
Duell [du'ɛl] *nt* <-s, -e> ① *(mit Waffen)* duelo *m;* **jdn zum ~ fordern** retar a alguien a duelo ② (SPORT) competición *f*
duellieren* *vr:* **sich ~** batirse en duelo
Duett [du'ɛt] *nt* <-(e)s, -e> (MUS) dueto *m*

D

Duft [dʊft, *pl:* 'dʏftə] *m* <-(e)s, Düfte> olor *m; (angenehm)* aroma *m; (unangenehm)* hedor *m*

dufte *adj (reg: fam)* guay

duften ['dʊftən] *vi* oler (**nach** a)

duftend *adj* oloroso; *(parfümiert)* perfumado

duftig *adj* vaporoso

Duftmarke *f* <-, -n> *(von Tieren)* marcación *f* del territorio con sustancias aromáticas

Duftnote *f* <-, -n> aroma *m*

Duftöl *nt* <-(e)s, -e> aceite *m* aromático

Duftstoff *m* sustancia *f* aromática

Duftwolke *f* <-, -en> *(iron: Parfüm)* nube *f* de perfume

dulden ['dʊldən] *vt* ① *(zulassen)* tolerar; *(Widerspruch)* admitir; **die Sache duldet keinen Aufschub** el asunto no admite prórroga ② *(geh: ertragen)* soportar

duldsam [dʊltza:m] *adj (nachsichtig)* indulgente (**gegen** con/para/para con); *(tolerant)* tolerante (**gegen** con)

Duldsamkeit *f* <-, *ohne pl*> ① *(Toleranz)* tolerancia *f; (Nachsichtigkeit)* indulgencia *f* ② *(Geduld)* paciencia *f*

dumm [dʊm] *adj* <dümmer, am dümmsten> ① *(einfältig)* tonto, estúpido, pendejo *Am,* aciguatado *Ant, Méx,* upa *Ecua, Perú;* **~es Zeug reden** decir disparates; **sich ~ anstellen** hacerse el tonto; **ein ~es Gesicht machen** *(fam)* poner cara de bobo; **das ist gar nicht so ~** no es ninguna tontería; **jdn für ~ verkaufen** *(fam)* tratar a alguien como un tonto ② *(unwissend)* ignorante ③ *(unangenehm)* fastidioso; **jdm ~ kommen** *(fam)* fastidiar a alguien; **so etwas D~es!** ¡qué fastidio!

Dumme(r) *mf* <-n, -n; -n, -n> *(fam)* tonto, -a *m, f;* **einen ~n finden** encontrar un tonto; **der ~ sein** ser el tonto

dümmer ['dʏmɐ] *adj kompar von* **dumm**

dummerweise *adv* desafortunadamente

Dummheit[1] *f ohne pl (Mangel an Intelligenz)* estupidez *f; (Unwissenheit)* ignorancia *f*

Dummheit[2] *f* <-en> *(Handlung)* tontería *f,* estupidez *f,* pendejada *f Am*

Dummkopf *m (abw)* tonto, -a *m, f,* estúpido, -a *m, f,* merlo *m Am*

dümmlich ['dʏmlɪç] *adj* poco inteligente

dümmste(r, s) ['dʏmstə, -tɐ, -təs] *adj superl von* **dumm**

Dummy[1] ['dami] *m* <-s, -s *o* Dummies> *(Crashtest-Puppe)* muñeca *f* hinchable

Dummy[2] *m o nt* <-s, -s *o* Dummies> *(Werbeattrappe, Schaupackung)* muestra *f*

dümpeln ['dʏmpəln] *vi* (NAUT) cabecear

dumpf [dʊmpf] *adj* ① *(Geräusch)* sordo ② *(stumpfsinnig)* apático ③ *(Ahnung)* vago; *(Schmerz)* sordo ④ *(muffig)* enmohecido

Dumpfbacke *f (fam)* tonto, -a *m, f,* zonzo, -a *m, f Am*

Dumping ['dampɪŋ] *nt* <-s, *ohne pl*> (WIRTSCH) dumpin(g) *m,* competencia *f* desleal de precios

Dumpingpreis *m* (WIRTSCH) precio *m* de dumpin(g)

Düne ['dy:nə] *f* <-n> duna *f*

Dung [dʊŋ] *m* <-(e)s, *ohne pl*> estiércol *m*

Düngemittel *nt* abono *m; (künstlich)* fertilizante *m*

düngen ['dʏŋən] *vt* abonar, fertilizar

Dünger ['dʏŋɐ] *m* <-s, -> abono *m; (künstlich)* fertilizante *m*

Düngung *f* <-, -en> abono *m*

Dunk [daŋk] *m* <-s, -s> (SPORT: *Wurf beim Basketball*) mate *m*

dunkel ['dʊŋkəl] *adj* ① *(finster)* oscuro; **es wird ~** está oscureciendo; **im D~n** a oscuras; **im D~n tappen** andar a tientas ② *(Farbe)* oscuro ③ *(Ton)* bajo; *(Stimme)* grave ④ *(unbestimmt)* vago; **sich ~ an etw erinnern** acordarse vagamente de algo; **etw liegt noch im D~n** algo está por aclarar ⑤ *(rätselhaft)* misterioso ⑥ *(abw: zwielichtig)* oscuro; *(verdächtig)* sospechoso; **eine dunkle Vergangenheit haben** tener un pasado oscuro

Dunkel *nt* <-s, *ohne pl*> *(a. fig)* oscuridad *f*

dunkelblau *adj* azul oscuro

Dunkelblau *nt* azul *m* marino

dunkelblond *adj* rubio oscuro

dunkelgrün *adj* verde oscuro

dunkelhaarig *adj* moreno

dunkelhäutig ['dʊnkəlhɔɪtɪç] *adj* moreno

Dunkelheit *f ohne pl* oscuridad *f;* **bei Einbruch der ~** al anochecer

Dunkelkammer *f* (FOTO) laboratorio *m*

dunkelrot *adj* rojo oscuro

Dunkelziffer *f* cifra *f* negra

Dünkirchen ['dy:nkɪrçən] *nt* <-s> Dunkerque *m*

dünn [dʏn] *adj* ① *(Ast, Scheibe)* fino; **ein ~es Buch** un librito ② *(schlank)* delgado; *(mager)* flaco; **sie ist sehr ~ geworden** ha adelgazado mucho ③ *(spärlich)* escaso; *(Haar)* ralo; **~ besiedelt** [*o* **bevölkert**] poco poblado; **Butter ~ auftragen** poner un poco de mantequilla ④ *(fein, zart)* fino; *(Stimme)* débil ⑤ *(Suppe)* aguado; *(Kaffee)* flojo

dünnbesiedelt, **dünnbevölkert** *adj s.* **dünn 3.**

Dünndarm *m* (ANAT) intestino *m* delgado

dünnflüssig *adj* (muy) fluido
dünnhäutig ['dʏnhɔɪtɪç] *adj (Haut)* de piel fina; *(Mensch)* sensible
dünn|machen *vr:* **sich ~** *(fam)* pirarse; **da kommen die Bullen, ich mach mich lieber dünn!** ¡ahí vienen los maderos, mejor será que me pire!
Dünnpfiff *m* <-(e)s, *ohne pl*> *(fam)* cagalera *f*
Dünnschiss *m* <-es, *ohne pl*> *(fam)* cagalera *f*
dünnwandig *adj* de paredes finas
Dunst[1] [dʊnst, *pl:* 'dʏnstə] *m* <-(e)s, Dünste> *(Dampf)* vapor *m; (Ausdünstung)* vaho *m; (Rauch)* humo *m*
Dunst[2] *m* <-(e)s, *ohne pl*> *(Nebel)* neblina *f*
Dunstabzugshaube *f* campana *f* extractora de humos
dünsten ['dʏnstən] *vt* (GASTR) rehogar
Dunstglocke *f* smog *m*
dunstig ['dʊnstɪç] *adj* ① *(neblig)* nebuloso ② *(verräuchert)* cargado de humo
Dunstkreis *m (geh: jds Umgebung)* ambiente *m*
Dunstwolke *f (Ausdünstung)* vaharada *f; (Rauchwolke)* humareda *f*
Duo ['du:o] *nt* <-s, -s> (MUS) dúo *m*
düpieren* [dy'pi:rən] *vt (geh)* embaucar, burlar
Duplikat [dupli'ka:t] *nt* <-(e)s, -e> duplicado *m*
Dur [du:ɐ] *nt* <-, *ohne pl*> (MUS) tono *m* mayor
durch [dʊrç] **I.** *präp +akk* ① *(örtlich)* por, a través de; **~ eine Straße gehen** ir por una calle; **~ das Fenster schauen** mirar por la ventana ② *(mittels)* por (medio de); **~ Zufall** por casualidad ③ *(infolge von)* a causa de, por; **~ das viele Rauchen** por fumar tanto ④ *(zeitlich)* durante; **die ganze Nacht ~** durante toda la noche ⑤ *(teilen)* por; (MATH) dividido por; **~ drei teilen** dividir por tres ⑥ *(Agens)* por; **das Fahrzeug wird ~ Motoren getrieben** el vehículo es impulsado por motores **II.** *adv (fam)* **es ist schon drei Uhr ~** ya son las tres pasadas; **der Zug ist gerade ~** el tren acaba de pasar; **das Fleisch ist ~** la carne está a punto; **die Sohle ist ~** la suela está gastada; **~ und ~** completamente
durch|ackern I. *vt (fam)* estudiar(se) entero [*o* de cabo a rabo] **II.** *vr:* **sich ~** *(fam)* currarse (**durch**)
durch|arbeiten I. *vt (Buch)* estudiar a fondo **II.** *vi (ohne Pause)* trabajar sin descanso **III.** *vr:* **sich ~** *(Haufen Arbeit)* vencer (**durch**), acabar (**durch**); *(Dschungel)* abrirse paso (**durch** por/a través de)
durch|atmen *vi* respirar hondo
durchaus ['--, -'-] *adv* ① *(völlig)* absolutamente; **~ nicht** en absoluto; **das ist ~ nicht leicht** no es nada fácil ② *(unbedingt)* de todas formas
durch|beißen *irr* **I.** *vt (zerbeißen)* partir con los dientes **II.** *vr:* **sich ~** *(fam: Widerstände überwinden)* abrirse paso (**durch** por/a través de)
durch|bekommen* *irr vt (fam)* ① *(entzweimachen)* (conseguir) partir; **das Seil bekommst du mit der Schere nicht durch** no puedes cortar esa cuerda con las tijeras ② *(durch Öffnung)* (conseguir) meter ③ *(durch Kontrolle)* (conseguir) pasar ④ *(durch eine Prüfung)* hacer pasar
durch|biegen *irr vr:* **sich ~** *(Brett)* doblarse
durch|blättern *vt* hojear
Durchblick *m* <-(e)s, -e> *(fam: Überblick)* visión *f* de conjunto; **den ~ haben** estar al corriente
durch|blicken *vi* ① *(durchschauen)* mirar (**durch** por) ② *(fam: verstehen)* entender; **etw ~ lassen** *(andeuten)* dejar entrever algo; *(zu verstehen geben)* dar algo a entender
durchbluten* *vt* irrigar; **gut durchblutet werden** tener buena circulación
Durchblutung *f* <-en> riego *m* sanguíneo
Durchblutungsstörung *f* trastorno *m* circulatorio
durchbohren*[1] *vt (durchdringen)* atravesar; **von Kugeln durchbohrt** acribillado a balas
durch|bohren[2] *vt (Loch bohren)* taladrar
durch|boxen I. *vt (fam: durchsetzen)* imponer **II.** *vr:* **sich ~** *(fam)* ① *(sich durchsetzen)* imponerse ② *(einen Weg bahnen)* abrirse paso (**durch** por)
durch|braten *irr vt* (GASTR) asar bien; *(in der Pfanne)* freír bien
durchbrechen*[1] *irr vt* ① *(durchdringen)* romper; *(Hindernis)* derribar ② *(Prinzip)* quebrantar
durch|brechen[2] *irr* **I.** *vi sein* ① *(entzweigehen)* romperse ② *(Zähne, Sonne)* salir ③ *(Hass, Wut)* manifestarse **II.** *vt (zerbrechen)* romper
durch|brennen *irr vi sein* ① *(Birne, Sicherung)* fundirse ② *(fam: ausreißen)* escaparse
durch|bringen *irr vt* ① *(Kranke)* curar ② *(Prüfling)* **jdn ~** conseguir que apruebe alguien ③ *(ernähren)* sustentar; *(Kinder)* sacar adelante ④ *(vergeuden)* derrochar
durchbrochen I. *pp von* **durchbrechen**[1] **II.** *adj (Spitze)* quebrado
Durchbruch ['--] *m* <-(e)s, -brüche>

① *(eines Zahns)* aparición *f;* *(des Blinddarms)* rotura *f* ② (MIL) irrupción *f* ③ *(Erfolg)* éxito *m;* **jdm/etw zum ~ verhelfen** fomentar el éxito de alguien/algo ④ *(Stelle)* brecha *f*

durch|checken *vt* ① (AERO: *bis zum Zielort abfertigen*) facturar hasta el destino ② *(fam: Patient)* chequear; *(Liste)* repasar

durchdacht *pp von* **durchdenken**

durchdenken* *irr vt* examinar a fondo; **wohl durchdacht** *(geh)* (muy) bien reflexionado

durch|diskutieren* *vt* discutir a fondo

durch|dränge(l)n *vr:* **sich ~** *(fam)* abrirse paso (a empujones)

durch|drehen I. *vi* ① *sein (Räder)* derrapar ② *haben o sein (fam: die Nerven verlieren)* volverse loco **II.** *vt* **das Fleisch durch den Wolf ~** pasar la carne por la máquina de picar

durchdringen*[1] *irr vt* ① *(durchstoßen)* atravesar; *(Flüssigkeit)* penetrar, atravesar ② *(erfüllen)* llenar; *(in seinen Bann schlagen)* obsesionar; **er ist von der Idee durchdrungen, dass ...** está obsesionado con la idea que...

durch|dringen[2] *irr vi sein* ① *(Flüssigkeit, Kälte)* atravesar, penetrar; *(Gerücht)* trascender; *(Sonne)* salir; **die Nachricht ist bis zu uns durchgedrungen** la noticia ha trascendido hasta nosotros ② *(hingelangen)* llegar (**bis zu** a)

durchdringend *adj (Kälte, Geruch)* penetrante; *(Schrei)* estridente

Durchdringung *f* <-, *ohne pl*> penetración *f* (de)

durch|drücken *vt* ① *(Knie)* estirar ② *(fam: durchsetzen)* imponer ③ *(durch ein Sieb)* pasar (**durch** por)

durchdrungen *pp von* **durchdringen**[1]

durch|dürfen *irr vi (fam)* poder pasar; **darf ich bitte mal durch?** ¿puedo pasar, por favor?

durcheinander [dʊrçʔaɪ'nandɐ] *adv (unordentlich)* revuelto, mezclado; *(verwirrt)* confuso

Durcheinander ['----] *nt* <-s, *ohne pl*> ① *(Unordnung)* desorden *m,* despelote *m Am* ② *(Verwirrung)* confusión *f*

durcheinander|bringen *irr vt* ① *(in Unordnung bringen)* revolver ② *(verwechseln)* confundir ③ *(verwirren)* desconcertar

durcheinander|geraten* *irr vi sein* ① *(in Unordnung geraten)* desordenarse, entreverarse *Am* ② *(in Verwirrung geraten)* desorientarse, desconcertarse

durcheinanderkommen *irr vi sein (fam)* *s.* **durcheinandergeraten**

durcheinander|reden *vi* hablar todos a la vez

durcheinanderwerfen *irr vt (fam)* ① *(unordentlich hinwerfen)* tirar por ahí ② *(verwechseln)* confundir

durchexerzieren* *vt (fam)* practicar de principio a fin

durchfahren*[1] *irr vt* ① *(bereisen)* recorrer ② *(durchqueren)* atravesar; *(Meer)* surcar ③ *(durchzucken)* **ein Schreck durchfuhr ihn** se estremeció del susto

durch|fahren[2] *irr vi sein* ① *(ohne Pause)* no parar; **die ganze Nacht ~** conducir sin parar durante toda la noche; **bis zur nächsten Ampel ~** seguir hasta el próximo semáforo ② *(durchqueren)* pasar (**durch** por)

Durchfahrt ['--] *f* <-en> paso *m;* *(das Durchfahren)* pasaje *m;* **~ freihalten!** ¡prohibido aparcar!; **~ verboten!** ¡se prohíbe el paso!; **auf der ~ sein** estar de paso

Durchfahrtsstraße *f* calle *f* de tránsito

Durchfall *m* <-(e)s, *ohne pl*> (MED) diarrea *f,* obradera *f Col, Guat, Pan*

durch|fallen *irr vi sein* ① *(durch ein Loch)* caer (**durch** por) ② *(fam: keinen Erfolg haben)* fracasar ③ *(durch eine Prüfung)* suspender (**durch**)

durchfechten *irr* **I.** *vt (sich einsetzen)* defender (con éxito) **II.** *vr* **sich (im Leben) ~** abrirse paso (en la vida), luchar por salir adelante (en la vida)

durch|feiern *vi (fam: ohne Pause feiern)* festejar sin parar

durch|finden *irr vr:* **sich ~** ① *(zum Ziel)* encontrar (**zu**) ② *(sich zurechtfinden)* **bei diesem Durcheinander finde ich mich nicht mehr durch** en medio de este desorden no sé por donde empezar

durch|fliegen *irr vi sein* ① *(ohne Pause)* volar sin hacer escala ② *(durch Wolken)* atravesar (volando) (**durch**) ③ *(fam: bei einer Prüfung)* catear (**in**)

durchfließen*[1] *irr vt* pasar (por)

durch|fließen[2] *irr vi sein* pasar (**durch** por), correr (**durch** por)

durchflossen *pp von* **durchfließen**[1]

Durchfluss *m* (TECH: *Öffnung*) paso *m;* *(durchfließende Menge)* circulación *f*

durchforschen* *vt* ① *(wissenschaftlich)* investigar a fondo ② *(Taschen)* registrar ③ *(Land)* explorar a fondo

durch|fragen *vr:* **sich ~** abrirse camino a preguntas

durch|fressen *irr vr:* **sich ~** ① *(Korrosion)* corroer (**durch**) ② *(Nagetier, Ungeziefer)* atravesar royendo (**durch**) ③ *(fam: schmarotzen)* **sich ~** vivir de gorra

durchführbar *adj* realizable

durch|führen **I.** *vi (Weg)* llevar (**durch** por); *(verlaufen)* ir (**durch** por) **II.** *vt* ❶ *(ausführen)* llevar a cabo, implementar *Am; (verwirklichen)* realizar ❷ *(veranstalten)* efectuar ❸ *(geleiten)* guiar (**durch** por)

Durchführung *f* <-en> ejecución *f; (Verwirklichung)* realización *f;* **zur ~ gelangen** llevarse a cabo

durch|füttern *vt (fam)* dar de comer (a)

Durchgang[1] *m* <-(e)s, *ohne pl*> *(das Durchgehen)* paso *m;* **~ verboten!** ¡prohibido el paso!

Durchgang[2] *m* <-(e)s, -gänge> ❶ *(Weg)* pasaje *m,* paso *m;* **den ~ versperren** cortar el paso ❷ *(einer Wahl, eines Wettkampfs)* vuelta *f*

durchgängig **I.** *adj* general **II.** *adv* en general

Durchgangsstraße *f* carretera *f* de tránsito

durch|geben *irr vt* dar (**durch** por); *(übermitteln)* tra(n)smitir (**durch** por)

durchgefroren *adj* completamente helado

durch|gehen *irr sein* **I.** *vi* ❶ *(durch Tür)* pasar (**durch** por); **der Zug geht durch** es un tren directo ❷ *(Gesetz, Antrag)* ser aprobado ❸ *(toleriert werden)* ser tolerado; **wir lassen das nicht länger ~** ya no lo toleramos más ❹ *(weglaufen)* escaparse; *(Pferd)* desbocarse, disparar *Am* ❺ *(gehalten werden für)* pasar (**für** por) ❻ *(fam: dazwischenpassen)* caber (**durch/unter** por) **II.** *vt (Text: prüfen)* examinar; *(überarbeiten)* revisar

durchgehend *adj (Zug)* directo; *(Öffnungszeiten)* continuo; **~ geöffnet** horario continuo

durchgeknallt *adj (fam: übergeschnappt)* tocado

durch|greifen *irr vi* ❶ *(einschreiten)* intervenir (enérgicamente) ❷ *(mit der Hand)* pasar la mano (**durch** por)

durchgreifend *adj* radical

durch|gucken *vi (fam)* mirar (**durch** por)

durch|haben *irr vt (fam)* ❶ *(durchgelesen haben)* haber acabado (de leer); **gibst du mir das Buch, wenn du es durchhast?** ¿me das el libro cuando lo hayas acabado? ❷ *(durchgearbeitet haben)* haber acabado (de estudiar) ❸ *(durchtrennt haben)* **mit einer Kettensäge hat man einen Ast schnell durch** con una sierra mecánica se corta rápidamente una rama

durch|halten *irr vi, vt* aguantar

Durchhalteparole *f* <-, -n> *(abw)* palabras *fpl* de aliento [*o* de ánimo]; (MIL) consignas *fpl* de aliento [*o* de ánimo]

Durchhaltevermögen *nt* capacidad *f* de resistencia

durch|hängen *irr vi* ❶ *(Seil)* combarse ❷ *(fam: erschlafft sein)* estar fatigado; *(deprimiert sein)* estar desanimado

Durchhänger *m* <-s, -> *(fam)* mala racha *f*

durch|hauen <haut durch, hieb *o* haute durch, durchgehauen> **I.** *vt* ❶ *(durch Schlagen zerteilen)* partir a golpes; *(durchschneiden)* cortar; **mit einem einzigen Schlag haute er das Brett durch** con un solo golpe partió la tabla ❷ *(fam: verprügeln)* dar una paliza **II.** *vr:* **sich ~** abrirse paso (**durch** por/a través de)

durch|helfen *irr vi* ❶ *(durch eine Öffnung)* ayudar a pasar (**durch** por) ❷ *(durch eine Notlage)* ayudar a sobrevivir (**durch** en); **ihr Onkel half ihr durch die schwierige Zeit durch** su tío la ayudó a pasar los tiempos difíciles

durchkämmen[*1] *vt (Gelände)* registrar (a fondo)

durch|kämmen[2] *vt (Haare)* peinar

durch|kämpfen **I.** *vt (durchsetzen)* lograr imponer; **sein Recht/einen Anspruch ~** hacer valer su derecho/una reclamación **II.** *vr:* **sich ~** ❶ *(a. fig: sich einen Weg bahnen)* abrirse paso; **wir müssen uns bis zur nächsten Stadt ~** tenemos que conseguir llegar a la próxima ciudad ❷ *(sich behaupten)* abrirse paso (luchando); **sich im Leben ~** abrirse paso en la vida ❸ *(sich entschließen)* decidirse (tras una lucha interior) (**zu** a); **ich kann mich einfach nicht dazu ~** no logro decidirme a hacerlo

durch|kauen *vt* ❶ *(essen)* masticar bien ❷ *(fam: besprechen)* dar vueltas; **wir haben das doch bereits tausendmal durchgekaut!** ¡pero si ya le hemos dado mil vueltas a esto!

durch|kommen *irr vi sein* ❶ *(durch einen Ort, die Menge)* pasar (**durch** por) ❷ *(fam: bei einer Prüfung)* aprobar; *(Antrag)* ser aprobado ❸ *(durchpassen)* caber (**durch** por) ❹ *(fam: überleben)* salvarse ❺ *(Erfolg haben)* tener éxito (**mit** con); **damit kommst du bei mir nicht durch** *(fam)* con esto no logras nada conmigo

durch|können *irr vi (fam) s.* **durchdürfen**

durchkreuzen* *vt* cruzar; *(Pläne)* contrariar

durch|kriechen *irr vi sein* arrastrarse (**durch** por/a través de)

durch|kriegen *vt (fam) s.* **durchbekommen**

durch|lassen *irr vt* ❶ *(Person, Licht)* dejar pasar ❷ *(fam: Taten)* dejar pasar; *(tolerie-*

ren) tolerar; **das kann ich ihm nicht ~** *(fam)* no se lo puedo tolerar

durchlässig ['dʊrçlɛsɪç] *adj (für Flüssigkeiten)* permeable; *(für Licht)* tra(n)slúcido

Durchlässigkeit *f* <-, *ohne pl*> porosidad *f;* **wegen ihrer ~ sind Sandböden sehr trocken** debido a su gran porosidad los suelos arenosos son muy secos

D

Durchlauf *m* ① (INFOR) ejecución *f* ② (SPORT) vuelta *f*

durchlaufen*[1] *irr vt* ① *(Strecke)* recorrer ② *(absolvieren: Schule)* ir (a); *(Lehre)* hacer

durch|laufen[2] *irr* **I.** *vi sein* ① *(durch Tür, Ort)* pasar (corriendo) (**durch** por) ② *(ohne Unterbrechung)* correr (sin pausa) ③ *(Flüssigkeit)* colarse; *(durchsickern)* filtrarse **II.** *vt (Schuhe)* (des)gastar

durchlaufend *adj* continuo, corrido; **ein ~es Geländer** una barandilla corrida; **ein ~es Sims** una cornisa continua

Durchlauferhitzer ['-----] *m* <-s, -> calentador *m*

durchleben* *vt* vivir, pasar

durchleiden* *irr vt (geh)* sufrir, pasar

durch|lesen *irr vt* leer

durchleuchten* *vt* ① *(Licht)* alumbrar ② (MED) examinar con rayos X ③ *(Angelegenheit)* analizar

durchlitten *pp von* **durchleiden**

durch|lüften *vt, vi* ventilar

durch|machen **I.** *vi (fam)* ① *(durcharbeiten)* trabajar sin descanso ② *(durchfeiern)* festejar sin descanso **II.** *vt (fam)* ① *(erleiden)* sufrir ② *(Kurs)* seguir

durch|marschieren* *vi sein* pasar (**durch** por)

Durchmesser *m* <-s, -> (MATH) diámetro *m;* **ein Meter im ~** un metro de diámetro

durchmischen* *vt (Teig, Brei)* entremezclar

durch|mogeln *vr:* **sich ~** *(fam abw)* apañarse

durch|müssen *irr vi (fam)* ① *(durchgelangen)* pasar (**durch** por); **wir mussten durch das Kriegsgebiet durch** tuvimos que pasar por la zona en guerra ② *(durchmachen)* pasar (**durch** por)

durchnässen* *vt* empapar, ensopar *Am;* **ich bin völlig durchnässt** estoy calado hasta los huesos

durch|nehmen *irr vt (Lektion, Thema)* estudiar, tratar

durch|nummerieren* *vt* numerar

durchorganisieren* *vt* organizar hasta el más mínimo detalle

durch|pausen ['dʊrçpaʊzən] *vt* calcar

durch|probieren* *vt (testen)* probar uno a uno

durchqueren* [dʊrç'kveːrən] *vt* atravesar

durch|rasseln *vi sein (fam: bei einer Prüfung)* suspender

durch|rechnen *vt* calcular detalladamente

durch|regnen *vunpers* ① *(den ganzen Tag)* no cesar de llover ② *(durch etw)* entrar agua (**durch** por); **es regnet durchs Dach durch** tenemos una gotera en el techo

Durchreiche ['dʊrçraɪçə] *f* <-, -n> ventanilla *f* pasaplatos

durchreichen *vt (geben)* dar, pasar

Durchreise ['---] *f* tránsito *m* (**durch** por); **auf der ~ sein** estar de paso

durchreisen*[1] *vt* recorrer

durch|reisen[2] *vi sein* pasar sin detenerse (**durch** por)

Durchreisende(r) *mf* pasajero, -a *m, f* en tránsito

durch|reißen *irr* **I.** *vi sein* romperse, desgarrarse **II.** *vt* romper, desgarrar

durch|ringen *irr vr:* **sich ~** decidirse finalmente (**zu** a); **sich zu einem Entschluss ~** llegar a tomar una decisión

durch|rosten *vi sein* oxidarse (por completo)

durch|rufen *irr vi (fam: anrufen)* telefonear

durch|rühren *vt* mezclar bien

durchrutschen *vi sein* pasar (**durch** por), deslizarse (**durch** a través)

durch|rütteln *vt* sacudir bien

durchs [dʊrçs] = **durch das** *s.* **durch**

Durchsage ['dʊrçzaːgə] *f* <-n> aviso *m;* *(Mitteilung)* comunicado *m*

durch|sagen *vt* anunciar; *(im Radio)* tra(n)smitir

durch|sägen *vt* serrar

durchschaubar [-'--] *adj (verständlich)* comprensible; **ein schwer/leicht ~er Mensch** una persona difícil/fácil de comprender

durchschauen*[1] *vt* **jds Absichten** [*o* **jdn**] **~** descubrir(le) a alguien el juego

durch|schauen[2] *vi, vt (reg) s.* **durchsehen**

durch|scheinen *irr vi* ① *(Licht)* filtrarse (**durch** por) ② *(Schrift, Muster)* tra(n)sparentarse

durchscheinend *adj* tra(n)slúcido, tra(n)sluciente; *(transparent)* tra(n)sparente; **~ sein** tra(n)sparentar

durchscheuern *vt* rozar, gastar con el roce; *(Haut)* desollarse

durch|schieben *irr vt* deslizar (**durch** por, **unter** por debajo de)

durchschimmern *vi* ① *(Sonne)* filtrarse (**durch** por) ② *(Schrift)* tra(n)sparentarse

❸ *(fig: Zufriedenheit, Misstrauen)* manifestarse

durch|schlafen *irr vi* dormir sin despertarse

Durchschlag ['--] *m* <-(e)s, -schläge> ❶ *(Kopie)* copia *f* ❷ *(Sieb)* colador *m*

durchschlagen[*1] *irr vt* romper, atravesar

durch|schlagen[2] *irr* **I.** *vi sein* ❶ *(Sicherung)* fundirse ❷ *(Feuchtigkeit)* filtrarse ❸ *(Eigenschaft)* salir **II.** *vt* ❶ *(entzweischlagen)* partir (en dos) ❷ *(durch ein Sieb)* pasar (**durch** por) ❸ *(Wand)* abrir **III.** *vr:* **sich** ~ *(durchkommen)* ir tirando, rebuscárselas *Arg, Chil, Par*

durchschlagend *adj (Beweis)* irrefutable; *(Erfolg)* arrollador; *(Sieg)* aplastante; *(Maßnahme)* eficaz; *(Argument)* contundente

Durchschlagpapier *nt* papel *m* carbón

Durchschlagskraft *f (Geschoss)* fuerza *f* de percusión; *(Argument)* eficacia *f*

durch|schlängeln ['dʊrçʃlɛŋəln] *vr:* **sich** ~ abrirse paso (**durch** a través de); *(fig)* mantenerse a flote

durch|schleusen *vt* ❶ *(Schiff)* hacer pasar por una esclusa ❷ *(durch eine Kontrolle)* infiltrar (**durch** por), colar (**durch** por)

Durchschlupf *m* abertura *f*, portillo *m*

durchschneiden[*1] *irr vt* ❶ *(geh: Meer)* surcar ❷ *(mit einem Messer)* cortar ❸ *(Schrei)* romper

durch|schneiden[2] *irr vt* cortar; **er schnitt das Blatt in der Mitte durch** cortó la hoja por la mitad

Durchschnitt ['dʊrçʃnɪt] *m* <-(e)s, -e> promedio *m;* **im** ~ por término medio; **über/unter dem** ~ **liegen** estar por encima/por debajo del promedio

durchschnittlich ['dʊrçʃnɪtlɪç] **I.** *adj* ❶ *(im Durchschnitt)* medio ❷ *(mittelmäßig)* mediano ❸ *(gewöhnlich)* corriente **II.** *adv* por término medio; **er arbeitet** ~ **acht Stunden am Tag** por término medio trabaja ocho horas al día

Durchschnittsalter *nt* promedio *m* de edad

Durchschnittsbürger(in) *m(f)* ciudadano, -a *m, f* medio , -a

Durchschnittseinkommen *nt* ingreso(s) *m(pl)* medio(s)

Durchschnittsgeschwindigkeit *f* velocidad *f* media

Durchschnittsmensch *m* persona *f* adocenada

Durchschnittsverbrauch *m* <-(e)s, *ohne pl*> consumo *m* medio

Durchschrift *f* copia *f*

durch|schütteln *vt (Kissen, Person)* sacudir (bien); *(Mischung)* agitar (bien)

durch|schwitzen *vt* empapar de sudor

durch|sehen *irr* **I.** *vi (hindurchschauen)* mirar (**durch** por) **II.** *vt* ❶ *(überprüfen)* revisar ❷ *(durchblättern)* hojear

durchsetzen[*1] *vt (mit Fehlern)* (entre)mezclar (**mit** con/de)

durch|setzen[2] **I.** *vt (verwirklichen)* realizar; *(erreichen)* lograr; *(Willen)* imponer; **sie muss immer ihren Kopf** ~ siempre quiere salirse con la suya **II.** *vr:* **sich** ~ *(Person, Trend)* imponerse; **du musst dich gegen ihn** ~ tienes que imponerte a él

Durchsetzungsvermögen *nt* capacidad *f* de imponerse

Durchsicht *f ohne pl* revisión *f;* **zur** ~ para revisión

durchsichtig *adj* ❶ *(Material)* tra(n)sparente ❷ *(Lügen)* manifiesto

Durchsichtigkeit *f* <-, *ohne pl*> tra(n)sparencia *f*

durch|sickern *vi sein* ❶ *(Nachricht)* trascender ❷ *(Flüssigkeit)* filtrarse (**durch** por/a través de)

durchsieben[*1] *vt (fam: mit Schüssen durchlöchern)* acribillar a balazos

durchsieben[2] *vt (Sand, Mehl)* tamizar; *(Tee)* colar, filtrar; *(Bewerber)* seleccionar, entresacar

durch|spielen *vt* reconstruir; *(simulieren)* simular

durch|sprechen *irr vt* discutir punto por punto

durchspülen *vt (Mund, Wäsche)* enjuagar

durchstarten *vi sein (Flugzeug)* elevarse de nuevo; *(Auto)* arrancar a toda velocidad; *(fam fig)* ponerse en marcha

durchstechen[*] *irr vt* perforar

durch|stehen *irr vt* ❶ *(Prüfung, Krankheit)* aguantar ❷ *(Qualen)* sufrir

durch|steigen *irr vi sein* ❶ *(durch eine Öffnung)* pasar (**durch** por) ❷ *(fam: begreifen)* entender (**durch**); *(sich zurechtfinden)* aclararse; **da steigt ja kein Mensch durch** esto no lo entiende nadie

durch|stellen *vi, vt (verbinden)* comunicar; **einen Moment noch, ich stelle Sie durch** un momento, ahora le comunico

durchstöbern[*] *vt (fam: durchsuchen)* registrar

durchstoßen[*1] *irr vt (stoßend durchdringen)* penetrar

durch|stoßen[2] *irr* **I.** *vi sein* (MIL) avanzar (**zu** hasta) **II.** *vt (Gegenstand)* atravesar (**durch** por)

durchstreichen[*1] *vt (geh) s.* **durchstreifen**

durch|streichen[2] *irr vt* tachar

durchstreifen[*] *vt* ❶ *(wandern)* vagar (por); *(ablaufen)* recorrer ❷ *(Polizei)* rastrear

durchströmen* *vt (geh: Gefühl, Energie)* invadir
durchsuchen* [dʊrç'zu:xən] *vt* ❶ *(Person)* cachear ❷ *(Gebäude, Gepäck)* registrar
Durchsuchung [-'--] *f* <-en> ❶ *(von Personen)* cacheo *m* ❷ *(von Gebäuden)* registro *m*

D

Durchsuchungsbefehl *m* (JUR) auto *m* de allanamiento
durchtrainiert *adj* bien entrenado
durchtrennen* *vt,* **durchtrennen** *vt (durchschneiden)* cortar, separar
durch|treten *irr* **I.** *vi sein* ❶ *(Gas, Flüssigkeit)* salir (**durch** por) ❷ *(fam: hineingehen)* pasar **II.** *vt (Pedal)* pisar a fondo
durchtrieben [dʊrç'tri:bən] *adj* astuto
durchwachsen [dʊrç'vaksən] *adj* ❶ *(Speck)* entreverado ❷ *(fam: mittelmäßig)* mediocre
Durchwahl *f ohne pl* (TEL) ❶ *(Möglichkeit)* comunicación *f* automática, discado *m* directo *Am* ❷ *(fam: Durchwahlnummer)* número *m* directo
durch|wählen *vi* (TEL) marcar directamente
Durchwahlnummer *f* <-, -n> (TEL) número *m* de marcado directo
durchweg ['--, -'-] *adv* sin excepción, en su totalidad
durchweichen *vi sein* empaparse, ablandarse
durchwühlen*[1] *vt* ❶ *(Erde)* revolver ❷ *(Gepäck)* revolver (en); *(durchsuchen)* registrar
durch|wühlen[2] **I.** *vt (Zimmer, Haus)* poner patas arriba **II.** *vr:* **sich ~** *(fam: sich durcharbeiten)* abrirse paso (**durch** por entre)
durch|wurschteln, durch|wursteln *vr:* **sich ~** *(fam)* ir tirando
durch|zählen **I.** *vi (abzählen)* hacer un recuento **II.** *vt (zählen)* contar
durchzappen *vi (fam)* zapear
durchzechen* *vt (fam)* correrse una juerga
durchziehen*[1] *irr vt* ❶ *(Land)* recorrer; *(durchqueren)* atravesar ❷ *(sich erstrecken)* extenderse (por)
durch|ziehen[2] *irr* **I.** *vt* ❶ *(hindurchziehen)* hacer pasar (**durch** por) ❷ *(fam: beenden)* acabar **II.** *vi sein (durchqueren)* atravesar, pasar (**durch** por)
durchzucken* *vt* ❶ *(Blitz)* cruzar ❷ *(Gedanke)* venir (**a**)
Durchzug[1] *m* <-(e)s, -züge> *(das Durchqueren)* paso *m*
Durchzug[2] *m* <-(e)s, *ohne pl*> *(Luftzug)* corriente *f* de aire
dürfen[1] ['dʏrfən] <darf, durfte, dürfen> *vt Modalverb* ❶ *(Erlaubnis haben)* poder, tener permiso (de/para); **darf ich etwas fragen?** ¿puedo preguntar una cosa?; **darf man hier rauchen?** ¿está permitido fumar aquí?; **wenn ich bitten darf** si me permite/permiten; **ich darf wohl sagen, dass ...** se me permitirá decir que... ❷ *(sollen)* deber, poder; **was darf es sein?** ¿qué desea?; **du darfst ihm das nicht übel nehmen** no debes tomárselo a mal; **das darf doch nicht wahr sein!** ¡no puede ser cierto!; **das dürfte wohl das Beste sein** esto sería lo mejor
dürfen[2] ['dʏrfən] <darf, durfte, gedurft> *vi* poder, tener permiso; **ich habe nicht gedurft** no me han dejado
dürftig ['dʏrftɪç] *adj* ❶ *(Unterkunft)* pobre, mísero; *(Gehalt)* miserable ❷ *(Beweis, Kenntnisse)* insuficiente; *(Beleuchtung)* débil
Dürftigkeit *f* <-, *ohne pl*> ❶ mezquindad *f; (Verhältnisse, Ausstattung)* pobreza *f; (Einkommen)* escasez *f* ❷ *(abw: Kenntnisse, Beweise)* insuficiencia *f*
dürr [dʏr] *adj* ❶ *(vertrocknet)* seco ❷ *(Boden)* árido ❸ *(mager)* flaco
Dürre ['dʏrə] *f* <-n> aridez *f; (Trockenheit)* sequía *f*
Durst [dʊrst] *m* <-(e)s, *ohne pl*> sed *f;* **ich habe ~** tengo sed; **seinen ~ löschen/stillen** apagar/calmar su sed; **einen über den ~ trinken** *(fam)* beber más de la cuenta
dursten *vi (geh)* estar sediento
dürsten ['dʏrstən] *vunpers, vi (geh)* ❶ *(Verlangen haben)* estar sediento (**nach** de) ❷ *(Durst haben)* tener sed; **mich dürstet** tengo sed
Durstgefühl *nt* <-(e)s, -e> sensación *f* de sed
durstig *adj* sediento (**nach** de); **~ sein** tener sed
durstlöschend *adj,* **durststillend** *adj* que apaga la sed
Durststrecke *f* período *m* difícil
Dusche ['du:ʃə, 'dʊʃə] *f* <-n> ducha *f,* regadera *f Col, Méx,* lluvia *f Chil, Arg, Nic;* **unter die ~ gehen** ir a ducharse; **eine ~ nehmen** tomar una ducha
duschen ['du:ʃən, 'dʊʃən] **I.** *vi, vr:* **sich ~** duchar(se) **II.** *vt* duchar
Duschgel ['du:ʃge:l] *nt* gel *m* de ducha
Duschkabine *f* cabina *f* de ducha
Duschkopf *m* cabeza *f* [*o* alcachofa *f*] de la ducha
Duschschwamm *m* esponja *f*
Duschvorhang *m* cortina *f* de ducha
Düse ['dy:zə] *f* <-n> *(beim Flugzeug)* tobera *f; (Rohrstück)* boquilla *f*
Dusel ['du:zəl] *m* <-s, *ohne pl*> *(fam: Glück)* suerte *f*
düsen *vi sein (fam)* ir a toda mecha

Düsenantrieb *m* propulsión *f* reacción; **mit ~** con turbopropulsor
Düsenflugzeug *nt* avión *m* a reacción
Düsenjäger *m* (MIL) cazarreactor *m*
Düsentriebwerk *nt* (TECH) turborreactor *m*, motor *m* de reacción *Am*
Dussel ['dʊsəl] *m* <-s, -> *(fam)* zoquete *m*; *(Tollpatsch)* torpón, -ona *m, f*; **so ein ~!** ¡qué atolondrado!
dusselig *adj*, **dusslig** *adj (fam)* ❶ *(einfältig)* simple; *(dumm)* bobo ❷ *(reg: benommen)* atontado
düster ['dy:stɐ] *adj* ❶ *(dunkel)* oscuro ❷ *(Ort)* sombrío; *(Zukunft)* negro ❸ *(Wesen)* melancólico; *(Stimmung)* tétrico
Düsterkeit *f* <-, *ohne pl*> ❶ *(Dunkelheit)* oscuridad *f*; *(Finsterkeit)* lobreguez *f* ❷ *(Schwermütigkeit)* melancolía *f*; **die ~ seiner Miene** su gesto sombrío
Dutt [dʊt] *m* <-(e)s, -s *o* -e> *(reg: Haarknoten)* moño *m*
Duty-free-Laden ['dju:ti'fri:-] *m* tienda *f* libre de impuestos, duty free *m fam*
Duty-free-Shop ['dju:ti'fri:ʃɔp] *m* <-s, -s> tienda *f* libre de impuestos
Dutzend ['dʊtsənt] *nt* <-s, -e> docena *f*; **ein halbes ~** media docena; **~e** [*o* **dutzende**] **von Büchern** montones de libros
dutzendfach **I.** *adj* una y mil veces **II.** *adv* a docenas
dutzendmal *adv* docenas de veces
dutzendweise *adv* ❶ *(im Dutzend)* por docenas ❷ *(fam: in Mengen)* a docenas
duzen ['du:tsən] **I.** *vt* tutear; **ich duze sie** la tuteo **II.** *vr:* **sich ~** tutearse; **ich duze mich mit ihm** me tuteo con él
DV [de:'faʊ] *f* (INFOR) *Abk. von* **Datenverarbeitung** procesamiento *m* de datos
DVB-T *nt* <-, *ohne pl*> *Abk. von* **Digital Video Broadcasting-Terrestrial** TDT *f*
DVD [de:faʊ'de:] *f* <-, -s> (INFOR) *Abk. von* **digital versatile disk** DVD *m inv*
DVD-Brenner *m* <-s, -> regrabadora *f* de DVD
DVD-Laufwerk *nt* <-(e)s, -e> (INFOR) unidad *f* de DVD, reproductor *m* de DVD
DVD-Player [de:faʊ'de:-] *m* <-s, -> lector *m* de DVD
Dynamik [dy'na:mɪk] *f ohne pl* (*a.* PHYS) dinámica *f*
dynamisch *adj* (*a.* PHYS) dinámico
Dynamisierung *f* <-, -en> dinamización *f*
Dynamit [dyna'mi:t, dyna'mɪt] *nt* <-s, *ohne pl*> dinamita *f*
Dynamo ['dy:namo] *m* <-s, -s> dinamo *f*, dínamo *f*
Dynastie [dynas'ti:] *f* <-n> dinastía *f*
D-Zug *m* tren *m* rápido

Ee

E, **e** [eː] *nt* <-, -> ❶ *(Buchstabe)* E, e *f;* ~ **wie Emil** E de España ❷ (MUS) mi *m*

Eau de Cologne [oː də koˈlɔnjə] *nt o f* <- -, Eaux de Cologne> agua *f* de colonia

Ebbe [ˈɛbə] *f* <-n> marea *f* baja, bajamar *f;* **es ist** ~ la marea está baja

eben [ˈeːbən] **I.** *adj* ❶ *(flach)* llano ❷ *(glatt)* liso **II.** *adv* ❶ *(in diesem Augenblick)* en este momento; **ich wollte dich ~ anrufen** estaba a punto de llamarte por teléfono ❷ *(gerade vorhin)* hace un momento; **sie sind ~ angekommen** acaban de llegar ❸ *(kurz)* un momento; **hilfst du mir ~ mal?** ¿me ayudas un momento? ❹ *(knapp)* justo; **mit seinem Lohn kommt er so ~ aus** su sueldo le alcanza justo ❺ *(nun mal)* **~!** ¡justamente!; **das ist ~ so** esto es así; **er ist ~ ein Idiot** es que es un idiota; **gut, dann ~ nicht** bien, pues entonces nada

Ebenbild *nt* fiel retrato *m*

ebenbürtig [ˈeːbənbʏrtɪç] *adj* igual; **sie ist ihm an Ausdauer** ~ es igual de perseverante que él

ebenda [ˈeːbənˈdaː] *adv (in Verweisen)* íbidem; *(geh: genau dort)* allí mismo

ebendarum [ˈeːbəndaˈrʊm] *adv* por esto

ebendas [ˈ--ˈ-] *pron dem s.* **ebender, ebendie, ebendas**

ebender, **ebendie**, **ebendas** <ebendie> *pron dem (genau der/die/das)* precisamente él/ella/eso

ebendeshalb [ˈ---ˈ-] *adv s.* **ebendarum**

ebendeswegen [ˈ---ˈ--] *adv s.* **ebendarum**

ebendie [ˈ--ˈ-] *pron dem s.* **ebender, ebendie, ebendas**

ebendiese(r, s) *pron dem (geh: genau dieser/diese/dieses: adjektivisch)* precisamente es(t)e/es(t)a; *(substantivisch)* precisamente es(t)e/es(t)a/es(t)o

Ebene [ˈeːbənə] *f* <-n> ❶ *(Flachland)* llanura *f* ❷ *(Niveau)* nivel *m* ❸ (MATH) plano *m*

ebenerdig [ˈeːbənʔeːɐdɪç] *adj* a ras de suelo; *(Wohnung)* de planta baja

ebenfalls *adv* igualmente, asimismo

Ebenholz [ˈeːbən-] *nt* (madera *f* de) ébano *m*

Ebenmaß *nt* <-es, -e> ❶ *(harmonisches Verhältnis)* armonía *f* ❷ (TECH) proporción *f*

ebenmäßig *adj* proporcionado

ebenso [ˈ---] *adv* igualmente, del mismo modo; ~ **wie** así como; ~ **gern** de igual manera; ~ **gern wie** igual que; ~ **gut** de igual manera; ~ **gut wie** igual (de bien) que; ~ **lang(e) wie** tan largo como; ~ **oft wie** con la misma frecuencia que; ~ **schön wie** tan bonito como; ~ **sehr** indistintamente; ~ **sehr wie** tanto como; ~ **viel wie** tanto como; ~ **wenig wie** tan poco como

Eber [ˈeːbɐ] *m* <-s, -> cerdo *m* macho

E-Bike [ˈiːbaɪk] *nt* <-s, -s> *Abk. von* **electric bike** bicicleta *f* eléctrica

ebnen [ˈeːbnən] *vt* allanar

E-Book [ˈiːbʊk] *nt* <-s, -s> (INFOR) *Abk. von* **electronic book** libro *m* electrónico [*o* digital], ciberlibro *m*

E-Book-Reader [ˈiːbʊkˈriːdɐ] *m* <-s, -> (INFOR) lector *m* de libros electrónicos [*o* digitales]

E-Business [ˈiː-bɪznɪs] *nt ohne pl* (INFOR) comercio *m* electrónico

EC [eːˈtseː] *m* <-(s), -s> ❶ (EISENB) *Abk. von* **Eurocity(zug)** Eurocity *m* ❷ (FIN) *Abk. von* **Eurocheque** eurocheque *m*

E-Cash *nt ohne pl* (FIN) dinero *m* electrónico, moneda *f* electrónica

echauffieren* [eʃɔˈfiːrən] *vr:* **sich** ~ acalorarse (**über** por)

Echo [ˈɛço] *nt* <-s, -s> eco *m;* **sein Vorschlag fand ein lebhaftes** ~ su propuesta tuvo un gran eco

Echolot *nt* (NAUT) sonar *m*

Echse [ˈɛksə] *f* <-n> (ZOOL) lagarto *m*

echt [ɛçt] **I.** *adj* ❶ *(Dokument, Geldschein)* auténtico; *(Haar, Perle)* natural; *(Kunstwerk)* original; *(Farbe)* sólido; ~ **golden** de oro legítimo ❷ *(Freundschaft, Problem)* auténtico ❸ *(typisch)* típico **II.** *adv (fam)* realmente; **~?** ¿de verdad?

Echtheit *f ohne pl* ❶ *(von Dokument)* autenticidad *f* ❷ *(von Gefühlen)* pureza *f* ❸ *(von Farben)* solidez *f*

Echtzeit *f* (INFOR) tiempo *m* real

Eck [ɛk] *nt* <-(e)s, -e> ❶ *(Österr, südd: Ecke)* esquina *f;* **über** ~ en triángulo ❷ (SPORT: *des Tores*) ángulo *m*

EC-Karte *f* (FIN) tarjeta *f* para eurocheques

Eckball *m* (SPORT) saque *m* de esquina, córner *m*

Eckbank *f* <-, -bänke> banco *m* (de) rinconera

Eckdaten *nt pl* datos *m pl* de referencia

Ecke [ˈɛkə] *f* <-n> ❶ *(außen)* esquina *f;* **er wohnt gleich um die** ~ vive a la vuelta de la esquina; **jdn um die ~ bringen** *(fam)* cargarse a alguien; **an allen ~n und Enden wird gespart** se ahorra en todas partes ❷ *(innen)* rincón *m;* **sich nicht in**

eine bestimmte ~ stellen lassen no dejarse encajonar ③ (SPORT) córner *m* ④ *(reg: Gegend)* parte *f*

Eckhaus *nt* casa *f* que hace esquina

eckig *adj* ① *(Gegenstand)* cuadrado; *(Gesicht)* anguloso ② *(Bewegungen)* brusco

Eckpfeiler *m* (ARCHIT) pilastra *f* angular; *(eines Bogens)* estribo *m*

Eckschrank *m* rinconera *f*

Eckstoß *m* (SPORT) córner *m*

Eckzahn *m* colmillo *m*

ECOFIN-Rat *m ohne pl* consejo *m* ECOFIN

Economyklasse *f ohne pl* (AERO) clase *f* económica

Ecstasy ['ɛkstəsi] *nt* <-s, *ohne pl*> *(Droge)* éxtasis *m inv*

Ecu, ECU *m* <-(s), -(s)> (FIN) *Abk. von* **European Currency Unit (europäische Währungseinheit)** ECU *m*, ecu *m*

Ecuador [ekua'doːɐ] *nt* <-s> Ecuador *m*

Ecuadorianer(in) [ekuadori'aːnɐ] *m(f)* <-s, -; -nen> ecuatoriano, -a *m, f*

ecuadorianisch *adj* ecuatoriano

Edamer ['eːdamɐ] *m* <-s, -> (GASTR) queso *m* Edamer

edel ['eːdəl] *adj* ① *(Tier)* de pura raza ② *(geh: Mensch, Tat)* noble ③ *(Stein)* precioso; *(Holz)* noble

Edelfrau *f* (HIST) noble *f*

Edelgas *nt* (CHEM) gas *m* noble

Edelmann *m* <-(e)s, -leute> (HIST) noble *m*

Edelmetall *nt* metal *m* noble

Edelmut *m (geh)* generosidad *f*, nobleza *f*, distinción *f*

edelmütig ['eːdəlmyːtɪç] *adj* generoso

Edelstahl *m* acero *m* fino

Edelstein *m* piedra *f* preciosa

Edeltanne *f* (BOT) abeto *m* blanco

Edelweiß *nt* <-(es), -e> (BOT) leontopodio *m*

Eden ['eːdən] *nt* <-s, *ohne pl*> *(geh)* edén *m*; **der Garten ~** el Jardín del Edén

Edikt [e'dɪkt] *nt* <-(e)s, -e> (HIST) edicto *m*

editieren* [edi'tiːrən] *vt* (INFOR) editar

Edition [edi'tsjoːn] *f* <-en> edición *f*

Editor[1] *m* <-s, -en> (INFOR) editor *m*

Editor(in)[2] ['eːditoːɐ] *m(f)* <-s, -en; -nen> (PUBL) editor(a) *m(f)*

editorisch [edi'toːrɪʃ] *adj* editorial

E-Dur *nt* <-, *ohne pl*> (MUS) mi *m* mayor

EDV [eːdeː'faʊ] *f ohne pl* (INFOR) *Abk. von* **elektronische Datenverarbeitung** proceso *m* electrónico de datos

EDV-Branche *f* <-, -n> sector *m* del procesamiento electrónico de datos

EDV-gestützt *adj* (INFOR) asistido por ordenador

Efeu ['eːfɔɪ] *m* <-s, *ohne pl*> (BOT) hiedra *f*

Effeff [ɛf'ʔɛf] *(fam)* **etw aus dem ~ können** saber algo al dedillo

Effekt [ɛ'fɛkt] *m* <-(e)s, -e> efecto *m*; *(Ergebnis)* resultado *m*

Effekthascherei *f* <-, -en> *(abw)* efectismo *m*

effektiv [ɛfɛk'tiːf] *adj* ① *(wirksam)* efectivo ② *(tatsächlich)* real, definitivo

Effektivität [ɛfɛktivi'tɛːt] *f* <-, *ohne pl*> efectividad *f*, eficacia *f*

effektvoll *adj* de gran efecto

effizient [ɛfi'tsjɛnt] *adj (geh)* eficiente

Effizienz [ɛfi'tsjɛnts] *f* <-, -en> *(geh)* eficiencia *f*

EG [eː'geː] *f Abk. von* **Europäische Gemeinschaft** CE *f*

egal [e'gaːl] *adj* igual; **das ist mir ganz ~** *(fam)* me da lo mismo; **~ wie** *(fam)* sea como sea; **~ wer** *(fam)* sea quien sea; **~ was** *(fam)* sea lo que sea

Egge ['ɛgə] *f* <-n> grada *f*, rastra *f*

Ego ['eːgo] *nt* <-s, -s> (PSYCH) ego *m*

Egoismus [ego'ɪsmʊs] *m* <-, *ohne pl*> egoísmo *m*

Egoist(in) *m(f)* <-en, -en; -nen> egoísta *mf*, gorrón, -ona *m, f AmC*

egoistisch *adj* egoísta

Egomane, -in [ego'maːnə] *m, f* <-n, -n; -, -nen> ególatra *mf*

Egotrip *m* <-s, -s> *(fam)* egocentrismo *m*; **auf dem ~ sein** comportarse egocéntricamente

egozentrisch *adj* egocéntrico

EG-Staat *m* estado *m* comunitario

eh [eː] **I.** *konj s.* **ehe II.** *adv* ① *(schon immer)* **seit ~ und je** desde siempre ② *(Österr, südd: fam: sowieso)* de todas formas **III.** *interj (fam)* eh

ehe ['eːə] *konj* antes de +*inf*, antes de que +*subj*; **~ ich es vergesse** antes de que se me olvide

Ehe *f* <-n> matrimonio *m*; **gleichgeschlechtliche ~** matrimonio *m* homosexual; **~ ohne Trauschein** pareja de hecho; **meine Kinder aus erster ~** los hijos de mi primer matrimonio; **in wilder ~ leben** vivir amancebados; **mit jdm die ~ schließen** contraer matrimonio con alguien; **die ~ brechen** cometer adulterio

eheähnlich *adj* (JUR) similar al matrimonio; **~e Gemeinschaft** cohabitación como marido y mujer

Eheberatung *f* <-, -en> orientación *f* matrimonial, consulta *f* matrimonial

Ehebett *nt* lecho *m* matrimonial; *(Doppelbett)* cama *f* de matrimonio

Ehebrecher(in) *m(f)* <-s, -; -nen> adúltero, -a *m, f*

E

ehebrecherisch *adj* adúltero

Ehebruch *m* adulterio *m;* ~ **begehen** cometer adulterio

Ehefrau *f* esposa *f,* mujer *f*

Ehegatte, -in *m, f (geh)* esposo, -a *m, f;* (JUR) cónyuge *mf*

Ehegatten-Splitting *nt* <-s, *ohne pl*> partición *f* de los impuestos entre cónyuges *(pagando cada uno de ellos solamente la mitad del impuesto sobre la renta)*

Ehegattin *f s.* **Ehegatte**

Eheglück *nt ohne pl* felicidad *f* matrimonial

Ehehindernis *nt* (JUR) impedimento *m* matrimonial

Ehekrach *m* disputa *f* matrimonial

Ehekrise *f* <-, -n> crisis *f inv* matrimonial

Eheleben *nt ohne pl* vida *f* matrimonial

Eheleute *pl* cónyuges *mpl*

ehelich *adj* matrimonial; (JUR) conyugal; *(Kind)* legítimo; **nicht** ~ ilegítimo

ehelichen ['eːəlɪçən] *vt* contraer matrimonio (con)

ehelos *adj* soltero

ehemalige(r, s) *adj* antiguo, ex-

ehemals ['eːəmaːls] *adv* antiguamente, antes

Ehemann *m* esposo *m,* marido *m*

Ehepaar *nt* matrimonio *m*

Ehepartner(in) *m(f)* pareja *f,* cónyuge *mf*

eher ['eːɐ] *adv kompar von* **bald** ① *(früher)* antes (**als** que), más temprano; **ich komme nicht ~ als bis …** no vengo antes de que… *+subj* ② *(lieber)* antes (**als** que); **ich würde ~ zu Fuß gehen als den Bus zu nehmen** preferiría ir andando antes que tomar el autobús ③ *(vielmehr)* más bien

Ehering *m* alianza *f*

Ehescheidung *f* (JUR) divorcio *m*

Eheschließung *f* casamiento *m*

ehest ['eːəst] *adv (Österr: baldigst)* lo antes posible

eheste(r, s) ['eːəstə, -tɐ, -təs] *adj (wahrscheinlichster)* el/la más probable

ehesten *superl von* **bald: am ~** *(frühestmöglich)* lo más pronto posible; *(am wahrscheinlichsten)* lo más probable; *(am liebsten)* lo más preferible

ehestens ['eːəstəns] *adv (frühestens)* lo antes posible

Eheverkündigung *f (Schweiz: Aufgebot)* amonestación *f* matrimonial

Ehevermittlung *f* tramitación *f* matrimonial

Eheversprechen *nt* promesa *f* de matrimonio

Ehevertrag *m* (JUR) contrato *m* matrimonial; **einen ~ machen** concertar un contrato matrimonial

ehrbar ['eːɐbaːɐ] *adj* honorable; *(achtbar)* respetable; *(ehrlich)* honrado

Ehrbegriff *m* <-(e)s, -e> concepto *m* del honor

Ehre ['eːrə] *f* <-n> honor *m; (Ruhm)* honra *f;* **das Werk macht ihm alle ~** la obra le honra; **auf ~ und Gewissen** por mi palabra y honor; **dir zu ~n** para honrarte; **es ist mir eine große ~, Sie kennenzulernen** es un gran honor para mí conocerle; **mit wem habe ich die ~?** ¿con quién tengo el honor?; **etw in ~n halten** honrar algo; **jdm die letzte ~ erweisen** rendirle a alguien el último homenaje; **wir geben uns die ~, zu …** nos permitimos…; **was verschafft mir die ~?** ¿a qué debo el honor (de esta visita)?

ehren *vt* honrar; *(achten)* respetar; **sehr geehrte Damen und Herren** distinguidos señores y señoras; *(Briefanrede)* muy señores míos; **ich fühle mich sehr geehrt** me siento muy honrado

Ehrenamt *nt* cargo *m* honorífico

ehrenamtlich *adj* honorífico

Ehrenbürger(in) *m(f)* ciudadano, -a *m, f* de honor

Ehrendoktor *m* doctor *m* honoris causa

Ehrendoktorwürde *f* <-, -n> (UNIV) (título *m* de) doctor(a) *m(f)* honoris causa

Ehrengast *m* invitado, -a *m, f* de honor

ehrenhaft *adj* honorable

Ehrenhaftigkeit *f* <-, *ohne pl*> honorabilidad *f,* honradez *f*

Ehrenlegion *f* <-, -en> Legión *f* de Honor

Ehrenmal *nt* monumento *m* conmemorativo

Ehrenmann *m* hombre *m* de honor

Ehrenmitglied *nt* <-(e)s, -er> miembro *m* honorífico [*o* de honor]

Ehrenplatz *m* puesto *m* de honor

Ehrenpreis *nt* (BOT) verónica *f*

Ehrenrettung *f* salvación *f* del honor; **zu seiner ~ muss ich einräumen, dass …** debo reconocer en su favor que…

Ehrenrunde *f* (SPORT) vuelta *f* de honor; **eine ~ drehen** *(die Schulklasse wiederholen)* tener que repetir el curso

Ehrensache *f* cuestión *f* de honor

Ehrentag *m* día *m* memorable

Ehrenurkunde *f* diploma *m* de honor

ehrenvoll *adj* honroso

ehrenwert *adj* honorable

Ehrenwort *nt* palabra *f* de honor

ehrerbietig ['eːɐʔɛɐbiːtɪç] *adj* respetuoso

Ehrfurcht *f (Achtung)* profundo respeto *m* (**vor** hacia); *(Verehrung)* veneración *f* (**vor** por); **vor etw** *dat* **~ haben** respetar algo; **~ gebietend** que impone respeto
ehrfurchtgebietend *adj s.* **Ehrfurcht**
ehrfürchtig ['eːɐfʏrçtɪç] *adj,* **ehrfurchtsvoll** *adj* respetuoso
Ehrgefühl *nt ohne pl* sentimiento *m* del honor
Ehrgeiz *m* ambición *f*
ehrgeizig *adj* ambicioso
ehrlich *adj* honrado; *(aufrichtig)* sincero; **er meint es ~ mit uns** obra de buena fe con nosotros; **~ gesagt** a decir verdad; **ich war krank, ~** *(fam)* estuve enfermo, de verdad; **wir haben ~ geteilt** compartimos honradamente
ehrlicherweise ['---'--] *adv* honradamente; *(aufrichtigerweise)* sinceramente
Ehrlichkeit *f ohne pl* honradez *f; (Aufrichtigkeit)* sinceridad *f*
ehrlos *adj* deshonrado
Ehrung ['eːrʊŋ] *f* <-en> homenaje *m* (a)
ehrwürdig *adj* venerable; *(achtbar)* respetable
Ei [aɪ] *nt* <-(e)s, -er> ❶ *(Vogel-, Hühnerei)* huevo *m,* blanquillo *m Guat, Méx;* **ein hartes/weiches ~** un huevo duro/pasado por agua; **wie aus dem ~ gepellt** *(fam)* de punta en blanco; **jdn wie ein rohes ~ behandeln** *(fig)* tratar a alguien con guante de seda; **sich** *dat* **gleichen wie ein ~ dem anderen** parecerse como dos gotas de agua ❷ *(Keimzelle)* óvulo *m* ❸ *pl (vulg: Hoden)* huevos *mpl* ❹ *pl (fam: Geld)* pelas *fpl*
Eibe ['aɪbə] *f* <-n> tejo *m*
Eichamt ['aɪçʔamt] *nt* oficina *f* de pesos y medidas
Eiche ['aɪçə] *f* <-n> roble *m*
Eichel ['aɪçəl] *f* <-n> ❶ (BOT) bellota *f* ❷ (ANAT) glande *m*
eichen ['aɪçən] *vt (Maße)* contrastar; *(Instrumente)* calibrar; *(Fässer)* marcar; *(Messglas)* graduar
Eichhörnchen *nt* (ZOOL) ardilla *f*
Eichmaß *nt* (TECH) medida *f* de contraste
Eichung *f* <-, -en> contraste *m*
Eid [aɪt] *m* <-(e)s, -e> juramento *m;* **an ~es statt erklären** (JUR) declarar bajo juramento; **unter ~ stehen** estar bajo juramento; **einen ~ ablegen** prestar juramento
Eidbruch *m* perjurio *m;* **einen ~ begehen** cometer perjurio
eidbrüchig *adj* perjuro; **~ werden** perjurar
Eidechse ['aɪdɛksə] *f* <-n> (ZOOL) lagarto *m,* iguana *f Am*
Eidesformel ['aɪdəsfɔrməl] *f* <-, -n> (JUR) fórmula *f* de juramento
eidesstattlich *adj* (JUR) jurado; **~e Erklärung** declaración jurada; **etw ~ erklären** declarar algo bajo juramento
Eidgenosse, -in *m, f* confederado, -a *m, f; (Schweizer Bürger)* suizo, -a *m, f*
Eidgenossenschaft *f* confederación *f;* **Schweizerische ~** Confederación Helvética
Eidgenossin *f s.* **Eidgenosse**
eidgenössisch *adj (schweizerisch)* suizo; *(im Gegensatz zu kantonal)* confederado
eidlich I. *adj* jurado **II.** *adv* bajo juramento
Eidotter ['aɪdɔtɐ] *nt o m* yema *f* de huevo
Eierbecher *m* huevero *m*
Eierkarton *m* cartón *m* de huevos
Eierkocher *m* <-s, -> hervidor *m* para huevos
Eierkuchen *m (Pfannkuchen)* ≈ torta *f* (de huevo); *(Omelett)* tortilla *f* francesa; *(süß)* crepe *f*
Eierlikör *m* licor *m* de huevo
Eierlöffel *m* <-s, -> cucharilla *f* para huevos
eiern ['aɪɐn] *vi (fam)* ❶ *sein (Person)* tambalearse ❷ *(Sache)* **das Rad eiert** la rueda está torcida
Eierschale *f* cáscara *f* de huevo
Eierschwamm *m* <-(e)s, -schwämme>, **Eierschwammerl** *nt* <-s, -n> *(Österr)* cantarela *f*
Eierstock *m* (ANAT) ovario *m*
Eieruhr *f* reloj *m* de arena *(para medir el tiempo de cocción de los huevos)*
Eifer ['aɪfɐ] *m* <-s, *ohne pl*> afán *m; (Streben)* empeño *m;* **im ~ des Gefechts** en el calor de la disputa
eifern ['aɪfɐn] *vi* ❶ *(geh: streben)* ambicionar (**nach**) ❷ *(schmähen)* clamar (**gegen** contra)
Eifersucht *f ohne pl* celos *mpl;* **aus ~** por celos
eifersüchtig *adj* celoso (**auf** de); **jdn ~ machen** poner celoso a alguien; **auf jdn ~ sein** tener celos de alguien
Eiffelturm ['aɪfəl-] *m* torre *f* Eiffel
eiförmig ['aɪfœrmɪç] *adj* ovoide, ovalado
eifrig ['aɪfrɪç] **I.** *adj* apasionado; *(emsig)* diligente; *(fleißig)* aplicado **II.** *adv* con empeño
Eigelb *nt* <-(e)s, -e, *nach Zahlen:* -> yema *f*
eigen ['aɪgən] *adj* ❶ *(zugehörig)* propio; **etw mit ~en Augen gesehen haben** haber visto algo con sus propios ojos; **etw sein E~ nennen** *(geh)* declarar algo de su propiedad; **in ~er Person** personalmente ❷ *(persönlich)* propio; *(unabhängig)* inde-

E

pendiente; *(gesondert)* aparte; **eine ~e Meinung haben** tener una opinión propia; **sein ~er Herr sein** ser independiente ❸ *(charakteristisch)* característico (de); *(typisch)* típico (de); **mit dem ihm ~en Zynismus** con el cinismo que le caracteriza ❹ *(wunderlich)* raro

Eigenart[1] *f ohne pl (Eigentümlichkeit)* particularidad *f*

E

Eigenart[2] *f* ❶ *(Besonderheit)* singularidad *f* ❷ *(Wesenszug)* característica *f*

eigenartig *adj* raro

Eigenbedarf *m (an Gütern)* consumo *m* propio; *(einer Wohnung)* necesidad *f* propia

Eigenbrötler(in) ['aɪgənbrøːtlɐ] *m(f)* <-s, -; -nen> *(abw)* tipo, -a *m, f* raro , -a

eigenbrötlerisch *adj* solitario

Eigendynamik *f* dinámica *f* propia

Eigenfinanzierung *f* (FIN) autofinanciación *f*

eigenhändig ['aɪgənhɛndɪç] **I.** *adj (Unterschrift)* de su puño y letra; *(Testament)* (h)ológrafo **II.** *adv* con sus propias manos

Eigenheim *nt* casa *f* propia

Eigenheit *f* <-en> *s.* **Eigenart**[2]

Eigeninitiative *f* iniciativa *f* propia

Eigenkapital *nt* (FIN) capital *m* propio

Eigenleben *nt* <-s, *ohne pl*> *(selbstständige Existenz)* vida *f* independiente

Eigenleistung *f* <-, -en> ❶ *(Geleistetes)* mérito *m* personal ❷ *(Beitrag)* contribución *f* propia

Eigenlob *nt* <-(e)s, -e> alabanza *f* propia, autoalabanza *f;* **~ stinkt!** *(fam)* ¡la alabanza propia envilece!

eigenmächtig **I.** *adj* arbitrario **II.** *adv* por cuenta propia; **~ handeln** obrar por cuenta propia

Eigenname *m* nombre *m* propio

Eigennutz ['aɪgənnʊts] *m* <-es, *ohne pl*> interés *m* personal

eigennützig ['aɪgənnʏtsɪç] **I.** *adj* interesado; *(egoistisch)* egoísta **II.** *adv* por interés

Eigenproduktion *f* <-, -en> producción *f* propia

Eigenregie ['aignreʒiː] *f* <-, *ohne pl*> **in ~** por cuenta propia, por decisión propia

eigens ['aɪgəns] *adv* expresamente

Eigenschaft *f* <-en> cualidad *f;* *(Merkmal)* característica *f;* **in seiner ~ als Vorsitzender** en su calidad de presidente

Eigenschaftswort *nt* adjetivo *m*

Eigensinn *m ohne pl* testarudez *f*

eigensinnig *adj* testarudo

eigenständig *adj* independiente

Eigenständigkeit *f ohne pl* independencia *f*

eigentlich ['aɪgəntlɪç] **I.** *adj* ❶ *(wirklich)* verdadero; *(eigen)* propio; **sein ~er Name lautet ...** su verdadero nombre es... ❷ *(ursprünglich)* original **II.** *adv (tatsächlich)* en realidad; *(ehrlich gesagt)* a decir verdad; *(im Grunde genommen)* en el fondo; **was willst du ~?** ¿qué es lo que quieres en realidad?

Eigentor *nt* <-(e)s, -e> (SPORT) gol *m* en propia puerta

Eigentum *nt* <-s, *ohne pl*> propiedad *f;* **geistiges ~** propiedad intelectual

Eigentümer(in) ['aɪgəntyːmɐ] *m(f)* <-s, -; -nen> propietario, -a *m, f*

eigentümlich *adj* ❶ *(charakteristisch)* característico; *(typisch)* típico ❷ *(sonderbar)* curioso

Eigentümlichkeit[1] *f* <-en> *(Charakteristikum)* característica *f*

Eigentümlichkeit[2] *f ohne pl (Sonderbarkeit)* particularidad *f*

Eigentumsrecht *nt* derecho *m* de propiedad

Eigentumswohnung *f* piso *m* propio, condominio *m Am*

eigenverantwortlich **I.** *adj* de responsabilidad propia **II.** *adv* por propia cuenta (y riesgo); **~ handeln** obrar por cuenta propia

Eigenverantwortung *f ohne pl* responsabilidad *f* propia; **etw in ~ tun** hacer algo bajo su propia responsabilidad

eigenwillig *adj* ❶ *(egoistisch)* egoísta ❷ *(sonderbar)* particular; *(unkonventionell)* original ❸ *(eigensinnig)* caprichoso ❹ *(störrisch)* testarudo

Eigenwilligkeit *f* <-, *ohne pl*> ❶ *(Ichbezogenheit)* egoísmo *m* ❷ *(unkonventionelle Art)* falta *f* de convencionalidad, originalidad *f* ❸ *(Eigensinn)* carácter *m* caprichoso ❹ *(Störrischkeit)* testarudez *f,* obstinación *f,* porfía *f Am*

eignen ['aɪgnən] *vr* **sich für etw** [*o* **zu etw** *dat*] **~** *(Person)* reunir las cualidades necesarias para algo; *(Sache)* prestarse para algo, ser apropiado para algo

Eigner(in) *m(f)* <-s, -; -, -nen> propietario, -a *m, f*

Eignung *f ohne pl* aptitud *f*

Eignungsprüfung *f* <-, -en>, **Eignungstest** *m* <-(e)s, -s *o* -e> examen *m* de aptitud, prueba *f* de aptitud

Eignungstest *m* prueba *f* de aptitud

Eiland ['aɪlant, *pl:* 'aɪlandə] *nt* <-(e)s, -e> *(geh)* isla *f*

Eilbote, -in *m, f* mensajero, -a *m, f;* **per ~** exprés

Eilbrief *m* carta *f* urgente

Eile ['aɪlə] *f ohne pl (Hast)* prisa *f,* apuro *m Am;* *(Dringlichkeit)* urgencia *f;* **in ~ sein** tener prisa, estar apurado *Am;* **das hat**

keine ~ eso no corre prisa; **in aller ~** a toda prisa
Eileiter *m* <-s, -> (ANAT) trompa *f* (de Falopio)
eilen ['aɪlən] *vi* ❶ *(dringend sein)* correr prisa; **eilt!** ¡urgente!; **damit eilt es nicht** esto no corre prisa ❷ *sein (Mensch)* ir corriendo (**zu** a); *(sich beeilen)* apresurarse; **jdm zu Hilfe ~** acudir corriendo en socorro de alguien
eilig ['aɪlɪç] *adj* ❶ *(schnell)* rápido, apurado *Am;* **es ~ haben** tener prisa, estar apurado *Am* ❷ *(dringend)* urgente
Eilmeldung *f* comunicación *f* urgente
Eilsendung *f (Brief)* carta *f* urgente; *(Päckchen)* paquete *m* urgente
Eiltempo *nt* a toda velocidad; **etw im ~ erledigen** hacer algo a toda velocidad
Eilzug *m* (tren *m*) expreso *m*
Eilzustellung *f* entrega *f* exprés
Eimer ['aɪmɐ] *m* <-s, -> cubo *m;* **im ~ sein** *(fig)* haberse ido al traste
ein [aɪn] *adv* **E~/Aus** *(auf Geräten)* on/off; **bei jdm ~ und aus gehen** entrar como Pedro por su casa; **nicht mehr ~ noch aus wissen** estar totalmente desconcertado
ein, eine, ein I. *adj (Zahlwort)* un, una; **das kostet ~en Euro** cuesta un euro; **es ist ~ Uhr** es la una; **sie ist sein E~ und Alles** ella lo es todo para él; **das ist doch ~ und dasselbe** pero si es exactamente lo mismo; **~ für allemal** de una vez por todas; **in ~em fort** de un tirón **II.** *art unbest* un, una; **~es Tages** un día; **was für ~e Hitze!** ¡qué calor!
Einakter ['aɪnʔaktɐ] *m* <-s, -> pieza *f* (de teatro) en un acto
einander [aɪ'nandɐ] *pron refl* el uno al otro, mutuamente; *(wechselseitig)* recíprocamente; **sie helfen ~** se ayudan mutuamente; **zwei ~ widersprechende Aussagen** dos declaraciones contradictorias
ein|arbeiten I. *vt* ❶ *(Mitarbeiter)* iniciar (**in** en) ❷ *(einfügen)* introducir (**in** en) **II.** *vr:* **sich ~** integrarse (**in** en)
Einarbeitungszeit *f* <-, -en> período *m* de adaptación
einarmig *adj* manco
ein|äschern ['aɪnʔɛʃɐn] *vt (Leichnam)* incinerar
ein|atmen I. *vi* respirar **II.** *vt* inspirar; (MED) inhalar
einäugig ['aɪnʔɔɪgɪç] *adj* tuerto
Einbahnstraße *f* calle *f* de sentido único
ein|balsamieren* *vt (Leiche)* embalsamar
Einband *m* <-(e)s, -bände> encuadernación *f*
einbändig ['aɪnbɛndɪç] *adj* en [*o* de] un tomo
Einbau[1] ['aɪnbaʊ] *m* <-(e)s, *ohne pl*> *(Montage)* montaje *m;* *(Installation)* instalación *f*
Einbau[2] *m* <-(e)s, -ten> *(Teil)* módulos *mpl*
ein|bauen *vt* ❶ *(hineinmontieren)* montar (**in** en); *(eingliedern)* incorporar (**in** en); *(installieren)* instalar (**in** en) ❷ *(einfügen)* insertar (**in** en)
Einbauküche *f* cocina *f* de módulos (intercambiables)
Einbaum *m* canoa *f*
Einbaumöbel *ntpl* muebles *mpl* empotrados
Einbauschrank *m* armario *m* empotrado
ein|behalten* *irr vt* retener
Einbehaltung *f* <-, -en> retención *f*
ein|berufen* ['aɪnbəruːfən] *irr vt* ❶ *(Versammlung)* convocar (**zu** a) ❷ (MIL) llamar a filas
Einberufene(r) *mf* <-n, -n; -n, -n> (MIL) recluta *mf*
Einberufung *f* <-en> ❶ *(einer Versammlung)* convocatoria *f* (**zu** a) ❷ (MIL) llamamiento *m* a filas
Einberufungsbescheid *m* (MIL) notificación *f* del llamamiento a filas
einbetonieren* *vt* empotrar en hormigón (a)
ein|betten *vt* intercalar (**in** en)
Einbettzimmer *nt* habitación *f* de una cama
ein|beziehen* *irr vt* incluir (**in** en)
Einbeziehung *f* <-, *ohne pl*> inclusión *f;* **die ~ des Publikums in die Aufführung war neuartig** la participación del público en la representación fue una novedad; **unter ~ von ...** teniendo en cuenta...
ein|biegen *irr vi sein* doblar; *(beim Fahren)* girar; **nach links ~** doblar a la izquierda
ein|bilden *vr:* **sich ~** ❶ *(sich vorstellen)* **sich** *dat* **etw ~** imaginarse algo; **was bildest du dir eigentlich ein?** *(fam)* ¿qué te crees? ❷ *(stolz sein)* **sich** *dat* **etwas ~ auf** estar orgulloso de
Einbildung[1] *f* <-en> *(Trugbild)* ilusión *f,* quimera *f*
Einbildung[2] *f ohne pl* ❶ *(Vorstellung)* imaginación *f* ❷ *(Überheblichkeit)* presunción *f*
Einbildungskraft *f ohne pl* (poder *m* de) imaginación *f*
ein|binden *irr vt* ❶ *(Buch)* encuadernar ❷ *(einbeziehen)* incluir (**in** en)
Einbindung *f* <-, -en> integración *f*
einbläuen ['aɪnblɔɪən] *vt* inculcar

ein|blenden **I.** *vt (Musik)* intercalar (**in** en) **II.** *vr:* **sich ~** (TV, RADIO) conectar (**in** con)

Einblendung *f* <-, -en> (FILM, TV, RADIO) ❶ *(das Einblenden)* inserción *f* ❷ *(eingeblendeter Teil)* espacio *m* insertado, fundido *m*

Einblick *m* <-(e)s, -e> ❶ *(Aussicht)* vista *f* ❷ *(prüfendes Einsehen)* inspección *f;* **jdm ~ in etw gewähren** permitir a alguien que se entere de algo ❸ *(Einsicht)* idea *f;* **einen ~ in etw gewinnen** formarse una idea de algo

ein|brechen *irr vi* ❶ *sein (stürzen)* hundirse; **sie ist auf dem Eis eingebrochen** se hundió en el hielo ❷ *sein (Dunkelheit)* irrumpir ❸ *haben o sein (eindringen)* entrar a robar

Einbrecher(in) *m(f)* <-s, -; -nen> ladrón, -ona *m, f*

ein|bringen *irr* **I.** *vt* ❶ *(Ernte)* recolectar ❷ *(Gewinn)* rendir; *(Zinsen)* producir; *(Werte)* aportar (**in** a) ❸ *(Antrag)* presentar; *(Vorschläge, Ideen)* aportar (**in** a) **II.** *vr:* **sich ~** participar (**in** en)

ein|brocken ['aɪnbrɔkən] *vt (fam)* **jdm etwas ~** meter a alguien en un lío

Einbruch *m* <-(e)s, -brüche> ❶ *(in Gebäude)* robo *m* ❷ *(Beginn)* comienzo *m;* **bei ~ der Dämmerung** a la caída de la tarde ❸ *(Einsturz)* derrumbamiento *m; (des Bodens)* hundimiento *m* ❹ *(Niederlage)* derrota *f*

ein|buchten ['aɪnbʊxtən] *vt (fam)* encarcelar

Einbuchtung *f* <-, -en> ensenada *f*

ein|buddeln **I.** *vt (fam)* enterrar **II.** *vr:* **sich ~** *(fam)* enterrarse

ein|bürgern **I.** *vt* ❶ *(Person)* naturalizar ❷ *(Tiere, Pflanzen)* aclimatar ❸ *(Brauch)* introducir **II.** *vr:* **sich ~** *(Brauch, Fremdwort)* generalizarse

Einbürgerung *f* <-en> nacionalización *f*

Einbürgerungsantrag *m* (POL) demanda *f* de nacionalización

Einbuße *f* <-n> pérdida *f;* **~n an etw** *dat* **erleiden** sufrir pérdidas de algo

ein|büßen *vt* perder (**an** parte de)

Eincentstück [-'--] *nt* moneda *f* de un céntimo (de euro)

ein|checken **I.** *vi* (AERO: *Passagiere*) embarcar; *(im Hotel etc.)* registrar la entrada/salida **II.** *vt* (AERO: *Gepäck*) embarcar

ein|cremen ['aɪnkreːmən] **I.** *vt* aplicar [*o* dar] crema (en) **II.** *vr:* **sich ~** darse crema

ein|dämmen *vt* ❶ *(beschränken)* restringir ❷ *(Fluss)* encauzar

ein|decken **I.** *vt (fam: überhäufen)* colmar (**mit** de), llenar (**mit** de) **II.** *vr:* **sich ~** *(versorgen)* aprovisionarse (**mit** de), premunirse (**mit** de) *Am*

eindeutig ['aɪndɔɪtɪç] *adj* ❶ *(unmissverständlich)* inequívoco ❷ *(deutlich)* claro

Eindeutigkeit *f* <-, *ohne pl*> ❶ *(Unmissverständlichkeit)* claridad *f* ❷ *(Unzweifelhaftigkeit)* evidencia *f*

ein|deutschen *vt* alemanizar

ein|dicken **I.** *vt* (GASTR: *sämiger machen*) (dejar) espesar, amelcochar *Arg, Méx, Par* **II.** *vi sein (zähflüssiger werden)* espesar

eindimensional ['aɪndimɛnzjonaːl] *adj* unidimensional

ein|dösen *vi sein (fam)* adormecerse

ein|dringen ['aɪndrɪŋən] *irr vi sein* penetrar (**in** en), entrar (**in** en/a); (MIL) invadir (**in**); **auf jdn ~** amenazar a alguien

eindringlich **I.** *adj* insistente **II.** *adv* con insistencia

Eindringlichkeit *f* <-, *ohne pl*> insistencia *f;* **er warnte ihn mit großer ~ vor den Folgen** le advirtió muy enérgicamente de las consecuencias

Eindringling *m* <-s, -e> intruso, -a *m, f,* quitagusto *m Ecua, Perú*

Eindruck *m* <-(e)s, -drücke> ❶ *(Wirkung)* impresión *f;* **ich habe den ~, dass ...** tengo la impresión de que...; **den ~ erwecken, dass ...** dar la impresión de que...; **~ (auf jdn) machen** impresionar (a alguien) ❷ *(Druckstelle)* impresión *f; (Spur)* huella *f*

ein|drücken *vt (Blech)* abollar; *(Scheibe)* romper

eindrücklich *adj (Schweiz)* impresionante

eindrucksvoll *adj* impresionante

eine ['aɪnə] **I.** *adj o art unbest s.* **ein, eine, ein** **II.** *pron indef s.* **eine(r, s)**

eine(r, s) *pron indef* uno, una; **weder der ~ noch der andere** ni el uno ni el otro; **das ~ sag' ich dir ...** *(fam)* te digo una cosa...

ein|ebnen *vt* nivelar; *(Gelände)* allanar

eineiig ['aɪnʔaɪɪç] *adj* univitelino; **~e Zwillinge** gemelos (univitelinos)

eineinhalb ['aɪnʔaɪn'halp] *adj inv* uno y medio; **es hat ~ Stunden gedauert** ha durado hora y media

eineinhalbmal *adv* uno y medio; **er verdient ~ so viel wie sie** él gana la mitad más que ella

ein|engen *vt* ❶ *(Kleidung)* apretar ❷ *(beschränken)* coartar; *(einschränken)* limitar

Einengung *f* <-, -en> ❶ *(Bedrängung)* acoso *m* ❷ *(Beschränkung)* limitación *f*

einer **I.** *art unbest gen/dat von* **eine** *s.* **ein, eine, ein** **II.** *pron indef gen/dat von* **eine** *s.* **eine(r, s)**

Einer *m* <-s, -> ❶ (MATH) unidad *f* ❷ (SPORT) esquife *m*
einerlei *adj inv* ❶ *(gleichgültig)* igual; **das ist mir ganz ~** me es igual ❷ *(gleichartig)* de la misma clase; *s. a.* **achterlei**
Einerlei ['aɪnɐ'laɪ] *nt* <-s, *ohne pl*> monotonía *f*
einerseits *adv* por una parte, por un lado; **~ bin ich neugierig, andererseits habe ich Angst davor** por una parte tengo curiosidad, por la otra tengo miedo
Eineurostück *nt* moneda *f* de un euro
einfach ['aɪnfax] **I.** *adj* ❶ *(nur einmal)* simple; **eine ~e Fahrkarte** un billete de ida ❷ *(leicht)* fácil; **du machst es dir zu ~** te lo haces demasiado fácil ❸ *(schlicht)* modesto, sencillo **II.** *adv* simplemente; **es klappt ~ nicht** sencillamente no funciona; **du kannst doch nicht ~ verschwinden** no puedes irte así como así
Einfachheit *f ohne pl* simplicidad *f*; *(Schlichtheit)* sencillez *f*; **der ~ halber** para simplificar
ein|fädeln ['aɪnfɛːdəln] **I.** *vt* ❶ *(Nadel)* enhebrar ❷ *(fam: anbahnen)* urdir **II.** *vr:* **sich ~** *(im Verkehr)* integrarse (**in** en)
ein|fahren *irr* **I.** *vi sein (Zug, Schiff)* entrar (**in** a/en) **II.** *vt* ❶ *(beschädigen)* derribar ❷ *(Ernte, Fahrwerk)* recoger ❸ *(Auto)* rodar **III.** *vr:* **sich ~** *(sich einspielen)* normalizarse
Einfahrt[1] *f ohne pl (eines Zuges)* entrada *f* (**in** a/en); *(Ankunft)* llegada *f* (**in** a)
Einfahrt[2] *f* <-en> *(Weg)* entrada *f*; **~ freihalten!** ¡prohibido estacionar!
Einfall *m* <-(e)s, -fälle> ❶ *(Idee)* idea *f*, ocurrencia *f* ❷ *(von Licht)* incidencia *f* ❸ (MIL) invasión *f* (**in**)
ein|fallen *irr vi sein* ❶ *(in den Sinn kommen)* ocurrir; **was fällt Ihnen ein!** ¡qué se cree Ud.!; **du musst dir etwas ~ lassen** tienes que pensar algo ❷ *(in Erinnerung kommen)* venir a la memoria ❸ *(zusammenstürzen)* derrumbarse ❹ *(Gesicht, Wangen)* hundirse ❺ (MIL) invadir (**in** en) ❻ *(einstimmen)* acompañar (**in**) ❼ *(Licht)* entrar
einfallslos *adj* sin imaginación; *(langweilig)* aburrido
Einfallslosigkeit *f* <-, *ohne pl*> ❶ *(Ideenlosigkeit)* falta *f* de ideas ❷ *(Langweiligkeit)* sosería *f*
einfallsreich *adj* ocurrente
Einfallsreichtum *m ohne pl* riqueza *f* de ideas
Einfallswinkel *m* <-s, -> (PHYS) ángulo *m* de incidencia
Einfalt ['aɪnfalt] *f ohne pl (Naivität)* ingenuidad *f*; *(Dummheit)* simpleza *f*
einfältig ['aɪnfɛltɪç] *adj* ❶ *(töricht)* simple; *(Dummkopf)* mentecato, pendejo *Am* ❷ *(naiv)* ingenuo
Einfaltspinsel *m (fam abw)* panoli *mf*, guanaco, -a *m, f Am*
Einfamilienhaus *nt* casa *f* unifamiliar
ein|fangen *irr vt (Tier, Verbrecher)* atrapar; **sich** *dat* **eine Ohrfeige/Erkältung ~** *(fam)* ganarse una bofetada/pillar un resfriado
einfärben *vt* teñir
einfarbig *adj* unicolor; *(Tier)* tapado *Am*
ein|fassen *vt* ❶ *(Gebiet)* limitar ❷ *(mit Borte)* orlar ❸ *(Edelstein)* engastar
ein|fetten *vt* engrasar
ein|finden *irr vr:* **sich ~** presentarse (**in** en)
einflechten *irr vt (Band)* trenzar; *(Bemerkung)* intercalar
ein|fließen *irr vi sein (Gelder)* entrar; *(Kaltluft)* entrar; **~ lassen, dass ...** decir de pasada que...
ein|flößen *vt* ❶ *(Medizin)* administrar ❷ *(Bewunderung)* causar; *(Furcht)* infundir; *(Vertrauen)* inspirar
Einflugschneise ['aɪnfluːkʃnaɪzə] *f* (AERO) corredor *m* de entrada
Einfluss *m* <-es, -flüsse> ❶ *(Einwirkung)* influencia *f* (**auf** sobre); **einen guten ~ auf jdn ausüben** ejercer una buena influencia sobre alguien ❷ *(Wirkung)* efecto *m*; **unter dem ~ von Alkohol stehen** estar bajo los efectos del alcohol ❸ *(Ansehen)* prestigio *m*
Einflussnahme ['aɪnflʊsnaːmə] *f* <-, -n> influencia *f* (**auf** sobre)
einflussreich *adj* influyente, cogotudo *AmC, Ant*
einflüstern *vt* ❶ *(abw: suggerieren)* **jdm etw ~** insinuarle algo a alguien ❷ *(flüsternd vorsagen)* decir al oído
ein|fordern *vt (geh)* reclamar
einförmig ['aɪnfœrmɪç] *adj* uniforme; *(monoton)* monótono
ein|frieden ['aɪnfriːdən] *vt (mit Mauer)* cercar; *(mit Grenzstein)* acotar
ein|frieren *irr* **I.** *vi sein (Wasserrohr)* congelarse **II.** *vt (Lebensmittel, Löhne)* congelar; **das E~ der Gehälter** la congelación salarial
ein|fügen **I.** *vt* ❶ *(einarbeiten)* insertar (**in** en) ❷ *(bemerken)* añadir (**in** a) ❸ (INFOR) intercalar **II.** *vr:* **sich ~** *(anpassen)* adaptarse (**in** a); *(sich integrieren)* integrarse (**in** en)
Einfügetaste *f* (INFOR) tecla *f* de inserción
ein|fühlen *vr:* **sich ~** *(in eine Situation)* compenetrarse (**in** con); *(in einen Menschen)* identificarse (**in** con)

E

einfühlsam *adj (Mensch)* comprensivo; *(Worte)* sugestivo
Einfühlungsvermögen *nt* sensibilidad *f*
Einfuhr ['aɪnfuːɐ] *f* <-en> importación *f*
ein|führen *vt* ❶ *(anleiten)* iniciar (**in** en) ❷ *(hineinschieben)* introducir (**in** en) ❸ (COM) importar (**nach** a) ❹ *(bekannt machen)* presentar (**bei** a) ❺ *(etw Neues)* introducir (**in** en); *(Ware)* lanzar (**in** a); *(System)* establecer (**in** en) ❻ *(Wend)* **wieder ~** *(Brauch)* restablecer
Einfuhrgenehmigung *f* permiso *m* de importación
Einfuhrsperre *f* (COM) prohibición *f* de las importaciones
Einführung *f* <-en> ❶ *(Hineinschieben)* introducción *f* ❷ *(von Maßnahmen)* adopción *f*; *(von Steuern)* imposición *f* ❸ *(Anleitung)* introducción *f* ❹ *(Vorstellung)* presentación *f*
Einfuhrverbot *nt* prohibición *f* de importación
Einfuhrzoll *m* (COM) derechos *mpl* de importación
einfüllen *vt* echar (**in** en)
Eingabe *f* <-n> ❶ *(Antrag)* petición *f*, solicitud *f* ❷ (INFOR) entrada *f* de datos
Eingabeaufforderung *f* <-, -en> (INFOR) instrucción *f* de entrada
Eingabefeld *nt* (INFOR) campo *m* de entradas
Eingabetaste *f* (INFOR) tecla *f* de entrada
Eingang[1] *m* <-(e)s, -gänge> ❶ *(Tür)* entrada *f* ❷ *pl (Geld)* entradas *fpl*; *(Post)* correspondencia *f*
Eingang[2] *m* <-(e)s, *ohne pl*> *(von Post)* llegada *f*; *(von Geld)* entrada *f*
eingängig ['aɪngɛŋɪç] *adj (Erklärung)* clara; *(Melodie)* pegadizo
eingangs ['aɪngaŋs] **I.** *präp +gen* al principio de **II.** *adv* al principio
Eingangshalle *f* vestíbulo *m*
ein|geben *irr vt* ❶ (INFOR) introducir (**in** en) ❷ *(Arznei)* administrar ❸ *(geh: Idee)* sugerir
eingebildet *adj (abw)* ❶ *(hochmütig)* presuntuoso; *(eitel)* presumido, facistol *Am*; *(anmaßend)* engreído ❷ *(nicht wirklich)* imaginario
eingeboren *adj* indígena
Eingeborene(r) *mf* <-n, -n; -n> indígena *mf*
Eingebung ['aɪngeːbʊŋ] *f* <-en> *(geh)* inspiración *f*
eingefahren *adj* arraigado
eingefallen *adj* enflaquecido; **~e Wangen** mejillas hundidas
eingefleischt ['aɪngəflaɪʃt] *adj* arraigado; **ein ~er Junggeselle** un solterón empedernido
ein|gehen *irr sein* **I.** *vi* ❶ *(sich auseinandersetzen)* ocuparse (**auf** de); **auf diese Frage gehe ich später näher ein** me ocuparé de esta pregunta más adelante ❷ *(zustimmen)* aceptar (**auf**); **auf einen Vorschlag ~** aceptar una propuesta ❸ *(Post)* llegar ❹ *(Kleidung)* encoger ❺ *(fam: sterben)* morir(se); *(Betrieb)* cerrar ❻ *(fam: verstehen)* entrar; **es geht mir nicht ein, dass ...** no me entra que... *+subj* ❼ *(Wend)* **in die Geschichte ~** pasar a la historia **II.** *vt* ❶ *(Vertrag)* ultimar ❷ *(Risiko)* correr; **ich gehe jede Wette ein, dass er gewinnt** apuesto lo que sea a que gana él ❸ *(Ehe)* contraer
eingehend *adj (ausführlich)* exhaustivo; *(in allen Einzelheiten)* detallado
Eingemachte(s) *nt* <-n, *ohne pl*> confituras *fpl*; **ans ~ gehen** *(fam fig)* ir al grano
eingeschnappt *adj (fam abw)* mosqueado
eingeschränkt ['aɪngəʃrɛnkt] *adj* limitado; **~ leben** vivir modestamente
eingeschrieben *adj (Brief)* certificado
eingespannt *adj (beschäftigt)* ocupado
eingespielt *adj* **aufeinander ~ sein** entenderse bien
Eingeständnis *nt* <-ses, -se> confesión *f*
ein|gestehen* *irr vt* confesar; *(zugeben)* admitir
eingestellt *adj* **auf etw ~ sein** estar preparado para (hacer) algo; **ich bin nicht auf Besuch ~** no estoy preparado para recibir visita; **mein ganzes Leben ist auf die Kinder ~** toda mi vida gira alrededor de los niños
eingetragen *adj (Mitglied)* inscrito; *(Verein)* registrado
Eingeweide ['aɪngəvaɪdə] *ntpl* vísceras *fpl*
Eingeweihte(r) *mf* <-n, -n; -n> iniciado, -a *m, f*
ein|gewöhnen* *vr*: **sich ~** acostumbrarse (**in** a)
Eingewöhnung *f ohne pl* adaptación *f*
ein|gießen *irr vt* echar (**in** en)
eingleisig ['aɪnglaɪzɪç] *adj* de una sola vía
ein|gliedern *vt* incorporar (**in** a); *(integrieren)* integrar (**in** en)
Eingliederung *f* <-en> *(Sozialisierung)* (re)integración *f* (**in** en); (ADMIN: *Behörden, besetzte Gebiete*) integración *f* (**in** en)
ein|graben *irr* **I.** *vt (vergraben)* enterrar (**in** en) **II.** *vr*: **sich ~** *(Tier)* esconderse bajo tierra; **etw gräbt sich ins Gedächtnis ein** *(fig)* algo se graba en la memoria
ein|gravieren* *vt* grabar (**in** en)

ein|greifen *irr vi* ❶ *(Einfluss nehmen)* intervenir (**in** en) ❷ (TECH) engranar (**in** en)
ein|grenzen *vt (Problem)* delimitar
Eingriff *m* <-(e)s, -e> ❶ (MED) intervención *f* ❷ *(Übergriff)* intromisión *f* (**in** en)
ein|haken I. *vi (fam: in Gespräch)* intervenir **II.** *vt (befestigen)* enganchar (**in** en) **III.** *vr* **sich bei jdm ~** tomar a alguien de brazo
Einhalt *(geh)* **jdm/etw** *dat* **~ gebieten** poner coto a alguien/a algo
ein|halten *irr* **I.** *vt (Termin)* atenerse (a); *(Bedingung)* respetar; *(Versprechen)* cumplir (con); *(Richtung, Diät)* seguir; *(Abstand)* mantener **II.** *vi (geh: aufhören)* parar; **mit der Arbeit ~** parar de trabajar
Einhaltung *f ohne pl* cumplimiento *m*
einhämmern *vi* ❶ *(einschlagen)* **auf etw/jdn ~** golpear algo/a alguien, dar golpes a algo/a alguien ❷ *(fig)* **auf jdn ~** retumbar en los oídos de alguien
ein|handeln *vr (fam)* **sich** *dat* **etw ~** recibir algo
einhändig ['aɪnhɛndɪç] *adj* manco, con una sola mano
ein|hängen I. *vi (Hörer)* colgar **II.** *vt (Tür, Fenster)* enquiciar **III.** *vr* **sich bei jdm ~** tomar a alguien de brazo
ein|heften *vt* archivar
einheimisch ['aɪnhaɪmɪʃ] *adj (Bevölkerung, Pflanzen)* autóctono, nativo *Am; (Produkt)* nacional
Einheimische(r) *mf* <-n, -n; -n> autóctono, -a *m, f,* nativo, -a *m, f Am*
Einheit ['aɪnhaɪt] *f* <-en> (*a.* MIL) unidad *f;* (TEL) paso *m* de contador
einheitlich *adj* ❶ *(in sich geschlossen)* unitario; *(homogen)* uniforme ❷ *(genormt)* estandarizado
Einheitlichkeit *f <-, ohne pl>* ❶ *(Gleichheit)* uniformidad *f* ❷ *(Geschlossenheit)* unidad *f*
Einheitsliste *f* (POL) lista *f* única
Einheitspreis *m* precio *m* único
Einheitstarif *m* (WIRTSCH) tarifa *f* única
Einheitswährung *f* (FIN, POL) moneda *f* unitaria
ein|heizen I. *vi (fam: mahnen)* **jdm ~** cantar(le) a alguien las cuarenta **II.** *vt (Ofen, Zimmer)* calentar
einhellig ['aɪnhɛlɪç] **I.** *adj* unánime **II.** *adv* por unanimidad
ein|holen *vt* ❶ *(erreichen)* alcanzar ❷ *(wettmachen)* recuperar ❸ *(Netz)* recoger; *(Fahne, Segel)* arriar ❹ *(Auskunft)* pedir ❺ *(fam: einkaufen)* comprar
Einhorn *nt* <-(e)s, -hörner> unicornio *m*
ein|hüllen *vt* envolver (**in** en/con)
einhundert ['-'--] *adj inv* cien; *s. a.* **achthundert**
einig ['aɪnɪç] *adj* ❶ *(geeint)* unido ❷ *(einer Meinung)* acorde; **sich** *dat* **über etw ~ sein/werden** estar/ponerse de acuerdo sobre algo
einige(r, s) *pron indef* algún *m,* alguno, -a *m, f,* algunos *mpl,* algunas *fpl;* **in ~n Tagen** dentro de algunos días; **nach ~r Zeit** después de algún tiempo; **in ~r Entfernung** a cierta distancia; **~ glaubten, dass ...** algunos pensaron que...; **das wird ~s kosten** esto va costar bastante
einigen ['aɪnɪgən] **I.** *vt (einig machen)* unificar; *(aussöhnen)* conciliar **II.** *vr:* **sich ~** llegar a un acuerdo (**über** sobre)
einigermaßen ['aɪnɪge'maːsən] *adv* hasta cierto punto; *(ziemlich)* bastante
Einigkeit *f ohne pl* unidad *f; (Übereinstimmung)* concordia *f,* conformidad *f;* **in diesem Punkt herrschte ~** hubo conformidad sobre este punto
Einigung *f* <-en> ❶ *(Übereinstimmung)* acuerdo *m; (Versöhnung)* conciliación *f;* **zu einer ~ kommen** llegar a un acuerdo ❷ *(Vereinigung)* unificación *f*
ein|impfen *vt (fam)* **jdm etw ~** inculcar algo a alguien
ein|jagen *vt* dar, meter; **jdm Angst ~** meterle miedo a alguien
einjährig ['aɪnjɛːrɪç] *adj* ❶ *(Kind, Kurs)* de un año ❷ *(Pflanze)* anual
ein|kalkulieren* *vt* contar (con)
ein|kassieren* *vt* ❶ *(Geld)* cobrar ❷ *(fam: festnehmen)* detener ❸ *(fam: wegnehmen)* mangar
Einkauf *m* <-(e)s, -käufe> *(Kauf)* compra *f;* **Einkäufe machen** hacer compras
ein|kaufen I. *vi, vt (Waren)* comprar; **~ gehen** ir de compras **II.** *vr:* **sich ~** *(Teilhaber werden)* adquirir una parte (**in** de)
Einkäufer(in) *m(f)* <-s, -; -nen> comprador(a) *m(f)*
Einkaufsbummel *m* vuelta *f* por las tiendas; **einen ~ machen** ir de tiendas
Einkaufskorb *m* cesta *f* de la compra
Einkaufsliste *f* lista *f* de la compra
Einkaufspassage *f* galería *f* comercial
Einkaufspreis *m* precio *m* de compra
Einkaufsstraße *f* calle *f* comercial
Einkaufstasche *f* bolsa *f* de la compra
Einkaufstüte *f* bolsa *f* de la compra
Einkaufsviertel *nt* zona *f* comercial
Einkaufswagen *m* carrito *m* de la compra
Einkaufszeile *f* calle *f* comercial; *(Haupteinkaufsstraße)* calle *f* principal
Einkaufszentrum *nt* centro *m* comercial; **virtuelles ~** centro comercial virtual
Einkaufszettel *m* lista *f* de la compra

Einkehr *f* <-, *ohne pl*> *(geh: Selbstbesinnung)* reflexión *f*, examen *m* de conciencia; **jdn zur ~ bringen** hacer reflexionar a alguien; **~ halten** reflexionar sobre uno mismo, hacer un examen de conciencia
ein|kehren *vi sein* ① *(geh: Ruhe)* llegar ② *(in Gasthof)* ir a tomar algo
Einkerbung ['aɪnkɛrbʊŋ] *f* <-, -en> *(am Stock)* incisión *f*; *(in Baustamm)* muesca *f*
einklagbar *adj* demandable
ein|klagen *vt* (JUR) demandar
ein|klammern *vt* poner entre paréntesis
Einklang *m* <-(e)s, *ohne pl*> ① (MUS) unisonancia *f* ② *(geh: Harmonie)* armonía *f*; **in ~ mit etw** *dat* **stehen** armonizar con algo
ein|kleben *vt* pegar (**in** en)
ein|kleiden *vt* ① *(Person)* vestir ② *(Rekruten)* equipar
ein|klemmen *vt* pillar; **sich den Finger in der Tür ~** pillarse el dedo con la puerta
einklinken I. *vt* cerrar; **den Gurt in das Schloss ~** abrochar el cinturón **II.** *vr:* **sich ~** (*a.* INFOR) engancharse; **sich in ein Gespräch ~** intervenir en una conversación; **sich in ein Geschäft ~** meterse en un negocio
einknicken *vi sein (nachgeben)* ceder
ein|kochen I. *vi sein (Soße)* espesarse (al fuego) **II.** *vt (Obst)* confitar
Einkommen *nt* <-s, -> sueldo *m*; *(Einkünfte)* ingresos *mpl*
Einkommensgrenze *f* (WIRTSCH) límite *m* de ingresos
Einkommensgruppe *f* categoría *f* salarial
einkommensschwach *adj* (WIRTSCH) de pocos ingresos
einkommensstark *adj* (WIRTSCH) de ingresos altos
Einkommen(s)steuer *f* impuesto *m* sobre la renta
ein|kreisen *vt* cercar, rodear
Einkreisung *f* <-, -en> cerco *m*; **langsam kamen wir zur ~ des Problems** poco a poco íbamos llegando al meollo del problema
ein|kriegen *vr:* **sich ~** *(fam)* dominarse; **sie kriegte sich vor Lachen gar nicht mehr ein** no consiguió contener su risa
Einkünfte ['aɪnkʏnftə] *pl* ingresos *mpl*
ein|laden *irr vt* ① *(Gäste)* invitar (**zu** a) ② *(Ladung)* cargar (**in** en)
einladend *adj (verlockend)* tentador; *(verführerisch)* seductor
Einladung *f* <-en> invitación *f* (**zu** a)
Einladungskarte *f* <-, -n>, **Einladungsschreiben** *nt* <-s, -> invitación *f* por escrito
Einlage *f* <-n> ① *(im Schuh)* plantilla *f* ortopédica ② *(Zahneinlage)* empaste *m* provisional ③ *(Slipeinlage)* salvaslip *m* ④ *(in der Zeitung)* suplemento *m* ⑤ (THEAT) actuación *f* estelar ⑥ (FIN: *Spareinlage*) depósito *m*; *(Kapitaleinlage)* inversión *f*
ein|lagern *vt* almacenar
Einlagerung *f* <-, -en> ① *(das Einlagern)* almacenamiento *m* ② (BERGB) depósito *m*
Einlass ['aɪnlas] *m* <-es, *ohne pl*> entrada *f*; *(Zutritt)* admisión *f*; **sich** *dat* **~ in etw verschaffen** ser admitido en un lugar
ein|lassen *irr* **I.** *vt* ① *(hereinlassen)* dejar entrar (**in** en); **sich** *dat* **ein Bad ~** prepararse un baño ② *(zulassen)* admitir ③ *(einpassen)* empotrar (**in** en) **II.** *vr:* **sich ~** ① *(Umgang pflegen)* mezclarse (**mit** con) ② *(mitmachen)* comprometerse (**auf** a); **ich lasse mich auf keine Diskussion ein** no quiero discutir el tema para nada
Einlauf *m* <-(e)s, -läufe> ① (MED) lavativa *f* ② (SPORT) llegada *f* (a la línea de meta)
ein|laufen *irr* **I.** *vi sein* ① *(Schiff, a.* SPORT) entrar (**in** en/a); *(Zug)* llegar (**in** a) ② *(Kleidung)* encoger **II.** *vt (Schuhe)* adaptar al pie **III.** *vr:* **sich ~** (SPORT) hacer ejercicios de precalentamiento
einläuten *vt* anunciar (con toque de campanas)
ein|leben *vr:* **sich ~** aclimatarse (**in** a)
ein|legen *vt* ① *(hineintun)* meter; *(Film)* poner ② (FIN) depositar ③ *(Berufung, Protest)* interponer; *(Pause)* intercalar; **ein gutes Wort für jdn ~** hablar en favor de alguien ④ *(Haare)* marcar ⑤ (GASTR) macerar; *(marinieren)* marinar; *(in Tunke)* adobar; *(in Essig)* escabechar ⑥ (KUNST: *intarsieren*) incrustar
Einleger(in) *m(f)* <-s, -; -, -nen> (FIN) depositante *mf*
Einlegesohle *f* plantilla *f*
ein|leiten *vt* ① *(beginnen)* comenzar; **die entsprechenden Schritte ~, um zu ...** hacer las gestiones correspondientes para... ② *(vorbereiten)* preparar; *(Geburt)* provocar; *(Verhandlungen)* entablar; *(Prozess, Untersuchung)* instruir ③ *(Flüssigkeit)* verter (**in** en/a)
einleitend I. *adj* preliminar; *(einführend)* introductorio **II.** *adv* **~ möchte ich erwähnen, dass ...** para empezar quisiera mencionar que...
Einleitung *f* <-en> ① *(eines Textes, im Buch)* introducción *f* ② *(Eröffnung)* comienzo *m*
ein|lenken *vi (nachgeben)* ceder
einlesen *irr* **I.** *vt* (INFOR) leer **II.** *vr:* **sich ~** *(in ein Thema)* familiarizarse (**in** con), meterse (**in** en) *fam*

ein|leuchten *vi* ser obvio; **das will mir nicht ~** esto no me convence
einleuchtend *adj (offensichtlich)* obvio, evidente; *(überzeugend)* convincente
ein|liefern *vt* entregar; *(Person)* ingresar (**in** en)
Einlieferung *f* <-en> entrega *f; (ins Krankenhaus)* ingreso *m* (**in** en); *(ins Gefängnis)* entrada *f* (**in** en)
Einlieferungsschein *m* albarán *m* de entrega; *(Post)* resguardo *m*
ein|lochen *vt* ① *(fam: inhaftieren)* enchironar ② *(Golfball)* meter en el hoyo
ein|loggen ['aɪnlɔgən] *vr:* **sich ~** (INFOR) entrar (**in** en), conectarse
ein|lösen *vt* ① *(Pfand)* desempeñar ② *(Scheck)* cobrar; *(Gutschein)* canjear ③ *(geh: Versprechen)* cumplir
Einlösung *f* <-, -en> ① *(eines Schecks)* cobro *m* ② *(eines Pfands)* desempeño *m* ③ *(eines Versprechens)* cumplimiento *m*
ein|machen *vt* ① *(Obst)* confitar ② *(in Essig)* poner en vinagre
Einmachglas *nt* tarro *m* para conservas
einmal ['aɪnmaːl] *adv* ① *(ein Mal)* una vez; **noch ~** otra vez; **~ eins ist eins** uno por uno es uno; **auf ~** de repente; **~ ist keinmal** una vez no cuenta; **ich möchte erst ~ hierbleiben** por ahora quiero quedarme aquí ② *(früher)* antes; **es war ~ …** érase una vez… ③ *(irgendwann)* un día ④ *(verstärkend)* **er hat sie nicht ~ besucht** ni siquiera la fue a visitar; **das ist nun ~ so** ¡qué se le va a hacer!; **wieder ~** nuevamente
Einmaleins [aɪnmaːlˈʔaɪns] *nt* <-, *ohne pl*> tabla *f* de multiplicar
einmalig ['---, -'--] *adj* ① *(außergewöhnlich)* excepcional ② *(einzigartig)* único
Einmaligkeit *f* <-, *ohne pl*> unicidad *f*, carácter *m* único
Einmalspritze *f* jeringuilla *f* de un solo uso
Einmarsch *m* <-(e)s, -märsche> entrada *f* (**in** en); (MIL) ocupación *f* (**in** de)
ein|marschieren* *vi sein* ① *(hineingehen)* entrar (**in** en) ② *(gewaltsam)* invadir (**in**)
einmassieren* *vt* aplicar (dando un masaje) (**in** en); *(Creme, Sonnenöl)* poner (**in** en)
Einmeterbrett [-'---] *nt* <-(e)s, -er> (SPORT) trampolín *m* de un metro
ein|mischen *vr:* **sich ~** (entro)meterse (**in** en)
Einmischung *f* <-en> intromisión *f*
einmotorig ['aɪnmotoːrɪç] *adj* (AERO) monomotor
ein|münden *vi haben o sein* desembocar
Einmündung *f* <-en> (*a.* GEO) desembocadura *f*
einmütig ['aɪnmyːtɪç] **I.** *adj* unánime **II.** *adv* por unanimidad
Einmütigkeit *f* <-, *ohne pl*> unanimidad *f*
Einnahme[1] ['aɪnnaːmə] *f ohne pl* (MIL, MED) toma *f*
Einnahme[2] *f* <-n> *(Geld)* ingresos *mpl*
Einnahmequelle *f* fuente *f* de ingresos
ein|nehmen *irr vt* ① *(Geld)* cobrar; *(Steuern)* recaudar ② *(Arznei, Mahlzeit)* tomar ③ *(Standpunkt)* adoptar; *(Stellung, Posten)* ocupar; **seinen Platz ~** tomar asiento ④ *(erobern)* tomar ⑤ *(beanspruchen)* ocupar ⑥ *(Wend)* **jdn für sich ~** ganarse las simpatías de alguien; **von sich** *dat* **/jdm eingenommen sein** tener un alto concepto de sí mismo/de alguien
einnehmend *adj* simpático; **sie hat etwas sehr E~es** es una mujer que tiene gancho
ein|nicken *vi sein (fam)* echar una cabezada
ein|nisten *vr:* **sich ~** anidar; *(abw: Person)* apalancarse (**bei** en casa de)
Einöde ['aɪnʔøːdə] *f* <-n> soledad *f; (Wüste)* desierto *m*
ein|ordnen **I.** *vt* ordenar; *(in Regal)* poner en su sitio; *(in Gruppen)* clasificar; *(einfügen)* meter (**in** en) **II.** *vr:* **sich ~** ① *(sich unterordnen)* integrarse (**in** en) ② (AUTO) situarse en un carril; **sich links/falsch ~** situarse en el carril de la izquierda/equivocarse de carril
ein|packen **I.** *vt* ① *(Koffer)* meter (**in** en); *(in Papier)* envolver (**in** en); *(zum Versand)* empaquetar ② *(fam: warm anziehen)* abrigar **II.** *vi (fam fig)* **dann können wir ~** en este caso apaga y vámonos
ein|parken *vt, vi* aparcar
ein|passen *vt (einsetzen)* encajar (**in** en); *(passend machen)* ajustar (**in** a)
ein|pendeln *vr:* **sich ~** estabilizarse
ein|pferchen ['aɪnpfɛrçən] *vt (Vieh)* acorralar
ein|pflanzen *vt* ① *(Pflanze)* plantar ② (MED) implantar
ein|planen *vt* tener en cuenta (con); **das war nicht eingeplant** no contábamos con eso
ein|prägen **I.** *vt (ins Bewusstsein)* inculcar; **sich** *dat* **etw ~** grabarse algo en la memoria **II.** *vr:* **sich ~** *(Eindruck hinterlassen)* grabarse
einprägsam ['aɪnprɛːkzaːm] *adj* fácil de retener; *(Melodie)* pegadizo
einprogrammieren* *vt* (INFOR) programar
ein|prügeln **I.** *vi (fam)* **auf jdn ~** golpear a alguien **II.** *vt (fam)* **jdm etw ~** hacerle entrar algo a alguien a base de bastonazos
ein|quartieren* ['aɪnkvartiːrən] **I.** *vt*

① (MIL) acuartelar ② *(unterbringen)* alojar (**bei** en casa de) **II.** *vr:* **sich ~** hospedarse (**bei** en casa de)

Einrad *nt* (SPORT) monorrueda *f*

ein|rahmen *vt* enmarcar

ein|rasten *vi sein* encajar

ein|räumen *vt* ① *(Bücher)* guardar (**in** en); *(Wohnung)* amueblar ② *(zugestehen)* admitir; *(Kredit)* conceder

ein|rechnen *vt* incluir (en una cuenta); **ihn** (**mit**) **eingerechnet** él incluido

ein|reden I. *vi* **auf jdn ~** tratar de convencer a alguien **II.** *vt* **jdm etw ~** hacer creer algo a alguien; **sich** *dat* **etw ~** meterse algo en la cabeza

Einreibemittel *nt* linimento *m*

ein|reiben *irr vt* aplicar (en); *(mit Sonnenöl)* poner; **jdn mit etw** *dat* **~** dar a alguien fricciones con algo

Einreibung *f* <-, -en> fricción *f*

ein|reichen *vt* *(Unterlagen)* presentar; *(übergeben)* entregar; *(Scheidung)* pedir

ein|reihen I. *vt* incluir (**in** en) **II.** *vr:* **sich ~** unirse (**in** a)

Einreise *f* entrada *f*

Einreisegenehmigung *f* permiso *m* de entrada

ein|reisen *vi sein* entrar (**in/nach** en)

Einreiseverbot *nt* prohibición *f* de entrada en un país

Einreisevisum *nt* visado *m* de entrada

ein|reißen *irr* **I.** *vi sein* ① *(Papier)* romperse ② *(Übel)* echar raíces; **so etwas darf man erst gar nicht ~ lassen** no debe permitirse que una cosa así se generalice **II.** *vt* ① *(Papier)* rasgar ② *(Haus)* derribar

ein|renken ['aɪnrɛŋkən] *vt* ① (MED) componer ② *(fam: in Ordnung bringen)* arreglar

ein|rennen *irr vt* ① *(Tor)* derribar ② *(fam: sich anstoßen)* **sich** *dat* **etw ~** golpearse algo (**an** con)

ein|richten I. *vt* ① *(gründen)* crear, fundar; *(Konto)* abrir ② *(Wohnung)* equipar; *(möblieren)* amueblar ③ *(einstellen)* ajustar (**auf** a) ④ *(arrangieren)* arreglar; *(Termin)* organizar ⑤ (MED) reducir **II.** *vr:* **sich ~** *(sich anpassen)* acomodarse (**auf** a); *(sich einstellen)* prepararse (**auf** para)

Einrichtung[1] *f* <-en> ① *(Mobiliar)* mobiliario *m;* *(Ausrüstung)* equipamiento *m* ② *(Institution)* institución *f* ③ *(Anlage)* instalación *f*

Einrichtung[2] *f ohne pl* *(Gründung)* fundación *f;* *(einer Verkehrslinie)* apertura *f;* **für die ~ eines Kontos** para abrir una cuenta

einritzen *vt* grabar (**in** en)

ein|rollen I. *vt* enrollar **II.** *vr:* **sich ~** enrollarse

ein|rosten *vi sein* ① *(Schraube)* oxidarse ② *(fam: Knochen)* entumecerse ③ *(fam: geistig)* anquilosarse

ein|rücken I. *vi sein* (MIL) ① *(einmarschieren)* entrar (**in** en) ② *(eingezogen werden)* ser llamado a filas **II.** *vt* ① (TYPO, INFOR) sangrar ② *(Anzeige)* insertar

eins [aɪns] *adj inv* ① *(Zahl)* uno; **Punkt ~** primer punto; *s. a.* **acht**[1] ② *(Uhrzeit)* **sie kam um** (**Punkt**) **~** vino a la una (en punto); *s. a.* **acht**[1] ③ *(verbunden)* **sie fühlen sich ~ miteinander** están totalmente de acuerdo el uno con el otro ④ *(einerlei)* **das ist ~** *(fam)* da lo mismo

Eins *f* <-en> uno *m;* *(Schulnote)* sobresaliente *m*

einsam ['aɪnza:m] *adj* ① *(allein)* solo; *(verlassen)* abandonado; **sich ~ fühlen** sentirse solo ② *(abgelegen)* aislado; **~e Spitze sein** ser genial ③ *(menschenleer)* desierto

Einsamkeit *f ohne pl* soledad *f*

ein|sammeln *vt* recoger; *(Spenden)* recaudar

Einsatz[1] *m* <-es, -sätze> ① *(Teil)* pieza *f* insertada ② *(Geld)* apuesta *f* ③ (MUS) entrada *f* ④ (MIL) (entrada *f* en) acción *f*

Einsatz[2] *m* <-es, *ohne pl*> ① *(von Polizei)* movilización *f;* (SPORT) alineación *f;* **im ~** en acción; **zum ~ kommen** entrar en acción ② *(Engagement)* esfuerzo *m;* **unter ~ seines Lebens** arriesgando su vida

Einsatzbefehl *m* orden *f* de entrada en acción; **den ~ geben** dar la orden de entrar en acción

einsatzbereit *adj* listo; (TECH) dispuesto para funcionar; (MIL) listo para el combate

Einsatzbereitschaft *f ohne pl* disponibilidad *f*

einsatzfähig *adj* (SPORT, MIL) listo, disponible; *(Maschine, Gerät)* que se puede usar

Einsatzkommando *nt* <-s, -s> **mobiles ~** comando *m* móvil

Einsatzkraft *f* *(bei Polizei, Rettungsdienst)* miembro *mf* de una unidad

Einsatzleiter(in) *m(f)* <-s, -; -, -nen> jefe, -a *m, f* de operaciones

Einsatztruppe *f* (MIL) tropa *f* de intervención

Einsatzwagen *m* <-s, -> *(der Polizei)* coche *m* celular

ein|saugen *irr vt* *(Luft)* aspirar; *(Flüssigkeit)* absorber, chupar

ein|scannen ['aɪnskɛnən] *vt* (INFOR) escanear

ein|schalten I. *vt* ① *(Radio)* poner; *(Maschine)* poner en marcha; *(Licht)* encender, prender *Am* ② *(hinzuziehen)* recurrir (a) **II.** *vr:* **sich ~** ① *(angehen)* ponerse en funcionamiento; *(Licht)* encenderse ② *(sich einmischen)* intervenir (**in** en)

Einschaltquote *f* (RADIO, TV) índice *m* de audiencia
ein|schärfen *vt* inculcar
ein|schätzen *vt* valorar; **wie ich die Lage einschätze** tal como yo veo la situación; **etw/jdn hoch** ~ estimar algo/a alguien en mucho
Einschätzung *f* <-en> ❶ *(Meinung)* parecer *m* ❷ *(Bewertung)* evaluación *f*; **nach meiner** ~ según mis estimaciones
ein|schenken *vt* servir
ein|schicken *vt* enviar (**an** a)
ein|schieben *irr vt* ❶ *(hineinschieben)* meter (**in** en) ❷ *(einfügen)* intercalar (**in** en)
Einschienenbahn *f* <-, -en> monorraíl *m*, monocarril *m*
ein|schiffen **I.** *vt* embarcar **II.** *vr:* **sich** ~ embarcarse (**nach** para)
einschl. *Abk. von* **einschließlich** inclusive
ein|schlafen *irr vi sein* ❶ *(Person, Gliedmaßen)* dormirse ❷ *(Freundschaft)* entibiarse
ein|schläfern ['aɪnʃlɛːfɐn] *vt* ❶ *(zum Schlafen bringen)* adormecer ❷ *(narkotisieren)* narcotizar ❸ *(Tier)* matar
einschläfernd *adj* ❶ *(Geräusch)* adormecedor; *(Substanz)* soporífero ❷ (MED) somnífero
Einschlag *m* <-(e)s, -schläge> ❶ *(eines Geschosses, Blitzes)* impacto *m* ❷ *(Anteil)* matiz *m*
ein|schlagen *irr* **I.** *vi* ❶ *(Blitz, Bombe)* caer; *(Geschoss)* hacer impacto; **auf jdn** ~ golpear a alguien ❷ *(Anklang finden)* tener eco; **das hat wie eine Bombe eingeschlagen** esto cayó como una bomba ❸ *(Lenkrad)* girar el volante **II.** *vt* ❶ *(Tür)* romper; *(Zähne)* partir; *(Schädel)* romper ❷ *(Nagel)* clavar (**in** en) ❸ *(einwickeln)* envolver (**in** en) ❹ *(Lenkrad)* girar ❺ *(Richtung)* tomar ❻ *(Stoff)* doblar
einschlägig ['aɪnʃlɛːgɪç] *adj* correspondiente; **~e Literatur** bibliografía especializada
ein|schleichen *irr vr:* **sich** ~ *(Person)* entrar a hurtadillas (**in** en); *(unbemerkt eindringen)* colarse (**in** en); *(Verdacht)* surgir (**in** en); *(Fehler)* escaparse (**in** en)
einschleimen *vr (abw fam)* **sich** (**bei jdm**) ~ babosear (a alguien)
ein|schleppen *vt* ❶ *(Krankheit)* introducir ❷ (NAUT) remolcar
einschleusen *vt (Agenten)* infiltrar; *(Drogen)* introducir clandestinamente
ein|schließen *irr* **I.** *vt* ❶ *(einsperren)* encerrar (**in** en); *(Gegenstand)* guardar bajo llave ❷ *(umgeben)* rodear; *(umzäunen)* cercar ❸ *(mit einbeziehen)* incluir (**in** en) **II.** *vr:* **sich** ~ encerrarse
einschließlich ['---] **I.** *präp +gen/dat* inclusive, incluido; ~ **Frank** incluido Frank; ~ **Büchern und Briefen** libros y cartas inclusive **II.** *adv* inclusive, incluido; **geöffnet vom 3. bis 8. Mai** ~ abierto del 3 al 8 de mayo inclusive; **bis Nr. 50** ~ hasta el n.º 50 incluido
einschlummern *vi sein (geh)* ❶ *(einschlafen)* dormirse ❷ *(sterben)* morir, pasar a mejor vida
ein|schmeicheln *vr:* **sich** ~ engatusar (**bei** a) *fam*
einschmeichelnd *adj* insinuante
ein|schmieren **I.** *vt (fam: mit Fett)* untar (**mit** con) **II.** *vr* **sich** (**mit Creme**) ~ *(fam)* darse crema
einschmuggeln *vt* introducir de contrabando (**in** en)
ein|schnappen *vi sein* ❶ *(Tür)* encajar ❷ *(fam abw: beleidigt sein)* mosquearse
ein|schneiden *irr* **I.** *vi (in Haut)* clavarse (**in** en) **II.** *vt (schneiden)* cortar
einschneidend *adj* incisivo; *(drastisch)* drástico
einschneien *vi sein* cubrirse de nieve; **eingeschneit sein** *(festsitzen)* quedar bloqueado por la nieve
Einschnitt *m* <-(e)s, -e> ❶ *(Schnitt)* corte *m*; (MED) incisión *f* ❷ *(im Leben)* hito *m*
ein|schränken ['aɪnʃrɛŋkən] **I.** *vt* restringir; *(reduzieren)* reducir; *(Freiheit)* coartar; **dem kann ich nur eingeschränkt zustimmen** solamente lo puedo aceptar con reservas **II.** *vr:* **sich** ~ *(sparsam leben)* economizar
einschränkend *adj* restrictivo, limitativo
Einschränkung *f* <-en> ❶ *(Verringerung)* reducción *f*; *(von Rechten)* limitación *f* ❷ *(das Einsparen)* restricción *f* ❸ *(Vorbehalt)* reserva *f*; **ohne/mit** ~ sin/con reservas
Einschreibebrief *m* carta *f* certificada
ein|schreiben *irr* **I.** *vt (eintragen)* apuntar (**in** en); *(in Liste)* inscribir (**in** en) **II.** *vr:* **sich** ~ (SCH, UNIV) matricularse (**in** en)
Einschreiben *nt* <-s, -> certificado *m*; **etw per** ~ **schicken** mandar algo certificado
Einschreibung *f* <-en> inscripción *f*; (SCH, UNIV) matrícula *f*
ein|schreiten *irr vi sein* intervenir
Einschub *m* <-(e)s, -schübe> inserción *f*, intercalación *f*
ein|schüchtern *vt* intimidar
Einschüchterung *f* <-, -en> intimidación *f*; **zur** ~ para intimidar

ein|schulen *vt* escolarizar
Einschulung *f* <-, -en> escolarización *f*
Einschuss *m* <-es, -schüsse> *(von Geschoss)* impacto *m*
ein|schweißen *vt (in Folie)* plastificar; (TECH) soldar
einschwören *irr vt* obligar por juramento (**auf** a); **eine eingeschworene Gemeinschaft** una comunidad cerrada [*o* unida]
Einsegnung *f* <-, -en> (REL) ① *(Konfirmation)* confirmación *f* ② *(Weihe)* bendición *f*
einsehbar *adj (Gelände, Raum)* visible
ein|sehen *irr vt* ① *(Raum)* ver ② *(Schriftstücke)* echar un vistazo (a); *(prüfen)* examinar ③ *(verstehen)* comprender; *(Irrtum, Notwendigkeit)* reconocer; **ich sehe nicht ein, warum ich das tun soll** no veo por qué he de hacerlo; (**k**)**ein E~** (**für jdn/etw**) **haben** (no) mostrar comprensión (por alguien/algo)
ein|seifen *vt (mit Seife)* enjabonar; *(mit Schnee)* restregar (con nieve)
einseitig ['aɪnzaɪtɪç] *adj* ① (POL) unilateral; *(nur eine Person betreffend)* unipersonal ② *(Muster, Lähmung)* de un lado ③ *(parteiisch)* parcial; **eine ~e Sicht der Dinge** una visión unilateral del asunto ④ *(Ernährung)* incompleto
Einseitigkeit *f* <-en> parcialidad *f*; *(der Ernährung)* desequilibrio *m*
ein|senden *irr vt* enviar (**an** a), remitir (**an** a)
Einsender(in) *m(f)* <-s, -; -nen> remitente *mf*
Einsendeschluss *m ohne pl* plazo *m* de envío
einsetzbar *adj* utilizable
ein|setzen I. *vi (beginnen)* empezar **II.** *vt* ① *(einfügen)* colocar (**in** en); *(Pflanze)* plantar (**in** en) ② *(ernennen)* designar; *(als Erben)* instituir; *(in ein Amt)* instalar (**in** en); *(Ausschuss)* constituir; **wieder ~** reinstalar ③ *(Hilfsmittel, Maschine)* emplear; *(Bus, Zug)* poner ④ *(Polizei)* movilizar ⑤ *(Geld)* poner en juego; *(Leben)* jugarse **III.** *vr:* **sich ~** *(sich anstrengen)* emplearse a fondo; **sich für etw/jdn ~** interceder a favor de algo/alguien
Einsetzung *f* <-, -en> *(in Amt)* investidura *f*; *(von Erben)* institución *f*; *(von Kommission)* constitución *f*
Einsicht[1] *f ohne pl (in Akten)* vista *f* (**in** de); *(Einsichtnahme)* inspección *f* (**in** de); **jdm ~ in etw gewähren** permitir a alguien el examen de algo
Einsicht[2] *f* <-en> ① *(Verständnis)* comprensión *f*; *(Vernunft)* razón *f* ② *(Erkenntnis)* **ich bin zu der ~ gekommen, dass …** he llegado a la conclusión de que…; **neue ~en gewinnen** obtener nuevos conocimientos
einsichtig *adj* ① *(vernünftig)* razonable; *(verständnisvoll)* comprensivo ② *(verständlich)* comprensible; *(überzeugend)* convincente
Einsiedler(in) *m(f)* <-s, -; -nen> eremita *mf*
einsilbig ['aɪnzɪlbɪç] *adj* ① (LING) monosílabico ② *(wortkarg)* seco, de pocas palabras
Einsilbigkeit *f* <-, *ohne pl*> taciturnidad *f*
ein|sinken *irr vi sein* hundirse (**in** en)
einsitzen *irr vi* (JUR: *im Gefängnis sein*) cumplir condena
ein|sortieren* *vt* ordenar (**in** en)
ein|spannen *vt* ① *(Blatt)* introducir (**in** en); *(Werkstück)* sujetar ② *(Zugtiere)* uncir ③ *(fam: arbeiten lassen)* hacer trabajar; **er hat ihn für seine Zwecke eingespannt** se ha valido de él para sus propios fines
ein|sparen *vt* ahorrar
Einsparung *f* <-en> economía *f*; *(Verminderung)* reducción *f*
einspeichern *vt* (INFOR) almacenar (**in** en), introducir (**in** en)
einspeisen *vt* ① (TECH) alimentar ② (INFOR) ingresar, introducir
ein|sperren *vt* ① *(einschließen)* encerrar (**in** en) ② *(fam: ins Gefängnis)* meter en chirona
ein|spielen I. *vt* ① (FILM, THEAT: *Geld*) rentar ② (RADIO, TV: *Beitrag*) intercalar **II.** *vr:* **sich ~** ① (MUS, SPORT) ejercitarse ② *(zur Gewohnheit werden)* normalizarse ③ *(gut zusammenwirken)* compenetrarse
einsprachig *adj (Wörterbuch)* monolingüe
ein|springen *irr vi sein* **für jdn ~** reemplazar a alguien
Einspritzmotor *m* (AUTO) motor *m* de inyección
Einspruch *m* <-(e)s, -sprüche> ① *(Protest)* protesta *f* ② (POL) veto *m* ③ (JUR) recurso *m* (**bei** ante); **~ erheben** protestar; **~ einlegen** interponer recurso; **einem ~ stattgeben** admitir (el) recurso
einspurig ['aɪnʃpuːrɪç] *adj* ① *(Eisenbahn)* de una sola vía; *(Straße)* de un solo carril ② *(abw: Denken)* de ideas fijas
einst ['aɪnst] *adv (geh)* ① *(früher)* antiguamente ② *(zukünftig)* algún día
Einstand[1] *m* <-(e)s, -stände> *(Arbeitsstelle)* ingreso *m*; **seinen ~ geben** celebrar su ingreso
Einstand[2] *m ohne pl* (SPORT: *Tennis*) empate *m*
ein|stecken *vt* ① *(hineinstecken)* meter (**in** en); *(Stecker)* enchufar ② *(mitnehmen)* llevar ③ *(fam: Brief)* echar ④ *(fam:*

überlegen sein) superar ❺ *(ertragen)* tragar(se)

ein|stehen *irr vi* ❶ *(verantworten)* hacerse responsable (**für** de) ❷ *(sich verbürgen)* **für etw/jdn ~** garantizar algo/responder de alguien

ein|steigen *irr vi sein* ❶ *(in Fahrzeug)* subir (**in** a) ❷ *(fam: sich beteiligen)* contribuir (**mit** con) ❸ *(anfangen)* entrar (**in** en); **er ist in die Politik eingestiegen** se ha metido en política

einstellbar *adj (Sitz)* ajustable; *(Temperatur, Zeit)* graduable

ein|stellen I. *vt* ❶ *(hineinstellen)* poner (**in** en) ❷ *(anstellen)* contratar, conchabar *Am* ❸ *(beenden)* parar; *(Kämpfe, Zahlung, Arbeit)* suspender; (JUR: *Verfahren*) sobreseer; **die Arbeit ~** dejar de trabajar; **das Feuer ~** dar el alto el fuego ❹ *(regulieren)* ajustar; *(Sender)* sintonizar; (FOTO) enfocar ❺ (SPORT: *Rekord*) igualar **II.** *vr:* **sich ~** ❶ *(erscheinen)* aparecer; *(Folgen)* hacerse sentir; *(Personen)* acudir ❷ *(sich richten nach)* adaptarse (**auf** a) ❸ *(sich vorbereiten)* prepararse (**auf** para)

einstellig *adj* de una cifra

Einstellung *f* <-en> ❶ *(Anstellung)* contratación *f* ❷ *(Beendigung)* suspensión *f* ❸ (JUR: *Verfahren*) sobreseimiento *m* ❹ *(Regulierung)* ajuste *m* ❺ (FILM) enfoque *m* ❻ *(Gesinnung)* opinión *f*

Einstellungen *fpl* (INFOR) ajustes *mpl*

Einstellungsgespräch *nt* entrevista *f* de trabajo

Einstellungstermin *m* <-(e)s, -e> fecha *f* de inicio (de un trabajo)

Einstich *m* <-(e)s, -e> pinchazo *m*

Einstieg ['aɪnʃtiːk] *m* <-(e)s, -e> ❶ *(das Einsteigen)* entrada *f* (**in** en); *(in den Zug)* subida *f* (**in** a) ❷ *(in ein Thema)* acceso *m* (**in** a)

Einstiegsdroge *f* <-, -n> primera droga *f* *(que lleva a una posterior adicción)*

einstige(r, s) *adj* anterior

ein|stimmen I. *vi* (MUS) unir su voz (**in** a) **II.** *vt* ❶ *(Instrument)* afinar ❷ *(vorbereiten)* preparar (**auf** para)

einstimmig I. *adj* ❶ (MUS) unísono ❷ *(ohne Gegenstimme)* unánime **II.** *adv* ❶ (MUS) al unísono ❷ *(ohne Gegenstimme)* por unanimidad

Einstimmigkeit *f* <-, *ohne pl*> unanimidad *f*

Einstimmung *f* **zur ~ auf etw** como preparación de cara a algo, para crear ambiente de cara a algo

einstöckig [aɪnʃtœkɪç] *adj* de un piso

ein|streuen *vt* esparcir; *(Bemerkungen)* entremezclar

ein|studieren *vt (Rolle, Antwort)* estudiar

ein|stufen *vt* clasificar (**in** en), encasillar (**in** en)

Einstufung *f* <-, -en> clasificación *f*

einstündig ['aɪnʃtʏndɪç] *adj* de una hora

Einsturz *m* <-es, -stürze> derrumbamiento *m*

ein|stürzen *vi sein (Gebäude)* derrumbarse; *(Dach)* hundirse; **auf jdn ~** *(Ereignisse)* precipitarse sobre alguien

Einsturzgefahr *f ohne pl* peligro *m* de derrumbamiento

einstweilen ['aɪnst'vaɪlən] *adv* ❶ *(im Moment)* por el momento, por ahora ❷ *(unterdessen)* mientras tanto

einstweilig ['aɪnst'vaɪlɪç] *adj* temporal; *(provisorisch)* provisional

eintägig ['aɪntɛːgɪç] *adj* de un día

Eintagsfliege ['----] *f* ❶ (ZOOL) efímera *f* ❷ *(fam: kurzer Erfolg)* flor *f* de un día

ein|tauchen I. *vi sein (untertauchen)* sumergirse (**in** en) **II.** *vt* sumergir (**in** en); *(eintunken)* mojar (**in** en)

ein|tauschen *vt* cambiar (**gegen** por)

eintausend ['-'--] *adj inv* mil; *s. a.* **achttausend**

ein|teilen *vt* ❶ *(untergliedern)* dividir (**in** en); *(in Klassen)* clasificar (**in** en) ❷ *(für Aufgabe)* asignar (**zu**); **er wurde zum Nachtdienst eingeteilt** le asignaron el turno de noche ❸ *(Geld, Arbeit, Zeit)* repartir

Einteiler *m* <-s, -> (SPORT) traje *m* de baño (de una sola pieza)

einteilig *adj* de una pieza

Einteilung *f* <-en> ❶ *(Untergliederung)* división *f*; *(Einsortierung)* clasificación *f* ❷ *(von Vorräten)* organización *f*; *(Verteilung)* reparto *m* ❸ *(für Arbeit)* designación *f*

ein|tippen *vt (in Computer, Kasse)* entrar (**in** en)

eintönig ['aɪntøːnɪç] *adj* monótono

Eintönigkeit *f ohne pl* monotonía *f*

Eintopf *m* <-(e)s, -töpfe> (GASTR) potaje *m*, hervido *m AmS*

Eintracht ['aɪntraxt] *f ohne pl* concordia *f*

einträchtig ['aɪntrɛçtɪç] **I.** *adj* concorde **II.** *adv* en armonía

Eintrag ['aɪntraːk, *pl:* 'aɪntrɛːgə] *m* <-(e)s, -träge> ❶ *(in Liste)* inscripción *f*; *(im Wörterbuch)* entrada *f* ❷ *(Vermerk)* nota *f*

ein|tragen *irr* **I.** *vt* ❶ *(einschreiben)* apuntar (**in** en); *(in eine Liste)* inscribir (**in** en); *(einzeichnen)* marcar (**in** en) ❷ (ADMIN) registrar; **eingetragener Verein** asociación registrada ❸ *(Gewinn)* producir; *(Kritik)* originar **II.** *vr:* **sich ~** inscribirse (**in** en)

einträglich ['aɪntrɛːklɪç] *adj* lucrativo

Eintragung *f* <-en> ❶ *(das Eintragen)* inscripción *f;* (ADMIN) registro *m* ❷ *(Vermerk)* nota *f*

ein|treffen *irr vi sein* ❶ *(ankommen)* llegar (**in** a) ❷ *(sich bewahrheiten)* hacerse realidad; *(in Erfüllung gehen)* cumplirse

ein|treiben *irr vt* ❶ *(Schulden)* cobrar; *(Steuern)* recaudar ❷ *(hineinschlagen)* clavar (**in** en)

Eintreibung *f* <-, -en> cobro *m*

E

ein|treten *irr* **I.** *vi sein* ❶ *(hineingehen)* entrar (**in** a/en) ❷ *(Ereignis)* suceder, ocurrir ❸ *(Mitglied werden)* ingresar (**in** en) ❹ *(sich einsetzen)* abogar (**für** por) **II.** *vt (zertrümmern)* derribar a patadas

ein|trichtern *vt (fam)* **jdm etw ~** meter algo a alguien con cuchara

Eintritt *m* <-(e)s, -e> ❶ *(in Zimmer)* entrada *f* ❷ *(in Armee)* incorporación *f; (in Verein)* ingreso *m* ❸ *(Beginn)* comienzo *m* ❹ *(Eintrittsgebühr)* entrada *f;* **~ frei!** ¡entrada libre!

Eintrittsbedingung *f* requisito *m* de admisión

Eintrittsgeld *nt* entrada *f*

Eintrittskarte *f* entrada *f,* boleto *m Am*

Eintrittspreis *m* precio *m* de entrada

eintrocknen *vi sein* secarse

ein|trudeln *vi sein (fam)* aparecer

ein|tunken *vt (reg)* mojar (**in** en)

ein|üben *vt* practicar; (THEAT, MUS) ensayar

ein|verleiben* ['aɪnfɛɐlaɪbən] *vr:* **sich** *dat* **~** ❶ *(Besitz)* apropiarse (de) ❷ *(Speisen)* comerse

Einvernehmen ['aɪnfɛɐneːmən] *nt* <-s, *ohne pl*> acuerdo *m; (Einigkeit)* conformidad *f;* **im ~ mit jdm** de acuerdo con alguien

einvernehmlich *adj (Übereinkunft)* de común acuerdo

einverstanden ['aɪnfɛɐʃtandən] *adj* de acuerdo (**mit** con), conforme (**mit** con); **~!** ¡de acuerdo!, ¡aceptado! *Am;* **sich mit etw** *dat* **~ erklären** declararse conforme con algo

Einverständnis ['aɪnfɛɐʃtɛntnɪs] *nt* <-ses, -se> ❶ *(Billigung)* conformidad *f; (Einigkeit)* acuerdo *m;* **in gegenseitigem ~** de mutuo acuerdo ❷ *(Übereinstimmung)* consentimiento *m*

Einverständniserklärung *f* <-, -en> declaración *f* de mutua conformidad

Einwaage *f* <-, -n> (COM: *Reingewicht*) peso *m* neto; *(Gewichtsverlust)* pérdida *f* de peso

Einwand ['aɪnvant, *pl:* 'aɪnvɛndə] *m* <-(e)s, -wände> objeción *f* (**gegen** a); *(Bedenken)* reparo *m* (**gegen** a); **Einwände gegen etw erheben** poner reparos a algo

Einwanderer, -wanderin *m, f* <-s, -; -nen> inmigrante *mf*

ein|wandern *vi sein* inmigrar

Einwanderung *f* <-en> inmigración *f*

Einwanderungspolitik *f* política *f* de inmigración

Einwanderungszahl *f* cifra *f* de inmigración

einwandfrei *adj* ❶ *(fehlerlos)* correcto ❷ *(tadellos)* impecable ❸ *(eindeutig)* claro; **es steht ~ fest, dass ...** está claro que...

Einwandrerin ['aɪnvandrərɪn] *f* <-nen> *s.* **Einwanderer**

einwärts ['aɪnvɛrts] *adv* hacia dentro

ein|wechseln *vt* cambiar (**gegen** por)

Einwegflasche *f* botella *f* no retornable

Einwegkamera *f* (FOTO) cámara *f* de un solo uso

Einwegrasierer *m* maquinilla *f* de afeitar de un solo uso

Einwegspritze *f* jeringuilla *f* desechable

Einwegverpackung *f* embalaje *m* de un solo uso

ein|weichen *vt* poner en remojo, ensopar *AmS*

ein|weihen *vt* ❶ *(eröffnen)* inaugurar ❷ *(fam: erstmalig benutzen)* estrenar ❸ *(vertraut machen)* poner al corriente (**in** de); **sie ist eingeweiht** está al corriente

Einweihung *f* <-en> ❶ *(Eröffnung)* inauguración *f* ❷ *(in Geheimnis)* revelación *f* (**in** de)

Einweihungsfeier *f* fiesta *f* de inauguración

ein|weisen *irr vt* ❶ *(in Tätigkeit)* instruir (**in** en) ❷ *(Fahrzeug)* dirigir (**in** a) ❸ *(ins Krankenhaus)* hospitalizar

Einweisung *f* <-, -en> ❶ *(in Krankenhaus, Anstalt)* internamiento *m; (Krankenhaus)* hospitalización *f* ❷ *(in Tätigkeit)* instrucción *f*

ein|wenden *irr vt* objetar (**gegen** a); *(entgegenhalten)* oponer (**gegen** a); **dagegen lässt sich nichts ~** no hay nada que objetar a esto

ein|werfen *irr vt* ❶ *(Brief)* echar (**in** en); **einen Brief ~** tirar una carta al buzón; *(Geld)* introducir (**in** en) ❷ *(zertrümmern)* destrozar; *(Scheibe)* romper ❸ *(bemerken)* mencionar ❹ (SPORT) sacar de banda

einwertig ['aɪnveːɐtɪç] *adj* (CHEM) monovalente

ein|wickeln *vt* ❶ *(einpacken)* envolver (**in** en) ❷ *(fam: überreden)* embaucar

ein|willigen ['aɪnvɪlɪgən] *vi* consentir (**in** en)

Einwilligung *f* <-en> consentimiento *m* (**in** para)
ein|wirken *vi* actuar (**auf** sobre); *(beeinflussen)* influir (**auf** en)
Einwirkung *f* <-en> influencia *f* (**auf** en/sobre)
Einwohner(in) *m(f)* <-s, -; -nen> habitante *mf*
Einwohnermeldeamt ['---'---] *nt* oficina *f* de empadronamiento
Einwohnerzahl *f* número *m* de habitantes
Einwurf *m* <-(e)s, -würfe> ❶ *(das Hineinwerfen)* inserción *f* ❷ *(Bemerkung)* observación *f* ❸ *(für Münzen)* ranura *f* ❹ (SPORT) saque *m* de banda
Einzahl *f* <-en> (LING) (número *m*) singular *m*
ein|zahlen *vt* pagar (**auf** a); *(überweisen)* ingresar (**auf** en), enterar *Col, Méx, CRi;* **Geld aufs Konto ~** ingresar dinero en la cuenta
Einzahlung *f* <-en> pago *m* (**auf** a); *(Überweisung)* ingreso *m* (**auf** en)
Einzahlungsbeleg *m* <-(e)s, -e> recibo *m* de pago [*o* de ingreso]
ein|zäunen ['aɪntsɔɪnən] *vt* cercar, vallar
ein|zeichnen *vt* marcar
Einzel ['aɪntsəl] *nt* <-s, -> (SPORT) (partido *m*) individual *m*
Einzelbett *nt* cama *f* individual
Einzelblatteinzug *m* (INFOR) alimentador *m* de hojas sueltas
Einzelfahrschein *m* billete *m* sencillo
Einzelfall *m* <-(e)s, -fälle> ❶ *(konkreter Fall)* caso *m* particular ❷ *(Ausnahme)* caso *m* especial
Einzelfrage *f* pregunta *f* concreta
Einzelgänger(in) ['aɪntsəlgɛŋɐ] *m(f)* <-s, -; -nen> solitario, -a *m, f*
Einzelhaft *f* detención *f* en régimen de incomunicación
Einzelhandel *m* comercio *m* al por menor
Einzelhandelspreis *m* precio *m* minorista
Einzelhändler(in) *m(f)* minorista *mf*
Einzelhaus *nt* casa *f* independiente
Einzelheit *f* <-en> ❶ *(einzelnes Teil)* elemento *m* ❷ *(Detail)* detalle *m;* **in allen ~en** con pelos y señales
Einzelkabine *f* <-, -n> (NAUT) camarote *m* individual
Einzelkind *nt* hijo, -a *m, f* único , -a
einzellig ['aɪntsɛlɪç] *adj* (BIOL) unicelular
einzeln ['aɪntsəln] *adv* uno por uno; *(getrennt)* por separado; **~ aufführen** enumerar uno por uno; **etw im E~en besprechen** discutir algo detalladamente
einzelne(r, s) *adj* ❶ *(allein)* único, solo; **jeder/jede E~** cada uno/una; **jede ~ Schülerin** cada una de las alumnas ❷ *(verschieden)* diferente; **die ~n Teile** las diferentes partes ❸ *(speziell)* particular ❹ *(separat)* separado ❺ *pl (einige)* algunos
Einzelperson *f* persona *f* sola
Einzelstück *nt* pieza *f* única
Einzelteil *nt* elemento *m; (Bestandteil)* componente *m;* **etw in seine ~e zerlegen** desmontar algo en todos sus componentes
Einzelzimmer *nt* habitación *f* individual
einziehbar *adj* ❶ *(Schulden)* cobrable; *(Steuern)* recaudable ❷ *(konfiszierbar)* confiscable; *(Führerschein)* retirable ❸ *(Fühler, Krallen)* retráctil
ein|ziehen *irr* **I.** *vi sein* ❶ *(beziehen)* instalarse (**in** en) ❷ *(Einzug halten)* entrar (**in** a/en) ❸ *(Creme)* ser absorbido (**in** por); *(Flüssigkeit)* penetrar (**in** en) **II.** *vt* ❶ *(Segel, Flagge)* arriar; *(Fahrgestell)* replegar; *(Kopf)* bajar; *(Bauch)* meter; *(Bein)* recoger; *(Fühler, Krallen)* retraer; *(Papier)* sangrar ❷ *(Schulden)* cobrar; *(Steuern)* recaudar ❸ *(beschlagnahmen)* confiscar; *(Führerschein, Geld)* retirar ❹ *(Wand)* levantar; *(Decke)* construir; *(Balken)* poner ❺ *(Rekruten)* llamar a filas ❻ *(Erkundigungen)* pedir
einzig ['aɪntsɪç] *adj* único, solo; **~ und allein** únicamente; **das ist das ~ Wahre** esta es la única verdad; **ein ~es Mal** una sola vez
einzigartig *adj* único
Einzigartigkeit *f ohne pl* unicidad *f*
Einzug *m* <-(e)s, -züge> ❶ *(von Steuern)* recaudación *f* ❷ *(das Hineingehen)* entrada *f* (**in** en); *(ins Parlament)* ingreso *m* (**in** en); **beim ~ in die neue Wohnung** al instalarse en el nuevo piso ❸ *(Papier)* sangría *f*
Einzugsbereich *m* <-(e)s, -e> área *f* de influencia
Einzugsermächtigung *f* <-, -en> (FIN) domiciliación *f* bancaria
Einzugsgebiet *nt* ❶ *(Einzugsbereich)* cuenca *f* de captación ❷ (GEO) área *f* útil
Eis [aɪs] *nt* <-es, *ohne pl*> ❶ *(gefrorenes Wasser)* hielo *m;* **etw auf ~ legen** *(fig)* suspender algo; **das ~ brechen** *(fig)* romper el hielo ❷ *(Speiseeis)* helado *m;* **ein ~ am Stiel** un polo, una paleta *AmC, Méx*
Eisbahn *f* pista *f* de patinaje sobre hielo
Eisbär *m* oso *m* polar
Eisbecher *m* copa *f* de helado
Eisbein *nt* lacón *m*
Eisberg *m* iceberg *m*
Eisbergsalat *m* (GASTR) lechuga *f* iceberg
Eisblume *f* escarcha *f* en forma de flor (en las ventanas)
Eisbrecher *m* rompehielos *m inv*

Eischnee *m* (GASTR) clara *f* a punto de nieve
Eiscreme *f* helado *m*
Eisdecke *f* <-, -n> capa *f* de hielo
Eisdiele *f* heladería *f*
Eisen ['aɪzən] *nt* <-s, -> hierro *m,* fierro *m Am;* **zwei ~ im Feuer haben** *(fam fig)* encender una vela a Dios y otra al diablo; **zum alten ~ gehören** *(fam fig)* ser de la vieja guardia; **ein heißes ~ anfassen** *(fig)* tocar un tema delicado; **man muss das ~ schmieden, solange es heiß ist** *(prov)* al hierro caliente, batir de repente
Eisenbahn *f* ferrocarril *m,* carril *m Chil*
Eisenbahnbrücke *f* <-, -n> ❶ *(für die Eisenbahn)* puente *m* de ferrocarril ❷ *(für Fußgänger)* puente *m* peatonal
Eisenbahner(in) *m(f)* <-s, -; -nen> ferroviario, -a *m, f*
Eisenbahnnetz *nt* red *f* ferroviaria
Eisenbahntunnel *m* túnel *m* del tren
Eisenbahnüberführung *f* paso *m* elevado de un tren
Eisenbahnunterführung *f* paso *m* inferior de un tren
Eisenbahnwagen *m* vagón *m*
Eisenerz *nt* mineral *m* de hierro
Eisengitter *nt* <-s, -> rejilla *f* de hierro
eisenhaltig ['aɪzənhaltɪç] *adj (Flüssigkeit)* ferruginoso; *(Feststoff)* ferroso
Eisenmangel *m* falta *f* de hierro
Eisenoxid *nt* <-(e)s, -e>, **Eisenoxyd** *nt* <-(e)s, -e> (CHEM) óxido *m* de hierro
Eisenstange *f* <-, -n> vara *f* de hierro, varilla *f* de hierro
Eisenwaren *fpl* utensilios *mpl* de ferretería
Eisenwarenhändler(in) *m(f)* ferretero, -a *m, f*
Eisenwarenhandlung *f* ferretería *f,* abarrotería *f Am*
eisern ['aɪzɐn] *adj* ❶ *(aus Eisen)* de hierro, férreo ❷ *(unnachgiebig)* rígido; **~e Disziplin** disciplina férrea ❸ *(Wend)* **~e Reserve** última reserva
Eisfach *nt* congelador *m* (del frigorífico)
Eisfläche *f* superficie *f* helada
eisfrei *adj* libre de hielo(s)
eisgekühlt *adj* helado
Eisglätte *f* hielo *m*
Eisheiligen *mpl* **die** (**drei**) ~ *fechas — en el norte de Alemania del 11 al 13 de mayo y en el sur del 12 al 15 — hasta las cuales son esperables bruscos descensos de temperatura*
Eishockey ['aɪshɔki] *nt* (SPORT) jóquey *m* sobre hielo, hockey *m* sobre hielo
eisig ['aɪzɪç] *adj (Wasser)* helado; *(Kälte, a. fig)* glacial
Eiskaffee *m* café *m* frío con helado y nata montada
eiskalt ['-'-] **I.** *adj (a. fig)* helado **II.** *adv* con frialdad; **jdm ~ die Meinung sagen** *(fam)* decirle cuatro verdades a alguien
Eiskratzer *m* <-s, -> espátula *f* de rascar hielo
Eiskristall *m* <-s, -e> cristal *m* de hielo
Eiskunstlauf *m* <-(e)s, *ohne pl*> (SPORT) patinaje *m* artístico (sobre hielo)
Eiskunstläufer(in) *m(f)* (SPORT) patinador(a) *m(f)* artístico, -a sobre hielo
eis|laufen *irr vi sein* patinar sobre hielo
Eisläufer(in) *m(f)* <-s, -; -nen> patinador(a) *m(f)* sobre hielo
Eislutscher *m* polo *m* (de hielo)
Eismaschine *f* heladora *f*
Eispickel *m* <-s, -> picahielo *m*
Eisportionierer [-pɔrtsjo'niːrɐ] *m* porcionador *m* para helado
Eisprung *m* (ZOOL, MED) ovulación *f*
Eisregen *m* (METEO) lluvia *f* helada
Eisschnelllauf *m* <-(e)s, *ohne pl*> (SPORT) patinaje *m* de velocidad
Eisschokolade *f* chocolate *m* helado
Eisscholle *f* témpano *m* de hielo
Eisschrank *m* frigorífico *m*
Eissport *m* <-(e)s, *ohne pl*> deportes *mpl* sobre hielo
Eisstadion *nt* <-s, -stadien> (SPORT) pista *f* de hielo
Eistee *m* té *m* helado
Eisverkäufer(in) *m(f)* <-s, -; -, -nen> heladero, -a *m, f,* piragüero, -a *m, f PRico*
Eisvogel *m* martín *m* pescador
Eiswaffel *f* galleta *f* de helado, barquilla *f PRico, RDom*
Eiswürfel *m* cubito *m* de hielo
Eiszapfen *m* carámbano *m*
Eiszeit *f* era *f* glacial
eitel ['aɪtəl] *adj* vanidoso, vano
Eitelkeit *f* <-en> vanidad *f*
Eiter ['aɪtɐ] *m* <-s, *ohne pl*> pus *m,* postema *f Méx,* maleza *f Arg, Chil*
eiterig *adj* purulento
eitern ['aɪtɐn] *vi* supurar
Eiterpickel *m* <-s, -> (MED) pústula *f*
eitrig *adj* purulento
Eiweiß *nt* <-es, -e, *nach Zahlen:* -> ❶ *(vom Ei)* clara *f* ❷ (CHEM) albúmina *f* ❸ (BIOL) proteína *f*
Eizelle *f* óvulo *m*
Ejakulat [ejaku'laːt] *nt* <-(e)s, -e> esperma *m* (eyaculado)
Ejakulation [ejakula'tsjoːn] *f* <-en> eyaculación *f*
ejakulieren* [ejaku'liːrən] *vi* eyacular
Ekel[1] ['eːkəl] *m* <-s, *ohne pl*> asco (**vor** a); *(Widerwille)* repugnancia *f* (**vor** a/de);

~ **erregen** dar asco; ~ **erregend** asqueroso, bascoso *Ecua, Col*

Ekel[2] *nt* <-s, -> *(fam: Person)* asqueroso, -a *m, f*

ekelerregend *adj s.* **Ekel**[1]

ekelhaft *adj,* **ekelig** *adj* asqueroso, bascoso *Ecua, Col*

ekeln I. *vr* **er ekelt sich vor Ratten** las ratas le dan asco **II.** *vunpers* **es ekelt mich davor** me da asco

EKG [eːkaːˈgeː] *nt* <-s, -s> (MED) *Abk. von* **Elektrokardiogramm** electrocardiograma *m*

Eklat [eˈklaː] *m* <-s, -s> escándalo *m*

eklatant [eklaˈtant] *adj* ❶ *(offensichtlich)* evidente ❷ *(Aufsehen erregend)* sensacional

eklig *adj s.* **ekelig**

Eklipse [ɛkˈlɪpsə, eˈklɪpsə] *f* <-n> (ASTR) eclipse *m*

Ekstase [ɛkˈstaːzə] *f* <-n> éxtasis *m inv*

Ekzem [ɛkˈtseːm] *nt* <-s, -e> (MED) eczema *m*

Elan [eˈlaːn] *m* <-s, *ohne pl*> *(geh)* ímpetu *m*

elastisch [eˈlastɪʃ] *adj* elástico

Elastizität [elastitsiˈtɛːt] *f* <-en> elasticidad *f*

Elbe [ˈɛlbə] *f (Fluss)* Elba *m*

Elch [ɛlç] *m* <-(e)s, -e> (ZOOL) alce *m*

Electronic Banking [ɛləkˈtrɔnɪk ˈbɛŋkɪŋ] *nt* <- -s, *ohne pl*> (FIN) banco *m* informatizado

Electronic Cash [ɛləkˈtrɔnɪk kɛʃ] *nt* <- -s, *ohne pl*> (FIN) efectivo *m* electrónico, moneda *f* electrónica

Electronic Publishing [ɛləkˈtrɔnɪk ˈpablɪʃɪŋ] *nt* <- -s, *ohne pl*> (PUBL) autoedición *f* electrónica

Elefant [eleˈfant] *m* <-en, -en> elefante *m*

elegant [eleˈgant] *adj* elegante

Eleganz *f ohne pl* elegancia *f*

elektrifizieren* [elɛktrifiˈtsiːrən] *vt* electrificar

Elektrik [eˈlɛktrɪk] *f* <-en> sistema *m* eléctrico

Elektriker(in) [eˈlɛktrikɐ] *m(f)* <-s, -; -nen> electricista *mf*

elektrisch [eˈlɛktrɪʃ] *adj* eléctrico

elektrisieren* [elɛktriˈziːrən] *vt (a. fig)* electrizar

Elektrizität [elɛktritsiˈtɛːt] *f ohne pl* electricidad *f*

Elektrizitätswerk *nt* central *f* eléctrica, usina *f Am*

Elektroauto *nt* coche *m* eléctrico

Elektrobohrer *m* taladradora *f,* taladro *m* eléctrico

Elektrochemie *f ohne pl* electroquímica *f*

Elektrode [elɛkˈtroːdə] *f* <-n> electrodo *m*

Elektrofachmarkt *m* tienda *f* de electrónica

Elektrofahrrad *nt* bicicleta *f* eléctrica

Elektrogerät *nt* aparato *m* eléctrico; *(Haushaltsgerät)* electrodoméstico *m*

Elektrogeschäft *nt* tienda *f* de electrodomésticos

Elektrogrill *m* parrilla *f* eléctrica

Elektroherd *m* cocina *f* eléctrica

Elektroingenieur(in) *m(f)* ingeniero, -a *m, f* electrotécnico , -a

Elektroinstallateur(in) *m(f)* electricista *mf*

Elektrokardiogramm [------ˈ-] *nt* <-s, -e> (MED) electrocardiograma *m*

Elektrolyse [elɛktroˈlyːzə] *f* <-, -n> (PHYS, CHEM) electrólisis *f inv*

Elektrolyt [elɛktroˈlyːt] *m* <-en, -e(n)> (CHEM) electrólito *m,* electrolito *m*

Elektromagnet [-ˈ----] *m* electroimán *m*

elektromagnetisch [-ˈ---ˈ--] *adj* electromagnético

Elektromotor [-ˈ----] *m* (TECH) electromotor *m*

Elektron [ˈeːlɛktrɔn, elɛkˈtroːn] *nt* <-s, -en> (PHYS) electrón *m*

Elektronenmikroskop *nt* microscopio *m* electrónico

Elektronik [elɛkˈtroːnɪk] *f ohne pl* electrónica *f*

elektronisch [elɛkˈtroːnɪʃ] *adj* electrónico; **~es Banking** banking electrónico; **~es Geld** dinero electrónico; **~e Publikation** publicación electrónica; **~e Unterschrift** firma electrónica; **~er Zahlungsverkehr** movimiento de pagos electrónico [*o* computerizado]; **~e Zeitschrift** revista electrónica en internet

Elektrorasierer *m* maquina *f* de afeitar

Elektroschock *m* (MED) electrochoque *m*

Elektrosmog *m* electrosmog *m*

Elektrostatik *f ohne pl* (PHYS) electrostática *f*

elektrostatisch [elɛktroˈʃtatɪʃ] *adj* electro(e)stático

Elektrotechnik *f ohne pl* electrotécnica *f,* electrotecnia *f*

Elektrotechniker(in) *m(f)* electrotécnico *mf*

Element [eleˈmɛnt] *nt* <-(e)s, -e> elemento *m*

elementar [elemɛnˈtaːɐ] *adj* elemental; *(grundlegend)* fundamental

Elementarteilchen *nt* (PHYS) partícula *f* elemental

elend *adj* ❶ *(armselig)* miserable ❷ *(abw: gemein)* vil, miserable ❸ *(krank)* enfermizo

E

Elend ['e:lɛnt] *nt* <-(e)s, *ohne pl*> miseria *f;* **das heulende ~ haben** *(fam)* estar depre
elendig ['e:lɛndɪç, *nachdrücklich:* 'e:'lɛndɪç] *adj (reg) s.* **elend**
Elendsviertel *nt* barrio *m* de chabolas, barrio *m* joven *Am*
elf [ɛlf] *adj inv* once; *s. a.* **acht**[1]
Elf *f* <-en> *(Zahl, Fußballmannschaft)* once *m*
Elfe ['ɛlfə] *f* <-n> sílfide *f*
Elfenbein ['ɛlfənbaɪn] *nt* <-(e)s, *ohne pl*> marfil *m*
elfenbeinern *adj* de marfil
elfenbeinfarben *adj* de color marfil
Elfenbeinküste *f* Costa *f* de Marfil
Elfer *m* <-s, -> (SPORT: *sl)* penalti *m*
Elfmeter [ɛlf'me:tɐ] *m* <-s, -> (SPORT) penalti *m*
Elfmeterpunkt *m* (SPORT) punto *m* de penalty
Elfmeterschießen *nt* (SPORT) tanda *f* de penaltis
elfte(r, s) *adj* undécimo; *s. a.* **achte(r, s)**
elftel *adj inv* onceavo; *s. a.* **achtel**
elftens *adv* en undécimo lugar; *(bei einer Aufzählung)* undécimo; *s. a.* **achtens**
eliminieren* [elimi'ni:rən] *vt* eliminar
Eliminierung *f* <-, -en> *(a. fig)* eliminación *f*
elitär [eli'tɛ:ɐ] *adj* elitista
Elite [e'li:tə] *f* <-n> élite *f*
Eliteeinheit, **Elitetruppe** *f* (MIL) tropa *f* de elite
Eliteuniversität *f* universidad *f* de élite
Elixier [elɪ'ksi:ɐ] *nt* <-s, -e> elixir *m*
Ellbogen ['ɛl-] *m* <-s, -> codo *m;* **die ~ aufstützen** apoyar los codos
Ellbogengesellschaft *f* sociedad *f* caracterizada por la ley de la selva
Elle ['ɛlə] *f* <-n> ❶ (MED) cúbito *m* ❷ *(Maß)* yarda *f*
Ellenbogen ['ɛlən-] *m* <-s, -> *s.* **Ellbogen**
Ellenbogengesellschaft *f s.* **Ellbogengesellschaft**
ellenlang *adj (fam)* larguísimo
Ellipse [ɛ'lɪpsə] *f* <-n> ❶ (MATH) elipse *f* ❷ (LING) elipsis *f inv*
elliptisch [ɛ'lɪptɪʃ] *adj* (MATH, LING) elíptico
E-Lok *f* <-s> (EISENB) *Abk. von* **elektrische Lokomotive** locomotora *f* eléctrica
eloquent [elo'kvɛnt] *adj (geh)* elocuente
Eloquenz [elo'kvɛnts] *f* <-, *ohne pl*> *(geh)* elocuencia *f*
El Salvador [ɛl zalva'do:ɐ] *nt* <- -s> El Salvador *m*
Elsass ['ɛlzas] *nt* <-(es)> Alsacia *f*
Elsässer(in) ['ɛlzɛsɐ] *m(f)* <-s, -; -nen> alsaciano, -a *m, f*
elsässisch ['ɛlzɛsɪʃ] *adj* alsaciano
Elsass-Lothringen *nt* <-s> Alsacia-Lorena *f*
Elster ['ɛlstɐ] *f* <-n> (ZOOL) urraca *f*
elterlich ['ɛltɐlɪç] *adj* paterno, de los padres
Eltern ['ɛltɐn] *pl* padres *mpl*
Elternabend *m* reunión *f* de padres de alumnos
Elternbeirat *m* <-(e)s, -räte> asociación *f* de padres de alumnos
Elternhaus *nt* casa *f* paterna
elternlos *adj* sin padres, huérfano
Elternsprechtag *m* <-(e)s, -e> día *m* de consulta de padres de alumnos y maestros
Elternteil *m* progenitor(a) *m(f);* **ein ~** uno de los padres
Elternzeit *f* excedencia *f* por paternidad/maternidad
Email [e'maɪ] *nt* <-s, -s> esmalte *m*
E-Mail *f* <-s> (INFOR) correo *m* electrónico, e-mail *m;* **eine Nachricht per ~ verschicken** [*o* **übermitteln**] enviar [*o* tra(n)smitir] una noticia por correo electrónico
E-Mail-Adresse *f* dirección *f* de correo electrónico, dirección *f* electrónica
Emaillack *m* barniz *m* esmalte
Emaille [e'maljə, e'maɪ] *f* <-n> *s.* **Email**
emaillieren* [emal'ji:rən, ema'ji:rən] *vt* esmaltar
E-Mail-Programm *nt* (INFOR, TEL) programa *m* de e-mail
Emanze [e'mantsə] *f* <-n> *(fam abw)* feminista *f*
Emanzipation [emantsipa'tsjo:n] *f* <-en> emancipación *f*
Emanzipationsbewegung *f* <-, -en> (SOZIOL, POL) movimiento *m* de liberación [*o* de emancipación] (de la mujer)
emanzipieren* *vr:* **sich ~** emanciparse (**von** de)
emanzipiert *adj* emancipado
Embargo [ɛm'bargo] *nt* <-s, -s> embargo *m*
Emblem [ɛm'ble:m] *nt* <-s, -e *o* Emblemata> emblema *m*
Embolie [ɛmbo'li:] *f* <-n> (MED) embolia *f*
Embryo ['ɛmbryo] *m* <-s, -nen *o* -s> (MED, BIOL) embrión *m*
embryonal *adj* (MED, BIOL) embrional
Embryonen *pl von* **Embryo**
emeritieren* [emeri'ti:rən] *vt* (UNIV) declarar emérito, jubilar
Emigrant(in) [emi'grant] *m(f)* <-en, -en; -nen> *(aus politischen Gründen)* emigrado, -a *m, f; (aus wirtschaftlichen Gründen)* emigrante *mf*
Emigration [emigra'tsjo:n] *f* <-en> emigración *f*
emigrieren* *vi sein* emigrar

Eminenz *f* <-, -en> (REL) eminencia *f;* **Seine/Eure ~** su Eminencia
Emir [e'miːɐ] *m* <-s, -e> emir *m*
Emirat [emi'raːt] *nt* <-(e)s, -e> emirato *m;* **Vereinigte Arabische ~e** Emiratos Arabes Unidos
Emission [emɪ'sjoːn] *f* <-en> (FIN, PHYS) emisión *f*
emittieren* [emɪ'tiːrən] *vt* (ÖKOL: *Abgase, Schadstoffe*) emitir
Emmentaler ['ɛməntaːlɐ] *m* <-s, -> (GASTR) queso *m* emmental
Emoji <-s, -s> [e'moːdʒi] *nt* (INFOR) emoyi [*o* emoji] *m*
e-Moll *nt* <-, *ohne pl*> (MUS) mi *m* menor
Emoticon [e'moːtikon] *nt* <-s, -s> (INFOR) emoticón *m*
Emotion [emo'tsjoːn] *f* <-en> emoción *f*
emotional [emotsjo'naːl] *adj* emocional
emotionsgeladen *adj* emotivo; *(Atmosphäre)* cargado; *(Diskussion)* emocional
emotionslos *adj* insensible
empfahl [ɛm'pfaːl] *3. imp von* **empfehlen**
empfand [ɛm'pfant] *3. imp von* **empfinden**
Empfang [ɛm'pfaŋ, *pl:* ɛm'pfɛŋə] *m* <-(e)s, -fänge> ① *(im Hotel)* recepción *f* ② (TECH, RADIO, TV) recepción *f;* *(eines Mobiltelefons)* **~ haben** tener cobertura ③ *(von Waren)* **etw in ~ nehmen** recibir algo; **den ~ bestätigen** acusar recibo ④ *(Feier)* recepción *f* ⑤ *(Begrüßung)* recibimiento *m;* *(Aufnahme)* acogida *f*
empfangen <empfängt, empfing, empfangen> *vt* ① *(Waren, a.* RADIO, TV) recibir ② *(Gast)* recibir; *(aufnehmen)* acoger
Empfänger[1] *m* <-s, -> (RADIO, TV) (aparato *m*) receptor *m*
Empfänger(in)[2] [ɛm'pfɛŋɐ] *m(f)* <-s, -; -nen> receptor(a) *m(f);* *(von Post)* destinatario, -a *m, f;* *(einer Summe)* perceptor(a) *m(f);* *(einer Unterstützung)* beneficiario, -a *m, f;* *(von Waren)* consignatario, -a *m, f;* **~ unbekannt/verzogen** destinatario desconocido/ausente sin señas
Empfängerin *f* <-, -nen> *s.* **Empfänger**[2]
empfänglich *adj* sensible (**für** a)
Empfängnis *f ohne pl* concepción *f*
empfängnisverhütend *adj* anticonceptivo
Empfängnisverhütung *f* anticoncepción *f*
Empfangsbescheinigung *f* acuse *m* de recibo
Empfangsbestätigung *f* acuse *m* de recibo
Empfangschef(in) *m(f)* jefe, -a *m, f* de recepción
Empfangsdame *f* recepcionista *f*
empfängt [ɛm'pfɛŋt] *3. präs von* **empfangen**
empfehlen [ɛm'pfeːlən] <empfiehlt, empfahl, empfohlen> **I.** *vt (raten)* recomendar **II.** *vr:* **sich ~** ① *(geh: sich verabschieden)* despedirse ② *(geeignet sein)* ser apto (**als/für** para); **es empfiehlt sich, das zu tun** conviene hacerlo
empfehlenswert *adj* recomendable
Empfehlung *f* <-en> ① *(Fürsprache)* recomendación *f;* **auf ~ von jdm** por recomendación de alguien ② *(geh: Gruß)* saludo *m* respetuoso; **mit den besten ~en** con mis mejores saludos
Empfehlungsschreiben *nt* carta *f* de recomendación
empfiehlt [ɛm'pfiːlt] *3. präs von* **empfehlen**
empfinden [ɛm'pfɪndən] <empfindet, empfand, empfunden> *vt* sentir
Empfinden *nt* <-s, *ohne pl*> *(Gespür)* sensación *f;* **jds ~ nach** según (la opinión de) alguien; **die Frisur ist für mein ~ etwas zu lang** a mí me parece que el peinado es demasiado largo
empfindlich [ɛm'pfɪntlɪç] *adj* ① *(Person, Gerät)* sensible (**gegen** a); *(krankheitsanfällig, zerbrechlich)* delicado ② *(reizbar)* susceptible; **jdn an seiner ~en Stelle treffen** tocar a alguien en su punto débil; **sei nicht so ~!** ¡no seas tan susceptible! ③ *(Kälte)* penetrante ④ *(Verlust)* doloroso
Empfindlichkeit *f ohne pl* ① *(Feinfühligkeit)* sensibilidad *f* ② *(Reizbarkeit)* susceptibilidad *f* ③ *(Anfälligkeit)* propensión *f* (**gegen** a)
empfindsam [ɛm'pfɪntzaːm] *adj* sensible
Empfindung *f* <-en> ① *(Wahrnehmung)* sensación *f* ② *(Gefühl)* sentimiento *m*
empfing [ɛm'pfɪŋ] *3. imp von* **empfangen**
empfohlen [ɛm'pfoːlən] *pp von* **empfehlen**
empfunden [ɛm'pfʊndən] *pp von* **empfinden**
Emphase [ɛm'faːzə] *f* <-, -n> *(geh)* énfasis *m inv*
emphatisch [ɛm'faːtɪʃ] *adj (geh)* enfático
empirisch [ɛm'piːrɪʃ] *adj (geh)* empírico; **~e Forschung** investigación empírica
empor [ɛm'poːɐ] *adv (geh)* hacia arriba
empor|arbeiten *vr:* **sich ~** *(geh)* ascender (**zu** a)
Empore [ɛm'poːrə] *f* <-n> galería *f*
empören* [ɛm'pøːrən] **I.** *vt* indignar; **ich bin empört** estoy indignado **II.** *vr:* **sich ~** ① *(sich aufregen)* indignarse (**über** por) ② *(sich auflehnen)* sublevarse (**gegen** contra)

E

empörend *adj* indignante; *(skandalös)* escandaloso

Emporkömmling [ɛm'po:ɐkœmlɪŋ] *m* <-s, -e> *(abw)* advenedizo, -a *m, f*, arribista *mf*

empor|ragen *vi (geh)* sobresalir

empor|steigen *irr* **I.** *vi sein (Rauch)* subir; *(Zweifel)* aparecer (**in** en) **II.** *vt sein (Stufen)* subir

empört [ɛm'pø:ɐt] *adj* indignado

Empörung[1] [ɛm'pø:rʊŋ] *f ohne pl (Entrüstung)* indignación *f* (**über jdn** con alguien, **über etw** por algo)

Empörung[2] *f* <-en> *(Aufstand)* sublevación *f* (**gegen** contra)

emsig ['ɛmzɪç] *adj* laborioso; *(unermüdlich)* asiduo

Emu ['e:mu] *m* <-s, -s> (ZOOL) emú *m*

Emulsion [emʊl'zjo:n] *f* <-, -en> (*a.* CHEM) emulsión *f*

E-Musik *f ohne pl* (MUS) música *f* culta

Endabrechnung *f* (FIN) saldo *m* final

Endbahnhof *m s.* **Endstation**

Endbetrag *m* <-(e)s, -träge> total *m*, montante *m*

Ende[1] ['ɛndə] *nt ohne pl* ❶ *(Endpunkt)* final *m*; *(Abschluss)* término *m*; *(Film, Buch)* fin *m*; **bis ans ~ der Welt** hasta el fin del mundo ❷ *(zeitlich)* fin *m*; **~ des Jahres** a fines de año; **~ Mai** a fines de mayo ❸ *(Wend)* **zu ~** finalizado; **der Film ist zu ~** la película se ha acabado; **ein Buch zu ~ lesen** terminar de leer un libro; **der Tag geht zu ~** el día llega a su fin; **er ist ~ vierzig** tiene los cuarenta largos; **am ~ sein** *(fam)* estar en las últimas; **letzten ~s** al fin y al cabo; **bis zum bitteren ~** hasta el triste final; **ein gutes/böses ~ nehmen** acabar bien/mal; **am ~ seiner Kräfte sein** estar al límite de sus fuerzas; **etw** *dat* **ein ~ machen** *(geh)* poner fin a algo; **kein ~ finden** no acabar nunca; **kein ~ absehen** no ver el final; **seinem ~ zugehen** irse acabando; **das dicke ~ kommt noch** *(fam)* aún queda el rabo por desollar; **~ gut, alles gut!** *(prov)* bien está lo que bien acaba

Ende[2] *nt* <-s, -n> *(Endstück)* extremo *m*; *(Geweihspitze)* punta *f*; **am vorderen/hinteren ~ der Reihe** en el extremo superior/inferior de la hilera; **am anderen ~ der Stadt** en el otro extremo de la ciudad

Endeffekt *m* resultado *m*; **im ~** al fin y al cabo

endemisch [ɛn'de:mɪʃ] *adj* (BIOL, MED, ZOOL) endémico

enden ['ɛndən] *vi* terminar, acabar; *(Frist)* vencer; **nicht ~ wollender Beifall** aplauso ininterrumpido; **wie wird das mit ihm ~?** ¿cómo va a acabar lo suyo?

Endergebnis *nt* resultado *m* final

Endgerät *nt* (INFOR) dispositivo *m* de salida

endgültig *adj* definitivo; **jetzt ist ~ Schluss** ahora se acabó definitivamente

Endgültigkeit *f ohne pl* carácter *m* definitivo

Endhaltestelle *f* estación *f* final

Endivie [ɛn'di:viə] *f* <-n> escarola *f*

Endiviensalat *m* ensalada *f* de escarola

Endkampf *m* (SPORT) final *f*

end|lagern *vt* depositar [*o* almacenar] (definitivamente)

Endlagerstätte *f* lugar *m* de almacenamiento definitivo

endlich ['ɛntlɪç] **I.** *adj* ❶ *(begrenzt)* limitado ❷ (MATH) finito **II.** *adv* por fin; *(schließlich)* finalmente; **hör ~ damit auf!** ¡deja eso de una vez!

endlos *adj* inacabable; *(unbegrenzt)* ilimitado

Endlosigkeit *f ohne pl (räumlich)* infinito *m*; *(zeitlich)* eternidad *f*

Endlospapier *nt* (INFOR) papel *m* continuo

Endorphin [ɛndɔr'fi:n] *nt* <-s, -e> (MED) endorfina *f*

Endoskop [ɛndo'sko:p] *nt* <-s, -e> (MED) endoscopio *m*

Endoskopie [ɛndosko'pi:] *f* <-, -n> (MED) endoscopia *f*

Endphase *f* fase *f* final

Endprodukt *nt* producto *m* final

Endrunde *f* (SPORT) finalísima *f*

Endsilbe *f* (LING) última sílaba *f*

Endspiel *nt* (SPORT) final *f*

Endspurt *m* <-(e)s, -s *o* -e> (SPORT) esprín *m* final

Endstadium *nt* última fase *f*

Endstation *f* (estación *f*) terminal *f*

Endsumme *f* suma *f* total

Endung *f* <-en> (LING) desinencia *f*

Endverbraucher(in) *m(f)* consumidor(a) *m(f)* final

Endzeit *f* <-, *ohne pl*> (REL) final *m* de los tiempos

Endzeitstimmung *f* <-, -en> estado *m* de ánimo apocalíptico

Endziffer *f* última cifra *f*

Energie [enɛr'gi:] *f* <-n> energía *f*; **alternative ~n** energías alternativas; **erneuerbare ~n** energías renovables; **~ sparen** ahorrar energía

Energiebedarf *m* demanda *f* energética

Energiebilanz *f* <-, -en> balance *m* energético [*o* de la energía]

Energiedrink *m* <-s, -s> bebida *f* energética

Energiehaushalt *m* <-(e)s, -e> *(des Körpers)* equilibrio *m* energético
Energiekrise *f* crisis *f inv* energética
Energiepolitik *f* <-, -en> política *f* energética
Energiequelle *f* fuente *f* energética
Energiesparen *nt ohne pl* ahorro *m* de energía
energiesparend *adj* que ahorra energía
Energiesparlampe *f* lámpara *f* que ahorra energía
Energiesparmaßnahme *f* (WIRTSCH, ÖKOL) medida *f* para ahorrar energía
Energieträger *m* fuente *f* energética; **fossiler ~** portador fósil de energía
Energieverbrauch *m* consumo *m* de energía
Energieverlust *m* pérdida *f* de energía
Energieverschwendung *f* despilfarro *m* de energía
Energieversorgung *f* abastecimiento *m* de energía
Energiewende *f* cambio *m* de modelo energético, cambio energético *fam*
Energiezufuhr *f ohne pl* alimentación *f* (de energía)
energisch [e'nɛrgɪʃ] *adj* enérgico; *(entschlossen)* decidido
eng [ɛŋ] **I.** *adj* ① *(Straße)* estrecho ② *(Kleidung)* ajustado; **~ anliegend** *(Kleid)* ceñido; **sich** *dat* **ein Kleid ~er machen** estrecharse un vestido ③ *(dicht)* denso; *(gedrängt)* apretado ④ *(eingeschränkt)* estricto; *(begrenzt)* limitado; **im ~eren Sinne** en sentido estricto; **in die ~ere Wahl kommen** llegar a la última selección ⑤ *(Beziehung)* íntimo; **~ befreundet sein** ser íntimos amigos **II.** *adv* **~ anliegend** *(Kleid)* muy ajustado; **~ befreundet sein** ser íntimos amigos; **sie sitzen ~ beieinander** están sentados muy juntos; **sieh das doch nicht so ~** no seas tan estricto
Engagement¹ [ãgaʒə'mã:] *nt ohne pl* compromiso *m; (Begeisterung)* entusiasmo *m*
Engagement² *nt* <-s, -s> (THEAT) contrata *f*
engagieren* [ãga'ʒi:rən] **I.** *vt (Künstler)* contratar **II.** *vr:* **sich ~** comprometerse (**in** en); *(sich einsetzen)* intervenir (**für** a favor de); **er hat sich dafür engagiert, dass ...** intervino a favor de que... +*subj*
engagiert *adj* comprometido
enganliegend ['ɛŋʔanli:gənt] *adj s.* **eng II.**
engbefreundet *adj s.* **eng II.**
Enge ['ɛŋə] *f ohne pl (räumlich)* estrechez *f;* **jdn in die ~ treiben** poner a alguien entre la espada y la pared
Engel ['ɛŋəl] *m* <-s, -> ángel *m*
engherzig *adj* mezquino
England ['ɛŋlant] *nt* <-s> Inglaterra *f*
Engländer(in) ['ɛŋlɛndɐ] *m(f)* <-s, -; -nen> inglés, -esa *m, f*
englisch ['ɛŋlɪʃ] *adj* inglés
Englisch *nt* <-(s), *ohne pl*>, **Englische** *nt* <-n, *ohne pl*> inglés *m;* **sprechen Sie ~?** ¿habla inglés?
engmaschig *adj* de malla estrecha
Engpass *m* ① *(Stelle)* paso *m* estrecho; *(eines Flusses)* pongo *m Ecua, Perú* ② *(in Versorgung)* dificultades *f pl*
engstirnig *adj (abw)* estrecho de miras
Engstirnigkeit *f* <-, *ohne pl*> estrechez *f* de miras
Enkel(in) ['ɛŋkəl] *m(f)* <-s, -; -nen> nieto, -a *m, f*
Enkelkind *nt* nieto, -a *m, f*
Enkelsohn *m* nieto *m*
Enkeltochter *f* nieta *f*
Enklave [ɛn'kla:və] *f* <-, -n> enclave *m*
enorm [e'nɔrm] *adj* enorme
Ensemble [ã'sã:bəl] *nt* <-s, -s> ① (THEAT) compañía *f* de teatro; (MUS) orquesta *f* ② *(Kleidungsstück)* conjunto *m*
entarten* [ɛnt'ʔartən] *vi sein* degenerar
Entartung¹ *f* <-, -en> *(Erscheinungsform)* degeneración *f*
Entartung² *f* <-, *ohne pl*> *(Abweichen von der Norm)* depravación *f*
entbehren* [ɛnt'be:rən] **I.** *vt* ① *(geh: vermissen)* echar de menos ② *(verzichten)* prescindir (de) **II.** *vi (geh: fehlen)* carecer (+*gen* de)
entbehrlich [ɛnt'be:ɐlɪç] *adj* prescindible; *(überflüssig)* superfluo
Entbehrung *f* <-en> privación *f*
entbinden* *irr* **I.** *vi (gebären)* dar a luz, acostar *AmC, Méx* **II.** *vt* ① *(von einer Pflicht)* eximir (**von** de) ② *(Frau)* asistir en el parto
Entbindung *f* <-en> (MED) parto *m*
Entbindungsstation *f* (MED) sala *f* de maternidad
entblättern* **I.** *vt* desfoliar **II.** *vr:* **sich ~** ① *(Blätter verlieren)* perder las hojas ② *(fig fam)* desnudarse
entblößen* [ɛnt'blø:sən] **I.** *vt (Körperteil)* descubrir **II.** *vr:* **sich ~** *(sich ausziehen)* desnudarse
entbrennen* *irr vi sein (geh: Kampf, Streit)* desencadenarse
entbunden *pp von* **entbinden**
entdecken* *vt* ① *(Unbekanntes)* descubrir ② *(finden)* encontrar, hallar
Entdecker(in) *m(f)* <-s, -; -nen> descubridor(a) *m(f)*
Entdeckung *f* <-en> descubrimiento *m;*

E

die ~ Amerikas el descubrimiento de América
Entdeckungsreise *f* viaje *m* de exploración
Ente ['ɛntə] *f* <-n> ❶ (ZOOL) pato *m* ❷ *(Zeitungsente)* camelo *m,* borrego *m Am* ❸ (AUTO) dos caballos *m inv*
entehren* [ɛnt'ʔeːrən] *vt* deshonrar; *(herabwürdigen)* desprestigiar
enteignen* [ɛnt'ʔaɪgnən] *vt* expropiar
Enteignung *f* <-en> expropiación *f*
enterben* *vt* desheredar
Enterhaken *m* <-s, -> (HIST, NAUT) arpeo *m*
Enterich ['ɛntərɪç] *m* <-s, -e> pato *m* macho
entern ['ɛntɐn] *vt* abordar
Entertainer(in) ['ɛntɐteːnɐ, 'ɛntɐtɛɪnɐ] *m(f)* <-s, -; -nen> animador(a) *m(f)*
Enter-Taste *f* (INFOR) tecla *f* return
entfachen* [ɛnt'faxən] *vt (geh)* ❶ *(Feuer)* atizar ❷ *(Leidenschaft, Hass)* encender; *(Krieg)* provocar
entfahren* *irr vi sein (Worte)* escaparse
entfallen* *irr vi sein* ❶ *(wegfallen)* suprimirse ❷ *(erhalten)* tocar; *(zukommen)* corresponder; **auf die Losnummer 113 ~ 100.000 Euro** al número 113 le corresponden 100.000 euros ❸ *(geh: entgleiten)* escaparse ❹ *(vergessen)* olvidarse
entfalten* **I.** *vt* ❶ *(Serviette)* desdoblar ❷ *(Gedankengang)* explicar ❸ *(Talent)* revelar; *(beweisen)* mostrar **II.** *vr:* **sich ~** ❶ *(Knospe, Fallschirm)* abrirse ❷ *(Fähigkeiten)* desarrollar(se)
Entfaltung *f* <-en> desarrollo *m*
entfärben* *vt* desteñir
entfernen* [ɛnt'fɛrnən] **I.** *vt* ❶ *(Schmutz)* quitar (**aus** de) ❷ (MED) extirpar ❸ *(abbringen)* alejar **II.** *vr:* **sich ~** ❶ *(weggehen)* alejarse; *(verlassen)* irse; **die Schritte entfernten sich langsam** los pasos se alejaron lentamente ❷ *(vom Thema)* alejarse; *(abkommen)* apartarse
entfernt [ɛnt'fɛrnt] *adj* ❶ *(fern)* distante; *(abgelegen)* alejado; **300 Meter von hier ~** a 300 metros de aquí; **nicht im E~esten** en absoluto ❷ *(weitläufig)* lejano; **er ist ~ mit mir verwandt** es un pariente lejano ❸ *(Ähnlichkeit)* vago
Entfernung *f* <-en> ❶ *(Abstand)* distancia *f;* **aus der ~** de lejos ❷ *(Wegnahme)* eliminación *f; (aus dem Amt)* destitución *f*
entfesseln* *vt* desencadenar, desatar
entflammbar [ɛnt'flambaːɐ] *adj* inflamable
entflammen* **I.** *vi sein* ❶ *(Streit)* desencadenarse ❷ *(sich begeistern)* apasionarse (**für** por) **II.** *vt (Hass, Liebe)* provocar **III.** *vr:* **sich ~** *(Gas)* inflamarse
entfliehen* *irr vi sein* huir (**aus** de); **entflohene Sträflinge** presos fugados
entflohen *pp von* **entfliehen**
entfremden* [ɛnt'frɛmdən] *vt* ❶ *(Person)* distanciar; **etw seinem Zweck ~** hacer mal uso de algo ❷ (PHILOS) alienar
Entfremdung *f* <-en> ❶ *(Abstand)* distancia *f* ❷ (PHILOS) alienación *f*
entfreunden (INFOR: *fam)* **I.** *vr* **sich ~** *(von einem virtuellen Freund)* borrar [*o* eliminar] una amistad **er hat mich auf Twitter® entfreundet** me ha eliminado [*o* borrado] de su Twitter® **II.** *vt (eine virtuelle Freundschaft beenden)* borrar [*o* eliminar] una amistad
entführen* *vt* secuestrar, plagiar *Am*
Entführer(in) *m(f)* <-s, -; -nen> secuestrador(a) *m(f)*
Entführung *f* <-en> secuestro *m,* rapto *m,* plagio *m Am;* **~ durch Außerirdische** abducción *f*
entgegen [ɛnt'geːgən] **I.** *adv* ❶ *(Richtung)* en la dirección (de); **der Zukunft ~** hacia el futuro ❷ *(zuwider)* en contra **II.** *präp +dat (im Gegensatz)* en oposición a, en contra de
entgegen\|bringen *irr vt (Interesse)* mostrar
entgegen\|fahren *irr vi sein* **jdm ~** ir (en coche) en dirección hacia alguien; **jdm entgegengefahren kommen** llegar (en coche) de la dirección contraria
entgegen\|fiebern *vi* esperar con gran impaciencia
entgegen\|gehen *irr vi sein (einer Person)* avanzar (hacia); **dem Ende ~** ir terminando
entgegengesetzt *adj* ❶ *(gegenteilig)* contrario; **in ~er Richtung** en sentido contrario; **am ~en Ende der Stadt** en el otro extremo de la ciudad ❷ *(widersprechend)* contradictorio
entgegen\|halten *irr vt* ❶ *(darbieten)* ofrecer; *(entgegenstrecken)* extender; **jdm die Hand ~** *(a. fig)* tender la mano a alguien ❷ *(einwenden)* oponer
entgegen\|kommen *irr vi sein* ❶ *(sich nähern: Person)* salir al encuentro (de); *(Fahrzeug)* venir de frente ❷ *(nachgeben)* hacer concesiones ❸ *(entsprechen)* convenir
Entgegenkommen *nt* <-s, *ohne pl*> ❶ *(Haltung)* buena voluntad *f* ❷ *(Zugeständnis)* deferencia *f*
entgegenkommend *adj* ❶ *(gefällig)* complaciente; *(zuvorkommend)* servicial ❷ *(aufmerksam)* atento ❸ *(Fahrzeug)* en sentido opuesto
entgegen\|laufen *irr vi sein* ❶ *(zulaufen)*

jdm ~ ir corriendo al encuentro de alguien ② *(im Gegensatz stehen)* **etw** *dat* ~ ser contrario a algo

entgegen|nehmen *irr vt (Waren)* recibir; *(Aufgabe)* hacerse cargo (de)

entgegen|schlagen *irr vi sein* **jdm** ~ ir en dirección hacia alguien; **aus dem Keller schlug ihr eisige Kälte entgegen** notaba un frío helado que venía del sótano

entgegen|sehen *irr vi* aguardar

entgegen|setzen *vt* oponer (a)

entgegen|stehen *irr vi* ① *(hinderlich sein)* obstaculizar ② *(im Gegensatz stehen)* oponerse (a); **dem steht nichts entgegen** no hay inconvenientes

entgegen|stellen *vr* **sich jdm/etw** *dat* ~ *(sich in den Weg stellen)* oponerse a alguien/a algo

entgegen|steuern *vi* **einer Sache** *dat* ~ *(Entwicklung, Trend)* contrarrestar el efecto de una cosa

entgegen|treten *irr vi sein* **jdm** ~ ir hacia alguien

entgegen|wirken *vi* contrarrestar

entgegnen* [ɛnt'ge:gnən] *vt* contestar; *(schärfer)* replicar

Entgegnung *f* <-, -en> respuesta *f*, contestación *f*; *(Erwiderung)* réplica *f*

entgehen* *irr vi sein* ① *(einer Strafe)* escapar(se) (+*dat* a) ② *(unbemerkt bleiben)* escaparse ③ *(Wend)* **sich** *dat* **etw** (**nicht**) ~ **lassen** (no) perderse algo

entgeistert [ɛnt'gaɪstɐt] *adj* atónito

Entgelt [ɛnt'gɛlt] *nt* <-(e)s, -e> ① *(Bezahlung)* retribución *f*; **ohne/gegen** ~ gratis/pagando ② *(Entschädigung)* indemnización *f* ③ *(Gebühr)* tasa *f*

entgiften* *vt* desintoxicar; *(reinigen)* purificar

Entgiftung *f* <-, -en> ① *(von Abgasen)* descontaminación *f* ② (MED: *des Körpers*) desintoxicación *f*

entgleisen* [ɛnt'glaɪzən] *vi sein* ① *(Zug)* descarrilar, desrielar *Am* ② *(Mensch)* salirse de tono

Entgleisung *f* <-en> ① *(eines Zuges)* descarrilamiento *m* ② *(des Benehmens)* desliz *m*

entgleiten* *irr vi sein (geh)* escurrirse; **jdm entgleitet die Kontrolle über etw** alguien pierde el control sobre algo

entglitten *pp von* **entgleiten**

enthaaren* [ɛnt'ha:rən] **I.** *vt* depilar **II.** *vr:* **sich** ~ depilarse

Enthaarung *f* <-en> depilación *f*

Enthaarungscreme *f* crema *f* depilatoria

Enthaarungsmittel *nt* <-s, -> depilatorio *m*

enthalten* *irr* **I.** *vt (beinhalten)* contener; *(einschließen)* incluir; **Frühstück ist im Preis** ~ el desayuno está incluido en el precio **II.** *vr:* **sich** ~ *(geh, a.* POL) abstenerse (de); *(verzichten)* contener; **sie enthielt sich** (**der Stimme**) se abstuvo (en la votación)

enthaltsam [ɛnt'haltza:m] *adj* abstinente; *(vom Alkohol)* abstemio; *(sexuell)* continente

Enthaltsamkeit *f ohne pl* abstinencia *f*; *(sexuell)* continencia *f*

Enthaltung *f* <-en> abstención *f*

enthärten* *vt (Wasser)* rebajar el grado hidrométrico

enthaupten* [ɛnt'haʊptən] *vt* decapitar

Enthauptung *f* <-, -en> decapitación *f*

entheben* *irr vi (geh)* **jdn seines Amtes** ~ suspender a alguien de su cargo

enthemmt *adj (Person)* desinhibido

enthoben *pp von* **entheben**

enthüllen* *vt* ① *(Denkmal)* descubrir ② *(geh: Geheimnis)* revelar; *(Skandal)* destapar

Enthüllung *f* <-en> ① *(von Denkmal)* inauguración *f* ② *(von Geheimnis)* revelación *f*

Enthüllungsjournalismus *m* periodismo *m* de investigación

Enthusiasmus [ɛntuzi'asmʊs] *m* <-, *ohne pl*> entusiasmo *m*

enthusiastisch **I.** *adj* entusiasta **II.** *adv* con entusiasmo

entjungfern* *vt* desvirgar; (MED) desflorar

Entjungferung *f* <-, -en> desfloración *f*

entkalken* *vt* descalcificar

entkeimen* *vt* purificar, depurar

entkernen* *vt* ① *(Kirschen)* deshuesar; *(Wassermelone)* quitar las pepitas (a/de) ② (ARCHIT) hacer más espacioso (quitando edificios)

entkleiden* **I.** *vt (geh)* desvestir **II.** *vr:* **sich** ~ *(geh)* desvestirse

entknoten* *vt* desanudar

entkoffeiniert [ɛntkɔfei'ni:ɐt] *adj* descafeinado

Entkolonialisierung *f* <-, -en> (POL) descolonización *f*

entkommen* *irr vi sein* escaparse (**aus** de); *(fliehen)* huir (**aus** de); **jdm** ~ escapar(se) de alguien

Entkommen *nt ohne pl* huida *f*; **es gibt kein** ~ no hay posibilidad de huida; **aus der Lage gab es kein** ~ no había salida a la situación

entkorken* *vt* descorchar

entkräften* [ɛnt'krɛftən] *vt* ① *(Person)* debilitar ② *(Verdacht)* anular; *(Behauptung)* invalidar

Entkräftung *f* <-, -en> ① *(von Person)* de-

E

bilitamiento *m* ❷ *(eines Verdachts)* nulidad *f*, anulación *f*
entkrampfen* **I.** *vt* ❶ *(lockern: Muskeln)* desagarrotar, distender ❷ *(entspannen)* relajar **II.** *vr:* **sich ~** ❶ *(Körper, Muskel)* desagarrotarse, desacalambrarse ❷ *(Situation)* normalizarse; *(Atmosphäre)* relajarse
entladen* *irr* **I.** *vt (LKW, Schiff)* descargar **II.** *vr:* **sich ~** *(Batterie, Zorn)* descargarse
Entladung *f* <-, -en> (*a.* ELEK) descarga *f*
entlang [ɛnt'laŋ] **I.** *präp +gen/dat* a lo largo de; **~ des Weges** [*o* **dem Weg**] a lo largo del camino **II.** *präp +akk* a lo largo de; **die Wand ~** a lo largo de la pared **III.** *adv* **am Fluss ~** a lo largo del río; **hier ~** (siguiendo) por aquí
entlang|fahren *irr* **I.** *vi sein* **an etw** *dat* **~** pasar a lo largo de algo **II.** *vt sein (Straße)* seguir
entlang|gehen *irr* **I.** *vi sein* **an etw** *dat* **~** caminar a lo largo de algo **II.** *vt sein (Straße)* pasar (por); *(folgen)* seguir
entlarven* [ɛnt'larfən] *vt* descubrir
entlassen* *irr vt* ❶ *(kündigen)* despedir, fletar *Arg, Chil, Urug;* **er wurde fristlos ~** fue despedido sin previo aviso ❷ *(aus Krankenhaus)* dar de alta; *(aus Gefängnis)* soltar; *(aus Armee)* licenciar; *(aus Schule)* dejar; *(aus Vertrag)* librar
Entlassung *f* <-en> ❶ *(aus Arbeitsverhältnis)* despido *m* ❷ *(aus Gefängnis)* excarcelación *f*
entlasten* *vt* ❶ *(Balken, Achse)* descargar; *(Telefonleitung, Verkehr)* descongestionar; *(Person, Gewissen)* aliviar; **er sollte den Chef etwas ~** tendría que quitar trabajo al jefe ❷ *(Angeklagte)* exculpar
Entlastung *f* <-en> ❶ (JUR) exculpación *f* ❷ *(des Verkehrsaufkommens)* descongestión *f*
Entlastungsmaterial *nt* <-s, -ien> (JUR) hechos *mpl* justificativos
Entlastungszeuge, -in *m, f* testigo *mf* de descargo
entlaufen* *irr vi sein (Mensch)* escaparse; *(Tier)* extraviarse
entlausen* *vt* despiojar
entledigen* [ɛnt'le:dɪgən] *vr (geh)* **sich etw** *gen* **~** deshacerse de algo; *(einer Verpflichtung)* librarse de algo
entleeren* *vt* vaciar
Entleerung *f* <-, -en> ❶ *(Container, Gefäß)* vaciado *m; (von Sinn)* pérdida *f* de significado ❷ *(Blase, Darm)* evacuación *f*
entlegen [ɛnt'le:gən] *adj (entfernt)* distante; *(abgelegen)* retirado
Entlehnung *f* <-, -en> (LING: *Lehnwort*) préstamo *m*
entleihen* *irr vt* tomar prestado
Entleiher(in) *m(f)* <-s, -; -, -nen> prestatario, -a *m, f*
entliehen *pp von* **entleihen**
entlocken* *vt* **jdm etw ~** arrebatar algo a alguien
entlohnen* *vt* remunerar
entlüften* *vt* (TECH: *Bremsleitung*) ventilar; *(Heizung)* purgar
Entlüftung *f* <-, -en> ventilación *f*
entmachten* [ɛnt'maxtən] *vt* derrocar
entmilitarisieren* *vt* desmilitarizar
Entmilitarisierung *f* <-, -en> desmilitarización *f*
entmündigen* [ɛnt'mʏndɪgən] *vt* poner bajo tutela
Entmündigung *f* <-en> incapacitación *f*
entmutigen* [ɛnt'mu:tɪgən] *vt* desanimar
Entmutigung *f* <-, -en> abatamiento *m*
Entnahme [ɛnt'na:mə] *f* <-n> toma *f*
Entnazifizierung [ɛntnatsifi'tsi:rʊŋ] *f* <-, -en> (HIST, POL) desnazificación *f*
entnehmen* *irr vt* ❶ *(herausnehmen)* tomar, sacar ❷ *(folgern)* deducir; **ich entnahm seiner Äußerung, dass ...** deduje de su observación que...
entnervt *adj (Blick)* tenso; *(Mensch)* nervioso; **ich bin völlig ~!** ¡estoy hasta las narices!
entnommen *pp von* **entnehmen**
entpuppen* [ɛntpʊpən] *vr:* **sich ~** descubrirse (**als** como); **er hat sich als Betrüger entpuppt** resultó ser un estafador
entrahmt *adj* desnatado, descremado
entreißen* *irr vt* ❶ *(wegreißen)* **jdm etw ~** arrancar algo a alguien ❷ *(geh: retten)* **jdn einer Gefahr ~** salvar a alguien de un peligro
entrichten* *vt* abonar, pagar
entrinnen* *irr vi sein (geh: sich retten)* salvarse (*+dat* de); *(entfliehen)* escaparse (*+dat* de)
Entrinnen *nt* <-s, *ohne pl*> salvación *f;* **es gibt kein ~** no hay escapatoria
entrissen *pp von* **entreißen**
entronnen *pp von* **entrinnen**
entrückt [ɛnt'rʏkt] *adj (Mensch)* ensimismado; *(Blick)* extasiado
entrümpeln* [ɛnt'rʏmpəln] *vt* quitar los trastos viejos (de)
Entrümpelung *f* <-, -en> eliminación *f* de trastos
entrüsten* [ɛnt'rʏstən] **I.** *vt* indignar **II.** *vr:* **sich ~** indignarse (**über** por)
entrüstet *adj* indignado (**über** por)
Entrüstung *f* <-en> indignación *f* (**über** por); *(Ärger)* enojo *m* (**über** por/contra)
entsaften* [ɛnt'zaftən] *vt* extraer el jugo (de); *(Zitrusfrüchte)* exprimir
Entsafter *m* <-s, -> exprimidor *m*

entsagen* *vi (geh)* abstenerse (+*dat* de); *(verzichten)* renunciar (+*dat* a)

entsalzen* *vt* desalar

Entsalzungsanlage *f* planta *f* desalinizadora

entsandt *pp von* **entsenden**

entschädigen* *vt* indemnizar (**für** por)

Entschädigung *f* <-en> indemnización *f* (**für** por)

entschärfen* *vt* ① *(Bombe)* desactivar ② *(Streit, Krise)* apaciguar

Entscheid [ɛnt'ʃaɪt] *m* <-(e)s, -e> *s.* **Entscheidung**

entscheiden* *irr* **I.** *vi, vt (bestimmen)* decidir (**über** sobre); **ich habe das nicht zu ~** no lo decido yo **II.** *vi* (JUR) dictar una sentencia **III.** *vr:* **sich ~** decidirse (**für** por, **gegen** en contra de)

entscheidend *adj* decisivo; *(wichtig)* crucial; **im ~en Augenblick** en el momento decisivo

Entscheidung *f* <-en> decisión *f;* (JUR) fallo *m;* **eine ~ treffen/fällen** tomar/adoptar una decisión; **vor einer ~ stehen** estar a las puertas de una decisión

Entscheidungsbefugnis *f* poder *m* decisorio; **jdm ~ erteilen** conceder a alguien poder decisorio

Entscheidungsfreiheit *f* <-, *ohne pl*> libertad *f* de decisión

entscheidungsfreudig *adj* decidido

entschieden [ɛnt'ʃiːdən] **I.** *pp von* **entscheiden** **II.** *adj (entschlossen)* decidido, impositivo *CSur; (nachdrücklich)* rotundo

Entschiedenheit *f* <-en> firmeza *f;* **etw mit aller ~ zurückweisen** rechazar algo categóricamente

entschlacken* *vt* (MED) desintoxicar

Entschlackung *f* <-, -en> (MED) depuración *f*

entschließen* *irr vr:* **sich ~** decidirse (**zu** a); **sich anders ~** cambiar de opinión

entschlossen [ɛnt'ʃlɔsən] **I.** *pp von* **entschließen** **II.** *adj* decidido, abicado *CSur;* **kurz ~** sin vacilar; **fest ~** absolutamente decidido; **sie war zu allem ~** estaba dispuesta a todo

Entschlossenheit *f ohne pl* resolución *f; (Entschiedenheit)* firmeza *f*

Entschluss *m* <-es, -schlüsse> decisión *f;* **einen ~ fassen** tomar una decisión

entschlüsseln* *vt* descifrar

entschlussfreudig *adj* decidido

Entschlusskraft *f* <-, *ohne pl*> firmeza *f,* energía *f,* capacidad *f* de decisión

entschuldbar *adj* disculpable, perdonable

entschuldigen* [ɛnt'ʃʊldɪgən] **I.** *vt* ① *(verzeihen)* disculpar, perdonar; *(rechtfertigen)* justificar; **~ Sie bitte!** ¡disculpe Ud., por favor! ② *(um Verzeihung bitten)* disculpar (**bei** ante, **für** por); *(rechtfertigen)* justificar (**bei** ante); **meine Frau lässt sich ~** mi mujer pide disculpas por no haber podido venir **II.** *vr:* **sich ~** disculparse (**für** por, **bei** ante)

Entschuldigung *f* <-en> disculpa *f; (Vorwand)* pretexto *m; (Bescheinigung für die Schule)* justificante *m;* **~!** ¡perdón!; **jdn für etw um ~ bitten** pedir disculpas a alguien por algo; **was haben Sie zu Ihrer ~ vorzubringen?** ¿qué puede aducir en su defensa?

entsenden* *irr vt (geh)* enviar

entsetzen* *vt* horrorizar; **ich war völlig entsetzt** me quedé totalmente horrorizado

Entsetzen *nt* <-s, *ohne pl*> horror *m*

entsetzlich [ɛnt'zɛtslɪç] **I.** *adj* horrible **II.** *adv (fam: sehr)* terriblemente; **~ viel Geld** un dineral terrible

entsetzt [ɛnt'zɛtst] *adj* horrorizado (**über** por); **ich bin ~!** ¡estoy horrorizado!

entsichern* *vt (Waffe)* quitar el seguro (a/de)

entsinnen* [ɛnt'zɪnən] *irr vr* **sich** (**jds**) **~** recordar (a alguien)

entsonnen *pp von* **entsinnen**

entsorgen* *vt (Müll)* eliminar; *(Fabrik)* eliminar los desechos (de)

Entsorgung [ɛnt'zɔrgʊŋ] *f* <-en> eliminación *f* de desechos

Entsorgungsbetrieb *m* <-(e)s, -e> empresa *f* eliminadora de basuras

entspannen* **I.** *vt* ① *(Körper)* relajar ② *(Lage)* calmar **II.** *vr:* **sich ~** ① *(Mensch)* relajarse; *(sich ausruhen)* descansar ② *(Lage)* normalizarse ③ *(Muskeln)* relajarse

Entspannung *f* <-en> ① *(von Mensch)* relajación *f* ② (POL) distensión *f*

Entspannungspolitik *f* política *f* de distensión

Entspannungsübung *f* <-, -en> ejercicio *m* de relajación

entsprechen* *irr vi* ① *(übereinstimmen)* corresponder (+*dat* a); **das entspricht nicht den Tatsachen** esto no corresponde a los hechos ② *(Bitte)* acceder (+*dat* a); *(Anforderungen)* satisfacer (+*dat*)

entsprechend **I.** *adj* ① *(übereinstimmend)* correspondiente; *(sinngemäß)* análogo; *(jeweilig)* respectivo ② *(angemessen)* adecuado; *(gleichwertig)* acorde (con) **II.** *adv* debidamente; *(angemessen)* adecuadamente **III.** *präp* +*dat* según, conforme a

Entsprechung *f* <-en> *(Übereinstimmung)* correspondencia *f; (Analogie)* analogía *f; (Äquivalent)* equivalente *m*

entspringen* *irr vi sein* ① *(Fluss)* nacer (**in** en) ② *(herrühren)* resultar (+*dat* de)

E

entsprungen *pp von* **entspringen**

entstammen* *vi sein* proceder (+*dat* de); *(einer Familie)* descender (+*dat* de)

entstanden *pp von* **entstehen**

entstehen* *irr vi sein* ❶ *(Gerücht)* surgir (**aus** de); *(Streit)* originarse (**aus** de); *(Gebäude)* construirse; *(Feuer)* producirse; **es werden für Sie keine Kosten daraus** ~ a Ud. no le producirá gasto alguno; **für den entstandenen Schaden** por el daño ocasionado; **die Sache ist im E~ begriffen** el asunto está en pañales ❷ *(sich herleiten)* derivarse (**aus** de)

Entstehung *f* <-en> ❶ *(Ursprung)* origen *m; (Anfang)* comienzo *m* ❷ *(das Werden)* formación *f*

Entstehungsgeschichte *f* génesis *f inv*

entstellen* *vt* ❶ *(verunstalten)* desfigurar; **bis zur Unkenntlichkeit entstellt** totalmente desfigurado ❷ *(Text, Sinn)* tergiversar

entstören* *vt* (RADIO, TEL, TECH) eliminar las interferencias (de)

Entstörungsstelle *f* <-, -n> (TEL) servicio *m* de averías telefónicas

enttarnen* *vt* desenmascarar

enttäuschen* *vt* decepcionar; *(desillusionieren)* desilusionar; *(Hoffnung)* frustrar; **ich muss Sie leider** ~ desgraciadamente tengo que desilusionarle

enttäuschend *adj* decepcionante

enttäuscht *adj* decepcionado; *(desillusioniert)* desilusionado

Enttäuschung *f* <-en> decepción *f; (Desillusion)* desilusión *f;* **jdm eine ~ bereiten** desilusionar a alguien

entthronen* *vt (geh)* destronar

entwaffnen* [ɛnt'vafnən] *vt (a. fig)* desarmar

entwaffnend *adj (fig)* encantador

Entwaffnung *f* <-, -en> desarme *m*

Entwaldung *f* <-, -en> (ÖKOL) deforestación *f*

entwarnen* *vi* avisar del cese de la alarma

Entwarnung *f* <-en> cese *m* de alarma

Entwäss(e)rung *f* <-en> (*a.* MED) drenaje *m; (Dehydratation)* deshidratación *f*

entwässern* [ɛnt'vɛsɐn] *vt (Gelände)* drenar; (MED) drenar; *(dehydratisieren)* deshidratar

Entwässerung *f* <-, -en> ❶ *(von Moor, Gelände)* drenaje *m* ❷ *(Kanalisation)* desagüe *m* ❸ (MED) drenaje *m; (Dehydratation)* deshidratación *f*

Entwässerungsgraben *m* zanja *f* de drenaje

entweder ['ɛntveːdɐ, -'--] *konj* ~ ... **oder ...** o (bien)... o...

entweichen* *irr vi sein (Person, Gas)* escapar (**aus** de)

entweihen* *vt* profanar

entwenden* *vt (geh)* sustraer; *(stehlen)* robar

entwerfen* *irr vt* ❶ *(in Gedanken)* proyectar; *(zeichnerisch)* diseñar; *(Plan)* trazar ❷ *(schriftlich)* hacer un borrador (de)

entwerten* *vt* ❶ *(Fahrschein)* cancelar ❷ *(im Wert mindern)* devaluar

Entwertung *f* <-en> ❶ *(Wertminderung)* devaluación *f* ❷ *(von Fahrkarten)* cancelación *f,* picado *m fam*

entwichen *pp von* **entweichen**

entwickeln* **I.** *vt* ❶ *(Theorie)* desarrollar ❷ (FOTO) revelar **II.** *vr:* **sich** ~ desarrollarse (**aus** de); *(sich fortentwickeln)* evolucionar (**aus** de); *(Rauch)* producirse; **sich zu etw** *dat* ~ tra(n)sformarse en algo

Entwickler *m* <-s, -> (FOTO) revelador *m*

Entwicklung *f* <-en> ❶ *(Wachstum)* desarrollo *m; (Fortentwicklung)* evolución *f;* **sich in der ~ befinden** estar en estado de desarrollo ❷ *(von Rauch)* formación *f* ❸ *(einer Theorie)* desarrollo *m* ❹ (FOTO) revelado *m* ❺ *(neues Produkt)* desarrollo *m; (Herstellung)* creación *f*

Entwicklungshelfer(in) *m(f)* voluntario, -a *m, f* en los países en (vías de) desarrollo

Entwicklungshilfe *f ohne pl* ayuda *f* al desarrollo

Entwicklungsland *nt* país *m* en (vías de) desarrollo

Entwicklungsstufe *f* grado *m* de desarrollo

entwirren* [ɛnt'vɪrən] *vt (geh)* ❶ *(Fäden)* desenredar ❷ *(Unklarheiten)* aclarar

entwischen* [ɛnt'vɪʃən] *vi sein (fam)* escapar(se)

entwöhnen* [ɛnt'vøːnən] *vt* ❶ *(Säugling)* destetar ❷ *(geh: abbringen)* deshabituar

entworfen *pp von* **entwerfen**

entwürdigen* *vt* humillar

entwürdigend *adj* humillante

Entwürdigung *f* <-, -en> humillación *f*

Entwurf *m* <-(e)s, -würfe> ❶ *(Konzept)* borrador *m,* machote *m Am; (Projekt)* proyecto *m* ❷ *(Zeichnung)* diseño *m* ❸ *(Skizze)* bosquejo *m*

entwurzeln* *vt* arrancar de raíz; *(Mensch)* desarraigar

Entwurzelung *f* <-, -en> desarraigo *m*

entzaubern* *vt* desencantar

entziehen* *irr* **I.** *vt* ❶ *(Erlaubnis)* quitar; *(Wort, Führerschein)* retirar ❷ *(Nährstoffe)* extraer ❸ *(Hand)* quitar **II.** *vr:* **sich** ~ ❶ *(einer Verpflichtung)* sustraerse (a) ❷ *(einer Person)* rehuir; *(einer Umarmung)* evitar ❸ *(verborgen bleiben)* escaparse (a); **das entzieht sich meiner Kenntnis** esto se escapa a mi conocimiento **III.** *vi (fam: Süchtige)* desintoxicarse

Entziehung *f* <-, -en> ① *(Wegnahme)* privación *f;* ~ **des Grundbesitzes** desposeimiento *m* ② *(Entziehungskur)* desintoxicación *f*

Entziehungsanstalt *f* centro *m* de desintoxicación

Entziehungskur *f* cura *f* de desintoxicación

entziffern* [ɛnt'tsɪfɐn] *vt* descifrar

Entzifferung *f* <-, -en> descifre *m*

entzogen *pp von* **entziehen**

entzücken* *vt* encantar; *(begeistern)* entusiasmar

Entzücken [ɛn'tsʏkən] *nt* <-s, *ohne pl*> *(geh)* encanto *m;* **jdn in ~ versetzen** encantar a alguien

entzückend *adj* encantador

Entzug *m* <-(e)s, *ohne pl*> ① *(von Rauschgift)* desintoxicación *f;* **einen ~ machen** estar desintoxicándose ② *(des Führerscheins)* retirada *f; (von Unterstützung)* supresión *f* ③ *(von Flüssigkeit)* extracción *f*

Entzugserscheinung *f* síntoma *m* de abstinencia

entzündbar [ɛnt'tsʏntba:ɐ] *adj* inflamable

entzünden* **I.** *vr:* **sich ~** ① *(Feuer fangen)* incendiarse ② (MED) inflamarse ③ *(hervorgerufen werden)* producirse (**an** por) **II.** *vt (geh: Feuer, Kerze, Leidenschaft)* encender

entzündet *adj* inflamado

entzündlich *adj* ① (MED: *entzündet*) inflamado; *(zu entzünden)* inflamatorio ② *(Brennstoff)* inflamable

Entzündung *f* <-en> (MED) inflamación *f*

entzündungshemmend *adj* (MED) antiinflamatorio; ~ **wirken** bajar la inflamación

Entzündungsherd *m* <-(e)s, -e> (MED) foco *m* inflamatorio

entzwei [ɛnt'tsvaɪ] *adj inv* ① *(kaputt)* roto ② *(gespalten)* partido

entzweien* **I.** *vt (Freunde)* enemistar **II.** *vr:* **sich ~** *(uneins werden)* enemistarse (**mit** con)

entzwei|gehen *irr vi sein* romperse (en pedazos)

Enzian ['ɛntsia:n] *m* <-s, -e> ① (BOT) genciana *f* ② *(Schnaps)* licor *m* de genciana

Enzyklopädie [ɛntsyklopɛ'di:] *f* <-n> enciclopedia *f*

enzyklopädisch [ɛntsyklo'pɛ:dɪʃ] *adj* enciclopédico

Enzym [ɛn'tsy:m] *nt* <-s, -e> enzima *f*

Epidemie [epide'mi:] *f* <-n> epidemia *f*

Epik ['e:pɪk] *f* <-, *ohne pl*> (LIT) épica *f*

Epilepsie [epilɛ'psi:] *f* <-n> (MED) epilepsia *f*

Epileptiker(in) [epi'lɛptikɐ] *m(f)* <-s, -; -nen> epiléptico, -a *m, f*

epileptisch [epi'lɛptɪʃ] *adj* epiléptico

Epilog [epi'lo:k] *m* <-s, -e> epílogo *m*

episch ['e:pɪʃ] *adj* épico

Episode [epi'zo:də] *f* <-n> episodio *m*

Epistel [e'pɪstəl] *f* <-, -n> epístola *f*

Epizentrum [epi'tsɛntrʊm] *nt* (GEO) epicentro *m*

Epoche [e'pɔxə] *f* <-n> época *f*

Epos ['e:pɔs] *nt* <-, Epen> (LIT) epopeya *f*

er [e:ɐ] *pron pers 3. sg m* él; **da ist ~ ja!** ¡allí viene!; **wenn ich ~ wäre** si yo fuera él

erachten* [ɛɐ'ʔaxtən] *vt (geh)* considerar (**für/als**); *(schätzen)* estimar (**für/als** como)

Erachten *nt* <-s, *ohne pl*> **meines ~s** en mi opinión

erahnen* *vt* entrever; *(erraten)* adivinar

erarbeiten* *vt* ① *(erstellen)* elaborar ② *(erlangen)* **sich** *dat* ~ *(Position)* lograr; *(Wissen)* adquirir

Erbanlage *f* (BIOL) factor *m* hereditario

Erbanspruch *m* <-(e)s, -sprüche> derecho *m* a la herencia

erbarmen* [ɛɐ'barmən] *vr* **sich (jds) ~** compadecerse (de alguien)

Erbarmen [ɛɐ'barmən] *nt* <-s, *ohne pl*> compasión *f;* **mit jdm ~ haben** compadecerse de alguien

erbarmenswert *adj* lastimoso, lastimero

erbärmlich [ɛɐ'bɛrmlɪç] *adj* ① *(elend)* miserable, pingucho *Chil; (jämmerlich)* lamentable ② *(schlecht)* espantoso; **es tat ~ weh** dolió espantosamente ③ *(gemein)* infame

erbarmungslos *adj* despiadado

erbauen* **I.** *vt* ① *(Gebäude)* construir ② *(geh: erfreuen)* deleitar **II.** *vr:* **sich ~** *(geh: erfreuen)* encontrar placer (**an** en)

erbaulich *adj (Literatur)* edificante

Erbauung *f* <-en> edificación *f*

erbberechtigt *adj* (JUR) ~ **sein** tener derecho a herencia

Erbe[1] *nt* <-s, *ohne pl*> herencia *f;* **das ~ antreten** tomar posesión de la herencia

Erbe, -in[2] ['ɛrbə] *m, f* <-n, -n; -nen> heredero, -a *m, f;* **jdn als ~n einsetzen** constituir heredero a alguien

erbeben* [-'--] *vi sein* temblar

erben ['ɛrbən] *vi, vt* heredar (**von** de)

Erbengemeinschaft *f* (JUR) comunidad *f* sucesoria

erbeuten* [ɛɐ'bɔɪtən] *vt* apresar; (MIL) tomar como botín

Erbfaktor *m* (BIOL) factor *m* hereditario

E

Erbfehler *m* (BIOL) defecto *m* hereditario, vicio *m* hereditario
Erbfeind(in) *m(f)* <-(e)s, -e; -, -nen> *(Volk)* enemigo *m* histórico; *(Gegner)* enemigo *m* jurado
Erbfolge *f* sucesión *f*
Erbgut *nt* <-(e)s, *ohne pl*> (BIOL) patrimonio *m* hereditario, herencia *f*
Erbin ['ɛrbɪn] *f* <-nen> *s.* **Erbe²**
erbitten* *irr vt (geh)* **etw von jdm ~** solicitar algo a alguien, pedir algo a alguien
erbittert *adj (Kampf, Diskussion)* enconado
Erbitterung *f ohne pl* exasperación *f*
Erbkrankheit *f* enfermedad *f* hereditaria
erblassen* *vi sein* palidecer (**vor** de)
erblich ['ɛrplɪç] *adj* hereditario
erblicken* *vt (geh)* ver; *(in der Ferne)* divisar, visualizar *Am*
erblinden* *vi sein* quedarse ciego
Erblindung *f* <-en> pérdida *f* de la vista
erblühen* *vi sein* florecer; *(Blüte)* abrirse
erbost [ɛɐ'bo:st] *adj (geh)* furioso (**über** por)
erbracht *pp von* **erbringen**
erbrechen* *irr* **I.** *vi* vomitar, debocar *Arg, Bol;* **bis zum E~** *(fam)* hasta la saciedad **II.** *vt (geh: Siegel)* romper; *(Schloss)* forzar
Erbrecht *nt* (JUR) derecho *m* de sucesión
erbringen* *irr vt (Gewinne)* producir; *(Beweise)* aducir
Erbrochene(s) *nt* <-n, *ohne pl*> vómito *m*
Erbschaft *f* <-en> herencia *f;* **eine ~ machen** heredar
Erbschein *m* (JUR) declaración *f* de herederos
Erbschleicher(in) *m(f)* <-s, -; -, -nen> heredípeta *mf*
Erbse ['ɛrpsə] *f* <-n> guisante *m,* arveja *f Am*
Erbsensuppe *f* (GASTR) sopa *f* de guisantes
Erbstück *nt* herencia *f,* objeto *m* heredado
Erbsünde *f* (REL) pecado *m* original
Erbteil *nt o m* (JUR) parte *f* hereditaria
Erdachse ['e:ɐtʔaksə] *f ohne pl* eje *m* terrestre
erdacht *pp von* **erdenken**
Erdanziehung *f ohne pl* gravedad *f*
Erdapfel *m (Österr, südd: Kartoffel)* patata *f,* papa *f Am*
Erdatmosphäre *f ohne pl* atmósfera *f* terrestre
Erdball *m ohne pl* globo *m* terrestre
Erdbeben *nt* terremoto *m*
Erdbebenherd *m* (GEO) hipocentro *m*
erdbebensicher *adj* a prueba de terremotos, antisísmico
Erdbeere *f* fresa *f*
erdbeerfarben *adj* (de color) fresa
Erdbewohner(in) *m(f)* habitante *mf* de la Tierra
Erdboden *m ohne pl* tierra *f,* suelo *m;* **wie vom ~ verschluckt** como si se lo/la hubiera tragado la tierra; **eine Stadt dem ~ gleich machen** no dejar piedra sobre piedra
Erde¹ ['e:ɐdə] *f ohne pl* ❶ *(Welt)* tierra *f;* **auf der ~** en la tierra ❷ *(Boden)* suelo *m,* tierra *f;* **auf die ~ fallen** caer al suelo; **unter der ~** subterráneo
Erde² *f* <-n> ❶ *(Erdreich)* tierra *f;* **jdn unter die ~ bringen** *(fam)* causar la muerte de alguien ❷ (ELEK) toma *f* de tierra
erden *vt* (ELEK) colocar una toma de tierra (en)
Erdenbürger(in) *m(f)* <-s, -; -, -nen> **ein neuer** [*o* **kleiner**] **~** *(iron)* un recién nacido
erdenken* *irr vt* imaginar; *(ausdenken)* idear; *(erfinden)* inventar
erdenklich *adj* concebible; *(vorstellbar)* imaginable; **sich** *dat* **alle ~e Mühe geben** hacer todo lo posible
Erderwärmung *f ohne pl* (ÖKOL) calentamiento *m* de la tierra; **zunehmende ~** calentamiento progresivo de la tierra
Erdgas *nt* gas *m* natural
Erdgasleitung *f* tubería *f* de gas
Erdgeschoss *nt* planta *f* baja
Erdhalbkugel *f* (GEO: *Hemisphäre*) hemisferio *m*
erdichten* *vt (geh)* inventar
erdig ['e:ɐdɪç] *adj* ❶ *(erdhaltig)* terroso ❷ *(Geschmack, Geruch)* a tierra
Erdinnere(s) *nt* <-n, *ohne pl*> interior *m* de la tierra
Erdkern *m* (GEO) núcleo *m* terrestre; **äußerer/innerer ~** núcleo terrestre externo/interno
Erdklumpen *m* terrón *m*
Erdkruste *f ohne pl* corteza *f* terrestre
Erdkugel *f ohne pl* globo *m* terráqueo
Erdkunde *f ohne pl* geografía *f*
Erdmännchen [-mɛnçən] *nt* (ZOOL) suricato *m*
Erdmantel *m ohne pl* (GEO) manto *m* terrestre
Erdnuss *f* cacahuete *m*
Erdnussbutter *f* mantequilla *f* de cacahuete
Erdoberfläche *f ohne pl* superficie *f* terrestre
Erdöl *nt* petróleo *m,* canfín *m AmC;* (WIRTSCH) crudo *m*
Erdreich *nt* tierra *f*
erdreisten* [ɛɐ'draɪstən] *vr:* **sich ~** *(geh)* tener la desfachatez (**zu** de)
erdröhnen* *vi sein* retumbar

erdrosseln* *vt* estrangular

erdrücken* *vt* ❶ *(zu Tode)* aplastar ❷ *(Sorgen)* abrumar; **~de Beweise** pruebas contundentes

Erdrutsch ['eːɐtrʊtʃ] *m* desprendimiento *m* de tierras

Erdschicht *f* <-, -en> ❶ *(eine Schicht Erde)* capa *f* de tierra ❷ (GEO: *Ablagerungsschicht*) estrato *m*

Erdspalte *f* grieta *f*

Erdstoß *m* seísmo *m*

Erdteil *m* continente *m*

erdulden* *vt* aguantar; *(aushalten)* soportar

Erdumdrehung *f* rotación *f* de la tierra

Erdumfang *m* <-(e)s, -fänge> circunferencia *f* de la tierra

Erdumlaufbahn *f* órbita *f* de la tierra

Erdung ['eːɐdʊŋ] *f* <-, -en> (ELEK) toma *f* de tierra

Erdwärme *f ohne pl* geotermia *f*

Erdwärmeenergie *f ohne pl* energía *f* geotérmica

E-Reader ['iːriːdɐ] *m* <-s, -> (INFOR) lector *m* de libros electrónicos [*o* digitales]

ereignen* [ɛɐ'ʔaɪgnən] *vr:* **sich ~** suceder, ocurrir

Ereignis *nt* <-ses, -se> acontecimiento *m;* **ein freudiges ~** un fausto acontecimiento

ereignislos *adj* sin incidentes

ereignisreich *adj* rico en acontecimientos; *(bewegt)* movido

ereilen* *vt (geh)* alcanzar, sorprender

Erektion [erɛk'tsjoːn] *f* <-en> erección *f*

Eremit(in) [ere'miːt] *m(f)* <-en, -en; -nen> eremita *mf*

erfahren[1] **I.** *pp von* **erfahren**[2] **II.** *adj* experimentado; *(auf einem Fachgebiet)* entendido (**in** en)

erfahren*[2] *irr vt* ❶ *(Nachricht)* (llegar a) saber, enterarse (de); **wir haben ~, dass ...** supimos que... ❷ *(geh: erleben)* experimentar; *(durchleben)* vivir; *(Leid)* padecer

Erfahrenheit *f* <-, *ohne pl*> *(geh)* experiencia *f*

Erfahrung *f* <-en> experiencia *f; (praktische)* práctica *f;* **aus (eigener) ~** por experiencia (propia); **die ~ machen, dass ...** comprobar que...; **etw in ~ bringen** enterarse de algo

Erfahrungsaustausch *m* intercambio *m* de experiencias

erfahrungsgemäß *adv* por experiencia; **~ ist es ...** según muestra la experiencia,...

Erfahrungswert *m* valor *m* empírico

erfassen* *vt* ❶ *(mit Händen)* agarrar ❷ *(mitreißen)* arrastrar; **er wurde von einem Auto erfasst** fue arrastrado por un coche ❸ *(Angst)* sobrevenir ❹ *(begreifen)* concebir; *(verstehen)* comprender ❺ *(registrieren)* registrar; *(Daten)* meter ❻ *(einbeziehen)* incluir; *(berücksichtigen)* considerar

Erfassung *f* <-en> ❶ *(das Verstehen)* comprensión *f* ❷ *(das Registrieren)* registro *m; (von Bewohnern)* empadronamiento *m;* (MIL) alistamiento *m* ❸ (INFOR: *von Daten*) registro *m*

erfinden* *irr vt* inventar

Erfinder(in) *m(f)* <-s, -; -nen> inventor(a) *m(f)*

Erfindergeist *m ohne pl* ingenio *m*

erfinderisch *adj* ingenioso

Erfindung *f* <-en> invención *f; (Produkt)* invento *m;* **eine ~ machen** inventar algo

Erfolg [ɛɐ'fɔlk] *m* <-(e)s, -e> éxito *m; (Ergebnis)* resultado *m; (Folge)* consecuencia *f; (Wirkung)* efecto *m;* **~ versprechend** prometedor; **ein voller ~** un éxito completo; **mit dem ~, dass ...** con el efecto de que...; **von ~ gekrönt** coronado por el éxito

erfolgen* *vi sein (geschehen)* suceder; *(stattfinden)* realizarse; *(Zahlung, Beitritt)* efectuarse; **die Antwort erfolgte sofort** contestaron en seguida

erfolglos I. *adj* infructuoso; *(nutzlos)* ineficaz **II.** *adv* sin éxito; *(vergeblich)* en vano

Erfolglosigkeit *f ohne pl* fracaso *m*

erfolgreich I. *adj (Person)* triunfante; *(Maßnahme)* eficaz **II.** *adv* con éxito

Erfolgsbilanz *f* <-, -en> balance *m* de resultados [*o* de éxitos]

Erfolgsdenken *nt* <-s, *ohne pl*> manera *f* de pensar orientada hacia el éxito

Erfolgserlebnis *nt* (sensación *f* de) éxito *m*

Erfolgsmensch *m* <-en, -en> triunfador(a) *m(f)*

Erfolgsrezept *nt* receta *f* para el éxito

erfolgversprechend *adj* prometedor; **höchst ~e Maßnahmen** medidas muy prometedoras

erforderlich [ɛɐ'fɔrdɐlɪç] *adj* necesario; **unbedingt ~** indispensable; **es ist ~, dass ...** es necesario que... +*subj*

erfordern* *vt* requerir

Erfordernis *nt* <-ses, -se> necesidad *f; (Voraussetzung)* requisito *m*

erforschen* *vt* investigar; *(Weltraum)* explorar; *(Meinung)* sondear

Erforschung *f* <-en> investigación *f; (von Land)* exploración *f; (von Meinung)* sondeo *m*

erfragen* *vt* preguntar; *(ausfindig machen)* averiguar

erfreuen* **I.** *vt (Freude bereiten)* alegrar;

sehr erfreut! ¡encantado!; **über jdn/etw erfreut sein** alegrarse por alguien/por algo **II.** *vr:* **sich ~** ① *(sich freuen)* alegrarse (**an** ante) ② *(geh: genießen)* gozar (de)

erfreulich *adj* agradable; *(Nachricht)* grato; *(befriedigend)* satisfactorio

erfreulicherweise [-'---'--] *adv* afortunadamente

erfrieren* *irr vi sein* ① *(Person, Tier)* morir(se) de frío ② *(Körperteil)* congelarse; *(Pflanze)* helarse

Erfrierung *f* <-, -en> congelación *f*

erfrischen* **I.** *vi, vt* refrescar **II.** *vr:* **sich ~** refrescarse

erfrischend *adj (Brise, Getränk)* refrescante; *(Naivität)* encantador

Erfrischung *f* <-en> ① *(das Erfrischen)* refrigeración *f* ② *(Getränk)* refresco *m*, fresco *m Am*

Erfrischungsgetränk *nt* refresco *m*

Erfrischungstuch *nt* toallita *f* refrescante

erfroren *pp von* **erfrieren**

erfüllen* **I.** *vt* ① *(aus-, anfüllen)* llenar (**mit** de) ② *(Bedingung)* cumplir (con); *(Versprechen)* cumplir; *(Wunsch)* corresponder (a); *(Erwartungen)* satisfacer; *(Aufgabe)* desempeñar, implementar *Am;* **das Gerät erfüllt seinen Zweck** el aparato cumple con su cometido **II.** *vr:* **sich ~** *(wahr werden)* realizarse

Erfüllung *f* <-en> ① *(Befriedigung)* satisfacción *f* ② *(einer Aufgabe)* desempeño *m; (eines Vertrages, einer Pflicht)* cumplimiento *m; (eines Planes)* realización *f;* **in ~ gehen** cumplirse

Erfüllungsort *m* (JUR) lugar *m* de cumplimiento

erfunden *pp von* **erfinden**

ergangen *pp von* **ergehen**

ergänzen* [ɛɐ'gɛntsən] **I.** *vt (vervollständigen)* complementar; *(hinzufügen)* añadir **II.** *vr:* **sich ~** *(zusammenpassen)* complementarse

ergänzend **I.** *adj* adicional; **erlauben Sie mir eine ~e Bemerkung** permítame añadir algo **II.** *adv* **ich möchte ~ darauf hinweisen, dass ...** quisiera señalar, además, que...

Ergänzung *f* <-en> ① *(Vervollständigung)* complemento *m* ② *(Zusatz)* añadidura *f;* **zur ~ sei noch gesagt, dass ...** añádase a esto que... ③ (LING) complemento *m*

ergattern* [ɛɐ'gatɐn] *vt (fam)* pescar

ergeben[1] **I.** *pp von* **ergeben[2]** **II.** *adj* ① *(untertänig)* sumiso; *(demütig)* devoto ② *(treu)* leal

ergeben*[2] *irr* **I.** *vt (Ergebnis)* dar como resultado; (MATH) dar por resultado; *(Bilanz)* arrojar; *(Untersuchungen)* demostrar **II.** *vr:* **sich ~** ① *(kapitulieren)* rendirse ② *(sich herausstellen)* producirse; *(Schwierigkeit)* surgir ③ *(folgen)* resultar (**aus** de); *(sich ableiten)* deducirse (**aus** de); **daraus ergibt sich, dass ...** de esto resulta que... ④ *(sich hingeben)* **sich etw** *dat* **/jdm ~** entregarse a algo/a alguien

Ergebenheit *f ohne pl* ① *(Anhänglichkeit)* afección *f* ② *(Treue)* lealtad *f* ③ *(Fügsamkeit)* devoción *f*

Ergebnis [ɛɐ'ge:pnɪs] *nt* <-ses, -se> resultado *m; (Folge)* consecuencia *f;* **wir sind zu dem ~ gekommen, dass ...** hemos llegado a la conclusión de que...

ergebnislos *adj* sin resultado

ergebnisorientiert *adj* orientado hacia el resultado [*o* los resultados]

ergehen* *irr* **I.** *vi sein (geh: Gesetz)* publicarse; *(Einladung)* ser enviado **II.** *vunpers sein (geschehen)* **ihr ist es dort gut/schlecht ergangen** le ha ido bien/mal allí; **etw über sich ~ lassen** soportar algo **III.** *vr:* **sich ~** *(äußern)* explayarse (**in** sobre)

ergiebig [ɛɐ'gi:bɪç] *adj* productivo; *(Geschäft)* lucrativo; *(Boden)* fértil

Ergiebigkeit *f* <-, *ohne pl*> eficacia *f;* **ein Waschmittel mit verbesserter ~** un detergente con mayor rendimiento

ergießen* *irr vr:* **sich ~** derramarse (**auf** por, **über** sobre); *(münden)* desembocar (**in** en); *(ins Meer)* desaguar (**in** en)

ergo ['ɛrgo] *adv (also)* ergo

Ergometer [ɛrgo'me:tɐ] *nt* <-s, -> (MED) ergómetro *m*

Ergonomie [ɛrgono'mi:] *f ohne pl* ergonomía *f*

ergonomisch [ɛrgo'no:mɪʃ] *adj* ergonómico

ergossen *pp von* **ergießen**

Ergotherapie *f* <-, -n> ergoterapia *f*

ergötzen* [ɛɐ'gœtsən] **I.** *vt (geh: vergnügen)* divertir **II.** *vr:* **sich ~** divertirse (**an** en/con)

ergrauen* [ɛɐ'graʊən] *vi sein* encanecer

ergreifen* *irr vt* ① *(fassen)* coger; *(Furcht, Ahnung)* acometer; *(Maßnahmen, Partei)* tomar; *(Gelegenheit)* aprovechar; **sie ergriff das Wort** tomó la palabra ② *(festnehmen)* detener ③ *(erschüttern)* conmover

ergreifend *adj* conmovedor, emocionante

ergriffen [ɛɐ'grɪfən] **I.** *pp von* **ergreifen** **II.** *adj* conmovido, emocionado

Ergriffenheit *f* <-, *ohne pl*> (profunda) emoción *f;* **er stand stumm vor ~** se quedó sin palabras de la emoción

ergründen* *vt* averiguar

Erguss [ɛɐ'gʊs, *pl:* ɛɐ'gʏsə] *m* <-es, -güsse> ① (MED) derrame *m* ② *(abw: Re-*

deschwall) verborrea *f* ③ *(Samenerguss)* eyaculación *f*

erhaben [ɛɐ̯'ha:bən] *adj* ① *(erhöht)* elevado ② *(überlegen)* por encima (**über** de); **über jeden Verdacht ~ sein** estar por encima de cualquier sospecha ③ *(feierlich)* sublime

Erhabenheit *f ohne pl* elevación *f; (Feierlichkeit)* sublimidad *f*

Erhalt *m* <-(e)s, *ohne pl*> *(formal)* ① *(Empfang)* recibo *m* ② *(Instandhaltung)* mantenimiento *m*

erhalten* *irr vt* ① *(bekommen)* recibir; *(Genehmigung)* obtener; *(Gehalt)* cobrar; *(Geldstrafe)* recibir ② *(bewahren)* conservar; *(aufrechterhalten)* mantener; **jdn am Leben ~** mantener a alguien con vida; **etw ist gut ~** algo está bien conservado

erhältlich [ɛɐ̯'hɛltlɪç] *adj* conseguible; *(käuflich)* en venta

Erhaltung *f ohne pl* conservación *f; (Unterhaltung)* mantenimiento *m*

erhängen* **I.** *vt* ahorcar **II.** *vr:* **sich ~** ahorcarse

erhärten* *vt* ① *(Material)* endurecer ② *(Vermutung)* confirmar

erheben* *irr* **I.** *vt* ① *(hochheben)* alzar; *(aufrichten)* erguir; **er erhob sein Glas** alzó su vaso; **ein ~der Augenblick** un momento edificante ② *(Steuern)* imponer; *(Eintritt)* cobrar ③ *(Geschrei, Protest)* levantar; **die Stimme ~** *(geh)* levantar la voz ④ *(Daten)* hacer constar ⑤ *(Einwände)* poner (**gegen** a); *(Forderungen)* formular **II.** *vr:* **sich ~** ① *(aufstehen)* levantarse; *(sich aufrecht halten)* erguirse ② *(Flugzeug, Vogel)* emprender el vuelo ③ *(geh: Sturm)* levantarse; *(Frage)* plantearse ④ *(sich auflehnen)* sublevarse (**gegen** contra)

erhebend *adj (geh)* edificante; **ein ~er Augenblick** un momento edificante

erheblich [ɛɐ̯'he:plɪç] *adj* notable; *(wichtig)* importante; **~ besser** mucho mejor

Erhebung *f* <-en> ① *(Anhöhe)* elevación *f; (Hügel)* colina *f* ② *(Aufstand)* sublevación *f* ③ (FIN: *von Abgaben*) cobro *m* ④ *(Umfrage)* sondeo *m*

erheitern* [ɛɐ̯'haɪtɐn] **I.** *vt (geh)* regocijar **II.** *vr:* **sich ~** *(geh)* regocijarse

erhellen* **I.** *vt* ① *(Raum)* iluminar ② *(Zusammenhänge)* aclarar **II.** *vr:* **sich ~** ① *(Himmel)* despejarse ② *(Gesicht)* iluminarse

Erhellung *f* <-, -en> aclaración *f*

erhitzen* [ɛɐ̯'hɪtsən] **I.** *vt* ① *(Speisen)* calentar ② *(erregen)* excitar **II.** *vr:* **sich ~** ① *(Speisen)* calentarse ② *(sich erregen)* excitarse

erhoben *pp von* **erheben**

erhoffen* *vt* esperar

erhöhen* [ɛɐ̯'hø:ən] **I.** *vt* ① *(Mauer)* elevar (**um** en) ② *(Spannung)* aumentar ③ *(Geschwindigkeit)* aumentar; *(Preis)* subir; **den Preis auf vier Euro/um vier Euro ~** subir el precio a cuatro euros/en cuatro euros ④ (MUS: *um einen Halbton*) elevar en un semitono **II.** *vr:* **sich ~** *(Gehalt, Spannung)* aumentar

erhöht *adj (Wert, Blutdruck)* alto

Erhöhung *f* <-en> ① *(einer Mauer)* elevación *f* ② *(der Preise, Geschwindigkeit)* aumento *m*

erholen* *vr:* **sich ~** ① *(ausspannen)* reponerse (**von** de); *(von Krankheit)* restablecerse (**von** de) ② (COM) recuperarse

erholsam [ɛɐ̯'ho:lza:m] *adj* tranquilo

Erholung *f ohne pl* ① *(Ruhe)* descanso *m* ② *(Genesung)* restablecimiento *m*

Erholungsgebiet *nt* zona *f* de descanso

Erholungskur *f* <-, -en> cura *f* de reposo

Erholungsort *m* lugar *m* de reposo

Erholungspause *f* <-, -n> descanso *m*, pausa *f* de descanso

Erholungsurlaub *m* <-(e)s, -e> vacaciones *fpl* (de reposo)

Erholungswert *m* (ÖKOL) valor *m* recreativo

erhören* *vt (geh: Bitte)* atender

erinnern* [ɛɐ̯'ʔɪnɐn] **I.** *vi, vt* recordar (**an** a); **ich sollte dich daran ~, dass ...** te tenía que recordar que... **II.** *vr:* **sich ~** acordarse (**an** de); *(an weit zurückliegendes)* recordar (**an**); **soweit ich mich ~ kann** por lo que yo recuerdo

Erinnerung *f* <-en> ① *(Gedächtnis)* memoria *f;* **etw in guter ~ behalten** guardar buena memoria de algo ② *(Zurückdenken)* recuerdo *m* (**an** de) ③ *(Mahnung)* advertencia *f* ④ *(Andenken)* recuerdo *m;* **zur ~ an jdn** en recuerdo de alguien

Erinnerungsvermögen *nt* <-s, *ohne pl*> memoria *f*

Eritrea [eri'tre:a] *nt* <-s> Eritrea *f*

erkälten* [ɛr'kɛltən] *vr:* **sich ~** resfriarse, afluxionarse *Col, Cuba*

erkältet *adj* resfriado

Erkältung *f* <-en> resfriado *m;* **eine ~ bekommen** resfriarse, afluxionarse *Col, Cuba*

erkannt *pp von* **erkennen**

erkaufen* *vt* pagar (por)

erkennbar *adj* reconocible (**an** por); *(wahrnehmbar)* perceptible

erkennen* *irr* **I.** *vt* ① *(wahrnehmen)* ver; *(ausmachen)* distinguir ② *(identifizieren)* reconocer (**an** por); **sich zu ~ geben** identificarse ❸ *(Irrtum)* reconocer **II.** *vi* (JUR) condenar (**auf** a)

erkenntlich [ɛɐ̯ˈkɛntlɪç] *adj* **sich (bei jdm) ~ zeigen** mostrarse agradecido (a alguien)

Erkenntnis *f* <-se> conocimiento(s) *m(pl)*; *(Einsicht)* comprensión *f*; **zu der ~ kommen, dass ...** llegar a la conclusión de que...

Erkennungsmelodie *f* (MUS) sintonía *f*

Erkennungszeichen *nt* contraseña *f*

Erker [ˈɛrkɐ] *m* <-s, -> saledizo *m*, voladizo *m*

E

Erkerfenster *nt* ventana *f* de saledizo

erklärbar [ɛɐ̯ˈklɛːɐ̯baːɐ̯] *adj* explicable

erklären* **I.** *vt* ❶ *(erläutern)* explicar; *(deuten)* interpretar ❷ *(Krieg)* declarar; *(Rücktritt)* presentar; **jdn für schuldig/vermisst/tot ~** declarar a alguien culpable/desaparecido/muerto; **etw für ungültig ~** declarar algo no válido **II.** *vr:* **sich ~** ❶ *(folgen)* explicarse (**aus** por) ❷ *(sagen)* manifestarse (**für** a favor de, **gegen** contra); **sich einverstanden ~** manifestarse de acuerdo

erklärend **I.** *adj* explicativo; **einige ~e Worte sprechen** decir unas palabras aclaratorias **II.** *adv* **... fügte sie ~ hinzu ...** añadió a modo de aclaración

erklärt *adj (Gegner, Favorit)* declarado

Erklärung *f* <-en> ❶ *(Erläuterung)* explicación *f*; *(Deutung)* interpretación *f*; *(Grund)* motivo *m* ❷ *(Verlautbarung)* declaración *f*; **eine ~ abgeben** prestar declaración

erklimmen [ɛɐ̯ˈklɪmən] <erklimmt, erklomm, erklommen> *vt (geh)* escalar

erklingen* *irr vi sein* sonar

erklungen *pp von* **erklingen**

erkranken* *vi sein* enfermar (**an** de)

Erkrankung *f* <-en> enfermedad *f*

erkunden* [ɛɐ̯ˈkʊndən] *vt (Geheimnis)* averiguar; *(Lage)* sondear; *(Gelände)* explorar

erkundigen* [ɛɐ̯ˈkʊndɪgən] *vr:* **sich ~** informarse (**nach/über** sobre); *(nach dem Weg)* preguntar (**nach/über** por)

Erkundigung *f* <-, -en> investigación *f*, información *f*; **~en (über jdn/etw) einziehen** informarse (sobre alguien/algo)

Erkundung *f* <-en> exploración *f*

erlangen* [ɛɐ̯ˈlaŋən] *vt (bekommen)* obtener; *(erreichen)* alcanzar

Erlass [ɛɐ̯ˈlas] *m* <-es, -e> ❶ *(Verfügung)* orden *f*; *(eines Gesetzes)* promulgación *f* ❷ *(von Schulden)* condonación *f* ❸ *(einer Strafe)* remisión *f*

erlassen* *irr vt* ❶ *(Gesetz, Haftbefehl)* promulgar; *(Amnestie)* declarar ❷ *(befreien von)* **jdm etw ~** *(Pflicht)* eximir a alguien de algo; *(Strafe, Schulden)* condonar algo a alguien

Erlassung *f* <-, -en> condonación *f*

erlauben* [ɛɐ̯ˈlaʊbən] *vt* permitir; *(behördlich)* autorizar; **~ Sie mal!** *(fam)* ¡pero qué se ha creído!; **sich** *dat* **etw ~** permitirse algo; **wenn ich mir die Bemerkung ~ darf** si se me permite la observación

Erlaubnis *f* <-se> permiso *m*; *(behördlich)* autorización *f*; **jdn um ~ bitten** pedir permiso a alguien

erläutern* [ɛɐ̯ˈlɔɪtɐn] *vt* explicar

Erläuterung *f* <-en> explicación *f*; *(Kommentar)* comentario *m*

Erle [ˈɛrlə] *f* <-n> (BOT) aliso *m*

erleben* *vt* ❶ *(Freude)* vivir; *(Niederlage)* sufrir; *(Enttäuschung)* llevarse ❷ *(miterleben)* vivir; **wenn du das tust, kannst du was ~** *(fam)* si lo haces te vas a acordar ❸ *(kennenlernen)* ver; **so habe ich ihn noch nie erlebt** nunca le he visto así

Erlebnis *nt* <-ses, -se> vivencia *f*; *(Erfahrung)* experiencia *f*; *(Ereignis)* acontecimiento *m*

erledigen* [ɛɐ̯ˈleːdɪgən] **I.** *vt* ❶ *(Auftrag)* hacer; *(Angelegenheit)* resolver; **ich habe noch etwas zu ~** aún tengo que hacer algo; **die Sache ist für mich erledigt** para mí el asunto está concluido ❷ *(sl: töten)* liquidar; *(ruinieren)* arruinar **II.** *vr:* **sich ~** arreglarse

erledigt [ɛɐ̯ˈleːdɪçt] *adj (fam)* cansado; **ich bin völlig ~** estoy hecho polvo

Erledigung[1] *f* <-en> *(Besorgung)* compra *f*; **~en machen** hacer compras

Erledigung[2] *f ohne pl (das Erledigen)* arreglo *m*; *(Abwicklung)* tramitación *f*

erlegen[1] *pp von* **erliegen**

erlegen*[2] [ɛɐ̯ˈleːgən] *vt (geh)* matar

erleichtern* [ɛɐ̯ˈlaɪçtɐn] *vt* aliviar; *(um Gewicht)* aligerar; *(Arbeit, Verständnis)* facilitar; **sein Herz ~** desahogarse; **erleichtert atmete er auf** respiró con alivio; **die Nachricht erleichterte ihn** la noticia lo alivió; **jdn um 100 Euro ~** *(fam)* mangarle a alguien 100 euros

Erleichterung *f ohne pl* alivio *m*; **zu meiner großen ~** para mi gran alivio

erleiden* *irr vt (Schmerzen)* soportar; *(Niederlage)* sufrir

erlernbar *adj* que se puede aprender; **leicht/schwer ~ sein** ser fácil/difícil de aprender

erlernen* *vt* aprender

erlesen *adj* selecto

erleuchten* *vt* iluminar

Erleuchtung *f* <-en> iluminación *f*; *(Inspiration)* inspiración *f*

erliegen* *irr vi sein (einer Versuchung)* sucumbir (+*dat* a); *(einem Irrtum)* caer (+*dat* en); **zum E~ kommen** quedar paralizado

erlischt *3. präs von* **erlöschen**

erlitten *pp von* **erleiden**

Erlös [ɛɐ'løːs] *m* <-es, -e> ingreso *m; (für wohltätige Zwecke)* beneficio *m*

erlosch *3. imp von* **erlöschen**

erloschen *pp von* **erlöschen**

erlöschen <erlischt, erlosch, erloschen> *vi sein* ❶ *(Vulkan)* extinguirse ❷ *(Anspruch)* prescribir; *(Interesse)* desaparecer

Erlöschen *nt* <-s, *ohne pl*> ❶ *(Flamme, Vulkan)* extinción *f* ❷ *(Anspruch)* expiración *f*

erlösen* *vt* librar (**von** de); (REL) redimir

erlösend I. *adj* aliviante **II.** *adv* que procura alivio

Erlöser *m* <-s, -> ❶ *(Retter)* salvador *m* ❷ (REL) Salvador *m*

Erlösung *f* <-en> *(Rettung)* salvación *f; (Befreiung)* liberación *f;* (REL) redención *f*

ermächtigen* [ɛɐ'mɛçtɪgən] *vt* autorizar (**zu** para)

Ermächtigung *f* <-en> (JUR) autorización *f* (**zu** para)

ermahnen* *vt* exhortar (**zu** a); *(tadeln)* reprender; *(warnen)* advertir

Ermahnung *f* <-en> exhortación *f; (Warnung)* advertencia *f*

ermäßigen* [ɛɐ'mɛːsɪgən] *vt* reducir

Ermäßigung *f* <-en> ❶ *(Senkung)* reducción *f* ❷ *(Preisnachlass)* rebaja *f*

ermattet *adj* cansado

ermessen* *irr vt* juzgar; *(schätzen)* evaluar

Ermessen *nt* <-s, *ohne pl*> parecer *m,* juicio *m;* **nach menschlichem ~** según el parecer común; **in jds ~ liegen** quedar al libre albedrío de alguien

Ermessensfrage *f* cuestión *f* de libre albedrío

Ermessensspielraum *m* (JUR) margen *m* de evaluación

ermitteln* [ɛɐ'mɪtəln] **I.** *vi* (JUR) proseguir las diligencias (**gegen** contra) **II.** *vt* ❶ *(Täter)* averiguar ❷ *(Sieger)* determinar ❸ (MATH) calcular

Ermittler(in) *m(f)* <-s, -; -, -nen> informante *mf; (Detektiv)* detective *mf,* agente *mf* de la policía

Ermittlung *f* <-en> ❶ *(polizeilich)* pesquisa *f* ❷ *(Feststellung)* descubrimiento *m*

Ermittlungsrichter(in) *m(f)* <-s, -; -, -nen> (JUR) juez(a) *m(f)* instructor(a)

Ermittlungsverfahren *nt* (JUR) sumario *m*

ermöglichen* [ɛɐ'møːklɪçən] *vt* hacer posible, posibilitar

ermorden* *vt* asesinar

Ermordete(r) *mf* <-n, -n; -n, -n> asesinado, -a *m, f;* (JUR) interfecto, -a *m, f*

Ermordung *f* <-en> asesinato *m*

ermüden* [ɛɐ'myːdən] **I.** *vi sein* ❶ *(Person)* cansarse ❷ (TECH) fatigarse **II.** *vt (Person)* cansar

ermüdend *adj* fatigoso, cansador *Arg*

Ermüdung *f* <-en> cansancio *m;* (*a.* TECH) fatiga *f*

ermuntern* [ɛɐ'mʊntɐn] *vt* estimular (**zu** a); *(aufmuntern)* animar (**zu** a)

Ermunterung *f* <-en> ❶ *(das Ermuntern)* **zu jds ~** para levantarle el ánimo a alguien ❷ *(ermunternde Worte)* palabras *f pl* de ánimo

ermutigen* [ɛɐ'muːtɪgən] *vt* alentar (**zu** a)

ermutigend I. *adj* que anima; **danke für deine ~en Worte** gracias por tus palabras de ánimo **II.** *adv* para animar; **er nickte ihr ~ zu** le hizo una seña para darle ánimos

Ermutigung *f* <-en> ánimo(s) *m(pl);* **er sprach einige Worte der ~** pronunció unas palabras de aliento

ernähren* **I.** *vt* ❶ *(mit Nahrung)* alimentar ❷ *(sorgen für)* mantener; *(unterhalten)* sustentar **II.** *vr:* **sich ~** alimentarse (**von** de)

Ernährer(in) *m(f)* <-s, -; -nen> sustentador(a) *m(f)* de la familia

Ernährung *f ohne pl* ❶ *(Nahrung)* alimentación *f* ❷ *(Unterhalt)* sustento *m*

Ernährungsweise *f* dieta *f*

Ernährungswissenschaft *f ohne pl* ciencia *f* de la nutrición

Ernährungswissenschaftler(in) *m(f)* experto, -a *m, f* en nutrición, nutricionista *mf*

ernannt *pp von* **ernennen**

ernennen* *irr vt* nombrar; *(für ein Amt)* designar; **selbst ernannt** autodesignado

Ernennung *f* <-en> nombramiento *m* (**zu** para); *(für ein Amt)* designación *f* (**zu** para)

erneuerbar [ɛɐ'nɔɪɐbaːɐ] *adj* renovable; **~e Energiequellen** fuentes de energía renovables

erneuern* [ɛɐ'nɔɪɐn] *vt* ❶ *(Vertrag)* renovar; *(Maschinenteil)* cambiar ❷ *(Gebäude)* restaurar ❸ *(Freundschaft)* reavivar; *(Beziehungen)* reanudar

Erneuerung *f* <-, -en> ❶ *(Verlängerung der Gültigkeit)* renovación *f* ❷ *(das Auswechseln)* cambio *m* ❸ *(Renovierung, Restaurierung)* renovación *f; (Gebäude)* restauración *f;* **~ der Heizung** la instalación de una nueva calefacción ❹ *(Wandel)* cambio *m,* renovación *f; (Kräfte)* reavivamiento *m,* revivificación *f*

erneuerungsfähig *adj* susceptible de renovación

erneut [ɛɐ'nɔɪt] *adv* de nuevo

erniedrigen* [ɛɐ'ni:drɪgən] **I.** *vt* ① *(demütigen)* humillar ② *(Druck)* disminuir; *(Preise)* bajar ③ (MUS) abemolar **II.** *vr:* **sich ~** humillarse (**vor** ante); *(sich herabwürdigen)* rebajarse (**vor** ante), achicarse (**vor** ante) *Am*

Erniedrigung *f* <-en> ① *(Demütigung)* humillación *f* ② (MUS) abemolado *m*

ernst [ɛrnst] *adj* ① *(Mensch)* serio; *(Absicht)* firme; **jdn/etw ~ nehmen** tomar a alguien/algo en serio; **etw ~ meinen** decir algo en serio ② *(Lage, Krankheit)* grave ③ *(feierlich)* solemne

Ernst *m* <-es, *ohne pl*> ① *(Strenge)* severidad *f* ② *(ernster Wille)* seriedad *f;* **das ist mein voller ~** *(fam)* lo digo muy en serio; **im ~** en serio; **allen ~es** con toda seriedad ③ *(Gewichtigkeit)* gravedad *f*

Ernstfall *m* caso *m* de urgencia

ernstgemeint *adj s.* **ernst 1.**

ernsthaft *adj* ① *(Verletzung)* grave ② *(Miene, Angebot)* serio

Ernsthaftigkeit *f ohne pl* seriedad *f*

ernstlich **I.** *adj* ① *(Bedenken)* serio; *(Gefahr)* grave ② *(Absicht)* firme **II.** *adv* ① *(ermahnen)* en serio ② *(krank sein)* gravemente

Ernte ['ɛrntə] *f* <-n> ① *(Vorgang)* recolección *f; (von Mais)* pizca *f Méx* ② *(das Geerntete)* cosecha *f*

Erntedankfest [--'--] *nt* Día *m* de Acción de Gracias

Ernteertrag *m* <-(e)s, -träge> cosecha *f*

ernten ['ɛrntən] *vt (a. fig)* cosechar; *(Mais)* pizcar *Méx*

ernüchtern* [ɛɐ'nʏçtɐn] *vt* ① *(Betrunkene)* desembriagar ② *(enttäuschen)* desilusionar

Ernüchterung *f* <-en> desilusión *f*

Eroberer, -in [ɛɐ'ʔo:bərɐ] *m, f* <-s, -; -nen> conquistador(a) *m(f)*

erobern* [ɛɐ'ʔo:bɐn] *vt (a. fig)* conquistar

Eroberung *f* <-en> conquista *f*

eröffnen* **I.** *vt* ① *(Konto, Geschäft)* abrir; *(einweihen)* inaugurar; *(Verhandlung)* dar comienzo (a) ② *(Testament)* leer ③ (JUR: *Verfahren*) establecer ④ (MIL: *Angriff*) abrir ⑤ *(mitteilen)* **jdm etw ~** comunicar algo a alguien **II.** *vr:* **sich ~** *(Perspektiven)* abrirse

Eröffnung *f* <-en> ① *(Öffnung)* apertura *f; (Einweihung)* inauguración *f* ② *(Mitteilung)* confidencia *f*

Eröffnungsansprache *f* <-, -n> discurso *m* inaugural

erogen [ero'ge:n] *adj* erógeno; **~e Zone** zona erógena

erörtern* [ɛɐ'œrtɐn] *vt* discutir, debatir

Erörterung *f* <-en> ① *(das Erörtern)* discusión *f* ② *(Text)* comentario *m*

Erosion [ero'zjo:n] *f* <-en> (GEO) erosión *f*

Erotik [e'ro:tɪk] *f ohne pl* erotismo *m*

erotisch *adj* erótico

Erpel ['ɛrpəl] *m* <-s, -> pato *m* macho

erpicht [ɛɐ'pɪçt] *adj* **auf etw ~ sein** estar ansioso por algo

erpressen* *vt* ① *(Person)* chantajear (**mit** con) ② *(Lösegeld, Geständnis)* extorsionar

Erpresser(in) *m(f)* <-s, -; -nen> chantajista *mf,* extorsionista *mf*

Erpresserbrief *m* <-(e)s, -e> carta *f* de chantaje

erpresserisch *adj* extorsionista

Erpressung *f* <-en> chantaje *m*

Erpressungsversuch *m* (JUR) intento *m* de extorsión

erproben* *vt* probar

erprobt *adj* probado; **das Gerät ist noch nicht ~** el aparato no ha sido probado todavía; **er ist in solchen Dingen ~** tiene experiencia en esas cosas

erquicken* [ɛɐ'kvɪkən] *vt (geh)* fortalecer, reanimar

erraten* [ɛɐ'ra:tən] *irr vt* adivinar

errechnen* *vt* calcular

erregbar [ɛɐ're:kba:ɐ] *adj* irritable; *(sexuell)* excitable

Erregbarkeit *f* <-, *ohne pl*> susceptibilidad *f*

erregen* [ɛɐ're:gən] **I.** *vt* ① *(emotional, sexuell)* excitar ② *(hervorrufen)* provocar; *(Interesse)* despertar; *(Ärger)* desatar ③ *(Fantasie)* estimular **II.** *vr:* **sich ~** excitarse (**über** con); *(Gemüter)* acalorarse

Erreger *m* <-s, -> (MED) germen *m* patógeno

Erregung *f* <-en> excitación *f,* prendimiento *m Col, Ven*

erreichbar *adj* alcanzable; *(Ort)* accesible

erreichen* *vt* ① *(Person)* localizar ② *(Zug, Alter)* alcanzar; *(Ort)* llegar (a) ③ *(erlangen)* conseguir; *(zustande bringen)* lograr

Erreichung *f* <-, *ohne pl*> consecución *f;* **bei ~ des 60. Lebensjahres kann man sich vorzeitig pensionieren lassen** cuando se cumplen 60 años se puede pedir la jubilación anticipada

errichten* *vt* ① *(Gebäude)* levantar; *(bauen)* construir; *(Denkmal)* erigir ② *(gründen)* establecer

Errichtung *f* <-, -en> ① *(Erbauung: Haus)* construcción *f* ② *(Aufstellung: Barrikaden)* levantamiento *m* ③ *(Gründung)* establecimiento *m*

erringen* *irr vt* conseguir; *(Erfolg)* obtener

erröten* [ɛɐ'rø:tən] *vi sein* sonrojarse

errungen *pp von* **erringen**

Errungenschaft [ɛɐ'rʊŋənʃaft] *f* <-en>

logro *m; (Eroberung)* conquista *f; (der Technik)* adelanto *m*
Ersatz [ɛɐ'zats] *m* <-es, *ohne pl*> ❶ *(Auswechselung)* su(b)stitución *f* ❷ *(Entschädigung)* indemnización *f; (Belohnung)* recompensa *f*
Ersatzbefriedigung *f* <-, -en> (PSYCH) satisfacción *f* sustitutoria, compensación *f*
Ersatzdienst *m* prestación *f* su(b)stitutoria
Ersatzmann *m* suplente *m;* (SPORT) reserva *m*
Ersatzreifen *m* rueda *f* de recambio
Ersatzschlüssel *m* <-s, -> llave *m* de repuesto
Ersatzspieler(in) *m(f)* reserva *mf,* suplente *mf*
Ersatzteil *nt* (pieza *f* de) repuesto *m*
ersatzweise [ɛɐ'zatsvaɪzə] *adv* como alternativa
ersaufen* *irr vi sein (fam)* ahogarse, morir ahogado
erschaffen* *irr vt (geh)* crear
Erschaffung *f ohne pl (geh)* creación *f*
erschaudern* *vi sein (geh)* sentir un escalofrío
erscheinen* *irr vi sein* ❶ *(sichtbar werden)* aparecer ❷ *(sich einfinden)* presentarse ❸ *(Buch)* publicarse ❹ *(sich darstellen, scheinen)* parecer; **es erscheint mir wünschenswert, dass ...** me parece conveniente que... *+subj*
Erscheinen *nt* <-s, *ohne pl*> ❶ *(Gäste)* asistencia *f* ❷ *(das Sichtbarwerden)* aparición *f* ❸ *(Buch)* publicación *f*
Erscheinung *f* <-en> ❶ *(Tatsache)* fenómeno *m;* **in ~ treten** manifestarse ❷ *(Gestalt)* figura *f; (äußere)* apariencia *f;* **seiner äußeren ~ nach** según su apariencia ❸ *(Vision)* visión *f; (Gespenst)* aparición *f*
Erscheinungsbild *nt* imagen *f; (Aussehen)* aspecto *m*
Erscheinungsjahr *nt* año *m* de publicación
erschießen* *irr vt* matar de un tiro, balear *AmS,* tronar *Méx; (hinrichten)* fusilar
Erschießung *f* <-en> ejecución *f; (Hinrichtung)* fusilamiento *m*
erschlaffen* [ɛɐ'ʃlafən] *vi sein (Muskeln)* relajarse
erschlagen[1] **I.** *pp von* **erschlagen**[2] **II.** *adj (fam)* ❶ *(erschöpft)* hecho polvo ❷ *(fassungslos)* atónito
erschlagen*[2] *irr vt* matar a golpes
erschließen* *irr vt* ❶ *(Land)* explotar; *(Märkte)* abrir; *(Baugelände)* urbanizar ❷ *(folgern)* deducir
Erschließung *f* <-en> ❶ *(von Bodenschätzen)* aprovechamiento *m* ❷ *(von Märkten)* apertura *f* ❸ *(von Baugelände)* urbanización *f*
erschlossen *pp von* **erschließen**
erschöpfen* **I.** *vt* ❶ *(verbrauchen)* gastar; *(aufbrauchen)* agotar ❷ *(ermüden)* cansar ❸ *(Thema)* tratar exhaustivamente **II.** *vr:* **sich ~** ❶ *(Gesprächsstoff)* agotarse ❷ *(beschränkt sein)* reducirse (**in** a)
erschöpfend *adj* agotador; **ein Thema ~ behandeln** tratar un tema a fondo
Erschöpfung *f* <-en> agotamiento *m*
erschossen *pp von* **erschießen**
erschrak *3. imp von* **erschrecken**[2], **erschrecken**[3]
erschrecken*[1] *vt* asustar
erschrecken[2] <erschrickt, erschrak, erschrocken> *vi sein* asustarse (**über/vor** de)
erschrecken[3] <erschreckt *o* erschrickt, erschreckte *o* erschrak, erschreckt *o* erschrocken> *vr:* **sich ~** *(fam)* asustarse (**über/vor** de)
Erschrecken *nt* <-s, *ohne pl*> terror *m*
erschreckend *adj* alarmante; *(Angst einflößend)* espantoso
erschrickt *3. präs von* **erschrecken**[2], **erschrecken**[3]
erschrocken [ɛɐ'ʃrɔkən] **I.** *pp von* **erschrecken**[2], **erschrecken**[3] **II.** *adj* asustado
erschüttern* [ɛɐ'ʃʏtɐn] *vt* ❶ *(Erdbeben, Explosion)* hacer temblar ❷ *(Glauben, Gesundheit)* quebrantar; *(Vertrauen)* poner en duda ❸ *(Nachricht)* conmover (profundamente); *(stärker)* conmocionar
erschütternd *adj* conmovedor
erschüttert *adj* conmovido
Erschütterung *f* <-en> ❶ *(Beben)* sacudida *f* ❷ *(Ergriffenheit)* conmoción *f*
erschweren* [ɛɐ'ʃveːrən] *vt* dificultar; **unter erschwerten Bedingungen** bajo condiciones difíciles
erschwerend **I.** *adj* agravante; **~e Umstände** circunstancias agravantes **II.** *adv* **~ kommt hinzu, dass ...** por si fuera poco...
erschwinglich [ɛɐ'ʃvɪŋlɪç] *adj* asequible
ersehen* *irr vt* sacar (**aus** de); *(folgern)* deducir (**aus** de)
ersetzbar *adj* su(b)stituible; **jeder Mensch ist ~** cualquier persona es su(b)stituible
ersetzen* *vt* ❶ *(Teil)* reemplazar (**durch** por); *(Person)* su(b)stituir (**durch** por) ❷ *(auswechseln)* cambiar (**durch** por) ❸ *(Ausgaben)* re(e)mbolsar ❹ (*a.* FIN: *Verlust*) indemnizar (**durch** por); **jdm einen Schaden ~** indemnizar a alguien por un daño

E

ersichtlich [ɛɐ'zɪçtlɪç] *adj* evidente; **ohne ~en Grund** sin motivo aparente; **hieraus ist ~, dass ...** de aquí se deduce que...

ersparen* *vt* ① *(Ärger)* evitar, ahorrar; **ihr bleibt aber auch nichts erspart** *(fam)* a ella le toca todo ② *(Geld)* ahorrar

Ersparnis *f* <-se> ahorro *m* (**an** de)

Ersparte(s) *nt* <-n, *ohne pl*> (FIN) ahorros *mpl*

erst [eːɐst] **I.** *adv* ① *(zuerst)* primero; *(an erster Stelle)* en primer lugar ② *(zu Beginn)* al principio ③ *(nicht früher als)* no hasta; **er kam ~ gestern** no vino hasta ayer ④ *(nur)* solo, solamente **II.** *part* **da ging's ~ richtig los** entonces empezó la fiesta de verdad; **gerade ~** ahora mismo; **~ gestern fragte sie ...** ayer mismo preguntó...; **jetzt ~ recht!** ¡ahora más que nunca!; **wenn sie ~ weg sind** cuando hayan partido

erstarken* [ɛɐ'ʃtarkən] *vi sein* fortalecer(se)

erstarren* *vi sein* ① *(vor Kälte)* helarse ② *(Lava)* solidificar(se); *(Wasser)* helarse ③ *(vor Schreck)* quedarse de piedra; *(Blut)* helarse

erstatten* [ɛɐ'ʃtatən] *vt (Kosten)* reembolsar

Erstattung *f* <-en> *(Rückzahlung)* reembolso *m; (Rückgabe)* restitución *f*

Erstaufführung *f* (THEAT) estreno *m*

Erstauflage *f* <-, -n> (PUBL) primera edición *f*, primera tirada *f*

erstaunen* **I.** *vi sein* sorprenderse, quedar asombrado (**über** de/por) **II.** *vt* sorprender

Erstaunen *nt* <-s, *ohne pl*> *(Verwunderung)* asombro *m; (Überraschung)* sorpresa *f; (Befremden)* extrañeza *f;* **zu meinem größten ~** para mi gran sorpresa

erstaunlich *adj (verwunderlich)* asombroso; *(überraschend)* sorprendente, sorpresivo *Am; (bewundernswert)* admirable

erstaunlicherweise [-'---'--] *adv* sorprendentemente

erstaunt I. *adj* de sorpresa; **~ sein** estar sorprendido (**über** por) **II.** *adv* sorprendido; **~ sah sie ihn an** le miraba sorprendida

Erstausgabe *f* primera edición *f*

Erstausstrahlung *f* <-, -en> (TV, RADIO) primer programa *m*, primera emisión *f*

erstbeste(r, s) *adj* **die ~ Gelegenheit** la primera ocasión (que se presente); **der/die/das E~** el primero/la primera/lo primero (que aparezca)

erste(r, s) *adj* primero; **als E~s muss ich sagen ...** primero tengo que decir...; **das ~ Mal** la primera vez; **zum ~n Mal** por primera vez; **fürs E~** de momento; **~/Erste Hilfe, ~e** [*o* **Erste**] **Hilfe** primeros auxilios; **~ Klasse** primera clase; *s. a.* **achte(r, s)**

erstechen* *irr vt* acuchillar, carnear *Méx*

Erste-Hilfe-Kasten *m* (MED) botiquín *m* (de primeros auxilios)

Erste-Hilfe-Kurs *m* curso *m* de primeros auxilios

ersteigern* *vt* comprar en subasta

Erste-Klasse-Abteil *nt* <-(e)s, -e> (EISENB) departamento *m* de primera clase

erstellen* *vt* ① *(bauen)* edificar ② *(Gutachten)* hacer; *(erarbeiten)* elaborar ③ (INFOR) crear; **neu ~** recrear

erstens ['eːɐstəns] *adv* en primer lugar; *(bei Aufzählung)* primero; *s. a.* **achtens**

erster ['eːɐstɐ] *adj s.* **erste(r, s)**

erstere(r, s) *adj (erstgenannt)* primero; **der/die/das E~** el primero/la primera/lo primero

erstes *adj s.* **erste(r, s)**

Erstgebärende *f* primípara *f*

erstgeboren ['eːɐstgəboːrən] *adj* primogénito

erstgenannt ['eːɐstgənant] *adj* primero, citado en primer lugar

ersticken* [ɛɐ'ʃtɪkən] **I.** *vi sein (Person)* ahogarse, asfixiarse **II.** *vt* ① *(töten)* ahogar, asfixiar ② *(Aufruhr)* sofocar ③ *(Feuer)* extinguir

Erstickung *f* <-en> (MED) asfixia *f*

erstklassig ['eːɐstklasɪç] *adj* ① *(ausgezeichnet)* excelente, chévere *Am* ② (SPORT) de primera categoría

Erstklässler(in) *m(f)* <-s, -; -, -nen> *(südd, Schweiz)* alumno, -a *m, f* de la primera clase (de la escuela primaria)

Erstkommunion *f* (REL) Primera Comunión *f*

Erstling ['eːɐstlɪŋ] *m* <-s, -e> ① (KUNST, FILM) opera prima *f* ② *(erstgeborenes Kind)* primer hijo *m*, primera hija *f*

Erstlingswerk *nt* <-(e)s, -e> primera obra *f*

erstmalig ['eːɐstmaːlɪç] **I.** *adj* primero **II.** *adv* por primera vez

erstmals ['eːɐstmaːls] *adv* por primera vez

erstochen *pp von* **erstechen**

erstrahlen* *vi sein (geh)* brillar, resplandecer

erstrangig ['eːɐstraŋɪç] *adj* de primera clase; (FIN) preferente

erstreben* *vt (geh)* ambicionar; *(eine Stellung)* aspirar (a)

erstrebenswert *adj* que vale la pena

erstrecken* *vr:* **sich ~** ① *(betreffen)* referirse (**auf** a) ② *(räumlich)* extenderse (**über** por) ③ *(zeitlich)* durar (**über**)

erstunken [ɛɐ'ʃtʊŋkən] *adj (fam)* **das ist ~ und erlogen** eso es una solemne mentira

ersuchen* *vt* **jdn um etw ~** pedir algo a alguien, solicitar algo a alguien
ertappen* *vt* pillar; *(überraschen)* sorprender; **jdn auf frischer Tat ~** sorprender a alguien en flagrante
erteilen* *vt (Erlaubnis)* conceder; *(Rat)* dar; *(Unterricht, Befehl)* impartir; **sie erteilte ihm das Wort** le concedió la palabra
ertönen* [ɛɐˈtøːnən] *vi sein* sonar
Ertrag [ɛɐˈtraːk, *pl:* ɛɐˈtrɛːgə] *m* <-(e)s, -träge> ① *(Produktmenge)* rendimiento *m* ② *(Gewinn)* beneficio *m*, ganancia *f* ③ (AGR) cosecha *f;* **~ abwerfen** producir una cosecha
ertragen* *irr vt* soportar; *(aushalten)* aguantar
erträglich [ɛɐˈtrɛːklɪç] *adj* ① *(zu ertragen)* soportable, aguantable ② *(fam: recht gut)* pasable
ertragreich *adj* productivo
ertränken* *vt* ahogar
erträumen* *vt* soñar (con)
ertrinken* *irr vi sein* ahogarse, morir ahogado
ertrunken *pp von* **ertrinken**
erübrigen* [ɛɐˈyːbrɪgən] **I.** *vt* ① *(übrig behalten)* ahorrar ② *(haben)* tener **II.** *vr:* **sich ~** *(unnötig sein)* sobrar; *(überflüssig sein)* ser superfluo; **das hat sich jetzt alles erübrigt** esto resulta superfluo ahora
Eruption [erʊpˈtsjoːn] *f* <-, -en> (GEO, MED) erupción *f*
erwachen* *vi sein (geh)* despertar; **das wird ein böses E~ geben** va a ser un duro despertar
Erwachen *nt* <-s, *ohne pl*> *(geh)* despertar *m;* **das war ein böses ~** *(fig)* fue una sorpresa desagradable
erwachsen[1] [ɛɐˈvaksən] **I.** *pp von* **erwachsen**[2] **II.** *adj* adulto
erwachsen*[2] *irr vi sein (entstehen)* crecer; *(hervorgehen)* surgir (**aus** de)
Erwachsene(r) *mf* <-n, -n; -n> adulto, -a *m, f*
Erwachsenenbildung *f* educación *f* de adultos
erwägen [ɛɐˈvɛːgən] <erwägt, erwog, erwogen> *vt* considerar
Erwägung *f* <-en> consideración *f;* **etw in ~ ziehen** tomar algo en consideración
erwähnen* [ɛɐˈvɛːnən] *vt* mencionar; **unten erwähnt** abajo citado
erwähnenswert *adj* digno de mención; **~ wäre noch, dass ...** aún habría que mencionar que...
Erwähnung *f* <-en> mención *f*
erwärmen* **I.** *vt* calentar **II.** *vr:* **sich ~** ① *(warm werden)* calentarse ② *(sich begeistern)* entusiasmarse (**für** con)
Erwärmung *f* <-en> calentamiento *m*
erwarten* *vt* ① *(warten, hoffen)* esperar; **sie kann es kaum noch ~** casi no puede aguardar; **das war zu ~** esto era de esperar ② *(verlangen)* exigir ③ *(erhoffen)* esperar; **er erwartet von uns, dass wir gehorchen** espera de nosotros que le obedezcamos; **es wurde wider E~ ein schöner Tag** al contrario de lo que parecía hizo un día agradable
Erwartung *f* <-en> expectativa *f; (Hoffnung)* esperanza *f;* **den ~en entsprechen** ser conforme a lo esperado
erwartungsgemäß *adv* según lo esperado
Erwartungshaltung *f* esperanza *f*
erwartungsvoll **I.** *adj* ilusionado **II.** *adv* lleno de expectación
erwecken* *vt* ① *(geh: aufwecken)* despertar ② *(hervorrufen)* producir; *(Zweifel)* dar lugar (a); *(Vertrauen)* inspirar; **Vertrauen ~d** que inspira confianza; **das erweckte den Anschein, als ob ...** esto produjo la impresión como si... *+subj*
erweichen* [ɛɐˈvaɪçən] *vt* ablandar
erweisen* [ɛɐˈvaɪzən] *irr* **I.** *vt* ① *(nachweisen)* comprobar, confirmar; **es gilt als erwiesen, dass ...** se da por confirmado el hecho de que... *+subj* ② *(Gefallen)* hacer; *(Dankbarkeit)* mostrar **II.** *vr:* **sich ~** *(sich zeigen)* demostrar; *(sich herausstellen)* resultar; **sie hat sich als sehr zuverlässig erwiesen** ha demostrado ser de fiar
erweiterbar *adj* (INFOR) ampliable, expandible
erweitern* [ɛɐˈvaɪtɐn] **I.** *vt* ① *(Anlage, Kenntnisse)* ampliar; *(Straße)* ensanchar (**um** en) ② *(vermehren)* aumentar (**um** en) **II.** *vr:* **sich ~** ampliarse (**um** en); *(Straße)* ensancharse; *(Blutgefäße, Pupille)* dilatarse
Erweiterung *f* <-en> ① *(Anlage, Kenntnisse)* ampliación *f* ② *(Kapazität)* aumento *m* ③ *(Pupillen, Gefäße)* dilatación *f* ④ (INFOR) ampliación *f*
Erwerb [ɛɐˈvɛrp] *m* <-(e)s, -e> ① *(Kauf)* compra *f; (Anschaffung)* adquisición *f* ② *(Verdienst)* ganancia *f* ③ *(Arbeit)* trabajo *m*
erwerben* *irr vt* ① *(Waren, Kenntnisse)* adquirir; **etw käuflich ~** comprar algo ② *(Anerkennung)* ganarse
erwerbsfähig *adj* capaz de ejercer una profesión
erwerbslos *adj* parado, cesante *Am*
Erwerbslose(r) *mf* <-n, -n; -n, -n> parado, -a *m, f,* desempleado, -a *m, f,* cesante *mf Am*
Erwerbslosigkeit *f* <-, *ohne pl*> desempleo *m*

erwerbstätig *adj* activo; ~ **sein** estar en activo

Erwerbstätige(r) [ɛɐ'vɛrpstɛːtɪgɐ] *mf* asalariado, -a *m, f*

Erwerbstätigkeit *f* actividad *f* remunerada

erwerbsunfähig *adj* incapaz de ejercer una profesión

Erwerbsunfähigkeit *f* <-, *ohne pl*> incapacidad *f* laboral

Erwerbsunfähigkeitsrente *f* renta *f* por incapacidad laboral

erwidern* [ɛɐ'viːdɐn] *vt* ❶ *(antworten)* contestar (**auf** a); *(entgegnen)* replicar (**auf** a) ❷ *(Gruß, Besuch)* devolver

Erwiderung *f* <-en> ❶ *(Antwort)* respuesta *f* ❷ *(von Gefühlen)* reciprocidad *f*

erwiesen *pp von* **erweisen**

erwiesenermaßen [ɛɐ'viːzənɐ'maːsən] *adv* como ha sido comprobado

erwirtschaften* *vt* producir

erwischen* *vt (fam)* ❶ *(ergreifen)* pescar; **es muss ausgerechnet immer mich** ~ es que siempre me tiene que tocar a mí ❷ *(ertappen)* pillar, acapillar *Méx*

erwog [ɛɐ'voːk] *3. imp von* **erwägen**

erwogen [ɛɐ'voːgən] *pp von* **erwägen**

erworben [ɛɐ'vɔrbən] **I.** *pp von* **erwerben** **II.** *adj* adquirido

erwünscht [ɛɐ'vʏnʃt] *adj* deseado; **Spanischkenntnisse** ~ se requieren conocimientos de español

erwürgen* [ɛɐ'vʏrgən] *vt* estrangular

Erz [eːɐts, ɛrts] *nt* <-es, -e> mineral *m*

erzählen* *vt* contar, narrar; **etw wieder** ~ recontar algo; **mir kannst du nichts** ~ *(fam)* a mí no me puedes engañar

Erzähler(in) *m(f)* <-s, -; -nen> narrador(a) *m(f)*

Erzählliteratur *f* literatura *f* narrativa

Erzählperspektive *f* perspectiva *f* narrativa

Erzählung *f* <-en> ❶ (LIT) narración *f* ❷ *(Bericht)* relato *m*

Erzbischof, -bischöfin ['ɛrts-] *m, f* arzobispo *mf*

Erzbistum ['ɛrtsbɪstuːm] *nt* <-s, -tümer>, **Erzdiözese** *f* <-, -n> (REL) arzobispado *m*

Erzengel *m* arcángel *m*

erzeugen* *vt* ❶ *(herstellen)* producir; *(fertigen)* fabricar; (CHEM, PHYS) generar ❷ *(hervorrufen)* provocar

Erzeuger(in) *m(f)* <-s, -; -nen> ❶ (BIOL) progenitor(a) *m(f)* ❷ (AGR) productor(a) *m(f)*

Erzeugergemeinschaft *f* (WIRTSCH) agrupación *f* de productores

Erzeugerpreis *m* precio *m* de fábrica

Erzeugnis *nt* <-ses, -se> producto *m*

Erzeugung *f* <-en> producción *f*

Erzfeind(in) ['ɛrts-] *m(f)* enemigo, -a *m, f* mortal

Erzgebirge ['eːɐts-, 'ɛrts-] *nt* <-s, *ohne pl*> Montes *mpl* Metálicos

Erzherzog(in) ['ɛrts-] *m(f)* (HIST) archiduque(sa) *m(f)*

erziehbar *adj* educable; **schwer** ~ difícil de educar

erziehen* *irr vt* educar (**zu** para)

Erzieher(in) *m(f)* <-s, -; -nen> educador(a) *m(f)*; *(Kindergärtner)* maestro, -a *m, f* de un jardín de infancia, educador(a) *m(f)* de párvulos *Am*

erzieherisch *adj* educador

Erziehung *f ohne pl* educación *f*

Erziehungsanstalt *f* correccional *m*

erziehungsberechtigt *adj* titular de la patria potestad

Erziehungsberechtigte(r) *mf* titular *mf* de la patria potestad

Erziehungsgeld *nt ohne pl ayuda familiar por hijos*

Erziehungsjahr *nt (Mutter)* baja *f* de un año por maternidad; *(Vater)* baja *f* de un año por paternidad

Erziehungsurlaub *m (Mutter)* baja *f* por maternidad; *(Vater)* baja *f* por paternidad

Erziehungswesen *nt* <-s, *ohne pl*> instrucción *f* pública, educación *f*

Erziehungswissenschaft *f ohne pl* pedagogía *f*

erzielen* *vt* obtener; *(Tor)* marcar; **eine Einigung** ~ llegar a un acuerdo

erzkonservativ *adj* ultraconservador

erzürnen* [ɛɐ'tsʏrnən] *vt (geh: zornig machen)* irritar, encolerizar

erzwingen* *irr vt* conseguir por la fuerza; *(Entscheidung)* forzar

erzwungen *pp von* **erzwingen**

es [ɛs] **I.** *pron pers 3. sg nt* ❶ *nom* ello; *(Mensch)* él, ella; ~ **ist sehr hübsch** es muy bonito ❷ *akk* lo; **ich weiß** ~ **nicht** no lo sé **II.** *(unpers)* ~ **gibt nichts mehr zu tun** no hay nada más que hacer; **ihr wurde** ~ **schlecht** se puso mala; ~ **freut mich, dass ...** me alegra que...+*subj;* ~ **wurde getanzt** se bailó; ~ **ist vier Uhr** son las cuatro; ~ **hat geläutet** ha sonado el timbre; ~ **regnet** llueve; **ich bin** ~ soy yo

Es *nt* <-, -> (MUS) mi *m* bemol

Escapetaste [ɪs'keɪp-] *f* (INFOR) tecla *f* Escape

Esche ['ɛʃə] *f* <-n> (BOT) fresno *m*

Esel(in) ['eːzəl] *m(f)* <-s, -; -nen> ❶ (ZOOL) burro, -a *m, f* ❷ *(fam: Mensch)* estúpido, -a *m, f*

Eselsbrücke *f (fam fig)* regla *f* mnemotécnica

Eselsohr *nt (fam fig)* doblez *m*
Eskalation [ɛskala'tsjo:n] *f* <-en> escalada *f;* (POL) escalación *f*
eskalieren* [ɛska'li:rən] *vi sein* agravarse
Eskapade [ɛska'pa:də] *f* <-n> aventura *f*
Eskimo ['ɛskimo] *m* <-s, -s> esquimal *m*
Eskimofrau *f* esquimal *f*
Eskorte [ɛs'kɔrtə] *f* <-n> escolta *f*
Esoterik [ezo'te:rɪk] *f ohne pl* esoterismo *m*
esoterisch *adj* esotérico
Espe ['ɛspe] *f* <-n> (BOT) álamo *m* temblón
Espresso [ɛs'prɛso] *m* <-(s), -s *o* Espressi, *nach Zahlen:* -> café *m* solo
Espressomaschine *f* máquina *f* (de café) expreso
Esprit [ɛs'pri:] *m* <-s, *ohne pl*> ingenio *m*
Essay ['ɛse, 'ɛsɛɪ] *m o nt* <-s, -s> (LIT) ensayo *m*
Essayist(in) [ɛse'ɪst] *m(f)* <-en, -en; -, -nen> (LIT) ensayista *mf*
essbar ['ɛsba:ɐ] *adj* comestible
Essbesteck *nt* <-(e)s, -e> cubertería *f* de mesa
essen ['ɛsən] <isst, aß, gegessen> *vi, vt* comer; **zu Mittag/Abend ~** almorzar/cenar; **~ gehen** ir a comer (a un restaurante); **das ist gegessen!** *(fam)* ¡ya está!
Essen *nt* <-s, -> comida *f;* *(Gericht)* plato *m*
Essen(s)ausgabe *f (Schalter)* mostrador *m* (de reparto) de comidas
Essen(s)marke *f* bono *m* para (la) comida, ficha *f* para (la) comida
Essenszeit *f (mittags)* hora *f* de comer; *(abends)* hora *f* de cenar
essentiell [ɛsɛn'tsjɛl] *adj s.* **essenziell**
Essenz [ɛ'sɛnts] *f* <-en> esencia *f*
essenziell [ɛsɛn'tsjɛl] *adj* esencial
Essgeschirr *nt* <-(e)s, *ohne pl*> vajilla *f*
Essgewohnheiten *fpl* hábitos *mpl* alimentarios
Essig ['ɛsɪç] *m* <-s, -e> vinagre *m*
Essigessenz *f* <-, -en> (GASTR) esencia *f* de vinagre
Essiggurke *f* pepinillo *m* en vinagre
Essigsäure *f* <-, *ohne pl*> ácido *m* acético
Esskastanie *f* castaña *f*
Esskultur *f* <-, -en> gastronomía *f*
Esslöffel *m* cuchara *f;* **ein ~ Mehl** una cucharada de harina
Essstörung *f* (MED) trastorno *m* en los hábitos alimentarios
Esstisch *m* mesa *f* de comedor
Esszimmer *nt* comedor *m*
Este, -in ['e:stə] *m, f* <-n, -n; -nen> estonio, -a *m, f*
Estland ['ɛstlant] *nt* <-s> Estonia *f*
estnisch ['ɛstnɪʃ] *adj* estonio
Estragon ['ɛstragɔn] *m* <-s, *ohne pl*> estragón *m*
Estrich ['ɛstrɪç] *m* <-s, -e> pavimento *m*
ESZB [e:ʔɛstsɛt'be:] *nt* <-(s), *ohne pl*> *Abk. von* **Europäisches System der Zentralbanken** SEBC *m*
etablieren* [eta'bli:rən] **I.** *vt* establecer **II.** *vr:* **sich ~** establecerse
etabliert *adj* establecido
Etage [e'ta:ʒə] *f* <-n> piso *m*
Etagenbett *nt* litera *f*
Etagenwohnung *f* apartamento *m*
Etappe [e'tapə] *f* <-n> ① (*a.* SPORT: *räumlich, zeitlich*) etapa *f* ② (MIL) retaguardia *f*
Etappensieg *m* <-(e)s, -e> (SPORT) victoria *f* de una etapa; *(fig: Teilerfolg)* victoria *f* parcial
Etat [e'ta:] *m* <-s, -s> presupuesto *m*
etc. [e:te:'tse:] *Abk. von* **et cetera** etc.
etepetete ['e:təpə'te:tə] *adj inv (fam)* de mírame y no me toques
Ethik ['e:tɪk] *f ohne pl* ética *f*
Ethikunterricht *m ohne pl* (SCH) clase *f* de ética
ethisch *adj* ético
ethnisch ['ɛtnɪʃ] *adj* étnico
Ethnografie [ɛtnogra'fi:] *f* <-, -n> etnografía *f*
Ethnologie [ɛtnolo'gi:] *f ohne pl* etnología *f*
Ethos ['e:tɔs] *nt* <-, *ohne pl*> ética *f*
Etikett [eti'kɛt] *nt* <-(e)s, -e(n)> etiqueta *f,* rótulo *m*
Etikette [eti'kɛtə] *f* <-n> etiqueta *f*
etikettieren* *vt* ① *(Dosen, Flaschen)* etiquetar ② *(fig: betiteln)* tachar (**als** de)
etliche(r, s) *pron indef (geh)* algunos *mpl,* algunas *fpl;* **~ unter den Zuschauern** algunos espectadores; **er ist um ~s älter als ich** es bastante mayor que yo
Etui [ɛt'vi:, ety'i:] *nt* <-s, -s> estuche *m*
etwa ['ɛtva] **I.** *adv* ① *(ungefähr)* aproximadamente ② *(beispielsweise)* por ejemplo; **wie ~ in diesem Fall** como por ejemplo en este caso ③ *(Schweiz: ab und zu)* de vez en cuando **II.** *part (vielleicht)* quizá, tal vez; **willst du ~ schon gehen?** ¿es que te quieres ir ya?; **du willst doch nicht ~ behaupten, dass ...?** ¿no querrás decir que...?; **... oder ~ nicht?** ..., ¿o acaso no?
etwaige(r, s) *adj* eventual
etwas ['ɛtvas] *pron indef* algo; *(ein bisschen)* un poco; **hast du noch ~ Geld?** ¿te queda algo de dinero?; **ohne ~ zu sagen** sin decir nada; **das ist ~ anderes** esto es otra cosa; **sie hat ~ mit ihm** *(fam)* está liada con él; **die Sache hat ~ für sich** el asunto tiene algo

Etwas *nt ohne pl* algo; **sie hat das gewisse ~** tiene un no sé qué
Etymologie [etymolo'giː] *f* <-n> etimología *f*
etymologisch [etymo'loːgɪʃ] *adj* etimológico
EU [eː'ʔuː] *f Abk. von* **Europäische Union** UE *f*
EU-Außenminister *m* ministro, -a *m, f* de política exterior de la UE

E

EU-Beitritt *m* ingreso *m* en la UE
EU-Bürger(in) *m(f)* ciudadano, -a *m, f* de la UE
euch [ɔɪç] **I.** *pron pers mfpl dat/akk von* **ihr** os; *(betont)* a vosotros/vosotras... (os); *(mit Präposition)* vosotros/vosotras; **wie habt ihr ~ in China verständigt?** ¿cómo os habéis entendido en China?; **~ würde es gefallen** a vosotros/vosotras os gustaría; **Blumen für ~!** ¡flores para vosotros/vosotras!; **ein Freund von ~** un amigo vuestro; **gehören ~ die Räder?** ¿son vuestras las bicis? **II.** *pron refl mfpl dat/akk von* **ihr** os; **setzt ~!** ¡sentaos!
Eucharistie [ɔɪçarɪs'tiː] *f* <-, -n> (REL) eucaristía *f*
euer ['ɔɪɐ] *pron pers pl gen von* **ihr** de vosotros/vosotras
euer, euere, euer *pron poss (adjektivisch)* vuestro, -a *m, f,* vuestros *mpl,* vuestras *fpl;* **~ Sohn** vuestro hijo; **eure Wohnung/Freunde/Blumen** vuestro piso/vuestros amigos/vuestras flores
euere(r, s) *pron poss (substantivisch)* (el) vuestro *m,* (la) vuestra *f,* (los) vuestros *mpl,* (las) vuestras *fpl;* **das große Stück ist eures** [*o* **euers**] el trozo grande es (el) vuestro; *s. a.* **euer, euere, euer**
Eugenik [ɔɪ'geːnɪk] *f* <-, *ohne pl*> (MED) eugenesia *f*
EU-Gipfel *m* <-s, -> cumbre *f* comunitaria
Eukalyptus [ɔɪka'lʏptʊs] *m* <-, Eukalypten *o* -> (BOT) eucalipto *m*
EU-Kommissar(in) *m(f)* <-s, -e; -, -nen> (POL) comisario, -a *m, f* de la UE
EU-Kommission *f ohne pl* Comisión *f* de la UE
EU-Land *nt* país *m* comunitario
Eule ['ɔɪlə] *f* <-n> (ZOOL) lechuza *f*
EU-Ministerrat *m ohne pl* Consejo *m* de Ministros de la UE
EU-Mitgliedsland *nt* país *m* miembro de la UE
EU-Norm *f* <-, -en> Norma *f* de la UE
Eunuch [ɔɪ'nuːx] *m* <-en, -en> eunuco *m*
EU-Osterweiterung *f ohne pl* ampliación *f* comunitaria al Este
Euphemismus [ɔɪfe'mɪsmʊs] *m* <-, Euphemismen> eufemismo *m*
Euphorie [ɔɪfo'riː] *f* <-n> euforia *f*
euphorisch [ɔɪ'foːrɪʃ] *adj* eufórico
Euratom [ɔɪra'toːm] *f Abk. von* **Europäische Atomgemeinschaft** Euratom *m*
eure(r, s) *pron poss o pron pers s.* **euer**
eurer ['ɔɪrɐ] *pron poss o pron pers s.* **euer**
eurerseits ['ɔɪrɐzaɪts] *adv* por vuestra parte
eures ['ɔɪrəs] *pron poss o pron pers s.* **euer**
euresgleichen ['--'--] *pron indef* de vuestra condición
euretwegen ['ɔɪrətveːgən] *adv* por vosotros; *(negativ)* por vuestra culpa
euretwillen ['ɔɪrətvɪlən] *adv* **um ~** por vosotros
eurige(r, s) *pron poss geh für* **eu(e)re(r, s): der/die/das ~** el vuestro/la vuestra; **die ~n** los vuestros/las vuestras
Euro ['ɔɪro] *m* <-(s), -(s)> (EU) euro *m;* **die Einführung des ~** la introducción del euro; **die Festsetzung des Wertes des ~** la fijación del valor del euro
Eurobanknote *f* billete *m* de euro
Eurobond *m* eurobono *m*
Eurocent *m* <-(s), -(s)> céntimo *m* de euro
Eurocheque *m* eurocheque *m*
Eurocityzug [ɔɪro'sɪtitsuːk] *m* (EISENB) Eurocity *m (tren equivalente al Intercity que cubre también recorridos fuera de Alemania)*
Euro-Einführungsgesetz *nt* ley *f* de introducción del euro
Eurokrat(in) *m(f)* <-en, -en; -, -nen> (POL) eurócrata *mf*
Eurokrise *f* crisis *f* del euro
Euromarkt *m ohne pl* euromercado *m*
Europa [ɔɪ'roːpa] *nt* <-s> Europa *f*
Europaabgeordnete(r) *mf* eurodiputado, -a *m, f*
Europacup [ɔɪ'roːpakap] *m* <-s, -s> (SPORT) copa *f* de Europa
Europäer(in) [ɔɪro'pɛːɐ] *m(f)* <-s, -; -nen> europeo, -a *m, f*
europäisch *adj* europeo; **E~er Binnenmarkt** Mercado único europeo; **E~er Rechnungshof** Tribunal Europeo de Cuentas; **E~es System der Zentralbanken** Sistema Europeo de Bancos Centrales; **E~e Union** Unión Europea; **E~e Währungseinheit** unificación monetaria europea; **E~es Währungssystem** Sistema Monetario Europeo; **E~e Wirtschafts- und Währungsunion** Unión Económica y Monetaria Europea; **E~e Zentralbank** Banco Central Europeo
Europäisierung *f ohne pl* (POL) europeización *f*

europakritisch *adj* euroescéptico
Europameister(in) *m(f)* (SPORT) campeón, -ona *m, f* de Europa
Europameisterschaft *f* (SPORT) campeonato *m* de Europa
Europaparlament *nt ohne pl* Parlamento *m* Europeo
Europapokal *m* (SPORT) copa *f* de Europa
Europarat *m ohne pl* Consejo *m* de Europa
Eurorettungsschirm *m* (POL) fondo *m* [*o* paraguas *m*] de rescate europeo
Euroskeptiker(in) *m(f)* (POL) euroscéptico, -a *m, f*
Eurotunnel *m ohne pl* eurotúnel *m*
Eurovision [---'-] *f ohne pl* Eurovisión *f*
Euro-Währung *f* (EU) moneda *f* europea
Eurozone *f* <-, *ohne pl*> eurozona *f*, zona *f* euro
Euter ['ɔɪtɐ] *m* <-s, -> ubre *f*
Euthanasie [ɔɪtana'ziː] *f ohne pl* eutanasia *f*
EU-Verfassung *f* constitución *f* europea
EU-Verordnung *f* (EU) reglamento *m* europeo, decreto (ley) *m* europeo
EU-Vertrag *m* (EU) tratado *m* de la Unión Europea
ev. (REL) *Abk. von* **evangelisch** protestante
e.V., E.V. *Abk. von* **eingetragener Verein** sociedad *f* registrada
evakuieren* [evaku'iːrən] *vt* evacuar
Evakuierung *f* <-en> evacuación *f*
evangelisch [evaŋ'geːlɪʃ] *adj* evangélico, protestante
Evangelisierung *f* <-, *ohne pl*> evangelización *f*
Evangelist [evaŋge'lɪst] *m* <-en, -en> (REL) evangelista *m*
Evangelium [evaŋ'geːliʊm] *nt* <-s, Evangelien> evangelio *m*
Event [i'vɛnt] *m o nt* <-s, -s> *(fam)* evento *m*
Eventualität [evɛntuali'tɛːt] *f* <-en> eventualidad *f*
eventuell [evɛntu'ɛl] *adj* eventual
evident [evi'dɛnt] *adj (geh)* evidente
Evolution [evolu'tsjoːn] *f* <-en> evolución *f*
Evolutionstheorie *f* <-, -n> (BIOL) teoría *f* de la evolución
evtl. *Abk. von* **eventuell** eventual
E-Werk *nt Abk. von* **Elektrizitätswerk** central *f* eléctrica
EWG [eːveː'geː] *f* <-, *ohne pl*> (HIST) *Abk. von* **Europäische Wirtschaftsgemeinschaft** CEE *f*
EWI [eːveː'ʔiː] *nt* <-s, *ohne pl*> (EU) *Abk. von* **Europäisches Währungsinstitut** IME *m*
ewig ['eːvɪç] *adj* ❶ *(unendlich)* eterno; **für immer und ~** para siempre jamás ❷ *(fam: ständig)* continuo; *(endlos)* infinito; **das dauert ja ~ (und drei Tage)** esto dura una eternidad
Ewiggestrige(r) ['eːvɪçgɛstrɪgɐ] *mf* <-n, -n; -n, -n> persona *f* que vive anclada en el pasado
Ewigkeit *f* <-en> eternidad *f*; **bis in alle ~** *(fam)* para siempre
EWS [eːveː'ʔɛs] *nt* <-, *ohne pl*> (EU) *Abk. von* **Europäisches Währungssystem** SME *m*
EWU [eːveː'ʔuː] *f* <-, *ohne pl*> (EU) *Abk. von* **Europäische Währungsunion** UME *f*
EWWU [eːveːveː'ʔuː] *f ohne pl* (EU) *Abk. von* **Europäische Wirtschafts- und Währungsunion** UEME *f*
EWWU-Teilnehmerland *nt*, **EWWU--Teilnehmerstaat** *m* país *m* miembro de la UEME
ex [ɛks] *adv (fam)* **etw auf ~ trinken** beber algo de un trago
Ex *mf* <-, -; -> *(fam)* ex *mf*
exakt [ɛ'ksakt] *adj* exacto; *(Uhrzeit)* en punto; *(sorgfältig)* esmerado
Exaktheit *f* <-, *ohne pl*> ❶ *(Genauigkeit)* exactitud *f*; *(Darstellung)* rigor *m* ❷ *(Sorgfalt)* precisión *f*
Examen [ɛ'ksaːmən, *pl:* ɛ'ksaːmina] *nt* <-s, - *o* Examina> examen *m*; **~ machen** examinarse
Examenskandidat(in) *m(f)* <-en, -en; -, -nen> candidato, -a *m, f* al examen final (de carrera)
Examina *pl von* **Examen**
examinieren* [ɛksami'niːrən] *vt* ❶ *(untersuchen)* investigar, examinar ❷ *(prüfen)* examinar (**in** de, **über** sobre)
exekutieren* [ɛkseku'tiːrən] *vt* ejecutar
Exekution [ɛkseku'tsjoːn] *f* <-en> ejecución *f*
Exekutive [ɛkseku'tiːvə] *f* <-n> (JUR, POL) ejecutivo *m*
Exekutivgewalt *f* (POL) poder *m* ejecutivo
Exemplar [ɛksɛm'plaːɐ] *nt* <-s, -e> ejemplar *m*
exemplarisch [ɛksɛm'plaːrɪʃ] *adj (geh)* ejemplar
exerzieren* [ɛksɛr'tsiːrən] *vi* (MIL) hacer maniobras
Exhibitionismus [ɛkshibitsjo'nɪsmʊs] *m* <-, *ohne pl*> exhibicionismo *m*
Exhibitionist(in) *m(f)* <-en, -en; -nen> exhibicionista *mf*
exhumieren* [ɛkshu'miːrən] *vt* exhumar
Exhumierung *f* <-, -en> exhumación *f*
Exil [ɛ'ksiːl] *nt* <-s, -e> exilio *m*; **ins ~ gehen** exiliarse

E

existent [ɛskɪs'tɛnt] *adj* existente
Existentialismus [ɛksɪstɛntsja'lɪsmʊs] *m* <-, *ohne pl*> *s.* **Existenzialismus**
existentiell [ɛksɪstɛn'tsjɛl] *adj s.* **existenziell**
Existenz[1] [ɛksɪs'tɛnts] *f ohne pl (Dasein)* existencia *f*
Existenz[2] *f* <-en> ❶ *(berufliche Stellung)* sustento *m;* **sich** *dat* **eine ~ aufbauen** montar un negocio ❷ *(abw: Mensch)* individuo *m;* **eine gescheiterte ~** un fracaso (de persona)
Existenzangst *f* angustia *f* existencial
Existenzberechtigung *f* autojustificación *f*
Existenzgründer(in) *m(f)* <-s, -; -, -nen> fundador(a) *m(f)* de un negocio
Existenzgrundlage *f* base *f* de vida
Existenzgründung *f* acción *f* de crearse una posición (para ganarse el sustento)
Existenzialismus [ɛksɪstɛntsja'lɪsmʊs] *m* <-, *ohne pl*> (PHILOS) existencialismo *m*
existenziell *adj* existencial
Existenzminimum *nt* mínimo *m* vital
Existenzsicherung *f* <-, *ohne pl*> aseguramiento *m* de los medios de vida [*o* del sustento]
existieren* [ɛksɪs'tiːrən] *vi* ❶ *(vorhanden sein)* existir ❷ *(auskommen)* vivir (**von** de)
Exitus ['ɛksitʊs] *m* <-, *ohne pl*> (MED) muerte *f*
exklusiv [ɛksklu'ziːf] *adj* exclusivo
Exklusivität *f* <-, *ohne pl*> *(geh)* exclusividad *f*
Exklusivrecht *nt* (JUR) derecho *m* exclusivo
Exklusivvertrag *m* (COM) contrato *m* de exclusividad
Exkommunikation *f* <-, -en> (REL) excomunión *f*
exkommunizieren* *vt* (REL) excomulgar
Exkremente [ɛkskre'mɛntə] *ntpl (geh)* excrementos *mpl,* defecaciones *fpl*
Exkurs [ɛks'kʊrs] *m* <-es, -e> excurso *m*
Exkursion [ɛkskʊr'zjoːn] *f* <-en> excursión *f*
Exmatrikulation [ɛksmatrikula'tsjoːn] *f* <-en> exmatriculación *f*
exmatrikulieren* *vt* borrar de la matrícula (de estudiantes)
Exodus ['ɛksodʊs] *m* <-, -se> *(geh: Auszug)* éxodo *m*
exorbitant [ɛksɔrbi'tant] *adj (geh)* exorbitante
Exot(in) [ɛ'ksoːt] *m(f)* <-en, -en; -nen> ❶ *(Tier)* animal *m* exótico; *(Pflanze)* planta *f* exótica; *(Mensch)* persona *f* de un país exótico ❷ *(fam: kauziger Typ)* bicho *m* raro
exotisch [ɛ'ksoːtɪʃ] *adj* exótico
expandieren* [ɛkspan'diːrən] *vi* (COM) expandir; (PHYS) dilatarse
Expansion [ɛkspan'zjoːn] *f* <-en> (*a.* POL, WIRTSCH) expansión *f*
Expedition [ɛkspedi'tsjoːn] *f* <-en> expedición *f*
Experiment [ɛksperi'mɛnt] *nt* <-(e)s, -e> experimento *m*
experimentell [ɛksperimen'tɛl] *adj* experimental
experimentieren* *vi* experimentar (**mit** con)
Experte, -in [ɛks'pɛrtə] *m, f* <-n, -n; -nen> experto, -a *m, f; (Sachkundige)* perito, -a *m, f*
Expertin *f* <-nen> *s.* **Experte**
Expertise [ɛkspɛr'tiːzə] *f* <-n> peritaje *m*
explizit [ɛkspli'tsiːt] *adj* explícito
explodieren* [ɛksplo'diːrən] *vi sein* ❶ *(Bombe, a. fig)* explotar ❷ *(Preise, Kosten)* dispararse; *(Bevölkerungszahl)* explotar
Explosion [ɛksplo'zjoːn] *f* <-en> *(a. fig)* explosión *f*
explosionsartig *adj* ❶ *(einer Explosion ähnlich)* como una explosión ❷ *(rapide)* rápido
Explosionsgefahr *f* peligro *m* de explosión
explosiv [ɛksplo'ziːf] *adj* explosivo
Explosiv *m* <-s, -e>, **Explosivlaut** *m* <-(e)s, -e> (LING) explosiva *f*
Exponat [ɛkspo'naːt] *nt* <-(e)s, -e> (KUNST) obra *f* expuesta
Exponent [ɛkspo'nɛnt] *m* <-en, -en> (MATH) exponente *m*
Export [ɛks'pɔrt] *m* <-(e)s, -e> (*a.* INFOR) exportación *f*
Exporteur(in) [ɛkspɔr'tøːɐ, *pl:* ɛkspɔr'tøːrə] *m(f)* <-s, -e; -nen> exportador(a) *m(f)*
Exportfirma *f* casa *f* exportadora, empresa *f* exportadora
Exportgeschäft *nt* negocio *m* de exportación
Exporthandel *m ohne pl* comercio *m* exportador
exportieren* [ɛkspɔr'tiːrən] *vt* (*a.* INFOR) exportar
Exportschlager *m* <-s, -> producto *m* de gran exportación
Express [ɛks'prɛs] *m* <-es, *ohne pl*> (tren *m*) expreso *m;* **per ~** urgente
Expressionismus [ɛksprɛsjo'nɪsmʊs] *m* <-, *ohne pl*> (KUNST, MUS, LIT) expresionismo *m*
Expressionist(in) [ɛksprɛsio'nɪst] *m(f)* <-en, -en; -, -nen> (KUNST, LIT, MUS) expresionista *mf*

expressionistisch *adj* (KUNST, MUS, LIT) expresionista
expressiv [ɛksprɛ'si:f] *adj* expresivo
exquisit [ɛkskvi'zi:t] *adj* exquisito
extensiv [ɛkstɛn'zi:f] *adj* extensivo
extern [ɛks'tɛrn] *adj* externo
Externe(r) *mf* <-n, -n; -n, -n> (SCH) (alumno, -a *m, f*) externo , -a *m, f*
extra ['ɛkstra] **I.** *adj inv (fam)* ❶ *(zusätzlich)* adicional; **eine ~ Belohnung** una recompensa adicional ❷ *(gesondert)* aparte, separado; **auf einem ~ Blatt** en hoja aparte **II.** *adv* ❶ *(gesondert)* aparte, separado ❷ *(zusätzlich)* extra ❸ *(eigens)* especialmente; **das hast du ~ gemacht** *(fam)* esto lo has hecho a propósito
Extra *nt* <-s, -s> extra *m*
Extrablatt *nt* edición *f* extra
Extrakt [ɛks'trakt] *m o nt* <-(e)s, -e> extracto *m*, esencia *f*
extravagant ['ɛkstravagant, ---'-] *adj* extravagante
Extravaganz ['ɛkstravagants, ---'-] *f* <-en> extravagancia *f*
extravertiert [ɛkstravɛr'ti:ɐt] *adj* (PSYCH) *s.* **extrovertiert**
Extrawurst *f (fam)* **Mensch, du kriegst immer eine ~!** ¡chico, a ti hay que echarte de comer aparte!
extrem [ɛks'tre:m] **I.** *adj* extremo **II.** *adv* en extremo
Extrem *nt* <-s, -e> extremo *m*
Extremfall *m* <-(e)s, -fälle> caso *m* extremo; **im ~** en último extremo
Extremismus [ɛkstre'mɪsmʊs] *m* <-, Extremismen> (POL) extremismo *m*
Extremist(in) *m(f)* <-en, -en; -nen> extremista *mf*, ultra *mf fam*
extremistisch *adj* extremista, ultra
Extremitäten [ɛkstremi'tɛ:tən] *f pl* extremidades *f pl*
Extremsportart *f* deporte *m* de alto riesgo
extrovertiert [ɛkstrovɛr'ti:ɐt] *adj* extravertido, extrovertido
exzellent [ɛkstsɛ'lɛnt] *adj* excelente
Exzellenz [ɛkstsɛ'lɛnts] *f* <-en> Excelencia *f*; (**Euer**) ~ (Su) Excelencia
exzentrisch [ɛks'tsɛntrɪʃ] *adj* (*a.* MATH) excéntrico
exzerpieren* [ɛkstsɛr'pi:rən] *vt (geh)* extractar
Exzerpt [ɛks'tsɛrpt] *nt* <-(e)s, -e> *(geh)* extracto *m*
Exzess [ɛks'tsɛs] *m* <-es, -e> exceso *m*; **etw bis zum ~ treiben** excederse en algo
exzessiv [--'-] *adj (geh)* excesivo
Eyeliner ['aɪlaɪnɐ] *m* <-s, -> delineador *m* de ojos
EZB [e:tsɛt'be:] *f ohne pl* (EU) *Abk. von* **Europäische Zentralbank** Banco *m* Central Europeo
EZU [e:tsɛt'ʔu:] *f ohne pl* (POL, WIRTSCH) *Abk. von* **Europäische Zahlungsunion** UEP *f*
E-Zug *m* (EISENB) *Abk. von* **Eilzug** (tren *m*) expreso *m*

Ff

F

F, f [ɛf] *nt* <-, -> ❶ *(Buchstabe)* F, f *f;* **~ wie Friedrich** F de Francia ❷ (MUS) fa *m*

f. ❶ *Abk. von* **folgende** (**Seite**) y (página) siguiente ❷ *Abk. von* **für** para

Fa. *Abk. von* **Firma** firma *f,* casa *f*

Fabel ['fa:bəl] *f* <-n> fábula *f*

fabelhaft *adj* fabuloso, formidable, fain *Am*

Fabeltier *nt* animal *m* fabuloso

Fabelwesen *nt* <-s, -> ser *m* fabuloso

Fabrik [fa'bri:k] *f* <-en> fábrica *f*

Fabrikabfälle *mpl* residuos *mpl* de las fábricas

Fabrikanlage *f* planta *f*

Fabrikant(in) [fabri'kant] *m(f)* <-en, -en; -nen> fabricante *mf*

Fabrikarbeiter(in) *m(f)* obrero, -a *m, f* de fábrica

Fabrikat [fabri'ka:t] *nt* <-(e)s, -e> producto *m*

Fabrikation [fabrika'tsjo:n] *f* <-en> fabricación *f*

Fabrikgelände *nt* terreno *m* de la fábrica

Fabrikhalle *f* <-, -n> (WIRTSCH) nave *f* industrial

fabrikneu *adj* (totalmente) nuevo; *(fam)* flamante

fabrizieren* [fabri'tsi:rən] *vt (fam)* fabricar, hacer

fabulieren* [fabu'li:rən] *vi* ❶ *(erzählen)* contar cuentos ❷ *(lügen)* contar cuentos (chinos)

Facebook® <-[s]> ['fɛɪ̯sbʊk] *nt kein pl* (INFOR) Facebook® *m*

facebooken ['fɛɪ̯sbʊkn̩] *vi* (INFOR) conectarse a Facebook®, facebookear

Facelifting ['feɪslɪftɪŋ] *nt* <-s, -s> ❶ (MED) operación *f* de cirugía estética, estiramiento *m* facial ❷ *(Verschönerungsaktion)* remozamiento *m;* **dieses Gebäude braucht dringend ein ~** este edificio necesita ser remozado urgentemente

Facette [fa'sɛtə] *f* <-n> faceta *f*

Facettenauge *nt* <-s, -n> (ZOOL) ojo *m* compuesto

Fach [fax, *pl:* 'fɛçɐ] *nt* <-(e)s, Fächer> ❶ *(in einer Tasche)* bolsillo *m; (im Schrank)* casilla *f; (Schublade)* cajón *m; (Postfach)* casilla *f* ❷ *(Berufszweig)* ramo *m; (Wissensgebiet)* campo *m; (Unterrichtsfach)* materia *f,* asignatura *f;* **vom ~ sein** ser del ramo

Facharbeiter(in) *m(f)* obrero, -a *m, f* cualificado , -a

Facharzt, -ärztin *m, f* (médico, -a *m, f*) especialista *mf*

fachärztlich *adj o adv* por un especialista

Fachausdruck *m* término *m* técnico

Fachbereich *m* ❶ *(Fachgebiet)* especialidad *f* ❷ (UNIV) facultad *f*

Fachbuch *nt* libro *m* técnico

fächeln ['fɛçəln] **I.** *vt* abanicar **II.** *vr:* **sich ~** abanicarse

Fächer[1] ['fɛçɐ] *m* <-s, -> abanico *m*

Fächer[2] *pl von* **Fach**

Fachfrau *f* especialista *f,* experta *f*

fachfremd *adj* lego en la materia, ajeno al ramo

Fachgebiet *nt* especialidad *f*

fachgerecht I. *adj (Ausführung)* profesional **II.** *adv* de manera profesional

Fachgeschäft *nt* tienda *f* especializada (**für** en)

Fachgruppe *f* <-, -n> ❶ *(Fachleute)* grupo *m* de especialistas, comisión *f* de expertos ❷ *(Studenten)* grupo *m* de trabajo especializado

Fachhandel *m* comercio *m* especializado

Fachhändler(in) *m(f)* comerciante *mf* especializado , -a

Fachhochschulabschluss *m* ≈ Diplomado *m*

Fachhochschule *f* escuela *f* técnica superior; **~ für Ernährungswissenschaften** escuela superior de ciencias de la alimentación

Fachidiot(in) *m(f) (abw)* especialista *mf (limitado, -a a su campo laboral)*

Fachjargon *m* <-s, -s> jerga *f* de los expertos

Fachkenntnisse *fpl* conocimientos *mpl* técnicos

Fachkraft *f* experto, -a *m, f,* especialista *mf*

fachkundig ['faxkʊndɪç] *adj* competente

Fachlehrer(in) *m(f)* (SCH) profesor(a) *m(f)* de una especialidad

Fachleute *pl von* **Fachmann**

fachlich *adj* profesional, técnico; **dafür ist er ~ nicht qualifiziert** para ello no está cualificado

Fachliteratur *f ohne pl* literatura *f* técnica

Fachmann *m* <-(e)s, -leute *o* -männer> especialista *m,* experto *m*

fachmännisch ['faxmɛnɪʃ] *adj* competente, profesional

Fachmesse *f* <-, -n> feria *f* especializada

Fachpresse *f ohne pl* prensa *f* especializada

Fachrichtung *f* rama *f,* especialización *f* (académica); **die ~ Physik an der Uni-**

versität Köln la facultad de física de la universidad de Colonia
Fachschaft *f* <-, -en> ① (UNIV) organización *f* estudiantil, junta *f* de estudiantes ② *(Berufsgruppe)* organización *f* profesional
Fachschule *f* instituto *m* de formación profesional
fachsimpeln ['-zɪmpəln] *vi (fam)* hablar de asuntos profesionales
Fachsprache *f* lenguaje *m* técnico
fachsprachlich I. *adj* del [*o* en] lenguaje técnico **II.** *adv* en términos técnicos
Fachtext *m* <-(e)s, -e> texto *m* especializado [*o* técnico]
Fachwerk *nt* <-(e)s, -e> entramado *m*
Fachwerkhaus *nt* casa *f* de paredes entramadas
Fachwissen *nt s.* **Fachkenntnisse**
Fachwort *nt* término *m* técnico
Fachzeitschrift *f* revista *f* especializada
Fackel ['fakəl] *f* <-n> antorcha *f*
fackeln *vi (fam)* vacilar, titubear; **da wird nicht lange gefackelt** ahí no se andan con contemplaciones
Fackelzug *m* procesión *f* de antorchas
fad(e) *adj (abw)* ① *(Speise)* soso ② *(langweilig)* aburrido
Faden ['fa:dən, *pl:* 'fɛ:dən] *m* <-s, Fäden> ① *(Nähfaden)* hilo *m;* **der rote ~** *(fig)* el hilo conductor; **die Fäden in der Hand halten** *(fig)* tener la sartén por el mango; **sein Schicksal hängt am seidenen ~** *(fig)* su vida pende de un hilo; **den ~ verlieren** *(fig)* perder el hilo; **nach Strich und ~** *(fig fam)* totalmente ② (MED) punto *m*
Fadenkreuz *nt* <-es, -e> (TECH) retícula *f;* **ins ~ geraten** *(fig)* ser blanco de las críticas [*o* acusaciones]
fadenscheinig ['fa:dənʃaɪnɪç] *adj (abw: Argument)* poco convincente
Fagott [fa'gɔt] *nt* <-(e)s, -e> fagot *m*
Fagottbläser(in) *m(f)* (MUS) fagot(ista) *mf*
Fagottist(in) [fagɔ'tɪst] *m(f)* <-en, -en; -, -nen> (MUS) *s.* **Fagottbläser**
fähig ['fɛ:ɪç] *adj* ① *(imstande)* capaz (**zu** de); **zu allem ~ sein** ser capaz de todo ② *(begabt)* inteligente ③ *(geschickt)* hábil ④ *(befähigt)* cualificado (**zu** para) ⑤ *(geeignet)* idóneo (**zu** para)
Fähigkeit[1] *f ohne pl (das Imstandesein)* capacidad *f* (**zu** para); *(Geschicklichkeit)* habilidad *f* (**zu** para)
Fähigkeit[2] *f* <-en> *(Begabung)* talento *m; (geistig)* facultad *f*
fahl [fa:l] *adj (Farbe)* pálido; *(Gesichtsfarbe)* lívido; *(Licht)* mortecino

fahnden ['fa:ndən] *vi* **nach etw** *dat* / **jdm ~** buscar algo/a alguien
Fahndung *f* <-en> búsqueda *f* (**nach** de)
Fahndungsliste *f* lista *f* de personas buscadas
Fahne[1] ['fa:nə] *f* <-n> ① *(Flagge)* bandera *f;* (NAUT) pabellón *m;* **mit fliegenden ~n** con las banderas desplegadas ② (TYPO) galerada *f*
Fahne[2] *f ohne pl (fam: Atem)* tufo *m* a alcohol; **eine ~ haben** apestar a alcohol
Fahneneid *m* (MIL) jura *f* de la bandera
Fahnenflucht *f ohne pl* (MIL) deserción *f*
fahnenflüchtig *adj* (MIL) desertor; **~ werden** desertar
Fahnenflüchtige(r) *mf* (MIL) desertor(a) *m(f); (Wehrpflichtiger)* prófugo *m*
Fahnenmast *m,* **Fahnenstange** *f* asta *f* de la bandera
Fahnenträger(in) *m(f)* abanderado, -a *m, f*
Fahrausweis *m* ① *(Fahrkarte)* billete *m,* boleto *m Am* ② *(Schweiz: Führerschein)* carné *m* de conducir
Fahrbahn *f* vía *f;* **von der ~ abkommen** salirse de la carretera
Fähre ['fɛ:rə] *f* <-n> tra(n)sbordador *m,* ferri *m*
fahren ['fa:rən] <fährt, fuhr, gefahren> **I.** *vi sein* ① *(losfahren)* salir; **der Zug fährt in 5 Minuten** el tren sale dentro de 5 minutos ② *(sich fortbewegen)* ir (**mit** en); *(Fahrzeug)* estar en marcha; **mit dem Motorrad ~** ir en moto; **Rollschuh ~** patinar; **Ski ~** esquiar; **Karussell ~** montar(se) en el tiovivo; **geradeaus ~** seguir recto ③ *(verkehren)* circular; **die Züge ~ nicht am Wochenende** los trenes no circulan los fines de semana ④ *(reisen)* ir (**nach** a) ⑤ *(berühren)* **sie fuhr ihm durch die Haare** le pasó la mano por el pelo ⑥ *(fam: zurechtkommen)* llevarse bien; **er ist mit ihm immer gut ge~** siempre se ha llevado bien con él ⑦ *(durchzucken)* **der Schreck fuhr ihm in die Glieder** el susto le atravesó de parte a parte **II.** *vt* ① *haben o sein (Straße, Umleitung)* ir (por) ② *(befördern)* tra(n)sportar; *(Personen)* llevar; **ich fahre dich nach Hause** te llevo a casa ③ *(steuern)* conducir, manejar *Am;* **lass mich ~** déjame conducir a mí ④ (SPORT) **ein Rennen ~** participar en una carrera (de automóviles); **eine gute Zeit ~** conseguir buenos resultados en una carrera
Fahrenheit ['fa:rənhaɪt] (PHYS) **20 Grad ~** 20 grados Fahrenheit
Fahrer(in) ['fa:rɐ] *m(f)* <-s, -; -nen> *(Auto-, Busfahrer)* conductor(a) *m(f); (Chauffeur)* chófer *mf; (Motorradfahrer)* motociclista *mf; (Fahrradfahrer)* ciclista *mf*

Fahrerflucht *f ohne pl huida del lugar del accidente (y omisión de socorro);* ~ **begehen** huir del lugar del accidente
Fahrerin *f* <-nen> *s.* **Fahrer**
Fahrerlaubnis *f (formal)* ① *(Genehmigung)* permiso *m* de conducir ② *(Führerschein)* carné *m* de conducir
Fahrersitz *m* (AUTO, EISENB) asiento *m* del conductor
Fahrgast *m* pasajero, -a *m, f*
Fahrgeld *nt ohne pl* precio *m* del billete, tarifa *f*
Fahrgemeinschaft *f grupo de personas que se agrupan para ir al trabajo en un solo vehículo, para economizar gasolina y cuidar del medio ambiente*
Fahrgestell *nt* ① (AUTO) chasis *m inv* ② (AERO) tren *m* de aterrizaje
fahrig ['faːrɪç] *adj* ① *(unruhig)* inquieto ② *(zerstreut)* distraído
Fahrkarte *f* billete *m*, boleto *m Am;* **eine ~ hin und zurück** un billete de ida y vuelta
Fahrkartenautomat *m* distribuidor *m* automático de billetes
Fahrkartenschalter *m* ventanilla *f* de venta de billetes, despacho *m* de billetes
fahrlässig ['faːɐlɛsɪç] *adj* descuidado; *(nachlässig)* negligente; **~e Tötung** (JUR) homicidio imprudente
Fahrlässigkeit *f* <-en> descuido *m; (Nachlässigkeit)* negligencia *f;* (JUR) imprudencia *f*
Fahrlehrer(in) *m(f)* profesor(a) *m(f)* de autoescuela
Fährmann ['fɛːɐ-] *m* <-(e)s, -männer *o* -leute> barquero *m*
Fahrplan *m* horario *m*
fahrplanmäßig *adj* conforme al horario previsto
Fahrpreis *m* precio *m* del trayecto
Fahrprüfung *f* (examen *m*) práctico *m* de conducir
Fahrrad ['faːɐraːt] *nt* bicicleta *f*, ciclo *m Cuba*
Fahrradfahrer(in) *m(f)* ciclista *mf*
Fahrradhelm *m* casco *m* (protector)
Fahrradkette *f* cadena *f* de la bicicleta
Fahrradkorb *m* cesta *f* (de la bicicleta)
Fahrradkurier *m* mensajero, -a *m, f* exprés en bicicleta
Fahrradschloss *nt* candado *m* (para la bicicleta)
Fahrradständer *m* aparcamiento *m* para bicicletas
Fahrradweg *m* carril *m* para bicicletas
Fahrschein *m s.* **Fahrkarte**
Fahrscheinautomat *m* distribuidor *m* automático de billetes
Fahrscheinentwerter *m* <-s, -> máquina *f* canceladora de billetes
Fährschiff *nt s.* **Fähre**
Fahrschule *f* autoescuela *f*
Fahrschüler(in) *m(f)* persona *f* que está sacando el permiso de conducir
Fahrspur *f* (AUTO) vía *f*
Fahrstil *m* estilo *m* de conducción
Fahrstuhl *m* ascensor *m; (für Lasten)* montacargas *m inv*
Fahrstunde *f* clase *f* de conducir
Fahrt [faːɐt] *f* <-en> ① *(Reise)* viaje *m; (Ausflug)* excursión *f; (Strecke)* trayecto *m;* **auf der ~** durante el viaje; **eine ~ antreten** irse de viaje; **gute ~!** ¡buen viaje!; **freie ~ haben** tener el paso libre ② *(Geschwindigkeit)* velocidad *f;* **in voller ~** a toda velocidad; **er kommt richtig in ~** *(fam fig)* se está animando
fährt [fɛːɐt] *3. präs von* **fahren**
Fahrtdauer *f* <-, *ohne pl*> duración *f* del viaje [*o* del recorrido]
Fährte ['fɛːɐtə] *f* <-n> rastro *m*, pista *f;* **jdn auf die richtige ~ bringen** *(fig)* poner a alguien sobre la buena pista
Fahrtenbuch *nt* (AUTO) libro *m* de ruta
Fahrtenschreiber *m* <-s, -> (AUTO) tacógrafo *m*
Fahrtkosten *pl* gastos *mpl* de viaje
Fahrtrichtung *f* sentido *m* de marcha; **in ~ Süden** en dirección al Sur
fahrtüchtig *adj* ① *(Person)* capaz de conducir ② *(Fahrzeug)* en buen estado
Fahrtwind *m (Gegenwind)* viento *m* en contra
Fahrverbot *nt* retirada *f* del permiso de conducir
Fahrwasser *nt ohne pl* aguas *fpl* navegables; *(Durchfahrt)* canal *m* de navegación
Fahrweise *f* <-, -n> *s.* **Fahrstil**
Fahrwerk *nt* (AERO) tren *m* de aterrizaje
Fahrzeit *f* duración *f* del trayecto; **nach einer ~ von drei Stunden** después de tres horas de viaje
Fahrzeug *nt* <-(e)s, -e> vehículo *m*
Fahrzeugbrief *m* permiso *m* de circulación
Fahrzeughalter(in) *m(f)* titular *mf* del vehículo
Fahrzeugpapiere *ntpl* documentación *f* del vehículo, papeles *mpl* del coche *fam*
Fahrzeugschein *m* documentación *f* del vehículo
Fahrziel *nt* destino *m*
Faible ['fɛɪbəl] *nt* <-s, -s> *(geh)* afición *f* (**für** a); *(Neigung)* inclinación *f* (**für** por)
fair [fɛːɐ] *adj (anständig)* correcto; *(gerecht)* justo; (SPORT) limpio

Fairness ['fɛ:ɐnɛs] *f ohne pl* comportamiento *m* leal; (SPORT) juego *m* limpio

Fairway ['fɛ:ɐwɛɪ] *nt* <-s, -s> (SPORT: *Spielbahn beim Golf*) pista *f*

Fäkalien [fɛ'ka:liən] *f pl (formal)* heces *f pl*, excrementos *m pl*

Fake [feɪk] *m* <-s, -s> *(fam: Fälschung)* falsificación *f*

faken ['feɪkn̩] *vt (fam)* fingir

Fakir [fa'ki:ɐ] *m* <-s, -e> faquir *m*

Faksimile [fak'zi:mile] *nt* <-s, -s> facsímil *m*

Fakt ['fakt] *m o nt* <-(e)s, -en *o* -s> hecho *m;* **das ist ~** esto es un hecho

Fakten ['faktən] *pl von* **Faktum**

faktisch ['faktɪʃ] **I.** *adj* real **II.** *adv* de hecho

Faktor ['fakto:ɐ] *m* <-s, -en> *(Umstand, a.* MATH) factor *m*

Faktum ['faktʊm] *nt* <-s, Fakten> hecho *m;* **sich auf die Fakten stützen** basarse en los hechos

Fakultät [fakʊl'tɛ:t] *f* <-en> ❶ (UNIV) facultad *f* ❷ (MATH) factorial *f*

fakultativ [fakʊlta'ti:f] *adj (geh)* facultativo

Falke ['falkə] *m* <-n, -n> halcón *m*

Falkner(in) ['falknɐ] *m(f)* <-s, -; -, -nen> halconero, -a *m, f*

Fall¹ [fal] *m* <-(e)s, *ohne pl*> *(das Fallen, a.* PHYS) caída *f;* **zu ~ kommen** *(fig)* fracasar

Fall² [fal, *pl:* 'fɛlə] *m* <-(e)s, Fälle> ❶ *(Umstand, a.* MED, LING, JUR) caso *m;* **für den ~, dass ...** en caso de que... *+subj;* **gesetzt den ~, dass ...** pongamos por caso que... *+subj;* **auf gar keinen ~** de ninguna manera; **auf jeden ~** en cualquier caso; **im schlimmsten/günstigsten ~** en el peor/mejor de los casos; **er ist ein hoffnungsloser ~** es un caso perdido; **in diesem ~** en este caso; **von ~ zu ~** caso por caso; **auf alle Fälle** de todas maneras; **für alle Fälle** por si acaso ❷ (JUR: *Rechtssache*) causa *f*

Fallbeil *nt* guillotina *f*

Falle ['falə] *f* <-n> ❶ *(Hinterhalt, Fanggerät)* trampa *f;* **in der ~ sitzen** haber caído en la trampa; **jdm eine ~ stellen** tender(le) a alguien una trampa ❷ *(Schweiz: Türklinke)* picaporte *m* ❸ *(fam: Bett)* catre *m*

fallen ['falən] <fällt, fiel, gefallen> *vi sein* ❶ *(hinabfallen, sich stürzen, a.* MIL) caer; **~ lassen** *(Dinge)* dejar caer; *(Masche)* dejar escapar; *(Plan)* abandonar; *(Person)* abandonar (en la estacada); **es fällt Schnee** nieva; **es fällt Regen** llueve; **sie fiel in tiefen Schlaf** cayó en un profundo sueño; **jdm um den Hals ~** echar(le) los brazos al cuello a alguien; **er fiel ihr ins Wort** la interrumpió; **sie ist nicht auf den Mund ge~** *(fam fig)* tiene buenas salidas; **sie ist nicht auf den Kopf ge~** *(fam fig)* no tiene un pelo de tonta ❷ *(sinken)* bajar, descender; **die Temperatur ist um 10 Grad ge~** la temperatura descendió 10 grados; **im Preis ~** bajar de precio ❸ *(sich richten, treffen)* recaer (**auf** sobre, **an** en); **die Wahl fiel auf ihn** salió elegido él ❹ *(erfasst werden)* entrar (**in/unter** en); **das fällt auch in diese Kategorie** esto también entra en esta categoría ❺ *(Licht)* penetrar ❻ *(Entscheidung)* ser tomado; *(Urteil)* ser fallado ❼ *(verlauten)* **eine Bemerkung ~ lassen** dejar caer un comentario; **sein Name ist nicht ge~** su nombre no fue mencionado ❽ *(sich ereignen)* **kurz danach fiel das Tor zum 3:0** poco después se produjo el gol del 3 a 0; **sein Geburtstag fällt auf einen Montag** su cumpleaños cae en lunes; **es fielen drei Schüsse** se oyeron tres disparos

fällen ['fɛlən] *vt* ❶ *(Baum, Holz)* talar, tumbar *Am* ❷ *(Entscheidung)* tomar; **ein Urteil über jdn ~** juzgar a alguien ❸ (MATH: *Lot*) trazar; **das Lot auf einer Geraden ~** trazar la perpendicular sobre una recta

Fallgeschwindigkeit *f* (PHYS) velocidad *f* de caída

Fallgrube *f* trampa *f*, hoyo *m*

fällig ['fɛlɪç] *adj* ❶ (FIN: *Zinsen*) pagadero, vencido; **morgen wird die Zahlung ~** mañana se cumple el plazo; **am** [*o* **zum**] **20. Oktober ~ sein** vencer el 20 de octubre ❷ *(notwendig)* necesario

Fälligkeit *f* <-en> (FIN) vencimiento *m;* **bei/nach/vor ~** al/después del/antes del vencimiento

Fallobst *nt* frutas *f pl* caídas (del árbol)

Fallout *m* <-s, -s> precipitación *f* radi(o)activa

falls [fals] *konj* en caso de que *+subj*, si

Fallschirm *m* paracaídas *m inv;* **mit dem ~ abspringen** lanzarse en paracaídas

Fallschirmjäger(in) *m(f)* (MIL) paracaidista *mf*

Fallschirmspringen *nt* <-s, *ohne pl*> paracaidismo *m*

Fallschirmspringer(in) *m(f)* <-s, -; -nen> paracaidista *mf*

Fallstudie *f* estudio *m* científico (de un caso concreto)

fällt [fɛlt] *3. präs von* **fallen**

Falltür *f* trampilla *f;* (NAUT) escotilla *f*

Fällung *f* <-, -en> ❶ *(eines Baumes)* tala *f* ❷ *(eines Urteils, Schiedsspruchs)* pronunciamiento *m* ❸ (CHEM: *eines Stoffes*) precipitación *f*

falsch [falʃ] **I.** *adj* ❶ *(verkehrt)* equivocado, erróneo; **~er Alarm** falsa alarma; **bei jdm**

an den F~en geraten equivocarse con alguien; **etw in den ~en Hals bekommen** malentender algo y tomarlo a mal ② *(gefälscht)* falsificado; *(Schmuck)* falso; *(Zähne)* postizo ③ *(unpassend)* erróneo, falso ④ *(hinterhältig)* falso; **~e Versprechungen machen** hacer promesas en vano **II.** *adv* mal; **Sie sind ~ verbunden** (TEL) se ha equivocado Ud. de número; **das hast du ~ verstanden** lo has entendido mal; **das hat er ~ aufgefasst** esto le ha sentado mal *fam;* **~ parken** aparcar en lugar prohibido; **da sind Sie hier ~** se ha equivocado Ud. de lugar

F

Falschaussage *f* (JUR) falso testimonio *m*

fälschen ['fɛlʃən] *vt* falsificar

Fälscher(in) *m(f)* <-s, -; -nen> falsificador(a) *m(f)*

Falschfahrer(in) *m(f)* conductor(a) *m(f)* suicida

Falschgeld *nt* dinero *m* falso

Falschgeldherstellung *f ohne pl (Geldscheine)* falsificación *f* de billetes

Falschheit *f* <-en> falsedad *f; (Hinterhältigkeit)* alevosía *f*

fälschlich ['fɛlʃlɪç] *adj* erróneo, equivocado; **~ beschuldigt werden** ser culpado injustamente

fälschlicherweise ['---'--] *adv* ① *(irrtümlicherweise)* por error ② *(zu Unrecht)* injustamente

falsch|liegen *irr vi* **damit liegst du falsch** estás equivocado

Falschmeldung *f* noticia *f* errónea, borrego *m Am*

Falschmünzer(in) ['falʃmʏntsɐ] *m(f)* <-s, -; -nen> (JUR) falsificador(a) *m(f)* de monedas

Falschparker ['falʃparkɐ] *m* <-s, -> persona *f* que aparca en zona prohibida

Falschspieler(in) *m(f)* tahúr, -ura *m, f*

Fälschung ['fɛlʃʊŋ] *f* <-en> falsificación *f*

fälschungssicher *adj* que no se puede falsificar; **ein ~er Ausweis** un documento de identificación infalsificable

Falsett [fal'zɛt] *nt* <-(e)s, -e> (MUS) falsete *m*

Faltblatt *nt* folleto *m*

Faltboot *nt* <-(e)s, -e> bote *m* hinchable

Falte ['faltə] *f* <-n> ① *(in Stoff, Papier)* pliegue *m;* **etw in ~n legen** doblar algo; **~n werfen** hacer pliegues ② *(in der Haut)* arruga *f;* **die Stirn in ~n legen** fruncir el ceño

falten ['faltən] *vt* ① *(Papier)* doblar; *(Stoff)* plegar ② *(Hände)* juntar

Faltenrock *m* falda *f* plisada

Falter ['faltɐ] *m* <-s, -> (ZOOL) mariposa *f*

faltig *adj* ① *(Gesicht)* arrugado ② *(Stoff)* con muchos pliegues; *(zerknittert)* arrugado

Faltprospekt *m* <-(e)s, -e> folleto *m*

falzen ['faltsən] *vt* ① *(Papier)* plegar ② *(Holz)* ensamblar

Fam. *Abk. von* **Familie** familia *f*

familiär [fami'ljɛ:ɐ] *adj* familiar

Familie [fa'mi:ljə] *f* <-n> familia *f;* **eine ~ gründen** fundar un hogar; **das liegt in der ~** es cosa de familia; **das kommt in den besten ~n vor** *(fig)* en todos los sitios cuecen habas

Familienangehörige(r) *mf* familiar *mf,* pariente *mf*

Familienbesitz *m* patrimonio *m* familiar; **in ~ sein** ser propiedad familiar

Familienbetrieb *m* establecimiento *m* de explotación familiar

Familienfeier *f* fiesta *f* familiar

Familienfest *nt* <-(e)s, -e> fiesta *f* familiar, reunión *f* familiar

Familienkreis *m* familia *f,* seno *m* de la familia; **im engsten ~** *(privat)* en la más estricta intimidad

Familienleben *nt ohne pl* vida *f* familiar

Familienmitglied *nt* miembro *m* de la familia

Familienname *m* apellido *m*

Familienoberhaupt *nt* cabeza *f* de familia

Familienplanung *f ohne pl* planificación *f* familiar

Familienstand *m ohne pl* estado *m* civil

Familienunternehmen *nt* <-s, -> empresa *f* familiar

Familienvater *m* padre *m* de familia

Familienverhältnisse *ntpl* situación *f* familiar

Fan [fɛn, fɛ:n] *m* <-s, -s> fan *mf; (Fußballfan)* hincha *mf*

Fanatiker(in) [fa'na:tikɐ] *m(f)* <-s, -; -nen> fanático, -a *m, f*

fanatisch [fa'na:tɪʃ] *adj* fanático

Fanatismus [fana'tɪsmʊs] *m* <-, *ohne pl*> fanatismo *m*

Fanclub *m* club *m* de fans

fand [fant] *3. imp von* **finden**

Fanfare [fan'fa:rə] *f* <-n> clarín *m*

Fang [faŋ] *m* <-(e)s, *ohne pl*> ① *(von Vierbeinern)* caza *f; (von Fischen)* pesca *f* ② *(Beute)* presa *f; (Fische)* redada *f;* **einen guten ~ machen** hacer una buena presa

Fangarm *m* tentáculo *m*

Fänge ['fɛŋə] *mpl (Fangarme)* tentáculos *mpl; (Krallen)* garras *fpl; (Reißzähne)* colmillos *mpl;* **in jds ~ geraten** *(fam)* caer en manos de alguien

fangen ['faŋən] <fängt, fing, gefangen> **I.** *vt* ① *(Ball)* coger, agarrar *Am;* **jdn durch Versprechungen ~** ganarse a alguien con promesas; **du wirst dir gleich eine ~** *(fam fig)* te vas a ganar una bofetada ❷ *(Tier)* cazar; *(Fisch)* pescar ❸ *(Verbrecher)* apresar, coger **II.** *vr:* **sich ~** *(Gleichgewicht wiederfinden)* mantener el equilibrio; *(seelisch)* dominarse

Fangflotte *f* (NAUT) flota *f* de pesca

Fangfrage *f* pregunta *f* capciosa

Fangnetz *nt* red *f* de pesca

Fangschaltung *f* (TEL) dispositivo *m* de intercepción

fängt [fɛŋt] *3. präs von* **fangen**

Fangzahn *m* colmillo *m*

Fanklub *m* club *m* de fans

Fantasie [fanta'ziː] *f* <-n> fantasía *f*; *(Vorstellungskraft)* imaginación *f*; **seine ~ spielen lassen** echar su imaginación a volar

Fantasiegebilde *nt* <-s, -> fantasía *f*, quimera *f*

fantasielos *adj* sin imaginación

Fantasielosigkeit *f* <-, *ohne pl*> falta *f* de imaginación

fantasieren* [fanta'ziːrən] *vi* fantasear; *(träumen)* soñar (**von** con); (MED) delirar

fantasievoll *adj* con mucha imaginación

Fantast(in) [fan'tast] *m(f)* <-en, -en; -nen> *(abw)* soñador(a) *m(f)*

Fantastin *f* <-nen> *s.* **Fantast**

fantastisch *adj* ❶ *(nicht realistisch)* fantástico ❷ *(fam: großartig)* fantástico, estupendo; *(unglaublich)* increíble

Fantasy [fanta'ziː] *f* <-, *ohne pl*> Fantasy *f*

Fantasyfilm [fanta'ziː-] *m* película *f* fantástica

Fantasyroman [fanta'ziː-] *m* novela *f* fantástica

FAQ *f pl* (INFOR) *Abk. von* **Frequently Asked Questions** FAQ *f pl*

Farb(en)kasten *m* caja *f* de colores

Farb(en)lehre *f* (KUNST, PHYS) teoría *f* de los colores

Farbband *nt* cinta *f* mecanográfica

Farbdruck *m* (TYPO) impresión *f* en color

Farbe ['farbə] *f* <-n> ❶ *(Farbton)* color *m*; *(Teint)* tez *f*; **~ bekommen** ponerse moreno ❷ *(zum Anstreichen)* pintura *f* ❸ *(zum Färben)* tinte *m* ❹ *(Spielkartenfarbe)* palo *m*; **~ bekennen** *(fig)* quitarse la careta

farbecht *adj* (de color) sólido

Färbemittel *nt* tinte *m*, (sustancia *f*) colorante *m*

färben ['fɛrbən] **I.** *vi (abfärben)* desteñir **II.** *vt (Stoff, Haare)* teñir; **rot ~** teñir de rojo **III.** *vr:* **sich ~** *(Laub, Himmel)* teñirse (de); **die Pflaumen ~ sich schon** las ciruelas están tomando color

farbenblind *adj* daltónico

Farbenblindheit *f* <-, *ohne pl*> daltonismo *m*

farbenfreudig, farbenfroh *adj* de rico colorido, abigarrado

Farbenpracht *f* riqueza *f* de colores

farbenprächtig *adj (geh)* de gran colorido, de vivos colores

Farbenspiel *nt* juego *m* de colores

Färber(in) ['fɛrbɐ] *m(f)* <-s, -; -nen> tintorero, -a *m, f*

Färberei *f* <-en> tintorería *f*, batán *m Chil*

Färberin *f* <-nen> *s.* **Färber**

Farbfernsehen *nt* televisión *f* en color

Farbfilm *m* (FILM) película *f* en color; (FOTO) carrete *m* de color

Farbfoto *nt* foto *f* en color

farbig ['farbɪç] *adj* ❶ *(bunt)* de [*o* en] color ❷ *(Hautfarbe)* de color, trigueño *Am* ❸ *(lebhaft)* pintoresco, vivo

Farbige(r) *mf* <-n, -n; -n> ciudadano, -a *m, f* de color, trigueño, -a *m, f Am*

Farbkasten *m s.* **Farb(en)kasten**

Farbkopierer *m* (foto)copiadora *f* en color

farblich I. *adj* relativo a los colores **II.** *adv* de los colores; **Rock und Bluse waren ~ nicht aufeinander abgestimmt** el color de la falda no armonizaba [*o* no hacía juego] con el de la blusa

farblos *adj* ❶ *(ohne Farbe)* descolorido; *(blass)* pálido; *(Lack)* tra(n)sparente ❷ *(langweilig)* aburrido

Farbmonitor *m* monitor *m* en color

Farbpalette *f* (*a.* INFOR, TYPO) paleta *f* de colores

Farbroller *m* rodillo *m* (para pintar)

Farbscanner *m* escáner *m* de [*o* en] color

Farbskala *f* gama *f* de colores

Farbstift *m* lápiz *m* de color

Farbstoff *m* colorante *m*

Farbton *m* matiz *m* (de color), tono *m*

Färbung ['fɛrbʊŋ] *f* <-en> ❶ *(das Färben)* teñido *m* ❷ *(Tönung)* matiz *m*, tinte *m* ❸ (POL) tendencia *f* política

Farce [fars] *f* <-n> (THEAT) farsa *f*

Farm [farm] *f* <-en> finca *f*, hacienda *f Am*

Farmer(in) *m(f)* <-s, -; -nen> ganadero, -a *m, f*, ranchero, -a *m, f Am*, estanciero, -a *m, f Am*

Farn [farn] *m* <-(e)s, -e>, **Farnkraut** *nt* helecho *m*

Fasan [fa'zaːn] *m* <-s, -e *o* -en> faisán *m*

Fasching ['faʃɪŋ] *m* <-s, -s *o* -e> *(Österr, südd)* carnaval *m*

Faschingsdienstag ['faʃɪŋs-, --'--] *m* martes *m* de carnaval

Faschismus [fa'ʃɪsmʊs] *m* <-, *ohne pl*> (POL) fascismo *m*

F

Faschist(in) [fa'ʃɪst] *m(f)* <-en, -en; -nen> fascista *mf*
faschistisch *adj* fascista
faseln ['fa:zəln] **I.** *vi (fam abw)* decir tonterías (**von/über** de), desvariar **II.** *vt (fam abw)* **dummes Zeug ~** decir tonterías
Faser ['fa:zɐ] *f* <-n> fibra *f*
faserig *adj* ❶ *(voller Fasern)* fibroso ❷ *(zerfasert)* deshilachado
Fasnacht ['fasnaxt] *f* <-, *ohne pl*> *(reg) s.* **Fastnacht**
F
fasrig *adj s.* **faserig**
Fass [fas, *pl:* 'fɛsɐ] *nt* <-es, Fässer> barril *m; (größer)* tonel *m; (kleiner)* cuba *f; (für Chemikalien)* bidón *m;* **Bier vom ~** cerveza de barril; **ein ~ ohne Boden** *(fig)* un pozo sin fondo; **voll wie ein ~ sein** *(fam fig)* estar borracho como una cuba; **das schlägt dem ~ den Boden aus** eso pasa de castaño oscuro
Fassade [fa'sa:də] *f* <-n> fachada *f*
fassbar *adj* concreto; *(verständlich)* comprensible
Fassbier *nt* cerveza *f* de barril
fassen ['fasən] **I.** *vt* ❶ *(ergreifen)* coger, agarrar *Am;* **jdn bei der Hand ~** tomar a alguien de la mano; **sich an den Kopf ~** *(fam)* llevarse las manos a la cabeza ❷ *(festnehmen)* detener ❸ *(aufnehmen)* tener capacidad (para) ❹ *(Vertrauen)* coger; **Mut ~** armarse de valor ❺ *(Vorsatz, Entschluss)* tomar; **ich kann keinen klaren Gedanken ~** no puedo pensar con claridad; **etw ins Auge ~** tomar algo en consideración ❻ *(begreifen)* comprender, entender; **es ist nicht zu ~!** ¡es increíble! ❼ *(Edelstein)* engastar; *(Bild)* enmarcar ❽ *(ausdrücken)* expresar (**in** con) **II.** *vr:* **sich ~** *(sich beruhigen)* calmarse
Fassette *f* <-n> *s.* **Facette**
Fasson [fa'sõ:] *f* <-s> *(normale Form)* forma *f; (Machart)* hechura *f*
Fassung[1] ['fasʊŋ] *f* <-en> ❶ *(eines Edelsteins)* engaste *m; (Brille)* montura *f* ❷ *(Glühbirne)* portalámparas *m inv* ❸ *(Text, Buch)* versión *f*
Fassung[2] *f ohne pl (Beherrschung)* serenidad *f;* **die ~ verlieren/bewahren** perder/guardar calma; **etw mit ~ tragen** llevar algo con serenidad; **jdn aus der ~ bringen** sacar de quicio a alguien; **völlig außer ~ geraten** salirse completamente de sus casillas
Fassungskraft *f ohne pl* capacidad *f* de comprensión
fassungslos *adj* desconcertado; *(perplex)* perplejo; *(außer sich)* fuera de sí; *(verwirrt)* confuso
Fassungslosigkeit *f ohne pl* perplejidad *f*
Fassungsvermögen *nt* ❶ *(Auffassungsgabe)* capacidad *f* de comprensión ❷ *(räumlich)* capacidad *f*
fast [fast] *adv* casi; **~ nie** casi nunca; **~ nichts** casi nada; **~ alle** casi todos
fasten ['fastən] *vi* ayunar
Fastenkur *f* régimen *m* (alimenticio)
Fastenzeit *f* período *m* de ayuno; *(im Christentum)* cuaresma *f*
Fastfood *nt* <-, -(s)> comida *f* rápida, fast food *m o f inv*
Fastnacht *f ohne pl* carnaval *m*
Faszination [fatsina'tsjo:n] *f ohne pl* fascinación *f*
faszinieren* [fastsi'ni:rən] *vt* fascinar
faszinierend *adj* fascinante
fatal [fa'ta:l] *adj* fatal
Fatalismus [fata'lɪsmʊs] *m* <-, *ohne pl*> fatalismo *m*
Fatalist(in) [fata'lɪst] *m(f)* <-en, -en; -, -nen> fatalista *mf*
Fata Morgana ['fa:ta mɔr'ga:na] *f* <- -s *o* Morganen> espejismo *m*
fauchen ['faʊxən] *vi* ❶ *(Katze)* bufar ❷ *(abw: Mensch)* refunfuñar
faul [faʊl] *adj* ❶ *(verdorben)* podrido; *(verwesend)* putrefacto; *(Zahn)* cariado ❷ *(träge)* perezoso, bausán *Am;* **sich auf die ~e Haut legen** *(fig)* tumbarse a la bartola ❸ *(fam abw: zweifelhaft)* sospechoso; **an der Sache ist was ~** aquí hay gato encerrado; **eine ~e Ausrede** una excusa ridícula ❹ (FIN: *Kunde, Kredit*) moroso
Fäule ['fɔɪlə] *f ohne pl (geh)* putrefacción *f*
faulen ['faʊlən] *vi haben o sein* pudrirse; *(Zahn)* cariarse
faulenzen ['faʊlɛntsən] *vi* holgazanear, achancharse *AmS*
Faulenzer(in) *m(f)* <-s, -; -nen> holgazán, -ana *m, f,* vago, -a *m, f,* manganzón, -ona *m, f Am*
Faulenzerei *f ohne pl* holgazanería *f*
Faulenzerin *f* <-nen> *s.* **Faulenzer**
Faulgas *nt* <-es, -e> biogás *m*
Faulheit *f ohne pl* pereza *f;* **aus ~ etw nicht tun** no hacer algo por pereza
faulig *adj* podrido; *(Obst)* picado
Fäulnis ['fɔɪlnɪs] *f ohne pl* podredumbre *f*
Faulpelz *m (fam abw)* perezoso, -a *m, f,* vago, -a *m, f*
Faultier *nt* ❶ (ZOOL) perezoso *m,* aí *m Arg, Par* ❷ *(fam: Faulpelz)* vago, -a *m, f*
Faun *m* <-(e)s, -e> fauno *m*
Fauna ['faʊna] *f* <Faunen> fauna *f*
Faust [faʊst, *pl:* 'fɔɪstə] *f* <Fäuste> puño *m;* **die ~ ballen** cerrar el puño; **auf eigene ~ handeln** actuar por su propia cuenta; **das passt wie die ~ aufs Auge** *(fam)* eso no pega ni con cola

Fäustchen ['fɔɪstçən] *nt* <-s, -> **sich** *dat* **ins ~ lachen** reírse taimadamente
faustdick ['-'-] *adj (fam)* **es ~ hinter den Ohren haben** no haber nacido ayer; **eine ~e Lüge** una mentira como una casa
Fäustel ['fɔɪstl] *m* <-s, -> mazo *m*, mallo *m*
faustgroß *adj* grande como un puño
Fausthandschuh *m* manopla *f*
Fäustling ['fɔɪstlɪŋ] *m* <-s, -e> manopla *f*
Faustpfand *nt* <-(e)s, -pfänder> prenda *f*
Faustregel *f* regla *f* general
Faustschlag *m* puñetazo *m*, impacto *m Am*
Fauxpas [fo'pa] *m* <-, -> metedura *f* de pata, falta *f* de tacto; **einen ~ begehen** meter la pata
favorisieren* [favori'ziːrən] *vt* ❶ *(bevorzugen)* favorecer, preferir ❷ (SPORT) considerar (como) favorito (a)
Favorit(in) [favo'riːt] *m(f)* <-en, -en; -nen> favorito, -a *m, f*
Fax ['faks] *nt* <-, -(e)> (TEL) fax *m inv*
faxen **I.** *vi* (TEL) mandar un fax **II.** *vt* (TEL) mandar por fax, faxear
Faxen ['faksən] *fpl (fam)* aspavientos *mpl*, payasadas *fpl*; **mach bloß keine ~!** ¡déjate de bromas!
Faxgerät *nt* <-(e)s, -e> (TEL) fax *m*
Fazit ['faːtsɪt] *nt* <-s, -s> *(Ergebnis)* resultado *m*; *(Schlussfolgerung)* conclusión *f*; **das ~ aus etw ziehen** sacar las conclusiones de algo
FBI [ɛfbi'ʔaɪ] *m o nt Abk. von* **Federal Bureau of Investigation** FBI *m*
FC [ɛf'tseː] *m* <-(s)> (SPORT) *Abk. von* **Fußballclub** C.F. *m*
FCKW [ɛftseːkaː'veː] *nt Abk. von* **Fluorchlorkohlenwasserstoff** CFC *m*
FCKW-frei *adj* sin CFC
FDP [ɛfdeː'peː] *f* ❶ *(Deutschland) Abk. von* **Freie Demokratische Partei** Partido *m* Demócrata Liberal (de Alemania) ❷ *(Schweiz) Abk. von* **Freisinnig-Demokratische Partei** Partido *m* Demócrata Liberal (de Suiza)
F-Dur *nt* <-, *ohne pl*> (MUS) fa *m* mayor
Feature ['fiːtʃɐ] *nt* <-s, -s> ❶ (TV: *Sendung*) reportaje *m*, documental *m* ❷ *(Merkmal)* rasgo *m*, característica *f*
Feber ['feːbɐ] *m* <-s, -> *(Österr) s.* **Februar**
Februar ['feːbruaːɐ] *m* <-(s), -e> febrero *m*; *s. a.* **März**
fechten ['fɛçtən] <ficht, focht, gefochten> *vi* ❶ (SPORT) practicar la esgrima ❷ *(kämpfen)* luchar (**gegen** contra)
Fechten *nt* <-s, *ohne pl*> (SPORT) esgrima *f*
Fechter(in) *m(f)* <-s, -; -nen> esgrimidor(a) *m(f)*
Feder ['feːdɐ] *f* <-n> ❶ *(eines Vogels)* pluma *f*; **~n lassen** *(fam fig)* salir perjudicado; **in den ~n liegen** *(fam)* estar en la cama; **sich mit fremden ~n schmücken** *(fig)* adornarse con los méritos de otros ❷ *(Schreibgerät)* pluma *f* ❸ (TECH) resorte *m*; *(Sprungfeder)* muelle *m*
Federball[1] *m* <-(e)s, *ohne pl*> (SPORT) bádminton *m*
Federball[2] *m* <-(e)s, -bälle> *(Ball)* pelota *f* de bádminton
Federbett *nt* edredón *m*, plumón *m*
federführend *adj* responsable; *(kompetent)* competente
Federgewicht *nt ohne pl* peso *m* pluma
Federkleid *nt* (ZOOL) plumaje *m*
federleicht ['-'-] *adj* ligero como una pluma
Federlesen *nt* **um etw nicht viel ~(s) machen** tratar un asunto sin mucha ceremonia
Federmäppchen *nt* (SCH) portaplumas *m inv*
federn **I.** *vi (schwingen)* ser elástico **II.** *vt* ❶ (AUTO) equipar con una suspensión ❷ *(rupfen)* desplumar
federnd *adj* elástico; *(Gang)* ligero
Federstrich *m* plumada *f*; **mit einem ~** *(kurzerhand)* de un plumazo
Federung *f* <-en> ❶ *(bei Möbeln)* muelles *mpl* ❷ (AUTO) suspensión *f*
Federvieh *nt (fam)* volatería *f*
Federweiße(r) *m* <-n, -n> (GASTR) vino *m* joven
Federzeichnung *f* dibujo *m* a pluma
Fee [feː, *pl:* 'feːən] *f* <-n> hada *f*
Feedback *nt* <-s, -s> feedback *m*
Feeling ['fiːlɪŋ] *nt* <-s, -s> filin *m* (**für** por); **gutes ~** buenas vibraciones
Fegefeuer ['feːgə-] *nt ohne pl* (REL) purgatorio *m*
fegen ['feːgən] **I.** *vi* ❶ *(kehren)* barrer; *(Schweiz: feucht wischen)* fregar ❷ *sein (rasen)* ir a toda mecha; *(Wind)* soplar con fuerza **II.** *vt* ❶ *(Zimmer, Straße)* barrer; *(Schweiz: feucht wischen)* fregar ❷ *(Schornstein)* deshollinar
Fehde ['feːdə] *f* <-n> querella *f*
fehl [feːl] *adv* **~ am Platz sein** *(Person)* estar de más; *(Bemerkung)* no venir al caso
Fehlalarm *m* falsa alarma *f*
Fehlanzeige *f (fam)* resultado *m* negativo; **hast du sie gefunden? – nein, ~!** ¿la encontraste? – no, falsa alarma
fehlbar *adj* ❶ *(nicht gegen Fehler gefeit)* falible ❷ *(Schweiz:* JUR: *schuldig)* culpable
Fehlbesetzung *f* (FILM, THEAT) mal reparto *m* de papeles
Fehlbetrag *m* déficit *m inv*

F

F

Fehlbildung *f* <-, -en> (BIOL) formación *f* defectuosa
Fehldiagnose *f* diagnóstico *m* erróneo
Fehleinschätzung *f* estimación *f* falsa
fehlen ['fe:lən] **I.** *vi* ① *(abwesend sein)* faltar, estar ausente ② *(nicht vorhanden sein, mangeln)* faltar; **es fehlte nicht viel, und …** no faltó mucho para que… +*subj* ③ *(vermisst werden)* ser echado de menos; **du hast mir sehr gefehlt** te he echado mucho de menos; **das hat uns gerade noch gefehlt!** *(fam)* ¡lo que nos faltaba! ④ *(gesundheitlich)* pasar; **was fehlt dir?** ¿qué te pasa? ⑤ *(geh)* **weit gefehlt!** ¡nada al derecho! **II.** *vunpers* faltar; **es fehlt an allen Ecken und Kanten** falta de todo; **es soll ihr an nichts ~** *(geh)* que no le falte de nada
Fehlentscheidung *f* decisión *f* equivocada
Fehler ['fe:lɐ] *m* <-s, -> ① *(Irrtum)* error *m,* falta *f; (Tippfehler)* errata *f;* **einen ~ machen** cometer un error ② *(Mangel)* defecto *m* ③ *(Schuld)* culpa *f;* **das war nicht dein ~** no fue culpa tuya
Fehlererkennung *f ohne pl* (INFOR) detección *f* de errores
fehlerfrei *adj* correcto, sin faltas; *(makellos)* perfecto, impecable
fehlerhaft *adj* ① *(kaputt)* defectuoso ② *(falsch)* incorrecto
fehlerlos *adj s.* **fehlerfrei**
Fehlermeldung *f* (INFOR) aviso *m* de error
Fehlerquelle *f* fuente *f* de errores
Fehlerquote *f* cuota *f* de errores
Fehlfarbe *f* ① *(im Kartenspiel)* fallo *m* ② *(Zigarre)* puro *m (con las hojas o capas exteriores descoloridas)*
Fehlfunktion *f* <-, -en> (TECH) mal funcionamiento *m*
Fehlgeburt *f* aborto *m* involuntario; **eine ~ haben** abortar involuntariamente
fehl|gehen *irr vi sein (geh)* equivocarse; **in einer Annahme ~** no acertar al suponer algo
Fehlgriff *m* medida *f* equivocada
Fehlinformation *f* falsa información *f*
Fehlinvestition *f* (WIRTSCH) inversión *f* equivocada
Fehlkalkulation *f* <-, -en> cálculo *m* equivocado, error *m* en el cálculo
Fehlkonstruktion *f (abw)* construcción *f* defectuosa
Fehlpass *m* <-es, -pässe> (SPORT) pase *m* errado
Fehlschlag *m (Misserfolg)* fracaso *m*
fehl|schlagen *irr vi sein* fracasar
Fehlstart *m* (TECH, SPORT) salida *f* nula
Fehltritt *m* paso *m* en falso
Fehlurteil *nt* sentencia *f* equivocada
Fehlverhalten *nt* comportamiento *m* incorrecto
Fehlzündung *f* (TECH) encendido *m* defectuoso
Feier ['faɪɐ] *f* <-n> ① *(Fest)* fiesta *f;* **zur ~ des Tages** para celebrar el día ② *(Zeremonie)* festividad *f,* acto *m* solemne
Feierabend *m* fin *m* del trabajo; *(von Geschäften)* hora *f* de cierre; **am ~** después del trabajo; **~ haben** salir del trabajo
feierlich *adj* solemne; *(förmlich)* formal; **das ist schon nicht mehr ~** *(fam)* esto ya pasa de castaño oscuro
Feierlichkeit *f* <-en> *(Fest)* acto *m* solemne; *(feierlich sein)* solemnidad *f*
feiern ['faɪɐn] **I.** *vt* ① *(Party, Weihnachten)* celebrar ② *(umjubeln)* elogiar, aplaudir **II.** *vi* estar de fiesta
Feierstunde *f* acto *m* solemne
Feiertag *m* día *m* festivo
feiertags *adv* los festivos; **sonn- und ~** domingos y festivos
Feiertagszulage *f* plus *m* por trabajar en días festivos
feig(e) *adj (abw: ohne Mut)* cobarde, flojo *Am*
Feige ['faɪgə] *f* <-n> higo *m*
Feigenbaum *m* (BOT) higuera *f*
Feigenblatt *nt* (BOT) hoja *f* de higuera
Feigheit ['faɪkhaɪt] *f ohne pl* cobardía *f,* pendejada *f Am: fam*
Feigling ['faɪklɪŋ] *m* <-s, -e> *(abw)* cobarde *mf,* gallina *mf,* naco *m AmC*
Feile ['faɪlə] *f* <-n> lima *f*
feilen ['faɪlən] *vt* limar; *(vervollkommnen)* retocar
feilschen ['faɪlʃən] *vi (abw)* regatear (**um**)
fein [faɪn] *adj* ① *(zart)* fino; *(empfindlich)* delicado; *(Strich)* delgado; *(Gewebe)* fino ② *(Sand, Staub, Regen)* menudo; *(Nebel)* poco espesa ③ *(exquisit)* exquisito; *(erlesen)* selecto; **dieser Wein ist vom F~sten** este es un vino selecto ④ *(feinsinnig, vornehm)* fino; *(elegant)* elegante ⑤ *(genau)* preciso; **~ säuberlich** nítidamente; **eine ~e Nase haben** tener un olfato muy fino ⑥ *(fam: erfreulich, anständig)* bueno; **~!** ¡maravilloso!; **~, dass du wieder da bist** qué bien que ya hayas vuelto ⑦ *(Wend)* **er ist jetzt ~ heraus** le han salido bien las cosas; **ein ~er Kerl** un gran tipo
Feinabstimmung *f* <-, -en> (TECH) ajuste *m* fino [*o* preciso]; (RADIO) sintonización *f* exacta
Feinarbeit *f* trabajo *m* de precisión
Feinbäckerei *f* pastelería *f*
Feind(in) [faɪnt] *m(f)* <-(e)s, -e; -nen>

enemigo, -a *m, f;* **sich** *dat* **jdn zum ~ machen** enemistarse con alguien
Feindbild *nt concepto de lo que consideramos enemigo*
Feindin *f* <-nen> *s.* **Feind**
feindlich *adj* enemigo, hostil
Feindschaft *f ohne pl* enemistad *f*
feindselig ['-ze:lɪç] *adj* hostil
Feindseligkeit *f ohne pl* hostilidad *f*
feinfühlig *adj* sensible, delicado
Feingefühl *nt ohne pl* tacto *m,* sensibilidad *f*
feinglied(e)rig *adj* grácil, fino
Feingold *nt ohne pl* oro *m* de ley
Feinheit[1] *f ohne pl* ❶ *(Beschaffenheit, Qualität)* finura *f* ❷ *(Vornehmheit)* distinción *f*
Feinheit[2] *f* <-en> ❶ *(Nuance)* detalle *m* ❷ *(Subtilität)* sutileza *f*
feinkörnig *adj* de grano fino
Feinkost *f ohne pl* (GASTR) exquisiteces *fpl*
Feinkostgeschäft *nt* tienda *f* de ultramarinos de primera calidad
feinmaschig *adj* de malla fina
Feinmechanik *f ohne pl* (TECH) mecánica *f* de precisión
Feinmechaniker(in) *m(f)* mecánico *mf* de precisión
Feinschmecker(in) *m(f)* <-s, -; -nen> gastrónomo *mf,* gourmet *mf*
Feinsilber *nt ohne pl* plata *f* de ley
feinsinnig ['faɪnzɪnɪç] *adj* sensible, refinado
Feinstaub *m* <-(e)s, -e> material *m* particulado
Feinstaubbelastung *f* (ÖKOL) carga *f* de material particulado
Feinstaubplakette *f* (AUTO) etiqueta *f* sobre emisión de partículas
Feinwäsche *f* ropa *f* delicada
Feinwaschmittel *nt* detergente *m* suave
feist [faɪst] *adj* gordo, obeso
feixen ['faɪksən] *vi* reír sarcásticamente
Feld [fɛlt] *nt* <-(e)s, -er> ❶ *(Acker, Bereich)* campo *m,* tablón *m Am;* **auf freiem ~** en pleno campo; **das ist ein weites ~** *(fig)* ese es un tema que da mucho de sí ❷ (MIL) campo *m* de batalla; **das ~ räumen** dejar el campo libre ❸ *(auf einem Spielbrett, Formular)* casilla *f; (auf dem Schachbrett)* escaque *m* ❹ (INFOR: *Teil des Datensatzes*) campo *m* ❺ (SPORT: *Spielfeld*) terreno *m* de juego ❻ (ELEK) campo *m*
Feldarbeit *f* (AGR) faena *f*
Feldbett *nt* somier *m* plegable; (MIL) cama *f* de campaña
Feldblume *f* (BOT) flor *f* campestre
Feldflasche *f* cantimplora *f*
Feldherr *m* comandante *m* (en jefe); *(Stratege)* estratega *m*
Feldjäger[1] *mpl* (MIL: *Truppe*) policía *f* militar
Feldjäger(in)[2] *m(f)* (MIL) policía *mf* militar
Feldküche *f* (MIL) cocina *f* de campo
Feldlazarett *nt* (MIL) hospital *m* de primera sangre
Feldmarschall *m* (MIL) mariscal *m* de campo
Feldmaus *f* (ZOOL) ratón *m* de campo
Feldpost *f* (MIL) correo *m* militar
Feldsalat *m* ruipονce *m*
Feldspieler(in) *m(f)* (SPORT) jugador(a) *m(f)* de campo
Feldstecher ['fɛltʃtɛçɐ] *m* <-s, -> prismáticos *mpl*
Feldstudie *f* <-, -n> estudio *m* de campo
Feldwebel ['fɛltve:bəl] *m* <-s, -> sargento *m* (mayor)
Feldweg *m* camino *m* vecinal
Feldzug *m* <-(e)s, -züge> *(a. fig)* campaña *f;* (MIL) expedición *f* militar; **einen ~ gegen etw/jdn unternehmen** lanzar una campaña contra algo/alguien
Felge ['fɛlgə] *f* <-n> ❶ *(vom Rad)* llanta *f* ❷ (SPORT) molinete *m*
Felgenbremse *f* <-, -n> freno *m* de la llanta
Fell [fɛl] *nt* <-(e)s, -e> piel *f,* pellejo *m;* **ein dickes ~ haben** *(fam fig)* tener una coraza en lugar de piel; **jdm das ~ über die Ohren ziehen** *(fam fig)* engañar a alguien
Fels[1] [fɛls] *m* <-ens, -en> *(geh: Felsen)* roca *f; (größer)* peñasco *m*
Fels[2] *m* <-, *ohne pl*> *(Gestein)* roca *f*
Felsblock *m* roca *f*
Felsen ['fɛlzən] *m* <-s, -> *s.* **Fels**
felsenfest ['--'-] *adj* firme; **ich bin ~ davon überzeugt, dass ...** estoy firmemente convencido de que...
Felsgestein *nt* roca *f*
felsig ['fɛlzɪç] *adj* ❶ *(mit Felsen)* rocoso ❷ *(aus Felsgestein)* rocoso
Felsmassiv *nt* <-s, -e> macizo *m* rocoso
Felsspalte *f* grieta *f* (entre las rocas)
Felsvorsprung *m* <-(e)s, -sprünge> saliente *m* de una roca
Felswand *f* pared *f* de una roca
feminin [femi'ni:n] *adj* femenino
Femininum [femi'ni:nʊm, '----] *nt* <-s, Feminina> femenino *m*
Feminismus [femi'nɪsmʊs] *m* <-, *ohne pl*> feminismo *m*
Feminist(in) [femi'nɪst] *m(f)* <-en, -en; -nen> feminista *mf*
feministisch *adj* feminista
Fenchel ['fɛnçəl] *m* <-s, -> hinojo *m*
Fenster ['fɛnstɐ] *nt* <-s, -> ❶ *(in Gebäu-*

den, a. INFOR) ventana *f; (an Fahrzeugen)* ventanilla *f;* **zum ~ hinausschauen** mirar por la ventana; **jd ist weg vom ~** *(fig)* alguien ha desaparecido del panorama ❷ *(eines Briefumschlags)* ventanilla *f*
Fensterbank *f,* **Fensterbrett** *nt* antepecho *m*
Fensterflügel *m* hoja *f* de la ventana
Fensterglas *nt* <-es, *ohne pl*> vidrio *m,* cristal *m*
Fensterheber ['fɛnstɐhe:bɐ] *m* <-s, -> (AUTO) elevalunas *m inv;* **elektrischer ~** elevalunas automático
Fensterkitt *m* <-(e)s, -e> masilla *f* (de cristalero)
Fensterladen *m* contraventana *f*
Fensterleder *nt* <-s, -> gamuza *f*
fensterln ['fɛnstɐln] *vi (südd, Österr)* pelar la pava *(colarse el amante en la habitación de su amada por la ventana)*
fensterlos *adj* sin ventanas
Fensterplatz *m* asiento *m* de ventanilla
Fensterputzer(in) *m(f)* <-s, -; -nen> limpiador(a) *m(f)* de cristales
Fensterrahmen *m* marco *m* de la ventana
Fensterscheibe *f* vidrio *m,* cristal *m; (Auto, Schaufenster)* luna *f*
Ferien ['fe:riən] *pl* vacaciones *fpl;* **die großen ~** las vacaciones de verano; **in die ~ fahren** ir(se) de vacaciones; **~ machen/haben** estar de/tener vacaciones
Feriendorf *nt* urbanización *f* turística
Feriengast *m* turista *mf*
Ferienhaus *nt* chalé *m* para las vacaciones
Ferienkurs *m* curso *m* de vacaciones
Ferienlager *nt* campamento *m* de vacaciones
Ferienort *m* centro *m* turístico
Ferienreise *f* <-, -n> viaje *m* turístico
Ferientag *m* día *m* de vacaciones
Ferienwohnung *f* apartamento *m* para las vacaciones
Ferienzeit *f ohne pl* (época *f* de) vacaciones *fpl*
Ferkel ['fɛrkəl] *nt* <-s, -> ❶ (ZOOL) lechón *m* ❷ *(fam: Mensch)* cochino, -a *m, f*
Ferkelei *f* <-en> *(fam abw)* cochinada *f*
fern [fɛrn] **I.** *adj (räumlich, zeitlich)* lejano; **der F~e Osten** el Extremo Oriente **II.** *adv* lejos; **von ~** de lejos; **~ von hier** lejos de aquí
Fernbedienung *f* mando *m* a distancia
fern|bleiben *irr vi sein (geh)* no asistir (a)
Fernbus *m* autocar *m* (de línea), autobús *m* de largo recorrido
Ferne ['fɛrnə] *f ohne pl (räumlich, zeitlich)* lejanía *f,* distancia *f;* **aus der ~ betrachtet** visto de lejos; **in weiter ~ liegen** estar lejos
ferner ['fɛrnɐ] **I.** *konj (außerdem)* aparte de eso, además **II.** *adv (künftig)* en adelante
Fernfahrer(in) *m(f)* camionero, -a *m, f*
Fernflug *m* (AERO) vuelo *m* de (larga) distancia
Ferngespräch *nt (Inland)* llamada *f* interurbana; *(Ausland)* llamada *f* internacional
ferngesteuert ['fɛrngəʃtɔɪɐt] *adj* teledirigido
Fernglas *nt* prismáticos *mpl*
fern|gucken *vi (fam)* mirar la tele
fern|halten *irr vt, vr* **(sich) von etw/jdm ~** *(geh)* mantener(se) alejado de algo/alguien; **etw** *dat* **~ stehen** *(geh)* sentir desapego hacia algo
Fernheizung *f* (sistema *m* de) calefacción *f* a distancia
Fernkopierer *m* (TEL) telefax *m inv,* telecopiadora *f*
Fernlastzug *m* (AUTO) tráiler *m*
Fernleitung *f* línea *f* a gran distancia
fern|lenken *vt* teledirigir
Fernlenkung *f* <-en> telemando *m*
Fernlicht *nt ohne pl* (AUTO) luz *f* larga [*o* de carretera]
fern|liegen *irr vi* **etwas liegt jdm fern** alguien no quiere algo en absoluto; **es liegt mir fern, zu …** no tengo la intención de…
Fernmeldeamt *nt* (TEL) central *f* telefónica
Fernmeldesatellit *m* (TEL) satélite *m* para telecomunicaciones
Fernmeldetechnik *f ohne pl* (TEL) técnica *f* de telecomunicaciones
Fernmeldewesen *nt ohne pl* (TEL) telecomunicaciones *fpl*
fernmündlich *adj* (TEL) por teléfono
Fernost [fɛrn'ʔɔst] *m* Extremo Oriente *m*
fernöstlich ['-'--] *adj* del Extremo Oriente
Fernrohr *nt* telescopio *m*
Fernschreiben *nt (Text)* télex *m inv*
Fernschreiber *m* <-s, -> *(Apparat)* télex *m inv*
Fernsehansager(in) *m(f)* locutor(a) *m(f)* de televisión
Fernsehansprache *f* discurso *m* televisivo
Fernsehanstalt *f* cadena *f* de televisión
Fernsehantenne *f* antena *f* de televisión
Fernsehapparat *m* televisor *m*
Fernsehbank *f* banco *m* de televisión
Fernsehbericht *m* informe *m* televisivo
Fernsehbild *nt ohne pl* imagen *f*
fern|sehen *irr vi* ver la tele(visión)
Fernsehen *nt* <-s, *ohne pl*> televisión *f;* **im ~ übertragen** televisar, trasmitir por televisión
Fernseher *m* <-s, -> *(fam: Gerät)* tele *f*
Fernsehfilm *m* película *f* de televisión
Fernsehgebühr *f* impuesto *m* por el uso de un televisor

Fernsehgerät *nt* televisor *m*

Fernsehinterview *nt* entrevista *f* en televisión

Fernsehkamera *f* cámara *f* de televisión

Fernsehnachrichten *fpl* (TV) noticias *fpl* de la televisión

Fernsehprogramm *nt* programa *m* de televisión

Fernsehsender *m* canal *m* de televisión

Fernsehsendung *f* emisión *f* de televisión

Fernsehserie *f* serie *f* de televisión

Fernsehstudio *nt* <-s, -s> (TV) estudio *m* de televisión

Fernsehturm *m* torre *f* de televisión, pirulí *m fam*

Fernsehübertragung *f* retra(n)smisión *f* televisiva

Fernsehwerbung *f ohne pl* publicidad *f* en la televisión

Fernsehzeitschrift *f* revista *f* de televisión

Fernsehzuschauer(in) *m(f)* telespectador(a) *m(f)*

Fernsicht *f* vista *f* panorámica

Fernsprecher *m* <-s, -> teléfono *m*

Fernsprechteilnehmer(in) *m(f)* usuario, -a *m, f* de la red telefónica

fern|stehen *irr vi* **einem Plan ~** distanciarse de un plan; **jdm ~** no tener relación con alguien

fern|steuern *vt* teledirigir

Fernsteuerung *f* telemando *m*

Fernstraße *f* (AUTO) ≈ carretera *f* nacional

Fernstudium *nt* carrera *f* a distancia

Fernuniversität *f* universidad *f* a distancia

Fernverkehr *m* ❶ *(Eisenbahn)* servicio *m* de largo recorrido; *(Auto)* tráfico *m* interurbano ❷ *(Telefon)* servicio *m* interurbano

Fernwärme *f* sistema *m* de calefacción a distancia

Fernweh [ˈfɛrnveː] *nt* <-(e)s, *ohne pl*> *(geh)* nostalgia *f* de países lejanos

Fernziel *nt (fig)* objetivo *m* a largo plazo

Fernzug *m* <-(e)s, -züge> tren *m* de largo recorrido

Ferse [ˈfɛrzə] *f* <-n> *(a. am Strumpf)* talón *m;* **jdm (dicht) auf den ~n sein** ir pisando los talones a alguien

Fersenbein *nt* (ANAT) calcáneo *m*

fertig [ˈfɛrtɪç] *adj* ❶ *(beendet)* terminado, acabado; *(vollendet)* listo; **halb ~** a medio hacer; **das Essen ist ~** la comida está lista; **mit dir bin ich endgültig ~** *(fam)* no quiero tener nada más que ver contigo; **etw ~ bekommen** [*o* **bringen**] *(fam: vollenden)* terminar algo; **etw ~ machen** *(beenden)* acabar [*o* finalizar] algo; **etw ~ stellen** concluir algo; **wirst du rechtzeitig ~?** ¿acabarás a tiempo?; **mit jdm ~ werden** *(fam)* arreglárselas con alguien; **sieh zu, wie du damit ~ wirst** *(fam fig)* arréglatelas como puedas ❷ *(bereit)* listo (**zu** para), preparado (**zu** para); (**sich**) **~ machen** *(fam)* arreglar(se), preparar(se); **auf die Plätze, ~, los!** ¡preparados, listos, ya! ❸ *(fam: erschöpft)* rendido; **mit den Nerven ~ sein** tener los nervios destrozados; **ich bin völlig** [*o* **fix und**] **~** estoy hecho polvo

Fertigbau *m* <-(e)s, -ten>, **Fertigbauweise** *f* <-, *ohne pl*> construcción *f* prefabricada

fertig|bekommen* *irr vt (fam: vollenden)* terminar

fertig|bringen *irr vt* ❶ *(vollenden)* terminar ❷ *(übers Herz bringen)* **der bringt es nicht fertig, ihm das zu sagen** no es capaz de decírselo

fertigen [ˈfɛrtɪgən] *vt* elaborar, fabricar

Fertiggericht *nt* plato *m* precocinado

Fertighaus *nt* casa *f* prefabricada

Fertigkeit *f* <-en> ❶ *(Geschicklichkeit)* habilidad *f,* destreza *f* ❷ *pl (Fähigkeit)* aptitudes *fpl; (Kenntnis)* conocimientos *mpl*

fertig|machen **I.** *vt, vr* (**sich**) **~** *(zurechtmachen)* arreglar(se), preparar(se) **II.** *vt* **jdn ~** *(fam: zermürben)* acabar con alguien

Fertignahrung *f* comida *f* precocinada

Fertigprodukt *nt* (WIRTSCH) producto *m* elaborado [*o* manufacturado]

fertigstellen *vt s.* **fertig 1.**

Fertigstellung *f* conclusión *f*

Fertigung *f* <-en> fabricación *f,* producción *f*

Fertigungsstandort *m* (WIRTSCH) lugar *m* de producción

fertigwerden *irr vi sein s.* **fertig 1.**

Fes [fɛs] *nt* <-, -> (MUS) fa *m* bemol

fesch [fɛʃ] *adj* ❶ *(fam: schick)* elegante; *(hübsch)* guapo ❷ *(Österr: nett)* amable

Fessel [ˈfɛsəl] *f* <-n> ❶ *(zum Festbinden)* atadura *f; (Kette)* cadena *f,* hierros *mpl;* **jdm ~n anlegen** poner a alguien los grilletes ❷ (ANAT: *vom Pferd*) espolón *m* ❸ (ANAT: *beim Menschen*) empeine *m* (del pie)

fesseln [ˈfɛsəln] *vt* ❶ *(festbinden)* atar; *(an den Händen)* maniatar; **jdn an Händen und Füßen ~** atar a alguien de manos y pies; **ans Bett gefesselt sein** *(fig)* tener que guardar cama ❷ *(faszinieren)* fascinar

fesselnd *adj (faszinierend: Bericht, Erzählung)* fascinante; *(Mensch)* atractivo, cautivador

fest *adj* ❶ *(kompakt)* sólido; *(hart)* duro ❷ *(stabil)* robusto ❸ *(stark, kräftig)* fuerte; **die Tür ~ schließen** cerrar la puerta con fuerza; **~ schlafen** dormir profundamente

F

❹ *(unerschütterlich)* firme; **sie ist ~ entschlossen** está firmemente decidida; **sich** *dat* **etw ~ vornehmen** tener la firme intención de hacer algo; **etw ~ versprechen** prometer algo solemnemente ❺ *(ständig)* fijo; *(dauerhaft)* permanente, constante; **~ angestellt** con empleo fijo; **einen ~en Wohnsitz haben** tener un domicilio fijo; **es gibt dafür keine ~en Regeln** para esto no existen reglas fijas; **er ist in ~en Händen** *(fam)* tiene novia

F

Fest [fɛst] *nt* <-(e)s, -e> fiesta *f*, pachanga *f* *Am: fam;* **Frohes ~!** ¡Felices Fiestas!

Festakt *m* acto *m* solemne

festangestellt *adj s.* **fest 5.**

Festangestellte(r) *mf* empleado, -a *m, f* fijo , -a

Festansprache *f* <-, -n> *s.* **Festrede**

Festanstellung *f* contrato *m* indefinido, empleo *m* fijo

fest|beißen *irr vr:* **sich ~** ❶ *(Hund)* **sich an der Beute ~** morder y no soltar la presa ❷ *(nicht weiterkommen)* atascarse (**an** en)

Festbeleuchtung *f* <-, -en> iluminación *f* para la(s) fiesta(s); *(fam iron)* iluminación *f* exagerada, demasiadas luces *fpl* encendidas

fest|binden *irr vt* atar (**an** a), pegar *Méx*

feste *adv (fam: nach Kräften: feiern)* de lo lindo; *(arbeiten, mithelfen)* de firme

Festessen *nt* banquete *m*

fest|fahren *irr vr:* **sich ~** ❶ *(stecken bleiben)* atascarse (**in** en); *(Schiff)* embarrancar ❷ *(Verhandlungen)* estancarse

Festgeld *nt* (FIN) depósito *m* a término [*o* a plazo fijo]

Festgeldkonto *nt* (FIN) cuenta *f* de depósito a término

fest|haken I. *vt* enganchar (**an** en), sujetar (**an** en) **II.** *vr:* **sich ~** engancharse, quedarse enredado

Festhalle *f* salón *m* de fiestas

fest|halten *irr* **I.** *vi* aferrarse (**an** a); **er hält an seiner Meinung fest** no da su brazo a torcer **II.** *vt* ❶ *(halten)* sujetar ❷ *(zurückhalten)* detener ❸ *(aufzeichnen)* retener; *(mit Kamera)* fotografiar; *(mit Tonband)* grabar **III.** *vr:* **sich ~** sujetarse (**an** en/a), agarrarse (**an** a)

festigen ['fɛstɪgən] **I.** *vt* reforzar, consolidar; **ein gefestigter Charakter** un carácter estable **II.** *vr:* **sich ~** reforzarse, consolidarse

Festiger *m* <-s, -> *(Haarfestiger)* fijador *m* (para el pelo)

Festigkeit *f ohne pl* ❶ *(Widerstandsfähigkeit)* solidez *f;* *(Stabilität)* estabilidad *f* ❷ *(Entschlossenheit)* firmeza *f* ❸ *(Standhaftigkeit)* perseverancia *f*

Festigung *f* <-, -en> consolidación *f*

Festival ['fɛstivəl] *nt* <-s, -s> festival *m*

fest|klammern I. *vt* sujetar (con pinzas); **die Wäsche (an der Leine) ~** sujetar [*o* tender] la ropa (en la cuerda) con pinzas **II.** *vr:* **sich ~** agarrarse (**an** a/en)

fest|kleben I. *vi sein* estar pegado (**an** en/a) **II.** *vt* pegar (**an** a/en)

festkochend *adj* para cocer; **~e Kartoffeln** patatas para ensaladilla

Festkörper *m* <-s, -> (PHYS) cuerpo *m* sólido

Festland[1] *nt* <-(e)s, -länder> *(Kontinent)* continente *m*

Festland[2] *nt* <-(e)s, *ohne pl*> *(im Gegensatz zum Meer)* tierra *f* firme

fest|legen I. *vt* ❶ *(bestimmen)* fijar, establecer ❷ (FIN) invertir a plazo fijo ❸ *(verpflichten)* comprometer (**auf** a) **II.** *vr:* **sich ~** *(sich binden)* comprometerse (**auf** a)

Festlegung *f* <-, -en> establecimiento *m*

festlich ['fɛstlɪç] *adj* de fiesta; *(feierlich)* solemne, ceremonioso; **~ geschmückt** decorado de fiesta; **etw ~ begehen** celebrar algo

Festlichkeit *f* <-en> festividad *f*, acto *m* solemne

fest|liegen *irr vi* ❶ *(bestimmt sein)* estar fijado; **der Termin liegt nun fest** la fecha ya está fijada ❷ (NAUT) embarrancar ❸ (FIN) estar inactivo

fest|machen I. *vi* (NAUT) amarrar **II.** *vt* ❶ *(vereinbaren)* concertar ❷ *(befestigen)* fijar (**an** en/a), sujetar (**an** en/a)

fest|nageln *vt* ❶ *(Bretter)* clavar (**an** a/en) ❷ *(fam: festlegen)* comprometer (**an** a)

Festnahme ['fɛstna:mə] *f* <-n> detención *f;* **vorläufige ~** detención provisional

fest|nehmen *irr vt* detener; **jdn vorläufig ~** detener provisionalmente a alguien

Festplatte *f* (INFOR) disco *m* duro; **etw auf der ~ abspeichern** grabar algo en el disco duro

Festplattenlaufwerk *nt* (INFOR) unidad *f* del disco duro

Festplatz *m* recinto *m* ferial

Festpreis *m* (WIRTSCH) precio *m* fijo

Festrede *f* discurso *m* solemne

Festsaal *m* salón *m* de fiestas

fest|schnallen *vr:* **sich ~** amarrar el cinturón

fest|schrauben *vt* apretar los tornillos

Festschrift *f* escrito homenaje *m*

fest|setzen I. *vt* ❶ *(bestimmen)* fijar ❷ *(festnehmen)* arrestar, encarcelar **II.** *vr:* **sich ~** ❶ *(Schmutz)* pegarse (**auf** a, **in** en) ❷ *(Gedanke)* arraigarse

fest|sitzen *irr vi* ❶ *(befestigt sein)* estar

fijo, estar bien sujeto ❷ *(Schmutz)* estar pegado (**auf** a) ❸ *(Fahrzeug)* estar atascado (**in** en); *(Schiff)* estar encallado; *(Person)* no poder moverse (del sitio)
Festspiele *nt pl* festival *m*
Festspielhaus *nt* gran teatro *m* (apropiado para festivales)
fest|stehen *irr vi* ❶ *(festgelegt sein)* estar decidido ❷ *(sicher sein)* ser seguro; **fest steht, dass ...** lo que es seguro es que...
fest|stellen *vt* ❶ *(arretieren)* fijar ❷ *(ermitteln)* averiguar; *(Personalien)* tomar; *(Krankheit)* diagnosticar; **das wird sich ~ lassen** eso ya se averiguará ❸ *(bemerken)* notar ❹ *(sagen)* manifestar
Feststelltaste *f* tecla *f* fijadora
Feststellung *f* ❶ *(Ermittlung)* averiguación *f* ❷ *(Konstatierung)* comprobación *f*; *(Beobachtung)* observación *f*; **die ~ machen, dass ...** comprobar que... ❸ *(Aussage)* declaración *f*
Festtafel *f* <-, -n> *(geh)* mesa *f* del banquete
Festtag *m* día *m* festivo
festtreten *irr vt* pisar
Festung ['fɛstʊŋ] *f* <-en> fortaleza *f*
festverzinslich ['fɛstfɛɐtsɪnslɪç] *adj* (FIN) a renta fija
Festwiese *f s.* **Festplatz**
Festzelt *nt* carpa *f*; *(auf einem Volksfest)* entoldado *m*
festziehen *irr vt* asegurar, fijar
Festzug *m* <-(e)s, -züge> desfile *m*
festzurren *vt* amarrar
Feta ['fe:ta] *m* <-s, *ohne pl*> (GASTR) (queso *m*) feta *m*
Fete ['fe:tə, 'fɛ:tə] *f* <-n> *(fam)* guateque *m*, fiesta *f*
Fetisch ['fe:tɪʃ] *m* <-(e)s, -e> fetiche *m*
Fetischismus *m* <-, *ohne pl*> fetichismo *m*
Fetischist(in) *m(f)* <-en, -en; -nen> fetichista *mf*
fett *adj* ❶ *(Speisen)* graso; **~ essen** comer comidas grasas ❷ *(Mensch)* gordo ❸ *(ertragreich)* abundante; **~e Beute machen** *(fig fam)* conseguir un gran botín ❹ (TYPO) en negrilla; **~ gedruckt** (impreso) en negrilla
Fett *nt* <-(e)s, -e> grasa *f*; **sein ~ abkriegen** *(fam)* recibir su merecido; **~ ansetzen** *(fam)* echar tripa
fettarm *adj* pobre en grasas
Fettauge *nt* ojo *m* de grasa
Fettdruck *m ohne pl* (TYPO) impresión *f* en negrilla
fetten I. *vi* ser grasiento **II.** *vt* engrasar
Fettfleck *m* mancha *f* de grasa
fettgedruckt ['fɛtgədrʊkt] *adj s.* **fett 4.**
Fettgehalt *m* contenido *m* en grasa
Fettgewebe *nt ohne pl* (ANAT, MED) tejido *m* adiposo
fettig *adj* graso, grasiento; *(schmierig)* pringoso
fettleibig ['fɛtlaɪbɪç] *adj* obeso
Fettleibigkeit *f* <-, *ohne pl*> obesidad *f*, gordura *f*
fettlöslich *adj* soluble en grasa
Fettnäpfchen ['fɛtnɛpfçən] *nt* <-s, -> *(fam)* **ins ~ treten** meter la pata
Fettpolster *nt* (ANAT) panículo *m*
Fettsäure *f* ácido *m* graso
Fettschicht *f* capa *f* de grasa; (ANAT) panículo *m* adiposo
Fettsucht *f ohne pl* (MED) obesidad *f*, adiposis *f inv*
fetttriefend *adj* chorreante de grasa
Fettwanst ['fɛtvanst] *m (fam abw)* barrigón, -ona *m, f*
Fetus ['fe:tʊs] *m* <-(ses), - *o* Feten> (MED) feto *m*
fetzen I. *vi (fam)* ❶ *(abreißen)* arrancar (**von** de) ❷ *(Musik)* molar **II.** *vr:* **sich ~** *(fam: sich streiten)* pelearse
Fetzen ['fɛtsən] *m* <-s, -> ❶ *(Stoff)* jirón *m*; *(Papier)* pedazo *m*, jirón *m*; **er riss es in ~** lo hizo trizas ❷ *(Teil eines Gesprächs)* pedazo *m*
fetzig *adj (fam: Musik)* marchoso
feucht [fɔɪçt] *adj* húmedo; **~ werden** humedecerse; **eine ~e Aussprache haben** *(fam)* escupir al hablar
feuchtfröhlich *adj (fam)* alegre y animado; **eine ~e Party** una fiesta con buen ambiente y con bebidas (alcohólicas)
Feuchtgebiet *nt* zona *f* húmeda
Feuchtigkeit *f ohne pl* humedad *f*
feuchtigkeitsbeständig *adj* resistente a la humedad
Feuchtigkeitscreme *f* crema *f* hidratante
Feuchtigkeitsgehalt *m* grado *m* de humedad
Feuchtigkeitslotion *f* loción *f* hidratante
feuchtkalt ['-'-] *adj* de frío húmedo
Feuchttuch *nt* toallita *f* húmeda (de usar y tirar)
feuchtwarm ['-'-] *adj* de calor húmedo; *(schwül)* bochornoso
feudal [fɔɪ'da:l] *adj* ❶ (POL) feudal ❷ *(fam: prächtig)* bien, elegante
Feudalherrschaft *f ohne pl* feudalismo *m*
Feudalismus [fɔɪda'lɪsmʊs] *m* <-, *ohne pl*> feudalismo *m*
Feuer[1] ['fɔɪɐ] *nt* <-s, *ohne pl*> ❶ (MIL) fuego *m*; **das ~ eröffnen** abrir fuego; **das ~ einstellen** cesar el fuego ❷ *(Temperament)* **dieses Pferd hat viel ~** este caballo tiene mucho temperamento

Feuer[2] *nt* <-s, -> ❶ *(vom Menschen kontrolliert)* fuego *m;* **das olympische ~** la llama olímpica; **~ speiend** *(Drache, Vulkan)* que escupe fuego; **haben Sie ~?** ¿tiene fuego?; **jdm ~ geben** dar fuego a alguien; **mit dem ~ spielen** *(fig)* jugar con fuego; **für jdn/etw seine Hand ins ~ legen** poner la mano en el fuego por alguien/algo; **jdm ~ unterm Hintern machen** *(fam)* meter prisa a alguien ❷ *(Brand)* fuego *m,* incendio *m;* **~ an etwas legen** incendiar algo; **~ und Flamme für etw sein** *(fam)* entusiasmarse por algo; **für jdn durchs ~ gehen** dejarse matar por alguien; **~ fangen** *(in Brand geraten)* incendiarse; *(sich begeistern)* entusiasmarse; **gebranntes Kind scheut das ~** *(prov)* gato escaldado del agua fría huye

Feueralarm *m* alarma *f* de incendio

Feueranzünder *m* encendedor *m*

Feuerbefehl *m* (MIL) orden *f* de fuego

feuerbeständig *adj* resistente al fuego

Feuerbestattung *f* cremación *f,* incineración *f*

Feuereifer *m* celo *m,* fervor *m;* **etw mit ~ betreiben** hacer algo con mucho entusiasmo

feuerfest *adj* a prueba de fuego; *(beständig)* resistente al fuego; (PHYS, CHEM) incombustible; *(Stein)* refractario

Feuergefahr *f* peligro *m* de incendio

feuergefährlich *adj* inflamable

Feuergefecht *nt* (MIL) tiroteo *m*

Feuerholz *nt* <-es, *ohne pl*> leña *f*

Feuerleiter *f* ❶ *(am Haus)* escalera *f* de incendios ❷ *(der Feuerwehr)* escalera *f* de bomberos

Feuerlöscher *m* <-s, -> extintor *m* de incendios

Feuermelder *m* <-s, -> teléfono *m* para avisar a los bomberos

feuern I. *vi* ❶ *(schießen)* disparar ❷ *(heizen)* calentar **II.** *vt* ❶ *(einheizen)* calentar ❷ *(fam: entlassen)* despedir con cajas destempladas ❸ *(fam: hinschleudern)* tirar ❹ *(fam)* **jdm eine ~** pegarle a alguien una bofetada

Feuerpause *f* (MIL) alto *m* el fuego

Feuerprobe *f* prueba *f* del fuego

feuerrot ['--'-] *adj* rojo encendido; **er wurde ~** se puso más colorado que un tomate

Feuersbrunst ['fɔɪɐsbrʊnst] *f* <-, -brünste> *(geh)* incendio *m,* fuego *m*

Feuerschlucker(in) *m(f)* <-s, -; -nen> hombre *m* tragafuegos, mujer *f* tragafuegos

feuersicher *adj* ❶ *(feuerfest)* resistente al fuego ❷ *(geschützt)* protegido contra el fuego

Feuerstein *m* *(Gesteinsart)* pedernal *m;* *(im Feuerzeug)* piedra *f* de mechero

Feuerstelle *f* *(am Herd)* fogón *m,* brasero *m Am*

Feuertreppe *f* <-, -n> escalera *f* de incendios

Feuertür *f* <-, -en> puerta *f* de incendios, escape *m* de incendios

Feuerung *f ohne pl* fuego *m*

Feuerversicherung *f* seguro *m* contra incendios

Feuerwache *f* puesto *m* de bomberos

Feuerwaffe *f* arma *f* de fuego

Feuerwehr ['fɔɪɐveːɐ] *f* <-en> ❶ *(Institution)* cuerpo *m* de bomberos ❷ *(fam: Feuerwehreinheit)* bomberos *mpl*

Feuerwehrauto *nt* coche *m* de los bomberos; *(groß)* camión *m* de los bomberos

Feuerwehrfahrzeug *nt* coche *m* de bomberos

Feuerwehrfrau *f* bombera *f*

Feuerwehrhelm *m* casco *m* de bombero

Feuerwehrleiter *f* escalera *f* de bomberos

Feuerwehrmann *m* <-(e)s, -männer *o* -leute> bombero *m*

Feuerwehrschlauch *m* manguera *f* de incendios

Feuerwehrschutzjacke *f* parka *f* de intervención

Feuerwerk *nt* fuegos *mpl* artificiales

Feuerwerkskörper *m* *(Rakete)* cohete *m;* *(Knallkörper)* petardo *m*

Feuerzange *f* tenazas *fpl*

Feuerzangenbowle *f* (GASTR) *ponche con un pilón de azúcar rociado con ron para encenderlo*

Feuerzeug *nt* <-(e)s, -e> encendedor *m,* mechero *m*

Feuerzeuggas *nt* <-es, -e> gas *m* para encendedores

Feuilleton [fœjəˈtõː] *nt* <-s, -s> ❶ *(Zeitungsteil)* suplemento *m* cultural ❷ *(Artikel)* artículo *m* para el suplemento cultural

feurig ['fɔɪrɪç] *adj* ❶ *(temperamentvoll)* impetuoso; *(leidenschaftlich)* apasionado ❷ *(Rede)* vehemente ❸ *(Auge)* centelleante

ff. *Abk. von* **folgende** (**Seiten**) y (páginas) siguientes

FH [ɛfˈhaː] *f* <-s> *Abk. von* **Fachhochschule** escuela *f* técnica superior

Fiaker ['fjakɐ] *m* <-s, -> *(Österr)* ❶ *(Kutsche)* coche *m* de alquiler, (coche *m*) simón *m* ❷ *(Kutscher)* (cochero *m*) simón *m*

Fiasko ['fjasko] *nt* <-s, -s> fracaso *m*

Fibel ['fiːbəl] *f* <-, -n> ❶ *(Schul~)* abecedario *m* ❷ *(Lehrbuch)* manual *m*

Fiber ['fiːbɐ] *f* <-, -n> (MED, BIOL) fibra *f*

ficht [fɪçt] *3. präs von* **fechten**
Fichte ['fɪçtə] *f* <-n> abeto *m* rojo
Fick [fɪk] *m* <-s, -s> *(vulg)* follaje *m*, polvo *m*
fick(e)rig *adj (reg: fam)* inquieto, nervioso
ficken ['fɪkən] *vi, vt (vulg)* joder, coger *Am*
fidel [fi'de:l] *adj (fam)* alegre
Fidschi ['fɪtʃi] *nt* <-s> Fidji *fpl*
Fidschiinseln ['fɪtʃiʔɪnzəln] *fpl* Islas *fpl* Fidji
fieb(e)rig *adj* febril
Fieber ['fi:bɐ] *nt* <-s, -> fiebre *f*; **(40 Grad) ~ haben** tener (40 grados de) fiebre
fieberfrei *adj* sin fiebre
fieberhaft *adj* febril; **wir haben ~ nach ihm gesucht** lo hemos buscado como locos
fieberkrank *adj* calenturiento
Fieberkurve *f* curva *f* de (la) temperatura
Fiebermittel *nt* (MED) medicamento *m* contra la fiebre
fiebern *vi* ❶ *(Fieber haben)* tener fiebre ❷ *(verlangen)* temblar de ansiedad (**nach** por)
fiebersenkend *adj* antipirético
Fieberthermometer *nt* termómetro *m*
fiebrig *adj s.* **fieb(e)rig**
Fiedel ['fi:dəl] *f* <-n> (MUS) violín *m*
fiedeln *vi, vt (abw)* rascar (un violín)
fiel [fi:l] *3. imp von* **fallen**
fiepen ['fi:pən] *vi* ❶ *(Jägersprache)* agamitar ❷ *(Hund, Vogel)* gemir, gimotear ❸ *(Alarm, Fernseher)* chirriar
fies [fi:s] *adj (fam)* ❶ *(abstoßend)* repugnante ❷ *(charakterlich)* asqueroso; *(lästig)* pesado
Fiesling ['fi:slɪŋ] *m* <-s, -e> *(fam abw)* tipo *m* asqueroso
Fifa, FIFA *f* <-, *ohne pl*> *Abk. von* **Fédération Internationale de Football Association** FIFA *f*
fifty-fifty ['fɪfti'fɪfti] *adv (fam)* **~ machen** hacer mitad y mitad
Figur [fi'gu:ɐ] *f* <-en> ❶ *(Gestalt)* figura *f*; **auf seine ~ achten** cuidar la línea; **er machte eine gute ~** causó una buena impresión ❷ *(Persönlichkeit, a.* LIT) personaje *m* ❸ *(Spielstein)* pieza *f* ❹ *(Abbildung)* ilustración *f*
figurativ [figura'ti:f] *adj* figurado; (KUNST) figurativo
figürlich [fi'gy:ɐlɪç] *adj* ❶ *(figurmäßig)* en cuanto a la figura ❷ *(figurativ)* figurado, metafórico, figurativo
Fiktion [fɪk'tsjo:n] *f* <-en> ficción *f*
fiktiv [fɪk'ti:f] *adj* ficticio
Filet [fi'le:] *nt* <-s, -s> (GASTR) filete *m*
Filetsteak *nt* (GASTR) solomillo *m*, bife *m* de lomo *Arg*
Filiale [fi'lja:lə] *f* <-n> sucursal *f*
Filialleiter(in) *m(f)* jefe, -a *m, f* de sucursal
filigran *adj* de filigrana
Filigranarbeit *f* filigrana *f*
Film¹ [fɪlm] *m* <-(e)s, -e> ❶ *(dünne Schicht)* película *f* ❷ (FOTO) carrete *m* ❸ (TV) película *f*, filme *m*; **in einen ~ gehen** ir a ver una película; **einen ~ drehen** rodar una película; **einen ~ vorführen/anschauen** proyectar/ver una película
Film² *m* <-(e)s, *ohne pl*> *(Branche)* cine *m*; **sie ist beim ~** trabaja en el cine
Filmarchiv *nt* archivo *m* de películas
Filmatelier *nt* estudio *m* cinematográfico
Filmaufnahme *f* toma *f*
Filmdiva *f* <-, -diven> (FILM) estrella *f* de cine [*o* de la pantalla]
Filmemacher(in) *m(f)* <-s, -; -nen> director(a) *m(f)* de cine
filmen ['fɪlmən] *vi, vt* rodar (una película), filmar
Filmfestival *nt*, **Filmfestspiele** *ntpl* festival *m* de cine
Filmgeschäft *nt ohne pl* industria *f* cinematográfica
Filmindustrie *f* industria *f* cinematográfica
filmisch *adj* cinematográfico
Filmkamera *f* cámara *f* de cine
Filmkritiker(in) *m(f)* crítico, -a *m, f* cinematográfico , -a
Filmkunst *f ohne pl* cinematografía *f*
Filmmusik *f* banda *f* sonora (de una película)
Filmplakat *nt* cartel *m* (de una película)
Filmproduzent(in) *m(f)* productor(a) *m(f)* cinematográfico , -a
Filmprojektor *m* proyector *m* de cine
Filmregisseur(in) *m(f)* director(a) *m(f)* de cine
Filmriss *m* ❶ (TV) corte *m* de la película ❷ *(Black-out)* fallo *m* repentino de la memoria; **ich hatte einen ~** *(fam)* me quedé en blanco, me falló la memoria
Filmrolle *f* ❶ *(Part)* papel *m* en una película ❷ *(Spule)* rollo *m* de película
Filmschauspieler(in) *m(f)* actor *m* de cine, actriz *f* de cine
Filmspule *f* bobina *f* cinematográfica
Filmstar *m* estrella *f* de cine
Filmstudio *nt* estudio *m* cinematográfico
Filmverleih *m* distribuidora *f* cinematográfica
Filmvorführer(in) *m(f)* <-s, -; -nen> operador(a) *m(f)* de cine
Filmvorführung *f* presentación *f* de película
Filmzensur *f ohne pl* censura *f* de películas
Filter ['fɪltɐ] *m* <-s, -> filtro *m*

F

Filteranlage *f* (TECH) instalación *f* de filtraje
Filterkaffee *m ohne pl* café *m* de filtro
filtern *vt* filtrar
Filterpapier *nt* (papel *m* de) filtro *m*
Filtertüte *f* filtro *m*
Filterzigarette *f* cigarrillo *m* con filtro
Filtrat [fɪl'tra:t] *nt* <-(e)s, -e> (TECH) filtrado *m*
Filtration [fɪltra'tsjo:n] *f* <-, -en> (TECH) filtrado *m*
filtrieren* [fɪl'tri:rən] *vt* (TECH) filtrar

F

Filz [fɪlts] *m* <-es, -e> ❶ *(Gewebe)* fieltro *m* ❷ (POL) nepotismo *m*
filzen ['fɪltsən] **I.** *vi (Wolle)* apelmazarse **II.** *vt (fam)* ❶ *(durchsuchen)* registrar, cachear ❷ *(bestehlen)* dejar limpio
Filzhut *m* sombrero *m* de fieltro, callampa *f Chil*
filzig *adj* ❶ *(samtig: Blatt)* afelpado ❷ *(verfilzt: Haar)* enmarañado
Filzlaus *f* ladilla *f*
Filzpantoffel *m* pantufla *f* de fieltro
Filzstift *m* rotulador *m*
Fimmel ['fɪməl] *m* <-s, -> *(fam abw)* manía *f; (fixe Idee)* idea *f* fija
final *adj (geh)* final; **Krebs im ~en Stadium** cáncer terminal
Finale [fi'na:lə] *nt* <-s, -> final *f;* (SPORT *a.*) finalísima *f;* **ins ~ kommen** llegar a la final
Finalsatz *m* (LING) oración *f* final
Finanzamt [fi'nants-] *nt* Delegación *f* de Hacienda, impositiva *f Am*
Finanzausgleich *m* compensación *f* financiera, ajuste *m* financiero
Finanzbeamte(r) *m,* **-beamtin** *f* agente *mf* fiscal
Finanzberater(in) *m(f)* asesor(a) *m(f)* fiscal y financiero , -a
Finanzbericht *m* <-(e)s, -e> informe *m* financiero
Finanzblase *f* burbuja *f* financiera
Finanzbuchhalter(in) *m(f)* <-s, -; -, -nen> contable *mf* financiero, -a
Finanzen [fi'nantsən] *pl* finanzas *f pl*
Finanzexperte, -in *m, f* experto, -a *m, f* financiero , -a
Finanzhoheit *f ohne pl* (JUR) soberanía *f* financiera
finanziell [finan'tsjɛl] *adj* financiero, económico
finanzierbar *adj* financiable
finanzieren* [finan'tsi:rən] *vt* financiar
Finanzierung *f* <-en> financiación *f*
Finanzinstitut *nt* instituto *m* financiero
finanzkräftig *adj* con capacidad financiera
Finanzlage *f* situación *f* financiera
Finanzmarkt *m* mercado *m* financiero
Finanzminister(in) *m(f)* ministro, -a *m, f* de Hacienda
Finanzministerium *nt* ministerio *m* de Hacienda
Finanzpolitik *f* (*a.* WIRTSCH) política *f* financiera
finanzschwach *adj* sin capacidad económica
Finanzspritze *f* <-, -n> apoyo *m* financiero
finanzstark *adj s.* **finanzkräftig**
Finanzverwaltung *f* administración *f* financiera
Finanzwesen *nt ohne pl* hacienda *f*
Findelkind ['fɪndəlkɪnt] *nt* expósito, -a *m, f*
finden ['fɪndən] <findet, fand, gefunden> **I.** *vt* ❶ *(allgemein)* encontrar; *(unvermutet)* dar con; **er war nirgends zu ~** no lo encontramos en ninguna parte; **ihr Haus ist gut/schlecht zu ~** su casa es fácil/difícil de encontrar; **Anklang ~** encontrar aprobación; **Beachtung ~** recibir atención; **ich muss zu mir selbst ~** necesito un momento de tranquilidad; **sie fand keine Ruhe** no halló reposo; **sie findet Freude an der Arbeit** le gusta su trabajo; **ich finde nichts Schlimmes dabei** no encuentro nada de malo en ello; **kein Ende ~** no acabar nunca; **Verwendung ~** poder ser utilizado; **wer sucht, der findet** *(prov)* quién busca encuentra ❷ *(meinen)* opinar; **ich finde, dass ...** opino que...; **ich finde es gut, dass ...** me parece bien que... *+subj* **II.** *vr:* **sich ~** ❶ *(zum Vorschein kommen)* aparecer; **der Schlüssel wird sich schon (wieder) ~** ya aparecerá la llave ❷ *(in Ordnung kommen)* arreglarse; **das wird sich alles ~** todo se arreglará
Finder(in) *m(f)* persona *f* que encuentra algo
Finderlohn *m ohne pl* gratificación *f*
findig *adj* ingenioso, listo
Findling ['fɪntlɪŋ] *m* <-s, -e> (GEO) roca *f* errática
Finesse[1] [fi'nɛsə] *f* <-, *ohne pl*> *(geh: Schlauheit)* finura *f*
Finesse[2] *f* <-, -n> *(geh)* ❶ *(Detail)* detalle *m* ❷ *(Trick)* truco *m;* **mit allen ~n** con todo tipo de artimañas
fing [fɪŋ] *3. imp von* **fangen**
Finger ['fɪŋɐ] *m* <-s, -> dedo *m;* **der kleine ~** el (dedo) meñique; **mit dem ~ auf jdn zeigen** señalar con el dedo a alguien; **jdm auf die ~ klopfen** *(fam fig)* echar a alguien un rapapolvo; **das kann man sich doch an den (fünf) ~n abzählen!** *(fam)* ¡es evidente!; **~ weg!** ¡no lo toques!; **er hat überall die ~ drin** *(fam fig)* mete sus

narices en todo; **da solltest du lieber die ~ von lassen** *(fam fig)* será mejor que no te metas en esto; **jdm (genau) auf die ~ schauen** *(fig)* controlar a alguien; **jdn in die ~ bekommen** coger a alguien; **sich** *dat* **etw aus den ~n saugen** sacarse algo de la manga; **jdn um den ~ wickeln** *(fam)* ganarse a alguien; **sich** *dat* **die ~ nach etw lecken** *(fam)* morirse de ganas por obtener algo; *(beim Essen)* chuparse los dedos por algo; **keinen ~ krumm machen** *(fam)* no dar ni golpe

Fingerabdruck *m* huella *f* digital, impresión *f* dactilar; **genetischer ~** característica genética

Fingerbreit *m* **keinen ~ nachgeben** no ceder ni un ápice

Fingerfarbe *f* pintura *f* para pintar con los dedos

fingerfertig *adj* hábil, mañoso

Fingerfertigkeit *f ohne pl* habilidad *f* manual

Fingerhandschuh *m* guante *m*

Fingerhut *m* ❶ *(beim Nähen)* dedal *m* ❷ (BOT) dedalera *f*

Fingerknöchel *m* nudillo *m*

Fingerknochen *m* falange *f*

Fingerkuppe *f* yema *f* (del dedo)

fingern I. *vi* manosear (**an**) **II.** *vt (fam)* hurgar

Fingernagel *m* uña *f*

Fingerspitze *f* punta *f* del dedo

Fingerspitzengefühl *nt ohne pl* tacto *m; (Diplomatie)* diplomacia *f*

Fingerzeig ['fɪŋɐtsaɪk] *m* <-s, -e> señal *f*

fingieren* [fɪŋ'giːrən] *vt* fingir

Fink [fɪŋk] *m* <-en, -en> (ZOOL) pinzón *m*

Finne, -in ['fɪnə] *m, f* <-n, -n; -nen> finlandés, -esa *m, f*

finnisch *adj* finlandés

Finnisch *nt* <-(s), *ohne pl*>, **Finnische** *nt* <-n, *ohne pl*> finlandés *m*

Finnland ['fɪnlant] *nt* <-s> Finlandia *f*

finster ['fɪnstɐ] *adj* ❶ *(dunkel)* oscuro; *(düster)* tenebroso; **es sieht ~ aus** tiene muy mal aspecto; **im F~n tappen** andar a tientas ❷ *(anrüchig)* dudoso ❸ *(mürrisch)* huraño, ceñudo

Finsternis *f* <-se> oscuridad *f*

Finte ['fɪntə] *f* <-n> ❶ *(Vorwand)* artimaña *f* ❷ (SPORT) finta *f*

Firlefanz ['fɪrləfants] *m* <-es, *ohne pl*> *(fam: Krempel)* cachivache *m*

Firma ['fɪrma, *pl:* 'fɪrmən] *f* <Firmen> empresa *f; (Fabrik)* fábrica *f*

Firmament [fɪrma'mɛnt] *nt* <-(e)s, *ohne pl*> *(geh)* firmamento *m*

firmen ['fɪrmən] *vt* (REL) confirmar

Firmen *pl von* **Firma**

Firmenchef(in) *m(f)* jefe, -a *m, f* de una empresa

firmeneigen *adj* perteneciente a la empresa

Firmeninhaber(in) *m(f)* titular *mf* de una empresa

firmenintern *adj* interno de la firma

Firmenname *m* nombre *m* comercial

Firmensitz *m* <-es, -e> (JUR, WIRTSCH) sede *f* social, domicilio *m* comercial

Firmenwagen *m* coche *m* de la empresa

Firmenzeichen *nt* marca *f* de una fábrica

Firmling ['fɪrmlɪŋ] *m* <-s, -e> (REL) confirmando, -a *m, f*

Firmung ['fɪrmʊŋ] *f* <-en> (REL) confirmación *f*

Firn [fɪrn] *m* <-(e)s, *ohne pl*> ❶ *(Schnee)* nieve *f* endurecida ❷ *(Gletscher)* ventisquero *m*

Firnis ['fɪrnɪs] *m* <-ses, -se> barniz *m*

First [fɪrst] *m* <-(e)s, -e> ❶ *(Dach)* caballete *m* ❷ *(Gipfel)* cumbre *f*

Fis [fɪs] *nt* <-, -> (MUS) fa *m* sostenido

Fisch [fɪʃ] *m* <-(e)s, -e> ❶ (ZOOL) pez *m; (Ware, Gericht)* pescado *m;* **stumm sein wie ein ~** no decir esta boca es mía; **sich wie ein ~ im Wasser fühlen** sentirse como pez en el agua; **das ist weder ~ noch Fleisch** *(fam fig)* esto está a medias; **das sind kleine ~e für mich** *(fam)* eso está chupado; **ein dicker ~ sein** *(fam fig)* ser un pez gordo ❷ (ASTR: *Person*) piscis *mf inv* ❸ **~e** (ASTR: *Zeichen*) Piscis *m*

Fischauge *nt* ❶ (ZOOL) ojo *m* del pez ❷ (FOTO) ojo *m* de pez

Fischbestand *m* <-(e)s, -stände> existencia *f* de peces

fischen *vi, vt* pescar; **im Trüben ~** pescar en río revuelto

Fischer(in) *m(f)* <-s, -; -nen> pescador(a) *m(f)*

Fischerboot *nt* barco *m* pesquero

Fischerdorf *nt* pueblo *m* que vive de la pesca

Fischerei *f ohne pl* pesca *f*

Fischereihafen *m* puerto *m* pesquero

Fischerin *f* <-nen> *s.* **Fischer**

Fischernetz *nt* red *f* para pescar

Fischfang *m* pesca *f;* **auf ~ gehen** ir de pesca

Fischfilet *nt* (GASTR) filete *m* de pescado, lomo *m* de pescado

Fischgeschäft *nt* pescadería *f*

Fischgräte *f* <-, -n> espina *f* de pescado

Fischgrätenmuster *nt* dibujo *m* de espiga

Fischgründe *mpl* caladero *m*

Fischhändler(in) *m(f)* pescadero, -a *m, f*

Fischkonserve *f* <-, -n> conserva *f* de pescado

Fischkutter *m* cúter *m* pesquero

F

Fischmehl *nt* harina *f* de pescado
Fischreiher *m* (ZOOL) garza *f* real, cenicienta *f*
Fischrogen *m* <-s, -> (ZOOL) huevas *fpl* de pescado; **Kaviar ist gesalzener ~ des Störs** el caviar es la hueva salpresa del esturión
Fischschwarm *m* banco *m* de peces, cardume(n) *m*
Fischstäbchen ['fɪʃʃtɛ:pçən] *nt* (GASTR) barrita *f* de pescado
Fischsteak *nt* (GASTR) filete *m* de pescado
Fischsterben *nt* mortandad *f* piscícola
Fischsuppe *f* sopa *f* de pescado
Fischtheke *f* mostrador *m* de la pescadería
Fischzucht *f ohne pl* piscicultura *f*
fiskalisch [fɪs'ka:lɪʃ] *adj* fiscal
Fiskalpakt [fɪs'ka:l-] *m* (POL) pacto *m* fiscal; **europäischer ~** pacto fiscal europeo
Fiskus ['fɪskʊs] *m* <-, *ohne pl*> Hacienda *f*, fisco *m*
Fisolen [fi'zo:lən] *fpl* *(Österr: grüne Bohnen)* judías *fpl*, frijoles *mpl Am*
fit [fɪt] *adj* en (buena) forma
Fitness ['fɪtnɛs] *f ohne pl* buena forma *f*
Fitnessball *m* (SPORT) pelota *f* de fitness [*o* para hacer gimnasia]
Fitnesscenter ['fɪtnɛssɛntɐ] *nt* <-s, -> gimnasio *m*
Fitnessraum *m* (SPORT) gimnasio *m*, sala *f* de fitness
Fitnessstudio *nt* gimnasio *m*
Fitnesstraining *nt* <-s, -s> (SPORT) práctica *f* deportiva, entrenamiento *m*
Fittich ['fɪtɪç] *m* <-(e)s, -e> *(geh)* ala *f*; **jdn unter seine ~e nehmen** ocuparse de alguien
fix [fɪks] *adj* ① *(Gehalt, Kosten)* fijo; **eine ~e Idee** una obsesión ② *(fam: schnell)* rápido; *(gewandt)* vivo ③ *(völlig erschöpft)* **~ und fertig sein** estar para el arrastre; **jdn ~ und fertig machen** hacer polvo a alguien ④ *(reg: abw: bei Verstand)* **nicht ganz ~ sein** no estar en su (sano) juicio
Fixa *pl von* **Fixum**
fixen ['fɪksən] *vi (sl)* pincharse
Fixer(in) *m(f)* <-s, -; -nen> *(sl)* drogadicto, -a *m, f*
fixieren* [fɪ'ksi:rən] *vt* ① (*a.* FOTO) fijar (**an** a/en) ② *(schriftlich festhalten)* concertar; **jdn ~** clavar los ojos en alguien; **auf etw fixiert sein** (PSYCH) depender emocionalmente de algo
Fixiermittel [fɪ'ksi:ɐ-] *nt* (TECH) agente *m* de fijación
Fixierung *f* <-en> fijación *f*
Fixkosten *pl* costes *mpl* fijos
Fixpunkt *m* punto *m* fijo
Fixstern *m* <-(e)s, -e> (ASTR) estrella *f* fija
Fixum ['fɪksʊm, *pl:* 'fɪksa] *nt* <-s, Fixa> sueldo *m* fijo
Fjord [fjɔrt] *m* <-(e)s, -e> fiordo *m*
FKK [ɛfka:'ka:] *Abk. von* **Freikörperkultur** nudismo *m*
FKK-Strand *m* playa *f* nudista
flach [flax] *adj* ① *(eben)* llano, plano; **mit der ~en Hand** con la palma de la mano; **auf dem ~en Land** en el campo ② *(niedrig)* bajo, playo *CSur*; *(Gewässer)* poco profundo; *(Teller)* llano ③ *(abw: oberflächlich)* banal
Flachbildschirm *m* (INFOR, TV) pantalla *f* plana
Flachdach *nt* tejado *m* plano
Flachdruck *m* (TYPO) impresión *f* plana
Fläche ['flɛçə] *f* <-n> ① *(Gebiet)* superficie *f*; *(Bauwesen)* terreno *m* ② (MATH: *Grundfläche*) plano *m*; *(eines Würfels)* cara *f*
Flächenbrand *m* incendio *m* de rápida propagación
flächendeckend *adj* que cubre totalmente un campo determinado
Flächeninhalt *m* (MATH) área *f*
Flächenmaß *nt* (MATH) medida *f* de superficie
flach|fallen *irr vi sein (fam)* suspenderse
flächig ['flɛçɪç] *adj* llano, plano
Flachland *nt ohne pl* llanura *f*
flach|legen I. *vt (fam: hinstrecken)* echar al suelo **II.** *vr:* **sich ~** *(fam)* echarse un rato a dormir
flach|liegen *irr vi (fam: krank sein)* estar enfermo
Flachmann *m (fam)* petaca *f*
Flachrennen *nt* (SPORT: *Pferderennen*) turf *m*
Flachs [flaks] *m* <-es, *ohne pl*> ① (BOT) lino *m* ② *(fam: Spaß)* burla *f*
flachsblond ['-'-] *adj* rubio platino
flachsen ['flaksən] *vi (fam)* bromear
flackern ['flakɐn] *vi* ① *(Feuer)* llamear ② *(Licht)* centellear
Fladen ['fla:dən] *m* <-s, -> ① *(Pfannkuchen)* filloa *f* ② *(Kuhdung)* boñigo *m*
Fladenbrot *nt* pan *m* árabe
Flagge ['flagə] *f* <-n> bandera *f*; **das Schiff fährt unter spanischer ~** el barco navega con pabellón español
flaggen *vi* **halbmast ~** ondear la bandera a media asta
Flaggschiff ['flak-] *nt* (MIL) buque *m* insignia
Flair [flɛ:ɐ] *nt o m* <-s, *ohne pl*> *(von Menschen)* encanto *m*, aire *m*; *(von Sachen)* atmósfera *f*
Flak [flak] *f* <-, -(s)> (MIL) *Abk. von* **Flugzeugabwehrkanone** cañón *m* antiaéreo

Flakon [fla'kõː] *m o nt* <-s, -s> *(geh)* frasco *m*
flambieren* [flam'biːrən] *vt* flamear
Flame, -in ['flaːmə] *m, f* <-n, -n; -nen> flamenco, -a *m, f*
Flämin ['flɛːmɪn] *f* <-nen> flamenca *f*
Flamingo [fla'mɪŋgo] *m* <-s, -s> (ZOOL) flamenco *m*
flämisch ['flɛːmɪʃ] *adj* flamenco
Flämisch *nt* <-(s), *ohne pl*>, **Flämische** *nt* <-n, *ohne pl*> flamenco *m*
Flamme ['flamə] *f* <-n> ❶ *(vom Feuer)* llama *f;* **in ~n aufgehen** arder; **in ~n stehen** estar en llamas ❷ *(Gasflamme)* fuego *m;* **etw auf kleiner ~ kochen** cocinar algo a fuego lento ❸ *(am Gasherd)* fogón *m* de gas
flammend *adj (Inferno)* ardiente; *(Worte, Blicke)* apasionado
Flammenmeer *nt* <-(e)s, -e> *(geh)* mar *m* de llamas
Flammenwerfer *m* <-s, -> (MIL) lanzallamas *m inv*
Flandern ['flandɐn] *nt* <-s> Flandes *m*
Flanell [fla'nɛl] *m* <-s, -e> franela *f*
flanieren* [fla'niːrən] *vi haben o sein* callejear
Flanke ['flaŋkə] *f* <-n> ❶ (ANAT) flanco *m; (Pferd)* ijada *f,* verija *f Am* ❷ (MIL) flanco *m* ❸ (SPORT: *Sprung*) volteo *m; (Pass)* entrega *f,* pase *m*
flanken *vi* (SPORT) centrar
flankieren* *vt* acompañar, flanquear
Flansch [flanʃ] *m* <-(e)s, -e> (TECH) brida *f*
flapsig ['flapsɪç] *adj (fam)* fresco
Fläschchen *nt* <-s, -> *(Babyfläschchen)* biberón *m*
Flasche ['flaʃə] *f* <-n> ❶ *(Gefäß)* botella *f; (für Babys)* biberón *m,* mamadera *f Am;* **aus der ~ trinken** beber de la botella; **zur ~ greifen** *(fig)* darse a la bebida ❷ *(fam: Versager)* cero *m* a la izquierda
Flaschenbier *nt* cerveza *f* en botella(s)
Flaschengärung *f* fermentación *f* en botella
Flaschenhals *m* gollete *m*
Flaschennahrung *f* alimento *m* para biberones
Flaschenöffner *m* abrebotellas *m inv*
Flaschenpfand *nt* (precio *m* del) envase *m*
Flaschenpost *f* botella *f* arrojada al mar (con un mensaje)
Flaschenzug *m* <-(e)s, -züge> sistema *m* de poleas
Flaschner(in) ['flaʃnɐ] *m(f)* <-s, -; -nen> *(südd, Schweiz)* fontanero, -a *m, f*
Flatrate ['flɛtreɪt] *f* <-, -s> (INFOR) tarifa *f* plana
flatterhaft *adj (abw)* veleidoso
Flatterhaftigkeit *f* <-, *ohne pl*> veleidad *f,* inconstancia *f*
flattern ['flatɐn] *vi* ❶ *sein (Tier)* revolotear ❷ *(Hände)* temblar ❸ *sein (Fahne)* ondear; *(Papier)* revolotear
Flattersatz *m ohne pl* (TYPO) composición *f* a pedazos
flau [flaʊ] *adj* ❶ *(schwach)* débil; **mir ist ~ im Magen** me mareo ❷ (FIN) flojo
Flaum [flaʊm] *m* <-(e)s, *ohne pl*> ❶ *(Federn)* plumón *m* ❷ *(Härchen)* pelusilla *f; (Bartwuchs)* bozo *m*
flaumig ['flaʊmɪç] *adj* plumoso, velloso; **das Gefieder der jungen Vögel ist noch ganz ~** las plumas de los pájaros jóvenes están aún totalmente cubiertas de pelusa
Flausch [flaʊʃ] *m* <-(e)s, -e> flojel *m*
Flauschdecke *f* manta *f*
flauschig *adj* blando, suave
Flaute ['flaʊtə] *f* <-n> ❶ (NAUT) calma *f* chicha ❷ (FIN) periodo *m* de crisis; **es herrscht absolute ~** el negocio está paralizado ❸ *(Wend)* **die Party war eine ~** *(fam)* la fiesta fue un chasco
Flechte ['flɛçtə] *f* <-n> ❶ (BOT) liquen *m* ❷ (MED) herpes *m o f*
flechten ['flɛçtən] <flicht, flocht, geflochten> *vt* tejer; *(Haare)* trenzar; **einen Blumenkranz ~** hacer una corona de flores
Fleck [flɛk] *m* <-(e)s, -e> ❶ *(Schmutz-, Farbfleck)* mancha *f;* **ein blauer ~** un moratón ❷ *(fam: Stelle)* lugar *m,* sitio *m;* **nicht vom ~ kommen** no avanzar; **das Herz auf dem rechten ~ haben** tener el corazón en su sitio
Fleckchen *nt* <-s, -> *(Gegend)* lugar *m*
Flecken ['flɛkən] *m* <-s, -> ❶ *(Schmutz-, Farbflecken)* mancha *f* ❷ *(Dorf)* pueblo *m*
Fleckenentferner *m* quitamanchas *m inv*
fleckenlos *adj* sin manchas
fleckig ['flɛkɪç] *adj* con manchas; *(Obst)* picado; *(Tierfell)* a pintas
Fledermaus ['fleːdɐmaʊs] *f* murciélago *m*
Fleece *nt* <-, *ohne pl*> fleece *m*
Flegel ['fleːgəl] *m* <-s, -> *(abw)* grosero, -a *m, f*
flegelhaft *adj (abw: Benehmen)* grosero; *(Kind)* mal educado
Flegeljahre *ntpl* edad *f* del pavo
flehen ['fleːən] *vi* implorar, suplicar; **um Gnade ~** implorar el perdón
flehentlich ['fleːəntlɪç] *adv (geh)* encarecidamente; **jdn ~ bitten** rogar encarecidamente a alguien
Fleisch [flaɪʃ] *nt* <-(e)s, *ohne pl*> carne *f; (Fruchtfleisch)* pulpa *f;* **~ fressend** carnívoro; **vom ~ fallen** *(fam)* quedarse en los huesos; **sich** *dat/akk* **ins eigene ~**

schneiden *(fig)* echar piedras contra el propio tejado
Fleischbrühe *f* caldo *m* de carne
Fleischer(in) *m(f)* <-s, -; -nen> carnicero, -a *m, f*
Fleischerei *f* <-en> carnicería *f*
Fleischerin *f* <-nen> *s.* **Fleischer**
Fleischermesser *nt* <-s, -> cuchillo *m* de carnicero
Fleischesser(in) *m(f)* <-s, -; -, -nen> persona *f* que come carne
fleischfarben *adj* color carne
Fleischfresser *m* (ZOOL) carnívoro *m*
Fleischhauer(in) *m(f)* *(Österr)* carnicero, -a *m, f*
fleischig *adj* carnoso; *(Frucht)* pulposo; *(Person)* rollizo
Fleischkäse *m* queso *m* de cerdo
Fleischklopfer *m* ablandador *m*
Fleischkloß *m* (GASTR) albóndiga *f*
Fleischklößchen ['flaɪʃkløːsçən] *nt* albóndiga *f*
fleischlich *adj* ❶ *(Kost)* cárnico, de carne ❷ *(Begierde)* carnal
fleischlos *adj* *(Nahrung)* sin carne, vegetariano; ~ **essen** alimentarse de vegetales
Fleischpastete *f* (GASTR) paté *m* de carne
Fleischspieß *m* pincho *m* moruno, anticucho *m* *Perú*
Fleischtheke *f* mostrador *m* de la carnicería
Fleischtomate *f* tomate *m* de ensalada
Fleischvergiftung *f* (MED) intoxicación *f* (por consumo) de carne
Fleischwaren *fpl* carne *f*, productos *mpl* cárnicos
Fleischwolf *m* <-(e)s, -wölfe> máquina *f* de picar carne
Fleischwunde *f* herida *f* profunda
Fleischwurst *f* embutido *m*
Fleiß [flaɪs] *m* <-es, *ohne pl*> aplicación *f*; *(Eifer)* empeño *m*; **ohne ~ kein Preis** *(prov)* no hay atajo sin trabajo
fleißig **I.** *adj* ❶ *(arbeitsam)* aplicado ❷ *(fam: regelmäßig)* regular **II.** *adv* ❶ *(arbeitsam)* con empeño ❷ *(fam: regelmäßig)* a menudo
flennen ['flɛnən] *vi* *(fam abw)* llorar
fletschen ['flɛtʃən] *vt* **die Zähne ~** regañar los dientes
flexibel [flɛ'ksiːbəl] *adj* flexible
flexibilisieren* [flɛksibili'ziːrən] *vt* flexibilizar
Flexibilisierung *f* <-, -en> flexibilización *f*
Flexibilität [flɛksibili'tɛːt] *f* *ohne pl* flexibilidad *f*
Flexion [flɛ'ksjoːn] *f* <-en> (LING) flexión *f*

F

Flexitarier(in) <-s, -(nen)> [flɛksi'taːri̯ɐ] *m(f)* flexitariano, -a *m, f*
flicht [flɪçt] *3. präs von* **flechten**
Flickarbeit *f* remiendo *m*
flicken ['flɪkən] *vt* *(Reifen)* echar parches (a); *(Kleidung)* remendar
Flicken *m* <-s, -> remiendo *m*
Flickenteppich *m* <-s, -e> alfombrilla *f* de retazos
Flickwerk *nt* <-(e)s, *ohne pl*> *(abw)* chapuza *f*
Flickzeug *nt* *(allgemein)* estuche *m* de reparación; *(Fahrrad, Reifen)* caja *f* de parches; *(Nähzeug)* avíos *mpl* de coser
Flieder ['fliːdɐ] *m* <-s, -> (BOT) lila *f*
fliederfarben *adj* (color) lila
Fliege ['fliːgə] *f* <-n> ❶ (ZOOL) mosca *f*; **er tut keiner ~ was zuleide** [*o* **zu Leide**] no es capaz de hacerle daño ni a una mosca; **zwei ~n mit einer Klappe schlagen** *(fam)* matar dos pájaros de un tiro; **die ~ machen** *(fam)* largarse ❷ *(Krawatte)* pajarita *f*
fliegen ['fliːgən] <fliegt, flog, geflogen> **I.** *vi sein* ❶ *(Tier, Flugzeug)* volar; *(Person)* ir en avión; **wann fliegt die nächste Maschine?** ¿cuándo sale el próximo avión?; **wie lange fliegt man von Wien nach Buenos Aires?** ¿cuánto tiempo tarda el vuelo de Viena a Buenos Aires? ❷ *(Ball, Stein)* volar; *(geworfen werden)* ser lanzado; **der Ball flog über das Tor** la pelota voló por encima de la portería; **in die Luft ~** estallar por los aires; **sie flog ihm um den Hals** se le echó al cuello ❸ *(fam: hinausgeworfen werden)* **ich bin geflogen** me han echado ❹ *(fam: durchfallen)* **durchs Examen ~** cargar el examen ❺ *(fam: angezogen werden)* pirrarse (**auf** por); **er fliegt auf neue Autos** se pirra por coches nuevos **II.** *vt* ❶ *(Flugzeug)* pilotar ❷ *(Güter, Passagiere)* tra(n)sportar por aire ❸ *(Route)* cubrir
fliegend *adj* volante; **in ~er Eile** volando; **~e Händler** vendedores *mpl* ambulantes; **der F~e Holländer** *(Sage)* el holandés errante; *(Oper)* el buque fantasma
Fliegenfänger *m* <-s, -> atrapamoscas *m inv*
Fliegenfischen *nt* <-s, *ohne pl*> pesca *f* con mosca
Fliegengewicht *nt* peso *m* mosca
Fliegengitter *nt* alambrera *f*
Fliegenklatsche ['fliːgənklatʃə] *f* matamoscas *m inv*
Fliegenpilz *m* amanita *f* muscaria
Flieger ['fliːgɐ] *m* <-s, -> ❶ *(Pilot)* piloto *m* ❷ *(fam: Flugzeug)* avión *m*
Fliegeralarm *m* alarma *f* aérea

Fliegerin *f* <-, -nen> *s.* **Flieger**
fliehen ['fliːən] <flieht, floh, geflohen> *vi sein* huir (**vor** de); *(aus dem Gefängnis)* escaparse (**aus** de); **zu jdm ~** refugiarse en casa de alguien
Fliehkraft *f* (PHYS) fuerza *f* centrífuga
Fliese ['fliːzə] *f* <-n> *(aus Stein)* baldosa *f; (Kachel)* azulejo *m*
fliesen ['fliːzn] *vt (Fußboden)* (em)baldosar; *(Wand)* cubrir con azulejos, azulejar
Fliesenleger(in) *m(f)* <-s, -; -nen> solador(a) *m(f)*, embaldosador(a) *m(f)*
Fließband *nt* cadena *f* de fabricación; **am ~ arbeiten** trabajar en la cadena; **wie am ~** en cadena
Fließbandarbeit *f* trabajo *m* en cadena (de fabricación)
Fließbandfertigung *f ohne pl* fabricación *f* en cadena
fließen ['fliːsən] <fließt, floss, geflossen> *vi sein (Fluss, Gelder, Spenden, Verkehr)* fluir; *(Tränen)* correr; *(herausfließen)* salir; **die Elbe fließt in die Nordsee** el Elba desemboca en el mar del Norte; **der Sekt floss in Strömen** el champán corrió a litros; **es ist genug Blut geflossen** ya se ha derramado bastante sangre
fließend **I.** *adj* ① *(Wasser)* corriente; **~er Verkehr** tráfico fluido ② *(Grenze, Übergang)* difuso **II.** *adv* con fluidez; **sie spricht ~ Katalanisch** habla catalán con fluidez
Fließhecklimousine *f* (AUTO) berlina *f* de dos volúmenes
flimmerfrei *adj (Bildschirm)* sin centelleo
Flimmerkiste *f (fam abw)* tele *f*, caja *f* tonta
flimmern ['flɪmɐn] *vi* brillar, relucir; *(Sterne)* centellear; **es flimmert mir vor den Augen** se me va la vista
flink [flɪŋk] *adj* ① *(lebhaft)* despabilado ② *(schnell)* rápido ③ *(geschickt)* hábil
Flinte ['flɪntə] *f* <-n> escopeta *f*; **die ~ ins Korn werfen** *(fam fig)* arrojar la toalla
Flip-Flop® ['flɪpflɔp] *m* <-s, -s> *meist pl* chancleta *f*
Flipper ['flɪpɐ] *m* <-s, -> *(fam)* flipper *m*, flíper *m*
flippern *vi (fam)* jugar al flipper
flippig ['flɪpɪç] *adj (fam)* pasota
Flirt [flɪrt, flœrt] *m* <-s, -s> ligue *m*
flirten ['flɪrtən, 'flœrtən] *vi* flirtear
Flittchen ['flɪtçən] *nt* <-s, -> *(fam abw)* mujerzuela *f*
Flitter[1] ['flɪtɐ] *m* <-s, -> *(Paillette)* lentejuela *f*
Flitter[2] *m* <-s, *ohne pl*> *(abw: Tand)* oropel *m*
Flitterwochen *fpl* luna *f* de miel
flitzen ['flɪtsən] *vi sein (fam)* ir pitando
Flitzer *m* <-s, -> *(fam)* coche *m* deportivo
flocht [flɔxt] *3. imp von* **flechten**
Flocke ['flɔkə] *f* <-n> copo *m*
flockig *adj* coposo
flog [floːk] *3. imp von* **fliegen**
floh [floː] *3. imp von* **fliehen**
Floh [floː, *pl:* 'fløːə] *m* <-(e)s, Flöhe> ① (ZOOL) pulga *f*; **jdm einen ~ ins Ohr setzen** *(fam)* ponerle a alguien la mosca detrás de la oreja; **die Flöhe husten hören** *(fam)* sentir crecer la hierba ② *pl (fam: Geld)* pelas *fpl*
Flohmarkt *m* rastro *m*, mercadillo *m*
Flohzirkus *m* <-, -se> exhibición *f* de pulgas amaestradas
Flop [flɔp] *m* <-s, -s> fracaso *m*
Floppy Disk *f* <-s> (INFOR) disco *m* flexible
Flor [floːɐ] *m* <-s, -e *o* Flöre> *(dünnes Gewebe)* velo *m*, crespón *m; (Teppich, Samt)* velludillo *m*
Flora ['floːra, *pl:* 'floːrən] *f* <Floren> flora *f*
Florentiner *m* <-s, -> ① (GASTR) "florentina" *f (torta por una parte cubierta de chocolate y por la otra de almendras troceadas)* ② *(Strohhut)* sombrero *m* de paja ancho de alas
florentinisch *adj* florentino
Florenz [flo'rɛnts] *nt* <-> Florencia *f*
Florett [flo'rɛt] *nt* <-(e)s, -e> florete *m*; **~ fechten** practicar esgrima de florete
florieren* [flo'riːrən] *vi* florecer, prosperar
Florist(in) [flo'rɪst] *m(f)* <-en, -en; -nen> florista *mf*
Floskel ['flɔskəl] *f* <-n> fórmula *f* de cortesía
floss [flɔs] *3. imp von* **fließen**
Floß [floːs, *pl:* 'fløːsə] *nt* <-es, Flöße> balsa *f*
Flosse ['flɔsə] *f* <-n> ① *(vom Fisch, Taucher)* aleta *f* ② (NAUT) orza *f* fija ③ *(fam: Hand)* mano *f*
Flößer(in) *m(f)* <-s, -; -, -nen> almadiero, -a *m, f*
Flöte ['fløːtə] *f* <-n> ① (MUS) flauta *f* ② *(Sektglas)* copa *f* de champán
flöten **I.** *vi* ① *(Flöte spielen)* tocar la flauta; *(Vogel, Mensch)* gorjear ② *(fam: verloren gehen)* **~ gehen** irse al traste **II.** *vt (auf der Flöte spielen)* tocar con la flauta; *(pfeifen)* silbar
Flötenspiel *nt* <-(e)s, *ohne pl*> (MUS) música *f* de flauta
Flötenspieler(in) *m(f)* flautista *mf*
Flötist(in) [flø'tɪst] *m(f)* <-en, -en; -nen> (MUS) flautista *mf*
flott [flɔt] *adj* ① *(fam: rasch)* rápido; **aber ein bisschen ~!** ¡date prisa! ② *(fam: Person)* atractivo; *(Kleidung)* de moda;

F

(Musik) marchoso ③ *(lebenslustig)* alegre ④ *(einsatzbereit)* a punto; (NAUT) a flote

Flotte ['flɔtə] *f* <-n> flota *f*

Flottenstützpunkt *m* (MIL) base *f* naval

flott|machen *vt* ① *(Schiff)* desencallar ② *(fam: Fahrzeug)* poner a punto

Flöz [flø:ts] *nt* <-es, -e> (BERGB) filón *m*

Fluch [flu:x, *pl:* 'fly:çə] *m* <-(e)s, Flüche> ① *(Verwünschung)* maldición *f;* **einen ~ ausstoßen** lanzar una maldición ② *(Schimpfwort)* taco *m*

F

fluchen ['flu:xən] *vi* soltar tacos; **auf** [*o* **über**] **etw ~** maldecir algo

Flucht[1] [flʊxt] *f ohne pl (das Fliehen)* huida *f* (**aus/vor** de), fuga *f* (**aus** de); **vor jdm/etw** *dat* **die ~ ergreifen** huir de alguien/algo; **jdn in die ~ schlagen** hacer que alguien emprenda la huida; **auf der ~ sein** andar fugitivo, andar de agache *Col;* **die ~ nach vorn antreten** emprender una huida hacia delante

Flucht[2] *f* <-en> ① (ARCHIT) punto *m* de fuga ② *(geh: Zimmerflucht)* serie *f* de habitaciones

fluchtartig **I.** *adj* precipitado **II.** *adv* de prisa y corriendo

Fluchtauto *nt* coche *m* utilizado en la huida

flüchten ['flʏçtən] **I.** *vi sein* huir (**aus/vor** de), fugarse (**aus** de); *(aus dem Gefängnis)* evadirse (**aus** de) **II.** *vr:* **sich ~** *(Schutz suchen)* refugiarse (**in** en); **sich in den Alkohol ~** refugiarse en la bebida

Fluchtgefahr *f ohne pl* peligro *m* de fuga

Fluchthelfer(in) *m(f) persona que ayuda a alguien a huir*

Fluchthilfe *f* ayuda *f* para huir

flüchtig ['flʏçtɪç] *adj* ① *(flüchtend)* fugitivo ② *(kurz)* rápido; **einen ~en Blick auf jdn/etw werfen** echar un vistazo a alguien/algo ③ *(oberflächlich)* superficial; **etw ~ lesen** leer algo por encima ④ (CHEM) volátil

Flüchtige(r) *mf* <-n, -n; -n, -n> fugitivo, -a *m, f*

Flüchtigkeit *f ohne pl* ① *(Oberflächlichkeit)* superficialidad *f* ② *(Ungenauigkeit)* imprecisión *f* ③ (CHEM) volatilidad *f* ④ *(Flüchtigkeitsfehler)* descuido *m,* olvido *m*

Flüchtigkeitsfehler *m* descuido *m,* olvido *m*

Flüchtling *m* <-s, -e> refugiado, -a *m, f,* corrido, -a *m, f And;* **politischer ~** refugiado político

Flüchtlingslager *nt* campo *m* de refugiados

Flüchtlingsstrom *m* flujo *m* de refugiados

Fluchtversuch *m* tentativa *f* de evasión

Fluchtweg *m* ① *(Verbrecher)* camino *m* de fuga ② *(in Schulen, Firmen)* lugar *m* destinado a la huida en caso de fuego

Flug [flu:k, *pl:* 'fly:gə] *m* <-(e)s, Flüge> vuelo *m;* **die Zeit verging wie im ~(e)** el tiempo pasó volando

Flugabwehr *f* (MIL) defensa *f* antiaérea

Flugabwehrrakete *f* (MIL) cohete *m* antiaéreo

Flugangst *f* miedo *m* a volar

Flugbahn *f* trayectoria *f*

Flugbegleiter(in) *m(f)* auxiliar *mf* de vuelo

Flugblatt *nt* octavilla *f,* volante *m*

Flugdatenschreiber *m* <-s, -> (AERO) caja *f* negra

Flugdauer *f* duración *f* del vuelo

Flügel ['fly:gəl] *m* <-s, -> ① *(eines Vogels, Flugzeugs)* ala *f;* **mit den ~n schlagen** batir las alas, aletear; **etw verleiht jdm ~** *(fig)* algo da alas a alguien; **jdm die ~ stutzen** *(fig)* cortar las alas a alguien ② *(von Gebäude, Truppe, Spielfeld, Partei)* ala *f* ③ *(einer Windmühle)* aspa *f; (eines Propellers)* pala *f* ④ *(Fenster-, Türflügel)* hoja *f* ⑤ (MUS) piano *m* de cola; **auf dem ~ spielen** tocar el piano

Flügelmutter *f* <-n> tuerca *f* de mariposa

Flügeltür *f* puerta *f* de dos hojas

Fluggast *m* pasajero, -a *m, f* de un avión

Fluggastbrücke *f* pasarela *f* de acceso

Fluggasttreppe *f* escalerilla *f* para pasajeros

flügge ['flʏgə] *adj* ① *(Vogel)* volantón ② *(fam: Kind)* **~ werden** independizarse

Fluggerät *nt* <-(e)s, -e> (AERO: *Luftfahrzeug*) aparato *m* volador, artefacto *m* volador

Fluggeschwindigkeit *f* velocidad *f* de vuelo

Fluggesellschaft *f* compañía *f* aérea

Flughafen *m* aeropuerto *m;* **auf dem ~** en el aeropuerto

Flughöhe *f* altura *f* de vuelo

Flugkapitän *m* comandante *mf* (de un avión)

Flugkörper *m* misil *m*

Fluglärm *m ohne pl* ruido *m* de aviones

Fluglehrer(in) *m(f)* instructor(a) *m(f)* de vuelo

Fluglinie *f* línea *f* aérea

Fluglotse, -in *m, f* controlador(a) *m(f)* aéreo , -a

Flugnummer *f* <-, -n> número *m* de vuelo

Flugobjekt *nt* objeto *m* volante

Flugpersonal *nt ohne pl* personal *m* de vuelo

Flugplan *m* horario *m* de vuelos

Flugplatz *m* aeródromo *m*

Flugreise *f* viaje *m* en avión

flugs [flu:ks] *adv (geh)* en seguida

Flugschein *m* ① *(Lizenz)* carné *m* de piloto ② *(Flugticket)* billete *m* de avión, pasaje *m* de avión *Am*

Flugschneise *f* corredor *m* aéreo

Flugschreiber *m* <-s, -> registrador *m* de datos de vuelo

Flugsicherheit *f* <-, *ohne pl*> (AERO) seguridad *f* de vuelo

Flugsicherung *f* protección *f* de vuelo

Flugsicherungsdienst *m* (AERO) servicio *m* de control aéreo

Flugsimulator *m* simulador *m* de vuelos

Flugsteig *m* <-(e)s, -e> (AERO) puerta *f*

Flugstunde *f* <-, -n> ① *(Zeit)* hora *f* de vuelo ② *(Unterricht)* clase *f* de aviación

flugtauglich *adj* apto para el vuelo

Flugticket *nt* billete *m* de avión, pasaje *m* de avión *Am*

Flugverbindung *f* (AERO) línea *f* aérea

Flugverbot *nt* prohibición *f* de vuelo

Flugverkehr *m* tráfico *m* aéreo

Flugzeit *f* duración *f* del vuelo

Flugzettel *m* <-s, -> *(Österr) s.* **Flugblatt**

Flugzeug ['flu:ktsɔɪk] *nt* <-(e)s, -e> avión *m;* **mit dem/im/per ~** en/en el/por avión

Flugzeugabsturz *m* accidente *m* de aviación

Flugzeugbau *m ohne pl* construcción *f* aeronáutica

Flugzeugbesatzung *f* tripulación *f*

Flugzeugentführung *f* secuestro *m* de un avión

Flugzeugträger *m* portaaviones *m inv*

Flugzeugtür *f* puerta *f* del avión

Flugzeugtyp *m* <-s, -en> (AERO) tipo *m* de avión, clase *f* de avión

Flugzeugunglück *nt* accidente *m* aéreo

Flugzeugwrack *nt* <-(e)s, -s> escombros *mpl* de avión

Flugziel *nt* destino *m* (de vuelo)

Fluktuation [flʊktua'tsjo:n] *f* <-en> fluctuación *f*

fluktuieren* [flʊktu'i:rən] *vi* fluctuar

Flunder ['flʊndɐ] *f* <-n> (ZOOL) platija *f*

flunkern ['flʊŋkɐn] *vi (fam)* contar una trola

Fluor ['flu:oɐ] *nt* <-s, *ohne pl*> (CHEM) flúor *m*

Fluorchlorkohlenwasserstoff *m* (CHEM) hidrocarburo *m* fluoroclorado

Fluoreszenz [fluorɛs'tsɛnts] *f* <-, *ohne pl*> fluorescencia *f*

fluoreszieren* [fluorɛs'tsi:rən] *vi* brillar

fluoreszierend *adj* (CHEM) fluorescente

Fluorid [fluo'ri:t] *nt* <-(e)s, -e> fluoruro *m*

Flur[1] [flu:ɐ] *m* <-(e)s, -e> *(im Haus)* pasillo *m*

Flur[2] *f* <-en> *(geh: Land)* campo *m,* campiña *f;* **Feld und ~** los campos

Flurbereinigung *f* <-en> concentración *f* parcelaria

Flurschaden *m* daño *m* de las cosechas

Fluss[1] [flʊs, *pl:* 'flʏsə] *m* <-es, Flüsse> *(Gewässer)* río *m*

Fluss[2] *m* <-es, *ohne pl*> *(das Fließen)* flujo *m; (Verlauf)* curso *m;* **in ~ kommen** ponerse en marcha

flussabwärts [-'--] *adv* río abajo

Flussarm *m* brazo *m* de río; *(Zufluss)* afluente *m*

flussaufwärts [-'--] *adv* río arriba

Flussbett *nt* cauce *m*

Flussdiagramm *nt* (INFOR) diagrama *m* de flujo

flüssig ['flʏsɪç] *adj* ① *(nicht fest)* líquido; **~ machen** licuefacer ② *(Stil, Verkehr)* fluido ③ *(Kapital)* disponible; **ich bin im Moment nicht ~** *(fam)* de momento no tengo capital disponible

Flüssiggas *nt* gas *m* licuado (de petróleo)

Flüssigkeit[1] *f* <-en> *(Stoff)* líquido *m*

Flüssigkeit[2] *f ohne pl (Zustand)* fluidez *f*

Flüssigkristallanzeige *f* (INFOR) pantalla *f* de cristal líquido

Flüssigseife *f* <-, -n> jabón *m* líquido

Flusskrebs *m* cangrejo *m* de río, jaiba *f Am*

Flusslauf *m* <-(e)s, -läufe> curso *m* de un río

Flussmündung *f* desembocadura *f* (de un río), bocana *f Am*

Flusspferd *nt* hipopótamo *m*

Flussufer *nt* orilla *f* de un río

flüstern ['flʏstɐn] *vi, vt* susurrar, cuchichear; **das kann ich dir ~** *(fam)* puedes confiar en ello; **dem werde ich was ~** *(fam)* a este le voy a cantar las cuarenta

Flüsterpropaganda *f ohne pl* propaganda *f* clandestina

Flüsterton *m ohne pl* voz *f* baja; **im ~ reden** hablar en voz baja

Flüstertüte *f* <-, -n> *(fam iron)* megáfono *m*

Flut[1] [flu:t] *f ohne pl (im Gezeitenwechsel)* marea *f* alta, pleamar *f;* **es ist ~** hay marea alta; **die ~ geht zurück** la marea está bajando

Flut[2] *f* <-en> ① *(geh: Wassermassen)* raudal *m; (Wellen)* olas *fpl* ② *(Menge)* aluvión *m;* **eine ~ von Briefen** una montaña de cartas

fluten I. *vi sein (geh: Wasser, Licht)* inundar **II.** *vt* (NAUT) anegar

Flutkatastrophe *f* inundación *f*

F

Flutlicht *nt ohne pl* iluminación *f* con proyectores
flutschen ['flʊtʃən] *vi sein (fam)* ① *(Tätigkeit)* ir a las mil maravillas ② *(Gegenstand)* **aus der Hand ~** resbalarse de la mano
Flutwelle *f* ola *f* de pleamar
Flyer ['flaiɐ̯] *m* <-s, -> *(Handzettel)* volante *m*, panfleto *m*
f-Moll *nt* <-, *ohne pl*> (MUS) fa *m* menor
focht [fɔxt] *3. imp von* **fechten**
Fock [fɔk] *f* <-, -en> (NAUT) trinquete *m*
Fockmast *m* (NAUT) (palo *m* de) trinquete *m*
Föderalismus [fødera'lɪsmʊs] *m* <-, *ohne pl*> (POL) federalismo *m*
föderalistisch *adj* (POL) federalista
Föderation [fødera'tsjo:n] *f* <-en> (POL) federación *f*
föderativ [fødera'ti:f] *adj* (ADMIN, POL) federativo
fohlen ['fo:lən] *vi* (ZOOL) parir un potro
Fohlen ['fo:lən] *nt* <-s, -> potro *m*
Föhn [fø:n] *m* <-(e)s, -e> ① (METEO) *viento cálido al norte y sur de los Alpes* ② *(Haartrockner)* secador *m* de pelo
föhnen ['fø:nən] *vt* secar (con el secador)
Fokus ['fo:kʊs] *m* <-, -se> *(Brennpunkt)* foco *m*; *(Krankheitsherd)* foco *m* (infeccioso)
Folge ['fɔlgə] *f* <-n> ① *(Wirkung)* consecuencia *f*; *(Ergebnis)* resultado *m*; **dies hatte zur ~, dass ...** esto tuvo como consecuencia que... *+subj*; **sie muss die ~n tragen** tiene que cargar con las consecuencias; **an den ~n einer Krankheit sterben** morir de enfermedad; **einem Befehl ~ leisten** *(formal)* cumplir una orden ② (RADIO, TV) capítulo *m*; *(Zeitung)* número *m* ③ *(Aufeinanderfolge)* serie *f*; **in rascher ~** sucesivamente
Folgeerscheinung *f* consecuencia *f*; (MED) secuela *f*
folgen ['fɔlgən] *vi* ① *sein (nachgehen)* seguir; **können Sie mir ~?** ¿me comprende?; **er folgte ihrem Rat** siguió su consejo ② *sein (zeitlich)* seguir, continuar; **Fortsetzung folgt** continuará; **wie folgt** como sigue ③ *sein (sich ergeben)* deducirse (**aus** de); **daraus folgt, dass ...** de ahí se deduce que... ④ *(gehorchen)* obedecer
folgend *adj* siguiente; **es handelt sich um F~es** se trata de lo siguiente; **im F~en** a continuación, en lo sucesivo
folgendermaßen ['fɔlgəndɐ(')ma:sən] *adv* de la siguiente manera
folgenlos *adj* sin consecuencias
folgenschwer *adj* de graves consecuencias
folgerichtig *adj* consecuente
Folgerichtigkeit *f* <-, *ohne pl*> consecuencia *f*
folgern ['fɔlgɐn] *vt* deducir (**aus** de), sacar la conclusión (**aus** de)
Folgerung *f* <-en> conclusión *f* (**aus** de), deducción *f* (**aus** de)
Folgesatz *m* (LING) oración *f* consecutiva
Folgezeit *f ohne pl* porvenir *m*; **in der ~** en lo sucesivo
folglich ['fɔlklɪç] *adv* en consecuencia, por lo tanto
folgsam ['fɔlkza:m] *adj* obediente; *(gefügig)* dócil
Folgsamkeit *f* <-, *ohne pl*> ① *(Gehorsamkeit)* obediencia *f* ② *(Unterwerfung)* sumisión *f*
Folie ['fo:liə] *f* <-n> ① *(Plastikfolie)* plástico *m (para alimentos, etc.)*; *(aus Metall)* lámina *f* ② *(für Overheadprojektor)* tra(n)sparencia *f*; *(für Bildschirmpräsentation)* plantilla *f*, diapositiva *f*
Folklore [fɔlk'lo:rə] *f ohne pl* folclore *m*
folkloristisch [fɔlklo'rɪstɪʃ] *adj* folclórico
Follikel [fɔ'li:kəl] *m* <-s, -> (BIOL, MED) folículo *m*
Folter ['fɔltɐ] *f* <-n> tortura *f*; **jdn auf die ~ spannen** *(fig)* tener a alguien en vilo
Folterbank *f* caballete *m* de tortura
Folterer *m* <-s, -> torturador *m*
Folterinstrument *nt* <-(e)s, -e> instrumento *m* de tortura
Folterkammer *f* cámara *f* de tortura
Folterknecht *m* <-(e)s, -e> torturador(a) *m(f)*
foltern *vt* torturar
Folterung *f* <-en> tortura *f*
Fön® *m* <-(e)s, -e> secador *m* de pelo
Fond [fõ:] *m* <-s, -s> (GASTR) caldo *m* concentrado
Fonds [fõ:(s)] *m* <-, -> ① *(Geldreserve)* fondo *m* ② *pl* (FIN: *Schuldverschreibung*) obligación *f*
Fondsmanager(in) *m(f)* (WIRTSCH, FIN) gestor(a) *m(f)* de fondos de inversión
Fondue [fõ'dy:] *nt* <-s, -s> (GASTR) fondue *f*
Font [fɔnt] *m* <-s, -s> (INFOR, TYPO) grupo *m* de caracteres
Fontäne [fɔn'tɛ:nə] *f* <-n> ① *(Wasserstrahl)* surtidor *m* ② *(Springbrunnen)* fuente *f*
Food Court ['futkɔ:t] *m* <- -s, - -s> *(Gastronomiebereich in einem Einkaufszentrum)* zona *f* de bares (y restaurantes)
Football ['futbɔ:l] *m* <-s, *ohne pl*> (SPORT) fútbol *m* americano
foppen ['fɔpən] *vt* tomar el pelo (a)
forcieren* [fɔr'si:rən] *vt* ① *(steigern)* aumentar ② *(erzwingen)* forzar

forciert *adj (geh: Lächeln)* forzado; *(Höflichkeit)* falto de naturalidad
Förderband *nt* (TECH) cinta *f* tra(n)sportadora
Förderer, -in *m, f* <-s, -; -nen> patrocinador(a) *m(f);* (LIT, KUNST) mecenas *mf inv*
Fördergelder *pl* (ADMIN) fondos *mpl* de desarrollo
Förderkorb *m* (BERGB) jaula *f* de extracción
förderlich *adj* conveniente (para), favorable (a)
Fördermittel *ntpl* (WIRTSCH) subvenciones *fpl*
fordern ['fɔrdɐn] *vt* ❶ *(verlangen)* exigir (**von** de); **der Unfall forderte fünf Menschenleben** el accidente costó la vida a cinco personas ❷ *(Leistung)* exigir ❸ *(Rechte)* reivindicar
fördern ['fœrdɐn] *vt* ❶ *(Bodenschätze)* extraer ❷ *(unterstützen)* promover, pilotear *Am; (Künstler)* patrocinar; *(Talent)* activar; *(Umsatz)* potenciar, impulsar; *(begünstigen)* favorecer
fordernd *adj (Haltung, Beruf)* exigente
Förderschacht *m* (BERGB) pozo *m* de extracción
Förderstufe *f* <-, -n> (SCH) *quinto y sexto cursos de la educación primaria alemana -correspondientes al Tercer Ciclo de la española- que sirven de orientación para decidir luego el camino a seguir: bien el Gymnasium, bien la Realschule, etc.*
Förderturm *m* (BERGB) torre *f* de extracción
Forderung *f* <-en> ❶ *(Anspruch)* exigencia *f;* **hohe ~en an etw/jdn stellen** ser muy exigente con algo/alguien ❷ (FIN, WIRTSCH: *Betrag*) deuda *f* ❸ *(von Rechten)* reivindicación *f*
Förderung *f* <-en> ❶ *(von Bodenschätzen)* extracción *f* ❷ *(Unterstützung)* promoción *f; (finanziell)* subsidio *m*
Förderunterricht *m* (SCH) curso *m* de refuerzo
Forelle [fo'rɛlə] *f* <-n> trucha *f;* **~ blau** (GASTR) trucha cocida
Foren *pl von* **Forum**
Form[1] [fɔrm] *f* <-en> ❶ *(Gestalt)* forma *f;* **etw in ~ bringen** dar forma a algo; **aus der ~ geraten** deformarse; **das Projekt nimmt feste ~en an** el proyecto se está concretando ❷ *(Art und Weise)* manera *f,* forma *f* ❸ *(Back-, Gießform)* molde *m* ❹ *(Umgangsform)* formas *fpl,* modales *mpl;* **die ~ wahren** guardar las formas; **der ~ halber** por mor a las formalidades; **in aller ~** en debida forma
Form[2] *f ohne pl (Kondition)* forma *f;* **in ~ kommen/sein** ponerse/estar en forma
formal [fɔr'maːl] *adj* formal
Formaldehyd ['fɔrmʔaldehyːt] *nt* <-s, *ohne pl*> (CHEM) formaldehido *m*
Formalie [fɔr'maːljə] *f* <-, -n> formalidad *f*
Formalität [fɔrmali'tɛːt] *f* <-en> formalidad *f*
Format[1] [fɔr'maːt] *nt* <-(e)s, -e> *(Größe)* formato *m;* **im DIN-A4-~** en formato DIN A4
Format[2] *nt* <-(e)s, *ohne pl*> ❶ *(Persönlichkeit)* personalidad *f;* **sie hat ~** tiene personalidad ❷ *(Niveau)* nivel *m; (Bedeutung)* importancia *f*
formatieren* [fɔrma'tiːrən] *vt* (INFOR) formatear
Formatierung *f* <-en> (INFOR) formateo *m*
Formation [fɔrma'tsjoːn] *f* <-en> formación *f*
formbar *adj* moldeable
Formbarkeit *f* <-, *ohne pl*> plasticidad *f*
formbeständig *adj* de forma estable
Formblatt *nt* (hoja *f* del) formulario *m*
Formel ['fɔrməl] *f* <-n> (*a.* MATH, CHEM) fórmula *f; (Redewendung)* modismo *m;* **etw auf eine ~ bringen** *(fig)* resumir algo
Formel 1® *f* (SPORT) Fórmula 1® *f*
Formel-1-Pilot(in) *m(f)* (SPORT) piloto *mf* de Fórmula 1
Formel-1-Rennen *nt* (SPORT) carrera *f* de Fórmula 1
Formel-1-Wagen *m* (SPORT) (coche *m* de) Fórmula 1 *m*
formell [fɔr'mɛl] *adj* formal
Formelsammlung *f* formulario *m*
formen ['fɔrmən] *vt* formar
Formenlehre *f* (LING, MUS, BIOL) morfología *f*
Formfehler *m* defecto *m* de forma
Formgebung *f (Möbel, Skulptur)* modelado *m*
formieren* [fɔr'miːrən] *vt* formar
Formierung *f* <-en> formación *f*
förmlich ['fœrmlɪç] **I.** *adj* ❶ *(offiziell)* formal, oficial ❷ *(steif)* formal **II.** *adv (regelrecht)* casi, por así decirlo
Förmlichkeit *f* <-en> formalidad *f;* **bitte nur keine ~en!** ¡por favor, no se anden con muchos cumplidos!
formlos *adj* ❶ *(ohne Form)* informe ❷ *(zwanglos)* informal, sin ceremonias; *(Antrag)* informal
Formsache *f* formalidad *f;* **das ist reine ~** eso es pura formalidad
formschön *adj* de forma elegante
Formtief *nt* <-s, -s> (SPORT) baja forma *f;* **sich in einem ~ befinden, ein ~ durchmachen** encontrarse bajo de forma [*o* en baja forma]

Formular [fɔrmu'laːɐ] *nt* <-s, -e> formulario *m*, impreso *m*, esqueleto *m Am*
formulieren* [fɔrmu'liːrən] *vt* formular, expresar
Formulierung *f* <-en> ① *(Vorgang)* redacción *f* ② *(Ergebnis)* formulación *f*, expresión *f*
formvollendet *adj* de forma perfecta
formwidrig *adj* que no respeta la forma
forsch [fɔrʃ] *adj* enérgico
forschen ['fɔrʃən] *vi* investigar; **nach etw ~** indagar algo
forschend **I.** *adj* escrutador, escudriñador **II.** *adv* escrutadoramente
Forscher(in) *m(f)* <-s, -; -nen> investigador(a) *m(f)*
Forscherteam *nt* <-s, -s> equipo *m* investigador
Forschheit *f* <-, *ohne pl*> resolución *f*, energía *f*
Forschung *f* <-en> investigación *f*
Forschungsabteilung *f* <-, -en> departamento *m* de investigación
Forschungsarbeit *f* trabajo *m* de investigación (científica)
Forschungsauftrag *m* encargo *m* (de un proyecto) de investigación
Forschungsbericht *m* <-(e)s, -e> informe *m* de una investigación
Forschungsergebnis *nt* resultado *m* de la investigación
Forschungsgebiet *nt* <-(e)s, -e> campo *m* de investigación
Forschungsinstitut *nt* instituto *m* de investigación
Forschungslabor *nt* <-s, -s *o* -e> laboratorio *m* de investigación
Forschungsreise *f* viaje *m* de exploración
Forschungszentrum *nt* centro *m* de investigación
Forst [fɔrst] *m* <-(e)s, -e(n)> bosque *m*
Forstamt *nt* dirección *f* general de la política forestal
Förster(in) ['fœrstɐ] *m(f)* <-s, -; -nen> guardabosque(s) *mf inv*
Forsthaus *nt* casa *f* del guardabosque
Forstrevier *nt* <-s, -e> territorio *m* forestal, distrito *m* forestal
Forstschaden *m* <-s, -schäden> daño *m* forestal
Forstverwaltung *f* <-, -en> (AGR) administración *f* forestal [*o* de montes]
Forstwesen *nt* <-s, *ohne pl*> régimen *m* forestal
Forstwirt(in) *m(f)* ingeniero, -a *m, f* de montes
Forstwirtschaft *f ohne pl* silvicultura *f*
Forstwissenschaft *f* silvicultura *f*
Forstwissenschaftler(in) *m(f)* científico, -a *m, f* forestal
Forsythie [fɔr'zyːtsjə, fɔr'zyːtjə] *f* <-, -n> (BOT) forsythia *f* (suspensa)
fort [fɔrt] *adv* ① *(weg)* fuera; *(verschwunden)* desaparecido; *(verloren)* perdido; **er will ~ von uns** quiere irse de nuestro lado; **~ mit ihm!** ¡fuera con él!; **seine Freunde sind schon ~** sus amigos ya se han ido; **weit ~** muy lejos ② *(weiter)* **und so ~** etcétera; **in einem ~** continuamente, sin parar
Fort [foːɐ] *nt* <-s, -s> fuerte *m*
fortan [fɔrt'ʔan] *adv* de aquí en adelante
Fortbestand *m* <-(e)s, *ohne pl*> continuidad *f*; *(der Arten)* perpetuación *f*
fort|bestehen* *irr vi* persistir, perdurar
fort|bewegen* **I.** *vt* desplazar **II.** *vr:* **sich ~** desplazarse
Fortbewegung *f* locomoción *f*
Fortbewegungsmittel *nt* medio *m* de locomoción
fort|bilden **I.** *vt* perfeccionar **II.** *vr:* **sich ~** perfeccionarse
Fortbildung *f* <-en> perfeccionamiento *m*
Fortbildungskurs *m* curso *m* de capacitación
fort|bleiben *irr vi sein* no volver; **nur kurz/jahrelang ~** estar fuera por poco tiempo/durante años
Fortbleiben *nt* <-s, *ohne pl*> ausencia *f*
fort|bringen *irr vt* llevar(se)
Fortdauer *f ohne pl* perduración *f*, continuación *f*
fort|dauern *vi* persistir, continuar
fortdauernd *adv* continuamente
forte ['fɔrtə] *adv* (MUS) forte
fort|entwickeln* **I.** *vt* seguir desarrollando **II.** *vr:* **sich ~** continuar desarrollándose, seguir evolucionando
fort|fahren *irr* **I.** *vi sein* ① *(wegfahren)* marcharse ② *(weitermachen)* continuar **II.** *vt (wegtransportieren)* llevar(se)
fort|fallen *irr vi sein* suprimirse
fort|fliegen *irr vi sein* salir [*o* escaparse] volando
fort|führen *vt* ① *(wegbringen)* llevar(se) ② *(fortsetzen)* continuar
Fortführung *f* <-, -en> proseguimiento *m*; **die ~ des Projektes ist gesichert** la continuación del proyecto está asegurada
Fortgang *m ohne pl* ① *(das Weggehen)* salida *f*, partida *f* ② *(der Verlauf)* marcha *f*, curso *m*
fort|gehen *irr vi sein* ① *(weggehen)* partir, marcharse ② *(sich fortsetzen)* continuar
fortgeschritten ['fɔrtgəʃrɪtən] **I.** *pp von* **fortschreiten** **II.** *adj* avanzado; *(entwi-*

ckelt) desarrollado; **zu ~er Stunde** a altas horas de la mañana

Fortgeschrittene(r) *mf* <-n, -n; -n, -n> (SCH, UNIV) estudiante *mf* avanzado , -a; **Deutschkurs für ~** curso superior de alemán; **Kurse für Anfänger und ~** cursos para principiantes y avanzados

Fortgeschrittenenkurs *m* (SCH, UNIV) curso *m* para avanzados

fortgesetzt ['fɔrtgəsɛtst] *adj* continuo, repetido

fort|jagen *vt* ❶ *(Person)* echar ❷ *(Tier)* ahuyentar

fort|kommen *irr vi sein* ❶ *(wegkommen)* irse, marcharse; **mach, dass du fortkommst!** ¡lárgate! ❷ *(weggebracht werden)* ser llevado ❸ *(Fortschritte machen)* avanzar ❹ *(abhandenkommen)* perderse

Fortkommen *nt* <-s, *ohne pl*> **berufliches ~** desarrollo profesional

fort|können *irr vi* poder ir(se) [*o* marchar(se)]; **kann ich jetzt endlich fort?** ¿puedo irme ya de una vez?

fort|lassen *irr vt* ❶ *(weggehen lassen)* dejar ir(se) ❷ *(auslassen)* suprimir, omitir

fort|laufen *irr vi sein* ❶ *(weglaufen)* echar a correr ❷ *(ausreißen)* escaparse (**von** de)

fortlaufend **I.** *adj* *(aufeinander folgend)* consecutivo; *(ununterbrochen)* continuo **II.** *adv* sin cesar

fort|leben *vi* seguir (viviendo)

fort|müssen *irr vi* ❶ *(weggehen müssen)* tener que marcharse [*o* salir] ❷ *(weggebracht werden müssen: Brief)* tener que echar al correo

fort|pflanzen *vr:* **sich ~** ❶ *(Menschen, Tiere)* reproducirse ❷ *(Schall)* propagarse; *(Gedanke)* tra(n)smitirse

Fortpflanzung *f ohne pl* reproducción *f*

fortpflanzungsfähig *adj* capaz de reproducirse

Fortpflanzungsorgan *nt* órgano *m* genital

fort|räumen *vt* quitar, recoger, guardar

fort|reißen *irr vt* llevarse [*o* arrastrar] (consigo); **das Haus wurde von der Flut fortgerissen** la inundación se llevó la casa por delante

fort|rennen *irr vi sein* irse [*o* marcharse] corriendo

Fortsatz *m* (*a.* ANAT) apéndice *m*

fort|schaffen *vt* quitar [*o* sacar] (de en medio)

fort|scheren ['fɔrtʃeːrən] *vr:* **sich ~** *(fam)* marcharse volando; **scher dich fort!** ¡desaparece!

fort|schicken *vt (Person)* echar; *(Post)* enviar

fort|schreiten *irr vi sein* ❶ *(vorangehen)* avanzar; *(Zeit)* pasar; *(Entwicklung)* seguir ❷ *(Verschmutzung)* extenderse

Fortschritt *m* progreso *m;* **gute ~e machen** hacer importantes progresos

fortschrittlich *adj* progresista

Fortschrittsbalken *m* (INFOR) barra *f* de progreso

fortschrittsfeindlich *adj* antiprogresista; **eine ~e Einstellung** ideas antiprogresistas

fort|setzen **I.** *vt (weitermachen)* proseguir, continuar **II.** *vr:* **sich ~** *(sich räumlich ausdehnen)* extenderse; *(zeitlich)* prolongarse

Fortsetzung *f* <-en> continuación *f;* **~ folgt** continuará

Fortsetzungsroman *m* novela *f* por entregas

fort|stehlen *irr vr:* **sich ~** escabullirse

fort|tragen *irr vt* trasladar

fort|treiben *irr* **I.** *vi sein* ser arrastrado (por la corriente) **II.** *vt haben (verjagen)* expulsar; **er trieb die Hunde fort** ahuyentó a los perros

fortwährend **I.** *adj* continuo **II.** *adv* sin cesar

fort|wollen *irr vi* querer marcharse [*o* salir] (**aus/von** de)

fort|ziehen *irr* **I.** *vi sein (umziehen)* mudarse, trasladarse **II.** *vt (wegzerren)* apartar, arrastrar

Forum ['foːrʊm] *nt* <-s, Foren *o* Fora> foro *m*

fossil [fɔ'siːl] *adj* (GEO) fósil

Fossil [fɔ'siːl, *pl:* fɔ'siːljən] *nt* <-s, -ien> fósil *m*

Föten *pl von* **Fötus**

Foto[1] ['foːto] *nt* <-s, -s> *(Bild)* foto *f;* **ein ~ machen** hacer una foto

Foto[2] *m* <-s, -s> *(fam: Fotoapparat)* máquina *f* (fotográfica)

Fotoalbum *nt* álbum *m* de fotos

Fotoapparat *m* cámara *f* fotográfica

Fotoatelier *nt* <-s, -s> estudio *m* fotográfico

Foto-CD *f* disco *m* compacto para fotos

Fotoecke *f* <-, -n> ángulo *m (para álbum de fotos)*

fotogen [foto'geːn] *adj* fotogénico

Fotograf(in) [foto'graːf] *m(f)* <-en, -en; -nen> fotógrafo, -a *m, f*

Fotografie [fotogra'fiː] *f* <-n> fotografía *f*

fotografieren* *vi, vt* fotografiar

Fotografin *f* <-nen> *s.* **Fotograf**

fotografisch *adj* fotográfico

Fotokopie [fotoko'piː] *f* fotocopia *f*

fotokopieren* *vi, vt* fotocopiar

Fotokopierer *m* <-s, ->, **Fotokopiergerät** *nt* <-(e)s, -e> fotocopiadora *f*

Fotolabor *nt* laboratorio *m* fotográfico

Fotomodell *nt* modelo *mf* de fotos

F

F

Fotomontage [---'--] *f* montaje *m* fotográfico
Fotopapier *nt* papel *m* fotográfico
Fotoreportage *f* reportaje *m* fotográfico
Fotosatz *m ohne pl* (TYPO) fotocomposición *f*
Fotostudio *nt* estudio *m* fotográfico
Fotosynthese [foto-] *f* <-, *ohne pl*> (BIOL) fotosíntesis *f*
Fötus ['føːtʊs] *m* <-(ses), -se *o* Föten> (MED) feto *m*
Fotze ['fɔtsə] *f* <-n> *(vulg)* coño *m,* conejo *m*
Foul [faʊl] *nt* <-s, -s> (SPORT) falta *f,* penal *m Am*
foulen ['faʊlən] *vt, vi* (SPORT) hacer una falta; **jdn ~** hacerle una falta a alguien
Foxtrott ['fɔkstrɔt] *m* <-s, -s *o* -e> foxtrot *m*
Foyer [foa'jeː] *nt* <-s, -s> vestíbulo *m*
Fr. *Abk. von* **Frau** Sra.
Fracht [fraxt] *f* <-en> ❶ *(Ladung)* carga *f;* (NAUT) cargamento *m,* flete *m* ❷ *(Gebühr)* porte *m*
Frachtbrief *m* carta *f* de porte; (NAUT) guía *f* de carga
Frachter *m* <-s, -> buque *m* de carga
Frachtflugzeug *nt* avión *m* de carga
frachtfrei *adj* (COM) a porte pagado, franco de porte; **die Lieferung wird ~ zugestellt** el envío se enviará a portes pagados
Frachtgebühr *f* flete *m,* derechos *mpl* de tra(n)sporte
Frachtgut *nt* carga *f,* flete *m Am;* **etw als ~ schicken** mandar algo en [*o* por] pequeña velocidad
Frachtkahn *m* (NAUT) gabarra *f*
Frachtkosten *pl* (WIRTSCH) portes *mpl*
Frachtraum *m ohne pl* bodega *f* de carga
Frachtschiff *nt* buque *m* de carga, carguero *m*
Frachtverkehr *m* tráfico *m* de mercancías
Frachtvertrag *m* contrato *m* de tra(n)sporte
Frack [frak, *pl:* 'frɛkə] *m* <-(e)s, Fräcke> frac *m*
Frage ['fraːgə] *f* <-n> pregunta *f; (Problem)* cuestión *f;* **eine ~ zu etw haben** tener una pregunta con respecto a algo; **jdm eine ~ stellen** hacer una pregunta a alguien; **auf eine ~ antworten** responder a una pregunta; **eine ~ beantworten** contestar una pregunta; **vor der ~ stehen, ob ...** encontrarse ante la cuestión, de si...; **das ist die (große) ~** esa es la cuestión; **das steht außer ~** de eso no cabe duda; **gibt es noch ~n?** ¿queda alguna pregunta?; **eine gute ~!** ¡buena pregunta!; **~ und Antwort stehen** rendir cuentas; **das ist eine ~ des Geldes** es una cuestión de dinero; (**das ist**) **ohne ~ eine gute Idee!** ¡sin duda (es) una buena idea!; **das kommt nicht in ~** [*o* **infrage**]**!** ¡ni hablar!, ¡de eso nada!; *s. a.* **infrage**
Fragebogen *m* cuestionario *m*
Fragefürwort *nt* (LING) pronombre *m* interrogativo
fragen ['fraːgən] **I.** *vi, vt* preguntar (**nach** por); **jdn nach dem Weg ~** preguntar a alguien por el camino; **um Erlaubnis/Rat ~** pedir permiso/un consejo; **sie warf mir einen ~den Blick zu** me miró interrogativamente; **ohne viel zu ~** sin muchos rodeos; **~ kostet nichts** preguntar no cuesta nada; **da fragst du mich zu viel** *(fam)* a eso no te puedo contestar; **jdm Löcher in den Bauch ~** acribillar a alguien a preguntas; **sein Typ ist sehr gefragt** es una persona muy requerida **II.** *vr:* **sich ~** preguntarse; **ich frage mich, wie er das gemeint hat** me pregunto qué es lo que ha querido expresar con eso; **es fragt sich, ob ...** habría que ver si...
Fragepronomen *nt* pronombre *m* interrogativo
Fragerei [fraːgə'raɪ] *f* <-, -en> *(abw)* interrogatorio *m*
Fragesatz *m* frase *f* interrogativa
Fragestellung *f* ❶ *(Formulierung)* planteamiento *m* de un problema ❷ *(Problem)* problema *m*
Fragestunde *f* (POL) hora *f* de interpelaciones
Fragewort *nt* partícula *f* interrogativa
Fragezeichen *nt* (signo *m* de) interrogación *f*
fragil [fra'giːl] *adj (geh)* frágil
Fragilität *f* <-, *ohne pl*> *(geh)* fragilidad *f*
fraglich ['fraːklɪç] *adj* ❶ *(zweifelhaft)* dudoso; *(ungewiss)* incierto; **es ist ~, ob ...** no se sabe si... ❷ *(betreffend)* en cuestión
fraglos *adv* sin duda alguna
Fragment [fra'gmɛnt] *nt* <-(e)s, -e> fragmento *m*
fragmentarisch [fragmɛn'taːrɪʃ] *adj* fragmentario
fragwürdig *adj* dudoso; *(verdächtig)* sospechoso
Fragwürdigkeit *f* <-, -en> ❶ *(Zweifelhaftigkeit)* falta *f* de credibilidad; *(Geschäft)* carácter *m* turbio [*o* sospechoso], licitud *f* dudosa; *(Angelegenheit)* oscuridad *f* ❷ *(Zwielichtigkeit)* reputación *f* dudosa, mala reputación *f*
Fraktion [frak'tsjoːn] *f* <-en> ❶ (CHEM, MATH) fracción *f* ❷ (POL) grupo *m* parlamentario

Fraktionsführer(in) *m(f)* jefe, -a *m, f* de (un) grupo (parlamentario)
fraktionslos *adj* (POL) no adscrito a ningún grupo parlamentario
Fraktionssitzung *f* reunión *f* de un grupo parlamentario
Fraktionsvorsitzende(r) *mf* presidente, -a *m, f* de un grupo parlamentario
Fraktur [frak'tu:ɐ] *f* (MED) fractura *f*
Franc [frã:] *m* <-(s), -s> franco *m*
Franchise ['frɛntʃaɪz] *nt* <-, *ohne pl*> (WIRTSCH) franquicia *f*
Franchising ['frɛntʃaɪzɪŋ] *nt ohne pl* (WIRTSCH) franquicia *f*
frank [fraŋk] *adv* **~ und frei** con toda sinceridad
Franke, Fränkin ['fraŋkə] *m, f* <-n, -n; -nen> franco, -a *m, f*
Franken[1] ['fraŋkən] *nt* <-s> Franconia *f*
Franken[2] ['fraŋkən] *m* <-s, -> *(Währung)* franco *m* suizo
Frankfurt ['fraŋkfʊrt] *nt* <-s> Francfort *m*
Frankfurter *f* <-, -> (GASTR) (salchicha *f* de) frankfurt *m*
frankieren* [fraŋ'ki:rən] *vt* franquear
Frankiermaschine [fraŋ'ki:ɐ-] *f* franqueadora *f*
Frankierung *f* <-en> franqueo *m*
Fränkin *f* <-nen> *s.* **Franke**
fränkisch ['frɛŋkɪʃ] *adj* franco
franko ['fraŋko] *adv* (COM) porte pagado
Frankokanadier(in) *m(f)* francocanadiense *mf*
frankokanadisch ['-----] *adj* francocanadiense
Frankophilie *f* <-, *ohne pl*> *(geh)* francofilia *f*
Frankreich ['fraŋkraɪç] *nt* <-s> Francia *f*
Franse ['franzə] *f* <-n> ① *(Decke)* fleco *m* ② *(Haar)* flequillo *m*
fransig *adj* ① *(mit Fransen)* con flecos ② *(ausgefranst)* deshilachado
Franziskaner(in) [frantsɪs'ka:nɐ] *m(f)* <-s, -; -, -nen> (REL) franciscano, -a *m, f*
Franzose, -zösin [fran'tso:zə] *m, f* <-n, -n; -nen> francés, -esa *m, f*
französisch [fran'tsø:zɪʃ] *adj* francés
Französisch *nt* <-(s), *ohne pl*>, **Französische** *nt* <-n, *ohne pl*> francés *m*
französischsprachig *adj* de habla francesa, francófono
frappieren* [fra'pi:rən] *vt* ① *(überraschen)* asombrar, sorprender ② (GASTR) helar
fräsen ['frɛ:zən] *vt* fresar
Fräser ['frɛ:zɐ] *m* <-s, -> fresa *f*
fraß [fra:s] *3. imp von* **fressen**
Fraß [fra:s] *m* <-es, -e> ① *(für Raubtiere)* comida *f* ② *(fam abw: Essen)* bazofia *f*

fraternisieren* *vi (geh)* **mit jdm ~** (con)fraternizar con alguien
Fratz [frats] *m* <-es, -e> *(fam)* muñeco, -a *m, f*; **ein süßer ~** una monada de niño
Fratze ['fratsə] *f* <-n> *(fam)* ① *(abw: Gesicht)* facha *f* ② *(Grimasse)* mueca *f*; **eine ~ schneiden** hacer muecas
frau [fraʊ] *pron indef* una; **da braucht ~ nichts mehr dazu zu sagen** a eso una ya no tiene que añadir nada más
Frau [fraʊ] *f* <-en> ① *(allgemein)* mujer *f*; **eine ~ von Welt** una mujer de mundo ② *(Ehefrau)* esposa *f* ③ *(Anrede: vor dem Nachnamen)* señora *f*; *(vor dem Vornamen)* doña *f*; **~ Doktor** doctora
Frauchen ['fraʊçən] *nt* <-s, -> *(Haustierbesitzerin)* dueña *f*; **komm zu ~!** ¡ven con tu ama!
Frauenarzt, -ärztin *m, f* ginecólogo, -a *m, f*
Frauenbeauftragte(r) *mf* (POL) delegado, -a *m, f* de la mujer
Frauenbewegung *f* movimiento *m* feminista
frauenfeindlich *adj* misógino
Frauenhaus *nt* casa *f* refugio para mujeres (maltratadas)
Frauenheilkunde *f* (MED) ginecología *f*
Frauenheld *m* tenorio *m*
Frauenklinik *f* clínica *f* ginecológica
Frauenquote *f* cuota *f* femenina
Frauenrechtler(in) ['fraʊənrɛçtlɐ] *m(f)* <-s, -; -nen> feminista *mf*
Frauenwahlrecht *nt* derecho *m* de voto de la mujer
Frauenzeitschrift *f* <-, -en> revista *f* femenina
Fräulein ['frɔɪlaɪn] *nt* <-s, -> señorita *f*
fraulich *adj* femenino
Freak [fri:k] *m* <-s, -s> *(fam)* pasota *mf*
frech [frɛç] *adj* ① *(respektlos)* impertinente, conchudo *Am*; **~ werden** ponerse impertinente; **jdm ~ kommen** ser descarado con alguien; **sich ~ benehmen** ser insolente ② *(keck)* atrevido; *(Kleidung)* descocado
Frechdachs *m (fam)* fresco, -a *m, f*
Frechheit *f* <-en> impertinencia *f*, desfachatez *f*, concha *f Am*; **die ~ besitzen, zu …** tener la cara de…
Freeclimbing *nt* <-s, *ohne pl*>, **Free Climbing** ['fri: klaɪmɪŋ] *nt* <- -s, *ohne pl*> escalada *f* libre
Free-TV ['fri:tivi:] *nt* <-(s), *ohne pl*> (TV) televisión *f* en abierto
Fregatte [fre'gatə] *f* <-n> (MIL) fragata *f*
frei [fraɪ] *adj* ① *(unabhängig)* libre; *(in Freiheit)* en libertad; **~er Mitarbeiter** colaborador; **das ist alles ~ erfunden** eso es

pura invención; **jdm ~e Hand lassen** dejar vía libre a alguien; **aus ~en Stücken** voluntariamente; **~ sprechen** hablar sin papeles; **sie kann ~ wählen** puede escoger libremente; **~ laufende Hühner** gallinas criadas en libertad; **der Verbrecher läuft noch ~ herum** el criminal anda suelto todavía; **~ für Kinder ab 12 Jahren** permitido para niños a partir de los 12 años; **sich** *dat* **einen Tag ~ nehmen** tomar un día libre ② *(befreit)* libre (**von** de), exento (**von** de); **sie ist ~ von Vorurteilen** está libre de prejuicios; **für etw ~e Fahrt geben** dar luz verde a algo; **jdn auf ~en Fuß setzen** *(fig)* poner a alguien en libertad ③ *(offen)* descubierto; **unter ~em Himmel** al aire libre; **~ lassen** *(nicht besetzen)* dejar libre; *(nicht beschreiben)* dejar en blanco; **~ stehen** *(Haus, Baum)* estar aislado; *(Spieler)* estar descubierto ④ *(Stuhl)* libre; *(Arbeitsstelle)* vacante; **ist hier ~?** ¿está libre?; **Zimmer ~!** ¡se alquila habitación!; **einen Platz ~ machen** hacer sitio ⑤ *(kosten)* gratuito; **Eintritt ~** entrada gratuita; **~ Haus** franco domicilio ⑥ *(Ansichten)* liberal ⑦ *(freimütig)* franco; **ich bin so ~** me tomo la libertad

Freibad *nt* piscina *f* (descubierta)

frei|bekommen* *irr* **I.** *vi (Freizeit)* tener (el día) libre **II.** *vt* (conseguir) liberar; **einen Gefangenen ~** liberar a un prisionero

Freiberufler(in) *m(f)* <-s, -; -nen> profesional *mf* libre

freiberuflich *adj* de profesión liberal

Freibetrag *m* importe *m* libre de impuestos

Freibeuter *m* <-s, -> (HIST) filibustero *m*

Freibier *nt ohne pl* cerveza *f* gratuita

Freibrief *m* **kein ~ für etw sein** no ser una carta blanca para algo

Freiburg ['fraɪbʊrk] *nt* <-s> Friburgo *m*

Freidenker(in) *m(f)* librepensador(a) *m(f)*

Freie ['fraɪə] *nt* <-n, *ohne pl*> aire *m* libre; **im ~n** al aire libre

Freier ['fraɪɐ] *m* <-s, -> *(fam)* cliente *m* de una prostituta

Freiexemplar *nt* ejemplar *m* gratuito

Freifahrt *f* <-, -en> viaje *m* gratuito

Freifläche *f* <-, -n> superficie *f* libre

Freigabe *f* <-, -n> ① *(von Personen)* liberación *f* ② *(beschlagnahmter Sachen)* desembargo *m* ③ *(nicht zugänglicher Bereiche)* apertura *f*

Freigang *m* (JUR) (salida *f* de) permiso *m* (cuando se tiene régimen abierto)

Freigänger(in) ['fraɪgɛŋɐ] *m(f)* <-s, -; -nen> (JUR) recluso, -a *m, f* en régimen abierto

frei|geben *irr* **I.** *vt* ① *(Gefangene)* poner en libertad ② *(Guthaben)* desbloquear ③ *(Straße)* abrir al tráfico; **den Weg ~** franquear el paso ④ *(Arzneimittel, Film)* autorizar; **etw zum Verkauf ~** autorizar la venta de algo ⑤ *(Preise)* liberalizar **II.** *vi* **jdm ~** dar libre a alguien

freigebig ['fraɪge:bɪç] *adj* desprendido, generoso

Freigebigkeit *f ohne pl* generosidad *f*

Freigehege *nt* <-s, -> espacio *m* al aire libre *(donde los animales pueden ser observados en su hábitat natural)*

Freigeist *m* <-es, -er> *s.* **Freidenker**

freigelassen *adj* **bedingt ~** (JUR) en libertad condicional

frei|haben *irr vi (fam)* tener libre

Freihafen *m* puerto *m* franco

frei|halten *irr vt* ① *(reservieren)* guardar ② *(Durchgang)* dejar libre ③ *(Zeche)* pagar, cargar con los gastos

Freihandel *m* (WIRTSCH) comercio *m* libre

Freihandelszone *f* (WIRTSCH) zona *f* de libre comercio

freihändig ['fraɪhɛndɪç] *adj (Fahrrad fahren)* sin manos; *(schießen)* sin apoyo

Freiheit ['fraɪhaɪt] *f* <-en> libertad *f; (Unabhängigkeit)* independencia *f;* **alle ~en haben** tener todas las libertades; **sich** *dat* **die ~ nehmen, etw zu tun** tomarse la libertad de hacer algo

freiheitlich *adj* liberal

Freiheitsberaubung *f* (JUR) privación *f* de la libertad individual

Freiheitsdrang *m* <-(e)s, *ohne pl*> sed *f* de libertad

Freiheitsentzug *m ohne pl* (JUR) reclusión *f*

Freiheitskampf *m* lucha *f* por la independencia

Freiheitskämpfer(in) *m(f)* persona *f* que lucha por la libertad

freiheitsliebend *adj* amante de la libertad

Freiheitsstatue *f* **die (amerikanische) ~** la estatua de la libertad

Freiheitsstrafe *f* (JUR) reclusión *f*

freiheraus *adv* directamente, sin tapujos; **etw ~ sagen** decir algo con toda franqueza

Freiherr *m* (*a.* HIST) barón *m*

Freikarte *f* entrada *f* gratuita

frei|kaufen *vt* pagar el rescate (para)

Freiklettern *nt ohne pl* escalada *f* libre

frei|kommen *irr vi sein* ser puesto en libertad (**aus** de)

Freikörperkultur *f ohne pl* nudismo *m*

Freiland *nt* <-(e)s, *ohne pl*> (AGR) campo *m* (de cultivo)

frei|lassen *irr vt* dejar en libertad; *(loslassen)* soltar

Freilassung *f* <-en> puesta *f* en libertad; *(Befreiung)* liberación *f*

Freilauf *m* <-(e)s, -läufe> (TECH: *Werkzeug*) rueda *f* libre; *(Auto, Fahrrad)* piñón *m* libre
freilaufend *adj s.* **frei 1.**
frei|legen *vt* poner al descubierto
Freileitung *f* cable *m* de alta tensión (aéreo)
freilich ['fraɪlɪç] *adv* ❶ *(allerdings)* sin embargo ❷ *(südd: selbstverständlich)* naturalmente
Freilichtbühne *f* teatro *m* al aire libre
Freilos *nt* <-es, -e> ❶ (SPORT) exento *m* ❷ *(Lotterielos)* billete *m* de lotería gratuito
Freilufttheater *nt* teatro *m* al aire libre
frei|machen I. *vt* ❶ *(frankieren)* franquear ❷ *(fam: nicht arbeiten)* tomar vacaciones; **eine Woche** ~ tomar una semana de vacaciones **II.** *vr:* **sich** ~ *(beim Arzt)* desnudarse
Freimaurer *m* masón *m*
Freimaurerei *f ohne pl* (franc)masonería *f*
freimütig ['fraɪmy:tɪç] **I.** *adj* franco **II.** *adv* con franqueza
Freimütigkeit *f ohne pl* franqueza *f*
frei|nehmen *irr vt, vi* tomarse libre; (**sich** *dat*) **eine Woche** ~ tomar(se) una semana libre
Freiraum *m ohne pl* (PSYCH) libertad *f* de movimiento [*o* de acción]
freischaffend *adj* independiente
frei|schaufeln *vt* abrir a golpe de pala; *(einen Gegenstand)* sacar a golpe de pala
frei|schwimmen *irr vr:* **sich** ~ *(selbstständig werden)* independizarse
Freischwimmer *m* **den** ~ **machen** hacer un examen oficial de natación
frei|setzen *vt (Energie)* liberar
Freisetzung *f* <-en> liberación *f*
frei|sprechen *irr vt* (JUR) absolver, declarar inocente
Freisprechmikrofon *nt* (TECH) micrófono *m* inalámbrico
Freispruch *m* absolución *f*
Freistaat *m* estado *m* libre
frei|stehen *irr vi* ❶ *(leer stehen)* estar desocupado; *(unbewohnt)* estar deshabitado ❷ *(überlassen sein)* ser libre de decidir; **es steht Ihnen frei, das zu tun** Ud. es el que decide si hacerlo o no
frei|stellen *vt* ❶ *(befreien)* eximir (**von** de), dispensar (**von** de) ❷ *(anheimstellen)* dejar elegir; **jdm ~, etw zu tun** dejar elegir a alguien si quiere hacer algo o no
Freistellung *f* <-, -en> excedencia *f*
Freistil *m ohne pl* (SPORT) estilo *m* libre
Freistoß *m* (SPORT) (lanzamiento *m* de) falta *f*
Freistunde *f* <-, -n> (SCH) hora *f* libre; **eine ~ haben** tener una hora libre
Freitag ['fraɪta:k] *m* <-(e)s, -e> ❶ *(Wochentag)* viernes *m; s. a.* **Montag** ❷ *(Schweiz: Feiertag)* día *m* festivo
freitags *adv* los viernes
Freitod *m* suicidio *m*
Freitreppe *f* (ARCHIT) escalinata *f*
Freiumschlag *m* sobre *m* franqueado
Freiwild *nt* caza *f* libre
freiwillig *adj* voluntario; **etw ~ tun** hacer algo voluntariamente
Freiwillige(r) *mf* <-n, -n; -n> voluntario, -a *m, f*
Freiwilligkeit *f ohne pl* espontaneidad *f*
Freiwurf *m* (SPORT) tiro *m* libre
Freizeichen *nt* (TEL) señal *f* para marcar
Freizeit[1] *f ohne pl (arbeitsfreie Zeit)* tiempo *m* libre
Freizeit[2] *f* <-en> *(Zeltlager)* campamento *m*
Freizeit(be)kleidung *f* ropa *f* de andar por casa *fam*
Freizeitaktivität *f* actividad *f* de tiempo libre
Freizeiteinrichtungen *fpl* centros *mpl* de ocio
Freizeitgestaltung *f* planificación *f* del tiempo libre
Freizeitindustrie *f* industria *f* del ocio
Freizeitkleidung *f* ropa *f* de andar por casa *fam*
Freizeitpark *m* parque *m* de atracciones
Freizeitwert *m ohne pl* **eine Anlage mit hohem** ~ una instalación de alto valor para actividades de ocio
freizügig ['fraɪtsy:gɪç] *adj* ❶ *(großzügig)* generoso ❷ *(Film, Buch)* liberal
Freizügigkeit *f ohne pl* ❶ *(Großzügigkeit)* generosidad *f,* desprendimiento *m* ❷ *(Ungezwungenheit: im Umgang)* desenfado *m,* desparpajo *m; (des Moralbegriffs)* liberalidad *f; (der Kleidung)* atrevimiento *m*
fremd [frɛmt] *adj* ❶ *(ausländisch)* extranjero; *(aus anderem Ort)* forastero; **ich bin hier** ~ no soy de aquí ❷ *(anderen gehörend)* ajeno; **sich in ~e Angelegenheiten einmischen** meterse en asuntos ajenos; **ohne ~e Hilfe** sin ayuda de otro(s) ❸ *(unbekannt)* desconocido; **das ist mir** ~ no lo conocía ❹ *(fremdartig)* extraño
fremdartig ['frɛmta:ɐtɪç] *adj (ungewöhnlich)* extraño; *(fremd)* extranjero
Fremdartigkeit *f* <-, *ohne pl*> ❶ *(Ungewöhnlichkeit)* rareza *f* ❷ *(Fremdheit)* exotismo *m*
fremdbestimmt *adj* determinado por fuerzas ajenas
Fremde[1] ['frɛmdə] *f ohne pl (geh: Land)* (país *m*) extranjero *m;* **in der** ~ en el extranjero

Fremde(r)[2] *mf* <-n, -n; -n> ❶ *(aus einem anderem Land)* extranjero, -a *m, f; (aus einem anderem Ort)* forastero, -a *m, f* ❷ *(Unbekannter)* desconocido, -a *m, f*

fremdenfeindlich *adj* xenófobo

Fremdenfeindlichkeit *f ohne pl* xenofobia *f*

Fremdenführer[1] *m* <-s, -> *(Buch)* guía *f* turística

Fremdenführer(in)[2] *m(f)* <-s, -; -nen> *(Person)* guía *mf* turístico , -a

Fremdenlegion *f ohne pl* legión *f* extranjera

Fremdenverkehr *m* turismo *m*

Fremdenverkehrsamt *nt* oficina *f* de turismo

Fremdenzimmer *nt* habitación *f* de huéspedes

fremd|gehen *irr vi sein (fam)* ser infiel

Fremdheit *f ohne pl* extrañeza *f*

Fremdherrschaft *f* (POL) dominación *f* extranjera

Fremdkapital *nt* <-s, *ohne pl*> (WIRTSCH) capital *m* ajeno, recursos *mpl* de terceros

Fremdkörper *m* (MED, BIOL) cuerpo *m* extraño

fremdländisch ['frɛmtlɛndɪʃ] *adj* extranjero; *(exotisch)* exótico

Fremdling *m* <-s, -e> *(geh)* forastero *m*

Fremdsprache *f* lengua *f* extranjera

Fremdsprachenkorrespondent(in) *m(f)* secretario, -a *m, f* con idiomas

Fremdsprachensekretär(in) *m(f)* secretario, -a *m, f* con idiomas

fremdsprachig *adj (Literatur)* escrito en otro idioma; *(Mensch)* que habla un idioma extranjero; *(Unterricht)* en un idioma extranjero

fremdsprachlich *adj (Wort)* extranjero; *(Unterricht)* de idioma extranjero

Fremdverschulden *nt* <-s, *ohne pl*> (JUR) culpa *f* ajena

Fremdwort *nt* extranjerismo *m;* **Höflichkeit ist für ihn ein ~** *(fig)* no sabe lo que es la cortesía

Fremdwörterbuch *nt* diccionario *m* de extranjerismos

frenetisch [fre'neːtɪʃ] *adj (geh)* frenético, apasionado

frequentieren* [frekvɛn'tiːrən] *vt (geh)* frecuentar

Frequenz [fre'kvɛnts] *f* <-en> ❶ (PHYS, MED) frecuencia *f* ❷ *(einer Veranstaltung)* asistencia *f*

Fresko ['frɛsko] *nt* <-s, Fresken> (KUNST) fresco *m*

Fressalien [frɛ'saːliən] *pl (fam)* vituallas *fpl*

Fresse ['frɛsə] *f* <-n> *(fam: Mund, Gesicht)* jeta *f;* **die ~ halten** *(fig)* cerrar el pico; **eine große ~ haben** *(fig)* ser un farolero

fressen ['frɛsən] <frisst, fraß, gefressen> **I.** *vi, vt* ❶ *(Tier)* comer; *(fam: Mensch: gierig)* tragar, devorar; **den habe ich ge~** *(fam fig)* no lo puedo tragar; **jdn zum F~ gernhaben** *(fam)* querer mucho a alguien ❷ *(Benzin, Zeit, Geld)* tragar **II.** *vr:* **sich ~** *(Bohrer)* penetrar (**in** en, **durch** por); *(Säure, Rost)* corroer (**durch**)

Fressen ['frɛsən] *nt* <-, *ohne pl*> ❶ *(Futter)* pasto *m;* **das ist ein gefundenes ~ für ihn** *(fam fig)* esto le viene a las mil maravillas ❷ *(fam abw: Essen)* bodrio *m*

Fresserei *f* <-en> *(fam abw: Gelage)* comilona *f*

Fresskorb ['frɛs-] *m (fam: Picknick)* cesta *f* de picnic; *(Geschenk)* cesta *f* de regalo (con comestibles)

Fressnapf *m* comedero *m*

Fresspaket *nt* <-(e)s, -e> *(fam)* paquete *m* de comida

Fresssack *m (fam abw)* glotón, -ona *m, f*

Fresssucht *f* <-, *ohne pl*> glotonería *f,* voracidad *f*

Frettchen ['frɛtçən] *nt* <-s, -> hurón *m*

Freude ['frɔɪdə] *f ohne pl (Fröhlichkeit)* alegría *f* (**über** por); *(Wonne)* gozo *m; (innere Freude)* satisfacción *f;* **~ an etw haben** alegrarse de algo; **jdm eine ~ bereiten/machen** causarle/darle una alegría a alguien; **das ist aber eine ~!** ¡pero qué alegría!; **vor ~ an die Decke springen** *(fam)* dar botes de alegría; **jdm die ~ verderben** aguar la fiesta a alguien; **zu meiner größten ~** para mi gran satisfacción; **aus Spaß an der ~** *(fam)* por pura alegría; **es ist mir eine ~, Sie hier begrüßen zu dürfen** es un gran placer para mí el poderle saludar aquí

Freuden *fpl (geh: Vergnügung)* placer *m;* **die kleinen ~ des Lebens** los pequeños placeres de la vida

Freudenfest *nt* celebración *f*

Freudengeschrei *nt* gritos *mpl* de alegría

Freudenhaus *nt* casa *f* de citas

Freudenmädchen *nt (geh)* prostituta *f*

Freudenschrei *m* <-(e)s, -e> chillido *m* de alegría

Freudensprung *m* salto *m* de alegría

Freudentanz *m* **einen ~ aufführen** saltar y brincar de alegría

Freudentränen *fpl* lágrimas *fpl* de alegría

freudestrahlend *adj* radiante (de alegría)

freudig ['frɔɪdɪç] **I.** *adj* ❶ *(froh)* contento; *(fröhlich)* alegre ❷ *(Ereignis)* feliz **II.** *adv (begeistert)* con alegría; *(erfreut)* de buen grado; **jdn ~ stimmen** alegrar a alguien

freudlos ['frɔɪtlo:s] *adj* triste
freuen ['frɔɪən] **I.** *vr:* **sich ~** alegrarse; **ich freue mich sehr über dein Geschenk** tu regalo me gusta mucho; **ich freue mich, dass du kommst** me alegro de que vengas; **ich freue mich darauf, dich wiederzusehen** tengo ilusión de verte; **ich freue mich mit dir** comparto tu alegría; **ich freue mich für dich** me alegro por ti; **sie freute sich schon sehr auf das Fest** esperaba ansiosamente que llegara el día de la fiesta **II.** *vt* alegrar; **es freut mich, Sie kennenzulernen** encantado de conocerle; **es freut mich zu sehen, dass ...** me alegra ver que... *+subj*
Freund(in) [frɔɪnt] *m(f)* <-(e)s, -e; -nen> ① *(Kamerad)* amigo, -a *m, f,* chamaco, -a *m, f Méx;* **unter ~en** entre amigos; **gute ~e werden** hacerse buenos amigos; **jdn zum ~ gewinnen** trabar amistad con alguien; **ein schöner ~!** *(iron)* ¡vaya amigo!; **mein lieber ~!** *(iron)* ¡amigo mío! ② *(fester Freund)* novio, -a *m, f* ③ *(Anhänger, Förderer)* amigo, -a *m, f;* (KUNST, SPORT) aficionado, -a *m, f* (**von** a)
Freundeskreis ['frɔɪndəs-] *m* grupo *m* de amigos; **wir feiern nur im engsten ~** a la celebración solo estarán invitados los amigos más íntimos; **einen großen ~ haben** tener muchos amigos
Freundin *f* <-nen> *s.* **Freund**
freundlich ['frɔɪntlɪç] *adj* ① *(liebenswürdig)* amable; *(herzlich)* cordial; **jdm ~ gesinnt sein** ser amable con alguien; **das ist sehr ~ von Ihnen** esto es muy amable de su parte; **seien Sie bitte so ~ und kommen Sie zu mir** hágame el favor de venir a verme ② *(angenehm)* agradable; *(Zimmer)* acogedor; *(Gegend)* ameno; *(Wetter, Himmel)* claro ③ (FIN) favorable
freundlicherweise ['---'--] *adv* amablemente; **sie kam mich ~ besuchen** tuvo la amabilidad de venir a visitarme
Freundlichkeit[1] *f ohne pl (Verhalten)* cordialidad *f,* amabilidad *f;* **würden Sie (wohl) die ~ haben, das zu tun?** ¿tendría Ud. la amabilidad de hacer eso?
Freundlichkeit[2] *f* <-en> *(Handlung)* favor *m; (Bemerkung)* amabilidad *f*
Freundschaft *f* <-en> amistad *f;* **mit jdm ~ schließen** trabar amistad con alguien; **jdm die ~ kündigen** romper la amistad con alguien
freundschaftlich *adj* amistoso; **jdm ~ gesinnt sein** querer bien a alguien
Freundschaftsdienst *m* favor *m* (entre amigos); **jdm einen ~ erweisen** hacer un favor a alguien
Freundschaftspreis *m* precio *m* de amigo
Freundschaftsspiel *nt* (SPORT) partido *m* amistoso
Frevel ['fre:fəl] *m* <-s, -> *(geh)* crimen *m;* (REL) sacrilegio *m,* profanación *f*
frevelhaft *adj (geh: verbrecherisch)* criminal; (REL) sacrílego
Freveltat *f* <-, -en> *(geh)* atrocidad *f*
Frevler(in) ['fre:flɐ] *m(f)* <-s, -; -nen> criminal *mf;* (REL) sacrílego, -a *m, f*
Friede *m* <-ns, *ohne pl*> **~ sei mit Euch!** (REL) ¡la paz sea con vosotros!; **~ seiner Asche!** (REL) ¡descanse en paz!; *s. a.* **Frieden**
Frieden *m* <-s, *ohne pl*> paz *f;* **~ schließen** hacer las paces; **~ stiften** poner paz; **in ~ leben** vivir en paz; **lasst mich doch in ~!** *(fam)* ¡dejadme en paz!
Friedensbewegung *f* movimiento *m* pacifista
Friedenskonferenz *f* conferencia *f* sobre la paz
Friedensnobelpreis *m* premio *m* Nobel de la paz
Friedenspfeife *f* pipa *f* de la paz
Friedenspolitik *f* política *f* en pro de la paz
Friedensprozess *m* proceso *m* de paz
Friedensrichter(in) *m(f)* ① (JUR) juez *mf* de paz ② *(Schweiz: Laienrichter)* juez *mf* sin la formación jurídica universitaria
Friedensschluss *m* <-es, *ohne pl*> conclusión *f* del tratado de paz
Friedenssicherung *f* mantenimiento *m* de la paz, consolidación *f* de la paz
friedensstiftend *adj* pacificador
Friedensstifter(in) *m(f)* <-s, -; -, -nen> pacificador(a) *m(f)*
Friedenstaube *f* paloma *f* de la paz
Friedenstruppe *f* tropa *f* pacificadora
Friedensvertrag *m* tratado *m* de paz
Friedenszeit *f* período *m* de paz; **in ~en** en tiempos de paz
friedfertig ['fri:tfɛrtɪç] *adj* pacífico
Friedfertigkeit *f ohne pl* carácter *m* apacible
Friedhof ['fri:tho:f] *m* cementerio *m,* panteón *m Am*
friedlich *adj* pacífico; *(ruhig)* tranquilo
friedliebend ['fri:tli:bənt] *adj* pacífico
frieren [fri:rən] <friert, fror, gefroren> **I.** *vi* ① *sein (Wasser)* helarse ② *(Mensch)* tener frío; **ich friere** tengo frío **II.** *vunpers* helar; **mich friert** me estoy helando; **es hat heute Nacht gefroren** esta noche ha helado
Fries [fri:s] *m* <-es, -e> (ARCHIT) friso *m*
Friese, -in ['fri:zə] *m, f* <-n, -n; -nen> frisón, -ona *m, f*
friesisch *adj* frisón
frigid(e) *adj* (MED) frígido

Frigidität [frigidi'tɛ:t] *f* <-, *ohne pl*> frigidez *f*
Frikadelle [frika'dɛlə] *f* <-n> (GASTR) albóndiga *f*
Frikassee [frika'se:] *nt* <-s, -s> (GASTR) fricasé *m*
Frisbee® *nt* <-, -s> frisbee® *m;* ~ **spielen** jugar al frisbee
frisch [frɪʃ] **I.** *adj* ❶ *(Lebensmittel, Wind, Erinnerung)* fresco; *(Kräfte)* nuevo; ~**e Luft schnappen** tomar aire fresco; ~ **und munter sein** *(fam)* estar rebosando de salud; ~ **gewagt ist halb gewonnen** *(prov)* obra empezada, medio acabada ❷ *(sauber)* limpio; **das Bett ~ beziehen** mudar la cama; **sich ~ machen** asearse, refrescarse ❸ *(fam: unbenutzt)* nuevo ❹ *(Farbe)* vivo **II.** *adv (eben erst)* recién; ~ **gebackenes Brot** pan recién salido del horno
Frische ['frɪʃə] *f ohne pl* ❶ *(Kühle)* frescura *f;* **in alter ~** *(iron)* tan frescos y sanos como siempre ❷ *(von Farben)* viveza *f*
Frischfleisch *nt* carne *f* fresca
frischgebacken *adj* ❶ *(Brot)* recién salido del horno ❷ *(fig)* flamante; *(Ehemann)* recién casado
Frischhaltebeutel *m* <-s, -> bolsa *f* de plástico (para guardar y preservar alimentos)
Frischhaltebox *f* fresquera *f*
Frischhaltefolie *f* celofán® *m*
Frischkäse *m* queso *m* fresco
Frischling *m* <-s, -e> jabato *m*
Frischluft *f* <-, *ohne pl*> aire *m* fresco
Frischmilch *f* leche *f* fresca
Friseur(in) [fri'zø:ɐ] *m(f)* <-s, -e; -nen> peluquero, -a *m, f;* **zum ~ gehen** ir a la peluquería
Friseursalon *m* peluquería *f*
Friseuse [fri'zø:zə] *f* <-n> peluquera *f*
frisieren* [fri'zi:rən] *vt* ❶ *(kämmen)* peinar ❷ *(fam: ändern)* retocar ❸ (AUTO: *fam)* aumentar la cilindrada (de)
Frisierkommode *f (alt)* tocador *m*
frisiert *adj* ❶ *(Zahlen)* maquillado ❷ *(Mofa)* trucado
Frisör, Frisöse *m, f* <-s, -e; -n> *s.* **Friseur**
frisst [frɪst] *3. präs von* **fressen**
Frist [frɪst] *f* <-en> ❶ *(Zeitraum)* plazo *m;* **Sie haben eine ~ von sieben Tagen** tiene un plazo de siete días; **eine ~ festsetzen/verlängern/verstreichen lassen** fijar/prolongar/dejar pasar un plazo; **innerhalb kürzester ~** en el más breve plazo ❷ *(Aufschub)* prórroga *f* ❸ *(Zeitpunkt)* fecha *f*
fristen ['frɪstən] *vt* **sein Leben ~** ir tirando
Fristenregelung *f* (JUR) ley *f* del aborto *(que permite la interrupción del embarazo durante los tres primeros meses de gestación)*
fristgerecht *adj* a tiempo; **etw ~ liefern** suministrar algo en el plazo debido
fristlos *adj* inmediato; **jdn ~ entlassen** despedir a alguien de inmediato
Fristverlängerung *f* moratoria *f*
Frisur [fri'zu:ɐ] *f* <-en> peinado *m*
Fritten ['frɪtən] *f pl (fam: Pommes frites)* patatas *f pl* fritas, papas *f pl* fritas *Am*
Frittenbude *f* <-, -n> *(nordd: fam)* puesto *m* de salchichas
Fritteuse [fri'tø:zə] *f* <-, -n> freidora *f*
frittieren* [fri'ti:rən] *vt* (GASTR) freír (con mucho aceite)
frivol [fri'vo:l] *adj* ❶ *(leichtfertig)* frívolo ❷ *(anzüglich)* picante
Frivolität[1] *f* <-, -en> *(frivole Äußerung)* expresión *f* obscena
Frivolität[2] *f* <-, *ohne pl*> ❶ *(Anzüglichkeit: Anspielung, Bemerkung)* atrevimiento *m; (Witz)* obscenidad *f* ❷ *ohne pl (Leichtfertigkeit)* ligereza *f*
Frl. *Abk. von* **Fräulein** Srta.
froh [fro:] *adj* ❶ *(fröhlich)* alegre; *(glücklich)* feliz; **F~e Weihnachten!** ¡Feliz Navidad! ❷ *(fam: zufrieden)* contento; ~ **über etw sein** estar contento por algo; **du kannst ~ sein, dass ...** puedes estar contento de que... *+subj;* **seines Lebens nicht mehr ~ werden** no hallar sosiego ❸ *(erfreulich)* bueno
fröhlich ['frø:lɪç] *adj* alegre
Fröhlichkeit *f ohne pl* alegría *f*
frohlocken* *vi (geh)* ❶ *(triumphieren)* alegrarse mucho *(especialmente del mal ajeno)* ❷ *(jubeln)* gritar con entusiasmo (**über** por), celebrar con júbilo (**über**)
Frohnatur *f* persona *f* alegre [*o* risueña]
Frohsinn *m* <-(e)s, *ohne pl*> alegría *f*
fromm [frɔm] *adj* <frommer *o* frömmer, am frommsten *o* frömmsten> devoto, piadoso
Frömmelei [frœmə'laɪ] *f* <-en> *(abw)* santurronería *f*
Frömmigkeit ['frœmɪçkaɪt] *f ohne pl* religiosidad *f,* devoción *f*
frömmste(r, s) *adj superl von* **fromm**
Fron [fro:n] *f ohne pl* ❶ *(geh: Arbeit)* trabajo *m* ímprobo ❷ (HIST) servidumbre *f* feudal
Fronarbeit *f ohne pl* (HIST) prestación *f* personal; *(fig)* servidumbre *f*
frönen ['frø:nən] *vi (geh)* entregarse (a)
Fronleichnam [fro:n'laɪçna:m] *m* <-(e)s, *ohne pl*> (REL) Corpus *m* Christi
Front [frɔnt] *f* <-en> ❶ (ARCHIT) frente *m* ❷ (MIL, METEO) frente *m* ❸ *pl (Position)* po-

siciones *f pl; (Haltung)* posturas *f pl;* **klare ~en schaffen** establecer posiciones claras
frontal [frɔn'ta:l] *adj* frontal, de frente
Frontalangriff *m* (MIL) ataque *m* frontal
Frontalunterricht *m* <-(e)s, *ohne pl*> (SCH) enseñanza *f* frontal
Frontalzusammenstoß *m* colisión *f* frontal
Frontantrieb *m* (AUTO) tracción *f* delantera
Frontfrau *f* (MUS) cantante *f*
Frontlader *m (Waschmaschine)* lavadora *f* de carga frontal
Frontmann *m* (MUS) cantante *m*
Frontscheibe *f* parabrisas *m inv*
Fronturlaub *m* <-(e)s, -e> (MIL) permiso *m* de vacaciones (para los soldados en el frente)
Frontwechsel *m* cambio *m* de bando
fror [fro:ɐ] *3. imp von* **frieren**
Frosch [frɔʃ, *pl:* 'frœʃə] *m* <-(e)s, Frösche> rana *f;* **einen ~ im Hals haben** *(fam)* estar ronco; **sei kein ~!** *(fam)* ¡no seas gallina!
Froschkönig *m* príncipe *m* encantado
Froschlaich *m* <-(e)s, -e> huevas *f pl* de rana
Froschmann *m* hombre rana *m*
Froschperspektive *f* vista *f* desde abajo
Froschschenkel *m* (GASTR) anca *f* de rana
Frost [frɔst, *pl:* 'frœstə] *m* <-(e)s, Fröste> helada *f;* **es herrscht strenger ~** hay fuertes heladas
Frostbeule *f* sabañón *m*
frösteln ['frœstəln] *vi* tiritar de frío; **es fröstelt mich** tengo frío
Frostgefahr *f ohne pl* (METEO) peligro *m* de heladas
frostig *adj* ❶ *(Wetter)* helado, frío ❷ *(unfreundlich)* frío, glacial
Frostigkeit *f* <-, *ohne pl*> ❶ (METEO) clima *m* glacial ❷ *(abweisende Kühle)* frialdad *f*
Frostschaden *m* daño *m* causado por la helada
Frostschutzmittel *nt* anticongelante *m*
Frottee ['frɔte:] *m o nt* <-(s), -s> rizo *m*
Frotteehandtuch *nt (fam)* toalla *f* de rizo
frottieren* [frɔ'ti:rən] *vt* frotar, restregar
frotzeln ['frɔtsəln] *vi (fam)* meterse (**über** con)
Frucht [frʊxt, *pl:* 'frʏçtə] *f* <Früchte> ❶ (BOT) fruto *m; (Obst)* fruta *f;* **Früchte tragen** dar fruto ❷ *(Ergebnis)* fruto *m,* resultado *m*
fruchtbar *adj* fecundo; *(Mensch)* fértil
Fruchtbarkeit *f ohne pl* fecundidad *f; (eines Menschen)* fertilidad *f*
Fruchtblase *f* (ANAT) bolsa *f* amniótica, amnios *m inv*
Früchtejoghurt *m* yogur *m* de fruta
fruchten ['frʊxtən] *vi* ser útil; **all das fruchtet doch sowieso nichts** todo eso es en vano
Früchtetee *m* <-s, -s> infusión *f* de frutas
Fruchtfleisch *nt* pulpa *f*
Fruchtfliege *f* <-, -n> (ZOOL) drosófila *f*
fruchtig *adj* con olor [*o* sabor] a fruta
Fruchtknoten *m* <-s, -> (BOT) ovario *m*
fruchtlos *adj* inútil
Fruchtsaft *m* zumo *m* de frutas
Fruchtshake *m* batido *m* de fruta
Fruchtwasser *nt ohne pl* (MED) líquido *m* amniótico
Fruchtzucker *m* fructosa *f*
frugal [fru'ga:l] **I.** *adj (geh)* frugal **II.** *adv (geh)* con sencillez
früh [fry:] **I.** *adj* ❶ *(nicht spät)* temprano; **in ~ester Kindheit** a temprana edad; **~ am Morgen** de madrugada; **es ist noch ~** todavía es temprano; **~er geht's nicht** no es posible antes; **so ~ wie möglich** cuanto antes ❷ *(frühzeitig)* prematuro; **ein ~er Tod** una muerte prematura; **~er oder später** tarde o temprano; **er hat schon ~ erkannt, dass ...** muy pronto se dio cuenta de (que)... **II.** *adv (morgens)* (por la) mañana; **heute ~** esta mañana; **Dienstag ~** el martes por la mañana; **um 6 Uhr ~** a las 6 de la mañana
Frühaufsteher(in) *m(f)* <-s, -; -nen> madrugador(a) *m(f)*
Frühchen ['fry:çən] *nt* <-s, -> *(fam)* (niño, -a *m, f*) prematuro , -a *m, f*
Frühdienst *m* turno *m* de mañana
Frühe ['fry:ə] *f ohne pl* **in aller ~** de madrugada
früher ['fry:ɐ] **I.** *kompar von* **früh** **II.** *adj* ❶ *(ehemalig)* ex, antiguo; *(vorhergehend)* anterior; **seine ~en Freunde** sus antiguos amigos ❷ *(vergangen)* pasado; **in ~en Zeiten** en tiempos pasados **III.** *adv* ❶ *(vorher)* antes, anteriormente; **wir kennen uns von ~** nos conocemos de antes ❷ *(ehemals)* antiguamente
Früherkennung *f* (MED) diagnóstico *m* precoz
frühestens ['fry:əstəns] *adv* como muy temprano; **~ in einer Woche** en una semana como muy temprano
frühestmöglich ['fry:əstmø:klɪç] *adj (Termin)* cuanto antes (posible)
Frühgeburt *f* ❶ *(Geburt)* parto *m* prematuro ❷ *(Kind)* (niño, -a *m, f*) prematuro, -a *m, f*
Frühgeschichte *f ohne pl* ❶ (HIST) protohistoria *f (periodo entre la prehistoria y la historia propiamente dicha)* ❷ *(einer Bewegung)* fase *f* inicial
Frühjahr *nt* primavera *f*

F

F

Frühjahrsmüdigkeit *f* cansancio *m* primaveral
frühkindlich *adj* (PSYCH) de la primera infancia
Frühling ['fry:lɪŋ] *m* <-s, -e> primavera *f*
Frühlingsanfang *m* comienzo *m* de la primavera
Frühlingsblume *f* flor *f* primaveral
frühlingshaft *adj* primaveral
Frühlingsrolle *f* (GASTR) rollito *m* de primavera *(masa frita rellena de legumbres y carne o pescado)*
Frühlingszwiebel *f* (GASTR) cebolleta *f*
frühmorgens [fry:'mɔrgəns] *adv* de madrugada
Frühnebel *m* neblina *f* matutina
Frühpensionierung *f* jubilación *f* anticipada
frühreif *adj* ❶ *(Kind)* precoz ❷ *(Obst)* temprano
Frühreife *f ohne pl* precocidad *f*
Frührentner(in) *m(f)* pensionista *mf* que cobra la renta antes de lo que le correspondería
Frühschicht *f* turno *m* de mañana
Frühschoppen *m* aperitivo *m*
Frühsommer *m* <-s, -> verano *m* temprano, principio *m* del verano; **im ~** a comienzos del verano
Frühsport *m* deporte *m* matinal
Frühstadium *nt* fase *f* inicial; **einen Tumor im ~ erkennen** detectar un tumor en estadio temprano
Frühstart *m* (SPORT) salida *f* en falso
Frühstück *nt* desayuno *m*
frühstücken *vi, vt* desayunar
Frühstücksbüfett, Frühstücksbuffet *nt* <-s, -s> bufé de desayuno *m*
Frühstücksfernsehen *nt* programación *f* televisiva matinal
Frühstücksflocken *fpl* cereales *mpl* para desayunar
Frühstückspause *f* hora *f* del desayuno
Frühstückstheke *f* desayunador *m*
Frühwarnsystem *nt* (MIL) sistema *m* de alarma preventiva
Frühwerk *nt* obra *f* temprana
frühzeitig I. *adj* ❶ *(früh)* temprano ❷ *(vorzeitig)* prematuro; *(voreilig)* precipitado **II.** *adv (vorzeitig)* antes de tiempo
Fruktose [frʊk'to:zə] *f* <-, *ohne pl*> (BIOL) fructosa *f*
Frust [frʊst] *m* <-(e)s, *ohne pl*> *(fam)* chasco *m*
frusten *vt (fam)* frustrar, decepcionar
Frustration [frʊstra'tsjo:n] *f* <-en> (*a.* PSYCH) frustración *f*
frustrieren* [frʊs'tri:rən] *vt* (*a.* PSYCH) frustrar
frustrierend *adj* (*a.* PSYCH) frustrante
F-Schlüssel *m* (MUS) clave *f* de fa
Fuchs [fʊks, *pl:* 'fʏksə] *m* <-es, Füchse> ❶ *(Tier)* zorro *m*, grulla *f Méx* ❷ *(Pelz)* piel *f* de zorro ❸ *(fam: Person)* zorro, -a *m, f;* **ein alter ~ sein** ser zorro viejo; **schlau wie ein ~ sein** ser más listo que un coyote ❹ *(Pferd)* alazán *m*
Fuchsbau *m* <-(e)s, -e> zorrera *f*
fuchsen ['fʊksən] *vi* fastidiar
Fuchsie ['fʊksjə] *f* <-, -n> (BOT) fucsia *f*
fuchsig ['fʊksɪç] *adj* ❶ *(fuchsrot)* bermejo ❷ *(ungeduldig)* impaciente ❸ *(fam: wütend)* hecho una furia
Füchsin ['fʏksɪn] *f* <-nen> zorra *f*
Fuchsschwanz *m* ❶ *(eines Fuchses)* cola *f* de zorro ❷ *(Werkzeug)* serrucho *m*
fuchsteufelswild ['-'--'-] *adj (fam)* rabioso
Fuchtel ['fʊxtəl] *f ohne pl (fam)* **unter jds ~ stehen** estar bajo la férula de alguien
fuchteln *vi (fam)* gesticular; **mit den Armen ~** bracear
fuffzig ['fʊftsɪç] *adj inv (reg)* cincuenta
Fug [fu:k] *m* **mit ~ und Recht** con todo el derecho del mundo
Fuge ['fu:gə] *f* <-n> ❶ *(Ritze)* ranura *f;* **aus den ~n geraten sein** estar fuera de quicio ❷ (MUS) fuga *f*
fügen ['fy:gən] **I.** *vr:* **sich ~** ❶ *(unterordnen)* someterse (a) ❷ *(passen)* ajustarse (**in** a) ❸ *(geh: geschehen)* suceder; **es fügte sich, dass ...** sucedió que... *+subj* **II.** *vt* juntar (**an/in** con/en); *(ineinander)* encajar
fügsam *adj* dócil
Fügung *f* <-en> coincidencia *f; (göttlich)* providencia *f;* **das war eine ~ des Schicksals** fue un lance de fortuna
fühlbar *adj* ❶ *(merklich)* notable ❷ *(tastbar)* palpable
fühlen ['fy:lən] **I.** *vt, vi* ❶ *(empfinden)* sentir ❷ *(tasten)* palpar, tocar **II.** *vr:* **sich ~** ❶ *(empfinden)* sentirse; **sich für jdn/etw verantwortlich ~** sentirse responsable de alguien/algo; **sich versucht ~, etw zu tun** sentir la tentación de hacer algo ❷ *(sich halten für)* tenerse (**als** por), creerse (**als**)
Fühler *m* <-s, -> antena *f;* **seine ~ ausstrecken** *(fam fig)* tantear el terreno
fuhr [fu:ɐ] *3. imp von* **fahren**
Fuhre ['fu:rə] *f* <-n> ❶ *(Ladung)* carga *f* ❷ *(Taxieinsatz)* viaje *m* (en taxi)
führen ['fy:rən] **I.** *vi* ❶ *(in Führung liegen)* ir a la cabeza; (SPORT) llevar ventaja; **X führt 1:0 (gegen Y)** X va ganando por 1:0 (a Y) ❷ *(verlaufen)* ir, llevar; **diese Straße führt nach Münster** esta carretera lleva a Münster ❸ *(ergeben)* llevar (**zu** a), conducir (**zu**

a); **das führt doch zu nichts** esto no lleva a nada; **das führt zu weit** esto va demasiado lejos **II.** *vt* ❶ *(leiten)* dirigir; *(Mannschaft)* encabezar; *(Gruppe)* guiar ❷ *(geleiten)* llevar, guiar; *(begleiten)* acompañar; **was führt Sie zu mir?** ¿qué le trae por aquí? ❸ *(Auto)* conducir, manejar *Am* ❹ *(hinbewegen)* llevar (**zu/in** a); **in den Ruin ~** llevar a la ruina; **etw mit sich** *dat* **~** llevar algo consigo ❺ *(Titel)* tener; *(Namen)* llevar ❻ *(Geschäftsbücher, Tagebuch)* llevar ❼ *(Waren)* vender ❽ *(Gespräch)* sostener, tener; **Verhandlungen ~** negociar; (**bei etwas**) **Regie ~** dirigir (algo) **III.** *vr:* **sich ~** *(sich benehmen)* comportarse

führend *adj* primero; **~e Persönlichkeiten** altos cargos; **die Firma ist ~ auf ihrem Gebiet** esta empresa es la primera de su ramo

Führer[1] *m* <-s, -> *(Buch)* guía *f*

Führer(in)[2] ['fy:rɐ] *m(f)* <-s, -; -nen> ❶ *(Leiter)* líder *mf,* capo *m Arg* ❷ *(Fremdenführer)* guía *mf* (turístico , -a)

Führerhaus *nt* cabina *f* del conductor

Führerin *f* <-nen> *s.* **Führer**[2]

führerlos *adj* ❶ *(Gruppe, Partei)* sin líder ❷ *(Wagen)* sin conductor

Führerschein *m* permiso *m* de conducir, licencia *f Am;* **den ~ machen** sacar el carné (de conducir)

Führerscheinentzug *m* privación *f* del permiso de conducir

Führerscheinprüfung *f* <-, -en> examen *m* de conducir

Führerstand *m (Zug, Straßenbahn)* cabina *f* del conductor

Fuhrpark *m* parque *m* móvil

Führung[1] ['fy:rʊŋ] *f ohne pl* ❶ *(Leitung)* dirección *f;* **unter jds ~** bajo la dirección de alguien ❷ (SPORT) **in ~ liegen** estar a la cabeza; **in ~ gehen** llevar la delantera ❸ *(Benehmen)* comportamiento *m*

Führung[2] *f* <-en> *(Besichtigung)* visita *f* (guiada)

Führungsanspruch *m* pretensión *f* de encabezar *(una organización, etc.)*

Führungsebene *f* dirección *f*

Führungsetage *f* <-, -n> departamento *m* de ejecutivos

Führungsgeschick *nt ohne pl* dotes *f pl* de liderazgo

Führungskraft *f* directivo, -a *m, f*

Führungskrise *f* <-, -n> crisis *f inv* en la dirección

führungslos *adj inv* sin dirección

Führungsrolle *f ohne pl (Führungsposition)* liderazgo *m*

Führungsschiene *f* (TECH) riel *m* de guía

Führungsschwäche *f* <-, -n> ❶ *(mangelnde Fähigkeit zu führen)* falta *f* de dotes de mando ❷ *(Schwäche bei der Führung)* debilidad *f* en el desempeño de un mando

Führungsspitze *f* ❶ *(Unternehmen)* altos ejecutivos *mpl* ❷ *(Partei)* ejecutiva *f*

Führungsstärke *f* <-, -n> ❶ *(Stärke zu führen)* fuerte capacidad *f* de mando ❷ *(Stärke bei der Führung)* fortaleza *f* en el desempeño de un mando

Führungsstil *m* estilo *m* de dirección

Führungswechsel *m* <-s, -> cambio *m* en la ejecutiva

Führungszeugnis *nt* certificado *m* de buena conducta

Fuhrunternehmen *nt* empresa *f* de tra(n)sportes

Fuhrwerk *nt* carruaje *m*

Fülle ['fʏlə] *f ohne pl* ❶ *(Körpermasse)* corpulencia *f* ❷ *(Menge)* montón *m,* cardume(n) *m CSur;* **in Hülle und ~** a montones

füllen ['fʏlən] **I.** *vt* ❶ *(vollmachen)* llenar (**mit** de/con) ❷ (GASTR) rellenar (**mit** de/con) ❸ *(einfüllen)* echar (**in** en); **Wein in Flaschen ~** embotellar vino ❹ *(Zahn)* empastar **II.** *vr:* **sich ~** *(voll werden)* llenarse (**mit** de/con)

Füllen *nt* <-s, -> *(geh) s.* **Fohlen**

Füller ['fʏlɐ] *m* <-s, -> *(fam)* pluma *f,* lapicera *f Arg*

Füllfederhalter *m* pluma *f* estilográfica

Füllgewicht *nt* peso *m* neto

Füllhorn *nt* cuerno *m* de la abundancia

füllig *adj* relleno; *(Haar)* voluminoso

Füllung *f* <-en> ❶ *(Zahnfüllung)* empaste *m,* emplomadura *f Am* ❷ (GASTR) relleno *m* ❸ *(für Polster)* relleno *m* ❹ *(bei Türen)* entrepaño *m*

Füllwort *nt* (LING) partícula *f* expletiva

Fummel ['fʊməl] *m* <-s, -> *(fam)* harapos *mpl*

fummeln ['fʊməln] *vi* ❶ *(fam: herumtasten)* manosear (**an**), jugar (**an** con) ❷ *(fam: streicheln)* meter mano

Fund[1] [fʊnt] *m* <-(e)s, -e> *(Fundstück)* hallazgo *m;* **einen ~ machen** hacer un hallazgo

Fund[2] *m* <-(e)s, *ohne pl*> *(das Finden)* hallazgo *m; (Entdecken)* descubrimiento *m*

Fundament [fʊnda'mɛnt] *nt* <-(e)s, -e> ❶ (ARCHIT) cimientos *mpl* ❷ *(Grundlage)* fundamento *m,* base *f;* **die ~e für etw schaffen/zu etw legen** crear/construir las bases para algo

fundamental *adj* fundamental

Fundamentalismus [fʊndamɛnta'lɪsmʊs] *m* <-, *ohne pl*> fundamentalismo *m*

Fundamentalist(in) *m(f)* <-en, -en; -, -nen> fundamentalista *mf*

fundamentalistisch *adj* fundamentalista

Fundbüro *nt* oficina *f* de objetos perdidos

Fundgrube *f* mina *f*

fundiert *adj* sólido, fundamentado

fündig ['fʏndɪç] *adj* ~ **werden** descubrir lo que se quería saber, encontrar lo que se buscaba

Fundort *m* (*a.* JUR) lugar *m* del hallazgo

Fundsache *f* objeto *m* perdido

Fundus ['fʊndʊs] *m* <-, -> ❶ *(an Erfahrungen, Wissen)* fondo *m* ❷ (FILM, THEAT: *für Kostüme*) vestuario *m; (für Requisiten)* almacén *m*

fünf [fʏnf] *adj inv* cinco; ~ **Minuten vor zwölf** las doce menos cinco; ~(**e**) **gerade sein lassen** *(fam)* hacer la vista gorda; **das kannst du dir an deinen ~ Fingern abzählen** *(fam)* eso está más claro que el agua; *s. a.* **acht**[1]

Fünf *f* <-, -en> ❶ *(Zahl, Buslinie, Würfelaugen)* cinco *m* ❷ (SCH: *mangelhaft*) insuficiente *m*

Fünfcentstück [-'--] *nt* moneda *f* de cinco céntimos (de euro)

Fünfeck *nt* pentágono *m*

fünfeckig *adj* pentagonal

Fünfer ['fʏnvɐ] *m* <-s, -> *(fam: Geldschein)* billete *m* de cinco euros

fünferlei ['fʏnvɐlaɪ] *adj inv* de cinco clases diferentes, cinco clases (diferentes) de; *s. a.* **achterlei**

Fünfeuroschein *m* billete *m* de cinco euros

fünffach I. *adj* quíntuplo **II.** *adv* cinco veces; *s. a.* **achtfach**

fünfhundert ['-'--] *adj inv* quinientos; *s. a.* **achthundert**

Fünfjahresplan [-'---] *m* (POL) plan *m* quinquenal

fünfjährig *adj (fünf Jahre alt)* de cinco años; *(fünf Jahre dauernd)* de cinco años de duración; *s. a.* **achtjährig**

Fünfkampf *m* (SPORT) pentatlón *m*

Fünfling *m* <-s, -e> quintillizo *m*

fünfmal *adv* cinco veces; *s. a.* **achtmal**

Fünfprozenthürde ['--'---] *f* <-, -n> (POL) obstáculo *m* (de la cláusula) del cinco por ciento

fünfstellig *adj* de cinco cifras

fünft zu ~ (en grupos de) cinco, de cinco en cinco; **wir waren zu** ~ éramos cinco; *s. a.* **acht**[1]

Fünftagewoche [-'----] *f* semana *f* laboral de cinco días

fünftausend ['-'--] *adj inv* cinco mil; *s. a.* **achttausend**

fünfte(r, s) *adj* quinto; **das ~ Rad am Wagen sein** ir de pegote; *s. a.* **achte(r, s)**

fünftel *adj inv* quinto; *s. a.* **achtel**

Fünftel ['fʏnftəl] *nt* <-s, -> quinto, -a *m, f,* quinta parte *f; s. a.* **Achtel**

fünftens ['fʏnftəns] *adv* en quinto lugar; *(bei einer Aufzählung)* quinto; *s. a.* **achtens**

Fünftürer *m* <-s, -> (AUTO) cinco puertas *m*

fünfzehn *adj inv* quince; *s. a.* **acht**[1]

fünfzehnte(r, s) *adj* decimoquinto; *s. a.* **achte(r, s)**

fünfzig ['fʏnftsɪç] *adj inv* cincuenta; *s. a.* **achtzig**

Fünfzigcentstück [--'--] *nt* moneda *f* de cincuenta céntimos (de euro)

fünfziger *adj inv* ❶ *(1950 bis 1959)* de los (años) cincuenta ❷ *(von 1950)* del año cincuenta; *s. a.* **achtziger**

Fünfziger ['fʏnftsɪgɐ] *m* <-s, -> *(fam)* ❶ *(Münze)* moneda *f* de cincuenta ❷ *(Geldschein)* billete *m* de cincuenta

Fünfzigeuroschein [--'--] *m* billete *m* de cincuenta euros

fünfzigjährig *adj (fünfzig Jahre alt)* de cincuenta años; *(fünfzig Jahre dauernd)* de cincuenta años de duración; *s. a.* **achtjährig**

Fünfzigjährige(r) *mf* <-n, -n; -n, -n> persona *f* de cincuenta años

fünfzigste(r, s) *adj* quincuagésimo; *s. a.* **achtzigste(r, s)**

fungieren* [fʊŋ'giːrən] *vi* hacer (**als** de)

Fungizid [fʊŋgi'tsiːt] *nt* <-(e)s, -e> fungicida *m*

Funk [fʊŋk] *m* <-s, *ohne pl*> radio *f*

Funkamateur(in) *m(f)* radioaficionado, -a *m, f*

Funkantenne *f* <-, -n> antena *f* de radio

Fünkchen *nt* **ein/kein ~ ...** una/ni una pizca de...

Funke ['fʊŋkə] *m* <-ns, -n> chispa *f;* **~n sprühen** echar chispas; **der zündende ~** la chispa; **ein ~ Hoffnung** un rayito de esperanza; **keinen ~n Anstand im Leib haben** no tener ni pizca de educación

funkeln ['fʊŋkəln] *vi* brillar, resplandear

funkelnagelneu ['--'--'-] *adj (fam)* flamante

funken ['fʊŋkən] **I.** *vt (Nachricht)* radiar **II.** *vi* ❶ *(Funken sprühen)* chispear ❷ *(fam: verstehen)* hacerse la luz; **endlich hat es bei ihm gefunkt** por fin se le encendió la bombilla

Funken *m* <-s, -> *s.* **Funke**

Funker(in) *m(f)* <-s, -; -nen> radiotelegrafista *mf*

Funkgerät *nt* aparato *m* de radio

Funkhaus *nt* emisora *f* de radio(difusión)

Funkloch *nt* (TEL) zona *f* sin cobertura

Funkpeilung *f* <-, -en> (RADIO) radiogoniometría *f*
Funksignal *nt* <-s, -e> señal *f* radioeléctrica [*o* radiotelegráfica]
Funksprechgerät *nt* tra(n)smisor receptor *m* radiofónico
Funkspruch *m* mensaje *m* de radio
Funkstation *f* <-, -en> estación *f* radiotelegráfica; *(Sendestation)* estación *f* emisora; *(Empfangsstation)* estación *f* receptora
Funkstille *f* ① *(Sendepause)* silencio *m* de radio ② *(fam: im zwischenmenschlichen Bereich)* silencio *m*
Funkstreife *f* radiopatrulla *f*
Funktaxi *nt* radiotaxi *m*
Funktechnik *f* <-, *ohne pl*> radiotécnica *f*
Funktelefon *nt* teléfono *m* celular
Funktion[1] [fʊŋk'tsjoːn] *f ohne pl (einer Maschine)* funcionamiento *m;* **in ~ treten** ponerse en funcionamiento
Funktion[2] *f* <-en> ① *(Amt, Aufgabe)* cargo *m; (Ausübung eines Amtes)* función *f;* **eine ~ haben/ausüben** tener/ejercer un cargo ② *(Zweck, Leistungsmerkmal, a.* TECH, INFOR, MATH) función *f*
funktional [fʊŋktsjo'naːl] *adj* funcional
Funktionär(in) [fʊŋktsjo'nɛːɐ] *m(f)* <-s, -e; -nen> funcionario, -a *m, f*
funktionell *adj* (*a.* MED) funcional
funktionieren* *vi* funcionar
funktionsfähig *adj* apto para funcionar
funktionsgerecht *adj* (TECH) adaptado a la función
Funktionsstörung *f* (MED) disfunción *f*
Funktionstaste *f* (INFOR) tecla *f* de función
funktionstüchtig *adj* que funciona bien
Funkturm *m* torre *f* de radiodifusión
Funkverbindung *f* comunicación *f* por radio
Funkverkehr *m* radiocomunicaciones *fpl*
Funzel ['fʊntsəl] *f* <-, -n> *(fam abw)* lámpara *f* que apenas alumbra
für [fyːɐ] *präp +akk* ① *(zugunsten von)* para, por; **~ mich** para mí; **kann ich noch etw ~ Sie tun?** ¿puedo hacer algo más por Ud.?; **ich bin ~ deine Idee** estoy a favor de tu idea; **sich ~ etw entscheiden** decidirse por algo; **die Sache hat was ~ sich** el asunto tiene un algo especial ② *(im Verhältnis zu)* para; **er ist sehr groß ~ sein Alter** está muy alto para su edad; **das ist eine Sache ~ sich** esto es cosa aparte ③ *(zeitlich)* por; **ich gehe ~ zwei Jahre ins Ausland** me voy por dos años al extranjero; **~ immer** para siempre; **~s Erste** por ahora ④ *(wegen)* a causa de, por; **ich ~ meine Person** en cuanto a mí ⑤ *(zum Zweck)* para; **ein Mittel ~ Kopfschmerzen** *(fam)* un remedio contra el dolor de cabeza; **~ nichts und wieder nichts** absolutamente para nada ⑥ *(im Austausch)* por; *(anstelle von)* en lugar de; **ich bin ~ ihn eingesprungen** fui en su lugar; **was verlangen Sie ~ den Anzug?** ¿cuánto pide por el traje? ⑦ *(mit Fragepronomen)* **was ~ ...?** ¿qué...?; **was ~ ein Pilz ist das?** ¿qué clase de seta es?; **was ~ eine komische Idee!** ¡menuda ocurrencia!
Für *nt* **das ~ und Wider** el pro y el contra, los pros y los contras
Fürbitte ['---] *f (Bitte)* intercesión *f* (**für** a favor de), intervención *f* (**für** a favor de); (REL) ruego *m*
Furche ['fʊrçə] *f* <-n> ① *(Ackerfurche)* surco *m* ② *(tiefe Falte)* arruga *f*
furchen *vt (geh: Boden)* surcar
Furcht [fʊrçt] *f ohne pl* temor *m* (**vor** a/de); *(stärker)* terror *m* (**vor** a/de); **~ erregend** espantoso; **jdm ~ einflößen** infundir miedo a alguien
furchtbar **I.** *adj* ① *(schrecklich)* horroroso ② *(fam: sehr groß)* enorme **II.** *adv (fam: sehr)* muy; **~ nett** simpatiquísimo
furchteinflößend *adj s.* **Furcht**
fürchten ['fʏrçtən] **I.** *vi (sich sorgen)* temer (**um/für** por); **ich fürchte um sein Leben** temo por su vida; **zum F~ aussehen** tener un aspecto espantoso **II.** *vt, vr:* **sich ~** temer, corcovear *Méx;* **ich fürchte, dass ...** temo que...
fürchterlich ['fʏrçtɐlɪç] *adj s.* **furchtbar**
furchterregend *adj s.* **Furcht**
furchtlos *adj* sin temor, intrépido
Furchtlosigkeit *f ohne pl* intrepidez *f*
furchtsam *adj* miedoso
Furchtsamkeit *f ohne pl* temor *m,* pendejada *f Am: fam*
füreinander [fyːɐʔaɪ'nandɐ] *adv* uno para el otro; **~ da sein** estar el uno para el otro
Furie ['fuːriə] *f* <-n> furia *f*
Furnier [fʊr'niːɐ] *nt* <-s, -e> chapa *f* de madera
furnieren* [fʊr'niːrən] *vt* chapear
Furore [fu'roːrə] *f ohne pl* **~ machen** causar sensación
Fürsorge ['---] *f ohne pl* ① *(Betreuung)* asistencia *f* ② *(fam: finanzielle Unterstützung)* pensión *f;* **von der ~ leben** vivir de la asistencia social
Fürsorgeamt *nt (Schweiz: Sozialamt)* oficina *f* de asistencia social
Fürsorgepflicht *f ohne pl* (JUR) deber *f* de protección
fürsorglich *adj* cuidadoso, cariñoso
Fürsorglichkeit *f* <-, *ohne pl*> atención *f,* cuidado *m*

Fürsprache *f* intercesión *f;* **für jdn ~ einlegen** interceder a favor de alguien
Fürsprecher(in) *m(f)* intercesor(a) *m(f)*
Fürst(in) [fʏrst] *m(f)* <-en, -en; -nen> príncipe, princesa *m, f*
Fürstentum *nt* <-s, -tümer> principado *m*
Fürstin *f* <-nen> *s.* **Fürst**
fürstlich *adj* ❶ *(prächtig)* regio; *(Essen)* opíparo ❷ *(einen Fürsten betreffend)* principesco
Furt [fʊrt] *f* <-en> vado *m*

F

Furunkel [fu'rʊŋkəl] *m o nt* <-s, -> forúnculo *m*
fürwahr *adv (geh)* en verdad, realmente
Fürwort *nt* (LING) pronombre *m*
Furz [fʊrts, *pl:* 'fʏrtsə] *m* <-es, Fürze> *(fam)* pedo *m*
furzen *vi (fam)* soltar un pedo
Fusel ['fu:zəl] *m* <-s, *ohne pl*> *(fam abw: Branntwein)* matarratas *m inv*
Fusion [fu'zjo:n] *f* <-en> fusión *f*
fusionieren* [fuzjo'ni:rən] *vi* fusionarse
Fuß [fu:s, *pl:* 'fy:sə] *m* <-es, Füße> pie *m;* **am ~ des Berges** al pie de la montaña; **zu ~ gehen** ir andando; **gut zu ~ sein** poder caminar bien; **sich** *dat* **die Füße wund laufen** despellejarse los pies; **die Sache hat Hand und ~** el asunto tiene pies y cabeza; **auf großem ~ leben** vivir a lo grande; **auf eigenen Füßen stehen** *(fig)* ser independiente; **mit jdm auf gutem ~e stehen** llevarse bien con alguien; **das Publikum lag ihr zu Füßen** *(geh)* el público estaba a sus pies; **er bekam kalte Füße** *(fam fig)* le entró miedo; **jdm etw vor die Füße werfen** *(fig)* tirarle algo a alguien a la cara; **~ fassen** consolidarse; **jdn auf freien ~ setzen** liberar a alguien; **die Strafe folgte auf dem ~e** no tardó en llegar el castigo; **bei ~!** ¡aquí!
Fußabdruck *m* huella *f* (del pie)
Fußabtreter *m (reg)* felpudo *m*
Fußbad *nt* baño *m* de pies; (MED) pediluvio *m*
Fußball[1] *m* <-(e)s, *ohne pl*> (SPORT) fútbol *m;* **~ spielen** jugar al fútbol
Fußball[2] *m* <-(e)s, -bälle> *(Ball)* pelota *f* de fútbol
Fußballclub *m s.* **Fußballklub**
Fußballer(in) *m(f)* <-s, -; -nen> futbolista *mf,* jugador(a) *m(f)* de fútbol
Fußballfan *m* hincha *mf*
Fußballfeld *m* campo *m* de fútbol
Fußballklub *m* <-s, -s> club *m* deportivo de fútbol, fútbol-club *m*
Fußballmannschaft *f* equipo *m* de fútbol
Fußballplatz *m* campo *m* de fútbol
Fußballschuh *m* bota *f* de fútbol
Fußballspiel *nt* partido *m* de fútbol
Fußballspieler(in) *m(f)* futbolista *mf,* jugador(a) *m(f)* de fútbol
Fußballstadion *nt* estadio *m* de fútbol
Fußballverein *m* club *m* de fútbol
Fußballweltmeisterschaft *f* copa *f* mundial de fútbol
Fußbank *f* banquillo *m*
Fußboden *m* suelo *m,* piso *m*
Fußbodenbelag *m* pavimento *m*
Fußbodenheizung *f* calefacción *f* de suelo
Fußbreit *m* <-, *ohne pl*> pie *m;* **er wich keinen ~ zurück** no retrocedió ni un palmo
Fußbremse *f* freno *m* de pie
Fussel ['fʊsəl] *m o f* <-s, -(n)> pelusa *f*
fusselig *adj* ❶ *(fusselnd)* que deja pelusas ❷ *(voller Fusseln)* lleno de pelusas ❸ *(ausgefranst)* deshilachado; **sich** *dat* **den Mund ~ reden** *(fam)* gastar saliva en balde
fusseln *vi* soltar pelo
fußen ['fu:sən] *vi (sich stützen)* apoyarse (**auf** en); *(basieren)* basarse (**auf** en)
Fußende *nt* pie *m* de la cama
Fußgänger(in) ['fu:sgɛŋɐ] *m(f)* <-s, -; -nen> peatón, -ona *m, f*
Fußgängerampel *f* semáforo *m* para peatones
Fußgängerin *f* <-nen> *s.* **Fußgänger**
Fußgängerübergang *m* <-(e)s, -gänge>, **Fußgängerüberweg** *m* paso *m* de peatones
Fußgängerzone *f* zona *f* peatonal
Fußgelenk *nt* articulación *f* del pie
Fußgewölbe *nt* (ANAT) arco *m* del pie
fußläufig *adj (zu Fuß)* a pie
fusslig *adj s.* **fusselig**
Fußmarsch *m* caminata *f*
Fußmatte *f* estera *f*
Fußnagel *m* uña *f* del pie
Fußnote *f* nota *f* a pie de página
Fußpflege *f* pedicura *f*
Fußpfleger(in) *m(f)* pedicuro, -a *m, f*
Fußpilz *m ohne pl* (MED) micosis *f inv* en los pies
Fußreflexzonenmassage *f* (MED) masaje *m* de las zonas de reflejo del pie
Fußrücken *m* (ANAT) empeine *m*
Fußschalthebel *m (am Motorrad)* pedal *m* de cambio
Fußsohle *f* planta *f* del pie
Fußspitze *f* punta *f* del pie
Fußspur *f* huella *f* del pie
Fußstapfen *m* <-s, -> pisada *f;* **in jds ~ treten** seguir el ejemplo de alguien
Fußstütze *f* apoyapiés *m inv*
Fußtritt *m (von Menschen)* puntapié *m; (von Tieren)* coz *f*

Fußvolk *nt ohne pl* ❶ (MIL) peonaje *m* ❷ *(abw: breite Masse)* masa *f*
Fußweg *m* ❶ *(Weg)* camino *m,* vereda *f Am; (Bürgersteig)* acera *f,* vereda *f Am* ❷ *(Entfernung)* camino *m;* **15 Minuten ~** 15 minutos andando
Fußzeile *f* (INFOR) pie *m* de página
futsch [fʊtʃ] *adj inv (fam)* perdido
Futter[1] ['fʊtɐ] *nt* <-s, *ohne pl*> *(Nahrung)* comida *f*
Futter[2] *nt* <-s, -> ❶ *(in Kleidung, Briefumschlag)* forro *m* ❷ *(Türfutter)* revestimiento *m*
Futteral [fʊtə'ra:l] *nt* <-s, -e> funda *f*
Futterkrippe *f* <-, -n> pesebre *m;* **an der ~ sitzen** *(fig)* tener un puestazo
futtern ['fʊtɐn] *vi, vt (fam)* papar
füttern ['fʏtɐn] *vt* ❶ *(Tier, Baby)* dar de comer (a) ❷ *(Computer)* alimentar ❸ *(Kleidung)* forrar
Futternapf *m* comedero *m*
Futterneid *m ohne pl* rivalidad *f* por la comida
Futterpflanze *f* (AGR) planta *f* forrajera
Futtersack *m* morral *m*
Futterstoff *m* tela *f* para forros
Futtertrog *m* comedero *m*
Fütterung[1] ['fʏtərʊŋ] *f* <-en> *(Tierfütterung)* forraje *m*
Fütterung[2] *f ohne pl (das Auskleiden)* revestimiento *m*
Futterzusatz *m* (AGR) aditivo *m* para piensos
Futur [fu'tu:ɐ] *nt* <-s, -e> (LING) futuro *m*
futuristisch *adj* futurista

G

Gg

G, g [ge:] *nt* <-, -> G, g *f;* **~ wie Gustav** G de Granada
g *Abk. von* **Gramm** gr
gab [ga:p] *3. imp von* **geben**
Gabe ['ga:bə] *f* <-n> ❶ *(Geschenk)* regalo *m;* **milde ~** limosna *f* ❷ *(Talent)* don *m* ❸ (MED) dosis *f inv* ❹ *(Schweiz: Preis)* premio *m*
Gabel ['ga:bəl] *f* <-n> ❶ *(vom Besteck)* tenedor *m* ❷ *(vom Telefon, Fahrrad)* horquilla *f* ❸ (AGR) horca *f*
gabeln ['ga:bəln] *vr:* **sich ~** bifurcarse
Gabelstapler *m* <-s, -> carretilla *f* elevadora (de horquilla)
Gabelung *f* <-en> bifurcación *f*
Gabentisch *m* <-(e)s, -e> (mesa *f* de los) regalos *mpl* de Navidad
Gabun [ga'bu:n] *nt* <-s> Gabón *m*
gackern ['gakɐn] *vi* ❶ *(Huhn)* cacarear ❷ *(fam: Mensch)* reírse
gaffen ['gafən] *vi (abw)* mirar boquiabierto
Gaffer(in) *m(f)* <-s, -; -nen> *(abw)* papamoscas *mf inv,* papanatas *mf inv*
Gag [gɛk] *m* <-s, -s> ❶ (FILM) truco *m,* gag *m* ❷ *(Witz)* salida *f* chistosa
Gage ['ga:ʒə] *f* <-n> honorario *m*
gähnen ['gɛ:nən] *vi* bostezar
Gala ['ga:la] *f ohne pl* vestido *m* de gala; **sich in ~ werfen** engalanarse
Galaabend *m* <-s, -e> noche *f* de gala
galaktisch [ga'laktɪʃ] *adj* galáctico
galant [ga'lant] *adj* galante
Galavorstellung *f* función *f* de gala
Galaxie [gala'ksi:] *f* <-n> (ASTR) galaxia *f*
Galeere [ga'le:rə] *f* <-n> galera *f*
Galeone [gale'o:nə] *f* <-, -n> (HIST) galeón *m*
Galerie [galə'ri:] *f* <-n> galería *f*
Galerist(in) [galə'rɪst] *m(f)* <-en, -en; -nen> galerista *mf*
Galgen ['galgən] *m* <-s, -> patíbulo *m*
Galgenfrist *f* plazo *m* perentorio
Galgenhumor *m* humor *m* negro
Galicien [ga'li:tsiən] *nt* <-s> *s.* **Galizien**
Galicier(in) *m(f)* <-s, -; -nen> *s.* **Galizier**
galicisch *adj s.* **galizisch**
Galionsfigur [ga'ljo:nsfigu:ɐ] *f* (NAUT) mascarón *m* de proa
Galizien [ga'li:tsiən] *nt* <-s> Galicia *f*
Galizier(in) *m(f)* <-s, -; -nen> gallego, -a *m, f*
galizisch *adj* gallego
Galle ['galə] *f* <-n> ❶ *(menschliches Sekret)* bilis *f inv; (tierisches Sekret)* hiel *f* ❷ (ANAT: *Organ*) vesícula *f* biliar
Gallenblase *f* (ANAT) vesícula *f* biliar
Gallenkolik *f* <-, -en> cólico *m* hepático [*o* biliar]
Gallenstein *m* cálculo *m* vesícula
Gallert ['galərt] *nt* <-(e)s, -e> (CHEM, BIOL) gelatina *f,* jalea *f*
gallertartig ['galɐtʔa:ɐtɪç] *adj* gelatinoso
Gallien ['galjən] *nt* <-s> (HIST) Galia *f*
Gallier(in) ['galiɐ] *m(f)* <-s, -; -, -nen> (HIST) galo, -a *m, f*
gallisch ['galɪʃ] *adj* galo

Gallone [ga'lo:nə] *f* <-, -n> galón *m*
Galopp [ga'lɔp] *m* <-s, -e *o* -s> galope *m*
galoppieren* *vi haben o sein* galopar
galt [galt] *3. imp von* **gelten**
galvanisch [gal'va:nɪʃ] *adj* galvánico
Galvaniseur(in) *m(f)* <-s, -e; -, -nen> galvanizador(a) *m(f)*
galvanisieren* [galvani'zi:rən] *vt* galvanizar
Gambia ['gambia] *nt* <-s> Gambia *f*
Gameboy® ['gɛɪmbɔɪ] *m* <-s, -s> gameboy® *m*
Gameshow *f* <-s> (TV) programa concurso *m*, concurso *m* televisivo; **eine ~ leiten** presentar un concurso en televisión
gamm(e)lig *adj (fam)* ❶ *(Nahrungsmittel)* malo, podrido ❷ *(Kleidung)* desaliñado
Gamma ['gama] *nt* <-(s), -s> gamma *f*
Gammastrahlen *mpl* (PHYS, MED) rayos *mpl* gamma
Gammastrahlung *f* (PHYS) radiación *f* (de rayos) gamma
gammeln ['gaməln] *vi (fam)* ❶ *(Lebensmittel)* estropearse ❷ *(Person)* gandulear
gammlig *adj s.* **gamm(e)lig**
Gämse ['gɛmzə] *f* <-n> (ZOOL) gamuza *f*
gang [gaŋ] **~ und gäbe** usual, corriente
Gang[1] [gaŋ, *pl:* 'gɛŋə] *m* <-(e)s, Gänge> ❶ *(Gehweise)* (modo *m* de) andar *m* ❷ *(Spaziergang)* paseo *m; (Weg)* camino *m;* **auf ihrem ~ zum Arzt sah sie ...** (de) camino al médico vio...; **ein schwerer ~** un paso difícil ❸ *(Betrieb)* marcha *f;* **eine Maschine in ~ setzen** poner en marcha una máquina; **Verhandlungen in ~ bringen** iniciar negociaciones ❹ *(Ablauf)* curso *m*, marcha *f;* **der ~ der Ereignisse** la marcha de los acontecimientos; **es ist etwas im ~e** algo flota en el aire; **etw ist in vollem ~(e)** algo está en plena marcha ❺ (TECH, AUTO) marcha *f;* **im zweiten ~ fahren** ir en segunda ❻ *(Flur)* pasillo *m* ❼ (GASTR) plato *m*
Gang[2] [gɛŋ] *f* <-s> banda *f*
Gangart *f* (modo *m* de) andar *m*
gangbar *adj (Weg)* transitable; *(Lösung)* viable
gängeln ['gɛŋəln] *vt (fam abw)* tener bajo su tutela
gängig ['gɛŋɪç] *adj* ❶ *(üblich)* usual; *(geläufig)* corriente ❷ *(viel gekauft)* de buena venta
Gangschaltung *f (Auto)* (caja *f* de) cambios *mpl; (Fahrrad)* marchas *f pl*
Gangster ['gɛŋstɐ] *m* <-s, -> *(abw)* gánster *m*
Gangway ['gæŋweɪ] *f* <-s> escalera *f* (para subir a bordo)
Ganove, -in [ga'no:və] *m, f* <-n, -n; -nen> *(fam abw)* tunante *mf*
Gans [gans, *pl:* 'gɛnzə] *f* <Gänse> (ZOOL) ganso *m; (Weibchen)* oca *f;* **blöde ~** tía idiota
Gänseblümchen ['gɛnzəbly:mçən] *nt* (BOT) maya *f*
Gänsebraten *m* <-s, -> asado *m* de ganso
Gänseei *nt* huevo *m* de ganso
Gänsefüßchen ['gɛnzəfy:sçən] *nt* <-s, -> *(fam)* comilla *f;* **in ~** entre comillas
Gänsehaut *f ohne pl* carne *f* de gallina
Gänseleberpastete *f* (GASTR) paté *m* de ganso
Gänsemarsch *m ohne pl* **im ~** en fila india
Gänserich ['gɛnzərɪç] *m* <-s, -e> (ZOOL) ganso *m* macho
Gänseschmalz *nt* (GASTR) manteca *f* de ganso
ganz [gants] **I.** *adj* ❶ *(gesamt)* todo; *(vollständig)* completo; **die ~e Zeit über** durante todo el tiempo; **die ~e Wahrheit** toda la verdad; **eine ~e Zahl/Note** un número entero/una nota redonda; **eine ~e Drehung** un giro completo; **eine ~e Menge/Weile** bastante; **das dauert eine ~e Weile** esto dura bastante; **im G~en war ich dreimal hier** en total he estado tres veces aquí ❷ *(fam: unbeschädigt)* intacto; **etw wieder ~ machen** reparar algo ❸ *(fam: bloß)* solo, solamente; **das Buch hat ~e drei Euro gekostet** el libro ha costado solo tres euros **II.** *adv* ❶ *(völlig)* totalmente; **~ allein** totalmente solo; **das ist ~ meine Meinung** comparto totalmente esta opinión; **das ist etwas ~ anderes** esto es algo totalmente distinto; **~ und gar** completamente; **~ im Gegenteil** todo lo contrario ❷ *(vollständig)* del todo; **etw ~ aufessen** comerse algo del todo; **~ hinten/vorn** detrás/delante del todo; **~ wie Sie meinen** como Ud. quiera; **~ gleich, wie es ist** sea como sea; **du hast ~ Recht** tienes toda la razón ❸ *(ziemlich)* bastante; **das gefällt mir ~ gut** esto me gusta bastante ❹ *(sehr)* muy; **~ klein** minúsculo; **ein ~ klein wenig** muy poco; **~ viel** muchísimo
Gänze ['gɛntsə] *f* **zur ~** totalmente, en su totalidad
Ganze(s) *nt* <-n, *ohne pl*> total *m;* **das ist nichts Halbes und nichts ~s** esto no es ni fu ni fa; **aufs ~ gehen** *(fam)* jugarse el todo por el todo; **es geht ums ~** todo está en juego
Ganzheit *f* <-en> totalidad *f*
ganzheitlich *adj* global
Ganzheitsmedizin *f ohne pl* (MED) medicina *f* (p)sicosomática

ganzjährig *adj* durante todo el año; **das Schwimmbad hat ~ geöffnet** la piscina tiene abierto durante todo el año

gänzlich ['gɛntslɪç] **I.** *adj* total, completo **II.** *adv* del todo, por completo

ganzseitig *adj* de página entera

ganztägig ['gantstɛːgɪç] **I.** *adj* de todo el día **II.** *adv* todo el día

ganztags *adv (den ganzen Tag über)* a jornada completa

Ganztagsschule *f* colegio *m* de jornada completa

gar [gaːɐ] **I.** *adj (Speise)* hecho (a punto) **II.** *adv* ① *(überhaupt)* **~ nichts** nada de nada; **~ keiner** ninguno; **auf ~ keinen Fall** en ningún caso; **das ist ~ nicht schlecht** no está nada mal ② *(sogar)* incluso; **du hast doch nicht ~ die Polizei angerufen?** ¿no habrás llamado a la policía?

Garage [ga'raːʒə] *f* <-n> garaje *m*

Garant(in) [ga'rant] *m(f)* <-en, -en; -nen> garante *mf*

Garantie [garan'tiː] *f* <-n> garantía *f;* **ein Jahr ~** un año de garantía

garantieren* *vi, vt* garantizar (**für**)

garantiert *adv (fam)* con toda seguridad; **glaubst du er kommt? – ~ !** ¿crees que vendrá? – ¡seguro!

Garantieschein *m* (resguardo *m* de) garantía *f*

Garantin *f* <-nen> *s.* **Garant**

Garaus ['gaːɐʔaʊs] *m (fam)* **jdm/etw** *dat* **den ~ machen** cargarse a [*o* acabar con] alguien/algo

Garbe ['garbə] *f* <-n> ① *(von Korn)* haz *m,* gavilla *f* ② *(von Schüssen)* ráfaga *f*

Garde ['gardə] *f* <-n> guardia *f*

Garderegiment *nt* <-(e)s, -er> (HIST) ① *(Elitetruppe)* cuerpo *m* de élite ② *(eines Monarchen)* guardia *f* de Corps

Garderobe[1] [gardə'roːbə] *f ohne pl (Kleidung)* ropa *f*

Garderobe[2] *f* <-n> ① *(Kleiderablage)* perchero *m* ② *(Raum)* guardarropa *m* ③ *(Ankleideraum)* vestuario *m*

Garderobenfrau *f* guardarropa *f*

Garderobenhaken *m* colgador *m*

Garderobenmarke *f* ficha *f* del guardarropa

Garderobenständer *m* percha *f*

Garderobier(e) [gardəro'bieː] *m(f)* <-s, -s; -, -n> (THEAT) ayudante *mf* de camerino

Gardine [gar'diːnə] *f* <-n> cortina *f;* **hinter schwedischen ~n** *(fam)* entre rejas

Gardinenleiste *f* <-, -n> riel *m* (para cortinas)

Gardinenstange *f* ① *(Stab)* barra *f* para cortinas ② *(Leiste)* riel *m*

garen ['gaːrən] *vt* cocer

gären ['gɛːrən] <gärt, gärte *o* gor, gegärt *o* gegoren> **I.** *vi haben o sein* fermentar **II.** *vt* fermentar

Garn [garn] *nt* <-(e)s, -e> hilo *m*

Garnele [gar'neːlə] *f* <-n> (ZOOL) gamba *f; (kleiner)* camarón *m*

garnieren* [gar'niːrən] *vt* guarnecer; (GASTR) adornar

Garnison [garni'zoːn] *f* <-, -en> (MIL) guarnición *f*

Garnitur [garni'tuːɐ] *f* <-en> juego *m,* conjunto *m*

Garnrolle *f* <-, -n> bobina *f* de hilo

garstig ['garstɪç] *adj* ① *(frech)* desvergonzado ② *(hässlich)* feo; *(abstoßend)* asqueroso

Garten ['gartən, *pl:* 'gɛrtən] *m* <-s, Gärten> jardín *m; (Nutzgarten)* huerto *m;* **botanischer/zoologischer ~** jardín botánico/parque zoológico

Gartenanlage *f* jardines *mpl*

Gartenarbeit *f* trabajo *m* en el jardín

Gartenarchitekt(in) *m(f)* arquitecto, -a *m, f* de jardines

Gartenbank *f* banco *m* (del jardín)

Gartenbau *m ohne pl* jardinería *f,* horticultura *f*

Gartenerbse *f* (BOT) guisante *m* mollar [*o* de olor]

Gartenfest *nt* fiesta *f* en el jardín

Gartengerät *nt* utensilio *m* de jardinería

Gartenhandschuh *m* guante *m* de jardinería

Gartenhaus *nt* pabellón *m*

Gartenlaube *f* cenador *m*

Gartenlokal *nt* restaurante *m* con terraza

Gartenmauer *f* muro *m* (del jardín)

Gartenmesser *nt* podadera *f*

Gartenmöbel *ntpl* muebles *mpl* de jardín

Gartenschere *f* tijeras *fpl* de podar, podadora *f*

Gartenschlauch *m* manguera *f* de riego

Gartenteich *m* estanque *m* (del jardín)

Gartentor *nt* <-(e)s, -e> portal *m* (del jardín)

Gartenzaun *m* seto *m*

Gartenzwerg *m enanito de decoración que se pone en el jardín*

Gärtner(in) ['gɛrtnɐ] *m(f)* <-s, -; -nen> jardinero, -a *m, f*

Gärtnerei [gɛrtnə'raɪ] *f* <-en> jardinería *f; (für Nutzpflanzen)* establecimiento *m* de horticultura

Gärtnerin *f* <-nen> *s.* **Gärtner**

gärtnern *vi* dedicarse a la jardinería; **ich gärtnere leidenschaftlich gerne** a mí me encanta la jardinería

Gärung ['gɛːrʊŋ] *f* <-en> fermentación *f*

Gas[1] [gaːs] *nt* <-es, -e> (CHEM) gas *m*

Gas[2] *nt* <-es, *ohne pl*> (AUTO) ~ **geben** acelerar
Gasanzünder *m* encendedor *m* de gas
Gasbrenner *m* mechero *m* de gas
Gasfeuerzeug *nt* mechero *m* de gas
Gasflamme *f* llama *f* de gas
Gasflasche *f* bombona *f* de gas
gasförmig *adj* gaseoso, gaseiforme
Gashahn *m* llave *f* del gas
Gasheizung *f* calefacción *f* de gas
Gasherd *m* cocina *f* de gas
Gaskammer *f* cámara *f* de gas
Gaskocher *m* hornillo *m* de gas
Gaslampe *f* <-, -n> lámpara *f* de gas
Gasleitung *f* conducción *f* del gas
Gasmaske *f* máscara *f* antigás
Gasofen *m* horno *m* de gas
Gaspedal *nt* acelerador *m*
Gasse ['gasə] *f* <-n> ❶ *(kleine Straße)* callejón *m* ❷ *(Österr: Straße)* calle *f*
Gassi *(fam)* (**mit dem Hund**) ~ **gehen** bajar al perro; **komm Rex,** (**wir gehen**) **~!** ¡ven, Rex, vamos a la calle!
Gast [gast, *pl:* 'gɛstə] *m* <-(e)s, Gäste> huésped *mf; (eingeladener)* invitado, -a *m, f; (von Lokal)* cliente *mf;* **ungebetene Gäste** intrusos *mpl;* **bei jdm zu ~ sein** estar invitado a casa de alguien
Gastarbeiter(in) *m(f)* trabajador(a) *m(f)* extranjero , -a
Gastdozent(in) *m(f)* <-en, -en; -, -nen> profesor *mf* temporal (de otra universidad)
Gästebuch *nt* libro *m* de huéspedes
Gästehaus *nt* <-es, -häuser> casa *f* de huéspedes
Gästezimmer *nt* cuarto *m* de huéspedes
gastfreundlich *adj* hospitalario
Gastfreundschaft *f ohne pl* hospitalidad *f;* **jdm ~ gewähren** ofrecer hospitalidad a alguien
Gastgeber(in) *m(f)* <-s, -; -nen> anfitrión, -ona *m, f*
Gastgeschenk *nt* <-(e)s, -e> agasajo *m,* regalo *m*
Gastgewerbe *nt* hostelería *f* y restauración
Gasthaus *nt,* **Gasthof** *m* ❶ *(zum Übernachten)* fonda *f; (höhere Kategorie)* hostal *m* ❷ *(nur Essen)* mesón *m*
Gasthörer(in) *m(f)* (UNIV) oyente *mf*
gastieren* [gas'tiːrən] *vi* actuar (como compañía de teatro invitada)
Gastland *nt* país *m* de acogida
gastlich *adj* hospitalario; **jdn ~ aufnehmen** acoger a alguien cordialmente
Gastmannschaft *f* equipo *m* visitante
Gastprofessor(in) *m(f)* catedrático, -a *m, f* invitado , -a
Gastritis [gas'triːtɪs] *f* <Gastritiden> gastritis *f inv*
Gastroenterologie [-ʔɛnterolo'giː] *f* <-, *ohne pl*> (MED) gastroenterología *f*
Gastronom(in) *m(f)* gastrónomo, -a *m, f*
Gastronomie [gastrono'miː] *f ohne pl* gastronomía *f*
gastronomisch [gastro'noːmɪʃ] *adj* gastronómico
Gastspiel *nt* actuación *f* de una compañía teatral invitada
Gaststätte *f* <-n> restaurante *m*
Gaststättengewerbe *nt ohne pl* gastronomía *f;* **im ~ arbeiten** trabajar en la hostelería
Gaststube *f* <-, -n> ❶ *(Getränke)* bar *m* ❷ *(Speisen)* comedor *m* (de un restaurante)
Gastwirt(in) *m(f)* dueño, -a *m, f* de un restaurante, fondista *mf Am*
Gastwirtschaft *f* mesón *m,* fonda *f Am*
Gasuhr *f* <-, -en> contador *m* de gas
Gasvergiftung *f* intoxicación *f* por gas [*o* de gas]
Gaswerk *nt* central *f* de gas, usina *f Am*
Gaszähler *m* contador *m* de gas
GATT [gat] *nt* <-s> (POL, WIRTSCH) *Abk. von* **General Agreement on Tariffs and Trade** (**Allgemeines Zoll- und Handelsabkommen**) GATT *m*
Gatte, -in ['gatə] *m, f* <-n, -n; -nen> *(geh)* esposo, -a *m, f*
Gatter ['gatɐ] *nt* <-s, -> vallado *m*
Gattin ['gatɪn] *f* <-nen> *s.* **Gatte**
Gattung ['gatʊŋ] *f* <-en> ❶ (BIOL) especie *f* ❷ (MUS, LIT) género *m;* (KUNST) estilo *m*
Gattungsbegriff *m* nombre *m* genérico
Gattungsname *m* (BIOL, ZOOL) género *m*
GAU [gaʊ] *m* <-(s), -s> *Abk. von* **größter anzunehmender Unfall** mayor catástrofe *f* pronosticable
Gaudi ['gaʊdi] *f ohne pl (fam)* jolgorio *m; (Lärm)* bulla *f*
Gaukler(in) ['gaʊklɐ] *m(f)* <-s, -; -nen> prestidigitador(a) *m(f); (Betrüger)* estafador(a) *m(f)*
Gaul [gaʊl, *pl:* 'gɔɪlə] *m* <-(e)s, Gäule> *(abw)* rocín *m*
Gaumen ['gaʊmən] *m* <-s, -> paladar *m*
Gauner(in) ['gaʊnɐ] *m(f)* <-s, -; -nen> ❶ *(abw: Betrüger)* estafador(a) *m(f); (Dieb)* bribón, -ona *m, f,* ficha *f Am* ❷ *(fam: durchtriebener Mensch)* pícaro, -a *m, f*
Gaunerei *f* <-en> ❶ *(Betrug)* estafa *f* ❷ *(Machenschaften)* picaresca *f* ❸ *(böser Streich)* mala jugada *f*
Gaunerin *f* <-nen> *s.* **Gauner**
Gazastreifen ['gaːza-] *m* franja *f* de Gaza

Gaze ['ga:zə] *f* gasa *f*
Gazelle [ga'tsɛlə] *f* <-n> (ZOOL) gacela *f*
G-Dur *nt* <-, *ohne pl*> (MUS) sol *m* mayor
Geächtete(r) *mf* desterrado, -a *m, f*
geädert [gə'ʔɛ:dɐt] *adj (Blätter)* veteado; *(Haut)* estriado
geartet [gə'ʔa:ɐtət] *adj* constituido; **das Problem ist so ~, dass ...** el problema es de tal índole que...
Geäst [gə'ʔɛst] *nt* <-(e)s, *ohne pl*> ramaje *m*
geb. *Abk. von* **geboren** nacido; **Luise Reimann, ~ Klein** Luise Reimann, de soltera Klein
Gebäck [gə'bɛk] *nt* <-(e)s, -e> *(Kekse)* galletas *fpl,* factura *f Arg; (Teegebäck)* pastas *fpl*
gebacken [gə'bakən] *pp von* **backen**
Gebälk [gə'bɛlk] *nt* <-(e)s, -e> vigas *fpl*
geballt [gə'balt] *adj* concentrado
gebannt [gə'bant] *adj* fascinado, cautivado; **sie starrten mich an wie ~** me miraban como embobados
gebar [gə'ba:ɐ] *3. imp von* **gebären**
Gebärde [gə'bɛ:ɐdə] *f* <-n> gesto *m*
gebärden* *vr:* **sich ~** comportarse
Gebärdensprache *f* lenguaje *m* de señas
gebären [gə'bɛ:rən] <gebärt *o* gebiert, gebar, geboren> *vt* parir; *(Mensch)* dar a luz; **lebend ~d** (ZOOL) vivíparo; **wo sind Sie geboren?** ¿dónde nació Ud.?
gebärfähig [gə'bɛ:ɐ-] *adj* fecundo; **im ~en Alter** en edad fecunda
Gebärmutter *f* matriz *f*
Gebärmutterhals *m* (ANAT) cuello *m* uterino
Gebäude [gə'bɔɪdə] *nt* <-s, -> ❶ *(Bauwerk)* edificio *m* ❷ *(Gefüge)* sistema *m*
Gebäudekomplex *m* complejo *m* arquitectónico
Gebäudereinigung *f* limpieza *f* de edificios
Gebäudeteil *m* <-(e)s, -e> (ARCHIT) parte *f* de un edificio
gebaut *adj* **gut/muskulös ~ sein** tener una buena constitución física/una constitución musculosa
Gebeine [gə'baɪnə] *ntpl (geh)* osamenta *f*
Gebell *nt* <-(e)s, *ohne pl*> *(fam abw)* ladridos *mpl*
geben ['ge:bən] <gibt, gab, gegeben> **I.** *vt* ❶ *(reichen)* dar; *(aushändigen)* entregar; *(verteilen)* repartir; *(schenken)* regalar; *(beim Telefonieren)* pasar; **ich gab nichts auf sein Gerede** no hice caso a lo que dijo; **er würde viel darum ~, wenn ...** lo que daría él por... *+inf;* **jdm etw zu verstehen ~** dar a entender algo a alguien; **etw von sich** *dat* **~** decir algo ❷ *(gewähren)* dar; *(Kredit)* conceder; **jdm Recht ~** dar(le) la razón a alguien ❸ *(ergeben)* dar, producir; **das gibt keinen Sinn** esto no tiene (ningún) sentido ❹ *(veranstalten)* hacer, dar; (TV) poner ❺ *(unterrichten)* enseñar, dar (clases de) **II.** *vunpers (existieren)* haber; **was gibt's?** *(fam)* ¿qué hay?; **es gibt heute Fisch** hoy hay pescado; **das gibt's doch gar nicht!** ¡imposible!; **was es nicht alles gibt!** ¡lo que hay que ver!; **das hat es ja noch nie ge~!** ¡eso no ha pasado nunca!; **gibt es noch Eintrittskarten?** ¿quedan todavía entradas? **III.** *vi* ❶ *(bei Kartenspiel)* dar ❷ (SPORT: *Aufschlag haben*) sacar **IV.** *vr:* **sich ~** ❶ *(nachlassen)* pasar ❷ *(sich benehmen)* dárselas (**als** de)
Geber(in) *m(f)* <-s, -; -, -nen> *(Kartenspiel)* mano *mf*
Gebet [gə'be:t] *nt* <-(e)s, -e> oración *f;* **ein ~ sprechen** decir una oración
Gebetbuch *nt* devocionario *m*
gebeten [gə'be:tən] *pp von* **bitten**
gebiert [gə'bi:ɐt] *3. präs von* **gebären**
Gebiet [gə'bi:t] *nt* <-(e)s, -e> ❶ *(Fläche: Gesamtgebiet)* territorio *m; (Teilgebiet)* zona *f* ❷ *(Sachbereich)* campo *m;* **auf diesem ~** en este campo
gebieten* [gə'bi:tən] *irr* **I.** *vt (geh)* ❶ *(befehlen)* mandar ❷ *(verlangen)* requerir; **besondere Aufmerksamkeit ~** requerir especial atención **II.** *vi (geh)* ❶ *(verfügen)* disponer (**über** de) ❷ *(befehlen)* mandar (**über**)
Gebieter(in) *m(f)* <-s, -; -nen> señor(a) *m(f);* (HIST: *Regent*) soberano, -a *m, f*
gebieterisch *adj (geh)* imperioso
Gebietsanspruch *m* reivindicación *f* territorial
Gebietshoheit *f ohne pl* soberanía *f* territorial
Gebietsleiter(in) *m(f)* jefe, -a *m, f* de zona
Gebietsreform *f* (ADMIN) reforma *f* sectorial [*o* territorial]
gebietsweise *adv* (METEO) por [*o* en] zonas
Gebilde [gə'bɪldə] *nt* <-s, -> ❶ *(Bild)* figura *f,* imagen *f* ❷ *(Form)* forma *f* ❸ *(Schöpfung)* creación *f* ❹ *(Gefüge)* estructura *f* ❺ *(der Fantasie)* producto *m*
gebildet [gə'bɪldət] *adj* culto
Gebildete(r) *mf* <-n, -n; -n, -n> persona *f* culta
Gebirge [gə'bɪrgə] *nt* <-s, -> sierra *f,* montaña *f;* **im/ins ~** en/a la sierra
gebirgig *adj* montañoso
Gebirgsbach *m* arroyo *m* de montaña
Gebirgskette *f* cordillera *f*
Gebirgslandschaft *f* <-, -en> ❶ (GEO)

zona *f* de montaña ② (KUNST) paisaje *m* de montaña

Gebirgsmassiv *nt* <-(e)s, -e> macizo *m* montañoso

Gebirgsstraße *f* <-, -n> carretera *f* de montaña

Gebiss [gəˈbɪs] *nt* <-es, -e> dentadura *f; (künstliches)* dentadura *f* postiza

gebissen [gəˈbɪsən] *pp von* **beißen**

Gebläse [gəˈblɛːzə] *nt* <-s, -> (TECH) fuelle *m* mecánico; (AUTO) ventilación *f*

geblasen [gəˈblaːzən] *pp von* **blasen**

geblichen *(alt) pp von* **bleichen**

geblieben [gəˈbliːbən] *pp von* **bleiben**

G

geblümt [gəˈblyːmt] *adj* floreado, con flores

gebogen [gəˈboːgən] **I.** *pp von* **biegen** **II.** *adj* doblado; *(krumm)* torcido

geboren [gəˈboːrən] **I.** *pp von* **gebären** **II.** *adj* **ich bin ein ~er Dortmunder** soy natural de Dortmund; **er ist der ~e Wissenschaftler** nació para (ser) científico; **~e Schulze** de soltera Schulze

geborgen [gəˈbɔrgən] **I.** *pp von* **bergen** **II.** *adj* protegido, a salvo

Geborgenheit *f ohne pl* seguridad *f*, (sensación *f* de) protección *f*

geborsten [gəˈbɔrstən] *pp von* **bersten**

Gebot [gəˈboːt] *nt* <-(e)s, -e> ① *(Grundsatz)* mandamiento *m; (Vorschrift)* precepto *m; (Befehl)* orden *f;* **die Zehn ~e** los Diez Mandamientos; **Sicherheit ist oberstes ~** la seguridad ante todo ② *(Erfordernis)* necesidad *f* ③ *(bei Auktion)* oferta *f*

geboten [gəˈboːtən] **I.** *pp von* **bieten, gebieten** **II.** *adj (ratsam)* aconsejable; **erhöhte Vorsicht ist ~** aconsejamos mucha precaución

Gebr. (WIRTSCH) *Abk. von* **Gebrüder** Hnos.

gebracht [gəˈbraxt] *pp von* **bringen**

gebrannt [gəˈbrant] **I.** *pp von* **brennen** **II.** *adj* ① *(Mandel)* garapiñado ② *(prov)* **~es Kind scheut das Feuer** gato escaldado del agua fría huye

gebraten [gəˈbraːtən] *pp von* **braten**

Gebratene(s) *nt* <-n, *ohne pl*> (GASTR) asado *m*

Gebräu [gəˈbrɔɪ] *nt* <-(e)s, -e> *(abw)* brebaje *m*, mejunje *m*

Gebrauch [gəˈbraʊx] *m* <-(e)s, *ohne pl*> *(Benutzung)* uso *m; (Verwendung)* empleo *m;* **für den eigenen ~** de uso personal; **von etw** *dat* **~ machen** hacer uso de algo; **vor ~ gut schütteln** agítese antes de usar

gebrauchen* [gəˈbraʊxən] *vt* ① *(Werkzeug)* usar, utilizar; *(Verstand)* emplear; **Gewalt ~** recurrir a la fuerza ② *(nützlich sein)* servir; **das kann ich gut/gar nicht ~** esto me sirve de mucho/no me sirve de nada

gebräuchlich [gəˈbrɔɪçlɪç] *adj* común, corriente; **nicht mehr ~** fuera de uso

Gebrauchsanleitung *f* <-, -en>, **Gebrauchsanweisung** *f* <-, -en> instrucciones *f pl* de uso, modo *m* de empleo

Gebrauchsartikel *m* <-s, -> artículo *m* de uso

gebrauchsfertig *adj* listo para ser utilizado; **~ sein** estar a punto

Gebrauchsgegenstand *m* artículo *m* de uso

gebraucht [gəˈbraʊxt] *adj* usado; *(aus zweiter Hand)* de segunda mano

Gebrauchtwagen *m* coche *m* de segunda mano

Gebrechen *nt* <-s, -> *(geh)* achaque *m*

gebrechlich [gəˈbrɛçlɪç] *adj (schwach)* débil; *(altersschwach)* decrépito

Gebrechlichkeit *f* <-, *ohne pl*> *(Schwäche)* debilidad *f; (Zerbrechlichkeit)* fragilidad *f*

gebrochen [gəˈbrɔxən] **I.** *pp von* **brechen** **II.** *adj (Mensch)* afligido; *(Stimme)* entrecortado; **~ deutsch sprechen** chapurrear el alemán

Gebrüder [gəˈbryːdɐ] *mpl* hermanos *mpl*

Gebrüll [gəˈbrʏl] *nt* <-(e)s, *ohne pl*> *(von Menschen)* vocerío *m; (von Tieren)* rugido *m*

Gebühr [gəˈbyːɐ] *f* <-en> tasa *f; (Abgabe)* derechos *mpl; (Telefongebühr)* tarifa *f; (Postgebühr)* porte *m; (Vermittlungsgebühr)* comisión *f; (Autobahngebühr)* peaje *m;* **eine ~ erheben** introducir una tasa; **~ zahlt Empfänger** porte a cargo del destinatario

gebühren* [gəˈbyːrən] **I.** *vi (geh)* corresponder; **seiner Leistung gebührt Anerkennung** su rendimiento merece ser reconocido **II.** *vr:* **sich ~** *(geh)* ser apropiado; **wie es sich gebührt** tal como debe ser

gebührend **I.** *adj* debido, conveniente **II.** *adv* como es debido

Gebührenerhöhung *f* <-, -en> aumento *m* de las tasas

gebührenfrei *adj* exento de tasas

gebührenpflichtig *adj* sujeto a tasas; *(Autobahn)* de peaje

gebunden [gəˈbʊndən] **I.** *pp von* **binden** **II.** *adj* ① *(einer Sache verpflichtet)* sujeto (**an** a); *(an einen Ort)* ligado (**an** a) ② *(Preise)* controlado

Geburt [gəˈbuːɐt] *f* <-en> ① *(Entbindung)* parto *m* ② *(das Geborenwerden)* nacimiento *m;* **blind von ~ an** ciego de nacimiento; **vor/nach Christi ~** antes/

después de Cristo ❸ *(Abstammung)* origen *m;* **von hoher ~** de noble cuna
Geburtenkontrolle *f ohne pl* control *m* de natalidad
Geburtenrate *f* tasa *f* de natalidad
Geburtenregelung *f ohne pl* control *m* de natalidad
Geburtenrückgang *m* descenso *m* del número de nacimientos
geburtenschwach *adj* (de tasa) de natalidad baja
geburtenstark *adj* (de tasa) de natalidad alta
Geburtenzahl *f* natalidad *f*
Geburtenziffer *f* índice *m* de natalidad
gebürtig [gəˈbʏrtɪç] *adj* natural (**aus** de); **die ~en Kölner** los naturales de Colonia
Geburtsanzeige *f* anuncio *m* de nacimiento; **~n** nacimientos *mpl*
Geburtsdatum *nt* fecha *f* de nacimiento
Geburtsfehler *m* <-s, -> defecto *m* congénito
Geburtsgewicht *nt ohne pl* (MED) peso *m* de nacimiento
Geburtshelfer(in) *m(f)* (MED) obstetra *mf*
Geburtshilfe *f ohne pl* asistencia *f* médica en el parto
Geburtsjahr *nt* año *m* de(l) nacimiento
Geburtsort *m* lugar *m* de nacimiento
Geburtstag *m* ❶ *(Jahrestag)* cumpleaños *m inv;* **herzlichen Glückwunsch zum ~!** ¡feliz cumpleaños!; **~ feiern** celebrar el cumpleaños ❷ *(Tag der Geburt)* fecha *f* de nacimiento
Geburtstagsgeschenk *nt* regalo *m* de cumpleaños
Geburtstagskarte *f* tarjeta *f* de (felicitación de) cumpleaños
Geburtstagskind *nt* persona *f* que cumple años
Geburtstagskuchen *m* tarta *f* de cumpleaños
Geburtstermin *m* fecha *f* del parto
Geburtsurkunde *f* acta *f* de nacimiento
Gebüsch [gəˈbʏʃ] *nt* <-(e)s, -e> matorral *m; (Dickicht)* maleza *f*
Gecko [ˈgɛko] *m* <-s, -s> (ZOOL) salamanquesa *f*
gedacht [gəˈdaxt] *pp von* **denken, gedenken**
Gedächtnis [gəˈdɛçtnɪs] *nt* <-ses, -se> ❶ *(Erinnerungsvermögen)* memoria *f;* **aus dem ~** de memoria; **ein gutes/schlechtes ~ haben (für etw)** tener buena/mala memoria (para algo); **jdn/etw im ~ behalten** retener a alguien/algo en la memoria; **sich** *dat* **etw ins ~ zurückrufen** recordar algo; **sein ~ verlieren** perder la memoria ❷ *(Gedenken)* recuerdo *m* (**an** de), memoria *f* (**an** de); **ein Mahnmal zum ~ an die Toten** un monumento en memoria de los muertos
Gedächtnislücke *f* laguna *f* en la memoria
Gedächtnisschwund *m ohne pl* (MED) pérdida *f* de memoria
Gedächtnisstütze *f* recurso *m* mnemotécnico
gedämpft [gəˈdɛmpft] *adj (Geräusch)* apagado; *(Licht)* suave; **mit ~er Stimme** en voz baja
Gedanke [gəˈdaŋkə] *m* <-ns, -n> ❶ *(Absicht)* idea *f; (Einfall)* ocurrencia *f;* **sich mit dem ~n tragen, etw zu tun** *(geh)* abrigar la idea de hacer algo; **sie kam auf den ~n, dass ...** se le ocurrió que...; **mit dem ~n spielen, zu ...** jugar con la idea de...; **jdn auf einen ~n bringen** hacer pensar a alguien en algo; **auf dumme ~n kommen** hacer disparates ❷ *(Überlegung)* pensamiento *m;* **sich** *dat* **~n machen** pensar; **in ~n vertieft** absorto en sus pensamientos; **jdn auf andere ~n bringen** distraer a alguien ❸ *(Begriff)* concepto *m*
Gedankenaustausch *m* intercambio *m* de ideas
Gedankenblitz *m* <-es, -e> *(fam)* idea *f* repentina, ocurrencia *f*
Gedankenfreiheit *f ohne pl* libertad *f* de pensamiento
Gedankengang *m* razonamiento *m,* raciocinio *m*
Gedankengut *nt ohne pl* ideario *m; (Gedanken)* pensamiento *m*
gedankenlos *adj* ❶ *(unüberlegt)* irreflexivo ❷ *(zerstreut)* distraído
Gedankenlosigkeit *f* <-, *ohne pl*> ❶ *(Unüberlegtheit)* irreflexión *f* ❷ *(Zerstreutheit)* distracción *f*
Gedankensprung *m* <-(e)s, -sprünge> salto *m* de una idea a otra
Gedankenstrich *m* guion *m,* raya *f*
Gedankenübertragung *f ohne pl* telepatía *f*
gedankenverloren *adj* ensimismado (en sus ideas)
gedanklich *adj* mental
Gedärm [gəˈdɛrm] *nt* <-(e)s, -e> intestinos *mpl*
Gedeck [gəˈdɛk] *nt* <-(e)s, -e> cubierto *m; (Kaffeegedeck)* servicio *m* de café
gedeckt [gəˈdɛkt] *adj (Farbe)* apagado
Gedeih [gəˈdaɪ] **auf ~ und Verderb** pase lo que pase, para bien o para mal
gedeihen [gəˈdaɪən] <gedeiht, gedieh, gediehen> *vi sein* ❶ *(Pflanze)* crecer; *(Kinder)* desarrollarse bien ❷ *(vorankommen)* avanzar; *(Geschäft)* prosperar

gedenken* *irr vi (geh)* ❶ *(erinnern)* recordar (+*gen*); *(feierlich)* conmemorar (+*gen*); **der Toten ~** recordar a los muertos ❷ *(vorhaben)* tener la intención (de)
Gedenken *nt* <-s, *ohne pl*> recuerdo *m* (**an** de), conmemoración *f* (**an** de)
Gedenkfeier *f* acto *m* conmemorativo
Gedenkminute *f* minuto *m* de silencio; **eine ~ einlegen** guardar un minuto de silencio
Gedenkrede *f* <-, -n> discurso *m* conmemorativo
Gedenkstätte *f* lugar *m* conmemorativo
Gedenkstunde *f* acto *m* conmemorativo [*o* solemne]
Gedenktag *m* <-(e)s, -e> aniversario *m*
Gedicht [gəˈdɪçt] *nt* <-(e)s, -e> poema *m*
Gedichtsammlung *f* antología *f* de poesía
gediegen [gəˈdiːgən] *adj* ❶ *(von guter Qualität)* bien hecho ❷ *(Charakter)* íntegro; *(Kenntnisse)* sólido ❸ *(rein)* puro; *(Gold)* de ley
gedieh [gəˈdiː] *3. imp von* **gedeihen**
gediehen [gəˈdiːən] *pp von* **gedeihen**
Gedöns [gəˈdœːns] *nt* <-es, *ohne pl*> *(reg)* ❶ *(Getue)* aspaviento *m* ❷ *(Zeug, Ding)* trasto *m*
Gedränge [gəˈdrɛŋə] *nt* <-s, *ohne pl*> ❶ *(Drängelei)* apreturas *f pl* ❷ *(Menschenmenge)* gentío *m*
gedrängt [gəˈdrɛŋt] *adj (gerafft)* conciso; *(knapp)* breve; **der Bus war ~ voll** el autobús iba a tope
gedroschen [gəˈdrɔʃən] *pp von* **dreschen**
gedrückt [gəˈdrʏkt] *adj* ❶ *(niedergeschlagen)* abatido; **~er Markt** (FIN) mercado deprimido ❷ *(bedrückt)* agobiado; **~er Stimmung sein** no tener ánimo para nada
gedrungen [gəˈdrʊŋən] **I.** *pp von* **dringen II.** *adj* regordete
Gedudel *nt* <-s, *ohne pl*> *(fam abw: auf einem Instrument)* cencerreo *m;* **das ~ des Radios** el runrún de la radio
Geduld [gəˈdʊlt] *f ohne pl* paciencia *f;* **die ~ verlieren** perder la paciencia; **mit jdm/etw ~ haben** tener paciencia con alguien/algo; **jds ~ auf die Probe stellen** poner a prueba la paciencia de alguien
gedulden* [gəˈdʊldən] *vr:* **sich ~** tener paciencia; *(warten)* esperar
geduldig I. *adj* paciente **II.** *adv* con paciencia
Geduldsfaden *m* **jetzt reißt mir aber der ~!** *(fam)* ¡ahora se me acabó la paciencia!
Geduldsprobe *f* prueba *f* de paciencia
Geduldsspiel *nt* juego *m* de paciencia
gedurft [gəˈdʊrft] *pp von* **dürfen**
geehrt [gəˈʔeːɐt] *adj (in Briefen)* estimado; **sehr ~er Herr X** estimado Sr. X; (**meine**) **sehr ~e(n**) **Damen und Herren** muy Sres. míos
geeignet [gəˈʔaɪgnət] *adj* ❶ *(Mensch)* apto (**für** para); **jdn für ~ halten** considerar a alguien competente ❷ *(Material)* adecuado (**für** para) ❸ *(zweckmäßig)* oportuno
Gefahr [gəˈfaːɐ] *f* <-en> peligro *m* (**für** para); *(Wagnis)* riesgo *m;* **in ~ schweben** correr peligro; **außer ~ sein** estar fuera de peligro; **auf eigene ~** por propia cuenta y riesgo; **~ laufen, etw zu tun** correr el riesgo de hacer algo; **auf die ~ hin, dass ...** a riesgo de que... +*subj*
gefährden* [gəˈfɛːɐdən] *vt* poner en peligro; *(bedrohen)* amenazar; *(aufs Spiel setzen)* arriesgar
Gefährdung *f* <-en> amenaza *f* (**für** para, **durch** a causa de/por parte de)
gefahren [gəˈfaːrən] *pp von* **fahren**
Gefahrenherd *m* foco *m* de peligro
Gefahrenstelle *f* <-, -n> lugar *m* peligroso
Gefahrenzone *f* zona *f* de peligro
Gefahrgut *nt* <-(e)s, -güter> mercancías *f pl* peligrosas
gefährlich [gəfɛːɐlɪç] *adj* peligroso; *(gewagt)* arriesgado; *(Krankheit)* grave
gefahrlos *adj* sin peligro
Gefährt [gəˈfɛːɐt] *nt* <-(e)s, -e> vehículo *m*
Gefährte, -in [gəˈfɛːɐtə] *m, f* <-n, -n; -nen> *(geh)* compañero, -a *m, f*
Gefälle [gəˈfɛlə] *nt* <-s, -> ❶ *(Neigung)* pendiente *f* ❷ *(Unterschied)* diferencia *f*
gefallen[1] [gəˈfalən] **I.** *pp von* **fallen, gefallen II.** *adj (gestorben)* caído
gefallen*[2] *irr vi* gustar; **es gefällt mir gar nicht, dass ...** no me gusta nada que... +*subj;* **sich** *dat* **etw ~ lassen** *(fam)* aguantar algo
Gefallen[1] *nt* <-s, *ohne pl*> *(Freude)* gusto *m;* **an etw** *dat* /**jdm ~ finden** tomarle gusto a algo/encontrar a alguien simpático
Gefallen[2] *m* <-s, -> *(Gefälligkeit)* favor *m;* **jdm einen ~ tun** hacer un favor a alguien
Gefallene(r) *mf* <-n, -n; -n> (soldado *mf*) caído , -a *m, f*
gefällig [gəˈfɛlɪç] *adj* ❶ *(hilfsbereit)* servicial; **jdm ~ sein** ser servicial con alguien ❷ *(ansprechend)* agradable ❸ *(erwünscht)* **ein Stück Kuchen ~?** ¿le apetece un trozo de tarta?
Gefälligkeit[1] *f* <-en> favor *m;* **jdm eine ~ erweisen** hacer un favor a alguien
Gefälligkeit[2] *f ohne pl* amabilidad *f; (Entgegenkommen)* deferencia *f;* **etw aus reiner ~ tun** hacer algo por complacer

gefälligst [gəˈfɛlɪçst, gəˈfɛlɪkst] *adv (fam)* **lass mich ~ in Ruhe!** ¡haz el favor de dejarme en paz!
gefangen [gəˈfaŋən] **I.** *pp von* **fangen II.** *adj* ① *(in Gefangenschaft)* **~ halten** tener encarcelado; **~ nehmen** tomar preso; *(Kriegsgefangene)* hacer prisionero ② *(gebannt)* cautivado; **jds Aufmerksamkeit ~ halten** *(geh)* cautivar la atención de alguien
Gefangene(r) *mf* <-n, -n; -n> ① *(Kriegsgefangener)* prisionero, -a *m, f* de guerra ② *(Häftling)* preso, -a *m, f*
Gefangennahme [gəˈfaŋənna:mə] *f ohne pl* detención *f*, captura *f*
Gefangenschaft *f* <-en> prisión *f*
Gefängnis [gəˈfɛŋnɪs] *nt* <-ses, -se> ① *(Gebäude)* cárcel *f*; **ins ~ kommen** ir a la cárcel; **im ~ sitzen** estar en la cárcel ② *(Strafe)* prisión *f*; **ein Jahr ~ bekommen** ser condenado a un año de cárcel
Gefängnisaufseher(in) *m(f)* <-s, -; -, -nen> carcelero, -a *m, f*
Gefängnisdirektor(in) *m(f)* <-s, -en; -, -nen> director(a) *m(f)* de la cárcel
Gefängnisinsasse, -in *m, f* <-n, -n; -, -nen> recluso, -a *m, f*
Gefängnisstrafe *f* pena *f* de cárcel; **jdn zu einer ~ verurteilen** condenar a alguien a prisión
Gefängniswärter(in) *m(f)* carcelero, -a *m, f*
Gefängniszelle *f* celda *f*
Gefasel [gəˈfa:zəl] *nt* <-s, *ohne pl*> *(fam abw)* sandeces *fpl*
Gefäß [gəˈfɛ:s] *nt* <-es, -e> ① *(Behälter)* vasija *f*, recipiente *m* ② (MED) vaso *m*
gefäßerweiternd *adj* (MED) vasodilatador
Gefäßkrankheit *f* (MED) enfermedad *f* vascular
gefasst [gəˈfast] *adj* ① *(beherrscht)* contenido, sereno ② *(eingestellt)* preparado (**auf** para); **sich auf etw ~ machen** prepararse para algo
Gefasstheit *f* <-, *ohne pl*> aplomo *m*, serenidad *f*
Gefecht [gəˈfɛçt] *nt* <-(e)s, -e> combate *m*
Gefechtskopf *m* <-(e)s, -köpfe> (MIL) cabeza *f* de una bomba
Gefechtsstand *m* <-(e)s, -stände> (MIL) puesto *m* de mando
gefeit [gəˈfaɪt] *(geh)* **gegen etw ~ sein** estar a salvo de algo
Gefieder [gəˈfi:dɐ] *nt* <-s, -> plumaje *m*
gefiedert *adj* con plumas
Geflecht [gəˈflɛçt] *nt* <-es, -e> *(Netz)* red *f*; *(Korbgeflecht)* labor *f* de mimbre
gefleckt [gəˈflɛkt] *adj* moteado
Geflimmer *nt* <-s, *ohne pl*> ① *(einer Lichtquelle)* centelleo *m*; *(eines Sterns)* titileo *m*; (INFOR, FILM, TV) resplandor *m* ② *(der Hitze, Luft)* espejeo *m*
geflissentlich [gəˈflɪsəntlɪç] *adv* a propósito, adrede; **etw ~ überhören** hacerse el sordo a propósito
geflochten [gəˈflɔxtən] *pp von* **flechten**
geflogen [gəˈflo:gən] *pp von* **fliegen**
geflohen [gəˈflo:ən] *pp von* **fliehen**
geflossen [gəˈflɔsən] *pp von* **fließen**
Geflügel *nt* <-s, *ohne pl*> ① *(als Haustiere)* aves *fpl* de corral ② *(Fleisch)* carne *f* de ave
geflügelt *adj* alado, con alas; **ein ~es Wort** un dicho
Geflügelzucht *f* avicultura *f*
Geflüster [gəˈflʏstɐ] *nt* <-s, *ohne pl*> cuchicheo *m*
gefochten [gəˈfɔxtən] *pp von* **fechten**
Gefolge *nt* <-s, -> séquito *m*
Gefolgschaft[1] *f ohne pl (Treue)* vasallaje *m*
Gefolgschaft[2] *f* <-en> *(Anhänger)* seguidores *mpl*; (SPORT) aficionados *mpl*
gefragt [gəˈfra:kt] *adj (Künstler)* solicitado; *(Ware)* de gran demanda
gefräßig [gəˈfrɛ:sɪç] *adj (abw)* voraz; *(verfressen)* glotón, comilón
Gefräßigkeit *f* <-, *ohne pl*> ① *(von Tieren)* voracidad *f* ② *(von Menschen)* glotonería *f*
Gefreite(r) [gəˈfraɪtɐ] *mf* <-n, -n; -n, -n> (MIL) cabo *m*
gefressen [gəˈfrɛsən] *pp von* **fressen**
Gefrierbeutel *m* bolsa *f* para congelados
gefrieren* [gəˈfri:rən] *irr vi sein* helarse; *(in Kühltruhe)* congelarse
Gefrierfach *nt* congelador *m*
gefriergetrocknet *adj* liofilizado
Gefrierpunkt *m* punto *m* de congelación; **Temperaturen um den/unter dem/über dem ~** temperaturas alrededor de/bajo/sobre cero grados
Gefrierschrank *m* congelador *m*
Gefriertruhe *f* congelador *m*
gefroren [gəˈfro:rən] **I.** *pp von* **frieren, gefrieren II.** *adj* helado; **hart ~** congelado
Gefüge [gəˈfy:gə] *nt* <-s, -> ① *(Struktur)* estructura *f*; *(System)* sistema *m* ② *(das Zusammengefügte)* construcción *f*
gefügig *adj (abw)* dócil, sumiso; **sich** *dat* **jdn ~ machen** doblegarse a alguien
Gefühl[1] [gəˈfy:l] *nt* <-(e)s, -e> ① *(körperlich)* sensación *f*; **ohne ~** insensible; **kein ~ in den Fingern haben** no tener sensibilidad en los dedos; **etw mit ~ machen** hacer algo con finura ② *(seelisch)* sentimiento *m*; **das Höchste der ~e** el non

plus ultra; **sie erwiderte seine ~e nicht** no respondía a sus sentimientos

Gefühl² *nt* <-(e)s, *ohne pl*> ❶ *(Ahnung)* sensación *f;* *(Eindruck)* impresión *f;* **ich habe das ~, dass er lügt** tengo la sensación de que miente; **etw im ~ haben** intuir algo ❷ *(Sinn)* sentido *m;* **ein ~ für Gerechtigkeit** sentido de la justicia

gefühllos *adj* insensible; *(hartherzig)* impasible

Gefühllosigkeit *f* <-, *ohne pl*> insensibilidad *f;* *(Hartherzigkeit)* impasibilidad *f*

Gefühlsausbruch *m* arrebato *m* de sentimientos

gefühlsbetont *adj* sentimental

Gefühlsduselei [gəfyːlsduːzəˈlaɪ] *f* <-en> *(fam abw)* sentimentalismo *m*

gefühlskalt *adj* frío, impasible

Gefühlskälte *f ohne pl* frialdad *f;* *(Frigidität)* frigidez *f*

Gefühlsleben *nt ohne pl* estado *m* emocional

gefühlsmäßig *adj* ❶ *(seelisch)* sentimental ❷ *(intuitiv)* intuitivo

Gefühlsregung *f* emoción *f*

Gefühlssache *f* <-, -n> sensación *f;* **das ist reine ~** se trata de una mera sensación

gefühlvoll *adj* sentimental; *(empfindsam)* sensible; *(liebevoll)* cariñoso

Gefummel *nt* <-s, *ohne pl*> *(fam)* ❶ *(schwierige Arbeit)* trabajo *m* (fastidioso) ❷ *(Berührung)* toqueteo *m;* *(sexuell)* manoseo *m,* sobe *m*

gefunden [gəˈfʊndən] *pp von* **finden**

gegangen [gəˈgaŋən] *pp von* **gehen**

gegart *adj* cocido (a fuego lento)

gegeben [gəˈgeːbən] **I.** *pp von* **geben** **II.** *adj* ❶ *(vorhanden)* dado; **unter den ~en Umständen** dadas las circunstancias ❷ *(geeignet)* apropiado, oportuno; **zu ~er Zeit** en el momento oportuno

gegebenenfalls [gəˈgeːbənənfals] *adv* dado el caso

Gegebenheit *f* <-en> hecho *m;* *(Umstand)* circunstancia *f*

gegen [ˈgeːgən] **I.** *präp +akk* ❶ *(entgegen)* en contra de, contra; *(im Gegensatz zu)* contrario a; **ich habe nichts ~ dich** no tengo nada en contra tuya; **das ist ~ das Gesetz** esto va contra la ley ❷ *(angelehnt)* contra; **~ die Wand** contra la pared ❸ *(zur Bekämpfung von)* contra; **etwas ~ Kopfschmerzen** algo contra el dolor de cabeza ❹ *(Richtung)* hacia ❺ *(verglichen mit)* en comparación con ❻ *(im Austausch für)* contra, por; **Lieferung nur ~ bar** entrega contra pago al contado; **~ Vorlage des Personalausweises** presentando el carné de identidad ❼ *(zeitlich)* sobre; **~ Abend** al anochecer **II.** *adv (etwa)* alrededor de

Gegenangebot *nt* contraoferta *f*

Gegenangriff *m* ❶ (MIL) contraofensiva *f* ❷ (SPORT) contraataque *m*

Gegenanzeige *f* (MED) contraindicación *f*

Gegenargument *nt* contraargumento *m*

Gegenbeispiel *nt* contraejemplo *m*

Gegenbesuch *m* *visita que se hace para devolver una primera visita a alguien;* **einen ~ machen** devolver una visita

Gegenbeweis *m* prueba *f* en contra; **den ~ erbringen** probar lo contrario

gegenchecken *vt (fam)* chequear, comprobar

Gegend [ˈgeːgənt] *f* <-en> ❶ *(Gebiet)* región *f,* zona *f;* *(Stadtviertel)* barrio *m;* **in der ~ von Hamburg** cerca de Hamburgo ❷ *(Umgebung)* alrededores *mpl;* **die ~ um Madrid** los alrededores de Madrid ❸ *(Wend)* **durch die ~ laufen** *(fam)* dar un paseo; **in die ~ gucken** *(fam)* dejar vagar la mirada

Gegendarstellung *f* rectificación *f*

Gegendemonstration *f* contramanifestación *f*

Gegendruck *m ohne pl* ❶ *(Reaktion)* reacción *f* ❷ (TECH) contrapresión *f*

gegeneinander [geːgənʔaɪˈnandɐ] *adv* uno contra otro; **zwei Dinge ~ abgrenzen** fijar los límites de algo

Gegenfahrbahn *f* carril *m* contrario

Gegenfrage *f* **eine ~ stellen** contestar una pregunta con otra

Gegengewicht *nt* contrapeso *m;* **als ~ zu etw** *dat* como contrapeso a algo

Gegengift *nt* antídoto *m*

Gegenkandidat(in) *m(f)* candidato, -a *m, f* de la oposición

Gegenklage *f* (JUR) reconvención *f*

gegenläufig *adj* *(Entwicklung)* contrario; (TECH) en sentido contrario

Gegenleistung *f* contrapartida *f;* **als ~ für etw** como contrapartida a algo

gegenlenken *vi* girar el volante en sentido contrario; *(Fahrrad)* mover el manillar en dirección contraria

gegen|lenken *vi* girar el volante en sentido contrario; *(Fahrrad)* mover el manillar en dirección contraria

gegenlesen *irr vt* releer, repasar

Gegenlicht *nt ohne pl* (FOTO) contraluz *f;* **bei/im ~** a contraluz

Gegenlichtaufnahme *f* (FOTO) fotografía *f* a contraluz

Gegenliebe *f* amor *m* recíproco; **auf (wenig) ~ stoßen** ser (poco) correspondido

Gegenmaßnahme *f* contramedida *f*

Gegenmittel *nt* (MED: *gegen eine Krank-*

heit) vacuna *f* (**gegen** contra); *(gegen ein Gift)* antídoto *m* (**gegen** contra)
Gegenoffensive *f* <-, -n> contraofensiva *f*
Gegenpartei *f* oposición *f;* **die ~ ergreifen** pasarse al bando contrario
Gegenpol *m* polo *m* contrario; **den ~ zu etw** *dat* **/zu jdm bilden** ser el polo opuesto de algo/de alguien
Gegenreformation *f* (HIST) Contrarreforma *f*
Gegenrichtung *f* dirección *f* opuesta
Gegensatz *m* ❶ *(Verschiedenheit)* oposición *f;* **im ~ zu etw** *dat* **stehen** estar en oposición con algo; **im ~ zu dir** a diferencia de ti ❷ *(Unterschied)* contraste *m;* **einen ~ zu etw** *dat* **bilden** contrastar con algo; **Gegensätze ziehen sich an** los extremos se atraen ❸ *(Widerspruch)* contradicción *f* (**zu** con)
gegensätzlich ['--zɛtslɪç] *adj (entgegengesetzt)* contrario; *(widersprüchlich)* opuesto
Gegensätzlichkeit *f ohne pl* divergencia *f*
Gegenschlag *m* contragolpe *m,* contraataque *m*
Gegenseite *f* ❶ *(räumlich)* lado *m* opuesto ❷ (POL) (partido *m* de la) oposición *f* ❸ (JUR) parte *f* contraria
gegenseitig ['ge:gənzaɪtɪç] *adj* mutuo, recíproco; **in ~em Einverständnis** de mutuo acuerdo; **sich** *dat* **~ helfen** ayudarse el uno al otro
Gegenseitigkeit *f ohne pl* reciprocidad *f;* **das beruht auf ~** esto es recíproco
Gegenspieler(in) *m(f)* contrincante *mf*
Gegensprechanlage *f* interfono *m,* dúplex *m*
Gegenstand *m* <-(e)s, -stände> ❶ *(Körper)* objeto *m; (Ding)* cosa *f* ❷ *(Thema)* tema *m,* objeto *m*
gegenständlich ['ge:gənʃtɛntlɪç] *adj* (KUNST) figurativo
gegenstandslos *adj* ❶ *(hinfällig)* sin validez; *(überflüssig)* superfluo ❷ *(unbegründet)* sin fundamento ❸ (KUNST) abstracto
gegensteuern *vi s.* **gegenlenken**
Gegenstimme *f* ❶ *(bei einer Abstimmung)* voto *m* en contra; **ohne ~** por unanimidad ❷ *(Meinung)* opinión *f* contraria
Gegenströmung *f* ❶ *(einer Flüssigkeit)* contracorriente *f* ❷ *(entgegengesetzte Entwicklung)* movimiento *m* de reacción
Gegenstück *nt* ❶ *(Gegensatz)* lo contrario (**zu** de) ❷ *(Pendant)* equivalente *m* (**zu** de)
Gegenteil *nt* lo contrario (**von** de); (**ganz**) **im ~!** ¡al contrario!
gegenteilig *adj* contrario, opuesto
Gegentor *nt* (SPORT) gol *m* en contra
gegenüber [gegən'ʔy:bɐ] **I.** *präp +dat* ❶ *(örtlich)* frente a, enfrente de; **er wohnt mir ~** vive enfrente de mí ❷ *(einer Person)* frente a; *(in Gegenwart)* delante de; *(angesichts)* ante; **das wäre ihm ~ unfair** sería injusto por lo que a él respecta ❸ *(im Vergleich zu)* en comparación con **II.** *adv* enfrente
Gegenüber *nt* <-s, -> el *m* de enfrente, la *f* de enfrente
gegenüberliegend *adj* de enfrente; **auf der ~en Seite** en el lado opuesto
gegenüber|stehen *irr vi* **jdm positiv/negativ ~** tener simpatía/antipatía hacia alguien; **etw** *dat* **positiv/negativ ~** defender/rechazar algo
gegenüber|stellen *vt* ❶ *(Person)* confrontar (*+dat* con); (JUR) carear (*+dat* con) ❷ *(vergleichen)* comparar (*+dat* con)
Gegenüberstellung *f* ❶ *(von Personen)* confrontación *f;* (JUR) careo *m* ❷ *(Vergleich)* comparación *f*
Gegenverkehr *m* tráfico *m* en contra
Gegenvorschlag *m* contrapropuesta *f,* contraproposición *f*
Gegenwart ['ge:gənvart] *f ohne pl* ❶ *(Jetztzeit)* presente *m;* **die Kunst der ~** el arte contemporáneo ❷ (LING) presente *m* ❸ *(Anwesenheit)* presencia *f*
gegenwärtig ['ge:gənvɛrtɪç] *adj* presente; *(aus dieser Zeit)* contemporáneo; **etw ist jdm nicht ~** alguien no tiene presente algo
Gegenwehr *f (Verteidigung)* defensa *f; (Widerstand)* resistencia *f;* **~ leisten** ofrecer resistencia
Gegenwert *m* contravalor *m*
Gegenwind *m* viento *m* en contra
gegen|zeichnen *vt* refrendar
Gegenzug *m* ❶ *(Schach)* (jugada *f* de) respuesta *f* ❷ *(Reaktion)* reacción *f* a la contra; **im ~** (**zu**) como compensación (por)
gegessen [gə'gɛsən] *pp von* **essen**
geglichen [gə'glɪçən] *pp von* **gleichen**
geglitten [gə'glɪtən] *pp von* **gleiten**
geglommen [gə'glɔmən] *pp von* **glimmen**
Gegner(in) ['ge:gnɐ] *m(f)* <-s, -; -nen> adversario, -a *m, f,* oponente *mf*
gegnerisch *adj* contrario; **die ~en Parteien** los partidos contrarios
Gegnerschaft *f* <-en> oposición *f*
gegolten [gə'gɔltən] *pp von* **gelten**
gegoren [gə'go:rən] *pp von* **gären**
gegossen [gə'gɔsən] *pp von* **gießen**
gegraben [gə'gra:bən] *pp von* **graben**
gegriffen [gə'grɪfən] *pp von* **greifen**
Gehabe [gə'ha:bə] *nt* <-s, *ohne pl*> *(abw)* pose *f; (Gestik)* ademanes *mpl*
Gehackte(s) *nt* <-n, *ohne pl*> carne *f* picada

Gehalt[1] [gəˈhalt] *m* <-(e)s, -e> ❶ *(Anteil)* contenido *m* (**an** de); *(prozentual)* porcentaje *m;* (CHEM) grado *m* ❷ *(Alkoholgehalt)* grados *mpl* ❸ *(geistig)* sustancia *f*
Gehalt[2] [gəˈhalt, *pl:* gəˈhɛltɐ] *nt* <-(e)s, Gehälter> salario *m*
gehalten [gəˈhaltən] *pp von* **halten**
gehaltlos *adj* ❶ *(Metall)* pobre (**an** en); *(Essen)* sin sustancia ❷ *(oberflächlich)* insignificante
Gehaltsabrechnung *f* liquidación *f* de la nómina
Gehaltsaufbesserung *f* mejora *f* salarial
Gehaltsempfänger(in) *m(f)* asalariado, -a *m, f*

G

Gehaltserhöhung *f* aumento *m* salarial
Gehaltsforderung *f* *(Einforderung)* pretensiones *fpl* económicas
Gehaltsgruppe *f* <-, -n> grupo *m* salarial, categoría *f* salarial
Gehaltsgruppe *f* <-, -n> grupo *m* salarial, categoría *f* salarial; **jdn in eine höhere ~ einstufen** asignar a alguien a un grupo salarial más elevado
Gehaltskonto *nt* <-s, -konten> cuenta-salario *f*
Gehaltskürzung *f* (WIRTSCH) recorte *m* de salarios
Gehaltsliste *f* (WIRTSCH) nómina *f*
Gehaltsstufe *f* <-, -n> *s.* **Gehaltsgruppe**
Gehaltsvorstellung *f* aspiraciones *fpl* económicas
Gehaltswunsch *m* <-(e)s, -wünsche> pretensiones *fpl* económicas
Gehaltszahlung *f* pago *m* de la nómina
Gehaltszulage *f* sobresueldo *m*
gehaltvoll *adj* ❶ *(Essen)* sustancioso ❷ *(Buch)* valioso
Gehämmer [gəˈhɛmɐ] *nt* <-s, *ohne pl*> *(abw)* martilleo *m*
gehandikapt [gəˈhɛndikɛpt] *adj o adj* en desventaja
gehangen [gəˈhaŋən] *pp von* **hängen**[1]
gehässig [gəˈhɛsɪç] *adj* *(abw)* lleno de odio; *(böswillig)* malévolo; *(feindselig)* hostil
Gehässigkeit[1] *f ohne pl (Böswilligkeit)* malevolencia *f; (Feindseligkeit)* hostilidad *f*
Gehässigkeit[2] *f* <-en> *(Bemerkung)* grosería *f*
gehauen [gəˈhaʊən] *pp von* **hauen**
gehäuft [gəˈhɔɪft] *adj* ❶ *(Auftreten)* frecuente ❷ *(voll)* lleno; **ein ~er Löffel** una cucharada colmada
Gehäuse [gəˈhɔɪzə] *nt* <-s, -> carcasa *f; (von Uhr)* caja *f;* (AUTO) cárter *m;* (INFOR) caja *f; (vom Obst)* corazón *m*
gehbehindert [ˈgeːbəhɪndɐt] *adj* inválido
Gehege [gəˈheːgə] *nt* <-s, -> cercado *m*
geheiligt *adj* sagrado
geheim [gəˈhaɪm] *adj* secreto; *(Kräfte)* oculto; *(vertraulich)* confidencial; **streng ~** altamente secreto; **etw ~ halten** mantener algo en secreto; **etw vor jdm ~ halten** ocultar algo a alguien
Geheimagent(in) *m(f)* agente *mf* secreto, -a
Geheimbund *m* <-(e)s, -bünde> asociación *f* secreta
Geheimdienst *m* servicio *m* secreto
Geheimfach *nt* cajón *m* secreto
Geheimhaltung *f ohne pl* ocultación *f;* **unter strengster ~** con la máxima discreción
Geheimnis *nt* <-ses, -se> secreto *m; (Unerforschtes)* misterio *m;* **jdm ein ~ anvertrauen** confiar a alguien un secreto; **ein ~ verraten** revelar un secreto; **ein offenes ~** un secreto a voces; **ein ~ vor jdm haben** ocultarle algo a alguien; **er macht kein ~ daraus, dass ...** no oculta que...
Geheimniskrämer(in) *m(f)* *(fam abw)* secretista *mf*
Geheimniskrämerin *f s.* **Geheimniskrämer**
Geheimnistuerei [---tuːəˈraɪ] *f* <-, *ohne pl*> *(fam abw)* secreteo *m*
geheimnisumwittert *adj* *(geh)* lleno de misterios
geheimnisvoll *adj* misterioso
Geheimnummer *f* número *m* secreto
Geheimpolizei *f* policía *f* secreta
Geheimratsecken *fpl* *(fam)* entradas *fpl*
Geheimrezept *nt* receta *f* secreta
Geheimsache *f* <-, -n> asunto *m* confidencial
Geheimschrift *f* escritura *f* cifrada
Geheimtipp *m* soplo *m*
Geheimtür *f* puerta *f* secreta
Geheimwaffe *f* (MIL) arma *f* secreta
Geheimzahl *f* número *m* secreto
Geheiß [gəˈhaɪs] *nt* <-es, *ohne pl*> *(geh)* orden *f;* **etw auf jds ~ tun** hacer algo por orden de alguien
geheißen *pp von* **heißen**
gehemmt I. *adj* cohibido **II.** *adv* cohibidamente, con inseguridad
gehen [ˈgeːən] <geht, ging, gegangen> **I.** *vi sein* ❶ *(allgemein)* ir; *(zu Fuß)* andar; **zu Fuß ~** ir a pie; **ich gehe jetzt zum Arzt** ahora me voy al médico; **es geht immer geradeaus** es todo seguido; **aufs Gymnasium/in die Schule ~** ir al instituto/al colegio; **sie ging zum Film** se hizo actriz; **ins Bett ~** irse a la cama; **tanzen/schwimmen/schlafen ~** ir a bailar/a nadar/a dormir; **an Land ~** bajar a tierra; **an die Arbeit ~** empezar a trabajar;

das geht zu weit eso pasa de la raya; **wie war der Film? – es geht** *(fam)* ¿qué tal la película? – regular; **bist du wieder gesund? – es geht** *(fam)* ¿ya estás bien? – voy tirando; **darum geht es mir nicht** eso no me interesa; **wie geht's?** ¿qué tal?; **es geht mir gut** me va bien; **lass es dir gut ~!** ¡que te vaya bien!; **sie ließen es sich** *dat* **gut ~** se permitieron algunos lujos; **es geht mir schlecht** *(körperlich)* me encuentro mal; *(finanziell)* estoy mal de dinero; **wie ~ die Geschäfte?** ¿qué tal andan los negocios?; **mir ist es genauso gegangen** me pasó lo mismo; **ich hörte, wie die Tür ging** escuché la puerta; **so geht das nicht weiter** esto no puede seguir así; **das geht über meine Kräfte** esto sobrepasa mis fuerzas; **mir geht nichts über meinen Urlaub** para mí no hay nada más importante que las vacaciones; **in Zivil/in Schwarz ~** ir de paisano/de luto; **das geht in die Tausende** [*o* **tausende**] esto asciende a varios miles; **in Stücke ~** romperse; **in sich ~** reflexionar sobre sí mismo; **mit der Zeit ~** estar al día; **er ist von uns gegangen** *(geh)* nos ha dejado; **das Essen geht auf mich** la comida corre de mi cuenta; **das Fenster geht aufs Meer** la ventana da al mar; **wenn es nach mir ginge, ...** si dependiera de mí...; **gehst du noch mit ihm?** *(fam)* ¿todavía sales con él?; **über Leichen ~** *(fig)* no tener escrúpulos; **wo sie geht und steht** *(fam)* a todas partes; **vor sich ~** *(fam)* ocurrir ❷ *(weggehen)* irse; *(Zug)* salir (**um** a, **nach** para) ❸ *(funktionieren)* funcionar; *(Uhr)* andar; **die Uhr geht (falsch)** el reloj anda (mal); **gut ~** ir bien; **ich zeige dir, wie das geht** te enseño cómo se hace; **kann ich helfen? – danke, es geht schon** ¿le ayudo? – gracias, ya está; **hoffentlich geht das gut!** ¡ojalá salga bien!; **das ist ja noch mal gut gegangen** ha resultado bien otra vez; **wenn alles gut geht, ...** si todo va bien... ❹ *(sich gut verkaufen)* tener buena salida; **gut ~d** floreciente ❺ *(Teig)* subir ❻ *(Wind)* soplar ❼ *(reichen)* llegar (**bis** hasta) ❽ *(hindurchpassen)* caber (**durch** por, **in** en); **das geht nicht in meinen Kopf** no me cabe en la cabeza ❾ *(andauern)* durar ❿ *(möglich sein)* ser posible; **es wird schon ~** todo saldrá bien; **nichts geht mehr** *(im Casino)* no va más ⓫ *(betreffen)* tratarse (**um** de); **worum geht's denn?** ¿de qué se trata? ⓬ *(urteilen)* juzgar (**nach** por/según); **danach kann man nicht ~** uno no se puede guiar por eso ⓭ *(Wend)* **~ lassen** *(fam: in Ruhe lassen)* dejar tranquilo; **sich ~ lassen** descuidarse, abandonarse **II.** *vt* ❶ **sein** *(Strecke)* recorrer ❷ *(Wend)* **sie ist gegangen worden** *(fam)* la han echado a la calle

Gehen *nt* <-s, *ohne pl*> *(zu Fuß)* andar *m;* *(das Weggehen)* marcha *f;* **sein vorzeitiges ~ wurde von allen sehr bedauert** todos lamentaron su marcha prematura

gehetzt [gəˈhɛtst] *adj* ajetreado; **du siehst so ~ aus, stehst du so sehr unter Stress?** tienes cara de angustia, ¿es que estás estresado?

geheuer [gəˈhɔɪɐ] *adj* **nicht (ganz) ~ sein** *(verdächtig)* ser sospechoso; **das ist mir nicht ~** *(unheimlich)* me da algo de miedo

Gehilfe, -in [gəˈhɪlfə] *m, f* <-n, -n; -nen> ayudante *mf*

Gehirn [gəˈhɪrn] *nt* <-(e)s, -e> cerebro *m*

Gehirnblutung *f* (MED) derrame *m* cerebral

Gehirnerschütterung *f* (MED) conmoción *f* cerebral

Gehirnhautentzündung *f* <-, -en> (MED) meningitis *f inv*

Gehirnschlag *m* (MED) derrame *m* cerebral

Gehirntumor *m* <-s, -e> (MED) tumor *m* cerebral

Gehirnwäsche *f* lavado *m* de cerebro

gehoben [gəˈhoːbən] **I.** *pp von* **heben** **II.** *adj* ❶ *(Stellung)* elevado; **~er Dienst** funcionariado de alto grado ❷ *(Ausdrucksweise)* culto ❸ *(Stimmung)* festivo

Gehöft [gəˈhøːft] *nt* <-(e)s, -e> granja *f*

geholfen [gəˈhɔlfən] *pp von* **helfen**

Gehölz [gəˈhœlts] *nt* <-es, -e> ❶ *(Baumbestand)* bosquecillo *m* ❷ *pl (Holzgewächse)* plantas *f pl* leñosas

Gehör [gəˈhøːɐ] *nt* <-(e)s, *ohne pl*> ❶ *(Hörvermögen)* oído *m;* **nach dem ~ spielen** tocar de oído ❷ *(Aufmerksamkeit)* atención *f;* **jdm ~ schenken** prestar atención a alguien; **sich** *dat* **~ verschaffen** hacerse escuchar

gehorchen* *vi* obedecer; **jdm nicht ~** desobedecer a alguien; **seine Stimme/seine Hand gehorchte ihm nicht** su voz/su mano no le respondió

gehören* **I.** *vi* ❶ *(als Eigentum)* pertenecer (a), ser (de); **das Auto gehört ihm** el coche es suyo ❷ *(zugewandt sein)* ser partidario (de); **sein Herz gehört dem Rennsport** su corazón está en las carreras ❸ *(zählen zu)* formar parte (**zu** de); **er gehört jetzt zur Familie** ahora forma parte de la familia ❹ *(seinen Platz haben)* tener su sitio (**in** en); **wo gehört das hin?** ¿dónde se pone esto? ❺ *(nötig sein)* hacer falta, requerir; **dazu gehört Mut** esto requiere valentía; **er gehört verprügelt** se merece una paliza **II.** *vr:* **sich ~** ser conve-

niente; **das gehört sich nicht** esto no se hace; **wie es sich gehört** como es debido
Gehörgang *m* (ANAT) conducto *m* auditivo
gehörig I. *adj* ① *(gehörend)* perteneciente (**zu** a); **nicht zur Sache ~** que no corresponde al asunto ② *(angemessen)* debido; *(erforderlich)* necesario ③ *(fam: gründlich)* fuerte; **eine ~e Tracht Prügel** una buena paliza **II.** *adv* ① *(gebührend)* como es debido; **ich habe ihm ~ die Meinung gesagt** le dije mi opinión como se merecía ② *(gründlich)* mucho; **er wurde ~ verprügelt** le dieron una soberana paliza
gehörlos *adj* sordo
G
Gehörlose(r) *mf* <-n, -n; -n> sordo, -a *m, f*
gehörnt [gəˈhœrnt] *adj (Tier)* cornudo, astado; *(Ehemann)* cornudo
gehorsam *adj* obediente
Gehorsam [gəˈhoːɐzaːm] *m* <-s, *ohne pl*> obediencia *f*
Gehörsinn *m ohne pl* (sentido *m* del) oído *m*
Gehsteig [ˈgeːʃtaɪk] *m* <-(e)s, -e> acera *f*, vereda *f Am*
Gehweg *m* ① *(Bürgersteig)* acera *f* ② *(Fußweg)* camino *m*
Geier [ˈgaɪɐ] *m* <-s, -> (ZOOL) buitre *m*
Geige [ˈgaɪgə] *f* <-n> violín *m;* **die erste ~ spielen** *(fam fig)* llevar la voz cantante; **nach jds ~ tanzen** *(fam fig)* bailar al son que toca alguien
geigen *vi (fam)* tocar el violín; **jdm seine Meinung ~** decirle a alguien cuatro verdades
Geigenbogen *m* <-s, -bögen> (MUS) arco *m* de violín
Geigenkasten *m* <-s, -kästen> funda *f* de violín
Geiger(in) *m(f)* <-s, -; -nen> violinista *mf*
Geigerzähler [ˈgaɪgɐ-] *m* <-s, -> (PHYS) contador *m* (de) Geiger
geil [gaɪl] *adj* ① *(fam: großartig)* guay ② *(vulg: lüstern)* cachondo; **~ werden/machen** ponerse/poner cachondo; **der ist doch bloß ~ auf dich** solamente te tiene ganas
Geilheit *f* <-, *ohne pl*> *(Lüsternheit, a. abw)* cachondez *f vulg*
Geisel [ˈgaɪzəl] *f* <-n> rehén *mf;* **~n nehmen** tomar rehenes
Geiselnahme [ˈ--naːmə] *f* <-n> toma *f* de rehenes
Geiselnehmer(in) *m(f)* <-s, -; -nen> secuestrador(a) *m(f)*
Geisha [ˈgeːʃa] *f* <-, -s> geisha *f*
Geiß [gaɪs] *f* <-en> *(südd, Österr, Schweiz: Ziege)* cabra *f*
Geißbock *m (südd, Österr, Schweiz: Ziegenbock)* macho *m* cabrío
Geißel [ˈgaɪsəl] *f* <-n> *(fig)* azote *m*
geißeln I. *vt* fustigar **II.** *vr:* **sich ~** fustigarse
Geist[1] [gaɪst] *m* <-(e)s, -er> ① *(Denker)* espíritu *m* ② *(Gespenst)* fantasma *m;* **von allen guten ~ern verlassen sein** *(fam)* perder la cabeza
Geist[2] *m* <-(e)s, *ohne pl*> ① *(Verstand)* mente *f;* **etw im ~e vor sich** *dat* **sehen** imaginarse algo vivamente ② *(Scharfsinn)* espíritu *m; (Witz)* gracia *f* ③ *(Seele)* espíritu *m;* **der Heilige ~** el Espíritu Santo; **den ~ aufgeben** *(fam)* estropearse, chingarse *Am*
Geisterbahn *f* tren *m* fantasma
Geisterfahrer(in) *m(f)* conductor(a) *m(f)* (de coche) kamikaze
geisterhaft *adj* misterioso
Geisterhand *f* **wie von ~** como por arte de magia
geistern *vi sein* ① *(herumgehen)* **durch etw ~** deambular por algo, rondar por algo ② *(spuken)* **der Film geistert mir immer noch durch den Kopf** la película no deja de rondarme por la cabeza
Geisterstadt *f (verlassene Stadt)* ciudad *f* fantasma
Geisterstunde *f* hora *f* bruja
geistesabwesend [ˈgaɪstəs-] *adj* distraído
Geistesabwesenheit *f ohne pl* distracción *f*
Geistesblitz *m (fam)* ocurrencia *f*
Geistesgegenwart *f* presencia *f* de ánimo
geistesgegenwärtig *adj* animoso, con presencia de ánimo
geistesgestört *adj* perturbado mental
Geistesgestörte(r) *mf* loco, -a *m, f*, demente *mf*
Geistesgestörtheit *f ohne pl* desequilibrio *m* mental
Geisteshaltung *f* <-, -en> mentalidad *f*
geisteskrank *adj* enfermo mental
Geisteskranke(r) *mf* loco, -a *m, f*, demente *mf;* **wie ein ~r** *(fam)* como un loco
Geisteskrankheit *f* enfermedad *f* mental
Geistesstörung *f* trastorno *m* mental
Geisteswissenschaften *fpl* ciencias *fpl* humanas, letras *fpl fam*
Geisteswissenschaftler(in) *m(f)* hombre *m* de letras, mujer *f* de letras
geisteswissenschaftlich *adj* humanístico, de letras
Geisteszustand *m ohne pl* estado *m* mental
geistig [ˈgaɪstɪç] *adj* ① *(Kräfte)* mental; **~ behindert** deficiente mental ② *(Mensch)* intelectual
geistlich [ˈgaɪstlɪç] *adj* espiritual; *(klerikal)* clerical; *(kirchlich)* eclesiástico; **~e Musik**

música sacra; **~er Beistand** apoyo espiritual
Geistliche(r) *m* <-n, -n> eclesiástico *m*
Geistlichkeit *f* <-, *ohne pl*> clero *m*
geistlos *adj* insustancial; *(einfallslos)* poco ingenioso; *(dumm)* tonto; *(langweilig)* sin gracia
geistreich *adj* ingenioso, con gracia
geistvoll *adj* ❶ *(scharfsinnig)* ingenioso ❷ *(anspruchsvoll)* profundo
Geiz [gaɪts] *m* <-es, *ohne pl*> avaricia *f*, tacañería *f*
geizen *vi* cicatear (**mit** con)
Geizhals *m (abw)* avaro, -a *m, f*, tacaño, -a *m, f*
geizig *adj* avaro, tacaño
Geizkragen *m (fam abw) s.* **Geizhals**
Gejammer [gəˈjamɐ] *nt* <-s, *ohne pl*> *(fam abw)* quejas *f pl*
Gejohle [gəˈjoːlə] *nt* <-s, *ohne pl*> *(fam abw)* griterío *m*
gekannt [gəˈkant] *pp von* **kennen**
Gekicher [gəˈkɪçɐ] *nt* <-s, *ohne pl*> *(fam abw)* risitas *f pl*
Gekläff(e) *nt* <-(e)s, *ohne pl*> *(fam abw)* ladridos *mpl*
Geklapper [gəˈklapɐ] *nt* <-s, *ohne pl*> *(fam abw)* traqueteo *m*
Geklimper *nt* <-s, *ohne pl*> ❶ *(mit Geld)* tintineo *m* ❷ *(auf Klavier)* tecle(te)o *m*; *(auf Gitarre)* rasgueo *m*
Geklingel *nt* <-s, *ohne pl*> *(fam abw)* tintineo *m*
geklommen *pp von* **klimmen**
geklont [gəˈkloːnt] *adj* clónico
geklungen [gəˈklʊŋən] *pp von* **klingen**
geknickt [gəˈknɪkt] *adj (fam: niedergeschlagen)* deprimido, afligido
gekniffen [gəˈknɪfən] *pp von* **kneifen**
Geknister [gəˈknɪstɐ] *nt* <-s, *ohne pl*> *(Papier)* crujido *m*; *(Feuer)* crepitación *f*
gekocht *adj* cocido
gekommen [gəˈkɔmən] *pp von* **kommen**
gekonnt [gəˈkɔnt] **I.** *pp von* **können** **II.** *adj* bien hecho
Gekritzel [gəˈkrɪtsəl] *nt* <-s, *ohne pl*> *(abw)* garabatos *mpl*
gekrochen [gəˈkrɔxən] *pp von* **kriechen**
gekünstelt [gəˈkʏnstəlt] *adj (abw)* amanerado; *(Stil)* rebuscado; *(Lächeln)* artificial
Gel [geːl] *nt* <-s, -e> gel *m*
Gelaber [gəˈlaːbɐ] *nt* <-s, *ohne pl*> *(abw)* palabrería *f*
Gelächter [gəˈlɛçtɐ] *nt* <-s, -> risa *f*, carcajada *f*
gelackmeiert [gəˈlakmaɪɐt] *adj (fam)* embromado
geladen [gəˈlaːdən] **I.** *pp von* **laden** **II.** *adj (fam: zornig)* furioso; **eine ~e Atmosphäre** un ambiente cargado
Gelage [gəˈlaːgə] *nt* <-s, -> comilona *f*
gelähmt [gəˈlɛːmt] *adj* paralizado
Gelähmte(r) *mf* <-n, -n; -n, -n> paralítico, -a *m, f*
Gelände [gəˈlɛndə] *nt* <-s, -> terreno *m*, playa *f Am*; *(Ausstellungsgelände)* recinto *m*; *(Fabrikgelände)* zona *f* industrial
Geländefahrzeug *nt* (vehículo *m*) todo terreno *m*
geländegängig *adj* (AUTO) todo terreno
Geländelauf *m* (SPORT) (carrera *f* de) cros *m*
Geländemotorrad *nt* moto(cicleta) *f* de motocrós
Geländer [gəˈlɛndɐ] *nt* <-s, -> barandilla *f*, baranda *f*; *(Treppengeländer)* pasamanos *m inv*
Geländewagen *m* (vehículo *m*) todoterreno *m*
gelang [gəˈlaŋ] *3. imp von* **gelingen**
gelangen* [gəˈlaŋən] *vi sein* ❶ *(ankommen)* llegar (**zu/nach/an** a) ❷ *(erreichen)* lograr (**zu**); **zu einer Überzeugung ~** llegar a una conclusión ❸ *(Schweiz: sich wenden)* dirigirse (**an** a)
gelangweilt [gəlaŋvaɪlt] **I.** *adj* aburrido **II.** *adv (dasitzen, zuhören)* con aburrimiento; **er gähnte ~** bostezó de aburrimiento
gelassen [gəˈlasən] **I.** *pp von* **lassen** **II.** *adj (ruhig)* sereno; *(unerschütterlich)* imperturbable **III.** *adv* con calma; **~ bleiben** no perder la calma
Gelassenheit *f ohne pl* sosiego *m*, serenidad *f*
Gelatine [ʒelaˈtiːnə] *f ohne pl* gelatina *f*
gelaufen [gəˈlaʊfən] *pp von* **laufen**
geläufig [gəˈlɔɪfɪç] *adj* corriente; **dieses Wort ist mir nicht ~** no conozco esta palabra
gelaunt [gəˈlaʊnt] *adj* **übel ~** malhumorado; **gut/schlecht ~ sein** estar de buen/mal humor
Geläut(e) *nt* <-(e)s, *ohne pl*> repique *m* de campanas
gelb [gɛlp] *adj* amarillo; **das ist nicht das G~e vom Ei** *(fam)* eso no es lo mejor
Gelb *nt* <-s, -> amarillo *m*; **die Ampel stand auf ~** el semáforo estaba en amarillo
Gelbfieber *nt* (MED) fiebre *f* amarilla
gelbgrün *adj* verde amarillento
gelblich *adj* amarillento
Gelbsucht *f ohne pl* (MED) ictericia *f*
Geld [gɛlt] *nt* <-(e)s, *ohne pl*> dinero *m*, plata *f Am*; **etw zu ~ machen** sacar dinero de algo; **um ~ spielen** jugar por dinero; **das geht ganz schön ins ~** esto cuesta

un montón; ~ **locker machen** *(fam)* soltar la mosca; **im ~ schwimmen** *(fam fig)* nadar en oro; **das ~ zum Fenster rauswerfen** *(fam fig)* tirar los cuartos por la ventana; **jdm das ~ aus der Tasche ziehen** *(fam fig)* timar a alguien; ~ **waschen** *(fig)* blanquear dinero; **sie hat ~ wie Heu** *(fam fig)* le sale el dinero hasta por las orejas

Geldangelegenheit *f* asunto *m* de dinero

Geldanlage *f* inversión *f* de capital

Geldautomat *m* cajero *m* automático

Geldbetrag *m* <-(e)s, -träge> suma *f*, importe *m*

G

Geldbeutel *m* monedero *m*, portamonedas *m inv Chil, Ven;* **tief in den ~ greifen** *(fam)* sacudirse el bolsillo

Geldbörse *f* <-, -n> *s.* **Geldbeutel**

Geldbuße *f* multa *f*

Gelder *ntpl (Mittel)* fondos *mpl;* **öffentliche ~** fondos públicos

Geldgeber(in) *m(f)* <-s, -; -nen> financiero, -a *m, f*

Geldgeschäft *nt* (FIN) transacción *f* financiera

Geldgier *f* <-, *ohne pl> (abw)* avidez *f* de dinero

geldgierig *adj (abw)* codicioso

Geldhahn *m* **jdm den ~ zudrehen** cerrar el grifo (del dinero) a alguien

Geldheirat *f (abw)* matrimonio *m* de conveniencia

Geldinstitut *nt* (FIN, WIRTSCH) institución *f* bancaria

Geldmacherei *f* <-, *ohne pl> (abw fam)* enriquecimiento *m* (sin escrúpulos)

Geldmangel *m ohne pl* escasez *f* de dinero

Geldmenge *f* ❶ *(Summe) s.* **Geldbetrag** ❷ *(im Umlauf)* volumen *m* de dinero

Geldmittel *ntpl* **fehlende ~** falta *f* de recursos financieros

Geldschein *m* billete *m* de banco

Geldschrank *m* caja *f* de caudales

Geldsorgen *fpl* problemas *mpl* financieros

Geldspende *f* <-, -n> donativo *m;* **eine ~ leisten** hacer un donativo

Geldstrafe *f* multa *f;* **zu einer ~ verurteilen** poner una multa

Geldstück *nt* moneda *f*

Geldsumme *f* <-, -n> suma *f*, importe *m*

Geldwäsche *f (fam)* blanqueo *m* de dinero

Geldwechsel *m* (FIN) cambio *m*

Geldwechsler(in) *m(f)* (FIN) cambista *mf*

Geldwert *m ohne pl* valor *m* monetario

geleckt *adj* **wie ~ aussehen** *(fam: fein gekleidet)* ir de punta en blanco; *(sauber)* estar como los chorros del oro

Gelee [ʒe'le:] *m o nt* <-s, -s> jalea *f*

Gelege [gə'le:gə] *nt* <-s, -> *(Eier)* nidada *f;* **ein ~ von zehn Eiern** una nidada de diez huevos

gelegen [gə'le:gən] **I.** *pp von* **liegen** **II.** *adj* ❶ *(örtlich)* situado; **gut/zentral ~** bien situado/céntrico ❷ *(passend)* conveniente, oportuno **III.** *adv* a propósito; **Ihr Angebot kommt mir sehr ~** su oferta me viene muy a propósito; **mir ist viel/wenig daran ~, dass ...** considero muy/poco importante que... +*subj*

Gelegenheit *f* <-en> ocasión *f* (**zu** para); *(günstige)* oportunidad *f;* **die ~ haben, etw zu tun** tener la ocasión de hacer algo; **bei dieser ~** en esta ocasión; **wenn sich die ~ bietet** si se presenta la oportunidad; **die ~ beim Schopfe fassen** aprovechar la ocasión

Gelegenheitsarbeit *f* trabajo *m* ocasional, changa *f Arg*

Gelegenheitsdieb(in) *m(f)* descuidero, -a *m, f*

Gelegenheitskauf *m* (COM) ocasión *f*, ganga *f fam*

gelegentlich **I.** *adj* ocasional **II.** *adv* ❶ *(bei Gelegenheit)* cuando sea oportuno ❷ *(manchmal)* de vez en cuando

gelehrig [gə'le:rɪç] *adj* que aprende fácilmente

gelehrsam *adj (geh) s.* **gelehrt**

gelehrt [gə'le:ɐt] *adj* erudito

Gelehrte(r) *mf* <-n, -n; -n> erudito, -a *m, f; (Wissenschaftler)* científico, -a *m, f*

Geleit [gə'laɪt] *nt* <-(e)s, -e> ❶ *(geh: Begleitung)* acompañamiento *m;* **freies ~** salvoconducto *m;* **jdm das letzte ~ geben** asistir al entierro de alguien ❷ *(Eskorte)* escolta *f*

geleiten* *vt (geh: begleiten)* acompañar; *(eskortieren)* escoltar

Geleitschutz *m* escolta *f;* ~ **geben** escoltar

Geleitzug *m* (MIL) convoy *m* (escolta)

Gelenk [gə'lɛnk] *nt* <-(e)s, -e> (ANAT, TECH) articulación *f*

Gelenkbus *m* (AUTO) ómnibus *m inv* articulado

Gelenkentzündung *f* (MED) artritis *f inv*

gelenkig *adj (Person)* ágil

gelernt *adj (Arbeiter)* cualificado, especializado

gelesen [gə'le:zən] *pp von* **lesen**

Geliebte(r) *mf* <-n, -n; -n> amante *mf*

geliefert [gə'li:fɐt] *adj (fam)* ~ **sein** estar jodido *vulg*

geliehen [gə'li:ən] *pp von* **leihen**

gelind(e) *adj* ❶ *(geh: mild)* suave ❷ *(fam: Wut)* moderado; **~e gesagt** dicho con buenas palabras

gelingen [gə'lɪŋən] <gelingt, gelang, ge-

lungen> *vi sein* salir (bien), lograr; **ich hoffe, es gelingt mir** espero lograrlo

Gelingen *nt* <-s, *ohne pl*> éxito *m;* **auf gutes ~!** ¡por el éxito!

gelitten [gəˈlɪtən] *pp von* **leiden**

gell(e) *interj (südd, Schweiz)* verdad

gellen [ˈgɛlən] *vi* retumbar

gellend *adj* penetrante

geloben* *vt (geh: versprechen)* prometer (solemnemente); *(schwören)* jurar

Gelöbnis [gəˈløːpnɪs] *nt* <-ses, -se> *(geh)* promesa *f* solemne; **ein ~ ablegen** prometer solemnemente

gelockt [gəˈlɔkt] *adj (lockig: Haar)* rizado

gelogen [gəˈloːgən] *pp von* **lügen**

gelöst [gəˈløːst] *adj* relajado

gelten [ˈgɛltən] <gilt, galt, gegolten> *vi* ❶ *(gültig sein)* ser válido; (JUR) estar en vigor; **die Wette gilt** la apuesta es válida; **etw ~ lassen** dejar pasar algo; **das gilt nicht** eso no vale ❷ *(zutreffen)* valer (**für** para) ❸ *(eingeschätzt werden)* ser considerado (**als** como); **es gilt als sicher, dass ...** es seguro que... ❹ *(bestimmt sein)* estar destinado (+*dat* a); **~ für jdn/für etw** *(betreffen)* afectar a alguien/a algo; **und das gilt auch für dich** y esto también va por ti

geltend *adj (üblich)* general; (JUR) vigente; **Gründe für etw ~ machen** alegar razones para algo; **Forderungen ~ machen** formular demandas

Geltung *f ohne pl* ❶ *(Gültigkeit)* validez *f;* **~ haben** ser válido ❷ *(Bedeutung)* importancia *f; (Ansehen)* prestigio *m;* **sich** *dat*/**etw** *dat* **~ verschaffen** hacerse respetar/hacer respetar algo; **zur ~ kommen** resaltar; **etw zur ~ bringen** acentuar algo

Geltungsbedürfnis *nt ohne pl* afán *m* de notoriedad

geltungsbedürftig *adj* deseoso de figurar [*o* de hacerse notar]

Geltungsbereich *m* <-(e)s, -e> ❶ *(einer Vorschrift)* ámbito *m* de aplicación; *(Gültigkeit)* ámbito *m* de vigencia [*o* de validez] ❷ *(einer Fahrkarte)* zona *f* de validez

Geltungsdauer *f ohne pl* plazo *m* de validez

Geltungssucht *f ohne pl* afán *m* de protagonismo

Gelübde [gəˈlʏpdə] *nt* <-s, -> *(geh)* voto *m*

gelungen [gəˈlʊŋən] **I.** *pp von* **gelingen** **II.** *adj (gut)* estupendo; *(erfolgreich)* exitoso; **etw ist gut/schlecht ~** algo ha salido bien/mal

GEMA [ˈgeːma] *f Abk. von* **Gesellschaft für musikalische Aufführungs- und mechanische Vervielfältigungsrechte** *sociedad alemana para derechos de ejecución musical y reproducción mecánica*

Gemach [gəˈmaːx] *nt* <-(e)s, -mächer> *(geh)* aposento *m*

gemächlich [gəˈmɛ(ː)çlɪç] *adj (ruhig)* tranquilo; *(langsam)* parsimonioso

Gemahl(in) [gəˈmaːl] *m(f)* <-(e)s, -e; -nen> *(geh)* esposo, -a *m, f*

gemahlen [gəˈmaːlən] *pp von* **mahlen**

Gemahlin *f* <-nen> *s.* **Gemahl**

Gemälde [gəˈmɛːldə] *nt* <-s, -> cuadro *m*

Gemäldegalerie *f* pinacoteca *f*

gemasert [gəˈmaːzɐt] *adj* veteado; **dieses Holz ist sehr schön ~** esta madera tiene unas vetas preciosas

gemäß [gəˈmɛːs] **I.** *präp +dat* según, conforme a; **~ der Information** según la información; **~ Art. 5 des Gesetzes** conforme al art. 5 de la ley **II.** *adj* conforme a; **eine den Umständen ~e Reaktion** una reacción conforme a las circunstancias

gemäßigt [gəˈmɛːsɪçt] *adj* moderado; *(Klima)* templado

Gemäuer [gəˈmɔɪɐ] *nt* <-s, -> *(geh)* murallas *f pl* en ruina

Gemecker [gəˈmɛkɐ] *nt* <-(e)s, *ohne pl*> ❶ *(fam abw: von Mensch)* critiqueo *m* ❷ *(von Ziege)* balido *m*

gemein [gəˈmaɪn] *adj* ❶ *(niederträchtig)* infame; *(hinterhältig)* pérfido; *(unverschämt)* descarado; **das war ~** eso fue una canallada; **so ein ~er Kerl!** ¡qué canalla! ❷ *(gemeinsam)* común; **etw mit jdm ~ haben** tener algo en común con alguien

Gemeinde [gəˈmaɪndə] *f* <-n> ❶ (ADMIN) municipio *m,* comuna *f Am; (Einwohner)* comunidad *f* ❷ (REL) parroquia *f; (Menschen)* feligreses *m pl*

Gemeindeamt *nt* (ADMIN) administración *f* municipal

Gemeindebezirk *m* (ADMIN) ❶ *(zugehöriges Gebiet)* término *m* municipal ❷ *(Österr: Wiener Bezirk)* municipio *m* vienés

Gemeindehaus *nt* casa *f* parroquial

Gemeindemitglied *nt* (REL) feligrés, -esa *m, f*

Gemeinderat[1] *m* <-(e)s, -räte> concejo *m* municipal, consistorio *m reg;* (*a.* REL) cabildo *m*

Gemeinderat, -rätin[2] *m, f* <-(e)s, -räte; -nen> *(Person)* concejal(a) *m(f)*

Gemeindeschwester *f* diaconisa *f*

Gemeindesteuer *f* impuesto *m* municipal

Gemeindeverband *m* (JUR) entidad *f* intermunicipal

Gemeindeversammlung *f* ❶ (REL) reunión *f* parroquial ❷ *(Schweiz)* junta *f* de vocales de una comunidad

Gemeindeverwaltung *f* administración *f* municipal
Gemeindewahl *f* (POL) elecciones *f pl* locales
Gemeindezentrum *nt (der Kirche)* centro *m* parroquial; *(der Kommune)* centro *m* municipal
Gemeineigentum *nt* (POL, WIRTSCH) propiedad *f* pública
gemeingefährlich *adj* que constituye un peligro público
Gemeingut *nt ohne pl (geh)* patrimonio *m* público
Gemeinheit[1] *f ohne pl (Gesinnung)* infamia *f*
Gemeinheit[2] *f* <-en> *(Handlung)* canallada *f;* **so eine ~!** ¡qué canallada!
gemeinhin [-'--] *adv* generalmente
Gemeinkosten *pl* (WIRTSCH) gastos *m pl* generales
Gemeinnutz *m ohne pl* utilidad *f* común
gemeinnützig *adj* de utilidad pública
Gemeinnützigkeit *f* <-, *ohne pl*> utilidad *f* pública
Gemeinplatz *m* tópico *m,* lugar *m* común
gemeinsam I. *adj* común; **~er Markt** mercado común **II.** *adv* en común; *(zusammen)* juntos; **etw ~ benutzen** utilizar algo conjuntamente; **sie haben viel ~** tienen mucho en común
Gemeinsamkeit *f* <-en> característica *f* común
Gemeinschaft *f* <-en> comunidad *f; (Verbindung)* unión *f;* **die Europäische ~** la Comunidad Europea; **in ~ mit jdm** en cooperación con alguien
gemeinschaftlich I. *adj* común **II.** *adv* conjuntamente, en común
Gemeinschaftsarbeit *f* trabajo *m* en equipo
Gemeinschaftsgefühl *nt* <-(e)s, *ohne pl*> sentimiento *m* de comunidad
Gemeinschaftsgeist *m ohne pl* sentido *m* cívico
Gemeinschaftskunde *f ohne pl* sociología *f*
Gemeinschaftspraxis *f* consultorio *m* colectivo
Gemeinschaftsproduktion *f* coproducción *f*
Gemeinschaftsraum *m* sala *f* común
Gemeinsinn *m ohne pl* **fehlender ~** actitud *f* incívica
gemeinverständlich *adj* inteligible
Gemeinwesen *nt* comunidad *f*
Gemeinwohl *nt* bien *m* común
Gemenge [gə'mɛŋə] *nt* <-s, -> mezcla *f; (von Menschen)* multitud *f*
gemessen [gə'mɛsən] **I.** *pp von* **messen** **II.** *adj (geh)* parsimonioso; **~en Schrittes** a paso lento
Gemetzel [gə'mɛtsəl] *nt* <-s, -> *(abw)* matanza *f*
gemieden [gə'mi:dən] *pp von* **meiden**
Gemisch [gə'mɪʃ] *nt* <-(e)s, -e> mezcla *f*
gemischt [gə'mɪʃt] *adj* mezclado, mixto; **mit ~en Gefühlen** con sentimientos encontrados
gemocht [gə'mɔxt] *pp von* **mögen**
gemolken [gə'mɔlkən] *pp von* **melken**
gemoppelt [gə'mɔpəlt] *(fam)* **das ist doppelt ~** eso es una redundancia
Gemotze [gə'mɔtsə] *nt* <-s, *ohne pl*> *(fam abw)* crítica *f*
Gemunkel [gə'mʊŋkəl] *nt* <-s, *ohne pl*> rumores *m pl*
Gemurmel [gə'mʊrməl] *nt* <-s, *ohne pl*> murmullo *m*
Gemüse [gə'my:zə] *nt* <-s, -> verdura *f,* hortalizas *f pl;* **das junge ~** *(fig fam)* la gente menuda
Gemüseanbau *m* (AGR) cultivo *m* de hortalizas
Gemüsefach *nt* <-(e)s, -fächer> *(im Kühlschrank)* cajón *m* de la verdura
Gemüsegarten *m* huerto *m*
Gemüsegärtner(in) *m(f)* horticultor(a) *m(f)*
Gemüsehändler(in) *m(f)* verdulero, -a *m, f*
Gemüseladen *m* verdulería *f*
Gemüsesaft *m* <-(e)s, -säfte> zumo *m* de verduras
Gemüseschäler *m* <-s, -> pelaverduras *m inv*
Gemüsesuppe *f* sopa *f* de verduras
Gemüsezwiebel *f* <-, -n> cebolla *f*
gemusst [gə'mʊst] *pp von* **müssen**
gemustert [gə'mʊstɐt] *adj* estampado
Gemüt [gə'my:t] *nt* <-(e)s, -er> ❶ *(Psyche)* ánimo *m;* **die Entscheidung erregte die ~er** la decisión excitó los ánimos ❷ *(Charakter)* carácter *m,* naturaleza *f* ❸ *(Seele)* alma *f,* corazón *m;* **das ist ihm aufs ~ geschlagen** esto le ha deprimido; **das ist etwas fürs ~** es algo para el corazón; **sich** *dat* **etw zu ~e führen** *(etw beherzigen)* tomar algo en consideración; *(fam: sich etw gönnen)* obsequiarse con algo
gemütlich I. *adj* ❶ *(angenehm)* agradable; *(einladend)* acogedor; *(bequem)* cómodo; **mach's dir ~** ponte cómodo ❷ *(gemächlich)* tranquilo; **in ~em Tempo** a un ritmo agradable **II.** *adv* a gusto
Gemütlichkeit *f ohne pl (Bequemlichkeit)* comodidad *f; (Behaglichkeit)* bienestar *m;* **in aller ~** a sus anchas
Gemütsbewegung *f* emoción *f*

gemütskrank *adj* con trastornos mentales
Gemütslage *f* <-, -n> estado *m* de ánimo; **je nach ~** según el estado de ánimo
Gemütsmensch *m (fam)* buenazo, -a *m, f*
Gemütsregung *f* <-, -en> *s.* **Gemütsbewegung**
Gemütsruhe *f* serenidad *f* de ánimo; **in aller ~** con toda tranquilidad
Gemütsverfassung *f* estado *m* de ánimo
Gemütszustand *m* estado *m* de ánimo
Gen [geːn] *nt* <-s, -e> (BIOL) gen(e) *m*
genannt [gəˈnant] *pp von* **nennen**
genas [gəˈnaːs] *3. imp von* **genesen**
genau [gəˈnaʊ] **I.** *adj* ❶ *(exakt)* exacto ❷ *(sorgfältig)* escrupuloso ❸ *(ausführlich)* detallado; **ich weiß nichts G~eres darüber** no sé nada más concreto acerca de ello **II.** *adv (exakt)* exactamente; *(Uhrzeit)* en punto; **~ dasselbe** exactamente lo mismo; **~ das Gegenteil** justo lo contrario; **ihn kenne ich ~** le conozco como si le hubiera parido; **es ist ~ 10 Uhr** son las diez en punto; **so ~ wollte ich es nicht wissen!** ¡tan detalladamente no quería saberlo!; **etw ~ nehmen** tomar algo al pie de la letra; **~ genommen ist das nicht richtig** en sentido estricto esto no es correcto
Genauigkeit *f ohne pl* ❶ *(Exaktheit)* exactitud *f*, precisión *f* ❷ *(Sorgfalt)* esmero *m*
genauso [gəˈnaʊzoː] *adv* de igual modo; **~ gut** *(mit dem gleichen Ergebnis)* de la misma manera; *(auch)* igualmente; **~ gut könnte ich behaupten, dass ...** de manera análoga podría afirmar que...; **du hättest ~ gut zu Hause** [*o* **zuhause**] **bleiben können** lo mismo hubieses podido quedarte en casa; **~ gut wie** igual de bien que; **~ viel wie** tanto como; **sie verdient ~ viel** ella gana lo mismo; **~ wenig wie** tan poco como; **er verdient ~ wenig** él tampoco gana más; **man kann ~ wenig behaupten, dass ...** tampoco se puede afirmar que... *+subj*; **~ wie** así como
Gendarm [ʒanˈdarm] *m* <-en, -en> *(Österr)* gendarme *m*
Gendarmerie [ʒandarməˈriː] *f* <-n> *(Österr)* gendarmería *f*
Gender <-s> [ˈdʒɛndɐ] *nt kein pl* (SOZIOL) género *m*
Genealogie *f* <-, *ohne pl*> genealogía *f*
genealogisch *adj* genealógico
genehm [gəˈneːm] *adj (geh)* grato; **ist es (Ihnen) ~, wenn ...?** ¿sería de su agrado si (*+subj*)...?
genehmigen* [gəˈneːmɪgən] *vt* autorizar; *(Antrag)* aprobar; **sich** *dat* **etw ~** *(fam)* permitirse algo
Genehmigung *f* <-en> autorización *f*; *(eines Antrags)* aprobación *f*
genehmigungspflichtig *adj* (ADMIN, JUR) sujeto a autorización
geneigt [gəˈnaɪkt] *adj* **zu etw** *dat* **~ sein** estar dispuesto a hacer algo
Genera *pl von* **Genus**
General(in) [genəˈraːl] *m(f)* <-s, -e *o* -räle; -nen> general *mf*
Generaldirektor(in) *m(f)* director(a) *m(f)* general
Generalin *f* <-nen> *s.* **General**
Generalintendant(in) *m(f)* (THEAT) director(a) *m(f)* artístico , -a
Generalität *f* <-, -en> (MIL) generalato *m*
Generalkonsul(in) *m(f)* cónsul *mf* general
Generalkonsulat *nt* (POL) consulado *m* general
Generalprobe *f* (THEAT) ensayo *m* general
Generalsekretär(in) *m(f)* (POL) secretario, -a *m, f* general
Generalstaatsanwalt, -anwältin *m, f* (JUR) fiscal *mf* general
Generalstab *m* (MIL) Estado *m* Mayor
generalstabsmäßig *adv* de forma detallada y perfeccionista; **das Fest war ~ vorbereitet** la fiesta estaba organizada hasta el mínimo detalle
Generalstreik *m* huelga *f* general
Generalüberholung *f* (TECH) revisión *f* general
Generaluntersuchung *f* (MED) examen *m* general, chequeo *m Am*
Generalversammlung *f* asamblea *f* general
Generalvertreter(in) *m(f)* (COM) representante *mf* general
Generalvertretung *f* <-, -en> (POL, WIRTSCH) representación *f* general
Generalvollmacht *f* <-, -en> (JUR) poder *m* general
Generation [genəraˈtsjoːn] *f* <-en> generación *f*
Generationenvertrag *m ohne pl* contrato *m* generacional
Generationskonflikt *m* conflicto *m* generacional
Generationswechsel *m* (BIOL) generación *f* alternante
Generator [genəˈraːtoːɐ] *m* <-s, -en> generador *m*
generell [genəˈrɛl] **I.** *adj* general **II.** *adv* en lo general
generieren* *vt* (INFOR: *hervorbringen*) generar
Genese *f* <-, -n> (*a.* MED) génesis *f inv*
genesen [gəˈneːzən] <genest, genas, genesen> *vi sein (geh)* sanar (**von** de), convalecer

G

Genesung *f* <-en> *(geh)* convalecencia *f*
Genetik [ge'neːtɪk] *f ohne pl* (BIOL) genética *f*
genetisch [ge'neːtɪʃ] *adj* (BIOL) genético; **~es Profil** perfil genético
Genf [gɛnf] *nt* <-s> Ginebra *f*
Genfer *adj* ginebrino; **der ~ See** el lago Lemán; **die ~ Konvention** la convención de Ginebra
Genforscher(in) *m(f)* genetista *mf*
Genforschung *f ohne pl* investigación *f* genética
genial [ge'njaːl] *adj* genial
Genialität *f ohne pl* genialidad *f*
Genick [gə'nɪk] *nt* <-(e)s, -e> nuca *f;* **das bricht ihm das ~** *(fam)* esto le va a matar
Genickstarre *f ohne pl* (MED) tortícolis *f inv*
Genie [ʒe'niː] *nt* <-s, -s> genio *m*
genieren* [ʒe'niːrən] *vr:* **sich ~** avergonzarse
genießbar *adj* comestible; **etw ist nicht ~** algo no sabe bien
genießen [gə'niːsən] <genießt, genoss, genossen> *vt* ❶ *(auskosten)* disfrutar (de); **jds Vertrauen ~** gozar de la confianza de alguien ❷ *(essen)* comer; *(trinken)* beber; *(mit Genuss)* saborear; **das ist mit Vorsicht zu ~** hay que tener cuidado con esto ❸ *(Erziehung)* recibir
Genießer(in) *m(f)* <-s, -; -nen> sibarita *mf*
genießerisch *adj* con placer
genital [geni'taːl] *adj* (MED) genital
Genitalbereich *m* zona *f* genital, genitales *mpl*
Genitalien [geni'taːliən] *ntpl* (MED) (órganos *mpl*) genitales *mpl*
Genitiv ['geːnitiːf] *m* <-s, -e> (LING) genitivo *m*
Genius ['geːniʊs, *pl:* 'geːniən] *m* <-, Genien> *(geh)* genio *m*
Genmais *m* maíz *m* transgénico
Genmanipulation *f* (BIOL) manipulación *f* genética
Genom [ge'noːm] *nt* <-s, -e> (BIOL) genoma *m*
genommen [gə'nɔmən] *pp von* **nehmen**
genormt [gə'nɔrmt] *adj* estandarizado
genoss [gə'nɔs] *3. imp von* **genießen**
Genosse, -in [gə'nɔsə] *m, f* <-n, -n; -nen> compañero, -a *m, f*
genossen [gə'nɔsən] *pp von* **genießen**
Genossenschaft *f* <-en> cooperativa *f*
Genossenschaftler(in) *m(f)* <-s, -; -, -nen> cooperativista *mf*
genossenschaftlich *adj* cooperativo
Genossin *f* <-nen> *s.* **Genosse**
genötigt *adj* **~ sein, etw zu tun** estar obligado a hacer algo; **sich ~ sehen, etw zu tun** verse obligado [*o* forzado] a hacer algo
Genozid [geno'tsiːt] *m o nt* <-(e)s, -e *o* -ien> genocidio *m*
Genre ['ʒãːrə] *nt* <-s, -s> género *m*
Gentechnik *f ohne pl* (BIOL) ingeniería *f* genética
Gentechniker(in) *m(f)* (BIOL) genetista *mf*
gentechnisch *adj* (BIOL) tecnogenético; **~ verändert** modificado (-a) genéticamente
Gentechnologie *f ohne pl* (BIOL) ingeniería *f* genética
Genua ['geːnua] *nt* <-s> Génova *f*
genug [gə'nuːk] *adv* bastante, suficiente; **es ist ~ Platz** hay sitio suficiente; **dazu bin ich alt ~** soy lo suficientemente mayor para esto; **jetzt ist es aber ~!** ¡ya basta!; **ich habe ~ von der ewigen Schufterei** ya estoy harto de tanto curre
Genüge [gə'nyːgə] **zur ~** bastante
genügen* [gə'nyːgən] *vi* bastar, ser suficiente; **den Anforderungen ~** satisfacer las exigencias
genügend *adj* bastante, suficiente
genügsam *adj* contentadizo, modesto
Genügsamkeit *f* <-, *ohne pl*> *(Bescheidenheit)* modestia *f; (Mäßigung)* moderación *f; (im Essen und Trinken)* frugalidad *f*
Genugtuung [gə'nuːktuːʊŋ] *f* <-en> satisfacción *f*
genuin [genu'iːn] *adj (geh)* genuino
Genus ['gɛnʊs, 'geːnʊs] *nt* <-, Genera> (LING) género *m*
Genuss[1] [gə'nʊs] *m* <-es, *ohne pl*> ❶ *(Konsum)* consumo *m* ❷ *(Nutznießung)* usufructo *m;* **in den ~ von etw** *dat* **kommen** (llegar a) disfrutar de algo
Genuss[2] [gə'nʊs, *pl:* gə'nʏsə] *m* <-es, -nüsse> *(Vergnügen)* placer *m; (stärker)* deleite *m*
genüsslich **I.** *adj* gozoso **II.** *adv* con fruición
Genussmittel *nt* estimulante *m*
genussvoll *adj* con placer
Geograf(in) [geo'graːf] *m(f)* <-en, -en; -nen> geógrafo, -a *m, f*
Geografie [geogra'fiː] *f ohne pl* geografía *f*
Geografin *f* <-nen> *s.* **Geograf**
geografisch *adj* geográfico
Geologe, -in [geo'loːgə] *m, f* <-n, -n; -nen> geólogo, -a *m, f*
Geologie [geolo'giː] *f ohne pl* geología *f*
Geologin *f* <-nen> *s.* **Geologe**
geologisch *adj* geológico
Geometrie [geome'triː] *f ohne pl* geometría *f*
geometrisch [geo'meːtrɪʃ] *adj* geométrico
Geophysik *f* (PHYS) geofísica *f*
geopolitisch *adj* geopolítico
Georgien [ge'ɔrgiən] *nt* <-s> Georgia *f*

Georgier(in) *m(f)* <-s, -; -nen> georgiano, -a *m, f*
georgisch *adj* georgiano
Geosphäre [--'--] *f* <-, *ohne pl*> geosfera *f*
Gepäck [gə'pɛk] *nt* <-(e)s, *ohne pl*> equipaje *m*, bultos *mpl fam;* **sein ~ aufgeben** facturar su equipaje
Gepäckabfertigung *f* taquilla *f* de facturación
Gepäckablage *f* portaequipaje(s) *m inv*
Gepäckannahme *f* depósito *m* de equipajes
Gepäckaufbewahrung *f* consigna *f*
Gepäckaufgabe *f (Schalter)* mostrador *m* de facturación
Gepäckausgabe *f* entrega *f* de equipajes
Gepäckband *nt* cinta *f* (transportadora) para equipajes
Gepäckfach *nt* compartimento *m* portaequipajes
Gepäckkontrolle *f* control *m* de equipajes
Gepäcknetz *nt* rejilla *f* portaequipajes
Gepäckraum *m* ❶ (NAUT) bodega *f* ❷ (EISENB) depósito *m* de equipajes
Gepäckschein *m* resguardo *m* de consigna
Gepäckstück *nt* bulto *m*
Gepäckträger[1] *m* <-s, -> *(am Fahrrad)* portaequipajes *m inv*
Gepäckträger(in)[2] *m(f)* <-s, -; -nen> *(Person)* mozo, -a *m, f* de equipajes
Gepäckwagen *m* ❶ *(im Bahnhof)* carrito *m* portaequipajes ❷ *(des Zuges)* furgón *m* de equipajes
Gepard ['ge:part] *m* <-s, -e> (ZOOL) guepardo *m*
gepfeffert [gə'pfɛfɐt] *adj (fam)* ❶ *(Preise)* exorbitante ❷ *(Kritik)* duro; *(Strafe)* severo
gepfiffen [gə'pfɪfən] *pp von* **pfeifen**
gepflegt [gə'pfle:kt] *adj* cuidado; *(Restaurant, Kleidung)* elegante; *(Ausdrucksweise)* culto; **~ essen gehen** ir a comer a un restaurante de lujo
Gepflogenheit [gə'pflo:gənhaɪt] *f* <-en> *(geh)* costumbre *f*
gepierct [gə'pi:ɐst] *adj* perforado
Geplänkel [gə'plɛŋkəl] *nt* <-s, -> escaramuza *f*
Geplapper [gə'plapɐ] *nt* <-s, *ohne pl*> *(fam)* cháchara *f*
Geplätscher [gə'plɛtʃɐ] *nt* <-s, *ohne pl*> *(des Wassers)* murmullo *m*
Geplauder [gə'plaʊdɐ] *nt* <-s, *ohne pl*> charla *f*, conversación *f*
gepökelt [gə'pøkəlt] *adj* curado, (a)cecinado
Gepolter [ge'pɔltɐ] *nt* <-s, *ohne pl*> estrépito *m*
gepriesen [gə'pri:zən] *pp von* **preisen**
gepunktet [gə'pʊŋktət] *adj (Linie)* de puntos; *(Muster)* con puntos
gequält [gə'kvɛ:lt] *adj (Lächeln)* forzado
Gequassel *nt* <-s, *ohne pl*> *(fam abw)* habladurías *fpl*
gequollen [gə'kvɔlən] *pp von* **quellen**
gerade [gə'ra:də] **I.** *adj* ❶ *(geradlinig)* recto ❷ *(aufrecht)* derecho; **~ stehen** tenerse derecho ❸ *(Charakter)* sincero, franco ❹ (MATH) par; **die ~n Zahlen** los números pares **II.** *adv* ❶ *(soeben)* ahora mismo; **er ist ~ eben gekommen** acaba de llegar; **sie duscht ~** se está duchando; **wo Sie ~ da sind ...** ya que está Ud. aquí... ❷ *(knapp)* justo; **er kam ~ noch rechtzeitig** llegó justo a tiempo; **das hat mir ~ noch gefehlt!** ¡lo que me faltaba! ❸ *(ausgerechnet, genau)* precisamente; **das ist es ja ~!** ¡eso es precisamente!; **er ist nicht ~ eine Schönheit** *(fam)* no es precisamente una belleza
Gerade [gə'ra:də] *f* <-n> ❶ (MATH) (línea *f*) recta *f* ❷ (SPORT) recta *f* ❸ *(Boxen)* directo *m*
geradeaus [---'-] *adv* seguido, recto; **immer ~** todo seguido
gerade|biegen *irr vt (fam: in Ordnung bringen)* arreglar
geradeheraus [-'---'-] *adv (fam)* francamente
gerädert [gə'rɛ:dɐt] *adj (fam)* hecho polvo; **wie ~ sein** estar hecho polvo
gerade|stehen *irr vi* **für etw ~** responder de algo
geradewegs [-'---] *adv* directamente
geradezu [-'---] *adv* realmente
geradlinig [gə'ra:tli:nɪç] *adj (Straße)* recto; *(Abstammung)* directo; *(Charakter)* franco
Geradlinigkeit *f* <-, *ohne pl*> *(a. fig)* rectitud *f; (Charakter)* sinceridad *f*
gerammelt [gə'raməlt] *adv (fam)* **~ voll** atestado, hasta los topes
Gerangel *nt* <-s, *ohne pl*> *(fam)* ❶ *(Balgerei)* peleas *fpl* (**um** por) ❷ *(fig: Kampf)* forcejeo *m* (**um** por) ❸ *(abw: Diskussion)* tira y afloja *m* (**um** por)
Geranie [ge'ra:niə] *f* <-n> (BOT) geranio *m*
gerann [gə'ran] *3. imp von* **gerinnen**
gerannt [gə'rant] *pp von* **rennen**
geraspelt [gə'raspəlt] *adj* rallado
gerät *3. präs von* **geraten**[2]
Gerät[1] [gə'rɛ:t] *nt* <-(e)s, -e> ❶ *(allgemein)* utensilio *m*, implemento *m Am* ❷ (TECH: *Apparat*) aparato *m; (Instrument)* instrumento *m* ❸ (SPORT) aparato *m* de gimnasia
Gerät[2] *nt* <-(e)s, *ohne pl*> útiles *mpl; (Ausrüstung)* equipo *m*

geraten[1] [gə'ra:tən] *pp von* **geraten**[2], **raten**

geraten[2] <gerät, geriet, geraten> *vi sein* ① *(gelangen)* llegar (**nach** a); **in Verlegenheit ~** sentir vergüenza; **in Brand ~** incendiarse; **in Schwierigkeiten ~** caer en una situación difícil; **unter ein Auto ~** ser atropellado por un coche; **er ist an den Falschen ~** dio con alguien que no era; **in Vergessenheit ~** caer en el olvido; **in Not ~** verse en apuros; **ins Stocken ~** *(beim Sprechen)* perder el hilo; *(Verkehr)* quedarse parado; **außer sich** *dat/akk* **~** salirse de sus casillas ② *(gelingen)* salir; **gut/schlecht ~** salir bien/mal; **das ist etwas lang/kurz ~** eso ha quedado algo largo/corto; **nach jdm ~** salir a alguien

Geräteraum *m* <-(e)s, -räume> (SPORT) sala *f* de material de gimnasia

Geräteschuppen *m* cobertizo *m*

Geräteturnen *nt ohne pl* gimnasia *f* por aparatos

Geratewohl [gə'ra:təvo:l, ---'-] *nt* *(fam)* **aufs ~** al azar, a destajo *Arg, Chil*

geräuchert [gə'rɔɪçɐt] *adj* ahumado

geraum [gə'raʊm] *adj (geh)* **seit ~er Zeit** desde hace algún tiempo

geräumig [gə'rɔɪmɪç] *adj* espacioso, amplio

Geräumigkeit *f* <-, *ohne pl*> *(Haus, Wohnung)* amplitud *f*; *(Schrank)* capacidad *f*; **sie staunten über die ~ ihres Hotelzimmers** se maravillaron por lo espaciosa que era su habitación del hotel

Geräusch [gə'rɔɪʃ] *nt* <-(e)s, -e> ruido *m*

geräuscharm *adj* de poco ruido

geräuschempfindlich *adj* sensible al ruido

Geräuschkulisse *f* ruido *m* ambiente

geräuschlos *adj* silencioso

Geräuschpegel *m* nivel *m* de ruido

geräuschvoll **I.** *adj* ruidoso **II.** *adv* con mucho ruido

Geräusper [gə'rɔɪspɐ] *nt* <-s, *ohne pl*> carraspeo *m*, carraspera *f*

gerben ['gɛrbən] *vt* curtir

Gerber(in) *m(f)* <-s, -; -nen> curtidor(a) *m(f)*

Gerbera [gɛrbəra] *f* <-, -(s)> (BOT) gerbera *f*

Gerberei *f* <-en> curtiduría *f*, curtiembre *f* *Am*

Gerberin *f* <-en> *s.* **Gerber**

Gerbsäure *f* <-, -n> tanino *m*, ácido *m* tánico

gerecht [gə'rɛçt] *adj* ① *(Person, Urteil)* justo; *(Strafe)* merecido ② *(berechtigt)* justificado; **jdm/etw** *dat* **~ werden** valorar debidamente a alguien/corresponder a algo

gerechterweise [-'--'--] *adv* para ser justos, en justicia

gerechtfertigt *adj* justificado

Gerechtigkeit *f ohne pl* justicia *f*; **jdm ~ widerfahren lassen** hacer justicia a alguien; **das ist ausgleichende ~** esto hace justicia (a una injusticia anterior)

Gerechtigkeitssinn *m ohne pl* sentido *m* de la justicia

Gerede [gə're:də] *nt* <-s, *ohne pl*> ① *(Geschwätz)* perorata *f*, pelambre *m* *Am* ② *(Klatsch)* habladurías *fpl*

geregelt *adj (geordnet: Mahlzeiten)* regular; *(Leben)* ordenado

gereizt [gə'raɪtst] *adj* irritado; *(nervös)* nervioso

Gereiztheit *f* <-, *ohne pl*> ① *(Verärgertsein)* irritabilidad *f* ② *(Nervosität)* susceptibilidad *f*

Gericht [gə'rɪçt] *nt* <-(e)s, -e> ① *(Speise)* plato *m* ② *(Institution)* tribunal *m* (de justicia); **jdn/einen Fall vor ~ bringen** llevar a alguien/un caso a los tribunales; **Hohes ~** Tribunal Supremo; **das Jüngste ~** (REL) el Juicio Final; **mit jdm ins ~ gehen** *(fig)* criticar a alguien ③ *(Gebäude)* palacio *m* de justicia

gerichtlich *adj* judicial; **jdn ~ verfolgen** iniciar un pleito contra alguien

Gerichtsakte *f* expediente *m* judicial

Gerichtsbarkeit *f* <-, *ohne pl*> (JUR) jurisdicción *f*

Gerichtsbeschluss *m* sentencia *f*

Gerichtsbezirk *m* jurisdicción *f*, distrito *m* jurisdiccional

Gerichtsdiener(in) *m(f)* ujier *m*

Gerichtsentscheidung *f* resolución *f* judicial

Gerichtsgebäude *nt* tribunal *m*, Palacio *m* de Justicia

Gerichtshof *m* tribunal *m* de justicia, corte *f Am*; **der Europäische ~** el Tribunal Europeo de Justicia; **der Oberste ~** el Tribunal Supremo

Gerichtskosten *pl* gastos *mpl* judiciales

Gerichtsmedizin *f ohne pl* medicina *f* forense

Gerichtsmediziner(in) *m(f)* médico, -a *m, f* forense

Gerichtssaal *m* sala *f* de audiencia

Gerichtsschreiber(in) *m(f)* *(Schweiz)* escribano, -a *m, f*

Gerichtsstand *m* (JUR) jurisdicción *f*

Gerichtstermin *m* <-s, -e> fecha *f* de la vista, día *m* de la vista

Gerichtsurteil *nt* sentencia *f* judicial

Gerichtsverfahren *nt* pleito *m* judicial;

gegen jdn ein ~ einleiten abrir un pleito contra alguien
Gerichtsverhandlung *f* juicio *m*
Gerichtsvollzieher(in) *m(f)* agente *mf* ejecutivo , -a
gerieben [gəˈriːbən] *pp von* **reiben**
geriet *3. imp von* **geraten**[2]
gering [gəˈrɪŋ] *adj* ❶ *(klein)* pequeño; *(wenig)* poco; *(knapp)* escaso; *(beschränkt)* limitado; *(Preis, Temperatur)* bajo; *(Entfernung)* corto; **von ~er Qualität** de baja calidad; **etw/jdn ~ schätzen** menospreciar algo/a alguien; *(verachten)* despreciar algo/a alguien ❷ *(unbedeutend)* insignificante, mínimo; **die ~ste Kleinigkeit regt ihn auf** la pequeñez más nimia le enfada; **das stört mich nicht im G~sten** no me molesta lo más mínimo
geringfügig [gəˈrɪŋfyːgɪç] **I.** *adj* mínimo **II.** *adv* ligeramente
Geringfügigkeit *f* <-en> nimiedad *m*
geringschätzen *vt s.* **gering 1.**
geringschätzig *adj* despectivo
Geringschätzung *f ohne pl* desprecio *m*, menosprecio *m*
geringwertig *adj* de poco valor
gerinnen [gəˈrɪnən] <gerinnt, gerann, geronnen> *vi sein (Milch)* cuajar(se); *(Blut)* coagular(se)
Gerinnsel [gəˈrɪnzəl] *nt* <-s, -> coágulo *m* (de sangre)
Gerinnung *f* <-en> coagulación *f*
Gerippe [gəˈrɪpə] *nt* <-s, -> ❶ *(Skelett)* esqueleto *m* ❷ *(von Schiff)* armazón *m o f*; *(von Flugzeug)* costilla *f*
gerippt *adj* ❶ (*a.* ARCHIT) acanalado, estriado; **ein ~er Pulli** un jersey de canalé ❷ (BOT) nervado
gerissen [gəˈrɪsən] **I.** *pp von* **reißen II.** *adj (fam: schlau)* astuto
Gerissenheit *f ohne pl* astucia *f*, zorrería *f*
geritten [gəˈrɪtən] *pp von* **reiten**
Germ [gɛrm] *m* <-(e)s, -e> *(Österr, südd)* levadura *f*
Germane, -in [gɛrˈmaːnə] *m, f* <-n, -n; -nen> germano, -a *m, f*
germanisch *adj* (HIST, LING) germánico
Germanist(in) [gɛrmaˈnɪst] *m(f)* <-en, -en; -, -nen> germanista *mf*
Germanistik [gɛrmaˈnɪstɪk] *f ohne pl* germanística *f*, filología *f* alemana
Germknödel [ˈgɛrm-] *m* <-s, -> *(Österr, südd) dulce esférico a base de harina y levadura relleno de mermelada de ciruela que se sirve cubierto de semillas de amapola, azúcar y mantequilla derretida o salsa de vainilla*
gern(e) <lieber, am liebsten> *adv* con (mucho) gusto; **sehr ~!** ¡con mucho gusto!; **ich möchte zu ~ wissen, ob ...** me gustaría muchísimo saber si...; **sie liest ~** le gusta leer; **er hat es ~, wenn ...** le gusta que... *+subj;* **ein ~ gesehener Gast** un invitado bienvenido; **~ geschehen!** ¡no hay de qué!; **das glaube ich ~** sí que me lo creo; **du kannst ~ mitkommen** puedes venir si te apetece; **ich hätte ~ den Chef gesprochen** quisiera hablar con el jefe; **du kannst mich mal ~ haben** *(fam)* no te quiero ver ni en pintura
Gernegroß [ˈ---] *m* <-, -e> *(fam abw)* fanfarrón, -ona *m, f*
Geröchel [gəˈrœçəl] *nt* <-s, *ohne pl*> estertor *m elev*
gerochen [gəˈrɔxən] *pp von* **riechen**
Geröll [gəˈrœl] *nt* <-(e)s, -e> grava *f*, gravilla *f*; *(Rollsteine)* cantos *mpl* rodados; *(Kiesel)* guijarros *mpl*; *(Reste)* rocalla *f*
geronnen [gəˈrɔnən] *pp von* **gerinnen, rinnen**
geröstet [gəˈrœstət] *adj* tostado
Gerste [ˈgɛrstə] *f* <-n> cebada *f*
Gerstenkorn *nt* ❶ (BOT) grano *m* de cebada ❷ (MED) orzuelo *m*
Gerte [ˈgɛrtə] *f* <-n> *(Stock)* vara *f*; *(Peitsche)* fusta *f*
gertenschlank *adj* ❶ *(gertig)* cimbreño ❷ *(sehr schlank)* delgadísimo; *(abw)* escuálido; *(Mädchen)* escurrido; *(dürr)* enjuto, seco de carnes
Geruch [gəˈrʊx, *pl:* gəˈrʏçə] *m* <-(e)s, Gerüche> olor *m* (**nach** a)
geruchlos *adj* sin olor
Geruchssinn *m ohne pl* olfato *m*
Gerücht [gəˈrʏçt] *nt* <-(e)s, -e> rumor *m*, boquilla *f Ecua;* **es geht das ~, dass ...** circula el rumor de que...; **ein ~ in die Welt setzen** difundir un rumor
Gerüchteküche *f* fábrica *f* de rumores
gerufen [gəˈruːfən] *pp von* **rufen**
geruhsam [gəˈruːzaːm] *adj* sosegado, tranquilo
Gerümpel [gəˈrʏmpəl] *nt* <-s, *ohne pl*> *(abw)* trastos *mpl*
Gerundium [geˈrʊndiʊm, *pl:* geˈrʊndiən] *nt* <-s, Gerundien> (LING) gerundio *m*
gerungen [gəˈrʊŋən] *pp von* **ringen**
Gerüst [gəˈrʏst] *nt* <-(e)s, -e> ❶ *(Baugerüst)* andamio *m* ❷ *(Aufbau)* estructura *f*
Ges [gɛs] *nt* <-, -> (MUS) sol *m* bemol
gesalzen [gəˈzaltsən] **I.** *pp von* **salzen II.** *adj (fam)* ❶ *(mit Salz)* salado ❷ *(Preis)* exorbitante ❸ *(Brief)* duro
gesammelt *adj* ❶ *(komplett)* completo ❷ *(konzentriert)* concentrado
gesamt [gəˈzamt] *adj* todo; *(völlig)* total; *(vollständig)* completo
Gesamtansicht *f* vista *f* general

G

G

Gesamtanzeige *f* (INFOR) pantalla *f* completa
Gesamtauflage *f* tirada *f* total
Gesamtausgabe *f* obras *f pl* completas
Gesamtbetrag *m* importe *m* total
gesamtdeutsch *adj* de toda Alemania
Gesamteindruck *m* impresión *f* final
Gesamtergebnis *nt* resultado *m* final; **im ~** en total
Gesamtheit *f ohne pl* totalidad *f*; **in seiner/ihrer ~** en su totalidad
Gesamtkunstwerk *nt* <-(e)s, -e> (KUNST, MUS) obra *f* de arte integral
Gesamtpreis *m* <-es, -e> precio *m* total
Gesamtschule *f* escuela *f* integrada
Gesamtsumme *f* importe *m* total
Gesamtübersicht *f* vista *f* general
Gesamtwerk *nt* obra *f* completa
Gesamtwert *m* valor *m* total
Gesamtwertung *f* (SPORT) puntuación *f* final
gesandt [gəˈzant] *pp von* **senden**
Gesandte(r) *mf* <-n, -n; -n> enviado, -a *m, f*; (HIST) legado, -a *m, f*
Gesandtschaft *f* <-en> legación *f*
Gesang[1] [gəˈzaŋ] *m* <-(e)s, *ohne pl*> *(das Singen)* canto *m*
Gesang[2] [gəˈzaŋ, *pl:* gəˈzɛŋə] *m* <-(e)s, -sänge> *(Lied)* canto *m;* (REL) cántico *m;* **gregorianische Gesänge** canto gregoriano
Gesangbuch *nt* libro *m* de cánticos
Gesanglehrer(in) *m(f)* profesor(a) *m(f)* de canto
gesanglich *adj (Talent)* para el canto
Gesangunterricht *m* <-(e)s, -e> clases *f pl* de canto
Gesangverein *m* orfeón *m*
Gesäß [gəˈzɛːs] *nt* <-es, -e> trasero *m*
Gesäßbacke *f* nalga *f*
Gesäßmuskel *m* (ANAT) glúteo *m*
Gesäßtasche *f* bolsillo *m* trasero
gesättigt *adj* (CHEM) saturado; **~e Fettsäuren** ácidos grasos saturados
Geschädigte(r) *mf* <-n, -n; -n, -n> perjudicado, -a *m, f*
geschaffen [gəˈʃafən] *pp von* **schaffen**[1]
Geschäft[1] [gəˈʃɛft] *nt* <-(e)s, -e> ❶ *(Handel)* negocio *m;* **wie gehen die ~e?** ¿cómo van los negocios?; **mit jdm ~e machen** hacer negocios con alguien; **mit jdm ins ~ kommen** establecer relaciones comerciales con alguien ❷ *(Firma)* empresa *f* comercial; **morgen gehe ich nicht ins ~** *(fam)* mañana no voy al trabajo ❸ *(Laden)* negocio *m* ❹ *(Aufgabe)* trabajo *m;* **seinen ~en nachgehen** atender sus negocios ❺ *(fam: Notdurft)* **sein ~ verrichten** [*o* **machen**] hacer sus necesidades
Geschäft[2] *nt* <-(e)s, *ohne pl*> *(Gewinn)* negocio *m;* **ein gutes/schlechtes ~ machen** hacer un buen/mal negocio
Geschäftemacher(in) *m(f)* *(abw)* negociante *mf; (Wucherer)* usurero, -a *m, f*
geschäftig *adj* diligente
Geschäftigkeit *f* <-, *ohne pl*> trajín *m,* ajetreo *m*
geschäftlich *adj* comercial, de negocios; **~ unterwegs sein** estar en viaje de negocios
Geschäftsabschluss *m* transacción *f,* cierre *m* de un negocio
Geschäftsaufgabe *f,* **Geschäftsauflösung** *f* cese *m* de negocio
Geschäftsbedingungen *f pl* (COM) términos *m pl* comerciales; **allgemeine ~** condiciones generales de contrato
Geschäftsbereich *m* <-(e)s, -e> (POL: *eines Ministers*) (ámbito *m* de) competencias *f pl*
Geschäftsbericht *m* (COM) informe *m* comercial
Geschäftsbrief *m* carta *f* comercial
Geschäftsessen *nt* comida *f* de negocios
geschäftsfähig *adj* (JUR) capaz
Geschäftsfrau *f* mujer *f* de negocios
Geschäftsfreund(in) *m(f)* colega *mf,* compañero, -a *m, f*
geschäftsführend *adj* gestor
Geschäftsführer(in) *m(f)* ❶ *(von Unternehmen)* gerente *mf* ❷ *(von Organisation)* secretario, -a *m, f* general
Geschäftsführung *f ohne pl* ❶ *(Vorgang)* gerencia *f* ❷ *(Personal)* gerentes *m pl*
Geschäftsinhaber(in) *m(f)* propietario, -a *m, f* de un negocio
Geschäftsjahr *nt* año *m* económico
Geschäftskosten *pl* gastos *m pl* comerciales; **auf ~** a cuenta de la empresa
Geschäftsleitung *f* gerencia *f*
Geschäftsleute *pl von* **Geschäftsmann**
Geschäftsmann *m* <-(e)s, -leute *o* -männer> hombre *m* de negocios
Geschäftsordnung *f* reglamento *m*
Geschäftspartner(in) *m(f)* ❶ *(Beteiligter)* socio, -a *m, f* ❷ *(Handelspartner)* socio, -a *m, f* comercial
Geschäftsraum *m (Büro)* oficina *f; (Laden)* local *m* comercial
Geschäftsreise *f* viaje *m* de negocios
geschäftsschädigend *adj* perjudicial para el negocio
Geschäftsschädigung *f* <-, -en> perjuicio *m* comercial
Geschäftsschluss *m ohne pl* (hora *f* de) cierre *m* de los comercios; **nach ~** después del cierre de los comercios

Geschäftssinn *m ohne pl* habilidad *f* para los negocios
Geschäftsstelle *f (Büro)* despacho *m; (Filiale)* sucursal *f; (Gericht)* secretaría *f* del juzgado
Geschäftsstunden *fpl* horas *fpl* de oficina
geschäftstüchtig *adj* hábil para el comercio
Geschäftsverbindung *f* (WIRTSCH) relación *f* comercial
Geschäftsviertel *nt* zona *f* comercial
Geschäftszeit *f* horario *m* comercial
Geschäftszimmer *nt* <-s, -> oficina *f,* despacho *m*
Geschäftszweig *m* <-(e)s, -e> ramo *m* comercial
geschah [gə'ʃa:] *3. imp von* **geschehen**
geschält [gə'ʃɛ:lt] *adj* pelado
geschehen [gə'ʃe:ən] <geschieht, geschah, geschehen> *vi sein* pasar, ocurrir; **als ob nichts ~ wäre** como si no hubiera pasado nada; **was geschieht mit diesen Flaschen?** ¿qué hacemos con estas botellas?; **es ist um jdn ~** alguien está perdido; **er wusste nicht wie ihm geschah, als …** no sabía lo que estaba sucediendo cuando…
Geschehen *nt* <-s, -> *(geh)* acontecimientos *mpl*
Geschehnis *nt* <-ses, -se> *(geh)* suceso *m,* acontecimiento *m*
gescheit [gə'ʃaɪt] *adj* listo; *(vernünftig)* sensato
Geschenk [gə'ʃɛŋk] *nt* <-(e)s, -e> regalo *m;* **ein ~ des Himmels** un regalo llovido [*o* caído] del cielo; **jdm ein ~ machen** regalar algo a alguien
Geschenkartikel *m* artículo *m* de regalo
Geschenkeladen *m* tienda *f* de artículos de regalo
Geschenkgutschein *m* vale *m* de regalo
Geschenkpackung *f* cajita *f* de regalo
Geschenkpapier *nt* papel *m* de regalo
Geschichte[1] [gə'ʃɪçtə] *f ohne pl (Entwicklungsprozess)* historia *f;* **Alte/Mittlere/Neue ~** Historia Antigua/de la Edad Media/Moderna
Geschichte[2] *f* <-n> ❶ *(Erzählung)* cuento *m* ❷ *(fam: Angelegenheit)* asunto *m,* cuestión *f Am;* **was machst du für ~n?** ¿pero qué estás haciendo?; **mach keine ~n!** ¡no hagas tonterías!
Geschichtenerzähler(in) *m(f)* cuentista *mf*
geschichtlich *adj* histórico
Geschichtsbuch *nt* libro *m* de historia
Geschichtsfälschung *f* <-, -en> falsedad *f* de hechos históricos
Geschichtsschreiber(in) *m(f)* historiador(a) *m(f)*
Geschichtsschreibung *f ohne pl* historiografía *f*
Geschick [gə'ʃɪk] *nt* <-(e)s, -e> *(geh: Schicksal)* suerte *f*
Geschicklichkeit *f ohne pl* habilidad *f*
geschickt *adj* hábil, mañoso *fam;* **sich bei etw** *dat* **~ anstellen** ser hábil en algo
geschieden [gə'ʃi:dən] *pp von* **scheiden**
Geschiedene(r) *mf* divorciado, -a *m, f*
geschieht [gə'ʃi:t] *3. präs von* **geschehen**
geschienen [gə'ʃi:nən] *pp von* **scheinen**
Geschirr[1] [gə'ʃɪr] *nt* <-(e)s, -e> ❶ *(Essgeschirr)* vajilla *f; (Kaffeegeschirr)* juego *m* de café ❷ *(Pferdegeschirr)* arreos *mpl*
Geschirr[2] *nt* <-(e)s, *ohne pl*> *(Gesamtheit)* platos *mpl*
Geschirrschrank *m* <-(e)s, -schränke> aparador *m,* alacena *f*
Geschirrspüler *m* <-s, -> *(fam),* **Geschirrspülmaschine** *f* <-, -n> lavaplatos *m inv,* lavavajillas *m inv*
Geschirrspülmittel *nt* (líquido *m*) lavavajillas *m inv*
Geschirrtuch *nt* paño *m* de cocina
geschissen [gə'ʃɪsən] *pp von* **scheißen**
geschlafen [gə'ʃla:fən] *pp von* **schlafen**
geschlagen [gə'ʃla:gən] *pp von* **schlagen**
Geschlecht[1] [gə'ʃlɛçt] *nt* <-(e)s, *ohne pl*> (BIOL) sexo *m;* **beiderlei ~s** de ambos sexos
Geschlecht[2] *nt* <-(e)s, -er> ❶ *(Gesamtheit der Lebewesen)* **das andere ~** el otro sexo; **das schwache/starke ~** *(fam)* el sexo débil/fuerte ❷ *(Gattung, a.* LING) género *m* ❸ *(Familie)* familia *f* ❹ *(Generation)* generación *f*
geschlechtlich *adj* sexual
Geschlechtsakt *m* acto *m* sexual
Geschlechtshormon *nt* hormona *f* sexual
Geschlechtskrankheit *f* enfermedad *f* venérea
Geschlechtsorgan *nt* órgano *m* sexual
geschlechtsreif *adj* (BIOL) **~ sein** haber alcanzado la madurez sexual
Geschlechtsreife *f* madurez *f* sexual
Geschlechtsteil *nt* <-(e)s, -e> órgano *m* sexual [*o* genital]
Geschlechtsverkehr *m* relaciones *fpl* sexuales
geschlichen [gə'ʃlɪçən] *pp von* **schleichen**
geschliffen [gə'ʃlɪfən] **I.** *pp von* **schleifen**[2] **II.** *adj (Ausdrucksweise)* pulido
geschlossen [gə'ʃlɔsən] **I.** *pp von* **schließen** **II.** *adj* ❶ *(zusammenhängend)* compacto; **~e Gesellschaft** reunión privada ❷ *(Vokal)* cerrado **III.** *adv* colectivamente;

G

wir standen ~ hinter ihm le apoyamos colectivamente; **~ für/gegen etw stimmen** votar por unanimidad a favor de/contra algo

Geschlossenheit *f <-, ohne pl>* unidad *f*

geschlungen [gəˈʃlʊŋən] *pp von* **schlingen**

Geschmack[1] [gəˈʃmak] *m* <-(e)s, *ohne pl> (Geschmackssinn)* gusto *m*

Geschmack[2] *m* <-(e)s, -schmäcke, *fam:* -schmäcker> ① *(einer Speise)* sabor *m* (**nach** a) ② *(ästhetisches Empfinden)* gusto *m;* **für meinen ~** para mi gusto; **das ist nicht nach meinem ~** no es de mi gusto; **an etw** *dat* **~ finden** cogerle el gusto a algo; **über ~ lässt sich (nicht) streiten** *(prov)* para gustos se hicieron los colores

geschmacklich I. *adj* de gusto, de sabor **II.** *adv* en lo referente al gusto [*o* al sabor]

geschmacklos *adj* ① *(Speisen)* sin sabor ② *(taktlos)* de mal gusto

Geschmacklosigkeit[1] *f* <-en> *(Bemerkung)* comentario *m* de mal gusto

Geschmacklosigkeit[2] *f ohne pl (Eigenschaft)* falta *f* de gusto

Geschmacksfrage *f* cuestión *f* de gusto

Geschmacksnerv *m* <-s, -en> nervio *m* gustativo

geschmacksneutral *adj* (GASTR) insípido

Geschmacksrichtung *f* gusto *m*

Geschmack(s)sache *f* cuestión *f* de gusto; **das ist reine ~** es pura cuestión de gusto

Geschmackssinn *m ohne pl* (sentido *m* del) gusto *m*

Geschmacksverirrung *f (abw)* mal gusto *m*

Geschmacksverstärker *m* reforzante *m* del sabor

geschmackvoll I. *adj* de buen gusto **II.** *adv* con gusto

geschmeidig [gəˈʃmaɪdɪç] *adj* ① *(biegsam)* elástico; *(weich)* suave ② *(Körper)* ágil

Geschmeidigkeit *f <-, ohne pl>* ① *(Biegsamkeit)* flexibilidad *f; (Weichheit)* suavidad *f* ② *(des Körpers)* agilidad *f*

geschmissen [gəˈʃmɪsən] *pp von* **schmeißen**

geschmolzen [gəˈʃmɔltsən] *pp von* **schmelzen**

Geschnetzelte(s) [gəˈʃnɛtsəltəs] *nt* <-n, *ohne pl> (reg:* GASTR) *especie de ragú servido con una salsa espesa*

geschniegelt [gəˈʃniːgəlt] *adj (fam abw)* emperifollado; **~ und gestriegelt** [*o* **gebügelt**] de punta en blanco

geschnitten [gəˈʃnɪtən] *pp von* **schneiden**

geschoben [gəˈʃoːbən] *pp von* **schieben**

gescholten [gəˈʃɔltən] *pp von* **schelten**

geschönt *adj (Statistik)* maquillado

Geschöpf [gəˈʃœpf] *nt* <-(e)s, -e> criatura *f*

geschoren [gəˈʃoːrən] *pp von* **scheren**[1]

Geschoss [gəˈʃɔs] *nt* <-es, -e> ① *(von Waffen)* proyectil *m* ② *(Etage)* piso *m*

geschossen [gəˈʃɔsən] *pp von* **schießen**

geschraubt [gəˈʃraʊpt] *adj (fam abw: Stil)* rebuscado

Geschrei *nt* <-s, *ohne pl>* griterío *m*

geschrie(e)n *pp von* **schreien**

geschrieben [gəˈʃriːbən] *pp von* **schreiben**

geschritten [gəˈʃrɪtən] *pp von* **schreiten**

geschunden [gəˈʃʊndən] *pp von* **schinden**

Geschütz [gəˈʃʏts] *nt* <-es, -e> cañón *m;* **schweres ~ auffahren** *(fam)* disparar toda la artillería

Geschützfeuer *nt* (MIL) fuego *m* de artillería

Geschwader [gəˈʃvaːdɐ] *nt* <-s, -> (MIL) escuadra *f*

Geschwafel [gəˈʃvaːfəl] *nt* <-s, *ohne pl> (fam abw)* palabrería *f,* verborrea *f*

Geschwätz [gəˈʃvɛts] *nt* <-es, *ohne pl> (abw fam)* ① *(Gerede)* palabrería *f* ② *(Klatsch)* cotilleo *m*

geschwätzig *adj (abw)* chismoso

Geschwätzigkeit *f <-, ohne pl> (abw)* verborrea *f,* verbosidad *f*

geschweige [gəˈʃvaɪgə] *konj* **~ denn** ni mucho menos

geschwiegen [gəˈʃviːgən] *pp von* **schweigen**

geschwind [gəˈʃvɪnt] *adj (reg)* rápido

Geschwindigkeit [gəˈʃvɪndɪçkaɪt] *f* <-en> velocidad *f,* viada *f And*

Geschwindigkeitsbegrenzung *f,* **Geschwindigkeitsbeschränkung** *f* limitación *f* de velocidad

Geschwindigkeitsüberschreitung *f* exceso *m* de velocidad

Geschwister [gəˈʃvɪstɐ] *pl* hermanos *mpl; (Schwestern)* hermanas *fpl*

geschwisterlich I. *adj* fraternal **II.** *adv* como hermanos, de manera fraternal

geschwollen [gəˈʃvɔlən] **I.** *pp von* **schwellen II.** *adj (abw: Stil)* ampuloso

geschwommen [gəˈʃvɔmən] *pp von* **schwimmen**

geschworen [gəˈʃvoːrən] *pp von* **schwören**

Geschworene(r) *mf* <-n, -n; -n> jurado, -a *m, f*

Geschworenenbank *f* estrado *m* del jurado

G

Geschworenengericht *nt* tribunal *m* de jurados
Geschwulst [gəˈʃvʊlst] *f* <-schwülste> tumor *m; (Schwellung)* tumefacción *f*
geschwunden [gəˈʃvʊndən] *pp von* **schwinden**
geschwungen [gəˈʃvʊŋən] *pp von* **schwingen**
Geschwür [gəˈʃvyːɐ] *nt* <-(e)s, -e> (MED) úlcera *f*
gesegnet *adj (geh)* feliz; **~es Weihnachtsfest!** ¡feliz Navidad!; **~e Ostern!** ¡felices Pascuas!
gesehen [gəˈzeːən] *pp von* **sehen**
Geselle, **-in** [gəˈzɛlə] *m, f* <-n, -n; -nen> *(Handwerker)* oficial *mf*
gesellen* [gəˈzɛlən] *vr:* **sich ~** juntarse (**zu** con)
Gesellenbrief *m* título *m* de oficial
Gesellenprüfung *f* examen *m* para obtener el título de oficial
Gesellenstück *nt* pieza *m* artesanal *(que se presenta para obtener el título de oficial)*
gesellig *adj (Mensch)* sociable, comunicativo
Geselligkeit *f ohne pl (eines Menschen)* sociabilidad *f*
Gesellin *f* <-nen> *s.* **Geselle**
Gesellschaft [gəˈzɛlʃaft] *f* <-en> ❶ (SOZIOL, WIRTSCH) sociedad *f* ❷ *(Organisation)* asociación *f* ❸ *(Begleitung)* compañía *f;* **jdm ~ leisten** hacer compañía a alguien; **er ist in schlechte ~ geraten** ha caído en malas compañías ❹ *(Fest)* fiesta *f; (Gäste)* círculo *m*
Gesellschafter(in) *m(f)* <-s, -; -nen> (WIRTSCH) socio, -a *m, f*
gesellschaftlich *adj* social
gesellschaftsfähig *adj* ❶ *(Mensch)* presentable ❷ *(Benehmen)* socialmente aceptable
Gesellschaftskritik *f* crítica *f* social
Gesellschaftsordnung *f* orden *m* social
Gesellschaftsschicht *f* capa *f* social
Gesellschaftsspiel *nt* juego *m* de sociedad
gesessen [gəˈzɛsən] *pp von* **sitzen**
Gesetz [gəˈzɛts] *nt* <-es, -e> ley *f*
Gesetzbuch *nt* código *m;* **Bürgerliches ~** código civil
Gesetzentwurf *m* proyecto *m* de ley
Gesetzesbrecher(in) *m(f)* infractor(a) *m(f)* de la ley
Gesetzeshüter(in) *m(f) (iron: Polizist)* policía *mf,* guardián, -ana *m, f* de la ley
Gesetzeskraft *f ohne pl* fuerza *f* de ley
Gesetzeslücke *f* vacío *m* legal
Gesetzessammlung *f* recopilación *f* de leyes
Gesetzestext *m* <-(e)s, -e> texto *m* legal
gesetzestreu *adj* fiel a la ley
Gesetzesvorlage *f* proyecto *m* de ley
gesetzgebend [gəˈzɛtsgeːbənt] *adj* legislativo
Gesetzgeber *m* <-s, -> legislador *m*
Gesetzgebung *f ohne pl* legislación *f*
gesetzlich *adj* legal; *(rechtmäßig)* legítimo; **~er Feiertag** fiesta oficial
Gesetzlichkeit *f* <-, *ohne pl*> legalidad *f*
gesetzlos *adj* anárquico
Gesetzlosigkeit[1] *f* <-, -en> *(Missachtung der Gesetze)* inobservancia *f* de las leyes
Gesetzlosigkeit[2] *f* <-, *ohne pl*> *(Fehlen von Gesetzen)* anarquía *f*
gesetzmäßig *adj* ❶ *(rechtmäßig)* legal ❷ *(regelmäßig)* regular
Gesetzmäßigkeit[1] *f ohne pl* (JUR) legalidad *f*
Gesetzmäßigkeit[2] *f* <-en> *(Regelmäßigkeit)* regularidad *f*
gesetzt [gəˈzɛtst] *adj* ❶ *(ruhig)* sosegado; *(ernst)* serio ❷ *(Wend)* **~ den Fall, dass ...** suponiendo que... *+subj*
gesetzwidrig *adj* ilegal
Gesetzwidrigkeit *f* ilegalidad *f*
gesichert [gəˈzɪçɐt] *adj* asegurado
Gesicht [gəˈzɪçt] *nt* <-(e)s, -er> ❶ *(Körperteil, Miene)* cara *f;* **sein wahres ~ zeigen** quitarse la careta; **etw zu ~ bekommen** llegar a ver algo; **das ~ wahren** salvar la cara; **sein ~ verlieren** perder prestigio; **es steht ihm ins ~ geschrieben** lo lleva escrito en la frente; **jdm etw ins ~ sagen** decirle a alguien algo a la cara; **jdm wie aus dem ~ geschnitten sein** ser el vivo retrato de alguien; **der Realität ins ~ sehen** ver las cosas como son; **ein langes ~ machen** poner cara larga ❷ *(Anblick)* aspecto *m*
Gesichtsausdruck *m* (expresión *f* de la) cara *f*
Gesichtsbehandlung *f* tratamiento *m* facial
Gesichtscreme *f* crema *f* facial
Gesichtsfarbe *f* color *m* del rostro; *(Teint)* tez *f*
Gesichtsmaske *f* mascarilla *f* facial
Gesichtspunkt *m* punto *m* de vista; **unter diesem ~** desde este punto de vista
Gesichtswasser *nt* loción *f* para la cara
Gesichtszüge *mpl* facciones *fpl*
Gesims [gəˈzɪms] *nt* <-es, -e> moldura *f*
Gesindel [gəˈzɪndəl] *nt* <-s, *ohne pl*> *(abw)* gentuza *f,* pacotilla *f Am*
gesinnt [gəˈzɪnt] *adj* **gleich ~** de la misma manera de pensar; **jdm freundlich/übel ~ sein** sentir simpatía/antipatía por alguien
Gesinnung [gəˈzɪnʊŋ] *f* <-en> *(Denk-*

art) ideas *f pl; (Überzeugung)* convicciones *f pl;* **politische ~** credo político

Gesinnungswandel *m* cambio *m* de opinión

gesittet [gəˈzɪtət] *adj (anständig)* decente; *(gut erzogen)* bien educado

Gesöff [gəˈzœf] *nt* <-(e)s, -e> *(fam abw)* brebaje *m*

gesoffen [gəˈzɔfən] *pp von* **saufen**

gesogen [gəˈzoːgən] *pp von* **saugen**

gesondert [gəˈzɔndɐt] **I.** *adj* separado, aparte **II.** *adv* por separado

gesonnen [gəˈzɔnən] **I.** *pp von* **sinnen** **II.** *adj* **~ sein, etw zu tun** tener la intención de hacer algo

gesotten [gəˈzɔtən] *pp von* **sieden**

gespalten [gəˈʃpaltən] *pp von* **spalten**

Gespann [gəˈʃpan] *nt* <-(e)s, -e> ① *(Wagen)* tiro *m; (Ochsen und Joch)* yunta *f* ② *(Personen)* pareja *f*

gespannt [gəˈʃpant] *adj* ① *(neugierig)* curioso (**auf** por); **ich bin ~, was daraus wird** tengo mucha curiosidad por ver qué pasa con esto ② *(aufmerksam)* atento ③ *(Lage)* tenso

Gespanntheit *f* <-, *ohne pl*> ① *(Neugierigkeit)* curiosidad *f* ② *(Aufmerksamkeit)* atención *f* ③ *(Gereiztheit)* tensión *f*

Gespenst [gəˈʃpɛnst] *nt* <-(e)s, -er> fantasma *m*, espanto *m Am*

gespenstig, gespenstisch *adj* fantasmal

gespie(e)n *pp von* **speien**

gespielt [gəˈʃpiːlt] *adj (vorgetäuscht)* simulado, fingido

gespien [gəˈʃpiːn] *pp von* **speien**

gesponnen [gəˈʃpɔnən] *pp von* **spinnen**

Gespött [gəˈʃpœt] *nt* <-(e)s, *ohne pl*> burla *f;* **sich zum ~ der Leute machen** ser el hazmerreír de la gente

Gespräch [gəˈʃprɛːç] *nt* <-(e)s, -e> ① *(Unterhaltung)* conversación *f* (**über** de/sobre); *(Plauderei)* charla *f* (**über** sobre); (**mit jdm**) **ein ~ führen** conversar (con alguien); **mit jdm ins ~ kommen** trabar conversación con alguien; **im ~ sein** estar en boca de todos ② (TEL) conferencia *f*

gesprächig *adj* comunicativo, locuaz

Gesprächigkeit *f* <-, *ohne pl*> locuacidad *f*

gesprächsbereit *adj* dispuesto a conversar

Gesprächsdauer *f* <-, *ohne pl*> duración *f* de una conversación; (TEL) duración *f* de una llamada

Gesprächseinheit *f* (TEL) unidad *f*

Gesprächsfaden *m* <-s, -fäden> hilo *m* (de una conversación)

Gesprächspartner(in) *m(f)* interlocutor(a) *m(f)*

Gesprächsstoff *m* tema *m* de conversación

Gesprächsteilnehmer(in) *m(f)* tertuliano, -a *m, f*

Gesprächsthema *nt* <-s, -themen> tema *m* de conversación

gespreizt [gəˈʃpraɪtst] *adj (abw)* afectado, amanerado

gesprenkelt [gəˈʃprɛŋkəlt] *adj* moteado

gesprochen [gəˈʃprɔxən] *pp von* **sprechen**

gesprossen [gəˈʃprɔsən] *pp von* **sprießen**

gesprungen [gəˈʃprʊŋən] *pp von* **springen**

Gespür [gəˈʃpyːɐ] *nt* <-s, *ohne pl*> sentido *m* (**für** de)

gest. *Abk. von* **gestorben** fallecido

Gestalt [gəˈʃtalt] *f* <-en> ① *(äußere Erscheinung)* aspecto *m; (Wuchs)* estatura *f* ② *(Form)* forma *f;* **~ annehmen** tomar cuerpo; **in ~ von** en forma de ③ *(Persönlichkeit)* personaje *m;* **eine düstere ~** un personaje tenebroso ④ *(Person)* persona *f*

gestalten* **I.** *vt* ① *(Wohnung)* distribuir; *(Unterricht)* elaborar; *(Freizeit)* organizar ② (ARCHIT, KUNST) formar; *(Entwurf)* hacer, crear **II.** *vr:* **sich ~** *(geh)* formarse; **der Ablauf wird sich folgendermaßen ~** el desarrollo será de la siguiente manera; **die Bergung gestaltete sich schwierig** el rescate resultó difícil

gestalterisch *adj* creativo

Gestaltung *f* <-en> *(Wohnung)* distribución *f; (von Thema)* presentación *f; (Freizeit)* organización *f; (Aufbau)* estructuración *f; (schöpferisch)* creación *f*

Gestammel [gəˈʃtaməl] *nt* <-s, *ohne pl*> *(abw)* tartamudeo *m*

gestand *3. imp von* **gestehen**

gestanden [gəˈʃtandən] *pp von* **stehen, gestehen**

geständig [gəˈʃtɛndɪç] *adj* confeso; **~ sein** confesar

Geständnis [gəˈʃtɛntnɪs] *nt* <-ses, -se> confesión *f;* **ein ~ ablegen** confesar

Gestank [gəˈʃtaŋk] *m* <-(e)s, *ohne pl*> *(abw)* hedor *m*, peste *f fam*

Gestapo [geˈstaːpo] *f (des NS-Regimes) Abk. von* **Geheime Staatspolizei** Gestapo *f*

gestatten* [gəˈʃtatən] *vt* permitir; *(offiziell)* autorizar; **jdm etw ~** autorizar a alguien (para) algo; **wenn ich mir die Bemerkung ~ darf** si me permite la observación; **Sie ~?** (con) permiso

Geste [ˈgeːstə, ˈgɛstə] *f* <-n> gesto *m*

gestehen <gesteht, gestand, gestanden> *vt* ① (JUR) confesar ② *(zugeben)* admitir; **offen gestanden weiß ich es nicht** a decir verdad no lo sé

Gestein [gəˈʃtaɪn] *nt* <-(e)s, -e> mineral *m;* *(Fels)* roca *f*

Gesteinsprobe *f* <-, -n> (GEO) muestra *f* de roca

Gesteinsschicht *f* <-, -en> (GEO) estrato *m* de roca

Gestell [gəˈʃtɛl] *nt* <-(e)s, -e> ① *(Unterbau)* armazón *m o f;* *(Stütze)* soporte *m* ② (AUTO) chasis *m inv* ③ *(Brillengestell)* montura *f*

gestellt [gəˈʃtɛlt] *adj* *(Szene)* montado; *(Foto)* poco natural

gestern [ˈgɛstɐn] *adv* ayer; **~ Abend/Morgen** ayer por la noche/por la mañana; **~ vor einer Woche** ayer hace ocho días; **ich bin doch nicht von ~** *(fam)* no nací ayer

gestiefelt [gəˈʃtiːfəlt] *adj* con botas (puestas); **er ist für den Ausritt ~** se ha puesto las botas para salir a montar; **der G~e Kater** el Gato con Botas

gestiegen [gəˈʃtiːgən] *pp von* **steigen**

Gestik [ˈgeːstɪk, ˈgɛstɪk] *f ohne pl* gestos *mpl,* ademanes *mpl*

gestikulieren* [gɛstikuˈliːrən, gestikuˈliːrən] *vi* gesticular, hacer gestos

Gestirn [gəˈʃtɪrn] *nt* <-(e)s, -e> astro *m*

gestochen [gəˈʃtɔxən] **I.** *pp von* **stechen** **II.** *adj* *(sorgfältig)* esmerado; *(Handschrift)* claro; **~ scharf** *(Foto)* muy nítido

gestohlen [gəˈʃtoːlən] *pp von* **stehlen**

Gestöhn(e) [gəˈʃtøːn(ə)] *nt* <-(e)s, *ohne pl*> *(abw fam)* gemidos *mpl*

gestorben [gəˈʃtɔrbən] *pp von* **sterben**

gestört [gəˈʃtøːɐt] *adj* (PSYCH: *Verhältnis*) perturbado; *(Kind)* problemático

gestoßen [gəˈʃtoːsən] *pp von* **stoßen**

Gestotter *nt* <-s, *ohne pl*> *(fam abw)* tartamudeo *m*

gestreift [gəˈʃtraɪft] *adj* a rayas

gestresst [gəˈʃtrɛst] *adj* estresado

gestrichen [gəˈʃtrɪçən] **I.** *pp von* **streichen** **II.** *adj* *(Maßangabe)* raso, rasado; **ein ~er Teelöffel voll Zucker** una cucharilla rasa de azúcar; **ich hab die Schnauze ~ voll** *(fam)* estoy hasta las narices

gestrig [ˈgɛstrɪç] *adj* de ayer

gestritten [gəˈʃtrɪtən] *pp von* **streiten**

Gestrüpp [gəˈʃtrʏp] *nt* <-(e)s, -e> broza *f,* pajonal *m Am*

gestunken [gəˈʃtʊŋkən] *pp von* **stinken**

Gestüt [gəˈʃtyːt] *nt* <-(e)s, -e> criadero *m* de caballos

Gesuch [gəˈzuːx] *nt* <-(e)s, -e> solicitud *f,* aplicación *f Am;* **ein ~ einreichen** presentar una solicitud

gesucht [gəˈzuːxt] *adj* ① *(gekünstelt)* rebuscado ② *(begehrt)* solicitado

gesund [gəˈzʊnt] *adj* <gesünder, am gesündesten> sano; *(heilsam)* saludable; **~e Ernährung** alimentación sana; **wieder ~ werden** recobrar la salud; **ich bin ~ und munter** estoy sano y salvo; **Vitamin C ist ~** la vitamina C es buena para la salud; **~ aussehen** tener buen aspecto; **~e Anschauungen haben** tener ideas sanas

gesunden* [gəˈzʊndən] *vi sein* *(geh: Mensch)* sanar; *(Wirtschaft)* recuperarse

gesündeste(r, s) [gəˈzʏndəstə, -tɐ, -təs] *adj superl von* **gesund**

Gesundheit *f ohne pl* salud *f;* **auf Ihre ~!** ¡a su salud!; **bei guter ~ sein** gozar de buena salud; **~!** *(beim Niesen)* ¡Jesús!, ¡salud!

gesundheitlich *adj* ① *(die Gesundheit betreffend)* de salud; *(Institution)* sanitario; **aus ~en Gründen** por razones de salud ② *(der Gesundheit dienend)* saludable

Gesundheitsamt *nt* Departamento *m* de Sanidad

Gesundheitsapostel *m* <-s, -> *(iron)* apóstol *m* de la vida sana

gesundheitsbewusst *adj* consciente de la salud

gesundheitsschädlich *adj* perjudicial para la salud

Gesundheitswesen *nt ohne pl* sanidad *f*

Gesundheitszeugnis *nt* (ADMIN, MED) certificado *m* médico

Gesundheitszustand *m* estado *m* de salud

gesund|schreiben *irr vt* dar de alta

Gesundung *f* <-, *ohne pl*> ① (MED) curación *f* ② (WIRTSCH: *einer Firma*) recuperación *f;* *(der Staatsfinanzen)* saneamiento *m*

gesungen [gəˈzʊŋən] *pp von* **singen**

gesunken [gəˈzʊŋkən] *pp von* **sinken**

getan *pp von* **tun**

getigert [gəˈtiːgɐt] *adj* *(Katze)* atigrado

Getöse [gəˈtøːzə] *nt* <-s, *ohne pl*> estruendo *m,* chivateo *m Am*

getragen [gəˈtraːgən] **I.** *pp von* **tragen** **II.** *adj* ① *(Musik)* lento ② *(Kleidung)* usado

Getrampel *nt* <-s, *ohne pl*> *(fam abw)* ruido *m* de pasos

Getränk [gəˈtrɛŋk] *nt* <-(e)s, -e> bebida *f*

Getränkeautomat *m* máquina *f* automática de bebidas

Getränkedose *f* lata *f* de bebida

Getränkekarte *f* (GASTR) carta *f* de bebidas

Getränkemarkt *m* <-(e)s, -märkte> supermercado *m* de bebidas

Getratsch(e) [gəˈtraːtʃ(ə)] *nt* <-(e)s, *ohne*

pl> *(fam abw)* chismorreo *m,* chismes *mpl*
getrauen* *vr:* **sich ~** atreverse (**zu** a)
Getreide [gə'traɪdə] *nt* <-s, -> cereales *mpl o fpl*
Getreideprodukt *nt* <-(e)s, -e> producto *m* a base de cereales
Getreidesilo *m o nt* <-s, -s>, **Getreidespeicher** *m* silo *m* de cereales, granero *m*
getrennt [gə'trɛnt] **I.** *adj* separado **II.** *adv* por separado; **~ leben** vivir separados; **schreibt man das ~?** ¿eso se escribe separado?
getreten *pp von* **treten**
G
getreu [gə'trɔɪ] **I.** *adj* *(geh)* fiel **II.** *präp +dat* fiel a; **~ den Regeln** fiel a las reglas
Getriebe [gə'tri:bə] *nt* <-s, -> *(an Maschine)* engranaje *m;* (AUTO) caja *f* de cambios
getrieben *pp von* **treiben**
getroffen *pp von* **treffen**
getrogen *pp von* **trügen**
getrost [gə'tro:st] *adv* sin miedo, tranquilamente
getrübt [gə'try:pt] *adj* enturbiado
getrunken *pp von* **trinken**
Getto ['gɛto] *nt* <-s, -s> *s.* **Ghetto**
gettoisieren* *vt s.* **ghettoisieren**
Getue [gə'tu:ə] *nt* <-s, *ohne pl>* *(fam abw)* pose *f;* **ein zimperliches ~** remilgos *mpl*
Getümmel [gə'tʏməl] *nt* <-s, -> tumulto *m*
getüpfelt [gə'tʏpfəlt] *adj* moteado
Getuschel *nt* <-s, *ohne pl>* *(fam abw)* cuchicheos *mpl* (**über** sobre)
geübt [gə'ʔy:pt] *adj* *(erfahren)* experto; *(geschickt)* hábil; **im Reden ~ sein** tener facilidad de palabra
Gewächs [gə'vɛks] *nt* <-es, -e> ❶ *(Pflanze)* planta *f* ❷ *(Geschwulst)* tumor *m*
gewachsen [gə'vaksən] **I.** *pp von* **wachsen[1]** **II.** *adj* **jdm/etw** *dat* **~ sein** estar a la altura de alguien/algo
Gewächshaus *nt* invernadero *m*
gewagt [gə'va:kt] *adj* ❶ *(riskant)* arriesgado ❷ *(moralisch bedenklich)* atrevido
gewählt [gə'vɛ:lt] *adj* *(Stil)* culto; *(elegant)* elegante
Gewähr [gə'vɛ:ɐ] *f ohne pl* garantía *f;* **ohne ~** sin garantía; **jdm die ~ dafür bieten, dass ...** garantizarle a alguien que...; **~ leisten** asegurar; *s. a.* **gewährleisten**
gewähren* [gə'vɛ:rən] **I.** *vt* *(bewilligen)* conceder; *(geben)* dar, proporcionar; *(erlauben)* permitir **II.** *vi* **jdn ~ lassen** dejar plena libertad a alguien
gewährleisten* *vt* asegurar, garantizar; *s. a.* **Gewähr**
Gewährleistung *f* <-en> ❶ *(Sicherstellung, Mängelhaftung)* garantía *f* ❷ *(Schweiz: Genehmigung)* permiso *m*
Gewahrsam [gə'va:ɐza:m] *m* <-s, *ohne pl>* ❶ *(Obhut)* custodia *f;* **etw in ~ nehmen** tomar algo en custodia ❷ *(Gefangenschaft)* arresto *m;* **jdn in ~ nehmen** arrestar a alguien
Gewährung *f* <-en> concesión *f;* *(Erlaubnis)* permiso *m*
Gewalt[1] [gə'valt] *f* <-en> *(Macht)* poder *m;* **elterliche ~** patria potestad; **höhere ~** (caso de) fuerza mayor; **sich in der ~ haben** dominarse; **jdn in seiner ~ haben** tener a alguien en su poder; **in jds ~ geraten** caer en poder de alguien; **er verlor die ~ über seinen Wagen** perdió el control de su coche; **mit aller ~** a toda costa
Gewalt[2] *f ohne pl* ❶ *(Gewalttätigkeit)* violencia *f;* **mit ~** por fuerza, a la brava *Am;* **~ anwenden** recurrir a la fuerza; **sich** *dat* **~ antun** forzarse ❷ *(Heftigkeit)* fuerza *f,* vehemencia *f*
Gewaltakt *m* acto *m* de violencia
Gewaltanwendung *f* empleo *m* de la violencia
gewaltbereit *adj* dispuesto a la violencia
Gewaltenteilung *f ohne pl* separación *f* de poderes
gewaltfrei **I.** *adj* no violento **II.** *adv* sin violencia
Gewaltherrschaft *f* tiranía *f*
Gewaltherrscher(in) *m(f)* <-s, -; -, -nen> tirano, -a *m, f*
gewaltig **I.** *adj* ❶ *(mächtig)* poderoso ❷ *(riesig)* enorme **II.** *adv* *(fam: sehr)* tremendamente
gewaltlos *adj* sin violencia, pacífico
Gewaltlosigkeit *f ohne pl* renuncia *f* a la violencia
Gewaltmaßnahme *f* coacción *f*
gewaltsam **I.** *adj* violento **II.** *adv* a viva fuerza; **eine Tür ~ öffnen** forzar una puerta
Gewalttat *f* acto *m* violento; *(Verbrechen)* crimen *m*
Gewalttäter(in) *m(f)* criminal *mf* peligroso, -a
gewalttätig *adj* violento
Gewalttätigkeit *f ohne pl* violencia *f*
Gewaltverbrechen *nt* crimen *m* violento
Gewaltverbrecher(in) *m(f)* *s.* **Gewalttäter**
Gewaltverzicht *m* renuncia *f* a la violencia
Gewand [gə'vant, *pl:* gə'vɛndɐ] *nt* <-(e)s, -wänder> ❶ *(geh: Kleidungsstück)* vestimenta *f;* *(Umhang)* manto *m* ❷ *(Schweiz: Kleidung)* vestido *m*
gewandt [gə'vant] **I.** *pp von* **wenden[2]**

II. *adj* hábil; *(Auftreten)* seguro; *(Stil)* fluido
Gewandtheit *f* <-, *ohne pl*> *(im Auftreten)* seguridad *f; (eines Redners)* dotes *f pl* oratorias; *(der Bewegungen)* destreza *f*
gewann [gəˈvan] *3. imp von* **gewinnen**
Gewäsch [gəˈvɛʃ] *nt* <-(e)s, *ohne pl*> *(fam abw)* tonterías *f pl,* bobadas *f pl*
gewaschen [gəˈvaʃən] *pp von* **waschen**
Gewässer [gəˈvɛsɐ] *nt* <-s, -> agua(s) *f (pl)*
Gewässerschutz *m ohne pl* protección *f* de aguas
Gewebe [gəˈveːbə] *nt* <-s, -> (*a.* MED, BIOL) tejido *m*
Gewehr [gəˈveːɐ] *nt* <-(e)s, -e> fusil *m*
Gewehrkolben *m* culata *f* del fusil
Gewehrlauf *m* cañón *m* del fusil
Geweih [gəˈvaɪ] *nt* <-(e)s, -e> cornamenta *f*
Gewerbe[1] [gəˈvɛrbə] *nt* <-s, -> *(Tätigkeit)* oficio *m,* profesión *f;* **ein ~ (be)treiben** dedicarse a un oficio
Gewerbe[2] *nt* <-s, *ohne pl*> *(Betrieb)* empresa *f* (mediana)
Gewerbeaufsicht *f* inspección *f* de trabajo
Gewerbeaufsichtsamt *nt* Departamento *m* de Inspección Industrial
Gewerbebetrieb *m* empresa *f* industrial
Gewerbefläche *f* <-, -n> superficie *f* industrial
Gewerbegebiet *nt* polígono *m* industrial
Gewerbeordnung *f* reglamento *m* industrial
Gewerbepark *m* parque *m* industrial
Gewerbeschein *m* licencia *f* profesional
Gewerbesteuer *f* impuesto *m* industrial
Gewerbetreibende(r) *mf* <-n, -n; -n> industrial *mf*
gewerblich [gəˈvɛrplɪç] *adj* comercial; *(industriell)* industrial; *(beruflich)* profesional; **etw ~ nutzen** usar algo con fines comerciales
gewerbsmäßig *adj* profesional
Gewerkschaft [gəˈvɛrkʃaft] *f* <-en> sindicato *m*
Gewerkschaft(l)er(in) *m(f)* <-s, -; -nen> sindicalista *mf*
gewerkschaftlich *adj* sindical
Gewerkschaftsbewegung *f* movimiento *m* sindical
Gewerkschaftsbund *m* confederación *f* de sindicatos
Gewerkschaftsmitglied *nt* sindicalista *mf*
gewesen [gəˈveːzən] *pp von* **sein**
gewichen [gəˈvɪçən] *pp von* **weichen**
Gewicht[1] [gəˈvɪçt] *nt* <-(e)s, *ohne pl*> ① *(Schwere, a.* PHYS) peso *m;* **sein ~ halten** mantener su peso ② *(Bedeutung)* importancia *f;* **(nicht) ins ~ fallen** (no) tener importancia; **auf etw ~ legen** dar importancia a algo
Gewicht[2] *nt* <-(e)s, -e> *(für Waage, a.* SPORT) pesa *f*
gewichten* *vt (Bedeutung beimessen)* atribuir la debida importancia (a)
Gewichtheben *nt* <-s, *ohne pl*> (SPORT) levantamiento *m* de pesas
Gewichtheber(in) *m(f)* levantador(a) *m(f)* de pesas
gewichtig *adj* ① *(bedeutungsvoll)* importante ② *(iron: dick)* obeso
Gewichtsabnahme *f* pérdida *f* de peso
Gewichtsklasse *f* (SPORT) categoría *f*
Gewichtsscheibe *f* (SPORT) peso *m*
Gewichtsverlust *m* pérdida *f* de peso
Gewichtszunahme *f* aumento *m* de peso
gewieft [gəˈviːft] *adj (fam)* astuto
gewiesen [gəˈviːzən] *pp von* **weisen**
gewillt [gəˈvɪlt] *adj* **~ sein, etw zu tun** estar dispuesto a hacer algo
Gewimmel *nt* <-s, *ohne pl*> gentío *m*
Gewimmer [gəˈvɪmɐ] *nt* <-s, *ohne pl*> gimoteo *m*
Gewinde [gəˈvɪndə] *nt* <-s, -> (TECH) rosca *f*
Gewinn[1] [gəˈvɪn] *m* <-(e)s, -e> ① (WIRTSCH) beneficio *m,* ganancia *f;* **~ machen** obtener beneficios ② *(in Lotterie)* premio *m*
Gewinn[2] *m* <-(e)s, *ohne pl*> *(Nutzen)* provecho *m;* **aus etw** *dat* **~ schlagen** sacar provecho de algo; **~ bringend** lucrativo; *(vorteilhaft)* ventajoso; *s. a.* **gewinnbringend**
Gewinnausschüttung *f* (WIRTSCH) reparto *m* de dividendos
Gewinnbeteiligung *f* participación *f* en los beneficios
gewinnbringend *adj* lucrativo; *(vorteilhaft)* ventajoso; *s. a.* **Gewinn**[2]
Gewinnchance *f* <-, -n> oportunidad *f* de ganar
Gewinneinbußen *f pl* disminución *f* del beneficio
gewinnen [gəˈvɪnən] <gewinnt, gewann, gewonnen> **I.** *vt* ① *(Spiel)* ganar ② *(erhalten)* ganar, obtener; **Zeit/Boden ~** ganar tiempo/terreno; **Abstand ~** distanciarse; **jdn zum Freund ~** ganarse la amistad de alguien; **jdn für etw ~** ganar(se) a alguien para algo; **wie gewonnen, so zerronnen** *(prov)* lo que el agua trae, el agua se lleva ③ *(Rohstoff)* sacar, obtener; *(erzeugen)* elaborar; *(Energie)* producir; *(Kohle)* extraer; **aus diesen Trauben wird Wein gewonnen** de estas uvas se hace vino **II.** *vi* ① *(siegen)* ganar (**bei** en); **die Mann-**

G

schaft gewann 1:3 el equipo ganó por 1 a 3 ② (besser werden) ganar (an en); an Höhe/an Bedeutung ~ ganar en altura/en importancia ③ (besser wirken) ganar (durch con), mejorar (durch con)
gewinnend adj (Wesen) agradable
Gewinner(in) m(f) <-s, -; -nen> ganador(a) m(f); (Lotto) acertante mf; (Sieger) vencedor(a) m(f)
Gewinnlos nt boleto m premiado
Gewinnmarge [-marʒə] f (WIRTSCH) margen m de beneficios
Gewinnmitnahme f (WIRTSCH) toma f de beneficios
Gewinnspanne f (WIRTSCH) margen m de beneficio
Gewinnzahl f número m premiado
Gewinsel nt <-s, ohne pl> (abw) aullido m
Gewirr [gəˈvɪr] nt <-(e)s, ohne pl> maraña f; (von Stimmen) confusión f; (von Straßen) laberinto m
gewiss [gəˈvɪs] I. adj ① (sicher) seguro; sich dat einer Sache ~ sein (geh) estar seguro de una cosa ② (bestimmt) tal, cierto; ein ~er Herr Müller un tal Señor Müller; in ~em Maße en cierta medida II. adv (sicher) seguramente; (zweifellos) indudablemente; aber ~ doch! ¡seguro que sí!
Gewissen [gəˈvɪsən] nt <-s, -> conciencia f; ein gutes/schlechtes ~ haben tener buena/mala conciencia; jdn/etw auf dem ~ haben tener a alguien/algo sobre su conciencia; jdm ins ~ reden apelar a la conciencia de alguien; sein ~ erleichtern descargar la conciencia
gewissenhaft adj concienzudo; (penibel) escrupuloso
Gewissenhaftigkeit f <-, ohne pl> ① (Gründlichkeit) exactitud f; (Sorgfalt) esmero m ② (peinliche Genauigkeit) minuciosidad f
gewissenlos adj sin escrúpulo(s); ~ handeln obrar de mala fe
Gewissenlosigkeit f ohne pl falta f de conciencia
Gewissensbisse mpl remordimientos mpl (de conciencia)
Gewissensfrage f cuestión f de conciencia
Gewissensfreiheit f ohne pl libertad f de conciencia
Gewissensgründe mpl razones fpl de conciencia
Gewissenskonflikt m conflicto m de conciencia, problema m de conciencia
gewissermaßen [-ˈ--ˈ--] adv en cierto sentido
Gewissheit f <-en> certeza f; ~ haben über etw estar seguro de algo; sich dat ~ über etw verschaffen cerciorarse de algo
gewitt(e)rig adj tormentoso
Gewitter [gəˈvɪtɐ] nt <-s, -> tormenta f
gewittern* vunpers haber tormenta
Gewitterregen m lluvia f tormentosa
Gewitterwolke f nubarrón m
gewittrig adj s. gewitt(e)rig
gewitzt [gəˈvɪtst] adj listo
gewoben [gəˈvoːbən] pp von weben
gewogen [gəˈvoːgən] I. pp von wiegen[2] II. adj (geh) etw dat ~ sein ser propicio a algo; jdm ~ sein tener simpatía por alguien
gewöhnen* [gəˈvøːnən] I. vt acostumbrar (an a); (an Klima) aclimatar (an a) II. vr: sich ~ acostumbrarse (an a); (vertraut machen) familiarizarse (an con); (an Klima) aclimatarse (an a)
Gewohnheit [gəˈvoːnhaɪt] f <-en> costumbre f; aus (alter) ~ por (pura) costumbre
gewohnheitsmäßig I. adj acostumbrado II. adv de costumbre
Gewohnheitsmensch m <-en, -en> persona f rutinaria
Gewohnheitsrecht nt (JUR) derecho m consuetudinario
Gewohnheitstäter(in) m(f) delincuente mf habitual
Gewohnheitstier nt (iron) persona f de costumbres
Gewohnheitstrinker(in) m(f) bebedor(a) m(f) habitual
Gewohnheitsverbrecher(in) m(f) delincuente mf habitual
gewöhnlich [gəˈvøːnlɪç] I. adj ① (gewohnt) habitual ② (alltäglich) corriente ③ (ordinär) ordinario II. adv (normalerweise) normalmente; wie ~ como siempre; für ~ normalmente
gewohnt [gəˈvoːnt] adj ① (daran gewöhnt) acostumbrado; ich bin es ~, lange zu arbeiten estoy acostumbrado a trabajar hasta tarde ② (vertraut) familiar
Gewöhnung [gəˈvøːnʊŋ] f ohne pl habituación f (an a); (an Klima) aclimatación f (an a)
gewöhnungsbedürftig adj que requiere un cierto tiempo (para acostumbrarse)
Gewölbe [gəˈvœlbə] nt <-s, -> bóveda f
gewölbt [gəˈvœlpt] adj arqueado; (Decke) abovedado
gewonnen [gəˈvɔnən] pp von gewinnen
geworben [gəˈvɔrbən] pp von werben
geworden [gəˈvɔrdən] pp von werden[1]
geworfen [gəˈvɔrfən] pp von werfen
gewrungen [gəˈvrʊŋən] pp von wringen

Gewühl [gəˈvyːl] *nt* <-(e)s, *ohne pl*> *(Gedränge)* multitud *f,* mogollón *m fam*
gewunden [gəˈvʊndən] **I.** *pp von* **winden** **II.** *adj (Flusslauf, Straße)* sinuoso; *(Ausdrucksweise)* retorcido
gewunken [gəˈvʊŋkən] *pp von* **winken**
Gewürz [gəˈvʏrts] *nt* <-es, -e> especia *f*
Gewürzgurke *f* pepinillo *m* en vinagre
Gewürzmischung *f* <-, -en> mezcla *f* de especias
Gewürznelke *f* clavo *m*
gewusst [gəˈvʊst] *pp von* **wissen**
Geysir [ˈgaɪziːɐ] *m* <-s, -e> géiser *m*
gez. *Abk. von* **gezeichnet** fdo.
gezackt [gəˈtsakt] *adj* con picos; (TECH, BOT) dentado
Gezanke *nt* <-s, *ohne pl*> *(abw)* pelea *f,* riña *f*
gezeichnet [gəˈtsaɪçnət] *adj* ❶ *(im Brief)* firmado ❷ *(von Krankheit)* **von etw** *dat* **~ sein** estar marcado por algo
Gezeiten [gəˈtsaɪtən] *f pl* marea *f*
Gezeitenkraftwerk *nt* central *f* mareomotriz
Gezeitenwechsel *m* cambio *m* de marea
Gezeter [gəˈtseːtɐ] *nt* <-s, *ohne pl*> *(abw)* alboroto *m*
gezielt [gəˈtsiːlt] *adj* dirigido a un fin; **~ nachfragen** preguntar con precisión
geziemen* [gəˈtsiːmən] *vr:* **sich ~** convenir; **das geziemt sich nicht!** ¡eso no se hace!
geziert [gəˈtsiːɐt] *adj (abw)* afectado
gezogen [gəˈtsoːgən] *pp von* **ziehen**
Gezwitscher [gəˈtsvɪtʃɐ] *nt* <-s, *ohne pl*> gorjeo *m*
gezwungen [gəˈtsvʊŋən] **I.** *pp von* **zwingen** **II.** *adj* forzado
gezwungenermaßen [-ˈ---ˈ--] *adv* forzosamente
ggf. *Abk. von* **gegebenenfalls** en su caso, en caso necesario
Ghana [ˈgaːna] *nt* <-s> Ghana *f*
Ghanaer(in) [ˈgaːnaɐ] *m(f)* <-s, -; -nen> ghanés, -esa *m, f*
ghanaisch [ˈgaːnaɪʃ] *adj* ghanés
Ghetto [ˈgɛto] *nt* <-s, -s> gueto *m*
ghettoisieren* *vt* convertir en un gueto
Ghostwriter(in) [ˈgɔʊstraɪtɐ] *m(f)* <-s, -; -, -nen> negro *m*
GHz *Abk. von* **Gigahertz** GHz
Gibbon [ˈgɪbɔn] *m* <-s, -s> (ZOOL) gibón *m*
Gibraltar [giˈbraltaːɐ, --ˈ-] *nt* <-s> Gibraltar *m*
Gibraltarer(in) [gibralˈtaːrɐ] *m(f)* <-s, -; -nen> gibraltareño, -a *m, f*
gibt [giːpt] *3. präs von* **geben**
Gicht [gɪçt] *f ohne pl* (MED) gota *f*
gichtkrank *adj* (MED) gotoso
Gichtkranke(r) *mf* (MED) gotoso, -a *m, f*
Giebel [ˈgiːbəl] *m* <-s, -> (ARCHIT) frontón *m*
Giebeldach *nt* (ARCHIT) tejado *m* a dos vertientes
Giebelfenster *nt* ventana *f* en el frontón de un edificio
Gier [giːɐ] *f ohne pl* avidez *f* (**nach** de), codicia *f* (**nach** de); *(Fressgier)* voracidad *f*
gieren [ˈgiːrən] *vi (geh)* codiciar (**nach**)
gierig *adj* ávido (**nach** de); *(habgierig)* codicioso; *(gefräßig)* voraz; **~ essen/trinken** comer/beber con gula
gießen [ˈgiːsən] <gießt, goss, gegossen> **I.** *vt* ❶ *(Pflanzen)* regar ❷ *(Metall)* fundir ❸ *(Kerzen)* hacer ❹ *(hineingießen)* echar ❺ *(verschütten)* verter **II.** *vunpers (fam: regnen)* llover mucho; **es gießt in Strömen** llueve a cántaros
Gießerei *f* <-en> (taller *m* de) fundición *f*
Gießkanne *f* regadera *f*
Gift [gɪft] *nt* <-(e)s, -e> veneno *m;* (MED) tóxico *m;* **darauf kannst du ~ nehmen** *(fam)* apuesto la cabeza; **sein ~ verspritzen** *(fam)* hablar con lengua viperina; **~ und Galle spucken** *(fam)* echar sapos y culebras
Giftgas *nt* gas *m* tóxico
giftgrün *adj* verde cardenillo
gifthaltig *adj,* **gifthältig** *adj (Österr)* venenoso
giftig *adj* ❶ *(Substanz)* venenoso; (MED) tóxico ❷ *(fam: boshaft)* mordaz
Giftigkeit *f* <-, *ohne pl*> ❶ *(einer Substanz)* venenosidad *f* ❷ *(fam: einer Person)* malicia *f*
Giftmüll *m* (ÖKOL) desechos *mpl* tóxicos, residuos *mpl* tóxicos
Giftmülldeponie *f* <-, -n> vertedero *m* de residuos tóxicos
Giftnotrufzentrale *f* <-, -n> central *f* asesora para intoxicaciones
Giftpilz *m* (BOT) seta *f* venenosa
Giftschlange *f* serpiente *f* venenosa
Giftschrank *m* <-(e)s, -schränke> armario *m* de los venenos
Giftspritze *f* <-, -n> inyección *f* letal
Giftstoff *m* sustancia *f* tóxica
Giftzahn *m* diente *m* venenoso
Giftzwerg *m (fam abw)* víbora *f*
Gigabyte [ˈgiːgabaɪt] *nt* <-(s), -(s)> (INFOR) gigabyte *m*
Gigant(in) [giˈgant] *m(f)* <-en, -en; -nen> gigante, -a *m, f*
gigantisch *adj* gigantesco, gigante
Gigolo [ˈʒiːgolo, ˈʒɪgolo] *m* <-s, -s> gigoló *m*
gilt [gɪlt] *3. präs von* **gelten**

Gin [dʒɪn] *m* <-s, -s> ginebra *f;* ~ **Tonic** gin-tonic
ging [gɪŋ] *3. imp von* **gehen**
Ginster ['gɪnstɐ] *m* <-s, -> (BOT) retama *f*
Gin Tonic [dʒɪn 'tɔnɪk] *m* <- -(s), - -(s)> gin-tonic *m*
Gipfel ['gɪpfəl] *m* <-s, -> ① *(von Berg)* cumbre *f,* cima *f* ② *(Höhepunkt)* apogeo *m;* **das ist doch der ~!** ¡esto es el colmo! ③ (POL) cumbre *f*
Gipfelkonferenz *f* (POL) (conferencia *f*) cumbre *f*
gipfeln *vi* culminar (**in** en)
Gipfelpunkt *m* punto *m* culminante
Gipfeltreffen *nt* (POL) (reunión *f*) cumbre *f*
Gips [gɪps] *m* <-es, -e> ① *(Baumaterial)* yeso *m* ② (MED) escayola *f;* **er hat den Fuß in ~** tiene el pie enyesado
Gipsabdruck *m (durch Eindrücken)* impresión *f* en yeso; *(Abguss)* moldeado *m* en yeso
Gipsarm *m* <-(e)s, -e> *(fam)* brazo *m* enyesado
Gipsbein *nt (fam)* pierna *f* enyesada
gipsen *vt* enyesar
Gipser(in) *m(f)* <-s, -; -, -nen> yesero, -a *m, f; (für Stuckarbeiten)* estuquista *mf*
gipsern *adj* de [*o* en] yeso
Gipsfigur *f* figura *f* de yeso
Gipsverband *m* escayola *f*
Giraffe [gi'rafə] *f* <-n> jirafa *f*
Girlande [gɪr'landə] *f* <-n> guirnalda *f*
Giro ['ʒi:ro] *nt* <-s, -s> (FIN) giro *m*
Girokonto ['ʒi:rokɔnto] *nt* cuenta *f* corriente
Gis [gɪs] *nt* <-, -> (MUS) sol *m* sostenido
Gischt [gɪʃt] *f* <-en> espuma *f* de las olas
Gitarre [gi'tarə] *f* <-n> guitarra *f;* **akustische/elektrische ~** guitarra acústica/eléctrica *f*
Gitarrenspieler(in) *m(f)* guitarrista *mf*
Gitarrist(in) *m(f)* <-en, -en; -nen> guitarrista *mf*
Gitter ['gɪtɐ] *nt* <-s, -> ① *(Fenster-, Türgitter)* reja *f; (für Pflanzen)* enrejado *m;* **hinter ~ kommen** *(fam)* ir a la cárcel ② (CHEM) red *f* cristalina, retículo *m* cristalino ③ (GEO, MATH) cuadrícula *f*
Gitterbett *nt* <-(e)s, -en> cuna *f*
Gitterbettchen [-'bɛtçən] *nt* cuna *f*
Gitterfenster *nt* ventana *f* enrejada
Gitterrost *m (an Ofen)* parrilla *f; (Abdeckung)* reja *f*
Gitterstab *m* barrote *m*
Glaceehandschuh *m,* **Glacéhandschuh** [gla'se:hantʃu:] *m* guante *m* de cabritilla; **jdn mit ~en anfassen** *(fam fig)* tratar a alguien con guante de seda

G

Gladiator [gladi'a:to:ɐ] *m* <-s, -en> (HIST) gladiador *m*
Glamour ['glɛmɐ] *m o nt* <-s, *ohne pl*> glam(o)ur *m*
Glanz [glants] *m* <-es, *ohne pl*> ① *(von Fläche, Haaren, Augen)* brillo *m; (Schimmer)* resplandor *m* ② *(Pracht)* esplendor *m*
glänzen ['glɛntsən] **I.** *vi* ① *(Glanz haben)* brillar; *(strahlen)* resplandecer ② *(in einem Fach)* brillar (**durch** por); **durch Abwesenheit ~** brillar por su ausencia **II.** *vt (Schweiz: zum Glänzen bringen)* dar brillo (a)
glänzend **I.** *adj* ① *(Lack, Augen)* brillante; *(Foto)* en brillo ② *(fam: sehr gut)* espléndido **II.** *adv* de maravilla; **wir haben uns ~ amüsiert** nos divertimos de lo lindo
Glanzleistung *f* actuación *f* brillante
glanzlos *adj* sin brillo
Glanzpapier *nt* papel *m* satinado
glanzvoll *adj* ① *(ausgezeichnet)* espléndido ② *(prunkhaft)* suntuoso
Glanzzeit *f* época *f* de esplendor
Glas[1] [gla:s] *nt* <-es, *ohne pl*> *(Material)* vidrio *m,* cristal *m;* **Vorsicht ~!** ¡frágil!
Glas[2] [gla:s, *pl:* 'glɛ:zɐ] *nt* <-es, Gläser> ① *(Trinkgefäß)* vaso *m; (mit Stiel)* copa *f; (Glasbehälter)* frasco *m; (Schraubglas)* tarro *m;* **ein ~ über den Durst trinken** *(fam)* tomar una copa de más; **zu tief ins ~ gucken** *(fam fig)* empinar el codo ② *(Fernglas)* prismáticos *mpl* ③ *(Brillenglas)* cristal *m*
Glasbläser(in) *m(f)* vidriero, -a *m, f*
Glascontainer *m (für Altglas)* contenedor *m* de vidrio
Glaser(in) *m(f)* <-s, -; -nen> vidriero, -a *m, f,* cristalero, -a *m, f*
Glaserei *f* <-en> *(Betrieb)* vidriería *f*
Glaserin *f* <-nen> *s.* **Glaser**
gläsern ['glɛ:zɐn] *adj* de vidrio; *(feiner)* de cristal; *(fig: transparent)* tra(n)sparente
Glasfaser *f* fibra *f* de vidrio
Glasfaserkabel *nt* (TECH) cable *m* fibroóptico
Glashaus *nt* invernadero *m*
Glashütte *f* taller *m* de vidrio, vidriería *f*
glasieren* [gla'zi:rən] *vt* ① *(Keramik)* vidriar ② (GASTR) glasear
glasig ['gla:zɪç] *adj* ① *(Blick)* vidrioso ② (GASTR) sofrito
glasklar ['-'-] *adj* ① *(durchsichtig)* claro ② *(deutlich)* claro como el agua
Glasmalerei *f ohne pl* pintura *f* sobre vidrio
Glasperle *f* perla *f* de vidrio
Glasscheibe *f* cristal *m,* vidrio *m*

Glasscherbe *f* fragmento *m* de vidrio; **~n** vidrios rotos
Glassplitter *m* astilla *f* de vidrio
Glastür *f* puerta *f* vidriera, mampara *f Perú*
Glasur [gla'zuːɐ] *f* <-en> ❶ *(auf Keramik)* esmalte *m* ❷ (GASTR: *aus Schokolade*) cobertura *f* de chocolate
Glaswaren *f pl* objetos *m pl* de vidrio
Glaswolle *f ohne pl* lana *f* de vidrio
glatt [glat] **I.** *adj* ❶ *(eben)* plano; *(nicht rau)* liso; *(Haut)* suave; *(Haare)* liso ❷ *(rutschig)* resbaladizo ❸ *(reibungslos)* perfecto ❹ *(fam: eindeutig)* claro, rotundo; **das macht ~e 100 Euro** son exactamente 100 euros ❺ *(Typ)* empalagoso **II.** *adv* ❶ *(problemlos)* sin problemas, sin obstáculos ❷ *(rundweg)* rotundamente; *(einfach)* sencillamente
Glätte ['glɛtə] *f ohne pl* ❶ *(Ebenheit)* llanura *f; (nicht rau)* lisura *f* ❷ *(von Straßen)* estado *m* resbaladizo
Glatteis *nt* hielo *m;* **jdn aufs ~ führen** *(fig)* poner a alguien en un aprieto
Glätteisen *nt (Schweiz: Bügeleisen)* plancha *f*
Glatteisgefahr *f* <-, *ohne pl*> peligro *m* de (formación de) hielo
glätten ['glɛtən] **I.** *vt* ❶ *(eben machen)* alisar; **die Wogen ~** *(fig)* calmar los ánimos ❷ *(Schweiz: bügeln)* planchar **II.** *vr:* **sich ~** *(Meer, Sturm)* calmarse
glattrasiert *adj s.* **rasieren I.**
glattweg ['glatvɛk] *adv (fam: rundweg)* rotundamente; *(völlig)* completamente
Glatze ['glatsə] *f* <-n> calva *f*, pelada *f CSur;* **eine ~ haben/bekommen** ser/quedarse calvo
Glatzkopf *m (fam)* calvo, -a *m, f*
glatzköpfig ['glatskœpfɪç] *adj* calvo
Glaube ['glaʊbə] *m* <-ns, *ohne pl*> ❶ (REL) fe *f* (**an** en), creencias *f pl;* **der christliche ~** la fe cristiana; **jüdischen ~ns** de religión judía ❷ *(Vertrauen)* creencia *f*, crédito *m; (Meinung)* opinión *f; (Überzeugung)* convicción *f;* **in dem ~n sein, dass ...** estar en la creencia de que...; **jdn in dem ~n belassen, dass** dejar a alguien creyendo que; **etw** *dat* **~n/keinen ~n schenken** dar/no dar crédito a algo; **in gutem ~n handeln** actuar de buena fe ❸ *(Zuversicht)* confianza *f* (**an** en)
glauben ['glaʊbən] **I.** *vt* ❶ *(meinen)* creer(se); **ich glaube nicht, dass das geht** no creo que se pueda hacer esto; **sie glaubte ihn in Schwierigkeiten** *(geh)* le creía en dificultades; **einer musste daran ~** *(fam fig)* uno estiró la pata ❷ *(für wahr halten)* creer(se); **das glaubst du doch selber nicht** eso no te lo crees ni tú; **es ist nicht zu ~!** ¡es increíble!; **ich glaube dir** te creo; **ob du es glaubst oder nicht, ich habe gewonnen** te lo creas o no, he ganado **II.** *vi* (*a.* REL) creer (**an** en); **ich glaube an Gott** creo en Dios
Glauben *m* <-s, *ohne pl*> *s.* **Glaube**
Glaubensbekenntnis *nt* (REL, POL) credo *m*
Glaubensfrage *f* <-, -n> (REL) cuestión *f* de fe; **in ~n** en lo que respeta a cuestiones de fe
Glaubensfreiheit *f ohne pl* libertad *f* de culto(s)
Glaubensgemeinschaft *f* comunidad *f* de creyentes
glaubhaft *adj* creíble; *(glaubwürdig)* fidedigno; **jdm etw ~ machen** presentar algo de forma convincente a alguien
Glaubhaftigkeit *f ohne pl* credibilidad *f*
gläubig ['glɔɪbɪç] *adj* (REL) creyente
Gläubige(r) *mf* <-n, -n; -n> (REL) creyente *mf*
Gläubiger(in) *m(f)* <-s, -; -nen> (WIRTSCH) acreedor(a) *m(f)*
glaubwürdig *adj* digno de crédito, creíble
Glaubwürdigkeit *f ohne pl* credibilidad *f*
gleich [glaɪç] **I.** *adj* ❶ (*a.* MATH: *gleichwertig*) igual; *(identisch)* idéntico; **der/die/das G~e** el mismo/la misma/lo mismo; **zu ~en Teilen** a partes iguales; **in ~er Weise** de la misma manera; **zur ~en Zeit** a la misma hora; **G~es mit G~em vergelten** pagar con la misma moneda; **zwei mal zwei (ist) ~ vier** dos por dos (es) igual a cuatro ❷ *(ähnlich)* parecido; **G~ und G~ gesellt sich gern** cada oveja con su pareja ❸ *(gleichgültig)* **es ist mir ~, ob ...** me da lo mismo si...; **ganz ~ was er sagt** no importa lo que él diga **II.** *adv* ❶ *(sofort)* ahora mismo, inmediatamente; *(demnächst)* pronto; **ich komme ~** ahora voy; **bis ~** hasta ahora; **~ darauf** al poco rato; **~ heute** hoy mismo; **habe ich es nicht ~ gesagt?** ¿qué te dije?; **das dachte ich mir ~** ya me lo imaginaba; **wie hieß sie doch ~?** ¿cómo se llamaba? ❷ *(dicht daneben)* justo, directamente; **der Schrank steht ~ neben der Tür** el armario está justo al lado de la puerta; **~ hier** aquí mismo ❸ *(ebenso)* igual; **~ schnell** igual de rápido; **~ groß** del mismo tamaño; **~ viel** la misma cantidad; **du musst sie beide ~ behandeln** los debes tratar igual **III.** *präp +dat (geh: wie)* igual a; **~ einem Schmetterling** cual una mariposa
gleichaltrig ['glaɪçaltrɪç] *adj* de la misma edad
gleichartig *adj* de la misma especie

G

gleichauf *adv* (SPORT) ❶ *(auf gleicher Höhe)* igualado, a la misma altura ❷ *(punktgleich)* empatado (a puntos)
gleichbedeutend *adj* equivalente (**mit** a)
Gleichbehandlung *f ohne pl* igualdad *f* de trato
gleichberechtigt *adj* con los mismos derechos
Gleichberechtigung *f ohne pl* igualdad *f* de derechos
gleichbleibend *adj s.* **bleiben 2.**
gleichen ['glaɪçən] <gleicht, glich, geglichen> *vi* parecerse (a)
gleichermaßen ['--'--] *adv* de la misma manera, igualmente
gleichfalls *adv* igualmente; **danke ~!** ¡gracias, igualmente!
gleichförmig *adj* uniforme, igual
Gleichförmigkeit *f* <-, *ohne pl*> ❶ *(Einheitlichkeit)* uniformidad *f* ❷ *(Eintönigkeit)* monotonía *f*
gleichgeschlechtlich *adj* ❶ *(von gleichem Geschlecht)* del mismo sexo ❷ *(homosexuell)* homosexual
gleichgesinnt ['glaɪçgəzɪnt] *adj s.* **gesinnt**
Gleichgewicht *nt* <-(e)s, *ohne pl*> (*a.* PSYCH) equilibrio *m;* **aus dem ~ kommen/bringen** perder el equilibrio/desequilibrar; **im ~ sein** estar equilibrado
Gleichgewichtssinn *m* sentido *m* del equilibrio
Gleichgewichtsstörung *f* (MED) perturbación *f* del sentido del equilibrio
gleichgültig *adj* ❶ *(ohne Anteilnahme)* indiferente (**gegenüber** a) ❷ *(unwichtig)* insignificante; **das ist mir ~** eso me da igual
Gleichgültigkeit *f ohne pl* indiferencia *f* (**gegenüber** frente a); *(Desinteresse)* desinterés *m* (**gegenüber** frente a)
Gleichheit *f ohne pl* igualdad *f; (Übereinstimmung)* conformidad *f*
Gleichheitszeichen *nt* signo *m* de igualdad
gleich|kommen *irr vi sein* ❶ *(gleichen)* equivaler (a) ❷ *(mit Leistung)* igualar (**an** en)
gleichlautend *adj s.* **lauten**
gleich|machen *vt* igualar, nivelar; **etw dem Erdboden ~** arrasar algo
gleichmäßig *adj* ❶ *(gleichförmig)* uniforme ❷ *(regelmäßig)* regular ❸ *(ausgeglichen)* equilibrado ❹ *(ebenmäßig)* simétrico
Gleichmäßigkeit *f ohne pl* ❶ *(Gleichförmigkeit)* uniformidad *f* ❷ *(Regelmäßigkeit)* regularidad *f* ❸ *(Ausgeglichenheit)* equilibrio *m* ❹ *(in der Form)* simetría *f*
Gleichmut *m ohne pl* impasibilidad *f*
gleichmütig *adj* impasible
gleichnamig ['glaɪçnaːmɪç] *adj* homónimo, del mismo nombre
Gleichnis *nt* <-ses, -se> parábola *f*
gleichrangig ['glaɪçraŋɪç] *adj* de igual categoría; *(gleichwertig)* equivalente
gleichsam *adv (geh)* en cierto modo; **~ als ob ...** como si... *+subj*
gleichschalten *vt* (POL: *abw)* obligar a pensar de la misma manera
gleichschenk(e)lig *adj* (MATH) **~es Dreieck** triángulo *m* isósceles
Gleichschritt *m* <-(e)s, *ohne pl*> marcha *f* al compás; **im ~ marschieren** marchar al compás
gleichseitig *adj* (MATH) equilátero
gleich|setzen *vt* ❶ *(vergleichen)* equiparar (**mit** a/con) ❷ *(als gleichwertig einstufen)* igualar (**mit** a/con)
Gleichsetzung *f* <-, -en> ❶ *(im Vergleich)* equiparación *f* ❷ *(gleichwertiger Dinge)* igualación *f*
Gleichstand *m* <-(e)s, *ohne pl*> (SPORT) empate *m*
gleich|stellen *vt* igualar (**mit** a/con); (JUR) conceder los mismos derechos (**mit** que a)
Gleichstellung *f ohne pl* igualdad *f;* **die ~ der Frau mit dem Mann** la equiparación de la mujer con el hombre
Gleichstrom *m* (ELEK) corriente *f* continua
gleich|tun *irr vt* **es jdm ~** *(nachahmen)* imitar a alguien (en algo); *(in Leistung)* competir con alguien
Gleichung *f* <-en> (MATH) ecuación *f*
gleichwertig *adj* equivalente
Gleichwertigkeit *f* equivalencia *f*
gleichwohl ['-'-] *adv* no obstante
gleichzeitig **I.** *adj* simultáneo **II.** *adv* al mismo tiempo, simultáneamente
Gleichzeitigkeit *f* <-, *ohne pl*> simultaneidad *f*
gleich|ziehen *irr vi* igualar, alcanzar
Gleis [glaɪs] *nt* <-es, -e> vía *f;* **auf ~ zehn** en la vía diez; **aus dem ~ geraten** *(fig)* perder el ritmo acostumbrado; **die Sache kommt schon wieder ins rechte ~** las aguas vuelven a su cauce
Gleisnummer *f* número *m* de vía
Gleitboot *nt* hidroplano *m*
gleiten ['glaɪtən] <gleitet, glitt, geglitten> *vi* ❶ *sein (fliegen)* planear ❷ *sein (rutschen)* deslizarse ❸ *sein (sich bewegen)* deslizarse (**über** por); *(Blick, Hand)* pasar (**über** por)
Gleitflug *m* planeo *m;* **im ~** planeando
Gleitmittel *nt* (MED) lubricante *m*
Gleitschirm *m* parapente *m*
Gleitschirmfliegen *nt* (SPORT) parapente *m*
Gleitschirmflieger(in) *m(f)* <-s, -; -,

-nen> (SPORT) persona *f* que hace parapente
Gleitsichtbrille *f* gafas *f pl* progresivas
Gleitzeit *f ohne pl* horario *m* (de trabajo) flexible
Gletscher ['glɛtʃɐ] *m* <-s, -> glaciar *m*
Gletscherspalte *f* grieta *f* de glaciar
glibberig ['glɪbərɪç] *adj (nordd: fam: gallertartig)* gelatinoso
glich [glɪç] *3. imp von* **gleichen**
Glied [gli:t] *nt* <-(e)s, -er> ① *(Körperteil)* miembro *m;* **der Schreck saß ihm in den ~ern** el susto le llegó hasta la médula ② *(Fingerglied)* falange *f* ③ *(Penis)* miembro *m* (viril) ④ *(Kettenglied)* eslabón *m* ⑤ *(Teil)* miembro *m*
gliedern ['gli:dɐn] **I.** *vt* ① *(ordnen)* clasificar ② *(unterteilen)* (sub)dividir (**in** en) **II.** *vr:* **sich ~** *(sich teilen)* dividirse (**in** en)
Gliederschmerz *m* dolor *m* articular
Gliederung *f* <-en> ① *(das Gliedern)* clasificación *f; (Einteilung)* división *f* (**in** en) ② *(Aufbau)* estructura *f*
Gliedmaßen ['gli:tma:sən] *f pl* extremidades *f pl*
Gliedstaat *m* Estado *m,* provincia *f Arg*
glimmen ['glɪmən] <glimmt, glomm, geglommen> *vi* arder (sin llama)
Glimmer ['glɪmɐ] *m* <-s, -> ① *(Mineral)* mica *f* ② *(Schimmer)* destello *m*
Glimmstängel *m (fam)* pitillo *m*
glimpflich ['glɪmpflɪç] **I.** *adj (mild)* suave; *(Strafe)* leve **II.** *adv (ohne Schaden)* bien parado; **wir sind noch ~ davongekommen** aún salimos bien parados del asunto
glitschig ['glɪtʃɪç] *adj (fam: Weg)* resbaladizo; *(Fisch)* escurridizo
glitt [glɪt] *3. imp von* **gleiten**
glitzern ['glɪtsɐn] *vi* centellear
global [glo'ba:l] *adj* global
Globalisierung *f* <-en> globalización *f*
Globetrotter(in) ['glo:bətrɔtɐ] *m(f)* <-s, -; -nen> trotamundos *mf inv*
Globus ['glo:bʊs] *m* <-(ses), -se *o* Globen> globo *m*
Glocke ['glɔkə] *f* <-n> ① *(in Kirchen)* campana *f;* **etwas an die große ~ hängen** *(fam fig)* echar las campanas al vuelo ② *(reg: Klingel)* timbre *m* ③ *(Käseglocke)* quesera *f*
Glockenblume *f* campanilla *f*
glockenförmig *adj* acampanado
Glockengeläut(e) *nt* <-s, *ohne pl*> toque *m* de campanas
Glockenläuten *nt* <-s, *ohne pl*> toque *m* de campanas
Glockenschlag *m* campanada *f*
Glockenspiel *nt* carillón *m*
Glockenturm *m* campanario *m*
glomm [glɔm] *3. imp von* **glimmen**
Glorie ['glo:riə] *f ohne pl (geh: Ruhm)* gloria *f*
glorifizieren* [glorifi'tsi:rən] *vt* glorificar
Glorifizierung *f* <-, -en> glorificación *f*
glorreich ['glo:ɐraɪç] *adj* glorioso
Glossar [glɔ'sa:ɐ] *nt* <-s, -e> glosario *m*
Glosse ['glɔsə] *f* <-n> glosa *f*
Glotze *f* <-n> *(fam)* tele *f,* caja *f* tonta
glotzen ['glɔtsən] *vi (fam)* ① *(schauen)* mirar; *(anstarren)* clavar la vista (**auf** en) ② *(fernsehen)* ver la tele
Glück [glʏk] *nt* <-(e)s, *ohne pl*> suerte *f,* pegada *f CSur; (Glücklichsein)* felicidad *f;* **~ haben** tener suerte, pegarla *Am: argot;* **kein ~ haben** tener mala suerte; **sein ~ versuchen** probar fortuna; **jdm ~ bringen** traer suerte a alguien; **sie kann von ~ sagen, dass nichts passiert ist** ha tenido la suerte de que no ha pasado nada; **zum ~** por suerte; **~ auf!** *(Bergarbeitergruß)* ¡buena suerte!; **viel ~!** ¡mucha suerte!; **ein ~!** *(fam)* ¡qué suerte!; (**das ist**) **dein ~!** *(fam)* ¡vaya suerte la tuya!; **sie weiß noch nichts von ihrem ~** todavía no sabe la que le ha caído en suerte; **~ im Unglück haben** dentro de lo malo, lo mejor; **auf gut ~** *(fam)* a la buena de Dios; **jeder ist seines ~es Schmied** *(prov)* cada uno es el artífice de su ventura
Glucke ['glʊkə] *f* <-n> (gallina *f*) clueca *f*
glücken ['glʏkən] *vi sein* salir (bien)
gluckern ['glʊkɐn] *vi* hacer gluglú
glücklich **I.** *adj* ① *(vom Glück begünstigt)* afortunado; **die ~e Gewinnerin** la afortunada ganadora; **ein ~er Zufall** una feliz coincidencia; **wer ist der/die G~e ?** ¿quién es el afortunado/la afortunada? ② *(froh)* feliz; **sie kann sich ~ schätzen, dass ...** puede considerarse satisfecha de que... *+subj* **II.** *adv (mit Glück)* felizmente; *(gut)* bien; **~ verheiratet sein** estar felizmente casado
glücklicherweise ['---'--] *adv* por suerte
glücklos *adj* sin suerte, infeliz
Glücksbringer *m* <-s, -> talismán *m*
glückselig [-'--, '---] *adj* muy feliz
Glückseligkeit *f* <-, *ohne pl*> *(Zustand)* dicha *f,* felicidad *f*
glucksen *vi* ① *(Flüssigkeit, Gewässer)* borbot(e)ar ② *(Person)* barbot(e)ar
Glücksfall *m* golpe *m* de fortuna
Glücksgefühl *nt* <-(e)s, -e> sentimiento *m* de felicidad
Glücksgriff *m (Handlung)* acción *f* afortunada; *(Entscheidung)* decisión *f* afortunada
Glückskind *nt* afortunado, -a *m, f*

Glücksklee *m* <-s, *ohne pl*> trébol *m* de cuatro hojas
Glückspilz *m (fam)* suertudo, -a *m, f*
Glücksrad *nt* rueda *f* de la fortuna
Glückssache *f* <-, *ohne pl*> cuestión *f* de suerte
Glücksspiel *nt* juego *m* de azar
Glücksspieler(in) *m(f)* <-s, -; -, -nen> jugador(a) *m(f)* de azar
Glückssträhne *f* racha *f* de suerte
Glückstag *m* día *m* de suerte
Glückstreffer *m* golpe *m* de suerte, batacazo *m CSur*
Glückszahl *f* número *m* de la suerte

Glückwunsch *m (Glückwunschkarte)* felicitación *f; (als Wunsch)* enhorabuena *f;* **herzlichen ~!** ¡felicidades!; **herzlichen ~ zum Geburtstag!** ¡feliz cumpleaños!
Glückwunschkarte *f* tarjeta *f* de felicitación
Glucose [gluˈkoːzə] *f* <-, *ohne pl*> glucosa *f*
Glühbirne *f* bombilla *f,* foco *m Am*
glühen [ˈglyːən] *vi* ① *(Kohlen)* arder (sin llama) ② *(Metall)* ponerse al rojo (vivo); *(Körper)* arder ③ *(geh: erregt sein)* arder (**vor** de)
glühend *adj (Metall)* candente; *(Wangen)* enrojecido; *(Hass, Verehrer)* ardiente; **~ heiß** abrasador; **rot ~** candente; **weiß ~** incandescente
Glühfaden *m* filamento *m* incandescente
Glühlampe *f* lámpara *f* incandescente
Glühwein *m vino tinto caliente aromatizado con especias*
Glühwürmchen [ˈ-vʏrmçən] *nt* luciérnaga *f,* cocuyo *m Am*
Glukose [gluˈkoːze] *f* <-, *ohne pl*> (CHEM) glucosa *f*
Glut [gluːt] *f* <-en> *(von Kohlen)* brasa *f; (von Zigarette)* ceniza *f* ardiente
Glutamat [glutaˈmaːt] *nt* <-(e)s, -e> (CHEM) glutamato *m*
Gluten [gluˈteːn] *nt* <-s, -e> (BIOL) gluten *m*
Glutenallergie *f* <-, -n> (MED) alergia *f* al gluten
glutenfrei *adj* (MED) **~e Kost** alimentos sin gluten
Gluthitze [ˈ-ˈ--] *f* <-, *ohne pl*> calor *m* abrasador
glutrot [ˈ-ˈ-] *adj* rojo candente
Glyzerin [glytseˈriːn] *nt* <-s, *ohne pl*> (CHEM) glicerina *f*
GmbH [geːʔɛmbeːˈhaː] *f* <-s> *Abk. von* **Gesellschaft mit beschränkter Haftung** S.L. *f*
g-Moll *nt* <-, *ohne pl*> (MUS) sol *m* menor
Gnade [ˈgnaːdə] *f* <-n> ① (*a.* REL) gracia *f* ② *(Barmherzigkeit)* misericordia *f* ③ *(Milde)* clemencia *f; (Nachsicht)* indulgencia *f;* **für jdn um ~ bitten** pedir clemencia para alguien; **~ vor Recht ergehen lassen** optar por la clemencia; **von Gottes ~n** por la gracia de Dios
Gnadenakt *m* <-(e)s, -e> (JUR) derecho *m* de gracia
Gnadenfrist *f* plazo *m* de gracia
Gnadengesuch *nt* <-(e)s, -e> petición *f* de gracia
gnadenlos *adj* sin piedad
Gnadenstoß *m* golpe *m* de gracia
gnädig [ˈgnɛːdɪç] *adj* ① *(gütig)* benigno; *(barmherzig)* misericordioso; *(wohlwollend)* benévolo ② *(mild)* clemente; *(nachsichtig)* indulgente ③ *(Wend)* **~es Fräulein/~e Frau/~er Herr** señorita/señora/señor
Gnom [gnoːm] *m* <-en, -en> gnomo *m*
Gnu [gnuː] *nt* <-s, -s> (ZOOL) ñu *m*
Goal [goːl] *nt* <-s, -s> *(Österr, Schweiz:* SPORT: *Tor)* gol *m*
Gobelin [gobəˈlɛ̃ː] *m* <-s, -s> tapiz *m*
Gockel [ˈgɔkəl] *m* <-s, -> *(südd: fam)* gallo *m*
Gokart *m* <-(s), -s>, **Go-Kart** *m* <-(s), -s> ① (SPORT: *Rennwagen*) cart *m,* kart *m* ② *(für Kinder)* coche *m* de juguete con pedales
Gold [gɔlt] *nt* <-(e)s, *ohne pl*> oro *m;* **~ wert sein** valer su peso en oro; **nicht für alles ~ der Welt** ni por todo el oro del mundo; **es ist nicht alles ~, was glänzt** *(prov)* no es oro todo lo que reluce
Goldader *f* filón *m* de oro
Goldbarren *m* lingote *m* de oro
golden [ˈgɔldən] *adj* ① *(aus Gold)* de oro; **die ~e Mitte wählen** optar por el justo medio ② *(goldfarben)* dorado
Goldesel *m* <-s, -> asno *m* de oro
goldfarben *adj* dorado
Goldfisch *m* (ZOOL) pez *m* rojo, ciprino *m* dorado
goldgelb *adj* amarillo dorado
Goldgräber(in) [ˈ-grɛːbɐ] *m(f)* <-s, -; -, -nen> buscador(a) *m(f)* de oro
Goldgrube *f (a. fig fam)* mina *f* de oro
Goldhamster *m* hámster *m*
goldig *adj (fam: niedlich)* mono
Goldmedaille *f* (SPORT) medalla *f* de oro
Goldmine *f* mina *f* de oro; *(gutes Geschäft)* mina *f* de dinero, tronchado *m Méx*
Goldmünze *f* moneda *f* de oro
Goldrausch *m ohne pl* fiebre *f* del oro
Goldregen *m* (BOT) borne *m*
goldrichtig [ˈ-ˈ--] *adj (fam)* absolutamente correcto

Goldschmied(in) *m(f)* orfebre *mf*
Goldschmiedearbeit *f* trabajo *m* de orfebrería
Goldschmiedekunst *f ohne pl* orfebrería *f*
Goldschmiedin *f s.* **Goldschmied**
Goldstück *nt* ❶ *(Münze)* moneda *f* de oro ❷ *(fam: Mensch)* tesoro *m*
Goldwaage *f* balanza *f* para oro; **jedes Wort auf die ~ legen** *(fam)* tomar todo lo que se dice al pie de la letra
Goldwährung *f* (WIRTSCH) patrón-oro *m*
Golf[1] [gɔlf] *m* <-(e)s, -e> (GEO) golfo *m;* **der ~ von Mexiko** el golfo de México
Golf[2] *nt* <-s, *ohne pl*> (SPORT) golf *m*
Golfball *m* pelota *f* de golf
Golfcart [-ka:t] *nt* <-(s), -s> (SPORT) buggy *m*
Golfkrieg *m* guerra *f* del Golfo
Golfplatz *m* campo *m* de golf
Golfschläger *m* palo *m* de golf
Golfspieler(in) *m(f)* jugador(a) *m(f)* de golf
Golfstaat *m* Estado *m* del Golfo
Golfstrom *m ohne pl* (GEO) corriente *f* del golfo
Golftasche *f* bolsa *f* de los palos de golf
Golftrolley *m* (SPORT) carrito *m* de golf
Gondel ['gɔndəl] *f* <-n> ❶ *(Boot)* góndola *f* ❷ *(am Ballon)* barquilla *f; (von Seilbahn)* cabina *f*
Gondelbahn *f* <-, -en> *(Schweiz)* funicular *m* aéreo, teleférico *m*
Gondoliere [gɔndo'lje:rə, *pl:* gɔndo'lje:ri] *m* <-, Gondolieri> gondolero *m*
Gong [gɔŋ] *m* <-s, -s> gong *m*
Gongschlag *m* golpe *m* de gong
gönnen ['gœnən] *vt* conceder de buen grado; **das gönne ich ihm** se lo merece; **jdm etw nicht ~** envidiar algo a alguien; **ich gönne ihr, dass sie eine Stelle gefunden hat** me alegro que haya encontrado trabajo; **sich** *dat* **etw ~** permitirse algo
Gönner(in) *m(f)* <-s, -; -nen> patrocinador(a) *m(f); (von Künstler)* mecenas *mf inv*
gönnerhaft *adj (abw)* displicente
Gönnerin *f* <-nen> *s.* **Gönner**
gor [go:ɐ] *3. imp von* **gären**
Göre ['gø:rə] *f* <-n> *(nordd)* ❶ *(Kind)* chiquillo, -a *m, f* ❷ *(freches Mädchen)* mocosa *f*
Gorgonzola [gɔrgon'dzɔ:la] *m* <-s, -s> gorgonzola *m*
Gorilla [go'rɪla] *m* <-s, -s> gorila *m*
Gospel ['gɔspəl] *m o nt* <-s, -s> (REL, MUS) góspel *m*
Gospelsong *m* <-s, -s> *s.* **Gospel**
goss [gɔs] *3. imp von* **gießen**
Gosse ['gɔsə] *f* <-n> arroyo *m;* **in der ~ landen** acabar en el arroyo
Gotik ['go:tɪk] *f ohne pl* gótico *m*
gotisch *adj* gótico
Gott[1] [gɔt] *m* <-es, *ohne pl*> *(monotheistisch)* Dios *m;* **mit ~es Hilfe** con la ayuda de Dios; **grüß ~!** *(reg)* ¡buenos días!, ¡buenas tardes!, ¡buenas noches!; **mein ~!** ¡Dios mío!; **um ~es willen!** ¡por (el amor de) Dios!; **~ sei Dank!** *(fam)* ¡gracias a Dios!; **~ hab ihn selig** Dios le tenga en su gloria; **ich schwöre bei ~** lo juro por Dios; **weiß ~ nicht** *(fam)* Dios sabe que no; **in ~es Namen** *(fam)* por Dios; **leider ~es** *(fam)* por desgracia; **~ bewahre!** *(fam)* ¡no lo quiera Dios!; **über ~ und die Welt reden** hablar de lo divino y de lo humano; **leben wie ~ in Frankreich** *(fam)* vivir a cuerpo de rey
Gott, Göttin[2] [gɔt, *pl:* 'gœtɐ] *m, f* <-es, Götter; -nen> *(polytheistisch)* dios(a) *m(f);* **die griechischen/römischen Götter** los dioses griegos/romanos; **ein Bild für die Götter** *(fam)* un espectáculo divino
Gotterbarmen *nt* **zum ~** *(fam: mitleiderregend)* desgarradamente; *(jämmerlich schlecht)* terriblemente
Götterbote *m* <-n, -n> mensajero *m* de los dioses
Götterdämmerung *f* <-, *ohne pl*> crepúsculo *m* de los dioses
Götterspeise *f* gelatina *f*
Gottesanbeterin *f* <-nen> (ZOOL) mantis *f inv* religiosa
Gottesdienst *m* culto *m; (evangelisch)* servicio *m* religioso; *(katholisch)* misa *f*
gottesfürchtig *adj* temeroso de Dios
Gotteshaus *nt* (REL) casa *f* de Dios; *(Kirche)* iglesia *f*
Gotteslästerer, -in *m, f* blasfemo, -a *m, f*
gotteslästerlich *adj* blasfemo
Gotteslästerung *f* blasfemia *f*
Gottheit *f* <-en> deidad *f*
Göttin ['gœtɪn] *f* <-nen> *s.* **Gott**[2]
Göttingen ['gœtɪŋən] *nt* <-s> Gotinga *f*
göttlich *adj* divino
gottlob ['gɔtlo:p] *adv* gracias a Dios
gottlos *adj* ❶ *(Gott nicht achtend)* impío ❷ *(atheistisch)* ateísta
Gottlosigkeit *f* <-, *ohne pl*> ❶ *(Nichtachtung Gottes)* impiedad *f* ❷ *(Unglaube)* ateísmo *m*
gottverdammt *adj (fam)* maldito, jodido *vulg*
gottverlassen *adj (fam)* abandonado
Götze ['gœtsə] *m* <-n, -n> ídolo *m*
Götzenbild *nt* ídolo *m*
Götzendiener(in) *m(f)* idólatra *mf*
Gouache [guaʃ] *f* <-, -n> *(deckende Malerei)* gouache *m*

G

Gouda ['gauda] *m* <-s, -s> (GASTR) (queso *m*) gouda *m*
Gourmet [gʊr'me:] *m* <-s, -s> gastrónomo *m*, gourmet *m*
Gouvernante [guvɛr'nantə] *f* <-, -n> *(alt)* institutriz *f*
Gouverneur(in) [guvɛr'nø:ɐ, guvɐ'nø:ɐ] *m(f)* <-s, -e; -nen> gobernador(a) *m(f)*
GPS-System [ge:pe:'ʔɛs-] *nt* sistema *m* GPS
Grab [gra:p, *pl:* 'grɛ:bɐ] *nt* <-(e)s, Gräber> sepultura *f*, tumba *f*; *(Grabmal)* sepulcro *m*; **jdn zu ~e tragen** *(geh)* dar sepultura a alguien; **verschwiegen wie ein ~ sein** *(fam)* ser callado como una tumba; **mit einem Bein im ~ stehen** *(fig)* estar con un pie en el hoyo; **er würde sich im ~ umdrehen** *(fig)* se revolvería en su tumba; **ein Geheimnis mit ins ~ nehmen** *(fig)* llevarse un secreto a la tumba; **sich** *dat* **sein eigenes ~ schaufeln** *(fig)* cavar su propia tumba

G

graben ['gra:bən] <gräbt, grub, gegraben> **I.** *vi* ❶ *(umgraben)* cavar ❷ *(nach Gold)* buscar (**nach**) **II.** *vt* *(ausheben)* cavar; *(Brunnen)* abrir **III.** *vr* **sich jdm ins Gedächtnis ~** grabarse en la memoria de alguien
Graben ['gra:bən] *m* <-s, Gräben> ❶ *(für Rohr)* zanja *f*; *(Bewässerungsgraben)* acequia *f*; *(Straßengraben)* cuneta *f* ❷ (GEO) fosa *f* ❸ *(Burg-, Orchestergraben)* foso *m* ❹ *(Schützengraben)* trinchera *f*
Grabesstille *f ohne pl* silencio *m* sepulcral
Grabhügel *m* túmulo *m*
Grabinschrift *f* epitafio *m*
Grabkammer *f* cámara *f* mortuoria
Grabmal *nt* <-(e)s, -e *o* -mäler> sepulcro *m*
Grabrede *f* <-, -n> oración *f* fúnebre, responso *m*
Grabschändung *f* violación *f* de sepulturas
grabschen *vi, vt s.* **grapschen**
Grabstätte *f* fosa *f*
Grabstein *m* lápida *f*
Grabstelle *f* <-, -n> (lugar *m* en el que se encuentra una) tumba *f*
gräbt [grɛ:pt] *3. präs von* **graben**
Grabung *f* <-, -en> excavación *f*
Grad [gra:t] *m* <-(e)s, -e> grado *m*; **akademischer ~** título académico; **ein Winkel von 60 ~** un ángulo de 60 grados; **bei fünf ~ Kälte** a cinco grados bajo cero; **Verwandte zweiten ~es** parientes de segundo grado; **er war im höchsten ~ nervös** estaba sumamente nervioso; **bis zu einem gewissen ~** hasta cierto punto
grade *adj o adv (fam) s.* **gerade**
Gradeinteilung *f* división *f* en grados
Gradmesser *m* escala *f* graduada; **die Popularität ist kein ~ für Qualität** la popularidad no es sinónimo de calidad
graduell [gradu'ɛl] *adj* gradual
graduiert [gradu'i:ɐt] *adj* (SCH) graduado
Graf, Gräfin [gra:f] *m, f* <-en, -en; -nen> conde(sa) *m(f)*
Graffito [gra'fi:to, *pl:* gra'fi:ti] *m o nt* <-(s), Graffiti> grafito *m*
Grafik[1] ['gra:fɪk] *f ohne pl* (KUNST) artes *f pl* gráficas
Grafik[2] *f* <-en> ❶ *(Kunstwerk)* dibujo *m* gráfico ❷ *(Schaubild)* gráfico *m*
Grafiker(in) ['gra:fikɐ] *m(f)* <-s, -; -nen> grafista *mf*
Grafikkarte *f* (INFOR) tarjeta *f* gráfica [*o* de gráficos]
Grafikmodus *m* (INFOR) modo *m* de gráficos
Grafikprogramm *nt* (INFOR) programa *m* gráfico
Gräfin ['grɛ:fɪn] *f* <-nen> *s.* **Graf**
grafisch *adj* gráfico
Grafit *m* <-s, -e> grafito *m*
gräflich ['grɛ:flɪç] *adj (einem Grafen gehörend)* condal
Grafologe, -in *m, f* <-n, -n; -, -nen> grafólogo, -a *m, f*
Grafologie [grafolo'gi:] *f* <-, *ohne pl*> grafología *f*
Grafschaft *f* <-en> condado *m*
Gral [gra:l] *m* <-s> **der Heilige ~** el Santo Grial
gram [gra:m] *adj (geh)* **jdm ~ sein** guardar rencor a alguien
Gram [gra:m] *m* <-(e)s, *ohne pl*> *(geh)* aflicción *f*
grämen ['grɛ:mən] *vr:* **sich ~** *(geh)* afligirse (**über** por)
Gramm [gram] *nt* <-s, -e, *nach Zahlen:* -> gramo *m*
Grammatik [gra'matɪk] *f* <-en> (LING) gramática *f*
grammatikalisch [gramati'ka:lɪʃ] *adj* (LING) gramatical
Grammatikregel *f* regla *f* gramatical
grammatisch *adj* (LING) gramatical; **~ richtig** gramaticalmente correcto
Grammofon [gramo'fo:n] *nt* <-s, -e> gramófono *m*
Granat [gra'na:t] *m* <-(e)s, -e> ❶ *(Garnele)* cigala *f* ❷ *(Mineral)* granate *m*
Granatapfel *m* (BOT) granada *f*
Granate [gra'na:tə] *f* <-n> (MIL) granada *f*
grandios [gran'djo:s] *adj* grandioso
Grand Prix [grã'pri:] *m* <- -, - -> (SPORT) gran premio *m*
Granit [gra'ni:t] *m* <-s, -e> granito *m*

grantig ['grantɪç] *adj (reg: fam)* malhumorado, gruñón
Granulat [granu'la:t] *nt* <-(e)s, -e> granulado *m*
Grapefruit ['gre:pfru:t, 'grɛɪpfru:t] *f* <-s> (BOT) pomelo *m*, toronja *f Am*
grapschen I. *vt (fam)* ① *(nehmen)* agarrar, pillar; **sich** *dat* **etw** ~ agarrar algo, cogerse algo ② *(südd: stehlen)* escamotear, mangar ③ *(packen)* agarrar, pillar; *(festnehmen)* echar el guante (a) **II.** *vi* ① *(greifen)* agarrar; **nach etw** ~ echar mano a algo ② *(anfassen)* agarrar; *(abw: betatschen)* toquetear; *(sexuell)* meter mano
Gras[1] [gra:s, *pl:* 'grɛ:zɐ] *nt* <-es, Gräser> *(Pflanze)* hierba *f*
Gras[2] *nt* <-es, *ohne pl*> *(Wiese)* hierba *f; (Rasen)* césped *m;* **das ~ wachsen hören** *(fam fig)* tener un sexto sentido; **über etw ~ wachsen lassen** *(fig fam)* echar tierra sobre algo; **ins ~ beißen** *(fam fig)* irse al otro barrio
grasbewachsen *adj* herboso, cubierto de hierba
grasen ['gra:zən] *vi* pacer
grasgrün ['-'-] *adj* verde intenso
Grashalm *m* paja *f*
Grashüpfer ['gra:shʏpfɐ] *m* <-s, -> *(fam)* saltamontes *m inv*
Grasland *nt* (AGR) pastizal *m*, pradera *f*
Grasnarbe *f* <-, -n> capa *f* de césped
grassieren* [gra'si:rən] *vi* extenderse; *(Gerücht)* propagarse
grässlich ['grɛslɪç] *adj (schrecklich)* horrible; *(abscheulich)* atroz
Grat [gra:t] *m* <-(e)s, -e> (*a.* ARCHIT) cresta *f*
Gräte ['grɛ:tə] *f* <-n> espina *f*
Gratifikation [gratifika'tsjo:n] *f* <-, -en> gratificación *f*
gratinieren* [grati'ni:rən] *vt* (GASTR) gratinar
gratis ['gra:tɪs] *adv* gratis, de coca *Méx fam*
Gratisprobe *f* muestra *f* gratuita
Grätsche ['grɛ:tʃə] *f* <-, -n> (SPORT) salto *m* con las piernas abiertas
grätschen ['grɛ:tʃn] **I.** *vi sein* (SPORT) **über etw** ~ saltar por encima de algo con las piernas abiertas **II.** *vt* (SPORT) **die Beine** ~ abrir las piernas
Gratulant(in) [gratu'lant] *m(f)* <-en, -en; -nen> felicitante *mf*
Gratulation [gratula'tsjo:n] *f* <-en> felicitación *f*
gratulieren* *vi* dar la enhorabuena (**zu** por); **gratuliere!** ¡enhorabuena!
Gratwanderung *f* excursión *f* de alta montaña; **sich auf einer ~ befinden** *(fig)* estar en la cuerda floja
grau [graʊ] *adj* ① *(Farbe)* gris; **~e Haare** canas *f pl* ② *(trostlos)* monótono; **der ~e Alltag** la monotonía cotidiana ③ *(ungewiss)* incierto; **in ~er Vorzeit** en un pasado remoto
Grau [graʊ] *nt* <-s, -> ① *(Farbe)* gris *m* ② *(Trostlosigkeit)* monotonía *f*
grauäugig ['graʊʔɔɪgɪç] *adj* de ojos grises
graublau *adj* gris azulado
Graubrot *nt (reg)* pan *m* moreno
Graubünden [graʊ'bʏndən] *nt* <-s> (GEO) cantón *m* de los Grisones
Gräuel ['grɔɪəl] *m* <-s, -> *(geh)* ① *(Abscheu)* horror *m* ② *(Tat)* atrocidad *f*
Gräueltat *f* atrocidad *f*
grauen ['graʊən] *vunpers* horrorizar; **mir graut vor der Prüfung** el examen me horroriza
Grauen[1] ['graʊən] *nt* <-s, *ohne pl*> espanto *m;* **~ erregend** horroroso, espantoso
Grauen[2] *nt* <-s, -> horror *m;* **die ~ des Krieges** los horrores de la guerra
grauenerregend *adj* horroroso, espantoso
grauenhaft *adj*, **grauenvoll** *adj* ① *(Anblick)* aterrador ② *(fam: unangenehm)* espantoso
graugrün *adj* gris verdoso
grauhaarig *adj* canoso
graulen ['graʊlən] **I.** *vr:* **sich ~** *(fam)* tener miedo (**vor** de); **kleine Kinder ~ sich meist vor der Dunkelheit** los niños pequeños tienen normalmente miedo de la oscuridad **II.** *vunpers (fam)* **jdm** [*o* **jdn**] **grault es vor etw** *dat*/**jdm** alguien tiene miedo de algo/alguien; **mir grault schon vor der nächsten Steuerprüfung** la próxima inspección fiscal me da miedo ya
gräulich[1] ['grɔɪlɪç] *adj* grisáceo
gräulich[2] *adj s.* **grässlich**
Graupe ['graʊpə] *f* <-, -n> cebada *f*
Graupel ['graʊpəl] *f* <-n> granizo *m* fino
Graupelschauer *m* granizada *f*
Graus [graʊs] *m* <-es, *ohne pl*> horror *m;* **o ~!** *(iron)* ¡uy, qué miedo!
grausam ['graʊza:m] *adj* cruel
Grausamkeit *f* <-en> crueldad *f*
Grauschleier *m (Wäsche)* color *m* grisáceo
grausen ['graʊzən] *vunpers* dar miedo, espantar; **es graust ihn vor Ratten** tiene miedo a las ratas
Grausen ['graʊzən] *nt* <-s, *ohne pl*> horror *m*, espanto *m*
grausig *adj s.* **grauenhaft**
Grauzone *f zona intermedia entre legalidad e ilegalidad*
Graveur(in) [gra'vø:ɐ] *m(f)* <-s, -e; -, -nen> grabador(a) *m(f)*
gravieren* [gra'vi:rən] *vt* grabar (**in** en)

G

gravierend *adj (Umstände)* agravante; *(Fehler)* grave
Gravierung *f* <-en> grabado *m*
Gravitation [gravita'tsjo:n] *f ohne pl* (PHYS) gravitación *f*
Gravitationsfeld *nt* <-(e)s, -er> (PHYS) campo *m* gravitacional
Gravur [gra'vu:ɐ] *f* <-en> grabado *m*
Grazie ['gra:tsjə] *f ohne pl* gracia *f*, quimba *f Am*
grazil [gra'tsi:l] *adj* grácil
graziös [gra'tsjø:s] *adj* garboso, airoso
Greenpeace-Aktivist(in) *m(f)* activista *mf* de Greenpeace
gregorianisch [gregori'a:nɪʃ] *adj* (MUS) gregoriano
Greifarm *m* <-(e)s, -e> (TECH) (brazo *m*) manipulador *m*
greifbar *adj* ① *(zur Hand)* a mano ② *(konkret)* concreto
greifen ['graɪfən] <greift, griff, gegriffen> **I.** *vi* ① (TECH) engarzar ② *(wirksam werden)* surtir efecto; **tief ~d** profundo; **um sich ~** propagarse, extenderse ③ *(fassen)* agarrar (**nach**); *(ergreifen)* echar mano (**zu** de/a); *(zu bestimmten Mitteln)* recurrir (**zu** a); **zum G~ nah** a un paso; **zu einem Buch ~** echar mano a un libro; **zu den Waffen ~** recurrir a las armas; **das ist aus der Luft gegriffen** esto carece de base; **sich** *dat* **an den Kopf ~** llevarse las manos a la cabeza **II.** *vt (nehmen)* coger, tomar *Am; (packen)* agarrar
Greifvogel *m* ave *f* de presa
Greifzange *f* tenaza(s) *f(pl)*, napoleón *m Chil*
greis [graɪs] *adj (geh)* anciano
Greis(in) [graɪs] *m(f)* <-es, -e; -nen> *(geh)* anciano, -a *m, f*
Greisenalter *nt ohne pl* edad *f* senil
grell [grɛl] *adj (Stimme, Farbe)* chillón; *(Schrei)* estridente
Gremium ['gre:miʊm] *nt* <-s, Gremien> gremio *m*
Grenzbereich *m* área *f* fronteriza
Grenzbewohner(in) *m(f)* persona *f* que vive en una zona fronteriza
Grenzbezirk *m* <-(e)s, -e> zona *f* fronteriza
Grenze ['grɛntsə] *f* <-n> ① *(Staatsgrenze)* frontera *f* (**zu** con); **die ~ zu Belgien** la frontera con Bélgica; **grüne ~** paso de frontera no vigilado ② *(Begrenzung)* límite *m*; **etw** *dat* **~n setzen** poner límites a algo; **das liegt an der ~ des Erlaubten** esto roza la ilegalidad; **sich in ~n halten** mantenerse dentro de los límites
grenzen *vi* ① *(Grenze haben)* limitar (**an** con); *(angrenzen)* lindar (**an** con) ② *(fig: nahekommen)* rozar (**an**)
grenzenlos *adj* ① *(räumlich)* sin límites, ilimitado ② *(sehr groß)* inmenso
Grenzenlosigkeit *f* <-, *ohne pl*> ① *(ungeheure Weite)* inmensidad *f* ② *(Vertrauen, Verachtung)* desmesura *f*
Grenzfall *m* caso *m* extremo
Grenzgänger(in) ['-gɛŋɐ] *m(f)* <-s, -; -nen> trabajador(a) *m(f)* fronterizo , -a
Grenzgebiet *nt* zona *f* fronteriza
Grenzkonflikt *m* (POL) conflicto *m* fronterizo
Grenzkontrolle *f* control *m* de fronteras
Grenzlinie *f* línea *f* fronteriza; (SPORT) línea *f*
Grenzposten *m* puesto *m* fronterizo
Grenzschutz *m* protección *f* de la frontera
Grenzstadt *f* ciudad *f* fronteriza
Grenzstein *m* hito *m* (fronterizo)
Grenzübergang *m* paso *m* fronterizo
grenzüberschreitend *adj (Handel, Verkehr)* internacional
Grenzübertritt *m* paso *m* de frontera(s)
Grenzverkehr *m ohne pl* tráfico *m* fronterizo
Grenzwert *m* (MATH) valor *m* límite
Grenzzwischenfall *m* incidente *m* en la frontera
Griebe ['gri:bə] *f* <-n> chicharrón *m*
Grieche, -in ['gri:çə] *m, f* <-n, -n; -nen> griego, -a *m, f*
Griechenland *nt* <-s> Grecia *f*
Griechin *f* <-nen> *s.* **Grieche**
griechisch *adj* griego
Griechisch *nt* <-(s), *ohne pl*>, **Griechische** *nt* <-n, *ohne pl*> griego *m*; **sprechen Sie ~?** ¿habla griego?; **letztes Jahr wurde der Text ins ~e übersetzt** el año pasado tradujeron el texto al griego
Griesgram ['gri:sgra:m] *m* <-(e)s, -e> *(abw)* cascarrabias *mf inv*
griesgrämig **I.** *adj* huraño; *(Miene)* avinagrado **II.** *adv* con gesto huraño
Grieß [gri:s] *m* <-es, -e> sémola *f*
Grießbrei *m* papilla *f* de sémola
Grießpudding *m* <-s, -e *o* -s> (GASTR) pudin *m* de sémola, budín *m* de sémola
griff [grɪf] *3. imp von* **greifen**
Griff [grɪf] *m* <-(e)s, -e> ① *(das Greifen)* agarre *m*; **etw im ~ haben** dominar algo; **etw in den ~ bekommen** conseguir dominar algo ② *(Messergriff)* mango *m*; *(Fenstergriff)* tirador *m*; *(Klinke)* picaporte *m*; *(Henkel)* asa *f*; *(Knauf, Fahrradgriff)* puño *m* ③ *(Handgriff)* maniobra *f* ④ (MUS: *Fingerstellung*) digitación *f* ⑤ (SPORT) presa *f*
griffbereit *adj* al alcance de la mano

Griffel ['grɪfəl] *m* <-s, -> ① *(Stift)* estilete *m* ② (BOT) estilo *m*
griffig *adj* ① *(Maschine)* manejable ② *(Boden)* antideslizante ③ *(Gewebe)* agradable al tacto
Grill [grɪl] *m* <-s, -s> (*a.* AUTO) parrilla *f;* **vom ~** a la parrilla
Grille ['grɪlə] *f* <-n> (ZOOL) grillo *m*
grillen ['grɪlən] **I.** *vt* asar a la parrilla **II.** *vi* hacer una barbacoa
Grillpfanne *f* parrilla *f*
Grillplatz *m* asador *m*
Grillrost *m* parrilla *f*
Grimasse [gri'masə] *f* <-n> mueca *f;* **~n schneiden** hacer muecas, poner carotas
grimmig *adj* ① *(Person)* furioso; *(stärker)* rabioso ② *(Kälte)* crudo
grinsen ['grɪnzən] *vi* sonreír(se)
Grinsen *nt* <-s, *ohne pl*> *(spöttisch)* sonrisa *f* burlona; *(ironisch)* sonrisa *f* irónica
grippal [grɪ'pa:l] *adj* (MED) gripal
Grippe ['grɪpə] *f* <-n> gripe *f;* (**die**) **~ haben** tener (la) gripe
Grippevirus *m o nt* (MED) virus *m inv* de la gripe
Grippewelle *f* epidemia *f* de gripe
Grips [grɪps] *m* <-es, -e> *(fam)* sesos *mpl;* **seinen ~ anstrengen** estrujarse los sesos
Grizzlybär *m* (ZOOL) (oso *m*) grizzly *m*
grob [gro:p] *adj* <gröber, am gröbsten> ① *(Sand, Kaffee)* grueso; *(Papier)* áspero; *(Gewebe)* basto; **~ gemahlen** de grano grueso ② *(Gesichtszüge)* tosco; *(Arbeit)* sucio ③ *(Fehler)* grave; **~er Unfug** abuso grave; **aus dem Gröbsten heraus sein** *(fam)* haber pasado lo peor ④ *(ungefähr)* aproximativo; **~ gerechnet** contado aproximadamente; **in ~en Zügen** a grandes rasgos ⑤ *(abw: barsch)* basto, concho *AmC,* guaso *AmS;* **sei nicht so ~ zu mir** no seas tan grosero conmigo
Grobheit[1] *f* <-en> *(Äußerung, Benehmen)* grosería *f*
Grobheit[2] *f ohne pl (Art)* tosquedad *f*
Grobian ['gro:bia:n] *m* <-(e)s, -e> *(abw)* grosero *m*
grobkörnig *adj* de grano grueso
gröblich ['grø:plɪç] *adj (geh)* grave; **jdn ~ beleidigen** injuriar groseramente a alguien
grobmaschig *adj* de mallas gruesas
gröbste(r, s) ['grø:pstə, -tɐ, -təs] *adj superl von* **grob**
Grog [grɔk] *m* <-s, -s> grog *m*
groggy ['grɔgi] *adj (fam)* grogui, hecho polvo
grölen ['grø:lən] *vi (fam abw)* gritar, chillar
Groll [grɔl] *m* <-(e)s, *ohne pl*> *(geh)* rencor *m;* **einen ~ gegen jdn hegen** guardar rencor a alguien
grollen *vi (geh)* ① *(Donner)* retumbar ② *(Person)* estar enfadado (+*dat* con); **sie grollt (mit) ihrem Bruder** está enfadada con su hermano
Grönland ['grø:nlant] *nt* <-s> Groenlandia *f*
Grönländer(in) ['grø:nlɛndɐ] *m(f)* <-s, -; -nen> groenlandés, -esa *m, f*
grönländisch *adj* groenlandés
groovig ['gru:vɪç] *adj (fam)* buenísimo, estupendo
Gros [gro:, *pl:* gro:s] *nt* <-, -> mayoría *f*
Groschen ['grɔʃən] *m* <-s, -> **der ~ ist bei ihm gefallen** *(fam)* ha caído en la cuenta
Groschenroman *m (abw)* novela *f* folletinesca
groß [gro:s] <größer, am größten> *adj* ① *(allgemein)* gran(de); *(geräumig)* espacioso; *(Fläche)* extenso; *(dick)* grueso; **eine ~e Koalition** una gran coalición; **mit dem größten Vergnügen** con el mayor placer; **~en Wert auf etw legen** dar gran importancia a algo; **sie war seine ~e Liebe** fue su gran amor; **~ in Mode sein** estar muy de moda; **ich habe ~e Lust, zu gehen** tengo muchas ganas de irme; **was soll ich ~ dazu sagen?** *(fam)* ¿qué quieres que te diga?; **er hat es mir ~ und breit erzählt** *(fam)* me lo ha contado con pelos y señales ② *(hoch, hoch gewachsen)* alto; **er ist fast zwei Meter ~** mide casi dos metros ③ *(zeitlich)* largo; **die ~en Ferien** las vacaciones de verano ④ *(älter)* mayor; *(erwachsen)* adulto; **meine ~e Schwester** mi hermana mayor; **wenn ich ~ bin** cuando sea mayor; **ein Vergnügen für G~ und Klein** una diversión para grandes y pequeños ⑤ *(Menge)* numeroso; **eine ~e Familie** una familia numerosa; **im G~en und Ganzen** en general ⑥ *(bedeutend)* grande; *(wichtig)* importante; **~e Reden schwingen** *(fam: angeben)* presumir; *(versprechen)* prometer el oro y el moro; **ganz ~ rauskommen** *(fam)* hacerse famoso; **Karl der G~e** Carlomagno; **sein Geburtstag wurde ~ gefeiert** *(fam)* su cumpleaños fue celebrado por todo lo alto
Großabnehmer(in) *m(f)* comprador(a) *m(f)* al por mayor
Großangriff *m* (MIL) ataque *m* a gran escala
großartig *adj* grandioso; *(prächtig)* magnífico; *(ausgezeichnet)* excelente; **das ist ja ~!** ¡eso (sí que) es excelente!
Großartigkeit *f* <-, *ohne pl*> grandiosidad *f; (Pracht)* magnificencia *f*
Großaufnahme *f* ① (FOTO) foto *f* de primer plano ② (FILM) primer plano *m*
Großauftrag *m* (WIRTSCH) pedido *m* de gran volumen

Großbetrieb *m* ❶ (WIRTSCH) gran empresa *f* ❷ (AGR) explotación *f* a gran escala
Großbildleinwand *f* pantalla *f* gigante
Großbrand *m* gran incendio *m*
Großbritannien [gro:sbri'tanjən] *nt* Gran Bretaña *f*
Großbuchstabe *m* (letra *f*) mayúscula *f*, letra *f* capital *Am;* **in ~n** en mayúsculas
Größe ['grø:sə] *f* <-n> ❶ *(Ausdehnung)* dimensión *f; (Format)* tamaño *m; (Rauminhalt)* volumen *m;* **das hängt von der ~ der Gruppe ab** esto depende de lo grande que sea el grupo; **in voller ~** *(Mensch)* de cuerpo entero ❷ *(Höhe)* altura *f; (Körpergröße)* estatura *f;* **eine Frau mittlerer ~** una mujer de mediana estatura ❸ *(für Kleidung)* talla *f; (Schuhe)* número *m* ❹ (PHYS, MATH) magnitud *f;* **unbekannte ~** magnitud desconocida ❺ *(Bedeutsamkeit)* importancia *f; (Großartigkeit)* grandeza *f* ❻ *(Persönlichkeit)* autoridad *f*
Großeinkauf *m* compra *f* en grandes cantidades
Großeinsatz *m* gran operación *f*, despliegue *m*
Großeltern *pl* abuelos *mpl*
Großenkel(in) *m(f)* bisnieto, -a *m, f*
Größenordnung *f* <-en> dimensión *f*
großenteils ['gro:sən(')taɪls] *adv* en su mayor parte
Größenunterschied *m* diferencia *f* de tamaño; *(Höhe, Körpergröße)* diferencia *f* de altura
Größenverhältnis *nt* proporción *f*
Größenwahn *m (abw)* megalomanía *f*
größenwahnsinnig *adj* megalómano
größer ['grø:sɐ] *adj kompar von* **groß**
Großfahndung *f* gran redada *f*
Großfamilie *f* familia *f* numerosa
großflächig ['gro:sflɛçɪç] *adj* grande; *(geräumig)* amplio, extenso
Großformat *nt* gran tamaño *m*
großformatig *adj* de gran tamaño; **~e Zeitung** periódico de gran formato
Großgrundbesitz *m ohne pl* latifundio *m*
Großgrundbesitzer(in) [-'----] *m(f)* latifundista *mf*
Großhandel *m* comercio *m* al por mayor
Großhandelspreis *m* (COM, FIN) precio *m* al por mayor
Großhandelsrabatt *m* (COM, FIN) descuento *m* al por mayor
Großhändler(in) *m(f)* comerciante *mf* al por mayor, mayorista *mf*
großherzig *adj (geh)* magnánimo
Großherzog(in) *m(f)* gran duque(sa) *m(f)*
Großherzogtum *nt* gran ducado *m*
Großhirn *nt* (ANAT) cerebro *m*
Großhirnrinde *f* (ANAT) corteza *f* cerebral
großkotzig ['gro:skɔtsɪç] *adj (fam abw)* farolero
Großküche *f* (GASTR) cocina *f* de restaurante
Großkundgebung *f* manifestación *f* masiva
Großmacht *f* gran potencia *f*
Großmarkt *m* mercado *m* central, mercado *m* de abasto *Arg*
Großmaul *nt (fam abw)* farolero, -a *m, f*
großmäulig *adj (fam abw)* fanfarrón; **~e Ankündigungen** fanfarronadas *fpl*
Großmut *f* generosidad *f*, magnanimidad *f*
großmütig ['gro:smy:tɪç] *adj* generoso
Großmutter *f* abuela *f*, nanoya *f Guat*
Großneffe *m* sobrino *m* nieto
Großnichte *f* sobrina *f* nieta
Großonkel *m* tío *m* abuelo
Großraum *m* área *f;* **im ~ Köln** en el área de Colonia
Großraumabteil *nt* (EISENB) compartim(i)ento *m* colectivo
Großraumbüro *nt* oficina *f* colectiva
Großraumflugzeug *nt* avión *m* de gran capacidad
großräumig ['gro:srɔɪmɪç] *adj (geräumig)* amplio; *(großflächig)* grande
Großraumwagen *m* coche *m* de gran capacidad; (EISENB) coche *m* sin compartimentos
Großrechner *m* (INFOR) macrocomputador *m*
groß|schreiben *irr vt* ❶ *(mit großem Anfangsbuchstaben)* escribir con mayúsculas ❷ *(wichtig nehmen)* **etw ~** conceder gran importancia a algo
Großschreibung *f* (empleo *m* de) mayúsculas *fpl*
Großsegel *nt* (NAUT) vela *f* mayor
großspurig ['gro:sʃpu:rɪç] *adj (abw)* arrogante; *(eingebildet)* presumido
Großstadt *f* metrópoli(s) *f inv*
Großstädter(in) *m(f)* habitante *mf* de una gran ciudad
großstädtisch *adj* metropolitano
Großtante *f* tía *f* abuela
größte(r, s) ['grø:stə, -tɐ, -təs] *adj superl von* **groß**
Großteil *m* mayor parte *f*, mayoría *f;* **zu einem ~** en su mayor parte
größtenteils ['grø:stən(')taɪls] *adv* en su mayor parte, mayoritariamente
größtmöglich *adj* (el, la) mayor posible
groß|tun *irr* **I.** *vi (abw)* fanfarronear **II.** *vr:* **sich ~** *(abw)* darse importancia (**mit** de)
Großunternehmen *nt* (WIRTSCH) empresa *f* grande
Großvater *m* abuelo *m*

Großveranstaltung *f* acto *m* multitudinario
Großverdiener(in) *m(f)* persona *f* con altos ingresos
groß|ziehen *irr vt* criar
großzügig ['gro:stsy:gɪç] *adj* ❶ *(freigebig)* generoso ❷ *(tolerant)* tolerante ❸ *(weiträumig)* amplio
Großzügigkeit *f ohne pl* ❶ *(Freigebigkeit)* generosidad *f* ❷ *(Toleranz)* tolerancia *f*
grotesk [gro'tɛsk] *adj* grotesco
Grotte ['grɔtə] *f* <-n> gruta *f*
Groupie ['gru:pi] *nt* <-s, -s> grupi *f*
grub [gru:p] *3. imp von* **graben**
Grübchen ['gry:pçən] *nt* <-s, -> hoyuelo *m*
Grube ['gru:bə] *f* <-n> fosa *f;* (BERGB) mina *f;* **wer andern eine ~ gräbt, fällt selbst hinein** *(prov)* quien fosa cava, en ella caerá
Grübelei *f* <-en> cavilación *f*
grübeln ['gry:bəln] *vi* cavilar
Grubenarbeiter(in) *m(f)* (BERGB) minero, -a *m, f*
Grubenunglück *nt* accidente *m* minero
Grübler(in) *m(f)* <-s, -; -, -nen> persona *f* meditabunda e introvertida
grüblerisch ['gry:blərɪʃ] *adj* caviloso, pensativo
grüezi ['gry:ɛtsi] *interj (Schweiz)* hola
Gruft [grʊft, *pl:* 'grʏftə] *f* <Grüfte> *(geh)* panteón *m; (in der Kirche)* cripta *m*
grummeln ['grʊməln] *vi* ❶ *(Mensch)* gruñir ❷ *(Donner)* bramar
grün [gry:n] *adj* ❶ *(Farbe, a.* POL) verde; **G~er Punkt** (ÖKOL) el punto verde *(marca de materiales reciclables);* **jdn ~ und blau schlagen** *(fam)* moler a alguien a palos; **sich ~ und blau ärgern** *(fam)* ponerse furioso; **~es Licht geben** *(fam)* dar luz verde; **auf keinen ~en Zweig kommen** *(fig)* no salir adelante ❷ *(unreif)* inmaduro, verde ❸ *(abw: unerfahren)* novato, bisoño; **ein ~er Junge** un mozalbete
Grün[1] *nt* <-s, -> *(Farbe)* verde *m;* **die Ampel steht auf ~** el semáforo está en verde; (**das ist**) **dasselbe in ~** (eso es) prácticamente lo mismo
Grün[2] *nt* <-s, *ohne pl*> ❶ *(Pflanzen)* verde *m; (Grünfläche)* zona *f* verde ❷ *(junge Triebe)* verdor *m*
grün-alternativ *adj* (POL) de la alternativa verde
Grünanlage *f* parque *m*
Grund[1] [grʊnt] *m* <-(e)s, *ohne pl*> ❶ *(Erdboden)* suelo *m;* **~ und Boden** terrenos *mpl;* **jdn in ~ und Boden reden** abrumar a alguien con argumentos ❷ *(eines Gewässers)* fondo *m;* **auf ~ laufen** encallar; **im ~e** (**genommen**) en el fondo; **im ~e seines Herzens** en el fondo de su corazón; **zu ~e gehen** irse a pique, fundirse *Am;* **etw** *dat* **auf den ~ gehen** averiguar algo; **jdn/etw zu ~e** [*o* **zugrunde**] **richten** arruinar a alguien/estropear algo; *s. a.* **zugrunde** ❸ *(Grundlage)* fundamento *m,* base *f;* **den ~ zu etw** *dat* **legen** sentar las bases de algo; **von ~ auf** desde el principio; **etw zu ~e** [*o* **zugrunde**] **legen** tomar algo por base; **zu ~e** [*o* **zugrunde**] **liegen** basarse en; *s. a.* **zugrunde**
Grund[2] [grʊnt, *pl:* 'grʏndə] *m* <-(e)s, Gründe> *(Ursache)* razón *f,* motivo *m;* **es besteht kein ~ zur Klage** no hay motivo de queja; **aus gesundheitlichen Gründen** por razones de salud; **aus dem einfachen ~e, dass ...** por la simple razón de que...; **ohne ~** sin razón; **auf ~** [*o* **aufgrund**] **von** a causa de; **aus gutem ~** por una buena razón; *s. a.* **aufgrund**
grundanständig ['-'---] *adj* muy honrado
Grundausbildung *f* (MIL) instrucción *f* militar
Grundausstattung *f* equipamiento *m* básico (**an** de)
Grundbedingung *f* condición *f* básica
Grundbegriff *m* ❶ *(Begriff)* término *m* básico ❷ *pl (Grundlagen)* elementos *mpl* fundamentales
Grundbesitz *m* bienes *mpl* raíces
Grundbesitzer(in) *m(f)* latifundista *mf*
Grundbestandteil *m* elemento *m* básico
Grundbuch *nt* (ADMIN, JUR) registro *m* de la propiedad
Grundbuchamt *nt* (ADMIN, JUR) oficina *f* del registro de la propiedad
grundehrlich *adj* absolutamente sincero
gründen ['grʏndən] **I.** *vt* ❶ *(Institution)* fundar; *(schaffen)* crear ❷ *(stützen)* apoyar (**auf** en) **II.** *vr:* **sich ~** basarse (**auf** en)
Gründer(in) *m(f)* <-s, -; -nen> fundador(a) *m(f)*
grundfalsch ['-'-] *adj* absolutamente falso
Grundfarbe *f* <-, -n> ❶ *(Rot, Gelb, Blau)* color *m* primario [*o* fundamental] ❷ *(Untergrund)* fondo *m*
Grundfesten ['grʊntfɛstən] *pl* **an den ~ von etw** *dat* **rütteln, etw bis in die ~ erschüttern** hacer tambalear las bases de algo
Grundfläche *f (eines Körpers)* base *f; (eines Gebietes)* superficie *f*
Grundform *f (elementare Form)* forma *f* elemental; (LING) forma *f* primitiva; *(des Verbs)* infinitivo *m*
Grundgebühr *f* tarifa *f* básica
Grundgedanke *m* idea *f* fundamental
Grundgehalt *nt* salario *m* base

G

Grundgesetz *nt ohne pl* (POL) ley *f* orgánica; *(Verfassung)* constitución *f*
Grundgestein *nt* roca *f* primitiva
Grundhaltung *f* <-en> posición *f* fundamental
grundieren* [grʊnˈdiːrən] *vt* dar la primera capa (a)
Grundierung *f* <-en> *(Grundfarbe)* capa *f* de fondo
Grundkapital *nt* (WIRTSCH) capital *m* inicial; **genehmigtes ~** capital social autorizado
Grundkenntnisse *fpl* conocimientos *mpl* básicos
Grundkonsens *m* (POL) consenso *m* básico

G

Grundkurs *m* ① (SCH) asignatura *f* básica ② *(in einer Fremdsprache)* curso *m* elemental
Grundlage *f* base *f*, fundamento *m;* **die ~n für etw schaffen** sentar las bases para algo
Grundlagenforschung *f* investigación *f* pura
grundlegend [ˈgrʊntleːgənt] *adj* fundamental
gründlich [ˈgrʏntlɪç] **I.** *adj (sorgfältig)* cuidadoso; *(eingehend)* detenido; *(gewissenhaft)* concienzudo **II.** *adv (fam: sehr)* a fondo, profundamente; **da hat sie sich ~ getäuscht** ahí se ha equivocado del todo
Gründlichkeit *f ohne pl (Genauigkeit)* minuciosidad *f; (Sorgfalt)* esmero *m*
Grundlinie *f* ① (SPORT) línea *f* de fondo ② *(Geometrie)* base *f*
Grundlohn *m* sueldo *m* base
grundlos *adj* inmotivado
Grundmauer *f* cimientos *mpl*
Grundnahrungsmittel *nt* producto *m* alimenticio básico
Gründonnerstag [-ˈ---] *m* Jueves *m* Santo
Grundpfeiler *m* ① *(tragender Pfeiler)* puntal *m*, pilar *m* de fundamento, pilote *m* de fundamento ② *(wesentliches Element)* piedra *f* angular
Grundrechenart *f* (MATH) regla *f* aritmética
Grundrecht *nt* derecho *m* fundamental
Grundregel *f* regla *f* fundamental
Grundrente *f* <-, -n> *(Mindestrente)* renta *f* básica
Grundriss *m* ① (ARCHIT) planta *f* ② *(kurze Abhandlung)* esbozo *m* ③ *(Lehrbuch)* manual *m*
Grundsatz *m* principio *m;* **sich** *dat* **etw zum ~ machen** tomar algo como divisa
Grundsatzentscheidung *f* <-, -en> decisión *f* de principio
grundsätzlich [ˈgrʊntzɛtslɪç] **I.** *adj* ① *(Frage)* fundamental ② *(aus Prinzip)* de principio **II.** *adv (immer)* por principio; *(eigentlich)* en principio
Grundschule *f* escuela *f* primaria
Grundschullehrer(in) *m(f)* (SCH) maestro, -a *m, f* de escuela primaria
Grundstein *m* base *f*, cimientos *mpl;* **den ~ zu etw** *dat* **legen** sentar las bases de algo
Grundsteuer *f* (FIN) impuesto *m* territorial
Grundstock *m* <-(e)s, -stöcke> base *f*
Grundstoff *m (Rohstoff)* materia *f* prima; *(Element)* elemento *m; (Zutaten)* ingrediente *m*
Grundstück *nt* terreno *m*
Grundstücksmakler(in) *m(f)* agente *mf* inmobiliario , -a
Grundstudium *nt ohne pl* (UNIV) ≈ primer ciclo *m* (de los estudios superiores)
Grundstufe *f* (SCH) *primer ciclo del Gymnasium alemán correspondiente al segundo ciclo de la primaria española*
Grundton *m* ① (MUS) tono *m* fundamental ② *(Farbe)* fondo *m*
Gründung [ˈgrʏndʊŋ] *f* <-en> ① *(eines Unternehmens, einer Familie)* fundación *f; (Schaffung)* creación *f* ② *(Gebäudeteil)* cimientos *mpl*
Gründungsmitglied *nt* <-(e)s, -er> miembro *m* fundador
grundverschieden [ˈ--ˈ--] *adj* radicalmente diferente
Grundwasser *nt ohne pl* aguas *fpl* freáticas
Grundwasserspiegel *m* nivel *m* de aguas freáticas
Grundwasservorkommen *nt* acuífero *m*
Grundwehrdienst *m ohne pl* instrucción *f* militar básica
Grundwortschatz *m* (LING) vocabulario *m* básico
Grundzahl *f* ① *(Kardinalzahl)* número *m* cardinal ② (MATH: *Basis*) base *f*
Grundzug *m* <-(e)s, -züge> rasgo *m* fundamental; **etw in den Grundzügen darstellen** representar [*o* explicar] algo esquemáticamente
Grüne(r) *mf* <-n, -n; -n> (POL) miembro *m* del Partido Ecologista; **die ~n** los Verdes
Grüne(s) *nt* <-n, *ohne pl*> ① *(fam: Rohkost)* verduras *fpl* ② *(Natur)* naturaleza *f;* **ins ~ fahren** ir al campo
grünen *vi (geh)* verdecer
Grünfink *m* (ZOOL) verderón *m* común
Grünfläche *f* zona *f* verde
Grünfutter *nt* (AGR) herbaje *m*
Grüngürtel *m* <-s, -> cinturón *m* verde
Grünkern *m* (GASTR) harina *f* de escanda
Grünkohl *m* (GASTR) col *f* rizada
Grünland *nt* <-(e)s, *ohne pl*> (AGR) prado *m*, pastizal *m*
grünlich *adj* verdoso

Grünpflanze *f* <-, -n> planta *f* (de interior) sin flores
Grünschnabel *m (abw)* mocoso, -a *m, f*
Grünspan *m* <-(e)s, *ohne pl*> verdete *m*
Grünstreifen *m* franja *f* de césped
grunzen ['grʊntsən] *vi (a. Mensch)* gruñir
Grünzeug *nt (fam)* ❶ *(Kräuter)* hierbas *f pl* ❷ *(Rohkost)* verdura *f* fresca
Grünzone *f* zona *f* verde
Gruppe ['grʊpə] *f* <-n> *(von Leuten)* grupo *m*, tropilla *f CSur; (Arbeitsgruppe)* equipo *m; (Kategorie)* grupo *m*
Gruppenarbeit *f ohne pl* trabajo *m* en grupo
Gruppenbild *nt* retrato *m* de grupo
Gruppendynamik *f* (PSYCH) dinámica *f* de grupo(s)
Gruppenfoto *nt* <-s, -s> foto *f* de grupo
Gruppenleiter(in) *m(f) (in Firma)* jefe, -a *m, f; (Jugendgruppe)* monitor(a) *m(f)*
Gruppenreise *f* viaje *m* en grupo
Gruppensex *m* cama *f* redonda
Gruppentarif *m* <-s, -e> tarifa *f* colectiva
gruppenweise *adv* por [*o* en] grupos
gruppieren* [grʊ'pi:rən] **I.** *vt* agrupar **II.** *vr:* **sich ~** agruparse
Gruppierung *f* <-en> agrupación *f*
grus(e)lig *adj* horripilante
Gruselfilm *m* película *f* de horror
gruseln I. *vr* **sich ~** horrorizarse (**vor** de); **ich grusel mich vor Spinnen** las arañas me producen horror **II.** *vunpers* **jdn** [*o* **jdm**] **gruselt (es) vor etw** *dat* a alguien le horroriza algo; **gruselt (es) dich** [*o* **dir**] **auch?** ¿a ti también te da miedo?
Gruß [gru:s, *pl:* 'gry:sə] *m* <-es, Grüße> saludo *m;* **jdm die Hand zum ~ reichen** estrecharle a alguien la mano para saludarle; **viele Grüße an deine Eltern!** ¡recuerdos a tus padres!; **jdm Grüße bestellen** saludar a alguien; **mit freundlichen Grüßen** atentamente
grüßen ['gry:sən] *vt* saludar; **grüß deinen Vater von uns** saluda a tu padre de nuestra parte; **grüß dich!** ¡hola!; **sie lässt (dich) schön ~** te manda saludos
Grußformel *f* fórmula *f* de despedida (en una comunicación escrita)
Grußkarte *f* tarjeta *f* (de felicitación)
Grußwort *nt* saludo *m*
Grütze ['grʏtsə] *f* <-n> (GASTR) sémola *f;* **rote** [*o* **Rote**] **~** *especie de jalea de frutas*
Guatemala [guate'ma:la] *nt* <-s> Guatemala *f*
Guatemalteke, -in [guatemal'te:kə] *m, f* <-n, -n; -nen> guatemalteco, -a *m, f*
guatemaltekisch *adj* guatemalteco
Guave [gu'a:və] *f* (BOT) guayaba *f*
gucken ['gʊkən, 'kʊkən] **I.** *vi (fam)* mirar; *(hervorgucken)* asomar; **guck mal!** ¡mira! **II.** *vt (fam)* ver; **Fernsehen ~** ver la televisión
Guckloch *nt* mirilla *f*
Guerilla [ge'rɪlja] *f* <-s> guerrilla *f*
Guerillakämpfer(in) *m(f)* guerrillero, -a *m, f*
Guerillakrieg *m* guerra *f* de guerrillas
Gugelhupf ['gu:gəlhʊpf] *m* <-(e)s, -e> *(südd, Österr: Napfkuchen)* pastel *m* de molde
Guillotine [gɪljo'ti:nə, gijo'ti:nə] *f* <-n> guillotina *f*
Guinea [gi'ne:a] *nt* <-s> Guinea *f*
Guinea-Bissau [-bi'sau] *nt* <-s> Guinea Bissau *f*
Guineer(in) [gi'ne:ɐ] *m(f)* guineano, -a *m, f*
guineisch [gi'ne:ɪʃ] *adj* guineano
Gulasch ['gʊlaʃ] *m o nt* <-(e)s, -e *o* -s> (GASTR) gulasch *m*, estofado *m* de carne
Gulaschsuppe *f* sopa *f* húngara
Gulden ['gʊldən] *m* <-s, -> florín *m*
Gülle ['gʏlə] *f* <-, *ohne pl*> (AGR) estiércol *m* líquido
Gully ['gʊli] *m o nt* <-s, -s> sumidero *m*
gültig ['gʏltɪç] *adj* válido; *(Gesetz)* vigente; *(Münze)* de curso legal; **~ sein** ser válido; **die Fahrkarte ist nicht mehr ~** el billete está caducado
Gültigkeit *f ohne pl* ❶ *(von Geld, Fahrkarte)* validez *f* ❷ *(von Gesetz, Vertrag)* vigencia *f*
Gültigkeitsdauer *f ohne pl* período *m* de validez
Gummi[1] ['gʊmi] *m o nt* <-s, -(s)> *(Material)* goma *f*
Gummi[2] *m o nt* <-s, -s> *(fam: Kondom)* goma *f*
Gummi[3] *m* <-s, -s> *(Radiergummi)* goma *f* (de borrar)
Gummi[4] *nt* <-s, -s> *(fam: Gummiband)* goma *f*
Gummiball *m* pelota *f* de goma
Gummiband *nt* cinta *f* elástica
Gummibärchen ['gʊmibɛ:ɐçən] *nt* caramelo *m* de goma (en forma de osito)
Gummibaum *m* ❶ *(Kautschukbaum)* árbol *m* del caucho, gomero *m Am* ❷ *(Zierpflanze)* ficus *m inv*
Gummihandschuh *m* guante *m* de goma
Gummiknüppel *m* porra *f*
Gummiring *m* arandela *f* de goma
Gummistiefel *m* bota *f* de goma
Gummizelle *f* celda *f* de seguridad
Gummizug *m* <-(e)s, -züge> goma *f* (elástica)
Gunst [gʊnst] *f ohne pl (Wohlwollen)* favor *m;* **zu ~en** [*o* **zugunsten**] **...** *+gen* a

favor de ..; (**hoch**) **in jds ~ stehen** gozar (mucho) de las simpatías de alguien; **er erkannte die ~ der Stunde** supo aprovechar el momento; *s. a.* **zugunsten**

günstig ['gʏnstɪç] *adj* favorable; *(Augenblick)* oportuno; **es trifft sich ~, dass ...** resulta oportuno que... *+subj;* **im ~sten Fall** en el mejor de los casos

Günstling ['gʏnstlɪŋ] *m* <-s, -e> *(abw)* favorito, -a *m, f*

Gurgel ['gʊrgəl] *f* <-n> gaznate *m;* **jdm an die ~ springen** *(fam fig)* saltar al cuello de alguien

gurgeln *vi* ① *(Wasser)* borbotear ② *(Person)* gargarear *And*

Gurke ['gʊrkə] *f* <-n> pepino *m;* **saure ~n** pepinillos en vinagre

Gurkensalat *m* ensalada *f* de pepinos

gurren ['gʊrən] *vi (a. Mensch)* arrullar

Gurt [gʊrt] *m* <-(e)s, -e> *(Riemen)* correa *f; (Sicherheitsgurt)* cinturón *m; (Sattelgurt)* cincha *f;* **den ~ anlegen** abrocharse el cinturón

Gürtel ['gʏrtəl] *m* <-s, -> ① *(an Kleidung)* cinturón *m;* **den ~ enger schnallen** *(fam)* apretarse el cinturón ② *(Zone)* cinturón *m;* **schwarzer ~** *(beim Judo)* cinturón negro, zona *f*

Gürtellinie *f ohne pl* cintura *f;* **ein Schlag unter die ~** *(fam a. fig)* un golpe bajo

Gürtelreifen *m* neumático *m* radial

Gürtelrose *f ohne pl* (MED) culebrilla *f*

Gürtelschlaufe *f* hebilla *f*

Gürtelschnalle *f* hebilla *f* de cinturón

Gürteltier *nt* (ZOOL) armadillo *m,* peludo *m CSur*

Gurtpflicht *f ohne pl* obligatoriedad *f* del uso del cinturón de seguridad

Guru ['gu:ru] *m* <-s, -s> ① (REL) gurú *m* ② *(fam)* líder *m*

Guss [gʊs, *pl:* 'gʏsə] *m* <-es, Güsse> ① *(von Metall)* fundición *f;* **wie aus einem ~** como de una pieza ② *(fam: Regenguss)* chaparrón *m* ③ *(Zuckerguss)* baño *m* de azúcar

Gusseisen *nt* hierro *m* fundido

gusseisern *adj* de hierro fundido

Gussform *f* molde *m* de fundición

Gusto ['gʊsto] *m* <-s, -s> gusto *m;* **mit ~** con gusto

gut [gu:t] <besser, am besten> **I.** *adj* ① *(allgemein)* buen(o); **ein ~er Freund** un buen amigo; **~e Besserung!** ¡que te mejores!; **ist die Milch noch ~?** ¿está buena la leche todavía?; **er ist in Mathe sehr ~** es muy bueno en mates; **das ist ja alles ~ und schön, aber ...** *(fam)* todo esto está muy bien pero...; **es wird wieder ~** todo se arreglará; **G~ und Böse auseinanderhalten** separar el bien del mal; **die G~en und die Bösen** los buenos y los malos; **findest du Strandurlaub ~?** ¿te gusta pasar las vacaciones en la playa?; **lassen wir es damit ~ sein** *(fam)* déjémoslo estar ② *(Mensch)* bondadoso; **sei so ~ und ...** haz el favor de... *+inf;* **~ zu jdm sein** ser bueno con alguien ③ *(richtig)* correcto ④ *(nützlich)* útil; **wer weiß, wozu das ~ ist?** ¿quién sabe para qué sirve esto? ⑤ *(für Gesundheit)* saludable (**für** para); **das ist ~ gegen Husten** esto es bueno contra la tos ⑥ *(vorteilhaft)* ventajoso ⑦ *(angemessen)* adecuado; **das ist auch ~ so** así es como debe ser; **er ist immer für eine Überraschung ~** *(fam)* siempre está dispuesto a dar una sorpresa ⑧ *(reichlich)* buen; **eine ~e Stunde** una hora larga; **ein ~es Pfund Mehl** medio kilo de harina bien pesado ⑨ (SCH: *Note*) notable **II.** *adv* bien; **schon ~!** ¡bueno, está bien!; **das schmeckt ~** esto sabe bien; **sein Geschäft geht nicht ~** el negocio le va mal; **etw ~ können** saber hacer algo bien; **er hat es dort ~** allí le va bien; **~ so!** ¡así está bien!; **~ gemacht!** ¡bien hecho!; **du bist ~!** ¡esta sí que es buena!; **das kann ~ sein** es posible; **du hast ~ reden** *(fam)* tú bien puedes hablar; **so ~ wie nichts** *(fam)* casi nada; **mach's ~!** ¡que te vaya bien!; **du tust ~ daran, hier erst mal zu verschwinden** más vale que te largues de aquí

Gut *nt* <-(e)s, Güter> ① *(Besitz)* bienes *mpl;* **mein Hab und ~** todo lo que poseo ② *(Landgut)* finca *f,* hacienda *f Am* ③ *(Ware)* mercancía *f*

Gutachten ['gu:tʔaxtən] *nt* <-s, -> dictamen *m* (pericial), peritaje *m;* **ein ~ erstellen** emitir un dictamen

Gutachter(in) *m(f)* <-s, -; -nen> perito, -a *m, f*

gutartig *adj* ① *(Wesen, Tier)* bueno ② (MED) benigno

gutaussehend *adj s.* **aussehen**

gutbürgerlich ['-'---] *adj* (*a.* GASTR) burgués

Gutdünken ['gu:tdʏŋkən] *nt* <-s, *ohne pl*> **nach ~** (**verfahren**) (proceder) a discreción

Güte ['gy:tə] *f ohne pl* ① *(Freundlichkeit)* bondad *f;* **wenn Sie die ~ hätten, mir zu helfen** si tuviese la bondad de ayudarme; **ach du liebe ~!** *(fam)* ¡ay, Dios mío! ② *(Qualität)* calidad *f;* **das war ein Reinfall erster ~** *(fam)* fue un fracaso de primera

Gute(s) *nt* <-n, *ohne pl*> bueno *nt;* **das ~ im Menschen** lo bueno de la persona; **~s tun** hacer el bien; **das ~ daran** lo bueno de eso; **alles ~!** ¡que vaya bien!; **es hat alles auch sein ~s** *(prov)* todo tiene su lado bueno

Güteklasse *f* (WIRTSCH) clase *f;* **diese Eier sind ~ A** estos huevos son de clase A

Gutenachtgeschichte [--'----] *f* cuento *m* para dormir

Gutenachtkuss *m* beso *m* de buenas noches

Güterbahnhof *m* estación *f* para trenes de carga

Gütergemeinschaft *f* (JUR) comunidad *f* de bienes

Gütertrennung *f* (JUR) separación *f* de bienes

Güterverkehr *m ohne pl* tra(n)sporte *m* de mercancías

Güterwagen *m* vagón *m* de carga

Güterzug *m* tren *m* de carga, tren *m* carguero *CSur*

Gütesiegel *nt*, **Gütezeichen** *nt* sello *m* [*o* etiqueta *f*] de calidad

gutgläubig *adj* de buena fe

Gutgläubigkeit *f* buena fe *f*

gut|haben *irr vt* **etw ~** (**bei jdm**) poder pedir algo (a alguien) *(porque con anterioridad se le ha hecho algún favor)*

Guthaben ['gu:tha:bən] *nt* <-s, -> (FIN) haber *m*

gut|heißen *irr vt* aprobar, dar por bueno

gutherzig *adj* bondadoso

gütig ['gy:tɪç] *adj* bondadoso; *(freundlich)* amable; *(nachsichtig)* indulgente

gütlich ['gy:tlɪç] *adj* amistoso; **sich ~ einigen** llegar a un acuerdo amistoso

gut|machen *vt (Schaden)* reparar; *(Fehler)* enmendar; **ich habe einiges bei dir gutzumachen** tengo que devolverte algunos favores

gutmütig ['gu:tmy:tɪç] *adj* bondadoso

Gutmütigkeit *f ohne pl* bondad *f*

Gutsbesitzer(in) *m(f)* terrateniente *mf*

Gutschein *m* vale *m*

gut|schreiben *irr vt* abonar, acreditar

Gutschrift *f* abono *m* en cuenta

Gutshaus *nt* finca *f*

Gutsherr(in) *m(f)* hacendado, -a *m, f*

Gutshof *m* granja *f,* hacienda *f Am*

Gutsverwalter(in) *m(f)* administrador(a) *m(f)*

gut|tun *irr vi* sentar bien

guttural [gʊtu'ra:l] *adj* (LING) gutural

gutwillig **I.** *adj* complaciente **II.** *adv* de buena voluntad

Guyana [gu'ja:na] *nt* <-s> Guyana *f*

gymnasial [gʏmna'zia:l] *adj* (SCH) del bachillerato, de la educación secundaria

Gymnasiallehrer(in) *m(f)* (SCH) profesor(a) *m(f)* de Enseñanza Media

Gymnasiast(in) [gʏmnazi'ast] *m(f)* <-en, -en; -nen> alumno, -a *m, f* de Enseñanza Media

Gymnasium [gʏm'na:ziʊm] *nt* <-s, Gymnasien> instituto *m* de Enseñanza Media, liceo *m Am*

Gymnastik [gʏm'nastɪk] *f ohne pl* gimnasia *f*

Gymnastikanzug *m* <-(e)s, -züge> (SPORT) mallas *f pl*

gymnastisch *adj* gimnástico

Gynäkologe, -in [gynɛko'lo:gə] *m, f* <-n, -n; -nen> (MED) ginecólogo, -a *m, f*

Gynäkologie [gynɛkolo'gi:] *f ohne pl* (MED) ginecología *f*

Gynäkologin *f* <-nen> (MED) *s.* **Gynäkologe**

gynäkologisch *adj* (MED) ginecológico

Hh

H, h [haː] *nt* <-, -> ① *(Buchstabe)* H, h *f;* **~ wie Heinrich** H de Huelva ② (MUS) si *m*
ha[1] [ha, haː] *interj* ja, ah
ha[2] *Abk. von* **Hektar** hectárea *f*
Haar [haːɐ] *nt* <-(e)s, -e> ① *(Kopfhaar)* pelo *m,* cabello *m,* moño *m Chil; (Körper-, Tierhaar)* pelo *m;* **sich** *dat* **die ~e schneiden lassen** cortarse el pelo; **mir stehen die ~e zu Berge** *(fam fig)* se me ponen los pelos de punta; **kein gutes ~ an jdm lassen** *(fam)* poner a alguien de vuelta y media; **sich** *dat* **in den ~en liegen** *(fam)* andar a la greña; **sich** *dat* **aufs ~ gleichen** *(fam)* parecerse como un huevo a otro; **sich** *dat* **die ~e raufen** *(fam)* tirarse de los pelos; **deswegen lasse ich mir keine grauen ~e wachsen** *(fam)* eso me tiene sin cuidado; **jdm die ~e vom Kopf fressen** *(fam)* salir a alguien caro; **~e auf den Zähnen haben** *(fam fig)* no tener pelos en la lengua; **jdm kein ~ krümmen** *(fam)* no tocar (ni) un pelo a alguien; **das ist an den ~en herbeigezogen** *(fam)* esto no tiene ni pies ni cabeza; **immer ein ~ in der Suppe finden** *(fam)* poner pegas a todo ② *(fig: ein bisschen)* ni un pelo; **um kein ~ besser** *(fam)* ni una pizca mejor; **um ein ~** *(fam)* por los pelos
Haaransatz *m parte de la frente donde comienza la cabellera*
Haarausfall *m ohne pl* caída *f* del cabello; (MED) alopecia *f*
Haarband *nt* cinta *f* para el pelo
Haarbürste *f* cepillo *m* del pelo
Haarbüschel *nt* mechón *m* de pelo
haaren ['haːrən] *vi, vr:* **sich ~** *(Tier)* perder el pelo
Haaresbreite *f* **um ~** por un pelo
Haarfarbe *f* color *m* del pelo
Haarfestiger *m* fijador *m* para el pelo
haargenau ['--'-] *adv (fam)* exactamente; *(ausführlich)* con pelos y señales; **stimmt ~!** ¡justamente eso!
Haargummi *m o nt* goma *f* para el pelo, coletero *m*
haarig ['haːrɪç] *adj* ① *(behaart)* peludo ② *(heikel)* peliagudo, peludo *AmC: fam*
Haarklammer *f* horquilla *f* (para el pelo)
haarklein ['-'-] *adv* con pelos y señales
Haarknoten *m* moño *m;* **meine Oma trägt einen ~** mi abuela lleva moño
Haarlack *m* laca *f* para el pelo
haarlos *adj (Mensch)* lampiño; *(Baby)* pelón; *(Schädel)* calvo; *(Tier)* sin pelo
Haarnadel *f* horquilla *f* (de moño), gancho *m Am*
Haarnadelkurve *f* curva *f* muy cerrada
Haarnetz *nt* redecilla *f* para el pelo
Haarpflege *f ohne pl* cuidado *m* del cabello
Haarpracht *f* <-, -en> mata *f* de pelo, melena *f*
Haarreif *m* diadema *f*
Haarriss *m* <-es, -e> grieta *f* muy fina, hendidura *f* muy fina
haarscharf ['-'-] **I.** *adj (genau)* muy exacto **II.** *adv* ① *(nahe)* muy cerca ② *(präzise)* exactamente
Haarschleife *f* lazo *m*
Haarschnitt *m* corte *m* de pelo
Haarschopf *m* cabellera *f*
Haarspalterei [---'-] *f* <-en> *(abw)* sutileza *f;* **~ betreiben** rizar el rizo
Haarspange *f* pasador *m* (para el pelo)
Haarspray *m o nt* laca *f*
Haarsträhne *f* mechón *m,* guedeja *f*
haarsträubend ['haːɐʃtrɔɪbənt] *adj* espeluznante, horripilante
Haarteil *nt* postizo *m; (Toupet)* tupé *m*
Haartrockner *m* secador *m* (de mano)
Haarwaschmittel *nt* champú *m*
Haarwasser *nt* loción *f* capilar
Haarwuchs *m* ① *(das Wachsen)* crecimiento *m* del pelo ② *(Haare)* cabellera *f*
Haarwurzel *f* (ANAT) raíz *f* capilar
Hab [haːp] **~ und Gut** *(geh)* todos los bienes
Habe ['haːbə] *f ohne pl (geh)* bienes *mpl*
haben ['haːbən] <hat, hatte, gehabt> **I.** *vt* ① *(besitzen)* tener, poseer; *(erhalten)* recibir (**von** de); **lieber ~** preferir; **hier hast du das Buch** aquí tienes el libro; **er hat außergewöhnliche Fähigkeiten** posee facultades extraordinarias; **Zeit ~** tener tiempo; **Hunger/Durst ~** tener hambre/sed; **Fieber ~** tener fiebre; **kann ich bitte den Zucker ~?** ¿me das el azúcar, por favor?; **ich habe kein Geld dabei** no llevo dinero; **wir ~ heute schönes Wetter** hoy hace buen tiempo; **den Wievielten ~ wir heute?** ¿a cuántos estamos hoy?; **morgen ~ wir Mittwoch** mañana es miércoles; **sie hat es weit nach Hause** tiene un largo camino hasta su casa; **sie hat es nicht leicht mit ihm** no lo tiene fácil con él; **schön hast du es hier** lo tienes todo muy bonito; **das Haus hat was von einem Schloss** la casa tiene un algo de castillo; **und was habe ich da-**

von? ¿y qué saco yo de eso?; **das hast du jetzt davon!** ¿ves? ¡eso es lo que has sacado!; **was hast du?** ¿qué te pasa?; **ich hab's an der Blase** *(fam)* estoy enferma de la vejiga; **das hat das Meer so an sich, dass es salzig ist** *(iron)* el mar suele ser salado; **er ist noch zu ~** *(fam)* aún está libre; **dafür ist er nicht zu ~** eso no le va; **da ~ wir den Salat/die Bescherung** *(fam)* aquí tenemos el lío/el embrollo; **etw dagegen ~** estar en contra de algo; **nichts dagegen ~** no tener nada en contra; **etw ~ wollen** querer algo; **ich kann das nicht ~** *(fam)* eso no lo soporto; **was hat es damit auf sich?** ¿qué significa esto?; **der Vorschlag hat etwas für sich** es una buena propuesta; **das hat es in sich** *(fam)* es un asunto difícil; **dieser Wein hat es in sich** este vino es bastante fuerte; **etw hinter sich ~** haber superado algo; **ich habe noch viel vor mir** aún me queda mucho; **du hast noch das ganze Leben vor dir** tienes toda la vida por delante; **sie hat etwas mit dem Tennislehrer** tiene un lío (amoroso) con el profesor de tenis; **ich hab's!** ¡ya lo tengo!; **ich hätte gerne ...** quisiera...; **wie gehabt** como de costumbre; **wer hat, der hat** *(prov)* quien tiene dinero, tiene todo ❷ *(müssen, sollen)* deber, tener que; **ich habe noch sehr viel zu tun** aún tengo mucho que hacer; **hier hat er nichts zu suchen** aquí no tiene nada que hacer; **jetzt hast du zu schweigen** ahora lo que tienes que hacer es callarte **II.** *vr:* **sich ~** *(fam abw: sich anstellen)* andar con remilgos; **hab dich nicht so** no te pongas así; **damit hat sich die Sache** *(fam)* con esto se acabó **III.** *aux* haber; **ich will nichts gesagt ~, aber ...** no quiero decir nada, pero...; **das hätten wir (geschafft)!** ¡ya está (listo)!

Haben *nt* <-s, *ohne pl*> (WIRTSCH) haber *m*

Habenichts ['ha:bənɪçts] *m* <-(es), -e> *(abw)* muerto, -a *m, f* de hambre

Habgier *f (abw)* codicia *f*, angurria *f Am*

habgierig *adj (abw)* codicioso, angurriento *Am*

habhaft *adj (geh)* **etw** *gen* **~ werden** apropiarse de algo

Habicht ['ha:bɪçt] *m* <-s, -e> (ZOOL) azor *m* (común)

Habilitation [habilita'tsjo:n] *f* <-, -en> (UNIV) *capacitación para acceder a una cátedra de universidad*

Habilitationsschrift *f* (UNIV) *disertación escrita con la que se obtiene la capacitación para acceder a una cátedra de universidad*

habilitieren *vi, vr:* **sich ~** (UNIV) *capacitarse para acceder a una cátedra*

Habseligkeiten ['ha:pze:lɪçkaɪtən] *fpl* efectos *mpl* personales

Habsucht *f ohne pl (abw)* codicia *f*, angurria *f Am*

habsüchtig *adj (abw)* codicioso, angurriento *Am*

Hachse ['haksə] *f* <-, -n> *(reg: Schweinefleisch)* pierna *f* de cerdo; *(Kalbsfleisch)* pierna *f* de ternera

Hackbeil *nt (reg)* macheta *f*

Hackblock *m* tajo *m*

Hackbraten *m* (GASTR) asado *m* de carne picada

Hacke ['hakə] *f* <-n> ❶ *(Gartengerät)* azada *f* ❷ *(reg: Ferse, am Strumpf)* talón *m* ❸ *(reg: am Schuh)* tacón *m*

hacken ['hakən] **I.** *vt* ❶ *(Holz)* cortar, partir; *(Zwiebeln)* picar ❷ *(Garten)* mullir; *(Loch)* cavar **II.** *vi* ❶ *(Vogel)* picotear ❷ (INFOR) violar datos

Hacker ['hakɐ, 'hɛkɐ] *m* <-s, -> (INFOR) hacker *m*, intruso *m* informático, cracker *m*

Hackfleisch *nt* carne *f* picada

Häcksel ['hɛksəl] *m o nt* <-s, *ohne pl*> (AGR) paja *f* cortada

Hacksteak *nt* filete *m* de carne picada, hamburguesa *f*

hadern ['ha:dɐn] *vi (geh)* ❶ *(streiten)* reñir (**mit** con); **mit dem Schicksal ~** luchar contra su destino ❷ *(unzufrieden sein)* estar descontento (**mit** con/de); **mit seinem Schicksal ~** estar descontento de su destino

Hafen ['ha:fən, *pl:* 'hɛ:fən] *m* <-s, Häfen> puerto *m*; **in den ~ einlaufen** entrar en el puerto; **aus dem ~ auslaufen** salir del puerto

Hafenanlagen *fpl* instalaciones *fpl* portuarias

Hafenarbeiter(in) *m(f)* obrero, -a *m, f* portuario , -a

Hafeneinfahrt *f* entrada *f* del puerto

Hafengebühr *f* anclaje *m*

Hafenpolizei *f* <-, *ohne pl*> servicio *m* de vigilancia portuaria

Hafenstadt *f* ciudad *f* portuaria

Hafenverwaltung *f* administración *f* portuaria

Hafenviertel *nt* barrio *m* portuario

Hafer ['ha:fɐ] *m* <-s, -> (BOT, GASTR) avena *f*

Haferbrei *m* papilla *f* de avena

Haferschleim *m* (GASTR) papilla *f* de avena

Haft [haft] *f ohne pl* arresto *m*; **in ~ sein/nehmen** estar en/poner bajo arresto; **jdn aus der ~ entlassen** poner en libertad a alguien

Haftanstalt *f* penitenciaría *f*
haftbar *adj* **jdn für etw ~ machen** hacer a alguien responsable de algo
Haftbefehl *m* (JUR) orden *f* de detención, requisitoria *f Arg;* **einen ~ gegen jdn ausstellen** dictar auto de prisión contra alguien
Haftdauer *f ohne pl* tiempo *m* (trascurrido) en prisión; **nach dreijähriger ~ wurde sie vorzeitig entlassen** tras tres años de cárcel salió en libertad antes de cumplir íntegramente la condena
haften ['haftən] *vi* ① *(kleben)* pegar (**an** a/en) ② *(Schmutz)* pegarse (**an** a/en) ③ (JUR: *aufkommen*) responder (**für** de/por, **mit** con); **für Garderobe wird nicht gehaftet** la dirección no se responsabiliza del guardarropa
Haftentlassung *f* puesta *f* en libertad
Häftling ['hɛftlɪŋ] *m* <-s, -e> preso, -a *m, f*
Haftnotiz *f* hojita *f* autoadhesiva
Haftpflicht *f ohne pl* responsabilidad *f* civil
haftpflichtig *adj* responsable
haftpflichtversichert *adj* **~ sein** tener seguro de responsabilidad civil
Haftpflichtversicherung *f* seguro *m* de responsabilidad civil
Haftrichter(in) *m(f)* juez(a) *m(f)* de instrucción
Haftstrafe *f* (JUR) condena *f*
Haftstreifen *m* *(Bürobedarf)* banderita *f* adhesiva
Haftung[1] *f ohne pl* (TECH, PHYS) adherencia *f*
Haftung[2] *f* <-en> (JUR) responsabilidad *f;* **die ~ übernehmen** asumir la responsabilidad
Hagebutte ['ha:gəbʊtə] *f* <-n> (BOT) (fruto *m* del) escaramujo *m,* tapaculo *m fam*
Hagebuttentee *m* infusión *f* de escaramujo
Hagel ['ha:gəl] *m* <-s, -> granizo *m;* *(Schauer)* granizada *f*
Hagelkorn *nt* ① (METEO) granizo *m* ② (MED: *Geschwulst*) chalazión *m*
hageln ['ha:gəln] **I.** *vunpers* granizar; **es hagelt** graniza **II.** *vi, vunpers* *(Vorwürfe)* llover
Hagelschaden *m* <-s, -schäden> daño *m* causado por el granizo
Hagelschauer *m* granizada *f*
Hagelschlag *m* <-(e)s, -schläge> ① *(Schauer)* granizada *f* ② *(Schaden)* daños *mpl* causados por el granizo
hager ['ha:gɐ] *adj* flaco, flamenco *Hond, PRico*
haha [ha'ha(:)] *interj* ① *(Lachen)* ¡ja ja ja! ② *(aha)* ¡ajá!, ¡ajajá!
Hahn [ha:n, *pl:* 'hɛ:nə] *m* <-(e)s, Hähne> ① *(Tier)* gallo *m;* **er ist der ~ im Korb** *(fam)* es el dueño del cotarro; **nach jdm/etw** *dat* **kräht kein ~ mehr** *(fam)* alguien/algo ya no le interesa a nadie ② *(Wasserhahn)* grifo; **den ~ auf-/zudrehen** abrir/cerrar el grifo *m,* bitoque *m Méx, RíoPl;* *(Gashahn)* llave *f* ③ *(an Schusswaffen)* gatillo *m*
Hähnchen ['hɛ:nçən] *nt* <-s, -> pollo *m*
Hähnchenkeule *f* (GASTR) muslo *m* de pollo
Hahnenfuß *m ohne pl* (BOT) francesilla *f,* marimoña *f*
Hahnenkamm *m* cresta *f* (del gallo)
Hahnenkampf *m* pelea *f* de gallos, tapado *m Am*
Hai [haɪ] *m* <-(e)s, -e>, **Haifisch** *m* tiburón *m*
Hain [haɪn] *m* <-(e)s, -e> *(geh)* soto *m;* *(Wäldchen)* bosquecillo *m*
Haiti [ha'i:ti] *nt* <-s> Haití *m*
Haitianer(in) [hai'tja:nɐ] *m(f)* <-s, -; -nen> haitiano, -a *m, f*
haitianisch *adj* haitiano
Häkchen ['hɛ:kçən] *nt* <-s, -> ① *(Zeichen)* señal *f* de conforme (en forma de V); **hinter jedem Namen machte er ein ~** detrás de cada nombre hacía una señal ② *(fam: diakritisches Zeichen)* signo *m* diacrítico
Häkelarbeit *f* labor *f* de ganchillo
Häkelgarn *nt* <-(e)s, -e> hilo *m* de ganchillo
häkeln ['hɛ:kəln] **I.** *vi* hacer ganchillo **II.** *vt* hacer a ganchillo
Häkelnadel *f* (aguja *f* de) ganchillo *m*
Haken ['ha:kən] *m* <-s, -> ① *(zum Aufhängen)* gancho *m;* *(spitz zulaufend)* garfio *m;* *(Zeichen)* gancho *m;* **einen ~ schlagen** *(Hase)* huir en zigzag; *(fig)* cambiar (repentinamente) de rumbo ② *(Boxen)* gancho *m* ③ *(fam: Schwierigkeit)* inconveniente *m,* intríngulis *m inv;* **die Sache hat nur einen ~** es que la cosa tiene un inconveniente
hakenförmig *adj* en forma de gancho, ganchudo
Hakenkreuz *nt* cruz *f* gamada
Hakennase *f* nariz *f* aguileña
halb [halp] **I.** *adj* medio; **eine ~e Stunde** media hora; **eine ~e Note** (MUS) una nota blanca; **ein ~er Ton** un semitono; **eine ~e Stelle** (trabajo de) media jornada; **die ~e Wahrheit** la verdad a medias; **sich auf ~em Wege treffen** encontrarse a medio camino; **zum ~en Preis** a mitad de precio; **es ist ~ drei** son las dos y media; **~ Hamburg** medio Hamburgo; **nichts H~es und nichts Ganzes** *(fam)* ni chicha

ni limoná; **keine ~en Sachen machen** *(fam)* no hacer las cosas a medias; **das dauert ja eine ~e Ewigkeit** *(fam)* esto tarda una eternidad; **~ und ~** mitad y mitad; **mit jdm ~e-~e machen** *(fam)* ir a medias con alguien **II.** *adv* a medias, medio; **nur ~ zuhören** escuchar solamente a medias; **~ öffnen** entreabrir; **das Zimmer ist ~ so groß/so teuer wie das andere** el cuarto es la mitad de grande/cuesta la mitad que el otro; **das ist ~ so schlimm** no es para tanto; **sie ist ~ taub** está medio sorda; **sich ~ totlachen** morirse de risa

halbamtlich *adj* (POL, PUBL) semioficial

halbautomatisch *adj* semiautomático

halbbitter *adj* semiamargo

Halbbruder *m* hermanastro *m*

Halbdunkel *nt* penumbra *f*

Halbedelstein *m* piedra *f* semipreciosa

halbe-halbe *adv* mitad y mitad

halber [ˈhalbɐ] *präp +gen (geh)* por, por causa de; **der Ordnung ~** por el orden

Halbfeld *nt* (SPORT) medio *m* campo

halbfett *adj* ❶ (TYPO) media negrilla, seminegrita ❷ *(Lebensmittel)* semigraso

Halbfinale *nt* (SPORT) semifinal *f*

halbgebildet *adj (abw)* con una formación deficitaria; **~ sein** tener una formación deficitaria

Halbgeschwister *ntpl* hermanastros *mpl*

Halbgott, -göttin *m, f* <-(e)s, -götter; -, -nen> *(a. fig)* semidiós, -osa *m, f*

halbherzig *adj* poco decidido

Halbherzigkeit *f* <-, *ohne pl*> falta *f* de entusiasmo

halbieren* [halˈbi:rən] *vt* ❶ *(teilen)* dividir (en dos partes iguales) ❷ *(reduzieren)* reducir a la mitad

Halbierung *f* <-, -en> reducción *f* a la mitad

Halbinsel *f* península *f*

Halbjahr *nt* semestre *m;* **das erste ~** la primera mitad del año

halbjährig *adj (ein halbes Jahr dauernd)* semestral; *(ein halbes Jahr alt)* de seis meses

halbjährlich I. *adj* semestral **II.** *adv* cada seis meses

Halbkanton *m (Schweiz:* POL) semicantón *m*

Halbkreis *m* semicírculo *m*

Halbkugel *f* ❶ (MATH) semiesfera *f* ❷ (GEO) hemisferio *m;* **die nördliche/südliche ~** el hemisferio norte/sur

halblang *adj (Rock)* que llega a media pierna; *(Haar)* media melena

halblaut *adj* a media voz

Halbleiter *m* (ELEK, INFOR) semiconductor *m*

halbmast *adv* **auf ~** a media asta; **~ flaggen** poner la bandera a media asta

Halbmesser *m (Radius)* radio *m*

Halbmond *m* media luna *f*

halbmondförmig *adj* en forma de hoz [*o* de medialuna]

halbnackt [ˈ-ˈ-] *adj s.* **nackt**

halboffen [ˈ-ˈ--] *adj s.* **offen 1.**

Halbpension *f ohne pl* media pensión *f*

halbrund *adj* semicircular

Halbschatten *m* (*a.* ASTR) penumbra *f*

Halbschlaf *m* duermevela *f;* **im ~ liegen** estar en duermevela

Halbschuh *m* zapato *m* abotinado

Halbschwergewicht *nt ohne pl* (SPORT) peso *m* semipesado

Halbschwester *f* hermanastra *f*

Halbstarke(r) *mf (fam abw)* gamberro, -a *m, f*

halbstündig [ˈhalpʃtʏndɪç] *adj* de media hora

halbstündlich [ˈhalpʃtʏntlɪç] *adj* cada media hora

halbtags [ˈhalpta:ks] *adv* media jornada; **~ arbeiten** trabajar media jornada

Halbtagsbeschäftigung *f* trabajo *m* de media jornada

Halbtagskraft *f* empleado, -a *m, f* de media jornada

Halbton *m* (MUS) semitono *m*

halbtot [ˈ-ˈ-] *adj s.* **tot**

Halbvokal *m* (LING) semivocal *f*

halbvoll [ˈ-ˈ-] *adj s.* **voll I.**

halbwach [ˈ-ˈ-] *adj s.* **wach 1.**

Halbwahrheit *f* media verdad *f*

Halbwaise *f* huérfano, -a *m, f* (de padre o de madre)

halbwegs [ˈhalpve:ks] *adv* más o menos, casi

Halbwertszeit *f* (PHYS) vida *f* media radiactiva

Halbwissen *nt ohne pl (abw)* conocimientos *mpl* superficiales

halbwüchsig *adj* adolescente; **eine ~e Tochter erziehen** educar a una adolescente

Halbwüchsige(r) *mf* <-n, -n; -n> adolescente *mf*

Halbzeit *f* (SPORT) **erste/zweite ~** primer/segundo tiempo *m;* **in der ~** en el descanso

Halde [ˈhaldə] *f* <-n> (BERGB: *Abraumhalde*) escombrera *f; (Kohlehalde)* existencias *fpl* de carbón en bocamina; *(Müllhalde)* montaña *f* de desperdicios

half [half] *3. imp von* **helfen**

Halfpipe [ˈha:fpaip] *f* <-, -s> (SPORT) medio tubo *m*, half pipe *m*

Hälfte [ˈhɛlftə] *f* <-n> mitad *f;* **um die ~**

größer/ kleiner la mitad más grande/pequeño; **meine bessere ~** *(fam)* mi media naranja; **auf der ~ des Weges** a mitad de camino

Halfter[1] ['halftɐ] *m o nt* <-s, -> *(für Pferd, Rind)* cabestro *m,* bozal *m Am*

Halfter[2] *nt* <-s, -> *f* <-n> *(für Pistole)* pistolera *f,* cañonera *f Am*

Hall [hal] *m* <-(e)s, -e> *(Klang, Echo)* resonancia *f*

Halle ['halə] *f* <-n> *(Fabrik-, Lagerhalle)* nave *f; (Bahnhofshalle)* vestíbulo *m; (Flughafenhalle)* terminal *f; (Hangar)* hangar *m; (Ausstellungshalle)* pabellón *m; (Messehalle)* recinto *m* ferial; *(Hotelhalle)* hall *m; (Turnhalle)* gimnasio *m*

H

hallen ['halən] *vi* resonar

Hallenbad *nt* piscina *f* cubierta

Hallensport *m* <-(e)s, -e> deporte *m* en pista cubierta

hallo ['halo, ha'loː] *interj* ① *(Gruß)* hola ② *(Zuruf)* oiga, eh; **~, Sie!** ¡oiga Ud.!

Hallo ['halo, ha'loː] *nt* <-s, -s> ① *(Freude)* alegría *f* ② *(reg: Aufsehen)* barullo *m,* jaleo *m;* **es gab ein großes ~** había un gran barullo

Halloween ['hɛlɔviːn] *nt* <-(s), -s> (fiesta *f* de) Halloween *m*

Halluzination [halutsina'tsjoːn] *f* <-en> alucinación *f*

halluzinogen *adj* (BIOL, CHEM) alucinógeno; **~e Drogen stehen unter Strafe** los alucinógenos están penalizados

Halluzinogen [halutsino'geːn] *nt* <-s, -e> (MED) alucinógeno *m*

Halm [halm] *m* <-(e)s, -e> paja *f*

Halo ['haːlo, *pl:* ha'loːnən] *m* <-(s), -s *o* Halonen> (PHYS) halo *m*

Halogen [halo'geːn] *nt* <-s, -e> (CHEM) halógeno *m*

Halogenbirne *f* bombilla *f* halógena

Halogenlampe *f* <-, -n>, **Halogenleuchte** *f* <-, -n> lámpara *f* halógena

Hals [hals, *pl:* 'hɛlzə] *m* <-es, Hälse> ① (ANAT) cuello *m; (Kehle)* garganta *f;* **den ~ recken** estirar el cuello; **~ über Kopf** *(fam: plötzlich)* de golpe y porrazo; *(unüberlegt)* de cabeza; **jdm um den ~ fallen** arrojarse al cuello de alguien; **sich jdm an den ~ werfen** *(fam)* pegarse a alguien; **sich** *dat* **den ~ brechen** *(fam)* romperse el cuello; *(fig)* estrellarse; **sich** *dat* **jdn/etw vom ~ schaffen** *(fam)* quitarse a alguien/algo de encima; **aus vollem ~** a grito pelado; **das Wort blieb ihm im ~(e) stecken** la palabra se le quedó atragantada en la garganta; **er hat viel am ~** *(fam)* tiene muchas preocupaciones; **bleib mir mit deinen Problemen vom ~!** *(fam)* ¡déjame tranquilo con tus problemas!; **das hängt mir zum ~ heraus** *(fam)* estoy hasta el gorro; **etw in den falschen ~ bekommen** *(fam)* entender mal algo; **sie kann den ~ nicht vollkriegen** *(fam)* no se conforma con nada ② *(Flaschenhals)* cuello *m* ③ *(von Instrument)* mango *m*

Halsabschneider(in) *m(f)* <-s, -; -nen> *(fam abw)* usurero, -a *m, f*

Halsausschnitt *m* escote *m,* canesú *m AmS*

Halsband *nt* ① *(für Hunde, Katzen)* collar *m* ② *(Samthalsband)* gargantilla *f*

halsbrecherisch ['halsbrɛçərɪʃ] *adj* peligrosísimo, arriesgado

Halsentzündung *f* inflamación *f* de garganta

Halskette *f* collar *m; (Collier)* gargantilla *f*

Halskrause ['-kraʊzə] *f (gefältelter Kragen)* gorguera *f; (bei Vögeln)* collar *m;* (MED) collarín *m*

Hals-Nasen-Ohren-Arzt, -Ärztin *m, f* otorrinolaringólogo, -a *m, f*

Halsschlagader *f* (arteria *f*) carótida *f*

Halsschmerzen *mpl* dolor *m* de garganta

halsstarrig *adj (abw)* tozudo

Halsstarrigkeit *f* <-, *ohne pl*> *(abw)* terquedad *f*

Halstuch *nt* pañuelo *m* (del cuello), golilla *f Bol, Urug; (Foulard)* fular *m*

Hals- und Beinbruch *interj* ¡buena suerte!; **~ für deinen Wettkampf!** ¡buena suerte en la competición!

Halswirbel *m* <-s, -> vértebra *f* cervical

halt [halt] **I.** *adv (Schweiz, Österr, südd: eben)* pues; **wir müssen es ~ versuchen** pues no tenemos más remedio que intentarlo **II.** *interj* ① *(zum Anhalten)* alto ② *(zum Aufhören)* basta

Halt[1] *m* <-(e)s, *ohne pl*> *(Stütze)* apoyo *m;* **~ suchen/finden** buscar/encontrar apoyo; **den ~ verlieren** perder el equilibrio

Halt[2] *m* <-(e)s, -e *o* -s> ① *(Stopp)* parada *f;* **~ machen** [*o* **haltmachen**] parar; **vor nichts ~ machen** *(fam)* no retroceder ante nada; *s. a.* **haltmachen** ② *(Schweiz: Grundstücksgröße)* área *f* (de superficie)

hält [hɛlt] *3. präs von* **halten**

haltbar *adj* ① *(Lebensmittel)* conservable; **mindestens ~ bis 10. August** consumir preferentemente antes del 10 de agosto ② *(strapazierfähig)* resistente; *(beständig)* duradero ③ *(Theorie)* sostenible ④ (SPORT: *Schuss*) parable

Haltbarkeit *f ohne pl* ① *(von Lebensmitteln)* tiempo *m* de conservación, durabilidad *f* ② *(Strapazierfähigkeit)* resistencia *f*

Haltbarkeitsdatum *nt* fecha *f* de caducidad

Haltegriff *m* asidero *m*

Halteknopf *m* botón *m* de parada

halten ['haltən] <hält, hielt, gehalten> **I.** *vi* ① *(anhalten)* parar; *(stehen bleiben)* detenerse ② *(festsitzen)* estar fijo ③ *(widerstandsfähig sein)* resistir; **Sport hält jung** el deporte mantiene en forma ④ *(dauern)* durar; *(Stoff, Konserven)* conservarse; *(Wetter)* mantenerse; **zu jdm ~** apoyar a alguien; **an sich ~** contenerse **II.** *vt* ① *(festhalten)* sostener, sujetar; **die Beine ins Wasser ~** meter las piernas en el agua; **etw offen ~** dejar algo abierto; **halt den Mund!** *(fam)* ¡cierra el pico! ② *(zurückhalten)* retener; *(aufhalten)* detener; (SPORT) parar ③ *(besitzen)* tener ④ *(Rekord, Kontakt, Gebiet)* mantener; **ein Land besetzt ~** mantener ocupado un país ⑤ *(Versprechen)* cumplir; *(Rede)* pronunciar; *(Unterricht)* dar, dictar *Am;* **was man verspricht, muss man auch ~** lo prometido es deuda ⑥ *(gestalten)* decorar; **das Zimmer ganz in Weiß ~** decorar la habitación de blanco ⑦ *(erachten)* **etw/jdn für etw ~** tener algo/a alguien por algo; **ich halte ihn für ziemlich intelligent** le considero bastante inteligente; **viel/nichts von jdm ~** tener mucha/no tener ninguna fe en alguien; **wofür ~ Sie mich?** ¿por quién me toma Ud.?; **was ~ Sie davon?** ¿qué le parece? **III.** *vr:* **sich ~** ① *(bleiben)* mantenerse; *(haltbar sein)* conservarse; **dein Vater hat sich aber gut ge~** tu padre se ha conservado muy bien ② *(sich orientieren)* atenerse (**an** a); **~ Sie sich links/Richtung Norden** siga por la izquierda/en dirección norte ③ *(sich aufrecht halten)* mantenerse; *(festhalten)* agarrarse; **sich auf den Beinen ~** tenerse en pie

Haltepunkt *m* parada *f*

Halter(in) *m(f)* <-s, -; -nen> *(Fahrzeug-, Tierhalter)* dueño, -a *m, f*

Halterung *f* <-en> soporte *m*

Halteschlaufe *f* asidero *m*

Haltestelle *f* parada *f*

Halteverbot *nt* estacionamiento *m* prohibido; *(Stelle)* zona *f* prohibida

haltlos *adj* ① *(Mensch)* inconstante ② *(Theorie)* inconsistente; *(Argument)* endeble; *(Behauptung)* insostenible

Haltlosigkeit *f* <-, *ohne pl*> ① *(von Mensch)* inconstancia *f,* volubilidad *f* ② *(von Gerücht)* falta *f* de fundamento; *(von Theorie, Argument)* inconsistencia *f;* *(von Behauptung)* insostenibilidad *f*

halt|machen *vi* parar

Haltung[1] *f ohne pl* ① *(Fassung)* serenidad *f;* **~ bewahren** mantener la serenidad ② *(von Tieren)* tenencia *f;* *(Tierzucht)* cría *f*

Haltung[2] *f* <-en> ① *(Körperhaltung)* postura *f;* *(Stellung)* posición *f* ② *(Einstellung)* posición *f,* actitud *f;* **eine klare ~ zu einer Frage einnehmen** adoptar una posición clara frente a una cuestión ③ *(Benehmen)* comportamiento *m*

Haltungsfehler *m* ① (SPORT) postura *f* errónea ② (MED) mala postura *f*

Halunke [ha'lʊŋkə] *m* <-n, -n> *(fam a. abw)* canalla *m*

Hämatom [hɛma'to:m] *nt* <-s, -e> (MED) hematoma *m*

Hamburg ['hambʊrk] *nt* <-s> Hamburgo *m*

Hamburger[1] *m* <-s, -> (GASTR) hamburguesa *f*

Hamburger(in)[2] ['hambʊrgɐ] *m(f)* <-s, -; -nen> hamburgués, -esa *m, f*

hamburgisch ['hambʊrgɪʃ] *adj* de Hamburgo, hamburgués

hämisch ['hɛ:mɪʃ] *adj* malicioso

Hammel ['haməl] *m* <-s, -> ① *(Schafbock)* carnero *m* ② *(vulg: Mensch)* imbécil *mf*

Hammelfleisch *nt* carne *f* de carnero

Hammelkeule *f* pata *f* de carnero

Hammer ['hamɐ, *pl:* 'hɛmɐ] *m* <-s, Hämmer> ① *(Werkzeug, a.* SPORT) martillo *m;* **unter den ~ kommen** subastarse ② (ANAT) martillo *m* ③ (MUS) macillo *m* ④ *(fam: Fehler)* error *m* garrafal ⑤ *(fam: Zumutung)* **das ist ja der ~!** ¡esto es el colmo!

hämmern ['hɛmɐn] **I.** *vi* ① *(Maschine, Person)* martillear ② *(Herz)* palpitar ③ *(mit den Fäusten)* golpear **II.** *vt* martillear

Hammerschlag *m* golpe *m* de martillo

Hammerwerfen *nt* <-s, *ohne pl*> (SPORT) lanzamiento *m* de martillo

Hammerwerfer(in) *m(f)* (SPORT) lanzador(a) *m(f)* de martillo

Hämoglobin [hɛmoglo'bi:n] *nt* <-s, *ohne pl*> (MED) hemoglobina *f*

Hämorrhoiden [hɛmoro'i:dən] *pl,* **Hämorriden** *pl* (MED) hemorroides *f pl*

Hampelmann ['hampəlman] *m* ① *(Spielzeug) muñeco de madera que mueve brazos y piernas al tirar de un cordel* ② *(fam abw: Mensch)* mamarracho *m*

hampeln *vi (fam)* no parar quieto; **hör auf zu ~!** ¡estáte quieto!

Hamster ['hamstɐ] *m* <-s, -> (ZOOL) hámster *m*

hamstern *vt* acaparar

Hand [hant, *pl:* 'hɛndə] *f* <Hände>

mano *f;* **an ~ von** por medio de; **von ~** a mano; **jdm die ~ geben/schütteln** dar/estrechar la mano a alguien; **linker/rechter ~** a mano izquierda/derecha; **linker/rechter ~ sehen Sie ...** a su izquierda/derecha pueden observar...; **aus erster/zweiter ~** de primera/segunda mano; **eine ~ voll** un puñado; **alle Hände voll zu tun haben** *(fam)* estar agobiado de trabajo; **etw aus der ~ legen** soltar algo; **etw in die ~ nehmen** coger algo; *(fig)* hacerse cargo de algo; **in die Hände klatschen** dar palmadas; **etw zur ~ haben** tener algo a mano; **jds rechte ~ sein** *(fig)* ser el brazo derecho de alguien; **zwei linke Hände haben** *(fam)* ser un manazas; **sich mit Händen und Füßen verständigen** *(fam)* entenderse por señas; **sich mit Händen und Füßen gegen etw wehren** *(fam)* defenderse con uñas y dientes contra algo; **ein gutes Blatt auf der ~ haben** tener buenas cartas; **~ und Fuß haben** tener pies y cabeza; **seine Hände in Unschuld waschen** *(geh)* lavarse las manos; **die Hände über dem Kopf zusammenschlagen** *(fam)* llevarse las manos a la cabeza; **die ~ im Spiel haben** andar en el ajo; **es lässt sich nicht von der ~ weisen, dass ...** no se puede negar que...; **~ in ~** (cogidos) de la mano; **~ in ~ mit jdm arbeiten** trabajar mano a mano con alguien; **freie ~ zu etw haben** tener plena libertad para algo; **das liegt auf der ~** es obvio; **man konnte nicht die ~ vor Augen sehen** estaba tan oscuro que no se podía ver ni la mano delante de los ojos; **für etw/jdn die ~ ins Feuer legen** *(fig)* poner la mano en el fuego por algo/alguien; **von der ~ in den Mund leben** vivir al día; **er ist bei ihnen in guten Händen** con ellos está en buenas manos; **in festen Händen sein** *(fam)* estar comprometido; **etw von langer ~ planen** planear algo con mucha antelación; **etw unter der ~ verkaufen** vender algo bajo mano; **mit etw** *dat* **schnell bei der ~ sein** *(fam)* no vacilar en hacer o decir algo; **jdm etw zu treuen Händen übergeben** encomendar algo a alguien; **jdm etw in die ~ drücken** ponerle a alguien algo en la mano; **jdm in die Hände fallen** caer en manos de alguien; **etw aus der ~ geben** dejar algo en manos de otro; **jdn in der ~ haben** tener a alguien en un puño; **jdm aus der ~ lesen** leer la mano a alguien; **jdm die ~ auflegen** bendecir a alguien; **an jdn ~ anlegen** pegar a alguien; **in die Hände spucken** *(fig)* poner manos a la obra; **jdn auf Händen tragen** llevar en palmas a alguien; **zu jds Händen** a la atención de alguien; **Hände hoch!** ¡manos arriba!; **Hände weg!** ¡quita las manos de ahí!; **eine ~ wäscht die andere** *(prov)* amor con amor se paga

Handapparat *m* <-(e)s, -e> libros *mpl* (especializados) de consulta

Handarbeit[1] *f ohne pl (Tätigkeit)* trabajo *m* manual; **etw in ~ anfertigen** hacer algo a mano

Handarbeit[2] *f* ① *(Gegenstand)* objeto *m* hecho a mano; *(kunstgewerblich)* artesanía *f* ② *(Nähen, Stricken etc.)* labores *fpl*

Handauflegen *nt* <-s, *ohne pl*> **durch ~** poniendo la(s) mano(s) encima

Handball *m ohne pl (Spiel)* balonmano *m*

Handballer(in) *m(f)* <-s, -; -, -nen>, **Handballspieler(in)** *m(f)* <-s, -; -, -nen> jugador(a) *m(f)* de balonmano

Handbetrieb *m ohne pl* accionamiento *m* manual

Handbewegung *f* movimiento *m* de la mano

Handbreit *f* <-> palmo *m*

Handbremse *f* (AUTO) freno *m* de mano; **die ~ ziehen** echar el freno de mano

Handbuch *nt* manual *m*

Händchen ['hɛntçən] *nt* <-s, -> *(fam)* **~ halten** hacer manitas

Handcreme *f* crema *f* de manos

Händedruck *m* apretón *m* de manos

Handel ['handəl] *m* <-s, *ohne pl*> ① *(Gewerbe)* comercio *m; (Markt)* mercado *m; (verbotener Handel)* tráfico *m;* **etw in den ~ bringen** sacar algo al mercado; **etw aus dem ~ ziehen** retirar algo del mercado; **mit etw** *dat* **/jdm ~ treiben** comerciar con algo/alguien; **im ~ sein** estar a la venta ② *(Geschäft)* negocio *m*

handeln ['handəln] **I.** *vi* ① *(agieren)* actuar, obrar ② *(Handel treiben)* comerciar (**mit** con); *(unerlaubt)* traficar (**mit** con); **er handelt mit Drogen** trafica con drogas ③ *(feilschen)* regatear; **da lasse ich nicht mit mir ~** yo no regateo ④ *(Buch)* tratar (**von** de, **über** sobre) **II.** *vunpers* **sich ~** tratarse (**um** de); **worum handelt es sich?** ¿de qué se trata? **III.** *vt* vender; **diese Aktien werden nicht an der Börse gehandelt** estas acciones no se cotizan en bolsa; **der Spinat wird für zwei Euro gehandelt** las espinacas se venden a dos euros

Handelsabkommen *nt* convenio *m* comercial

Handelsakademie *f* (SCH) escuela *f* superior de comercio

Handelsbank *f* (WIRTSCH) banco *m* comercial

Handelsbeschränkung *f* restricción *f* del comercio; **~en aufheben/verhängen** levantar/decretar restricciones comerciales
Handelsbeziehungen *fpl* relaciones *fpl* comerciales
Handelsbilanz *f* balanza *f* comercial
Handelsdefizit *nt* (WIRTSCH) déficit *m inv* comercial
handelseinig *adj* **~ sein/werden** estar/ponerse de acuerdo
Handelsembargo *nt* embargo *m* comercial; **ein ~ verhängen** ordenar un embargo comercial
Handelsflotte *f* flota *f* mercante
Handelsfreiheit *f* (WIRTSCH) libertad *f* de comercio
Handelsgesellschaft *f* sociedad *f* mercantil; **offene ~** sociedad colectiva
Handelsgesetzbuch *nt* (JUR) código *m* de comercio
Handelshafen *m* puerto *m* comercial
Handelskammer *f* Cámara *f* de Comercio; **Industrie- und ~** Cámara de Industria y Comercio
Handelsklasse *f* (COM, WIRTSCH) clase *f*
Handelsmarke *f* marca *f* registrada
Handelsniederlassung *f* (WIRTSCH) factoría *f*
Handelspartner(in) *m(f)* socio, -a *m, f* comercial
Handelspolitik *f* política *f* comercial
Handelsrecht *nt ohne pl* derecho *m* mercantil
Handelsregister *nt* registro *m* mercantil; **Eintragung ins ~** inscripción en el registro mercantil
Handelsschiff *nt* barco *m* mercante
Handelsschule *f* academia *f* de comercio
handelsüblich *adj* habitual en el comercio
Handelsvertrag *m* tratado *m* comercial
Handelsvertreter(in) *m(f)* representante *mf* (comercial)
Handelsware *f* mercancía *f*
Handelszentrum *nt* centro *m* comercial
Handeltreibende(r) *mf* <-n, -n; -n> (WIRTSCH) comerciante *mf*
händeringend ['hɛndərɪŋənd] *adj* desesperado
Händeschütteln *nt* <-s, *ohne pl*> apretón *m* de manos
Händetrockner *m* secador *m* de manos
Handfeger ['-feːgɐ] *m* <-s, -> escobilla *f*
Handfertigkeit *f* habilidad *f* manual
handfest *adj* ① *(Mensch)* robusto ② *(Mahlzeit)* fuerte; *(nahrhaft)* sustancioso ③ *(Argument)* contundente; *(Krach)* tremendo ④ *(Vorschlag)* concreto
Handfeuerwaffe *f* arma *f* de fuego portátil
Handfläche *f* palma *f* (de la mano)
Handfunkgerät *nt* radio *f* portátil
handgearbeitet ['hantgəʔarbaɪtət] *adj* hecho a mano
Handgelenk *nt* muñeca *f*; **etw aus dem ~ schütteln** *(fam)* hacer algo con soltura
handgemacht *adj* hecho a mano
Handgemenge *nt* pelea *f*, bulla *f AmS*; **in ein ~ geraten** llegar a las manos
Handgepäck *nt* equipaje *m* de mano
handgeschrieben *adj* escrito a mano
handgestrickt *adj* calcetado a mano, tejido a mano
Handgranate *f* granada *f* de mano
handgreiflich *adj* ① *(gewalttätig)* violento; **~ werden** llegar a las manos ② *(Erfolg)* evidente; *(Beweis)* palmario
Handgreiflichkeit *f* <-en> violencia *f*
Handgriff *m* ① *(zum Festhalten, Tragen)* asidero *m*; *(Stiel)* mango *m* ② *(Bewegung)* maniobra *f*; **mit ein paar ~en** con pocas maniobras
Handhabe *f* <-n> motivo *m*
handhaben ['hanthaːbən] *vt* ① *(Gesetz)* aplicar ② *(bedienen)* manejar; *(gebrauchen)* usar ③ *(verfahren)* proceder
Handhabung *f* <-en> ① *(Bedienung)* manejo *m* ② *(Anwendung)* aplicación *f*
Handicap ['hɛndikɛp] *nt* <-s, -s>, **Handikap** *nt* <-s, -s> hándicap *m*
händisch ['hɛndɪʃ] *adj* *(Österr: manuell)* manual
Handkante *f* <-, -n> canto *m* de la mano
Handkoffer *m* maleta *f* pequeña
Handkuss *m* besamanos *m inv*
Handlanger(in) ['-laŋɐ] *m(f)* <-s, -; -nen> ① *(Hilfsarbeiter)* obrero, -a *m, f* no cualificado , -a ② *(abw: Verbündeter)* cómplice *mf*
Handlangerdienst *m* *(abw)* trabajo *m* sucio; **jdm ~e leisten** prestar ayuda a alguien (en un asunto sucio)
Handlangerin *f* <-nen> *s.* **Handlanger**
Händler(in) ['hɛndlɐ] *m(f)* <-s, -; -nen> comerciante *mf*; *(Verkäufer)* vendedor(a) *m(f)*; **fliegender ~** vendedor ambulante
Handlesekunst *f* quiromancia *f*, quiromancía *f*
handlich ['hantlɪç] *adj* manejable
Handlichkeit *f ohne pl* manejabilidad *f*
Handlung ['handlʊŋ] *f* <-en> ① *(Tat)* acción *f* ② *(von Buch, Film)* argumento *m*
Handlungsablauf *m* (LIT, THEAT) desarrollo *m* de la acción
Handlungsbedarf *m* (*a.* POL) necesidad *f* de actuar
Handlungsbevollmächtigte(r) *mf* apoderado, -a *m, f*
handlungsfähig *adj* capaz de actuar

H

Handlungsfähigkeit *f ohne pl* capacidad *f* de actuar
Handlungsfreiheit *f ohne pl* libertad *f* de acción
Handlungsspielraum *m* libertad *f* de acción
handlungsunfähig *adj* incapaz de actuar
Handlungsvollmacht *f* (COM, JUR) poder *m* mercantil
Handlungsweise *f* modo *m* de actuar; *(Vorgehensweise)* procedimiento *m*
Handout *nt* <-s, -s>, **Hand-out** [hɛnt'ʔaʊt] *nt* <-s, -s> papeleta *f*
Handpflege *f ohne pl* manicura *f*; **eine Creme zur ~** una crema para (el cuidado de) las manos
Handpuppe *f* títere *m*
Handrechen *m (für Gartenarbeit)* rastrillo *m* de mano
Handreichung *f* ❶ *(Hilfeleistung)* (prestación *f* de) ayuda *f* ❷ *(Richtlinien)* orientación *f*
Handrücken *m* dorso *m* de la mano
Handrührgerät *nt* batidora *f*
Handsäge *f* serrucho *m*
Handschaltung *f* cambio *m* de marchas manual
Handschellen *fpl* esposas *fpl*; **jdm ~ anlegen** esposar a alguien
Handschlag *m* apretón *m* de manos; **keinen ~ tun** *(fam)* no mover un dedo; **durch ~ besiegeln** sellar con un apretón de manos
Handschrift *f* ❶ *(von Person)* letra *f* ❷ *(Text)* manuscrito *m*
handschriftlich **I.** *adj* escrito a mano **II.** *adv* a mano, por escrito
Handschuh *m* guante *m*
Handschuhfach *nt* guantera *f*
Handstand *m* <-(e)s, -stände> pino *m*
Handtasche *f* bolso *m* de mano
Handtuch *nt* toalla *f*, enjugamanos *m inv Am*; **das ~ werfen** *(fam)* tirar la toalla
Handtuchhalter *m* toallero *m*
Handumdrehen *nt* **im ~** en un santiamén
handverlesen *adj* ❶ *(Früchte, Nüsse)* seleccionado a mano ❷ *(iron: Gäste, Zuhörer)* (cuidadosamente) seleccionado
Handvoll *f* <-, -> *s.* **Hand**
Handwäsche *f (Waschen)* lavado *m* a mano; *(Wäsche)* ropa *f* para lavar a mano
Handwerk[1] *nt* <-(e)s, -e> *(Beruf)* oficio *m* (manual); **jdm das ~ legen** poner fin a las actividades de alguien; **jdm ins ~ pfuschen** hacer la competencia a alguien
Handwerk[2] *nt* <-(e)s, *ohne pl*> *(Handwerkerschaft)* artesanado *m*
Handwerker(in) *m(f)* <-s, -; -nen> trabajador(a) *m(f)* manual; *(Kunsthandwerker)* artesano, -a *m, f*
handwerklich *adj* artesanal
Handwerksbetrieb *m* taller *m* (de artesanía)
Handwerkskammer *f* Cámara *f* de Artesanía
Handwerkszeug *nt* herramientas *fpl*
Handwurzel *f* (ANAT) carpo *m*
Handy ['hɛndi] *nt* <-s, -s> (teléfono *m*) móvil *m*, (teléfono *m*) celular *m Am*; **das ~ ausgeschaltet haben** tener el móvil apagado; **sein/ihr ~ hat keinen Empfang** tiene el móvil fuera de cobertura
Handytasche *f* funda *f* para el móvil
Handzeichen *nt* señal *f* que se da con la mano; *(Schriftzug)* rúbrica *f*
Handzettel *m* volante *m*
hanebüchen ['ha:nəby:çən] *adj (geh fig)* inaudito
Hanf [hanf] *m* <-(e)s, *ohne pl*> cáñamo *m*
Hang[1] [haŋ, *pl:* 'hɛŋə] *m* <-(e)s, Hänge> *(Abhang)* pendiente *f*, cuesta *f*, guindo *m Guat*
Hang[2] *m* <-(e)s, *ohne pl*> *(Tendenz)* inclinación *f*; *(Neigung)* propensión *f*; **einen ~ zu etw** *dat* **haben** tener propensión a algo
Hängebrücke *f* puente *m* colgante
Hängelampe *f* lámpara *f* colgante
Hangelgerüst *nt (im Spielplatz)* columpio *m* para colgarse
Hängematte *f* hamaca *f*
hängen[1] ['hɛŋən] <hängt, hing, gehangen> *vi* ❶ *(herunterhängen)* colgar (**an** de/en), pender (**an** de); **Spannung hing in der Luft** la tensión flotaba en el ambiente; **an der Flasche/vor dem Fernseher ~** *(fam)* estar colgado de la botella/de la tele ❷ *(haften)* estar adherido (**an** a); **an jdm ~** querer a alguien; **sich an jdn ~** pegarse a alguien ❸ *(schief sein)* estar inclinado (**nach** hacia)
hängen[2] *vt* ❶ *(aufhängen)* colgar; **die Fahne nach dem Wind ~** arrimarse al sol que más calienta ❷ *(befestigen)* fijar; *(an Haken)* enganchar ❸ *(Verbrecher)* colgar
Hängepartie *f* <-, -n> *(Schach)* partida *f* de ajedrez con interrupciones
Hängeregister *nt (Bürobedarf)* archivo *m* colgante
Hängerkleid *nt* vestido *m* baby doll
Hängeschrank *m* armario *m* suspendido
Hanglage *f* ❶ *(Lage)* ladera *f* ❷ *pl (Gebiet)* laderas *fpl*
Hannover [ha'no:fɐ] *nt* <-s> Hannover *m*
Hansaplast® [hanza'plast, 'hanzaplast] *nt* <-(e)s, *ohne pl*> tira *f* de esparadrapo
Hansdampf [hans'damf] *m* <-(e)s, -e>

~ **(in allen Gassen)** *(fam)* metomentodo *m*
Hanse ['hanzə] *f* <-, *ohne pl*> (HIST) Hansa *f*
Hanseat(in) [hanze'a:t] *m(f)* <-en, -en; -, -nen> ① *(Einwohner)* habitante *mf* de una ciudad hanseática *(Bremen, Hamburgo y Lübeck)* ② (HIST) comerciante *mf* de una ciudad hanseática
hanseatisch [hanze'a:tɪʃ] *adj* (h)anseático
hänseln ['hɛnzəln] *vt* **jdn** ~ burlarse de alguien
Hansestadt ['hanzə-] *f* ciudad *f* (h)anseática
Hanswurst [-'-, '--] *m* <-(e)s, -e *o* -würste> ① (THEAT) arlequín *m* ② *(Narr)* payaso *m*
Hantel ['hantəl] *f* <-n> pesas *fpl*
hantieren* [han'ti:rən] *vi* trabajar (**mit** con)
Hanukkah [ha'nu:ka] <-, *ohne pl*> *f (jüdisches Fest)* Janucá *f*
hapern ['ha:pɐn] *vi* ① *(fehlen)* faltar (**an** de) ② *(schlecht sein)* tener dificultades (**mit** con)
häppchenweise ['hɛpçənvaɪzə] *adv (fam)* a bocados
Happen ['hapən] *m* <-s, -> *(fam)* bocado *m,* puntal *m Am*
happig ['hapɪç] *adj (fam)* exagerado; *(Preis)* exorbitante
happy ['hɛpi] *adj inv (fam)* feliz y contento
Happyend *nt* <-(s), -s>, **Happy End** [hɛpi'ʔɛnt] *nt* <- -(s), - -s> final *m* feliz
Happy Hour [hɛpi'(ʔ)aʊɐ] *f* <- -s> hora *f* feliz
Harakiri [hara'ki:ri] *nt* <-(s), -s> haraquiri *m,* harakiri *m;* ~ **begehen** hacerse el haraquiri
Hard Disk ['ha:tdɪsk] *f* <- -s> (INFOR) disco *m* duro
Hardliner ['ha:tlaɪnɐ] *m* <-s, -> (persona *f*) intransigente *mf*
Hard Rock ['ha:trɔk] *m* <- -s, *ohne pl*> (MUS) rock *m* duro
Hardware ['ha:twɛ:ɐ] *f* <-s> (INFOR) hardware *m,* equipo *m* físico
Hardwarekomponente *f* <-, -n> (INFOR) componente *m* de hardware
Hardwarekonfiguration *f* <-, -en> (INFOR) configuración *f* de hardware
Harem ['ha:rɛm] *m* <-s, -s> harén *m*
Harfe ['harfə] *f* <-n> arpa *f*
Harke ['harkə] *f* <-n> rastrillo *m*
Harlekin ['harleki:n] *m* <-s, -e> arlequín *m*
harmlos ['harmlo:s] *adj* inofensivo; *(arglos)* inocente; *(Krankheit)* leve; *(Tier)* manso; *(Medikament)* inocuo; **es fing alles ganz ~ an** todo empezó sin ningún problema
Harmlosigkeit *f* <-, *ohne pl*> *(Erkrankung, Wunde)* levedad *f; (Droge, Medikament)* inocuidad *f*
Harmonie [harmo'ni:] *f* <-n> armonía *f*
Harmonien *pl von* **Harmonie**
harmonieren* *vi* armonizar (**mit** con)
Harmonika [har'mo:nika] *f* <-s *o* Harmoniken> (MUS: *Mundharmonika*) armónica *f; (Ziehharmonika)* acordeón *m*
harmonisch [har'mo:nɪʃ] *adj* ① (MUS) armónico ② *(zusammenpassend)* armonioso
harmonisieren* *vt* armonizar
Harmonium [har'mo:niʊm] *nt* <-s, -s *o* Harmonien> (MUS) armonio *m*
Harn [harn] *m* <-(e)s, -e> orina *f*
Harnblase *f* (ANAT) vejiga *f* de la orina
Harndrang *m* <-(e)s, *ohne pl*> ① *(Bedürfnis)* ganas *fpl* de orinar; ~ **verspüren** tener ganas de orinar ② (*a.* MED: *mit Schmerz*) pujo *m,* tenesmo *m*
Harnleiter *m* (ANAT) uréter *m*
Harnröhre *f* (ANAT) uretra *f*
Harnsäure *f* ácido *m* úrico
Harnstoff *m* urea *f*
harntreibend *adj* diurético
Harnwege *mpl* (ANAT) vías *fpl* urinarias
Harpune [har'pu:nə] *f* <-n> arpón *m; (Haken)* garfio *m*
harpunieren* [harpu'ni:rən] *vt* arponear
harren ['harən] *vi (geh)* esperar (con impaciencia) (+*gen*)
hart [hart] <härter, am härtesten> **I.** *adj* ① *(nicht weich)* duro; **~e Drogen** drogas duras; ~ **werden** endurecerse; *(Brot)* ponerse duro; *(Mensch)* volverse duro ② *(Währung)* estable ③ *(Wasser)* duro ④ *(widerstandsfähig)* resistente; ~ **im Nehmen sein** encajar bien los golpes ⑤ *(schwer)* duro, difícil; *(Aufprall)* fuerte ⑥ *(hartherzig)* duro, insensible; **jdn ~ anfassen** tratar a alguien con dureza ⑦ *(streng)* riguroso; ~ **durchgreifen** adoptar medidas rigurosas; ~ **bleiben** mantenerse firme; **jdm ~ zusetzen** apremiar a alguien; **es geht ~ auf ~** luchan a brazo partido **II.** *adv (nahe)* muy cerca (**an** de)
Härte ['hɛrtə] *f* <-n> ① *(Festigkeit)* dureza *f* ② *(Stabilität)* estabilidad *f* ③ *(Kalkgehalt)* dureza *f* ④ *(Widerstandsfähigkeit)* resistencia *f* ⑤ *(Schwierigkeitsgrad)* dureza *f,* dificultad *f* ⑥ *(Strenge)* rigor *m* ⑦ *(Gefühllosigkeit)* insensibilidad *f; (Grausamkeit)* crueldad *f* ⑧ *(Heftigkeit)* violencia *f,* fuerza *f*
Härtefall *m* caso *m* extremo
Härtegrad *m* (TECH) grado *m* de dureza

härten ['hɛrtən] I. *vi, vt* endurecer II. *vr:* **sich ~** endurecerse

härter ['hɛrtɐ] *adj kompar von* **hart**

härteste(r, s) *adj superl von* **hart**

Härtetest *m* prueba *f* de resistencia

hartgekocht *adj s.* **kochen II. 1.**

Hartgeld *nt* moneda *f* en metálico

hartgesotten ['hartgəzɔtən] *adj* ① *(unsensibel)* duro ② *(verstockt)* duro de pelar

hartherzig *adj* duro de corazón

Hartherzigkeit[1] *f* <-, -en> *(hartherzige Tat)* crueldad *f*

Hartherzigkeit[2] *f* <-, *ohne pl*> *(Gefühllosigkeit)* insensibilidad *f*, dureza *f* de corazón

Hartholz *nt* madera *f* dura

Hartkäse *m* queso *m* de pasta dura

hartnäckig ['hartnɛkɪç] *adj* ① *(stur)* terco ② *(ausdauernd)* tenaz ③ *(Krankheit)* pertinaz; *(Fleck)* resistente

Hartnäckigkeit *f ohne pl* ① *(Sturheit)* terquedad *f* ② *(Ausdauer)* tenacidad *f*, remache *m Col* ③ *(von Krankheit)* pertinacia *f*

Härtung ['hɛrtʊŋ] *f* <-, -en> (TECH) endurecimiento *m*

Hartwurst *f* embutido *m* (curado o ahumado)

Harz[1] [haːɐts] *nt* <-es, -e> resina *f*

Harz[2] *m* <-es> (GEO) **der ~** el Harz

harzig *adj* ① *(Harz enthaltend)* resinoso ② *(Schweiz: mühsam)* dificultoso

Hasch [haʃ] *nt* <-s, *ohne pl*> *(fam)* hachís *m inv*

Haschee [ha'ʃeː] *nt* <-s, -s> (GASTR) carne *f* picada en salsa

haschen ['haʃən] *vi (fam)* fumar porros

Haschisch ['haʃɪʃ] *m o nt* <-(s), *ohne pl*> hachís *m inv*

Hase ['haːzə] *m* <-n, -n> liebre *f*; **falscher/Falscher ~, falscher** [*o* **Falscher**] **~** *(Hackbraten)* asado de carne picada; **wissen, wie der ~ läuft** *(fam)* saber por donde van los tiros; **da liegt der ~ im Pfeffer** *(fam)* ahí está la madre del cordero

Haselnuss ['haːzəlnʊs] *f* <-nüsse> avellana *f*

Hasenbraten *m* (GASTR) liebre *f* asada

Hasenfuß *m (fam abw)* cagueta *mf*; **sei kein ~ und mach mit!** ¡no seas cagueta y participa!

Hasenglöckchen *nt* (BOT) jacinto *m* silvestre

Hashtag <-s, -s> ['hæʃtæg] *nt* (INFOR) etiqueta *f*, hashtag *m*

Häsin ['hɛːzɪn] *f* <-nen> liebre *f* hembra

Hass [has] *m* <-es, *ohne pl*> odio *m*; **~ auf jdn haben** odiar a alguien

hassen ['hasən] *vt* odiar

hasserfüllt *adj* lleno de odio

Hasskriminalität *f kein pl* delitos *mpl* de odio

hässlich ['hɛslɪç] *adj* ① *(Aussehen)* feo, macaco *Cuba, Chil*; *(Wetter)* malo ② *(gemein)* feo, malo; **~ von jdm sprechen** hablar mal de alguien ③ *(unangenehm)* desagradable

Hässlichkeit[1] *f ohne pl (von Aussehen)* fealdad *f*

Hässlichkeit[2] *f* <-en> *(Gemeinheit)* maldad *f*

Hassliebe *f* amor-odio *m*

Hasstirade *f* <-, -n> *(abw)* invectiva *f* llena de odio

Hast [hast] *f ohne pl (Eile)* prisa *f*; *(Überstürzung)* precipitación *f*

hasten ['hastən] *vi sein (geh)* ir a toda prisa; *(sich überstürzen)* precipitarse

hastig I. *adj (eilig)* apresurado; *(überstürzt)* precipitado II. *adv (schnell)* a toda prisa; *(überstürzt)* precipitadamente; **nicht so ~!** ¡no tan de prisa!

hat [hat] *3. präs von* **haben**

hätscheln ['hɛ(ː)tʃəln] *vt* ① *(liebkosen)* acariciar ② *(abw: bevorzugen)* mimar

hatschi [ha'tʃi(ː), 'hatʃi] *interj* achís

hatte ['hatə] *3. imp von* **haben**

Haube ['haʊbə] *f* <-n> ① *(Kopfbedeckung)* cofia *f*; **jdn unter die ~ bringen** *(fam)* casar a alguien ② (AUTO) capó *m* ③ *(von Vögeln)* copete *m* ④ *(Trockenhaube)* secador *m*

Hauch [haʊx] *m* <-(e)s, -e> *(geh)* ① *(Atem)* aliento *m* ② *(Luftzug)* soplo *m*, aire *m* ③ *(Anflug, Duft)* matiz *m*, toque *m*

hauchdünn ['-'-] *adj* finísimo

hauchen ['haʊxən] I. *vi (ausatmen)* espirar II. *vt (Worte)* susurrar

Haue[1] ['haʊə] *f ohne pl (fam: Schläge)* paliza *f*; **~ kriegen** recibir una paliza

Haue[2] *f* <-n> *(südd, Österr, Schweiz: Hacke)* azada *f*

hauen[1] ['haʊən] <haut, haute *o* hieb, gehauen> I. *vt (fam: schlagen)* sacudir; *(verprügeln)* dar una paliza II. *vi (schlagen)* **mit der Faust auf den Tisch ~** *(a. fig)* pegar un puñetazo en la mesa

hauen[2] ['haʊən] <haut, haute, gehauen> I. *vi (Wend)* **auf die Pauke ~** *(fig)* ir de juerga II. *vt* ① *(meißeln)* esculpir ② *(fam: Nagel)* clavar (**in** en) ③ (BERGB) extraer III. *vr:* **sich ~** *(fam)* pegarse (**mit** con)

Hauer *m* <-s, -> ① *(Bergmann)* picador *m* (de minas) ② *(Eckzahn)* colmillo *m*

Häufchen ['hɔɪfçən] *nt* <-s, -> montoncito *m*; **er kam wie ein ~ Elend nach Hause** volvió a casa hecho una miseria [*o* una lástima]

häufeln ['hɔɪfəln] *vt* ❶ (AGR) aporcar ❷ *(aufschichten)* amontonar
Haufen ['haʊfən] *m* <-s, -> ❶ *(Anhäufung)* montón *m,* cerro *m And; (Stapel)* pila *f;* **jdn über den ~ rennen/fahren** *(fam)* tumbar/derribar a alguien; **etw über den ~ werfen** *(fam)* arrojar por la borda algo ❷ *(fam: Menge)* montón *m,* percha *f CSur;* **einen ~ Arbeit haben** tener un montón de trabajo ❸ *(Schar)* gentío *m; (Gruppe)* cuadrilla *f*
häufen ['hɔɪfən] **I.** *vt* amontonar; *(ansammeln)* acumular; **zwei gehäufte Esslöffel Zucker** dos cucharadas colmadas de azúcar **II.** *vr:* **sich ~** amontonarse; *(sich ansammeln)* acumularse
haufenweise *adv (fam)* a montones
Haufenwolke *f* cúmulo *m*
häufig ['hɔɪfɪç] **I.** *adj* frecuente; *(wiederholt)* repetido **II.** *adv* a menudo, con frecuencia
Häufigkeit *f* <-en> frecuencia *f*
Häufung *f* <-, -en> acumulación *f*
Haupt [haʊpt, *pl:* 'hɔɪptɐ] *nt* <-(e)s, Häupter> *(geh)* ❶ *(Kopf)* cabeza *f;* **gesenkten/erhobenen ~es** cabizbajo/con la cabeza alta ❷ *(Anführer)* jefe, -a *m, f*
Hauptaktionär(in) *m(f)* <-s, -e; -, -nen> (WIRTSCH) accionista *mf* principal
Hauptakzent *m* ❶ (LING) acento *m* principal ❷ *(Schwerpunkt)* énfasis *m inv* principal; **den ~ auf etw legen** poner el énfasis en algo
Hauptaltar *m* altar *m* mayor
hauptamtlich *adj* de carrera; *(angestellt)* contratado
Hauptaugenmerk *nt ohne pl* **sein ~ auf etw/jdn richten** fijarse especialmente en algo/alguien
Hauptausgang *m* salida *f* principal
Hauptbahnhof *m* estación *f* central
Hauptbelastungszeuge, -zeugin *m, f* (JUR) testigo *mf* de cargo principal
Hauptberuf *m* profesión *f* principal
hauptberuflich I. *adj* profesional **II.** *adv* profesionalmente
Hauptbestandteil *m* parte *f* integrante; **etw in seine ~e zerlegen** descomponer algo en sus elementos principales
Hauptdarsteller(in) *m(f)* protagonista *mf*
Haupteingang *m* entrada *f* principal
Hauptfach *nt* (SCH, UNIV) asignatura *f* principal
Hauptfigur *f* personaje *m* principal
Hauptgang *m* (GASTR) segundo plato *m;* **im ~ servieren wir ...** de segundo plato tenemos...
Hauptgebäude *nt* edificio *m* principal
Hauptgericht *nt* plato *m* principal
Hauptgeschäftszeit *f* (WIRTSCH) horas *f pl* punta
Hauptgewinn *m* primer premio *m,* gordo *m fam*
Hauptkommissar(in) *m(f)* comisario, -a *m, f* (jefe)
Hauptlast *f* carga *f* principal
Hauptleute *pl von* **Hauptmann**
Häuptling ['hɔɪptlɪŋ] *m* <-s, -e> cacique *m*
Hauptmahlzeit *f* comida *f* principal
Hauptmann *m* <-(e)s, -leute> ❶ (MIL) capitán *m* ❷ *(Schweiz: Gemeindevorsteher)* alcalde *m*
Hauptmenü *nt* (INFOR) menú *m* principal
Hauptperson *f* personaje *m* principal
Hauptpost *f* central *f* de correos
Hauptpostamt *nt* oficina *f* central de correos
Hauptproblem *nt* <-s, -e> problema *m* principal
Hauptquartier *nt* (MIL) cuartel *m* general
Hauptreisezeit *f días de máximo tráfico durante un período vacacional;* **zur ~ stecken viele Urlauber im Stau** en los días de vacaciones en los que el tráfico es más intenso se producen muchas caravanas
Hauptrolle *f* papel *m* principal
Hauptsache *f* punto *m* principal; **die ~ ist, dass ...** lo principal es que... *+subj;* **in der ~** principalmente; **zur ~ kommen** llegar a lo principal
hauptsächlich ['haʊptzɛçlɪç] **I.** *adj* principal; *(wesentlich)* esencial **II.** *adv* principalmente; **~ deshalb, weil ...** principalmente porque...
Hauptsaison *f* temporada *f* alta
Hauptsatz *m* (LING) oración *f* principal
Hauptschalter *m* (ELEK) interruptor *m* principal
Hauptschlagader *f* (ANAT) aorta *f*
Hauptschlüssel *m* llave *f* maestra
Hauptschulabgänger(in) *m(f)* ≈ graduado, -a *m, f* escolar
Hauptschuld *f ohne pl* culpa *f* principal
Hauptschuldige(r) *mf* culpable *mf* principal
Hauptschule *f* ≈ escuela *f* de Enseñanza General Básica *(formación escolar mínima obligatoria que comprende entre los 10 y los 16 años de edad)*
Hauptschüler(in) *m(f)* ≈ alumno, -a *m, f* de Enseñanza General Básica
Hauptschullehrer(in) *m(f)* profesor(a) *m(f)* de una "Hauptschule" *(profesor de tercer ciclo de primaria y de primer curso de la ESO)*
Hauptschwierigkeit *f* <-, -en> dificultad *f* principal

H

Hauptseminar *nt* <-s, -e> (UNIV) seminario *m* especializado, ≈ asignatura *f* de especialidad [*o* segundo ciclo]
Hauptsendezeit *f* (TV) tiempo *m* de máxima audiencia
Hauptspeicher *m* (INFOR) memoria *f* central
Hauptspeise *f* (GASTR) plato *m* principal
Hauptstadt *f* capital *f*
hauptstädtisch *adj* de la capital, capitalino
Hauptstraße *f* calle *f* principal, ≈ Calle *f* Mayor
Hauptstrecke *f* <-, -n> (EISENB) vía *f* principal
Hauptstudium *nt ohne pl* (UNIV) ≈ segundo ciclo *m* (de los estudios superiores)
Hauptteil *m* parte *f* principal
Hauptursache *f* <-, -n> motivo *m* principal
Hauptverhandlung *f* (JUR) juicio *m* oral
Hauptverkehrsstraße *f* calle *f* principal
Hauptverkehrszeit *f* hora *f* punta
Hauptversammlung *f* asamblea *f* general
Hauptwaschgang *m* fase *f* principal de lavado
Hauptwohnsitz *m* domicilio *m* principal
Hauptwort *nt* (LING) sustantivo *m*
hau ruck [haʊˈrʊk] *interj* ¡fuerza!, ¡a la una, a las dos y a las tres!
Haus [haʊs, *pl:* ˈhɔɪzə] *nt* <-es, Häuser> ❶ *(Wohnhaus, Heim)* casa *f; (Gebäude)* edificio *m;* **von ~ zu ~ gehen** ir de casa en casa; **wir wohnen ~ an ~** vivimos puerta con puerta; **aus dem ~ gehen** salir de casa; **der Herr des ~es** el señor de la casa; **außer ~ essen** comer fuera (de casa); **etw steht ins ~** algo está al caer; **~ und Hof verspielen** perder hasta la camisa; **nirgendwo zu ~e** [*o* **zuhause**] **sein** ser un extraño en todas partes; **fühlen Sie sich wie zu ~e** [*o* **zuhause**]**!** ¡siéntase como en su casa!; **nach ~e kommen** volver a casa; **er ist nicht zu ~e** [*o* **zuhause**] no está en casa; **bei uns zu ~e** [*o* **zuhause**] en nuestra casa; **in etw** *dat* **zu ~e** [*o* **zuhause**] **sein** *(fam)* conocer bien algo; **vor ausverkauftem ~ spielen** actuar con el teatro repleto de público; **frei ~** (COM) franco (a) domicilio; **hallo, altes ~!** *(fam)* ¡hola, amigote! ❷ *(geh: Herkunft)* familia *f,* casa *f;* **er ist aus gutem ~e** es de buena familia; **von ~e aus** originalmente ❸ *(Unternehmen)* casa *f,* empresa *f;* **das erste ~ am Platz** la empresa de mejor reputación ❹ *(Dynastie)* casa *f,* dinastía *f* ❺ *(Schneckenhaus)* casita *f* del caracol ❻ (ASTR) casa *f* (celeste) ❼ (POL) Cámara *f* ❽ *(Wend)* **~ halten** economizar

Hausangestellte(r) *mf* empleado, -a *m, f* (del hogar)
Hausanschluss *m* <-es, -schlüsse> (TECH) acometida *f;* (TEL) comunicación *f* interior, teléfono *m* interior [*o* interno]
Hausapotheke *f* botiquín *m*
Hausarbeit *f* ❶ *(im Haushalt)* quehaceres *mpl* domésticos ❷ (SCH) deberes *mpl;* (UNIV) trabajo *m* escrito (hecho en casa)
Hausarrest *m* arresto *m* domiciliario
Hausarzt, -ärztin *m, f* médico, -a *m, f* de cabecera
Hausaufgabe *f* trabajo *m* para casa; **~n** (SCH) deberes *mpl*
hausbacken *adj* ❶ *(Hausmittel)* casero ❷ *(abw: bieder)* aburguesado; *(langweilig)* aburrido
Hausbau *m ohne pl* construcción *f* de una casa
Hausbesetzer(in) *m(f)* <-s, -; -nen> okupa *mf argot*
Hausbesetzung *f* <-en> okupación *f*
Hausbesitzer(in) *m(f)* propietario, -a *m, f* de una casa
Hausbesuch *m* visita *f* domiciliaria
Hausbewohner(in) *m(f)* vecino, -a *m, f* de una casa
Hausboot *nt* barco *m* vivienda
Hausbriefkasten *m* buzón *m*
Häuschen [ˈhɔɪsçən] *nt* <-s, -> casita *f;* **ganz aus dem ~ sein** *(fam)* estar completamente fuera de sí
Hausdurchsuchung *f (Österr)* registro *m* domiciliario
Hausdurchsuchungsbefehl *m* <-s, -e> (JUR) orden *f* de registro domiciliario
hauseigen *adj* propio de la casa
Hauseigentümer(in) *m(f)* propietario, -a *m, f* de la casa
Hauseinfahrt *f* <-, -en> entrada *f* (de la casa)
Hauseingang *m* <-(e)s, -gänge> entrada *f* de la casa
hausen [ˈhaʊzən] *vi (fam)* ❶ *(abw: wüten)* causar estragos (**in** en) ❷ *(wohnen)* vivir (**in** en)
Häuserblock *m* manzana *f,* cuadra *f Am*
Häuserfront *f* <-, -en> frente *m* de varias casas, fachadas *fpl* de varias casas
Häuserreihe *f* <-, -n>, **Häuserzeile** *f* <-, -n> hilera *f* de casas
Hausflur *m* pasillo *m*
Hausfrau *f* ❶ *(Haushalt führende Frau)* ama *f* de casa ❷ *(Österr, südd: Zimmerwirtin)* alquiladora *f* de cuartos
Hausfreund *m* ❶ *(der Familie)* amigo *m* de la casa ❷ *(Geliebter)* alegraesposas *m inv*

Hausfriedensbruch *m* (JUR) allanamiento *m* de morada
Hausgebrauch *m* uso *m* doméstico; **für den ~** para uso doméstico
Hausgeburt *f* <-, -en> parto *m* en casa
hausgemacht ['haʊsgəmaxt] *adj* casero, de fabricación casera
Hausgemeinschaft *f* ❶ *(im Haushalt)* comunidad *f* ❷ *(Hausbewohner)* vecindad *f*
Haushalt ['haʊshalt] *m* <-(e)s, -e> ❶ *(Hausgemeinschaft)* casa *f;* **jdm den ~ führen** llevar(le) la casa a alguien; **einen ~ gründen/auflösen** poner/levantar casa ❷ *(Familie)* hogar *m;* **die privaten ~e** los hogares ❸ (POL: *Etat*) presupuesto *m*
haus|halten *irr vi* economizar (**mit**)
Haushälterin ['haʊshɛltərɪn] *f* <-nen> ama *f* de llaves
haushälterisch *adj* económico, ahorrativo
Haushaltsabfall *m* basura *f* doméstica, residuos *mpl* domésticos
Haushaltsartikel *m* artículo *m* doméstico
Haushaltsdebatte *f* (POL) debate *m* sobre el presupuesto
Haushaltsführung *f* ❶ *(einer Hausgemeinschaft)* gobierno *m* de la casa ❷ (FIN) gestión *f* presupuestaria; **doppelte ~** (FIN) doble ingreso
Haushaltsgeld *nt* dinero *m* para los gastos domésticos
Haushaltsgerät *nt* aparato *m* doméstico
Haushaltshilfe *f* empleada *f* de hogar, asistenta *f*
Haushaltsjahr *nt* (POL) año *m* presupuestario
Haushaltskasse *f* <-, *ohne pl*> presupuesto *m* familiar
Haushaltsloch *nt* <-(e)s, -löcher> (FIN) agujero *m* presupuestario, déficit *m inv* presupuestario
Haushaltsplan *m* (POL) presupuesto *m*
Hausherr(in) *m(f)* dueño, -a *m, f* de la casa, señor(a) *m(f)* de la casa
haushoch ['-'-] *adj (groß)* como una casa; *(außergewöhnlich)* descomunal; **jdm ~ überlegen sein** dar(le) cien vueltas a alguien; **jdn ~ schlagen** derrotar a alguien aplastantemente
hausieren* [haʊ'zi:rən] *vi* ir vendiendo de casa en casa; **mit etw** *dat* **~ gehen** *(fam)* contar algo a todo el mundo
Hausierer(in) *m(f)* <-s, -; -nen> vendedor(a) *m(f)* ambulante, pacotillero, -a *m, f Am*
Hausjacke *f* chaqueta *f* de estar por casa
Hauslehrer(in) *m(f)* preceptor *m,* institutriz *f; (Privatlehrer)* profesor(a) *m(f)* particular
häuslich ['hɔɪslɪç] *adj* ❶ *(Arbeiten, Pflichten)* doméstico; *(Familie betreffend)* familiar ❷ *(Familienleben liebend)* casero; **sich ~ niederlassen** *(fam)* poner casa
Häuslichkeit *f* <-, *ohne pl*> vida *f* hogareña
Hausmacherart ['haʊsmaxɐʔa:ɐt] *f* (GASTR) **nach ~** según receta casera
Hausmädchen *nt* <-s, -> sirvienta *f*
Hausmann *m* amo *m* de casa
Hausmannskost *f* comida *f* casera
Hausmeister(in) *m(f)* ❶ *(in Wohnhaus)* conserje *mf; (in öffentlichen Gebäuden)* bedel(a) *m(f)* ❷ *(Schweiz: Hausbesitzer)* propietario, -a *m, f* de la casa
Hausmittel *nt* remedio *m* casero
Hausmüll *m* basura *f* doméstica
Hausmusik *f* música *f* de aficionados
Hausnummer *f* número *m* de (la) casa
Hausordnung *f* reglamento *m* de la casa
Hauspost *f* correo *m* interno
Hausrat *m ohne pl* menaje *m*
Hausratversicherung *f* seguro *m* del hogar
Hausrecht *nt ohne pl* (JUR) derecho *m* doméstico
Hausschlüssel *m* llave *f* de (la) casa
Hausschuh *m* zapatilla *f*
Hausse [ho:s, 'ho:sə, o:s] *f* <-n> (FIN) alza *f;* **auf ~ spekulieren** jugar al alza
Haussegen *m* **der ~ hängt** (**bei jdm**) **schief** *(fam)* alguien tiene líos en casa
haussieren [(h)o'si:rən] *vi* (FIN: *Markt, Börse*) estar en alza
Haussuchung *f* <-en> (JUR) registro *m* domiciliario
Haustier *nt* animal *m* doméstico
Haustür *f* puerta *f* de (la) casa
Hausverbot *nt prohibición de entrar en un sitio determinado*
Hausverwalter(in) *m(f)* administrador(a) *m(f)* de una casa
Hausverwaltung *f* administración *f* de la casa; **Haus- und Grundstücksverwaltung** administración de inmuebles y fincas
Hauswirt(in) *m(f)* propietario, -a *m, f* de una casa
Hauswirtschaft *f ohne pl* economía *f* doméstica
Hauswirtschafter(in) *m(f)* <-s, -; -nen> encargado, -a *m, f* de la casa
Haut [haʊt, *pl:* 'hɔɪtə] *f* <Häute> ❶ *(von Mensch, Tier, Obst)* piel *f,* pellejo *m pey; (Gesichtshaut)* cutis *m inv;* **nur ~ und Knochen sein** *(fam)* estar en los huesos; **versuchen, seine ~ zu retten** *(fig fam)* intentar salvar el pellejo; **aus der ~ fahren** *(fig fam)* salirse de sus casillas; **er kann nicht aus seiner ~ heraus** *(fig fam)* la cabra siempre tira al monte; **ihm ist nicht**

H

wohl in seiner ~ *(fam fig)* no se siente a gusto; **in ihrer** ~ **möchte ich nicht stecken** *(fam fig)* no quisiera estar en su pellejo; **mit heiler** ~ **davonkommen** *(fam fig)* salvar la piel; **mit** ~ **und Haaren** *(fam fig)* completamente; **das geht (mir) unter die** ~ *(fam fig)* esto me llega al alma; **auf der faulen** ~ **liegen** *(fam fig)* estar tumbado a la bartola; **eine ehrliche** ~ *(fam fig)* una persona honrada ❷ *(auf Flüssigkeit)* tela *f*

Hautabschürfung *f* excoriación *f*

Hautarzt, -ärztin *m, f* dermatólogo, -a *m, f*

Hautausschlag *m* (MED) erupción *f* cutánea, alfombrilla *f Cuba*

H

Hautcreme *f* crema *f* para la piel

häuten ['hɔɪtən] **I.** *vt* despellejar **II.** *vr:* **sich** ~ *(Reptilien)* mudar la piel; *(fam: Mensch)* pelarse

hauteng ['-'-] *adj* muy ceñido

Hautfarbe *f* color *m* de la piel; *(Teint)* tez *f*

hautfarben *adj* (de) color carne

hautfreundlich *adj (Stoff)* agradable a la piel; *(Seife, Reiniger)* saludable para la piel

Hautkontakt *m* contacto *m* con la piel

Hautkrankheit *f* enfermedad *f* de la piel

Hautkrebs *m* cáncer *m* de piel

hautnah ['-'-] **I.** *adj (fam: Schilderung)* muy realista **II.** *adv* desde muy cerca; **etw** ~ **miterleben** presenciar algo desde muy cerca

Hautpflege *f* cuidado *m* de la piel

Hautpilz *m* <-es, -e> hongo *m* de la piel; (MED) dermatófito *m*

hautschonend *adj* cuidadoso con la piel, que no irrita la piel

Häutung *f* <-en> (ZOOL) muda *f*

Havanna[1] [ha'vana] *nt* <-s> La Habana *f*

Havanna[2] *f* <-, -s>, **Havannazigarre** *f* habano *m*

Havarie [hava'ri:] *f* <-n> (AERO, NAUT) avería *f*

Haxe ['haksə] *f* <-, -n> *(südd)* pata *f*

Hazienda [ha'tsjɛnda] *f* <-s> hacienda *f*, estancia *f Am*

Hbf. *Abk. von* **Hauptbahnhof** estación *f* central

H-Bombe *f* (MIL) bomba *f* H, bomba *f* de hidrógeno

HD-Diskette *f* (INFOR) disquete *m* HD

HDTV [ha:de:te:'vaʊ] *nt* <-s, *ohne pl*> *Abk. von* **High Definition Television** televisión *f* de alta definición

H-Dur *nt* (MUS) si *m* mayor

he [he:] *interj* eh, oiga

Headhunter(in) ['hɛthantɐ] *m(f)* <-s, -; -nen> (WIRTSCH) cazacerebros *mf inv*

Headset ['hɛtsɛt] *nt* <-(s), -s> auricular *m*

heavy ['hɛvɪ] *adj inv (sl)* fuerte

Heavy Metal ['hɛvi'mɛtəl] *nt* <- -(s), *ohne pl*> (MUS) heavy metal *m*

Hebamme ['he:bamə] *f* <-n> comadrona *f*

Hebebühne *f* (TECH) plataforma *f* elevadora

Hebel ['he:bəl] *m* <-s, -> palanca *f*; **alle** ~ **in Bewegung setzen** *(fam)* tocar todas las teclas; **am längeren** ~ **sitzen** *(fam)* tener la sartén por el mango

heben ['he:bən] <hebt, hob, gehoben> **I.** *vt* ❶ *(hochheben)* alzar, levantar; *(Schatz, Wrack)* subir; **die Stimme** ~ levantar la voz; **einen** ~ **gehen** *(fam)* ir de copas ❷ *(steigern)* aumentar; *(verbessern)* mejorar ❸ *(südd: halten)* sujetar **II.** *vr:* **sich** ~ ❶ *(Nebel, Vorhang)* levantarse ❷ *(sich verbessern)* mejorarse **III.** *vi (südd: haltbar sein)* conservarse

Hebräer(in) [he'brɛ:ɐ] *m(f)* <-s, -; -nen> hebreo, -a *m, f*

hebräisch [he'brɛ:ɪʃ] *adj* hebreo, hebraico

Hebräisch *nt* <-(s), *ohne pl*>, **Hebräische** *nt* <-n, *ohne pl*> hebreo *m*

Hebung ['he:bʊŋ] *f* <-en> ❶ *(das Hinaufbefördern)* levantamiento *m*; *(Anstieg)* mejora *f* ❷ (LIT: *Versmaß*) sílaba *f* marcada ❸ (GEO) elevación *f*

hecheln ['hɛçəln] *vi (Hund)* jadear

Hecht [hɛçt] *m* <-(e)s, -e> ❶ *(Fisch)* lucio *m* ❷ *(fam: Mann)* **ein toller ~!** ¡vaya tío!

Hechtsprung *m (Turnen)* salto *m* con el cuerpo extendido; *(Schwimmen)* salto *m* de la carpa

Heck [hɛk] *nt* <-(e)s, -e *o* -s> (NAUT) popa *f*; (AUTO, AERO) parte *f* trasera

Heckantrieb *m* (AUTO) accionamiento *m* trasero

Hecke ['hɛkə] *f* <-n> seto *m*

Heckenrose *f* rosal *m* silvestre

Heckenschere *f* cortasetos *m inv*

Heckenschütze, -in *m, f* francotirador(a) *m(f)*

Heckfenster *nt* (AUTO) luneta *f* (trasera)

Heckflosse *f* <-, -n> (AUTO) alerón *m* (trasero)

Heckklappe *f* (AUTO) puerta *f* del maletero

Heckleuchte *f* (AUTO) luz *f* trasera

Heckmotor *m* (TECH) motor *m* trasero

Heckscheibe *f* (AUTO) luneta *f* trasera

Heckscheibenheizung *f* (AUTO) aire *m* caliente de la luneta (trasera)

Heckscheibenwischer *m* (AUTO) limpiaparabrisas *m inv* (de la luneta trasera)

Heckspoiler *m* (AUTO) spoiler *m* trasero

Hedonismus [hedo'nɪsmʊs] *m* <-, *ohne pl*> (PHILOS) hedonismo *m*

hedonistisch *adj (geh)* hedonista

Heer [heːɐ] *nt* <-(e)s, -e> ❶ (MIL) ejército *m* ❷ *(Menge)* sinnúmero *m*
Hefe [ˈheːfə] *f* <-n> levadura *f*
Hefegebäck *nt* pastas *fpl* (elaboradas con una masa de levadura)
Hefekuchen *m* pastel *m* (elaborado con una masa de levadura)
Hefepilz *m* levadura *f*
Hefeteig *m* masa *f* de levadura
Hefeweizen *nt* cerveza *f* de trigo
Heft [hɛft] *nt* <-(e)s, -e> ❶ *(Schreibheft)* cuaderno *m* ❷ *(einer Zeitschrift)* número *m* ❸ *(Broschüre)* folleto *m* ❹ *(geh: von Waffen)* puño *m;* **das ~ in die Hand nehmen** *(fig)* tomar las riendas
heften [ˈhɛftən] **I.** *vt* ❶ *(anbringen)* fijar (**an** en); *(mit Heftklammer)* grapar ❷ *(Buch)* encuadernar ❸ *(Stoffe)* hilvanar ❹ *(Blick, Augen)* clavar (**auf** en); **er heftete seine Augen auf ihr Gesicht** clavó la mirada en su cara ❺ *(Schweiz: Wunde: nähen)* suturar; *(verbinden)* vendar; *(pflastern)* poner una tirita **II.** *vr:* **sich ~** *(Blick)* clavarse (**auf** en); *(Verfolger)* pegarse (**an** a); **sich an jds Fersen ~** pegarse a los talones de alguien
Hefter *m* <-s, -> ❶ *(Mappe)* clasificador *m* ❷ *(Heftmaschine)* grapadora *f*
heftig [ˈhɛftɪç] *adj* ❶ *(stark)* fuerte; *(gewaltig)* vehemente; *(ungestüm)* impetuoso; *(Leidenschaft)* ardiente; *(Kälte)* intenso; *(Sehnsucht, Abneigung)* profundo; *(Widerstand)* duro; *(Kampf)* encarnizado ❷ *(unbeherrscht)* colérico; *(Ton)* duro
Heftigkeit *f ohne pl* ❶ *(Wucht)* violencia *f;* *(Ungestüm)* vehemencia *f* ❷ *(Ungestüm)* ímpetu *m*
Heftklammer *f* ❶ *(für Heftmaschine)* grapa *f* ❷ *(Büroklammer)* clip *m*
Heftpflaster *nt* tirita *f*
Heftstreifen *m* <-s, -> tira *f* de plástico (para archivar)
Heftzwecke *f* <-n> chincheta *f,* chinche *f*
Hegemonie [hegemoˈniː] *f* <-n> hegemonía *f*
hegen [ˈheːgən] *vt* ❶ *(Wild, Pflanzen)* guardar ❷ *(geh)* abrigar; **Misstrauen/Zweifel/Hoffnungen ~** abrigar desconfianza/dudas/esperanzas; **für etw/jdn Achtung ~** estimar algo/a alguien
Hehl [heːl] *m o nt* **kein(en) ~ aus etw** *dat* **machen** no hacer un secreto de algo
Hehler(in) *m(f)* <-s, -; -nen> encubridor(a) *m(f)*
Hehlerei *f* <-en> encubrimiento *m*
Heide[1] *f* <-n> *(Landschaft)* brezal *m*
Heide, -in[2] [ˈhaɪdə] *m, f* <-n, -n; -nen> (REL) pagano, -a *m, f*
Heidekraut *nt ohne pl* (BOT) brezo *m*
Heideland *nt ohne pl* brezal *m*
Heidelbeere [ˈhaɪdəlbeːrə] *f* arándano *m*
Heidenangst [ˈ--ˈ-] *f ohne pl (fam)* miedo *m* cerval
Heidengeld [ˈ--ˈ-] *nt ohne pl (fam)* dineral *m*
Heidenlärm [ˈ--ˈ-] *m* <-(e)s, *ohne pl> (fam)* ruido *m* infernal
Heidenspaß [ˈ--ˈ-] *m (fam)* jolgorio *m;* **einen ~ haben** pasarlo bomba
Heidentum *nt* <-s, *ohne pl>* paganismo *m*
Heidin *f* <-nen> *s.* **Heide**[2]
heidnisch [ˈhaɪdnɪʃ] *adj* pagano
heikel [ˈhaɪkəl] *adj* ❶ *(Angelegenheit)* delicado ❷ *(reg: wählerisch)* exigente; *(schwer zufrieden zu stellen)* difícil de contentar
heil [haɪl] *adj* ❶ *(unverletzt)* ileso; *(unversehrt)* sano y salvo; **~ ankommen** llegar sano y salvo; **mit ~er Haut davonkommen** salir bien librado ❷ *(wieder gesund)* curado ❸ *(intakt)* intacto; **etw wieder ~ machen** reparar algo; **die ~e Welt** el mundo intacto
Heil *nt* <-(e)s, *ohne pl>* ❶ *(Wohlergehen)* prosperidad *f;* *(Glück)* fortuna *f* ❷ (REL: *Erlösung*) salvación *f*
Heiland [ˈhaɪlant] *m* <-(e)s, *ohne pl>* (REL) **der/unser ~** El Salvador/nuestro Redentor
Heilanstalt *f* ❶ *(Sanatorium)* sanatorio *m* ❷ *(Irrenanstalt)* clínica *f* (p)siquiátrica
Heilbad *nt* ❶ *(medizinisches Bad)* baño *m* medicinal ❷ *(Kurort)* estación *f* hidrotermal
heilbar *adj* curable
Heilbarkeit *f* <-, *ohne pl>* curabilidad *f*
Heilbutt [ˈhaɪlbʊt] *m* (ZOOL) rodaballo *m*
heilen [ˈhaɪlən] **I.** *vi sein (Wunde)* cicatrizarse; *(Verletzung)* curarse **II.** *vt (Verletzung)* curar (**von** de); *(Patient)* sanar (**mit** con)
Heilfasten *nt* <-s, *ohne pl>* (MED) ayuno *m* terapéutico
heilfroh [ˈ-ˈ-] *adj (fam)* contentísimo
heilig [ˈhaɪlɪç] *adj (Person)* santo; *(Ort)* sagrado; **die H~e Jungfrau** (REL) la Santísima Virgen; **der H~e Geist/der ~e Vater** (REL) el Espíritu Santo/el Santo Padre; **dir ist aber auch nichts ~** para ti no hay nada sagrado; **etw hoch und ~ versprechen** prometer algo por lo más sagrado
Heiligabend [haɪlɪçˈʔaːbənt] *m* Nochebuena *f*
Heilige(r) *mf* <-n, -n; -n> santo, -a *m, f*
heiligen [ˈhaɪlɪgən] *vt* santificar; **der Zweck heiligt die Mittel** el fin justifica los medios

Heiligenschein *m* aureola *f*
Heiligkeit *f* <-, *ohne pl*> santidad *f;* **Eure/Seine** ~ Vuestra/Su Santidad
heilig|sprechen *irr vt* (REL) canonizar
Heiligsprechung *f* (REL) canonización *f*
Heiligtum *nt* <-(e)s, -tümer> santuario *m; (Reliquie)* reliquia *f; (a. fig)* objeto *m* de culto
Heilkraft *f* fuerza *f* curativa
Heilkraut *nt* hierba *f* medicinal
Heilkunde *f ohne pl* (ciencia *f* de la) medicina *f*
heillos *adj* terrible
Heilmittel *nt* remedio *m; (Medizin)* medicina *f*
Heilpflanze *f* planta *f* medicinal
Heilpraktiker(in) *m(f)* <-s, -; -nen> médico, -a *m, f* homeopático , -a
Heilquelle *f* aguas *f pl* medicinales
heilsam *adj (Methode)* curativo
Heilsarmee *f ohne pl* Ejército *m* de Salvación
Heilung *f* <-en> cura *f*
Heilungsprozess *m* <-es, -e> (MED) proceso *m* curativo
Heilverfahren *nt* terapia *f*
heim [haɪm] *adv* a casa
Heim *nt* <-(e)s, -e> ❶ *(Zuhause)* hogar *m,* casa *f* ❷ *(Studenten-, Altersheim)* residencia *f; (Obdachlosenheim)* asilo *m; (Kinderheim)* hogar *m* ❸ *(Erholungsheim)* sanatorio *m*
Heimarbeit *f* trabajo *m* a domicilio
Heimarbeiter(in) *m(f)* persona *f* que trabaja desde casa
Heimat ['haɪma:t] *f* <-en> ❶ *(Heimatland)* patria *f; (Heimatregion)* tierra *f* (natal) ❷ *(Herkunftsland)* país *m* de origen
Heimatdichter(in) *m(f)* poeta *mf* regional
Heimatfilm *m* película *f* popular
Heimathafen *m* puerto *m* de origen
Heimatkunde *f* <-, *ohne pl*> (SCH) estudios *m pl* de la geografía e historia regional
Heimatland *nt* patria *f*
heimatlich *adj* ❶ *(aus der Heimat)* de la patria ❷ *(an Heimat erinnernd)* que recuerda la patria
heimatlos *adj* sin patria
Heimatlose(r) *mf* <-n, -n; -n> apátrida *mf*
Heimatmuseum *nt* museo *m* de historia local
Heimatort *m* lugar *m* de nacimiento, pago *m Arg, Perú*
Heimatstadt *f* ciudad *f* de origen
Heimatvertriebene(r) *mf personas que habitaban los territorios del Este entonces pertenecientes al Reich y que después de 1945 tuvieron que emigrar*
heim|bringen *irr vt* ❶ *(begleiten)* llevar a casa ❷ *(mitbringen)* traer a casa
Heimchen ['haɪmçən] *nt* <-s, -> ❶ (ZOOL) grillo *m* doméstico ❷ *(Wend)* ~ **am Herd** *(abw)* ama *f* de casa
Heimcomputer *m* (INFOR) ordenador *m* personal
heimelig ['haɪməlɪç] *adj* acogedor; **das Kätzchen fühlt sich bei uns schon ganz** ~ el gato se siente con nosotros como en casa
heim|fahren *irr* **I.** *vi sein* ir a casa; *(zurückfahren)* regresar a casa **II.** *vt* llevar a casa
Heimfahrt *f* regreso *m* a casa
heim|gehen *irr vi sein* volver a casa
heimisch *adj* ❶ *(einheimisch)* del país ❷ *(vertraut)* familiarizado; **sich ~ fühlen** sentirse como en su casa
Heimkehr ['haɪmke:ɐ] *f ohne pl* regreso *m* a casa
heim|kehren *vi sein* volver a casa
Heimkind *nt* expósito, -a *m, f*
Heimkino *nt* <-s, -s> ❶ *(Filmvorführung)* cine *m* en casa ❷ *(Ausrüstung)* equipo *m* para proyectar cine en casa
heim|kommen *irr vi sein* volver a casa
Heimleiter(in) *m(f)* director(a) *m(f)* de una residencia
heimlich ['haɪmlɪç] **I.** *adj* secreto; *(unerlaubt)* clandestino; *(verstohlen)* furtivo **II.** *adv* en secreto; *(versteckt)* a escondidas
Heimlichkeit[1] *f* <-en> *(Geheimnis)* secreto *m*
Heimlichkeit[2] *f ohne pl (Verborgenheit)* clandestinidad *f*
Heimlichtuer(in) *m(f) (abw)* persona *f* que anda con secretismos
Heimlichtuerei [----'-] *f* <-en> *(abw)* secreteo *m*
heimlich|tun *irr vi (abw)* andar con tapujos
heim|müssen *irr vi* tener que ir a casa
Heimniederlage *f* <-, -n> (SPORT) derrota *f* en casa [*o* en campo propio]
Heimreise *f* viaje *m* de regreso; **die ~ antreten** emprender el viaje de regreso
heim|schicken *vt* enviar a casa
Heimsieg *m* <-(e)s, -e> (SPORT) victoria *f* en casa [*o* en campo propio]
Heimspiel *nt* (SPORT) partido *m* en casa
heim|suchen *vt (Krankheit)* atacar; *(Katastrophe)* devastar; *(Alpträume)* invadir
Heimtextilienabteilung *f* sección *f* de ropa del hogar
Heimtrainer *m* (SPORT) bicicleta *f* estática
Heimtücke *f* <-, *ohne pl*> perfidia *f;* (JUR) alevosía *f*
heimtückisch *adj* pérfido; *(bösartig)* malicioso; (JUR) alevoso

Heimvorteil *m ohne pl* (SPORT) ventaja *f* de jugar en casa
heimwärts ['haɪmvɛrts] *adv* (en dirección) a casa
Heimweg *m* camino *m* de regreso; **sich auf den ~ machen** emprender el camino de regreso
Heimweh *nt* <-s, *ohne pl*> nostalgia *f* (**nach** de), morriña *f reg*
Heimwerker(in) *m(f)* <-s, -; -nen> artesano, -a *m, f* aficionado , -a
heim|zahlen *vt* vengarse; **das zahl ich dir heim!** ¡me las pagarás!
Heinzelmännchen ['haɪntsəlmɛnçən] *nt (Märchen)* duendecillo *m* (trabajador)
Heirat ['haɪraːt] *f* <-en> matrimonio *m; (Hochzeit)* boda *f*
heiraten ['haɪraːtən] *vi, vt* casarse (con), amarrarse *Am;* **kirchlich ~** casarse por la iglesia
Heiratsantrag *m* propuesta *f* de matrimonio
Heiratsanzeige *f* ❶ *(Bekanntgabe)* anuncio *m* de boda ❷ *(für Partnersuche)* anuncio *m* matrimonial
heiratsfähig *adj* núbil, casadero; **sie haben zwei Töchter im ~en Alter** tienen dos hijas casaderas
Heiratsschwindler(in) *m(f)* estafador(a) *m(f)* matrimonial
Heiratsurkunde *f* partida *f* de matrimonio
Heiratsvermittlung *f (das Vermitteln)* arreglo *m* de casamientos; *(Vermittlungsinstitut)* agencia *f* matrimonial
heiser ['haɪzɐ] *adj* ronco; *(stimmlos)* afónico
Heiserkeit *f ohne pl* ronquera *f; (Stimmlosigkeit)* afonía *f*
heiß [haɪs] *adj* ❶ *(von hoher Temperatur)* caliente; *(Wetter)* caluroso; (GEO) cálido; **brütend ~** *(fam)* achicharrante; **es ist (brütend) ~** hace (un) calor (achicharrante); **mir ist ~** tengo calor; **Vorsicht, das ist ~!** ¡cuidado, que quema!; **das Essen ~ machen** calentar la comida; **der ~e Draht** el teléfono rojo; **es wird nichts so ~ gegessen, wie es gekocht wird** *(prov)* no es tan fiero el león como lo pintan ❷ *(Kampf)* encarnizado; *(Debatte)* fuerte; **sich** *dat* **die Köpfe ~ reden** *(fam)* discutir ardientemente ❸ *(leidenschaftlich)* ardiente; **jdn ~ und innig lieben** *(fam)* querer a alguien ardientemente; **er ist ganz ~ darauf, diesen Film zu sehen** *(fam)* se muere de ganas de ver esta película ❹ *(fam: heikel)* delicado; **~e Ware** *(fig)* contrabando *m;* **ein ~es Eisen anfassen** *(fig)* tocar una cuestión delicada ❺ *(fam: läufig)* en celo ❻ *(fam: großartig)* de puta madre *argot;* **~e Rhythmen** *(fig)* ritmos calientes; **ein ~er Schlitten** *(fig)* un cochazo
heißblütig ['haɪsblyːtɪç] *adj (leidenschaftlich)* ardiente; *(impulsiv)* impetuoso
heißen ['haɪsən] <heißt, hieß, geheißen> **I.** *vi* ❶ *(Namen haben)* llamarse; **wie ~ Sie?** ¿cómo se llama Ud.?; **was heißt „Kuss" auf Griechisch?** ¿cómo se dice "beso" en griego? ❷ *(bedeuten)* significar, querer decir; **das heißt** es decir; **was soll das ~?** ¿qué significa esto?; **das heißt so viel wie …** lo cual viene a significar que… ❸ *(geh: behauptet werden)* decirse; *(verlauten)* correr la voz; *(zu lesen sein)* estar escrito; **es heißt, er sei sehr krank** se dice que está muy enfermo; **auf Seite acht heißt es: „…"** en la página ocho pone lo siguiente: "…" **II.** *vt (geh)* ❶ *(nennen)* llamar; *(bezeichnen)* calificar (de), tachar (de); **sie hieß ihn einen Lügner** le llamó mentiroso ❷ *(befehlen)* ordenar; **sie hieß ihn schweigen** le ordenó que se callara **III.** *vunpers (geh: nötig sein)* haber que; **nun heißt es schnell handeln** ahora hay que obrar rápidamente
Heißhunger *m* hambre *f* canina
heißhungrig I. *adj* hambrón, que tiene un hambre canina **II.** *adv* con un hambre canina
Heißluft *f ohne pl* aire *m* caliente
Heißluftherd *m* cocina *f* de aire caliente
Heißwasserbereiter *m* calentador *m* de agua
Heißwasserspeicher *m* depósito *m* de agua caliente
heiter ['haɪtɐ] *adj* ❶ *(fröhlich)* alegre; *(lustig)* divertido; **das kann ja ~ werden** *(fam)* esto se puede poner bien ❷ *(unbeschwert)* sereno; *(Tag, Himmel)* despejado; **~ bis wolkig** nubosidad con claros; **wie aus ~em Himmel** *(plötzlich)* de golpe y porrazo; *(unerwartet)* como caído del cielo
Heiterkeit *f ohne pl* alegría *f; (Ausgeglichenheit)* serenidad *f*, elación *f Am*
Heizanlage *f* <-, -n> (instalación *f* de) calefacción *f*
heizbar *adj* con calefacción; **~e Heckscheibe** (AUTO) luneta trasera térmica
Heizdecke *f* manta *f* eléctrica
heizen ['haɪtsən] **I.** *vi* encender la calefacción; **wir ~ mit Gas** tenemos calefacción a gas **II.** *vt (Raum)* calentar
Heizgerät *nt* calefactor *m*
Heizkessel *m* caldera *f* de calefacción
Heizkissen *nt* almohadilla *f* eléctrica
Heizkörper *m* radiador *m*
Heizkosten *pl* gastos *mpl* de calefacción

Heizlüfter *m* termoventilador *m,* calefactor *m* de aire caliente
Heizofen *m* estufa *f*
Heizöl *nt ohne pl* fuel *m* combustible
Heizpilz *m (fam)* calentador *m* de patio
Heizstrahler *m* radiador *m* eléctrico
Heizung[1] *f ohne pl (das Heizen)* calefacción *f*
Heizung[2] *f* <-en> ❶ *(fam: Heizkörper)* radiador *m* ❷ *s.* **Heizanlage**
Heizungsanlage *f s.* **Heizanlage**
Heizungskeller *m* cuarto *m* de calderas *(espacio en el sótano donde se encuentra la instalación de calefacción)*
Heizungsmonteur(in) *m(f)* calefactor(a) *m(f)*
Heizungsregler *m* regulador *m* de la calefacción
Hektar ['hɛktaːɐ] *nt o m* <-s, -e, *nach Zahlen:* ->, **Hektare** ['hɛktaːrə] *f* <-n> *(Schweiz)* hectárea *f*
Hektik ['hɛktɪk] *f ohne pl* ajetreo *m;* **nur keine ~!** ¡con calma!
hektisch ['hɛktɪʃ] *adj (unruhig)* inquieto; *(nervös)* nervioso
Hektoliter ['hɛktoliːtɐ] *m o nt* hectolitro *m*
Held(in) [hɛlt] *m(f)* <-en, -en; -nen> héroe, heroína *m, f;* **den ~en spielen** dárselas de valiente
Heldenepos *nt* <-, -epen> (LIT) epopeya *f*
heldenhaft *adj* heroico
Heldensage *f* <-, -n> leyenda *f* heroica
Heldentat *f* heroicidad *f,* gracia *f Col*
Heldentod *m* <-(e)s, -e> *(geh)* muerte *m* heroica; **den ~ sterben** morir como un héroe [*o* por la patria]
Heldentum *nt* <-s, *ohne pl*> heroísmo *m*
Heldin *f* <-nen> *s.* **Held**
helfen ['hɛlfən] <hilft, half, geholfen> *vi* ❶ *(Hilfe leisten)* ayudar (+*dat* a alguien, **bei** en); *(in Not)* auxiliar (+*dat*); *(beistehen)* asistir (+*dat*); **kann ich Ihnen ~?** ¿le puedo ayudar?; **ihm ist nicht zu ~** no tiene remedio; **die Ärzte können ihr nicht ~** los médicos no pueden hacer nada por ella; **ich kann mir nicht ~, aber ...** no hay más vuelta de hoja, pero...; **man muss sich** *dat* **zu ~ wissen** hay que saber salir del paso; **ich weiß mir vor lauter Arbeit nicht zu ~** no sé qué hacer con tanto trabajo; **dir werde ich ~!** ¡ya te apañaré yo! ❷ *(heilsam sein)* ser bueno (**gegen** para) ❸ *(nützen)* servir (+*dat*); **es hilft uns nicht, wenn ...** no nos sirve de nada, si...; **es hilft alles nichts** no hay remedio ❹ *(Schweiz: mitmachen)* participar
Helfer(in) *m(f)* <-s, -; -nen> ayudante *mf;* **ein ~ in der Not** un salvador

H

Helfershelfer(in) *m(f)* (JUR) cómplice *mf* (encubridor(a))
Helgoland ['hɛlgolant] *nt* <-s> Hel(i)goland *f*
Helikopter [heli'kɔptɐ] *m* <-s, -> helicóptero *m*
Helium ['heːliʊm] *nt* <-s, *ohne pl*> (CHEM) helio *m*
hell [hɛl] *adj* ❶ *(Licht, Farbe, Haut, Augen)* claro; **es wird ~** amanece ❷ *(voller Licht)* luminoso; *(erleuchtet)* iluminado ❸ *(Ton)* agudo ❹ *(klug)* listo, inteligente; **ein ~er Kopf** una cabeza inteligente ❺ *(fam: völlig)* **der ~e Wahnsinn** una locura absoluta; **in ~en Scharen** en masa; **von etw** *dat* **~ begeistert sein** estar totalmente entusiasmado por algo; **seine ~e Freude an etw** *dat* **haben** disfrutar mucho con algo
hellblau ['-'-] *adj* azul claro
hellblond ['-'-] *adj* rubio claro
Hellbraun *nt* marrón *m* claro
Helle[1] ['hɛlə] *f ohne pl (geh)* claridad *f*
Helle(s)[2] *nt* <-n, -n, *nach Zahlen:* -> (GASTR) cerveza *f* dorada
hellhäutig ['-hɔɪtɪç] *adj* de piel blanca
hellhörig *adj* ❶ *(Raum)* de paredes finas ❷ *(Mensch)* con buen oído; **~ werden** aguzar el oído
Helligkeit *f ohne pl* ❶ *(Helle)* claridad *f* ❷ *(Lichtstärke)* luminosidad *f*
Helligkeitseinstellung *f* ajuste *m* de brillo
helllicht ['hɛlɪçt] *adj* **am ~en Tag** en pleno día
hellsehen *vi* prever (el futuro)
Hellseher(in) *m(f)* vidente *mf*
hellseherisch I. *adj* telepático, de vidente **II.** *adv* con propiedades de vidente
hellwach ['-'-] *adj* totalmente despierto
Helm [hɛlm] *m* <-(e)s, -e> *(Schutz-, Sturzhelm)* casco *m;* **Vorrichtung für den ~ Helm** (AUTO) portacasco *m*
Hemd [hɛmt] *nt* <-(e)s, -en> camisa *f*
Hemdbluse *f* camisa *f*
Hemdkragen *m* <-s, -> cuello *m* de camisa
Hemdsärmel *m* manga *f* de camisa
hemdsärmelig *adj* en mangas de camisa; *(fig)* desenfadado
Hemisphäre [hemi'sfɛːrə] *f* <-n> hemisferio *m;* **die nördliche/südliche ~** el hemisferio norte/sur; **östliche/westliche ~** hemisferio oriental/occidental
hemmen ['hɛmən] *vt* ❶ *(aufhalten)* detener ❷ *(hindern)* obstaculizar, impedir; **jdn in seiner Entwicklung ~** impedir el desarrollo de alguien ❸ (PSYCH) inhibir
Hemmnis *nt* <-ses, -se> obstáculo *m*
Hemmschwelle *f* barrera *f* (p)sicológica

Hemmung *f* <-en> ① *(Beeinträchtigung)* impedimento *m* ② (PSYCH) inhibición *f* ③ *(Bedenken)* escrúpulos *mpl;* **~en haben** tener escrúpulos

hemmungslos *adj* ① *(zügellos)* desenfrenado ② *(bedenkenlos)* sin escrúpulos

Hemmungslosigkeit *f* <-, *ohne pl*> ① *(Zügellosigkeit)* desenfreno *m* ② *(Bedenkenlosigkeit)* falta *f* de escrúpulos

Hendl ['hɛnd(ə)l] *nt* <-s, -(n)> *(Österr: Hähnchen)* pollo *m* (asado)

Hengst [hɛŋst] *m* <-(e)s, -e> semental *m,* padrillo *m AmS*

Henkel ['hɛŋkəl] *m* <-s, -> asa *f*

Henkelkorb *m* cesta *f* con asas

Henker ['hɛnkɐ] *m* <-s, -> verdugo *m*

Henkersmahlzeit *f* última comida *f* del condenado a muerte; *(fam)* comida *f* de despedida

Henne ['hɛnə] *f* <-n> gallina *f*

Hepatitis [hepa'tiːtɪs, *pl:* hepati'tiːdən] *f* <Hepatitiden> (MED) hepatitis *f inv*

her [heːɐ] *adv* ① *(räumlich)* hacia aquí [*o* acá]; **von weit ~** de muy lejos; **komm ~!** ¡ven aquí!; **gib ~!** ¡trae!; **Geld ~!** *(fam)* ¡el dinero!; **~ damit!** *(fam)* ¡dámelo! ② *(zeitlich)* hace; **ich kenne ihn von früher ~** le conozco de antes; **das ist schon lange ~** de eso hace ya tiempo ③ *(Wend)* **von ... ~** *(betreffend)* en cuanto a...; **von der Idee ~ ist das nicht schlecht** en cuanto a la idea, no está mal

herab [hɛ'rap] *adv (geh)* (hacia) abajo; **von oben ~** *(fig)* despectivamente

herab|blicken *vi (geh)* mirar (hacia) abajo; **auf jdn ~** *(fig)* mirar a alguien por encima del hombro

herab|fallen *irr vi sein* caerse

herabfließen *irr vi sein* fluir (hacia abajo) (**von** de, **an** por)

herab|lassen *irr* **I.** *vt (geh)* bajar; *(an Seil)* descolgar **II.** *vr:* **sich ~** ① *(an Seil)* descolgarse ② *(sich bereit erklären)* rebajarse (**zu** a)

herablassend **I.** *adj* desdeñoso **II.** *adv* con aire de desprecio

Herablassung *f* <-, *ohne pl*> actitud *f* desdeñosa

herab|sehen *vi s.* **herabblicken**

herab|setzen *vt* ① *(reduzieren)* reducir; *(senken)* bajar ② *(schmälern)* desprestigiar

Herabsetzung *f* ① *(von Preisen)* rebaja *f;* **~ des Schadensersatzes** reducción de la indemnización ② *(von Menschen)* descrédito *m*

herab|würdigen *vt* denigrar

Herabwürdigung *f* descrédito *m*

heran [hɛ'ran] *adv* por aquí

heran|bringen *irr vt (Dinge)* acercar

heran|fahren *irr vi sein* acercarse (**an** a)

heran|führen *vt* ① *(näher bringen)* conducir (**an** hasta), llevar (**an** hasta) ② *(an Thema)* iniciar (**an** en)

heran|gehen *irr vi sein* ① *(näher treten)* aproximarse (**an** a), acercarse (**an** a) ② *(an Problem)* abordar; *(an Aufgabe)* acometer

Herangehensweise *f* forma *f* de proceder

heran|kommen *irr vi sein* ① *(sich nähern)* acercarse (**an** a); **etw an sich ~ lassen** *(a. fig)* dejar que llegue algo; **nichts an sich ~ lassen** *(a. fig)* no dejarse afectar por nada ② *(heranreichen)* alcanzar ③ *(Zugang haben)* tener acceso (**an** a); *(kaufen)* poder adquirir

heran|machen *vr:* **sich ~** *(fam)* ① *(beginnen)* ponerse (a +*inf*) ② *(an Person)* rondar

herannahen *vi sein (geh)* ① *(näher kommen)* aproximarse; (MIL) avanzar ② *(bevorstehen)* amenazar, ser inminente

heran|reichen *vi* ① *(an Regal)* alcanzar ② *(gleichkommen)* igualarse (**an** a)

heranschleichen *irr* **I.** *vi sein* aproximarse sin ser visto [*o* furtivamente] (**an** a) **II.** *vr:* **sich ~** aproximarse sin ser visto [*o* furtivamente] (**an** a)

heran|tasten *vr:* **sich ~** tantear; **sich an etw ~** acercarse a algo con mucho cuidado

heran|wachsen *irr vi sein* crecer

Heranwachsende(r) *mf* <-n, -n; -n> semiadulto, -a *m, f; (Teenager)* adolescente *mf*

heran|wagen *vr:* **sich ~** ① *(räumlich)* atreverse a acercarse (**an** a) ② *(an Problem)* atreverse a abordar (**an**); *(an Aufgabe)* atreverse a acometer (**an**)

heran|ziehen *irr* **I.** *vi sein (näher kommen)* acercarse **II.** *vt* ① *(näher holen)* acercar(se); **er zog den Hocker zu sich heran** (se) acercó el taburete ② *(Sachverständige)* consultar; *(Sache)* recurrir (a); **etw zum Vergleich ~** establecer una comparación con algo ③ *(Kind, Tier)* criar; *(Pflanze)* cultivar ④ *(ausbilden)* preparar (**zu** para)

herauf [hɛ'raʊf] *adv* hacia arriba; **hier ~!** ¡por aquí arriba!; **den Berg ~** cuesta arriba

herauf|beschwören* *irr vt* ① *(Erinnerung)* evocar ② *(verursachen)* provocar

herauf|kommen *irr vi sein (Person)* subir

herauf|ziehen *irr* **I.** *vi sein (Gewitter)* levantarse **II.** *vt* subir (tirando)

heraus [hɛ'raʊs] *adv* (hacia) fuera, afuera; **~ da!** ¡fuera de ahí!; **~ mit ihm!** ¡afuera con él!; **von innen ~** desde dentro; **aus einer Notlage ~** debido a un apuro; **~ mit der Sprache!** ¡suelta la lengua!; **das ist noch nicht ~** eso no se sabe todavía

heraus|bekommen* *irr vt* ❶ *(Wechselgeld)* recibir la vuelta; **Sie bekommen noch 80 Cent heraus** tenga, 80 céntimos de vuelta ❷ *(Rätsel, Aufgabe)* resolver; *(Geheimnis)* descubrir; (MATH: *fam)* sacar ❸ *(Fleck)* poder quitar; *(Nagel)* poder sacar ❹ *(erfahren)* llegar a saber

heraus|bilden *vr:* **sich** ~ formarse (**aus** de)

herausbrechen *irr* **I.** *vi sein* **aus jdm** ~ *(Schrei)* salir (de la boca) de alguien; *(Hass, Wut)* salir fuera de alguien **II.** *vt haben* extraer (**aus** de), arrancar (**aus** de)

heraus|bringen *irr vt* ❶ *(nach draußen bringen)* sacar, llevar afuera ❷ *(Buch)* publicar; *(Ware)* sacar al mercado; **wir bringen dich ganz groß heraus** *(fam)* te promocionaremos por todo lo alto ❸ *(erfahren)* llegar a saber; **aus ihm war nichts herauszubringen** no hubo forma de sacarle nada

herausdrehen *vt (Glühbirne)* desenroscar (**aus** de); *(Schraube)* destornillar (**aus** de)

herausdrücken *vt* ❶ *(hervorkommen lassen)* sacar apretando [*o* haciendo presión] (**aus** de) ❷ *(vorwölben)* sacar

herausfiltern *vt* (TECH) separar filtrando; *(Informationen)* escoger, entresacar

heraus|finden *irr vt* ❶ *(aus Gebäude, Ort)* saber salir ❷ *(entdecken)* descubrir

Herausforderer, -in *m, f* <-s, -; -nen> desafiador(a) *m(f)*; *(Provokateur)* provocador(a) *m(f)*

heraus|fordern *vt* (*a.* SPORT) desafiar; *(provozieren)* provocar (**zu** a)

herausfordernd *adj* desafiante; *(provozierend)* provocador

Herausforderung *f* (*a.* SPORT) desafío *m*; *(Provokation)* provocación *f*; *(Bewährungsprobe)* prueba *f*; **eine ~ annehmen** responder a un reto; **sich einer ~ stellen** enfrentarse a un desafío

Herausgabe *f ohne pl* ❶ *(Übergabe)* entrega *f* ❷ *(eines Buches)* edición *f* ❸ *(von Aktien)* emisión *f* ❹ (JUR) restitución *f*

heraus|geben *irr vt* ❶ *(herausreichen)* entregar, dar ❷ *(aushändigen)* entregar ❸ *(Wechselgeld)* dar la vuelta; **sie haben mir falsch herausgegeben** me han dado mal la vuelta ❹ *(Buch)* editar ❺ *(Aktien)* emitir ❻ (JUR) restituir

Herausgeber(in) *m(f)* <-s, -; -nen> ❶ *(von Buch)* editor(a) *m(f)* ❷ *(von Zeitung)* director(a) *m(f)*

heraus|gehen *irr vi sein (Person, Fleck)* salir (**aus** de); *(Fenster)* dar (**auf** a); **aus sich** *dat* ~ abrirse

heraus|greifen *irr vt* entresacar

heraus|haben *irr vt (fam: Splitter, Trick, Lösung)* haber sacado; **ich habe es heraus!** ¡ya lo tengo!

heraus|halten *irr* **I.** *vt* ❶ *(nach draußen halten)* sacar ❷ *(fam: fernhalten)* mantener alejado **II.** *vr:* **sich** ~ mantenerse alejado (**aus** de); **sich aus etw** *dat* ~ no meterse en algo

heraus|hängen *vt (fam)* **etw** ~ dárselas de algo

heraus|heben *irr vt* ❶ (TECH) sacar (**aus** de) ❷ *(hervorheben)* poner de relieve

heraus|holen *vt* ❶ *(nach draußen holen, befreien)* sacar (**aus** de); **das Letzte aus sich** *dat* ~ dar lo máximo ❷ *(Vorteil ziehen)* sacar provecho (**aus** de) ❸ *(fam: erfahren)* sacar (**aus** de) ❹ (SPORT: *Zeit*) recuperar; *(guten Platz)* conseguir

heraus|hören *vt (Stimme, Instrument)* oír entre otros sonidos; *(Enttäuschung)* percibir en el tono de voz

heraus|kommen *irr vi sein* ❶ *(aus Haus, Krankenhaus)* salir (**aus** de); **sie kam aus dem Lachen nicht mehr heraus** no pudo parar de reír ❷ *(fam: Resultat sein)* ser el resultado (**bei** de); *(sich ergeben)* resultar (**bei** de); **was soll dabei ~?** ¿qué va a resultar de ello?; **es kommt nichts dabei heraus** no conduce a nada; **es kommt auf dasselbe heraus** da lo mismo ❸ *(fam: Geheimnis)* llegarse a saber; **wenn das herauskommt, ...** si esto sale a la luz...; **ganz groß ~** tener mucho éxito; **mit der Sprache ~** desembuchar ❹ *(Modell, Buch)* salir ❺ *(Kartenspiel)* ser mano

heraus|kriegen *vt (fam) s.* **herausbekommen**

herausnehmbar *adj* extraíble

heraus|nehmen *irr vt* sacar (**aus** de); **sich** *dat* **den Blinddarm ~ lassen** operarse del apéndice; **sich** *dat* **~, etw zu tun** tomarse la libertad de hacer algo

herauspicken *vt* ❶ *(mit dem Schnabel)* picotear (**aus** de) ❷ *(nehmen)* sacar (**aus** de); *(auswählen)* seleccionar

heraus|platzen *vi sein (fam)* ❶ *(lachen)* prorrumpir en risas ❷ *(spontan sagen)* **mit etw** *dat* ~ salir [*o* descolgarse] con algo

heraus|putzen **I.** *vt (schmücken)* acicalar **II.** *vr:* **sich** ~ acicalarse, engalanarse, empavonarse *AmC*

heraus|ragen *vi* sobresalir (**aus** de); *(in seiner Bedeutung)* destacarse (**aus** de)

heraus|reden *vr:* **sich** ~ *(fam)* poner excusas

heraus|reißen *irr vt* arrancar

heraus|rücken **I.** *vi sein (fam: zugeben)* soltar, desembuchar; **rück mit der Wahrheit heraus!** ¡desembucha ya! **II.** *vt (fam:*

hergeben) soltar; **rück mal etwas Geld heraus!** ¡suelta un par de duros!

heraus|rutschen *vi sein* salirse; *(Wort)* escaparse; **das ist mir nur so herausgerutscht** *(fam)* se me escapó

heraus|schauen *vi* ① *(aus Fenster)* mirar (**aus** por) ② *(fam: bei Geschäft)* salir (**bei** de); **was schaut für mich dabei heraus?** ¿qué saco yo de esto?

herausschmecken *vt* notar el sabor, sacar el sabor

heraus|schneiden *irr vt* recortar; (MED) extirpar

herausschreiben *irr vt* copiar (fragmentos de un texto) (**aus** de), extractar

herausschreien *irr vt* gritar

heraußen [hɛ'raʊsən] *adv (südd, Österr: hier draußen)* aquí afuera

heraus|springen *irr vi sein* ① *(nach draußen springen)* saltar afuera; **aus dem Fenster ~** tirarse por la ventana ② *(Sicherung)* saltar ③ *(fam: Gewinn)* sacar provecho (**bei** de); **und was springt dabei für mich heraus?** ¿y qué saco yo de esto?

heraus|spritzen *vi sein* salir a chorro

heraussprudeln I. *vi sein* brotar (**aus** de), manar (**aus** de) **II.** *vt haben (Worte)* salir a borbotones

herausstehen *irr vi* sobresalir (**aus** de)

heraus|stellen I. *vt* ① *(nach draußen stellen)* sacar, poner afuera ② *(hervorheben)* destacar **II.** *vr:* **sich ~** *(sich erweisen)* resultar, comprobarse; **die Vermutung hat sich als richtig herausgestellt** la suposición resultó ser cierta; **es stellte sich heraus, dass ...** se ha comprobado que...

heraus|streichen *irr vt* ① *(durchstreichen)* tachar ② *(loben)* poner de relieve

heraus|suchen *vt* escoger, seleccionar

heraustreten *irr vi sein* salir (**aus** de)

heraus|wagen *vr:* **sich ~** atreverse a salir (**aus** de)

herauswinden *irr vr:* **sich ~** *(a. fig)* salir (**aus** de)

heraus|ziehen *irr vt* sacar (**aus** de)

herb [hɛrp] *adj* ① *(Geschmack)* acerbo; *(Wein)* seco ② *(Enttäuschung)* amargo; *(Verlust)* doloroso ③ *(Charakter)* rudo ④ *(Kritik)* duro

herbei [hɛɐ'baɪ] *adv* por aquí, hacia aquí

herbei|eilen *vi sein* venir corriendo

herbei|führen *vt* causar, provocar; *(Gelegenheit)* proporcionar

herbeireden *vt* atraer (una desgracia) con palabras

herbei|rufen *irr vt* llamar; *(kommen lassen)* hacer venir

herbei|sehnen *vt* **jdn/etw ~** sentir la ausencia de [*o* añoranza por] alguien/algo

herbei|strömen *vi sein* acudir en masa

herbei|winken *vt haben* llamar haciendo señas; **ein Taxi ~** (hacer una seña para) parar un taxi

her|bekommen* *irr vt (fam)* conseguir, procurar

Herberge ['hɛrbɛrgə] *f* <-n> albergue *m*

Herbergseltern *pl* directores *mpl* de un albergue

Herbergsmutter *f* directora *f* de un albergue juvenil

Herbergsvater *m* director *m* de un albergue juvenil

her|bestellen* ['heːɐ-] *vt* hacer venir, citar

Herbizid [hɛrbi'tsiːt] *nt* <-(e)s, -e> herbicida *m*

her|bringen *irr vt* traer

Herbst [hɛrpst] *m* <-(e)s, -e> otoño *m*

Herbstferien *pl* vacaciones *fpl* de otoño

herbstlich *adj* otoñal

Herbstwetter *nt ohne pl* tiempo *m* otoñal

Herbstzeitlose *f* <-n> (BOT) cólquico *m*

Herd [heːɐt] *m* <-(e)s, -e> ① *(in Küche)* cocina *f* ② *(Brandherd, a.* MED) foco *m*

Herde ['heːɐdə] *f* <-n> *(Schafe, Rinder)* rebaño *m; (Schweine)* piara *f; (wilde Tiere)* manada *f*

Herdentier *nt* ① *(Tier)* animal *m* gregario ② *(abw: Person)* persona *f* gregaria

Herdplatte *f* placa *f* (eléctrica)

herein [hɛ'raɪn] *adv* adentro, hacia dentro; **~!** ¡adelante!

herein|bekommen* *irr vt (fam: Ware, Sender)* recibir

herein|bitten *irr vt* hacer pasar

herein|brechen *irr vi sein* ① *(Wassermassen)* irrumpir ② *(geh: Unglück)* sobrevenir; *(Nacht)* caer (**über** sobre)

herein|bringen *irr vt* ① *(nach drinnen bringen)* entrar, llevar adentro ② *(fam: Unkosten, Verluste)* eliminar

herein|dürfen *irr vi (fam)* poder entrar (**in** en)

hereinfahren *irr* **I.** *vi sein* entrar (con un vehículo) **II.** *vt haben* entrar (con un vehículo) (**in** en)

herein|fallen *irr vi sein* ① *(in Loch)* caer (**in** en); *(Licht)* entrar (**in** en/a) ② *(fam: sich täuschen lassen)* dejarse engañar (**auf** por) ③ *(fam: erfolglos sein)* llevarse un chasco (**mit** con)

herein|holen *vt* entrar, meter; **jdn ~** hacer entrar a alguien

herein|kommen *irr vi sein* entrar (**in** a/en); **bitte kommen Sie doch herein!** ¡entre, por favor!

herein|lassen *irr vt* dejar entrar

herein|legen *vt* ① *(nach drinnen legen)*

poner adentro ❷ *(fam: betrügen)* engañar, carnear *Chil*

herein|platzen *vi sein (fam)* entrar de sorpresa y sin previo aviso (**in** en), irrumpir (**in** en)

herein|spazieren* *vi sein (fam)* ir entrando (**in** en)

hereinstecken *vt* introducir (**in** en, **zu** hacia/por)

hereinstürzen *vi sein* entrar atropelladamente (**in** en)

her|fahren *irr* **I.** *vi sein* ❶ *(gefahren kommen)* venir (en un vehículo), llegar (en un vehículo) ❷ *(entlangfahren)* **hinter jdm/etw** *dat* ~ seguir (en un vehículo) detrás de alguien/algo, perseguir (en un vehículo) a alguien/algo; **vor jdm/etw** *dat* ~ conducir delante de alguien/de algo **II.** *vt haben* **jdn/etw** ~ traer a alguien/algo (en un vehículo)

Herfahrt ['heːɐ-] *f* <-en> venida *f;* **auf der** ~ a la venida

her|fallen *irr vi sein (a. fig: angreifen)* atacar (**über**); *(mit Fragen)* acosar a preguntas (**über**); **über etw** ~ caer sobre algo

her|finden *irr vi* encontrar el camino

Hergang ['heːɐ-] *m* <-(e)s, -gänge> acontecimientos *mpl;* **den ~ schildern** contar lo que pasó

her|geben *irr* **I.** *vt* ❶ *(herausgeben)* dar, entregar; **gib her!** ¡dame! ❷ *(taugen)* valer **II.** *vr:* **sich** ~ prestarse (**für** a); **gib dich für so etwas nicht her!** ¡no te prestes a una cosa así!

hergebracht ['heːɐgəbraxt] *adj* tradicional

her|gehen *irr vi sein* ❶ *(begleiten)* **neben/vor/hinter jdm** ~ ir al lado de/delante de/detrás de alguien; **es ging hoch her** hubo mucho jaleo ❷ *(südd, Österr) s.* **herkommen**

her|haben *irr vt (fam)* haber sacado

her|halten *irr* **I.** *vt* acercar **II.** *vi* servir (**als** de); **er muss immer** ~ siempre tiene que pagar el pato

her|holen *vt* ir a buscar, ir (por); **der Vergleich ist weit hergeholt** el ejemplo es muy rebuscado

her|hören *vi* escuchar

Hering ['heːrɪŋ] *m* <-s, -e> ❶ *(Fisch)* arenque *m* ❷ *(Zeltpflock)* estaquilla *f*

herinnen [hɛ'rɪnən] *adv (südd, Österr: drinnen, innen)* aquí adentro

her|kommen *irr vi sein* ❶ *(hierher kommen)* venir; *(sich nähern)* acercarse ❷ *(stammen)* ser (**aus** de); **wo kommen Sie her?** ¿de dónde es Ud.? ❸ *(herrühren)* venir (**von** de)

herkömmlich ['heːɐkœmlɪç] *adj* tradicional; *(konventionell)* convencional

Herkules ['hɛrkulɛs] *m* <-, -se> **ein (wahrer)** ~ un (auténtico) hércules

Herkunft ['heːɐkʊnft] *f ohne pl* origen *m;* **arabischer** ~ de origen árabe

Herkunftsland *nt* país *m* de origen

her|laufen *irr vi sein* ❶ *(entlanglaufen)* pasar, recorrer ❷ *(gelaufen kommen)* venir corriendo (**zu** a/hacia) ❸ *(begleiten)* **hinter/neben/vor jdm** ~ correr detrás de/al lado de/delante de alguien

her|leiten **I.** *vt (ableiten)* derivar (**aus** de) **II.** *vr:* **sich** ~ *(herrühren)* derivar (**aus** de)

her|machen **I.** *vi* importar; **das macht viel her** esto causa buena impresión **II.** *vr:* **sich** ~ *(fam)* emprender (**über**); **sich über die Arbeit** ~ poner manos a la obra; **sich über das Essen** ~ abalanzarse sobre la comida

Hermaphrodit [hɛrmafro'diːt] *m* <-en, -en> hermafrodita *m*

Hermelin [hɛrmə'liːn] *m* <-s, -e> (ZOOL) armiño *m*

Hermeneutik [hɛrme'nɔɪtɪk] *f* <-, *ohne pl*> hermenéutica *f*

hermetisch [hɛr'meːtɪʃ] *adj* hermético

hernach [hɛɐ'naːx] *adv (reg)* después, más tarde

her|nehmen *irr vt* tomar, sacar

Heroin [hero'iːn] *nt* <-s, *ohne pl*> heroína *f*

heroisch [he'roːɪʃ] *adj (geh)* heroico

Herold ['heːrɔlt] *m* <-(e)s, -e> (*a.* HIST) heraldo *m*

Heros ['heːrɔs, *pl:* he'roːən] *m* <-, Heroen> ❶ *(geh: Held)* héroe *m* ❷ semidiós *m*

Herpes ['hɛrpɛs] *m* <-, *ohne pl*> (MED) herpe(s) *m inv*

Herr[1] *m* <-(e)n, -en> ❶ *(Mann)* señor *m;* *(beim Tanz)* caballero *m;* **den großen ~en markieren** darse aires de gran señor; **„Herren"** "caballeros" ❷ *(Anrede)* señor *m;* ~ **Meier** el señor Meier; **der ~ wünschen?** ¿qué desea el señor?; ~ **Ober!** ¡camarero! ❸ (REL) Señor *m*

Herr(in)[2] [hɛr] *m(f)* <-(e)n, -en; -nen> *(Gebieter)* amo, -a *m, f;* *(Arbeitgeber)* patrón, -ona *m, f;* ~ **im Hause sein** llevar la batuta en casa; **er war nicht ~ der Lage** no era dueño de la situación; ~ **seiner Sinne sein** ser dueño de sí mismo; **sein eigener ~ sein** ser su propio amo; **aus aller ~en Länder** de todos los países

Herrchen *nt* <-s, -> *(Hundebesitzer)* amo *m;* **sei ein braver Hund und komm zu ~!** ¡sé un perro bueno y ven con tu amo!

Herrenabteilung *f* sección *f* de caballeros

Herrenausstatter *m* <-s, -> tienda *f* de ropa de caballero

Herrenbegleitung *f* compañía *f* masculina; **in ~** en compañía masculina

Herrenbesuch *m* ① *(Besucher)* visitante *m* (masculino) ② *(Besuch)* visita *f* (masculina)

Herrenfriseur(in) *m(f)* peluquero, -a *m, f* para caballeros

Herrenhaus *nt* casa *f* señorial

herrenlos *adj* sin dueño, realengo *Am*

Herrenmode *f* moda *f* masculina

Herrensitz *m* casa *f* señorial

Herrentoilette *f* servicio *m* de caballeros

Herrgott ['-'-] *m* <-(e)s> Señor *m,* Dios Nuestro Señor *m;* **~ noch mal!** *(fam)* ¡Dios mío!

her|richten *vt* ① *(vorbereiten)* preparar ② *(reparieren)* arreglar

Herrin ['hɛrɪn] *f* <-nen> *s.* **Herr**[2]

herrisch *adj* imperioso

herrje(h) *interj* por Dios

herrlich *adj* espléndido; *(wunderbar)* maravilloso; *(ausgezeichnet)* excelente

Herrlichkeit *f* <-en> esplendor *m;* *(Pracht)* suntuosidad *f;* *(Großartigkeit)* magnificencia *f*

Herrschaft *f ohne pl* ① *(Macht)* dominio *m* (**über** sobre); *(Befehlsgewalt)* poder *m* (**über** sobre); *(Regierung)* gobierno *m* ② *(Kontrolle)* control *m* (**über** de)

Herrschaften *fpl* señores *mpl;* **die ~ wollen zahlen?** ¿los señores desean la cuenta?

herrschaftlich *adj* señorial

herrschen ['hɛrʃən] *vi* ① *(Macht haben)* dominar; *(regieren)* gobernar; *(König)* reinar (**über** en/sobre) ② *(bestehen)* existir; *(Freude, Angst, Chaos)* reinar; *(Not, Nebel, Verkehr)* haber; *(Meinung)* predominar; **im Zimmer herrschte bedrückende Stille** en la habitación reinaba un silencio opresivo

herrschend *adj* reinante; *(Meinung)* dominante

Herrscher(in) *m(f)* <-s, -; -nen> soberano, -a *m, f*

Herrscherin *f* <-nen> *s.* **Herrscher**

Herrschsucht *f ohne pl* despotismo *m*

herrschsüchtig *adj* despótico

her|rufen *irr vt* ① *(herbeirufen)* llamar (para que venga) ② *(nachrufen)* **etw hinter jdm ~** gritar algo detrás de alguien

her|rühren *vi* resultar (**von** de)

her|schicken *vt* ① *(zu jdm schicken)* mandar (a alguien que vaya) (**zu** a) ② *(nachschicken)* **jdn hinter jdm/etw** *dat* **~** mandar a alguien que vaya a por alguien/algo

her|schieben *irr vt* arrimar empujando; **etw vor sich** *dat* **~** dejar algo para otro día

her|stammen *vi* ser (**aus** de), ser oriundo [*o* natural] (**aus** de)

her|stellen *vt* ① *(erzeugen)* producir; *(in Fabrik)* fabricar ② *(schaffen)* crear; *(Verbindung)* establecer ③ *(an einen Ort)* poner

Hersteller(in) *m(f)* <-s, -; -nen> productor(a) *m(f); (in Fabrik)* fabricante *mf; (in Verlag)* encargado, -a *m, f* de la producción de libros

Herstellerfirma *f* <-, -firmen> (empresa *f*) fabricante *m*

Herstellerpreis *m* precio *m* de fábrica

Herstellung *f ohne pl* producción *f; (in Fabrik)* fabricación *f*

Herstellungskosten *pl* costes *mpl* de fabricación, gastos *mpl* de producción

Herstellungsland *nt* país *m* productor

her|trauen *vr:* **sich ~** atreverse a ir (**zu** hacia), atreverse a venir (**zu** hacia/a casa de)

Hertz [hɛrts] *nt* <-, -> (PHYS) hertz *m*

herüben [hɛ'ry:bən] *adv (südd, Österr: auf dieser Seite)* aquí

herüber [hɛ'ry:bɐ] *adv* hacia aquí, hacia acá

herüberbringen *irr vt* traer (**zu** a/hacia aquí)

herüberholen *vt* ① *(herholen)* ir a buscar ② *(aus einem anderen Land holen)* traerse

herüberlassen *irr vt* dejar pasar [*o* entrar] [*o* venir]

herübersehen *irr vi* mirar (**zu** en dirección a)

herum [hɛ'rʊm] *adv* ① *(rings)* alrededor, en los alrededores; **um ... ~** alrededor de...; **die Gegend um Berlin ~** los alrededores de Berlín; **hier ~** por aquí; **links/rechts ~** por la izquierda/derecha ② *(fam: ziellos)* por ahí ③ *(fam)* **um ... ~** *(ungefähr)* alrededor de...; *(Menge, Alter)* aproximadamente; *(Uhrzeit)* sobre

herum|albern *vi* hacer el bobo, tontear

herum|ärgern *vr:* **sich ~** *(fam)* enfadarse (**mit** con); *(sich anstrengen)* fastidiarse (**mit** con)

herum|bekommen* *irr vt (fam: überreden)* convencer, hacer cambiar de opinión

herumblättern *vi* **in etw** *dat* **~** hojear algo

herum|brüllen *vi (fam)* dar gritos, vociferar

herum|bummeln *vi (fam)* ① *sein (spazieren)* callejear ② *(faulenzen)* gandulear

herum|doktern *vi (fam)* ① *(zu kurieren versuchen)* **an jdm ~** tratar de curar a alguien ② *(zu reparieren versuchen)* **an etw** *dat* **~** tratar (infructuosamente) de reparar [*o* arreglar] algo

herum|drehen I. *vt (wenden)* dar vuelta(s) (a); *(Kopf)* volver; **jdm das Wort im Mund** ~ dar la vuelta a las palabras de alguien; **den Schlüssel zweimal** ~ dar dos vueltas a la llave **II.** *vr:* **sich** ~ darse la vuelta

herumdrucksen *vi (fam)* andarse con rodeos

herum|erzählen* *vt (fam)* ir contando

herum|fahren *irr* **I.** *vi sein* ❶ *(umfahren)* dar la vuelta (**um** a); *(um eine Ecke)* doblar ❷ *(fam: ziellos)* dar una vuelta ❸ *(sich umdrehen)* volverse (de repente) **II.** *vt (fam: umherfahren)* pasear (en coche) (**in** por)

herum|fuchteln *vi (fam)* gesticular; **mit etw** *dat* ~ no parar quieto con algo; **mit den Armen** ~ bracear

H

herum|führen I. *vi (Straße, Mauer)* rodear (**um**) **II.** *vt* **jdn** ~ *(als Führer)* hacer de guía para alguien; **jdn an der Nase** ~ *(fam)* tomar el pelo a alguien

herum|fummeln *vi (fam: anfassen)* **an etw** *dat* **/jdm** ~ sobar algo/a alguien

herum|geben *irr vt* pasar, hacer circular

herum|gehen *irr vi sein* ❶ *(herumspazieren)* dar una vuelta (**um** por); *(fam: ziellos)* pasearse; **das geht mir schon lange im Kopf herum** hace tiempo que esto me da vueltas en la cabeza ❷ *(fam: Zeit)* pasar ❸ *(fam: Gerücht)* circular

herum|geistern [-'-gaɪstɐn] *vi sein (fam)* andar pululando

herum|hacken *vi (fam)* **auf jdm** ~ meterse con alguien, criticar constantemente a alguien

herum|hängen *irr vi (fam)* estar colgado; **in der Gegend** ~ estar tirado por ahí

herum|irren *vi sein* errar, vagar

herum|kommandieren* *vt (fam)* mandonear

herum|kommen *irr vi sein (fam)* ❶ *(reisen)* viajar; **sie ist viel in der Welt herumgekommen** ha corrido mucho mundo ❷ *(vermeiden können)* poder evitar (**um**); **darum ~, etw zu tun** poder evitar hacer algo ❸ *(umgehen)* **um die Ecke** ~ doblar la esquina

herum|kriegen *vt (fam)* ❶ *(Zeit)* pasar ❷ *(überreden)* **jdn** ~ convencer a alguien ❸ *(verführen)* ligarse; **sie hat ihn gleich herumgekriegt** se lo ha ligado enseguida

herum|kutschieren* *vt (fam)* dar una vuelta (**in** por), llevar en coche (**in** por)

herum|laufen *irr vi sein* ❶ *(fam: ziellos)* correr de un lado para otro; *(spazieren gehen)* dar una vuelta (por); **so kannst du doch nicht ~!** *(fam)* ¡así no puedes andar por ahí! ❷ *(um etw)* correr (**um** alrededor de)

herum|liegen *irr vi (fam)* ❶ *(Sache)* estar tirado ❷ *(Person)* estar tumbado

herum|lungern [-'-lʊŋɐn] *vi (fam)* haraganear

herum|meckern *vi (fam)* quejarse por todo, poner reparos a todo

herum|nörgeln *vi (fam)* meterse (**an** con), poner reparos (**an** a)

herum|quälen *vr:* **sich** ~ *(fam)* ❶ *(sich qualvoll befassen)* **sich mit jdm/etw** *dat* ~ tener que aguantar a alguien/romperse los cascos [*o* la cabeza] con algo ❷ *(qualvoll leiden)* atormentarse (**mit** con)

herum|reden *vi (fam)* ❶ *(belangloses Zeug reden)* decir simplezas [*o* necedades] ❷ *(ausweichend reden)* **um etw** ~ hablar con rodeos de algo

herum|reichen *vt* hacer circular; *(Speisen)* ofrecer

herumreisen *vi sein* ❶ *(auf Reisen sein)* viajar constantemente ❷ *(bereisen)* viajar

herumreißen *irr vt* hacer una maniobra brusca (en sentido contrario) (con)

herum|reiten *irr vi sein (fam)* ❶ *(ziellos)* pasear a caballo ❷ *(auf etw bestehen)* emperrarse (**auf** en)

herumrennen *irr vi sein (fam)* ❶ *(umherrennen)* dar vueltas (corriendo) (**auf/in** por/en) ❷ *(umkreisen)* **um etw** ~ dar una vuelta corriendo a algo, correr alrededor de algo

herum|schlagen *irr vr (fam)* **sich mit jdm/etw** *dat* ~ luchar con alguien/algo

herum|schnüffeln *vi (fam abw)* husmear, hurguetear *Am;* **im Haus** ~ husmear por la casa

herumschreien *irr vi (fam)* pegar gritos

herum|sitzen *irr vi* ❶ *(fam: untätig dasitzen)* estar (sentado) sin hacer nada ❷ *(im Kreis sitzen)* **um jdn/etw** ~ estar sentado alrededor de alguien/algo

herum|sprechen *irr vr:* **sich** ~ *(Nachricht)* divulgarse

herumspringen *irr vi sein (fam)* saltar, brincar (**um** alrededor de)

herum|stehen *irr vi (fam)* estar por ahí (**um** alrededor de); **um jdn** ~ rodear a alguien

herumstreunen *vi sein (abw)* andar vagabundeando

herum|toben *vi (fam)* ❶ *sein o haben (ausgelassen spielen)* retozar; *(lauter)* alborotar ❷ *haben (schimpfen)* hacer ruido y bramar

herumtragen *irr vt (fam)* ❶ *(bei sich tragen)* **etw mit sich** *dat* ~ llevar algo (siempre) consigo ❷ *(abw: weitererzählen)* divulgar, contar a otros

herum|treiben *irr vr:* **sich** ~ *(fam abw)* vagabundear; *(auf der Straße)* callejear; **wo hast du dich wieder herumgetrieben?** ¿por dónde te has metido?

Herumtreiber(in) *m(f)* <-s, -; -nen> *(fam)* vagabundo, -a *m, f*, merodeador(a) *m(f)*

herumzeigen *vt (fam)* enseñar a todo el mundo, lucir

herum|ziehen *irr vi sein (fam: ziellos)* vagar, vagabundear; **in der Welt ~** vagar por el mundo

herunten [hɛˈrʊntən] *adv (südd, Österr: hier unten)* aquí abajo

herunter [hɛˈrʊntɐ] *adv* (hacia) abajo; **den Berg ~** monte abajo

herunter|bringen *irr vt* ❶ *(Gegenstand)* bajar ❷ *(fam: ruinieren)* arruinar

herunter|fahren *irr* **I.** *vi sein* bajar, descender *(en un vehículo)* **II.** *vt* ❶ *(Maschine)* parar ❷ (INFOR) apagar el sistema

herunter|fallen *irr vi sein* caerse

herunter|gehen *irr vi sein (a. Preis, Temperatur)* bajar

heruntergekommen *adj (fam)* venido a menos

herunter|handeln *vt (fam)* regatear

herunter|hängen *irr vi (Lampe, Haare)* colgar

herunter|hauen <haut herunter, haute *o* hieb herunter, heruntergehauen> *vi (fam)* **jdm eine ~** soltar a alguien un sopapo

herunter|klappen *vt* plegar hacia abajo

herunter|kommen *irr vi sein* ❶ *(nach unten kommen)* bajar ❷ *(fam: verwahrlosen)* venir a menos; *(Person)* hundirse; *(Gesundheit)* deteriorarse

herunter|laden *irr vt* (INFOR) descargar, bajar

herunter|machen *vt (fam: kritisieren)* criticar; *(schlechtmachen)* difamar; **jdn ~** dejar a alguien como un trapo

herunter|purzeln *vi sein (fam)* caer (de lo alto)

herunter|reißen *irr vt* arrancar

herunter|schlucken *vt (fam)* ❶ *(Bissen)* tragar ❷ *(Wut)* tragarse

herunter|spielen *vt (Problem)* relativizar

herunter|springen *irr vi sein* saltar (**von** de); *(aus großer Höhe)* tirarse (**von** de)

herunterstürzen **I.** *vi sein* ❶ *(herunterfallen)* caerse ❷ *(fam: heruntereilen)* bajar a toda prisa **II.** *vt* ❶ *(herunterwerfen)* derribar ❷ *(fam: trinken)* beber de un trago

herunter|werfen *irr vt* tirar abajo

herunter|wirtschaften *vt (fam abw: Firma, Staat)* arruinar (económicamente)

herunterziehen *irr vt* tirar hacia abajo, bajar tirando

hervor [hɛɐˈfoːɐ] *adv (geh)* hacia delante; *(heraus)* fuera

hervor|bringen *irr vt* ❶ *(erzeugen)* producir ❷ *(Wort)* decir; *(Melodie)* tocar

hervor|gehen *irr vi sein (geh: sich ergeben)* deducirse (**aus** de); **sie ging als Siegerin aus dem Wettkampf hervor** resultó vencedora en el campeonato

hervor|gucken *vi (fam)* (sobre)salir; **das Hemd guckt aus der Hose hervor** la camisa sobresale del pantalón; **das Kind guckt hinter seiner Mutter hervor** el niño se asoma por detrás de su madre

hervor|heben *irr vt* poner de relieve

Hervorhebung *f* <-, -en> (*a.* INFOR) resalte *m*

hervor|holen *vt* sacar (**aus** de)

hervorkehren *vt (fig geh)* presumir (de), hacer alarde (de)

hervor|kommen *irr vi sein* salir; **unter dem Tisch ~** salir de debajo de la mesa

hervorlocken *vt* hacer salir

hervor|ragen *vi* ❶ *(räumlich)* sobresalir ❷ *(Person)* distinguirse (**durch** por)

hervorragend *adj* ❶ *(räumlich)* saliente ❷ *(ausgezeichnet)* excelente

hervor|rufen *irr vt (bewirken)* provocar; *(Bewunderung)* causar; *(Protest)* promover

hervorsehen *irr vi* asomar

hervorspringen *irr vi sein* ❶ *(hervorkommen)* salir de repente (**hinter** de detrás de) ❷ *(hervorragen)* sobresalir, resaltar

hervorstechen *irr vi* destacar, llamar la atención

hervor|treten *irr vi sein* ❶ *(heraustreten)* salir (**hinter** de detrás de) ❷ *(Kontraste)* destacarse; *(Umrisse)* dibujarse; *(Ader)* marcarse; **~de Augen** ojos saltones

hervor|tun *irr vr:* **sich ~** ❶ *(durch Leistung)* distinguirse ❷ *(angeben)* darse importancia (**mit** con)

hervor|wagen *vr:* **sich ~** atreverse a salir

hervorzaubern *vt* sacar por sorpresa [*o* de repente] (**aus** de)

her|wagen *vr:* **sich ~** atreverse a venir aquí

Herz[1] [hɛrts] *nt* <-ens, -en> ❶ *(Organ)* corazón *m; (Seele)* alma *f;* **im Grunde seines ~ens** en el fondo de su corazón; **von ~en gern** con mil amores; **mir blutet das ~** *(fig)* se me parte el corazón; **ich tue es leichten ~ens** lo haré con mucho gusto; **schweren ~ens** sintiéndolo en el alma; **das ~ schlägt ihm bis zum Halse** tiene el corazón en un puño; **ein ~ und eine Seele sein** *(fig)* ser uña y carne; **ein gutes/goldenes ~ haben** tener un gran corazón/un corazón de oro; **sich** *dat* **etw zu ~en nehmen** *(fam)* tomarse algo a

H

pecho; **etw nicht über's ~ bringen** no ser capaz de algo; **etw auf dem ~en haben** estar afligido por algo; **etw auf ~ und Nieren prüfen** *(fam)* examinar algo detenidamente; **jdm sein ~ ausschütten** *(fig)* abrir el corazón a alguien; **jdm das ~ brechen** *(geh)* partir el corazón a alguien; **aus ganzem ~en** de todo corazón; **mir ist ein Stein vom ~en gefallen** *(fig)* se me quitó un peso de encima; **ihr wurde warm ums ~** se emocionó; **mir fällt das ~ in die Hose** *(fam fig)* se me cae el alma a los pies; **sich** *dat* **ein ~ fassen** hacer de tripas corazón; **jdm etw ans ~ legen** entregar algo al cuidado personal de alguien; **jdm am ~en liegen** ser muy importante para alguien; **jdn ins ~ schließen** cogerle cariño a alguien ② *(Kern)* corazón *m; (Zentrum)* centro *m; (Inneres)* núcleo *m;* **sie stießen zum ~en des Kontinents vor** avanzaron hasta el corazón del continente ③ *(Herzform)* forma *f* de corazón

H

Herz² *nt* <-ens, -> *(Kartenspiel)* ≈ copas *f pl;* **~ ist Trumpf** pinta en copas

herzallerliebst *adj* **ist dieses Baby nicht ~?** ¿no es este bebé un verdadero encanto?; **mein ~er Schatz!** ¡cariño de mi alma!

Herzanfall *m* (MED) ataque *m* cardíaco

Herzbeschwerden *f pl* (MED) trastornos *m pl* cardíacos

Herzbeutel *m* (ANAT) pericardio *m*

herzbewegend *adj* conmovedor

Herzblatt *nt* <-(e)s, -blätter> ① (BOT) hoja *f* de retoño; *(bei Salat)* cogollo *m* ② *(fam: Schatz)* cariño *m,* tesoro *m*

Herzblut *nt* **jd gäbe sein ~ für jdn hin** *(geh)* alguien daría el alma por alguien; **etw mit seinem ~ schreiben** *(geh)* escribir algo con el corazón en la mano

Herzchirurg(in) *m(f)* cardiocirujano, -a *m, f*

Herzdame *f* dama *f* de corazones

Herzdruckmassage *f* (MED) masaje *m* de compresión del corazón

her|zeigen *vt (fam)* dejar ver, mostrar

herzen ['hɛrtsən] *vt (geh)* acariciar, mimar

Herzensangelegenheit *f* <-, -en> ① *(wichtiges Anliegen)* cuestión *f* importante; **es ist mir eine ~, es ihm selber zu sagen** para mí es muy importante decírselo personalmente ② *(Liebesangelegenheit)* asunto *m* del corazón

Herzensbrecher(in) *m(f)* <-s, -; -nen> rompecorazones *mf inv*

herzensgut ['--'-] *adj (fam)* muy bondadoso

Herzenslust *f ohne pl* **nach ~** a placer

Herzenswunsch *m* sueño *m* dorado

herzergreifend *adj* conmovedor

herzerweichend *adj* conmovedor

Herzfehler *m* (MED) lesión *f* cardíaca

herzförmig *adj* cordiforme

herzhaft *adj* (*a.* GASTR: *kräftig*) fuerte; *(deftig)* sabroso; **~ lachen** reírse con ganas

her|ziehen *irr* **I.** *vi sein* ① *(umziehen)* venirse a vivir aquí ② *(gehen)* **hinter/vor/neben jdm/etw** *dat* **~** ir detrás de/delante de/al lado de alguien/algo ③ *(fam: reden über)* **über jdn ~** hablar mal de alguien **II.** *vt (fam: heranziehen)* acercar (**zu** a); **etw hinter sich** *dat* **~** arrastrar algo detrás de sí

herzig ['hɛrtsɪç] *adj* mono

Herzinfarkt *m* (MED) infarto *m* de miocardio

Herzinsuffizienz *f* <-, -en> (MED) insuficiencia *f* cardíaca

Herzkammer *f* (ANAT) ventrículo *m* (del corazón)

Herzklappe *f* (ANAT) válvula *f* del corazón

Herzklopfen *nt* latido *m* del corazón, palpitaciones *f pl;* **~ haben** sentir palpitaciones

herzkrank *adj* enfermo del corazón

Herzkranzgefäß *nt* <-es, -e> vaso *m* coronario

Herz-Kreislauf-Erkrankung *f* (MED) trastorno *m* cardiovascular

Herz-Kreislauf-System *nt* (MED) sistema *m* cardiocirculatorio

Herzleiden *nt* (MED) enfermedad *f* cardíaca

herzlich **I.** *adj (liebevoll)* cariñoso; *(Gruß)* cordial; **~en Dank** muchísimas gracias **II.** *adv* de todo corazón; **~ willkommen!** ¡bienvenido!; **~ gern!** ¡con mucho gusto!

Herzlichkeit *f ohne pl* cordialidad *f*

herzlos *adj* sin corazón; *(grausam)* cruel

Herzlosigkeit *f ohne pl* insensibilidad *f; (Grausamkeit)* crueldad *f*

Herzmassage *f* (MED) masaje *m* cardíaco

Herzmonitor *m* (MED) monitor *m* cardíaco [*o* cardiaco]

Herzmuschel *f* (ZOOL) almeja *f*

Herzmuskel *m* (ANAT) miocardio *m*

Herzog(in) ['hɛrtso:k] *m(f)* <-s, -zöge; -nen> duque(sa) *m(f)*

herzoglich ['hɛrtso:klɪç] *adj* ducal

Herzogtum *nt* <-s, -tümer> ducado *m*

Herzpatient(in) *m(f)* (MED) enfermo, -a *m, f* del corazón; **viele ~en warten auf ein Spenderherz** muchos cardiópatas esperan la donación de un corazón

Herzrhythmusstörung *f* (MED) arritmia *f* cardíaca

Herzschlag *m* ① *(einzelner Schlag)* latido *m* cardíaco ② *(Herzstillstand)* ataque *m* cardíaco

Herzschrittmacher *m* (MED) marcapasos *m inv*

Herzspezialist(in) *m(f)* (MED) cardiólogo, -a *m, f*
Herzstillstand *m* (MED) paro *m* cardíaco
Herzstück *nt* parte *f* central, corazón *m*
Herztransplantation *f* (MED) tra(n)splante *m* de corazón
Herzversagen *nt* (MED) fallo *m* cardíaco
herzzerreißend **I.** *adj* desgarrador **II.** *adv* que le parte a uno el corazón
Hesse, -in ['hɛsə] *m, f* <-n, -n; -nen> habitante *mf* de Hesse
Hessen *nt* <-s> Hesse *f*
Hessin *f* <-nen> *s.* **Hesse**
hessisch *adj* de Hesse
heterogen [hetero'ge:n] *adj* heterogéneo
Heterogenität [heterogeni'tɛ:t] *f* <-, *ohne pl*> heterogeneidad *f*
Heterosexualität *f* heterosexualidad *f*
heterosexuell [heterozɛksu'ɛl, heterosɛksu'ɛl] *adj* heterosexual
Hetzblatt *nt* <-(e)s, -blätter> *(abw: Zeitung)* periódico *m* demagógico; *(Zeitschrift)* revista *f* demagógica
Hetze ['hɛtsə] *f ohne pl* ① *(Eile)* prisa *f* ② *(abw: Hetzkampagne)* campaña *f* de difamación
hetzen ['hɛtsən] **I.** *vi* ① *sein (sich beeilen)* darse prisa ② *(abw: aufwiegeln)* agitar los ánimos (**gegen** contra) **II.** *vt* ① *(jagen)* acosar ② *(antreiben)* meter prisa **III.** *vr:* **sich ~** darse prisa
Hetzerei[1] *f* <-en> *(fam abw: Hetzreden)* instigación *f*, difamación *f*
Hetzerei[2] *f ohne pl (Eile)* prisas *fpl*
hetzerisch *adj* difamador
Hetzjagd *f* ① *(Verfolgung)* persecución *f* ② *(Jagd)* caza *f* de acoso ③ *(große Eile)* prisas *fpl*
Hetzkampagne *f* campaña *f* difamatoria
Heu [hɔɪ] *nt* <-(e)s, *ohne pl*> (AGR) heno *m*
Heuboden *m* (AGR) henil *m*
Heuchelei [hɔɪçə'laɪ] *f* <-en> *(abw)* hipocresía *f*, fallutería *Arg, Urug: fam; (Scheinheiligkeit)* mojigatería *f*
heucheln ['hɔɪçəln] *vi, vt* fingir
Heuchler(in) ['hɔɪçlɐ] *m(f)* <-s, -; -nen> hipócrita *mf; (Scheinheiliger)* mojigato, -a *m, f*
heuchlerisch *adj* hipócrita
heuer ['hɔɪɐ] *adv (Schweiz, Österr, südd)* este año
Heugabel *f* horca *f; (aus Holz)* bieldo *m*
Heuhaufen *m* (AGR) montón *m* de heno
Heulboje *f* (NAUT) baliza *f* acústica
heulen ['hɔɪlən] *vi* ① *(fam: weinen)* llorar ② *(Tier, Motor, Sirene, Wind)* aullar
Heulsuse ['hɔɪlzu:zə] *f* <-n> *(fam abw)* llorona *f*
Heulton *m* aullido *m; (einer Sirene)* sirena *f*
heurig ['hɔɪrɪç] *adj (Österr)* de este año
Heurige(r) ['hɔɪrɪgɐ] *m* <-n, -n> *(Österr: neuer Wein)* vino *m* joven
Heuschnupfen *m* alergia *f* al polen
Heuschrecke ['hɔɪʃrɛkə] *f* <-n> saltamontes *m inv*
heute ['hɔɪtə] *adv* hoy; *(heutzutage)* hoy (en) día; **~ Morgen/Abend** esta mañana/noche; **~ Nacht habe ich schlecht geträumt** anoche tuve pesadillas; **~ Nacht soll es regnen** dicen que esta noche va a llover; **Schluss für ~** basta por hoy; **~ vor acht Tagen** hace ocho días; **von ~ auf morgen** de la noche a la mañana; **lieber ~ als morgen** mejor hoy que mañana
heutig ['hɔɪtɪç] *adj* de hoy; *(gegenwärtig)* actual; **unser ~es Schreiben** nuestra carta de hoy; **am ~en Tag** en el día de hoy; **am ~en Abend** esta noche; **in der ~en Zeit** en nuestros tiempos; **mit dem ~en Datum** con fecha de hoy
heutzutage ['hɔɪttsuta:gə] *adv* hoy (en) día
Heuwender *m* <-s, -> (AGR) henificadora *f*
hexagonal [hɛksago'na:l] *adj* (MATH: *sechseckig*) hexagonal
Hexe ['hɛksə] *f* <-n> bruja *f*
hexen ['hɛksən] *vi* hacer brujerías; **ich kann doch nicht ~** *(fam)* no puedo hacer milagros
Hexenhäuschen *nt* <-s, -> (GASTR) *figura de pan de especias que representa una casa*
Hexenjagd *f (abw)* caza *f* de brujas
Hexenkessel *m* <-s, -> infierno *m*
Hexenschuss *m* <-es, *ohne pl*> *(fam)* lumbago *m*
Hexenverbrennung *f* (HIST) quema *f* de brujas
Hexer *m* <-s, -> brujo *m*
Hexerei *f* <-en> brujería *f*, payé *m CSur*
Hg. *Abk. von* **Herausgeber(in)** *(von Buch)* editor(a) *m(f); (von Zeitung)* director(a) *m(f)*
Hibernation [hibɛrna'tsjo:n] *f* <-, -en> (MED) hibernación *f*
Hibiskus [hi'bɪskʊs, *pl:* hi'bɪskən] *m* <-, Hibisken> (BOT) hibisco *m*
Hickhack ['hɪkhak] *m o nt* <-s, -s> *(fam)* discusión *f* estéril
hie [hi:] *adv* **~ und da** de vez en cuando
hieb [hi:p] *3. imp von* **hauen**
Hieb [hi:p] *m* <-(e)s, -e> ① *(Schlag)* golpe *m; (mit Peitsche)* latigazo *m; (mit Faust)* puñetazo *m* ② *(Wunde)* herida *f* ③ *pl (fam: Prügel)* paliza *f* ④ *(Bemerkung)* pulla *f*

hieb- und stichfest *adj (fig)* contundente
hielt [hiːlt] *3. imp von* **halten**
hier [hiːɐ] *adv* ① *(räumlich)* aquí; *(bei Aufruf)* ¡presente!; ~ **bin ich!** ¡aquí estoy!; ~ **entlang** por aquí; **das Haus** ~ esta casa; ~ **in der Nähe** aquí cerca; ~ **und da** aquí y allá; **dieser** ~ este de aquí; ~ **oben/unten/hinten** aquí arriba/abajo/atrás; **ich bin nicht von** ~ no soy de aquí ② *(zeitlich)* ahora; **von** ~ **an** desde ahora ③ *(an diesem Punkt)* en este punto; ~ **muss ich dir Recht geben** en este punto te tengo que dar la razón
hieran ['hiːran, '-'-] *adv* ① *(räumlich)* aquí (mismo) ② *(an dieser Sache)* en esto, en ello; ~ **sieht man, dass ...** en esto se ve que...; ~ **werde ich mich noch lange erinnern** de esto me acordaré por mucho tiempo
Hierarchie [hierar'çiː] *f* <-n> jerarquía *f*
hierarchisch [hie'rarçɪʃ] *adj* jerárquico
hierauf ['hiːraʊf, '-'-] *adv* ① *(räumlich)* sobre esto ② *(sodann)* a continuación
hieraus ['hiːraʊs, '-'-] *adv* ① *(räumlich)* de aquí ② *(aus dieser Sache)* de esto, de ello
hierbehalten* *irr vt* **etw** ~ quedarse con algo; **kann ich das Buch ~?** ¿me puedo quedar con el libro?
hierbei ['hiːɐbaɪ] *adv* ① *(währenddessen)* en esto, con esto ② *(in diesem Fall)* en este caso
hier|bleiben *irr vi sein* quedarse aquí
hierdurch ['hiːɐdʊrç, '-'-] *adv* ① *(räumlich)* por aquí ② *(auf Grund)* por ello, a causa de esto
hierfür ['hiːɐfyːɐ, '-'-] *adv* ① *(zu diesem Zweck)* para esto ② *(als Gegenwert)* por ello, a cambio
hierher ['hiːɐheːɐ, '-'-] *adv* (hacia) aquí; *(örtlich)* para acá; **~!** ¡aquí!; **bis ~ und nicht weiter!** ¡hasta aquí y ni un paso más!; **das gehört nicht** ~ esto no entra aquí
hierherum ['hiːɐhɛrʊm, '--'-] *adv* por aquí
hierhin ['hiːɐhɪn, '-'-] *adv* aquí; **bis** ~ hasta aquí
hierhinein *adv* (de aquí) adentro; **ich glaube, er ist ~ gegangen** creo que ha entrado (por) aquí
hierin ['hiːrɪn, '-'-] *adv* ① *(örtlich)* aquí dentro ② *(in dieser Beziehung)* en este punto
hierlassen *irr vt* dejar aquí
hiermit ['hiːɐmɪt, '-'-] *adv* con esto; *(im Brief)* por la presente
hiernach ['hiːɐnaːx, '-'-] *adv* ① *(danach)* a continuación ② *(zufolge)* según esto
Hieroglyphe [hiero'glyːfə] *f* <-, -n> jeroglífico *m*
hierüber ['hiːryːbɐ, '-'--] *adv* ① *(örtlich)* encima de esto; *(Richtung)* por aquí ② *(ein Thema betreffend)* sobre esto
hierum [(')hiː'rʊm, *hinweisend:* 'hiːrʊm] *adv* ① *(um diese Angelegenheit)* sobre esto; **es geht ~, sieh dir die Akte an!** se trata de esto, ¡mírate el expediente! ② *s.* **hierherum**
hierunter ['hiːrʊntɐ, '-'--] *adv* ① *(örtlich)* debajo de esto ② *(wegen)* a causa de esto ③ *(in dieser Gruppe)* entre estas cosas ④ *(Wend)* ~ **versteht man ...** esto quiere decir...
hiervon ['hiːɐfɔn, '-'-] *adv* de esto
hiervor ['hiːɐfoːɐ, '-'-] *adv* ① *(räumlich)* delante de esto ② *(zeitlich)* antes de esto
hierzu ['hiːɐtsuː, '-'-] *adv* ① *(für diesen Zweck)* para ello ② *(betreffend)* con respecto a esto; ~ **möchte ich sagen, dass ...** con respecto a esto quisiera decir que... ③ *(zugehörig)* a esto, a ello
hierzulande ['hiːɐtsu(')landə] *adv* en este país, aquí
hiesig ['hiːzɪç] *adj* de aquí
hieß [hiːs] *3. imp von* **heißen**
Hi-Fi ['haɪfi, haɪ'fiː] *Abk. von* **High Fidelity** alta fidelidad
Hi-Fi-Anlage *f* equipo *m* de alta fidelidad
high [haɪ] *adj inv (berauscht)* colocado; *(mit Drogen)* moco
Highlife ['haɪ(')laɪf] *nt* <-s, *ohne pl*> *(fam)* **bei Schmitz ist wieder** ~ en casa de los Schmitz hay movida otra vez
High Society *f ohne pl* alta sociedad *f*
Hightech *nt o f* <-(s), *ohne pl*>, **High-Tech** *nt o f* <-(s), *ohne pl*> alta tecnología *f*
Hi-Hat ['haɪhɛt] *f o nt* <-, -s> (MUS) hi hat *m*
hihi [hi'hiː, 'hi'hi] *interj* je, je
hijacken ['haɪdʒɛkən] *vt (fam)* secuestrar; **ein Flugzeug** ~ secuestrar un avión
Hijacker(in) ['haɪdʒɛkɐ] *m(f)* <-s, -; -, -nen> pirata *mf* aéreo , -a
Hilfe ['hɪlfə] *f* <-n> ayuda *f; (Hilfeleistung)* socorro *m,* auxilio *m;* (INFOR) ayuda *f;* **~!** ¡socorro!; **erste/Erste ~ leisten, erste** [*o* **Erste**] ~ **leisten** prestar primeros auxilios; **jdn um ~ bitten** pedir ayuda a alguien; ~ **leisten** prestar ayuda; **jdm zu ~ kommen** acudir en auxilio de alguien; **etw zu ~ nehmen** ayudarse con algo; **um ~ rufen** pedir socorro; **du warst mir eine/keine große** ~ fuiste/no fuiste una gran ayuda; **mit ~ von** con ayuda de; *s. a.* **mithilfe**
Hilfeleistung *f* prestación *f* de auxilio
Hilferuf *m* grito *m* de socorro
Hilfeschrei *m* grito *m* de socorro [*o* de auxilio]

Hilfestellung *f* (SPORT) ayuda *f; (Anleitung, Unterstützung)* apoyo *m*
hilfesuchend *adj s.* **Hilfe**
hilflos *adj (allein)* desamparado; *(ratlos)* desorientado; *(unbeholfen)* torpe
Hilflosigkeit *f ohne pl* desamparo *m; (Ratlosigkeit)* desorientación *f*
hilfreich *adj (geh)* ❶ *(hilfsbereit)* servicial ❷ *(nützlich)* útil; **er/es war uns sehr ~** nos sirvió de mucha ayuda
Hilfsaktion *f* acción *f* de socorro
Hilfsarbeiter(in) *m(f)* trabajador(a) *m(f)* auxiliar
hilfsbedürftig *adj* necesitado
hilfsbereit *adj* servicial, dispuesto a ayudar, comedido *Am*
Hilfsbereitschaft *f ohne pl* solicitud *f,* comedimiento *m Am*
Hilfsdienst *m* servicio *m* de auxilio; (MED) servicio *m* de urgencias
Hilfskraft *f* ayudante *mf; (Aushilfskraft)* auxiliar *mf;* **studentische ~** ayudante estudiantil
Hilfsmittel *nt* recurso *m*
Hilfsmotor *m* motor *m* auxiliar
Hilfspaket *nt* paquete *m* de ayuda
Hilfsprogramm *nt* programa *m* de ayuda
Hilfsverb *nt* (LING) verbo *m* auxiliar
Hilfswerk *nt* institución *f* benéfica
hilft [hɪlft] *3. präs von* **helfen**
Himalaja [hi'maːlaja, hima'laːja] <-(s)> *m* Himalaya *m*
Himbeere ['hɪmbeːrə] *f* <-n> frambuesa *f*
Himbeergeist ['hɪmbeːɐ-] *m* <-(e)s, *ohne pl*> aguardiente *m* de frambuesa
Himbeersaft *m* <-(e)s, -säfte> zumo *m* de frambuesa
Himmel ['hɪməl] *m* <-s, -> ❶ (METEO, ASTR, REL) cielo *m;* **am ~** en el cielo; **im ~** en la gloria; **der Opa ist im ~** *(Kindersprache)* el abuelito está en el cielo; **in den ~ kommen** ir al cielo; **~ und Hölle spielen** *(Kinderspiel)* jugar a la rayuela; **~ und Hölle in Bewegung setzen** *(fam)* remover el cielo y la tierra; **aus heiterem ~** *(plötzlich)* de golpe y porrazo; *(unerwartet)* inesperadamente; **unter freiem ~** a cielo raso; **im siebten ~ sein** *(fam)* estar en el séptimo cielo; **dieses Unrecht schreit zum ~** esa injusticia clama al cielo; **um ~s willen!** ¡cielo santo!; **dem ~ sei Dank!** ¡gracias a Dios!; **~, Arsch und Zwirn!** *(vulg)* ¡me cago en diez! ❷ *(beim Bett, Thron)* dosel *m*
himmelangst *adj* **jdm ist ~** alguien está muerto de miedo; **jdm wird ~** a alguien le entra un miedo de muerte
Himmelbett *nt* cama *f* con dosel
himmelblau ['--'-] *adj* azul cielo
Himmelfahrt *f ohne pl* (REL) **Christi ~** Ascensión *f* (de Nuestro Señor); **Mariä ~** (fiesta de la) Asunción
Himmelfahrtskommando *nt* <-s, -s> *(fam)* ❶ *(Unternehmen)* operación *f* suicida ❷ *(Truppe)* comando *m* suicida
Himmelreich *nt ohne pl* (REL) reino *m* de los cielos
himmelschreiend *adj* que clama al cielo
Himmelskörper *m* (ASTR) cuerpo *m* celeste
Himmelsrichtung *f* punto *m* cardinal
himmelweit ['--'-] *adj (fam)* enorme, inmenso
himmlisch ['hɪmlɪʃ] *adj* celestial; *(göttlich)* divino; *(wunderbar)* maravilloso
hin [hɪn] **I.** *adv* ❶ *(in Richtung auf)* hacia allá; *(entlang)* a lo largo; **bis … ~** hasta…; **zum Haus ~** hacia la casa; **nichts wie ~!** ¡en marcha!; **~ und zurück** *(Fahrkarte)* ida y vuelta; **~ und her** de un lado para otro; **die Schlafzimmer liegen zur Straße ~** los dormitorios dan a la calle; **wo ist sie ~?** *(fam)* ¿adónde se ha ido? ❷ *(zeitlich)* **das ist noch lange ~** aún falta mucho tiempo; **zum Frühjahr/Jahresende ~** para la primavera/para fin de año; **~ und wieder** de vez en cuando ❸ *(daraufhin)* **auf … ~** en relación a…; **auf die Gefahr ~, dass …** a riesgo de que… *+subj* **II.** *adj (fam: kaputt)* roto; **sein guter Ruf ist ~** su buena reputación está arruinada
Hin [hɪn] *nt* **~ und Her** ir y venir *m; (Hickhack)* tira y afloja *m;* **nach langem ~ und Her** después de darle muchas vueltas
hinab [hɪ'nap] *adv* (hacia) abajo; **den Berg ~** monte abajo
hin|arbeiten *vi* **auf etw ~** aspirar a algo
hinauf [hɪ'naʊf] *adv* arriba; **da ~!** ¡por allí arriba!; **den Fluss ~** río arriba
hinaufbegleiten* *vt* acompañar arriba
hinauf|fahren *irr* **I.** *vi sein* subir **II.** *vt* subir
hinauf|führen **I.** *vi (Weg)* subir **II.** *vt* llevar arriba
hinauf|gehen *irr vi sein* subir
hinaufsehen *irr vi* mirar (hacia arriba)
hinauf|steigen *irr vi sein* subir
hinauftragen *irr vt* subir
hinaus [hɪ'naʊs] *adv* fuera, afuera; **~ mit dir!** ¡fuera contigo!; **zur Tür ~** por la puerta; **wo geht es ~?** ¿por dónde se sale?; **dort ~** saliendo por allí; **auf Jahre ~** durante años; **über das Ziel ~** más allá de lo previsto; **über die Dreißig ~** por encima de los treinta; **darüber ~** aparte de esto
hinaus|befördern* *vt* llevar hacia fuera; *(hinauswerfen)* echar fuera
hinaus|begleiten* *vt* acompañar hacia fuera

H

hinaus|bringen *irr vt* ❶ *(Person)* acompañar afuera ❷ *(Gegenstand)* sacar afuera
hinaus|ekeln *vt (fam)* **jdn ~** hacer la vida imposible a alguien (hasta que se va)
hinaus|finden *irr vi* encontrar la salida (**aus** de)
hinaus|fliegen *irr vi sein* ❶ *(Vogel)* salir volando (**aus** de) ❷ *(fam: Person)* ser echado (**aus** de)
hinaus|gehen *irr vi sein* ❶ *(aus Raum)* salir (**aus** de) ❷ *(Zimmer, Fenster)* dar (**auf** a) ❸ *(überschreiten)* sobrepasar (**über**)
hinaus|lassen *irr vt* ❶ *(nach draußen lassen)* dejar salir (afuera) (**aus** de) ❷ *(hinausbegleiten)* acompañar afuera
hinaus|laufen *irr vi sein* ❶ *(nach draußen laufen)* salir (corriendo) (**aus** de) ❷ *(als Ergebnis haben)* terminar (**auf** en), acabar (**auf** en); **es läuft darauf hinaus, dass ...** esto terminará en que...
hinaus|lehnen *vr:* **sich ~** asomarse (**aus** por)
hinaus|posaunen* *vt (fam)* propagar a los cuatro vientos
hinausschauen *vi (reg)* mirar (afuera) (**zu** por)
hinaus|schicken *vt* **jdn ~** mandar salir a alguien
hinaus|schieben *irr vt* ❶ *(Termin)* aplazar, prorrogar ❷ *(Person, Gegenstand)* sacar empujando
hinaus|schmeißen *irr vt (fam)* echar (**aus** de)
hinaussehen *irr vi* mirar (afuera) (**zu** por)
hinausstürzen I. *vi sein* ❶ *(hinausfallen)* caer ❷ *(hinauseilen)* salir precipitadamente **II.** *vr:* **sich ~** *haben* tirarse (**aus/zu** por)
hinaustragen *irr vt* ❶ *(nach draußen tragen)* llevar afuera ❷ *(verbreiten)* expandir, difundir
hinaustreten *irr vi sein* salir afuera
hinaus|wachsen *irr vi sein* **über sich selbst ~** superarse a sí mismo
hinaus|werfen *irr vt* ❶ *(Sache)* tirar (**zu/aus** por); **einen Blick ~** echar un vistazo por la ventana; **Geld zum Fenster ~** *(fam)* echar la casa por la ventana ❷ *(Person)* echar (**aus** de), fletar *Arg, Chil*
hinaus|wollen *irr vi (fam)* ❶ *(abzielen)* pretender (**auf**); **worauf willst du hinaus?** ¿qué es lo que pretendes?; **hoch ~** tener grandes ambiciones ❷ *(nach draußen wollen)* querer salir (**aus** de)
hinaus|zögern I. *vt* aplazar **II.** *vr:* **sich ~** retrasarse, atrasarse
Hinauszögerung *f* demora *f*
hin|bekommen* *irr vt s.* **hinkriegen**
hin|biegen *irr vt (fam)* amañar; **das biegen wir schon hin** ya nos las arreglaremos para conseguirlo
hinblättern *vt (fam)* soltar dinero, pagar a tocateja; **sie musste dafür viel Geld ~** tuvo que aflojar una pasta gansa
Hinblick *m* **im ~ auf ...** *(in Bezug auf)* en cuanto a...; *(angesichts)* con vistas a...; **im ~ darauf, dass ...** considerando que...
hin|bringen *irr vt* llevar; *(a. Waren)* tra(n)sportar
hin|denken *irr vi* **wo denkst du hin!** ¡pero tú qué te crees!
hinderlich ['hɪndɐlɪç] *adj* molesto; **~ sein** ser un estorbo (**für** para)
hindern ['hɪndɐn] *vt* ❶ *(abhalten)* impedir; **ich will Sie nicht daran ~** no quiero ponerle trabas ❷ *(behindern)* estorbar
Hindernis ['hɪndɐnɪs] *nt* <-ses, -se> (*a.* SPORT) obstáculo *m;* **ein ~ überwinden** salvar un obstáculo; **jdm ~se in den Weg legen** poner trabas a alguien
Hindernislauf *m* (SPORT) carrera *f* de obstáculos
Hindernisläufer(in) *m(f)* <-s, -; -, -nen> (SPORT) corredor(a) *m(f)* de obstáculos
Hinderungsgrund *m* impedimento *m*
hin|deuten *vi* ❶ *(zeigen)* señalar (con el dedo) (**auf**) ❷ *(hinweisen)* indicar (**auf**); **nichts deutet darauf hin, dass ...** nada indica que... *+subj*
Hindi ['hɪndi] *nt* <-, *ohne pl*> (LING) hindi *m*
hin|drehen *vt (fam)* arreglar, montarse; **er dreht immer alles so hin, wie es ihm passt** se lo monta [*o* se las arregla] siempre de la manera que le conviene
Hindu ['hɪndu] *m* <-(s), -(s)> hindú *mf*
Hinduismus [hɪndu'ɪsmʊs] *m* <-, *ohne pl*> hinduismo *m*
hinduistisch *adj* hinduista
hindurch [hɪn'dʊrç] *adv* ❶ *(räumlich)* por en medio, a través; **mitten ~** por el mismo medio ❷ *(zeitlich)* durante
hindurchgehen *irr vi sein* ❶ *(durchschreiten)* pasar (**durch** por) ❷ *(durchdringen)* **durch etw/jdn ~** atravesar algo/a alguien ❸ *(durch etw bewegt werden können)* pasar (**durch** por)
hineilen *vi sein* ir corriendo (**zu** a)
hinein [hɪ'naɪn] *adv* (hacia) adentro; **da ~** (por) allí adentro; **er fiel mitten in die Pfütze ~** se cayó en medio del charco; **bis tief in die Nacht ~** hasta bien entrada la noche
hineinbegeben* *irr vr:* **sich ~** *(geh)* dirigirse (**in** a); **Sie dürfen sich schon in den Saal ~** pueden entrar ya en la sala
hinein|denken *irr vr* **sich in jdn** [*o* **jds La-**

ge] ~ ponerse en el lugar [*o* la situación] de alguien

hineinfallen *irr vi sein* caer (**in** dentro de)

hinein|fressen *irr* **I.** *vt (fam)* **etw in sich** ~ devorar algo; *(Gefühle)* reprimir algo **II.** *vr* **sich in etw** ~ carcomer algo

hinein|gehen *irr vi sein* ① *(eintreten)* entrar (**in** en/a) ② *(hineinpassen)* caber (**in** en)

hinein|geraten* *irr vi sein* ir a parar (**in** a)

hineingießen *irr vt* verter (**in** dentro de); **etw in sich** ~ apiparse [*o* apiporrarse] de algo

hineingreifen *irr vi* meter la mano (**in** en)

hinein|lassen *irr vt* dejar entrar (**in** a/en)

hineinlaufen *irr vi sein* ① *(in etw laufen)* entrar (corriendo) (**in** en), ir (corriendo) (**in** a/hacia) ② *(fließen)* **etw in sich ~ lassen** apiparse de algo, empinar el codo con algo

hinein|legen *vt* ① *(nach innen legen)* meter (**in** en); *(aufbewahren)* guardar (**in** en) ② *(fam: betrügen)* engañar ③ *(Gefühl)* poner

hinein|passen *vi* ① *(Platz haben)* caber (**in** en) ② *(passend sein)* encajar (**in** en) ③ *(in Gruppe, Umgebung)* armonizar (**in** con)

hinein|pfuschen *vi (fam)* meterse, entrometerse (**in** en)

hineinplatzen *vi sein (fam)* entrar (de sorpresa, por equivocación, etc.) (**in** en)

hineinragen *vi* **in etw** ~ sobresalir en algo, adentrarse en algo

hinein|reden *vi* ① *(unterbrechen)* interrumpir ② *(abw: sich einmischen)* meterse (en asuntos de otros)

hinein|schlingen *irr vt (Essen)* engullir, devorar

hineinschlüpfen *vi sein* ① *(in ein Kleidungsstück)* ponerse (**in**), meterse (**in** en) ② *(in ein Gebäude)* meterse (**in** en)

hineinsetzen **I.** *vt* poner (**in** en/dentro de) **II.** *vr:* **sich** ~ meterse (**in** en), sentarse (**in** en)

hinein|spazieren* *vi sein* entrar (**in** en)

hinein|stecken *vt (fam)* ① *(hineinlegen, -stellen)* meter (**in** en) ② *(investieren)* invertir (**in** en)

hinein|steigern *vr:* **sich** ~ *(in Kummer, Wut)* dejarse llevar (**in** por); *(in Vorstellung)* obsesionarse (**in** con); *(in Streit, Problem)* enfrascarse (**in** en); **er hat sich in den Gedanken so hineingesteigert, dass …** se obsesionó tanto con la idea que…

hineinstopfen *vt (fam)* ① *(hineinstecken)* meter apretadamente (**in** en) ② *(essen)* **etw in sich** ~ atiborrarse de algo

hineintun *irr vt (fam)* meter (**in** en)

hinein|versetzen* *vr* **sich in jdn** ~ ponerse en el lugar de alguien; **versetz dich doch mal in meine Lage hinein!** ¡pero intenta ponerte en mi lugar!

hinein|wachsen *irr vi sein* acostumbrarse (**in** a), familiarizarse (**in** con)

hineinzwingen *irr vt* obligar a entrar (**in** en), introducir por la fuerza (**in** en)

hin|fahren *irr* **I.** *vi sein* ir (en coche) **II.** *vt* llevar, conducir

Hinfahrt *f* <-en> (viaje *m* de) ida *f;* **Hin- und Rückfahrt** (viaje *m* de) ida y vuelta *f;* **auf der** ~ a la ida

hin|fallen *irr vi sein* caerse; **er fiel der Länge nach hin** se cayó cuan largo era

hinfällig *adj* ① *(gebrechlich)* caduco; *(schwach)* débil ② *(ungültig)* nulo

Hinfälligkeit *f* <-, *ohne pl*> ① (*a.* JUR) caducidad *f* ② *(Ungültigkeit)* nulidad *f*

hin|finden *irr vi* saber llegar, encontrar (el camino)

hinfliegen *irr* **I.** *vi sein* ① *(im Flugzeug)* ir en avión ② *(fam: hinfallen)* caerse de bruces, romperse las narices **II.** *vt (Personen, Waren)* transportar en avión

Hinflug *m* <-(e)s, -flüge> vuelo *m* de ida

hin|führen *vi, vt* llevar, conducir; **wo soll das ~?** ¿adónde irá a parar esto?

hing [hɪŋ] *3. imp von* **hängen**

Hingabe *f ohne pl* ① *(Begeisterung)* entusiasmo *m* ② *(Selbstlosigkeit)* entrega *f*

hin|geben *irr* **I.** *vt (geh: opfern)* sacrificar **II.** *vr:* **sich** ~ *(sich widmen)* entregarse; **sich falschen Hoffnungen** ~ abrigar falsas esperanzas

Hingebung *f ohne pl* entrega *f*

hingebungsvoll *adj (selbstlos)* abnegado

hingegen [-ˈ--] *adv* en cambio

hin|gehen *irr vi sein* ① *(an Ort)* ir (**zu** a); **wo geht es hier hin?** ¿adónde se va por aquí? ② *(Zeit)* pasar, tra(n)scurrir

hin|gehören* *vi (fam)* tener su sitio (**zu** en), pertenecer (**zu** a)

hin|geraten* *irr vi sein* ir a parar; **wo bin ich denn hier ~?** *(fam: was geht hier vor?)* ¿pero qué demonios pasa aquí?

hingerissen [ˈhɪŋgərɪsən] *adj* encantado; **er war ganz** ~ estaba totalmente pasmado

hin|gucken *vi (fam)* mirar; **guck mal genau hin!** ¡míralo bien!

hin|halten *irr vt* ① *(Gegenstand)* ofrecer; *(Hand)* tender; **sie hielt mir die Hand hin** me tendió la mano ② *(warten lassen)* dar largas, hacer esperar

hin|hauen <haut hin, haute hin, hingehauen> **I.** *vi (fam: klappen)* funcionar **II.** *vt (fam abw: Arbeit)* chapucear **III.** *vr:* **sich** ~ *(fam: schlafen legen)* acostarse

hin|hören *vi* escuchar

hinken ['hɪŋkən] *vi* cojear; **er hinkt auf dem linken Fuß** cojea del pie izquierdo

hin|knien *vi, vr:* **sich** ~ arrodillarse (**auf** en, **vor** ante)

hin|kommen *irr vi sein* ❶ *(an Ort)* llegar, ir ❷ *(fam: stimmen)* ser correcto; **das kommt ungefähr hin** es más o menos así ❸ *(fam: auskommen)* alcanzar

hin|kriegen *vt (fam)* ❶ *(fertig bringen)* lograr; **das hast du toll hingekriegt!** ¡qué bien te ha salido! ❷ *(in Ordnung bringen)* arreglar

hinlänglich *adj* suficiente; ~ **bekannt sein** ser suficientemente conocido

hin|laufen *irr vi sein* ❶ *(rennen)* correr, ir corriendo (hacia) ❷ *(reg: fam: zu Fuß gehen)* ir(se) andando, ir(se) a pie

hin|legen **I.** *vt* ❶ *(Dinge)* poner ❷ *(Kind)* acostar ❸ *(fam: darbieten)* ejecutar grandiosamente; **sie hat einen tollen Tanz hingelegt** ejecutó un baile fantástico **II.** *vr:* **sich** ~ ❶ *(auf Boden)* tumbarse (**auf** en) ❷ *(ins Bett gehen)* acostarse ❸ *(fam: hinfallen)* caerse

hin|nehmen *irr vt (Tatsache)* aceptar; *(erdulden)* aguantar; *(tolerieren)* tolerar

hinpfeffern *vt (fam)* ❶ *(hinschleudern)* arrojar (violentamente) ❷ *(Kritik)* decir en tono brusco, soltar, espetar

hinreichen *vt* **jdm etw** ~ entregar algo a alguien

hinreichend ['hɪnraɪçənt] *adj* suficiente

Hinreise *f* <-n> (viaje *m* de) ida *f*

hin|reißen *irr vt* **sich dazu** ~ **lassen, etw zu tun** dejarse convencer a hacer algo

hinreißend *adj* fascinante; ~ **schön** de una belleza fascinante

hin|rennen *irr vi sein* correr (**zu** hacia)

hin|richten *vt* ajusticiar, ejecutar

Hinrichtung *f* <-en> ejecución *f*

hinrotzen *vt (sl)* ❶ *(irgendwohin rotzen)* echar un gapo ❷ *(nachlässig anfertigen)* hacer de cualquier manera

hin|schauen *vi* mirar (**zu** a); **wenn man genau hinschaut, sieht man den Fehler** si uno se fija bien se ve la falta

hin|scheiden *irr vi sein (geh)* fallecer

hin|schicken *vt* mandar (**zu** a)

hinschleppen **I.** *vt* arrastrar **II.** *vr:* **sich** ~ *(Veranstaltung)* hacerse largo; *(Zeit)* pasar lentamente

hin|schmeißen *irr vt (fam)* ❶ *(hinwerfen)* arrojar al suelo ❷ *(aufgeben)* abandonar

hinschmieren *vt (fam)* ❶ *(Schmutz)* pringar (**an** en, **auf** en) ❷ *(abw: malen, schreiben)* garabatear, emborronar (**auf/an**); **der Aufsatz ist einfach nur schnell hingeschmiert** la redacción está escrita de cualquier manera

hinschreiben *irr vi, vt (a. fam)* escribir (una carta)

hin|sehen *irr vi* mirar (**zu** hacia); **bei genauerem H~** mirándolo de cerca

hin|setzen **I.** *vt* ❶ *(abstellen)* poner, colocar ❷ *(Kind)* sentar **II.** *vr:* **sich** ~ sentarse; **setz dich gerade hin!** ¡siéntate derecho!

Hinsicht *f* <-en> **in** ~ **auf ...** en cuanto a...; **in dieser** ~ en relación a esto; **in jeder/gewisser** ~ a todas luces/en cierto modo; **in finanzieller/beruflicher** ~ con respecto al dinero/a la profesión

hinsichtlich *präp +gen* en cuanto a

Hinspiel *nt* (SPORT) partido *m* de ida

hin|stellen **I.** *vt* ❶ *(Gegenstand)* poner, colocar ❷ *(bezeichnen)* calificar (**als** de) **II.** *vr:* **sich** ~ ponerse; **stell dich gerade hin!** ¡ponte derecho!

hinstürzen *vi sein* ❶ *(hinfallen)* caerse ❷ *(hineilen)* precipitarse (**zu** hacia)

hinten ['hɪntən] *adv* atrás, detrás; *(im hinteren Teil)* en la parte posterior; *(im Hintergrund)* al fondo; **ein Schlag von** ~ un golpe por detrás; **von** ~ **anfangen** empezar desde atrás; **sich** ~ **anstellen** ponerse a la cola; **ganz** ~ **im Buch** al final del libro; **das stimmt** ~ **und vorne nicht** *(fam fig)* esto es una mentira de cabo a rabo; **ihr Gehalt reicht vorne und** ~ **nicht** *(fam)* su sueldo no alcanza para nada; **ich weiß schon nicht mehr, wo** ~ **und vorne ist** *(fam)* ya no sé si voy o vengo

hintendran [--'-] *adv (fam: hinten an etw)* detrás

hintendrauf [--'-] *adv (fam: hinten auf etw)* atrás; **er kriegt noch eins** ~ le van a dar (un azote) en el culo

hintenherum ['----] *adv* ❶ *(gehen, kommen)* por detrás ❷ *(fam: heimlich)* por detrás; *(illegal)* clandestinamente

hintenrum ['---] *adv (fam) s.* **hintenherum**

hintenüber [--'--] *adv (fallen)* para atrás

hinter ['hɪntɐ] **I.** *präp +dat* ❶ *(dahinter)* detrás de, tras; *(am Ende von)* al final de; **drei Kilometer** ~ **Granada** a tres kilómetros de Granada; **das Schlimmste hast du schon** ~ **dir** ya has pasado lo peor; ~ **etw kommen** *(fam)* descubrir algo ❷ *(zeitlich)* después de ❸ *(Reihenfolge)* atrás; **er ließ ihn weit** ~ **sich** *dat* le dejó muy atrás **II.** *präp +akk* (hacia) atrás, detrás de; **stell das Buch** ~ **die anderen** pon el libro detrás de los otros

Hinterachse *f* (AUTO) eje *m* trasero

Hinterausgang *m* salida *f* trasera

Hinterbacke *f (fam)* nalga *f*

Hinterbein *nt* pata *f* trasera; **sich auf die ~e stellen** *(fam fig)* mostrar los dientes

Hinterbliebene(r) *mf* <-n, -n; -n> parien-

te *mf* del difunto; **wir ~n** los que aquí quedamos
Hinterbliebenenrente *f* (FIN) pensión *f* del superviviente
hintere(r, s) *adj* de atrás, trasero
hintereinander [hɪntɐʔaɪ'nandɐ] *adv* ❶ *(räumlich)* uno detrás de otro ❷ *(zeitlich)* uno después de otro; **vier Wochen ~** cuatro semanas seguidas
hintereinanderher [-----'-] *adv (gehen)* uno detrás de otro, en fila india; *(einer nach dem anderen)* de uno en uno
Hintereingang *m* entrada *f* trasera, puerta *f* de atrás
hinterfotzig *adj (reg: vulg)* venenoso, con mala leche
hinterfragen* *vt* indagar
hintergangen *pp von* **hintergehen**
Hintergedanke *m* segunda intención *f*
hintergehen* *irr vt* engañar
Hintergrund *m* fondo *m; (Ursache)* causas *f pl;* **in den ~ treten** perder importancia; **im ~ bleiben/stehen** mantenerse/permanecer en la sombra; **der politische/soziale ~** el fondo político/social; **vor dem ~ dieser Ereignisse** con estos hechos de fondo
hintergründig ['--gʀʏndɪç] *adj* enigmático
Hinterhalt *m* <-(e)s, -e> emboscada *f;* **jdn in einen ~ locken** meter a alguien en una emboscada
hinterhältig ['hɪntɐhɛltɪç] *adj* alevoso
Hinterhältigkeit *f ohne pl* alevosía *f,* felonía *f*
Hinterhand *f* (ZOOL) cuarto *m* trasero; **etw in der ~ haben** tener algo en reserva
Hinterhaus *nt* edificio *m* posterior
hinterher [--'-, '---] *adv* ❶ *(räumlich)* detrás ❷ *(zeitlich)* después, posteriormente
hinterher|fahren [hɪntɐ'he:ɐ-] *irr vi sein* seguir (con el coche), ir detrás (con el coche)
hinterher|hecheln *vi (abw fam)* intentar alcanzar (a alguien)
hinterher|laufen *irr vi sein (dahinter gehen)* ir detrás (de); *(folgen)* seguir; *(rennen)* correr detrás (de)
Hinterhof *m* patio *m* trasero
Hinterkopf *m* cogote *m;* **etw im ~ haben** tener algo en (la) mente
Hinterland *nt ohne pl* interior *m* de un país
hinterlassen* *irr vt* dejar; **~e Werke** obras póstumas
Hinterlassenschaft *f* <-en> herencia *f*
hinterlegen* *vt* depositar
Hinterlegung *f* <-, -en> **~ bei Gericht** depósito *m* judicial
Hinterlist *f* insidia *f*
hinterlistig *adj* insidioso
hinterm ['hɪntɐm] *(fam)* = **hinter dem** detrás de
Hintermann *m* <-(e)s, -männer> ❶ *(räumlich)* persona *f* que está [*o* va] detrás ❷ *(Drahtzieher)* maquinador *m*
hintern ['hɪntɐn] *(fam)* = **hinter den** detrás de
Hintern ['hɪntɐn] *m* <-s, -> *(fam)* trasero *m,* culo *m;* **jdm in den ~ kriechen** lamer a alguien el culo; **ich könnte mir [*o* mich] in den ~ beißen!** ¡tengo una rabia!
Hinterrad *nt* rueda *f* trasera
Hinterradantrieb *m* (AUTO) tracción *f* trasera
hinterrücks ['hɪntɐʀʏks] *adv (abw)* por la espalda
hinters ['hɪntɐs] *(fam)* = **hinter das** detrás de
Hinterseite *f* ❶ *(Rückseite)* parte *f* trasera; *(eines Gebäudes)* espalda *f; (einer Münze)* reverso *m* ❷ *(fam: Hintern)* trasero *m*
hintersinnig *adj* críptico
hinterste(r, s) *adj superl von* **hintere(r, s)**
Hinterteil *nt* ❶ *(fam: Gesäß)* trasero *m* ❷ *(Teil)* parte *f* trasera
Hintertreffen *nt (fam)* **ins ~ geraten** perder terreno
Hintertreppe *f* escalera *f* de servicio
Hintertür *f* ❶ *(Tür)* puerta *f* trasera ❷ *(Ausweg)* puerta *f* de atrás; **sich** *dat* **eine ~ offen halten** asegurarse una salida; **durch die ~** *(auf illegalen Umwegen)* con medios ilegales
Hinterwäldler(in) ['hɪntɐvɛltlɐ] *m(f)* <-s, -; -nen> *(abw)* provinciano, -a *m, f*
hinterwäldlerisch *adj (abw)* provinciano
hinterziehen* *irr vt (Steuern)* defraudar
Hinterzimmer *nt* habitación *f* de atrás
hinterzogen *pp von* **hinterziehen**
hin|tun *irr vt (fam)* poner, meter
hinüber [hɪ'ny:bɐ] *adv* ❶ *(gegenüber)* al otro lado, enfrente; *(nach dort)* hacia allá; **da ~!** ¡(por) allí enfrente! ❷ *(Wend)* **~ sein** *(fam: verdorben)* estar pasado; *(kaputt)* estar estropeado, estar chingado *Am: fam; (ganz hingerissen sein)* quedarse maravillado; *(tot sein)* estar muerto
hinüberhelfen *irr vi* ayudar a pasar (al otro lado); **jdm über den Zebrastreifen ~** ayudar a alguien a cruzar el paso de cebra
hin- und herbewegen* *vt, vr:* **sich ~** mover(se) adelante y atrás [*o* de aquí para allá]
hinunter [hɪ'nʊntɐ] *adv* (hacia) abajo; **bis ~ zum Fluss** hasta (abajo) el río; **den Berg ~** monte abajo
hinunterbringen *irr vt* ❶ *(nach unten bringen)* llevar abajo; **etw in den Keller ~**

H

llevar algo al sótano ② *(fam: Essen)* poder tragar

hinunter|fahren *irr* **I.** *vi sein* bajar **II.** *vt* bajar

hinunter|fallen *irr vi sein* caerse; **die Treppe ~** caerse por la escalera

hinunter|gehen *irr vi sein* bajar

hinunterlassen *irr vt* bajar

hinunter|schlucken *vt* ① *(Speise)* tragar ② *(Kritik)* tragarse

hinunter|spülen *vt (fam: hinunterschlucken)* tragar; *(Ärger)* tragarse; **etw den Ausguss ~** verter algo por el desagüe

hinunter|werfen *irr vt* tirar

hinunter|würgen *vt (Essen)* tragar a duras penas

hinunterziehen *irr* **I.** *vi sein (fam: nach unten umziehen)* mudarse **II.** *vt haben* tirar hacia abajo; **jdn zu sich** *dat* **~** tirar de alguien hacia abajo **III.** *vr:* **sich ~** *haben* extenderse (**bis** hasta)

hin|wagen *vr:* **sich ~** atreverse a ir (**zu** a)

hinweg [hɪn'vɛk] *adv (geh)* ① *(räumlich)* fuera; **~ mit euch!** ¡fuera con vosotros!; **über jdn/etw ~** por encima de alguien/algo ② *(zeitlich)* durante

Hinweg ['hɪnveːk] *m* ida *f;* **auf dem ~** a la ida

hinwegfegen *vi* **über etw** *akk* **~** *(Wind, Sturm)* arrasar algo

hinweg|gehen *irr vi sein* **über etw ~** pasar algo por alto

hinweg|helfen *irr vi* **jdm über etw ~** ayudarle a alguien a superar algo

hinweg|kommen *irr vi sein* **über etw ~** olvidar algo

hinweg|sehen *irr vi* ① *(schauen)* **über etw ~** mirar por encima de algo ② *(nicht beachten)* no hacer caso de algo; **er sah darüber hinweg, dass ...** hizo la vista gorda a que... *+subj*

hinweg|setzen *vr* **sich über etw ~** no hacer caso a algo

hinwegtäuschen *vt* engañar (**über**); **sein Lächeln konnte nicht über seine Enttäuschung ~** su sonrisa no podía disimular su decepción

Hinweis ['hɪnvaɪs] *m* <-es, -e> ① *(Tipp)* indicación *f;* *(Rat)* advertencia *f;* **unter ~ auf ...** refiriéndose a... ② *(Anzeichen)* indicio *m;* **es gibt nicht den geringsten ~ dafür, dass ...** no existe el más pequeño indicio de que...

hin|weisen *irr* **I.** *vi* **ausdrücklich darauf ~, dass ...** advertir expresamente que... **II.** *vt* **jdn auf etw ~** indicar algo a alguien

Hinweisschild *nt* letrero *m* indicador

Hinweistafel *f* letrero *m* indicador

hin|werfen *irr* **I.** *vt* ① *(wegwerfen)* tirar ② *(fam: aufgeben)* abandonar ③ *(Bemerkung)* hacer ④ *(Zeichnung)* esbozar **II.** *vr:* **sich ~** tirarse al suelo

hin|wollen *irr vi (fam)* querer ir (**zu** a)

hin|ziehen *irr* **I.** *vt* ① *(heranziehen)* atraer, tirar (**zu** hacia); **sich zu jdm hingezogen fühlen** sentirse atraído por alguien ② *(verzögern)* atrasar **II.** *vr:* **sich ~** ① *(andauern)* ir para largo ② *(sich erstrecken)* extenderse (**bis** hasta) **III.** *vi sein (umziehen)* irse a vivir (a)

hin|zielen *vi* ① *(anspielen)* **auf etw ~** hacer alusión a algo ② *(anstreben)* **auf etw ~** aspirar a algo

hinzu [hɪn'tsuː] *adv* aparte de esto; *(überdies)* además

hinzu|fügen *vt* añadir (**zu** a)

Hinzufügung *f* <-, -en> añadido *m;* **unter ~ einer kurzen Erklärung** añadiendo una breve aclaración

hinzugeben *irr vt* ① *(zusätzlich geben)* **jdm etw ~** darle a alguien algo suplementario [*o* de regalo] ② *(beigeben)* añadir

hinzu|kommen *irr vi sein* ① *(Person)* venir ② *(Sache)* agregarse (**zu** a); **kommt noch etwas hinzu?** ¿desea algo más?; **es kommt noch hinzu, dass ...** hay que añadir que...

hinzu|zählen *vt* añadir, sumar

hinzu|ziehen *irr vt (einbeziehen)* incluir (**zu** en); *(um Rat fragen)* consultar

Hiobsbotschaft ['hiːɔps-] *f* mala noticia *f*

Hip-Hop *m* <-s, *ohne pl*> (MUS) hip hop *m*

hipp, hipp, hurra ['hɪp'hɪphʊ'raː] *interj* ¡hurra!, ¡viva!

Hippie ['hɪpi] *m* <-s, -s> jipi *mf,* hippy *mf*

Hirn [hɪrn] *nt* <-(e)s, -e> ① (GASTR) sesos *mpl* ② *(fam: Verstand)* cerebro *m*

Hirngespinst ['hɪrngəʃpɪnst] *nt* <-(e)s, -e> *(abw)* quimera *f*

Hirnhaut *f* (ANAT) meninge *f*

Hirnhautentzündung *f* (MED) meningitis *f inv*

hirnlos *adj (fam)* descabellado

Hirnrinde *f* <-, -n> (ANAT) corteza *f* cerebral, córtex *m*

hirnrissig ['-rɪsɪç] *adj (fam)* descabellado

Hirnschlag *m* (MED) derrame *m* cerebral

Hirnstamm *m* (ANAT) tronco *m* cerebral

Hirntod *m* (MED) muerte *f* cerebral

hirntot *adj* (MED) clínicamente muerto; **~ sein** estar clínicamente muerto

Hirntumor *m* <-s, -(e)n> (MED) tumor *m* cerebral

hirnverbrannt *adj (abw)* descerebrado

Hirnwindung *f* <-, -en> (ANAT) circunvolución *f* cerebral

Hirsch [hɪrʃ] *m* <-(e)s, -e> (ZOOL) ciervo *m*

Hirschgeweih *nt* cornamenta *f* del ciervo

Hirschkäfer *m* (ZOOL) ciervo *m* volante
Hirschkalb *nt* (ZOOL) cervato *m*
Hirschkuh *f* (ZOOL) cierva *f*
Hirse ['hɪrzə] *f* <-n> mijo *m*
Hirsebrei *m* <-(e)s, -e> (GASTR) papilla *f* de mijo
Hirt *m* <-en, -en> *(alt)* pastor *m*
Hirte, -in ['hɪrtə] *m, f* <-n, -n; -nen> pastor(a) *m(f)*
Hirtenbrief *m* (REL) carta *f* pastoral
Hirtenhund *m* perro *m* (de) pastor
Hirtenstab *m (geh, a.* REL) cayado *m*
Hirtin *f* <-, -nen> *s.* **Hirte**
his *nt*, **His** [hɪs] *nt* <-, -> (MUS) si *m* sostenido
Hisbollah *f* <-, *ohne pl*> hezbollah *m*
Hispanist(in) [hɪspa'nɪst] *m(f)* <-en, -en; -nen> hispanista *mf*
Hispanistik *f ohne pl* filología *f* hispánica, Hispánicas *fpl*
Hispanistin *f* <-nen> *s.* **Hispanist**
hissen ['hɪsən] *vt* izar; *(schwingen)* enarbolar
Histamin [hɪsta'miːn] *nt* <-s, -e> (MED) histamina *f*
Historiker(in) [hɪs'toːrikɐ] *m(f)* <-s, -; -nen> historiador(a) *m(f)*
historisch [hɪs'toːrɪʃ] *adj* histórico
Hit [hɪt] *m* <-(s), -s> *(fam)* ❶ (MUS) éxito *m* (musical), hit *m* ❷ (INFOR) hit *m*
Hitliste *f* lista *f* de éxitos
Hitparade *f (Musiksendung)* programa *m* de éxitos musicales; *(Hitliste)* lista *f* de éxitos musicales
Hitze ['hɪtsə] *f ohne pl* ❶ *(Temperatur)* calor *m;* **eine drückende ~** un calor agobiante; **etw bei starker/mittlerer ~ backen** cocer algo a horno fuerte/moderado ❷ *(Erregung)* acaloramiento *m*
hitzebeständig *adj* resistente al calor
hitzeempfindlich *adj* termosensible, sensible al calor
hitzefrei *adj* (SCH) **~ haben** *no tener clase debido al fuerte calor*
Hitzeperiode *f* período *m* de calor
Hitzewallungen *fpl* (MED) sofocos *mpl*
Hitzewelle *f* ola *f* de calor
hitzig ['hɪtsɪç] *adj* ❶ *(leidenschaftlich)* apasionado; *(jähzornig)* colérico; *(heftig)* vehemente ❷ *(Debatte)* acalorado
Hitzkopf *m* botafuego *mf*
hitzköpfig *adj* exaltado
Hitzschlag *m* (MED) insolación *f*
HIV [haːʔiː'faʊ] *nt* <-(s), *ohne pl*> (MED) *Abk. von* **human immunodeficiency virus** VIH *m*
HIV-infiziert *adj* (MED) seropositivo
HIV-negativ *adj* (MED) seronegativo, -a
HIV-positiv *adj* (MED) seropositivo,-a
HIV-Test *m* (MED) test *m* del SIDA
Hiwi ['hiːvi] *mf* <-s, -s; -s> (UNIV: *fam) Abk. von* **Hilfswissenschaftler(in)** asistente *mf* científico , -a
hl. *adj Abk. von* **heilig** Sto., Sta.
Hl. *Abk. von* **Heilige(r)** Sto., Sta.
hm [hm] *part (Zustimmung auf Frage)* sí, hum; *(im Gespräch)* ya, ya
H-Milch *f* leche *f* U.H.T.
h-Moll *nt* (MUS) si *m* menor
HNO *m* <-s, -s> (MED) *Abk. von* **Hals-Nasen-Ohren-Arzt** otorrino *m*
HNO-Arzt, -Ärztin *m, f* otorrino, -a *m, f*
hob [hoːp] *3. imp von* **heben**
Hobby ['hɔbi] *nt* <-s, -s> afición *f,* hobby *m*
Hobbyraum *m espacio donde uno practica un pasatiempo;* **für seine Bastelarbeiten hat er im Keller einen ~** en el sótano tiene una habitación para hacer bricolaje
Hobel ['hoːbəl] *m* <-s, -> cepillo *m* de carpintero
Hobelbank *f* banco *m* de carpintero
hobeln ['hoːbəln] *vi, vt* ❶ *(Bretter)* cepillar ❷ (GASTR) partir en láminas, rallar
hoch [hoːx] <höher, am höchsten> **I.** *adj* ❶ *(räumlich, Geschwindigkeit, Temperatur, Lebensstandard)* alto; **das ist drei Meter ~** tiene una altura de tres metros; **ein hohes Amt** un alto cargo; **ein hoher Beamter** un alto funcionario; **im hohen Norden** en el extremo norte; **das hohe Haus** la Cámara Alta; **ein hohes Tier** *(fam)* un pez gordo; **das ist mir zu ~** *(fam)* eso no me cabe en la cabeza ❷ *(Ton)* agudo ❸ *(Zahl, Preis)* elevado; *(Alter)* avanzado; *(Geldstrafe)* fuerte; **in hohem Alter sein** ser de edad avanzada; **hohe Steuern** impuestos altos ❹ *(Bedeutung)* grande; **hoher Besuch** una visita importante; **hohe Ehre** un gran honor; **hohe Ansprüche stellen** tener grandes exigencias **II.** *adv* ❶ *(nach oben)* (hacia) arriba; **~ hinauswollen** *(fam)* tener altas miras; **wenn es ~ kommt** *(fam)* como mucho ❷ *(in einiger Höhe)* en lo alto; **~ am Himmel** en lo alto del cielo; **~ oben** muy arriba; **es geht ~ her** hay mucho jaleo; **~ pokern** *(fig)* arriesgarse mucho; **~ setzen** pujar alto ❸ *(sehr)* muy, mucho; *(stark)* altamente; *(äußerst)* sumamente; **das rechne ich dir ~ an** valoro mucho esto (que has hecho); **etw ~ und heilig versprechen** *(fam)* prometer solemnemente algo ❹ (MATH) elevado; **drei ~ sieben** tres elevado a siete
Hoch *nt* <-s, -s> ❶ *(Hochruf)* viva *m inv;* **ein ~ auf jdn ausbringen** dar una viva en honor de alguien ❷ (METEO) altas presiones *fpl*

H

H

Hochachtung *f* gran aprecio *m; (Respekt)* respeto *m;* **mit vorzüglicher ~** atentamente
hochachtungsvoll *adv (im Brief)* atentamente
Hochadel *m ohne pl* alta nobleza *f;* **dem europäischen ~ entstammen** proceder de la alta aristocracia europea
hochaktuell ['---'-] *adj* de gran actualidad
Hochamt *nt* (REL) misa *f* mayor
hochangesehen ['-'----] *adj* de gran prestigio
hochanständig ['-'---] *adj (Handlung)* muy noble
hoch|arbeiten *vr:* **sich ~** ascender (a fuerza de trabajo)
hochauflösend *adj* (INFOR, TV: *Bildschirm*) de alta definición
Hochbahn *f* tren *m* elevado
Hochbau[1] *m* <-(e)s, *ohne pl*> *(Bauwesen)* construcción *f* sobre tierra
Hochbau[2] *m* <-(e)s, -ten> *(Bauwerk)* edificio *m* alto
hochbegabt ['--'-] *adj s.* **begabt**
hochberühmt ['--'-] *adj* muy famoso
hochbetagt ['--'-] *adj* de edad avanzada
Hochbetrieb *m ohne pl (fam)* intensa actividad *f;* **es herrschte ~** reinaba intensa actividad
Hochburg *f* <-en> baluarte *m*
hochdeutsch *adj* alto alemán
Hochdeutsch *nt* <-(s), *ohne pl*> alto alemán *m*
Hochdruck *m ohne pl* ❶ (TYPO: *Verfahren*) impresión *f* en relieve ❷ (PHYS) presión *f* alta ❸ (METEO) altas presiones *f pl*
Hochdruckgebiet *nt* (METEO) zona *f* de altas presiones
Hochdruckreiniger *m* limpiadora *f* de alta presión
Hochebene *f* meseta *f*
hochempfindlich *adj* (TECH, FOTO) altamente sensible, suprasensible
hochentwickelt *adj* muy desarrollado, de alto nivel
hocherfreut ['--'-] *adj* encantado
hochexplosiv *adj* altamente explosivo
hoch|fahren *irr* **I.** *vi sein* ❶ *(fam: nach oben fahren)* subir ❷ *(aufbrausen)* subirse a la parra ❸ *(aufschrecken)* sobresaltarse **II.** *vt* ❶ (TECH: *Maschine*) cebar; **den Rechner ~** encender el equipo ❷ *(fam)* subir
hochfliegen *irr vi sein* ❶ *(Vogel)* alzar el vuelo ❷ *(Trümmer einer Explosion)* saltar por los aires
Hochform *f ohne pl* plena forma *f;* **in ~ sein** estar en plena forma
Hochformat *nt* formato *m* vertical
Hochfrequenz *f* (PHYS) alta frecuencia *f*
Hochgarage *f* garaje *m* elevado
Hochgebirge *nt* alta montaña *f*
Hochgefühl *nt* exaltación *f*
hoch|gehen *irr vi sein* ❶ *(Vorhang)* levantarse; *(Person, Preise)* subir ❷ *(fam: Bombe)* estallar ❸ *(fam: gefasst werden)* ser descubierto
Hochgenuss *m* delicia *f;* **es ist mir ein ~** es una delicia para mí
Hochgeschwindigkeitszug *m* tren *m* de alta velocidad
hochgestellt *adj (Persönlichkeit)* de alta categoría
hochgestochen *adj (fam abw: Stil, Rede)* rebuscado; *(Person)* pretencioso
hochgewachsen *adj* de estatura alta
Hochglanz *m* brillo *m* intenso; **etw auf ~ bringen** dar lustre a algo
hochgradig ['ho:xgra:dɪç] *adj* extremo
hochhackig ['ho:xhakɪç] *adj* de tacones altos
hoch|halten *irr vt* ❶ *(in die Höhe halten)* mantener en lo alto; *(hochheben)* levantar ❷ *(schätzen)* estimar (mucho); *(bewahren)* conservar
Hochhaus *nt* edificio *m* alto, casa *f* de altos *RíoPl, Hond, PRico; (Wolkenkratzer)* rascacielos *m inv*
hoch|heben *irr vt* levantar, alzar
hochintelligent ['----'-] *adj* muy inteligente
hochinteressant ['----'-] *adj* muy interesante
hoch|jubeln *vt* ❶ *(fam)* ensalzar [*o* elogiar] exageradamente ❷ (TECH: *sl)* **einen Motor ~** dar gas a tope (con el coche parado)
hochkant ['ho:xkant] *adv* de canto; **jdn ~ rauswerfen** *(fam)* echar a alguien con cajas destempladas
hochkantig *adv* de canto; **jdn ~ rauswerfen** *(fam)* echar a alguien con cajas destempladas
hochkarätig ['-karɛ:tɪç] *adj* de muchos quilates; **~er Wissenschaftler** científico de gran peso
Hochkonjunktur *f* (WIRTSCH) coyuntura *f* favorable
hochkonzentriert ['---'-] *adj* muy concentrado
hoch|krempeln *vt* arremangar
hoch|kriegen *vt (fam)* ❶ *(heben können)* poder levantar ❷ *(Wend)* **einen/keinen ~** *(fam)* empalmarse/no empalmarse
hochkurbeln *vt (fam)* subir (con una manilla)
hochladen *vt* (INFOR) cargar
Hochland *nt* altiplano *m*
Hochleistung *f* alto rendimiento *m*

Hochleistungssport *m* deporte *m* de alto rendimiento
Hochlohnland *nt* (WIRTSCH) país *m* de salarios altos
hochmodern ['--'-] *adj* supermoderno
Hochmoor *nt* <-(e)s, -e> (GEO) pantano *m* alto
Hochmut *m* soberbia *f; (Arroganz)* arrogancia *f*
hochmütig ['-myːtɪç] *adj* soberbio; *(herablassend)* desdeñoso
hochnäsig ['-nɛːzɪç] *adj (fam abw: eingebildet)* engreído, creído; *(arrogant)* arrogante
Hochnäsigkeit *f* <-, *ohne pl*> *(fam abw)* altanería *f*
Hochnebel *m* <-s, -> (METEO) niebla *f* de altura
hoch|nehmen *irr vt* ❶ *(heben)* levantar ❷ *(fam: necken)* meterse (con)
Hochofen *m* (TECH) altos hornos *mpl*
Hochparterre *nt* <-s, -s> entresuelo *m*
hochprozentig *adj (Säure)* de alta concentración; *(Alkohol)* de alta graduación
hochqualifiziert ['----'-] *adj s.* **qualifizieren I. 1.**
hochragen *vi* sobresalir, descollar
hochrangig *adj* de alto rango
hoch|rechnen *vt (Statistik)* computar aproximadamente
Hochrechnung *f* cómputo *m* aproximado
hochrot *adj* rojo encendido, rojo vivo
Hochruf *m* vítor *m*
Hochsaison *f* temporada *f* alta
hochschaukeln *vr:* **sich ~** *(a. fig)* ir acalorándose; **sie haben sich gegenseitig hochgeschaukelt** se fueron enfadando mutuamente cada vez más
hochschrecken <schrickt hoch, schreckte hoch *o* schrak hoch, hochgeschreckt> *vi sein* levantarse de un susto; **aus dem Schlaf ~** despertarse de un susto
Hochschulabschluss *m* título *m* universitario
Hochschulabsolvent(in) *m(f)* licenciado, -a *m, f* (universitario, -a), egresado, -a *m, f Arg, Chil*
Hochschulbildung *f ohne pl* estudios *mpl* universitarios
Hochschule *f* escuela *f* superior, colegio *m* mayor *Am*
Hochschüler(in) *m(f)* (estudiante *mf*) universitario, -a *m, f*
Hochschullehrer(in) *m(f)* profesor(a) *m(f)* universitario , -a
Hochschulreife *f especie de selectividad que capacita para una carrera técnica*
Hochschulstudium *nt ohne pl* estudios *mpl* superiores
Hochschulwesen *nt ohne pl* enseñanza *f* superior
hochschwanger *adj* en avanzado estado de gestación
Hochsee *f ohne pl* alta mar *f*
Hochseeangeln *nt* pesca *f* deportiva en alta mar
Hochseefischerei *f* pesca *f* de altura
hochsensibel ['-'--] *adj* muy sensible, hipersensible
Hochsicherheitsgefängnis *nt* cárcel *f* de máxima seguridad
Hochsitz *m (Jagd)* mirador *m* (de cazadores)
Hochsommer *m* pleno verano *m*
hochsommerlich I. *adj* veraniego, canicular; **~ sein** ser veraniego **II.** *adv* de pleno verano; **draußen ist es ~ heiß** fuera hace un calor canicular
Hochspannung *f* (ELEK) alta tensión *f*
Hochspannungsleitung *f* (ELEK) línea *f* de alta tensión
Hochspannungsmast *m* (ELEK) poste *m* de alta tensión
Hochsprache *f* (LING) lenguaje *m* culto
hochspringen *irr vi sein* ❶ *(aufspringen)* levantarse de golpe ❷ *(nach oben springen)* saltar (hacia arriba) ❸ (SPORT) practicar el salto de altura
Hochspringer(in) *m(f)* (SPORT) saltador(a) *m(f)* de altura
Hochsprung *m ohne pl* (SPORT) salto *m* de altura
höchst [høːkst, høːçst] *adv* altamente, sumamente
Höchstalter *nt* edad *f* máxima
hochstapeln *vi (abw)* timar, estafar, embaucar
Hochstapler(in) *m(f)* <-s, -; -nen> impostor(a) *m(f); (Betrüger)* estafador(a) *m(f)*
Höchstbetrag *m* importe *m* máximo
Höchstbietende(r) *mf* <-n, -n; -n, -n> licitador(a) *m(f)* más alto, -a
höchste(r, s) *adj superl von* **hoch** ❶ *(räumlich)* más alto; **am ~n** lo más alto ❷ *(in Hierarchie)* superior; **die ~ Instanz** la instancia suprema ❸ *(äußerst)* extremo; **in ~m Maß(e)** extremadamente; **das ist das H~ der Gefühle** esto es lo máximo
hoch|steigen *irr vi sein* subir; *(in die Luft)* elevarse, ascender
hochstellen *vt* ❶ *(an einen höheren Ort)* poner en un sitio elevado ❷ (INFOR, TYPO) superindexar
höchstens ['høːkstəns, 'høːçstəns] *adv* ❶ *(nicht mehr als)* como mucho, no más de; **es waren ~ zehn Minuten** fueron como mucho diez minutos ❷ *(außer)* ex-

cepto, en todo caso; ~ **wenn ...** a no ser que... +*subj*

Höchstfall *m* **im ~** como máximo

Höchstgebot *nt* <-(e)s, -e> mayor postura *f*

Höchstgeschwindigkeit *f* velocidad *f* máxima

Höchstgrenze *f* límite *m* máximo

hochstilisieren* *vt* realzar inmerecidamente

Hochstimmung *f ohne pl* entusiasmo *m,* euforia *f*

Höchstleistung *f* rendimiento *m* máximo; (SPORT) récord *m*

Höchstmaß *nt* máximo *m* (**an** de)

Höchstmenge *f* cantidad *f* máxima

höchstpersönlich ['--'--] *adv* en persona

Höchstpreis *m* precio *m* máximo

Höchststand *m* altura *f* máxima

Höchststrafe *f* pena *f* máxima

Hochstuhl *m (für Kleinkinder)* trona *f*

höchstwahrscheinlich ['--'--] *adv* con toda probabilidad, muy probablemente

Höchstwert *m* valor *m* máximo; **der ~ der Strahlenbelastung ist überschritten** se ha sobrepasado el valor máximo de exposición a la radiación

höchstzulässig ['-'---] *adj* máximo permitido; **~es Gesamtgewicht** tara máxima (permitida)

Hochtechnologie *f* (TECH) alta tecnología *f*

Hochtour *f* ❶ *(Bergtour)* excursión *f* alpina ❷ *(Höchstmaß)* **auf ~en laufen** trabajar a toda marcha; **jd/etw auf ~en bringen** *(fam)* calentar a alguien/algo al máximo

hochtrabend ['-tra:bənt] *adj (abw)* altisonante

hoch|treiben *irr vt (Kosten)* hacer subir

hochverehrt *adj* muy estimado

Hochverrat *m* (JUR) alta traición *f*

Hochwasser *nt* ❶ *(bei Flut)* marea *f* alta ❷ *(eines Flusses)* crecida *f;* **der Fluss führt ~** el río ha sufrido una crecida ❸ *(Überschwemmung)* inundación *f*

Hochwassergefahr *f* peligro *m* de inundación

hochwertig *adj* de alta calidad

Hochzahl *f* (MATH) exponente *m*

Hochzeit ['hɔxtsaɪt] *f* <-en> ❶ *(Heirat)* boda *f;* **silberne/goldene** [*o* **Goldene**]/**diamantene ~** celebrar las bodas de plata/de oro/de diamante ❷ *(geh: Blütezeit)* apogeo *m,* auge *m*

Hochzeitsfeier *f* boda *f*

Hochzeitskleid *nt* vestido *m* de novia

Hochzeitsnacht *f* noche *f* de bodas

Hochzeitsreise *f* viaje *m* de luna de miel

Hochzeitstag *m* ❶ *(Tag der Heirat)* día *m* de la boda ❷ *(Jahrestag)* aniversario *m* de boda

hoch|ziehen *irr vt* ❶ *(emporziehen)* subir; *(Nase)* aspirar; *(Augenbrauen)* enarcar ❷ *(fam: Gebäude, Wand)* levantar

Hocke ['hɔkə] *f* <-n> posición *f* en cuclillas; **in die ~ gehen** acuclillarse

hocken ['hɔkən] *vi* ❶ *(in Hocke)* estar en cuclillas ❷ *(fam: sitzen)* estar sentado ❸ (SPORT: *hockend springen*) saltar agachado (**über**)

Hocker ['hɔkɐ] *m* <-s, -> taburete *m*

Höcker ['hœkɐ] *m* <-s, -> ❶ *(bei Kamelen)* joroba *f* ❷ *(im Gelände)* elevación *f*

Hockey ['hɔki] *nt* <-s, *ohne pl*> jóquey *m,* hockey *m*

Hockeyschläger *m* (SPORT) palo *m* de jóquey [*o* hockey]

Hoden ['ho:dən] *m* <-s, -> testículo *m*

Hodensack *m* escroto *m*

Hof [ho:f, *pl:* 'hø:fə] *m* <-(e)s, Höfe> ❶ *(Innen-, Hinterhof)* patio *m* (interior) ❷ *(Bauernhof)* finca *f,* granja *f* ❸ *(Gerichts-, Königshof)* corte *f;* **bei ~e** en la corte ❹ *(Halo)* halo *m*

Hofdame *f* cortesana *f*

hoffen ['hɔfən] *vi, vt* esperar; *(vertrauen)* confiar (**auf** en); **~ wir das Beste!** ¡esperemos lo mejor!; **es bleibt zu ~, dass ...** queda por esperar que... +*subj;* **wir ~, dass ...** esperamos que... +*subj;* **ich will nicht ~, dass ...** espero que no... +*subj*

hoffentlich ['hɔfəntlɪç] *adv* ojalá +*subj;* **du bist mir doch ~ nicht böse?** espero que no estés enfadado conmigo

Hoffnung ['hɔfnʊŋ] *f* <-en> esperanza *f;* **in der ~, dass ...** con la esperanza de que... +*subj;* **jdm/sich** *dat* **~en machen** dar esperanzas a alguien/tener esperanzas; **mach dir keine ~en** no te hagas ilusiones; **die ~ aufgeben/verlieren** abandonar/perder la esperanza; **seine ~en auf jdn/etw setzen** depositar sus esperanzas en alguien/algo; **sich falschen ~en hingeben** hacerse falsas esperanzas; **du bist meine einzige/letzte ~** eres mi única/última esperanza

hoffnungslos *adj* ❶ *(verzweifelt)* sin esperanza; *(aussichtslos)* desesperado ❷ *(fam: unverbesserlich)* sin remedio; **du bist ~** no tienes remedio

Hoffnungslosigkeit *f ohne pl* desesperación *f*

Hoffnungsschimmer *m* rayo *m* de esperanza

Hoffnungsträger(in) *m(f)* portador(a) *m(f)* de esperanza

hoffnungsvoll *adj* ❶ *(zuversichtlich)* lleno

de esperanza ❷ *(Erfolg versprechend)* esperanzador
hofieren* [hoˈfiːrən] *vt* ❶ *(geh: den Hof machen)* hacer la corte, galantear, cortejar ❷ *(fam: den Chef)* hacer la pelota [*o* la rosca]
höfisch [ˈhøːfɪʃ] *adj* (HIST) de la corte, cortesano
höflich [ˈhøːflɪç] *adj* cortés; *(liebenswürdig)* amable
Höflichkeit *f* <-en> cortesía *f;* **aus reiner ~** por pura cortesía
Höflichkeitsbesuch *m* visita *f* de cortesía
Höflichkeitsfloskel *f* fórmula *f* de cortesía
Höfling [ˈhøːflɪŋ] *m* <-s, -e> cortesano *m*
Hofnarr *m* <-en, -en> (HIST) bufón *m*
Hofrat *m (Österr: Ehrentitel)* consejero *m* áulico *(título honorífico para funcionarios con méritos)*
Hofstaat *m* <-(e)s, *ohne pl*> (HIST) corte *f*
Höhe [ˈhøːə] *f* <-n> ❶ *(räumlich, a.* MUS) altura *f;* **an ~ gewinnen/verlieren** ganar/perder altura; **auf gleicher ~** a la misma altura; **in die ~ gehen** *(Preise)* subir; *(fam)* enfurecerse; **die ~n und Tiefen des Lebens** los altibajos de la vida; **~n und Bässe** altos y bajos; **auf der ~ der Zeit sein** estar al día; **auf der ~ sein** *(fam)* estar en plena forma; **das ist doch die ~!** *(fam)* ¡esto es el colmo! ❷ *(Anhöhe)* alto *m,* elevación *f* ❸ *(Betrag)* importe *m;* **bis zur ~ von 1.000 Euro** hasta el importe de 1.000 euros; **das hängt von der ~ der Temperatur/des Gehaltes ab** depende de la temperatura/del sueldo ❹ *(Höhepunkt)* cima *f*
hohe(r, s) *adj s.* **hoch**
Hoheit [ˈhoːhaɪt] *f ohne pl* ❶ *(Staatsgewalt)* soberanía *f;* *(Würde)* grandeza *f* ❷ *(Anrede)* Alteza; **Königliche ~** Alteza Real
hoheitlich *adj* (POL) soberano
Hoheitsgebiet *nt* territorio *m* nacional
Hoheitsgewässer *ntpl* aguas *fpl* territoriales
Hoheitsrecht *nt* (derecho *m* de) soberanía *f*
Hoheitszeichen *nt* <-s, -> emblema *m* nacional
Höhenangst *f* vértigo *m*
Höhenflug *m* (AERO) vuelo *m* de altura; **geistiger ~** auge espiritual
Höhenkrankheit *f ohne pl* (MED) mal *m* de las alturas, soroche *m Am,* puna *f AmS*
Höhenleitwerk *nt* (AERO) estabilizador *m* (de elevación) horizontal, empenaje *m* horizontal; **hochgesetztes/tiefgesetztes ~** estabilizador de elevación de montaje superior/inferior
Höhenmesser *m* <-s, -> altímetro *m*
Höhensonne *f* lámpara *f* ultravioleta
Höhenunterschied *m* diferencia *f* de altura
höhenverstellbar *adj* de altura regulable
Hohepriester *m* (REL) sumo sacerdote *m*
Höhepunkt *m* ❶ *(allgemein)* punto *m* culminante; *(Gipfel)* cima *f;* *(eines Dramas)* clímax *m inv;* *(eines Himmelskörpers)* cenit *m;* **den ~ erreichen** culminar ❷ *(Orgasmus)* orgasmo *m;* **zum ~ kommen** alcanzar el orgasmo
höher [ˈhøːɐ] *adj kompar von* **hoch** más alto (**als** que); *(Stellung)* superior (**als** a); *(vor Zahlen)* más (**als** de)
höhergestellt *adj* (de categoría) superior
hohl [hoːl] *adj* ❶ *(leer)* hueco ❷ *(konkav)* cóncavo; *(Wangen)* hundido ❸ *(Klang, Stimme)* hueco ❹ *(abw: geistlos)* vacío; **~es Geschwätz** conversación vacía
Höhle [ˈhøːlə] *f* <-n> ❶ *(in Felsen)* cueva *f;* *(Grotte)* gruta *f;* *(Hohlraum)* hueco *m* ❷ *(Augenhöhle)* órbita *f* ❸ *(Tierhöhle)* madriguera *f;* **sich in die ~ des Löwen begeben** *(fam)* meterse en la boca del lobo
Höhlenbewohner(in) *m(f)* ❶ (ZOOL) animal *m* cavernícola ❷ *s.* **Höhlenmensch**
Höhlenforscher(in) *m(f)* espeleólogo, -a *m, f*
Höhlenforschung *f* espeleología *f*
Höhlenmalerei *f* pintura *f* rupestre
Höhlenmensch *m* (HIST) cavernícola *m*
Hohlkopf *m (abw)* cabeza *mf* hueca
Hohlkörper *m* cuerpo *m* hueco
Hohlkreuz *nt* lordosis *f inv*
Hohlmaß *nt* medida *f* de capacidad
Hohlraum *m* cavidad *f*
Höhlung *f* <-, -en> hueco *m,* concavidad *f*
Hohlweg *m* (GEO) camino *m* hondo
Hohn [hoːn] *m* <-(e)s, *ohne pl*> *(Spott)* burla *f,* pifia *f And;* *(bitterer Hohn)* sarcasmo *m;* *(Verachtung)* desprecio *m;* **das ist der reinste ~** es una verdadera ironía
höhnen [ˈhøːnən] **I.** *vi (geh)* burlarse **II.** *vt (geh)* burlarse (de), guasearse (de)
Hohngelächter *nt* risa *f* guasona
höhnisch [ˈhøːnɪʃ] *adj* burlón, sarcástico
hoi [hɔɪ] *interj (Schweiz: hallo)* hola
Hokkaido [hɔˈkaido] *m* <-s, -s> (BOT, GASTR) calabaza *f* castaña [*o* hokkaido]
Hokuspokus [hoːkʊsˈpoːkʊs] *m* <-, *ohne pl*> ❶ *(Zauberwort)* abracadabra *m* ❷ *(Trick)* juego *m* de manos ❸ *(abw: Getue)* farsa *f*
hold [hɔlt] *adj* ❶ *(fam iron)* **~e Gattin** dulce esposa ❷ *(geh: wohlgesinnt)* benévolo, clemente; **Fortuna blieb ihrem**

H

Schicksal ~ la diosa de la fortuna le era favorable

Holding ['hɔʊldɪŋ] *f* <-, -s> (WIRTSCH) grupo *m*, holding *m*

holen ['ho:lən] *vt* ① *(herbringen)* (ir a) buscar; *(herbeischaffen)* traer; *(wegschaffen)* recoger; *(Arzt, Polizei)* llamar; **jdn aus dem Bett** ~ sacar a alguien de la cama; **Luft** ~ coger aire; **bei ihm ist nichts zu** ~ no se puede conseguir nada de él; **sich** *dat* **bei jdm einen Rat** ~ pedir un consejo a alguien ② *(fam: zuziehen)* coger, pillar; **sich eine Erkältung** ~ coger un catarro

Holland ['hɔlant] *nt* <-s> Holanda *f*

Holländer(in) ['hɔlɛndɐ] *m(f)* <-s, -; -nen> holandés, -esa *m, f*

holländisch *adj* holandés

Hölle ['hœlə] *f ohne pl* infierno *m;* **die** ~ **auf Erden** la miseria absoluta; **in die** ~ **kommen** ir al infierno; **es war die** (**reinste**) ~ fue un (verdadero) infierno; **jdm das Leben zur** ~ **machen** hacer a alguien la vida imposible; **jdm die** ~ **heiß machen** *(fam)* atormentar a alguien; **fahr zur** ~**!** ¡vete al diablo!

Höllenangst ['--'-] *f (fam)* miedo *m* cerval

Höllenlärm ['--'-] *m (fam)* ruido *m* infernal

Höllenqual ['--'-] *f (fam)* tormenta *f,* tortura *f*

höllisch *adj* ① *(die Hölle betreffend)* infernal; **das tut** ~ **weh** *(Schmerz)* esto duele endemoniadamente; ~**e Angst haben** tener un miedo infernal ② *(fam: groß)* enorme, tremendo; ~ **aufpassen** prestar extremada atención

Hollywoodschaukel ['hɔlɪwʊd'ʃaʊkəl] *f* balancín *m*

Holm [hɔlm] *m* <-(e)s, -e> ① *(Geländer, Barren)* madero *m* de cabeza ② *(Axt)* mango *m* del hacha ③ *(Leiter)* larguero *m* de la escalera ④ (TECH) larguero *m*

Holocaust ['ho:lokaʊst] *m* <-(s), -s> holocausto *m*

Hologramm [holo'gram] *nt* <-s, -e> (PHYS) holograma *m*

holperig *adj* ① *(Weg)* lleno de baches ② *(Stil)* tosco; ~ **lesen** leer a trancas y barrancas

holpern ['hɔlpɐn] *vi* ① *(Auto)* ir a trompicones ② *(beim Lesen, Sprechen)* atrancarse

holprig *adj s.* **holperig**

holterdiepolter ['hɔltɐdi'pɔltɐ] *adv* precipitadamente, de golpe y porrazo

Holunder [ho'lʊndɐ] *m* <-s, -> saúco *m*

Holunderbeere *f* baya *f* de saúco

Holz[1] [hɔlts] *nt* <-es, *ohne pl*> *(Material)* madera *f;* *(Brennholz)* leña *f;* ~ **hacken/sägen** cortar leña/serrar madera

Holz[2] [hɔlts, *pl:* 'hœltsɐ] *nt* <-es, Hölzer> palo *m*

Holzbein *nt* pierna *f* de palo

Holzblasinstrument *nt* (MUS) instrumento *m* de viento madera

Holzbock *m* <-(e)s, -böcke> ① *(Stützgestell)* caballete *m* ② (ZOOL: *Zecke*) garrapata *f* común

Holzboden *m* suelo *m* de madera

Holzbrett *nt* tabla *f* de madera

hölzern ['hœltsɐn] *adj* ① *(aus Holz)* de madera ② *(Bewegung)* torpe

Holzfäller(in) ['hɔltsfɛlɐ] *m(f)* <-s, -; -nen> leñador(a) *m(f)*

Holzhacker(in) *m(f)* *(Österr) s.* **Holzfäller**

Holzhammer *m* mazo *m* de madera

Holzhammermethode *f* **mit der** ~ *(gewaltsam)* a golpes, a patadas; *(plump)* a puñetazos

Holzhandel *m ohne pl* maderería *f*

Holzhaus *nt* casa *f* de madera

holzig ['hɔltsɪç] *adj* *(Gemüse)* lleno de hebras

Holzklotz *m* bloque *m* de madera

Holzkohle *f ohne pl* carbón *m* vegetal

Holzkopf *m* <-(e)s, -köpfe> ① *(geschnitzt)* cabeza *f* de madera ② *(fam abw: Mensch)* tarugo *m*

Holzlager *nt* maderería *f*

Holzleim *m* <-(e)s, *ohne pl*> cola *f* para madera

Holzmasse *f* pasta *f* de madera

Holzscheit *nt* <-(e)s, -e> haz *m* de leña

Holzschnitt *m* xilografía *f*

Holzschnitzer(in) *m(f)* escultor(a) *m(f)* en madera

Holzschnitzerei *f ohne pl (das Schnitzen)* xilografía *f*

Holzschuh *m* zueco *m*

Holzschutzmittel *nt* impregnante *m* para madera

Holzsplitter *m* <-s, -> astilla *f* (de madera)

Holzweg *m* **auf dem** ~ **sein** estar equivocado

Holzwurm *m* (ZOOL) carcoma *f*

Homebanking ['hɔʊmbɛŋkɪŋ] *nt* <-, *ohne pl*> (INFOR, FIN) telebanca *f*

Homepage ['hoʊmpeɪdʒ] *f* <-s> (INFOR) Home Page *f,* página *f* principal [*o* inicial]

Homeshopping ['hɔʊmʃɔpɪŋ] *nt* <-, *ohne pl*> (INFOR) telecompra *f,* homeshopping *m*

Hometrainer *m* <-s, ->, **Home-Trainer** *m* <-s, -> (SPORT) entrenador *m* domiciliario, bicicleta *f* estática

Homo ['ho:mo] *m* <-s, -s> *(fam)* homosexual *m*

homogen [homo'ge:n] *adj* homogéneo

homogenisieren* [homogeni'zi:rən] *vt* homogeneizar

homogenisiert [homogeni'zi:ɐt] *adj* homogeneizado
Homonym [homo'ny:m] *nt* <-s, -e> (LING) homónimo *m*
Homöopath(in) [homøo'pa:t] *m(f)* <-en, -en; -nen> homeópata *mf*
Homöopathie [homøopa'ti:] *f ohne pl* homeopatía *f*
Homöopathin *f* <-nen> *s.* **Homöopath**
homöopathisch [homøo'pa:tɪʃ] *adj* homeopático; **~es Heilmittel** remedio homeopático
Homosexualität *f* homosexualidad *f*
homosexuell *adj* homosexual
Homosexuelle(r) *mf* <-n, -n; -n> homosexual *mf*
Honduraner(in) [hɔndu'ra:nɐ] *m(f)* <-s, -; -nen> hondureño, -a *m, f*
honduranisch *adj* hondureño
Honduras [hɔn'du:ras] *nt* <-> Honduras *m*
Honig ['ho:nɪç] *m* <-s, -e> miel *f;* **jdm ~ um den Bart schmieren** *(fam)* lisonjear a alguien
Honigbiene *f* abeja *f* (obrera)
Honigkuchen *m* bizcocho *m* de miel
Honiglecken *nt* **etw ist kein ~** *(fam)* no ser plato de gusto, no ser algo para chuparse los dedos
Honigmelone *f* melón *m*
honigsüß ['-'-] *adj (abw, a. fig)* empalagoso; *(Stimme)* melifluo
Honigwabe *f* panal *m*
Honorar [hono'ra:ɐ] *nt* <-s, -e> honorarios *mpl;* **gegen ~ arbeiten** trabajar a destajo
Honoratioren [honora'tsjo:rən] *pl* notables *mpl*
honorieren* [hono'ri:rən] *vt* ① *(anerkennen)* reconocer ② *(bezahlen)* remunerar
Hoodie <-s, -s> ['hʊdi] *m o nt* sudadera *f* con capucha
Hooligan ['hu:ligən] *m* <-s, -s> *(Fußballrowdy)* hincha *mf*
Hopfen ['hɔpfən] *m* <-s, -> lúpulo *m;* **bei jdm ist ~ und Malz verloren** *(fam)* alguien es un caso perdido
hopp [hɔp] *interj (fam: los, rasch)* vamos; **~, ~!** ¡de prisa!
hoppeln ['hɔpəln] *vi sein (Hase)* brincar
hoppla ['hɔpla] *interj (beim Stolpern)* ay
hopsen ['hɔpsən] *vi sein* dar saltos
Hopser *m* <-s, -> *(fam)* saltito *m*
hops|gehen *irr vi sein (fam: sterben)* morirse; *(verloren gehen)* perderse
hörbar ['hø:ɐba:ɐ] *adj* audible
horchen ['hɔrçən] *vi* escuchar (**an** en); *(angestrengt)* aguzar el oído
Horde ['hɔrdə] *f* <-n> ① *(Volksstamm, wilde Schar)* horda *f; (Tiere)* banda *f* ② *(Obstlattengestell)* rejilla *f*
hören ['hø:rən] **I.** *vi, vt* ① *(allgemein)* oír; **man höre und staune!** ¡se queda uno boquiabierto!; **na, ~ Sie mal!** ¡pero, oiga!; **hör mal, ...** oye,...; **wie ich höre, sind Sie auch eingeladen** según he oído, también le han invitado a Ud.; **das lässt sich schon eher ~** *(fam)* eso ya suena mejor ② *(zu-, hinhören)* escuchar; **Radio ~** escuchar la radio; **eine Vorlesung ~** asistir a una conferencia ③ *(erfahren)* (llegar a) saber, enterarse; **du hast lange nichts mehr von dir ~ lassen** hace mucho que no tenemos noticias tuyas; **von etw** *dat* **nichts ~ wollen** no querer saber nada de algo ④ *(erkennen)* notar (**an** por); **woran hörst du das?** ¿cómo lo notas? **II.** *vi (gehorchen)* obedecer; *(auf Rat)* hacer caso (**auf** a); **der Hund hört auf den Namen Bello** el perro responde al nombre de Bello; **wer nicht ~ will, muss fühlen** *(prov)* a oídos sordos palos de ciego
Hörensagen ['----] *nt* **vom ~** de oídas
Hörer[1] *m* <-s, -> auricular *m,* audífono *m Am;* **den ~ abnehmen/auflegen** contestar/colgar
Hörer(in)[2] *m(f)* <-s, -; -nen> oyente *mf; (Radiohörer)* radioyente *mf*
Hörerin *f* <-, -nen> *s.* **Hörer**[2]
Hörerschaft *f* <-en> oyentes *mpl*
Hörfehler *m* defecto *m* en el oído
Hörfunk *m* radio *f*
Hörgerät *nt* audífono *m*
hörig *adj* **jdm ~ sein** ser dependiente de alguien; *(sexuell)* estar encoñado con alguien *vulg*
Hörige(r) *mf* <-n, -n; -n, -n> (HIST) siervo, -a *m, f*
Hörigkeit *f* <-, -en> ① *(Abhängigkeit)* dependencia *f; (Unterwerfung)* sumisión *f* ② (HIST: *Rechtsverhältnis*) servidumbre *f*
Horizont [hori'tsɔnt] *m* <-(e)s, -e> horizonte *m;* **am ~** en el horizonte; **einen engen ~ haben** ser de estrechos horizontes; **das geht über meinen ~** eso está fuera de mis alcances
horizontal [horitsɔn'ta:l] *adj* horizontal
Horizontale *f* <-n> ① (MATH) línea *f* horizontal ② *(Lage)* posición *f* horizontal
Hormon [hɔr'mo:n] *nt* <-s, -e> hormona *f;* **mit ~en behandeln** hormonar
hormonell [hɔrmo'nɛl] *adj* hormonal
Hormonhaushalt *m* <-(e)s, -e> función *f* hormonal
Hormonpräparat *nt* <-(e)s, -e> preparado *m* hormonal
Hörmuschel *f* auricular *m*
Horn[1] [hɔrn, *pl:* 'hœrnɐ] *nt* <-(e)s, Hör-

H

ner> ❶ *(beim Tier)* cuerno *m;* **jdm Hörner aufsetzen** *(fig fam)* poner los cuernos a alguien; **sich** *dat* **die Hörner abstoßen** *(fig fam)* sentar la cabeza ❷ (MUS) cuerno *m,* trompa *f;* **ins gleiche ~ stoßen** *(fam)* estar de acuerdo ❸ (AUTO) bocina *f*

Horn[2] *nt* <-(e)s, -e> *(Material)* concha *f*

Hornbrille *f* gafas *fpl* de concha

Hörnchen ['hœrnçən] *nt* <-s, -> ❶ *(Gebäck)* cruasán *m* ❷ (ZOOL) perrito *m* de la pradera

Hörnerv *m* <-s, -en> (ANAT) nervio *m* auditivo

Hornhaut *f* ❶ *(Schwiele)* callo(s) *m(pl),* callosidad *f* ❷ *(am Auge)* córnea *f*

Hornhecht *m* <-(e)s, -e> (ZOOL) aguja *f* paladar

Hornisse [hɔr'nɪsə] *f* <-n> avispón *m*

Hornist(in) *m(f)* <-en, -en; -nen> (MUS) trompa *mf*

Horoskop [horo'sko:p] *nt* <-s, -e> horóscopo *m*

horrend [hɔ'rɛnt] *adj* exagerado; **~er Preis** precio exorbitante

Hörrohr *nt* estetoscopio *m*

Horror ['hɔro:ɐ] *m* <-s, *ohne pl*> horror *m* (**vor** a)

Horrorfilm *m* película *f* de terror

Horrortrip *m (fam)* viaje *m* infernal

Hörsaal *m* aula *f* (universitaria)

Hörsinn *m* sentido *m* del oído

Hörspiel *nt* pieza *f* radiofónica

Horst [hɔrst] *m* <-(e)s, -e> *(Greifvogelnest)* nido *m* de aves de rapiña

Hörsturz *m* (MED) pérdida *f* (repentina) del oído

Hort [hɔrt] *m* <-(e)s, -e> ❶ *(geh: Zufluchtsort)* refugio *m* ❷ *(Kinderhort)* guardería *f*

horten ['hɔrtən] *vt* acopiar

Hortensie [hɔr'tɛnzjə] *f* <-n> (BOT) hortensia *f*

Hörvermögen *nt ohne pl* oído *m,* facultad *f* auditiva

Hörverständnis *nt ohne pl,* **Hörverstehen** *nt ohne pl* (SCH) comprensión *f* auditiva

Hörweite *f* alcance *m* del oído; **sich in/außer ~ befinden** estar al alcance/fuera del alcance del oído

Hose ['ho:zə] *f* <-n> pantalón *m,* calzones *mpl Am;* **kurze ~n** pantalones cortos; **sie hat die ~n an** *(fam)* ella lleva los pantalones; **etw geht in die ~** *(fam)* algo sale mal; **sich** *dat* **vor Angst in die ~ machen** *(fam)* cagarse de miedo; **das ist Jacke wie ~** *(fam)* da lo mismo; **hier ist heute tote ~** *(sl)* aquí no hay marcha hoy

Hosenanzug *m* traje *m* de chaqueta y pantalón

Hosenbein *nt* pernera *f* (del pantalón)

Hosenboden *m* fondillos *mpl* (del pantalón); **jdm den ~ versohlen** *(fam)* calentarle las posaderas a alguien; **sich auf den ~ setzen** *(fam)* ponerse a trabajar

Hosenbund *m* cinturilla *f*

Hosenlatz *m* ❶ *(einer Latzhose)* peto *m* ❷ *(reg: Hosenschlitz)* bragueta *f*

Hosenrock *m* falda pantalón *f*

Hosenscheißer *m* <-s, -> *(vulg)* cobarde *mf,* cagueta *mf*

Hosenschlitz *m* bragueta *f*

Hosenstall *m* <-(e)s, -ställe> *(fam iron)* bragueta *f*

Hosentasche *f* bolsillo *m* del pantalón

Hosenträger *mpl* tirantes *mpl,* tiradores *mpl Arg, Urug*

Hospital [hɔspi'ta:l, *pl:* hɔspi'tɛ:lɐ] *nt* <-s, -e *o* Hospitäler> hospital *m*

Hospitalismus [hɔspita'lɪsmʊs] *m* <-, *ohne pl*> (MED) hospitalismo *m*

hospitieren* [hɔspi'ti:rən] *vi* asistir a un curso en calidad de oyente

Hospiz [hɔs'pi:ts] *nt* <-es, -e> ❶ *(Heim)* hospicio *m* ❷ *(Sterbeheim)* casa *f* mortuoria

Host [hɔʊst] *m* <-s, -s> (INFOR) host *m,* ordenador *m* central

Hostess [hɔs'tɛs] *f* <-en> azafata *f* de congreso

Hostie ['hɔstjə] *f* <-n> (REL) hostia *f*

Hotdog *m o nt* <-s, -s>, **Hot Dog** ['hɔt 'dɔ(:)k] *m o nt* <- -s, - -s> perro *m* caliente, perrito *m* caliente, hot dog *m*

Hotel [ho'tɛl] *nt* <-s, -s> hotel *m;* **Drei-/Vier-Sterne-~** hotel de tres/cuatro estrellas

Hotelanlage *f* complejo *m* hotelero [*o* turístico]

Hotelbesitzer(in) *m(f)* propietario, -a *m, f* de hotel

Hotelfachschule *f* Escuela *f* Superior de Hostelería

Hotelführer *m* guía *f* de hoteles

Hotelgast *m* <-(e)s, -gäste> cliente *mf* (de un hotel), huésped *mf*

Hotelgewerbe *nt* hostelería *f*

Hotelier [hotə'lje:, hotɛ'lje:] *m* <-s, -s> hotelero *m*

Hotelkette *f* (WIRTSCH) cadena *f* de hoteles

Hotelrechnung *f* <-, -en> cuenta *f* del hotel

Hotelzimmer *nt* habitación *f* de hotel

Hotline ['hɔtlaɪn] *f* <-s> línea *f* caliente

Hr. *Abk. von* **Herr** Sr.

hrsg. *Abk. von* **herausgegeben** editado

Hrsg. *Abk. von* **Herausgeber(in)** editor(a) *m(f)*, director(a) *m(f)*
HTML (INFOR) *Abk. von* **Hypertext Markup Language** HTML
HTTP (INFOR, TEL) *Abk. von* **Hypertext Transport Protokoll** HTTP
hu [huː] *interj (Schaudern)* ¡puf!, ¡fuchi! *Am; (Kälte)* ¡jo!
Hub [huːp, *pl:* 'hyːbə] *m* <-(e)s, Hübe> (TECH) elevación *f*
hubbelig ['hʊbəlɪç] *adj (reg)* lleno de baches
Hubraum *m* (TECH) cilindrada *f*
hübsch [hʏpʃ] **I.** *adj* ① *(Aussehen)* guapo; *(schön)* bonito; *(niedlich)* mono; **sich ~ machen** ponerse guapo ② *(fam: beträchtlich)* bonito; **ein ~es Sümmchen** una bonita suma ③ *(iron: unangenehm)* **eine ~e Bescherung!** ¡bonita sorpresa! **II.** *adv (ziemlich)* bastante; **sei ~ artig!** ¡pórtate bien!; **das wirst du ~ bleiben lassen!** ¡deja eso!; **immer ~ der Reihe nach!** ¡así, uno detrás del otro!
Hubschrauber *m* <-s, -> helicóptero *m*
Hubschrauberlandeplatz *m* (AERO) helipuerto *m*
huch [hʊx, hu(ː)x] *interj* huy
Hucke ['hʊkə] *f* <-n> carga *f*; **ich hau dir die ~ voll** *(fam)* te voy a medir las costillas
huckepack ['hʊkəpak] *adv (fam)* **jdn/etw ~ nehmen** llevar a alguien/algo a caballito
hudeln ['huːdəln] *vi (südd, Österr: fam)* chapucear
Huf [huːf] *m* <-(e)s, -e> *(der Pferde)* casco *m*, pecueca *f Col, Ecua, Ven; (der Spalthufer)* pezuña *f*
Hufeisen *nt* herradura *f*
hufeisenförmig *adj* en forma de herradura
Hufnagel *m* clavo *m* de herradura
Hufschmied *m* herrador *m*
Hüftbein ['hʏft-] *nt* (ANAT) *s.* **Hüftknochen**
Hüfte ['hʏftə] *f* <-n> cadera *f*; **die Arme in die ~n stemmen** poner los brazos en jarras; **die ~n wiegen** mover las caderas
Hüftgelenk *nt* (ANAT) articulación *f* de la cadera
Hüfthalter *m* <-s, -> faja *f*
Huftier *nt* (ZOOL) ungulado *m*
Hüftknochen *m* <-s, -> (ANAT) (hueso *m*) ilíaco *m*, ilion *m*
Hüftsteak *nt* (GASTR) filete *m* de cadera
hüg(e)lig *adj* con colinas
Hügel ['hyːgəl] *m* <-s, -> colina *f*
huh [huː] *interj s.* **hu**
Huhn [huːn, *pl:* 'hyːnɐ] *nt* <-(e)s, Hühner> ① *(Gattung, Gericht)* pollo *m*; **da lachen ja die Hühner** *(fam)* esto es ridículo; **mit den Hühnern aufstehen/zu Bett gehen** levantarse/acostarse con las gallinas ② *(Henne)* gallina *f*; **freilaufende Hühner** gallinas criadas en el campo; **ein verrücktes ~ sein** *(fam)* estar más loco que una cabra
Hühnchen ['hyːnçən] *nt* <-s, -> (GASTR) pollo *m*; **mit jdm ein ~ rupfen** *(fam)* cantar las cuarenta a alguien
Hühnerauge *nt* (MED) callo *m*
Hühnerbrühe *f* (GASTR) caldo *m* de pollo
Hühnerbrust *f* ① (GASTR) pechuga *f* de pollo ② (MED) pecho *m* de gallina
Hühnerei ['hyːnɐʔaɪ] *nt* (GASTR) huevo *m* de gallina, blanquillo *m Guat, Méx*
Hühnerfarm *f* granja *f* avícola
Hühnerhof *m* gallinero *m*; **mein Nachbar hat einen ~** mi vecino tiene un corral con gallinas
Hühnerstall *m* gallinero *m*, paraíso *m Méx*
Hühnersuppe *f* <-, -n> (GASTR) sopa *f* de pollo
hui [huɪ] *interj (Sausen)* ¡puf!
huldigen ['hʊldɪgən] *vi (geh)* ① *(anhängen)* rendir homenaje (+*dat* a) ② *(frönen)* entregarse (+*dat* a)
Huldigung *f* <-en> homenaje *m*
huldvoll I. *adj (geh)* altanero, altivo; **mit einer ~en Geste** con un gesto altanero **II.** *adv (geh)* de forma altanera; **~ lächelnd** con una sonrisa altanera
Hülle ['hʏlə] *f* <-n> funda *f*; **die ~n fallen lassen** *(fam)* desvestirse; **in ~ und Fülle** *(fam)* a porrillo, a patadas
hüllen ['hʏlən] *vt (geh)* envolver (**in** en); **sich in Schweigen ~** guardar silencio
hüllenlos *adj (fam)* en cueros
Hülse ['hʏlzə] *f* <-n> ① *(Etui)* estuche *m*; *(Geschosshülse)* cartucho *m* ② (BOT) vaina *f*
Hülsenfrucht *f (Pflanze)* planta *f* leguminosa; *(Frucht)* legumbre *f*
human [hu'maːn] *adj* humano
Humangenetik *f ohne pl* genética *f* humana
Humanisierung [humani'ziːrʊŋ] *f* <-, *ohne pl*> humanización *f*
Humanismus [huma'nɪsmʊs] *m* <-, *ohne pl*> humanismo *m*
Humanist(in) *m(f)* <-en, -en; -, -nen> humanista *mf*
humanistisch *adj* humanista
humanitär [humani'tɛːɐ] *adj* humanitario
Humanität *f ohne pl* humanidad *f*
Humanmedizin *f ohne pl* medicina *f* humana
Humbug ['hʊmbuːk] *m* <-s, *ohne pl*> *(fam abw: Unsinn)* tontería *f*; *(Schwindel)* patraña *f*
humid [hu'miːt] *adj* húmedo
Hummel ['hʊməl] *f* <-n> abejorro *m*

Hummer ['hʊmɐ] *m* <-s, -> langosta *f*
Hummerfalle *f* trampa *f* para langostas
Humor [hu'mo:ɐ] *m* <-s, *ohne pl*> humor *m;* **schwarzer ~** humor negro; **er hat (keinen) Sinn für ~** (no) tiene sentido del humor
Humorist(in) [humo'rɪst] *m(f)* <-en, -en; -, -nen> (*a.* LIT) humorista *mf*
humoristisch [humo'rɪstɪʃ] *adj* humorístico
humorlos *adj* sin humor
Humorlosigkeit *f* <-, *ohne pl*> falta *f* de humor
humorvoll *adj* lleno de humor; *(witzig)* jocoso
humpeln ['hʊmpəln] *vi sein* cojear
Humus ['hu:mʊs] *m* <-, *ohne pl*> humus *m*
Humusboden *m* <-s, -böden>, **Humuserde** *f* <-, -n> humus *m,* tierra *f* vegetal
Hund, Hündin [hʊnt] *m, f* <-(e)s, -e; -nen> perro, -a *m, f;* **Vorsicht, bissiger ~!** ¡cuidado con el perro!; **sie sind wie ~ und Katze** *(fam)* se llevan como el perro y el gato; **auf den ~ gekommen sein** *(fam)* estar hecho polvo; **vor die ~e gehen** *(fam)* arruinarse; **da liegt der ~ begraben** *(fam)* ahí está el quid de la cuestión; **damit lockt man keinen ~ hinterm Ofen hervor** *(fam)* con eso no se logrará llamar la atención de nadie; **keine schlafenden ~e wecken** no llamar la atención sobre hechos que podrían traer desventajas; **bekannt sein wie ein bunter ~** *(fam)* estar más visto que el tebeo; **das ist ja ein dicker ~!** *(fam)* esto sí que es fuerte; **ein falscher/feiger ~** *(fam)* un falso/cobarde; **~e, die bellen, beißen nicht** *(prov)* perro ladrador poco mordedor
Hundebiss *m* <-es, -e> mordedura *f* de perro
hundeelend ['--'--] *adj (fam)* **mir ist ~** me siento fatal
Hundefutter *nt* alimento *m* para perros
Hundegebell *nt ohne pl* ladrido *m* de perro
Hundehalsband *nt* collar *m* de perro
Hundehalter(in) *m(f)* <-s, -; -, -nen> *(formal)* propietario, -a *m, f* de un perro
Hundehaufen *m (fam)* catalina *f* de perro
Hundehütte *f* caseta *f* del perro
Hundekuchen *m* galleta *f* para perros
Hundeleben *nt ohne pl (fam abw)* vida *f* de perro
Hundeleine *f* correa *f* del perro
Hundelohn *m (fam abw)* sueldo *m* de miseria
Hundemarke *f* <-, -n> ❶ *(Hundesteuermarke) chapa que lleva el perro en el collar como señal de que su dueño ha pagado el impuesto sobre perros* ❷ *(sl: von Polizist, Soldat)* chapa *f* de identificación
hundemüde ['--'--] *adj (fam)* muerto de cansancio
Hunderasse *f* raza *f* canina
hundert ['hʊndɐt] *adj inv* cien, ciento; **einige ~** [*o* **Hundert**] **Menschen** algunos cientos de personas; **einer unter ~** uno entre cien; **da war ich auf ~** *(fam)* estaba a cien; *s. a.* **achthundert**
Hundert *nt* <-s, -> *(Maßeinheit)* centenar *m;* **zehn von ~** diez por ciento
Hunderte *ntpl (große Anzahl)* cientos *mpl;* **~** [*o* **hunderte**] **Menschen** cientos de personas; **sie kamen zu ~n** [*o* **hunderten**] **Menschen** llegaron a centenares
Hunderter *m* <-s, -> ❶ (MATH) centena *f* ❷ *(fam: Geldschein)* billete *m* de cien
Hunderteuroschein *m* billete *m* de cien euros
hundertfach I. *adj* céntuplo; **die ~e Menge** el céntuplo; **eine ~e Vergrößerung** una ampliación cien veces mayor **II.** *adv* cien veces; *s. a.* **achtfach**
Hundertfüßer [-fy:sɐ] *m* <-s, -> (ZOOL) ciempiés *m*
Hundertjahrfeier [--'---] *f* centenario *m*
hundertjährig *adj (hundert Jahre alt)* centenario, de cien años; *(hundert Jahre dauernd)* de cien años de duración
Hundertjährige(r) *mf* <-n, -n; -n> centenario, -a *m, f*
hundertmal *adv* cien veces
Hundertmeterlauf [--'---] *m* (SPORT) carrera *f* de cien metros
hundertprozentig ['---(')--] **I.** *adj* ❶ *(als Anteil)* del cien por cien; *(Alkohol)* puro ❷ *(fam: völlig)* total; *(zuverlässig)* seguro **II.** *adv* al cien por cien, completamente
Hundertschaft *f* <-, -en> *(Polizeieinheit)* centuria *f*
hundertste(r, s) ['hʊndɐtstə, -tɐ, -təs] *adj* centésimo; **zum ~n Mal** por centésima vez; **~r Geburtstag/Todestag von …** centenario del nacimiento/de la muerte de…; *s. a.* **achtzigste(r, s)**
Hundertstel *nt* <-s, -> centésima *f*
hunderttausend ['--'--] *adj inv* cien mil
Hundesalon *m* peluquería *f* canina
Hundescheiße *f (vulg)* caca *f* de perro
Hundeschnauze *f* hocico *m* de perro
Hundesohn *m* <-(e)s, -söhne> *(abw)* hijo *m* de perra
Hundesteuer *f* impuesto *m* sobre los perros
Hundewetter *nt (fam)* tiempo *m* de perros
Hundezwinger *m* perrera *f*
Hündin ['hʏndɪn] *f* <-nen> *s.* **Hund**

hundsgemein *adj (fam)* infame, canalla; **es tut ~ weh** duele horrores
hundsmiserabel *adj (fam)* ❶ *(niederträchtig)* despreciable ❷ *(schlecht)* fatal, malísimo; **sich ~ fühlen** sentirse fatal [*o* de pena]
Hundstage *mpl* canícula *f,* caniculares *mpl*
Hüne ['hy:nə] *m* <-n, -n> gigante *m*
hünenhaft *adj* gigantesco
Hunger ['hʊŋɐ] *m* <-s, *ohne pl*> hambre *f;* **~ haben** tener hambre; **ich habe ~ auf Schokolade** me apetece chocolate; **~ wie ein Wolf haben** tener un hambre canina; **ich bekomme ~** me está entrando hambre; **seinen ~ stillen** matar el hambre; **ich sterbe vor ~** me muero de hambre; **~ leiden** sufrir hambre
Hungergefühl *nt* sensación *f* de hambre; **~ verspüren** sentir hambre
Hungerkur *f* <-, -en> régimen *m,* dieta *f* absoluta
Hungerleider(in) *m(f)* <-s, -; -, -nen> *(fam abw)* muerto, -a *m, f* de hambre
Hungerlohn *m (abw)* (sueldo *m* de) miseria *f*
hungern ['hʊŋɐn] *vi* ❶ *(Hunger leiden)* pasar hambre ❷ *(fasten)* ayunar; *(um abzunehmen)* hacer una dieta ❸ *(geh: sich sehnen)* anhelar (**nach**), estar ávido (**nach** de); **er hungert nach Anerkennung** anhela que reconozcan su mérito
Hungersnot *f* hambre *f,* hambruna *f Am*
Hungerstreik *m* huelga *f* de hambre; **in den ~ treten** declararse en huelga de hambre
Hungertod *m* <-(e)s, *ohne pl*> muerte *f* por inanición
Hungertuch *nt* **am ~ nagen** *(fam)* morirse de hambre
hungrig ['hʊŋrɪç] *adj* hambriento; **~ nach etw** *dat* **sein** tener hambre de algo
Hunne, -in ['hʊnə] *m, f* <-n, -n; -, -nen> (HIST) huno, -a *m, f*
Hupe ['hu:pə] *f* <-n> bocina *f*
hupen ['hu:pən] *vi* tocar la bocina
hupfen ['hʊpfən] *vi sein (südd)* ❶ *s.* **hüpfen** ❷ *(Wend)* **das ist gehupft wie gesprungen** *(fam)* lo mismo da
hüpfen ['hʏpfən] *vi sein* saltar
Hupsignal *nt* (AUTO) señal *f* de bocina
Hupton *m* <-(e)s, -töne> (AUTO) bocinazo *m*
Hürde ['hʏrdə] *f* <-n> (SPORT: *a. fig)* valla *f;* **eine ~ nehmen** saltar una valla; *(fig)* superar una dificultad
Hürdenlauf *m* (SPORT) carrera *f* de vallas
Hürdenläufer(in) *m(f)* <-s, -; -, -nen> (SPORT) corredor(a) *m(f)* de obstáculos
Hure ['hu:rə] *f* <-n> *(vulg)* puta *f*
Hurenbock *m (vulg)* putero *m*
Hurensohn *m (vulg)* hijo *m* de puta
hurra [hu'ra:, hʊ'ra:] *interj* hurra
Hurrikan ['hʊrika(:)n] *m* <-s, -e *o* -s> huracán *m*
hurtig ['hʊrtɪç] **I.** *adj (geh)* rápido **II.** *adv (geh)* rápido, deprisa
Husar [hu'za:ɐ] *m* <-en, -en> (HIST) húsar *m*
huschen ['hʊʃən] *vi sein* deslizarse rápidamente
hüsteln ['hy:stəln] *vi* toser ligeramente
husten ['hu:stən] *vi* toser; **denen werde ich was ~** *(fam)* ya se pueden ir preparando
Husten ['hu:stən] *m* <-s, -> tos *f*
Hustenanfall *m* ataque *m* de tos
Hustenbonbon *nt* caramelo *m* contra la tos
Hustenmittel *nt* antitusígeno *m*
Hustenreiz *m ohne pl* picor *m* de garganta
Hustensaft *m* jarabe *m* contra la tos
hustenstillend *adj* contra la tos; (MED) béquico, pectoral
Hustentee *m* <-s, -s> (MED) infusión *f* antitusígena
Hustentropfen *mpl* (MED) gotas *fpl* antitusígenas
Hut[1] [hu:t, *pl:* 'hy:tə] *m* <-(e)s, Hüte> ❶ *(Kopfbedeckung)* sombrero *m;* **mir geht der ~ hoch** *(fam)* esto ya pasa de la raya; **seinen ~ nehmen** *(fam)* dimitir; **alles unter einen ~ bringen** *(fam)* compaginar todo; **das ist ein alter ~** *(fam)* es lo de siempre; **mit etw** *dat* **/jdm nichts am ~ haben** *(fam)* no (querer) tener nada que ver con algo/alguien; **das kannst du dir an den ~ stecken** *(fam)* te lo puedes meter donde te quepa ❷ *(von Pilzen)* sombrerete *m*
Hut[2] [hu:t] *f ohne pl (geh: Schutz)* protección *f;* **vor jdm/etw** *dat* **auf der ~ sein** tener cuidado con alguien/algo
Hutablage *f* percha *f*
hüten ['hy:tən] **I.** *vt (Vieh)* cuidar; *(Kinder)* cuidar, achichiguar *Méx; (Geheimnis)* guardar; **das Haus/Bett ~** cuidar la casa/guardar cama **II.** *vr:* **sich ~** *(sich vorsehen)* tener cuidado (**vor** con); **hüte dich, das zu tun!** ¡ni se te ocurra hacerlo!; **ich werde mich ~!** *(fam)* ¡me cuidaré mucho!
Hüter(in) *m(f)* <-s, -; -nen> *(geh)* guardián, -ana *m, f;* **der ~ des Gesetzes** el guardián de la ley
Hutkrempe *f* ala *f* de sombrero
Hutmacher(in) *m(f)* <-s, -; -nen> sombrerero, -a *m, f*
Hütte ['hʏtə] *f* <-n> ❶ *(Haus)* cabaña *f;*

H

(Skihütte) refugio *m* ❷ *(Industrieanlage)* planta *f* siderúrgica

Hüttenarbeiter *m* obrero *m* metalúrgico

Hüttenindustrie *f* industria *f* siderúrgica

Hüttenkäse *m* queso *m* fresco granulado

Hüttenwerk *nt* planta *f* siderúrgica

H-Vollmilch *f* leche *f* U.H.T.

Hyäne [hy'ɛ:nə] *f* <-n> (ZOOL) hiena *f*

Hyazinthe [hya'tsɪntə] *f* <-n> jacinto *m*

hybrid [hy'bri:t] *adj* híbrido; **~e Netze** (INFOR, TEL) redes híbridas

Hybridantrieb [hy'bri:t-] *m* tracción *f* híbrida

Hybridfahrzeug *nt* vehículo *m* híbrido

Hybridisierung [hybridi'zi:rʊŋ] *f* <-, -en> (BIOL) hibridización *f*

Hybris ['hy:brɪs] *f* <-, *ohne pl*> *(geh)* altanería *f*, orgullo *m* desmesurado

Hydrant [hy'drant] *m* <-en, -en> boca *f* de riego

Hydraulik [hy'draʊlɪk] *f ohne pl* (TECH) hidráulica *f*

hydraulisch *adj* (TECH) hidráulico

hydroelektrisch ['---'--] *adj* (PHYS, TECH, MED) hidroeléctrico

Hydrokultur ['----, ---'-] *f* hidrocultivo *m*

Hygiene [hy'gje:nə] *f ohne pl* higiene *f*

hygienisch *adj* higiénico

Hymne ['hʏmnə] *f* <-n> himno *m*

hyperaktiv ['hy:pɐ-] *adj* hiperactivo

Hyperbel [hy'pɛrbəl] *f* <-n> ❶ (MATH) hipérbola *f* ❷ (*a.* LING) hipérbole *f*

hyperkorrekt ['hy:pɐkɔrɛkt] *adj* supercorrecto; (LING) hipercorrecto

Hyperlink ['haɪpɐlɪŋk, 'hy:pɐ-] *m* <-s, -s> (INFOR, TEL) hiperenlace *m*, hyperlink *m*

hypermodern [hypɐmo'dɛrn, 'hy:pɐmodɛrn] **I.** *adj (fam)* supermoderno, hipermoderno, ultramoderno **II.** *adv (fam)* de forma supermoderna [*o* hipermoderna]; **ihr seid wirklich ~ eingerichtet!** ¡os habéis montado la casa en plan auténticamente moderno!

hypersensibel ['hy:pɐ-] *adj* hipersensible

Hypertext ['hy:pɐ-] *m* <-es, -e> (INFOR) hipertexto *m*

Hypnose [hʏp'no:zə] *f* <-n> hipnosis *f inv*; **unter ~ stehen** estar bajo hipnosis

hypnotisch [hʏp'no:tɪʃ] *adj* hipnótico

Hypnotiseur(in) [hʏpnoti'zø:ɐ] *m(f)* <-s, -e; -, -nen> hipnotizador(a) *m(f)*

hypnotisieren* [hʏpnoti'zi:rən] *vt* hipnotizar

Hypochonder [hypo'xɔndɐ] *m* <-s, -> hipocondríaco, -a *m, f*

Hypochondrie [hypoxɔn'dri:] *f* <-, -n> (MED) hipocondría *f*

Hypophyse [hypo'fy:zə] *f* <-, -n> (ANAT) hipófisis *f inv*

Hypotenuse [hypote'nu:zə] *f* <-, -n> (MATH) hipotenusa *f*

Hypothek [hypo'te:k] *f* <-en> (FIN) hipoteca *f*; **eine ~ aufnehmen** imponer una hipoteca; **das Haus mit einer ~ belasten** hipotecar la casa

Hypothese [hypo'te:zə] *f* <-n> hipótesis *f inv*; **eine ~ aufstellen/widerlegen** formular/rebatir una hipótesis

hypothetisch [hypo'te:tɪʃ] *adj* hipotético

Hysterie [hʏste'ri:] *f* <-n> histeria *f*

hysterisch [hʏs'te:rɪʃ] *adj* histérico

Hz *Abk. von* **Hertz** hz

I i

I, i [iː] *nt* <-, -> I, i *f;* ~ **wie Ida** I de Inés

i [iː] *interj* puaj; ~ **wo!** ¡ni en sueños!

i. A. *Abk. von* **im Auftrag** p.o.

i.Allg. *Abk. von* **im Allgemeinen** en general

IBAN ['iːban] *f* <-, -s> *Abk. von* **International Bank Account Number** *(internationale Kontonummer,* FIN) IBAN *m*

iberisch [i'beːrɪʃ] *adj* ibérico; **die I~e Halbinsel** la Península Ibérica

IC [iː'tseː] *m* <-(s), -s> *Abk. von* **Intercity(zug)** Intercity *m*

ICE [iːtseː'ʔeː] *m* <-(s), -s> *Abk. von* **Intercityexpress** ≈ AVE *m (tren de alta velocidad)*

ich [ɪç] *pron pers 1. sg* yo; ~ **Idiot!** ¡idiota de mí!; **immer ~!** ¡siempre yo!

Ich *nt* <-(s), -s> yo *m;* **mein anderes/zweites/besseres** ~ mi otro/segundo/mejor yo

ichbezogen ['ɪçbəzoːgən] *adj* egocéntrico

Icherzählung *f,* **Ich-Erzählung** *f* (LIT) narrativa *f* escrita en primera persona

Ichform *f* (LING, LIT) primera persona *f*

Icon ['aɪkən] *nt* <-s, -s> (INFOR) icono *m*

IC-Zuschlag *m* suplemento *m* para el Intercity

ideal [ide'aːl] *adj* ideal

Ideal *nt* <-s, -e> ideal *m*

Idealbild *nt* <-(e)s, -er> ideal *m,* prototipo *m*

idealerweise *adv* en el caso ideal

Idealfall *m* caso *m* ideal

Idealgewicht *nt* peso *m* ideal

idealisieren* [ideali'ziːrən] *vt* idealizar

Idealisierung *f* <-, -en> idealización *f*

Idealismus [idea'lɪsmʊs] *m* <-, *ohne pl*> idealismo *m*

Idealist(in) *m(f)* <-en, -en; -nen> idealista *mf*

idealistisch *adj* idealista

idealtypisch *adj* (PHILOS: *geh)* ideal

Idealvorstellung *f* concepto *m* ideal

Idee [i'deː, *pl:* i'deːən] *f* <-n> ❶ *(Einfall)* idea *f;* **gute ~!** ¡buena idea!; **wie kommst du denn auf die ~?** ¿cómo se te ocurre esto?; **ich habe eine** ~ tengo una idea; **jdn auf die ~ bringen, etw zu tun** dar a alguien la idea de hacer algo; **jdn auf andere ~n bringen** distraer a alguien; **ich habe nicht die leiseste ~ davon** *(fam)* no tengo ni la más remota idea de esto; **das ist bei ihm eine fixe ~** eso es una obsesión suya ❷ *(fam: ein bisschen)* pizca *f;* **keine ~ besser** ni una pizca mejor

ideell [ide'ɛl] *adj* ideal

ideenarm *adj* con [*o* de] pocas ideas, falto de ideas, poco imaginativo

ideenlos *adj (Mensch)* sin ideas; *(Gestaltung)* poco innovador

ideenreich [i'deːən-] *adj* creativo

Ideenreichtum *m ohne pl* inventiva *f*

Identifikation [idɛntifika'tsjoːn] *f* <-en> (PSYCH) identificación *f*

Identifikationsfigur *f* (PSYCH) personaje *m* de identificación

identifizieren* [idɛntifi'tsiːrən] **I.** *vt* identificar **II.** *vr:* **sich** ~ identificarse

Identifizierung *f* <-en> identificación *f*

identisch [i'dɛntɪʃ] *adj* idéntico (**mit** a), individual (**mit** a) *And, CSur*

Identität [idɛnti'tɛːt] *f* <-en> identidad *f*

Identitätskarte *f (Schweiz: Personalausweis)* carné *m* de identidad

Identitätskrise *f* <-, -n> crisis *f inv* de identidad

Identitätsverlust *m* <-(e)s, -e> (PSYCH) pérdida *f* de identidad

Ideologe, -in [ideo'loːgə] *m, f* <-n, -n; -nen> ideólogo, -a *m, f*

Ideologie [ideolo'giː] *f* <-n> ideología *f*

Ideologin *f* <-nen> *s.* **Ideologe**

ideologisch *adj* ideológico

Idiom [i'djoːm] *nt* <-s, -e> (LING) ❶ *(Jargon)* idiolecto *m* ❷ *(Wendung)* giro *m*

Idiomatik *f* <-, *ohne pl*> ❶ (LING) idiomática *f* ❷ *(Redewendungen)* expresiones *fpl* idiomáticas

idiomatisch [idjo'maːtɪʃ] *adj* (LING) idiomático

Idiot(in) [i'djoːt] *m(f)* <-en, -en; -nen> *(fam abw)* idiota *mf,* merlo *m Am*

idiotensicher **I.** *adj (fam: Verschluss)* superfácil de manejar **II.** *adv (fam)* sin problemas

Idiotie [idjo'tiː] *f* <-n> ❶ (MED) idiocia *f,* idiotez *f* ❷ *(fam abw: Dummheit)* idiotez *f*

Idiotin *f* <-nen> *s.* **Idiot**

idiotisch *adj (fam abw)* idiota

Idol [i'doːl] *nt* <-s, -e> ídolo *m*

Idyll *nt* <-s, -e>, **Idylle** [i'dʏlə] *f* <-, -n> idilio *m*

idyllisch *adj* idílico

Igel ['iːgəl] *m* <-s, -> (ZOOL) erizo *m*

igitt(igitt) *interj (reg)* qué asco

Iglu ['iːglu] *m o nt* <-s, -s> iglú *m*

Ignorant(in) [igno'rant, ɪgno'rant] *m(f)* <-en, -en; -nen> *(abw)* ignorante *mf*

Ignoranz *f ohne pl (abw)* ignorancia *f*

ignorieren* *vt* ignorar

IHK [iːhaːˈkaː] *f Abk. von* **Industrie- und Handelskammer** Cámara *f* de Industria y Comercio

ihm [iːm] *pron pers dat von* **er, es** le; *(betont: Mensch)* a él… (le); *(mit Präposition: Mensch)* él; **sie hat ~ nichts gesagt** no le ha dicho nada; **hinter/vor/unter/über ~** detrás/delante/debajo/encima de él; **ein Freund von ~** un amigo suyo

ihn [iːn] *pron pers 3. sg m akk von* **er** lo; *(betont: Mensch)* a él… (lo, le); **ich treffe ~ heute Abend** le [*o* lo] veo esta noche; **das ist für ~** esto es para él

ihnen [ˈiːnən] *pron pers mfpl dat von* **sie** les; *(betont: Mensch)* a ellos/ellas… (les); *(mit Präposition: Menschen)* ellos/ellas; **niemand half ~** no les ayudó nadie; **~ wäre das zu teuer** a ellos/ellas les resultaría demasiado caro; **hinter/vor/unter/über ~** detrás/delante/debajo/encima de ellos/ellas; **ein Freund von ~** un amigo suyo

Ihnen *pron pers (Höflichkeitsform) dat von* **Sie** le *sg,* les *pl; (betont)* a usted… (le)/a ustedes… (les), a Ud.… (le)/a Uds.… (les); *(mit Präposition)* usted/ustedes, Ud./Uds.; **wir wollten ~ eine Freude machen** queríamos darle/darles una alegría; **~ hätte es bestimmt auch gefallen** a Ud./Uds. seguro que también le/les habría gustado; **hinter/vor/unter/über ~** detrás/delante/debajo/encima de Ud./Uds.; **ein Freund von ~** un amigo suyo

ihr [iːɐ] **I.** *pron pers* ❶ *2. pl mf* vosotros *mpl,* vosotras *fpl,* ustedes *Am;* **~ beiden/drei** vosotros/vosotras dos/tres; **~ Lieben!** ¡queridos/queridas! ❷ *dat von sg* **sie** le; *(betont: Mensch)* a ella… (le); *(mit Präposition: Mensch)* ella; **ich habe ~ noch nichts gegeben** todavía no le he dado nada; **~ solltest du was Besseres anbieten** a ella deberías ofrecerle algo mejor; **hinter/vor/unter/über ~** detrás/delante/debajo/encima de ella; **ein Freund von ~** un amigo suyo **II.** *pron poss s.* **ihr, ihre, ihr**

ihr, ihre, ihr *pron poss (adjektivisch)* su *sg,* sus *pl; (einer Frau)* de ella; *(mehrerer Menschen)* de ellos/ellas; **~ Unterricht/Projekt** su clase/proyecto; **~e Tochter/Bekannten** su hija/sus conocidos

Ihr, Ihre, Ihr *pron poss (adjektivisch: Höflichkeitsform)* su *sg,* sus *pl; (einer Person)* de usted, de Ud.; *(mehrerer Menschen)* de ustedes, de Uds.; **~ Beruf/Kind** su profesión/hijo; **~e Zeit/Schuhe** su tiempo/sus zapatos

ihre(r, s) *pron poss substantivisch* (el) suyo *m,* (la) suya *f,* (los) suyos *mpl,* (las) suyas *fpl; (einer Frau)* de ella; *(mehrerer Menschen)* de ellos/ellas; **dieses Geschenk ist ~s** este regalo es (el) suyo; *s. a.* **ihr, ihre, ihr**

Ihre(r, s) *pron poss (substantivisch: Höflichkeitsform)* (el) suyo *m,* (la) suya *f,* (los) suyos *mpl,* (las) suyas *fpl; (einer Person)* de usted, de Ud.; *(mehrerer Menschen)* de ustedes, de Uds.; **ist dieser Wagen ~r?** ¿es suyo este coche?; *s. a.* **Ihr, Ihre, Ihr**

ihrer [ˈiːrɐ] *pron pers* ❶ *gen von sg* **sie** de ella ❷ *pl gen von pl* **sie** de ellos/ellas

Ihrer *pron pers gen von* **Sie** *(Höflichkeitsform)* de usted *sg,* de ustedes *pl*

ihrerseits [ˈiːrɐzaɪts] *adv* ❶ *sg* por parte de ella, por su parte; **sie hat sich ~ anders entschlossen** ella por su parte ha tomado otra decisión ❷ *pl* por parte de ellos/de ellas, por su parte; **wenn sie ~ nichts dagegen einzuwenden haben** si ellos/ellas por su parte no tienen nada que objetar

Ihrerseits *adv* ❶ *sg* por parte de usted, por su parte ❷ *pl* por parte de ustedes, por su parte

ihresgleichen [ˈ--ˈ--] *pron indef* sus semejantes, de su condición; **er hatte noch nie ~ kennen gelernt** nunca había conocido a una chica como ella

Ihresgleichen *pron indef* sus semejantes, de su condición; **~ benimmt sich anders** las personas como Ud./Uds. se comportan de otra manera

ihretwegen [ˈiːrətˈveːgən] *adv* ❶ *sg* por ella; **ich habe es nur ~ getan** lo hice solamente por ella ❷ *pl* por ellos, por ellas; **es ist ~ geschehen** pasó por culpa de ellos/de ellas, pasó por su culpa

Ihretwegen *adv* ❶ *sg* por usted ❷ *pl* por ustedes

ihretwillen [ˈiːrətˈvɪlən] *adv* ❶ *sg* **um ~** por consideración a ella, por ella ❷ *pl* **um ~** por consideración a ellos/a ellas, por ellos/por ellas

Ihretwillen *adv* ❶ *sg* **um ~** por consideración a usted, por usted ❷ *pl* **um ~** por consideración a ustedes, por ustedes

ihrige *pron poss geh für* **ihre(r, s): der/die/das ~** el suyo/la suya; *(einer Frau)* el/la de ella; *(mehrerer Menschen)* el/la de ellos/ellas; **die ~n** los suyos/las suyas; *(einer Frau)* los/las de ella; *(mehrerer Menschen)* los/las de ellos/ellas

Ihrige *pron poss (Höflichkeitsform) geh für* **Ihre(r, s): der/die/das ~** el suyo/la suya, el/la de usted *sg,* el/la de ustedes *pl;* **die ~n** los suyos/las suyas, los/las de usted *sg,* los/las de ustedes *pl*

Ikone [iˈkoːnə] *f* <-n> icono *m*

illegal [ˈɪlegaːl] *adj* ilegal

Illegale(r) *m* <-n, -n; -n, -n> *dekl wie adj* ilegal *mf,* indocumentado, -a *m, f,* sin papeles *mf*

Illegalität *f* <-en> ilegalidad *f*

illegitim ['ɪlegitiːm] *adj* ilegítimo

illoyal ['ɪlɔɪaːl] *adj* desleal

Illoyalität *f* <-, *ohne pl*> *(geh)* deslealtad *f*

Illumination [ɪlumina'tsjoːn] *f* <-, -en> (*a.* REL) iluminación *f*

illuminieren* *vt* (*a.* KUNST) iluminar

Illusion [ɪlu'zjoːn] *f* <-en> ilusión *f;* **sich der ~ hingeben, dass …** hacerse la ilusión de que…; **sich** *dat* **über etw** (**keine**) **~en machen** (no) hacerse ilusiones sobre algo

illusionär [ɪluzjo'nɛːɐ] *adj* utópico

illusorisch [ɪlu'zoːrɪʃ] *adj* ilusorio; *(trügerisch)* engañoso; **es ist völlig ~, zu glauben, dass …** es totalmente ilusorio pensar que… *+ind o subj*

Illustration [ɪlʊstra'tsjoːn] *f* <-en> ilustración *f*

illustrativ [ɪlʊstra'tiːf] *adj (anschaulich)* ilustrativo

Illustrator(in) [ɪlʊs'traːtoːɐ] *m(f)* <-s, -en; -, -nen> ilustrador(a) *m(f)*

illustrieren* [ɪlʊs'triːrən] *vt* ilustrar

Illustrierte [ɪlʊs'triːɐtə] *f* <-n> revista *f*

Iltis ['ɪltɪs] *m* <-ses, -se> (ZOOL) turón *m*

im [ɪm] = **in dem** en el/en la; *s. a.* **in**

Image ['ɪmɪtʃ] *nt* <-(s), -s> imagen *f* (pública)

Imagepflege *f* cuidado *m* de la imagen

Imageverlust *m* <-(e)s, -e> pérdida *f* de la imagen [*o* del prestigio]

imaginär [imagi'nɛːɐ] *adj* imaginario

Imagination [imagina'tsjoːn] *f* <-, -en> *(geh)* imaginación *f*

Imam [i'maːm] *m* <-s, -e> (REL) imam *m,* imán *m*

Imbiss ['ɪmbɪs] *m* <-es, -e> ❶ *(Häppchen)* piscolabis *m inv,* ≈ tapa *f,* causa *f Chil, Perú* ❷ *(Verkaufsstelle)* (snack) bar *m*

Imbissstand *m* chiringuito *m*

Imbissstube *f* bar *m,* chiringuito *m*

Imitat [imi'taːt] *nt* <-(e)s, -e> imitación *f*

Imitation [imita'tsjoːn] *f* <-en> imitación *f*

Imitator(in) [imi'taːtoːɐ] *m(f)* <-s, -en; -nen> imitador(a) *m(f)*

imitieren* [imi'tiːrən] *vt* imitar

Imker(in) ['ɪmkɐ] *m(f)* <-s, -; -nen> apicultor(a) *m(f)*

Imkerei *f* <-, -en> establecimiento *m* de apicultura

immateriell ['ɪmaterjɛl, ---'-] *adj* inmaterial

Immatrikulation [ɪmatrikula'tsjoːn] *f* <-en> matriculación *f*

immatrikulieren* [ɪmatriku'liːrən] **I.** *vt* ❶ (UNIV: *einschreiben*) matricular (**für** en) ❷ *(Schweiz: Fahrzeug zulassen)* matricular **II.** *vr:* **sich ~** (UNIV) matricularse (**für** en)

immens [ɪ'mɛns] *adj* inmenso

immer ['ɪmɐ] *adv* siempre; *(unaufhörlich)* continuamente; **es ist ~ dasselbe** siempre ocurre lo mismo; **für ~** para siempre; **~ mit der Ruhe!** ¡con calma!; **~ geradeaus** todo seguido; **er ist ~ noch nicht da** aún [*o* todavía] no ha llegado; **~ wenn …** siempre que…; **~ wieder** siempre de nuevo; **wie ~** como siempre; **~ mehr** cada vez más; **wer auch ~ …** quienquiera que… *+subj;* **was auch ~** sea lo que sea; **wo/wie auch ~ …** dondequiera/comoquiera que… *+subj;* **~ mal** *(fam)* de vez en cuando

immerfort ['--'-] *adv* continuamente, ininterrumpidamente

immergrün *adj* perenne

Immergrün *nt* (BOT) siempreviva *f*

immerhin ['--'-] *adv* al fin y al cabo, por lo menos

immerzu ['--'-] *adv (fam)* continuamente

Immigrant(in) [ɪmi'grant] *m(f)* <-en, -en; -nen> inmigrante *mf*

Immigration [ɪmigra'tsjoːn] *f* <-en> inmigración *f*

immigrieren* *vi sein* inmigrar

Immissionsschutz *m ohne pl* protección *f* contra las inmisiones

immobil *adj (geh)* inmóvil

Immobilien [ɪmo'biːliən] *fpl* (bienes *mpl*) inmuebles *mpl*

Immobilienblase *f* (FIN, ECON) burbuja *f* inmobiliaria

Immobilienfirma *f* inmobiliaria *f*

Immobilienfonds *m* (FIN) fondo *m* inmobiliario

Immobilienmakler(in) *m(f)* agente *mf* inmobiliario , -a

Immobilienmarkt *m* mercado *m* inmobiliario

immun [ɪ'muːn] *adj* (MED, JUR) inmune (**gegen** a/contra)

Immunabwehr *f* <-, *ohne pl*> resistencia *f* inmunológica [*o* inmunitaria]

immunisieren* [ɪmuni'ziːrən] *vt* (MED) inmunizar (**gegen** contra)

Immunisierung *f* <-, -en> (MED) inmunización *f* (**gegen** contra)

Immunität *f* <-en> (MED, JUR) inmunidad *f* (**gegen** a/contra)

Immunologe, -in [ɪmuno'loːgə] *m, f* <-n, -n; -, -nen> (MED) inmunólogo, -a *m, f*

Immunschwäche *f* (MED) inmunodeficiencia *f*

Immunsystem *nt* (MED) sistema *m* inmunológico

Imperativ ['ɪmperati:f] *m* <-s, -e> (LING) imperativo *m*
Imperfekt ['ɪmpɛrfɛkt] *nt* <-s, -e> (LING) imperfecto *m*
Imperialismus [ɪmperia'lɪsmʊs] *m* <-, *ohne pl*> imperialismo *m*
Imperialist(in) *m(f)* <-en, -en; -, -nen> imperialista *mf*
imperialistisch *adj* imperialista
Imperium [ɪm'pe:riʊm, *pl:* ɪm'pe:riən] *nt* <-s, Imperien> *(geh)* imperio *m*
impertinent [ɪmpɛrti'nɛnt] *adj (geh)* impertinente
Impertinenz [ɪmpɛrti'nɛnts] *f* <-en> *(geh)* insolencia *f*, impertinencia *f*
Impfausweis *m* <-es, -e> certificado *m* de vacunación
impfen ['ɪmpfən] *vt* vacunar (**gegen** contra)
Impfpass *m* (MED) carné *m* de vacunación
Impfstoff *m* vacuna *f*
Impfung *f* <-en> vacunación *f*
Implantat [ɪmplan'ta:t] *nt* <-(e)s, -e> (MED) injerto *m*
Implantation [ɪmplanta'tsjo:n] *f* <-, -en> (MED) implantación *f*
implantieren* [ɪmplan'ti:rən] *vt* (TECH, MED) implantar
Implementierung *f* <-, -en> (INFOR) implementación *f*
implizieren* [ɪmpli'tsi:rən] *vt* implicar
implizit [ɪmpli'tsi:t] *adj* implícito
implodieren* *vi sein* (TECH) implotar
Implosion *f* <-, -en> (TECH) implosión *f*
imponieren* [ɪmpo'ni:rən] *vi* imponer, impresionar
imponierend *adj (Mensch)* impresionante, imponente
Imponiergehabe [ɪmpo'ni:ɐ-] *nt* pavoneo *m; (Angeberei)* presunción *f*
Import [ɪm'pɔrt] *m* <-(e)s, -e> ❶ *(Wareneinfuhr)* importación *f* ❷ *(Waren)* importaciones *f pl* ❸ (INFOR) importación *f*
Importeur(in) [ɪmpɔr'tø:ɐ] *m(f)* <-s, -e; -, -nen> importador(a) *m(f)*
Importhandel *m* <-s, *ohne pl*> (COM) comercio *m* de importación
importieren* [ɪmpɔr'ti:rən] *vt* importar
Importware *f* (COM) producto *m* importado
imposant [ɪmpo'zant] *adj* impresionante, imponente; *(iron)* ridículo
impotent ['ɪmpotɛnt] *adj* impotente
Impotenz ['ɪmpotɛnts] *f ohne pl* impotencia *f*
imprägnieren* [ɪmprɛ'gni:rən] *vt* impregnar; *(Stoff)* impermeabilizar
Imprägnierung *f* <-, -en> impregnación *f*; *(gegen Wasser, Feuchtigkeit)* impermeabilización *f*, impermeabilizado *m*
Impressen *pl von* **Impressum**
Impression [ɪmprɛ'sjo:n] *f* <-, -en> impresión *f*, sensación *f*, efecto *m*
Impressionismus [ɪmprɛsjo'nɪsmʊs] *m* <-, *ohne pl*> (KUNST) impresionismo *m*
Impressionist(in) *m(f)* <-en, -en; -, -nen> (KUNST) impresionista *mf*
impressionistisch *adj* (KUNST) impresionista
Impressum [ɪm'prɛsʊm] *nt* <-s, Impressen> (PUBL) pie *m* de imprenta; *(einer Internetseite)* aviso *m* legal
Improvisation [ɪmproviza'tsjo:n] *f* <-en> (*a.* MUS) improvisación *f*
improvisieren* [ɪmprovi'zi:rən] *vt* improvisar
Impuls [ɪm'pʊls] *m* <-es, -e> impulso *m*
impulsiv [ɪmpʊl'zi:f] *adj* impulsivo
imstande [ɪm'ʃtandə] *adv* capaz; ~ **sein, etw zu tun** ser capaz de hacer algo; *s. a.* **Stand**[1]
in [ɪn] **I.** *präp +dat* ❶ *(wo)* en; *(darin)* dentro de; ~ **Magdeburg**/~ **diesem Buch** en Magdeburgo/en este libro; ~ **der Hand** en la mano; ~ **der Schule** en el colegio; ~ **Mathe ist er schwach** está flojo en mates; **gibt es das Kleid auch ~ Grün?** ¿tienen el vestido también en verde?; ~ **einer bestimmten Absicht** con una intención determinada; ~ **dieser Situation** en esta situación; **die Klausur/der Schnaps hat es ~ sich** *dat* es todo un examen/un aguardiente ❷ *(zeitlich: während)* en, durante; *(binnen)* dentro de, en; ~ **den Ferien** en las vacaciones; ~ **drei Tagen kommt ihr Mann wieder** su marido vuelve dentro de tres días; ~ **drei Jahren lernt man sich gut kennen** en tres años uno se llega a conocer bien; ~ **der nächsten Woche** la semana que viene; ~ **vierzehn Tagen** dentro de quince días; **im Jahr(e) 2016** en (el año) 2016; ~ **der Nacht** por la noche; **im Januar** en enero **II.** *präp +akk (Richtung)* a; ~ **die Schweiz**/~**s Ausland fahren** ir a Suiza/al extranjero; **wir ziehen ~ eine andere Stadt** nos mudamos a otra ciudad; **sie geht ~ den Garten**/~**s Kino** va al jardín/al cine; **ich gehe jetzt ~s Bett** me voy a la cama; ~ (**den**) **Urlaub fahren** ir(se) de vacaciones; ~ **Gefahr**/~ **eine Falle geraten** correr peligro/caer en una trampa; ~**s Rutschen geraten** resbalar **III.** *adj (fam)* ~ **sein** estar de moda
inaktiv ['ɪnʔakti:f] *adj* inactivo
Inaktivität *f* <-, *ohne pl*> (*a.* CHEM, MED) inactividad *f*
inakzeptabel *adj* inaceptable
Inangriffnahme [ɪn'ʔangrɪfna:mə] *f* <-, -n> *(formal)* comienzo *m*

Inanspruchnahme [-'----] *f* <-n> *(eines Gerätes)* uso *m; (eines Hilfsmittels)* empleo *m; (eines Menschen)* ocupación *f*
Inbegriff ['ɪnbəgrɪf] *m* <-(e)s, -e> encarnación *f*
inbegriffen ['----] *adj* incluido
Inbetriebnahme [--'---] *f* <-n> puesta *f* en servicio; *(einer Maschine)* puesta *f* en marcha
Inbrunst ['ɪnbrʊnst] *f ohne pl (geh)* fervor *m*
inbrünstig ['ɪnbrʏnstɪç] *adj (geh)* fervoroso
Inbusschlüssel® ['ɪnbʊs-] *m* (TECH) llave *f* con macho hexagonal
indem [ɪn'deːm] *konj* ① *(während)* mientras, al *+inf* ② *(dadurch dass)* **sie sparte Geld, ~ sie ihre Kleidung selbst machte** ahorraba dinero haciéndose ella misma la ropa
Inder(in) ['ɪndɐ] *m(f)* <-s, -; -nen> indio, -a *m, f* (de la India)
indes *adv,* **indessen** [ɪn'dɛsən] *adv* ① *(inzwischen)* entretanto ② *(jedoch)* sin embargo
Index[1] ['ɪndɛks, *pl:* 'ɪnditseːs, 'ɪndɛkse] *m* <-(es), -e *o* Indizes> *(Register)* índice *m*
Index[2] ['ɪndɛks, *pl:* 'ɪnditseːs] *m* <-(es), Indizes> (WIRTSCH, MATH, PHYS, LING) índice *m*
Index[3] ['ɪndɛks] *m* <-(es), -e> (REL) índice *m* (expurgatorio); **auf dem ~ stehen** figurar en el índice de los libros prohibidos
Indianer(in) [ɪndi'anɐ] *m(f)* <-s, -; -nen> indio, -a *m, f* (americano, -a)
Indianerzelt *nt* tienda *f* india
indianisch *adj* indio
Indie-Musik ['ɪndi-] *f* música *f* indie
Indien ['ɪndiən] *nt* <-s> (la) India *f*
indifferent ['ɪndɪfərɛnt, ---'-] *adj* indiferente (**gegenüber** a)
Indigo ['ɪndigo] *m o nt* <-s, -s> índigo *m*
indigoblau ['---'-] *adj* azul índigo
Indikativ ['ɪndikatiːf] *m* <-s, -e> (LING) indicativo *m*
Indikator [ɪndi'kaːtoːɐ] *m* <-s, -en> indicador *m* (**für** de)
Indio ['ɪndjo] *m* <-s, -s> indio *m* (americano)
indirekt ['ɪndirɛkt] *adj* indirecto
indisch ['ɪndɪʃ] *adj* indio
Indischer Ozean *m* océano Índico *m*
indiskret ['ɪndɪskreːt] *adj* indiscreto
Indiskretion ['----, ---'-] *f* <-en> indiscreción *f*
indiskutabel ['-----, ---'--] *adj* indiscutible
Individualismus [ɪndividua'lɪsmʊs] *m* <-, *ohne pl*> individualismo *m*
Individualist(in) [ɪndividua'lɪst] *m(f)* <-en, -en; -nen> individualista *mf*
individualistisch *adj* individualista
Individualität *f* <-en> individualidad *f*
Individualverkehr *m ohne pl (formal)* circulación *f* individual
individuell [ɪndividu'el] *adj* individual
Individuum [ɪndi'viːduʊm, *pl:* ɪndi'viːduən] *nt* <-s, Individuen> individuo *m*
Indiz [ɪn'diːts] *nt* <-es, -ien> indicio *m* (**für** de)
Indizes *pl von* **Index[1]**, **Index[2]**
Indochina [ɪndo'çiːna] *nt* <-s> Indochina *f*
indoeuropäisch ['ɪndoʔɔɪro'pɛːɪʃ] *adj* (LING, HIST) indoeuropeo
indogermanisch ['---'--] *adj* (LING, HIST) indogermánico
Indonesien [ɪndo'neːziən] *nt* <-s> Indonesia *f*
Indonesier(in) *m(f)* <-s, -; -nen> indonesio, -a *m, f*
indonesisch *adj* indonesio
Induktion [ɪndʊk'tsjoːn] *f* <-, -en> (ELEK, PHILOS) inducción *f*
induktiv [ɪnduk'tiːf] *adj* (ELEK, PHILOS) inductivo
industrialisieren* [ɪndʊstriali'ziːrən] *vt* industrializar
Industrialisierung *f* <-en> industrialización *f*
Industrie [ɪndʊs'triː] *f* <-n> industria *f*
Industrieanlage *f* instalación *f* industrial
Industriebetrieb *m* empresa *f* industrial
Industriegebiet *nt* zona *f* industrial
Industriegesellschaft *f* sociedad *f* industrial
Industriegewerkschaft *f* sindicato *m* (obrero) industrial
Industriekauffrau *f* perito *f* industrial
Industriekaufmann *m* perito *m* industrial
Industriekonzern *m* grupo *m* industrial
Industrieland *nt* país *m* industrial
industriell [ɪndʊstri'ɛl] *adj* industrial
Industrielle(r) *mf* <-n, -n; -n> industrial *mf*
Industriemüll *m* residuos *mpl* industriales
Industrienation *f* país *m* industrializado
Industrienorm *f* <-, -en> (TECH) estándar *m* industrial
Industriepark *m* <-s, -s> parque *m* industrial
Industriestaat *m* estado *m* industrializado
Industriestadt *f* ciudad *f* industrial
Industriestandort *m* punto *m* (de concentración) industrial
Industrie- und Handelskammer *f* Cámara *f* de Industria y Comercio
Industriezentrum *nt* centro *m* industrial

Industriezweig *m* ramo *m* de (la) industria, sector *m* industrial
induzieren* [ɪndu'tsi:rən] *vt* (PHILOS, MED, ELEK) inducir
ineffektiv ['ɪn-] *adj* inefectivo
ineffizient *adj* ineficiente
Ineffizienz *f* <-, -en> ineficiencia *f*
ineinander [ɪn(ʔ)aɪ'nandɐ] *adv* uno en otro; **sich ~ verlieben** enamorarse uno del otro
ineinander|greifen *irr vi* engranar
infam [ɪn'fa:m] *adj (abw)* infame
Infanterie [ɪnfantə'ri:, '----] *f* <-n> (MIL) infantería *f*
Infanterieregiment *nt* <-(e)s, -er> (MIL) regimiento *m* de infantería
Infanterist [ɪnfantə'rɪst] *m* <-en, -en> (MIL) soldado *m* de infantería
infantil [ɪnfan'ti:l] *adj* (PSYCH) infantil; *(abw)* infantiloide
Infarkt [ɪn'farkt] *m* <-(e)s, -e> (MED) infarto *m*
Infekt [ɪn'fɛkt] *m* <-(e)s, -e> (MED) infección *f*; **ein grippaler ~** una infección gripal
Infektion [ɪnfɛk'tsjo:n] *f* <-en> (MED) infección *f*
Infektionsgefahr *f* (MED) peligro *m* de infección
Infektionsherd *m* (MED) foco *m* infeccioso
Infektionskrankheit *f* (MED) enfermedad *f* infecciosa
infektiös [ɪnfek'tsjø:s] *adj* (MED) infeccioso
Inferno [ɪn'fɛrno] *nt* <-s, *ohne pl*> infierno *m*
Infiltration [ɪnfɪltra'tsjo:n] *f* <-, -en> (POL, GEO, MED) infiltración *f*
infiltrieren* [ɪnfɪl'tri:rən] *vt (geh, a.* MED, TECH) infiltrar(se) (en)
Infinitiv ['ɪnfiniti:f] *m* <-s, -e> (LING) infinitivo *m*
infizieren* [ɪnfi'tsi:rən] **I.** *vt* (MED) infectar; (INFOR) contaminar *(con un virus informático)* **II.** *vr:* **sich ~** (MED) ❶ *(krank werden)* contagiarse ❷ *(sich anstecken)* coger *fam;* **sie hat sich mit Aids infiziert** ha cogido el sida
in flagranti [ɪn fla'granti] *adv* in fraganti
Inflation [ɪnfla'tsjo:n] *f* <-en> (WIRTSCH) inflación *f*
inflationär [ɪnflatsjo'nɛ:ɐ] *adj* (WIRTSCH) inflacionista, inflacionario; **~e Geldpolitik** política monetaria inflacionista
Inflationsrate *f* (WIRTSCH) tasa *f* de inflación
Info *f* <-s> *(fam) Abk. von* **Information** información *f*
infolge [ɪn'fɔlgə] *präp +gen* a consecuencia de
infolgedessen [---'--] *adv* en consecuencia, por consiguiente
Informant(in) [ɪnfɔr'mant] *m(f)* <-en, -en; -nen> informante *mf*
Informatik [ɪnfɔr'ma:tɪk] *f ohne pl* informática *f*
Informatiker(in) [ɪnfɔr'ma:tikɐ] *m(f)* <-s, -; -nen> informático, -a *m, f*
Information [ɪnfɔrma'tsjo:n] *f* <-en> ❶ *(Nachricht)* información *f* (**über** sobre); **zu Ihrer ~** para su información ❷ *(Empfang)* información *f;* **wenden Sie sich bitte an die ~** diríjase a información, por favor
Informationsaustausch *m* intercambio *m* de informaciones
Informationsblatt *nt* hoja *f* de información
Informationsfluss *m ohne pl* flujo *m* de comunicaciones
Informationsflut *f* avalancha *f* de informaciones
Informationsgesellschaft *f* sociedad *f* de información
Informationsmaterial *nt* material *m* informativo
Informationsquelle *f* fuente *f* de información
Informationsstand[1] *m ohne pl (Kenntnisstand)* nivel *m* informativo
Informationsstand[2] *m (Auskunftsschalter)* (stand *m* de) información *f*
Informationstechnologie *f* <-, -n> tecnología *f* de la información
Informationsverbreitung *f ohne pl* difusión *f* de información
informativ [---'-] *adj* informativo
informell ['ɪnfɔrmɛl, --'-] *adj* ❶ *(ohne Formalitäten)* informal ❷ *(informatorisch)* informativo
informieren* [ɪnfɔr'mi:rən] **I.** *vt* informar (**über** sobre/de) **II.** *vr:* **sich ~** informarse (**über** sobre/de); **ich werde mich darüber ~** me informaré sobre esto
infrage ~ kommen entrar en consideración; **das kommt nicht ~** *(ist ungeeignet)* esto no se puede tomar en cuenta; **etw ~ stellen** poner algo en duda; *s. a.* **Frage**
infrarot [ɪnfra'ro:t] *adj* (PHYS) infrarrojo
Infrarotlicht *nt ohne pl* luz *f* infrarroja
Infrarotstrahlen *mpl* rayos *mpl* infrarrojos
Infrastruktur ['----] *f* infraestructura *f*
Infusion [ɪnfu'zjo:n] *f* <-en> (MED) tra(n)sfusión *f*
Ing. *Abk. von* **Ingenieur(in)** ing.
Ingenieur(in) [ɪnʒe'njø:ɐ] *m(f)* <-s, -e; -nen> ingeniero, -a *m, f*

Ingenieurbüro *nt* <-s, -s> oficina *f* técnica
Ingenieurwesen *nt* ingeniería *f*
Ingwer ['ɪŋvɐ] *m* <-s, *ohne pl*> jengibre *m*
Inh. ❶ *Abk. von* **Inhaber(in)** propietario, -a *m, f* ❷ *Abk. von* **Inhalt** contenido *m*
Inhaber(in) ['ɪnha:bɐ] *m(f)* <-s, -; -nen> *(Eigentümer)* propietario, -a *m, f; (eines Kontos, Amtes, Passes)* titular *mf; (von Aktien)* tenedor(a) *m(f)*
inhaftieren* [ɪnhaf'ti:rən] *vt* detener, encarcelar
Inhaftierung *f* <-, -en> detención *f*
Inhalation [ɪnhala'tsjo:n] *f* <-, -en> (MED) inhalación *f*
Inhalator [ɪnha'la:to:ɐ] *m* <-s, -en> inhalador *m*
inhalieren* [ɪnha'li:rən] **I.** *vt* inhalar **II.** *vi* hacer inhalaciones
Inhalt ['ɪnhalt] *m* <-(e)s, -e> ❶ *(allgemein)* contenido *m* ❷ (MATH: *Fläche*) área *f; (Raum)* volumen *m*
inhaltlich **I.** *adj* del contenido **II.** *adv* en cuanto al contenido
Inhaltsangabe *f* resumen *m*
inhaltslos *adj* sin contenido
Inhaltsübersicht *f* <-, -en>, **Inhaltsverzeichnis** *nt* <-ses, -se> tabla *f* de materias, índice *m*
inhomogen *adj* no homogéneo, desigual
inhuman *adj (geh)* inhumano
Initiale [initsj'a:lə] *f* <-n> (letra *f*) inicial *f*
initialisieren* [initsjali'zi:rən] *vt* (INFOR) inicializar
Initialzündung [ini'tsja:l-] *f* <-, -en> ❶ (TECH) impulso *m* ❷ *(Idee)* empuje *m*, iniciativa *f*
Initiation [initsja'tsjo:n] *f* <-en> (*a.* REL, SOZIOL) iniciación *f*
Initiationsritus *m* <-, -riten> (*a.* REL, SOZIOL) rito *m* de iniciación
initiativ *adj* con iniciativa, emprendedor; ~ **sein** tener iniciativa, ser emprendedor; (**in etw** *dat*) ~ **werden** tomar la iniciativa (en algo)
Initiative [initsja'ti:və] *f* <-n> ❶ *(allgemein)* iniciativa *f*; **die ~ ergreifen** tomar la iniciativa; **etw aus eigener ~ tun** hacer algo por iniciativa propia ❷ *(Schweiz: Volksbegehren)* iniciativa *f* popular
Initiator(in) [ini'tsja:to:ɐ] *m(f)* <-s, -en; -nen> iniciador(a) *m(f)*
initiieren* [initsi'i:rən] *vt* iniciar
Injektion [ɪnjɛk'tsjo:n] *f* <-en> (MED) inyección *f*
Injektionsnadel *f* <-, -n> (MED) cánula *f*
injizieren* [ɪnji'tsi:rən] *vt* (MED) inyectar
Inka ['ɪŋka] *mf* <-(s), -(s); -(s)> (HIST) inca *mf*
Inkarnation [ɪnkarna'tsjo:n] *f* <-, -en> (*a.* REL) encarnación *f*
Inkasso [ɪn'kaso] *nt* <-s, -s *o* Inkassi> (FIN) cobro *m*
inkl. *Abk. von* **inklusive** inclusive, incluido
inklusive [ɪnklu'zi:və] **I.** *präp +gen* inclusive, incluido **II.** *adv* inclusive, incluido; **bis 28. November ~** hasta el 28 de noviembre inclusive; **alles ~** todo incluido
inkognito *adv (geh)* de incógnito
Inkognito *nt* <-s, -s> *(geh)* incógnito *m*; **sein ~ wahren** guardar el anonimato
inkompatibel ['-----, ---'--] *adj* (INFOR, JUR) incompatible
Inkompatibilität [ɪnkɔmpatibili'tɛ:t] *f* <-, -en> (INFOR, JUR) incompatibilidad *f*
inkompetent ['ɪnkɔmpetɛnt] *adj* incompetente
Inkompetenz ['ɪnkɔmpetɛnts] *f* <-en> incompetencia *f*
inkonsequent *adj* inconsecuente
Inkonsequenz ['----, ---'-] *f* <-en> inconsecuencia *f*
inkontinent *adj inv* (MED) incontinente
Inkontinenz ['ɪnkɔntinɛnts, ---'-] *f* <-, -en> (MED) incontinencia *f*
inkorrekt ['---] *adj* incorrecto
Inkrafttreten [-'---] *nt* <-s, *ohne pl*>, **In-Kraft-Treten** *nt* <-s, *ohne pl*> entrada *f* en vigor
Inkubation [ɪnkuba'tsjo:n] *f* <-, -en> (MED, ZOOL) incubación *f*
Inkubationszeit *f* (MED) tiempo *m* de incubación
Inland ['ɪnlant] *nt* <-(e)s, *ohne pl*> ❶ *(Gegensatz zu Ausland)* país *m*; **im In- und Ausland** dentro y fuera del país ❷ *(Gegensatz zu Küste)* interior *m* (del país)
Inlandflug *m* vuelo *m* nacional
inländisch ['ɪnlɛndɪʃ] *adj* interior; *(Waren)* nacional
Inlandsflug *m* vuelo *m* nacional
Inlandsmarkt *m* (WIRTSCH) mercado *m* nacional
Inlandsporto *nt* franqueo *m* nacional
Inlandsverschuldung *f* (FIN, WIRTSCH) endeudamiento *m* interno
Inliner ['ɪnlaɪnɐ] *m* <-s, ->, **Inlineskate** ['ɪnlaɪnskɛɪt] *m* <-s, -s> patín *m* en línea [*o* in-line]
Inlineskaten ['ɪnlaɪnskɛɪtən] *nt* <-s, *ohne pl*> (SPORT) patinaje *m* en línea
inmitten [ɪn'mɪtən] *präp +gen (geh)* en medio de
inne|haben ['ɪnə-] *irr vt (Amt)* ocupar; *(geh: besitzen)* poseer
inne|halten *irr vi* interrumpir; *(in Bewegung)* detenerse
innen ['ɪnən] *adv* (por) dentro; **~ drin** den-

tro; ~ **und außen** por dentro y por fuera; **die Tür geht nach ~ auf** la puerta se abre hacia dentro

Innenarchitekt(in) *m(f)* arquitecto, -a *m, f* de interiores

Innenarchitektur *f* arquitectura *f* de interiores

Innenausstattung *f* decoración *f* interior

Innenbeleuchtung *f* <-, -en> *(Raum)* iluminación *f* interior; *(Fahrzeug)* luz *f* interior

Innendienst *m* servicio *m* interno

Inneneinrichtung *f* decoración *f* de interiores

Innenhof *m* patio *m,* solar *m AmC, Ant*

Innenleben *nt ohne pl* ① *(eines Menschen)* vida *f* interior ② *(fam: eines Gerätes)* interiores *mpl*

Innenminister(in) *m(f)* (POL) ministro, -a *m, f* del Interior

Innenministerium *nt* (POL) Ministerio *m* del Interior

Innenpolitik *f* política *f* interior

innenpolitisch *adj* de la política interior

Innenraum *m* (espacio *m*) interior *m*

Innenseite *f* (parte *f*) interior *m*

Innenstadt *f* centro *m* de la ciudad

Innentasche *f* <-, -n> bolsillo *m* interior

Innenverteidiger(in) *m(f)* (SPORT) defensa *mf* interior

Innenwand *f* <-, -wände> tabique *m*

Innenzelt *nt* tienda *f* interior

innerbetrieblich ['ɪnɐ-] *adj* intraempresarial

innerdeutsch *adj* (HIST: *Angelegenheit, Handel*) interalemán; **die ~e Grenze** la frontera interalemana

innere(r, s) *adj* ① *(räumlich)* interior, interno; **Einmischung in die ~n Angelegenheiten** intromisión en asuntos internos ② (MED) interno ③ *(geistig, seelisch)* interior

Innere(s) *nt* <-n, *ohne pl*> interior *m;* **in ihrem tiefsten ~n** en su más hondo

Innereien [ɪnə'raɪən] *pl* vísceras *fpl,* achuras *fpl CSur, Bol; (bei Geflügel)* menudillos *mpl*

innerhalb ['ɪnɐhalp] **I.** *präp +gen* ① *(örtlich)* dentro de ② *(zeitlich)* dentro de, en el plazo de **II.** *adv* dentro; ~ **von** dentro de

innerlich *adj* ① *(innen)* por dentro; (MED) interno; ~ **anzuwenden** para uso interno ② *(geistig, seelisch)* interior

innerorts *adj (Schweiz)* dentro del pueblo [*o* de la ciudad]

innerste(r, s) *adj superl von* **innere(r, s)** el/la/lo más interior; *(fig)* el más íntimo/la más íntima/lo más íntimo; **sein ~s Wesen** su naturaleza más íntima

Innerste(s) *nt* <-n, *ohne pl*> *(bei Personen)* lo más íntimo, corazón *m; (bei Dingen)* fondo *m;* **ihr ~s blieb ihm verborgen** lo más íntimo de su ser le quedó oculto

innert [ɪ'nɛrt] *präp +gen (Schweiz, Österr) s.* **innerhalb**

inne|wohnen ['ɪnə-] *vi (geh)* **jdm/etw** *dat* ~ ser inherente a alguien/algo

innig ['ɪnɪç] *adj (tief)* profundo; *(herzlich)* cordial; *(inbrünstig)* ferviente, ardiente; **jdn heiß und ~ lieben** amar a alguien con toda el alma

Innovation [ɪnova'tsjo:n] *f* <-en> innovación *f*

innovativ [ɪnova'ti:f] *adj (Denken)* innovador

innovieren [ɪno'vi:rən] *vi (geh)* innovar

Innung ['ɪnʊŋ] *f* <-en> corporación *f*

inoffiziell ['ɪnʔɔfitsjɛl] *adj* extraoficial

inoperabel *adj* (MED) inoperable; ~ **sein** ser inoperable

inopportun *adj (geh)* inoportuno

in petto [ɪn 'pɛto] *adv (fam)* **etw (gegen jdn) ~ haben** tener algo en la manga (para utilizarlo contra alguien)

in puncto [ɪn 'pʊŋkto] *präp +nom/gen* en [*o* por] lo que se refiere a

Input ['ɪnpʊt] *m o nt* <-s, -s> (INFOR) input *m,* inducto *m*

Inquisition [ɪnkvizi'tsjo:n] *f* <-en> (HIST) Inquisición *f*

Inquisitor [ɪnkvi'zi:to:ɐ] *m* <-s, -en> (HIST) inquisidor *m*

ins [ɪns] = **in das** al/a la; *s. a.* **in**

Insasse, -in ['ɪnzasə] *m, f* <-n, -n; -nen> *(eines Fahrzeugs)* ocupante *mf; (eines Heims)* residente *mf; (eines Gefängnisses)* preso, -a *m, f*

insbesondere [ɪnsbə'zɔndərə] *adv* especialmente, en particular

Inschrift ['--] *f* <-en> inscripción *f*

Insekt [ɪn'zɛkt] *nt* <-(e)s, -en> insecto *m*

Insektenbekämpfungsmittel *nt* insecticida *m*

Insektengift *nt* <-(e)s, -e> (CHEM) insecticida *m*

Insektenspray *nt* <-s, -s> insecticida *m*

Insektenstich *m* picadura *f* de (un) insecto

Insektenvernichtungsmittel *nt,* **Insektizid** [ɪnzɛkti'tsi:t] *nt* <-s, -e> insecticida *m*

Insel ['ɪnzəl] *f* <-n> isla *f;* **die Kanarischen ~n** las islas Canarias

Inselbewohner(in) *m(f)* habitante *m* de una isla

Inselgruppe *f* archipiélago *m*

Inserat [ɪnze'ra:t] *nt* <-(e)s, -e> (PUBL) anuncio *m,* aviso *m Am;* **ein ~ aufgeben** poner un anuncio

Inserent(in) [ɪnze'rɛnt] *m(f)* (PUBL) anunciante *mf*

inserieren* [ɪnze'riːrən] *vi* (PUBL) poner un anuncio (**in** en)

insgeheim ['--'-] *adv* en secreto

insgesamt ['--'-] *adv* en total

Insider(in) ['ɪnsaɪdɐ] *m(f)* <-s, -; -nen> persona *f* enterada

insistieren* [ɪnzɪs'tiːrən] *vi (geh)* insistir (**auf** en)

inskünftig ['ɪnskʏnftɪç] *adv (Schweiz: künftig)* en el futuro

insofern [--'-, -'--] **I.** *adv* en este sentido; **~ sind wir einverstanden** hasta ahí estamos de acuerdo; **er hat ~ Recht, als ...** tiene razón en el sentido de que... **II.** *konj* ① *(für den Fall)* con tal que +*subj*, siempre que +*subj* ② *(in dem Maß)* en la medida que +*subj*

insolvent ['---, --'-] *adj* (FIN) insolvente

Insolvenz ['---, --'-] *f* <-, -en> (FIN) insolvencia *f*

Insolvenzverwalter(in) *m(f)* (FIN) administrador(a) *m(f)* de insolvencia

insoweit [--'-, -'--] *adv o konj s.* **insofern**

in spe [ɪn 'speː] *adj inv* futuro; **meine Schwiegereltern ~** mis futuros suegros

Inspektion [ɪnspɛk'tsjoːn] *f* <-en> ① *(allgemein)* inspección *f*, chequeo *m Am* ② (AUTO) revisión *f*

Inspektor(in) [ɪn'spɛktɔːɐ] *m(f)* <-s, -en; -nen> inspector(a) *m(f)*

Inspiration [ɪnspira'tsjoːn] *f* <-en> inspiración *f*

inspirieren* [ɪnspi'riːrən] *vt* inspirar (**zu** a)

inspizieren* [ɪnspi'tsiːrən] *vt* inspeccionar

instabil ['---, --'-] *adj* inestable

Instabilität ['-----, ----'-] *f* <-, -en> inestabilidad *f*

Instagram® <-[s]> ['ɪnstəgrɛm] *nt kein pl* (INFOR) Instagram® *m*

Installateur(in) [ɪnstala'tøːɐ] *m(f)* <-s, -; -nen> instalador(a) *m(f)*; *(Klempner)* fontanero, -a *m, f*

Installation [ɪnstala'tsjoːn] *f* <-en> (*a.* INFOR, TECH) instalación *f*

installieren* [ɪnsta'liːrən] *vt* (TECH) instalar, montar; (INFOR) instalar; **ein Programm ~** instalar un programa

instand [ɪn'ʃtant] *adv* **etw ~ setzen/halten** arreglar/conservar algo; **gut ~ sein** estar en buen estado; *s. a.* **Stand**[1]

Instandhaltung *f* mantenimiento *m*, conservación *f*

Instandhaltungskosten *pl* costes *mpl* de conservación [*o* de mantenimiento]

inständig ['ɪnʃtɛndɪç] **I.** *adj* ① *(dringlich)* urgente ② *(nachdrücklich)* fervoroso **II.** *adv* encarecidamente, insistentemente

Instandsetzung [-'---] *f* <-, -en> arreglo *m*

Instantkaffee [ɪn'stant-] *m* <-s, -s> café *m* instantáneo

Instanz [ɪn'stants] *f* <-en> ① *(Behörde)* autoridad *f* competente ② (JUR) instancia *f*; **in erster/zweiter ~** en primera/segunda instancia; **bis zur letzten ~ gehen** ir hasta la última instancia

Instinkt [ɪn'stɪŋkt] *m* <-(e)s, -e> instinto *m*

instinktiv [ɪnstɪŋk'tiːf] *adj* instintivo

Institut [ɪnsti'tuːt] *nt* <-(e)s, -e> instituto *m*

Institution [ɪnstitu'tsjoːn] *f* <-en> institución *f*

instruieren* [ɪnstru'iːrən] *vt* ① *(informieren)* informar ② *(anweisen)* dar instrucciones

Instruktion [ɪnstrʊk'tsjoːn] *f* <-en> ① *(Anweisung)* directiva *f*, orden *f* ② *(Anleitung)* instrucción *f*

Instrument [ɪnstru'mɛnt] *nt* <-(e)s, -e> (*a.* MUS) instrumento *m*

instrumental [ɪnstrumɛn'taːl] *adj* (*a.* MUS) instrumental

instrumentalisieren* *vt (geh)* instrumentalizar

Instrumentalist(in) *m(f)* <-en, -en; -, -nen> (MUS) instrumentista *mf*

Instrumentalmusik *f* música *f* instrumental

Instrumentalstück *nt* (MUS) pieza *f* instrumental

Instrumentarium [ɪnstrumɛn'taːriʊm, *pl:* ɪnstrumɛn'taːriən] *nt* <-s, **Instrumentarien**> (*a.* MUS) instrumental *m*

Insuffizienz ['ɪnzʊfitsjɛnts, ---'-] *f* <-, -en> ① *(Unvermögen)* incapacidad *f* ② (MED) insuficiencia *f*

Insulaner(in) [ɪnzu'laːnɐ] *m(f)* <-s, -; -nen> isleño, -a *m, f*, insular *mf*

Insulin [ɪnzu'liːn] *nt* <-s, *ohne pl*> (MED) insulina *f*

inszenieren* [ɪnstse'niːrən] *vt* (THEAT) poner en escena

Inszenierung *f* <-en> ① (THEAT) puesta *f* en escena ② *(abw: in Politik, Öffentlichkeit)* trama *f*

intakt [ɪn'takt] *adj* intacto

integer [ɪn'teːgɐ] *adj (geh)* íntegro

Integralrechnung *f* (MATH) cálculo *m* integral

Integration [ɪntegra'tsjoːn] *f* <-en> (*a.* MATH) integración *f*

integrativ [ɪntegra'tiːf] *adj* integrativo

integrieren* [ɪnte'griːrən] *vt* (*a.* MATH) integrar; **wieder in die Gesellschaft ~** reintegrar en la sociedad

Integrität [ɪntegri'tɛ:t] *f ohne pl* integridad *f*
Intellekt [ɪntɛ'lɛkt] *m* <-(e)s, *ohne pl*> intelecto *m*
intellektuell [ɪntɛlɛktu'ɛl] *adj* intelectual
Intellektuelle(r) *mf* <-n, -n; -n> intelectual *mf*
intelligent [ɪntɛli'gɛnt] *adj* inteligente
Intelligenz [ɪntɛli'gɛnts] *f ohne pl* ❶ *(Denkfähigkeit)* inteligencia *f*; **künstliche ~** (INFOR) inteligencia artificial ❷ *(Gebildete)* intelectuales *mpl*
Intelligenzbestie *f* <-, -n> *(fam)* genio *m*, monstruo *m* de inteligencia
Intelligenzquotient *m* cociente *m* intelectual, coeficiente *m* de inteligencia
Intelligenztest *m* test *m* de nivel intelectual
Intendant(in) [ɪntɛn'dant] *m(f)* <-en, -en; -nen> (RADIO, TV, THEAT) director(a) *m(f)* artístico , -a
Intendantur [ɪntɛndan'tu:ɐ, *pl:* -ren] *f* <-, -en> *(alt, a.* MIL) intendencia *f*
Intendanz [ɪntɛn'dants] *f* <-en> (RADIO, TV, THEAT: *Amt*) cargo *m* de director(a) artístico , -a; *(Büro)* oficina *f* del director artístico/de la directora artística
Intensität [ɪntɛnzi'tɛ:t] *f* <-en> intensidad *f*
intensiv [ɪntɛn'zi:f] *adj* ❶ *(gründlich)* intensivo ❷ *(Farbe, Schmerz)* intenso
intensivieren* [ɪntɛnzi'vi:rən] *vt* intensificar
Intensivierung *f* <-en> intensificación *f*
Intensivkurs *m* curso *m* intensivo
Intensivstation *f* (MED) unidad *f* de cuidados intensivos
Intention [ɪntɛn'tsjo:n] *f* <-en> intención *f*
interaktiv [ɪntɐʔak'ti:f] *adj* (*a.* INFOR) interactivo
Intercity [ɪntɐ'sɪti] *m* <-s, -s> (EISENB) tren *m* rápido interurbano
Intercityexpress *m* <-es, -e> (EISENB) ≈ AVE *m*
interdisziplinär [ɪntɐdɪstsipli'nɛ:ɐ] *adj* interdisciplinario
interessant [ɪnt(ə)rɛ'sant] *adj* interesante; **sich ~ machen** hacerse el interesante
interessanterweise [ɪnt(ə)rɛ'santɐ'vaɪzə] *adv* curiosamente
Interesse [ɪntə'rɛsə, ɪn'trɛsə] *nt* <-s, -n> interés *m* (**an/für** en/por); **~ haben/zeigen** tener/mostrar interés; **es liegt in deinem eigenen ~** es en tu propio interés; **im ~ des Friedens** en beneficio de la paz; **er vertritt meine ~n** defiende mis intereses; **mit wachsendem ~** con creciente interés; **jds ~ für etw gewinnen** despertar el interés de alguien por algo
interessehalber [ɪntə'rɛsəhalbɐ, ɪn'trɛsə-] *adv* por interés
interesselos *adj* sin interés
Interessengebiet *nt* ámbito *m* de intereses
Interessengemeinschaft *f* comunidad *f* de intereses
Interessengruppe *f* <-, -n> grupo *m* de interesados
Interessenkonflikt *m* conflicto *m* de intereses
Interessent(in) [ɪnt(ə)rɛ'sɛnt] *m(f)* <-en, -en; -nen> interesado, -a *m, f* (**an/für** en/por)
Interessenverband *m* <-(e)s, -bände> asociación *f* de intereses
Interessenvertretung *f* <-, -en> representación *f* de intereses
interessieren* [ɪnt(ə)rɛ'si:rən] **I.** *vr:* **sich ~** interesarse (**für** por), tener interés (**für** en/por) **II.** *vt* interesar; **jdn für etw ~** despertar el interés de alguien por algo
interessiert [ɪnt(ə)rɛ'si:ɐt] **I.** *adj* interesado; **kulturell ~ sein** tener intereses intelectuales; **an etw** *dat* **/jdm ~ sein** estar interesado en algo/alguien; **sich ~ zeigen** mostrarse interesado; **ich bin nicht daran ~, dass ...** no me interesa que... *+subj* **II.** *adv* con interés
Interface ['ɪntɐfɛɪs] *nt* <-, -s> (INFOR) interfase *f*
Interferenz [ɪntɐfe'rɛnts] *f* <-en> (PHYS, TECH) interferencia *f*
Interieur [ɛ̃te'rjø:ɐ] *nt* <-s, -s *o* -e> interior *m*
Interimsregierung *f* (POL) gobierno *m* interino
Interjektion [ɪntɐjɛk'tsjo:n] *f* <-en> (LING) interjección *f*
interkontinental [ɪntɐ-] *adj* intercontinental
Interkontinentalrakete *f* <-, -n> (MIL) misil *m* intercontinental
interkulturell *adj* intercultural
Intermezzo [ɪntɐ'mɛtso] *nt* <-s, -s *o* -mezzi> (*a.* MUS, THEAT) intermezzo *m*
intern [ɪn'tɛrn] *adj* interno
Internat [ɪntɐ'na:t] *nt* <-(e)s, -e> internado *m*
international [ɪntɐnatsjo'na:l] *adj* internacional
Internationale *f* <-, *ohne pl*> (POL) Internacional *f*
internationalisieren* [ɪntɐnatsjonali'zi:rən] *vt* (POL, JUR) internacionalizar
Internatsschüler(in) *m(f)* alumno, -a *m, f* de un internado
Internet ['ɪntɐnɛt] *nt* <-s, -s> (INFOR) internet *f*; **im ~ surfen** navegar en/por internet

Internetadresse *f* (INFOR) dirección *f* en internet
Internetaktivist(in) *m(f)* activista *mf* de [*o* en] internet
Internetanbieter *m* <-s, -> (INFOR) proveedor *m* de Internet
Internetanschluss *m* <-es, -schlüsse> (INFOR) conexión *f* a Internet
Internetbenutzer(in) *m(f)* (INFOR) usuario, -a *m, f* de internet
Internetbrowser *m* (INFOR) explorador *m* de internet
Internetcafé *nt* (INFOR) cibercafé *m,* internet café *m,* cibercafé *m*
Internetchat *m* <-s, -s> (INFOR) chat(eo) *m* por internet
Internetprovider *m* <-s, -> (INFOR) proveedor *m* de internet
Internetsurfer(in) *m(f)* (INFOR) internauta *mf,* navegante *mf* de internet
Internet-Terminal *nt* <-s, -s> (INFOR) terminal *m* de internet
Internetzugang *m* (INFOR) acceso *m* a internet
internieren* [ɪntɐ'ni:rən] *vt* internar
Internierung *f* <-en> ❶ (MIL) internamiento *m* ❷ (MED) ingreso *m*
Internierungslager *nt* campo *m* de concentración
Internist(in) [ɪntɐ'nɪst] *m(f)* <-en, -en; -nen> (MED) internista *mf*
Interpol ['ɪntɐpo:l] *f* Interpol *f,* Organización *f* Internacional de Policía Criminal
Interpret(in) [ɪntɐ'pre:t] *m(f)* <-en, -en; -nen> (MUS) intérprete *mf*
Interpretation [ɪntɐpreta'tsjo:n] *f* <-en> interpretación *f*
interpretieren* [ɪntɐpre'ti:rən] *vt* interpretar
Interpretin *f* <-nen> *s.* **Interpret**
Interpunktion [ɪntɐpʊŋk'tsjo:n] *f ohne pl* (LING) puntuación *f*
Interrailkarte ['ɪntɐrɛɪlkartə] *f* (EISENB) billete *m* Interrail
Interregio [ɪntɐ're:gio] *m* <-s, -s> (EISENB) tren *m* rápido interregional
Interrogativpronomen *nt* (LING) pronombre *m* interrogativo
interstellar [ɪntɐstɛ'la:ɐ] *adj* (ASTR) interestelar
Intervall [ɪntɐ'val] *nt* <-s, -e> (*a.* MUS) intervalo *m*
intervenieren* [ɪntɐve'ni:rən] *vi* (MIL, POL) intervenir
Intervention [ɪntɐvɛn'tsjo:n] *f* <-en> (MIL, POL) intervención *f*
Interview [ɪntɐ'vju:, 'ɪntɐvju] *nt* <-s, -s> entrevista *f;* **ein ~ geben/machen** conceder/hacer una entrevista
interviewen* [ɪntɐ'vju:ən] *vt* entrevistar, reportear *Am*
Interviewer(in) [ɪntɐ'vju:ɐ] *m(f)* <-s, -; -nen> entrevistador(a) *m(f)*
intim [ɪn'ti:m] *adj* íntimo; **mit jdm ~ werden** tener relaciones sexuales con alguien
Intimbereich *m* zona *f* íntima
Intimität [ɪntimi'tɛ:t] *f* <-en> intimidad *f*
Intimsphäre *f* esfera *f* íntima, intimidad *f* personal
Intimverkehr *m* relaciones *fpl* íntimas
intolerant ['----] *adj* intolerante
Intoleranz ['----] *f ohne pl* intolerancia *f*
Intonation [ɪntona'tsjo:n] *f* <-en> (MUS, LING) entonación *f*
Intranet ['ɪntranɛt] *nt* <-, *ohne pl*> (INFOR) Intranet *f (difusión de información dentro de una compañía)*
intransitiv ['----] *adj* (LING) intransitivo
intravenös [ɪntrave'nø:s] **I.** *adj* (MED: *Injektion*) intravenoso **II.** *adv* (MED: *ernähren*) por vena
intrigant [ɪntri'gant] *adj* intrigante
Intrigant(in) [--'-] *m(f)* <-en, -en; -nen> intrigante *mf*
Intrige [ɪn'tri:gə] *f* <-n> intriga *f;* **~n spinnen** urdir intrigas
intrigieren* [ɪntri'gi:rən] *vi* intrigar (**gegen** contra)
introvertiert ['ɪntrovɛrti:ɐt] *adj* introvertido
Intuition [ɪntui'tsjo:n] *f* <-en> intuición *f*
intuitiv [ɪntui'ti:f] *adj* intuitivo
intus ['ɪntʊs] *adj inv (fam)* **etw ~ haben** *(auswendig können)* tener algo memorizado; *(verstanden haben)* haber comprendido algo; *(zu sich genommen haben)* haber tomado algo, haber bebido [*o* comido] algo
invalid(e) *adj* inválido
Invalide, Invalidin *m, f* <-n, -n; -nen> inválido, -a *m, f*
Invalidenrente *f* <-, -n> pensión *f* de invalidez
Invalidin *f* <-nen> *s.* **Invalide**
Invalidität [ɪnvalidi'tɛ:t] *f ohne pl* invalidez *f*
invariabel ['ɪnvaria:bəl] *adj* invariable
Invasion [ɪnva'zjo:n] *f* <-en> invasión *f*
Inventar [ɪnvɛn'ta:ɐ] *nt* <-s, -e> ❶ (COM: *Firmenvermögen*) bienes *mpl* de una empresa; *(Gegenstände)* mobiliario *m;* **lebendes/totes ~** (COM) inventario vivo/muerto ❷ *(Verzeichnis)* inventario *m;* **etw ins ~ aufnehmen** incluir algo en el inventario
Inventur [ɪnvɛn'tu:ɐ] *f* <-en> inventario *m;* **~ machen** inventariar
Inversion [ɪnvɛr'zjo:n] *f* <-, -en> (METEO, CHEM, MATH, LING) inversión *f*

investieren* [ɪnvɛs'tiːrən] *vt* invertir (**in** en)
Investition [ɪnvɛsti'tsjoːn] *f* <-en> inversión *f*
Investitionsbank *f* (WIRTSCH) banco *m* de inversiones
Investment [ɪn'vɛstmənt] *nt* <-s, -s> (FIN) inversión *f*
Investmentfonds *m* (FIN) fondo *m* de inversión
Investor(in) [ɪn'vɛstoːɐ] *m(f)* <-s, -en; -nen> (WIRTSCH) inversionista *mf*
In-vitro-Fertilisation [ɪn 'viːtro fɛrtiliza'tsjoːn] *f* (MED) fecundación *f* in vitro
involvieren* [ɪnvɔl'viːrən] *vt* incluir (**in** en)
inwendig ['ɪnvɛndɪç] **I.** *adj* interior **II.** *adv* por dentro; **etw in- und auswendig kennen** *(fam)* conocer algo al dedillo
inwiefern [--'-], **inwieweit** [--'-] *adv* en qué medida, hasta qué punto
Inzest ['ɪntsɛst] *m* <-(e)s, -e> incesto *m*
Inzucht ['ɪntsʊxt] *f* <-en> procreación *f* consanguínea
inzwischen [-'--] *adv* entretanto, mientras tanto
Ion [i'oːn] *nt* <-s, -en> (PHYS, CHEM) ion *m*
ionisch [i'oːnɪʃ] *adj* (CHEM) iónico
ionisieren* [ioni'ziːrən] *vi, vt* (CHEM) ionizar
Ionosphäre [iono'sfɛːrə] *f* <-, *ohne pl*> ionosfera *f*
i-Punkt *m* (LING) punto *m* sobre la i; **bis auf den ~** hasta (en) el más mínimo detalle
IQ [iː'kuː] *m* <-(s), -(s)> *Abk. von* **Intelligenzquotient** CI *m*
Irak [i'raːk] *m* <-s> Irak *m*, Iraq *m*
Iraker(in) *m(f)* <-s, -; -nen> iraquí *mf*
irakisch *adj* iraquí
Iran [i'raːn] *m* <-s> Irán *m*
Iraner(in) *m(f)* <-s, -; -nen> iraní *mf*
iranisch *adj* iraní
irdisch ['ɪrdɪʃ] *adj* ❶ *(zur Erde gehörend)* terrestre ❷ *(Gegensatz zum Himmel)* terrenal
Ire, -in ['iːrə] *m, f* <-n, -n; -nen> irlandés, -esa *m, f*
irgend ['ɪrgənt] *adv* **… oder ~ so etwas** … o cualquier cosa por el estilo; **wenn ~ möglich** a ser posible
irgendein ['---] *pron indef s.* **irgendeine(r)**
irgendeine(r) *pron indef* ❶ *(einer)* algún, alguno *m*, alguna *f*; **haben Sie noch ~n Wunsch?** ¿tiene algún otro deseo? ❷ *(ein beliebiges)* cualquier(a); **ich gehe nicht mit ~m aus** yo no salgo con cualquiera
irgendeins *pron indef s.* **irgendeine(r)**
irgendetwas ['--'--] *pron indef* algo; **ohne ~** sin nada
irgendjemand ['--'--] *pron indef* alguien
irgendwann ['--'-] *adv* algún día, en cualquier momento; **~ einmal** alguna vez; **~ nächste Woche** en cualquier momento la semana que viene
irgendwas ['--'-] *pron indef (fam)* ❶ *(etwas)* algo; **fällt dir noch ~ ein?** ¿se te ocurre alguna otra cosa? ❷ *(Beliebiges)* cualquier cosa
irgendwelche ['--'--] *pron indef* ❶ *(manche)* algunos *mpl*, algunas *fpl*; **~ Leute meinten …** algunos opinaron… ❷ *(beliebige)* cualquier(a); **solltest du ~ Probleme haben …** si tienes cualquier problema…
irgendwer ['--'-] *pron indef* ❶ *(jemand)* alguien ❷ *(eine beliebige Person)* cualquier persona, cualquiera; **er ist schließlich nicht ~** no es un cualquiera
irgendwie ['--'-] *adv* de alguna manera, de una forma o de otra
irgendwo ['--'-] *adv* en alguna parte
irgendwoher ['---'-] *adv* de cualquier parte
irgendwohin ['---'-] *adv* a cualquier parte
Iridium [i'riːdiʊm] *nt* <-s, *ohne pl*> (CHEM) iridio *m*
Irin ['iːrɪn] *f* <-nen> *s.* **Ire**
Iris[1] ['iːrɪs] *f* <-> (BOT) iris *m*, lirio *m*
Iris[2] *f* <- *o* Iriden *o* Irides> (MED: *des Auges*) iris *m*
irisch ['iːrɪʃ] *adj* irlandés
Irland ['ɪrlant] *nt* <-s> Irlanda *f*
Ironie [iro'niː] *f* <-n> ironía *f*
ironisch [i'roːnɪʃ] *adj* irónico
irr *adj s.* **irre**
irrational ['----, ---'-] *adj* irracional
irre ['ɪrə] *adj* ❶ *(verwirrt)* confuso; **du machst mich ganz ~** *(fam)* me vuelves loco ❷ *(geistesgestört)* loco; **jdn für ~ halten** tomar a alguien por loco ❸ *(fam: toll)* loco, de putamadre *argot;* **~ gut/hübsch** superbien/superguapo
Irre[1] ['ɪrə] *f ohne pl* **jdn in die ~ führen** *(betrügen)* engañar a alguien; *(falschen Weg angeben)* despistar a alguien
Irre(r)[2] *mf* <-n, -n; -n> *(Geistesgestörte)* loco, -a *m, f*
irreal ['---, --'-] *adj* irreal
Irrealität *f* <-, *ohne pl*> *(geh)* irrealidad *f*
irre|führen ['ɪrə-] *vt* engañar
irreführend *adj* que conduce a error; *(missverständlich)* equívoco; *(betrügerisch)* engañoso
Irreführung *f* <-en> engaño *m*
irregulär ['ɪreguləːɐ, ---'-] *adj* irregular
irrelevant ['ɪrelevant] *adj* irrelevante
Irrelevanz *f* <-, *ohne pl*> *(geh: mangelnde Bedeutung)* irrelevancia *f*
irre|machen *vt (unsicher machen)* descon-

certar; *(durcheinanderbringen)* confundir; *(nervös machen)* poner de los nervios *fam*

irren ['ɪrən] **I.** *vr:* **sich ~** equivocarse; **ich habe mich im Tag geirrt** me he equivocado de día; **Sie ~ sich** está Ud. equivocado; **sie haben sich in ihm geirrt** se han equivocado con él; **wenn ich mich nicht irre** si no me equivoco; **I~ ist menschlich** *(prov)* errar es humano **II.** *vi sein (umherstreifen)* errar (**durch** por), vagar (**durch** por)

Irrenanstalt *f,* **Irrenhaus** *nt* manicomio *m*

irreparabel ['ɪrepara:bəl] *adj* irreparable

irreversibel ['ɪrevɛrzi:bəl, ---'--] *adj* irreversible

Irrfahrt ['ɪr-] *f* odisea *f*

Irrgarten *m* laberinto *m*

Irrglaube *m* <-ns, *ohne pl*>, **Irrglauben** *m* <-s, *ohne pl*> ❶ *(falsche Auffassung)* opinión *f* errónea, concepto *m* erróneo ❷ (REL) heterodoxia *f*

Irrglaube(n) *m* ❶ *(falsche Auffassung)* opinión *f* errónea ❷ (REL) heterodoxia *f*

irrig ['ɪrɪç] *adj* equivocado, erróneo

Irritation [ɪrita'tsjo:n] *f* <-, -en> *(geh)* irritación *f; (fig)* enfado *m*

irritieren* [ɪri'ti:rən] *vt* desconcertar; *(stören)* molestar

Irrläufer *m* <-s, -> envío *m* equivocado

Irrlehre *f* <-n> (*a.* PHILOS) doctrina *f* errónea; (REL) doctrina *f* herética

Irrlicht *nt* fuego *m* fatuo, luz *f* mala *Arg, Urug*

Irrsinn *m* <-s, *ohne pl*> locura *f*

irrsinnig *adj* ❶ *(verrückt)* loco ❷ *(fam: groß)* tremendo; *(toll)* de putamadre *argot*

Irrtum *m* <-s, -tümer> error *m,* equívoco *m Am;* **einen ~ einsehen/erkennen** reconocer/percibir un error; **einem ~ unterliegen** incurrir en error; **ihr ist ein ~ unterlaufen** cometió un error; **sich im ~ befinden** estar en un error

irrtümlich ['ɪrty:mlɪç] **I.** *adj* erróneo **II.** *adv* por error

irrtümlicherweise *adv* ❶ *(sich irrend)* equivocadamente, erróneamente ❷ *(aus Versehen)* por error, por equivocación

Irrweg *m* camino *m* equivocado

ISBN [i:ʔɛsbe:'ʔɛn] *f* <-, -> *Abk. von* **Internationale Standardbuchnummer** ISBN *m*

Ischias ['ɪʃias] *m o nt* <-, *ohne pl*> (MED) ciática *f*

Ischiasnerv *m* nervio *m* ciático

ISDN [i:ʔɛsde:'ʔɛn] *nt* (TEL) *Abk. von* **Integrated Services Digital Network** ISDN *m*

ISDN-Anschluss *m* (TEL) conexión *f* ISDN

Islam [ɪs'la:m] *m* <-(s), *ohne pl*> (REL) islam *m*

islamisch *adj* (REL) islámico

Islamisierung *f* <-, -en> (REL) islamización *f*

Islamismus *m* <-, *ohne pl*> (REL, POL) islamismo *m*

Islamist(in) <-en, -en; -nen> *m(f)* islamista *mf*

islamistisch *adj* islamista

Island ['i:slant] *nt* <-s> Islandia *f*

Isländer(in) ['i:slɛndɐ] *m(f)* <-s, -; -nen> islandés, -esa *m, f*

isländisch *adj* islandés

Isobare [izo'ba:rə] *f* <-, -n> (METEO) isobara *f*

Isolation [izola'tsjo:n] *f* <-en> *(allgemein)* aislamiento *m; (von Gefangenen)* incomunicación *f*

Isolationismus [izolatsjo'nɪsmʊs] *m* <-, *ohne pl*> (POL) aislacionismo *m*

Isolationshaft *f ohne pl* incomunicación *f;* **in ~ sein** estar incomunicado

Isolator [izo'la:to:ɐ] *m* <-s, -en> (PHYS, ELEK) aislador *m*

Isolierband [izo'li:ɐ-] *nt* cinta *f* aislante

isolieren* [izo'li:rən] *vt* ❶ *(absondern)* aislar (**von** de); *(Häftlinge)* incomunicar ❷ *(abdichten)* aislar (**gegen** contra)

Isolierkanne *f* termo *m*

Isoliermaterial *nt* (material *m*) aislante *m*

Isolierschicht *f* capa *f* aislante

isoliert **I.** *adj* aislado, fuera de contexto **II.** *adv* ❶ *(abgeschlossen)* aislado; **sie lebte ganz ~ auf einem Bauernhof** vivía totalmente aislada en una casa de campo ❷ *(zusammenhanglos)* fuera de contexto

Isolierung *f* <-en> aislamiento *m* (**gegen** contra); *(von Gefangenen)* incomunicación *f*

Isomatte® ['i:zomatə] *f* <-, -n> (colchoneta *f*) aislante *m*

Isotop [izo'to:p] *nt* <-s, -e> (CHEM) isótopo *m*

Israel ['i:srae:l, 'ɪsrae:l] *nt* <-s> Israel *m*

Israeli *mf* <-(s), -(s); -(s)> israelí *mf*

israelisch [isra'e:lɪʃ, ɪsra'e:lɪʃ] *adj* israelí

Israelit(in) [israe'li:t, ɪsrae'li:t] *m(f)* <-en, -en; -nen> israelita *mf*

israelitisch *adj* israelita

isst [ɪst] *3. präs von* **essen**

ist [ɪst] *3. präs von* **sein**

Istanbul ['ɪstanbu:l] *nt* <-s> Estambul *m*

Ist-Bestand ['ɪstbəʃtant] *m (Geld)* saldo *m; (Waren)* existencias *fpl* de mercancías

Isthmus ['ɪstmʊs] *m* <-, Isthmen> (GEO) istmo *m*

Italien [i'ta:liən] *nt* <-s> Italia *f*

Italiener(in) [ita'ljeːnɐ] *m(f)* <-s, -; -nen> italiano, -a *m, f*
italienisch *adj* italiano
Italienisch *nt* <-(s), *ohne pl*>, **Italienische** *nt* <-n, *ohne pl*> italiano *m*
IT-Branche [aɪː'tiːʔbrãːʃə] *f* sector *m* de las tecnologías de la información
IT-Konzern *m* <-(e)s, -e> consorcio *m* de tecnologías de la información
i-Tüpfelchen *nt* <-s, -> punto *m* sobre la i; *(Krönung)* remate *m*
i.V. *Abk. von* **in Vertretung** p.d.
IWF [iːveː'ʔɛf] *m* <-(s)> *Abk. von* **Internationaler Währungsfonds** FMI *m*

J j

J, j [jɔt] *nt* <-, -> J, j *f;* **~ wie Julius** J de Juan
ja [jaː] *adv* ① *(zustimmend)* sí; **zu etw** *dat* **~ sagen** decir sí a algo; **ich glaube ~** creo que sí; **wenn ~, dann ...** en caso afirmativo...; **ach ~** ah sí; **aber ~** pero claro que sí; **~ doch!** ¡que sí!; **zu allem ~ und amen sagen** decir que sí a todo ② *(fragend)* sí; **du bist also einverstanden, ~?** o sea que estás de acuerdo, ¿sí? ③ *(doch)* **es ist ~ bekannt, dass ...** pues ya se sabe que...; **das sage ich ~** eso es precisamente lo que yo digo; **da kommt er ~** ahí viene ④ *(aber)* **das ist ~ fürchterlich** pero eso es realmente terrible; **es ist ~ noch früh** pero si aún es temprano; **~, weißt du das denn nicht?** ¡oye!, ¿es que no lo sabes? ⑤ *(bloß)* **komm ~ pünktlich!** ¡que llegues puntual!
Ja *nt* <-(s), -(s)> sí *m;* **eine Frage mit ~ beantworten** contestar una pregunta con un sí
Jacht [jaxt] *f* <-en> yate *m*
Jachthafen *m* puerto *m* deportivo
Jachtklub *m* club *m* náutico
Jacke ['jakə] *f* <-n> chaqueta *f; (für Herren)* americana *f,* saco *m Am; (Windjacke)* cazadora *f*
Jackentasche *f* <-, -n> bolsillo *m* de la chaqueta
Jackett [ʒa'kɛt] *nt* <-s, -s> americana *f,* saco *m Am*
Jackpot ['dʒɛkpɔt] *m* <-s, -s> *(im Lotto)* bote *m*
Jade ['jaːdə] *f* <-, *ohne pl*> jade *m*
Jagd [jaːkt] *f* <-en> ① *(von Wild, a. fig)* caza *f;* **auf der ~ sein** estar de caza; **er ist auf der ~ nach einer guten Stelle** anda a la caza de un buen puesto ② *s.* **Jagdrevier**
Jagdbeute *f* (presa *f* de) caza *f*
Jagdbomber *m* (MIL) (bombardero *m*) caza *m*
Jagdflugzeug *nt* (MIL) avión *m* de caza
Jagdgewehr *nt* escopeta *f* de caza
Jagdgründe *mpl* **in die ewigen ~ eingehen** entregar el alma, pasar a mejor vida
Jagdhund *m* perro *m* de caza
Jagdrennen *nt (Reitsport)* carrera *f* con saltos
Jagdrevier *nt* coto *m* de caza
Jagdschein *m* licencia *f* de caza
jagen ['jaːgən] **I.** *vt* ① *(Tier)* cazar; *(Mensch)* perseguir; **sich** *dat* **eine Kugel durch den Kopf ~** *(fam)* pegarse un tiro (en la cabeza) ② *(verjagen)* ahuyentar; **jdn in die Flucht/aus dem Haus ~** poner a alguien en fuga/echar a alguien de casa; **mit Fleisch kann man ihn ~** *(fam)* la carne le repele **II.** *vi* ① *(auf Jagd gehen)* ir de caza ② *sein (rasen)* correr a toda velocidad ③ *(ersehnen)* ansiar; **nach Geld/Ruhm ~** ansiar dinero/la gloria
Jäger[1] ['jɛːgɐ] *m* <-s, -> (MIL) (bombardero *m*) caza *m*
Jäger(in)[2] ['jɛːgɐ] *m(f)* <-s, -; -nen> *(Person)* cazador(a) *m(f)*
Jägerin *f* <-, -nen> *s.* **Jäger**[2]
Jägerschnitzel *nt* (GASTR) *escalope (sin rebozar) con salsa de champiñones*
Jaguar ['jaːguaːɐ] *m* <-s, -e> jaguar *m,* tigre *m Am*
jäh [jɛː] *adj (geh)* ① *(plötzlich)* repentino; *(überstürzt)* precipitado; *(Entschluss)* rápido ② *(Abgrund)* escarpado
Jahr [jaːɐ] *nt* <-(e)s, -e> año *m;* **das alte/neue** [*o* **Neue**] **~** el año viejo/nuevo; **die neunziger ~e** [*o* **Neunzigerjahre**] los años noventa; **alle ~e wieder** todos los años; **einmal im ~** una vez al año; **jedes zweite/dritte ~** cada dos/tres años; **auf ~e hinaus** para (muchos) años; **das ganze ~** (**über**) (durante) todo el año; **nächstes/vergangenes ~** el año próximo/pasado; **von ~ zu ~** de año en año; **vor einem ~** hace un año; **jdm ein frohes neues** [*o* **Neues**] **~ wünschen** desear a alguien (un) feliz año nuevo; **in jungen ~en** de joven; **sie ist 18 ~e alt** tiene 18 años; **mit 30**

~en a los 30 años; **in die ~e kommen** entrar en años; **in den besten ~en sein** estar en la flor de la vida
jahraus [ja:ɐ'ʔaʊs] *adv* **~, jahrein** año tras año
Jahrbuch *nt* anuario *m*
jahrelang ['ja:rəlaŋ] **I.** *adj* de muchos años **II.** *adv* durante (muchos) años
jähren ['jɛ:rən] *vr:* **sich ~** celebrarse el aniversario (de); **es jährt sich heute zum 10. Mal, dass …** hoy hace 10 años que…
Jahresabonnement ['ja:rəs-] *nt* abono *m* anual; *(einer Zeitung)* suscripción *f* anual
Jahresabrechnung *f* <-, -en> (WIRTSCH) liquidación *f* de fin de año
Jahresanfang *m* principios *mpl* del año
Jahresbeginn *m* <-(e)s, *ohne pl*> *s.* **Jahresanfang**
Jahresbeitrag *m* <-(e)s, -träge> cuota *f* anual
Jahresbericht *m* (WIRTSCH) informe *m* sobre el año
Jahresbilanz *f* <-, -en> (WIRTSCH) balance *m* del año [*o* anual]
Jahreseinkommen *nt* renta *f* anual
Jahresende *nt ohne pl* fin *m* de año
Jahresetat *m* (WIRTSCH) presupuesto *m* anual
Jahresfrist *f ohne pl* (JUR) plazo *m* de un año
Jahresgehalt *nt* <-(e)s, -hälter> salario *m* anual
Jahreskarte *f* <-, -n> abono *m* anual
Jahresring *m* (BOT) anillo *m* anual
Jahrestag *m* aniversario *m*
Jahresumsatz *m* (WIRTSCH) cifra *f* anual de negocios
Jahresurlaub *m* vacaciones *fpl* del año
Jahreswagen *m* (AUTO) *coche nuevo, adquirido a precio rebajado por un empleado en la industria automovilística, que puede ser revendido al cabo de un año*
Jahreswechsel *m* año *m* nuevo
Jahreszahl *f* año *m; (Datum)* fecha *f*
Jahreszeit *f* estación *f* (del año)
Jahrgang *m* <-(e)s, -gänge> ❶ *(Geburtsjahr)* año *m* natal; **er ist ~ 1989** nació en el año 1989; **er ist mein/wir sind ein ~** somos de la misma generación ❷ *(von Wein)* cosecha *f* ❸ *(von Zeitschrift)* año *m* ❹ (UNIV) promoción *f*
Jahrhundert [-'--] *nt* <-s, -e> siglo *m*
jahrhundertealt *adj (Möbel, Buch)* secular, de (muchos) siglos
jahrhundertelang *adj (Entwicklung, Tradition)* secular, de (muchos) siglos
Jahrhundertwende *f* fin *m* de siglo
jährlich ['jɛ:ɐlɪç] *adj* anual
Jahrmarkt *m* feria *f*
Jahrmillionen [--'--] *fpl* millones *mpl* de años
Jahrtausend [-'--] *nt* <-s, -e> milenio *m*
Jahrtausendwende *f* fin *m* de milenio
Jahrzehnt [ja:ɐ'tse:nt] *nt* <-s, -e> década *f,* decenio *m*
jahrzehntelang *adj* de varias décadas, de muchos decenios
Jähzorn ['jɛ:tsɔrn] *m* <-(e)s, *ohne pl*> ❶ *(Eigenschaft)* iracundia *f* ❷ *(Anfall)* arrebato *m* de cólera
jähzornig *adj* iracundo, berrinchudo *Am*
Jakobiner(in) [jako'bi:nɐ] *m(f)* <-s, -; -, -nen> (HIST) jacobino, -a *m, f*
Jakobsmuschel *f* ❶ (REL) venera *f* ❷ (GASTR) vieira *f*
Jakobsweg ['ja:kɔps-] *m* Camino *m* de Santiago
Jalousie [ʒalu'zi:, *pl:* ʒalu'zi:ən] *f* <-n> persiana *f*
Jamaika [ja'maɪka] *nt* <-s> Jamaica *f*
Jammer ['jamɐ] *m* <-s, *ohne pl*> ❶ *(Wehklagen)* lamento *m,* llanto *m* ❷ *(Elend)* miseria *f;* **es ist ein ~, dass …** *(fam)* es una lástima que… *+subj*
Jammerlappen *m (fam abw)* calzonazos *m inv,* persona *f* apocada [*o* pusilánime]
jämmerlich ['jɛmɐlɪç] *adj (Zustand)* lamentable; *(elend)* miserable; *(herzzerreißend)* desgarrador
jammern ['jamɐn] *vi* lamentarse (**über** de); *(klagen)* quejarse (**über** de); **nach jdm/etw** *dat* **~** preguntar lloriqueando por alguien/pedir algo lloriqueando
jammerschade ['--'--] *adj* **~ sein** *(fam)* ser una verdadera pena
Janker ['jaŋkɐ] *m* <-s, -> *(südd, Österr: Strickjacke)* rebeca *f; (Trachtenjacke)* chaqueta *f* folclórica
Jänner ['jɛnɐ] *m* <-s, -> *(Österr: Januar)* enero *m; s. a.* **März**
Januar ['janua:ɐ] *m* <-(s), -e> enero *m; s. a.* **März**
Japan ['ja:pan, 'ja:pa:n] *nt* <-s> Japón *m*
Japaner(in) [ja'pa:nɐ] *m(f)* <-s, -; -nen> japonés, -esa *m, f*
japanisch *adj* japonés
Japanisch *nt* <-(s), *ohne pl*>, **Japanische** *nt* <-n, *ohne pl*> japonés *m*
Jargon [ʒar'gõ:] *m* <-s, -s> jerga *f,* jerigonza *f*
Jasmin [jas'mi:n] *m* <-s, -e> jazmín *m*
Jastimme ['ja:ʃtɪmə] *f* voto *m* afirmativo
jäten ['jɛ:tən] *vt* escardar; **Unkraut ~** arrancar las malas hierbas, escardar
Jauche ['jaʊxə] *f* <-n> purín *m*
jauchzen ['jaʊxtsən] *vi* lanzar gritos de júbilo
jaulen ['jaʊlən] *vi (Hund)* aullar

jawohl [ja'vo:l] *part* claro, cierto
jawoll *interj (fam a. iron: zu Befehl!)* ¡a sus órdenes!
Jawort ['ja:vɔrt] *nt* <-(e)s, -e> consentimiento *m;* **jdm das ~ geben** dar el sí a alguien
Jazz [dʒɛ:s] *m* <-, *ohne pl*> jazz *m*
je [je:] **I.** *adv* ❶ *(jemals)* alguna vez; **wer hätte das ~ gedacht!** ¡quién lo hubiera imaginado!; **es ist schlimmer denn ~** es peor que nunca; **seit eh und ~** desde tiempos inmemoriales ❷ *(jeweils)* cada; **ich gebe euch ~ zwei Stück** os doy dos trozos a cada uno; **es können ~ zwei Personen eintreten** pueden entrar de dos en dos; **~ beteiligter Student** por cada estudiante que participe **II.** *präp +akk (pro)* por; **~ Erwachsenen** por (cada) adulto **III.** *konj* cuanto; **er wird vernünftiger, ~ älter er wird** cuanto mayor se hace, más sensato se vuelve; **~ nachdem(, ob/wie ...)** según (si/cómo...); **~ nach Größe** según el tamaño; **~ eher ihr kommt, desto** [*o* **umso**] **besser** cuanto antes vengáis, (tanto) mejor; **~ eher, desto** [*o* **umso**] **lieber** cuanto antes mejor **IV.** *interj* **oh ~!** ¡madre mía!
Jeans [dʒi:ns] *fpl inv* vaqueros *mpl,* tejanos *mpl,* jeans *mpl Am*
Jeanshose *f* pantalón *m* vaquero
Jeansjacke *f* chaqueta *f* vaquera, cazadora *f* vaquera
jede(r, s) *pron indef* ❶ *(substantivisch)* cada uno/una; **~r von uns** cada uno de nosotros; **ein ~r** cualquiera; **~m das seine** a cada cual lo suyo; **~ zweite** una de cada dos; **~r für sich** cada uno para sí; **~r gegen ~n** todos contra todos ❷ *(adjektivisch)* cada; *(all)* todo; *(ein beliebiges)* cualquier(a); **auf ~n Fall** en todo caso; **ohne ~n Grund** sin ninguna razón; **um ~n Preis** a toda costa; **es kann ~n Augenblick passieren** puede suceder en cualquier momento; **ohne ~ Hoffnung** sin esperanza alguna
jedenfalls ['je:dənfals] *adv* en todo caso, sea como sea
jedermann ['---] *pron indef* todos, cada uno; **das ist nicht ~s Sache** esto no es para todos los gustos
jederzeit ['--'-] *adv* siempre, a cualquier hora
jedoch [je'dɔx] *konj* pero, sin embargo
jedwede(r, s) *pron indef (geh)* cualquier(a); **das sagt nicht ~m zu** esto no le gusta a todo el mundo
Jeep® [dʒi:p] *m* <-s, -s> jeep *m*
jegliche(r, s) *pron indef* cualquier tipo de
jeher ['je:he:ɐ, '-'-] *adv* **von** [*o* **seit**] **~** desde siempre
jein *adv (iron)* sí pero no; **J~ sagen** no decir ni (que) sí ni (que) no
jemals ['je:ma:ls] *adv* alguna vez, jamás; **hat man ~ so etwas gesehen?** ¿habráse visto semejante cosa?
jemand ['je:mant] *pron indef* alguien; *(verneint)* nadie; **ist hier ~?** ¿hay alguien aquí?; **~ anderes** otra persona
Jemen ['je:mən] *m* <-s> Yemen *m*
jene(r, s) *pron dem (geh)* ❶ *(adjektivisch: da)* ese, esa; *(dort)* aquel, aquella; **in ~n Tagen** en aquellos días ❷ *(substantivisch: da)* ese, esa, eso; *(dort)* aquel, aquella, aquello
jenseits ['je:nzaɪts] **I.** *präp +gen* al otro lado de, más allá de **II.** *adv* al otro lado, más allá; **~ von Gut und Böse** más allá del bien y del mal
Jenseits *nt* <-, *ohne pl*> más allá *m*
Jerusalem [je'ru:zalɛm] *nt* <-s> Jerusalén *m*
Jesuit [jezu'i:t] *m* <-en, -en> (REL) jesuita *m*
Jesus ['je:zʊs] *m* <Jesu> (REL) Jesús *m;* **~ Christus** Jesucristo *m*
Jesuskind *nt* (REL, KUNST) niño *m* Jesús; **Maria mit dem ~** (la Virgen) María con el niño Jesús
Jet [dʒɛt] *m* <-(s), -s> avión *m* a reacción, jet *m*
Jetlag ['dʒɛtlɛk] *m* <-s, -s> (AERO) desfase *m* horario, jet lag *m*
Jetset *m* <-s, -s>, **Jet-set** *m* <-s, -s> alta sociedad *f*
Jetski® ['dʒɛtʃi] *m* <-(s), -(s)> (SPORT) moto *f* de agua
jetten ['dʒɛtən] *vi (fam)* viajar en avión a reacción
jetzige(r, s) *adj* actual
jetzt [jɛtst] *adv* ahora; *(augenblicklich)* en este momento; **~ gleich** ahora mismo; **bis ~** hasta ahora; **~ oder nie** ahora o nunca; **von ~ an** a partir de ahora
jeweilige(r, s) *adj* correspondiente, respectivo; *(augenblicklich)* actual
jeweils ['je:vaɪls] *adv (jedes Mal)* cada vez; **~ am Monatsersten** cada primero de mes; **die ~ Größten aus jeder Gruppe** los más altos de cada grupo; **~ vier Personen** cada vez cuatro personas
Jg. *(Zeitschrift) Abk. von* **Jahrgang** año *m*
Jh. *Abk. von* **Jahrhundert** siglo *m*
JH *Abk. von* **Jugendherberge** albergue *m* juvenil
jiddisch ['jɪdɪʃ] *adj* judeoalemán, yiddish
Jiu-Jitsu ['dʒi:u 'dʒɪtsu] *nt* <-(s), *ohne pl*> (SPORT) yiu-yitsu *m*

Job [dʒɔp] *m* <-s, -s> ① *(fam: Arbeit)* trabajo *m,* pega *f CSur, Méx* ② (INFOR) tarea *f*
Jobaussicht *f (fam)* perspectiva(s) *f (pl)* laboral(es)
jobben ['dʒɔbən] *vi (fam)* currar (**als** de)
Jobbörse *f* bolsa *f* de trabajo
Jobsharing ['dʒɔpʃɛ:rɪŋ] *nt* <-(s), *ohne pl*> jobsharing *m*
Jobsuche *f (fam)* búsqueda *f* de trabajo
Jobverlust *m* <-(e)s, -e> pérdida *f* del empleo
Jobvermittler(in) *m(f)* agente *mf* de colocación laboral
Jobvermittlung *f* <-, -en> tramitación *f* de empleos
Joch [jɔx] *nt* <-(e)s, -e> *(Last)* yugo *m*
Jochbein *nt* (ANAT) pómulo *m*
Jockey ['dʒɔki] *m* <-s, -s> (SPORT) yóquey *m*
Jod [jo:t] *nt* <-(e)s, *ohne pl*> (*a.* CHEM) yodo *m*
jodeln ['jo:dəln] *vi* cantar a la tirolesa
jodhaltig *adj* yodado
Jodler(in) ['jo:dlɐ] *m(f)* <-s, -; -nen> (MUS) cantador(a) *m(f)* a la tirolesa
Jodsalz *nt ohne pl* sal *f* yodada
joggen ['dʒɔgən] *vi sein* hacer footing
Jogger(in) *m(f)* <-s, -; -nen> persona *f* que practica footing
Jogging ['dʒɔgɪŋ] *nt* <-s, *ohne pl*> footing *m*
Jogginganzug *m* chándal *m*
Joghurt *m o nt* <-(s), -(s)>, **Jogurt** ['jo:gʊrt] *m o nt* <-(s), -(s)> yogur *m*
Joghurtbecher *m* <-s, -> vasito *m* de yogur, tarrina *f*
Johannisbeere [jo'hanɪsbe:rə] *f* grosella *f;* **rote ~** grosella roja; **schwarze ~** casis *f inv,* grosella negra
Johannisbeerstrauch *m* (BOT) grosellero *m*
johlen ['jo:lən] *vi (abw)* gritar
Joint [dʒɔɪnt] *m* <-s, -s> *(fam)* porro *m*
Joint Venture ['dʒɔɪntvɛntʃɐ] *nt* <- -(s), - -s> (WIRTSCH) joint venture *f*
Jo-jo *nt* <-s, -s> yoyó *m*
Jo-Jo ['jo:jo] *nt* <-s, -s> yoyó *m*
Joker ['dʒo:kɐ] *m* <-s, -> comodín *m*
Jongleur(in) [ʒõ'glø:ɐ, ʒɔŋ'lø:ɐ] *m(f)* <-s, -e; -nen> malabarista *mf*
jonglieren* **I.** *vt* hacer juegos malabares (con) **II.** *vi* hacer juegos malabares; *(fig: mit Begriffen, Formeln)* manejar con mucha habilidad
Jordan ['jɔrdan] *m* <-s> Jordán *m;* **über den ~ gehen** irse de este mundo
Jordanien [jɔr'da:niən] *nt* <-s> Jordania *f*
Jordanier(in) *m(f)* <-s, -; -nen> jordano, -a *m, f*
jordanisch *adj* jordano
Jot [jɔt] *nt* <-, -> *(Buchstabe)* jota *f*
Joule [dʒu:l, dʒaʊl] *nt* <-(s), -> (PHYS) julio *m*
Journal [ʒʊr'na:l] *nt* <-s, -e> ① (PUBL: *geh)* revista *f* ② (NAUT) diario *m* de a bordo ③ (WIRTSCH) diario *m*
Journalismus [ʒʊrna'lɪsmʊs] *m* <-, *ohne pl*> periodismo *m*
Journalist(in) *m(f)* <-en, -en; -nen> periodista *mf*
Journalistik *f* <-, *ohne pl*> (UNIV) periodismo *m*
journalistisch *adj* periodístico
jovial [jo'vja:l] *adj* alegre, jovial
Jovialität *f* <-, *ohne pl*> jovialidad *f*
Joystick ['dʒɔɪstɪk] *m* <-s, -s> (INFOR) mando *f,* joystick *m*
jr. *Abk. von* **junior** júnior *m,* hijo *m*
Jubel ['ju:bəl] *m* <-s, *ohne pl*> júbilo *m,* elación *f Am;* **~, Trubel, Heiterkeit** alborozo y alegría
Jubelgeschrei *nt* grito *m* de júbilo
Jubeljahr *nt* año *m* jubilar; **nur alle ~e einmal** *(fam)* de higos a brevas
jubeln ['ju:bəln] *vi* dar gritos de júbilo
Jubelruf *m* grito *m* de júbilo
Jubiläen *pl von* **Jubiläum**
Jubilar(in) [jubi'la:ɐ] *m(f)* <-s, -e; -nen> homenajeado, -a *m, f*
Jubiläum [jubi'lɛ:ʊm] *nt* <-s, Jubiläen> aniversario *m;* **zehnjähriges ~** décimo aniversario; **fünfzigjähriges ~** cincuentenario *m*
Jubiläumsausgabe *f* <-, -en> edición *f* conmemorativa
jubilieren* *vi (geh)* ① *(jubeln)* gritar de júbilo (**über** por) ② *(frohlocken)* alegrarse (**über** de)
juchzen ['jʊxtsən] *vi (fam)* soltar un grito de alegría
jucken ['jʊkən] **I.** *vi, vt* ① *(Juckreiz verursachen)* picar ② *(fam: reizen)* tener ganas, apetecer **II.** *vt (fam: reizen)* apetecer; *(kümmern)* interesar **III.** *vr:* **sich ~** *(fam)* rascarse **IV.** *vunpers* tener ganas; **mir juckt es in den Fingern, zu ...** tengo unas ganas enormes de...
Juckpulver *nt (fam)* polvos *mpl* picapica
Juckreiz *m* picor *m*
Jude, Jüdin ['ju:də] *m, f* <-n, -n; -nen> judío, -a *m, f*
Judenstern *m* (HIST) estrella *f* de David *(signo distintivo que debían llevar los judíos en la ropa durante el nacionalsocialismo)*
Judentum *nt* <-s, *ohne pl*> judaísmo *m*
Judenverfolgung *f* (HIST) persecución *f* de los judíos

Judenvernichtung *f* (HIST) exterminio *m* de los judíos
Jüdin ['jy:dɪn] *f* <-nen> *s.* **Jude**
jüdisch ['jy:dɪʃ] *adj* judío
Judo ['ju:do] *nt* <-(s), *ohne pl*> (SPORT) yudo *m*
Jugend ['ju:gənt] *f ohne pl* ❶ *(Altersstufe)* juventud *f;* *(Jugendalter)* adolescencia *f;* **von ~ an** desde joven; **seine früheste ~** los primeros años de su adolescencia ❷ *(junge Leute)* juventud *f,* jóvenes *mpl;* **die heutige ~** la juventud de hoy
Jugendamt *nt* oficina *f* de protección de menores
Jugendarbeit *f ohne pl* trabajo *m* con jóvenes
Jugendarbeitslosigkeit *f* paro *m* juvenil
Jugendbande *f* tribu *f* urbana
Jugendbuch *nt* libro *m* juvenil
jugendfrei *adj* apto para menores; (FILM) apto para todos los públicos
Jugendfreund(in) *m(f)* amigo, -a *m, f* de juventud
jugendgefährdend *adj* no apto para menores
Jugendgericht *nt* (JUR) tribunal *m* de menores
Jugendgruppe *f* grupo *m* juvenil
Jugendherberge *f* albergue *m* juvenil
Jugendhilfe *f* <-, *ohne pl*> asistencia *f* (social) a los menores
Jugendkriminalität *f* delincuencia *f* juvenil
jugendlich *adj* ❶ *(Altersstufe)* joven, adolescente ❷ *(jung wirkend)* juvenil; **sich ~ kleiden** vestirse de forma juvenil
Jugendliche(r) *mf* <-n, -n; -n> joven *mf;* *(Heranwachsende)* adolescente *mf;* **~ unter 16 Jahren** menores de 16 años
Jugendliebe *f* amor *m* juvenil
Jugendrichter(in) *m(f)* (JUR) juez(a) *m(f)* de menores
Jugendschutz *m* protección *f* de menores
Jugendstil *m ohne pl* (KUNST, ARCHIT) Modernismo *m*
Jugendstrafanstalt *f* (JUR) centro *m* penitenciario de menores
Jugendstrafe *f* (JUR) pena *f* juvenil [*o* de prisión para menores]
Jugendsünde *f* pecado *m* de juventud
Jugendtraum *m* sueño *m* de juventud
Jugendzeit *f ohne pl* tiempo *m* de la juventud, juventud *f*
Jugendzentrum *nt* centro *m* juvenil
Jugoslawe, -in [jugo'sla:və] *m, f* <-n, -n; -nen> yugoslavo, -a *m, f*
Jugoslawien [jugo'sla:viən] *nt* <-s> Yugoslavia *f*
Jugoslawin *f* <-nen> *s.* **Jugoslawe**
jugoslawisch *adj* yugoslavo
Juli ['ju:li] *m* <-(s), -s> julio *m; s. a.* **März**
Jumbo *m* <-s, -s>, **Jumbojet** *m* <-(s), -s>, **Jumbo-Jet** ['jʊmbo-, 'dʒambo-] *m* <-(s), -s> (AERO) jumbo(-jet) *m*
Jumpsuit <-s, -s> ['dʒampsju:t] *m* mono *m,* enterizo *m Arg, Bol, Ecua, Perú, Urug*
jun. *Abk. von* **junior** júnior *m,* hijo *m*
jung [jʊŋ] *adj* <jünger, am jüngsten> joven; **J~ und Alt** jóvenes y viejos; **von ~ auf** desde joven; **sie ist 18 Jahre ~** solamente tiene 18 años
Jungbrunnen *m* <-s, -> fuente *f* de la juventud [*o* de rejuvenecimiento]
Junge[1] ['jʊŋə] *m* <-n, -n> ❶ *(Knabe)* niño *m,* gurrumino *m Méx* ❷ *(junger Mann)* muchacho *m,* chico *m,* pibe *m Arg;* **alter ~!** *(fam)* ¡hombre!; **~, ~!** *(fam)* ¡vaya, vaya!
Junge(s)[2] *nt* <-n, -n> cría *f;* *(von Hunden, Raubtier)* cachorro *m;* *(von Vögeln)* pollo *m*
jungenhaft *adj* de muchacho, amuchachado
jünger ['jʏŋɐ] *adj kompar von* **jung** más joven; *(Geschwister)* menor; **~ sein als** ser más joven que; **ihr ~er Bruder** su hermano menor; **~en Datums sein** ser de fecha reciente; **sich ~ machen** quitarse años
Jünger(in) ['jʏŋɐ] *m(f)* <-s, -; -nen> discípulo, -a *m, f*
Jüngere(r) *mf* <-n, -n; -n, -n> ❶ *(jüngerer Mensch)* joven *mf;* **in unserem Kurs sind auch ~** en nuestro curso hay también gente joven ❷ *(junior)* **der ~/die ~** el Joven/la Joven; **ein Gemälde von Cranach dem ~n** una pintura de Cranach el Joven
Jungfer ['jʊŋfɐ] *f* <-, -n> ❶ *(alt: Fräulein)* señorita *f* ❷ *(Wend)* **eine alte ~** *(abw)* una solterona
Jungfernfahrt *f* viaje *m* inaugural
Jungfernflug *m* vuelo *m* inaugural
Jungfernhäutchen [-hɔɪtçən] *nt* <-s, -> (ANAT) himen *m*
Jungfrau *f* <-en> ❶ *(Frau)* virgen *f* ❷ (ASTR: *Zeichen*) Virgo *m* ❸ (ASTR: *Person*) virgo *mf inv*
jungfräulich ['jʊŋfrɔɪlɪç] *adj (a. fig)* virgen
Jungfräulichkeit *f ohne pl* virginidad *f;* *(Reinheit)* pureza *f*
Junggeselle, -in *m, f* soltero, -a *m, f;* **eingefleischter ~** solterón empedernido
Junggesellenbude *f (fam)* piso *m* de soltero
Junggesellin *f* <-, -nen> *s.* **Junggeselle**
Jüngling ['jʏŋlɪŋ] *m* <-s, -e> *(abw)* mozalbete *m*
jüngste(r, s) *adj superl von* **jung** menor;

die ~ Entwicklung hat gezeigt, dass ... los últimos acontecimientos han demostrado que...; **die ~ deutsche Literatur** la literatura alemana actual; **das J~ Gericht** el Juicio Final; **der J~ Tag** el Día del Juicio

Jungsteinzeit *f ohne pl* (HIST) neolítico *m*

Jungtier *nt* animal *m* joven

jungverheiratet *adj (seit Kurzem)* recién casado

Juni ['ju:ni] *m* <-(s), -s> junio *m; s. a.* **März**

junior ['ju:nio:ɐ, 'ju:njo:ɐ] *adj (geh)* júnior, hijo; **Peter Müller ~** Peter Müller, hijo

Junior(in) *m(f)* <-s, -en; -nen> ❶ *(fam)* hijo, -a *m, f* ❷ (SPORT) júnior *mf*

Juniorchef(in) *m(f)* hijo, -a *m, f* del jefe

Juniorin *f* <-nen> *s.* **Junior**

Junker ['jʊŋkɐ] *m* <-s, -> (HIST) junker *m*, noble hacendado *m*

Junkfood ['dʒankfu:t] *nt* <-s, *ohne pl*> comida *f* basura

Junkie ['dʒaŋki] *m* <-s, -s> *(fam)* yonqui *mf*

Junta ['xʊnta, 'jʊnta] *f* <-, Junten> (MIL, POL) junta *f*

Jupiter ['ju:pitɐ] *m* <-s> (*a.* ASTR) Júpiter *m*

Jura[1] ['ju:ra] *m* <-s, *ohne pl*> (GEO) ❶ *(Formation)* jurásico *m* ❷ *(Gebirge, Schweizer Kanton)* Jura *m*

Jura[2] (JUR) derecho *m;* **~ studieren** estudiar derecho

Jurastudium *nt* <-s, -studien> (UNIV) (carrera *f* de) derecho *m*

Jurist(in) [ju'rɪst] *m(f)* <-en, -en; -nen> jurista *mf*

Juristin *f* <-nen> *s.* **Jurist**

juristisch [ju'rɪstɪʃ] *adj* jurídico; **die ~e Fakultät** la facultad de derecho; **~e Person** persona jurídica

Juror(in) ['ju:ro:ɐ] *m(f)* <-s, -en; -nen> (miembro *m* de un) jurado *m*

Jury [ʒy'ri:, 'ʒy:ri] *f* <-s> jurado *m*

Jus[1] *nt* <-, *ohne pl*> *(Österr:* JUR) *s.* **Jura**

Jus[2] *f o m o nt* <-, *ohne pl*> *(Schweiz: Fruchtsaft)* zumo *m* de frutas

justieren* [jʊs'ti:rən] *vt* (TECH, PHYS) ajustar

Justierung *f* <-, -en> (TECH, PHYS) ajuste *m*

Justitiar(in) [jʊsti'tsja:ɐ] *m(f)* <-s, -e; -, -nen> *s.* **Justiziar**

Justiz [jʊs'ti:ts] *f ohne pl* justicia *f*

Justizbeamte(r) *m*, **-beamtin** *f* empleado, -a *m, f* de la justicia

Justizbehörde *f* autoridad *f* judicial [*o* jurídica], justicia *f*

Justiziar(in) [jʊsti'tsja:ɐ] *m(f)* <-s, -e; -, -nen> (JUR: *angestellter Jurist*) asesor(a) *m(f)* jurídico , -a

Justizirrtum *m* equivocación *f* judicial

Justizminister(in) *m(f)* ministro, -a *m, f* de Justicia

Justizministerium *nt* Ministerio *m* de Justicia

Justizmord *m* (JUR) ejecución *f* (de pena capital) por error judicial

Justizvollzugsanstalt *f* establecimiento *m* penitenciario

Jute ['ju:tə] *f ohne pl* yute *m*

Juwel [ju've:l] *m o nt* <-s, -en> joya *f*

Juwelier[1] [juve'li:ɐ] *m* <-s, -e> *(Geschäft)* joyería *f*

Juwelier(in)[2] [juve'li:ɐ] *m(f)* <-s, -e; -nen> joyero, -a *m, f*

Juweliergeschäft *nt*, **Juwelierladen** *m* joyería *f*

Jux [jʊks] *m* <-es, -e> *(fam)* juerga *f*, cachondeo *m argot;* **aus ~ und Tollerei** de cachondeo *argot;* **sich** *dat* **einen ~ aus etw** *dat* **machen** cachondearse de algo *argot*

Kk

K, k [kaː] *nt* <-, -> K, k *f;* ~ **wie Kaufmann** K de Kenia
Kabarett [kabaˈrɛt, kabaˈreː] *nt* <-s, -s> café teatro *m*
Kabarettist(in) [kabarɛˈtɪst] *m(f)* <-en, -en; -nen> artista *mf* de café teatro
kabarettistisch *adj* de cabaré
kabbeln [ˈkabəln] *vr:* **sich** ~ *(nordd)* pelearse
Kabel [ˈkaːbəl] *nt* <-s, -> cable *m*
Kabelanschluss *m* toma *f* de la televisión por cable
Kabelfernsehen *nt* <-s, *ohne pl*> televisión *f* por cable
Kabeljau [ˈkaːbəljaʊ] *m* <-s, -s *o* -e> bacalao *m*
Kabelkanal *m* (RADIO, TV) canal *m* por cable
Kabelnetz *nt* red *f* de la televisión por cable
Kabeltrommel *f* <-, -n> (ELEK) tambor *m* (para cable)
Kabine [kaˈbiːnə] *f* <-n> cabina *f; (Umkleidekabine)* vestuario *m; (Schiffskabine)* camarote *m;* (AERO) carlinga *f*
Kabinett [kabiˈnɛt] *nt* <-s, -e> (POL) gabinete *m*
Kabinettssitzung *f* <-, -en> sesión *f* del consejo de ministros, reunión *f* del consejo de ministros
Kabinettsumbildung *f* reajuste *m* ministerial
Kachel [ˈkaxəl] *f* <-n> azulejo *m*
kacheln *vt* poner azulejos
Kachelofen *m* estufa *f* (de) cerámica
Kacke [ˈkakə] *f ohne pl (vulg)* ❶ *(Kot)* caca *f* ❷ *(Angelegenheit)* mierda *f*
kacken *vi (vulg)* cagar
Kadaver [kaˈdaːvɐ] *m* <-s, -> cadáver *m* (de un animal)
Kadenz [kaˈdɛnts] *f* <-, -en> (MUS) cadencia *f*
Kader [ˈkaːdɐ] *m o Schweiz: nt* <-s, -> (POL, SPORT) cuadro *m*
Kadett [kaˈdɛt] *m* <-en, -en> (MIL) cadete *m*
Kadmium [ˈkatmiʊm] *nt* <-s, *ohne pl*> (CHEM) cadmio *m*
Käfer [ˈkɛːfɐ] *m* <-s, -> (*a.* AUTO) escarabajo *m*
Kaff [kaf] *nt* <-s, -s *o* -e *o* Käffer> *(fam abw)* pueblucho *m,* pueblo *m* de mala muerte
Kaffee [ˈkafe, kaˈfeː] *m* <-s, -s> café *m;* ~ **kochen** hacer café; **(einen)** ~ **trinken** tomar (un) café; **schwarzer/starker/dünner** ~ café solo/fuerte/flojo; ~ **mit Milch/ohne Zucker** café con leche/sin azúcar; **das ist kalter** ~ *(fam)* eso lo sabe todo el mundo
Kaffeeautomat *m* máquina *f* de café
Kaffeebohne *f* grano *m* de café
kaffeebraun *adj* color café
Kaffeefahrt ❶ *(Ausflug)* excursión *f* por la tarde para tomar el café ❷ *(mit Werbeveranstaltung)* excursión *f* con café y presentación publicitaria
Kaffeefilter *m* filtro *m* de café
Kaffeehaus *nt* café *m*
Kaffeekanne *f* cafetera *f*
Kaffeeklatsch *m (fam)* tertulia *f*
Kaffeekränzchen [-krɛntsçən] *nt* <-s, -> *(fam)* tertulia *f* de señoras
Kaffeelöffel *m* cucharilla *f* de café
Kaffeemaschine *f* cafetera *f* eléctrica, greca *f Am*
Kaffeemühle *f* molinillo *m* de café
Kaffeepad *nt* cápsula *f* de café
Kaffeepause *f* pausa *f* (para tomar un café)
Kaffeeplantage *f* cafetal *m*
Kaffeesatz *m ohne pl* poso *m* del café
Kaffeestrauch *m* (BOT, AGR) cafeto *m*
Kaffeetasse *f* taza *f* de café
Käfig [ˈkɛːfɪç] *m* <-s, -e> jaula *f;* **goldener** ~ *(fig)* jaula de oro
kahl [kaːl] *adj* ❶ *(ohne Haar)* calvo; ~ **geschoren** pelado al rape ❷ *(ohne Vegetation, Wand)* pelado ❸ *(ohne Blätter)* deshojado
Kahlheit *f* <-, *ohne pl*> ❶ *(Kahlköpfigkeit)* calvicie *f* ❷ *(Blattlosigkeit)* desnudez *f*
Kahlkopf *m (fam)* calvo, -a *m, f*
kahlköpfig [ˈkaːlkœpfɪç] *adj* pelado
Kahlköpfigkeit *f* <-, *ohne pl*> calvicie *f*
Kahlschlag *m* ❶ *(Fällen)* desmonte *m* completo ❷ *(Schlagfläche)* claro *m*
Kahn [kaːn, *pl:* ˈkɛːnə] *m* <-(e)s, Kähne> ❶ *(kleines Boot)* bote *m* ❷ *(Lastschiff)* gabarra *f*
Kai [kaɪ] *m* <-s, -s> muelle *m*
Kaimauer *f* <-, -n> muro *m* del muelle
Kairo [ˈkaɪro] *nt* <-s> El Cairo
Kaiser(in) [ˈkaɪzɐ] *m(f)* <-s, -; -nen> emperador, emperatriz *m, f*
Kaiserin *f* <-, -nen> *s.* **Kaiser**
Kaiserkrone *f* ❶ (HIST) corona *f* del emperador ❷ (BOT) corona *f* imperial
kaiserlich *adj* imperial
Kaiserreich *nt* imperio *m*
Kaiserschmarr(e)n *m (Österr:* GASTR) *tortilla desmenuzada con azúcar y pasas*

Kaiserschnitt *m* (MED) cesárea *f*
Kajak ['ka:jak] *m o nt* <-s, -s> (SPORT) kayak *m*
Kajalstift *m* lápiz *m* de ojos, contorno *m* de ojos; **die Augen mit ~ umranden** pintarse raya en torno a los ojos
Kajüte [ka'jy:tə] *f* <-n> camarote *m*
Kakadu ['kakadu] *m* <-s, -s> cacatúa *f*
Kakao [ka'kaʊ] *m* <-s, -s> ① *(Pulver, Pflanze)* cacao *m,* cacahuatl *m Méx* ② *(Getränk)* chocolate *m;* **jdn durch den ~ ziehen** *(fam)* tomar el pelo a alguien
Kakaobohne *f* grano *m* de cacao
Kakaopulver *nt* cacao *m* en polvo
Kaki ['ka:ki] *m* <-(s), *ohne pl*> caqui *m*
Kaktus ['kaktʊs, *pl:* kak'te:ən] *m* <-ses, Kakteen> cactus *m inv*
Kaktusfeige *f* higo *m* chumbo
Kalauer ['ka:laʊɐ] *m* <-s, -> retruécano *m*
Kalb [kalp, *pl:* 'kɛlbɐ] *nt* <-(e)s, Kälber> ternero, -a *m, f*
kalben ['kalbən] *vi (Kuh)* parir (un ternero)
Kalbfleisch *nt* (carne *f* de) ternera *f*
Kalbsbraten *m* (GASTR) asado *m* de ternera, ternera *f* asada
Kalbskotelett *nt* (GASTR) chuleta *f* de ternera
Kalbsschnitzel *nt* (GASTR) escalope *m* de ternera
Kaleidoskop [kalaɪdo'sko:p] *nt* <-(e)s, -e> caleidoscopio *m*
Kalender [ka'lɛndɐ] *m* <-s, -> calendario *m; (Taschenkalender)* agenda *f*
Kalenderjahr *nt* año *m* natural
Kalenderwoche *f* <-, -n> **die Lieferung erfolgt in der 24. ~** la mercancía será entregada en la semana 24 (de este año)
Kali ['ka:li] *nt* <-s, -s> (CHEM: *Kalisalz*) sal *f* potásica
Kaliber [ka'li:bɐ] *nt* <-s, -> *(a. fig)* calibre *m*
Kalibrierung [kali'bri:rʊŋ] *f* <-, -en> calibrado *m*
Kalif [ka'li:f] *m* <-en, -en> (REL) califa *m*
Kalifornien [kali'fɔrniən] *nt* <-s> California *f*
Kalium ['ka:liʊm] *nt* <-s, *ohne pl*> (CHEM) potasio *m*
Kalk [kalk] *m* <-(e)s, -e> ① *(Kalkstein, Baustoff)* cal *f;* **gebrannter/gelöschter ~** cal viva/muerta ② *(Kalzium)* calcio *m*
Kalkablagerung *f* <-, -en> depósito *m* de cal; (MED) calcificación *f*
Kalkboden *m* suelo *m* calizo
kalken *vt* ① *(tünchen)* encalar ② *(düngen)* abonar con cal
kalkhaltig *adj* calizo
Kalkstein *m* (GEO) piedra *f* caliza
Kalkül[1] [kal'ky:l] *m o nt* <-s, -e> *(Überlegung)* cálculo *m;* **etw (mit) ins ~ ziehen** considerar algo de antemano
Kalkül[2] *m* <-s, -e> (MATH) cálculo *m*
Kalkulation [kalkula'tsjo:n] *f* <-en> cálculo *m;* **nach meiner ~** según mis cálculos
kalkulierbar [kalku'li:ɐba:ɐ] *adj* calculable
kalkulieren* [kalku'li:rən] *vt* calcular
Kalligrafie <-, *ohne pl*> *f* caligrafía *f*
Kalligrafie [kaligra'fi:] *f* <-, *ohne pl*> caligrafía *f*
Kalorie [kalo'ri:, *pl:* kalo'ri:ən] *f* <-n> caloría *f;* **~n verbrennen** quemar calorías
kalorienarm *adj* bajo en calorías
Kalorienbombe *f* <-, -n> *(fam)* plato *m* que engorda mucho
Kaloriengehalt *m* <-(e)s, -e> contenido *m* calórico
kalorienreduziert *adj* bajo en calorías
kalorienreich *adj* rico en calorías
kalt [kalt] *adj* <kälter, am kältesten> ① *(allgemein)* frío; *(eiskalt)* helado; **mir ist/wird ~** tengo frío/me entra frío; **es ist ~** hace frío; **abends essen wir ~** por la noche tomamos una cena fría; **das Essen wird ~** la comida se enfría; **etw ~ stellen** poner algo a enfriar; **es überlief ihn ~** *(fam)* le entró miedo; **mit der Frage hat er mich ~ erwischt** *(fam)* con la pregunta me pilló desprevenido ② *(gefühllos)* frío; *(gleichgültig)* indiferente
Kaltblüter [-bly:tɐ] *m* <-s, -> (ZOOL) animal *m* de sangre fría, heterotermo *m*
kaltblütig [-bly:tɪç] **I.** *adj (unerschrocken)* intrépido; *(skrupellos)* sin escrúpulos **II.** *adv* a sangre fría
Kaltblütigkeit *f ohne pl* sangre *f* fría
Kälte ['kɛltə] *f ohne pl* ① *(Temperatur)* frío *m;* **bei dieser ~** con este frío; **es herrschte eine eisige ~** hacía un frío intenso; **drei Grad ~** tres grados bajo cero ② *(Gefühlsarmut)* frialdad *f; (Gleichgültigkeit)* indiferencia *f*
kältebeständig *adj* (TECH) resistente al frío
Kälteeinbruch *m* (METEO) llegada *f* del frío
kälteempfindlich *adj* sensible al frío
Kälteperiode *f* período *m* de frío
kälter ['kɛltɐ] *adj kompar von* **kalt**
kälteste(r, s) ['kɛltəstə, -tɐ, -təs] *adj superl von* **kalt**
Kältetechnik *f* <-, *ohne pl*> técnica *f* del frío
Kältewelle *f* ola *f* de frío
Kaltfront *f* (METEO) frente *m* frío
kaltgepresst [-gəprɛst] *adj (Öl)* prensado en frío
kaltherzig *adj* insensible, cruel
kalt|lassen *irr vt* dejar frío
Kaltluft *f ohne pl* (METEO) aire *m* frío; *(sl)* liquidar

K

Kaltmiete *f* alquiler *m* sin los gastos de calefacción
Kaltschale *f* sopa *f* fría y dulce
kaltschnäuzig ['kaltʃnɔɪtsɪç] *adj (fam)* frío; *(gleichgültig)* indiferente; *(frech)* impertinente
Kaltschnäuzigkeit *f* <-, *ohne pl*> *(fam: Gleichgültigkeit)* indiferencia *f; (Frechheit)* impertinencia *f*
Kaltstart *m* ① (AUTO) arranque *m* en frío ② (INFOR) *nuevo arranque del programa sin desconectar el ordenador*
kalt|stellen *vt (fam: Person)* eliminar
Kalzium ['kaltsiʊm] *nt* <-s, *ohne pl*> (CHEM) calcio *m*
kam [ka:m] *3. imp von* **kommen**
Kambodscha [kam'bɔdʒa] *nt* <-s> Camboya *f*
Kamel [ka'me:l] *nt* <-(e)s, -e> ① *(Tier)* camello *m* ② *(fam abw: Mensch)* tonto, -a *m, f*
Kamelie [ka'me:ljə] *f* <-n> (BOT) camelia *f*
Kamellen *pl* **das sind alte** [*o* **olle**] ~ *(fam)* esta historia se la sabe ya todo quisqui
Kameltreiber(in) *m(f)* <-s, -; -nen> camellero, -a *m, f*
Kamera ['kamәra] *f* <-s> ① (FILM, TV) cámara *f;* **vor der ~ stehen** estar delante de la cámara ② (FOTO) máquina *f* fotográfica
Kamerad(in) [kamә'ra:t] *m(f)* <-en, -en; -nen> camarada *mf,* cuate, -a *m, f Guat, Méx*
Kameradschaft *f ohne pl* camaradería *f*
kameradschaftlich *adj* de camaradería; **eine ~e Geste** un gesto de camaradería
Kamerafrau *f* operadora *f,* camarógrafa *f*
Kameramann *m* <-(e)s, -männer *o* -leute> operador *m,* camarógrafo *m*
Kamerun ['kamәru:n, --'-] *nt* <-s> (el) Camerún *m*
Kameruner(in) ['----, --'--] *m(f)* <-s, -; -nen> camerunense *mf*
kamerunisch ['----, --'--] *adj* camerunense
Kamikaze [kami'ka:tsә] *m* <-, -> kamikaze *m*
Kamille [ka'mɪlә] *f* <-n> manzanilla *f*
Kamillentee *m* (infusión *f* de) manzanilla *f*
Kamin [ka'mi:n] *m o Schweiz: nt* <-s, -e> *(a. im Berg)* chimenea *f*
Kaminfeger(in) *m(f)* <-s, -; -nen> *(reg)* limpiachimeneas *m inv*
Kaminfeuer *nt* fuego *m* de la chimenea; **ein ~ machen** encender la chimenea
Kaminkehrer(in) *m(f) (reg) s.* **Kaminfeger**
Kaminofen *m* estufa *f*
Kaminsims *m o nt* repisa *f* de la chimenea
Kamm [kam, *pl:* 'kɛmә] *m* <-(e)s, Kämme> ① *(zum Kämmen)* peine *m;* **alles über einen ~ scheren** *(fig)* medirlo todo por el mismo rasero ② *(Hahnen-, Gebirgs-, Wellenkamm)* cresta *f* ③ (GASTR: *Nackenstück*) morrillo *m*
kämmen ['kɛmәn] *vt* peinar
Kammer ['kamɐ] *f* <-n> ① *(für Vorräte)* despensa *f; (für Besen)* escobero *m* ② (POL) Cámara *f; (in Spanien)* Congreso *m* de los Diputados ③ (JUR) sala *f* ④ *(Ärztekammer)* colegio *m*
Kammerchor *m* <-(e)s, -chöre> coro *m* de cámara
Kammerjäger(in) *m(f)* desinsectador(a) *m(f)*
Kammerkonzert *nt* concierto *m* de cámara
Kämmerlein *nt* **im stillen ~** a solas, entre cuatro paredes
Kammermusik *f* música *f* de cámara
Kammerorchester *nt* <-s, -> orquesta *f* de cámara
Kammersänger(in) *m(f)* <-s, -; -, -nen> (MUS) "cantante *mf* de cámara" *(título concedido en Alemania por instituciones municipales o estatales a distinguidos cantantes)*
Kammerspiel *nt* <-(e)s, -e> teatro *m* de salón
Kammerton *m* (MUS) diapasón *m* normal
Kammgarn *nt* <-(e)s, -e> hilado *m* de lana peinada
Kammmuschel *f* (ZOOL, GASTR) vieira *f*
Kampagne [kam'panjә] *f* <-n> campaña *f*
Kampf [kampf, *pl:* 'kɛmpfә] *m* <-(e)s, Kämpfe> ① *(allgemein)* lucha *f;* **ein ~ auf Leben und Tod** una lucha a muerte; **der ~ ums Überleben** la lucha por la supervivencia; **der ~ für/gegen etw** la lucha por/contra algo; **jdm/etw** *dat* **den ~ ansagen** declarar la guerra a alguien/algo ② *(Kampfhandlung)* combate *m;* **auf in den ~!** ¡al ataque!; **er ist im ~ gefallen** cayó en combate ③ *(Boxkampf)* combate *m*
kampfbereit *adj* (MIL) dispuesto para luchar
Kampfeinsatz *m* <-es, -sätze> (MIL) operación *f* militar, acción *f* militar, misión *f* militar
kämpfen ['kɛmpfәn] *vi* luchar (**um/für** por, **gegen** contra); (MIL) combatir; **mit etw** *dat* **zu ~ haben** *(a. fig)* tener problemas con algo; **sie kämpfte um ihr Leben** luchó por su vida; **sie kämpfte mit dem Tod** se debatió entre la vida y la muerte; **er kämpfte mit den Tränen** intentó contener las lágrimas; **ich habe lange mit mir ~ müssen** he tenido que luchar durante mucho tiempo contra mí mismo

K

Kämpfer(in) *m(f)* <-s, -; -nen> ❶ (MIL) combatiente *mf* ❷ (SPORT: *a. fig)* luchador(a) *m(f)*, faite *m Am*
kämpferisch *adj* luchador; *(kampflustig)* combativo; (POL) militante
kampferprobt *adj* (MIL) aguerrido
Kampfflugzeug *nt* (MIL) avión *m* de combate
Kampfgeist *m* <-(e)s, *ohne pl*> espíritu *m* combativo
Kampfhandlung *f* (MIL) operación *f* militar; **die ~en einstellen** cesar las operaciones militares
Kampfhund *m* perro *m* de pelea
kampflos *adj (widerstandslos)* sin resistencia
kampflustig *adj* combativo, peleón *fam*
Kampfrichter(in) *m(f)* (SPORT) árbitro, -a *m, f*
Kampfsport *m* deporte *m* de combate
kampfunfähig *adj* (SPORT, MIL) fuera de combate
kampieren* [kam'piːrən] *vi* acampar
Kanada ['kanada] *nt* <-s> (el) Canadá *m*
Kanadier(in) [ka'naːdiɐ] *m(f)* <-s, -; -nen> canadiense *mf*
kanadisch *adj* canadiense
Kanaille [ka'naljə] *f* <-n> *(abw)* canalla *m*
Kanake, -in [ka'naːkə] *m, f* <-n, -n; -nen> ❶ *(Südseeinsulaner)* canaco, -a *m, f* ❷ *(abw: Immigrant in Deutschland)* extranjero, -a *m, f (aplícase sobre todo a los inmigrantes turcos en Alemania)*
Kanal [ka'naːl, *pl:* ka'nɛːlə] *m* <-s, Kanäle> ❶ *(Wasserlauf)* canal *m;* **der ~** *(Ärmelkanal)* (el Canal de) la Mancha ❷ *(Abwasserkanal)* alcantarillado *m; (Bewässerungskanal)* acequia *f* ❸ (RADIO, TV) canal *m*
Kanalarbeiter(in) *m(f)* obrero, -a *m, f* limpiador(a) de alcantarillas
Kanaldeckel *m* tapa *f* de alcantarillado [*o* de canalización]
Kanalinseln *fpl* (GEO) islas *fpl* del Canal
Kanalisation [kanaliza'tsjoːn] *f* <-en> canalización *f; (für Abwässer)* alcantarillado *m*
Kanalisationssystem *nt* red *f* de alcantarillado
kanalisieren* *vt* canalizar
Kanalratte *f (a. fig, abw)* rata *f* de alcantarilla
Kanaltunnel *m* túnel *m* del canal de la Mancha
Kanapee [kana'peː] *nt* <-s, -s> *(Sofa, garnierte Schnittchen)* canapé *m*
Kanaren [ka'naːrən] *pl* **die ~** (las) Canarias *fpl*
Kanarienvogel [ka'naːriənfoːgəl] *m* canario *m*
Kanarier(in) [ka'naːriɐ] *m(f)* <-s, -; -nen> canario, -a *m, f*
kanarisch [ka'naːrɪʃ] *adj* canario; **die K~en Inseln** las Islas Canarias
Kandare [kan'daːrə] *f* <-n> *(Zaumzeug)* bocado *m;* **jdn an die ~ nehmen** meter a alguien en cintura
Kandelaber *m* <-s, -> ❶ *(Kerzenständer)* candelabro *m* ❷ *(Laterne)* farola *f* (de brazos)
Kandidat(in) [kandi'daːt] *m(f)* <-en, -en; -nen> ❶ *(für eine Wahl)* candidato, -a *m, f;* **jdn (für etw) als ~en aufstellen** presentar a alguien como candidato (para algo) ❷ *(Prüfling)* examinando, -a *m, f*
Kandidatenliste *f* lista *f* de candidatos
Kandidatur [kandida'tuːɐ] *f* <-en> candidatura *f;* **seine ~ anmelden/zurückziehen** presentar/retirar su candidatura
kandidieren* [kandi'diːrən] *vi* presentarse como candidato
kandiert [kan'diːɐt] *adj* escarchado; **~e Früchte** frutas escarchadas
Kandis ['kandɪs] *m* <-, *ohne pl*>, **Kandiszucker** *m* <-s, -> azúcar *m* cande
Kandiszucker *m* azúcar *m* cande
Känguru ['kɛŋguru] *nt* <-s, -s> canguro *m*
Kaninchen [ka'niːnçən] *nt* <-s, -> conejo *m*
Kanister [ka'nɪstɐ] *m* <-s, -> bidón *m*
kann [kan] *3. präs von* **können**
Kännchen ['kɛnçən] *nt* <-s, -> jarrita *f*
Kanne ['kanə] *f* <-n> jarra *f,* jarro *m; (Milchkanne)* lechera *f; (Teekanne)* tetera *f; (Kaffeekanne)* cafetera *f; (Gießkanne)* regadera *f;* **volle ~** *(fam)* a toda mecha
Kannibale, -in [kani'baːlə] *m, f* <-n, -n; -nen> caníbal *mf*
Kannibalismus [kaniba'lɪsmʊs] *m* <-, *ohne pl*> canibalismo *m*
kannte ['kantə] *3. imp von* **kennen**
Kanon ['kaːnɔn] *m* <-s, -s> (*a.* MUS) canon *m*
Kanone [ka'noːnə] *f* <-n> ❶ *(Geschütz)* cañón *m* ❷ *(fam: Könner)* as *m* ❸ *(fam: Revolver)* pistola *f* ❹ *(Wend)* **unter aller ~ sein** *(fam)* no poder ser peor
Kanonenfutter *nt ohne pl (fam abw)* carne *f* de cañón
Kanonenkugel *f* bala *f* de cañón
Kanoniker [ka'noːnikɐ] *m* <-s, ->, **Kanonikus** [ka'noːnikʊs] *m* <-, Kanoniker> (REL) canónigo *m*
Kantabrer(in) [kan'taːbrɐ] *m(f)* <-s, -; -nen> cántabro, -a *m, f*
Kantabrien [kan'taːbriən] *nt* <-s> Cantabria *f*
kantabrisch *adj (aus Kantabrien)* cántabro;

(vom nördlichen Küstengebiet) cantábrico; **K~es Meer** mar Cantábrico

Kantate [kan'ta:tə] *f* <-, -n> (MUS) cantata *f*

Kante ['kantə] *f* <-n> *(Rand)* borde *m; (Ecke)* canto *m;* **Geld auf die hohe ~ legen** *(fam)* hacer economías

kanten ['kantən] *vt* poner de canto

Kanter ['kantɐ] *m* <-s, -> (SPORT: *kurzer, lockerer Galopp beim Reiten*) galope *m* corto

Kantholz *nt* <-es, -hölzer> madera *f* escuadrada

kantig *adj* esquinado; *(Gesicht)* anguloso

Kantine [kan'ti:nə] *f* <-n> cantina *f*

Kanton [kan'to:n] *m* <-s, -e> cantón *m*

kantonal [kanto'na:l] *adj* cantonal

Kanu ['ka:nu, ka'nu:] *nt* <-s, -s> (SPORT) piragua *f,* bongo *m Am,* chalupa *f Méx*

Kanüle [ka'ny:lə] *f* <-n> (MED) cánula *f,* bitoque *m Am*

Kanusport *m ohne pl* piragüismo *m*

Kanzel ['kantsəl] *f* <-n> ① *(in Kirche)* púlpito *m* ② (AERO) cabina *f*

Kanzlei [kants'laɪ] *f* <-en> ① *(Büro)* despacho *m; (von Rechtsanwalt)* bufete *m; (von Notar)* notaría *f* ② *(Staatskanzlei)* cancillería *f*

Kanzler(in) ['kantslɐ] *m(f)* <-s, -; -nen> ① (POL) canciller *mf,* presidente, -a *m, f* del Gobierno *(en Alemania y Austria)* ② (UNIV) rector(a) *m(f)*

Kanzleramt *nt ohne pl* cancillería *f,* presidencia *f* del Gobierno *(en Alemania y Austria)*

Kanzlerin *f* <-nen> *s.* **Kanzler**

Kanzlerkandidat(in) *m(f)* candidato, -a *m, f* a la cancillería, candidato, -a *m, f* a la presidencia de Gobierno *(en Alemania y Austria)*

Kap [kap] *nt* <-s, -s> cabo *m;* **das ~ der Guten Hoffnung** el cabo de Buena Esperanza

Kapazität [kapatsi'tɛ:t] *f* <-en> ① *(Fassungsvermögen, a.* WIRTSCH) capacidad *f* ② *(Experte)* experto, -a *m, f*

Kapelle [ka'pɛlə] *f* <-n> ① *(Bau)* capilla *f* ② (MUS) orquesta *f*

Kapellmeister(in) *m(f)* (MUS) director(a) *m(f)* de orquesta

Kaper[1] ['ka:pɐ] *f* <-n> (GASTR) alcaparra *f*

Kaper[2] *m* <-s, -> (NAUT) corsario *m*

kapern ['ka:pɐn] *vt* (NAUT) apresar, tomar como botín

kapieren* [ka'pi:rən] *vt (fam)* captar; **kapiert?** ¿ya?

kapital *adj* magnífico; *(fam: groß)* capital; **der ~e Irrtum** el error capital

Kapital [kapi'ta:l, *pl:* kapi'ta:le, kapi'ta:liən] *nt* <-s, -e *o* -ien> capital *m;* **~ aufnehmen** tomar dinero a préstamo; **~ aus etw** *dat* **schlagen** sacar provecho de algo; **totes ~** *(fig)* conocimientos no utilizados

Kapitalanlage *f* (FIN) inversión *f* de capital

Kapitalertrag *m* (FIN) rendimiento *m* del capital

Kapitalflucht *f ohne pl* (FIN) evasión *f* de capitales

Kapitalgesellschaft *f* (FIN) sociedad *f* de capital

Kapitalismus [kapita'lɪsmʊs] *m* <-, *ohne pl*> capitalismo *m*

Kapitalist(in) [kapita'lɪst] *m(f)* <-en, -en; -nen> capitalista *mf*

kapitalistisch *adj* capitalista

kapitalkräftig *adj* adinerado

Kapitalmarkt *m* (FIN) mercado *m* de capitales; **freier ~** mercado libre de capitales

Kapitalumsatz *m* <-es, -sätze> movimiento *m* del capital

Kapitalverbrechen *nt* (JUR) crimen *m* capital

Kapitalverkehr *m ohne pl* (WIRTSCH) circulación *f* de capitales; **freier ~** libre circulación de capitales

Kapitän(in) [kapi'tɛ:n] *m(f)* <-s, -e; -nen> ① (NAUT, SPORT) capitán, -ana *m, f* ② (AERO) comandante *mf*

Kapitel [ka'pɪtəl] *nt* <-s, -> (*a.* REL) capítulo *m;* **dieses ~ ist für mich erledigt** este capítulo queda zanjado para mí

Kapitell [kapi'tɛl] *nt* <-s, -e> (ARCHIT) capitel *m*

Kapitelüberschrift *f* <-, -en> título *m* de un capítulo

Kapitulation [kapitula'tsjo:n] *f* <-en> (*a.* MIL) capitulación *f* (**vor** ante)

kapitulieren* [kapitu'li:rən] *vi* (*a.* MIL) capitular (**vor** ante)

Kaplan [ka'pla:n, *pl:* ka'plɛ:nə] *m* <-s, Kapläne> capellán *m*

Kappe ['kapə] *f* <-n> ① *(Kopfbedeckung)* gorra *f;* **etw auf seine ~ nehmen** *(fam)* asumir la responsabilidad de algo; **das geht auf ihre ~** eso corre de su cuenta ② *(Verschluss)* tapa *f; (von Stift)* capuchón *m* ③ *(am Schuh)* refuerzo *m; (hinten)* contrafuerte *m; (vorne)* puntera *f*

kappen ['kapən] *vt* ① *(Seil)* cortar ② *(Finanzmittel)* reducir

Käppi ['kɛpi] *nt* <-s, -s> quepis *m inv*

Kapriole [kapri'o:lə] *f* <-n> ① *(Luftsprung, im Reitsport)* cabriola *f* ② *(Streich, Laune)* capricho *m*

kapriziös [kapri'tsjø:s] *adj (geh)* caprichoso

Kapsel ['kapsəl] *f* <-n> ① *(Behälter)* recipiente *m* ❷ (BOT, MED) cápsula *f* ❸ *(Raumfahrt)* cápsula *f* espacial

Kapstadt ['kapʃtat] *nt* <-s> ciudad *f* del Cabo [*o* de El Cabo]

kaputt [ka'pʊt] *adj (fam)* ❶ *(entzwei)* roto; *(nicht mehr funktionsfähig)* estropeado; **~ machen** romper, destrozar; *s. a.* **kaputtmachen** ❷ *(erschöpft)* hecho polvo; **ein ~er Typ** *(sl)* un tipo reventado

kaputtfahren *irr vt (fam)* destrozar (por un accidente o golpe con el coche)

kaputt|gehen *irr vi sein* ❶ *(fam: entzweigehen)* romperse (**von** por); *(nicht mehr funktionieren)* estropearse (**von** por) ❷ *(fam: Beziehung, Nerven)* arruinarse, destruirse (**an** por); *(Pflanze)* marchitarse (**an** por) ❸ *(fam: Firma)* quebrar ❹ *(sl: sich psychisch erschöpfen)* destrozarse

kaputtkriegen *vt (fam)* romper, cargarse

kaputt|lachen *vr:* **sich ~** troncharse de risa (**über** por)

kaputt|machen **I.** *vt (fam) (psychisch erschöpfen)* destrozar; **der Stress macht ihn kaputt** el estrés lo mata **II.** *vr:* **sich ~** *(fam)* matarse

kaputtschlagen *irr vt (fam)* destrozar, cargarse

Kapuze [ka'pu:tsə] *f* <-n> capucha *f*

Kapuzenmuskel *m* (ANAT) músculo *m* trapecio

Kapuzenpullover *m* sudadera *f* con capucha

Kapuziner[1] *m* <-s, -> *(Österr:* GASTR: *Milchkaffee)* café *m* con leche

Kapuziner(in)[2] [kapu'tsi:nɐ] *m(f)* <-s, -; -nen> (REL) capuchino, -a *m, f*

Kap Verde [kap've:ɐdə] *nt* <-s> Cabo Verde *m*

Karabiner [kara'bi:nɐ] *m* <-s, -> ❶ *(Gewehr)* carabina *f* ❷ *(Österr: Karabinerhaken)* mosquetón *m*

Karabinerhaken *m* mosquetón *m*

Karacho [ka'raxo] *nt* **mit ~** *(fam)* a toda mecha

Karaffe [ka'rafə] *f* <-n> garrafa *f*

Karambolage [karambo'la:ʒə] *f* <-n> colisión *f* en cadena

Karamell [kara'mɛl] *m o Schweiz: nt* <-s, *ohne pl*> caramelo *m*

Karamellpudding *m* ≈ flan *m*

Karaoke [kara'o:kə] *nt* <-(s), *ohne pl*> karaoke *m*

Karat [ka'ra:t] *nt* <-(e)s, -e> quilate *m*

Karate [ka'ra:tə] *nt* <-(s), *ohne pl*> kárate *m*

Karawane [kara'va:nə] *f* <-n> caravana *f*

Karbonat [karbo'na:t] *nt* <-(e)s, -e> (CHEM) carbonato *m*

Karbunkel [kar'bʊŋkəl] *m* <-s, -> (MED) ántrax *m inv*

Kardamom [karda'mo:m] *m o nt* <-s, -e(n)> (BOT) cardamomo *m*

Kardanwelle *f* (TECH) árbol *m* de cardán

Kardinal [kardi'na:l, *pl:* kardi'nɛ:lə] *m* <-s, Kardinäle> (REL) cardenal *m*

Kardinalfehler *m* error *m* fundamental

Kardinalfrage *f (geh)* cuestión *f* cardinal

Kardinalzahl *f* número *m* cardinal

Kardiogramm [kardio'gram] *nt* <-s, -e> (MED) cardiograma *m*

Kardiologe, -in [kardio'lo:gə] *m, f* <-n, -n; -, -nen> (MED) cardiólogo, -a *m, f*

Kardiologie [kardiolo'gi:] *f* <-, *ohne pl*> (MED) cardiología *f*

Karenztag *m* día *m* de carencia (salarial)

Karenzzeit *f* tiempo *m* de carencia

Karfiol [kar'fjo:l] *m* <-s, *ohne pl*> *(Österr:* GASTR) coliflor *f*

Karfreitag [ka:ɐ'fraɪta:k] *m* (REL) Viernes *m* Santo

karg [kark] *adj* ❶ *(gering)* escaso; *(armselig)* pobre; *(Essen)* frugal ❷ *(Wand)* pelado ❸ *(unfruchtbar)* árido

Kargheit *f* <-, *ohne pl*> ❶ *(Knappheit)* escasez *f*; *(Armseligkeit)* pobreza *f* ❷ *(der Ausstattung)* sobriedad *f* ❸ *(des Bodens)* aridez *f*

kärglich ['kɛrklɪç] *adj* escaso; *(Gehalt)* miserable; *(Essen)* frugal

Karibik [ka'ri:bɪk] *f* (el) Caribe *m*

karibisch *adj* caribeño

Karibisches Meer *f* mar Caribe *m*

kariert [ka'ri:ɐt] *adj (Stoff)* a cuadros; *(Papier)* cuadriculado; **klein ~** *(Stoff)* a cuadros pequeños

Karies ['ka:riɛs] *f ohne pl* (MED) caries *f inv*

Karikatur [karika'tu:ɐ] *f* <-en> caricatura *f*

Karikaturist(in) [karikatu'rɪst] *m(f)* <-en, -en; -nen> caricaturista *mf*

karikieren* [kari'ki:rən] *vt* caricaturizar

kariös [kari'ø:s] *adj* (MED) cariado

karitativ [karita'ti:f] *adj* caritativo

Karneval ['karnəval] *m* <-s, -e *o* -s> carnaval *m*

Karnevalszug *m* desfile *m* de carnaval

Karnickel [kar'nɪkəl] *nt* <-s, -> *(reg)* conejo *m*

Kärnten ['kɛrntən] *nt* <-s> Carintia *f*

Karo ['ka:ro] *nt* <-s, -s> ❶ *(Viereck)* cuadrado *m*; *(Raute)* rombo *m*; *(auf Kleidung)* cuadro *m* ❷ *(spanisches Kartenspiel)* oros *mpl*; *(französisches Kartenspiel)* diamantes *mpl*

Karomuster *nt* dibujo *m* a cuadros; **ein Rock mit ~** una falda a cuadros

Karosserie [karɔsə'ri:] *f* <-n> carrocería *f*

K

Karosseriebauer(in) *m(f)* carrocero, -a *m, f*
Karotte [ka'rɔtə] *f* <-n> zanahoria *f*
Karottensaft *m* zumo *m* de zanahoria
Karpfen ['karpfən] *m* <-s, -> (ZOOL) carpa *f*
Karpfenteich *m* <-(e)s, -e> criadero *m* de carpas
Karre ['karə] *f* <-n> *s.* **Karren**
Karree [ka're:] *nt* <-s, -s> ❶ *(Viereck)* cuadrado *m* ❷ *(Häuserblock)* manzana *f,* cuadra *f Am;* **ums ~ gehen** dar una vuelta a la manzana ❸ *(Österr:* GASTR: *Rippenstück)* chuleta *f*
Karren ['karən] *m* <-s, -> ❶ *(Wagen)* carro *m;* **für jdn den ~ aus dem Dreck ziehen** *(fam)* sacarle a alguien las castañas del fuego; **jdm an den ~ fahren** *(fam)* poner a alguien como un trapo ❷ *(abw: Auto)* carraca *f*
Karriere [ka'rje:rə] *f* <-n> carrera *f* (profesional); **~ machen** hacer carrera
Karrierefrau *f* arribista *f*
karrieregeil *adj (abw fam) que ambiciona éxito profesional a toda costa*
Karriereknick *m* bajón *m* en la carrera
Karrierist(in) [karje'rɪst] *m(f)* <-en, -en; -, -nen> arribista *mf*
Karsamstag [ka:ɐ'zamsta:k] *m* (REL) Sábado *m* Santo
Karst [karst] *m* <-(e)s, -e> (GEO) carst *m*
Karte ['kartə] *f* <-n> ❶ *(Visiten-, Kreditkarte)* tarjeta *f;* **die gelbe/rote** [*o* **Gelbe/Rote**] **~** (SPORT) la tarjeta amarilla/roja ❷ *(Ansichtskarte)* (tarjeta *f*) postal *f;* **eine ~ schreiben** escribir una postal ❸ *(Speisekarte)* carta *f* (del menú) ❹ *(Landkarte)* mapa *m* ❺ *(Fahrkarte)* billete *m,* boleto *m Am; (Eintrittskarte)* entrada *f* ❻ *(Spielkarte)* naipe *m,* carta *f;* **jdm die ~n legen** echar las cartas a alguien; **~n spielen** jugar a las cartas; **mit offenen/verdeckten ~n spielen** *(a. fig)* enseñar las cartas/ocultar el juego; **alles auf eine ~ setzen** *(a. fig)* jugarse el todo por el todo a una carta; **sich** *dat* **nicht in die ~n sehen lassen** *(fig)* esconder la bola ❼ (INFOR) tarjeta *f* gráfica
Kartei [kar'taɪ] *f* <-en> fichero *m;* **eine ~ über jdn/etw führen** tener a alguien/algo fichado
Karteikarte *f* ficha *f*
Karteikasten *m* fichero *m*
Karteileiche *f (iron) ficha que contiene datos de personas o hechos que ya no existen o están pasados*
Kartell [kar'tɛl] *nt* <-s, -e> (WIRTSCH) cártel *m*
Kartellamt *nt* (WIRTSCH) autoridad *f* de vigilancia de los cárteles
Kartellgesetz *nt* <-es, -e> (JUR) ley *f* anticártel, ley *f* sobre restricciones de la competencia
Kartenhaus *nt* ❶ *(Figur aus Spielkarten)* castillo *m* de naipes; **alle ihre Pläne fielen in sich zusammen wie ein ~** todos sus planes se desmoronaron como un castillo de naipes ❷ (NAUT: *Raum für Seekarten*) caseta *f* de derrota
Karteninhaber(in) *m(f)* <-s, -; -, -nen> (WIRTSCH, FIN) titular *mf* de la tarjeta
Kartenlegen *nt* <-s, *ohne pl*> cartomancia *f*
Kartenleger(in) *m(f)* <-s, -; -nen> cartomántico, -a *m, f*
Kartenlesegerät *nt* (INFOR) lector *m* de tarjetas
Kartenspiel *nt* ❶ *(Spiel)* juego *m* de naipes ❷ *(Spielkarten)* baraja *f*
Kartentelefon *nt* teléfono *m* de tarjeta(s)
Kartenvorverkauf *m* venta *f* anticipada de localidades
kartieren* [kar'ti:rən] *vt* ❶ (GEO) cartografiar, levantar mapas (de) ❷ *(in Kartei)* fichar
Kartoffel [kar'tɔfəl] *f* <-n> patata *f,* papa *f Am;* **jdn fallen lassen wie eine heiße ~** *(fam)* dejar a alguien en la estacada
Kartoffelbrei *m* (GASTR) puré *m* de patatas
Kartoffelchip *m* (GASTR) patata *f* frita
Kartoffelkloß *m* croqueta *f* de patata
Kartoffelpuffer *m* (GASTR) *fritura de patatas ralladas*
Kartoffelpüree *nt* (GASTR) puré *m* de patata, naco *m Col*
Kartoffelsalat *m* (GASTR) ensalada *f* de patatas
Kartoffelstampfer [-'ʃtampfɐ] *m* machaca patatas *m*
Kartograf(in) [karto'gra:f] *m(f)* <-en, -en; -, -nen> cartógrafo, -a *m, f*
Kartografie [kartogra'fi:] *f* <-, *ohne pl*> cartografía *f*
Karton [kar'tɔŋ] *m* <-s, -s> ❶ *(Material)* cartón *m; (Fotokarton)* cartulina *f* ❷ *(Behälter)* caja *f*
Kartonage [karto'na:ʒə] *f* <-, -n> cartonaje *m,* embalaje *m* de cartón
kartoniert [karto'ni:ɐt] *adj (Buch)* empastado
Kartusche [kar'tʊʃə] *f* <-n> ❶ (TECH: *Behälter*) cartucho *m; (Tonerpatrone)* tóner *m* ❷ (MIL: *Geschosshülse*) cartucho *m; (leere Geschosshülle)* casquillo *m* ❸ (KUNST: *Zierornament*) voluta *f*
Kartuschenpistole *f* pistola *f* de cartucho
Karussell [karʊ'sɛl] *nt* <-s, -s *o* -e> tiovivo *m*
Karwoche ['ka:ɐvɔxə] *f* (REL) Semana *f* Santa

karzinogen [kartsino'ge:n] *adj* (MED) cancerígeno
Karzinom [kartsi'no:m] *nt* <-s, -e> (MED) carcinoma *m*
Kasachstan ['kazaxsta:n] *nt* <-s> Kazajstán *m*
Kaschemme [ka'ʃɛmə] *f* <-n> *(fam abw)* barucho *m*
kaschieren* [ka'ʃi:rən] *vt* ocultar
Kaschmir[1] ['kaʃmi:ɐ] *m* <-s, -e> *(Wolle, Gewebe)* cachemir *m*
Kaschmir[2] *nt* <-s> Cachemira *m*
Käse ['kɛ:zə] *m* <-s, -> ❶ (GASTR) queso *m*; **geriebener ~** queso rallado ❷ *(fam abw: Unsinn)* tonterías *fpl*; **das ist doch alles ~, was du erzählst!** ¡no dices más que bobadas!
Käseblatt *nt (fam abw)* periodicucho *m*
Käsebrot *nt* <-(e)s, -e> (GASTR) pan *m* con (mantequilla y) queso
Käsegebäck *nt* pasta *f* de queso
Käseglocke *f* quesera *f*
Käsekuchen *m* tarta *f* de queso
Käsemesser *nt* cuchillo *m* para el queso
Käserei *f* <-en> quesería *f*
Kaserne [ka'zɛrnə] *f* <-n> cuartel *m*
Käseteller *m* tabla *f* de quesos
Käsetheke *f* mostrador *m* especializado en quesos
käseweiß, **käsig** ['kɛ:zɪç] *adj (fam)* descolorido; *(Hautfarbe)* pálido
Kasino [ka'zi:no] *nt* <-s, -s> ❶ (MIL) comedor *m* de oficiales ❷ *(Spielcasino)* casino *m*, casa *f* de juego
Kaskade [kas'ka:də] *f* <-, -n> cascada *f*
Kaskoversicherung ['kasko-] *f* seguro *m* contra todo riesgo
Kasper(le) *m* <-s, -> títere *m*
Kasper(le)theater *nt* guiñol *m*
kaspern ['kaspɐn] *vi (fam)* payasear
Kaspisches Meer *nt* mar *m* Caspio
Kassa ['kasa] *f* <Kassen> *(Österr)* caja *f*
Kasse ['kasə] *f* <-n> ❶ *(Behälter, Zahlstelle)* caja *f*; **~ machen** hacer la caja; **jdn zur ~ bitten** *(fam)* reclamar dinero a alguien ❷ *(Bargeld)* efectivo *m* en caja; **knapp/gut bei ~ sein** *(fam)* andar mal/bien de dinero; **wir haben getrennte ~n** hacemos cuentas separadas ❸ *(für Eintritts-, Fahrkarten)* taquilla *f* ❹ *(fam: Bank)* caja *f*
Kassenarzt, **-ärztin** *m, f* médico, -a *m, f* de la Seguridad Social
Kassenautomat *m* cajero *m* automático
Kassenbeleg *m* comprobante *m* de compra
Kassenbon *m* tíquet *m* de compra
Kassenbrille *f* <-, -n> *(fam)* gafas *fpl* pagadas por la Seguridad Social
Kassendefizit *nt* (WIRTSCH) déficit *m inv* de caja
Kassenerfolg *m* ❶ (FILM, THEAT) éxito *m* de taquilla ❷ *(Ware)* éxito *m* de ventas
Kassengestell *nt* <-(e)s, -e> *(fam)* montura *f* (de gafas) pagada por la Seguridad Social
Kassenmagnet *m* <-(e)s, -e> *(Schauspieler)* artista *mf* taquillero; *(Theaterstück)* espectáculo *m* taquillero
Kassenpatient(in) *m(f)* paciente *mf* de la Seguridad Social
Kassenprüfung *f* (WIRTSCH) auditoría *f* financiera
Kassenschlager *m (fam)* superventas *m inv*; *(Film)* película *f* taquillera
Kassensturz *m* **~ machen** contar el dinero
Kassenwart(in) *m(f)* tesorero, -a *m, f*
Kassenzettel *m* ❶ *(Quittung)* factura *f* ❷ *s.* **Kassenbon**
Kasserolle *f (Stieltopf)* cazo *m*
Kassette [ka'sɛtə] *f* <-n> ❶ *(für Geld)* cajita *f*; *(für Schmuck)* joyero *m* ❷ *(Schutzhülle)* estuche *m* ❸ *(Musik-, Videokassette)* casete *m*
Kassettendeck *nt* (platina *f*) casete *m*
Kassettenrekorder *m* <-s, -> casete *m*
kassieren* [ka'si:rən] **I.** *vi* ❶ *(Kellner)* cobrar ❷ *(fam: Geld einnehmen)* ganar **II.** *vt* ❶ *(einnehmen)* cobrar (**von/bei** de) ❷ *(fam: sich aneignen)* quedarse (con); *(wegnehmen)* quitar ❸ *(fam: einstecken müssen)* tragarse ❹ (JUR: *aufheben*) casar
Kassierer(in) *m(f)* <-s, -; -nen> cajero, -a *m, f*; *(im Verein)* tesorero, -a *m, f*
Kastagnette [kasta'njɛtə] *f* <-n> castañuela *f*
Kastanie [kas'ta:niə] *f* <-n> ❶ *(Baum)* castaño *m* ❷ *(Frucht)* castaña *f*; **für jdn die ~n aus dem Feuer holen** *(fam)* sacarle a alguien las castañas del fuego
Kastanienbaum *m* castaño *m*
Kästchen ['kɛstçən] *nt* <-s, -> ❶ *(Behälter)* cajita *f* ❷ *(auf Papier)* cuadrícula *f*
Kaste ['kastə] *f* <-n> casta *f*
kasteien* [kas'taɪən] *vr*: **sich ~** mortificarse
Kasten ['kastən, *pl:* 'kɛstən] *m* <-s, Kästen> ❶ *(Kiste)* caja *f*; *(größerer)* cajón *m*; **etwas auf dem ~ haben** *(fam)* ser listo ❷ *(Schaukasten)* vitrina *f* de exposición ❸ *(fam: Briefkasten)* buzón *m* ❹ *(fam abw: Radio)* aparato *m*; *(Fernseher)* caja *f* tonta ❺ *(Turngerät)* plinto *m* ❻ *(fam abw: Gebäude)* caserón *m* ❼ *(Österr, Schweiz: Schrank)* armario *m*
Kastenform *f* forma *f* cuadrada; *(Backform)* molde *m* cuadrado
Kastilien [kas'ti:liən] *nt* <-s> Castilla *f*

Kastilier(in) *m(f)* <-s, -; -nen> castellano, -a *m, f*

kastilisch *adj* castellano

Kastrat [kas'tra:t] *m* <-en, -en> castrado *m*

Kastration [kastra'tsjo:n] *f* <-, -en> castración *f*

kastrieren* [kas'tri:rən] *vt* castrar

Kasus ['ka:zʊs] *m* <-, -> (LING) caso *m*

Kat [kat] *m* <-s, -s> (CHEM, AUTO) *Abk. von* **Katalysator** catalizador *m*

Katakomben [kata'kɔmbən] *f pl* catacumbas *f pl*

Katalane, -in [kata'la:nə] *m, f* <-n, -n; -nen> catalán, -ana *m, f*

katalanisch *adj* catalán

Katalanische *nt* <-n, *ohne pl*> (LING) catalán *m*

Katalog [kata'lo:k] *m* <-(e)s, -e> catálogo *m*

katalogisieren* [katalogi'zi:rən] *vt* catalogar

Katalogisierung *f* <-, -en> catalogación *f*

Katalonien [kata'lo:niən] *nt* <-s> Cataluña *f*

Katalysator [kataly'za:to:ɐ] *m* <-s, -en> (CHEM, AUTO) catalizador *m;* **geregelter ~** catalizador regulado

Katalysatorauto *nt* coche *m* con catalizador

Katalyse [kata'ly:zə] *f* <-, -n> (CHEM) catálisis *f inv*

katalytisch [kata'ly:tɪʃ] *adj* (CHEM) catalítico

Katamaran [katama'ra:n] *m* <-s, -e> catamarán *m*

Katapult [kata'pʊlt] *nt o m* <-(e)s, -e> (TECH, MIL) catapulta *f*

katapultieren* [katapʊl'ti:rən] *vt* (AERO: *a. fig)* catapultar

Katar ['ka(:)tar] *nt* <-s> (GEO) Qatar *m*

Katarr, Katarrh *m* <-s, -e> (MED) catarro *m*

Katasteramt *nt* <-es, -ämter> oficina *f* del catastro

katastrophal [katastro'fa:l] *adj* catastrófico

Katastrophe [katas'tro:fə] *f* <-n> ① *(Unglück)* catástrofe *f;* **nukleare ~** catástrofe nuclear ② *(fig)* desastre *m*

Katastrophenalarm *m* alerta *f* roja

Katastropheneinsatz *m* movilización *f* en caso de catástrofes

Katastrophengebiet *nt* zona *f* catastrófica

Katastrophenhilfe *f* ayuda *f* en caso de catástrofes

Katastrophenopfer *nt* víctima *f* de una catástrofe

Katastrophenschutz *m* medidas *f pl* de protección contra catástrofes

Katechismus [katɛ'çɪsmʊs] *m* <-, Katechismen> (REL) catecismo *m*

Kategorie [katego'ri:] *f* <-n> categoría *f;* **etw in verschiedene ~n einteilen** clasificar algo

kategorisch [kate'go:rɪʃ] *adj* categórico

Kater ['ka:tɐ] *m* <-s, -> ① *(Tier)* gato *m;* **der gestiefelte ~** el gato con botas ② *(fam: Unwohlsein)* resaca *f,* goma *f Am;* **einen ~ haben** tener resaca

kath. *Abk. von* **katholisch** católico

Katharsis ['ka:tarzɪs] *f* <-, *ohne pl*> (REL, PSYCH, LIT) catarsis *f inv*

Katheder [ka'te:dɐ] *nt* <-s, -> (UNIV: *Lehrstuhl*) cátedra *f*

Kathedrale [kate'dra:lə] *f* <-n> catedral *f*

Kathete [ka'te:tə] *f* <-, -n> (MATH) cateto *m*

Katheter [ka'te:tɐ] *m* <-s, -> (MED) catéter *m*

Kathode [ka'to:də] *f* <-n> (PHYS) cátodo *m*

Katholik(in) [kato'li:k] *m(f)* <-en, -en; -nen> católico, -a *m, f*

katholisch [ka'to:lɪʃ] *adj* católico

Katholizismus [katoli'tsɪsmʊs] *m* <-, *ohne pl*> catolicismo *m*

Katode [ka'to:də] *f* <-n> *s.* **Kathode**

Katz [kats] *f* **~ und Maus mit jdm spielen** *(fam)* jugar al gato y al ratón con alguien

katzbuckeln ['---] *vi (abw)* arrastrarse; **vor jdm ~** arrastrarse a los pies de alguien

Kätzchen ['kɛtsçən] *nt* <-s, -> (BOT) amento *m;* **zu Ostern blühen die ~** por Pascua florecen los amentos

Katze ['katsə] *f* <-n> ① *(Hauskatze)* gato *m,* cucho *m Chil; (weiblich)* gata *f,* cucha *f Chil;* **wie die ~ um den heißen Brei schleichen** *(fam)* andarse con rodeos; **die ~ im Sack kaufen** *(fam)* comprar a ciegas; **die ~ aus dem Sack lassen** *(fam)* destapar un secreto; **meine Arbeit war für die Katz** *(fam)* todo mi trabajo ha sido para nada; **bei Nacht sind alle ~n grau** *(prov)* de noche todos los gatos son pardos; **die ~ lässt das Mausen nicht** *(prov)* el hijo de la gata, ratones mata ② *(Raubtierart)* felino *m*

katzenartig **I.** *adj* gatuno **II.** *adv* como un gato

Katzenauge *nt* ① *(Mineral)* crisoberilo *m* ② *(fam: Rückstrahler)* catafaro *m*

Katzensprung *m* **es ist nur ein ~ (von hier)** *(fam)* está a dos pasos (de aquí)

Katzenwäsche *f (fam)* lavoteo *m;* **~ machen** lavotearse

K

Katz-und-Maus-Spiel *nt* juego *m* del gato y el ratón

Kauderwelsch ['kaʊdɐvɛlʃ] *nt* <-(s), *ohne pl*> galimatías *m inv*

kauen ['kaʊən] *vi, vt* masticar; **an den Nägeln ~** comerse las uñas

kauern ['kaʊɐn] **I.** *vi* estar en cuclillas **II.** *vr:* **sich ~** acuclillarse

Kauf [kaʊf, *pl:* 'kɔɪfə] *m* <-(e)s, Käufe> compra *f* (**von** de); *(Erwerb)* adquisición *f* (**von** de); **etw zum ~ anbieten** poner algo en venta; **ein ~ in Raten/auf Kredit** una compra a plazos/a crédito; **etw in ~ nehmen** asumir algo

kaufen ['kaʊfən] *vt (Ware, bestechen)* comprar; *(erwerben)* adquirir; **etw auf Raten ~** comprar algo a plazos; **dafür kann ich mir nichts ~** *(fam)* esto no me sirve de nada; **den kaufe ich mir** *(fam)* este me lo compro

Kaufentscheidung *f* decisión *f* de compra

Käufer(in) ['kɔɪfɐ] *m(f)* <-s, -; -nen> comprador(a) *m(f); (Kunde)* cliente, -a *m, f*

Käuferschicht *f* clase *f* de compradores

Kauffrau *f* perita *f* comercial; *(Händlerin)* comerciante *f*

Kaufhaus *nt* grandes almacenes *mpl,* emporio *m AmC*

Kaufkraft *f ohne pl* (WIRTSCH) poder *m* adquisitivo

Kaufleute *pl s.* **Kaufmann**

käuflich ['kɔɪflɪç] *adj* ① *(Waren)* comprable; **etw ~ erwerben** adquirir algo ② *(bestechlich)* sobornable

Kauflustige(r) *mf* comprador(a) *m(f)*

Kaufmann *m* <-(e)s, -leute> perito *m* comercial; *(Händler)* comerciante *m;* (HIST) mercader *m*

kaufmännisch [-mɛnɪʃ] *adj* comercial

Kaufoption *f* (FIN) opción *f* de compra

Kaufpreis *m* precio *m* de compra

Kaufrausch *m* fiebre *f* compradora

Kaufsumme *f* (WIRTSCH) total *m* de compras

Kaufvertrag *m* contrato *m* de compraventa

Kaufzwang *m* obligación *f* de comprar; **ohne ~** sin compromiso

Kaugummi *m o nt* <-s, -s> chicle *m*

Kaukasus ['kaʊkazʊs] *m* <-> Cáucaso *m*

Kaulquappe ['kaʊlkvapə] *f* <-n> renacuajo *m*

kaum [kaʊm] *adv* ① *(wahrscheinlich nicht)* probablemente no; **ich glaube ~, dass ...** no creo que... *+subj* ② *(noch nicht einmal)* apenas; **~ jemand** casi nadie; **sie war ~ hereingekommen, als ...** apenas había entrado cuando...; **es dauerte ~ drei Stunden** apenas duró tres horas

kausal [kaʊ'za:l] *adj* causal

Kausalität [kaʊzali'tɛ:t] *f* <-, -en> causalidad *f*

Kautabak ['kaʊ-] *m* tabaco *m* de mascar, breva *f Am*

Kaution [kaʊ'tsjo:n] *f* <-en> ① (JUR) fianza *f;* **gegen ~** bajo fianza ② *(bei Mieten)* garantía *f*

Kautschuk ['kaʊtʃʊk] *m* <-s, -e> caucho *m,* hule *m Am*

Kauz [kaʊts, *pl:* 'kɔɪtsə] *m* <-es, Käuze> (ZOOL) mochuelo *m;* **ein komischer ~** *(fam)* un tío raro

kauzig *adj* raro

Kavalier [kava'li:ɐ] *m* <-s, -e> caballero *m*

Kavaliersdelikt *nt* peccata minuta *pl*

Kavallerie [kavalə'ri:, '----] *f* <-n> (HIST) caballería *f*

Kaviar ['ka:via:ɐ] *m* <-s, -e> caviar *m*

KB [ka:'be:] *Abk. von* **Kilobyte** Kb

kcal *Abk. von* **Kilokalorie** Kcal

keck [kɛk] *adj* fresco

Kefir ['ke:fɪr] *m* <-s, *ohne pl*> kéfir *m*

Kegel ['ke:gəl] *m* <-s, -> ① *(Geometrie, a. Berg-, Lichtkegel)* cono *m* ② *(Spielfigur)* bolo *m*

Kegelbahn *f* bolera *f*

kegelförmig [-fœrmɪç] *adj* cónico

Kegelkugel *f* bola *f* (del juego de bolos)

kegeln ['ke:gəln] *vi* jugar a los bolos

Kegler(in) ['ke:glɐ] *m(f)* <-s, -; -, -nen> jugador(a) *m(f)* de bolos

Kehle ['ke:lə] *f* <-n> garganta *f;* **jdm die ~ durchschneiden** degollar a alguien; **jdm an die ~ springen** *(fam fig)* saltarle a alguien a la chepa; **aus voller ~ singen** cantar a grito pelado; **mir war die ~ wie zugeschnürt** *(fig)* se me hizo un nudo en la garganta

Kehlkopf *m* (ANAT) laringe *f*

Kehlkopfentzündung *f* (MED) laringitis *f inv*

Kehrbesen ['ke:ɐ-] *m (reg)* escoba *f*

Kehrblech *nt (reg)* recogedor *m*

Kehre ['ke:rə] *f* <-, -n> ① *(Kurve)* curva *f* ② (SPORT) vuelta *f*

kehren ['ke:rən] **I.** *vt* ① *(drehen)* dar la vuelta, volver; **die Innenseite nach außen ~** volver del revés; **er ist in sich gekehrt** está totalmente encerrado en sí mismo ② *(fegen)* barrer **II.** *vr:* **sich ~** ① *(sich wenden)* volverse ② *(sich kümmern)* preocuparse (**an** de) **III.** *vi* ① *(fegen)* barrer ② *(Schweiz: drehen: Wind, Trend)* cambiar; *(Auto)* virar

Kehricht ['ke:rɪçt] *m o nt* <-s, *ohne pl*> *(geh)* basura *f;* **das geht dich einen**

K

feuchten ~ an! *(fam)* ¡eso te importa un comino!

Kehrmaschine *f* barredora *f*

Kehrreim *m* estribillo *m*

Kehrschaufel *f* recogedor *m*

Kehrseite *f* ❶ *(Rückseite)* reverso *m;* **die ~ der Medaille** la otra cara de la moneda ❷ *(Rücken)* espalda *f* ❸ *(Nebenerscheinung)* aspecto *m* negativo

kehrt|machen *vi (fam)* ❶ *(sich umdrehen)* dar la vuelta; *(umkehren)* volver ❷ *(aufgeben)* volverse atrás

Kehrtwendung *f* media vuelta *f*

Kehrwert *m* (MATH) valor *m* inverso

Kehrwoche *f (südd) semana en la que la limpieza de la escalera corresponde a uno de los inquilinos;* **die ~ machen** corresponder a alguien la limpieza de la escalera

keifen ['kaɪfən] *vi (abw)* berrear

Keil [kaɪl] *m* <-(e)s, -e> ❶ *(Werkzeug)* cuña *f* ❷ *(Bremsklotz)* zapata *f* en cuña

Keilabsatz *m* tacón *m* de cuña

Keile ['kaɪlə] *f* <-, *ohne pl*> *(reg: fam)* paliza *f;* **~ kriegen** recibir una paliza

K

keilen ['kaɪlən] *vr:* **sich ~** *(fam)* pelearse

Keilerei *f* <-en> *(fam)* camorra *f*

keilförmig [-fœrmɪç] *adj* cuneiforme

Keilkissen *nt* <-s, -> travesaño *m*

Keilriemen *m* (TECH) correa *f* trapezoidal

Keilschrift *f* <-, -en> (HIST) escritura *f* cuneiforme

Keim [kaɪm] *m* <-(e)s, -e> ❶ (BOT) germen *m;* **etw im ~ ersticken** sofocar algo en su origen ❷ *(Embryo)* embrión *m* ❸ *(Krankheitserreger)* germen *m* (infeccioso)

Keimblatt *nt* (BOT) cotiledón *m*

Keimdrüse *f* (ANAT, ZOOL) glándula *f* sexual

keimen *vi* ❶ (BOT) brotar ❷ *(Verdacht)* surgir; *(Hoffnung)* nacer

keimfrei *adj* aséptico; *(steril)* esterilizado

Keimling *m* <-s, -e> (BOT) brote *m*

keimtötend *adj* antiséptico

Keimzelle *f* ❶ (BIOL) célula *f* germinal ❷ *(Anfang)* germen *m*

kein, keine, kein [kaɪn, 'kaɪnə, kaɪn] *pron indef* ❶ *(nicht ein, nichts an)* no; *(kein(e) Einziger)* ningún *m,* ninguna *f;* **ich habe ~e Zeit** no tengo tiempo; **~ einziges Mal** ni una sola vez; **in ~ster Weise** de ninguna manera; **~ Mensch** nadie; **~e Ahnung!** ¡ni idea! ❷ *(nicht einmal)* ni (siquiera); **das ist ~e 200 Meter von hier** no está ni a 200 metros de aquí

keine(r, s) *pron indef* nadie, ninguno; **ich kenne ~n, der das kann** no conozco a nadie que sepa hacerlo; **es war ~r da** no había nadie; **~r von uns** ninguno de nosotros

keinerlei ['--'-] *adj inv* ningún, de ningún tipo; **ich mache mir ~ Gedanken darüber** esto no me preocupa lo más mínimo

keinesfalls ['--'-] *adv* de ningún modo; **er darf mich ~ hier sehen** de ningún modo me debe ver aquí

keineswegs ['--'-] *adv* en absoluto; **sie ist ~ dumm** no es nada tonta

keinmal *adv* ninguna vez

keins [kaɪns] *pron indef s.* **keine(r, s)**

Keks [ke:ks] *m o nt* <-(es), -(e)> *(Gebäck)* galleta *f;* **jdm auf den ~ gehen** *(fam)* poner negro a alguien

Kelch [kɛlç] *m* <-(e)s, -e> ❶ *(Glas)* copa *f;* (REL) cáliz *m;* **den bitteren ~ (bis zur Neige) leeren** *(geh fig)* apurar el cáliz de la amargura (hasta las heces) ❷ (BOT) cáliz *m*

Kelle ['kɛlə] *f* <-n> ❶ *(Schöpflöffel)* cucharón *m* ❷ *(Signalstab)* disco *m* ❸ *(Maurerkelle)* palustre *m*

Keller ['kɛlɐ] *m* <-s, -> sótano *m*

Kellerassel ['kɛlɐʔasəl] *f* (ZOOL) cochinilla *f*

Kellerei *f* <-en> bodega *f;* *(Sektkellerei)* cava *f*

Kellerfenster *nt* tragaluz *m*

Kellergeschoss *nt* sótano *m*

Kellermeister(in) *m(f)* bodeguero, -a *m, f*

Kellner(in) ['kɛlnɐ] *m(f)* <-s, -; -nen> camarero, -a *m, f*

kellnern *vi (fam)* trabajar de camarero/camarera

Kelte, -in ['kɛltə] *m, f* <-n, -n; -nen> (HIST) celta *mf*

Kelter ['kɛltɐ] *f* <-, -n> lagar *m*

Kelterei *f* <-en> lagar *m*

keltern ['kɛltɐn] *vt* prensar

Keltin *f* <-nen> *s.* **Kelte**

keltisch ['kɛltɪʃ] *adj* celta

Kelvin ['kɛlvɪn] *nt* <-s, -> (PHYS) kelvin *m*

Kendo ['kɛndo] *nt* <-(s), *ohne pl*> (SPORT: *japanische Kampfsportart*) kendo *m*

Kenia ['ke:nia] *nt* <-s> Kenia *f*

Kenianer(in) [keni'a:nɐ] *m(f)* <-s, -; -nen> keniata *mf*

kenianisch *adj* keniata

kennen ['kɛnən] <kennt, kannte, gekannt> *vt* conocer; *(wissen)* saber; **~ Sie Herrn X?** ¿conoce al señor X?; **~ Sie ihren Namen?** ¿sabe cómo se llama?; **kennst du mich noch?** ¿te acuerdas de mí?; **jdn ~ lernen** conocer a alguien; **es freut mich, Sie ~ zu lernen** encantado de conocerle; **wenn du nicht sofort kommst, kannst du mich mal ~ lernen** *(fam)* si no vienes en seguida, ya verás; **wie ich ihn kenne ...** tal y como le conozco...; **da kennst du mich aber schlecht** no me conoces bien; **sie ~ ihn**

als zuverlässigen Kollegen le tienen por un colega fiable; **er kennt kein Erbarmen** no tiene compasión; **da kenne ich nichts!** ¡me da lo mismo!; **ich kenne sie vom Sehen** la conozco de vista

kennenlernen *vt* conocer; **es freut mich, Sie kennenzulernen** encantado de conocerle

Kenner(in) *m(f)* <-s, -; -nen> ① *(Sachverständiger)* experto, -a *m, f* ② *(Autorität)* conocedor(a) *m(f)*

Kennerblick *m* mirada *f* experta; **etw mit ~ betrachten** mirar algo con ojo de buen cubero

Kennerin *f* <-nen> *s.* **Kenner**

kenntlich ['kɛntlɪç] *adj* **etw ~ machen** marcar algo

Kenntnis ['kɛntnɪs] *f ohne pl (das Bekanntsein)* conocimiento *m;* **von etw** *dat* **~ haben/erhalten** tener noticia de algo/llegar a saber algo; **jdn von etw** *dat* **in ~ setzen** poner a alguien en conocimiento de algo; **etw/jdn zur ~ nehmen** tomar nota de algo/prestar atención a alguien

Kenntnisnahme *f ohne pl (formal)* **zur ~** para su conocimiento

Kenntnisse *fpl (Wissen)* conocimientos *mpl*

Kennung *f* <-, -en> (TECH) caracterización *f*

Kennwort *nt (Losung)* contraseña *f; (Code)* código *m*

Kennzahl *f s.* **Kennziffer**

Kennzeichen *nt* ① *(Merkmal)* característica *f; (zur Unterscheidung)* distintivo *m;* **besondere ~** rasgos distintivos ② *(Markierung)* señal *f* ③ (AUTO) matrícula *f*

kennzeichnen *vt* ① *(markieren)* señalar; **etw als zerbrechlich ~** señalar algo como frágil ② *(charakterisieren)* caracterizar (**als** de)

kennzeichnend *adj* característico

Kennziffer *f* ① *(als Kennzeichen)* número *m* indicador ② (MATH) característica *f*

kentern ['kɛntɐn] *vi sein* zozobrar

Keramik [ke'ra:mɪk] *f* <-en> cerámica *f*

keramisch [ke'ra:mɪʃ] *adj* de cerámica, de barro

Kerbe ['kɛrbə] *f* <-n> *(Einschnitt)* muesca *f; (in Holz, Metall)* entalladura *f; (Zeichen)* marca *f;* **in dieselbe ~ schlagen** *(fam)* llover sobre mojado

Kerbholz *nt (fam)* **etwas auf dem ~ haben** no tener la conciencia limpia

Kerker ['kɛrkɐ] *m* <-s, -> ① (HIST) calabozo *m* ② *(Österr: Zuchthaus)* penitenciaría *f*

Kerl [kɛrl] *m* <-s, -e> *(fam)* tío *m,* pisco *m Col pey;* **er ist ein ganzer ~** es todo un hombre; **er/sie ist ein feiner ~** es un buen chico/una buena chica

Kern [kɛrn] *m* <-(e)s, -e> ① *(von Apfel, Birne)* pepita *f,* pepa *f Am; (von Pfirsich, Pflaume)* hueso *m; (von Sonnenblume, Melone)* pipa *f* ② (BIOL, PHYS) núcleo *m* ③ *(Mittelpunkt)* centro *m* ④ *(das Wesentliche)* fondo *m,* parte *f* esencial; **jedes Märchen hat einen wahren ~** cada cuento tiene algo de verdad; **in ihr steckt ein guter ~** *(fam)* tiene un buen corazón; **schließlich war nur noch der harte ~ übrig** *(fam)* al final solo quedaron los últimos fieles

Kernarbeitszeit *f* (WIRTSCH) horas *fpl* fijas de trabajo

Kernbrennstoff *m* (TECH) combustible *m* nuclear

Kernenergie *f ohne pl* energía *f* nuclear

Kernenergieausstieg *m* (POL) abandono *m* de la energía nuclear

Kernfach *nt* (SCH) asignatura *f* troncal

Kernforschung *f ohne pl* investigación *f* nuclear

Kernfrage *f* cuestión *f* fundamental

Kernfrucht *f* (BOT) fruto *m* con pepitas

Kernfusion *f* (PHYS) fusión *f* nuclear

Kerngehäuse *nt* corazón *m*

kerngesund ['--'-] *adj* rebosante de salud

kernig ['kɛrnɪç] *adj* ① *(urwüchsig)* robusto; *(kraftvoll)* fuerte ② *(Obst)* lleno de pepitas

Kernkraft *f ohne pl* energía *f* nuclear

Kernkraftbefürworter(in) *m(f)* partidario, -a *m, f* de la energía nuclear

Kernkraftgegner(in) *m(f)* detractor(a) *m(f)* de la energía nuclear

Kernkraftwerk *nt* central *f* nuclear

kernlos *adj* sin pipas

Kernobst *nt* fruta *f* de pepita

Kernphysik *f* (PHYS) física *f* nuclear

Kernphysiker(in) *m(f)* físico, -a *m, f* nuclear

Kernproblem *nt* <-s, -e> cuestión *f* crucial, punto *m* clave

Kernpunkt *m* punto *m* clave

Kernreaktor *m* (PHYS) reactor *m* nuclear

Kernschmelze *f ohne pl* (PHYS) fusión *f* del núcleo (del reactor)

Kernseife *f* jabón *m* duro

Kernspaltung *f* (PHYS) fisión *f* nuclear

Kernspintomografie *f* (MED) (tomografía *f* por) resonancia magnética *f*

Kernstück *nt* parte *f* esencial

Kerntechnik *f* (PHYS) técnica *f* nuclear

Kernteilung *f* (BIOL: *direkt*) amitosis *f inv; (indirekt)* mitosis *f inv*

Kernverschmelzung *f* (PHYS) fusión *f* nuclear

K

kernwaffenfrei *adj* desnuclearizado, libre de armas nucleares

Kernwaffenversuch *m* (MIL) prueba *f* nuclear

Kernzeit *f* horario *m* fijo *(en un horario flexible, horas en las que el trabajador está obligado a ocupar su puesto de trabajo)*

Kerosin [kero'ziːn] *nt* <-s, *ohne pl*> queroseno *m*

Kerze ['kɛrtsə] *f* <-n> ① *(aus Wachs)* vela *f* ② *(Zündkerze)* bujía *f* ③ (SPORT) clavo *m;* **eine ~ machen** hacer el clavo

Kerzenbeleuchtung *f s.* **Kerzenlicht**

Kerzendocht *m* <-(e)s, -e> mecha *f* de la vela

kerzengerade ['---'--] *adj* derecho como una vela; **~ sitzen** estar sentado más derecho que una vela

Kerzenhalter *m* candelero *m*

Kerzenleuchter *m (für mehrere Kerzen)* candelabro *m,* candil *m Méx; (für eine Kerze)* candelero *m; (mit Griff)* palmatoria *f*

Kerzenlicht *nt ohne pl* luz *f* de vela; **bei ~** a la luz de la vela

K

Kerzenständer *m* candelero *m*

kess [kɛs] *adj* ① *(vorlaut)* fresco ② *(Kleidung)* moderno

Kessel ['kɛsəl] *m* <-s, -> ① *(Dampfkessel)* caldera *f,* tacho *m Am; (Wasserkessel)* hervidor *m* ② *(Tal)* valle *m* cerrado ③ (MIL) cerco *m* ④ *(Schweiz: Eimer)* cubo *m*

Kesselpauke *f* (MUS) timbal *m*

Ketchup ['kɛtʃap] *m o nt* <-(s), -s> kétchup *m*

Kette ['kɛtə] *f* <-n> ① *(Gliederkette)* cadena *f;* **jdn in ~n legen** encadenar a alguien; *(fig)* privar a alguien de su libertad; **seine ~n sprengen** romper sus cadenas; *(fig)* liberarse de la opresión; *(Halskette)* collar *m* ② *(Reihe)* serie *f*

ketten *vt* encadenar (**an** a), poner cadenas (**an** a)

Kettenfahrzeug *nt* (MIL, TECH) vehículo *m* oruga

Kettenglied *nt* eslabón *m*

Kettenkarussell *nt* cadenas *f pl*

Kettenraucher(in) *m(f)* fumador(a) *m(f)* empedernido , -a

Kettenreaktion *f* (CHEM, PHYS) reacción *f* en cadena

Kettenschutz *m (Fahrrad)* guardacadena *m,* cubrecadena *m*

Ketzer(in) ['kɛtsɐ] *m(f)* <-s, -; -nen> hereje *mf*

Ketzerei [kɛtsə'raɪ] *f* <-en> herejía *f*

Ketzerin *f* <-nen> *s.* **Ketzer**

ketzerisch *adj* herético

keuchen ['kɔɪçən] *vi* jadear

Keuchhusten *m* tos *f* ferina

Keule ['kɔɪlə] *f* <-n> ① *(Waffe, Sportgerät)* maza *f* ② *(Tierkeule)* pierna *f; (Geflügelkeule)* muslo *m*

keulen *vt* **etw ~** *(Kühe, Tiere)* sacrificar algo

keusch [kɔɪʃ] *adj* casto; *(schamhaft)* púdico

Keuschheit *f ohne pl* castidad *f*

Keuschheitsgürtel *m* (HIST) cinturón *m* de castidad

Key-Account-Management *nt* (WIRTSCH) gestión *f* de cuentas clave

Keyboard ['kiːbɔːt] *nt* <-s, -s> teclado *m*

Kfz *nt* <-(s), -(s)> *Abk. von* **Kraftfahrzeug** automóvil *m*

Kfz-Mechaniker *m* mecánico *m* (de automóviles)

kg *Abk. von* **Kilogramm** kg

KG [kaː'geː] *f* <-s> *Abk. von* **Kommanditgesellschaft** sociedad comanditaria *f*

Khaki *m* <-(s), *ohne pl*> caqui *m*

khakifarben *adj* (de color) caqui

kHz (PHYS) *Abk. von* **Kilohertz** khz

KI [kaː'ʔiː] (INFOR) *Abk. von* **künstliche Intelligenz** inteligencia *f* artificial

Kichererbse ['kɪçɐ-] *f* garbanzo *m*

kichern ['kɪçɐn] *vi* reírse para dentro

Kickboxen *nt* (SPORT) kick boxing *m*

kicken ['kɪkən] **I.** *vi (fam: Fußball spielen)* jugar al fútbol **II.** *vt (fam: Ball)* chutar

Kicker(in) *m(f)* <-s, -(s); -nen> *(fam)* futbolista *mf*

Kickstarter ['kɪkʃtartɐ] *m* <-s, -> (AUTO) pedal *m* de arranque

kidnappen ['kɪtnɛpən] *vt* secuestrar

Kidnapper(in) ['kɪtnɛpɐ] *m(f)* <-s, -; -nen> secuestrador(a) *m(f)*

Kidnapping ['kɪtnɛpɪŋ] *nt* <-s, -s> secuestro *m*

Kidneybohne ['kɪtni-] *f* (GASTR) judía *f* roja

Kiebitz ['kiːbɪts] *m* <-es, -e> ① *(Vogel)* avefría *f* ② *(fam: Person)* mirón, -ona *m, f*

Kiefer[1] ['kiːfɐ] *f* <-n> (BOT) pino *m*

Kiefer[2] *m* <-s, -> (ANAT) mandíbula *f*

Kieferchirurg(in) *m(f)* (MED) cirujano, -a *m, f* maxilar

Kieferchirurgie *f ohne pl* (MED) cirugía *f* maxilar

Kieferhöhle *f* (ANAT) seno *m* maxilar

Kieferhöhlenentzündung *f* (MED) infección *f* maxilar

Kiefernzapfen *m* (BOT) piña *f* de pino

kieken ['kiːkən] *vi (nordd: fam: gucken)* mirar

Kiel [kiːl] *m* <-(e)s, -e> ① *(Schiffsteil)* quilla *f;* **ein Schiff auf ~ legen** poner un barco en grada ② *(an Vogelfeder)* cañón *m*

kielholen ['---] *vt* (NAUT) carenar

Kielwasser *nt ohne pl* estela *f;* **in jds ~ schwimmen** seguir la corriente a alguien
Kieme ['kiːmə] *f* <-n> branquia *f*
Kies[1] [kiːs] *m* <-es, -e> *(Steine)* grava *f*
Kies[2] *m* <-es, *ohne pl*> *(fam: Geld)* pasta *f*
Kiesel ['kiːzəl] *m* <-s, -> guijarro *m*
Kieselerde *f ohne pl* sílice *f*
Kieselsäure *f* (CHEM) ácido *m* silícico
Kieselstein *m* guijarro *m*
Kiesgrube *f* gravera *f,* guijarral *m*
Kiesweg *m* camino *m* pedregoso
kiffen ['kɪfən] *vi (sl)* fumar porros
kikeriki [kikəri'kiː] *interj* quiquiriquí
killen ['kɪlən] *vt (fam)* asesinar
Killer(in) ['kɪlɐ] *m(f)* <-s, -; -nen> *(fam)* asesino, -a *m, f*
killern *vi (fam)* borrar tinta
Kilo ['kiːlo] *nt* <-s, -(s)> *(fam)* kilo *m*
Kilobyte ['kiːlobaɪt] *nt* (INFOR) kilobyte *m*
Kilogramm *nt* kilogramo *m*
Kilohertz [-hɛrts] *nt* (PHYS) kilohercio *m*
Kilojoule *nt* (PHYS) kilojulio *m*
Kilokalorie *f* (PHYS) kilocaloría *f*
Kilometer [--'--, '----] *m* kilómetro *m;* **160 ~ pro Stunde fahren** ir a 160 kilómetros por hora
Kilometergeld *nt* kilometraje *m*
kilometerlang [--'--'-] *adj* kilométrico
Kilometerpauschale *f* (FIN) kilometraje *m*
Kilometerstand *m* (AUTO) kilometraje *m*
Kilometerstein *m* mojón *m* kilométrico
kilometerweit [--'--'-] **I.** *adj* de muchos kilómetros **II.** *adv* muchos kilómetros
Kilometerzähler *m* <-s, -> cuentakilómetros *m inv*
Kilowatt *nt* <-s, -> (PHYS, TECH) kilovatio *m*
Kilowattstunde *f* (PHYS, ELEK) kilovatio *m* hora
Kind [kɪnt] *nt* <-(e)s, -er> ❶ *(Junge, Mädchen)* niño, -a *m, f; (kleineres)* chiquillo, -a *m, f,* pipiolo, -a *m, f Méx;* **von ~ auf** desde niño; **das weiß doch jedes ~** eso lo sabe hasta un niño; **das ~ mit dem Bade ausschütten** condenar por igual a justos y a pecadores; **sich bei jdm lieb ~ machen** *(fam)* congraciarse con alguien; **das ~ im Manne** el niño que se esconde en cada hombre; **das ~ beim rechten Namen nennen** *(fam)* llamar al pan, pan y al vino, vino; **wir werden das ~ schon schaukeln** *(fam)* ya nos apañaremos; **ein gebranntes ~ sein** *(fig)* estar escaldado ❷ *(Nachwuchs)* hijo, -a *m, f;* **ein ~ erwarten** esperar un hijo; **ein ~ bekommen** dar a luz un hijo; **ein ~ seiner Zeit** hijo de su tiempo; **jdn an ~es statt annehmen** adoptar a alguien; **sie ist kein ~ von Traurigkeit** *(fam)* es una persona alegre; **mit ~ und Kegel** *(fam)* con toda la familia
Kinderabteilung *f* sección *f* de niños
Kinderanhänger *m (am Fahrrad)* remolque *m* para niños
Kinderarbeit ['kɪndɐ-] *f ohne pl* trabajo *m* infantil
Kinderarzt, -ärztin *m, f* pediatra *mf*
Kinderbuch *nt* libro *m* infantil
Kinderchor *m* coro *m* infantil
Kinderei *f* <-en> chiquillada *f*
Kindererziehung *f* educación *f* de los niños
kinderfeindlich *adj* hostil hacia los niños
Kinderfest *nt* fiesta *f* infantil
Kinderfreibetrag *m* desgravación *f* por cargas familiares
kinderfreundlich *adj* amable con los niños
Kindergarten *m* guardería *f,* kindergarten *m Am*
Kindergärtner(in) *m(f)* maestro, -a *m, f* de un jardín de infancia, educador(a) *m(f)* de párvulos *Am*
Kindergeburtstag *m* cumpleaños *m inv* de un niño
Kindergeld *nt* subsidio *m* familiar por hijos
Kinderheilkunde *f ohne pl* pediatría *f*
Kinderheim *nt* ❶ *(Erholungsheim)* colonia *f* de vacaciones ❷ *(für ständige Unterbringung)* casa *f* cuna
Kinderhort *m* guardería *f* para niños en edad escolar
Kinderklinik *f* clínica *f* pediátrica
Kinderkrankheit *f* ❶ (MED) enfermedad *f* infantil ❷ *(fig: Anfangsschwierigkeit)* dificultad *f* inicial
Kinderkrippe *f* guardería *f* infantil
Kinderladen *m* ❶ *(Geschäft)* tienda *f* de artículos infantiles ❷ *(Kindergarten) parvulario con un sistema educativo no represivo*
Kinderlähmung *f* polio(mielitis) *f inv*
kinderleicht ['--'-] *adj (fam)* facilísimo; **das ist doch ~** eso está chupado
kinderlieb *adj* niñero
Kinderlied *nt* canción *f* infantil
kinderlos *adj* sin hijos
Kindermädchen *nt* niñera *f,* nurse *f Am,* cuidadora *f Méx,* china *f AmS*
Kindermord *m* infanticidio *m*
Kindermörder(in) *m(f)* infanticida *mf*
Kindermund *m* <-(e)s, -münder> boca *f* de (un) niño; **~ tut Wahrheit kund** *(prov)* de la boca de los niños sale la verdad
Kinderpsychologie *f* (p)sicología *f* infantil
kinderreich *adj* con muchos hijos; **~e Familie** familia numerosa
Kinderschänder(in) *m(f) (abw)* corruptor(a) *m(f)* de menores
Kinderschar *f* grupo *m* de niños
Kinderschuh *m* zapato *m* de niño; **etw**

steckt noch in den ~en algo está aún en mantillas
Kindersicherung *f* seguro *m* a prueba de niños
Kindersitz *m* sillín *m* de niño
Kinderspiel *nt* juego *m* de niños; **das ist doch ein ~ für sie** para ella es un juego de niños
Kinderspielplatz *m* parque *m* infantil
Kindersprache *f* lenguaje *m* infantil
Kinderstation *f (im Krankenhaus)* planta *f* infantil
Kindersterblichkeit *f* mortalidad *f* infantil
Kinderstube *f ohne pl* educación *f*; **er hatte eine gute ~** tiene buenos modales
Kindertagesstätte *f* guardería *f* infantil
Kinderwagen *m* cochecito *m* para niños
Kinderzimmer *nt* cuarto *m* de los niños
Kindesalter *nt* infancia *f*; **im ~** en la infancia
Kindesbeine *ntpl* **von ~n an** desde niño
Kindesentführung *f* <-, -en> secuestro *m* de niños [*o* de menores]
Kindesmissbrauch *m ohne pl* (JUR) corrupción *f* de menores
Kindesmisshandlung *f* malos tratos *mpl* a niños
kindgemäß *adj* apropiado para los niños
Kindheit *f ohne pl* infancia *f*; **seit frühester ~** desde la más tierna infancia
Kindheitserinnerung *f* recuerdo *m* de la infancia
Kindheitserlebnis *nt* acontecimiento *m* de la infancia
Kindheitstraum *m* <-(e)s, -träume> sueño *m* de infancia
kindisch *adj* infantil, achiquillado *Méx*; *(Greis)* chocho; **sich ~ benehmen** comportarse como un niño
kindlich *adj* ❶ *(kindgemäß)* de niño; *(Gesicht)* aniñado ❷ *(naiv)* infantil; *(unbefangen)* ingenuo
Kindskopf *m* niño, -a *m, f*
Kinetik [ki'ne:tɪk] *f* <-, *ohne pl*> (PHYS) cinética *f*
kinetisch [ki'ne:tɪʃ] *adj* (PHYS) cinético
Kinkerlitzchen ['kɪŋkɐlɪtsçən] *pl (fam)* pequeñeces *fpl*
Kinn [kɪn] *nt* <-(e)s, -e> barbilla *f*
Kinnbart *m* perilla *f*
Kinnhaken *m (Boxen)* gancho *m* (a la mandíbula)
Kinnlade *f* <-n> (ANAT) mandíbula *f*
Kino ['ki:no] *nt* <-s, -s> cine *m*
Kinobesuch *m* **ich freue mich auf unseren ~ heute Abend** tengo ganas de que vayamos esta noche al cine; **nach dem Restaurant war noch ein ~ geplant** después de ir al restaurante estaba planeado ir a ver una película
Kinobesucher(in) *m(f)* espectador(a) *m(f)*
Kinofilm *m* película *f* de cine
Kinogänger(in) [-gɛŋɐ] *m(f)* cineasta *mf*
Kinokarte *f* <-, -n> (FILM) entrada *f* de cine
Kinokasse *f* taquilla *f* del cine; **zwei Stunden haben wir an der ~ Schlange gestanden** hemos estado dos horas en la cola para comprar las entradas (del cine)
Kinoleinwand *f* pantalla *f* de cine
Kinoprogramm *nt* ❶ *(zu einem Film)* programa *m* de la película ❷ *(eines Kinos)* (programa *m* de las) películas *fpl* en cartel
Kinosaal *m* sala *f* de cine
Kinovorstellung *f* sesión *f*
Kinowerbung *f* <-, -en> publicidad *f* cinematográfica, anuncios *mpl* publicitarios que se pasan en el cine
Kiosk ['ki:ɔsk] *m* <-(e)s, -e> quiosco *m*, casilla *f Méx*
Kipfer(l) *nt* <-s, -(n)> *(Österr) pasta parecida a un cruasán*
Kippe ['kɪpə] *f* <-n> ❶ *(fam: Zigarettenstummel)* colilla *f*; *(Zigarette)* pitillo *m* ❷ *(Abraumhalde)* escombrera *f* ❸ *(Müllkippe)* vertedero *m* ❹ (SPORT) báscula *f* ❺ *(fam)* **es steht noch auf der ~** aún no está decidido
kippen ['kɪpən] **I.** *vi sein* ❶ *(umfallen)* caerse; *(Fahrzeug)* volcar ❷ *(Kurse, Statistik)* caer ❸ *(Gewässer, Ökosystem)* perder el equilibrio natural **II.** *vt* ❶ *(umkippen)* volcar ❷ *(schräg stellen)* inclinar ❸ *(scheitern lassen)* frustrar ❹ *(ausschütten)* verter; **einen ~** *(fam)* echarse una al coleto
Kipper *m* <-s, -> (AUTO) volquete *m*
Kippfenster *nt* ventana *f* basculante
Kipplore *f* <-, -n> (BERGB) vagoneta *f* basculante
Kippschalter *m* interruptor *m* con mando basculante
Kippwagen *m* (BERGB) *s.* **Kipplore**
Kirche[1] ['kɪrçə] *f* <-n> ❶ *(Gebäude)* iglesia *f* ❷ *(Institution)* Iglesia *f*; **aus der ~ austreten** darse de baja (oficialmente) de la iglesia
Kirche[2] *f ohne pl (Gottesdienst)* misa *f*; **in die ~ gehen** ir a misa
Kirchenaustritt *m baja oficial de la Iglesia*
Kirchenbuch *nt* registro *m* parroquial
Kirchenchor *m* coro *m* de iglesia
Kirchendiener *m* sacristán *m*
Kirchenfenster *nt* <-s, -> vitral *m*
Kirchenfest *nt* (REL) fiesta *f* eclesiástica
Kirchengemeinde *f* parroquia *f*
Kirchengeschichte *f ohne pl* historia *f* eclesiástica

Kirchenglocke *f* <-, -n> campana *f* de iglesia

Kirchenjahr *nt* <-(e)s, -e> año *m* eclesiástico

Kirchenlied *nt* cántico *m,* himno *m* sagrado

Kirchenmaus *f* **arm wie eine ~ sein** *(fam)* ser más pobre que las ratas

Kirchenmusik *f* música *f* sacra

Kirchenschiff *nt* (ARCHIT) nave *f*

Kirchenstaat *m ohne pl* (HIST) Estados *mpl* Pontificios

Kirchensteuer *f* impuesto *m* eclesiástico

Kirchenvolk *nt* miembros *mpl* de la iglesia

Kirchgang *m* asistencia *f* a misa

Kirchgänger(in) *m(f)* fiel *mf* practicante

kirchlich *adj* eclesiástico; *(kirchenrechtlich)* canónico; **sich ~ trauen lassen** casarse por la iglesia

Kirchturm *m* torre *f* de iglesia; *(Glockenturm)* campanario *m*

Kirchturmpolitik *f (abw)* política *f* de campanario

Kirchturmspitze *f* pico *m* de torre de iglesia

Kirchweih ['-vaɪ] *f* feria *f (para conmemorar la inauguración de la iglesia del pueblo)*

Kirgisistan [kɪr'giːzɪsta(ː)n] *nt* <-s> Kirguizistán *m*

Kiribati [kiri'baːti] *nt* <-s> Kiribati *m*

Kirmes ['kɪrməs, 'kɪrmɛs] *f* <-sen> *(reg)* feria *f*

kirre ['kɪrə] *adj (fam)* **jdn ~ machen** *(gefügig)* meter en cintura a alguien; *(verrückt)* volver loco a alguien; **~ sein** estar hecho un lío

Kirsch [kɪrʃ] *m* <-(e)s, -> *(reg)* kirsch *m*

Kirschbaum *m* cerezo *m*

Kirschblüte *f* <-, -n> ① *(Blume)* flor *f* del cerezo ② *ohne pl (Blütezeit)* floración *f* de los cerezos

Kirsche ['kɪrʃə] *f* <-n> ① *(Frucht)* cereza *f;* **mit jdm ist nicht gut ~n essen** *(fam)* alguien tiene malas pulgas ② *(Baum)* cerezo *m*

Kirschkern *m* hueso *m* de la cereza

Kirschtomate *f* (BOT, GASTR) tomate *m* cherry

Kirschtorte *f* tarta *f* de cerezas

Kirschwasser *nt* <-s, -wässer> kirsch *m*

Kissen ['kɪsən] *nt* <-s, -> *(Kopfkissen)* almohada *f;* *(Sofakissen)* cojín *m*

Kissenbezug *m* funda *f* de la almohada

Kissenschlacht *f* guerra *f* de almohadas

Kiste ['kɪstə] *f* <-n> ① *(Behälter, Getränkekiste)* caja *f;* *(größer)* cajón *m* ② *(fam: Bett)* catre *m* ③ *(fam: Fernseher)* caja *f* tonta ④ *(fam: Fahrzeug)* cacharro *m,* carro *m Am* ⑤ *(fam: Angelegenheit)* asunto *m*

kistenweise *adv* ① *(mehrere Kisten)* a [*o* por] cajas ② *(in Kisten)* en cajas

Kitesurfen [kaɪt-] *nt* (SPORT) kitesurf *m*

Kitsch [kɪtʃ] *m* <-(e)s, *ohne pl*> cursilería *f*

kitschig *adj* cursi; *(geschmacklos)* hortera; *(rührselig)* sentimental

Kitt [kɪt] *m* <-(e)s, -e> masilla *f*

Kittchen ['kɪtçən] *nt* <-s, -> *(fam)* chirona *f,* bote *m Méx;* **ins ~ kommen** ir a chirona

Kittel ['kɪtəl] *m* <-s, -> ① *(Arbeitskittel)* bata *f* ② *(südd: Jacke)* rebeca *f* ③ *(Schweiz: Jackett)* chaqueta *f*

Kittelschürze *f* <-, -n> bata *f* sin mangas

kitten ['kɪtən] *vt* ① *(kleben)* pegar (con masilla) ② *(reparieren)* rehacer

Kitz [kɪts] *nt* <-es, -e> ① *(Zicklein)* cabrito, -a *m, f* ② *(Rehkitz)* corcino, -a *m, f*

Kitzel ['kɪtsəl] *m* <-s, -> ① *(Juckreiz)* comezón *f* ② *(Lust)* deseo *m* irresistible (**nach** de/por)

kitzelig *adj* ① *(Mensch)* **~ sein** tener cosquillas ② *(Angelegenheit)* delicado

kitzeln ['kɪtsəln] **I.** *vi* hacer cosquillas, cosquillear; **das kitzelt** esto hace cosquillas **II.** *vt* ① *(Person)* hacer cosquillas, cosquillear ② *(reizen)* apetecer; **es kitzelt mich, das zu tun** me apetece hacerlo

Kitzler ['kɪtslɐ] *m* <-s, -> clítoris *m inv*

kitzlig *adj s.* **kitzelig**

Kiwi ['kiːvi] *f* <-s> kiwi *m*

kJ *Abk. von* **Kilojoule** kj

KKW [kaːkaː'veː] *nt* <-s, -s> *Abk. von* **Kernkraftwerk** central *f* nuclear

klacken ['klakən] *vi (fam)* golpetear

klacks [klaks] *interj* ¡chof!

Klacks [klaks] *m* <-es, -e> *(fam)* ① *(Senf, Marmelade)* cucharada *f* ② *(Kleinigkeit)* minucia *f;* **das ist doch ein ~ für sie** esto es moco de pavo para ella

Kladde ['kladə] *f* <-, -n> libreta *f* en sucio

klaffen ['klafən] *vi* abrirse

kläffen ['klɛfən] *vi (abw)* ladrar

Kläffer *m* <-s, -> *(abw)* perro *m* ladrador

Klage ['klaːgə] *f* <-n> ① *(Beschwerde)* queja *f;* **~n vorbringen** presentar quejas; **(k)einen Grund zur ~ haben** (no) tener razones para quejarse ② *(geh: Wehklage)* lamento *m* ③ (JUR) demanda *f;* **eine ~ gegen jdn erheben** presentar demanda contra alguien

Klagegeschrei *nt ohne pl* lamentos *mpl*

Klagelied *nt* <-(e)s, -er> treno *m,* elegía *f*

Klagemauer *f* Muro *m* de las Lamentaciones

klagen ['klaːgən] **I.** *vi* ① *(jammern)* lamentarse (**über** de); *(sich beschweren)* quejarse (**über** de); **ich kann nicht ~** no me puedo quejar ❷ (JUR) demandar; **er klagt auf Schadensersatz** demanda daños y perjuicios **II.** *vt* ❶ *(äußern)* **jdm sein Leid ~** contarle a alguien sus penas ❷ *(Österr: verklagen)* entablar un pleito (**auf** por)

klagend *adj* ❶ *(jammernd)* quejumbroso ❷ (JUR) demandante

Kläger(in) ['klɛːgɐ] *m(f)* <-s, -; -nen> (JUR) demandante *mf*

Klageschrift *f* (JUR) (escrito *m* de) demanda *f*

Klageweib *nt* plañidera *f*

kläglich ['klɛːklɪç] *adj* ❶ *(mitleiderregend)* lamentable; **sich in einem ~en Zustand befinden** encontrarse en un estado lamentable ❷ *(jämmerlich)* miserable; **er hat ~ versagt** falló totalmente

klaglos *adv* sin quejas

Klamauk [kla'maʊk] *m* <-s, *ohne pl*> *(fam)* ❶ *(Lärm)* jaleo *m* ❷ *(abw: Komik)* astracanada *f*

K

klamm [klam] *adj* ❶ *(feuchtkalt)* húmedo (y frío); *(Finger)* entumecido (por el frío) ❷ *(sl: knapp bei Kasse)* con apuros (de dinero)

Klamm [klam] *f* <-, -en> (GEO) barranco *m*, quebrada *f*

Klammer ['klamɐ] *f* <-n> ❶ *(Wäscheklammer)* pinza *f*; *(Büroklammer)* clip *m*; *(Heft-, Wundklammer)* grapa *f*; *(Zahnklammer)* aparato *m* (de ortodoncia) ❷ *(im Text)* paréntesis *m inv*; **eckige ~** corchete *m*; **geschweifte ~** llave *f*; **„~ auf/zu"** "abrir/cerrar paréntesis"; **in ~(n) setzen** poner entre paréntesis

Klammeraffe *m* (INFOR: *fam)* arroba *f*

klammern ['klamɐn] **I.** *vt* ❶ *(befestigen)* sujetar (con pinzas, etc.) ❷ *(Wunde)* unir con pinzas **II.** *vr:* **sich ~** agarrarse (**an** a); *(an Hoffnung, Partner)* aferrarse (**an** a)

klammheimlich ['-'--] *adv (fam)* a la chita callando

Klamotten [kla'mɔtən] *fpl (fam)* ❶ *(Kleidung)* trapos *mpl* ❷ *(Zeug)* cachivaches *mpl*

Klampfe ['klampfə] *f* <-, -n> (MUS: *geh)* guitarra *f*

klang [klaŋ] *3. imp von* **klingen**

Klang [klaŋ, *pl:* 'klɛŋə] *m* <-(e)s, Klänge> *(Ton)* sonido *m*; *(der Stimme)* tono *m*; *(eines Instruments)* son *m*; **einen guten ~ haben** (MUS) tener buen sonido

Klangfarbe *f* <-, -n> (MUS) timbre *m*

klanglich *adj* del sonido; **~e Unterschiede** diferencias en el sonido

klanglos *adj (Stimme)* apagado; **sang- und ~ verschwinden** *(fam)* despedirse a la francesa

klangvoll *adj* ❶ *(Stimme, Ton)* sonoro ❷ *(berühmt)* prestigioso

Klapp(fahr)rad *nt* bicicleta *f* plegable

Klappbett *nt* cama *f* plegable

Klappe ['klapə] *f* <-n> ❶ *(Deckel)* tapa *f*; *(an Musikinstrumenten)* pistón *m*; *(am Ofen, Herd)* puerta *f* ❷ (FILM) claqueta *f* ❸ *(fam: Mund)* pico *m*; **halt die ~!** ¡cierra el pico!; **eine große ~ haben** ser un bocazas

klappen ['klapən] **I.** *vi (fam: funktionieren)* ir bien, funcionar; **es klappt alles wie am Schnürchen** todo sale que ni bordado **II.** *vt (aufklappen)* abrir; *(zuklappen)* cerrar; *(hochklappen)* levantar; *(herunterklappen)* bajar

Klappentext *m* (TYPO) texto *m* de portada

klapperdürr ['klapɐ'dʏr] *adj (fam)* esquelético

Klappergestell *nt* <-(e)s, -e> *(fam iron)* fideo *m*

klapperig *adj* ❶ *(Auto, Möbel)* desvencijado ❷ *(fam: Person)* muy débil

Klapperkiste *f (fam: Auto)* cacharro *m*

klappern ['klapɐn] *vi (Kisten)* traquetear; *(Fensterladen)* golpetear; **im Wind ~** golpetear con el viento; **er klapperte vor Kälte mit den Zähnen** le castañeaban los dientes de frío

Klapperschlange *f* serpiente *f* de cascabel, crótalo *m*

Klapperstorch *m (fam)* cigüeña *f*

Klappmesser *nt* navaja *f*

klapprig *adj s.* **klapperig**

Klappsitz *m* asiento *m* plegable

Klappstuhl *m* silla *f* plegable

Klapptisch *m* mesa *f* plegable

Klaps [klaps] *m* <-es, -e> *(fam)* ❶ *(Schlag)* cachete *m* ❷ *(Verrücktheit)* locura *f*; **einen ~ haben** estar chiflado

Klapsmühle *f (fam)* manicomio *m*

klar [klaːɐ] *adj* ❶ *(allgemein)* claro; **etw ~ und deutlich sagen** decir algo claramente; **mir ist nicht ~, wie ...** no entiendo muy bien cómo...; **na ~!** ¡claro que sí!; **das ist doch ~!** ¡eso está claro!; **sich** *dat* **über etw ~ werden** darse cuenta de algo; **du musst dir darüber ~ werden, ob/dass ...** tienes que saber si/que...; **sich** *dat* **über etw im K~en sein** tener algo claro ❷ *(Himmel)* despejado; *(durchsichtig)* tra(n)sparente; **~e Sicht haben** tener buena visibilidad ❸ *(Umrisse)* nítido ❹ *(eindeutig)* evidente ❺ *(vernünftig)* claro, lúcido; **keinen ~en Gedanken fassen können** no poder pensar con claridad;

einen ~en Kopf behalten no perder la cabeza ⑥ *(fertig)* listo
Kläranlage ['klɛːɐ-] *f* depuradora *f* (de aguas residuales), planta *f* de depuración (de aguas residuales)
Klare(r) *m* <-n, -n> *(fam: Schnaps)* aguardiente *m*
klären ['klɛːrən] **I.** *vt* ① *(Abwässer)* depurar ② *(Frage)* aclarar **II.** *vr:* **sich ~** *(Angelegenheit)* aclararse
klar|gehen *irr vi sein (fam)* ir bien; **ist mit der Prüfung alles klargegangen?** ¿ha ido todo bien en el examen?
Klarheit *f ohne pl* ① *(allgemein)* claridad *f;* **sich** *dat* **~ über etw verschaffen** sacar algo en claro; **für ~ sorgen** poner algo en claro; **jdm etw in aller ~ sagen** decirle algo a alguien sin pelos en la lengua ② *(Durchsichtigkeit)* tra(n)sparencia *f* ③ *(Deutlichkeit)* nitidez *f*
Klarinette [klari'nɛtə] *f* <-n> clarinete *m*
Klarinettist(in) [klarinɛ'tɪst] *m(f)* <-en, -en; -, -nen> (MUS) clarinete *mf*
klar|kommen *irr vi sein (fam: mit Person)* entenderse (**mit** con); *(mit Dingen)* entender (**mit**)
Klarlack *m* <-(e)s, -e> laca *f* transparente, barniz *m* claro; **etw mit ~ überziehen** barnizar algo
klar|machen *vt* ① (NAUT) preparar ② *(fam: erklären)* explicar; **sich** *dat* **etw ~** aclararse en algo
Klärschlamm *m* lodo *m* activado
Klarsichtfolie *f* celofán® *m*
Klarsichthülle *f* funda *f* tra(n)sparente
klar|stellen *vt* aclarar
Klarstellung *f* <-en> clarificación *f*
Klartext *m* texto *m* sin codificar; **mit jdm ~ reden** *(fam)* hablar con alguien sin rodeos
Klärung *f* <-en> ① *(von Problem)* aclaración *f* ② *(von Abwasser)* depuración *f*
Klärwasser *nt* aguas *fpl* depuradas
klasse ['klasə] *adj inv (fam)* estupendo, cojonudo *vulg*
Klasse ['klasə] *f* <-n> ① *(Gruppe, a.* BIOL, SOZIOL) clase *f;* **erster/zweiter ~ fahren** ir en primera/segunda clase ② *(Schulklasse)* clase *f;* *(Klassenstufe)* curso *m* ③ *(Gütestufe)* categoría *f* ④ *(Lotterie)* clase *f*
Klassenarbeit *f* (SCH) examen *m* (**in** de); **eine ~ schreiben** hacer un examen
Klassenbeste(r) *mf* (SCH) mejor *mf* de la clase; **sie ist in Deutsch (die) ~** en alemán es la mejor de la clase
Klassenbuch *nt* (SCH) libro *m* de clase
Klassenfahrt *f* excursión *f* escolar
Klassenkamerad(in) *m(f)* (SCH) compañero, -a *m, f* de clase
Klassenkampf *m* (POL) lucha *f* de clases
Klassenlehrer(in) *m(f)* (SCH) tutor(a) *m(f)* de curso
klassenlos *adj* sin clases
Klassenraum *m* (aula *f* de) clase *f*
Klassensprecher(in) *m(f)* (SCH) delegado, -a *m, f* de la clase
Klassentreffen *nt* encuentro *m* de los antiguos alumnos de un curso
Klassenziel *nt* (SCH) objetivo *m* (curricular) del curso; **das ~ erreichen** *(formal)* obtener un aprobado
Klassenzimmer *nt* (SCH) (aula *f* de) clase *f*
Klassifikation [klasifika'tsjoːn] *f* <-, -en> clasificación *f*
klassifizierbar *adj* clasificable; **nicht ~ sein** ser inclasificable
klassifizieren* [klasifi'tsiːrən] *vt* clasificar (**nach** según, **als** como)
Klassifizierung *f* <-, -en> clasificación *f*
Klassik ['klasɪk] *f ohne pl* ① *(klassisches Altertum)* época *f* clásica ② (KUNST) (neo)clasicismo *m* ③ (MUS) música *f* clásica
Klassiker(in) ['klasikɐ] *m(f)* <-s, -; -nen> (autor(a) *m(f)*) clásico, -a *m, f*
klassisch *adj* clásico
Klassizismus [klasi'tsɪsmʊs] *m* <-, *ohne pl*> (ARCHIT) clasicismo *m*
klassizistisch *adj* (ARCHIT) clasicista
klatsch [klatʃ] *interj (Ohrfeige)* ¡paf!, ¡zas!; *(Aufprall)* ¡plas!, ¡pum!
Klatsch¹ [klatʃ] *m* <-(e)s, -e> *(Geräusch)* batacazo *m*
Klatsch² *m* <-(e)s, *ohne pl*> *(fam: Geschwätz)* cotilleo *m,* bochinche *m Col, PRico;* **~ und Tratsch** cotilleo y chismorreo
Klatschbase *f (fam abw)* chismosa *f,* alilaya *f Méx*
Klatsche *f* <-, -n> *(Fliegenklatsche)* matamoscas *m inv*
klatschen ['klatʃən] **I.** *vi* ① *sein (aufschlagen)* caerse (produciendo un chasquido); *(Regen)* golpear (**gegen** contra) ② *(applaudieren)* aplaudir; **in die Hände ~** tocar palmas ③ *(fam abw: tratschen)* cotillear **II.** *vt* **den Takt ~** seguir el ritmo con las palmas
Klatscherei *f* <-, -en> *(abw fam)* ① *(Getratsche)* chismorreo *m* ② *(Applaudieren)* aplausos *mpl*
Klatschmaul *nt (fam abw)* cotilla *mf*
Klatschmohn *m ohne pl* (BOT) amapola *f*
klatschnass ['-'-] *adj (fam)* hecho una sopa
Klatschspalte *f (fam abw)* columna *f* de cotilleo
Klatschtante *f* <-, -n>, **Klatschweib** *nt* <-(e)s, -er> *(fam abw)* cotorra *f,* cotilla *f*
klauben ['klaʊbən] *vt (südd, Österr,*

K

Schweiz) ❶ *(pflücken)* coger (**von** de) ❷ *(sammeln)* recoger (**in** en) ❸ *(auslesen)* separar (**aus** de)

Klaue ['klaʊə] *f* <-n> ❶ *(von Raubtieren, -vögeln)* garra *f; (von Huftieren)* pezuña *f* ❷ *(fam: Hand)* garra *f;* **sich in jds ~n befinden** encontrarse en las garras de alguien ❸ *(fam abw: Handschrift)* garabatos *mpl,* mala letra *f*

klauen ['klaʊən] *vi, vt (fam)* mangar, raspar *Am,* nagualear *Méx*

Klausel ['klaʊzəl] *f* <-n> cláusula *f*

Klaustrophobie [klaʊstrofo'bi:] *f* <-, -n> (PSYCH) claustrofobia *f*

Klausur [klaʊ'zu:ɐ] *f* <-en> ❶ (UNIV) examen *m* ❷ *(im Kloster)* clausura *f*

Klausurtagung *f* <-, -en> seminario *m* de reflexión

Klaviatur [klavia'tu:ɐ] *f* <-, -en> (MUS) teclado *m*

Klavier [kla'vi:ɐ] *nt* <-s, -e> piano *m* (vertical)

Klavierhocker *m* taburete *m* de piano

K

Klavierkonzert *nt* (MUS) ❶ *(Stück)* concierto *m* para piano ❷ *(Veranstaltung)* concierto *m* de piano

Klavierlehrer(in) *m(f)* <-s, -; -, -nen> profesor(a) *m(f)* de piano

Klaviersonate *f* sonata *f* para piano

Klavierspieler(in) *m(f)* pianista *mf*

Klavierstimmer(in) *m(f)* afinador(a) *m(f)* de pianos

Klavierunterricht *m ohne pl* clases *fpl* de piano

Klebeband *nt* cinta *f* adhesiva

Klebebindung *f* (TECH) encuadernación *f* pegada

kleben ['kle:bən] **I.** *vi* ❶ *(haften)* estar pegado; **das Hemd klebte ihm am Körper** la camisa se le pegaba al cuerpo; **an seinen Händen klebt Blut** tiene las manos manchadas de sangre ❷ *(klebrig sein)* pringar, estar pringoso ❸ *(klebefähig sein)* pegar **II.** *vt* pegar (**an** a); **jdm eine ~** *(fam)* largar una bofetada a alguien

Klebepistole *f* pistola *f* de encolar

Kleber *m* <-s, -> ❶ *(fam: Klebstoff)* pegamento *m* ❷ *(Schweiz: Aufkleber)* pegatina *f*

Klebestift *m* barra *f* de pegamento

klebrig ['kle:brɪç] *adj* pegajoso

Klebstoff *m* pegamento *m; (Leim)* cola *f*

Klebstreifen *m* cinta *f* adhesiva

kleckern ['klɛkɐn] *vi (fam)* manchar; **Wein über die Tischdecke ~** manchar el mantel con vino

kleckerweise *adv (fam abw)* poco a poco

Klecks [klɛks] *m* <-es, -e> ❶ *(Fleck)* mancha *f; (Tintenklecks)* borrón *m* ❷ *(fam: Portion)* cucharadita *f*

klecksen ['klɛksən] **I.** *vi* ❶ *haben (Person)* manchar (**mit** con) ❷ *haben (Stift)* emborronar; **mein Füller kleckst** mi pluma emborrona **II.** *vt haben (fam)* dejar caer (**auf** en)

Klee [kle:] *m* <-s, *ohne pl*> (BOT) trébol *m*

Kleeblatt *nt* (BOT) hoja *f* de trébol; **vierblättriges ~** trébol de cuatro hojas

Kleid [klaɪt] *nt* <-(e)s, -er> ❶ *(Damenkleid)* vestido *m* ❷ *pl (Kleidung)* ropa *f;* **~er machen Leute** *(prov)* el traje hace al hombre

kleiden ['klaɪdən] **I.** *vt* ❶ *(anziehen)* vestir; **etw in (schöne) Worte ~** expresar algo (con palabras bonitas) ❷ *(stehen)* **die Bluse kleidet dich gut/schlecht** la blusa te queda bien/mal **II.** *vr:* **sich ~** vestirse

Kleiderbügel *m* percha *f*

Kleiderbürste *f* cepillo *m* para la ropa

Kleiderhaken *m* colgadero *m*

Kleiderschrank *m* armario *m* ropero

Kleiderständer *m* perchero *m*

kleidsam *adj* elegante

Kleidung *f* <-en> ropa *f;* **warme ~** ropa de abrigo

Kleidungsstück *nt* prenda *f* (de vestir)

Kleie ['klaɪə] *f* <-n> (AGR, GASTR) salvado *m*

klein [klaɪn] *adj* ❶ *(allgemein)* pequeño; *(Körpergröße)* bajo; **die Hose ist ihm zu ~** el pantalón le queda demasiado pequeño; **von ~ auf** desde niño; **ich habe es (nicht) ~** *(fam)* (no) lo tengo suelto; **ein ~ bisschen** un poquito; **(ganz) ~ anfangen** empezar sin nada; **~ beigeben** ceder; **~(er) stellen** bajar; **~er werden** disminuir; **beim ~sten Geräusch** al mínimo ruido; **der ~e Mann** *(fig)* el hombre de la calle ❷ *(kurz)* breve; **einen ~en Augenblick bitte** un momentito, por favor ❸ *(jünger)* menor ❹ *(unbedeutend)* insignificante; *(bescheiden)* modesto; *(beschränkt)* limitado

Kleinabteil *nt (im Zug)* compartimento *m*

Kleinaktionär(in) *m(f)* pequeño, -a accionista *mf*

Kleinanzeige *f* anuncio *m* breve

Kleinarbeit *f* <-, *ohne pl*> trabajo *m* minucioso [*o* detallado]; **etw in mühsamer ~ erledigen** realizar algo con minuciosidad

Kleinasien [-'--] *nt* Asia *f* Menor

Kleinbetrieb *m* minifundio *m*

Kleinbildkamera *f* (FOTO) cámara *f* fotográfica de pequeña imagen

Kleinbuchstabe *m* (letra *f*) minúscula *f;* **in ~n** en minúsculas

Kleinbürger(in) *m(f)* pequeño, -a burgués, -esa *m*
kleinbürgerlich *adj* pequeñoburgués
Kleinbus *m* <-ses, -se> microbús *m*
Kleine(r) *mf* <-n, -n; -n, -n> *(fam)* nene, -a *m, f*
Kleinfamilie *f* <-, -n> pequeña familia *f,* familia *f* reducida
Kleinformat *nt* <-(e)s, -e> tamaño *m* pequeño, formato *m* reducido; **ein Bild in ~** una foto de pequeño formato
Kleingarten *m* pequeña parcela *f* ajardinada
Kleingärtner(in) *m(f)* jardinero, -a *m, f* aficionado , -a
Kleingebäck *nt* pastas *f pl*
kleingedruckt *adj s.* **drucken**
Kleingedruckte(s) *nt ohne pl* letra *f* pequeña
Kleingeist *m* persona *f* con estrechez de miras
kleingeistig *adj (abw)* estrecho de miras; **~ sein** ser estrecho de miras
Kleingeld *nt* calderilla *f,* sencillo *m Am,* morralla *f Méx*
Kleingewerbe *nt* <-s, -> pequeña empresa *f,* pequeña industria *f;* **ein ~ betreiben** tener un pequeño negocio
Kleinheit *f* <-, *ohne pl*> pequeñez *f;* **die ~ der Viren ist unvorstellbar** es inimaginable lo pequeños que son los virus
Kleinhirn *nt* (ANAT) cerebelo *m*
Kleinholz *nt ohne pl* leña *f* menuda; **aus etw** *dat* **~ machen** *(fam)* hacer pedazos algo; **aus jdm ~ machen** *(fam)* partirle la cara a alguien
Kleinigkeit ['klaɪnɪçkaɪt] *f* <-en> pequeñez *f;* **eine ~ essen** *(fam)* comer una cosita; **das kostet aber eine ~** *(fam iron)* esto vale un dineral; **die Prüfung war keine ~** *(fam)* el examen no fue ninguna tontería; **er gibt sich nicht mit ~en ab** no se para en pequeñeces
kleinkariert *adj* ❶ *(Stoff)* a cuadros pequeños ❷ *(fam abw: Ansichten)* de miras estrechas
Kleinkind *nt* niño, -a *m, f* pequeño , -a
Kleinkram *m (fam)* ❶ *(Dinge)* cosillas *f pl* ❷ *(Angelegenheit)* nimiedad *f*
Kleinkrieg *m* ❶ (MIL) guerra *f* de guerrillas ❷ *(Streit)* guerra *f* privada
klein|kriegen *vt (fam)* ❶ *(zerkleinern)* lograr partir ❷ *(kaputtmachen)* hacer pedazos; **etw ist nicht kleinzukriegen** no se puede acabar con algo ❸ *(Geld)* (mal)gastar ❹ *(gefügig machen)* doblar la voluntad (de); *(müde machen)* agotar
Kleinkriminelle(r) *mf* pequeño,-a delincuente *mf*
Kleinkunst *f ohne pl* (THEAT) representación *f* de cabaré
Kleinkunstbühne *f* (THEAT) cabaré *m*
kleinlaut *adj* apocado
kleinlich *adj (pedantisch)* minucioso; *(engstirnig)* de miras estrechas; *(geizig)* mezquino
Kleinlichkeit *f* <-en> mezquindad *f*
klein|machen **I.** *vt* **kannst du mir den Schein ~?** *(fam)* ¿me puedes cambiar el billete (en monedas)? **II.** *vr* **sich ~** *(ducken)* agacharse
kleinmütig *adj (geh)* apocado; **~ werden** apocarse
Kleinod ['klaɪno:t, *pl:* 'klaɪno:də, klaɪ'no:diən] *nt* <-(e)s, -e *o* -ien> *(geh)* joya *f*
klein|schreiben *irr vt* ❶ *(mit kleinem Anfangsbuchstaben)* escribir con minúscula ❷ *(nicht wichtig nehmen)* restar importancia a
Kleinschreibung *f* uso *m* de minúsculas al principio de palabra
Kleinstadt *f* ciudad *f* pequeña
kleinstädtisch *adj* ❶ *(einer Kleinstadt entsprechend)* de una pequeña ciudad ❷ *(abw: beengt)* provinciano
Kleinstwagen ['klaɪnst-] *m* microcoche *m*
Kleintransporter *m* furgoneta *f*
Kleinunternehmer(in) *m(f)* pequeño, -a empresario , -a *m*
Kleinvieh *nt ohne pl* ganado *m* menor *(conejos, aves de corral);* **~ macht auch Mist** *(prov fam)* más vale poco que nada
Kleinwagen *m* (coche *m*) utilitario *m*
kleinwüchsig [-vy:ksɪç] *adj* de baja estatura
Kleister ['klaɪstɐ] *m* <-s, -> engrudo *m,* almidón *m Méx*
kleistern **I.** *vt (fam)* encolar (**an/auf/in** a/en); **jdm eine ~** *(sl)* arrearle a alguien una bofetada **II.** *vi (fam)* encolar, dar cola
Klemme ['klɛmə] *f* <-n> ❶ *(zum Festklemmen)* pinza *f; (für Haar)* horquilla *f;* (MED) laña *f* ❷ *(fam: Notlage)* apuro *m,* aprieto *m;* **in der ~ sitzen** encontrarse en un apuro; **jdm aus der ~ helfen** sacar a alguien de un aprieto
klemmen **I.** *vi (Tür, Schloss)* estar atrancado **II.** *vt* ❶ *(befestigen)* sujetar; **sich** *dat* **etw unter den Arm ~** ponerse algo debajo del brazo ❷ *(dazwischenklemmen)* meter **III.** *vr (fam)* **sich hinter etw ~** aferrarse a algo
Klemmmappe *f* <-, -n> carpeta *f* con pinza, carpeta *f* Clip-Fix
Klempner(in) ['klɛmpnɐ] *m(f)* <-s, -; -nen> fontanero, -a *m, f,* latero, -a *m, f Am*
Klempnerin *f* <-nen> *s.* **Klempner**

K

Kleptomane, **-in** [klɛpto'maːnə] *m, f* <-n, -n; -, -nen> (PSYCH) cleptómano, -a *m, f*
Kleptomanie [klɛptoma'niː] *f* <-, *ohne pl*> (PSYCH) cleptomanía *f*
Kleriker ['kleːrikɐ] *m* <-s, -> clérigo *m*
Klerus ['kleːrʊs] *m* <-, *ohne pl*> clero *m*
Klette ['klɛtə] *f* <-n> ❶ (BOT) lampazo *m* ❷ *(fam: Person)* lapa *f*
Kletterer, **-in** *m, f* <-s, -; -, -nen> escalador(a) *m(f)*
Klettergerüst *nt (Spielgerät)* escalera *f*
klettern ['klɛtɐn] *vi sein* ❶ *(steigen)* trepar (**auf** a); *(Temperatur)* subir (**auf** a); **auf Bäume ~** trepar a los árboles; **die Preise ~ in die Höhe** los precios se disparan ❷ *(bergsteigen)* hacer alpinismo, hacer andinismo *Am* ❸ *(fam: heraussteigen)* salir (**aus** de); *(hineinsteigen)* entrar (**in** en)
Klettern *nt* (SPORT) escalada *f*
Kletterpartie *f* escalada *f*
Kletterpflanze *f* planta *f* trepadora
Klettverschluss *m* cierre *m* adhesivo, velcro® *m*

K

Klick *m* <-s, -s> (INFOR) clic *m*
klicken ['klɪkən] *vi* ❶ (INFOR) activar (**auf**) ❷ *(„klick" machen)* clicar
klickern ['klɪkɐn] *vi (nordd)* jugar a las canicas
Klickzahl *f* (INFOR) número *m* de clics
Klient(in) [kli'ɛnt] *m(f)* <-en, -en; -nen> cliente, -a *m, f*
Klientel [kliɛn'teːl] *f* <-en> clientela *f*
Klientin *f* <-nen> *s.* **Klient**
Klima ['kliːma] *nt* <-s, -s *o* -te> clima *m*
Klimaanlage *f* (instalación *f* de) aire *m* acondicionado
Klimaforscher(in) *m(f)* climatólogo, -a *m, f*
Klimakatastrophe *f* catástrofe *f* climática
Klimakterium [klimak'teːriʊm] *nt* <-s, Klimakterien> (MED) climaterio *m*
Klimaschutz *m* (ÖKOL) prevención *f* del cambio climático
Klimaschutzkonferenz *f* conferencia *f* sobre el medio ambiente
Klimaschutzpolitik *f* <-, *ohne pl*> (ÖKOL) política *f* de prevención del cambio climático
klimatisch [kli'maːtɪʃ] *adj* climático
klimatisieren* [klimati'ziːrən] *vt* climatizar; **ein klimatisiertes Büro** una oficina climatizada
klimatisiert *adj* climatizado
Klimatisierung [klimati'ziːrʊŋ] *f* <-, -en> climatización *f*
Klimatologie [klimatolo'giː] *f* <-, *ohne pl*> climatología *f*
Klimaveränderung *f* cambio *m* climático
Klimawandel *m ohne pl* cambio *m* climático
Klimawechsel *m* cambio *m* de aires, temperación *f Am*
Klimax ['kliːmaks] *f* <-, -e> ❶ *(Höhepunkt)* clímax *m inv* ❷ (MED) climaterio *m*
Klimazone *f* zona *f* climática
Klimbim [klɪm'bɪm] *m* <-s, *ohne pl*> *(fam)* ❶ *(Krempel)* trastos *mpl* ❷ *(Umstände)* molestias *fpl;* **viel ~ um alles machen** armar un tremendo jaleo por cualquier cosa
klimmen ['klɪmən] <klimmt, klomm *o* klimmte, geklommen *o* geklimmt> *vi sein (geh)* trepar
Klimmzug *m* tracción *f;* **Klimmzüge machen** (SPORT) hacer flexiones de brazos; *(fig)* hacer esfuerzos
klimpern ['klɪmpɐn] *vi* ❶ *(Geld etc.)* tintinear ❷ *(fam: auf Klavier)* aporrear; *(auf Gitarre)* rasgar
Klinge ['klɪŋə] *f* <-n> cuchilla *f;* **jdn über die ~ springen lassen** *(fam fig)* pasar a cuchillo a alguien
Klingel ['klɪŋəl] *f* <-n> timbre *m*
Klingelbeutel *m* (REL) limosnera *f*
Klingelknopf *m* botón *m* del timbre
klingeln *vi* ❶ *(Person: rufen)* llamar; *(Klingel betätigen)* tocar el timbre ❷ *(Klingel, Telefon)* sonar; **es hat geklingelt** han llamado; **hat es bei dir jetzt endlich geklingelt?** *(fam)* ¿te suena por fin?
Klingelton *m (beim Telefon)* tono *m,* melodía *f*
klingen ['klɪŋən] <klingt, klang, geklungen> *vi* sonar; *(Gläser)* tintinear; **das klingt ja, als ob …** esto suena como si… +*subj*
Klinik ['kliːnɪk] *f* <-en> clínica *f*
Klinikum ['kliːnikʊm] *nt* <-s, Kliniken> centro *m* clínico, policlínico *m*
klinisch *adj* (MED) clínico; **~ tot** clínicamente muerto
Klinke ['klɪŋkə] *f* <-n> picaporte *m*
klipp [klɪp] *adv (fam)* **~ und klar** sin rodeos
Klippe ['klɪpə] *f* <-n> ❶ *(Fels)* arrecife *m* ❷ *(fig: Hindernis)* obstáculo *m*
klirren ['klɪrən] *vi (Gläser)* tintinear; *(Fensterscheibe)* vibrar; *(Waffen)* sonar; **~de Kälte** frío tremendo
Klischee [kli'ʃeː] *nt* <-s, -s> (*a.* TYPO) clisé *m,* cliché *m; (Stereotyp)* tópico *m;* **in ~s denken** pensar de una manera estereotipada
klischeehaft *adj* tópico
Klischeevorstellung *f* cliché *m*
Klistier [klɪs'tiːɐ] *nt* <-s, -e> (MED) clistel *m,* clister *m*
Klitoris ['kliːtorɪs] *f* <- *o* Klitorides> (ANAT) clítoris *m inv*

klitschnass ['klɪtʃnas] *adj (fam)* calado hasta los huesos
klitzeklein ['klɪtsə'klaɪn] *adj (fam)* diminuto
Klo [kloː] *nt* <-s, -s> *(fam)* retrete *m,* váter *m;* **ich muss aufs ~** tengo que ir al váter
Kloake [klo'aːkə] *f* <-n> (*a.* ZOOL) cloaca *f*
klobig ['kloːbɪç] *adj (Sache)* macizo; *(Mensch)* fortachón
Klobrille *f (fam)* asiento *m* del váter
Klobürste *f (fam)* escobilla *f* del retrete
Klodeckel *m (fam)* tapa *f* del váter
Klon [kloːn] *m* <-s, -e> (BIOL) clon *m;* (INFOR) copia *f*
klonen [kloːnən] *vt* (BIOL) clonar
klönen ['kløːnən] *vi (nordd)* charlar
Klopapier *nt (fam)* papel *m* del váter [*o* higiénico]
klopfen ['klɔpfən] **I.** *vi* ❶ *(schlagen)* golpear; *(Herz)* palpitar ❷ *(anklopfen)* llamar; **es klopft** han llamado **II.** *vt (Teppich)* sacudir; *(Steine)* picar; *(Fleisch)* macerar; **den Takt ~** marcar el compás
Klopfer *m* <-s, -> ❶ *(Teppichklopfer)* sacudidor *m* ❷ *(Türklopfer)* llamador *m*
Kloppe ['klɔpə] *f* ~ **kriegen** *(nordd)* recibir una paliza
Klöppel ['klœpəl] *m* <-s, -> ❶ *(Glockenschwengel)* badajo *m* ❷ *(Xylofonschlägel)* palillo *m* ❸ *(Spitzenklöppel)* bolillo *m*
klöppeln *vi* **Spitze ~** *(Handarbeit)* hacer encaje de bolillos
Klöppelspitze *f* encaje *m* de bolillos
kloppen ['klɔpən] *vr:* **sich ~** *(nordd)* pegarse
Klopperei *f* <-en> *(nordd: fam)* pelea *f*
Klops [klɔps] *m* <-es, -e> *(nordd)* ❶ (GASTR) albóndiga *f* ❷ *(fam: Fehler)* metedura *f* de pata
Kloschüssel *f* taza *f* del váter
Klosett [klo'zɛt] *nt* <-s, -s *o* -e> servicio(s) *m(pl)*
Kloß [kloːs, *pl:* 'kløːsə] *m* <-es, Klöße> (GASTR: *Fleischkloß*) albóndiga *f; (Kartoffel-, Grießkloß) especie de albóndiga cocida hecha de una masa de patatas, miga de pan, sémola etc.;* **einen ~ im Hals haben** *(fam)* tener un nudo en la garganta
Klostein *m* bloc *m* (desinfectante) para WC [*o* inodoros]
Kloster ['kloːstɐ, *pl:* 'kløːstɐ] *nt* <-s, Klöster> (REL) convento *m,* monasterio *m;* **ins ~ gehen** entrar en un convento
Klosterkirche *f* (REL: *Nonnenkloster*) iglesia *f* del convento; *(Mönchskloster)* iglesia *f* del monasterio
Klosterschule *f* (REL, SCH: *bei Nonnen*) escuela *f* del convento; *(bei Mönchen)* escuela *f* monacal
Klotz [klɔts, *pl:* 'klœtsə] *m* <-es, Klötze> ❶ *(allgemein)* bloque *m; (Spielzeugklotz)* cubo *m* de madera; **er ist** (**mir**) **ein ~ am Bein** *(fam)* me molesta ❷ *(fam abw: Person)* palurdo, -a *m, f*
Klötzchen ['klœtsçən] *nt* <-s, -> cubito *m* (de madera)
klotzen *vi (reg)* ❶ *(arbeiten)* trabajar duro ❷ *(protzen)* darse bombo
klotzig *adj (klobig)* tosco; *(aufwendig)* aparatoso
Klub [klʊp] *m* <-s, -s> club *m*
Kluft[1] [klʊft, *pl:* klʏftə] *f* <Klüfte> abismo *m*
Kluft[2] *f* <-en> *(fam)* ropa *f; (einheitlich)* uniforme *m*
klug [kluːk] *adj* <klüger, am klügsten> inteligente; *(schlau)* listo; *(vernünftig)* sensato; *(scharfsinnig)* sagaz; **aus etw** *dat* **nicht ~ werden** no acabar de entender algo; **der Klügere gibt nach** *(prov)* ceder es cosa de sabios
klugerweise ['kluːgɐ'vaɪzə] *adv* por prudencia
Klugheit *f ohne pl* inteligencia *f; (Scharfsinn)* perspicacia *f; (Vernunft)* sensatez *f*
klugscheißen *irr vi (fam abw)* dárselas de listo, hablar como un pedante [*o* con pedantería]
Klugscheißer(in) *m(f) (fam abw)* sabelotodo *mf inv*
klügste(r, s) ['klyːkstə, -tɐ, -təs] *adj superl von* **klug**
Klümpchen ['klʏmpçən] *nt* <-s, -> *(nordd: Bonbon)* caramelo *m*
klumpen ['klʊmpən] *vi* formarse grumos
Klumpen ['klʊmpən] *m* <-s, -> pedazo *m,* trozo *m; (in Soße)* grumo *m; (Erdklumpen)* terrón *m; (Goldklumpen)* pepita *f*
Klumpfuß *m* (MED) pie *m* zopo
klumpig *adj* grumoso
Klüngel ['klʏŋəl] *m* <-s, -> *(abw)* camarilla *f*
Klüngelei[1] *f* <-en> *(abw: Vetternwirtschaft)* nepotismo *m*
Klüngelei[2] *f ohne pl (reg: abw: Trödelei)* roncería *f*
Klunker ['klʊŋkɐ] *m* <-s, -> *(fam: Edelstein)* brillante *m*
km *Abk. von* **Kilometer** km
km/h *Abk. von* **Kilometer pro Stunde** km/h
knabbern ['knabɐn] *vi, vt (nagen)* roer; *(essen)* picar; **etw zum K~** algo para picar; **daran wirst du noch lange zu ~ haben** *(fam fig)* eso es duro de roer

Knabe ['kna:bə] *m* <-n, -n> *(geh)* muchacho *m;* **na, alter ~!** *(fam)* ¡hola, tío!
knabenhaft *adj* amuchachado
knack [knak] *interj* ¡crac!; **es macht ~** hace ¡crac!
Knäckebrot ['knɛkə-] *nt pan en láminas muy crujiente de origen escandinavo*
knacken ['knakən] **I.** *vi* ① *(Holz)* crujir ② *(knistern)* chasquear; *(Radio)* crepitar; **an etw** *dat* **zu ~ haben** *(fam)* sufrir las duras consecuencias de algo ③ *(fam: schlafen)* dormir **II.** *vt* ① *(Nüsse)* partir; **eine Nuss ~** cascar una nuez ② *(fam: Aufgabe)* resolver; *(Code)* descifrar ③ *(fam: aufbrechen)* forzar
Knacker *m* <-s, -> *(fam)* ① *(abw)* **alter ~** viejo *m* decrépito ② *s.* **Knackwurst**
knackig *adj (Salat)* fresco; *(knusprig)* crujiente; *(a. fig)* apetitoso; **ein ~er Typ** un tío bueno
Knacklaut *m* (LING) eyectiva *f*
Knackpunkt *m* <-(e)s, -e> *(fam)* punto *m* clave

K

Knacks [knaks] *m* <-es, -e> ① *(Geräusch)* crujido *m* ② *(fam: Riss)* grieta *f* ③ *(fam: seelisch)* daño *m* (p)síquico; *(körperlich)* daño *m* físico; **einen ~ bekommen** trastornarse
Knackwurst *f* <-, -würste> (GASTR) salchicha *f* “knacker” *(salchicha ahumada para calentar)*
Knall [knal] *m* <-(e)s, -e> estallido *m;* *(Peitschenknall)* chasquido *m;* *(von Korken)* taponazo *m;* *(von Tür)* portazo *m;* *(von Schuss)* estampido *m;* **es kam zum großen ~** *(fam)* se armó un escándalo; **er hat einen ~** *(fam)* está chiflado; **~ auf Fall** *(fam)* repentinamente
Knallbonbon *m o nt* <-s, -s> petardo *m*
Knalleffekt *m (fam)* golpe *m* (de efecto); *(Überraschung)* sorpresa *f;* *(Pointe)* chiste *m*
knallen **I.** *vi* ① *(allgemein)* estallar; *(Tür)* cerrarse de golpe; *(Peitsche)* producir un chasquido; *(Schuss)* oírse; *(Korken)* saltar; **mit der Peitsche ~** chasquear el látigo ② *sein (stoßen)* chocar (**auf/gegen** contra) ③ *(fam: schießen)* disparar ④ *(fam: Sonne)* pegar fuerte ⑤ *sein (Reifen)* reventar **II.** *vt* ① *(Tür)* dar un portazo (a) ② *(werfen)* tirar (violentamente); **den Hörer auf die Gabel ~** colgar con un fuerte golpe; **jdm eine ~** *(fam)* soltar una bofetada a alguien
knalleng *adj (fam)* a estallar; **die Jeans sitzt** (**am Po**) **~** los vaqueros quedan superajustados (al trasero)
Knaller *m* <-s, -> *(fam)* ① *(Knallkörper)* petardo *m* ② *(Sensation)* sensación *f*
Knallerbse *f* <-, -n> garbanzo *m* de pega
Knallerei *f* <-, -en> *(fam)* ruido *m* (constante) de petardos
Knallfrosch *m (fam)* petardo *m*
Knallgas *nt* (CHEM) gas *m* fulminante
knallhart ['-'-] *adj (fam: Arbeit)* duro; *(Film, Typ)* brutal; **jdm ~ seine Meinung sagen** decir a alguien cuatro verdades
knallig *adj (fam: Farbe)* chillón
Knallkörper *m* petardo *m*
knallrot ['-'-] *adj (fam)* rojo vivo
knapp [knap] **I.** *adj* ① *(spärlich)* escaso; *(beschränkt)* limitado; **~ bei Kasse sein** andar justo de dinero; **die Zeit ist ~** tenemos el tiempo justo; **das Wasser wurde ~** se produjo una escasez de agua; **mit ~er Mehrheit** por escasa mayoría ② *(Kleidung)* justo ③ *(kaum)* escaso; *(vor Zahlen)* poco menos de; **eine ~e Stunde** una hora escasa ④ *(Stil)* conciso; **in ~en Worten** en pocas palabras **II.** *adv* ① *(kaum)* apenas ② *(gerade so)* (muy) justo; **das Auto fuhr ~ an mir vorbei** el coche pasó muy cerca de mí; **~ sein** escasear
Knappheit *f ohne pl* ① *(Mangel)* escasez *f* (**an** de) ② *(Kürze)* concisión *f*
knapsen ['knapsən] *vi (fam)* ① *(knauserig sein)* economizar (**mit** con) ② *(schwer fertig werden mit)* **an etw** *dat* **~** costar superar algo
Knarre ['knarə] *f* <-n> ① *(fam: Gewehr)* trabuco *m,* chumbo *m Arg* ② *(Spielzeug)* matraca *f*
knarren ['knarən] *vi* crujir
Knast[1] [knast] *m* <-(e)s, -e *o* Knäste> *(fam: Gefängnis)* chirona *f,* cupo *m Méx;* **im ~ sitzen** estar en chirona
Knast[2] *m* <-(e)s, *ohne pl*> *(fam: Freiheitsstrafe)* chirona *f;* **er hat drei Jahre ~ bekommen** le han condenado a tres años en chirona
Knatsch [kna:tʃ] *m* <-(e)s, *ohne pl*> *(reg)* pique *m;* **die beiden haben ~** andan de pique
knatschig *adj (fam)* ① *(weinerlich)* gimoteador; **~ sein** ser un llorica ② *(ärgerlich)* malhumorado
knattern ['knatɐn] *vi (Motorrad, Auto)* petardear; *(Presslufthammer)* martillear; *(Maschinengewehr)* tabletear
Knäuel ['knɔɪəl] *m o nt* <-s, -> ovillo *m,* bodoque *m Méx*
Knauf [knaʊf, *pl:* 'knɔɪfə] *m* <-(e)s, Knäufe> *(am Stock, Schwert)* puño *m;* *(an der Tür)* pomo *m*
knaus(e)rig *adj (fam abw)* rácano
Knauser(in) ['knaʊzɐ] *m(f)* <-s, -; -, -nen> *(fam abw)* roñoso, -a *m, f*
knausern ['knaʊzɐn] *vi (fam abw)* cicatear

knautschen ['knaʊtʃən] **I.** *vt (fam)* arrugar **II.** *vi (fam)* arrugarse
Knautschzone *f* (AUTO) zona *f* de absorción de impactos
Knebel ['kne:bəl] *m* <-s, -> mordaza *f*
knebeln *vt* amordazar
Knebelvertrag *m* <-(e)s, -träge> *(abw)* contrato *m* leonino
Knecht [knɛçt] *m* <-(e)s, -e> ❶ (HIST: *landwirtschaftlicher Helfer*) mozo *m* de labranza, peón *m Am* ❷ *(abw: Befehlsempfänger)* siervo *m*
Knechtschaft *f* <-en> *(abw)* servidumbre *f; (Versklavung)* esclavización *f*
kneifen ['knaɪfən] <kneift, kniff, gekniffen> **I.** *vt (in die Haut)* pellizcar (**in** en) **II.** *vi* ❶ *(Kleidung)* apretar ❷ *(fam abw: sich drücken)* rajarse
Kneifzange *f* tenazas *fpl*
Kneipe ['knaɪpə] *f* <-n> *(fam)* bar *m*, bochinche *m Méx*
Kneipenbummel *m* ronda *f* por los bares; **einen ~ machen** ir de copas
Kneippkur ['knaɪp-] *f* (MED) tratamiento *m* hidroterápico *(según el método de S. Kneipp, 1821 – 1897)*
knetbar *adj* moldeable; *(Teig)* amasable
Knete ['kne:tə] *f ohne pl (fam)* ❶ *(Knetmasse)* plastilina® *f*, pasta *f* de modelar ❷ *(Geld)* pasta *f*
kneten ['kne:tən] *vt* ❶ *(Teig, Ton)* amasar ❷ *(Figuren formen)* modelar
Knetmasse *f* plastilina® *f*
Knick [knɪk] *m* <-(e)s, -e> ❶ *(Falte)* pliegue *m; (in Papier)* doblez *m* ❷ *(Biegung)* recodo *m*
knick(e)rig *adj (fam abw)* tacaño
knicken *vt* ❶ *(falten)* plegar; *(Papier)* doblar; **nicht ~!** ¡no doblar! ❷ *(brechen)* romper; *(Pflanze)* tronchar
Knickerbocker ['knɪkɐbɔkɐ] *pl* pantalón *m* bombacho
Knicks [knɪks] *m* <-es, -e> reverencia *f (flexión de las piernas)*
knicksen ['knɪksən] *vi* hacer una reverencia (**vor** ante)
Knie [kni:, *pl:* 'kni:ə] *nt* <-s, -> ❶ *(Körperteil)* rodilla *f*; **auf ~n** de rodillas; **weiche ~ bekommen** *(fam)* amedrentarse; **auf die ~ fallen** ponerse de rodillas; **jdn übers ~ legen** *(fam)* pegar un palizón a alguien; **etw übers ~ brechen** *(fam)* forzar algo; **jdn in die ~ zwingen** *(fig)* subyugar a alguien ❷ *(Biegung)* recodo *m* ❸ *(am Rohr)* codo *m*
Kniebeuge *f* <-n> ❶ (SPORT) flexión *f* de rodillas ❷ (REL) genuflexión *f*
Kniebundhose *f* pantalón *m* abrochado en la rodilla
Kniefall *m* genuflexión *f*; *(fig)* humillación *f*
Kniegelenk *nt* (ANAT) articulación *f* de la rodilla
Kniehose *f* pantalón *m* de media pierna
Kniekehle *f* (ANAT) corva *f*
knielang *adj (Rock)* por la rodilla
knien ['kni:ən, kni:n] **I.** *vi haben o sein* estar de rodillas **II.** *vr:* **sich ~** arrodillarse; **sich in die Arbeit ~** *(fam)* meterse de lleno en el trabajo
Kniescheibe *f* rótula *f*
Knieschützer *m* (SPORT) rodillera *f*
Kniestrumpf *m* media *f* calcetín
knietief **I.** *adj* que llega hasta las rodillas **II.** *adv* hasta las rodillas; **wir standen ~ im Schnee** la nieve nos llegaba hasta las rodillas
kniff [knɪf] *3. imp von* **kneifen**
Kniff [knɪf] *m* <-(e)s, -e> ❶ *(Kneifen)* pellizco *m* ❷ *(Falte)* pliegue *m; (in Papier)* doblez *m* ❸ *(Trick)* truco *m*
kniff(e)lig *adj* complicado; *(schwierig)* difícil; *(heikel)* delicado
Knilch [knɪlç] *m* <-s, -e> *(fam abw)* patán *m*
knipsen ['knɪpsən] **I.** *vi (fam: schnalzen)* chasquear **II.** *vt (fam)* ❶ *(fotografieren)* sacar una foto (de) ❷ *(Fahrkarte)* picar
Knirps [knɪrps] *m* <-es, -e> *(fam)* ❶ *(Junge)* renacuajo *m* ❷ *(abw: Mann)* arrancapinos *m inv*
knirschen ['knɪrʃən] *vi* crujir; **mit den Zähnen ~** rechinar los dientes
Knirscherschiene ['knɪrʃɐ-] *f* (MED) férula *f* oclusal
knistern ['knɪstɐn] *vi (Feuer)* crepitar; *(Seide, Papier)* crujir; *(vor Spannung)* chisporrotear; **im Gerichtssaal knisterte es vor Spannung** en la sala el ambiente era muy tenso
knitterfrei *adj* inarrugable
knittern ['knɪtɐn] **I.** *vt (Stoff, Papier)* arrugar **II.** *vi* arrugarse
knobeln ['kno:bəln] *vi* ❶ *(würfeln)* jugar a los dados (**um** por) ❷ *(fam: nachdenken)* romperse la cabeza (**an** con)
Knoblauch ['kno:blaʊx] *m* <-(e)s, *ohne pl*> ajo *m*
Knoblauchknolle *f* cabeza *f* de ajo
Knoblauchpresse *f* exprimidera *f* de ajo
Knoblauchzehe *f* diente *m* de ajo
Knöchel ['knœçəl] *m* <-s, -> ❶ *(am Fuß)* tobillo *m*; **sich** *dat* **den ~ verstauchen** dislocarse el tobillo ❷ *(am Finger)* nudillo *m*
knöchellang *adj (Kleid)* hasta los tobillos
knöcheltief **I.** *adj* que llega hasta los tobi-

K

llos; ~ **sein** llegar hasta los tobillos **II.** *adv* hasta los tobillos

Knochen ['knɔxən] *m* <-s, -> hueso *m;* **sich** *dat* **die ~ brechen** *(fam)* romperse los huesos; **der Schreck fuhr ihm in die ~** *(fam)* se llevó un susto enorme; **bis auf die ~ nass werden** *(fam)* calarse hasta los huesos

Knochenarbeit *f ohne pl (fam)* trabajo *m* de negros, pela *f Méx*

Knochenbau *m* <-(e)s, *ohne pl*> estructura *f* ósea

Knochenbruch *m* fractura *f* de hueso

Knochengerüst *nt* esqueleto *m*

knochenhart ['--'-] *adj (fam: Brot, Arbeit)* muy duro

Knochenhaut *f* (ANAT) periostio *m*

Knochenmark *nt* <-(e)s, *ohne pl*> (ANAT) médula *f* ósea

Knochenschinken *m* (GASTR) jamón *m* (entero)

knochentrocken ['--'--] *adj (fam: Brot, Humor)* muy seco

knochig ['knɔxɪç] *adj* huesudo; *(Gesicht)* descarnado

knock-out *adj,* **knockout** *adj* (*a.* SPORT) nocaut, knock-out; ~ **gehen** quedar k.o.

Knock-out *m* <-(s), -s>, **Knockout** [nɔk'ʔaʊt] *m* <-(s), -s> nocaut *m*

Knödel ['knø:dəl] *m* <-s, -> *(Österr, südd) especie de albóndiga cocida hecha de una masa de patatas o miga de pan*

Knöllchen ['knœlçən] *nt* <-s, -> *(fam: Strafzettel)* multa *f*

Knolle ['knɔlə] *f* <-n> ① (BOT) tubérculo *m* ② *(fam: rundliche Verdickung)* bulto *m*

Knollen *m* <-s, -> *(reg: Verdickung)* bulto *m*

Knollenblätterpilz [--'---] *m* (BOT) amanita *f*

Knollengemüse *nt* (BOT) verdura *f* tuberosa

Knopf [knɔpf, *pl:* 'knœpfə] *m* <-(e)s, Knöpfe> ① (*a.* ELEK, MUS) botón *m;* **einen ~ annähen/verlieren** coser/perder un botón; **auf den ~ drücken** pulsar el botón ② *(Schweiz, südd)* nudo *m*

Knopfdruck *m ohne pl* opresión *f* de un botón; (**wie**) **auf ~** como si le hubieran oprimido el botón

knöpfen ['knœpfən] *vt* abotonar

Knopfloch *nt* ojal *m*

Knopfzelle *f* pila *f* de botón

knorp(e)lig *adj* cartilaginoso

Knorpel ['knɔrpəl] *m* <-s, -> cartílago *m*

knorrig ['knɔrɪç] *adj (Baum)* nudoso

Knospe ['knɔspə] *f* <-n> *(Blütenknospe)* capullo *m; (von Blatt, Zweig)* yema *f;* **~n treiben** brotar

knospen *vi* brotar

knoten *vt* hacer un nudo (en); *(befestigen)* fijar con un nudo; *(Krawatte)* anudar

Knoten ['kno:tən] *m* <-s, -> ① *(bei Fäden, a.* NAUT, BOT) nudo *m* ② *(Frisur)* moño *m* ③ (MED) nudosidad *f*

Knotenpunkt *m* nudo *m* de comunicaciones

knotig *adj* nudoso

Know-how *nt* <-(s), *ohne pl*> conocimientos *mpl* (de la tecnología)

Knubbel ['knʊbəl] *m* <-s, -> *(reg: rundliche Verdickung)* bulto *m*

knuddeln ['knʊdəln] *vt (reg)* achuchar (y besuquear)

knülle ['knʏlə] *adj (fam)* borracho como una cuba

knüllen ['knʏlən] **I.** *vi (knittern)* arrugarse **II.** *vt (Papier)* estrujar

Knüller ['knʏlɐ] *m* <-s, -> *(fam)* sensación *f*

knüpfen ['knʏpfən] *vt* ① *(knoten)* anudar ② *(Teppich)* tejer; **einen Teppich ~** hacer una alfombra de nudos ③ *(Netz)* hacer ④ *(Freundschaft)* trabar; **große Erwartungen an etw ~** poner grandes esperanzas en algo; **Bedingungen an etw ~** poner algo por condición

Knüppel ['knʏpəl] *m* <-s, -> ① *(Stock)* garrote *m,* mamón *m Guat, Hond,* tocho *m Arg; (von Polizei)* porra *f;* **jdm einen ~ zwischen die Beine werfen** *(fam)* poner cortapisas a alguien ② (AERO) palanca *f* de mando

knüppeldick ['--'-] *adv (fam fig)* muy fuerte; **es kam ~** sucedió lo peor; **er trug ~ auf** exageró a más no poder

knurren ['knʊrən] *vi* ① *(Hund, Mensch)* gruñir (**über** a causa de) ② *(Magen)* sonar; **mir knurrt der Magen** me suenan las tripas

knurrig *adj* gruñón

knusp(e)rig *adj* crujiente

Knusperhäuschen ['knʊspɐhɔɪsçən] *nt* <-s, -> *casita hecha de pastelería*

knuspern ['knʊspɐn] *vi* **an etw** *dat* ~ mordisquear algo; **etwas zum K~** algo para picar

knusprig *adj s.* **knusp(e)rig**

knutschen ['knu:tʃən] *vi (fam)* besuquearse

Knutscherei *f* <-, -en> *(fam)* besuqueo *m*

Knutschfleck *m (fam)* chupetón *m*

k. o. [ka:'ʔo:] *adj* (*a.* SPORT) *Abk. von* **knock-out** k.o.; ~ **gehen** quedar k.o.

Koagulation [koagula'tsjo:n] *f* <-, -en> (CHEM) coagulación *f*

Koala *m* <-s, -s>, **Koalabär** *m* (ZOOL) koala *m*

koalieren* [koa'li:rən] *vi* (POL) formar una coalición
Koalition [koali'tsjo:n] *f* <-en> (POL) coalición *f*; **eine ~ bilden** formar una coalición
Koalitionspartner *m* (POL) socio *m* de coalición
Koalitionsregierung *f* (POL) gobierno *m* de coalición
Koalitionsvertrag *m* (POL) tratado *m* de coalición
koaxial [ko?a'ksia:l] *adj* (TECH) coaxial
Kobalt ['ko:balt] *nt* <-s, *ohne pl*> (CHEM) cobalto *m*
Koblenz ['ko:blɛnts] *nt* <-> Coblenza *f*
Kobold ['ko:bɔlt] *m* <-(e)s, -e> duende *m*
Kobra ['ko:bra] *f* <-s> cobra *f*
Koch, Köchin [kɔx, *pl:* 'kœçə] *m, f* <-(e)s, Köche; -nen> cocinero, -a *m, f*
Kochbuch *nt* libro *m* de cocina
kochen ['kɔxən] **I.** *vi* ① *(Wasser, Speisen)* hervir; *(Kühler)* echar humo; **etw zum K~ bringen** hacer hervir algo ② *(Speisen zubereiten)* cocinar ③ *(fam: wütend sein)* estar furioso; **er kocht vor Wut** está furioso **II.** *vt* ① *(garen)* cocer; **hart gekocht** *(Ei)* duro; **weich gekocht** *(Gemüse)* cocido (hasta que esté tierno); *(Ei)* pasado por agua ② *(zubereiten)* hacer, preparar ③ *(heiß waschen)* lavar a 90 grados
Kocher *m* <-s, -> hornillo *m*
Köcher ['kœçɐ] *m* <-s, -> ① *(für Pfeile)* carcaj *m* ② (FOTO) estuche *m (para guardar los gemelos o el objetivo)*
Kochfeld *nt* placa *f* de cocina
kochfest *adj (Wäsche)* lavable a 90 grados
Kochgelegenheit *f* posibilidad *f* para cocinar
Kochgeschirr *nt* batería *f* de cocina
Köchin ['kœçɪn] *f* <-nen> *s.* **Koch**
Kochkunst *f ohne pl* arte *m* culinario
Kochkurs *m* <-es, -e> curso *m* de cocina
Kochlöffel *m* cuchara *f* de palo
Kochnische *f* <-, -n> cocinita *f*, rincón *m* cocina
Kochplatte *f* fogón *m*
Kochrezept *nt* receta *f* de cocina
Kochsalz *nt ohne pl* sal *f* común
Kochtopf *m* olla *f*
Kochwäsche *f* colada *f* a 90 grados
kodd(e)rig ['kɔd(ə)rɪç] *adj (nordd: fam)* ① *(unverschämt)* impertinente ② *(unwohl)* indispuesto; **jdm ist ~** alguien siente náuseas
Kode ['ko:də, ko:t] *m* <-s, -s> código *m*
Köder ['kø:dɐ] *m* <-s, -> cebo *m*
ködern *vt* ① *(Tiere)* echar el cebo (a) ② *(Personen)* engatusar
Kodex ['ko:dɛks] *m* <-(es), -e> *(Regelung)* código *m*
kodieren* [ko'di:rən] *vt* codificar
Kodierung *f* <-en> codificación *f*
Koedukation [koeduka'tsjo:n] *f* <-, *ohne pl*> (SCH) coeducación *f*
Koeffizient [ko?ɛfi'tsjɛnt] *m* <-en, -en> (MATH) coeficiente *m*
Koexistenz [ko?ɛksɪs'tɛnts] *f ohne pl* (*a.* POL) coexistencia *f*
Koffein [kɔfe'i:n] *nt* <-s, *ohne pl*> cafeína *f*
koffeinfrei *adj* descafeinado
koffeinhaltig *adj* con cafeína
Koffer ['kɔfɐ] *m* <-s, -> maleta *f*, valija *f Am*, chácara *f And;* **die ~ packen/auspacken** hacer/deshacer las maletas
Kofferkuli *m* <-s, -s> carrito *m* portaequipajes
Kofferradio *nt* radio *f* portátil
Kofferraum *m* maletero *m*, baúl *m Am*, cofre *m Méx*
Kofferwagen *m* carrito *m* para el equipaje
Kognak ['kɔnjak] *m* <-s, -s> coñac *m*
kognitiv [kɔgni'ti:f] *adj* (PSYCH) cognitivo
kohärent [kohɛ'rɛnt] *adj* coherente
Kohärenz [kohɛ'rɛnts] *f* <-, *ohne pl*> coherencia *f*
Kohäsion [kohɛ'zjo:n] *f* <-, *ohne pl*> cohesión *f*
Kohl [ko:l] *m* <-(e)s, *ohne pl*> ① *(Gemüse)* col *f*; **das macht den ~ auch nicht fett** *(fam)* ya no importa ② *(fam abw: Unsinn)* bobadas *f pl*
kohl(pech)rabenschwarz *adj* negro como el azabache
Kohldampf *m* <-(e)s, *ohne pl*> *(fam)* **~ haben** tener un hambre de mil demonios
Kohle¹ ['ko:lə] *f* <-n> *(Brennstoff, Zeichenkohle)* carbón *m;* (**wie**) **auf glühenden ~n sitzen** *(fig fam)* estar sobre ascuas
Kohle² *f ohne pl (fam: Geld)* pasta *f*
Kohlehydrat *nt* <-(e)s, -e> (CHEM) hidrato *m* de carbono
Kohlekraftwerk *nt* central *f* térmica carbonera
Kohlenbecken *nt* ① (GEO) cuenca *f* carbonífera ② *(zum Heizen)* brasero *m*
Kohlenbergbau *m ohne pl* explotación *f* de minas de carbón; **im ~ sollen 3000 Stellen gestrichen werden** en la industria del carbón deben suprimirse 3000 puestos de trabajo
Kohlenbergwerk *nt* mina *f* de carbón
Kohlendioxid [--'---] *nt* <-(e)s, *ohne pl*> (CHEM) anhídrido *m* carbónico
Kohlendioxidausstoß *m* expulsión *f* de dióxido de carbono

Kohlendioxyd *nt ohne pl s.* **Kohlendioxid**
Kohlenhydrat *nt* <-(e)s, -e> (CHEM) hidrato *m* de carbono
Kohlenmonoxid [--ˈ---] *nt* <-(e)s, *ohne pl*> (CHEM) monóxido *m* de carbono
Kohlensäure *f ohne pl* ① (CHEM) ácido *m* carbónico ② *(in Getränken)* gas *m;* **Mineralwasser mit ~** agua mineral con gas
kohlensäurehaltig *adj* con gas; **dieses Mineralwasser ist nicht ~** esta agua mineral no tiene gas
Kohlenstoff *m* <-(e)s, *ohne pl*> (CHEM) carbono *m*
Kohlenwasserstoff [--ˈ---] *m* (CHEM) hidrocarburo *m*
Kohlepapier *nt* papel *m* carbón
Köhler(in) [ˈkøːlɐ] *m(f)* <-s, -; -, -nen> carbonero, -a *m, f*
Kohlestift *m* carboncillo *m,* carbonilla *f Am*
Kohlezeichnung *f* dibujo *m* al carbón
Kohlkopf *m* repollo *m*
Kohlmeise *f* <-, -n> (ZOOL) herrerillo *m*
Kohlrabi [koːlˈraːbi] *m* <-(s), -(s)> colinabo *m*
Kohlroulade *f* (GASTR) *hoja de col rellena*
Kohlrübe *f* <-, -n> nabo *m*
Kohorte [koˈhɔrtə] *f* <-, -n> (HIST) cohorte *f*
Koi [kɔɪ] *m* <-s, -s> (ZOOL) koi *m*
Koitus [ˈkoːitʊs] *m* <-, -(se)> coito *m*
Koje [ˈkoːjə] *f* <-n> ① (NAUT) litera *f* ② *(fam: Bett)* cama *f*
Kojote [koˈjoːtə] *m* <-n, -n> coyote *m*
Kokain [kokaˈiːn] *nt* <-s, *ohne pl*> cocaína *f*
kokainsüchtig *adj* cocainómano; **~ sein** ser un cocainómano
Kokainsüchtige(r) *mf* cocainómano, -a *m, f*
kokeln [ˈkoːkəln] *vi (fam)* jugar con el fuego
kokett [koˈkɛt] *adj* coqueto
kokettieren* [kokɛˈtiːrən] *vi* coquetear; *(flirten)* flirtear
Kokon [koˈkõː] *m* <-s, -s> capullo *m*
Kokosfett *nt* grasa *f* de coco
Kokosmilch *f* <-, *ohne pl*> leche *f* de coco
Kokosnuss *f* coco *m*
Kokospalme *f* (BOT) cocotero *m*
Koks [koːks] *m* <-es, *ohne pl*> ① *(Brennstoff)* coque *m* ② *(fam: Unsinn)* tonterías *f pl* ③ *(sl: Kokain)* coca *f,* perico *m*
koksen *vi* ① *(sl: Kokain schnupfen)* esnifar cocaína ② *(fam: schlafen)* sobar
Kolben [ˈkɔlbən] *m* <-s, -> ① (TECH) pistón *m* ② (CHEM) matraz *m* ③ *(beim Gewehr)* culata *f* ④ (BOT) espádice *m* ⑤ *(fam: Nase)* narizón *m,* narizota *f*

K

Kolibri [ˈkoːlibri] *m* <-s, -s> (ZOOL) colibrí *m,* chupaflor *m AmC*
Kolik [ˈkoːlɪk, koˈliːk] *f* <-en> cólico *m*
kollabieren* [kɔlaˈbiːrən] *vi sein (zusammenbrechen)* colapsar; (FIN: *Kurs*) caer
Kollaborateur(in) [kɔlaboraˈtøːɐ] *m(f)* <-s, -e; -, -nen> (POL) colaboracionista *mf*
Kollaboration [kɔlaboraˈtsjoːn] *f* <-, *ohne pl*> (POL) colaboración *f*
kollaborieren* [kɔlaboˈriːrən] *vi* (POL) colaborar (con el enemigo)
Kollaps [ˈkɔlaps, -ˈ-] *m* <-es, -e> (MED) colapso *m*
Kolleg [kɔˈleːk] *nt* <-s, -s> *(Studienkolleg)* academia *f*
Kollege, -in [kɔˈleːgə] *m, f* <-n, -n; -nen> colega *mf; (Arbeitskollege)* compañero, -a *m, f* de trabajo; *(Amtskollege, a.* POL) homólogo, -a *m, f*
kollegial [kɔleˈgjaːl] *adj* solidario
Kollegin *f* <-nen> *s.* **Kollege**
Kollegium [kɔˈleːgiʊm] *nt* <-s, Kollegien> colegas *mpl; (bei Lehrern)* cuerpo *m* docente
Kollekte [kɔˈlɛktə] *f* <-n> colecta *f*
Kollektion [kɔlɛkˈtsjoːn] *f* <-en> colección *f*
kollektiv [kɔlɛkˈtiːf] *adj* colectivo
Kollektiv [kɔlɛkˈtiːf] *nt* <-s, -e *o* -s> colectivo *m*
Kollektivismus [kɔlɛktiˈvɪsmʊs] *m* <-, *ohne pl*> colectivismo *m*
Kollektivschuld *f* <-, *ohne pl*> culpa *f* colectiva
Koller[1] [ˈkɔlɐ] *m* <-s, -> *(fam: Wutausbruch)* estallido *m* de cólera; **ich kriegte/hatte einen ~** me dio/tenía un ataque de cólera
Koller[2] *nt* <-s, -> canesú *m*
kollidieren* [kɔliˈdiːrən] *vi* ① *sein (zusammenstoßen)* colisionar (**mit** contra) ② *(in Konflikt geraten)* chocar (**mit** con); *(zeitlich)* coincidir (**mit** con)
Kollision [kɔliˈzjoːn] *f* <-en> colisión *f*
Kolloquium [kɔˈloːkviʊm] *nt* <-s, Kolloquien> coloquio *m*
Köln [kœln] *nt* <-s> Colonia *f*
Kölnischwasser *nt,* **kölnisch Wasser** *nt* agua *f* de Colonia
kolonial [koloˈnjaːl] *adj* colonial
Kolonialherrschaft *f* dominio *m* colonial
Kolonialismus [kolonjaˈlɪsmʊs] *m* <-, *ohne pl*> colonialismo *m*
Kolonialmacht *f* potencia *f* colonial
Kolonie [koloˈniː] *f* <-n> colonia *f*
Kolonisation [kolonizaˈtsjoːn] *f* <-en> colonización *f*
kolonisieren* [koloniˈziːrən] *vt* colonizar

Kolonist(in) [kolo'nɪst] *m(f)* <-en, -en; -, -nen> colono, -a *m, f*

Kolonne [ko'lɔnə] *f* <-n> ① *(einer Tabelle, a.* TYPO, MIL) columna *f* ② *(Fahrzeugkolonne)* caravana *f;* (MIL) convoy *m* ③ *(Arbeitergruppe)* brigada *f*

kolorieren* [kolo'ri:rən] *vt* colorear

Kolorit [kolo'ri:t] *nt* <-(e)s, -e *o* -s> (KUNST, MUS: *a. fig)* colorido *m*

Koloss [ko'lɔs] *m* <-es, -e> coloso *m*

kolossal [kolɔ'sa:l] *adj* colosal

Kolumbianer(in) [kolʊm'bja:nɐ] *m(f)* <-s, -; -nen> colombiano, -a *m, f*

kolumbianisch [kolʊm'bja:nɪʃ] *adj* colombiano

Kolumbien [ko'lʊmbiən] *nt* <-s> Colombia *f*

Kolumbus [ko'lʊmbʊs] *m* <-> (HIST) Colón *m*

Kolumne [ko'lʊmnə] *f* <-n> *(Spalte)* columna *f*

Koma ['ko:ma] *nt* <-s, -s *o* -ta> (MED) coma *m;* **im ~ liegen** estar en (estado de) coma

Kombi ['kɔmbi] *m* <-s, -s> *(fam)* combi *m*

Kombination [kɔmbina'tsjo:n] *f* <-en> ① *(Verbindung)* combinación *f* ② *(Vermutung)* suposición *f* ③ *(Kostüm)* conjunto *m; (Arbeitsanzug)* mono *m*

Kombinationsschloss *nt* <-es, -schlösser> cerradura *f* de combinación

kombinieren* [kɔmbi'ni:rən] **I.** *vi (folgern)* deducir **II.** *vt* combinar

Kombiwagen *m* coche *m* furgoneta

Kombizange *f* alicates *mpl* universales

Komet [ko'me:t] *m* <-en, -en> cometa *m*

Komfort [kɔm'fo:ɐ] *m* <-s, *ohne pl*> confort *m*

komfortabel [kɔmfɔr'ta:bəl] *adj* confortable

Komik ['ko:mɪk] *f ohne pl* comicidad *f;* **einen Sinn für ~ haben** tener sentido para lo cómico

Komiker(in) ['ko:mikɐ] *m(f)* <-s, -; -nen> cómico, -a *m, f*

komisch *adj* ① *(ulkig)* cómico ② *(seltsam)* raro; **das kam mir ~ vor** me pareció raro

komischerweise ['ko:mɪʃɐ'vaɪzə] *adv* curiosamente

Komitee [komi'te:, kɔmi'te:] *nt* <-s, -s> comité *m*

Komma ['kɔma] *nt* <-s, -s *o* -ta> coma *f*

Kommandant(in) [kɔman'dant] *m(f)* <-en, -en; -nen> (MIL) comandante *mf*

Kommandantur [kɔmandan'tu:ɐ] *f* <-, -en> comandancia *f*

Kommandeur(in) [kɔman'dø:ɐ] *m(f)* <-s, -e; -, -nen> (MIL) comandante *mf*

kommandieren* [kɔman'di:rən] **I.** *vt* ① *(Einheit, Flotte)* comandar ② *(abkommandieren)* destacar; **jdn an die Front ~** destacar a alguien al frente ③ *(befehlen)* ordenar **II.** *vi* ordenar

Kommanditgesellschaft [kɔman'di:t-] *f* (WIRTSCH) sociedad *f* comanditaria

Kommando[1] [kɔ'mando] *nt* <-s, -s> ① *(Befehl)* orden *f;* **auf ~** al dar la orden ② *(Gruppe)* comando *m*

Kommando[2] *nt* <-s, *ohne pl*> *(Befehlsgewalt)* mando *m;* **das ~ haben** tener el mando (**über** sobre)

Kommata *pl von* **Komma**

kommen ['kɔmən] <kommt, kam, gekommen> *vi sein* ① *(herkommen)* venir (**von** de); *(hinkommen)* ir; *(ankommen)* llegar; *(zurückkehren)* volver (**von** de); **da kommt er ja!** ¡ahí viene!; **ich komme schon** ya voy; **gut, dass du kommst** me alegro de que vengas; **ein Taxi ~ lassen** llamar a un taxi; **er kam von einer Reise** volvió de un viaje; **angelaufen ~** venir corriendo; **zu spät ~** llegar tarde; **du sollst zum Direktor ~** que vengas a ver al director; **wie komme ich nach ...?** ¿por dónde se va a...?; **sie kam zu der Überzeugung, dass ...** llegó a la conclusión de que...; **wir müssen langsam zu einem Ende ~** tenemos que acabar ya; **nicht von der Stelle ~** no avanzar nada; **ich halte die Zeit für ge~** pienso que ha llegado el momento; **ein einziges K~ und Gehen** un ir y venir continuo; **jetzt komme ich** (**an die Reihe**) ahora me toca a mí; **das kommt später** (eso) viene más tarde; **der kommt mir nicht ins Haus!** ¡ese no pone un pie en mi casa!; **in die Schule/ins Krankenhaus ~** ir a la escuela/al hospital; **der Fall kommt vor Gericht** el caso se llevará a los tribunales; **sein Vorschlag kam mir sehr gelegen** su propuesta me vino muy a propósito; **du kommst mir gerade recht!** *(fam)* ¡eres justo lo que me faltaba!; **das kommt mir wie gerufen** me viene de perlas; **komme, was da wolle** pase lo que pase; **jdm ~ die Tränen** a alguien se le saltan las lágrimas; **so weit kommt es noch** *(fam)* hasta ahí podíamos llegar; **zum Stehen ~** pararse; **man kommt hier zu nichts** aquí no se tiene tiempo para nada; **es kam zu einem Streit** se armó la de San Quintín; **dazu kommt noch, dass ...** hay que añadir que...; **zur Sache ~** ir al grano; **wieder zu sich ~** volver en sí; **zu Wort ~** (conseguir) hablar; **zu Schaden ~** sufrir un daño; **wie käme ich dazu, das zu machen?** ¿por qué iba a hacerlo?; **wie komme ich zu der Ehre?** *(iron)* ¿a qué debo el honor?;

K

ums Leben ~ perder la vida; **das kommt zusammen auf 20 Euro** *(fam)* todo junto hace 20 euros; **ich komme auf 1.200 Euro im Monat** *(fam)* saco unos 1200 euros al mes; **hast du richtig gezählt? ich komme nur auf 15** ¿has contado bien? a mí me da solo 15; **kommt man hier leicht an frisches Gemüse?** ¿es fácil conseguir aquí verduras frescas?; **ich kam nicht auf seinen Namen** no caía en su nombre; **wie kommst du darauf?** ¿cómo se te ocurre?; **wohin kämen wir, wenn das jeder machen würde** adonde iríamos a parar si todos hiciesen lo mismo; **da könnte ja jeder ~** sí hombre, por tu cara bonita; **sie lässt nichts auf ihn ~** no consiente que lo critiquen; **auf die Welt ~** nacer; **auf etw/jdn zu sprechen ~** hablar de algo/de alguien; **hinter etw ~** descubrir algo; **durch den Zoll/eine Prüfung ~** pasar la aduana/un examen; **Jeans sind wieder im K~** los vaqueros se ponen otra vez de moda; **aus der Mode ~** pasar de moda; **aus dem Takt ~** perder el compás; **aus dem Konzept ~** perder el hilo; **komm, wir gehen!** *(fam)* ¡venga, vámonos!; **nun komm schon!** *(fam)* ¡venga ya!; **komm mir bloß nicht damit** *(fam)* no me vengas con esas; **kommt Zeit, kommt Rat** *(prov)* el tiempo aclara las cosas; **wer zuerst kommt, mahlt zuerst** *(prov)* el que primero llega, ese la calza ❷ *(herbeikommen)* acercarse (**zu** a), acudir (**zu** a); **etw** *dat* **nahe** [*o* **näher**] **~** acercarse a algo ❸ *(geschehen)* pasar; **ich habe es ~ sehen** ya me lo veía venir; **dazu kam es gar nicht mehr** ya no hubo tiempo para eso; **es kam eins zum anderen** fue una reacción en cadena; **das musste ja so ~** tenía que pasar; **es kam, wie es ~ musste** pasó lo que tenía que pasar; **die Hochzeit kam für alle überraschend** la boda fue una sorpresa para todos; **das Schlimmste/Beste kommt erst noch** y ahora viene lo peor/lo mejor; **wie kommt es, dass du …?** ¿cómo es que tú…?; **wenn es kommt, kommt's dick** *(fam)* las desgracias nunca vienen solas; **es kommt immer anders, als man denkt** *(prov)* las cosas nunca pasan como uno se piensa ❹ *(stammen)* ser (**aus** de); **ich komme aus Dortmund** soy de Dortmund ❺ *(durchqueren)* pasar (**über/durch** por); **über Münster ~** pasar por Münster ❻ *(entfallen)* corresponder (**auf** a); **auf zwei Deutsche kommt ein Auto** cada dos alemanes tienen un coche ❼ *(berühren)* tocar; *(streifen)* rozar ❽ *(herrühren)* deberse (**von** a); **das kommt davon, dass …** eso se debe a…; **der Vorschlag kam von mir** la propuesta era mía; **das kommt davon!** ¡esa es la consecuencia!; **das kommt vom Rauchen** eso pasa por fumar ❾ *(hingehören)* ponerse; **das Geschirr kommt in den Schrank** los platos se ponen en el armario ❿ *(Bedenken)* surgir; *(Idee)* ocurrir ⓫ *(anfangen)* **in Gang ~** ponerse en movimiento ⓬ *(fam: Orgasmus haben)* correrse

kommend *adj* venidero; *(zukünftig)* futuro; **die ~en Jahre** los años venideros; **~e Woche** la semana que viene

Kommentar [kɔmɛn'taːɐ] *m* <-(e)s, -e> comentario *m;* **kein ~!** ¡sin comentarios!; **einen ~ zu etw** *dat* **abgeben** hacer un comentario respecto a algo

kommentarlos *adj* sin comentario

Kommentator(in) [kɔmɛn'taːtoːɐ] *m(f)* <-s, -en; -nen> comentarista *mf*

kommentieren* [kɔmɛn'tiːrən] *vt* ❶ *(Stellung nehmen)* comentar ❷ *(Text)* glosar; **kommentierte Ausgabe** edición anotada

kommerzialisieren* [kɔmɛrtsjali'ziːrən] *vt* comercializar

Kommerzialisierung *f* comercialización *f*

kommerziell [kɔmɛr'tsjɛl] *adj* comercial

Kommilitone, -in [kɔmili'toːnə] *m, f* <-n, -n; -nen> compañero, -a *m, f* de estudios

Kommissar(in) [kɔmɪ'saːɐ] *m(f)* <-s, -e; -nen> ❶ (ADMIN) comisario, -a *m, f,* comisionado, -a *m, f Am* ❷ *(Polizeibeamter)* comisario, -a *m, f* de policía

Kommissär(in) [kɔmɪ'sɛːɐ] *m(f)* <-s, -e; -nen> *(Österr, Schweiz: Polizeibeamter)* comisario, -a *m, f* de policía

Kommissariat [kɔmɪsari'aːt] *nt* <-s, -e> ❶ *(Amtszimmer)* despacho *m* ❷ *(Österr: Polizeidienststelle)* comisaría *f* (de policía)

Kommissarin *f* <-nen> *s.* **Kommissar**

Kommissärin *f* <-nen> *s.* **Kommissär**

kommissarisch [kɔmɪ'saːrɪʃ] *adj* provisional; **etw ~ verwalten** administrar algo provisionalmente

Kommission [kɔmɪ'sjoːn] *f* <-en> (*a.* COM) comisión *f;* **etw in ~ geben/nehmen** (COM) dar/tomar algo en comisión

Kommissionär(in) [kɔmɪsjo'nɛːɐ] *m(f)* <-s, -e; -, -nen> (WIRTSCH) comisionario, -a *m, f*

Kommode [kɔ'moːdə] *f* <-n> cómoda *f*

kommunal [kɔmu'naːl] *adj* municipal

Kommunalabgaben *fpl* (FIN, POL) impuestos *mpl* municipales

Kommunalpolitik *f* política *f* municipal

Kommunalwahl *f* elecciones *fpl* municipales

Kommune [kɔ'muːnə] *f* <-n> (ADMIN) municipio *m,* comuna *f Am*

Kommunikation [kɔmunika'tsjo:n] *f ohne pl* comunicación *f*

Kommunion [kɔmu'njo:n] *f* <-en> (REL) ❶ *(Abendmahl)* comunión *f* ❷ *(Erstkommunion)* primera comunión *f*

Kommuniqué [kɔmyni'ke:] *nt* <-s, -s> comunicado *m*

Kommunismus [kɔmu'nɪsmʊs] *m* <-, *ohne pl*> comunismo *m*

Kommunist(in) [kɔmu'nɪst] *m(f)* <-en, -en; -nen> comunista *mf*

kommunistisch *adj* comunista

kommunizieren* [kɔmuni'tsi:rən] *vi* ❶ *(reden)* comunicarse ❷ (REL) comulgar

Komödiant(in) [komø'djant] *m(f)* <-en, -en; -nen> comediante *mf*

Komödie [ko'mø:djə] *f* <-n> comedia *f*

Komoren [ko'mo:rən] *pl* las Comores *fpl*

Kompagnon ['kɔmpanjɔŋ, kɔmpan'jõ:] *m* <-s, -s> (WIRTSCH) socio, -a *m, f*

kompakt [kɔm'pakt] *adj* ❶ *(Material)* compacto ❷ *(fam: Person, Statur)* macizo

Kompanie [kɔmpa'ni:] *f* <-n> compañía *f*

Komparativ ['kɔmparati:f] *m* <-s, -e> (LING) comparativo *m*

Komparse, -in [kɔm'parzə] *m, f* <-n, -n; -nen> comparsa *mf*

Kompass ['kɔmpas] *m* <-es, -e> brújula *f*; (NAUT) compás *m*

kompatibel [kɔmpa'ti:bəl] *adj* (*a.* INFOR) compatible

Kompatibilität [kɔmpatibili'tɛ:t] *f* <-en> (*a.* INFOR) compatibilidad *f*

Kompendium [kɔm'pɛndiʊm, *pl:* kɔm'pɛndiən] *nt* <-s, Kompendien> compendio *m*

Kompensation [kɔmpɛnza'tsjo:n] *f* <-en> compensación *f*

kompensieren* [kɔmpɛn'zi:rən] *vt* compensar

kompetent [kɔmpe'tɛnt] *adj* competente

Kompetenz [kɔmpe'tɛnts] *f* <-en> competencia *f*; **seine ~en überschreiten** sobrepasar sus competencias; **das liegt nicht in meiner ~** esto no es de mi competencia

kompetitiv *adj* competitivo

kompilieren* [kɔmpi'li:rən] *vt* (*a.* INFOR) compilar, recopilar

Komplementärfarbe *f* color *m* complementario

komplett [kɔm'plɛt] **I.** *adj* completo **II.** *adv* por completo

komplettieren* [kɔmplɛ'ti:rən] *vt* completar

komplex [kɔm'plɛks] *adj* complejo

Komplex [kɔm'plɛks] *m* <-es, -e> (*a.* PSYCH) complejo *m*; **~e haben** tener complejos

Komplexität [kɔmplɛksi'tɛ:t] *f ohne pl* complejidad *f*

Komplikation [kɔmplika'tsjo:n] *f* <-en> complicación *f*; **zu ~en führen** causar complicaciones

Kompliment [kɔmpli'mɛnt] *nt* <-(e)s, -e> cumplido *m*, piropo *m*; **jdm ~e machen** decirle piropos a alguien; **mein ~!** ¡felicidades!

Komplize, -in [kɔm'pli:tsə] *m, f* <-n, -n; -nen> *(abw)* cómplice *mf*

komplizieren* [kɔmpli'tsi:rən] **I.** *vt* complicar **II.** *vr:* **sich ~** complicarse

kompliziert [kɔmpli'tsi:ɐt] *adj (schwierig)* complicado; *(komplex)* complejo

Kompliziertheit *f* <-, *ohne pl*> complejidad *f*

Komplizin [kɔm'pli:tsɪn] *f* <-nen> *s.* **Komplize**

Komplott [kɔm'plɔt] *nt* <-(e)s, -e> complot *m*; **ein ~ schmieden** tramar un complot

Komponente [kɔmpo'nɛntə] *f* <-n> componente *m*

komponieren* [kɔmpo'ni:rən] *vi, vt* (*a.* MUS) componer

Komponist(in) [kɔmpo'nɪst] *m(f)* <-en, -en; -nen> (MUS) compositor(a) *m(f)*

Komposita *pl von* **Kompositum**

Komposition [kɔmpozi'tsjo:n] *f* <-en> (*a.* MUS) composición *f*

Kompositum [kɔm'po:zitʊm, *pl:* kɔm'po:zita] *nt* <-s, Komposita> (LING) palabra *f* compuesta

Kompost [kɔm'pɔst] *m* <-(e)s, -e> compost *m*

Komposter [kɔm'pɔstɐ] *m* <-s, -> compostador *m*

Komposthaufen *m* montón *m* de compost

kompostieren* [kɔmpɔs'ti:rən] *vt* (AGR) ❶ *(zu Kompost verarbeiten)* convertir en compost ❷ *(düngen)* abonar con compost

Kompostierung *f* <-, -en> ❶ *(Verarbeitung)* compostaje *m*, elaboración *f* de compost ❷ *(Düngung)* abonado *m*

Kompott [kɔm'pɔt] *nt* <-(e)s, -e> compota *f*

Kompresse [kɔm'prɛsə] *f* <-n> (MED) compresa *f*

Kompression [kɔmprɛ'sjo:n] *f* <-, -en> (TECH, PHYS) compresión *f*

Kompressor [kɔm'prɛso:ɐ] *m* <-s, -en> (TECH, PHYS) compresor *m*

komprimieren* [kɔmpri'mi:rən] *vt* comprimir

Komprimierung *f* <-, -en> compresión *f*

Kompromiss [kɔmpro'mɪs] *m* <-es, -e> compromiso *m*; *(mittlere Lösung)* solución

K

f intermedia; **ein fauler ~** un compromiso barato; **mit jdm einen ~ schließen** llegar a un acuerdo con alguien

kompromissbereit *adj* dispuesto a ceder

Kompromissbereitschaft *f ohne pl* disposición *f* a transigir

kompromisslos *adj* intransigente

Kompromisslösung *f* <-, -en> solución *f* de compromiso

Kompromissvorschlag *m* propuesta *f* de acuerdo

kompromittieren* [kɔmpromɪ'tiːrən] *vt* comprometer

Kondensat [kɔndɛn'zaːt] *nt* <-(e)s, -e> (PHYS) líquido *m* de condensación

Kondensation [kɔndɛnza'tsjoːn] *f* <-, -en> (PHYS) condensación *f*

Kondensator [kɔndɛn'zaːtoːɐ] *m* <-s, -en> (ELEK, TECH) condensador *m*

kondensieren* [kɔndɛn'ziːrən] **I.** *vt* (*a.* PHYS) condensar **II.** *vi sein* **der Dampf kondensiert an den Wänden** el vapor se condensa en las paredes

K

Kondensmilch [kɔn'dɛns-] *f* leche *f* condensada

Kondensstreifen *m* <-s, -> estela *f* (de gases condensados)

Kondenswasser *nt ohne pl* agua *f* de condensación

Kondition[1] [kɔndi'tsjoːn] *f* <-en> (WIRTSCH) condición *f*

Kondition[2] *f ohne pl (körperliche Verfassung)* condición *f* (física); **eine gute ~ haben** estar en buena forma

Konditionalsatz [kɔnditsjo'naːl-] *m* (LING) oración *f* condicional

Konditionstraining *nt* (SPORT) entrenamiento *m* físico

Konditor(in) [kɔn'diːtoːɐ] *m(f)* <-s, -en; -nen> pastelero, -a *m, f*

Konditorei [kɔndito'raɪ] *f* <-en> pastelería *f*

Konditorin *f* <-nen> *s.* **Konditor**

Kondolenz [kɔndo'lɛnts] *f* <-, -en> pésame *m*, condolencia *f*

Kondolenzbesuch *m* <-(e)s, -e> visita *f* de pésame

Kondolenzkarte *f* <-, -n> tarjeta *f* de pésame [*o* de condolencia]

kondolieren* [kɔndo'liːrən] *vi* dar el pésame (**zu** por)

Kondom [kɔn'doːm] *nt o m* <-s, -e> condón *m*

Konfekt [kɔn'fɛkt] *nt* <-(e)s, -e> dulces *mpl*

Konfektionsgröße *f* talla *f* de confección

Konferenz [kɔnfe'rɛnts] *f* <-en> conferencia *f*; *(Besprechung)* reunión *f*

Konferenzraum *m* <-(e)s, -räume>, **Konferenzsaal** *m* <-(e)s, -säle> sala *f* de conferencias

Konferenzschaltung *f* (RADIO, TV) conexión *f* de conferencias simultáneas

Konferenzteilnehmer(in) *m(f)* <-s, -; -, -nen> participante *mf* en la conferencia

Konferenzzimmer *nt* <-s, -> sala *f* de conferencias

konferieren* [kɔnfe'riːrən] *vi* ❶ *(beraten)* conferenciar (**über** sobre) ❷ *(bei Veranstaltung)* presentar

Konfession [kɔnfɛ'sjoːn] *f* <-en> confesión *f*

konfessionell [kɔnfɛsjo'nɛl] *adj* confesional

konfessionslos *adj* aconfesional

Konfetti [kɔn'fɛti] *nt* <-(s), *ohne pl*> confeti *m*

Konfiguration [kɔnfigura'tsjoːn] *f* <-en> (INFOR) configuración *f*

konfigurieren* *vt* (INFOR) configurar

Konfirmand(in) [kɔnfɪr'mant] *m(f)* <-en, -en; -nen> confirmando, -a *m, f*

Konfirmandenunterricht *m* <-(e)s, *ohne pl*> curso *m* preparatorio para confirmandos

Konfirmation [kɔnfɪrma'tsjoːn] *f* <-en> confirmación *f*

konfirmieren* [kɔnfɪr'miːrən] *vt* confirmar

Konfiserie [kõfizə'riː, kɔnfizə'riː] *f* <-, -n> *(Schweiz)* ❶ *(Konditorei)* confitería *f* ❷ *(Konfekt)* dulces *mpl*, bombones *mpl*

konfiszieren* [kɔnfɪs'tsiːrən] *vt* confiscar

Konfitüre [kɔnfi'tyːrə] *f* <-n> confitura *f*

Konflikt [kɔn'flɪkt] *m* <-(e)s, -e> conflicto *m*; **mit dem Gesetz in ~ geraten** infringir las leyes

Konfliktherd *m* (POL) foco *m* de tensiones

Konföderation [kɔnfødera'tsjoːn] *f* <-en> confederación *f*

konform [kɔn'fɔrm] *adj* conforme; **mit jdm ~ gehen** estar de acuerdo con alguien

Konformismus [kɔnfɔr'mɪsmʊs] *m* <-, *ohne pl*> *(geh)* conformismo *m*

Konformist(in) *m(f)* <-en, -en; -, -nen> *(geh)* conformista *mf*

konformistisch *adj (geh)* conformista

Konfrontation [kɔnfrɔnta'tsjoːn] *f* <-en> confrontación *f*

konfrontieren* [kɔnfrɔn'tiːrən] **I.** *vt* confrontar (**mit** con) **II.** *vr:* **sich ~** enfrentarse (**mit** con/a)

konfus [kɔn'fuːs] **I.** *adj* confuso; **jdn ~ machen** desconcertar a alguien **II.** *adv* confuso; **das klingt ziemlich ~** suena muy confuso

Konfusion [kɔnfu'zjoːn] *f* <-, -en> confusión *f*

Konglomerat [kɔnglome'ra:t] *nt* <-(e)s, -e> (*a.* GEO) conglomerado *m* (**aus** de)
Kongregation [kɔngrega'tsjo:n] *f* <-, -en> congregación *f*
Kongress [kɔŋ'grɛs, kɔn'grɛs] *m* <-es, -e> congreso *m*
Kongresshalle *f* palacio *m* de congresos
kongruent [kɔŋgru'ɛnt, kɔngru'ɛnt] *adj* ❶ (MATH) congruente ❷ (LING) concordante
Kongruenz [kɔŋgru'ɛnts, kɔngru'ɛnts] *f* <-, -en> ❶ (MATH) congruencia *f* ❷ (LING) concordancia *f*
K.-o.-Niederlage *f* <-, -n> (SPORT) derrota *f* por k.o.
Konifere [koni'fe:rə] *f* <-, -n> (BOT) (planta *f*) conífera *f*
König(in) ['kø:nɪç] *m(f)* <-s, -e; -nen> ❶ *(Monarch)* rey *m*, reina *f*; **die Heiligen Drei ~e** los Reyes Magos ❷ *(beim Schach)* rey *m*
königlich [kø:nɪklɪç] **I.** *adj* ❶ *(auf König bezogen)* real ❷ *(hoheitsvoll)* majestuoso **II.** *adv (fam: außerordentlich)* mucho; **sich ~ amüsieren** pasarlo bomba
Königreich *nt* reino *m*; **das Vereinigte ~** el Reino Unido
königstreu *adj* monárquico
konisch ['ko:nɪʃ] *adj* cónico
Konjugation [kɔnjuga'tsjo:n] *f* <-en> (LING) conjugación *f*
konjugieren* [kɔnju'gi:rən] *vt* (LING) conjugar
Konjunktion [kɔnjʊŋk'tsjo:n] *f* <-en> (LING, ASTR) conjunción *f*
Konjunktionalsatz *m* (LING) oración *f* conjuntiva
Konjunktiv ['kɔnjʊŋkti:f] *m* <-s, -e> (LING) subjuntivo *m*
Konjunktur [kɔnjʊŋk'tu:ɐ] *f* <-en> (WIRTSCH) coyuntura *f*; **steigende/fallende ~** coyuntura alcista/bajista
Konjunktureinbruch *m* (WIRTSCH) retroceso *m* económico
konjunkturell [kɔnjʊŋktu'rɛl] *adj* (WIRTSCH) coyuntural
Konjunkturprognose *f* <-, -en> (WIRTSCH) pronóstico *m* coyuntural
Konjunkturstillstand *m ohne pl* (WIRTSCH) estancamiento *m* coyuntural
Konjunkturtief *nt* (WIRTSCH) estancamiento *m* económico
Konjunkturüberhitzung *f* (WIRTSCH) recalentamiento *m* económico
konkav [kɔn'ka:f] *adj* cóncavo
Konklave [kɔn'kla:və, kɔŋ'kla:və] *nt* <-s, -n> (REL) cónclave *m*
konkret [kɔŋ'kre:t, kɔn'kre:t] **I.** *adj* concreto **II.** *adv* en concreto
konkretisieren* [kɔŋkreti'zi:rən, kɔn-] *vt* concretar
Konkurrent(in) [kɔŋkʊ'rɛnt] *m(f)* <-en, -en; -nen> competidor(a) *m(f)*
Konkurrenz[1] [kɔŋkʊ'rɛnts, kɔn-] *f ohne pl (Konkurrieren, Konkurrent)* competencia *f*; **jdm ~ machen** hacer la competencia a alguien
Konkurrenz[2] *f* <-en> *(Wettkampf)* concurso *m*; **außer ~** fuera de concurso
Konkurrenzdruck *m* <-(e)s, -drücke> (WIRTSCH) presión *f* competitiva
konkurrenzfähig *adj* competitivo
Konkurrenzkampf *m* competición *f*, rivalidad *f*
konkurrenzlos **I.** *adj* sin competencia **II.** *adv* fuera de (toda) competencia; **~ billig** a precios sin competencia
konkurrieren* [kɔŋkʊ'ri:rən, kɔn-] *vi* competir (**um** por, **mit** con); **miteinander ~** hacerse la competencia
Konkurs [kɔŋ'kʊrs, kɔn-] *m* <-es, -e> quiebra *f*, falencia *f Am*; **das Unternehmen ist in ~ gegangen/steht vor dem ~** la empresa ha quebrado/está a punto de quebrar; **~ anmelden** declararse en quiebra
Konkursmasse *f* masa *f* activa, activo *m* de la quiebra
Konkursverfahren *nt* juicio *m* de quiebra
Konkursverwalter(in) *m(f)* síndico, -a *m, f* de la quiebra
können[1] ['kœnən] <kann, konnte, können> *Modalverb* ❶ *(vermögen, dürfen)* poder *+inf*; *(in der Lage sein)* estar en condiciones (de *+inf*); **kann ich etwas für Sie tun?** ¿puedo ayudarle en algo?; **~ Sie mir sagen, wie spät es ist?** ¿podría decirme la hora?; **wer kann das gewesen sein?** ¿quién puede haber sido?; **ich könnte mir vorstellen, dass ...** podría imaginarme que... *+subj*; **das hätte ich dir gleich sagen ~!** ¡ya lo sabía yo!; **er kann einem leidtun** *(fam)* es para darle pena a uno; **da kann man nichts mehr machen!** ¡qué se le va a hacer!; **man kann annehmen, dass ...** se puede suponer que...; **du kannst mich mal!** *(vulg)* ¡que te den por el culo! ❷ *(möglich sein)* poder, ser posible; **du könntest Recht haben** puede que tengas razón; **das kann noch dauern** esto puede tardar todavía; **kann sein** es posible; **das kann nicht sein** no puede ser; **das kann passieren** puede pasarle a cualquiera; **es kann sein, dass ...** puede que... *+subj*
können[2] ['kœnən] <kann, konnte, gekonnt> **I.** *vt (beherrschen)* saber; **was ~ Sie?** ¿qué sabe Ud. hacer?; **sie kann gut Spanisch** habla bien español; **er hat**

K

es (nicht) gekonnt (no) pudo hacerlo **II.** *vi* poder (hacer); **ich kann nicht mehr vor Lachen** *(fam)* me muero de risa; **ich kann nicht mehr** *(fam)* ya no puedo más; **morgen kann ich nicht** mañana no puedo; **nicht anders ~ als ...** no tener otro remedio que...; **uns** *dat* **kann keiner!** *(fam)* ¡no hay quien pueda con nosotros!; **wie konntest du nur!** ¡cómo has podido!; **er schrie, was er konnte** gritaba a más no poder; **so schnell sie konnte** lo más rápido que pudo

Können *nt* <-s, *ohne pl*> ❶ *(Wissen)* saber *m* ❷ *(Fähigkeit)* capacidad *f*

Könner(in) *m(f)* <-s, -; -nen> experto, -a *m, f;* **auf seinem Gebiet ist er ein ~** es un gran entendido en su campo

konnte ['kɔntə] *3. imp von* **können**

Konrektor(in) ['kɔnrɛkto:ɐ, *pl:* kɔnrɛk'to:rən] *m(f)* <-s, -en; -, -nen> (SCH) vicedirector(a) *m(f);* (UNIV) vicerrector(a) *m(f)*

Konsekutivsatz ['-----, ---'--] *m* (LING) oración *f* consecutiva, proposición *f* consecutiva

Konsens [kɔn'zɛns] *m* <-es, -e> consenso *m;* **einen ~ erzielen** ponerse de acuerdo

konsequent [kɔnze'kvɛnt] **I.** *adj* consecuente **II.** *adv* de forma consecuente; **~ durchgreifen** proceder enérgicamente; **etw ~ verfolgen** perseguir algo con perseverancia

Konsequenz[1] [kɔnze'kvɛnts] *f* <-en> ❶ *(Folgerichtigkeit)* lógica *f,* coherencia *f;* **das bedeutet in letzter ~, dass ...** lo cual significa en último término que... ❷ *(Folge)* consecuencia *f;* **die ~en tragen** asumir las consecuencias; **das wird ernste ~en haben** esto va a tener graves consecuencias

Konsequenz[2] *f ohne pl (Unbeirrbarkeit)* perseverancia *f*

konservativ ['kɔnzɛrvati:f, ---'-] *adj* conservador

Konservative(r) *mf* <-n, -n; -n, -n> (POL) conservador(a) *m(f)*

Konservator(in) [kɔnzɛr'va:to:ɐ, *pl:* kɔnzɛrva'to:rən] *m(f)* <-s, -en; -, -nen> conservador(a) *m(f)*

Konserve [kɔn'zɛrvə] *f* <-n> conserva *f*

Konservenbüchse *f,* **Konservendose** *f* lata *f* de conservas

konservieren* [kɔnzɛr'vi:rən] *vt* conservar

Konservierung *f* <-en> conservación *f*

Konservierungsmittel *nt* conservante *m*

Konsistenz [kɔnzɪs'tɛnts] *f ohne pl* consistencia *f*

Konsole [kɔn'zo:lə] *f* <-n> ❶ (ARCHIT) repisa *f* ❷ *(Möbel)* consola *f* ❸ (INFOR) consola *f*

Konsolidierung *f* <-, -en> (WIRTSCH, MED) consolidación *f*

Konsonant [kɔnzo'nant] *m* <-en, -en> (LING) consonante *f*

konsonantisch *adj* (LING) consonántico

Konsortium [kɔn'zɔrtsiʊm] *nt* <-s, Konsortien> (WIRTSCH) consorcio *m*

Konspiration [kɔnspira'tsjo:n] *f* <-, -en> conspiración *f*

konspirativ [kɔnspira'ti:f] *adj* de conspiración

konstant [kɔn'stant] **I.** *adj* constante **II.** *adv* ❶ *(dauernd)* constantemente ❷ *(beharrlich)* insistentemente

Konstante [kɔn'stantə] *f* <-n> (MATH, PHYS) constante *f*

Konstanz ['kɔnstants] *nt* <-> Constanza *f*

konstatieren* [kɔnsta'ti:rən] *vt* constatar, comprobar

Konstellation [kɔnstɛla'tsjo:n] *f* <-en> constelación *f*

konsternieren* [kɔnstɛr'ni:rən] *vt* consternar

konstituieren* [kɔnstitu'i:rən] *vt* constituir

Konstitution [kɔnstitu'tsjo:n] *f* <-en> constitución *f*

konstitutionell [kɔnstitutsjo'nɛl] *adj* (POL, MED) constitucional; **~e Monarchie** monarquía constitucional

konstruieren* [kɔnstru'i:rən] *vt* ❶ (*a.* MATH, LING) construir ❷ *(abw)* enrevesar

Konstrukteur(in) [kɔnstrʊk'tø:ɐ] *m(f)* <-s, -e; -nen> constructor(a) *m(f)*

Konstruktion [kɔnstrʊk'tsjo:n] *f* <-en> construcción *f*

Konstruktionsbüro *nt* <-s, -s> oficina *f* de construcción

Konstruktionsfehler *m* defecto *m* de construcción

konstruktiv [kɔnstrʊk'ti:f] *adj* constructivo

Konsul(in) ['kɔnzʊl] *m(f)* <-s, -n; -nen> cónsul *mf*

Konsulat [kɔnzu'la:t] *nt* <-(e)s, -e> consulado *m*

Konsulin *f* <-nen> *s.* **Konsul**

Konsultation [kɔnzʊlta'tsio:n] *f* <-, -en> consulta *f*

konsultieren* [kɔnzʊl'ti:rən] *vt* consultar

Konsum [kɔn'zu:m] *m* <-s, *ohne pl*> consumo *m*

Konsumbereitschaft *f* propensión *f* al consumo

Konsument(in) [kɔnzu'mɛnt] *m(f)* <-en, -en; -nen> consumidor(a) *m(f)*

Konsumgenossenschaft *f* (WIRTSCH) cooperativa *f* de consumo

Konsumgesellschaft *f* sociedad *f* de consumo

Konsumgüter *ntpl* bienes *mpl* de consumo

konsumieren* [kɔnzu'mi:rən] *vt* consumir

konsumorientiert *adj* consumista

Konsumverzicht *m* renuncia *f* a la práctica del consumismo

Kontakt [kɔn'takt] *m* <-(e)s, -e> (*a.* ELEK) contacto *m;* **körperlicher ~** contacto físico; **sexuelle ~e** relaciones sexuales; **mit jdm in ~ kommen/stehen** entrar/estar en contacto con alguien; **wir sollten in ~ bleiben** deberíamos mantenernos en contacto; **stehst du noch in ~ mit ihr?** ¿sigues teniendo contacto con ella?; **sie unterhalten geschäftliche ~e zu unserer Firma** tienen negocios con nuestra empresa

Kontaktadresse *f* <-, -n> dirección *f* a contactar

Kontaktanzeige *f* anuncio *m* de contacto

kontaktarm *adj* ① *(schwer Kontakt findend)* con dificultades para relacionarse; **er ist ausgesprochen ~** tiene enormes dificultades para relacionarse ② *(kaum Kontakt habend)* con pocas amistades; **sie ist sehr ~** tiene muy pocas amistades

Kontaktaufnahme *f* <-, -n> toma *f* de contacto

Kontaktbildschirm *m* (INFOR) pantalla *f* de contacto

kontaktfreudig *adj* sociable

Kontaktlinse *f* lente *f* de contacto, lentilla *f*

Kontaktperson *f* (MED) contacto *m*

Kontamination [kɔntamina'tsjo:n] *f* <-en> contaminación *f*

kontaminieren* [kɔntami'ni:rən] *vt* (*a.* LING) contaminar

Konten *pl von* **Konto**

Konter ['kɔntɐ] *m* <-s, -> (SPORT) contraataque *m*

Konterfei ['kɔntɐfaɪ] *nt* <-s, -s *o* -e> retrato *m*

kontern ['kɔntɐn] **I.** *vt* (SPORT) contraatacar **II.** *vi (zurückweisen)* replicar

Konterrevolution *f* contrarrevolución *f*

Kontext ['kɔntɛkst] *m* <-(e)s, -e> contexto *m*

Kontinent ['kɔntinɛnt, --'-] *m* <-(e)s, -e> continente *m*

kontinental [kɔntinɛn'ta:l] *adj* continental

Kontinentalklima *nt ohne pl* (GEO) clima *m* continental

Kontingent [kɔntɪŋ'gɛnt] *nt* <-(e)s, -e> contingente *m*

kontinuierlich [kɔntinu'i:ɐlɪç] *adj* continuo

Kontinuität [kɔntinui'tɛ:t] *f ohne pl* continuidad *f*

Konto ['kɔnto] *nt* <-s, Konten> cuenta *f;* **ein ~ eröffnen/auflösen** abrir/cerrar una cuenta; **das ~ überziehen** sobrepasar la cuenta; **das geht auf mein ~** *(fam)* esto va de mi cuenta

Kontoauszug *m* extracto *m* de cuenta

Kontobewegung *f* movimientos *mpl* de cuenta

Kontoführung *f* administración *f* de la cuenta

Kontoinhaber(in) *m(f)* titular *mf* de una cuenta

Kontonummer *f* número *m* de (la) cuenta

Kontor [kɔn'to:ɐ] *nt* <-s, -e> agencia *f,* sucursal *f;* **ein Schlag ins ~** una bofetada, un palo

Kontostand *m* estado *m* de (la) cuenta

Kontoüberziehung *f* (cuenta *f* bancaria al) descubierto *m*

kontra ['kɔntra] **I.** *präp +akk* (JUR: *a. fig)* contra **II.** *adv (dagegen)* en contra

Kontrabass ['kɔntra-] *m* contrabajo *m*

Kontrahent(in) [kɔntra'hɛnt] *m(f)* <-en, -en; -nen> ① *(Gegner)* adversario, -a *m, f* ② *(Vertragspartner)* parte *f* contratante

Kontrakt [kɔn'trakt] *m* <-(e)s, -e> contrato *m,* contrata *f;* **laut ~** según contrato

Kontraktion [kɔntrak'tsjo:n] *f* <-en> (GEO, MED, PHYS, LING) contracción *f*

kontraproduktiv ['-----] *adj* contraproducente

Kontrapunkt ['---] *m* (*a.* MUS) contrapunto *m*

konträr [kɔn'trɛ:ɐ] *adj* contrario, opuesto

Kontrast [kɔn'trast] *m* <-(e)s, -e> contraste *m;* **in** [*o* **im**] **~ zu etw** *dat* **stehen** estar en contraste con algo

Kontrastmittel *nt* (MED) producto *m* de contraste

kontrastreich *adj* rico en contrastes

Kontrollabschnitt *m* matriz *f* de talonario

Kontrolle [kɔn'trɔlə] *f* <-n> ① *(Beherrschung, Pass-, Polizeikontrolle)* control *m;* **über jdn/etw die ~ verlieren** perder el control sobre alguien/algo; **jdn/etw unter ~ haben** controlar a alguien/algo; **alles unter ~!** ¡todo bajo control!; **sein Auto geriet außer ~** perdió el control del coche ② *(Prüfung)* control *m; (Inspektion)* inspección *f; (Überwachung)* vigilancia *f*

Kontrolleur(in) [kɔntrɔ'lø:ɐ] *m(f)* <-s, -e; -nen> controlador(a) *m(f)*

Kontrollgang *m* ronda *f* de control

kontrollierbar [kɔntrɔ'li:ɐba:ɐ] *adj* controlable

kontrollieren* [kɔntrɔ'li:rən] *vt* ① *(allgemein)* controlar; *(überprüfen)* inspeccionar; *(Gepäck)* registrar ② *(überwachen)* vigilar ③ *(beherrschen)* dominar

Kontrollturm *m* (AERO) torre *f* de control

kontrovers [kɔntro'vɛrs] **I.** *adj* ① *(entgegengesetzt)* contrario ② *(bestreitbar)* cuestionable ③ *(umstritten)* controvertido **II.** *adv* de forma polémica

Kontroverse [kɔntro'vɛrzə] *f* <-n> controversia *f*

Kontur [kɔn'tu:ɐ] *f* <-en> contorno *m;* *(Profil)* perfil *m;* **etw verliert an/gewinnt ~** algo pierde perfil/se perfila

Konvention [kɔnvɛn'tsjo:n] *f* <-en> *(Abkommen, Norm)* convención *f*

Konventionalstrafe *f* (JUR) multa *f* convencional

konventionell [kɔnvɛntsjo'nɛl] *adj* convencional

konvergent [kɔnvɛr'gɛnt] *adj* (*a.* MATH) convergente

Konvergenz [kɔnvɛr'gɛnts] *f* <-, -en> (*a.* MATH) convergencia *f*

Konvergenzpolitik *f ohne pl* política *f* de convergencia

Konversation [kɔnvɛrza'tsjo:n] *f* <-en> conversación *f;* ~ **machen** conversar

Konversion [kɔnvɛr'zjo:n] *f* <-en> (REL, INFOR, WIRTSCH) conversión *f*

konvertibel [kɔnvɛr'ti:bəl], **konvertierbar** [kɔnvɛr'ti:ɐba:ɐ] *adj* (WIRTSCH) convertible

konvertieren* [kɔnvɛr'ti:rən] **I.** *vi haben o sein* (REL) convertirse (**zu** a) **II.** *vt* (WIRTSCH, INFOR) convertir

konvex [kɔn'vɛks] *adj* convexo

Konvexlinse *f* lente *f* convexa

Konvoi [kɔn'vɔɪ, '--] *m* <-s, -s> convoy *m;* **im ~ fahren** viajar en convoy

Konvolut [kɔnvo'lu:t] *nt* <-(e)s, -e> *(geh)* legajo *m*

Konvulsion [kɔnvʊl'zjo:n] *f* <-, -en> (MED) convulsión *f*

Konzentrat [kɔntsɛn'tra:t] *nt* <-(e)s, -e> concentrado *m*

Konzentration [kɔntsɛntra'tsjo:n] *f* <-en> (*a.* CHEM) concentración *f*

Konzentrationsfähigkeit *f ohne pl* capacidad *f* de concentración

Konzentrationslager *nt* campo *m* de concentración

Konzentrationsschwäche *f* (MED, PSYCH) deficiencias *fpl* en la (facultad de) concentración

konzentrieren* [kɔntsɛn'tri:rən] **I.** *vt* *(bündeln)* concentrar (**auf** en); *(ausrichten)* centrar (**auf** en) **II.** *vr:* **sich ~** concentrarse (**auf** en)

konzentriert [kɔntsɛn'tri:ɐt] *adj* concentrado

konzentrisch [kɔn'tsɛntrɪʃ] *adj* concéntrico

Konzept [kɔn'tsɛpt] *nt* <-(e)s, -e> ① *(Rohfassung)* borrador *m;* **aus dem ~ kommen** perder el hilo; **jdn aus dem ~ bringen** desconcertar a alguien ② *(Programm)* plan *m;* **das passt mir nicht ins ~** eso no cuadra con mis planes

Konzeption [kɔntsɛp'tsjo:n] *f* <-en> concepción *f*

Konzeptpapier *nt* borrador *m*

Konzern [kɔn'tsɛrn] *m* <-s, -e> (WIRTSCH) consorcio *m*

Konzert [kɔn'tsɛrt] *nt* <-(e)s, -e> concierto *m*

Konzertagentur *f* agencia *f* de conciertos

Konzertbesucher(in) *m(f)* <-s, -; -, -nen> persona *f* que asiste a un concierto

Konzertflügel *m* piano *m* de concierto

Konzerthalle *f* sala *f* de conciertos

konzertiert [kɔntsɛr'ti:ɐt] *adj* concertado; **~e Aktion** acción concertada

Konzertsaal *m* sala *f* de conciertos

Konzession [kɔntsɛ'sjo:n] *f* <-en> ① *(Zugeständnis)* concesión *f;* **er ist (nicht) zu ~en bereit** (no) está dispuesto a hacer concesiones ② *(Genehmigung)* licencia *f;* **jdm die ~ entziehen** retirar la licencia a alguien

Konzessivsatz [kɔntsɛ'si:f-] *m* (LING) oración *f* concesiva

Konzil [kɔn'tsi:l] *nt* <-s, -e *o* -ien> concilio *m*

konzipieren* [kɔntsi'pi:rən] *vt* planear, concebir

Kooperation [koʔopera'tsjo:n] *f* <-en> cooperación *f*

kooperativ [koʔopera'ti:f] *adj* cooperativo

kooperieren* [koʔope'ri:rən] *vi* cooperar

Koordinate [koʔɔrdi'na:tə] *f* <-n> (MATH) coordenada *f*

Koordinatenachse *f* (MATH) eje *m* de coordenadas

Koordinatensystem *nt* (MATH) sistema *m* de coordenadas

Koordination [koʔɔrdina'tsjo:n] *f* <-en> coordinación *f*

Koordinator(in) [koʔɔrdi'na:to:ɐ] *m(f)* <-s, -en; -nen> coordinador(a) *m(f)*

koordinieren* [koʔɔrdi'ni:rən] *vt* coordinar

Kopenhagen [ko:pən'ha:gən] *nt* <-s> Copenhague *m*

Kopf [kɔpf, *pl:* 'kœpfə] *m* <-(e)s, Köpfe> ① *(Körperteil, Nagel-, Nadelkopf)* cabeza *f;* **zehn Euro pro ~** diez euros por cabeza; **~ an ~** codo con codo; **aus dem ~** de memoria; **~ hoch!** ¡ánimo!; **auf dem ~** cabeza abajo; **etw auf den ~ stellen** poner algo patas arriba; **sie stellten das ganze Haus auf den ~** revolvieron la casa de arriba a abajo; **~ und Kragen riskieren** jugarse la vida; **sich** *dat* **etw aus dem ~ schlagen/in den ~ setzen** quitarse algo de/meterse algo en la cabeza; **das will mir nicht in den ~** no me entra en la cabeza; **das kann ich im ~ rechnen** puedo hacer la cuenta de cabeza; **mit rotem ~ dastehen** estar con la cara enrojecida; **von ~ bis Fuß** de pies a cabeza; **sie ist ein kluger ~** tiene una buena cabeza; **sie hat ihren eigenen ~** ella sabe lo que quiere; **er ist nicht auf den ~ gefallen** no tiene un pelo de tonto; **den ~ in den Sand stecken** esconder la cabeza como el avestruz; **mit dem ~ durch die Wand wollen** querer lo imposible; **es kann nicht immer nur nach deinem ~ gehen** no puede ser siempre lo que tú quieras; **wir redeten uns** *dat* **die Köpfe heiß** nos dijimos todo lo dicho y por decir; **einen kühlen ~ bewahren** mantener la calma; **nicht ganz richtig im ~ sein** *(fam)* no estar bien de la cabeza; **das geht mir durch den ~** esto me ronda por la cabeza; **wo hast du nur deinen ~ gelassen?** ¿dónde tienes la cabeza?; **mir brummt/raucht der ~** *(fam)* tengo la cabeza como un bombo/me echa humo la cabeza; **der Erfolg ist ihm zu ~(e) gestiegen** se le ha subido el éxito a la cabeza; **die Tatsachen auf den ~ stellen** *(fam)* tergiversar los hechos; **ich war wie vor den ~ gestoßen** me quedé parado; **jdm den ~ verdrehen** *(fam)* robarle el sentido a alguien; **das Ganze wächst ihm über den ~** es superior a sus fuerzas; **sich** *dat* **den ~ zerbrechen** *(fam)* romperse la cabeza; **sich** *dat* **an den ~ fassen** *(fam)* llevarse las manos a la cabeza; **jdn einen ~ kürzer machen** *(sl)* decapitar a alguien; **das kann dich den ~ kosten** *(a. fig)* te puede costar la vida; **er hat sein ganzes Geld auf den ~ gehauen** *(fam)* ha tirado todo su dinero por la ventana ❷ *(Briefkopf)* encabezamiento *m; (bei Münze)* cara *f;* **~ oder Zahl?** ¿cara o cruz?

Kopf-an-Kopf-Rennen *nt* carrera *f* codo con codo

Kopfarbeit *f ohne pl* trabajo *m* intelectual

Kopfbahnhof *m* (EISENB) estación *f* término

Kopfball *m* (SPORT) cabezazo *m;* **ein Tor durch ~ erzielen** meter un gol de cabeza

Kopfbedeckung *f* sombrero *m*

Köpfchen ['kœpfçən] *nt* <-s, -> *(fam)* pesquis *m inv;* **~ haben** ser listo

köpfen ['kœpfən] *vt* ❶ *(enthaupten)* decapitar ❷ (SPORT) cabecear; *(Tor)* rematar de cabeza

Kopfende *nt* cabecera *f*

Kopfgeld *nt* recompensa *f*

Kopfgeldjäger *m* cazador *m* de recompensas

Kopfhaut *f* cuero *m* cabelludo

Kopfhörer *m* <-s, -> auricular(es) *m(pl)*

Kopfkino *nt* pensamientos *mpl,* fantasías *fpl*

Kopfkissen *nt* almohada *f*

Kopfkissenbezug *m* funda *f* de la almohada

Kopflehne *f* reposacabezas *m*

kopflos *adj* ❶ *(Lebewesen)* sin cabeza ❷ *(verwirrt)* aturdido

Kopfmensch *m* (PSYCH: *fam)* persona *f* cerebral

Kopfnicken *nt* <-s, *ohne pl*> señal *f* afirmativa (con la cabeza)

Kopfrechnen *nt* cálculo *m* mental

Kopfsalat *m* lechuga *f*

kopfscheu *adj* **jdn ~ machen** desconcertar a alguien

Kopfschmerz *m* dolor *m* de cabeza

Kopfschmerztablette *f* pastilla *f* contra el dolor de cabeza

Kopfschütteln *nt* <-s, *ohne pl*> cabeceo *m*

kopfschüttelnd I. *adj* que mueve la cabeza (en señal de desaprobación) **II.** *adv* moviendo la cabeza (en señal de desaprobación)

Kopfschutz *m ohne pl* casco *m* protector

Kopfsprung *m* zambullida *f* de cabeza; **einen ~ machen** tirarse de cabeza

Kopfstand *m* <-(e)s, -stände> pino *m;* **einen ~ machen** hacer el pino

kopf|stehen *irr vi (fam)* estar fuera de quicio

Kopfsteinpflaster *nt* adoquinado *m*

Kopfstütze *f* reposacabezas *m inv*

Kopfteil *nt (eines Betts)* cabecero *m*

Kopftuch *nt* pañuelo *m* de cabeza

Kopftuchstreit *m polémica en torno al uso del velo islámico*

Kopftuchverbot *nt ohne pl* prohibición *f* de tocarse la cabeza con un pañuelo

kopfüber [-'--] *adv* de cabeza

Kopfverletzung *f* herida *f* en la cabeza

Kopfweh *nt* <-(e)s, -e> dolor *m* de cabeza

Kopfzeile *f* (INFOR) encabezamiento *m;* **mit ~** encabezado

Kopfzerbrechen *nt* <-s, *ohne pl*> quebradero *m* de cabeza; **sich** *dat* **~ über etw machen** romperse la cabeza por algo

Kopie [ko'pi:] *f* <-n> ❶ (*a.* INFOR) copia *f; (Fotokopie)* fotocopia *f* ❷ *(Nachahmung)* imitación *f*

kopieren* [ko'pi:rən] *vt* ❶ (*a.* INFOR) copiar; *(Fotokopien machen)* fotocopiar ❷ *(nachahmen)* imitar

K

Kopierer *m* <-s, -> *(fam)* fotocopiadora *f*
Kopiergerät [ko'piːɐ-] *nt* fotocopiadora *f*
Kopierpapier *nt* <-s, -e> papel *m* para fotocopias
Kopierschutz *m* <-es, *ohne pl*>, **Kopiersperre** *f* <-, -n> (INFOR) protección *f* contra copias
Kopilot(in) ['koːpiloːt] *m(f)* (AERO) copiloto *mf*
Kopp(e)lung *f* <-en> acoplamiento *m*
Koppel ['kɔpəl] *f* <-n> *(Weideland)* dehesa *f*
koppeln ['kɔpəln] *vt* ❶ *(Tiere: hintereinander)* reatar; *(nebeneinander)* uncir ❷ *(Fahrzeuge)* enganchar; *(Raumschiffe)* acoplar; *(Geräte)* acoplar (**an** a)
Koproduktion ['koː-] *f* coproducción *f*
Koproduzent(in) *m(f)* coproductor(a) *m(f)*
kopulieren* [kopu'liːrən] *vi* (BIOL) copular
Koralle [ko'ralə] *f* <-n> coral *m*
Korallenriff *nt* arrecife *m* coralino
Koran [ko'raːn] *m* <-s, *ohne pl*> Corán *m*
Koranschule *f* (REL) escuela *f* del Corán
Korb [kɔrp, *pl:* 'kœrbə] *m* <-(e)s, Körbe> ❶ *(Behälter)* cesta *f; (größer)* cesto *m; (mit Henkeln)* canasta *f* ❷ *(Korbgeflecht)* mimbre *m;* **ein Sessel aus ~** un sillón de mimbre ❸ (SPORT) canasta *f;* **einen ~ erzielen** meter una canasta ❹ *(Abfuhr)* negativa *f;* **jdm einen ~ geben** dar calabazas a alguien
Korbball *m ohne pl* (SPORT) baloncesto *m*
Korbbrett *nt* (SPORT) tablero *m* de canasta
Körbchen ['kœrpçən] *nt* <-s, -> ❶ *(Hundekörbchen)* cesta *f* del perro ❷ *(des Büstenhalters)* copa *f*
Korbflasche *f* damajuana *f*
Korbgeflecht *nt* <-(e)s, -e> mimbre *m*
Korbleger *m* <-s, -> (SPORT) bandeja *f*
Korbring *m* (SPORT) anillo *m* de la canasta
Korbstuhl *m* silla *f* de mimbre
Korbwaren *fpl* artículos *mpl* de cestería
Kord [kɔrt] *m* <-(e)s, -e *o* -s> pana *f*
Kordel ['kɔrdəl] *f* <-n> cordel *m*
Kordhose *f* <-, -n> pantalón *m* de pana
Kordon [kɔr'dõː] *m* <-s, -s *o Österr:* -e> (MIL) cordón *m*
Korea [ko'reːa] *nt* <-s> Corea *f*
Koreaner(in) [kore'aːnɐ] *m(f)* <-s, -; -nen> coreano, -a *m, f*
koreanisch *adj* coreano
Koriander [kori'andɐ] *m* <-s, -> (BOT, GASTR) cilantro *m*
Korinthe [ko'rɪntə] *f* <-n> (GASTR) pasa *f* de Corinto
Kork [kɔrk] *m* <-(e)s, -e> *(Material)* corcho *m*
Korkeiche *f* alcornoque *m*
Korken ['kɔrkən] *m* <-s, -> *(Verschluss)* corcho *m*
Korkenzieher *m* <-s, -> sacacorchos *m inv*
Kormoran [kɔrmo'raːn] *m* <-s, -e> (ZOOL) cormorán *m,* cuervo *m* marino
Korn[1] [kɔrn, *pl:* 'kœrnɐ] *nt* <-(e)s, Körner> *(Teilchen, Samenkorn)* grano *m*
Korn[2] *m* <-(e)s, -> *(fam: Branntwein)* aguardiente *m* de trigo
Korn[3] *nt* <-(e)s, -e> ❶ *(Getreide)* cereales *mpl* ❷ *(am Gewehr)* (punto *m* de) mira *f;* **jdn aufs ~ nehmen** tomarla con alguien
Korn[4] *nt* <-(e)s, *ohne pl*> (FOTO: *Feinstruktur)* grano *m*
Kornblume *f* (BOT) aciano *m*
Kornfeld *nt* campo *m* de cereales
körnig ['kœrnɪç] *adj* granuloso
Kornkammer *f* granero *m*
Kornspeicher *m* <-s, -> silo *m* (de grano)
koronar [koro'naːɐ] *adj* (MED) coronario; **~e Herzkrankheit** afección cardiocoronaria
Koronargefäß *nt* (MED) vaso *m* coronario
Körper ['kœrpɐ] *m* <-s, -> cuerpo *m;* **ein fester/flüssiger/gasförmiger ~** un cuerpo sólido/líquido/gaseoso; **er zitterte am ganzen ~** le temblaba todo el cuerpo
Körperbau *m* <-(e)s, *ohne pl*> constitución *f* física
Körperbeherrschung *f* <-, *ohne pl*> control *m* del cuerpo, dominio *m* del cuerpo
körperbehindert *adj* discapacitado
Körperbehinderte(r) *mf* discapacitado, -a *m, f*
körperbetont *adj* que resalta la figura
körpereigen *adj* (BIOL) que produce el propio cuerpo
Körpergeruch *m* olor *m* del cuerpo; *(Schweißgeruch)* olor *m* a sudor
Körpergewicht *nt ohne pl* peso *m* corporal
Körpergröße *f* talla *f,* estatura *f*
Körperkontakt *m* <-(e)s, -e> contacto *m* físico
körperlich *adj* corporal; *(a. geschlechtlich)* físico; **harte ~e Arbeit** duro trabajo físico
Körperlotion *f* <-, -en> loción *f* para el cuerpo
Körperpflege *f* aseo *m* personal
Körperschaft *f* <-en> (JUR) corporación *f,* cuerpo *m;* **~ des öffentlichen Rechts** corporación administrativa
Körpersprache *f ohne pl* lenguaje *m* gestual
Körperteil *m* parte *f* del cuerpo
Körpertemperatur *f* temperatura *f* corpo-

ral; **leicht erhöhte ~ haben** tener un poco de temperatura
Körperverletzung *f* lesión *f* física; **fahrlässige ~** lesiones físicas por imprudencia; **schwere ~** lesión grave
Korporation [kɔrpora'tsio:n] *f* <-, -en> *(geh)* ① (UNIV) corporación *f* estudiantil ② *s.* **Körperschaft**
Korps [ko:ɐ] *nt* <-, -> (MIL) cuerpo *m*
korpulent [kɔrpu'lɛnt] *adj* corpulento, obeso
Korpulenz [kɔrpu'lɛnts] *f ohne pl* corpulencia *f*
Korpus *m* <-, -se> ① *ohne pl (von Möbelstücken)* cuerpo *m* ② (KUNST) crucifijo *m* ③ *(Schweiz: Ladentisch)* mostrador *m*; *(Bürotisch)* escritorio *m*
korrekt [kɔ'rɛkt] *adj* correcto
korrekterweise [kɔ'rɛktɐ'vaɪzə] *adv* como corresponde, de forma correspondiente
Korrektheit *f ohne pl* corrección *f*; *(Genauigkeit)* exactitud *f*; *(im Benehmen)* conducta *f* correcta
Korrektor(in) [kɔ'rɛkto:ɐ] *m(f)* <-s, -en; -nen> (TYPO) corrector(a) *m(f)* (tipográfico , -a)
Korrektur [kɔrɛk'tu:ɐ] *f* <-en> corrección *f*
Korrekturflüssigkeit *f* líquido *m* corrector
Korrekturtaste *f* <-, -n> tecla *f* de correción
Korrespondent(in) [kɔrɛspɔn'dɛnt] *m(f)* <-en, -en; -nen> corresponsal *mf*
Korrespondenz [kɔrɛspɔn'dɛnts] *f* <-en> correspondencia *f*; **mit jdm in ~ stehen/treten** mantener/entablar correspondencia con alguien
korrespondieren* [kɔrɛspɔn'di:rən] *vi* ① *(brieflich)* mantener correspondencia (**mit** con) ② *(entsprechen)* corresponder (**mit** a)
Korridor ['kɔrido:ɐ] *m* <-s, -e> corredor *m*
korrigierbar *adj* corregible; **dieser Fehler ist ~** este error se puede corregir
korrigieren* [kɔri'gi:rən] *vt* corregir; *(verbessern)* enmendar
korrodieren* [kɔro'di:rən] *vi sein* corroer
Korrosion [kɔro'zjo:n] *f* <-, -en> corrosión *f*
korrosionsbeständig *adj* resistente a la corrosión
Korrosionsschutz *m ohne pl* anticorrosivo *m*
korrupt [kɔ'rʊpt] *adj* corrupto
Korruption [kɔrʊp'tsjo:n] *f* <-en> corrupción *f*
Korse, -in ['kɔrzə] *m, f* <-n, -n; -nen> corso, -a *m, f*
Korsett [kɔr'zɛt] *nt* <-s, -s *o* -e> corsé *m*; (MED) corsé *m* ortopédico
Korsika ['kɔrzika] *nt* <-s> Córcega *f*
Korsin ['kɔrzɪn] *f* <-nen> *s.* **Korse**
korsisch *adj* corso
Kortison [kɔrti'zo:n] *nt* <-s, *ohne pl*> (MED) cortisona *f*
Koryphäe [kory'fɛ:ə] *f* <-n> corifeo *m*
Kosak(in) [ko'zak] *m(f)* <-en, -en; -nen> cosaco, -a *m, f*
koscher ['ko:ʃɐ] *adj* ① (REL) permitido por la religión judía ② *(fam: einwandfrei)* limpio; **der Kerl ist nicht ganz ~** este tipo no es (del todo) de fiar
Koseform *f* diminutivo *m (forma familiar y afectuosa)*
Kosename *m* apodo *m* cariñoso
Kosewort *nt* palabra *f* cariñosa
Kosinus ['ko:zinʊs] *m* <-, -(se)> (MATH) coseno *m*
Kosmetik [kɔs'me:tɪk] *f ohne pl* cosmética *f*
Kosmetika *pl von* **Kosmetikum**
Kosmetikabteilung *f* sección *f* de cosmética
Kosmetiker(in) [kɔs'me:tikɐ] *m(f)* <-s, -; -nen> esteticista *mf*
Kosmetikkoffer *m* caja *f* de los cosméticos
Kosmetikum [kɔs'me:tikʊm, *pl:* kɔs'me:tika] *nt* <-s, Kosmetika> (producto *m*) cosmético *m*
kosmetisch *adj* cosmético
kosmisch ['kɔsmɪʃ] *adj* cósmico
Kosmologie [kɔsmolo'gi:] *f* <-, -n> cosmología *f*
Kosmonaut(in) [kɔsmo'naʊt] *m(f)* <-en, -en; -nen> cosmonauta *mf*
Kosmopolit(in) [kɔsmopo'li:t] *m(f)* <-en, -en; -nen> cosmopolita *mf*
kosmopolitisch *adj (geh)* cosmopolita
Kosmos ['kɔsmɔs] *m* <-, *ohne pl*> cosmos *m inv*, universo *m*
Kosovo ['kɔsovo] *m* <-(s)> Kosovo *m*
Kost [kɔst] *f ohne pl* ① *(Nahrung)* alimentos *mpl*; **~ und Logis** comida y alojamiento; **das ist schwere ~** *(fig)* es difícil de comprender ② *(Ernährung)* alimentación *f*
kostbar *adj* valioso
Kostbarkeit[1] *f ohne pl (Wert)* valor *m*
Kostbarkeit[2] *f* <-en> *(Gegenstand)* objeto *m* de gran valor
kosten ['kɔstən] *vt* ① *(probieren)* probar ② *(Preis haben)* costar, valer; **wie viel/was kostet das?** ¿cuánto/qué vale?; **koste es, was es wolle** cueste lo que cueste; **das kostet ihn den Kopf** *(fam)* eso le va a costar la cabeza; **das lasse ich mir etwas ~** *(fam)* para esto no reparo en gastos ③ *(erfordern)* requerir, costar; **das**

kostet Zeit eso requiere tiempo; **das kostet mich einige Überwindung** el hacerlo me cuesta cierto esfuerzo

Kosten ['kɔstən] *pl* gastos *mpl;* (COM) coste(s) *m(pl);* **keine ~ scheuen** no reparar en gastos; **~ verursachen** causar gastos; **die ~ für etw tragen** pagar los gastos de algo; **die ~ decken** cubrir los gastos; **auf ~ des Waldes/seiner Gesundheit** a costa del bosque/de su salud; **das geht auf meine ~** esto corre de mi cuenta; **auf seine ~ kommen** estar contento

Kostenaufwand *m ohne pl* gasto(s) *m(pl)*

kostendeckend I. *adj* (WIRTSCH) que cubre los gastos **II.** *adv* de saldo neutro; **~ wirtschaften** administrar para cubrir gastos

Kostenersparnis *f* reducción *f* de gastos

Kostenerstattung *f* reembolso *m,* restitución *f* de gastos

Kostenexplosion *f* (WIRTSCH) explosión *f* de los costos

Kostenfaktor *m* <-s, -en> (WIRTSCH) factor *m* financiero

Kostenfrage *f* <-, -n> cuestión *f* de coste [*o* financiera]

kostenfrei *adj* (JUR) exento [*o* libre] de gastos

kostengünstig *adj* (WIRTSCH) rentable

kostenintensiv *adj* (WIRTSCH) de costos extremadamente altos

kostenlos I. *adj* gratuito, gratis **II.** *adv* gratis

Kosten-Nutzen-Analyse ['--'------] *f* (WIRTSCH) análisis *m inv* de la relación coste-beneficio

kostenpflichtig I. *adj* (JUR) condenado en costas **II.** *adv* (JUR) pagando, acarreando con los gastos; **jdn ~ abschleppen** remolcar a alguien y cargarle con los gastos de remolque

Kostenpunkt *m* <-(e)s, -e> *(fam)* coste *m,* precio *m*

Kostensenkung *f* abaratamiento *f* de costes; **Maßnahmen zur ~** medidas para abaratar costes

Kostensteigerung *f* (WIRTSCH) aumento *m* de los costes

Kostenvoranschlag [--'---, '-----] *m* (WIRTSCH) presupuesto *m* de (los) gastos; **einen ~ machen** hacer un presupuesto (de los gastos)

köstlich ['kœstlɪç] *adj* ① *(Speise)* delicioso ② *(amüsant)* divertido; **ich habe mich ~ amüsiert** me lo he pasado bomba

Köstlichkeit[1] *f* <-, -en> *(Delikatesse)* manjar *m*

Köstlichkeit[2] *f* <-, *ohne pl*> *(geh: das Köstlichsein)* exquisitez *f*

Kostprobe *f* ① *(von Speise)* bocadito *m;* *(von Getränk)* sorbo *m* ② *(Beispiel)* muestra *f;* **eine ~ seiner Kunst geben** dar una muestra de su arte

kostspielig *adj* costoso

Kostüm [kɔs'ty:m] *nt* <-s, -e> ① *(Damenkostüm)* traje *m* chaqueta ② (THEAT) traje *m* ③ *(Verkleidung)* disfraz *m*

Kostümball *m* baile *m* de disfraces

Kostümbildner(in) *m(f)* <-s, -; -, -nen> (FILM, THEAT) encargado, -a *m, f* de vestuario

kostümieren* [kɔsty'mi:rən] *vr:* **sich ~** disfrazarse (**als** de)

Kostümprobe *f* (THEAT) ensayo *m* con vestuario

Kostümverleih *m* alquiler *m* de disfraces

Kot [ko:t] *m* <-(e)s, -e *o* -s> *(geh)* excrementos *mpl*

Kotelett ['kɔtlɛt, kɔt'lɛt] *nt* <-s, -s> chuleta *f*

Koteletten [kɔt'lɛtən] *pl* patillas *fpl*

Köter ['kø:tɐ] *m* <-s, -> *(abw)* chucho *m*

Kotflügel *m* (AUTO) guardabarros *m inv*

Kotze ['kɔtsə] *f ohne pl (vulg)* pota *f*

kotzen *vi (vulg)* echar la pota; **das ist zum K~** es un coñazo

kotzübel ['-'--] *adj (vulg)* **mir ist/wird ~** tengo/me están dando ganas de echar la pota

KP [ka:'pe:] *f* <-s> *Abk. von* **Kommunistische Partei** PC *m*

Krabbe ['krabə] *f* <-n> (ZOOL) cangrejo *m* de mar

krabbeln ['krabəln] *vi sein* ① *(Kind)* andar a gatas ② *(Käfer)* correr

Krach[1] [krax, *pl:* 'krɛçə] *m* <-(e)s, Kräche> ① *(Knall)* estallido *m* ② *(fam: Auseinandersetzung)* bronca *f;* **mit jdm ~ haben** tener una bronca con alguien; **~ schlagen** armar escándalo ③ *(fam: Börsenkrach)* crac *m*

Krach[2] *m* <-(e)s, *ohne pl*> *(Lärm)* ruido *m,* batifondo *m CSur*

krachen *vi* ① *(platzen)* estallar; *(Holz)* crujir; *(Schuss)* estallar; *(Donner)* retumbar; *(Tür)* cerrarse de golpe; **auf dieser Autobahn kracht es dauernd** *(fam)* en esta autopista siempre hay accidentes; **hör sofort auf damit, sonst kracht's** *(fam)* deja de hacer eso o te vas a enterar ② *sein (fam: kaputtgehen)* romperse ③ *sein (fam: aufprallen)* chocar (**gegen/auf** contra)

Kracher *m* <-s, -> *(fam)* petardo *m*

krächzen ['krɛçtsən] *vi* ① *(Vogel)* graznar ② *(Mensch)* hablar con voz ronca

Kräcker ['krɛkɐ] *m* <-s, -> galleta *f* salada

kraft [kraft] *präp +gen (geh)* en virtud de

Kraft [kraft, *pl:* 'krɛftə] *f* <Kräfte> ① (*a.* PHYS) fuerza *f;* **seine/neue Kräfte sammeln** reunir sus/nuevas fuerzas; **unter**

Aufbietung aller Kräfte reuniendo todas las fuerzas; **mit aller ~** con todas sus fuerzas; **mit letzter ~** con las últimas fuerzas; (**nicht**) **bei Kräften sein** (no) tener fuerzas; **wieder zu Kräften kommen** recobrar fuerza(s); **aus eigener ~** por propio esfuerzo; **sie tat, was in ihren Kräften stand** hizo cuanto estaba en su mano; **mit vereinten Kräften** en un esfuerzo común; **mit frischer ~ ans Werk gehen** ponerse a trabajar con nuevas fuerzas; **das geht über meine Kräfte** eso es demasiado para mí; **die treibende ~** la fuerza motriz ② *(Wirksamkeit)* eficacia *f* ③ *(Arbeitskraft)* mano *f* de obra ④ (JUR) **in ~ sein/treten** estar en/entrar en vigor; **außer ~ setzen** anular; *(zeitweilig)* suspender; **außer ~ sein** estar sin vigencia

Kraftakt *m* esfuerzo *m* físico

Kraftanstrengung *f* <-, -en>, **Kraftaufwand** *m* <-(e)s, *ohne pl*> esfuerzo *m*

Kraftausdruck *m* palabrota *f*

Kraftbrühe *f* (GASTR) caldo *m* de carne sustancioso

Kräfteverhältnis *nt* <-ses, -se> relación *f* de fuerzas

Kraftfahrer(in) *m(f)* conductor(a) *m(f)*

Kraftfahrzeug *nt (formal)* automóvil *m*

Kraftfahrzeugbrief *m* carta *f* de vehículo

Kraftfahrzeugmechaniker(in) *m(f)* mecánico, -a *m, f* de automóviles

Kraftfahrzeugschein *m* permiso *m* de circulación

Kraftfahrzeugsteuer *f* impuesto *m* sobre automóviles

Kraftfahrzeugversicherung *f* seguro *m* de automóviles

Kraftfeld *nt* (PHYS) campo *m* de fuerza

Kraftfutter *nt* <-s, *ohne pl*> (AGR) forraje *m* (concentrado)

kräftig ['krɛftɪç] **I.** *adj* ① *(stark)* fuerte; *(stabil)* robusto ② *(Farbe)* fuerte; *(Geruch, Geschmack)* fuerte ③ *(Essen)* sustancioso **II.** *adv (sehr)* mucho; **es schneite ~** nevó mucho; **~ schütteln** agitar bien; **jdm ~ die Meinung sagen** cantarle las cuarenta a alguien

kräftigen ['krɛftɪgən] *vt* fortalecer, vitalizar *Am*

Kräftigung *f* <-, -en> fortalecimiento *m*; **zur ~ der Muskulatur** para fortalecer la musculatura

Kräftigungsmittel *nt* fortificante *m*

kraftlos *adj* sin fuerza, débil

Kraftlosigkeit *f ohne pl* debilidad *f*

Kraftprobe *f* prueba *f* de fuerza

Kraftprotz *m* <-es, -e> *(fam)* cachas *m inv*

Kraftstoff *m* carburante *m*

Kraftstoffgemisch *nt* mezcla *f* de carburantes

Kraftstofftank *m* depósito *m* de combustible

kraftstrotzend *adj* lleno de vigor, rebosante de salud

Krafttraining *nt* (SPORT) entrenamiento *m* de fuerza

Kraftübertragung *f* tra(n)smisión *f* de fuerza

kraftvoll I. *adj* fuerte **II.** *adv* con fuerza

Kraftwagen *m (formal)* automóvil *m*

Kraftwerk *nt* central *f* energética

Kragen ['kra:gən] *m* <-s, -> cuello *m*; **jdn beim** [*o* **am**] **~ packen** *(fam)* coger a alguien por el cuello; **mir platzt gleich der ~** *(fam)* estoy a punto de reventar; **es geht ihm an den ~** *(fam)* le van a echar una bronca

Kragenweite *f* medida *f* del cuello; **das ist nicht meine ~** *(fam)* eso no me va

Krähe ['krɛ:ə] *f* <-n> corneja *f*

krähen *vi* ① *(Hahn)* cantar ② *(Kind)* berrear

Krähenfüße *mpl* *(fam)* ① *(Augenfalten)* patas *fpl* de gallo ② *(unleserliche Schrift)* garabatos *mpl*

Krake ['kra:kə] *m* <-n, -n> (ZOOL) pulpo *m*

krakeelen* [kra'ke:lən] *vi* *(fam)* ① *(lärmen)* vociferar ② *(streiten)* armar bronca

krakelig ['kra:kəlɪç] *adj* garabatoso

Kralle ['kralə] *f* <-n> garra *f*; **jdm die ~n zeigen** *(fam)* mostrar las uñas a alguien; **jdn in seine ~n kriegen** *(fam)* echarle la garra a alguien

krallen I. *vt* ① *(Finger)* clavar (**in** en) ② *(fam: sich aneignen)* agarrar, pillar; **er krallte sich** *dat* **den Auftrag** agarró el pedido **II.** *vr:* **sich ~** ① *(Katze)* echar la garra (**an** a) ② *(Mensch)* agarrarse (**an** a/de)

Kram [kra:m] *m* <-(e)s, *ohne pl*> *(fam)* ① *(Gerümpel)* trastos *mpl*, trastes *mpl* *Am*, chécheres *mpl* *Col, CRi* ② *(Angelegenheit)* chisme *m*; **kümmere dich um deinen eigenen ~** *(fam)* ocúpate de tus asuntos; **jdm passt etw nicht in den ~** *(fam)* algo no le viene bien a alguien; **den ganzen ~ hinschmeißen** *(fam)* tirar todo por la borda

kramen I. *vi (fam: stöbern)* revolver (**in** por entre) **II.** *vt (fam: hervorholen)* sacar (**aus** de)

Krämer(in) ['krɛ:mɐ] *m(f)* <-s, -; -, -nen> ① *(reg: Ladenbesitzer)* tendero, -a *m, f* ② *(abw: Kleingeist)* tacaño, -a *m, f*

Krampf [krampf, *pl:* 'krɛmpfə] *m* <-(e)s, Krämpfe> ① (MED) calambre *m*; **einen ~ bekommen** dar (un) calambre, acalam-

K

brarse *Am* ② *(fam abw: Unsinn)* tonterías *f pl* ③ *(Schweiz: Straftat)* delito *m*
Krampfader *f* variz *f*
Krampfanfall *m* <-(e)s, -fälle> (MED) ataque *m* espasmódico [*o* epiléptico]
krampfen **I.** *vt* empuñar convulsivamente (**um**) **II.** *vi (Schweiz)* esforzarse en vano **III.** *vr:* **sich** ~ ① *(sich im Krampf zusammenziehen)* sufrir convulsiones ② *(umschließen)* empuñar (**um**) ③ *(reg: sich etwas krallen)* agarrar
krampfhaft *adj* ① (MED) convulsivo ② *(verbissen)* obstinado; *(Anstrengung)* desesperado; ~ **an etw** *dat* **festhalten** agarrarse a algo obstinadamente
krampflindernd *adj* (MED) antiespasmódico
krampflösend *adj* (MED) antiespasmódico
Kran [kra:n, *pl:* 'krɛ:nə] *m* <-(e)s, -e *o* Kräne> grúa *f*
Kranführer(in) *m(f)* conductor(a) *m(f)* de grúa
Kranich ['kra:nɪç] *m* <-s, -e> grulla *f*

K

krank [kraŋk] *adj* <kränker, am kränksten> enfermo (**an** de); **schwer ~ sein** estar gravemente enfermo; ~ **werden** caer enfermo; **das macht mich** ~ esto me pone enfermo; **du bist wohl ~?** *(fam iron)* ¿te has vuelto loco?
Kranke(r) *mf* <-n, -n; -n> enfermo, -a *m, f*
kränkeln ['krɛŋkəln] *vi* ① *(Person)* estar achacoso ② *(Wirtschaft, Firma)* ir cuesta abajo
kranken ['kraŋkən] *vi* adolecer (**an** de); **das krankt daran, dass ...** esto adolece de que...
kränken ['krɛŋkən] *vt* ofender
Krankenbericht *m* <-(e)s, -e> boletín *m* médico, parte *m* facultativo
Krankenbesuch *m* visita *f* a un enfermo
Krankenbett *nt* cama *f* del enfermo; **am** ~ al lado de la cama del enfermo
Krankengeld *nt* subsidio *m* de enfermedad
Krankengymnast(in) *m(f)* <-en, -en; -, -nen> fisioterapeuta *mf*
Krankengymnastik *f* fisioterapia *f*
Krankenhaus *nt* hospital *m*, nosocomio *m Am;* **er kam gestern ins** ~ ayer lo ingresaron en el hospital; **jdn ins ~ einweisen** hospitalizar a alguien
Krankenhausaufenthalt *m* estancia *f* en un hospital; **nach einem längeren ~ wurde er als geheilt entlassen** tras una larga permanencia en el hospital le dieron el alta (al estar ya sano)
Krankenhausbett *nt* cama *f* de hospital
Krankenkasse *f* caja *f* del seguro
Krankenpflege *f* asistencia *f* médica
Krankenpfleger(in) *m(f)* enfermero, -a *m, f*, cuidador(a) *m(f) Arg,* barchilón, -ona *m, f Perú*
Krankenschein *m* volante *m* de asistencia médica
Krankenschwester *f* enfermera *f*, nurse *f Am*
Krankentransport *m* tra(n)sporte *m* de enfermos
Krankenversichertenkarte *f* cartilla *f* sanitaria
Krankenversicherung *f* seguro *m* de enfermedad; **gesetzliche/private** ~ seguro de enfermedad obligatorio/privado
Krankenwagen *m* ambulancia *f*
Krankenzimmer *nt* habitación *f* del enfermo
kränker ['krɛŋkɐ] *adj kompar von* **krank**
krank|feiern *vi (fam) faltar al trabajo fingiendo estar enfermo*
krankhaft **I.** *adj* enfermizo; *(pathologisch)* patológico **II.** *adv* desmesuradamente; ~ **ehrgeizig/eifersüchtig** desmesuradamente ambicioso/celoso
Krankheit *f* <-en> enfermedad *f*, maleza *f Nic;* **wegen ~ geschlossen** cerrado por enfermedad; **eine ~ bekommen** contraer una enfermedad
krankheitsbedingt *adj* **~e Abwesenheit** ausencia por enfermedad
Krankheitsbild *nt* <-(e)s, -er> cuadro *m* clínico
Krankheitserreger *m* germen *m* patógeno
Krankheitsverlauf *m* curso *m* de la enfermedad
krank|lachen *vr:* **sich** ~ *(fam)* morirse de risa
kränklich ['krɛŋklɪç] *adj* enfermizo, aciguatado *Méx, Par, Ven*
krank|machen *vi (fam) s.* **krankfeiern**
krank|melden *vr:* **sich** ~ darse de baja por enfermedad
Krankmeldung *f* baja *f* por enfermedad
krank|schreiben *irr vt* dar de baja por enfermedad
Krankschreibung *f* <-, -en> parte *m* de baja
kränkste(r, s) ['krɛŋkstə, -tɐ, -təs] *adj superl von* **krank**
Kränkung ['krɛŋkʊŋ] *f* <-en> ofensa *f*; *(Demütigung)* humillación *f*
Kranz [krants, *pl:* 'krɛntsə] *m* <-es, Kränze> corona *f*
Kränzchen ['krɛntsçən] *nt* <-s, -> tertulia *f* de señoras
Kranzniederlegung *f* depósito *m* (solemne) de una corona
Krapfen ['krapfən] *m* <-s, -> (GASTR) ① *(salzig)* boladillo *m* ② *(süß)* buñuelo *m* (relleno de mermelada)

krass [kras] *adj* 1 *(extrem)* extremo; **das ~e Gegenteil von etw** *dat* **sein** ser el extremo opuesto de algo 2 *(auffallend)* llamativo; *(Unterschied)* grande

Krater ['kraːtɐ] *m* <-s, -> cráter *m*

Kratzbürste *f (fam)* erizo *m*

kratzbürstig *adj (fam)* rebelde; **warum bist du immer so ~?** ¿por qué tienes que llevar siempre la contraria?

Krätze ['krɛtsə] *f ohne pl* (MED) sarna *f*

kratzen ['kratsən] **I.** *vt* 1 *(Person)* rascar; *(Katze)* arañar 2 *(leicht verletzen)* rasguñar 3 *(einritzen)* grabar (**in** en) 4 *(abkratzen)* raspar (**von** de) 5 *(fam: stören)* importar; **das kratzt mich nicht** no me importa nada **II.** *vi* 1 *(brennen)* irritar (**in**); *(jucken)* picar (**in** en) 2 *(Pullover)* picar 3 *(Feder)* raspar 4 *(beeinträchtigen)* perjudicar (**an** en) **III.** *vr:* **sich ~** 1 *(bei Juckreiz)* rascarse 2 *(sich verletzen)* rasguñarse

Kratzer *m* <-s, -> 1 *(Schramme)* arañazo *m* 2 *(Schaber)* rascador *m*

Kratzwunde *f* arañazo *m*

kraulen ['kraʊlən] **I.** *vi, vt haben o sein* (SPORT) nadar (a) crol **II.** *vt (streicheln)* acariciar

kraus [kraʊs] *adj* 1 *(Haar)* rizado; *(Stoff)* arrugado 2 *(abw: verwirrt)* confuso

kräuseln ['krɔɪzəln] **I.** *vt (Haar)* rizar; *(Stoff, Stirn, Lippen)* fruncir **II.** *vr:* **sich ~** *(Wasser)* encresparse; *(Haare)* rizarse

Krauskopf *m* 1 *(mit krausem Haar)* persona *f* de pelo rizado 2 *(abw: Wirrkopf)* persona *f* confusa 3 (TECH) avellanador *m*

kraus|ziehen *irr vt* **die Nase/Stirn ~** arrugar la nariz/fruncir el ceño

Kraut[1] [kraʊt, *pl:* 'krɔɪtɐ] *nt* <-(e)s, Kräuter> 1 *(Pflanze)* hierba *f;* **dagegen ist kein ~ gewachsen** *(fam)* eso no tiene remedio 2 *(fam: Tabak)* tabaco *m*

Kraut[2] *nt* <-(e)s, *ohne pl*> 1 *(von Rüben)* hojas *f pl* 2 *(Kohl)* col *f; (Weißkraut)* repollo *m;* **wie ~ und Rüben** *(fam)* de manera caótica

Kräuterbutter *f ohne pl* (GASTR) mantequilla *f* de hierbas

Kräuterheilkunde *f* terapéutica *f* de hierbas

Kräuterlikör *m* licor *m* de hierbas aromáticas

Kräutertee *m* tisana *f*

Krautkopf *m (südd, Österr)* repollo *m*

Krautsalat *m* ensalada *f* de repollo

Krawall[1] [kra'val] *m* <-s, -e> *(Tumult)* tumulto *m,* disturbio *m*

Krawall[2] *m* <-s, *ohne pl*> *(fam: Lärm)* alboroto *m,* escándalo *m*

Krawatte [kra'vatə] *f* <-n> corbata *f;* **die ~ binden** anudar la corbata

Krawattenknoten *m* <-s, -> nudo *m* de la corbata; **einen ~ binden** anudarse [*o* hacerse el nudo de] la corbata

Krawattennadel *f* alfiler *m* de corbata

kraxeln ['kraksəln] *vi sein (fam)* trepar

Kreation [krea'tsjoːn] *f* <-en> creación *f*

kreativ [krea'tiːf] *adj* creativo

Kreativdirektor(in) *m(f)* director(a) *m(f)* creativo , -a

Kreativität [kreativi'tɛːt] *f ohne pl* creatividad *f*

Kreatur [krea'tuːɐ] *f* <-en> criatura *f*

Krebs [kreːps] *m* <-es, -e> 1 (ZOOL) cangrejo *m* 2 (MED) cáncer *m;* **~ erregend** cancerígeno 3 (ASTR: *Zeichen*) Cáncer *m* 4 (ASTR: *Person*) cáncer *mf inv*

krebserregend *adj* cancerígeno; **~ wirken** tener efecto cancerígeno

Krebserreger *m* (MED) agente *m* patógeno del cáncer

Krebsforschung *f ohne pl* (MED) cancerología *f*

Krebsfrüherkennung *f* (MED) diagnóstico *m* precoz del cáncer

Krebsgeschwulst *f* <-, -schwülste> (MED) carcinoma *m*

Krebsgeschwür *nt* (MED) carcinoma *m*

krebskrank *adj* que tiene cáncer

Krebskranke(r) *mf* canceroso, -a *m, f,* enfermo, -a *m, f* de cáncer

krebsrot ['-'-] *adj* rojo como un cangrejo

Krebstier *nt* crustáceo *m*

Krebsvorsorge *f* prevención *f* del cáncer

Krebsvorsorgeuntersuchung *f* chequeo *m* oncológico

Krebszelle *f* (MED) célula *f* cancerosa

kredenzen* [kre'dɛntsən] *vt* ofrecer

Kredit [kre'diːt] *m* <-(e)s, -e> crédito *m;* **auf ~** a crédito; **ein ~ über 5.000 Euro** un crédito de 5.000 euros; **einen ~ aufnehmen** pedir un préstamo; **er hat bei uns/bei der Bank ~** tiene crédito con nosotros/en el banco

Kreditbank *f* banco *m* de crédito

Kreditgeber(in) *m(f)* (FIN) prestamista *mf*

Kredithai *m (fam abw)* usurero *m*

kreditieren* [kredi'tiːrən] *vt* (WIRTSCH) acreditar en cuenta

Kreditinstitut *nt* (FIN) instituto *m* de crédito

Kreditkarte *f* (FIN) tarjeta *f* de crédito

Kreditlinie *f* (WIRTSCH) línea *f* de crédito

Kreditnehmer(in) *m(f)* <-s, -; -, -nen> (FIN) prestatario, -a *m, f*

Kreditrahmen *m* <-s, -> (FIN) crédito *m*

kreditwürdig *adj* (FIN) solvente

Kreide[1] ['kraɪdə] *f ohne pl (Kalkstein)* creta *f*

Kreide[2] *f* <-n> *(zum Schreiben)* tiza *f;* **bei jdm (tief) in der ~ stehen** *(fam)* deber (mucho) dinero a alguien

kreidebleich ['--'-] *adj* blanco como la pared

kreideweiß *adj s.* **kreidebleich**

Kreidezeichnung *f* dibujo *m* de tiza

Kreidezeit *f ohne pl* (GEO) (período *m*) cretácico *m*

kreieren* [kre'i:rən] *vt* crear

Kreis [kraɪs] *m* <-es, -e> ① (*a.* MATH) círculo *m; (Kreisumfang)* circunferencia *f; (Rand)* cerco *m;* **sich im ~ drehen** dar vueltas; **im ~ stehen** hacer corro; **mir dreht sich alles im ~e** todo me da vueltas; **der Skandal zieht ~e** el escándalo se propaga ② *(Bereich)* sector *m;* **weite ~e der Bevölkerung** amplios sectores de la población; **eine Frau aus den besten ~en** una mujer de la alta sociedad; **wie aus informierten ~en verlautete** como señalaron fuentes informadas ③ *(Personenkreis)* círculo *m;* **der ~ seiner Leser** el círculo de sus lectores; **im ~e von Freunden/seiner Familie** entre amigos/en el seno de la familia; **eine Feier im kleinen/engen ~e** una fiesta en familia/en la más estricta intimidad ④ (ADMIN) distrito *m;* **im ~ Fulda** en el distrito de Fulda

Kreisausschnitt *m* (MATH) sector *m* circular

Kreisbahn *f* (ASTR, MATH) órbita *f*

Kreisbogen *m* <-s, -bögen> (MATH) arco *m* circular

kreischen ['kraɪʃən] *vi* ① *(schreien)* chillar ② *(quietschen)* chirriar

Kreisdiagramm *nt* diagrama *m* circular

Kreisel ['kraɪzəl] *m* <-s, -> ① *(Spielzeug)* peonza *f,* trombo *m Am* ② (TECH) giroscopio *m* ③ *(Kreisverkehr)* rotonda *f*

kreisen ['kraɪzən] *vi haben o sein* ① *(sich drehen)* girar (**um** alrededor de); **das Gespräch kreiste um ...** la conversación se concentraba en...; **etw ~ lassen** hacer circular algo ② *(Vögel, a.* AERO) dar vueltas (**über** sobre) ③ *(Blut, Geld)* circular (**in** por)

kreisförmig [-fœrmɪç] *adj* circular

Kreisinsel *f* (AUTO) rotonda *f*

Kreislauf *m* ① *(Zyklus)* ciclo *m* ② *(Blutkreislauf)* circulación *f*

Kreislaufkollaps *m* (MED) colapso *m* (circulatorio); **einen ~ bekommen** sufrir un colapso

Kreislaufmittel *nt* medicamento *m* para la circulación

Kreislaufstörung *f* (MED) trastorno *m* de la circulación

Kreissäge *f* sierra *f* circular

Kreißsaal ['kraɪs-] *m* sala *f* de partos

Kreisstadt *f* capital *f* de distrito [*o* de comarca]

Kreisumfang *m* perímetro *m* de la circunferencia

Kreisverkehr *m* rotonda *f*

Krematorium [krema'to:riʊm] *nt* <-s, Krematorien> crematorio *m*

kremig ['kre:mɪç] *adj* cremoso

Kreml ['kre:m(ə)l] *m* <-s> **der ~** el Kremlin

Krempe ['krɛmpə] *f* <-n> ala *f* del sombrero

Krempel ['krɛmpəl] *m* <-s, *ohne pl*> *(fam abw)* cachivaches *mpl;* **ich werfe den ganzen ~ hin** no pienso seguir con esto

Kreole, -in [kre'o:lə] *m, f* <-n, -n; -, -nen> criollo, -a *m, f*

krepieren* [kre'pi:rən] *vi sein* ① *(fam: sterben)* reventar (**an** de), palmarla; **hoffentlich krepiert er!** ¡ojalá reviente! ② *(Geschoss)* estallar

Krepp[1] [krɛp] *f* <-s> (GASTR) crepe *f,* panqueque *m Am*

Krepp[2] *m* <-s, -s *o* -e> crespón *m*

Krepppapier *nt* <-s, -e> crespón *m,* papel *m* crepé

Kresse ['krɛsə] *f* <-n> (BOT) berro *m*

Kreta ['kre:ta] *nt* <-s> Creta *f*

Kreter(in) ['kre:tɐ] *m(f)* <-s, -; -nen> cretense *mf*

kretisch ['kre:tɪʃ] *adj* cretense

kreuz [krɔɪts] *adv* **~ und quer** a diestro y siniestro

Kreuz[1] [krɔɪts] *nt* <-es, -e> ① (*a.* REL) cruz *f;* **das Rote ~** la Cruz Roja; **zu ~e kriechen** darse por vencido; **ich mache drei ~e, wenn er geht** *(fam)* le pongo una vela al santo si se va; **etw über(s) ~ legen** entrecruzar algo ② *(spanisches Kartenspiel)* naipe *m* de bastos; *(französisches Kartenspiel)* naipe *m* de trébol ③ *(Autobahnkreuz)* cruce *m* de autopistas ④ *(Rückenbereich)* región *f* lumbar; *(fam)* espalda *f;* **ich hab's im ~** *(fam)* me duele la espalda; **jdn aufs ~ legen** *(fam)* tirar a alguien de espaldas; *(hereinlegen)* timar a alguien ⑤ (MUS) sostenido *m*

Kreuz[2] *nt* <-es, *ohne pl*> *(Leid)* cruz *f;* **sein ~ auf sich nehmen** cargar con su cruz; **es ist ein ~ mit jdm/etw** *dat (fam)* alguien/algo es una cruz

Kreuzband *nt* <-(e)s, -bänder> (ANAT) ligamento *m* cruzado

Kreuzbein *nt* <-(e)s, -e> (ANAT) (hueso *m*) sacro *m*

kreuzen I. *vi haben o sein* (NAUT) ① *(ziellos fahren)* cruzar ② *(gegen den Wind fahren)* dar bordadas **II.** *vt* ① *(Wege)* cruzar; **die**

Arme ~ cruzarse de brazos ② *(überqueren)* cruzar, atravesar; **eine Straße ~** cruzar una calle ③ (BIOL) cruzar **III.** *vr:* **sich ~** ① *(sich überschneiden)* cruzarse ② *(entgegengesetzt sein)* contraponerse

Kreuzer *m* <-s, -> (MIL, NAUT) crucero *m*

Kreuzfahrer(in) *m(f)* (HIST) cruzado, -a *m, f*

Kreuzfahrt *f* crucero *m*

Kreuzfahrtschiff *nt* (NAUT) crucero *m*

Kreuzfeuer *nt* **ins ~ der Kritik geraten** exponerse a violentas críticas

kreuzförmig [-fœrmɪç] *adj* de forma de cruz

Kreuzgang *m* (ARCHIT) claustro *m*

Kreuzgewölbe *nt* (ARCHIT) bóveda *f* de crucero

kreuzigen ['krɔɪtsɪgən] *vt* crucificar

Kreuzigung *f* <-en> crucifixión *f*

Kreuzotter *f* (ZOOL) víbora *f* común

Kreuzritter *m* <-s, -> (HIST) cruzado *m; (des Deutschen Ordens)* caballero *m* de la Orden Teutónica

Kreuzschlitzschraubendreher *m* <-s, ->, **Kreuzschlitzschraubenzieher** *m* <-s, -> (TECH) destornillador *m* de estrella

Kreuzschmerzen *mpl* dolor *m* en la región lumbar

Kreuzspinne *f* <-, -n> araña *f* de jardín

Kreuzstich *m* <-(e)s, -e> punto *m* de cruz

Kreuzung *f* <-en> (*a.* BIOL) cruce *m*

Kreuzverhör *nt* interrogatorio *m* cruzado, preguntadera *f Col;* **jdn ins ~ nehmen** contrainterrogar a alguien

Kreuzweg *m* ① *(Kreuzung)* encrucijada *f;* **am ~ stehen** hallarse ante una alternativa ② (REL) vía crucis *m*

kreuzweise *adv* en forma de cruz; **du kannst mich mal ~!** *(vulg)* ¡deja de joder!

Kreuzworträtsel *nt* crucigrama *m*

Kreuzzug *m (a. fig* HIST) cruzada *f*

kribbelig *adj (fam)* nervioso; **ich habe so ein ~es Gefühl im Bauch** tengo los nervios en el estómago

kribbeln ['krɪbəln] *vi* ① *(jucken)* picar ② *sein (wimmeln)* hormiguear

kribblig *adj s.* **kribbelig**

Kricket ['krɪkət] *nt* <-s, *ohne pl*> (SPORT) juego *m* de críquet, críquet *m*

kriechen [kriːçən] <kriecht, kroch, gekrochen> *vi sein* ① *(Mensch)* arrastrarse; *(Tier)* reptar; *(Schlange)* deslizarse ② *(Fahrzeug)* avanzar lentamente ③ *(abw: unterwürfig sein)* humillarse (**vor** ante)

Kriecher(in) *m(f)* <-s, -; -nen> *(abw)* pelota *mf*

kriecherisch *adj (abw)* pelota

Krieg [kriːk] *m* <-(e)s, -e> guerra *f;* **im ~ fallen** caer en la guerra; **jdm/etw** *dat* **den ~ erklären** declarar la guerra a alguien/algo; **in den ~ ziehen** ir a la guerra; **~ führen gegen jdn** estar en guerra con alguien

kriegen ['kriːgən] **I.** *vt (fam)* ① *(bekommen)* obtener; *(erreichen)* conseguir; *(Krankheit)* pillar; **ein Kind ~** estar embarazada; **sie hat ein Kind gekriegt** ha tenido un niño; **wie viel ~ Sie?** ¿cuánto le debo?; **~ Sie es schon?** ¿ya le atienden?; **sie kriegt 15 Euro die Stunde** le pagan 15 euros la hora; **einen Schreck ~** asustarse; **Besuch ~** tener visita; **keine Arbeit ~** no encontrar trabajo; **wie hast du sie nur dazu gekriegt?** ¿cómo la has convencido?; **du kriegst es gleich mit mir zu tun!** ¡te vas a enterar de quién soy yo!; **ich krieg' heute nichts mehr geregelt** *(fam)* hoy ya no me sale nada ② *(ergreifen)* pillar, agarrar *Am;* **wenn ich dich kriege!** ¡si te pillo! **II.** *vr:* **sich ~** *(fam)* ① *(heiraten)* casarse ② *(sich streiten)* **sich in die Haare ~** pelearse

Krieger(in) ['kriːgɐ] *m(f)* <-s, -; -nen> guerrero, -a *m, f*

Kriegerdenkmal *nt* monumento *m* a los caídos en la guerra

kriegerisch *adj* ① *(kämpferisch)* guerrero ② *(militärisch)* bélico; **~e Auseinandersetzungen** acciones bélicas

Kriegerwitwe *f* viuda *f* de guerra

kriegführend *adj s.* **Krieg**

Kriegsausbruch *m* estallido *m* de la guerra

Kriegsbeginn *m* comienzo *m* de la guerra

Kriegsbeil *nt* hacha *f* de guerra; **das ~ begraben** *(fig)* enterrar el hacha de guerra

Kriegsberichterstatter(in) *m(f)* corresponsal *mf* de guerra

kriegsbeschädigt *adj* mutilado de guerra

Kriegsbeschädigte(r) *mf* mutilado, -a *m, f* de guerra

Kriegsdienstverweigerer *m* <-s, -> objetor *m* de conciencia

Kriegsdienstverweigerung *f* objeción *f* de conciencia

Kriegserklärung *f* declaración *f* de guerra

Kriegsfall *m* caso *m* de guerra; **für den/im ~** para el/en caso de guerra

Kriegsfuß *m (fam)* **mit jdm/etw** *dat* **auf ~ stehen** estar en pie de guerra con alguien/algo

Kriegsgefangene(r) *mf* prisionero, -a *m, f* de guerra

Kriegsgefangenschaft *f* cautiverio *m*

Kriegsgegner(in) *m(f)* <-s, -; -, -nen> ① *(Feind)* adversario, -a *m, f* ② *(Pazifist)* pacifista *mf*

Kriegsgräberfürsorge *f ohne pl servicio de conservación de cementerios alemanes o extranjeros donde yacen soldados alemanes caídos en la guerra*

K

Kriegskamerad(in) *m(f)* (MIL) compañero, -a *m, f* de armas
Kriegslist *f* <-, -en> (MIL) ardid *m* de guerra
Kriegsmarine *f* (MIL) marina *f* de guerra
Kriegsopfer *nt* <-s, -> víctima *f* de la guerra
Kriegspfad *m* **auf dem ~ sein** estar en pie de guerra
Kriegsrat *m* **~ halten** *(iron) reunirse para deliberar sobre algo*
Kriegsrecht *nt* <-(e)s, *ohne pl*> derecho *m* de guerra; **das ~ über ein Land verhängen** declarar el derecho de guerra en un país
Kriegsschauplatz *m* escenario *m* bélico
Kriegsspiel *nt* ❶ *(Kinderspiel)* juego *m* de guerra ❷ (MIL: *Planspiel*) juego *m* de planificación
Kriegstanz *m* danza *f* de guerra
Kriegsverbrechen *nt* crimen *m* de guerra
Kriegsverbrecher(in) *m(f)* criminal *mf* de guerra
Kriegsverletzung *f* <-, -en> herida *f* de guerra
kriegsversehrt [-fɛɐze:ɐt] *adj* mutilado de guerra
Kriegsversehrte(r) *mf* mutilado, -a *m, f* de guerra
Kriegsveteran(in) *m(f)* <-en, -en; -, -nen> (MIL) veterano, -a *m, f* de guerra
Kriegszustand *m ohne pl* estado *m* de guerra; **sich im ~ befinden** estar en guerra
Krill [krɪl] *nt* <-(e)s, *ohne pl*> plancton *m*
Krim [krɪm] *f* <-> Crimea *f*
Krimi ['krɪmi] *m* <-s, -s> *(fam)* género *m* negro
Kriminalbeamte(r) *m*, **-beamtin** *f* agente *mf* de la policía judicial
Kriminalfall *m* <-(e)s, -fälle> causa *f* criminal, crimen *m*
Kriminalfilm *m* película *f* policíaca; *(Gattung)* cine *m* negro
Kriminalist(in) [krimina'lɪst] *m(f)* <-en, -en; -, -nen> ❶ *(Mitglied der Kriminalpolizei)* miembro *mf* de la Brigada de Investigación Criminal ❷ *(Experte für Verbrechen)* criminalista *mf*
kriminalistisch *adj* criminalista
Kriminalität [kriminali'tɛ:t] *f ohne pl* criminalidad *f*
Kriminalkommissar(in) *m(f)* policía *mf* judicial
Kriminalpolizei *f* Brigada *f* de Investigación Criminal, Investigaciones *f pl Chil*
Kriminalroman *m* novela *f* policíaca; *(Gattung)* novela *f* negra
kriminell [krimi'nɛl] *adj (a. fig)* criminal; **~ werden** convertirse en un criminal; **das finde ich ~!** ¡qué criminal!
Kriminelle(r) *mf* <-n, -n; -n> criminal *mf*
Kriminologe, -in *m, f* <-n, -n; -, -nen> criminólogo, -a *m, f*
Kriminologie [kriminolo'gi:] *f* <-, *ohne pl*> criminología *f*
Krimskrams ['krɪmskrams] *m* <-, *ohne pl*> *(fam)* cachivaches *mpl*
Kringel ['krɪŋəl] *m* <-s, -> *(Gebäck)* rosquilla *f*
kringeln *vr:* **sich ~** enroscarse; **sich vor Lachen ~** *(fam)* desternillarse de risa
Kripo ['kri:po] *f* <-s> *s.* **Kriminalpolizei**
Krippe ['krɪpə] *f* <-n> ❶ *(Futterkrippe)* pesebre *m* ❷ *(Weihnachtskrippe)* nacimiento *m* ❸ *(Kinderhort)* guardería *f*
Krippenplatz *m* plaza *f* de guardería
Krippenspiel *nt* auto *m* de Navidad
Krise ['kri:zə] *f* <-n> crisis *f inv;* **ich krieg' die ~!** *(sl)* ¡me va a dar un ataque!
kriseln ['kri:zəln] *vi* haber crisis; **es kriselt** hay crisis
krisenanfällig *adj* sensible a la crisis
krisenfest *adj* a prueba de crisis
Krisengebiet *nt* región *f* en crisis
Krisenherd *m* zona *f* conflictiva
Krisenstab *m* estado *m* mayor de emergencia
Krisenzeit *f* <-, -en> época *f* de crisis
Kristall[1] [krɪs'tal] *m* <-s, -e> cristal *m*
Kristall[2] *nt* <-s, *ohne pl*> ❶ *(Glas)* cristal *m* ❷ *(Gegenstände)* cristalería *f*
Kristallglas[1] *nt ohne pl (Kristall)* cristal *m*
Kristallglas[2] *nt (Gefäß)* vaso *m* de cristal
kristallin [krɪsta'li:n], **kristallinisch** *adj (geh)* cristalino
Kristallisation [krɪstaliza'tsio:n] *f* <-, -en> (CHEM) cristalización *f*
kristallisieren* [krɪstali'zi:rən] **I.** *vi* (CHEM) cristalizar **II.** *vr:* **sich ~** cristalizarse (**zu** en)
kristallklar [-'-'-] *adj* cristalino
Kristallnacht *f* (HIST) *pogromo contra los judíos alemanes en la noche del 10.11.1938*
Kristallzucker *m* (GASTR) azúcar *m* granulado
Kriterium [kri'te:riʊm] *nt* <-s, Kriterien> criterio *m*
Kritik [kri'ti:k, kri'tɪk] *f* <-en> crítica *f; (Rezension)* reseña *f;* **an jdm/etw** *dat* **~ üben** criticar a alguien/algo; **unter aller ~** *(fam)* pésimo; **eine gute ~ haben/bekommen** tener/recibir buenas críticas
Kritiker(in) ['kri:tikɐ] *m(f)* <-s, -; -nen> crítico, -a *m, f*
kritiklos I. *adj* sin espíritu crítico **II.** *adv* sin crítica (alguna)

kritisch ['kri:tɪʃ, 'krɪtɪʃ] *adj* crítico; **es wird ~** la situación se pone crítica
kritisieren* [kriti'zi:rən] *vt* criticar; *(Buch)* reseñar; **er hat an allem etwas zu ~** lo critica todo
Kritzelei [krɪtsə'laɪ] *f* <-en> garabato *m*
kritzeln ['krɪtsəln] *vi, vt* garabatear
Kroate, -in [kro'a:tə] *m, f* <-n, -n; -nen> croata *mf*
Kroatien [kro'a:tsiən] *nt* <-s> Croacia *f*
Kroatin *f* <-nen> *s.* **Kroate**
kroatisch *adj* croata
kroch [krɔx] *3. imp von* **kriechen**
Krokant [kro'kant] *m* <-s, *ohne pl*> crocante *m*
Krokette [kro'kɛtə] *f* <-n> (GASTR) croqueta *f (de puré de patata)*, bigote *m Am*
Krokodil [kroko'di:l] *nt* <-s, -e> cocodrilo *m*
Krokodilleder *nt* piel *f* de cocodrilo
Krokus ['kro:kʊs] *m* <-, -(se)> croco *m*
Krone ['kro:nə] *f* <-n> ❶ *(Königs-, Zahnkrone, Währung)* corona *f*; **dabei fällt dir kein Zacken aus der ~** *(fam)* por eso no se te van a caer los anillos; **einen in der ~ haben** *(fam)* estar bebido ❷ *(Baumkrone)* copa *f*; *(einer Welle)* cresta *f* ❸ *(Höhepunkt)* colmo *m*; **das setzt dem Ganzen die ~ auf!** ¡esto es el colmo!
krönen ['krø:nən] *vt* ❶ *(König)* coronar; **jdn zum König ~** coronar rey a alguien ❷ *(beenden)* coronar, rematar; **ein ~der Abschluss** un glorioso final; **von Erfolg gekrönt sein** ser coronado por el éxito
Kronleuchter *m* araña *f* de cristal
Kronprinz, -prinzessin *m, f* príncipe *m* heredero, princesa *f* real
Krönung ['krønʊŋ] *f* <-en> coronación *f*; **das ist ja die ~!** *(fam)* ¡esto es el colmo!
Kronzeuge, -in *m, f* (JUR) testigo *mf* principal
Kropf [krɔpf, *pl:* 'krœpfə] *m* <-(e)s, Kröpfe> ❶ (MED) bocio *m*, coto *m AmS* ❷ *(bei Vögeln)* buche *m*; **unnötig sein wie ein ~** *(fam)* ser más innecesario que nada
kross [krɔs] *adj* bastante hecho; **~ gebraten** bien asado
Krösus ['krø:zʊs] *m* <-, -se> creso *m*
Kröte ['krø:tə] *f* <-n> ❶ *(Tier)* sapo *m* ❷ *(fam: Kind)* chiquillo, -a *m, f* ❸ *pl (fam: Geld)* perras *f pl*
Krücke ['krʏkə] *f* <-n> ❶ *(zum Gehen)* muleta *f*; **an ~n gehen** andar con muletas ❷ *(Griff)* puño *m* ❸ *(fam abw: Versager)* inútil *mf*
Krückstock *m* muletilla *f*
Krug [kru:k, *pl:* 'kry:gə] *m* <-(e)s, Krüge> ❶ *(Gefäß)* jarro *m*; *(Bierkrug)* jarra *f*; **der ~ geht so lange zum Brunnen, bis er bricht** *(prov)* tanto va el cántaro a la fuente, que al fin se rompe ❷ *(nordd: Wirtshaus)* taberna *f*
Krume ['kru:mə] *f* <-n> *(Brotkrume)* miga *f*
Krümel ['kry:məl] *m* <-s, -> ❶ *(von Brot)* miga *f* ❷ *(fam: Kind)* chiquitín, -ina *m, f*
krümelig *adj* ❶ *(Brot)* desmigajado ❷ *(voller Krümel)* lleno de migas
krümeln *vi* ❶ *(Brot)* desmigajarse ❷ *(Person)* llenar (un sitio) de migas
krümlig *adj s.* **krümelig**
krumm [krʊm] *adj* ❶ *(verbogen)* torcido; *(gebogen)* curvado; *(Rücken)* encorvado; **eine ~e Nase haben** tener la nariz torcida; **sitz nicht so ~ da!** ¡ponte derecho!; **sich ~ und schief lachen** *(fam)* partirse de risa ❷ *(fam: unehrlich)* deshonesto; **ein ~es Ding drehen** hacerle a alguien una faena; **mach keine ~en Touren!** *(fam)* ¡no te metas en jaleos!
krummbeinig *adj* con las piernas torcidas, patizambo
krümmen ['krʏmən] **I.** *vt (krumm machen)* encorvar; *(biegen)* doblar; **er krümmt ihnen kein Haar** no les toca un pelo (de la ropa) **II.** *vr:* **sich ~** ❶ *(sich winden)* retorcerse; **er krümmte sich vor Lachen** *(fam)* se tronchó de risa ❷ *(Straße, Fluss)* serpentear
krumm|lachen *vr:* **sich ~** troncharse de risa
Krümmung ['krʏmʊŋ] *f* <-en> curvatura *f*; *(des Körpers)* encorvadura *f*
Krüppel ['krʏpəl] *m* <-s, -> lisiado, -a *m, f*; *(durch Unfall)* mutilado, -a *m, f*; **jdn zum ~ schlagen** lisiar a alguien
Kruste ['krʊstə] *f* <-n> costra *f*; *(vom Brot)* corteza *f*
Krustenbildung *f* ❶ (GEO) incrustación *f* ❷ (MED) escarificación *f*
Kruzifix ['kru:tsifɪks, krutsi'fɪks] *nt* <-es, -e> crucifijo *m*
Krypta ['krʏpta] *f* <Krypten> cripta *f*
KSZE [ka:ʔɛstsɛt'ʔe:] *f ohne pl Abk. von* **Konferenz über Sicherheit und Zusammenarbeit in Europa** (HIST) CSCE *f*
Kto *Abk. von* **Konto** cuenta *f*
Kuba ['ku:ba] *nt* <-s> Cuba *f*
Kubaner(in) [ku'ba:nɐ] *m(f)* <-s, -; -nen> cubano, -a *m, f*
kubanisch *adj* cubano
Kübel ['ky:bəl] *m* <-s, -> cubeta *f*; *(Eimer)* cubo *m*; *(Bottich)* tina *f*; **es regnet wie aus ~n** *(fam)* llueve a cántaros
Kuben *pl von* **Kubus**
Kubikmeter [ku'bi:k-] *m o nt* metro *m* cúbico
Kubikwurzel *f* (MATH) raíz *f* cúbica

Kubikzahl *f* (MATH) cubo *m*
Kubikzentimeter *m o nt* <-s, -> centímetro *m* cúbico
kubisch ['ku:bɪʃ] *adj* cúbico
Kubismus [ku'bɪsmʊs] *m* <-, *ohne pl*> (KUNST) cubismo *m*
Kubist(in) *m(f)* <-en, -en; -, -nen> (KUNST) cubista *mf*
kubistisch *adj* (KUNST) cubista
Kubus ['ku:bʊs] *m* <-, Kuben> (MATH) cubo *m*
Küche ['kʏçə] *f* <-n> cocina *f*
Kuchen ['ku:xən] *m* <-s, -> pastel *m*, cake *m Am*
Kuchenblech *nt* bandeja *f* de horno
Küchenchef(in) *m(f)* jefe, -a *m, f* de cocina
Kuchendekoration *f* decoración *f* del pastel
Kuchenform *f* molde *m* para pasteles
Kuchengabel *f* tenedor *m* de postre
Küchengerät *nt* <-(e)s, -e> utensilio *m* de cocina
Kuchengitter *nt* rejilla *f* de cocina
Küchenherd *m* cocina *f*, brasero *m Am*
Küchenmaschine *f* robot *m* de cocina
Küchenmesser *nt* cuchillo *m* de cocina
Küchenpapier *nt* papel *m* de cocina
Küchenrolle *f* rollo *m* de papel de cocina
Küchenschabe *f* (ZOOL) cucaracha *f*
Küchenschrank *m* armario *m* de cocina
Küchensieb *nt* colador *m*
Kuchenteig *m* masa *f* para pasteles
Küchenwaage *f* balanza *f* de cocina
Küchenwecker *m* minutero *m* (de cocina)
Küchenzange *f* pinzas *fpl* de cocina
kucken ['kʊkən] *vi (nordd: fam)* mirar; *(hervorschauen)* asomar; **kuck mal!** ¡mira!
Kücken ['kʏkən] *nt* <-s, -> *(Österr)* polluelo *m*
kuckuck ['kʊkʊk] *interj* cucú
Kuckuck ['kʊkʊk] *m* <-s, -e> ❶ *(Vogel)* cuco *m*; **weiß der ~!** *(fam)* ¡y yo qué demonios sé!; **zum ~ (noch mal)!** *(fam)* ¡maldita sea! ❷ *(fam: Siegel)* sello *m* de embargo
Kuckucksei *nt* ❶ *(Ei eines Kuckucks)* huevo *m* del cuco ❷ *(fam: Überraschung)* sorpresa *f* desagradable; **da hat man dir ja wohl ein ~ untergeschoben!** ¡vaya jugada te han hecho!
Kuckucksuhr *f* reloj *m* de cuco
Kuddelmuddel ['kʊdəl'mʊdəl] *m o nt* <-s, *ohne pl*> *(fam)* lío *m*
Kufe ['ku:fə] *f* <-n> *(Schlittenkufe)* patín *m*; *(Schlittschuhkufe)* cuchilla *f*
Kugel ['ku:gəl] *f* <-n> ❶ *(runder Körper)* bola *f*, bomba *f Am*; (MATH) esfera *f*; (SPORT) peso *m*; **eine ruhige ~ schieben** *(fam)* no dar el callo ❷ *(fam: Gewehrkugel)* bala *f*, chumbo *m Arg*; **sich** *dat* **die Kugel geben** pegarse un tiro
Kugelblitz *m* <-es, -e> relámpago *m* esférico
Kügelchen ['ky:gəlçən] *nt* <-s, -> ❶ *(Spielzeug)* bolita *f* ❷ (MED) glóbulo *m*
kugelförmig [-fœrmɪç] *adj* redondo, esférico
Kugelgelenk *nt* ❶ (ANAT) diartrosis *f inv* ❷ (TECH) articulación *f* esférica
Kugelhagel *m ohne pl* lluvia *f* de balas
Kugellager *nt* rodamiento *m* de bolas
kugeln ['ku:gəln] *vi sein* rodar; **das/der ist ja zum K~!** ¡es para morirse de risa!
kugelrund ['--'-] *adj* redondo (como una bola)
Kugelschreiber *m* bolígrafo *m*, birome *f Arg*
kugelsicher *adj* a prueba de balas, antibalas; **~e Weste** chaleco antibalas
Kugelstoßen *nt* <-s, *ohne pl*> (SPORT) lanzamiento *m* de peso
Kugelstoßer(in) *m(f)* (SPORT) lanzador(a) *m(f)* de peso
Kuh [ku:, *pl:* ky:ə] *f* <Kühe> ❶ *(weibliches Rind)* vaca *f* ❷ *(weibliches Tier)* hembra *f* ❸ *(fam: Person)* idiota *f*; **du blöde ~!** ¡idiota!
Kuhfladen *m* boñigo *m*, bosta *f Bol, CSur*
Kuhglocke *f* cencerro *m*
Kuhhandel *m (fam abw)* chanchullo *m*
Kuhhaut *f* piel *f* de vaca; **das geht auf keine ~** *(fam)* esto ya pasa de la raya
kühl [ky:l] *adj* ❶ *(Wetter etc.)* fresco; **bitte ~ lagern** por favor, guárdese en lugar fresco; **einen ~en Kopf bewahren** no perder la cabeza; **mir ist ~** tengo frío ❷ *(abweisend)* frío
Kühlbox *f* nevera *f* portátil
Kühle ['ky:lə] *f ohne pl* ❶ *(Frische)* frescura *f* ❷ *(Zurückhaltung)* frialdad *f*
kühlen ['ky:lən] **I.** *vi* refrescar **II.** *vt* ❶ *(Temperatur senken)* refrigerar ❷ *(Getränke)* (poner a) enfriar
kühlend *adj* refrescante
Kühler *m* <-s, -> ❶ (AUTO) radiador *m* ❷ *(für Sekt)* enfriadera *f*
Kühlergrill *m* (AUTO) parrilla *f* delantera
Kühlerhaube *f* (AUTO) capó *m*
Kühlhaus *nt* almacén *m* frigorífico
Kühlmittel *nt* (TECH) refrigerante *m*
Kühlmitteltemperaturanzeige *f* (AUTO) indicador *m* de la temperatura
Kühlraum *m* cámara *f* frigorífica
Kühlregal *nt (im Supermarkt)* nevera *f* (frigorífica)
Kühlschrank *m* frigorífico *m*, frigo *m fam*
Kühltasche *f* nevera *f* portátil

Kühltruhe *f* congelador *m*

Kühlturm *m* (TECH) torre *f* de refrigeración

Kühlung[1] *f* <-en> *(Vorrichtung, Vorgang)* refrigeración *f*

Kühlung[2] *f ohne pl (frische Luft)* fresco *m;* **sich** *dat* **~ verschaffen** refrescarse

Kühlwasser *nt ohne pl* aguas *fpl* de refrigeración

Kuhmilch *f* leche *f* de vaca

kühn [ky:n] *adj* audaz; *(wagemutig)* atrevido; *(dreist)* temerario; **eine ~e Behauptung** una tesis muy atrevida

Kühnheit *f ohne pl (Mut)* audacia *f; (Dreistigkeit)* temeridad *f*

Kuhstall *m* establo *m* para las vacas

Küken ['ky:kən] *nt* <-s, -> polluelo *m*

kulant [ku'lant] *adj (Person)* complaciente; *(Preis)* aceptable

Kulanz [ku'lants] *f ohne pl* complacencia *f; (Liebenswürdigkeit)* amabilidad *f*

Kuli ['ku:li] *m* <-s, -s> ① *(Person)* culí *m* ② *(fam: Kugelschreiber)* boli *m*

kulinarisch [kuli'na:rɪʃ] *adj* culinario

Kulisse [ku'lɪsə] *f* <-n> bastidores *mpl;* **einen Blick hinter die ~n werfen** mirar entre bastidores; **das ist doch nur ~** *(fam abw)* es pura fachada

Kulleraugen *ntpl (fam)* ojos *mpl* grandes; **~ machen** mirar con fascinación

kullern ['kʊlɐn] *vi sein (fam)* rodar; **die Murmel kullert direkt ins Loch!** ¡la canica va directa al agujero!

Kult [kʊlt] *m* <-(e)s, -e> culto *m;* **einen ~ mit jdm/etw** *dat* **treiben** rendir culto a alguien/algo

Kultfigur *f* ídolo *m*

Kultfilm *m* película *f* de culto

kultisch *adj* del culto

kultivieren* [kʊlti'vi:rən] *vt* cultivar

kultiviert [kʊlti'vi:ɐt] *adj* ① *(Mensch)* educado; *(gebildet)* culto ② *(gepflegt)* refinado

Kultivierung *f* <-en> cultivo *m*

Kultstätte *f* <-, -n> lugar *m* de culto

Kultur [kʊl'tu:ɐ] *f* <-en> ① *(geistig, künstlerisch)* cultura *f; (menschliche Kultur)* civilización *f* ② *(von Person)* cultura *f,* educación *f* ③ (AGR, BIOL) cultivo *m*

Kulturabkommen *nt* convenio *m* cultural

Kulturaustausch *m* intercambio *m* cultural

Kulturbanause, -in *m, f* <-n, -n; -, -nen> persona *f* sin interés cultural

Kulturbeutel *m* neceser *m*

Kulturdenkmal *nt* testimonio *m* cultural

kulturell [kʊltu'rɛl] *adj* cultural

Kulturerbe *nt ohne pl* (SOZIOL) patrimonio *m* cultural

Kulturgeschichte *f ohne pl* historia *f* de la civilización

Kulturgut *nt* patrimonio *m* cultural

Kulturhauptstadt *f* capital *f* cultural

Kulturhoheit *f* <-, *ohne pl*> competencia *f* en materia cultural; **das Schulrecht fällt unter die ~ der Bundesländer** la legislación escolar está entre las competencias culturales de los estados federados

Kulturkreis *m* etnia *f,* grupo *m* étnico

Kulturpflanze *f* <-, -n> planta *f* de cultivo

Kulturpolitik *f* política *f* cultural

kulturpolitisch **I.** *adj* de política cultural **II.** *adv* en materia de política cultural; **die Pläne der Opposition sind ~ bedeutsam** los planes de la oposición son importantes en materia de política cultural

Kulturprogramm *nt* <-s, -e> (RADIO, TV) programa *m* cultural

Kulturrevolution *f* revolución *f* cultural

Kulturschock *m* choque *m* cultural

Kulturzentrum *nt* <-s, -zentren> centro *m* cultural

Kultusminister(in) ['kʊltʊs-] *m(f)* ministro, -a *m, f* de Educación y Ciencia

Kultusministerium *nt* Ministerio *m* de Educación y Ciencia

Kümmel ['kʏməl] *m* <-s, -> ① *(Pflanze, Gewürz)* comino *m* ② *(Schnaps)* cúmel *m*

Kummer ['kʊmɐ] *m* <-s, *ohne pl*> pena *f; (Sorge)* preocupación *f;* **vor/aus ~** de/por pena; **der ~ um jdn** la preocupación por alguien; **jdm ~ bereiten** causar pena a alguien; **hast du ~?** ¿te preocupa algo?

kümmerlich ['kʏmɐlɪç] *adj* ① *(elend)* miserable; *(ärmlich)* pobre ② *(schwächlich)* débil

kümmern ['kʏmɐn] **I.** *vr:* **sich ~** ① *(sich beschäftigen)* preocuparse (**um** de), ocuparse (**um** de); **sich darum ~, dass ...** preocuparse de que... *+subj;* **er kümmert sich nicht darum, was die Leute denken** no le importa lo que piense la gente ② *(sorgen)* cuidar (**um** de); **ich kümmere mich um die Kinder** yo cuido a los niños; **kümmer dich ein bisschen um sie!** ¡ocúpate un poco de ella! **II.** *vt (angehen)* importar; *(interessieren)* interesar; **das kümmert mich nicht** eso no me interesa; **was kümmert Sie das?** ¿a Ud. qué le importa?

kummervoll *adj* afligido

Kumpan(in) [kʊm'pa:n] *m(f)* <-s, -e; -nen> *(fam)* ① *(Kamerad)* camarada *mf* ② *(abw: Mittäter)* compinche *mf*

Kumpel ['kʊmpəl] *m* <-s, -> ① *(Bergarbeiter)* minero, -a *m, f* ② *(fam: Kamerad)* compañero, -a *m, f,* pipe *m AmC*

Kumquat ['kʊmkvat] *f* <-, -s> (BOT) kumquat *m*
Kumulation [kumula'tsjo:n] *f* <-, -en> acumulación *f*
Kumuluswolke ['ku:mulʊs-] *f* (METEO) cúmulo *m*
kündbar ['kʏntba:ɐ] *adj* cancelable; *(Vertrag)* rescindible
Kunde[1] *f* <-n> *(geh: Nachricht)* noticia *f;* **von etw** *dat* **~ erhalten** recibir noticia de algo
Kunde, -in[2] ['kʊndə] *m, f* <-n, -n; -nen> cliente, -a *m, f*
Kundenakquise *f* adquisición *f* de (nuevos) clientes
Kundenberatung *f* <-, -en> servicio *m* de información de los clientes
Kundendienst[1] *m ohne pl (Service)* atención *f* al cliente
Kundendienst[2] *m (Reparaturdienst)* servicio *m* técnico
Kundenkarte *f* (WIRTSCH) tarjeta *f* de cliente
Kundennummer *f* (WIRTSCH) número *m* del cliente
Kundenservice [-'sə:vɪs] *m* <-, *ohne pl*> atención *f* al cliente
kund|geben *irr vt (geh)* dar a conocer; *(öffentlich machen)* hacer público
Kundgebung *f* <-en> manifestación *f*
kundig *adj (erfahren)* experimentado; *(sachverständig)* experto; **einer Sache ~ sein** *(geh)* ser experto en una materia; **sich ~ machen** ponerse al día
kündigen ['kʏndɪgən] **I.** *vt* ① *(Vertrag)* rescindir; *(Wohnung)* anunciar el desalojamiento (de); **jdm die Freundschaft ~** romper con alguien ② *(Arbeitsstelle)* presentar su dimisión **II.** *vi* ① *(einem Arbeitnehmer)* despedir; *(als Arbeitnehmer)* presentar su dimisión; **zum ersten November ~** presentar la dimisión para el primero de noviembre ② *(einem Mieter)* desahuciar
Kündigung *f* <-en> ① *(eines Vertrages)* rescisión *f; (eines Abonnements)* anulación *f* del abono; *(Wohnung durch Mieter)* aviso *m* de desalojamiento; *(durch Vermieter)* aviso *m* de desahucio; **Vertrag mit halbjähriger ~** contrato con medio año de aviso ② *(einer Stelle)* autodespido *m; (vom Arbeitgeber)* despido *m;* **fristlose ~** despido sin preaviso
Kündigungsfrist *f* plazo *m* de despido
Kündigungsgrund *m* ① *(Arbeitsrecht)* causa *f* de despido ② *(bei Mietsachen)* causa *f* de desahucio
Kündigungsschreiben *nt* carta *f* de despido
Kündigungsschutz *m ohne pl* ① *(des Arbeitnehmers)* protección *f* contra el despido ② *(des Mieters)* protección *f* contra desahucio
Kundin *f* <-nen> *s.* **Kunde**[2]
Kundschaft *f ohne pl* clientela *f*
kund|tun *irr vt (fam)* manifestar
künftig ['kʏnftɪç] **I.** *adj* futuro; **meine ~e Frau** mi futura esposa **II.** *adv* de ahora en adelante
Kung-Fu [kʊŋ'fu:] *nt* <-(s), *ohne pl*> (SPORT) kung fu *m*
Kunst [kʊnst, *pl:* 'kʏnstə] *f* <Künste> arte *m o f;* **die schönen Künste** las Bellas Artes; **die bildende ~** las Artes Plásticas; **das ist keine ~!** *(fam)* ¡eso lo hace cualquiera!; **die ~ besteht darin ...** el arte está en...; **nach allen Regeln der ~** según las reglas del oficio; *(fig)* como Dios manda
Kunstakademie *f* Academia *f* de Bellas Artes
Kunstausstellung *f* exposición *f* de arte
Kunstdruck *m* impresión *f* artística
Kunstdünger *m* abono *m* químico
Kunstfaser *f* fibra *f* sintética
Kunstfehler *m* error *m* quirúrgico
kunstfertig *adj* hábil, mañoso
Kunstfliege *f (Angelsport)* mosca *f* artificial
Kunstgegenstand *m* objeto *m* de arte
Kunstgeschichte *f ohne pl* historia *f* del Arte
Kunstgewerbe *nt ohne pl* artesanía *f*
Kunstgriff *m* artificio *m*
Kunsthalle *f* sala *f* de arte
Kunsthandel *m* comercio *m* con objetos de arte
Kunsthändler(in) *m(f)* comerciante *mf* de objetos de arte
Kunsthandwerk *nt ohne pl* artesanía *f*
Kunsthistoriker(in) *m(f)* <-s, -; -, -nen> historiador(a) *m(f)* del arte
kunsthistorisch *adj* relativo a la historia del arte; **die Grabungsfunde sind von ~em Interesse** los objetos hallados en la excavación tienen interés para la historia del arte
Kunsthochschule *f* (UNIV) Escuela *f* Superior de Bellas Artes
Kunstkritiker(in) *m(f)* <-s, -; -, -nen> crítico, -a *m, f* de arte(s)
Kunstleder *nt* cuero *m* artificial
Künstler(in) ['kʏnstlɐ] *m(f)* <-s, -; -nen> artista *mf*
künstlerisch ['kʏnstlərɪʃ] *adj* artístico; **~ begabt sein** tener talento artístico
Künstlername *m* nombre *m* artístico
künstlich *adj* artificial; *(Zähne)* postizo; **sich ~ aufregen** poner el grito en el cielo;

jdn ~ ernähren alimentar a alguien con sonda
Kunstliebhaber(in) *m(f)* amante *mf* del arte
Kunstmaler(in) *m(f)* pintor(a) *m(f)* (artista)
Kunstpause *f* <-, -n> pausa *f* intencionada
Kunstrichtung *f* <-, -en> estilo *m*
Kunstsammlung *f* colección *f* (de objetos) de arte
Kunstschnee *m* <-s, *ohne pl*> nieve *f* artificial
Kunstsprache *f* <-, -n> (LING) lengua *f* artificial, idioma *m* artificial
Kunstspringen *nt* (SPORT) saltos *mpl* de trampolín
Kunststoff *m* materia *f* plástica, plástico *m;* **aus ~** de plástico
Kunststück *nt* truco *m; (akrobatisch)* acrobacia *f,* maroma *f Am;* **das ist kein ~!** *(fam)* ¡eso lo hace cualquiera!
Kunstturnen *nt* gimnasia *f* artística
Kunstunterricht *m* <-(e)s, -e> (SCH) clase *f* de educación artística
kunstvoll *adj* muy artístico
Kunstwerk *nt* obra *f* de arte
Kunstwort *nt* <-(e)s, -wörter> (LING) palabra *f* artificial
kunterbunt ['kʊntɐ'bʊnt] **I.** *adj* ❶ *(farbig)* abigarrado ❷ *(durcheinander)* revuelto **II.** *adv* abigarradamente; *(durcheinander)* sin orden ni concierto; **hier geht es ~ zu** menudo jaleo hay aquí; **~ zusammengewürfelt** todo revuelto
Kupfer ['kʊpfɐ] *nt* <-s, *ohne pl*> (CHEM) cobre *m*
Kupferdraht *m* <-(e)s, -drähte> hilo *m* de cobre
Kupferstich *m* grabado *m* en cobre
Kupon [ku'põ:] *m* <-s, -s> *(abtrennbarer Zettel, Zinsabschnitt)* cupón *m; (Talon)* talón *m*
Kuppe ['kʊpə] *f* <-n> ❶ *(Bergkuppe)* cima *f* ❷ *(Fingerkuppe)* yema *f* del dedo
Kuppel ['kʊpəl] *f* <-n> cúpula *f*
Kuppelei [kʊpə'laɪ] *f* <-en> alcahuetería *f;* (JUR) proxenetismo *m*
kuppeln ['kʊpəln] **I.** *vi* ❶ (AUTO) embragar ❷ *(als Kuppler)* alcahuetear **II.** *vt* ❶ *(Fahrzeuge)* acoplar (**an** a) ❷ *(Geräte)* conectar
Kupplung *f* <-en> ❶ *(das Verbinden)* acoplamiento *m* ❷ *(Vorrichtung)* enganche *m* ❸ (AUTO) embrague *m*
Kupplungshebel *m* (AUTO) palanca *f* del embrague
Kupplungspedal *nt* (AUTO) pedal *m* del embrague
Kur [ku:ɐ] *f* <-en> ❶ *(Heilverfahren)* cura *f; (Behandlung)* tratamiento *m* ❷ *(Aufenthalt)* tratamiento *m* balneoterapéutico; **zur ~ fahren** ir a tomar las aguas
Kür [ky:ɐ] *f* <-en> (SPORT) ejercicio *m* libre
Kurbel ['kʊrbəl] *f* <-n> manivela *f*
kurbeln I. *vi* darle a la manivela **II.** *vt (nach oben)* subir (girando la manivela); *(nach unten)* bajar (girando la manivela)
Kurbelwelle *f* (TECH) cigüeñal *m*
Kürbis ['kʏrbɪs] *m* <-ses, -se> calabaza *f,* zapallo *m AmC,* ayote *m AmC*
Kürbiskern *m* pepita *f* de calabaza
Kurde, -in ['kʊrdə] *m, f* <-n, -n; -nen> kurdo, -a *m, f*
kurdisch *adj* kurdo
Kurdistan ['kʊrdɪsta:n] *nt* <-s> Kurdistán *m*
kuren ['ku:rən] *vi (fam)* someterse a un tratamiento balneoterapéutico
küren ['ky:rən] *vt (geh)* elegir (**zu** como)
Kurfürst ['ku:ɐ-] *m* (HIST) príncipe *m* elector
Kurgast *m* huésped(a) *m(f)* de un balneario
Kurie ['ku:riə] *f* <-, -n> curia *f*
Kurier [ku'ri:ɐ] *m* <-s, -e> correo *m*
Kurierdienst *m* servicio *m* de correo
kurieren* [ku'ri:rən] *vt (behandeln)* curar; *(heilen)* sanar (**von**)
kurios [kuri'o:s] *adj* curioso
Kuriosität[1] [kuriozi'tɛ:t] *f ohne pl (Eigenart)* singularidad *f*
Kuriosität[2] *f* <-en> *(Gegenstand)* curiosidad *f*
Kurkuma[1] ['kʊrkuma] *f* <-, Kurkumen> (BOT) cúrcuma *f*
Kurkuma[2] *nt* <-(s), *ohne pl*> (GASTR) cúrcuma *f*
Kurort *m* balneario *m*
Kurpark *m (Schweiz)* parque *m* de un balneario
Kurpfalz ['ku:ɐpfalts] *f* Electorado *m* del Palatinado
Kurpfuscher(in) ['ku:ɐpfʊʃɐ] *m(f)* ❶ *(fam abw)* curandero, -a *m, f,* curioso, -a *m, f Am,* compositor(a) *m(f) CSur* ❷ *(Arzt)* matasanos *mf inv*
Kurpfuscherei *f* <-, *ohne pl*> *(fam abw)* curanderismo *m*
Kurs [kʊrs] *m* <-es, -e> ❶ *(Richtung)* rumbo *m;* **~ auf Hamburg nehmen** poner rumbo a Hamburgo; **auf ~ bleiben** mantener el rumbo; **vom ~ abkommen** perder el rumbo; **einen harten (politischen) ~ einschlagen** adoptar una línea (política) dura ❷ (SCH, UNIV) curso *m; (Intensivkurs)* cursillo *m;* **einen ~ besuchen** asistir a un curso ❸ (WIRTSCH) cotización *f; (von Devisen)* cambio *m;* **die ~e fallen/steigen** las cotizaciones bajan/suben; **bei**

K

jdm hoch im ~ stehen gozar de prestigio ante alguien

Kursänderung *f* (NAUT, AERO) cambio *m* de rumbo

Kursanstieg *m ohne pl* (FIN) subida *f* de los cambios

Kursbuch *nt* guía *f* oficial de ferrocarriles

Kurse *pl von* **Kurs, Kursus**

Kurserholung *f ohne pl* (WIRTSCH) recuperación *f* de los cambios

Kursgewinn *m* (FIN) beneficios *mpl* arrojados por las acciones

kursieren* [kʊr'ziːrən] *vi haben o sein* ❶ *(Geld)* circular ❷ *(Gerücht)* correr

kursiv [kʊr'ziːf] *adj* (TYPO) en cursiva

Kursivschrift *f* (TYPO) (letra *f*) cursiva *f*

kursorisch [kʊr'zoːrɪʃ] **I.** *adj (geh)* superficial **II.** *adv (geh)* por encima; **einen Artikel ~ lesen** hacer una lectura rápida de un artículo

Kursschwankung *f* (WIRTSCH) fluctuación *f* de las cotizaciones; *(von Devisen)* oscilación *f* de los cambios

Kurssturz *m* (FIN) baja *f* repentina del cambio

Kursteilnehmer(in) *m(f)* <-s, -; -, -nen> participante *mf* en un curso; *(an Wochenendkurs)* cursillista *mf*

Kursus ['kʊrzʊs, *pl:* 'kʊrzə] *m* <-, Kurse> curso *m*

Kursverfall *m ohne pl* (FIN) caída *f* de los cambios

Kurswechsel *m* (POL) cambio *m* de rumbo

Kurtaxe *f* tasa *f* de balneario

Kurtisane [kʊrti'zaːnə] *f* <-n> cortesana *f*; *(Geliebte)* favorita *f*

Kurve ['kʊrvə] *f* <-n> (*a.* MATH) curva *f*; **die ~ schneiden** cortar la curva; **sich in die ~ legen** inclinarse al tomar la curva; **die ~ kratzen** *(fam)* desaparecer rápido; **nicht die ~ kriegen** *(fam)* fracasar

kurven *vi sein (fam)* viajar (**durch** por), andar (**durch** por)

kurvenreich *adj* con muchas curvas

kurvig *adj* ❶ *(bogenförmig)* curvado, arqueado ❷ *(kurvenreich)* de muchas curvas

kurz [kʊrts] *adj* <kürzer, am kürzesten> ❶ *(zeitlich)* corto, breve; **ein ~er Blick** una ojeada; **ich will es ~ machen** seré breve; **mit ein paar ~en Worten** en unas pocas palabras; **über ~ oder lang** tarde o temprano; **in kürzester Zeit** en breves momentos; **~ und bündig** conciso; **~ und gut** resumiendo; **~ und schmerzlos** *(fam)* sin rodeos; **seit ~em** desde hace poco (tiempo); **vor ~em** [*o* **Kurzem**] hace poco; **~ entschlossen** resuelto; **ich habe ihn nur ~ gesehen** le he visto solamente un momento; **~ darauf** poco después; **ich bleibe nur für ~e Zeit** solamente me quedo por poco tiempo; **ich komme ~ vorbei** me paso un momento; **~ hintereinander** al poco rato ❷ *(räumlich)* corto; **~e Hosen** pantalones cortos; **~ vor Köln** poco antes de Colonia; **den Kürzeren ziehen** *(fam)* salir perdiendo; **zu ~ kommen** quedarse con las ganas de hacer algo; **etw ~ und klein hauen** *(fam)* no dejar títere con cabeza

Kurzarbeit *f ohne pl* (trabajo *m* a) jornada *f* reducida

kurz|arbeiten *vi* trabajar a jornada reducida

Kurzarbeiter(in) *m(f)* trabajador(a) *m(f)* a jornada reducida

kurzärm(e)lig *adj* de manga corta

kurzatmig ['-ʔaːtmɪç] *adj* corto de respiración

Kurzbrief *m* <-(e)s, -e> carta *f* corta [*o* breve]

Kürze ['kʏrtsə] *f ohne pl* ❶ *(räumlich)* corta distancia *f* ❷ *(zeitlich)* brevedad *f*; **in ~** dentro de poco ❸ *(im Ausdruck)* concisión *f*; **in aller ~** en pocas palabras

Kurze(r) *m* <-n, -n> *(fam)* ❶ *(Kurzschluss)* cortocircuito *m* ❷ *(Schnaps)* copita *f* de aguardiente

Kürzel ['kʏrtsəl] *nt* <-s, -> abreviatura *f*; *(in der Stenografie)* signo *m* taquigráfico

kürzen ['kʏrtsən] *vt* ❶ *(allgemein)* hacer más corto; *(Rede, Text)* acortar (**um** en, **auf** a); *(abkürzen)* abreviar; (FILM) cortar; **einen Text um/auf 40 Prozent ~** acortar un texto en un/a un 40 por ciento ❷ *(verringern)* reducir (**um** en, **auf** a) ❸ (MATH) simplificar

kürzer ['kʏrtsɐ] *adj kompar von* **kurz**

kurzerhand ['kʊrtsɐ'hant] *adv* sin vacilar

kürzeste(r, s) ['kʏrtsəstə, -tɐ, -təs] *adj superl von* **kurz**

kurz|fassen *vr:* **sich ~** ser conciso

Kurzfassung *f* versión *f* reducida

Kurzfilm *m* cortometraje *m*

Kurzform *f* (LING) forma *f* abreviada

kurzfristig I. *adj* ❶ *(kurze Zeit dauernd)* por poco tiempo; *(Vertrag)* a corto plazo ❷ *(ohne Vorbereitung)* repentino ❸ *(in kurzer Zeit)* a corto plazo **II.** *adv* ❶ *(in kurzer Zeit)* en (cuestión de) poco tiempo ❷ *(ohne Vorbereitung)* en el último momento

Kurzgeschichte *f* (LIT) cuento *m*

kurzhaarig *adj* de pelo corto

kurzlebig *adj* ❶ *(Tier, Pflanze)* de corta vida ❷ *(Mode etc.)* efímero; *(vorübergehend)* pasajero

kürzlich ['kʏrtslɪç] *adv* hace poco, recién *Am*

Kurzmeldung *f* noticia *f* breve
Kurznachrichten *fpl* noticias *fpl* breves
Kurzparkzone *f* zona *f* azul
kurz|schließen *irr* **I.** *vt* poner en cortocircuito **II.** *vr:* **sich ~** *(fam)* ponerse en contacto
Kurzschluss *m* ① (ELEK) cortocircuito *m* ② *(falsche Schlussfolgerung)* conclusión *f* errónea
Kurzschlusshandlung *f* acto *m* irreflexivo
Kurzschrift *f ohne pl* taquigrafía *f*
kurzsichtig *adj* miope
Kurzsichtigkeit *f ohne pl* ① (MED) miopía *f* ② *(im Denken)* estrechez *f* de miras
Kurzstreckenflug *m* vuelo *m* a corta distancia
Kurzstreckenläufer(in) *m(f)* (SPORT) velocista *mf*
Kurzstreckenrakete *f* misil *m* de corto alcance
kurzum [kʊrtsˈʔʊm, ˈ-ˈ-] *adv* en una palabra
Kürzung [ˈkʏrtsʊŋ] *f* <-en> ① *(finanziell)* reducción *f* ② *(von Text)* abreviación *f;* **~en vornehmen** *(im Text)* abreviar; *(im Etat)* reducir
Kurzurlaub *m* escapada *f*
Kurzwaren *fpl* artículos *mpl* de mercería
kurzweilig *adj* entretenido
Kurzwelle *f* (PHYS, RADIO) onda *f* corta; **auf ~** en onda corta
Kurzwellensender *m* (RADIO) emisora *f* de onda corta
Kurzwort *nt* <-(e)s, -wörter> (LING) acrónimo *m*
Kurzzeitgedächtnis *nt* memoria *f* corta
kurzzeitig *adj* por poco tiempo
kuschelig [ˈkʊʃəlɪç] *adj* acogedor
kuscheln [ˈkʊʃəln] **I.** *vr:* **sich ~** *(fam)* acurrucarse (**in** en); **sich an jdn ~** acurrucarse contra alguien **II.** *vi* hacerse mimos
Kuscheltier *nt* animal *m* de peluche
kuschen [ˈkʊʃən] *vi* ① *(sich fügen)* someterse ② *(Hund)* echarse
Kusine [kuˈziːnə] *f* <-n> prima *f*
Kuss [kʊs, *pl:* ˈkʏsə] *m* <-es, Küsse> beso *m*, pico *m* *Col: fam;* **jdm einen ~ geben** dar un beso a alguien
kussecht *adj (Lippenstift)* que no mancha
küssen [ˈkʏsən] **I.** *vt* besar (**auf** en) **II.** *vr:* **sich ~** besarse
Kusshand *f* <-, -hände> besamanos *m inv*, beso *m* al aire; **sie werden dich mit ~ einstellen** *(fam)* te contratarán de mil amores
Küste [ˈkʏstə] *f* <-n> costa *f;* **eine felsige/zerklüftete ~** una costa rocosa/brava; **an der ~ entlangfahren** *(Schiff)* navegar a lo largo de la costa; *(an Land)* ir a lo largo de la costa
Küstengebiet *nt* litoral *m*
Küstenschifffahrt *f* cabotaje *m*, navegación *f* costera
Küstenwachboot *nt* lancha *f* de la guardia costera
Küstenwache *f*, **Küstenwacht** *f* vigilancia *f* de costas
Küster(in) [ˈkʏstɐ] *m(f)* <-s, -; -nen> sacristán, -ana *m, f*
Kutsche [ˈkʊtʃə] *f* <-n> ① *(Pferdewagen)* carruaje *m* ② *(fam: Auto)* cafetera *f*
Kutscher(in) *m(f)* <-s, -; -nen> cochero, -a *m, f*
kutschieren* [kʊˈtʃiːrən] **I.** *vi sein (fam)* ir en coche; **durch die Gegend ~** dar vueltas con el coche **II.** *vt (fam)* llevar en coche; **jdn nach Hause/durch die Gegend ~** llevar a alguien a casa/a dar vueltas con el coche
Kutte [ˈkʊtə] *f* <-n> *(eines Pfarrers)* sotana *f;* *(eines Mönches)* hábito *m*
Kutteln [ˈkʊtəln] *pl (Österr, Schweiz, südd:* GASTR) callos *mpl*
Kutter [ˈkʊtɐ] *m* <-s, -> ① *(Segelschiff)* cúter *m* ② *(Fischkutter)* barca *f* de pesca ③ *(Rettungsboot)* esquife *m*
Kuvert [kuˈveːɐ] *nt* <-s, -s> ① *(reg: Briefumschlag)* sobre *m* ② *(geh: Gedeck)* cubierto *m*
Kuvertüre [kuvɛrˈtyːrə] *f* <-, -n> baño *m* de chocolate
Kuwait [ˈkuːvaɪt, kuˈvaɪt] *nt* <-s> Kuwait *m*
Kuwaiter(in) [kuˈvaɪtɐ] *m(f)* <-s, -; -nen> kuwaití *mf*
kuwaitisch [kuˈvaɪtɪʃ, ˈkuːvaɪtɪʃ] *adj* kuwaití
kV (ELEK) *Abk. von* **Kilovolt** kv
kW (PHYS, TECH) *Abk. von* **Kilowatt** kW
KW [kaːˈveː] (PHYS, RADIO) *Abk. von* **Kurzwelle** OC
kWh (PHYS, ELEK) *Abk. von* **Kilowattstunde** kWh
Kybernetik [kybɛrˈneːtɪk] *f ohne pl* cibernética *f*
kyrillisch [kyˈrɪlɪʃ] *adj* cirílico
KZ [kaːˈtsɛt] *nt* <-(s), -(s)> *Abk. von* **Konzentrationslager** campo *m* de concentración
KZ-Gedenkstätte *f* <-, -n> lugar *m* conmemorativo de los campos de concentración nazis
KZ-Häftling *m* <-s, -e> preso, -a *m, f* de un campo de concentración

K

L l

L, l [ɛl] *nt* <-, -> L, l *f;* ~ **wie Ludwig** L de Lisboa

l *Abk. von* **Liter** l

labb(e)rig ['lab(ə)rɪç] *adj (fam)* ① *(fad)* soso ② *(schlaff)* fofo

Label ['lɛɪbəl] *nt* <-s, -> ① (COM: *Preisetikett*) etiqueta *f* ② *(Schallplattenfirma)* casa *f* discográfica ③ (INFOR: *Markierung*) identificación *f*

laben ['la:bən] *vr:* **sich** ~ *(geh)* saborear (**an**)

labern ['la:bɐn] *vi (fam abw)* soltar el rollo (**über** sobre); **Blödsinn** ~ decir tonterías

labil [la'bi:l] *adj* lábil; *(Gesundheit)* frágil

Labilität [labili'tɛ:t] *f ohne pl* labilidad *f; (gesundheitlich)* fragilidad *f*

Labor [la'bo:ɐ] *nt* <-s, -s *o* -e> laboratorio *m*

Laborant(in) [labo'rant] *m(f)* <-en, -en; -nen> ayudante *mf* de laboratorio

Laboratorium [labora'to:riʊm] *nt* <-s, Laboratorien> laboratorio *m*

Laborausrüstung *f* equipo *m* para el laboratorio

Laborversuch *m* experimento *m* en laboratorio

Laborwaage *f* báscula *f* de laboratorio

Labyrinth [laby'rɪnt] *nt* <-(e)s, -e> laberinto *m*

Lache[1] ['la:xə] *f* <-n> *(Pfütze)* charco *m*

Lache[2] ['laxə] *f* <-n> *(fam abw)* risa *f*

lächeln ['lɛçəln] *vi* ① *(lachen)* sonreír ② *(sich lustig machen)* burlarse (**über** de)

Lächeln *nt* <-s, *ohne pl*> sonrisa *f*

lachen ['laxən] *vi* reír(se) (**über** de); **jdn zum L~ bringen** hacer reír a alguien; **aus vollem Halse** ~ reírse a carcajadas; **sie lachte über das ganze Gesicht** sonrió de oreja a oreja; **dass ich nicht lache!** *(iron)* ¡no me haga(s) reír!; **du hast gut ~!** *(fam)* ¡bien puedes tú reírte!; **da gibt es nichts zu** ~ esto no tiene ninguna gracia; **das wäre doch gelacht, wenn wir das nicht könnten!** ¡sería ridículo si no pudiéramos hacerlo!; **mir ist durchaus nicht zum L~** (**zumute**) no estoy en absoluto para bromas; **du wirst ~,** (**aber**) **...** *(fam)* te parecerá ridículo, (pero)...; **wer zuletzt lacht, lacht am besten** *(prov)* quien ríe el último, ríe mejor

Lachen *nt* <-s, *ohne pl*> risa *f;* **dir wird das ~ noch vergehen** *(fam)* ya se te pasará la risa; **sich biegen vor** ~ *(fam)* troncharse de risa

Lacher *m* <-s, -> *(Gelächter)* risa *f*

lächerlich ['lɛçɐlɪç] **I.** *adj* ridículo; **jdn/etw ~ machen** poner a alguien/algo en ridículo; **sich ~ machen** hacer el ridículo; **~e drei Zuschauer waren da** *(fam)* asistieron (solamente) tres gatos **II.** *adv* de forma ridícula

Lächerlichkeit[1] *f* <-en> *(abw: Geringfügigkeit)* ridiculez *f*

Lächerlichkeit[2] *f ohne pl (das Lächerlichsein)* lo ridículo; **etw/jdn der ~ preisgeben** poner algo/a alguien en ridículo

Lachgas *nt* gas *m* hilarante

lachhaft *adj (abw)* ridículo

Lachkrampf *m* ataque *m* de risa; **wir bekamen einen** ~ nos entró un ataque de risa

Lachs [laks] *m* <-es, -e> salmón *m*

lachsfarben *adj* de color salmón

Lachsforelle *f* trucha *f* asalmonada

Lachsschinken *m jamón de chuleta de cerdo salada y ligeramente ahumada*

Lack [lak] *m* <-(e)s, -e> laca *f; (Holzlack)* barniz *m; (Autolack)* pintura *f*

Lackaffe *m (fam abw)* petimetre *m*

Lackfarbe *f* barniz *m* (brillante)

lackieren* [la'ki:rən] *vt* ① *(Holz)* barnizar; *(Auto)* pintar (con pistola) ② *(Fingernägel)* pintar

Lackierer(in) *m(f)* <-s, -; -, -nen> barnizador(a) *m(f)*

Lackierung *f* <-en> ① *(das Lackieren)* barnizado *m* ② *(Lack)* barnizado *m; (Autolackierung)* pintura *f*

Lackleder *nt* charol *m*

Lackmus ['lakmʊs] *m o nt* <-, *ohne pl*> (CHEM) tornasol *m*

Lackmuspapier *nt ohne pl* (CHEM) papel *m* de tornasol

Lackschaden *m* desperfecto *m* en la pintura

Lackschuh *m* zapato *m* de charol

Lacrosse [la'krɔs] *nt* <-, *ohne pl*> (SPORT) lacrosse *m*

Lade ['la:də] *f* <-, -n> *(reg: Schublade)* cajón *m*

Ladefläche *f* superficie *f* de carga

Ladegerät *nt* (PHYS) cargador *m*

Ladegewicht *nt ohne pl* (peso *m* de la) carga *f;* **das zulässige ~ beträgt ... Tonnen** la carga permitida asciende a... toneladas

laden ['la:dən] <lädt, lud, geladen> *vt* ① *(Fracht, Batterie, Pistole)* cargar; **die Koffer in das/aus dem Auto** ~ meter/sacar las maletas en el/del coche; **alle**

Schuld auf sich ~ *(fig)* cargar con todas las culpas; **sieh dich vor, er ist heute total ge~** *(fam fig)* ándate con cuidado, hoy está a punto de explotar; **er hat wieder schwer ge~** *(fam iron)* ha vuelto a coger una mona ❷ (JUR: *vorladen*) citar; **ge~e Gäste** invitados *mpl* ❸ (INFOR) cargar

Laden[1] ['la:dən] *m* <-s, Läden> ❶ *(Kaufladen)* tienda *f;* *(Geschäft)* negocio *m;* **der ~ läuft** *(fam)* los negocios van bien; **Schwung in den ~ bringen** *(fam)* animar el cotarro; **sie allein schmeißt den ganzen ~** *(fam)* ella solita lo lleva todo adelante; **den (ganzen) ~ hinschmeißen** *(fam)* tirar la toalla ❷ *(Fensterladen)* postigo *m* ❸ *(Rollladen)* persiana *f*

Laden[2] *nt* <-s, *ohne pl*> (INFOR) carga *f*

Ladenbesitzer(in) *m(f)* dueño, -a *m, f* de una tienda

Ladendieb(in) *m(f)* ladrón, -ona *m, f* de tiendas, mechero, -a *m, f fam*

Ladendiebstahl *m* robo *m* en tiendas

Ladenhüter *m (fig)* artículo *m* que no se vende

Ladenkette *f* cadena *f* de tiendas

Ladenöffnungszeiten *fpl* horario *m* comercial

Ladenpreis *m* precio *m* de venta al público

Ladenschluss *m* <-es, *ohne pl*> (hora *f* de) cierre *m* de los comercios; **nach/vor ~** después de/antes de cerrar los negocios

Ladenschlussgesetz *nt ley que regula los horarios comerciales*

Ladenstraße *f* <-, -n> calle *f* comercial; **verkehrsfreie ~** calle comercial peatonal

Ladentisch *m* mostrador *m;* **etw unter dem ~ verkaufen** *(fam)* vender algo bajo mano

Laderampe *f* rampa *f* de carga

Laderaum *m* espacio *m* de carga

lädieren* [lɛ'di:rən] *vt* ❶ *(Sachen)* dañar ❷ *(Personen)* lesionar; **du siehst ganz schön lädiert aus** pareces hecho polvo

lädt [lɛ:t] *3. präs von* **laden**

Ladung *f* <-en> ❶ *(Fracht, Munition)* carga *f* ❷ (PHYS) carga *f* (eléctrica) ❸ (JUR: *Vorladung*) citación *f* ❹ *(fam: Menge)* montón *m*

lag [la:k] *3. imp von* **liegen**

Lage ['la:gə] *f* <-n> ❶ *(Stelle)* sitio *m;* (GEO) zona *f;* **in günstiger ~** en buena zona ❷ *(Position)* posición *f;* **in der glücklichen ~ sein, etw zu tun** tener la suerte de poder hacer algo; **siehst du dich in der ~, uns zu helfen?** ¿te parece que estás en condiciones de ayudarnos? ❸ *(Situation)* situación *f;* **dazu bin ich nicht in der ~** no estoy en condiciones de hacerlo; **Herr der ~ sein** dominar la situación; **versetz dich doch einmal in meine ~** intenta ponerte en mi lugar; **nach ~ der Dinge** dadas las circunstancias; **der Ernst der ~** la gravedad de la situación; **die ~ peilen** *(fam)* explorar la situación ❹ *(Schicht)* capa *f* ❺ (MUS: *Stimmlage*) registro *m* ❻ *(fam: Runde)* ronda *f*

Lagebericht *m* informe *m* sobre la situación

Lagebesprechung *f* análisis *m inv* de la situación, discusión *f* sobre la situación

Lageplan *m* plano *m* general

Lager ['la:gɐ] *nt* <-s, -> ❶ *(Zelt-, Ferienlager)* campamento *m;* *(Gefangenen-, Flüchtlingslager)* campo *m;* **ein ~ aufschlagen** acampar; **das ~ abbrechen** levantar el campamento ❷ *(Vorratslager)* almacén *m,* depósito *m,* barraca *f Am,* despensa *f Arg;* *(Vorrat)* existencias *fpl;* **etw auf ~ haben** tener algo en depósito; **sie hat immer ein paar Witze auf ~** *(fam)* siempre tiene un par de chistes a punto ❸ *(Partei, Seite)* campo *m;* *(Gruppe)* grupo *m;* **ins gegnerische ~ überlaufen** *(fig)* pasarse al campo contrario; **die Partei spaltete sich in mehrere ~** el partido se escindió en varios grupos ❹ (TECH) cojinete *m* ❺ (GEO) yacimiento *m*

Lagerfeuer *nt* hoguera *f,* fogón *m Arg, CRi, Urug*

Lagerfeuerstelle *f* zona *f* para fogatas

Lagergebühr *f* tasa *f* de almacenaje

Lagerhalle *f* almacén *m*

Lagerhaltung *f ohne pl* almacenamiento *m*

Lagerhaus *nt* almacén *m*

lagern ['la:gɐn] **I.** *vi* ❶ *(kampieren)* acampar ❷ *(Waren)* estar almacenado; *(Esswaren)* conservarse; *(Wein)* reposar **II.** *vt* ❶ *(aufbewahren: Waren)* almacenar; *(Esswaren)* conservar; **kühl ~** consérvese en lugar fresco ❷ *(legen)* poner; **das Bein hoch ~** poner la pierna en alto; **dieser Fall ist anders gelagert** es un caso distinto

Lagerraum *m* depósito *m*

Lagerschaden *m* deterioro *m* debido al almacenamiento

Lagerung *f* <-en> ❶ *(von Waren, Gegenständen)* almacenamiento *m* ❷ (TECH) cojinete *m*

Lagerverwalter(in) *m(f)* jefe, -a *m, f* de almacén

Lagune [la'gu:nə] *f* <-n> laguna *f*

lahm [la:m] *adj* ❶ (MED) paralítico; *(hinkend)* cojo; **auf einem Bein ~ sein** cojear de una pierna ❷ *(wie gelähmt)* entumecido ❸ *(fam abw: langsam)* lento; *(langweilig)* pesado

lahmen *vi* cojear (**auf** de)

L

lähmen ['lɛːmən] *vt* paralizar
lahm|legen *vt* paralizar
Lähmung ['lɛːmʊŋ] *f* <-en> ❶ (MED) parálisis *f inv;* **spastische ~** parálisis espasmódica ❷ *(der Industrie)* paralización *f*
Laib [laɪp] *m* <-(e)s, -e> **ein ~ Brot** un pan
Laich [laɪç] *m* <-(e)s, -e> desove *m*
laichen *vi* desovar
Laie, -in ['laɪə] *m, f* <-n, -n; -nen> ❶ *(Nichtfachmann)* profano, -a *m, f* ❷ (REL) laico, -a *m, f*
laienhaft *adj* profano
Laienprediger(in) *m(f)* (REL) predicador(a) *m(f)* laico , -a
Laienspiel *nt* <-(e)s, -e> (THEAT) representación *f* de aficionados
Laiin *f* <-nen> *s.* **Laie**
Lakai [la'kaɪ] *m* <-en, -en> *(abw)* lacayo *m*
Lake ['laːkə] *f* <-n> salmuera *f*
Laken ['laːkən] *nt* <-s, -> sábana *f*
lakonisch [la'koːnɪʃ] *adj* lacónico
Lakritze [la'krɪtsə] *f* <-n> regaliz *m*
Laktose [lak'toːzə] *f* <-, *ohne pl*> (BIOL, CHEM) lactosa *f*
laktosefrei *adj* (GASTR) sin lactosa
Laktoseintoleranz *f* <-, -en> (MED) intolerancia *f* a la lactosa
lallen ['lalən] *vi, vt* balbucear, balbucir
Lama[1] ['laːma] *nt* <-s, -s> (ZOOL) llama *f*
Lama[2] ['laːma] *m* <-(s), -s> (REL) lama *m*
Lamé [la'meː] *m* <-(s), -s> lamé *m*
Lamelle [la'mɛlə] *f* <-n> ❶ (TECH) lámina *f* ❷ (BOT) laminilla *f*
lamentieren* [lamɛn'tiːrən] *vi (fam abw)* quejarse (**über** de)
Lametta [la'mɛta] *nt* <-s, *ohne pl*> *tiras de color plata que se usan como adorno navideño*
Laminat [lami'naːt] *nt* <-(e)s, -e> laminado *m*
laminieren* [lami'niːrən] *vt* (TECH) laminar
Lamm [lam, *pl:* 'lɛmɐ] *nt* <-(e)s, Lämmer> cordero *m*
Lammbraten *m* asado *m* de cordero
Lammfell *nt* piel *f* de cordero
Lammfleisch *nt* (carne *f* de) cordero *m*
lammfromm ['-'-] *adj* manso como un cordero
Lampe ['lampə] *f* <-n> lámpara *f*
Lampenfieber *nt (fam)* mieditis *f inv*
Lampenschirm *m* pantalla *f*
Lampion ['lampjɔŋ, -'-] *m* <-s, -s> farolillo *m*
LAN [laːn] *nt* <-s, -s> (INFOR) *Abk. von* **Local Area Network** (**lokales Netz**) área *f* local

L

lancieren* [lã'siːrən] *vt* ❶ *(Produkt)* lanzar ❷ *(Künstler)* promocionar
Land[1] [lant, *pl:* 'lɛndɐ] *nt* <-(e)s, Länder> ❶ *(Staat)* país *m;* **~ und Leute kennenlernen** conocer gente y costumbres; **das Gelobte ~** la tierra prometida; **aus aller Herren Länder** de todas las partes del mundo; **hier zu ~e** en este país; **andere Länder, andere Sitten** *(prov)* cada tierra, su uso ❷ *(Bundesland)* estado *m* federado, land *m;* **das ~ Hessen** el estado federado de Hesse
Land[2] *nt* <-(e)s, -e> *(geh)* campaña *f;* **Wein aus deutschen ~en** vino alemán; **durch die ~e ziehen** vagar por el mundo; **drei Jahre gingen ins ~** *(geh)* pasaron tres años
Land[3] *nt* <-(e)s, *ohne pl*> ❶ *(Festland)* tierra *f;* **~ in Sicht!** ¡tierra a la vista!; **an ~ gehen** desembarcar; (**wieder**) **~ sehen** *(fig)* ver el cielo abierto; **etw an ~ ziehen** *(fam)* conseguir algo ❷ *(dörfliche Gegend)* campo *m,* verde *m AmC, Ant, Méx;* **auf dem ~ wohnen** vivir en el campo ❸ *(Ackerboden)* terreno *m,* tierra *f;* **das ~ bestellen** cultivar la tierra
Landadel *m* nobleza *f* provincial
Landarbeit *f* faenas *f pl* del campo
Landarbeiter(in) *m(f)* campesino, -a *m, f*
Landarzt, -ärztin *m, f* <-es, -ärzte; -, -nen> (MED) médico, -a *m, f* rural [*o* de pueblo]
Landbesitz *m* tierras *f pl,* fincas *f pl* rústicas
Landbesitzer(in) *m(f)* terrateniente *mf*
Landbevölkerung *f ohne pl* población *f* rural
Landeanflug *m* vuelo *m* de aproximación
Landebahn *f* pista *f* de aterrizaje
Landeerlaubnis *f* permiso *m* de aterrizaje
landeinwärts [-'--] *adv* tierra adentro
landen ['landən] *vi sein* ❶ *(Flugzeug)* aterrizar; *(auf dem Mond)* alunizar; *(auf dem Wasser)* amerizar; **weich ~** realizar un aterrizaje suave; **mit deinen Komplimenten kannst du bei mir nicht ~** *(fam)* tus piropos no me impresionan para nada ❷ *(Schiff)* tomar tierra ❸ *(fam: ankommen)* acabar (**in** en); **schließlich landeten sie im Kino** al final acabaron en el cine; **auf dem 5. Platz ~** (SPORT) clasificarse en quinto lugar
Landenge *f* <-, -n> istmo *m*
Landepiste *f* (AERO) pista *f* de aterrizaje
Landeplatz *m* ❶ (AERO) pista *f* de aterrizaje ❷ (NAUT) embarcadero *m*
Ländereien [lɛndə'raɪən] *f pl* tierras *f pl*
Länderkampf *m* (SPORT) competición *f* internacional

Länderspiel *nt* (SPORT) partido *m* internacional
Landesbank *f* <-, -en> (FIN, WIRTSCH) banco *m* del land
Landesebene *f* (ADMIN) **auf ~** en un land
Landesgrenze *f* frontera *f*
Landeshauptmann *m (Österr)* presidente *m* de un estado federado
Landeshauptstadt *f* capital *f*
Landesinnere(s) *nt* interior *m* del país
Landeskunde *f ohne pl* cultura *f* y civilización
Landesrat, -rätin *m, f (Österr)* ≈ ministro, -a *m, f* de un estado federado
Landesrecht *nt ohne pl* (JUR) *legislación vigente en un land, en cuyo territorio esta se antepone a la legislación nacional*
Landesregierung *f* gobierno *m* de un land
Landessprache *f* idioma *m* nacional
Landesteil *m* región *f*
Landestracht *f* traje *m* regional
landesüblich *adj* habitual en un país
Landesverrat *m* (JUR) alta traición *f*
Landesverteidigung *f ohne pl* defensa *f* nacional
Landeswährung *f* moneda *f* nacional
Landeverbot *nt* prohibición *f* de aterrizar
Landflucht *f ohne pl* éxodo *m* del campo a la ciudad
Landfriedensbruch *m* (JUR) perturbación *f* del orden público
Landgang *m* <-(e)s, -gänge> (NAUT) permiso *m* de tierra
Landgericht *nt* ≈ Audiencia *f* Provincial
Landgut *nt* finca *f*, hacienda *f Am*
Landhaus *nt* casa *f* de campo, estancia *f Am*
Landkarte *f* mapa *m*
Landkreis *m* distrito *m* administrativo
landläufig *adj (allgemein)* general; *(allgemein verbreitet)* común; *(gängig)* corriente
Landleben *nt ohne pl* vida *f* rural
ländlich ['lɛntlɪç] *adj* rural, del campo, jíbaro *Am*
Landluft *f ohne pl* aire *m* del campo
Landmaschine *f* máquina *f* agrícola
Landplage *f* plaga *f*
Landrat[1] *m (Schweiz) parlamento de ciertos cantones*
Landrat, -rätin[2] *m, f* jefe, -a *m, f* de distrito
Landratte *f (fam)* marinero, -a *m, f* de agua dulce
Landschaft *f* <-en> paisaje *m*
landschaftlich *adj* paisajístico; **~ reizvoll** de atractivo paisaje
Landschaftsgärtner(in) *m(f)* paisajista *mf*
Landschaftsgestaltung *f* <-, -en> planificación *f* de parques y jardines, diseño *m* de parques y jardines
Landschaftsmalerei *f ohne pl (Gattung)* paisajismo *m*
Landschaftsschutzgebiet *nt* parque *m* nacional
Landsitz *m* finca *f*, casa *f* de campo
Landsmann, -männin *m, f* <-(e)s, -leute; -nen> compatriota *mf*
Landstraße *f* carretera *f* nacional
Landstreicher(in) *m(f)* <-s, -; -nen> vagabundo, -a *m, f*, bagamán *m Col, RDom*
Landstreitkräfte *fpl* (MIL) ejército *m* de tierra
Landstrich *m* región *f*, comarca *f*
Landtag *m* (POL) parlamento *m* de un land
Landung ['landʊŋ] *f* <-en> ① *(von Flugzeug)* aterrizaje *m*; *(Mondlandung)* alunizaje *m* ② *(von Schiff)* desembarque *m* ③ *(von Truppen)* desembarco *m*
Landungsbrücke *f* desembarcadero *m*
Landungssteg *m* embarcadero *m*
Landvermessung *f* (AGR, GEO) agrimensura *f*
Landweg *m* **auf dem ~** por tierra
Landwein *m* vino *m* del país
Landwind *m* viento *m* de tierra [*o* terral]
Landwirt(in) *m(f)* agricultor(a) *m(f)*
Landwirtschaft[1] *f* <-en> *(Betrieb)* granja *f* agrícola
Landwirtschaft[2] *f ohne pl (Ackerbau)* agricultura *f*
landwirtschaftlich *adj* agrícola, agrario
Landzunge *f* (GEO) lengua *f* de tierra
lang [laŋ] <länger, am längsten> **I.** *adj* ① *(allgemein)* largo; **das Bett ist 2 Meter ~** la cama tiene 2 metros de largo; **seit ~em** [*o* **Langem**] desde hace mucho (tiempo); **~ und breit** detalladamente; **gleich ~** igual de largo; **ohne ~es Nachdenken** sin pensarlo mucho; **ein ~es Gesicht machen** poner (una) cara larga ② *(fam: groß gewachsen)* alto **II.** *adv* ① *(Dauer)* durante; **einen Augenblick ~** durante un momento; **mein ~ ersehnter Wunsch** el sueño de mi vida ② *(reg: entlang)* por; **hier geht's ~** vamos por aquí
langärm(e)lig *adj* de manga larga
langatmig ['-ʔaːtmɪç] *adj* (excesivamente) detallado
Langatmigkeit *f* <-, *ohne pl*> prolijidad *f*
langbeinig *adj* de piernas largas
lange ['laŋə] <länger, am längsten> *adv* mucho tiempo; **ich habe nicht ~ gebraucht** no me ha llevado mucho tiempo; **wie ~ bist du schon hier?** ¿cuánto tiempo hace ya que estás aquí?; **das ist schon ~ her** ya hace mucho tiempo; **das heißt noch ~ nicht, dass ich aufgebe** eso no

quiere decir ni mucho menos que vaya a rendirme; ~ **brauchen(, um … zu)** tardar mucho (en…) *+inf;* **so ~ bis …** hasta que… *+subj;* **das ist noch ~ hin** falta mucho (tiempo) todavía; **das ist noch ~ nicht genug** esto no basta de ninguna manera; **da kannst du ~ warten!** ¡puedes esperar sentado!; **er macht es nicht mehr ~** *(fam)* la va a palmar

Länge ['lɛŋə] *f* <-n> ① *(räumlich)* longitud *f; (von Kleidung)* largo *m;* **der ~ nach** a lo largo; **ein Seil von zehn Meter ~** una cuerda de diez metros de largo; **ein Stau von 10 km ~** un atasco de 10 km ② *(zeitlich)* duración *f;* **etw zieht sich in die ~** algo tarda mucho tiempo; **die Verhandlungen in die ~ ziehen** dilatar las negociaciones; **wir haben den Film in voller ~ gesehen** hemos visto la película entera ③ (SPORT) largo *m;* **mit einer ~ Vorsprung gewinnen** ganar con un largo de ventaja ④ *pl (langweilige Stelle)* pasaje *m* prolijo ⑤ (GEO) longitud *f;* **geografische ~** longitud geográfica; **zwanzig Grad östlicher ~** veinte grados de longitud este

langen ['laŋən] **I.** *vi (fam)* ① *(ausreichen)* bastar; **jetzt langt's (mir) aber!** ¡basta ya! ② *(sich erstrecken)* llegar **(bis (zu)** hasta) ③ *(anfassen)* tocar **(an)**; *(hineinlangen)* meter la mano **(in** en) **II.** *vt (fam)* coger, agarrar *Am;* **jdm eine ~** pegar una bofetada a alguien

Längengrad *m* (GEO) grado *m* de longitud

Längenmaß *nt* medida *f* de longitud

länger ['lɛŋɐ] **I.** *adj kompar von* **lang** **II.** *adv kompar von* **lange**

längerfristig *adj* a largo plazo

Langeweile ['laŋəvaɪlə] *f* aburrimiento *m;* **~ haben** aburrirse; **aus** [*o* **vor**] **~** de puro aburrimiento

Langfinger *m (fam)* caco *m,* malabarista *m Chil,* maletero *m Chil*

langfristig *adj* a largo plazo

langhaarig *adj* de pelo largo

Langhantel *f* (SPORT) haltera *f*

langjährig *adj* de muchos años

Langlauf *m ohne pl* (SPORT) esquí *m* de fondo

Langläufer(in) *m(f)* esquiador(a) *m(f)* de fondo

Langlaufloipe *f* (SPORT) pista *f* de esquí de fondo

Langlaufski *m* esquí *m* de fondo

langlebig *adj* ① *(Person)* longevo; *(a. Tier)* de larga vida ② *(Material)* duradero

Langlebigkeit *f* <-, *ohne pl*> longevidad *f*

länglich ['lɛŋlɪç] *adj* alargado, oblongo

längs [lɛŋs] **I.** *präp +gen* a lo largo de **II.** *adv* a lo largo

Längsachse *f* eje *m* longitudinal

langsam ['laŋza:m] **I.** *adj* ① *(Geschwindigkeit)* lento ② *(allmählich)* paulatino **II.** *adv* ① *(Geschwindigkeit)* despacio; **~ sprechen/fahren** hablar/conducir despacio; **immer schön ~!** ¡despacito!; **~, aber sicher** *(fam)* despacio, pero seguro ② *(allmählich)* poco a poco; **es wird ~ Zeit** ya va siendo hora; **~ reicht es mir** *(fam)* me estoy hartando

Langsamkeit *f ohne pl* lentitud *f*

Langschläfer(in) *m(f)* dormilón, -ona *m, f*

Langspielplatte *f* elepé *m*

Längsschnitt *m* corte *m* longitudinal

Längsseite *f (Breitseite)* largo *m;* (NAUT) costado *m*

Längsstreifen *m* <-s, -> raya *f* vertical

längst [lɛŋst] *adv* ① *(zeitlich)* hace tiempo ② *(bei Weitem)* ni mucho menos; **und das ist noch ~ nicht alles** y esto no es todo, ni mucho menos

längste(r, s) ['lɛŋstə, -tɐ, -təs] *adj superl von* **lang**

längstens ['lɛŋstəns] *adv (fam)* ① *(höchstens)* como mucho ② *(spätestens)* a más tardar; **in ~ zwei Wochen** a más tardar en dos semanas

langstielig *adj (Blume)* de tallo largo; *(Glas)* de pie largo

Langstreckenflug *m* vuelo *m* de larga distancia

Langstreckenflugzeug *nt* avión *m* para trayectos largos

Langstreckenlauf *m* (SPORT) carrera *f* de fondo

Langstreckenläufer(in) *m(f)* (SPORT) fondista *mf,* corredor(a) *m(f)* de fondo

Langstreckenrakete *f* <-, -n> misil *m* de largo alcance

Languste [laŋ'gʊstə] *f* <-n> (ZOOL) langosta *f*

langweilen ['laŋvaɪlən] **I.** *vt* aburrir **II.** *vr:* **sich ~** aburrirse, enfadarse *Am;* **sich zu Tode ~** morirse de aburrimiento

Langweiler(in) *m(f)* <-s, -; -nen> *(abw fam)* ① *(jd, der langweilt)* soso, -a *m, f* ② *(langsamer Mensch)* tortuga *f*

langweilig *adj* ① *(uninteressant)* aburrido ② *(fam: zeitraubend)* pesado

Langwelle *f* (RADIO, PHYS) onda *f* larga

langwierig ['laŋvi:rɪç] *adj* largo; *(mühselig)* arduo

Langzeitarbeitslose(r) *mf* parado, -a *m, f* (durante largo tiempo)

Langzeitarbeitslosigkeit *f* paro *m* de larga duración, cesantía *f* prolongada *Am*

Langzeitgedächtnis *nt* (PSYCH) memoria *f* larga

Langzeitstudie *f* estudio *m* a largo plazo;

(Forschungen) investigaciones *f pl* de larga duración; (WIRTSCH) análisis *m inv* a largo plazo
Langzeitwirkung *f* <-, -en> efecto *m* prolongado
LAN-Kabel [la:n-] *nt* (INFOR) cable *m* LAN
Lanze ['lantsə] *f* <-n> lanza *f*, picana *f AmS;* **für jdn eine ~ brechen** *(fig)* romper una lanza por alguien
Laos ['la:ɔs] *nt* <-> Laos *m*
lapidar [lapi'da:ɐ] *adj* lapidario
Lapislazuli [lapɪs'la:tsuli] *m* <-, -> lapislázuli *m*
Lappalie [la'pa:liə] *f* <-n> bagatela *f*, guinda *f Chil*
Lappe, -in ['lapə] *m, f* <-n, -n; -nen> lapón, -ona *m, f*
Lappen ['lapən] *m* <-s, -> ① *(Stoff-, Putzlappen)* trapo *m*, limpión *m Am;* **etw geht jdm durch die ~** *(fam)* algo se le escapa a alguien de las manos ② *(fam: Geldschein)* billete *m*
läppern ['lɛpɐn] *vr:* **sich ~** *(fam)* amontonarse; **es läppert sich allmählich** poco a poco se va amontonando
Lappin ['lapɪn] *f* <-nen> *s.* **Lappe**
läppisch ['lɛpɪʃ] *adj (abw)* ① *(kindisch)* infantil ② *(gering)* insignificante
Lappland ['laplant] *nt* Laponia *f*
Laptop ['lɛptɔp] *m* <-s, -s> ordenador *m* portátil
Laptoptasche *f* maletín *m* para portátil; *(Schutzhülle)* funda *f* para portátil
Lärche ['lɛrçə] *f* <-n> (BOT) alerce *m*
Larifari [lari'fa:ri] *nt* <-s, *ohne pl*> *(fam)* bobadas *f pl*, tonterías *f pl*
Lärm [lɛrm] *m* <-(e)s, *ohne pl*> ruido *m*, chivateo *m Am*, batifondo *m CSur;* **~ schlagen** *(fam)* armar un cisco; **viel ~ um nichts** mucho ruido y pocas nueces
Lärmbekämpfung *f ohne pl* lucha *f* contra el ruido
Lärmbelästigung *f* molestia *f* por ruido, contaminación *f* acústica
lärmempfindlich *adj* sensible a los ruidos
lärmen ['lɛrmən] *vi* hacer ruido, meter ruido *fam*
lärmend I. *adj* ruidoso **II.** *adv* con (mucho) estrépito
Lärmpegel *m* nivel *m* de ruidos
Lärmschutz *m* protección *f* contra el ruido; *(an Straßen)* pantalla *f* antirruido
Lärmschutzwall *m* <-(e)s, -wälle> muro *m* antirruidos
Lärmschutzwand *f* pantalla *f* antirruido
Larve ['larfə] *f* <-n> ① (ZOOL) larva *f* ② *(reg: Maske)* antifaz *m*
las [la:s] *3. imp von* **lesen**
Lasagne [la'zanjə] *pl* (GASTR) lasaña *f*
lasch [laʃ] *adj (schlaff)* laxo, flojo; *(fade)* soso
Lasche ['laʃə] *f* <-n> ① (TECH) cubrejunta *m* ② *(am Schuh)* lengüeta *f; (an Schachtel, Heftchen)* solapa *f; (an Taschen)* presilla *f; (an Dosen)* anillo *m*
Laser ['le:zɐ, 'lɛɪzɐ] *m* <-s, -> (PHYS) láser *m*
Laserdrucker *m* (INFOR) impresora *f* láser
Laserstrahl *m* (PHYS) rayo *m* láser
lasieren *vt (Holz)* barnizar; *(Ton)* esmaltar
lassen[1] ['lasən] <lässt, ließ, gelassen> *vt* ① *(unverändert lassen, unterlassen)* dejar; **lass doch das Gejammer!** ¡deja de lamentarte!; **~ wir das!** ¡dejémoslo!; **lass mich (in Ruhe)!** ¡déjame (en paz)!; **er kann es einfach nicht ~** siempre está con lo mismo; **tu, was du nicht ~ kannst!** *(fam)* ¡haz lo que mejor te parezca!; **~ wir es dabei** dejémoslo así ② *(zurücklassen)* dejar; **sein Leben ~** *(geh)* perder la vida ③ *(zugestehen)* **jdm Zeit ~** dar tiempo a alguien; **jdm seinen Willen ~** respetar la voluntad de alguien; **das muss man ihr ~** hay que reconocérselo ④ *(irgendwohin lassen)* **Wasser in die Wanne ~** preparar el baño; **jdm die Luft aus den Reifen ~** desinflarle las ruedas a alguien; **lass mich mal vorbei** déjame pasar ⑤ *(Wend)* **offen ~** *(Tür, Fenster)* dejar abierto; *(beim Schreiben)* dejar en blanco; **wir sollten nichts unversucht ~** tenemos que agotar todas las posibilidades
lassen[2] ['lasən] <lässt, ließ, lassen> *vt mit einem Infinitiv* ① *(erlauben)* dejar; *(zulassen)* tolerar, permitir *+inf;* **lass mich nur machen!** ¡ya lo hago yo!; **lass hören!** ¡empieza ya!; **so kannst du dich sehen ~** así estás guapo; **lass dir das gesagt sein!** ¡date por advertido!; **~ Sie sich gesagt sein, dass ...** dese por enterado de que...; **sich nicht stören ~** no molestarse; **~ Sie das nur meine Sorge sein** no se preocupe, yo me ocuparé de ello; **~ Sie mich bitte ausreden** déjeme acabar de hablar; **einen fahren ~** *(fam)* tirarse un pedo; **jdn laufen ~** *(fam)* soltar a alguien; **etw geschehen ~** dejar pasar algo; **lass ihn nur kommen!** ¡déjale que venga!; **sich** *dat* **einen Bart stehen ~** dejarse crecer la barba ② *(veranlassen)* hacer *+inf;* **sich scheiden ~** divorciarse; **sich** *dat* **die Haare schneiden ~** (ir a) cortarse el pelo; **ich lasse bitten** hágale pasar; **er lässt dich grüßen** te manda saludos; **ich habe mir sagen ~, dass ...** me dijeron que... ③ *(unverändert lassen)* **etw sein** [*o* **bleiben**] **~** dejar algo; **jdn hängen ~** dejar a alguien plantado; **sich hängen ~** dejarse ir; **etw liegen ~** *(nicht wegnehmen)* dejar algo;

L

(vergessen) olvidar algo; *(unerledigt lassen)* interrumpir algo; **jdn links liegen ~** pasar de largo a alguien; **stecken ~** no sacar; *(Schlüssel)* dejar puesto; **lass dein Geld stecken!** ¡déjalo (yo pago)!; **stehen ~** *(nicht wegnehmen, vergessen)* dejar; *(nicht zerstören)* conservar; *(Essen)* dejar en el plato; *(sich abwenden)* dejar plantado; *(bei einem Termin)* dar plantón ④ *(Imperativ)* **lass uns gehen!** ¡vámonos!; **lasset uns beten** oremos; **lass es dir schmecken** que aproveche; **lass es dir gut gehen** que te vaya bien ⑤ *(lassen + sich: möglich sein)* poderse; **das wird sich einrichten ~** esto se arreglará; **das lässt sich nicht vermeiden** esto no se puede evitar; **ich will sehen, was sich tun lässt** voy a ver qué es lo que podemos hacer; **der Wein lässt sich trinken** el vino se puede beber; **das lässt sich hören** no está mal

lässig ['lɛsɪç] *adj* ① *(ungezwungen)* desenfadado ② *(fam: leicht)* fácil; *(ohne Anstrengung)* sin esfuerzo

Lässigkeit *f ohne pl* desenfado *m*

Lasso ['laso] *nt* <-s, -s> lazo *m*

lässt [lɛst] *3. präs von* **lassen**

Last [last] *f* <-en> ① *(a. fig)* carga *f; (Gewicht)* peso *m;* **jdm zur ~ fallen** ser una carga para alguien; **jdm etw zur ~ legen** acusar a alguien de algo; **das geht zu deinen ~en** eso queda de tu cuenta ② *pl (Abgaben)* cargas *f pl*

Last(kraft)wagen *m* camión *m*

lasten ['lastən] *vi* pesar (**auf** sobre)

Lastenaufzug *m* montacargas *m inv,* elevador *m Arg*

lastenfrei *adj* (FIN) sin cargas, libre de cargas

Lastenverteilung *f ohne pl* (WIRTSCH) reparto *m* de cargas

Laster[1] *m* <-s, -> *(fam)* camión *m*

Laster[2] *nt* <-s, -> vicio *m*

Lästerer, -in ['lɛstərɐ] *m, f* <-s, -; -, -nen> cotilla *mf*

lasterhaft *adj* vicioso

Lästerin *f* <-nen> *s.* **Lästerer**

lästern ['lɛstɐn] *vi (abw)* **über jdn ~** poner verde a alguien

Lästerung *f* <-, -en> maledicencia *f;* (REL) blasfemia *f*

Lastesel *m (a. fam)* burro *m* de carga

lästig ['lɛstɪç] *adj* pesado, odioso *Am,* espeso *Arg, Perú, Ven,* molón *Guat, Ecua, Méx;* **jdm ~ sein** molestar a alguien

Lastkahn *m* gabarra *f*

Lastschrift *f* (FIN) cargo *m*

Lastschriftverfahren *nt* <-s, -> (FIN) procedimiento *m* de nota de cargo

Lasttier *nt* bestia *f* de carga

Lastwagen *m* camión *m*

Lastwagenfahrer(in) *m(f)* camionero, -a *m, f*

Lastzug *m* camión *m* con remolque

Lasur [la'zuːɐ] *f* <-en> barniz *m*

lasziv [las'tsiːf] *adj* lascivo

Laszivität [lastsivi'tɛːt] *f* <-, *ohne pl*> *(geh)* ① *(Sinnlichkeit)* lascivia *f* ② *(Anstößigkeit)* indecencia *f*

Latein [la'taɪn] *nt* <-s, *ohne pl*> latín *m;* **mit seinem ~ am Ende sein** no saber cómo continuar

Lateinamerika [---'---] *nt* Latinoamérica *f*

Lateinamerikaner(in) [-----'--] *m(f)* latinoamericano, -a *m, f*

lateinamerikanisch [-----'--] *adj* latinoamericano

lateinisch [la'taɪnɪʃ] *adj* latino

Lateinisch *nt* <-(s), *ohne pl*>, **Lateinische** *nt* <-n, *ohne pl*> latín *m*

latent [la'tɛnt] *adj* latente; **~ vorhanden sein** estar latente

Latenz *f* <-, *ohne pl*> (BIOL, MED) latencia *f*

lateral [late'raːl] *adj* lateral

Laterne [la'tɛrnə] *f* <-n> linterna *f; (Straßenlaterne)* farola *f*

Laternenpfahl *m* poste *m* de farola

Latex ['laːtɛks, *pl:* 'laːtitseːs] *m* <-, Latizes> látex *m inv*

Latinum [la'tiːnʊm] *nt* <-s, *ohne pl*> *diploma de latín;* **das kleine/große** [*o* **Kleine/Große**] **~** *diploma adquirido tras tres/seis años de estudio del latín*

Latrine [la'triːnə] *f* <-, -n> letrina *f*

latschen ['laːtʃən] *vi sein (fam)* ① *(gehen)* andar; *(zu Fuß gehen)* ir a pie ② *(schlurfen)* arrastrar los pies ③ *(rücksichtslos trampeln)* pisotear (**über**)

Latschen ['laːtʃən] *m* <-s, -> *(fam)* zapato *m* viejo, ojota *f Am;* **aus den ~ kippen** *(fam: ohnmächtig werden)* desmayarse; *(sehr überrascht sein)* quedarse asombradísimo

Latte ['latə] *f* <-n> ① *(Brett)* tabla *f;* **eine lange ~ sein** *(fam)* ser un fideo ② (SPORT: *am Tor*) larguero *m; (Hochsprung)* listón *m* ③ *(fam: Menge)* **eine ganze ~ von ...** *(fam)* una gran cantidad de... ④ *(fam: erigierter Penis)* estaca *f*

Latte macchiato ['latə ma'kiaːto] *m o f* <--, --(s)> (GASTR) (leche *f*) manchada *f*

Lattenrost *m* somier *m*

Lattenzaun *m* empalizada *f*

Latz [lats, *pl:* 'lɛtsə] *m* <-es, Lätze> ① *(Lätzchen)* babero *m* ② *(an Kleidung)* peto *m*

Lätzchen ['lɛtsçən] *nt* <-s, -> babero *m*

Latzhose *f* pantalón *m* de peto

lau [laʊ] *adj* tibio

Laub [laʊp] *nt* <-(e)s, *ohne pl*> fronda *f*, follaje *m*

Laubbaum *m* árbol *m* de hoja caduca

Laube ['laʊbə] *f* <-n> cenador *m*

Laubfrosch *m* (ZOOL) rana *f* de zarzal

Laubrechen *m (für Gartenarbeit)* escoba *f* para césped

Laubsäge *f* segueta *f*

Laubwald *m* bosque *m* caducifolio

Lauch [laʊx] *m* <-(e)s, -e> puerro *m*

Lauchzwiebel *f* cebolla *f* de puerro

Laudatio [laʊ'daːtsjo, *pl:* laʊda'tsjoːneːs] *f* <-, -nes *o* -nen> laudatoria *f*

Lauer ['laʊɐ] *f ohne pl* **auf der ~ liegen** *(fam)* estar al acecho

lauern ['laʊɐn] *vi (fam)* ① *(warten)* acechar (**auf** a), pispar (**auf** a) *Arg* ② *(ungeduldig warten)* esperar con impaciencia (**auf** a)

Lauf[1] [laʊf, *pl:* 'lɔɪfə] *m* <-(e)s, Läufe> ① (SPORT) carrera *f* ② *(Gewehrlauf)* cañón *m*

Lauf[2] *m* <-(e)s, *ohne pl*> ① (*a.* ASTR: *das Laufen*) carrera *f* ② *(Verlauf)* (tras)curso *m*, rumbo *m*; **die Sache nimmt ihren ~** el asunto toma su rumbo; **im ~e eines Gesprächs** en el trascurso de una conversación; **das ist der ~ der Dinge** es el rumbo de las cosas; **seiner Fantasie freien ~ lassen** dar rienda suelta a su fantasía ③ *(von Maschinen)* marcha *f* ④ *(Flusslauf)* curso *m*

Laufbahn *f* ① *(beruflich)* carrera *f* (profesional) ② (SPORT) pista *f*

Laufband *nt* (SPORT) cinta *f* para correr

Laufbursche *m (abw)* chico *m* de los recados; *(in Büro)* botones *m inv*

laufen ['laʊfən] <läuft, lief, gelaufen> **I.** *vi sein* ① *(rennen, fließen)* correr; **der Wasserhahn läuft** el grifo está abierto ② *(fam: gehen)* andar, caminar; **er lief mir direkt in die Arme** tropecé con él; **jdm über den Weg ~** cruzarse con alguien ③ *(in Betrieb sein)* funcionar; *(Motor)* estar en marcha; **das Radio lief** tenían puesta la radio ④ *(undicht sein)* gotear; *(fam: Käse, Butter)* derretirse ⑤ (FILM) estar en cartelera; *(Vorführung)* empezar ⑥ *(Prozess, Bewerbung)* estar en trámite; *(Vertrag, Abkommen)* estar vigente; *(fam: Geschäft)* ir bien; **der Wagen läuft auf seinen Namen** el coche está a su nombre; **das läuft unter „Sonderausgaben"** esto se declara como "gastos especiales"; **die Sache ist ge~** *(fam)* se acabó ⑦ *(verlaufen)* ir, correr; *(Fluss, Weg)* ir; **auf Rollen ~** tener ruedas; **auf Schienen ~** correr sobre vías; **ein Murmeln lief durch die Menge** un rumor corrió por la multitud; **es läuft mir eiskalt über den Rücken** me dan escalofríos **II.** *vt* ① *sein (Strecke)* recorrer; **Ski/Rollschuh/Schlittschuh ~** esquiar/patinar/patinar sobre hielo; **er ist Weltrekord ge~** hizo el récord mundial; **einen Umweg ~** dar un rodeo ② *haben* **ich habe mir Blasen ge~** tengo ampollas de tanto andar **III.** *vunpers* **in den Schuhen läuft es sich gut** se anda bien con estos zapatos

laufend I. *adj* corriente; **im ~en Jahr** en el año corriente; **am ~en Band** sin interrupción **II.** *adv (ständig)* continuamente; **auf dem L~en sein** estar al día; **jdn auf dem L~en halten** poner a alguien al corriente

Läufer[1] *m* <-s, -> ① *(Teppich)* alfombra *f* ② *(Schachfigur)* alfil *m* ③ (TECH) rotor *m*

Läufer(in)[2] ['lɔɪfɐ] *m(f)* <-s, -; -nen> (SPORT) corredor(a) *m(f)*

Lauferei *f* <-, -en> *(fam abw)* vaivén *m*

Läuferin *f* <-, -nen> *s.* **Läufer**[2]

Lauffeuer *nt* fuego *m* devorador; **etw verbreitet sich wie ein ~** algo corre como un reguero de pólvora

läufig ['lɔɪfɪç] *adj* en celo, alunado *CRi*

Laufjunge *m* <-n, -n> *s.* **Laufbursche**

Laufkundschaft *f* <-, *ohne pl*> clientela *f* de paso

Laufmasche *f* carrera *f*

Laufpass *m* **jdm den ~ geben** *(fam)* mandar a alguien a freír espárragos; **den ~ bekommen** ser despedido

Laufplanke *f* pasarela *f*

Laufschritt *m* **im ~** a paso ligero

Laufstall *m* parque *m*

Laufsteg *m* pasarela *f*

läuft [lɔɪft] *3. präs von* **laufen**

Laufwerk *nt* (INFOR) unidad *f*

Laufzeit *f* ① (FIN) plazo *m* ② *(von Verträgen)* duración *f*

Lauge ['laʊgə] *f* <-n> (*a.* CHEM) lejía *f*

Lauheit *f* <-, *ohne pl*> ① *(Milde)* suavidad *f* ② *(Halbherzigkeit)* tibieza *f*

Laune ['laʊnə] *f* <-n> ① *(Einfall)* capricho *m*, birria *f Col*; **aus einer ~ heraus** por puro capricho ② *(Stimmung)* humor *m*; **schlechte/gute ~ haben** estar de mal/de buen humor; **jdn bei ~ halten** seguirle el humor a alguien; **seine ~n an jdm auslassen** descargar su mal humor en alguien

launenhaft *adj* caprichoso; *(Wetter)* variable

Launenhaftigkeit *f* <-, *ohne pl*> **die ~ des Glücks** los avatares de la suerte

launisch *adj (abw)* caprichoso

Laus [laʊs, *pl:* 'lɔɪzə] *f* <Läuse> piojo *m*;

L

ihm ist eine ~ über die Leber gelaufen *(fam)* le ha picado una mosca

lauschen ['laʊʃən] *vi* ① *(zuhören)* escuchar atentamente ② *(heimlich zuhören)* estar a la escucha; **er lauschte an der Tür** estuvo a la escucha en la puerta

lauschig *adj* acogedor

lausen ['laʊzən] *vt* despiojar

lausig *adj (fam)* ① *(abw: unangenehm)* miserable; ~ **spielen** jugar miserablemente ② *(abw: wenig)* ridículo ③ *(groß)* tremendo; **eine ~e Kälte** un frío tremendo

laut [laʊt] **I.** *adj* ① *(allgemein)* alto; *(lautstark)* fuerte; **das Radio ~er stellen** poner la radio más alta; ~ **lesen/denken** leer/pensar en voz alta ② *(lärmerfüllt)* ruidoso; **er wird dann immer gleich** ~ siempre tiende a levantar la voz; **es wurden Beschwerden** ~ hubo quejas **II.** *präp +gen/dat* según, conforme (a)

Laut [laʊt] *m* <-(e)s, -e> sonido *m;* **keinen ~ von sich** *dat* **geben** no decir ni pío

Laute [laʊtə] *f* <-n> (MUS) laúd *m*

lauten [laʊtən] *vi (besagen)* decir; **gleich ~d** *(im Klang)* homófono; *(im Wortlaut)* idéntico *pl;* **dieser Paragraf lautet wörtlich: …** este artículo dice literalmente:…; **der Pass lautet auf den Namen …** el pasaporte está expedido a nombre de…; **wie lautet ihr Name?** ¿cómo se llama?; **Ihr Auftrag lautet …** su tarea consiste en…; **die Anklage lautet auf Erpressung** se le acusa de chantaje

läuten ['lɔɪtən] **I.** *vi* ① *(an der Tür)* tocar (el timbre) ② *(Telefon, Glocke)* sonar; **es hat geläutet** llaman (a la puerta); **von etw ~ hören** oír campanas y no saber dónde **II.** *vt (Glocken)* tocar

lauter ['laʊtɐ] *adj* ① *(geh: Mensch)* sincero ② *inv (nur)* solo; *(viel(e))* mucho(s); **vor ~ Kummer** de pura pena

läutern ['lɔɪtɐn] *vt* ① *(reinigen)* purificar ② *(bessern)* mejorar

Läuterung *f* <-, -en> depuración *f*

lauthals ['--] *adv* a grito pelado

Lautlehre *f ohne pl* (LING) fonética *f*

lautlich *adj* fonético

lautlos **I.** *adj* silencioso **II.** *adv* sin ruido, en silencio

Lautlosigkeit *f* <-, *ohne pl*> silencio *m*

Lautmalerei *f* <-, -en> (LING) onomatopeya *f*

lautmalerisch *adj* onomatopéyico

Lautschrift *f* (LING) tra(n)scripción *f* fonética

Lautsprecher *m* altavoz *m,* altoparlante *m Am*

Lautsprecherbox *f* bafle *m*

Lautsprecherdurchsage *f* <-, -n> anuncio *m* por los altavoces

lautstark ['--] *adj* fuerte; *(heftig)* enérgico

Lautstärke *f* volumen *m;* **bei voller ~** a todo volumen

Lautstärkeregler *m* regulador *m* de volumen, control *m* de volumen

lauwarm ['-'-] *adj* tibio

Lava ['la:va] *f* <Laven> (GEO) lava *f*

Lavendel [la'vɛndəl] *m* <-s, -> lavanda *f*

Lawine [la'vi:nə] *f* <-n> alud *m,* avalancha *f;* **eine ~ ins Rollen bringen** desencadenar una avalancha

lawinenartig **I.** *adj* que aumenta imparablemente **II.** *adv* de manera imparable

Lawinengefahr *f* peligro *m* de aludes

lax [laks] *adj (abw)* descuidado

Layout *nt* <-s, -s>, **Lay-out** *nt* <-s, -s> (TYPO) composición *f*

Lazarett [latsa'rɛt] *nt* <-(e)s, -e> hospital *m* militar

LCD [ɛltse:'de:] *nt* <-s, -s> *Abk. von* **liquid crystal display** pantalla *f* de cristal líquido

LCD-Anzeige *f* (INFOR, TECH) visualización *f* por cristal líquido

leasen ['li:zən] *vt* alquilar con opción de compra; **ein geleastes Auto** un coche adquirido por leasing

Leasing ['li:zɪŋ] *nt* <-s, -s> (WIRTSCH) leasing *m*

leben ['le:bən] *vi, vt* vivir; **bei jdm ~** vivir en casa de alguien; **er hat nicht mehr lange zu ~** no le queda mucho tiempo de vida; **genug zum L~ haben** tener suficiente para vivir; **man lebt nur einmal!** ¡solamente se vive una vez!; **leb wohl!** ¡que te vaya bien!; **es lebe …!** ¡viva…!; **allein ~** vivir solo; **er lebt über seine Verhältnisse** gasta más de lo que gana; **er lebt von seiner Rente** vive de su pensión; **damit kann ich ~** me las puedo apañar con eso; **damit muss ich ~** tengo que aceptarlo

Leben *nt* <-s, -> vida *f; (Existenz)* existencia *f; (Bewegtheit)* movimiento *m;* **etw ins ~ rufen** dar vida a algo; **am ~ sein** estar con vida; **das tue ich für mein ~ gern** me encanta hacerlo; **nie im ~** en mi vida; **es geht um ~ und Tod** es un asunto de vida o muerte; **der Mann/die Frau meines ~s** el hombre/la mujer de mi vida; **ums ~ kommen** morir; **mit dem ~ davonkommen** escapar con vida; **etw mit dem ~ bezahlen** pagar algo con la propia vida; **sich** *dat* **das ~ schwer machen** complicarse la vida; **sich mit Betteln durchs ~ schlagen** vivir de la limosna; **am ~ hängen** amar la vida; **um sein ~ laufen** correr

para salvar el pellejo; **sich** *dat* **das ~ nehmen** quitarse la vida; **jdm das ~ retten** salvar la vida a alguien; **Geld oder ~!** ¡la bolsa o la vida!; **das öffentliche ~** la vida pública; **das ist wie im richtigen ~** esto parece tomado de la vida real; **~ in etw bringen** animar algo; **daran wird sie zeit ihres ~s denken** se acordará toda su vida
lebend *adj* vivo
lebendig [le'bɛndɪç] *adj* ❶ *(lebend)* vivo; **er ist mehr tot als ~** está más muerto que vivo; **~ begraben werden** ser enterrado vivo; **Szenen aus seiner Jugendzeit wurden wieder ~** los recuerdos de su juventud cobraron vida de nuevo ❷ *(lebhaft)* vivo, lleno de vida
Lebendigkeit *f ohne pl* vivacidad *f*
Lebensabend *m (geh)* vejez *f*
Lebensabschnitt *m* período *m* de la vida
Lebensalter *nt* edad *f*
Lebensarbeitszeit *f* periodo *m* productivo
Lebensart *f* <-, -en> modo *m* de vivir, vivienda *f Am*
Lebensaufgabe *f* tarea *f* de toda una vida; **sich** *dat* **etw zur ~ machen** dedicar su vida a algo
Lebensbedingungen *fpl* condiciones *fpl* de vida
lebensbedrohend *adj* muy peligroso
lebensbejahend *adj* optimista, positivo
Lebensdauer *f* ❶ *(von Mensch)* vida *f* ❷ *(von Material, Maschine)* durabilidad *f*
Lebenselixier *nt* <-s, -e> elixir *m* de la vida
Lebensende *nt* término *m* de la vida; **bis an mein ~** hasta el fin de mis días
Lebenserfahrung *f ohne pl* experiencia *f* de la vida
Lebenserwartung *f ohne pl* vida *f* media
lebensfähig *adj* viable
Lebensfähigkeit *f ohne pl* viabilidad *f*
Lebensform *f* forma *f* de vida
Lebensfreude *f* alegría *f* de vivir
lebensfroh *adj* contento de la vida
Lebensgefahr *f ohne pl* peligro *m* de muerte; **in ~ schweben** estar entre la vida y la muerte; **es besteht ~** existe peligro de muerte; **außer ~ sein** estar fuera de peligro
lebensgefährlich **I.** *adj* muy peligroso; *(Verletzung)* mortal **II.** *adv* con peligro de muerte; **~ verletzt sein** estar seriamente herido
Lebensgefährte, **-in** *m, f* compañero, -a *m, f* de vida
Lebensgefühl *nt* estado *m* de ánimo
Lebensgeister *mpl* **jds ~ (er)wecken** levantar los ánimos de alguien
Lebensgemeinschaft *f* ❶ *(Ehe)* vida *f* conyugal ❷ *(nichtehelich)* convivencia *f*
Lebensgeschichte *f* historia *f* de una vida
lebensgroß *adj* de tamaño natural
Lebensgröße *f* **in ~** a tamaño natural
Lebenshaltung *f ohne pl* **wegen der steigenden Inflation wird die ~ immer teurer** a causa de la creciente inflación, el coste de la vida es cada vez más alto
Lebenshaltungskosten *pl* coste *m* de la vida
Lebensinhalt *m* sentido *m* de la vida; **er hat die Arbeit zu seinem ~ gemacht** ha hecho del trabajo su vida
Lebensjahr *nt* año *m* (de vida); **im zwanzigsten ~** a los veinte años de edad; **mit vollendetem 18. ~** con dieciocho años cumplidos
Lebenskraft *f* fuerza *f* vital
Lebenskünstler(in) *m(f)* persona *f* que sabe disfrutar de la vida
Lebenslage *f* situación *f* de la vida; **in jeder ~** en todas las situaciones de la vida
lebenslang *adj* durante toda la vida, de por vida
lebenslänglich *adj (Strafe)* perpetuo; **„~" bekommen** ser condenado a cadena perpetua
Lebenslauf *m* currículum *m* vitae; **~ des beruflichen Werdegangs** el currículum profesional
Lebenslust *f ohne pl* ganas *fpl* de vivir
lebenslustig *adj* vivo
Lebensmittel *ntpl* comestibles *mpl,* alimentos *mpl,* abarrotes *mpl Méx, Cuba*
Lebensmittelabteilung *f* sección *f* de alimentación [*o* comestibles]
Lebensmittelallergie *f* alergia *f* alimentaria
Lebensmittelchemie *f* <-, *ohne pl*> química *f* alimenticia
Lebensmittelchemiker(in) *m(f)* químico, -a *m, f* alimentario , -a
Lebensmittelgeschäft *nt* tienda *f* de comestibles, pulpería *f Am,* abarrote *m Cuba, Méx,* abarrotería *f Guat,* almacén *m CSur*
Lebensmittelhändler(in) *m(f)* tendero, -a *m, f*
Lebensmittelintoleranz *f* intolerancia *f* alimentaria [*o* a los alimentos]
Lebensmittelvergiftung *f* (MED) intoxicación *f* alimenticia
Lebensmittelvorrat *m* <-(e)s, -räte> reserva *f* de comestibles
lebensmüde *adj* cansado de la vida; **du bist wohl ~!** *(fam)* ¿pero es que quieres matarte?
lebensnah *adj* realista
lebensnotwendig *adj* vital

Lebenspartner(in) *m(f)* compañero, -a *m, f*
Lebensqualität *f ohne pl* calidad *f* de vida
Lebensraum *m* espacio *m* vital; (BIOL) biotopo *m*
Lebensretter(in) *m(f)* salvador(a) *m(f)* (de una vida)
Lebensstandard *m* nivel *m* de vida
Lebensstil *m* estilo *m* de vida
Lebensunterhalt *m* subsistencia *f*, sustento *m;* **seinen ~ verdienen** ganarse la vida
Lebensverlängerung *f* ❶ *(höhere Lebensdauer)* prolongación *f* de la vida ❷ (MED: *Hinauszögern des Sterbens*) prolongación *f* artificial de la vida
Lebensversicherung *f* seguro *m* de vida
Lebenswandel *m* (modo *m* de) vida *f;* **einen zweifelhaften ~ führen** llevar una vida sospechosa
Lebensweg *m* vida *f;* **jdm alles Gute für den weiteren ~ wünschen** desear a alguien lo mejor para el futuro
Lebensweise *f* modo *m* de vivir
Lebensweisheit *f* máxima *f*
Lebenswerk *nt* obra *f* de la vida
lebenswert *adj* que vale la pena vivir; **für jdn ist das Leben nicht mehr ~** alguien cree que ya no vale la pena seguir viviendo
lebenswichtig *adj* vital; *(Güter)* de primera necesidad
Lebenswille *m* deseo *m* de vivir
Lebenszeichen *nt* señal *f* de vida; (**k**)**ein ~** (**von sich** *dat*) **geben** (no) dar señales de vida
Lebenszeit *f ohne pl* (duración *f* de la) vida *f;* **er ist Beamter auf ~** es funcionario vitalicio
Leber ['le:bɐ] *f* <-n> hígado *m;* **frisch von der ~ weg reden** *(fam)* hablar con toda franqueza
Leberentzündung *f* (MED) inflamación *f* del hígado
Leberfleck *m* lunar *m*
Leberkäse *m* (GASTR) paté *m* de carne horneada
Leberknödel *m* (GASTR) albóndiga *f* de hígado
Leberleiden *nt* (MED) enfermedad *f* del hígado
Leberpastete *f* (paté *m* de) fuagrás *m*
Lebertran ['--tra:n] *m* <-s, *ohne pl*> aceite *m* de hígado de bacalao
Leberwert *m* (MED) índice *m* hepático
Leberwurst *f* paté *m* de hígado; **die beleidigte ~ spielen** *(fam)* dárselas de ofendido
Leberzirrhose *f* (MED) cirrosis *f inv* hepática
Lebewesen *nt* ser *m* vivo
Lebewohl [--'-] *nt* <-(e)s, -s *o* -e> *(geh)* adiós *m;* **jdm ~ sagen** despedirse de alguien
lebhaft *adj* ❶ *(Mensch, Augen)* vivaz; *(Unterhaltung)* animado; *(Interesse, Temperament, Farbe)* vivo ❷ *(Verkehr, Handel)* intenso; **es geht ~ zu** hay una gran actividad ❸ *(klar, deutlich)* claro; **ich kann mich noch ~ daran erinnern, dass ...** aún puedo acordarme vivamente de que...
Lebhaftigkeit *f ohne pl* viveza *f*, vivacidad *f*
Lebkuchen *m* pan *m* de especias
leblos *adj* sin vida, inanimado
Lebzeiten *pl* **zu jds ~** en vida de alguien
lechzen ['lɛçtsən] *vi (geh)* ansiar (**nach**)
Lecithin [letsi'ti:n] *nt* <-s, -e> (CHEM, BIOL) lecitina *f*
leck [lɛk] *adj* agujereado; *(Schiff)* que hace agua
Leck [lɛk] *nt* <-(e)s, -e> vía *f* de agua
lecken ['lɛkən] **I.** *vi* ❶ *(Gefäß)* perder agua ❷ *(Schiff)* hacer agua **II.** *vt* lamer; **sich** *dat* **die Finger nach etw** *fam* **~** chuparse los dedos por algo
lecker ['lɛkɐ] *adj* rico
Leckerbissen *m* exquisitez *f*
LED-Anzeige [ɛlʔe:'de:-] *f* (INFOR, TECH) visualización *f* por diodo luminoso
Leder ['le:dɐ] *nt* <-s, -> ❶ *(Tierhaut)* cuero *m* ❷ *(fam: Fußball)* cuero *m*
Lederhandschuh *m* guante *m* de piel
Lederhose *f* pantalón *m* de cuero
Lederjacke *f* chaqueta *f* de cuero
ledern ['le:dɐn] *adj* de cuero
Lederwaren *fpl* artículos *mpl* de cuero
Lederwarenindustrie *f* industria *f* peletera
ledig ['le:dɪç] *adj* ❶ *(unverheiratet)* soltero ❷ *(geh: frei)* libre (+*gen* de)
lediglich ['le:dɪklɪç] *adv* solo, únicamente
leer [le:ɐ] *adj* ❶ *(ohne Inhalt)* vacío; *(unbeschrieben)* en blanco; *(Zimmer)* no amueblado; **mit ~en Händen dastehen** encontrarse con las manos vacías; **den Teller ~ essen** vaciar el plato; **~ ausgehen** quedarse con las ganas; **mit ~em Magen** en ayunas ❷ *(nichts sagend)* vano
Leere ['le:rə] *f ohne pl* vacío *m; (Substanzlosigkeit)* vacuidad *f;* **es herrschte gähnende ~** no había ni un alma; **ins ~ starren** mirar al vacío
leeren ['le:rən] **I.** *vt* *(Behälter)* vaciar; *(Glas)* apurar; *(Briefkasten)* recoger las cartas; **die Essensreste in den Mülleimer ~** echar los restos de comida a la basura **II.** *vr:* **sich ~** vaciarse
Leergewicht *nt* tara *f*
Leergut *nt ohne pl* envase *m* retornable, casco *m fam*

L

Leerlauf *m ohne pl (a. fig* AUTO) punto *m* muerto
leerstehend *adj s.* **stehend 3.**
Leertaste *f* espaciador *m*
Leerung *f* <-en> vaciado *m; (von Briefkästen)* recogida *f*
Leerungszeit *f* horario *m* de recogida (de los buzones)
Leerzeichen *nt* (TYPO, INFOR) espacio *m*
Leerzeile *f* (INFOR, TYPO) línea *f* en blanco
legal [le'ga:l] *adj* legal
legalisieren* [legali'zi:rən] *vt* legalizar
Legalisierung *f* <-, -en> ❶ (JUR: *Beglaubigung)* autentificación *f; (von Dokumenten)* compulsa *f* ❷ *(geh)* legalización *f*
Legalität [legali'tɛ:t] *f ohne pl* legalidad *f;* **außerhalb der ~ liegen** estar al margen de la legalidad
Legasthenie [legaste'ni:] *f* <-, *ohne pl*> (PSYCH, MED) dislexia *f*
Legastheniker(in) [legas'te:nikɐ] *m(f)* <-s, -; -nen> disléxico, -a *m, f*
legasthenisch *adj* (PSYCH, MED) disléxico
legen ['le:gən] **I.** *vt* ❶ *(allgemein)* poner; *(hinlegen)* colocar (horizontalmente); **das Buch auf den Tisch ~** poner el libro encima de la mesa; **er legte ihm den Arm um die Schultern** le echó el brazo por encima del hombro; **er legte die Stirn in Falten** frunció el ceño; **etw aus der Hand ~** soltar algo ❷ *(Fliesen)* poner; *(Leitungen)* instalar; *(Schienen, Minen)* colocar ❸ *(Feuer)* prender; *(Karten)* echar; *(Eier)* poner; **waschen und ~** *(Haare)* lavar y marcar **II.** *vr:* **sich ~** ❶ *(sich hinlegen)* tenderse; **sich schlafen ~** acostarse; **sich in die Sonne ~** tenderse al sol; **sich ins Bett ~** acostarse; **sich auf den Bauch/auf den Rücken ~** ponerse boca abajo/boca arriba ❷ *(Lärm, Kälte)* disminuir; *(Zorn, Begeisterung)* amainar; *(Sturm)* calmarse ❸ *(befallen)* depositarse (**auf** en)
legendär [legɛn'dɛ:ɐ] *adj* legendario
Legende [le'gɛndə] *f* <-n> leyenda *f*
leger [le'ʒɛ:ɐ] *adj* desenvuelto
Leggings ['lɛgɪŋs] *pl* leggings *mpl*
Legierung *f* <-en> aleación *f*
Legion [le'gjo:n] *f* <-en> legión *f*
Legionär [legjo'nɛ:ɐ] *m* <-s, -e> legionario *m*
Legionärskrankheit *f* (MED) enfermedad *f* del legionario
Legislative [legɪsla'ti:və] *f* <-n> (POL) ❶ *(gesetzgebende Gewalt)* poder *m* legislativo ❷ *(Versammlung)* asamblea *f* legislativa
Legislaturperiode [legɪsla'tu:ɐ-] *f* legislatura *f*
legitim [legi'ti:m] *adj* legítimo
Legitimation [legitima'tsjo:n] *f* <-en> ❶ *(Berechtigung)* legitimación *f* ❷ *(Erlaubnis)* autorización *f*
legitimieren* [legiti'mi:rən] **I.** *vt* ❶ *(legitim erklären)* legitimar ❷ *(erlauben)* autorizar **II.** *vr:* **sich ~** identificarse
Legitimität [legitimi'tɛ:t] *f ohne pl* legitimidad *f*
Leguan ['le:gua:n] *m* <-s, -e> (ZOOL) iguana *f*, basilisco *m Am*
Lehm [le:m] *m* <-(e)s, -e> barro *m*
Lehmboden *m* suelo *m* arcilloso
lehmig *adj* barroso
Lehmziegel *m* <-s, -> adobe *m*
Lehne ['le:nə] *f* <-n> apoyo *m; (Armlehne)* brazo *m; (Rückenlehne)* respaldo *m*
lehnen ['le:nən] **I.** *vi* estar apoyado (**an** en) **II.** *vt* apoyar (**an/gegen** en) **III.** *vr:* **sich ~** apoyarse (**an/gegen** en), arrimarse (**an/gegen** a); **er lehnt sich aus dem Fenster** se asoma por la ventana
Lehnsessel *m* <-s, -> butaca *f*, sillón *m*
Lehnstuhl *m* butaca *f*
Lehnwort *nt* (LING) préstamo *m*
Lehramt ['le:ɐ-] *nt* docencia *f*, carrera *f* docente; **auf ~ studieren** estudiar para ser profesor de enseñanza media
Lehramtsstudium *nt* <-s, *ohne pl*> *estudios universitarios orientados a la docencia en la enseñanza media*
Lehrauftrag *m* <-(e)s, -träge> encargo *m* de curso; **er hat einen ~ für Geschichte** tiene un puesto de profesor de historia
Lehrbeauftragte(r) *mf* encargado, -a *m, f* de (un) curso
Lehrberuf *m* profesión *f* docente
Lehrbuch *nt* libro *m* de texto
Lehre ['le:rə] *f* <-n> ❶ *(Ausbildung)* aprendizaje *m;* **in der ~ sein** estar de aprendiz ❷ *(Theorie)* teoría *f; (Wissenschaft)* ciencia *f;* (REL, PHILOS) doctrina *f* ❸ *(Erfahrung)* lección *f;* **eine ~ aus etw** *dat* **ziehen** sacar una conclusión de algo; **lass dir das eine ~ sein** que te sirva esto de lección ❹ (TECH) calibrador *m*
lehren ['le:rən] *vt (beibringen)* enseñar; *(unterrichten)* instruir; (SCH, UNIV) dar clases (de); **er lehrt die Kinder das Malen** instruye a los niños en pintura; **die Geschichte lehrt uns, dass ...** la historia nos enseña que...
Lehrer(in) *m(f)* <-s, -; -nen> profesor(a) *m(f)*
Lehrerkollegium *nt* profesorado *m*
Lehrerpult *nt* tribuna *f* (del profesor)
Lehrerschaft *f* <-, -en> profesorado *m*
Lehrerzimmer *nt* sala *f* de profesores
Lehrfach *nt* asignatura *f*

L

Lehrfilm *m* <-(e)s, -e> (SCH) película *f* educativa

Lehrgang *m* <-(e)s, -gänge> curso *m,* cursillo *m;* **er ist auf einem ~** está haciendo un cursillo

Lehrgeld *nt* **~ zahlen** pagar caro el aprendizaje

Lehrjahr *nt* año *m* de aprendizaje; **er ist im zweiten ~** está en el segundo año de aprendizaje

Lehrkörper *m* cuerpo *m* docente

Lehrkraft *f* profesor(a) *m(f)*

Lehrling *m* <-s, -e> aprendiz(a) *m(f),* cadete *mf CSur,* peón *m Méx*

Lehrmaterial *nt* material *m* docente

Lehrmeinung *f* doctrina *f;* **hier gehen die ~en auseinander** aquí disienten las opiniones de los expertos

Lehrmeister(in) *m(f)* maestro, -a *m, f*

Lehrmittel *ntpl* (SCH) material *m* didáctico

Lehrplan *m* plan *m* de estudios

Lehrprobe *f* <-, -n> (SCH) (clase *f* de) práctica *f;* (**in etw** *dat*) **eine ~ halten** dar una práctica (de algo)

lehrreich *adj* instructivo

Lehrsatz *m* teorema *m*

Lehrstelle *f* puesto *m* de aprendiz

Lehrstoff *m* materia *f* de enseñanza

Lehrstuhl *m* cátedra *f* (**für** de)

Lehrwerk *nt* <-(e)s, -e> manual *m*

Lehrwerkstatt *f* escuela *f* taller

Lehrzeit *f* tiempo *m* de aprendizaje

Leib [laɪp] *m* <-(e)s, -er> *(geh)* ❶ *(Körper)* cuerpo *m;* **bei lebendigem ~e** en vivo; **etw am eigenen ~e erfahren** vivir algo en su propia piel; **jdm auf den ~ rücken** *(fam)* acosar a alguien; **mit ~ und Seele** con apasionamiento; **sich** *dat* **jdn vom ~e halten** *(fam)* mantener a alguien a distancia; **sich** *dat* **jdn vom ~e schaffen** *(fam)* quitarse de encima a alguien; **die Rolle ist ihr wie auf den ~ geschrieben** el papel le viene a la medida; **einer Aufgabe zu ~e rücken** poner manos a la obra ❷ *(Bauch)* vientre *m*

Leibarzt, -ärztin *m, f* médico, -a *m, f* de cámara

Leibeigene(r) *mf* <-n, -n; -n, -n> (HIST) siervo, -a *m, f*

Leibeigenschaft *f* <-, *ohne pl*> (HIST) servidumbre *f*

Leibesfrucht *f* (MED) feto *m*

Leibeskräfte *fpl* **aus/nach ~n** a más no poder

Leibesübungen *fpl* *(formal)* (clase *f* de) deporte *m*

Leibesvisitation *f* cacheo *m*

Leibgarde *f* <-, -n> guardia *f* de corps

Leibgericht *nt* plato *m* favorito

leibhaftig [-'--] *adj* en persona; **der L~e** el diablo

leiblich *adj* ❶ *(körperlich)* corporal, físico; **das ~e Wohl** el bienestar físico ❷ *(blutsverwandt)* carnal

Leibspeise *f* plato *m* favorito

Leibwache *f* guardia *f* personal

Leibwächter(in) *m(f)* guardaespaldas *mf inv,* capanga *m CSur*

Leiche ['laɪçə] *f* <-n> cadáver *m;* **er geht über ~n** *(abw)* no tiene escrúpulos

leichenblass ['--'-] *adj* pálido como un muerto

Leichenhalle *f* depósito *m* de cadáveres

Leichenhaus *nt* morgue *f*

Leichenschändung *f* profanación *f* de cadáveres

Leichenschauhaus *nt* morgue *f,* afanaduría *f Méx*

Leichenschmaus *m* convite *m* del funeral

Leichenstarre *f* rigidez *f* cadavérica

Leichentuch *nt* mortaja *f*

Leichenwagen *m* coche *m* fúnebre

Leichnam ['laɪçnaːm] *m* <-s, -e> *(geh)* cadáver *m*

leicht [laɪçt] **I.** *adj* ❶ *(an Gewicht)* ligero; **~ gekleidet sein** ir vestido con ropa ligera; **~e Kost** comida ligera; **etw ~en Herzens tun** hacer algo a la ligera ❷ *(unkompliziert)* fácil; *(einfach)* sencillo; **etw mit ~er Hand erledigen** efectuar algo con facilidad; **nichts ~er als das!** ¡nada más fácil! ❸ *(schwach)* leve; **ein ~er Regen** una lluvia fina **II.** *adv* ❶ *(schnell)* con facilidad; *(einfach)* fácil; **er ist ~ beleidigt** se ofende con facilidad; **~ zerbrechlich** muy frágil; **~ zu bedienen** de fácil manejo; **sich** *dat* **etw zu ~ machen** tomarse algo a la ligera; **das passiert mir so ~ nicht wieder** eso no me volverá a ocurrir con tanta facilidad; **so ~ kriegt ihr mich nicht** no me vais a pillar tan fácilmente; **du hast ~ reden** tú (bien) puedes hablar; **das ist ~er gesagt als getan** eso se dice pronto ❷ *(gering)* poco; **~ gesalzen** poco salado; **~ erkältet** levemente acatarrado

Leichtathlet(in) *m(f)* atleta *mf*

Leichtathletik *f ohne pl* atletismo *m*

Leichtathletin *f s.* **Leichtathlet**

Leichter *m* <-s, -> (NAUT) ❶ *(Schiff)* lancha *f* ❷ *(Container)* contenedor *m* flotante

leicht|fallen *irr vi sein* **das fällt ihm leicht** esto le resulta fácil

leichtfertig *adj (abw)* frívolo; *(unvorsichtig)* imprudente; *(gedankenlos)* temerario; *(unüberlegt)* irreflexivo; **etw ~ aufs Spiel setzen** poner algo en juego sin pensar

Leichtfertigkeit *f* <-, *ohne pl*> frivolidad *f;* *(Gedankenlosigkeit)* irreflexión *f;* *(Unvorsichtigkeit)* imprudencia *f*

leichtgläubig *adj* crédulo

Leichtgläubigkeit *f* <-, *ohne pl*> credulidad *f*

Leichtheit *f* <-, *ohne pl*> *s.* **Leichtigkeit**

leichthin ['-'-] *adv* sin pensar, a la ligera

Leichtigkeit *f ohne pl* ① *(Gewicht)* poco peso *m* ② *(Mühelosigkeit)* facilidad *f;* **mit ~** con facilidad

leichtlebig *adj* despreocupado, frívolo

Leichtmetall *nt* metal *m* ligero

leicht|nehmen *irr vt* **etw ~** *(hinnehmen)* tomar algo bien; *(nicht ernst nehmen)* tomar algo a la ligera

Leichtsinn *m ohne pl* *(Unvorsichtigkeit)* imprudencia *f;* *(Unbesonnenheit)* irreflexión *f*

leichtsinnig **I.** *adj* *(unverantwortlich)* irresponsable; *(sorglos)* despreocupado; *(unklug)* insensato **II.** *adv* sin cuidado; **~ mit etw** *dat* **umgehen** tratar algo sin cuidado

Leichtsinnigkeit *f* <-, *ohne pl*> *s.* **Leichtsinn**

leichtverdaulich ['--'--] *adj s.* **verdaulich**

leichtverständlich ['--'--] *adj s.* **verständlich**

leid [laɪt] *adv* **ich bin es ~** *(fam)* estoy harto

Leid [laɪt] *nt* <-(e)s, *ohne pl*> ① *(Kummer)* pena *f;* *(Leiden)* sufrimiento *m;* **Freud und ~ miteinander teilen** compartir lo bueno y lo malo; **jdm sein ~ klagen** confiar a alguien sus penas ② *(Unglück)* desgracia *f;* *(Unrecht)* mal *m;* **jdm ein ~ zufügen** causar daño a alguien; **jdm etw zu ~e tun** causar daño a alguien; *s. a.* **zuleide**

leiden ['laɪdən] <leidet, litt, gelitten> **I.** *vi* sufrir (**an** de, **unter** con) **II.** *vt* *(erdulden)* sufrir; **Hunger ~** pasar hambre; **Not ~** vivir en la miseria; **ich kann sie (nicht) ~** (no) me cae bien; **das kann ich nicht ~!** ¡eso no me gusta!; **er kann es nicht ~, wenn ...** no le gusta que... *+subj*

Leiden ['laɪdən] *nt* <-s, -> ① *(allgemein)* sufrimiento *m,* padecimiento *m;* *(Schmerz)* dolor *m* ② *(Krankheit)* enfermedad *f,* maleza *f Nic*

leidend *adj* ① *(geplagt)* atormentado; **der Kranke warf mir einen ~en Blick zu** el enfermo me miró con cara de sufrimiento ② *(chronisch krank)* **~ sein** padecer una enfermedad crónica

Leidenschaft *f* <-en> ① *(emotional)* pasión *f* (**für** por) ② *(für Tätigkeit)* afición *f;* **Gärtner aus ~** jardinero por afición

leidenschaftlich **I.** *adj* apasionado; *(begeistert)* entusiasmado **II.** *adv* con pasión; **jdn ~ lieben** amar apasionadamente a alguien; **~ gern Fahrrad fahren** ser un ciclista apasionado

Leidenschaftlichkeit *f* <-, *ohne pl*> apasionamiento *m*

leidenschaftslos *adj* ① *(emotional)* desapasionado ② *(sachlich)* objetivo

Leidensdruck *m* <-(e)s, *ohne pl*> (PSYCH) sufrimiento *m*

Leidensgefährte, -in *m, f* compañero, -a *m, f* de infortunio

Leidensgenosse, -in *m, f* compañero, -a *m, f* de fatigas

Leidensgeschichte *f* drama *m* personal (de la vida); **die ~ Christi** (REL) la Pasión de Jesucristo

Leidensmiene *f* cara *f* de pena; **eine ~ aufsetzen** poner cara de pena

Leidensweg *m* *(geh)* calvario *m*

leider ['laɪdɐ] *adv* por desgracia; **ich kann ~ nicht kommen** desgraciadamente no puedo ir; **~ Gottes!** ¡por desgracia!

leidig *adj* *(ärgerlich)* enojoso; *(lästig)* molesto; *(unangenehm)* desagradable; **das ~e Geld** el maldito dinero

leidlich **I.** *adj* regular **II.** *adv* regular, medianamente; **es geht mir so ~** estoy regular

Leidtragende(r) *mf* <-n, -n; -n> perjudicado, -a *m, f;* *(Opfer)* víctima *f*

leid|tun *irr vi* **es tut mir leid, dass ...** siento que... *+subj;* **tut mir leid!** ¡lo siento!; **er tut mir leid** me da pena; **das wird dir noch ~** esto lo vas a sentir

leidvoll *adj* *(geh)* doloroso

Leidwesen *nt* **zu meinem ~** muy a pesar mío

Leier ['laɪɐ] *f* <-n> ① (MUS) lira *f* ② *(abw: Klage)* cantinela *f;* **es ist immer die alte ~** *(fam)* es siempre la misma canción

Leierkasten *m* *(fam)* organillo *m*

leiern ['laɪɐn] *vt* *(fam: Gedichte)* recitar de carretilla

Leiharbeit *f ohne pl* prestamismo *m* laboral

Leihbücherei *f* biblioteca *f* de préstamo

leihen ['laɪən] <leiht, lieh, geliehen> *vt* ① *(ausleihen)* prestar; **kannst du mir 20 Euro ~?** ¿me puedes prestar 20 euros? ② *(entleihen)* tomar prestado (**von** de)

Leihfahrrad *nt* bicicleta *f* de alquiler

Leihgabe *f* préstamo *m*

Leihgebühr *f* alquiler *m,* flete *m Am*

Leihhaus *nt* monte *m* de piedad, agencia *f Chil*

Leihmutter *f* madre *f* de alquiler

Leihschein *m* <-(e)s, -e> papeleta *f*

Leihwagen *m* coche *m* de alquiler

leihweise *adv* como préstamo

Leim [laɪm] *m* <-(e)s, -e> cola *f,* almidón *m Méx;* **aus dem ~ gehen** *(fam)* romperse; **auf den ~ gehen** *(fam)* caer en la trampa

leimen *vt* ❶ *(kleben)* encolar, pegar ❷ *(fam: hereinlegen)* engañar

Leine ['laɪnə] *f* <-n> cuerda *f; (Wäscheleine)* cuerda *f* de tender; *(Hundeleine)* correa *f;* **zieh ~!** *(fam)* ¡lárgate!

leinen ['laɪnən] *adj* de lino

Leinen *nt* <-s, -> ❶ *(Faser)* hilaza *f; (Gewebe)* lino *m;* **aus ~** de lino ❷ *(Bucheinband)* tela *f*

Leinöl *nt* aceite *m* de linaza

Leinsamen *m* linaza *f*

Leintuch *nt (reg)* sábana *f*

Leinwand[1] *f* ❶ *(zum Malen)* lienzo *m* ❷ (FILM) pantalla *f*

Leinwand[2] *f ohne pl (Gewebe)* tela *f* de lino

leise ['laɪzə] **I.** *adj* ❶ *(still)* silencioso; *(Radio, Stimme)* bajo; *(Geräusch, Schritt)* ligero; **bei der ~sten Berührung** con el menor roce ❷ *(in Andeutungen)* vago; **nicht die ~ste Ahnung haben** no tener ni la más remota idea **II.** *adv* ❶ *(still)* sin (hacer) ruido; **mit ~r Stimme** en voz baja; **sprich etwas ~r!** ¡habla un poco más bajo!; **das Radio ~r stellen** bajar la radio ❷ *(sanft)* suavemente

L

Leiste ['laɪstə] *f* <-n> ❶ *(Randleiste)* filete *m; (Fußleiste)* zócalo *m; (Zierleiste)* listel *m* ❷ (ANAT) ingle *f*

leisten ['laɪstən] *vt* ❶ *(tun, schaffen)* hacer; *(hervorbringen)* producir; **gute Arbeit ~** hacer un buen trabajo ❷ *(Maschine, Motor)* rendir ❸ *(Hilfe, Eid)* prestar; *(Zahlung)* efectuar; **eine Unterschrift ~** firmar algo; **jdm Gesellschaft ~** hacer compañía a alguien ❹ *(fam: sich gönnen)* comprar(se); **sich** *dat* **etw ~ können** poder permitirse algo ❺ *(Frechheit)* permitir(se); *(Fehler)* cometer

Leistenbruch *m* (MED) hernia *f* inguinal

Leistung[1] *f ohne pl (Ausführung)* ejecución *f; (Bezahlung)* pago *m*

Leistung[2] *f* <-en> ❶ (SPORT: *das Geleistete*) rendimiento *m; (Arbeit)* trabajo *m; (Ergebnis)* resultado *m;* **eine große ~ vollbringen** conseguir un resultado excelente; **seine schulischen ~en haben nachgelassen** su rendimiento escolar ha disminuido; **die Bezahlung erfolgt nach ~** se paga a destajo ❷ *(von Maschine, Fabrik)* prestación *f; (von Motor)* potencia *f* ❸ *(Wirksamkeit)* eficacia *f* ❹ *(Betrag)* contribución *f*

Leistungsdruck *m* estrés *m;* **hohem ~ ausgesetzt sein** tener mucho stress

leistungsfähig *adj* productivo; *(tüchtig)* eficiente; *(Motor)* potente

Leistungsfähigkeit *f ohne pl* eficiencia *f; (von Motor)* potencia *f; (von Fabrik)* productividad *f*

Leistungsgesellschaft *f* sociedad *f* competitiva

Leistungskurs *m* (SCH) asignatura *f* de especialización, curso *m* superior

Leistungsnachweis *m* <-es, -e> (SCH, UNIV) certificado *m*

leistungsorientiert *adj* ❶ *(leistungsgerecht)* según el rendimiento; **~e Bezahlung** honorarios según rendimiento ❷ *(Leistung fördernd)* orientado al rendimiento

leistungsschwach *adj* de bajo rendimiento

Leistungssport *m* deporte *m* de competición

leistungsstark *adj* potente

Leistungsträger[1] *m* (WIRTSCH) entidad *f* prestataria

Leistungsträger(in)[2] *m(f)* (SPORT) jugador(a) *m(f)* decisivo , -a

Leitartikel *m* (PUBL) editorial *m*

Leitbild *nt* ideal *m,* modelo *m*

leiten ['laɪtən] *vt* ❶ *(verantwortlich leiten)* dirigir; *(Vorsitz haben)* presidir; *(Diskussion)* moderar ❷ *(führen)* llevar; *(umleiten)* desviar; **etw in die Wege ~** iniciar los trámites de algo; **sich von etw** *dat* **/jdm ~ lassen** dejarse llevar por algo/alguien ❸ (TECH, PHYS) conducir

leitend *adj* ❶ *(führend)* director, dirigente; **~e Position** cargo dirigente; **~er Angestellter** miembro de la directiva; **der ~e Gedanke** la idea central ❷ (PHYS) conductor; **nicht ~** no conductor

Leiter[1] *f* <-n> escalera *f; (Stehleiter)* escalera *f* de tijera; *(Trittleiter)* escalerilla *f; (Strickleiter)* escala *f* de cuerda; **auf eine ~ steigen** subir a una escalera

Leiter[2] ['laɪtɐ] *m* <-s, -> (PHYS, TECH) conductor *m*

Leiter(in)[3] *m(f)* <-s, -; -nen> director(a) *m(f); (Kursleiter)* profesor(a) *m(f);* **kaufmännische/technische ~in** directora comercial/técnica; **der ~ der Diskussion** el moderador del debate

Leitersprosse *f* <-, -n> peldaño *m,* escalón *m*

Leitfaden *m* manual *m*

leitfähig *adj* (PHYS) conductivo

Leitfähigkeit *f ohne pl* (PHYS: *für Wärme*) conductibilidad *f; (für Strom)* conductividad *f*

Leitgedanke *m* idea *f* central

Leithammel *m* ❶ *(von Herde)* (carnero *m*) manso *m* ❷ *(abw: Anführer)* cabecilla *mf*

Leitlinie *f* (POL, WIRTSCH) línea *f* maestra

Leitmotiv *nt* leitmotiv *m*
Leitplanke *f* valla *f* protectora
Leitstelle *f* central *f*
Leitung[1] *f* <-en> ❶ *(Rohrleitung)* tuberías *f pl; (Wasserleitung)* cañerías *f pl* ❷ (ELEK, TEL) línea *f; (Kabel)* cable *m;* **eine lange ~ haben** *(fam)* tener malas entendederas ❸ *(Führungsgruppe)* junta *f* directiva
Leitung[2] *f ohne pl (Führung)* dirección *f; (Geschäftsleitung)* gerencia *f; (Vorsitz)* presidencia *f;* **unter der ~ von …** bajo la dirección de…
Leitungsmast *m* (ELEK) poste *m* de conducción eléctrica
Leitungsnetz *nt* ❶ (ELEK) red *f* de distribución ❷ *(von Rohrleitungen)* red *f* de cañerías
Leitungsrohr *nt* tubo *m*
Leitungswasser *nt ohne pl* agua *f* del grifo
Leitwährung *f* (WIRTSCH) dinero *m* patrón
Leitwerk *nt* <-(e)s, -e> ❶ (AERO) empenaje *m,* planos *mpl* de estabilización ❷ (INFOR) mecanismo *m* de control
Leitwolf *m (fig)* líder *mf*
Leitzins *m* (WIRTSCH) interés *m* básico
Lektion [lɛk'tsjo:n] *f* <-en> lección *f;* **jdm eine ~ erteilen** dar una lección a alguien
Lektor(in) ['lɛkto:ɐ] *m(f)* <-s, -en; -nen> *(Verlag, a.* SCH, UNIV) lector(a) *m(f)*
Lektorat [lɛkto'ra:t] *nt* <-(e)s, -e> *(Verlag, a.* SCH, UNIV) lectorado *m*
Lektorin *f* <-nen> *s.* **Lektor**
Lektüre [lɛk'ty:rə] *f ohne pl* lectura *f*
Lende ['lɛndə] *f* <-n> ❶ (ANAT) región *f* lumbar ❷ *(beim Schlachtvieh)* lomo *m*
Lendenschurz [-ʃʊrts] *m* taparrabos *m inv*
Lendenwirbel *m* (ANAT) vértebra *f* lumbar
lenkbar *adj* ❶ *(Gegenstände)* dirigible ❷ *(Menschen)* dócil
Lenkdrachen *m* <-s, -> cometa *f* (acrobática) de hilos
lenken ['lɛŋkən] *vt* ❶ *(Fahrzeug)* conducir, manejar *Am; (Schiff)* gobernar; *(Flugzeug)* pilotar ❷ *(führen)* dirigir; *(Staat)* gobernar ❸ *(steuern)* dirigir; *(in bestimmte Richtung)* encauzar; **ein Gespräch auf ein anderes Thema ~** llevar una conversación por otros derroteros; **die Aufmerksamkeit auf sich ~** dirigir la atención sobre sí mismo; **jds Blicke auf sich ~** atraer las miradas de alguien (sobre sí)
Lenker[1] *m* <-s, -> (AUTO) volante *m; (am Fahrrad)* manillar *m,* manubrio *m Arg*
Lenker(in)[2] *m(f)* <-s, -; -nen> conductor(a) *m(f)*
Lenkrad *nt* volante *m,* guía *f PRico*
Lenkradschloss *nt* <-es, -schlösser> (AUTO) cierre *m* antirrobo
Lenkradsperre *f* <-, -n> (AUTO) bloqueo *m* del volante
Lenkstange *f* manillar *m*
Lenkung[1] *f* <-en> (AUTO) dirección *f*
Lenkung[2] *f ohne pl (das Lenken)* manejo *m; (eines Staates)* gobierno *m*
Lenz [lɛnts] *m* <-es, -e> *(geh)* primavera *f;* **sich** *dat* **einen schönen ~ machen** *(fam abw)* no dar palo (al agua)
Leopard [leo'part] *m* <-en, -en> (ZOOL) leopardo *m*
Lepra ['le:pra] *f ohne pl* lepra *f*
Leprakranke(r) *mf* leproso, -a *m, f*
Lerche ['lɛrçə] *f* <-n> (ZOOL) alondra *f*
lernbar *adj* que se puede aprender
lernbegierig *adj* aplicado
lernbehindert *adj* impedido para aprender
Lerneifer *m* aplicación *f*
lernen ['lɛrnən] **I.** *vi* ❶ *(Erfahrung sammeln)* aprender (**aus** de) ❷ *(Wissen aneignen)* estudiar; **ich muss noch für die Prüfung ~** aún tengo que estudiar para el examen **II.** *vt* ❶ *(Fertigkeit)* aprender (**von** de); **Schreibmaschine/Spanisch ~** aprender mecanografía/español; **etw auswendig ~** aprender algo de memoria; **schwimmen/tanzen ~** aprender a nadar/a bailar; **gelernt ist gelernt** lo aprendido queda para siempre; **das will gelernt sein!** ¡espera que lo aprendas!; **von dem kannst du noch etwas ~** este te puede servir de ejemplo; **der wird's nie ~!** ¡no aprenderá en la vida! ❷ *(Beruf, Handwerk)* aprender (para); *(einzelner Beruf)* estudiar (para)
lernfähig *adj* capaz de aprender
Lernfähigkeit *f* capacidad *f* de aprendizaje
Lerngruppe *f* grupo *m* de trabajo [*o* estudio]
Lernmittel *nt* <-s, -> material *m* didáctico
Lernprogramm *nt* (INFOR) programa *m* tutor
Lernprozess *m* proceso *m* de aprendizaje
Lernsoftware *f* (INFOR) *s.* **Lernprogramm**
lernwillig *adj* dispuesto a estudiar
Lernziel *nt* objetivo *m* del aprendizaje
lesbar *adj* legible
Lesbarkeit *f* <-, *ohne pl*> legibilidad *f*
Lesbe ['lɛsbə] *f* <-n>, **Lesbierin** ['lɛsbiəri:n] *f* <-nen> lesbiana *f*
lesbisch *adj* lesbio
Lese ['le:zə] *f* <-n> cosecha *f; (Weinlese)* vendimia *f*
Lesebändchen [-'bɛntçən] *nt (in Büchern)* (cinta *f*) marcapáginas, marcador *m* de cinta
Lesebrille *f* gafas *f pl* para leer

Lesebuch *nt* libro *m* de lectura

Lesegerät *nt* (INFOR) dispositivo *m* de lectura

Lesekopf *m* (INFOR) cabeza *f* de lectura

Leselampe *f* lámpara *f* para lectura

lesen ['le:zən] <liest, las, gelesen> **I.** *vi* ① *(allgemein)* leer; **fließend ~** leer de corrido; **jdm aus der Hand ~** leer(le) a alguien la mano ② (UNIV) dar clase (**über** de) **II.** *vt* ① *(allgemein)* leer; *(Messe)* celebrar; **Zeitung ~** leer el periódico; **in der Zeitung ist zu ~, dass ...** en el periódico pone que...; **jds Gedanken ~** leer el pensamiento de alguien ② *(ernten)* (re)coger; **Trauben ~** vendimiar

lesenswert *adj* digno de leer

Leser(in) *m(f)* <-s, -; -nen> lector(a) *m(f)*

Leseratte *f (fam)* ratón *m* de biblioteca

Leserbrief *m* carta *f* al director

Leserin *f* <-nen> *s.* **Leser**

leserlich *adj* legible; **gut ~e Schrift** letra clara

Leserschaft *f* <-en> lectores *mpl*

Lesesaal *m* sala *f* de lectura

Lesestift *m* (INFOR) varilla *f* OCR

Lesestoff *m* <-(e)s, -e> lectura *f,* libros *mpl*

Leseverständnis *nt* comprensión *f* lectora

Lesezeichen *nt* señal *f* de lectura; (INFOR) marcador *m,* marca *f*

Lesezirkel *m* círculo *m* de lectores

Lesotho [le'zo:to] *nt* <-s> Lesotho *m*

Lesung *f* <-en> (*a.* POL) lectura *f*

Lethargie [letar'gi:] *f* <-, *ohne pl*> letargo *m*

lethargisch [le'targɪʃ] *adj* letárgico

Lette, -in ['lɛtə] *m, f* <-n, -n; -nen> letón, -ona *m, f*

Letter ['lɛtɐ] *f* <-n> ① *(Druckbuchstabe)* letra *f* de molde ② (TYPO) tipo *m* (de imprenta)

Lettin *f* <-nen> *s.* **Lette**

lettisch *adj* letón

Lettland *nt* Letonia *f*

Letzt [lɛtst] *f* **zu guter ~** por último

letzte(r, s) *adj* ① *(in Reihenfolge)* último; *(abschließend)* final; **L~r werden** quedar el último; **als L~r ankommen/weggehen/fertig werden** llegar/salir/terminar el último; **auf dem ~n Platz liegen** estar en último lugar; **du bist der L~, dem ich es sagen würde** eres el último a quien se lo diría; **der L~ des Monats** el último día del mes; **den L~n beißen die Hunde** *(prov)* a los últimos les toca la peor parte; **die L~n werden die Ersten sein** *(prov)* los últimos serán los primeros ② *(äußerste, neueste, zeitlich)* último; **in ~r Zeit** últimamente; **der ~ Schrei** *(fig)* el último grito; **bis aufs L~** totalmente; **etw bis ins L~ kennen** conocer algo como la palma de la mano; **bis zum L~n gehen** dar lo máximo ③ *(schlecht)* peor; **das ist doch das L~!** *(fam)* ¡es lo último!

letztendlich ['-'--] *adv* a fin de cuentas, finalmente

letztens ['lɛtstəns] *adv* ① *(kürzlich)* hace poco (tiempo) ② *(zum Schluss)* por último; **drittens und ~** tercero y último

letztere(r, s) *adj* último; **ich habe L~s akustisch nicht verstanden** no he oído bien lo último

letztgenannt *adj* último (mencionado); **können Sie den ~en Namen wiederholen?** ¿puede repetir el último nombre (que ha mencionado)?

letztlich *adv* por último

letztmalig **I.** *adj* último **II.** *adv* por última vez

Leuchtdiode *f* <-, -n> diodo *m* luminoso

Leuchte ['lɔɪçtə] *f* <-n> ① *(Lampe)* lámpara *f* ② *(fam: kluger Mensch)* lumbrera *f*

leuchten ['lɔɪçtən] *vi* ① *(Licht geben)* dar luz; *(Lampe)* estar encendido ② *(erhellen)* iluminar; *(beleuchten)* alumbrar (**in**); **leuchte hierher!** ¡ilumina aquí!; **leuchte einmal (mit der Lampe) in die Ecke** alumbra el rincón (con la lámpara) ③ *(glänzen)* resplandecer; *(strahlen)* brillar; *(Farbe)* ser brillante

leuchtend *adj* luminoso; *(glänzend)* brillante; *(strahlend)* radiante; **ein ~es Beispiel** un ejemplo magnífico

Leuchter *m* <-s, -> *(Kerzenleuchter)* candelabro *m; (Kronleuchter)* araña *f*

Leuchtfarbe *f* color *m* fosforescente

Leuchtfeuer *nt* fanal *m*

Leuchtkäfer *m* (ZOOL) luciérnaga *f,* cocuyo *m Am*

Leuchtkraft *f ohne pl* luminosidad *f*

Leuchtpistole *f* <-, -n> pistola *f* de señalización

Leuchtrakete *f* cohete *m* de señalización

Leuchtreklame *f* anuncio *m* luminoso

Leuchtschrift *f* letra *f* luminosa

Leuchtstift *m* marcador *m*

Leuchtstoffröhre *f* (ELEK) tubo *m* fluorescente

Leuchtturm *m* faro *m*

Leuchtturmwärter(in) *m(f)* farero, -a *m, f*

leugnen ['lɔɪgnən] *vi, vt* negar; **es ist nicht zu ~, dass ...** no se puede negar que...

Leukämie [lɔɪkɛ'mi:] *f* <-n> (MED) leucemia *f*

Leukoplast® [lɔɪko'plast] *nt* <-(e)s, -e> esparadrapo *m*

Leukozyt [lɔɪko'tsy:t] *m* <-en, -en> (MED) leucocito *m*

Leumund *m ohne pl* reputación *f*

Leute ['lɔɪtə] *pl* gente *f;* **arme/reiche ~** gente pobre/rica; **es waren kaum ~ da** no había casi nadie; **es waren ungefähr 30 ~ da** había unas 30 personas; **etw unter die ~ bringen** *(fam)* divulgar algo; **du solltest mal wieder unter die ~ gehen** deberías tratar con gente; **ich kenne meine ~** conozco a mi gente; **die kleinen ~** la gente de la calle; **was sollen die ~ denken?** *(fam)* ¿qué va a pensar la gente?

Leutnant ['lɔɪtnant] *m* <-s, -s> (MIL) subteniente *m*

leutselig ['lɔɪtze:lɪç] *adj* campechano

Level ['lɛvəl] *m* <-s, -s> *(geh)* rango *m*, nivel *m*

Leviten [le'vi:tən] *pl (fam)* **jdm die ~ lesen** cantar a alguien las cuarenta

Lexika *pl von* **Lexikon**

lexikalisch [lɛksi'ka:lɪʃ] *adj* ① *(das Lexikon betreffend)* enciclopédico ② (LING) lexicológico

Lexiken *pl von* **Lexikon**

Lexikograf(in) [lɛksiko'gra:f] *m(f)* <-en, -en; -, -nen> lexicógrafo, -a *m, f*

Lexikografie [lɛksikogra'fi:] *f* <-, *ohne pl*> lexicografía *f*

Lexikon ['lɛksikɔn] *nt* <-s, Lexika *o* Lexiken> enciclopedia *f;* **ein wandelndes ~ sein** ser una enciclopedia viviente

lfd. *Abk. von* **laufend** en curso

Liaison [ljɛ'zõ:] *f* <-s> ① *(geh: Liebesverhältnis)* lío *m* (amoroso) ② (LING) enlace *m*

Liane [li'a:nə] *f* <-n> (BOT) liana *f*

Libanese, -in [liba'ne:zə] *m, f* <-n, -n; -nen> libanés, -esa *m, f*

libanesisch *adj* libanés

Libanon ['li:banɔn] *m* <-s> (el) Líbano *m*

Libelle [li'bɛlə] *f* <-n> ① (ZOOL) libélula *f*, aguacil *m CSur* ② *(an Wasserwaage)* nivel *m* de burbuja

liberal [libe'ra:l] *adj* liberal

Liberale(r) *mf* <-n, -n; -n, -n> liberal *mf*

liberalisieren* [liberali'zi:rən] *vt* liberalizar

Liberalisierung *f* <-en> liberalización *f*

Liberalismus [libera'lɪsmʊs] *m* <-, *ohne pl*> liberalismo *m*

Liberia [li'be:ria] *nt* <-s> Liberia *f*

Liberianer(in) [liberi'a:nɐ] *m(f)* <-s, -; -nen> liberiano, -a *m, f*

liberianisch *adj* liberiano

Libero ['li:bero] *m* <-s, -s> *(Fußball)* líbero *m*

Libido [li'bi:do, '---] *f ohne pl* (PSYCH) libido *f*

Libyen ['li:byən] *nt* <-s> Libia *f*

Libyer(in) *m(f)* <-s, -; -nen> libio, -a *m, f*

libysch ['li:bʏʃ] *adj* libio

licht [lɪçt] *adj* ① *(geh: hell)* claro, luminoso; **am ~en Tag** *(geh)* en pleno día ② *(Haar)* ralo ③ (TECH) interior

Licht [lɪçt] *nt* <-(e)s, -er> luz *f;* **das ~ anmachen/ausmachen** encender/apagar la luz; **das ~ der Welt erblicken** *(geh)* venir al mundo, ver la luz; **das ~ der Öffentlichkeit scheuen** evitar la publicidad; **sein ~ unter den Scheffel stellen** quitarse méritos; **~ in eine Sache bringen** aclarar un asunto; **etw ans ~ bringen** sacar algo a la luz; **für etw grünes ~ geben** *(fig)* dar luz verde a algo, dar el okey a algo *Am;* **etw ins rechte ~ rücken** poner algo de relieve; **so erscheint die Sache in einem (ganz) anderen ~** viéndolo de esta manera la cosa cambia mucho; **jdn hinters ~ führen** engañar a alguien; **das ewige ~** (REL) la luminaria

lichtbeständig *adj s.* **lichtecht**

Lichtbild *nt (formal)* foto(grafía) *f*

Lichtblick *m* rayo *m* de esperanza

Lichtbogen *m* (TECH) arco *m* voltaico

lichtdurchlässig *adj* tra(n)sparente

lichtecht *adj* resistente [*o* insensible] a la luz

Lichteffekt *m* (PHYS) efecto *m* de la luz

Lichteinfall *m* <-(e)s, *ohne pl*> (PHYS) incidencia *f* de la luz

lichtempfindlich *adj* ① *(Haut)* sensible a la luz ② (FOTO) fotosensible

lichten ['lɪçtən] **I.** *vt* ① *(Wald)* aclarar ② (NAUT) **die Anker ~** levar anclas **II.** *vr:* **sich ~** *(Nebel, Wolken)* disiparse; *(Bestände)* disminuir; *(Haare)* ralear; *(Angelegenheit)* aclarar; **die Reihen ~ sich** las filas se ven diezmadas

Lichterkette *f* (POL) *cadena humana con velas en signo de protesta*

lichterloh ['lɪçtɐ'lo:] *adv* **~ brennen** arder en llamas

Lichtgeschwindigkeit *f ohne pl* velocidad *f* de la luz

Lichthof *m* ① (ARCHIT) patio *m* de luces ② (ASTR) halo *m*

Lichthupe *f* avisador *m* luminoso

Lichtjahr *nt* (ASTR) año *m* luz

Lichtmaschine *f* (AUTO) dínamo *f*

Lichtmesser *m* (PHYS) fotómetro *m*

Lichtquelle *f* fuente *f* de luz

Lichtschalter *m* interruptor *m* de la luz

Lichtschein *m ohne pl* reflejo *m* de luz

lichtscheu *adj* que huye de la luz; **~es Gesindel** gentuza *f*

Lichtschranke *f* barrera *f* de luz

Lichtschutzfaktor *m* factor *m* de protección solar
Lichtsignal *nt* señal *f* óptica
Lichtspieltheater *nt (alt)* cinematógrafo *m*
Lichtstärke *f* (PHYS) intensidad *f* de la luz
Lichtstift *m* (INFOR, TECH) lápiz *m* luminoso
Lichtstrahl *m* rayo *m* de luz
Lichttherapie *f* (MED) helioterapia *f*
lichtundurchlässig *adj* (PHYS) opaco
Lichtung *f* <-en> *(im Wald)* calvero *m*, abra *f CSur, Méx*, abierto *m Col*
Lichtverhältnisse *ntpl* condiciones *fpl* luminosas
Lid [li:t] *nt* <-(e)s, -er> párpado *m*
Lidschatten *m* sombra *f* de ojos
Lidstrich *m* raya *f* con el lápiz de ojos
lieb [li:p] *adj* ❶ *(geliebt)* querido; **~e Maria/Frau X** querida María/señora X; **mein L~es** cariño mío; **das ~e Geld** el maldito dinero; **jdn ~ gewinnen/haben** tomarle/tenerle cariño a alguien ❷ *(liebenswürdig)* amable; *(nett)* simpático; **viele ~e Grüße sendet dir …** muchos saludos cariñosos te manda… ❸ *(brav)* bueno; **sei so ~ und mach das Fenster auf!** ¡sé bueno y abre la ventana! ❹ *(angenehm)* agradable; **es wäre mir ~, wenn …** me gustaría que… +*subj;* **am ~sten würde ich jetzt schwimmen gehen** lo que más me gustaría hacer ahora sería ir a nadar; **den ~en langen Tag** *(fam)* todo el santo día
liebäugeln ['li:pʔɔɪgəln] *vi* **mit etw** *dat* ~ acariciar la idea de +*inf*
Liebe ['li:bə] *f ohne pl (allgemein)* amor *m; (Zuneigung)* cariño *m;* **aus ~ zu …** por amor a…; **in ~** con cariño; **~ auf den ersten Blick** amor a primera vista; **bei aller ~, aber …** sintiéndolo mucho, pero…; **~ macht blind** el amor es ciego; **käufliche ~** amor que se compra; **mit jdm ~ machen** *(fam)* hacer el amor con alguien
Liebelei [li:bə'laɪ] *f* <-en> flirteo *m*
lieben ['li:bən] *vt* ❶ *(Liebe empfinden)* querer; **viel geliebt** muy querido; **was sich liebt, das neckt sich** *(prov)* porque te quiero te aporreo ❷ *(Geschlechtsverkehr haben)* hacer el amor (con) ❸ *(mögen)* gustar; **sie liebt es nicht, wenn …** no le gusta que… +*subj*
Liebende(r) *mf* <-n, -n; -n> amante *mf*
liebenswert *adj* simpático; *(bezaubernd)* encantador
liebenswürdig *adj* amable; (**das ist**) **sehr ~** (**von Ihnen**) (es) muy amable (de su parte); **wären Sie so ~ und …?** ¿sería tan amable de? +*inf*
liebenswürdigerweise ['-----'--] *adv* amablemente
Liebenswürdigkeit *f* <-en> amabilidad *f;* **würden Sie die ~ haben, mir zu helfen?** ¿tendría Ud. la amabilidad de ayudarme?; **sie ist die ~ in Person** es la amabilidad en persona
lieber ['li:bɐ] *adv kompar von* **gern: mir wäre es ~, du würdest bleiben** preferiría que te quedaras; **ich schweige ~** prefiero callarme; **nichts ~ als das!** ¡con muchísimo gusto!
Liebesaffäre *f* amorío *m*
Liebesakt *m* <-(e)s, -e> *(geh)* acto *m* carnal; **den ~ vollziehen** consumar el acto carnal
Liebesbeziehung *f* relación *f* amorosa
Liebesbrief *m* carta *f* de amor
Liebeserklärung *f* declaración *f* de amor; **jdm eine ~ machen** declarar(le) a alguien su amor
Liebesfilm *m* película *f* de amor
Liebesgedicht *nt* poema *m* de amor
Liebesgeschichte *f* historia *f* de amor
Liebeskummer *m* mal *m* de amores
Liebesleben *nt ohne pl* vida *f* amorosa
Liebeslied *nt* canción *f* de amor
Liebesmüh(e) *f* **das ist vergebliche** [*o* **verlorene**] **~** no merece la pena
Liebesnest *nt* <-(e)s, -er> nidito *m* de amor
Liebespaar *nt* (pareja *f* de) enamorados *mpl*, novios *mpl*
Liebesroman *m* novela *f* de amor, novela *f* rosa *pey*
Liebesspiel *nt* juego *m* amoroso
Liebesszene *f* (FILM, LIT, THEAT) escena *f* amorosa
liebestoll *adj* loco de amor; **~ sein/werden** estar/volverse loco de amor
liebevoll I. *adj (zärtlich)* cariñoso, amoroso *Am* **II.** *adv (sorgfältig)* con amor, con cariño
Liebhaber(in) *m(f)* <-s, -; -nen> amante *mf*
Liebhaberei *f* <-en> afición *f;* **aus** (**reiner**) **~** por (el mero) gusto
Liebhaberin *f* <-nen> *s.* **Liebhaber**
Liebhaberwert *m ohne pl* valor *m* entre aficionados
liebkosen* [li:p'ko:zən] *vt (geh)* acariciar
lieblich ['li:plɪç] *adj (Duft)* suave; *(Landschaft)* ameno; *(Wein)* dulce
Lieblichkeit *f* <-, *ohne pl*> ❶ *(eines Geschmacks)* dulzura *f* ❷ *(eines Gesichts)* hermosura *f; (einer Melodie)* dulzura *f*
Liebling ['li:plɪŋ] *m* <-s, -e> ❶ *(Kosewort)* cariño, -a *m, f*, negro, -a *m, f Arg*, ñato, -a *m, f Bol* ❷ *(bevorzugter Mensch)* favorito, -a *m, f*

Lieblingsbeschäftigung *f* ocupación *f* favorita
lieblos *adj (ohne Liebe, Sorgfalt)* poco cariñoso; *(gefühllos)* insensible
Liebschaft *f* <-en> amorío *m*
liebste(r, s) *adj* (muy) querido, queridísimo; **mein ~r Freund** mi querido amigo
Liebste(r) *mf* <-n, -n; -n> querido, -a *m, f*
liebsten *superl von* **gern: am ~ würde ich hierbleiben** lo que más me gustaría sería quedarme aquí
Liebstöckel ['liːpʃtœkəl] *m o nt* <-s, -> (BOT) levística *f*
Liechtenstein ['lɪçtənʃtaɪn] *nt* <-s> Liechtenstein *m*
Liechtensteiner(in) *m(f)* <-s, -; -nen> ciudadano, -a *m, f* de Liechtenstein
liechtensteinisch *adj* de Liechtenstein
Lied [liːt] *nt* <-(e)s, -er> canción *f;* **es ist immer das alte ~ mit ihm** *(fam)* ya está otra vez con la misma canción; **davon kann ich ein ~ singen** *(fam)* lo sé de sobra
Liederbuch *nt* cancionero *m*
liederlich ['liːdɐlɪç] *adj* ❶ *(unordentlich)* desordenado; *(nachlässig)* descuidado, chancho *Am* ❷ *(abw: unmoralisch)* licencioso
Liedermacher(in) *m(f)* <-s, -; -nen> cantautor(a) *m(f)*
Liedtext *m* texto *m* de la canción
lief [liːf] *3. imp von* **laufen**
Lieferant(in) [lifə'rant] *m(f)* <-en, -en; -nen> proveedor(a) *m(f)*
Lieferanteneingang *m* entrada *f* para proveedores
lieferbar *adj* disponible, suministrable
Lieferbedingungen *fpl* condiciones *fpl* de entrega
Lieferdatum *nt* <-s, -daten> fecha *f* de entrega
Lieferfirma *f* casa *f* proveedora
Lieferfrist *f* plazo *m* de entrega
Liefermenge *f* <-, -n> cantidad *f* entregada [*o* a entregar]
liefern ['liːfɐn] *vt* ❶ *(zustellen)* entregar; *(beliefern)* suministrar; **die bestellte Ware frei Haus ~** entregar el pedido a domicilio sin recargo ❷ *(erzeugen)* producir; **für etw Beweise ~** aportar pruebas de algo; **ich bin geliefert** *(fam)* estoy perdido
Lieferschein *m* (COM) albarán *m* de entrega
Lieferservice *m* servicio *m* (de entrega) a domicilio
Lieferstopp *m* (WIRTSCH) suspensión *f* del suministro
Liefertermin *m* fecha *f* de entrega; **festgesetzter ~** plazo de entrega prefijado
Lieferung *f* <-en> ❶ *(das Liefern)* entrega *f; (das Beliefern)* suministro *m* ❷ *(Ware)* envío *m*
Liefervertrag *m* <-(e)s, -träge> contrato *m* de suministro
Lieferwagen *m* camioneta *f*
Lieferzeit *f* plazo *m* de entrega
Liege ['liːgə] *f* <-n> ❶ *(Gartenliege)* tumbona *f* ❷ *(im Liegewagen)* litera *f*
liegen ['liːgən] <liegt, lag, gelegen> *vi haben o sein* ❶ *(Person)* estar acostado, estar tumbado; **hart/weich ~** estar acostado sobre una superficie dura/blanda; **im Bett ~** estar (tumbado) en la cama; **auf dem Rücken/auf dem Bauch ~** estar boca arriba/boca abajo; **er liegt ihr zu Füßen** está a sus pies; **die Römer aßen im L~** los romanos comían tumbados ❷ *(sich befinden)* estar; *(Zimmer)* dar (a); **das Buch liegt auf dem Tisch** el libro está en la mesa; **wo liegt Durango?** ¿dónde se encuentra Durango?; **an der Elbe ~** estar a orillas del Elba; **das Zimmer liegt nach Süden** la habitación da al sur; **das liegt auf dem Weg** está de camino; **der Ort liegt sehr idyllisch** el lugar está situado en un paraje idílico; **es lag kein Schnee** no había nieve; **der Unterschied liegt darin, dass ...** la diferencia está en que...; **das Essen liegt mir schwer im Magen** la comida se me ha asentado en el estómago; **die Preise ~ zwischen 50 und 70 Euro** los precios andan entre 50 y 70 euros; **die Betonung liegt auf der letzten Silbe** la entonación recae en la última sílaba; **die Prüfung liegt noch vor mir** aún tengo el examen por delante; **das lag nicht in meiner Absicht** no era mi intención ❸ *(zusagen)* gustar; *(interessieren)* interesar; **Englisch liegt mir nicht** el inglés no me va; **es liegt mir viel/nichts daran** me importa mucho/no me importa nada ❹ *(abhängen)* depender (**an/bei** de); **die Entscheidung liegt bei euch** la decisión es vuestra; **an wem liegt das?** ¿quién es el/la responsable? ❺ *(begründet sein)* ser debido (**an** a); **woran liegt es?** ¿a qué se debe?; **an mir soll's nicht ~** por mí que no quede; **so wie die Dinge ~ ...** en estas circunstancias...
liegend **I.** *adj* tumbado, echado **II.** *adv* ❶ *(flach)* en posición horizontal; **Wein ~ aufbewahren** guardar el vino en posición horizontal ❷ *(im Liegen)* (estando) tumbado; **~ ein Buch lesen** leer un libro tumbado
Liegeplatz *m* atracadero *m*
Liegerad *nt* bicicleta *f* reclinada
Liegesitz *m* asiento *m* reclinable
Liegestuhl *m* tumbona *f*

L

Liegestütz ['--ʃtʏts] *m* <-es, -e> flexión *f*
Liegewagen *m* (EISENB) coche *m* litera
Liegewagenplatz *m* litera *f*
Liegewiese *f* terreno *m* con césped (donde tumbarse)
lieh [liː] *3. imp von* **leihen**
ließ [liːs] *3. imp von* **lassen**
liest [liːst] *3. präs von* **lesen**
Lift [lɪft] *m* <-(e)s, -e *o* -s> ❶ *(Fahrstuhl)* ascensor *m* ❷ *(Skilift)* telesquí *m; (Sessellift)* telesilla *m*
liften ['lɪftən] **I.** *vi sein* subir en telesquí **II.** *vt* ❶ (MED) hacerse un estiramiento (de) ❷ (TECH) subir
Liga ['liːga] *f* <Ligen> ❶ (POL) liga *f* ❷ (SPORT) división *f;* **erste ~** primera liga
light [laɪt] *adj* (GASTR) ligero
liken ['laɪ̯kn̩] *vt* (INFOR) marcar con [*o* darle a] "me gusta"
Likör [li'køːɐ] *m* <-s, -e> licor *m*
lila ['liːla] *adj (hell)* lila; *(dunkel)* morado
Lila ['liːla] *nt* <-(s), -(s)> *(Farbe)* lila *m*
Lilie ['liːliə] *f* <-n> (BOT) lirio *m; (weiße)* azucena *f*
Liliputaner(in) [lilipu'taːnɐ] *m(f)* <-s, -; -nen> liliputiense *mf*
Limabohne ['liːma-] *f* (GASTR) judía *f* de Lima
Limette [li'mɛtə] *f* <-, -n> lima *f*
Limit ['lɪmɪt] *nt* <-s, -s *o* -e> límite *m;* **jdm ein ~ setzen** poner un límite a alguien
limitieren* [limi'tiːrən] *vt* limitar
Limo ['lɪmo] *f* <-(s)> *(fam)* limonada *f*
Limonade [limo'naːdə] *f* <-n> limonada *f*
Limousine [limu'ziːnə] *f* <-n> limusina *f*
Linde ['lɪndə] *f* <-n> tilo *m*
Lindenblütentee *m* tila *f*
lindern ['lɪndɐn] *vt* aliviar
Linderung *f ohne pl* alivio *m*
lindgrün I. *adj* verde lima **II.** *adv* de color verde lima
Lineal [line'aːl] *nt* <-s, -e> regla *f*
linear [line'aːɐ] *adj* lineal
Linguist(in) [lɪŋgu'ɪst] *m(f)* <-en, -en; -nen> lingüista *mf*
Linguistik [lɪŋgu'ɪstɪk] *f ohne pl* lingüística *f*
Linguistin *f* <-nen> *s.* **Linguist**
linguistisch *adj* lingüístico
Linie ['liːniə] *f* <-n> línea *f;* **~n ziehen** trazar líneas; **gestrichelte ~** línea punteada; **eine politische ~ verfolgen** seguir una línea política; **in vorderster ~ stehen/kämpfen** estar/luchar en primera línea; **in erster ~** en primer lugar; **auf der ganzen ~** en toda la línea; **auf die schlanke ~ achten** guardar la línea
Linienbus *m* autobús *m* de línea
Linienflug *m* vuelo *m* regular
Linienführung *f* ❶ (KUNST) trazo *m* ❷ *(Verkehrswesen)* trazado *m* de la línea
Linienmaschine *f* avión *m* de línea
Liniennummer *f* número *m* de línea
Linienrichter(in) *m(f)* (SPORT) juez(a) *m(f)* de línea
linientreu *adj* (POL: *einer Partei*) fiel a la línea del partido
Linienverkehr *m* <-(e)s, -e> (AERO, AUTO) línea *f* regular
lini(i)ert *adj* con líneas
link [lɪŋk] *adj (fam)* engañoso
Link *m* <-s, -s> (INFOR, TEL) unión *f,* vínculo *m*
Linke *f* <-n> ❶ *(Boxen)* izquierda *f* ❷ (POL) izquierda *f;* **die extreme ~** la extrema izquierda; **die gemäßigte ~** la izquierda moderada ❸ *(Hand)* (mano *f*) izquierda *f;* **zu seiner ~n** a su izquierda
linke(r, s) *adj* ❶ *(räumlich)* izquierdo; **die ~ Seite/Hand** el lado izquierdo/la mano izquierda; **~r Hand** a mano izquierda; **zwei ~ Hände haben** *(fam)* ser un manazas ❷ (POL) de izquierda(s)
linken *vt (fam)* engañar
linkisch *adj (abw)* torpe, desmañado
links [lɪŋks] **I.** *adv* a la izquierda; **~ davon** a la izquierda; **nach ~** hacia la izquierda; **von ~ kommen** venir por la izquierda; **oben/unten ~** arriba/abajo a la izquierda; **von ~ nach rechts** de izquierda a derecha; **sich ~ halten/einordnen** mantenerse a su izquierda/situarse en el carril izquierdo; **~ um!** (MIL) ¡izquierda!; **~ stricken** hacer punto del revés; **~ stehen** (POL) ser de izquierdas; **~ wählen** votar a la izquierda; **~ schreiben** escribir con la (mano) izquierda; **etw mit ~ machen** *(fam)* hacer algo con los ojos cerrados; **jdn ~ liegen lassen** hacer caso omiso de alguien **II.** *präp +gen* a la izquierda de
Linksabbieger(in) *m(f)* persona *f* que dobla a la izquierda
Linksaußen [-'--] *m* <-, -> (SPORT) extremo *m* izquierda
linksextrem *adj* (POL) de la extrema izquierda
Linksextremismus *m* (POL) extremismo *m* de izquierda(s)
Linksextremist(in) *m(f)* (POL) extremista *mf* de izquierda
linksextremistisch *adj* (POL) de la extrema izquierda
linksgerichtet *adj* (POL) izquierdista
Linkshänder(in) ['-hɛndɐ] *m(f)* <-s, -; -nen> zurdo, -a *m, f*
linkshändig *adj* zurdo

linksherum ['lɪŋkshɛrʊm] *adv* a la izquierda; **sich ~ drehen** girar a la izquierda
linksradikal *adj* (POL) extremista de izquierdas
Linksradikale(r) *mf* (POL) persona *f* de (la) extrema izquierda
linksrum *adv (fam) s.* **linksherum**
linksseitig *adj* del lado izquierdo; **~ gelähmt** paralizado del lado izquierdo
Linksverkehr *m* circulación *f* por la izquierda
Linoleum [li'noːleʊm] *nt* <-s, *ohne pl*> linóleo *m; (Bodenbelag)* sintasol® *m*
Linolschnitt[1] [li'noːl-] *m ohne pl (Technik)* (técnica *f* del) linóleo *m*
Linolschnitt[2] *m (Abzug)* grabado *m* en linóleo
Linse ['lɪnzə] *f* <-n> ① (BOT, GASTR) lenteja *f;* **grüne/rote ~** lenteja verde/roja ② *(Optik)* lente *m o f*
linsenförmig *adj* lenticular
Linsensuppe *f* <-, -n> (GASTR) sopa *f* de lentejas
Lipgloss ['lɪpglɔs] *m* <-, -> brillo *m* de labios
Lipid [li'piːt] *nt* <-(e)s, -e> (CHEM) lípido *m*
Lippe ['lɪpə] *f* <-n> labio *m;* **er bringt kein Wort über die ~n** es de pocas palabras; **an jds ~n hängen** estar absorto escuchando a alguien; **jdm jeden Wunsch von den ~n ablesen** leerle a alguien los deseos en la cara
Lippenkonturenstift *m* delineador *m* de labios
Lippenpflegestift *m* barra *f* protectora de labios
Lippenstift *m* barra *f* de labios
liquid(e) [li'kviːdə] *adj* ① (WIRTSCH: *verfügbar*) líquido ② (WIRTSCH: *zahlungsfähig*) solvente ③ (CHEM, LING) líquido
Liquidation [likvida'tsjoːn] *f* <-, -en> (*a.* WIRTSCH) liquidación *f*
liquidieren* [likvi'diːrən] *vt* (*a.* WIRTSCH) liquidar
Liquidität [likvidi'tɛːt] *f ohne pl* (WIRTSCH) liquidez *f*
Lira ['liːra] *f* <-, Lire> lira *f*
lispeln ['lɪspəln] *vi* cecear
Lissabon ['lɪsabɔn, --'-] *nt* <-s> Lisboa *f*
List[1] [lɪst] *f* <-en> *(Trick)* artimaña *f*
List[2] *f ohne pl (Wesensart)* astucia *f;* **mit ~ und Tücke** *(fam)* con todas las mañas posibles
Liste ['lɪstə] *f* <-n> lista *f;* **auf einer ~ stehen** figurar en una lista; **jdn auf die schwarze ~ setzen** *(fam)* poner a alguien en la lista negra
Listenplatz *m* <-es, -plätze> posición *f* en la lista
Listenpreis *m* <-es, -e> precio *m* de lista
listig *adj* astuto
Litauen ['lɪtaʊən] *nt* <-s> Lituania *f*
Litauer(in) *m(f)* <-s, -; -nen> lituano, -a *m, f*
litauisch *adj* lituano
Liter ['liːtɐ, 'lɪtɐ] *m o nt* <-s, -> litro *m;* **zwei ~ Milch** dos litros de leche
Literanzeige *f* indicador *m* de los litros
literarisch [lɪtə'raːrɪʃ] *adj* literario
Literat(in) [lɪtə'raːt] *m(f)* <-en, -en; -nen> literato, -a *m, f*
Literatur [lɪtəra'tuːɐ] *f* <-en> literatura *f*
Literaturangaben *fpl* notas *fpl* bibliográficas
Literaturgeschichte *f* <-, *ohne pl*> historia *f* de la literatura
Literaturkritik *f ohne pl* crítica *f* literaria
Literaturkritiker(in) *m(f)* <-s, -; -, -nen> crítico, -a *m, f* literario , -a
Literaturpreis *m* premio *m* de literatura
Literaturverzeichnis *nt* <-ses, -se> bibliografía *f*
Literaturwissenschaft *f* ciencia *f* de la literatura
Literflasche *f* <-, -n> botella *f* de un litro
literweise *adv* por [*o* a] litros
Litfaßsäule ['lɪtfaszɔɪlə] *f* columna *f* de anuncios
Lithografie [litogra'fiː] *f* <-n> litografía *f*
Lithosphäre [lito'sfɛːrə] *f* <-, *ohne pl*> (GEO) litosfera *f*
Litschi ['lɪtʃiː] *f* <-, -s> litchi *m*
litt [lɪt] *3. imp von* **leiden**
Liturgie [litʊr'giː] *f* <-n> (REL) liturgia *f*
liturgisch [li'tʊrgɪʃ] *adj* (REL) litúrgico
live [laɪf] *adj inv* (RADIO, TV) ① *(Sendung)* en directo ② *(direkt anwesend)* en vivo
Liveaufzeichnung *f* grabación *f* en directo
Livesendung *f,* **Live-Sendung** *f* (RADIO, TV) (re)tra(n)smisión *f* en directo
Livestream ['laɪfstriːm] *m* <-s, -s> (INFOR) streaming *m;* **sich** *dat* **ein Video per ~ ansehen** ver un vídeo en streaming
Liveübertragung *f,* **Live-Übertragung** *f* retra(n)smisión *f* en directo
Lizenz [li'tsɛnts] *f* <-en> (*a.* SPORT) licencia *f;* **jdm eine ~ erteilen** conceder a alguien una licencia; **etw in ~ herstellen** producir algo con licencia
Lizenzgebühr *f* derecho *m* de licencia
Lizenzierung *f* <-, -en> *(formal)* concesión *f* de licencias
Lizenznehmer(in) *m(f)* concesionario, -a *m, f*
Lizenzspieler(in) *m(f)* (SPORT) jugador(a) *m(f)* con licencia
Lkw, LKW ['ɛlkaːveː] *m* <-(s), -(s)> *Abk. von* **Lastkraftwagen** camión *m*

Lkw-Fahrer(in) *m(f)* camionero, -a *m, f*
Lob [lo:p] *nt* <-(e)s, -e> elogio *m;* **jdm ein ~ aussprechen** elogiar a alguien; **er ist des ~es voll über dich** está lleno de elogios para contigo
Lobby ['lɔbi] *f* <-s> grupo *m* de presión, lobby *m*
Lobbyismus *m* <-, *ohne pl*> (POL) cabildeo *m*
Lobbyist(in) [lɔbi'ɪst] *m(f)* <-en, -en; -, -nen> cabildero, -a *m, f*
loben ['lo:bən] *vt* elogiar; *(überschwänglich)* alabar (**für** por); **das lob' ich mir!** ¡así me gusta!; **etw ~d erwähnen** aludir elogiosamente a algo
lobenswert *adj* loable, digno de encomio
Lobeshymne *f* <-, -n> gran elogio *m,* panegírico *m;* **eine ~ auf jdn/etw singen** hacer un panegírico de alguien/algo, poner a alguien/algo por las nubes
Lobgesang *m* (REL) canto *m* de alabanza
löblich ['lø:plɪç] *adj* loable, digno de encomio
Loblied *nt* **ein ~ auf jdn/etw singen** hacer elogios de alguien/algo
Lobrede *f* elogio *m;* **eine ~ auf etw halten** hacer elogios de algo
Loch [lɔx, *pl:* 'lœçə] *nt* <-(e)s, Löcher> ❶ *(allgemein)* agujero *m,* buraco *m CSur; (Öffnung)* abertura *f; (Vertiefung, beim Golf)* hoyo *m; (Hohlraum)* hueco *m;* **ein schwarzes** [*o* **Schwarzes**] **~** (ASTR) un agujero negro; **jdm ein ~ in den Bauch fragen** *(fam)* atosigar a alguien a preguntas; **Löcher in die Luft starren** *(fam)* estar en Babia; **wie ein ~ saufen** *(fam)* beber como un cosaco; **aus dem letzten ~ pfeifen** estar en las últimas ❷ *(fam abw: Wohnung)* cuchitril *m* ❸ *(fam: Gefängnis)* chirona *f*
lochen *vt* ❶ *(Papier)* perforar ❷ *(entwerten)* picar
Locher *m* <-s, -> (*a.* INFOR) perforadora *f*
löcherig *adj* agujereado, perforado
löchern ['lœçɐn] *vt (fam)* atosigar (**mit** a)
Lochzange *f* (TECH) sacabocados *m inv*
Locke ['lɔkə] *f* <-n> rizo *m*
locken ['lɔkən] **I.** *vt* ❶ *(Tier)* llamar ❷ *(anziehen)* atraer; *(verlocken)* seducir; **jdn in eine Falle ~** tender a alguien una trampa **II.** *vr:* **sich ~** *(Haare)* rizarse
lockend *adj* tentador; *(verlockend)* seductor
Lockenkopf *m* <-(e)s, -köpfe> cabellera *f* rizada; **sie ist ein ~** es toda rizos
Lockenpracht *f* <-, *ohne pl*> (magnífica) cabellera *f* rizada [*o* de rizos]
Lockenstab *m* moldeador *m* eléctrico
Lockenwickler *m* rulo *m,* bigudí *m*

L

locker ['lɔkɐ] *adj* ❶ *(Schraube, Knoten, Verband)* flojo; *(wackelnd)* suelto; **~ werden** *(Knoten)* aflojarse; *(Teil)* desprenderse; **~ sitzen** estar flojo ❷ *(Teig, Backwaren)* esponjoso; *(Reis)* suelto; *(Boden)* mullido ❸ *(Haltung)* relajado; **etw ~ handhaben** no ser muy severo con algo ❹ *(Lebenswandel)* libertino; **das mach' ich doch ~** *(fam)* eso lo hago con facilidad; **ein ~es Mundwerk haben** *(fam)* tener mala lengua
locker-flockig I. *adj (fam)* desenfadado; **er hat immer ein paar ~e Sprüche auf Lager** siempre tiene preparadas algunas salidas **II.** *adv (fam)* desenfadadamente; **sie spricht immer ~ daher** siempre habla de una manera muy enrollada
locker|lassen *irr vi (fam)* **nicht ~** no ceder
locker|machen *vt (fam)* **Geld ~** aflojar el bolsillo; **sie hat 20 Euro für mich lockergemacht** me ha prestado 20 euros
lockern ['lɔkɐn] **I.** *vt* ❶ *(Schraube, Seil)* aflojar ❷ *(Muskeln, Gesetze)* relajar ❸ *(Boden)* mullir ❹ *(Embargo)* retirar **II.** *vr:* **sich ~** ❶ *(Nagel, Schraube, Seil)* aflojarse ❷ *(Verkrampfung)* relajarse
Lockerung *f* <-, -en> ❶ *(Schrauben)* aflojado *m* ❷ *(Auflockern: Boden)* esponjado *m* ❸ *(Entkrampfung: Vorschriften)* relajamiento *m* ❹ *(Entspannung)* relajación *f*
Lockerungsübung *f* <-, -en> (SPORT) ejercicio *m* de precalentamiento; **~en machen** hacer ejercicios de precalentamiento
lockig *adj* rizado
Lockruf *m* reclamo *m*
Lockvogel *m (a. fig)* señuelo *m*
Loden ['lo:dən] *m* <-s, -> loden *m*
lodern ['lo:dɐn] *vi (a. fig)* arder
Löffel ['lœfəl] *m* <-s, -> ❶ *(Esslöffel)* cuchara *f; (Löffel voll)* cucharada *f* ❷ *(Hasenohren)* oreja *f;* **schreib dir das hinter die ~!** *(fam)* ¡recuerda mis palabras!; **den ~ abgeben** *(fam)* diñarla
Löffelbagger *m* pala *f* excavadora
löffeln ['lœfəln] *vt* ❶ *(essen)* comer con cuchara ❷ *(verteilen)* repartir
löffelweise *adv* a cucharadas
log *3. imp von* **lügen**
Logarithmentafel [loga'rɪtmən-] *f* (MATH) tabla *f* de logaritmos
Logarithmus [loga'rɪtmʊs] *m* <-, Logarithmen> (MATH) logaritmo *m*
Logbuch *nt* (NAUT) cuaderno *m* de bitácora
Loge ['lo:ʒə] *f* <-n> ❶ (THEAT) palco *m* ❷ *(Pförtnerloge)* portería *f* ❸ *(Freimaurerloge)* logia *f*
Logik ['lɔgɪk] *f ohne pl* lógica *f*
Login [lɔk'ʔɪn] *nt* <-s, -s> (INFOR) login *m,* entrada *f* de identificación

Logis [lo'ʒiː] *nt* <-, -> alojamiento *m*
logisch ['loːgɪʃ] *adj* lógico
logischerweise *adv* como es lógico, lógicamente
Logistik [lo'gɪstɪk] *f ohne pl* logística *f*
logistisch *adj* logístico
logo ['lɔːgo] *adj inv (fam)* lógico
Logo ['loːgo] *m o nt* <-s, -s> emblema *m*
Logopäde, -in [logo'pɛːdə] *m, f* <-n, -n; -nen> logopeda *mf*
Logopädie [logopɛ'diː] *f* <-, *ohne pl*> logopedia *f*
Logout [lɔk'ʔaʊt] *m* <-s, -s> (INFOR) logout *m,* cierre *m* de sesión
Lohn [loːn, *pl:* 'løːnə] *m* <-(e)s, Löhne> ① *(Arbeitsentgelt)* salario *m; (Tageslohn)* jornal *m;* **Löhne und Gehälter** sueldos y salarios ② *(Belohnung)* recompensa *f;* **als ~ für …** en recompensa por…
Lohnabbau *m* reducción *f* de salarios
Lohnausgleich *m* ajuste *m* salarial; **verkürzte Arbeitszeit bei vollem ~** jornada de trabajo reducida con el mismo sueldo
Lohnbuchhaltung[1] *f (Abteilung)* oficina *f* de pagos
Lohnbuchhaltung[2] *f ohne pl (Berechnung)* contabilidad *f* de sueldos y salarios
Lohnempfänger(in) *m(f)* asalariado, -a *m, f*
lohnen ['loːnən] **I.** *vt* ① *(wert sein)* valer la pena; **das Museum lohnt einen Besuch** vale la pena visitar el museo ② *(belohnen)* **jdm etw ~** recompensar a alguien por algo **II.** *vr:* **sich ~** valer la pena; **der Auftrag hat sich für uns finanziell gelohnt** el encargo nos ha salido rentable
löhnen ['løːnən] *vi (fam)* pagar
lohnend *adj* que vale la pena; *(einträglich)* rentable
lohnenswert *adj* útil, provechoso, fructífero
Lohnerhöhung *f* aumento *m* salarial
Lohnforderung *f* reivindicación *f* salarial
Lohnfortzahlung *f ohne pl* pago *m* continuado del salario
Lohngruppe *f* grupo *m* salarial
Lohnkosten *pl* coste *m* salarial
Lohnkürzung *f* reducción *f* del salario
Lohnnebenkosten *pl* costes *mpl* no salariales
Lohnsteuer *f* impuesto *m* sobre el salario
Lohnsteuerjahresausgleich ['---'----] *m* ajuste *m* anual de impuestos sobre el salario
Lohnsteuerkarte *f* tarjeta *f* de impuesto sobre el salario
Lohnstopp *m* congelación *f* salarial
Lohnzulage *f* complemento *m* salarial
Loipe ['lɔɪpə] *f* <-, -n> pista *f* de esquí de fondo
Lok [lɔk] *f* <-s> locomotora *f*
lokal [lo'kaːl] *adj* local
Lokal [lo'kaːl] *nt* <-(e)s, -e> local *m; (Kneipe)* pub *m; (Restaurant)* restaurante *m*
Lokalanästhesie *f* (MED) anestesia *f* local; **in ~** con anestesia local
Lokalblatt *nt* <-(e)s, -blätter> periódico *m* local, noticiero *m* local *Am*
lokalisieren* [lokali'ziːrən] *vt* localizar, ubicar *Am*
Lokalpatriotismus *m* patriotismo *m* de campanario
Lokalsender *m* <-s, -> emisora *f* local
Lokalteil *m* <-(e)s, -e> crónica *f* local
Lokaltermin *m* inspección *f* del lugar del hecho
Lokalverbot *nt* prohibición *f* de entrada a un local público
Lokalzeitung *f* <-, -en> periódico *m* local
Lokomotive [lokomo'tiːvə] *f* <-n> locomotora *f*
Lokomotivführer(in) *m(f)* maquinista *mf*
Lokus ['loːkʊs] *m* <- *o* -ses, - *o* -se> *(fam)* excusado *m*
lol [lɔl] *interj* (INFOR: *fam) Abk. von* **laughing out loud** lol, muerto de risa
Lolli ['lɔli] *m* <-s, -s> chupa chups® *m inv*
London ['lɔndɔn] *nt* <-s> Londres *m*
Londoner(in) *m(f)* <-s, -; -nen> londinense *mf*
Longboardfahren ['lɔŋbɔːt-] *nt* (SPORT) skate *m* en tabla larga
Longdrink ['lɔŋdrɪŋk] *m* <-s, -s> (GASTR) copa *f*
Look [lʊk] *m* <-s, -s> estilo *m,* look *m*
Looping ['luːpɪŋ] *m o nt* <-s, -s> (AERO) looping *m*
Lorbeer ['loːɐbeːɐ] *m* <-s, -en> laurel *m;* **sich auf seinen ~en ausruhen** *(fam)* dormirse en los laureles
Lorbeerblatt *nt* hoja *f* de laurel
Lorbeerkranz *m* corona *f* de laureles
los [loːs] **I.** *adj* ① *(nicht befestigt)* suelto; **der Hund ist ~** el perro anda suelto ② *(locker)* flojo; **jdn/etw ~ sein** haberse librado de alguien/algo; **ich bin mein ganzes Geld ~** me he quedado sin blanca ③ *(geschehen)* **~ sein** pasar; **es ist nichts ~** no pasa nada; **was ist ~ mit ihm?** ¿qué le pasa?; **mit dem ist heute nichts ~** hoy no hay nada que hacer con él; **in Granada ist abends viel ~** en Granada hay mucha marcha por la noche; **was ist (hier) ~?** ¿qué pasa (aquí)?; **wenn ihr heute nicht rechtzeitig kommt, dann ist 'was ~!** *(fam)* si no llegáis a tiempo hoy se va a armar la gorda **II.** *adv* ① *(schnell)* ya; **~!**

¡venga!; **Achtung, fertig, ~!** ¡preparados, listos, ya! ② *(fam: weg)* **sie sind schon ~** ya se fueron

Los [lo:s] *nt* <-es, -e> ① *(für Entscheidung)* sorteo *m;* **etw durch das ~ entscheiden** echar algo a suerte(s); **das ~ ist auf mich gefallen** me ha tocado ② *(Lotterielos)* billete *m* de lotería, boleto *m;* **das große ~ ziehen** *(a. fig)* tocar(le) a alguien el gordo ③ *(geh: Schicksal)* destino *m;* **ein hartes/schweres ~** un destino difícil/oneroso

lösbar *adj* ① *(Aufgabe)* resoluble ② *(löslich)* soluble

los|binden *irr vt* soltar, desatar

los|brechen *irr* **I.** *vt* romper **II.** *vi sein (Gelächter, Sturm)* estallar; *(Gewitter)* desencadenarse

Löschblatt *nt* (papel *m*) secante *m*

löschen ['lœʃən] **I.** *vi (Brand)* apagar un incendio **II.** *vt* ① *(Licht, Feuer, Durst)* apagar ② *(Tonband,* a. INFOR) borrar ③ *(Konto, Schuld, Eintragung)* cancelar ④ (NAUT) desembarcar

Löschfahrzeug *nt* coche *m* de bomberos

Löschpapier *nt* (papel *m*) secante *m*

Löschtaste *f* (INFOR) tecla *f* para borrar

Löschung *f* <-en> ① *(Tilgung)* amortización *f* ② (NAUT: *Entladung*) descarga *f*

Löschzug *m* <-(e)s, -züge> equipo *m* de bomberos

lose ['lo:zə] *adj* ① *(Seil, Knoten)* flojo ② *(unverpackt)* a granel; *(stückweise)* por unidad; **~ Blätter** hojas sueltas; **ein ~s Mundwerk haben** *(fam)* tener la lengua larga

Loseblattsammlung *f* colección *f* de hojas sueltas

Lösegeld *nt* rescate *m*

los|eisen *vt (fam)* liberar (de las garras) (**von** de); **bei jdm etwas Geld ~** sacarle algo de dinero a alguien

Lösemittel *nt* disolvente *m*

losen ['lo:zən] *vi* echar a suerte(s); **um die Eintrittskarten ~** rifar las entradas

lösen ['lø:zən] **I.** *vt* ① *(abtrennen)* despegar (**von/aus** de) ② *(losmachen)* soltar; *(lockern)* aflojar; *(Schraube)* destornillar; *(Knoten)* deshacer; *(Verspannung)* eliminar; **die Handbremse ~** soltar el freno de mano ③ *(Aufgabe)* resolver; *(Geheimnis)* descubrir; *(Verwicklung)* aclarar ④ *(Ehe, Verbindung)* anular; *(Vertrag)* rescindir ⑤ *(Eintritts-, Fahrkarte)* sacar ⑥ *(zergehen lassen)* disolver (**in** en) **II.** *vr:* **sich ~** ① *(abgehen)* desprenderse (**von** de) ② *(Schraube)* aflojarse; *(Husten, Krampf)* calmarse ③ *(sich klären)* resolverse ④ *(sich frei machen)* liberarse (**aus/von** de); *(sich trennen)* separarse (**von** de); **sie löste sich aus seiner Umarmung** se desprendió de su abrazo ⑤ *(Schuss)* dispararse; **ein Schuss hatte sich gelöst** se había disparado el arma ⑥ *(zergehen)* disolverse (**in** en)

los|fahren ['lo:s-] *irr vi sein* salir; *(Fahrzeug)* ponerse en marcha; **auf jdn ~** arremeter contra alguien

los|gehen *irr vi sein* ① *(weggehen)* irse; **lass uns endlich ~!** ¡vámonos ya! ② *(fam: anfangen)* empezar; **gleich geht's los** enseguida empieza; **jetzt geht das schon wieder los!** *(fam)* ¡oh no, empieza de nuevo! ③ *(Schuss, Gewehr)* dispararse ④ *(angreifen)* abalanzarse (**auf** sobre)

los|kaufen *vt* rescatar

los|kommen *irr vi sein (fam)* ① *(wegkommen)* poder irse ② *(sich befreien)* librarse (**von** de); *(von Drogen)* desengancharse (**von** de)

los|kriegen *vt (fam)* ① *(lockern)* conseguir soltar; **einen Aufkleber ~** conseguir despegar un adhesivo; **ein festgefahrenes Fahrzeug ~** conseguir soltar un coche atascado ② *(sich entledigen)* librarse (de); **jdn ~** librarse de alguien

los|lassen *irr vt* ① *(nicht mehr festhalten)* soltar; **die Frage lässt mich nicht mehr los** la pregunta no se me quita de la cabeza ② *(Hund)* soltar (**auf** contra) ③ *(fam: sagen)* soltar; *(Beschwerde)* lanzar

los|laufen *irr vi sein* echar a correr

los|legen *vi (fam)* ponerse a hacer algo con ímpetu; **ihr könnt sofort ~!** ¡podéis empezar enseguida!

löslich ['lø:slɪç] *adj* soluble (**in** en)

los|lösen *vt, vr:* **sich ~** desprender(se) (**von** de)

los|machen **I.** *vt (fam)* soltar **II.** *vr:* **sich ~** *(fam: von Kette)* soltarse (**von** de); *(von Verpflichtungen)* sustraerse (**von** a)

los|müssen *irr vi (fam)* tener que irse

Losnummer *f* número *m* de lotería

los|reißen *irr* **I.** *vt* arrancar **II.** *vr:* **sich ~** soltarse; **er konnte sich nicht von dem Anblick ~** no podía apartar la vista

losrennen *irr vi sein* echar a correr (**auf** hacia)

Löss [lœs] *m* <-es, -e>, **Löß** [lø:s] *m* <-es, -e> (GEO) loess *m*

los|sagen *vr:* **sich ~** renegar (**von** de)

los|schicken *vt* enviar

losschlagen *irr* **I.** *vt* ① *(abschlagen)* separar (a golpe de martillo) (**von** de) ② *(fam: billig verkaufen)* vender (a precio tirado) **II.** *vi* ① *(angreifen)* iniciar el ataque ② *(einschlagen)* liarse a golpes (**auf** con)

Lostrommel *f* <-, -n> bombo *m* de sorteo

Losung ['lo:zʊŋ] *f* <-en> ① *(Motto)*

lema *m* ② (MIL) consigna *f* ③ *(vom Wild)* excrementos *mpl*

Lösung ['lø:zʊŋ] *f* <-en> ① *(Ergebnis)* solución *f* (**von** de) ② *(Loslösung)* desprendimiento *m* (**von** de) ③ *(Aufhebung)* anulación *f* (**von** de) ④ (CHEM, PHYS: *Flüssigkeit*) solución *f*; *(Auflösung)* disolución *f* (**in** en)

Lösungsmittel *nt* disolvente *m*

Losungswort *nt* lema *m*, eslogan *m*

los|werden *irr vt sein* ① *(Person)* deshacerse (de); *(Arbeit, Erkältung)* quitarse de encima; **jdn ~** librarse de alguien; **ich werde den Gedanken nicht los, dass ...** no me puedo quitar de la cabeza que... *+subj* ② *(fam: verlieren)* perder ③ *(fam: verkaufen)* vender

Lot [lo:t] *nt* <-(e)s, -e> ① (ARCHIT) plomada *f*; **etw wieder ins (rechte) ~ bringen** arreglar algo; **(nicht) im ~ sein** *(Person)* (no) estar bien; *(Sache)* (no) estar en orden ② (NAUT) sonda *f* ③ (MATH) perpendicular *f*; **auf eine Gerade das ~ fällen** abatir una perpendicular sobre una línea recta

loten ['lo:tən] *vt* ① (ARCHIT) echar una plomada ② (NAUT) sondear

löten ['lø:tən] *vt* (TECH) soldar

Lothringen ['lo:trɪŋən] *nt* <-s> Lorena *f*

Lothringer(in) *m(f)* <-s, -; -nen> lorenés, -esa *m, f*

lothringisch *adj* lorenés

Lotion [lo'tsjo:n] *f* <-en> loción *f*

Lötkolben *m* (TECH) soldador *m*

Lötmetall *nt* soldadura *f*

lotrecht *adj* vertical; **eine ~e Linie** una línea perpendicular

Lotse, -in ['lo:tsə] *m, f* <-n, -n; -nen> ① (NAUT) práctico *mf* ② (AERO) controlador(a) *m(f)* aéreo , -a ③ *(Schülerlotse)* patrullero, -a *m, f* escolar *(guardia en los cruces de las calles)*

lotsen *vt* ① *(allgemein)* llevar, conducir ② (NAUT) pilotar ③ (AERO) dirigir

Lotsendienst *m* servicio *m* para la regulación del tráfico peatonal

Lotsin ['lo:tsɪn] *f* <-nen> *s.* **Lotse**

Lotterie [lɔtə'ri:] *f* <-n> lotería *f*, quiniela *f* *CSur*; **~ spielen** jugar a la lotería

Lotterielos *nt* <-es, -e> billete *m* de lotería

Lotteriespiel *nt* lotería *f*

Lotterleben ['lɔtɐ-] *nt* <-s, *ohne pl*> *(abw)* vida *f* licenciosa

Lotto ['lɔto] *nt* <-s, -s> lotería *f* primitiva; **im ~ spielen** jugar a la (lotería) primitiva; **ich habe im ~ gewonnen!** ¡me ha tocado la primitiva!

Lottoannahmestelle *f* taquilla *f* (donde se reciben las papeletas) de lotería

Lottogewinn *m* ganancia *f* en la (lotería) primitiva

Lottoschein *m* billete *m* de la (lotería) primitiva

Lottozahlen *fpl* números *mpl* de la (lotería) primitiva; **die Ziehung der ~** el sorteo de la (lotería) primitiva

Lötzinn *nt ohne pl* estaño *m* para soldar

Löwe *m* <-n, -n> ① (ZOOL) león *m*; **sich in die Höhle des ~n begeben** *(fam)* meterse en la boca del lobo ② (ASTR: *Zeichen*) Leo *m* ③ (ASTR: *Person*) leo *mf inv*

Löwenanteil *m* parte *f* del león

Löwenkäfig *m* jaula *f* para leones

Löwenmähne *f* <-, -n> *(a. fam)* melena *f*, guedeja *f*, vedeja *f*

Löwenzahn *m ohne pl* (BOT) diente *m* de león

loyal [lɔɪ'a:l] *adj* leal; **sich ~ verhalten** comportarse lealmente

Loyalität [lɔɪali'tɛ:t] *f ohne pl* lealtad *f* (**gegenüber** (frente) a/para con)

LP [ɛl'pi:] *f* <-(s)> *Abk. von* **Langspielplatte** elepé *m*

LSD [ɛlʔɛs'de:] *nt* <-(s), *ohne pl*> *Abk. von* **Lysergsäurediäthylamid** LSD *m*

lt. *Abk. von* **laut** según

Luchs [lʊks] *m* <-es, -e> (ZOOL) lince *m*

Lücke ['lʏkə] *f* <-n> *(Loch)* agujero *m*; *(Zwischenraum, Leere)* vacío *m*; *(Hohlraum)* hueco *m*; *(Gedächtnislücke)* laguna *f*; **eine ~ füllen** tapar un hueco; *(fig)* ocupar un vacío

Lückenbüßer(in) *m(f)* suplente *m*

lückenhaft *adj* ① *(mit Lücken)* lleno de huecos ② *(unvollständig)* incompleto

lückenlos *adj* completo, íntegro

lud [lu:t] *3. imp von* **laden**

Luder ['lu:dɐ] *nt* <-s, -> *(fam)* mal bicho *m*

Luft[1] [lʊft] *f ohne pl* ① *(Gasgemisch, Atemluft)* aire *m*; **an die (frische) ~ gehen** tomar el aire (fresco); **die ~ aus etw** *dat* **herauslassen** desinflar algo; **die ~ ist rein** *(fam)* no hay moros en la costa; **es herrscht dicke ~** *(fam)* el ambiente está cargado; **aus etw** *dat* **ist die ~ raus** *(fam)* algo ya no tiene importancia; **er ist ~ für mich** *(fam)* ese para mí no existe; **sich in ~ auflösen** *(fam)* desvanecerse en el aire; **jdn wie ~ behandeln** *(fam)* tratar a alguien como si no existiera; **jdn an die (frische) ~ setzen** *(fam)* mandar a alguien a tomar viento ② *(Atem)* respiración *f*, aliento *m*; **nach ~ schnappen** jadear; **die ~ anhalten** contener la respiración; **(tief) ~ holen** respirar (hondo); **keine ~ bekommen** asfixiarse, sofocarse; **mir blieb vor Schreck die ~ weg** *(fam)* del susto me quedé sin aliento; **von ~ und Liebe leben**

(fam) vivir de milagro ③ *(fam: Spielraum)* espacio *m* libre; **seinem Ärger ~ machen** desahogarse

Luft[2] [lʊft, *pl:* 'lʏftə] *f* <Lüfte> ① *(Raum über dem Erdboden)* aire *m;* **etw in die ~ sprengen** hacer saltar algo por los aires; **vor Freude in die ~ springen** dar saltos de alegría; **es liegt etwas in der ~** hay algo en el aire; **das ist völlig aus der ~ gegriffen** es pura invención; **in der ~ hängen** *(fam)* estar en el aire; **schnell in die ~ gehen** *(fam)* enfadarse enseguida; **ich könnte ihn in der ~ zerreißen** *(fam)* le podría hacer pedazos ② *(schwacher Wind)* aire(cito) *m;* **es weht eine kalte ~** corre una brisa fría

Luftabwehr *f* (MIL) defensa *f* aérea

Luftangriff *m* (MIL) ataque *m* aéreo

Luftaufnahme *f* (FILM) toma *f* aérea; (FOTO) vista *f* aérea

Luftballon *m* globo *m*

Luftbefeuchter *m* humidificador *m* del aire

Luftbild *nt* vista *f* aérea

Luftblase *f* burbuja *f* de aire

Luftbrücke *f* puente *m* aéreo

luftdicht *adj* hermético

Luftdruck *m ohne pl* (PHYS) presión *f* atmosférica

luftdurchlässig *adj* transpirable, permeable al aire

Luftdüse *f* (TECH) boquilla *f* de aire

Lufteinlass *m* (TECH) respiradero *m*

lüften ['lʏftən] *vt* ① *(Kleider)* airear; *(Zimmer)* ventilar ② *(Deckel)* quitar ③ *(Geheimnis)* revelar

Lüfter *m* <-s, -> ventilador *m*

Luftfahrt *f ohne pl* aeronáutica *f*, aviación *f*

Luftfahrzeug *nt* aeroplano *m*

Luftfeuchtigkeit *f* (METEO) humedad *f* del aire

Luftfilter *m o nt* (TECH) filtro *m* de aire

Luftfracht *f* <-, -en> flete *m* aéreo

luftgetrocknet *adj (Schinken)* curado

Luftgewehr *nt* escopeta *f* de aire comprimido

Lufthoheit *f ohne pl* soberanía *f* aérea

Lufthorn *nt* bocina *f*

luftig *adj* ① *(Kleidung)* ligero ② *(Zimmer)* bien ventilado

Luftkanal *m* (TECH) canal *m* de aire

Luftkissenboot *nt* aerodeslizador *m*

Luftkissenfahrzeug *nt* aerodeslizador *m*

Luftkorridor *m* (AERO) corredor *m* aéreo

Luftkurort *m* balneario *m* climatológico

luftleer *adj* vacío, sin aire; **wir leben doch nicht im ~en Raum** no somos los únicos en la tierra

Luftlinie *f ohne pl* línea *f* recta

Luftloch *nt* ① (TECH) respiradero *m* ② *(fam: beim Fliegen)* bache *m* de aire

Luftmatratze *f* colchoneta *f*

Luftpirat(in) *m(f)* pirata *mf* aéreo , -a

Luftpost *f* correo *m* aéreo; **mit** [*o* **per**] **~** por avión, por correo aéreo

Luftpumpe *f* bomba *f* de aire

Luftraum *m* espacio *m* aéreo

Luftröhre *f* (ANAT) tráquea *f*

Luftschacht *m* pozo *m* de ventilación

Luftschiff *nt* (globo *m*) dirigible *m*

Luftschlange *f* serpentina *f* de papel

Luftschloss *nt* **Luftschlösser bauen** hacer castillos en el aire

Luftschraube *f* (TECH) hélice *f*

Luftschutz *m ohne pl* defensa *f* antiaérea

Luftschutzbunker *m* refugio *m* antiaéreo

Luftsprung *m* salto *m* en el aire; **vor Freude einen ~ machen** dar un salto de alegría

Luftstrom *m* corriente *f* de aire

Luftstützpunkt *m* (MIL) base *f* aérea

Lufttemperatur *f* <-, -en> (METEO) temperatura *f* del aire

Luft- und Raumfahrtindustrie *f* industria *f* aeronáutica y astronáutica

Lüftung ['lʏftʊŋ] *f* <-en> ventilación *f*

Luftveränderung *f* cambio *m* de aires

Luftverkehr *m* tráfico *m* aéreo

Luftverschmutzung *f ohne pl* contaminación *f* del aire

Luftwaffe *f* (MIL) fuerza *f* aérea

Luftweg[1] *m (Atemwege)* vías *fpl* respiratorias

Luftweg[2] *m ohne pl (im Gegensatz zum Landweg)* vía *f* aérea; **auf dem ~** por vía aérea

Luftwiderstand *m ohne pl* (PHYS) resistencia *f* del aire

Luftzufuhr *f* provisión *f* de aire

Luftzug *m* corriente *f* de aire

Lüge ['ly:gə] *f* <-n> mentira *f*, guayaba *f Am*, pegada *f CSur;* **jdm ~n auftischen** *(fam)* mentir a alguien; **jdn ~n strafen** coger a alguien que ha mentido; **~n haben kurze Beine** *(prov)* se agarra antes a un mentiroso que a un cojo

lügen ['ly:gən] <lügt, log, gelogen> *vi* mentir, macanear *CSur*, nagualear *Méx;* **er lügt wie gedruckt** *(fam)* miente más que habla

Lügenbold *m* <-(e)s, -e> *(fam)* trolero *m*

Lügendetektor *m* detector *m* de mentiras

lügenhaft *adj* mentiroso; **eine ~e Geschichte** una historia basada en mentiras

Lügenmärchen *nt* <-s, -> mentira *f*, pepa *f And*

Lügner(in) ['ly:gnɐ] *m(f)* <-s, -; -nen> mentiroso, -a *m, f*

lügnerisch ['ly:gnərɪʃ] *adj (abw)* mentiroso, embustero
Luke ['lu:kə] *f* <-n> ① *(Dachluke)* tragaluz *m* ② *(Schiffsluke)* escotilla *f*
lukrativ [lukra'ti:f] *adj* lucrativo
Lümmel ['lʏməl] *m* <-s, -> *(abw)* sinvergüenza *m*
lümmeln *vr:* **sich ~** *(fam abw)* repanti(n)garse, repanchi(n)garse (**auf** *+dat* en/encima de)
Lump [lʊmp] *m* <-en, -en> *(abw)* canalla *mf*
lumpen *vi (fam)* **sich nicht ~ lassen** no ser cutre
Lumpen ['lʊmpən] *m* <-s, -> ① *(Stofffetzen)* harapo *m* ② *(reg: Putzlappen)* bayeta *f*
Lumpensammler(in) *m(f)* <-s, -; -, -nen> trapero, -a *m, f*
lumpig *adj* ① *(abw: niederträchtig)* vil, miserable ② *(fam abw: geringfügig)* miserable; **~e zehn Euro** diez euros de mierda *vulg*
Lunch [lantʃ] *m* <-(e)s *o* -, -(e)s *o* -e> almuerzo *m,* lunch *m Am*
Lunge ['lʊŋə] *f* <-n> (ANAT) pulmón *m;* **sich** *dat* **die ~ aus dem Hals schreien** *(fam)* gritar a todo pulmón
Lungenbläschen *nt* (MED) alvéolo *m* pulmonar
Lungenembolie *f* <-, -n> (MED) embolia *f* pulmonar
Lungenentzündung *f* (MED) neumonía *f,* pulmonía *f*
Lungenflügel *m* (ANAT) lóbulo *m* pulmonar
lungenkrank *adj* enfermo del pulmón
Lungenkrebs *m* <-es, *ohne pl*> cáncer *m* de pulmón
Lungenzug *m* inhalación *f* del humo; **einen ~ machen** inhalar el humo
lungern ['lʊŋɐn] *vi (fam)* holgazanear
Lunte ['lʊntə] *f* <-n> **~ riechen** *(fam)* olerse algo; **die ~ ans Pulverfass legen** descubrir el pastel
Lupe ['lu:pə] *f* <-n> lupa *f;* **jdn/etw unter die ~ nehmen** *(fam)* examinar a alguien/algo de cerca
lupenrein *adj* impecable, perfecto
Lupine [lu'pi:nə] *f* <-, -n> altramuz *m*
Lurch [lʊrç] *m* <-(e)s, -e> (ZOOL) batracio *m*
Lusche ['lʊʃə] *f* <-, -n> *(fam)* ① *(im Spiel)* paja *f* ② *(Person)* inútil *mf,* desastre *m*
Lust[1] [lʊst, *pl:* 'lʏstə] *f* <Lüste> *(geh: sexuelles Verlangen)* deseo *m; (Wollust)* voluptuosidad *f;* **~ auf jdn/etw** ganas de alguien/de algo
Lust[2] *f ohne pl* ① *(Verlangen)* gana(s) *f(pl);* **zu etw** *dat* [*o* **auf etw**] **~ haben** tener ganas de algo; **die ~ an etw** *dat* **verlieren** perder las ganas de hacer algo; **hast du ~?** ¿te apetece?; **ich habe keine ~** no me apetece; **mach, wie du ~ hast** hazlo como te apetezca ② *(Vergnügen)* placer *m; (Genuss)* gozada *f;* **nach ~ und Laune** a placer; **es ist eine** (**wahre**) **~, ihm zuzusehen** es un (verdadero) placer mirarle; **mit ~ und Liebe** con mil amores
Lüsterklemme *f* <-, -n> regleta *f*
lüstern ['lʏstɐn] *adj (geh)* lascivo
lustig ['lʊstɪç] *adj* ① *(vergnügt)* alegre ② *(belustigend)* divertido, cómico; **sich über jdn/etw ~ machen** burlarse de alguien/algo; **du bist vielleicht ~!** *(iron)* ¡mira qué gracioso!; **das wird ja immer ~er!** *(iron)* ¡cada vez se pone mejor la cosa!
Lüstling ['lʏstlɪŋ] *m* <-s, -e> *(abw)* sátiro *m*
lustlos *adj (Person)* desanimado, sin ganas
Lustmord *m* asesinato *m* por impulso sexual
Lustspiel *nt* comedia *f*
lustvoll *adj (geh)* lleno de ganas
Lutheraner(in) [lʊtə'ra:nɐ] *m(f)* <-s, -; -, -nen> luterano, -a *m, f*
lutschen ['lʊtʃən] *vi, vt* chupar
Lutscher *m* <-s, -> ① *(Süßigkeit)* piruleta *f,* chupete *m Am; (kugelförmig)* chupachup(s) *m inv* ② *(fam: Schnuller)* chupete *m*
Lutschtablette *f* tableta *f* para disolución oral
Lüttich ['lʏtɪç] *nt* <-s> Lieja *f*
Luxemburg ['lʊksəmbʊrk] *nt* <-s> Luxemburgo *m*
Luxemburger(in) ['lʊksəmbʊrgɐ] *m(f)* <-s, -; -nen> luxemburgués, -esa *m, f*
luxemburgisch *adj* luxemburgués
luxuriös [lʊksuri'ø:s] *adj* lujoso
Luxus ['lʊksʊs] *m* <-, *ohne pl*> lujo *m;* **im ~ leben** vivir en el lujo
Luxusartikel *m* artículo *m* de lujo
Luxusdampfer *m* <-s, -> (NAUT) vapor *m* de lujo
Luxushotel *nt* hotel *m* de lujo
Luzern [lu'tsɛrn] *nt* <-s> Lucerna *f*
Luzerne [lu'tsɛrnə] *f* <-, -n> (BOT) alfalfa *f*
Luzifer ['lu:tsifɐ] *m* <-s> Lucifer *m*
LW [ɛl've:] (PHYS, RADIO) *Abk. von* **Langwelle** OL
Lymphe ['lʏmfə] *f* <-n> (MED) linfa *f*
Lymphknoten *m* (ANAT) ganglio *m* linfático
Lymphozyt *m* <-en, -en> (MED) linfocito *m*
lynchen ['lʏnçən] *vt* linchar
Lynchjustiz *f* linchamiento *m*

Lynchmord *m* <-(e)s, -e> asesinato *m* por linchamiento

Lyrik ['ly:rɪk] *f ohne pl* (poesía *f*) lírica *f*

Lyriker(in) ['ly:rikɐ] *m(f)* <-s, -; -nen> (poeta, -isa *m, f*) lírico, -a *m, f*

lyrisch *adj* lírico

Mm

M, m [ɛm] *nt* <-, -> M, m *f;* ~ **wie Martha** M de María

m *Abk. von* **Meter** m

MA. *Abk. von* **Mittelalter** Edad *f* Media

Mäander [mɛ'andɐ] *m* <-s, -> ① (GEO) meandro *m* ② (KUNST) greca *f*

Macadamianuss [maka'da:mia-] *f* (GASTR) nuez *f* de macadamia

Machart *f* hechura *f*

machbar *adj* factible

machen ['maxən] **I.** *vt* ① *(tun)* hacer; **eine Bemerkung** ~ hacer un comentario; **einen Spaziergang** ~ dar un paseo; **er macht mir den Garten** me arregla el jardín; **etw klein** ~ *(fam: zerkleinern: Holz)* partir algo; *(Kräuter)* picar algo; **ich will es kurz** ~ seré breve; **wird gemacht!** ¡se hará!; **gut gemacht!** ¡bien hecho!; **ein erstauntes Gesicht** ~ poner cara de asombro; **die Katze macht „miau“** *(fam)* el gato hace “miau”; **ein Spiel** ~ jugar; **das lässt sich** ~ esto se puede arreglar; **was soll man ~?** ¿qué le vamos a hacer?; **da ist nichts zu** ~ no hay remedio; **mach, dass er wieder gesund wird!** ¡haz que se cure!; **was** ~ **Sie beruflich?** ¿cuál es su profesión?; **was macht dein Bruder?** ¿cómo le va a tu hermano?; **sie machte ihm schöne Augen** ligó con él; **lass mich nur ~!** ¡ya lo hago yo!; **mach's gut!** *(fam: Abschiedsgruß)* ¡qué te vaya bien!; **mit mir könnt ihr's ja** ~ *(fam)* conmigo lo podéis hacer; **warum lässt du das mit dir ~?** ¿por qué lo consientes?; **ein gemachter Mann** un hombre hecho; **etwas aus sich** *dat* ~ arreglarse; **er wird es nicht mehr lange** ~ *(fam: sterben)* la va a palmar pronto; **nun mach schon!** *(fam: beeilen)* ¡date prisa!; **mach, dass du wegkommst!** *(fam)* ¡lárgate de una vez!; **ich mach ja schon!** *(fam: komme)* ¡ya voy!; **er macht auf lässig** *(fam)* va de despreocupado; **ins Bett/in die Hose** ~ *(fam)* hacerse en la cama/en el pantalón ② *(herstellen)* producir; *(anfertigen)* fabricar; *(Speisen)* hacer, preparar; *(Licht)* encender; **ein Foto/Abzüge** ~ sacar una foto/copias; **sie ließ sich beim Friseur/von einer Freundin die Haare** ~ el peluquero/una amiga le arregló el pelo; **dafür ist er wie gemacht** está hecho para ello ③ *(verursachen)* causar; *(Lärm)* hacer; **Eindruck** ~ causar impresión; **das macht mir Sorge** esto me preocupa; **einen Fleck auf etw** ~ manchar algo; **macht nichts!** *(fam)* ¡no importa!; **was macht das schon?** ¿qué más da? ④ *(in einen Zustand versetzen)* poner, hacer; **das macht mich nervös/verrückt** eso me pone nervioso/me vuelve loco; **das Kleid macht (sie) alt** el vestido (la) hace mayor; **jdm etw leicht** ~ facilitar algo a alguien; **jdm das Leben schwer** ~ complicarle la vida a alguien; **Joggen macht fit** correr mantiene la forma física ⑤ *(ernennen)* nombrar ⑥ *(umwandeln)* convertir (**zu** en) ⑦ *(fam: kosten)* costar, ser; **was macht das?** ¿cuánto es? ⑧ *(fam: ergeben)* dar; **das macht zusammen 14** todo junto da 14 **II.** *vr:* **sich** ~ ① *(sich in einen Zustand versetzen)* **sich hübsch** ~ ponerse guapo; **sich lächerlich** ~ hacer el ridículo; **sich beliebt** ~ ganarse las simpatías (**bei** de); **sich verständlich** ~ comunicarse; ~ **Sie sich's bequem!** ¡póngase cómodo!; **sie macht es sich nicht leicht** no se lo pone fácil ② *(fam: gedeihen)* progresar; **der Junge macht sich** el niño hace progresos ③ *(passen)* quedar; **sich gut** ~ quedar bien ④ *(beginnen)* ponerse (**an** a); **sich an die Arbeit** ~ ponerse a trabajar; **sich auf den Weg** ~ ponerse en camino ⑤ *(sich bereiten)* hacerse; ~ **Sie sich nur keine Umstände wegen mir!** ¡no se tome la molestia por mí!; **sich** *dat* **falsche Hoffnungen** ~ crearse falsas esperanzas ⑥ *(Wend)* **sich** *dat* **nichts aus etw** ~ *(fam)* importar(le) algo nada a alguien; **sie macht sich nichts aus Eis** *(fam)* no le gustan los helados

Machenschaften *fpl (abw)* manejos *mpl*

Macher *m* <-s, -> *(fam)* hombre *m* de acción

Machete [ma'tʃe:tə] *f* <-, -n> machete *m,* colín *m AmC,* chincha *f CRi,* daga *f PRico*

Machismo [ma'tʃɪsmo] *m* <-(s), *ohne pl*> (SOZIOL: *geh*) machismo *m*

Macho ['matʃo] *m* <-s, -s> *(fam)* machista *m*

Macht¹ [maxt, *pl:* 'mɛçtə] *f* <Mächte> *(Staat)* potencia *f;* **geheime Mächte** poderes secretos

Macht² *f ohne pl* poder *m; (Kraft)* fuerza *f;* **mit aller ~** con todas las fuerzas; **wir tun alles, was in unserer ~ steht** hacemos todo lo que está a nuestro alcance; **es liegt in deiner ~, die Zustände zu ändern** está en tu poder, el cambiar la situación; **~ über jdn haben** tener poder sobre alguien; **an die ~ kommen/gelangen** subir/llegar al poder; **die ~ ergreifen/an sich reißen** asumir/usurpar el poder

Machtbefugnis *f* poder *m*

Machtbereich *m* <-(e)s, -e> esfera *f* de influencia

machtbewusst *adj* (POL) con afán de poder

Machtergreifung *f* <-en> (POL) toma *f* de poder

Machterhalt *m* <-(e)s, *ohne pl*> mantenimiento *m* del poder

Machtfülle *f* <-, *ohne pl*> plenitud *f* de poderes

Machthaber(in) *m(f)* <-s, -; -nen> (POL) gobernante *mf*

Machthunger *m ohne pl* hambre *f* de poder

machthungrig *adj* sediento de poder

mächtig ['mɛçtɪç] **I.** *adj* ① *(machtvoll)* poderoso; **einer Sprache ~ sein** *(geh)* dominar un idioma ② *(sehr groß)* enorme **II.** *adv (sehr)* enormemente; **sich ~ anstrengen** esforzarse enormemente; **~ viel** un montón

Machtkampf *m* lucha *f* por el poder

machtlos *adj* impotente; **~ gegen etw sein** no poder hacer nada contra algo

Machtlosigkeit *f ohne pl* impotencia *f*

Machtmissbrauch *m* abuso *m* del poder

Machtpolitik *f* política *f* imperialista

Machtprobe *f* prueba *f* de fuerza

Machtstellung *f (eines Staates)* poderío *m; (einer Person)* autoridad *f*

Machtstreben *nt ohne pl* (*a.* POL) ansia *f* de poder; *(staatsübergreifend)* imperialismo *m*

Machtübernahme *f* (POL) subida *f* al poder

Machtverhältnisse *fpl* reparto *m* de poderes

machtvoll *adj* poderoso

Machtwechsel *m* (POL) cambio *m* de gobierno

Machtwort *nt* sentencia *f* terminante; **ein ~ sprechen** hacer valer su autoridad

Machwerk *nt* <-(e)s, -e> *(abw)* chapucería *f,* chapuza *f,* churro *m fam*

Macke ['makə] *f* <-n> ① *(Fehler)* defecto *m; (Beule)* abolladura *f* ② *(fam: Tick)* manía *f;* **du hast doch eine ~!** ¡estás chiflado!

Macker ['makɐ] *m* <-s, -> *(sl)* ① *(Typ)* tío *m* ② *(Freund)* ligue *m*

Madagaskar [mada'gaska:ɐ] *nt* <-s> Madagascar *m*

Madagasse, -in [mada'gasə] *m, f* <-n, -n; -nen> malgache *mf*

madagassisch *adj* malgache

Mädchen ['mɛ:tçən] *nt* <-s, -> ① *(Kind)* niña *f,* tripona *f Méx; (Jugendliche)* chica *f,* chamaca *f Méx,* piba *f Arg;* **leichtes ~** chica fácil ② *(Hausangestellte)* chica *f,* mucama *f Am;* **~ für alles** *(fam)* chica para todo

mädchenhaft I. *adj* de niña **II.** *adv* como una niña

Mädchenname *m* ① *(Vorname)* nombre *m* de chica ② *(vor der Heirat)* apellido *m* de soltera

Made ['ma:də] *f* <-n> cresa *f;* **wie die ~ im Speck leben** *(fam)* vivir en abundancia

Madeira [ma'de:ra] *nt* <-s> Madera *f*

Mädel ['mɛ:dəl] *nt* <-s, -(s)> *(fam)* niña *f*

madig *adj* lleno de cresas

madig|machen *vt* **jdm etw ~** *(fam)* quitar(le) a alguien las ganas de algo

Madrid [ma'drɪt] *nt* <-s> Madrid *m*

Maestro [ma'ɛstro, *pl:* ma'ɛstri] *m* <-s, -s *o* Maestri> ① *(berühmter Musiker)* maestro *m* ② *(fam: Chef)* jefe *m*

Mafia ['mafja] *f* <-s> mafia *f*

mag [ma:k] *3. präs von* **mögen**

Magazin [maga'tsi:n] *nt* <-s, -e> ① *(Lager)* almacén *m* ② *(an Waffen)* cargador *m* ③ *(Zeitschrift)* revista *f* ④ *(Radio-, Fernsehsendung)* programa *m* ⑤ *(für Dias)* cartucho *m*

Magd [ma:kt, *pl:* 'mɛ:kdə] *f* <Mägde> criada *f*

Magen ['ma:gən, *pl:* 'mɛ:gən] *m* <-s, Mägen> estómago *m;* **auf nüchternen ~** en ayunas; **mir knurrt der ~** me crujen las tripas; **sich** *dat* **den ~ verderben** ponerse malo del estómago

Magenbeschwerden *fpl* problemas *mpl* de estómago

Magenbitter *m* <-s, -> estomacal *m*

Magen-Darm-Trakt ['--'--] *m* <-(e)s, -e> (ANAT) aparato *m* gastrointestinal

Magendrücken *nt ohne pl* pesadez *f* de estómago

Magengeschwür *nt* (MED) úlcera *f* gástrica

Magenknurren *nt* borborigmo *m*

Magenkrampf *m* (MED) gastroespasmo *m*

M

magenkrank *adj* enfermo del estómago, que padece del estómago
Magenleiden *nt* enfermedad *f* del estómago
Magensaft *m* <-(e)s, -säfte> jugo *m* gástrico
Magensäure *f* (MED) ácido *m* gástrico
Magenschleimhaut *f* <-, -häute> (membrana *f*) mucosa *f* del estómago
Magenschleimhautentzündung *f* gastritis *f inv*
Magenschmerzen *mpl* dolores *mpl* de estómago
Magenverstimmung *f* indigestión *f*
mager ['ma:gɐ] *adj* ❶ *(Fleisch, Boden)* magro ❷ *(Mensch, Tier)* flaco ❸ *(dürftig)* insuficiente ❹ *(Buchstabe, Schrift)* fino
Magerkeit *f* <-, *ohne pl*> ❶ *(von Fleisch)* magrez *f* ❷ *(von Mensch, Tier)* flaqueza *f* ❸ *(von Boden)* aridez *f*
Magermilch *f* leche *f* desnatada
Magerquark *m* <-s, *ohne pl*> (GASTR) requesón *m* descremado
Magersucht *f ohne pl* (MED) anorexia *f* nerviosa
magersüchtig *adj* (MED) anoréxico
Maggikraut ['magi-] *nt* <-s, *kein pl*> (BOT) apio *m* del monte, levístico *m*
Magie [ma'gi:] *f ohne pl* magia *f*
Magier(in) ['ma:giɐ] *m(f)* <-s, -; -nen> mago, -a *m, f*
magisch ['ma:gɪʃ] *adj* mágico; **~e Kräfte** fuerzas mágicas; **~ von etw** *dat* **angezogen werden** ser atraído mágicamente por algo
Magister [ma'gɪstɐ] *m* <-s, -> ❶ *(Universitätsgrad) grado académico correspondiente a algunas carreras universitarias en Alemania;* **~ Artium** magister artium ❷ *(Österr: Apotheker)* farmacéutico, -a *m, f*
Magisterarbeit *f* tesina *f* de licenciatura
Magistrat[1] [magɪs'tra:t] *m* <-(e)s, -e> ❶ *(Obrigkeit)* autoridad *f* pública ❷ *(Stadtverwaltung)* administración *f* municipal
Magistrat[2] *m* <-en, -en> *(Schweiz) miembro del gobierno o de las autoridades*
Magma ['magma] *nt* <-s, Magmen> (GEO) magma *m*
Magnesia [ma'gne:zia] *f* <-, *ohne pl*> (CHEM) magnesia *f*
Magnesium [ma'gne:ziʊm] *nt* <-s, *ohne pl*> (CHEM) magnesio *m*
Magnet [ma'gne:t] *m* <-en *o* -(e)s, -e *o* -en> imán *m*
Magnetband *nt* (*a.* INFOR) cinta *f* magnética
Magnetfeld *nt* (PHYS) campo *m* magnético
magnetisch *adj* magnético; *(magnetisch gemacht)* imantado; **eine ~e Anziehungskraft auf jdn ausüben** ejercer un poder irresistible sobre alguien
magnetisieren* [magneti'zi:rən] *vt (Gegenstände)* imantar; *(Menschen)* magnetizar
Magnetismus [magne'tɪsmʊs] *m* <-, *ohne pl*> magnetismo *m*
Magnetkarte *f* tarjeta *f* magnética
Magnetstreifen *m* banda *f* magnética
Magnolie [ma'gno:ljə] *f* <-n> (BOT) magnolia *f*
mäh [mɛ:] *interj* ¡be!
Mahagoni [maha'go:ni] *nt* <-s, *ohne pl*> caoba *f*
Mähdrescher ['mɛ:-] *m* <-s, -> (AGR) cosechadora *f*
mähen ['mɛ:ən] *vt (Getreide)* segar; *(Rasen)* cortar; **den ~ mähen** cortar el césped; *(mit der Sense)* guadañar
Mahl [ma:l] *nt* <-(e)s, Mähler *o* -e> *(geh)* comida *f*
mahlen ['ma:lən] <mahlt, mahlte, gemahlen> *vt* moler
Mahlzeit *f* <-en> comida *f;* **~!** ¡que aproveche!
Mähmaschine *f* (AGR: *für Getreide*) segadora *f; (für Gras)* (máquina *f*) cortacésped *m*
Mahnbescheid *m* (JUR) orden *f* de pago
Mahnbrief *m* <-(e)s, -e> carta *f* de aviso, reclamación *f*
Mähne ['mɛ:nə] *f* <-n> ❶ *(bei Tieren)* melena *f* ❷ *(fam: bei Menschen)* pelambrera *f*
mahnen ['ma:nən] *vt* ❶ *(erinnern)* recordar; *(warnend)* advertir; *(Schuldner)* exigir el pago de una deuda (de) ❷ *(auffordern)* requerir (**zu** para que +*subj*)
Mahnmal *nt* monumento *m* conmemorativo
Mahnschreiben *nt s.* **Mahnbrief**
Mahnung *f* <-en> ❶ *(Ermahnung)* requerimiento *m* ❷ *(Mahnschreiben)* recordatorio *m*
Mahnwache *f* piquete *m*
Mai [maɪ] *m* <-(e)s, -e> mayo *m; s. a.* **März**
Maibaum *m* mayo *m*
Maiglöckchen ['maɪglœkçən] *nt* (BOT) lirio *m* de los valles
Maikäfer *m* (ZOOL) escarabajo *m* de San Juan
Mailand ['maɪlant] *nt* <-s> Milán *m*
Mailbox ['mɛɪlbɔks] *f* (INFOR) buzón *m* (electrónico)
mailen ['mɛɪlən] *vt* (INFOR: *fam)* pasar un emilio

Mailing ['mɛɪlɪŋ] *nt* <-(s), -(s)> (COM, WIRTSCH) mailing *m*
Mailprogramm *nt* (INFOR, TEL) programa *m* de correo
Mailsystem *nt* (INFOR, TEL) sistema *m* de correo
Main [maɪn] *m* <-s> Meno *m*
Mainstream ['me:nstri:m] *m* <-(s), *ohne pl*> corriente *f* principal
Mainz [maɪnts] *nt* <-> Maguncia *f*
Mais [maɪs] *m* <-es, -e> maíz *m*, milpa *f Am*, capi *m AmS*
Maiskolben *m* mazorca *f*, choclo *m Am*, elote *m AmC, Méx*
Maismehl *nt* harina *f* de maíz
Majestät [majɛs'tɛ:t] *f* <-en> majestad *f*; **Seine/Ihre ~** Su Majestad
majestätisch *adj* majestuoso
Major [ma'jo:ɐ] *m* <-s, -e> (MIL) comandante *m*
Majoran ['ma:joran] *m* <-s, -e> mejorana *f*
makaber [ma'ka:bɐ] *adj* macabro
Makel ['ma:kəl] *m* <-s, -> *(geh)* defecto *m*
makellos *adj* íntegro, sin tacha
Makellosigkeit *f* <-, *ohne pl*> falta *f* de defectos
mäkeln ['mɛ:kəln] *vi (abw)* criticar (**an**)
Make-up *nt* <-s, -s> maquillaje *m*
Make-up-Entferner *m* <-s, -> desmaquillante *m*
Makkaroni [maka'ro:ni] *pl* macarrones *mpl*
Makler(in) ['ma:klɐ] *m(f)* <-s, -; -nen> agente *mf* inmobiliario , -a
Maklergebühr *f* corretaje *m*
Makrele [ma'kre:lə] *f* <-n> caballa *f*
Makro ['ma:kro] *nt* <-s, -s> (INFOR) macroinstrucción *f*
Makrokosmos *m* <-, *ohne pl*>, **Makrokosmus** ['ma:krokɔsmʊs, --'--] *m* <-, *ohne pl*> macrocosmo(s) *m*
Makrone [ma'kro:nə] *f* <-n> *(aus Mandeln)* almendrado *m*; *(aus Kokos)* galleta *f* de coco
Makroökonomie ['------, -----'-] *f* (WIRTSCH) macroeconomía *f*
mal [ma:l] *adv* ① (MATH) por; **zwei ~ zwei ist vier** dos por dos son cuatro ② *(fam: ein Mal)* una vez; **noch ~** otra vez; **erst ~** por ahora ③ *(fam: früher)* antes; **warst du schon ~ hier?** ¿ya has estado aquí antes? ④ *(fam: irgendwann)* alguna vez, un día; **besuchen Sie mich doch ~!** ¡venga a verme un día! ⑤ *(fam: verstärkend)* **sag ~, stimmt das?** dime en serio, ¿es eso verdad?; **er hat sie nicht ~ besucht** ni siquiera la fue a visitar; **komm ~ her!** ¡ven aquí!
Mal[1] [ma:l] *nt* <-(e)s, -e> ① *(Zeitpunkt)* vez *f*; **voriges/nächstes ~** la última/próxima vez; **das erste/zweite ~** la primera/segunda vez; **Millionen ~** un millón de veces; **ich sage das zum letzten ~** lo digo por última vez; **ein anderes ~** otra vez; **sie kam das eine oder andere ~ dorthin** estuvo allí una que otra vez; **mit einem ~** *(plötzlich)* de una vez; **jedes ~** cada vez, siempre; **jedes ~, wenn ...** cada vez que...; **von ~ zu ~** cada vez; **ein für alle ~** de una vez para siempre ② (SPORT: *Markierung*) línea *f* de demarcación
Mal[2] [ma:l, *pl:* 'ma:lə, 'mɛ:lɐ] *nt* <-(e)s, -e *o* Mäler> *(Wundmal)* estigma *m*; *(Muttermal)* lunar *m*
malad(e) [ma'la:t, ma'la:də] *adj* enfermo; **~ sein** encontrarse mal
Malaria [ma'la:ria] *f ohne pl* paludismo *m*, malaria *f*
Malawi [ma'la:vi] *nt* <-s> Malawi *m*
Malaysia [ma'laɪzia] *nt* <-s> Malasia *f*
Malaysier(in) [ma'laɪziɐ] *m(f)* <-s, -; -nen> malayo, -a *m, f*
malaysisch *adj* malayo
Malbuch *nt* libro *m* para colorear
Malediven [male'di:vən] *fpl* Maldivas *fpl*; **Republik der ~** República de Maldivas
malen ['ma:lən] *vt* ① *(allgemein)* pintar; *(zeichnen)* dibujar; *(porträtieren)* retratar; **ein Bild ~** hacer un dibujo ② *(reg: anstreichen)* pintar; **weiß ~** pintar de blanco
Maler(in) *m(f)* <-s, -; -nen> (*a.* KUNST) pintor(a) *m(f)*
Malerei *f* <-en> ① *(Kunstgattung)* pintura *f* ② *(Gemälde)* cuadro *m*; **abstrakte ~** pintura abstracta
Malerin *f* <-nen> *s.* **Maler**
malerisch *adj* pintoresco
Malheur [ma'lø:ɐ] *nt* <-s, -e *o* -s> *(fam)* percance *m*
Mali ['ma:li] *nt* <-s> Malí *m*
Malkasten *m* caja *f* de pinturas
Mallorca [ma'lɔrka, ma'jɔrka] *nt* <-s> Mallorca *f*
mal|nehmen *irr vt* multiplicar (**mit** por)
Maloche [ma'lɔxə, ma'lo:xə] *f ohne pl (fam)* curro *m*
malochen* [ma'lo:xən] *vi (fam)* currar
Malstift *m* lápiz *m* de color(es)
Malta ['malta] *nt* <-s> Malta *f*
Maltechnik *f* técnica *f* de pintura
maltesisch *adj* maltés
malträtieren* [maltrɛ'ti:rən] *vt* maltratar
Malve ['malvə] *f* <-n> malva *f*
Malz [malts] *nt* <-es, *ohne pl*> malta *f*
Malzbier *nt* cerveza *f* de malta
Mama ['mama] *f* <-s> *(fam)* mamá *f*

Mami ['mami] *f* <-s> mami *f*, mamita *f*
Mammografie [mamogra'fi:] *f* <-, -n> (MED) mamografía *f*
Mammut ['mamʊt] *nt* <-s, -e *o* -s> mamut *m*
Mammutbaum *m* secuoya *f*
Mammutveranstaltung *f* acto *m* con una multitud de participantes
mampfen ['mampfən] *vt, vi (fam)* jalar
man[1] [man] *pron indef (allgemein)* se; *(ich, wir)* uno *m*, una *f*; **das tut ~ nicht** eso no se hace; **~ hat mir gesagt, dass ...** me han dicho que...; **~ sagt, dass ...** se dice que...
man[2] *adv (nordd: fam)* **denn ~ los!** ¡vamos!
Management[1] ['mɛnɪtʃmənt] *nt* <-s, *ohne pl*> *(das Leiten)* management *m*, gestión *f* empresarial
Management[2] *nt* <-s, -s> *(Führungskräfte)* junta *f* directiva
managen ['mɛnɪtʃən] *vt* ❶ *(Künstler, Sportler)* ser el mánayer (de) ❷ *(fam: bewältigen)* apañar; **das hat er gut gemanagt** lo ha apañado a las mil maravillas
Manager(in) ['mɛnɪtʃɐ, 'mɛnətʃɐ] *m(f)* <-s, -; -nen> directivo, -a *m, f*, gerente *mf*, mánager *mf*
manch *pron indef* **~ einer** alguno que otro; *s. a.* **manche(r, s)**
manche(r, s) **I.** *pron indef* más de un(o), alguno que otro; **so ~s Mal** alguna que otra vez; **in ~m hat er Recht** en algunos puntos tiene razón **II.** *adj* algunos; **~ von uns** algunos de nosotros
mancherlei ['mançɐ'laɪ] *adj inv* diversos
manchmal ['mançma:l] *adv* ❶ *(gelegentlich)* a veces ❷ *(Schweiz: oft)* a menudo
Mandant(in) [man'dant] *m(f)* <-en, -en; -nen> (JUR) mandante *mf*
Mandarine [manda'ri:nə] *f* <-n> mandarina *f*
Mandat [man'da:t] *nt* <-(e)s, -e> ❶ (JUR) mandato *m*; **ein ~ übernehmen** tomar posesión de un mandato ❷ *(Abgeordnetensitz)* escaño *m*
Mandel ['mandəl] *f* <-n> ❶ (BOT) almendra *f*; **gebrannte ~n** almendras garapiñadas ❷ (MED) amígdala *f*
Mandelaugen *ntpl* ojos *mpl* almendrados
Mandelbaum *m* (BOT) almendro *m*
Mandelentzündung *f* (MED) amigdalitis *f inv*
Mandelkern *m* almendra *f*
Mandoline [mando'li:nə] *f* <-n> (MUS) mandolina *f*
Manege [ma'ne:ʒə] *f* <-n> pista *f* del circo
Manga ['maŋga] *m o nt* <-s, -s> manga *m*

M

Mangan [maŋ'ga:n] *nt* <-s, *ohne pl*> (CHEM) manganeso *m*
Mangel[1] ['maŋəl, *pl:* 'mɛŋəl] *m* <-s, Mängel> *(Fehler)* defecto *m*; *(Unzulänglichkeit)* deficiencia *f*
Mangel[2] ['maŋəl] *m* <-s, *ohne pl*> *(Fehlen)* falta *f* (**an** de), carencia *f*; *(Knappheit)* escasez *f* (**an** de); **aus ~ an Beweisen freisprechen** absolver por falta de pruebas; **~ haben an etw** *dat* carecer de algo
Mangel[3] *f* <-n> *(Wäschemangel)* calandria *f*; **jdn in die ~ nehmen** *(fam fig)* apretarle a alguien las cuerdas
Mangelerscheinung *f* (MED) síntoma *m* de deficiencia
mangelhaft *adj (fehlerhaft)* deficiente; (SCH: *unzureichend*) insuficiente
Mängelhaftung *f* saneamiento *m*
mangeln[1] ['maŋəln] *vunpers (fehlen)* faltar, carecer; **es mangelt ihm an Selbstvertrauen** le falta la confianza en sí mismo
mangeln[2] *vt (Wäsche)* calandrar
mangelnd *adj* escaso; **wegen ~er Vorbereitung** por falta de preparación
mangels ['maŋəls] *präp +gen/dat (formal)* por falta de
Mangelware *f ohne pl* artículo *m* escaso; **~ sein** escasear
Mango ['maŋgo] *f* <-s *o* -nen> mango *m*
Mangobaum *m* mango *m*
Mangold ['maŋgɔlt] *m* <-(e)s, -e> acelga *f*
Mangostanfrucht [maŋgɔs'ta:n-] *f* (GASTR) mangostán *m*
Manie [ma'ni:] *f* <-n> manía *f*
Manier [ma'ni:ɐ] *f* <-en> ❶ *(Art)* manera *f*; **in überzeugender ~** de manera convincente ❷ *pl (Benehmen)* modales *mpl*; **gute/schlechte ~en haben** tener buenos/malos modales
manierlich [ma'ni:ɐlɪç] *adj* con buenos modales; **sich ~ benehmen** comportarse bien
Manifest [mani'fɛst] *nt* <-(e)s, -e> manifiesto *m*
Manifestation [manifɛsta'tsjo:n] *f* <-, -en> (*a.* MED) manifestación *f*
manifestieren* [manifɛs'ti:rən] **I.** *vr:* **sich ~** manifestarse (**in** en), revelarse (**in** en) **II.** *vi (Schweiz)* manifestarse
Maniküre [mani'ky:rə] *f* <-n> manicura *f*
maniküren* *vt* hacer la manicura
Manipulation [manipula'tsjo:n] *f* <-en> manipulación *f*
manipulierbar [manipu'li:ɐ-] *adj* manipulable; **beliebig/leicht/kaum ~** totalmente/fácilmente/apenas manejable
manipulieren* [manipu'li:rən] **I.** *vt* manipular **II.** *vi* manipular (**an**)

Manipulierung *f* <-, -en> manipulación *f*

manisch ['maːnɪʃ] *adj* (*a.* PSYCH) maníaco

manisch-depressiv *adj* (*a.* PSYCH) maníaco depresivo

Manko ['maŋko] *nt* <-s, -s> ① *(Nachteil)* desventaja *f* ② (WIRTSCH) déficit *m inv*

Mann [man, *pl:* 'mɛnɐ] *m* <-(e)s, Männer> ① *(Erwachsener)* hombre *m;* **ein junger ~** un joven; **ein gestandener ~** un hombre hecho y derecho; **selbst ist der ~** hay que ayudarse a sí mismo; **ein ~ von Welt** un hombre de mundo; **ein ~, ein Wort** palabra de honor; **bis zum letzten ~ kämpfen** luchar hasta el último hombre; **~ über Bord!** (NAUT) ¡hombre al agua!; **alle ~ an Deck!** (NAUT) ¡todo el mundo en pie!; **der kleine ~** *(Mensch)* el hombre de pocos recursos; *(fam: Penis)* el pito; **der ~ auf der Straße** *(fig)* el hombre de la calle; **ein gemachter ~ sein** *(fam)* ser hombre de provecho; **etw an den ~ bringen** *(fam)* vender algo; **seinen ~ stehen** cumplir con sus obligaciones; **wenn Not am ~ ist** en caso de necesidad; **von ~ zu ~** de hombre a hombre; **mein lieber ~!** *(fam)* ¡madre mía!; **~, oh ~!** *(fam)* ¡hombre!; **mach schnell, ~!** *(fam)* ¡date prisa, hombre! ② *(Ehemann)* marido *m;* **mein geschiedener ~** mi ex-marido; **ihr verstorbener/erster ~** su difunto/primer marido

Männchen ['mɛnçən] *nt* <-s, -> ① *(kleiner Mann)* hombrecito *m;* **~ machen** ponerse sobre las patas traseras ② (ZOOL) macho *m*

Mannequin [manə'kɛ̃ː, 'manəkɛ̃] *nt* <-s, -s> maniquí *mf*

Männersache *f* cosa *f* de hombres

Männerstimme *f* <-, -n> voz *f* masculina; (MUS) voz *f* de hombre

mannhaft *adj (mutig)* valiente; *(entschlossen)* resuelto

mannigfach ['manɪçfax] *adj,* **mannigfaltig** *adj (geh)* ① *(abwechslungsreich)* vario, diverso ② *(vielfach)* múltiple

Mannigfaltigkeit *f* <-, *ohne pl*> *(geh)* variedad *f*

männlich ['mɛnlɪç] *adj* (*a.* LING, BOT) masculino; (ZOOL) macho

Männlichkeit *f ohne pl* virilidad *f*

Mannschaft *f* <-en> ① (SPORT) equipo *m* ② (NAUT, AERO) tripulación *f* ③ (MIL) tropa *f* ④ *(fam: Arbeitsteam)* equipo *m,* elenco *m Chil, Perú*

Mannschaftsaufstellung *f* (SPORT) alineación *f* del equipo

Mannschaftsgeist *m* <-(e)s, *ohne pl*> (*a.* SPORT) espíritu *m* de equipo

Mannschaftskapitän *m* (SPORT) capitán *m* del equipo

Mannschaftswagen *m* <-s, -> (MIL) vehículo *m* de la tripulación

mannshoch ['-'-] *adj* tan alto como un hombre

Mannweib *nt (abw)* marimacho *m*

Manometer[1] [mano'meːtɐ] *nt* <-s, -> (PHYS) manómetro *m*

Manometer[2] ['--'--] *interj (fam)* vaya

Manöver [ma'nøːvɐ] *nt* <-s, -> ① *(Richtungsänderung, taktisches Vorgehen)* maniobra *f* ② (MIL: *Übung*) maniobras *f pl*

Manöverkritik *f* <-, -en> ① (MIL) análisis *m* de las maniobras (tras su conclusión) ② *(Besprechung)* reunión *f* para hacer un análisis

manövrieren* [manø'vriːrən] **I.** *vi* maniobrar **II.** *vt (manipulieren)* manipular; *(lenken)* dirigir

Manövrierfähigkeit *f ohne pl* maniobrabilidad *f*

manövrierunfähig *adj* incapaz de maniobrar

Mansarde [man'zardə] *f* <-n> desván *m,* buhardilla *f*

Manschette [man'ʃɛtə] *f* <-n> ① *(an Kleidung)* puño *m* ② (TECH) arandela *f* de cierre

Manschettenknopf *m* gemelo *m,* mancuerna *f Am, Fili*

Mantel ['mantəl, *pl:* 'mɛntəl] *m* <-s, Mäntel> ① *(Kleidungsstück)* abrigo *m,* tapado *m Am;* **den ~ nach dem Wind hängen** *(abw, fig)* bailar al son que tocan ② (TECH) revestimiento *m; (vom Reifen)* cubierta *f* ③ (MATH) superficie *f* convexa

Manteltarifvertrag *m* (WIRTSCH) convenio *m* colectivo

manuell [manu'ɛl] **I.** *adj* manual **II.** *adv* con la mano

Manuskript [manu'skrɪpt] *nt* <-(e)s, -e> manuscrito *m*

Mäppchen ['mɛpçən] *nt* <-s, -> estuche *m*

Mappe ['mapə] *f* <-n> ① *(Tasche)* portafolios *m inv* ② *(Ordner)* carpeta *f*

Maracuja [mara'kuːja] *f* <-s> maracuyá *m*

Marathon ['maratɔn] *m* <-s, -s>, **Marathonlauf** *m* (SPORT) (carrera *f* de) maratón *m*

Marathonläufer(in) *m(f)* (SPORT) corredor(a) *m(f)* de maratón

Märchen ['mɛːɐçən] *nt* <-s, -> cuento *m* (de hadas), chile *m Guat*

Märchenbuch *nt* libro *m* de cuentos

Märchenerzähler(in) *m(f)* <-s, -; -, -nen> narrador(a) *m(f)* de cuentos, cuentacuentos *mf inv*

märchenhaft *adj* fabuloso

Märchenland *nt ohne pl* país *m* de las maravillas
Märchenprinz *m* príncipe *m* azul
Marder ['mardɐ] *m* <-s, -> marta *f*
Margarine [marga'ri:nə] *f* <-n> margarina *f*
Margerite [margə'ri:tə] *f* <-n> margarita *f*
marginal [margi'na:l] *adj* marginal
Marginalie [margi'na:liə] *f* <-, -n> nota *f* marginal
marginalisieren* [marginali'zi:rən] *vt* *(geh)* marginalizar
Marienkäfer [ma'ri:ən-] *m* mariquita *f*
Marihuana [marihu'a:na] *nt* <-s, *ohne pl*> marihuana *f*
Marille [ma'rɪlə] *f* <-n> *(Österr)* albaricoque *m*
Marinade [mari'na:də] *f* <-n> escabeche *m*
Marine [ma'ri:nə] *f* <-n> (MIL) marina *f*
marineblau *adj* azul marino
Marineoffizier *m* <-s, -e> (MIL) oficial *m* de marina
Marinestützpunkt *m* base *f* naval
marinieren* [mari'ni:rən] *vt* poner en escabeche
mariniert [mari'ni:ɐt] *adj* marinado
Marionette [marjo'nɛtə] *f* <-n> títere *m*
Marionettenregierung *f* (POL) gobierno *m* títere
maritim [mari'ti:m] *adj* ❶ *(das Meer betreffend)* marítimo ❷ *(die Schifffahrt betreffend)* naval
Mark[1] [mark] *nt* <-(e)s, *ohne pl*> *(Knochenmark)* médula *f*; **das geht mir durch ~ und Bein** *(fig)* esto me llega hasta la médula
Mark[2] [mark] *f ohne pl (hist: deutsche Währung)* marco *m*
Mark[3] [mark] *f* <-, -en> *(Grenzgebiet)* marca *f*
markant [mar'kant] *adj (ausgeprägt)* marcado; *(auffallend)* notable
Marke ['markə] *f* <-n> ❶ *(Herstellerzeichen)* marca *f*; ~ **Eigenbau** *(fam)* marca la pava ❷ *(Wertmarke)* timbre *m*; *(Briefmarke)* sello *m* ❸ *(Garderoben-, Spielmarke)* ficha *f* ❹ *(Erkennungsmarke)* chapa *f* de identificación ❺ *(Rekordmarke)* marca *f*
Markenartikel *m* artículo *m* de marca
Markenname *m* (nombre *m* de una) marca *f*
Markenware *f* <-, -n> (WIRTSCH) artículo *m* de marca
Markenzeichen *nt* emblema *m*
Marker ['markɐ] *m* <-s, - *o* -s> *(Markierstift)* marcador *m*
markerschütternd *adj* estremecedor
Marketing ['markətɪŋ] *nt* <-s, *ohne pl*> (WIRTSCH) mercadotenia *f*, márquetin *m*, marketing *m*
Marketingabteilung *f* departamento *m* de marketing [*o* mercadotecnia]
markieren* [mar'ki:rən] *vt* ❶ *(kennzeichnen)* señalizar (**mit/durch** con), marcar (**mit/durch** con) ❷ *(fam: vortäuschen)* simular, fingir; **er markiert den starken Mann** se hace el fuerte
Markierung *f* <-en> ❶ *(Vorgang)* señalización *f* ❷ *(Zeichen)* marca *f*
Markise [mar'ki:zə] *f* <-n> toldo *m*, marquesina *f*
Markknochen *m* hueso *m* con tuétano
Markstein *m* hito *m*
Markstück *nt* (HIST) moneda *f* de un marco
Markt [markt, *pl:* 'mɛrktə] *m* <-(e)s, Märkte> (*a.* WIRTSCH) mercado *m*; **auf den ~ gehen** ir al mercado; **der Gemeinsame ~** (EU) el Mercado Común; **der schwarze ~** el mercado negro; **neue Märkte erschließen** abrir nuevos mercados; **auf dem ~ sein** estar a la venta
Marktanalyse *f* (WIRTSCH) análisis *m inv* del mercado
Marktanteil *m* (WIRTSCH) participación *f* en el mercado
marktbeherrschend *adj* (WIRTSCH) dominante en el mercado
marktfähig *adj* (WIRTSCH) competitivo; **nicht ~** no comerciable
Marktforschung *f* (WIRTSCH) estudio *m* de mercado
Marktfrau *f* vendedora *f* de mercado
Marktführer *m* (WIRTSCH) empresa *f* líder en el mercado
Markthalle *f* mercado *m*
Marktlücke *f* (WIRTSCH) hueco *m* en el mercado; **eine ~ entdecken** dar con un hueco en el mercado; **in eine ~ stoßen** cubrir un hueco en el mercado
Marktplatz *m* plaza *f* del mercado
Marktschreier(in) *m(f)* *(abw)* charlatán, -ana *m, f*
marktschreierisch *adj* *(abw)* a voz en grito
Marktstand *m* puesto *m* de mercado
Marktstellung *f ohne pl* (WIRTSCH) posición *f* en el mercado
Marktstudie *f* (WIRTSCH) estudio *m* de mercado
Marktwert *m ohne pl* (WIRTSCH) valor *m* mercantil
Marktwirtschaft *f ohne pl* (WIRTSCH) economía *f* de mercado; **freie ~** economía de mercado libre; **soziale ~** economía social de(l) mercado

Marmelade [marmə'la:də] *f* <-n> mermelada *f*
Marmeladenbrot *nt* <-(e)s, -e> pan *m* con mermelada
Marmor ['marmo:ɐ] *m* <-s, -e> mármol *m*
marmoriert [marmo'ri:ɐt] *adj* (GASTR, KUNST) veteado
Marmorierung *f* <-, -en> *(Struktur)* jaspeado *m*
Marmorkuchen *m* pastel *m* de molde con chocolate
marode [ma'ro:də] *adj* ① *(fam: erschöpft)* agotado ② *(moralisch verdorben)* pervertido; **ein ~r Haufen** una pandilla de desdichados
Marokkaner(in) [marɔ'ka:nɐ] *m(f)* <-s, -; -nen> marroquí *mf*
marokkanisch *adj* marroquí
Marokko [ma'rɔko] *nt* <-s> Marruecos *m*
Marone [ma'ro:nə] *f* <-n> ① *(Esskastanie)* castaña *f* ② *(Pilz)* boleto *m*
Marotte [ma'rɔtə] *f* <-n> manía *f*, moño *m* *Col*
Mars [mars] *m* <-> (ASTR) Marte *m*
marsch [marʃ] *interj* ① (MIL) **vorwärts ~!** ¡andando! ② *(fam)* venga; **~ ins Bett!** ¡venga, a la cama!
Marsch[1] [marʃ, *pl:* 'mɛrʃə] *m* <-(e)s, Märsche> (*a.* MUS) marcha *f*; **sich in ~ setzen** ponerse en marcha
Marsch[2] [marʃ] *f* <-en> marisma *f (en la costa del mar del Norte)*
Marschall ['marʃal, *pl:* 'marʃɛlə] *m* <-s, Marschälle> (MIL) mariscal *m*
Marschbefehl *m* (MIL) orden *f* de marcha
marschieren* [mar'ʃi:rən] *vi sein* ① (MIL) marchar ② *(gehen)* caminar
Marschmusik *f ohne pl* música *f* militar
Marshallinseln ['marʃal-] *fpl* Islas *fpl* Marshall
Marsmensch *m* marciano, -a *m, f*
Marter ['martɐ] *f* <-n> *(geh)* martirio *m*
martern ['martɐn] *vt (geh)* torturar; *(seelisch)* atormentar
Marterpfahl *m* poste *m* de tortura
martialisch [mar'tsja:lɪʃ] *adj* marcial
Martinshorn *nt* sirena *f*
Märtyrer(in) ['mɛrtyrɐ] *m(f)* <-s, -; -nen> mártir *mf*
Märtyrertod *m* martirio *m*; **den ~ sterben** morir martirizado
Martyrium [mar'ty:riʊm] *nt* <-s, -rien> martirio *m*
Marxismus [mar'ksɪsmʊs] *m* <-, *ohne pl*> (POL) marxismo *m*
Marxist(in) [mar'ksɪst] *m(f)* <-en, -en; -nen> (POL) marxista *mf*
marxistisch *adj* (POL) marxista
März [mɛrts] *m* <-(es), -e> marzo *m*; **im (Monat) ~** en (el mes de) marzo; **vergangenen ~** el marzo pasado; **heute ist der erste ~** (hoy) estamos a primero de marzo; **Berlin, den 10. ~ 2016** Berlín, a diez de marzo de 2016; **am 20. ~** el 20 de marzo; **Anfang/Ende/Mitte ~** a principios/finales/mediados de marzo; **Ostern fällt dieses Jahr in den ~** la Semana Santa cae este año en marzo; **in diesem ~ hat es viel geregnet** este año ha llovido mucho en marzo
Marzipan [martsi'pa:n, '---] *nt* <-s, -e> mazapán *m*
Masche ['maʃə] *f* <-n> ① *(bei Handarbeit)* punto *m*; **eine ~ fallen lassen** menguar un punto; **durch die ~n des Gesetzes schlüpfen** burlar la justicia ② *(fam: Trick)* truco *m* ③ *(Österr, Schweiz, südd: Schleife)* lazo *m*
Maschendraht *m* tela *f* metálica
Maschine [ma'ʃi:nə] *f* <-n> ① *(Schreib-, Näh-, Waschmaschine)* máquina *f*; **etw mit der ~ schreiben** escribir algo a máquina ② *(Flugzeug)* avión *m* ③ *(fam: Motorrad)* moto *f*
maschinell [maʃi'nɛl] **I.** *adj* mecánico **II.** *adv* a máquina
Maschinenbau *m ohne pl* ① *(das Bauen)* construcción *f* de máquinas ② *(Lehrfach)* ingeniería *f* mecánica
Maschinenbauer(in) *m(f)* ingeniero, -a *m, f* mecánico , -a
Maschinenbauindustrie *f* industria *f* de construcción mecánica
Maschinengewehr *nt* ametralladora *f*
Maschinengewehrfeuer *nt ohne pl* fuego *m* de ametralladora
maschinenlesbar *adj* (INFOR) legible por el ordenador
Maschinenöl *nt* aceite *m* lubrificante
Maschinenpark *m* parque *m* de maquinaria
Maschinenpistole *f* metralleta *f*
Maschinenraum *m* sala *f* de máquinas
Maschinenschaden *m* avería *f* de la máquina
Maschinenschlosser(in) *m(f)* mecánico, -a *m, f*, montador(a) *m(f)*
Maschinenschrift *f* letra *f* de máquina
Maschinist(in) [maʃi'nɪst] *m(f)* <-en, -en; -nen> maquinista *mf*
Maser ['ma:zɐ] *f* <-, -n> *(in Holz)* veta *f*
masern ['ma:zɐn] *vt* vetear; **gemasertes Holz** madera veteada
Masern ['ma:zɐn] *pl* (MED) sarampión *m*
Maserung ['ma:zərʊŋ] *f* <-en> *(in Holz, Stein)* vetas *fpl*
Maske ['maskə] *f* <-n> ① *(für das Gesicht)* máscara *f* ② (INFOR) pantalla *f*

M

Maskenball *m* baile *m* de máscaras
Maskenbildner(in) *m(f)* <-s, -; -nen> maquillador(a) *m(f)*
maskenhaft *adj* inmóvil
Maskerade [maskə'ra:də] *f* <-, -n> mascarada *f*
maskieren* [mas'ki:rən] **I.** *vt* enmascarar; *(reg: kostümieren)* disfrazar (**als** de) **II.** *vr:* **sich ~** enmascararse; *(reg: sich kostümieren)* disfrazarse (**als** de)
Maskierte(r) *mf* <-n, -n; -n, -n> enmascarado, -a *m, f*
Maskierung *f* <-, -en> *(Verkleidung)* disfraz *m*
Maskottchen [mas'kɔtçən] *nt* <-s, -> mascota *f*
maskulin [masku'li:n] *adj* (*a.* LING) masculino
Maskulinum [masku'li:nʊm, '----, *pl:* masku'li:na, '----] *nt* <-s, Maskulina> (LING) (género *m*) masculino *m*
Masochismus *m* <-, *ohne pl*> masoquismo *m*
Masochist(in) [mazo'çɪst] *m(f)* <-en, -en; -nen> masoquista *mf*
masochistisch *adj* masoquista
maß [ma:s] *3. imp von* **messen**
Maß[1] [ma:s] *nt* <-es, -e> medida *f; (Ausmaß)* dimensión *f;* **bei jdm ~ nehmen** tomar las medidas a alguien; **sich** *dat* **etw nach ~ anfertigen lassen** hacerse algo a medida; **das ~ aller Dinge** la medida de todas las cosas; **das ~ ist voll** ya basta; **in dem ~e wie** en la medida que; **in besonderem ~(e)** especialmente; **in gewissem ~(e)** en cierta medida; **in hohem ~e** en alto grado; **über alle ~en** sobremanera; **das übersteigt jedes ~** excede (todos) los límites; **sie kennt weder ~ noch Ziel** no tiene sentido de la medida; **bei** [*o* **in**] **etw ~ halten** ser moderado con algo; **ein gewisses ~ an Vertrauen** cierto grado de confianza; **in ~en** sin exceder la medida; **mit zweierlei ~ messen** medir por distintos raseros; *s. a.* **maßhalten**
Maß[2] [ma:s] *f* <-(e)> *(Österr, südd)* litro *m* (de cerveza)
Massage [ma'sa:ʒə] *f* <-n> masaje *m*
Massageöl *nt* <-(e)s, -e> aceite *m* de masaje
Massaker [ma'sa:kɐ] *nt* <-s, -> masacre *f*
massakrieren* [masa'kri:rən] *vt* masacrar
Maßanzug *m* traje *m* a medida
Maßarbeit *f* trabajo *m* a medida
Maßband *nt* cinta *f* métrica
Masse ['masə] *f* <-n> ❶ (*a.* PHYS) masa *f;* **die breite ~ der Bevölkerung** la gran masa de la población ❷ *(Menge)* cantidad *f; (große)* montón *m; (Menschenmasse)* muchedumbre *f;* **in ~n** a montones
Maßeinheit *f* unidad *f* de medida
Massenandrang *m* afluencia *f* masiva
Massenarbeitslosigkeit *f* paro *m* masivo
Massenartikel *m* artículo *m* de gran consumo
Massenbewegung *f* movimiento *m* de masas
Massenentlassung *f* despido *m* en masa
Massenflucht *f* <-, *ohne pl*> huida *f* en masa
Massengrab *nt* fosa *f* común
massenhaft *adj (fam)* en masa
Massenhysterie *f* histeria *f* colectiva
Massenkarambolage *f* colisión *f* múltiple
Massenkundgebung *f* manifestación *f* multitudinaria
Massenmedium *nt* medio *m* de comunicación
Massenmord *m* asesinato *m* en masa
Massenmörder(in) *m(f)* asesino, -a *m, f* múltiple
Massenproduktion *f* producción *f* en gran escala
Massentierhaltung *f ohne pl* cría *f* de animales en gran escala
Massentourismus *m* turismo *m* de masas
Massenveranstaltung *f* acto *m* multitudinario
massenweise *adv* a montones, en masa
Masseur(in) [ma'sø:ɐ] *m(f)* <-s, -e; -nen> masajista *mf*
Masseuse [ma'sø:zə] *f* <-n> ❶ *(Prostituierte)* prostituta *f* (en un salón de masajes) ❷ *(Masseurin)* masajista *f*
Maßgabe *f* <-n> **mit der ~, dass ...** con la condición de que... +*subj*
maßgebend, **maßgeblich** **I.** *adj (bestimmend)* determinante; *(ausschlaggebend)* decisivo **II.** *adv* de manera decisiva
maßgerecht *adj* en la medida correcta
maßgeschneidert *adj (Kleidung)* cortado a medida; *(fig)* hecho a medida; **ein ~er Anzug** un traje a medida
maß|halten *vi* ser moderado (**bei/in** con)
massieren* [ma'si:rən] *vt* ❶ *(Körper)* dar un masaje (a) ❷ *(Truppen)* concentrar
massig ['masɪç] **I.** *adj (wuchtig)* voluminoso **II.** *adv (fam: viel)* a montones, a porrillo
mäßig ['mɛ:sɪç] *adj* ❶ *(gemäßigt)* moderado; *(Lebensweise)* sobrio ❷ *(mittelmäßig)* mediocre
mäßigen ['mɛ:sɪgən] **I.** *vt* moderar **II.** *vr:* **sich ~** ❶ *(sich beherrschen)* moderarse ❷ *(Orkan)* calmarse
Mäßigkeit *f* <-, *ohne pl*> ❶ *(Maßhalten)* moderación *f;* **~ üben** moderarse ❷ *(Mittelmäßigkeit)* mediocridad *f*

Mäßigung *f ohne pl* moderación *f*
massiv [ma'siːf] *adj* ❶ *(Gegenstand)* macizo; *(stabil)* sólido, compacto ❷ *(Kritik, Drohung)* masivo; **er wurde schließlich ~** por último se puso violento
Massiv [ma'siːf] *nt* <-s, -e> macizo *m*
Maßkleidung *f* ropa *f* a medida
Maßkrug *m* jarra *f* de un litro
maßlos I. *adj* desmesurado **II.** *adv* enormemente; **sich ~ ärgern** enfadarse enormemente
Maßlosigkeit *f ohne pl* ❶ *(Übermaß)* exorbitancia *f* ❷ *(ohne Maß)* desmesura *f* (**in** de)
Maßnahme *f* <-n> medida *f;* **~n ergreifen** tomar medidas
Maßregel *f* regla *f,* norma *f*
maßregeln ['---] *vt* *(rügen)* reprender; *(strafen)* castigar
Maßschneider(in) *m(f)* sastre, -a *m, f*
Maßstab *m* ❶ *(Norm)* norma *f;* **neue Maßstäbe setzen** sentar nuevas bases; **einen bestimmten ~ an etw anlegen** aplicar ciertas normas a algo ❷ *(bei Karten)* escala *f;* **eine Karte im ~ 1 : 20.000** un mapa de escala 1 : 20.000
maßvoll *adj* moderado, comedido; **~ in seinen Ansprüchen/Wünschen sein** ser comedido con sus demandas/deseos
Mast[1] [mast] *m* <-(e)s, -e(n)> ❶ (NAUT) mástil *m* ❷ *(Telefon-, Leitungsmast)* poste *m; (Fahnenmast)* asta *f*
Mast[2] [mast] *f* <-en> *(von Tieren)* cebadura *f*
Mastdarm *m* recto *m*
mästen ['mɛstən] *vt* cebar
Master ['maːstɐ] <-s, -> *m (Hochschulabschluss)* master *m*
Mastfutter *nt ohne pl* (AGR) cebo *m*
Masturbation *f* <-, -en> masturbación *f,* pascuala *f Méx*
masturbieren* [mastʊr'biːrən] *vi* masturbarse
Matador(in) [mata'doːɐ] *m(f)* <-s, -e; -, -nen> matador(a) *m(f)*
Match [mɛtʃ] *nt* <-(e)s, -s *o* -e> (SPORT) partido *m,* match *m*
Matchball *m* (SPORT) matchball *m*
Mate *m* <-, *ohne pl*> mate *m,* verde *m CSur,* yerba *f RíoPl*
Material [materi'aːl] *nt* <-s, -ien> material *m*
Materialfehler *m* defecto *m* del material
Materialisation [materializa'tsioːn] *f* <-, -en> materialización *f*
Materialismus [materia'lɪsmʊs] *m* <-, *ohne pl*> materialismo *m*
materialistisch *adj* materialista
Materialkosten *pl* gastos *mpl* de material
Materie[1] [ma'teːriə] *f* <-n> *(Thema)* materia *f,* tema *m*
Materie[2] *f ohne pl* (*a.* PHYS, CHEM, PHILOS) materia *f*
materiell [materi'ɛl] *adj* ❶ *(stofflich)* material ❷ *(finanziell)* financiero; *(wirtschaftlich)* económico
Mathe ['matə] *f* <-, *ohne pl*> *(fam)* matemáticas *fpl*
Mathematik [matema'tiːk] *f ohne pl* matemáticas *fpl*
Mathematiker(in) [mate'maːtikɐ] *m(f)* <-s, -; -, -nen> matemático, -a *m, f*
mathematisch [mate'maːtɪʃ] *adj* matemático
Matinee [mati'neː] *f* <-, -n> matinée *f;* *(Kino)* sesión *f* matinal
Matjeshering *m* arenque *m* fresco
Matratze [ma'tratsə] *f* <-n> colchón *m*
Mätresse [mɛ'trɛsə] *f* <-n> querida *f*
matriarchalisch [matriar'çaːlɪʃ] *adj* matriarcal
Matriarchat [matriar'çaːt] *nt* <-(e)s, -e> matriarcado *m*
Matrikel [ma'triːkəl] *f* <-, -n> ❶ *(Verzeichnis)* matrícula *f,* registro *m* ❷ *(Österr: Standesamt)* ≈ registro *m* civil
Matrikelnummer *f* <-, -n> número *m* de matrícula
Matrix ['maːtrɪks, *pl:* ma'triːtsən] *f* <Matrizen *o* Matrizes> (MATH, BIOL, LING) matriz *f*
Matrixdrucker *m* (INFOR) impresora *f* de matrices
Matrize [ma'triːtsə] *f* <-n> ❶ (TYPO) matriz *f* ❷ *(für Vervielfältigung)* cliché *m* ❸ (TECH) troquel *m*
Matrizen *pl von* **Matrix**
Matrizes *pl von* **Matrix**
Matrose [ma'troːzə] *m* <-n, -n> marinero *m*
Matsch [matʃ] *m* <-(e)s, *ohne pl*> *(fam)* ❶ *(Schlamm)* lodo *m* ❷ *(zerdrücktes Obst)* puré *m*
matschig *adj* *(fam)* ❶ *(Obst)* pasado; *(Schnee)* medio derretido ❷ *(schlammig)* fangoso
matt [mat] *adj* ❶ *(erschöpft)* cansado; *(schwach)* débil ❷ *(Stimme)* débil; *(Lichtschein, Glasscheibe)* opaco ❸ *(glanzlos)* mate; *(Farbe, Blick)* apagado ❹ *(Schach)* **jdn ~ setzen** dar jaque mate a alguien
Matte ['matə] *f* <-n> ❶ *(Strohmatte)* estera *f* ❷ (SPORT) colchoneta *f* ❸ *(Österr, Schweiz: Bergwiese)* pradera *f*
Matterhorn ['matɐhɔrn] *nt* <-(e)s, *ohne pl*> Monte *m* Cervino, Matterhorn *m*
Mattscheibe *f* *(fam)* pantalla *f;* **vor der ~**

sitzen estar sentado delante de la pantalla; ~ **haben** estar atontado

Matura [ma'tu:ra] *f ohne pl (Österr, Schweiz)* ≈ bachillerato

Maturität [maturi'tɛ:t] *f* <-, *ohne pl*> *(Schweiz)* ≈ bachillerato *m*

Mauer ['maʊɐ] *f* <-n> ❶ *(aus Steinen)* muro *m; (aus Lehm)* tapia *f; (zur Verteidigung)* muralla *f;* **eine ~ des Schweigens** *(fig)* un muro de silencio; **gegen eine ~ reden** *(fig)* hablar con una pared ❷ (SPORT) barrera *f*

Mauerblümchen [-bly:mçən] *nt (fam)* patito *m* feo

mauern ['maʊɐn] **I.** *vt* construir **II.** *vi* ❶ *(bauen)* construir ❷ (SPORT) jugar a la defensiva ❸ *(zurückhaltend sein)* cerrarse por banda

Mauerwerk *nt* mampostería *f*

Maul [maʊl, *pl:* 'mɔɪlɐ] *nt* <-(e)s, Mäuler> ❶ *(bei Tieren)* boca *f; (Hund)* hocico *m; (Wiederkäuer)* morro *m* ❷ *(fam abw: Mund)* morro *m;* **jdm übers ~ fahren** cortarle a alguien la palabra; **ein großes ~ haben** ser un bocazas; **jdm das ~ stopfen** taparle el pico a alguien; **darüber werden sich die Leute das ~ zerreißen** esto va a dar mucho que hablar; **halt's ~ !** ¡cierra el pico!

Maulbeerbaum *m* moral *m*

Maulbeere *f* mora *f*

maulen ['maʊlen] *vi (fam abw)* estar de morros

Maulesel *m* mulo *m*

maulfaul *adj (fam)* callado; ~ **sein** no abrir el pico

Maulheld *m (fam abw)* fanfarrón *m*

Maulkorb *m* bozal *m*

Maultaschen *fpl* (GASTR) *pasta rellenada de carne picada y/o legumbres*

Maultier *nt* mulo *m*

Maul- und Klauenseuche *f ohne pl* (MED) fiebre *f* aftosa

Maulwurf *m* topo *m*

Maulwurfshaufen *m* topera *f*

Maulwurfshügel *m* topera *f*

Maurer(in) ['maʊrɐ] *m(f)* <-s, -; -nen> albañil *mf*

Maurerarbeit *f* obra *f* de albañilería

Maurerhandwerk *nt ohne pl* albañilería *f*

Maurerkelle *f* paleta *f* (de albañil)

Mauretanien [maʊre'ta:niən] *nt* <-s> Mauritania *f*

Mauretanier(in) *m(f)* <-s, -; -nen> mauritano, -a *m, f*

mauretanisch *adj* mauritano

maurisch ['maʊrɪʃ] *adj* moro, árabe

Mauritius [maʊ'ri:tsiʊs] *nt* <-> ❶ *(Staat)* República *f* de Mauricio; *(Inseln)* Islas *fpl* Mauricio ❷ *(Briefmarke)* **die blaue ~** el Mauricio azul

Maus [maʊs, *pl:* 'mɔɪzə] *f* <Mäuse> ❶ (ZOOL, INFOR) ratón *m;* **weiße Mäuse sehen** *(fam fig)* ver elefantes volando ❷ *pl (fam: Geld)* perras *fpl*

mauscheln ['maʊʃəln] *vi (fam abw)* trucar

Mausefalle *f* ratonera *f*

Mauseloch *nt* ratonera *f*

mausen ['maʊzən] **I.** *vi (reg: Mäuse fangen)* cazar ratones; **die Katze lässt das M~ nicht** *(prov)* el hijo de la gata, ratones mata **II.** *vt (fam: stibitzen)* mangar

Mauser ['maʊzɐ] *f ohne pl* (BIOL) muda *f;* **in der ~ sein** estar de muda

mausern ['maʊzɐn] *vr:* **sich ~** ❶ *(Vogel)* mudar el plumaje ❷ *(fam: sich entwickeln)* convertirse (**zu** en)

mausetot *adj (fam)* muerto y requetemuerto

Mausklick ['maʊsklɪk] *m* (INFOR) click *m* del ratón

Mausoleum [maʊzo'le:ʊm] *nt* <-s, Mausoleen> mausoleo *m*

Mauspad ['maʊspɛd] *nt* <-s, -s> (INFOR) alfombrilla *f* del ratón

Mauszeiger *m* (INFOR) puntero *m* del ratón

Maut [maʊt] *f* <-en> peaje *m*

Mautgebühr *f* <-, -en> *(Österr)* derechos *mpl* de peaje

Mautstelle *f (Österr)* puesto *m* de peaje

Mautsystem *nt* sistema *m* de peaje

maxi ['maksi] *adj inv* maxi-; ~ **tragen** *(Rock)* llevar una maxifalda; *(Kleid)* llevar un maxivestido

Maxima *pl von* **Maximum**

maximal [maksi'ma:l] **I.** *adj* máximo **II.** *adv* como máximo

Maxime [ma'ksi:mə] *f* <-n> máxima *f*

maximieren* [maksi'mi:rən] *vt* (*a.* MATH) elevar al máximo

Maximum ['maksimʊm] *nt* <-s, Maxima> máximo *m* (**an** de)

Mayonnaise [majɔ'nɛ:zə] *f* <-n> mayonesa *f*

Mazedonien [matse'do:niən] *nt* <-s> Macedonia *f*

Mäzen(in) [mɛ'tse:n] *m(f)* <-s, -e; -nen>, **Mäzenatin** *m(f)* <-nen> mecenas *mf inv*

MB [ɛm'be:] (INFOR) *Abk. von* **Megabyte** MB

MByte *nt* <-s, -s> (INFOR) *Abk. von* **Megabyte** mbyte *m*

MdB [ɛmde:'be:] (POL) *Abk. von* **Mitglied des Bundestages** Diputado, -a *m, f* al Parlamento Federal

m. E. *Abk. von* **meines Erachtens** en mi opinión

M

Mechanik [me'ça:nɪk] *f ohne pl* mecánica *f*
Mechaniker(in) [me'ça:nikɐ] *m(f)* <-s, -; -nen> mecánico, -a *m, f*
mechanisch [me'ça:nɪʃ] *adj* mecánico
Mechanisierung *f* <-en> mecanización *f*
Mechanismus [meça'nɪsmʊs] *m* <-, Mechanismen> mecanismo *m*
meckern ['mɛkɐn] *vi* ❶ *(Ziege)* balar ❷ *(fam abw: nörgeln)* criticar (**über** a)
Mecklenburg ['mɛklənbʊrk] *nt* Mecklemburgo *m*
mecklenburgisch ['mɛklənbʊrgɪʃ] *adj* de Mecklemburgo
Mecklenburg-Vorpommern *nt* <-s> Mecklemburgo-Pomerania *m* Occidental
Medaille [me'daljə] *f* <-n> medalla *f*
Medaillengewinner(in) *m(f)* ganador(a) *m(f)* de (una) medalla
Medaillon [medal'jõ:] *nt* <-s, -s> ❶ *(Schmuckstück)* medallón *m,* relicario *m Am* ❷ (GASTR) medallón *m*
Medien ['me:diən] *pl von* **Medium: die ~** los medios de comunicación
mediengerecht *adj* que tiene efecto mediático
Medienhype <-s, -s> ['me:di̯ənhaɪ̯p] *m* espectáculo *m* mediático, publicidad *f* mediática
Medienkonzern *m* <-(e)s, -e> grupo *m* (de empresas) de los medios de comunicación
Medienlandschaft *f ohne pl* medios *mpl* de comunicación
Medienrummel *m (fam)* jaleo *m* provocado por los medios de comunicación
Medienspektakel *nt* (PUBL) espectáculo *m* mediático
medienwirksam *adj (Person)* con gran poder de comunicación
Medikament [medika'mɛnt] *nt* <-(e)s, -e> medicamento *m,* pichicata *f Arg*
Medikamentenabhängigkeit *f ohne pl,* **Medikamentensucht** *f* <-, *ohne pl*> dependencia *f* de los medicamentos
medikamentös [medikamɛn'tø:s] *adj* (MED) con medicamentos
Meditation [medita'tsjo:n] *f* <-en> meditación *f*
mediterran [meditɛ'ra:n] *adj* mediterráneo
meditieren* [medi'ti:rən] *vi* meditar (**über** sobre)
Medium ['me:diʊm] *nt* <-s, Medien> (*a.* PHYS, CHEM) medio *m; (Parapsychologie)* médium *m o f*
Medizin¹ [medi'tsi:n] *f ohne pl (Wissenschaft)* medicina *f*
Medizin² *f* <-en> *(Medikament)* medicamento *m*
Mediziner(in) [medi'tsi:nɐ] *m(f)* <-s, -; -nen> médico, -a *m, f; (Student)* estudiante *mf* de medicina
medizinisch *adj (ärztlich)* médico; *(arzneilich)* medicinal; **jdn/etw ~ behandeln** impartir tratamiento medicinal a alguien/a algo
Medizinmann *m* curandero *m,* brujo *m Am,* nagual *m AmC, Méx*
Meer [me:ɐ] *nt* <-(e)s, -e> mar *m;* **das Rote/Schwarze ~** el mar Rojo/Negro; **am ~** en el mar; **ans ~ fahren** ir al mar; **ein ~ von Licht und Farbe** *(geh)* un derroche de luces y colores
Meerbusen *m* bahía *f*
Meerenge *f* <-n> estrecho *m*
Meeresalge *f* alga *f* marina
Meeresarm *m* brazo *m* de mar
Meeresboden *m* <-s, -böden> fondo *m* del mar
Meeresforschung *f ohne pl* oceanografía *f*
Meeresfrüchte *fpl* (GASTR) mariscos *mpl*
Meeresgrund *m ohne pl* fondo *m* del mar
Meereshöhe *f* nivel *m* del mar
Meereskunde *f ohne pl* oceanografía *f*
Meeresspiegel *m ohne pl* nivel *m* del mar; **über/unter dem ~** sobre/bajo el nivel del mar
Meeresströmung *f* corriente *f* marítima
Meerjungfrau *f* sirena *f*
Meerkatze *f* (ZOOL) macaco *m*
Meerrettich *m* (BOT, GASTR) rábano *m*
Meersalz *nt* <-es, *ohne pl*> sal *f* marina
Meerschweinchen *nt* <-s, -> (ZOOL) conejillo *m* de Indias, cobaya *f,* cuy(e) *m And*
Meerwasser *nt ohne pl* agua *f* de mar
Meeting ['mi:tɪŋ] *nt* <-s, -s> (*a.* POL) mitin *m*
Megabit [mega'bɪt, 'me:gabɪt] *nt* <-(s), -(s)> (INFOR) megabyte *m*
Megabyte ['me:gabaɪt] *nt* <-(s), -(s)> (INFOR) megabyte *m*
Megafon [mega'fo:n] *nt* <-s, -e> megáfono *m*
Megahertz ['me:gahɛrts] *nt* <-, -> (PHYS) megahertzio *m*
Megawatt *nt* <-s, -> (PHYS) megavatio *m*
Mehl [me:l] *nt* <-(e)s, -e> harina *f*
mehlig *adj* harinoso
mehligkochend *adj* para puré; **~e Kartoffeln** patatas para hacer puré
Mehlschwitze *f* <-n> (GASTR) *harina que se fríe para preparar salsas y sopas*
Mehlwurm *m* (ZOOL) gusano *m* de la harina
mehr [me:ɐ] **I.** *adv o pron indef kompar von* **viel** más (**als** que); *(vor Zahlen)* más (**als** de); *(vor Verben)* más (**als** de lo que); **sie hat ~ gegessen als er** ha comido más

M

que él; ~ **als nötig** más de lo necesario; ~ **als sie erhofft hatte** más de lo que había esperado; **wir brauchen ~ Geld** necesitamos más dinero; **immer ~** cada vez más; **etwas ~** un poco más; ~ **als genug** más que suficiente; **noch ~** todavía más; ~ **und ~** más y más; **nicht ~ und nicht weniger als …** ni más ni menos que…; ~ **oder weniger** más o menos; **umso ~** tanto más; **viel ~** mucho más; **sie ist ~ Künstlerin als Wissenschaftlerin** es más bien artista que científica **II.** *adv (+ Negation, ein Ende ausdrückend)* **nicht ~** ya no; **ich habe kein Geld ~** ya no tengo (más) dinero; **nichts ~** nada más; **kein Wort ~!** ¡ni una palabra más!; **es war niemand ~ da** ya no había nadie más

Mehr [meːɐ] *nt* <-(s), *ohne pl*> ① *(Überschuss)* excedente *m* (**an** de); **ein ~ an Zeit/Kosten aufwenden** invertir más tiempo/costes ② *(Schweiz: Stimmenmehrheit)* mayoría *f* (de votos) ③ *(Schweiz: Mehrheitsbeschluss)* acuerdo *m* adoptado por la mayoría

mehrbändig [-bɛndɪç] *adj* en varios tomos

Mehrbedarf *m ohne pl (an Gütern)* aumento *m* de consumo; **ein ~ an Zeit/Geld** más tiempo/dinero de lo previsto

Mehrbelastung *f* sobrecarga *f*

mehrdeutig ['meːɐdɔɪtɪç] *adj (interpretierbar)* ambiguo; *(missverständlich)* equívoco

Mehrdeutigkeit *f ohne pl* ambigüedad *f*

mehrdimensional *adj* multidimensional

mehrere ['meːrərə] *pron indef* varios; *(verschiedene)* diferentes; **zu ~n** entre varios; **sie waren zu ~n da** eran varios

mehrfach ['meːɐfax] **I.** *adj* múltiple **II.** *adv* repetidas veces

Mehrfachbeschäftigung *f ohne pl* pluriempleo *m*

Mehrfachsteckdose *f* (caja *f* de) enchufe *m* múltiple

Mehrfachstecker *m* <-s, -> ficha *f* múltiple

Mehrfamilienhaus *nt* casa *f* de vecindad

mehrfarbig *adj* multicolor, de varios colores

Mehrheit *f* <-en> mayoría *f;* **mit einer Stimme ~** con mayoría por un voto; **in der ~** mayoritariamente; **in der ~ sein** ser mayoría; **die schweigende ~** la mayoría silenciosa

mehrheitlich *adj* por mayoría; **der Antrag wurde ~ angenommen** la solicitud fue aceptada con la mayoría de votos

mehrheitsfähig *adj* con posibilidades de conseguir la mayoría

Mehrheitswahl *f* <-, -en>, **Mehrheitswahlrecht** *nt* <-(e)s, *ohne pl*> sistema *m* mayoritario

mehrjährig *adj* (*a.* BOT) plurianual

Mehrkornbrot *nt* (GASTR) pan *m* multigrano

Mehrkosten *pl* gastos *mpl* adicionales

mehrmalig ['meːɐmaːlɪç] *adj* repetido

mehrmals ['meːɐmaːls] *adv* repetidas veces

Mehrparteiensystem *nt* (POL) sistema *m* pluralista (de partidos)

Mehrpreis *m* sobreprecio *m*

mehrsprachig *adj* políglota; *(Mensch)* multilingüe

Mehrsprachigkeit *f ohne pl* plurilingüismo *m*

mehrstimmig **I.** *adj* (MUS) de varias voces **II.** *adv* (MUS) a varias voces

mehrstöckig [-ʃtœkɪç] *adj* de varios pisos

mehrstündig [-ʃtʏndɪç] *adj* de varias horas

mehrtägig [-tɛːgɪç] *adj* de varios días

mehrteilig *adj* en varias partes

Mehrweg- retornable

Mehrwegflasche *f* botella *f* retornable

Mehrwegverpackung *f* envase *m* retornable

Mehrwertsteuer *f* (WIRTSCH) impuesto *m* sobre el valor añadido

mehrwöchig [-vœçɪç] *adj* de varias semanas

Mehrzahl *f ohne pl* ① (LING) plural *m* ② *(Mehrheit)* mayoría *f;* **in der ~ der Fälle** en la mayoría de los casos; **wir sind in der ~** somos mayoría

meiden ['maɪdən] <meidet, mied, gemieden> *vt (geh)* rehuir

Meile ['maɪlə] *f* <-n> legua *f;* (NAUT) milla *f;* **das riecht man drei ~n gegen den Wind** *(abw)* eso se huele a la legua

Meilenstein *m* piedra *f* miliar; *(wichtiger Einschnitt)* hito *m*

meilenweit *adj* a varias leguas de distancia; ~ **entfernt sein** estar muy lejos

mein, meine, mein [maɪn, 'maɪnə, maɪn] *pron poss (adjektivisch)* mi, mis *pl;* ~ **Haus/Freund** mi casa/mi novio; **~e Damen und Herren!** ¡señoras y señores!

meine(r, s) *pron poss (substantivisch)* (el) mío *m,* (la) mía *f,* (los) míos *mpl,* (las) mías *fpl;* **das Haus in der Mitte ist ~s** la casa del centro es (la) mía; *s. a.* **mein, meine, mein**

Meineid *m* perjurio *m;* **einen ~ schwören** perjurar

meinen ['maɪnən] *vt* ① *(denken)* pensar; *(glauben)* creer; *(Meinung vertreten)* opinar; **man sollte ~, dass …** se podría pensar que…; **was meinst du dazu?** ¿qué opinas al respecto?; ~ **Sie nicht?** ¿no le parece?; **wenn Sie ~** si Ud. cree; **(ganz) wie Sie ~!** ¡como Ud. quiera!; **das will ich ~** *(fam)* ya lo creo ② *(sich beziehen auf)* referirse (a); **du warst nicht gemeint** no se refería a ti; **ja, dich habe ich damit gemeint** sí, tú ③ *(sagen)* decir; **was meinten Sie?** ¿qué decía Ud.?; **meinst du das im Ernst?** ¿lo dices en serio? ④ *(sagen wollen)* querer decir; **was meinst du damit?** ¿qué quieres decir con eso? ⑤ *(beabsichtigen)* **wohl gemeint** bien intencionado; **so war es nicht gemeint** no fue con esa intención; **ein gut gemeinter Rat** un consejo con buena intención; **er meint es doch nur gut mit dir** si solamente tiene buenas intenciones contigo

meiner *pron pers gen von* **ich** de mí

meinerseits *adv* por mi parte; **ganz ~!** ¡el gusto es mío!

meinesgleichen ['--'--] *pron indef inv* de mi condición, mis semejantes; **ich wollte unter ~ sein** quería estar con mis semejantes

meinetwegen ['--'--] *adv* por mí; *(negativ)* por mi culpa; **bemühe dich nicht ~** no te esfuerces por mí

meinetwillen ['maɪnət'vɪlən] *adv* **um ~** por mí

meinige *pron poss geh für* **meine(r, s): der/die/das ~** [*o* **M~**] el mío/la mía/lo mío; **die ~n** [*o* **M~n**] los míos/las mías

meins *pron poss s.* **meine(r, s)**

Meinung ['maɪnʊŋ] *f* <-en> opinión *f;* **meiner ~ nach** en mi opinión; **ich bin der ~, dass ...** soy de la opinión de que...; **seine ~ ändern** cambiar de opinión; **einer ~ sein** ser de la misma opinión; **ich bin anderer ~** no estoy de acuerdo; **die öffentliche ~** la opinión pública; **ganz meine ~!** ¡totalmente de acuerdo!; **darüber kann man geteilter ~ sein** las opiniones pueden diferir en ese punto; **jdm (gehörig) die ~ sagen** *(fam)* cantar las cuarenta a alguien

Meinungsäußerung *f* (expresión *f* de una) opinión *f*

Meinungsaustausch *m* intercambio *m* de opiniones

Meinungsbildung *f* <-, *ohne pl*> formación *f* de (una) opinión; **zur ~ beitragen** corresponder a la formación de la opinión

Meinungsforscher(in) *m(f)* <-s, -; -, -nen> encuestador(a) *m(f)*

Meinungsforschung *f ohne pl* sondeo *m* de opinión

Meinungsforschungsinstitut *nt* instituto *m* demoscópico

Meinungsfreiheit *f ohne pl* libertad *f* de expresión

Meinungsumfrage *f* encuesta *f*

Meinungsverschiedenheit *f* ① *(in der Beurteilung)* disparidad *f* de opiniones ② *(Streit)* pelea *f,* querella *f*

Meise ['maɪzə] *f* <-n> paro *m;* **du hast doch 'ne ~!** *(fam)* ¡estás chiflado!

Meißel ['maɪsəl] *m* <-s, -> cincel *m*

meißeln *vi, vt* *(bearbeiten)* cincelar; *(schaffen)* esculpir; **eine Inschrift in einen Stein ~** grabar una inscripción en una roca

meist [maɪst] *adv s.* **meistens**

meistbietend *adv* **etw ~ versteigern** subastar algo al mejor postor

Meistbietende(r) *mf* <-n, -n; -n, -n> (WIRTSCH) mejor postor(a) *m(f)*

meiste(r, s) *pron indef superl von* **viel** ① *(größte Anzahl)* **die ~n** la mayoría; **die ~n Leute glauben, dass ...** la mayoría de la gente cree que... ② *(größte Menge)* **das ~** lo más; **das ~ war interessant** la mayor parte fue interesante; **die ~ Zeit** la mayor parte del tiempo; **sie hat das ~ Geld** ella es la que más dinero tiene

meisten *superl von* **viel: am ~** *(+ Verb)* lo (que) más; **Hans arbeitet am ~** Hans es el que más trabaja

meistens ['maɪstəns] *adv* la mayoría de las veces

Meister(in) ['maɪstɐ] *m(f)* <-s, -; -nen> ① *(im Handwerk)* maestro, -a *m, f;* **seinen ~ machen** *(fam)* presentarse al examen de maestría ② *(Könner)* maestro, -a *m, f;* **er ist ein ~ seines Faches** es un experto en su campo; **es ist noch kein ~ vom Himmel gefallen** *(prov)* la práctica hace al maestro ③ (SPORT) campeón, -ona *m, f*

Meisterbrief *m* diploma *m* de maestría

meisterhaft **I.** *adj* magistral, perfecto **II.** *adv* con maestría

Meisterin *f* <-nen> *s.* **Meister**

Meisterleistung *f* <-, -en> obra *f* maestra; **das war nicht gerade eine ~** *(iron)* no ha sido nada del otro mundo

meisterlich *adj o adv s.* **meisterhaft**

meistern ['maɪstɐn] *vt* ① *(Werkzeug, Instrument)* dominar ② *(Schwierigkeit)* superar; *(Situation)* controlar

Meisterprüfung *f* examen *m* de maestría

Meisterschaft[1] *f ohne pl* *(Können)* maestría *f;* *(Vollkommenheit)* perfección *f;* **es zu wahrer ~ in etw bringen** conseguir verdadera maestría en algo

Meisterschaft[2] *f* <-en> (SPORT) campeonato *m*

Meisterstück *nt* ① *(Werkstück)* pieza *f* de(l) examen de oficial ② *(Meisterleistung)* obra *f* maestra

Meistertitel *m* ① *(eines Handwerkers)* (tí-

M

tulo *m* de) maestría *f* ② (SPORT) título *m* de campeón

Meisterwerk *nt* (*a.* KUNST) obra *f* maestra

Melancholie [melaŋko'liː] *f ohne pl* melancolía *f*, flato *m Am*

Melancholiker(in) [melaŋ'koːlikɐ] *m(f)* <-s, -; -, -nen> melancólico, -a *m, f*

melancholisch [melaŋ'koːlɪʃ] *adj* melancólico

Melanin *nt* <-s, -e> (BIOL) melanina *f*

Melanom [mela'noːm] *nt* <-s, -e> (MED) melanoma *m*

Melanzani *pl (Österr)* berenjenas *f pl*

Meldefrist *f (für Anmeldung)* plazo *m* de inscripción; *(für Verbrechen)* plazo *m* de denuncia

melden ['mɛldən] **I.** *vt* ① *(berichten)* informar (de); *(mitteilen)* comunicar, reportar *Am*; *(förmlich)* notificar; **jdm etw ~** comunicar algo a alguien; **du hast hier(bei) überhaupt nichts zu ~** *(fam)* tú no tienes ni voz ni voto en este asunto ② *(anzeigen)* dar parte (de); **etw bei der Polizei ~** dar parte de algo a la policía; **er ist als vermisst gemeldet** fue dado por desaparecido ③ *(ankündigen)* anunciar; **wen darf ich ~?** ¿a quién debo anunciar? **II.** *vr:* **sich ~** ① *(anmelden)* registrarse ② *(sich zur Verfügung stellen)* presentarse; *(auf eine Anzeige)* responder (**auf** a) ③ *(das Wort erbitten)* pedir la palabra; *(in der Schule)* levantar la mano; **er meldete sich zu Wort** pidió la palabra ④ *(von sich hören lassen)* dar señal de vida; **melde dich mal wieder (bei mir)** llámame alguna vez; **er hat sich nie wieder (bei uns) gemeldet** nunca más supimos nada de él ⑤ *(am Telefon)* responder al teléfono; **es meldet sich niemand** no responde nadie

Meldepflicht *f ohne pl (für Dinge)* declaración *f* obligatoria; *(für Personen)* registro *m* obligatorio

meldepflichtig *adj* sujeto a declaración obligatoria; *(Krankheit)* de declaración obligatoria

Meldeschein *m* formulario *m* de registro

Meldestelle *f* <-, -n> central *f* de información; *(Einwohner~)* registro *m*

Meldezettel *m* ① *(im Hotel)* formulario *m* de entrada ② *(Österr)* s. **Meldeschein**

Meldung *f* <-en> ① *(Bericht)* información *f*; *(Mitteilung)* comunicación *f*; *(Ankündigung)* aviso *m*; *(für die Presse)* comunicado *m*; *(bei der Polizei)* denuncia *f* ② *(Radio-, Fernsehmeldung)* noticia *f* ③ *(dienstlich)* informe *m*; **eine ~ machen** hacer un informe

meliert [me'liːɐt] *adj (Wolle)* mezclado; *(Haar)* entrecano

Melisse [me'lɪsə] *f* <-n> (BOT) melisa *f*

melken ['mɛlkən] <melkt, melkte, gemelkt *o* gemolken> *vi, vt* (AGR) ordeñar

Melkmaschine *f* (AGR) ordeñadora *f*

Melodie [melo'diː] *f* <-n> melodía *f*

melodiös [melo'diøːs] *adj* melodioso

melodisch [me'loːdɪʃ] *adj* melódico

melodramatisch [melodra'maːtɪʃ] *adj (geh a. iron)* melodramático

Melone [me'loːnə] *f* <-n> ① *(Honigmelone)* melón *m*; *(Wassermelone)* sandía *f* ② *(fam: Hut)* (sombrero *m*) hongo *m*, tongo *m Chil, Perú*

Membran [mɛm'braːn] *f* <-e(n)> ① (TECH) diafragma *m* ② (BIOL) membrana *f*

Memo ['meːmo] *nt* <-s, -s> ① *(Memorandum)* memorándum *m* ② (*a.* INFOR: *Merkzettel*) nota *f*

Memoiren [memo'aːrən] *pl* memorias *f pl*

Memorandum [memo'randʊm] *nt* <-s, Memoranden *o* Memoranda> memorándum *m*

Menage [me'naːʒə] *f* <-, -n> *(Österr: Truppenverpflegung)* rancho *m*

Menge ['mɛŋə] *f* <-n> ① *(Anzahl)* cantidad *f* ((**an**) de); *(große)* montón *m* ((**an**) de); **eine ~ Zeit** un montón de tiempo; **eine ~ lernen** aprender un montón; **Bücher in ~n** montones de libros; **in rauen ~n** *(fam)* a montones; **es gab eine ~ zu sehen** había mucho que ver ② *(Menschenmenge)* multitud *f* ③ (MATH) conjunto *m*

mengen ['mɛŋən] **I.** *vt* mezclar **II.** *vr:* **sich ~** *(fam)* mezclarse (**unter** entre)

Mengenlehre *f ohne pl* (MATH) teoría *f* de conjuntos

mengenmäßig *adj* cuantitativo

Mengenrabatt *m* (WIRTSCH) rebaja *f* por cantidad

Meniskus [me'nɪskʊs] *m* <-, Menisken> (ANAT, MED) menisco *m*

Mensa ['mɛnza] *f* <Mensen *o* -s> comedor *m* universitario

Mensch [mɛnʃ] *m* <-en, -en> hombre *m*, ser *m* humano; *(Person)* persona *f*; **kein ~** nadie; **jeder ~** cada uno; **er ist auch nur ein ~** él también solamente es un ser humano; **~!** *(fam)* ¡hombre!; **du stellst dich an wie der erste ~!** *(fam)* ¡qué torpe que eres!; **von ~ zu ~** de persona a persona

Mensch ärgere dich nicht® *nt* <- - - -, *ohne pl*> parchís *m*

Menschenaffe *m* (ZOOL) antropoide *m*

Menschenansammlung *f* concentración *f* de personas

Menschenauflauf *m* s. **Menschenansammlung**

menschenfeindlich *adj* ① *(misanthro-*

pisch) misantrópico ② *(Landschaft)* inhóspito
Menschenfresser *m* <-s, -> antropófago, -a *m, f*
Menschenhandel *m* trata *f* de seres humanos; *(mit Frauen)* trata *f* de blancas
Menschenkenntnis *f ohne pl* conocimiento *m* de la naturaleza humana
Menschenkette *f* cadena *f* humana
Menschenleben *nt* ① *(Leben)* vida *f* humana ② *(Opfer)* víctima *f*
menschenleer ['--'-] *adj (Gebiet)* despoblado; *(Straße)* desierto; *(Raum)* vacío
Menschenmasse *f* masa *f* de gente
Menschenmenge *f* gentío *m,* bola *f* de gente *Méx*
menschenmöglich ['--'--] *adj* humanamente posible; **alles M~e tun** hacer todo lo humanamente posible
Menschenopfer *nt* (*a.* REL) víctima *f* (humana)
Menschenrechte *ntpl* derechos *mpl* humanos
Menschenrechtsverletzung *f* violación *f* de los derechos humanos
menschenscheu *adj (schüchtern)* tímido; *(ungesellig)* huraño
Menschenseele ['--'--] *f* alma *f* humana; **keine ~** *(fig)* ni un alma
Menschenskind ['--'-] *interj (fam)* hombre
menschenunwürdig ['--'---] *adj* ① *(eines Menschen nicht würdig)* indigno de un ser humano ② *(die Menschenwürde verletzend)* inhumano
menschenverachtend *adj* inhumano
Menschenverstand *m* **der gesunde ~** el sentido común
Menschenwürde *f ohne pl* dignidad *f* humana
menschenwürdig *adj* ① *(eines Menschens würdig)* digno (del hombre) ② *(der Menschenwürde entsprechend)* humano
Menschheit *f ohne pl* humanidad *f*
menschlich *adj* humano
Menschlichkeit *f ohne pl* humanidad *f*
Mensen *pl von* **Mensa**
Menstruation [mɛnstrua'tsjo:n] *f* <-en> (MED) menstruación *f*
menstruieren* [mɛnstru'i:rən] *vi* (MED) tener la menstruación
mental [mɛn'ta:l] *adj* mental
Mentalität [mɛntali'tɛ:t] *f* <-en> mentalidad *f*
Menthol [mɛn'to:l] *nt* <-s, *ohne pl*> (CHEM) mentol *m*
Mentor(in) ['mɛnto:ɐ] *m(f)* <-s, -en; -, -nen> mentor(a) *m(f)*
Menü [me'ny:] *nt* <-s, -s> (INFOR, GASTR) menú *m*
Menuett [me'nuɛt] *nt* <-s, -e *o* -s> (*a.* MUS) minué *m,* minueto *m*
menügesteuert [me'ny:gəʃtɔɪɐt] *adj* (INFOR) guiado por (el) menú
Menüleiste *f,* **Menüoption** *f* (INFOR) opción *f* del menú
Menüzeile *f* (INFOR) línea *f* del menú, barra *f* del menú
Merchandising *nt* <-s, *ohne pl*> (WIRTSCH) comercialización *f*
Meridian [meri'dja:n] *m* <-s, -e> (GEO, ASTR) meridiano *m*
Merkblatt *nt* hoja *f* informativa
merken ['mɛrkən] *vt* ① *(wahrnehmen)* darse cuenta (de), realizar *Am;* **er merkte nicht, dass ...** no se dio cuenta de que...; **woran hast du das gemerkt?** ¿cómo te has dado cuenta?; **lass ihn das nicht ~!** ¡procura que no se dé cuenta!; **du merkst aber auch alles!** *(fam iron)* por fin, te has dado cuenta ② *(bemerken, anmerken)* notar ③ *(spüren)* sentir; **man merkt, dass ...** se siente que... ④ *(behalten)* retener; **merke: ...** recuerde:...; **sich** *dat* **etw ~** recordar algo; **merk dir das!** ¡fíjate en mis palabras!
merklich *adj (beträchtlich)* considerable; *(fühlbar)* perceptible; *(deutlich)* evidente
Merkmal *nt* <-s, -e> rasgo *m,* característica *f*
Merksatz *m* <-es, -sätze> *(Merkhilfe)* sentencia *f*
Merkur [mɛr'ku:ɐ] *m* <-s> (ASTR) Mercurio *m*
merkwürdig *adj* curioso, raro; **es ist auf einmal ~ still** de pronto reina un silencio extraño
merkwürdigerweise ['----'--] *adv* curiosamente
Merkwürdigkeit *f* <-, -en> ① *ohne pl (Seltsamkeit)* extrañeza *f,* rareza ② *(Kuriosität)* curiosidad *f*
Merkzettel *m (fam)* nota *f*
meschugge [me'ʃʊgə] *adj (fam)* chiflado
Mesner(in) ['mɛsnɐ] *m(f)* <-s, -; -nen> *(reg)* sacristán, -ana *m, f*
messbar ['mɛsba:ɐ] *adj* (con)mensurable
Messbecher *m* vaso *m* medidor
Messdaten *pl* datos *mpl* de medición
Messdiener(in) *m(f)* (REL) monaguillo, -a *m, f*
Messe ['mɛsə] *f* <-n> ① (REL) misa *f;* **in die ~ gehen** ir a misa; **eine ~ lesen** oficiar una misa ② *(Ausstellung)* feria *f;* **auf der ~ sein** estar en la feria ③ (NAUT: *Schiffskantine*) cámara *f* de oficiales
Messebesucher(in) *m(f)* visitante *mf* de la feria
Messegelände *nt* recinto *m* ferial

M

Messehalle *f* pabellón *m* de feria
messen ['mɛsən] <misst, maß, gemessen> **I.** *vt* medir (**an** en relación con); **die Zeit ~** medir el tiempo; **sieben Meter ~** medir siete metros **II.** *vr:* **sich ~** *(geh)* medirse; **mit dem kannst du dich nicht ~** no puedes competir con él
Messer ['mɛsɐ] *nt* <-s, -> cuchillo *m;* (TECH) cuchilla *f;* **jdm das ~ an die Kehle setzen** *(fam fig)* poner(le) a alguien la pistola en el pecho; **jdn ans ~ liefern** *(fam fig)* denunciar a alguien; **unters ~ kommen** *(fam: Operation)* ser operado; **ins offene ~ laufen** *(fam fig)* meterse en la boca del lobo
Messerblock *m* (bloque *m*) portacuchillos *m inv*
messerscharf *adj* afilado, filudo *Am; (Verstand)* agudo; **daraus schloss ich ~, dass ...** y de ahí saqué la tajante conclusión, de que...
Messerschärfer [-ʃɛrfɐ] *m* afilador *m* de cuchillos
Messerschmied(in) *m(f)* cuchillero, -a *m, f*
Messerspitze *f* punta *f* del cuchillo; **eine ~ Pfeffer** una pizca de pimienta
Messerstecher(in) *m(f)* *(abw)* navajero, -a *m, f*
Messerstecherei [-ʃtɛçə'raɪ] *f* <-en> *(abw)* riña *f* a cuchilladas
Messerstich *m* cuchillada *f*
Messestand *m* stand *m* (de feria)
Messias [mɛ'si:as] *m* <-, *ohne pl*> (REL) Mesías *m*
Messie ['mɛsi] *m* <-s, -s> persona *f* extremadamente desordenada
Messing ['mɛsɪŋ] *nt* <-s, *ohne pl*> latón *m*
Messinstrument *nt* instrumento *m* de medición
Messlatte *f* (TECH) mira *f*
Messlöffel *m* cuchara *f* dosificadora
Messner(in) *m(f)* <-s, -; -nen> *s.* **Mesner**
Messstab *m* <-(e)s, -stäbe> varilla *f* de medición; *(zur Landvermessung)* jalón *m* de agrimensor
Messtechnik[1] *f* <-, *ohne pl*> *(Messkunde)* metrología *f*
Messtechnik[2] *f* <-, -en> *(Methode)* técnica *f* de medición
Messung *f* <-en> medición *f*
Messwert *m* valor *m* registrado
Messzylinder *m* <-s, -> probeta *f* graduada
MESZ [ɛmʔe:ʔɛs'tsɛt] *Abk. von* **mitteleuropäische Sommerzeit** horario *m* de verano para Europa Central

Metabolismus *m* <-, *ohne pl*> (BIOL, MED) metabolismo *m*
Metall [me'tal] *nt* <-s, -e> metal *m*
Metallarbeiter(in) *m(f)* (obrero, -a *m, f*) metalúrgico, -a *m, f*
metallen [me'talən] *adj* de metal, metálico
metallic [me'talɪk] *adj inv* metálico
Metallindustrie *f* industria *f* metalúrgica
metallisch *adj* metálico, de metal; **~ klingen/schimmern** tener un sonido/brillo metálico
Metallurgie [metalʊr'gi:] *f ohne pl* metalurgia *f*
metallurgisch [meta'lʊrgɪʃ] **I.** *adj* metalúrgico **II.** *adv* a nivel metalúrgico
Metamorphose [metamɔr'fo:zə] *f* <-n> (*a.* BOT, ZOOL) metamorfosis *f inv*
Metapher [me'tafɐ] *f* <-n> (LING) metáfora *f*
Metaphorik [meta'fo:rɪk] *f* <-, *ohne pl*> (LIT) metáforas *f pl,* tropos *m pl*
metaphorisch [meta'fo:rɪʃ] *adj* (LING) metafórico
Metaphysik [metafy'zi:k] *f* <-, *ohne pl*> metafísica *f*
metaphysisch [meta'fy:zɪʃ] *adj* metafísico
Metastase [meta'sta:zə] *f* <-n> (MED) metástasis *f inv*
Meteor [mete'o:ɐ] *m* <-s, -e> (ASTR) meteoro *m*
Meteorit [meteo'ri:t] *m* <-en, -en> (ASTR) meteorito *m*
Meteorologe, -in [meteoro'lo:gə] *m, f* <-n, -n; -nen> meteorólogo, -a *m, f*
Meteorologie [meteorolo'gi:] *f ohne pl* meteorología *f*
Meteorologin *f* <-nen> *s.* **Meteorologe**
meteorologisch [meteoro'lo:gɪʃ] *adj* meteorológico
Meter ['me:tɐ] *m o nt* <-s, -> metro *m;* **drei ~ hoch/lang** tres metros de alto/de largo; **der laufende ~** (COM) el metro; **am laufenden ~** *(fam)* sin parar
Metermaß *nt (Stab)* metro *m* plegable; *(Band)* cinta *f* métrica
Meterware *f* género *m* al metro
meterweise *adv* por metros
Methan [me'ta:n] *nt* <-s, *ohne pl*> metano *m*
Methode [me'to:də] *f* <-n> método *m*
Methodik [me'to:dɪk] *f* <-, -en> metodología *f*
methodisch *adj* metódico
Methodist(in) [meto'dɪst] *m(f)* <-en, -en; -, -nen> (REL) metodista *mf*
methodistisch *adj* (REL) metodista
Methodologie [metodolo'gi:] *f* <-, -n> metodología *f*

Metier [me'tje:] *nt* <-s, -s> profesión *f;* **sein ~ beherrschen** dominar su profesión
Metrik ['me:trɪk] *f* <-, *ohne pl*> (LIT) métrica *f*
Metro ['me:tro] *f* <-s> metro *m*
Metronom [metro'no:m] *nt* <-s, -e> (MUS) metrónomo *m*
Metropole [metro'po:lə] *f* <-n> metrópoli *f*
metrosexuell *adj* metrosexual
Metrosexuelle(r) *mf* <-n, -n; -n> metrosexual *mf*
Mett [mɛt] *nt* <-(e)s, *ohne pl*> *(reg) plato de carne picada de cerdo cruda y condimentada con especias*
Mettwurst *f* <-, -würste> *embutido de carne de cerdo cruda picada y condimentada con especias*
Metzger(in) ['mɛtsgɐ] *m(f)* <-s, -; -nen> carnicero, -a *m, f*
Metzgerei [mɛtsgə'raɪ] *f* <-en> carnicería *f*, chanchería *f Am*
Metzgerin *f* <-nen> *s.* **Metzger**
Meuchelmord ['mɔɪçəl-] *m* <-(e)s, -e> *(abw)* asesinato *m* con alevosía
meucheln *vt (geh)* asesinar con alevosía
Meute ['mɔɪtə] *f* <-n> ① *(Jagdhunde)* jauría *f* ② *(fam: Menschen)* turba *f*
Meuterei [mɔɪtə'raɪ] *f* <-en> amotinamiento *m*
Meuterer, -in *m, f* <-s, -; -nen> amotinador(a) *m(f)*
meutern ['mɔɪtɐn] *vi* ① *(rebellieren)* amotinarse ② *(fam: meckern)* rebelarse
Mexikaner(in) [mɛksi'ka:nɐ] *m(f)* <-s, -; -nen> mexicano, -a *m, f*, mejicano, -a *m, f*
mexikanisch *adj* mexicano, mejicano
Mexiko ['mɛksiko] *nt* <-s> México *m*
MEZ [ɛmʔe:'tsɛt] *Abk. von* **mitteleuropäische Zeit** hora *f* de la Europa Central
mg *Abk. von* **Milligramm** mg
MHz *Abk. von* **Megahertz** mh.
miau [mi'aʊ] *interj* ¡miau!
miauen* [mi'aʊən] *vi* maullar
mich [mɪç] **I.** *pron pers akk von* **ich** me; *(betont)* a mí (me); *(mit Präposition)* mí; **rufst du ~ an?** ¿me llamas?; **~ interessiert es nicht** a mí no me interesa; **meinst du ~?** ¿estás hablando conmigo? **II.** *pron refl akk von* **ich** me; **ich halte ~ da raus** yo no me meto
mick(e)rig *adj (fam abw: Sache)* pobre; *(Person)* enclenque
Midlife-Crisis *f* <-, ->, **Midlifecrisis** ['mɪdlaɪf'kraɪsɪs] *f* <-, -> *(geh)* crisis *f inv* de los cuarenta
mied [mi:t] *3. imp von* **meiden**
Mieder ['mi:dɐ] *nt* <-s, -> ① *(Unterkleidung)* corpiño *m* ② *(einer Tracht)* faja *f*
Mief [mi:f] *m* <-s, *ohne pl*> *(fam abw)* mal olor *m*
miefen *vi (fam abw)* apestar
Miene ['mi:nə] *f* <-n> cara *f;* **ohne eine ~ zu verziehen** sin pestañear; **gute ~ zum bösen Spiel machen** poner a mal tiempo buena cara
mies [mi:s] *adj (fam abw)* miserable, malo
Miese ['mi:zə] *pl (fam)* **in den ~n sein** estar en números rojos
miesepet(e)rig ['mi:zəpe:t(ə)rɪç] *adj (fam)* malhumorado; **~ sein** estar de mal café
mies|machen *vt (fam)* **etw/jdn ~** hablar mal de algo/de alguien
Miesmacher(in) *m(f)* <-s, -; -nen> *(fam abw)* aguafiestas *mf inv*
Miesmuschel *f* mejillón *m*
Mietauto *nt* coche *m* de alquiler
Miete ['mi:tə] *f* <-n> ① *(Wohnungsmiete)* alquiler *m;* **zur ~ wohnen** vivir en un piso de alquiler ② (AGR: *Lagergrube*) hacina *f*
Mieteinkünfte *pl* ingresos *m pl* por alquileres
Mieteinnahme *f* <-, -n> ingreso *m* por alquiler
mieten ['mi:tən] *vt* alquilar, rentar *Am*
Mieter(in) *m(f)* <-s, -; -nen> *(einer Wohnung)* inquilino, -a *m, f*
Mieterhöhung *f* aumento *m* del alquiler
Mieterin *f* <-nen> *s.* **Mieter**
Mieterschutz *m* protección *f* al inquilino
mietfrei *adj* libre de alquiler
Mietpartei *f* <-, -en> inquilino, -a *m, f*
Mietpreis *m* (precio *m* del) alquiler *m*
Mietrecht *nt ohne pl* (JUR) derecho *m* arrendaticio
Mietshaus *nt* casa *f* de alquiler
Mietspiegel *m* <-s, -> media *f* del alquiler
Mietvertrag *m* contrato *m* de alquiler
Mietwagen *m* coche *m* de alquiler
Mietwohnung *f* piso *m* de alquiler
Mietzins *m* <-es, -e> *(südd, Österr, Schweiz)* renta *f*, alquiler *m*
Miezekatze *f (fam)* gatito *m*
Migräne [mi'grɛ:nə] *f ohne pl* jaqueca *f*
Migration [migra'tsjo:n] *f* <-en> (GEO, BIOL, SOZIOL) migración *f*
migrieren* *vi sein* emigrar
Mikro ['mikro] *nt* <-s, -s> micro *m*
Mikrobe [mi'kro:bə] *f* <-n> (BIOL) microbio *m*
Mikrobiologie *f* microbiología *f*
Mikrochip ['mi:kro-] *m* (ELEK) microchip *m*
Mikroelektronik *f* microelectrónica *f*
Mikrofaser ['----] *f* microfibra *f*
Mikrofasertuch *nt* bayeta *f* de microfibra

Mikrofiche ['mi:krofi:ʃ, mikro'fi:ʃ] *nt o m* microficha *f*
Mikrofilm ['mi:kro-] *m* microfilm(e) *m*
Mikrofon [mikro'fo:n] *nt* <-s, -e> micrófono *m*
Mikrokosmos ['mi:krokɔsmɔs, mikro'kɔsmɔs] *m* (BIOL, PHILOS, PHYS) microcosmo(s) *m inv*
Mikronesien [mikro'ne:ziən] *nt* <-s> Micronesia *f*
Mikroökonomie ['------, -----'-] *f ohne pl* (WIRTSCH) microeconomía *f*
Mikroorganismus ['------, ----'--] *m* (BIOL) microorganismo *m*
Mikroprozessor ['-----] *m* (INFOR) microprocesador *m*
Mikroskop [mikro'sko:p] *nt* <-s, -e> microscopio *m*
mikroskopisch [mikro'sko:pɪʃ] *adj* microscópico; ~ **klein** de tamaño microscópico
Mikrowelle ['----] *f* ❶ *(Mikrowellenherd)* (horno *m*) microondas *m inv* ❷ (ELEK) microonda *f*
Mikrowellenherd *m* (horno *m*) microondas *m inv*
Milbe ['mɪlbə] *f* <-n> (ZOOL) ácaro *m*
Milch [mɪlç] *f ohne pl* (*a.* BOT) leche *f*
Milchflasche *f* ❶ *(Babyflasche)* biberón *m* ❷ *(für den Verkauf)* botella *f* de leche
Milchgeschäft *nt* lechería *f*
milchig ['mɪlçɪç] *adj* lechoso
Milchkaffee *m* café *m* con leche
Milchkuh *f* vaca *f* lechera
Milchprodukt *nt* producto *m* lácteo
Milchpulver *nt* leche *f* en polvo
Milchpumpe *f* bomba *f* de leche; *(für Muttermilch)* sacaleches *m inv*
Milchreis *m* arroz *m* con leche, arequipa *f Col, Méx*
Milchschaum *m* espuma *f* de leche
Milchschokolade *f* chocolate *m* con leche
Milchshake [-ʃe:k] *m* (GASTR) batido *m*
Milchstraße *f ohne pl* (ASTR) vía *f* láctea
Milchstraßensystem *nt ohne pl* (ASTR) sistema *m* galáctico
Milchtüte *f* bolsa *f* de leche
Milchzahn *m* diente *m* de leche
Milchzucker *m ohne pl* lactosa *f*
mild(e) *adj* ❶ *(sanft, Luft)* suave; *(Klima)* templado ❷ *(nachsichtig)* indulgente; *(gütig)* benigno; *(Strafe)* leve; **eine ~e Gabe** una limosna; **jdn ~(e) stimmen** calmar a alguien ❸ *(Tabak, Speisen)* suave
Milde ['mɪldə] *f ohne pl* ❶ *(Nachsicht)* indulgencia *f*, clemencia *f*; *(Güte)* benevolencia *f* ❷ *(Sanftheit)* suavidad *f*; *(des Klimas)* templanza *f* ❸ *(im Geschmack, Geruch)* suavidad *f*
mildern ['mɪldɐn] **I.** *vt (Zorn)* calmar; *(Schmerz, Wirkung)* atenuar; *(Aufprall)* suavizar; **~de Umstände** circunstancias atenuantes **II.** *vr:* **sich ~** disminuir
Milderung *f ohne pl* ❶ *(von Schmerz)* mitigación *f* ❷ *(Mäßigung)* moderación *f*
mildtätig *adj (geh)* caritativo
Milieu [mi'ljø:] *nt* <-s, -s> (medio *m*) ambiente *m*
militant [mili'tant] *adj* militante
Militär[1] [mili'tɛ:ɐ] *m* <-s, -s> *(Offizier)* militar *m*
Militär[2] *nt* <-s, *ohne pl*> *(Heer)* ejército *m*; **er ist beim ~** *(als Berufssoldat)* es militar; *(als Wehrdienstleistender)* hace el servicio militar
Militärakademie *f* academia *f* militar
Militärarzt *m* médico *m* militar
Militärdienst *m ohne pl* servicio *m* militar, mili *f fam*
Militärdiktatur *f* dictadura *f* militar
Militärgericht *nt* tribunal *m* militar
militärisch [mili'tɛ:rɪʃ] *adj* militar
Militarismus [milita'rɪsmʊs] *m* <-, *ohne pl*> *(abw)* militarismo *m*
Militärjunta *f* <-, -junten> junta *f* militar
Militärputsch *m* golpe *m* militar
Militärregierung *f* gobierno *m* militar
Militärstützpunkt *m* base *f* militar
Miliz [mi'li:ts] *f* <-en> milicia *f*
Millennium [mɪ'lɛniʊm, *pl:* mɪ'lɛniən] *nt* <-s, Millennien> *(geh)* milenio *m*
Milliardär(in) [mɪljar'dɛ:ɐ] *m(f)* <-s, -e; -nen> multimillonario, -a *m, f*
Milliarde [mɪ'ljardə] *f* <-n> mil millones *mpl*
milliardenschwer *adj (Unternehmen, Projekt, Vermögen)* multimillonario
Milligramm ['mɪligram] *nt* miligramo *m*
Milliliter *m o nt* <-s, -> mililitro *m*
Millimeter [mɪli'me:tɐ, '----] *m o nt* milímetro *m*
Millimeterpapier [--'----] *nt* papel *m* milimetrado
Million [mɪ'ljo:n] *f* <-en> millón *m*
Millionär(in) [mɪljo'nɛ:ɐ] *m(f)* <-s, -e; -nen> millonario, -a *m, f*
millionenschwer *adj (fam)* forrado de millones
Millionenstadt *f* ciudad *f* de más de un millón de habitantes
millionste(r, s) [mɪ'ljo:nstə, -tɐ, -təs] *adj* millonésimo
millionstel *adj inv* millonésimo
Milz [mɪlts] *f* <-en> (ANAT) bazo *m*
Milzbrand *m* <-(e)s, *ohne pl*> (MED) carbunco *m*
mimen ['mi:mən] *vt (fam abw)* fingir; **den Ahnungslosen ~** hacerse el inocente

M

Mimik ['mi:mɪk] *f ohne pl* mímica *f*
mimisch ['mi:mɪʃ] *adj* mímico
Mimose [mi'mo:zə] *f* <-n> ❶ (BOT) sensitiva *f,* dormilona *f AmC* ❷ *(Mensch)* hipersensible *mf*
mimosenhaft *adj* de mírame y no me toques
min., Min. *Abk. von* **Minute(n)** m
Minarett [mina'rɛt] *nt* <-(e)s, -e> minarete *m*
minder ['mɪndɐ] *adv (geh) kompar von* **wenig** menos (**als** que)
minderbemittelt *adj* económicamente débil; *(arm)* necesitado; **geistig ~** *(fam abw)* cerrado de mollera
mindere(r, s) *adj* menor; *(minderwertig)* inferior; **von ~r Qualität** de calidad inferior
Minderheit *f* <-en> minoría *f;* **in der ~ sein** estar en minoría
Minderheitsregierung *f* <-, -en> gobierno *m* minoritario
minderjährig *adj* menor de edad
Minderjährige(r) *mf* <-n, -n; -n> menor *mf* de edad
Minderjährigkeit *f* <-, *ohne pl*> minoría *f* de edad
mindern ['mɪndɐn] *vt (geh)* disminuir (**um** en, **auf** a); *(Verdienste)* desvalorar
Minderung *f* <-en> ❶ *(Wertminderung)* disminución *f* (**um** en); *(Preis)* rebaja *f* ❷ *(Herabsetzung)* reducción *f*
minderwertig *adj* (de calidad) inferior
Minderwertigkeit *f ohne pl* inferioridad *f*
Minderwertigkeitsgefühl *nt* <-s, -e> (PSYCH) complejo *m* de inferioridad
Minderwertigkeitskomplex *m* (PSYCH) complejo *m* de inferioridad
Minderzahl *f ohne pl* minoría *f;* **in der ~ sein** estar en minoría
Mindestalter *nt* edad *f* mínima
Mindestbetrag *m* cantidad *f* mínima
mindeste(r, s) *adj* menor, mínimo; **nicht die ~ Ahnung haben** no tener la menor idea; **ich verstehe nicht das ~ davon** no entiendo ni lo más mínimo de eso; **das wäre wohl das ~ gewesen** eso hubiera sido lo mínimo; **das bezweifle ich nicht im M~n** de eso no tengo la menor duda
Mindesteinkommen *nt* ingreso *m* mínimo
mindesten *s.* **mindeste(r, s)**
mindestens ['mɪndəstəns] *adv* por lo menos
Mindestgebot *nt* (WIRTSCH) oferta *f* mínima
Mindesthaltbarkeitsdatum *nt* fecha *f* mínima de caducidad
Mindestlohn *m* salario *m* mínimo
Mindestmaß *nt* mínimo *m* (**an** de); **sich auf das ~ beschränken** limitarse al mínimo
Mindeststrafe *f* pena *f* mínima
Mine ['mi:nə] *f* <-n> (*a.* BERGB, MIL) mina *f;* **~n legen** colocar minas
Minenfeld *nt* (MIL) zona *f* minada
Minensuchboot *nt* (MIL) buscaminas *m inv*
Mineral [mine'ra:l] *nt* <-s, -e *o* -ien> mineral *m*
Mineralbad *nt* baño *m* de aguas minerales
mineralisch *adj* mineral
Mineralogie [mineralo'gi:] *f ohne pl* mineralogía *f*
Mineralöl *nt* ❶ *(destilliertes Erdöl)* aceite *m* mineral ❷ *(Erdöl)* petróleo *m*
Mineralölgesellschaft *f* (WIRTSCH) sociedad *f* petrolera
Mineralölsteuer *f* impuesto *m* sobre el aceite mineral
Mineralstoffe *mpl* elementos *mpl* minerales
Mineralwasser *nt* <-s, -wässer> agua *f* mineral
Mini ['mɪni, 'mini] *m* <-s, -s> *(fam)* minifalda *f*
Miniatur [minia'tu:ɐ] *f* <-en> miniatura *f*
Miniaturausgabe *f* <-, -n> edición *f* en miniatura
Minibar ['mɪni-] *f* minibar *m*
Minigolf *nt ohne pl* minigolf *m*
Minikleid *nt* <-(e)s, -er> vestido *m* mini
Minima *pl von* **Minimum**
minimal [mini'ma:l] *adj (wenig)* mínimo; *(unbedeutend)* insignificante
minimieren* [mini'mi:rən] *vt* minimizar; **ein Fenster ~** (INFOR) minimizar una ventana
Minimum ['mi:nimʊm, *pl:* 'mi:nima] *nt* <-s, Minima> mínimo *m* (**an** de)
Minirock *m* minifalda *f*
Minister(in) [mi'nɪstɐ] *m(f)* <-s, -; -nen> ministro, -a *m, f*
Ministeramt *nt* cargo *m* ministerial
ministeriell [minɪsteri'ɛl] *adj* ministerial
Ministerin *f* <-nen> *s.* **Minister**
Ministerium [minɪs'te:riʊm] *nt* <-s, Ministerien> ministerio *m,* secretaría *f Am*
Ministerpräsident(in) *m(f)* ❶ *(eines Staates)* presidente, -a *m, f* del Gobierno ❷ *(eines Bundeslandes)* presidente, -a *m, f* del land
Ministerrat *m* consejo *m* de ministros
Ministrant(in) [minɪs'trant] *m(f)* <-en, -en; -nen> (REL) monaguillo, -a *m, f*
Minnesänger *m* (HIST) trovador *m*
Minorität [minori'tɛ:t] *f* <-en> minoría *f*
minus ['mi:nʊs] *adv* ❶ (MATH) menos

M

❷ *(Temperatur)* bajo cero; **15 Grad ~** 15 grados bajo cero ❸ (ELEK) negativo
Minus ['miːnʊs] *nt* <-, *ohne pl*> ❶ *(Fehlbetrag)* déficit *m inv;* **~ machen** sacar pérdidas ❷ *(Nachteil)* desventaja *f*
Minuspol *m* (ELEK, PHYS) polo *m* negativo
Minuspunkt *m* punto *m* negativo
Minuszeichen *nt* signo *m* de substracción
Minute [mi'nuːtə] *f* <-n> minuto *m;* **auf die ~ (pünktlich)** en punto; **in letzter ~** en último minuto; **fünf ~n vor/nach drei** las tres menos/y cinco
minutenlang **I.** *adj* de varios minutos **II.** *adv* durante algunos minutos
Minutenzeiger *m* minutero *m*
minutiös, minuziös [minu'tsjøːs] *adj* *(geh)* minucioso
Minze ['mɪntsə] *f* <-n> menta *f*
Minztee *m* té *m* a la menta
mir [miːɐ] **I.** *pron pers dat von* **ich** me; *(betont)* a mí (me); *(mit Präposition)* mí; **sie haben ~ ein Buch geschenkt** me han regalado un libro; **~ gefällt das sehr gut** a mí me gusta mucho; **hinter/vor/unter/über ~** detrás de/delante de/debajo de/encima de mí; **mit ~** conmigo; **ein Freund von ~** un amigo mío; **von ~ aus** por mí; **~ nichts, dir nichts** sin más ni más; **du bist ~ einer!** *(fam)* ¡mira que eres! **II.** *pron refl dat von* **ich** me; **ich will ~ noch die Haare waschen** todavía quiero lavarme el pelo
Mirabelle [mira'bɛlə] *f* <-n> ciruela *f* amarilla
Mischbrot *nt pan de centeno y trigo*
Mischehe *f* matrimonio *m* mixto
mischen ['mɪʃən] **I.** *vt* ❶ *(vermengen)* mezclar, barajar; **die Karten ~** mezclar las cartas ❷ *(Cocktail, Gift)* preparar ❸ (FILM, RADIO, TV) mezclar **II.** *vr:* **sich ~** ❶ *(sich einmischen)* meterse (**in** en); **misch dich nicht in meine Angelegenheiten!** ¡no te metas en mis asuntos! ❷ *(sich vermengen)* mezclarse ❸ *(unter Menschen)* mezclarse (**unter** entre) **III.** *vi (Karten)* barajar
Mischform *f* mezcla *f*
Mischkonzern *m* (WIRTSCH) consorcio *m* (de carácter) mixto
Mischling *m* <-s, -e> ❶ *(Mensch)* mestizo, -a *m, f* ❷ *(Tier)* mezcla *f*
Mischlingskind *nt* niño, -a *m, f* mestizo, -a
Mischmasch ['mɪʃmaʃ] *m* <-(e)s, -e> *(fam a. abw)* mezcolanza *f*
Mischmaschine *f* mezcladora *f*
Mischpult *nt* (RADIO, FILM, TV) mesa *f* de mezclas
Mischung *f* <-en> mezcla *f*
Mischungsverhältnis *nt* <-ses, -se> proporción *f* de la mezcla

M

Mischwald *m* bosque *m* mixto
miserabel [mize'raːbəl] *adj* miserable
Misere [mi'zeːrə] *f* <-n> miseria *f*
misogyn [mizo'gyːn] *adj (geh)* misógino
Misogynie [mizogy'niː] *f* <-, *ohne pl*> *(geh, a.* PSYCH, MED) misoginia *f*
missachten* [mɪs'ʔaxtən] *vt* ❶ *(verachten)* despreciar ❷ *(ignorieren)* ignorar; *(Anweisung, Gesetz)* desacatar
Missachtung [-'--, '---] *f* ❶ *(Nichtbefolgung)* desacato *m* ❷ *(Geringschätzung)* desprecio *m*
missbehagen* *vi (geh)* desagradar
Missbehagen ['----] *nt* desagrado *m*
Missbildung ['---] *f* <-en> deformación *f*
missbilligen* [mɪs'bɪlɪgən] *vt* desaprobar; *(stärker)* condenar
missbilligend **I.** *adj* de desaprobación **II.** *adv* de forma desaprobatoria
Missbilligung [-'---, '----] *f* desaprobación *f;* *(stärker)* condenación *f*
Missbrauch ['--] *m* abuso *m;* **sexueller ~** abuso sexual
missbrauchen* [-'--] *vt (Person, Vertrauen)* abusar (de)
missdeuten* [mɪs'dɔɪtən] *vt* interpretar mal; *(absichtlich)* tergiversar
missen ['mɪsən] *vt (geh)* prescindir (de)
Misserfolg ['---] *m* fracaso *m*
Missernte ['---] *f* mala cosecha *f*
Missetat ['mɪsətaːt] *f* fechoría *f;* (REL) pecado *m*
missfallen* [mɪs'falən] *irr vi (geh)* desagradar
Missfallen *nt* <-s, *ohne pl*> desagrado *m;* **jds ~ erregen** provocar el disgusto de alguien
missgebildet *adj* malformado
Missgeburt ['---] *f* (MED) criatura *f* deforme
Missgeschick ['---] *nt* percance *m;* **mir ist ein ~ passiert** tuve un percance
missglücken* [mɪs'glʏkən] *vi sein* salir mal
missgönnen* [mɪs'gœnən] *vt* envidiar
Missgriff ['--] *m* <-(e)s, -e> desacierto *m,* error *m;* **einen ~ tun** cometer un error
Missgunst ['--] *f* envidia *f*
missgünstig *adj (neidisch)* envidioso; *(eifersüchtig)* celoso
misshandeln* [mɪs'handəln] *vt* maltratar
Misshandlung [-'--] *f* mal(os) trato(s) *m(pl)*
Mission[1] [mɪ'sjoːn] *f* <-en> *(Auftrag)* misión *f;* **in geheimer ~** con una misión secreta
Mission[2] *f ohne pl* (REL) misión *f*
Missionar(in) [mɪsjo'naːɐ] *m(f)* <-s, -e; -nen> misionero, -a *m, f*

Missionär(in) [mɪsio'nɛːɐ] *m(f)* <-s, -e; -, -nen> *(Österr)* misionero, -a *m, f*
missionarisch [mɪsjo'naːrɪʃ] *adj* misionario
missionieren* [mɪsjo'niːrən] *vt* evangelizar
Missklang ['--] *m* disonancia *f*
Misskredit ['---] *m* **in ~ geraten** caer en descrédito; **jdn/etw in ~ bringen** desacreditar a alguien/algo
misslang [mɪs'laŋ] *3. imp von* **misslingen**
missliebig *adj* mal visto
misslingen [mɪs'lɪŋən] <misslingt, misslang, misslungen> *vi sein* fracasar; **der Kuchen ist misslungen** el pastel salió mal
Misslingen [-'--] *nt* <-s, *ohne pl*> fracaso *m,* malogro *m*
misslungen [mɪs'lʊŋən] *pp von* **misslingen**
Missmut ['--] *m* mal humor *m; (Unzufriedenheit)* descontento *m*
missmutig *adj* malhumorado
missraten* [mɪs'raːtən] *irr vi sein* salir mal, malograrse; **ein ~es Kind** un niño maleducado
Missstand ['--] *m* <-(e)s, -stände> *(Fehler)* defecto *m; (Lage)* situación *f* penosa; **soziale Missstände** injusticias sociales
misst [mɪst] *3. präs von* **messen**
misstrauen* [mɪs'traʊən] *vi* desconfiar (de)
Misstrauen *nt* <-s, *ohne pl*> desconfianza *f;* **gegen jdn/etw ~ hegen** desconfiar de alguien/de algo
Misstrauensantrag *m* (POL) moción *f* de censura
Misstrauensvotum *nt* (POL) voto *m* de censura
misstrauisch ['mɪstraʊɪʃ] *adj* desconfiado
Missverhältnis ['----] *nt* desproporción *f; (Ungleichgewicht)* desequilibrio *m*
missverständlich ['----] *adj* equívoco, ambiguo; **sich ~ ausdrücken** expresarse ambiguamente
Missverständnis ['----] *nt* <-ses, -se> malentendido *m*
missverstehen* ['----] *irr vt* entender mal, malinterpretar
Misswahl ['mɪsvaːl] *f* <-, -en> certamen *m* de belleza
Misswirtschaft ['---] *f ohne pl* desgobierno *m*
Mist [mɪst] *m* <-(e)s, *ohne pl*> ① *(Tierkot)* excrementos *mpl; (Dünger)* estiércol *m* ② *(fam abw: Schund)* porquería *f* ③ *(fam abw: Unsinn)* tonterías *fpl;* **~ bauen** meter la pata; **~ machen/reden** hacer/decir tonterías ④ *(fam abw: Ärgernis)* **so ein ~!** ¡qué mierda!
Mistel ['mɪstəl] *f* <-n> (BOT) muérdago *m*
Mistgabel *f* bieldo *m*
Misthaufen *m* estercolero *m*
Mistkäfer *m* (ZOOL) geotrupo *m*
Mistkerl *m (fam abw)* guarro *m,* cabrón *m*
Miststück *nt (fam abw)* canalla *mf*
Mistwetter *nt* <-s, -> *(fam)* tiempo *m* de perros
mit [mɪt] **I.** *präp +dat* ① *(in Begleitung von)* con; **~ mir/dir/ihm** conmigo/contigo/con él; **Kaffee ~ Milch** café con leche ② *(mit Hilfe von)* a, con; *(Verkehrsmittel)* en; **~ der Bahn/dem Flugzeug kommen** llegar en tren/en avión; **~ Gewalt** a la fuerza; **~ der Post** por correo; **~ der Maschine schreiben** escribir a máquina; **~ etwas Glück** con un poco de suerte; **~ der Strömung** con la corriente ③ *(Alter, Zeitpunkt)* a, con; **~ dreißig (Jahren)** a los treinta (años); **~ dem heutigen Tag** a partir de hoy; **~ einem Mal** de repente; **~ der Zeit** con el tiempo ④ *(Eigenschaft)* con, de; **ein Mädchen ~ blonden Haaren** una chica de pelo rubio ⑤ *(Art und Weise)* con, a; **~ Interesse** con interés; **~ Bedauern musste ich feststellen ...** desgraciadamente tuve que constatar...; **~ lauter Stimme** en voz muy alta; **sie gewannen ~ vier zu eins** ganaron (con un resultado de) cuatro a uno; **~ 80 Stundenkilometern** a 80 kilómetros por hora **II.** *adv (ebenfalls)* **etw ~ berücksichtigen** considerar algo; (**bei einer Gruppe**) **~ dabei sein** formar parte (de un grupo); **im Preis ~ einbegriffen** incluido en el precio; **er ist ~ von der Partie** también forma parte del grupo; **er ist ~ einer der besten** *(fam)* es uno de los mejores; **ich habe kein Geld ~** *(fam)* no llevo dinero
Mitangeklagte(r) *mf* (JUR) coacusado, -a *m, f*
Mitarbeit *f ohne pl* colaboración *f* (**an/bei** en); **unter ~ von ...** en colaboración con...
mit|arbeiten *vi* colaborar (**an/bei** en)
Mitarbeiter(in) *m(f)* ① *(Betriebsangehöriger, Arbeiter)* trabajador(a) *m(f); (Angestellter)* empleado, -a *m, f;* **ehrenamtlicher ~** voluntario *m* ② *(einer Zeitung)* colaborador(a) *m(f);* **freie ~in** colaboradora *f*
Mitarbeiterstab *m* equipo *m* de colaboradores
Mitbegründer(in) *m(f)* ① *(einer Firma)* cofundador(a) *m(f)* ② *(einer Methode, Theorie)* coautor(a) *m(f)*
mit|bekommen* *irr vt* ① *(Verpflegung)* recibir ② *(hören, erfahren)* enterarse (de) ③ *(fam: vererbt bekommen)* heredar

M

mit|benutzen* *vt,* **mit|benützen*** *vt (reg)* emplear en común

mit|bestimmen* *vi* participar (**bei** en); (**in einem Unternehmen**) ~ participar en la cogestión

Mitbestimmung *f ohne pl* cogestión *f;* **~ am Arbeitsplatz** participación de los trabajadores; **das Recht zur ~ bei Entscheidungen** el derecho de cogestión en decisiones

Mitbestimmungsrecht *nt* derecho *m* de cogestión

Mitbewohner(in) *m(f) (in einer Wohnung)* compañero, -a *m, f* de piso; *(in einem Haus)* vecino, -a *m, f*

mit|bringen *irr vt* ① *(an einen Ort)* traer ② *(Voraussetzung)* reunir

Mitbringsel ['mɪtbrɪŋzəl] *nt* <-s, -> *(fam)* regalito *m; (von einer Reise)* recuerdo *m*

Mitbürger(in) *m(f) (formal)* conciudadano, -a *m, f*

mit|denken *irr vi (folgen)* seguir la argumentación; *(aufmerksam sein)* estar atento

mit|dürfen *irr vi (fam)* (**mit jdm**) ~ tener permiso para acompañar a alguien

Miteigentum *nt ohne pl* (JUR) condominio *m* (**an** de)

miteinander [mɪtʔaɪ'nandɐ] *adv* ① *(einer mit dem anderen)* el uno con el otro; **~ reden** hablar; **gut ~ auskommen** llevarse bien ② *(zusammen)* juntos; **alle ~** todos juntos

Miteinander [mɪtʔaɪ'nandɐ] *nt* <-s, *ohne pl*> **sie führen ein friedliches ~** llevan una vida común muy tranquila

Miterbe, -in *m, f* coheredero, -a *m, f*

mit|erleben* *vt* presenciar

mit|essen *irr vi, vt* comer; **möchtest du bei mir etwas ~?** ¿no quieres comer un poco de lo mío?

Mitesser *m* <-s, -> (MED) espinilla *f*

mit|fahren *irr vi sein* ir (**bei/mit** con); **möchtest du** (**bei mir**) **~?** *(im Auto)* ¿quieres que te lleve?; **möchtest du** (**mit mir**) **~?** *(auf eine Reise)* ¿quieres venir conmigo?

Mitfahrer(in) *m(f)* <-s, -; -, -nen> compañero, -a *m, f* de viaje

Mitfahrgelegenheit *f* contacto *m* para un viaje

Mitfahrzentrale *f* agencia *f* de contacto para viajes

mit|fühlen **I.** *vt* participar (en) **II.** *vi* **mit jdm ~** compartir los sentimientos de alguien

mitfühlend *adj* compasivo, de compasión

mit|führen *vt* ① *(Waren, Papiere)* llevar (consigo) ② *(Fluss)* acarrear

mit|geben *irr vt* dar; **sie gab mir einige Ratschläge mit** me dio algunos consejos

Mitgefangene(r) *mf* compañero, -a *m, f* de prisión

Mitgefühl *nt ohne pl (Verständnis)* simpatía *f* (**für** por); *(Mitleid)* compasión *f* (**für** por)

mit|gehen *irr vi sein* ① *(begleiten)* acompañar; **etw ~ lassen** *(fam)* mangar algo ② *(sich begeistern)* participar

mitgenommen **I.** *pp von* **mitnehmen** **II.** *adj* ① *(Dinge)* gastado ② *(Person)* rendido; **sie sieht ~ aus** parece algo desmejorada

Mitgift ['mɪtgɪft] *f* <-en> dote *m o f*

Mitglied *nt* <-(e)s, -er> miembro *m; (einer Partei)* afiliado, -a *m, f* (a); *(eines Vereins)* socio, -a *m, f;* **die ~er der EU** los miembros comunitarios; **ordentliches ~** miembro ordinario

Mitgliederversammlung *f* asamblea *f* general

Mitgliedsausweis *m* carné *m* de socio

Mitgliedsbeitrag *m* cuota *f* de socio

Mitgliedschaft *f* <-en> pertenencia *f;* **die ~ in einer Partei/in einem Verein** la pertenencia a un partido/a un club; **die ~ beantragen** solicitar la admisión

Mitgliedsland *nt* país *m* miembro

Mitgliedsstaat *m* (POL) Estado *m* miembro

mit|haben *irr vt (fam)* llevar (consigo); **ich habe kein Geld mit** no llevo dinero

mit|halten *irr vi* seguir (**bei**); **ich konnte nicht bei ihnen ~** no pude seguirles el ritmo

mit|helfen *irr vi* ayudar (**bei** en)

mithilfe *präp +gen* con ayuda de; *s. a.* **Hilfe**

Mithilfe *f ohne pl* asistencia *f* (**bei** en); *(Mitarbeit)* cooperación *f* (**bei** a/en)

mit|hören *vt* escuchar

Mitinhaber(in) *m(f)* (JUR, WIRTSCH) (socio, -a *m, f*) copropietario , -a *m, f*

mit|kommen *irr vi sein* ① *(mitgehen)* venir(se) (**mit** con); *(begleiten)* acompañar (**mit** a); **kommst du mit ins Theater?** ¿te vienes al teatro? ② *(fam: Schritt halten)* (poder) seguir (**bei**); **da komme ich nicht mehr mit!** *(fam)* ¡eso ya no lo entiendo!

mit|können *irr vi (fam)* ① *(mitgehen können)* poder ir ② *(mithalten können)* poder seguir (**bei**)

mit|kriegen *vt (fam) s.* **mitbekommen**

mit|laufen *irr vi sein* ① *(laufen)* correr (junto a alguien); **beim Marathonlauf sind über 500 Leute mitgelaufen** más de 500 personas han participado en la maratón ② *(in Betrieb sein)* funcionar (al mismo tiempo)

Mitläufer(in) *m(f)* *(abw)* simpatizante *mf*
Mitlaut *m* (LING) consonante *f*
Mitleid *nt* compasión *f* (**mit** por); **~ erregen** causar compasión; **~ mit jdm haben** sentir compasión por alguien; **etw aus ~ tun** hacer algo por compasión
Mitleidenschaft *f ohne pl* **etw/jdn in ~ ziehen** afectar a algo/alguien
mitleiderregend *adj* que da lástima
mitleidig *adj* compasivo, piadoso
mitleid(s)los *adj* despiadado, sin compasión; **~ sein** no tener compasión
mitleid(s)voll *adj s.* **mitleidig**
mitlesen *irr* **I.** *vi* leer (junto con [*o* al mismo tiempo que] alguien) **II.** *vt* ❶ *(ebenfalls lesen)* leer (también [*o* igualmente]) ❷ *(mit jdm lesen)* leer (junto con [*o* al mismo tiempo que] alguien)
mit|machen **I.** *vi* participar (**bei** en); **machst du mit?** ¿te apuntas?; **wenn das Wetter mitmacht** si el tiempo nos es favorable; **meine Beine machen nicht mehr mit** *(fam)* mis piernas no aguantan más **II.** *vt* ❶ *(teilnehmen)* participar (en); *(Mode)* seguir ❷ *(fam: ertragen)* soportar; *(erleiden)* sufrir; **sie hat viel mitgemacht** ha sufrido mucho
Mitmensch *m* prójimo, -a *m, f*
mit|mischen *vi (fam)* meter baza (**bei** en); **er will überall ~** quiere meter baza en todas partes
mit|müssen *irr vi* **mit jdm ~** tener que ir con alguien
mit|nehmen *irr vt* ❶ *(allgemein)* llevar (consigo); *(herbringen)* traer (consigo); **zum M~** para llevar; **ich habe ihn im Auto mitgenommen** me lo traje conmigo en el coche ❷ *(stehlen)* robar ❸ *(fam: wahrnehmen)* aprovechar ❹ *(psychisch)* afectar; *(erschöpfen)* agotar; *(schwächen)* debilitar
mit|rechnen **I.** *vt* incluir en la cuenta **II.** *vi* calcular *(junto con otro para verificar el resultado)*
mit|reden *vi* ❶ *(im Gespräch)* tomar parte (en la conversación) ❷ *(mitbestimmen)* tener voz; **da habe ich auch noch ein Wörtchen mitzureden** en este asunto yo también tengo voz
mitreisen *vi* viajar (**bei/mit** con)
Mitreisende(r) *mf* compañero, -a *m, f* de viaje
mit|reißen *irr vt* ❶ *(Fluss, Lawine)* arrastrar ❷ *(begeistern)* apasionar, arrebatar; **die Musik war sehr ~d** la música era arrebatadora
mitsamt [mɪtˈzamt] *präp +dat* junto con
mit|schicken *vt (Sache)* incluir en el envío; *(beilegen)* adjuntar; *(Person)* mandar
mitschleifen *vt* arrastrar
mit|schleppen *vt (fam)* ❶ *(etwas)* arrastrar ❷ *(jemanden)* llevar consigo
mitschneiden *irr vt* (RADIO, TV) grabar (en cinta magnética)
Mitschnitt *m* <-(e)s, -e> (RADIO, TV) grabación *f*
mit|schreiben *irr* **I.** *vi* tomar apuntes **II.** *vt* ❶ *(notieren)* apuntar ❷ *(Prüfung, Klausur)* tomar parte (en)
Mitschuld *f ohne pl* responsabilidad *f* (**an** en); *(an Verbrechen)* complicidad *f* (**an** en)
mitschuldig *adj* implicado (**an** en); **an etw ~ sein** estar implicado en algo; **er hat sich ~ gemacht** se convirtió en cómplice
Mitschuldige(r) *mf* consorte *mf*
Mitschüler(in) *m(f)* compañero, -a *m, f* de clase
mitschwingen *irr vi* resonar; **in seinen Worten schwingt Stolz mit** en sus palabras se nota el orgullo
mit|singen *irr vi, vt* cantar; **in einem Chor ~** cantar en un coro
mit|spielen **I.** *vi* ❶ *(bei einem Spiel)* participar (**bei** en); *(in einer Mannschaft)* jugar (**in** en); (THEAT) actuar (**bei** en, **in** en); (MUS) tocar (**in** en); **spielst du mit?** ¿juegas?; **hoffentlich spielt das Wetter mit** *(fam)* espero que el tiempo esté de nuestra parte; **da spiele ich nicht mit!** *(fam)* ¡a mí eso no me parece bien! ❷ *(Gründe)* influir (**bei** en) ❸ *(Wend)* **jdm übel ~** jugar(le) una mala pasada a alguien **II.** *vt* jugar; **spielst du eine Partie Schach (mit uns) mit?** ¿juegas una partida de ajedrez con nosotros?
Mitspieler(in) *m(f)* ❶ (SPORT: *a.* *beim Spiel*) compañero, -a *m, f* de juego ❷ (THEAT) compañero, -a *m, f* de reparto
Mitsprache *f* <-, *ohne pl*> participación *f*
Mitspracherecht *nt ohne pl* derecho *m* de intervención (**bei** en); **jdm ein ~ einräumen** conceder a alguien el derecho de intervención
Mitstreiter(in) *m(f)* <-s, -; -, -nen> combatiente *mf*
Mittag[1] [ˈmɪtaːk] *m* <-s, -e> mediodía *m;* **gestern/heute/morgen ~** ayer/hoy/mañana al mediodía; **jeden ~** siempre al mediodía; **gegen ~** hacia el mediodía; **zu ~ essen** almorzar
Mittag[2] *m* <-s, *ohne pl*> *(fam)* almuerzo *m;* **was gibt es heute zu ~?** ¿qué hay hoy para almorzar?; **~ machen** *(fam)* ir a almorzar
Mittagessen *nt* almuerzo *m*
mittags [ˈmɪtaːks] *adv* al mediodía; **mittwochs ~** los miércoles al mediodía; **~ um eins** a la una de la tarde

M

Mittagshitze *f ohne pl* calor *m* del mediodía
Mittagspause *f* hora *f* de almorzar
Mittagsruhe *f ohne pl* siesta *f;* **~ halten** echarse una siesta
Mittagsschlaf *m* siesta *f;* **einen ~ machen** dormir la siesta
Mittagssonne *f* <-, *ohne pl*> sol *m* de mediodía
Mittagstisch *m ohne pl* almuerzo *m*
Mittagszeit *f* hora *f* de comer; **zur ~** al mediodía; **in der ~** a mediodía
Mittäter(in) *m(f)* cómplice *mf*
Mittäterschaft *f ohne pl* complicidad *f*
Mitte ['mɪtə] *f* <-n> ❶ *(räumlich)* medio *m; (einer Strecke)* mitad *f; (Mittelpunkt)* centro *m;* **ein Mann aus unserer ~** un hombre de nuestras filas; **etw in der ~ durchtrennen** cortar algo por la mitad; **die goldene ~** el justo medio; **ab durch die ~!** *(fam: verschwinde)* ¡lárgate! ❷ *(zeitlich)* **~ des Jahres/Monats** a mediados del año/del mes; **sie ist ~ dreißig** anda por los treinta pasados ❸ (POL) centro *m;* **links von der ~** centro izquierda
mit|teilen I. *vt* comunicar (de); **ich muss Ihnen leider ~, dass ...** desgraciadamente tengo que comunicarle que... **II.** *vr:* **sich ~** *(geh: kommunizieren)* comunicarse (con); *(sich anvertrauen)* confiarse (a); **er teilte sich ihnen durch Gebärden mit** se comunicaba con ellos por medio de gestos
mitteilsam *adj* comunicativo
Mitteilung *f* <-en> comunicación *f,* aviso *m; (amtlich)* comunicado *m;* **jdm eine ~ über etw machen** comunicar algo a alguien; **vertrauliche ~** confidencia *f*
Mittel ['mɪtəl] *nt* <-s, -> ❶ *(Hilfsmittel)* medio *m; (Maßnahme)* medida *f;* **~ und Wege finden** hallar medios; **als letztes ~** como última medida; **zu anderen ~n greifen** usar otros medios; **ihr ist jedes ~ recht** no tiene escrúpulos; **~ zum Zweck** medio para lograr un fin determinado ❷ *(Medikament)* remedio *m* ❸ *pl (Gelder)* fondos *mpl,* recursos *mpl;* **aus öffentlichen ~n** con fondos públicos; **ohne ~ dastehen** estar sin recursos ❹ *(Durchschnitt)* media *f*
Mittelalter *nt* Edad *f* Media
mittelalterlich *adj* medieval
Mittelamerika ['---'---] *nt* América *f* Central
Mittelamerikaner(in) ['-----'--] *m(f)* centroamericano, -a *m, f*
mittelamerikanisch ['-----'--] *adj* centroamericano
mittelbar ['mɪtəlba:ɐ] *adj* indirecto; **~ betroffen sein** estar afectado indirectamente
Mittelding *nt* <-(e)s, *ohne pl*> *(fam)* cosa *f* intermedia (**zwischen** entre)
Mitteleuropa ['---'--] *nt* Europa *f* Central
Mitteleuropäer(in) ['----'--] *m(f)* centroeuropeo, -a *m, f*
mitteleuropäisch ['----'--] *adj* centroeuropeo
Mittelfeld *nt* (SPORT: *Spielfeld*) centro *m* del campo; *(Radsport)* pelotón *m*
Mittelfeldspieler(in) *m(f)* (SPORT) centrocampista *mf*
Mittelfinger *m* dedo *m* (del) corazón
mittelfristig *adj* (WIRTSCH, FIN) a medio plazo
Mittelgebirge *nt* montaña *f* de media altura
mittelgroß *adj (Ding)* (de tamaño) mediano; *(Person)* de estatura mediana
Mittelklasse *f* <-, -n> ❶ *(Soziologie)* clase *f* media, media *f* ❷ *(Auto)* utilitario *m*
Mittelklassewagen *m* coche *m* utilitario
Mittelkonsole *f* (AUTO) consola *f* central
Mittelkreis *m* (SPORT: *Spielfeldmittelpunkt*) círculo *m* central
Mittellinie *f* ❶ (SPORT) línea *f* de centro ❷ *(Straße)* línea *f*
mittellos *adj* sin recursos
Mittelmaß *nt ohne pl* media *f*
mittelmäßig *adj* mediano; *(abw)* mediocre
Mittelmäßigkeit *f* medianía *f; (abw)* mediocridad *f*
Mittelmeer *nt* (mar *m*) Mediterráneo *m*
Mittelmeerraum *m ohne pl* región *f* mediterránea
Mittelohrentzündung *f* (MED) otitis *f inv* media
mittelprächtig *adj (fam)* regular
Mittelpunkt *m* centro *m;* (*a.* MATH) punto *m* central; **im ~ (des Interesses) stehen** ser el centro (de interés)
mittels ['mɪtəls] *präp +gen (geh)* por medio de, mediante
Mittelscheitel *m* <-s, -> raya *f* al medio (en el peinado)
Mittelschicht *f* <-, -en> (SOZIOL) clase *f* media
Mittelschiff *nt* (ARCHIT) nave *f* central
Mittelschule *f* ❶ *(Realschule) escuela alemana de enseñanza media de grado superior* ❷ *(Schweiz: höhere Schule)* ≈ instituto *m* de enseñanza media ❸ *(Österr)* **neue ~** *escuela común para los alumnos de 10 a 14 años creada en 1979*
Mittelsmann *m* <-(e)s, -männer *o* -leute> (POL) mediador *m*
Mittelstand *m ohne pl* clase *f* media

mittelständisch *adj* de la clase media; **~es Unternehmen** mediana empresa
Mittelstreckenrakete *f* misil *m* de alcance medio
Mittelstreifen *m* franja *f* del centro
Mittelstufe *f* (SCH) grados *mpl* intermedios (del colegio)
Mittelstürmer(in) *m(f)* (SPORT) centrodelantero, -a *m, f*
Mittelweg *m* término *m* medio; **der goldene ~** el justo medio
Mittelwelle *f* (RADIO, PHYS) onda *f* media
Mittelwert *m* (*a.* MATH) promedio *m*
Mittelzuweisung *f* (WIRTSCH) asignación *f* de recursos
mitten ['mɪtən] *adv* ~ **in/auf/bei/an** en medio de; ~ **aus** de en medio de; ~ **durch** por en medio de; ~ **im Winter** en pleno invierno; ~ **unter uns** entre nosotros; **etw ~ durchbrechen** romper algo por la mitad
mittendrin ['--'-] *adv* en el medio
mittendurch ['--'-] *adv* por el medio; *(in der Hälfte)* por la mitad
Mitternacht ['mɪtɐnaxt] *f ohne pl* medianoche *f*
mittlere(r, s) *adj* ❶ *(räumlich)* (del) medio, central ❷ *(durchschnittlich)* mediano; **der ~ Wert** la media; **ein Mann ~n Alters** un hombre de mediana edad; **von ~r Qualität** de calidad regular
mittlerweile ['--'--] *adv* entretanto
Mittsommernacht *f* <-, -nächte> noche *f* del solsticio de verano [*o* vernal]
Mittwoch ['mɪtvɔx] *m* <-(e)s, -e> miércoles *m; s. a.* **Montag**
Mittwochabend *m* noche *f* del miércoles; *s. a.* **Montagabend**
Mittwochnachmittag *m* tarde *f* del miércoles; *s. a.* **Montagnachmittag**
mittwochs ['mɪtvɔxs] *adv* los miércoles
mitunter [mɪt'ʔʊntɐ] *adv* de vez en cuando
mitverantwortlich *adj* corresponsable
mit|verdienen* *vi* sacarse (también) un sueldo
mit|versichern* *vt* coasegurar; **ich bin bei meinem Vater mitversichert** estoy dentro del seguro de mi padre
mit|wirken *vi* ❶ *(teilnehmen)* participar (**in** en), intervenir (**in** en); (THEAT) actuar (**in** en); **es wirkten mit: ...** intervinieron:... ❷ *(mitarbeiten)* cooperar (**an/bei** a/en) ❸ *(beeinflussen)* jugar un papel
Mitwirkende(r) *mf* <-n, -n; -n, -n> colaborador(a) *m(f);* (FILM, THEAT) actor *m,* actriz *f*
Mitwirkung *f* <-, *ohne pl*> ❶ *(Mitarbeit)* cooperación *f* (**an/bei** +*dat* en/a), colaboración *f* (**an/bei** +*dat* en); **unter ~ von ...** con la colaboración de... ❷ *(Beteiligung)* participación *f* (**an/bei** +*dat* en) ❸ *(Teilnahme)* participación *f* (**in** +*dat* en), intervención *f* (**in** +*dat* en) ❹ (THEAT) actuación *f* (**in** +*dat* en)
Mitwisser(in) *m(f)* <-s, -; -nen> consabidor(a) *m(f); (Vertrauter)* confidente *mf; (Mitschuldiger)* cómplice *mf;* **jdn zum ~ machen** hacer a alguien su confidente
Mitwohnzentrale *f oficina que canaliza ofertas y demandas de piso compartido y alquileres*
mit|wollen *irr vi (fam)* (**mit jdm**) ~ querer ir con alguien
mit|zählen I. *vi* contar **II.** *vt* incluir (en la cuenta), contar
Mix [mɪks] *m* <-, -e> mezcla *f*
mixen ['mɪksən] *vt* (*a.* FILM, RADIO, TV) mezclar
Mixer[1] *m* <-s, -> *(Gerät)* batidora *f*
Mixer(in)[2] *m(f)* <-s, -; -nen> ❶ (FILM, RADIO, TV) mezclador(a) *m(f)* de sonido ❷ *(Barmixer)* camarero, -a *m, f* que sirve cócteles
Mixgetränk *nt* combinado *m*
Mixtur [mɪks'tu:ɐ] *f* <-en> mixtura *f*
ml *Abk. von* **Milliliter** ml
mm *Abk. von* **Millimeter** mm
MMS [ɛmʔɛmʔ'ɛs] *f* <-, -> *Abk. von* **Multimedia Messaging Service** MMS *m,* mensajería *f* multimedia
Mob [mɔp] *m* <-s, *ohne pl*> *(abw)* chusma *f*
mobben ['mɔbn̩] *vt (fam)* **jdn ~** acosar a alguien
Mobbing ['mɔbɪŋ] *nt* <-s, *ohne pl*> acoso *m*
Mobbingopfer *nt* <-s, -> víctima *mf* de acoso
Möbel ['mø:bəl] *nt* <-s, -> mueble *m*
Möbelgeschäft *nt (Laden)* tienda *f* de muebles
Möbelpacker *m* hombre *m* de la mudanza
Möbelspedition *f* agencia *f* de mudanzas
Möbelstück *nt* mueble *m*
Möbeltischler(in) *m(f)* ebanista *mf*
Möbelwagen *m* coche *m* de la mudanza
mobil [mo'bi:l] *adj* ❶ *(beweglich)* móvil; **gegen etw ~ machen** movilizar contra algo ❷ (WIRTSCH, JUR) mueble ❸ *(fam: flink)* activo
Mobile ['mo:bile] *nt* <-s, -s> móvil *m*
Mobilfunk *m ohne pl* telefonía *f* móvil, móvil *m fam*
Mobilfunkanbieter *m* (TEL) operador *m* [*o* compañía *f*] de telefonía móvil
Mobilfunkgerät *nt* (TEL) teléfono *m* móvil
Mobiliar [mobi'lja:ɐ] *nt* mobiliario *m*
mobilisieren* [mobili'zi:rən] *vt* movilizar

Mobilität [mobili'tɛ:t] *f ohne pl* movilidad *f*
Mobilmachung *f* <-, -en> (MIL) movilización *f*
Mobiltelefon *nt* teléfono *m* portátil
möblieren* [mø'bli:rən] *vt* amueblar
möbliert [mø'bli:ɐt] *adj* amueblado
mochte ['mɔxtə] *3. imp von* **mögen**
modal [mo'da:l] *adj* (LING) modal
Modalverb *nt* (LING) verbo *m* modal
Mode ['mo:də] *f* <-n> moda *f;* **in/aus der ~ kommen** ponerse/pasar de moda; **groß in ~ sein** estar muy de moda; **mit der ~ gehen** ir a la moda
modebewusst *adj* que sigue (estrictamente) la moda; **der ~e Herr trägt in diesem Sommer ...** el hombre que va a la moda lleva este verano...
Modedesigner(in) *m(f)* diseñador(a) *m(f)* de modas
Modegeschäft *nt* casa *f* de modas
Model ['mɔdəl] *nt* <-s, -s> *(Fotomodell)* modelo *mf*
Modell [mo'dɛl] *nt* <-s, -e> ❶ *(Vorbild, Muster, Entwurf)* modelo *m* ❷ *(Maler-/Foto-, Mannequin)* modelo *mf;* **jdm ~ stehen** hacer de modelo para alguien ❸ (ARCHIT) maqueta *f*
Modellbau *m* modelismo *m*
Modelleisenbahn *f* tren *m* eléctrico (a escala), modelo *m* de tren
Modellflugzeug *nt* aeromodelo *m*
modellieren* [modɛ'li:rən] *vt (Ton)* modelar
Modellversuch *m* experimento *m* piloto
modeln ['mɔdəln] *vi* trabajar de modelo
Modem ['mo:dɛm] *nt o m* <-s, -s> (INFOR) módem *m*
Modemacher(in) *m(f)* modista *mf*
Modenschau *f* desfile *m* de modas
Moder ['mo:dɐ] *m* <-s, *ohne pl*> ❶ *(Schimmel)* moho *m* ❷ *(Morast)* fango *m*
moderat [mode'ra:t] *adj* moderado
Moderation [modera'tsjo:n] *f* <-en> (RADIO, TV) presentación *f*
Moderator(in) [modə'ra:to:ɐ] *m(f)* <-s, -en; -nen> (RADIO, TV) presentador(a) *m(f)*
moderieren* [mode'ri:rən] *vt* (RADIO, TV) presentar
moderig ['mo:dərɪç] *adj* mohoso
modern[1] ['mo:dɐn] *vi haben o sein* pudrirse
modern[2] [mo'dɛrn] *adj* moderno; **~ sein** estar de moda
Moderne [mo'dɛrnə] *f ohne pl* época *f* moderna
modernisieren* [modɛrni'zi:rən] *vt (Gebäude)* renovar; *(Betrieb, Methoden)* modernizar
Modernisierung *f* <-en> modernización *f*
Modernismus [modɛr'nɪsmʊs] *m* <-, -men> *ohne pl* (LIT, REL, KUNST) modernismo *m*
Modernität [modɛrni'tɛ:t] *f* <-, -en> modernidad *f*
Modeschmuck *m* bisutería *f*
Modeschöpfer(in) *m(f)* creador(a) *m(f)* de modas
Modetrend *m* <-s, -s> moda *f*
Modewort *nt* (LING) palabra *f* de moda
Modezeichner(in) *m(f)* diseñador(a) *m(f)* de modelos
Modezeitschrift *f* revista *f* de moda
Modi ['mɔdi, 'mo:di] *pl von* **Modus**
Modifikation [modifika'tsio:n] *f* <-, -en> *(geh)* modificación *f*
modifizieren* [modifi'tsi:rən] *vt* modificar
modisch ['mo:dɪʃ] **I.** *adj* moderno **II.** *adv* a la moda
modrig *adj* mohoso
Modul [mo'du:l] *nt* <-s, -e> (INFOR, ELEK) módulo *m*
Modulation [modula'tsjo:n] *f* <-, -en> (TEL, MUS) modulación *f*
Modus ['mɔdʊs, 'mo:dʊs] *m* <-, Modi> (*a.* LING, INFOR) modo *m*
Mofa ['mo:fa] *nt* <-s, -s> moto(cicleta) *f*
Mogelei [mo:gə'laɪ] *f* <-, -en> *(fam)* trampa *f*
mogeln ['mo:gəln] *vi* hacer trampa
Mogelpackung *f* (WIRTSCH) engaño *m*
mögen[1] ['mø:gən] <mag, mochte, gemocht> **I.** *vt* ❶ *(Gefallen finden)* **ich mag ihn nicht** me cae mal; **lieber ~** preferir ❷ *(wollen)* querer; *(wünschen)* desear; **was möchten Sie?** ¿qué desea? **II.** *vi (irgendwohin mögen)* **ich möchte gern nach Hause** quisiera irme a casa
mögen[2] <mag, mochte, -> *vt Modalverb* ❶ *(wollen)* querer; **ich möchte lieber hierbleiben** preferiría quedarme (aquí) ❷ *(sollen)* **Sie möchten zu Hause** [*o* **zuhause**] **anrufen** que llame a su casa, por favor; **was mag das wohl heißen?** ¿qué querrá decir eso?; **man möchte meinen, dass ...** se diría que... ❸ *(können)* poder; **es mag wohl sein, dass ...** puede ser que... *+subj* ❹ *(möglich sein)* ser posible; **mag sein** es posible; **es ~ etwa fünf Stunden vergangen sein** habrán pasado como cinco horas; **wie dem auch sein mag** sea como fuere; **wie er auch heißen mag** se llame como se llame; **so schön sie auch sein mag** por guapa que sea ❺ *(reg,*

M

Schweiz: können) poder; **ich mag's kaum erwarten** no puedo esperar más

Mogler(in) ['mo:glɐ] *m(f)* <-s, -; -, -nen> *(fam)* tramposo, -a *m, f*

möglich ['mø:klɪç] *adj* posible; **so bald wie ~** cuanto antes; **(das ist doch) nicht ~!** ¡no es posible!; **schon ~** *(fam)* puede ser; **du hältst es nicht für ~!** ¡no te lo puedes creer!; **er tat sein M~stes** hizo todo lo posible; **sie hat alles M~e erzählt** contó un montón de cosas; **es ist (gut) ~, dass ...** es (muy) posible que... *+subj;* **so kurz wie ~** lo más corto posible; **falls es dir (irgend) ~ ist** si te es posible

möglicherweise ['---'--] *adv* posiblemente

Möglichkeit *f* <-en> posibilidad *f* (**zu** de); *(Gelegenheit)* oportunidad *f* (**zu** de); **nach ~** a ser posible

möglichst ['mø:klɪçst] *adv* a ser posible, si es posible; **~ schnell** rápido a ser posible; **~ wenig/gut** lo menos/mejor posible

Mohammedaner(in) [mohame'da:nɐ] *m(f)* <-s, -; -, -nen> mahometano, -a *m, f*

mohammedanisch [mohame'da:nɪʃ] *adj* mahometano

Mohn [mo:n] *m* <-(e)s, -e> ❶ *(Pflanzenfamilie)* papaverácea *f* ❷ *(Klatschmohn)* amapola *f* ❸ *(Schlafmohn)* adormidera *f*

Mohnblume *f* (BOT) amapola *f*

Mohnkuchen *m* pastel *m* de adormidera

Mohr(in) [mo:ɐ] *m(f)* <-en, -en; -nen> *(alt)* moro, -a *m, f*

Möhre ['mø:rə] *f* <-n> zanahoria *f*

Mohrin *f* <-nen> *(alt) s.* **Mohr**

Mohrrübe *f (nordd)* zanahoria *f*

Mokassin [moka'si:n] *m* <-s, -s> mocasín *m*

mokieren* [mo'ki:rən] *vr:* **sich ~** burlarse (**über** de)

Mokka ['mɔka] *m* <-s, -s> moca *m*

Mol *nt* <-s, -e> (CHEM) mol *m*

Molch [mɔlç] *m* <-(e)s, -e> (ZOOL) tritón *m*

Moldawien [mɔl'da:viən] *nt* <-s> Moldavia *f*

Mole ['mo:lə] *f* <-n> *(Hafenmole)* muelle *m,* tajamar *m AmC, Chil*

Molekül [mole'ky:l] *nt* <-s, -e> (CHEM) molécula *f*

molekular [moleku'la:ɐ] *adj* (CHEM) molecular

Molekularbiologie *f ohne pl* biología *f* molecular

Molke ['mɔlkə] *f ohne pl* suero *m* de la leche

Molkerei *f* <-en> lechería *f*

Moll [mɔl] *nt* <-, *ohne pl*> (MUS) tono *m* menor

mollig ['mɔlɪç] *adj* ❶ *(behaglich)* agradable; *(warm)* calentito ❷ *(Person)* gordito

Molotowcocktail ['mɔlotɔf-, 'mo:lotɔf-] *m* cóctel *m* molotov

Moment[1] [mo'mɛnt] *m* <-(e)s, -e> *(Zeitpunkt)* momento *m;* **er kann jeden ~ kommen** puede llegar en cualquier momento; **im ~** de momento; **im ersten ~** en el primer momento; **einen ~, bitte!** ¡un momento, por favor!

Moment[2] [mo'mɛnt] *nt* <-(e)s, -e> ❶ *(Umstand)* factor *m,* momento *m* ❷ (PHYS) momento *m*

momentan [momɛn'ta:n] **I.** *adj* momentáneo **II.** *adv* por el momento, de momento

Momentaufnahme *f* (FOTO: *a. fig)* instantánea *f*

Monaco *nt* <-s> Mónaco *m*

Monako [mo'nako, 'mo:nako] *nt* <-s> Mónaco *m*

Monarch(in) [mo'narç] *m(f)* <-en, -en; -nen> monarca *mf*

Monarchie [monar'çi:] *f* <-n> monarquía *f*

Monarchin *f* <-nen> *s.* **Monarch**

Monarchist(in) [monar'çɪst] *m(f)* <-en, -en; -, -nen> monárquico, -a *m, f*

monarchistisch [monar'çɪstɪʃ] *adj* monárquico

Monat ['mo:nat] *m* <-(e)s, -e> mes *m;* **Anfang/Ende des ~s** a principios/finales de mes; **am Dritten dieses ~s** el día tres de este mes; **im sechsten ~ (schwanger) sein** estar (embarazada) de seis meses; **1.000 Euro pro ~ verdienen** ganar 1.000 euros al mes; **im ~ Juni** el mes de junio

monatelang *adj* durante meses; **das kann ~ dauern** puede durar meses enteros

monatlich I. *adj* mensual **II.** *adv* todos los meses

Monatsanfang *m* <-(e)s, -fänge> principio *m* de(l) mes; **am ~** a principios [*o* a primeros] de mes

Monatsbinde *f* compresa *f*

Monatsblutung *f* regla *f,* período *m*

Monatseinkommen *nt* ingreso *m* mensual

Monatsende *nt* <-s, -n> fin *m* de mes; **am ~** a finales [*o* a fines] de mes

Monatserste(r) *m* primero *m* de mes

Monatsgehalt *nt* sueldo *m* mensual

Monatskarte *f* abono *m* mensual

Monatslohn *m* <-(e)s, -löhne> salario *m* mensual

Monatsmitte *f* <-, -n> mediados *mpl* de mes

Monatsrate *f* mensualidad *f*

M

Mönch [mœnç] *m* <-(e)s, -e> (REL) monje *m*
Mönchsorden *m* (REL) orden *f* monástica
Mond [mo:nt] *m* <-(e)s, -e> luna *f;* **auf dem ~ landen** alunizar; **abnehmender/zunehmender ~** luna menguante/creciente; **hinter dem ~ leben** *(fam fig)* vivir en otra galaxia; **ich könnte ihn auf den ~ schießen** *(fam fig)* lo mandaría a la luna de una patada
mondän [mɔn'dɛ:n] *adj* elegante
Mondaufgang *m* salida *f* de la luna
Mondbahn *f* (ASTR) órbita *f* lunar
Mondfinsternis *f* (ASTR) eclipse *m* de luna
Mondgesicht *nt (fam)* cara *f* de bolla
Mondkrater *m* <-s, -> cráter *m* lunar
Mondlandschaft *f* paisaje *m* lunar
Mondlandung *f* alunizaje *m*
Mondlicht *nt ohne pl* luz *f* de la luna
Mondphase *f* fase *f* lunar
Mondschein *m ohne pl* luz *f* de la luna
Mondsichel *f* (ASTR) media luna *f*
Mondsonde *f* sonda *f* lunar
mondsüchtig *adj* sonámbulo
Mondumlaufbahn *f* <-, -en> órbita *f* lunar
Monegasse, -in [mone'gasə] *m, f* <-n, -n; -nen> monegasco, -a *m, f*
monegassisch [mone'gasɪʃ] *adj* monegasco
Monetarismus *m* <-, *ohne pl*> (WIRTSCH) monetarismo *m*
Moneten [mo'ne:tən] *pl (fam)* perras *f pl,* pelas *f pl,* plata *f Am*
Mongole, -in [mɔŋ'go:lə] *m, f* <-n, -n; -nen> mongol *mf*
Mongolei [mɔŋgo'laɪ] *f* Mongolia *f*
Mongolin *f* <-nen> *s.* **Mongole**
mongolisch *adj* mongólico, mogólico
Mongolismus [mɔŋgo'lɪsmʊs] *m* <-, *ohne pl*> *(alt* MED) mongolismo *m*
mongoloid [mɔŋgolo'i:t] *adj* (*a.* MED) mongoloide
monieren* [mo'ni:rən] *vt* reclamar
Monitor ['mo:nito:ɐ, 'mɔnito:ɐ] *m* <-s, -e(n)> ❶ (TV, INFOR) pantalla *f* ❷ (TECH, TV) monitor *m*
monochrom [mono'kro:m] *adj* monocromático, monocromo
monogam [mono'ga:m] *adj* monógamo
Monogamie [monoga'mi:] *f ohne pl* monogamia *f*
Monogramm [mono'gram] *nt* <-s, -e> monograma *m*
Monokultur ['mo:no-] *f* (AGR) monocultivo *m*
Monolog [mono'lo:k] *m* <-(e)s, -e> monólogo *m;* **einen ~ halten** monologar
Monopol [mono'po:l] *nt* <-s, -e> (*a.* WIRTSCH) monopolio *m;* **staatliches/uneingeschränktes ~** monopolio del Estado/absoluto; **das ~ auflösen** desmonopolizar; **das ~ auf** [*o* **für**] **eine Ware haben** tener el monopolio de una mercancía
Monopolstellung *f* (WIRTSCH) posición *f* de monopolio
Monopoly® [mo'no:poli] *nt* <-s, *ohne pl*> monopoly® *m*
monoton [mono'to:n] *adj* (*a.* MATH) monótono
Monotonie [monoto'ni:] *f* <-n> monotonía *f*
Monoxid ['mo:nɔksɪt] *nt* <-(e)s, -e> (CHEM) monóxido *m*
Monster ['mɔnstɐ] *nt* <-s, -> monstruo *m,* cuco *m Arg*
Monstranz [mɔn'strants] *f* <-, -en> (REL) custodia *f*
Monstren *pl von* **Monstrum**
monströs [mɔn'strø:s] *adj* monstruoso
Monstrum ['mɔnstrʊm] *nt* <-s, Monstren> monstruo *m*
Monsun [mɔn'zu:n] *m* <-s, -e> (METEO) monzón *m*
Montag ['mo:nta:k] *m* <-s, -e> lunes *m;* **am ~** el lunes; **den ganzen ~** (**über**) el lunes entero; **jeden** (**zweiten**) **~** (**im Monat**) cada (dos) lunes (del mes); **letzten ~** el lunes pasado; **nächsten/kommenden ~** el lunes que viene/próximo; **heute ist ~, der zehnte November** hoy es lunes (el) diez de noviembre; **einen blauen ~ machen** *(fam)* pasar de ir al trabajo el lunes
Montagabend *m* noche *f* del lunes; **jeden ~** los lunes por la noche; **alle ~e sind ausgebucht** para los lunes por la noche no quedan entradas
montagabends *adv* los lunes por la noche
Montage [mɔn'ta:ʒə] *f* <-n> (*a.* FILM, KUNST) montaje *m*
Montageband *nt* cadena *f* de montaje
Montagnachmittag *m* tarde *f* del lunes; **jeden ~** los lunes por la tarde; **die ~e verbringe ich bei meiner Mutter** paso las tardes de los lunes en casa de mi madre
montags ['mo:nta:ks] *adv* los lunes; **~ abends/mittags/morgens/nachmittags** los lunes por la noche/al mediodía/por la mañana/por la tarde
Montenegro [mɔnte'ne:gro] *nt* <-s> Montenegro *m*
Monteur(in) [mɔn'tø:ɐ] *m(f)* <-s, -e; -nen> montador(a) *m(f)*
montieren* [mon'ti:rən] *vt* (*a.* FILM) montar (**an** a/en)
Montur [mɔn'tu:ɐ] *f* <-en> ❶ *(fam: Klei-*

dung) atuendo *m* ❷ *(Uniform)* uniforme *m*

Monument [monu'mɛnt] *nt* <-(e)s, -e> monumento *m*

monumental [monumɛn'ta:l] *adj* monumental

Monumentalfilm *m* <-(e)s, -e> superproducción *f*

Moor [mo:ɐ] *nt* <-(e)s, -e> pantano *m*

moorig ['mo:rɪç] *adj* pantanoso

Moos[1] [mo:s] *nt* <-es, -e> *(Pflanze)* musgo *m*

Moos[2] [mo:s] *nt* <-es, *ohne pl*> *(fam: Geld)* pasta *f*, plata *f Am*

moosig *adj* musgoso

Moped ['mo:pɛt] *nt* <-s, -s> ciclomotor *m*

Mopedfahrer(in) *m(f)* conductor(a) *m(f)* de ciclomotor, motociclista *mf*

Mopp [mɔp] *m* <-s, -s> fregona *f*

Mops [mɔps, *pl:* 'mœpsə] *m* <-es, Möpse> ❶ (ZOOL) doguillo *m* ❷ *(fig fam: kleine Person)* chaparro, -a *m, f*

Moral [mo'ra:l] *f ohne pl* ❶ *(Sittlichkeit)* moral *f*; **eine doppelte ~ haben** tener una doble moral; **die ~ sinkt/steigt** los ánimos bajan/suben ❷ *(einer Fabel)* moraleja *f*

moralisch *adj* moral

Moralist(in) [mora'lɪst] *m(f)* <-en, -en; -, -nen> moralista *mf*

moralistisch *adj* moralizador

Moralpredigt *f* sermón *m*; **jdm eine ~ halten** echarle a alguien un sermón

Moräne [mo'rɛ:nə] *f* <-n> (GEO) morrena *f*

Morast[1] [mo'rast, *pl:* mo'rɛstə] *m* <-(e)s, -e *o* Moräste> *(Sumpfland)* pantano *m*, andurrial *m Arg, Ecua, Perú*, moca *m Ecua*

Morast[2] *m* <-(e)s, *ohne pl*> *(Schlamm)* lodo *m*

morbid [mɔr'bi:t] *adj* ❶ *(geh: kränklich, zart, a.* MED) mórbido ❷ *(sittlich verfallen)* decadente

Morchel ['mɔrçəl] *f* <-n> (BOT) colmenilla *f*

Mord [mɔrt] *m* <-(e)s, -e> asesinato *m* (**an** de); **einen ~ begehen** cometer un asesinato; **wegen ~es** por asesinato; **versuchter ~** intento de homicidio; **das gibt ~ und Totschlag** *(fam fig)* se armará una bronca de padre y muy señor mío

Mordanschlag *m* atentado *m* (**auf** contra); **einen ~ auf jdn verüben** atentar contra la vida de alguien

Morddrohung *f* amenaza *f* de muerte

morden ['mɔrdən] **I.** *vi* cometer un asesinato **II.** *vt* asesinar

Mörder(in) ['mœrdɐ] *m(f)* <-s, -; -nen> asesino, -a *m, f*, victimario, -a *m, f Am*

mörderisch *adj* *(fam: abscheulich, groß)* terrible; *(Hitze)* sofocante; *(Geschwindigkeit)* loco

Mordfall *m* asesinato *m*

Mordkommission *f* brigada *f* de homicidios

Mordprozess *m* <-es, -e> juicio *m* por homicidio, proceso *m* por homicidio

Mordshunger *m* *(fam)* hambre *f* canina

mordsmäßig *adj* *(fam)* terrible, tremendo

Mordswut ['-'-] *f* *(fam)* rabia *f* loca

Mordverdacht *m* sospecha *f* de asesinato; **unter ~ stehen** ser sospechoso de asesinato

Mordversuch *m* tentativa *f* de asesinato

Mordwaffe *f* arma *f* homicida

morgen ['mɔrgən] *adv* ❶ *(am folgenden Tag)* mañana; **~ früh** mañana por la mañana; **~ Mittag/Abend** mañana al mediodía/por la tarde; **ab ~** a partir de mañana; **bis ~** hasta mañana; **lieber heute als ~** mejor hoy que mañana; **~ ist auch noch ein Tag** mañana es otro día ❷ *(zukünftig)* futuro; **an ~ denken** pensar en el futuro

Morgen *m* <-s, -> mañana *f*; **eines ~s** una (buena) mañana; **der ~ bricht an** amanece; **am/gegen ~** en/por la mañana; **heute ~** hoy por la mañana; **am nächsten ~** la mañana siguiente; **am frühen ~** temprano por la mañana; **guten ~!** ¡buenos días!; **bis in den frühen ~ hinein** hasta el amanecer

Morgendämmerung *f* alba *f*, amanezca *f Méx, Ant*, amanezquera *f Méx, Ant*

morgendlich ['mɔrgəntlɪç] *adj* matutino, matinal

Morgenessen *nt* *(Schweiz)* desayuno *m*

Morgengrauen ['--graʊən] *nt* amanecer *m*

Morgengymnastik *f* <-, *ohne pl*> gimnasia *f* matinal

Morgenluft *f* <-, *ohne pl*> aire *m* matutino; **er wittert ~** ve el cielo abierto

Morgenmantel *m* bata *f*

Morgenmuffel *m* *(fam)* **ein ~ sein** estar de mal humor por las mañanas

Morgenrock *m* bata *f*

Morgenrot *nt ohne pl* aurora *f*

morgens ['mɔrgəns] *adv* por la mañana; **von ~ bis abends** desde la mañana hasta la noche; **um sieben Uhr ~** a las siete de la mañana

Morgenstern *m* <-(e)s, *ohne pl*> (ASTR) lucero *m* de la mañana [*o* del alba], boyero *m Col*

morgige(r, s) *adj* de mañana; **am ~n Tag** mañana

Mormone, -in [mɔr'mo:nə] *m, f* <-n, -n; -, -nen> (REL) mormón, -ona *m, f*

Morphem [mɔr'fe:m] *nt* <-s, -e> (LING) morfema *m*
Morphium ['mɔrfiʊm] *nt* <-s, *ohne pl*> morfina *f*
morphiumsüchtig *adj* morfinómano
Morphiumsüchtige(r) *mf* morfinómano, -a *m, f*
Morphologie [mɔrfolo'gi:] *f* <-, *ohne pl*> (LING, BIOL) morfología *f*
morsch [mɔrʃ] *adj* *(Gestein)* fácilmente desmenuzable; *(Holz)* podrido
Morsealphabet ['mɔrzə-] *nt* (alfabeto *m*) morse *m*
morsen ['mɔrzən] *vt* tra(n)smitir (utilizando el alfabeto morse)
Mörser ['mœrzɐ] *m* <-s, -> ❶ *(Gefäß)* mortero *m*, molcajete *m Ecua, Méx* ❷ (MIL) lanzagranadas *m inv*
Morsezeichen *nt* signo *m* del alfabeto morse
Mortadella [mɔrta'dɛla] *f* <-, -s> mortadela *f*
Mörtel ['mœrtəl] *m* <-s, -> mortero *m*
Mosaik [moza'i:k] *nt* <-s, -e(n)> mosaico *m*
Mosambik [mozam'bi:k] *nt* <-s> Mozambique *m*
Mosambikaner(in) [mozambi'ka:nɐ] *m(f)* <-s, -; -nen> mozambiqueño, -a *m, f*
mosambikanisch *adj* mozambiqueño
Moschee [mɔ'ʃe:, *pl:* mɔ'ʃe:ən] *f* <-n> mezquita *f*
Moschus ['mɔʃʊs] *m* <-, *ohne pl*> almizcle *m*
Möse ['mø:zə] *f* <-n> *(vulg)* coño *m*
Mosel ['mo:zəl] *f* **die** ~ el (río *m*) Mosela
mosern ['mo:zɐn] *vi (fam)* critiquizar
Moskau ['mɔskaʊ] *nt* <-s> Moscú *m*
Moskito [mɔs'ki:to] *m* <-s, -s> mosquito *m*, zancudo *m Am*
Moskitonetz *nt* mosquitero *m*
Moslem, **Moslime** ['mɔslɛm] *m, f* <-s, -s; -n> musulmán, -ana *m, f*
moslemisch [mɔs'le:mɪʃ] *adj* musulmán
Moslime [mɔs'li:mə] *f* <-n> *s.* **Moslem**
Most [mɔst] *m* <-(e)s, -e> ❶ *(Traubenmost)* mosto *m* de uva ❷ *(reg: Apfelmost)* mosto *m* de manzana
Motel [mo'tɛl, 'mo:təl] *nt* <-s, -s> motel *m*
Motiv [mo'ti:f] *nt* <-s, -e> (*a.* LIT, MUS) motivo *m*
Motivation [motiva'tsjo:n] *f* <-en> (*a.* PSYCH) motivación *f*
motivieren* [moti'vi:rən] *vt* ❶ *(begründen)* justificar (**mit** con) ❷ *(anregen)* animar (**zu** para que +*subj*); **sich selbst** ~ automotivarse
Motocross *nt* <-, -e>, **Moto-Cross** *nt* <-, -e> motocross *m*, motocrós *m*
Motor ['mo:to:ɐ, mo'to:ɐ, *pl:* mo'to:rən] *m* <-s, -en> motor *m*
Motorboot *nt* lancha *f* a motor
Motorhaube *f* (AUTO) capó *m*
Motorik [mo'to:rɪk] *f* <-, *ohne pl*> (MED) motricidad *f*
motorisch [mo'to:rɪʃ] *adj* motor
motorisieren* [motori'zi:rən] *vt* motorizar
Motorisierung *f* <-, -en> motorización *f*
Motorjacht *f* yate *m* de [*o* con] motor
Motorleistung *f* (TECH) potencia *f* del motor
Motoröl *nt* aceite *m* de motor
Motorrad ['mo:to:ɐ-, mo'to:ɐ-] *nt* <-(e)s, -räder> moto(cicleta) *f*
Motorradfahrer(in) *m(f)* motociclista *mf*
Motorradgespann *nt* moto(cicleta) *f* con sidecar
Motorradhelm *m* casco *m* de motorista
Motorradkombi *f* traje *m* de motorista
Motorradrennen *nt* carrera *f* de motocicletas [*o* de motos]
Motorradsport *m ohne pl* motociclismo *m*
Motorroller *m* escúter *m*, motoneta *f Am*
Motorsäge *f* motosierra *f*
Motorschaden *m* avería *f* del motor
Motorsport *m* motorismo *m*
Motte ['mɔtə] *f* <-n> polilla *f*
Mottenkugel *f* bola *f* de naftalina
Mottenloch *nt* apolilladura *f*
mottenzerfressen *adj* apolillado
Motto ['mɔto] *nt* <-s, -s> lema *m*
motzen ['mɔtsən] *vi (fam)* refunfuñar
Mountainbike ['maʊntənbaɪk] *nt* <-s, -s> bicicleta *f* de montaña
Mountainbiken *nt* <-s, *ohne pl*> (SPORT) ciclismo *m* de montaña
Mountainbiking *nt* <-s, *ohne pl*> bicicrós *m*
Mousepad ['maʊspɛt] *nt* <-s, -s> (INFOR) sendero *m* del ratón, alfombrilla *f*
Mousse [mʊs] *f* <-,-s> mousse *f*
Möwe ['mø:və] *f* <-n> gaviota *f*
Mozzarella [mɔtsa'rɛla] *m* <-s, -s> (GASTR) (queso *m*) mozzarella *f*
MP3-Player [ɛmpe:'draɪple:ɐ] *m* <-s, -> reproductor *m* MP3
Mrd. *Abk. von* **Milliarde** mil millones *mpl*
MS [ɛm'ʔɛs] (MED) *Abk. von* **Multiple Sklerose** esclerosis *f inv* múltiple
MS-krank *adj* que sufre esclerosis múltiple
MTA [ɛmte:'ʔa:] *mf* <-s, -s; -, -s> *Abk. von* **medizinisch-technische(r) Assistent(in)** ATS *mf*
Mücke ['mʏkə] *f* <-n> mosquito *m*; **aus**

einer ~ einen Elefanten machen *(fam fig)* hacer de una pulga un camello
mucken ['mʊkən] *vi (fam)* rechistar; **ohne zu ~** sin rechistar
Mucken ['mʊkən] *fpl (fam: Tücken)* mañas *fpl;* **der Computer hat seine ~** el ordenador tiene sus pegas
Mückenschutzsalbe *f* pomada *f* contra mosquitos
Mückenspray *m o nt* espray *m* insecticida
Mückenstich *m* picadura *f* de mosquito
Mucks [mʊks] *m* <-es, -e> *(fam)* **keinen ~ sagen** no decir ni pío; **ohne einen ~** muy quieto
mucksen ['mʊksən] *vi, vr:* **sich ~** *(fam)* rechistar
mucksmäuschenstill ['mʊks'mɔɪsçən'ʃtɪl] *adj (fam)* **~ sein** no decir ni pío; **es war ~** no se oía ni una mosca
müde ['my:də] *adj* cansado; **~ werden** cansarse; **keine ~ Mark** *(fam)* ni un puto marco; **es ~ sein, etw zu tun** estar harto de hacer algo; **er wurde nicht ~, ihre Vorzüge zu rühmen** no se cansaba de alabar sus méritos; **da kann ich nur ~ lächeln** me importa un comino
Müdigkeit *f ohne pl* cansancio *m;* **vor ~ umfallen** caerse de cansancio
Muff [mʊf] *m* <-(e)s, -e> *(Pelz-)* manguito *m*
muff(e)lig *adj (fam) s.* **muffig**
Muffe ['mʊfə] *f* <-n> ❶ (TECH) manguito *m* ❷ *(fam: Angst)* canguelo *m;* **mir geht die ~** tengo canguelo
Muffel ['mʊfəl] *m* <-s, -> *(fam: Person)* aguafiestas *mf pl inv*
Muffensausen ['mʊfənzaʊzən] *nt* <-s, *ohne pl*> *(fam)* **~ haben** tener canguelo
muffig *adj* ❶ *(Geruch)* que huele a enmohecido; **~ riechen** oler a moho ❷ *(fam: Person)* gruñón
Muffin ['mafɪn] *m* muf(f)in *m*
Muffinförmchen [-'fœrmçən] *nt* <-s, -> molde *f* de papel (para muffins)
muh [mu:] *interj* ¡mu!
Mühe ['my:ə] *f* <-n> *(Anstrengung)* esfuerzo *m,* pena *f,* costo *m Am; (Umstände)* molestia *f; (Arbeit)* trabajo *m;* **ohne ~** sin esfuerzo; **nur mit ~** a duras penas; **die ~ hat sich gelohnt** ha valido la pena; **sich** *dat* **(große) ~ geben** esforzarse (mucho) (**bei** en, **zu** para/por); **gib dir keine ~!** ¡no te molestes!; **das ist doch verlorene ~** no vale la pena; **jdm ~ machen** ocasionar molestias a alguien; **sich** *dat* **die ~ machen, etw zu tun** tomarse la molestia de hacer algo; **wenn es Ihnen keine ~ macht!** ¡si no es molestia para Ud.!; **mit ~ und Not** *(mit großen Schwierigkeiten)* a duras penas; *(gerade noch)* por los pelos
mühelos I. *adj* fácil **II.** *adv* con facilidad
Mühelosigkeit *f* <-, *ohne pl*> facilidad *f*
muhen ['mu:ən] *vi* mugir
mühen ['my:ən] *vr:* **sich ~** *(geh)* esforzarse
mühevoll *adj* penoso; *(schwierig)* difícil
Mühle[1] ['my:lə] *f* <-n> ❶ *(Gebäude)* molino *m;* **in die ~ der Verwaltung geraten** *(fig)* caer en las ruedas de la administración ❷ *(Haushaltsgerät)* molinillo *m* ❸ *(fam: Fahrzeug)* cacharro *m*
Mühle[2] *f ohne pl (Brettspiel)* tres *m* en raya
Mühlrad *nt* rueda *f* de molino
Mühlstein *m* muela *f* de molino
Mühsal ['my:za:l] *f* <-e> *(geh)* pena *f,* fatigas *f pl*
mühsam, mühselig I. *adj* penoso **II.** *adv* a duras penas
Mulatte, -in [mu'latə] *m, f* <-n, -n; -nen> mulato, -a *m, f,* pardo, -a *m, f Am*
Mulde ['mʊldə] *f* <-n> ❶ *(im Gelände)* hondonada *f; (Loch)* hoyo *m* ❷ *(nordd: Trog)* tinaja *f*
Mull [mʊl] *m* <-(e)s, -e> ❶ *(Gewebe)* gasa *f* ❷ *(nordd: Humusboden)* terreno *m* de humus
Müll [mʏl] *m* <-(e)s, *ohne pl*> basura *f; (Abfälle)* desperdicios *m pl;* **etw in den ~ werfen** tirar algo a la basura; **radioaktiver ~** residuos radi(o)activos
Müllabfuhr *f* recogida *f* de basuras
Müllaufbereitungsanlage *f* planta *f* procesadora de basuras
Müllberg *m* montón *m* de basuras
Müllbeseitigung *f ohne pl* eliminación *f* de basuras
Müllbeutel *m* bolsa *f* de la basura
Mullbinde *f* venda *f* de gasa
Müllcontainer *m* contenedor *m* de basuras
Mülldeponie *f* vertedero *m* de basuras
Mülleimer *m* cubo *m* de (la) basura, tacho *m CSur*
Müller(in) ['mʏlɐ] *m(f)* <-s, -; -nen> molinero, -a *m, f*
Müllhalde *f* montaña *f* de basura
Müllhaufen *m* <-s, -> montón *m* de basuras
Müllkippe *f* vertedero *m* de basuras
Müllmann *m (fam)* basurero *m*
Müllschlucker *m* tolva *f* de basuras
Müllsortieranlage *f* instalación *f* de clasificación de basuras
Mülltonne *f* cubo *m* de (la) basura
Mülltrennung *f ohne pl* (ÖKOL) separación *f* de residuos
Mülltrennungssystem *nt* recogida *f* selectiva de basuras

Müllverbrennung *f ohne pl* incineración *f* de desechos
Müllverbrennungsanlage *f* planta *f* incineradora de basuras
Müllverwertung *f* aprovechamiento *m* de basuras
Müllverwertungsanlage *f* <-, -n> instalación *f* para el aprovechamiento de basuras
Müllwagen *m* camión *m* de la basura
mulmig ['mʊlmɪç] *adj (fam)* desagradable; **ein ~es Gefühl haben** tener un mal presentimiento; **ihm war ~ zumute** tenía miedo
Multi ['mʊlti] *m* <-s, -s> *(fam)* (gran empresa *f*) multinacional *f*
multifunktional *adj* multifuncional
multikulturell [mʊlti-] *adj* multicultural
multilateral *adj* multilateral
Multimedia-Computerprogramm [mʊlti'meːdia-] *nt* <-s, -e> programa *m* multimedia de computadora
Multimediadatei *f* archivo *m* multimedia
multimedial [mʊltime'djaːl] *adj* multimedia
Multimedia-PC *m* ordenador *m* multimedia
Multimillionär(in) *m(f)* multimillonario, -a *m, f*
multinational [mʊltinatsjo'naːl] *adj* (WIRTSCH, POL) multinacional, tra(n)snacional *Am*
Multiple Sklerose *f*, **multiple Sklerose** *f ohne pl* (MED) esclerosis *f inv* múltiple
Multiplikation [mʊltiplika'tsjoːn] *f* <-en> (MATH) multiplicación *f* (**mit** por)
Multiplikator [mʊltipli'kaːtoːɐ] *m* <-s, -en> (MATH) multiplicador *m*
multiplizieren* [mʊltipli'tsiːrən] *vt* (*a.* MATH) multiplicar (**mit** por), amuchar *Arg, Bol, Chil*
Multitalent ['mʊltitalɛnt] *nt* persona *f* polifacética
Multitasking ['maltitaskɪŋ] *nt* <-s, *ohne pl*> (INFOR) multitarea *f*, multiventana *f*
Mumie ['muːmiə] *f* <-n> momia *f*
mumifizieren* [mumifi'tsiːrən] *vt* momificar
Mumifizierung *f* <-, -en> momificación *f*
Mumm [mʊm] *m* <-s, *ohne pl*> *(fam)* ❶ *(Tatkraft)* coraje *m*; *(Mut)* valor *m* ❷ *(Kraft)* fuerza(s) *f (pl)*; **der hat ~ in den Knochen** tiene agallas
Mumps [mʊmps] *m* <-, *ohne pl*> *f ohne pl* (MED) paperas *f pl*
Münch(e)ner(in) *m(f)* <-s, -; -nen> muniqués, -esa *m, f*
München *nt* <-s> Múnich *m*
Mund *m* <-(e)s, Münder> boca *f*; **sein Name war in aller ~e** su nombre iba de boca en boca; **wie aus einem ~e** a la vez; **dieses Wort nehme ich nicht in den ~** no suelo usar esta palabra; **jdm über den ~ fahren** *(fam)* cortarle a alguien la palabra; **nicht auf den ~ gefallen sein** *(fam fig)* tener labia; **jdm den ~ wässrig machen** *(fam)* hacerle la boca agua a alguien; **halt den ~!** *(fam)* ¡calla la boca!; **ich werde ihm nicht nach dem ~ reden** no voy a decir lo que él quiere oír; **mit vollem ~ reden** hablar con la boca llena; **den ~ zu voll nehmen** *(fam fig)* fanfarronear
Mundart *f* <-en> dialecto *m*
Munddusche *f* ducha *f* bucal
münden *vi haben o sein* ❶ *(Fluss, Straße)* desembocar (**in/auf** en) ❷ *(Gespräch)* acabar (**in** en)
mundgerecht **I.** *adj* pequeño (para que pueda comerse bien) **II.** *adv* en trozos pequeños (para que puedan comerse bien)
Mundgeruch *m* aliento *m* fétido; (MED) halitosis *f inv*
Mundharmonika *f* armónica *f*
Mundhöhle *f* <-, -n> cavidad *f* bucal
Mundhygiene *f* higiene *f* bucal
mündig *adj* (JUR) mayor de edad
Mündigkeit *f* <-, *ohne pl*> (JUR) mayoría *f* de edad
mündlich *adj* oral
Mundpropaganda *f* publicidad *f* tra(n)smitida de boca en boca
Mundschutz *m* (MED) mascarilla *f* (protectora)
Mundstück *nt* (*a.* MUS) boquilla *f*
mundtot *adj* **jdn ~ machen** taparle la boca a alguien
Mündung *f* <-en> ❶ *(eines Flusses)* desembocadura *f* ❷ *(eines Gewehres)* boca *f*
Mündungsfeuer *nt* fogonado *m*
Mundwasser *nt* agua *f* dentífrica
Mundwerk *nt (fam)* **ein flinkes ~ haben** tener mucha labia
Mundwinkel *m* comisura *f* de la boca
Mund-zu-Mund-Beatmung *f* respiración *f* boca a boca
Mungobohne ['mʊŋgo-] *f* (GASTR) judía *f* mungo
Munition *f* <-en> munición *f*
munkeln *vi, vt (fam)* rumorear; **man munkelt, dass ...** se rumorea [*o* corre el rumor] que...
Münster *nt* <-s, -> catedral *f*
munter *adj* ❶ *(lebhaft)* vivaz, vivaracho; *(fröhlich)* alegre ❷ *(wach)* despierto
Munterkeit *f* <-, *ohne pl*> *(Fröhlichkeit)* alegría *f*; *(Lebhaftigkeit)* viveza *f*
Muntermacher *m* <-s, -> *(fam)* estimulante *m*

Münzautomat *m* distribuidor *m* automático
Münze *f* <-n> moneda *f;* **etw für bare ~ nehmen** tomar algo al pie de la letra; **es jdm mit gleicher ~ heimzahlen** pagarle a alguien con la misma moneda
münzen *vt* acuñar; **das ist auf ihn gemünzt** esto va por él
Münzfernsprecher *m* teléfono *m* público (con monedas)
Münzgeld *nt ohne pl* monedas *fpl*
Münzprägung *f* acuñación *f* de monedas
Mürbeteig *m* pastaflora *f*
murksen ['mʊrksən] *vi (fam abw)* trabajar chapuceramente
Murmel *f* <-n> canica *f,* trinca *f CSur*
murmeln *vi, vt* murmurar, susurrar
Murmeltier *nt* marmota *f;* **schlafen wie ein ~** dormir como un tronco
murren *vi* refunfuñar
mürrisch **I.** *adj* malhumorado **II.** *adv* de mala gana
Mus *nt* <-es, -e> puré *m*
Muschel *f* <-n> ① (ZOOL) lamelibranquio *m; (essbar)* marisco *m* ② *(Muschelschale)* concha *f*
muschelförmig *adj* en forma de concha
Muschi *f* <-s> *(fam)* ① *(Katze)* gatita *f* ② *(Scheide)* chocho *m,* concha *f Am*
Muse *f* <-n> musa *f;* **er wurde von der ~ geküsst** le aparecieron las musas
Museum *nt* <-s, Museen> museo *m*
Musical *nt* <-s, -s> (espectáculo *m*) musical *m*
Musik *f* <-en> música *f;* **~ machen** tocar un instrumento
musikalisch *adj* musical; **~ veranlagt sein** tener talento musical
Musikant(in) *m(f)* <-en, -en; -nen> músico, -a *m, f*
Musikbox *f* máquina *f* de discos, jukebox *m o f*
Musiker(in) *m(f)* <-s, -; -nen> músico, -a *m, f*
Musikfestival *nt* festival *m* de música
Musikhochschule *f* conservatorio *m* superior de música
Musikinstrument *nt* instrumento *m* de música
Musikkapelle *f* <-, -n> banda *f* de música, conjunto *m* musical
Musikkassette *f* casete *m o f*
Musiklehrer(in) *m(f)* <-s, -; -, -nen> profesor(a) *m(f)* de música
Musikrichtung *f* tendencia *f* musical
Musikschule *f* <-, -n> conservatorio *m*
Musikstück *nt* obra *f* musical, pieza *f* de música
Musikunterricht *m* <-(e)s, *ohne pl*> clases *fpl* de música; *(~sstunde)* clase *f* de música
musisch *adj* ① *(Fächer, Schule)* artístico ② *(Person)* con sensibilidad artística; **~ begabt sein** tener talento (artístico)
musizieren* *vi* tocar (piezas musicales)
Muskat *m* <-(e)s, -e>, **Muskatnuss** *f* nuez *f* moscada
Muskel *m* <-s, -n> músculo *m*
Muskelfaser *f* (ANAT) fibra *f* muscular
Muskelkater *m* agujetas *fpl*
Muskelkraft *f ohne pl* fuerza *f* muscular
Muskelprotz *m (fam abw)* (hombre *m*) forzudo *m*
Muskelschwund *m ohne pl* (MED) atrofia *f* muscular
Muskelzerrung *f* (MED) distensión *f* de un músculo
Musketier *m* <-s, -e> (HIST) mosquetero *m*
Muskulatur *f* <-en> musculatura *f*
muskulös *adj* musculoso
Müsli *nt* <-s, -s> musli *m*
Muslim(e) *m(f)* <-s, -e *o* -s; -n> musulmán, -ana *m, f*
Müsliriegel *m* barrita *f* de muesli
muss *3. präs von* **müssen**
Muss *nt* <-, *ohne pl*> obligación *f*
Muße *f ohne pl (geh)* ocio *m; (Ruhe)* tranquilidad *f*
müssen¹ <muss, musste, müssen> *vt Modalverb* ① *(Zwang)* tener que +*inf; (unpersönlich)* hay que +*inf;* **sie musste es tun** tuvo que hacerlo; **die Ausstellung muss man gesehen haben** hay que haber visto la exposición; **das muss sein** tiene que ser; **es kam, wie es kommen musste** sucedió como tenía que suceder ② *(Notwendigkeit)* tener que +*inf,* ser necesario +*inf;* **ich muss (schon) sagen ...** tengo que decir que...; **muss das sein?** ¿es necesario?; **warum muss es ausgerechnet heute regnen?** ¿por qué tiene que llover precisamente hoy?; **das muss nicht stimmen** no tiene por qué ser así; **wenn es (unbedingt) sein muss** si tiene que ser; **du musst das nicht so eng sehen** no lo tomes tan a pecho ③ *(Vermutung)* deber +*inf,* tener que +*inf;* **er müsste schon da sein** ya tendría que estar aquí; **das müsstest du eigentlich wissen** en realidad deberías saberlo ④ *(Wunsch)* **man müsste noch mal zwanzig sein!** ¡quien tuviera veinte años (otra vez)!
müssen² <muss, musste, gemusst> *vi* tener que +*inf;* **ich muss zur Post** tengo que ir a Correos; **ich muss mal** *(fam: aufs Klo)* tengo que ir al baño
Mußestunde *f* rato *m* de ocio
müßig *adj (geh)* ① *(untätig)* ocioso

❷ *(überflüssig)* inútil; **es ist ~, darüber nachzudenken** no vale la pena pensar en ello
Müßiggang *m* <-(e)s, *ohne pl*> *(geh)* ociosidad *f;* ~ **ist aller Laster Anfang** *(prov)* la ociosidad es la madre de todos los vicios
musste *3. imp von* **müssen**
Muster *nt* <-s, -> ❶ *(Vorlage)* modelo *m;* *(Handarbeits-, Schnittmuster)* patrón *m* ❷ *(Vorbild)* modelo *m;* **er ist das ~ eines Ehemannes** es un marido modelo; **sie ist ein ~ an Güte** su bondad es ejemplar ❸ *(Zeichnung)* dibujo *m* ❹ *(Probestück)* muestra *f*
Musterbeispiel *nt* modelo *m* ejemplar
Musterexemplar *nt* ❶ *(eines Buches)* ejemplar *m* de muestra ❷ *(Vorbild)* modelo *m*
mustergültig *adj,* **musterhaft** *adj* ejemplar, modelo
Musterhaus *nt* casa *f* de muestra
Musterknabe *m* <-n, -n> *(abw)* niño *m* modelo
mustern *vt* ❶ *(betrachten)* examinar; **sie musterte ihn von oben bis unten** lo miraba de arriba abajo ❷ (MIL: *Wehrpflichtige*) reconocer; *(Truppen)* pasar revista (a)
Musterschüler(in) *m(f)* alumno, -a *m, f* ejemplar
Musterung *f* <-en> ❶ *(Betrachtung)* examen *m;* *(Prüfung)* inspección *f;* **nach eingehender ~** tras minuciosa inspección ❷ (MIL) reconocimiento *m* ❸ *(Muster)* dibujo *m*
Mustervertrag *m* <-(e)s, -träge> contrato *m* tipo
Mut *m* <-(e)s, *ohne pl*> valor *m;* **nur ~!** ¡ánimo!; **den ~ verlieren** desanimarse; **jdm ~ machen** animar a alguien; **~ fassen** cobrar valor; **guten ~es sein** *(geh)* estar optimista; **mir ist dabei gar nicht wohl zu ~** no me gusta ni un pelo; *s. a.* **zumute**
Mutant [mu'tant] *m* <-en, -en>, **Mutante** [mu'tantə] *f* <-, -n> (BIOL) mutante *m*
Mutation *f* <-en> ❶ (BIOL) mutación *f* ❷ (MED: *Stimmwechsel*) cambio *m* de la voz ❸ *(Schweiz: Personalveränderung)* cambio *m* de personal
mutieren* *vi* ❶ (BIOL) mutar ❷ (MED: *Stimme*) cambiar la voz
mutig *adj* valiente, guapo *Am*
mutlos *adj* desalentado, desanimado
Mutlosigkeit *f ohne pl* desaliento *m*
mutmaßen *vt* suponer
mutmaßlich *adj* supuesto, presunto
Mutmaßung *f* <-, -en> presunción *f,* suposición *f*
Mutprobe *f* prueba *f* de valor
Mutter[1] *f* <Mütter> *(Frau)* madre *f;* **~ von vier Kindern** madre de cuatro hijos; **wie bei ~n** *(fam)* como en casa; **werdende ~** futura madre
Mutter[2] *f* <-n> (TECH) tuerca *f*
Mütterberatungsstelle *f* centro *m* de información maternal
Muttergesellschaft *f* (WIRTSCH) sociedad *f* matriz
Mutterinstinkt *m* instinto *m* maternal
Mutter-Kind-Pass *m* carné *m* de maternidad
Mutterland *nt* patria *f;* *(der Kolonien)* metrópoli *m*
Mutterleib *m ohne pl* seno *m* materno
mütterlich I. *adj* materno, maternal **II.** *adv* como una madre
mütterlicherseits *adv* por parte de la madre
Mütterlichkeit *f ohne pl* sentimiento *m* maternal
Mutterliebe *f* cariño *m* materno
Muttermal *nt* lunar *m*
Muttermilch *f* leche *f* materna; **etw mit der ~ einsaugen** aprender algo desde la cuna
Muttermund *m ohne pl* (MED) orificio *m* uterino
Mutterrolle *f* <-, -n> papel *m* de madre
Mutterschaft *f ohne pl* maternidad *f*
Mutterschaftsgeld *nt ohne pl* paga *f* por maternidad
Mutterschaftsurlaub *m* permiso *m* por maternidad
Mutterschutz *m* protección *f* a la (futura) madre
mutterseelenallein *adj* solo como la una
Muttersöhnchen *nt (fam abw)* hijo *m* de mamá
Muttersprache *f* lengua *f* materna
Muttersprachler(in) *m(f)* <-s, -; -nen> hablante *mf* nativo
muttersprachlich *adj* de la lengua materna
Muttertag *m* día *m* de la madre
Muttertier *nt* (ZOOL) animal *m* madre
Mutti *f* <-s> *(fam)* mamá *f,* mamaíta *f*
Mutwille *m* <-ns, *ohne pl*> malicia *f;* **etw aus ~n tun** hacer algo a propósito
mutwillig I. *adj (böswillig)* malicioso; *(absichtlich)* intencionado **II.** *adv (absichtlich)* con intención
Mütze *f* <-n> gorro *m,* gorra *f;* **der kriegt was auf die ~!** *(fam)* ¡este se va a llevar una buena (reprimenda)!
MwSt. *Abk. von* **Mehrwertsteuer** IVA *m*
Myanmar ['mjaːn'maːɐ] *nt* <-s> Myanmar *m*

M

Myrte *f* <-n> mirto *m*
Mysterien *pl von* **Mysterium**
mysteriös *adj* misterioso
Mysterium *nt* <-s, Mysterien> misterio *m*
Mystifizierung [mʏstifiˈtsiːrʊŋ] *f* <-, -en> mistificación *f*
Mystik *f ohne pl* mística *f*
mystisch *adj* místico
Mythen *pl von* **Mythos**
mythisch *adj* mítico
Mythologie *f* <-n> mitología *f*
mythologisch [mytoˈloːgɪʃ] *adj* mitológico
Mythos *m* <-, Mythen> mito *m*

Nn

N, n *nt* <-, -> N, n *f;* **~ wie Nordpol** N de Navarra
N *Abk. von* **Norden** N
na *interj (fam)* ① *(fragend)* y; **~ und?** ¿y qué? ② *(auffordernd)* vamos; **~ und ob!** ¡y vaya que sí!; **~ so was!** ¡hay que ver! ③ *(beschwichtigend)* bueno; **~ also!** ¡pues ya ves!; **~ ja** bueno; **~ gut** bueno, bien ④ *(empört)* pero (bueno); **~, hör mal!** ¡pero oye, caramba!
Nabel *m* <-s, -> ombligo *m;* **der ~ der Welt** *(geh)* el ombligo del mundo
Nabelschnur *f* cordón *m* umbilical
nach **I.** *präp +dat* ① *(Richtung)* hacia, a; *(Länder-, Ortsnamen)* a; *(Zug, Flugzeug)* con destino a, para; **~ Berlin/~ Spanien** a Berlín/a España; **~ Norden/~ Süden** al norte/al sur; **~ oben/~ rechts** hacia arriba/hacia la derecha; **von links ~ rechts** de izquierda a derecha; **~ Hause** a casa ② *(Reihenfolge)* después de; **~ Christus** después de Cristo; **~ der Arbeit** después del trabajo; **sie kam ~ zehn Minuten** vino a los diez minutos; **~ allem, was geschehen ist** después de todo lo que ha pasado; **einer ~ dem anderen** primero uno, después otro; **~ Ihnen, bitte!** ¡después de Ud., por favor! ③ *(Uhrzeit)* y; **es ist fünf (Minuten) ~ sechs** son las seis y cinco ④ *(zufolge, gemäß)* según, conforme a; **je ~** según; **je ~ Größe** según el tamaño; **~ allem, was ich weiß** con todo lo que yo sé; **dem Alter ~** conforme a la edad; **allem Anschein ~** por lo que parece; **das ist nicht ~ meinem Geschmack** no es de mi gusto; **meiner Meinung ~** en mi opinión; **~ Art des Hauses** de la casa; **~ italienischer Art** a la italiana; **die Uhr ~ dem Radio stellen** poner el reloj en hora con la radio **II.** *adv* **(alle) mir ~!** ¡seguidme todos!; **~ und ~** poco a poco; **~ wie vor** (al) igual que antes
nach|äffen *vt (abw)* remedar
nach|ahmen *vt* imitar; *(kopieren)* copiar
nachahmenswert *adj* digno de ser imitado; *(vorbildlich)* ejemplar
Nachahmung *f* <-en> imitación *f*
nach|arbeiten *vt* ① *(aufholen)* recuperar ② *(nachbearbeiten)* repasar ③ *(nachbilden)* copiar
Nachbar(in) *m(f)* <-n *o* -s, -n; -nen> vecino, -a *m, f*
Nachbarhaus *nt* casa *f* vecina
Nachbarin *f* <-nen> *s.* **Nachbar**
Nachbarland *nt* país *m* vecino
nachbarlich *adj* ① *(benachbart)* vecino ② *(nachbarschaftlich)* vecinal
Nachbarschaft *f ohne pl* vecindario *m; (alle Nachbarn)* vecinos *mpl*
Nachbarstaat *m* estado *m* vecino
Nachbau *m* (ARCHIT, TECH) réplica *f*
Nachbeben *nt* terremoto *m* secundario
Nachbehandlung *f* <-, -en> ① *(nochmalige Behandlung)* tratamiento *m* posterior [*o* de seguimiento] ② (MED: *nach einer Operation*) pos(t)operatorio *m*
nach|bereiten* *vt* repasar
nach|bessern *vt* retocar
nach|bestellen* *vt* renovar un pedido
Nachbestellung *f* nuevo encargo *m*
nach|bezahlen* *vt* *(nachträglich)* pagar más tarde; *(einen Zuschlag)* pagar como suplemento
nach|bilden *vt* copiar
Nachbildung *f* <-en> copia *f*
nach|datieren* *vt* antedatar
nachdem *konj* ① *(zeitlich)* después de *+inf,* después de que *+subj;* **~ sie mit ihm gesprochen hatte ...** después de haber hablado con él... ② *(Abhängigkeit)* **je ~** según; **je ~, ob/wie ...** depende de si/de cómo...
nach|denken *irr vi* reflexionar (**über** sobre), pensar (**über** en); **darüber darf man gar nicht ~** no se debería pensar en esto; **scharf ~** pensar con todas las fuerzas
Nachdenken *nt* <-s, *ohne pl*> reflexión *f;* **zum ~ kommen** tener tiempo para pensar

nachdenklich *adj* pensativo; *(in Gedanken versunken)* ensimismado; **das macht mich ~** me da que pensar

Nachdenklichkeit *f* <-, *ohne pl*> ❶ *(nachdenkliche Stimmung)* estado *m* pensativo [*o* de reflexión] ❷ *(Versunkenheit)* ensimismamiento *m*

Nachdruck[1] *m* <-(e)s, *ohne pl*> *(Eindringlichkeit)* énfasis *m inv;* **etw mit ~ sagen** decir algo con énfasis; **ich weise mit allem ~ darauf hin, dass ...** hago hincapié en que...

Nachdruck[2] *m* <-(e)s, -e> (TYPO) reproducción *f; (Neuauflage)* reimpresión *f*

nach|drucken *vt* reimprimir

nachdrücklich **I.** *adj* insistente; *(energisch)* enérgico **II.** *adv* con insistencia

Nachdrücklichkeit *f* <-, *ohne pl*> insistencia *f*

nach|eifern *vi* **jdm ~** emular a alguien

nacheinander *adv* ❶ *(räumlicher Abstand)* sucesivamente, uno detrás de otro ❷ *(zeitlich)* seguido; **fünf Tage ~** cinco días seguidos; **sie kamen kurz ~** llegaron muy seguidos

nach|empfinden* *irr vt* **das kann ich dir gut ~** te comprendo totalmente

nach|erzählen* *vt* repetir; *(erzählen)* contar

Nacherzählung *f* narración *f*

N

Nachf. *Abk. von* **Nachfolger(in)** sucesor(a) *m(f)*

Nachfahr(e), -in *m, f* <-en, -en; -nen> *(geh)* descendiente *mf;* **die ~en** *(Blutsverwandtschaft)* la descendencia; *(nächste Generationen)* la posteridad

nach|fahren *irr vi sein* **jdm ~** seguir a alguien (en un vehículo)

Nachfahrin *f* <-nen> *s.* **Nachfahr(e)**

nach|feiern *vt* celebrar a posteriori

Nachfolge *f ohne pl* sucesión *f;* **jds ~ (in einem Amt) antreten** suceder a alguien (en un cargo)

Nachfolgemodell *nt* <-s, -e> modelo *m* sucesor

nachfolgen *vi sein* ❶ *(Nachfolger werden)* suceder ❷ *(folgen)* seguir

nachfolgend *adj* siguiente

Nachfolger(in) *m(f)* <-s, -; -nen> sucesor(a) *m(f)*

Nachforderung *f* <-, -en> ❶ *(zeitlich)* reclamación *f* posterior ❷ *(zusätzlich)* petición *f* adicional; **~en erheben** [*o* **geltend machen**] presentar una petición [*o* reclamación] suplementaria

nach|forschen *vi* investigar

Nachforschung *f* investigación *f; (amtliche Nachforschung)* pesquisa *f;* **in etw ~en anstellen** hacer pesquisas acerca de algo

Nachfrage *f* ❶ (WIRTSCH) demanda *f* (**nach** de); **die ~ sinkt/steigt** la demanda disminuye/aumenta ❷ *(Wend)* **danke der ~!** ¡gracias por el interés!

nach|fragen **I.** *vi* ❶ *(sich erkundigen)* preguntar (**wegen** por) ❷ *(nachsuchen)* solicitar **II.** *vt* (WIRTSCH) demandar

Nachfrist *f* (JUR) prórroga *f*

nach|fühlen *vt s.* **nachempfinden**

nachfüllbar *adj* rellenable; *(Patrone)* recargable

nach|füllen *vt* rellenar; *(Patrone)* recargar

Nachfüllpackung *f* empaque *m* rellenable

nach|geben *irr vi* ❶ *(zustimmen)* ceder, agacharse *Am;* **er gab ihren Bitten nach** cedió a sus súplicas ❷ *(Fundament)* ceder; *(Stoff)* dar de sí ❸ (WIRTSCH, FIN) bajar

Nachgebühr *f* sobretasa *f*

Nachgeburt *f ohne pl* secundinas *f pl*

nach|gehen *irr vi sein* ❶ *(folgen)* seguir ❷ *(ergründen)* investigar; **einem Hinweis/einer Spur ~** seguir una pista/una huella ❸ *(Uhr, Messgerät)* ir atrasado ❹ *(einem Beruf)* dedicarse (a)

Nachgeschmack *m ohne pl* regusto *m; (schlechter Nachgeschmack)* resabio *m;* **das hinterlässt einen üblen ~** esto deja mal sabor de boca

nachgiebig *adj* ❶ *(Mensch, Haltung)* transigente; **gegenüber jdm (zu) ~ sein** ser (demasiado) condescendiente con alguien ❷ *(Material)* flexible; *(Boden)* blando

Nachgiebigkeit *f ohne pl* ❶ *(Entgegenkommen)* complacencia *f; (Veranlagung)* docilidad *f* ❷ *(Beschaffenheit)* elasticidad *f*

nach|gießen *irr* **I.** *vt* ❶ *(einschenken)* servir más; **sich** *dat* **Wein ~** servirse más vino ❷ *(auffüllen)* rellenar; **jds Glas ~** rellenar el vaso de alguien **II.** *vi* servir más bebida; **darf ich dir ~?** ¿te sirvo un poco más?

nach|grübeln *vi* cavilar (**über** sobre)

nach|gucken *vi (reg) s.* **nachsehen**

nach|haken *vi (fam)* porfiar; **bei jdm (mit einer Frage) ~** preguntar a alguien con insistencia

nachhaltig *adj* persistente; **~e Entwicklung** desarrollo *m* sostenible; **~er Tourismus** turismo *m* sostenible; **~e Wirkung haben** ser muy eficaz

Nachhaltigkeit *f* <-, *ohne pl*> duración *f,* persistencia *f,* efecto *m* (persistente)

nach|hängen *irr vi* estar absorto (en); *(wehmütig)* acariciar; **seinen Gedanken ~** ensimismarse

nachhause *adv (Österr, Schweiz)* a casa

Nachhauseweg *m* camino *m* a casa; **auf dem ~** de camino a casa

nach|helfen *irr vi* echar una mano; **dem Glück ~** ayudar a la suerte
nachher *adv* ❶ *(danach)* después; *(später)* luego; **bis ~!** ¡hasta luego! ❷ *(reg: möglicherweise)* luego
Nachhilfe *f* clase *f* particular; **bei jdm ~ bekommen** dar clases particulares con alguien
Nachhilfelehrer(in) *m(f)* <-s, -; -, -nen> profesor(a) *m(f)* de clases particulares
Nachhilfestunde *f* <-, -n> clase *f* particular
Nachhilfeunterricht *m* clases *fpl* particulares; **~ nehmen** ir a clases particulares; **jdm ~ geben** dar clases particulares a alguien
Nachhinein im ~ posteriormente
Nachholbedarf *m* necesidad(es) *f(pl)* de recuperar (**an**)
nach|holen *vt* ❶ *(Person)* hacer venir; *(Dinge)* buscar más tarde ❷ *(Versäumnis)* recuperar
nach|jagen *vi sein* **jdm ~** perseguir a alguien; **etw** *dat* **~** andar a la caza de algo
nach|kaufen *vt* comprar más tarde; **von diesem Service kann man Teile ~** este juego de mesa dispone de piezas de recambio
Nachklang *m* eco *m,* resonancia *f*
Nachkomme *m* <-n, -n> descendiente *mf*
nach|kommen *irr vi sein* ❶ *(später kommen)* venir más tarde; **ich komme gleich nach** ahora voy ❷ *(Schritt halten)* poder seguir; **er kommt mit der Arbeit nicht nach** no consigue sacar el trabajo adelante ❸ *(geh)* **etw** *dat* **~** *(einer Vorschrift)* acatar; *(einer Verpflichtung)* cumplir (con); *(einem Wunsch)* acceder (a) ❹ *(Schweiz: verstehen)* entender
Nachkommenschaft *f ohne pl* descendencia *f*
nach|kontrollieren* *vt* controlar; **die Reifen wurden auf Sicherheit nachkontrolliert** se comprobó que las ruedas fueran seguras
Nachkriegszeit *f* (época *f* de la) posguerra *f*
nachladen *irr vt* recargar, volver a cargar
Nachlass *m* <-es, -lässe *o* -e> ❶ *(Erbschaft)* legado *m; (eines Künstlers)* obras *fpl* póstumas ❷ *(Rabatt)* rebaja *f*
nach|lassen *irr* **I.** *vi (allgemein)* disminuir; *(Schmerz)* calmarse; *(Interesse, Qualität, Eifer)* decaer; *(Fieber)* bajar; *(Regen)* cesar; **wir sollten nicht ~ in unserem Streben!** no debemos desistir en nuestro afán **II.** *vt* ❶ *(lockern)* aflojar ❷ *(vom Preis)* rebajar
nachlässig I. *adj* negligente, descuidado **II.** *adv* con negligencia; **~ arbeiten** ser negligente en el trabajo; **~ gekleidet sein** estar mal vestido
Nachlässigkeit *f* <-en> negligencia *f*
Nachlassverwalter(in) *m(f)* <-s, -; -, -nen> (JUR) administrador(a) *m(f)* de la herencia
nach|laufen *irr vi sein* **jdm/etw ~** ir detrás de alguien/de algo
nachlegen *vt* ❶ *(zusätzlich auflegen)* echar más, añadir ❷ *(Speisen)* servir (más), poner (más en el plato)
Nachlese *f* <-, -n> ❶ *(der Ernte)* rebusca *f,* rebusco *m* ❷ *(geh: Nachtrag)* selección *f*
nach|lesen *irr vt (Text)* releer
nach|liefern *vt* enviar más tarde
nach|lösen *vi, vt* comprar (el billete) al revisor
nach|machen *vt (fam)* ❶ *(nachahmen)* imitar; *(kopieren)* copiar; **das macht mir so schnell keiner nach** esto no lo hace cualquiera ❷ *(fälschen)* falsificar ❸ *(nachträglich erledigen)* hacer a posteriori
nach|messen *irr vi, vt* (volver a) medir
Nachmieter(in) *m(f)* siguiente inquilino, -a *m, f*
Nachmittag *m* <-(e)s, -e> tarde *f;* **am ~** por la tarde; **gestern ~** ayer por la tarde
nachmittags *adv* por la tarde; *(jeden Nachmittag)* por las tardes; **um vier Uhr ~** a las cuatro de la tarde
Nachmittagsvorstellung *f* función *f* de tarde, vermú *m And, CSur*
Nachnahme *f* <-n> reembolso *m;* **etw per ~ verschicken** mandar algo contra reembolso
Nachnahmegebühr *f* tasa *f* de reembolso
Nachnahmesendung *f* envío *m* contra reembolso
Nachname *m* apellido *m*
nach|plappern *vt (fam)* repetir como un loro
Nachporto *nt* sobretasa *f*
nachprüfbar *adj* que se puede comprobar
nach|prüfen *vt* comprobar, verificar
nach|rechnen *vi, vt* repasar la cuenta (de)
nach|reichen *vt* entregar en fecha posterior
Nachricht *f* <-en> ❶ *(allgemein)* noticia *f;* **eine ~ hinterlassen** dejar un recado; **~ von jdm haben** tener noticias de alguien; **jdm eine ~ überbringen** tra(n)smitir a alguien una noticia ❷ *pl* (TV, RADIO) noticias *fpl*
Nachrichtendienst *m* ❶ *(Geheimdienst)* servicio *m* de inteligencia ❷ *(Nachrichtenagentur)* agencia *f* de noticias
Nachrichtenmagazin *nt* (PUBL) revista *f* de actualidad
Nachrichtensperre *f* bloqueo *m* informa-

N

tivo; **über irgendein Thema eine ~ verhängen** imponer un embargo informativo sobre algún tema

Nachrichtensprecher(in) *m(f)* locutor(a) *m(f)*

Nachruf *m* necrológica *f* (**auf** de)

nach|rüsten **I.** *vi* (MIL) rearmarse **II.** *vt* (TECH, INFOR: *zusätzlich ausstatten*) equipar posteriormente

Nachrüstung *f* ① (MIL) rearme *m* ② (TECH, INFOR) modificación *f* retroactiva

nach|sagen *vt* repetir; **ihm wurde nachgesagt, dass ...** se dijo acerca de él que...

Nachsaison *f* temporada *f* baja

Nachsatz *m* <-es, -sätze> ① *(Ergänzung)* comentario *m; (Postskriptum)* pos(t)data *f;* **in einem ~ sagte er, dass ...** añadió que... ② (LING) segundo miembro *m* de una proposición, apódosis *f inv*

nach|schauen *vt s.* **nachsehen**

nach|schenken *vi, vt (geh) s.* **nachgießen**

nach|schicken *vt (Post)* reexpedir

nach|schießen *irr vt* (FIN: *fam: Geld)* aflojar más dinero

Nachschlag *m (zusätzliche Essensportion)* segunda ración *f*

nach|schlagen *irr* **I.** *vt* buscar **II.** *vi* ① *(nachlesen)* consultar; **in einem Lexikon ~** consultar una enciclopedia ② *sein (geh)* **jdm ~** parecerse a alguien

Nachschlagewerk *nt* obra *f* de consulta

Nachschub *m* (MIL: *Versorgung*) suministro *m* (**an** de); *(Verpflegung)* avituallamiento *m; (Verstärkung)* reforzamiento *m*

nach|sehen *irr* **I.** *vi* ① *(hinterherblicken)* **jdm/etw ~** seguir a alguien/algo con la mirada ② *(zur Information)* ir a ver; **sieh mal nach, ob ...** vete a ver si... ③ *(nachschlagen)* consultar (**in**) **II.** *vt* ① *(kontrollieren)* revisar ② *(nachschlagen)* buscar ③ *(verzeihen)* **jdm etw ~** perdonar algo a alguien

Nachsehen *nt* **das ~ haben** quedarse a la luna de Valencia (**bei/in** con)

Nachsendeantrag *m* solicitud *f* de reexpedición (del correo)

nach|senden *irr vt s.* **nachschicken**

Nachsicht *f* indulgencia *f;* **~ walten lassen** ser indulgente

nachsichtig *adj* indulgente (**mit** (para) con)

Nachsilbe *f* (LING) sufijo *m*

nach|sinnen *irr vi* recapacitar (**über** sobre)

nach|sitzen *irr vi* quedar castigado después de clase

Nachsorge *f* <-, *ohne pl*> (MED) rehabilitación *f; (nach einer Operation)* atención *f* postoperatoria

Nachspann *m* <-(e)s, -e> (FILM, TV) portada *f* (final)

Nachspeise *f* (GASTR) postre *m*

Nachspiel *nt* ① (THEAT) epílogo *m;* (MUS) pos(t)ludio *m* ② *(Folgen)* consecuencias *f pl*

nach|spionieren* *vi* espiar

nach|sprechen *irr vt* **jdm etw ~** repetir lo dicho por alguien

nächstbeste(r, s) *adj* **der/die/das ~** *(allgemein)* el primero/la primera/lo primero que se presente; *(bei Qualität)* el segundo/la segunda/lo segundo mejor; **bei der ~n Gelegenheit** en la primera oportunidad que se presente

nächste(r, s) *adj superl von* **nah(e)** ① *(räumlich, Reihenfolge)* siguiente, próximo; **der/die/das N~** el más próximo/la más próxima/lo más próximo; **aus ~r Nähe** muy de cerca; **die ~n Angehörigen** los más allegados ② *(zeitlich)* próximo; **das ~ Mal** la próxima vez; **in den ~n Tagen** en los próximos días; **ich rufe dich bei der ~n Gelegenheit an** te llamo en cuanto pueda

Nächste(r) *mf* <-n, -n; -n> ① *(geh: Mitmensch)* próximo, -a *m, f;* (REL) prójimo, -a *m, f* ② *(der/die Folgende)* siguiente *mf;* **der/die ~ bitte!** ¡el/la siguiente, por favor!

nach|stehen *irr vi* **jdm an etw (nicht) ~** (no) quedarse atrás de alguien en cuanto a algo; **jdm in nichts ~** ser igual a alguien

nachstehend *adj* posterior; **~ aufgeführt** citado con posterioridad; **im N~en** a continuación

nachsteigen *irr vi sein (fam)* rondar, cortejar

nach|stellen **I.** *vt* ① (TECH) reajustar ② *(Uhr)* retrasar ③ (LING) posponer **II.** *vi (geh)* **jdm ~** *(verfolgen)* perseguir a alguien; *(umwerben)* rondar a alguien

nächsten *superl von* **nah(e): am ~** lo más cercano

Nächstenliebe *f* ① *(Barmherzigkeit)* caridad *f* ② *(Liebe zum Nächsten)* amor *m* al prójimo

nächstens *adv* pronto, dentro de poco

nächstgelegen *adj* más cercano

nächstliegend *adj (örtlich)* más cercano; *(fig)* más obvio

nächstmöglich *adj* próximo (posible); **zum ~en Termin** lo antes posible

nach|suchen *vi* ① *(suchen)* buscar por todas partes ② *(geh: beantragen)* **bei jdm um etw ~** solicitar algo ante alguien

Nacht *f* <Nächte> noche *f;* **Heilige ~** Nochebuena; **bei ~** de noche; **in der ~** por la noche; **in der ~ auf Mittwoch** la noche del martes al miércoles; **gestern ~** ayer por la noche; **über ~ bleiben** pasar la noche (**bei** en casa de, **in** en); **als die ~ hereinbrach** cuando anocheció; **eines ~s** *(geh)* una noche; **bei ~ und Nebel** *(fig)* clandestinamente; **gute ~!** ¡buenas noches!; **jdm gute ~ sagen** dar(le) las buenas noches a alguien; **die ~ zum Tage machen** pasarse la noche de juerga; **zu ~ essen** *(südd, Österr)* cenar; **über ~** *(ganz plötzlich)* de la noche a la mañana

nachtaktiv *adj* (ZOOL) nocturno

Nachtarbeit *f ohne pl* trabajo *m* de noche

nachtblind *adj* hemerálope

Nachtblindheit *f* <-, *ohne pl*> ceguera *f* nocturna, hemeralopía *f*

Nachtcreme *f* <-, -s> crema *f* de noche

Nachtdienst *m* turno *m* de noche

Nachteil *m* <-(e)s, -e> inconveniente *m*, desventaja *f*; *(Schaden)* perjuicio *m*; **~e durch etw haben** tener inconvenientes por algo; **jdm ~e bringen** perjudicar a alguien; **er hat sich zu seinem ~ verändert** ha cambiado para peor; **im ~ sein** estar en desventaja; **von ~ sein** ser desfavorable

nachteilig *adj* *(ungünstig)* desventajoso; *(schädlich)* perjudicial

nächtelang *adv* durante noches enteras

Nachtessen *nt* *(südd, Österr, Schweiz)* cena *f*

Nachtfalter *m* ❶ (ZOOL) mariposa *f* nocturna ❷ *(Person)* trasnochador(a) *m(f)*

Nachtflug *m* vuelo *m* nocturno; **von Frankfurt nach Bogotá nehme ich einen ~** de Fráncfort a Bogotá cojo un vuelo nocturno

Nachthemd *nt* camisón *f*, dormilona *f Ven*

Nachthimmel *m* <-s, *ohne pl*> cielo *m* de noche; **ein sternenklarer ~** una noche estrellada

Nachtigall *f* <-en> (ZOOL) ruiseñor *m*

nächtigen *vi* pasar la noche (**in** en); **bei jdm ~** dormir en casa de alguien

Nachtisch *m ohne pl* postre *m*

Nachtklub *m* club *m* nocturno

Nachtleben *nt ohne pl* vida *f* nocturna

nächtlich *adj* nocturno

Nachtlokal *nt* club *m* nocturno

Nachtrag *m* <-(e)s, -träge> adición *f* (**zu** a); *(im Brief)* posdata *f*; *(Anhang)* apéndice *m*

nach|tragen *irr vt* ❶ *(hinzufügen)* añadir; **bliebe noch nachzutragen, dass ...** solo queda añadir que... ❷ *(verübeln)* **jdm etw ~** guardar rencor a alguien por algo

nachtragend *adj* rencoroso

nachträglich **I.** *adj* posterior **II.** *adv* posteriormente

nach|trauern *vi* **jdm/etw ~** lamentar la pérdida de alguien/de algo

Nachtruhe *f* reposo *m* nocturno

nachts *adv* por la noche; *(jede Nacht)* por las noches; **spät ~** muy entrada la noche; **um 2 Uhr ~** a las dos de la madrugada

Nachtschattengewächs *nt* <-es, -wächse> (BOT) solanácea *f*

Nachtschicht *f* turno *m* de noche

Nachtschwärmer(in) *m(f)* noctámbulo, -a *m, f*, farrista *mf CSur*

Nachtschwester *f* enfermera *f* de noche

nachtsüber *adv* de noche, por la noche

Nachttarif *m* tarifa *f* nocturna

Nachttisch *m* mesita *f* de noche, buró *m Am*

Nachttischlampe *f* lámpara *f* de mesilla (de noche)

Nacht-und-Nebel-Aktion ['--'----] *f* operación *f* sorpresa; *(der Polizei)* redada *f* nocturna

Nachtwache *f* guardia *f* nocturna; **~ haben** estar de guardia nocturna

Nachtwächter(in) *m(f)* guardia *mf* nocturno , -a, nochero, -a *m, f CSur*

Nachuntersuchung *f* <-, -en> (examen *m* de) control *m* posterior

nachvollziehbar *adj* comprensible; **es ist für mich (nicht) ~, warum ...** (no) comprendo por qué...

nach|vollziehen* *irr vt* comprender

nach|wachsen *irr vi sein* volver a crecer; *(sich erneuern)* reproducirse; **~de Rohstoffe** materias primas renovables

Nachwahl *f* elección *f* complementaria

Nachwehen *fpl* ❶ (MED) entuertos *mpl* uterinos ❷ *(geh fig: Folgen)* consecuencias *fpl*

nach|weinen *vi, vt* **jdm ~** llorar a alguien; **jdm/etw keine Träne ~** no derramar ni una lágrima por alguien/por algo

Nachweis *m* <-es, -e> *(Beweis)* prueba *f*; *(Bescheinigung)* certificado *m*; **zum ~ von ...** como prueba de...

nachweisbar *adj* comprobable; *(Giftstoffe)* detectable; **etw ist ~** algo se puede comprobar

nach|weisen *irr vt* ❶ *(beweisen)* comprobar, probar; **das lässt sich leicht ~** es fácil comprobarlo; **jdm etw ~** demostrar que alguien hizo algo ❷ *(Kenntnisse)* presentar un certificado (de)

nachweislich **I.** *adj* demostrable, comprobable **II.** *adv* como puede comprobarse

Nachwelt *f ohne pl* posteridad *f*

nach|werfen *irr vt* ❶ *(hinterherwerfen)* **jdm etw ~** tirar algo detrás de alguien ❷ *(fam: leicht machen)* **jdm etw ~** regalar algo a alguien

nachwinken *vi* **jdm ~** decir adiós a alguien con la mano

nach|wirken *vi* continuar causando efecto; *(Einfluss haben)* repercutir (**auf** en)
Nachwirkung *f* consecuencia *f; (Einfluss)* repercusión *f* (**auf** en); **unter den ~en leiden** *(fig)* sufrir las consecuencias
Nachwort *nt* epílogo *m*
Nachwuchs *m* ① *(fam: Nachkomme)* descendencia *f;* **sie haben ~ bekommen** han tenido un hijo/una hija ② *(am Arbeitsmarkt)* aprendices *mpl*
Nachwuchsstar *m* joven estrella *f*
nach|zahlen *vt (später zahlen)* pagar más adelante; *(zusätzlich zahlen)* pagar extra
nach|zählen *vt* (volver a) contar
Nachzahlung *f* ① *(nachträglich)* pago *m* posterior ② *(zusätzlich)* pago *m* adicional
nach|ziehen *irr* **I.** *vt* ① *(Umriss)* retocar; *(Lippen)* pintarse ② *(Schraube)* apretar ③ *(Bein)* arrastrar **II.** *vi sein* **jdm ~** seguir a alguien
Nachzügler(in) *m(f)* <-s, -; -nen> rezagado, -a *m, f*
Nacken *m* <-s, -> nuca *f;* **einen steifen ~ haben** tener tortícolis; **mir sitzt die Angst im ~** tengo miedo
nackend ['nakənt] *adj (fam)* desnudo
Nackenstütze *f* <-, -n> reposacabezas *m inv*
nackig ['nakɪç] *adj (fam)* desnudo
nackt *adj (a. fig)* desnudo; **halb ~** medio desnudo; **sich ~ ausziehen** desnudarse
Nackte(r) *mf* <-n, -n; -n, -n> persona *f* desnuda
Nacktheit *f ohne pl* desnudez *f*
Nacktschnecke *f* (ZOOL) babosa *f*
Nadel *f* <-n> *(Näh-, Stricknadel, an Messinstrumenten, a.* BOT) aguja *f; (Stecknadel)* alfiler *m; (Haarnadel)* horquilla *f;* **eine ~ im Heuhaufen suchen** *(fig)* buscar una aguja en el pajar; **an der ~ hängen** *(sl)* estar enganchado (a la heroína)
Nadelbaum *m* conífera *f*
Nadeldrucker *m* impresora *f* de matriz de agujas
Nadelholz *nt* ① *(Holz)* madera *f* de conífera ② *pl (Bäume)* coníferas *fpl*
Nadelkissen *nt* <-s, -> acerico *m,* alfiletero *m*
nadeln *vi* caérsele las agujas *(a las coníferas)*
Nadelöhr *nt* ojo *m* de la aguja; (AUTO: *Engpass*) calle *f* muy estrecha
Nadelstreifen *mpl* mil rayas *fpl*
Nadelstreifenanzug *m* traje *m* de mil rayas
Nadelwald *m* bosque *m* de coníferas, pinar *m*
Nagel *m* <-s, Nägel> ① *(Metallstift)* clavo *m;* **einen ~ einschlagen** clavar un clavo; **den ~ auf den Kopf treffen** *(fam a. fig)* dar en el clavo; **etw an den ~ hängen** *(fam fig)* dejar algo; **den Beruf an den ~ hängen** *(fam fig)* colgar los hábitos; **Nägel mit Köpfen machen** *(fam fig)* tomar una decisión ② *(Fingernagel)* uña *f;* **sich** *dat* **die Nägel schneiden** cortarse las uñas; **an den Nägeln kauen** comerse las uñas; **sich** *dat* **etw unter den ~ reißen** *(fam)* mangar algo; **das brennt uns unter den Nägeln** *(fam)* esto corre mucha prisa
Nagelbürste *f* cepillo *m* de uñas
Nagelfeile *f* lima *f* para las uñas
Nagelhaut *f* (ANAT) cutícula *f*
Nagellack *m* esmalte *m* de uñas
Nagellackentferner *m* quitaesmalte *m*
nageln *vt* clavar (**an/auf** en)
nagelneu *adj (fam)* flamante
Nagelschere *f* tijeras *fpl* de manicura
nagen **I.** *vi* ① *(Tier, Mensch)* roer (**an**) ② *(Rost, Wasser)* corroer (**an**) ③ *(quälen)* corroer; **das schlechte Gewissen nagte an ihr** le remordía la mala conciencia **II.** *vt* roer
nagend *adj (Sorgen)* roedor; **ein ~er Schmerz** un dolor punzante
Nager *m* <-s, ->, **Nagetier** *nt* roedor *m*
nah(e) <näher, am nächsten> **I.** *adj* ① *(räumlich)* cercano; **~ sein** estar cerca; **der N~e Osten** el Oriente Próximo; **von ~em** de cerca ② *(zeitlich)* próximo, inmediato; **die ~e Zukunft** el futuro próximo; **der ~e Aufbruch** la salida inmediata; **~ daran sein, etw zu tun** estar a punto de hacer algo ③ *(direkt, eng)* cercano; **~e Verwandte** familiares cercanos **II.** *adv* ① *(räumlich, zeitlich)* cerca; **~ an** [*o* **bei**] cerca de; **~ beieinander** muy juntos; **von ~ und fern** de lejos y de cerca ② *(direkt, eng)* **mit jdm ~e verwandt sein** ser pariente cercano de alguien **III.** *präp +dat (geh)* cerca de
Nahaufnahme *f* ① (FOTO) vista *f* de cerca ② (FILM) primer plano *m*
Nähe *f ohne pl* ① *(räumlich)* cercanía *f,* proximidad *f;* **etw aus der ~ betrachten** mirar algo de cerca; **in der ~ der Stadt** cerca de la ciudad; **hier in der ~** aquí cerca; **in meiner ~** a mi lado; **aus nächster ~** muy de cerca; **gern in jds ~ sein** estar a gusto al lado de alguien ② *(zeitlich)* proximidad *f*
nahebei *adv* muy cerca
nahebringen *irr vt (Interesse wecken)* **jdm etw ~** despertar el interés de alguien por algo, hacer comprender algo a alguien
nahegehen *irr vi sein* **jdm ~** afectar a alguien
nahe|kommen *irr sein* **I.** *vi* **das kommt**

meinen Vorstellungen sehr nahe esto casi coincide con mis planes **II.** *vr:* **sich** *dat* ~ intimar
nahe|legen *vt* **jdm etw** ~ *(vorschlagen)* sugerir algo a alguien; *(empfehlen)* recomendar algo a alguien
nahe|liegen *irr vi* ser de suponer; **es liegt nahe, dass sie uns besuchen kommt** es de suponer que vendrá a visitarnos; **~d sein** estar claro
naheliegend *adj* ~ **sein** estar claro, ser lógico; **das ist doch ~!** ¡está clarísimo!; **aus ~en Gründen** por razones obvias
nahen *vi sein (geh)* acercarse; *(Ereignis)* aproximarse
nähen *vi, vt* ① *(Kleidung)* coser ② *(Wunde)* suturar; *(fam: Patient)* coser
näher *adj kompar von* **nah(e)** ① *(räumlich, zeitlich)* más próximo, más cercano; ~ **wohnen** vivir más cerca; **in der ~en Umgebung** en las proximidades inmediatas; ~ **rücken** acercarse; **tritt doch ~!** ¡acércate! ② *(fig: genauer)* más detallado; **~e Angaben** detalles; **etw ~ betrachten** mirar algo con detalle; **können sie mir N~es darüber erzählen?** ¿puede darme más detalles sobre ello? ③ *(enger)* más cercano; *(Freundschaft)* más íntimo; **die ~e Verwandtschaft** los parientes cercanos; **jdn ~ kennenlernen** conocer a alguien (más) de cerca
Naherholungsgebiet *nt* <-(e)s, -e> zona *f* recreativa
Näherin *f* <-nen> costurera *f*
näherkommen *irr vi sein* **sie kamen sich näher** se conocieron mejor [*o* más de cerca]; **das kommt der Wahrheit schon näher** eso ya se acerca más a la verdad
nähern *vr:* **sich** ~ acercarse (a); *(Ereignis)* aproximarse
Näherungswert *m* (MATH) valor *m* aproximado
nahe|stehen *irr vi* **jdm** ~ tener una relación estrecha con alguien; **einer Sache** ~ estar vinculado a algo
nahe|treten *irr vi sein* **jdm zu nahe treten** ofender a alguien
nahezu *adv* casi
Nähgarn *nt* hilo *m* para coser
Nahkampf *m* (MIL, SPORT) lucha *f* cuerpo a cuerpo
Nähkästchen *nt* **aus dem ~ plaudern** *(fam)* contar un secreto
Nähkasten *m* costurero *m*
Nähkorb *m* <-(e)s, -körbe> cesto *m* de costura
nahm *3. imp von* **nehmen**
Nähmaschine *f* máquina *f* de coser
Nähnadel *f* aguja *f* de coser
Nahost *m* <-> Cercano Oriente *m*
nahöstlich *adj* de Oriente Próximo
Nährboden *m* sustrato *m*
nähren *vt (geh)* ① *(ernähren)* alimentar ② *(Hoffnung, Eifersucht)* nutrir
nahrhaft *adj* nutritivo
Nährlösung *f* <-, -en> (*a.* MED) solución *f* nutritiva
Nährstoff *m* su(b)stancia *f* nutritiva
nährstoffarm *adj* ① *(Gewässer)* oligotrófico ② *(Nahrung)* poco nutritivo
nährstoffreich *adj* ① *(Gewässer)* eutrófico ② *(Nahrung)* muy nutritivo
Nahrung *f ohne pl* alimento *m;* **flüssige/feste** ~ alimento líquido/sólido
Nahrungsangebot *nt* <-(e)s, -e> oferta *f* de alimentos
Nahrungsaufnahme *f ohne pl* ingestión *f* de alimentos
Nahrungsbedarf *m* <-(e)s, *ohne pl*> necesidad *f* de alimentos
Nahrungsergänzungsmittel *nt* complemento *m* alimenticio
Nahrungskette *f* (BIOL) cadena *f* alimenticia
Nahrungsmangel *m* <-s, *ohne pl*> falta *f* de víveres
Nahrungsmittel *nt* alimento *m*
Nahrungsmittelallergie *f* alergia *f* a productos alimenticios
Nahrungsmittelchemie *f* <-, *ohne pl*> química *f* alimentaria
Nahrungsmittelindustrie *f* industria *f* alimentaria
Nahrungsmittelvergiftung *f* (MED) intoxicación *f* alimentaria
Nährwert *m* valor *m* nutritivo
Nähseide *f* seda *f* para coser
Naht *f* <Nähte> ① *(an Kleidung)* costura *f* ② (MED) sutura *f* ③ (TECH) soldadura *f*
Nahtauftrenner *m* abrecosturas *m*
nahtlos *adj* ① *(Kleidung, Strümpfe)* sin costura ② (TECH) sin soldadura ③ *(Wend)* ~ **ineinander übergehen** seguirse inmediatamente; ~ **braun sein** estar moreno por todo el cuerpo
Nahtstelle *f* <-, -n> ① (TECH) soldadura *f* ② *(von Bereichen)* punto *m* de encuentro
Nahverkehr *m* tráfico *m* de cercanías
Nahverkehrsmittel *nt* medio *m* de tra(n)sporte de cercanías
Nahverkehrszug *m* tren *m* de cercanías
Nähzeug *nt* utensilios *mpl* de costura
naiv *adj* inocente, ingenuo; (KUNST) naif
Naivität *f ohne pl* inocencia *f,* ingenuidad *f*
Name *m* <-ns, -n> nombre *m; (Bezeichnung)* denominación *f; (Ruf)* fama *f;* **mein ~ ist ...** me llamo...; **auf den ~n von ...** a nombre de...; **in jds ~n sprechen** hablar

en nombre de alguien; **ich kenne ihn nur dem ~n nach** no lo conozco más que de nombre; **im ~n des Volkes** en nombre del pueblo; **sich** *dat* **mit etw einen ~n machen** hacerse famoso con algo; **man muss die Dinge beim ~n nennen** ¡al pan pan y al vino vino!

namenlos *adj* ❶ *(Person)* sin nombre ❷ *(geh: sehr groß)* infinito

namens **I.** *adv* llamado **II.** *präp +gen (formal)* en nombre de

Namensänderung *f* <-, -en> cambio *m* del nombre (de pila)

Namensgebung *f* nombre *m*

Namensliste *f* <-, -n> nómina *f*

Namensschild *nt* placa *f* (con nombre)

Namenstag *m* (día *m* del) santo *m*

Namensvetter *m* tocayo *m*

Namenszeichen *nt* <-s, -> rúbrica *f*

namentlich **I.** *adj* nominal **II.** *adv* ❶ *(mit Namen)* por el nombre; **~ genannt werden** ser mencionado ❷ *(vor allem)* sobre todo; *(hauptsächlich)* principalmente

namhaft *adj* ❶ *(bekannt)* conocido; *(berühmt)* famoso ❷ *(beträchtlich)* importante

Namibia [na'mi:bia] *nt* <-s> Namibia *f*

nämlich *adv* ❶ *(denn)* porque, es que; **sie fährt ~ immer nach Italien** es que siempre se va a Italia ❷ *(und zwar)* a saber, o sea

N

nannte *3. imp von* **nennen**

Nanometer *nt o m* <-s, -> nanómetro *m*

nanu *interj* hombre

Napalm® *nt* <-s, *ohne pl*> napalm® *m*

Napf *m* <-(e)s, Näpfe> escudilla *f*

Narbe *f* <-n> ❶ (MED) cicatriz *f* ❷ (BOT) estigma *m*

narbig *adj* ❶ *(allgemein)* con cicatrices ❷ *(Leder)* granulado

Narkose *f* <-n> (MED) anestesia *f*

Narkosemittel *nt* (MED) anestésico *m*

Narkotikum [nar'ko:tikum, *pl:* nar'ko:tika] *nt* <-s, Narkotika> ❶ *(Narkosemittel)* anestésico *m* ❷ *(Schmerzmittel)* narcótico *m*

Narr, Närrin *m, f* <-en, -en; -nen> ❶ *(Dummkopf)* necio, -a *m, f* ❷ (THEAT) gracioso, -a *m, f* ❸ *(Hofnarr)* bufón *m;* **jdn zum ~en halten** tomar(le) el pelo a alguien; **er hat einen ~en an ihr gefressen** *(fam)* se ha quedado con ella

narren ['narən] *vt (geh)* ❶ *(zum Narren halten)* tomar el pelo ❷ *(täuschen)* engañar

Narrenfreiheit *f ohne pl* **~ haben** poder hacer todas las locuras

Narrenhaus *nt (alt)* manicomio *m;* **hier geht es (ja) zu wie im ~** *(fig)* esto parece un manicomio

narrensicher *adj (fam)* nada complicado

Närrin *f* <-nen> *s.* **Narr**

närrisch *adj* loco; **auf jdn/etw ganz ~ sein** *(fam)* estar loco por alguien/algo

Narziss [nar'tsɪs] *m* <-es, -e> narciso *m*

Narzisse *f* <-n> narciso *m*

Narzissmus *m* <-, *ohne pl*> narcisismo *m*

narzisstisch *adj* narcisista

NASA ['na:za] *f* <-, *ohne pl*> *Abk. von* **National Aeronautics and Space Administration** NASA *f*

nasal *adj* (MED, LING) nasal

Nasal *m* <-s, -e> (LING) sonido *m* nasal

Nasallaut *m* (LING) sonido *m* nasal

naschen **I.** *vi (Süßigkeiten essen)* tomar chucherías; *(kleine Mengen essen)* picar **II.** *vt* comer; **hast du etwas zum N~?** ¿tienes algo para picar?

naschhaft *adj* goloso

Naschkatze *f (fam)* goloso, -a *m, f*

Nase[1] *f* <-n> *(Körperteil)* nariz *f,* narices *fpl fam,* ñata *f Am;* **pro ~** *(fam)* por cabeza; **immer der ~ nach** *(fam)* todo recto; **mir läuft die ~** me gotea la nariz; **sich** *dat* **die ~ putzen** sonarse; **die ~ rümpfen** arrugar la nariz; **auf die ~ fallen** *(fam)* darse de narices; *(fig)* fracasar; **jdm etw vor der ~ wegschnappen** *(fam)* quitarle algo a alguien delante de sus narices; **die ~ in ein Buch stecken** *(fam)* meter las narices en un libro; **etw vor der ~ haben** *(fam)* tener algo delante de las narices; **jdm etw auf die ~ binden** *(fam)* revelar(le) a alguien un secreto; **jdm etw aus der ~ ziehen** *(fam)* sonsacar algo a alguien; **jdm auf der ~ herumtanzen** *(fam)* traer a alguien al retortero; **jdm etw unter die ~ reiben** *(fam fig)* refregar por las narices algo a alguien; **sie sollten sich an die eigene ~ fassen** *(fam fig)* ¿quién le ha dado vela en este entierro?; **sich** *dat* **eine goldene ~ verdienen** hacerse de oro; **die ~ (von jdm/etw) voll haben** *(fam)* estar hasta las narices (de alguien/algo); **die ~ vorn haben** estar a la cabeza; **jdn an der ~ herumführen** *(fam)* tomar(le) el pelo a alguien; **er steckt seine ~ in alles** *(fam)* mete las narices en todo

Nase[2] *f ohne pl (Geruchs-, Spürsinn)* olfato *m;* **eine gute ~ für etw haben** tener un buen olfato para algo

naselang *adv (fam)* **alle ~** una y otra vez, sin cesar

näseln *vi* ganguear, hablar por la nariz

näselnd *adj* que habla con voz gangosa

Nasenbein *nt* hueso *m* nasal

Nasenbluten *nt* <-s, *ohne pl*> hemorragia *f* nasal; ~ **haben** sangrar por la nariz
Nasenflügel *m* aleta *f* nasal
Nasenhöhle *f* fosa *f* nasal
Nasenloch *nt* ventana *f* de la nariz
Nasenrücken *m* <-s, -> dorso *m* de la nariz
Nasenscheidewand *f* tabique *m* nasal
Nasenspitze *f* punta *f* de la nariz; **man sieht es ihm an der ~ an** *(fam)* se le nota en la cara
Nasenspray *m o nt* espray *m* nasal
Nasentropfen *mpl* gotas *fpl* nasales
Naseweis *m* <-es, -e> *(fam)* preguntón, -ona *m, f,* metomentodo *mf*
Nashorn *nt* <-(e)s, -hörner> rinoceronte *m*
nass *adj* mojado; *(durchnässt)* empapado; *(Wetter, Farbe)* húmedo; **durch und durch ~ sein** estar calado hasta los huesos; ~ **machen** mojar; ~ **werden** mojarse
Nässe *f ohne pl* humedad *f*
nasskalt *adj* húmedo y frío; **es ist ~** hace un frío húmedo
Nasszelle *f* (ARCHIT) cuarto *m* húmedo
Nation *f* <-en> nación *f;* **die Vereinten ~en** las Naciones Unidas
national *adj* nacional
Nationalelf *f* <-, -en> (SPORT) equipo *m* nacional (de fútbol)
Nationalfeiertag *m* fiesta *f* nacional
Nationalheld(in) *m(f)* <-en, -en; -, -nen> héroe *m* nacional, heroína *f* nacional
Nationalhymne *f* himno *m* nacional
Nationalismus *m* <-, *ohne pl*> nacionalismo *m*
Nationalist(in) *m(f)* <-en, -en; -nen> nacionalista *mf*
nationalistisch *adj* nacionalista
Nationalität *f* <-en> nacionalidad *f*
Nationalmannschaft *f* (SPORT) selección *f* nacional
Nationalpark *m* parque *m* nacional
Nationalrat *m ohne pl (Schweiz, Österr: Abgeordnetenhaus)* ≈ Parlamento *m*
Nationalsozialismus *m* nacionalsocialismo *m*
Nationalsozialist(in) *m(f)* <-en, -en; -, -nen> (HIST) nacionalsocialista *mf*
nationalsozialistisch *adj* nacionalsocialista
Nationalspieler(in) *m(f)* (SPORT) jugador(a) *m(f)* de la selección nacional
Nationalstaat *m* nación *f*
Nationalstolz *m* <-es, *ohne pl*> orgullo *m* nacional
Nationalversammlung *f* asamblea *f* nacional
Nato, NATO *f ohne pl Abk. von* **North Atlantic Treaty Organization** OTAN *f*
NATO-Beitrittsland *nt* país *m* candidato al ingreso en la OTAN
Natrium *nt* <-s, *ohne pl*> (CHEM) sodio *m*
Natron *nt* <-s, *ohne pl*> sosa *f*
Natronlauge *f* <-, -n> (CHEM) sosa *f* cáustica
Natter *f* <-n> culebra *f;* **eine ~ am Busen nähren** criar cuervos
Natur *f ohne pl* naturaleza *f; (Beschaffenheit)* índole *f,* carácter *m;* **in freier ~** en plena naturaleza; **von ~ aus** por naturaleza; **eine Frage allgemeiner ~** una pregunta de índole general; **das liegt in der ~ der Sache** es propio de la situación
Naturalien *fpl* productos *mpl* naturales; **in ~ bezahlen** pagar en especie
Naturalismus *m* <-, *ohne pl*> naturalismo *m*
Naturalist(in) [natura'lɪst] *m(f)* <-en, -en; -, -nen> (KUNST, LIT) naturalista *mf*
naturalistisch *adj* naturalista
Naturbursche *m* <-n, -n> joven *m* sencillo [*o* llano]
Naturdenkmal *nt* monumento *m* natural
Naturell [natu'rɛl] *nt* <-s, -e> *(geh)* natural *m*
Naturereignis *nt* fenómeno *m* de la naturaleza
Naturfarbe *f* <-, -n> color *m* natural
naturfarben *adj* de color natural
Naturfaser *f* fibra *f* natural
Naturforscher(in) *m(f)* naturalista *mf*
Naturfreund(in) *m(f)* amante *mf* de la naturaleza
naturgemäß *adj* de acuerdo con la naturaleza
Naturgesetz *nt* ley *f* natural
naturgetreu I. *adj* natural **II.** *adv* fiel al original; **etw ~ wiedergeben** reproducir algo con fidelidad al original
Naturheilkunde *f* medicina *f* naturista
Naturheilmittel *nt* remedio *m* naturista
Naturheilverfahren *nt* <-s, -> (MED) método *m* de curación naturista, remedio *m* naturista
Naturkatastrophe *f* catástrofe *f* natural
Naturkost *f* alimentación *f* natural, dieta *f* natural
Naturkostladen *m* <-s, -läden> tienda *f* de productos naturales
Naturkundemuseum *nt* museo *m* de ciencias naturales
Naturlandschaft *f* paisaje *m* virgen
natürlich I. *adj* ① *(allgemein)* natural; **in ~er Größe** de tamaño natural ② *(selbstverständlich)* natural **II.** *adv* naturalmente;

N

~ **nicht!** ¡claro que no!; **das stimmt ~, aber ...** claro que es cierto, pero...
Natürlichkeit *f ohne pl* naturalidad *f*
naturnah *adj* natural
Naturpark *m* parque *m* nacional
Naturprodukt *nt* producto *m* natural
naturrein *adj* puro, natural
Naturreis *m* (GASTR) arroz *m* integral
Naturschutz *m* protección *f* de la naturaleza
Naturschützer(in) *m(f)* protector(a) *m(f)* de la naturaleza
Naturschutzgebiet *nt* parque *m* nacional
Naturschutzpark *m* parque *m* nacional
Naturtalent *nt* talento *m* (natural)
naturverbunden *adj* amante de la naturaleza
naturverträglich *adj* compatible con la naturaleza
Naturvolk *nt* pueblo *m* primitivo
Naturwissenschaft *f* ciencias *fpl* naturales
Naturwissenschaftler(in) *m(f)* científico, -a *m, f*
naturwissenschaftlich *adj* científico
Nauru [na'u:ru] *nt* <-s> Nauru *m*
Nautik ['naʊtɪk] *f* <-, *ohne pl*> náutica *f*
nautisch ['naʊtɪʃ] *adj* náutico
Navigation *f ohne pl* (NAUT, AERO) navegación *f*
Navigationsgerät *nt* GPS *m*
Navigationssystem *nt* (NAUT, AERO) sistema *m* de navegación
Nazi *m* <-s, -s> *(abw)* nazi *mf*
Nazismus [na'tsɪsmʊs] *m* <-, *ohne pl*> (HIST: *abw)* nazismo *m*
NC *m* <-(s), -(s)> *Abk. von* **Numerus clausus** número *m* clauso
n. Chr. *Abk. von* **nach Christus** d.C.
ne *(fam)* no
'ne *art unbest (fam) Abk. von* **eine** *s.* **ein, eine, ein**
Neandertaler *m* <-s, -> (hombre *m* de) Neandertal *m*
Neapel [ne'a:pəl] *nt* <-s> Nápoles *m*
Nebel *m* <-s, -> niebla *f*
Nebelbank *f* <-, -bänke> (METEO) banco *m* de niebla
Nebelhorn *nt* <-(e)s, -hörner> sirena *f* de niebla
nebelig *adj* nebuloso; **es ist ~** hace niebla
Nebelscheinwerfer *m* (AUTO) luz *f* antiniebla delantera
Nebelschlussleuchte *f* <-, -n> (AUTO) luz *f* antiniebla trasera
Nebelschwaden [-ʃva:dən] *fpl* velos *mpl* de niebla
Nebelwand *f* <-, -wände> (METEO) banco *m* de niebla
neben I. *präp +dat* ① *(räumlich)* al lado de ② *(verglichen mit)* en comparación con ③ *(außer)* además de; **~ anderen Dingen** entre otras cosas; **~ der Arbeit** además del trabajo **II.** *präp +akk (Richtung)* al lado de
nebenamtlich *adj o adv* de segundo empleo [*o* trabajo]
nebenan *adv* al lado
nebenbei *adv* ① *(gleichzeitig)* al mismo tiempo; *(außerdem)* aparte; **sie studiert und arbeitet ~** aparte de estudiar, trabaja ② *(beiläufig)* de pasada; **~ bemerkt** dicho (sea) de paso
Nebenberuf *m* <-(e)s, -e> profesión *f* secundaria
nebenberuflich I. *adj* secundario **II.** *adv* como profesión secundaria
Nebenbeschäftigung *f* actividad *f* secundaria
Nebenbuhler(in) *m(f)* <-s, -; -nen> rival *mf*
Nebeneffekt *m* efecto *m* secundario
nebeneinander *adv* uno al lado del otro; **~ bestehen** coexistir
Nebeneingang *m* entrada *f* lateral
Nebeneinkünfte *pl* ingresos *mpl* complementarios
Nebeneinnahme *f* <-, -n> ingreso *m* extraordinario
Nebenerscheinung *f* efecto *m* secundario
Nebenerwerb *m* profesión *f* secundaria
Nebenfach *nt* (UNIV) segunda especialidad *f (que en el sistema universitario alemán complementa la especialidad principal)*
Nebenfluss *m* afluente *m*
Nebengebäude *nt* ① *(Nachbarhaus)* edificio *m* adyacente ② *(Anbau)* dependencia *f*, anexo *m*
Nebengeräusch *nt* <-(e)s, -e> ruido *m* ambiental; (TEL, RADIO) ruido *m* parásito
nebenher *adv s.* **nebenbei**
Nebenhöhle *f* (ANAT) seno *m* nasal lateral
Nebenjob *m (fam)* trabajillo *m;* **einen ~ haben** tener un trabajillo aparte
Nebenkläger(in) *m(f)* <-s, -; -, -nen> (JUR) querellante *mf*
Nebenkosten *pl* gastos *mpl* adicionales
Nebenprodukt *nt* subproducto *m*
Nebenraum *m (Raum nebenan)* habitación *f* de al lado
Nebenrolle *f* papel *m* secundario
Nebensache *f* cosa *f* de poca monta; **das ist ~** eso no tiene importancia
nebensächlich *adj* secundario
Nebensächlichkeit *f* <-en> minucia *f*
Nebensaison *f* temporada *f* baja
Nebensatz *m* ① (LING) oración *f* subordinada ② *(Bemerkung)* comentario *m* (dicho de paso)

nebenstehend *adj* al margen
Nebenstraße *f* ① *(im Ort)* calle *f* lateral ② *(außerhalb)* carretera *f* secundaria
Nebenverdienst *m* ingresos *mpl* extra(ordinarios), pololeo *m Chil: fam*
Nebenwirkung *f* efecto *m* secundario
Nebenzimmer *nt* habitación *f* contigua
neblig *adj s.* **nebelig**
nebulös [nebu'lø:s] *adj* nebuloso, poco claro
Necessaire *nt* <-s, -s> bolsa *f* de aseo, neceser *m*
necken **I.** *vt* burlarse (de); **jdn mit etw ~** tomar el pelo a alguien a causa de algo **II.** *vr:* **sich ~** bromear
neckisch *adj* ① *(lustig)* chistoso ② *(kokett)* coqueto
nee *(fam)* no
Neffe *m* <-n, -n> sobrino *m*
Negation [nega'tsjo:n] *f* <-, -en> negación *f*
negativ *adj* (*a.* PHYS, MATH, FOTO) negativo; **sich ~ zu etw äußern** expresar una opinión negativa sobre algo
Negativ *nt* <-s, -e> (FOTO) negativo *m*
Neger(in) *m(f)* <-s, -; -nen> *(abw alt)* negro, -a *m, f pey*
Negerkuss *m* (GASTR: *alt) s.* **Schokokuss**
negieren* *vt* desmentir, negar
nehmen <nimmt, nahm, genommen> *vt* ① *(ergreifen)* coger, agarrar *Am;* **ich weiß nicht, was ich ~ soll** no sé qué elegir; **jdn zur Frau/zum Mann ~** tomar a alguien por esposa/por esposo ② *(annehmen)* aceptar, tomar; **man muss ihn ~, wie er ist** hay que aceptarle como es; **ich nehme alles, wie es kommt** tomo las cosas como se presentan ③ *(verlangen)* cobrar; **er nimmt 30 Euro die Stunde** cobra 30 euros la hora ④ *(wegnehmen)* quitar; *(herausnehmen)* sacar; **du nimmst mir das Wort aus dem Mund** me quitas las palabras de la boca; **jdm etw ~** *(Glauben, Hoffnung, Angst)* quitar algo a alguien; **sich** *dat* **etw nicht ~ lassen** *(bestehen)* insistir en algo; **woher ~ und nicht stehlen?** *(fam)* ¿de dónde quieres que lo saque? ⑤ *(in Anspruch nehmen)* tomar; *(Bus, Zug)* coger, tomar *Am;* **du solltest dir einen Anwalt ~** deberías contratar a un abogado ⑥ *(einnehmen)* tomar; **etw zu sich ~** *(essen)* comer algo; *(trinken)* beber algo; **sie nimmt die Pille** toma la píldora; **ich nehme nie Zucker in den Kaffee** nunca tomo el café con azúcar; **~ Sie noch ein Stück Torte?** ¿quiere otro trozo de tarta? ⑦ *(Wend)* **etw an sich ~** tomar algo; **etw auf sich ~** hacerse cargo de algo; **jdn zu sich ~** albergar a alguien en casa; **jdn beim Wort ~** tomar(le) la palabra a alguien; **jdn (nicht) für voll ~** (no) tomar a alguien en serio; **sie nahmen ihn in die Mitte** lo colocaron en el centro; **er ist hart im N~** aguanta lo que le echen; **wie man's nimmt** según como se tome; **jdm etw übel ~** tomarle a mal algo a alguien
Neid *m* <-(e)s, *ohne pl*> envidia *f; (bei Kindern)* pelusa *f;* **~ erregen** dar envidia; **vor ~ platzen** *(fam fig)* reventar de envidia; **gelb vor ~ werden** *(fam)* ponerse verde de envidia; **vor ~ erbiassen** *(fam)* palidecer de envidia; **er ist blind vor ~** *(fam)* la envidia le ciega
neiden *vt* **jdm etw ~** envidiar algo a alguien
Neider(in) *m(f)* <-s, -; -nen> envidioso, -a *m, f*
neiderfüllt **I.** *adj (geh)* envidioso, lleno de envidia **II.** *adv* lleno de envidia
neidisch *adj* envidioso; **auf jdn/etw ~ sein** tener envidia de alguien/algo; **er wurde ~, als er sah, dass ...** le dio envidia al ver que...
neidlos *adj* sin envidia; **etw ~ anerkennen** aceptar algo sin envidia alguna
Neige *f ohne pl (geh)* ① *(Rest)* resto *m;* **das Glas bis zur ~ leeren** apurar el vaso hasta la última gota ② *(Ende)* fin *m;* **das Jahr/das Geld geht zur ~** el año/el dinero llega a su fin
neigen **I.** *vt* inclinar; *(zur Seite)* ladear **II.** *vr:* **sich ~** ① *(allgemein)* inclinarse (**nach** hacia); *(Schiff)* escorar ② *(geh: enden)* declinar **III.** *vi* **zu etw ~** tender a algo; **sie neigt zu der Ansicht, dass ...** tiende a pensar que...
Neigung[1] *f* <-en> ① *(Schräglage)* inclinación *f* ② *(Vorliebe)* afición *f* (**für** por); **etw aus ~ tun** hacer algo por afición ③ *(Zuneigung)* cariño *m* (**zu** por)
Neigung[2] *f ohne pl (Veranlagung)* disposición (**zu** para); **sie verspürte nicht die geringste ~, ihm zu glauben** no se le pasó por la cabeza la idea de creerle
nein no; **~ danke** no, gracias; **ich sage nicht ~** no digo que no; **~, ~ und nochmals ~!** ¡no y no!; **~, so was!** ¡no me digas!
Nein *nt* <-(s), -(s)> no *m;* **mit ~ antworten** contestar que no; **mit Ja oder ~ stimmen** votar a favor o en contra; **sie blieb bei ihrem ~** se mantuvo en su negativa
Neinstimme *f* voto *m* en contra
Nektar *m* <-s, -e> néctar *m*
Nektarine *f* <-n> nectarina *f*
Nelke *f* <-n> ① *(Blume)* clavel *m* ② *(Gewürz)* clavo *m*

'nen *art unbest (fam) Abk. von* **einen** *s.* **ein, eine, ein**

nennen <nennt, nannte, genannt> **I.** *vt* ① *(benennen)* llamar; **das nenne ich Mut** a esto llamo yo valor ② *(angeben)* decir; *(empfehlen)* recomendar; **kannst du mir Beispiele dafür ~?** ¿me puedes decir algunos ejemplos para eso? ③ *(erwähnen)* mencionar; **unten genannt** abajo mencionado ④ *(bezeichnen)* llamar; **so genannt** así llamado; *(angeblich)* supuesto; **deine so genannten Freunde** tus supuestos amigos; **sie nannten ihn einen Lügner** le tacharon de mentiroso **II.** *vr:* **sich ~** llamarse; **und so was nennt sich Freund?** *(fam)* ¿eso es un amigo?

nennenswert *adj* digno de mención; *(beträchtlich)* considerable; **nichts N~es** nada de importancia

Nenner *m* <-s, -> (MATH) denominador *m;* **etw auf einen (gemeinsamen) ~ bringen** *(fig)* encontrar un denominador común para algo

Nennung *f* <-en> ① *(Nennen)* nombramiento *m* ② *(Erwähnung)* mención *f*

Nennwert *m* (FIN) valor *m* nominal

Neofaschismus *m* neofascismo *m*

Neologismus *m* <-, Neologismen> (LING) neologismo *m*

Neon *nt* <-s, *ohne pl*> (CHEM) neón *m*

Neonazi *m* <-s, -s> neonazi *mf*

Neonazismus [neona'tsɪsmʊs] *m* <-, *ohne pl*> neonazismo *m*

Neonlicht *nt* luz *f* de neón

Neonröhre *f* tubo *m* de neón

Neoprenanzug *m* <-(e)s, -züge> traje *m* de neopreno

Nepal ['ne:pal] *nt* <-s> Nepal *m*

nepalesisch *adj* nepalés

Nepp *m* <-s, *ohne pl*> *(fam abw)* timo *m*

neppen *vt (fam abw)* timar, clavar

Neptun [nɛp'tu:n] *m* <-s> (ASTR) Neptuno *m*

Nerv *m* <-s, -en> nervio *m;* **schwache/starke ~en haben** tener los nervios irritables/bien templados; **die ~en behalten** conservar la calma; **die ~en verlieren** perder los nervios; **du gehst mir auf die ~en** *(fam)* me estás dando la lata; **du hast (vielleicht) ~en!** *(fam)* ¡qué valor tienes!; **den ~ treffen** *(fig)* tocar la fibra sensible

nerven *vt* sacar de quicio; **du nervst!** *(fam)* ¡me sacas de quicio!; **ich bin total genervt!** *(fam)* ¡estoy hasta la coronilla!

Nervenanspannung *f* tensión *f* nerviosa

Nervenarzt, -ärztin *m, f* neurólogo, -a *m, f*

nervenaufreibend *adj* enervante

Nervenbündel *nt* ① (ANAT) fascículo *m* nervioso ② *(fam: nervöser Mensch)* manojo *m* de nervios; **ein ~ sein** estar hecho un manojo de nervios

Nervengas *nt* gas *m* neurotóxico

Nervengift *nt* neurotoxina *f*

Nervenheilanstalt *f* sanatorio *m* neurológico

Nervenheilkunde *f ohne pl* (MED) neurología

Nervenkitzel *m (fam)* cosquilleo *m*

nervenkrank *adj* (MED) neurópata; **~ sein** ser un neurótico

Nervenkrieg *m* guerra *f* de nervios

Nervenleiden *nt* <-s, -> (MED) enfermedad *f* nerviosa [*o* del sistema nervioso], neuropatía *f*

Nervenprobe *f* prueba *f* de resistencia nerviosa

Nervensäge *f (fam)* pelmazo, -a *m, f,* mangangá *m CSur*

Nervensystem *nt* (ANAT) sistema *m* nervioso

Nervenzelle *f* (ANAT) célula *f* nerviosa

Nervenzentrum *nt* (ANAT) centro *m* nervioso

Nervenzusammenbruch *m* crisis *f inv* nerviosa; **einen ~ haben** sufrir un ataque de nervios

nervig ['nɛrfɪç] *adj (fam: lästig)* enervante

nervlich *adj* nervioso; **~ am Ende sein** *(fam)* estar hecho polvo

nervös *adj* nervioso; **~ werden** ponerse nervioso

Nervosität *f ohne pl* nerviosismo *m*

nervtötend *adj* enervante

Nerz *m* <-es, -e> (ZOOL) visón *m*

Nessel *f* <-n> *(Pflanze)* ortiga *f;* **sich in die ~n setzen** *(fam fig)* meterse en un berenjenal

Nest *nt* <-(e)s, -er> ① *(von Tieren)* nido *m;* **sich ins gemachte ~ setzen** *(fam fig)* hacer buena boda; **das eigene ~ beschmutzen** *(Familie)* criticar a su familia ② *(fam abw: Dorf)* poblacho *m* ③ *(fam: Schlupfwinkel)* nidal *m*

Nesthäkchen *nt (fam)* benjamín, -ina *m, f*

Nesthocker *m* <-s, -> (ZOOL) polluelo *m* en el nido; *(fig) persona que permanece en casa de sus padres sin independizarse*

Nestwärme *f* <-, *ohne pl*> calor *m* de hogar [*o* hogareño]

Netflix® <-> ['nɛtflɪks] *nt kein pl* (INFOR) Netflix® *m*

nett *adj* ① *(freundlich)* amable; **sei so ~ und räum auf** sé tan amable y recoge las cosas; **das war nicht ~ von ihm** no fue muy amable por su parte ② *(angenehm)* agradable; *(hübsch)* bonito; **sich ~ unterhalten** mantener una conversación agrada-

ble ③ *(fam: groß, unangenehm)* bonito; **ein ~es Sümmchen** una bonita suma
netterweise ['--'--] *adv* amablemente
Nettigkeit[1] *f ohne pl (nette Art)* amabilidad *f*
Nettigkeit[2] *f* <-en> *(Kompliment)* cumplido *m*
netto *adv* neto
Nettobetrag *m* importe *m* neto
Nettoeinkommen *nt* ingresos *mpl* netos
Nettoerlös *m* beneficio *m* neto
Nettogehalt *nt* <-(e)s, -hälter> sueldo *m* neto
Nettogewicht *nt* peso *m* neto
Nettolohn *m* salario *m* neto
Nettopreis *m* precio *m* neto
Nettosozialprodukt *nt* (WIRTSCH) producto *m* social neto
Netz *nt* <-es, -e> ① *(Fischer-, Straßen-, Stromnetz, a.* SPORT) red *f; (Haarnetz)* redecilla *f; (Gepäcknetz)* rejilla *f;* **das soziale ~** la red social; **jdm ins ~ gehen** caer en las redes de alguien ② *(Spinnennetz)* telaraña *f*
Netzanschluss *m* (ELEK) conexión *f* a la red
Netzbetreiber *m* <-s, -> (TEL) operador *m* de red
Netzhaut *f* (ANAT) retina *f*
Netzkante *f* (SPORT) banda *f* blanca
Netzkarte *f* billete *m* para toda la red
Netzstecker *m* <-s, -> (ELEK) enchufe *m*
Netzteil *nt* (ELEK) bloque *m* de alimentación
Netzwerk *nt* red *f;* **lokales ~** red local; **soziales ~** red *f* social
Netzzugang *m* (INFOR) acceso *m* a red
neu I. *adj* nuevo; **die N~e Welt** el Nuevo Mundo; **seit ~estem** [*o* **Neuestem**] desde hace poco; **die ~este Mode** la última moda; **was gibt's N~es?** ¿qué hay de nuevo?; **von ~em** [*o* **Neuem**] de nuevo; **auf ein N~es** de nuevo, otra vez; **was ist das N~e daran?** ¿qué tiene de nuevo?; **ich bin hier ~** soy nuevo aquí; **das ist mir ~** esto me resulta nuevo **II.** *adv (kürzlich)* recién; *(noch einmal)* de nuevo; **etw ~ auflegen** reeditar algo; **~ anfangen** comenzar de nuevo
Neuankömmling *m* recién llegado, -a *m, f*
Neuanschaffung *f* nueva adquisición *f*
neuartig *adj* nuevo, novedoso *Am; (modern)* moderno
Neuauflage *f* reedición *f*
Neuausgabe *f* <-, -n> (PUBL) nueva edición *f*
Neubau[1] *m* <-(e)s, *ohne pl*> *(das Bauen)* (re)construcción *f*
Neubau[2] *m* <-(e)s, -ten> *(Gebäude)* edificio *m* nuevo
Neubaugebiet *nt* barrio *m* nuevo
Neubauwohnung *f* piso *m* (en un edificio) nuevo
Neubearbeitung *f (eines Buches)* edición *f* revisada; *(eines Theaterstücks)* refundición *f*
Neubeginn *m ohne pl* nuevo comienzo *m*
Neu-Delhi *nt* <-s> Nueva Delhi *f*
Neue(r) *mf* <-n, -n; -n, -n> recién llegado, -a *m, f*
Neuentdeckung *f* <-, -en> ① *(erneute Entdeckung)* redescubrimiento *m* ② *(entdecktes Talent)* nuevo descubrimiento *m*
Neuentwicklung *f* ① *(Vorgang)* desarrollo *m;* **technische ~en** avances tecnológicos ② *(Resultat)* último modelo *m*
neuerdings *adv* últimamente
Neuerer, -in *m, f* <-s, -; -, -nen> innovador(a) *m(f)*
Neueröffnung *f* apertura *f* (de algo nuevo); *(Wiedereröffnung)* reapertura *f*
Neuerscheinung *f* novedad *f*
Neuerung *f* <-en> innovación *f*
Neufassung *f* versión *f* revisada
Neufundland *nt* <-s> (isla *f* de) Terranova *f*
neugeboren *adj* recién nacido; **sich wie ~ fühlen** sentirse como un recién nacido
Neugeborene(s) *nt* <-n, -n> recién nacido, -a *m, f*
Neugestaltung *f (eines Gebäudes)* remodelación *f; (einer Organisation)* reorganización *f*
Neugier(de) *f ohne pl* curiosidad *f* (**auf** por); **aus ~** por curiosidad
neugierig *adj* curioso (**auf** por), alcamonero *Ven;* **auf etw/jdn ~ sein** tener curiosidad por saber algo/por conocer a alguien; **sei nicht so ~** no seas tan curioso; **jdn ~ machen** despertar la curiosidad de alguien
Neugierige(r) *mf* <-n, -n; -n, -n> curioso, -a *m, f*
Neugriechisch *nt* <-(s), *ohne pl*>, **Neugriechische** *nt* <-n, *ohne pl*> griego *m* moderno
Neugründung *f* <-, -en> ① *(Gründung)* nueva fundación *f; (Schaffung)* nueva constitución *f* ② *(Institution)* institución *f* constituída de nuevo
Neuguinea [nɔɪgi'ne:a] *nt* <-s> Nueva Guinea *f*
Neuheit *f* <-en> novedad *f*
Neuigkeit *f* <-en> novedad *f*
Neujahr *nt* Año *m* Nuevo; **Prost ~!** ¡Feliz Año Nuevo!
Neujahrstag *m* (día *m* de) Año *m* Nuevo
Neukaledonien *nt* <-s> Nueva Caledonia *f*
Neuland *nt* <-(e)s, *ohne pl*> tierra *f* vir-

N

gen; ~ **betreten** *(fig)* abrir nuevos horizontes

neulich *adv* el otro día, hace poco

Neuling *m* <-s, -e> principiante *mf*

neumodisch I. *adj* modernísimo **II.** *adv* a la última moda

Neumond *m ohne pl* luna *f* nueva; **bei** ~ con luna nueva

neun *adj inv* nueve; *s. a.* **acht**[1]

Neun *f* <-, -en> nueve *m*

neunerlei *adj inv* de nueve clases diferentes, nueve clases (diferentes) de; *s. a.* **achterlei**

neunfach I. *adj* nueve veces; **das N~e** (**davon**) nueve veces tanto **II.** *adv* nueve veces; *s. a.* **achtfach**

neunhundert *adj inv* novecientos; *s. a.* **achthundert**

neunmal *adv* nueve veces; *s. a.* **achtmal**

neunmalklug *adj* sabelotodo

Neunmalkluge(r) *mf* <-n, -n; -n, -n> sabelotodo *mf inv*

neunt [nɔɪnt] **zu** ~ *(in Neunergruppen)* de nueve en nueve; *(zusammen, als Gruppe von neun)* entre (los) nueve; *s. a.* **acht**[1]

neuntausend *adj inv* nueve mil; *s. a.* **achttausend**

neunte(r, s) *adj* noveno; *s. a.* **achte(r, s)**

neuntel *adj inv* noveno; *s. a.* **achtel**

Neuntel *nt* <-s, -> noveno, -a *m, f*; *s. a.* **Achtel**

N

neuntens *adv* en noveno lugar; *(bei einer Aufzählung)* noveno; *s. a.* **achtens**

neunzehn *adj inv* diecinueve; *s. a.* **acht**[1]

neunzehnte(r, s) *adj* decimonoveno; *s. a.* **achte(r, s)**

neunzig *adj inv* noventa; *s. a.* **achtzig**

neunzigste(r, s) *adj* nonagésimo; *s. a.* **achtzigste(r, s)**

Neuphilologie *f* <-, -n> filología *f* moderna

Neuregelung *f* reorganización *f*

neureich *adj (abw)* nuevo rico

Neureiche(r) *mf* <-n, -n; -n> *(abw)* nuevo, -a rico , -a *m*

Neurochirurg(in) ['nɔɪroçirʊrk] *m(f)* <-en, -en; -, -nen> neurocirujano, -a *m, f*

Neurochirurgie [nɔɪroçirʊr'giː, 'nɔɪroçirʊrgiː] *f* <-, *ohne pl*> neurocirugía *f*

Neurodermitis *f* <Neurodermitiden> (MED) neurodermitis *f inv*

Neurologe, -in *m, f* <-n, -n; -nen> neurólogo, -a *m, f*

Neurologie [nɔɪrolo'giː] *f* <-, *ohne pl*> neurología *f*

neurologisch [nɔɪro'loːgɪʃ] *adj* neurológico

Neuron *nt* <-s, -e *o* -en> (ANAT) neurona *f*

Neurose *f* <-n> (MED, PSYCH) neurosis *f inv*

Neurotiker(in) *m(f)* <-s, -; -nen> (MED, PSYCH) neurótico, -a *m, f*

neurotisch *adj* (MED, PSYCH) neurótico

Neuschnee *m* nieve *f* virgen

Neuseeland *nt* <-s> Nueva Zelanda *f*

Neuseeländer(in) *m(f)* <-s, -; -nen> neozelandés, -esa *m, f*

neuseeländisch *adj* neozelandés

neusprachlich *adj* de lenguas modernas; **ein ~es Gymnasium** ≈ un instituto orientado a las lenguas modernas

Neustart *m* (*a.* INFOR) reanudación *f*

neustens ['nɔɪstəns] *adv s.* **neuerdings**

neutral *adj* ❶ *(unparteiisch)* neutral; ~ **bleiben** mantenerse neutral ❷ *(Farbe, a.* CHEM, PHYS, LING) neutro

Neutralisation [nɔɪtraliza'tsioːn] *f* <-, -en> (*a.* CHEM) neutralización *f*

neutralisieren* *vt* (*a.* CHEM) neutralizar

Neutralisierung *f* <-, -en> (*a.* CHEM) neutralización *f*

Neutralität *f ohne pl* neutralidad *f*

Neutron *nt* <-s, -en> (PHYS) neutrón *m*

Neutronenbombe *f* bomba *f* de neutrones

Neutrum *nt* <-s, Neutra *o* Neutren> (LING) género *m* neutro

Neuverschuldung *f* (FIN) nuevo endeudamiento *m*

Neuwagen *m* <-s, -> coche *m* nuevo

Neuwahl *f* reelección *f*

Neuwert *m* <-(e)s, -e> valor *m* original

neuwertig *adj* como nuevo

Neuzeit *f ohne pl* Edad *f* Moderna

neuzeitlich *adj* ❶ *(der Neuzeit zugehörig)* de la Edad Moderna ❷ *(modern)* moderno

Neuzugang *m* <-(e)s, -gänge> ingreso *m*

Neuzulassung *f* <-, -en> *(formal)* primera matriculación *f* (de un vehículo)

Newcomer(in) ['njuːkamɐ] *m(f)* <-s, -; -, -nen> novato, -a *m, f*

Newsgroup *f* <-s> (INFOR, TEL) foro *m* de discusión *(entre usuarios de Internet)*

Nicaragua *nt* <-s> Nicaragua *f*

Nicaraguaner(in) *m(f)* <-s, -; -nen> nicaragüense *mf*

nicaraguanisch *adj* nicaragüense

nicht I. *adv* no; ~ **viel später** poco después; ~ **mehr als** nada más que; ~ **mehr** ya no; **auch** ~ tampoco; ~ **einmal** ni siquiera; **bestimmt** ~ seguro que no; ~ **mehr und** ~ **weniger als ...** ni más ni menos que...; ~ **nur ..., sondern auch ...** no solo... sino también...; **gar** ~ de ninguna manera; ~ **doch!** ¡que no!; **ich glaube ~, dass ...** no creo que... *+subj;* **ob du willst oder** ~ quieras o no; **bitte ~!** ¡por favor no!; **tu's** ~ no lo hagas; **hab ich's ~ gesagt?** ¿no lo he dicho?; **was Sie ~ sagen!** ¡no me diga!;

was es ~ alles gibt! ¡habráse visto!; **~ einer hat's geschafft** no lo logró ni uno; **~ öffentlich** (a puerta) cerrada **II.** *(Partikel)* verdad; **~ wahr?** ¿no es verdad?

Nichtangriffspakt *m* pacto *m* de no agresión

Nichtauslastung *f ohne pl* infrautilización *f*

Nichtbeachtung *f ohne pl* no observancia *f; (einer Vorschrift)* violación *f*

Nichte *f* <-n> sobrina *f*

nichtehelich *adj* (JUR) ilegítimo

Nichterfüllung *f ohne pl* incumplimiento *m*

Nichtgefallen *nt* <-s, *ohne pl*> insatisfacción *f;* **bei ~** si no está satisfecho

nichtig *adj* ① (JUR) nulo; **etw für ~ erklären** declarar algo nulo ② *(geh: unbedeutend)* insignificante

Nichtigkeit[1] *f ohne pl* ① (JUR) nulidad *f* ② *(Bedeutungslosigkeit)* insignificancia *f*

Nichtigkeit[2] *f* <-en> *(Kleinigkeit)* pequeñez *f*

Nichtmitglied *nt* no miembro *m*

nichtöffentlich *adj s.* **nicht I.**

Nichtraucher(in) *m(f)* no fumador(a) *m(f)*

Nichtraucherabteil *nt* (EISENB) vagón *m* de no fumadores

Nichtraucherflug *m* vuelo *m* en el que está prohibido fumar

Nichtraucherzone *f* zona *f* para no fumadores

nichts *pron indef* nada; **er hat ~ gesagt** no ha dicho nada; **~ dergleichen** nada semejante; **alles oder ~** todo o nada; **sonst ~?** ¿nada más?; **überhaupt ~** nada de nada; **~ Neues** nada nuevo; **~ als Ärger** solamente disgustos; **~ zu danken!** ¡no hay de qué!; **Entschuldigung! – macht ~!** ¡perdón! – ¡no pasa nada!; **er hat von ~ eine Ahnung** no tiene idea de nada; **~ da!** *(fam)* ¡anda ya!; **für ~ und wieder ~** *(fam)* en balde; **nach ~ aussehen** no lucir nada; **das tut ~ zur Sache!** ¡esto no viene al caso!; **~ zu machen!** ¡no se puede hacer nada!; **~ wie weg!** *(fam)* ¡nada como poner pies en polvorosa!; **mir ~, dir ~** sin más ni más; **daraus wird ~** de esto no va a resultar nada; **von ~ kommt ~!** ¡de donde no hay no se puede sacar!

Nichts *nt* <-, *ohne pl*> (*a.* PHILOS) nada *f;* **vor dem ~ stehen** estar completamente arruinado

Nichtschwimmer(in) *m(f)* no nadador(a) *m(f)*

Nichtschwimmerbecken *nt* piscina *f* de no nadadores

nichtsdestotrotz *adv (fam)* no obstante, sin embargo

nichtsdestoweniger *adv* no obstante, sin embargo

Nichtsnutz *m* <-es, -e> *(abw)* nulidad *f,* inútil *mf*

nichtsnutzig *adj (abw)* inútil; **er hat nur Unfug im Sinn, dieser ~e Junge!** ¡no piensa más que en bobadas, el inútil ese!

nichtssagend *adj s.* **sagen**

Nichtstuer(in) *m(f)* holgazán, -ana *m, f*

Nichtstun *nt* ① *(Faulenzen)* holgazanería *f,* bausa *f Perú* ② *(Muße)* ocio *m*

Nichtwähler(in) *m(f)* (POL) abstencionista *mf*

Nichtwissen *nt ohne pl* ignorancia *f*

Nichtzutreffende(s) *nt* <-n, *ohne pl*> **~s bitte streichen** táchese lo que no corresponda

Nickel *nt* <-s, *ohne pl*> (CHEM) níquel *m*

Nickelbrille *f* <-, -n> gafas *f pl* (con montura) de metal

nicken *vi* ① *(zustimmend)* asentir con la cabeza; *(zum Gruß)* saludar con la cabeza ② *(fam: schlummern)* dar cabezadas

Nickerchen *nt* <-s, -> *(fam)* siestecita *f;* **ein ~ machen** echarse una siestecita

nie *adv* nunca, jamás; **noch ~** nunca; **~ mehr** nunca más; **~ und nimmer** ni hablar; **besser spät als ~** mejor tarde que nunca

nieder I. *adj* ① *(reg: gering)* bajo ② *(Rang)* inferior; *(Adel, Klasse)* baja ③ *(niedrig)* vulgar **II.** *adv* abajo; **~ mit dem König!** ¡abajo el rey!

nieder|beugen I. *vt (geh)* doblar (hacia abajo) **II.** *vr:* **sich ~** inclinarse (**zu** sobre)

nieder|brennen *irr* **I.** *vi sein (Haus)* quemarse; *(Kerze)* consumirse **II.** *vt* prender fuego (a)

niederdeutsch *adj* (LING) bajo alemán

niedere(r, s) *adj* ① *(unbedeutend)* bajo; (BIOL) inferior; **von ~r Herkunft sein** ser de baja cuna ② *(südd: niedrig)* bajo; **über eine ~ Hecke springen** saltar por encima de un seto de poca altura

Niederflurbus *m* autobús *m* de piso bajo

Niedergang *m* <-(e)s, *ohne pl*> *(geh: Untergang)* decadencia *f*

niedergedrückt *adj* deprimido

niedergelassen I. *pp von* **niederlassen II.** *adj (Schweiz)* residente

niedergeschlagen I. *pp von* **niederschlagen II.** *adj (bedrückt)* deprimido

Niedergeschlagenheit *f ohne pl* abatimiento *m,* depresión *f*

nieder|knien *vi sein* arrodillarse, ponerse de rodillas

Niederlage *f* derrota *f;* **eine ~ erleiden** sufrir una derrota

Niederlande *pl* Países *mpl* Bajos

Niederländer(in) *m(f)* <-s, -; -nen> neerlandés, -esa *m, f*
niederländisch *adj* neerlandés
nieder|lassen *irr vr:* **sich ~** ❶ *(Wohnsitz nehmen)* establecerse; *(als Arzt)* abrir consulta; *(als Rechtsanwalt)* abrir bufete ❷ *(geh: sich setzen)* sentarse
Niederlassung[1] *f ohne pl (das Sichniederlassen)* establecimiento *m; (als Arzt)* consulta *f; (als Rechtsanwalt)* bufete *m;* (MIL) base *f*
Niederlassung[2] *f* <-en> (WIRTSCH) sede *f; (Zweigstelle)* sucursal *f*
nieder|legen *irr* **I.** *vt* ❶ *(geh: hinlegen)* posar, depositar (en el suelo); **einen Kranz ~** depositar una corona; **die Waffen ~** deponer las armas ❷ *(Amt, Vorsitz)* dimitir (de); **die Arbeit ~** declararse en huelga ❸ *(schriftlich fixieren)* registrar **II.** *vr:* **sich ~** *(geh)* tenderse (**auf** en)
Niederlegung *f* <-en> ❶ *(eines Amtes)* resignación *f; (eines Mandats)* dimisión *f; (der Arbeit)* abandono *m; (der Krone)* abdicación *f* ❷ *(eines Kranzes)* colocación *f* ❸ *(schriftliche Fixierung)* (puesta *f* por) escrito *m*
nieder|machen *vt (fam)* hacer papilla
niedermetzeln *vt* masacrar
Niederösterreich *nt* Baja Austria *f*
nieder|reißen *irr vt* derribar
Niederrhein *m* <-(e)s> (GEO) Bajo Rin *m*
Niedersachsen *nt* Baja Sajonia *f*
nieder|schießen *irr* **I.** *vt* matar a tiros **II.** *vi sein* lanzarse (**auf** sobre)
Niederschlag *m* ❶ (METEO) precipitaciones *fpl* ❷ (CHEM) precipitado *m* ❸ *(Wend)* **seinen ~ in etw finden** reflejarse en algo
nieder|schlagen *irr* **I.** *vt* ❶ *(zu Boden schlagen)* tumbar ❷ *(Aufstand)* sofocar ❸ (JUR: *Prozess*) cancelar ❹ *(Augen)* bajar **II.** *vr:* **sich ~** ❶ *(Dampf)* condensarse (**auf/an** sobre); (CHEM) precipitarse ❷ *(zum Ausdruck kommen)* plasmarse (**in** en)
Niederschlagsmenge *f* (METEO) cantidad *f* de precipitaciones; *(an Regen)* pluviosidad *f*
nieder|schmettern *vt* ❶ *(durch einen Schlag)* derribar ❷ *(Ereignis)* deprimir
niederschmetternd *adj* deprimente
nieder|schreiben *irr vt* poner por escrito, apuntar
Niederschrift *f* <-, -en> escrito *m*
Niedertracht *f ohne pl (geh)* infamia *f*
niederträchtig *adj* infame
Niederträchtigkeit[1] *f* <-en> *(Tat)* infamia *f*
Niederträchtigkeit[2] *f ohne pl (Charakter)* infamia *f*
Niederung *f* <-en> tierra *f* baja
nieder|werfen *irr* **I.** *vt (geh)* ❶ *(Gegner)* vencer ❷ *(Aufstand)* someter ❸ *(erschüttern)* consternar **II.** *vr:* **sich ~** postrarse (**vor** ante)
niedlich *adj* mono, lindo *Am*
niedrig *adj* ❶ *(gering, tief)* bajo; **etw/jdn ~ einschätzen** subestimar algo/a alguien ❷ *(Herkunft)* humilde ❸ *(Gesinnung)* vil
Niedriglohnland *nt* (POL, WIRTSCH) país *m* de sueldos bajos
Niedrigpreis *m* <-es, -e> precio *m* bajo
niemals *adv* nunca, jamás
niemand *pron indef* nadie; **es war ~ zu Hause** [*o* **zuhause**] no había nadie en casa; **sonst ~** nadie más; **es war ~ anders als sein früherer Lehrer** no era otro que su antiguo profesor
Niemandsland *nt ohne pl* tierra *f* de nadie
Niere *f* <-n> (*a.* GASTR) riñón *m;* **das geht mir an die ~n** *(fam fig)* eso me aflige mucho
Nierenbeckenentzündung *f* (MED) pielitis *f inv*
nierenförmig *adj* reniforme
Nierengurt *m* cinturón *m* renal
Nierenstein *m* (MED) cálculo *m* renal
Nierenversagen *nt* (MED) malfunción *f* de los riñones
nieseln *vunpers* lloviznar, pringar *Am*
Nieselregen *m* llovizna *f*
niesen *vi* estornudar
Niesen *nt* <-s, *ohne pl*> estornudo *m*
Nießbrauch ['ni:sbraʊx] *m* <-(e)s, *ohne pl*> (JUR) usufructo *m*
Niete *f* <-n> ❶ *(in einer Lotterie)* billete *m* de lotería no premiado ❷ *(fam: Mensch)* inútil *mf* ❸ (TECH) remache *m*
nieten *vt* remachar
Nietenzange *f* remachadora *f*
niet- und nagelfest *adj (fam)* **alles, was nicht ~ ist** todo lo que no está clavado y bien clavado
Niger ['ni:gɐ] *m* <-s> *(Land, Fluss)* Níger *m*
Nigeria *nt* <-s> Nigeria *f*
Nigerianer(in) *m(f)* <-s, -; -nen> nigeriano, -a *m, f*
nigerianisch *adj* nigeriano
Nihilist(in) [nihi'lɪst] *m(f)* <-en, -en; -, -nen> *(geh, a.* PHILOS) nihilista *mf*
Nikolaus *m* <-, -e *o fam:* -läuse> ❶ *(Gestalt)* San Nicolás *m* ❷ *(Nikolaustag)* día *m* de San Nicolás *(seis de diciembre)*
Nikotin *nt* <-s, *ohne pl*> nicotina *f*
nikotinfrei *adj* sin nicotina
Nil [ni:l] *m* <-s> Nilo *m*
Nilpferd *nt* hipopótamo *m*
nimmer *adv (südd, Österr)* ya no, no más

Nimmersatt *m* <-(e)s, -e> *(fam)* comilón, -ona *m, f*
nimmt *3. präs von* **nehmen**
nippen *vi* beber a sorbos (**an**)
Nippes *pl* chucherías *f pl*
nirgends *adv,* **nirgendwo** *adv* en ninguna parte
nirgendwohin ['nɪrgəntvo'hɪn] *adv* a ninguna parte
Nirwana [nɪr'vaːna] *nt* <-(s), *ohne pl*> (REL) nirvana *m*
Nische *f* <-n> nicho *m;* **eine ökologische ~** (ÖKOL) un enclave ecológico
nisten *vi* anidar
Nistkasten *m* <-s, -kästen> nidal *m*
Nistplatz *m* <-es, -plätze> nidal *m*
Nitrat *nt* <-(e)s, -e> nitrato *m*
Nitrit [ni'triːt] *nt* <-s, -e> nitrito *m*
Nitroglyzerin [nitroglytse'riːn] *nt* <-s, *ohne pl*> nitroglicerina *f*
Niveau *nt* <-s, -s> nivel *m;* **auf gleichem ~ liegen** estar al mismo nivel; **kein ~ haben** ser de poca categoría
niveaulos *adj* sin nivel; *(mittelmäßig)* mediocre
niveauvoll *adj* de (alto) nivel
Nivellierung *f* <-, -en> nivelación *f*
nix *pron indef (fam) s.* **nichts**
Nixe *f* <-n> ondina *f*
Nizza *nt* <-s> Niza *f*
NN [ɛn'ʔɛn] *Abk. von* **Normalnull** nivel *m* normal cero, nivel *m* de altitud cero
NO *Abk. von* **Nordosten** NE
nobel *adj* ① *(geh: edelmütig)* noble ② *(elegant)* elegante; *(luxuriös)* lujoso ③ *(fam: großzügig)* generoso
Nobelkarosse *f* (AUTO: *abw fam)* coche *m* de lujo, cochazo *m*
Nobelpreis *m* premio *m* Nobel
Nobelpreisträger(in) *m(f)* premio *mf* Nobel
noch I. *adv* ① *(zeitlich)* aún, todavía; **sie schläft ~** aún duerme; **immer ~** todavía; **~ nicht** todavía no; **kaum ~** apenas; **nur ~** solo, solamente; **~ nie** nunca; **er hat Geld ~ und ~** tiene dinero para dar y regalar; **~ heute** hoy mismo; **weißt du ~?** ¿te acuerdas todavía?; **ich sage dir ~ Bescheid** ya te avisaré; **er will ~ mehr (haben)** quiere (tener) aún más; **seien sie auch ~ so klein** por muy pequeños que sean; **das wäre ja ~ schöner!** *(iron)* ¡no faltaría más! ② *(zusätzlich)* otro, más; **wer war ~ da?** ¿quién más estuvo?; **~ ein paar Tage** un par de días más; **~ einmal** otra vez; **auch das ~!** ¡lo que faltaba! **II.** *konj* **weder … ~ …** ni… ni…
nochmalig *adj* otro; *(wiederholt)* repetido
nochmals *adv* otra vez, de nuevo
Nomade, -in *m, f* <-n, -n; -nen> nómada *mf*
Nomadenleben *nt ohne pl* vida *f* nómada
Nomadin *f* <-nen> *s.* **Nomade**
Nomen *nt* <-s, Nomina *o* -> (LING) nombre *m*
Nomenklatur *f* <-en> nomenclatura *f*
nominal [nomi'naːl] *adj* (LING, WIRTSCH) nominal
Nominativ *m* <-s, -e> (LING) nominativo *m*
nominieren* *vt* nombrar
Nominierung *f* <-en> nombramiento *m*
No-Name-Produkt *nt* producto *m* de línea blanca
Nonkonformismus ['-----, ---'--] *m ohne pl* inconformismo *m*
Nonne *f* <-n> monja *f*
Nonnenkloster *nt* convento *m* de monjas
Nonplusultra [nɔnplʊs'ʔʊltra] *nt ohne pl (geh)* **das ~** el no va más, el non plus ultra
Nonsens *m* <-(es), *ohne pl*> disparate *m,* sinsentido *m,* chorrada *f argot*
nonstop *adv* sin parar; *(fliegen)* directo
Nord [nɔrt] *m* <-(e)s, *ohne pl*> (*a.* NAUT, METEO) norte *m*
Nordafrika ['nɔrt'ʔa(ː)frika] *nt* <-s> África *f* del Norte
Nordamerika *nt* América *f* del Norte, Norteamérica *f*
Nordatlantikpakt ['--'---] *m ohne pl* (POL, MIL) Tratado *m* del Atlántico Norte
norddeutsch *adj* de Alemania del norte
Norddeutschland *nt* Alemania *f* del norte
Norden *m* <-s, *ohne pl*> norte *m;* **im ~** en el norte; **im ~ von …** *(nördlich von)* al norte de…; *(im nördlichen Teil von)* en el norte de…; **nach ~** hacia el norte; **in den ~** hacia el norte; **von ~** del norte; **im hohen ~** muy al norte
Nordeuropa *nt* Europa *f* del norte, norte *m* de Europa
Nordhalbkugel ['----] *f* hemisferio *m* norte [*o* boreal]
Nordic Walking ['nɔrdɪk 'vɔːkɪŋ] *nt* <-, *ohne pl*> marcha *f* nórdica, nordic walking *m*
nordisch *adj* nórdico
Nordkap ['nɔrtkap] *nt ohne pl* cabo *m* Norte
Nordkorea ['nɔrtko'reːa] *nt* <-s> Corea *f* del Norte
Nordkoreaner(in) *m(f)* <-s, -; -, -nen> coreano, -a *m, f* del Norte
nordkoreanisch *adj* de Corea del Norte
Nordküste *f* costa *f* (del) norte
nördlich I. *adj* del norte, septentrional; **in ~er Richtung** en dirección norte; **~ von Köln** al norte de Colonia; **52 Grad ~er**

Breite 52 grados latitud norte **II.** *präp +gen* al norte de

Nordlicht *nt* ❶ *(Polarlicht)* aurora *f* boreal ❷ *(Mensch) persona (famosa) procedente del norte de Alemania*

Nordosten *m* nor(d)este *m*

nordöstlich **I.** *adj* del nor(d)este **II.** *präp +gen* al nor(d)este de

Nord-Ostsee-Kanal [(ˈ)nɔrtˈʔɔstzeːkanaːl] *m ohne pl* canal *m* de Kiel

Nordpol *m ohne pl* polo *m* norte

Nordpolarmeer *nt ohne pl* océano *m* Glacial Ártico

Nordrhein-Westfalen *nt* Renania *f* del Norte-Westfalia

Nordsee *f* mar *m* del Norte

Nordseite *f* lado *m* norte

Nord-Süd-Gefälle *nt ohne pl* (POL) tensiones *f pl* Norte-Sur

nordwärts [ˈ-vɛrts] *adv* ❶ *(nach Norden)* hacia el norte ❷ *(im Norden)* al norte

Nordwesten *m* noroeste *m*

nordwestlich **I.** *adj* del noroeste **II.** *präp +gen* al noroeste de

Nordwind *m* viento *m* (del) norte

Nörgelei[1] [nœrgəˈlaɪ] *f ohne pl (abw: das Nörgeln)* critiqueo *m; (nörgelnde Art)* afán *m* de criticar; **hat er immer noch nicht mit der ~ aufgehört?** *(fam)* ¿todavía sigue con el dale que te pega?

Nörgelei[2] *f* <-en> *(abw: Bemerkung)* queja; **~en** quejas *f pl* reiterativas

nörgeln *vi (abw)* criticar

Nörgler(in) *m(f)* <-s, -; -nen> *(abw)* criticón, -ona *m, f*

Norm *f* <-en> norma *f*

normal **I.** *adj* normal; *(gewöhnlich)* corriente **II.** *adv (fam: normalerweise)* normalmente

Normalbenzin *nt* gasolina *f* normal

normalerweise *adv* normalmente

Normalgewicht *nt* <-(e)s, *ohne pl*> peso *m* normal

Normalgröße *f* <-, -n> tamaño *m* normal

normalisieren* **I.** *vt* normalizar **II.** *vr:* **sich ~** normalizarse

Normalisierung *f* <-, -en> normalización *f*

Normalität *f ohne pl* normalidad *f*

Normalzustand *m* estado *m* normal

Normandie *f* Normandía *f*

normen *vt,* **normieren*** *vt* normalizar

Normierung *f* <-, -en>, **Normung** *f* <-, -en> normalización *f,* estandarización *f*

Norwegen *nt* <-s> Noruega *f*

Norweger(in) *m(f)* <-s, -; -nen> noruego, -a *m, f*

norwegisch *adj* noruego

Nostalgie *f ohne pl* nostalgia *f*

nostalgisch *adj* nostálgico

Not[1] *f ohne pl (Mangel)* falta *f* (**an** de); *(Elend)* miseria *f; (Armut)* pobreza *f;* **~ leiden** *(geh)* estar en la miseria; **~ leidend** necesitado; **das geht zur ~** puede pasar; **jdm seine ~ klagen** contar(le) sus penas a alguien; **wenn ~ am Mann ist** cuando (la cosa) aprieta; **aus der ~ eine Tugend machen** hacer de tripas corazón; **~ macht erfinderisch** *(prov)* no hay mejor maestra que necesidad y pobreza

Not[2] *f* <Nöte> ❶ *(Notlage)* apuro *m;* **in ~ sein/geraten** estar/verse en apuros ❷ *(Sorge, Mühe)* pena *f;* **er hat seine liebe ~ damit** le cuesta (trabajo); **mit knapper ~** por los pelos

Notar(in) *m(f)* <-s, -e; -nen> (JUR) notario, -a *m, f,* fedatario, -a *m, f Hond*

Notariat *nt* <-(e)s, -e> (JUR) notaría *f,* escribanía *f Am*

notariell *adj* (JUR) notarial, del notario

Notarin *f* <-nen> *s.* **Notar**

Notarzt, -ärztin *m, f* médico, -a *m, f* de urgencia

Notarztwagen *m* coche *m* del médico de guardia [*o* de urgencia]

Notation [notaˈtsjoːn] *f* <-, -en> (MATH, MUS) notación *f*

Notaufnahme *f* admisión *f* de urgencia

Notausgang *m* salida *f* de emergencia

Notbehelf *m* <-(e)s, -e> recurso *m* de urgencia

Notbeleuchtung *f* <-, -en> alumbrado *m* de urgencia

Notbremse *f* freno *m* de emergencia

Notdienst *m* servicio *m* de emergencia

Notdurft *f ohne pl (geh)* necesidades *f pl;* **seine ~ verrichten** hacer sus necesidades

notdürftig *adj* ❶ *(kaum ausreichend)* escaso ❷ *(behelfsmäßig)* provisional

Note[1] *f* <-n> ❶ (MUS) nota *f;* **eine ganze ~** una redonda; **eine halbe ~** una blanca ❷ *(Schulnote)* nota *f* ❸ *(Banknote)* billete *m*

Note[2] *f ohne pl (Eigenart)* toque *m;* **etw** *dat* **seine persönliche ~ geben** aportar a algo su toque personal

Notebook [ˈnoʊtbʊk] *nt* <-s, -s> (INFOR) notebook *m,* ordenador *m* portátil

Notenblatt *nt* <-(e)s, -blätter> (MUS) hoja *f* de música

Notenheft *nt* <-(e)s, -e> (MUS, SCH) cuaderno *m* de música

Notenlinie *f* (MUS) línea *f* del pentagrama

Notenpapier *nt ohne pl* (MUS) papel *m* de música

Notenschlüssel *m* (MUS) clave *f*

Notenschrift *f* (MUS) notación *f* musical

Notenständer *m* (MUS) atril *m*

Notensystem *nt* ① (SCH) sistema *m* de calificaciones ② (MUS) notación *f* musical
Notfall *m* (caso *m* de) emergencia *f*; **im ~** en caso de emergencia
notfalls *adv* en caso necesario
Notfallstation *f* <-, -en> *(Schweiz)* puesto *m* de socorro, enfermería *f*
notgedrungen *adv* por la fuerza
notieren* **I.** *vi* (FIN) cotizar **II.** *vt* ① (FIN) cotizar ② *(aufschreiben)* anotar, apuntar
Notierung *f* <-, -en> (FIN) cotización *f*
nötig *adj* necesario, preciso; **unbedingt ~** imprescindible; **es ist (nicht) ~, dass ...** (no) es necesario que... *+subj;* **wenn ~** si es preciso; **ich habe es nicht ~, mir das sagen zu lassen** no tengo por qué permitir que me digan esas cosas; **du hast es gerade ~!** ¡mira quién fue a hablar!
nötigen *vt (drängen)* apremiar; *(zwingen)* obligar; (JUR) coaccionar
nötigenfalls *adv* en caso necesario
Nötigung *f ohne pl* (JUR) coacción *f*
Notiz *f* <-en> ① *(Vermerk)* nota *f*; **sich** *dat* **~en machen** tomar apuntes; **von etw ~ nehmen** fijarse en algo ② *(Zeitungsnotiz)* noticia *f*
Notizblock *m* bloc *m* de notas
Notizbuch *nt* libreta *f*, agenda *f*
Notizzettel *m* <-s, -> hoja *f* de papel
Notlage *f* apuro *m*; *(Krise)* crisis *f inv;* **sich in einer ~ befinden** verse en un apuro
notlanden *vi sein* realizar un aterrizaje forzoso
Notlandung *f* aterrizaje *m* forzoso
notleidend *adj s.* **Not[1] 1.**
Notlösung *f* solución *f* de emergencia
Notlüge *f* mentira *f* inocente
notorisch *adj (abw)* notorio
Notruf *m* ① *(Hilferuf)* llamada *f* de socorro ② *(Notrufnummer)* (número *m* de) teléfono *m* de emergencia
Notrufknopf *m* botón *m* de alarma
Notrufnummer *f* teléfono *m* de urgencias
Notrufsäule *f* poste *m* de socorro
notschlachten *vt* sacrificar *(un animal enfermo o herido)*
Notsignal *nt* señal *f* de socorro
Notstand *m* (JUR) estado *m* de emergencia
Notstandsgebiet *nt* zona *f* catastrófica
Notstromversorgung *f* <-, *ohne pl*> suministro *m* eléctrico de emergencia
not|tun *irr vi (geh)* **es tut not, etw zu tun** es preciso hacer algo
Notunterkunft *f* alojamiento *m* provisional
Notwehr *f ohne pl* (JUR) legítima defensa *f*; **in [*o* aus] ~** en legítima defensa
notwendig *adj* ① *(nötig)* necesario; **unbedingt ~** indispensable ② *(zwangsläufig)* inevitable
notwendigerweise *adv* por fuerza
Notwendigkeit *f* <-en> necesidad *f*
Nougat *m o nt* <-s, -s> praliné *m*
Novelle *f* <-n> ① (LIT) novela *f* corta; *(Erzählung)* cuento *m* ② (POL, JUR) enmienda *f* de ley
November *m* <-(s), -> noviembre *m; s. a.* **März**
Novität [novi'tɛːt] *f* <-, -en> novedad *f*
Novize, -in *m, f* <-n, -n; -nen> (REL) novicio, -a *m, f*
Noviziat [novi'tsiaːt] *nt* <-(e)s, -e> (REL) noviciado *m*
Nr. *Abk. von* **Nummer** nº
NS ① *Abk. von* **Nachschrift** P.D. ② *Abk. von* **Nationalsozialismus** nacionalsocialismo *m*
Nu *m (fam)* **im ~** en un abrir y cerrar de ojos
Nuance *f* <-n> matiz *m*; **eine ~ lauter** un punto más alto
nüchtern *adj* ① *(ohne Essen)* en ayunas; **auf ~en Magen** en ayunas ② *(nicht betrunken)* sobrio ③ *(sachlich)* objetivo ④ *(schmucklos)* sin adornos
Nüchternheit *f ohne pl* ① *(mit leerem Magen, nicht betrunken)* sobriedad *f* ② *(Sachlichkeit)* objetividad *f* ③ *(Schlichtheit)* sencillez *f*
nuckeln ['nʊkəln] *vi (fam)* chupar **(an)**
Nudel *f* <-n> pasta *f*
Nudelholz *nt* rodillo *m*
Nudelsuppe *f* sopa *f* de pasta
Nudismus *m* <-s, *ohne pl*> nudismo *m*
Nudist(in) *m(f)* <-en, -en; -nen> nudista *mf*
Nugat *m o nt* <-s, -s> *s.* **Nougat**
Nugget ['nagɪt] *nt* <-(s), -s> (GASTR) nugget *m*, bocadito *m* de pollo
nuklear *adj* nuclear
Nuklearmacht *f* potencia *f* nuclear
Nuklearmedizin *f* <-, *ohne pl*> medicina *f* nuclear
Nukleartest *m* <-(e)s, -s *o* -e> test *m* nuclear
Nuklearwaffe *f* arma *f* nuclear
null *adj inv* ① *(Zahl)* cero; **~ zu ~** cero a cero; **~ und nichtig** nulo y no avenido; **die Stunde ~** la hora cero; **in ~ Komma nichts** *(fam)* en un dos por tres ② *(sl: kein)* **~ Problemo** sin problemas; **~ Bock auf etw haben** pasar de algo
Null *f* <-en> ① *(Zahl)* cero *m* ② *(fam abw: Versager)* cero *m* a la izquierda
nullachtfünfzehn *adj inv (fam)* común y corriente
Nulldiät *f* dieta *f* absoluta

Nullpunkt *m ohne pl* punto *m* cero; **den ~ erreicht haben** llegar a su punto más bajo
Nulltarif *m ohne pl* **zum ~** gratis
Nullwachstum *nt ohne pl* (WIRTSCH) crecimiento *m* cero
numerisch *adj* (*a.* INFOR) numérico
Numerus *m* <-, Numeri> (LING) número *m;* **~ clausus** número clauso
Nummer *f* <-n> ❶ *(Zahl)* número *m;* **Gesprächsthema ~ eins** tema principal; **auf ~ Sicher gehen** *(fam)* ir sobre seguro; **mit jdm eine ~ schieben** *(vulg)* echar un polvo con alguien ❷ *(Autonummer)* matrícula *f; (Telefonnummer)* (número *m* de) teléfono *m* ❸ *(Größe)* talla *f*
nummerieren* *vt* numerar
Nummerierung *f* <-, -en> numeración *f*
Nummernkonto *nt* <-s, -konten *o* -s *o* -konti> (FIN) cuenta *f* cifrada
Nummernschild *nt* (AUTO) matrícula *f*
nun I. *adv* ❶ *(jetzt)* ahora; **von ~ an** desde ahora; **was ~?** ¿y ahora qué?; **das hast du ~ davon** este es el resultado ❷ *(inzwischen)* entretanto **II.** *part (einleitend)* pues, bueno; *(weiterführend)* pues bien; **~ denn** bueno, entonces; **~ sag schon ...** bueno, habla de una vez...; **~ gut** pues bien; **das ist ~ mal so** esto es así
nunmehr *adv (geh)* ❶ *(jetzt)* ahora ❷ *(von jetzt an)* a partir de ahora
nur I. *adv* solo, solamente; **~ noch** tan solo; **~ schade, dass ...** es sencillamente una pena que... *+subj;* **alles, ~ das nicht!** ¡todo, menos eso!; **warum fragst du? – ~ so** ¿por qué preguntas? – por preguntar, nada más **II.** *(Partikel)* **so schnell er ~ konnte** tan rápido como pudo; **wo ist sie ~?** ¿dónde demonios está?; **~ zu!** ¡ánimo!; **sieh ~!** ¡mira!; **lass ihn ~ machen!** ¡déjale a él!; **was hat sie ~?** ¿pero qué le pasa?; **wenn sie ~ (endlich) anriefe!** ¡si llamara (de una vez)!; **~ her damit!** *(fam)* ¡trae para acá!
Nürnberg *nt* <-s> Nuremberg *m*
nuscheln *vi (fam)* mascullar
Nuss *f* <Nüsse> ❶ *(Frucht)* nuez *f;* **jdm eine harte ~ zu knacken geben** *(fam fig)* dar(le) a alguien un hueso duro de roer ❷ *(fam: Kopf)* coco *m;* **eine taube ~** un tontorrón; **dumme ~!** *(fam)* ¡idiota! ❸ *(Österr) tacita para la moca*
Nussbaum *m* nogal *m*
nussig *adj* (GASTR) de nuez
Nussknacker *m* cascanueces *m inv*
Nussschale *f* ❶ *(Schale einer Nuss)* cáscara *f* (de nuez) ❷ *(iron: Boot)* barquillo *m*
Nüster *f* <-n> ollar *m*
Nut(e) *f* <-en> (TECH) ranura *f*
Nutella® *f ohne pl* nocilla® *f*
Nutte *f* <-n> *(fam abw)* puta *f*
Nutz *m* **~ bringend** *(nützlich)* útil; *(Gewinn bringend)* provechoso, beneficioso; **sich** *dat* **etw zu ~e machen** aprovechar algo
nutzbar *adj* utilizable; **den Boden ~ machen** cultivar la tierra
nutzbringend *adj (nützlich)* útil; *(Gewinn bringend)* provechoso, beneficioso
nütze zu etw ~ sein servir para algo
Nutzeffekt *m* efecto *m* útil
nutzen, nützen I. *vi* servir; **wozu soll das ~?** ¿para qué va a servir esto?; **jdm zu etw ~** ser provechoso para alguien; *(Gewinn bringen)* beneficiar a alguien **II.** *vt* ❶ *(Rohstoffe)* aprovechar ❷ *(Gelegenheit)* aprovechar
Nutzen *m* <-s, *ohne pl*> *(Nützlichkeit)* utilidad *f,* provecho *m; (Gewinn)* beneficio *m;* **zum ~ der Öffentlichkeit** en beneficio del público; **jdm von ~ sein** ser(le) útil a alguien; **~ aus etw ziehen** sacar provecho de algo
Nutzerführung ['nʊtsɐ-] *f* (INFOR) guía *f* del usuario
Nutzerrecht *nt* <-(e)s, -e> derecho *m* de usuario
Nutzfahrzeug *nt* vehículo *m* de servicio
Nutzfläche *f* <-, -n> superficie *f* útil
Nutzlast *f* <-, -en> carga *f* útil
nützlich *adj* útil; **sich ~ machen** ser útil
Nützlichkeit *f ohne pl* utilidad *f*
Nützlichkeitsdenken *nt ohne pl* pensamiento *m* utilitario
nutzlos *adj* inútil; *(vergeblich)* infructuoso, vano
Nutzlosigkeit *f ohne pl* inutilidad *f; (Vergeblichkeit)* infructuosidad *f*
Nutznießer(in) *m(f)* <-s, -; -nen> usufructuario, -a *m, f*
Nutzpflanze *f* <-, -n> planta *f* útil
Nutzung *f ohne pl* utilización *f*
Nutzungsbedingungen *fpl* (*a.* INFOR) condiciones *fpl* del servicio
NW *Abk. von* **Nordwesten** NO
Nylon® *nt* <-s, *ohne pl*> nailon *m*
Nymphe ['nʏmfə] *f* <-, -n> (*a.* ZOOL) ninfa *f*

N

O o

O, o *nt* <-, -> O, o *f;* ~ **wie Otto** O de Oviedo
o *interj* oh
O *Abk. von* **Osten** E
Oase *f* <-n> oasis *m inv*
ob *konj* ❶ *(im indirekten Fragesatz)* si; **sie fragt, ~ Monika zu Hause** [*o* **zuhause**] **ist** pregunta si Monika está en casa; **~ er wohl kommen wird?** ¿vendrá o no (vendrá)? ❷ *(vergleichend)* **als ~** como si *+subj;* **als ~ nichts geschehen wäre** como si no hubiera pasado nada ❸ *(egal ob)* lo mismo da que *+subj;* **~ arm, ~ reich** lo mismo pobres que ricos ❹ *(verstärkend)* **und ~!** ¡claro que sí!
OB *mf* <-(s), -(s)> *Abk. von* **Oberbürgermeister(in)** primer(a) alcalde(sa) *m(f)*
Obacht ['o:baxt] *f* <-, *ohne pl*> *(südd)* cuidado *m;* **auf jdn/auf etw ~ geben** tener cuidado de alguien/de algo
Obdach *nt ohne pl* refugio *m;* **jdm ~ gewähren** prestar refugio a alguien
obdachlos *adj* sin hogar
Obdachlose(r) *mf* <-n, -n; -n> desamparado, -a *m, f*
Obdachlosenasyl *nt,* **Obdachlosenheim** *nt* asilo *m* nocturno
Obdachlosigkeit *f* <-, *ohne pl*> desamparo *m* (por falta de albergue)
Obduktion *f* <-en> (MED) autopsia *f*
obduzieren* *vt* hacer la autopsia (a)
O-Beine *ntpl (fam)* piernas *fpl* arqueadas
Obelisk [obe'lɪsk] *m* <-en, -en> obelisco *m*
oben *adv* ❶ *(in der Höhe, im Text, a. fig)* arriba; **dort ~** allí arriba; **nach ~** hacia arriba; **von ~ bis unten** de arriba a abajo; **er behandelt die Leute von ~ herab** mira a la gente por encima del hombro; **ganz ~** arriba del todo; **~ links/rechts** arriba a la izquierda/derecha; **siehe ~** véase arriba; **~ erwähnt** arriba mencionado; *(bei Personen)* susodicho; **wie ~ erwähnt** como se ha mencionado anteriormente; **das steht mir bis hier ~** *(fam)* estoy harto de eso; **~ ohne** *(fam)* en toples(s) ❷ *(an der Oberfläche)* en la superficie
obenan *adv* de primero
obenauf *adv (gesund)* sano; *(gut gelaunt)* de buen humor
obendrauf *adv* encima
obendrein *adv* además
obenherum *adv (fam)* por arriba; **das Kleid ist ~ etwas zu weit** el vestido queda demasiado ancho de arriba
obenhin *adv (oberflächlich)* superficialmente; *(beiläufig)* de paso
oben-ohne *adv* en toples(s)
obenrum ['o:bən'rʊm] *adv (fam) s.* **obenherum**
Ober *m* <-s, -> camarero *m;* **Herr ~!** ¡camarero!
Oberarm *m* brazo *m*
Oberarzt, -ärztin *m, f* médico, -a *m, f* jefe
Oberaufsicht *f* <-, -en> (JUR) supervigilancia *f*
Oberbefehl *m* <-(e)s, *ohne pl*> mando *m* supremo
Oberbefehlshaber(in) *m(f)* (MIL) comandante *mf* en jefe
Oberbegriff *m* término *m* genérico
Oberbekleidung *f* ropa *f* exterior
Oberbett *nt* <-(e)s, -en> edredón *m*
Oberbürgermeister(in) *m(f)* primer(a) alcalde(sa) *m(f)*
Oberdeck *nt* <-(e)s, -s> (NAUT) cubierta *f* superior
obere(r, s) *adj* ❶ *(allgemein)* alto, de arriba ❷ *(in einer Hierarchie)* alto, superior
Oberfeldwebel *m* sargento *m* primero
Oberfläche *f* superficie *f*
Oberflächenspannung *f* <-, -en> tensión *f* superficial
oberflächlich *adj* superficial
Oberflächlichkeit *f ohne pl* superficialidad *f*
Obergeschoss *nt* planta *f* superior; **im zweiten ~** en el segundo piso
Obergrenze *f* <-, -n> límite *m* superior
oberhalb *präp +gen* por encima de
Oberhand *f ohne pl* **die ~ gewinnen** imponerse
Oberhaupt *nt (geh)* jefe, -a *m, f*
Oberhaus *nt* (POL) Cámara *f* Alta
Oberhemd *nt* <-(e)s, -en> camisa *f*
Oberin *f* <-nen> ❶ *(im Krankenhaus)* enfermera *f* jefe ❷ *(im Kloster)* priora *f*
oberirdisch *adj* de superficie
Oberkellner(in) *m(f)* <-s, -; -, -nen> jefe, -a *m, f* de comedor, maître *m*
Oberkiefer *m* (ANAT) maxilar *m* superior
Oberkommando *nt* (MIL) mando *m* supremo
Oberkörper *m* busto *m*
Oberleitung[1] *f* <-, *ohne pl*> *(Führung)* dirección *f* (general)
Oberleitung[2] *f* <-, -en> *(für Bus, Straßenbahn)* línea *f* eléctrica aérea
Oberleutnant *m* (MIL) teniente *m*

Oberlicht *nt* <-(e)s, -er> claraboya *f,* tragaluz *m,* banderola *f CSur*
Oberliga *f* <-, -ligen> (SPORT) (liga *f* de) segunda división *f*
Oberlippe *f* labio *m* superior
Oberösterreich *nt* Alta Austria *f*
Oberrhein ['o:bɐraɪn] *m* <-s> (GEO) Alto Rin *m*
Obers ['o:bɐs] *nt* <-, *ohne pl*> *(Österr)* nata *f*
Oberschenkel *m* muslo *m*
Oberschenkelhalsbruch *m* <-(e)s, -brüche> (MED) fractura *f* del cuello del fémur
Oberschenkelknochen *m* (ANAT) fémur *m*
Oberschenkelmuskel *m* (ANAT) cuádriceps *m inv*
Oberschicht *f* ① *(der Gesellschaft)* clase *f* alta ② *(oberste Schicht)* capa *f* superior
Oberschwester *f* enfermera *f* jefe
Oberseite *f* lado *m* superior
Oberst *m* <-en *o* -s, -en> coronel *m*
oberste(r, s) *adj superl von* **obere(r, s)** ① *(höher gelegen)* superior, más alto; *(Stockwerk)* último; *(zuoberst)* de arriba del todo ② *(in einer Hierarchie)* supremo; **der O~ Gerichtshof** el Tribunal Supremo ③ *(wichtigste)* más importante; **das ~ Gebot** lo fundamental
Oberstleutnant *m* teniente *m* coronel
Oberstudiendirektor(in) *m(f)* <-s, -en; -, -nen> (SCH) director(a) *m(f)* de instituto de enseñanza media [*o* de un centro de (enseñanaza) secundaria]
Oberstufe *f* (SCH) nivel *m* superior; *(an deutschen Schulen)* grados *m pl* superiores *(de 11° a 12°/13° curso en la escuela alemana)*
Oberteil *nt* ① *(Möbel)* parte *f* superior; *(Haus)* piso *m* superior ② *(Kleidungsstück)* prenda *f* para arriba
Oberwasser *nt* <-s, *ohne pl*> *(fam)* **~ haben** llevar ventaja
Oberweite *f* contorno *m* de pecho; **zu viel/zu wenig ~ haben** tener demasiado/demasiado poco pecho
obgleich *konj s.* **obwohl**
Obhut *f ohne pl (geh)* custodia *f; (Schutz)* protección *f;* **jdn in seine ~ nehmen** tomar a alguien bajo su protección
obige(r, s) *adj* arriba mencionado; *(bei Personen)* susodicho
Objekt *nt* <-(e)s, -e> ① *(Gegenstand)* objeto *m* ② (LING) complemento *m* ③ *(Österr:* ADMIN: *Gebäude)* edificio *m*
objektiv *adj* objetivo; *(unparteiisch)* imparcial
Objektiv *nt* <-s, -e> objetivo *m*
Objektivdeckel *m* (FOTO) tapa *f* del objetivo
Objektivität *f ohne pl* objetividad *f*
Objektträger *m* <-s, -> portaobjeto(s) *m (inv)*
Oblate *f* <-n> ① *(für Gebäck)* oblea *f* ② *(Hostie)* hostia *f*
obligatorisch *adj* obligatorio
Oboe *f* <-n> oboe *m*
Oboist(in) [obo'ɪst] *m(f)* <-en, -en; -, -nen> (MUS) oboísta *mf*
Obrigkeit *f* <-en> autoridad *f*
obrigkeitshörig *adj (abw)* sumiso a la autoridad
obschon *konj (geh) s.* **obwohl**
Observatorium *nt* <-s, -ien> observatorio *m*
observieren* *vt* observar
obskur *adj* o(b)scuro; *(anrüchig)* de mala fama; *(zweifelhaft)* ambiguo
obsolet [ɔpzo'le:t] *adj (geh)* obsoleto
Obst *nt* <-(e)s, *ohne pl*> fruta *f*
Obstanbau *m* fruticultura *f*
Obstbaum *m* (árbol *m*) frutal *m*
Obsternte *f* <-, -n> recolección *f* de fruta
Obstgarten *m* huerto *m* frutal
Obsthändler(in) *m(f)* frutero, -a *m, f*
Obsthandlung *f* frutería *f*
Obstkuchen *m* pastel *m* de fruta
Obstler ['o:pstlɐ] *m* <-s, -> aguardiente *m* de frutas
Obstmesser *nt* cuchillo *m* para fruta
Obstsaft *m* zumo *m* de fruta(s)
Obstsalat *m* macedonia *f*
Obsttorte *f* tarta *f* de frutas
obszön *adj* obsceno
Obszönität *f* <-en> obscenidad *f*
obwohl *konj* aunque, a pesar de que; **~ es regnet, gehe ich aus** aunque está lloviendo, voy a salir
Ochse *m* <-n, -n> ① *(Tier)* buey *m* ② *(fam: Dummkopf)* estúpido, -a *m, f*
Ochsenschwanzsuppe *f* sopa *f* de rabo de buey
Ocker *m o nt* <-s, -> ocre *m*
Ode *f* <-n> oda *f*
öde *adj* ① *(verlassen)* desierto; *(unbewohnt)* despoblado ② *(unbebaut)* yermo ③ *(langweilig)* aburrido
Öde[1] *f* <-n> ① *(Einsamkeit)* soledad *f* ② *(Land)* desierto *m*
Öde[2] *f ohne pl (Leere, Langeweile)* monotonía *f*
oder *konj* o; *(vor o, ho)* u; *(andernfalls)* si no; **er ~ sie** él o ella; **sieben ~ acht** siete u ocho; **10 ~ 12** 10 o 12; **~ aber …** o por el contrario…; **~ auch …** o (bien)…; **~ etwa nicht?** ¿o no?; **entweder … ~ …** o… o…
Oder *f* <-> Oder *m*
Oder-Neiße-Linie *f* <-> línea *f* del Oder y Neisse

Ödipuskomplex ['ø:dipʊs-] *m* <-es, *ohne pl*> (PSYCH) complejo *m* de Edipo

Odyssee *f* <-n> *(geh)* odisea *f*

OECD *f Abk. von* **Organization for Economic Cooperation Development** OCDE *f inv*

Ofen *m* <-s, Öfen> ❶ *(Backofen)* horno *m* ❷ *(Heizofen)* estufa *f;* **der ~ ist aus** *(fig fam)* se acabó; **ein heißer ~** *(fam: Auto)* un bólido; *(Motorrad)* una moto

ofenfrisch *adj* recién hecho; **auch sonntags servieren wir ~e Brötchen!** ¡los domingos también tenemos pan del día!

Ofensetzer(in) *m(f)* estufista *mf,* estufero, -a *m, f*

Ofentür *f* puerta *f* de la estufa

Off [ɔf] *nt* <-s, *ohne pl*> (TV, FILM, THEAT) voz *f* en off; **aus dem ~** en off

offen *adj* ❶ *(allgemein)* abierto; *(Haare)* suelto; *(ohne Deckel)* destapado; *(unverpackt)* a granel; **halb ~** medio abierto; **~er Wein** vino a granel; **auf ~er Straße** en plena calle; **mit ~em Mund dastehen** estar plantado con la boca abierta; **ein ~es Haus haben** *(fig)* ser hospitalario; **mit ~en Augen durch die Welt gehen** andar por el mundo con los ojos bien abiertos; **~ gegenüber allem Neuen sein** estar abierto a todo lo nuevo; **das ist noch völlig ~** eso todavía no se sabe; **die Post hat jetzt ~** Correos está ahora abierto ❷ *(Stelle)* vacante ❸ *(unerledigt)* pendiente; **~e Rechnung** cuenta pendiente ❹ *(aufrichtig)* franco, abierto; **~ seine Meinung sagen** decir su opinión abiertamente; **etw ~ zugeben** admitir algo abiertamente; **~ gestanden ...** (dicho) francamente...; **~ mit jdm reden** hablar francamente con alguien

offenbar **I.** *adj* manifiesto, evidente **II.** *adv* aparentemente

offenbaren* **I.** *vt* *(geh)* revelar, desvelar **II.** *vr:* **sich ~** *(geh)* ❶ *(sich erweisen)* mostrarse ❷ *(sich anvertrauen)* confiarse

Offenbarung *f* <-en> *(geh, a.* REL) revelación *f*

Offenbarungseid *m* (JUR) juramento *m* declarativo; **einen ~ leisten** prestar juramento declarativo

offen|bleiben *irr vi sein* *(Frage)* quedar pendiente

Offenheit *f ohne pl* ❶ *(Aufgeschlossenheit)* espíritu *m* abierto; **seine ~ gegenüber allem Neuen** su espíritu abierto para todo lo nuevo ❷ *(Ehrlichkeit)* franqueza *f,* sinceridad *f;* **in** [*o* **mit**] **aller ~** sinceramente

offenherzig *adj* abierto, franco

Offenherzigkeit *f* <-, *ohne pl*> franqueza *f*

offenkundig *adj* manifiesto; *(offensichtlich)* evidente

offen|lassen *irr vt* *(Entscheidung)* dejar pendiente

offenlegen *vt* **etw ~** exponer algo con toda claridad, dar a conocer algo públicamente

Offenlegung *f* <-, -en> **~ von Urkunden** publicación *f* de actas

offensichtlich **I.** *adj* evidente **II.** *adv* evidentemente

offensiv *adj* ofensivo

Offensive *f* <-n> ofensiva *f;* **in die ~ gehen** tomar la ofensiva

offen|stehen *irr vi* ❶ *(Rechnung)* estar pendiente ❷ *(Möglichkeit)* **es steht dir offen, zu ...** tienes la posibilidad de...

öffentlich **I.** *adj* público; **nicht ~** a puerta cerrada **II.** *adv* en público; **~ bekannt geben** publicar

Öffentlichkeit *f ohne pl* ❶ *(Gesamtheit der Menschen)* público *m;* **die ~ scheuen** temer al público; **in aller ~** en público; **etw an die ~ bringen** hacer algo público ❷ *(das Öffentlichsein)* carácter *m* público

Öffentlichkeitsarbeit *f ohne pl* relaciones *fpl* públicas

öffentlichkeitswirksam *adj* de gran efectividad publicitaria

öffentlich-rechtlich *adj* (de derecho) público

offerieren* [ɔfe'ri:rən] *vt* (COM) ofrecer

Offerte *f* <-n> (COM) oferta *f*

offiziell *adj* oficial; **etw ~ bekannt geben** dar a conocer algo oficialmente

Offizier(in) *m(f)* <-s, -e; -nen> oficial(a) *m(f)*

Offiziersanwärter(in) *m(f)* aspirante *mf* a oficial

offline *adj* (INFOR) fuera de línea

Offlinebetrieb *m ohne pl* (INFOR) servicio *m* fuera de línea [*o* off-line], operación *f* fuera de línea

öffnen **I.** *vi, vt* abrir; **hier ~** ábrase aquí; **eine Datei ~** (INFOR) abrir un archivo **II.** *vr:* **sich ~** abrirse

Öffner *m* <-s, -> abridor *m*

Öffnung *f* <-en> apertura *f;* *(Loch)* agujero *m*

Öffnungszeit *f* horas *fpl* de apertura

Offroadfahrzeug ['ɔfroʊd-] *nt* *(Geländewagen)* (vehículo *m*) todoterreno *m*

oft <öfter, am öftesten> *adv* a menudo; **wie ~?** ¿cuántas veces?; **sehr ~** muy a menudo; **nicht ~** pocas veces; **ziemlich ~** bastante a menudo; **~ genug** bastante (a menudo)

O

öfters *adv* frecuentemente, con (mucha) frecuencia

öftesten *superl von* **oft: am ~** lo (que) más a menudo

oftmals *adv* a menudo

oh *interj* oh, ah; **~, wie schön!** ¡oh, qué bonito!; **~ ja!** ¡ah, sí!; **~ nein!** ¡oh, no!

Ohm *nt* <-(s), -> (PHYS) ohmio *m*

ohne I. *präp +akk* sin; *(ausgenommen)* excepto; **das geschah ~ mein Wissen** esto pasó sin que yo lo supiera; **~ Zweifel** sin duda; **~ mich!** ¡no cuentes conmigo!; **~ Weiteres** [*o* **weiteres**] sin más; **es geht auch ~** no hace falta; **das ist nicht ~** *(fam)* no es cosa fácil **II.** *konj* **~ dass ...** sin que... *+subj;* **~ zu** sin

ohnegleichen *adv* sin par, único

ohnehin *adv* de todos modos

Ohnmacht *f* <-en> ❶ *(Bewusstlosigkeit)* desvanecimiento *m;* **in ~ fallen** desmayarse ❷ *(Machtlosigkeit)* impotencia *f*

ohnmächtig *adj* ❶ *(bewusstlos)* desmayado; **~ werden** desmayarse ❷ *(machtlos)* impotente

Ohr *nt* <-(e)s, -en> *(äußeres)* oreja *f; (inneres)* oído *m;* **es ist mir zu ~en gekommen, dass ...** he oído que...; **mir dröhnen/sausen die ~en** me suenan/zumban los oídos; **ich bin ganz ~** soy todo oídos; **mit halbem ~ zuhören** escuchar a medias; **sich** *dat* **die ~en zuhalten** taparse los oídos; **etw noch im ~ haben** tener algo todavía en la cabeza; **jdm die ~en lang ziehen** *(fam fig)* dar un tirón de orejas a alguien; **auf dem ~ bin ich taub** *(fig)* no me doy por aludido; **die Melodie geht ins ~** la melodía se pega; **jdn übers ~ hauen** engañar a alguien; **schreib dir das hinter die ~en!** *(fam)* ¡tenlo bien presente!; **etw geht zum einen ~ rein, zum anderen wieder heraus** *(fam fig)* algo entra por un oído y sale por el otro; **viel um die ~en haben** *(fam)* estar muy ocupado; **bis über beide ~en verliebt sein** *(fam fig)* estar enamorado hasta la médula; **die Situation/die Arbeit wächst mir über die ~en** *(fig)* la situación/el trabajo me desborda; **sich aufs ~ legen** *(fam fig)* planchar la oreja; **es faustdick hinter den ~en haben** *(fam fig)* tener muchas conchas

Öhr *nt* <-(e)s, -e> ojo *m* de la aguja

Ohrenarzt, -ärztin *m, f* otólogo, -a *m, f*

ohrenbetäubend *adj (fam)* ensordecedor

Ohrenentzündung *f* (MED) otitis *f inv*

Ohrenschmalz *nt* cerumen *m*

Ohrenschmerzen *mpl* (MED) dolor *m* de oídos

Ohrensessel *m* <-s, -> sillón *m* de orejas

Ohrfeige *f* bofetada *f,* bife *m Am,* biaba *f Arg, Urug*

ohrfeigen *vt* pegar una bofetada (a), virar *AmC, Ant;* **ich könnte mich ~, dass ...** *(fam)* me daría de tortas por...

Ohrläppchen *nt* lóbulo *m* de la oreja

Ohrmuschel *f* pabellón *m* de la oreja

Ohrring *m* pendiente *m,* aro *m Am*

Ohrstecker *m* pendiente *m* (de botón)

Ohrstöpsel *m* tapón *m* para el oído

Ohrwurm *m* ❶ *(Insekt)* tijereta *f* ❷ *(fam: Lied)* melodía *f* pegadiza

oje *interj* vaya(, qué pena)

o.k., okay I. *(fam: Partikel)* vale, de acuerdo, okey *Am* **II.** *adj (fam)* **~ sein** *(gut)* estar bien; *(in Ordnung)* estar en orden

okkult [ɔ'kʊlt] *adj (geh)* oculto

Okkultismus [ɔkʊl'tɪsmʊs] *m* <-, *ohne pl*> ocultismo *m*

Okkupation [ɔkupa'tsjo:n] *f* <-, -en> ocupación *f* (militar)

Ökobauer, -bäuerin *m, f* agricultor(a) *m(f)* ecológico , -a

Ökoladen *m* tienda *f* ecológica

Ökologe, -in *m, f* <-n, -n; -nen> ecologista *mf*

Ökologie *f ohne pl* ecología *f*

Ökologin *f* <-nen> *s.* **Ökologe**

ökologisch *adj* ecologista, ecológico; **~es Gleichgewicht** equilibrio ecológico

Ökonom(in) [øko'no:m] *m(f)* <-en, -en; -, -nen> economista *mf*

Ökonomie *f* <-n> economía *f*

Ökonomin *f* <-nen> *s.* **Ökonom**

ökonomisch *adj* económico

Ökosteuer *f* impuesto *m* ecológico

Ökosystem *nt* ecosistema *m*

Ökotest *m* ecotest *m*

Okraschote ['o:kra-] *f* (GASTR) quingombó *m*

Oktave *f* <-n> (MUS) octava *f*

Oktober *m* <-(s), -> octubre *m; s. a.* **März**

Oktoberfest *nt fiesta muniquesa de la cerveza*

Okular [oku'la:ɐ] *nt* <-s, -e> ocular *m*

Ökumene *f ohne pl* (REL) ❶ *(Christentum)* cristiandad *f* ❷ *(gemeinsames Handeln)* ecumenismo *m*

ökumenisch [øku'me:nɪʃ] *adj* (REL) ecuménico

Okzident *m* <-s> Occidente *m*

Öl *nt* <-(e)s, -e> ❶ *(Speise-, Sonnen-, Schmieröl)* aceite *m;* **pflanzliche ~e** aceites vegetales; **ätherisches ~** esencia *f* ❷ *(Erdöl)* petróleo *m,* canfín *m AmC;* **~ ins Feuer gießen** *(fig)* echar leña al fuego ❸ (KUNST) **in ~** (**malen**) (pintar) al óleo

Ölbild *nt* (cuadro *m* al) óleo *m*

Oldie *m* <-s, -s> *(fam)* ① *(Song, Film)* viejo éxito *m* ② *(Person)* persona *f* no tan joven
Oldtimer *m* <-s, -> (AUTO) coche *m* antiguo
Oleander *m* <-s, -> (BOT) adelfa *f*
ölen *vt* engrasar; *(mit Schmieröl)* lubrificar
Ölfarbe *f* color *m* preparado con aceite; (KUNST) pintura *f* al óleo
Ölfleck *m* mancha *f* de aceite
Ölgemälde *nt* pintura *f* al óleo
Ölheizung *f* calefacción *f* al fueloil
ölig *adj* ① *(voll Öl, wie Öl)* aceitoso, oleoso ② *(abw: Stimme, Lächeln)* empalagoso
Oligarchie [oligar'çiː] *f* <-, -n> oligarquía *f*
oliv [o'liːf] *adj inv* (verde) oliva
Olive *f* <-n> aceituna *f*, oliva *f*
Olivenbaum *m* olivo *m*
Olivenöl *nt* aceite *m* de oliva
olivgrün *adj* verde oliva; *(Haut)* aceitunado
Olivgrün *nt (Farbe)* verde oliva *m*
Ölkanister *m* <-s, -> bidón *m* de aceite
Ölkonzern *m* compañía *f* petrolífera
Ölkreide *f* cera *f* (para dibujar)
Ölkrise *f* crisis *f inv* petrolera
Ölleitung *f* oleoducto *m*
Ölmalerei *f* <-, *ohne pl*> (KUNST: *Technik*) pintura *f* al óleo
Ölmessstab *m* (AUTO) varilla *f* del nivel de aceite
Ölpest *f* marea *f* negra
Ölplattform *f* plataforma *f* petrolífera
Ölpresse *f* lagar *m*
Ölpumpe *f* bomba *f* de aceite
Ölquelle *f* pozo *m* de petróleo
Ölraffinerie *f* refinería *f* de petróleo
Ölsardine *f* <-, -n> sardina *f* en aceite
Ölscheich *m (fam)* jeque *m* del petróleo
Ölschinken *m (abw* KUNST) óleo *m* de dimensiones descomunales
Ölstand *m* <-(e)s, -stände> nivel *m* del aceite
Öltanker *m* <-s, -> petrolero *m*
Ölteppich *m* marea *f* negra
Ölung *f* <-en> ① (TECH) engrase *m; (mit Schmieröl)* lubricación *f* ② (REL) unción *f*; **die Letzte ~** la extremaunción
Ölwanne *f* (AUTO) cárter *m*
Ölwechsel *m* (AUTO) cambio *m* de aceite
Olympiade *f* <-n> olimpiada *f*
Olympiamannschaft [o'lʏmpja-] *f* <-, -en> equipo *m* olímpico
Olympiasieger(in) *m(f)* campeón, -ona *m, f* olímpico , -a
Olympiastadion *nt* estadio *m* olímpico
Olympionike, -kin <-n, -n; -nen> *m, f* (SPORT) atleta *mf* olímpico , -a
olympisch *adj* olímpico; **die O~en Spiele** los Juegos Olímpicos

Oma *f* <-s> *(fam)* abuela *f*, abuelita *f*, nanoya *f Guat*
Oman [o'maːn] *nt* <-s> Omán *m*
Ombudsmann, -frau ['ɔmbʊts-] *m, f* <-es, -leute *o* -männer; -, -en> ≈ Defensor *m* del Pueblo
Omelett *nt* <-(e)s, -e *o* -s> tortilla *f*
Omen *nt* <-s, - *o* Omina> agüero *m*, presagio *m*; **das ist ein gutes/schlechtes ~** es un buen/mal presagio
ominös *adj (geh)* ① *(unheilvoll)* de mal agüero ② *(zweifelhaft)* dudoso
Omnibus *m* <-ses, -se> *(in der Stadt)* autobús *m*, góndola *f Col, Chil; (Überlandomnibus)* autocar *m*
Omnibushaltestelle *f* parada *f* de autobús
Onanie [ona'niː] *f* <-, *ohne pl*> masturbación *f*, onanismo *m*
onanieren* *vi* masturbarse
Onkel *m* <-s, -> tío *m*
Onkologe, -in [ɔŋko'loːgə] *m, f* <-n, -n; -, -nen> (MED) oncólogo, -a *m, f*
Onkologie [ɔŋkolo'giː] *f* <-, *ohne pl*> (MED) oncología *f*
online ['ɔnlaɪn] *adj* (INFOR) en línea
Onlinebank *f* banco *m* en línea
Onlinebanking *nt* <-s, *ohne pl*> banca *f* en línea [*o* por internet]
Onlinebetrieb *m ohne pl* (INFOR) servicio *m* en línea, operación *f* en línea
Onlinechat *m* (INFOR, TEL: *sl)* charla *f* en línea
Online-Check-in *m o nt* (AERO) facturación *f* en línea
Onlinedienst *m* <-(e)s, -e> (INFOR) servicio *m* en línea
Online-Einkauf *m* compra *f* en internet [*o* línea]
Online-Lernen *nt ohne pl* aprendizaje *m* en línea
Onlineshop *m* tienda *f* en línea
Onlineshopping *nt* compras *fpl* en línea
Onyx ['oːnʏks] *m* <-(es), -e> ónice *m*, ónix *m inv*
OP *m* <-(s), -(s)> (MED) *Abk. von* **Operationssaal** quirófano *m*
Opa *m* <-s, -s> *(fam)* abuelo *m*
Opal [o'paːl] *m* <-s, -e> ópalo *m*
OPEC ['oːpɛk] *f* <-> *Abk. von* **Organization of the Petroleum Exporting Countries** OPEP *f*
Oper *f* <-n> ópera *f*; **in die ~ gehen** ir a la ópera
Opera *pl von* **Opus**
Operation *f* <-en> (MED, INFOR, MATH, MIL) operación *f*
Operationsbesteck *nt* (MED) instrumentos *m* para operar *pl*

O

Operationsleuchte *f* (MED) lámpara *f* quirúrgica
Operationssaal *m* (MED) quirófano *m*
Operationstisch *m* (MED) mesa *f* de operaciones
operativ *adj* ❶(MED) quirúrgico; **~er Eingriff** intervención quirúrgica ❷(MIL) estratégico
Operator[1] [opəˈraːtoːɐ] *m* <-s, -en> (MATH) operador *m*
Operator(in)[2] *m(f)* <-s, -en; -, -nen> *(Beruf)* operador(a) *m(f)*
Operette *f* <-n> opereta *f*
operieren* **I.** *vi* ❶(MED, MIL) operar ❷*(handeln)* proceder, operar **II.** *vt* (MED) operar (**an** de); **sich ~ lassen** operarse (**an** de)
Opernball [ˈoːpɐn-] *m* <-(e)s, -bälle> baile *m* de la ópera
Opernführer *m* <-s, -> guía *f* de la ópera
Opernglas *nt* gemelos *mpl* (de teatro)
Opernhaus *nt* ópera *f*
Opernsänger(in) *m(f)* cantante *mf* de ópera
Opfer *nt* <-s, -> ❶*(Opfergabe)* ofrenda *f* ❷*(Verzicht)* sacrificio *m* (**für** por); **~ bringen** hacer un sacrificio ❸*(Person)* víctima *f*; **die Überschwemmung forderte viele ~** la inundación causó muchas víctimas; **jdm/etw zum ~ fallen** ser víctima de alguien/de algo
opferbereit *adj* sacrificado
Opfergabe *f* ofrenda *f*
Opferlamm[1] *nt* <-(e)s, -lämmer> *(wehrloses Opfer)* víctima *f*
Opferlamm[2] *nt* <-(e)s, *ohne pl*> (REL: *Christus*) Cordero *m* de Dios
opfern I. *vt* sacrificar; **jdm viel Zeit ~** dedicar mucho tiempo a alguien **II.** *vr:* **sich ~** sacrificarse (**für** por)
Opferung *f* <-en> sacrificio *m*
Opium *nt* <-s, *ohne pl*> opio *m*
Opiumhöhle *f (abw)* fumadero *m* de opio
OP-Mantel *m* (MED) bata *f* quirúrgica
Opponent(in) *m(f)* <-en, -en; -nen> oponente *mf*, adversario, -a *m, f*
opponieren* [ɔpoˈniːrən] *vi* oponerse (**gegen** a)
opportun *adj* oportuno
Opportunismus *m* <-, *ohne pl*> oportunismo *m*
Opportunist(in) *m(f)* <-en, -en; -nen> oportunista *mf*
opportunistisch *adj* oportunista
Opposition *f* <-en> (*a.* POL) oposición *f*; **in der ~ sein** estar en la oposición; **in ~ zu jdm stehen** ser oponente de alguien
oppositionell *adj* (*a.* POL) de (la) oposición
Oppositionsführer(in) *m(f)* (POL) líder *mf* de la oposición
Oppositionspartei *f* partido *m* de la oposición
OP-Schwester *f* enfermera *f* de quirófano
Optik *f ohne pl* (*a.* PHYS) óptica *f*
Optiker(in) *m(f)* <-s, -; -nen> óptico, -a *m, f*
Optima *pl von* **Optimum**
optimal *adj* óptimo
optimieren* *vt* optimar
Optimierung *f* <-en> optimización *f*
Optimismus *m* <-, *ohne pl*> optimismo *m*
Optimist(in) *m(f)* <-en, -en; -nen> optimista *mf*
optimistisch *adj* optimista
Optimum *nt* <-s, Optima> *(geh)* grado *m* óptimo (**an** de); **ein ~ an Qualität erzielen** alcanzar el mayor grado de calidad
Option *f* <-en> (*a.* JUR) opción *f* (**für** por, **auf** a)
Optionsfeld *nt* (INFOR, TEL) campo *m* de opción
optisch *adj* óptico
opulent [opuˈlɛnt] **I.** *adj (geh)* opulento; **ein ~es Mahl** una opulenta comida **II.** *adv (geh)* con opulencia; **in diesem Restaurant isst man sehr ~** en este restaurante se come con mucha opulencia
Opus *nt* <-, Opera> ❶(LIT) obra *f* ❷(MUS) opus *m*
Orakel *nt* <-s, -> oráculo *m*; **das ~ befragen** consultar el oráculo
oral *adj* oral
Oralverkehr *m* <-s, *ohne pl*> sexo *m* oral
orange *adj* (de color) naranja
Orange *f* <-n> naranja *f*
Orangeat [orãˈʒaːt] *nt* <-(e)s, -e> espejuelo *m* de naranja
orangefarben *adj* (de color) naranja
orangefarbig *adj* (de color) naranja
Orangenbaum *m* naranjo *m*
Orangenblüte *f* azahar *m*
Orangenhaut *f ohne pl* celulitis *f inv*
Orangensaft *m* zumo *m* de naranja, jugo *m* de naranja *Am*
Orangenschale *f* cáscara *f* de naranja
Orang-Utan *m* <-s, -s> orangután *m*
Oratorium *nt* <-s, Oratorien> (*a.* MUS) oratorio *m*
Orbiter [ˈɔrbɪtɐ] *m* <-s, -> (AERO) vehículo *m* en órbita
Orchester *nt* <-s, -> orquesta *f*
Orchestergraben *m* foso *m* (de la orquesta)
Orchidee *f* <-n> orquídea *f*
Orden *m* <-s, -> ❶(REL) orden *f* (religiosa) ❷*(Auszeichnung)* condecoración *f*
Ordensbruder *m* (REL) hermano *m*
Ordensschwester *f* (REL) hermana *f*
ordentlich I. *adj* ❶*(Mensch, Zimmer)* or-

O

denado ② *(Gericht)* ordinario; *(Mitglied)* numerario ③ *(anständig)* respetable; **etwas O~es lernen** estudiar algo de provecho ④ *(fam: tüchtig)* bueno; **eine ~e Tracht Prügel** una buena paliza ⑤ *(fam: ganz gut)* bastante bueno **II.** *adv* ① *(allgemein)* ordenadamente; *(Benehmen)* como es debido ② *(fam: ziemlich)* bastante; *(viel)* mucho; **sie verdient ganz ~** gana bastante

Order *f* <-s> ① *(Befehl)* orden *f* ② *(Auftrag)* orden *f*, pedido *m*

ordern *vt* pedir, encargar

Ordinalzahl *f* número *m* ordinal

ordinär *adj* ① *(unfein)* vulgar ② *(gewöhnlich)* ordinario

ordnen *vt* ordenar, poner en orden; **alphabetisch ~** ordenar alfabéticamente

Ordner[1] *m* <-s, -> *(Aktenordner)* archivador *m*

Ordner(in)[2] *m(f)* <-s, -; -nen> persona *f* del servicio de orden

Ordnung *f ohne pl* ① *(Zustand, Anordnung, a.* BIOL, MATH) orden *m;* **öffentliche ~** orden público; **~ halten** mantener el orden; **jdn zur ~ rufen** llamar a alguien al orden; **für ~ sorgen** poner orden; **etw in ~ bringen** *(fam)* arreglar algo; **der ~ halber** para el buen orden; **ich finde es (ganz) in ~, dass ...** *(fam)* me parece (muy) bien que... *+subj;* **(das geht) in ~** *(fam)* está bien; **der ist in ~** *(fam: menschlich O.K.)* es un buen tipo; **mit dem Wagen ist etwas nicht in ~** *(fam)* el coche no funciona bien ② *(Vorschrift)* reglamento *m;* **sich an eine ~ halten** cumplir un reglamento

Ordnungsamt *nt* oficina *f* del orden público

ordnungsgemäß **I.** *adj* reglamentario **II.** *adv* como es debido

ordnungshalber *adv* para el buen orden, para mayor formalidad

Ordnungshüter(in) *m(f)* *(fam)* guardián, -ana *m, f* del orden

ordnungsliebend *adj* ordenado

Ordnungsruf *m* llamada *f* al orden

Ordnungsstrafe *f* (JUR) pena *f* reglamentaria; *(Geldstrafe)* multa *f*

ordnungswidrig *adj* (JUR) ilegal; **sich ~ verhalten** infringir los reglamentos

Ordnungswidrigkeit *f* (JUR) infracción *f* de reglamentos

Ordnungszahl *f* número *m* ordinal

Oregano *m* <-s, *ohne pl*> orégano *m*

Organ *nt* <-s, -e> ① (*a.* ANAT) órgano *m* ② *(fam: Stimme)* voz *f;* **ein lautes ~ haben** tener una voz fuerte

Organhandel *m* comercio *m* con órganos humanos

Organigramm [ɔrgani'gram] *nt* organigrama *m*

Organisation *f* <-en> organización *f;* **~ der Vereinten Nationen** Organización de las Naciones Unidas; **~ des Nordatlantikvertrags** Organización del Tratado del Atlántico Norte

Organisationstalent *nt* talento *m* organizador

Organisator(in) *m(f)* <-s, -en; -nen> organizador(a) *m(f)*

organisatorisch *adj* organizador

organisch *adj* (*a.* CHEM, MED, BIOL) orgánico

organisieren* **I.** *vt* ① *(planen)* organizar ② *(fam: beschaffen)* proporcionar; *(stehlen)* robar **II.** *vr:* **sich ~** organizarse; **sich gewerkschaftlich ~** sindicarse

Organismus *m* <-, Organismen> organismo *m*

Organist(in) *m(f)* <-en, -en; -nen> organista *mf*

Organspende *f* (MED) donación *f* de órganos

Organspender(in) *m(f)* (MED) donante *mf* de órganos

Organtransplantation *f* (MED) trasplante *m* de órganos

Organverpflanzung *f* (MED) trasplante *m* de órganos

Orgasmus *m* <-, Orgasmen> orgasmo *m*

orgastisch *adj* orgásmico

Orgel *f* <-n> órgano *m*

Orgelkonzert *nt* <-(e)s, -e> ① *(Musikstück)* concierto *m* para órgano ② *(Darbietung)* concierto *m* de órgano

Orgelmusik *f* <-, -en> ① *(Komposition)* música *f* para órgano ② *(Orgelspiel)* pieza *f* de órgano

Orgelpfeife *f* tubo *m* de órgano

orgiastisch *adj* orgiástico

Orgie *f* <-n> orgía *f*

Orient *m* <-s> Oriente *m;* **der Vordere ~** el Cercano Oriente

orientalisch *adj* natural de Oriente Próximo

orientieren* *vr:* **sich ~** orientarse (**an/nach** por, **über** sobre); **ich orientierte mich an ihr** la tomé como ejemplo; **über etw orientiert sein** estar al corriente sobre algo; **er ist links orientiert** es de izquierdas

Orientierung *f ohne pl* orientación *f* (**an/nach** por, **über** sobre); **die ~ verlieren** perder la orientación

Orientierungshilfe *f* ① *(geografisch)* orientación *f* ② *(Leitfaden)* guía *f*

Orientierungspunkt *m* indicador *m*

O

Orientierungssinn *m ohne pl* sentido *m* de la orientación
Origami [ori'ga:mi] *nt* <-(s), *ohne pl*> papiroflexia *f*
original *adj* original; *(echt)* auténtico
Original *nt* <-s, -e> ❶ *(erstes Exemplar)* original *m* ❷ *(fam: Mensch)* persona *f* original
Originalaufnahme *f* (RADIO) grabación *f* original; (TV) película *f* original
Originalausgabe *f* <-, -n> (PUBL) primera edición *f*; *(eines alten Werkes)* edición *f* princeps
Originalfassung *f* versión *f* original
originalgetreu *adj* idéntico al original
Originalität *f ohne pl* ❶ *(Echtheit)* originalidad *f* ❷ *(Einmaligkeit)* singularidad *f*
originell *adj* original; *(eigenartig)* singular; *(außergewöhnlich)* insólito
Orkan *m* <-s, -e> huracán *m*
orkanartig *adj* huracanado
Ornament *nt* <-(e)s, -e> ornamento *m*
Ornat *m* <-(e)s, -e> traje *m* de ceremonia; *(kirchlich)* ornamentos *m pl* (sacerdotales)
Ornithologe, **-in** *m, f* <-n, -n; -nen> ornitólogo, -a *m, f*
Oropax® *nt* <-, -> tapón *m* (de cera) para el oído
Ort *m* <-(e)s, -e> ❶ *(Platz)* lugar *m*; **~ der Handlung** lugar de la acción; **am rechten ~** en el sitio adecuado; **an ~ und Stelle** a su debido tiempo; **vor ~** in situ; **vor ~ sein** estar en el lugar de los hechos ❷ *(Ortschaft)* población *f*; *(Dorf)* pueblo *m*; *(Stadt)* ciudad *f*; **von ~ zu ~** de pueblo en pueblo
Örtchen *nt* <-s, -> *(fam)* **stilles ~** excusado *m*, retrete *m*
orten *vt* (NAUT, AERO) localizar
orthodox *adj (a. fig)* ortodoxo
Orthografie *f* <-n> ortografía *f*
orthografisch *adj* ortográfico
Orthopäde, **-in** *m, f* <-n, -n; -nen> ortopeda *mf*; *(Arzt)* ≈ traumatólogo, -a *m, f*
Orthopädie [---'-] *f* <-, *ohne pl*> ortopedia *f*
orthopädisch *adj* ortopédico
örtlich *adj* local; **~ betäubt** con anestesia local
Örtlichkeit *f* <-en> localidad *f*
Ortsangabe *f* indicación *f* de lugar
ortsansässig *adj (Firma)* local; *(Person)* residente (en el lugar)
Ortschaft *f* <-en> población *f*
ortsfremd *adj* forastero
Ortsgespräch *nt* (TEL) llamada *f* urbana
Ortskenntnis *f ohne pl* conocimiento *m* del lugar
ortskundig *adj* que conoce la localidad
Ortskundige(r) *mf* <-n, -n; -n, -n> conocedor(a) *m(f)* del lugar
Ortsname *m* nombre *m* de lugar
Ortsnetz *nt* (*a.* TEL) red *f* local
Ortsnetzkennzahl *f* (TEL) prefijo *m*
Ortsschild *nt* señal *f* indicadora de población
Ortstarif *m* (TEL) tarifa *f* urbana
Ortsteil *m* barrio *m*
Ortszeit *f* hora *f* local
Ortszuschlag *m* <-(e)s, -schläge> subsidio *m* de residencia
Ortung *f* <-en> (AERO, NAUT) localización *f*
Oscarnominierung *f* <-, -en> nominación *f* al Oscar
Oscarpreisträger(in) *m(f)* <-s, -; -, -nen> ganador(a) *m(f)* del Oscar
Öse *f* <-n> *(am Schuh)* ojete *m*; *(für Haken)* corchete *m*
Oslo *nt* <-s> Oslo *m*
osmanisch [ɔs'ma:nɪʃ] *adj* (HIST) otomano; **das O~e Reich** el Imperio otomano
Osmose [ɔs'mo:zə] *f* <-, -n> (BOT, CHEM) ósmosis *f inv*, osmosis *f inv*
Ossi *mf* <-s, -s; -s> *(fam) habitante de los estados federales del este de Alemania*
Ost *m* <-(e)s, *ohne pl*> (*a.* NAUT, METEO) este *m*
Ostasien *nt* Asia *f* Oriental
ostdeutsch *adj* del este de Alemania
Ostdeutschland *nt* este *m* de Alemania
Osten *m* <-s, *ohne pl*> este *m*, oriente *m*; **im ~** en el este; **im ~ von ...** *(östlich von)* al este de...; *(im östlichen Teil von)* en el este de...; **nach ~** hacia el este; **in den ~** hacia el este; **von ~** del este; **der Nahe ~** el Cercano Oriente; **der Ferne ~** el Extremo Oriente; **der Mittlere ~** el Oriente Medio
ostentativ [ɔstɛnta'ti:f] *adj* ostentoso
Osteopathie [ɔsteopa'ti:] <-, -n> *f* (MED) osteopatía *f*
Osteoporose [ɔsteopo'ro:zə] *f* <-, -n> (MED) osteoporosis *f inv*
Osterei *nt* huevo *m* de Pascua
Osterglocke *f* (BOT) narciso *m*
Osterhase *m conejo que el domingo de Resurrección trae huevos (de chocolate) a los niños*
Osterlamm *nt* cordero *m* pascual
österlich *adj* pascual, de Pascua
Ostermontag *m* Lunes *m* de Pascua
Ostern *nt* <-, -> Pascua *f*; **Frohe ~!** ¡Felices Pascuas!
Österreich *nt* <-s> Austria *f*
Österreicher(in) *m(f)* <-s, -; -nen> austríaco, -a *m, f*
österreichisch *adj* austríaco
Ostersonntag *m* Domingo *m* de Pascua

Osterweiterung *f* (POL) extensión *f* hacia el Este
Osterwoche *f* Semana *f* Santa
Osteuropa *nt* Europa *f* Oriental
Ostfriese, **-in** *m, f* habitante *mf* de Frisia Oriental
ostfriesisch *adj* de Frisia Oriental
Ostfriesland *nt* Frisia *f* Oriental
Ostküste *f* costa *f* oriental; **Barcelona liegt an der spanischen ~** Barcelona está situada en la costa oriental española
östlich **I.** *adj* del este, oriental; **~ von Basel** al este de Basilea; **in ~er Richtung** en dirección este; **52 Grad ~er Länge** 52 grados longitud este **II.** *präp +gen* al este de
Ostpreußen *nt* (HIST) Prusia *f* Oriental
ostpreußisch *adj* de la Prusia oriental
Östrogen *nt* <-s, -e> (MED) estrógeno *m*
Ostsee *f* mar *m* Báltico
Ostseite *f* cara *f* oriental
Osttimor [ɔst'ti:moɐ] *nt* <-s> Timor Oriental *m*
ostwärts ['-vɛrts] *adv* hacia el este, en dirección este
Ost-West-Beziehungen *fpl* relaciones *fpl* Este-Oeste
Ostwind *m* viento *m* (del) este
OSZE *f Abk. von* **Organisation für Sicherheit und Zusammenarbeit in Europa** Organización *f* para la Seguridad y la Cooperación en Europa
oszillieren* [ɔstsɪ'li:rən] *vi* (PHYS) oscilar
O-Ton ['o:to:n] *m* <-(e)s, -töne> **es war ~ Adenauer** era la voz original de Adenauer
Otter[1] *m* <-s, -> *(Fischotter)* nutria *f*
Otter[2] *f* <-n> *(Schlange)* víbora *f*
Otto ['ɔto] *m* <-s, -s> *(fam: Wend)* **~ Normalverbraucher** el consumidor corriente y moliente
out [aʊt] *adj (fam)* **~ sein** estar out
Outfit *nt* <-(s), -s> imagen *f*; **sein ~ verändern** cambiar de imagen
Outing *nt* <-s, *ohne pl*> manifestación *f* pública
Output *m o nt* <-s, -s> (INFOR) educto *m*, output *m*
Outsourcing *nt* <-(s), *ohne pl*> (WIRTSCH) *independización de un departamento de una empresa, dándole el carácter de empresa separada o independiente*
Ouvertüre *f* <-n> (MUS) obertura *f*
oval *adj* ovalado
Oval *nt* <-s, -e> óvalo *m*
Ovation *f* <-en> ovación *f*; **jdm ~en darbringen** ovacionar a alguien
Overall *m* <-s, -s> mono *m*, overol *m Am*
Overheadprojektor *m* retroproyector *m*
ÖVP *f Abk. von* **Österreichische Volkspartei** *Partido Popular Austríaco*
Oxid [ɔ'ksi:t] *nt* <-(e)s, -e> (CHEM) óxido *m*
Oxidation [ɔksida'tsjo:n] *f* <-, -en> (CHEM) oxidación *f*
Oxidationsmittel *nt* (CHEM) agente *m* oxidante
oxidieren* [ɔksi'di:rən] **I.** *vi haben o sein* (CHEM) oxidar **II.** *vt* (CHEM) oxidar
Oxidierung *f* <-, -en> (CHEM) oxidación *f*
Oxyd *nt* <-(e)s, -e> (CHEM) óxido *m*
Oxydation *f* <-en> (CHEM) oxidación *f*
oxydieren* **I.** *vi haben o sein* (CHEM) oxidar **II.** *vt* (CHEM) oxidar
Ozean *m* <-s, -e> océano *m*; **der Indische/Atlantische ~** el océano Índico/Atlántico; **der Pazifische ~** el océano Pacífico
Ozeandampfer *m* buque *m* tra(n)satlántico
Ozeanien [otse'a:niən] *nt* <-s> Oceanía *f*
Ozelot ['o:tselɔt] *m* <-s, -e> ocelote *m*
Ozon *m o nt* <-s, *ohne pl*> ozono *m*
Ozonalarm *m* alarma *f* por ozono
Ozongehalt *m* nivel *m* de ozono
Ozonloch *nt ohne pl* agujero *m* (de la capa) de ozono
Ozonschicht *f ohne pl* (METEO) capa *f* de ozono
Ozonsmog *m* (ÖKOL) (e)smog *m* de ozono

Pp

P, p *nt* <-, -> P, p *f;* ~ **wie Paula** P de París

paar *pron indef inv* **ein** ~ *(einige)* algunos; *(wenige)* unos pocos; **ein** ~ **...** un par de...; **ein** ~ **Mal** un par de veces; **alle** ~ **Minuten** a cada rato; **vor ein** ~ **Tagen** hace unos días

Paar *nt* <-(e)s, -e> ① *(Lebewesen)* pareja *f* ② *(Dinge)* par *m;* **ein** ~ **Socken** un par de calcetines

paaren I. *vt* ① *(Zuchttiere)* aparear ② *(paarweise zusammenstellen)* parear **II.** *vr:* **sich** ~ *(Tiere)* aparearse

paarig *adj* (BIOL, ANAT) par; **~e Organe** órganos pares

Paarlauf *m* patinaje *m* por parejas

Paarreim *m* <-(e)s, -e> (LIT) rima *f* pareada

Paarung *f* <-en> *(Tiere)* apareamiento *m*

Paarungszeit *f* (ZOOL) época *f* de apareamiento

paarweise *adv* por parejas, de dos en dos

Pacht *f* <-en> ① *(Pachtzins)* arrendamiento *m* ② *(das Pachten)* arriendo *m;* **etw in** ~ **geben/nehmen** arrendar algo ③ *(Pachtvertrag)* contrato *m* de arrendamiento

pachten *vt* arrendar

Pächter(in) *m(f)* <-s, -; -nen> arrendatario, -a *m, f*

Pachtvertrag *m* contrato *m* de arrendamiento

Pachtzins *m* renta *f*

Pack[1] *nt* <-(e)s, *ohne pl*> *(fam abw)* gentuza *f*

Pack[2] *m* <-(e)s, -e *o* Päcke> montón *m*

Päckchen *nt* <-s, -> paquete *m; (für Zigaretten)* cajetilla *f; (Postsendung)* pequeño paquete *m*

Packeis *nt* banquisa *f*

packen I. *vt* ① *(ergreifen)* agarrar (**an/bei** por) ② *(einpacken)* meter (**in** en); *(in Tonnen)* entonelar (**in** en); *(in Gefäße)* envasar (**in** en); *(in Papier)* envolver (**in** en); **den Koffer** ~ hacer la maleta; **seine Sachen** ~ preparar sus cosas ③ *(mitreißen)* entusiasmar; *(fesseln)* cautivar; *(überkommen)* sobrecoger; **mich packt die Leidenschaft/die Reiselust/das Entsetzen** la pasión/el deseo de viajar/el espanto se apodera de mí; **dich hat es ja ganz schön gepackt!** *(fam)* ¡te ha dado fuerte! ④ *(fam: schaffen)* conseguir; **hast du die Prüfung gepackt?** ¿has aprobado el examen? ⑤ *(fam: begreifen)* entender, captar **II.** *vi (Koffer)* hacer las maletas

Packen *m* <-s, -> montón *m*

packend *adj* cautivador

Packesel *m (fam)* burro *m* de carga

Packpapier *nt* papel *m* de embalar

Packsattel *m* albarda *f*

Packung *f* <-en> ① *(Paket)* paquete *m; (Pralinenpackung)* caja *f; (für Zigaretten)* cajetilla *f* ② *(Kosmetik)* mascarilla *f*

Pad [pɛd] *nt* <-s, -s> ① *(Wattepad)* disco *m* de algodón ② *(Dosierkapsel)* cápsula *f*

Pädagoge, -in *m, f* <-n, -n; -nen> pedagogo, -a *m, f*

Pädagogik *f ohne pl* pedagogía *f*

Pädagogin *f* <-nen> *s.* **Pädagoge**

pädagogisch *adj* pedagógico; **P~e Hochschule** Escuela Superior de Magisterio

Paddel *nt* <-s, -> canalete *m*

Paddelboot *nt* canoa *f*

paddeln *vi haben o sein* ir en canoa

Paddler(in) *m(f)* <-s, -; -, -nen> piragüista *mf*

Pädiatrie [pɛdia'triː] *f* <-, *ohne pl*> (MED) pediatría *f*

Paella *f* <-s> paella *f*

paffen *vi, vt (fam)* fumar (sin tragar el humo)

Page *m* <-n, -n> paje *m; (Hotelpage)* botones *m inv*

Pagode [pa'goːdə] *f* <-, -n> pagoda *f*

pah [paː] *interj* ¡bah!

Paillette *f* <-n> lentejuela *f*

Paket *nt* <-(e)s, -e> paquete *m*

Paketannahme *f ohne pl* recepción *f* de paquetes

Paketausgabe *f ohne pl* entrega *f* de paquetes

Paketbombe *f* paquete *m* bomba

Paketgebühr *f* porte *m* de paquetes postales

Paketpost *f* <-, *ohne pl*> servicio *m* postal de paquetes

Paketschalter *m* despacho *m* de paquetes

Paketzusteller(in) *m(f)* mensajero, -a *m, f* (de paquetería)

Paketzustellung *f* <-, -en> entrega *f* de paquetes (a domicilio)

Pakistan *nt* <-s> Paquistán *m*

Pakistaner(in) *m(f)* <-s, -; -, -nen>, **Pakistani** [pakɪs'taːni] *m(f)* <-(s), -(s); -, -(s)> paquistaní *mf*

pakistanisch *adj* paquistaní

Pakt *m* <-(e)s, -e> pacto *m*

paktieren* [pak'tiːrən] *vi* pactar

Palast *m* <-(e)s, -läste> palacio *m*

Palästina *nt* <-s> Palestina *f*

Palästinenser(in) *m(f)* <-s, -; -nen> palestino, -a *m, f*

Palästinenserorganisation *f* Organización *f* para la Liberación de Palestina

palästinensisch *adj* palestino

Palatschinke [pala'tʃɪŋkə] *f (Österr) crepe rellena de nata montada y cubierta de chocolate y frutas*

Palau ['pa:lau] *nt* <-s> (islas *fpl* de) Palau *m*

palavern* [pa'la:vɐn] *vi (fam abw)* parlotear, cotorrear

Palette *f* <-n> ① *(Malerpalette)* paleta *f* ② *(Transportpalette)* tarima *f* ③ *(Vielfalt)* gama *f*

paletti *(fam)* **alles ~** ya está

Palliativmedizin [palja'ti:f-] *f* medicina *f* paliativa

Palme *f* <-n> palmera *f;* **jdn auf die ~ bringen** *(fam fig)* poner a alguien a cien por hora

Palmsonntag *m* Domingo *m* de Ramos

Pampa *f* <-s> pampa *f*

Pampe *f ohne pl* papilla *f*

Pampelmuse *f* <-n> pomelo *m*

Pampers® *pl inv* ≈ Dodotis® *mpl*

Pamphlet *nt* <-(e)s, -e> panfleto *m*

pampig *adj* ① *(nordd: breiig)* pastoso ② *(fam abw: frech)* descarado

Panade [pa'na:də] *f* <-n> (GASTR: *aus Mehl und Ei*) rebozado *m; (aus Semmelbröseln und Ei)* empanado *m*

Panama *nt* <-s> Panamá *m*

Panamaer(in) *m(f)* <-s, -; -nen> panameño, -a *m, f*

Panamahut *m* panamá *m*

panamaisch *adj* panameño

Panda *m* <-s, -s> (ZOOL) panda *m*

Pandabär *m* (ZOOL) oso *m* panda

Pandemie *f* <-, -n> (MED) pandemia *f*

pandemisch [pan'de:mɪʃ] *adj* (MED: *Seuche*) pandémico

Panflöte ['pa:n-] *f* (MUS) flauta *f* de Pan, zampoña *f Am*

panieren* *vt* (GASTR: *mit Semmelbröseln*) empanar; *(mit Mehl)* rebozar; **paniertes Schnitzel** escalope empanado, milanesa *f*

Paniermehl *nt* pan *m* rallado

Panik *f* <-en> pánico *m;* **in ~ geraten** sentir pánico

panikartig **I.** *adj* pánico **II.** *adv* preso del pánico

Panikkauf *m* (WIRTSCH) compra *f* precipitada

Panikmache *f (abw)* alarmismo *m*

panisch *adj* de pánico; **eine ~e Reaktion** una reacción de pánico; **~e Angst vor etw haben** tener(le) pánico a algo

Panna cotta [pana'kɔta] *f* <- -, -e -e> (GASTR) panna cotta *f*

Panne *f* <-n> ① *(Schaden)* avería *f,* pana *f Am* ② *(Missgeschick)* contratiempo *m; (Ausrutscher)* plancha *f;* **mir ist eine ~ passiert** me tiré una plancha

Pannendienst *m* servicio *m* de auxilio en carretera

Panorama *nt* <-s, Panoramen> panorama *m*

panschen **I.** *vi (fam: mit Wasser)* chapotear **II.** *vt (Wein)* aguar, adulterar, terciar *Am*

Pansen ['panzən] *m* <-s, -> (ZOOL) panza *f*

Panter *m* <-s, ->, **Panther** *m* <-s, -> pantera *f*

Pantoffel *m* <-s, -n> zapatilla *f*

Pantomime[1] *f* <-n> pantomima *f*

Pantomime, -in[2] *m, f* <-n, -n; -nen> (panto)mimo, -a *m, f*

pantomimisch *adj* pantomímico

Panzer *m* <-s, -> ① *(Fahrzeug)* tanque *m* ② *(Schutzplatte)* (plancha *f* de) blindaje *m* ③ *(von Tieren)* caparazón *m*

Panzerglas *nt ohne pl* cristal *m* antibalas

panzern *vt* acorazar, blindar

Panzerschrank *m* caja *f* fuerte

Panzerung *f* <-, -en> (TECH) blindaje *m*

Panzerwagen *m* (MIL) tanque *m*

Papa *m* <-s, -s> *(fam)* papá *m*

Papagei *m* <-en *o* -s, -e(n) *o* -e> papagayo *m,* loro *m*

Papaya *f* <-s> ① *(Frucht)* papaya *f,* lechosa *f Am* ② *(Baum)* papayo *m,* lechoso *m Am*

Paperback ['pɛɪpɐbɛk] *nt* <-s, -s> edición *f* en rústica

Papeterie *f* <-n> *(Schweiz)* ① *(Geschäft)* papelería *f* ② *(Waren)* artículo *m* de papelería

Papi *m* <-s, -s> *(fam)* papi *m*

Papier *nt* <-s, -e> ① *(Material)* papel *m;* **ein Blatt ~** una hoja de papel; **etw zu ~ bringen** poner algo por escrito ② *(Schriftstück)* documento *m* ③ *pl (Ausweis)* papeles *mpl* ④ (FIN) efecto *m*

Papiereinzug *m* <-(e)s, -züge> dispositivo *m* de alimentación de papel

Papierformat *nt* <-(e)s, -e> formato *m* de papel

Papiergeld *nt* papel *m* moneda

Papierhandtuch *nt* toalla *f* de papel

Papierkorb *m* papelera *f*

Papierkram *m (fam abw)* papeleo *m*

Papierkrieg *m (fam abw)* papeleo *m;* **mit jdm einen ~ führen** estar de pleitos con alguien

Papierschnitzel *m o nt* pedazo *m* de papel

Papierstau *m* atrancamiento *m* de papel

Papiertaschentuch *nt* pañuelo *m* de papel

Papiertüte *f* bolsa *f* de papel
Papierwaren *fpl* (artículos *mpl* de) papelería *f*
Papierzuführung *f* (INFOR) alimentación *f* de papel
papp [pap] *interj (fam)* **ich kann nicht mehr ~ sagen** estoy a punto de reventar
Pappbecher *m* vaso *m* de cartón
Pappdeckel *m* <-s, -> tapa *f* de cartón
Pappe *f* <-n> cartón *m; (feiner)* cartulina *f*
Pappeinband *m* encuadernación *f* en rústica
Pappel *f* <-n> chopo *m*
pappen *vt (fam)* pegarse (**an/auf** a)
Pappenheimer *mpl (fam)* **seine ~ kennen** conocer a su gente
Pappenstiel *m (fam)* **kein ~ sein** no ser moco de pavo
pappig *adj (fam)* ① *(klebrig)* pegajoso ② *(breiig)* pastoso
Pappkarton *m* ① *(Material)* cartón *m* ② *(Schachtel)* caja *f* de cartón
Pappmaché *nt* <-s, -s>, **Pappmaschee** *nt* <-s, -s> cartón *m* piedra
Pappteller *m* plato *m* de cartón
Paprika[1] *m* <-s, -(s)> *(Pflanze, Schote)* pimiento *m*
Paprika[2] *f* <-(s)> *(Schote)* pimiento *m;* **gefüllte ~** pimientos rellenos
Paprika[3] *m* <-s, *ohne pl*> *(Gewürz)* pimentón *m*
Paprikaschote *f* pimiento *m*
Papst *m* <-(e)s, Päpste> papa *m*
päpstlich *adj* papal
Papsttum *nt* <-(e)s, *ohne pl*> papado *m*
Papua-Neuguinea ['pa:puanɔɪgi'ne:a] *nt* <-s> Papúa *f* y Nueva Guinea
Papyrus *m* <-, Papyri> papiro *m*
Par [pa:] *nt* <-(s), -s> (SPORT: *beim Golf*) par *m*
Parabel *f* <-n> (MATH, LIT) parábola *f*
Parabolantenne *f* (TECH) antena *f* parabólica
parabolisch **I.** *adj* ① (MATH) parabólico ② *(gleichnishaft)* en forma de parábola **II.** *adv (als Gleichnis)* en forma de parábola
Parade *f* <-n> ① (MIL) desfile *m* ② *(Fußball)* parada *f*
Paradebeispiel *nt* ejemplo *m* clásico
Paradeiser *m* <-s, -> *(Österr)* tomate *m*
Paradies *nt* <-es, -e> paraíso *m;* **das ~ auf Erden** el paraíso terrenal
paradiesisch *adj* paradisíaco
Paradiesvogel *m* ave *f* del paraíso
paradox *adj* paradójico
Paradox *nt* <-es, -e> *(geh)* paradoja *f*
paradoxerweise *adv* paradójicamente
Paragliding *nt* <-s, *ohne pl*> parapente *m*
Paragraf *m* <-en, -en> ① (JUR) artículo *m* ② *(Paragrafenzeichen)* párrafo *m*
Paragrafenzeichen *nt* (signo *m* de) párrafo *m*
Paraguay *nt* <-s> Paraguay *m*
Paraguayer(in) *m(f)* <-s, -; -nen> paraguayo, -a *m, f*
paraguayisch *adj* paraguayo
parallel *adj* paralelo (**zu** a)
Parallele *f* <-n> ① (MATH) paralela *f;* **eine ~ zu etw ziehen** trazar una paralela a algo ② *(Vergleich)* paralelo *m;* **~n zwischen etw aufzeigen** establecer un paralelo entre algo
Parallelismus *m* <-, Parallelismen> (*a.* LING) paralelismo *m*
Parallelität *f* <-en> (*a.* MATH) paralelismo *m*
Parallelklasse *f* (SCH) clase *f* paralela
Parallelogramm *nt* (MATH) paralelogramo *m*
Parameter *m* <-s, -> (MATH, MUS, INFOR) parámetro *m*
paramilitärisch ['pa:ramilitɛ:rɪʃ] *adj* paramilitar; **~e Einheit** unidad paramilitar
Paranoia [para'nɔɪa] *f ohne pl* (MED) paranoia *f*
paranoid *adj* (MED, PSYCH) paranoico
paranoisch *adj* (MED) paranoico
Paranuss ['pa:ranʊs] *f* nuez *f* del Brasil, castaña *f* del Marañón
Paraphrase *f* <-n> (LING) paráfrasis *f inv*
paraphrasieren* *vt* parafrasear
Parapsychologie *f* para(p)sicología *f*
Parasit *m* <-en, -en> parásito *m*
parasitär *adj* parasitario
Parasitenbefall *m* <-(e)s, -fälle> afección *f* parasitaria, invasión *f* parasitaria
parat *adj* a punto
Pärchen *nt* <-s, -> parejita *f*
Parcours [par'ku:r] *m* <-, -> (SPORT) recorrido *m,* pista *f*
Pardon *m o nt* <-s, *ohne pl*> perdón *m;* **da gibt's kein ~** no hay perdón; **sie kennt kein ~** es inflexible
Parenthese [parɛn'te:zə] *f* <-, -n> (LING) paréntesis *m inv*
par excellence [parɛksɛ'lã:s] *adv (geh)* por excelencia
Parfüm *nt* <-s, -e *o* -s> perfume *m*
Parfümerie *f* <-n> perfumería *f*
parfümieren* **I.** *vt* perfumar **II.** *vr:* **sich ~** perfumarse
Parfümzerstäuber *m* atomizador *m* para perfume
parieren* **I.** *vi* obedecer **II.** *vt* (SPORT) parar
Paris [pa'ri:s] *nt* <-> París *m*
Pariser[1] *m* <-s, -> *(fam)* condón *m*
Pariser(in)[2] *m(f)* <-s, -; -nen> parisino, -a *m, f,* parisiense *mf*

Pariserin *f* <-, -nen> *s.* **Pariser**[3]
Parität [pari'tɛːt] *f* <-, -en> (*a.* WIRTSCH) paridad *f*
paritätisch *adj* paritario
Park *m* <-s, -s *o Schweiz:* Pärke> parque *m*
Park-and-ride-System *nt sistema para evitar las aglomeraciones de circulación que consiste en aparcar el coche fuera de la ciudad e ir al centro en medios de trasporte público*
Parkausweis ['park-] *m* <-es, -e> tarjeta *f*
Parkbank *f* banco *m* del parque
Parkdeck *nt* <-(e)s, -s> planta *f* de un aparcamiento
parken ['parkən] *vt, vi* aparcar, parquear *Am;* **ein ~des Auto** un coche estacionado; **„P~ verboten!"** "¡prohibido aparcar!"
Parkett [par'kɛt] *nt* <-(e)s, -e *o* -s> ① *(Fußboden)* parqué *m;* **eine heiße Sohle aufs ~ legen** *(fam)* bailar muy bien ② *(im Theater, Kino)* platea *f*
Parkettfußboden *m* entarimado *m*
Parkettsitz *m* butaca *f* de platea, tertulia *f Arg, Cuba*
Parkgebühr *f* tarifa *f* de aparcamiento
Parkhaus *nt* aparcamiento *m,* parquin *m,* parking *m*
Parkinsonkrankheit ['paːkɪnsən-] *f ohne pl* enfermedad *f* de Parkinson
Parkkralle *f* cepo *m*
Parkleitsystem *nt* (AUTO) sistema *m* viario para indicar las plazas libres de aparcamiento
Parklücke *f* hueco *m* para aparcar
Parkmöglichkeit *f* (posibilidad *f* de) aparcamiento *m*
Parkour [par'kuːɐ] *m o nt* <-(s), *ohne pl*> (SPORT: *Hindernislauf*) parkour *m*
Parkplatz *m* aparcamiento *m,* estacionamiento *m,* parqueadero *m Am*
Parkscheibe *f* disco *m* de estacionamiento
Parkschein *m* ticket *m* de estacionamiento
Parkscheinautomat *m* expendedor *m* de tickets de estacionamiento
Parksünder(in) *m(f) (fam) persona que aparca en zona prohibida*
Parkuhr *f* parquímetro *m*
Parkverbot *nt* prohibición *f* de estacionamiento; **hier ist ~** aquí no se puede aparcar
Parkwächter(in) *m(f)* ① *(im Park)* guarda *mf* en un parque ② *(im Parkhaus)* guardacoches *mf inv*
Parlament [parla'mɛnt] *nt* <-(e)s, -e> parlamento *m,* legislatura *f Arg, Méx, Perú;* **Europäisches ~** Parlamento Europeo; **ins ~ einziehen** entrar en el parlamento
Parlamentarier(in) [parlamɛn'taːriɐ] *m(f)* <-s, -; -nen> parlamentario, -a *m, f,* legislador(a) *m(f) Am*
parlamentarisch *adj* parlamentario
Parlamentsausschuss *m* comisión *f* parlamentaria
Parlamentsbeschluss *m* decisión *f* parlamentaria
Parlamentsdebatte *f* debate *m* parlamentario
Parlamentsgebäude *nt* (edificio *m* del) parlamento *m*
Parlamentsmitglied *nt* miembro *m* del parlamento
Parlamentssitzung *f* sesión *f* parlamentaria
Parlamentswahlen *fpl* elecciones *fpl* generales (al parlamento)
Parmesan [parme'zaːn] *m* <-(s), *ohne pl*> (queso *m*) parmesano *m*
Parodie [paro'diː] *f* <-n> parodia *f* (**auf** de)
parodieren* [paro'diːrən] *vt* parodiar (de)
Parodontose [parodɔn'toːzə] *f* <-n> (MED) paradontosis *f inv*
Parole [pa'roːlə] *f* <-n> lema *m,* eslogan *m*
Paroli [pa'roːli] **jdm/etw ~ bieten** presentar cara a alguien/algo
Partei [par'taɪ] *f* <-en> ① (POL) partido *m;* **in einer ~ sein** militar en un partido ② (JUR) parte *f;* **die streitenden ~en** las partes en litigio; **für jdn ~ ergreifen** tomar partido por alguien; **über den ~en stehen** ser imparcial ③ *(Mietpartei)* inquilino *m*
Parteibuch *nt* <-(e)s, -bücher> carné *m* de partido
Parteichef(in) *m(f)* jefe, -a *m, f* del partido
Parteienfinanzierung *f* financiación *f* de los partidos
Parteienlandschaft *f* (POL) espectro *m* de partidos políticos
Parteifreund(in) *m(f)* <-(e)s, -e; -, -nen> compañero, -a *m, f* de partido
Parteifunktionär(in) *m(f)* <-s, -e; -, -nen> (POL) funcionario, -a *m, f* del partido
Parteigenosse, -in *m, f* compañero, -a *m, f* del partido; *(Parteiangehöriger)* afiliado, -a *m, f* a un partido
parteiintern [par'taɪɪntɛrn] *adj* interno del partido
parteiisch *adj* parcial
parteilich *adj* del partido; *(parteiisch)* parcial
Parteilichkeit *f* <-, *ohne pl*> parcialidad *f*
Parteilinie *f* (POL) línea *f* del partido; **der ~ treu bleiben** ser fiel a la línea del partido
parteilos *adj* independiente
Parteimitglied *nt* miembro *m* del partido
Parteipolitik *f* política *f* de partido
parteipolitisch *adj* del partidismo político;

P

aus ~en Gründen wurde der Vorschlag abgelehnt la propuesta fue rechazada por motivos de partidismo político
Parteiprogramm *nt* programa *m* de partido
Parteispende *f* donación *f* a un partido
Parteispendenaffäre *f* escándalo *m* de corrupción
Parteitag *m* congreso *m* del partido, convención *f Am*
parteiübergreifend *adj* (POL) apartidista
Parteivorsitzende(r) *mf* presidente, -a *m, f* del partido
Parteizugehörigkeit *f* afiliación *f* a un partido
parterre [par'tɛr] *adv* en la planta baja; **~ wohnen** vivir en la planta baja
Parterre [par'tɛr] *nt* <-s, -s> planta *f* baja
Parterrewohnung *f* piso *m* de planta baja
Partie [par'ti:] *f* <-n> ❶ *(Abschnitt, Teil)* parte *f* ❷ *(Spieldurchgang)* partida *f; (im Sport)* partido *m* ❸ *(Rolle)* papel *m* ❹ (WIRTSCH) lote *m* ❺ *(Wend)* **bei etw mit von der ~ sein** *(fam)* tomar parte en algo; **eine gute ~ machen** casarse ventajosamente
partiell [par'tsjɛl] *adj* parcial
Partikel[1] [par'ti:kəl] *f* <-n> (LING) partícula *f*
Partikel[2] *nt* <-s, -> *f* <-n> (PHYS) partícula *f*
Partisan(in) [parti'za:n] *m(f)* <-s *o* -en, -en; -nen> guerrillero, -a *m, f*
P
partitionieren* *vt* (INFOR) subdividir
Partitionierung *f* <-, -en> (INFOR) partición *f*
Partitur [parti'tu:ɐ] *f* <-en> (MUS) partitura *f*
Partizip [parti'tsi:p] *nt* <-s, Partizipien> (LING) participio *m;* **~ Perfekt** participio pasado
Partizipation *f* <-, -en> participación *f*
Partner(in) ['partnɐ] *m(f)* <-s, -; -nen> ❶ *(Lebens-, Tanzpartner)* pareja *f; (Ehepartner)* cónyuge *mf; (Gesprächspartner)* interlocutor(a) *m(f); (im Sport, Spiel)* compañero, -a *m, f* de juego; *(im Film)* compañero, -a *m, f* de reparto ❷ *(Teilhaber)* socio, -a *m, f*
Partnerlook [-lʊk] *m* look *m* semejante de parejas; **im ~ gehen** salir dos personas vestidas de la misma manera
Partnerschaft *f* <-en> ❶ *(Zusammenarbeit)* cooperación *f,* colaboración *f; (Städtepartnerschaft)* hermanamiento *m* ❷ *(Zusammenleben)* convivencia *f; (Ehe)* matrimonio *m*
partnerschaftlich *adj* de camaradería; **~ zusammenarbeiten** colaborar con compañerismo
Partnerstadt *f* ciudad *f* hermanada
Partnertausch *m* cambio *m* de pareja
Partnervermittlung *f* agencia *f* matrimonial [*o* de contactos]
Partnerwahl *f* <-, -en> elección *f* de pareja
partout [par'tu:] *adv (fam: überhaupt)* absolutamente; *(unbedingt)* a toda costa; *(verneint)* de ninguna manera
Party ['pa:ɐti] *f* <-s> fiesta *f;* **eine ~ geben** hacer una fiesta
Partykeller *m* <-s, -> *sótano donde se hacen fiestas*
Partyservice *m* <-, *ohne pl*> servicio *m* a domicilio
Parzelle [par'tsɛlə] *f* <-n> parcela *f*
Pascha ['paʃa] *m* <-s, -s> *(abw)* pachá *m*
Pass [pas, *pl:* 'pɛsə] *m* <-es, Pässe> ❶ *(Ausweis)* pasaporte *m,* pase *m Am* ❷ *(Gebirgspass)* puerto *m* (de montaña) ❸ (SPORT) pase *m*
passabel [pa'sa:bəl] *adj* pasable; *(annehmbar)* aceptable
Passage [pa'sa:ʒə] *f* <-n> ❶ *(Durchfahrt)* pasaje *m* ❷ *(Ladenstraße)* pasaje *m,* galerías *f pl* ❸ *(Überfahrt)* travesía *f* ❹ *(Textabschnitt)* pasaje *m,* fragmento *m*
Passagier(in) [pasa'ʒi:ɐ] *m(f)* <-s, -e; -nen> pasajero, -a *m, f;* **ein blinder ~** un polizón
Passagierdampfer *m* buque *m* de pasajeros
Passagierflugzeug *nt* avión *m* de pasajeros
Passagierin *f* <-nen> *s.* **Passagier**
Passagierschiff *nt* buque *m* de pasajeros
Passant(in) [pa'sant] *m(f)* <-en, -en; -nen> transeúnte *mf*
Passat [pa'sa:t] *m* <-(e)s, -e>, **Passatwind** *m* alisio *m*
Passbild *nt* foto *f* de carné
passé [pa'se:] *adj (fam)* pasado de moda
passen ['pasən] **I.** *vi* ❶ *(in Größe, Form)* sentar bien; *(in der Menge)* caber (**in** en); *(hineinpassen)* entrar (**in** en); *(geeignet sein)* ajustarse (**auf** a); **das passt (mir) wie angegossen** (me) queda perfecto; **das passt nicht hierher** eso no viene al caso ❷ *(harmonieren)* pegar (**zu** con), encajar (**zu** con, **in** en); **sie ~ zueinander** hacen buena pareja; **die Schuhe ~ nicht zum Kleid** los zapatos no pegan con el vestido; **das passt zu ihm!** *(fam)* ¡es propio de él!; **die Beschreibung passt auf jdn/etw** la descripción encaja con alguien/algo ❸ *(genehm sein)* venir bien, convenir; **das passt mir gar nicht** no me viene nada

bien; **das könnte dir so ~!** ¡qué más quisieras!; **passt dir etwas an mir nicht?** ¿te disgusta algo de mí? ❹ *(Kartenspiel)* pasar; **(ich) passe!** ¡paso! ❺ *(fam: bei Fragen)* no poder contestar; **bei dieser Frage muss ich ~** no puedo contestar a esa pregunta **II.** *vt* (TECH) encajar

passend *adj* ❶ *(in Größe, Form)* que queda bien; **welches ist der ~e Schlüssel?** ¿cuál es la llave correcta?; **die Hose mache ich Ihnen ~** le arreglo el pantalón a su medida; **dazu ~** *(in der Farbe)* a juego ❷ *(treffend)* apropiado; *(genau)* justo; **die ~en Worte finden** encontrar las palabras apropiadas; **haben Sie es nicht ~?** *(fam)* ¿no lo tiene justo? ❸ *(angemessen)* adecuado

Passepartout [paspar'tu:] *nt o Schweiz: m* <-s, -s> marco *m* de cartón, passepartout *m*

Passform *f* <-, *ohne pl*> adaptación *f*; **eine gute ~ haben** adaptarse al cuerpo, sentar bien

Passfoto *nt* foto *f* de carné

passierbar *adj* transitable

passieren* [pa'si:rən] **I.** *vi sein* ocurrir, pasar; **was ist denn passiert?** ¿qué ha pasado?; **das kann auch nur ihm ~!** ¡eso solo le puede pasar a él!; **dass mir das nicht noch mal passiert!** ¡que no vuelva a pasar!; **... sonst passiert was!** *(fam)* ¡... o no respondo! **II.** *vt* ❶ *(Grenze, Zensur)* pasar; *(Fluss, Pass)* cruzar ❷ (GASTR) pasar

Passierschein *m* pase *m*

Passion [pa'sjo:n] *f* <-en> ❶ *(Leidenschaft)* pasión *f*; **er ist Angler aus ~** la pesca es su pasión; **eine ~ für etw haben** apasionarse por algo ❷ (REL) Pasión *f*

passioniert [pasjo'ni:ɐt] *adj* apasionado

Passionsfrucht *f* granadilla *f*

passiv ['pasi:f, -'-] *adj* pasivo

Passiv ['pasi:f, -'-] *nt* <-s, -e> (LING) voz *f* pasiva

Passiva [pa'si:va] *nt pl* (WIRTSCH) pasivo *m*

Passivität [pasivi'tɛ:t] *f ohne pl* (*a.* CHEM) pasividad *f*

Passivrauchen *nt* inhalación *f* de humo

Passkontrolle *f* control *m* de pasaportes

Passstraße *f* puerto *m* de montaña

Passus ['pasʊs] *m* <-, -> pasaje *m*; *(Abschnitt)* párrafo *m*

Passwort ['pasvɔrt] *nt* palabra *f* clave, contraseña *f*, santo *m* y seña

Pasta *f* <-, -> *kein Pl* pasta *f*

Paste ['pastə] *f* <-n> ❶ *(Lebensmittel)* pasta *f* ❷ (MED) ungüento *m*

Pastell [pas'tɛl] *nt* <-(e)s, -e> pastel *m*; **in ~ malen** pintar con colores pastel

Pastellfarbe *f* ❶ *(zum Malen)* pintura *f* al pastel ❷ *(Farbton)* color *m* pastel

Pastellkreide *f* crayón *m* pastel

Pastellton *m* color *m* pastel

Pastete [pas'te:tə] *f* <-n> volován *m*

pasteurisieren* [pastøri'zi:rən] *vt* paste(u)rizar

pasteurisiert [pastøri'zi:ɐt] *adj* pasteurizado

Pastille [pa'stɪlə] *f* <-n> pastilla *f*

Pastinake [pastina:kə] *f* <-, -n> (AGR, BOT) chirivía *f*, pastinaca *f*

Pastor(in) ['pasto:ɐ, pas'to:ɐ] *m(f)* <-s, -en; -nen> *(reg)* pastor(a) *m(f)*

Patagonien [pata'go:niən] *nt* <-s> Patagonia *m*

Patchwork ['pɛtʃwə:k] *nt* <-s, -s> (*a.* TECH) patchwork *m*

Patchworkfamilie *f* familia *f* patchwork *(en la que se juntan hijos de distintas relaciones sentimentales)*

Pate, -in ['pa:tə] *m, f* <-n, -n; -nen> padrino, madrina *m, f*; **bei einem Kind ~ stehen** apadrinar a un niño

Patenkind *nt* ahijado, -a *m, f*

Patenonkel *m* padrino *m*

Patenschaft *f* <-en> padrinazgo *m*; **die ~ für ein Kind übernehmen** apadrinar a un niño

patent [pa'tɛnt] *adj* *(fam)* ❶ *(Person)* ingenioso ❷ *(Lösung)* formidable

Patent [pa'tɛnt] *nt* <-(e)s, -e> ❶ *(amtlicher Schutz, Urkunde)* patente *f*; **etw zum ~ anmelden** solicitar la patente de algo ❷ *(Schweiz: staatliche Erlaubnis)* licencia *f*

Patentamt *nt* registro *m* de patentes

Patentante *f* madrina *f*

Patentanwalt, -anwältin *m, f* agente *mf* de patentes

patentieren* [patɛn'ti:rən] *vt* patentar

Patentlösung *f* solución *f* definitiva

Patentrecht *nt* derecho *m* de patente

Patentrezept *nt* solución *f* ideal

Patentstelle *f* <-, -n> oficina *f* de patentes, registro *m* de la propiedad industrial

Patenturkunde *f* <-, -n> certificado *m* de patente

Pater ['pa:tɐ] *m* <-s, -> (REL) padre *m*

pathetisch [pa'te:tɪʃ] *adj* patético

Pathologe, -in [pato'lo:gə] *m, f* <-n, -n; -nen> (MED) patólogo, -a *m, f*

Pathologie [patolo'gi:] *f ohne pl* (MED) patología *f*

Pathologin *f* <-nen> *s.* **Pathologe**

pathologisch [pato'lo:gɪʃ] *adj* (MED) patológico

Pathos ['pa:tɔs] *nt* <-, *ohne pl*> *(geh)* patetismo *m*

P

Patient(in) [pa'tsjɛnt] *m(f)* <-en, -en; -nen> paciente *mf;* **ambulanter/stationärer ~** paciente ambulante/hospitalizado

Patientenumhang *m (beim Zahnarzt)* babero *m* dental

Patin ['pa:tɪn] *f* <-nen> *s.* **Pate**

Patina ['pa:tina] *f ohne pl* pátina *f*

Patriarch [patri'arç] *m* <-en, -en> patriarca *m*

patriarchalisch [patriar'ça:lɪʃ] *adj* patriarcal

Patriarchat [patriar'ça:t] *nt* <-(e)s, -e> patriarcado *m*

Patriot(in) [patri'o:t] *m(f)* <-en, -en; -nen> patriota *mf*

patriotisch *adj* patriótico

Patriotismus [patrio'tɪsmʊs] *m* <-, *ohne pl*> patriotismo *m*

Patron(in) [pa'tro:n] *m(f)* <-s, -e; -nen> patrón, -ona *m, f*

Patrone [pa'tro:nə] *f* <-n> ❶ *(Geschosshülse)* cartucho *m* ❷ *(Filmbehälter)* cartucho *m* de la película ❸ *(Tintenpatrone)* cartucho *m* de tinta

Patronengurt *m* canana *f*

Patronenhülse *f* casquillo *m* de bala, cachimba *f Am*

Patronin *f* <-nen> *s.* **Patron**

Patrouille [pa'trʊljə] *f* <-n> patrulla *f;* **auf ~ sein** andar de patrulla

Patrouillenboot *nt* barco *m* patrullero

patrouillieren* [patrʊl'ji:rən] *vi haben o sein* patrullar

patsch [patʃ] *interj (klatsch)* ¡plas!; *(Schlag)* ¡zas!, ¡catap(l)um!

Patsche ['patʃə] *f ohne pl (fam)* ❶ *(Matsch)* lodo *m* ❷ *(fig: Bedrängnis)* apuro *m;* **in der ~ sitzen** encontrarse en apuros; **jdm aus der ~ helfen** sacar a alguien de un apuro

patschen ['patʃən] *vi sein (fam)* ❶ *(im Wasser)* chapotear (**in** en) ❷ *(schlagen)* dar palmadas (**auf** en)

patschnass ['-'-] *adj (fam)* empapado; *(Person)* calado hasta los huesos

patzen ['patsən] *vi (fam)* meter la pata, cometer un pequeño fallo

Patzer ['patsɐ] *m* <-s, -> ❶ *(fam: Fehler)* metedura *f* de pata ❷ *(Österr: Klecks)* pegote *m*

patzig ['patsɪç] *adj (fam abw: Person)* descarado; *(Antwort)* insolente

Pauke ['paʊkə] *f* <-n> timbal *m;* **mit ~n und Trompeten durchfallen** *(fam)* suspender con honores; **auf die ~ hauen** *(fam)* celebrar por todo lo alto

pauken **I.** *vi* ❶ (MUS) tocar el timbal ❷ *(fam: lernen)* empollar **II.** *vt (fam)* empollar

Pauker(in) *m(f)* <-s, -; -nen> ❶ *(fam: Lehrer)* profe *mf* ❷ (MUS) timbalero, -a *m, f*

pausbäckig ['paʊsbɛkɪç] *adj* mofletudo

pauschal [paʊ'ʃa:l] **I.** *adj* ❶ *(insgesamt)* global ❷ *(allgemein)* general **II.** *adv* ❶ *(zusammen)* en bloque; **~ 100 Euro berechnen** cobrar 100 euros, todo incluido ❷ *(allgemein)* en general; **das kann man so ~ nicht sagen** esto no se puede generalizar así

Pauschalbetrag *m* importe *m* global

Pauschale [paʊ'ʃa:lə] *f* <-n> importe *m* global

pauschalieren* [paʊʃa'li:rən] *vt* fijar un importe global (de), globalizar

pauschalisieren* [paʊʃali'zi:rən] *vt* generalizar

Pauschalpreis *m* (WIRTSCH) precio *m* global

Pauschalreise *f* viaje *m* organizado

Pauschaltourismus *m ohne pl* turismo *m* organizado

Pauschaltourist(in) *m(f)* turista *mf* de viaje organizado

Pauschalurlaub *m* forfait *m*

Pauschalurteil *nt (abw)* juicio *m* general

Pauschenpferd [paʊ'ʃən-] *nt* (SPORT: *beim Turnen*) caballo *m* con arcos

Pause ['paʊzə] *f* <-n> ❶ *(Unterbrechung)* pausa *f; (in der Schule)* recreo *m; (im Theater, Kino)* intermedio *m;* **eine ~ machen** hacer una pausa ❷ (MUS) intervalo *m* ❸ *(durchgepauste Kopie)* calco *m*

pausen ['paʊzən] *vt* calcar

Pausenbrot *nt* bocadillo *m* (para el recreo)

Pausenhof *m* (SCH) patio *m* de recreo

pausenlos **I.** *adj* ininterrumpido **II.** *adv* sin pausa, ininterrumpidamente

Pausetaste *f* tecla *f* de pausa

pausieren* [paʊ'zi:rən] *vi* ❶ *(unterbrechen)* hacer una pausa ❷ *(ausruhen)* descansar

Pauspapier *nt ohne pl* papel *m* de calcar

Pavian ['pa:via:n] *m* <-s, -e> babuino *m*

Pavillon ['pavɪljõ] *m* <-s, -s> pabellón *m*

Pay-TV *nt* <-, *ohne pl*> televisión *f* privada de pago

Pazifik [pa'tsi:fɪk] *m* <-s> (océano *m*) Pacífico *m*

pazifisch [pa'tsi:fɪʃ] *adj* **der P~e Ozean** el océano Pacífico

Pazifismus [patsi'fɪsmʊs] *m* <-, *ohne pl*> pacifismo *m*

Pazifist(in) [patsi'fɪst] *m(f)* <-en, -en; -nen> pacifista *mf*

pazifistisch *adj* pacifista

PC [pe:'tse:] *m* <-(s), -(s)> (INFOR) *Abk. von* **Personal Computer** ordenador *m* personal, computadora *f* personal *Am*

PC-Station *f* (INFOR) estación *f* de trabajo con ordenador personal
PDS [pe:de:'ʔɛs] *f ohne pl Abk. von* **Partei des Demokratischen Sozialismus** Partido *m* Demócrata Socialista
Peanuts ['pi:nats] *pl* naderías *f pl*
Pech[1] [pɛç] *nt* <-(e)s, -e> *(Teer)* pez *f;* **die beiden halten zusammen wie ~ und Schwefel** *(fam)* son como uña y carne
Pech[2] *nt* <-(e)s, *ohne pl*> *(Unglück)* desgracia *f; (Missgeschick)* mala suerte *f;* **~ gehabt!** *(fam)* ¡mala suerte!
pechschwarz ['-'-] *adj* negro como la pez
Pechsträhne *f* racha *f* de mala suerte
Pechvogel *m (fam)* desgraciado, -a *m, f;* **ein ~ sein** tener mala suerte
Pedal [pe'da:l] *nt* <-s, -e> pedal *m;* (**fest**) **in die ~e treten** pedalear (fuerte)
Pedant(in) [pe'dant] *m(f)* <-en, -en; -nen> *(abw)* pedante *mf; (zimperlich)* tiquismiquis *mf inv*
Pedanterie [pedantə'ri:] *f ohne pl* pedantería *f*
Pedantin *f* <-nen> *s.* **Pedant**
pedantisch *adj (abw)* pedante
Pediküre [pedi'ky:rə] *f ohne pl* pedicura *f*
Peeling ['pi:lɪŋ] *nt* <-s, -s> peeling *m,* exfoliación *f*
Peepshow ['pi:pʃɔʊ] *f* espectáculo *m* porno, peep show *m*
Pegel ['pe:gəl] *m* <-s, -> ❶ *(Messgerät: Fluss)* fluviómetro *m; (Meer)* mareógrafo *m* ❷ *(Höhe)* nivel *m* del agua
Pegelstand *m* nivel *m* del agua
peilen ['paɪlən] *vt* ❶ *(Richtung bestimmen)* determinar; (NAUT) marcar ❷ (NAUT: *Wassertiefe bestimmen*) sondear ❸ *(fam: schauen)* mirar; **über den Daumen gepeilt** a ojo de buen cubero
Peilung *f* <-, -en> *(Messung)* sondeo *m,* medición *f*
peinigen ['paɪnɪgən] *vt (geh)* atormentar
Peiniger(in) *m(f)* <-s, -; -nen> *(geh)* torturador(a) *m(f)*
peinlich *adj* ❶ *(unangenehm)* desagradable; *(Situation)* embarazoso; *(Frage)* delicado; **es ist mir furchtbar ~, Ihnen das mitteilen zu müssen** me resulta terriblemente desagradable tener que comunicarle esto; **von etw ~ berührt sein** avergonzarse por algo ❷ *(genau)* meticuloso, minucioso; **~e Ordnung** orden meticuloso
Peinlichkeit[1] *f ohne pl (peinliche Art)* lo penoso; *(das Heikle)* lo delicado
Peinlichkeit[2] *f* <-en> *(etw Peinliches)* situación *f* lamentable
Peitsche ['paɪtʃə] *f* <-n> látigo *m,* chicote *m Am*
peitschen I. *vi (Regen)* golpear (**an/gegen** en) **II.** *vt* azotar
Peitschenhieb *m* latigazo *m*
Peitschenknall *m* chasquido *m* de látigo
pejorativ [pejora'ti:f] *adj* peyorativo
Pekannuss ['pe:kan-] *f* (GASTR) pacana *f*
Peking ['pe:kɪŋ] *nt* <-s> Pekín *m*
Pelikan ['pe:lika:n] *m* <-s, -e> pelícano *m,* pelicano *m*
Pelle ['pɛlə] *f* <-n> *(nordd)* piel *f;* **jdm auf die ~ rücken** *(fam)* pegarse a alguien
pellen I. *vt (nordd)* pelar; *(schälen)* mondar **II.** *vr:* **sich ~** *(nordd)* pelarse
Pellkartoffel *f* patata *f* cocida con piel
Pelz [pɛlts] *m* <-es, -e> piel *f*
pelzgefüttert *adj* forrado de piel
pelzig *adj* peludo; *(reg: im Geschmack)* áspero
Pelzkragen *m* <-s, -> cuello *m* de piel
Pelzmantel *m* abrigo *m* de piel
Pelztier *nt* <-(e)s, -e> animal *m* de piel fina
Pendant [pã'dã:] *nt* <-s, -s> *(Gegenstück)* pareja *f* (**zu** de); *(Entsprechung)* correspondencia *f* (**zu** de); **das ~ zu etw** *dat* **bilden** hacer juego con algo
Pendel ['pɛndəl] *nt* <-s, -> péndulo *m*
pendeln ['pɛndəln] *vi* ❶ *(schwingen)* oscilar ❷ *sein (hin- und herfahren)* viajar (diariamente), ir y volver; **sie pendelt täglich nach Köln/zwischen Köln und Bonn** viaja diariamente a Colonia/de Colonia a Bonn
Pendeluhr *f* reloj *m* de péndulo
Pendelverkehr *m* tráfico *m* continuo de un punto a otro
Pendler(in) ['pɛndlɐ] *m(f)* <-s, -; -nen> viajero, -a *m, f* diario , -a, conmuter *mf*
Penes ['pe:ne:s] *pl von* **Penis**
penetrant [pene'trant] *adj* ❶ *(Geschmack, Geruch)* penetrante ❷ *(abw: aufdringlich)* molesto; *(Person)* pesado
peng [pɛŋ] *interj* pum
penibel [pe'ni:bəl] *adj* meticuloso (**in** con)
Penicillin [penitsɪ'li:n] *nt* <-s, -e> *s.* **Penizillin**
Penis ['pe:nɪs] *m* <-, -se *o* Penes> *(geh, a.* MED) pene *m*
Penizillin [penitsɪ'li:n] *nt* <-s, -e> (MED) penicilina *f*
Penne ['pɛnə] *f* <-n> *(fam)* cole *m*
pennen ['pɛnən] *vi (fam)* ❶ *(schlafen)* dormir ❷ *(nicht aufpassen)* estar distraído
Penner(in) ['pɛnɐ] *m(f)* <-s, -; -nen> *(abw fam)* ❶ *(Stadtstreicher)* vagabundo, -a *m, f,* atorrante *mf CSur* ❷ *(Schlafmütze)* dormilón, -ona *m, f*
Pensen ['pɛnzən] *pl von* **Pensum**
Pension[1] [pã'zjo:n, pɛn'zjo:n] *f* <-en>

P

❶ *(Rente)* jubilación *f,* pensión *f* ❷ *(Herberge)* pensión *f*

Pension² *f ohne pl* ❶ *(Ruhestand)* jubilación *f;* **in ~ gehen** jubilarse ❷ *(Unterkunft und Verpflegung)* pensión *f;* **halbe ~** media pensión; **volle ~** pensión completa

Pensionär(in) [pãzjo'nɛːɐ, pɛnzjo'nɛːɐ] *m(f)* <-s, -e; -nen> ❶ *(Ruheständler)* jubilado, -a *m, f* ❷ *(Schweiz: Pensionsgast)* huésped(a) *m(f)* de una pensión

pensionieren* [pãzjo'niːrən, pɛnzjo'niːrən] *vt* jubilar; **sich ~ lassen** jubilarse

Pensionierung *f* <-en> jubilación *f*

Pensionist(in) [pɛnzi̯oː'nɪst] *m(f)* <-en, -en> *(Österr: Rentner)* pensionista *mf,* jubilado, -a *m, f*

Pensionsalter [pã'zjoːns-, pɛn'zjoːns-] *nt* edad *f* de jubilación

pensionsberechtigt *adj* con derecho a jubilación

Pensionsgast *m* huésped *mf* de una pensión

Pensum ['pɛnzʊm] *nt* <-s, Pensen *o* Pensa> (cantidad *f* de) trabajo *m; (Aufgabe)* tarea *f;* **sein ~ erfüllen** cumplir con su tarea

Pentagon¹ [pɛnta'goːn] *nt* <-s, -e> (MATH) pentágono *m*

Pentagon² ['pɛntagɔn] *nt* <-s, *ohne pl*> *(US-Verteidigungsministerium)* Pentágono *m*

Penthaus *nt,* **Penthouse** ['pɛnthaʊs] *nt* <-, -s> ático *m*

Pep [pɛp] *m* <-(s), *ohne pl*> chispa *f;* **~ haben** *(fam)* tener gancho

Peperoni [pepe'roːni] *f* <-> ❶ *(scharfe Paprika)* pimiento *m* picante ❷ *(Schweiz: Gemüsepaprika)* pimiento *m*

peppig ['pɛpɪç] *adj* gracioso; *(Musik)* marchoso; *(Person)* salado, vivo

Pepsin [pɛ'psiːn] *nt* <-s, -e> (MED, BIOL, CHEM) pepsina *f*

per [pɛr] *präp +akk* por; **~ Kilo** por kilo; **er fährt ~ Anhalter** viaja a dedo; **sie ist ~ du mit ihm** se tutean

perfekt [pɛr'fɛkt] *adj* ❶ *(vollkommen)* perfecto; **sie spricht ~ Spanisch** habla perfectamente español ❷ *(fam: abgeschlossen)* arreglado; *(Vertrag)* firmado; **die Sache ist ~** el asunto está arreglado

Perfekt ['pɛrfɛkt] *nt* <-s, -e> (LING) (pretérito *m*) perfecto *m*

Perfektion [pɛrfɛk'tsjoːn] *f ohne pl* perfección *f;* **etw bis zur ~ bringen** llevar algo a la perfección

perfektionieren* [pɛrfɛktsjo'niːrən] *vt* perfeccionar

Perfektionismus [pɛrfɛktsjo'nɪsmʊs] *m* <-, *ohne pl*> perfeccionismo *m*

Perfektionist(in) [pɛrfɛktsjo'nɪst] *m(f)* <-en, -en; -nen> perfeccionista *mf*

perfid(e) *adj* pérfido

Perforation [pɛrfora'tsjoːn] *f* <-, -en> (*a.* MED) perforación *f*

perforieren* [pɛrfo'riːrən] *vt* perforar

Pergament [pɛrga'mɛnt] *nt* <-(e)s, -e> pergamino *m*

Pergamentpapier *nt* papel *m* de pergamino

Pergola ['pɛrgola] *f* <-, Pergolen> pérgola *f*

Periode [peri'oːdə] *f* <-n> ❶ *(Zeitabschnitt)* período *m,* época *f* ❷ (PHYS, MATH, GEO) período *m* ❸ *(Menstruation)* período *m,* regla *f*

Periodensystem *nt ohne pl* (CHEM) sistema *m* periódico de elementos

Periodikum [peri'oːdikʊm, *pl:* peri'oːdika] *nt* <-s, Periodika> publicación *f* periódica

periodisch [peri'oːdɪʃ] *adj* periódico

peripher [peri'feːɐ] *adj* periférico

Peripherie [perife'riː] *f* <-n> ❶ *(Randbezirke)* periferia *f* ❷ (MATH) periferia *f* ❸ (INFOR) periférico *m*

Perle ['pɛrlə] *f* <-n> ❶ *(der Perlmuschel)* perla *f; (aus Glas, Holz)* cuenta *f;* **künstliche ~** perla artificial ❷ *(Luftblase)* burbuja *f; (Schweißperle)* gota *f* (de sudor) ❸ *(fam: Hausgehilfin)* alhaja *f*

perlen ['pɛrlən] *vi* ❶ *haben o sein (Perlen bilden)* formar gotas; *(Schweiß)* gotear ❷ *(Sekt)* burbujear

Perlenkette *f* collar *m* de perlas

Perlhuhn *nt* pintada *f*

Perlmuschel *f* madreperla *f*

Perlmutt ['pɛrlmʊt] *nt* <-s, *ohne pl*>, **Perlmutter** *f* <-, *ohne pl*> *nt* <-s, *ohne pl*> nácar *m*

Perlon® ['pɛrlɔn] *nt* <-s, *ohne pl*> perlón® *m*

permanent [pɛrma'nɛnt] *adj* permanente

Permanenz [pɛrma'nɛnts] *f* <-, *ohne pl*> permanencia *f;* **in ~** permanentemente

perplex [pɛr'plɛks] *adj (fam)* perplejo, asombrado

Perser¹ *m* <-s, -> *(fam)* alfombra *f* persa

Perser(in)² ['pɛrzɐ] *m(f)* <-s, -; -nen> persa *mf*

Perserteppich *m* alfombra *f* persa

Persianer [pɛrzi'aːnɐ] *m* <-s, -> astracán *m*

Persien ['pɛrziən] *nt* <-s> Persia *f*

Persiflage [pɛrzi'flaːʒə] *f* <-n> parodia *f* (**auf** de)

persiflieren* [pɛrzi'fliːrən] *vt* parodiar

persisch ['pɛrzɪʃ] *adj* persa; **der P~e Golf** el golfo Pérsico

Person [pɛr'zoːn] *f* <-en> ❶ *(Individuum)* persona *f;* **pro ~** por persona; **juristische ~** (JUR) entidad legal; **natürliche ~** (JUR) persona física; **ich für meine ~ ...** en cuanto a mi persona...; **Angaben zur ~ machen** dar los datos personales; **er ist die Geduld in ~** es la paciencia en persona; **jdn zur ~ vernehmen** pedir los datos personales a alguien ❷ *(Gestalt)* personaje *m*

Personal [pɛrzo'naːl] *nt* <-s, *ohne pl*> personal *m*

Personalabbau *m* reducción *f* de personal

Personalabteilung *f* sección *f* de personal

Personalakte *f* hoja *f* de servicios

Personalaufwand *m ohne pl* gastos *mpl* de personal

Personalausweis *m* ≈ carné *m* de identidad

Personalbüro *nt* <-s, -s> oficina *f* de personal

Personalchef(in) *m(f)* jefe, -a *m, f* de personal

Personal Computer *m* ordenador *m* personal, computadora *f* personal *Am*

Personalien [pɛrzo'naːliən] *pl* datos *mpl* personales

Personalkosten *pl* (WIRTSCH) gastos *mpl* de personal

Personalmangel *m* <-s, *ohne pl*> escasez *f* de personal

Personalplanung *f* <-, -en> (WIRTSCH) planificación *f* de personal

Personalpolitik *f* <-, *ohne pl*> política *f* de personal

Personalpronomen *nt* (LING) pronombre *m* personal

Personalrat *m* (ADMIN) consejo *m* de personal

Personalreferent(in) *m(f)* responsable *mf* de recursos humanos

personell [pɛrzo'nɛl] *adj* ❶ *(das Personal betreffend)* respecto al personal; **~e Veränderungen** cambios en el personal ❷ *(die Person betreffend)* personal

Personenaufzug *m* ascensor *m*

Personenbeförderung *f* <-, *ohne pl*> transporte *m* de viajeros; **gewerbliche ~** servicio discrecional

Personenbeschreibung *f* descripción *f* de la persona

Personengedächtnis *nt* memoria *f* de personas

Personenkraftwagen *m (formal)* automóvil *m*

Personenkreis *m* <-es, -e> círculo *m* de personas

Personenkult *m (abw)* culto *m* a la persona

Personennahverkehr *m* (AUTO) tráfico *m* de cercanías

Personenschaden *m* (JUR) daños *mpl* personales; **Unfall mit ~** accidente con daños personales

Personenschutz *m* <-es, *ohne pl*> custodia *f* personal, protección *f* personal

Personenverkehr *m* tra(n)sporte *m* de viajeros; **öffentlicher/privater ~** tra(n)sporte público/privado de viajeros

Personenwagen *m* automóvil *m*

Personenzug *m* tren *m* de pasajeros

Personifikation [pɛrzonifika'tsjoːn] *f* <-en> personificación *f*

personifizieren* [pɛrzonifi'tsiːrən] *vt* personificar

Personifizierung *f* <-, -en> *(geh) s.* **Personifikation**

persönlich [pɛr'zøːnlɪç] *adj* ❶ *(allgemein)* personal; **ein ~es Gespräch** una conversación personal; **etw ~ nehmen** tomarse algo a pecho ❷ *(selbst)* en persona; **die Ministerin ~** la ministra en persona; **ich ~** yo por mi parte; **jdn ~ kennen** conocer a alguien personalmente; **~ erscheinen** acudir personalmente

Persönlichkeit *f* <-en> personalidad *f*

Perspektive [pɛrspɛk'tiːvə] *f* <-n> perspectiva *f; (Blickwinkel)* punto *m* de vista; **aus meiner ~** desde mi punto de vista

perspektivisch *adj* en perspectiva; **~e Verkürzung** escorzo *m*

perspektivlos [pɛrspɛk'tiːf-] *adj* sin perspectivas

Peru [pe'ruː] *nt* <-s> Perú *m*

Peruaner(in) [peru'aːnɐ] *m(f)* <-s, -; -nen> peruano, -a *m, f*

peruanisch *adj* peruano

Perücke [pe'rʏkə] *f* <-n> peluca *f*

pervers [pɛr'vɛrs] *adj* perverso

Perversion [pɛrvɛr'zjoːn] *f* <-en> perversión *f*

Perversität [pɛrvɛrzi'tɛːt] *f* <-en> perversidad *f*

pervertieren* [pɛrvɛr'tiːrən] *vi, vt* pervertir (**zu** a)

pesen ['peːzən] *vi (fam)* ir a toda mecha

Pesete [pe'zeːtə] *f* <-n> *(hist: Währung)* peseta *f*

Peso ['peso] *m* <-(s), -(s)> *(Währung)* peso *m*

Pessar [pɛ'saːɐ] *nt* <-s, -e> (MED) pesario *m*, óvalo *m Am; (zur Verhütung)* diafragma *m*

Pessimismus [pɛsi'mɪsmʊs] *m* <-, *ohne pl*> pesimismo *m*

Pessimist(in) [pɛsi'mɪst] *m(f)* <-en, -en; -nen> pesimista *mf*

pessimistisch *adj* pesimista

P

Pest [pɛst] *f ohne pl* peste *f;* **jdn wie die ~ hassen** *(fam)* odiar a alguien a muerte; **jdm die ~ an den Hals wünschen** *(fam)* desearle a alguien lo peor; **es stinkt wie die ~** *(fam)* huele que apesta

Pestizid [pɛsti'tsi:t] *nt* <-s, -e> pesticida *m*

Pesto ['pɛsto] *nt o m* <-s, -s> pesto *m*

Petersilie [petɐ'zi:ljə] *f ohne pl* perejil *m*

PET-Flasche ['pe:e:te:-] *f* <-, -n> botella *f* de plástico [*o* de polietileno]

Petition [peti'tsjo:n] *f* <-en> petición *f,* solicitud *f*

Petrischale ['pe:tri-] *f* (CHEM) cápsula *f* de Petri

Petrochemie [petroçe'mi:] *f* <-, *ohne pl*> petroquímica *f*

Petroleum [pe'tro:leʊm] *nt* <-s, *ohne pl*> petróleo *m*

Petroleumlampe *f* lámpara *f* de petróleo

Petting ['pɛtɪŋ] *nt* <-(s), -s> magreo *m,* toqueteo *m Am*

petto ['pɛto] *(fam)* **etw in ~ haben** traer algo en la manga

Petunie [pe'tu:niə] *f* <-, -n> petunia *f*

Petze ['pɛtsə] *f* <-n> *(fam abw)* chivato, -a *m, f*

petzen ['pɛtsən] *vt (fam abw)* chivar(se) (**bei** a)

Petzer(in) *m(f)* <-s, -; -, -nen> *(fam abw) s.* **Petze**

Pf (HIST) *Abk. von* **Pfennig** pfennig *m*

Pfad [pfa:t] *m* <-(e)s, -e> ① *(Weg)* senda *f,* trilla *f Méx* ② (INFOR) camino *m*

Pfadfinder(in) *m(f)* explorador(a) *m(f),* scout *mf*

Pfaffe ['pfafə] *m* <-n, -n> *(abw)* pastor *m*

Pfahl [pfa:l, *pl:* 'pfɛ:lə] *m* <-(e)s, Pfähle> palo *m; (Pfosten)* poste *m*

Pfahlwurzel *f* (BOT) raíz *f* pivotante

Pfalz [pfalts] *f* Palatinado *m*

pfälzisch ['pfɛltsɪʃ] *adj* palatino

Pfand [pfant, *pl:* 'pfɛndɐ] *m* <-(e)s, Pfänder> prenda *f; (Pfandgeld)* garantía *f; (für Flaschen)* dinero *m* por el envase; **ein ~ hinterlassen** dejar algo como prenda

Pfandbrief *m* (FIN) cédula *f* hipotecaria

pfänden ['pfɛndən] *vt* embargar

Pfandflasche *f* botella *f* retornable

Pfandleihe *f* <-n> monte *m* de piedad

Pfandleiher(in) *m(f)* deudor(a) *m(f)* pignoraticio , -a

Pfändung *f* <-en> embargo *m*

Pfanne ['pfanə] *f* <-n> ① *(Bratpfanne)* sartén *f,* paila *f Am;* **jdn in die ~ hauen** *(fam: ausschimpfen)* echar una bronca a alguien; *(fertigmachen)* dejar a alguien como un trapo ② *(Dachpfanne)* teja *f* flamenca

Pfannenwender *m* rasera *f*

Pfannkuchen *m* crepe *f,* panqueque *m Am,* panqué *m Cuba, Méx*

Pfarramt ['pfarʔamt] *nt* ① *(Amt)* curato *m* ② *(Dienststelle)* parroquia *f*

Pfarrei [pfa'raɪ] *f* <-en> parroquia *f*

Pfarrer[1] ['pfarɐ] *m* <-s, -> *(katholisch)* párroco *m*

Pfarrer(in)[2] *m(f)* <-s, -; -nen> pastor(a) *m(f)*

Pfarrgemeinde *f* parroquia *f*

Pfarrhaus *nt* casa *f* parroquial

Pfau [pfaʊ] *m* <-(e)s, -en> (ZOOL) pavo *m* real

Pfauenauge *nt* (ZOOL) pavón *m*

Pfeffer ['pfɛfɐ] *m* <-s, -> pimienta *f;* **er kann hingehen, wo der ~ wächst** *(fam)* que se vaya al diablo

Pfefferkuchen *m* pan *m* de especias

Pfefferminzbonbon *nt* caramelo *m* de menta

Pfefferminze [pfɛfɐ'mɪntsə] *f ohne pl* menta *f,* pipermín *m Am*

Pfefferminztee *m* té *m* de menta

Pfeffermühle *f* molinillo *m* de pimienta

pfeffern ['pfɛfen] *vt* ① (GASTR) sazonar con pimienta; **gepfefferte Preise** precios exorbitantes ② *(fam: werfen)* tirar con violencia; **ich habe ihm eine gepfeffert** le he pegado una bofetada

Pfefferstrauch *m* (BOT) pimentero *m*

Pfefferstreuer *m* <-s, -> pimentero *m*

Pfeife ['pfaɪfə] *f* <-n> ① (MUS) pífano *m; (Signalpfeife)* pito *m; (Orgelpfeife)* tubo *m* (de órgano); **nach jds ~ tanzen** *(fam fig)* bailar al son de alguien ② *(Tabakpfeife)* pipa *f,* cachimba *f Am* ③ *(fam abw: Person)* inútil *mf*

pfeifen ['pfaɪfən] <pfeift, pfiff, gepfiffen> *vi, vt* silbar; **draußen pfiff der Wind** fuera silbaba el viento; **ich pfeife auf …** … me importa un bledo

Pfeifenkopf *m* cabeza *f* de la pipa

Pfeifenreiniger *m* <-s, -> limpiador *m* de pipa

Pfeifentabak *m* <-s, -e> tabaco *m* de pipa

Pfeifkonzert *nt* abucheo *m*

Pfeifton *m* silbido *m*

Pfeil [pfaɪl] *m* <-(e)s, -e> flecha *f,* jara *f Guat, Méx;* **~ und Bogen** arco y flechas

Pfeiler ['pfaɪlɐ] *m* <-s, -> *(a. fig)* pilar *m; (Brückenpfeiler)* pila *f*

pfeilschnell ['-'-] *adj* (rápido) como una flecha

Pfennig ['pfɛnɪç] *m* <-s, -e> (HIST) pfennig *m,* ≈ céntimo *m*

Pfennigabsatz *m (fam)* tacón *m* de aguja

Pfennigfuchser(in) [-fʊksɐ] *m(f)* <-s, -; -nen> *(fam)* tacaño, -a *m, f*

Pferch [pfɛrç] *m* <-(e)s, -e> aprisco *m*

pferchen *vt* apretujar

Pferd ['pfeːɐt] *nt* <-(e)s, -e> ❶ *(Tier)* caballo *m*, pingo *m CSur;* **auf ein ~ steigen** montar sobre un caballo; **vom ~ steigen** desmontar; **ein ~ reiten** montar un caballo; **zu ~e** a caballo; **ich denk', mich tritt ein ~** *(fam)* esto es una sorpresa; **wie ein ~ arbeiten** *(fam)* trabajar como una bestia; **keine zehn ~e brächten ihn dahin/dazu** *(fam)* de ningún modo iría/lo haría; **das ~ am Schwanz aufzäumen** *(fam fig)* empezar la casa por el tejado; **mit ihr kann man ~e stehlen** *(fam)* se puede contar con ella para todo; **jetzt mach nicht die ~e scheu!** *(fam)* ¡no me alborotes el gallinero! ❷ *(Schachfigur)* caballo *m* ❸ *(Turngerät)* potro *m*

Pferdeapfel *m* bosta *f* (de caballo)

Pferdedieb(in) *m(f)* <-(e)s, -e; -, -nen> cuatrero, -a *m, f,* ladrón, -ona *m, f* de caballos

Pferdefuß *m* ❶ (ZOOL) pie *m* de caballo ❷ *(Nachteil)* pero *m*

Pferderennbahn *f* hipódromo *m,* cancha *f Am*

Pferderennen *nt* carrera *f* de caballos, polla *f Arg,* burros *mpl Arg*

Pferderennsport *m ohne pl* carreras *fpl* de caballos

Pferdeschwanz *m* cola *f* de caballo

Pferdestall *m* cuadra *f,* caballeriza *f*

Pferdestärke *f* (TECH) caballo *m* de vapor

Pferdezucht *f* <-, -en> cría *f* de caballos

pfiff [pfɪf] *3. imp von* **pfeifen**

Pfiff [pfɪf] *m* <-(e)s, -e> silbido *m; (einer Pfeife)* pitido *m;* **etw hat ~** *(fam)* algo tiene un toque especial

Pfifferling ['pfɪfəlɪŋ] *m* <-s, -e> rebozuelo *m;* **ihre Beteuerungen sind keinen ~ wert** *(fam)* sus afirmaciones no valen un pimiento

pfiffig ['pfɪfɪç] *adj* pillo; *(witzig)* con gracia

Pfingsten ['pfɪŋstən] *nt* <-, -> Pentecostés *m*

Pfingstferien ['pfɪŋst-] *pl* vacaciones *fpl* de Pentecostés

Pfingstmontag [-'--] *m* Lunes *m* de Pentecostés

Pfingstrose *f* peonia *f,* peonía *f*

Pfingstsonntag [-'--] *m* Domingo *m* de Pentecostés

Pfirsich ['pfɪrzɪç] *m* <-(e)s, -e> melocotón *m,* durazno *m Am*

Pfirsichbaum *m* melocotonero *m,* duraznero *m Am*

Pflanze ['pflantsə] *f* <-n> planta *f*

pflanzen *vt* plantar

Pflanzenfett *nt* (GASTR) grasa *f* vegetal

Pflanzenfresser *m* <-s, -> (ZOOL) herbívoro *m*

Pflanzengift *nt* <-(e)s, -e> veneno *m* vegetal

Pflanzenöl *nt* (GASTR) aceite *m* vegetal

Pflanzenreich *nt ohne pl* reino *m* vegetal

Pflanzenschutzmittel *nt* pesticida *m*

Pflanzenwelt *f ohne pl* flora *f*

pflanzlich *adj* vegetal

Pflanzung *f* <-en> plantío *m; (Plantage)* plantación *f*

Pflaster ['pflastɐ] *nt* <-s, -> ❶ *(aus Asphalt)* pavimento *m; (Kopfsteinpflaster)* adoquinado *m;* **ein heißes ~** *(fam)* un lugar peligroso ❷ *(Verband)* esparadrapo *m; (Heftpflaster)* tirita *f*

pflastern ['pflastɐn] *vt* pavimentar; *(mit Kopfsteinpflaster)* adoquinar; *(mit Steinplatten)* enlosar

Pflasterstein *m* adoquín *m*

Pflaume ['pflaʊmə] *f* <-n> ❶ *(Frucht)* ciruela *f* ❷ *(Baum)* ciruelo *m* ❸ *(fam abw: Mensch)* pedazo *m* de alcornoque

Pflaumenbaum *m* ciruelo *m*

Pflaumenkuchen *m* pastel *m* de ciruelas

Pflaumenmus *nt* <-es, -e> mermelada *f* de ciruela

Pflege ['pfleːgə] *f ohne pl* ❶ *(Krankenpflege)* asistencia *f; (Körperpflege)* aseo *m; (von Kindern, Tieren)* cuidado *m;* **jdn/ein Tier bei jdm in ~ geben** entregar alguien/un animal al cuidado de alguien; **jdn/ein Tier in ~ nehmen** hacerse cargo (del cuidado) de alguien/de un animal ❷ *(Instandhaltung)* mantenimiento *m* ❸ *(von Beziehungen)* cultivo *m; (der Kunst, Wissenschaft)* fomento *m*

pflegebedürftig *adj* que necesita cuidados

Pflegedienst *m* servicio *m* asistencial

Pflegeeltern *pl* padres *mpl* tutelares

Pflegefall *m* enfermo, -a *m, f* bajo continua vigilancia médica

Pflegefamilie *f* familia *f* tutelar

Pflegeheim *nt* residencia *f* asistida

Pflegekind *nt* niño, -a *m, f* en tutela

pflegeleicht *adj* ❶ *(Gegenstand)* de fácil cuidado; *(Mensch)* fácil de tratar ❷ *(Wäsche)* de fácil lavado

Pflegemutter *f* madre *f* tutelar

pflegen ['pfleːgən] **I.** *vt* ❶ *(Kranke)* cuidar, atender ❷ *(Garten, Körper)* cuidar; *(Gebäude)* conservar ❸ *(Beziehungen)* mantener; *(Freundschaft, Kunst)* cultivar **II.** *vi* soler *+inf;* **er pflegte zu sagen ...** solía decir...

Pflegenotstand *m ohne pl* escasez *f* de personal sanitario

Pflegepersonal *nt* personal *m* sanitario

Pfleger(in) *m(f)* <-s, -; -nen> ❶ *(Kranken-*

P

pfleger) enfermero, -a *m, f* ❷ *(Tierpfleger)* cuidador(a) *m(f)* de animales ❸ (JUR) tutor(a) *m(f)*
Pflegesohn *m* niño *m* en tutela
Pflegespülung *f* acondicionador *m*
Pflegetochter *f* niña *f* en tutela
Pflegevater *m* padre *m* tutelar
Pflegeversicherung *f seguro de enfermedad para casos de invalidez*
pfleglich ['pfle:klɪç] **I.** *adj* cuidadoso **II.** *adv* con cuidado; **etw ~ behandeln** tratar algo con cuidado
Pflegschaft *f* <-en> (JUR) curatela *f; (Vormundschaft)* tutela *f*
Pflicht [pflɪçt] *f* <-en> ❶ *(Notwendigkeit)* deber *m; (Verpflichtung)* obligación *f;* **ich halte es für meine ~, ihm zu helfen** considero que es mi obligación ayudarle; **Rechte und ~en** derechos y deberes; **seine ~en kennen/erfüllen** conocer sus/cumplir con sus deberes; **die ~ ruft** el deber llama; **ich tue nur meine ~** solamente cumplo con mi deber ❷ (SPORT) ejercicio *m* obligatorio
pflichtbewusst *adj* cumplidor
Pflichtbewusstsein *nt* sentido *m* del deber
Pflichterfüllung *f ohne pl* cumplimiento *m* del deber
Pflichtexemplar *nt* <-(e)s, -e> (ADMIN) ejemplar *m* gratuito obligatorio *(de cada libro publicado que ha de enviar la editorial a algunas bibliotecas)*
Pflichtfach *nt* (UNIV, SCH) asignatura *f* obligatoria; *(im Grundstudium)* asignatura *f* común
Pflichtgefühl *nt ohne pl* sentido *m* del deber
pflichtgemäß I. *adj* debido **II.** *adv* conforme a su deber
Pflichtteil *m o nt* (JUR) legítima *f*
Pflichtübung *f* (SPORT) ejercicio *m* obligatorio
Pflichtverletzung *f* incumplimiento *m* del deber
pflichtversichert *adj* afiliado al seguro obligatorio de enfermedad
Pflichtversicherung *f* seguro *m* obligatorio
Pflichtverteidiger(in) *m(f)* (JUR) defensor(a) *m(f)* de oficio
Pflock [pflɔk, *pl:* 'pflœkə] *m* <-(e)s, Pflöcke> estaca *f*
pflücken ['pflʏkən] *vt* coger
Pflug [pflu:k, *pl:* 'pfly:gə] *m* <-(e)s, Pflüge> arado *m*
pflügen ['pfly:gən] *vi, vt* arar
Pforte ['pfɔrtə] *f* <-n> puerta *f*
Pförtner(in) ['pfœrtnɐ] *m(f)* <-s, -; -nen> portero, -a *m, f*
Pförtnerloge *f* portería *f*
Pfosten ['pfɔstən] *m* <-s, -> poste *m; (Türpfosten)* jamba *f*
Pfötchen ['pfø:tçən] *nt* **sei brav, Hund, gib ~!** ¡sé bueno, perrito, dame la patita!
Pfote ['pfo:tə] *f* <-n> ❶ *(von Tieren)* pata *f* ❷ *(fam: Hand)* pezuña *f,* pata *f;* **sich** *dat* **bei etw die ~n verbrennen** meter la pata
pfropfen ['pfrɔpfən] *vt* ❶ *(veredeln)* injertar ❷ *(fam: hineinstopfen)* meter a la fuerza
Pfropfen ['pfrɔpfən] *m* <-s, -> tapón *m*
Pfründe ['pfrʏndə] *f* <-n> (REL) prebenda *f*
pfui [pfʊɪ] *interj* puaj; **~ Teufel!** ¡qué asco!
Pfund [pfʊnt] *nt* <-(e)s, -e> ❶ *(Gewichtseinheit)* libra *f,* medio kilo *m;* **einige ~e abnehmen** adelgazar unos kilos ❷ *(Währungseinheit)* libra *f;* **~ Sterling** libra esterlina
pfundig ['pfʊndɪç] *adj (fam)* fenomenal
Pfundskerl *m (fam)* tío, -a *m, f* estupendo, -a
pfuschen ['pfʊʃən] *vi* ❶ *(fam abw: schludern)* chapucear ❷ *(reg: schummeln)* timar, hacer trampas
Pfuscher(in) *m(f)* <-s, -; -nen> *(fam abw)* chapucero, -a *m, f*
Pfuscherei *f* <-en> *(fam abw)* chapucería *f*
Pfuscherin *f* <-nen> *s.* **Pfuscher**
Pfütze ['pfʏtsə] *f* <-n> charco *m*
PH *f* <-, -s> *Abk. von* **Pädagogische Hochschule** ≈ Escuela *f* de Magisterio
phallisch *adj (geh)* fálico
Phallus ['falʊs] *m* <-, -se *o* Phalli *o* Phallen> falo *m*
Phänomen [fɛno'me:n] *nt* <-s, -e> fenómeno *m*
phänomenal [fɛnome'na:l] **I.** *adj* fenomenal **II.** *adv (fam)* fenómeno, fenomenal
Phantom [fan'to:m] *nt* <-s, -e> fantasma *m*
Phantombild *nt* retrato *m* robot
Phantomschmerz *m* <-es, -en> (MED) dolor *m* imaginario
Pharao ['fa:rao, *pl:* fara'o:nən] *m* <-s, -nen> faraón *m*
Pharisäer [fari'zɛ:ɐ] *m* <-s, -> ❶ (REL) fariseo *m* ❷ *(Getränk)* café *m* con ron y crema
Pharmaindustrie *f ohne pl* industria *f* farmacéutica
Pharmakologe, -in [farmako'lo:gə] *m, f* <-n, -n; -nen> farmacólogo, -a *m, f*
Pharmakologie [farmakolo'gi:] *f ohne pl* farmacología *f*

P

Pharmakologin *f* <-nen> *s.* **Pharmakologe**

Pharmazeut(in) [farma'tsɔɪt] *m(f)* <-en, -en; -nen> farmacéutico, -a *m, f*

Pharmazeutik [farma'tsɔɪtɪk] *f ohne pl* ciencia *f* farmacéutica

Pharmazeutin *f* <-nen> *s.* **Pharmazeut**

pharmazeutisch *adj* farmacéutico

Pharmazie [farma'tsi:] *f ohne pl* farmacia *f*

Phase ['fa:zə] *f* <-n> ① *(Zeitstufe)* fase *f,* ráfaga *f And, CSur* ② (CHEM, PHYS, ELEK, ASTR) fase *f*

Philanthrop(in) [filan'tro:p] *m(f)* <-en, -en; -, -nen> filántropo, -a *m, f*

Philharmonie [fɪlharmo'ni:] *f* <-n> ① *(Orchester)* orquesta *f* filarmónica ② *(Gebäude)* auditorio *m; (Konzertsaal)* sala *f* de conciertos

Philharmoniker(in) [fɪlhar'mo:nikɐ] *m(f)* <-s, -; -nen> filarmónico, -a *m, f*

philharmonisch [fɪlhar'mo:nɪʃ] *adj* filarmónico; **~es Orchester** orquesta filarmónica

Philippinen [filɪ'pi:nən] *pl* Filipinas *fpl*

Philippiner(in) [filɪ'pi:nɐ] *m(f)* <-s, -; -nen> filipino, -a *m, f*

philippinisch [filɪ'pi:nɪʃ] *adj* filipino

Philister [fi'lɪstɐ] *m* <-s, -> *(abw)* burgués *m*

Philologe, -in [filo'lo:gə] *m, f* <-n, -n; -nen> filólogo, -a *m, f*

Philologie [filolo'gi:] *f* <-n> filología *f*

Philologin *f* <-nen> *s.* **Philologe**

philologisch *adj* filológico

Philosoph(in) [filo'zo:f] *m(f)* <-en, -en; -nen> filósofo, -a *m, f*

Philosophie [filozo'fi:] *f* <-n> filosofía *f*

philosophieren* [filozo'fi:rən] *vi* filosofar (**über** sobre)

Philosophin *f* <-nen> *s.* **Philosoph**

philosophisch [filo'zo:fɪʃ] *adj* filosófico

Phiole ['fjo:lə] *f* <-, -n> redoma *f*

Phlegma ['flɛgma] *nt* <-s, *ohne pl*> flema *f*

Phlegmatiker(in) [flɛ'gma:tikɐ] *m(f)* <-s, -; -, -nen> persona *f* flemática

phlegmatisch *adj* flemático

Phobie [fo'bi:] *f* <-n> (MED) fobia *f* (**vor** a)

Phon [fo:n] *nt* <-s, -s> fon *m*

Phonem [fo'ne:m] *nt* <-s, -e> (LING) fonema *m*

Phonetik [fo'ne:tɪk] *f ohne pl* (LING) fonética *f*

phonetisch *adj* (LING) fonético

Phönix ['fø:nɪks] *m* <-(es), -e> fénix *m*

Phönizier(in) [fø'ni:tsiɐ] *m(f)* <-s, -; -nen> fenicio, -a *m, f*

Phosphat [fɔs'fa:t] *nt* <-(e)s, -e> fosfato *m*

Phosphor ['fɔsfo:ɐ] *m* <-s, -e> (CHEM) fósforo *m*

phosphoreszieren* [fɔsforɛs'tsi:rən] *vi* fosforecer

Phrase ['fra:zə] *f* <-n> ① (LING) giro *m* ② *(abw: inhaltsleere Formel)* frase *f;* **~n dreschen** *(fam)* hablar en clichés ③ (MUS) frase *f*

Phraseologie [frazeolo'gi:] *f* <-, -n> (LING) fraseología *f*

pH-Wert *m* (CHEM) (valor *m*) PH *m*

Physalis [fy'za:lɪs] *f* <-, - *o* Physalen> (BOT, GASTR) alquequenje *m*

Physik [fy'zi:k] *f ohne pl* física *f*

physikalisch [fyzi'ka:lɪʃ] *adj* físico

Physiker(in) ['fy:zikɐ] *m(f)* <-s, -; -nen> físico *mf*

Physikum ['fy:zikʊm] *nt* <-s, Physika> examen *m* preclínico de medicina

Physiologie [fyziolo'gi:] *f ohne pl* fisiología *f*

physiologisch [fyzio'lo:gɪʃ] *adj* fisiológico

Physiotherapeut(in) [fyzio-] *m(f)* fisioterapeuta *mf*

Physiotherapie [fyzio-] *f ohne pl* fisioterapia *f*

physisch ['fy:zɪʃ] *adj* físico

Pi [pi:] *nt* <-(s), *ohne pl*> (MATH) pi *f;* **~ mal Daumen** *(fam)* a ojo

Pianist(in) [pja'nɪst] *m(f)* <-en, -en; -nen> pianista *mf*

Piano ['pja:no] *nt* <-s, -s> piano *m* vertical

picheln ['pɪçəln] *vi (fam)* copear

Pickel ['pɪkəl] *m* <-s, -> ① *(Spitzhacke)* pico *m; (Eispickel)* piolet *m* ② *(auf der Haut)* espinilla *f*

pickelig ['pɪk(e)lɪç] *adj* lleno de espinillas

picken ['pɪkən] *vt, vi* ① *(Vogel)* picotear (**nach**) ② *(heraussuchen)* escoger (**aus** entre)

Pickerl ['pɪkɐl] *nt* <-s, -(n)> *(Österr: fam* AUTO) ① *(Aufkleber)* etiqueta *f* ② *(Autobahnvignette)* viñeta *f* para circular por autopista *(a modo de peaje)*

Picknick ['pɪknɪk] *nt* <-s, -s *o* -e> pícnic *m*

picknicken *vi* hacer un pícnic, ir de pícnic

Pick-up ['pɪkʔap] *m* <-s, -s> *(kleiner Lieferwagen)* camioneta *f*

picobello ['pi:ko'bɛlo] *adj inv (fam)* impecable

piekfein ['pi:k'faɪn] *adj (fam)* elegante

piep [pi:p] *interj* pío; **er konnte nicht mehr ~ sagen** *(fam)* ya no pudo decir ni pío

Piep [pi:p] *m* <-s, -e> *(fam)* pío *m;* **sie**

P

sagte keinen ~ *(fam)* no dijo ni pío; **der sagt keinen ~ mehr** *(fam)* este está tieso

piepegal ['--'-] *adj (fam)* **das ist mir ~** me importa un comino

piepen ['pi:pən] *vi (Vogel)* piar; *(Maus)* chillar; *(Funkgerät)* hacer ruidos; **bei der piept's wohl!** *(fam)* ¡está tocada (del ala)!; **das ist ja zum P~!** *(fam)* ¡es para morirse de risa!

Piepen *pl (fam)* pelas *f pl*

piepsen ['pi:psən] *vi* ① *s.* **piepen** ② *(sprechen)* hablar a voz aguda

Piepser *m* <-s, -> ① *(Piep)* pío *m* ② *(fam: Empfänger)* busca *m*

piepsig *adj (Stimme)* agudo

Pier [pi:ɐ] *m* <-s, -e *o* -s> muelle *m*

Piercing ['pi:ɐsɪŋ] *nt* <-s, -s> pirsin *m*

piesacken ['pi:zakən] *vt (fam)* molestar, jorobar

pieseln ['pi:zəln] *vi (fam)* ① *(nieseln)* lloviznar ② *(urinieren)* orinar

Pietät [pie'tɛ:t] *f ohne pl (geh)* piedad *f; (Respekt)* respeto *m*

pietätlos *adj (geh)* irreverente

Pigment [pɪ'gmɛnt] *nt* <-(e)s, -e> pigmento *m*

Pigmentfleck *m* (MED) mancha *f* pigmentaria

Pik [pi:k] *nt* <-s, *ohne pl*> *(französische Karten)* pica *f; (spanische Karten)* espadas *f pl*

pikant [pi'kant] *adj* picante

Pike ['pi:kə] *f (fam)* **etw von der ~ auf lernen** aprender algo desde abajo

piken ['pi:kən] **I.** *vi (fam)* picar **II.** *vt (fam)* pinchar

pikiert [pi'ki:ɐt] *adj* mosqueado

Pikkolo ['pɪkolo] *m* <-s, -s> ① *(Kellnerlehrling)* aprendiz *m* de camarero ② *(fam: Sektflasche)* benjamín *m*

Pikkoloflöte *f* flautín *m*

piksen ['pi:ksən] *vi, vt s.* **piken**

Piktogramm [pɪkto'gram] *nt* <-s, -e> pictograma *m*

Pilates [pi'la:təs] *nt* <-, *ohne pl*> (SPORT) pilates *m*

Pilger(in) ['pɪlgɐ] *m(f)* <-s, -; -nen> peregrino, -a *m, f*

Pilgerfahrt *f* peregrinación *f*

Pilgerin *f* <-nen> *s.* **Pilger**

pilgern ['pɪlgɐn] *vi sein* peregrinar (**nach** a)

Pille ['pɪlə] *f* <-n> ① *(Tablette)* pastilla *f;* **eine ~ nehmen** tomar una pastilla; **eine bittere ~** *(fam)* un trago amargo ② *(fam: Antibabypille)* píldora *f* (anticonceptiva); **die ~ danach** la píldora del día después

Pillenknick *m* descenso *m* de la natalidad *(a causa de la píldora anticonceptiva)*

Pilot(in) [pi'lo:t] *m(f)* <-en, -en; -nen> piloto *mf*

Pilotfilm *m* (TV) episodio *m* piloto

Pilotin *f* <-nen> *s.* **Pilot**

Pilotprojekt *nt* proyecto *m* piloto

Pils [pɪls] *nt* <-, ->, **Pils(e)ner** *nt* <-s, -> cerveza *f* tipo Pilsen

Pilz [pɪlts] *m* <-es, -e> (BOT, MED) hongo *m; (mit Hut)* seta *f,* nanacate *m Méx;* **wie ~e aus dem Boden schießen** brotar como los hongos

Pilzerkrankung *f* micosis *f inv*

Pilzkrankheit *f* micosis *f inv*

pilztötend *adj* letal para los hongos

Pilzvergiftung *f* intoxicación *f* por setas venenosas

Piment [pi'mɛnt] *m o nt* <-(e)s, -e> pimienta *f*

Pimmel ['pɪməl] *m* <-s, -> *(fam)* pito *m,* pichula *f Chil*

Pimpf [pɪmpf] *m* <-(e)s, -e> *(fam: Knirps)* crío *m; (abw)* renacuajo *m,* mico *m*

PIN *f* <-s, -s> *Abk. von* **personal identification number** pin *m*

pingelig ['pɪŋəlɪç] *adj (fam)* tiquismiquis

Pingpong ['pɪŋpɔŋ] *nt* <-s, *ohne pl*> ping-pong *m*

Pinguin ['pɪŋgui:n] *m* <-s, -e> pingüino *m*

Pinie ['pi:niə] *f* <-n> pino *m* piñonero

Pinienkern *m* <-(e)s, -e> piñón *m*

pink [pɪŋk] *adj* (rosa) fucsia

Pink [pɪŋk] *nt* <-s, -s> fucsia *m*

Pinkel ['pɪŋkəl] *m* <-s, -(s)> *(fam abw)* don *m* nadie; **ein feiner ~** un petimetre

pinkeln ['pɪŋkəln] *vi (fam)* mear

pinkfarben *adj* (rosa) fucsia

Pinne ['pɪnə] *f* <-, -n> (NAUT) caña *f* (del timón)

PIN-Nummer *f* número *m* PIN

Pinnwand ['pɪn-] *f* tablón *m* de notas

Pinscher ['pɪnʃɐ] *m* <-s, -> (perro *m*) grifón *m*

Pinsel ['pɪnzəl] *m* <-s, -> ① *(des Malers: fein)* pincel *m; (dick)* brocha *f* ② *(fam: Dummkopf)* bobo, -a *m, f*

pinseln *vi, vt* ① *(fam: malen)* pintar ② *(fam: schreiben)* escribir ③ (MED: *Rachen, Zahnfleisch*) tocar

Pint [paint] *nt* <-s, -s> *(Hohlmaß)* pinta *f*

Pinte ['pɪntə] *f* <-n> *(fam)* tasca *f*

Pin-up-Girl [pɪn'ʔapgœ:l] *nt* <-s, -s> chica *f* de calendario

Pinzette [pɪn'tsɛtə] *f* <-n> pinza(s) *f(pl)*

Pionier(in) [pio'ni:ɐ] *m(f)* <-s, -e; -nen> ① (MIL) gastador(a) *m(f)* ② *(Wegbereiter)* pionero, -a *m, f*

Pionierarbeit *f ohne pl* labor *m* de pionero; ~ **leisten** abrir nuevos caminos

Pionierin *f* <-nen> *s.* **Pionier**

Pipapo ['piːˈpaːˈpoː] *nt ohne pl (fam)* **mit allem ~** con todos sus requisitos

Pipeline ['paɪplaɪn] *f* <-s> *(für Gas)* gasoducto *m; (für Öl)* oleoducto *m*

Pipette [pi'pɛtə] *f* <-n> pipeta *f*

Pipi ['pɪpi, pi'piː] *nt* <-s, *ohne pl*> *(fam)* pis *m inv,* pichi *m CSur;* ~ **machen** hacer pis

Pipifax ['pɪpifaks] *m* <-, *ohne pl*> *(fam abw: Unsinn)* disparates *mpl; (Nichtigkeiten)* bagatela *f*

Piranha [pi'ranja] *m* <-(s), -s> (ZOOL) piraña *f,* caribe *m Ven*

Pirat(in) [pi'raːt] *m(f)* <-en, -en; -nen> pirata *mf*

Piratensender *m* emisora *f* pirata

Piraterie [piratə'riː] *f* <-, *ohne pl*> piratería *f*

Piratin *f* <-nen> *s.* **Pirat**

Pirouette [piru'ɛtə] *f* <-n> pirueta *f*

Pirsch [pɪrʃ] *f ohne pl* caza *f* (al acecho); **auf (die) ~ gehen** ir a cazar

PISA-Studie *f* estudio *m* Pisa

Pisse ['pɪsə] *f ohne pl (vulg)* meada *f*

pissen ['pɪsən] *vi* ① *(vulg: urinieren)* mear ② *(fam: regnen)* llover

Pissoir [pɪ'soaːɐ, *pl:* -ɐs, -rə] *nt* <-s, -s *o* -e> urinario *m*

Pistazie [pɪs'taːtsiə] *f* <-n> pistacho *m*

Piste ['pɪstə] *f* <-n> (SPORT, AERO) pista *f*

Pistole [pɪs'toːlə] *f* <-n> pistola *f,* cachimba *f Chil;* **jdm die ~ auf die Brust setzen** *(fam fig)* poner a alguien la pistola al pecho; **wie aus der ~ geschossen** *(fam fig)* como una bala

Pixel ['pɪksəl] *nt* <-s, -> (INFOR) píxel *m*

Pixelgrafik *f* (INFOR) gráfico *m* pixelado [*o* de píxel], gráfica *f* de píxeles

pixelig ['pɪksəlɪç] *adj (fam)* pixelado

Pizza ['pɪtsa] *f* <-s *o* Pizzen> pizza *f*

Pizzaservice ['pɪtsasœrvɪs] *m* <-, -> servicio *m* de reparto de pizzas a domicilio

Pkw *m* <-(s), -(s)> *Abk. von* **Personenkraftwagen** automóvil *m*

Placebo [pla'tseːbo] *nt* <-s, -s> (MED) placebo *m*

Plackerei *f* <-en> *(fam)* trabajo *m* pesado

plädieren* [plɛ'diːrən] *vi* ① (JUR) abogar (**auf/für** por) ② *(sich einsetzen)* abogar (**für** por), interceder (**für** por); **ich plädiere dafür, dass ...** estoy a favor de que... +*subj*

Plädoyer [plɛdoa'jeː] *nt* <-s, -s> (*a.* JUR) alegato *m* (**für** en favor de)

Plage ['plaːgə] *f* <-n> plaga *f;* **zu einer ~ werden** convertirse en una plaga

Plagegeist *m* <-(e)s, -er> *(fam)* pesado, -a *m, f,* pelmazo, -a *m, f*

plagen ['plaːgən] **I.** *vt* ① *(belästigen)* fastidiar ② *(Schmerzen, Zweifel)* atormentar, julepear *Am* **II.** *vr:* **sich ~** matarse trabajando

Plagiat [pla'gjaːt] *nt* <-(e)s, -e> plagio *m*

Plakat [pla'kaːt] *nt* <-(e)s, -e> cartel *m,* afiche *m CSur; (Werbeplakat)* anuncio *m*

Plakatfarbe *f* pintura *f* para carteles

plakativ [plaka'tiːf] *adj* llamativo

Plakatsäule *f* columna *f* anunciadora

Plakatwand *f* valla *f* publicitaria

Plakatwerbung *f* <-, *ohne pl*> publicidad *f* en vallas

Plakette [pla'kɛtə] *f* <-n> placa *f*

plan [plaːn] *adj* llano, plano

Plan [plaːn, *pl:* 'plɛːnə] *m* <-(e)s, Pläne> ① *(Vorhaben)* plan *m; (Projekt)* proyecto *m; (Absicht)* intención *f;* **es verläuft alles nach ~** todo se desarrolla según lo previsto; **Pläne machen/schmieden** hacer/forjar planes; **einen ~ fassen** concebir un plan; **auf dem ~ stehen** estar planeado ② *(Entwurf, Karte)* plano *m;* **jdn/etw auf den ~ rufen** hacer aparecer a alguien/algo

Plane ['plaːnə] *f* <-n> lona *f*

planen ['plaːnən] *vt* ① *(entwerfen)* proyectar ② *(vorhaben)* tener la intención (**zu** de); *(Ausflug, Essen)* planear; *(Wirtschaft, Entwicklung)* planificar; **es lief alles wie geplant** todo tra(n)scurrió como estaba previsto

Planet [pla'neːt] *m* <-en, -en> (ASTR) planeta *m*

planetarisch *adj* (ASTR) planetario

Planetarium [plane'taːriʊm] *nt* <-s, Planetarien> planetario *m*

Planetenbahn *f* órbita *f* planetaria

planieren* [pla'niːrən] *vt* allanar, aplanar

Planierraupe *f* aplanadora *f*

Planke ['plaŋkə] *f* <-n> tablón *m*

plänkeln ['plɛŋkəln] *vi* escaramuzar, pelearse

Plankton ['plaŋktɔn] *nt* <-s, *ohne pl*> (BIOL) plancton *m*

planlos *adj* sin método

Planlosigkeit *f* <-, *ohne pl*> falta *f* de método [*o* de sistema]

planmäßig **I.** *adj* ① *(wie vorgesehen)* previsto ② *(nach Plan)* sistemático **II.** *adv* ① *(wie vorgesehen)* como estaba previsto ② *(nach Plan)* sistemáticamente

Planschbecken *nt* (pequeña) piscina *f* para niños

planschen ['planʃən] *vi* chapotear (**in** en)

Planstelle *f* <-, -n> puesto *m* de plantilla, plaza *f* de número

P

Plantage [plan'taːʒə] *f* <-n> plantación *f*

plantschen ['plantʃən] *vi* chapotear

Planung *f* <-en> planificación *f;* **in der ~ befindlich** en la fase de proyección

Planwirtschaft *f ohne pl* economía *f* planificada

Plappermaul *nt (fam abw)* cotorra *f*

plappern ['plapɐn] **I.** *vi (fam)* cotorrear **II.** *vt (fam)* decir

plärren ['plɛrən] *vi (abw)* ① *(weinen)* lloriquear ② *(schreien)* berrear ③ *(Radio, Lautsprecher)* estar a tope (de volumen)

Plasma ['plasma] *nt* <-s, Plasmen> (BIOL, MED, PHYS) plasma *m*

Plastik[1] ['plastɪk] *nt* <-s, *ohne pl*> *(Kunststoff)* plástico *m*

Plastik[2] ['plastɪk] *f* <-en> ① (KUNST) escultura *f* ② (MED) plastia *f*

Plastikbeutel *m* bolsa *f* de plástico

Plastikfolie *f* membrana *f* de plástico

Plastiksprengstoff *m* explosivo *m* plástico

Plastiktüte *f* bolsa *f* de plástico

plastisch ['plastɪʃ] *adj* ① *(formbar)* plástico; **~e Chirurgie** cirugía plástica ② *(anschaulich)* plástico

Plastizität [plastitsi'tɛːt] *f* <-, *ohne pl*> plasticidad *f*

Platane [pla'taːnə] *f* <-n> (BOT) plátano *m*

Plateau [pla'toː] *nt* <-s, -s> meseta *f,* altiplanicie *f,* altiplano *m Am*

Plateausohle *f* <-, -n> **Schuhe mit ~** zapatos de plataforma

Platin ['plaːtiːn] *nt* <-s, *ohne pl*> (CHEM) platino *m*

platonisch [pla'toːnɪʃ] *adj* platónico

platsch [platʃ] *interj* zas

plätschern ['plɛtʃɐn] *vi (fam)* murmurar

platt [plat] *adj* ① *(flach)* llano, plano; *(plattgedrückt)* aplastado; **etw ~ drücken** aplastar algo; **~ sein** *(fam)* estar sorprendido; **da bin ich aber ~** *(fam)* me dejas de piedra ② *(abw: geistlos)* trivial

Platt [plat] *nt* <-(s), *ohne pl*> ① *(Plattdeutsch)* bajo alemán *m* ② *(reg: Dialekt)* dialecto *m*

plattdeutsch *adj* bajo alemán

Plattdeutsch *nt* bajo alemán *m*

Platte ['platə] *f* <-n> ① *(Steinplatte)* losa *f; (Holzplatte)* tabla *f; (Metallplatte)* plancha *f* ② *(Schallplatte)* disco *m;* **die ~ kenn' ich schon!** *(fam)* ¡me conozco el rollo de memoria! ③ *(Herdplatte)* fogón *m* ④ *(Teller)* bandeja *f;* **kalte ~** (GASTR) fiambres *mpl* ⑤ *(fam: Glatze)* calva *f*

Platten einen ~ haben tener un pinchazo

plätten ['plɛtən] *vt (reg)* planchar

Plattenfirma *f* casa *f* productora de discos

Plattenlabel *nt* <-s, -s> ① *(Etikett)* etiqueta *f* del disco, rótulo *m* del disco ② *(Plattenfirma)* casa *f* (productora) de discos

Plattensee *m* Lago *m* Balatón

Plattenspieler *m* <-s, -> tocadiscos *m inv*

Plattform *f* <-en> plataforma *f*

Plattfuß *m* ① (MED) pie *m* plano ② *(fam: am Reifen)* pinchazo *m*

Plattheit[1] *f* <-, *ohne pl*> *(das Plattsein)* forma *f* plana

Plattheit[2] *f* <-, -en> *(Plattitüde)* trivialidad *f*

Platz[1] [plats, *pl:* 'plɛtsə] *m* <-es, Plätze> ① *(Ort, Stelle)* sitio *m,* lugar *m;* **das ist fehl am ~** eso está fuera de lugar; **auf die Plätze, fertig, los!** ¡preparados, listos, ya! ② *(öffentlicher Platz)* plaza *f* ③ *(Sportplatz)* campo *m; (Tennisplatz)* pista *f;* **auf eigenem ~** en propio campo; **auf gegnerischem ~** en campo contrario ④ *(Sitzplatz)* sitio *m,* asiento *m;* **bitte, nehmen Sie ~!** ¡tome asiento, por favor!; **ist noch ein ~ frei?** ¿queda algún sitio libre?; **dieser ~ ist besetzt** este asiento está ocupado; **~!** *(zum Hund)* ¡siéntate! ⑤ *(Teilnahmeplatz)* plaza *f;* **es sind noch Plätze frei** todavía quedan plazas libres; **ein Saal mit 500 Plätzen** una sala de 500 plazas ⑥ *(Rang)* lugar *m,* puesto *m;* **sie belegte den dritten ~** ocupó el tercer lugar; **seinen ~ behaupten** reafirmar su posición

Platz[2] *m* <-es, *ohne pl*> *(Raum)* sitio *m;* **~ sparend** que no ocupa mucho espacio; **~ da!** ¡hagan sitio!; **~ für jdn/etw schaffen** hacer sitio para alguien/algo; **jdm ~ machen** hacer(le) sitio a alguien

Platzangst *f* ① *(fam: Beklemmungszustand)* claustrofobia *f* ② (PSYCH) agorafobia *f*

Platzanweiser(in) *m(f)* <-s, -; -nen> acomodador(a) *m(f)*

Platzausnutzung *f ohne pl* aprovechamiento *m* del espacio

Plätzchen ['plɛtsçən] *nt* <-s, -> *(Gebäck)* galleta *f*

platzen ['platsən] *vi sein* ① *(Bombe, Mine)* estallar; *(Rohr, Luftballon)* reventar; *(Naht)* romperse; **vor Wut/Ärger ~** *(fig)* reventar de rabia/de furia ② *(fam: scheitern)* fracasar; *(Termin)* anularse, cancelarse; **etw ~ lassen** hacer fracasar algo ③ *(fam: hineinstürmen)* irrumpir (**in** en)

Platzhalterzeichen *nt* (INFOR) comodín *m*

platzieren* [pla'tsiːrən] **I.** *vt* colocar, ubicar *Am* **II.** *vr:* **sich ~** (SPORT) clasificarse

Platzierung *f* <-en> ① *(örtlich)* colocación *f,* ubicación *f Am* ② (SPORT) clasificación *f*

Platzkarte *f* reserva *f* (de asiento)

Platzkonzert *nt* concierto *m* en la plaza
Platzmangel *m* falta *f* de sitio
Platzpatrone *f* cartucho *m* de salvas
Platzregen *m* chaparrón *m,* invierno *m AmC, Ant*
Platzreservierung *f* reserva *f* (de asiento)
platzsparend *adj s.* **Platz**[2]
Platzverweis *m* (SPORT) expulsión *f* del campo
Platzwunde *f* herida *f* abierta
Plauderei [plaʊdəˈraɪ] *f* <-en> charla *f*
Plauderer, -in *m, f* <-s, -; -, -nen> conversador(a) *m(f); (fam: Geheimnisverräter)* chismoso, -a *m, f*
plaudern [ˈplaʊdɐn] *vi* charlar (**über** sobre/de), tertuliar (**über** sobre) *Am*
Plausch [plaʊʃ] *m* <-(e)s, -e> ❶ *(südd, Österr: Plauderei)* charla *f;* **einen ~ halten** estar de cháchara ❷ *(Schweiz: fam)* diversión *f,* placer *m*
plauschen *vi s.* **plaudern**
plausibel [plaʊˈziːbəl] *adj* plausible; *(verständlich)* inteligible; **jdm etw ~ machen** hacer(le) algo inteligible a alguien
Playback [pleɪˈbɛk] *nt* <-, -s>, **Play-back** *nt* <-, -s> playback *m*
Playboy [ˈplɛɪbɔɪ] *m* <-s, -s> playboy *m*
Playlist <-, -s> [ˈplɛɪ̯lɪst] *f* lista *f* de reproducción, playlist *f*
Plazenta [plaˈtsɛnta] *f* <-s *o* Plazenten> (MED) placenta *f*
Plebiszit [plebɪsˈtsiːt] *nt* <-(e)s, -e> (POL) plebiscito *m*
Plebs [plɛps, pleːps] *m* <-es, *ohne pl> (abw geh: Pöbel)* plebe *f*
pleite [ˈplaɪtə] *adj (fam)* **~ sein** estar en quiebra
Pleite [ˈplaɪtə] *f* <-n> *(fam)* ❶ *(Bankrott)* quiebra *f* ❷ *(Misserfolg)* fracaso *m;* **mit jdm/etw** *dat* **eine ~ erleben** llevarse un chasco con alguien/algo
pleite|gehen *irr vi sein* quebrar
Plektron [ˈplɛktrɔn] *nt* <-s, Plektren *o* Plektra> (MUS) plectro *m*
plemplem [plɛmˈplɛm] *adj inv (fam)* chalado
Plenarsaal [pleˈnaːɐ-] *m* (POL) sala *f* plenaria
Plenum [ˈpleːnʊm] *nt* <-s, Plenen> pleno *m*
Pleuelstange [ˈplɔɪəl-] *f* (TECH) biela *f*
Plexiglas® [ˈplɛksi-] *nt ohne pl* plexiglás® *m*
Plissee [plɪˈseː] *nt* <-s, -s> plisado *m*
PLO [peːʔɛlˈʔoː] *f ohne pl Abk. von* **Palestine Liberation Organization** OLP *f*
Plombe [ˈplɔmbə] *f* <-n> ❶ *(Verschluss)* precinto *m* ❷ *(Zahnfüllung)* empaste *m*
plombieren* [plɔmˈbiːrən] *vt* ❶ *(versiegeln)* precintar ❷ *(Zahn)* empastar

Plot *m o nt* <-s, -s> ❶ (FILM, LIT, THEAT) trama *f* ❷ (INFOR) gráfica *f*
Plotter [ˈplɔtɐ] *m* <-s, -> (INFOR) graficador *m*
plötzlich [ˈplœtslɪç] **I.** *adj* repentino, sorpresivo *Am* **II.** *adv* de repente; **das kommt alles so ~** es todo tan repentino; **jetzt aber ein bisschen ~!** ¡ahora deprisa!
Plug-In *m* <-s, -s> (INFOR) plug-in *m*
plump [plʊmp] *adj* ❶ *(unförmig)* tosco ❷ *(ungelenk)* torpe; *(schwerfällig)* pesado, mazacotudo *Am* ❸ *(abw: dreist)* grosero; *(Annäherung)* torpe; *(Lüge, Schmeichelei)* barato
Plumpheit[1] *f* <-, *ohne pl> (das Plumpsein)* tosquedad *f*
Plumpheit[2] *f* <-, -en> *(plumpe Handlung)* torpeza *f*
plumps [plʊmps] *interj* paf, pataplaf
Plumps [plʊmps] *m* <-es, -e> *(fam)* batacazo *m*
plumpsen [ˈplʊmpsən] *vi sein (fam)* caer (pesadamente)
Plumpsklo(sett) *nt (fam) retrete desprovisto de inodoro y agua corriente*
Plunder [ˈplʊndɐ] *m* <-s, *ohne pl> (fam abw)* trastos *mpl*
Plundergebäck *nt ohne pl* (GASTR) *bollo relleno, elaborado con una masa similar a la de levadura*
plündern [ˈplʏndɐn] *vt* saquear
Plünderung *f* <-en> saqueo *m*
Plural [ˈpluːraːl] *m* <-s, -e> (LING) plural *m*
Pluralismus [pluraˈlɪsmʊs] *m* <-, *ohne pl>* pluralismo *m*
pluralistisch *adj* pluralista
plus [plʊs] **I.** *konj* (MATH) más; **drei ~ drei** tres más tres **II.** *präp +gen* más; **~ der Zinsen** más los intereses **III.** *adv* ❶ (MATH) más ❷ (METEO) sobre cero ❸ (ELEK) **der Strom fließt von ~ nach minus** la corriente pasa del polo positivo al negativo
Plus [plʊs] *nt* <-, *ohne pl>* ❶ *(Überschuss)* excedente *m;* (COM) superávit *m;* **ein ~ in der Kasse haben** tener un superávit en la caja; **ein ~ erwirtschaften** registrar ganancias; **im ~ sein** tener saldo ❷ *(Vorzug)* ventaja *f*
Plüsch [plʏʃ] *m* <-(e)s, -e> peluche *m*
plüschig *adj* afelpado
Plüschtier *nt* muñeco *m* de peluche
Pluspol *m* (ELEK, PHYS) polo *m* positivo
Pluspunkt *m* lado *m* positivo; *(Vorteil)* ventaja *f*
Plusquamperfekt [ˈplʊskvampɛrfɛkt] *nt* (LING) pluscuamperfecto *m*
Pluszeichen *nt* signo *m* de adición
Pluto [ˈpluːto] *m* <-, *ohne pl>* (ASTR) plutón *m*

Plutonium [plu'to:niʊm] *nt* <-s, *ohne pl*> (CHEM) plutonio *m*
PLZ *Abk. von* **Postleitzahl** C.P.
Pneu [pnø:] *m* <-s, -s> *(Schweiz, reg)* neumático *m*
pneumatisch [pnɔɪ'ma:tɪʃ] *adj* (TECH) neumático
Po [po:] *m* <-s, -s> *(fam)* culete *m*
Pöbel ['pø:bəl] *m* <-s, *ohne pl*> *(abw)* plebe *f,* pacotilla *f Am*
pöbelhaft *adj* vulgar
pöbeln ['pø:bəln] *vi (fam)* chinchar
pochen ['pɔxən] *vi* ❶ *(klopfen)* golpear (**an/gegen** en) ❷ *(geh: Herz)* latir ❸ *(geh: bestehen)* **auf etw ~** insistir en algo; **auf sein Recht ~** reclamar sus derechos
pochieren* [pɔ'ʃi:rən] *vt* (GASTR) escalfar
Pocke ['pɔkə] *f* <-, -n> (MED) (pústula *f* de la) viruela *f*
Pocken ['pɔkən] *f pl* viruela *f*
Pocken(schutz)impfung *f* vacunación *f* antivariólica
pockennarbig *adj* picoso, picado de viruelas
Pocketkamera *f* (FOTO) (cámara *f*) pocket *f*
Podest [po'dɛst] *m o nt* <-(e)s, -e> ❶ *(Podium)* podio *m* ❷ *(reg: Treppenabsatz)* descansillo *m*
Podium ['po:diʊm] *nt* <-s, Podien> estrado *m*
Podiumsdiskussion *f* mesa *f* redonda
Poesie [poe'zi:] *f ohne pl* poesía *f*
Poet(in) [po'e:t] *m(f)* <-en, -en; -nen> poeta, -isa *m, f*
poetisch [po'e:tɪʃ] *adj* poético
pofen *vi (fam)* ❶ *(schlafen)* sobar *argot;* **wo ist denn Christoph? – der poft schon** ¿dónde está Christoph? – se ha quedado frito ❷ *(unaufmerksam sein)* estar en Babia
Pogrom [po'gro:m] *m o nt* <-s, -e> pogromo *m*
Pointe ['poɛ̃:tə] *f* <-n> punto *m* culminante; *(beim Witz)* gracia *f*
pointiert [poɛ̃'ti:ɐt] **I.** *adj* agudo **II.** *adv* con agudeza
Pokal [po'ka:l] *m* <-s, -e> (*a.* SPORT) copa *f*
Pokalsieger(in) *m(f)* (SPORT) ganador(a) *m(f)* de la copa
Pokalspiel *nt* (SPORT) partido *m* de copa
Pökelfleisch ['pø:kəl-] *nt* carne *f* salada
pökeln ['pø:kəln] *vt* salar
Poker ['po:kɐ] *m o nt* <-s, *ohne pl*> póquer *m*
Pokerface [-fɛɪs] *nt* <-, -s>, **Pokergesicht** *nt* cara *f* de póquer
pokern ['po:kɐn] *vi* ❶ *(Poker spielen)* jugar al póquer ❷ *(ein Risiko eingehen)* jugar(se) (**um**); **hoch ~** arriesgarse
Pol [po:l] *m* <-s, -e> (*a.* PHYS, ELEK, ASTR, GEO) polo *m;* **der ruhende ~** el remanso de tranquilidad
polar [po'la:ɐ] *adj* polar
Polarforscher(in) *m(f)* <-s, -; -, -nen> explorador(a) *m(f)* de las regiones polares
Polarisation [polariza'tsjo:n] *f* <-, -en> (*a.* CHEM, PHYS, POL) polarización *f*
polarisieren* [polari'zi:rən] **I.** *vt* (*a.* CHEM, PHYS, POL) polarizar **II.** *vr:* **sich ~** polarizarse
Polarisierung *f* <-, -en> (*a.* CHEM, PHYS, POL) polarización *f*
Polarität [polari'tɛ:t] *f* <-, -en> (*a.* CHEM, PHYS) polaridad *f*
Polarkreis *m* círculo *m* polar; **nördlicher/südlicher ~** círculo polar ártico/antártico
Polarlicht *nt* luz *f* polar
Polarstern *m ohne pl* estrella *f* polar
Polarzone *f* zona *f* glacial
Pole, -in ['po:lə] *m, f* <-n, -n; -nen> polaco, -a *m, f*
Polemik [po'le:mɪk] *f* <-en> polémica *f*
polemisch *adj* polémico
polemisieren* [polemi'zi:rən] *vi* polemizar (**gegen** contra)
Polen ['po:lən] *nt* <-s> Polonia *f*
Police [po'li:s(ə)] *f* <-n> póliza *f* (del seguro)
Polier [po'li:ɐ] *m* <-s, -e> capataz *m* (en la construcción)
polieren* [po'li:rən] *vt* pulir; *(Schuhe, Möbel)* sacar brillo (a), abrillantar; *(Metall)* bruñir; *(Stil, Ausdruck)* pulir; **jdm die Fresse ~** *(fam)* romperle los morros a alguien
Poliermittel *nt* <-s, -> (limpiador *m*) abrillantador *m*
Poliklinik ['po:likli:nɪk] *f* policlínica *f*
Polin ['po:lɪn] *f* <-nen> *s.* **Pole**
Polio ['po:lio] *f* <-, *ohne pl*> (MED) polio *f*
Politesse [poli'tɛsə] *f* <-n> mujer *f* policía
Political Correctness [pɔʊ'lɪtɪkəl kə'rɛktnɪs] *f ohne pl* rectitud *f* política
Politik [poli'ti:k, poli'tɪk] *f ohne pl* política *f;* **in die ~ gehen** entrar en la política
Politiker(in) [po'li:tikɐ] *m(f)* <-s, -; -nen> político, -a *m, f*
Politikum [po'li:tikʊm, *pl:* po'li:tika] *nt* <-s, Politika> cuestión *f* política, asunto *m* político
Politikverdrossenheit *f* desgana *f* política
Politikwissenschaft *f ohne pl* ciencias *f pl* políticas
politisch [po'li:tɪʃ, po'lɪtɪʃ] *adj* político; **~e Macht** fuerza *f* política; **~e Partei** partido *m* político; **sich ~ engagieren** comprome-

terse políticamente; **jdn ~ unterstützen** apoyar la política de alguien
politisieren* [politi'zi:rən] **I.** *vi* politiquear **II.** *vt* politizar
Politisierung *f* <-, *ohne pl*> politización *f*
Politologe, -in [polito'lo:gə] *m, f* <-n, -n; -nen> politólogo, -a *m, f*, cientista *mf* político , -a *Am*
Politologie [politolo'gi:] *f ohne pl* ciencias *f pl* políticas
Politologin *f* <-nen> *s.* **Politologe**
Politur [poli'tu:ɐ] *f* <-en> ❶ *(Politurschicht)* capa *f* de pulimento ❷ *(Mittel)* abrillantador *m*
Polizei [poli'tsaɪ] *f* <-en> policía *f*; **er ist bei der ~** es policía; **der ist dümmer als die ~ erlaubt!** *(fam)* ¡es más tonto que donde los hacen!
Polizeiabsperrung *f* acordonamiento *m* policial
Polizeiabzeichen *nt* placa *f* de policía
Polizeiaufgebot *nt* <-(e)s, -e> despliegue *m* policial [*o* de fuerzas policiales]
Polizeiauto *nt* coche *m* de policía
Polizeibeamte(r) *m*, **-beamtin** *f* funcionario, -a *m, f* de policía
Polizeichef(in) *m(f)* <-s, -s; -, -nen> jefe, -a *m, f* de policía
Polizeidienststelle *f* comisaría *f* de policía
Polizeidirektion *f* jefatura *f* de policía
Polizeieinheit *f* unidad *f* de policía
Polizeigewalt *f* <-, *ohne pl*> fuerza *f* policial
Polizeihund *m* perro *m* policía
polizeilich I. *adj* policial **II.** *adv* por la policía; **das ist ~ verboten** está prohibido por la policía
Polizeipräsident(in) *m(f)* <-en, -en; -, -nen> jefe, -a *m, f* superior de la Policía
Polizeipräsidium *nt* Jefatura *f* Superior de Policía
Polizeirevier *nt* comisaría *f* (de policía), delegación *f Méx*
Polizeischutz *m* protección *f* policial; **unter ~ stehen** encontrarse bajo protección policial
Polizeistaat *m* estado *m* de régimen policial
Polizeistreife *f* patrulla *f* de policía
Polizeistunde *f* hora *f* de cierre
Polizeiwache *f* comisaría *f* (de policía)
Polizeiwagen *m* coche *m* de policía
Polizist(in) [poli'tsɪst] *m(f)* <-en, -en; -nen> policía *mf*, vigilante *mf CSur*
Polka ['pɔlka] *f* <-s> (MUS) polca *f*
Pollen ['pɔlən] *m* <-s, -> (BOT) polen *m*
Pollenallergie *f* (MED) alergia *f* al polen
Pollenflug *m ohne pl* concentración *f* de polen en el aire
Pollenflugkalender *m* <-s, -> calendario *m* de polen en el aire
Pollenflugvorhersage *f* pronóstico *m* de la concentración de polen en el aire
Poller ['pɔlɐ] *m* <-s, -> (NAUT) bolardo *m*, noray *m*
polnisch ['pɔlnɪʃ] *adj* polaco
Polnisch *nt* <-(s), *ohne pl*>, **Polnische** *nt* <-n, *ohne pl*> polaco *m*; **sprechen Sie ~?** ¿habla (usted) polaco?
Polo ['po:lo] *nt* <-s, *ohne pl*> (SPORT) polo *m*
Polohemd *nt* polo *m*
Polonaise *f* <-n>, **Polonäse** [polo'nɛ:zə] *f* <-n> polonesa *f (baile o juego en el que, con las manos en la cintura o encima de los hombros de la persona de delante, se forma una fila que recorre la casa)*
Polster ['pɔlstɐ] *nt* <-s, -> ❶ *(Kissen)* colchón *m* ❷ *(in Kleidung)* hombrera *f* ❸ *(Rücklage)* reserva *f*; **ein finanzielles ~** ahorros *mpl*
Polsterer, -in *m, f* <-s, -; -, -nen> tapicero, -a *m, f*
Polstergarnitur *f* tresillo *m*
Polstermöbel *nt* mueble *m* tapizado
polstern ['pɔlstɐn] *vt* ❶ *(beziehen)* tapizar ❷ *(ausstopfen)* acolchar
Polstersessel *m* sillón *m* (tapizado)
Polsterung *f* <-en> ❶ *(das Polstern)* acolchado *m* ❷ *(Polster)* colchón *m*
Polterabend *m* ≈ despedida *f* de solteros
Poltergeist *m* ≈ trasgo *m (ser fantástico que se manifiesta a través de golpes y rotura de objetos)*
poltern ['pɔltɐn] *vi* ❶ *(lärmen)* hacer ruido ❷ *sein (sich bewegen)* moverse con ruido; *(fallen)* caerse con estrépito ❸ *(schimpfen)* gritar ❹ *(fam: Polterabend feiern)* celebrar la despedida de solteros
Polyamid [polya'mi:t] *nt* <-(e)s, -e> (CHEM, TECH) poliamida *f*
Polyester [poly'ɛstɐ] *m* <-s, -> (CHEM, TECH) poliéster *m*
polygam [poly'ga:m] *adj* (*a.* BOT) polígamo
Polygamie [polyga'mi:] *f ohne pl* (*a.* BOT) poligamia *f*
polyglott [poly'glɔt] *adj* políglota
Polymer [poly'me:ɐ] *nt* <-s, -e> (CHEM) polímero *m*
Polyp [po'ly:p] *m* <-en, -en> ❶ (BIOL, MED) pólipo *m* ❷ *(fam: Polizist)* polizonte *mf*
Polysemie [polyze'mi:] *f* <-, *ohne pl*> (LING) polisemia *f*
Polytechnikum [poly'tɛçnikʊm, *pl:* po-

P

ly'tɛçnika] *nt* Escuela *f* Superior de Ingeniería

Polyurethan [polyure'ta:n] *nt* <-s, -e> (CHEM) poliuretano *m*

Pomade [po'ma:də] *f* <-n> pomada *f* para el pelo

Pommern ['pɔmɐn] *nt* <-s> Pomerania *f*

Pommes ['pɔməs] *pl (fam)*, **Pommes frites** [pɔm'frɪt] *pl* patatas *fpl* fritas

Pomp [pɔmp] *m* <-(e)s, *ohne pl*> pompa *f*

pompös [pɔm'pø:s] *adj* pomposo

Poncho ['pɔntʃo] *m* <-s, -s> poncho *m*, sarape *m Méx*

Pony¹ ['pɔni] *nt* <-s, -s> *(Pferd)* poni *m*

Pony² ['pɔni] *m* <-s, -s> *(Frisur)* flequillo *m*

Pool [pu:l] *m* <-s, -s> ❶ *(Schwimmbad)* piscina *f* ❷ (WIRTSCH) pool *m*, grupo *m*

Poolbillard *nt* <-s, *ohne pl*> billar *m*

Pop [pɔp] *m* <-(s), *ohne pl*> (música *f*) pop *m*

Pop-Art ['pɔpʔa:ɐt] *f* <-, *ohne pl*> pop art *m*

Popcorn ['pɔpkɔrn] *nt* <-s, *ohne pl*> palomitas *fpl* (de maíz), pororó *m CSur*

Pope ['po:pə] *m* <-n, -n> pope *m*

Popel ['po:pəl] *m* <-s, -> *(fam)* moco *m* (seco)

popelig *adj (fam)* ❶ *(armselig)* mísero, pobre ❷ *(gewöhnlich)* normal y corriente

Popelin [popə'li:n] *m* <-s, -e> popelín *m*

popeln ['po:pəln] *vi (fam)* hurgarse; **in der Nase ~** hurgarse en la nariz

Popgruppe *f* grupo *m* (de) pop

poplig *adj s.* **popelig**

Popmusik ['pɔpmuzi:k] *f ohne pl* música *f* pop

Popo [po'po:, '--] *m* <-s, -s> *(fam)* trasero *m*

poppig ['pɔpɪç] *adj (fam)* pop

Popstar *m* <-s, -s> (MUS) estrella *f* del pop

populär [popu'lɛ:ɐ] *adj* popular

Popularität [populari'tɛ:t] *f ohne pl* popularidad *f*

populärwissenschaftlich *adj* (p)seudocientífico

Population [popula'tsjo:n] *f* <-, -en> (BIOL) población *f*

Populismus [pɔpu'lɪsmʊs] *m* <-, *ohne pl*> ❶ (POL) populismo *m* ❷ (LIT) popularismo *m*

Populist(in) [popu'lɪst] *m(f)* <-en, -en; -, -nen> (POL) populista *mf*

populistisch *adj* (POL) populista; **mit ~en Parolen** con consignas populistas

Pore ['po:rə] *f* <-n> poro *m*

Porno ['pɔrno] *m* <-s, -s> *(fam: Pornofilm)* película *f* porno; *(Pornoroman)* novela *f* porno

Pornofilm *m* película *f* porno(gráfica)

Pornografie [pɔrnogra'fi:] *f ohne pl* pornografía *f*

pornografisch [pɔrno'gra:fɪʃ] *adj* pornográfico

Pornoseite *f* <-, -n> página *f* porno

porös [po'rø:s] *adj* poroso

Porosität [porozi'tɛ:t] *f* <-, *ohne pl*> porosidad *f*

Porree ['pɔre] *m* <-s, -s> puerro *m*

Portable ['pɔrtəbəl] *m o nt* <-s, -s> *(Fernseher)* televisor *m* portátil; *(Radio)* radio *f* portátil

Portal [pɔr'ta:l] *nt* <-s, -e> portal *m*

Portemonnaie [pɔrtmɔ'ne:] *nt* <-s, -s> *s.* **Portmonee**

Porti ['pɔrti] *pl von* **Porto**

Portier [pɔr'tje:] *m* <-s, -s> portero *m*

Portion [pɔr'tsjo:n] *f* <-en> ración *f*, porción *f*; *(Neugier)* dosis *f inv*; **eine halbe ~** *(fam)* poquita cosa

Portmonee [pɔrtmɔ'ne:] *nt* <-s, -s> monedero *m*, portamonedas *m inv Chil, Ven*

Porto ['pɔrto] *nt* <-s, -s *o* Porti> franqueo *m*; *(Versandkosten)* gastos *mpl* de envío

portofrei *adj* exento de franqueo

Portokasse *f* <-, -n> caja *f* menor

portopflichtig *adj* sujeto a franqueo

Porträt [pɔr'trɛ:] *nt* <-s, -s> retrato *m*

Porträtaufnahme *f* (FOTO) retrato *m* (de medio cuerpo)

porträtieren* [pɔrtrɛ'ti:rən] *vt* retratar

Porträtmaler(in) *m(f)* (KUNST) retratista *mf*

Porträtmalerei *f ohne pl* pintura *f* de retratos

Portugal ['pɔrtugal] *nt* <-s> Portugal *m*

Portugiese, -in [pɔrtu'gi:zə] *m, f* <-n, -n; -nen> portugués, -esa *m, f*

portugiesisch *adj* portugués

Portugiesisch *nt* <-(s), *ohne pl*>, **Portugiesische** *nt* <-n, *ohne pl*> portugués *m*; **einen Text ins ~e übersetzen** traducir un texto al portugués

Portwein ['pɔrtvaɪn] *m* (vino *m* de) Oporto *m*

Porzellan [pɔrtsɛ'la:n] *nt* <-s, -e> porcelana *f*

Porzellanladen *m* tienda *f* de porcelana; **er benimmt sich wie ein Elefant im ~** *(fam)* se comporta como un elefante en una cacharrería

Posaune [po'zaʊnə] *f* <-n> trombón *m*

Posaunist(in) [pozaʊ'nɪst] *m(f)* <-en, -en; -, -nen> trombón *mf*

Pose ['po:zə] *f* <-n> pose *f*; **sich in ~ werfen** ponerse en pose

posieren* [po'ziːrən] *vi* posar
Position [pozi'tsjoːn] *f* <-en> ① *(Standpunkt, Lage)* posición *f;* **eine bestimmte ~ vertreten/beziehen** defender/tomar una determinada posición ② *(im Beruf)* puesto *m* ③ (WIRTSCH) partida *f*
positionieren* *vt (geh, a.* INFOR, WIRTSCH) posicionar
Positionslicht *nt* (AERO, NAUT) luz *f* de posición
positiv ['poːzitiːf] *adj* (*a.* PHYS, MATH, FOTO) positivo; **~ zu etw stehen** tener una actitud positiva con respecto a algo; **sich auf etw ~ auswirken** tener efectos positivos sobre algo
Positiv ['poːzitiːf] *nt* <-s, -e> (FOTO) positivo *m*
Posse ['pɔsə] *f* <-n> farsa *f*
Possessivpronomen ['pɔsɛsiːf-, pɔsɛ'siːf-] *nt* (LING) pronombre *m* posesivo
possierlich [pɔ'siːɐlɪç] *adj* gracioso
Post [pɔst] *f ohne pl* ① *(Institution)* Correos *mpl; (Postamt)* (oficina *f* de) Correos *mpl;* **einen Brief auf die ~ bringen** echar una carta en Correos; **Geld auf der ~ einzahlen** hacer un pago en Correos; **Pakete bei der ~ abholen** recoger paquetes en Correos; **ich muss noch zur ~** aún tengo que ir a Correos; **etw mit der ~ verschicken** mandar algo por correo ② *(Sendung)* correo *m;* **elektronische ~** correo electrónico; **die ~ erledigen/beantworten** despachar/contestar el correo; **war die ~ schon da?** *(fam)* ¿ya ha llegado el correo?; **mit gleicher ~** con el mismo envío; **hier geht die ~ ab** *(fam)* esto es de locura
Postamt *nt* (oficina *f* de) Correos *mpl*
Postanweisung *f* ① *(Geldsendung)* giro *m* postal ② *(Formular)* formulario *m* para un giro postal
Postausgang *m* correspondencia *f* de salida; (INFOR, TEL) salida *f* de correo
Postbank *f* ≈ Caja *f* Postal
Postbeamte(r) *m,* **-beamtin** *f* funcionario, -a *m, f* postal
Postbote, -in *m, f* cartero, -a *m, f*
Postdienst *m* servicio *m* postal
Posteingang *m* correspondencia *f* de entrada; (INFOR, TEL) entrada *f* de correo
posten ['poʊstn̩] *vt (Nachricht, Kommentar)* publicar una entrada [*o* un artículo], postear *fam*
Posten ['pɔstən] *m* <-s, -> ① *(Stellung)* puesto *m,* empleo *m; (Amt)* cargo *m* ② (MIL) puesto *m;* **nicht auf dem ~ sein** *(fam)* no estar bien de salud; **auf verlorenem ~ stehen** luchar por una causa perdida ③ *(Person)* guardia *mf;* (MIL) centinela *f* ④ *(Warenmenge)* lote *m* ⑤ *(Einzelposten)* partida *f*
Poster ['poːstɐ] *nt* <-s, -(s)> póster *m*
Postfach *nt* apartado *m* de Correos, casilla *f* (de correo) *Am,* box *m AmC*
postfaktisch ['pɔstfaktɪʃ] *adj (fam)* de la posverdad
Postgeheimnis *nt* (JUR) secreto *m* postal
Postgirokonto *nt* cuenta *f* corriente postal
posthum [pɔst'huːm] *adj* póstumo; **etw ~ veröffentlichen** publicar algo póstumamente
postieren* [pɔs'tiːrən] *vt* colocar; (MIL) apostar
Postkarte *f* (tarjeta *f*) postal *f*
Postkutsche *f* diligencia *f*
postlagernd *adj* en lista de Correos
Postleitzahl *f* código *m* postal
postmodern [pɔstmo'dɛrn] *adj* posmoderno
Postmoderne [pɔstmo'dɛrnə] *f* posmodernidad *f*
Postpaket *nt* paquete *m* postal
Postscheck *m* cheque *m* postal
Postsendung *f* envío *m* postal
Postskriptum [pɔst'skrɪptʊm] *nt* <-s, -skripta> pos(t)data *f*
Postsparbuch *nt* cartilla *f* de una caja postal de ahorros
Postsparkasse *f* Caja *f* Postal de Ahorros
Poststempel *m* matasellos *m inv*
Postulat [pɔstu'laːt] *nt* <-(e)s, -e> postulado *m*
postulieren* [pɔstu'liːrən] *vt* postular
postum [pɔs'tuːm] *adj s.* **posthum**
Postweg *m ohne pl* tra(n)sporte *m* por correo; **etw auf dem ~ verschicken** enviar algo por correo
postwendend *adv* a vuelta de correo
Postwertzeichen *nt* sello *m* (de Correos), estampilla *f Am*
Postwurfsendung *f* envío *m* colectivo
Postzustellung *f* reparto *m* de correo
potent [po'tɛnt] *adj* potente
Potential [potɛn'tsjaːl] *nt* <-s, -e> *s.* **Potenzial**
potentiell [potɛn'tsjɛl] *adj s.* **potenziell**
Potenz¹ [po'tɛnts] *f ohne pl (Zeugungsfähigkeit)* facultad *f* procreadora
Potenz² *f* <-en> ① *(Stärke)* potencia *f* ② (MATH) potencia *f;* **eine Zahl in die zweite ~ erheben** elevar un número a la segunda potencia
Potenzial [potɛn'tsjaːl] *nt* <-s, -e> (*a.* PHYS) potencial *m*
potenziell [potɛn'tsjɛl] *adj* potencial; **der ist ~ gefährlich** puede ser peligroso
potenzieren* [potɛn'tsiːrən] *vt* ① *(stei-*

P

gern) multiplicar ② (MATH) elevar a una potencia
Potpourri ['pɔtpʊri] *nt* <-s, -s> popurrí *m*
Pott [pɔt, *pl:* 'pœtə] *m* <-(e)s, Pötte> ① *(Topf)* olla *f* ② *(Schiff)* vapor *m*
potthässlich ['pɔt'hɛslɪç] *adj (fam)* más feo que el diablo
Pottwal ['pɔtvaːl] *m* cachalote *m*
Power ['paʊɐ] *f ohne pl (fam)* potencia *f*, fuerza *f*
powern ['paʊɐn] **I.** *vi (fam: Stärke entfalten)* dar gas **II.** *vt (fam: fördern)* apoyar
pp. ① *Abk. von* **perge, perge** etc. ② *Abk. von* **per procura** p.p.
PR *f* <-, *ohne pl*> *Abk. von* **Public Relations** RR.PP.
Präambel [prɛ'ambəl] *f* <-n> preámbulo *m* (**zu** a)
PR-Abteilung *f* departamento *m* de relaciones públicas
Pracht [praxt] *f ohne pl (Glanz)* esplendor *m*; *(Prunk)* pompa *f*; *(Luxus)* lujo *m*; **das ist eine wahre ~** *(fam)* es excelente
Prachtexemplar *nt (fam: Tier, Gegenstand)* magnífico ejemplar *m*; *(Mensch)* buen mozo *m*, buena moza *f*
prächtig ['prɛçtɪç] *adj* ① *(prunkvoll)* ostentoso; *(luxuriös)* lujoso ② *(großartig)* maravilloso
Prachtkerl *m (fam)* tío *m* estupendo
Prachtstück *nt (fam)* ejemplar *m* magnífico
prachtvoll *adj* ostentoso; *(luxuriös)* lujoso
Prachtweib *nt* <-(e)s, -er> *(fam: wunderbare Frau)* joya *f* (de mujer); *(Schönheit)* belleza *f* (de mujer)
prädestinieren* [prɛdɛsti'niːrən] *vt (geh)* predestinar (**zu** a, **für** para)
Prädikat [prɛdi'kaːt] *nt* <-(e)s, -e> ① *(Bewertung)* calificación *f*; **die Arbeit wurde mit dem ~ „sehr gut" beurteilt** el trabajo fue calificado con la nota de "sobresaliente" ② (LING, PHILOS) predicado *m*
prädikativ [prɛdika'tiːf] *adj* (LING) predicativo
Prädikatsnomen *nt* (LING) complemento *m*
Präferenz [prɛfe'rɛnts] *f* <-en> preferencia *f* (**für** por)
Präfix ['prɛːfɪks, prɛ'fɪks] *nt* <-es, -e> (LING) prefijo *m*
Prag [praːk] *nt* <-s> Praga *f*
prägen ['prɛːgən] *vt* ① *(Münzen, Begriff)* acuñar ② *(Metall, Leder)* repujar; *(Papier)* gofrar; **etw prägt sich jdm ins Gedächtnis** algo se le graba a alguien en la memoria ③ *(beeinflussen)* caracterizar
Pragmatiker(in) [pra'gmaːtikɐ] *m(f)* <-s, -; -, -nen> pragmático, -a *m, f*
pragmatisch *adj* (*a.* LING) pragmático
Pragmatismus [pragma'tɪsmʊs] *m* <-, *ohne pl*> (PHILOS) pragmatismo *m*
prägnant [prɛ'gnant] *adj (knapp)* conciso; *(genau)* preciso
Prägnanz [prɛ'gnants] *f ohne pl (Knappheit)* concisión *f*; *(Genauigkeit)* precisión *f*
Prägung *f* <-en> ① *(von Münzen)* acuñación *f*; *(von Leder, Metall)* repujado *m* ② *(eingeprägtes Bild)* relieve *m*; *(Stempel)* sello *m* en seco ③ *(Art)* carácter *m*
prähistorisch ['prɛːhɪstoːrɪʃ, prɛhɪs'toːrɪʃ] *adj* prehistórico
prahlen ['praːlən] *vi* jactarse (**mit** de), palanganear *Am: fam*
Prahlerei *f* <-en> *(abw)* ① *(das Prahlen)* jactancia *f* ② *(Äußerung)* fanfarronada *f*, bluff *m Am*, echada *f Méx*
prahlerisch *adj* fanfarrón
Praktik ['praktɪk] *f* <-en> práctica *f*; *(Verfahren)* método *m*
Praktika *pl von* **Praktikum**
praktikabel [prakti'kaːbəl] *adj* factible, practicable
Praktikant(in) [prakti'kant] *m(f)* <-en, -en; -nen> persona *f* en período de prácticas
Praktiker(in) ['praktikɐ] *m(f)* <-s, -; -nen> persona *f* práctica
Praktikum ['praktikʊm, *pl:* 'praktika] *nt* <-s, Praktika> (período *m* de) prácticas *fpl*; **ein ~ absolvieren** hacer unas prácticas
praktisch ['praktɪʃ] *adj* práctico; **er ist ~ veranlagt** tiene un carácter muy práctico
praktizieren* [prakti'tsiːrən] **I.** *vi* trabajar (**als** como); **~der Arzt** médico en ejercicio **II.** *vt* ① *(durchführen)* poner en práctica ② *(fam: irgendwohin bringen)* llevar
Prälat [prɛ'laːt] *m* <-en, -en> (REL) prelado *m*
Praline [pra'liːnə] *f* <-n>, **Praliné**, **Pralinee** [prali'neː] *nt* <-s, -s> *(Österr, Schweiz)* bombón *m*
prall [pral] *adj (voll)* repleto; *(Ballon)* henchido; *(Körperteil)* fuerte, gordito; **in der ~en Sonne** a pleno sol
prallen ['pralən] *vi* ① *sein (anstoßen)* chocar (**gegen/an/auf** contra) ② *(Sonne)* pegar
prallvoll ['-'-] *adj (fam)* rebosante
präm(i)ieren* *vt* premiar
Prämie ['prɛːmjə] *f* <-n> ① *(Vergütung)* premio *m*; *(Belohnung)* recompensa *f* ② *(bei Banken)* prima *f* ③ *(Versicherungsbeitrag)* cuota *f*
Prämisse [prɛ'mɪsə] *f* <-n> premisa *f*; **nur unter der ~, dass ...** solo con la condición de que... +*subj*

P

pränatal [prɛna'taːl] *adj* (MED) prenatal
prangen ['praŋən] *vi* llamar la atención
Pranger ['praŋɐ] *m* <-s, -> picota *f;* **jdn an den ~ stellen** poner a alguien en la picota
Pranke ['praŋkə] *f* <-n> *(a. Hand)* garra *f*
Präparat [prɛpa'raːt] *nt* <-(e)s, -e> ❶ *(Substanz, Arznei)* preparado *m* ❷ (BIOL, MED) preparación *f*
präparieren* [prɛpa'riːrən] *vt* ❶ (MED, BIOL) disecar ❷ *(vorbereiten)* preparar
Präposition [prɛpozi'tsjoːn] *f* <-en> (LING) preposición *f*
Prärie [prɛ'riː] *f* <-n> pradera *f*
Präsens ['prɛːzɛns] *nt* <-, Präsentia *o* Präsenzien> (LING) presente *m*
präsent [prɛ'zɛnt] *adj (geh)* presente
Präsent [prɛ'zɛnt] *nt* <-(e)s, -e> *(geh)* regalo *m;* **jdm ein ~ mitbringen** traer(le) a alguien un regalo
Präsentation [prɛzɛnta'tsjoːn] *f* <-en> presentación *f*
präsentieren* [prɛzɛn'tiːrən] *vt* presentar
Präsentierteller *m* (**wie**) **auf dem ~** *(fam)* a la vista de todos
Präsenz [prɛ'zɛnts] *f ohne pl* presencia *f*
Präsenzbibliothek *f* biblioteca *f* de (libre) consulta
Präservativ [prɛzɛrva'tiːf] *nt* <-s, -e> preservativo *m*
Präsident(in) [prɛzi'dɛnt] *m(f)* <-en, -en; -nen> presidente, -a *m, f*
Präsidentenwahl *f* elecciones *fpl* presidenciales
Präsidentschaft *f* <-en> presidencia *f*
Präsidentschaftskandidat(in) *m(f)* candidato, -a *m, f* a la presidencia
Präsidium [prɛ'ziːdiʊm] *nt* <-s, Präsidien> presidencia *f*
prasseln ['prasəln] *vi* ❶ *sein (Regen)* golpear (**auf**/**gegen**/**an**), pegar (**auf**/**gegen**/**an** contra); *(Vorwürfe)* llover ❷ *(Feuer)* crepitar
prassen ['prasən] *vi* pegarse la vida padre
Präteritum [prɛ'teːritʊm, prɛ'tɛritʊm, *pl:* -rita] *nt* <-s, Präterita> (LING) pretérito *m*
Prävention [prɛvɛn'tsjoːn] *f* <-en> prevención *f*
präventiv [prɛvɛn'tiːf] *adj* preventivo
Präventivkrieg *m* guerra *f* preventiva
Präventivschlag *m* ataque *m* preventivo
Praxis[1] ['praksɪs] *f* <Praxen> *(Arzt)* consultorio *m; (Rechtsanwalt)* bufete *m*
Praxis[2] *f ohne pl (Anwendung, Erfahrung)* práctica *f;* **langjährige ~** años de práctica; **eine Idee in die ~ umsetzen** poner una idea en práctica
Praxisbezug *m* orientación *f* práctica
praxisfern *adj* alejado de la práctica
praxisnah *adj* práctico
Praxissemester *nt* semestre *m* de/en prácticas
Präzedenzfall *m* precedente *m;* **einen ~ schaffen** sentar precedente
präzis(e) *adj* preciso
präzisieren* [prɛtsi'ziːrən] *vt* precisar
Präzision [prɛtsi'zjoːn] *f ohne pl* precisión *f*
predigen ['preːdɪgən] **I.** *vi (Predigt halten)* predicar **II.** *vt* ❶ *(verkünden)* predicar ❷ *(fam: mahnen)* **jdm etw ~** echar un sermón a alguien
Prediger(in) *m(f)* <-s, -; -nen> predicador(a) *m(f)*
Predigt ['preːdɪçt] *f* <-en> sermón *m;* **eine ~ halten** pronunciar un sermón; *(fam)* echar un sermón
Preis [praɪs] *m* <-es, -e> ❶ *(Kaufpreis)* precio *m;* **zum halben ~** a mitad de precio; **um keinen ~** de ninguna manera; **um jeden ~** cueste lo que cueste; **einen hohen ~ zahlen müssen** tener que pagar un precio muy alto ❷ *(Auszeichnung)* premio *m; (Belohnung)* recompensa *f*
Preisabsprache *f* <-, -n> (WIRTSCH) convenio *m* de precios
Preisanstieg *m* (WIRTSCH) subida *f* de precios
Preisanzeige *f* indicador *m* del precio
Preisaufschlag *m* (WIRTSCH) sobreprecio *m*
Preisauftrieb *m ohne pl* (WIRTSCH) tendencia *f* alcista
Preisausschreiben *nt* concurso *m*
preisbewusst *adj que mira la diferencia de los precios antes de comprar*
Preisbindung *f* (WIRTSCH) limitación *f* de precios
Preiseinbruch *m* (WIRTSCH) derrumbamiento *m* de los precios
Preiselbeere ['praɪzəlbeːrə] *f* arándano *m* rojo
Preisempfehlung *f* precio *m* recomendado; **unverbindliche ~** precio recomendado (no obligatorio)
preisen ['praɪzən] <preist, pries, gepriesen> *vt (geh)* alabar; **sich glücklich ~** (**können**) (poder) considerarse dichoso
Preiserhöhung *f* (WIRTSCH) subida *f* de precios
Preisermäßigung *f* (WIRTSCH) reducción *f* de precios, descuento *m*
Preisfrage *f* ❶ *(bei Preisausschreiben)* pregunta *f* de concurso ❷ *(eine Frage des Preises)* cuestión *f* de precio ❸ *(fam: schwierige Frage)* cuestión *f* difícil
Preisgabe *f ohne pl* ❶ *(Aufgabe)* abandono *m; (Verzicht)* renuncia *f* ❷ *(eines Geheimnisses)* revelación *f*

preis|geben *irr vt (geh)* ① *(ausliefern)* exponer; **jdn der Lächerlichkeit ~** poner a alguien en ridículo ② *(aufgeben)* abandonar ③ *(verraten)* revelar
preisgebunden *adj* (WIRTSCH) de precio controlado
Preisgefälle *nt* (WIRTSCH) disparidad *f* de precios
preisgekrönt *adj* premiado
Preisgeld *nt* premio *m* en metálico
preisgünstig I. *adj* de buen precio; *(billig)* barato **II.** *adv* a buen precio
Preiskampf *m* (WIRTSCH) guerra *f* de precios
Preislage *f* precio *m;* **in allen ~n** de todos los precios
Preis-Leistungs-Verhältnis *nt* relación *f* precio-prestaciones; *(Qualität)* relación *f* calidad-precio
preislich *adj* respecto al precio; **~e Unterschiede** diferencias de precio
Preisliste *f* lista *f* de precios
Preisnachlass *m* (WIRTSCH) rebaja *f,* descuento *m*
Preisniveau *nt* <-s, -s> (WIRTSCH) nivel *m* de precios
Preispolitik *f* <-, *ohne pl*> política *f* de precios
Preisrichter(in) *m(f)* (miembro *m* del) jurado *m*
Preisrückgang *m* <-(e)s, -gänge> disminución *f* de precios
Preisschild *nt* etiqueta *f* del precio
Preisschwankungen *fpl* (WIRTSCH) oscilación *f* de precios, fluctuación *f* de precios
Preissenkung *f* reducción *f* de precios
Preisspanne *f* <-, -n> (WIRTSCH) margen *m o f* de precios
Preissteigerung *f* (WIRTSCH) subida *f* de precios
Preissturz *m* caída *f* de los precios
Preisträger(in) *m(f)* premiado, -a *m, f*
Preisverleihung *f* entrega *f* de premios, premiación *f And*
preiswert I. *adj* de buen precio; *(billig)* barato **II.** *adv* a buen precio
prekär [pre'kɛːɐ] *adj* precario
Prellbock ['prɛlbɔk] *m* (EISENB) tope *m* fijo
prellen ['prɛlən] **I.** *vt* ① *(betrügen)* estafar; **er prellte ihn um seinen Lohn** le estafó su salario ② *(stoßen)* **sich** *dat* **etw ~** contusionarse algo ③ (SPORT) hacer botar **II.** *vr:* **sich ~** contusionarse (**an** en)
Prellung *f* <-en> contusión *f*
Premier [prə'mjeː] *m* <-s, -s> *s.* **Premierminister**
Premiere [prə'mjeːrə] *f* <-n> estreno *m*
Premierminister(in) *m(f)* primer ministro *m,* primera ministra *f*
Prepaidkarte ['priːpɛɪt-] *f* tarjeta *f* prepago

Presse[1] ['prɛsə] *f* <-n> ① (TECH) prensa *f* ② *(Saftpresse)* exprimidor *m*
Presse[2] *f ohne pl (Medien)* prensa *f;* **eine gute ~ haben** tener buenas críticas
Presseagentur *f* agencia *f* de prensa
Presseausweis *m* carné *m* de prensa
Pressefotograf(in) *m(f)* fotógrafo, -a *m, f* de prensa
Pressefreiheit *f ohne pl* libertad *f* de prensa
Pressekonferenz *f* conferencia *f* de prensa; **eine ~ abhalten** celebrar una conferencia de prensa
Pressemeldung *f,* **Pressemitteilung** *f* noticia *f* de prensa
pressen ['prɛsən] **I.** *vt* ① *(in einer Presse)* prensar; *(Blumen)* secar; **Wein ~** prensar la uva ② *(auspressen)* exprimir ③ *(drücken)* apretar (**gegen/an** contra); **die Nase gegen die Scheibe ~** apretar la nariz contra el cristal; **etw durch ein Sieb ~** pasar algo por un colador **II.** *vi (Gebärende)* empujar
Presseschau *f* revista *f* de prensa
Pressesprecher(in) *m(f)* portavoz *mf* de prensa
Pressestelle *f* <-, -n> oficina *f* de prensa
pressieren* [prɛ'siːrən] *vi (südd, Österr, Schweiz)* correr prisa; **mir pressiert es** tengo prisa
Pressluftbohrer *m* taladro *m* neumático
Presslufthammer *m* martillo *m* neumático
Presswehen *fpl* (MED) contracciones *fpl* del parto
Prestige [prɛs'tiːʒ] *nt* <-s, *ohne pl*> prestigio *m*
Preuße, -in ['prɔɪsə] *m, f* <-n, -n; -nen> prusiano, -a *m, f*
Preußen ['prɔɪsən] *nt* <-s> Prusia *f*
Preußin *f* <-nen> *s.* **Preuße**
preußisch *adj* prusiano
prickeln ['prɪkəln] *vi* ① *(kribbeln)* sentir (un) hormigueo (en) ② *(kitzeln)* hacer cosquillas (**auf** en); **ein angenehmes P~ auf der Haut** un agradable cosquilleo en la piel ③ *(Getränk)* burbujear
prickelnd *adj (erregend)* excitante
Priel [priːl] *m* <-(e)s, -e> canal *m*
pries [priːs] *3. imp von* **preisen**
Priester(in) ['priːstɐ] *m(f)* <-s, -; -nen> (REL) sacerdote, -isa *m, f*
Priesteramt *nt* (REL) sacerdocio *m*
Priesterin *f* <-nen> *s.* **Priester**
prima ['priːma] **I.** *adj inv (fam)* estupendo, fain *Am* **II.** *adv (fam)* muy bien; **du hast uns ~ geholfen** nos has sido de gran ayuda
Primaballerina [primabale'riːna] *f (Ballet)* primera bailarina *f*

Primadonna [prima'dɔna] *f* <-donnen> *(Oper)* prima donna *f*
primär [pri'mɛːɐ] **I.** *adj* ❶ *(ursprünglich)* primario ❷ *(grundlegend)* elemental **II.** *adv* en primer lugar
Primarschule [pri'maːɐ-] *f* *(Schweiz) escuela primaria en Suiza*
Primel ['priːməl] *f* <-n> prímula *f*
primitiv [primi'tiːf] *adj* primitivo
Primitivität [primitivi'tɛːt] *f ohne pl* primitivismo *m*
Primzahl ['priːm-] *f* (MATH) número *m* primo
Prinz, **Prinzessin** [prɪnts] *m, f* <-en, -en; -nen> príncipe, princesa *m, f*
Prinzip [prɪn'tsiːp, *pl:* prɪn'tsiːpiən, prɪn'tsiːpə] *nt* <-s, -ien *o* -e> principio *m;* **im ~** en principio; **gegen seine ~ien verstoßen** infringir sus principios; **aus ~** por principio; **es geht ums ~** es una cuestión de principios
prinzipiell [prɪntsi'pjɛl] **I.** *adj* de principio; *(grundlegend)* fundamental **II.** *adv* por principio
Priorität [priori'tɛːt] *f* <-en> prioridad *f;* **~en setzen** establecer prioridades
Prioritätenliste *f* <-, -n> lista *f* de prioridades
Prise ['priːzə] *f* <-n> ❶ *(Gewürz, Tabak)* pizca *f;* **eine ~ Salz** una pizca de sal ❷ (NAUT) presa *f*
Prisma ['prɪsma] *nt* <-s, Prismen> (MATH, PHYS) prisma *m*
Pritsche ['prɪtʃə] *f* <-n> ❶ *(Liege)* catre *m* ❷ *(beim Lastwagen)* plataforma *f*
pritschen ['prɪtʃən] *vt* (SPORT) recibir en toque
privat [pri'vaːt] **I.** *adj* *(nicht öffentlich)* privado; *(nicht offiziell)* particular **II.** *adv* en privado; **ich möchte ihn ~ sprechen** le quisiera hablar en privado; **sie ist ~ hier** ha venido por motivos personales; **ich bin ~ krankenversichert** estoy afiliado a un seguro de enfermedad privado
Privatadresse *f* dirección *f* privada
Privatangelegenheit *f* asunto *m* personal
Privatbesitz *m ohne pl* propiedad *f* privada
Privatdetektiv(in) *m(f)* detective *mf* privado , -a
Privatdozent(in) *m(f)* (UNIV) ≈ profesor(a) *m(f)* no numerario , -a
Privateigentum *nt* propiedad *f* privada
Privatgespräch *nt* <-(e)s, -e> conversación *f* privada; (TEL) llamada *f* privada
Privatgrundstück *nt* terreno *m* particular
Privatinitiative *f* iniciativa *f* privada
privatisieren* [privati'ziːrən] *vt* (WIRTSCH) privatizar
Privatisierung *f* <-en> (WIRTSCH) privatización *f*
Privatklinik *f* clínica *f* privada
Privatkunde, -in *m, f* <-en, -en; -, -nen> cliente *mf* particular
Privatleben *nt ohne pl* vida *f* privada
Privatlehrer(in) *m(f)* <-s, -; -, -nen> profesor(a) *m(f)* particular
Privatnummer *f* (número *m* de) teléfono *m* particular
Privatpatient(in) *m(f)* paciente *mf* particular
Privatperson *f* particular *mf*
Privatsache *f* asunto *m* personal
Privatschule *f* colegio *m* privado
Privatsekretär(in) *m(f)* secretario, -a *m, f* particular
Privatsphäre *f* esfera *f* privada
Privatunterricht *m* clase *f* particular
Privatvergnügen *nt (fam)* asunto *m* personal; **ich mache das nicht zu meinem ~** no lo hago por diversión
Privatvermögen *nt* bienes *mpl* particulares
Privatversicherung *f* seguro *m* privado
Privatwirtschaft *f ohne pl* economía *f* privada
Privileg [privi'leːk, *pl:* privi'leːgiən] *nt* <-(e)s, -ien> privilegio *m*
privilegieren* [privile'giːrən] *vt* privilegiar
pro [proː] **I.** *präp +akk* por; **~ Kopf** por cabeza, per cápita; **~ Person** por persona; **einmal ~ Monat/Tag** una vez al mes/al día; **~ Stück** por pieza; **80 km ~ Stunde** 80 km por hora **II.** *adv* **bist du ~ oder kontra (eingestellt)?** ¿estás a favor o en contra?
Pro [proː] *nt* <-, *ohne pl*> pro *m;* **~ und Kontra** pro y contra
Proband(in) [pro'bant] *m(f)* <-en, -en; -, -nen> (MED, PSYCH: *Testperson*) objeto *m* de experimentación [*o* de ensayo]
probat [pro'baːt] *adj* *(geh)* ❶ *(bewährt)* probado ❷ *(tauglich)* eficaz, útil; **ein ~es Mittel** un método eficaz
Probe ['proːbə] *f* <-n> ❶ *(Versuch)* prueba *f;* **auf ~** a prueba; **die ~ bestehen** pasar la prueba; **jds Geduld auf die ~ stellen** poner a prueba la paciencia de alguien ❷ (THEAT) ensayo *m* ❸ *(Prüfungsstück)* muestra *f;* **eine ~ entnehmen** tomar una muestra
Probealarm *m* verificación *f* del sistema de alarma
Probebohrung *f* (TECH) perforación *f* de prueba
Probeexemplar *nt* (ejemplar *m* de) muestra *f*
Probefahrt *f* recorrido *m* de prueba

P

Probelauf *m* (TECH) prueba *f* de funcionamiento
proben ['pro:bən] *vi, vt* ensayar
probeweise *adv* a modo de prueba
Probezeit *f* ① *(Testzeit)* período *m* de prueba ② *(Schweiz:* JUR: *Bewährungsfrist)* plazo *m* de prueba
probieren* [pro'bi:rən] *vt* ① *(versuchen)* probar; **lass (es) mich mal ~!** ¡déjame probar a mí!; **P~ geht über Studieren** *(prov)* ≈ nadie nace sabiendo ② *(Speise, Getränk)* probar; *(kosten)* degustar
Problem [pro'ble:m] *nt* <-s, -e> problema *m;* **vor einem ~ stehen** encontrarse ante un problema; **etw wird für jdn zum ~** algo se convierte en (un) problema para alguien; **kein ~!** *(fam)* ¡no hay problema!
Problematik [proble'ma:tɪk] *f ohne pl* problemática *f*
problematisch *adj* problemático
Problemfall *m* caso *m* problemático
problemlos *adj* sin problemas
Procedere [pro'tse:dərə] *nt* <-, -> *(geh)* (modo *m* de) proceder *m*
Productplacement ['prɔdaktpleɪsmənt] *nt* <-s, -s> (WIRTSCH) emplazamiento *m* de producto
Produkt [pro'dʊkt] *nt* <-(e)s, -e> (*a.* MATH) producto *m*
Produktgestaltung *f* <-, -en> diseño *m* del producto
Produktion [prodʊk'tsjo:n] *f* <-en> producción *f*
produktionsbedingt *adj* condicionado por la producción
Produktionsfirma *f* (WIRTSCH) empresa *f* de producción
Produktionskosten *pl* costes *mpl* de producción
Produktionsleitung *f* dirección *f* de producción
Produktionsmanager(in) *m(f)* gerente *mf* de producción
produktiv [prodʊk'ti:f] *adj* ① *(ergiebig)* productivo ② *(schöpferisch)* creativo
Produktivität [prodʊktivi'tɛ:t] *f ohne pl* ① *(Ergiebigkeit)* productividad *f* ② *(Schaffenskraft)* creatividad *f*
Produktlinie *f* <-, -n> (WIRTSCH) línea *f* de productos
Produktpalette *f* gama *f* de productos
Produktpiraterie *f* <-, *ohne pl*> (WIRTSCH) piratería *f* de productos
Produzent(in) [produ'tsɛnt] *m(f)* <-en, -en; -nen> productor(a) *m(f)*
produzieren* [produ'tsi:rən] **I.** *vt* producir **II.** *vr:* **sich ~** *(fam)* darse tono
Prof. *Abk. von* **Professor** Prof.
profan [pro'fa:n] *adj* profano
professionell [profɛsjo'nɛl] *adj* profesional; **sie arbeiten sehr ~** trabajan con gran profesionalidad
Professor(in) [pro'fɛso:ɐ, *pl:* profɛ'so:rən] *m(f)* <-s, -en; -nen> ① *(akademischer Titel)* ≈ profesor(a) *m(f)* numerario , -a; *(Ordinarius)* catedrático, -a *m, f;* **~ X** el profesor X ② *(Österr: Gymnasiallehrer)* profesor(a) *m(f)* de enseñanza media
Professur [profɛ'su:ɐ] *f* <-en> cátedra *f* (**für** de)
Profi ['pro:fi] *m* <-s, -s> profesional *mf*
Profil [pro'fi:l] *nt* <-s, -e> ① *(des Kopfes)* perfil *m;* **im ~** de perfil ② (TECH, ARCHIT) perfil *m;* *(Reifenprofil)* ranuras *fpl* ③ *(Persönlichkeit)* personalidad *f;* *(Image)* imagen *f* (pública); **an ~ gewinnen/verlieren** mejorar/dañar su imagen pública
profilieren* [profi'li:rən] **I.** *vt* ranurar **II.** *vr:* **sich ~** distinguirse
profiliert [profi'li:ɐt] *adj* famoso, acreditado
Profilsohle *f* suela *f* dentada
Profisportler(in) *m(f)* deportista *mf* profesional
Profit [pro'fi:t] *m* <-(e)s, -e> ① *(Nutzen)* provecho *m;* **~ aus etw schlagen/ziehen** obtener/sacar provecho de algo ② (WIRTSCH) beneficio *m*
profitabel [profi'ta:bəl] *adj* lucrativo
Profitgier *f* <-, *ohne pl*> *(abw)* afán *m* de lucro
profitieren* [profi'ti:rən] *vi* sacar provecho (**von/bei** de)
pro forma [pro: 'fɔrma] *adv (der Form halber)* pro forma; **eine Rechnung ~ ausstellen** expedir una factura pro forma
Prognose [pro'gno:zə] *f* <-n> pronóstico *m*
prognostizieren* [prognɔsti'tsi:rən] *vt* pronosticar
Programm [pro'gram] *nt* <-s, -e> ① *(Planung, Ablauf)* programa *m;* **auf dem ~ stehen** figurar en el programa; **ein volles ~ haben** estar ocupado ② (INFOR) programa *m;* **ein ~ schreiben/entwickeln** escribir/crear un programa ③ (RADIO, TV) cadena *f*
programmatisch [progra'ma:tɪʃ] *adj* programático
Programmaufruf *m ohne pl* (INFOR) llamada *f* del programa
Programmfehler *m* (INFOR) error *m* del programa
programmgemäß *adj* de acuerdo con el programa; **alles verlief ~** todo tra(n)scurrió conforme al plan
Programmgestaltung *f* programación *f*

Programmheft *nt* programa *m*
Programmhinweis *m* <-es, -e> información *f* sobre el programa
programmierbar *adj* (*a.* INFOR) programable
programmieren* [progra'mi:rən] **I.** *vi* (*a.* INFOR) programar **II.** *vt* planear; (*a.* INFOR) programar
Programmierer(in) *m(f)* <-s, -; -nen> (INFOR) programador(a) *m(f)*
Programmiersprache *f* (INFOR) lenguaje *m* de programación
Programmierung *f* <-en> (INFOR) programación *f*
Programmkino *nt* <-s, -s> cineclub *m*
Programmvorschau *f* avance *m* del programa
Programmzeitschrift *f* revista *f* con la programación de radio y televisión
Progression [progrɛ'sjo:n] *f* <-, -en> progresión *f*
progressiv [progrɛ'si:f] *adj* ① *(fortschrittlich)* progresista ② *(allmählich steigend)* progresivo
Prohibition [prohibi'tsjo:n] *f* <-, -en> prohibición *f*
Projekt [pro'jɛkt] *nt* <-(e)s, -e> proyecto *m*
Projektgruppe *f* <-, -n> grupo *m* de trabajo (de un proyecto)
Projektil [projɛk'ti:l] *nt* <-s, -e> proyectil *m*
Projektion [projɛk'tsjo:n] *f* <-en> (*a.* MATH, FILM) proyección *f*
Projektleiter(in) *m(f)* director(a) *m(f)* de(l) proyecto
Projektmanager(in) *m(f)* gestor(a) *m(f)* de proyecto
Projektor [pro'jɛkto:ɐ] *m* <-s, -en> proyector *m*
projizieren* [proji'tsi:rən] *vt* *(geh, a.* FILM, MATH) proyectar
Proklamation [proklama'tsjo:n] *f* <-, -en> proclamación *f;* **die ~ der Menschenrechte** la proclamación de los derechos humanos
proklamieren* [prokla'mi:rən] *vt* proclamar
Pro-Kopf-Einkommen *nt* renta *f* per cápita
Pro-Kopf-Verbrauch *m ohne pl* (WIRTSCH) consumo *m* per cápita
prokrastinieren [prokrasti'ni:rən] *vt* procrastinar
Prokura [pro'ku:ra] *f* poder *m* general; **per ~** por poder
Prokurist(in) [proku'rɪst] *m(f)* <-en, -en; -nen> procurador(a) *m(f)*
Prolet(in) [pro'le:t] *m(f)* <-en, -en; -nen> *(abw)* persona *f* vulgar, roto, -a *m, f Chil*
Proletariat [proletari'a:t] *nt* <-(e)s, -e> proletariado *m*
Proletarier(in) [prole'ta:riɐ] *m(f)* <-s, -; -nen> proletario, -a *m, f,* roto, -a *m, f Chil*
proletarisch [prole'ta:rɪʃ] *adj* proletario
Proletin *f* <-nen> *s.* **Prolet**
Proll *m* <-s, -s> *(abw sl)* proleta *mf*
Prolo *m* <-s, -s> *(abw sl: Prolet)* proleta *mf*
Prolog [pro'lo:k] *m* <-(e)s, -e> prólogo *m*
Promenade [promə'na:də] *f* <-n> paseo *m*
Promenadenmischung *f (fam) ejemplar canino resultante de una mezcla de razas*
Promi ['prɔmi] *m* <-s, -s> *(fam)* famoso, -a *m, f*
Promille [pro'mɪlə] *nt* <-(s), -> ① *(Tausendstel)* tanto *m* por mil, por mil *m* ② *pl (fam: Alkoholgehalt im Blut)* grado *m* de alcoholemia; **er hatte 1,2 ~** tenía un grado de alcoholemia de 1,2
Promillegrenze *f* grado *m* máximo de alcoholemia
prominent [promi'nɛnt] *adj* prominente; *(berühmt)* famoso
Prominente(r) *mf* <-n, -n; -n, -n> personalidad *f;* **die meisten der geladenen Gäste waren ~** la mayoría de los invitados eran famosos
Prominenz [promi'nɛnts] *f ohne pl* personalidades *f pl,* galaxia *f AmC*
Promiskuität [promɪskui'tɛ:t] *f* <-, *ohne pl*> promiscuidad *f*
promiskuitiv *adj* promiscuo
promoten* [prə'mɔʊtən] *vt* promover, fomentar
Promotion [promo'tsjo:n] *f* <-en> ① *(Verleihung des Doktorgrades)* doctorado *m* ② *(Schweiz:* SCH: *Versetzung)* traslado *m* ③ *(Schweiz:* SPORT: *Aufstieg)* ascenso *m*
promovieren* [promo'vi:rən] **I.** *vi* ① *(Dissertation schreiben)* escribir una tesis doctoral (**in** en, **über** sobre) ② *(Doktorwürde erlangen)* doctorarse (**in** en) **II.** *vt (Schweiz:* SCH: *versetzen)* trasladar
prompt [prɔmpt] **I.** *adj* inmediato **II.** *adv* en el acto, al tiro *Am;* **er ist ~ darauf/auf sie hereingefallen** *(fam)* picó enseguida con eso/con ella
Promptheit *f* <-, *ohne pl*> prontitud *f*
Pronomen [pro'no:mən] *nt* <-s, - *o* Pronomina> (LING) pronombre *m*
pronominal [pronomi'na:l] *adj* (LING) pronominal
Propaganda [propa'ganda] *f ohne pl* (POL, WIRTSCH) propaganda *f;* **~ für etw machen** hacer propaganda para algo

P

Propagandafeldzug *m* campaña *f* propagandística
Propagandist(in) [propagan'dɪst] *m(f)* <-en, -en; -, -nen> ❶ (POL) propagandista *mf* ❷ (WIRTSCH) publicista *mf*
propagandistisch *adj* propagandístico
propagieren* [propa'gi:rən] *vt* propagar
Propangas *nt* gas *m* propano
Propeller [pro'pɛlɐ] *m* <-s, -> (AERO, NAUT) hélice *f*
Propellerflugzeug *nt* avión *m* de hélice
Prophet(in) [pro'fe:t] *m(f)* <-en, -en; -nen> profeta, -isa *m, f*
prophetisch *adj* profético
prophezeien* [profe'tsaɪən] *vt* pronosticar; (REL) profetizar
Prophezeiung *f* <-en> pronóstico *m;* (REL) profecía *f*
prophylaktisch [profy'laktɪʃ] *adj* preventivo; (MED) profiláctico
Prophylaxe [profy'laksə] *f* <-n> (MED) profilaxis *f inv*
Proportion [propɔr'tsjo:n] *f* <-en> (*a.* MATH) proporción *f*
proportional [propɔrtsjo'na:l] *adj* proporcional (**zu** a)
proppenvoll ['prɔpənfɔl] *adj (fam)* lleno a reventar; **der Zug war ~** el tren iba a tope
Prosa ['pro:za] *f ohne pl* prosa *f*
prosaisch [pro'za:ɪʃ] *adj (geh)* prosaico
Proseminar ['pro:zemina:ɐ] *nt* <-s, -e> (UNIV) *seminario para estudiantes universitarios del primer ciclo*
prosit ['pro:zɪt] *interj (fam)* salud, chinchín
Prosit ['pro:zɪt] *nt* **ein ~ auf unsere Gastgeber!** ¡un brindis a la salud de nuestros anfitriones!
Prospekt [pro'spɛkt] *m* <-(e)s, -e> folleto *m,* prospecto *m*
prost [pro:st] *interj (fam)* salud, chinchín
Prostata ['prɔstata] *f* <Prostatae> (ANAT) próstata *f*
prosten *vi* ❶ *(Prost rufen)* brindar ❷ *(ein Prosit ausbringen)* pronunciar un brindis
prostituieren* [prostitu'i:rən] *vr:* **sich ~** prostituirse
Prostituierte(r) *mf* <-n, -n; -n> prostituto, -a *m, f,* pípila *f Méx*
Prostitution [prostitu'tsjo:n] *f ohne pl* prostitución *f*
Protagonist(in) [protago'nɪst] *m(f)* <-en, -en; -nen> protagonista *mf*
protegieren* [prote'ʒi:rən] *vt* proteger, apadrinar
Protein [prote'i:n] *nt* <-s, -e> proteína *f*
Protektion [protɛk'tsjo:n] *f* <-, -en> protección *f*
Protektionismus [protɛktsjo'nɪsmʊs] *m* <-, *ohne pl*> (WIRTSCH) proteccionismo *m*

P

Protektorat [protɛkto'ra:t] *nt* <-(e)s, -e> ❶ *(Schirmherrschaft)* patrocinio *m;* **unter jds ~** bajo el amparo de alguien ❷ (POL) protectorado *m*
Protest [pro'tɛst] *m* <-(e)s, -e> protesta *f,* planteo *m Arg;* **etw aus ~ tun** hacer algo en señal de protesta; **unter ~** bajo protesta
Protestaktion *f* acción *f* de protesta
Protestant(in) [protɛs'tant] *m(f)* <-en, -en; -nen> protestante *mf*
protestantisch *adj* protestante
Protestantismus *m* <-, *ohne pl*> protestantismo *m*
Protestbewegung *f* movimiento *m* de protesta
protestieren* [protɛs'ti:rən] *vi* protestar
Protestkundgebung *f* manifestación *f* de protesta
Protestmarsch *m* marcha *f* de protesta
Protestsong *m* <-s, -s> canción-protesta *f*
Protestwahl *f* elección *f* de protesta
Protestwähler(in) *m(f)* (POL) *elector(a) descontento, -a que vota por un partido distinto a su partido habitual*
Protestwelle *f* <-, -n> oleada *f* de protestas
Prothese [pro'te:zə] *f* <-n> (MED, LING) prótesis *f inv*
Protokoll[1] [proto'kɔl] *nt* <-s, -e> ❶ *(Niederschrift)* protocolo *m,* acta *f;* **~ führen** redactar el acta; **etw zu ~ geben** hacer constar algo en acta; **etw zu ~ nehmen** protocolar algo ❷ *(reg: Strafmandat)* multa *f*
Protokoll[2] *nt* <-s, *ohne pl*> *(Zeremoniell)* protocolo *m;* **gegen das ~ verstoßen** infringir el protocolo
protokollarisch [protokɔ'la:rɪʃ] *adj* protocolario; **etw ~ festhalten** levantar acta de algo
Protokollführer(in) *m(f)* secretario, -a *m, f* de actas; *(bei Gericht)* actuario, -a *m, f*
protokollieren* [protokɔ'li:rən] **I.** *vt* ❶ *(bei einer Sitzung, der Polizei)* hacer constar en acta ❷ *(in der Schule, Universität)* tomar nota (de) **II.** *vi* redactar el acta
Proton [pro'to:n] *nt* <-s, -en> (PHYS) protón *m*
Prototyp ['pro:toty:p] *m* (*a.* TECH) prototipo *m*
Protz [prɔts] *m* <-es *o* -en, -e(n)> *(fam)* fanfarrón, -ona *m, f,* presumido, -a *m, f*
protzen *vi (fam)* presumir (**mit** de); *(mit Mut)* chulear (**mit** de)
Protzerei *f* <-, *ohne pl*> *(fam: lästiges Protzen)* chulería *f*
protzig **I.** *adj (fam)* ❶ *(angeberisch)* fanfarrón ❷ *(luxuriös)* ostentoso **II.** *adv (fam)* con aires de fanfarrón

Proviant [provi'ant] *m* <-s, -e> víveres *mpl*
Provider [pro'vaɪdɐ] *m* <-s, -> provider *m,* proveedor *m*
Provinz [pro'vɪnts] *f* <-en> provincia *f*
Provinzhauptstadt *f* capital *f* de provincia
provinziell [provɪn'tsjɛl] *adj* provinciano
Provision [provi'zjo:n] *f* <-en> (WIRTSCH) comisión *f;* **auf** [*o* **gegen**] **~ arbeiten** trabajar a comisión
Provisionsbasis *f* <-, *ohne pl*> (WIRTSCH) **auf ~ arbeiten** trabajar a comisión
provisorisch [provi'zo:rɪʃ] *adj* provisional
Provisorium [provi'zo:riʊm] *nt* <-s, Provisorien> solución *f* provisional
provokant [provo'kant] *adj* provocador
Provokateur(in) [provoka'tø:ɐ] *m(f)* <-s, -e; -, -nen> provocador(a) *m(f)*
Provokation [provoka'tsjo:n] *f* <-en> provocación *f*
provokativ [provoka'ti:f] *adj* provocador, provocativo; **sich ~ verhalten** comportarse de manera provocativa
provozieren* [provo'tsi:rən] *vt* provocar, torear *Arg, Chil*
provozierend *adj s.* **provokant**
Prozedere *nt* <-, -> *(geh)* (modo *m* de) proceder *m*
Prozedur [protse'du:ɐ] *f* <-en> procedimiento *m*
Prozent [pro'tsɛnt] *nt* <-(e)s, -e> ❶ *(Hundertstel)* tanto *m* por ciento; *(bei Alkoholgehalt)* grado *m;* **etw in ~ ausdrücken** expresar algo en tantos por ciento; **50 ~ der Bevölkerung** el 50 por ciento de la población ❷ *pl (fam: Rabatt)* rebaja *f;* **~e bekommen** recibir una rebaja
Prozentpunkt *m* punto *m* porcentual
Prozentrechnung *f* <-, *ohne pl*> cálculo *m* porcentual
Prozentsatz *m* porcentaje *m*
prozentual [protsɛntu'a:l] *adj* porcentual
Prozess [pro'tsɛs] *m* <-es, -e> ❶ (JUR: *Zivilprozess*) pleito *m; (Strafprozess)* proceso *m;* **gegen jdn einen ~ führen** litigar contra alguien; **mit jdm/etw kurzen ~ machen** *(fam)* cortar por lo sano con alguien/algo ❷ *(Vorgang)* proceso *m*
Prozessgegner(in) *m(f)* (JUR) parte *f* contraria
prozessieren* [protsɛ'si:rən] *vi* pleitear (**gegen** contra)
Prozession [protsɛ'sjo:n] *f* <-en> procesión *f*
Prozesskosten *pl* (JUR) costas *fpl* procesales
Prozessor [pro'tsɛso:ɐ] *m* <-s, -en> (INFOR) procesador *m*
Prozessordnung *f* <-, -en> (JUR) código *m* procesal
prüde ['pry:də] *adj* pudibundo
Prüfbyte *nt* <-(s), -(s)> (INFOR) byte *m* de control
prüfen ['pry:fən] *vt* ❶ *(untersuchen, abfragen)* examinar; *(überprüfen, nachprüfen)* comprobar, verificar, chequear *Am;* **jdn in Biologie ~** examinar a alguien de biología; **staatlich geprüft** con diploma oficial; **mit ~den Blicken** con una mirada escrutadora ❷ *(geh: heimsuchen)* castigar; **ein schwer geprüfter Vater** un padre duramente castigado por el destino
Prüfer(in) *m(f)* <-s, -; -nen> *(Beruf)* inspector(a) *m(f); (Schule, Universität)* examinador(a) *m(f)*
Prüfling *m* <-s, -e> examinando, -a *m, f*
Prüfstand *m* (TECH) instalación *f* de pruebas; **auf dem ~ stehen** *(fig)* tener que demostrar su eficacia
Prüfstein *m* piedra *f* de toque; **ein ~ für etw sein** ser una garantía de algo
Prüfung *f* <-en> ❶ *(Untersuchung, Schulprüfung)* examen *m; (Überprüfung)* inspección *f;* **sich einer ~ unterziehen** examinarse; **etw einer ~ unterziehen** someter algo a prueba; **nach ~ Ihrer Beschwerde** después de haber comprobado su queja; **die mündliche/schriftliche ~ in Biologie** el examen oral/escrito de biología ❷ *(geh: Heimsuchung)* revés *m* (de la fortuna)
Prüfungsangst *f* miedo *m* a los exámenes
Prüfungsaufgabe *f* <-, -n> tema *m* de examen, pregunta *f* de examen
Prüfungsausschuss *m* <-es, -schüsse> tribunal *m* (examinador)
Prüfungsergebnis *nt* <-ses, -se> resultado *m* del examen
Prüfungskommission *f* comisión *f* examinadora
Prüfungsordnung *f* <-, -en> (SCH, UNIV) reglamento *m* de exámenes
Prüfungszeugnis *nt* <-ses, -se> diploma *m*
Prügel ['pry:gəl] *m* <-s, -> ❶ *(Knüppel)* palo *m* ❷ *pl (Schläge)* tunda *f,* batida *f Perú, PRico;* **~ beziehen** recibir una paliza
Prügelei *f* <-en> pelea *f*
Prügelknabe *m (fam)* cabeza *f* de turco
prügeln ['pry:gəln] **I.** *vt* golpear; *(mit einem Stock)* apalear **II.** *vr:* **sich ~** pegarse, faitear; **sich um etw ~** pelearse por algo
Prügelstrafe *f ohne pl* castigo *m* corporal
Prunk [prʊŋk] *m* <-(e)s, *ohne pl*> suntuosidad *f,* pompa *f*
prunken *vi* resplandecer; **mit etw ~** hacer alarde de algo

Prunkstück *nt* <-(e)s, -e> obra *f* maestra
Prunksucht *f* <-, *ohne pl*> fastuosidad *f*, boato *m*
prunksüchtig *adj* pomposo, opulento
prunkvoll *adj* ostentoso, suntuoso
prusten ['pru:stən] *vi* resoplar; **vor Lachen ~** partirse de risa
PS [pe:'ʔɛs] ❶ *Abk. von* **Pferdestärke** CV ❷ *Abk. von* **Postskript(um)** P.D.
Psalm [psalm] *m* <-s, -en> salmo *m*
pseudonym *adj (geh)* (bajo) (p)seudónimo
Pseudonym [psɔɪdo'ny:m] *nt* <-s, -e> (p)seudónimo *m*
pst [pst] *interj* pss
Psyche ['psy:çə] *f* <-n> (p)sique *f*
psychedelisch [psyçe'de:lɪʃ] *adj* (p)sicodélico
Psychiater(in) [psy'ç(j)a:tɐ] *m(f)* <-s, -; -nen> (p)siquiatra *mf*
Psychiatrie[1] [psyç(j)a'tri:] *f ohne pl (Gebiet der Medizin)* (p)siquiatría *f*
Psychiatrie[2] *f* <-n> *(sl: psychiatrische Abteilung)* departamento *m* de (p)siquiatría
psychiatrisch [psy'ç(j)a:trɪʃ] *adj* (MED) (p)siquiátrico; **in ~er Behandlung sein** estar en tratamiento (p)siquiátrico
psychisch ['psy:çɪʃ] *adj* (p)síquico; **~ krank** enfermo mental
Psychoanalyse [----'--] *f ohne pl* (PSYCH) (p)sicoanálisis *m inv*
Psychoanalytiker(in) [----'---] *m(f)* (PSYCH) (p)sicoanalista *mf*
Psychologe, -in [psyço'lo:gə] *m, f* <-n, -n; -nen> (p)sicólogo, -a *m, f*
Psychologie [psyçolo'gi:] *f ohne pl* (p)sicología *f*
Psychologin *f* <-nen> *s.* **Psychologe**
psychologisch *adj* (p)sicológico
Psychopath(in) [psyço'pa:t] *m(f)* <-en, -en; -nen> (PSYCH) (p)sicópata *mf*
psychopathisch *adj* (p)sicopático; **~e Verhaltensstörungen** alteraciones (p)sicopáticas del comportamiento; **ein ~er Patient** un paciente (p)sicopático
Psychopharmakon [psyço'farmakɔn, *pl:* -'farmaka] *nt* <-s, -pharmaka> (MED, PSYCH) (p)sicofármaco *m*
Psychose [psy'ço:zə] *f* <-n> (MED, PSYCH) (p)sicosis *f inv*
psychosomatisch [psyçozo'ma:tɪʃ] *adj* (MED) (p)sicosomático
Psychoterror ['psy:çotɛro:ɐ] *m* terror *m* (p)sicológico
Psychotherapeut(in) [psyçotera'pɔɪt, 'psy:ço-] *m(f)* (MED, PSYCH) (p)sicoterapeuta *mf*
psychotherapeutisch *adj* (MED, PSYCH) (p)sicoterapéutico
Psychotherapie [----'-, '-----] *f* (MED, PSYCH) (p)sicoterapia *f*
PTT [pe:te:'te:] *(Schweiz) Abk. von* **Post-, Telefon- und Telegrafenbetrieb** *Correos, Telégrafos y Compañía de Teléfonos*
pubertär [pubɛr'tɛ:ɐ] *adj* ❶ *(in der Pubertät)* adolescente ❷ *(die Pubertät betreffend)* de la pubertad
Pubertät [pubɛr'tɛ:t] *f ohne pl* pubertad *f*, edad *f* de la punzada *AmC, Cuba*
pubertieren* [pubɛr'ti:rən] *vi (geh)* estar en la pubertad
Publicity [pa'blɪsiti] *f ohne pl* publicidad *f*; **negative ~** mala publicidad
Public Relations ['pablɪkri'lɛɪʃəns] *pl* relaciones *fpl* públicas
publik [pu'bli:k] *adj* **~ werden** salir a la luz; **etw ~ machen** dar a conocer algo
Publikation [publika'tsjo:n] *f* <-en> publicación *f*
Publikum ['pu:blikʊm] *nt* <-s, *ohne pl*> público *m*
Publikumserfolg *m* éxito *m* de público
Publikumsmagnet *m* gran atracción *f*
Publikumsverkehr *m* <-s, *ohne pl*> despacho *m* al público; **für den ~ geöffnet** abierto al público
publikumswirksam *adj* que causa gran efecto en el público
publizieren* [publi'tsi:rən] *vt* publicar
Publizist(in) [publi'tsɪst] *m(f)* <-en, -en; -nen> periodista *mf*
Publizistik [publi'tsɪstɪk] *f ohne pl* periodismo *m*
Publizistin *f* <-nen> *s.* **Publizist**
publizistisch *adj* periodístico
Puck [pʊk] *m* <-s, -s> (SPORT) disco *m*
Pudding ['pʊdɪŋ] *m* <-s, -e *o* -s> budín *m*
Puddingpulver *nt* polvos *mpl* para hacer budín
Pudel ['pu:dəl] *m* <-s, -> caniche *m*; **wie ein begossener ~ dastehen** *(fam)* estar como tonto en vísperas
Pudelmütze *f* gorra *f* de lana
pudelnass ['--'-] *adj (fam)* calado hasta los huesos
pudelwohl ['--'-] *adv (fam)* **sich ~ fühlen** estar como el pez en el agua
Puder ['pu:dɐ] *m o nt* <-s, -> polvos *mpl* (de tocador); *(Talkum)* (polvos *mpl* de) talco *m*
Puderdose *f* polvera *f*
pudern ['pu:dɐn] *vt* empolvar
Puderzucker *m* azúcar *m* en polvo
Puerto-Ricaner(in) [puɛrtori'ka:nɐ] *m(f)* <-s, -; -nen> puertorriqueño, -a *m, f*
Puerto Rico ['puɛrto 'ri:ko] *nt* <- -s> Puerto Rico *m*

P

Puff[1] [pʊf, *pl:* 'pʏfə, 'pʊfə] *m* <-(e)s, Püffe *o* -e> *(fam: Stoß)* empujón *m*
Puff[2] *m* <-(e)s, -e *o* -s> ❶ *(Wäschekorb)* cesto *m* para la ropa sucia ❷ *(Sitzkissen)* puf *m*
Puff[3] *m o nt* <-s, -s> *(fam: Bordell)* casa *f* de putas, quilombo *m Chil*
Puffärmel *m* manga *f* de globo
Puffer ['pʊfɐ] *m* <-s, -> ❶ *(am Zug)* tope *m* ❷ (INFOR) *s.* **Pufferspeicher** ❸ *(Reibekuchen) fritura de patatas crudas ralladas*
Pufferspeicher *m* (INFOR) memoria *f* intermedia
Pufferzone *f* zona *f* tapón
puh [puː] *interj* ❶ *(bah!)* ¡puaj!; **~, wie das stinkt!** ¡puaj, qué peste! ❷ *(ahhh!)* ¡puf!; **~, bin ich k.o.!** ¡puf, estoy hecho polvo!
pulen ['puːlən] **I.** *vi (nordd: fam)* escarbar (**an/in** +*dat* en) **II.** *vt (nordd: fam: Krabben)* pelar; *(Erbsen)* desvainar
Pulle ['pʊlə] *f* <-n> *(fam)* botella *f;* **volle ~ (fahren)** *(fam)* (ir) a toda pastilla
Pulli ['pʊli] *m* <-s, -s> *(fam) s.* **Pullover**
Pullover [pʊ'loːvɐ] *m* <-s, -> jersey *m,* pul(l)óver *m Am*
Pullunder [pʊ'lʊndɐ] *m* <-s, -> chaleco *m* de punto, pul(l)óver *m* (sin mangas) *Am*
Puls [pʊls] *m* <-es, -e> pulso *m;* **den ~ fühlen** tomar el pulso
Pulsader *f* arteria *f*
pulsieren* [pʊl'ziːrən] *vi* latir
Pulsmessung *f* tomar el pulso
Pulsschlag *m* pulsación *f*
Pulsuhr *f* (SPORT) reloj *m* con pulsímetro
Pult [pʊlt] *nt* <-(e)s, -e> ❶ *(Schreibpult)* pupitre *m* ❷ *(Notenpult)* atril *m*
Pulver ['pʊlvɐ] *nt* <-s, -> polvo *m; (Schießpulver)* pólvora *f;* **sein ~ verschossen haben** *(fam)* llegar al final de sus fuerzas
Pulverfass *nt* barril *m* de pólvora; **das Land gleicht einem ~** el país parece un barril de pólvora
pulverisieren* [pʊlveri'ziːrən] *vt* pulverizar
Pulverkaffee *m* café *m* en polvo
Pulverschnee *m* nieve *f* polvo
Puma ['puːma] *m* <-s, -s> puma *m,* león *m Am*
Pummel ['pʊməl] *m* <-s, ->, **Pummelchen** ['pʊməlçən] *nt* <-s, -> *(fam)* niño, -a *m, f* gordinflón, -ona
pummelig ['pʊməlɪç] *adj (fam)* gordito, petacón *Am*
Pump [pʊmp] *m* <-s, *ohne pl> (fam)* préstamo *m;* **etw auf ~ kaufen** comprar algo al fiado
Pumpe ['pʊmpə] *f* <-n> ❶ *(Vorrichtung zum Pumpen)* bomba *f* ❷ *(fam: Herz)* corazón *m*
pumpen *vt* ❶ *(herauspumpen)* sacar con una bomba, bombear; **Luft in die Reifen ~** inflar los neumáticos ❷ *(fam: leihen)* **jdm etw ~** dejar algo a alguien; **sich** *dat* **etw ~** tomar algo prestado
Pumpernickel ['pʊmpɐnɪkəl] *m* <-s, -> *pan negro de centeno sin corteza de sabor algo dulce y condimentado*
Pumps [pœmps] *m* <-, -> chancla *f* de tacón
Punk[1] [paŋk] *m* <-(s), *ohne pl> (Musik, Stil)* punk *m*
Punk[2] *m* <-(s), -s>, **Punker(in)** ['paŋkɐ] *m* <-s, -; -nen> punk *mf,* punky *mf*
Punkt [pʊŋkt] *m* <-(e)s, -e> ❶ *(allgemein)* punto *m;* **um ~ sechs Uhr** a las seis en punto; **~ eins** *(bei einer Aufzählung)* primero; **bis zu einem gewissen ~** hasta cierto punto; **der springende ~** el punto decisivo; **der strittige ~** el punto en litigio; **wunder ~** punto flaco; **toter ~** punto muerto; **~ für ~** punto por punto; **ein dunkler ~ in seiner Vergangenheit** una mancha en su pasado; **er hat es auf den ~ gebracht** ha dado en el clavo; **nun mach mal einen ~!** *(fam)* ¡basta ya!; **ohne ~ und Komma reden** *(fam)* hablar sin parar ❷ (MATH) punto *m* ❸ *(Ort)* punto *m,* lugar *m* ❹ (SPORT) punto *m;* **nach ~en führen/siegen** estar en cabeza/ganar por puntos ❺ (MUS) puntillo *m*
pünktlich ['pʏŋktlɪç] *adj* puntual
Pünktlichkeit *f ohne pl* puntualidad *f*
Punktrichter(in) *m(f)* (SPORT) juez(a) *m(f)*
Punktsieg *m* (SPORT) victoria *f* por puntos
punktuell [pʊŋktu'ɛl] **I.** *adj* parcial **II.** *adv* en (algunas) partes; **~ vorgehen** proceder por partes
Punktzahl *f* puntuación *f*
Punsch [pʊnʃ] *m* <-(e)s, -e *o* Pünsche> ponche *m*
Pupille [pu'pɪlə] *f* <-n> pupila *f*
Puppe ['pʊpə] *f* <-n> ❶ *(Spielzeug)* muñeca *f* ❷ *(Marionette)* títere *m;* **die ~n tanzen lassen** *(fam: feiern)* correrse una juerga; *(durchgreifen)* poner los enchufes en funcionamiento; **bis in die ~n feiern/schlafen** *(fam)* festejar/dormir hasta las tantas ❸ *(Schaufensterpuppe)* maniquí *m* ❹ (ZOOL) crisálida *f*
Puppenhaus *nt* casa *f* de muñecas
Puppenspieler(in) *m(f)* titiritero, -a *m, f*
Puppentheater *nt* teatro *m* de guiñol; *(mit Marionetten)* teatro *m* de títeres
Puppenwagen *m* cochecito *m* de muñecas
Pups [puːps] *m* <-es, -e> *(fam)* pedo *m*
pupsen *vi (fam)* soltar pedos

P

pur [puːɐ] *adj* ❶ *(rein)* puro; **den Whisky ~ trinken** beber el whisky solo ❷ *(fam: bloß)* puro, mero; **~er Wahnsinn** pura locura; **~er Zufall** mera coincidencia

Püree [pyˈreː] *nt* <-s, -s> (GASTR) puré *m*

pürieren* [pyˈriːrən] *vt* (GASTR) hacer puré (de), pasar por el pasapurés

Pürierstab [pyˈriːɐʃtaːp] *m* minipimer® *m*

püriert [pyˈriːɐt] *adj* triturado

Purismus [puˈrɪsmʊs] *m* <-, *ohne pl*> (LING, KUNST) purismo *m*

Purist(in) [puˈrɪst] *m(f)* <-en, -en; -, -nen> *(geh)* purista *mf*

Puritaner(in) [puriˈtaːnɐ] *m(f)* <-s, -; -nen> puritano, -a *m, f*

puritanisch *adj* puritano

Purpur [ˈpuːɐpuːɐ] *m* <-s, *ohne pl*> púrpura *f*

purpurfarben [ˈpʊrpʊr-] *adj* púrpura

purpurrot [ˈpʊrpʊr-] *adj* ❶ *(Farbe)* (de color) púrpura, púrpureo *elev* ❷ *(Gesicht: feuerrot)* rojo como la grana; *(bläulich)* violáceo

Purzelbaum [ˈpʊrtsəl-] *m* *(fam)* voltereta *f*; **einen ~ schlagen** dar una voltereta

purzeln [ˈpʊrtsəln] *vi sein* *(fam)* caer(se) (rodando) (**über** sobre, **von** de)

pushen [ˈpʊʃən] *vt* *(sl)* ❶ *(zum Erfolg bringen)* empujar ❷ *(mit Drogen handeln)* vender

Puste [ˈpuːstə] *f ohne pl* *(fam)* aliento *m*; **außer ~ sein** estar sin aliento; **aus der ~ kommen** quedarse sin aliento

Pusteblume *f* diente *m* de león

Pustekuchen *interj* *(fam)* (**ja**) **~!** ¡y un cuerno!

Pustel [ˈpʊstəl] *f* <-n> pústula *f*

pusten [ˈpuːstən] *vi* *(fam)* soplar

Pute [ˈpuːtə] *f* <-n> *(a. fig)* pava *f*

Putenfleisch *nt* (carne *f* de) pavo *m*

Puter [ˈpuːtɐ] *m* <-s, -> pavo *m*

puterrot [ˈ--ˈ-] *adj* rojo como un tomate

Putsch [pʊtʃ] *m* <-(e)s, -e> golpe *m* de estado

putschen *vi* dar un golpe de estado

Putschist(in) [pʊˈtʃɪst] *m(f)* <-en, -en; -nen> golpista *mf*

Putschversuch *m* <-(e)s, -e> (POL) intentona *f* golpista, intento *m* de golpe de Estado

Putte [ˈpʊtə] *f* <-n> angelote *m*

Putz [pʊts] *m* <-es, *ohne pl*> revoque *m*; **unter ~** enyesado; **auf den ~ hauen** *(fam: feiern)* montar una juerga a lo grande; *(prahlen)* tirarse pegotes

putzen [ˈpʊtsən] *vt* limpiar; *(scheuern)* fregar; **sich** *dat* **die Nase ~** limpiarse la nariz; **sich** *dat* **die Zähne ~** lavarse los dientes

Putzfrau *f* mujer *f* de la limpieza; *(in einem Privathaushalt)* asistenta *f*

putzig [ˈpʊtsɪç] *adj* *(fam)* ❶ *(niedlich)* mono ❷ *(seltsam)* raro

Putzlappen *m* trapo *m*; *(Scheuerlappen)* bayeta *f*

Putzmittel *nt* producto *m* de limpieza, detergente *m*

putzmunter [ˈ-ˈ--] *adj* *(fam)* muy despabilado

Putzteufel *m* *(fam)* obsesionado, -a *m, f* con la limpieza

putzwütig *adj* maniático de la limpieza

puzzeln [ˈpazəln] *vi* hacer un puzzle

Puzzle [ˈpazəl] *nt* <-s, -s> puzzle *m*, rompecabezas *m inv*

PVC [peːfaʊˈtseː] *nt* <-(s), -s> *Abk. von* **Polyvinylchlorid** PVC *m*

Pygmäe, -in [pyˈgmɛːə] *m, f* <-n, -n; -nen> pigmeo, -a *m, f*

Pyjama [pyˈ(d)ʒaːma] *m* <-s, -s> pijama *m*, piyama *m Am*

Pyramide [pyraˈmiːdə] *f* <-n> pirámide *f*

Pyrenäen [pyreˈnɛːən] *pl* Pirineos *mpl*

Pyromane, -in [pyroˈmaːnə] *m, f* <-n, -n; -nen> (MED, PSYCH) pirómano, -a *m, f*

Pyromanie *f* <-, *ohne pl*> (MED, PSYCH) piromanía *f*

Pyrotechnik [--ˈ--, ˈ----] *f ohne pl* pirotecnia *f*

Python [ˈpyːtɔn] *m* <-s, -s *o* -en> pitón *m*

Pythonschlange *f* pitón *m*

Qq

Q, q [ku:] *nt* <-, -> Q, q *f;* ~ **wie Quelle** Q de Quebec

q *(Österr) Abk. von* **Meterzentner** dos quintales *mpl*

Quacksalber(in) ['kvakzalbɐ] *m(f)* <-s, -; -nen> *(abw)* curandero, -a *m, f*

Quad [kvɔt] *nt* <-(s), -s> *(Fahrzeug)* cuatrimoto *m*

Quaddel *f* <-, -n> habón *m,* roncha *f*

Quader ['kva:dɐ] *m* <-s, -> ① *(Stein)* sillar *m* ② (MATH) paralelepípedo *m* rectangular

Quadrant [kva'drant] *m* <-en, -en> (ASTR, MATH) cuadrante *m*

Quadrat [kva'dra:t] *nt* <-(e)s, -e> (*a.* MATH) cuadrado *m;* **fünf zum** ~ cinco elevado al cuadrado

quadratisch *adj* ① *(Form)* cuadrado ② (MATH) de segundo grado; **~e Gleichung** ecuación de segundo grado

Quadratkilometer *m* kilómetro *m* cuadrado

Quadratlatschen *mpl (fam)* ① *(Schuhe)* zapatones *mpl* ② *(Füße)* pies *mpl* enormes

Quadratmeter *m o nt* metro *m* cuadrado

Quadratur [kvadra'tu:ɐ] *f ohne pl* (MATH, ASTR) cuadratura *f;* **die ~ des Kreises** la cuadratura del círculo

Quadratwurzel *f* (MATH) raíz *f* cuadrada

quadrieren* [kva'dri:rən] *vt* (MATH) elevar al cuadrado

Quadriga *f* <-, Quadrigen> cuadriga *f*

Quadrofonie [kvadrofo'ni:] *f ohne pl* cuadrafonía *f*

quaken ['kva:kən] *vi* ① *(Frosch)* croar; *(Ente)* graznar ② *(fam abw: reden)* soltar el rollo

quäken ['kvɛ:kən] *vi* dar graznidos; *(aus Unzufriedenheit)* lloriquear

Quäker(in) *m(f)* <-s, -; -nen> cuáquero, -a *m, f*

Qual [kva:l] *f* <-en> *(a. fig: Quälerei)* tortura *f; (Leiden)* suplicio *m; (Mühe)* pena *f;* **unter großen ~en** con grandes penas; **die ~ der Wahl haben** no saber cómo decidirse

quälen ['kvɛ:lən] **I.** *vt* ① *(foltern)* torturar; *(misshandeln)* maltratar; *(seelisch)* atormentar; **~der Durst** sed espantosa ② *(lästig fallen)* molestar **II.** *vr:* **sich** ~ *(mit Arbeit)* ajetrearse

Quälerei *f* <-en> tortura *f*

Quälgeist *m (fam)* pelmazo, -a *m, f*

Qualifikation [kvalifika'tsjo:n] *f* <-en> ① *(Zeugnis)* calificación *f* (**für** para) ② *(Befähigung)* capacidad *f* ③ (SPORT) clasificación *f*

Qualifikationsspiel *nt* <-(e)s, -e> (SPORT) encuentro *m* de clasificación, partido *m* de clasificación

qualifizieren* [kvalifi'tsi:rən] **I.** *vt* ① *(befähigen)* capacitar (**für** para); **hoch qualifiziert** altamente cualificado ② *(klassifizieren)* clasificar (**als** como) **II.** *vr:* **sich** ~ (*a.* SPORT) calificarse (**für** para)

Qualifizierung *f* <-, -en> cualificación *f;* **berufliche** ~ cualificación profesional [*o* laboral]

Qualität [kvali'tɛ:t] *f* <-en> *(Eigenschaft)* cualidad *f; (Beschaffenheit, Warenqualität)* calidad *f*

qualitativ [kvalita'ti:f, '----] **I.** *adj* cualitativo **II.** *adv* en cuanto a la calidad; ~ **besser** de mejor calidad

Qualitätsanforderung *f* <-, -en> calidad *f* requerida

Qualitätsarbeit *f ohne pl* trabajo *m* de (alta) calidad

Qualitätskontrolle *f* <-, -n> control *m* de calidad

Qualitätsmerkmal *nt* <-(e)s, -e> señal *f* de calidad, distintivo *m* de calidad

Qualitätssicherung *f* garantía *f* de calidad

Qualitätssiegel *nt* sello *m* de calidad

Qualitätszeitung *f* periódico *m* serio [*o* de calidad]

Qualle ['kvalə] *f* <-n> medusa *f*

Qualm [kvalm] *m* <-(e)s, *ohne pl*> humareda *f*

qualmen *vi* ① *(Schornstein)* humear, echar humo ② *(fam: Mensch)* fumar como una chimenea

qualmig *adj* lleno de humo

qualvoll ['kva:lfɔl] *adj* ① *(mit Qualen)* lastimoso; *(schmerzlich)* doloroso; ~ **sterben** tener una muerte muy dolorosa ② *(bedrückend)* atormentador

Quäntchen ['kvɛntçən] *nt* <-s, -> poquito *m;* **das letzte ~ Hoffnung** la última pizca de esperanza

Quanten ['kvantən] *pl* ① *pl von* **Quantum** ② *(sl: Füße)* pezuña *f*

Quantenphysik *f* <-, *ohne pl*> física *f* cuántica

Quantensprung *m* <-(e)s, -sprünge> (PHYS) salto *m* cuántico

Quantität [kvanti'tɛ:t] *f ohne pl* cantidad *f*

quantitativ [kvantita'ti:f, '----] **I.** *adj* cuantitativo **II.** *adv* en cuanto a la cantidad

Quantum ['kvantʊm] *nt* <-s, Quanten> *(Menge)* cantidad *f; (Anteil)* parte *f*

Quarantäne [karan'tɛːnə] *f* <-n> cuarentena *f;* **unter ~ stehen/stellen** estar bajo/poner en cuarentena

Quarantänestation *f* lazareto *m* de cuarentena

Quark [kvark] *m* <-s, *ohne pl*> ① *(Lebensmittel)* cuark *m,* ≈ requesón *m,* quesillo *m Am* ② *(fam abw: Unsinn)* tontería(s) *f(pl)*

Quarkspeise *f* <-, -n> (GASTR) *postre de requesón (y frutas)*

Quartal [kvar'taːl] *nt* <-s, -e> trimestre *m*

quartalsweise *adv* por trimestres, trimestralmente

Quarte ['kvartə] *f* <-n> (MUS) cuarta *f*

Quartett [kvar'tɛt] *nt* <-(e)s, -e> ① *(Kartenspiel)* ≈ juego *m* de las familias ② (MUS) cuarteto *m*

Quartier [kvar'tiːɐ] *nt* <-s, -e> ① *(Unterkunft)* alojamiento *m* ② *(Schweiz: Stadtviertel)* barrio *m*

Quarz [kvaːɐts] *m* <-es, -e> cuarzo *m*

Quarzuhr *f* reloj *m* de cuarzo

quasi ['kvaːzi] *adv (sozusagen)* por así decirlo; *(gewissermaßen)* en cierto sentido

quasseln ['kvasəln] **I.** *vi (fam)* darle al pico; **mit jdm ~** charlar con alguien **II.** *vt (fam)* decir

Quasselstrippe *f (fam abw)* cotorra *f*

Quaste ['kvastə] *f* <-n> borla *f*

Quatsch [kvatʃ] *m* <-(e)s, *ohne pl*> *(fam abw)* tonterías *f pl,* bolazo *m RíoPl;* **red keinen ~!** ¡no digas tonterías!; **so ein ~!** ¡menuda tontería!; **was soll der ~?** ¿pero qué significa esto?

quatschen **I.** *vi (fam)* ① *(abw: quasseln)* darle al pico; **mit jdm ~** charlar con alguien ② *(abw: tratschen)* cotillear ③ *(sich unterhalten)* charlar ④ *(verraten)* decir, contar; **wer hat gequatscht?** ¿quién se ha ido de la lengua? **II.** *vt (fam)* decir

Quatschkopf *m (fam abw)* imbécil *mf*

Quebec [kvi'bɛk] *nt* <-s> Quebec *m*

Quecksilber ['kvɛk-] *nt* mercurio *m*

queer [kviːɐ̯, kwɪɐ̯] *adj (fam)* queer

Quelle ['kvɛlə] *f* <-n> ① *(eines Gewässers)* fuente *f,* naciente *f Arg, Par; (Ölquelle)* pozo *m;* **heiße ~n** fuentes termales ② *(Ursache)* origen *m* ③ *(Text, Person)* fuente *f;* **aus zuverlässiger ~** de fuente segura; **an der ~ sitzen** *(fam)* tener buenos contactos *(para conseguir algo)*

quellen ['kvɛlən] <quillt, quoll, gequollen> *vi sein* ① *(Holz)* hincharse; **~ lassen** *(Hülsenfrüchte)* poner a remojo ② *(herausquellen)* brotar (**aus** de)

Quellenangabe *f* indicación *f* de las fuentes

Quellensteuer *f* (FIN) impuesto *m* en origen

Quellgebiet *nt* <-(e)s, -e> (GEO) fuentes *f pl*

Quellwasser *nt ohne pl* agua *f* de manantial

queng(e)lig ['kvɛŋ(ə)lɪç] *adj (fam)* refunfuñón, llorón

Quengelei [kvɛŋə'laɪ] *f* <-en> *(fam)* quejas *f pl; (weinerlich)* lloriqueo *m*

quengelig *adj (fam)* refunfuñón, llorón

quengeln ['kvɛŋəln] *vi (fam)* dar la lata; *(stärker)* dar el coñazo; *(weinerlich)* lloriquear

Quengler(in) *m(f)* <-s, -; -, -nen> *(fam)* quejica *mf,* criticón, -ona *m, f*

quenglig *adj s.* **quengelig**

quer [kveːɐ] *adv* ① *(rechtwinklig)* en sentido tra(n)sversal, atravesado; **~ gestreift** de rayas horizontales; **die Straße verläuft ~ zur Hauptstraße** es una calle tra(n)sversal a la calle principal; **das Auto stand ~ auf der Straße** el coche estaba atravesado en la calle ② *(schräg)* **~ über** [*o* **durch**] **...** a través de...; **~ über die Straße gehen** cruzar la calle

Querachse *f* eje *m* tra(n)sversal

Querbalken *m* (*a.* SPORT) travesaño *m*

querbeet [kveːɐ'beːt] *adj (fam)* sin rumbo fijo

Querdenker(in) *m(f)* inconformista *mf*

querdurch *adv* atravesando; **sollen wir außen herum gehen oder ~?** ¿vamos rodeando o atravesando?

Quere ['kveːrə] *f ohne pl (fam)* **jdm in die ~ kommen** *(stören)* contrariar los proyectos de alguien; *(treffen)* cruzarse con alguien

querfeldein [kveːɐfɛlt'ʔaɪn] *adv* campo a través, a campo traviesa

Querfeldeinrennen *nt* ciclocrós *m*

Querflöte *f* flauta *f* traversa

Querformat *nt* formato *m* oblongo; **im ~** oblongo

quergestreift *adj s.* **quer 1.**

Querkopf *m (fam abw)* cabezudo, -a *m, f*

Querlatte *f* ① *(Latte)* travesaño *m* ② (SPORT: *eines Tores*) larguero *m*

querlegen *vr:* **sich ~** *(fam: dagegen sein)* oponerse

Querruder *nt* (AERO) alerón *m*

Querschiff *nt* (ARCHIT) nave *f* tra(n)sversal

Querschnitt *m* ① *(Schnitt)* sección *f* tra(n)sversal, corte *m* tra(n)sversal ② *(Überblick)* muestra *f* representativa

querschnitt(s)gelähmt *adj* (MED) parapléjico (por corte medular)

Querschnitt(s)gelähmte(r) *mf* <-n, -n; -n, -n> (MED) parapléjico, -a *m, f*

Querschnitt(s)lähmung *f ohne pl* (MED) paraplejia *f*
quer|stellen *vr:* **sich ~** *(fam: dagegen sein)* oponerse
Querstraße *f* calle *f* tra(n)sversal
Querstreifen *m* raya *f* tra(n)sversal
Querstrich *m* raya *f* tra(n)sversal
Quersumme *f* (MATH) suma *f* de las cifras de un número
Querulant(in) [kveru'lant] *m(f)* <-en, -en; -nen> *(abw)* pleitista *mf*
Querverbindung *f* conexión *f* tra(n)sversal
Querverweis *m* referencia *f* cruzada
quetschen ['kvɛtʃən] **I.** *vt* ❶ *(drücken)* apretar (**gegen/an** contra), trincar (**gegen/an** contra) *Am* ❷ *(in einen Koffer)* apretujar ❸ *(verletzen)* **sich** *dat* **etw ~** pillarse algo **II.** *vr:* **sich ~** *(sich zwängen)* apretujarse
Quetschung *f* <-en> contusión *f*
Queue [kø:] *m o nt* <-s, -s> *(Billard)* taco *m*
Quiche [kiʃ] *f* <-, -s> (GASTR) quiche *m o f*
Quickie ['kwɪki] *m* <-, -s> *(sl)* polvete *m*
quicklebendig ['kvɪkle'bɛndɪç] *adj* vivo, avispado
quieken ['kvi:kən] *vi* chillar
quietschen ['kvi:tʃən] *vi* ❶ *(Tür, Reifen)* chirriar; **mit ~den Reifen** con las ruedas rechinando ❷ *(fam: Mensch)* chillar; **sie quietschte vor Vergnügen** chillaba de gusto
quietschfidel ['kvi:tʃfi'de:l] *adj (fam)* alegre como castañuelas
quietschvergnügt ['--'-] *adj (fam)* (contento) como un niño con zapatos nuevos
quillt [kvɪlt] *3. präs von* **quellen**
Quinoa [kvi'no:a] *f* <-, -s> (BOT) quinua *f*
Quinte ['kvɪntə] *f* <-n> (MUS) ❶ *(Ton)* dominante *m* ❷ *(Intervall)* quinta *f*
Quintessenz ['kvɪntɛsɛnts] *f* quintaesencia *f*
Quintett [kvɪn'tɛt] *nt* <-(e)s, -e> (MUS) quinteto *m*
Quirl [kvɪrl] *m* <-(e)s, -e> ❶ *(Küchengerät)* molinillo *m* ❷ *(fam: Mensch)* torbellino *m*
quirlen *vt* (GASTR) batir
quirlig *adj* vivaracho, despabilado
quitt [kvɪt] *adj inv (fam)* **mit jdm ~ sein** *(abgerechnet haben)* estar en paz con alguien; *(nichts mehr zu tun haben wollen)* no querer saber nada más de alguien
Quitte ['kvɪtə] *f* <-n> membrillo *m*
quittieren* [kvɪ'ti:rən] *vt* ❶ *(Empfang)* acusar recibo (de); *(Betrag)* extender un recibo (por) ❷ *(reagieren)* contestar ❸ *(aufgeben)* **den Dienst ~** presentar su dimisión
Quittung *f* <-en> ❶ *(Empfangsbescheinigung)* recibo *m;* **jdm eine ~ (über 200 Euro) ausstellen** extender a alguien un recibo (por 200 euros); **gegen ~** contra recibo ❷ *(Folgen)* consecuencias *fpl*
Quiz [kvɪs] *nt* <-, -> concurso *m* de preguntas y respuestas
Quizmaster(in) ['kvɪsma:stɐ] *m(f)* <-s, -; -nen> presentador(a) *m(f)* de concursos
Quizshow *f (im Fernsehen, Rundfunk)* concurso *m* (de preguntas y respuestas)
quoll [kvɔl] *3. imp von* **quellen**
Quote ['kvo:tə] *f* <-n> cuota *f*
Quotenfrau *f* mujer *f* de cuota
Quotenkönig *m* líder *mf* de audiencia
Quotenregelung *f* normativa *f* de cuotas
Quotient [kvo'tsjɛnt] *m* <-en, -en> (MATH) cociente *m*

Rr

R, r [ɛr] *nt* <-, -> R, r *f;* ~ **wie Richard** R de Ramón
Rabatt [ra'bat] *m* <-(e)s, -e> rebaja *f;* **auf etw ~ geben** hacer una rebaja en algo
Rabattmarke *f* sello *m* de descuento *(que se obtiene al comprar una mercancía y que da derecho a un descuento tras haber acumulado varios)*
Rabattschlacht *f* <-, -en> guerra *f* de las rebajas
Rabatz [ra'bats] *m* <-es, *ohne pl*> *(fam)* jaleo *m;* ~ **machen** armar jaleo
Rabauke [ra'baʊkə] *m* <-n, -n> *(fam)* gamberro, -a *m, f*
Rabbi ['rabi, *pl:* 'rabi:s] *m* <-(s), -s *o* Rabbinen> rabí *m*
Rabbiner [ra'bi:nɐ] *m* <-s, -> rabino *m*
Rabe ['ra:bə] *m* <-n, -n> cuervo *m*
Rabeneltern *pl (fam abw)* padres *mpl* desnaturalizados, malos padres *mpl*
Rabenmutter *f (fam abw)* mala madre *f*
rabenschwarz ['--'-] *adj* negro como el azabache
rabiat [rabi'a:t] *adj* ❶ *(gewalttätig)* violento ❷ *(Methode)* riguroso
Rache ['raxə] *f ohne pl* venganza *f* (**für** por); (**an jdm**) ~ **üben** vengarse (de alguien); **aus ~ für etw** en venganza por algo; ~ **ist süß** dulce es la venganza
Racheakt *m (geh)* acto *m* de venganza
Rachegefühl *nt* <-(e)s, -e> sentimiento *m* de venganza
Rachen ['raxən] *m* <-s, -> *(des Menschen)* faringe *f; (bei Tieren)* fauces *fpl;* **er kann den ~ nicht vollkriegen** *(fam)* nunca se cansa; **sie hat das in den falschen ~ gekriegt** *(fam)* se lo ha tomado a mal
rächen ['rɛçən] **I.** *vt* vengar (**an** en) **II.** *vr:* **sich ~** vengarse (**an** de, **für** por); **sich an jdm für etw ~** vengarse de alguien por algo
Rächer(in) *m(f)* <-s, -; -nen> *(geh)* vengador(a) *m(f)*
Rachgier *f ohne pl (geh)* deseo *m* de venganza; *(stärker)* sed *f* de venganza
Rachitis [ra'xi:tɪs, *pl:* raxi'ti:dən] *f* <Rachitiden> (MED) raquitis *f inv*
Rachsucht *f ohne pl (geh)* sed *f* de venganza
rachsüchtig *adj (geh)* vengativo
rackern ['rakɐn] *vi (fam)* currar, dar el callo
Raclette ['raklɛt, ra'klɛt] *f* <-, -s>, **Raclettegrill** *m* (plancha *f* para) raclette *f*
Raclettekäse *m* (GASTR) (queso *m*) raclette *m*
Rad [ra:t, *pl:* 'rɛ:dɐ] *nt* <-(e)s, Räder> ❶ (*a.* TECH: *an Fahrzeug*) rueda *f;* **ein ~ wechseln** cambiar una rueda; **der hat ein ~ ab** *(sl)* le falta un tornillo; **ein ~ schlagen** *(Mensch)* dar una voltereta; *(Pfau)* hacer la rueda ❷ *(fam: Fahrrad)* bici *f;* ~ **fahren** ir en bici
Radar [ra'da:ɐ] *m o nt* <-s, -e> (TECH) radar *m*
Radarantenne *f* antena *f* (de) radar
Radarfalle *f (fam)* control *m* de velocidad por radar
Radargerät *nt* equipo *m* de radar
Radarkontrolle *f* control *m* (de velocidad) por radar
Radarschirm *m* pantalla *f* de radar
Radarstation *f* (MIL, AERO) estación *f* (de) radar
Radau [ra'daʊ] *m* <-s, *ohne pl*> *(fam)* jaleo *m,* mitote *m Méx;* ~ **machen** armar jaleo
Radaufhängung *f ohne pl* (AUTO) suspensión *f* de la(s) rueda(s)
Rädchen ['rɛ:tçən] *nt* **nur ein ~ im Getriebe sein** ser solamente una pieza del engranaje
radeln ['ra:dəln] *vi sein (fam)* ir en bici (**nach/zu** a)
Rädelsführer(in) ['rɛ:dəls-] *m(f) (abw)* cabecilla *mf*
Räderwerk *nt* engranaje *m;* **das ~ der Justiz** el engranaje de la justicia
Radfahrer(in) *m(f)* ciclista *mf*
Radfahrweg *m* carril *m* para bicicletas, carril bici *m fam*
Radfelge *f* <-, -n> (AUTO) llanta *f*
Radgabel *f* horquilla *f*
Radi ['ra:di] *m* <-s, -> *(südd, Österr)* rábano *m*
Radiator [radi'a:to:ɐ] *m* <-s, -en> radiador *m*
Radicchio [ra'dɪkio] *m* <-(s), Radicchi> chicoria *f*
radieren* [ra'di:rən] *vi, vt* ❶ *(ausradieren)* borrar ❷ (KUNST) grabar (al agua fuerte)
Radierer[1] *m* <-s, -> *(fam)* goma *f* (de borrar)
Radierer(in)[2] *m(f)* <-s, -; -, -nen> aguafuertista *mf*
Radiergummi *m* goma *f* de borrar
Radierung *f* <-en> *(Kunstwerk)* aguafuerte *m*

R

Radieschen [ra'diːsçən] *nt* <-s, -> rabanito *m*
radikal [radi'kaːl] *adj* ❶ *(vollständig, rücksichtslos)* radical; **etw ~ ändern** dar un cambio radical a algo ❷ (POL) extremista, radical
Radikale(r) *mf* <-n, -n; -n> radical *mf*, extremista *mf*
radikalisieren* [radikali'ziːrən] *vt* radicalizar
Radikalisierung *f* <-, -en> radicalización *f*
Radikalismus [radika'lɪsmʊs] *m* <-, *ohne pl*> radicalismo *m*
Radikalkur [--'--] *f* cura *f* radical
Radio ['raːdio] *nt* <-s, -s> radio *f*; **das ~ einschalten** poner la radio; **~ hören** escuchar la radio
radioaktiv [----'-] *adj* radi(o)activo
Radioaktivität [radioʔaktivi'tɛːt] *f ohne pl* radi(o)actividad *f*
Radioapparat ['raːdio-] *m* (aparato *m* de) radio *f*
Radiologe, -in [radio'loːgə] *m, f* <-n, -n; -nen> (MED) radiólogo, -a *m, f*
Radiologie *f ohne pl* (MED) radiología *f*
Radiologin *f* <-nen> *s.* **Radiologe**
Radiorekorder ['raːdiorekɔrdɐ] *m* radiocasete *m*
Radiosender *m* emisora *f* de radio
Radiotechnik *f ohne pl* radiotecnia *f*
Radioteleskop *nt* (ASTR) radiotelescopio *m*
Radiowecker *m (fam)* radiodespertador *m*
Radiowelle *f* (PHYS) onda *f* radioeléctrica
Radius ['raːdiʊs] *m* <-, Radien> ❶ (MATH) radio *m* ❷ *(Reichweite)* radio *m* de acción; *(geistig)* horizonte *m*
Radkappe *f* (AUTO) tapacubos *m inv*
Radlager *nt* cojinete *m* de la rueda
Radler[1] *m* <-s, -> *(reg) bebida a base de cerveza y limonada*
Radler(in)[2] ['raːdlɐ] *m(f)* <-s, -; -nen> ciclista *mf*
Radlerhose *f* pantalón *m* de ciclista
Radlerin *f* <-nen> *s.* **Radler**[2]
Radrennbahn *f* velódromo *m*
Radrennen *nt* carrera *f* ciclista
Radrennfahrer(in) *m(f)* ciclista *mf* de carreras
Radsport *m* ciclismo *m*
Radsportler(in) *m(f)* ciclista *mf*
Radtour *f* excursión *f* en bicicleta
Radwanderung *f* <-, -en> excursión *f* en bicicleta *(de varios días)*
Radwechsel *m* cambio *m* de neumático(s)
Radweg *m s.* **Radfahrweg**
RAF [ɛrʔaː'ʔɛf] *f Abk. von* **Rote-Armee-Fraktion** Fracción *f* del Ejército Rojo *(grupo terrorista alemán de ultraizquierda)*
raffen ['rafən] *vt* ❶ *(abw: gierig ergreifen)* acaparar; **etw an sich ~** apoderarse de algo ❷ *(in Falten legen)* plisar ❸ *(Abhandlung)* abreviar; **etw gerafft wiedergeben** resumir algo ❹ *(fam: verstehen)* coger; **hast du's nun endlich gerafft?** ¿te has enterado de una vez?
Raffgier *f* avaricia *f*
raffgierig *adj* avaricioso
Raffinerie [rafinə'riː] *f* <-n> refinería *f*
Raffinesse[1] [rafi'nɛsə] *f* <-n> *(Feinheit)* refinamiento *m;* **mit technischen ~n ausgestattet** provisto de refinamientos técnicos
Raffinesse[2] *f ohne pl (Schlauheit)* astucia *f*
raffinieren* [rafi'niːrən] *vt* refinar
raffiniert [rafi'niːɐt] *adj* ❶ *(schlau)* astuto ❷ *(ausgeklügelt)* sofisticado ❸ *(verfeinert)* refinado
Raffiniertheit *f* <-, *ohne pl*> *(Schlauheit)* astucia *f*
Rafting ['raːftɪŋ] *nt* <-s, *ohne pl*> descenso *m* en balsa, rafting *m*
Rage ['raːʒə] *f ohne pl (fam)* rabia *f*, furia *f*; **in ~ sein/kommen** estar/ponerse furioso
ragen ['raːgən] *vi* sobresalir (**aus** de); *(sich erheben)* elevarse (**aus** por encima de); **die Berge ragten in der Ferne/in den Himmel empor** los montes se elevaban a lo lejos/hasta el cielo; **Steine ~ aus dem Sand** sobresalen piedras de la arena
Ragout [ra'guː] *nt* <-s, -s> (GASTR) ragú *m*
Rahm [raːm] *m* <-(e)s, *ohne pl*> *(Schweiz, Österr, südd)* nata *f*; **süßer/saurer ~** nata dulce/agria
rahmen ['raːmən] *vt* enmarcar
Rahmen[1] ['raːmən] *m* <-s, -> ❶ *(Bilder-, Türrahmen)* marco *m* ❷ *(Fahrrad-, Motorradrahmen)* cuadro *m;* (AUTO) armazón *m* o *f*
Rahmen[2] *m* <-s, *ohne pl*> marco *m; (Bereich)* ámbito *m; (Gegebenheit)* ambiente *m;* **der äußere ~ der Veranstaltung** el ambiente del acto; **im kleineren ~** a escala reducida; **im ~ des Möglichen** dentro de lo posible; **im ~ der geltenden Gesetze** en el marco de la legalidad vigente; **aus dem ~ fallen** salirse de lo común; **den ~ sprengen** rebasar los límites; **sich im ~ halten** *(fam)* no pasarse de rosca
Rahmenabkommen *nt* acuerdo *m* básico
Rahmenbedingung *f* condición *f* (previa); **die ~en für etw schaffen** sentar las bases necesarias para algo
Rahmenhandlung *f* (LIT) trama *f* que sirve de marco

R

Rahmkäse *m* queso *m* blando muy graso
Rahmsoße *f* salsa *f* con crema
Rail [re:l] *nt* <-(s), -s> (SPORT) rail *m* esquí
räkeln ['rɛ:kəln] *vr s.* **rekeln**
Rakete [ra'ke:tə] *f* <-n> ❶ (MIL) misil *m* ❷ *(Raumfahrt, Feuerwerksrakete)* cohete *m*
Raketenabwehrsystem *nt* (MIL) sistema *m* antimisil
Raketenwerfer *m* (MIL) lanzacohetes *m inv*
Rallye ['rɛli] *f* <-s> rally *m*
Rallyefahren *nt* rally *m*
Rallyefahrer(in) *m(f)* conductor(a) *m(f)* de rallys
RAM [ram] *nt* <-(s), -(s)> (INFOR) *Abk. von* **random access memory** RAM *m*
Ramadan [rama'da:n] *m* <-(s), *ohne pl*> (REL) ramadán *m*
Rambazamba ['ramba'tsamba] *nt* <-s, *ohne pl*> *(fam)* ❶ *(gute Stimmung)* juerga *f;* ~ **machen** ir de juerga ❷ *(Randale)* follón *m;* ~ **machen** armar un follón
Rambutan [ram'bu:tan] *f* <-, -s> (BOT) rambután *m*
rammdösig ['ramdø:zɪç] *adj (sl)* entontecido, atónito
rammeln ['raməln] **I.** *vi* ❶ *(Tiere)* aparearse; *(vulg: Menschen)* follar ❷ *(fam: stoßend drängen)* empujar; **gerammelt voll** lleno hasta los topes **II.** *vr:* **sich** ~ *(fam)* ❶ *(sich balgen)* pelearse ❷ *(sich stoßen)* golpearse
rammen ['ramən] *vt* ❶ *(in den Boden)* clavar (**in** en) ❷ *(stoßen)* chocar (**gegen** contra); *(Schiff)* abordar ❸ *(beschädigen)* dañar
Rampe ['rampə] *f* <-n> ❶ *(Auffahrt)* rampa *f* ❷ *(zum Be- und Entladen)* muelle *m* de carga
Rampenlicht *nt* (THEAT) candilejas *fpl;* **im ~ stehen** estar en primera plana
ramponieren* [rampo'ni:rən] *vt (fam)* estropear, romper
Ramsch [ramʃ] *m* <-(e)s, -e> *(fam abw: Ausschussware)* baratillo *m; (Kram)* cachivaches *mpl*
Ramschladen *m (fam abw)* baratillo *m*
Ramschniveau *nt (fam) escasísimo nivel de solvencia de un Estado, instituto de crédito, etc.*
Ramschware *f* <-, -n> *(fam abw)* (artículos *mpl* de) baratillo *m,* (artículos *mpl* de) pacotilla *f,* baratijas *fpl*
RAM-Speicher *m* (INFOR) RAM *m,* memoria *f* RAM
ran [ran] *adv (fam)* por aquí
Ranch *f* <-, -(e)s> rancho *m*
Rand [rant, *pl:* 'rɛndɐ] *m* <-(e)s, Ränder> ❶ *(an Gefäß, Straße, Abgrund, a. fig)* borde *m; (Tischrand)* canto *m; (Stadtrand)* periferia *f;* **bis zum ~ voll** lleno hasta el borde; **am ~(e) des Ruins** al borde de la ruina; **dunkle Ränder um die Augen haben** tener ojeras; **etw am ~e bemerken** decir algo de paso ❷ *(Schmuckrand)* orla *f* ❸ (TYPO) margen *m* ❹ *(Wend)* **außer ~ und Band sein** *(fam)* estar fuera de quicio; **mit jdm/mit etw** *dat* **nicht zu ~e kommen** *(fam)* no poder con alguien/con algo; *s. a.* **zurande**
Randale [ran'da:lə] *f ohne pl* jaleo *m;* ~ **machen** armar jaleo
randalieren* [randa'li:rən] *vi* alborotar, hacer escándalo
Randalierer(in) *m(f)* <-s, -; -nen> vándalo, -a *m, f*
Randbemerkung *f* ❶ *(schriftlich)* nota *f* marginal ❷ *(mündlich)* comentario *m* dicho de paso
Rande ['randə] *f* <-, -n> *(Schweiz)* remolacha *f*
Randerscheinung *f* fenómeno *m* secundario
Randfigur *f* personaje *m* secundario
Randgruppe *f* grupo *m* marginal
randlos *adj (Brille)* sin montura
Randnotiz *f* <-, -en> ❶ *(handschriftliche Notiz)* nota *f* marginal ❷ *(beiläufige Erwähnung)* observación *f* marginal, comentario *m* marginal
Randphänomen *nt* fenómeno *m* marginal
rang [raŋ] *3. imp von* **ringen**
Rang¹ [raŋ, *pl:* 'rɛŋə] *m* <-(e)s, Ränge> ❶ *(Grad)* rango *m;* (MIL) grado *m; (Stellung)* posición *f;* **einen hohen ~ bekleiden** ocupar un alto rango ❷ (THEAT) palco *m;* **im ersten ~** en el palco principal; **erster ~** primer balcón; **zweiter ~** anfiteatro ❸ (SPORT) lugar *m*
Rang² *m* <-(e)s, *ohne pl*> *(Stellenwert)* importancia *f; (Güte)* calidad *f;* **alles, was ~ und Namen hat** la alta sociedad
Rangabzeichen *nt* <-s, -> (MIL) insignia *f* de rango
ran|gehen ['ran-] *irr vi sein (fam)* poner manos a la obra; **der geht aber ran!** ¡así se hace!
Rangelei [raŋə'laɪ] *f* <-en> *(fam)* pelea *f*
rangeln ['raŋəln] *vi (fam)* pelearse (**um** por)
Rangfolge *f* jerarquía *f*
ranghöchste(r, s) *adj* de grado más elevado
Ranghöchste(r) *mf* <-n, -n; -n, -n> el de grado más elevado
Rangierbahnhof [rã'ʒi:ɐ-, raŋ'ʒi:ɐ-] *m* (EISENB) estación *f* de maniobras

R

rangieren* [rã'ʒiːrən, raŋ'ʒiːrən] **I.** *vi (Rang einnehmen)* figurar (**an** en); **sie rangiert an letzter Stelle** ocupa el último puesto **II.** *vt (Waggons)* cambiar de vía
Rangiergleis [rã'ʒiːɐ-, raŋ'ʒiːɐ-] *nt* <-es, -e> vía *f* de maniobras
Rangliste *f* (SPORT) clasificación *f*
rangmäßig *adv* según el rango
Rangordnung *f* jerarquía *f*
ran|halten *irr vr:* **sich ~** *(fam)* ❶ *(sich beeilen)* darse prisa ❷ *(rasch zugreifen)* reaccionar rápidamente
rank [raŋk] *adj (geh)* **~ und schlank sein** ser delgado y esbelto
Ranke ['raŋkə] *f* <-n> (BOT) zarcillo *m*
ranken ['raŋkən] *vr:* **sich ~** ❶ *(Pflanze)* trepar ❷ *(Erzählung)* **um die Ruine ~ sich viele Legenden** la ruina es centro de muchas leyendas
Ränkespiel *nt* <-(e)s, -e> intrigas *fpl*
Ranking ['rɛŋkɪŋ] *nt* <-s, -s> clasificación *f* (por puntos), "ranking" *m;* **unsere Universität hat beim letzten ~ gut abgeschnitten** nuestra universidad ha obtenido una buena posición en la última clasificación
ran|klotzen *vi (fam)* deslomarse
ran|kommen *irr vi sein (fam)* ❶ *(sich nähern)* acercarse (**an** a) ❷ *(heranreichen)* alcanzar (**an**) ❸ *(Zugang haben)* tener acceso (**an** a); *(kaufen)* poder adquirir (**an**)
ran|lassen *irr vt (fam)* ❶ *(näher kommen lassen)* dejar acercarse; **das Reh ließ mich ganz nahe** (**an sich**) **ran** el corzo dejó que me le acercara mucho ❷ *(versuchen lassen)* dejar intentar; **lass mich doch mal ran!** ¡déjame a mí!
ran|machen *vr:* **sich ~** *(fam)* ❶ *(beginnen)* ponerse (**an** a +*inf*) ❷ *(an Person)* rondar (**an** a)
rann [ran] *3. imp von* **rinnen**
rannte ['rantə] *3. imp von* **rennen**
ran|schmeißen *irr vr (fam)* **sich an jdn ~** *(sich anbiedern)* arremeter contra alguien; *(anmachen)* tirar los tejos a alguien
Ranzen ['rantsən] *m* <-s, -> ❶ *(Schultasche)* cartera *f* del colegio *(para llevar a la espalda)* ❷ *(fam: Bauch)* barriga *f*
ranzig ['rantsɪç] *adj* rancio
Rap [rɛp] *m* <-(s), -s> (MUS) rap *m*
rapid(e) [ra'piːt, ra'piːdə] *adj* pronto
Rappe ['rapə] *m* <-n, -n> caballo *m* negro
rappelig *adj (fam)* ❶ *(verrückt)* loco; **~ werden** volverse loco ❷ *(nervös)* inquieto, nervioso
rappeln ['rapəln] *vi (fam)* golpetear; **gerappelt voll sein** estar a tope
rappen ['rɛpən] *vi* (MUS) rapear
Rappen ['rapən] *m* <-s, -> céntimo *m* suizo
Rapper(in) ['rɛpɐ] *m(f)* <-s, -; -, -nen> rapero, -a *m, f*
Rapport [ra'pɔrt] *m* <-(e)s, -e> informe *m*
Raps [raps] *m* <-es, -e> colza *f*
rar [raːɐ] *adj (selten)* raro; *(knapp vorhanden)* escaso; **~ sein** escasear
Rarität [rari'tɛːt] *f* <-en> rareza *f*
rarmachen *vr* **sich ~** *(fam)* no dejarse ver el pelo
rasant [ra'zant] **I.** *adj* ❶ *(fam: Fahrt, Entwicklung)* rapidísimo; *(Tempo)* tremendo ❷ *(fam: schnittig)* aerodinámico ❸ *(Ballistik)* rasante **II.** *adv (fam: schnell)* como un rayo
rasch [raʃ] **I.** *adj* rápido **II.** *adv* de prisa
rascheln ['raʃəln] *vi (Seide, Laub, Stroh)* crujir; *(Maus, Papier)* hacer ruido
rasen ['raːzən] *vi* ❶ *sein (fam: Person, Fahrzeug)* ir a toda mecha; **mein Puls rast** tengo el pulso a cien; **die Zeit rast** el tiempo pasa volando ❷ *(toben)* enfurecerse (**vor** de); **du machst mich ~d** me vuelves loco
Rasen ['raːzən] *m* <-s, -> césped *m*
rasend **I.** *adj* ❶ *(Geschwindigkeit)* vertiginoso ❷ *(Beifall)* frenético; *(Schmerzen)* atroz **II.** *adv (fam: sehr)* muy; **ich würde es ~ gern probieren** me gustaría muchísimo intentarlo
Rasenmäher *m* <-s, -> cortacésped *m o f*
Rasensprenger *m* <-s, -> aspersor *m* para césped
Rasentrimmer [-'trɪmɐ] *m* <-s, -> *(für Gartenarbeit)* desbrozadora *f*
Raser(in) *m(f)* <-s, -; -nen> *(fam abw)* loco, -a *m, f* de la carretera [*o* del volante]
Raserei *f* <-en> ❶ *(das Wüten)* rabia *f,* furia *f;* **jdn zur ~ bringen** poner furioso a alguien ❷ *(fam: schnelles Fahren)* velocidad *f* vertiginosa
Raserin *f* <-nen> *s.* **Raser**
Rasierapparat *m* maquinilla *f* de afeitar; *(elektrisch)* máquina *f* de afeitar
Rasiercreme *f* crema *f* de afeitar
rasieren* [ra'ziːrən] **I.** *vt* afeitar; **glatt rasiert** bien afeitado; **ich möchte mich ~ lassen** quiero que me afeiten **II.** *vr:* **sich ~** afeitarse; **er rasiert sich nass/trocken** se afeita a navaja/con la maquinilla
Rasierer *m* <-s, -> *(fam)* maquinilla *f* de afeitar; *(elektrisch)* afeitadora *f*
Rasierklinge *f* hoja *f* de afeitar
Rasiermesser *nt* <-s, -> navaja *f* de afeitar
Rasierpinsel *m* brocha *f* de afeitar
Rasierschaum *m* espuma *f* de afeitar

Rasierwasser *nt* loción *f* para después del afeitado
Rasierzeug *nt ohne pl* utensilios *mpl* para afeitar(se)
Räson [rɛ'zõ:] *f* <-, *ohne pl*> **jdn zur ~ bringen** hacer entrar a alguien en razón; **zur ~ kommen** avenirse a razones
raspeln ['raspəln] *vt* ❶ *(Holz)* raspar ❷ *(Nüsse, Schokolade)* rallar
Rasse ['rasə] *f* <-n> (BIOL) raza *f*
Rassehund *m* perro *m* de raza
Rassel ['rasəl] *f* <-n> ❶ (MUS) matraca *f* ❷ *(Kinderspielzeug)* sonajero *m*
Rasselbande *f (fam)* pandilla *f* de niños traviesos
rasseln ['rasəln] *vi* ❶ *(Wecker)* sonar con ruido metálico; *(Kette)* hacer un ruido metálico ❷ *sein (fam)* **durch ein Examen ~** catear un examen
Rassendiskriminierung *f* discriminación *f* racial
Rassenkonflikt *m* <-(e)s, -e> conflicto *m* racial
Rassenmischung *f* ❶ *(von Menschenrassen)* mezcla *f* de razas ❷ *(von Tierrassen)* cruce *m* de razas
Rassentrennung *f ohne pl* segregación *f* racial
Rassenunruhen *fpl* disturbios *mpl* raciales
Rassenvorurteil *nt* <-s, -e> prejuicio *m* racial
rassig *adj* racial; *(feurig)* fogoso
rassisch *adj* racial
Rassismus [ra'sɪsmʊs] *m* <-, *ohne pl*> racismo *m*
Rassist(in) [ra'sɪst] *m(f)* <-en, -en; -nen> racista *mf*
rassistisch *adj* racista
R
Rast [rast] *f* <-en> descanso *m;* (MIL) alto *m;* **~ machen** descansar
rasten ['rastən] *vi* descansar
Raster[1] ['rastɐ] *m* <-s, -> (TYPO) ❶ *(zur Zerlegung einer Bildfläche)* reticulador *m* ❷ *(Liniennetz)* retícula *f*
Raster[2] *nt* <-s, -> ❶ (TV) trama *f* ❷ *(System)* sistema *m;* **etw in ein ~ einordnen** clasificar algo
Rasterfahndung *f* <-, -en> *control computerizado de ciertos datos de un amplio grupo de personas con fines criminológicos*
Rasthof *m* área *f* de servicio
rastlos *adj* ❶ *(ununterbrochen)* incesante, continuo; *(unermüdlich)* incansable ❷ *(unstet)* inconstante; *(unruhig)* inquieto
Rastlosigkeit *f* <-, *ohne pl*> ❶ *(Unermüdlichkeit)* esfuerzo *m* infatigable ❷ *(Unrast)* desasosiego *m*
Rastplatz *m* área *f* de descanso
Raststätte *f* restaurante *m* de autopista
Rasur [ra'zu:ɐ] *f* <-en> afeitado *m*
Rat[1] [ra:t, *pl:* 'rɛ:tə] *m* <-(e)s, Räte> *(Gremium)* consejo *m; (kommunal)* concejo *m;* **Großer ~** *(Schweiz)* parlamento cantonal suizo
Rat[2] *m* <-(e)s, *ohne pl*> *(Empfehlung)* consejo *m;* **jdm den ~ geben, etw zu tun** aconsejar a alguien hacer algo; **ein Buch/seinen Arzt zu ~e ziehen** consultar un libro/a su médico; **sich** *dat* **keinen ~ mehr wissen** no saber ya qué hacer
Rat, Rätin[3] *m, f* <-(e)s, Räte; -nen> consejero, -a *m, f*
rät [rɛ:t] *3. präs von* **raten**
Rate ['ra:tə] *f* <-n> ❶ *(bei Kauf)* plazo *m;* **etw auf ~n kaufen** comprar algo a plazos; **in ~n zahlen** pagar a plazos ❷ *(Verhältniszahl, Preis)* tasa *f*
raten ['ra:tən] <rät, riet, geraten> *vi, vt* ❶ *(empfehlen)* aconsejar; **jdm zu etw** *dat* **~** aconsejar algo a alguien ❷ *(erraten)* adivinar; **falsch ~** no adivinar; **richtig ~** acertar; **dreimal darfst du ~!** *(fam)* ¡adivina, adivinanza!
Ratenkauf *m* compra *f* a plazos
ratenweise *adv* en cuotas; **~ Zahlung** pago a plazos; **ein Auto ~ abbezahlen** pagar un coche a plazos
Ratenzahlung *f* pago *m* a plazos
Ratespiel *nt* (TV) concurso *m* de preguntas y respuestas
Ratgeber[1] *m* <-s, -> *(Buch)* guía *f*
Ratgeber(in)[2] *m(f)* <-s, -; -nen> consejero, -a *m, f*
Rathaus *nt* ayuntamiento *m,* municipalidad *f Am,* diputación *f Méx*
ratifizieren* [ratifi'tsi:rən] *vt* (JUR) ratificar
Ratifizierung *f* <-en> (JUR) ratificación *f*
Rätin *f* <-nen> *s.* **Rat**[3]
Ration [ra'tsjo:n] *f* <-en> ración *f*
rational [ratsjo'na:l] *adj* (*a.* MATH) racional
rationalisieren* [ratsjonali'zi:rən] *vi, vt* racionalizar
Rationalisierung *f* <-en> racionalización *f*
Rationalismus [ratsjona'lɪsmʊs] *m* <-, *ohne pl*> (*a.* PHILOS) racionalismo *m;* **kritischer ~** racionalismo crítico
Rationalist(in) *m(f)* <-en, -en; -, -nen> (*a.* PHILOS) racionalista *mf*
rationell [ratsjo'nɛl] *adj* racional; *(sparsam)* económico
rationieren* [ratsjo'ni:rən] *vt* racionar
Rationierung *f* <-en> racionamiento *m*
ratlos *adj* desorientado; *(verwirrt)* desconcertado, confuso; **~ sein** no saber qué hacer

Ratlosigkeit *f ohne pl* desorientación *f; (Verwirrung)* desconcierto *m,* confusión *f*

Rätoromane, -in [rɛtoro'maːnə] *m, f* retorromano, -a *m, f*

rätoromanisch [rɛtoro'maːnɪʃ] *adj* retorrománico

ratsam ['raːtzaːm] *adj* aconsejable; *(passend)* conveniente

ratschen ['raːtʃən] *vi (fam)* emitir un sonido seco

Ratschlag *m* consejo *m;* **(jdm) Ratschläge erteilen** dar consejos (a alguien)

Rätsel ['rɛːtsəl] *nt* <-s, -> ① *(Denkaufgabe)* adivinanza *f; (Bilderrätsel)* jeroglífico *m; (Kreuzworträtsel)* crucigrama *m; (Silbenrätsel)* charada *f;* **~ raten** jugar a las adivinanzas; **ein ~ aufgeben** proponer una adivinanza ② *(Geheimnis)* enigma *m;* **das ist des ~s Lösung** ahí está el quid de la cuestión; **es ist mir ein ~, warum sie nicht früher kam** no acierto a entender por qué no vino antes

rätselhaft *adj* enigmático, misterioso; **das ist mir ~** no me lo explico

rätseln *vi* especular (**über** sobre)

Ratsherr(in) *m(f)* concejal(a) *m(f)*

Ratsmitglied *nt* concejal(a) *m(f)*

Ratsversammlung *f* reunión *f* del ayuntamiento

Ratte ['ratə] *f* <-n> rata *f*

Rattenfänger *m* (HIST: *jd, der Ratten fängt*) cazador *m* de ratas; **der ~ von Hameln** el Flautista de Hamelín

Rattengift *nt* raticida *m*

Rattenschwanz *m* ① *(Schwanz einer Ratte)* rabo *m* de rata ② *(Serie)* sinfín *m*

rattern ['ratɐn] *vi* ① *(Zug)* traquetear; *(Maschinengewehr)* tabletear ② *sein (fortbewegen)* traquetear (**über/durch** por)

ratzekahl ['ratsə'kaːl] *adv (fam)* completamente vacío; **alles ~ aufessen** no dejar ni una miga

ratzen ['ratsən] *vi (fam)* dormir a pierna suelta

ratzeputz ['ratsə'pʊts] *adv (südd: fam) s.* **ratzekahl**

rau [raʊ] *adj* ① *(Papier, Haut)* áspero ② *(Stimme)* ronco; *(Hals)* inflamado ③ *(Klima)* duro; *(Luft)* frío; *(Gegend)* salvaje ④ *(Mensch)* rudo ⑤ *(Wend)* **in ~en Mengen** *(fam)* en masas

Raub [raʊp] *m* <-(e)s, -e> ① *(das Rauben)* robo *m; (Überfall)* asalto *m; (Entführung)* secuestro *m* ② *(Beute)* presa *f*

Raubbau *m ohne pl* (AGR) cultivo *m* exhaustivo; (BERGB) explotación *f* abusiva; **ökologischen ~ treiben** agotar los recursos naturales

Raubdruck *m* edición *f* pirata

raubeinig *adj (fam)* tosco pero majo

rauben ['raʊbən] *vi, vt* robar; *(entführen)* secuestrar; **das raubt mir den Schlaf** *(geh)* esto me quita el sueño

Räuber(in) ['rɔɪbɐ] *m(f)* <-s, -; -nen> ladrón, -ona *m, f*

Räuberbande *f* <-, -n> pandilla *f* de ladrones, cuadrilla *f* de ladrones

Räuberhöhle *f* <-, -n> cueva *f* de ladrones

Räuberin *f* <-nen> *s.* **Räuber**

räuberisch *adj* de ladrones; **~e Erpressung** extorsión *f*

Raubfisch *m* (ZOOL) pez *m* depredador

Raubkatze *f* felino *m*

Raubkopie *f* copia *f* pirata

Raubkopierer(in) *m(f)* <-s, -; -, -nen> persona *f* que hace copias pirata

Raubmord *m* robo *m* con homicidio

Raubmörder(in) *m(f)* <-s, -; -, -nen> ladrón, -ona *m, f* asesino, -a

Raubtier *nt* (animal *m*) carnívoro *m*

Raubüberfall *m* asalto *m;* **einen ~ auf jdn begehen** asaltar a alguien

Raubvogel *m* ave *f* de rapiña

Rauch [raʊx] *m* <-(e)s, *ohne pl*> humo *m;* **sich in ~ auflösen** *(fig)* desvanecerse

Rauchbombe *f* <-, -n> bomba *f* de humo

rauchen **I.** *vi* ① *(Person)* fumar, pitar *AmS;* **„R~ verboten"** "prohibido fumar" ② *(Feuer)* humear, echar humo; **mir raucht der Kopf vom vielen Lernen** *(fam fig)* me echa humo la cabeza de tanto estudiar **II.** *vt* fumar

Rauchentwicklung *f* formación *f* de humo

Raucher(in) *m(f)* fumador(a) *m(f)*

Raucherabteil *nt* (EISENB) compartim(i)ento *m* de fumadores

Räucherfisch *m* pescado *m* ahumado

Raucherin *f* <-nen> *s.* **Raucher**

Räucherlachs *m* salmón *m* ahumado

räuchern ['rɔɪçɐn] *vt* ahumar

Räucherspeck *m* tocino *m* ahumado

Räucherstäbchen *nt* pebete *m*

Raucherzone *f* zona *f* para fumadores

Rauchfahne *f* estela *f* de humo

Rauchfang *m* campana *f* de la chimenea

Rauchfleisch *nt* carne *f* ahumada

rauchig *adj* ① *(raucherfüllt)* lleno de humo ② *(Stimme)* ronco ③ *(Geschmack)* ahumado

Rauchmelder *m* detector *m* de humos

Rauchsignal *nt* señal *f* de humo

Rauchverbot *nt* prohibición *f* de fumar; **hier herrscht ~** aquí no se puede fumar

Rauchvergiftung *f* intoxicación *f* por (el) humo

räudig *adj* sarnoso
rauf [raʊf] *adv (fam)* hacia arriba; *s. a.* **hinauf**, **herauf**
Raufasertapete *f* papel *m* de fibra gruesa
Raufbold *m* <-(e)s, -e> *(abw)* camorrista *mf*
raufen [ˈraʊfən] *vi, vr:* **sich** ~ pelearse (**mit** con, **um** por)
Rauferei *f* <-en> *(fam)* pelea *f*
rauflustig *adj* pendenciero; ~ **sein** ser un pendenciero
Rauheit *f ohne pl* ① *(von Material)* aspereza *f* ② *(von Stimme)* ronquedad *f* ③ *(des Klimas)* destemplanza *f* ④ *(im Benehmen)* rudeza *f*
Raum[1] [raʊm, *pl:* ˈrɔɪmə] *m* <-(e)s, Räume> ① (*a.* PHILOS, MATH) espacio *m* ② *(Zimmer)* habitación *f*, pieza *f Am; (Räumlichkeit)* local *m;* **eine Frage steht im ~** una cuestión está pendiente; **eine These in den ~ stellen** exponer una tesis ③ *(Gebiet)* zona *f;* **im ~ Frankfurt** en la zona de Francfort
Raum[2] *m* <-(e)s, *ohne pl*> ① (*a.* ASTR, PHYS) espacio *m;* **luftleerer ~** (PHYS) vacío *m* ② *(Platz)* sitio *m;* **zu viel ~ einnehmen** ocupar demasiado sitio
Raumanzug *m* traje *m* espacial
Raumaufteilung *f* distribución *f* de las habitaciones
Raumausstatter(in) *m(f)* decorador(a) *m(f)* de interiores, interiorista *mf*
Raumduft *m* ambientador *m*
räumen [ˈrɔɪmən] *vt* ① *(wegräumen)* retirar (**von** de); *(Schnee)* quitar; *(einräumen)* poner (**in** en); *(ausräumen)* sacar (**aus** de) ② *(Gebäude)* desalojar; *(Straße)* desocupar; *(durch die Polizei)* efectuar el desalojo (de); **das Lager ~** liquidar las existencias
Raumfähre *f* nave *f* espacial
Raumfahrer(in) *m(f)* <-s, -; -, -nen> astronauta *mf*
Raumfahrt *f ohne pl* astronáutica *f;* **bemannte ~** astronáutica tripulada
Raumflug *m* vuelo *m* espacial
Rauminhalt *m* (MATH) volumen *m*
Raumkapsel *f* cápsula *f* espacial
Raumklang *m* sonido *m* espacial
räumlich [ˈrɔɪmlɪç] *adj* ① *(den Raum betreffend)* espacial ② *(dreidimensional)* tridimensional
Raummaß *nt* medida *f* de capacidad
Raumordnung *f (formal)* planificación *f* territorial
Raumpfleger(in) *m(f)* encargado, -a *m, f* de la limpieza
Raumplanung *f (formal) s.* **Raumordnung**
Raumschiff *nt* nave *f* espacial
Raumsonde *f* sonda *f* espacial
raumsparend *adj* que requiere poco espacio
Raumstation *f* estación *f* espacial
Räumung [ˈrɔɪmʊŋ] *f* <-en> ① *(einer Wohnung)* desalojo *m; (durch Polizei)* despejo *m* ② *(eines Lagers)* liquidación *f* de existencias
Räumungsbefehl *m* orden *f* de desalojo
Räumungsklage *f* (JUR) demanda *f* de desahucio
Räumungspreis *m* (WIRTSCH) precio *m* de liquidación
Räumungsverkauf *m* (WIRTSCH) liquidación *f*
raunen [ˈraʊnən] *vi, vt (geh)* murmurar; **ein R~ ging durch das Publikum** un murmullo se extendió por entre el público
Raupe [ˈraʊpə] *f* <-n> ① *(Schmetterlingslarve)* oruga *f* ② *(Planierraupe)* aplanadora *f* ③ *(Raupenkette)* oruga *f*
Raupenfahrzeug *nt* vehículo *m* oruga
Raupenkette *f* cadena *f* de oruga
Raureif *m* <-(e)s, *ohne pl*> escarcha *f*
raus [raʊs] *adv (fam)* (hacia) fuera, afuera; **~ da!** ¡fuera de ahí!; *s. a.* **heraus**, **hinaus**
raus|bekommen* *irr vt (fam)* ① *(Wechselgeld)* recibir de vuelta ② *(Aufgabe)* resolver; *(Geheimnis)* descubrir ③ (MATH) sacar ④ *(Fleck)* poder quitar; *(Nagel)* poder sacar ⑤ *(erfahren)* llegar a saber
raus|bringen *irr vt (fam: nach draußen bringen)* sacar, llevar afuera; *s. a.* **herausbringen**
Rausch [raʊʃ, *pl:* ˈrɔɪʃə] *m* <-(e)s, Räusche> ① *(Trunkenheit)* embriaguez *f;* **sich** *dat* **einen ~ antrinken** coger(se) una trompa; **seinen ~ ausschlafen** *(fam)* dormir la mona ② *(Ekstase)* éxtasis *m inv*
rauscharm *adj* (TEL, RADIO) de pocas interferencias
rauschen [ˈraʊʃən] *vi* ① *(Baum, Wind, Bach)* murmurar; *(Meer)* bramar; *(Telefon)* haber interferencias; *(Seide)* crujir; **~der Beifall** aplauso tempestuoso; **ein ~des Fest** una fiesta a lo grande ② *sein (sich irgendwohin begeben)* dirigirse (**in/zu** a); **aus dem/durch das Zimmer ~** abandonar/cruzar la habitación
Rauschgift *nt* droga *f*, estupefaciente *m*
Rauschgiftdezernat *nt* <-(e)s, -e> departamento *m* de estupefacientes
Rauschgifthandel *m* narcotráfico *m*
Rauschgifthändler(in) *m(f)* <-s, -; -, -nen> narcotraficante *mf*
Rauschgiftsucht *f ohne pl* toxicomanía *f*
rauschgiftsüchtig *adj* toxicómano
Rauschgiftsüchtige(r) *mf* toxicómano, -a *m, f*

Rauschmittel *nt* <-s, -> estupefaciente *m*
raus|ekeln *vt (fam)* **jdn** ~ hacer la vida imposible a alguien (hasta que se va)
raus|fliegen *irr vi sein (fam)* ❶ *(Vogel)* salir volando (**aus** de) ❷ *(Person)* ser echado (**aus** de)
raus|gehen *irr vi sein (fam)* salir; *s. a.* **herausgehen, hinausgehen**
raus|kommen *irr vi sein (fam)* salir; *s. a.* **herauskommen**
raus|kriegen *vt (fam) s.* **rausbekommen**
raus|nehmen *irr vt (fam)* sacar; *s. a.* **herausnehmen**
räuspern ['rɔɪspɐn] *vr:* **sich** ~ carraspear
raus|rücken I. *vi sein (fam: zugeben)* soltar; **rück mit der Wahrheit raus!** ¡desembucha ya! **II.** *vt (fam: hergeben)* soltar; **rück mal etwas Geld raus!** ¡suelta un par de duros!
raus|schmeißen *irr vt (fam)* ❶ *(nach draußen werfen, wegschmeißen)* tirar (**aus** de/por, **zu** por); **das ist rausgeschmissenes Geld** esto es dinero perdido ❷ *(entlassen)* echar (**aus** de); **sie hat ihn rausgeschmissen** le puso de patitas en la calle
Rausschmeißer(in) *m(f)* <-s, -; -nen> *(fam)* gorila *mf*, matón, -ona *m, f*
Rausschmiss *m* <-es, -e> *(fam)* despido *m*
Raute ['raʊtə] *f* <-n> ❶ (BOT) ruda *f* ❷ (MATH) rombo *m*
rautenförmig *adj* rómbico, rombal
Rave [reɪv] *m o nt* <-(s), -s> (MUS) rave *m;* ~ **Musik** música rave; ~ **Bewegung** movimiento rave
Ravioli [ra'vio:li] *pl* raviolis *mpl*
Razzia ['ratsja, *pl:* 'ratsjən] *f* <Razzien> redada *f*, razia *f*
Reagenzglas [rea'gɛnts-] *nt* (CHEM) tubo *m* de ensayo
reagieren* [rea'gi:rən] *vi* ❶ *(Person)* reaccionar (**auf** a/ante) ❷ (CHEM) producir una reacción
Reaktion[1] [reak'tsjo:n] *f* <-en> *(das Reagieren, a.* CHEM) reacción *f* (**auf** a/ante/frente a)
Reaktion[2] *f ohne pl* (POL) reacción *f*
reaktionär [reaktsjo'nɛ:ɐ] *adj (abw)* reaccionario
Reaktionär(in) *m(f)* <-s, -e; -, -nen> *(abw)* reaccionario, -a *m, f*
Reaktionsfähigkeit *f ohne pl* capacidad *f* de reacción
Reaktionsgeschwindigkeit *f* <-, -en> velocidad *f* de reacción
Reaktionsvermögen *nt* <-s, *ohne pl*> capacidad *f* de reacción
Reaktionszeit *f* <-, -en> tiempo *m* de reacción
reaktivieren* [reakti'vi:rən] *vt* ❶ *(Verfahren)* reactivar ❷ *(Person)* reincorporar al servicio activo
Reaktivierung *f* <-, -en> ❶ (*a.* CHEM, MED) reactivación *f* ❷ *(Wiederanstellung)* reincorporación *f* (al servicio activo)
Reaktor [re'akto:ɐ] *m* <-s, -en> (PHYS) reactor *m*
Reaktorsicherheit *f* <-, *ohne pl*> seguridad *f* de reactores nucleares
Reaktorunglück *nt* accidente *m* en un reactor nuclear
real [re'a:l] *adj* (*a.* WIRTSCH) real
Real [re'a:l] *m* <-(s), Reais *o* Real> *(Währung)* real *m*
Realisation [realiza'tsio:n] *f* <-, -en> realización *f*
realisierbar *adj* realizable
realisieren* [reali'zi:rən] *vt* realizar; *(durchführen)* llevar a cabo
Realisierung *f* <-en> realización *f*
Realismus [rea'lɪsmʊs] *m* <-, *ohne pl*> (PHILOS, LIT, KUNST) realismo *m*
Realist(in) [rea'lɪst] *m(f)* <-en, -en; -nen> realista *mf*
realistisch *adj* realista; ~ **betrachtet** visto con realismo
Realität [reali'tɛ:t] *f* <-en> ❶ *(Wirklichkeit)* realidad *f;* **virtuelle** ~ realidad virtual; **in** (**der**) ~ en (la) realidad ❷ *pl (Österr: Immobilien)* inmuebles *mpl*
realitätsfern *adj* alejado de la realidad
realitätsnah *adj* realista
Reality-TV *nt* <-(s), *ohne pl*> (TV) reality televisión *f*
Realpolitik *f ohne pl* política *f* realista
Realschule *f* ≈ instituto *m* de enseñanza media *(escuela secundaria – de los 10 a los 16 años – de grado inferior al Gymnasium)*
Realschüler(in) *m(f)* alumno, -a *m, f* de la "Realschule" alemana
Realwert *m* valor *m* real
Reanimation [reʔanima'tsjo:n] *f* <-en> (MED) reanimación *f*
reanimieren* *vt* (MED) reanimar
Rebe ['re:bə] *f* <-n> vid *f*
Rebell(in) [re'bɛl] *m(f)* <-en, -en; -nen> rebelde *mf*
rebellieren* [rebɛ'li:rən] *vi* rebelarse (**gegen** contra)
Rebellin *f* <-nen> *s.* **Rebell**
Rebellion [rebɛ'ljo:n] *f* <-en> rebelión *f*
rebellisch [re'bɛlɪʃ] *adj* rebelde
Rebhuhn ['re:p-] *nt* perdiz *f*
Rebound [ri'baunt] *m* <-s, -s> (SPORT: *im Basketball*) rebote *m*
Rebsorte ['re:p-] *f* tipo *m* de uva
Rebstock *m* cepa *f*

R

rechen ['rɛçən] *vt (Schweiz, Österr, reg)* rastrillar; **das Laub ~** rastrillar las hojas

Rechen ['rɛçən] *m* <-s, -> *(Schweiz, Österr, reg)* rastrillo *m*

Rechenaufgabe *f* problema *m* de aritmética

Rechenkapazität *f* (INFOR) capacidad *f* de cómputo

Rechenkünstler(in) *m(f)* <-s, -; -, -nen> genio *m* de las matemáticas [*o* de los números]

Rechenmaschine *f* calculadora *f*

Rechenschaft *f ohne pl* cuentas *fpl;* **jdm über etw ~ schuldig sein** deber a alguien una explicación acerca de algo; **jdn für etw zur ~ ziehen** hacer a alguien responsable de algo

Rechenschaftsbericht *m* informe *m;* (WIRTSCH) estado *m* de cuentas

Rechenzentrum *nt* (INFOR) centro *m* de cálculo

Recherche [re'ʃɛrʃə, rə'ʃɛrʃə] *f* <-n> pesquisa *f;* **über jdn/etw ~n anstellen** hacer investigaciones sobre alguien/algo

recherchieren* [reʃɛr'ʃi:rən, rəʃɛr'ʃi:rən] *vi, vt* investigar

rechnen ['rɛçnən] **I.** *vi* ① (MATH) calcular; **im Kopf ~** calcular mentalmente ② *(sich verlassen)* contar (**mit/auf** con); **damit ~, dass ...** contar con que... *+subj;* **damit hatte ich nicht gerechnet** no había contado con eso ③ *(haushalten)* economizar; **wir müssen mit jedem Cent ~** hay que ahorrar hasta el último céntimo **II.** *vt* ① *(Aufgabe)* hacer, calcular ② *(zählen)* contar (**zu/unter** entre); *(einbeziehen)* incluir (**zu/unter** entre); **man rechnet ihn zu den Experten auf diesem Gebiet** se le incluye entre los expertos en este campo ③ *(veranschlagen)* calcular (**für** para) **III.** *vr:* **sich ~** ser rentable

Rechner[1] *m* <-s, -> calculadora *f;* (INFOR: *Computer*) ordenador *m,* computadora *f Am*

Rechner(in)[2] *m(f)* <-s, -; -nen> contador(a) *m(f);* **ein kühler ~ sein** ser muy calculador

rechnergesteuert *adj* (INFOR) dirigido por ordenador

rechnergestützt *adj* (INFOR) asistido por ordenador

Rechnerin *f* <-nen> *s.* **Rechner**[2]

rechnerisch *adj* aritmético; **rein ~** ateniéndose a las cifras

Rechnung *f* <-en> ① *(das Rechnen)* cálculo *m* ② *(Abrechnung)* cuenta *f; (Warenrechnung)* factura *f;* **eine ~ über 1000 Euro** una cuenta de 1000 euros; **eine ~ ausstellen** extender una factura; **die ~, bitte!** ¡la cuenta, por favor!; **jdm etw in ~ stellen** cargar algo en la cuenta de alguien; **auf eigene ~** por cuenta propia; **das geht auf meine ~** esto va de mi cuenta; **etw** *dat* **~ tragen** considerar algo; **er hatte die ~ ohne den Wirt gemacht** *(fig)* había puesto el carro delante del buey; **mit jdm eine alte ~ begleichen** *(fig)* saldar una vieja cuenta con alguien

Rechnungsbetrag *m* importe *m* de la factura

Rechnungsdatum *nt* <-s, -daten> fecha *f* de la factura

Rechnungshof *m* (ADMIN) tribunal *m* de cuentas

Rechnungsjahr *nt* ejercicio *m* contable

Rechnungsprüfung *f* (WIRTSCH) revisión *f* de cuentas; **betriebliche ~** contabilidad de gestión

Rechnungswesen *nt ohne pl* (WIRTSCH) contabilidad *f*

recht [rɛçt] **I.** *adj* ① *(zutreffend)* justo; *(geeignet)* adecuado; *(passend)* oportuno; **der ~e Augenblick** el momento oportuno ② *(wirklich)* verdadero; **ich habe keine ~e Lust** no me apetece mucho ③ *(richtig)* correcto; **nach dem R~en sehen** controlar si todo está en orden; **hier geht es nicht mit ~en Dingen zu** aquí hay gato encerrado; **es ist nur ~ und billig** no es sino lo justo; **alles, was ~ ist, aber ...** todo lo que quiera(s), pero... **II.** *adv* ① *(sehr)* muy; **~ tief** muy profundo; **~ herzlichen Dank** muchísimas gracias ② *(ziemlich)* bastante; **~ viel/oft** bastante/bastante a menudo ③ *(richtig, genehm)* bien; **ganz ~!** ¡eso es!; **jetzt erst ~!** ¡sobre todo ahora!; **jetzt erst ~ nicht!** ¡ahora menos que nunca!; **wenn ich es ~ überlege ...** si lo pienso bien...; **~ daran tun, sich zu entschuldigen** hacer bien en pedir excusas; **ist es dir ~ wenn ...?** ¿te parece bien si...?; **das soll mir ~ sein** me parece bien; **das geschieht ihm ~** *(fam)* le está bien (empleado); **ich seh' wohl nicht ~!** *(fam)* ¡no me lo puedo creer!; **wenn ich Sie ~ verstehe** si le entiendo bien; **ich weiß nicht ~** no sé bien; **du kommst mir gerade ~** *(iron)* eres lo que me faltaba; **man kann ihm nichts ~ machen** no se conforma con nada

Recht[1] [rɛçt] *nt* <-(e)s, -e> *(Anspruch)* derecho *m* (**auf** a); *(Gerechtigkeit)* justicia *f;* **staatsbürgerliche ~e** derechos cívicos; **mit welchem ~ behaupten Sie das?** ¿con qué derecho afirma eso?; **sein ~ fordern** reclamar sus derechos; **jdm ~ geben** dar(le) a alguien la razón; **zu seinem ~ kommen** hacer valer sus derechos; **das ~**

des Stärkeren la ley del más fuerte; **zu ~** con razón; **~ haben, im ~ sein** tener razón; **es ist unser gutes ~, uns zu beschweren** tenemos perfecto derecho a quejarnos; **gleiches ~ für alle!** ¡igualdad de derechos!; **du hast das ~ auf einen Anwalt** tienes derecho a un abogado; **dazu haben Sie kein ~!** ¡no tiene ningún derecho!

Recht² *nt* <-s, *ohne pl*> *(Rechtsordnung)* derecho *m; (Gesetze)* legislación *f,* leyes *fpl;* **bürgerliches ~** derecho civil; **gegen das ~ verstoßen** infringir las leyes; **~ sprechen** hacer justicia

Rechte ['rɛçtə] *f* <-n, -n> (*a.* POL) derecha *f;* **zu ihrer ~n** a su derecha; **die ~ zog ins Parlament ein** la derecha entró en el parlamento

rechte(r, s) *adj* ① *(Seite)* derecho; **~r Hand** a mano derecha; **auf der ~n Seite** a la derecha; **jds ~ Hand sein** ser la mano derecha de alguien ② (POL) de derecha(s) ③ (MATH) recto; **ein ~r Winkel** un ángulo recto

Rechte(r) *mf* <-n, -n; -n, -n> derechista *mf,* persona *f* de derechas

Rechteck *nt* rectángulo *m*

rechteckig *adj* rectangular

rechtens ['rɛçtəns] *adv* **~ sein** ser legítimo; **für ~ halten** considerar legítimo

rechtfertigen ['----] **I.** *vt* justificar **II.** *vr:* **sich ~** justificarse (**für** por, **vor** ante)

Rechtfertigung *f* <-en> justificación *f* (**für** para); **was sagt er zu seiner ~?** ¿y él qué alega?

Rechtgläubigkeit *f ohne pl* ortodoxia *f*

Rechthaberei *f ohne pl (abw)* cerrilidad *f*

rechthaberisch *adj (abw)* ergotista; **~ sein** querer tener siempre la razón

rechtlich *adj* legal; *(gesetzlich)* jurídico; **das ist ~ nicht zulässig** es legalmente inadmisible

rechtlos *adj* sin derechos, privado de derechos

rechtmäßig *adj* legítimo, legal; **der ~e Besitzer** el propietario legítimo; **etw für ~ erklären** declarar algo legal

Rechtmäßigkeit *f ohne pl* legalidad *f,* legitimidad *f*

rechts [rɛçts] **I.** *adv* (a) la derecha; **~ davon** a la derecha (de esto); **~ von mir** a mi derecha; **nach ~** hacia la derecha; **von ~ kommen** venir por la derecha; **oben/unten ~** arriba/abajo a la derecha; **von ~ nach links** de derecha a izquierda; **~ vor links** la derecha tiene preferencia; **sich ~ halten** mantenerse a su derecha; **sich ~ einordnen** situarse en el carril derecho; **~ um!** (MIL) ¡derecha!; **~ stricken** hacer punto del derecho; **~ stehen** (POL) ser de derechas; **~ wählen** (POL) votar a la derecha; **mit ~ schreiben** escribir con la (mano) derecha; **ich weiß nicht mehr, wo ~ und links ist** *(fam fig)* no sé ya dónde tengo la cabeza **II.** *präp +gen* a la derecha

Rechtsabbieger(in) *m(f)* automovilista *mf* que dobla a la derecha

Rechtsabteilung *f* (JUR) sección *f* jurídica

Rechtsanspruch *m* pretensión *f* legal

Rechtsanwalt, -wältin *m, f* (JUR) abogado, -a *m, f;* **sich** *dat* **einen ~ nehmen** contratar a un abogado

Rechtsaußen [rɛçts'ʔaʊsən] *m* <-, -> (SPORT) extremo *m* derecha

Rechtsbeistand *m* asesor(a) *m(f)* jurídico, -a

Rechtsberater(in) *m(f)* (JUR) asesor(a) *m(f)* jurídico , -a

Rechtsberatung *f* <-, -en> (JUR) asesoramiento *m* jurídico

Rechtsbeugung *f* (JUR) prevaricación *f*

Rechtsbrecher(in) *m(f)* infractor(a) *m(f)* de la ley

rechtsbündig *adj* (TYPO, INFOR) fijo a la derecha

rechtschaffen ['rɛçtʃafən] *adj* ① *(anständig)* honrado, recto ② *(groß)* mucho; **~ Hunger haben** *(fam)* tener mucha hambre

Rechtschaffenheit *f ohne pl* honradez *f*

Rechtschreibfehler *m* falta *f* de ortografía

Rechtschreibhilfe *f* <-, -n> (INFOR) corrector *m* ortográfico

Rechtschreibreform *f* reforma *f* de (la) ortografía

Rechtschreibung *f* ortografía *f*

Rechtsempfinden *nt* sentido *m* de la justicia

rechtsextrem *adj s.* **rechtsextremistisch**

Rechtsextremismus ['rɛçtsʔɛkstremɪsmʊs] *m* (POL) extrema derecha *f,* ultraderecha *f*

Rechtsextremist(in) *m(f)* (POL) ultraderechista *mf*

rechtsextremistisch *adj* (POL) de extrema derecha, de ultraderecha

rechtsfähig *adj* (JUR) con capacidad jurídica

Rechtsfall *m* (JUR) caso *m* (jurídico)

Rechtsfrage *f* (JUR) cuestión *f* jurídica

rechtsgerichtet *adj* (POL) derechista, de derecha(s)

Rechtsgeschäft *nt* (JUR) negocio *m* jurídico

Rechtsgrundlage *f* <-, -n> base *f* jurídica

rechtsgültig *adj* (JUR) jurídicamente válido; **etw für ~ erklären** legalizar algo

Rechtshänder(in) ['-hɛndɐ] *m(f)* <-s, -; -nen> diestro, -a *m, f*
rechtshändig **I.** *adj* diestro **II.** *adv* con la mano derecha
Rechtshandlung *f* (JUR) acto *m* jurídico
rechtsherum ['rɛçtshɛrʊm] *adv* (dando vueltas) a la derecha
rechtskräftig *adj* (JUR) (jurídicamente) válido; ~ **werden** entrar en vigor
Rechtskurve *f* curva *f* a la derecha
Rechtslage *f ohne pl* (JUR) situación *f* legal
Rechtsmittel *nt* (JUR) recurso *m* legal
Rechtsordnung *f* (JUR) orden(amiento) *m* jurídico
Rechtsprechung *f* <-en> (JUR) jurisprudencia *f*
rechtsradikal *adj* (POL) de extrema derecha, ultraderechista
Rechtsradikale(r) *mf* (POL) persona *f* de (la) extrema derecha
Rechtsruck *m* <-(e)s, -e> *(fam: bei Wahlen)* giro *m* hacia la derecha
rechtsrum ['rɛçtsrʊm] *adv (fam) s.* **rechtsherum**
Rechtsschutz *m* (JUR) protección *f* jurídica
Rechtsstaat *m* Estado *m* de derecho
rechtsstaatlich *adj* jurídico-estatal
Rechtsstaatlichkeit *f ohne pl* legalidad *f*
Rechtsstreit *m* (JUR) pleito *m;* **einen ~ beilegen** dirimir un pleito
rechtsverbindlich *adj* (JUR) obligatorio
Rechtsverkehr *m* ❶ (AUTO) circulación *f* por la derecha ❷ (JUR) relaciones *fpl* jurídicas
Rechtsverletzung *f* (JUR) violación *f* del derecho
Rechtsverordnung *f* (JUR) decreto ley *m;* **eine ~ erlassen** dictar un decreto
Rechtsweg *m* (JUR) vía *f* judicial; **auf dem ~** por la vía judicial; **der ~ ist ausgeschlossen** la vía judicial queda excluida
rechtswidrig *adj* ilegal, ilegítimo
Rechtswissenschaft *f ohne pl* (JUR) jurisprudencia *f*
rechtwink(e)lig *adj* rectangular
rechtzeitig **I.** *adj* puntual **II.** *adv* ❶ *(pünktlich)* a tiempo ❷ *(früh genug)* con (la debida) antelación
Reck [rɛk] *nt* <-(e)s, -e *o* -s> barra *f* fija
recken ['rɛkən] **I.** *vt* alargar; **den Kopf ~** alargar el cuello **II.** *vr:* **sich ~** estirarse
Recorder *m* <-s, -> *s.* **Rekorder**
recyceln* [ri'saɪkəln] *vt* reciclar
recyclebar *adj* reciclable
Recycling [ri'saɪklɪŋ] *nt* <-s, *ohne pl*> reciclaje *m,* reciclado *m*
Recyclingpapier *nt ohne pl* papel *m* reciclado

Redakteur(in) [redak'tøːɐ] *m(f)* <-s, -e; -nen> redactor(a) *m(f)*
Redaktion [redak'tsjoːn] *f* <-en> redacción *f*
redaktionell [redaktsjo'nɛl] *adj* ❶ *(bezogen auf Redigieren)* de redacción ❷ *(bezogen auf Redaktion)* de la redacción
Redaktor(in) [re'daktoːɐ] *m(f)* <-s, -en; -nen> *(Schweiz)* redactor(a) *m(f)*
Rede ['reːdə] *f* <-n> ❶ *(Ansprache)* discurso *m; (Gespräch)* conversación *f;* **eine ~ halten** pronunciar un discurso; **das ist nicht der ~ wert** no merece la pena comentarlo; **es ist die ~ von …** se habla de…; **davon kann nicht die ~ sein** no se trata de eso; **wovon ist die ~?** ¿de qué va (el asunto)?; **jdn zur ~ stellen** pedir cuentas a alguien; **jdm ~ und Antwort stehen** dar cuentas a alguien; **der langen ~ kurzer Sinn** resumiendo ❷ (LING) estilo *m;* **direkte/indirekte ~** estilo directo/indirecto
Redefreiheit *f ohne pl* libertad *f* de expresión
redegewandt *adj* elocuente
Redekunst *f ohne pl* retórica *f*
reden ['reːdən] **I.** *vi* ❶ *(sprechen)* hablar (**mit** con, **über** sobre, **von** de); **mit Händen und Füßen ~** hablar con pies y manos; (**viel**) **von sich** *dat* **~ machen** dar mucho que hablar; **du hast gut ~!** ¡es muy fácil decirlo!; **darüber lasse ich nicht mit mir ~** no pienso cambiar de opinión en esto; **darüber lässt sich ~** se puede hablar de ello; **~ wir nicht mehr darüber** no hablemos más de ello; **so lasse ich nicht mit mir ~** no consiento que me hablen así; **nicht zu ~ von …** por no hablar de…; **schlecht von jdm ~** hablar mal de alguien ❷ *(Rede halten)* pronunciar un discurso (**über** sobre) **II.** *vt* hablar; **Unsinn ~** decir tonterías; **ich muss ein ernstes Wort mit ihm ~** tengo que hablar en serio con él **III.** *vr* **sich heiser ~** quedarse ronco de (tanto) hablar; **sich in Rage/Begeisterung ~** hablar lleno de furia/entusiasmo
Redensart *f* locución *f*
Redewendung *f* (LING) giro *m*
Redezeit *f* <-, -en> tiempo *m* asignado a cada orador
redigieren* [redi'giːrən] *vt* corregir; *(Zeitschrift)* redactar
redlich ['reːtlɪç] *adj* ❶ *(aufrichtig)* honrado; **~ handeln** obrar honradamente ❷ *(groß)* grande; **er hat sich** *dat* **~e Mühe gegeben** ha hecho un gran esfuerzo
Redner(in) ['reːdnɐ] *m(f)* <-s, -; -nen> orador(a) *m(f)*
Rednerpult *nt* púlpito *m*

R

redselig *adj* locuaz
Reduktion [redʊk'tsjo:n] *f* <-, -en> reducción *f*
redundant [redʊn'dant] *adj* (LING) redundante
Redundanz [redʊn'dants] *f* <-, -en> (LING) redundancia *f*
reduzierbar *adj* reducible
reduzieren* [redu'tsi:rən] **I.** *vt* (*a.* CHEM, PHYS, MATH) reducir (**auf** a) **II.** *vr:* **sich ~** reducirse (**auf** a)
Reduzierung *f* <-, -en> reducción *f*, recorte *m*, rebaja *f*
Reederei *f* <-en> compañía *f* naviera
reell [re'ɛl] *adj* ❶ *(ehrlich)* honesto ❷ *(fam: Portion, Ware)* bueno; *(Preis)* razonable ❸ *(wirklich, a.* MATH) real
Reetdach *nt (nordd) tejado de cañas típico del norte de Alemania*
Referat [refe'ra:t] *nt* <-(e)s, -e> ❶ *(Vortrag)* ponencia *f*; **ein ~ halten** exponer una ponencia, hacer una exposición ❷ *(Abteilung)* sección *f*
Referendar(in) [referɛn'da:ɐ] *m(f)* <-s, -e; -nen> ❶ (JUR) licenciado, -a *m, f* en derecho ❷ (SCH) profesor(a) *m(f)* en prácticas
Referendariat [referɛndari'a:t] *nt* <-(e)s, -e> ❶ (JUR) período *m* de prácticas para licenciados de derecho ❷ (SCH) período *m* de prácticas de profesorado
Referendarin *f* <-nen> *s.* **Referendar**
Referendum [refe'rɛndʊm] *nt* <-s, Referenden *o* Referenda> referéndum *m*
Referent(in) [refe'rɛnt] *m(f)* <-en, -en; -nen> ❶ *(eines Vortrages)* conferenciante *mf*; *(eines Referats)* ponente *mf* ❷ *(Referatsleiter)* jefe, -a *m, f* de negociado
Referenz [refe'rɛnts] *f* <-, -en> ❶ *(Empfehlung)* referencias *fpl* ❷ *(Person, Stelle)* referencia *f*
referieren* [refe'ri:rən] **I.** *vi* ❶ *(Referat halten)* exponer (una ponencia) (**über** sobre) ❷ *(berichten)* hablar (**über** sobre/de) **II.** *vt (berichten)* presentar
reflektieren* [reflɛk'ti:rən] **I.** *vi* ❶ *(nachdenken)* reflexionar (**über** sobre) ❷ *(zurückstrahlen)* reflejar ❸ *(interessiert sein)* tener interés (**auf** en) **II.** *vt (Licht)* reflejar
Reflektor [re'flɛkto:ɐ] *m* <-s, -en> reflector *m*
Reflektorstreifen *m* tira *f* reflectante
Reflex [re'flɛks] *m* <-es, -e> reflejo *m*
Reflexion [reflɛ'ksjo:n] *f* <-en> (*a.* PHYS) reflexión *f* (**über** sobre)
reflexiv [reflɛ'ksi:f] *adj* (*a.* LING) reflexivo
Reflexivpronomen *nt* (LING) pronombre *m* reflexivo
Reflexivverb *nt* (LING) verbo *m* reflexivo
Reflexstreifen *m* tira *f* reflectante

Reform [re'fɔrm] *f* <-en> reforma *f*
Reformation [refɔrma'tsjo:n] *f ohne pl* Reforma *f*
reformbedürftig *adj* que necesita reformas
Reformer(in) [re'fɔrmɐ] *m(f)* <-s, -; -nen> reformista *mf*
reformerisch *adj* reformativo
reformfreudig *adj* prorreformista, abierto a las reformas
Reformhaus *nt* tienda *f* de productos dietéticos y biológicos
reformieren* [refɔr'mi:rən] *vt* reformar
Reformismus [refɔr'mɪsmʊs] *m* <-, *ohne pl*> (POL) reformismo *m*
Reformkost *f* productos *mpl* dietéticos y biológicos
Reformpaket *nt* <-(e)s, -e> paquete *m* de reformas
Reformvorhaben *nt* plan *m* de reformas
Refrain [rə'frɛ̃:] *m* <-s, -s> estribillo *m*
Refugium [re'fu:giʊm] *nt* <-s, Refugien> *(geh)* refugio *m*
Regal [re'ga:l] *nt* <-s, -e> ❶ *(Ablage, Gestell)* estantería *f*; *(Bücherregal)* librería *f* ❷ (MUS) órgano *m* portátil
Regatta [re'gata] *f* <Regatten> (SPORT) regata *f*
rege ['re:gə] *adj* ❶ *(Verkehr, Briefwechsel, Betrieb)* intenso; *(Nachfrage, Interesse)* grande; *(Handel)* floreciente; **~ Beteiligung** participación activa ❷ *(Unterhaltung)* animado; *(Fantasie)* vivo; **körperlich und geistig ~ sein** mantenerse física y mentalmente activo
Regel ['re:gəl] *f* <-n> ❶ *(Vorschrift, a.* LING) regla *f*; *(Norm)* norma *f*; **in der ~** por regla general; **nach allen ~n der Kunst** como es debido; **sich** *dat* **etw zur ~ machen** tomar algo por costumbre ❷ *(Menstruation)* regla *f*
Regelarbeitszeit *f* <-, -en> horario *m* de trabajo regular
regelbar *adj* regulable
Regelblutung *f* regla *f*
Regelfall *m ohne pl* caso *m* normal
regellos *adj* sin regla; *(ungeordnet)* desordenado
regelmäßig I. *adj* regular; **sie ist eine ~e Besucherin** viene regularmente **II.** *adv* con regularidad, regularmente; **er kommt ~ zu spät** llega siempre tarde
Regelmäßigkeit *f* <-en> regularidad *f*
regeln ['re:gəln] **I.** *vt* regular; *(durch Verordnung)* reglamentar; *(in Ordnung bringen)* arreglar; **etw vertraglich ~** fijar algo mediante un contrato; **das lässt sich ~** esto se puede arreglar **II.** *vr:* **sich ~** ❶ *(vor*

R

sich gehen) efectuarse ❷ *(in Ordnung kommen)* arreglarse, solucionarse

regelrecht I. *adj* ❶ *(vorschriftsmäßig)* correcto ❷ *(fam: richtiggehend)* verdadero II. *adv (fam)* de verdad; **er war ~ unverschämt** fue descarado de verdad

Regelstudienzeit *f* (UNIV) *tiempo previsto que fija la universidad para una carrera*

Regelung *f* <-en> ❶ *(das Festlegen)* reglamentación *f*; *(Erledigung)* tramitación *f* ❷ *(der Temperatur)* regulación *f* ❸ *(Abmachung)* acuerdo *m*; *(Vorschrift)* reglamentación *f*

regelwidrig *adj* contrario a las reglas

Regelwidrigkeit *f* irregularidad *f*

regen ['re:gən] I. *vt (geh)* mover II. *vr:* **sich ~** ❶ *(sich bewegen)* moverse; **kein Lüftchen regte sich** no corría ni una brisa ❷ *(geh: entstehen)* surgir; **es regten sich Zweifel** surgieron dudas

Regen ['re:gən] *m* <-s, -> lluvia *f*; *(feiner)* llovizna *f*; **saurer ~** (ÖKOL) lluvia ácida; **im strömenden ~ musste ich nach Hause laufen** lloviendo a cántaros como estaba tuve que ir a pie a casa; **ich bin gestern in den ~ gekommen** ayer me pilló la lluvia; **vom ~ in die Traufe kommen** *(fam fig)* salir de Guatemala y entrar en Guatepeor; **jdn im ~ stehen lassen** *(fam)* dejar a alguien plantado

Regenbö(e) *f* <-böen> turbión *m*

Regenbogen *m* arco *m* iris

Regenbogenpresse *f ohne pl* prensa *f* amarilla

Regeneration [regenera'tsjo:n] *f* <-, -en> (BIOL, MED, TECH) regeneración *f*

regenerativ [regenera'ti:f] *adj* ❶ (BIOL, MED) regenerativo ❷ (TECH) renovable, recuperable

R

regenerieren* [regene'ri:rən] I. *vt* (TECH) regenerar II. *vr:* **sich ~** (BIOL, MED) regenerarse

Regenfälle *mpl* lluvias *fpl*; **starke/anhaltende ~** lluvias fuertes/persistentes

Regenguss *m* <-es, -güsse> chaparrón *m*, aguacero *m*, invierno *m MAm, Ant*

Regenhaut® *f (Regenmantel)* chubasquero *m*

Regenjacke *f* <-, -n> chaqueta *f* impermeable

Regenmantel *m* gabardina *f*; *(Cape)* impermeable *m*, perramus *m inv CSur*

regenreich *adj* lluvioso

Regensburg ['re:gənsbʊrk] *nt* <-s> Ratisbona *f*

Regenschauer *m* chubasco *m*

Regenschirm *m* paraguas *m inv*

Regentonne *f* bidón *m* para el agua de lluvia

Regentropfen *m* gota *f* de lluvia

Regenwald *m* selva *f* tropical

Regenwasser *nt ohne pl* agua *f* de lluvia

Regenwetter *nt* tiempo *m* lluvioso; **bei ~** cuando llueve

Regenwolke *f* <-, -n> nube *f* (cargada) de lluvia

Regenwurm *m* (ZOOL) lombriz *f* de tierra

Regenzeit *f* época *f* de las lluvias

Reggae ['rɛgeɪ] *m* <-s, *ohne pl*> (MUS) reggae *m*

Regie [re'ʒi:] *f ohne pl* ❶ (FILM, THEAT) dirección *f*; **~ führen** dirigir; **unter der ~ von ...** bajo la dirección de... ❷ *(Leitung)* administración *f*; *(Führung)* dirección *f*; **etw in eigener ~ tun** *(fam)* hacer algo por cuenta propia

Regieanweisung *f* indicación *f* del director

Regieassistent(in) *m(f)* ayudante *mf* de dirección

Regierbarkeit *f* <-, *ohne pl*> gobernabilidad *f*

regieren* [re'gi:rən] I. *vi* gobernar (über); *(herrschen)* reinar (**über** sobre) II. *vt* ❶ *(Land, Staat)* gobernar ❷ (LING) regir

Regierung *f* <-en> gobierno *m*; **eine (neue) ~ bilden** formar un (nuevo) gobierno; **die ~ stürzen** hacer caer el gobierno; **der ~ angehören** ser miembro del gobierno; **an der ~ sein** estar en el poder; **an die ~ kommen** acceder al poder

Regierungsapparat *m* (POL) aparato *m* del gobierno

Regierungsbezirk *m* distrito *m* administrativo

Regierungsbildung *f* formación *f* del gobierno

Regierungsbündnis *nt* (POL: *Koalition*) coalición *f* de gobierno

Regierungschef(in) *m(f)* jefe, -a *m, f* de gobierno

Regierungserklärung *f* declaración *f* gubernamental

regierungsfeindlich *adj* antigubernamental

Regierungsform *f* forma *f* de gobierno, régimen *m*

Regierungskoalition *f* coalición *f* de gobierno

Regierungskrise *f* crisis *f inv* gubernamental

Regierungspartei *f* partido *m* gubernamental

Regierungspräsident(in) *m(f)* (ADMIN) *director de un distrito administrativo*

Regierungsrat[1] *m ohne pl (Schweiz) Gobierno Cantonal de Suiza*

Regierungsrat, -rätin[2] *m, f* ❶ *(Titel) fun-*

cionario, -a de alto cargo en la administración de autoridades superiores federales y del land ❷ *(Schweiz: Mitglied der Kantonsregierung)* miembro *m* del gobierno cantonal
Regierungssitz *m* <-es, -e> (ADMIN, POL) sede *f* del Gobierno
Regierungssprecher(in) *m(f)* portavoz *mf* del gobierno
Regierungssystem *nt* régimen *m* (político)
Regierungsumbildung *f* reajuste *m* de gobierno
Regierungswechsel *m* cambio *m* de gobierno
Regierungszeit *f (einer Regierung, eines Präsidenten)* mandato *m; (eines Königs)* reinado *m*
Regime [re'ʒiːm] *nt* <-s, -(s)> régimen *m*
Regimekritiker(in) *m(f)* disidente *mf*
Regiment[1] [regi'mɛnt] *nt* <-(e)s, -e> *(Leitung)* mando *m;* **das ~ führen** tener el mando
Regiment[2] *nt* <-(e)s, -er> (MIL) regimiento *m*
Region [re'gjoːn] *f* <-en> región *f;* **in höheren ~en schweben** *(geh fig)* estar en las nubes
regional [regjo'naːl] *adj* regional
Regisseur(in) [reʒɪ'søːɐ] *m(f)* <-s, -e; -nen> (THEAT, FILM) director(a) *m(f)*
Register [re'gɪstɐ] *nt* <-s, -> (*a.* MUS, INFOR) registro *m;* **alle ~ ziehen** *(fig)* tocar todos los registros
registrieren* [regɪs'triːrən] *vt* registrar; *(bemerken)* apercibirse (de)
Registrierkasse *f* caja *f* registradora
Registrierung *f* <-, -en> registro *m*
reglementieren* [reglemɛn'tiːrən] *vt* reglamentar
Reglementierung *f* <-, -en> reglamentación *f*
Regler ['reːglɐ] *m* <-s, -> (TECH) regulador *m; (Temperaturregler)* termostato *m*
reglos ['reːkloːs] *adj* inmóvil
regnen ['reːgnən] *vunpers* llover; **es regnet in Strömen** llueve a cántaros
regnerisch *adj* lluvioso
Regress [re'grɛs] *m* <-es, -e> (JUR) recurso *m;* **jdn für etw in ~ nehmen** hacer a alguien responsable de algo
regresspflichtig *adj* (JUR) responsable (civilmente); **jdn ~ machen** recurrir contra alguien
regulär [regu'lɛːɐ] *adj* regular
regulierbar *adj* regulable
regulieren* [regu'liːrən] *vt* ❶ *(Lautstärke, Temperatur)* regular; *(einstellen)* ajustar ❷ *(Fluss)* encauzar ❸ *(regeln)* regular; *(durch Verordnung)* reglamentar; **einen Schaden ~** regular la indemnización
Regulierung *f* <-en> ❶ *(der Temperatur, Lautstärke)* regulación *f;* (TECH) ajuste *m* ❷ *(eines Flusses)* encauzamiento *m* ❸ *(Regelung)* regulación *f; (eines Schadens)* liquidación *f; (durch Verordnung)* reglamentación *f*
Regung ['reːgʊŋ] *f* <-en> *(geh)* ❶ *(Bewegung)* movimiento *m* ❷ *(Gefühlsregung)* emoción *f*
regungslos *adj* inmóvil
Reh [reː] *nt* <-(e)s, -e> corzo *m*
Rehabilitation [rehabilita'tsjoːn] *f* <-en> rehabilitación *f*
Rehabilitationszentrum *nt* centro *m* de rehabilitación
rehabilitieren* [rehabili'tiːrən] *vt* ❶ *(jds Ansehen, a.* MED) rehabilitar ❷ *(wieder eingliedern)* reintegrar
Rehabilitierung *f* <-, -en> ❶ *(in Bezug auf Ansehen, a.* MED) rehabilitación *f* ❷ *(Wiedereingliederung)* reintegración *f*
Rehbock *m* corzo *m* macho
Reibach ['raɪbax] *m* <-s, *ohne pl*> *(fam)* alta ganancia *f;* **einen guten ~ machen** hacer su agosto
Reibe ['raɪbə] *f* <-n> rallador *m*
Reibeisen *nt* <-s, -> rallador *m*
Reibekuchen *m (reg) fritura de patatas crudas ralladas y huevos batidos*
reiben ['raɪbən] <reibt, rieb, gerieben> **I.** *vt* ❶ *(aneinanderreiben)* frotar; **etw blank ~** sacar brillo a algo; **sich** *dat* **die Hände ~** *(a. fig)* frotarse las manos ❷ *(zerkleinern)* rallar **II.** *vr:* **sich ~** reñir (**an** por, **mit** con)
Reibereien *fpl* peleas *fpl*
Reibung *f* <-en> ❶ *(das Reiben)* frotamiento *m* ❷ (PHYS) fricción *f*
Reibungsfläche *f* (PHYS) superficie *f* de fricción
reibungslos *adj* sin dificultades; **etw verläuft ~** algo va de maravilla
Reibungsverlust *m* (PHYS) pérdida *f* por fricción
Reibungswiderstand *m* (PHYS) resistencia *f* de fricción
reich [raɪç] *adj* ❶ *(wohlhabend)* rico (**an** en); **~ heiraten** hacer una boda ventajosa; **~ machen** enriquecer; **~ werden** enriquecerse ❷ *(prächtig)* suntuoso, lujoso; **~ geschmückt** lujosamente adornado ❸ *(groß)* grande; *(ergiebig)* abundante; **in ~em Maße** en abundancia ❹ *(vielfältig)* amplio
Reich [raɪç] *nt* <-(e)s, -e> imperio *m; (Königreich, a. fig)* reino *m;* **das Deutsche/Römische ~** el Imperio Alemán/Romano; **das Dritte ~** el Tercer Reich; **das ~ Gottes**

el reino de Dios; **das ~ der Tiere** el reino animal

Reiche(r) *mf* <-n, -n; -n, -n> (hombre *m*) rico *m,* (mujer *f*) rica *f*

reichen ['raɪçən] **I.** *vi* ❶ *(ausreichen)* bastar, ser suficiente; **es reicht hinten und vorne nicht** *(fam)* falta por todas partes; **mir reicht's!** *(fam)* ¡estoy harto!; **jetzt reicht's aber!** *(fam)* ¡ya vale! ❷ *(sich erstrecken)* llegar (**bis** a); *(nach oben)* elevarse (**bis** hasta); **weit ~d** *(für große Entfernung)* de gran alcance; *(umfassend)* extenso, amplio; **so weit das Auge reicht** lo que alcanza la vista **II.** *vt* ❶ *(anbieten)* servir ❷ *(geben)* **jdm etw ~** pasar algo a alguien; **sich** *dat* **die Hand ~** tenderse la mano

reichhaltig *adj* abundante; *(umfangreich)* amplio

Reichhaltigkeit *f ohne pl* ❶ *(Vielfältigkeit)* variedad *f* ❷ *(Üppigkeit)* abundancia *f*

reichlich I. *adj* abundante; *(umfangreich)* amplio **II.** *adv* ❶ *(ausreichend)* en abundancia; **alles ist ~ vorhanden** hay de todo en abundancia ❷ *(fam: ziemlich)* bastante

Reichskanzler *m* (HIST) Canciller *m* imperial

Reichstag *m ohne pl* ❶ *(Parlament)* parlamento *m* ❷ *(Gebäude) palacio que alberga el Parlamento de la RFA*

Reichtum[1] *m* <-s, -tümer> *(Besitz)* riqueza *f* (**an** en); **zu ~ gelangen** conseguir riquezas

Reichtum[2] *m* <-s, *ohne pl*> *(Reichhaltigkeit)* abundancia *f* (**an** de); *(große Vielfalt)* gran variedad *f* (**an** de); **der ~ an Arten** la gran variedad de especies

Reichweite *f* alcance *m;* **außer ~ sein** estar fuera de alcance; **etw liegt in ~** algo está al alcance de la mano

reif [raɪf] *adj* maduro; **~ werden** madurar; **die Zeit ist ~ (für etwas)** ha llegado el momento (de algo); **eine ~e Leistung** *(fam)* un trabajo bien hecho

Reif[1] [raɪf] *m* <-(e)s, -e> *(geh: Armreif)* brazalete *m*

Reif[2] [raɪf] *m* <-(e)s, *ohne pl*> *(Raureif)* escarcha *f*

Reife [raɪfə] *f ohne pl* ❶ *(das Reifen)* maduración *f* ❷ *(das Reifsein)* madurez *f;* **mittlere** [*o* **Mittlere**] **~** (SCH) ≈ título *m* de bachiller *(grado de enseñanza media obtenido en la Realschule)*

reifen ['raɪfən] *vi sein* madurar

Reifen ['raɪfən] *m* <-s, -> ❶ *(Auto-, Fahrradreifen)* neumático *m* ❷ *(Spielzeug, Fassreifen)* aro *m*

Reifendruck *m* presión *f* del neumático

Reifenpanne *f* pinchazo *m*

Reifenprofil *nt* <-s, -e> perfil *m* del neumático, dibujo *m* del neumático

Reifenwechsel *m* <-s, -> cambio *m* de neumático(s)

Reifeprüfung *f* (SCH) ≈ examen *m* de bachillerato

Reifezeugnis *nt* (SCH) ≈ título *m* de bachillerato

reiflich I. *adj* detenido **II.** *adv* detenidamente; **das habe ich mir ~ überlegt** he considerado esto detenidamente

Reifung *f* <-, *ohne pl*> maduración *f*

Reigen ['raɪgən] *m* <-s, -> danza *f* en corro; **den ~ eröffnen/beschließen** *(geh a. fig)* abrir/cerrar el baile

Reihe[1] ['raɪə] *f* <-n> ❶ *(allgemein)* fila *f; (Baumreihe)* hilera *f;* **sie sitzen in der dritten ~** están en la tercera fila; **sich in einer ~ aufstellen** ponerse en fila; **aus der ~ tanzen** *(fam fig)* hacer rancho aparte; **in Reih und Glied stehen** estar en formación ❷ *(Anzahl)* serie *f; (Buchreihe)* colección *f;* **er kaufte eine ganze ~ Bücher** compró una serie de libros ❸ (MATH) progresión *f* ❹ *pl (Gemeinschaft)* filas *fpl;* **aus den ~n der Konservativen** de las filas de los conservadores

Reihe[2] *f ohne pl (Reihenfolge)* turno *m;* **du bist an der ~** *(fam)* te toca (a ti); **der ~ nach eintreten** entrar por turno; **immer der ~ nach!** ¡por orden!; **außer der ~ kommen** llegar fuera de turno; **etw auf die ~ kriegen** *(fam)* apañárselas para hacer algo

reihen ['raɪən] **I.** *vt (geh)* **etw an etw ~** poner algo en fila con algo; **Perlen auf eine Schnur ~** ensartar perlas en un hilo **II.** *vr:* **sich ~** *(geh: zeitlich)* sucederse

Reihenfolge *f* orden *m;* **der ~ nach** por orden; **in alphabetischer ~** por orden alfabético

Reihenhaus *nt* chalé *m* adosado

Reihenschaltung *f* (ELEK) conexión *f* en serie

reihenweise *adv* ❶ *(fam: viele)* en serie ❷ *(in Reihen)* en filas

Reiher ['raɪɐ] *m* <-s, -> garza *f*

reihern ['raɪɐn] *vi (fam)* ❶ *(erbrechen)* vomitar ❷ *(reg: Durchfall haben)* estar con diarrea

reihum [raɪ'ʔʊm] *adv* por turno; **~ gehen** pasar de mano en mano

Reiki ['reːki] *nt* <-s, *ohne pl*> *(japanische Heilkunst)* reiki *m*

Reim [raɪm] *m* <-(e)s, -e> rima *f;* **ich kann mir keinen ~ darauf machen** no me lo explico

R

reimen I. *vt* rimar (**auf** con) II. *vr:* **sich ~** rimar (**auf** con)

Reimport *m* <-(e)s, *ohne pl*> reimportación *f*

reimportieren* *vt* (WIRTSCH) reimportar

rein [raɪn] I. *adj* ① *(unvermischt, pur)* puro; *(Freude)* verdadero; **~e Theorie** pura teoría ② *(sauber)* limpio; **etw ~ halten** mantener algo limpio; **etw ins R~e schreiben** pasar algo a limpio; **mit sich** *dat* **selbst ins R~e kommen** sincerarse consigo mismo; **etw ins R~e bringen** aclarar algo; **ein ~es Gewissen haben** tener la conciencia tranquila ③ *(ohne Ausnahme)* neto; **eine ~e Industriestadt** una ciudad netamente industrial ④ *(fam: völlig)* verdadero; **sie ist das ~ste Genie** es un verdadero genio II. *adv* ① *(ausschließlich)* netamente; **aus ~ privaten Gründen** por razones estrictamente privadas ② *(fam: völlig)* absolutamente; **das ist ~ unmöglich** es absolutamente imposible; **~ gar nichts** nada de nada ③ *(fam: herein, hinein)* adentro, hacia dentro

Reinemachefrau *f* mujer *f* de la limpieza

Reinerlös *m* beneficio *m* neto

Reinertrag *m* beneficio *m* neto

Reinfall *m (fam)* chasco *m;* **einen ~ erleben** sufrir un chasco; **der neue Torwart ist ein ziemlicher ~** vaya chasco el nuevo portero

rein|fallen *irr vi sein (fam)* ① *(in Loch)* caer (**in** en); *(Licht)* entrar (**in** en/a) ② *(sich täuschen lassen)* dejarse engañar (**auf** por) ③ *(erfolglos sein)* llevarse un chasco (**mit** con)

Reingewinn *m* beneficio *m* neto

Reinhaltung *f ohne pl* limpieza *f*

rein|hauen <haut rein, haute rein, reingehauen> I. *vi (fam)* ① *(viel essen)* hincharse de comer; **er hat beim Mittagessen ordentlich** [*o* **mächtig**] **reingehauen** a mediodía se hinchó bien de comer ② *(hart arbeiten)* matarse a trabajar II. *vt (fam: schlagen)* **jdm eine ~** pegarle a alguien un puñetazo en la cara

Reinheit *f ohne pl* ① *(Unverfälschtheit)* pureza *f* ② *(Sauberkeit)* limpieza *f*

Reinheitsgebot *nt* <-(e)s, *ohne pl*> *ley alemana que regula desde 1516 la elaboración de la cerveza*

reinigen ['raɪnɪgən] *vt* limpiar; *(Abwässer)* depurar; *(Kleidung)* lavar en seco

Reinigung *f* <-en> ① *(Unternehmen)* tintorería *f* ② *(das Reinigen)* limpieza *f; (von Abwässern)* depuración *f; (von Kleidung)* lavado *m* en seco

Reinigungsmittel *nt* detergente *m*

Reinkultur *f* **Kitsch/Diktatur in ~** cursilería/dictadura pura

rein|legen *vt (fam)* meter; *s. a.* **hereinlegen, hineinlegen**

reinlich *adj* limpio

Reinmachefrau *f* mujer *f* de la limpieza

reinrassig *adj* de pura raza

rein|reiten *irr vt (fam)* meter (**in** en); **jdn in die Scheiße ~** *(vulg)* meter a alguien en un buen lío

rein|schneien I. *vi sein (fam: Besuch)* venir de rondón; *(Brief)* llegar de sorpresa II. *vunpers haben (fam)* **es schneit rein** la nieve entra por la ventana

reinwaschen *irr* I. *vt* **jdn ~** exculpar a alguien II. *vr:* **sich ~** justificarse

rein|würgen *vt (sl)* **jdm eine ~** jugarle una mala pasada a alguien

rein|ziehen *irr vt (fam)* ① *(Dinge)* tirar [*o* arrastrar] hacia dentro ② *(verschlingen)* tragar; **sich** *dat* **ein Bier/einen Film ~** tragarse una cerveza/una película ③ *(in Verbrechen)* implicar (**in** en)

Reis [raɪs] *m* <-es, -e> arroz *m*

Reise ['raɪzə] *f* <-n> viaje *m* (**nach/in** a); **eine ~ machen** hacer un viaje; **auf ~n sein** estar de viaje; **Gute ~!** ¡buen viaje!

Reiseandenken *nt* recuerdo *m* (de viaje)

Reiseapotheke *f* botiquín *m* de viaje

Reisebegleiter(in) *m(f)* <-s, -; -, -nen> acompañante *mf* (durante un viaje)

Reisebekanntschaft *f* persona *f* que se conoce durante un viaje

Reisebüro *nt* agencia *f* de viajes

Reisebus *m* autocar *m*

reisefertig *adj* listo para partir

Reiseführer[1] *m (Buch)* guía *f* turística

Reiseführer(in)[2] *m(f) (Person)* guía *mf* turístico , -a

Reisegepäck *nt* equipaje *m*

Reisegesellschaft[1] *f (Reisegruppe)* grupo *m* turístico

Reisegesellschaft[2] *f ohne pl (Begleitung)* compañía *f*

Reisegruppe *f* <-, -n> grupo *m* turístico

Reisekosten *pl* gastos *mpl* de viaje

Reisekrankheit *f ohne pl* mareo *m*

Reiseleiter(in) *m(f)* guía *mf* turístico , -a

reiselustig *adj* aficionado a viajar; **sie sind sehr ~** les encanta viajar

reisen ['raɪzən] *vi sein* viajar (**nach/in** a)

Reisende(r) *mf* <-n, -n; -n> viajero, -a *m, f*

Reisepass *m* pasaporte *m,* pase *m Am*

Reiseproviant *m* provisiones *fpl* para el viaje

Reiseroute *f* ruta *f* de viaje

Reiserücktrittsversicherung *f* <-, -en> (FIN) seguro *m* de rescisión del viaje

R

Reiseruf *m* mensaje *m* personal urgente *(emitido por radio para que el interesado se ponga inmediatamente en contacto con su familia)*
Reisescheck *m* cheque *m* de viaje
Reisespesen *pl* gastos *mpl* de viaje
Reisetasche *f* bolsa *f* de viaje
Reiseveranstalter *m* agente *m* de viajes
Reiseverkehrskauffrau *f* agente *f* de viajes
Reiseversicherung *f* seguro *m* de viaje
Reisezeit *f* temporada *f* de vacaciones
Reiseziel *nt* punto *m* de destino
Reisig ['raɪzɪç] *nt* <-s, *ohne pl*> ramas *fpl* secas
Reiskocher *m* arrocera *f* eléctrica
Reisnudeln *fpl* fideos *mpl* de arroz
Reißaus [raɪs'ʔaʊs] *m (fam)* ~ **nehmen** poner pies en polvorosa
Reißbrett *nt* tablero *m* de dibujo
reißen ['raɪsən] <reißt, riss, gerissen> **I.** *vi* ① *sein (zerreißen)* romperse; *(in Fetzen)* desgarrarse ② *(zerren)* tirar (**an** de) **II.** *vt* ① *(zerreißen)* romper; *(in Fetzen)* desgarrar; **er riss den Brief in Stücke** rompió la carta en pedazos ② *(wegreißen, ausreißen)* arrancar (**aus** de); *(herausholen)* sacar (**aus** de); **er wurde aus dem Schlaf gerissen** le sacaron del sueño ③ *(ziehen)* tirar; *(mit sich reißen)* arrastrar; **sie riss ihn zu Boden** le tiró al suelo; **jdm etw aus der Hand** ~ arrancar algo a alguien de la mano; **ich bin hin und her gerissen** no sé qué hacer; **etw an sich** ~ hacerse con algo; **das Gespräch an sich** ~ monologar ④ (SPORT) derribar ⑤ *(töten)* matar **III.** *vr:* **sich** ~ ① *(fam)* **sich um etw/um jdn** ~ pegarse por algo/por estar con alguien ② *(sich befreien)* desprenderse, deshacerse; **sie riss sich aus seiner Umarmung** se deshizo de su abrazo
reißend *adj* fuerte; **~en Absatz finden** tener muy buena acogida
Reißer *m* <-s, -> *(fam: Buch, Film)* exitazo *m*
reißerisch *adj (abw)* sensacionalista
Reißfeder *f* tiralíneas *m inv*
reißfest *adj* resistente
Reißschiene *f* regla *f* de dibujo
Reißverschluss *m* cremallera *f*
Reißwolf *m* desfibradora *f*
Reißzwecke *f* chincheta *f*
reiten ['raɪtən] <reitet, ritt, geritten> **I.** *vi sein* cabalgar; *(auf einem Pferd)* montar a caballo; *(als Sport)* practicar equitación; **auf einem Esel/Besen** ~ cabalgar en un burro/sobre una escoba; **auf einer Stute** ~ montar una yegua; **im Schritt/Trab/Galopp** ~ ir al paso/al trote/al galope **II.** *vt* montar
Reiter(in) *m(f)* <-s, -; -nen> jinete *m*, amazona *f*
Reiterin *f* <-, -nen> *s.* **Reiter**
Reitgerte *f* fusta *f*
Reithelm *m* casco *m* (para montar)
Reithose *f* pantalón *m* de montar, zamarros *mpl Am*
Reitpferd *nt* caballo *m* de silla
Reitschule *f* escuela *f* de equitación
Reitsport *m ohne pl* equitación *f*
Reitstall *m (Pferdestall)* cuadra *f*, caballeriza *f*
Reitstiefel *m* bota *f* de montar
Reitstunde *f* clase *f* de equitación
Reitturnier *nt* <-(e)s, -e> (SPORT) torneo *m* de equitación
Reitunterricht *m* <-(e)s, -e> clases *fpl* de equitación
Reitweg *m* camino *m* de herradura
Reiz [raɪts] *m* <-es, -e> ① *(physiologisch)* estímulo *m* ② *(Verlockung)* atractivo *m*; **der ~ des Neuen** el atractivo de lo nuevo; **einen ~ auf jdn ausüben** fascinar a alguien ③ *(Schönheit)* encanto *m*
reizbar *adj* irritable; **er ist leicht** ~ se irrita fácilmente
Reizbarkeit *f ohne pl* irritabilidad *f*
reizen ['raɪtsən] **I.** *vt* ① *(provozieren)* provocar; **jdn bis zur Weißglut** ~ *(fam)* sacar a alguien de quicio ② (MED) irritar ③ *(anziehen)* atraer; *(verlocken)* seducir **II.** *vi (beim Kartenspiel)* pujar
reizend *adj* precioso; *(Mensch)* encantador
Reizgas *nt* gas *m* irritante
Reizhusten *m* tos *f* irritativa
reizlos *adj* ① *(Essen)* soso ② *(langweilig)* sin gracia
Reizüberflutung *f* <-, -en> (PSYCH) estimulación *f* exagerada
Reizung *f* <-en> (MED) irritación *f*
reizvoll *adj* ① *(schön)* encantador ② *(verlockend)* tentador
Reizwäsche *f* <-, *ohne pl*> ropa *f* (interior) sexy
rekapitulieren* [rekapitu'li:rən] *vt* recapitular
rekeln ['re:kəln] *vr:* **sich** ~ *(fam)* estirarse
Reklamation [reklama'tsjo:n] *f* <-en> reclamación *f*
Reklame [re'kla:mə] *f* <-n> publicidad *f*; **für jdn/etw ~ machen** hacer publicidad por alguien/para algo
Reklameschild *nt*, **Reklametafel** *f* cartelera *f* publicitaria
reklamieren* [rekla'mi:rən] *vi, vt* reclamar (**gegen** contra)

rekonstruieren* [rekɔnstru'iːrən] *vt* reconstruir (**aus** con)
Rekonstruktion [rekɔnstrʊk'tsjoːn] *f* <-en> reconstrucción *f*
Rekonvaleszent(in) [rekɔnvalɛs'tsɛnt] *m(f)* <-en, -en; -, -nen> (MED) convaleciente *mf*
Rekonvaleszenz [rekɔnvalɛs'tsɛnts] *f* <-, *ohne pl*> (MED) convalecencia *f*
Rekord [re'kɔrt] *m* <-(e)s, -e> récord *m;* **einen ~ einstellen/aufstellen/brechen** igualar/establecer/batir un récord
Rekorder [re'kɔrdɐ] *m* <-s, -> magnetofón *m,* grabadora *f Am*
Rekordhalter(in) *m(f)* plusmarquista *mf*
Rekordversuch *m* <-(e)s, -e> (SPORT) intento *m* de (batir un) récord
Rekordzeit *f* tiempo *m* récord; **in ~** en tiempo récord
Rekrut(in) [re'kruːt] *m(f)* <-en, -en; -nen> (MIL) recluta *mf*
rekrutieren* [rekru'tiːrən] **I.** *vt* reclutar **II.** *vr:* **sich ~** componerse (**aus** de)
Rekrutierung *f* <-, -en> reclutamiento *m*
Rekrutin *f* <-nen> *s.* **Rekrut**
rektal [rɛk'taːl] **I.** *adj* (MED) rectal **II.** *adv* (MED) por el recto
Rektor(in) ['rɛktoːɐ] *m(f)* <-s, -en; -nen> ① (SCH) director(a) *m(f)* ② (UNIV) rector(a) *m(f)*
Rektorat [rɛkto'raːt] *nt* <-(e)s, -e> ① (SCH) dirección *f* ② (UNIV) rectorado *m*
Rektorin *f* <-nen> *s.* **Rektor**
Rekultivierung [re-] *f* <-, -en> (ÖKOL) nueva puesta *f* en cultivo
Relais [rə'lɛː] *nt* <-, -> (ELEK) relé *m*
Relation [rela'tsjoːn] *f* <-en> relación *f;* **Preis und Leistung stehen in keiner ~ zueinander** no hay ninguna relación entre precio y prestaciones
relativ [rela'tiːf, 'reːlatiːf, 'rɛlatiːf] *adj* relativo; **~ oft** bastante a menudo; **ein ~ kalter Sommer** un verano relativamente frío
relativieren* [relati'viːrən] *vt* relativizar
Relativität [relativi'tɛːt] *f* <-en> (*a.* PHYS) relatividad *f*
Relativitätstheorie *f ohne pl* (PHYS) teoría *f* de la relatividad
Relativpronomen *nt* (LING) pronombre *m* relativo
Relativsatz *m* (LING) oración *f* relativa
relaxen* [ri'lɛksən] *vi (entspannen)* relajar; *(ausruhen)* descansar
relevant [rele'vant] *adj* relevante
Relevanz [rele'vants] *f ohne pl* relevancia *f*
Relief [re'ljɛf] *nt* <-s, -s *o* -e> (KUNST, GEO) relieve *m*
Religion [reli'gjoːn] *f* <-en> religión *f*
Religionsfreiheit *f ohne pl* libertad *f* de culto
Religionsgemeinschaft *f* comunidad *f* religiosa
Religionsunterricht *m* enseñanza *f* religiosa
Religionszugehörigkeit *f* <-, -en> *(formal)* confesión *f,* religión *f*
religiös [reli'gjøːs] *adj* ① *(zur Religion gehörend)* religioso ② *(fromm)* devoto, religioso; **~ erzogen** educado en la religiosidad
Religiosität [religjozi'tɛːt] *f ohne pl* religiosidad *f*
Relikt [re'lɪkt] *nt* <-(e)s, -e> reliquia *f;* *(Spur)* vestigio *m*
Reling ['reːlɪŋ] *f* <-s *o* -e> (NAUT) borda *f*
Reliquie [re'liːkviə] *f* <-n> (REL) reliquia *f*
Remake [ri'meɪk] *nt* <-s, -s> (FILM) remake *m;* **das ~ eines Schwarzweißklassikers** la nueva versión de un clásico en blanco y negro
remis [rə'miː] **I.** *adj inv* tablas; **diese Partie ist ~** esta partida es tablas **II.** *adv* (en) tablas; **~ spielen/ausgehen** hacer tablas/quedar en tablas
Remis [rə'miː] *nt* <-, - *o* -en> (SPORT) tablas *fpl,* empate *m;* *(Schach)* tablas *fpl;* **auf ~ spielen** quedar en tablas
Remmidemmi ['rɛmi'dɛmi] *nt* <-s, *ohne pl*> *(fam)* alboroto *m,* jolgorio *m;* **~ machen** armar la gorda
Remoulade [remu'laːdə] *f* <-n> salsa *f* tártara
Remouladensoße *f* salsa *f* tártara
rempeln ['rɛmpəln] *vt (fam)* empujar
Renaissance [rənɛ'sãːs] *f ohne pl* (HIST, KUNST) Renacimiento *m*
Rendezvous [rãde'vuː] *nt* <-, -> cita *f*
Rendite [rɛn'diːtə] *f* <-n> (WIRTSCH) rédito *m*
renitent [reni'tɛnt] *adj* renitente
Rennbahn *f* pista *f* de carreras; *(Pferderennbahn)* hipódromo *m*
rennen ['rɛnən] <rennt, rannte, gerannt> **I.** *vi sein* correr; **um die Wette ~** echar una carrera; **gegen etw ~** estrellarse contra algo **II.** *vt* **jdn zu Boden ~** atropellar a alguien; **jdm ein Messer in den Bauch ~** *(fam)* dar una puñalada en el vientre a alguien
Rennen *nt* <-s, -> carrera *f;* **das ~ machen** *(fam)* salir vencedor; **gut im ~ liegen** ir a buen ritmo; **das ~ ist gelaufen** *(fam)* ya no hay nada que hacer; **einen Kandidaten ins ~ schicken** presentar un candidato
Renner *m* <-s, -> *(fam)* superventas *m inv*
Rennfahrer(in) *m(f)* corredor(a) *m(f);* *(mit*

Auto) piloto *mf* de carreras; *(mit Motorrad)* motociclista *mf* de carreras
Rennmaschine *f (Motorrad)* moto(cicleta) *f* de carreras; *(Rennrad)* bicicleta *f* de carreras
Rennpferd *nt* caballo *m* de carreras
Rennrad *nt* bicicleta *f* de carreras
Rennreiter(in) *m(f)* yóquey *m,* jockey *m*
Rennrodeln *nt* (SPORT) luge *m*
Rennsport *m* carreras *f pl*
Rennstall *m* ① *(Rennpferde)* cuadra *f* de carreras ② *(Rennfahrer)* escudería *f*
Rennstrecke *f* (pista *f*) recorrido *m*
Rennwagen *m* coche *m* de carreras
Renommee [renɔ'meː] *nt* <-s, -s> *(geh)* fama *f*
renommiert [renɔ'miːɐt] *adj* prestigioso, afamado
renovieren* [reno'viːrən] *vt* renovar, refaccionar *Am*
Renovierung *f* <-en> renovación *f*
rentabel [rɛn'taːbəl] *adj* rentable
Rentabilität [rɛntabili'tɛːt] *f ohne pl* (WIRTSCH) rentabilidad *f*
Rente ['rɛntə] *f* <-n> pensión *f;* **in ~ gehen** *(fam)* jubilarse; **in ~ sein** *(fam)* estar jubilado
Rentenalter *nt* edad *f* de jubilación
Rentenanspruch *m* derecho *m* a pensión
Rentenbeitrag *m* aportación *f* para la jubilación
Rentenempfänger(in) *m(f)* pensionista *mf*
Rentenkasse *f* <-, -n> (FIN) caja *f* de pensiones
Rentenreform *f* <-, -en> reforma *f* de las pensiones
Rentenversicherung *f* seguro *m* de pensiones
Rentenvorsorge *f ohne pl* **private ~** pensión de vejez privada
Rentier ['rɛntiːɐ] *nt* <-(e)s, -e> (ZOOL) reno *m*
rentieren* [rɛn'tiːrən] *vr:* **sich ~** valer la pena; *(finanziell)* ser rentable
Rentner(in) ['rɛntnɐ] *m(f)* <-s, -; -nen> pensionista *mf*
reorganisieren* *vt (geh)* reorganizar
Rep [rɛp] *m* <-s, -s> *Abk. von* **Republikaner** miembro *m* del partido ultraderechista alemán
reparabel [repa'raːbəl] *adj* reparable
Reparatur [repara'tuːɐ] *f* <-en> *(Gerät)* arreglo *m; (Auto)* reparación *f;* **etw in ~ geben** mandar algo a arreglar
reparaturanfällig *adj* que es propenso a estropearse, delicado
reparaturbedürftig *adj* que necesita ser reparado

Reparaturkosten *pl* gastos *m pl* de reparación
Reparaturwerkstatt *f* taller *m* de reparaciones
reparieren* [repa'riːrən] *vt* arreglar, reparar
Repertoire [repɛr'toaːɐ] *nt* <-s, -s> repertorio *m*
Report [re'pɔrt] *m* <-(e)s, -e> informe *m*
Reportage [repɔr'taːʒə] *f* <-n> reportaje *m* (**über** sobre)
Reporter(in) [re'pɔrtɐ] *m(f)* <-s, -; -nen> reportero, -a *m, f*
Repräsentant(in) [reprɛzɛn'tant] *m(f)* <-en, -en; -nen> representante *mf*
Repräsentantenhaus *nt ohne pl* Cámara *f* de Representantes
Repräsentation [reprɛzɛnta'tsjoːn] *f* <-en> representación *f*
repräsentativ [reprɛzɛnta'tiːf] *adj* representativo (**für** de)
Repräsentativumfrage *f* encuesta *f* representativa
repräsentieren* [reprɛzɛn'tiːrən] *vi, vt* representar
Repressalie [reprɛ'saːliə] *f* <-n> represalia *f*
repressiv [reprɛ'siːf] *adj* represivo
Reproduktion *f* <-en> reproducción *f*
reproduzieren* *vt* reproducir
Reptil [rɛp'tiːl, *pl:* rɛp'tiːliən] *nt* <-s, -ien> reptil *m*
Republik [repu'bliːk] *f* <-en> república *f*
Republik Nordmazedonien *f* República *f* de Macedonia del Norte
Republikaner(in) [republi'kaːnɐ] *m(f)* <-s, -; -nen> (POL) republicano, -a *m, f; (in Deutschland)* miembro *m* del partido ultraderechista alemán
republikanisch [republi'kaːnɪʃ] *adj* republicano
Republik Kongo [- 'kɔŋgo] *f* República *f* del Congo
Requiem ['reːkviɛm] *nt* <-s, -s> ① (REL) misa *f* de difuntos ② (MUS) réquiem *m*
Requisit [rekvi'ziːt] *nt* <-(e)s, -en> ① *pl* (THEAT) atrez(z)o *m* ② *(Zubehör)* requisito *m*
resch [rɛʃ] *adj (Österr)* ① *(knusprig)* crujiente ② *(resolut)* resuelto
Reservat [rezɛr'vaːt] *nt* <-(e)s, -e> reserva *f*
Reserve [re'zɛrvə] *f* <-n> (*a.* MIL, SPORT) reserva *f;* **jdn/etw in ~ haben** tener a alguien/algo en reserva; **jdn aus der ~ locken** intentar sacar a alguien de su cascarón
Reservebank *f* (SPORT) banquillo *m*
Reservekanister *m* bidón *m* de reserva
Reserveoffizier *m* oficial *m* de reserva
Reserverad *nt* rueda *f* de repuesto

Reservereifen *m* rueda *f* de recambio
Reservespieler(in) *m(f)* <-s, -; -, -nen> (SPORT) reserva *mf*
reservieren* [rezɛrˈviːrən] *vt* reservar
Reservierung *f* <-en> reservación *f*
Reservist(in) [rezɛrˈvɪst] *m(f)* <-en, -en; -nen> ❶ (MIL) reservista *mf* ❷ (SPORT) reserva *mf*
Reservoir [rezɛrˈvoaːɐ] *nt* <-s, -e> depósito *m*
Reset-Taste *f* (INFOR) tecla *f* de reposición al estado inicial
Residenz [reziˈdɛnts] *f* <-en> residencia *f*
residieren* [reziˈdiːrən] *vi* residir
Resignation [rezɪgnaˈtsjoːn] *f* <-en> resignación *f*
resignieren* [rezɪˈgniːrən] *vi* resignarse
resistent [rezɪsˈtɛnt] *adj* (BIOL, MED) resistente (**gegen** a)
Resistenz *f* <-, -en> (BIOL, MED) resistencia *f*
resolut [rezoˈluːt] *adj* resuelto
Resolution [rezoluˈtsjoːn] *f* <-en> resolución *f*
Resonanz [rezoˈnants] *f* <-en> (*a.* PHYS, MUS) resonancia *f;* **große/wenig/keine ~ finden** tener gran/tener poca/no tener ninguna resonancia
Resonanzboden *m* (MUS) tabla *f* armónica
Resonanzkörper *m* (MUS) caja *f* de resonancia
resozialisieren* [rezotsialiˈziːrən] *vt* reinsertar (en la sociedad)
Resozialisierung *f* <-en> reinserción *f* social
Respekt [reˈspɛkt, rɛsˈpɛkt] *m* <-(e)s, *ohne pl*> respeto *m* (**vor** a); **sich** *dat* **~ verschaffen** hacerse respetar; **vor jdm/etw** *dat* **~ haben** tener respeto a alguien/a algo; **bei allem ~** con todo respeto
respektabel [respɛkˈtaːbəl, rɛspɛkˈtaːbəl] *adj* respetable
respektieren* [respɛkˈtiːrən, rɛspɛkˈtiːrən] *vt* respetar
respektive [respɛkˈtiːvə, rɛspɛkˈtiːvə] *konj* *(geh)* respectivamente, respective
respektlos *adj* irrespetuoso (**gegenüber** (para) con)
Respektlosigkeit[1] *f ohne pl (respektlose Art)* falta *f* de respeto
Respektlosigkeit[2] *f* <-en> *(respektlose Handlung)* desacato *m*
Respektsperson *f* <-, -en> persona *f* a la que se debe respeto
respektvoll *adj* respetuoso (**gegenüber** (para) con)
Ressentiment [rɛsãtiˈmãː] *nt* <-s, -s> resentimiento *m;* **~s hegen** (**gegen jdn**) albergar resentimiento (contra alguien)
Ressort [rɛˈsoːɐ] *nt* <-s, -s> ❶ *(Zuständigkeitsbereich)* competencia *f;* **das fällt nicht in mein ~** eso no pertenece al ámbito de mis competencias ❷ *(Abteilung)* sección *f*
Ressourcen [rɛˈsʊrsən] *fpl* recursos *mpl;* **natürliche/nicht erneuerbare ~** recursos naturales/no renovables
Rest [rɛst] *m* <-(e)s, -e> resto *m,* concho *m CSur; (Stoffrest)* retal *m;* **ein kleiner ~** un poquito; **der letzte ~** lo último que queda; **das hat ihm den ~ gegeben** *(fam)* esto le arruinó definitivamente
Restaurant [rɛstoˈrãː] *nt* <-s, -s> restaurante *m,* restorán *m*
Restauration [restauraˈtsjoːn, rɛstauraˈtsjoːn] *f* <-en> ❶ (POL) restauración *f* ❷ *(Österr: Restaurant)* restaurante *m*
restaurieren* [restaʊˈriːrən, rɛstaʊˈriːrən] *vt* restaurar, refaccionar *Am*
Restaurierung *f* <-, -en> restauración *f*
Restbestand *m* remanente *m*
Restbetrag *m* suma *f* restante; **geschuldeter/unbezahlter ~** importe restante/por pagar
Restguthaben *nt* <-s, -> resto *m* a favor, saldo *m* (activo) a favor
Restlaufzeit *f* <-, -en> (FIN) (plazo *m* de) vencimiento *m*
restlich *adj* ❶ *(noch ausstehend)* restante; **die ~en Jahre** los años restantes ❷ *(nach Verbrauch)* sobrante
restlos **I.** *adj* total, completo **II.** *adv* en su totalidad, por completo
Restposten *m* remanente *m*
restriktiv [restrɪkˈtiːf, rɛstrɪkˈtiːf] *adj (geh)* restrictivo
Restrisiko *nt* <-s, -risiken> riesgo *m* (que permanece)
Resultat [rezʊlˈtaːt] *nt* <-(e)s, -e> resultado *m*
resultieren* [rezʊlˈtiːrən] *vi* resultar (**aus** de)
Resümee [rezyˈmeː] *nt* <-s, -s> resumen *m;* **aus etw** *dat* **das ~ ziehen** sacar la conclusión de algo
resümieren* [rezyˈmiːrən] *vi, vt (geh)* resumir
Retorte [reˈtɔrtə] *f* <-n> retorta *f;* **aus der ~** *(fam)* artificial
Retortenbaby *nt (fam)* bebé probeta *m*
retour [reˈtuːɐ] *adv (reg, Schweiz, Österr)* de vuelta; **jdm etw ~ geben** devolver algo a alguien; **etw ~ gehen lassen** mandar algo de vuelta
retournieren* [retʊrˈniːrən] *vt (Schweiz)* devolver
Retourspiel *nt (Österr, Schweiz)* partido *m* de vuelta
retrospektiv *adj* retrospectivo

Retrospektive [retrospɛk'ti:və] *f* <-n> retrospección *f*
Retrovirus ['re:tro-] *nt o m* <-, -viren> (MED) retrovirus *m inv*
retten ['rɛtən] **I.** *vt* ① *(aus Notlage)* salvar (**vor** de); *(befreien)* liberar (**aus** de); *(bergen)* rescatar (**aus** de); **bist du noch zu ~?** *(fam)* ¿te falta un tornillo? ② *(Denkmal)* salvar (**vor** de), proteger (**vor** de/contra) **II.** *vr:* **sich ~** salvarse (**vor** de); **sie konnte sich vor Arbeit nicht mehr ~** estaba con el agua al cuello de tanto trabajo; **rette sich, wer kann!** ¡sálvese quien pueda!
Retter(in) *m(f)* <-s, -; -nen> salvador(a) *m(f)*
Rettich ['rɛtɪç] *m* <-s, -e> rábano *m* largo
Rettung *f* <-en> ① *(aus Gefahr)* salvación *f; (Bergung)* rescate *m; (Befreiung)* liberación *f;* **du bist meine letzte ~!** *(fam)* ¡eres mi última esperanza!; **für ihn kam jede ~ zu spät** fue demasiado tarde para él ② *(von Denkmälern)* protección *f*
Rettungsaktion *f* operación *f* de rescate
Rettungsboje *f* boya *f* salvavidas
Rettungsboot *nt* ① *(des Rettungsdienstes)* barco *m* de salvamento ② *(Beiboot)* bote *m* salvavidas
Rettungsdienst *m* servicio *m* de socorro
Rettungseinsatz *m* operación *f* de rescate
Rettungshubschrauber *m* helicóptero *m* de salvamento
Rettungshund *m* perro *m* de búsqueda y rescate
Rettungsinsel *f* <-, -n> (NAUT) balsa *f* salvavidas
rettungslos *adj* sin remedio, irremediable; **~ verloren** irremediablemente perdido
Rettungsring *m* salvavidas *m inv; (fam: Fettwulst)* michelín *m*
Rettungsschirm *m* (ECON: *Euro-Rettungspaket*) fondo de rescate *m,* paraguas de rescate *m*
Rettungsschlitten *m* trineo *m* de rescate
Rettungsschwimmen *nt* <-s, *ohne pl*> natación *f* de socorrismo
Rettungsschwimmer(in) *m(f)* socorrista *mf*
Rettungswache *f* puesto *m* de socorro
Rettungswagen *m* ambulancia *f*
Rettungsweste *f* chaleco *m* salvavidas
Return-Taste [ri'tø:ɐn-] *f* (INFOR) tecla *f* de retorno
Retusche [re'tʊʃə] *f* <-, -n> retocado *m*
retuschieren* [retʊ'ʃi:rən] *vt* retocar
Reue ['rɔɪə] *f ohne pl* arrepentimiento *m* (**über** de)
reuen ['rɔɪən] *vt (geh)* lamentar; **es reut ihn, das getan zu haben** siente haberlo hecho
reuevoll *adj* arrepentido
reuig *adj* pesaroso, arrepentido
reumütig ['rɔɪmy:tɪç] **I.** *adj* arrepentido **II.** *adv* lleno de arrepentimiento; **~ sein** arrepentirse
Revanche [re'vã:ʃ(ə)] *f* <-n> ① *(Rache)* revancha *f; (bei einem Spiel)* desquite *m;* **jdm ~ geben** dar(le) revancha a alguien ② *(Gegendienst)* correspondencia *f*
revanchieren* [revã'ʃi:rən] *vr:* **sich ~** ① *(sich rächen)* vengarse (**für/bei** de) ② *(sich erkenntlich zeigen)* corresponder (**für** a)
Revers [re've:ɐ, re'vɛ:ɐ] *nt o Österr: m* <-, -> *(Kragen)* solapa *f*
reversibel [revɛr'zi:bəl] *adj (geh)* reversible
revidieren* [revi'di:rən] *vt* ① *(rückgängig machen)* revisar ② *(Schweiz: überholen)* inspeccionar
Revier [re'vi:ɐ] *nt* <-s, -e> ① *(Aufgabenbereich)* incumbencia *f* ② *(Polizeirevier)* comisaría *f* ③ (ZOOL) territorio *m* ④ *(Jagdrevier)* coto *m* de caza ⑤ (BERGB) región *f* minera
Revision [revi'zjo:n] *f* <-en> ① *(Kontrolle)* revisión *f; (von Gepäck)* registro *m* ② (TYPO) contraprueba *f* ③ *(Änderung)* modificación *f* ④ (JUR) recurso *m* de casación; **in die ~ gehen** interponer recurso de casación
Revisionsgericht *nt* (JUR) tribunal *m* de casación
Revolte [re'vɔltə] *f* <-n> revuelta *f; (Auflehnung)* sublevación *f*
revoltieren* [revɔl'ti:rən] *vi* alzarse (**gegen** contra); *(sich auflehnen)* sublevarse (**gegen** contra)
Revolution [revolu'tsjo:n] *f* <-en> revolución *f*
revolutionär [revolutsjo'nɛ:ɐ] *adj* revolucionario
Revolutionär(in) *m(f)* <-s, -e; -nen> revolucionario, -a *m, f*
revolutionieren* [revolutsjo'ni:rən] *vt* revolucionar
Revoluzzer(in) [revo'lʊtsɐ] *m(f)* <-s, -; -, -nen> *(abw)* agitador(a) *m(f),* rebelde *mf*
Revolver [re'vɔlvɐ] *m* <-s, -> revólver *m*
Revolverheld *m* <-en, -en> *(abw)* matón *m*
Revue [rə'vy:] *f* <-n> (THEAT, PUBL) revista *f;* **etw ~ passieren lassen** *(fig)* pasar revista a algo
Rezensent(in) [retsɛn'zɛnt] *m(f)* <-en, -en; -nen> crítico, -a *m, f*
rezensieren* [retsɛn'zi:rən] *vt* hacer una reseña (de), reseñar
Rezension [retsɛn'zjo:n] *f* <-en> reseña *f*

R

Rezept [re'tsɛpt] *nt* <-(e)s, -e> (MED, GASTR) receta *f;* **etw auf ~ bekommen** recibir algo con receta
Rezeptblock *m* recetario *m*
Rezeptbuch *nt* libro *m* de recetas
rezeptfrei *adj* de venta libre
Rezeption [retsɛp'tsjo:n] *f* <-en> ① (LIT, KUNST) acogida *f* ② *(Hotelrezeption)* recepción *f*
rezeptpflichtig *adj* de prescripción (médica) obligatoria; *(auf Packung)* con receta médica
Rezession [retsɛ'sjo:n] *f* <-en> (WIRTSCH) recesión *f*
rezessiv [retsɛ'si:f] *adj* (BIOL, MED) recesivo
reziprok [retsi'pro:k] *adj* recíproco
rezitieren* [retsi'ti:rən] *vt* recitar
R-Gespräch *nt* (TEL) llamada *f* a cobro revertido
Rhabarber [ra'barbɐ] *m* <-s, *ohne pl*> ruibarbo *m*
Rhapsodie [rapso'di:] *f* <-, -n> (MUS) rapsodia *f*
Rhein [raɪn] *m* <-s> Rin *m*
Rheinland *nt* <-(e)s> Renania *f*
Rheinländer(in) *m(f)* <-s, -; -nen> renano, -a *m, f*
rheinländisch *adj* renano, de Renania; **der ~e Dialekt** el dialecto renano
Rheinland-Pfalz *nt* Renania *f* Palatinado
Rhesusfaktor *m ohne pl* (MED) factor *m* Rhesus; **~ positiv/negativ** Rh positivo/negativo
Rhetorik [re'to:rɪk] *f ohne pl* retórica *f*
rhetorisch *adj* retórico; **eine ~e Frage** una interrogación retórica
Rheuma ['rɔɪma] *nt* <-s, *ohne pl*> *(fam)* reuma *m o f;* **an ~ leiden** padecer reuma
Rheumatiker(in) [rɔɪ'ma:tikɐ] *m(f)* <-s, -; -, -nen> (MED) reumático, -a *m, f*
rheumatisch *adj* (MED) reumático
Rheumatismus [rɔɪma'tɪsmʊs] *m* <-, Rheumatismen> (MED) reumatismo *m*
Rhinozeros [ri'no:tserɔs] *nt* <-(ses), -se> ① (ZOOL) rinoceronte *m* ② *(fam: Trottel)* tonto, -a *m, f*
Rhododendron [rodo'dɛndrɔn] *m o nt* <-s, Rhododendren> rododendro *m*
Rhombus ['rɔmbʊs] *m* <-, Rhomben> (MATH) rombo *m*
Rhythmen *pl von* **Rhythmus**
rhythmisch ['rʏtmɪʃ] *adj* rítmico
Rhythmus ['rʏtmʊs] *m* <-, Rhythmen> (*a.* MUS, LING) ritmo *m*
richten ['rɪçtən] **I.** *vt* ① *(lenken, wenden)* dirigir (**an/auf** a, **gegen** contra); *(Waffe)* apuntar (**auf** a); *(Aufmerksamkeit, Hass)* concentrar (**auf** en); *(Blick)* fijar (**auf** en); **das Wort an jdn ~** dirigir la palabra a alguien ② *(reg: reparieren)* arreglar ③ *(reg: vorbereiten)* preparar **II.** *vr:* **sich ~** ① *(sich anpassen)* **sich nach etw** *dat* **~** seguir algo; **richte dich danach!** ¡atente a ello! ② *(abhängen)* depender (**nach** de); **sich nach jdm ~** orientarse por alguien ③ *(sich wenden)* dirigirse (**gegen** contra) **III.** *vi* (JUR) dictar sentencia (**über** acerca de)
Richter(in) *m(f)* <-s, -; -nen> juez(a) *m(f);* **jdn vor den ~ bringen** llevar a alguien ante el juez
Richteramt *nt* magistratura *f*
richterlich *adj* judicial
Richterskala *f ohne pl* **die ~** la escala de Richter
Richterspruch *m* (JUR) fallo *m,* sentencia *f* de un juez
Richtfest *nt* fiesta *f* de cubrir aguas
Richtgeschwindigkeit *f* velocidad *f* (máxima) aconsejada
richtig ['rɪçtɪç] **I.** *adj* ① *(zutreffend)* justo, exacto; *(korrekt)* correcto; **ich halte es für ~, dass ...** lo veo bien que... *+subj* ② *(echt, regelrecht)* verdadero; *(wirklich)* auténtico; **es war ein ~es Durcheinander** fue un verdadero caos ③ *(geeignet)* justo, oportuno; **zur ~en Zeit** en el momento oportuno ④ *(fam: in Ordnung)* correcto; **der ist nicht ganz ~ (im Kopf)** no está muy bien (de la cabeza) **II.** *adv* ① *(korrekt)* bien; **das hat er ~ gemacht** lo ha hecho bien; **geht die Uhr ~?** ¿va bien el reloj?; **du kommst gerade ~** llegas en buen momento ② *(in der Tat)* efectivamente ③ *(richtiggehend)* verdaderamente; *(gehörig)* como es debido; **er war ~ nett** fue verdaderamente amable
Richtige(r) *mf* <-n, -n; -n, -n> ① *(der passende Partner)* persona *f* adecuada; **dieser Mann wäre für mich der ~ gewesen** ese hombre hubiera sido el adecuado para mí ② *(Treffer)* acierto *m;* **sechs ~ im Lotto** seis aciertos en la primitiva
richtiggehend *adj* *(wirklich)* verdadero; **jdn ~ betrügen** *(fam)* estafar a alguien en toda regla
Richtigkeit *f ohne pl* exactitud *f;* **das wird schon seine ~ haben** tendrá su razón de ser
richtig|stellen *vt* *(Sachverhalt)* rectificar
Richtigstellung *f* rectificación *f*
Richtlinie *f* norma *f,* pauta *f;* *(Anweisungen)* instrucciones *f pl*
Richtmikrofon *nt* <-s, -e> micrófono *m* direccional
Richtpreis *m* (WIRTSCH) precio *m* orientativo
Richtschnur *f* ① (ARCHIT) tendel *m* ② *(Grundsatz)* pauta *f,* regla *f* de conducta

Richtung *f* <-en> ① *(Verlauf)* dirección *f*, rumbo *m;* **in ~ auf** en dirección a; **in südlicher ~** en dirección sur; **in die entgegengesetzte ~ fahren** ir en sentido contrario; **der Zug ~ Vigo** el tren con destino a Vigo; **die Leute kommen aus allen ~en** la gente viene de todas partes; **sie gab dem Gespräch eine andere ~** cambió el rumbo de la conversación; **in dieser ~ habe ich nichts unternommen** no tomé medidas al respecto ② *(Strömung)* tendencia *f; (literarisch)* corriente *f*

Richtungsänderung *f* cambio *m* de dirección

richtungweisend *adj* orientador, que sirve de modelo

Richtwert *m* valor *m* indicativo

rieb [ri:p] *3. imp von* **reiben**

riechen ['ri:çən] <riecht, roch, gerochen> *vi, vt* oler (**nach** a); **übel ~d** hediondo, maloliente; **an einem Gewürz ~** oler una especia; **es riecht angebrannt** huele a quemado; **aus dem Mund ~** tener mal aliento; **jdn nicht ~ können** *(fam fig)* no tragar a alguien; **das konnte ich doch nicht ~!** *(fam)* ¡cómo iba a saber yo!; **ich glaube, sie hat was gerochen** *(fig fam)* creo que se lo ha olido

Riecher *m* <-s, -> *(fam: Nase)* nariz *f; (Geruchssinn)* olfato *m;* **den richtigen ~ für etw haben** tener muy buen olfato para algo

Riechkolben *m* <-s, -> *(fam iron)* napia(s) *f inv*

Riechsalz *nt* sales *f pl*

rief [ri:f] *3. imp von* **rufen**

Riege ['ri:gə] *f* <-n> (SPORT) equipo *m*

Riegel ['ri:gəl] *m* <-s, -> ① *(Türriegel)* cerrojo *m*, pestillo *m; (im Türschloss)* pestillo *m;* **etw** *dat* **einen ~ vorschieben** poner freno a algo ② *(Schokoladenriegel)* barrita *f*

Riemen ['ri:mən] *m* <-s, -> ① *(Band)* correa *f*, tiento *m Am;* **sich am ~ reißen** *(fam)* hacer un esfuerzo; **den ~ enger schnallen** *(fam)* apretarse el cinturón ② *(Ruder)* remo *m*

Riese, -in ['ri:zə] *m, f* <-n, -n; -nen> *(Gestalt)* gigante, -a *m, f*

rieseln ['ri:zəln] *vi sein (Schnee, Sand)* caer; *(Wasser)* correr

riesengroß ['--'-] *adj (fam)* gigante, gigantesco

riesenhaft *adj* gigantesco, enorme

Riesenrad *nt* noria *f*

Riesenslalom *m* (SPORT) eslalon *m* gigante

Riesenwuchs *m ohne pl* (MED) gigantismo *m*

riesig **I.** *adj* gigante, gigantesco; *(gewaltig)* enorme **II.** *adv (fam: sehr)* enormemente

Riesin *f* <-nen> *s.* **Riese**

Riesling ['ri:slɪŋ] *m* <-s, -e> (vino *m* de) Riesling *m*

riet [ri:t] *3. imp von* **raten**

Riff [rɪf] *nt* <-(e)s, -e> arrecife *m*

rigid(e) *adj* ① *(geh: streng)* rígido, riguroso ② *(geh: starr)* rígido, anquilosado ③ (MED) rígido

rigoros [rigo'ro:s] *adj* riguroso

Rigorosum [rigo'ro:zʊm, *pl:* rigo'ro:za] *nt* <-s, Rigorosa *o Österr:* Rigorosen> (UNIV) examen *m* oral del doctorado

Rikscha ['rɪkʃa] *f* <-, -s> jinrikisha *f*

Rille ['rɪlə] *f* <-n> ranura *f; (Schallplattenrille)* surco *m*

Rind[1] [rɪnt] *nt* <-(e)s, -er> ① *(Tier)* vacuno *m*, res *f Am; (bei Tierhaltung)* ganado *m* vacuno ② (ZOOL) bóvidos *m pl*

Rind[2] *nt* <-(e)s, *ohne pl*> *(fam: Rindfleisch)* carne *f* de vaca

Rinde ['rɪndə] *f* <-n> corteza *f*

Rinderbraten *m* asado *m* de vacuno

Rinderfilet *nt* filete *m* de vaca

Rinderwahnsinn *m* encefalopatía *f* espongiforme bovina

Rinderzucht *f* cría *f* de ganado vacuno

Rindfleisch *nt* carne *f* de vaca

Rindsleder *nt* cuero *m* de vaca

Rindvieh[1] *nt* <-(e)s, *ohne pl*> (AGR) ganado *m* vacuno

Rindvieh[2] *nt* <-(e)s, -viecher> *(fam abw: Mensch)* pedazo *m* de bruto, animal *m*

Ring [rɪŋ] *m* <-(e)s, -e> ① *(allgemein)* aro *m; (Fingerring)* anillo *m*, argolla *f Am: argot;* **~e unter den Augen haben** tener ojeras ② *pl (Turngerät)* anillas *f pl* ③ *(Boxring)* ring *m* ④ *(Menschengruppe)* agrupación *f; (Verbrecherring)* red *f*

Ringbuch *nt* cuaderno *m* de anillas

Ringelblume *f* caléndula *f*

ringeln ['rɪŋəln] **I.** *vt* ensortijar (**um** alrededor de) **II.** *vr:* **sich ~** ensortijarse

Ringelnatter *f* serpiente *f* de collar

Ringeltaube *f* (ZOOL) paloma *f* torcaz

ringen ['rɪŋən] <ringt, rang, gerungen> **I.** *vi* (*a.* SPORT) luchar (**mit** con, **um/nach** por); **nach Luft ~** jadear; **mit dem Tod ~** agonizar **II.** *vt (geh)* **die Hände ~** retorcerse las manos

Ringen ['rɪŋən] *nt* <-s, *ohne pl*> ① (SPORT) lucha *f* ② *(Hin und Her)* lucha *f*, pelea *f;* **nach jahrelangem ~ konnte er den Prozess für sich entscheiden** tras una lucha de muchos años consiguió ganar el proceso

Ringer(in) *m(f)* <-s, -; -nen> luchador(a) *m(f)*

Ringfinger *m* (dedo *m*) anular *m*

ringförmig [-fœrmɪç] *adj* anular, circular

Ringkampf *m* (*a.* SPORT) lucha *f*

Ringordner *m* archivador *m* de anillas

Ringrichter(in) *m(f)* (SPORT) árbitro, -a *m, f* del ring de boxeo

rings [rɪŋs] *adv* alrededor (**an**/**um** de)

ringsherum ['rɪŋshɛ'rʊm] *adv* alrededor (**um** de); *(überall)* por todas partes

Ringstraße *f* avenida *f* de circunvalación; *(kleiner)* (camino *m* de) ronda *f*

ringsum ['rɪŋs'ʔʊm] *adv,* **ringsumher** ['rɪŋsʔʊm'heːɐ] *adv s.* **ringsherum**

Rinne ['rɪnə] *f* <-n> ① *(im Boden)* cauce *m; (Bewässerungsrinne)* acequia *f* ② *(Dachrinne)* canalón *m*

rinnen ['rɪnən] <rinnt, rann, geronnen> *vi sein* manar, correr

Rinnsal ['rɪnzaːl] *nt* <-(e)s, -e> *(geh)* ① *(Gewässer)* riachuelo *m* ② *(Blutrinnsal)* reguero *m*

Rinnstein *m* ① *(Gosse)* cuneta *f* ② *(Bordstein)* bordillo *m*

Rippchen ['rɪpçən] *nt* <-s, -> (GASTR) costilla *f*

Rippe ['rɪpə] *f* <-n> ① (MED) costilla *f;* **freie ~** costilla flotante ② *(von Heizkörper)* aleta *f* ③ (BOT) nervio *m*

Rippenfell *nt* pleura *f*

Risiko ['riːziko] *nt* <-s, -s *o* Risiken> riesgo *m;* **auf eigenes ~** por propio riesgo; **kein/ein ~ eingehen** no correr riesgo/correr un riesgo

risikobereit *adj* dispuesto a correr un riesgo

Risikobereitschaft *f* (pre)disposición *f* a correr riesgos

Risikofaktor *m* (factor *m* de) riesgo *m*

risikofreudig *adj* que ama el riesgo

Risikogruppe *f* (MED) grupo *m* con elevado riesgo de infección

Risikokapital *nt* (FIN) capital-riesgo *m*

risikolos *adj* sin riesgo

risikoreich *adj* muy arriesgado

riskant [rɪs'kant] *adj* arriesgado; **das ist mir zu ~** me resulta demasiado arriesgado

riskieren* [rɪs'kiːrən] *vt* arriesgar

riss [rɪs] *3. imp von* **reißen**

Riss [rɪs] *m* <-es, -e> ① *(Einriss)* desgarro *m; (in Stoff, Papier)* rasgadura *f; (in Wand, Erde, Haut)* grieta *f; (in Porzellan)* resquebrajadura *f; (Spalt)* hendidura *f* ② (TECH) plano *m*

rissig ['rɪsɪç] *adj (Wand, Haut)* agrietado; *(Stoff)* rasgado; *(Porzellan)* resquebrajado

ritt [rɪt] *3. imp von* **reiten**

Ritt [rɪt] *m* <-(e)s, -e> cabalgada *f*

Ritter ['rɪtɐ] *m* <-s, -> caballero *m*

Ritterburg *f* castillo *m* feudal

ritterlich *adj* caballeresco

Ritterlichkeit *f ohne pl* caballerosidad *f*

Ritterorden *m* (HIST) orden *f* de caballería

Ritterschlag *m* (HIST) espaldarazo *m;* **den ~ empfangen** ser armado caballero

Rittersporn *m* (BOT) espuela *f* de caballero

rittlings ['rɪtlɪŋs] *adv* a horcajadas

Ritual [ritu'aːl] *nt* <-s, -e *o* -ien> ritual *m*

Ritualmord *m* <-(e)s, -e> asesinato *m* ritual

rituell [ritu'ɛl] *adj* ritual

Ritus ['riːtʊs] *m* <-, Riten> rito *m*

Ritz [rɪts] *m* <-es, -e> ① *(in Haut)* rasguño *m; (auf Möbeln)* raspadura *f* ② *(Spalte)* grieta *f*

Ritze ['rɪtsə] *f* <-n> ranura *f; (im Boden)* hendidura *f*

ritzen ['rɪtsən] **I.** *vt* ① *(Glas, Kupfer)* tallar ② *(eingravieren)* grabar (**in** en); **das ist geritzt** *(fam)* todo está arreglado **II.** *vr:* **sich ~** arañarse

Rivale, -in [ri'vaːlə] *m, f* <-n, -n; -nen> rival *mf*

rivalisieren* [rivali'ziːrən] *vi* rivalizar (**mit** con, **um** por)

Rivalität [rivali'tɛːt] *f* <-en> rivalidad *f*

Riviera [ri'vjeːra] *f* Riviera *f*

Rizinusöl *nt* aceite *m* de ricino

RNS [ɛrʔɛn'ʔɛs] *f ohne pl* (BIOL, CHEM) *Abk. von* **Ribonukleinsäure** ARN *m*

Roastbeef ['roːstbiːf] *nt* <-s, -s> (GASTR) rosbif *m*

Robbe ['rɔbə] *f* <-n> foca *f*

robben ['rɔbən] *vi sein* arrastrarse; (MIL) avanzar cuerpo a tierra

Robe ['roːbə] *f* <-n> ① *(geh: Kleid)* vestido *m* de gala ② *(Talar)* toga *f*

Roboter ['rɔbɔtɐ] *m* <-s, -> robot *m*

robust [ro'bʊst] *adj* robusto

Robustheit *f ohne pl* robustez(a) *f*

roch [rɔx] *3. imp von* **riechen**

röcheln ['rœçəln] *vi* resollar; *(Sterbender)* estar en los estertores de la agonía

Rochen ['rɔxən] *m* <-s, -> *(Fisch)* raya *f*

Rock[1] [rɔk, *pl:* 'rœkə] *m* <-(e)s, Röcke> ① *(Kleidungsstück)* falda *f,* pollera *f Am* ② *(Schweiz: Kleid)* vestido *m* ③ *(reg: Jackett)* chaqueta *f*

Rock[2] [rɔk] *m* <-(s), *ohne pl*> (MUS) rock *m*

Rockband *f* grupo *m* de rock

rocken ['rɔkən] *vi* ① *(Musik machen)* hacer (música) rock ② *(tanzen)* bailar (música) rock, rockanrolear

Rocker(in) ['rɔkɐ] *m(f)* <-s, -; -nen> rockero, -a *m, f*

Rockgruppe *f* grupo *m* de rock

rockig *adj (fam)* rockero

Rockkonzert *nt* (MUS) concierto *m* de rock

Rocky Mountains ['rɔki'maʊntɪnz] *pl* Montañas Rocosas *fpl*
Rodel ['ro:dəl] *m* <-s, -> *(reg)* trineo *m* para niños
Rodelbahn *f* pista *f* para trineos
rodeln ['ro:dəln] *vi haben o sein (reg)* ir en trineo
roden ['ro:dən] *vt* ① *(Gebiet)* desmontar, tumbar *Am* ② *(Baum)* talar
Rodeo [ro'de:o] *nt* <-s, -s> (SPORT) rodeo *m*
Rodler(in) ['ro:dlɐ] *m(f)* <-s, -; -, -nen> persona *f* que monta en trineo
Rodung *f* <-en> desmonte *m*
Rogen ['ro:gən] *m* <-s, -> (ZOOL) huevas *fpl* de pescado
Roggen ['rɔgən] *m* <-s, -> centeno *m*
Roggenbrot *nt* pan *m* de centeno
Roggenmehl *nt* harina *f* de centeno
roh [ro:] *adj* ① *(ungekocht)* crudo ② *(unbearbeitet)* sin labrar ③ *(grob)* bruto
Rohbau *m* armadura *f* (de un edificio)
Roheisen *nt* <-s, *ohne pl*> (TECH) hierro *m* bruto
Rohheit ['ro:haɪt] *f* <-, -en> ① *(Handlung)* brutalidad *f*; *(Äußerung)* grosería *f* ② *ohne pl (Wesensart)* rudeza *f*
Rohkost *f* verdura *f* cruda
Rohling *m* <-s, -e> ① *(Mensch)* bruto, -a *m, f* ② (TECH) pieza *f* bruta
Rohmaterial *nt* materia *f* prima
Rohöl *nt* (petróleo *m*) crudo *m*
Rohr[1] [ro:ɐ] *nt* <-(e)s, -e> ① *(Wasserrohr)* tubo *m*; **volles ~** *(fam)* a todo gas ② *(reg: Backröhre)* horno *m*
Rohr[2] *nt* <-(e)s, *ohne pl*> (BOT) caña *f*
Rohrbruch *m* rotura *f* de la cañería
Röhrchen ['rø:ɐçən] *nt* <-s, -> tubito *m*; **ins ~ blasen** *(fam)* hacer la prueba de alcoholemia
Röhre ['rø:rə] *f* <-n> ① (TV, ELEK) tubo *m* ② *(Backröhre)* horno *m* ③ *(fam: Fernseher)* tele *f*; **in die ~ gucken** *(fernsehen)* ver la tele; *(das Nachsehen haben)* quedarse con las ganas
röhren ['rø:rən] *vi (Hirsch, Motor)* bramar
röhrenförmig [-fœrmɪç] *adj* tubular
Röhrenhose *f* pantalón *m* pitillo
Rohrkrepierer *m* <-s, -> ① *(Geschoss)* proyectil *m* que detona en el cañón del arma ② *(fam: Reinfall)* chasco *m*
Rohrleitung *f* tubería *f*
Rohrspatz *m* (ZOOL) escribano *m* palustre; **schimpfen wie ein ~** *(fam)* rezongar a voz en cuello
Rohrzange *f* alicates *mpl* para montar tubos
Rohrzucker *m* azúcar *m* de caña
Rohstoff *m* materia *f* prima
Rohstoffmangel *m ohne pl* escasez *f* de materias primas
Rohstoffreserven *fpl* reservas *fpl* de materias primas
Rohzustand *m ohne pl* **im ~** en bruto
Rokoko ['rɔkoko] *nt* <-(s), *ohne pl*> (KUNST) Rococó *m*
Rollator [ro'la:toɐ] *m* <-s, -en> andador *m*
Rollbahn *f* (AERO) pista *f* de rodaje
Rollcontainer *m* <-s, -> contenedor *m* con ruedas, container *m* con ruedas
Rolle ['rɔlə] *f* <-n> ① *(Gerolltes)* rollo *m*; *(um etw daraufzuwickeln)* bobina *f*; *(Geldrolle)* cartucho *m*; *(Garnrolle)* carrete *m* ② *(an Möbeln)* rueda *f*; *(am Flaschenzug)* polea *f* ③ (SPORT) voltereta *f* ④ (THEAT, FILM: *a. fig*) papel *m*; **sie spielte die ~ der Königin** representó el papel de la reina; **es spielt keine ~, ob ...** no importa si...; **bei ihm spielt Geld keine ~** el dinero no le importa; **er spielt bei der Sache eine wichtige ~** tiene un papel muy importante en este asunto; **versetz dich mal in meine ~!** ¡ponte en mi lugar!; **aus der ~ fallen** *(fig)* salirse de tono
rollen ['rɔlən] **I.** *vi* ① *sein (Ball, Auto)* rodar; *(Tränen)* correr; **etw kommt ins R~** *(fam)* algo empieza a funcionar ② *(Donner, Echo)* retumbar **II.** *vt* ① *(bewegen)* hacer rodar ② *(aufrollen)* enrollar ③ *(Teig)* extender **III.** *vr:* **sich ~** enrollarse
Rollenbesetzung *f* (FILM, THEAT) reparto *m*
Rollenklischee *nt* <-s, -s> (SOZIOL) cliché *m* en relación al papel [*o* al rol] desempeñado
Rollenspiel *nt* (SOZIOL) juego *m* de roles
Rollenverhalten *nt* (SOZIOL) conducta *f* de rol
Rollenverteilung *f* ① (SOZIOL) reparto *m* de roles ② (FILM, THEAT) reparto *m* de papeles (**an** a)
Roller *m* <-s, -> ① *(für Kinder)* patinete *m* ② *(Motorroller)* vespa® *f* ③ *(Österr)* persiana *f* enrollable
Rollfeld *nt* (AERO) pista *f* de rodaje
Rollkoffer *m* maleta *f* con ruedas
Rollkragen *m* cuello *m* alto
Rollkragenpullover *m* jersey *m* de cuello alto
Rollladen *m* <-s, -läden> persiana *f* enrollable
Rollmops *m arenque enrollado con pepinillo y cebolla*
Rollo ['rɔlo] *nt* <-s, -s> persiana *f*
Rollschuh *m* patín *m* sobre ruedas; **~ laufen** patinar (sobre ruedas)
Rollsplitt ['rɔlʃplɪt] *m* <-(e)s, *ohne pl*> gravilla *f*

Rollstuhl *m* silla *f* de ruedas

Rollstuhlfahrer(in) *m(f)* persona *f* que anda en silla de ruedas

rollstuhlgerecht *adj* apropiado para sillas de ruedas

Rolltreppe *f* escalera *f* mecánica

Rom [roːm] *nt* <-s> Roma *f*

ROM [rɔm] *nt* <-(s), -(s)> (INFOR) *Abk. von* **Read Only Memory** ROM *m*

Roma ['roːma] *mpl* romaníes *mpl*

Roman [ro'maːn] *m* <-s, -e> novela *f*

Romanautor(in) *m(f)* novelista *mf*

Romane, -in [ro'maːnə] *m, f* <-n, -n; -, -nen> latino, -a *m, f*

romanhaft *adj* novelesco

Romanik [ro'maːnɪk] *f ohne pl* (KUNST) estilo *m* románico

Romanin *f* <-nen> *s.* **Romane**

romanisch *adj* ① (LING, KUNST) románico ② *(Schweiz: rätoromanisch)* retorromano

Romanist(in) [roma'nɪst] *m(f)* <-n, -n; -nen> romanista *mf*

Romanistik [roma'nɪstɪk] *f ohne pl* filología *f* románica

Romanistin *f* <-nen> *s.* **Romanist**

Romanschriftsteller(in) *m(f)* novelista *mf*

Romantik [ro'mantɪk] *f ohne pl* romanticismo *m;* (LIT, KUNST) Romanticismo *m*

Romantiker(in) [ro'mantikɐ] *m(f)* <-s, -; -nen> (*a.* KUNST) romántico, -a *m, f*

romantisch *adj* romántico

Romanze [ro'mantsə] *f* <-n> romance *m*

Römer(in) ['røːmɐ] *m(f)* <-s, -; -nen> romano, -a *m, f*

Römersalat *m* lechuga *f* romana

römisch *adj* romano

römisch-katholisch *adj* católico romano

ROM-Speicher *m* (INFOR) ROM *m,* memoria *f* ROM

röntgen ['rœntgən] *vt* hacer una radiografía (de)

Röntgenaufnahme *f,* **Röntgenbild** *nt* radiografía *f*

Röntgengerät *nt* aparato *m* de rayos X

Röntgenologie [rœntgenolo'giː] *f* <-, *ohne pl*> (MED) radiología *f*

Röntgenstrahlen *mpl* (PHYS) rayos *mpl* X

rosa ['roːza] *adj inv* rosa, rosado

Rosa *nt* <-s, -> (color *m*) rosa *m*

rosafarben *adj,* **rosafarbig** *adj* rosado; **ein ~es Seidenkleid** un vestido de seda (de color) rosa

rosarot ['--'-] *adj* (de color de) rosa; **die Welt durch eine ~e Brille sehen** *(fig)* ver el mundo de color de rosa

Röschen ['røːsçən] *nt* <-s, -> *(des Rosenkohls)* cogollo *m*

Rose ['roːzə] *f* <-n> (BOT) rosa *f*

rosé [ro'zeː] *adj inv* (de color) rosa

Rosé [ro'zeː] *m* <-s, -s> (vino *m*) rosado *m*

Rosengarten *m* jardín *m* de rosas

Rosenkohl *m* col *f* de Bruselas

Rosenkranz *m* (REL) rosario *m*

Rosenmontag [(')--'--] *m* lunes *m* de Carnaval

Rosenmontagszug *m* <-(e)s, -züge> cabalgata *f* del lunes de Carnaval

Rosenöl *nt* aceite *m* de rosas

Rosenquarz *m* <-es, -e> cuarzo *m* rosado

Rosenstock *m* rosal *m*

Rosenstrauch *m* rosal *m*

Rosette [ro'zɛtə] *f* <-n> (ARCHIT) rosetón *m*

Roséwein *m* (vino *m*) rosado *m*

rosig I. *adj* ① *(rosa)* rosado; *(Haut)* sonrosado ② *(erfreulich)* de color de rosa; **etw in den ~sten Farben darstellen** *(fig)* pintar algo de color de rosa **II.** *adv* bien

Rosine [ro'ziːnə] *f* <-n> (uva *f*) pasa *f;* **~n im Kopf haben** *(fig fam)* picar muy alto

Rosmarin ['roːsmariːn] *m* <-s, *ohne pl*> romero *m*

Ross[1] [rɔs] *nt* <-es, -e> *(geh: edles Pferd)* corcel *m;* **hoch zu ~** a caballo; **auf dem hohen ~ sitzen** tener muchos humos

Ross[2] [rɔs] *nt* <-es, Rösser> *(südd, Österr, Schweiz: Pferd)* caballo *m*

Rosshaar *nt ohne pl* crin *m*

Rosskastanie *f* ① *(Baum)* castaño *m* de Indias ② *(Frucht)* castaña *f* de Indias

Rosskur *f* <-, -en> *(fam)* cura *f* de caballo

Rost[1] [rɔst] *m* <-(e)s, *ohne pl*> (CHEM) herrumbre *m,* orín *m;* **~ ansetzen** oxidarse

Rost[2] [rɔst] *m* <-(e)s, -e> ① *(für Grill)* parrilla *f; (Gitterrost)* rejilla *f; (Lattenrost)* somier *m;* **vom ~** (GASTR) a la parrilla ② (BOT) roya *f*

Rostbraten *m (Österr, südd)* asado *m* a la parrilla

Rostbratwurst *f* <-, -würste> (GASTR) salchicha *f* asada a la parrilla

rostbraun ['-'-] *adj* marrón rojizo

rosten ['rɔstən] *vi sein* oxidarse; **nicht ~d** inoxidable

rösten ['rœstən] *vt (Kaffee, Brot)* tostar; *(auf Rost)* asar (a la parrilla)

Rösterei *f* <-, -en> tostadero *m*

rostfrei *adj* inoxidable

Rösti ['rœsti] *f ohne pl* (GASTR) *patatas cocidas, ralladas y salteadas (con tocino) típicas suizas*

rostig *adj* oxidado, herrumbroso

Röstkartoffeln *fpl (reg)* patatas *fpl* salteadas

Rostlaube *f* <-, -n> *(fam iron)* tartana *f*

Rostschutz *m ohne pl* protección *f* contra la oxidación

Rostschutzfarbe *f* pintura *f* anticorrosiva

Rostschutzmittel *nt* antioxidante *m*, anticorrosivo *m*

rot [ro:t] *adj* <röter, am rötesten> rojo; (POL) socialista; **bei ~** (con el semáforo) en rojo; **eine ~e Ampel** un semáforo en rojo; **~ werden** enrojecer; **in den ~en Zahlen stecken** estar en números rojos; **sich** *dat* **etw ~ im Kalender anstreichen** marcar algo en rojo en el calendario

Rot *nt* <-s, -> rojo *m*; **bei ~** (con el semáforo) en rojo

Rotation [rota'tsjo:n] *f* <-en> rotación *f*

rotbackig *adj*, **rotbäckig** *adj* **~ sein** ser rubicundo

rotblond ['-'-] *adj* rubio rojizo

rotbraun ['-'-] *adj* castaño, caoba

Röte ['rø:tə] *f ohne pl* color *m* rojo; *(von Himmel, Haut)* arrebol *m*; *(Schamesröte)* rubor *m*; **die ~ stieg ihr ins Gesicht** se puso colorada

Rote-Armee-Fraktion *f ohne pl* Fracción *f* del Ejército Rojo *(grupo terrorista alemán de ultraizquierda)*

Rote-Augen-Effekt *m* (FOTO) efecto *m* (de) ojos rojos

Rote Beete *f*, **Rote Bete** *f* (BOT, GASTR) remolacha *f*

Röteln ['rø:təln] *pl* rubeola *f*

röten ['rø:tən] **I.** *vt (geh)* enrojecer **II.** *vr:* **sich ~** ponerse rojo; *(Himmel)* teñirse de rojo; *(vor Scham)* sonrojarse

röter *adj kompar von* **rot**

röteste(r, s) *adj superl von* **rot**

Rotfuchs *m* ① *(Fuchs)* zorro *m* rojo ② *(Pferd)* alazán *m*

rotglühend *adj s.* **glühend**

rothaarig *adj* pelirrojo

Rothaut *f (fam)* piel roja *mf*

rotieren* [ro'ti:rən] *vi* ① *(sich drehen)* girar (**um** alrededor de) ② *(fam: hektisch sein)* estar a cien

Rotkäppchen ['ro:tkɛpçən] *nt* <-s> Caperucita *f* Roja

Rotkehlchen ['ro:tke:lçən] *nt* <-s, -> petirrojo *m*

Rotkohl *m* (col *f*) lombarda *f*

Rotkraut *nt ohne pl (südd, Österr)* (col *f*) lombarda *f*

rötlich ['rø:tlɪç] *adj* rojizo, paco *Am*

Rotlicht *nt ohne pl* luz *f* roja; *(Rotlichtlampe)* lámpara *f* de rayos infrarrojos

Rotlichtmilieu *nt (fam)* mundo *m* de la prostitución

Rotlichtviertel *nt (fam)* barrio *m* chino

rot|sehen *irr vi (fam)* perder el control

Rotstift *m* lápiz *m* rojo; **den ~ ansetzen** economizar

Rotunde [ro'tʊndə] *f* <-, -n> (ARCHIT) rotunda *f*

Rötung *f* <-en> enrojecimiento *m*

rotwangig *adj (geh) s.* **rotbackig**

Rotwein *m* vino *m* tinto

Rotwild *nt* venado *m*

Rotz [rɔts] *m* <-es, *ohne pl*> *(vulg)* moco *m*; **~ und Wasser heulen** *(fam)* llorar a moco tendido

rotzen ['rɔtsən] *vi (vulg)* ① *(sich schnäuzen)* sonarse los mocos ② *(ausspucken)* escupir

Rotzfahne *f* <-, -n> *(vulg)* moquero *m*

rotzfrech ['-'-] *adj (fam)* descarado

rotzig *adj* ① *(vulg: voller Rotz)* mocoso ② *(fam: frech, unverschämt)* fresco, descarado

Rotznase *f* ① *(vulg abw)* mocoso *m* ② *(fam: schleimige Nase)* nariz *f* llena de mocos

Rouge [ru:ʒ] *nt* <-s, -s> colorete *m*

Roulade [ru'la:də] *f* <-n> (GASTR) *filete de carne relleno con pepinillo, cebolla, mostaza etc.*

Roulette [ru'lɛt] *nt* <-s, -s> ruleta *f*; **russisches ~ spielen** jugar a la ruleta rusa

Route ['ru:tə] *f* <-n> ruta *f*

Router ['raʊtɐ] *m* <-s, -> (INFOR, TEL) router *m*, encaminador *m*

Routine [ru'ti:nə] *f ohne pl* ① *(Erfahrung)* experiencia *f*; *(Praxis)* práctica *f* ② *(Gewohnheit)* rutina *f*

Routinearbeit *f* <-, -en> trabajo *m* rutinario

routinemäßig *adj* rutinario; **etw ~ überprüfen** hacer un control rutinario de algo

Routineuntersuchung *f* <-, -en> revisión *f* periódica [*o* de rutina]

routiniert [ruti'ni:ɐt] *adj* experimentado, experto

Rowdy ['raʊdi] *m* <-s, -s> *(abw)* gamberro *m*

Ruanda [ru'anda] *nt* <-s> Ruanda *f*

Rubbellos *nt* <-es, -e> número *m* de lotería (de rascar)

rubbeln ['rʊbəln] *vi, vt* frotar

Rübe ['ry:bə] *f* <-n> ① (BOT) nabo *m*, betabel *f Méx (diversos tipos de raíces comestibles)*; **Gelbe ~n** *(reg)* zanahorias *fpl*; **Rote ~** remolacha *f* ② *(fam: Kopf)* coco *m*; **eins auf die ~ kriegen** recibir una bronca

Rubel ['ru:bəl] *m* <-s, -> rublo *m*

rüber ['ry:bɐ] *adv (fam)* ① *(herüber)* hacia aquí, hacia acá ② *(hinüber)* hacia allá; **da ~!** ¡(por) allí enfrente!

rüber|bringen *irr vt (fam: vermitteln)* hacer llegar; **wir haben den Wählern un-**

sere Meinung rübergebracht hemos hecho llegar nuestra opinión a los electores
rüber|kommen *irr vi sein (fam: deutlich werden)* llegar a entenderse
Rubin [ru'bi:n] *m* <-s, -e> rubí *m*
rubinrot *adj* rojo rubí
Rubrik [ru'bri:k] *f* <-en> ① *(Kategorie)* categoría *f* ② *(in Tabelle, Zeitung)* columna *f*
ruchlos ['ru:xlo:s] *adj (geh)* bajo, vil
Ruchlosigkeit *f* <-, *ohne pl*> *(geh: Verhalten, Art)* vileza *f,* ruindad *f,* infamia *f;* **die ~ eines Verbrechens** la atrocidad de un crimen
Ruck [rʊk] *m* <-(e)s, -e> tirón *m;* **mit einem ~** de un tirón; **sich** *dat* **einen ~ geben** *(fam)* hacer un esfuerzo
ruck, zuck *adv (fam)* en un abrir y cerrar de ojos
Rückansicht *f* vista *f* trasera
Rückantwort ['rʏk-] *f* respuesta *f*
ruckartig I. *adj* brusco **II.** *adv* de golpe
Rückbesinnung *f* regreso *m* (**auf** a)
Rückbildung *f* involución *f,* retroceso *m*
Rückblende *f* (FILM) retrospectiva *f*
Rückblick *m* mirada *f* retrospectiva (**auf** a), retrospección *f*
rückblickend *adj* retrospectivo; **~ lässt sich sagen, dass ...** retrospectivamente se puede decir que...
Rückbuchung *f* <-, -en> (FIN) extorno *m*
rückdatieren* *vt* antedatar, antefechar
ruckeln ['rʊkəln] *vi* **an etw** *dat* **~** dar pequeños tirones a algo
rucken ['rʊkən] *vi (Fahrzeug)* dar un tirón
rücken ['rʏkən] **I.** *vi sein (Platz machen)* correrse; *(näher rücken)* acercarse (**an** a); **rück mal (ein Stückchen)!** ¡córrete un poquito!; **in den Mittelpunkt des Interesses ~** convertirse en el centro de interés **II.** *vt* mover (**nach** hacia), correr (**nach** hacia); *(wegrücken)* apartar (**von** de); *(näher rücken)* acercar (**an** a)
Rücken ['rʏkən] *m* <-s, -> ① (ANAT) espalda *f;* **~ an ~** espalda con espalda; **jdm den ~ zukehren/zuwenden** volver/dar a alguien la espalda; **auf dem ~ liegen** estar tumbado de espaldas; **mir lief es eiskalt über den ~** sentí un escalofrío recorriéndome la espalda; **jdm den ~ stärken** respaldar a alguien; **jdm/sich** *dat* **den ~ freihalten** cubrir a alguien/cubrirse las espaldas; **jdm in den ~ fallen** dejar a alguien en la estacada; **hinter jds ~** a espaldas de alguien; **mit dem ~ zur Wand stehen** estar entre la espada y la pared ② *(Buchrücken)* lomo *m;* *(Handrücken)* dorso *m* de la mano; *(Fußrücken)* empeine *m* ③ *(Tierrücken)* lomo *m*
Rückendeckung *f* ① (MIL) protección *f* de la retaguardia ② *(gegen Kritik)* respaldo *m*
Rückenlehne *f* respaldo *m*
Rückenmark *nt* médula *f* espinal
Rückenmuskel *m* (ANAT) músculo *m* dorsal
Rückenschmerzen *mpl* dolores *mpl* de espalda
Rückenschwimmen *nt* natación *f* de espalda
Rückenwind *m ohne pl* viento *m* a favor; (NAUT) viento *m* de popa
rückerstatten* *vt* (FIN) devolver
Rückerstattung *f* reintegro *m;* (FIN) devolución *f*
Rückfahrkarte *f* billete *m* de ida y vuelta
Rückfahrscheinwerfer *m* (AUTO) luz *f* de marcha atrás
Rückfahrt *f* (viaje *m* de) vuelta *f;* **auf der ~** a la vuelta
Rückfall *m* ① (MED) recaída *f;* **einen ~ erleiden** tener una recaída ② (JUR) reincidencia *f* ③ *(geh: Wiederkehr)* regreso *m*
rückfällig *adj* ① (*a.* MED) **~ werden** recaer ② (JUR) reincidente
Rückfalltäter(in) *m(f)* (JUR) reincidente *mf*
Rückfenster *nt* ventanilla *f* posterior
rückfettend *adj* pringoso, grasiento
Rückflug *m* vuelo *m* de regreso; **auf dem ~** durante el vuelo de vuelta
Rückfrage *f* pregunta *f,* duda *f;* **für ~n wenden Sie sich bitte an ...** en caso de duda diríjase a...
rückfragen *vi* preguntar (para aclarar posibles dudas), pedir información aclaratoria [*o* adicional]
Rückführung *f* (FIN) reducción *f*
Rückgabe *f* devolución *f* (**an** a)
Rückgabedatum *nt* fecha *f* de entrega
Rückgaberecht *nt* <-(e)s, -e> derecho *m* a devolución
Rückgang *m* descenso *m;* *(Verminderung)* disminución *f;* **im ~ begriffen sein** estar en descenso
rückgängig [-gɛŋɪç] *adj* **~ machen** *(Vertrag)* anular; *(Verabredung)* cancelar
Rückgewinnung *f* recuperación *f*
Rückgrat ['rʏkgra:t] *nt* <-(e)s, -e> ① (MED) espina *f* dorsal; **ohne ~** *(fig)* cobarde; **jdm das ~ brechen** *(fam)* doblegar a alguien ② *(Stütze)* puntal *m*
Rückgriff *m* (*a.* JUR) recurso (**auf** a)
Rückhalt *m* respaldo *m;* **jdm ~ geben** respaldar a alguien
rückhaltlos I. *adj* incondicional **II.** *adv* sin reservas
Rückhand *f ohne pl* (SPORT) revés *m*
Rückkauf *m* (COM) reembolso *m*
Rückkehr *f ohne pl* regreso *m*

R

Rückkopp(e)lung *f* acoplamiento *m* retroactivo
Rücklage *f* ① *(Erspartes)* ahorros *mpl* ② (WIRTSCH) reserva *f*
Rücklauf *m* ① *(Wasser)* reflujo *m* ② (TECH) retroceso *m*
rückläufig *adj* decreciente, descendente; **~e Tendenz** tendencia regresiva
Rückleuchte *f* luz *f* trasera
Rücklicht *nt* luz *f* trasera
rücklings ['rʏklɪŋs] *adv* ① *(mit dem Rücken)* con la espalda ② *(nach hinten)* hacia atrás ③ *(von hinten, auf dem Rücken)* de espaldas
Rücklöschtaste *f* tecla *f* suprimir/borrar en retroceso
Rückmarsch *m* (MIL) retirada *f*
Rückmeldefrist *f* <-, -en> (UNIV) plazo *m* para renovar la matrícula
rückmelden *vr:* **sich ~** (UNIV) matricularse para el próximo semestre
Rückmeldung *f* ① (UNIV) matriculación *f* para el próximo curso; **die ~ ist ab dem 24. März möglich** es posible matricularse a partir del 24 de marzo ② *(Reaktion)* reacción *f*
Rücknahme [-na:mə] *f* <-, -n> *(von Versprechen, Klage)* retirada *f;* **keine ~!** *(von Waren)* ¡no se admiten devoluciones!
Rückporto *nt* franqueo *m* para la respuesta
Rückreise *f* (viaje *m* de) regreso *m,* vuelta *f;* **auf der ~** a la vuelta
Rückruf *m* ① (TEL) llamada *f* de contestación ② (JUR, WIRTSCH) revocación *f* del derecho de usufructo
Rückrufaktion *f* <-, -en> (COM) campaña *f* de retirada
Rucksack ['rʊk-] *m* mochila *f*
Rucksacktourist(in) *m(f)* mochilero, -a *m, f*
Rückschlag *m* contratiempo *m,* revés *m*
Rückschluss *m* conclusión *f;* **Rückschlüsse aus etw** *dat* **ziehen** sacar conclusiones de algo
Rückschritt *m* paso *m* atrás
rückschrittlich *adj* retrógrado
Rückseite *f (eines Gebäudes)* parte *f* posterior; *(eines Blattes)* dorso *m; (einer Münze)* reverso *m; (eines Stoffes)* revés *m;* **auf der ~ von ...** en la parte posterior de...; **siehe ~** véase al dorso
rückseitig I. *adj* al [*o* del] dorso, del reverso **II.** *adv* en el dorso [*o* reverso], en la parte posterior
Rücksendung *f* devolución *f*
Rücksicht[1] *f* <-en> *(Nachsicht)* consideración *f;* **mit ~ auf ...** teniendo en cuenta...; **auf jdn ~ nehmen** tener consideración con alguien; **auf etw ~ nehmen** respetar algo
Rücksicht[2] *f ohne pl (Sicht nach hinten)* visión *f* por la ventanilla trasera
Rücksichtnahme *f ohne pl* respeto *m*
rücksichtslos I. *adj* desconsiderado; *(unbarmherzig)* despiadado **II.** *adv* sin consideración, a lo bestia *fam*
Rücksichtslosigkeit *f* <-en> desconsideración *f; (Respektlosigkeit)* falta *f* de respeto
rücksichtsvoll *adj* atento, considerado
Rücksitz *m* asiento *m* trasero
Rückspiegel *m* (espejo *m*) retrovisor *m*
Rückspiel *nt* (SPORT) partido *m* de vuelta
Rücksprache *f ohne pl* consulta *f;* **mit jdm ~ halten** consultar algo con alguien
Rückstand *m* ① *(Rest)* residuo *m* ② *pl (bei Zahlung)* atrasos *mpl* ③ *(Verzug)* retraso *m;* **mit der Lieferung im ~ sein** retrasarse en la entrega; **mit 0 zu 2 im ~ liegen** (SPORT) ir perdiendo 0 a 2
rückständig *adj* ① *(rückschrittlich)* anticuado ② *(unterentwickelt)* subdesarrollado ③ (WIRTSCH: *überfällig*) vencido
Rückständigkeit *f ohne pl* ① *(von Person)* mentalidad *f* atrasada ② *(Unterentwicklung)* subdesarrollo *m*
Rückstau *m (im Verkehr)* atasco *m*
Rückstellung *f* ① (WIRTSCH: *Bilanzposten*) reserva *f* ② *(Zurückstellen)* atraso *m*
Rückstoß *m* (PHYS) repulsión *f*
Rückstrahler *m* reflector *m*
Rückstufung *f* <-, -en> degradación *f*
Rücktritt *m* ① *(von Amt)* dimisión *f;* **seinen ~ erklären** presentar su dimisión ② *(am Fahrrad)* freno *m* de pedal
Rücktrittbremse *f* freno *m* de pedal
Rücktrittsgesuch *nt* (*a.* POL) dimisión *f*
Rücktrittsrecht *nt ohne pl* (JUR) (derecho *m* de) retracto *m*
rückvergüten* *vt* (WIRTSCH) reembolsar
rückversichern* *vr:* **sich ~** reasegurarse
Rückwand *f* parte *f* posterior
rückwärtig [-vɛrtɪç] *adj* trasero, de atrás
rückwärts [-vɛrts] *adv* ① *(mit dem Rücken voran)* hacia atrás, de espaldas; **~ einparken** aparcar marcha atrás ② *(südd, Österr: hinten)* por atrás
Rückwärtsgang *m* (TECH) marcha *f* atrás
Rückweg *m* (camino *m* de) vuelta *f;* **auf dem ~** a la vuelta
ruckweise *adv* a trompicones, a golpes
rückwirkend I. *adj* retroactivo **II.** *adv* con efecto retroactivo; **das Gesetz tritt ~ vom 1. Januar in Kraft** la ley entra en vigor con efectos retroactivos a partir del 1 de enero
rückzahlbar *adj* reembolsable, reintegrable
Rückzahlung *f* reembolso *m*

Rückzieher *m* <-s, -> *(fam)* paso *m* atrás, rajada *f Méx;* **einen ~ machen** dar marcha atrás
Rückzug *m* (MIL) retirada *f;* **den ~ antreten** emprender la retirada
Rückzugsgebiet *nt* <-(e)s, -e> (ÖKOL) zona *f* de refugio
Rucola ['ru:kola] *m* <-, *ohne pl*> (GASTR) rúcula *f*
rüde ['ry:də] *adj* rudo, grosero
Rüde ['ry:də] *m* <-n, -n> macho *m* (de perro)
Rudel ['ru:dəl] *nt* <-s, -> manada *f*
Ruder ['ru:dɐ] *nt* <-s, -> ① *(von Ruderboot)* remo *m;* **sich in die ~ legen** remar con fuerza; *(fig)* poner manos al trabajo ② *(Steuerruder)* timón *m*
Ruderboot *nt* bote *m* de remos
Ruderer, -in *m, f* <-s, -; -nen> remero, -a *m, f*
Rudergerät *nt* (SPORT) máquina *f* de remo
rudern ['ru:dɐn] *vi* ① *(Ruder bewegen)* remar, bogar; **mit den Armen ~** *(fam)* bracear ② *sein (im Ruderboot fahren)* ir a remo
Rudern *nt* remo *m*
Rudersport *m ohne pl* remo *m*
Rudiment [rudi'mɛnt] *nt* <-(e)s, -e> ① *(Rest)* resto *m* ② (BIOL) rudimento *m*
rudimentär [rudimɛn'tɛ:ɐ] *adj* rudimentario
Rüebli ['ry:ɛbli] *nt* <-s, -> *(Schweiz)* zanahoria *f*
Ruf[1] [ru:f] *m* <-(e)s, -e> *(Ausruf, Schrei)* grito *m*
Ruf[2] *m* <-(e)s, *ohne pl*> ① *(Aufruf)* llamada *f;* **sie erhielt einen ~** (UNIV) le ofrecieron una cátedra ② *(Ansehen)* reputación *f; (Ruhm)* fama *f;* **einen guten ~ haben** tener una buena reputación; **in dem ~ stehen, zu …** tener fama de…; **jdn in schlechten ~ bringen** desacreditar a alguien; **etw/jd ist besser als sein ~** algo/alguien vale más de lo que parece
rufen ['ru:fən] <ruft, rief, gerufen> **I.** *vi* llamar; **laut ~** gritar; **nach jdm ~** llamar a alguien; **nach härteren Strafen ~** exigir castigos más severos; **um Hilfe ~** dar voces de socorro **II.** *vt* llamar; **jdn ~** llamar a alguien; **etw ~** gritar algo; **jdn ~ lassen** hacer venir a alguien; **das kommt mir wie ge~** *(fam)* esto me viene de maravilla
Rüffel ['rʏfəl] *m* <-s, -> *(fam)* bronca *f;* **einen ~ bekommen** llevarse una bronca
rüffeln ['rʏfəln] *vt (fam)* leer la cartilla
Rufknopf *m* botón *m* de llamada
Rufmord *m* difamación *f*
Rufname *m* nombre *m* de pila
Rufnummer *f* número *m* de teléfono
Rufschädigung *f* <-, -en> descrédito *m*
Rufweite *f ohne pl* alcance *m* de la voz; **in ~** en las cercanías
Rufzeichen *nt* <-s, -> ① (TEL) señal *f* (de llamada) ② *(reg: Ausrufezeichen)* signo *m* de exclamación
Rugby ['rakbi] *nt* <-(s), *ohne pl*> (SPORT) rugby *m*
Rüge ['ry:gə] *f* <-n> reprimenda *f;* **jdm eine ~ erteilen** reprender a alguien
rügen ['ry:gən] *vt* **jdn ~** reprender a alguien; **etw ~** criticar algo
Ruhe ['ru:ə] *f ohne pl* ① *(Unbewegtheit)* calma *f; (Stille, Gelassenheit)* tranquilidad *f;* **die ~ vor dem Sturm** la calma que precede a la tormenta ② *(Schweigen)* silencio *m;* **~ bitte!** ¡silencio, por favor! ③ *(Entspannung)* descanso *m; (Bettruhe)* reposo *m;* **sich** *dat* **keine ~ gönnen, bis …** no descansar hasta que… +*subj;* **sich zur ~ begeben** *(geh)* retirarse (a descansar), recogerse; **angenehme ~!** ¡que descanse(s)!; **sich zur ~ setzen** jubilarse; **jdn zur letzten ~ betten** *(geh)* dar sepultura a alguien ④ *(Frieden)* paz *f; (innere Ruhe)* serenidad *f;* **vor jdm ~ haben** no ser molestado por alguien; **jdn nicht zur ~ kommen lassen** *(fam)* no dejar a alguien en paz; **keine ~ geben** *(fam)* no dar tregua; **lass mich in ~!** *(fam)* ¡déjame en paz!; **das lässt ihm keine ~** eso le inquieta; **in aller ~** con toda calma; **sich durch nichts aus der ~ bringen lassen** no alterarse por nada; **~ bewahren** conservar la calma; **immer mit der ~!** ¡calma, calma!; **die hat die ~ weg!** *(fam)* ¡qué calma gasta!
ruhelos *adj* inquieto; *(rastlos)* desasosegado
ruhen ['ru:ən] *vi* ① *(ausruhen)* descansar (**auf** en); **ich werde nicht eher ~, bis …** no descansaré antes de que… +*subj;* **der Teig muss ~** la masa tiene que reposar; **„ruhe in Frieden!"** "¡descanse en paz!" ② *(Arbeit)* estar suspendido; *(Verkehr)* estar paralizado; *(Angelegenheit)* quedar postergado; **etw ~ lassen** posponer algo ③ *(Blick)* estar fijado (**auf** en); *(Verantwortung)* recaer (**auf** sobre) ④ *(sich stützen)* apoyarse (**auf** en)
Ruhepause *f* descanso *m*
Ruheraum *m* sala *f* de relax
Ruhestand *m ohne pl* jubilación *f;* (MIL) retiro *m;* **im ~ sein** estar jubilado
Ruhestörung *f* disturbio *m*
Ruhetag *m* día *m* de descanso; *(von Gaststätten)* descanso *m* semanal
ruhig ['ru:ɪç] *adj* ① *(bewegungslos, leise)* quieto; **sitz doch ~!** ¡estate quieto!; **ihr sollt ~ sein!** ¡que os estéis quietos!; **eine**

~e Hand haben tener un pulso seguro ❷ *(geräuschlos)* tranquilo; *(schweigsam)* callado; **gegen 19 Uhr wird es ~er** hacia las siete esto se queda más tranquilo ❸ *(gelassen)* tranquilo; **nur ~ Blut!** ¡tranquilo!; **ein ~es Gewissen haben** tener la conciencia tranquila; **~ bleiben** permanecer tranquilo; **~ verlaufen** tra(n)scurrir sin incidentes; **etw ~ mit ansehen** observar algo tranquilamente

ruhigstellen *vt* (MED) ❶ *(Arm, Bein) s.* **stellen I. 2.** ❷ *(Person)* **jdn ~** administrar tranquilizantes a alguien

Ruhm [ru:m] *m* <-(e)s, *ohne pl*> gloria *f*

rühmen ['ry:mən] **I.** *vt* alabar, elogiar **II.** *vr* **sich etw** *gen* **~** gloriarse de algo; *(prahlend)* vanagloriarse de algo

Ruhmesblatt *nt* **etw ist für jdn kein ~** algo no es un mérito para alguien

rühmlich *adj* glorioso

ruhmlos *adj* sin gloria; *(beschämend)* vergonzoso

ruhmreich *adj* glorioso

ruhmvoll *adj s.* **ruhmreich**

Ruhr [ru:ɐ] *f* <-en> (MED) disentería *f*

Rührei ['ry:ɐʔaɪ] *nt* huevos *mpl* revueltos

rühren ['ry:rən] **I.** *vt* ❶ *(umrühren)* remover; *(mischen)* mezclar; **die Eier in den Teig ~** mezclar los huevos con la masa ❷ *(bewegen)* mover; **keinen Finger ~** no mover ni un dedo ❸ *(emotional)* conmover **II.** *vi* ❶ *(umrühren)* remover; **im Tee ~** remover el té ❷ *(geh: herrühren)* deberse (**von** a); **das rührt daher, dass …** esto se debe a que… **III.** *vr:* **sich ~** moverse; **sich nicht vom Fleck ~** no moverse del sitio; **ich klingelte, aber es rührte sich nichts** toqué el timbre, pero no pasó nada; **endlich rührte sich sein Gewissen** por fin le dio cargo de conciencia; **rührt euch!** (MIL) ¡descansen!

rührend *adj* conmovedor, emocionante; **das ist wirklich ~ von Ihnen** es todo un detalle por su parte

Ruhrgebiet *nt* Cuenca *f* del Ruhr

rührig ['ry:rɪç] *adj* activo; *(flink)* ágil

Rührschüssel *f* bol *m* para mezclar

rührselig *adj* sentimental

Rührteig *m* masa *f* de bizcocho

Rührung *f ohne pl* emoción *f*

Ruin [ru'i:n] *m* <-s, *ohne pl*> ruina *f;* **vor dem ~ stehen** estar al borde de la ruina

Ruine [ru'i:nə] *f* <-n> ruina *f*

ruinieren* [rui'ni:rən] *vt* ❶ *(vernichten)* arruinar ❷ *(beschädigen)* estropear

ruinös [rui'nø:s] *adj* ruinoso

rülpsen ['rʏlpsən] *vi (fam)* eructar

Rülpser *m* <-s, -> *(fam)* eructo *m*

rum [rʊm] *adv (fam) s.* **herum**

Rum [rʊm] *m* <-s, -s *o Österr, Schweiz:* -e> ron *m*

Rumäne, -in [ru'mɛ:nə] *m, f* <-n, -n; -nen> rumano, -a *m, f*

Rumänien [ru'mɛ:niən] *nt* <-s> Rumania *f,* Rumanía *f*

Rumänin *f* <-nen> *s.* **Rumäne**

rumänisch *adj* rumano

Rumänisch *nt* <-(s), *ohne pl*>, **Rumänische** *nt* <-n, *ohne pl*> rumano *m*

rumeiern ['rʊmʔaiɐn] *vi (abw fam)* dispersarse

rum|kriegen ['rʊm-] *vt (fam)* ❶ *(Zeit)* pasar ❷ *(überreden)* convencer ❸ *(verführen)* seducir

Rummel ['rʊməl] *m* <-s, *ohne pl*> *(fam)* ❶ *(Betriebsamkeit)* ajetreo *m;* **großen ~ um etw/jdn machen** armar un escándalo por algo/alguien ❷ *(Jahrmarkt)* feria *f*

Rummelplatz *m (fam)* feria *f*

rumoren* [ru'mo:ren] *vi (fam)* hacer ruido; **es rumort in ihrem Bauch** le suenan las tripas

Rumpelkammer ['rʊmpəl-] *f (fam)* (cuarto *m*) trastero *m*

rumpeln ['rʊmpəln] *vi (fam)* ❶ *sein (Fahrzeug)* traquetear ❷ *(poltern)* hacer ruido

Rumpf [rʊmpf, *pl:* 'rʏmpfə] *m* <-(e)s, Rümpfe> ❶ *(des Menschen)* tronco *m; (einer Statue)* torso *m* ❷ (NAUT) casco *m* ❸ (AERO) fuselaje *m*

Rumpfbeuge *f* (SPORT) flexión *f* de tronco

rümpfen ['rʏmpfən] *vi* **die Nase über etw ~** mirar algo con desprecio

Rumpsteak ['rʊmpste:k] *nt* filete *m* de culata

Rumtopf *m* conserva *f* de fruta en ron

rum|treiben *irr vr:* **sich ~** *(fam abw)* vagabundear (**auf/in** por); *(auf der Straße)* callejear (**auf/in** por); **wo hast du dich wieder rumgetrieben?** ¿por dónde te has metido?

Rumtreiber(in) *m(f)* <-s, -; -, -nen> *(fam)* merodeador(a) *m(f); (Landstreicher)* vagabundo, -a *m, f*

Run [ran] *m* <-s, -s> gran demanda *f* (**auf** de)

rund [rʊnt] **I.** *adj* ❶ *(Form)* redondo; **das ist eine ~e Sache** esto nos salió redondo; **ein ~es Dutzend Leute** *(fam)* aproximadamente una docena de personas ❷ *(Mensch)* regordete **II.** *adv (fam: ungefähr)* aproximadamente; **~ um** alrededor de; **~ um die Uhr** las 24 horas del día

Rundblick *m* vista *f* panorámica

Rundbogen *m* (ARCHIT) arco *m* de medio punto

Rundbrief *m* circular *f*

Runde ['rʊndə] *f* <-n> ❶ *(Gesellschaft)*

tertulia *f*, reunión *f*; **in die ~ blicken** mirar alrededor ② *(Rundgang)* vuelta *f*; *(von Polizei)* ronda *f*; **seine ~ machen** hacer la ronda ③ (SPORT) vuelta *f*; *(Boxen)* asalto *m*; **über die ~n kommen** *(fam)* ir tirando ④ *(Getränkerunde)* ronda *f*; **eine ~ schmeißen** pagar una ronda

runden ['rʊndən] *vt* (MATH) redondear

runderneuern* *vt* (AUTO) recauchar, recauchutar

Rundfahrt *f* vuelta *f*

Rundflug *m* <-(e)s, -flüge> vuelta *f* en avión

Rundfunk *m* radiodifusión *f*, radio *f*; **im ~** en la radio

Rundfunkanstalt *f* centro *m* de radiodifusión, radiodifusora *f Arg*

Rundfunkgebühr *f* derechos *mpl* de radiodifusión

Rundfunkgerät *nt* aparato *m* de radio

Rundfunkprogramm *nt* programa *m* de radio

Rundfunksender *m* emisora *f* de radio, radiodifusora *f Arg*

Rundfunksprecher(in) *m(f)* (RADIO) locutor(a) *m(f)*

Rundfunkstation *f* estación *f* de radio

Rundfunkübertragung *f* (RADIO) retra(n)smisión *f* por radio

Rundgang *m* vuelta *f*; *(Strecke)* circuito *m*; **einen ~ machen** dar una vuelta

rund|gehen *irr vi sein* ① *(herumgereicht werden)* pasar de mano en mano; *(erzählt werden)* ir de boca en boca ② *(fam: turbulent werden)* haber jaleo; **jetzt geht's rund** ahora empieza lo bueno

rundheraus ['--'-] *adv* francamente, sin rodeos; **~ gesagt** dicho francamente

rundherum ['--'-] *adv* ① *(räumlich)* alrededor (**um** de) ② *(völlig)* completamente

rundlich *adj* ① *(annähernd rund)* redondeado ② *(dicklich)* rechoncho

Rundreise *f* gira *f*

Rundruf *m* <-(e)s, -e> (TEL) (serie *f* de) llamadas *f pl* (en cadena)

Rundschreiben *nt* circular *f*

rundum ['-'-] *adv s.* **rundherum**

Rundung *f* <-en> curvatura *f*

rundweg ['rʊnt'vɛk] *adv* rotundamente

Rune ['ru:nə] *f* <-, -n> runa *f*

runter ['rʊntɐ] *adv (fam)* (hacia) abajo

runter|hauen <haut runter, haute *o* hieb runter, runtergehauen> *vt (fam)* **jdm eine/ein paar ~** darle una bofetada/unas bofetadas a alguien

runter|holen *vt* ① *(fam: herunternehmen)* bajar (**von** de) ② *(Wend)* **jdm/sich** *dat* **einen ~** *(vulg)* hacerle a alguien/hacerse una paja

runter|kommen *irr vi sein (fam)* ① *(nach unten kommen)* bajar ② *(verwahrlosen)* venir a menos; *(Person)* envilecerse; *(Gesundheit)* deteriorarse

runter|lassen *irr vt (fam)* ① *(abseilen)* bajar con una cuerda ② *(Jalousie)* bajar

Runzel ['rʊntsəl] *f* <-n> arruga *f*

runzelig *adj* arrugado

runzeln ['rʊntsəln] **I.** *vt* arrugar **II.** *vr:* **sich ~** arrugarse

runzlig *adj* arrugado

Rüpel ['ry:pəl] *m* <-s, -> *(abw)* maleducado, -a *m, f*

rüpelhaft *adj (abw)* grosero, descarado

rupfen ['rʊpfən] *vt* ① *(Geflügel, a. fig)* desplumar ② *(Gras, Unkraut)* arrancar

Rupie ['ru:pjə] *f* <-, -n> *(Währung)* rupia *f*

ruppig ['rʊpɪç] *adj* ① *(abw: unfreundlich, grob)* grosero, mal educado ② *(ungepflegt)* desaseado

Rüsche ['ry:ʃə] *f* <-n> volante *m*

Ruß [ru:s] *m* <-es, -e> hollín *m*

Russe, -in ['rʊsə] *m, f* <-n, -n; -nen> ruso, -a *m, f*

Rüssel ['rʏsəl] *m* <-s, -> *(von Insekt, Elefant)* trompa *f*; *(von Schwein)* hocico *m*

rußen ['ru:sən] **I.** *vi (Kerze, Feuer)* producir hollín **II.** *vt (südd, Schweiz: entrußen)* deshollinar

rußig *adj* lleno de hollín

Russin *f* <-nen> *s.* **Russe**

russisch *adj* ruso

Russisch *nt* <-(s), *ohne pl*>, **Russische** *nt* <-n, *ohne pl*> ruso *m*; **sprechen Sie ~?** ¿habla ruso?

Russland ['rʊslant] *nt* <-s> Rusia *f*

Russlanddeutsche(r) *mf* ruso, -a *m, f* de ascendencia alemana

rüsten ['rʏstən] **I.** *vi* ① (MIL) armar, hacer preparativos de guerra ② *(Schweiz: sich vorbereiten)* prepararse (**zu/für** a/para), hacer preparativos (**zu** para) **II.** *vr:* **sich ~** *(geh)* prepararse (**zu/für** a/para) **III.** *vt (Schweiz)* preparar

rüstig ['rʏstɪç] *adj* vigoroso, ágil

Rüstigkeit *f* <-, *ohne pl*> vitalidad *f*

rustikal [rʊsti'ka:l] *adj* rústico

Rüstung *f* <-en> ① *(Ritterrüstung)* armadura *f* ② (MIL) armamento *m*

Rüstungsexport *m* <-(e)s, -e> (MIL) exportación *f* de armamentos

Rüstungsindustrie *f* <-, -n> (MIL) industria *f* de armamento

Rüstungskontrolle *f* control *m* de armamento

Rute ['ru:tə] *f* <-n> ① *(Stock)* vara *f* ② *(Rutenbündel)* férula *f* ③ *(Angelrute)* caña *f* de pescar ④ *(Schwanz)* cola *f* ⑤ *(vulg: Penis)* rabo *m*

Rutsch [rʊtʃ] *m* <-(e)s, -e> *(fam: bei Wahlen)* giro *m* (**nach** a); **in einem ~** *(fam)* de un golpe; **guten ~ ins neue** [*o* **Neue**] **~!** *(fam)* ¡Feliz Año Nuevo!
Rutschbahn *f* ❶ *(Spielgerät)* tobogán *m* ❷ *(fam: auf Schnee, Eis)* pista *f* deslizante
Rutsche ['rʊtʃə] *f* <-n> tobogán *m*
rutschen ['rʊtʃən] *vi sein* ❶ *(gleiten)* resbalar; *(Auto)* patinar ❷ *(fam: rücken)* correrse; **rutsch doch mal ein Stückchen!** ¡córrete un poquito!; **sie rutschte auf ihrem Stuhl hin und her** no paraba de moverse en su silla ❸ *(herunterrutschen)* caerse; *(Erdmassen)* desprenderse; **ins R~ kommen** pegar un resbalón; *(Auto)* patinar
rutschfest *adj* antideslizante
Rutschgefahr *f ohne pl* peligro *m* de patinar
rutschig *adj* resbaladizo, resbaloso
Rutschpartie *f* <-, -n> *(fam)* **bei diesem Schnee ist jeder Gang die reinste ~!** ¡con la nieve que hay es imposible andar sin resbalar [*o* sin patinar] !
rütteln ['rʏtəln] **I.** *vi (an Türklinke, Gitter)* dar sacudidas (**an** a); **daran gibt es nichts zu ~** *(fam)* es así, y punto **II.** *vt* sacudir

Ss

S, s [ɛs] *nt* <-, -> S, s *f;* **~ wie Siegfried** S de Soria
s. *Abk. von* **siehe** v.
S *Abk. von* **Süden** S
S. *Abk. von* **Seite** pág.
s. a. *Abk. von* **sine anno** sin fecha (de edición determinada)
Saal [za:l, *pl:* 'zɛ:lə] *m* <-(e)s, Säle> sala *f,* salón *m*
Saar [za:ɐ] *f* Sarre *m*
Saarbrücken [za:ɐ'brʏkən] *nt* <-s> Saarbrücken *m*
Saarland *nt* <-(e)s> (territorio *m* del) Sarre *m*
Saat [za:t] *f ohne pl* ❶ *(das Aussäen)* siembra *f* ❷ *(Saatgut)* simientes *fpl*
Saatgut *nt* <-(e)s, *ohne pl*> simientes *fpl*
Saatkorn *nt* <-(e)s, -körner> (BOT) semilla *f,* grano *m*
Sabbat ['zabat] *m* <-s, -e> sab(b)ath *m*
sabbern ['zabɐn] *vi (fam)* ❶ *(Speichel)* babear ❷ *(schwatzen)* charlotear
Säbel ['zɛ:bəl] *m* <-s, -> sable *m*
Sabotage [zabo'ta:ʒə] *f* <-n> sabotaje *m*
Sabotageakt *m* <-(e)s, -e> acto *m* de sabotaje
Saboteur(in) [zabo'tø:ɐ] *m(f)* <-s, -e; -nen> saboteador(a) *m(f)*
sabotieren* [zabo'ti:rən] *vt* sabotear
Sa(c)charin [zaxa'ri:n] *nt* <-s, *ohne pl*> sacarina *f*
Sa(c)charose *f ohne pl* (CHEM) sacarosa *f*
Sachbearbeiter(in) *m(f)* oficial(a) *m(f)* encargado , -a
Sachbereich *m* ámbito *m*
Sachbeschädigung *f* (JUR) daños *mpl* materiales
sachbezogen *adj* pertinente, referente a un asunto (en particular)
Sachbezüge *mpl* retribuciones *fpl* en especie
Sachbuch *nt* libro *m* de divulgación
sachdienlich *adj* conducente; *(nützlich)* útil; **~e Hinweise** informaciones al respecto
Sache ['zaxə] *f* <-n> ❶ *(Ding)* cosa *f; (Gegenstand)* objeto *m;* **seine sieben ~n packen** *(fig)* empaquetar sus cuatro cosas ❷ *(Angelegenheit, Handlung, Situation, Ereignis)* asunto *m;* **das ist eine ~ des Glaubens/des Geschmacks** es una cuestión de fe/de gustos; **die ~ ist die, dass ...** la cosa es que...; **er macht seine ~ gut/schlecht** hace su trabajo bien/mal; **das ist eine ~ für sich** es cosa aparte; **das ist deine ~!** ¡es tu problema!; **dieses Buch ist nicht jedermanns ~** este libro no es para todos los gustos; **in eigener ~** por propio interés; **er ist sich seiner ~ sicher** está muy seguro (respecto a ella); **mit jdm gemeinsame ~ machen** hacer causa común con alguien; **keine halben ~n machen** no hacer las cosas a medias; **bei der ~ sein** concentrarse; (**kommen Sie**) **zur ~!** ¡vaya Ud. al grano!; **das tut nichts zur ~** eso no viene al caso; **sagen, was ~ ist** *(fam)* llamar a las cosas por su nombre ❸ (JUR: *Fall*) caso *m* ❹ *(fam: Stundenkilometer)* **das Auto fährt 180 ~n** el coche corre a 180
Sacheinlage *f* (WIRTSCH) aportación *f* no dineraria (**in** a)
Sachgebiet *nt* materia *f,* campo *m*
sachgemäß *adj* adecuado

Sachkenntnis *f* conocimientos *mpl* en la materia
Sachkunde *f ohne pl* ① *(geh)* *s.* **Sachkenntnis** ② (SCH) *s.* **Sachkundeunterricht**
Sachkundeunterricht *m* <-(e)s, -e> (SCH) clases *fpl* de (ciencias) naturales y sociales *(en la escuela primaria)*
sachkundig *adj* experto; **sich ~ machen** hacerse experto en la materia
Sachkundige(r) *mf* experto, -a *m, f*
Sachlage *f ohne pl* estado *m* de cosas
sachlich *adj* ① *(sachbezogen)* pertinente ② *(objektiv)* objetivo; *(nüchtern)* realista
sächlich ['zɛçlɪç] *adj* (LING) neutro
Sachlichkeit *f ohne pl* objetividad *f*, realismo *m*
Sachliteratur *f* (literatura *f* de) no ficción *f*
Sachregister *nt* índice *m* de materias
Sachschaden *m* daño *m* material
Sachse, Sächsin ['zaksə] *m, f* <-n, -n; -nen> sajón, -ona *m, f*
Sachsen ['zaksən] *nt* <-s> Sajonia *f*
Sachsen-Anhalt *nt* <-s> Sajonia-Anhalt *f*
Sächsin ['zɛksɪn] *f* <-nen> *s.* **Sachse**
sächsisch ['zɛksɪʃ] *adj* sajón
sacht(e) ['zaxt(ə)] *adj* suave; *(unmerklich)* imperceptible
Sachverhalt ['zaxvɛɐhalt] *m* <-(e)s, -e> circunstancias *fpl*
sachverständig *adj* experto
Sachverständige(r) *mf* <-n, -n; -n> perito, -a *m, f*, experto, -a *m, f*
Sachverständigengutachten *nt* dictamen *m* pericial
Sachwert *m* ① *(Wert)* valor *m* real ② *pl (Wertobjekt)* bienes *mpl* reales
Sack [zak, *pl:* 'zɛkə] *m* <-(e)s, Säcke> ① *(Behälter)* saco *m;* **Gelber** [*o* **gelber**] **~** *saco de basura amarillo en el sistema dual de separación de basuras;* **mit ~ und Pack** con todo lo que tiene; **etw** (**schon**) **im ~ haben** *(fam)* tener algo (ya) en el saco ② *(vulg: Hodensack)* cojones *mpl;* **der/das geht mir auf den ~** estoy hasta los cojones ③ *(vulg abw: Mensch)* granuja *m*
Sackbahnhof *m* estación *f* sin salida
sacken ['zakən] *vi sein* desplomarse; **zur Seite ~** caerse hacia el lado
Sackgasse *f* callejón *m* sin salida
Sackhüpfen *nt* carrera *f* de sacos
Sackkarre *f* carretilla *f*
Sackkleid *nt* vestido *m* suelto (largo)
Sadismus [za'dɪsmʊs] *m* <-, *ohne pl*> sadismo *m*
Sadist(in) [za'dɪst] *m(f)* <-en, -en; -nen> sádico, -a *m, f*
sadistisch *adj* sádico
Sadomasochismus *m* <-, *ohne pl*> sadomasoquismo *m*
säen ['zɛːən] *vt* sembrar; **Hass/Zwietracht ~** sembrar el odio/la discordia; **dünn gesät sein** ser escaso
Safari [za'faːri] *f* <-s> safari *m;* **auf ~ gehen** ir de safari
Safe [sɛɪf] *m o nt* <-s, -s> caja *f* fuerte
Safran ['zafra(ː)n] *m* <-s, -e> azafrán *m*
Saft [zaft, *pl:* 'zɛftə] *m* <-(e)s, Säfte> ① *(Fruchtsaft)* zumo *m*, jugo *m Am; (Braten-, Pflanzensaft)* jugo *m* ② *(fam: Strom)* corriente *f*
saftig *adj* ① *(Obst)* jugoso ② *(fam: Preis, Ohrfeige)* de aúpa
Saftladen *m (fam abw)* tugurio *m*
Saftpresse *f* exprimidor *m*
Saga ['za(ː)ga] *f* <-, -s> (LIT) saga *f*
Sage ['zaːgə] *f* <-n> leyenda *f; (Götter-, Heldensage)* mito *m*
Säge ['zɛːgə] *f* <-n> ① *(Werkzeug)* sierra *f* ② *(Österr: Sägewerk)* aserradero *m*
Sägeblatt *nt* hoja *f* de (la) sierra
Sägebock *m* tijera *f*, burro *m*
Sägemehl *nt* serrín *m*
sagen ['zaːgən] *vt* decir (**zu** acerca de/sobre, **von** de); *(ausdrücken)* expresar; *(mitteilen)* comunicar; *(meinen)* opinar (**zu** de/sobre); *(ergänzen)* añadir (**zu** a); **wie sagt man auf Spanisch?** ¿cómo se dice en español?; **Gute Nacht ~** dar las buenas noches; **Auf Wiedersehen** [*o* **auf Wiedersehen**] **~** decir adiós; **Ja/Nein ~** decir que sí/no; **dagegen ist nichts zu ~** no se puede decir nada en contra; **kein Wort ~** no decir ni (una) palabra; **was ich noch ~ wollte, ...** lo que iba a decir...; **~ wir mal ...** digamos...; **sagt dir der Name etwas?** ¿te suena el nombre?; **nichts ~d** *(Rede, Argument)* insustancial; *(Worte, Sätze)* vacío; *(Gespräch)* vacuo; *(Thema)* trivial; *(Ausdruck)* inexpresivo; **das hätte ich dir gleich ~ können** podría habértelo dicho desde el principio; **was wollen Sie damit ~?** ¿qué quiere decir con esto?; **wie man so schön sagt** como suele decirse; **genauer gesagt** mejor dicho; **auf gut Deutsch gesagt** dicho claramente; **offen gesagt** a decir verdad; **das oben Gesagte** lo susodicho; **sie haben sich nichts mehr zu ~** ya no tienen nada que decirse; **das hat nichts zu ~** eso no quiere decir nada; **ich habe mir ~ lassen, (dass) ...** me dijeron (que)...; **sag mal, ...** di(me)...; **um nicht zu ~ ...** por no decir...; **von dir lasse ich mir überhaupt nichts ~** no te creas que te voy a hacer caso; **das S~ haben** *(fam)* mandar; **das kannst du aber laut ~** *(fam)* eso sí que es verdad; **gesagt,**

getan dicho y hecho; **das ist leichter gesagt als getan** del dicho al hecho hay mucho trecho *prov;* **das ist schnell gesagt** se dice muy pronto; **das ist nicht gesagt** eso está por ver todavía; **unter uns gesagt** entre nosotros; **du sagst es!** ¡tú lo has dicho!; **ich muss schon ~, ...** tengo que decir que...; **was ich noch ~ wollte, ...** otra cosa,...; **wem sagst du das!** *(fam)* ¡ya lo sé!; **sage und schreibe** *(fam)* tal como lo digo; **was Sie nicht ~!** *(fam)* ¡no me diga!; **das eine sage ich dir, ...** *(fam)* te advierto una cosa...; **lass dir das gesagt sein!** *(fam)* ¡hazme caso!; **du kannst von Glück ~, dass ...** has tenido suerte en lo de... +*inf;* **das kann jeder ~!** ¡eso puede decirlo cualquiera!; **sag das nicht!** ¡no te creas!; **sag bloß!** *(fam)* ¡no me digas!; **das kann man nicht so ohne Weiteres** [*o* **weiteres**] **~** tan fácil no es; **viel ~d** significativo; **na, wer sagt's denn!** *(fam)* ¡lo ves!; **hab' ich's nicht gesagt?** *(fam)* ¿no lo había dicho yo?; **was soll man dazu ~?** *(fam)* ¿qué quieres que te diga?

sägen ['zɛːgən] **I.** *vt* serrar **II.** *vi (fam: schnarchen)* roncar

sagenhaft *adj* ❶ *(legendär)* legendario ❷ *(erstaunlich)* asombroso; **das war ~ billig** *(fam)* era baratísimo

Sägespäne ['zɛːgəʃpɛːnə] *mpl* virutas *fpl*

Sägewerk *nt* aserradero *m*

sah [zaː] *3. imp von* **sehen**

Sahara [za'haːra] *f* Sáhara *m*

Sahne ['zaːnə] *f ohne pl* nata *f;* **süße ~** nata líquida; **~ steif schlagen** montar la nata

Sahnetorte *f* tarta *f* de nata

sahnig *adj* cremoso

Saison [zɛ'zõː, zɛ'zɔŋ] *f* <-s *o Österr:* -en> temporada *f;* **außerhalb der ~** fuera de temporada

S

saisonal [zɛzo'naːl] *adj* de temporada

Saisonarbeit *f* trabajo *m* estacional

Saisonarbeiter(in) *m(f)* temporero, -a *m, f*

saisonbedingt *adj* estacional

Saite ['zaɪtə] *f* <-n> cuerda *f;* **andere ~n aufziehen** *(fig)* apretar las tuercas

Saiteninstrument *nt* instrumento *m* de cuerda

Sakko ['zako] *m o nt* <-s, -s> americana *f,* saco *m Am*

sakral [za'kraːl] *adj* ❶ *(heilig)* sacro, sagrado ❷ (ANAT) sacro

Sakrament [zakra'mɛnt] *nt* <-(e)s, -e> sacramento *m*

Sakrileg [zakri'leːk] *nt* <-s, -e> sacrilegio *m*

Sakristei [zakrɪs'taɪ] *f* <-en> sacristía *f*

Säkularisation [zɛkulariza'tsioːn] *f* <-, -en> secularización *f*

säkularisieren* [zɛkulari'ziːrən] *vt* secularizar

Salamander [zala'mandɐ] *m* <-s, -> salamandra *f*

Salami [za'laːmi] *f* <-(s)> salami *m; (lufttrocknet)* ≈ salchichón *m*

Salamitaktik *f* <-, -en> *(fam)* táctica *f* de los pequeños pasos (para conseguir un objetivo mayor)

Salat [za'laːt] *m* <-(e)s, -e> ❶ *(Blatt-, Kopfsalat)* lechuga *f* ❷ *(Speise)* ensalada *f* ❸ *(fam: Durcheinander)* lío *m;* **da haben wir den ~!** ¡ahora estamos frescos!

Salatbesteck *nt* cubierto *m* para servir ensalada

Salatgurke *f* pepino *m* (para ensalada)

Salatschleuder *f* centrifugadora *f* de ensalada

Salatschüssel *f* ensaladera *f*

Salatsoße *f* aliño *m,* salsa *f* para la ensalada

Salbe ['zalbə] *f* <-n> pomada *f*

Salbei ['zalbaɪ, -'-] *m* <-s, *ohne pl*> salvia *f*

salben ['zalbən] *vt* (REL) ungir

Salbung *f* <-en> (*a.* REL) unción *f*

salbungsvoll *adj (abw)* con unción, patético

Saldo ['zaldo] *m* <-s, Salden *o* -s *o* Saldi> ❶ (FIN) saldo *m* ❷ (COM) deuda *f* líquida

Säle ['zɛːlə] *pl von* **Saal**

Saline [za'liːnə] *f* <-n> salinas *fpl*

Salm [zalm] *m* <-(e)s, -e> (ZOOL) salmón *m*

Salmiak [zal'mjak, '--] *m o nt* <-s, *ohne pl*> sal *f* amoníaca

Salmonelle [zalmo'nɛlə] *f* <-n> salmonela *f*

Salomonen [zalo'moːnən] *pl* islas *fpl* Salomón

Salon [za'lõː, za'lɔŋ] *m* <-s, -s> salón *m*

salonfähig *adj* presentable (en sociedad); **etw ~ machen** dar el visto bueno a algo

salopp [za'lɔp] *adj (Sprache)* coloquial; *(Verhalten, Kleidung)* informal; *(nachlässig)* descuidado

Salpetersäure *f ohne pl* ácido *m* nítrico

Salsa ['salsa] *f* <-, -s> (GASTR, MUS) salsa *f*

Salto ['zalto] *m* <-s, -s *o* Salti> (SPORT) salto *m;* **einen ~ rückwärts machen** dar una voltereta hacia atrás

salü *interj (Schweiz: fam)* ❶ *(hallo)* hola ❷ *(tschüs)* adiós, hasta luego

Salut [za'luːt] *m* <-(e)s, -e> (MIL) salva *f* de ordenanza

salutieren* [zalu'tiːrən] *vi* (MIL) realizar un saludo militar

Salvadorianer(in) [zalvadori'a:nɐ] *m(f)* <-s, -; -nen> salvadoreño, -a *m, f*
salvadorianisch [zalvadori'a:nɪʃ] *adj* salvadoreño
Salz [zalts] *nt* <-es, -e> (*a.* CHEM) sal *f*
salzarm *adj* pobre en sal
Salzburg ['zaltsbʊrk] *nt* <-s> Salzburgo *m*
salzen ['zaltsən] *vt* salar
Salzgehalt *m* contenido *m* en sal
salzhaltig *adj* salino, salobre
salzig *adj* salado; *(Geschmack)* salobre
Salzkartoffeln *fpl* patatas *fpl* cocidas sin piel
Salzlake *f* <-, -n> (GASTR) salmuera *f*
Salzsäure *f ohne pl* ácido *m* clorhídrico
Salzsee *m* <-s, -n> lago *m* salado [*o* de agua salada]
Salzstange *f* palito *m* salado
Salzstreuer *m* <-s, -> salero *m*
Salzwasser *nt ohne pl* agua *f* salada; *(Meerwasser)* agua *f* de mar
Samariter(in) [zama'ri:tɐ] *m(f)* <-s, -; -nen> samaritano, -a *m, f*
Samba ['zamba] *f* <-s> *m* <-s, -s> samba *f*
Sambia ['zambia] *nt* <-s> Zambia *f*
Samen[1] ['za:mən] *m* <-s, -> *(Samenkorn)* semilla *f*
Samen[2] *m* <-s, *ohne pl*> ① *(Saat)* simiente *f* ② *(Sperma)* semen *m*
Samenbank *f* (MED) banco *m* de esperma
Samenerguss *m* eyaculación *f*
Samenflüssigkeit *f* <-, -en> (BIOL) esperma *m o f*
Samenkapsel *f* (BOT) pericarpio *m*
Samenleiter *m* (ANAT) espermaducto *m*, conducto *m* espermático
Samenspender *m* donante *m* de semen
Samenzelle *f* (BIOL) (piel *f* de) célula *f* espermática, esperma *m o f*
sämig ['zɛ:mɪç] *adj* espeso
Sämling *m* <-s, -e> arbolito *m* nacido de semilla
Sammelalbum *nt* albúm *m* (de coleccionista)
Sammelband *m* antología *f*
Sammelbegriff *m* concepto *m* genérico
Sammelbestellung *f* pedido *m* colectivo
Sammelbüchse *f* hucha *f*
Sammellager *nt* <-s, -> centro *m* de acogida, campo *m* de acogida [*o* provisional de refugiados]
sammeln ['zaməln] **I.** *vt* ① *(zusammentragen)* recoger; *(Beeren)* recolectar; *(Geld)* recaudar; *(Unterschriften)* reunir; **Erfahrungen ~** reunir experiencias ② *(aus Liebhaberei)* coleccionar; **Briefmarken ~** coleccionar sellos ③ *(versammeln)* reunir **II.** *vr:* **sich ~** ① *(Menschen)* reunirse; *(Dinge)* acumularse ② *(sich konzentrieren)* concentrarse **III.** *vi (Geld)* **für etw ~** recaudar dinero para algo
Sammelpunkt *m* punto *m* de encuentro, lugar *m* de encuentro; **um 7 Uhr treffen wir uns an unserem ~** a las 7 nos encontramos en el lugar de siempre
Sammelsurium [-'zu:riʊm] *nt* <-s, -surien> *(abw)* revoltijo *m*
Sammeltaxi *nt* taxi *m* colectivo
Sammler(in) ['zamlɐ] *m(f)* <-s, -; -nen> coleccionista *mf*
Sammlerstück *nt* <-(e)s, -e> objeto *m* de colección
Sammlung *f* <-en> ① *(von Geld)* recaudación *f* ② *(Kunstsammlung)* colección *f*; *(Gedichtsammlung)* antología *f* ③ *(innere Sammlung)* recogimiento *m*
Samoa [za'mo:a] *nt* <-s> Samoa *f*
Samstag ['zamsta:k] *m* <-(e)s, -e> sábado *m*; *s. a.* **Montag**
Samstagabend *m* noche *f* del sábado; *s. a.* **Montagabend**
samstagabends *adv* los sábados por la noche; *s. a.* **montagabends**
samstags ['zamsta:ks] *adv* los sábados
samt [zamt] **I.** *präp +dat* (junto) con **II.** *adv* **~ und sonders** todos sin excepción
Samt [zamt] *m* <-(e)s, -e> terciopelo *m*
samtartig *adj* aterciopelado; **~er Stoff** tejido aterciopelado
Samthandschuh *m* **jdn mit ~en anfassen** *(fig)* tratar a alguien con guante de seda
samtig *adj* aterciopelado
sämtlich ['zɛmtlɪç] *pron indef* todo; **~e Unterlagen waren verschwunden** todos los documentos habían desaparecido
samtweich ['-'-] *adj* aterciopelado
Sanatorium [zana'to:riʊm] *nt* <-s, Sanatorien> sanatorio *m*
Sand [zant] *m* <-(e)s, *ohne pl*> arena *f*; **wie ~ am Meer** *(fam)* a mares; **die Sache ist im ~ verlaufen** la cosa se fue a pique; **etw in den ~ setzen** *(fam fig)* malograr algo
Sandale [zan'da:lə] *f* <-n> sandalia *f*, ojota *f Am*, quimba *f Am*
Sandalette [zanda'lɛtə] *f* <-n> sandalia *f* (de tacón)
Sandbank *f* banco *m* de arena
Sandburg *f* castillo *m* de arena
Sanddorn *m* <-(e)s, -e> espino *m* falso
Sandelholz ['zandəl-] *nt* <-es, *ohne pl*> madera *f* de sándalo
sandig *adj* arenoso
Sandkasten *m* cajón *m* de arena
Sandkorn *nt* grano *m* de arena
Sandmännchen [-mɛnçən] *nt ohne pl fi-*

gura de cuento que arroja arena a los ojos de los niños para que estos se duerman

Sandpapier *nt* papel *m* de lija

Sandsack *m* saco *m* de arena

Sandstein *m ohne pl* arenisca *f*

sandstrahlen ['---] *vt* tratar con chorro de arena

Sandstrand *m* playa *f* de arena

Sandsturm *m* tormenta *f* de arena

sandte ['zantə] *3. imp von* **senden**

Sanduhr *f* reloj *m* de arena

Sandwich ['sɛntvɪtʃ] *m o nt* <-(e)s, -(e)s *o* -e> sándwich *m*, chacarero *m CSur*

Sandwichgrill *m* sandwichera *f*

Sandwüste *f* desierto *m* arenoso

sanft [zanft] *adj* ① *(friedfertig)* suave, dulce; *(Tier)* manso ② *(zart, sacht)* suave; *(freundlich)* amable; *(leicht)* ligero

Sänfte ['zɛnftə] *f* <-n> litera *f*

Sanftheit *f* <-, *ohne pl*> dulzura *f*

Sanftmut *f* <-, *ohne pl*> calma *f* y bondad *f*

sanftmütig [-myːtɪç] *adj* apacible, pacífico

sang [zaŋ] *3. imp von* **singen**

Sänger(in) ['zɛŋɐ] *m(f)* <-s, -; -nen> cantante *mf*

Sangria [saŋ'griːa] *f* <-s> sangría *f*

sang- und klanglos *adv (fam)* sin ceremonias

sanieren* [za'niːrən] *vt* ① (ARCHIT) rehabilitar ② (ÖKOL, WIRTSCH) sanear

Sanierung *f* <-en> ① (ARCHIT) rehabilitación *f* ② (ÖKOL, WIRTSCH) saneamiento *m*

Sanierungsgebiet *nt* (ARCHIT) zona *f* en rehabilitación

Sanierungsmaßnahme *f* ① (ARCHIT) (trabajos *mpl* de) rehabilitación *f* ② (ÖKOL, WIRTSCH, POL) medida *f* de saneamiento ③ (MED) medida *f* sanitaria

sanitär [zani'tɛːɐ] *adj* sanitario

Sanität [zani'tɛːt] *f ohne pl* ① *(Österr: Gesundheitsdienst)* sanidad *f* ② *(Schweiz: Ambulanz)* ambulancia *f* ③ *(Österr, Schweiz: Sanitätstruppe)* tropa *f* sanitaria

Sanitäter(in) [zani'tɛːtɐ] *m(f)* <-s, -; -nen> sanitario, -a *m, f*, barchilón, -ona *m, f Perú*

Sanitätsdienst *m* (MIL) servicio *m* sanitario, enfermería *f*

Sanitätswesen *nt* <-s, *ohne pl*> sanidad *f* (militar)

sank [zaŋk] *3. imp von* **sinken**

Sankt [zaŋkt] *adj inv* San

Sanktion [zaŋk'tsjoːn] *f* <-en> ① *(Zustimmung)* sanción *f* ② *pl (Strafmaßnahmen)* sanciones *f pl*; **~en gegen jdn verhängen** imponer sanciones a alguien

sanktionieren* [zaŋktsjo'niːrən] *vt* ① *(gutheißen)* sancionar ② *(mit Sanktionen belegen)* imponer sanciones (a), sancionar

San Marino [zanma'riːno] *nt* <- -s> ① *(Staat)* (República *f* de) San Marino *m* ② *(Hauptstadt)* San Marino *m*

sann [zan] *3. imp von* **sinnen**

São Tomé und Príncipe ['zaːo to'meː ʊnt 'prɪnsipə] *nt* <- -s - -s> Santo Tomé y Príncipe *m*

Saphir [za'fiːɐ] *m* <-s, -e> zafiro *m*

Sarde, -in ['zardə] *m, f* <-n, -n; -nen> sardo, -a *m, f*

Sardelle [zar'dɛlə] *f* <-n> boquerón *m*, anchoa *f reg*

Sardellenpaste *f* pasta *f* de anchoas

Sardine [zar'diːnə] *f* <-n> sardina *f*

Sardinien [zar'diːniən] *nt* <-s> Cerdeña *f*

Sarg [zark, *pl:* 'zɛrgə] *m* <-(e)s, Särge> ataúd *m*, cajón *m CSur*

Sarkasmus [zar'kasmʊs] *m* <-, Sarkasmen> sarcasmo *m*

sarkastisch [zar'kastɪʃ] *adj* sarcástico

Sarkophag [zarko'faːk] *m* <-s, -e> sarcófago *m*

saß [zaːs] *3. imp von* **sitzen**

Satan ['zaːtan] *m* <-s, *ohne pl*> *(Teufel)* Satanás *m*

satanisch [za'taːnɪʃ] *adj* satánico

Satansbraten *m* <-s, -> *(fam)* diablillo *m*

Satellit [zatɛ'liːt] *m* <-en, -en> (*a.* ASTR) satélite *m*

Satellitenfernsehen *nt* televisión *f* vía satélite

Satellitenfoto *nt* foto *f* vía satélite

Satellitennetz *nt* red *f* de satélites

Satellitenschüssel *f (fam)* antena *f* parabólica

Satellitenstaat *m (abw)* estado *m* satélite

Satellitenstadt *f* ciudad *f* satélite

Satin [za'tɛ̃ː] *m* <-s, -s> raso *m*, (tela *f* de) satén *m*

Satire [za'tiːrə] *f* <-n> sátira *f*

Satiriker(in) [za'tiːrikɐ] *m(f)* <-s, -; -, -nen> escritor(a) *m(f)* satírico , -a

satirisch *adj* satírico

satt [zat] *adj* ① *(nicht hungrig)* satisfecho; *(a. fig)* harto; **sich** (**an etw** *dat*) **~ essen** hartarse (de algo) ② *(Farbe)* fuerte, intenso ③ *(fam: eindrucksvoll)* impresionante

Sattel ['zatəl, *pl:* 'zɛtəl] *m* <-s, Sättel> *(Reitsattel)* silla *f* de montar; *(Fahrradsattel)* sillín *m*

sattelfest *adj* **in etw ~ sein** ser versado en algo

Sattelgurt *m (Reitsport)* cincha *f*

satteln *vt* ensillar

Sattelschlepper *m* camión *m* tráiler

Satteltasche *f* ① *(am Reitsattel)* alforjas *f pl* ② *(am Fahrrad: für Werkzeug)*

cartera *f* de herramientas; *(für Gepäck)* bolsa *f* (para bicicletas)
Sattelzug *m* camión *m* articulado
sattl|haben *irr vt (fam: nicht mehr mögen)* **jdn/etw ~** estar harto de alguien/algo
Sattheit *f* <-, *ohne pl*> ❶ *(Sättigung)* saciedad *f* ❷ *(Saturiertheit)* saturación *f* ❸ *(Intensität)* intensidad *f*
sättigen ['zɛtɪgən] **I.** *vi* saciar **II.** *vt* ❶ *(geh: satt machen)* satisfacer ❷ *(Markt, a.* CHEM*)* saturar
sättigend *adj* que sacia; *(gehaltvoll)* sustancioso
Sättigung *f* <-, *ohne pl*> ❶ *(des Hungers)* saciedad *f* ❷ (CHEM) saturación *f*
Sattler(in) ['zatlɐ] *m(f)* <-s, -; -nen> guarnicionero, -a *m, f*
Saturn [za'tʊrn] *m* <-s> Saturno *m*
Satz¹ [zats, *pl:* 'zɛtsə] *m* <-es, Sätze> ❶ (LING) frase *f,* oración *f* ❷ *(Lehrsatz)* teorema *m* ❸ (MUS) parte *f* ❹ *(Quote)* tasa *f; (Tarif)* tarifa *f* ❺ *(zusammengehörige Dinge)* juego *m* ❻ *(Kaffeesatz)* poso *m* ❼ *(Tennis)* set *m* ❽ *(Sprung)* salto *m;* **einen großen ~ machen** dar un gran salto
Satz² *m* <-es, *ohne pl*> (TYPO) composición *f;* **im ~ sein** estar en composición
Satzbau *m ohne pl* (LING) construcción *f* de una oración
Satzteil *m* parte *f* de la oración
Satzung *f* <-en> (JUR) estatutos *mpl*
Satzungsänderung *f* modificación *f* del estatuto
satzungsgemäß *adj* de acuerdo con el estatuto
Satzzeichen *nt* (LING) signo *m* de puntuación
Sau [zaʊ, *pl:* 'zɔɪə] *f* <Säue> ❶ *(Tier)* cerda *f;* **die ~ rauslassen** *(fam)* pasárselo bomba; **jdn zur ~ machen** *(fam)* poner a alguien como un trapo; **unter aller ~** *(fam abw)* fatal ❷ *(fam abw: Mensch)* cochino, -a *m, f*
sauber ['zaʊbɐ] **I.** *adj* ❶ *(rein)* limpio; *(stubenrein)* aseado; **etw ~ machen** limpiar algo ❷ *(sorgfältig)* esmerado; *(genau)* exacto ❸ *(anständig)* decente, íntegro; **bleib ~!** *(fam)* ¡que te vaya bien! ❹ *(fam: nicht anständig)* buen ❺ *(fam: vernünftig)* bien de la cabeza; **du bist wohl nicht ganz ~!** ¡tú no estás bien de la cabeza! **II.** *adv (sorgfältig)* con esmero; **etw ~ voneinander trennen** separar algo limpiamente
Sauberkeit *f ohne pl* ❶ *(Reinlichkeit)* limpieza *f* ❷ *(Anständigkeit)* integridad *f*
Sauberkeitsfimmel *m* <-s, *ohne pl*> *(fam abw)* manía *f* de limpiar
säuberlich ['zɔɪbɐlɪç] **I.** *adj* limpio; *(sorgfältig)* esmerado **II.** *adv* con esmero
Saubermann *m* <-(e)s, -männer> *(fam)* persona *f* sin tacha [*o* modelo]; *(moralisch)* moralista *m*
säubern ['zɔɪbɐn] *vt* ❶ *(reinigen)* limpiar; *(Wunde)* absterger ❷ *(Partei)* purgar
Säuberung *f* <-en> ❶ *(das Reinigen)* limpieza *f* ❷ *(einer Partei)* purga *f*
saublöd(e) ['-'-(-)] *adj (fam) s.* **saudumm**
Sauce ['zo:sə] *f* <-n> salsa *f*
Saudi-Arabien *nt* Arabia *f* Saudita
saudumm ['-'-] *adj (fam)* tonto de capirote
sauer ['zaʊɐ] *adj* ❶ *(Obst, Bonbons, a.* CHEM*)* ácido; **etw ~ einlegen** poner algo en conserva ❷ *(dickflüssige Milch)* cuajado; *(verdorbene Milch)* agrio; **~ werden** *(Milch)* agriarse ❸ *(fam: verärgert)* de mala uva, tibio *Am;* **ich bin ~ auf ihn** me cabreó
Sauerampfer *m* <-s, -> (BOT) acedera *f*
Sauerbraten *m asado de buey adobado en vinagre y especias*
Sauerei [zaʊə'raɪ] *f* <-en> *(fam abw)* porquería *f*
Sauerkirsche *f* ❶ *(Frucht)* guinda *f* ❷ *(Baum)* guindo *m*
Sauerkraut *nt ohne pl* col *f* agria, chucrut *f*
säuerlich ['zɔɪɐlɪç] *adj* ❶ *(Speisen, Getränke)* un poco ácido ❷ *(Milch)* un poco agrio ❸ *(Miene)* avinagrado
Sauermilch *f ohne pl* (leche *f*) cuajada *f*
säuern ['zɔɪɐn] **I.** *vt* ❶ *(konservieren)* poner en conserva ❷ *(sauer machen)* acedar **II.** *vi (sauer werden)* agriarse
Sauerrahm *m* (GASTR) nata *f* agria
Sauerstoff *m ohne pl* oxígeno *m*
sauerstoffarm *adj* pobre en oxígeno, poco oxigenado
Sauerstoffflasche *f* botella *f* de oxígeno
Sauerstoffgerät *nt* aparato *m* de oxígeno
Sauerstoffmangel *m* falta *f* de oxígeno
Sauerstoffmaske *f* máscara *f* de oxígeno
sauerstoffreich *adj* rico en oxígeno, muy oxigenado
Sauerteig *m* levadura *f*
Sauerteigbrot *nt* (GASTR) pan *m* de levadura natural
saufen ['zaʊfən] <säuft, soff, gesoffen> **I.** *vi* ❶ *(Tier)* beber ❷ *(fam: Alkohol trinken)* empinar el codo ❸ *(alkoholsüchtig sein)* beber, ser alcohólico **II.** *vt* ❶ *(Tier)* beber ❷ *(fam: Mensch)* tomar (con exceso); **einen ~ gehen** irse de copas
Säufer(in) ['zɔɪfɐ] *m(f)* <-s, -; -nen> *(fam abw)* bebedor(a) *m(f); (stärker)* borracho, -a *m, f,* mamón, -ona *m, f Am*

Sauferei *f* <-en> *(fam)* ① *(Trunksucht)* alcoholismo *m* ② *(Gelage)* francachela *f*
säuft [zɔɪft] *3. präs von* **saufen**
saugen[1] ['zaʊgən] <saugt, sog *o* saugte, gesogen *o* gesaugt> **I.** *vi (an einer Pfeife)* chupar (**an**); *(an der Brust)* mamar (**an**) **II.** *vt* ① *(einsaugen)* chupar (**aus** de) ② *(aufsaugen)* absorber **III.** *vr:* **sich ~** ① *(eingesaugt werden)* empapar; **der Wein saugt sich in den Stoff** el vino empapa la tela ② *(in sich aufnehmen)* absorber
saugen[2] *vi, vt (staubsaugen)* pasar la aspiradora (a)
säugen ['zɔɪgən] *vt* amamantar, dar de mamar (a)
Sauger *m* <-s, -> ① *(auf einer Flasche)* tetilla *f*, tetera *f Am* ② *(fam: Staubsauger)* aspiradora *f*
Säugetier *nt* mamífero *m*
saugfähig *adj* absorbente
Saugfähigkeit *f* <-, *ohne pl*> poder *m* de absorción
Saugheber *m* sifón *m* (de aspiración)
Säugling ['zɔɪklɪŋ] *m* <-s, -e> lactante *mf*, baby *mf Am*, tierno, -a *m, f Guat, Nic*
Säuglingsnahrung *f* alimento *m* para lactantes
Säuglingsschwester *f* puericultora *f*
Säuglingssterblichkeit *f ohne pl* mortalidad *f* infantil
Saugnapf *m* (ZOOL) ventosa *f*
Saugrüssel *m* (ZOOL) trompa *f* chupadora
Sauhaufen *m (fam abw)* cuadrilla *f* de caóticos
saukalt ['-'-] *adj (fam)* muy frío; **es ist ~** hace un frío que pela
Säule ['zɔɪlə] *f* <-n> columna *f*
Säulengang *m* arcada *f*
Säulenhalle *f* salón *m* columnario
Saum [zaʊm, *pl:* 'zɔɪmə] *m* <-(e)s, Säume> ① *(umgenähter Rand)* dobladillo *m*, basta *f Am* ② *(geh: Rand, Rain)* linde *m o f*
saumäßig **I.** *adj (fam)* ① *(viel)* enorme ② *(sehr schlecht)* muy malo **II.** *adv (fam: sehr)* terriblemente
säumen ['zɔɪmən] *vt* coser un dobladillo (en)
säumig *adj* retrasado; *(Schuldner)* moroso
Säumnis ['zɔɪmnɪs] *f* <-, -se> *nt* <-ses, -se> *(geh)* demora *f*; (JUR) morosidad *f*
Säumnisgebühr *f* <-, -en> tasa *f* por demora
Sauna ['zaʊna] *f* <Saunen> sauna *f*
Säure[1] ['zɔɪrə] *f ohne pl (saurer Geschmack)* acidez *f*
Säure[2] *f* <-n> (CHEM) ácido *m*
säurehaltig *adj* ácido
Saurier ['zaʊriɐ] *m* <-s, -> saurio *m*
Saus [zaʊs] *m* **in ~ und Braus leben** vivir a pata ancha
säuseln ['zɔɪzəln] *vi, vt* susurrar
sausen ['zaʊzən] *vi sein (Geschoss)* silbar; *(Mensch)* ir pitando; *(Fahrzeug)* ir a toda mecha; **etw ~ lassen** *(fam)* abandonar algo
Saustall *m (a. fig, abw)* pocilga *f*
saustark ['-(')-] *adj (fam: sehr stark)* muy fuerte; *(großartig)* genial
Sauwetter *nt (fam)* tiempo *m* de perros
sauwohl ['-'-] *adv (fam)* **sich ~ fühlen** sentirse de puta madre
Savanne [za'vanə] *f* <-n> sabana *f*
Saxofon [zakso'fo:n, '---] *nt* <-s, -e> saxofón *m*
Saxofonist(in) [zaksofo'nɪst] *m(f)* <-en, -en; -nen> saxofonista *mf*
SB [ɛs'be:] *Abk. von* **Selbstbedienung** autoservicio *m*
S-Bahn *f* ≈ suburbano *m*
S-Bahnhof ['ɛsba:nho:f] *m* estación *f* de trenes rápidos (urbanos)
SBB [ɛsbe:'be:] *f Abk. von* **Schweizerische Bundesbahn** compañía *f* de ferrocarriles suiza
SB-Tankstelle *f* gasolinera *f* autoservicio
scannen ['skɛnən] *vt* (INFOR) escanear, explorar
Scanner ['skɛnɐ] *m* <-s, -> (INFOR, MED) escáner *m*
Schabe ['ʃa:bə] *f* <-n> cucaracha *f*
schaben ['ʃa:bən] *vt* raspar
Schaber *m* <-s, -> rascador *m*
Schabernack ['ʃa:bɐnak] *m* <-(e)s, -e> travesura *f*; **~ treiben** hacer travesuras
schäbig ['ʃɛ:bɪç] *adj (abw)* ① *(unansehnlich)* deslucido; *(abgenutzt)* gastado ② *(armselig, gemein)* miserable
Schablone [ʃa'blo:nə] *f* <-n> patrón *m*, plantilla *f*
Schach[1] [ʃax] *nt* <-s, *ohne pl*> *(Spiel)* ajedrez *m*; **~ spielen** jugar al ajedrez
Schach[2] *nt* <-s, -s> *(Spielstellung)* jaque *m*
Schachbrett *nt* tablero *m* de ajedrez
schachern ['ʃaxɐn] *vi (abw)* usurar
Schachfigur *f* pieza *f* de ajedrez
schachmatt ['-'-] *adj* ① *(beim Schachspiel)* jaque mate; **jdn ~ setzen** dar jaque mate a alguien ② *(fam: erschöpft)* hecho polvo
Schachpartie *f* <-, -n> partida *f* de ajedrez
Schachspiel[1] *nt (Brett und Figuren)* (juego *m* de) ajedrez *m*
Schachspiel[2] *nt ohne pl (das Schachspielen)* ajedrez *m*
Schacht [ʃaxt, *pl:* 'ʃɛçtə] *m* <-(e)s, Schächte> pozo *m*

S

Schachtel ['ʃaxtəl] *f* <-n> caja *f; (größer)* cajón *m; (Zigarettenschachtel)* paquete *m;* **eine ~ Pralinen** una caja de bombones
Schachzug *m* <-(e)s, -züge> jugada *f*
schade ['ʃa:də] *adj inv* **es ist ~, dass ...** es una lástima que... *+subj;* **das ist aber ~!** ¡qué lástima!; **es ist ~ um jdn/etw** alguien/algo (me) da pena; **sich** *dat* **für etw (nicht) zu ~ sein** (no) creerse demasiado para algo
Schädel ['ʃɛ:dəl] *m* <-s, -> cráneo *m*
Schädelbruch *m* fractura *f* de cráneo
Schädeldecke *f* (MED) bóveda *f* craneal
schaden ['ʃa:dən] *vi* **jdm/etw** *dat* **~** dañar a alguien/algo, perjudicar a alguien/algo; **du schadest dir nur selbst damit** solamente te perjudicas a ti mismo; **das schadet nichts** *(fam)* no es grave
Schaden ['ʃa:dən] *m* <-s, Schäden> ❶ *(Beschädigung)* daño *m* (**an** de), perjuicio *m* (**an** de); **es entstand ein ~ von 300 Euro** se produjo un daño de 300 euros; **jdm ~ zufügen** hacer daño a alguien; **zu ~ kommen** sufrir perjuicios; **durch ~ wird man klug** *(prov)* se aprende a base de errores ❷ *(Nachteil)* desventaja *f; (Verlust)* pérdida *f* ❸ *(gesundheitlich)* defecto *m*
Schadenersatz *m* (JUR) indemnización *f* por daños y perjuicios; **~ leisten** pagar una indemnización
Schadenersatzklage *f* (JUR) demanda *f* por indemnización de daños y perjuicios
Schadenfreiheitsrabatt *m* <-(e)s, -e> (AUTO) bonificación *f* por no siniestralidad
Schadenfreude *f* alegría *f* del mal ajeno
schadenfroh *adj* malicioso
Schadensbegrenzung *f ohne pl* restricción *f* de los daños
Schadensersatz *m* (JUR) *s.* **Schadenersatz**
Schadensfall *m* <-(e)s, -fälle> siniestro *m*
Schadensmeldung *f* aviso *m* de siniestro
schadhaft *adj* defectuoso
schädigen ['ʃɛ:dɪgən] *vt* dañar, perjudicar
Schädigung *f* <-en> daño *m,* perjuicio *m*
schädlich ['ʃɛ:tlɪç] *adj* perjudicial (**für** para); *(gesundheitlich)* nocivo (**für** para)
Schädlichkeit *f ohne pl* nocividad *f*
Schädling ['ʃɛ:tlɪŋ] *m* <-s, -e> parásito *m*
Schädlingsbekämpfung *f ohne pl* lucha *f* antiparasitaria
Schädlingsbekämpfungsmittel *nt* pesticida *m*
schadlos *adj* **sich für etw an jdm ~ halten** resarciarse de algo con alguien
Schadstoff *m* <-(e)s, -e> sustancia *f* nociva
schadstoffarm *adj* poco contaminante
Schadstoffausstoß *m* emisión *f* contaminante
Schadstoffbelastung *f* contaminación *f*
Schadstoffemission *f* emisión *f* contaminante
schadstoffhaltig *adj* con sustancias nocivas
Schaf [ʃa:f] *nt* <-(e)s, -e> ❶ *(Tier)* oveja *f;* **schwarzes ~** *(fig)* oveja negra ❷ *(fam: Dummkopf)* borrico, -a *m, f*
Schafbock *m* carnero *m*
Schäfchen ['ʃɛ:fçən] *nt* <-s, -> ❶ *(junges Schaf)* corderito *m;* **~ zählen** *(fam fig)* contar ovejitas; **sein ~ ins Trockene bringen** *(fam fig)* hacer su agosto ❷ *(Gemeindemitglied)* miembro *m* de una congregación religiosa
Schäfchenwolken *fpl* cirrocúmulos *mpl*
Schäfer(in) ['ʃɛ:fɐ] *m(f)* <-s, -; -nen> pastor(a) *m(f)*
Schäferhund *m* perro *m* pastor, ovejero *m Am; (Deutscher Schäferhund)* pastor *m* alemán
Schaffell ['ʃa:ffɛl] *nt* piel *f* de oveja [*o* de carnero]
schaffen[1] ['ʃafən] <schafft, schuf, geschaffen> *vt* ❶ *(erschaffen)* crear; *(gründen)* fundar; **dafür ist sie wie ge~** está hecha para esto ❷ *(Voraussetzungen)* crear; *(Platz, Ordnung)* hacer; *(Unruhe)* causar
schaffen[2] **I.** *vt* ❶ *(bewältigen)* hacer; *(fertig bringen)* acabar; *(erreichen)* lograr; **eine Prüfung ~** aprobar un examen; **so, das hätten wir geschafft** bueno, ya está ❷ *(fam: erschöpfen)* agotar, hacer polvo; **die Kinder haben mich geschafft** los niños me han hecho polvo; **jdm zu ~ machen** *(erschöpfen)* agotar a alguien; *(bekümmern)* dar quebraderos de cabeza a alguien ❸ *(wegschaffen)* llevar; *(herbeischaffen)* traer **II.** *vi (südd, reg: arbeiten)* trabajar, currar *fam;* **damit habe ich nichts zu ~** no tengo nada que ver con eso
Schaffensdrang *m* <-s, *ohne pl*> afán *m* de trabajar
Schaffenskraft *f ohne pl* fuerza *f* creadora
Schaffner(in) ['ʃafnɐ] *m(f)* <-s, -; -nen> *(Fahrscheinverkäufer)* cobrador(a) *m(f); (Kontrolleur)* revisor(a) *m(f)*
Schafgarbe *f* milenrama *f*
Schafott [ʃa'fɔt] *nt* <-(e)s, -e> patíbulo *m*
Schafskäse *m* queso *m* de oveja
Schafstall *m* corral *m* de ovejas
Schaft [ʃaft, *pl:* 'ʃɛftə] *m* <-(e)s, Schäfte> ❶ *(Stiefelschaft)* caña *f* de la bota ❷ *(eines Gewehrs)* caja *f* del fusil ❸ (BOT) tallo *m* ❹ *(für Messer, Schwert)* mango *m* ❺ *(Schweiz: Schrank)* armario *m; (Regal)* estantería *f*
Schafwolle *f* <-, *ohne pl*> lana *f* de oveja

Schafzucht *f ohne pl* cría *f* de ganado lanar
Schah [ʃaː] *m* <-s, -s> sha *m* (de Persia)
Schakal [ʃaˈkaːl] *m* <-s, -e> chacal *m*
schäkern [ˈʃɛːkɐn] *vi (fam)* ① *(scherzen)* bromear ② *(flirten)* ligar
schal [ʃaːl] *adj* insípido
Schal [ʃaːl] *m* <-s, -s *o* -e> bufanda *f*
Schale [ˈʃaːlə] *f* <-n> ① *(Obst-, Kartoffelschale)* piel *f; (Nuss-, Eierschale)* cáscara *f; (Muschelschale)* concha *f; (von Hülsenfrüchten)* vaina *f* ② *(Gefäß)* fuente *f* ③ *(Waagschale)* platillo *m* ④ *(fam: Kleidung)* **sich in ~ werfen** ponerse de punta en blanco
schälen [ˈʃɛːlən] **I.** *vt (Obst, Kartoffel)* pelar; *(Ei, Nuss)* quitar la cáscara (a); *(Baum)* descortezar **II.** *vr:* **sich ~** *(Haut)* pelarse
Schalentier *nt* crustáceo *m*
Schäler [ˈʃɛːlɐ] *m* <-s, -> pelador *m*
Schalk [ʃalk] *m* <-(e)s, -e *o* Schälke> granuja *mf;* **jdm sitzt der ~ im Nacken** alguien es un diablillo
Schall [ʃal] *m* <-(e)s, *ohne pl> (geh: Geräusch, Laut)* sonido *m;* (PHYS) resonancia *f; (Widerhall)* eco *m;* **~ und Rauch sein** ser una nimiedad
schalldämmend *adj* insonorizado; **~e Isolierung** insonorización *f*
Schalldämmung *f ohne pl* insonorización *f*
Schalldämpfer *m* ① (TECH) silenciador *m* ② (MUS) sordina *f*
schalldicht *adj* insonoro
schallen [ˈʃalən] *vi* resonar; **~des Gelächter** risas atronadoras
schallend *adj (Beifall, Ohrfeige)* sonoro; **~es Gelächter** risas atronadoras
Schallgeschwindigkeit *f ohne pl* velocidad *f* del sonido
Schallisolierung *f ohne pl* aislamiento *m* acústico
Schallmauer *f ohne pl* barrera *f* del sonido; **die ~ durchbrechen** traspasar la barrera del sonido
Schallplatte *f* disco *m*
Schallplattensammlung *f* discoteca *f,* colección *f* de discos
Schallschutz *m* <-es, *ohne pl>* protección *f* contra el ruido
Schallwelle *f* (PHYS) onda *f* sonora
Schalotte [ʃaˈlɔtə] *f* <-n> (ajo *m*) chalote *m*
schalt [ʃalt] *3. imp von* **schelten**
schalten [ˈʃaltən] **I.** *vi* ① (AUTO) cambiar de marcha; **in den dritten Gang ~** cambiar a tercera ② *(umschalten)* ponerse; (RADIO, TV) conectar (**zu** con) ③ *(handeln)* **er schaltet und waltet, wie es ihm gefällt** hace y deshace (como le viene en gana) ④ *(fam: begreifen)* caer (en la cuenta); *(reagieren)* reaccionar **II.** *vt* ① (TECH: *verbinden*) conectar; *(einschalten)* encender; *(ausschalten)* apagar ② *(einschieben)* intercalar ③ *(inserieren)* **eine Anzeige ~** poner un anuncio publicitario
Schalter *m* <-s, -> ① (TECH) interruptor *m* ② *(Postschalter)* ventanilla *f; (Fahrkartenschalter)* taquilla *f,* boletería *f Am*
Schalterbeamte(r) *m,* **-beamtin** *f* funcionario, -a *m, f* de ventanilla
Schalterhalle *f,* **Schalterstunden** *fpl* horario *m* de ventanilla
Schalthebel *m* palanca *f* de mando
Schaltjahr *nt* año *m* bisiesto
Schaltknüppel *m* <-s, -> palanca *f* de cambio
Schaltplan *m* (ELEK) diagrama *m* de circuito
Schalttafel *f* (ELEK) panel *m* de control
Schalttag *m* día *m* del año bisiesto
Schaltung *f* <-en> ① (ELEK) circuito *m* ② (TEL) conexión *f* ③ (AUTO) caja *f* de cambios
Scham [ʃaːm] *f ohne pl* ① *(das Sichschämen)* vergüenza *f,* pena *f Am;* **vor ~ vergehen** morirse de vergüenza ② *(Schamgefühl)* pudor *m* ③ (ANAT) pubis *m inv*
Schambein *nt* (ANAT) (hueso *m* del) pubis *m inv*
schämen [ˈʃɛːmən] *vr:* **sich ~** avergonzarse (**wegen/für** de, **vor** ante), tener vergüenza (**wegen/für** de), apenarse (**wegen/für** por) *Am;* **er schämt sich für sein Verhalten** su comportamiento le da vergüenza; **du solltest dich ~!** ¡deberías avergonzarte!
Schamgefühl *nt ohne pl* pudor *m,* vergüenza *f*
Schamgegend *f ohne pl* zona *f* púbica [*o* pubiana], pubis *m inv*
Schamhaar *nt* vello *m* púbico
schamhaft *adj* pudoroso; *(scheu)* avergonzado
Schamhaftigkeit *f* <-, *ohne pl>* ① *(Verschämtheit)* pudor *m* ② *(Scheu)* vergüenza *f*
Schamlippe *f* (ANAT) labio *m* de la vulva
schamlos *adj* ① *(unanständig)* impúdico ② *(dreist)* descarado, desvergonzado
Schamlosigkeit[1] *f* <-, -en> ① *(Bemerkung)* insolencia *f* ② *(Handlung)* desvergüenza *f*
Schamlosigkeit[2] *f* <-, *ohne pl>* ① *(Unanständigkeit)* falta *f* de pudor ② *(fehlendes Schamgefühl)* poca vergüenza *f*
Schampus [ˈʃampʊs] *m* <-, *ohne pl> (fam)* champán *m*
schamrot [ˈ-ˈ-] *adj* colorado [*o* rojo] (de vergüenza)

Schamröte *f* rubor *m;* **mir stieg die ~ ins Gesicht** me puse colorado de vergüenza

Schande ['ʃandə] *f ohne pl (Beschämung)* vergüenza *f; (Schmach)* infamia *f; (für die Ehre)* deshonra *f;* **sie hat ~ über uns gebracht** ha manchado nuestro nombre; **zu meiner ~ muss ich gestehen, dass ...** para mi vergüenza tengo que reconocer que...; **das ist eine ~!** ¡es una vergüenza!; **mach mir keine ~!** ¡no me dejes mal!; **das ist doch keine ~** no es ninguna deshonra

schänden ['ʃɛndən] *vt* ① *(entehren)* deshonrar, embarrar *Am; (sexuell)* abusar (de) ② *(entweihen)* profanar

Schandfleck *m* mancha *f; (für die Ehre)* deshonra *f*

schändlich ['ʃɛntlɪç] *adj* vergonzoso, infame

Schändlichkeit[1] *f* <-, -en> *(Tat)* infamia *f*

Schändlichkeit[2] *f* <-, *ohne pl*> *(schändliche Art)* perversidad *f*

Schandmaul *nt* <-(e)s, -mäuler> *(abw fam)* ① *(Mundwerk)* pico *m* ② *(Person)* deslenguado, -a *m, f,* víbora *f*

Schandtat *f* vileza *f,* infamia *f;* **zu jeder ~ bereit sein** *(fam iron)* estar dispuesto a cualquier broma

Schändung *f* <-en> *(Grab, Kirche)* profanación *f; (Ehre)* difamación *f*

Schänke ['ʃɛŋkə] *f* <-n> *s.* **Schenke**

Schanze ['ʃantsə] *f* <-n> (SPORT) trampolín *m*

Schar [ʃaːɐ] *f* <-en> ① *(Menge)* multitud *f; (Gruppe)* grupo *m,* tropilla *f CSur; (Vogelschar)* bandada *f;* **in (hellen) ~en** en masas ② (AGR: *Pflugschar*) reja *f* del arado

Scharade [ʃa'raːdə] *f* <-, -n> charada *f*

scharen ['ʃaːrən] **I.** *vr (geh)* **sich um jdn/etw ~** arremolinarse en torno a alguien/a algo **II.** *vt (geh)* **... um sich ~** formar un grupo de...

scharenweise *adv* a manadas, en masa

scharf [ʃarf] *adj* <schärfer, am schärfsten> ① *(Messer, Kralle, Zähne)* afilado, filoso *Am; (schneidend)* cortante; *(Kante)* vivo ② *(Speise)* picante; *(Getränk)* fuerte; *(Geruch)* acre; (CHEM) corrosivo ③ *(Wind)* cortante ④ *(Ton)* estridente ⑤ (FOTO) nítido; *(Umrisse)* (bien) marcado; **~ eingestellt** enfocado con precisión ⑥ *(Gehör)* fino; *(Verstand)* agudo; **~e Augen haben** tener una vista aguda; **~ nachdenken** hacer memoria ⑦ *(Kurve)* cerrado; **~ bremsen** dar un frenazo; **~ abbiegen** hacer un giro brusco ⑧ *(Kritik)* mordaz; *(Antwort)* tajante; *(Protest)* enérgico; **jdn ~ kritisieren** criticar duramente a alguien ⑨ *(Disziplin)* riguroso; *(Bewachung)* estrecho ⑩ *(Auseinandersetzung)* reñido ⑪ *(Hund)* mordedor ⑫ *(fam: toll)* chulo ⑬ *(fam: geil)* cachondo (**auf** por) ⑭ (MIL: *Munition*) explosivo, con carga explosiva ⑮ *(fam: versessen)* **~ darauf sein, etw zu tun** morirse por hacer algo

Scharfblick *m ohne pl* perspicacia *f*

Schärfe ['ʃɛrfə] *f ohne pl* ① *(Messer, Kante)* agudeza *f* ② *(Speise)* (sabor *m*) picante *m; (Geruch)* acritud *f;* (CHEM) causticidad *f* ③ *(Foto, Umriss)* nitidez *f* ④ *(Sinnesorgan)* agudeza *f; (Verstandesschärfe)* perspicacia *f* ⑤ *(Worte)* rudeza *f; (von Kritik)* mordacidad *f* ⑥ *(Härte, Strenge)* rigor *m,* dureza *f*

schärfen *vt* ① *(Messer)* afilar ② *(Verstand, Gehör)* aguzar

scharfkantig *adj* afilado, cortante

scharf|machen *vt (fam)* instigar

Scharfrichter(in) *m(f)* <-s, -; -, -nen> verdugo *mf*

Scharfschütze, -in *m, f* (MIL) tirador(a) *m(f)* de alta precisión

scharfsichtig *adj* de vista aguda

Scharfsinn *m ohne pl* perspicacia *f,* sagacidad *f*

scharfsinnig *adj* perspicaz, sagaz

Scharlach ['ʃarlax] *m* <-s, *ohne pl*> (MED) escarlatina *f*

scharlachrot *adj* (rojo) escarlata, púrpura

Scharlatan ['ʃarlatan] *m* <-s, -e> *(abw)* charlatán, -ana *m, f*

Scharmützel [ʃar'mʏtsəl] *nt* <-s, -> escaramuza *f,* refriega *f*

Scharnier [ʃar'niːɐ] *nt* <-s, -e> bisagra *f*

Schärpe ['ʃɛrpə] *f* <-n> banda *f; (um die Hüfte)* faja *f*

scharren ['ʃarən] **I.** *vi (in der Erde)* escarbar; *(an einen Gegenstand)* arañar **II.** *vt* ① *(Loch)* cavar ② *(zusammenscharren)* amontonar

Scharte ['ʃartə] *f* <-n> ① *(Kerbe)* mella *f* ② *(Schießscharte)* tronera *f*

Schaschlik ['ʃaʃlɪk] *m o nt* <-s, -s> pincho *m* de carne

schassen ['ʃasən] *vt (fam)* ① *(davonjagen)* despedir ② *(reg: ergreifen)* agarrar, echar mano (de/a)

Schatten ['ʃatən] *m* <-s, -> sombra *f;* **35 Grad im ~** 35 grados a la sombra; **~ werfen/spenden** hacer/dar sombra; **nur noch ein ~ seiner selbst sein** no ser ni la sombra de lo que se era; **in jds ~ stehen** estar a la sombra de alguien; **jdn/etw in den ~ stellen** dar cien (mil) vueltas a alguien/a algo; **über seinen ~ springen** superarse (a sí mismo)

S

Schattendasein *nt ohne pl* **ein ~ fristen** llevar una existencia miserable

Schattenkabinett *nt* (POL) gabinete *m* en la sombra

Schattenmorelle [-morɛlə] *f* guinda *f*

Schattenseite *f* ① *(Seite im Schatten)* lado *m* de la sombra ② *(Nachteil)* inconveniente *m*

Schattenwirtschaft *f ohne pl* economía *f* sumergida

schattieren* [ʃa'ti:rən] *vt* sombrear

Schattierung *f* <-en> ① (KUNST) sombreado *m*, sombras *fpl* ② *(Variante)* matiz *m*

schattig *adj* sombrío

Schatulle [ʃa'tʊlə] *f* <-n> cofre *m*

Schatz [ʃats, *pl:* 'ʃɛtsə] *m* <-es, Schätze> *(a. fig)* tesoro *m*

Schatzamt *nt* (ADMIN) Tesoro *m*

schätzbar *adj* que se puede valorar; **~ sein** ser valorable

schätzen ['ʃɛtsən] *vt* ① *(Wert)* valorar (**auf** en); *(Größe, Alter)* calcular; **wie alt ~ Sie ihn?** ¿cuántos años calcula que tiene? ② *(fam: annehmen)* suponer; **ich schätze, dass ...** supongo que... ③ *(würdigen)* apreciar; **ich weiß das zu ~** sé apreciarlo; **wir können uns glücklich ~** podemos dar gracias (a Dios)

schätzenswert *adj* estimable; **ein ~er Mensch** una persona digna de aprecio

Schatzgräber(in) *m(f)* buscador(a) *m(f)* de tesoros

Schatzkammer *f* cámara *f* del tesoro, tesorería *f*

Schatzmeister(in) *m(f)* tesorero, -a *m, f*

Schätzung *f* <-en> cálculo *m; (des Wertes)* valoración *f;* **nach meiner ~** según mis cálculos

schätzungsweise *adv* aproximadamente, más o menos

Schätzwert *m* valor *m* estimado

Schau [ʃaʊ] *f* <-en> exposición *f;* **etw zur ~ stellen** exponer algo; **eine große ~ abziehen** *(fam: angeben)* dárselas de importante; **jdm die ~ stehlen** robar el protagonismo a alguien

Schaubild *nt* diagrama *m*

Schauder ['ʃaʊdɐ] *m* <-s, -> *(geh)* escalofrío *m;* **ihm lief ein ~ über den Rücken** le dio un escalofrío

schauderhaft *adj* horrible, horroroso

schaudern ['ʃaʊdɐn] **I.** *vi* estremecerse (**bei/vor** ante) **II.** *vunpers* sobrecoger; **es schauderte mich beim Anblick** me sobrecogió la escena

schauen ['ʃaʊən] *vi* ① *(blicken)* mirar; **auf die Uhr ~** mirar el reloj; **schau mal!** ¡mira!; **traurig ~** poner cara triste ② *(Österr, Schweiz, südd: sich kümmern)* atender (**nach** a), mirar (**nach** por) ③ *(achten)* (**sehr**) **darauf ~, dass ...** tener (muy) en cuenta, que... *+subj; (Wert legen)* dar (gran) importancia a que... *+subj*

Schauer ['ʃaʊɐ] *m* <-s, -> ① (METEO) chubasco *m* ② *(geh: Schauder)* escalofrío *m*

schauerlich *adj* ① *(gruselig)* horripilante, escalofriante ② *(fam: grässlich)* horrible

Schauermärchen *nt* cuento *m* horripilante

Schaufel ['ʃaʊfəl] *f* <-n> ① *(Schippe)* pala *f* ② *(Schweiz: Pik)* pica *f*

schaufeln **I.** *vi* palear **II.** *vt* ① *(Sand, Schnee)* quitar con la pala ② *(Loch)* cavar (con la pala)

Schaufenster *nt* escaparate *m*, vitrina *f Am*

Schaufensterbummel *m* **einen ~ machen** ir a mirar escaparates

Schaufensterdekorateur(in) *m(f)* escaparatista *mf*

Schaufensterpuppe *f* maniquí *m*

Schaukampf *m* (SPORT) combate *m* de boxeo de exhibición

Schaukasten *m* <-s, -kästen> vitrina *f*

Schaukel ['ʃaʊkəl] *f* <-n> columpio *m*, bamba *f reg*

schaukeln **I.** *vi* ① *(schwingen)* balancearse; *(im Wind)* bambolearse; **auf/mit dem Stuhl ~** balancearse en/con la silla ② *(auf einer Schaukel)* columpiarse **II.** *vt (wiegen)* mecer

Schaukelpferd *nt* caballo *m* de balancín

Schaukelstuhl *m* mecedora *f*, columpio *m Am*

schaulustig *adj* curioso

Schaulustige(r) *mf* curioso, -a *m, f*

Schaum [ʃaʊm, *pl:* 'ʃɔɪmə] *m* <-(e)s, Schäume> espuma *f*

Schaumbad *nt* baño *m* de espuma

schäumen ['ʃɔɪmən] *vi* ① *(Flüssigkeit)* producir espuma ② *(geh: toben)* echar espuma de rabia

Schaumfestiger *m* espuma *f* fijadora

Schaumgummi *m* gomaespuma *f*

schaumig *adj* espumoso

Schaumkrone *f* ① *(Welle)* cresta *f* (de la ola) ② *(Flüssigkeiten)* espuma *f*

Schaumschläger(in) *m(f)* <-s, -; -, -nen> *(abw)* fanfarrón, -ona *m, f*, cuentista *mf*

Schaumschlägerei [---'-] *f* <-, -en> ① *ohne pl (das Angeben)* fanfarronería *f* ② *(Handlung, Äußerung)* fanfarronada *f*

Schaumstoff *m* gomaespuma *f*

Schaumwein *m* vino *m* espumoso

Schauplatz *m* escenario *m*

Schauprozess *m* <-es, -e> *(abw)* proceso *m* espectacular

schaurig ['ʃaʊrɪç] *adj* ① *(gruselig)* horripilante, escalofriante ② *(fam: schlecht)* horrible

schaurig-schön *adj* escalofriante pero bonito

Schauspiel *nt* ① (THEAT) función *f* ② *(geh: Vorgang)* espectáculo *m*

Schauspieler(in) *m(f)* actor, actriz *m, f*

Schauspielerei *f* <-, *ohne pl*> ① *(fam: Beruf)* trabajo *m* de actor/de actriz ② *(Verstellung)* teatro *m*

Schauspielerin *f* <-, -nen> *s.* **Schauspieler**

schauspielerisch *adj* de actor, de actriz

schauspielern ['---] *vi* ① *(fam: als Schauspieler arbeiten)* trabajar como actor ② *(abw: vortäuschen)* simular, fingir

Schauspielhaus *nt* teatro *m*

Schauspielkunst *f* <-, *ohne pl*> arte *m* dramático

Schauspielschule *f* escuela *f* de arte dramático

Schauspielunterricht *m* <-(e)s, *ohne pl*> clases *fpl* de interpretación; *(~sstunde)* clase *f* de interpretación

Schausteller(in) *m(f)* <-s, -; -nen> feriante *mf*

Schautafel *f* cuadro *m* explicativo

Scheck [ʃɛk] *m* <-s, -s> cheque *m;* **einen ~ einlösen** cobrar un cheque; **einen ~ über 100 Euro ausstellen** extender un cheque por valor de 100 euros

Scheckbetrug *m* <-(e)s, *ohne pl*> (FIN) fraude *m* con cheques

Scheckheft *nt* talonario *m* de cheques, chequera *f Am*

scheckig ['ʃɛkɪç] *adj* ① *(Pferd, Rind)* pío; *(Hund)* con manchas ② *(fleckig)* manchado

Scheckkarte *f* tarjeta *f* bancaria

scheffeln ['ʃɛfəln] *vt (fam abw)* acaparar; **Geld ~** forrarse

scheibchenweise ['ʃaɪpçənvaɪzə] *adv* ① *(Scheibe für Scheibe)* en lonchas [*o* lonjas] ② *(nach und nach)* poco a poco, por partes

Scheibe ['ʃaɪbə] *f* <-n> ① *(allgemein)* disco *m;* *(Töpferscheibe)* torno *m* ② *(Brotscheibe)* rebanada *f;* *(Wurstscheibe)* rodaja *f;* *(Schinken-, Käsescheibe)* loncha *f;* *(Melonenscheibe)* raja *f;* **etw in ~n schneiden** cortar algo en rodajas ③ *(Glasscheibe)* cristal *m;* *(Schaufensterscheibe)* luna *f* ④ (SPORT, MIL: *Schießscheibe*) blanco *m* ⑤ *(fam: Schallplatte)* disco *m*

Scheibenbremse *f* (AUTO) freno *m* de disco(s)

Scheibenkleister *m (fam)* **~!** ¡caracoles [*o* córcholis]!

Scheibenwaschanlage *f* (AUTO) lavaparabrisas *m inv,* lava-limpia luneta *m Am*

Scheibenwischer *m* <-s, -> limpiaparabrisas *m inv*

Scheich [ʃaɪç] *m* <-(e)s, -e *o* -s> jeque *m*

Scheide ['ʃaɪdə] *f* <-n> ① *(Vagina)* vagina *f,* cachimba *f Méx* ② *(für Degen, Schwert)* vaina *f*

scheiden ['ʃaɪdən] <scheidet, schied, geschieden> **I.** *vt* ① *(Ehe)* divorciar; **sich (von jdm) ~ lassen** divorciarse (de alguien), federarse (de alguien) *Col* ② *(trennen)* separar **II.** *vr:* **sich ~** *(Auffassungen)* diferir; **hier ~ sich die Geister** aquí difieren las opiniones **III.** *vi sein* ① *(aufgeben)* **aus dem Amt ~** jubilarse ② *(sich trennen)* separarse

Scheideweg *m* **am ~ stehen** estar en una encrucijada

Scheidung *f* <-en> divorcio *m;* **die ~ einreichen** presentar la demanda de divorcio

Scheidungsgrund *m* causa *f* de(l) divorcio

Schein[1] [ʃaɪn] *m* <-(e)s, *ohne pl*> ① *(von Licht)* luz *f;* *(Glanz)* brillo *m* ② *(Anschein)* apariencia *f;* **der ~ trügt** las apariencias engañan; **den ~ wahren** guardar las apariencias; **etw nur zum ~ tun** hacer algo por las apariencias

Schein[2] [ʃaɪn] *m* <-(e)s, -e> ① *(Bescheinigung)* certificado *m;* *(Beleg)* resguardo *m;* (UNIV) papeleta *f* ② *(Geldschein)* billete *m*

scheinbar **I.** *adj* aparente **II.** *adv (fam)* por lo visto, al parecer

Scheinchen ['ʃaɪnçən] *nt* <-s, -> *(fam)* billete *m*

scheinen ['ʃaɪnən] <scheint, schien, geschienen> *vi* ① *(glänzen)* brillar; *(Licht)* alumbrar; **die Sonne/der Mond scheint** hace sol/hay luna; **uns schien die Sonne ins Gesicht** el sol nos dio en la cara ② *(den Anschein haben)* parecer; **es scheint, dass/als ob ...** parece que/como si...

Scheinfirma *f* empresa *f* fantasma

scheinheilig *adj (fam abw)* hipócrita, falluto *Arg, Urug;* **tu nicht so ~!** ¡no te hagas el inocente!

Scheintod *m ohne pl* (MED) muerte *f* aparente

scheintot *adj* ① (MED) aparentemente muerto ② *(fam: uralt)* más muerto que vivo

Scheinwerfer *m* <-s, -> (AUTO) faro *m,* foco *m Chil, Pan;* (THEAT) foco *m*

Scheinwerferlicht *nt ohne pl* alumbrado *m* por proyección

Scheiß [ʃaɪs] *m* <-, *ohne pl*> *(fam abw)* chorrada *f;* **ohne ~!** ¡sin coña!

Scheißdreck *m (vulg abw)* mierda *f;* **einen ~ werde ich tun!** ¡(y) una mierda!

Scheiße ['ʃaɪsə] *f ohne pl (vulg)* mierda *f,* cerote *m AmC, Méx;* **~!** ¡mierda!; **~ bauen** meter la pata; **~ reden** decir chorradas; **in der ~ sitzen** estar jodido; **das Buch ist s~** este libro es una mierda

scheißegal ['--'-] *adj (vulg)* **das ist mir ~** me importa un huevo

scheißen <scheißt, schiss, geschissen> *vi (vulg)* cagar; **auf etw ~** cagarse en algo

scheißfreundlich ['-'--] *adj (fam abw)* hipócrita, lameculos *vulg*

Scheißhaus *nt* <-es, -häuser> *(vulg)* cagadero *m*

Scheißkerl *m (vulg)* hijo *m* de puta

Scheit [ʃaɪt] *nt* <-(e)s, -e(r)> *(südd, Schweiz, Österr)* leño *m*

Scheitel ['ʃaɪtəl] *m* <-s, -> ❶ *(im Haar)* raya *f,* partido *m Am;* **vom ~ bis zur Sohle** de pies a cabeza ❷ (MATH) vértice *m*

scheiteln *vt* **das Haar ~** hacer la raya

Scheiterhaufen ['ʃaɪtɐ-] *m* hoguera *f*

scheitern ['ʃaɪtɐn] *vi sein* fracasar (**an** a causa de); **zum S~ verurteilt sein** estar condenado al fracaso; **etw zum S~ bringen** llevar algo al fracaso

Schelle ['ʃɛlə] *f* <-n> ❶ (TECH) abrazadera *f* ❷ *(Glöckchen)* cascabel *m* ❸ *(reg: Klingel)* timbre *m*

schellen ['ʃɛlən] **I.** *vi (reg)* ❶ *(Telefon, Klingel)* sonar ❷ *(Person)* tocar el timbre **II.** *vunpers* **es hat geschellt** ha sonado el timbre de la puerta

Schellenrassel *f* (MUS) sistro *m*

Schellfisch ['ʃɛl-] *m* eglefino *m*

Schelm [ʃɛlm] *m* <-(e)s, -e> ❶ *(Schalk)* pícaro, -a *m, f,* pillo, -a *m, f* ❷ *(Schweiz: Dieb)* ladrón, -ona *m, f*

schelmisch *adj* pícaro

schelten ['ʃɛltən] <schilt, schalt, gescholten> *vt (geh: schimpfen)* reprender; *(nennen)* tachar (de)

Schema ['ʃe:ma] *nt* <-s, Schemata *o* Schemen> ❶ *(Konzept)* esquema *m* ❷ *(Schaubild)* diagrama *m*

schematisch [ʃe'ma:tɪʃ] *adj* esquemático

Schemel ['ʃe:məl] *m* <-s, -> taburete *m*

Schemen[1] *pl von* **Schema**

Schemen[2] ['ʃe:mən] *m o nt* <-s, -> *(geh: Umriss)* contorno *m*

schemenhaft ['ʃe:mənhaft] *adj (geh)* vago, borroso

Schenke ['ʃɛŋkə] *f* <-n> tasca *f,* cantina *f CSur, Méx*

Schenkel ['ʃɛŋkəl] *m* <-s, -> ❶ (ANAT) muslo *m* ❷ (MATH) lado *m*

schenken ['ʃɛŋkən] *vt* ❶ *(Geschenk)* regalar, obsequiar *Am;* **etw geschenkt bekommen** recibir algo como regalo; **jdm etw ~** regalar algo a alguien; **einem Kind das Leben ~** *(geh)* dar la vida a un niño ❷ *(erlassen)* **jdm etw ~** dispensar a alguien de algo; **sich** *dat* **etw ~** *(nicht tun)* ahorrarse algo; **geschenkt!** ¡olvídalo! ❸ *(widmen)* dedicar; **jdm Aufmerksamkeit/Liebe/Zeit ~** dedicar atención/cariño/tiempo a alguien

Schenkung *f* <-en> (JUR) donación *f*

scheppern ['ʃɛpɐn] *vi (fam)* meter ruido

Scherbe ['ʃɛrbə] *f* <-n> pedazo *m; (Glasscherbe)* pedazo *m* de vidrio; **in ~n gehen** hacerse añicos; **~n bringen Glück** *(prov)* los vidrios rotos traen suerte

Scherbenhaufen *m* **vor einem ~ stehen** estar ante un montón de ruinas

Schere ['ʃe:rə] *f* <-n> ❶ *(Werkzeug)* tijera(s) *f(pl)* ❷ *(von Krebsen)* pinza *f* ❸ (SPORT) tijera *f*

scheren[1] ['ʃe:rən] <schert, schor, geschoren> *vt* ❶ *(Mensch)* rapar, pelar; *(Schaf)* esquilar ❷ *(Rasen)* cortar

scheren[2] ['ʃe:rən] *vr* **sich nicht um etw ~** importar(le) algo a alguien un comino; **scher dich zum Teufel!** ¡vete al diablo!; **was schert mich das?** ¿a mí qué (me importa)?

Scherenschnitt *m* silueta *f* (en papel)

Schererei [ʃe:rə'raɪ] *f* <-en> *(fam)* molestia *f,* fastidio *m;* **mit jdm ~en bekommen** (**wegen etw**) tener un disgusto con alguien (por algo)

Scherge ['ʃɛrgə] *m* <-n, -n> *(abw)* esbirro *m*

Scherz [ʃɛrts] *m* <-es, -e> broma *f,* chanza *f Am,* changa *f AmS, Cuba;* **im ~** en broma; **einen ~ machen** gastar una broma; **sich** *dat* **mit jdm einen ~ erlauben** gastarle una broma a alguien

Scherzartikel *m* artículo *m* de broma

scherzen ['ʃɛrtsən] *vi* bromear, chancear *Am;* **damit ist nicht zu ~** no es cosa de broma

Scherzfrage *f* adivinanza *f*

scherzhaft *adj* chistoso, gracioso

Scherzkeks *m (fam)* gracioso, -a *m, f*

scheu [ʃɔɪ] *adj* ❶ *(schüchtern)* tímido, penoso *Am; (zurückhaltend)* reservado ❷ *(Tier)* espantadizo; **~ werden** *(Pferd)* desbocarse

Scheu [ʃɔɪ] *f ohne pl* timidez *f*

scheuchen ['ʃɔɪçən] *vt* espantar

scheuen ['ʃɔɪən] **I.** *vi (Pferd)* desbocarse (**vor** ante) **II.** *vt (Verantwortung)* huir (de); **keine Ausgaben ~** no reparar en gastos **III.** *vr:* **sich ~** tener miedo (**vor** de)

Scheuerlappen *m* bayeta *f*

Scheuermittel *nt* <-s, -> producto *m* de limpieza

scheuern ['ʃɔɪɐn] **I.** *vt* fregar; **etw sauber/**

blank ~ frotar algo hasta dejarlo limpio/reluciente; **jdm eine** ~ *(fam)* darle una bofetada a alguien **II.** *vi (Schuhe, Kleidung)* rozar

Scheuklappe ['ʃɔɪ-] *f* anteojera *f;* **~n haben** *(fig)* ser estrecho de miras

Scheune ['ʃɔɪnə] *f* <-n> granero *m*

Scheusal ['ʃɔɪzaːl] *nt* <-s, -e> *(abw)* monstruo *m*

scheußlich ['ʃɔɪslɪç] *adj* horrible; *(abstoßend)* asqueroso; *(Verbrechen)* atroz

Scheußlichkeit *f* <-, -en> ① *(Tat)* atrocidad *f* ② *(Hässlichkeit)* monstruosidad *f*

Schi [ʃiː] *m* <-s, -(er)> *s.* **Ski**

Schicht [ʃɪçt] *f* <-en> ① *(Luft-, Farbschicht)* capa *f;* (GEO) estrato *m* ② *(Gesellschaftsschicht)* clase *f* ③ *(Arbeitsschicht)* turno *m;* **er arbeitet** ~ trabaja por turnos

Schichtarbeit *f ohne pl* trabajo *m* por turnos

Schichtarbeiter(in) *m(f)* trabajador(a) *m(f)* de turno

schichten ['ʃɪçtən] *vt* apilar (**auf** en)

Schichtung *f* <-, -en> (GEO) estratificación *f*

Schichtwechsel *m* cambio *m* de turno

schichtweise *adv* ① *(in Schichten)* por capas ② *(in Gruppen)* por grupos

Schichtzulage *f* suplemento *m* por turnos

schick [ʃɪk] *adj* elegante, chic, paquete *Arg;* **sich ~ machen** vestirse elegantemente

Schick [ʃɪk] *m* <-(e)s, *ohne pl*> elegancia *f*

schicken ['ʃɪkən] **I.** *vt* mandar; *(mit der Post)* enviar; **nach jdm** ~ *(geh)* mandar llamar a alguien **II.** *vr:* **sich** ~ ① *(sich gehören)* **das schickt sich nicht** esto no se hace ② *(sich abfinden)* conformarse (**in** con)

Schickeria [ʃɪkə'riːa] *f ohne pl* gente *f* guapa

Schickimicki [ʃɪki'mɪki] *m* <-s, -s> *(fam)* pijo, -a *m, f*

schicklich ['ʃɪklɪç] *adj (geh: angemessen)* conveniente, adecuado; *(anständig)* de buena educación

Schicksal ['ʃɪkzaːl] *nt* <-s, -e> destino *m; (persönliches Geschick)* suerte *f;* **das ~ wollte es, dass …** quiso el destino que… *+subj;* **jdn seinem ~ überlassen** abandonar a alguien a su suerte; **das ist ~!** ¡así es la vida!

schicksalhaft *adj* ① *(unabwendbar)* fatal ② *(ausschlaggebend)* decisivo

Schicksalsschlag *m* golpe *m* del destino

Schiebedach *nt* techo *m* corredizo

Schiebegriff *m* agarrador *m*

schieben ['ʃiːbən] <schiebt, schob, geschoben> **I.** *vt* ① *(bewegen)* empujar; **etw zur Seite** ~ apartar algo; **die Schuld auf jdn** ~ echarle la culpa a alguien; **etw von sich** *dat* ~ *(fig)* rechazar algo; **etw vor sich** *dat* **her** ~ *(fig)* aplazar algo continuamente ② *(stecken)* meter (**in** en) ③ *(fam: handeln)* traficar (con) ④ *(sl: ableisten)* **Dienst/Wache** ~ estar de servicio/de guardia **II.** *vi (fam)* traficar (con) **III.** *vr:* **sich** ~ pasar (**durch** por, **auf/an** a); *(überqueren)* atravesar (**durch/über**)

Schieber[1] *m* <-s, -> (TECH) corredera *f; (Riegel)* cerrojo *m*

Schieber(in)[2] *m(f)* <-s, -; -nen> *(fam abw: Händler)* traficante *mf*

Schiebetür *f* (puerta *f*) corredera *f*

Schieblehre *f* <-, -n> (TECH) pie *m* de rey, vernier *m*

Schiebung *f* <-en> *(abw fam)* ① *(Schiebergeschäft)* chanchullo *m* ② *(Bevorzugung)* enchufe *m;* (SPORT) tongo *m;* **das ist ja ~!** ¡esto es un tongo!

schied [ʃiːt] *3. imp von* **scheiden**

Schiedsgericht ['ʃiːts-] *nt* ① (JUR) tribunal *m* arbitral ② (SPORT) jurado *m*

Schiedsrichter(in) *m(f)* árbitro *mf,* colegiado, -a *m, f Am*

Schiedsspruch *m* (JUR) sentencia *f* arbitral

schief [ʃiːf] *adj* ① *(krumm)* torcido; *(nicht senkrecht)* inclinado; **das Bild hängt** ~ el cuadro está torcido; **auf die ~e Bahn geraten** ir por mal camino; **jdn ~ ansehen** *(fam)* mirar a alguien de reojo ② *(falsch)* falso, equívoco; **in ein ~es Licht geraten** dar una impresión equívoca

Schiefer ['ʃiːfɐ] *m* <-s, -> esquisto *m,* pizarra *f*

schief|gehen *irr vi sein (fam: misslingen)* fracasar; **wird schon ~!** *(iron)* ¡todo se arreglará!

schiefgewickelt *adj (fam)* **da bist du** ~ estás equivocado

schief|lachen *vr:* **sich** ~ *(fam)* desternillarse de risa

schielen ['ʃiːlən] *vi* tener estrabismo, ser bizco *fam;* **sie schielt auf dem linken Auge** tuerce el ojo izquierdo; **er schielt nach etw/jdm** *(fam: begehrlich)* se le van los ojos detrás de algo/alguien; *(heimlich)* mira algo/a alguien de reojo

schien [ʃiːn] *3. imp von* **scheinen**

Schienbein *nt* tibia *f,* espinilla *f fam*

Schienbeinschoner *m* (SPORT) espinillera *f*

Schiene ['ʃiːnə] *f* <-n> ① *(Eisenbahnschiene)* carril *m,* rail *m* ② (MED) tablilla *f*

schienen ['ʃiːnən] *vt* entablillar

Schienenbus *m* ferrobús *m*

Schienenfahrzeug *nt* vehículo *m* sobre carriles

Schienennetz *nt* red *f* ferroviaria

schier [ʃiːɐ] **I.** *adj (reg)* puro **II.** *adv* casi

S

Schießbefehl *m* orden *f* de disparar
Schießbude *f* barraca *f* de tiro (al blanco)
Schießeisen *nt* <-s, -> *(fam)* pipa *f*
schießen ['ʃiːsən] <schießt, schoss, geschossen> **I.** *vi* ① *(Schütze)* disparar (**auf** a/contra); (SPORT) tirar ② *sein (sich schnell bewegen)* moverse como un rayo; **sie schoss herein** entró como un rayo; **etw ist zum S~** *(fam)* algo es para morirse de la risa ③ *sein (schnell wachsen)* **in die Höhe ~** crecer rápidamente; **der Junge ist in die Höhe geschossen** el chico pegó un gran estirón ④ *sein (herausquellen)* brotar (**aus** de); **die Röte schoss ihm ins Gesicht** se puso colorado **II.** *vt* ① *(Geschoss)* disparar, balacear *Am* ② *(Satellit, Rakete, Ball)* lanzar; **ein Tor ~** meter un gol ③ *(Wild)* matar (de un tiro) ④ *(Foto)* hacer, sacar
Schießerei *f* <-en> tiroteo *m*
Schießplatz *m* campo *m* de tiro
Schießpulver *nt* pólvora *f*
Schiff [ʃɪf] *nt* <-(e)s, -e> ① *(Wasserfahrzeug)* barco *m,* buque *m;* **mit dem ~ fahren** viajar en barco ② (ARCHIT) nave *f*
schiffbar *adj* navegable
Schiffbau *m ohne pl* construcción *f* naval
Schiffbruch *m* naufragio *m;* **~ erleiden** naufragar; *(fig)* fracasar
schiffbrüchig *adj* náufrago
Schiffbrüchige(r) *mf* <-n, -n; -n> náufrago, -a *m, f*
Schiffchen ['ʃɪfçən] *nt* <-s, -> ① *(kleines Schiff)* barquito *m* ② *(fam: Kopfbedeckung)* gorro *m* ③ *(Weberschiffchen)* lanzadera *f*
schiffen **I.** *vi* *(fam: urinieren)* mear **II.** *vunpers (fam: Platzregen)* caer un chaparrón; **es schifft den ganzen Tag** *(heftig regnen)* lleva todo el día lloviendo a cántaros

S

Schiffer(in) *m(f)* <-s, -; -nen> navegante *mf*
Schifffahrt *f ohne pl* navegación *f*
Schiffsarzt, -ärztin *m, f* médico, -a *m, f* de a bordo
Schiffschaukel *f* góndola *f*
Schiffsjunge *m* grumete *m*
Schiffskoch *m* <-(e)s, -köche> cocinero *m* de(l) barco [*o* de a bordo]
Schiffsrumpf *m* cuerpo *m* del buque
Schiffsschraube *f* hélice *f* de un barco
Schiffsverkehr *m* tráfico *m* marítimo
Schiit(in) [ʃi'iːt] *m(f)* <-en, -en; -nen> chiíta *mf*
schiitisch *adj* chiíta
Schikane [ʃi'kaːnə] *f* <-n> traba *f;* **mit allen ~n** *(fam)* por todo lo alto
schikanieren* [ʃika'niːrən] *vt* fastidiar; *(quälen)* hacer la vida imposible (a), putear *argot; (behindern)* poner trabas (a)
schikanös [ʃika'nøːs] *adj* fastidioso
Schikoree *m* <-s, *ohne pl*> *f ohne pl* achicoria *f* (amarga)
Schild¹ [ʃɪlt] *m* <-(e)s, -e> ① *(Schutzschild)* escudo *m;* **etw im ~e führen** tramar algo ② *(Mützenschirm)* visera *f*
Schild² [ʃɪlt] *nt* <-(e)s, -er> *(Verkehrsschild)* señal *f* (de tráfico); *(Tür-, Hinweisschild)* letrero *m; (Preisschild)* etiqueta *f*
Schilddrüse *f* (glándula *f*) tiroides *m inv*
Schilddrüsenkrankheit *f* enfermedad *f* de las (glándulas) tiroides
Schilddrüsenüberfunktion *f* <-, *ohne pl*> (MED) hipertiroidismo *m*
Schilddrüsenunterfunktion *f* <-, *ohne pl*> (MED) hipotiroidismo *m*
schildern ['ʃɪldɐn] *vt* *(erzählen)* narrar; *(darlegen)* exponer; *(beschreiben)* describir
Schilderung *f* <-en> *(Beschreibung)* descripción *f; (Erzählung)* relato *m*
Schilderwald *m (fam)* lío *m* de señales
Schildkröte *f* <-n> tortuga *f*
Schilf [ʃɪlf] *nt* <-(e)s, -e> ① *(Pflanze)* caña *f* ② *(Röhricht)* cañaveral *m*
Schilfgras *nt* junco *m*
Schilfrohr *nt* junco *m*
schillern ['ʃɪlɐn] *vi* irisar
schillernd *adj* ① *(Farbe)* irisado ② *(Charakter)* ambiguo
Schilling ['ʃɪlɪŋ] *m* <-s, -e> chelín *m*
schilt [ʃɪlt] *3. präs von* **schelten**
schimm(e)lig *adj* enmohecido, mohoso; **~ werden** criar moho
Schimmel¹ ['ʃɪməl] *m* <-s, -> *(Tier)* caballo *m* blanco
Schimmel² ['ʃɪməl] *m* <-s, *ohne pl*> *(Schimmelpilz)* moho *m*
schimmeln *vi haben o sein* enmohecer(se), criar moho
Schimmelpilz *m* moho *m*
Schimmer ['ʃɪmɐ] *m* <-s, -> *(Glanz)* brillo *m,* resplandor *m; (Anflug)* atisbo *m;* **keinen** (**blassen**) **~ von etw haben** *(fam)* no tener ni (la más remota) idea de algo
schimmern ['ʃɪmɐn] *vi (Licht)* lucir (tenuemente); *(glänzen)* brillar, relucir
schimmlig *adj s.* **schimmelig**
Schimpanse [ʃɪm'panzə] *m* <-n, -n> chimpancé *m*
Schimpf [ʃɪmpf] *m* **mit ~ und Schande** con cajas destempladas
schimpfen ['ʃɪmpfən] *vi* ① *(tadeln)* reñir (**mit** a), reprender (**mit** a), echar una bronca (**mit** a) *fam* ② *(verfluchen)* echar pestes

(**auf/über** contra); *(kritisieren)* criticar (**auf/über** a)
schimpflich *adj* vergonzoso
Schimpfwort *nt* palabrota *f,* taco *m fam*
Schindel ['ʃɪndəl] *f* <-n> ripia *f*
schinden ['ʃɪndən] <schindet, schindete *o* schund, geschunden> **I.** *vt (quälen)* maltratar; **Zeit** ~ ganar tiempo; **Eindruck bei jdm** ~ causar una buena impresión a alguien **II.** *vr:* **sich** ~ *(fam)* afanarse (**um zu** por)
Schinderei *f* <-en> *(abw)* ❶ *(Strapaze)* paliza *f* ❷ *(Plackerei)* ajetreo *m*
Schindluder ['ʃɪntlu:dɐ] *nt (fam)* **mit jdm ~ treiben** abusar de alguien
Schinken ['ʃɪŋkən] *m* <-s, -> ❶ *(Fleisch)* jamón *m* ❷ *(fam abw: Buch)* mamotreto *m; (Gemälde)* mamarracho *m; (Film)* peliculón *m*
Schinkenspeck *m* jamón *m* con tocino
Schinkenwurst *f* fiambre *m* de jamón
Schippe ['ʃɪpə] *f* <-n> *(nordd, reg)* pala *f;* **jdn auf die ~ nehmen** *(fam fig)* tomar el pelo a alguien
schippern ['ʃɪpɐn] *vi sein (fam)* navegar
Schirm [ʃɪrm] *m* <-(e)s, -e> ❶ *(Regenschirm)* paraguas *m inv; (Sonnenschirm)* sombrilla *f* ❷ *(Fallschirm)* paracaídas *m inv* ❸ *(Mützenschirm)* visera *f* ❹ *(Lampenschirm)* pantalla *f* ❺ (BOT: *von Pilzen*) sombrerete *m*
Schirmherr(in) *m(f)* <-(e)n, -en; -nen> patrocinador(a) *m(f)*
Schirmherrschaft *f ohne pl* patrocinio *m*
Schirmmütze *f* gorra *f* de visera
Schirmständer *m* paragüero *m*
schiss [ʃɪs] *3. imp von* **scheißen**
Schiss [ʃɪs] *m* <-es, *ohne pl*> ❶ *(vulg: Kot)* cagada *f* ❷ *(fam: Angst)* cagalera *f;* **~ haben** cagarse de miedo
Schisser(in) ['ʃɪsɐ] *m(f)* <-s, -; -, -nen> *(fam abw)* cagado, -a *m, f*
schizophren [ʃitso'fre:n] *adj* (MED, PSYCH) esquizofrénico
Schizophrenie [ʃitsofre'ni:] *f ohne pl* (MED, PSYCH) esquizofrenia *f*
schlabberig ['ʃlabərɪç] *adj (fam)* ❶ *(wässrig)* aguado ❷ *(schmiegsam)* suave
schlabbern ['ʃlabɐn] **I.** *vi (fam)* ❶ *(abw: kleckern)* pringarse (al comer) ❷ *(Kleidung)* colgar (por todos los sitios) **II.** *vt (fam: auflecken)* sorber (con ruido)
Schlacht [ʃlaxt] *f* <-en> *(a. fig)* batalla *f*
Schlachtbank *f* matadero *m*
schlachten ['ʃlaxtən] *vt* matar, carnear *CSur*
Schlachtenbummler(in) *m(f)* <-s, -; -nen> hincha *mf (que viaja a todos los lugares donde juega su equipo)*
Schlachter(in) ['ʃlaxtɐ] *m(f)* <-s, -; -nen> carnicero, -a *m, f*
Schlächter(in) *m(f)* <-s, -; -, -nen> *(nordd)* carnicero, -a *m, f*
Schlachtfeld *nt* campo *m* de batalla
Schlachthof *m* matadero *m*
Schlachtplan *m (fam, a.* MIL) plan *m* de acción
Schlachtruf *m* <-(e)s, -e> grito *m* de guerra
Schlachtschiff *nt* (MIL) acorazado *m*
Schlachtung *f* <-, -en> matanza *f*
Schlachtvieh *nt* reses *f pl* de matadero
Schlacke ['ʃlakə] *f* <-n> ❶ (TECH) escoria *f* ❷ *pl (Ballaststoffe)* fibras *f pl*
schlackern ['ʃlakɐn] *vi (nordd)* bambolear, tambalearse (**gegen/um** contra/alrededor de); **mit den Ohren ~** *(fam fig)* quedarse mudo de la sorpresa
Schlaf [ʃla:f] *m* <-(e)s, *ohne pl*> sueño *m,* apolillo *m Arg: argot;* **keinen ~ finden** *(geh)* no conciliar el sueño; **im ~ sprechen** hablar en sueños; **in tiefen ~ fallen** caer en un sueño profundo; **jdn aus dem ~ reißen** despertar a alguien (bruscamente); **den ~ des Gerechten schlafen** *(fam)* dormir el sueño de los justos; **etw im ~ können** *(fig)* saberse algo al dedillo
Schlafanzug *m* pijama *m,* piyama *m Am*
Schlafbrille *f* antifaz *m* (para dormir)
Schläfchen ['ʃlɛ:fçən] *nt* <-s, -> siestecita *f;* **ein ~ machen** echarse una siestecita
Schlafcouch *f* sofá cama *m*
Schläfe ['ʃlɛ:fə] *f* <-n> sien *f;* **graue ~n** sienes plateadas
schlafen ['ʃlafən] <schläft, schlief, geschlafen> *vi* ❶ *(im Schlaf liegen)* dormir, apolillar *Arg: argot;* **noch halb ~** estar medio dormido; **er schläft tief und fest** duerme a pierna suelta; **schlaf gut!** ¡que duermas bien!; **sich ~ legen** irse a dormir; **darüber muss ich erst noch mal ~** lo tengo que consultar con la almohada; **bei jdm ~** dormir en casa de alguien; **mit jdm ~** acostarse con alguien ❷ *(fam: nicht aufpassen)* dormirse
Schläfer(in) ['ʃlɛ:fɐ] *m(f)* <-s, -; -nen> ❶ *(Schlafender)* durmiente *mf* ❷ *(Nagetier)* lirón *m*
schlaff [ʃlaf] *adj* ❶ *(Seil, Disziplin)* flojo; *(Haut)* flá(c)cido ❷ *(nicht prall)* blando, fofo ❸ *(kraftlos)* débil; *(träge)* aplatanado
Schlafgelegenheit *f* lugar *m* para dormir
Schlaflied *nt* nana *f,* arrorró *m AmS*
schlaflos *adj (Person)* insomne; *(Nacht)* en vela
Schlaflosigkeit *f ohne pl* insomnio *m*
Schlafmittel *nt* somnífero *m*
Schlafmütze *f (fam)* ❶ *(Langschläfer)* dor-

S

milón, -ona *m, f* ❷ *(abw: träger Mensch)* plasta *mf*
schläfrig ['ʃlɛːfrɪç] *adj (müde)* soñoliento; *(fast schlafend)* adormitado; *(träge)* lento
Schläfrigkeit *f <-, ohne pl>* ❶ *(Schlaftrunkenheit)* somnolencia *f* ❷ *(Trägheit)* indolencia *f*
Schlafsaal *m* dormitorio *m*
Schlafsack *m* saco *m* de dormir
Schlafstadt *f (fam)* ciudad *f* dormitorio
Schlafstörung *f* (MED) insomnio *m*
schläft [ʃlɛːft] *3. präs von* **schlafen**
Schlaftablette *f* somnífero *m*
schlaftrunken ['ʃlaːftrʊŋkən] *adj (geh)* soñoliento
Schlafwagen *m* coche cama *m*
schlafwandeln *vi haben o sein* padecer sonambulismo
Schlafwandler(in) *m(f)* <-s, -; -nen> sonámbulo, -a *m, f*
schlafwandlerisch *adj* (como un) sonámbulo; **mit ~er Sicherheit bewegte er sich durch die Großstadt** se movía con una seguridad intuitiva por la gran ciudad
Schlafzimmer *nt* dormitorio *m*, recámara *f AmC*
Schlag [ʃlaːk, *pl:* 'ʃlɛːgə] *m* <-(e)s, Schläge> ❶ *(allgemein, Schicksalsschlag)* golpe *m; (mit der Faust)* puñetazo *m*, impacto *m Am; (mit der Hand)* manotazo *m; (mit einem Stock)* porrazo *m; (mit einer Peitsche)* latigazo *m;* **ein ~ ins Gesicht** un golpe en la cara; **das war ein schwerer ~ für ihn** fue un golpe duro para él; **~ auf ~** ininterrumpidamente; **keinen ~ tun** *(fam fig)* no dar ni golpe; **mit einem ~** *(fam)* de golpe ❷ *pl (Prügel)* paliza *f* ❸ *(einer Uhr, Glocke)* campanada *f; (Herzschlag)* latido *m; (Pulsschlag)* pulsación *f;* **~ sechs Uhr** a las seis en punto ❹ *(Stromstoß)* calambre *m;* **einen ~ bekommen** darse un calambre; **elektrischer ~** descarga eléctrica ❺ *(fam: Schlaganfall)* ataque *m* de apoplejía; *(fig)* se quedó de piedra; **ich glaube, mich trifft der ~** creo que me va a dar algo ❻ *(Taubenschlag)* palomar *m* ❼ *(fam: Portion)* ración *f* ❽ *(Menschenschlag)* tipo *m*
Schlagabtausch *m* <-(e)s, *ohne pl>* ❶ *(beim Boxen)* intercambio *m* de golpes ❷ *(Auseinandersetzung)* disputa *f*
Schlagader *f* arteria *f*
Schlaganfall *m* ataque *m* de apoplejía
schlagartig I. *adj* brusco, repentino **II.** *adv* de un golpe
schlagbar *adj* (SPORT) vencible
Schlagbaum *m* barrera *f*
Schlagbohrmaschine *f* taladradora *f* (eléctrica) con percutor

S

schlagen ['ʃlaːgən] <schlägt, schlug, geschlagen> **I.** *vt* ❶ *(hauen)* pegar, fajar *Am*, virar *AmC, Ant; (klopfen)* golpear; **er schlug sie zu Boden** la tiró al suelo de un golpe; **jdm etw aus der Hand ~** arrancarle algo a alguien de la mano; **die Hände vors Gesicht ~** taparse la cara con las manos; **alles kurz und klein ~** hacer todo trizas; **etw zu Scherben ~** hacer algo añicos ❷ *(Gegner)* ganar (a); *(Schachfigur, Spielstein)* comer; *(Rekord)* batir; **er gab sich ge~** se dio por vencido; **sie schlugen die deutsche Mannschaft mit 3:1** ganaron al equipo alemán por 3 a 1 ❸ *(befestigen)* clavar; **einen Nagel in die Wand ~** clavar un clavo en la pared ❹ *(Loch, Kerbe)* hacer; **einen Bogen um jdn/etw ~** evitar a alguien/algo; **einen Kreis ~** trazar un círculo ❺ *(Eiweiß, Sahne)* batir ❻ *(fällen)* cortar, tumbar *Am* ❼ *(Trommel)* tocar; *(Uhrzeit)* dar; **die Uhr hat 12 ge~** el reloj dio las 12; **eine ge~e Stunde** una hora entera ❽ *(Greifvogel)* capturar **II.** *vi* ❶ *(hauen)* pegar; *(klopfen)* golpear; **sie schlug an die Tür** golpeó la puerta; **nach jdm ~** dar un golpe a alguien; **um sich ~** golpear a diestro y siniestro ❷ *sein (aufprallen)* darse (**auf/gegen** con/contra/en); **mit dem Kopf gegen die Tischkante ~** darse con la cabeza contra el canto de la mesa ❸ *(Herz)* latir; *(Uhr, Glocke)* tocar ❹ *haben o sein (Regen)* golpear (**an/gegen** en/contra); *(Flammen)* salir (**aus** por) ❺ *(Nachtigall, Fink)* cantar ❻ *sein (fam: ähneln)* parecerse (**nach** a) ❼ *sein (in Mitleidenschaft ziehen)* **die Nachricht ist ihm auf den Magen ge~** la noticia le ha sentado como una patada en el estómago **III.** *vr:* **sich ~** *(sich prügeln)* pegarse, fajarse *Am;* **sich um etw ~** pegarse por algo; **sich auf jds Seite ~** tomar partido por alguien; **ihr habt euch tapfer ge~!** ¡os habéis portado muy bien!
schlagend *adj* ❶ *(Bemerkung)* acertado ❷ *(Beweis)* irrefutable
Schlager ['ʃlaːgɐ] *m* <-s, -> ❶ *(Lied)* canción *f* de moda ❷ *(Verkaufsschlager)* artículo *m* de gran éxito
Schläger ['ʃlɛːgɐ] *m* <-s, -> ❶ *(Tennisschläger)* raqueta *f; (Golf-, Hockeyschläger)* palo *m* ❷ *(abw: Mensch)* matón *m*
Schlägerei *f* <-en> pelea *f*, bulla *f AmS*
Schlagersänger(in) *m(f)* intérprete *mf* de canciones de moda
schlagfertig *adj* agudo, sagaz
Schlagfertigkeit *f ohne pl* capacidad *f* de réplica
Schlagholz *nt* (SPORT) bate *m;* **den Ball mit dem ~ treffen** dar a la pelota con el bate

Schlaghose *f* pantalón *m* acampanado [*o* de campana]

Schlaginstrument *nt* instrumento *m* de percusión

Schlagkraft *f ohne pl* ❶ *(Wucht)* fuerza *f* ❷ *(Kampfkraft)* fuerza *f* de combate ❸ *(Wirkungskraft)* eficacia *f*

schlagkräftig *adj* ❶ *(Person)* fuerte; *(Armee)* combativo ❷ *(Argument)* contundente

Schlagloch *nt* bache *m*, pozo *m AmS*

Schlagring *m* <-(e)s, -e> llave *f* estrella de golpe

Schlagsahne *f ohne pl (flüssig)* nata *f* líquida; *(geschlagen)* nata *f* montada, crema *f Am*

Schlagseite *f* <-, *ohne pl*> (NAUT) escora *f*; ~ **haben** escorar

Schlagstock *m* porra *f*, bolillo *m Col*

schlägt [ʃlɛːkt] *3. präs von* **schlagen**

Schlagwort[1] *nt* <-(e)s, -e *o* -wörter> ❶ *(Parole)* (e)slogan *m* ❷ *(Gemeinplatz)* tópico *m*

Schlagwort[2] *nt* <-(e)s, -wörter> *(Stichwort)* palabra *f* clave

Schlagzeile *f* titular *m*, encabezado *m Guat, Méx*; **~n machen** saltar a las primeras páginas

Schlagzeug *nt* <-(e)s, -e> (MUS) percusión *f*; *(einer Rockband)* batería *f*

Schlagzeuger(in) *m(f)* <-s, -; -nen> batería *mf*

Schlagzeugstock *m* (MUS) baqueta *f*

schlaksig [ˈʃlaksɪç] *adj (fam)* larguirucho

Schlamassel [ʃlaˈmasəl] *m o nt* <-s, *ohne pl*> *(fam)* lío *m*; **da haben wir den ~!** ¡ya se armó la marimorena!

Schlamm [ʃlam, *pl:* (ˈʃlɛmə)] *m* <-(e)s, Schlämme *o* -e> lodo *m*, barro *m*

Schlammbad *nt* <-(e)s, -bäder> baño *m* de barro [*o* de lodo]

schlammig *adj* lodoso

Schlammschlacht *f (fam)* ❶ *(Fußballspiel)* partido *m* en campo lodoso ❷ *(Streit)* pelea *f* (con golpes bajos)

Schlampe [ˈʃlampə] *f* <-n> *(fam abw)* dejada *f*, cachimba *f Cuba*

schlampen [ˈʃlampən] *vi (fam abw)* ❶ *(nachlässig arbeiten)* chapucear ❷ *(nachlässig umgehen)* ser desordenado

Schlamper [ˈʃlampɐ] *m* <-s, -> *(reg: abw: nachlässig)* persona *f* dejada; *(unordentlich)* persona *f* desordenada

Schlamperei[1] *f* <-en> *(fam abw: schlechte Arbeit)* chapuza *f*

Schlamperei[2] *f ohne pl (fam: Unordnung)* desorden *m*

schlampig *adj (abw fam)* ❶ *(unordentlich)* desordenado; *(Aussehen)* descuidado ❷ *(Arbeit)* chapucero

schlang [ʃlaŋ] *3. imp von* **schlingen**

Schlange [ˈʃlaŋə] *f* <-n> ❶ *(Tier)* serpiente *f* ❷ *(abw: Person)* víbora *f* ❸ *(Menschenschlange)* cola *f*; *(Fahrzeugschlange)* caravana *f* (de coches); ~ **stehen** hacer cola

schlängeln [ˈʃlɛŋəln] *vr:* **sich ~** ❶ *(Schlange, Weg)* serpentear ❷ *(Mensch)* abrirse camino (**durch** por entre)

Schlangenbeschwörer(in) *m(f)* encantador(a) *m(f)* de serpientes

Schlangenbiss *m* picadura *f* de serpiente

Schlangengift *nt* veneno *m* de serpiente

Schlangenleder *nt* piel *f* de serpiente

Schlangenlinie *f* línea *f* sinuosa; (**in**) **~n fahren** ir haciendo eses

schlank [ʃlaŋk] *adj* delgado

Schlankheit *f ohne pl* delgadez *f*

Schlankheitskur *f* cura *f* para adelgazar

schlapp [ʃlap] *adj* ❶ *(nicht straff)* flojo ❷ *(ohne Kraft)* flojo, débil; *(erschöpft)* agotado ❸ *(fam abw: träge)* soso ❹ *(fam)* **für ~e 10 Euro** por la miseria de 10 euros

Schlappe [ˈʃlapə] *f* <-n> derrota *f*; **eine ~ erleiden** sufrir una derrota

Schlappen [ˈʃlapən] *m* <-s, -> *(fam)* pantufla *f*

Schlapphut *m* chambergo *m*

schlapp|machen *vi (fam)* tirar la toalla

Schlappschwanz *m (fam abw)* calzonazos *m inv*

Schlaraffenland [ʃlaˈrafən-] *nt ohne pl* (país *m* de) Jauja *f*

schlau [ʃlaʊ] *adj* ❶ *(listig)* astuto, gaucho *AmS* ❷ *(fam: klug)* listo; **aus jdm/etw** *dat* **nicht ~ werden** no entender a alguien/algo

Schlauberger [-bɛrgɐ] *m* <-s, -> *(fam)* cuco, -a *m, f*

Schlauch [ʃlaʊx, *pl:* ˈʃlɔɪçə] *m* <-(e)s, Schläuche> ❶ *(Wasserschlauch)* manguera *f*; *(Gasschlauch)* tubo *m* flexible; **auf dem ~ stehen** *(fam fig)* estar desorientado ❷ *(Reifenschlauch)* cámara *f* de aire

Schlauchboot *nt* bote *m* neumático

schlauchen **I.** *vi (fam)* cansar **II.** *vt (fam)* ❶ *(Arbeit)* agotar ❷ *(Vorgesetzter)* hacer sudar (a)

Schläue [ˈʃlɔɪə] *f* <-, *ohne pl*> astucia *f*

Schlaufe [ˈʃlaʊfə] *f* <-n> ❶ *(zum Tragen)* lazo *m* ❷ *(am Gürtel)* pasador *m*

Schlauheit *f ohne pl* astucia *f*, ingenio *m*

Schlaumeier *m* <-s, -> *(fam)* vivo, -a *m, f*

Schlawiner [ʃlaˈviːnɐ] *m* <-s, -> *(fam abw)* pillo, -a *m, f*

schlecht [ʃlɛçt] **I.** *adj* ❶ *(nicht gut)* mal(o); **etw S~es über jdn sagen** hablar mal de alguien; **mir ist ~** me siento mal ❷ *(verdorben)* malo; *(verfault)* podrido; *(Luft)* viciado; **~ werden** echarse a perder ❸ *(gemein)* malo; *(boshaft)* malicioso **II.** *adv* mal; **auf jdn ~ zu sprechen sein** no sentir simpatía por alguien; **er ist ~ zu verstehen** es difícil entenderlo; **das kann ich ~ sagen** no sabría decirlo exactamente; **mehr ~ als recht** con más pena que gloria; **nicht ~!** ¡no está mal!

schlechter|stehen *irr vr* **jd steht sich schlechter, wenn ...** *(fam)* a alguien le va peor, cuando...

schlechthin ['-'-] *adv* ❶ *(an sich)* por antonomasia ❷ *(geradezu)* simplemente, sin más ❸ *(absolut)* totalmente

schlecht|machen *vt* **jdn ~** dejar mal a alguien

schlecken ['ʃlɛkən] **I.** *vi, vt (lecken)* lamer (**an**) **II.** *vi (naschen)* comer golosinas

Schlegel ['ʃleːgəl] *m* <-s, -> *(südd, Österr, Schweiz: Geflügelkeule)* muslo *m*

Schlehe ['ʃleːə] *f* <-n> ❶ *(Strauch)* endrino *m* ❷ *(Frucht)* endrina *f*

schleichen ['ʃlaɪçən] <schleicht, schlich, geschlichen> **I.** *vi sein* ❶ *(leise)* avanzar a hurtadillas ❷ *(langsam)* ir a paso lento; **die Zeit schleicht** el tiempo pasa lentamente **II.** *vr:* **sich ~** *(hineinschleichen)* entrar a hurtadillas (**in** en/a); *(hinausschleichen)* salir a hurtadillas (**aus** de)

schleichend *adj (Krankheit)* lento; *(Inflation)* latente

Schleichweg [-veːk] *m* camino *m* secreto

Schleichwerbung *f ohne pl* publicidad *f* encubierta

Schleie ['ʃlaɪə] *f* <-n> (ZOOL) tenca *f*

Schleier ['ʃlaɪɐ] *m* <-s, -> ❶ *(für Gesicht, Kopf, a.* FOTO) velo *m;* **den ~ von etw lüften** *(geh)* descorrer el velo de algo ❷ *(Dunst)* cortina *f*

Schleiereule *f* lechuza *f*

schleierhaft *adj* **es ist mir ~, wie ...** no me explico cómo...

Schleierwolke *f* nube *f* de velo

Schleife ['ʃlaɪfə] *f* <-n> ❶ *(Schlinge)* lazo *m; (beim Schuhebinden)* nudo *m; (Haarschleife)* lazo *m,* cinta *f* ❷ *(Kurve)* curva *f*

schleifen[1] ['ʃlaɪfən] *vt* ❶ *(ziehen)* arrastrar; **etw ~ lassen** *(fam)* no ocuparse de algo ❷ *(niederreißen)* arrasar

schleifen[2] <schleift, schliff, geschliffen> *vt* ❶ *(Messer, Schere)* afilar ❷ *(Glas)* esmerilar; *(Edelstein)* tallar; **geschliffene Reden** discursos muy esmerados ❸ *(fam: hart drillen)* hacer sudar (la gota gorda) (a)

Schleifmaschine *f* lijadora *f*

Schleifpapier *nt* papel *m* de lija

Schleifstein *m* <-(e)s, -e> piedra *f* de afilar [*o* de amolar]

Schleim [ʃlaɪm] *m* <-(e)s, -e> ❶ *(Sekret)* moco *m,* flema *f; (einer Pflanze)* mucílago *m* ❷ *(Brei)* papilla *f*

schleimen *vi (fam abw: schmeicheln)* hacer la pelota

Schleimer(in) ['ʃlaɪmɐ] *m(f)* <-s, -; -nen> *(abw)* pelota *mf*

Schleimhaut *f* (MED) (membrana *f*) mucosa *f*

schleimig *adj* ❶ *(Absonderung)* mucoso; *(klebrig)* viscoso ❷ *(abw: kriecherisch)* zalamero

Schleimscheißer(in) *m(f)* <-s, -; -nen> *(vulg abw)* lameculos *mf inv*

schlemmen ['ʃlɛmən] *vi, vt* comer opíparamente

Schlemmer(in) *m(f)* <-s, -; -nen> sibarita *mf*

schlendern ['ʃlɛndɐn] *vi sein* deambular (**durch** por)

Schlenker ['ʃlɛŋkɐ] *m* <-s, -> *(fam)* ❶ *(Bogen)* curva *f;* **einen ~ machen** *(Straße)* hacer una curva; *(Fahrzeug)* torcer ❷ *(Umweg)* rodeo *m;* **einen ~ machen** dar un rodeo

schlenkern ['ʃlɛŋkɐn] *vi, vt* balancear, bambolear

Schleppdampfer *m* (NAUT) remolcador *m*

Schleppe ['ʃlɛpə] *f* <-n> cola *f* (del vestido)

schleppen ['ʃlɛpən] **I.** *vt* ❶ *(ziehen)* arrastrar; *(abschleppen)* remolcar ❷ *(tragen)* cargar (con) ❸ *(transportieren)* llevar **II.** *vr:* **sich ~** ❶ *(sich fortbewegen)* andar a trancas y barrancas (**über** por, **in/(bis) zu** hasta) ❷ *(sich hinziehen)* durar (mucho tiempo)

schleppend *adj* lento; *(Unterhaltung)* pesado, difícil; *(Nachfrage)* poco

Schlepper *m* <-s, -> ❶ *(Schleppschiff)* remolcador *m* ❷ *(Traktor)* tractor *m* ❸ *(fam abw: Person)* gancho *m*

Schlepperbande *f* <-, -n> *(fam)* banda *f* de traficantes de personas, banda *f* de coyotes *Ecua, ElSal, Hond, Méx*

Schlepplift *m* telesquí *m*

Schleppnetz *nt* traína *f,* red *f* barredera [*o* de arrastre]

Schlepptau *nt* cable *m* de remolque; **jdn ins ~ nehmen** *(fam fig)* llevar a alguien (consigo) a todas partes

Schlesien ['ʃleːziən] *nt* <-s> Silesia *f*

Schlesier(in) *m(f)* <-s, -; -nen> silesio, -a *m, f*

schlesisch *adj* silesio

Schleswig-Holstein *nt* <-s> Schleswig-Holstein *m*

Schleuder ['ʃlɔɪdɐ] *f* <-n> ① *(für Geschosse)* honda *f* ② *(Wäscheschleuder)* centrifugadora *f* ③ *(Zentrifuge)* centrífuga *f*

Schleudergefahr *f* peligro *m* de deslizamiento

schleudern ['ʃlɔɪdɐn] **I.** *vi sein (Auto)* patinar, colear *AmC, Ant;* **ins S~ kommen** patinar, colear *AmC, Ant; (fam: etwas nicht gewachsen sein)* verse en apuros **II.** *vt* ① *(werfen)* lanzar, arrojar ② *(Wäsche)* centrifugar

Schleuderpreis *m (fam)* precio *m* tirado

Schleudersitz *m* (AERO) asiento *m* proyectable

Schleudertrauma *nt* (MED) traumatismo *m* cervical

schleunigst ['ʃlɔɪnɪçst] *adv* ahora mismo, al tiro *Am*

Schleuse ['ʃlɔɪzə] *f* <-n> esclusa *f*

schleusen *vt* ① *(Schiff)* hacer pasar por la esclusa ② *(geleiten)* conducir ③ *(illegal)* hacer pasar (**durch** por, **in** a); **jdn über die grüne Grenze ~** ayudar a alguien a pasar la frontera (ilegalmente)

Schleuserbande *f* banda *f* clandestina de tráfico de mano de obra

schlich [ʃlɪç] *3. imp von* **schleichen**

Schlich *m* <-(e)s, -e> truco *m;* **jdm auf die ~e kommen** ver(le) a alguien el juego

schlicht [ʃlɪçt] *adj* ① *(einfach)* simple, sencillo; **~ und einfach** *(fam)* sencillamente ② *(bescheiden)* modesto

schlichten ['ʃlɪçtən] *vt* ① *(Streit)* mediar (en), intervenir como mediador (en) ② (TECH: *Oberfläche*) alisar

Schlichter(in) *m(f)* <-s, -; -, -nen> mediador(a) *m(f)*

Schlichtheit *f* <-, *ohne pl*> ① *(Einfachheit)* sencillez *f* ② *(Bescheidenheit)* sencillez *f; (Nüchternheit)* sobriedad *f*

Schlichtung *f* <-en> conciliación *f*

Schlick [ʃlɪk] *m* <-(e)s, -e> cieno *m*

schliddern ['ʃlɪdɐn] *vi sein (nordd) s.* **schlittern**

schlief [ʃliːf] *3. imp von* **schlafen**

Schliere ['ʃliːrə] *f* <-n> estría *f*

schließen ['ʃliːsən] <schließt, schloss, geschlossen> **I.** *vt* ① *(zumachen)* cerrar; **eine Lücke ~** tapar un hueco ② *(beenden)* terminar, concluir; *(Kongress)* clausurar; **eine Sitzung ~** levantar la sesión ③ *(Bündnis, Vertrag)* firmar; *(Ehe)* contraer; **jdn in die Arme ~** abrazar a alguien ④ (ELEK: *anschließen*) conectar (**an** a/con) **II.** *vi* ① *(zugehen, Geschäft)* cerrar ② *(aufhören)* terminar ③ *(abschließen)* cerrar ④ *(folgern)* deducir (**aus** de) **III.** *vr:* **sich ~** *(zugehen)* cerrarse

Schließfach *nt* ① *(bei der Post)* apartado *m* de correos, casilla *f Am; (bei einer Bank)* caja *f* fuerte ② *(für Gepäck)* consigna *f* automática

schließlich *adv* ① *(am Ende)* finalmente, después de todo ② *(im Grunde)* al fin y al cabo

Schließmuskel *m* esfínter *m*

Schließung *f* <-en> cierre *m; (Beendigung)* conclusión *f; (Sitzung, Kongress)* clausura *f*

schliff [ʃlɪf] *3. imp von* **schleifen**[2]

Schliff [ʃlɪf] *m* <-(e)s, *ohne pl*> *(Glasschliff)* esmerilado *m; (Edelsteinschliff)* tallado *m;* **etw** *dat* **den letzten ~ verleihen** dar los últimos toques a algo

schlimm [ʃlɪm] **I.** *adj* ① *(unangenehm, schlecht)* mal(o); *(schrecklich)* terrible; **es gibt S~eres** hay cosas peores; **umso ~er** todavía peor ② *(schwerwiegend)* grave; **es ist nicht weiter ~** *(fam)* no pasa nada ③ *(fam: entzündet)* irritado **II.** *adv* mal; **~ enden** acabar mal; **es steht ~ um ihn** está en muy mala situación

schlimmstenfalls ['ʃlɪmstənfals] *adv* en el peor de los casos

Schlinge ['ʃlɪŋə] *f* <-n> *(allgemein, Falle)* lazo *m; (Schlaufe)* nudo *m* corredizo; *(Armschlinge)* cabestrillo *m;* **den Kopf aus der ~ ziehen** *(fig)* (saber) salir del apuro

Schlingel ['ʃlɪŋəl] *m* <-s, -> *(fam)* pillo, -a *m, f*

schlingen ['ʃlɪŋən] <schlingt, schlang, geschlungen> **I.** *vi (beim Essen)* tragar, zampar **II.** *vt (binden)* atar (**um** alrededor de) **III.** *vr:* **sich ~** *(Pflanze)* trepar (**um** por)

schlingern ['ʃlɪŋɐn] *vi* dar bandazos

Schlingpflanze *f* (planta *f*) trepadora *f*

Schlips [ʃlɪps] *m* <-es, -e> *(fam)* corbata *f;* **in** [*o* **mit**] **~ und Kragen** de etiqueta

Schlitten ['ʃlɪtən] *m* <-s, -> ① *(Rodelschlitten)* trineo *m;* **~ fahren** ir en trineo ② *(an der Schreibmaschine)* carro *m* ③ *(fam: Auto)* coche *m,* auto *m Am*

Schlittenfahrt *f* <-, -en> paseo *m* en trineo

schlittern ['ʃlɪtɐn] *vi sein* ① *(Wagen, Person, Eisstock)* patinar (**auf** sobre, **über** por) ② *(hineingeraten)* verse implicado (**in** en)

Schlittschuh *m* patín *m* para hielo; **~ laufen** patinar (sobre hielo)

Schlittschuhläufer(in) *m(f)* patinador(a) *m(f)* sobre hielo

Schlitz [ʃlɪts] *m* <-es, -e> ① *(an Automaten, Briefkasten)* ranura *f; (Spalt)* hendidura *f* ② *(an Kleidung)* raja *f*

schlitzen ['ʃlɪtsən] *vt* rajar

Schlitzohr *nt (fam)* zorro, -a *m, f*
schloss [ʃlɔs] *3. imp von* **schließen**
Schloss [ʃlɔs, *pl:* 'ʃlœsɐ] *nt* <-es, Schlösser> ❶ *(Burg)* castillo *m;* *(Palast)* palacio *m* ❷ *(Türschloss)* cerradura *f,* chapa *f Am;* *(an Schmuck, Koffer)* cierre *m;* *(Vorhängeschloss)* cerrojo *m;* **ins ~ fallen** cerrarse; **hinter ~ und Riegel** *(fam)* a buen recaudo
Schlosser(in) ['ʃlɔsɐ] *m(f)* <-s, -; -nen> cerrajero, -a *m, f*
Schlosserei *f* <-en> cerrajería *f*
Schlossherr(in) *m(f)* señor(a) *m(f)* del castillo; *(im Mittelalter)* castellano, -a *m, f*
Schlosspark *m* jardines *mpl* del palacio
Schlot [ʃloːt] *m* <-(e)s, -e> *(reg)* chimenea *f;* **rauchen wie ein ~** *(fam fig)* fumar como un carretero
schlotterig *adj* ❶ *(zitternd)* tembloroso ❷ *(Kleidung)* holgado
schlottern ['ʃlɔtɐn] *vi* ❶ *(Person)* temblar ❷ *(Kleidung)* colgar (por todos los sitios)
schlottrig *adj s.* **schlotterig**
Schlucht [ʃlʊxt] *f* <-en> quebrada *f*
schluchzen ['ʃlʊxtsən] *vi* sollozar, chillar *Am*
Schluchzer *m* <-s, -> sollozo *m*
Schluck [ʃlʊk] *m* <-(e)s, -e> trago *m,* sorbo *m,* golpe *m Méx;* **einen ~ nehmen** dar un sorbo; **etw in einem ~ austrinken** beberse algo de un trago
Schluckauf [ʃlʊk'ʔaʊf] *m* <-s, *ohne pl*> hipo *m*
Schluckbeschwerden *fpl* (MED) molestias *fpl* de deglución
schlucken ['ʃlʊkən] **I.** *vi* tragar **II.** *vt* ❶ *(Speise)* tragar ❷ *(fam: hinnehmen)* aguantar, tragarse ❸ *(fam: verbrauchen)* gastar, tragar ❹ *(fam abw: übernehmen)* absorber, tragar(se) *fam*
Schlucker *m* <-s, -> *(fam)* **armer ~** pobre diablo
S
Schluckimpfung *f* vacuna(ción) *f* por vía oral
Schluckspecht *m* <-(e)s, -e> *(fam)* **er ist ein ~** le gusta empinar el codo [*o* ir de copeo]
schluckweise *adj* a tragos
schlud(e)rig ['ʃluːd(ə)rɪç] *adj (abw fam)* ❶ *(Kleidung)* descuidado ❷ *(Arbeit)* chapucero
schludern ['ʃluːdɐn] *vi (fam abw)* hacer una chapuza
schludrig *adj (fam abw) s.* **schlud(e)rig**
schlug [ʃluːk] *3. imp von* **schlagen**
Schlummer ['ʃlʊmɐ] *m* <-s, *ohne pl*> *(geh)* sueño *m* ligero
schlummern ['ʃlʊmɐn] *vi* ❶ *(geh: schlafen)* dormitar ❷ *(Talent)* estar oculto
Schlund [ʃlʊnt, *pl:* 'ʃlʏndə] *m* <-(e)s, Schlünde> garganta *f;* *(eines Tieres)* fauces *fpl*
schlüpfen ['ʃlʏpfən] *vi sein* ❶ *(hinein-, hindurchschlüpfen)* pasar (**in** a, **durch** por); *(hinausschlüpfen)* salir (**aus** de); *(in Kleidung)* ponerse (**in**) ❷ *(Küken)* (**aus dem Ei**) ~ salir (del huevo)
Schlüpfer *m* <-s, -> braga *f*
Schlupfloch *nt (Versteck)* escondrijo *m;* *(Zuflucht)* refugio *m*
schlüpfrig ['ʃlʏpfrɪç] *adj* ❶ *(rutschig)* resbaladizo ❷ *(abw: anstößig)* obsceno, verde *fam*
Schlupfwinkel *m* escondrijo *m,* cucho *m Ecua, Perú*
schlurfen ['ʃlʊrfən] *vi sein* arrastrar los pies
schlürfen ['ʃlʏrfən] *vi, vt* sorber con ruido
Schluss [ʃlʊs, *pl:* 'ʃlʏsə] *m* <-es, Schlüsse> ❶ *(Ende)* fin *m,* final *m;* **~ für heute!** ¡basta por hoy!; **zum ~** al final; **bis zum ~ bleiben** quedarse hasta el final; **mit jdm ~ machen** romper con alguien ❷ *(Folgerung)* conclusión *f;* **zu dem ~ kommen, dass ...** llegar a la conclusión de que...
Schlussabrechnung *f* <-, -en> (WIRTSCH) cuenta *f* final, liquidación *f* final
Schlussbemerkung *f* observación *f* final
Schlüssel ['ʃlʏsəl] *m* <-s, -> ❶ *(Tür-, Schraubenschlüssel)* llave *f* ❷ *(Noten-, Lösungsschlüssel)* clave *f* ❸ *(Schema)* esquema *m*
Schlüsselanhänger *m* llavero *m*
Schlüsselbein *nt* clavícula *f*
Schlüsselblume *f* primavera *f*
Schlüsselbrett *nt* tabla *f* para colgar las llaves
Schlüsselbund *m o nt* manojo *m* de llaves
Schlüsseldienst *m (für Duplikate)* servicio *m* de copia de llaves; *(zum Aufschließen)* servicio *m* de cerrajería
Schlüsselerlebnis *nt* (PSYCH) experiencia *f* clave
Schlüsseletui *nt* <-s, -s> llavero *m*
schlüsselfertig *adj* de llave en mano
Schlüsselfigur *f* figura *f* clave
Schlüsselkarte *f (im Hotel)* tarjeta *f* (de la habitación)
Schlüsselloch *nt* ojo *m* de la cerradura
Schlüsselposition *f* posición *f* clave
Schlüsselqualifikation *f* (WIRTSCH) cualificación *f* básica
Schlüsselstellung *f* <-, -en> posición *f* clave
schlussfolgern *vt* concluir (**aus** de)
Schlussfolgerung *f* conclusión *f;* **aus etw ~en ziehen** sacar conclusiones de algo
schlüssig ['ʃlʏsɪç] *adj* concluyente; **sich**

dat (**über etw**) ~ **werden** tomar una resolución (respecto a algo)
Schlusslicht *nt* ❶ (AUTO) luz *f* trasera ❷ *(fam: Person)* colista *mf*
Schlusspfiff *m* (SPORT) pitido *m* final
Schlusspunkt *m* <(e)s, -e> ❶ *(Satzpunkt)* punto *m* ❷ *(Schlussstrich)* punto *m* final; **einen ~ unter/hinter etw setzen** poner punto final a algo
Schlussstrich *m* punto *m* final; **einen ~ ziehen** hacer borrón y cuenta nueva
Schlussverkauf *m* rebajas *fpl* de fin de temporada
Schlusswort *nt* comentario *m* final
Schmach [ʃmaːx] *f ohne pl (geh: Schande)* vergüenza *f; (Kränkung)* ofensa *f; (Demütigung)* humillación *f*
schmachten ['ʃmaxtən] *vi (geh)* **nach etw ~** ansiar algo; **nach jdm ~** añorar a alguien; **vor Durst ~** morirse de sed
schmachtend *adj* ❶ *(sehnsüchtig)* lleno de añoranza ❷ *(sentimental)* sentimental
schmächtig ['ʃmɛçtɪç] *adj* flaco
schmackhaft ['ʃmakhaft] *adj* sabroso; **jdm etw ~ machen** *(fam)* hacer a alguien la boca agua con algo
schmähen ['ʃmɛːən] *vt (geh)* injuriar, ofender
Schmähgedicht *nt* poema *m* ultrajante
schmal [ʃmaːl] *adj (schlank)* delgado; *(eng)* estrecho; *(gering)* escaso
schmälern ['ʃmɛːlɐn] *vt* reducir, disminuir
Schmalseite *f* lado *m* estrecho
Schmalspur *f ohne pl* (EISENB) vía *f* estrecha
Schmalz[1] [ʃmalts] *nt* <-es, -e> *(Fett)* manteca *f*
Schmalz[2] *m* <-es, *ohne pl*> *(fam abw: Sentimentalität)* sentimentalismo *m*
schmalzig *adj (abw)* sentimental, empalagoso
schmarotzen* [ʃma'rɔtsən] *vi* ❶ (BIOL) vivir como parásito (**auf/in** en) ❷ *(abw: Mensch)* vivir de gorra (**bei** a costa de)
Schmarotzer[1] *m* <-s, -> (BIOL) parásito *m*
Schmarotzer(in)[2] *m(f)* <-s, -; -nen> *(abw: Person)* gorrón, -ona *m, f,* pepenche *m Méx*
schmatzen ['ʃmatsən] *vi* hacer ruido al comer
schmecken ['ʃmɛkən] **I.** *vi* ❶ *(Geschmack haben)* saber (**nach** a) ❷ *(gut schmecken)* gustar; **schmeckt dir die Suppe?** ¿te gusta la sopa?; **es hat gut geschmeckt** estaba rico; **es sich** *dat* **~ lassen** comer con ganas; **lass es dir ~!** ¡que aproveches! **II.** *vt (kosten)* probar; *(herausschmecken)* sacar el gusto (de)
Schmeichelei [ʃmaɪçə'laɪ] *f* <-en> lisonja *f,* caravana *f Méx*
schmeichelhaft *adj* lisonjero; **das ist wenig ~ für ihn** no le va a gustar nada
schmeicheln ['ʃmaɪçəln] *vi* ❶ *(loben, gefallen)* halagar, lisonjear; *(abw)* adular, barbear *Guat, Méx* ❷ *(vorteilhaft aussehen lassen)* favorecer
Schmeichler(in) *m(f)* <-s, -; -nen> lisonjeador(a) *m(f); (abw)* zalamero, -a *m, f*
schmeichlerisch *adj* lisonjero; *(abw)* zalamero
schmeißen ['ʃmaɪsən] <schmeißt, schmiss, geschmissen> *vt (fam)* ❶ *(werfen)* tirar, lanzar; **jdn aus dem Haus ~** echar a alguien de la casa ❷ *(abbrechen)* abandonar ❸ *(bewältigen)* poner a flote, encargarse (de)
Schmeißfliege *f* moscarda *f*
schmelzen ['ʃmɛltsən] <schmilzt, schmolz, geschmolzen> **I.** *vi sein (Butter, Eis, Schnee)* derretirse; *(Käse, Glas, Metall)* fundirse **II.** *vt (Butter, Schnee)* derretir; *(Metall, Glas)* fundir
Schmelzkäse *m* (GASTR) queso *m* fundido
Schmelzofen *m* (TECH) horno *m* de fusión
Schmelzpunkt *m* (PHYS) punto *m* de fusión
Schmelztiegel *m* (TECH) crisol *m; (fig)* crisol *m* de las razas
Schmelzwasser *nt* agua *f* de deshielo
Schmerz [ʃmɛrts] *m* <-es, -en> dolor *m; (Kummer)* pena *f*
schmerzempfindlich *adj* sensible al dolor
schmerzen ['ʃmɛrtsən] **I.** *vi* doler (a) **II.** *vt* doler; *(betrüben)* afligir
Schmerzensgeld *nt* (JUR) indemnización *f* por daño personal
Schmerzensschrei *m* grito *m* de dolor
Schmerzgrenze *f (fig)* límite *m* (máximo); **die ~ überschreiten** pasarse de la raya
schmerzhaft *adj* doloroso
schmerzlich *adj* doloroso, penoso
schmerzlindernd *adj* analgésico, calmante
schmerzlos *adj* sin dolores; **kurz und ~** rápidamente
Schmerzmittel *nt* analgésico *m*
schmerzstillend *adj* analgésico, calmante
Schmerztablette *f* analgésico *m*
schmerzverzerrt *adj* **ein ~es Gesicht** un rostro desfigurado por el dolor
schmerzvoll *adj s.* **schmerzlich**
Schmetterball *m (beim Tennis)* mate *m; (beim Volleyball)* remate *m*
Schmetterling ['ʃmɛtɐlɪŋ] *m* <-s, -e> (ZOOL, SPORT) mariposa *f*
Schmetterlingsstil *m ohne pl* (SPORT) estilo *m* mariposa
schmettern ['ʃmɛtɐn] **I.** *vt* ❶ *(werfen)* arrojar, lanzar; *(Tennis)* dar un smash (a)

S

❷ *(Lied)* cantar con brío **II.** *vi* ❶ *(erklingen)* (re)sonar ❷ *(aufprallen)* chocar ❸ *(Tennis)* dar un smash
Schmied [ʃmiːt] *m* <-(e)s, -e> herrero *m; (Hufschmied)* herrador *m*
Schmiede [ˈʃmiːdə] *f* <-n> fragua *f*
Schmiedearbeit *f* (obra *f* de) forja *f*
Schmiedeeisen *nt* hierro *m* forjado
schmiedeeisern *adj* de hierro forjado
schmieden [ˈʃmiːdən] *vt* ❶ *(Eisen)* forjar ❷ *(Pläne)* urdir
schmiegen [ˈʃmiːgən] *vr:* **sich** ~ *(Kleidung)* ajustarse (**an** a); *(Mensch)* arrimarse cariñosamente (**an** a)
Schmiere [ˈʃmiːrə] *f* <-n> ❶ *(Fett)* untura *f,* grasa *f* ❷ *(Schmutz)* mugre *f* ❸ *(fam abw: Theater)* farándula *f* ❹ *(fam)* ~ **stehen** hacer de espía
schmieren [ˈʃmiːrən] **I.** *vt* ❶ *(mit Fett)* engrasar, lubri(fi)car; *(mit Öl)* enaceitar; **es läuft wie geschmiert** *(fam)* marcha como la seda; **jdm eine** ~ *(fam)* darle un bofetón a alguien ❷ *(Brötchen)* untar; *(auftragen)* poner; *(Aufstrich, Butter)* untar, poner ❸ *(fam abw: bestechen)* untar, sobornar ❹ *(fam abw: beschmutzen)* garabatear **II.** *vi* *(fam)* ❶ *(Stift)* manchar ❷ *(abw: beim Schreiben)* hacer garabatos
Schmiererei *f* <-en> *(fam abw: Gemaltes)* mamarrachada *f; (Geschriebenes)* garabatos *mpl*
Schmierfett [ˈʃmiːɐ-] *nt* grasa *f* lubri(fi)cante
Schmierfink *m* *(fam abw)* cochino, -a *m, f*
Schmiergeld *nt* *(fam abw)* unto *m,* soborno *m*
Schmiergeldzahlung *f* (pago *m* de un) soborno *m*
Schmierheft *nt* <-(e)s, -e> borrador *m,* cuaderno *m* en [*o* de] [*o* para] sucio
schmierig *adj* ❶ *(feuchtklebrig)* resbaladizo ❷ *(schmutzig)* mugriento; *(fettig)* pringoso ❸ *(abw: schmeichlerisch)* zalamero ❹ *(abw: obszön)* obsceno
Schmiermittel *nt* lubri(fi)cante *m*
Schmieröl *nt* aceite *m* lubri(fi)cante
Schmierpapier *nt* *(fam)* (papel *m* de) borrador *m*
Schmierseife *f* jabón *m* verde
Schmierstoff *m* lubricante *m*
Schmierung *f* <-, -en> engrasado *m*
Schmierzettel *m* borrador *m*
schmilzt [ʃmɪltst] *3. präs von* **schmelzen**
Schminke [ˈʃmɪŋkə] *f* <-n> maquillaje *m*
schminken [ˈʃmɪŋkən] **I.** *vt* maquillar **II.** *vr:* **sich** ~ maquillarse
Schminkkoffer *m* <-s, -> neceser *m* de belleza
schmirgeln [ˈʃmɪrgəln] *vt* lijar
Schmirgelpapier *nt* papel *m* de lija
schmiss [ʃmɪs] *3. imp von* **schmeißen**
Schmöker [ˈʃmøːkɐ] *m* <-s, -> *(fam)* novelón *m*
schmökern [ˈʃmøːkɐn] *vi* *(fam)* enfrascarse en la lectura; **in einem Buch** ~ leer un libro
schmollen [ˈʃmɔlən] *vi* estar de morros
Schmollmund *m* morro *m*
schmolz [ʃmɔlts] *3. imp von* **schmelzen**
Schmorbraten [ˈʃmoːɐ-] *m* estofado *m*
schmoren [ˈʃmɔːrən] **I.** *vi* *(Fleisch)* cocerse (a fuego lento) **II.** *vt* estofar, cocer a fuego lento; **sie schmorte stundenlang in der Sonne** *(fam)* estuvo horas tostándose al sol; **jdn ~ lassen** *(fam)* tener a alguien en ascuas
Schmortopf *m* cazuela *f* para guisar (a fuego lento)
Schmuck [ʃmʊk] *m* <-(e)s, *ohne pl*> ❶ *(Juwelen)* joyas *fpl; (Modeschmuck)* bisutería *f* ❷ *(Verzierung)* adorno *m*
schmücken [ˈʃmʏkən] *vt* adornar
Schmuckkästchen [-kɛstçən] *nt* joyero *m,* alhajera *f Arg, Chil*
schmucklos *adj* sin adorno; *(Raum)* austero
Schmuckstück *nt* alhaja *f,* joya *f*
schmudd(e)lig *adj* *(fam abw: Person)* desaliñado; *(Ding)* sucio, mugriento
Schmuggel [ˈʃmʊgəl] *m* <-s, *ohne pl*> contrabando *m,* facuya *f Méx*
schmuggeln **I.** *vi* hacer contrabando **II.** *vt* pasar de contrabando; **jdn außer Landes** ~ ayudar a alguien a salir del país ilegalmente
Schmuggelware *f* mercancía *f* de contrabando
Schmuggler(in) *m(f)* <-s, -; -nen> contrabandista *mf*
schmunzeln [ˈʃmʊntsəln] *vi* sonreírse (satisfecho) (**über** de)
Schmusekurs *m* <-es, *ohne pl*> *(fam)* fase *f* de cariñitos
schmusen [ˈʃmuːzən] *vi* *(fam)* besuquearse, acariciarse
Schmutz [ʃmʊts] *m* <-es, *ohne pl*> ❶ *(Zustand)* suciedad *f* ❷ *(herumliegender)* basura *f; (Staub)* polvo *m; (Lehm)* barro *m;* **etw/jdn in** [*o* **durch**] **den ~ ziehen** *(fig)* arrastrar algo/a alguien por el fango
Schmutzfink *m* <-en *o* -s, -en> *(fam)* cochino, -a *m, f*
Schmutzfleck *m* mancha *f*
schmutzig *adj* ❶ *(dreckig, unlauter)* sucio; *(beschmiert)* embadurnado, pringado *fam;* **sich** *dat* **nicht die Finger ~ machen** *(fig)* no ensuciarse las manos ❷ *(unanständig)* obsceno; *(Fantasie)* sucio; *(Witz)* verde

Schmutzschicht *f* capa *f* de mugre
Schmutzwäsche *f* <-, *ohne pl*> ropa *f* sucia
Schnabel ['ʃna:bəl, *pl:* 'ʃnɛ:bəl] *m* <-s, Schnäbel> ① *(eines Vogels)* pico *m* ② *(an einer Kanne)* pitorro *m* ③ *(fam: Mund)* pico *m;* **halt den ~!** ¡cierra el pico!; **sie redet, wie ihr der ~ gewachsen ist** habla porque tiene boca
Schnabeltasse *f* pistero *m*
Schnabeltier *nt* ornitorrinco *m*
Schnake ['ʃna:kə] *f* <-n> ① *(Wiesenschnake)* moscardón *m* ② *(reg: Stechmücke)* mosquito *m,* zancudo *m Am*
Schnalle ['ʃnalə] *f* <-n> hebilla *f*
schnallen *vt* ① *(festschnallen)* atar (**auf** a); *(losschnallen)* soltar; **etw enger/weiter ~** ceñir/aflojar algo; **den Gürtel enger ~** *(fam fig)* apretarse el cinturón ② *(fam: begreifen)* captar, coger
schnalzen ['ʃnaltsən] *vi (mit der Zunge)* chasquear; *(mit den Fingern)* castañetear
Schnäppchen ['ʃnɛpçən] *nt* <-s, -> *(reg: fam)* ganga *f,* pichincha *f Arg;* **ein ~ machen** hacer un buen negocio
Schnäppchenjagd *f (fam)* búsqueda *f* de gangas
Schnäppchenjäger(in) *m(f) (reg: fam)* cazador(a) *m(f)* de oportunidades
schnappen ['ʃnapən] **I.** *vi* ① *(Hund)* (intentar) pillar (**nach**); **nach Luft ~** *(fam)* jadear ② *sein (Bewegung)* **die Tür schnappt ins Schloss** la puerta se cierra **II.** *vt (packen)* coger, pescar *fam; (Dieb)* pillar
Schnappschuss *m* instantánea *f*
Schnaps [ʃnaps, *pl:* 'ʃnɛpsə] *m* <-es, Schnäpse> aguardiente *m;* (**kräftiger**) **Schluck ~** farolazo *m Méx*
Schnapsbrennerei *f* destilería *f*
Schnapsidee *f (fam)* idea *f* descabellada
schnarchen ['ʃnarçən] *vi* roncar
schnattern ['ʃnatɐn] *vi* ① *(Gans, Ente)* graznar ② *(fam: schwatzen)* hablar por los codos
schnauben ['ʃnaʊbən] **I.** *vi (Mensch)* resoplar; *(Tier)* bufar; **vor Wut ~** bufar de ira **II.** *vr:* **sich ~** *(reg: sich schnäuzen)* sonarse
schnaufen ['ʃnaʊfən] *vi* ① *(keuchen)* resollar, jadear ② *(reg: atmen)* respirar
Schnauzbart *m* <-(e)s, -bärte> bigote *m*
Schnauze ['ʃnaʊtsə] *f* <-n> ① *(vom Tier)* hocico *m* ② *(fam abw: Mund)* bocaza *f,* morro *m;* **eine große ~ haben** ser un bocazas; **die ~ voll haben** estar hasta el gorro; (**halt die**) **~!** ¡cierra el pico!; **mit etw auf die ~ fallen** *(fig)* llevarse un chasco con algo
schnauzen ['ʃnaʊtsən] *vi (fam)* berrear
schnäuzen ['ʃnɔɪtsən] *vr:* **sich ~** sonarse
Schnauzer *m* <-s, -> ① *(Hunderasse)* grifón *m* ② *(fam: Schnauzbart)* bigote *m*
Schnäuzer ['ʃnɔɪtsɐ] *m* <-s, -> *(reg)* bigote *m*
Schnecke ['ʃnɛkə] *f* <-n> ① *(Tier)* caracol *m; (Meeresschnecke)* caracola *f;* **jdn zur ~ machen** *(fam)* cantar(le) las cuarenta a alguien ② *(Gebäck)* caracola *f* ③ (TECH: *Schneckengewinde*) tornillo *m* sin fin
Schneckengehäuse *nt* concha *f* del caracol, casita *f* del caracol
Schneckenhaus *nt* concha *f* del caracol
Schneckenpost *f (abw)* correo *m* ordinario
Schneckentempo *nt (fam)* **im ~** a paso de tortuga
Schnee [ʃne:] *m* <-s, *ohne pl*> ① *(Niederschlag)* nieve *f;* **das ist ~ von gestern** *(fam fig)* eso ya pasó a la historia ② *(Eischnee)* clara *f* (de huevo) batida; **Eiweiß zu ~ schlagen** batir las claras a punto de nieve ③ *(sl: Kokain)* nieve *f*
Schneeanzug *m* traje *m* de nieve
Schneeball *m* ① *(aus Schnee)* bola *f* de nieve ② *(Pflanze)* viburno *m*
Schneeballeffekt *m ohne pl* efecto *m* multiplicador
Schneeballschlacht *f* batalla *f* con bolas de nieve
Schneeballsystem *nt (Warenabsatz)* sistema *m* de venta en pirámide
schneebedeckt *adj* cubierto de nieve
Schneebesen *m* varillas *f pl*
Schneebrille *f* gafas *f pl* de nieve
Schneedecke *f* capa *f* de nieve
Schneefall *m* <-(e)s, -fälle> nevada *f*
Schneeflocke *f* copo *m* de nieve
Schneefräse *f* fresadora *f* quitanieves [*o* de nieve]
Schneegestöber *nt* <-s, -> ventisca *f*
Schneeglätte *f ohne pl* nieve *f* resbaladiza
Schneeglöckchen [-glœkçən] *nt* (BOT) campanilla *f* blanca
Schneegrenze *f* límite *m* de las nieves
Schneehose *f* pantalón *m* de esquí
Schneekanone *f* cañón *m* de nieve
Schneekette *f* (AUTO) cadena *f* para la nieve
Schneeketten *f pl* (AUTO) cadenas *f pl* antideslizantes
Schneemann *m* muñeco *m* de nieve
Schneematsch *m* nieve *f* medio derretida
Schneemobil [-mobi:l] *nt* vehículo *m* de oruga (para la nieve)
Schneepflug *m* (máquina *f*) quitanieve(s) *m(pl)*
Schneeregen *m* aguanieve *f*
Schneeschaufel *f* pala *f* para recoger la nieve

S

Schneeschippe *f (reg)* pala *f* para recoger la nieve
Schneeschmelze *f* deshielo *m*
Schneeschuh *m* ❶ *(Geflecht)* raqueta *f* ❷ *(alt: Ski)* esquí *m*
Schneeschuhwanderung *f excursión con raquetas de nieve*
Schneesturm *m* temporal *m* de nieve
Schneetreiben *nt* <-s, *ohne pl*> ventisca *f*
schneeweiß ['-'-] *adj* blanco como la nieve
Schneewittchen [ʃneːˈvɪtçən] *nt* <-s> Blancanieves *f*
Schneid [ʃnaɪt] *m* <-(e)s, *ohne pl*> *(fam)* agallas *fpl,* coraje *m;* **jdm den ~ abkaufen** desanimar a alguien
Schneidbrenner *m* <-s, -> (TECH) soplete *m* cortante
Schneide [ʃnaɪdə] *f* <-n> filo *m; (Klinge)* cuchilla *f*
Schneidebrett *nt* tabla *f* de cortar
schneiden ['ʃnaɪdən] <schneidet, schnitt, geschnitten> **I.** *vt* ❶ *(allgemein)* cortar; **etw klein ~** cortar algo (en trozos pequeños); **das Hemd ist eng geschnitten** la camisa tiene un corte estrecho; **die Luft ist hier zum S~** aquí el aire está muy cargado ❷ *(eingravieren)* grabar, tallar ❸ (FILM, TV, RADIO) montar ❹ *(kreuzen)* cruzar ❺ *(meiden)* ignorar **II.** *vr:* **sich ~** ❶ *(verletzen)* cortarse (**an** con) ❷ *(sich kreuzen)* cruzarse ❸ *(reg: irren)* equivocarse **III.** *vi (Kälte, Strick)* cortar
schneidend *adj* cortante; *(Schmerz)* agudo; *(Kälte)* penetrante
Schneider(in) *m(f)* <-s, -; -nen> *(Beruf)* sastre, -a *m, f; (Damenschneider)* modisto, -a *m, f*
Schneiderei *f* <-en> sastrería *f*
Schneiderin *f* <-nen> *s.* **Schneider**
schneidern ['ʃnaɪdɐn] *vt* coser, confeccionar
Schneiderpuppe *f* maniquí *m*
Schneidersitz *m ohne pl* **im ~ sitzen** estar sentado con las piernas cruzadas
Schneidezahn *m* (diente *m*) incisivo *m*
schneidig *adj* gallardo
schneien ['ʃnaɪən] *vunpers* nevar; **es schneit** está nevando
Schneise ['ʃnaɪzə] *f* <-n> *(Feuerschneise)* cortafuego *m; (Flugschneise)* pasillo *m* aéreo
schnell [ʃnɛl] **I.** *adj* rápido; **auf die S~e** *(fam)* deprisa y corriendo **II.** *adv* de prisa, rápidamente; **mach ~!** *(fam)* ¡date prisa!
Schnellbahn *f* tren *m* rápido
Schnellboot *nt* lancha *f* torpedera
Schnelle ['ʃnɛlə] *f* <-, *ohne pl*> velocidad *f;* **auf die ~** *(fam)* a toda prisa; **können Sie mir die Ware auf die ~ liefern?** *(fam)* ¿puede suministrarme la mercancía en breve?
schnellen ['ʃnɛlən] *vi sein* saltar; **die Preise schnellten in die Höhe** los precios se dispararon
Schnellfeuerwaffe *f* arma *f* de tiro rápido
Schnellhefter *m* carpeta *f*
Schnelligkeit *f ohne pl* rapidez *f; (Geschwindigkeit)* velocidad *f*
Schnellimbiss *m* (snack) bar *m,* chiringuito *m*
Schnellkochtopf *m* olla *f* a presión
Schnellkurs *m* curso *m* acelerado
schnelllebig *adj (hektisch)* agitado; *(kurzlebig)* efímero
Schnellrestaurant *nt* <-s, -s> local *m* de comida rápida
schnellstens ['ʃnɛlstəns] *adv* lo más rápido posible
Schnellstraße *f* autovía *f*
Schnellverfahren *nt* ❶ (TECH) método *m* rápido ❷ (JUR) juicio *m* sumario; **etw im ~ erledigen** *(fam fig)* hacer algo corre que te corre
Schnellzug *m* (tren *m*) expreso *m*
Schnepfe ['ʃnɛpfə] *f* <-n> (ZOOL) becada *f*
Schnickschnack ['ʃnɪkʃnak] *m* <-(e)s, *ohne pl*> *(fam)* ❶ *(wertloses Zeug)* cachivaches *mpl; (Beiwerk)* accesorios *mpl* (innecesarios) ❷ *(Gerede)* necedades *fpl*
schniefen ['ʃniːfən] *vi (reg)* sorberse los mocos
schnippeln ['ʃnɪpəln] *vi, vt (fam)* cortar (**an**); *(in kleine Stücke)* picar
schnippen ['ʃnɪpən] **I.** *vt* lanzar (con un golpe del dedo) **II.** *vi* **mit den Fingern ~** castañetear los dedos
schnippisch ['ʃnɪpɪʃ] *adj (abw)* respondón
Schnipsel ['ʃnɪpsəl] *m o nt* <-s, -> recorte *m*
schnipseln *vt, vi (fam) s.* **schnippeln**
schnitt [ʃnɪt] *3. imp von* **schneiden**
Schnitt [ʃnɪt] *m* <-(e)s, -e> ❶ *(das Schneiden, Einschnitt, Haarschnitt, von Kleidung)* corte *m; (Schnittmuster)* patrón *m;* **der goldene ~, der goldene** [*o* **Goldene**] **~** (MATH) la sección áurea ❷ (FILM) montaje *m* ❸ *(fam: Durchschnitt)* término *m* medio; **im ~** por término medio
Schnittblumen *fpl* flores *fpl* cortadas
Schnitte ['ʃnɪtə] *f* <-n> *(reg)* ❶ *(Scheibe)* rebanada *f; (Wurst, Käse)* loncha *f; (Blechkuchen)* trozo *f* ❷ *(belegtes Brot)* rebanada *f* de pan (con embutido o queso)
Schnittfläche *f* superficie *f* de corte
schnittig *adj* de línea elegante
Schnittkäse *m* queso *m* en lonchas

Schnittlauch *m* <-(e)s, *ohne pl*> cebollino *m*
Schnittmenge *f* (MATH) intersección *f* de los conjuntos
Schnittmuster *nt* patrón *m*
Schnittpunkt *m* (*a.* MATH) (punto *m* de) intersección *f*
Schnittstelle *f* (INFOR) interfaz *m*
Schnittverletzung *f* herida *f* de incisión, cortadura *f*
Schnittwunde *f* cortadura *f*, corte *m*
Schnitz [ʃnɪts] *m* *(südd, Schweiz)* pedazo *m*; *(Orangen~)* gajo *m*
Schnitzel[1] [ˈʃnɪtsəl] *nt* <-s, -> *(Fleischstück)* escalope *m*; **paniertes ~** escalope rebozado, milanesa *f Am*
Schnitzel[2] *m o nt* <-s, -> *(kleines Stück)* pedacito *m*
Schnitzeljagd *f juego en el bosque, para el cual se dejan instrucciones en papelillos*
schnitzen [ˈʃnɪtsən] *vi, vt* tallar (en madera) (**aus** de, **in** en)
Schnitzer[1] *m* <-s, -> *(fam: Fehler)* error *m*
Schnitzer(in)[2] *m(f)* <-s, -; -nen> escultor(a) *m(f)* en madera
Schnitzerei [ʃnɪtsəˈraɪ] *f* <-en> talla *f* (en especial de madera)
schnöde [ˈʃnøːdə] *adj* *(abw)* ① *(verachtenswert)* desdeñable; *(erbärmlich)* mezquino, vil ② *(geringschätzig)* desdeñoso
Schnorchel [ˈʃnɔrçəl] *m* <-s, -> tubo *m* de respiración
schnorcheln *vi* bucear con ayuda de un respirador
Schnörkel [ˈʃnœrkəl] *m* <-s, -> *(an Möbeln)* voluta *f*; *(bei der Unterschrift)* rúbrica *f*
schnörkelig [ˈʃnœrkəlɪç] *adj* sinuoso; **eine ~e Handschrift haben** escribir con una letra (muy) florida
schnorren [ˈʃnɔrən] **I.** *vt* *(fam)* gorronear, pechar *Arg* **II.** *vi* ① *(fam: erbetteln)* pedir ② *(Schweiz: abw: daherreden)* hablar sin ton ni son
Schnorrer(in) *m(f)* <-s, -; -nen> *(fam)* gorrón, -ona *m, f*, pechador(a) *m(f) Arg*
Schnösel [ˈʃnøːzəl] *m* <-s, -> *(fam abw)* impertinente *mf*
schnuck(e)lig [ˈʃnʊk(ə)lɪç] *adj* *(fam)* mono, lindo *Am*
schnüffeln [ˈʃnʏfəln] **I.** *vi* ① *(schnuppern)* olisquear (**an**), olfatear (**an**) ② *(fam abw: spionieren)* husmear (**in** en), fisgar (**in** en) ③ *(fam: Klebstoff)* esnifar **II.** *vt* *(fam)* esnifar, inhalar
Schnüffler(in) *m(f)* <-s, -; -nen> *(abw)* ① *(Spion)* espía *mf*, rana *mf Am* ② *(Neugieriger)* fisgón, -ona *m, f*, averigüetas *mf inv Méx*
Schnuller [ˈʃnʊlɐ] *m* <-s, -> chupete *m*
Schnulze [ˈʃnʊltsə] *f* <-n> *(Lied)* canción *f* sentimental; *(Film)* película *f* sentimental
schnulzig *adj* *(fam abw)* sentimental(oide), empachoso
schnupfen [ˈʃnʊpfən] *vi, vt* *(Tabak)* tomar rapé; *(Kokain)* esnifar
Schnupfen [ˈʃnʊpfən] *m* <-s, -> constipado *m*; **~ haben** estar resfriado; **~ bekommen** coger un constipado
Schnupftabak *m* rapé *m*
schnuppe [ˈʃnʊpə] *adj* *(fam)* **das ist mir ~** me importa un rábano
Schnupperkurs *m* curso *m* de prueba *(para saber si a uno le gusta una cosa)*
schnuppern [ˈʃnʊpɐn] *vi* olfatear (**an**)
Schnur [ʃnuːɐ, *pl:* ˈʃnyːrə] *f* <Schnüre> cuerda *f*; *(dünn)* cordel *m*, piola *f AmS*; *(Kabel)* cable *m*
Schnürchen [ˈʃnyːɐçən] *nt* *(fam)* **wie am ~** a las mil maravillas; **etw wie am ~ können** saber algo de carrerilla
schnüren [ˈʃnyːrən] *vt* atar
schnurgerade [ˈ--ˈ--] *adj* *(fam)* (todo) derecho, en línea recta
schnurlos *adj* *(Telefon)* inalámbrico
Schnurrbart [ˈʃnʊrbaːɐt] *m* bigote *m*
schnurrbärtig [ˈʃnʊrbɛːɐtɪç] *adj* con bigote; *(mit starkem Schnurrbart)* bigotudo
schnurren [ˈʃnʊrən] *vi* *(Katze)* ronronear; *(Nähmaschine, Ventilator, Kameras)* zumbar
Schnurrhaare *ntpl* vibrisas *fpl*, bigotes *mpl*
Schnürschuh *m* zapato *m* de cordones
Schnürsenkel [ˈʃnyːɐzɛŋkəl] *m* <-s, -> *(nordd, reg)* cordón *m* para zapatos
schnurstracks [ˈʃnuːɐˈʃtraks] *adv* *(fam)* directamente, sin rodeos; *(sofort)* en el acto
Schnute [ˈʃnuːtə] *f* <-n> *(nordd: fam)* boquita *f*, morritos *mpl*; **eine ~ ziehen** *(vor Ärger)* poner morros; *(vor Enttäuschung)* hacer pucheros
schob [ʃoːp] *3. imp von* **schieben**
Schober [ˈʃoːbɐ] *m* <-s, -> pajar *m*
Schock [ʃɔk] *m* <-(e)s, -s> shock *m*, choque *m*; **unter ~ stehen** estar en estado de choque, estar bajo (los efectos de un) shock; **einen ~ bekommen** sufrir un shock
schocken [ˈʃɔkən] *vt* *(fam)* chocar, causar un shock (a)
schockieren* [ʃɔˈkiːrən] *vt* causar un shock (a), chocar; *(moralisch)* escandalizar
Schocktherapie *f* terapia *f* de choque
Schockwelle *f* <-, -n> onda *f* de choque
Schöffe, -in [ˈʃœfə] *m, f* <-n, -n; -nen> jurado, -a *m, f*

Schokokuss *m* (GASTR) merengue *m* cubierto de chocolate
Schokolade [ʃoko'la:də] *f* <-n> chocolate *m;* **heiße ~** chocolate caliente; **weiße ~** chocolate blanco
Schokoladenaufstrich *m* crema *f* de cacao
Schokoladenriegel *m* chocolatina *f*
Schokoladentorte *f* pastel *m* [*o* tarta *f*] de chocolate
Schokoriegel *m* chocolatina *f*
Scholle ['ʃɔlə] *f* <-n> ① *(Fisch)* platija *f* ② *(Eisscholle)* témpano *m* ③ *(Erdscholle)* terrón *m*
schon [ʃo:n] *adv* ① *(zeitlich)* ya; **~ oft** varias veces ya; **~ wieder** otra vez; **~ bald darauf** poco después; **das war ~ immer so** siempre ha sido así; **nun mach ~!** *(fam: beeil dich)* ¡apúrate ya! ② *(allein)* (tan) solo; **wenn ich das ~ sehe!** ¡tan solo (con) verlo! ③ *(tatsächlich)* de hecho; **das ist ~ möglich** de hecho es posible; **was heißt das ~?** eso no quiere decir nada; **na, wenn ~!** ¿y qué más da?; **wer fragt ~ danach, ob ...?** ¿quién demonios pregunta si...?; **du wirst ~ sehen** ya verás; **ich bin ~ froh, dass ...** ya me contento con que... +*subj* ④ *(doch, ja)* sí; **ich denke ~** supongo que sí; **sie ist nicht zufrieden, aber ich ~** ella no está contenta pero yo sí
schön [ʃø:n] **I.** *adj* bonito, lindo *Am;* **das Wetter ist ~** hace buen tiempo; **nichts als ~e Worte** tan solo palabras bonitas; **~e Ferien!** ¡que lo pases bien en las vacaciones!; **~es Wochenende!** ¡buen fin de semana!; **das war nicht ~ von dir** eso no fue un detalle bonito por tu parte; **das wäre ja noch ~er!** *(fam)* ¡no faltaba más!; **das S~ste kommt erst noch: ...** *(iron)* y ahora viene lo mejor:...; **das sind ja ~e Aussichten!** *(fam)* ¡menudas perspectivas!; **na ~!** ¡bueno!; **das ist gut und ~, aber ...** *(fam)* todo esto suena muy bien, pero...; **zu ~, um wahr zu sein** *(fam)* demasiado bonito para ser cierto **II.** *adv* bien; *(ziemlich)* bastante; *(fam)* de lo lindo; **sie singt ~** canta bien; **das hat ja ganz ~ weh getan** esto me ha dolido de lo lindo; **ihr habt es ~ bei euch** se está muy bien en vuestra casa; **sei ~ brav!** *(fam)* ¡pórtate bien!; **danke ~** muchas gracias; **bitte ~** de nada; **wie man so ~ sagt** como se suele decir
schonen ['ʃo:nən] **I.** *vt* *(Person)* ser benévolo (con); *(Gegenstand)* tratar con cuidado; *(schützen)* proteger; *(Kräfte)* ahorrar; **seine Gesundheit ~** cuidarse **II.** *vr:* **sich ~** cuidarse
schonend *adj* *(behutsam)* cauteloso; *(vorsichtig)* prudente; *(rücksichtsvoll)* considerado; *(nachsichtig)* indulgente; **du musst es ihr ~ beibringen** debes decírselo con mucha precaución
Schoner *m* <-s, -> ① *(Schiff)* cubierta *f* pequeña ② *(Schonbezug)* funda *f*
schönfärben *vt* **etw ~** ver algo de color de rosa
Schönfärberei [---'-] *f* <-, -en> idealización *f;* **~ betreiben** idealizar
Schonfrist *f* plazo *m* de gracia
Schöngeist *m* esteta *mf*
schöngeistig *adj* erudito, intelectual
Schönheit *f* <-en> belleza *f,* bonitura *f Am*
Schönheitschirurg(in) *m(f)* <-en, -en; -, -nen> (MED) cirujano, -a *m, f* plástico , -a
Schönheitschirurgie *f* cirugía *f* plástica
Schönheitsfehler *m* imperfección *f*
Schönheitsideal *nt* ideal *m* de belleza; (**nicht**) **dem gängigen ~ entsprechen** (no) corresponder al ideal estético habitual
Schönheitskönigin *f* mis(s) *f*
Schönheitsoperation *f* operación *f* de cirugía estética
Schönheitspflege *f ohne pl* cosmética *f*
Schönheitssalon *m* salón *m* de belleza
Schönheitswettbewerb *m* <-(e)s, -e> concurso *m* de belleza
Schonkost *f* dieta *f,* comida *f* de régimen
Schönling *m* <-s, -e> *(abw)* guaperas *m inv*
Schönschrift *f ohne pl* caligrafía *f*
Schonung[1] *f ohne pl* *(Sorgfalt)* cuidado *m;* *(Nachsicht)* indulgencia *f;* *(Schutz)* protección *f*
Schonung[2] *f* <-en> *(im Wald)* coto *m* de bosque recién plantado
schonungslos **I.** *adj* despiadado **II.** *adv* sin piedad
Schonzeit *f* (tiempo *m* de) veda *f*
Schopf [ʃɔpf, *pl:* 'ʃœpfə] *m* <-(e)s, Schöpfe> ① *(Haarschopf)* cabellera *f,* moño *m Chil;* **die Gelegenheit beim ~e packen** no dejar escapar la ocasión ② *(eines Vogels)* copete *m* ③ *(Schweiz: Schuppen)* cobertizo *m*
schöpfen ['ʃœpfən] *vt* ① *(Flüssigkeit)* sacar (**aus** de) ② *(Mut, Vertrauen)* cobrar; *(Hoffnung)* concebir ③ *(geh: Atem)* respirar
Schöpfer[1] *m* <-s> *(Gott)* Creador *m*
Schöpfer(in)[2] *m(f)* <-s, -; -nen> creador(a) *m(f)*
schöpferisch *adj* creador; *(kreativ)* creativo
Schöpfkelle *f* cazo *m*
Schöpflöffel *m* cucharón *m,* bombilla *f Méx*
Schöpfung[1] *f* <-en> *(geh: Kunstwerk)* creación *f*

Schöpfung[2] *f ohne pl* (REL) creación *f,* génesis *f inv*
Schöpfungsgeschichte *f ohne pl* (REL) (libro *m* del) Génesis *m*
Schoppen [ˈʃɔpən] *m* <-s, -> ① *(Viertelliter)* cuarto *m* de litro; *(halber Liter)* medio litro *m* ② *(südd, Schweiz: Babyfläschchen)* biberón *m*
schor [ʃoːɐ] *3. imp von* **scheren**
Schorf [ʃɔrf] *m* <-(e)s, -e> costra *f,* postilla *f*
Schorle *f* <-n> (GASTR: *Weinschorle) vino blanco con agua mineral; (Apfelsaftschorle) zumo de manzana con agua mineral*
Schornstein [ˈʃɔrnʃtaɪn] *m* chimenea *f,* tronera *f Méx*
Schornsteinfeger(in) *m(f)* <-s, -; -nen> deshollinador(a) *m(f)*
schoss [ʃɔs] *3. imp von* **schießen**
Schoß [ʃoːs, *pl:* ˈʃøːsə] *m* <-es, Schöße> ① *(Körpermitte)* regazo *m;* **jdn auf den ~ nehmen** tomar a alguien en el regazo; **das ist ihr nicht in den ~ gefallen** *(fam fig)* no le ha llovido del cielo ② *(geh: Mutterleib, a. fig)* seno *m*
Schoßhund [ˈʃoːs-] *m* perro *m* faldero
Schössling [ˈʃœslɪŋ] *m* <-s, -e> retoño *m,* vástago *m*
Schote [ˈʃoːtə] *f* <-n> vaina *f*
Schotte, -in [ˈʃɔtə] *m, f* <-n, -n; -nen> escocés, -esa *m, f*
Schottenmuster *nt* estampado *m* de [*o* a] cuadros escoceses
Schottenrock *m* falda *f* escocesa
Schotter [ˈʃɔtɐ] *m* <-s, -> ① *(Straßenschotter)* grava *f,* ripio *m Am; (für Gleisbau)* balasto *m* ② *(Flussgeröll)* guijas *f pl* ③ *(fam: Geld)* pasta *f*
schottisch *adj* escocés
Schottland *nt* <-s> Escocia *f*
schraffieren* [ʃraˈfiːrən] *vt* sombrear, rayar
Schraffur [ʃraˈfuːɐ] *f* <-en> rayado *m*
schräg [ʃrɛːk] **I.** *adj* ① *(nicht gerade)* oblicuo; *(geneigt)* inclinado; *(diagonal)* diagonal ② *(fam: unüblich)* estrafalario, estrambótico **II.** *adv* al sesgo; **jdn ~ ansehen** *(fam)* mirar a alguien de reojo; **~ gegenüber** casi enfrente
Schräge [ˈʃrɛːgə] *f* <-n> superficie *f* inclinada
Schrägstrich *m* barra *f*
Schramme [ˈʃramə] *f* <-n> rasguño *m*
schrammen [ˈʃramən] *vt* rasguñar
Schrank [ʃraŋk, *pl:* ˈʃrɛŋkə] *m* <-(e)s, Schränke> armario *m,* escaparate *m Am; (Kleiderschrank)* ropero *m*
Schranke [ˈʃraŋkə] *f* <-n>, **Schranken** [ˈʃraŋkən] *m* <-s, -> *(Österr)* barrera *f; (gesetzte Grenze)* límite *m;* **jdn in seine ~n weisen** parar los pies a alguien
schrankenlos *adj* ① *(grenzenlos)* ilimitado, sin límites ② *(maßlos)* desmesurado
Schrankkoffer *m* <-s, -> baúl *m* ropero
Schrankwand *f* pared *f* estantería
Schraubdeckel *m* tapón *m* de rosca
Schraube [ˈʃraʊbə] *f* <-n> ① *(Bolzen)* tornillo *m;* **bei ihm ist eine ~ locker** *(fam fig)* le falta un tornillo ② *(Schiffsschraube)* hélice *f*
schrauben [ˈʃraʊbən] *vt* ① *(anschrauben)* atornillar (**an** a/en); *(abschrauben)* desatornillar; **fester ~** apretar el tornillo ② *(festdrehen)* enroscar; *(abdrehen)* desenroscar
Schraubendreher *m* <-s, -> *s.* **Schraubenzieher**
Schraubenschlüssel *m* llave *f* de tuercas
Schraubenzieher *m* <-s, -> destornillador *m,* desatornillador *m Am*
Schraubstock *m* tornillo *m* de banco, taquilla *f Am*
Schraubverschluss *m* cierre *m* de rosca
Schrebergarten [ˈʃreːbɐ-] *m* huerto *m* familiar
Schreck [ʃrɛk] *m* <-(e)s, -e> susto *m,* jabón *m Arg, PRico,* naco *m Arg;* **einen ~ bekommen** llevarse un susto; **jdm einen ~ einjagen** asustar a alguien; **~, lass nach!** *(fam)* ¡cielos!
schrecken[1] [ˈʃrɛkən] *vt* ① *(geh: ängstigen)* asustar ② *(abschrecken: Eier, Nudeln)* meter en agua fría después de cocer
schrecken[2] <schreckt *o* schrickt, schreckte *o* schrak, geschreckt> *vi sein (aufschrecken)* sobresaltarse; **aus dem Schlaf ~** despertarse sobresaltado
Schrecken [ˈʃrɛkən] *m* <-s, -> ① *(Schreck)* susto *m,* batata *f CSur; (Entsetzen)* espanto *m;* **~ erregend** espantoso; **mit dem ~ davonkommen** no sufrir más que el susto consiguiente ② *pl (des Krieges)* horrores *mpl*
Schreckensbotschaft *f* noticia *f* alarmante
Schreckensherrschaft *f* régimen *m* de terror
Schreckensnachricht *f* noticia *f* aterradora
Schreckgespenst *nt* espectro *m*
schreckhaft *adj* asustadizo
schrecklich *adj* ① *(furchtbar)* horrible ② *(fam: groß, sehr)* tremendo, enorme
Schreckschraube *f (fam abw)* cardo *m,* bruja *f*
Schreckschusspistole *f* pistola *f* de fogueo
Schrecksekunde *f* segundo *m* de reacción

S

Schrei [ʃraɪ] *m* <-(e)s, -e> grito *m;* *(schrill)* chillido *m;* *(abw)* berrido *m;* **einen ~ ausstoßen** lanzar un grito; **der letzte ~** *(fam)* el último grito

Schreibblock *m* bloc *m* (de notas)

schreiben ['ʃraɪbən] <schreibt, schrieb, geschrieben> **I.** *vi, vt* escribir (**auf** en), plumear (**auf** en) *AmC, Méx;* *(notieren)* apuntar; **mit links ~** ser zurdo (para escribir); **jdm/an jdn** (**einen Brief**) **~** escribir (una carta) a alguien; **hast du was zum S~?** ¿tienes algo que escriba? **II.** *vr:* **sich ~** ❶ *(Briefe)* escribirse, cartearse ❷ *(fam: geschrieben werden)* escribirse

Schreiben ['ʃraɪbən] *nt* <-s, -> escrito *m;* *(Brief)* carta *f;* **Ihr ~ vom …** su carta del…

Schreiber(in) *m(f)* <-s, -; -nen> *(Roman)* escritor(a) *m(f);* *(Brief)* autor(a) *m(f)*

schreibfaul *adj* vago para escribir

Schreibfeder *f* pluma *f*

Schreibfehler *m* falta *f* de ortografía

Schreibgerät *nt* <-(e)s, -e> utensilio *m* para escribir

Schreibheft *nt* cuaderno *m*

Schreibkopf *m* (INFOR) cabeza *f* de escritura

Schreibkraft *f* mecanógrafo, -a *m, f*

Schreibmappe *f* carpeta *f,* portafolios *m inv*

Schreibmaschine *f* máquina *f* de escribir; **~ schreiben** escribir a máquina

Schreibpapier *nt* papel *m* de escribir

Schreibschrift *f ohne pl* letra *f*

Schreibschutz *m ohne pl* protección *f* contra escritura

schreibschützen *vt* (INFOR) proteger contra sobreescritura

Schreibtisch *m* escritorio *m,* carpeta *f Perú*

Schreibtischlampe *f* lámpara *f* de escritorio; *(beweglich)* flexo *m*

Schreibübung *f* (SCH) ejercicio *m* de escritura

Schreibung *f* <-en> (modo *m* de) escritura *f*

Schreibunterlage *f* vade *m*

Schreibwaren *fpl* artículos *mpl* de papelería

Schreibwarenabteilung *f* sección *f* de papelería

Schreibwarengeschäft *nt s.* **Schreibwarenhandlung**

Schreibwarenhändler(in) *m(f)* papelero, -a *m, f*

Schreibwarenhandlung *f* papelería *f*

Schreibweise *f* ❶ *(Orthografie)* grafía *f* ❷ *(Schreibstil)* estilo *m*

schreien ['ʃraɪən] <schreit, schrie, geschrie(e)n> *vi, vt* ❶ *(Mensch)* gritar; *(schrill)* chillar; *(wütend)* vociferar; *(abw)* berrear; **nach etw** *dat* **/jdm ~** pedir algo/llamar a alguien a gritos; **er schrie vor Angst** gritó de miedo; **sie schrie sich heiser** gritó hasta quedarse afónica; **es war zum S~** *(fam)* era para morirse ❷ *(Esel)* rebuznar; *(Vogel)* chillar; *(Stier)* bramar; *(Kalb)* berrear

S

schreiend *adj* ❶ *(Farbe)* chillón ❷ *(Unrecht)* manifiesto

Schreihals *m* <-es, -hälse> *(fam)* gritón, -ona *m, f*

Schreikrampf *m* <-(e)s, -krämpfe> gritos *mpl* histéricos

Schrein [ʃraɪn] *m* <-(e)s, -e> *(geh)* cofre *m;* *(für Reliquien)* relicario *m*

Schreiner(in) ['ʃraɪnɐ] *m(f)* <-s, -; -nen> carpintero, -a *m, f*

Schreinerei *f* <-en> carpintería *f*

schreiten ['ʃraɪtən] <schreitet, schritt, geschritten> *vi sein* *(geh)* ❶ *(gehen)* caminar (solemnemente) ❷ *(beginnen)* **zu etw** *dat* **~** pasar a algo

schrie [ʃriː] *3. imp von* **schreien**

schrieb [ʃriːp] *3. imp von* **schreiben**

Schrieb [ʃriːp] *m* <-(e)s, -e> *(fam)* carta *f*

Schrift [ʃrɪft] *f* <-en> ❶ *(Schriftsystem)* escritura *f;* *(Schriftzeichen)* caracteres *mpl* ❷ *(Handschrift)* letra *f* ❸ *(Text)* escrito *m;* *(Abhandlung)* tratado *m;* **die Heilige ~** las Sagradas Escrituras ❹ *pl* *(Schweiz: Papiere)* documentos *mpl*

Schriftart *f* (TYPO) tipo *m* de imprenta

Schriftbild *nt* escritura *f*

Schriftdeutsch *nt* <-en, *ohne pl*> alemán *m* estándar; *(Papierdeutsch)* lenguaje *m* administrativo

Schriftführer(in) *m(f)* <-s, -; -, -nen> secretario, -a *m, f*

Schriftgröße *f* (INFOR) tamaño *m* de la fuente

schriftlich *adj* por escrito; **das kann ich dir ~ geben** *(fam)* eso te lo garantizo

Schriftsatz *m* ❶ (TYPO) composición *f* ❷ (JUR) alegaciones *fpl*

Schriftsprache *f* lenguaje *m* literario; *(Hochdeutsch)* alemán *m* estándar

Schriftsteller(in) *m(f)* <-s, -; -nen> escritor(a) *m(f)*

Schriftstellerei *f* <-, *ohne pl*> creación *f* literaria, profesión *f* de escritor(a)

Schriftstück *nt* documento *m*

Schrifttyp *m* (INFOR) estilo *m* de la fuente

Schriftverkehr *m ohne pl* correspondencia *f*

Schriftwechsel *m* correspondencia *f*

Schriftzeichen *nt* carácter *m* (gráfico)

Schriftzug *m* ❶ *(Wort)* palabra *f* escrita ❷ *(Charakteristik)* trazo *m*

schrill [ʃrɪl] *adj (Ton)* estridente; *(fam: Aufmachung)* estrafalario
schritt [ʃrɪt] *3. imp von* **schreiten**
Schritt [ʃrɪt] *m* <-(e)s, -e> ❶ *(beim Gehen)* paso *m;* **mit schnellen ~en** a paso ligero; **auf ~ und Tritt** a cada paso; **nur ein paar ~e von hier** a un par de pasos de aquí; **mit jdm ~ halten** seguir la marcha de alguien; **mit etw ~ halten** *(fig)* estar al tanto de algo; **~ für ~** paso a paso ❷ *(einer Hose)* entrepierna *f* ❸ *(Handlung)* paso *m; (Maßnahme)* medida *f; (amtlich)* trámite *m;* **den ersten ~ tun** dar el primer paso; **~e in die Wege leiten** iniciar trámites; **gegen jdn ~e unternehmen** tomar medidas contra alguien
Schrittgeschwindigkeit *f ohne pl* velocidad *f* de paso
Schrittmacher *m* <-s, -> ❶ (SPORT) liebre *f* ❷ *(Herzschrittmacher)* marcapasos *m inv*
Schritttempo *nt* (**im**) **~ fahren** avanzar al paso
schrittweise *adv* paso a paso
schroff [ʃrɔf] *adj* ❶ *(Abhang)* escarpado; *(jäh abfallend)* abrupto ❷ *(Mensch)* rudo; **etw ~ ablehnen** rechazar algo categóricamente
Schroffheit[1] *f* <-, -en> *(Äußerung)* grosería *f*
Schroffheit[2] *f* <-, *ohne pl*> *(Art)* brusquedad *f*
schröpfen [ˈʃrœpfən] *vt* ❶ (MED) sangrar ❷ *(fam: Person)* desplumar
Schrot [ʃroːt] *m o nt* <-(e)s, -e> ❶ *(Getreideschrot)* grano *m* partido; **von altem ~ und Korn** de buena cepa ❷ *(Munition)* perdigones *mpl; (größer)* postas *fpl*
Schrotflinte *f* escopeta *f* de perdigones
Schrotkugel *f* perdigón *m*
Schrotladung *f* <-, -en> perdigonada *f*
Schrott [ʃrɔt] *m* <-(e)s, *ohne pl*> ❶ *(Altmetall)* chatarra *f;* **ein Auto zu ~ fahren** destrozar un coche ❷ *(fam: Unbrauchbares)* cachivaches *mpl*
Schrotthändler(in) *m(f)* chatarrero, -a *m, f*
Schrotthaufen *m* ❶ *(Ansammlung)* montón *m* de chatarra ❷ *(fam: altes Auto)* cacharro *m*
Schrottplatz *m* depósito *m* de chatarra
schrottreif *adj* para el desguace
schrubben [ˈʃrʊbən] *vt (Ding)* fregar; *(Person, Körperteil)* frotar
Schrubber *m* <-s, -> *(fam)* escobillón *m,* cepillo *m* con palo
schrumpelig *adj (fam)* arrugado, lleno de arrugas
schrumpfen [ˈʃrʊmpfən] *vi sein* ❶ *(Gewebe)* encoger ❷ *(Vorräte, Interesse)* disminuir
Schrumpfung *f* <-, -en> ❶ *(das Sichzusammenziehen)* encogimiento *m* ❷ *(Abnahme)* disminución *f*
schrumplig *adj s.* **schrumpelig**
Schrunde [ˈʃrʊndə] *f* <-, -n> (MED, GEO) grieta *f*
Schub [ʃuːp, *pl:* ˈʃyːbə] *m* <-(e)s, Schübe> ❶ *(Stoß)* empujón *m* ❷ (PHYS, TECH) empuje *m* ❸ *(Gruppe)* grupo *m*
Schubfach *nt* cajón *m*
Schubkarre *f,* **Schubkarren** *m* carretilla *f*
Schubkraft *f* (PHYS, TECH) (fuerza *f* de) empuje *m*
Schublade *f* <-n> cajón *m*
Schubs [ʃʊps] *m* <-es, -e> *(fam)* empujón *m*
schubsen [ˈʃʊpsən] *vt (fam)* empujar, quiñar *Am*
schubweise [ˈʃuːpvaɪzə] *adv* por partes
schüchtern [ˈʃʏçtɐn] *adj* tímido, penoso *Am*
Schüchternheit *f ohne pl* timidez *f*
schuf [ʃuːf] *3. imp von* **schaffen**
Schuft [ʃʊft] *m* <-(e)s, -e> *(abw)* canalla *mf*
schuften [ˈʃʊftən] *vi (fam)* currar
Schufterei *f* <-en> *(fam abw: Tätigkeit)* trabajo *m* pesado
Schuh [ʃuː] *m* <-(e)s, -e> zapato *m;* **ein Paar ~e** un par de zapatos; **ich weiß, wo ihn der ~ drückt** *(fam fig)* yo sé donde le aprieta el zapato; **jdm etw in die ~e schieben** *(fam)* echar a alguien la culpa de algo
Schuhabteilung *f* sección *f* de zapatería
Schuhbändel [ˈʃuːbɛndəl] *nt* <-s, -> *(südd, Schweiz)* cordón *m* (del zapato)
Schuhcreme *f* betún *m,* unto *m Chil*
Schuhgeschäft *nt* zapatería *f,* peletería *f AmC, Ant*
Schuhgröße *f* número *m* del calzado
Schuhlöffel *m* calzador *m*
Schuhmacher(in) *m(f)* <-s, -; -nen> zapatero, -a *m, f*
Schuhputzer(in) *m(f)* <-s, -; -nen> limpiabotas *mf inv,* lustrabotas *mf inv Am*
Schuhputzmittel *nt* crema *f* para el calzado
Schuhputzzeug *nt* <-(e)s, *ohne pl*> utensilios *mpl* para la limpieza de los zapatos
Schuhsohle *f* suela *f*
Schuhspanner *m* horma *f*
Schuhwerk *nt* <-(e)s, *ohne pl*> calzado *m*
Schukostecker [ˈʃuːko-] *m* enchufe *m* con toma de tierra
Schulabbrecher(in) *m(f)* escolar *mf* que abandona los estudios
Schulabgänger(in) *m(f)* escolar *mf* que termina la escuela

S

Schulabschlussball *m* baile *m* de graduación
Schulanfang *m* vuelta *f* al colegio
Schulanfänger(in) *m(f)* niño, -a *m, f* que empieza su etapa escolar
Schulaufgaben *fpl* deberes *mpl*
Schulausbildung *f* escolaridad *f*
Schulbank *f* banco *m* de escuela; **die ~ drücken** *(fam)* ir a la escuela
Schulbeginn *m ohne pl* vuelta *f* al colegio
Schulbesuch *m* asistencia *f* a la escuela
Schulbildung *f* formación *f* escolar
Schulbuch *nt* libro *m* de texto
Schulbuchverlag *m* <-(e)s, -e> editorial *f* de libros de texto [*o* de manuales]
Schulbus *m* autobús *m* escolar
schuld [ʃʊlt] *adj* **an etw ~ sein** tener la culpa de algo
Schuld[1] [ʃʊlt] *f ohne pl (Verantwortung)* culpa *f* (**an** de); (JUR) culpabilidad *f;* **es ist meine ~** es culpa mía; **die ~ an etw haben** tener la culpa de algo; **sich** *dat* **etw zu ~en kommen lassen** cometer un error; **jdm ~ geben** echar la culpa a alguien; **sich** *dat* **keiner ~ bewusst sein** no sentirse culpable; **die ~ auf sich nehmen** declararse culpable; **sich etwas zu ~en kommen lassen** cometer un error; *s. a.* **zuschulden**
Schuld[2] *f* <-en> ❶ *(Geldbetrag)* deuda *f,* golilla *f Cuba;* **ich habe 500 Euro ~en** tengo 500 euros de deudas ❷ *(geh)* **ich stehe in deiner ~** estoy en deuda contigo
Schuldbekenntnis *nt* (*a.* JUR) confesión *f;* **ein ~ ablegen** confesarse culpable
schuldbewusst *adj* consciente de su culpabilidad
Schuldbewusstsein *nt* conciencia *f* de culpa(bilidad)
schulden ['ʃʊldən] *vt* deber, debitar *Am;* **jdm etw ~** deber algo a alguien
Schuldenerlass *m* condonación *f* de la deuda
schuldenfrei *adj* libre de deudas
Schuldfrage *f* cuestión *f* de culpabilidad
Schuldgefühl *nt* sentimiento *m* de culpa
schuldhaft *adj* culpable
Schuldienst *m ohne pl* docencia *f (en la enseñanza primaria y secundaria);* **im ~ (tätig) sein** ejercer como profesor
schuldig ['ʃʊldɪç] *adj* ❶ (*a.* JUR: *verantwortlich*) culpable (**an** de); **wer ist ~?** ¿quién tiene la culpa?; **jdn ~ sprechen** declarar culpable a alguien; **sich ~ bekennen** declararse culpable; **sich einer Tat ~ machen** ser culpable de un crimen ❷ *(Geld)* **jdm etw ~ sein** deber algo a alguien; **die Antwort ~ bleiben** no contestar
Schuldige(r) *mf* <-n, -n; -n> culpable *mf*
Schuldigkeit *f* **seine ~ tun** cumplir con su deber
schuldlos *adj* **~ sein** no tener la culpa (**an** de)
Schuldner(in) ['ʃʊldnɐ] *m(f)* <-s, -; -nen> deudor(a) *m(f)*
Schuldschein *m* pagaré *m*
Schuldspruch *m* sentencia *f*
Schuldunfähigkeit *f* <-, *ohne pl*> (JUR) incapacidad *f* de culpabilidad
Schuldzuweisung *f* (*a.* JUR) acusación *f*
Schule[1] ['ʃuːlə] *f* <-n> ❶ *(Institution, Gebäude)* colegio *m,* escuela *f;* **in die ~ kommen** ser escolarizado; **in die** [*o* **zur**] **~ gehen** ir a la escuela; **weiterführende ~** escuela secundaria ❷ *(Richtung)* escuela *f;* **ein Richter der alten ~** un juez de la vieja escuela; **~ machen** hacer escuela
Schule[2] *f ohne pl* ❶ *(Unterricht)* clase *f;* **~ haben** tener clase ❷ *(Wend)* **die hohe ~ der Kunst** el gran conocimiento del arte
schulen *vt* ❶ *(Mitarbeiter)* formar, capacitar ❷ *(Auge, Gedächtnis)* entrenar; **mit geschultem Blick** con ojo experto
Schüler(in) ['ʃyːlɐ] *m(f)* <-s, -; -nen> ❶ *(in der Schule)* alumno, -a *m, f* ❷ *(Anhänger)* discípulo, -a *m, f*
Schüleraustausch *m* intercambio *m* de alumnos
Schülerausweis *m* carné *m* de estudiante
Schülerin *f* <-nen> *s.* **Schüler**
Schülerlotse, -in *m, f escolar que detiene el tráfico para que otros colegiales puedan cruzar la calle*
Schülermitverwaltung *f* representación *f* de alumnos
Schülerzeitung *f* periódico *m* escolar
Schulfach *nt* asignatura *f* escolar
Schulferien *pl* vacaciones *fpl* escolares
schulfrei *adj* libre
Schulfreund(in) *m(f)* compañero, -a *m, f* de clase
Schulgebäude *nt* edificio *m* escolar
Schulgeld *nt* cuota *f* escolar
Schulglocke *f* campana *f* del colegio
Schulheft *nt* cuaderno *m* escolar
Schulhof *m* patio *m* de la escuela
schulisch *adj* escolar
Schuljahr *nt* ❶ *(Zeitraum)* año *m* escolar ❷ *(Klasse)* curso *m;* **im achten ~ sein** estar en octavo
Schulkamerad(in) *m(f)* compañero, -a *m, f* de clase
Schulkind *nt* escolar *mf*
Schulklasse *f (Schülergruppe)* clase *f; (Klassenstufe)* curso *m*
Schullandheim *nt* residencia *f* escolar en el campo

S

Schulleiter(in) *m(f)* director(a) *m(f)* de escuela
Schulmappe *f* cartera *f*, busaca *f Ven*
Schulmedizin *f ohne pl* medicina *f* convencional
Schulpflicht *f ohne pl* enseñanza *f* obligatoria
schulpflichtig *adj* en edad escolar
Schulranzen *m* cartera *f* (para llevar a la espalda)
Schulrat, -rätin *m, f* inspector(a) *m(f)* de enseñanza
Schulreform *f* reforma *f* escolar
Schulschluss *m ohne pl* salida *f* de clase
Schulsprecher(in) *m(f)* portavoz *mf* del alumnado
Schulstress *m* <-es, *ohne pl*> estrés *m* escolar
Schulstunde *f* clase *f*
Schultag *m* día *m* de colegio; **Montag ist wieder ~** el lunes hay colegio otra vez
Schultasche *f* cartera *f*
Schulter ['ʃʊltɐ] *f* <-n> hombro *m;* (GASTR) paletilla *f;* **~ an ~** hombro con hombro; **jdm auf die ~ klopfen** dar(le) a alguien una palmada en el hombro; **jdm über die ~ gucken** mirar a alguien por encima del hombro; **mit den ~n zucken** encogerse de hombros; **etw auf die leichte ~ nehmen** tomar algo a la ligera; **jdm die kalte ~ zeigen** dar la espalda a alguien
Schulterblatt *nt* omoplato *m*
schulterfrei *adj* que deja los hombros descubiertos
Schulterhöhe *f* <-, *ohne pl*> altura *f* del hombro; **in ~** a la altura del hombro
schulterlang *adj* hasta los hombros
schultern *vt* echar al hombro
Schulterpolster *nt* hombrera *f*
Schulterriemen *m* bandolera *f*
Schultüte *f cucurucho de papel con golosinas y objetos de escritorio que reciben los niños el primer día de escuela*
Schulung ['ʃuːlʊŋ] *f* <-en> ❶ *(von Personal)* formación *f;* *(der Stimme)* entrenamiento *m* ❷ *(Lehrgang)* cursillo *m*
Schuluniform *f* uniforme *m* del colegio
Schulunterricht *m* clases *fpl* escolares
Schulversagen *nt ohne pl* fracaso *m* escolar
Schulweg *m* camino *m* a la escuela
Schulwesen *nt ohne pl* enseñanza *f*
Schulzeit *f* años *mpl* escolares
Schulzeugnis *nt* notas *fpl*
schumm(e)rig *adj (fam)* poco iluminado; *(dämmerig)* crepuscular
schummeln ['ʃʊməln] **I.** *vi (fam: beim Spiel)* hacer trampas; *(in der Schule)* copiar **II.** *vt (fam)* pasar sin ser visto
Schund [ʃʊnt] *m* <-(e)s, *ohne pl*> *(fam abw)* baratija *f*
Schundroman *m (fam)* novelón *m*
schunkeln ['ʃʊŋkəln] *vi* balancearse rítmicamente cogidos del brazo
Schuppe ['ʃʊpə] *f* <-n> ❶ *(bei Tieren)* escama *f* ❷ *pl (beim Menschen)* caspa *f;* **mir fiel es wie ~n von den Augen** *(fig)* se me cayó la venda de los ojos
schuppen I. *vt* escamar **II.** *vr:* **sich ~** (d)escamarse
Schuppen ['ʃʊpən] *m* <-s, -> *(Bau)* cobertizo *m*, galpón *m Am*
Schuppenflechte *f* (MED) (p)soriasis *f inv*
schuppig *adj* ❶ *(Fisch, Haut)* escamoso ❷ *(Kopfhaut)* con caspa; **~es Haar haben** tener caspa
Schur [ʃuːɐ] *f* <-, -en> esquileo *m*
schüren ['ʃyːrən] *vt* ❶ *(Feuer)* atizar ❷ *(Hass, Eifersucht)* alimentar
schürfen ['ʃʏrfən] **I.** *vt* ❶ *(Haut)* excoriar, levantar *fam* ❷ (BERGB) extraer **II.** *vr:* **sich ~** excoriarse (**an** en); *(sich kratzen)* arañarse (**an**) **III.** *vi* **tief ~d** profundo; **nach etw ~** buscar algo
Schürfwunde *f* excoriación *f*
Schürhaken *m* atizador *m*
Schurke, -in ['ʃʊrkə] *m, f* <-n, -n; -nen> *(abw)* bellaco, -a *m, f*
Schurkenstreich *m (abw)* jugarreta *f*
Schurwolle *f ohne pl* lana *f* virgen
Schürze ['ʃʏrtsə] *f* <-n> delantal *m*
Schürzenjäger *m (fam abw)* mujeriego *m*
Schuss [ʃʊs, *pl:* 'ʃʏsə] *m* <-es, Schüsse> ❶ *(aus einer Waffe)* tiro *m*, disparo *m*, chumbo *m Arg;* **einen ~ abgeben** disparar (un tiro); **der ~ ging nach hinten los** *(fam)* salió el tiro por la culata; **weit vom ~ sein** *(fam)* estar en el quinto pino; **in ~ sein** *(fam)* estar a punto; **etw in ~ bringen** *(fam)* poner algo a punto; **etw in ~ halten** *(fam)* mantener algo en buen estado ❷ *(Spritzer)* chorrito *m* ❸ (SPORT: *Fußball*) tiro *m* ❹ *(beim Weben)* trama *f* ❺ *(sl: Drogeninjektion)* chute *m;* **sich** *dat* **einen ~ setzen** chutarse
schuss(e)lig ['ʃʊsəlɪç] *adj (fam abw)* ❶ *(zerstreut)* distraído ❷ *(ungeschickt)* torpe
Schussel ['ʃʊsəl] *m* <-s, -> *(fam)* ❶ *(zerstreuter Mensch)* despistado, -a *m, f* ❷ *(ungeschickter Mensch)* manazas *mf inv*, torpe *mf*, torpón, -ona *m, f*
Schüssel ['ʃʏsəl] *f* <-n> ❶ *(Servierschüssel)* fuente *f*, platón *m Am;* *(Salatschüssel)* ensaladera *f;* *(Suppenschüssel)* sopera *f;* *(Waschschüssel)* palangana *f* ❷ *(fam: WC-Becken)* inodoro *m*, taza *f fam*

S

❸ *(fam: Satellitenschüssel)* antena *f* parabólica

schusselig ['ʃʊsəlɪç] *adj (abw fam)* ❶ *(zerstreut)* distraído, despistado ❷ *(ungeschickt)* torpe, atolondrado

Schusseligkeit *f* <-, -en> *(abw fam)* ❶ *(aus Zerstreutheit)* despiste *m,* distracción *f* ❷ *(aus Ungeschicktheit)* torpeza *f,* metedura *f* de pata

Schusslinie *f* línea *f* de fuego; *(einer Kugel)* trayectoria *f* de la bala; **in die ~ geraten** *(fig)* estar en la línea de fuego

Schussverletzung *f* herida *f* de bala

Schusswaffe *f* arma *f* de fuego

Schusswechsel *m* tiroteo *m*

Schuster(in) ['ʃuːstɐ] *m(f)* <-s, -; -nen> zapatero, -a *m, f*

Schutt [ʃʊt] *m* <-(e)s, *ohne pl*> escombros *mpl;* **eine Stadt in ~ und Asche legen** reducir una ciudad a cenizas

Schuttabladeplatz *m* escombrera *f*

Schüttelfrost *m* escalofríos *mpl,* chucho *m Am*

schütteln ['ʃʏtəln] **I.** *vt (Baum, Kissen)* sacudir; *(Gefäß)* agitar; *(Kopf)* mover; **verneinend den Kopf ~** negar con la cabeza; **von einem Fieberanfall geschüttelt werden** sufrir un ataque de fiebre; **„vor Gebrauch ~"** "agítese antes de usar" **II.** *vr:* **sich ~** sacudirse; **sich vor Ekel ~** estremecerse de asco; **er schüttelte sich vor Lachen** se desternilló de risa

Schüttelreim *m* (LIT) rima *f* con metátesis entre vocablos

schütten ['ʃʏtən] **I.** *vt (gießen)* verter (**in** en); *(verschütten)* derramar **II.** *vunpers (fam)* llover a cántaros

schütter ['ʃʏtɐ] *adj* ralo, poco espeso

Schutthalde *f* escombrera *f*

Schutz [ʃʊts] *m* <-es, *ohne pl*> protección *f* (**vor/gegen** contra), amparo *m; (Verteidigung)* defensa *f* (**vor/gegen** contra); **im ~e der Dunkelheit** al amparo de la oscuridad; **sich in jds ~ begeben** acogerse al amparo de alguien; **unter jds ~ stehen** estar bajo la protección de alguien; **in einem Haus ~ suchen** refugiarse en una casa; **jdn in ~ nehmen** defender a alguien

S

Schutzanstrich *m (Farbe)* pintura *f* protectora

Schutzanzug *m* traje *m* protector

schutzbedürftig *adj* que necesita protección

Schutzbehauptung *f* declaración *f* encubridora

Schutzblech *nt* ❶ *(am Fahrrad)* guardabarros *m inv* ❷ *(an Maschinen)* chapa *f* de protección

Schutzbrief *m* ❶ (POL) salvoconducto *m* ❷ *(einer Versicherung)* seguro *m* de protección durante viajes

Schutzbrille *f* gafas *fpl* protectoras

Schutzdamm *m* dique *m* protector

Schütze[1] *m* <-n, -n> ❶ (ASTR: *Zeichen*) Sagitario *m* ❷ (ASTR: *Person*) sagitario *mf inv*

Schütze, -in[2] ['ʃʏtsə] *m, f* <-n, -n; -nen> ❶ *(mit einer Waffe)* tirador(a) *m(f)* ❷ *(Torschütze)* goleador(a) *m(f)* ❸ *(Soldat)* soldado *m* raso

schützen ['ʃʏtsən] **I.** *vt* proteger (**vor/gegen** de/contra); *(bewahren)* guardar (**vor** de); *(verteidigen)* defender (**vor/gegen** contra); **gesetzlich geschützt** protegido por la ley **II.** *vr:* **sich ~** protegerse (**vor/gegen** de/contra); *(gegen Schaden)* asegurarse (**gegen** contra)

schützend *adj* protector

Schützenfest *nt* fiesta *f* acompañada de una competición de tiro

Schutzengel *m* ángel *m* de la guarda [*o* custodio]

Schützengraben *m* trinchera *f*

Schützenhilfe *f* <-, *ohne pl*> *(fam)* respaldo *m;* **jdm ~ geben** respaldar a alguien

Schützenverein *m* sociedad *f* de tiro

Schutzfrist *f* <-, -en> (JUR) plazo *m* de protección

Schutzgebiet *nt* reserva *f* natural

Schutzgebühr *f* tasa *f* de apoyo

Schutzgeld *nt* cuota *f* de protección; **~er erpressen** extorsionar cuotas de protección

Schutzgitter *nt* rejilla *f* de protección

Schutzhaft *f* <-, *ohne pl*> (JUR) prisión *f* preventiva; **jdn in ~ nehmen** tomar a alguien en arresto preventivo

Schutzhandschuh *m* <-(e)s, -e> guante *m* protector

Schutzheilige(r) *mf* (REL) patrón, -ona *m, f;* **jds ~r sein** ser el patrono de alguien

Schutzhelm *m* casco *m* protector

Schutzhütte *f* refugio *m*

Schutzimpfung *f* vacuna(ción) *f* preventiva

Schützling ['ʃʏtslɪŋ] *m* <-s, -e> protegido, -a *m, f*

schutzlos *adj* indefenso, sin amparo; **jdm/etw** *dat* **~ ausgeliefert sein** estar indefenso ante alguien/algo

Schutzmarke *f* marca *f* registrada

Schutzmaske *f* máscara *f* protectora

Schutzmaßnahme *f* medida *f* de protección; **gegen etw ~n treffen** tomar medidas preventivas contra algo

Schutznetz *nt* red *f* protectora

Schutzschicht *f* capa *f* protectora

Schutzumschlag *m* sobrecubierta *f*

Schutzvorrichtung *f* dispositivo *m* de protección
schwabb(e)lig *adj (fam)* fofo
schwabbeln ['ʃvabəln] *vi (fam)* ❶ *(zittern)* temblequear, temblar ❷ *(schwätzen)* darle al pico, chismorrear
Schwabe, Schwäbin ['ʃva:bə] *m, f* <-n, -n; -nen> suabo, -a *m, f*
Schwaben ['ʃva:bən] *nt* <-s> *(Region)* Suabia *f*
Schwäbin ['ʃvɛ:bɪn] *f* <-nen> *s.* **Schwabe**
schwäbisch ['ʃvɛ:bɪʃ] *adj* suabo
schwach [ʃvax] *adj* <schwächer, am schwächsten> débil; *(Getränk, Argument, Börse)* flojo; *(Nachfrage, Leistung, Beteiligung)* escaso; *(Gesundheit)* frágil; *(Hoffnung)* vago; *(Licht)* tenue; **~er Punkt** punto débil; **ein ~er Redner** un orador mediocre; **sich ~ fühlen** sentirse débil; **er ist ~ in Physik** está flojo en física; **bei Torten wird sie immer ~** las tartas son su debilidad
Schwäche ['ʃvɛçə] *f* <-n> debilidad *f; (Gebrechlichkeit)* fragilidad *f;* **eine ~ für etw haben** tener debilidad por algo
Schwächeanfall *m* desvanecimiento *m*
schwächen ['ʃvɛçən] *vt* debilitar, aguadar *Guat*
Schwachheit *f* <-, *ohne pl*> *(Kraftlosigkeit)* debilidad *f*
Schwachkopf *m (abw)* imbécil *mf*
schwächlich ['ʃvɛçlɪç] *adj* débil; *(kränklich)* enfermizo
Schwächling ['ʃvɛçlɪŋ] *m* <-s, -e> *(abw)* persona *f* débil, carnero *m CSur,* chota *mf PRico*
Schwachpunkt *m* <-(e)s, -e> punto *m* débil
Schwachsinn *m* <-(e)s, *ohne pl*> ❶ (MED) demencia *f* ❷ *(fam abw: Blödsinn)* imbecilidad *f*
schwachsinnig *adj* ❶ (MED) deficiente mental ❷ *(fam abw: blödsinnig)* imbécil
Schwachsinnige(r) *mf* (MED) deficiente *mf* mental
Schwachstelle *f* punto *m* débil
Schwachstrom *m* (ELEK) corriente *f* de baja intensidad
Schwächung *f* <-en> debilitación *f*
Schwaden ['ʃva:dən] *m* <-s, -> ❶ *(in der Luft)* mofeta *f* ❷ (BERGB) vapores *mpl*
Schwadron [ʃva'dro:n] *f* <-, -en> (MIL) escuadrón *m*
schwafeln ['ʃva:fəln] *vi (fam abw)* hablar a tontas y a locas (**über** sobre)
Schwager, Schwägerin ['ʃva:gɐ] *m, f* <-s, Schwäger; -nen> cuñado, -a *m, f*
Schwalbe ['ʃvalbə] *f* <-n> golondrina *f*
Schwall [ʃval] *m* <-(e)s, -e> *(Wasser-, Menschenschwall)* aluvión *m; (Geruchsschwall)* nube *f*
schwamm [ʃvam] *3. imp von* **schwimmen**
Schwamm [ʃvam, *pl:* 'ʃvɛmə] *m* <-(e)s, Schwämme> ❶ *(Putzschwamm, Tier)* esponja *f;* **Schwamm drüber!** *(fam)* ¡borrón y cuenta nueva! ❷ *(Österr, südd: Pilz)* hongo *m,* callampa *f Am* ❸ *(Hausschwamm)* moho *m*
schwammig *adj (abw)* ❶ *(Gesicht, Körper)* fofo ❷ *(Begriff)* vago, poco claro
Schwammtuch *nt* paño *m* esponja
Schwan [ʃva:n, *pl:* 'ʃvɛ:nə] *m* <-(e)s, Schwäne> cisne *m*
schwand [ʃvant] *3. imp von* **schwinden**
schwang [ʃvaŋ] *3. imp von* **schwingen**
schwanger ['ʃvaŋɐ] *adj* embarazada; **~ sein/werden** estar/quedar embarazada
Schwangere ['ʃvaŋərə] *f* <-n> (mujer *f*) embarazada *f,* gruesa *f CRi*
schwängern ['ʃvɛŋɐn] *vt* dejar embarazada; **mit Rauch geschwängerte Luft** aire cargado de humo
Schwangerschaft *f* <-en> embarazo *m*
Schwangerschaftsabbruch *m* interrupción *f* del embarazo
Schwangerschaftsgymnastik *f* <-, *ohne pl*> gimnasia *f* preparto
Schwangerschaftsstreifen *mpl* (MED) estrías *fpl* de embarazo
Schwangerschaftstest *m* prueba *f* de embarazo
Schwangerschaftsurlaub *m* <-s, *ohne pl*> vacaciones *fpl* por embarazo
Schwank [ʃvaŋk, *pl:* 'ʃvɛŋkə] *m* <-(e)s, Schwänke> ❶ (LIT) farsa *f* ❷ *(Anekdote)* anécdota *f* divertida
schwanken ['ʃvaŋkən] *vi* ❶ *(wanken)* temblar; *(hin und her)* balancear ❷ *sein (torkeln)* ir haciendo eses; *(herausschwanken)* salir tambaleando (**aus** de) ❸ *(Preise, Temperatur)* oscilar ❹ *(zögern)* vacilar, dudar
schwankend *adj (Bewegung, Charakter)* vacilante; *(Preise)* fluctuante, oscilante; *(zögernd)* vacilante, titubeante
Schwankung *f* <-en> oscilación *f,* vacilación *f*
Schwanz [ʃvants, *pl:* 'ʃvɛntsə] *m* <-es, Schwänze> ❶ *(eines Tieres)* cola *f,* rabo *m;* **den ~ einziehen** *(fam fig)* irse con el rabo entre las piernas; **es war kein ~ da!** *(fam)* no había ni un gato ❷ *(fam: Penis)* picha *f,* polla *f,* pico *m Am*
schwänzen ['ʃvɛntsən] **I.** *vi (fam)* hacer novillos, jubilarse *AmC* **II.** *vt (fam)* fumarse, pavear *And;* **Biologie ~** fumarse la clase de biología
schwappen ['ʃvapən] *vi* ❶ *sein (irgendwo-*

S

hin schwappen) derramarse (**auf** sobre); *(herausschwappen)* salirse (**aus** de) ❷ *(sich hin und her bewegen)* **das Badewasser schwappt in der Wanne** el agua hace olas en la bañera

Schwarm [ʃvarm, *pl:* 'ʃvɛrmə] *m* <-(e)s, Schwärme> ❶ *(Bienen-, Menschenschwarm)* enjambre *m; (Vogel-, Sardinenschwarm)* bandada *f,* parvada *f Am* ❷ *(Mensch)* persona *f* adorada

schwärmen ['ʃvɛrmən] *vi* ❶ *sein (Insekten)* zumbar; *(Menschen)* ir en masa (**zu/in** a) ❷ *(begeistert sein)* entusiasmarse (**für** por), morirse (**für** por) *fam;* **ins S~ kommen** apasionarse; **über etw ins S~ geraten** deshacerse en elogios sobre algo

Schwärmer[1] *m* <-s, -> *(Schmetterling)* esfinge *f*

Schwärmer(in)[2] *m(f)* <-s, -; -nen> idealista *mf; (Träumer)* soñador(a) *m(f)*

Schwärmerei *f* <-en> entusiasmo *m* (**für** por)

schwärmerisch *adj (begeistert)* entusiasta; *(träumerisch)* soñador

Schwarte ['ʃvartə] *f* <-n> ❶ *(Speckschwarte)* corteza *f* de cerdo ❷ *(fam: Buch)* mamotreto *m*

schwarz [ʃvarts] *adj* <schwärzer, am schwärzesten> ❶ *(Farbe)* negro; **das kann ich dir ~ auf weiß geben** *(fam)* te lo puedo dar por escrito; **da kannst du warten, bis du ~ wirst** *(fam)* puedes esperar hasta que las ranas críen pelo; **ins S~e treffen** dar en el blanco; **mit etw ins S~e treffen** *(fam)* dar (justo) en el clavo con algo; **auf der ~en Liste stehen** estar fichado ❷ *(fam: konservativ)* conservador ❸ *(fam: illegal)* clandestino ❹ *(unglücklich)* desdichado; **ein ~er Tag** un día desastroso ❺ *(makaber)* lúgubre, macabro

Schwarz *nt* <-(es), -> negro *m;* **~ tragen** ir de negro; *(Trauer)* ir de [*o* llevar] luto

S

Schwarzafrika *nt* África *f* Negra

schwarzafrikanisch *adj* negroafricano

Schwarzarbeit *f ohne pl* trabajo *m* clandestino

schwarz|arbeiten *vi* trabajar clandestinamente

Schwarzarbeiter(in) *m(f)* trabajador(a) *m(f)* clandestino , -a

schwarz|ärgern *vr (fam)* **sich ~** ponerse negro; **er hat sich schwarzgeärgert** se ha puesto negro

Schwarzaugenbohne *f* (GASTR) judía *f* de careta

Schwarzbrot *nt* pan *m* negro

Schwarze(r) *mf* <-n, -n; -n> negro, -a *m, f*

schwärzen ['ʃvɛrtsən] *vt* ennegrecer; *(färben)* teñir de negro

schwarz|fahren *irr vi sein (ohne Fahrkarte)* viajar sin billete; *(ohne Führerschein)* conducir sin tener carné de conducir

Schwarzfahrer(in) *m(f) (ohne Fahrkarte)* viajero, -a *m, f* sin billete

Schwarzgeld *nt* <-es, *ohne pl*> dinero *m* negro, ganancias *f pl* ilegales

schwarzhaarig *adj* moreno

Schwarzhandel *m* mercado *m* negro, estraperlo *m;* **mit etw ~ treiben** negociar de estraperlo con algo

Schwarzhändler(in) *m(f)* estraperlista *mf*

schwarz|hören *vi en Alemania, escuchar la radio sin haber declarado el aparato y pagado las cuotas correspondientes*

Schwarzhörer(in) *m(f) persona que elude el pago de las cuotas correspondientes de radio y televisión (en Alemania)*

schwärzlich ['ʃvɛrtslɪç] *adj* negruzco

schwarzmalen I. *vi (fig fam)* ser pesimista **II.** *vt (fig fam)* **etw ~** ver algo negro [*o* de forma pesimista]

Schwarzmalerei *f (fam)* pesimismo *m*

Schwarzmarkt *m* mercado *m* negro, bolsa *f* negra *Am*

Schwarzpulver *nt* <-s, *ohne pl*> pólvora *f* negra

schwarz|sehen *irr* **I.** *vi en Alemania, usar un televisor sin haber declarado el aparato y pagado las cuotas correspondientes* **II.** *vt (fam)* **alles ~** verlo todo negro

Schwarzseher(in) *m(f)* ❶ *(fam: Pessimist)* pesimista *mf* ❷ (TV) telespectador(a) *m(f)* pirata

Schwarztee *m* té *m* negro

Schwarzwald *m* <-(e)s> Selva *f* Negra

schwarzweiß [-'-] *adj,* **schwarz-weiß** *adj* (en) blanco y negro

Schwarzweißaufnahme *f* <-, -n> *s.* **Schwarzweißfoto**

Schwarzweißfilm *m* (FILM, FOTO) película *f* en blanco y negro; **mit ~ fotografieren** fotografiar en blanco y negro

Schwarzweißfoto *nt* (FOTO) foto(grafía) *f* en blanco y negro

Schwarzweißmalerei *f ohne pl* **~ betreiben** explicar algo en términos absolutos (positivos o negativos)

Schwarzwurzel *f* escorzonera *f*

Schwatz [ʃvats] *m* <-es, -e> *(fam)* cháchara *f;* **einen kleinen ~ mit jdm halten** estar de cháchara con alguien

schwatzen *vi, vt,* **schwätzen** ['ʃvɛtsən] *vi, vt (reg)* charlar (**über** de)

Schwätzer(in) *m(f)* <-s, -; -nen> *(abw: gesprächig, klatschhaft)* charlatán, -ana *m, f; (Angeber)* bocazas *mf inv*

schwatzhaft *adj (abw)* parlanchín, cotorra

Schwebe ['ʃveːbə] *f* **in der ~** pendiente

Schwebebahn *f (an einer Schiene)* aerotrén *m; (an Seilen)* teleférico *m*

Schwebebalken *m* (SPORT) barra *f* de equilibrios

schweben ['ʃveːbən] *vi* ① *sein (Vogel, Ballon)* flotar; *(Flugzeug)* planear ② *(an einem Seil)* colgar (**an** de), pender (**an** de) ③ *(in Gang sein)* estar en trámite, estar pendiente

Schwebezustand *m* suspense *m;* **etw bleibt im ~** algo sigue en el aire

Schwebstoff *m* <-(e)s, -e> (CHEM) partículas *f pl* en suspensión, materia *f* en suspensión

Schwede, -in *m, f* <-n, -n; -nen> sueco, -a *m, f*

Schweden ['ʃveːdən] *nt* <-s> Suecia *f*

Schwedin *f* <-, -nen> *s.* **Schwede**

schwedisch *adj* sueco

schwef(e)lig *adj* (*a.* CHEM) sulfuroso; **~e Säure** ácido sulfuroso

Schwefel ['ʃveːfəl] *m* <-s, *ohne pl*> (CHEM) azufre *m*

Schwefeldioxid [--'---] *nt* <-s, -e> (CHEM) dióxido *m* de azufre

schwefelhaltig *adj* sulfuroso

schwefeln *vt* sulfurar

Schwefelsäure *f ohne pl* ácido *m* sulfúrico

Schweif [ʃvaɪf] *m* <-(e)s, -e> *(geh)* cola *f,* golilla *f Cuba*

schweifen *vi sein (geh)* vagar (**durch** por); **seine Gedanken ~ lassen** dar rienda suelta a sus pensamientos; **den Blick ~ lassen** dejar vagar la mirada

Schweigegeld *nt ohne pl* soborno *m;* **~ fordern** exigir dinero por su silencio

Schweigemarsch *m* marcha *f* silenciosa

Schweigeminute *f* minuto *m* de silencio

schweigen ['ʃvaɪgən] <schweigt, schwieg, geschwiegen> *vi* callar(se) (**zu/über** ante, **vor/aus** de/por), guardar silencio (**zu/über** sobre/ante); **ganz zu ~ von …** sin mencionar…

Schweigen *nt* <-s, *ohne pl*> silencio *m;* **jdn zum ~ bringen** hacer callar a alguien; **das ~ brechen** romper el silencio; **sich in ~ hüllen** permanecer en silencio

schweigend **I.** *adj* silencioso; **die ~e Mehrheit** la mayoría silenciosa **II.** *adv* silenciosamente; **jdm ~ zuhören** escuchar a alguien en silencio

Schweigepflicht *f ohne pl* secreto *m* profesional; **der ~ unterliegen** estar obligado al secreto profesional

schweigsam *adj* callado, remachado *Col*

Schweigsamkeit *f ohne pl* taciturnidad *f*

Schwein [ʃvaɪn] *nt* <-(e)s, -e> ① *(Tier)* cerdo *m,* chancho *m Am,* tocino *m Arg* ② *(fam: Mensch)* cochino, -a *m, f,* marrano, -a *m, f And;* **ein armes ~** un pobre diablo; **kein ~** nadie ③ *(fam: Glück)* **~ haben** tener suerte

Schweinebraten *m* asado *m* de cerdo

Schweinefleisch *nt* carne *f* de cerdo

Schweinefraß *m* <-es, *ohne pl*> *(fam abw)* porquería *f*

Schweinegrippe *f* (MED) gripe *f* porcina

Schweinehund *m (vulg)* hijo *m* de puta, vergajo *m And;* **seinen inneren ~ überwinden** dominar los bajos instintos

Schweinepest *f ohne pl* peste *f* porcina

Schweinerei *f* <-en> *(fam)* ① *(Schmutz)* porquería *f* ② *(Ärgernis)* guarrada *f,* canana *f Am* ③ *(Unanständiges)* guarrería *f*

Schweineschmalz *nt* manteca *f* de cerdo

Schweinestall *m (a. fig)* pocilga *f*

schweinisch *adj (fam)* guarro

Schweinshaxe *f (südd, Österr)* pierna *f* de cerdo

Schweiß [ʃvaɪs] *m* <-es, *ohne pl*> sudor *m;* **in ~ gebadet** empapado de sudor; **mir brach der ~ aus** empecé a sudar; **im ~e meines Angesichts** con el sudor de mi frente

Schweißausbruch *m* sudoración *f*

schweißbedeckt *adj* sudado, cubierto de sudor

Schweißbrenner *m* soplete *m* para soldar

Schweißdrüse *f* glándula *f* sudorípara

schweißen ['ʃvaɪsən] *vt* soldar

Schweißen *nt* <-s, *ohne pl*> soldadura *f*

Schweißer(in) *m(f)* <-s, -; -, -nen> soldador(a) *m(f)*

Schweißfüße *mpl* pies *mpl* sudorosos

schweißgebadet ['--'--] *adj* bañado en sudor

Schweißgeruch *m* olor *m* a sudor

Schweißnaht *f* (costura *f* de) soldadura *f*

schweißnass ['-'-] *adj* empapado en sudor

Schweißperle *f* gota *f* de sudor

schweißtreibend *adj* sudorífico; **~es Mittel** sudorífico

Schweißtropfen *m* gota *f* de sudor

Schweiz [ʃvaɪts] *f* Suiza *f;* **in die ~ fahren** ir a Suiza; **die französische/italienische ~** la Suiza francesa/italiana

Schweizer(in) *m(f)* <-s, -; -nen> suizo, -a *m, f*

schweizerdeutsch *adj* del [*o* en] alemán de Suiza

Schweizerdeutsch *nt* suizo-alemán *m*

Schweizer Franken *m* franco suizo *m*

Schweizerin *f* <-nen> *s.* **Schweizer**

schweizerisch ['ʃvaɪtsərɪʃ] *adj* suizo

schwelgen ['ʃvɛlgən] *vi* ① *(gut essen)* banquetear ② *(in Gedanken, Gefühlen)* deleitarse (**in** en/con); **im Überfluss ~** nadar en la abundancia

S

Schwelle ['ʃvɛlə] *f* <-n> ❶ *(Türschwelle)* umbral *m;* **keinen Fuß mehr über jds ~ setzen** *(geh)* no poner un pie en la casa de alguien; **an der ~ zum 21. Jahrhundert** en el umbral del siglo XXI ❷ *(Bahnschwelle)* traviesa *f* ❸ (GEO) elevación *f*

schwellen[1] ['ʃvɛlən] <schwillt, schwoll, geschwollen> *vi sein* hincharse

schwellen[2] *vt* ❶ *(geh: blähen)* hinchar, inflar ❷ *(Schweiz: weich kochen)* cocer

Schwellenangst *f ohne pl* (PSYCH) miedo *m* ante situaciones nuevas

Schwellenland *nt* país *m* emergente

Schwellenwert *m* <-(e)s, -e> (CHEM, PHYS) valor *m* límite; **kritischer ~** valor umbral crítico

Schwellkörper *m* (ANAT) cuerpo *m* cavernoso, tejido *m* eréctil

Schwellung *f* <-en> hinchazón *f*

Schwemme ['ʃvɛmə] *f* <-n> (WIRTSCH) oferta *f* excesiva

schwemmen ['ʃvɛmən] *vt* ❶ *(schwimmen lassen)* arrastrar ❷ *(Österr: spülen)* aclarar ❸ *(einweichen, wässern)* remojar ❹ *(Österr: flößen)* acarrear, aguar

Schwengel ['ʃvɛŋəl] *m* <-s, -> ❶ *(Glockenschwengel)* badajo *m* ❷ *(Pumpenschwengel)* palanca *f*

Schwenk [ʃvɛŋk] *m* <-(e)s, -s *o* -e> ❶ (FILM, TV) toma *f* panorámica ❷ *(Drehung)* giro *m*

schwenkbar *adj* giratorio, orientable

schwenken ['ʃvɛŋkən] **I.** *vi sein* girar **II.** *vt* ❶ *(drehen)* virar, girar ❷ *(ausspülen)* aclarar ❸ *(hin und her bewegen)* agitar; *(Arme)* mover; *(Fahne)* (hacer) ondear ❹ (GASTR) saltear

schwer [ʃveːɐ] **I.** *adj* ❶ *(Gewicht)* pesado; **ein drei Kilo ~es Paket** un paquete de tres kilos de peso; **wie ~ ist das?** ¿cuánto pesa? ❷ *(ernst, schlimm)* grave; *(Enttäuschung)* grande; *(Strafe)* severo; *(Gewitter)* fuerte; **ein ~er Irrtum** un error grave ❸ *(Tag, Arbeit)* pesado, duro; **ein ~es Leben haben** tener una vida dura ❹ *(schwierig)* difícil; **das ist ~ zu sagen** es difícil decirlo; **sie hat es ~ mit ihm** pasa lo suyo con él ❺ *(Duft)* pesado; *(Essen)* fuerte, pesado **II.** *adv (sehr: + Adjektiv)* muy; *(+ Verb)* mucho; **ich bin ~ enttäuscht** estoy muy decepcionado; **~ beladen** [*o* **bepackt**] **sein** ir muy cargado; **~ erkrankt/verletzt sein** estar gravemente enfermo/herido; **~ atmen** respirar con dificultad; **~ bewaffnet** fuertemente armado; **~ bestrafen** castigar severamente; **sich ~ täuschen** equivocarse totalmente; **sie ist ~ gestürzt** ha sufrido una grave caída

Schwerarbeit *f ohne pl* trabajo *m* pesado

schwerbehindert *adj* discapacitado grave, con discapacidad grave

Schwerbehinderte(r) *mf* discapacitado, -a *m, f* grave

schwerbeladen *adj s.* **schwer II.**

Schwerbeschädigte(r) *mf* <-n, -n; -n> mutilado, -a *m, f*

Schwere ['ʃveːrə] *f ohne pl (geh)* ❶ *(Gewicht)* peso *m* ❷ *(Schwierigkeit)* dificultad *f* ❸ *(Ernsthaftigkeit)* gravedad *f* ❹ *(Ausmaß)* dimensión *f; (einer Strafe)* severidad *f*

schwerelos *adj* ingrávido

Schwerelosigkeit *f ohne pl* ingravidez *f*

schwer|fallen *irr vi sein* **das fällt ihm schwer** esto le resulta difícil

schwerfällig [-fɛlɪç] *adj* lento; *(Bewegung)* torpe, petacón *Col; (Stil)* pesado

Schwerfälligkeit *f ohne pl* lentitud *f; (Bewegung)* torpeza *f*

Schwergewicht[1] *nt* <-(e)s, -e> (SPORT: *Sportler*) peso *m* pesado

Schwergewicht[2] *nt* <-(e)s, *ohne pl*> ❶ *(Nachdruck)* **das ~ auf etw legen** centrar su atención en algo; **das ~ liegt auf …** … es lo que tiene mayor importancia ❷ (SPORT: *Gewichtsklasse*) peso *m* pesado

schwergewichtig *adj* obeso, de mucho peso

schwerhörig *adj* (algo) sordo, duro de oído

Schwerhörigkeit *f ohne pl* sordera *f*

Schwerindustrie *f ohne pl* industria *f* pesada

Schwerkraft *f ohne pl* (PHYS, ASTR) fuerza *f* de gravedad, gravitación *f*

schwerkrank ['-'-] *adj s.* **krank**

Schwerkranke(r) *mf* enfermo, -a *m, f* de gravedad

schwerlich *adv* difícilmente, adifés *Guat*

Schwermetall *nt* metal *m* pesado

Schwermut *f ohne pl* melancolía *f,* flato *m Am*

schwermütig *adj* melancólico

schwer|nehmen *irr vt* **etw ~** tomar algo en serio; **nimm's nicht so schwer!** ¡no te lo tomes tan a pecho!

Schweröl *nt* crudo *m* pesado

Schwerpunkt *m* ❶ (PHYS) centro *m* de gravedad ❷ *(fig)* centro *m;* **den ~ auf etw setzen** conceder prioridad a algo

schwerpunktmäßig *adv* con especial intensidad, especialmente; **etw ~ abhandeln** tratar algo de manera especial

schwerreich ['-'-] *adj (fam)* muy rico

Schwert [ʃveːɐt] *nt* <-(e)s, -er> ❶ *(Waffe)* espada *f* ❷ (NAUT) orza *f*

Schwertfisch *m* pez *m* espada; (GASTR) emperador *m*

Schwertlilie *f* lirio *m*

S

Schwertwal *m* (ZOOL) orca *f*
Schwerverbrecher(in) *m(f)* criminal *mf* peligroso , -a
Schwerverkehr *m ohne pl* (AUTO) tra(n)sporte *m* pesado
schwerverletzt *adj s.* **verletzen I. 1.**
Schwerverletzte(r) *mf* herido, -a *m, f* grave
schwerwiegend *adj* grave
Schwester ['ʃvɛstɐ] *f* <-n> ❶ *(Verwandte)* hermana *f* ❷ *(Krankenschwester)* enfermera *f* ❸ *(Nonne)* hermana *f; (in der Anrede)* sor *f*
schwesterlich *adj* fraternal, como hermanas
Schwesternhelferin *f* <-nen> enfermera *f* auxiliar
schwieg [ʃviːk] *3. imp von* **schweigen**
Schwiegereltern ['ʃviːgɐ-] *pl* suegros *mpl*
Schwiegermutter *f* suegra *f*
Schwiegersohn *m* yerno *m*
Schwiegertochter *f* nuera *f*
Schwiegervater *m* suegro *m*
Schwiele ['ʃviːlə] *f* <-n> callo *m*
schwierig ['ʃviːrɪç] *adj* difícil; *(kompliziert)* complicado; *(heikel)* delicado
Schwierigkeit *f* <-en> dificultad *f;* **in ~en geraten** verse en dificultades; **jdn in ~en bringen** meter a alguien en líos
Schwierigkeitsgrad *m* grado *m* de dificultad
schwillt [ʃvɪlt] *3. präs von* **schwellen**
Schwimmanzug *m* bañador *m*
Schwimmbad *nt* piscina *f,* pileta *f RíoPl*
Schwimmbecken *nt* piscina *f,* pileta *f Am*
Schwimmbrett *nt* tabla *f* de natación
Schwimmbrille *f* (SPORT) gafas *fpl* de natación
schwimmen ['ʃvɪmən] <schwimmt, schwamm, geschwommen> **I.** *vi haben o sein* ❶ *(Person, Fisch)* nadar; **wir gehen ~** vamos a bañarnos; **er kann nicht ~** no sabe nadar; **auf dem Rücken ~** nadar de espaldas; **über den See ~** cruzar el lago a nado; **ins S~ geraten** encasquillarse ❷ *(Ding)* flotar (**auf** en) **II.** *vt sein* **einen Rekord ~** establecer un récord en natación
Schwimmer[1] *m* <-s, -> ❶ (TECH) flotador *m* ❷ *(an einer Angel)* veleta *f*
Schwimmer(in)[2] *m(f)* <-s, -; -nen> nadador(a) *m(f)*
Schwimmerbecken *nt* piscina *f* para nadadores
Schwimmflosse *f* aleta *f*
Schwimmflügel *m* flotador *m* para el brazo
Schwimmhalle *f* piscina *f* cubierta
Schwimmnudel *f* tubo *m* de natación *(flotador con forma de barra)*
Schwimmring *m* flotador *m*
Schwimmsport *m* natación *f*
Schwimmstil *m* (SPORT) estilo *m* de natación
Schwimmweste *f* chaleco *m* salvavidas
schwind(e)lig *adj* mareado; **mir ist ~** estoy mareado, tengo vértigo; **mir wird ~** me mareo
Schwindel ['ʃvɪndəl] *m* <-s, *ohne pl*> ❶ *(Schwindelgefühl)* mareo *m; (vor einem Abgrund)* vértigo *m;* **~ erregend** vertiginoso ❷ *(fam abw: Betrug)* timo *m; (Lüge)* embuste *m,* milonga *f And, CSur*
Schwindelanfall *m* vértigo *m,* mareo *m;* **einen ~ bekommen** marearse
Schwindelei *f* <-en> *(abw)* ❶ *(Betrug)* estafa *f* ❷ *(Lüge)* mentirijilla *f*
schwindelerregend *adj s.* **Schwindel 1.**
schwindelfrei *adj* **~ sein** no tener vértigo
Schwindelgefühl *nt* (sensación *f* de) vértigo *m*
schwindeln ['ʃvɪndəln] **I.** *vi (fam: lügen)* mentir, macanear *CSur* **II.** *vunpers (sich schwindlig fühlen)* **mir schwindelt** me mareo
schwinden ['ʃvɪndən] <schwindet, schwand, geschwunden> *vi sein (geh)* ❶ *(abnehmen)* disminuir; **im S~ begriffen sein** estar en vías de acabarse ❷ *(verschwinden)* desaparecer
Schwindler(in) ['ʃvɪndlɐ] *m(f)* <-s, -; -nen> *(abw: Lügner)* embustero, -a *m, f,* mulero, -a *m, f RíoPl; (Betrüger)* estafador(a) *m(f)*
schwindlig ['ʃvɪndlɪç] *adj s.* **schwind(e)lig**
schwindsüchtig *adj* tísico
Schwinge ['ʃvɪŋə] *f* <-n> ❶ *(geh: Flügel)* ala *f* ❷ (TECH) biela *f* oscilante
schwingen ['ʃvɪŋən] <schwingt, schwang, geschwungen> **I.** *vi* ❶ *haben o sein (Schaukel, Person)* bambolearse; *(Pendel)* oscilar ❷ *(vibrieren)* vibrar; **in seinen Worten schwang Ärger** el tono de su voz indicaba su enfado; **schön geschwungene Augenbrauen** cejas hermosamente arqueadas **II.** *vt* mover; *(Fahne)* (hacer) ondear; *(Axt, Peitsche, Stock)* agitar; **große Reden ~** pronunciar discursos **III.** *vr* **sich auf etw ~** montar(se) en algo; **sich über etw ~** saltar algo; **sich in die Lüfte ~** remontar el vuelo
Schwingtür *f* puerta *f* de vaivén
Schwingung *f* <-en> (*a.* PHYS) oscilación *f; (Vibration)* vibración *f;* **etw in ~ versetzen** hacer que algo vibre
Schwips [ʃvɪps] *m* <-es, -e> *(fam)* chispa *f;* **sich** *dat* **einen ~ antrinken** coger una mona

schwirren ['ʃvɪrən] *vi sein (Mücken, Gedanken)* zumbar; *(Pfeil, Kugel)* silbar; *(Gerüchte)* correr
Schwitzbad *nt* baño *m* turco
schwitzen ['ʃvɪtsən] *vi, vt* sudar; **ins S~ kommen** empezar a sudar
Schwitzkasten *m* (SPORT) llave *f* (de estrangulamiento); **jdn in den ~ nehmen** inmovilizar a alguien con una llave
schwofen ['ʃvo:fən] *vi (fam)* (salir a) bailar
schwoll [ʃvɔl] *3. imp von* **schwellen**[1]
schwören ['ʃvø:rən] <schwört, schwor, geschworen> *vi, vt* jurar (**auf/bei** por); **ich hätte ~ können, dass...** *(fam)* juraría que...; **auf etw/jdn ~** *(vertrauen)* confiar ciegamente en algo/alguien
schwul [ʃvu:l] *adj (fam)* marica, maricón *pey*
schwül [ʃvy:l] *adj* sofocante, bochornoso; **es ist ~** hace un calor sofocante
Schwüle ['ʃvy:lə] *f ohne pl* bochorno *m*, calor *m* sofocante
Schwule(r) *m* <-n, -n> *(fam)* marica *m*, gay *m*, naco *m AmC*
schwulstig ['ʃvʊlstɪç] *adj*, **schwülstig** ['ʃvʏlstɪç] *adj (abw)* pomposo
Schwund [ʃvʊnt] *m* <-(e)s, *ohne pl*> ❶ *(Abnahme)* merma *f;* (MED) atrofia *f* ❷ *(Verlust)* pérdida *f*
Schwung[1] [ʃvʊŋ, *pl:* 'ʃvʏŋə] *m* <-(e)s, Schwünge> *(Drehung)* curva *f*, giro *m*
Schwung[2] *m* <-(e)s, *ohne pl*> ❶ *(Antrieb)* impulso *m*, empuje *m;* **~ holen** coger impulso; **in ~ kommen** *(fam: Person)* animarse; **richtig in ~ sein** *(fam: Person)* estar bien ❷ *(Elan)* ímpetu *m*, entusiasmo *m* ❸ *(fam: Menge)* montón *m*
schwunghaft *adj* próspero
Schwungrad *nt* (TECH) volante *m*
schwungvoll *adj* dinámico
Schwur [ʃvu:ɐ, *pl:* 'ʃvy:rə] *m* <-(e)s, Schwüre> juramento *m;* **einen ~ leisten** hacer juramento
Schwurgericht *nt* jurado *m*
Science-Fiction [saɪns'fɪktʃən] *f ohne pl*, **Sciencefiction** [saɪns'fɪktʃən] *f ohne pl* ciencia ficción *f*
Science-Fiction-Film *m*, **Sciencefiction-Film** *m* película *f* de ciencia ficción
Scrapbooking ['skrɛpbʊkɪŋ] <-(s), *ohne pl*> *nt (Bastelarbeit)* scrapbooking *m*
Scrollbalken *m* (INFOR) barra *f* de desplazamiento
scrollen ['skro:lən] *vi* (INFOR) desplazar
Scrollrad ['skro:l-] *nt* (INFOR: *Mausrad*) rueda *f* (de desplazamiento del ratón)
sec *Abk. von* **Sekunde** s.
sechs [zɛks] *adj inv* seis; *s. a.* **acht**[1]
Sechs *f* <-en> seis *m; (Schulnote)* insuficiente *m*
Sechseck *nt* hexágono *m*
sechseckig *adj* hexagonal
Sechser *m* <-s, -> *(fam)* seis *m; (Schulnote)* suspenso *m;* **sie haben einen ~ im Lotto** les ha tocado el gordo de la primitiva
sechserlei ['zɛksɐ'laɪ] *adj inv* de seis clases diferentes, seis clases (diferentes) de; *s. a.* **achterlei**
Sechserpack *m* paquete *m* de seis (unidades)
sechsfach I. *adj* séxtuplo, seis veces **II.** *adv* seis veces; *s. a.* **achtfach**
sechshundert ['-'--] *adj inv* seiscientos; *s. a.* **achthundert**
sechsmal *adv* seis veces; *s. a.* **achtmal**
sechst zu ~ *(in Sechsergruppen)* en grupos de (a) seis; *(zusammen, als Gruppe von sechs)* entre (los) seis; *s. a.* **acht**[1]
Sechstagerennen [-'----] *nt* (SPORT) carrera *f* (ciclista) de los seis días
sechstausend ['-'--] *adj inv* seis mil; *s. a.* **achttausend**
sechste(r, s) *adj* sexto; *s. a.* **achte(r, s)**
sechstel ['zɛkstəl] *adj inv* sexto; *s. a.* **achtel**
Sechstel ['zɛkstəl] *nt* <-s, -> sexto, -a *m, f*, sexta parte *f; s. a.* **Achtel**
sechstens ['zɛkstəns] *adv* en sexto lugar; *(bei einer Aufzählung)* sexto; *s. a.* **achtens**
sechzehn ['zɛçtse:n] *adj inv* dieciséis; *s. a.* **acht**[1]
sechzehnte(r, s) *adj* decimosexto; *s. a.* **achte(r, s)**
Sechzehntel *nt* <-s, -> *(Teil)* dieciseisavo, -a *m, f; s. a.* **Achtel**
Sechzehntelnote *f* (MUS) semicorchea *f*
sechzig ['zɛçtsɪç] *adj inv* sesenta; *s. a.* **achtzig**
Sechzigjährige(r) *mf* <-n, -n; -n, -n> persona *f* de sesenta años
sechzigste(r, s) *adj* sexagésimo; *s. a.* **achtzigste(r, s)**
sechzigstel *adj* sesentavo, sexagésimo; *s. a.* **achtel**
Secondhandladen [sɛkənt'hɛ(:)ntla:dən] *m* tienda *f* de segunda mano
SED [ɛsʔe:'de:] *f* (HIST, POL) *Abk. von* **Sozialistische Einheitspartei Deutschlands** Partido *m* Socialista Unificado Alemán *(partido del gobierno en la ex-RDA)*
Sedativum [zeda'ti:vʊm, *pl:* zeda'ti:va] *nt* <-s, Sedativa> (MED) sedativo *m*
Sediment [zedi'mɛnt] *nt* <-(e)s, -e> ❶ (GEO: *Gestein*) rocas *fpl* sedimentarias ❷ (CHEM) sedimento *m*
See[1] [ze:, *pl:* 'ze:ən] *m* <-s, -n> *(Binnenge-*

wässer) lago *m;* **der Genfer ~** el Lago Leman

See[2] *f ohne pl (Meer)* mar *m o f;* **die offene ~** el mar abierto; **auf ~** en el mar; **auf hoher ~** en alta mar; **an die ~ fahren** ir a la costa; **zur ~ fahren** ser marino; **in ~ stechen** hacerse a la mar

Seebad *nt* balneario *m* a orillas del mar

Seebarsch *m* <-(e)s, -e> (ZOOL) róbalo *m,* lubina *f*

Seebeben *nt* <-s, -> maremoto *m*

See-Elefant *m* (ZOOL) elefante *m* marino

Seefahrer *m* <-s, -> navegante *m*

Seefisch *m* pez *m* marino; *(als Gericht)* pescado *m* de mar

Seefracht *f* (WIRTSCH) flete *m* marítimo

Seegang *m* <-(e)s, *ohne pl*> marejada *f;* **starker ~** fuerte marejada

Seegefecht *nt* <-(e)s, -e> (MIL) batalla *f* naval

Seegras *nt* zostera *f*

Seehafen *m* puerto *m* marítimo

Seehecht *m* merluza *f*

Seeherrschaft *f* <-, *ohne pl*> soberanía *f* marítima

Seehund *m* foca *f*

Seeigel *m* erizo *m* de mar

Seeklima *nt* clima *m* marítimo

seekrank *adj* mareado

Seekrankheit *f ohne pl* mareo *m* de mar

Seekuh *f* (ZOOL) vaca *f* marina

Seelachs *m* abadejo *m*

Seele ['ze:lə] *f* <-n> alma *f;* **ein Herz und eine ~ sein** *(fig)* ser uña y carne; **es liegt mir auf der ~** es muy importante para mí; **sich** *dat* **etw von der ~ reden** desahogarse de algo contándolo; **jdm aus der ~ sprechen** *(fam)* decir exactamente lo que otro piensa; **mit ganzer ~** con toda el alma; **eine ~ von Mensch** un alma de Dios

Seelenfriede(n) *m* paz *f* interior

Seelenheil *nt* (REL) salvación *f* (eterna)

Seelenklempner(in) *m(f)* <-s, -; -, -nen> *(iron fam: Psychiater)* psiquiatra *mf*

Seelenleben *nt ohne pl (geh)* vida *f* interior

Seelenqual *f* <-, -en> *(geh)* angustia *f,* agobio *m*

Seelenruhe ['----, '--'--] *f* tranquilidad *f* interior; **in aller ~** con toda tranquilidad

seelenruhig ['--'--] *adv* con mucha calma

seelenverwandt *adj* espiritualmente afín; (**mit jdm**) **~ sein** ser el alma gemela (de alguien)

Seeleute *pl* marineros *mpl*

seelisch *adj* mental; **~ bedingt** (p)sicogénico

Seelöwe *m* león *m* marino

Seelsorge *f ohne pl* (REL) cuidado *m* de almas

Seelsorger *m* <-s, -> (REL) padre *m* espiritual

Seeluft *f ohne pl* aire *m* de mar

Seemacht *f* potencia *f* naval

Seemann *m* <-(e)s, -leute> marinero *m*

seemännisch **I.** *adj* marino, marinero; **eine ~e Ausbildung machen** formarse en una escuela náutica **II.** *adv* de [*o* como] marin(er)o; **~ sehr erfahren sein** ser un lobo de mar

Seemannsgarn *nt* <-s, *ohne pl*> *(fam)* anécdota *f* de marinero; **~ spinnen** contar aventuras (mayormente imaginarias)

Seemeile *f* milla *f* marítima

Seemine *f* (MIL) mina *f* submarina

Seenot *f ohne pl* peligro *m* marítimo; **in ~ geraten** estar en peligro de zozobrar, encontrarse en emergencia marítima

Seenotrettungsdienst *m* <-(e)s, -e> (NAUT) servicio *m* de salvamento en el mar

Seepferdchen *nt* (ZOOL) caballito *m* de mar

Seeräuber(in) *m(f)* pirata *mf*

Seereise *f* viaje *m* marítimo; *(Kreuzfahrt)* crucero *m*

Seerose *f* (BOT) nenúfar *m*

Seestern *m* (ZOOL) estrella *f* marina

Seetang *m* algas *fpl* marinas

Seeteufel *m* rape *m*

seetüchtig *adj* en buen estado para la navegación

seewärts ['ze:vɛrts] *adv* mar adentro

Seeweg *m* vía *f* marítima; **auf dem ~ reisen** viajar por mar

Seewetterbericht *m pronóstico meteorológico y del estado de la mar*

Seezunge *f* (ZOOL) lenguado *m*

Segel ['ze:gəl] *nt* <-s, -> vela *f;* **die ~ setzen** poner velas; **die ~ einholen** recoger las velas

Segelboot *nt* velero *m; (Einmaster)* balandro *m*

Segelflieger(in) *m(f)* piloto *mf* de planeador

Segelflug *m* <-(e)s, -flüge> *(Flug)* vuelo *m* en planeador

Segelflugplatz *m* <-es, -plätze> aeródromo *m* para planeadores

Segelflugzeug *nt* planeador *m*

Segeljacht *f* yate *m* de vela

segeln ['ze:gəln] *vi sein* navegar a vela; *(als Sport)* practicar el deporte de la vela; *(Vogel, Segelflugzeug)* planear; **~ gehen** salir a navegar

Segeln *nt* <-s, *ohne pl*> navegación *f* a vela

Segelohren *ntpl (fam)* orejas *fpl* de soplillo

S

Segelregatta *f* regata *f* de veleros
Segelschiff *nt s.* **Segelboot**
Segelschulschiff *nt* <-(e)s, -e> (NAUT) barco *m* (de vela) escuela
Segelsport *m* <-(e)s, *ohne pl*> deporte *m* de la vela
Segeltörn *m*, **Segeltour** *f* excursión *f* en un barco a vela
Segeltuch *nt* <-(e)s, -e> lona *f*
Segen ['ze:gən] *m* <-s, *ohne pl*> ① *(Einwilligung, a.* REL) bendición *f*; **seinen ~ zu etw geben** *(fam)* dar su bendición a algo ② *(göttlicher Segen)* gracia *f* de Dios ③ *(Glück)* suerte *f*; *(Wohltat)* bendición *f*; **es ist ein ~, dass ...** es una bendición que... *+subj*
segensreich *adj* beneficioso
Segler(in) *m(f)* <-s, -; -nen> balandrista *mf*
Segment [zɛ'gmɛnt] *nt* <-(e)s, -e> (*a.* LING, MATH) segmento *m*
segnen ['ze:gnən] *vt* bendecir
Segnung *f* <-en> ① (REL: *das Segnen*) bendición *f* ② *pl (Vorzüge)* ventajas *fpl* (*+gen* de), efectos *mpl* beneficiosos (*+gen* de)
sehbehindert *adj* que ve mal; **leicht/stark ~ sein** tener una deficiencia óptica leve/grave
Sehbehinderte(r) *mf* persona *f* con deficiencia visual
sehen ['ze:ən] <sieht, sah, gesehen> **I.** *vt* ver; *(betrachten)* mirar; *(hervorsehen)* asomar; *(bemerken)* notar; **wir ~ uns morgen** nos vemos mañana; **ich sehe das anders** yo lo veo de otro modo; **sich bei jdm ~ lassen** *(fam)* visitar a alguien; **nicht gern ge~ sein** no estar bien visto; **lass dich ja nicht mehr hier ~** *(fam)* no vengas nunca más por aquí; **kann ich mich so ~ lassen?** ¿puedo salir así a la calle?; **so ge~ hast du natürlich Recht** visto de ese modo por supuesto que tienes razón; **die Gefahr kommen ~** ver venir el peligro; **sich gezwungen ~, zu ...** verse obligado a...; **ich sehe es nicht gern, wenn ...** no me gusta que... *+subj;* **ich kann so etwas nicht ~** *(ertragen)* no lo soporto; **etw nicht mehr ~ können** *(fam: satthaben)* estar harto de algo; **hat man so was schon ge~!** *(fam)* ¡habráse visto (semejante cosa)! **II.** *vi* ver; *(blicken)* mirar (**auf**); **gut/schlecht ~** ver bien/mal; **du musst ~, dass du fertig wirst** *(fam)* tienes que ver de acabarlo; **sie sieht sehr auf Äußerlichkeiten** da mucha importancia al aspecto; **nach jdm ~** cuidar a alguien; **nach dem Rechten ~** ver si todo está en orden; **wir kennen uns vom S~** nos conocemos de vista; **sieh mal!** ¡mira!; **mal ~, ob das stimmt** *(fam)* ya veremos si es verdad; **du wirst schon ~** *(fam)* ya verás; **siehe oben** véase arriba; **lass mal ~, was du da hast** a ver qué tienes ahí; **siehste!** *(fam)* ¡ves!
sehenswert *adj* digno de verse
Sehenswürdigkeit *f* <-en> monumento *m*
Seher(in) *m(f)* <-s, -; -nen> vidente *mf*
Sehfehler *m* defecto *m* visual
Sehkraft *f ohne pl* vista *f*
Sehleistung *f* <-, *ohne pl*> (MED) capacidad *f* visual
Sehne ['ze:nə] *f* <-n> ① (MED) tendón *m* ② (MATH) cuerda *f*
sehnen ['ze:nən] *vr* **sich nach etw** *dat* / **jdm ~** añorar algo/a alguien; **er sehnte sich danach, wieder zu Hause** [*o* **zuhause**] **zu sein** ansiaba volver a casa
Sehnenscheidenentzündung *f* (MED) tendovaginitis *f inv*
Sehnerv *m* nervio *m* óptico
sehnig *adj* ① *(Körper)* musculoso, nervudo ② *(Fleisch)* tendinoso
sehnlich *adj* ardiente, vehemente
Sehnsucht *f* <-süchte> ansiedad *f* (**nach** de); *(nach Vergangenem)* nostalgia *f* (**nach** de); **~ nach jdm/etw** *dat* **haben** tener añoranza de alguien/algo; **sich vor ~ verzehren** consumirse de nostalgia
sehnsüchtig *adj*, **sehnsuchtsvoll** *adj* *(geh)* ansioso; *(Wunsch)* ardiente; *(ungeduldig)* impaciente
sehr [ze:ɐ] <mehr, am meisten> *adv* *(mit Adjektiv)* muy; *(mit Verb)* mucho; **~ freundlich!** ¡muy amable!; **~ viel** muchísimo; **~ sogar!** ¡mucho incluso!; **nicht ~** no mucho; **~ erfreut!** ¡encantado!; **so ~ sie sich auch bemühte ...** por mucho que se esforzó...; **zu ~** demasiado; **~ oft** muy a menudo; **so ~** tanto
Sehsinn *m* sentido *m* de la vista
Sehstörung *f* trastorno *m* visual
Sehtest *m* test *m* visual
Sehvermögen *nt* vista *f*
seicht [zaɪçt] *adj* ① *(Gewässer)* poco profundo, vadeable ② *(abw: banal)* trivial
seid [zaɪt] *2. pl präs von* **sein**
Seide ['zaɪdə] *f* <-n> seda *f*
seiden ['zaɪdən] *adj* ① *(aus Seide)* de seda ② *(wie Seide)* sedoso
Seidenmalerei *f* <-, -en> (KUNST) pintura *f* sobre seda
Seidenpapier *nt* papel *m* de seda
Seidenraupe *f* gusano *m* de seda
seidenweich ['--'-] *adj* suave como la seda
seidig *adj* sedoso

Seife ['zaɪfə] *f* <-n> jabón *m;* **ein Stück ~** una pastilla de jabón

Seifenblase *f* pompa *f* de jabón; **zerplatzen wie eine ~** desvanecerse

Seifenlauge *f* <-, -n> lejía *f* de jabón

Seifenoper *f* serial *m*

Seifenpulver *nt* jabón *m* en polvo

Seifenschale *f* jabonera *f*

Seifenspender *m* distribuidor *m* de jabón

Seifenwasser *nt ohne pl* agua *f* jabonosa

seifig *adj* jabonoso

Seil [zaɪl] *nt* <-(e)s, -e> cuerda *f; (für Seiltanz)* cuerda *f* floja; **auf dem ~ tanzen** hacer equilibrios en la cuerda floja

Seilbahn *f* funicular *m,* teleférico *m*

seil|hüpfen *vi sein* saltar a la comba

Seilschaft *f* <-en> ❶ *(Bergsteiger)* cordada *f* ❷ *(in der Politik)* enchufistas *mfpl*

seil|springen *irr vi sein* saltar a la comba

Seilspringen *nt ohne pl* (juego *m* de la) comba *f*

Seiltänzer(in) *m(f)* funámbulo, -a *m, f*

Seilwinde *f* <-, -n> torno *m* de cable

sein [zaɪn] <ist, war, gewesen> *vi sein* ❶ *(Identität, Eigenschaften, Herkunft, Beruf)* ser; *(Alter)* tener; **mir ist kalt** tengo frío; **bist du's?** ¿eres tú?; **wir sind Freunde** somos amigos; **sie ist Türkin** es turca; **ich bin aus Dortmund** soy de Dortmund; **ich bin 25** tengo 25 años; **zwei und zwei ist vier** dos y dos son cuatro; **sie ist Polizistin** es policía; **seien Sie (mir) nicht böse, aber ...** no se enfade (conmigo) pero...; **seien Sie so freundlich, und ...** sea tan amable y...; **das wäre ja noch schöner!** ¡no faltaría más (que eso)!; **es wäre besser gewesen, ...** habría sido mejor...; **wie wäre es mit einem Bier?** ¿qué tal una cerveza?; **nun sei doch nicht so!** ¡no te pongas así!; **ist es nicht so?** ¿no es así?; **es ist nichts** no es nada; **das war's** se acabó; **mir ist heute nicht nach Kuchen** *(fam)* hoy no me apetece comer tarta; **mir ist schlecht** no me encuentro bien; **mir ist schwindlig** me mareo; **mir ist, als hätte ich Stimmen gehört** tengo la impresión de haber oído voces; **lass es ~!** ¡déjalo!; **es wäre schön, wenn ...** sería bonito si... *+subj;* **es sei denn, dass ...** a no ser que... *+subj;* **wie dem auch sei** sea como sea ❷ *(Zustand)* estar; **sie ist verheiratet** está casada, es casada *Am* ❸ *(vorhanden sein)* haber; **was nicht ist, kann noch werden** mientras hay vida, hay esperanza; **ist da jemand?** ¿hay alguien allí?; **es waren viele Leute da** había mucha gente; **es war einmal...** érase una vez ❹ *(sich befinden)* estar; **sie sind in Chile** están en Chile; **wo warst du so lange?** ¿dónde estuviste durante tanto tiempo? ❺ *(mit Zeitangabe)* ser; *(stattfinden)* tener lugar, ser; *(Wetter)* hacer; **es ist 14.30 Uhr** son las dos y media; **heute ist Montag** hoy es lunes; **es ist Juni** es junio; **es ist sonnig/heiß/schlechtes Wetter** hace sol/calor/mal tiempo; **das ist über 10 Jahre her** esto fue hace más de 10 años; **morgen sind es 10 Jahre, dass wir uns kennen** mañana hace 10 años que nos conocemos ❻ *(geschehen)* ocurrir, suceder; **muss das ~?** ¿tiene que ser?; **kann ~!** ¡puede ser!; **was ist?** ¿qué pasa?; **ist was?** ¿sucede algo?; **sei's drum!** ¡que así sea! ❼ *(Hilfsverb)* haber; **sie sind schwimmen (gegangen)** han ido a nadar; **ich bin krank gewesen** he estado enfermo; **er ist bewusstlos geworden** ha perdido el conocimiento; **sie ist verurteilt worden** ha sido juzgada; **wenn er nicht gewesen wäre** si no hubiera sido por él

sein, seine, sein [zaɪn, 'zaɪnə, zaɪn] *pron poss (adjektivisch)* su, sus *pl;* **~ Sohn/Auto** su hijo/coche; **~e Freundin/Kinder** su novia/sus hijos

Sein [zaɪn] *nt* <-s, *ohne pl*> (PHILOS) ser *m; (Dasein)* existencia *f*

seine(r, s) *pron poss* (el) suyo *m,* (la) suya *f,* (los) suyos *mpl,* (las) suyas *fpl;* **der schwarze Mantel ist ~r** el abrigo negro es (el) suyo; *s. a.* **sein, seine, sein**

seiner *pron pers gen von* **er, es** de él

seinerseits *adv* por su parte

seinerzeit *adv* entonces, en aquel tiempo

seinesgleichen ['--'--] *pron indef inv* sus semejantes, de su condición; **er behandelte ihn wie ~** lo trataba como si fuera de su condición

seinetwegen ['zaɪnət've:gən] *adv* por él; *(negativ)* por su culpa

seinetwillen ['zaɪnət'vɪlən] *adv* **um ~** por él

seinige ['zaɪnɪgə] *pron poss geh für* **seine(r, s): der/die/das ~/S~** el suyo/la suya; **die ~n/S~n** los suyos/las suyas

seins [zaɪns] *pron poss s.* **seine(r, s)**

Seismograf [zaɪsmo'gra:f] *m* <-en, -en> sismógrafo *m*

seit [zaɪt] **I.** *präp +dat (Zeitpunkt)* desde; *(Zeitraum)* desde hace; **~ wann ...?** ¿desde cuándo...?; **~ Kurzem** [*o* **kurzem**] desde hace poco; **~ Langem** [*o* **langem**] desde hace mucho **II.** *konj* desde que

seitdem [-'-] **I.** *adv* desde entonces **II.** *konj* desde que

Seite ['zaɪtə] *f* <-n> ❶ *(allgemein)* lado *m; (Stoff-, Schallplattenseite)* cara *f;* **~ an ~** codo con codo; **auf ~n** [*o* **aufsei-**

S

ten] de parte de; **auf beiden ~n** a ambos lados; **nach allen ~n offen sein (für Vorschläge)** estar abierto a todo tipo de propuestas; **von ~n** [*o* **vonseiten]** de parte de; **von allen ~n** de todas partes; **zur ~ gehen** apartarse; **jdn von der ~ ansehen** mirar a alguien de reojo; **er weicht nicht von ihrer ~** *(fam)* no se aparta de su lado; **etw zur ~ legen** *(weglegen)* apartar algo; **etw auf die ~ legen** *(fam: sparen)* ahorrar algo; **jdn auf seiner ~ haben** tener a alguien de su parte; **jdm zur ~ stehen** apoyar a alguien; **jdn zur ~ nehmen, um ihm etw zu sagen** apartar a alguien para decirle algo; *s. a.* **aufseiten, vonseiten** ❷ *(Hinsicht, Aspekt)* parte *f*, lado *m*; *(Charakterzug)* lado *m*; **alles hat zwei ~n** todas las cosas tienen su contra; **das Recht ist auf ihrer ~** la razón está de su parte; **auf der einen ~ ..., auf der anderen ...** por una parte..., por otra...; **von dieser ~ kenne ich ihn gar nicht** no lo conozco así; **sich von seiner besten ~ zeigen** mostrar su mejor cara; **das ist ihre schwache ~** *(fam)* esto es su punto débil; **das ist ihre starke ~** *(fam)* esto es su fuerte ❸ *(Buchseite)* página *f*; **siehe ~ 15** véase página 15; **die gelben ~n®** las páginas amarillas ❹ *(Verhandlungspartner)* parte *f* ❺ *(Interessensgruppe)* **von kirchlicher ~** de parte de la Iglesia; **wie von offizieller ~ verlautete, ...** como indicaron fuentes oficiales...

Seitenansicht *f* vista *f* lateral

Seitenaufbau *m* (INFOR, TYPO) diseño *m* de página

Seitenaufprallschutz *m* (AUTO) barra *f* de protección lateral

Seitenblick *m* mirada *f* de reojo; **jdm einen ~ zuwerfen** mirar a alguien de reojo

Seiteneingang *m* <-(e)s, -gänge> entrada *f* lateral

Seitenhieb *m (fam: Kritik)* indirecta *f*

Seitenlage *f* posición *f* de lado; **stabile ~** posición lateral de seguridad

seitenlang I. *adj* de varias páginas **II.** *adv* en páginas enteras

Seitenleitwerk *nt* (AERO) timón *m* de dirección (lateral); **doppeltes/geteiltes ~** timón de dirección doble/dividido

Seitenlinie *f* ❶ (SPORT) línea *f* de banda ❷ *(Genealogie)* línea *f* lateral

seitens ['zaɪtəns] *präp +gen* de parte de, por parte de

Seitenschiff *nt* (ARCHIT) nave *f* lateral

Seitenschneider *m* alicates *mpl* de corte lateral

Seitenspiegel *m* (AUTO) (espejo *m*) retrovisor lateral *m*

Seitensprung *m (fig)* **einen ~ machen** ser infiel; *(Verheiratete)* cometer adulterio

Seitenständer *m (am Motorrad)* caballete *m* lateral

Seitenstechen *nt* <-s, *ohne pl*> punzadas *fpl* en el costado

Seitenstraße *f* calle *f* lateral

Seitenstreifen *m* arcén *m*, berma *f Am*

Seitenumbruch *m ohne pl* (INFOR, TYPO) salto *m* de página

seitenverkehrt *adj* invertido lateralmente

Seitenwechsel *m* (SPORT) cambio *m* de campo

Seitenwind *m* viento *m* lateral

Seitenzahl *f* ❶ *(Gesamtzahl)* número *m* de páginas ❷ *(auf einer Seite)* número *m* de página

seither [-'-] *adv* desde entonces

seitlich I. *adj* lateral, al lado; **~ von ...** al lado de... **II.** *adv* de lado; **~ abfallen** descender lateralmente **III.** *präp +gen* al lado de, a un lado de

seitwärts ['zaɪtvɛrts] *adv* hacia un lado

sek., Sek. *Abk. von* **Sekunde** s

Sekret [ze'kre:t] *nt* <-(e)s, -e> (MED, BIOL) secreción *f*

Sekretär[1] *m* <-s, -e> *(Möbelstück)* escritorio *m*, secreter *m*

Sekretär(in)[2] [zekre'tɛ:ɐ] *m(f)* <-s, -e; -nen> *(Angestellter)* secretario, -a *m, f*

Sekretariat [zekretari'a:t] *nt* <-(e)s, -e> secretaría *f*, secretariado *m*

Sekretärin *f* <-nen> *s.* **Sekretär**[2]

Sekretion [zekre'tsjo:n] *f* <-, -en> secreción *f*

Sekt [zɛkt] *m* <-(e)s, -e> cava *m*

Sekte ['zɛktə] *f* <-n> secta *f*

Sektglas *nt* copa *f* de champaña [*o* de champán]

Sektion [zɛk'tsjo:n] *f* <-, -en> ❶ *(Abteilung)* sección *f* ❷ (MED) disección *f*

Sektor ['zɛkto:ɐ] *m* <-s, -en> (*a.* MATH) sector *m*

sekundär [zekʊn'dɛ:ɐ] *adj* secundario

Sekundärliteratur *f ohne pl* literatura *f* secundaria

Sekundarschule *f (Schweiz) escuela del segundo ciclo en el sistema de enseñanza suizo*

Sekundarstufe *f* (SCH) nivel *m* de educación secundaria (en Alemania); **~ I** *(Mittelstufe)* nivel I de educación secundaria *(equivalente al tercer ciclo de primaria y al segundo de secundaria españoles)*; **~ II** *(Oberstufe)* nivel II de educación secundaria *(equivalente al bachillerato o a la F.P. de grado medio españoles)*

Sekunde [ze'kʊndə] *f* <-n> segundo *m*;

S

auf die ~ genau al segundo; **eine ~ bitte!** *(fam)* ¡un segundo, por favor!
Sekundenbruchteil *m* <-(e)s, -e> fracción *f* de segundo
Sekundenkleber *m* pegamento *m* rápido
Sekundenzeiger *m* segundero *m*
selbe(r, s) *adj* mismo; **im ~n Haus** en la misma casa
selber ['zɛlbɐ] *pron dem inv (fam) s.* **selbst**
Selbermachen *nt* **zum ~** para hacer uno mismo
selbst [zɛlpst] **I.** *pron dem inv* mismo; **ich/sie/wir ~** yo mismo/ella misma/nosotros mismos; **Fritz hat es ~ gesagt** Fritz mismo lo ha dicho; **das versteht sich von ~** esto se entiende por sí solo; **sie denkt nur an sich ~** solamente piensa en sí misma; **er kam ganz von ~** vino por sí mismo; **eine Sache um ihrer ~ willen tun** hacer algo por la cosa misma; **er ist die Ruhe ~** es la calma en persona **II.** *adv (sogar)* incluso, hasta; **~ wenn** incluso si *+subj*
Selbstachtung *f* autoestima *f*
selbständig ['zɛlpʃtɛndɪç] *adj o adv s.* **selbstständig**
Selbständige(r) *mf* <-n, -n; -n, -n> *s.* **Selbstständige(r)**
Selbständigkeit *f ohne pl s.* **Selbstständigkeit**
Selbstanzeige *f* <-, -n> (JUR) autodenuncia *f*
Selbstauslöser *m* (FOTO) disparador *m* automático
Selbstbedienung *f ohne pl* autoservicio *m*
Selbstbedienungskasse *f* caja *f* de autocobro
Selbstbedienungsladen *m* (tienda *f* de) autoservicio *m*
Selbstbedienungsrestaurant *nt* restaurante *m* autoservicio, self service *m*
Selbstbefriedigung *f* masturbación *f*
Selbstbeherrschung *f* autodominio *m*, autocontrol *m*
Selbstbestätigung *f ohne pl* (PSYCH) autoconfirmación *f*
Selbstbestimmung *f ohne pl* (POL) autodeterminación *f*
Selbstbeteiligung *f (Summe)* (cuota *f* de) retención *f* propia
Selbstbetrug *m* <-(e)s, *ohne pl*> autoengaño *m*
selbstbewusst *adj* ❶ *(selbstsicher)* seguro de sí mismo ❷ (PHILOS) consciente de sí mismo
Selbstbewusstsein *nt* ❶ *(Selbstsicherheit)* seguridad *f* en sí mismo ❷ (PHILOS) conciencia *f* de sí mismo
Selbstbildnis *nt* (KUNST) autorretrato *m*
Selbstdarsteller(in) *m(f)* persona *f* propensa a figurar
Selbstdisziplin *f ohne pl* autodisciplina *f*
Selbsterhaltung *f* <-, *ohne pl*> supervivencia *f*
Selbsterkenntnis *f ohne pl* autoconocimiento *m*
selbsternannt *adj s.* **ernennen**
selbstgefällig **I.** *adj (abw)* autocomplaciente, autosuficiente **II.** *adv (abw)* con autosuficiencia
Selbstgefälligkeit *f ohne pl (abw)* autocomplacencia *f*
selbstgerecht *adj* ególatra; *(eingebildet)* engreído, vanidoso
Selbstgespräch *nt* monólogo *m;* **~e führen** monologar
selbstherrlich *adj* autoritario, despótico
Selbstherrlichkeit *f ohne pl* autoritarismo *m*
Selbsthilfe *f ohne pl* autoayuda *f;* **zur ~ greifen** tomarse la justicia por su mano
Selbsthilfegruppe *f* grupo *m* de ayuda mutua
Selbstjustiz *f* (JUR) **~ üben** tomarse la justicia por su mano
selbstklebend *adj* autoadhesivo
Selbstkosten *pl* (WIRTSCH) costes *mpl* propios, gastos *mpl* directos
Selbstkostenbeteiligung *f* <-, -en> *(Summe)* cuota *f* de autoseguro
Selbstkostenpreis *m* (WIRTSCH) precio *m* de coste
Selbstkritik *f ohne pl* autocrítica *f*
selbstkritisch *adj* autocrítico
Selbstlaut *m* vocal *f*
selbstlos *adj* desinteresado, altruista
Selbstlosigkeit *f ohne pl* desinterés *m*
Selbstmitleid *nt (abw)* autocompasión *f*
Selbstmord *m* suicidio *m;* **~ begehen** suicidarse
Selbstmordattentat *nt* atentado *m* suicida
Selbstmörder(in) *m(f)* suicida *mf*
selbstmörderisch *adj* suicida
Selbstmordkandidat(in) *m(f)* <-en, -en; -, -nen> suicida *mf* potencial, persona *f* con tendencias suicidas
Selbstmordversuch *m* intento *m* de suicidio; **einen ~ machen** intentar suicidarse
Selbstportrait *nt*, **Selbstporträt** *nt* (KUNST) autorretrato *m*
selbstredend *adv* naturalmente, por supuesto
Selbstreinigung *f* (BIOL) purificación *f* natural
Selbstschutz *m* autoprotección *f*
selbstsicher *adj* seguro de sí mismo

Selbstsicherheit *f ohne pl* seguridad *f* en uno mismo

selbstständig I. *adj* ❶ *(unabhängig)* independiente ❷ *(beruflich)* por su propia cuenta; **sich ~ machen** establecerse por su cuenta II. *adv* por sí solo; (WIRTSCH) por su propia cuenta

Selbstständige(r) *mf* <-n, -n; -n, -n> trabajador(a) *m(f)* autónomo , -a

Selbstständigkeit *f ohne pl* independencia *f*

Selbststudium *nt* <-s, *ohne pl*> estudios *mpl* autodidácticos; **im ~** mediante estudios autodidácticos

selbsttätig *adj* ❶ *(automatisch)* automático ❷ *(aktiv)* activo

Selbsttäuschung *f* <-, *ohne pl*> autoengaño *m*

Selbstüberwindung *f* fuerza *f* de voluntad

selbstverschuldet *adj* por culpa propia

Selbstversorger(in) *m(f)* autoabastecedor(a) *m(f)*

selbstverständlich ['--(')--] I. *adj* natural, evidente; **das ist doch ~!** ¡esto se sobreentiende!; **etw für ~ halten** dar algo por hecho II. *adv* por supuesto, desde luego; **~ (nicht)!** ¡por supuesto (que no)!; **das tue ich ~ gern** por supuesto, lo hago con gusto

Selbstverständlichkeit ['--(')---] *f* <-en> *(Unbefangenheit)* naturalidad *f; (Offensichtlichkeit)* evidencia *f;* **das war doch eine ~** no faltaba más; **etw für eine ~ halten** considerar algo como lo más natural del mundo

Selbstverständnis *nt* <-ses, *ohne pl*> autognosis *f*

Selbstverstümmelung *f* <-, -en> automutilación *f,* mutilación *f* voluntaria

Selbstverteidigung *f ohne pl* autodefensa *f*

Selbstvertrauen *nt* confianza *f* en sí mismo, autoconfianza *f*

Selbstverwaltung *f* autogestión *f*

Selbstverwirklichung *f ohne pl* (PHILOS, PSYCH) autorrealización *f*

Selbstwertgefühl *nt ohne pl* (PSYCH) autoestima *f*

selbstzerstörerisch *adj* autodestructivo

Selbstzerstörung *f* <-, -en> autodestrucción *f*

Selbstzweck *m ohne pl* fin *m* absoluto

selektieren* [zelɛk'tiːrən] *vt* seleccionar

Selektion [zelɛk'tsjoːn] *f* <-, -en> (BIOL) selección *f*

selektiv *adj* selectivo

Selen [ze'leːn] *nt* <-s, *ohne pl*> (CHEM) selenio *m*

Selfie <-s, -s> ['sɛlfi] *nt (fam)* selfi(e) *m fam*

Selfiestick <-s, -s> ['sɛlfistɪk] *m* palo *m* (de) selfi(s)

Selfmademan ['sɛlfmeɪd'mɛn, *pl:* 'sɛlfmeɪd'mɛn] *m* <-s, Selfmademen> hombre *m* que se ha hecho a sí mismo

selig ['zeːlɪç] *adj* ❶ *(glücklich)* feliz, en las nubes *fam* ❷ (REL) bienaventurado; *(seliggesprochen)* beato; *(verstorben)* difunto; **Gott hab ihn ~!** ¡Dios lo tenga en su gloria!; **ihr ~er Vater** su padre que en paz descanse; **wer's glaubt, wird ~** *(fam iron)* más tonto aquel que se lo crea

Selige(r) *mf* <-n, -n; -n, -n> ❶ *(Verstorbener)* difunto, -a *m, f* ❷ (REL: *Seliggesprochener*) beato, -a *m, f*

Seligkeit *f ohne pl* ❶ (REL) bienaventuranza *f* (eterna) ❷ *(Glück)* felicidad *f*

Seligsprechung *f* (REL) beatificación *f*

Sellerie ['zɛləri] *m* <-s, -(s)> *f* <-> apio *m*

selten ['zɛltən] I. *adj* ❶ *(nicht häufig)* raro ❷ *(außergewöhnlich)* extraordinario; *(merkwürdig)* curioso II. *adv* ❶ *(nicht häufig)* raras veces ❷ *(außergewöhnlich)* extraordinariamente

Seltenheit[1] *f ohne pl (Vorkommen)* rareza *f;* **es ist eine ~, dass ...** ocurre raras veces que... +*subj*

Seltenheit[2] *f* <-en> *(Stück)* curiosidad *f*

Seltenheitswert *m ohne pl* valor *m* de pieza rara

Selters ['zɛltɐs] *nt* <-, -> *(fam)* agua *f* mineral

seltsam ['zɛltzaːm] *adj* extraño, singular; **er kam ihr ~ bekannt vor** le pareció particularmente conocido

seltsamerweise ['zɛltzaːmɐ'vaɪzə] *adv* curiosamente, extrañamente

Semantik [ze'mantɪk] *f* <-, *ohne pl*> (LING) semántica *f*

semantisch [ze'mantɪʃ] *adj* (LING) semántico

Semester [ze'mɛstɐ] *nt* <-s, -> semestre *m*

Semesterferien *pl* (UNIV) vacaciones *fpl* semestrales *(en primavera y verano)*

Semifinale *nt* (SPORT) semifinal *f*

Semikolon [zemi'koːlɔn] *nt* <-s, -s *o* Semikola> punto *m* y coma

Seminar [zemi'naːɐ] *nt* <-s, -e> ❶ *(Lehrveranstaltung, Priesterseminar)* seminario *m* ❷ *(Institut)* departamento *m*

Seminararbeit *f* <-, -en> (UNIV) trabajo *m* escrito

Seminarschein *m* <-(e)s, -e> (UNIV) ≈ papeleta *f;* **einen ~ machen** hacer un curso (para obtener una papeleta)

semipermeabel *adj* **semipermeable Membran** membrana *f* semipermeable
Semit(in) [ze'mi:t] *m(f)* <-en, -en; -nen> semita *mf*
semitisch *adj* semítico, semita
Semmel ['zɛməl] *f* <-n> *(Österr, südd, reg)* panecillo *m;* **weggehen wie warme ~n** *(fam)* venderse como rosquillas
Semmelbrösel *mpl (Österr, südd)* pan *m* rallado
Semmelknödel *m (südd, Österr) albóndiga hecha a base de pan, harina, huevos, condimentos, etc.;* **Schweinebraten mit ~n** asado de cerdo con "semmelknödel"
sen. *Abk. von* **senior** padre
Senat [ze'na:t] *m* <-(e)s, -e> ① (HIST, POL) senado *m* ② (UNIV) claustro *m* ③ (JUR) consejo *m* judicial
Senator(in) [ze'na:to:ɐ] *m(f)* <-s, -en; -nen> senador(a) *m(f)*
Sendeanstalt *f* <-, -en> (RADIO, TV) cadena *f* de radiotelevisión
Sendebereich *m* (RADIO, TV) zona *f* de emisión
sendebereit *adj* (TEL) listo para enviar
Sendegebiet *nt* <-(e)s, -e> (RADIO, TV) zona *f* de emisión
senden ['zɛndən] <sendet, sandte *o* sendete, gesandt *o* gesendet> *vt* ① *(geh: schicken)* enviar (**nach/zu** a) ② *(ausstrahlen)* emitir
Sendepause *f* (RADIO, TV) pausa *f*
Sendeplatz *m* (TV, RADIO) espacio *m* de emisión
Sender *m* <-s, -> (RADIO, TV) (estación *f*) emisora *f*
Sendereihe *f* (RADIO, TV) serial *m*
Sendeschluss *m ohne pl* (RADIO, TV) cierre *m* de la emisión
Sendezeit *f* (RADIO, TV) tiempo *m* de emisión
Sendung *f* <-en> ① *(Warensendung)* envío *m* ② (RADIO, TV: *das Senden*) emisión *f;* **auf ~ gehen** comenzar a emitir; **auf ~ sein** estar en el aire ③ (RADIO, TV) programa *m*
Senegal ['ze:negal] *m* <-s> Senegal *m*
Senegalese, -in [zenega'le:zə] *m, f* <-n, -n; -nen> senegalés, -esa *m, f*
senegalesisch *adj* senegalés
Senf [zɛnf] *m* <-(e)s, -e> mostaza *f*
Senfgas *nt* gas *m* mostaza
Senfgurke *f* pepinillo *m* en vinagre y mostaza
sengen ['zɛŋən] *vt* chamuscar; **in der ~den Sonne** bajo el sol abrasador
senil [ze'ni:l] *adj* senil
Senilität [zenili'tɛ:t] *f* <-, *ohne pl*> senilidad *f*
senior ['ze:njo:ɐ] *adj* **Karl Meyer ~** Karl Meyer (padre)
Senior(in) ['ze:njo:ɐ, *pl:* ze'njo:rən] *m(f)* <-s, -en; -nen> ① *(Rentner)* persona *f* de la tercera edad ② (SPORT) sénior *mf*
Seniorchef(in) *m(f)* jefe, -a *m, f*
Seniorenheim *nt* residencia *f* para la tercera edad
Seniorin *f* <-, -nen> *s.* **Senior**
Seniorpartner(in) *m(f)* <-s, -; -, -nen> socio, -a *m, f* principal
Senke ['zɛŋkə] *f* <-n> depresión *f* en un terreno
senken ['zɛŋkən] **I.** *vt* ① *(allgemein)* bajar; *(Kopf)* inclinar; **die Stimme ~** bajar la voz ② *(Kosten)* reducir; *(Preise)* rebajar **II.** *vr:* **sich ~** ① *(herunterkommen)* bajar; *(absinken)* hundirse ② *(geh: Abend, Nacht)* caer
senkrecht *adj* vertical; (MATH) perpendicular (**zu** a)
Senkrechte *f* <-n> (recta *f*) vertical *f;* (MATH) (línea *f*) perpendicular *f*
Senkrechtstarter[1] *m* <-s, -> ① (AERO) avión *m* de despegue y aterrizaje vertical ② *(fam: Buch, Film)* éxito *m* rotundo
Senkrechtstarter(in)[2] *m(f)* <-s, -; -nen> *(fam: Person)* joven *mf* prometedor(a)
Senkung[1] *f ohne pl* ① *(des Kopfes)* inclinación *f* ② *(Verringerung)* reducción *f* (**um** en, **auf** a)
Senkung[2] *f* <-en> (GEO) depresión *f* (de un terreno)
Sensation [zɛnza'tsjo:n] *f* <-en> sensación *f*
sensationell [zɛnzatsjo'nɛl] *adj* sensacional
Sensationsblatt *nt (abw)* periódico *m* sensacionalista
Sensationsgier [zɛnzats'jo:ns-] *f* sensacionalismo *m,* sed *m* de sensacionalismo
sensationsgierig [zɛnzats'jo:ns-] *adj* (muy) sensacionalista, sediento de sensacionalismo
Sensationspresse *f ohne pl (abw)* prensa *f* sensacionalista
Sense ['zɛnzə] *f* <-n> guadaña *f;* **jetzt ist ~!** *(fam)* ¡y sanseacabó!
Sensenmann *m* <-(e)s, -männer> ① *(geh: jd, der Gras mäht)* guadañero *m* ② *(Tod)* (muerte *f* de la) guadaña *f*
sensibel [zɛn'zi:bəl] *adj* sensible
Sensibelchen *nt* <-s, -> *(iron, abw)* sensiblero *m*
sensibilisieren* [zɛnzibili'zi:rən] *vt* (*a.* FOTO) sensibilizar
Sensibilisierung *f* <-, -en> (*a.* FOTO, MED) sensibilización *f*
Sensibilität [zɛnzibili'tɛ:t] *f ohne pl* (*a.* FOTO) sensibilidad *f*

Sensor ['zɛnzoːɐ] *m* <-s, -en> (TECH) sensor *m*
sensorisch *adj* (MED) sensorial
sentimental [zɛntimɛn'taːl] *adj* sentimental
Sentimentalität [zɛntimɛntali'tɛːt] *f ohne pl* sentimentalismo *m*
separat [zepa'raːt] **I.** *adj* separado; *(Eingang)* independiente **II.** *adv* aparte
Separatismus [zepara'tɪsmʊs] *m* <-, *ohne pl*> separatismo *m*
Separatist(in) [zepara'tɪst] *m(f)* <-en, -en; -nen> separatista *mf*
separatistisch *adj* separatista
Separee *nt* <-s, -s>, **Séparée** [zepa'reː] *nt* <-s, -s> reservado *m*
Sepia[1] ['zeːpia, *pl:* 'zeːpiən] *f* <-, Sepien> (ZOOL) sepia *f*
Sepia[2] *f* <-, *ohne pl*> *(Farbstoff)* (color *m*) sepia *f*
September [zɛp'tɛmbɐ] *m* <-(s), -> se(p)tiembre *m; s. a.* **März**
sequentiell [zekvɛn'tsjɛl] *adj s.* **sequenziell**
Sequenz [ze'kvɛnts] *f* <-en> (*a.* FILM, MUS) secuencia *f*
sequenziell [zekvɛn'tsjɛl] *adj* (INFOR) secuencial
Sera *pl von* **Serum**
Serbe, -in ['zɛrbə] *m, f* <-n, -n; -nen> serbio, -a *m, f*
Serbien ['zɛrbiən] *nt* <-s> Serbia *f*
Serbin *f* <-nen> *s.* **Serbe**
serbisch *adj* serbio
serbokroatisch [zɛrbokro'aːtɪʃ] *adj* serbocroata
Seren *pl von* **Serum**
Serenade [zere'naːdə] *f* <-n> (MUS) serenata *f,* albazo *m Perú,* alborada *f PRico*
Serie ['zeːriə] *f* <-n> (*a.* TV) serie *f;* **in ~ herstellen** producir en serie

seriell [zeri'ɛl] *adj* en serie; **~e Schnittstelle** (INFOR) interfaz serie, puerto serie
Serienausstattung *f* <-, -en> (*a.* AUTO) equipamiento *m* de serie
serienmäßig **I.** *adj* ① *(Herstellung)* en serie ② (AUTO: *Ausstattung*) de serie **II.** *adv* en serie
Seriennummer *f* número *m* de serie
serienweise *adv* en serie
seriös [zeri'øːs] *adj* serio; *(gediegen)* formal
Serpentine [zɛrpɛn'tiːnə] *f* <-n> serpentina *f*
Serum ['zeːrʊm] *nt* <-s, Seren *o* Sera> suero *m*
Server ['sœːvɐ] *m* <-s, -> (INFOR) server *m,* servidor *m*

Service[1] [zɛr'viːs] *nt* <-(s), -> *(Geschirr)* juego *m* de café
Service[2] ['sœːvɪs] *m* <-, *ohne pl*> ① *(Bedienung)* servicio *m; (Kundendienst)* asistencia *f* técnica ② (SPORT) saque *m,* servicio *m*
Servicecenter ['sœːvɪssɛntɐ] *nt* centro *m* de servicios
Service-Provider *m* (TEL) proveedor *m* de servicios
servieren* [zɛr'viːrən] *vt, vi* servir
Serviererin [zɛr'viːrərɪn] *f* <-nen> camarera *f*
Servierlöffel *m* cucharón *m*
Servierwagen *m* carrito *m* de servir
Serviette [zɛr'vjɛtə, zɛrvi'ɛtə] *f* <-n> servilleta *f*
Servobremse ['zɛrvo-] *f* (TECH) servofreno *m*
Servolenkung *f* (TECH) dirección *f* asistida, servodirección *f*
Servomotor *m* (TECH) servomotor *m*
Servus ['sɛrvʊs] *interj (Österr, südd)* adiós
Sesam ['zeːzam] *m* <-s, -s> sésamo *m;* **~, öffne dich!** ¡ábrete, sésamo!
Sessel ['zɛsəl] *m* <-s, -> sillón *m; (im Kino)* butaca *f*
Sessellift *m* telesilla *f*
sesshaft ['zɛshaft] *adj* sedentario; **in einem Ort ~ werden** asentarse en un lugar
Set [sɛt] *m o nt* <-(s), -s> *(zusammengehörige Dinge)* conjunto *m,* set *m*
Setup *nt* <-(s), -s> (INFOR) setup *m,* programa *m* de ajuste
setzen ['zɛtsən] **I.** *vt* ① *(allgemein)* poner (**auf** en/sobre); *(stellen)* colocar (**auf** en/sobre); *(Kind)* sentar; **etw auf die Tagesordnung/in die Zeitung ~** poner algo en el orden del día/en el periódico; **etw an den Mund ~** llevar(se) algo a la boca; **ein Kind in die Welt ~** *(fam)* traer un hijo al mundo ② *(Pflanze)* plantar ③ *(Ofen)* instalar; *(Denkmal)* erigir; *(Segel)* izar ④ *(Norm)* fijar, establecer; *(Frist, Termin)* fijar, señalar; *(Hoffnung, Vertrauen)* poner; **etw** *dat* **ein Ende/Grenzen ~** poner fin/límites a algo; **sich** *dat* **ein Ziel ~** ponerse una meta ⑤ (TYPO) componer ⑥ *(Geld)* apostar (**auf** por) ⑦ *(fam: injizieren)* **sich** *dat* **eine Spritze ~** ponerse una inyección ⑧ *(Wend)* **gesetzt den Fall, er kommt** supongamos que venga; **gleich setzt es was!** *(fam)* ¡que te doy! **II.** *vr:* **sich ~** ① *(Person)* sentarse; **bitte, ~ Sie sich!** ¡siéntese, por favor! ② *(Flüssigkeit)* depositarse, posarse; *(Staub, Geruch)* pegarse (**in/auf** a) ③ *(beginnen)* **sich an etw ~** ponerse a hacer algo **III.** *vi* ① *(im Spiel)*

jugar ② *(überqueren)* **über etw ~** cruzar algo

Setzer(in) *m(f)* <-s, -; -nen> (TYPO) cajista *mf*

Setzerei *f* <-en> (TYPO) taller *m* de composición

Setzling *m* <-s, -e> ① *(Pflanze)* plantón *m* ② *(Fisch)* alevín *m*

Seuche ['zɔɪçə] *f* <-n> epidemia *f; (fig)* peste *f*

Seuchenherd *m* <-(e)s, -e> foco *m* de la epidemia

seufzen ['zɔɪftsən] *vi* suspirar

Seufzer *m* <-s, -> suspiro *m*

Sex [sɛks] *m* <-(es), *ohne pl*> *(fam)* sexo *m*

Sex-Appeal *m ohne pl,* **Sexappeal** ['zɛksəpi:l] *m* <-s, *ohne pl*> sex-appeal *m*

Sexbombe *f* <-, -n> *(fam)* mujer *f* con sex-appeal

Sexfilm *m* película *f* pornográfica

Sexismus [sɛ'ksɪsmʊs, zɛ'ksɪsmʊs] *m* <-, *ohne pl*> sexismo *m*

Sexist(in) [sɛ'ksɪst, zɛ'ksɪst] *m(f)* <-en, -en; -, -nen> sexista *mf*

sexistisch *adj* sexista

Sexshop *m* <-s, -s> sex shop *m*

Sexsymbol *nt* <-s, -e> símbolo *m* sexual

Sextett [zɛks'tɛt] *nt* <-(e)s, -e> (MUS) sexteto *m*

Sextourismus *m* turismo *m* sexual

Sexualerziehung [sɛksu'a:l-, zɛksu'a:l-] *f ohne pl* educación *f* sexual

Sexualforscher(in) *m(f)* <-s, -; -, -nen> investigador(a) *m(f)* de la conducta sexual

Sexualforschung *f* <-, *ohne pl*> sexología *f*

Sexualität [sɛksuali'tɛ:t, zɛksuali'tɛ:t] *f ohne pl* sexualidad *f*

Sexualkunde *f ohne pl* educación *f* sexual

Sexualleben *nt ohne pl* vida *f* sexual

Sexualobjekt *nt* objeto *m* sexual

Sexualtrieb *m ohne pl* instinto *m* sexual

Sexualverbrechen *nt* delito *m* sexual

sexuell [sɛksu'ɛl, zɛksu'ɛl] *adj* sexual; **jdn ~ missbrauchen** abusar sexualmente de alguien

sexy ['sɛksi, 'zɛksi] *adj inv (fam)* sexi

Seychellen [ze'ʃɛlən] *pl* (islas *fpl*) Seychelles *fpl*

Sezession *f* <-, -en> (POL) secesión *f*

Sezessionskrieg *m* <-(e)s, *ohne pl*> guerra *f* de Secesión

sezieren* [ze'tsi:rən] *vt* diseccionar

Shampoo ['ʃampu] *nt* <-s, -s> champú *m*

Shareware ['ʃeɐwɐ] *f* <-, -s> (INFOR) software *m* compartido

Sheriff ['ʃɛrɪf] *m* <-s, -s> sheriff *m*

Sherry ['ʃɛri] *m* <-s, -s> jerez *m*

Shifttaste *f* (INFOR) tecla *f* de mayúsculas (en el ordenador)

Shorts [ʃɔ:ts, ʃɔrts] *pl* pantalones *mpl* cortos

Show [ʃɔʊ] *f* <-s> espectáculo *m,* show *m*

Showbusiness *nt* mundo *m* del espectáculo

Showdown [ʃoʊ'daʊn] *m* <-(s), -s> enfrentamiento *m,* confrontación *f*

Showgeschäft *nt ohne pl* mundo *m* del espectáculo

Showmaster(in) [-ma:stɐ] *m(f)* <-s, -; -nen> presentador(a) *m(f)*

siamesisch [zia'me:zɪʃ] *adj* siamés; **~e Zwillinge** hermanos siameses

Siamkatze *f* gato *m* siamés

Sibirien [zi'bi:riən] *nt* <-s> Siberia *f*

sibirisch *adj* siberiano

sich [zɪç] *pron refl akk/dat von* **er, sie, es, Sie,** *akk/dat von pl* **sie, Sie** se; *(betont)* a sí… (se); *(mit Präposition)* sí; **sie wäscht ~** se lava; **sie wäscht ~** *dat* **die Haare** se lava el pelo; **er denkt nur an ~** solamente piensa en sí (mismo); **hier sitzt es ~ gut** aquí se está cómodo; **sie hat kein Geld bei ~** no lleva dinero consigo; **er lud ihn zu ~ nach Hause ein** lo invitó a su casa; **jeder für ~** cada cual por su cuenta; **das ist eine Sache für ~** es una cosa aparte

Sichel ['zɪçəl] *f* <-n> hoz *f*

sichelförmig *adj* con forma de hoz; **ein ~er Mond** una luna en cuarto creciente

sicher ['zɪçɐ] **I.** *adj (ungefährdet, ungefährlich)* seguro; *(gewiss)* seguro, cierto; *(erfahren)* experto; *(zuverlässig)* fidedigno; **~ ist ~** por si acaso; **sich ~ fühlen** sentirse seguro; **bist du dir ~?** ¿estás seguro?; **er ist sich seiner Sache sehr ~** está muy seguro de sí mismo; **langsam aber ~** *(fam)* despacio pero seguro **II.** *adv* ① *(wahrscheinlich)* seguramente; **er kommt ~ bald** seguramente vendrá pronto ② *(gewiss)* con seguridad; **ja, ~ (doch)!** *(fam)* ¡pues claro!; **etw ~ aufbewahren** mantener algo en sitio seguro ③ *(ungefährdet, ungefährlich)* **sie fährt sehr ~** conduce de una forma muy segura

sicher|gehen *irr vi sein* ir sobre seguro, estar seguro; **er will ganz ~, dass …** quiere estar seguro de que… +*subj*

Sicherheit[1] *f ohne pl* ① *(allgemein)* seguridad *f;* **jdn/etw in ~ bringen** salvar a alguien/algo; **sich in ~ befinden** estar a salvo; **sich in ~ wiegen** creer uno (equivocadamente) que ha pasado el peligro ② *(im Auftreten)* aplomo *m* ③ *(Gewissheit)* certeza *f,* seguridad *f*

S

Sicherheit[2] *f* <-en> (WIRTSCH) garantía *f;* ~ **leisten** prestar caución, otorgar garantía

Sicherheitsabstand *m* distancia *f* de seguridad

Sicherheitsanweisung *f* indicaciones *f* de seguridad *pl*

Sicherheitsbeamte(r) *m,* **-beamtin** *f* guardia *mf* de seguridad

Sicherheitsdienst *m* servicio *m* de seguridad

Sicherheitsexperte, -expertin *m, f* <-n, -n; -, -nen> experto, -a *m, f* de seguridad

Sicherheitsgurt *m* cinturón *m* de seguridad; **den ~ anlegen** abrocharse el cinturón de seguridad

sicherheitshalber [-halbɐ] *adv* para estar seguro, para mayor seguridad

Sicherheitskontrolle *f* control *m* de seguridad

Sicherheitskopie *f* (INFOR) copia *f* de seguridad

Sicherheitslücke *f* fallo *m* de seguridad

Sicherheitsnadel *f* imperdible *m,* alfiler *m* de gancho *Arg*

Sicherheitsrat *m ohne pl* Consejo *m* de Seguridad

Sicherheitsschloss *nt* cerradura *f* de seguridad

Sicherheitsventil *nt* válvula *f* de seguridad

sicherlich *adv* seguramente

sichern ['zɪçɐn] **I.** *vt* ❶ *(schützen)* proteger (**gegen/vor** contra); *(sicherstellen)* asegurar; **sich** *dat* **etw ~** reservarse algo; **Spuren ~** levantar la evidencia física ❷ *(Tür)* cerrar firmemente; *(Gewehr)* asegurar ❸ *(befestigen)* consolidar ❹ (INFOR: *speichern*) almacenar; **vor Zugriff ~** proteger del acceso **II.** *vr:* **sich ~** *(beim Bergsteigen)* asegurarse

sicher|stellen *vt* ❶ *(beschlagnahmen)* intervenir ❷ *(gewährleisten)* asegurar

Sicherung[1] *f ohne pl* ❶ *(Schutz)* protección *f* (**gegen** contra); *(Sicherstellen)* aseguramiento *m* ❷ (INFOR: *Speicherung*) almacenamiento *m*

Sicherung[2] *f* <-en> ❶ (ELEK) fusible *m,* plomo *m; (bei Waffen)* seguro *m* ❷ *(Befestigung)* consolidación *f*

Sicherungskasten *m* (ELEK) caja *f* de fusibles

Sicherungskopie *f* (INFOR) copia *f* de seguridad; **eine ~ erstellen** hacer una copia de seguridad

Sicht [zɪçt] *f ohne pl* ❶ *(Sichtverhältnisse)* visibilidad *f; (Ausblick)* vista *f;* **klare ~** buena visibilidad; **jdm die ~ versperren** tapar a alguien la vista; **auf lange ~** a largo plazo ❷ *(Sichtweise)* (punto *m* de) vista *f;* **aus heutiger ~** desde el punto de vista actual

sichtbar *adj* ❶ *(zu sehen)* visible; *(wahrnehmbar)* perceptible ❷ *(offensichtlich)* manifiesto; **~ werden** manifestarse

sichten ['zɪçtən] *vt* ❶ *(erblicken)* avistar ❷ *(durchsehen)* revisar; *(ordnen)* ordenar, clasificar

sichtlich *adj* visible; *(offenkundig)* evidente; **er hat sich ~ gefreut** se alegró visiblemente

Sichtverhältnisse *ntpl* (condiciones *fpl* de) visibilidad *f*

Sichtwechsel *m* (FIN) letra *f* a la vista

Sichtweite *f* visibilidad *f;* **außer/in ~ sein** estar fuera del/al alcance de la vista

Sickergrube *f* <-, -n> sumidero *m*

sickern ['zɪkɐn] *vi sein (durchsickern)* colarse (**durch** por), filtrarse (**durch** por); *(hineinsickern)* infiltrarse (**in** en), ser absorbido (**in** por); **von diesem Plan darf auf keinen Fall etwas nach draußen ~** nadie debe enterarse de algo relacionado con este plan

sie [ziː] *pron pers* ❶ *nom 3. sg f* ella; **wenn ich ~ wäre** si yo fuera ella; **du bist größer als ~** eres más alta que ella ❷ *nom 3. pl m o f* ellos *mpl,* ellas *fpl;* **~ sind Lehrerinnen** (ellas) son maestras ❸ *akk von sg* **sie** la; *(betont)* a ella (la); *(mit Präposition)* ella; **ich treffe ~ heute Abend** la veo esta noche; **~ kenne ich noch nicht** a ella todavía no la conozco; **die Bücher sind für ~** los libros son para ella ❹ *akk von pl* **sie** *(auf Menschen bezogen)* los *mpl; (nur auf Frauen bezogen)* las *fpl; (auf Sachen bezogen)* los *mpl,* las *fpl; (betont: Menschen)* a ellos (los) *mpl,* a ellas (las) *fpl; (mit Präposition: Menschen)* ellos *mpl,* ellas *fpl;* **ich habe ~ lange nicht gesehen** hace mucho que no los veo; **wir machen alles nur für ~** lo hacemos todo por ellos

Sie [ziː] *pron pers (Höflichkeitsform)* ❶ *nom (eine Person)* usted, Ud.; *(mehrere Personen)* ustedes, Uds.; **wenn ich ~ wäre** si yo fuera usted; **hallo, ~!** ¡eh, usted!; **jdn mit ~ anreden** tratar a alguien de usted ❷ *akk von* **Sie** *(einen Mann)* lo; *(eine Frau)* la; *(mehrere Personen)* los *mpl; (mehrere Frauen)* las *fpl; (betont)* a usted (lo) *m,* a usted (la) *f,* a ustedes (los) *mpl,* a ustedes (las) *fpl; (mit Präposition: einer Person)* usted, Ud.; *(mehrere Personen)* ustedes, Uds..; **darf ich ~ mal stören?** ¿puedo molestarle(s)/molestarla(s) un momento?; **ich meine ~!** ¡me refiero a usted/ustedes!

Sieb [ziːp] *nt* <-(e)s, -e> *(Sand-, Getrei-*

desieb) criba *f;* *(Mehlsieb)* cedazo *m;* *(feines Sieb)* tamiz *m;* *(für Flüssigkeiten)* colador *m;* *(für Nudeln)* escurridor *m;* **etw durch ein ~ gießen** colar algo; **er hat ein Gedächtnis wie ein ~** *(fam)* tiene muy mala memoria

Siebdruck *m (Verfahren)* serigrafía *f*

sieben[1] ['zi:bən] **I.** *vt* ❶ *(Sand)* cribar; *(Mehl)* tamizar ❷ *(auswählen)* seleccionar **II.** *vi* seleccionar

sieben[2] ['zi:bən] *adj inv* siete; *s. a.* **acht**[1]

Siebeneck *nt* heptágono *m*

siebenerlei ['zi:bənɐ'laɪ] *adj inv* de siete clases diferentes, siete clases (diferentes) de; *s. a.* **achterlei**

siebenfach **I.** *adj* séptuplo, siete veces **II.** *adv* siete veces; *s. a.* **achtfach**

siebenhundert ['--'--] *adj inv* setecientos; *s. a.* **achthundert**

siebenjährig *adj (sieben Jahre alt)* de siete años (de edad), sieteñal; *(sieben Jahre dauernd)* de siete años (de duración); *s. a.* **achtjährig**

siebenmal *adv* siete veces; *s. a.* **achtmal**

Siebensachen ['--'--] *fpl (fam)* trastos *mpl*

Siebenschläfer [-ʃlɛ:fɐ] *m* <-s, -> lirón *m*

siebentägig [-tɛ:gɪç] *adj* de ocho días

siebentausend ['--'--] *adj inv* siete mil; *s. a.* **achttausend**

siebente(r, s) ['zi:bəntə, -tɐ, -təs] *adj s.* **siebte(r, s)**

siebt zu ~ *(in Siebenergruppen)* en grupos de (a) siete, de siete en siete; *(zusammen, als Gruppe von sieben)* entre (los) siete; *s. a.* **acht**[1]

siebte(r, s) *adj* séptimo; *s. a.* **achte(r, s)**

siebtel ['zi:ptəl] *adj inv* séptimo; *s. a.* **achtel**

Siebtel ['zi:ptəl] *nt* <-s, -> séptimo, -a *m, f;* *s. a.* **Achtel**

siebtens ['zi:ptəns] *adv* en séptimo lugar; *(bei einer Aufzählung)* séptimo; *s. a.* **achtens**

siebzehn ['zi:ptse:n] *adj inv* diecisiete; *s. a.* **acht**[1]

siebzehnte(r, s) *adj* decimoséptimo; *s. a.* **achte(r, s)**

Siebzehntel *nt* <-s, -> decimoséptimo *m;* *s. a.* **Achtel**

siebzig ['zi:ptsɪç] *adj inv* setenta; *s. a.* **achtzig**

siebziger *adj inv* ❶ *(1970 bis 1979)* de (la década de) los setenta ❷ *(von 1970)* del setenta; *s. a.* **achtziger**

siebzigjährig *adj* de setenta años

Siebzigjährige(r) *mf* <-n, -n; -n, -n> septuagenario, -a *m, f*

siebzigste(r, s) *adj* septuagésimo; *s. a.* **achtzigste(r, s)**

siedeln ['zi:dəln] *vi* asentarse

sieden ['zi:dən] <siedet, sott *o* siedete, gesotten *o* gesiedet> *vi* hervir

Siedepunkt *m* (PHYS) punto *m* de ebullición

Siedler(in) ['zi:dlɐ] *m(f)* <-s, -; -nen> colono, -a *m, f*

Siedlung ['zi:dlʊŋ] *f* <-en> ❶ *(Wohnsiedlung)* urbanización *f* ❷ (HIST) población *f;* *(Kolonie)* colonia *f*

Sieg [zi:k] *m* <-(e)s, -e> victoria *f* (**über** sobre), triunfo *m* (**über** sobre); **den ~ davontragen** conseguir la victoria

Siegel ['zi:gəl] *nt* <-s, -> sello *m;* **unter dem ~ der Verschwiegenheit** bajo la condición de guardar el secreto

siegeln ['zi:gəln] *vt* sellar

Siegelring *m* <-(e)s, -e> anillo *m* de sello

siegen ['zi:gən] *vi* ganar (**über** a); **mit 1:3 ~** ganar por 1:3

Sieger(in) *m(f)* <-s, -; -nen> vencedor(a) *m(f);* *(im Sport)* campeón, -ona *m, f;* **die dreimalige ~in** la tres veces campeona; **als ~ aus etw hervorgehen** salir vencedor de algo

Siegerehrung *f* ceremonia *f* de entrega de (los) premios

Siegerin *f* <-nen> *s.* **Sieger**

Siegerpodest *nt* podio *m* (de vencedores), podium *m* de vencedores

Siegertreppchen *nt* <-s, -> podio *m,* podium *m*

Siegerurkunde *f* certificado *m* de vencedor

siegesbewusst *adj* seguro del triunfo

siegessicher *adj* seguro de triunfar

Siegeszug *m* cortejo *m* triunfal

siegreich *adj* victorioso; (SPORT) ganador; **aus etw ~ hervorgehen** salir vencedor de algo

sieht [zi:t] *3. präs von* **sehen**

Sierra Leone ['zjɛra le'o:nə] *nt* <- -s> Sierra Leona *f*

siezen ['zi:tsən] *vt* tratar de usted

Sightseeing ['saɪtsi:ɪŋ] *nt* <-(s), *ohne pl*> visita *f* turística, recorrido *m* turístico

Signal [zɪ'gna:l] *nt* <-s, -e> señal *f;* **~e geben** hacer señales; **ein ~ setzen** poner una señal

signalisieren* [zɪgnali'zi:rən] *vt* ❶ *(andeuten)* señalar ❷ *(Schweiz: ausschildern)* señalizar

Signalmast *m* ❶ (EISENB) poste *m* para señales ❷ *(Ampelmast)* poste *m* de semáforo

Signalwirkung *f* <-, -en> **~ haben** marcar la pauta

Signatur [zɪgna'tu:ɐ] *f* <-en> ❶ *(eines Buchs, a.* TYPO) signatura *f* ❷ *(auf Landkarten)* signos *mpl* convencionales

signieren* [zɪ'gni:rən] *vt* firmar

S

signifikant [zɪgnifi'kant] *adj (geh)* significativo
Sikh [ziːk] *m* <-s, -s> sij *m*, sikh *m*
Silbe ['zɪlbə] *f* <-n> sílaba *f*
Silben(kreuzwort)rätsel *nt* crucigrama *m* silábico
Silbentrennung *f* separación *f* silábica
Silber ['zɪlbɐ] *nt* <-s, *ohne pl*> ❶ *(Metall,* a. CHEM) plata *f* ❷ *(Tafelsilber)* (cubiertos *mpl* de) plata *f*
Silberbesteck *nt* cubertería *f* de plata
Silberblick *m ohne pl (fam)* estrabismo *m*
silberfarben *adj* plateado
silberfarbig *adj* plateado
Silberfischchen *nt* <-s, -> lepisma *f*, pececito *m* de plata
Silbergeld *nt ohne pl* moneda *f* de plata
Silbergeschirr *nt ohne pl* vajilla *f* de plata
silbergrau *adj* gris plateado; **Platin ist ein ~es Edelmetall** el platino es un metal precioso de color plateado
Silberhochzeit *f* bodas *fpl* de plata
Silbermedaille *f* medalla *f* de plata
silbern ['zɪlbɐn] *adj* ❶ *(aus Silber)* de plata ❷ *(Farbton)* plateado
Silberschmied(in) *m(f)* platero, -a *m, f*
silbrig ['zɪlbrɪç] *adj* ❶ *(silbern)* plateado ❷ *(wohltönend)* armonioso; *(Stimme)* argentino
Silhouette [zilu'ɛtə] *f* <-n> silueta *f*
Silikon [zili'koːn] *nt* <-s, -e> (CHEM) silicona *f*
Silizium [zi'liːtsiʊm] *nt* <-s, *ohne pl*> (CHEM) silicio *m*
Silo ['ziːlo] *m o nt* <-s, -s> silo *m*, cía *f Arg*
Silvester [zɪl'vɛstɐ] *m o nt* <-s, -> Nochevieja *f*
Silvesterfeier *f*, **Silvesterparty** *f* fiesta *f* de Nochevieja
Simbabwe [zɪm'bapvə] *nt* <-s> Zimbabwe *m*, Zimbabue *m*
SIM-Karte ['sɪm-] *f Abk. von* **Subscriber Identification Module** tarjeta *f* SIM
simpel ['zɪmpəl] *adj* simple
Sims [zɪms] *m o nt* <-es, -e> *(Kaminsims)* repisa *f*; *(Fenstersims)* moldura *f*
simsen ['zɪmzən] *vi, vt* (TEL: *fam)* mensajear
Simulant(in) [zimu'lant] *m(f)* <-en, -en; -nen> simulador(a) *m(f)*
Simulation *f* <-en> simulación *f*
Simulator [zimu'laːtoːɐ] *m* <-s, -en> simulador *m*
simulieren* [zimu'liːrən] *vi, vt* simular
simultan [zimʊl'taːn] *adj* simultáneo
Simultandolmetschen *nt ohne pl* interpretación *f* simultánea
Simultandolmetscher(in) *m(f)* traductor(a) *m(f)* simultáneo , -a
sind [zɪnt] *1. o 3. pl präs von* **sein**
Sinfonie [zɪnfo'niː] *f* <-n> sinfonía *f*
Sinfonieorchester *nt* orquesta *f* sinfónica
Singapur ['zɪŋgapuːɐ] *nt* <-s> Singapur *m*
singen ['zɪŋən] <singt, sang, gesungen> *vi, vt* cantar; **falsch ~** desafinar
Single[1] ['sɪŋ(g)əl] *f* <-(s)> *(Schallplatte)* (disco *m*) sencillo *m*
Single[2] ['sɪŋ(g)əl] *m* <-(s), -s> *(Person)* soltero, -a *m, f* (y sin pareja)
Singledasein *nt* <-s, *ohne pl*> celibato *m*
Singular ['zɪŋgulaːɐ] *m* <-s, -e> (LING) singular *m*
Singvogel *m* pájaro *m* cantor
sinken ['zɪŋkən] <sinkt, sank, gesunken> *vi sein* ❶ *(niedersinken)* descender; *(Schiff)* hundirse; **auf die Knie ~** arrodillarse; **auf einen Stuhl ~** dejarse caer en una silla ❷ *(sich senken, abnehmen)* bajar; *(Vertrauen, Einfluss, Hoffnung)* disminuir; **er sank in meiner Achtung** disminuyó en mi estima; **alle Hoffnungen ~** perder toda esperanza
Sinn[1] [zɪn] *m* <-(e)s, -e> *(Wahrnehmungssinn)* sentido *m*; **die fünf ~e** los cinco sentidos; **von ~en sein** no estar en su sano juicio
Sinn[2] *m* <-(e)s, *ohne pl*> ❶ *(Verständnis)* sentido *m* (**für** de); **~ für Humor haben** tener sentido del humor ❷ *(Zweck)* objetivo *m*, sentido *m*; **das ist nicht der ~ der Sache** no se trata de eso; **das hat keinen ~** eso no tiene sentido; **ohne ~ und Verstand** sin pies ni cabeza ❸ *(Bedeutung)* significado *m*, sentido *m*; **im wörtlichen/übertragenen ~** en el sentido literal/figurado; **im wahrsten ~e des Wortes** en el más amplio sentido de la palabra; **in gewissem ~** en cierto sentido; **in diesem ~e** en este sentido ❹ *(geh: das Denken)* **etw kommt ihm in den ~** algo se le viene a la cabeza; **etw im ~ haben** tener la intención de hacer algo; **in jds ~ handeln** obrar como alguien lo hubiera hecho; **das ist nicht in seinem ~** no es de su gusto; **mir steht der ~ nicht nach Fernsehen** no tengo ganas de ver la televisión; **schlag dir das aus dem ~!** ¡quítatelo de la cabeza!
Sinnbild *nt* símbolo *m* (**für** de)
sinnbildlich *adj* simbólico
sinnen ['zɪnən] <sinnt, sann, gesonnen> *vi (geh)* ❶ *(nachdenken)* recapacitar (**über** sobre) ❷ *(trachten)* aspirar (**auf** a)
sinnentstellend *adj* que desfigura el sentido
Sinneseindruck *m* <-(e)s, -drücke> impresión *f*, sensación *f*
Sinnesorgan *nt* órgano *m* sensorial

Sinnesstörung *f* trastorno *m* sensorial
Sinnestäuschung *f* alucinación *f*
Sinneswahrnehmung *f* <-, -en> percepción *f* sensorial
Sinneswandel *m* cambio *m* de opinión
sinngemäß *adj* conforme al sentido
sinnieren* [zɪˈniːrən] *vi* *(geh)* meditar (**über** sobre); *(grübeln)* cavilar (**über** sobre)
sinnig *adj* sensato, bien pensado
sinnlich *adj* ❶ *(auf Sinnesorgane bezogen)* sensorial ❷ *(Mensch, Genuss)* sensual
Sinnlichkeit *f ohne pl* sensualidad *f*
sinnlos *adj* *(unsinnig)* sin sentido, insensato; *(zwecklos)* inútil; *(widersinnig)* absurdo; **das ist völlig ~** esto no tiene ningún sentido; **sich ~ betrinken** ahogar sus penas en alcohol
Sinnlosigkeit *f ohne pl* falta *f* de sentido, absurdidad *f*
sinnverwandt *adj* (LING) sinónimo
sinnvoll *adj* ❶ *(vernünftig)* sensato ❷ *(nützlich)* útil, práctico ❸ *(Satz)* con sentido
Sintflut [ˈzɪntfluːt] *f ohne pl* *(Überschwemmung)* diluvio *m;* *(große Menge)* avalancha *f;* **nach mir die ~** y luego que caiga quien caiga
sintflutartig *adj* torrencial; *(fig)* en avalancha; **~e Regenfälle** lluvias torrenciales
Sinti [ˈzɪnti] *pl* Sinti, Sinta *m, f pl*
Siphon [ziˈfõː, ˈziːfõ] *m* <-s, -s> sifón *m*
Sippe [ˈzɪpə] *f* <-n> clan *m;* *(Verwandtschaft)* parentela *f*
Sippschaft *f* <-en> *(abw)* chusma *f*
Sirene [ziˈreːnə] *f* <-n> sirena *f*
Sirenengeheul *nt ohne pl* ulular *m* de las sirenas
Sirup [ˈziːrʊp] *m* <-s, -e> jarabe *m*
Sisyphusarbeit [ˈziːzyfʊs-] *f* <-, -en> trabajo *m* de nunca acabar [*o* de Sísifo]
Sitte [ˈzɪtə] *f* <-n> ❶ *(Brauch)* costumbre *f;* **es ist ~, dass ...** es costumbre que... *+subj* ❷ *pl* *(Sittlichkeit)* moral *f;* **ein Verstoß gegen die guten ~n** un agravio a las buenas costumbres ❸ *pl* *(Manieren)* modales *mpl*
sittenlos *adj* inmoral
Sittenlosigkeit *f ohne pl* inmoralidad *f*
Sittenpolizei *f* <-, *ohne pl*> *(fam)* brigada *f* contra el vicio y las malas costumbres
Sittenstrolch *m* delincuente *m* sexual
Sittenverfall *m* <-s, *ohne pl*> corrupción *f* moral, depravación *f* de las costumbres
sittenwidrig *adj* (JUR) inmoral, contrario a la moral
Sittich [ˈzɪtɪç] *m* <-s, -e> (ZOOL) papagayo *m*
sittlich *adj* moral, ético
Sittlichkeit *f ohne pl* moral *f*
Sittlichkeitsverbrechen *nt* delito *m* sexual
Situation [zitua'tsjoːn] *f* <-en> situación *f;* **eine ausweglose ~** un callejón sin salida; **der ~ gewachsen sein** dominar la situación
situiert *adj* **gut ~ sein** tener una situación (económica) acomodada; **schlecht ~ sein** tener una situación económica poco boyante
Sit-up [ˈsɪtʔap] *m* <-s, -s> (SPORT) abdominal *m*
Sitz [zɪts] *m* <-es, -e> ❶ *(Sitzgelegenheit)* asiento *m;* *(im Kino)* butaca *f* ❷ (POL) escaño *m* ❸ *(einer Firma)* sede *f*
Sitzbank *f* banco *m* (para sentarse)
Sitzbein *nt* (ANAT) isquion *m*
Sitzblockade *f* sentada *f*
Sitzecke *f* tresillo *m*
sitzen [ˈzɪtsən] <sitzt, saß, gesessen> *vi* *haben o südd, Österr, Schweiz: sein* ❶ *(Person)* estar sentado (**auf** en, **an** en/al lado de); *(Vogel)* estar posado (**auf** en); **~ Sie bequem?** ¿está cómodo?; **am Tisch ~** estar sentado a la mesa; **vor dem Fernseher ~** mirar la tele; (**jdm**) **Modell ~** posar (para alguien); **sie saßen beim Essen** estaban comiendo; **im S~ arbeiten** trabajar sentado; **er hat lange an dieser Arbeit gesessen** ha estado ocupado mucho tiempo con este trabajo; **~ bleiben** *(fam: in der Schule)* repetir curso; **auf einer Ware ~ bleiben** *(fam)* no poder vender una mercancía; **jdn ~ lassen** *(fam: Familie)* dejar plantado a alguien; *(bei einer Verabredung)* dar un plantón a alguien; **auf seinem Geld ~** *(fam)* ser tacaño ❷ *(sich befinden)* estar, hallarse; *(Firma)* tener su sede (**in** en) ❸ *(Kleidung)* quedar (bien); **der Hut sitzt schief** el sombrero está ladeado ❹ *(fam: Schuss)* dar en el punto adecuado; *(Bemerkung)* hacer efecto; **das saß** *(Wirkung erzielen)* fue muy oportuno; **die Grammatik sitzt jetzt endlich** por fin tengo la gramática bien asentada ❺ *(fam: im Gefängnis)* estar en chirona ❻ *(Wend)* **einen ~ haben** *(fam)* tener una trompa
sitzend *adj* sentado; *(Lebensweise, Tätigkeit)* sedentario
Sitzgelegenheit *f* asiento *m*
Sitzheizung *f* calefacción *f* del asiento
Sitznummer *f* número *m* de asiento
Sitzordnung *f* distribución *f* de los asientos; **die ~ festlegen** distribuir los asientos
Sitzplatz *m* asiento *m*
Sitzplatzreservierung *f* reserva *f* de asiento

S

Sitzreihe *f* fila *f* de asientos
Sitzstreik *m* huelga *f* (sentada)
Sitzung *f* <-en> sesión *f; (Versammlung)* reunión *f;* **die ~ ist geschlossen** se levanta la sesión
Sitzungssaal *m* sala *f* de sesiones
Sixpack ['sɪkspak] *m* lote *m* de seis, pack *m* de seis
Sizilianer(in) *m(f)* <-s, -; -nen> siciliano, -a *m, f*
sizilianisch *adj* siciliano
Sizilien [zi'tsi:liən] *nt* <-s> Sicilia *f*
Skala ['ska:la] *f* <-s *o* Skalen> escala *f*
Skalp [skalp] *m* <-s, -e> cabellera *f* (arrancada con la piel)
Skalpell [skal'pɛl] *nt* <-s, -e> escalpelo *m*
skalpieren* [skal'pi:rən] *vt* arrancar el cuero cabelludo (a)
Skandal [skan'da:l] *m* <-s, -e> escándalo *m*
skandalös [skanda'lø:s] *adj* escandaloso
skandalträchtig *adj* escandaloso
Skandinavien [skandi'na:viən] *nt* <-s> Escandinavia *f*
Skandinavier(in) [skandi'na:viɐ] *m(f)* <-s, -; -nen> escandinavo, -a *m, f*
skandinavisch *adj* escandinavo
Skat [ska:t] *m* <-(e)s, -e *o* -s> skat *m*
Skateboard ['skɛɪtbɔ:t] *nt* <-s, -s> monopatín *m;* **~ fahren** patinar
Skateboardfahren *nt* skateboarding *m*
skaten¹ ['ska:tən] *vi (fam)* jugar a skat
skaten² ['skɛɪtən] *vi (Rollschuh laufen)* patinar
Skatspiel *nt* baraja *f* de cartas para jugar al "skat"
Skelett [ske'lɛt] *nt* <-(e)s, -e> esqueleto *m,* cacastle *m AmC, Méx*
Skepsis ['skɛpsɪs] *f ohne pl* escepticismo *m*
Skeptiker(in) ['skɛptikɐ] *m(f)* <-s, -; -, -nen> escéptico, -a *m, f*
skeptisch ['skɛptɪʃ] *adj* escéptico
Ski [ʃi:] *m* <-s, -(er)> esquí *m;* **~ laufen** [*o* **fahren**] esquiar
Skianzug *m* traje *m* de esquiador
Skibrille *f* gafa(s) *f(pl)* de esquí
Skier ['ʃi:ɐ] *pl von* **Ski**
Skifahren *nt* esquí *m*
Skifahrer(in) *m(f)* esquiador(a) *m(f)*
Skigymnastik *f* <-, *ohne pl*> (SPORT) gimnasia *f* para esquiadores
Skihang *m* pista *f* de esquí
Skihose *f* pantalón *m* de esquiar
Skihütte *f* cabaña *f* en la nieve
Skiläufer(in) *m(f)* esquiador(a) *m(f)*
Skilehrer(in) *m(f)* profesor(a) *m(f)* de esquí
Skilift *m* telesquí *m*
Skinhead ['skɪnhɛt] *m* <-s, -s> cabeza *m* rapada
Skipass *m* <-es, -pässe> "forfait" *m*
Skipiste *f* pista *f* de esquí
Skisport *m ohne pl* esquí *m*
Skispringen *nt ohne pl* saltos *mpl* de esquí
Skispringer(in) *m(f)* saltador(a) *m(f)* de esquí
Skistiefel *m* bota *f* de esquiar
Skistock *m* bastón *m* de esquí
Skiurlaub *m* <-(e)s, -e> vacaciones *fpl* en la nieve [*o* de esquí]
Skizze ['skɪtsə] *f* <-n> ① *(Zeichnung)* boceto *m* ② *(Entwurf)* esbozo *m*
skizzenhaft *adj* a manera de esbozo
skizzieren* [skɪ'tsi:rən] *vt* esbozar
Sklave, -in ['skla:və] *m, f* <-n, -n; -nen> esclavo, -a *m, f*
Sklavenhandel *m* tráfico *m* de esclavos
Sklavenhändler(in) *m(f)* (HIST) traficante *mf* de esclavos
Sklaventreiber(in) *m(f)* <-s, -; -, -nen> negrero, -a *m, f*
Sklaverei *f ohne pl* ① (HIST) esclavitud *f* ② *(abw: Arbeit)* trabajo *m* de negros
Sklavin *f* <-nen> *s.* **Sklave**
Sklerose [skle'ro:zə] *f* <-n> (MED) esclerosis *f inv;* **Multiple** [*o* **multiple**] **~** esclerosis múltiple
Skonto ['skɔnto] *m o nt* <-s, -s *o* Skonti> (WIRTSCH) descuento *m*
Skorbut [skɔr'bu:t] *m* <-(e)s, *ohne pl*> (MED) escorbuto *m,* berbén *m Méx*
Skorpion [skɔr'pjo:n] *m* <-s, -e> ① (ZOOL) escorpión *m* ② (ASTR: *Zeichen*) Escorpio *m* ③ (ASTR: *Person*) escorpión *mf inv*
Skript [skrɪpt] *nt* <-(e)s, -en *o* -s> ① *(Manuskript)* manuscrito *m* ② *(einer Vorlesung)* apuntes *mpl* ③ (FILM) guion *m*
Skrupel ['skru:pəl] *m* <-s, -> escrúpulo *m*
skrupellos *adj* sin escrúpulos
Skrupellosigkeit *f ohne pl* falta *f* de escrúpulos
Skulptur [skʊlp'tu:ɐ] *f* <-en> escultura *f*
Skunk [skʊŋk] *m* <-s, -s *o* -e> (ZOOL) mofeta *f*
skurril [skʊ'ri:l] *adj (geh)* grotesco, extravagante
Skyline ['skaɪlaɪn] *f* <-, -s> horizonte *m*
Slacklining ['slɛklaɪnɪŋ] *nt* <-s, *ohne pl*> (SPORT) slackline *m*
Slalom ['sla:lɔm] *m* <-s, -s> eslalon *m,* slalom *m*
Slang [slɛŋ] *m* <-s, *ohne pl*> ① *(saloppe Sprache)* lenguaje *m* coloquial ② *(Jargon)* jerga *f*
Slapstick ['slɛpstɪk] *m* <-s, -s> gag *m; (abw)* payasada *f*
Slawe, -in ['sla:və] *m, f* <-n, -n; -nen> eslavo, -a *m, f*
slawisch *adj* eslavo

Slip [slɪp] *m* <-s, -s> slip *m,* braga *f*
Slipeinlage *f* protegeslip *m*
Slogan ['slɔʊgən] *m* <-s, -s> eslogan *m*
Slowake, -in [slo'va:kə] *m, f* <-n, -n; -nen> eslovaco, -a *m, f*
Slowakei [slova'kaɪ] *f* Eslovaquia *f*
slowakisch *adj* eslovaco; **S~e Republik** República Eslovaca
Slowene, -in [slo've:nə] *m, f* <-n, -n; -nen> esloveno, -a *m, f*
Slowenien [slo've:niən] *nt* <-s> Eslovenia *f*
Slowenin *f* <-nen> *s.* **Slowene**
slowenisch *adj* esloveno
Slum [slam] *m* <-s, -s> barrio *m* de chabolas, barriada *f* de chabolas
Smalltalk *m* <-s, -s>, **Small Talk** *m* <-s, -s> charloteo *m*
Smaragd [sma'rakt] *m* <-(e)s, -e> esmeralda *f*
smaragdgrün [-'-'-] *adj* verde esmeralda
Smaragdgrün *nt* verde *m* esmeralda
smart [sma:ɐt, smart] *adj* elegante
Smartphone ['sma:ɐtfoʊn] *nt* teléfono *m* inteligente, smartphone *m*
Smog [smɔk] *m* <-(s), -s> (e)smog *m*
Smogalarm *m* alarma *f* de (e)smog
Smoking ['smo:kɪŋ] *m* <-s, -s> esmoquin *m*
Smoothie ['smu:θi:] *m* <-s, -s> *(Kaltgetränk)* batido *m* de fruta, smoothie *m*
SMS [ɛsʔɛm'ʔɛs] *m* <-, *ohne pl*> (TEL) *Abk. von* **Short Message Service** SMS *m;* **eine ~ senden** enviar un SMS, mensajear; **jdm eine SMS-Nachricht senden** enviar un mensaje SMS a alguien
SMS-Nachricht *f* (TEL) mensaje *m* SMS
Snackbar ['snɛk-] *f* bar *m,* cafetería *f*
Snapchat® <-[s]> ['snɛptʃɛt] *nt kein pl* (INFOR) Snapchat® *m*
Snob [snɔp] *m* <-s, -s> *(abw)* (e)snob *mf*
Snobismus [sno'bɪsmʊs] *m* <-, *ohne pl*> *(abw)* esnobismo *m*
snobistisch [sno'bɪstɪʃ] *adj (abw)* (e)snob
Snooker ['snu:kɐ] *nt* <-s, -s> (SPORT: *Billardspiel*) snooker *m*
Snowboard ['snɔʊbɔ:t] *nt* <-s, -s> snowboard *m*
Snowboardfahrer(in) *m(f)* snowboarder *mf*
Snowboarding ['snɔʊbɔ:dɪŋ] *nt* <-(s), *ohne pl*> snowboard *m*
so I. *adv* ① *(auf diese Weise)* así, de esta manera; **~ macht man das** así se hace; **stell dich nicht ~ an!** ¡no te pongas así!; **~ ist es nun mal** así son las cosas; **~ gesehen, hast du Recht** visto de esta manera tienes razón; **gut ~!** ¡bien hecho!; **ach, ~ ist das!** ¡ah, es así!; **~ oder ~** *(unterschiedlich)* de una manera o de otra; *(auf jeden Fall)* de todas maneras; **mir ist ~, als ob ...** tengo la impresión de que...; **nur ~ tun, als ob ...** hacer como que...; **und ~ weiter** etcétera ② *(Zustand, Maß, Eigenschaft: bei Adjektiv + Adverb)* tan; *(bei Verb)* tanto; **sie tut mir ~ leid** me da tanta pena; **~ sehr/viel** tanto; **~ früh wie möglich** tan pronto como sea posible; **lass es ~, wie es ist** déjalo (tal) como está; **ich mache das ~ wie du** lo hago igual que tú; **der Fisch war ~ groß** el pez era así de grande; **wie ~ oft** como tantas veces ③ *(fam: solch)* semejante, tal; **bei ~ einem Wetter** con semejante tiempo; **~ ein Zufall!** ¡qué coincidencia!; **~ (et)was Blödes!** ¡vaya tontería!; **~ (et)was** una cosa así; **na ~ was!** ¡mira qué cosa!; **... und ~ ...** y tal ④ *(fam: ungefähr)* más o menos, aproximadamente; **er heißt Traugott oder ~** se llama Traugott o algo parecido; **ich komme ~ gegen acht** vengo a las ocho más o menos; **es war nur ~ eine Idee** solamente era una idea; **er sagt das nur ~** lo dice así, sin más **II.** *konj* ① **~ dass ...** de modo que..., de manera que... ② **~ ..., dass ...** tan(to)... que... **III.** *(Partikel)* bueno; **~, das war's für heute** bueno, eso es todo por hoy; **~, ~** vaya, vaya; **ach ~!** ¡(ah) ya!; **wie geht's denn ~?** ¿cómo te va?
SO *Abk. von* **Südosten** SE
s. o. *Abk. von* **siehe oben** véase arriba
sobald [zo'balt] *konj* tan pronto como +*subj,* en cuanto +*subj*
Social Media ['soʊʃəl'mi:di̯ɐ] *pl* (INFOR) medios *m* (de comunicación) sociales *pl*
Socke ['zɔkə] *f* <-n> calcetín *m,* media *f Am;* **sich auf die ~n machen** *(fam)* marcharse, empuntárselas *Col*
Sockel ['zɔkəl] *m* <-s, -> zócalo *m*
Socken ['zɔkən] *m* <-s, -> *(Schweiz, Österr, südd)* calcetín *m*
Soda ['zo:da] *nt* <-, *ohne pl*> *(Sodawasser)* soda *f*
sodass [zo'das] *konj* de modo que, de manera que
Sodbrennen ['zo:t-] *nt* <-s, *ohne pl*> acidez *f* de estómago, vinagrera *f Am*
Sodomie [zodo'mi:] *f* <-, *ohne pl*> sodomía *f*
soeben [zo'ʔe:bən] *adv* en este momento, ahora mismo; **~ etw getan haben** acabar de hacer algo
Sofa ['zo:fa] *nt* <-s, -s> sofá *m*
Sofakissen *nt* cojín *m* (de sofá)
sofern [zo'fɛrn] *konj* si, siempre y cuando +*subj;* **~ nicht** a no ser que +*subj*
soff [zɔf] *3. imp von* **saufen**

sofort [zo'fɔrt] *adv* ① *(unverzüglich)* enseguida, ahora mismo, al tiro *Am* ② *(unmittelbar)* en el acto
Sofortbildkamera *f* cámara *f* de fotos al instante
Soforthilfe *f* ayuda *f* inmediata
sofortige(r, s) *adj* inmediato; **mit ~r Wirkung** con efecto inmediato
Softball ['sɔftbɔːl] *m* <-s, *ohne pl*> (SPORT: *Spiel*) sóftbol *m*
Softdrink *m*, **Soft Drink** *m* (GASTR) bebida *f* no alcohólica, refresco *m* sin alcohol
Softeis *nt* <-es, *ohne pl*> (GASTR) helado *m* cremoso
Softie ['sɔfti] *m* <-s, -s> *(fam)* hombre *m* de carácter dulce
Software ['sɔftwɛːɐ] *f* <-s> software *m*
Softwarepaket *nt* paquete *m* de software
sog [zoːk] *3. imp von* **saugen**
sog. *Abk. von* **so genannt** así llamado
Sog [zoːk] *m* <-(e)s, -e> remolino *m*
sogar [zo'gaːɐ] *adv* incluso
sogenannt ['zoːgənant] *adj s.* **nennen I. 4.**
Sohle ['zoːlə] *f* <-n> ① *(Fußsohle)* planta *f* ② *(Schuhsohle)* suela *f*; *(Einlegesohle)* plantilla *f*; **auf leisen ~n** a la chita callando ③ *(Talsohle)* fondo *m*
Sohn [zoːn, *pl:* 'zøːnə] *m* <-(e)s, Söhne> hijo *m*; **der verlorene ~** (REL) el hijo pródigo
Soja ['zoːja] *f* <Sojen> soja *f*
Sojabohne *f* soja *f*
Sojamilch *f* leche *f* de soja
Sojasoße *f* salsa *f* de soja
Sojaspross *m* (BOT, GASTR) brote *m* de soja
solang(e) **I.** *adv* entretanto **II.** *konj* mientras (que) *+subj;* **~ bis ...** hasta que... *+subj;* **~ du willst** todo el tiempo que quieras
solar [zo'laːɐ] *adj* (ASTR, METEO, PHYS) solar
Solarenergie *f ohne pl* (PHYS) energía *f* solar
Solarheizung *f* calefacción *f* solar
Solarium [zo'laːriʊm] *nt* <-s, Solarien> solárium *m*
Solarkraftwerk *nt* central *f* solar
Solarplexus *m* <-, -> (ANAT) plexo *m* solar
Solartechnik *f ohne pl* tecnología *f* solar
Solarzelle *f* (PHYS, ELEK) célula *f* solar
solch [zɔlç] *adj inv (geh)* tal; *s. a.* **solche(r, s)**
solche(r, s) *adj* ① *(so beschaffen)* tal, semejante; **ein ~r Mensch** semejante persona ② *(Intensität: adjektivisch)* tanto; *(adverbiell)* tan; **ich habe ~n Durst** tengo tanta sed; **das macht ~n Spaß!** ¡es tan divertido! ③ *(allein stehend)* tal; **die Natur als ~** la naturaleza como tal; **es gibt ~ und ~** *(fam)* hay de todo
Sold [zɔlt] *m* <-(e)s, -e> paga *f*
Soldat(in) [zɔl'daːt] *m(f)* <-en, -en; -nen> soldado *mf*
Söldner(in) ['zœldnɐ] *m(f)* <-s, -; -nen> mercenario, -a *m, f*
Soli *pl von* **Solo**
solid [zo'liːt] *adj s.* **solide**
solid(e) [zo'liːdə] *adj* ① *(Bauweise, Kenntnisse)* sólido ② *(Leben)* ordenado; *(Person)* serio
Solidarbeitrag *m* cuota *f* de solidaridad
solidarisch *adj* solidario
solidarisieren* *vr:* **sich ~** solidarizarse
Solidarität *f ohne pl* solidaridad *f*; **aus ~** en solidaridad
Solidaritätsbeitrag *m* <-(e)s, -träge> cuota *f* de solidaridad
Solidaritätszuschlag *m* (FIN, POL) tasa *f* complementaria de solidaridad *(impuesto en la RFA para apoyar económicamente a la (antigua) RDA)*
solide *adj s.* **solid(e)**
Solist(in) [zo'lɪst] *m(f)* <-en, -en; -nen> solista *mf*
Solitär[1] [zoli'tɛːɐ] *m* <-s, -e> *(Edelstein)* solitario *m*
Solitär[2] [zoli'tɛːɐ] *m* <-s, *ohne pl*> *(Spiel)* solitario *m*
Soll [zɔl] *nt* <-(s), -(s)> ① (FIN) debe *m*; **~ und Haben** debe y haber ② *(Plansoll)* norma *f* de producción; **sein ~ erfüllen** alcanzar la norma de producción
sollen[1] ['zɔlən] <soll, sollte, sollen> *Modalverb* ① *(müssen)* deber; **was soll ich tun?** ¿qué debo hacer?; **ich soll Ihnen sagen, dass ...** debo decirle que...; **das hättest du nicht tun ~** no deberías haber hecho eso ② *(Befehl)* **du sollst leise sein!** ¡que te calles!; **du sollst nicht töten** (REL) no matarás ③ *(Notwendigkeit)* deber, haber que; **man sollte mehr sparen** habría que ahorrar más ④ *(Wunsch)* querer que *+subj;* **soll ich auf dich warten?** ¿quieres que te espere?; **sie ~ wissen ...** (quiero que) sepan...; **was soll ich (dir) dazu sagen?** ¿qué quieres que te diga?; **das soll sie haben** esto es para ella; **hoch soll er leben!** ¡que viva muchos años!; **du solltest dich was schämen!** ¡debería darte vergüenza!; **das sollst du mir büßen** me lo pagarás ⑤ *(Vermutung)* dicen que, parece que; **es soll morgen schneien** parece que mañana va a nevar; **das soll ich sein?** ¿este se supone que soy yo?; **so etwas soll es geben** hay de todo en este mundo ⑥ *(Ungewissheit)* **man sollte glauben, dass ...**

uno pensaría que…; **er sollte sie nie wiedersehen** no volvería a verla nunca más; **sollte es möglich sein, dass …?** ¿será posible que…?; **was soll das heißen?** ¿qué quiere decir eso?; **soll das alles sein?** ¿eso es todo?; **wer soll das sein?** ¿(y) ese quién es?; **es hat nicht sein ~** no ha podido ser; **solltest du ihn sehen, sag ihm …** si le ves, dile que…; **es sollte nicht lange dauern, bis …** no pasó mucho tiempo hasta que…; **mir soll es gleich sein** me da lo mismo

sollen[2] *vi* **was soll's?** ¿qué más da?; **was soll der Mist?** ¿qué significa esta tontería?

solo ['zo:lo] *adj inv* ❶ (MUS) en solitario ❷ *(fam: ohne Begleitung)* **~ sein/kommen** estar/venir solo

Solo ['zo:lo] *nt* <-s, -s *o* Soli> solo *m*

Solothurn ['zo:lotʊrn] *nt* <-s> Solothurn *m*

solvent [zɔl'vɛnt] *adj* (FIN, WIRTSCH) solvente

Somalia [zo'ma:lia] *nt* <-s> Somalia *f*

Somalier(in) [zo'ma:liɐ] *m(f)* <-s, -; -nen> somalí *mf*

somalisch *adj* somalí

somatisieren* [zomati'zi:rən] *vi, vt* (PSYCH) somatizar

somit ['zo:mɪt, zo'mɪt] *adv* por consiguiente, por lo tanto

Sommer ['zɔmɐ] *m* <-s, -> verano *m;* **den ~ über** durante el verano; **im ~** en verano

Sommeranfang *m* comienzo *m* del verano

Sommerferien *pl* vacaciones *fpl* de verano

sommerlich *adj* veraniego, de verano

Sommerloch *nt ohne pl (fam)* época *f* veraniega (de pocas actividades)

Sommerolympiade *f* <-, -n> (SPORT) Juegos *mpl* Olímpicos de verano

Sommerpause *f* <-, -n> descanso *m* veraniego; *(des Parlaments)* período *m* de clausura

Sommerreifen *m* neumático *m* de verano

Sommerschlussverkauf *m* rebajas *fpl* de verano

Sommersemester *nt* semestre *m* de verano

Sommerspiele *ntpl* (SPORT) **die (Olympischen) ~** los Juegos (Olímpicos) de verano

Sommersprosse *f* peca *f*

Sommerurlaub *m* vacaciones *fpl* de verano

Sommerzeit[1] *f ohne pl (Jahreszeit)* (temporada *f* de) verano *m*

Sommerzeit[2] *f (Uhrzeit)* horario *m* de verano

Sonate [zo'na:tə] *f* <-n> (MUS) sonata *f*

Sonde ['zɔndə] *f* <-n> (MED, AERO, TECH) sonda *f*

Sonderanfertigung ['zɔndɐ-] *f* modelo *m* (de fabricación) especial

Sonderangebot *nt* oferta *f* especial; **im ~ sein** estar de oferta

Sonderausgabe *f (eines Werkes)* edición *f* especial

sonderbar *adj* raro, extraño

sonderbarerweise *adv* curiosamente

Sonderbeauftragte(r) *mf* (*a.* POL) delegado, -a *m, f* especial

Sonderdeponie *f* <-, -n> (ÖKOL) vertedero *m* de residuos tóxicos

Sondereinsatz *m* <-es, -sätze> operación *f* especial

Sonderfahrt *f* <-, -en> viaje *m* extraordinario

Sonderfall *m* caso *m* particular; *(Ausnahme)* excepción *f*

Sondergenehmigung *f* autorización *f* especial

sondergleichen ['--'--] *adv* sin igual

sonderlich *adj* ❶ *(sonderbar)* raro, extraño ❷ *(groß)* especial

Sonderling ['zɔndɐlɪŋ] *m* <-s, -e> tipo *m* raro

Sondermarke *f* sello *m* de colección

Sondermüll *m* residuos *mpl* tóxicos

sondern[1] ['zɔndɐn] *konj* sino; **nicht nur …, ~ auch …** no solo… sino también…

sondern[2] ['zɔndɐn] *vt (geh)* separar (**von** de), apartar (**von** de)

Sonderpreis *m* precio *m* de oferta

Sonderrecht *nt* privilegio *m*

Sonderschule *f* escuela *f* de educación especial

Sonderschullehrer(in) *m(f)* profesor(a) *m(f)* de educación especial

Sondertarif *m* (FIN, WIRTSCH) tarifa *f* especial

Sondervergütung *f* gratificación *f*

Sonderwunsch *m* <-(e)s, -wünsche> deseo *m* extraordinario

Sonderzeichen *nt* (INFOR) carácter *m* especial

sondieren* [zɔn'di:rən] *vt* ❶ *(Lage, Markt)* sondear, tantear ❷ (MED, TECH) sondar

Sondierung *f* <-, -en> sondeo *m*

Sonett [zo'nɛt] *nt* <-(e)s, -e> (LIT) soneto *m*

Song [sɔŋ] *m* <-s, -s> ❶ *(fam: Popsong)* canción *f* ❷ *(Lied mit zeitkritischem Inhalt)* canción *f* protesta

Sonnabend ['zɔnʔa:bənt] *m (nordd, reg)* sábado *m; s. a.* **Montag**

sonnabends ['zɔnʔa:bənts] *adv (nordd, reg)* los sábados; *s. a.* **montags**

Sonne ['zɔnə] *f* <-n> sol *m;* **die ~ geht auf/unter** el sol sale/se pone; **die ~ scheint** hace sol

S

sonnen *vr:* **sich ~** tomar el sol; **sich in seinem Ruhm ~** recrearse en su fama
Sonnenaufgang *m* salida *f* del sol
Sonnenbad *nt* baño *m* de sol
Sonnenblume *f* girasol *m*, maravilla *f Am*, gigantón *m Méx*
Sonnenblumenkern *m* (BOT, GASTR) pipa *f* de girasol
Sonnenblumenöl *nt* <-(e)s, -e> (GASTR) aceite *m* de girasol
Sonnenbrand *m* quemadura *f* del sol
Sonnenbrille *f* gafas *fpl* de sol
Sonnencreme *f* crema *f* solar; **eine ~ mit hohem/niedrigem Schutzfaktor** una crema solar con un factor de protección alto/bajo
Sonneneinstrahlung *f ohne pl* radiación *f* solar
Sonnenenergie *f ohne pl* (PHYS) energía *f* solar
Sonnenfinsternis *f* (ASTR) eclipse *m* solar
sonnengebräunt *adj* moreno; **~ sein** estar moreno
Sonnenhut *m* gorra *f*, sombrero *m* de paja
sonnenklar *adj* *(fam)* ① *(hell und sonnig)* claro y soleado ② *(eindeutig)* claro como el agua
Sonnenkollektor *m* colector *m* solar
Sonnenkraftwerk *nt* <-(e)s, -e> central *f* solar
Sonnenlicht *nt ohne pl* luz *f* del sol
Sonnenmilch *f* leche *f* solar
Sonnenöl *nt* aceite *m* solar
Sonnenschein *m* luz *f* del sol; **bei strahlendem ~** con sol
Sonnenschirm *m* sombrilla *f*
Sonnenschutz *m ohne pl* ① *(Maßnahme)* protección *f* solar ② *(Konstruktion)* parasol *m*
Sonnenschutzmittel *nt* crema *f* protectora para el sol
Sonnenseite *f* lado *m* expuesto al sol; **die ~ des Lebens** el lado alegre de la vida
Sonnenstich *m* (MED) insolación *f*
Sonnenstrahl *m* rayo *m* de sol
Sonnensystem *nt* (ASTR) sistema *m* solar
Sonnenuhr *f* reloj *m* de sol
Sonnenuntergang *m* puesta *f* del sol
Sonnenwende *f* solsticio *m*
sonnig *adj* ① *(Wetter, Tag)* soleado; **hier ist es zu ~** aquí hace demasiado sol ② *(Gemüt)* alegre
Sonntag ['zɔnta:k] *m* <-(e)s, -e> domingo *m;* **Sonn- und Feiertage** domingos y festivos; *s. a.* **Montag**
Sonntagabend *m* noche *f* del domingo; *s. a.* **Montagabend**
sonntäglich *adj* dominical
sonntags ['zɔnta:ks] *adv* los domingos; **sonn- und feiertags** domingos y festivos
Sonntagsfahrer(in) *m(f)* *(abw)* (conductor(a) *m(f)*) dominguero , -a *m, f*
Sonntagsruhe *f ohne pl* descanso *m* dominical
sonst [zɔnst] *adv* ① *(außerdem)* más; *(im Übrigen)* por lo demás; **war ~ noch jemand da?** ¿había alguien más?; **~ nichts** nada más; **~ noch Fragen?** ¿alguna pregunta más?; **~ geht's dir gut?** *(fam iron)* ¿y por lo demás todo en orden? ② *(für gewöhnlich)* normalmente; *(immer)* siempre; **du bist doch ~ nicht so** normalmente no eres así; **es war genau wie ~** fue igual que siempre; **mehr als ~** más que normalmente ③ *(ehemals)* antes; *(in anderen Fällen)* en ocasiones anteriores ④ *(andernfalls)* si no; **was/wer/wie denn ~?** *(fam)* ¿qué/quién/cómo si no? ⑤ *(unbestimmt)* **~ wer** *(fam)* cualquiera; **er bildet sich ein, ~ wer zu sein** *(etwas Besonderes)* se cree que es alguien; **~ was** *(fam)* cualquier cosa
sonstige(r, s) *adj* otro; **ihr ~s Verhalten war recht gut** por lo demás se comportó bastante bien; **S~** varios
sooft [zo'ʔɔft] *konj* cada vez que, siempre que; **~ ich auch darüber nachdenke, ich sehe keine Lösung** por más que lo pienso, no encuentro una solución
Sopran [zo'pra:n] *m* <-s, -e> (MUS) soprano *m*
Sopranist(in) [zopra'nɪst] *m(f)* <-en, -en; -,-nen> (MUS) soprano *mf*
Sopranistin *f* <-nen> (MUS) soprano *f*
Sorbet ['zɔrbɛt, zɔr'be:] *m o nt* <-s, -s>, **Sorbett** *m o nt* <-(e)s, -e> (GASTR) sorbete *m*
Sorge[1] ['zɔrgə] *f* <-n> *(Angst, Problem)* preocupación *f* (**um** por); *(innere Unruhe)* inquietud *f* (**um** por); *(Kummer)* pena *f;* **es macht mir ~, dass …** me preocupa que… +*subj;* **sich** *dat* **um jdn ~n machen** estar preocupado por alguien; **keine ~!** ¡no te preocupes!
Sorge[2] *f ohne pl (Fürsorge)* cuidado *m;* **lass das nur meine ~ sein** yo me encargaré de eso; **dafür ~ tragen, dass …** *(geh)* ocuparse de que… +*subj*
sorgen ['zɔrgən] **I.** *vi* ① *(sich kümmern)* preocuparse (**für** de), ocuparse (**für** de); **für jdn ~** cuidar a alguien; **dafür ~, dass …** ocuparse de que +*subj* ② *(beschaffen)* proporcionar (**für**) **II.** *vr:* **sich ~** preocuparse (**um** por)
sorgenfrei *adj* sin preocupaciones
Sorgenkind *nt* niño, -a *m, f* problemático, -a

sorgenvoll *adj* lleno de preocupaciones
Sorgerecht *nt ohne pl* (JUR) custodia *f* (**für** de)
Sorgfalt ['zɔrkfalt] *f ohne pl* cuidado *m,* esmero *m*
sorgfältig [-fɛltɪç] *adj* cuidadoso, esmerado
sorglos *adj* ① *(unachtsam)* despreocupado; *(nachlässig)* negligente ② *(sorgenfrei)* sin preocupaciones
Sorglosigkeit *f ohne pl* despreocupación *f*
sorgsam *adj* cuidadoso, diligente
Sorte ['zɔrtə] *f* <-n> ① *(Art)* tipo *m,* clase *f; (Marke)* marca *f;* **eine bestimmte ~ von ...** un determinado tipo de... ② *pl (Devisen)* moneda *f* extranjera
sortieren* [zɔr'tiːrən] *vt* clasificar (**nach** por), ordenar (**nach** por)
Sortiment [zɔrti'mɛnt] *nt* <-(e)s, -e> ① *(Warenangebot)* surtido *m* ② *(Sortimentsbuchhandel)* librería *f* general
Sortimentsbreite *f* (WIRTSCH) amplitud *f* del surtido
SOS [ɛsʔoː'ʔɛs] *nt* <-, *ohne pl*> *Abk. von* **save our souls** S.O.S. *m;* **~ funken** mandar un S.O.S.
sosehr [zo'zeːɐ] *konj* por mucho que (*+subj*)
Soße ['zoːsə] *f* <-n> salsa *f*
Soßenlöffel *m* <-s, -> cuchara *f* para la salsa
sott [zɔt] *3. imp von* **sieden**
Soufflé [zu'fleː] *nt* <-s, -s>, **Soufflee** *nt* <-s, -s> (GASTR) suflé *m*
Souffleur, -euse [zu'fløːɐ] *m, f* <-s, -e; -n> (THEAT) apuntador(a) *m(f)*
soufflieren* [zu'fliːrən] *vi, vt* (THEAT) apuntar
Soul [soʊl] *m* <-(s), *ohne pl*> (MUS) soul *m*
Sound [saʊnd] *m* <-s, -s> (MUS) sonido *m*
Soundkarte *f* (INFOR) ficha *f* de sonido, tarjeta *f* de sonido [*o* de audio]
soundso ['zoːʔʊntsoː] **I.** *adj (fam)* tal y tal; **auf Seite ~** en la página tal y tal **II.** *adv (fam)* tal y tal, tan y tan; **~ groß** de tal y tal tamaño; **~ oft** tantas y tantas veces
soundsovielte(r, s) *adj (fam)* el no sé cuántos; **das ~ Mal** la no sé qué vez
Souterrain [zutɛ'rɛ̃ː] *nt* <-s, -s> sótano *m*
Souvenir [zuvə'niːɐ] *nt* <-s, -s> recuerdo *m,* suvenir *m*
Souvenirladen *m* tienda *f* de recuerdos
souverän [zuvə'rɛːn] **I.** *adj* ① (POL) soberano ② *(geh: überlegen)* superior **II.** *adv* con superioridad
Souveränität [zuvərɛni'tɛːt] *f ohne pl* ① *(von Staaten)* soberanía *f* ② *(geh: Überlegenheit)* superioridad *f*
soviel [zo'fiːl] **I.** *adv s.* **viel I. 2. II.** *konj* ① *(soweit)* por lo que; **~ ich weiß ...** por lo que yo sé... ② *(sosehr)* por mucho que
soweit [zo'vaɪt] **I.** *adv s.* **weit I. 5. II.** *konj* por lo que; **~ ich sehen kann, ...** por lo que puedo observar...
sowenig [zo'veːnɪç] **I.** *adv s.* **wenig 3. II.** *konj* por poco que *+subj*
sowie [zo'viː] *konj* ① *(sobald)* en cuanto *+subj* ② *(außerdem)* así como, además de
sowieso [zovi'zoː, 'zoːvizo] *adv* ① *(ohnehin)* de todas maneras; **das ~!** *(fam)* ¡de todas todas! ② *(Schweiz: selbstverständlich)* por supuesto
sowjetisch [zɔ'vjɛtɪʃ] *adj* soviético
Sowjetunion [zɔ'vjɛt-, 'zɔvjɛt-] *f* (HIST) Unión *f* Soviética
sowohl [zo'voːl] *konj* **~ ... als auch ...** tanto... como...
Sozi ['zoːtsi] *m* <-s, -s> *(fam a. abw)* socialdemócrata *mf,* sociata *mf argot*
sozial [zo'tsjaːl] *adj* social; **~ eingestellt sein** interesarse por los temas sociales
Sozialabbau *m* reducción *f* de los servicios sociales
Sozialabgaben *fpl* cuotas *fpl* sociales
Sozialamt *nt* departamento *m* de asistencia social
Sozialarbeit *f ohne pl* trabajo *m* social
Sozialarbeiter(in) *m(f)* asistente *mf* social
Sozialausgaben *fpl* gastos *mpl* sociales
Sozialdemokrat(in) *m(f)* socialdemócrata *mf*
Sozialdemokratie *f ohne pl* socialdemocracia *f*
sozialdemokratisch *adj* socialdemócrata
Sozialfall *m* receptor(a) *m(f)* de asistencia social
Sozialhilfe *f ohne pl* ayuda *f* social
Sozialhilfeempfänger(in) *m(f)* receptor(a) *m(f)* de asistencia social
Sozialisation [zotsializa'tsioːn] *f* <-, *ohne pl*> (SOZIOL, PSYCH) integración *f* social
Sozialisierung *f* <-, -en> ① (WIRTSCH) socialización *f* ② (SOZIOL, PSYCH) integración *f* social
Sozialismus [zotsja'lɪsmʊs] *m* <-, *ohne pl*> socialismo *m*
Sozialist(in) [zotsja'lɪst] *m(f)* <-en, -en; -nen> socialista *mf*
sozialistisch *adj* socialista
Sozialpädagoge, -in *m, f* pedagogo, -a *m, f* social
Sozialpädagogik *f* pedagogía *f* social
Sozialpakt *m* (POL) pacto *m* social
Sozialplan *m* (POL) plan *m* social
Sozialpolitik *f* política *f* social
sozialpolitisch *adj* político social
sozialschwach *adj* menesteroso, necesitado

S

Sozialstaat *m* Estado *m* social

Sozialverhalten *nt* <-s, *ohne pl*> civismo *m,* comportamiento *m* (social), conducta *f* (social)

Sozialversicherung *f* seguro *m* social, mutual *f CSur*

Sozialversicherungsausweis *m* tarjeta *f* de la seguridad social

Sozialwissenschaften *fpl* ciencias *fpl* sociales

Sozialwohnung *f* vivienda *f* de protección social

Soziologe, -in [zotsjo'loːgə] *m, f* <-n, -n; -nen> sociólogo, -a *m, f*

Soziologie [zotsjolo'giː] *f ohne pl* sociología *f*

soziologisch *adj* sociológico

Sozius ['zoːtsiʊs] *m* <-, -se *o* Sozii> ① (WIRTSCH) socio, -a *m, f* ② *(Beifahrer)* acompañante *mf* ③ *(fam: Genosse)* socio, -a *m, f,* compañero, -a *m, f*

Soziussitz *m* asiento *m* trasero (de una moto)

sozusagen [zoːtsu'zaːgən, '----] *adv* por así decir

Spachtel ['ʃpaxtəl] *m* <-s, -> espátula *f*

Spachtelmasse *f* masilla *f; (aus Gips)* emplaste *m*

spachteln I. *vt (glätten)* alisar; *(Loch, Ritze)* tapar **II.** *vi (fam: essen)* devorar, tragar

Spagat[1] *m o nt* <-(e)s, -e> *(Ballet)* figura *f* con piernas abiertas; **einen ~ machen, in den ~ gehen** hacer una caída de piernas abiertas

Spagat[2] *m* <-(e)s, -e> *(Österr: Schnur)* bramante *m*

Spaghetti *pl,* **Spagetti** [ʃpa'gɛti] *pl* espaguetis *mpl*

spähen ['ʃpɛːən] *vi (beobachten)* otear (**auf**), acechar (**auf**); **auf die Straße ~** otear la calle; **durch einen Spalt ~** mirar por un hueco; **nach jdm/etw ~** buscar a alguien/algo con la vista

Spalier [ʃpa'liːɐ] *nt* <-s, -e> ① *(für Pflanzen)* espaldera *f* ② *(Menschengasse)* calle *f;* **~ stehen** formar calle

Spalt [ʃpalt] *m* <-(e)s, -e> rendija *f; (Riss)* grieta *f,* hendidura *f;* **die Tür/Augen einen ~ öffnen** entreabrir la puerta/los ojos

spaltbar *adj* (PHYS) fisible

Spalte ['ʃpaltə] *f* <-n> ① *(Öffnung)* hendidura *f,* raja *f; (Riss)* grieta *f* ② (TYPO) columna *f*

spalten ['ʃpaltən] <spaltet, spaltete, gespalten *o* gespaltet> *vt* ① *(teilen)* dividir, partir; *(Partei)* escindir ② *(der Länge nach)* hender, rajar; *(Holz)* partir ③ (CHEM) descomponer, disociar; (PHYS) desintegrar

Spaltung *f* <-en> ① *(eines Landes, einer Gruppe)* división *f; (einer Partei)* escisión *f* ② (CHEM) descomposición *f;* (PHYS) fisión *f* ③ (PSYCH) disociación *f*

Spammail ['spæmmeːl] *f* <-, -s> (INFOR) spam *m,* correo *m* basura, buzonfia *f*

Span [ʃpaːn, *pl:* 'ʃpɛːnə] *m* <-(e)s, Späne> astilla *f*

Spanferkel *nt* cochinillo *m*

Spange ['ʃpaŋə] *f* <-n> ① *(Haarspange)* horquilla *f* ② *(Zahnspange)* aparato *m* de ortodoncia

Spanglish ['spɛŋlɪʃ] *nt* <-(s), *ohne pl*> espanglis *m*

Spanien ['ʃpaːniən] *nt* <-s> España *f*

Spanier(in) ['ʃpaːniɐ] *m(f)* <-s, -; -nen> español(a) *m(f)*

spanisch *adj* español; *(Sprache)* español, castellano; **das kommt mir ~ vor** *(fam fig)* esto me suena a chino

Spanisch *nt* <-(s), *ohne pl*>, **Spanische** *nt* <-n, *ohne pl*> español *m,* castellano *m;* **~ sprechen/lernen** hablar (en)/aprender español

spanischsprachig *adj* hispanohablante; **~e Länder** países de habla hispana

spann [ʃpan] *3. imp von* **spinnen**

Spann [ʃpan] *m* <-(e)s, -e> empeine *m*

Spannbetttuch *nt* sábana *f* con cuatro puntos de ajuste

Spannbreite *f* espectro *m*

Spanne ['ʃpanə] *f* <-n> ① *(Zeitspanne)* intervalo *m,* espacio *m* de tiempo ② *(Handelsspanne)* margen *m*

spannen ['ʃpanən] **I.** *vt* ① *(dehnen)* estirar; *(Seil, Muskeln)* tensar; *(Bogen)* flechar ② *(Leine, Netz)* tender ③ *(in die Schreibmaschine)* meter ④ *(Gewehr)* amartillar ⑤ *(fam: merken)* percibir; **ich hoffe, er hat's gespannt** espero que haya caído en la cuenta **II.** *vi (Kleidung)* quedar estrecho; *(Haut)* tirar **III.** *vr:* **sich ~** ① *(straff/fest werden)* ponerse tenso ② *(sich wölben)* arquearse (**über** sobre)

spannend *adj (fesselnd)* cautivador; *(interessant)* muy interesante; *(Buch, Film)* de suspense; **mach's nicht so ~!** *(fam)* ¡no te hagas tanto de rogar!

Spanner *m* <-s, -> ① *(Spannvorrichtung)* tensor *m* ② *(Schmetterling)* geométrido *m* ③ *(fam: Voyeur)* mirón *m*

Spannkraft *f ohne pl* elasticidad *f*

Spannung[1] *f ohne pl* ① *(Erwartung, innere Spannung, a.* PHYS) tensión *f;* **etw mit ~ erwarten** esperar algo con impaciencia ② *(eines Films)* suspense *m,* suspenso *m Am*

Spannung[2] *f* <-en> ① *(Feindseligkeit)* tirantez *f* ② *(Stromstärke)* voltaje *m*

Spannungsgebiet *nt* región *f* de tensiones
Spannweite *f* ❶ *(Vogel, Flugzeug)* envergadura *f* ❷ (ARCHIT) luz *f*
Spanplatte *f* tabla *f* de madera aglomerada
Sparbrief *m* cédula *f* de ahorro
Sparbuch *nt* libreta *f* de ahorro
Sparbüchse *f* hucha *f*
Spardose *f* hucha *f*
sparen [ˈʃpaːrən] **I.** *vt* ahorrar **II.** *vi* ❶ *(Geld)* ahorrar ❷ *(zurückhalten)* escatimar (**an/mit** en)
Sparer(in) *m(f)* <-s, -; -nen> ahorrador(a) *m(f)*
Sparflamme *f ohne pl* llama *f* pequeña; **auf ~** *(a. fig)* a medio gas
Spargel [ˈʃpargəl] *m* <-s, -> espárrago *m*
Sparguthaben *nt* <-s, -> ahorros *m pl*
Sparheft *nt (Schweiz) s.* **Sparbuch**
Sparkasse *f* caja *f* de ahorros
Sparkonto *nt* cuenta *f* de ahorro
Sparkurs *m* <-es, *ohne pl*> (fase *f* de) ahorro *m;* **auf ~ sein** ahorrar, economizar, apretarse el cinturón
spärlich [ˈʃpɛːɐlɪç] *adj* escaso; *(ärmlich)* pobre; **~ bekleidet sein** llevar poca ropa encima
Sparmaßnahme *f* medida *f* de ahorro
Sparpaket *nt* (POL) paquete *m* (de) ahorro
Sparprämie *f* (FIN) prima *f* de ahorro
Sparpreis *m* precio *m* económico
Sparring *nt* <-s, *ohne pl*> (SPORT) sparring *m*
sparsam *adj* económico; *(Person)* poco gastador; **~ mit etw umgehen** ser ahorrativo con algo
Sparsamkeit *f ohne pl* economía *f;* **aus ~** por razones de economía
Sparschwein *nt* hucha *f* (en forma de cerdo)
spartanisch [ʃparˈtaːnɪʃ] *adj o adv* espartano; **~ leben** vivir austeramente
Sparte [ˈʃpartə] *f* <-n> ❶ *(Gebiet)* rama *f;* *(Abteilung)* sector *m* ❷ *(Rubrik)* sección *f*
Spaß¹ [ʃpaːs, *pl:* ˈʃpɛːsə] *m* <-es, Späße> *(Scherz)* broma *f;* **~ machen** bromear; (**keinen**) **~ verstehen** tener (poca) correa; **~ beiseite!** ¡bromas aparte!; **aus** [*o* **im**] **~** de broma; **da hört bei mir der ~ auf** *(fam)* eso ya pasa de castaño oscuro
Spaß² *m* <-es, *ohne pl*> *(Vergnügen)* diversión *f,* gusto *m;* **~ muss sein** hay que divertirse; **~ machen** gustar; **sich** *dat* **aus etw einen ~ machen** hacer algo de cachondeo; **jdm den ~ verderben** aguar(le) la fiesta a alguien; **viel ~!** ¡que te diviertas!; **das war ein teurer ~** *(fam)* costó un riñón
spaßen [ˈʃpaːsən] *vi* bromear; **damit ist nicht zu ~** no es cosa de broma; **sie lässt nicht mit sich ~** no está para bromas
spaßeshalber [ˈʃpaːsəshalbɐ] *adv (fam)* en broma
Spaßgesellschaft *f* sociedad *f* de la diversión
spaßig *adj* divertido
Spaßmacher(in) *m(f)* bromista *mf*
Spaßverderber(in) *m(f)* <-s, -; -nen> aguafiestas *mf inv*
Spaßvogel *m* bromista *mf*
Spastiker(in) [ˈʃpastikɐ, ˈspastikɐ] *m(f)* <-s, -; -nen> (MED) espástico, -a *m, f*
spastisch [ˈʃpastɪʃ, ˈspastɪʃ] *adj* (MED) espástico
spät [ʃpɛːt] **I.** *adj* tardío; **am ~en Vormittag** a última hora de la mañana; **von früh bis ~** desde la mañana hasta la noche **II.** *adv* tarde; **wie ~ ist es?** ¿qué hora es?; **es wird heute ~(er)** se va a hacer tarde hoy; **besser ~ als nie** *(prov)* más vale tarde que nunca
spätabends [ʃpɛːtʔaːbənts] *adv* a última hora de la tarde, entrada la noche
Spätaussiedler(in) *m(f) emigrante de origen alemán de los estados de Europa del Este*
Spätbucher(in) *m(f)* <-s, -; -nen> *persona que efectúa una reserva tarde/a última hora*
Spaten [ˈʃpaːtən] *m* <-s, -> laya *f*
Spatenstich *m* <-(e)s, -e> pal(et)ada *f;* **der erste ~** el comienzo de las obras
Spätentwickler(in) *m(f)* (MED, PSYCH) niño, -a *m, f* con desarrollo lento
später [ˈʃpɛːtɐ] **I.** *adj* posterior; *(künftig)* futuro **II.** *adv* más tarde, más adelante; **bis ~!** ¡hasta luego!; **einige Stunden ~** unas horas después; **früher oder ~** tarde o temprano
spätestens [ˈʃpɛːtəstəns] *adv* lo más tarde; **~ in einer Stunde** a más tardar dentro de una hora
Spätfolge *f* efecto *m* tardío
Spätherbst *m* <-(e)s, -e> otoño *m* tardío, final *m* de otoño; **im ~** a finales de otoño
Späti <-s, -s> [ˈʃpɛːti] *nt (Spätverkaufsstelle) tienda que abre hasta muy tarde o incluso en domingo*
Spätlese *f* cosecha *f* tardía
Spätschicht *f* turno *m* de tarde
Spätsommer *m* estío *m* tardío
Spätstadium *nt* <-s, -stadien> estado *m* avanzado
Spätvorstellung *f* sesión *f* de noche
Spatz [ʃpats] *m* <-en *o* -es, -en> ❶ *(Vogel)* gorrión *m;* **das pfeifen die ~en von den Dächern** *(fam)* es (ya) un secreto a voces; **besser ein ~ in der Hand als eine**

Taube auf dem Dach *(prov)* más vale pájaro en mano que ciento volando ② *(fam: Schatz)* tesoro *m*

Spätzle ['ʃpɛtslə] *pl (südd) pasta de huevo típica de Suabia*

Spätzünder *m (fam)* **ein ~ sein** ser corto de entendederas

spazieren* [ʃpa'tsiːrən] *vi sein* pasear (**durch** por); (**im Auto**) **~ fahren** dar una vuelta (en coche); **jdn** (**im Auto**) **~ fahren** pasear a alguien (en coche); **im Wald ~ gehen** pasear(se) por el bosque

Spazierfahrt *f* paseo *m* en coche

Spaziergang *m* <-(e)s, -gänge> paseo *m*; **einen ~ machen** dar un paseo

Spaziergänger(in) [-gɛŋɐ] *m(f)* <-s, -; -nen> paseante *mf*

Spazierstock *m* bastón *m*

SPD [ɛspeː'deː] *f Abk. von* **Sozialdemokratische Partei Deutschlands** Partido *m* Socialdemócrata Alemán

Specht [ʃpɛçt] *m* <-(e)s, -e> (ZOOL) pájaro *m* carpintero

Speck [ʃpɛk] *m* <-(e)s, -e> ① *(Nahrungsmittel)* tocino *m*; *(geräuchert)* beicon *m* ② *(fam: bei Menschen)* grasa *f*; *(Speckbauch)* panza *f*; **~ ansetzen** echar carnes

speckig *adj* ① *(schmierig)* pringoso; *(schmutzig)* mugriento ② *(fam abw: dick)* gordo

Speckschwarte *f* corteza *f* de tocino, piel *f* de tocino

Spediteur(in) [ʃpedi'tøːɐ] *m(f)* <-(e)s, -e; -nen> tra(n)sportista *mf*

Spedition [ʃpedi'tsjoːn] *f* <-en> empresa *f* de tra(n)sportes

Speer [ʃpeːɐ] *m* <-(e)s, -e> lanza *f*; (SPORT) jabalina *f*

Speerfischen *nt* pesca *f* con arpón

Speerwerfen *nt* <-s, *ohne pl*> (SPORT) lanzamiento *m* de jabalina

Speerwurf *m* (SPORT) lanzamiento *m* de jabalina

Speiche ['ʃpaɪçə] *f* <-n> (*a.* MED) radio *m*

Speichel ['ʃpaɪçəl] *m* <-s, *ohne pl*> saliva *f*

Speicher ['ʃpaɪçɐ] *m* <-s, -> ① *(Lager)* almacén *m*; *(Getreidespeicher)* granero *m* ② *(Dachboden)* desván *m* ③ (TECH: *Wasserspeicher*) depósito *m* ④ (INFOR) memoria *f*

Speicherdichte *f* (INFOR) densidad *f* de almacenamiento

Speicherfunktion *f* (INFOR) función *f* de memoria

Speicherkapazität *f* (INFOR) capacidad *f* de almacenamiento

Speicherkarte *f* (INFOR) tarjeta *f* de memoria

speichern ['ʃpaɪçɐn] *vi, vt* (*a.* INFOR) almacenar; **~ unter ...** guardar como...

Speicherplatz *m ohne pl* (INFOR) espacio *m* de memoria

Speicherung *f* <-en> almacenamiento *m*

speien ['ʃpaɪən] <speit, spie, gespie(e)n> **I.** *vi (geh)* ① *(spucken)* escupir ② *(sich übergeben)* vomitar **II.** *vt (geh)* escupir

Speise ['ʃpaɪzə] *f* <-n> comida *f*; *(Gericht)* plato *m*; **kalte ~n** *(Gerichte)* fiambres *mpl*

Speiseeis *nt* <-es, *ohne pl*> helado *m*

Speisekammer *f* despensa *f*

Speisekarte *f* carta *f* (del menú)

speisen ['ʃpaɪzən] **I.** *vi (geh)* comer **II.** *vt* ① *(geh: ernähren)* dar de comer (a) ② (TECH) alimentar

Speiseöl *nt* aceite *m* de mesa

Speisepilz *m* <-es, -e> hongo *m* comestible

Speisereste *mpl* ① *(einer Mahlzeit)* sobras *fpl* ② *(zwischen den Zähnen)* restos *mpl* de comida

Speiseröhre *f* esófago *m*

Speisesaal *m* comedor *m*

Speisesalz *nt* sal *f* de cocina

Speisewagen *m* coche *m* restaurante

Spektakel[1] [ʃpɛk'taːkəl] *m* <-s, -> *(fam: Lärm)* jaleo *m*

Spektakel[2] *nt* <-s, -> *(Vorgang)* espectáculo *m*

spektakulär [ʃpɛktaku'lɛːɐ] *adj* espectacular

Spektra ['ʃpɛktra] *pl von* **Spektrum**

Spektrum ['ʃpɛktrʊm] *nt* <-s, Spektren *o* Spektra> *(fig a.* PHYS) espectro *m*

Spekulant(in) [ʃpeku'lant] *m(f)* <-en, -en; -nen> especulador(a) *m(f)*

Spekulation [ʃpekula'tsjoːn] *f* <-en> (*a.* WIRTSCH, PHILOS) especulación *f*; **über etw ~en anstellen** especular acerca de algo

spekulativ [ʃpekula'tiːf] *adj* ① *(hypothetisch)* especulativo ② (WIRTSCH) especulador

spekulieren* [ʃpeku'liːrən] *vi* (*a.* WIRTSCH) especular (**mit** con, **in** en, **über** sobre); **auf etw ~** *(fam)* contar con algo

Spelunke [ʃpe'lʊŋkə] *f* <-n> *(abw)* ① *(Kneipe)* tabernucho *m* ② *(Unterkunft)* cuchitril *m*

spendabel [ʃpɛn'daːbəl] *adj (fam)* rumboso

Spende ['ʃpɛndə] *f* <-n> *(Geldspende)* donativo *m*; *(Schenkung)* donación *f*; *(Almosen)* limosna *f*

spenden *vt* ① *(Geld, Blut)* donar ② *(geh: Wärme, Schatten)* dar

Spendenaffäre *f* (POL) *escándalo relacionado con las donaciones ilegales recibidas por la CDU alemana*

Spendenkonto *nt* cuenta *f* para donativos

Spender[1] *m* <-s, -> *(Gerät)* distribuidor *m*

Spender(in)[2] *m(f)* <-s, -; -nen> *(Person)* donador(a) *m(f)*

Spenderorgan *nt* órgano *m* donante

spendieren* [ʃpɛn'di:rən] *vt (fam)* pagar; **jdm ein Eis ~** invitar a alguien a tomar un helado

Sperber ['ʃpɛrbɐ] *m* <-s, -> gavilán *m*

Sperling ['ʃpɛrlɪŋ] *m* <-s, -e> gorrión *m*

Sperma ['ʃpɛrma] *nt* <-s, Spermen *o* -ta> (BIOL) esperma *m o f*

Spermium ['ʃpɛrmiʊm, 'spɛrmiʊm] *nt* <-s, Spermien> (BIOL) espermio *m*

sperrangelweit ['-'--'-] *adv* **~ offen** abierto de par en par

Sperrbezirk *m* <-s, -e> zona *f* prohibida

Sperre ['ʃpɛrə] *f* <-n> ① *(Schranke)* barrera *f; (Straßensperre)* barricada *f* ② *(Embargo)* bloqueo *m; (Nachrichtensperre)* censura *f;* **eine ~ verhängen** *(Embargo)* declarar un bloqueo; *(Nachrichtensperre)* ejercer la censura ③ (SPORT) suspensión *f*

sperren ['ʃpɛrən] **I.** *vt* ① *(für den Verkehr)* cerrar ② *(verbieten)* bloquear; *(Urlaub)* aplazar ③ *(Telefon, Strom)* cortar; *(Konto, Kredit)* bloquear; *(Daten)* inhibir ④ (SPORT) suspender ⑤ (TYPO) espaciar ⑥ *(einsperren)* **jdn in etw ~** encerrar a alguien en algo **II.** *vr:* **sich ~** oponerse (**gegen** a)

Sperrfeuer *nt* <-s, *ohne pl*> (MIL) fuego *m* de barrera

Sperrgebiet *nt* zona *f* prohibida

Sperrholz *nt* <-es, *ohne pl*> contrachapado *m*

sperrig *adj* voluminoso

Sperrmüll *m* basura *f* voluminosa

Sperrmüllabfuhr *f* <-, -en> recogida *f* de basura voluminosa

Sperrstunde *f* hora *f* de cierre

Sperrung *f* <-en> ① *(einer Straße)* cierre *m* ② *(Verbot)* bloqueo *m,* prohibición *f* ③ *(des Stroms, Telefons)* corte *m; (von Geldern, Konten)* bloqueo *m* ④ (SPORT) suspensión *f*

Spesen ['ʃpe:zən] *pl* dietas *fpl,* gastos *mpl* (reembolsados por la empresa)

Speyer ['ʃpaɪɐ] *nt* <-s> Espira *f,* Spira *f*

Spezi[1] ['ʃpe:tsi] *m* <-s, -(s)> *(südd: fam: Kumpel)* coleguilla *mf*

Spezi®[2] *m o nt* <-s, -(s)> *(fam: Getränk) refresco a base de limonada y cola*

Spezialfall *m* <-(e)s, -fälle> caso *m* especial

Spezialgebiet *nt* especialidad *f*

spezialisieren* [ʃpetsjali'zi:rən] *vr:* **sich ~** especializarse (**auf** en)

Spezialisierung *f* <-en> especialización *f*

Spezialist(in) [ʃpetsja'lɪst] *m(f)* <-en, -en; -nen> especialista *mf* (**für** en)

Spezialität [ʃpetsjali'tɛ:t] *f* <-en> especialidad *f*

speziell [ʃpe'tsjɛl] *adj* especial, particular

Spezies ['ʃpe:tsjɛs, *pl:* 'ʃpe:tsje:s] *f* <-> (BIOL) especie *f*

Spezifikation *f* <-, -en> (INFOR) especificación *f*

spezifisch [ʃpe'tsi:fɪʃ] *adj* específico

spezifizieren* [ʃpetsifi'tsi:rən] *vt* especificar

Sphäre ['sfɛ:rə] *f* <-n> esfera *f;* **in höheren ~n schweben** *(fam)* vivir en las nubes

sphärisch *adj* esférico

Sphinx [sfɪŋks] *f* <-e> esfinge *f*

spicken ['ʃpɪkən] **I.** *vt* ① (GASTR) mechar ② *(fam: reichlich versehen)* llenar (**mit** de) **II.** *vi (reg: fam: abschreiben)* chuletear; **bei** [*o* **von**] **jdm ~** copiar de alguien

Spickzettel *m (reg: fam)* chuleta *f,* machete *m Arg*

spie [ʃpi:] *3. imp von* **speien**

Spiegel ['ʃpi:gəl] *m* <-s, -> ① *(allgemein)* espejo *m;* **in den ~ sehen** mirarse en el espejo; **jdm den ~ vorhalten** *(fig)* adoptar una postura crítica frente a alguien ② (MED) espéculo *m* ③ *(Wasser-, Alkoholspiegel)* nivel *m*

Spiegelbild *nt* imagen *f* reflejada; *(fig)* reflejo *m*

Spiegelei *nt* (GASTR) huevo *m* frito

spiegelglatt ['--'-] *adj* ① *(rutschig)* muy resbaladizo ② *(eben)* liso como un espejo

spiegeln **I.** *vi* ① *(glänzen)* brillar ② *(blenden)* reflejar **II.** *vt* reflejar **III.** *vr:* **sich ~** reflejarse (**in** en)

Spiegelreflexkamera [---'----] *f* (FOTO) cámara *f* de espejo

Spiegelschrank *m* armario *m* (de tocador) con espejo

Spiegelung *f* <-en> reflejo *m*

spiegelverkehrt *adj* invertido lateralmente

Spiel [ʃpi:l] *nt* <-(e)s, -e> ① *(Glücksspiel, Vergnügen)* juego *m;* **einen neuen Gesichtspunkt** (**mit**) **ins ~ bringen** aportar otro punto de vista; **jdm das ~ verderben** *(fig)* aguar la fiesta a alguien; **ein doppeltes ~ treiben** *(fig)* hacer juego doble; **ein abgekartetes ~** *(fam)* una confabulación; **leichtes ~ mit jdm haben** *(fam)* vencer a alguien fácilmente; **auf dem ~ stehen** *(fig)* estar en juego; **etw aufs ~ setzen** *(fig)* jugarse algo; **im ~ sein** *(fig)* estar en juego; **jdn/etw aus dem ~ lassen** *(fig)* dejar a alguien/algo fuera de

S

juego ❷ (SPORT) partido *m* ❸ (TECH) juego *m,* holgura *f*

Spielautomat *m* (máquina *f*) tragaperras *f inv*

Spielball *m* ❶ *(Ball)* pelota *f* ❷ *(Person)* juguete *m*

Spielbank *f* <-en> casino *m*

Spielbeginn *m* <-(e)s, *ohne pl*> (SPORT) comienzo *m* del partido

Spieldose *f* caja *f* de música

spielen [ˈʃpiːlən] **I.** *vt* ❶ *(Spiel)* jugar ❷ *(Instrument)* tocar; **eine Platte ~** *(fam)* poner un disco ❸ *(aufführen)* dar ❹ *(Rolle)* interpretar ❺ *(vortäuschen)* hacerse; **er spielt den Unschuldigen** se hace el inocente **II.** *vi* ❶ *(Spiel, a.* SPORT) jugar; **um hohe Summen ~** jugar grandes sumas; **1:1 ~** empatar 1 a 1; **mit dem Feuer ~** *(a. fig)* jugar con fuego ❷ *(herumspielen)* juguetear (**mit/an** con) ❸ *(sich zutragen)* tener lugar (**in** en) ❹ *(Radio)* estar sonando

spielend *adv (problemlos)* fácilmente, con facilidad

Spielende *nt* <-s, *ohne pl*> (SPORT) final *m* del partido; *(Gesellschaftsspiel)* final *m* de la partida

Spieler(in) *m(f)* <-s, -; -nen> jugador(a) *m(f)*

Spielerei *f ohne pl (abw: dauerndes Spielen)* jugueteo *m*

Spielerin *f* <-nen> *s.* **Spieler**

spielerisch *adj* ❶ *(verspielt)* juguetón ❷ *(mit Leichtigkeit)* como jugando ❸ (SPORT) **die ~e Leistung** la actuación de los jugadores

Spielfeld *nt* terreno *m* de juego; *(Tennis)* pista *f*

Spielfilm *m* largometraje *m*

Spielgeld *nt* <-(e)s, *ohne pl*> dinero *m* de juguete

Spielhalle *f* salón *m* recreativo

Spielkamerad(in) *m(f)* compañero, -a *m, f* de juego

Spielkarte *f* naipe *m*

Spielkasino *nt* casino *m* de juego

Spielleidenschaft *f* pasión *f* por el juego

Spielmarke *f* ficha *f* de juego

Spielminute *f* <-, -n> (SPORT) minuto *m* de juego

Spielothek [ʃpiːloˈteːk] *f* <-en> *s.* **Spielhalle**

Spielplan *m* (THEAT) programa *m,* cartelera *f;* **auf dem ~ stehen** estar en cartel

Spielplatz *m* parque *m* infantil

Spielraum *m ohne pl* espacio *m; (Bewegungsraum)* libertad *f* de movimiento; *(fig)* margen *m*

Spielregel *f* regla *f* de juego

Spielsachen *fpl* juguetes *mpl*

Spielstand *m* (SPORT) tanteo *m;* **wie ist denn der ~?** ¿cómo va el juego?

Spielsucht *f ohne pl* ludopatía *f*

Spielsüchtige(r) *mf* ludópata *mf*

Spieltisch *m* mesa *f* de juego

Spieltrieb *m* <-(e)s, *ohne pl*> instinto *m* lúdico

Spieluhr *f* reloj *m* de música

Spielverderber(in) *m(f)* <-s, -; -nen> aguafiestas *mf inv*

Spielwaren *fpl* juguetes *mpl*

Spielwarengeschäft *nt* <-(e)s, -e> juguetería *f,* tienda *f* de juguetes

Spielzeit *f* ❶ (THEAT) temporada *f* (de teatro); (FILM) *período en el cual una película está en cartelera* ❷ (SPORT) duración *f* del partido

Spielzeug *nt* <-(e)s, -e> juguete *m*

Spielzeugladen *m* juguetería *f*

Spieß [ʃpiːs] *m* <-es, -e> ❶ *(Waffe)* pica *f;* **den ~ umdrehen** *(fam fig)* volver la tortilla; **wie am ~ schreien** *(fam)* gritar como un poseso ❷ *(Bratspieß)* asador *m* ❸ *(Speise)* pincho *m*

Spießbürger(in) *m(f)* *(abw)* burgués, -esa *m, f*

spießbürgerlich *adj (abw)* burgués

spießen [ˈʃpiːsən] *vt* clavar (**auf** en); *(auf eine Gabel)* pinchar (**auf** con)

Spießer(in) *m(f)* <-s, -; -nen> *(fam abw)* burgués, -esa *m, f*

spießig *adj (fam abw)* burgués

Spießrute *f* <-n> **~n laufen** (MIL) pasar por la baqueta; *(fig)* verse expuesto a la vergüenza pública

Spikes [ˈʃpaɪks] *mpl* ❶ *(Metalldornen, -stifte)* clavos *mpl,* púas *fpl* ❷ *(Sportschuhe)* zapatillas *fpl* con clavos ❸ *(Reifen)* neumáticos *m* claveteados *pl*

Spinat [ʃpiˈnaːt] *m* <-(e)s, -e> espinaca *f*

Spind [ʃpɪnt] *m o nt* <-(e)s, -e> armarito *m*

Spindel [ˈʃpɪndəl] *f* <-n> ❶ *(am Spinnrad)* huso *m* ❷ (ARCHIT) eje *m*

spindeldürr [ˈ-ˈ-ˈ-] *adj* flaco

Spinett [ʃpiˈnɛt] *nt* <-(e)s, -e> espineta *f*

Spinne [ˈʃpɪnə] *f* <-n> araña *f*

spinnefeind [ˈ-ˈ-ˈ-] *(fam)* **~ sein** andar como el perro y el gato

spinnen [ˈʃpɪnən] <spinnt, spann, gesponnen> **I.** *vi* ❶ *(Garn)* hilar ❷ *(fam abw: verrückt sein)* estar loco **II.** *vt* ❶ *(Garn)* hilar ❷ *(Spinne)* tejer

Spinnennetz *nt* telaraña *f*

Spinner(in) *m(f)* <-s, -; -nen> ❶ *(Beruf)* hilandero, -a *m, f* ❷ *(fam abw: Verrückter)* loco, -a *m, f,* chiflado, -a *m, f*

Spinnerei[1] *f ohne pl (das Spinnen)* hilado *m*

S

Spinnerei[2] *f* <-en> ❶ *(Betrieb)* hilandería *f* ❷ *(fam abw: Unsinn)* locura *f*, chifladura *f*
Spinning® ['spɪnɪŋ] *nt* <-s, *ohne pl*> (SPORT) spinning® *m*
Spinnmaschine *f* hiladora *f*
Spinnrad *nt* rueca *f*
Spinnwebe *f* <-n> telaraña *f*
Spin-off *m* <-s, -s> producto *m* secundario
Spion[1] *m* <-s, -e> *(Guckloch)* mirilla *f*
Spion(in)[2] [ʃpi'oːn] *m(f)* <-s, -e; -nen> *(Agent)* espía *mf*
Spionage [ʃpio'naːʒə] *f ohne pl* espionaje *m*
Spionageabwehr *f* <-, *ohne pl*> contraespionaje *m*
spionieren* [ʃpio'niːrən] *vi* espiar
Spionin *f* <-nen> *s.* **Spion**[2]
Spirale [ʃpi'raːlə] *f* <-n> ❶ *(Linie)* espiral *f* ❷ *(fam: zur Empfängnisverhütung)* DIU *m*
spiralförmig [-fœrmɪç] *adj* en espiral, helicoidal
spiritistisch *adj* espiritista
spirituell [ʃpiritu'ɛl, spiri-] *adj* espiritual
Spiritus ['ʃpiːritʊs] *m* <-, -se> alcohol *m* (de quemar)
Spital [ʃpi'taːl, *pl:* ʃpi'tɛːlɐ] *nt* <-s, Spitäler> *(Schweiz)* hospital *m*
spitz [ʃpɪts] *adj* ❶ *(Gegenstand, a.* MATH) (punti)agudo; *(Nase, Kinn)* afilado ❷ *(Geräusch)* agudo ❸ *(spöttisch)* mordaz ❹ *(fam: scharf)* deseoso (**auf** de)
Spitz [ʃpɪts] *m* <-es, -e> (ZOOL) lulú *m*
Spitzbart *m* perilla *f*
Spitzbogen *m* (ARCHIT) ojiva *f*
Spitzbube, -bübin *m, f* <-n, -n; -nen> ❶ *(abw: Betrüger)* ladrón, -ona *m, f* ❷ *(fam: Schelm)* pillo, -a *m, f*
spitzbübisch [-byːbɪʃ] *adj* pillo
Spitze ['ʃpɪtsə] *f* <-n> ❶ *(eines Gegenstandes)* punta *f*; **etw auf die ~ treiben** llevar algo al extremo ❷ *(Bergspitze)* cima *f*, cumbre *f* ❸ *(Führung)* cabeza *f*; *(von Unternehmen)* dirección *f*; **an der ~ stehen/liegen** estar a la cabeza ❹ *(Gewebe)* encaje *m* ❺ *(Stichelei)* indirecta *f* ❻ *(Höchstwert, das Höchste)* máximo *m*; **der Wagen fährt 200 ~** *(fam)* este coche alcanza una velocidad punta de 200 kms/h; **~!** *(fam)* ¡estupendo! ❼ *(Zigarettenspitze)* boquilla *f*
Spitzel ['ʃpɪtsəl] *m* <-s, -> *(abw)* espía *mf*
spitzeln *vi (abw)* espiar
spitzen ['ʃpɪtsən] *vt* afilar, sacar punta (a); **die Ohren ~** aguzar el oído
Spitzengehalt *nt* <-(e)s, -hälter> sueldo *m* elevado [*o* máximo]
Spitzenkandidat(in) *m(f)* candidato, -a *m, f* principal
Spitzenklasse *f* primera categoría *f*
Spitzenleistung *f* ❶ *(Leistung)* rendimiento *m* máximo ❷ (SPORT: *Rekord*) récord *m*
spitzenmäßig *adj (fam)* guay
Spitzenqualität *f* calidad *f* suprema
Spitzenreiter *m (Ware, Schlager)* éxito *m*; (SPORT) líder *m*
Spitzensportler(in) *m(f)* deportista *mf* de gran clase
Spitzentechnologie *f ohne pl* última tecnología *f*
Spitzer *m* <-s, -> *(fam)* sacapuntas *m inv*
spitzfindig *adj (abw)* sutil
Spitzfindigkeit *f* <-en> sutileza *f*
spitz|kriegen *vt (fam)* enterarse (de)
Spitzname *m* apodo *m*
spitzwink(e)lig *adj* de ángulo agudo
Spleen [ʃpliːn] *m* <-s, -e *o* -s> manía *f*
Splint[1] [ʃplɪnt] *m* <-(e)s, -e> (TECH) clavija *f* hendida, chaveta *f* partida
Splint[2] *m* <-(e)s, *ohne pl*> *(weiches Holz)* albura *f*
Splitter ['ʃplɪtɐ] *m* <-s, -> *(Holzsplitter)* astilla *f*; *(Glas-/Knochensplitter)* esquirla *f*; *(Granatensplitter)* metralla *f*
splitterfasernackt *adj (fam)* en cueros, en porretas
Splittergruppe *f* grupúsculo *m*
splittern ['ʃplɪtɐn] *vi sein* ❶ *(zerbrechen)* hacerse pedazos ❷ *(Holz)* astillarse
splitternackt *adj (fam)* en pelota(s)
Splitting ['ʃplɪtɪŋ, 'splɪtɪŋ] *nt* <-s, -s> ❶ (FIN) partición *f* ❷ (POL) segregación *f*
SPÖ [ɛspeː'ʔøː] *f Abk. von* **Sozialistische Partei Österreichs** Partido *m* Socialista Austriaco
Spoiler ['ʃpɔɪlɐ] *m* <-s, -> (AUTO) alerón *m*
sponsern ['ʃpɔnzɐn] *vt* patrocinar, esponsorizar
Sponsor(in) ['ʃpɔnzɐ, 'ʃpɔnzoːɐ] *m(f)* <-s, -en; -nen> patrocinador(a) *m(f)*, propiciador(a) *m(f) Am*
Sponsoring ['ʃpɔnzorɪŋ, 'spɔnzorɪŋ] *nt* <-s, *ohne pl*> patrocinamiento *m*, sponsoring *m*
spontan [ʃpɔn'taːn] *adj* espontáneo
Spontaneität [ʃpɔntanei'tɛːt] *f ohne pl* espontaneidad *f*
sporadisch [ʃpo'raːdɪʃ] **I.** *adj* esporádico **II.** *adv* de vez en cuando
Spore ['ʃpoːrə] *f* <-n> (BOT) espora *f*
Sport [ʃpɔrt] *m* <-(e)s, *ohne pl*> deporte *m*; *(als Schulfach)* educación *f* física; **~ treiben** practicar deporte
Sportabteilung *f* sección *f* de deportes
Sportabzeichen *nt* insignia *f* deportiva

Sportart *f* disciplina *f* (deportiva)
Sport-BH *m* sujetador *m* de deporte
Sportfest *nt* festival *m* deportivo
Sportflugzeug *nt* (AERO) avión *m* deportivo
Sportgerät *nt* <-(e)s, -e> aparato *m* para el deporte
Sportgeschäft *nt* tienda *f* de artículos de deporte
Sportgymnastik *f* **rhythmische ~** gimnasia rítmica *f*
Sporthalle *f* gimnasio *m*
Sporthochschule *f* <-, -n> (UNIV) escuela *f* superior de educación física
Sportlehrer(in) *m(f)* profesor(a) *m(f)* de educación física
Sportler(in) ['ʃpɔrtlɐ] *m(f)* <-s, -; -nen> deportista *mf*
sportlich ['ʃpɔrtlɪç] *adj* deportivo; *(fair)* justo
Sportlichkeit *f ohne pl* ① *(Trainiertheit)* condición *f* física ② *(Fairness)* deportividad *f*
Sportmedizin *f ohne pl* medicina *f* deportiva
Sportnachrichten *fpl* (RADIO, TV) noticias *fpl* deportivas
Sportplatz *m* campo *m* de deportes
Sportschuh *m* ① *(Turnschuh)* zapatilla *f* de deportes ② *(sportlicher Schuh)* (zapatillas *fpl*) deportivas *fpl*
Sportsfreund *m* <-(e)s, -e> *(fam)* **so haben wir nicht gewettet, ~!** ¡eso no es lo que acordamos, amigo mío!
Sportunfall *m* <-(e)s, -fälle> accidente *m* deportivo
Sportveranstaltung *f* acto *m* deportivo
Sportverein *m* club *m* deportivo
Sportwagen *m* ① *(Auto)* coche *m* deportivo ② *(Kinderwagen)* cochecito *m*, carrito *m*
Spot [spɔt] *m* <-s, -s> anuncio *m*, aviso *m Am*
Spott [ʃpɔt] *m* <-(e)s, *ohne pl*> burla *f*; **mit jdm seinen ~ treiben** burlarse de alguien
spottbillig ['-'--] **I.** *adj (fam)* tirado, regalado **II.** *adv (fam)* a precio tirado
spötteln ['ʃpœtəln] *vi* burlarse (**über** de)
spotten ['ʃpɔtən] *vi* mofarse (**über** de), burlarse (**über** de)
Spötter(in) ['ʃpœtɐ] *m(f)* <-s, -; -nen> burlón, -ona *m, f*
spöttisch *adj* burlón
Spottpreis *m (fam)* precio *m* tirado; **zu einem ~** a precio tirado
sprach [ʃpra:x] *3. imp von* **sprechen**
Sprachbarriere *f* barrera *f* lingüística
sprachbegabt *adj* que tiene facilidad para los idiomas
Sprachbegabung *f ohne pl* don *m* de lenguas
Sprache[1] ['ʃpra:xə] *f* <-n> *(Sprachsystem)* lengua *f*, idioma *m*; **lebende/tote ~** lengua viva/muerta
Sprache[2] *f ohne pl (Ausdrucksweise)* lenguaje *m*; *(Sprechfähigkeit)* habla *f*; **etw zur ~ bringen** poner algo sobre la mesa; **jdm bleibt die ~ weg** alguien se queda sin habla; **heraus mit der ~!** *(fam)* ¡desembucha ya!
Sprachebene *f* nivel *m* lingüístico
Spracherkennung *f ohne pl* (INFOR) reconocimiento *m* de la palabra
Spracherwerb *m ohne pl* adquisición *f* de lenguas
Sprachfehler *m* defecto *m* de articulación
Sprachführer *m* manual *m* de conversación
Sprachgebrauch *m* uso *m* del idioma
Sprachgefühl *nt ohne pl* intuición *f* lingüística
Sprachkenntnisse *fpl* conocimientos *mpl* de idioma; **mit spanischen ~n** con conocimientos de español
sprachkundig *adj* versado en idiomas
Sprachkurs *m* curso *m* de idioma
Sprachlabor *nt* laboratorio *m* de idiomas
sprachlich *adj* lingüístico
sprachlos *adj* **~ sein** quedarse sin habla
Sprachregelung *f instrucción oficial acerca del tratamiento deseado que se ha de conceder a un tema ante la opinión pública*
Sprachrohr *nt* megáfono *m*; *(fig)* portavoz *mf*
Sprachschule *f* escuela *f* de idiomas, academia *f* de idiomas
Sprachwissenschaft *f ohne pl* lingüística *f*
Sprachwissenschaftler(in) *m(f)* lingüista *mf*
sprachwissenschaftlich *adj* lingüístico
Sprachwitz *m* gracia *f*
sprang [ʃpraŋ] *3. imp von* **springen**
Spray [ʃpre:, ʃprɛɪ, sprɛɪ] *m o nt* <-s, -s> (e)spray *m*
Spraydose *f* pulverizador *m*
sprayen ['ʃprɛɪən, 'sprɛɪən] **I.** *vi* echar (e)spray (**gegen** contra) **II.** *vt* echar (e)spray (en)
Sprechanlage *f* intercomunicador *m*; *(an der Haustür)* portero *m* automático
Sprechblase *f (in Comics)* bocadillo *m*
sprechen ['ʃprɛçən] <spricht, sprach, gesprochen> **I.** *vi* hablar (**von/über** de/sobre); *(sich unterhalten)* conversar (**von/über** de/sobre); **mit jdm ~** hablar con alguien; **davon ~, etw zu tun** hablar de

hacer algo; **frei ~** improvisar; **Spanisch** [*o* **spanisch**] ~ hablar español; **jdn zum S~ bringen** hacer hablar a alguien; **ich bin (für ihn) nicht zu ~** no estoy (para él); **das spricht für ihre Intelligenz** es una prueba de su inteligencia; **es sprach alles gegen ihn** todo estaba en su contra; **nicht gut auf jdn zu ~ zu sein** no querer oír hablar de alguien; **wir ~ uns noch!** *(fam)* ¡ya nos hablaremos! **II.** *vt* hablar; *(sagen)* decir; **jdn ~** hablar con alguien

Sprechen *nt ohne pl* ① *(die menschliche Sprache)* habla *f;* **jdm das ~ beibringen** enseñar a alguien a hablar ② *(das Reden)* hablar *m;* **jdn zum ~ bringen** hacer hablar a alguien

sprechend *adj (Teddybär, Puppe)* que habla; *(Augen, Miene)* expresivo; **ein ~er Vogel** un pájaro que habla

Sprecher(in) *m(f)* <-s, -; -nen> *(Redner)* orador(a) *m(f);* (TV, RADIO) locutor(a) *m(f); (Wortführer, Pressesprecher)* portavoz *mf,* vocero *mf Am*

Sprecherziehung *f ohne pl* logopedia *f*

Sprechfunkgerät *nt* <-(e)s, -e> radioteléfono *m,* walkie-talkie *m*

Sprechstunde *f* ① *(Öffnungszeit)* horario *m* de atención ② *(Arzt)* (hora *f* de) consulta *f;* (SCH, UNIV) hora *f* de tutoría; **~ haben** pasar consulta

Sprechstundenhilfe *f* auxiliar *mf* de médico

Sprechzimmer *nt* despacho *m; (Arzt)* consultorio *m*

spreizen ['ʃpraɪtsən] **I.** *vt (Beine, Finger)* abrir; *(Flügel)* desplegar **II.** *vr:* **sich ~** *(sich sträuben)* oponerse (**gegen** a)

Sprengbombe *f* bomba *f* explosiva

sprengen ['ʃprɛŋən] **I.** *vt* ① *(mit Sprengstoff)* volar ② *(Schloss, Tür)* forzar; *(Versammlung)* disolver; *(Spielbank)* desbancar ③ *(Rasen)* regar; *(Straße, Wäsche)* rociar **II.** *vi sein (geh)* galopar (**über** por)

Sprengkopf *m* (MIL) cabeza *f* (explosiva); **nuklearer ~** cabeza nuclear

Sprengkörper *m* artefacto *m* explosivo

Sprengkraft *f ohne pl* fuerza *f* explosiva

Sprengladung *f* carga *f* explosiva

Sprengsatz *m* carga *f* explosiva, artefacto *m* explosivo

Sprengstoff *m* explosivo *m*

Sprengstoffanschlag *m* atentado *m* con explosivos

Spreu [ʃprɔɪ] *f ohne pl* granzas *fpl;* **die ~ vom Weizen trennen** *(geh)* separar el grano de la paja

spricht [ʃprɪçt] *3. präs von* **sprechen**

Sprichwort ['ʃprɪç-] *nt* refrán *m*

sprichwörtlich *adj* proverbial

sprießen ['ʃpriːsən] <sprießt, spross, gesprossen> *vi sein (geh)* brotar

Springbrunnen *m* fuente *f*

springen ['ʃprɪŋən] <springt, sprang, gesprungen> *vi sein* ① *(Mensch, Tier)* saltar; *(hüpfen)* brincar; **in die Höhe/zur Seite ~** dar un salto/saltar a un lado; **über ein Hindernis ~** saltar un obstáculo ② *(Funken, Ball, a.* SPORT) saltar; **die Ampel springt auf Grün** el semáforo cambia a verde; **der ~de Punkt dabei ist, dass …** el quid de la cuestión es que…; **ins Auge ~** *(fig)* saltar a la vista; **eine Runde Bier ~ lassen** *(fam)* invitar a una ronda de cerveza ③ *(Glas)* rajarse ④ *(Schweiz, südd: laufen)* correr

Springer[1] *m* <-s, -> *(beim Schach)* caballo *m*

Springer(in)[2] *m(f)* <-s, -; -nen> ① (SPORT) saltador(a) *m(f)* ② *(im Betrieb)* su(b)stituto, -a *m, f*

Springflut *f* marea *f* viva

Springform *f* molde *m* desmontable

Springreiten *nt* concurso *m* de saltos

Springseil *nt* comba *f,* cuerda *f* de saltar

Sprinkler ['ʃprɪŋklɐ] *m* <-s, -> aspersor *m*

Sprint [ʃprɪnt] *m* <-s, -s> (SPORT) sprint *m;* **einen ~ einlegen** hacer un sprint

sprinten ['ʃprɪntən] *vi haben o sein* esprintar; **ich sprinte mal eben zum Bäcker** *(fam)* voy a la panadería de una carrera

Sprinter(in) *m(f)* <-s, -; -, -nen> (SPORT) velocista *mf*

Sprit [ʃprɪt] *m* <-s, *ohne pl*> ① *(fam: Benzin)* gasolina *f* ② *(fam: Schnaps)* aguardiente *m* ③ *(Äthylalkohol)* etanol *m*

Spritzbeutel *m* (GASTR) manga *f*

Spritze ['ʃprɪtsə] *f* <-n> ① (MED: *Gerät*) jeringa *f; (Injektion)* inyección *f;* **eine ~ geben/bekommen** poner/recibir una inyección ② *(Feuerspritze)* bomba *f* de incendios ③ *(fam: Geldspritze)* subvención *f* (financiera)

spritzen ['ʃprɪtsə] **I.** *vt* ① *(Flüssigkeit)* salpicar; **jdn nass ~** salpicar a alguien ② *(Straße, Rasen)* regar ③ *(mit Pflanzenschutzmitteln)* tratar con pesticida ④ *(lackieren)* barnizar con pistola ⑤ *(Schmerzmittel)* inyectar **II.** *vi* ① *(Fett, Mensch)* salpicar; *(aus der Pfanne)* saltar ② *sein (herausspritzen)* salir a chorro (**aus** de) ③ *(fam: Drogen)* pincharse

Spritzer *m* <-s, -> ① *(Tropfen)* chispa *f* ② *(Fleck)* salpicadura *f*

spritzig *adj* ① *(Auto)* rápido ② *(lebhaft)* con chispa ③ *(Wein)* burbujeante

Spritzpistole *f* pistola *f* (de pintor)

Spritztour *f (fam)* escapada *f*

spröde ['ʃprøːdə] *adj* ① *(Material)* quebradizo ❷ *(Haar, Haut)* seco ❸ *(Stimme)* ronco ❹ *(Thema)* seco ❺ *(Person)* reservado

spross [ʃprɔs] *3. imp von* **sprießen**

Spross [ʃprɔs] *m* <-es, -e> ❶ *(junger Trieb)* renuevo *m* ❷ *(geh: Nachkomme)* retoño *m*

Sprosse [ˈʃprɔsə] *f* <-n> *(Leiter-, Fenstersprosse)* travesaño *m*

Sprossenwand *f* (SPORT) espaldera *f*

Sprössling [ˈʃprœslɪŋ] *m* <-s, -e> *(fam)* retoño *m*

Spruch [ʃprʊx, *pl:* ˈʃprʏçə] *m* <-(e)s, Sprüche> ❶ *(Ausspruch)* dicho *m; (Sinnspruch)* sentencia *f; (Motto)* lema *m;* **Sprüche klopfen** *(fam abw: angeben)* fanfarronear ❷ *(Bibelspruch)* versículo *m* ❸ *(Schiedsspruch)* fallo *m* arbitral; *(Urteilsspruch)* sentencia *f*

Spruchband *nt* pancarta *f*

spruchreif *adj* ❶ (JUR) listo para sentencia ❷ *(zu entscheiden)* a punto de decidirse; *(endgültig)* definitivo; *(anhängig)* pendiente

Sprudel [ˈʃpru:dəl] *m* <-s, -> agua *f* mineral con gas

sprudeln *vi* ❶ *sein (hervorquellen)* salir a borbotones (**aus** de); *(Quelle)* brotar (**aus** de) ❷ *(Limonade)* burbujear; *(durch Kochen)* hervir ❸ *(vor Freude)* rebosar (**vor** de)

Sprudeltablette *f* <-, -n> pastilla *f* efervescente

Sprühdose *f* (e)spray *m,* atomizador *m*

sprühen [ˈʃpry:ən] **I.** *vi* ❶ *(Funken)* saltar; *(Wasser)* salpicar ❷ *(überquellen)* rebosar (**vor** de) **II.** *vt* echar; *(zerstäuben)* pulverizar; *(Wasser)* rociar

sprühend *adj (Temperament)* vivo

Sprühflasche *f* pulverizador *m*

Sprühregen *m* llovizna *f,* brizna *f Am*

S

Sprung [ʃprʊŋ, *pl:* ˈʃprʏŋə] *m* <-(e)s, Sprünge> ❶ *(Bewegung, a.* SPORT) salto *m; (Hüpfer)* brinco *m; (ins Wasser)* zambullida *f;* **auf dem ~ sein** *(fam)* estar con prisa; **keine großen Sprünge machen können** *(fam fig)* andar apretado de dinero; **jdm auf die Sprünge helfen** *(fam)* dar(le) a alguien una indicación; **auf einen ~ bei jdm vorbeischauen** *(fam)* pasar un rato por (la) casa de alguien ❷ *(Riss)* raja *f*

Sprungbrett *nt* trampolín *m*

Sprunggrube *f* (SPORT) foso *m*

sprunghaft *adj* ❶ *(unstet)* versátil ❷ *(abrupt)* repentino; *(unerwartet)* inesperado

Sprungschanze *f* trampolín *m* de saltos de esquí

Sprungtisch *m* (SPORT) potro *m*

Sprungtuch *nt* ❶ *(der Feuerwehr)* lona *f* de bomberos ❷ (SPORT) lona *f* de saltos

Sprungturm *m* (SPORT) torre *f* de saltos

Sprungwurf *m* (SPORT) lanzamiento *m* en suspensión

Spucke [ˈʃpʊkə] *f ohne pl (fam)* saliva *f;* **da bleibt mir die ~ weg** ahí me quedo pasmado

spucken [ˈʃpʊkən] **I.** *vi* ❶ *(ausspucken)* escupir ❷ *(fam: zurückweisen)* **auf etw/jdn ~** despreciar algo/a alguien ❸ *(reg: sich übergeben)* vomitar **II.** *vt* escupir

Spucknapf *m* escupidera *f*

Spuk [ʃpu:k] *m* <-(e)s, *ohne pl*> aparición *f* (de fantasmas)

spuken [ˈʃpu:kən] *vi* trasguear; **hier spukt es** aquí hay fantasmas

Spukgeschichte *f* <-, -n> (LIT) cuento *m* de fantasmas [*o* de terror]

Spukschloss *nt* <-es, -schlösser> castillo *m* de fantasmas [*o* encantado]

Spülbecken *nt* fregadero *m,* pileta *f RíoPl*

Spule [ˈʃpu:lə] *f* <-n> ❶ *(Filmspule)* bobina *f; (Garnspule)* carrete *m* ❷ (ELEK) bobina *f*

Spüle [ˈʃpy:lə] *f* <-n> fregadero *m*

spulen [ˈʃpu:lən] *vt* bobinar

spülen [ˈʃpy:lən] **I.** *vi* ❶ *(Geschirr)* fregar; *(Waschmaschine)* enjuagar ❷ *(Toilette)* tirar de la cadena **II.** *vt* ❶ *(Geschirr)* fregar ❷ *(Wäsche)* aclarar; *(Mund)* enjuagar; *(Wunde)* lavar ❸ *(anschwemmen)* arrastrar a la orilla

Spülkasten *m* depósito *m* (del váter)

Spüllappen *m* trapo *m* para fregar

Spülmaschine *f* lavavajillas *m inv*

spülmaschinenfest *adj* apto para lavavajillas

Spülmittel *nt* (líquido *m*) lavavajillas *m inv*

Spülstein *m,* **Spültrog** *m (Schweiz)* fregadero *m*

Spülung *f* <-en> ❶ (MED) lavado *m; (Darmspülung)* irrigación *f* ❷ *(Toilettenspülung)* descarga *f* de agua; **die ~ betätigen** tirar de la cadena

Spülwasser *nt ohne pl* agua *f* de fregar

Spur [ʃpu:ɐ] *f* <-en> ❶ *(Abdruck)* huella *f; (Anzeichen)* rastro *m; (Fährte)* pista *f;* **eine heiße ~** una pista caliente; **von den Tätern fehlt jede ~** no hay ni rastro de los delincuentes; **jdm auf der ~ sein** seguir la pista de alguien; **jdm auf die ~ kommen** descubrir a alguien; **~en hinterlassen** dejar huellas ❷ *(Fahrspur)* carril *m,* pista *f Am;* **die ~ wechseln** cambiar de carril ❸ (TECH) distancia *f* entre ejes ❹ *(eines Tonbandes)* pista *f* ❺ *(Menge)* pizca *f;* **eine ~ zu laut** demasiado alto; **nicht die ~** ni rastro

spürbar *adj* palpable; *(offensichtlich)* patente; ~ **werden** hacerse sentir
spüren ['ʃpy:rən] *vt (wahrnehmen)* sentir; *(erfahren)* experimentar; *(merken)* notar
Spurenelement *nt* oligoelemento *m*
Spurensicherung *f* <-, *ohne pl*> levantamiento *m* de la evidencia, aseguramiento *m* de las huellas
Spürhund *m* perro *m* rastreador
spurlos *adv* sin dejar huella; ~ **verschwinden** desaparecer sin dejar rastro
Spürsinn *m ohne pl (a. fig)* olfato *m;* **einen feinen ~ für etw haben** tener buen olfato para algo
Spurt [ʃpʊrt] *m* <-s, -s> (SPORT) esprín *m;* **zum ~ ansetzen** hacer un esprín
spurten ['ʃpʊrtən] *vi haben o sein* (SPORT) esprintar
Spurweite *f* ❶ (AUTO) distancia *f* entre ejes ❷ (EISENB) ancho *m* de la vía, trocha *f Am*
Squash ['skvɔʃ, 'skwɔʃ] *nt* <-, *ohne pl*> (SPORT) squash *m*
Sri Lanka ['sri: 'laŋka] *nt* <-s> Sri Lanka *m*
Sri-Lanker(in) *m(f)* <-s, -; -nen> (e)srilanqués, -esa *m, f*
sri-lankisch *adj* (e)srilanqués
SS *f* <-, *ohne pl*> (HIST: *Nationalsozialismus*) *Abk. von* **Schutzstaffel** SS *f*
SSV *Abk. von* **Sommerschlussverkauf** rebajas *fpl* de verano
St. ❶ *Abk. von* **Stunde** h ❷ *Abk. von* **Sankt** S.
Staat [ʃta:t] *m* <-(e)s, -en> ❶ (POL) Estado *m* ❷ (ZOOL) colonia *f*
Staatenbund *m* confederación *f* (de Estados)
staatenlos *adj* apátrida
Staatenlose(r) *mf* <-n, -n; -n> apátrida *mf*
staatlich I. *adj* estatal, del Estado; *(von der Regierung)* gubernamental; *(national)* nacional; *(öffentlich)* público **II.** *adv* por el Estado; ~ **anerkannt** reconocido oficialmente
Staatsaffäre *f* **eine ~ aus etw** *dat* **machen** *(übertreiben)* darle a algo más importancia de lo que tiene; *(großen Aufwand betreiben)* darle a algo más pompa de la necesaria
Staatsakt *m* ceremonia *f* oficial
Staatsangehörige(r) *mf* ciudadano, -a *m, f*
Staatsangehörigkeit *f* nacionalidad *f;* **doppelte** ~ doble nacionalidad
Staatsanleihe *f* empréstito *m* estatal [*o* del Estado]
Staatsanwalt, -anwältin *m, f* fiscal *mf*
Staatsanwaltschaft *f* fiscalía *f*
Staatsausgaben *fpl* gasto *m* público
Staatsbeamte(r) *m,* **-beamtin** *f* funcionario, -a *m, f* público , -a
Staatsbegräbnis *nt* entierro *m* oficial
Staatsbesuch *m* visita *f* oficial
Staatsbürger(in) *m(f)* ciudadano, -a *m, f*
staatsbürgerlich *adj* cívico
Staatsbürgerschaft *f* ciudadanía *f,* nacionalidad *f*
Staatschef(in) *m(f)* jefe, -a *m, f* de Estado
Staatsdienst *m ohne pl* servicio *m* público; **im ~ stehen** trabajar en el servicio público
Staatseigentum *nt* <-s, *ohne pl*> bienes *mpl* nacionales, propiedad *f* del Estado
Staatseinnahmen *fpl* ingresos *mpl* presupuestarios [*o* del Estado]
Staatsexamen *nt* examen *m* de estado *(requisito para el reconocimiento oficial de diversos estudios y profesiones)*
Staatsfeind(in) *m(f)* <-(e)s, -e; -, -nen> enemigo, -a *m, f* público, -a
Staatsgebiet *nt* territorio *m* nacional
Staatsgeheimnis *nt* secreto *m* de Estado
Staatsgewalt *f* poder *m* estatal; **richterliche/gesetzgebende/vollziehende ~** poder judicial/legislativo/ejecutivo
Staatsgrenze *f* frontera *f* nacional
Staatskasse *f* (FIN) tesoro *m* público
Staatsmann *m (geh)* hombre *m* de Estado
Staatsminister(in) *m(f)* ministro, -a *m, f* de gobierno; *(ohne Ministeramt)* ministro, -a *m, f* sin cartera
Staatsoberhaupt *nt* jefe, -a *m, f* de Estado
Staatspolizei *f* policía *f* del Estado
Staatssekretär(in) *m(f)* secretario, -a *m, f* de Estado
Staatssicherheitsdienst ['-'----] *m ohne pl* (HIST) Servicio *m* (Secreto) de Seguridad del Estado *(policía política de la ex-RDA)*
Staatsstreich *m* golpe *m* de Estado
staatstragend *adj* del estado
Staatsverschuldung *f* endeudamiento *m* del Estado
Stab [ʃta:p, *pl:* 'ʃtɛ:bə] *m* <-(e)s, Stäbe> ❶ *(Stock)* palo *m; (Spazierstab)* bastón *m; (Messstab)* varilla *f; (Bischofsstab)* báculo *m; (Zauberstab)* varita *f;* **den ~ über jdn brechen** *(geh)* condenar a alguien ❷ (SPORT: *für Stabhochsprung*) pértiga *f; (für Staffellauf)* testigo *m* ❸ *(Mitarbeiterstab)* plantilla *f* ❹ (MIL) Estado *m* Mayor
Stäbchen ['ʃtɛ:pçən] *nt* <-s, -> ❶ *pl (Essstäbchen)* palillos *mpl* ❷ *(fam: Zigarette)* pitillo *m*
Stabhochspringer(in) *m(f)* saltador(a) *m(f)* de pértiga
Stabhochsprung *m* (SPORT) salto *m* con pértiga
stabil [ʃta'bi:l] *adj* ❶ *(Material)* sólido

S

② *(Währung, Preise)* estable ③ *(Gesundheit)* robusto
Stabilisator [ʃtabili'za:to:ɐ] *m* <-s, -en> (TECH, CHEM) estabilizador *m*
stabilisieren* [ʃtabili'zi:rən] **I.** *vt* estabilizar **II.** *vr:* **sich** ~ estabilizarse
Stabilisierung *f* <-en> estabilización *f*
Stabilität [ʃtabili'tɛ:t] *f ohne pl* estabilidad *f*
Stabilitätspakt *m* <-(e)s, -e> (WIRTSCH) pacto *m* de estabilidad
Stablampe *f* linterna *f*
Stabmixer *m* batidor *m*, minipimer *m fam*
Stabreim *m* (LIT) aliteración *f*
stach [ʃta:x] *3. imp von* **stechen**
stach(e)lig *adj* espinoso
Stachel ['ʃtaxəl] *m* <-s, -> ① *(einer Pflanze)* espina *f* ② *(eines Igels)* púa *f*; *(von Insekten)* aguijón *m*
Stachelbeere *f* uva *f* espinosa
Stacheldraht *m* alambre *m* de espino
Stacheldrahtzaun *m* cerca *f* de alambre de espino, alambrada *f* de espino
Stachelschwein *nt* puercoespín *m*
stachlig *adj* espinoso
Stadion ['ʃta:diɔn] *nt* <-s, Stadien> (SPORT) estadio *m*
Stadium ['ʃta:diʊm] *nt* <-s, Stadien> etapa *f*, estadio *m*
Stadt [ʃtat, *pl:* 'ʃtɛ(:)tə] *f* <Städte> ① *(Ort)* ciudad *f*; **die ~ Sevilla** la ciudad de Sevilla; **in die ~ gehen** ir al centro; **in ~ und Land** en la ciudad y en el campo ② *(Stadtverwaltung)* municipio *m*
städt. *Abk. von* **städtisch** municipal
Stadtautobahn *f* autopista *f* urbana
stadtbekannt ['--'-] *adj* conocido en toda la ciudad
Stadtbesichtigung *f* visita *f* por la ciudad
Stadtbezirk *m* distrito *m* municipal
Stadtbild *nt* <-es, *ohne pl*> aspecto *m* urbano
Stadtbücherei *f* biblioteca *f* municipal
Stadtbummel *m* paseo *m* por la ciudad
Städtebau *m ohne pl* urbanismo *m*
städtebaulich *adj* urbanístico
Städtepartnerschaft *f* hermanamiento *m* de ciudades
Städter(in) ['ʃtɛ(:)tɐ] *m(f)* <-s, -; -nen> habitante *mf* de una ciudad
Stadtflucht *f ohne pl* éxodo *m* urbano
Stadtführung *f* visita *f* guiada a una ciudad
Stadtgebiet *nt* <-(e)s, -e> término *m* municipal
Stadtgespräch *nt* ~ **sein** ser la comidilla de toda la ciudad
Stadthalle *f* auditorio *m* municipal, sala *f* de congresos
städtisch ['ʃtɛ(:)tɪʃ] *adj (kommunal)* municipal; *(urban)* urbano
Stadtkern *m* centro *m* urbano
Stadtmauer *f* muralla *f* de la ciudad
Stadtmitte *f ohne pl* centro *m* (de la) ciudad
Stadtplan *m* plano *m* de la ciudad
Stadtplaner(in) *m(f)* urbanista *mf*
Stadtplanung *f ohne pl* urbanismo *m*
Stadtrand *m* periferia *f*, afueras *fpl*, orillas *fpl Am*
Stadtrat[1] *m* <-(e)s, -räte> *(Gremium)* consejo *m* municipal
Stadtrat, -rätin[2] *m, f* <-(e)s, -räte; -nen> *(Mitglied)* miembro *mf* del consejo municipal
Stadtrundfahrt *f* vuelta *f* por la ciudad
Stadtstaat *m* ciudad-estado *f*
Stadtstreicher(in) *m(f)* <-s, -; -nen> vagabundo, -a *m, f* urbano , -a
Stadtteil *m* barrio *m*
Stadttor *nt* <-(e)s, -e> (HIST) puerta *f* de la ciudad
Stadtverwaltung *f (Institution)* administración *f* municipal
Stadtviertel *nt* barrio *m*
Stadtwerke *ntpl* compañía *f* (municipal) de electricidad, gas, agua y tra(n)sportes públicos
Stadtzentrum *nt* centro *m* (de la ciudad)
Staffel ['ʃtafəl] *f* <-n> ① (MIL, AERO) escuadrilla *f* ② (SPORT) relevo *m*
Staffelei *f* <-en> (KUNST) caballete *m*
Staffellauf *m* (SPORT) carrera *f* de relevos
Staffelläufer(in) *m(f)* (SPORT) corredor(a) *m(f)* de relevos
staffeln ['ʃtafəln] *vt* ① *(anordnen)* escalonar ② *(abstufen)* graduar
Staffelung *f* <-en> ① *(Aufstellen, Anordnen)* escalonamiento *m* ② *(Einteilung, Abstufung)* graduación *f*
Stagnation [ʃtagna'tsjo:n] *f* <-en> estancamiento *m*
stagnieren* [ʃta'gni:rən] *vi* estancarse
stahl [ʃta:l] *3. imp von* **stehlen**
Stahl [ʃta:l, *pl:* 'ʃtɛ:lə] *m* <-(e)s, Stähle> acero *m*
Stahlbeton *m* (ARCHIT) hormigón *m* armado
stählern ['ʃtɛ:lɐn] *adj* de acero
Stahlgerüst *nt* <-(e)s, -e> armazón *m o f* de acero
Stahlhelm *m* casco *m* de acero
Stahlindustrie *f* industria *f* del acero
Stahlträger *m* <-s, -> viga *f* de acero
Stahlwerk *nt* fábrica *f* de acero, acería *f*
stak [ʃta:k] *3. imp von* **stecken**[2]
Stakkato [ʃta'ka:to, sta'ka:to] *nt* <-s, -s *o* Stakkati> (MUS) staccato *m*

Stalaktit [ʃtalak'tiːt] *m* <-s *o* -en, -e(n)> (GEO) estalactita *f*
Stalinismus [ʃtali'nɪsmʊs] *m* <-, *ohne pl*> estalinismo *m*
stalinistisch [ʃtali'nɪstɪʃ] *adj* estalinista
Stall [ʃtal, *pl:* 'ʃtɛlə] *m* <-(e)s, Ställe> establo *m; (Hühnerstall)* gallinero *m; (Kuhstall)* vaqueriza *f; (Pferdestall)* cuadra *f,* ensenada *f Arg; (Schweinestall)* pocilga *f; (Rennstall)* cuadra *f* de caballos de carreras
Stamm[1] [ʃtam, *pl:* 'ʃtɛmə] *m* <-(e)s, Stämme> ① *(Baumstamm)* tronco *m* ② *(Volksstamm)* tribu *f* ③ (BIOL) filo *m* ④ (LING) radical *m*
Stamm[2] *m* <-(e)s, *ohne pl*> *(Kundenstamm)* clientela *f* fija; *(der Belegschaft)* plantilla *f*
Stammaktie *f* (FIN, WIRTSCH) acción *f* ordinaria [*o* común]
Stammbaum *m* árbol *m* genealógico; *(eines Tieres)* pedigrí *m*
Stammbuch *nt* libro *m* de familia
stammeln ['ʃtaməln] *vi, vt* balbucear
stammen ['ʃtamən] *vi* provenir (**aus/von** de); *(örtlich)* ser (natural) (**aus/von** de)
Stammgast *m* cliente, -a *m, f* habitual
Stammhalter *m* <-s, -> (hijo *m*) primogénito *m*
stämmig ['ʃtɛmɪç] *adj* fornido
Stammkapital *nt ohne pl* (WIRTSCH) capital *m* original
Stammkneipe *f (fam)* bar *m* habitual
Stammkunde, -in *m, f* cliente, -a *m, f* fijo, -a
Stammkundschaft *f* <-, *ohne pl*> clientela *f* habitual [*o* fija]
Stammlokal *nt* bar *m* habitual
Stammplatz *m* sitio *m* habitual
Stammsitz *m* sede *f,* domicilio *m* principal
Stammtisch *m* ① *(Tisch)* mesa *f* reservada para la clientela habitual ② *(Personen)* tertulia *f*
Stammverzeichnis *nt* (INFOR) directorio *m* raíz
Stammwähler(in) *m(f)* votante *mf* fijo , -a
Stammzelle *f* (BIOL) célula *f* madre
Stammzellenforschung *f ohne pl* investigación *f* con células madre
stampfen ['ʃtampfən] **I.** *vi* ① *(vor Wut, zum Protest)* patalear; *(Pferd)* piafar ② *(Schiff)* cabecear ③ *sein (stapfen)* caminar pesadamente **II.** *vt* ① *(zerkleinern)* machacar; *(Trauben)* pisar ② *(festtreten)* pisotear
stand [ʃtant] *3. imp von* **stehen**
Stand[1] [ʃtant] *m* <-(e)s, *ohne pl*> ① *(Stehen)* posición *f* vertical; **aus dem ~** sin tomar impulso; *(fam: aus dem Stegreif)* sin pensarlo; **einen schweren ~ haben** *(fam)* estar en una posición difícil; **etw zu ~e bringen** lograr algo; **zu ~e kommen** llevarse a cabo; **nicht zu ~e kommen** malograrse; *s. a.* **zustande** ② *(Entwicklungsstand)* nivel *m; (Zustand)* situación *f; (Stadium)* fase *f;* **außer ~e sein, etw zu tun** no estar en condiciones de hacer algo; **im ~e sein, etw zu tun** ser capaz de hacer algo; **etw auf den neuesten ~ bringen** actualizar algo; **etw in ~ setzen/halten** arreglar/conservar algo; **gut in ~ sein** estar en buen estado; **der ~ der Ermittlungen** el estado de la instrucción; *s. a.* **außerstand, imstand, instand**
Stand[2] [ʃtant, *pl:* 'ʃtɛndə] *m* <-(e)s, Stände> ① *(Verkaufsstand)* puesto *m; (Informations-, Messestand)* (e)stand *m; (Taxistand)* parada *f* ② *(Kontostand)* estado *m; (Öl-, Wasserstand)* nivel *m; (Sonnenstand)* posición *f; (Spielstand)* tanteo *m* ③ (FIN) cotización *f* ④ *(soziale Stellung)* clase *f*
Standard ['ʃtandart] *m* <-s, -s> ① *(Maßstab)* estándar *m* ② *(Niveau)* nivel *m*
Standardausführung *f* <-, -en> modelo *m* estándar, versión *f* estándar
Standardeinstellung *f* <-, -en> (INFOR: *Anordnung*) posición *f* estándar
standardisieren* [ʃtandardi'ziːrən] *vt* estandarizar
Standardisierung *f* <-, -en> estandarización *f,* normalización *f*
Standardwerk *nt* <-(e)s, -e> bibliografía *f* básica, literatura *f* básica
Standbild *nt* estatua *f*
Stand-by-Betrieb *m,* **Standby-Betrieb** [stɛnt'baɪ-] *m* (INFOR, TECH) funcionamiento *m* en stand by; **im ~** en stand by
Ständchen ['ʃtɛntçən] *nt* <-s, -> serenata *f;* **jdm ein ~ bringen** dar(le) una serenata a alguien
Ständer ['ʃtɛndɐ] *m* <-s, -> ① *(Gestell)* caballete *m; (Schirmständer)* paragüero *m; (Kleiderständer)* perchero *m; (Notenständer)* latril *m* ② *(vulg: erigierter Penis)* estaca *f*
Standesamt *nt* registro *m* civil
standesamtlich I. *adj* **~e Trauung** matrimonio civil **II.** *adv* **~ heiraten** casarse por lo civil
Standesbeamte(r) *m,* **-beamtin** *f* empleado, -a *m, f* del registro civil
standesgemäß *adj* conforme al nivel social
standfest *adj* ① *(sicher stehend)* estable ② *(standhaft)* firme
Standfestigkeit *f* <-, *ohne pl*> ① *(sicherer Stand)* estabilidad *f* ② *(Standhaftigkeit)* firmeza *f*

S

standhaft **I.** *adj* firme **II.** *adv* con firmeza; **~ bleiben** permanecer firme

Standhaftigkeit *f ohne pl* firmeza *f*

stand|halten *irr vi* resistir

Standheizung *f* (AUTO) calefacción *f* de estacionamiento

ständig ['ʃtɛndɪç] *adj (Ärger, Lärm)* continuo; *(Mitarbeiter)* permanente; *(Wohnsitz)* fijo

Standleitung *f* <-, -en> (TEL, INFOR) línea *f* arrendada, circuito *m* alquilado

Standlicht *nt ohne pl* (AUTO) luz *f* de cruce

Standort *m* ❶ *(Ort)* sitio *m*, lugar *m*, ubicación *f Am* ❷ *(Industrie)* emplazamiento *m* ❸ (MIL) guarnición *f*

Standpauke *f (fam)* sermón *m*; **jdm eine ~ halten** echar(le) un sermón a alguien

Standpunkt *m* punto *m* de vista; *(Meinung)* opinión *f*; **einen eigenen ~ vertreten** defender un punto de vista propio; **ich stehe auf dem ~, dass ...** yo opino que...

standrechtlich *adj* por aplicación de la ley marcial; **jdn ~ erschießen** fusilar a alguien según la ley marcial

Standspur *f*, **Standstreifen** *m* arcén *m*

Stange ['ʃtaŋə] *f* <-n> ❶ *(Stab)* vara *f*; *(Fahnenstange)* asta *f*; *(Hühnerstange)* percha *f* (del gallinero); *(Gardinen-, Kleiderstange)* barra *f*; *(Zimtstange)* rama *f*; **etw von der ~ kaufen** *(fam)* comprar algo de confección; **bei der ~ bleiben** *(fam fig)* seguir haciendo algo; **jdn bei der ~ halten** *(fam fig)* apoyar a alguien (hasta que acabe) ❷ *(Zigarettenstange)* cartón *m* ❸ *(Wend)* **eine ~ Geld** *(fam)* un dineral

Stängel ['ʃtɛŋəl] *m* <-s, -> tallo *m*

Stangensellerie *m* <-s, -(s)> *f* <-, -> apio *m*

stank [ʃtaŋk] *3. imp von* **stinken**

stänkern ['ʃtɛŋken] *vi (fam abw)* conspirar, intrigar

stanzen ['ʃtantsən] *vt (prägen)* estampar; *(Loch)* punzonar

Stapel ['ʃtaːpəl] *m* <-s, -> ❶ *(Haufen)* montón *m*, pila *f* ❷ (NAUT) grada *f*; **vom ~ lassen** lanzar al agua; **eine Rede vom ~ lassen** *(fam abw)* pronunciar un discurso

Stapellauf *m* (NAUT) botadura *f*

stapeln ['ʃtaːpəln] **I.** *vt* amontonar **II.** *vr:* **sich ~** amontonarse

stapfen ['ʃtapfən] *vi sein* caminar a paso cargado

Star[1] [ʃtaːɐ] *m* <-(e)s, -e> ❶ *(Tier)* estornino *m* ❷ *(Augenerkrankung)* **grüner ~** glaucoma *m*; **grauer ~** catarata *f*

Star[2] [staːɐ] *m* <-s, -s> *(Person)* estrella *f*

Starallüren ['staːɐ-] *pl (abw)* manías *f pl* de estrella de cine

starb [ʃtarp] *3. imp von* **sterben**

stark [ʃtark] <stärker, am stärksten> **I.** *adj* ❶ *(allgemein)* fuerte; *(kräftig)* robusto; **~e Medikamente/Zigaretten** medicamentos/cigarrillos fuertes; **das ist ein ~es Stück!** *(fam)* ¡qué fuerte! ❷ *(dick, stabil)* grueso; **ein hundert Seiten ~es Buch** un libro de cien páginas ❸ *(beträchtlich)* considerable; **~e Schmerzen haben** tener dolores fuertes ❹ *(leistungsstark)* potente; *(mächtig)* poderoso; *(Brille)* de cristales gruesos ❺ *(Verkehr, Hitze, Schneefall)* intenso; *(Raucher, Trinker)* empedernido; *(Nachfrage)* grande ❻ *(fam: hervorragend)* guay; **das find ich echt ~** me parece genial **II.** *adv (+ Adjektiv)* muy; *(+ Verb)* mucho; **~ erkältet sein** tener un fuerte resfriado; **~ schneien** nevar mucho

Stärke ['ʃtɛrkə] *f* <-n> ❶ *(allgemein)* fuerza *f*; *(Leistung)* potencia *f* ❷ *(Dicke)* grueso *m*; *(Festigkeit)* solidez *f* ❸ *(Anzahl)* tamaño *m* ❹ *(Intensität)* intensidad *f*; *(von Erdbeben)* magnitud *f* ❺ *(Fähigkeit)* (punto *m*) fuerte *m* ❻ *(Substanz)* fécula *f*; *(Wäschestärke)* almidón *m*

Stärkemehl *nt* fécula *f*

stärken ['ʃtɛrkən] **I.** *vt* ❶ *(Körper, Position)* fortalecer ❷ *(Wäsche)* almidonar **II.** *vr:* **sich ~** fortalecerse

stark|machen *vr* **sich für jdn/etw ~** *(fam)* apoyar a alguien/algo

stärkste(r, s) *adj superl von* **stark**

Starkstrom *m* (ELEK) corriente *f* de alta intensidad

Starkstromleitung *f* <-, -en> línea *f* de alta tensión

Stärkung *f* <-en> ❶ *(Erfrischung)* refresco *m*; *(Imbiss)* tentempié *m* ❷ *ohne pl (das Kräftigen)* fortalecimiento *m*

Stärkungsmittel *nt* (MED) tónico *m*

starr [ʃtar] *adj* ❶ *(allgemein, a.* TECH) rígido; *(steif)* tieso; *(Glieder)* entumecido ❷ *(Blick)* fijo; *(vor Schreck)* aterrado (**vor** de); *(vor Staunen)* atónito (**vor** de/ante); **~ vor Entsetzen** paralizado de terror ❸ *(unbeugsam)* inflexible

Starre ['ʃtarə] *f ohne pl* ❶ *(Steifheit)* rigidez *f* ❷ *(Feststehen)* inmovilidad *f*; (MED) entumecimiento *m* ❸ *(Strenge)* rigidez *f*

starren ['ʃtarən] *vi* ❶ *(blicken)* clavar los ojos (**auf** en) ❷ *(strotzen)* estar lleno (**vor** de)

Starrheit *f ohne pl* ❶ *(von Material, Achse)* rigidez *f*; *(der Glieder)* entumecimiento *m* ❷ *(Starrköpfigkeit)* testarudez *f*

Starrkopf *m (abw)* testarudo, -a *m, f*

starrköpfig *adj s.* **starrsinnig**

Starrsinn *m* <-(e)s, *ohne pl*> *(abw)* terquedad *f*, cabezonería *f fam*

starrsinnig *adj (abw)* terco

Start [ʃtart] *m* <-(e)s, -s> ❶ (SPORT: *Beginn*) salida *f;* *(Startort)* punto *m* de salida ❷ *(Flugzeugstart)* despegue *m;* *(Auto)* arranque *m;* *(Raketenstart)* lanzamiento *m* ❸ *(Beginn)* comienzo *m*

Startautomatik *f* <-, -en> (AUTO) estárter *m* automático

Startbahn *f* pista *f* de despegue

Startbefehl *m* (INFOR) orden *f* de arranque

startbereit *adj (um aufzubrechen)* preparado para ponerse en marcha; *(um anzufangen)* listo para empezar; *(Flugzeug)* listo para despegar

Startblock *m* ❶ *(Leichtathletik)* bloque *m* de salida ❷ *(Schwimmen)* podio *m* de salida

Startdiskette *f* (INFOR) disquete *m* de arranque

starten ['ʃtartən] **I.** *vi sein* ❶ *(allgemein)* partir (**nach** hacia/para); *(beginnen)* comenzar ❷ (SPORT: *loslaufen/-fahren*) tomar salida; *(teilnehmen)* participar ❸ *(Auto)* arrancar ❹ *(Flugzeug)* despegar **II.** *vt* ❶ *(Auto, Motor)* arrancar ❷ *(Rakete)* lanzar ❸ *(Kampagne)* comenzar ❹ *(Computer)* poner en marcha; *(Programm)* iniciar

Starterlaubnis *f* ❶ (SPORT) permiso *m* de salida ❷ (AERO) permiso *m* de despegue

Startfreigabe *f* <-, -n> (AERO) permiso *m* de despegue

Starthilfe *f* ❶ (FIN) ayuda *f* inicial ❷ (AUTO: *Vorrichtung*) estárter *m*

Starthilfekabel *nt* cables *mpl* de empalme

Startkapital *nt* (FIN) capital *m* inicial

startklar *adj s.* **startbereit**

Startlinie *f* línea *f* de salida; *(bei Rennen)* arrancadero *m*

Startphase *f* fase *f* inicial

Startpistole *f* (SPORT) pistola *f* de salida

Startschuss *m* señal *f* de salida

Startseite *f* (INFOR) página *f* inicial

Startsprung *m* (SPORT) salto *m* de salida

Stasi ['ʃta:zi] *f ohne pl* (HIST: *fam*) *Abk. von* **Staatssicherheitsdienst** Servicio *m* (Secreto) de Seguridad del Estado *(policía política de la ex-RDA)*

Statik ['ʃta:tɪk] *f ohne pl* (PHYS) estática *f*

Statiker(in) ['ʃta:tikɐ] *m(f)* <-s, -; -, -nen> ingeniero, -a *m, f* de estática

Station [ʃta'tsjo:n] *f* <-en> ❶ *(Bahnhof, Radiostation, Wetterstation)* estación *f;* *(Haltestelle)* parada *f;* ~ **machen** detenerse ❷ *(Krankenhausstation)* unidad *f*

stationär [ʃtatsjo'nɛ:ɐ] *adj* ❶ *(an einen Standort gebunden)* fijo ❷ (MED) **~e Behandlung** tratamiento clínico; **~er Patient** paciente hospitalizado

stationieren* [ʃtatsjo'ni:rən] *vt* estacionar

Stationsarzt, -ärztin *m, f* médico, -a *m, f* jefe de sección

Stationsschwester *f* enfermera *f* jefe de sección

statisch ['ʃta:tɪʃ] *adj* (*a.* PHYS) estático

Statist(in) [ʃta'tɪst] *m(f)* <-en, -en; -nen> comparsa *mf*

Statistik [ʃta'tɪstɪk] *f* <-en> estadística *f*

Statistiker(in) [ʃta'tɪstikɐ] *m(f)* <-s, -; -nen> estadista *mf,* estadístico, -a *m, f*

statistisch [ʃta'tɪstɪʃ] *adj* estadístico

Stativ [ʃta'ti:f] *nt* <-(e)s, -e> (FOTO, FILM) trípode *m*

statt [ʃtat] **I.** *präp +gen* en lugar de, en vez de **II.** *konj* ~ **zu ...** en lugar de...

Statt [ʃtat] *f ohne pl (geh)* lugar *m;* **an meiner/deiner** ~ en mi/tu lugar

stattdessen *adv* en lugar de eso

Stätte ['ʃtɛtə] *f* <-n> *(geh)* lugar *m,* sitio *m*

statt|finden *irr vi* tener lugar

statt|geben *irr vi (Bitte, Wunsch)* acceder (a); *(Gesuch)* atender

Statthalter(in) *m(f)* ❶ (HIST) gobernador(a) *m(f)* ❷ *(Schweiz: Bürgermeister)* alcalde(sa) *m(f)*

stattlich ['ʃtatlɪç] *adj* ❶ *(beeindruckend)* imponente; *(hoch gewachsen)* alto ❷ *(Betrag)* considerable

Statue ['ʃta:tuə] *f* <-n> estatua *f*

Statur [ʃta'tu:ɐ] *f* <-en> estatura *f*

Status ['ʃta:tʊs] *m* <-, -> ❶ *(Lage)* situación *f;* ~ **quo** statu quo *m* ❷ *(Soziologie)* categoría *f* social, estatus *m inv* ❸ (MED) estado *m*

Statussymbol *nt* símbolo *m* de categoría social

Statut [ʃta'tu:t] *nt* <-(e)s, -en> estatuto *m*

Stau [ʃtaʊ] *m* <-(e)s, -s *o* -e> ❶ *(Verkehrsstau)* atasco *m,* taco *m Am* ❷ *(im Wasser)* estancamiento *m*

Staub [ʃtaʊp] *m* <-(e)s, -e *o* Stäube> polvo *m;* ~ **saugen** pasar la aspiradora; ~ **wischen** limpiar el polvo; **sich aus dem ~ machen** *(fam fig)* poner pies en polvorosa; ~ **aufwirbeln** *(fam fig)* causar alboroto

stauben ['ʃtaʊbən] *vi* soltar polvo

Staubfaden *m* (BOT) filamento *m*

Staubfänger ['ʃtaʊpfɛŋɐ] *m* <-s, -> *(abw)* nido *m* de polvo

staubig *adj* polvoriento

Staubkorn *nt* mota *f* de polvo

Staubpartikel *nt o f* partícula *f* de polvo

staub|saugen ['---] *vi, vt* pasar la aspiradora (a); *s. a.* **Staub**

Staubsauger *m* aspiradora *f*

Staubtuch *nt* trapo *m* del polvo

Staubwedel [-ve:dəl] *m* <-s, -> plumero *m*

S

Staubwolke *f* nube *f* de polvo, terral *m* *PRico, Perú*
Staudamm *m* presa *f*
Staude ['ʃtaʊdə] *f* <-n> (BOT) planta *f* vivaz
stauen ['ʃtaʊən] **I.** *vt* embalsar **II.** *vr:* **sich ~** *(Wasser)* embalsarse; *(Verkehr)* atascarse; *(Ärger)* acumularse; *(Menschen)* agolparse
Staumauer *f* <-, -n> (muro *m* de contención de una) presa *f*
Staumeldung *f* información *f* sobre el estado de las carreteras
staunen ['ʃtaʊnən] *vi* ① *(sich wundern)* asombrarse (**über** de/por); *(verwundert sein)* estar asombrado (**über** de/por), abismarse *Am;* **da staunst du, was?** ¿qué, te quedas con la boca abierta? ② *(Schweiz: in Gedanken sein)* estar absorto
Stauraum *m ohne pl (Schiff)* bodega *f; (LKW)* superficie *f* de carga
Stausee *m* embalse *m*
Stauung *f* <-en> ① *(von Gewässern)* estancamiento *m; (von Blut)* hemostasia *f* ② *(Verkehrsstau)* atasco *m,* taco *m Am*
Steak [ste:k] *nt* <-s, -s> bistec *m,* bife *m Am*
Steakmesser *nt* cuchillo *m* para bistec
stechen ['ʃtɛçən] <sticht, stach, gestochen> **I.** *vt* ① *(allgemein)* pinchar; *(Insekt)* picar; *(mit einem Messer)* acuchillar ② *(Torf, Spargel)* extraer ③ *(beim Kartenspiel)* cortar ④ *(in Kupfer)* grabar (**in** en) **II.** *vi* ① *(allgemein, Insekt, Sonne)* picar; **ins Auge ~** saltar a la vista; **der scharfe Gestank sticht in der Nase** la peste se mete en la nariz; **die Farbe sticht ins Rötliche** el color tiene un matiz rojizo ② *(beim Kartenspiel)* hacer baza **III.** *vr:* **sich ~** pincharse (**an** con, **in** en)
stechend *adj (Blick, Geruch)* penetrante; *(Schmerz)* punzante
Stechkarte *f* ficha *f* (de control)
Stechmücke *f* mosquito *m,* zancudo *m Am*
Stechpaddel *nt* (SPORT) remo *m* de una pala
Stechpalme *f* acebo *m*
Stechuhr *f* reloj *m* para fichar
Steckbrief *m* (JUR) (carta *f*) requisitoria *f*
Steckdose *f* enchufe *m,* tomacorriente *m Arg, Perú*
stecken[1] ['ʃtɛkən] *vt* ① *(hineinstecken)* meter (**in** en); *(investieren)* invertir (**in** en) ② *(aufstecken)* poner (**auf/an** en); *(fest-, anstecken)* fijar (**an** a/en); *(mit Nadeln)* prender (**an** en); **jdm etw ~** *(fam)* indicar algo a alguien
stecken[2] <steckt, steckte, *geh:* stak, gesteckt> *vi* ① *(sich befinden)* estar metido (**in** en), estar (**in** en); **ich stecke mitten in der Arbeit** estoy metido de lleno en el trabajo; **du musst zeigen, was in dir steckt** tienes que mostrar lo que hay en ti; **wo steckt er?** *(fam: Person)* ¿dónde se ha metido? ② *(festsitzen)* quedar fijo
Steckenpferd *nt* ① *(für Kinder)* caballito *m* (de juguete) ② *(Hobby)* afición *f*
Stecker *m* <-s, -> enchufe *m*
Steckling ['ʃtɛklɪŋ] *m* <-s, -e> estaca *f*
Stecknadel *f* alfiler *m;* **eine ~ im Heuhaufen suchen** *(fig)* buscar una aguja en un pajar
Steckplatz *m* <-es, -plätze> (INFOR) panel *m* de operaciones [*o* de conmutaciones]
Steckrübe *f (reg)* nabo *m*
Steg [ʃte:k] *m* <-(e)s, -e> ① *(Brücke)* pasarela *f* ② *(Bootssteg)* (des)embarcadero *m* ③ *(bei Saiteninstrumenten)* puente *m* ④ *(an einer Hose)* trabilla *f*
Stegreif ['ʃte:kraɪf] *m* **aus dem ~** improvisando
Stehaufmännchen ['ʃte:ʔaʊfmɛnçən] *nt* tentempié *m;* **ein ~ sein** *(fam)* no darse nunca por vencido
Stehcafé ['ʃte:kafe:] *nt* ≈ bar *m fam*
stehen ['ʃte:ən] <steht, stand, gestanden> *haben o südd, Österr, Schweiz: sein* **I.** *vi* ① *(aufrecht: Mensch)* estar de pie; *(Gegenstand)* estar derecho; **ich kann nicht mehr ~** ya no puedo estar más tiempo de pie; **im S~** de pie; **unser Projekt steht und fällt mit dir** *(fig)* tú eres el alma de nuestro proyecto; **der Plan steht jetzt!** *(fam)* ¡el plano está listo! ② *(sein)* estar; *(sich befinden)* encontrarse; **an der Tür ~** estar junto a la puerta; **sie steht an der Spitze des Unternehmens** está al frente de la empresa; **so wahr ich hier stehe** tan cierto como que estoy aquí; **der Schweiß stand ihr auf der Stirn** tenía la frente perlada de sudor; **wir ~ kurz vor einem Krieg** estamos a punto de entrar en guerra; **wir ~ vor der Schwierigkeit, dass ...** nos encontramos ante la dificultad de que…; **auf welcher Seite stehst du?** ¿de qué lado estás?; **die Sache steht schlecht** el asunto está mal; **das Frühstück ~ lassen** no tocar el desayuno; **einen Stuhl ~ lassen** dejar una silla (en su sitio); **offen ~** *(Tür, Fenster)* estar abierto; *(zugänglich sein)* estar abierto; **die ganze Welt steht dir offen** tienes todo por delante; **unter Alkohol/Drogen ~** estar bajo los efectos del alcohol/de las drogas; **die Sache steht mir bis hier** *(fam)* estoy harto del asunto ③ *(geschrieben sein)* estar (escrito) (**auf/in** en); *(in einer Liste)* figurar (**auf/in** en); **hier steht geschrieben, dass ...** aquí

dice que...; **das Wort steht im Imperfekt** la palabra está en imperfecto ④ *(stillstehen)* estar parado; *(Verkehr)* estar paralizado; **die Uhr steht** el reloj se ha (quedado) parado; **zum S~ bringen/kommen** parar/pararse; **etw zum S~ bringen** parar algo ⑤ *(anzeigen)* marcar; **das Thermometer steht auf 30 Grad** el termómetro marca 30 grados; **die Ampel steht auf Rot** el semáforo está en rojo; **es steht 3:1** están a 3 a 1 ⑥ *(kleiden)* sentar; **der Bart steht dir gut/schlecht** la barba te queda bien/mal ⑦ (JUR) **auf etw steht Gefängnis** algo tiene una pena de prisión; **auf seine Ergreifung steht eine Belohnung** por su captura está establecida una recompensa ⑧ *(Standpunkt, Unterstützung, Bekenntnis)* **wie stehst du zu dem Plan?** ¿qué te parece el plan?; **ich stehe fest zu dir** estoy totalmente de tu parte; **zu seinem Versprechen ~** cumplir con lo prometido; **zu seinen Fehlern ~** reconocer sus errores; **hinter jdm ~** apoyar a alguien ⑨ *(Wend)* **auf jdn/etw ~** *(fam)* irle alguien/algo a alguien **II.** *vt* **Wache ~** estar de guardia; **Modell ~** posar **III.** *vr* **sich gut/schlecht mit jdm ~** *(fam)* llevarse bien/mal con alguien **IV.** *vunpers* **es steht schlimm um sie** está muy mal; **es steht zu befürchten, dass ...** es de temer que... *+subj*

stehend *adj* ① *(aufrecht)* en pie, de pie ② *(nicht in Bewegung)* parado; *(Gewässer)* estancado ③ *(Wend)* **ein leer ~es Haus** una casa deshabitada

Stehkneipe *f* bar *m* sin sillas

Stehkragen *m* cuello *m* alzado

Stehlampe *f* lámpara *f* de pie

Stehleiter *f* escalera *f* de tijera

stehlen ['ʃteːlən] <stiehlt, stahl, gestohlen> **I.** *vt, vi* robar; **er kann mir gestohlen bleiben** *(fam)* por mí, que se pierda; **du sollst nicht ~** *(Bibel)* no robarás **II.** *vr:* **sich ~** ① *(schleichen)* **sich nach Hause ~** irse a casa a hurtadillas ② *(sich drücken vor)* escaparse (**aus** de)

Stehplatz *m* ① *(Platz)* localidad *f* de pie ② *(Ticket)* entrada *f* de pie

Stehvermögen *nt* ① *(Ausdauer)* aguante *m* ② *(Durchhaltevermögen)* firmeza *f*

Steiermark ['ʃtaɪɐmark] *f* Estiria *f*

steif [ʃtaɪf] *adj* ① *(starr)* tieso; **~ und fest behaupten** *(fam)* sostener firmemente ② *(Gliedmaßen)* anquilosado; *(Glied)* erecto; **~er Hals** tortícolis *m inv* ③ *(unelastisch)* inflexible; *(ungelenk)* torpe ④ *(förmlich)* formal ⑤ *(Pudding)* consistente; *(Eiweiß)* a punto de nieve

Steifheit *f ohne pl* ① *(Festigkeit, Starre)* tiesura *f*, rigidez *f* ② *(eines Körperteils, Gelenks)* anquilosamiento *m* ③ *(im Benehmen)* envaramiento *m*

Steigbügel *m* (*a.* ANAT) estribo *m*

Steige ['ʃtaɪgə] *f* <-n> *(Österr, südd)* ① *(steile Straße)* cuesta *f* ② *(Treppe)* escalera *f*

steigen ['ʃtaɪgən] <steigt, stieg, gestiegen> *vi sein* ① *(hinaufsteigen)* subir (**auf/in** a); *(hinuntersteigen)* bajar (**von/aus** de); *(klettern)* trepar (**auf** a); **in den/aus dem Bus ~** subir al/bajar del autobús; **aufs Fahrrad/vom Fahrrad ~** montarse en/bajarse de la bicicleta; **aus dem Bett ~** levantarse de la cama; **einen Drachen ~ lassen** hacer subir una cometa; **die Tränen stiegen ihr in die Augen** le brotaron las lágrimas; **zu Kopf ~** subir a la cabeza ② *(zunehmen)* aumentar (**um** en, **in** de); *(Aktie, Fieber, Flut)* subir; **im Preis/im Wert ~** subir de precio/de valor ③ *(fam: stattfinden)* ser

steigend *adj (zunehmend)* creciente; *(Preise)* en aumento; **~e Tendenz** tendencia alcista

steigern ['ʃtaɪgɐn] **I.** *vt* ① *(erhöhen)* aumentar (**um** en); *(verstärken)* intensificar ② (LING) establecer los grados (del adjetivo) **II.** *vr:* **sich ~** ① *(zunehmen)* aumentar (**um** en), crecer (**um** en) ② *(sich verbessern)* mejorar ③ *(sich hineinsteigern)* enzarzarse (**in** en), engolfarse (**in** en)

Steigerung *f* <-en> ① *(Zunahme)* aumento *m* (**um** de); *(der Leistung)* mejora *f* ② (LING) comparación *f* ③ *(Schweiz: Versteigerung)* subasta *f*

Steigung *f* <-en> ① *(im Gelände)* elevación *f*; *(einer Straße)* cuesta *f* ② (TECH) paso *m*

steil [ʃtaɪl] *adj* ① *(Treppe)* empinado; *(Gelände)* escarpado; *(Küste)* acantilado ② *(Karriere)* rápido

Steilhang *m* pendiente *f* escarpada

Steilküste *f* acantilado *m*

Steilwand *f* (SPORT: *am Berg*) pared *f*

Stein [ʃtaɪn] *m* <-(e)s, -e> ① *(allgemein)* piedra *f*; *(Edelstein)* piedra *f* preciosa; **aus ~** de piedra; **jdm ~e in den Weg legen** poner(le) a alguien piedras en el camino; **jdm alle ~e aus dem Weg räumen** prepararle el camino a alguien; **den ~ ins Rollen bringen** *(fam fig)* desencadenar algo; **schlafen wie ein ~** *(fam fig)* dormir como un tronco; **der ~ der Weisen** *(geh)* la piedra filosofal ② (MED) cálculo *m* ③ *(einer Frucht)* hueso *m*, carozo *m CSur, Bol, Méx* ④ *(Spielstein)* ficha *f*; *(bei Brettspielen)* pieza *f*; **bei jdm einen ~ im**

S

Brett haben *(fam fig)* hacer buenas migas con alguien

steinalt ['-'-] *adj* más viejo que Matusalén

Steinbock *m* ❶ (ZOOL) cabra *f* montés ❷ (ASTR: *Zeichen*) Capricornio *m* (ASTR: *Person*) capricornio *mf inv*

Steinbruch *m* cantera *f*

steinern ['ʃtaɪnɐn] *adj (a. fig)* de piedra

Steingarten *m* jardín *m* de rocalla

Steingut *nt* <-(e)s, *ohne pl*> (objetos *mpl* de) gres *m*

steinhart ['-'-] *adj* duro como una piedra

steinig *adj* pedregoso

steinigen ['ʃtaɪnɪgən] *vt* apredrear

Steinkohle *f* hulla *f*

Steinmarder *m* (ZOOL) garduña *f*

Steinmetz(in) ['ʃtaɪnmɛts] *m(f)* <-en, -en; -nen> cantero *mf*

Steinobst *nt* fruta *f* con hueso

Steinpilz *m* boleto *m*

steinreich ['-'-] *adj* ❶ *(sehr reich)* riquísimo ❷ *(steinig)* pedregoso

Steinsalz *nt* <-es, *ohne pl*> sal *f* gema

Steinsarg *m* ataúd *m* de piedra

Steinschlag *m (Herabstürzen)* desprendimiento *m* de piedras

Steinstrand *m* playa *f* de piedras

Steinwurf *m* pedrada *f*; (**nur**) **einen ~ weit** (**entfernt**) (solo) a tiro de piedra (de aquí)

Steinzeit *f ohne pl* Edad *f* de Piedra

steinzeitlich *adj* ❶ *(aus der Steinzeit)* de la Edad de Piedra ❷ *(fam: veraltet)* anticuado

Steiß [ʃtaɪs] *m* <-es, -e> ❶ *(Steißbein)* coxis *m inv* ❷ *(Gesäß)* trasero *m*

Steißbein *nt* coxis *m inv*

Stelle ['ʃtɛlə] *f* <-n> ❶ *(Platz, Ort)* lugar *m*, sitio *m*; **an erster ~** en primer lugar; **an ~ von etw** en vez de algo; (**ich**) **an deiner ~ ...** (yo) en tu lugar...; **an jds ~ treten** presentarse en lugar de alguien; **an dieser ~** *(örtlich)* en este lugar; *(zeitlich)* aquí; **an späterer ~** más tarde; **auf der ~ treten** *(fam)* no avanzar; **auf der ~** *(sofort)* inmediatamente, al tiro *Am*; **etw nicht von der ~ bekommen** no poder mover algo de su sitio; **sich nicht von der ~ rühren** no moverse de su sitio; **zur ~ sein** estar presente; *s. a.* **anstelle** ❷ *(Bereich)* parte *f*; *(Punkt)* punto *m* ❸ *(Textstelle)* parte *f*; *(Abschnitt)* pasaje *m* ❹ *(Arbeitsstelle)* puesto *m* (de trabajo), plaza *f*; **freie ~** vacante *f*; **eine ~ antreten** empezar a trabajar ❺ *(Dienststelle)* autoridad *f*; **sich an höherer ~ beschweren** quejarse a instancias superiores ❻ (MATH) decimal *m*, cifra *f*

stellen ['ʃtɛlən] **I.** *vt* ❶ *(hinstellen)* poner (**auf** en); *(aufstellen)* colocar (**auf** en); *(hineinstellen)* meter (**in** en); **etw an die Wand ~** adosar algo a la pared; **die Szene wirkt gestellt** la escena ha salido muy poco natural ❷ *(regulieren)* regular; *(lauter, höher)* subir; *(leiser, kleiner)* bajar; **stell das Radio leiser/lauter** baja/sube la radio; **die Uhr ~** poner el reloj en hora; **etw ruhig ~** (MED: *Arm, Bein*) inmovilizar algo ❸ *(bereitstellen)* poner a disposición ❹ *(Verbrecher)* capturar ❺ *(Frage)* hacer; *(Aufgabe)* poner; *(Antrag)* presentar; **eine Sache über eine andere ~** dar más importancia a una cosa que a otra; **jdn vor Gericht ~** llevar a alguien a los tribunales; **etw in Frage** [*o* **infrage**] **~** poner algo en duda; **auf sich selbst gestellt sein** tener que arreglárselas uno solo **II.** *vr:* **sich ~** ❶ *(sich hinstellen)* ponerse (de pie) (**auf** en); **sich auf Zehenspitzen ~** ponerse de puntillas ❷ *(vortäuschen)* fingir; **sich taub/dumm ~** hacerse el sordo/el tonto ❸ *(der Polizei)* entregarse ❹ *(nicht ausweichen)* **sich etw** *dat* **~** enfrentarse a algo ❺ *(Frage)* surgir; *(Aufgabe)* plantearse ❻ *(Standpunkt, Unterstützung)* **sich gegen etw ~** oponerse a algo; **sich hinter jdn ~** apoyar a alguien

Stellenangebot *nt* oferta *f* de empleo

Stellenanzeige *f* anuncio *m* de oferta de empleo; **„~n"** ofertas de empleo

Stellenausschreibung *f* anuncio *m* de empleo

Stellengesuch *nt* demanda *f* de empleo

Stellenmarkt *m* bolsa *f* de trabajo, mercado *m* laboral

Stellenrückgang *m ohne pl* retroceso *m* del número de puestos de trabajo

Stellenvermittlung *f (Einrichtung)* agencia *f* de empleo, bolsa *f* de empleo

Stellenvermittlungsbüro *nt* agencia *f* de colocaciones

stellenweise *adv (an manchen Punkten)* en algunos puntos; *(an manchen Orten)* en algunas partes

Stellenwert *m* valor *m*; *(Bedeutung)* importancia *f*

Stellplatz *m (für Autos)* aparcamiento *m*

Stellung *f* <-en> ❶ *(Körperhaltung)* postura *f*; **in liegender/kniender ~** tumbado/de rodillas ❷ *(Anordnung)* posición *f* ❸ *(beruflich)* puesto *m*; *(Amt)* cargo *m*; **in meiner ~ als Minister** como ministro ❹ *(sozial)* posición *f* (social), condición *f* ❺ *(Einstellung)* opinión *f*; **zu etw ~ nehmen** tomar cartas en un asunto ❻ (MIL) posición *f*; **die ~ halten** mantener la posición

Stellungnahme *f* <-n> toma *f* de posición; **eine ~ zu etw abgeben** opinar respecto a algo

S

stellvertretend *adj* suplente; **~e Vorsitzende** vicepresidenta en funciones; **~ für jdn sprechen** hablar representando a alguien
Stellvertreter(in) *m(f)* suplente *mf;* (ADMIN) interino, -a *m, f*
Stellvertretung *f* su(b)stitución *f;* (ADMIN) interinidad *f;* **in ~ von jdm** su(b)stituyendo a alguien
Stelze ['ʃtɛltsə] *f* <-n> ① *(Holzgestell)* zanco *m* ② *(Vogel)* lavandera *f* ③ *(fam: Bein)* zanca *f* ④ *(Österr: Schweinsfuß)* mano *f* de cerdo
stelzen *vi sein* ① *(auf Stelzen)* andar con zancos ② *(mit steifen Schritten)* dar zancadas; **eine gestelzte Sprache** un lenguaje rebuscado
Stemmeisen *nt* formón *m*
stemmen ['ʃtɛmən] **I.** *vt (Gewichte)* levantar; **die Arme in die Hüften ~** estar puesto en jarras **II.** *vr:* **sich ~** ① *(drücken)* apoyarse (pesadamente) (**gegen** contra) ② *(widersetzen)* oponerse (**gegen** a) **III.** *vi (Ski)* pararse en cuña
Stempel ['ʃtɛmpəl] *m* <-s, -> ① *(Gerät, Abdruck)* sello *m; (Poststempel)* matasellos *m inv;* **etw** *dat* **seinen ~ aufdrücken** *(fig)* dar(le) a algo un toque personal; **der Plan trägt seinen ~** el plan lleva su firma ② (BOT) pistilo *m* ③ (TECH) punzón *m*
Stempelkissen *nt* almohadilla *f,* tampón *m* de tinta
stempeln *vt* sellar; *(postalisch)* matasellar; **jdn zu etw ~** tachar a alguien de algo
Steno ['ʃteːno] *f ohne pl* taquigrafía *f*
Stenografie [ʃtenogra'fiː] *f* <-n> taquigrafía *f*
Stenogramm [ʃteno'gram] *nt* <-s, -e> estenograma *m*
Stenotypist(in) [ʃtenoty'pɪst] *m(f)* <-en, -en; -nen> taquimecanógrafo, -a *m, f*
Steppbrett *nt* (e)step *m*
Steppdecke *f* edredón *m*
Steppe ['ʃtɛpə] *f* <-n> estepa *f*
steppen ['ʃtɛpən] **I.** *vi* bailar claqué **II.** *vt* pespuntear
Stepptanz ['ʃtɛp-] *m* claqué *m*
Sterbebett *nt* lecho *m* de muerte
Sterbefall *m* fallecimiento *m,* obituario *m Am*
Sterbegeld *nt* <-(e)s, *ohne pl*> indemnización *f* por defunción
Sterbehilfe *f ohne pl* ① *(Euthanasie)* eutanasia *f* ② *(Sterbegeld)* indemnización *f* por defunción
sterben ['ʃtɛrbən] <stirbt, starb, gestorben> *vi* morir (**an** de), morirse (**an/vor** de, **für** por) *fam,* fallecer *elev,* petatearse *Méx;* **im S~ liegen** estar agonizando; **er ist für mich gestorben** *(fam fig)* para mí ya no cuenta; **das Projekt ist gestorben** *(fam)* el proyecto ha sido suspendido
Sterbende(r) *mf* <-n, -n; -n, -n> moribundo, -a *m, f*
sterbenselend *adj (fam)* muy mal; **sich ~ fühlen** sentirse de pena
sterbenskrank ['ʃtɛrbəns'kraŋk] *adj (todkrank)* enfermo de muerte; *(im Sterben liegend)* moribundo
Sterbenswörtchen ['--'vœrtçən] *nt* **kein ~ sagen** no decir ni pío
Sterberate *f* tasa *f* de mortalidad
Sterbesakramente *ntpl* (REL) últimos sacramentos *mpl*
Sterbeurkunde *f* certificado *m* de defunción
sterblich *adj* mortal
Sterbliche(r) *mf* <-n, -n; -n, -n> *(geh)* mortal *mf*
Sterblichkeit *f ohne pl* mortalidad *f*
Sterblichkeitsrate *f,* **Sterblichkeitsziffer** *f* (tasa *f* de) mortalidad *f*
Stereo ['ʃteːreo] *nt* <-s, *ohne pl*> estéreo *m*
Stereoanlage *f* equipo *m* estereofónico
Stereoaufnahme *f* grabación *f* en estéreo
stereotyp [ʃtereo'tyːp] *adj* estereotipado
Stereotyp [ʃtereo'tyːp] *nt* <-s, -e> estereotipo *m*
steril [ʃte'riːl] *adj* (*a.* BIOL, MED) estéril
Sterilisation [ʃteriliza'tsjoːn] *f* <-en> (*a.* MED) esterilización *f*
sterilisieren* [ʃterili'ziːrən] *vt* (*a.* MED) esterilizar
Sterilisierung *f* <-, -en> (*a.* MED) esterilización *f*
Sterilität [ʃterili'tɛːt] *f ohne pl* (*a.* BIOL, MED) esterilidad *f*
Stern [ʃtɛrn] *m* <-(e)s, -e> estrella *f; (Gestirn)* astro *m;* **das steht noch in den ~en** eso todavía está por verse; **unter einem glücklichen ~ stehen** *(geh)* tener buena estrella; **ein Hotel mit fünf ~en** un hotel de cinco estrellas
Sternanis *m* <-(es), -e> anís *m* estrellado, badiana *f*
Sternbild *nt* constelación *f*
Sternchen *nt* (TYPO) asterisco *m*
Sternenbanner *nt* bandera *f* estrellada
sternenklar *adj* estrellado
sternförmig *adj* estrellado
Sternfrucht *f* carambola *f*
sternhagelvoll ['---'-] *adj (fam)* borracho como una cuba
Sternkarte *f* <-, -n> planisferio *m* celeste
sternklar *adj* estrellado
Sternkunde *f ohne pl* astronomía *f*
Sternschnuppe *f* <-n> estrella *f* fugaz

S

Sternstunde *f (geh)* momento *m* estelar
Sternsystem *nt* (ASTR) sistema *m* estelar
Sternwarte *f* observatorio *m* astronómico
Sternzeichen *nt* (ASTR) signo *m* astrológico; **was bist du für ein ~?** ¿de qué signo eres?
Steroid [ʃtero'i:t, *pl:* ʃtero'i:də] *nt* <-(e)s, -e> (BIOL, CHEM) esteroide *m*
stet [ʃte:t] *adj (geh) s.* **stetig**
Stethoskop [ʃteto'sko:p, steto'sko:p] *nt* <-s, -e> (MED) estetoscopio *m*
stetig *adj* continuo
stets [ʃte:ts] *adv* siempre
Steuer[1] ['ʃtɔɪɐ] *nt* <-s, -> *(Auto, Flugzeug)* volante *m; (Schiff)* timón *m;* **am ~ sitzen** ir al volante; **das ~ fest in der Hand haben** dirigir con mano segura
Steuer[2] *f* <-n> *(Abgaben)* impuesto *m;* **~n hinterziehen/zahlen** defraudar/pagar impuestos; **etw von der ~ absetzen** deducir algo de los impuestos
Steuerabzug *m* retención *f* fiscal
Steuerbefreiung *f ohne pl* exención *f* tributaria
steuerbegünstigt *adj (niedriger besteuert)* con privilegio fiscal; *(absetzbar)* deducible
Steuerbehörde *f* Hacienda *f*
Steuerbelastung *f* cargas *f pl* fiscales
Steuerberater(in) *m(f)* asesor(a) *m(f)* fiscal
Steuerbescheid *m* liquidación *f* de impuestos
Steuerbetrug *m* fraude *m* fiscal
steuerbord ['ʃtɔɪɐbɔrt] *adv* (AERO, NAUT) a estribor
Steuerbord ['ʃtɔɪɐbɔrt] *nt* (AERO, NAUT) estribor *m*
steuerbord(s) ['ʃtɔɪɐbɔrt(s)] *adv* (AERO, NAUT) a estribor
Steuererhebung *f ohne pl* recaudación *f* tributaria
Steuererhöhung *f* aumento *m* de (los) impuestos
Steuererklärung *f* declaración *f* de la renta
Steuererleichterung *f* privilegio *m* fiscal
Steuerermäßigung *f* reducción *f* de impuestos
Steuerfahndung *f (das Fahnden)* inspección *f* fiscal
Steuerflüchtling *m* evasor *m*
steuerfrei *adj* libre de impuestos
Steuerfreiheit *f ohne pl* liberación *f* de impuestos
Steuergelder *nt pl* fondos *m pl* recaudados
Steuergerät *nt* ❶ (ELEK) aparato *m* de mando ❷ (RADIO) sintonizador *m*
Steuerhinterziehung *f* fraude *m* fiscal
Steuerklasse *f* categoría *f* fiscal

S

Steuerknüppel *m* palanca *f* de mando
steuerlich *adj* fiscal; **~ begünstigt sein** gozar de privilegios fiscales
Steuermann *m* <-(e)s, -leute *o* -männer> (NAUT, SPORT) timonel *m*
Steuermarke *f* timbre *m* fiscal
steuern ['ʃtɔɪɐn] **I.** *vi* ❶ *(am Steuer sitzen: Auto)* conducir, manejar *Am; (Schiff)* timonear ❷ *sein (Richtung einschlagen)* dirigirse (**nach** a) **II.** *vt* ❶ *(Auto)* conducir, manejar *Am; (Schiff, Flugzeug)* pilotar ❷ (TECH) controlar ❸ *(beeinflussen)* influir
Steuernummer *f (einer natürlichen Person)* número *m* de identificación fiscal; *(einer juristischen Person)* código *m* de identificación fiscal
Steueroase *f (fam)* paraíso *m* fiscal
Steuerparadies *nt* <-es, -e> *(fam)* paraíso *m* fiscal
steuerpflichtig *adj* sujeto a impuesto
Steuerpflichtige(r) *mf* sujeto *m* pasivo
Steuerprüfer(in) *m(f)* <-s, -; -, -nen> inspector(a) *m(f)* fiscal [*o* de Hacienda]
Steuerprüfung *f* <-, -en> inspección *f* fiscal
Steuerrad *nt* (AUTO) volante *m;* (NAUT) rueda *f* del timón; (TECH) palanca *f* de mando
Steuerrecht *nt ohne pl* (JUR) derecho *m* fiscal
Steuerreform *f* reforma *f* fiscal
Steuerruder *nt* (NAUT) timón *m*
Steuerschuld *f* deuda *f* fiscal
Steuersünder(in) *m(f)* <-s, -; -, -nen> defraudador(a) *m(f)* fiscal
Steuerumgehung *f ohne pl* evasión *f* fiscal
Steuerung[1] *f ohne pl (das Steuern)* pilotaje *m;* (TECH) control *m*
Steuerung[2] *f* <-en> (TECH, AUTO) dirección *f;* (NAUT, AERO) timón *m;* (ELEK) mando *m*
Steuerungstaste *f* (INFOR) tecla *f* Control
Steuerzahler(in) *m(f)* contribuyente *mf,* rentero, -a *m, f Arg*
Steward ['stju:ɐt] *m* <-s, -s> (AERO) auxiliar *m* de vuelo; (NAUT) camarero *m*
Stewardess ['stju:ɐdɛs] *f* <-en> (AERO) azafata *f;* (NAUT) camarera *f*
StGB [ɛste:ge:'be:] *nt* <-(s)> *Abk. von* **Strafgesetzbuch** ≈ CP *m*
stibitzen* [ʃti'bɪtsən] *vt (fam)* birlar
Stich[1] [ʃtɪç] *m* <-(e)s, -e> ❶ *(Dorn, Stachel, Nadel)* pinchazo *m; (Insektenstich)* picadura *f; (Messerstich)* cuchillada *f* ❷ *(Nähstich)* puntada *f;* (MED) punto *m* de sutura ❸ (KUNST) grabado *m* ❹ *(beim Kartenspiel)* baza *f;* **einen ~ machen/be-**

kommen hacer baza/recibir una baza ⑤ *(Schmerz)* punzada *f*

Stich² *m* <-(e)s, *ohne pl*> ① *(Farbschimmer)* **einen ~ ins Gelbe haben** tirar a amarillo ② *(Wend)* **jdn im ~ lassen** dejar a alguien en la estacada; **einen ~ haben** *(fam: Person)* estar chiflado; *(Lebensmittel)* estar picado; *(Milch)* estar pasado

Stichelei *f* <-en> *(fam abw: Bemerkung)* pulla *f,* pullazo *m,* puntada *f*

sticheln ['ʃtɪçəln] *vi* ① *(gehässig reden)* dar pullazos (**gegen** a) ② *(nähen)* dar puntadas

Stichflamme *f* llama *f*

stichhaltig *adj* sólido; *(überzeugend)* convincente

Stichhaltigkeit *f* solidez *f*

Stichprobe *f* prueba *f* al azar

Stichsäge *f* serrucho *m* de calar

sticht [ʃtɪçt] *3. präs von* **stechen**

Stichtag *m* día *m* fijado; *(letzter Stichtag)* plazo *m* límite

Stichwahl *f* segunda vuelta *f* (electoral)

Stichwort¹ *nt* <-(e)s, -wörter> *(im Wörterbuch)* entrada *f; (im Stichwortregister)* voz *f* guía; **unter einem ~ nachschlagen** buscar una palabra

Stichwort² *nt* <-(e)s, -e> ① (THEAT) entrada *f* ② *(Schlüsselwort)* palabra *f* clave ③ *(Gedächtnisstütze)* apunte *m*

stichwortartig *adj* por puntos; *(bündig)* breve; **~ zusammenfassen** resumir brevemente

Stichwortverzeichnis *nt* índice *m* (alfabético)

Stichwunde *f (Messer)* cuchillada *f; (Dolch)* puñalada *f*

sticken ['ʃtɪkən] *vi, vt* bordar

Stickerei *f* <-en> bordado *m*

stickig ['ʃtɪkɪç] *adj* sofocante

Sticknadel *f* aguja *f* de bordar

Stickoxid *nt* (CHEM) óxido *m* nítrico

Stickstoff *m ohne pl* (CHEM) nitrógeno *m*

Stiefbruder ['ʃtiːf-] *m* hermanastro *m*

Stiefel ['ʃtiːfəl] *m* <-s, -> bota *f*

Stiefelette *f* <-n> botín *m*

Stiefeltern *pl* padrastros *mpl*

Stiefkind *nt* hijastro, -a *m, f*

Stiefmutter *f* madrastra *f*

Stiefmütterchen *nt* <-s, -> (BOT) pensamiento *m*

stiefmütterlich *adj* **jdn ~ behandeln** tratar a alguien con desprecio

Stiefschwester *f* hermanastra *f*

Stiefsohn *m* hijastro *m*

Stieftochter *f* hijastra *f*

Stiefvater *m* padrastro *m*

stieg [ʃtiːk] *3. imp von* **steigen**

Stiege ['ʃtiːgə] *f* <-n> escalera *f* (estrecha y empinada)

Stieglitz ['ʃtiːglɪts] *m* <-es, -e> (ZOOL) jilguero *m*

stiehlt [ʃtiːlt] *3. präs von* **stehlen**

Stiel [ʃtiːl] *m* <-(e)s, -e> ① *(Griff)* mango *m; (Besenstiel)* palo *m; (am Weinglas)* pie *m* ② *(Blumenstiel)* tallo *m; (Blattstiel)* pecíolo *m; (an einer Frucht)* rabillo *m*

Stielaugen *ntpl (fam)* **er bekam/machte ~** se le pusieron/puso los ojos como platos

stier [ʃtiːɐ] *adj* fijo; **mit ~em Blick vor sich hinstarren** tener la mirada perdida

Stier *m* <-(e)s, -e> ① *(Tier)* toro *m* ② (ASTR: *Zeichen*) Tauro *m* ③ (ASTR: *Person*) tauro *mf inv*

stieren ['ʃtiːrən] *vi* mirar fijamente (**auf**)

Stierkampf *m* ① *(Stierkampfkunst)* tauromaquia *f* ② *(Veranstaltung)* corrida *f* (de toros)

Stierkampfarena *f* ruedo *m,* arena *f*

Stierkämpfer(in) *m(f)* torero, -a *m, f*

stieß [ʃtiːs] *3. imp von* **stoßen**

Stift¹ [ʃtɪft] *m* <-(e)s, -e> ① *(Bleistift)* lápiz *m; (Buntstift)* lápiz *m* de color ② *(Metall-, Holzstift)* espiga *f* ③ *(fam: Lehrling)* aprendiz(a) *m(f)*

Stift² *nt* <-(e)s, -e> convento *m*

Stiftehalter *m* portalápices *m*

stiften ['ʃtɪftən] *vt* ① *(spenden)* donar; *(einrichten)* fundar ② *(spendieren)* regalar ③ *(bewirken)* causar

Stifter(in) *m(f)* <-s, -; -nen> ① *(Spender)* donador(a) *m(f)* ② *(Gründer)* fundador(a) *m(f)*

Stiftskirche *f* colegiata *f*

Stiftung *f* <-en> ① *(Institution)* fundación *f* ② (JUR: *Spende*) donación *f*

Stiftzahn *m* diente *m* de espiga

Stil [ʃtiːl] *m* <-(e)s, -e> estilo *m;* **im großen ~** en gran escala

Stilblüte *f* <-, -n> error *m* estilístico, gazapo *m fam*

stilecht *adj* (de estilo) auténtico

Stilisierung *f* <-, -en> estilización *f*

stilistisch [ʃti'lɪstɪʃ] *adj* estilístico

still [ʃtɪl] *adj* ① *(lautlos)* silencioso; *(ruhig)* tranquilo; (**sei**) **~!** ¡calla!; **es ist ~ um sie geworden** no se oye nada de ella; **~ und heimlich** a la chita callando; **im S~en** para sus adentros ② *(reglos)* quieto; **der S~e Ozean** el océano Pacífico; **~er Teilhaber** (WIRTSCH) socio comanditario ③ *(Person)* silencioso

Stille ['ʃtɪlə] *f ohne pl* ① *(Schweigen)* silencio *m; (Ruhe)* tranquilidad *f* ② *(Unbewegtheit)* quietud *f* ③ *(Wend)* **in aller ~** *(im engsten Kreis)* en la intimidad

S

stillen ['ʃtɪlən] **I.** *vi* dar de mamar **II.** *vt* ① *(Säugling)* dar el pecho (a) ② *(Blutung)* cortar; *(Schmerz)* mitigar ③ *(Hunger, Durst)* saciar; *(Neugier)* satisfacer
still|halten *irr vi* ① *(sich nicht bewegen)* quedarse quieto ② *(sich nicht wehren)* aguantar
Stillleben *nt* bodegón *m*
still|legen *vt (Betrieb, Strecke)* cerrar; *(Fahrzeug)* retirar del servicio
Stilllegung *f* <-en> cierre *m*
still|liegen *irr vi (Betrieb)* estar cerrado
stillos ['ʃti:llo:s] *adj* sin estilo
Stillschweigen *nt* silencio *m;* **über etw ~ bewahren** guardar silencio respecto a algo
stillschweigend *adj* tácito; **etw ~ akzeptieren** aceptar algo tácitamente
still|sitzen *irr vi* estar(se) quieto
Stillstand *m* <-(e)s, *ohne pl*> *(Verhandlung, Entwicklung)* estancamiento *m; (Gerät, Produktion)* paralización *f; (Verkehr)* detención *f;* **zum ~ bringen/kommen** detener/detenerse
still|stehen *irr vi (Mensch, Maschine)* estar parado; *(Entwicklung, Produktion, Verkehr)* estar paralizado; **stillgestanden!** (MIL) ¡firmes!
Stilmöbel *nt* mueble *m* de época
stilvoll *adj* con gusto
Stimmabgabe *f* <-, *ohne pl*> votación *f*
Stimmband *nt (Organ)* cuerda *f* vocal
stimmberechtigt *adj* con derecho a voto
Stimmberechtigte(r) *mf* <-n, -n; -n> persona *f* con derecho a voto
Stimmbruch *m* <-(e)s, *ohne pl*> muda *f;* **im ~ sein** estar de muda
Stimme ['ʃtɪmə] *f* <-n> ① *(menschliche Stimme)* voz *f;* **mit lauter/leiser ~ sprechen** hablar en voz alta/baja; **kritische ~n** opiniones críticas; **der inneren ~ folgen** seguir la voz interior ② *(bei einer Wahl)* voto *m;* **sich der ~ enthalten** abstenerse del voto; **jdm seine ~ geben** votar por alguien ③ (MUS: *Stimmlage, Orgelregister*) registro *m; (Part)* voz *f*
stimmen ['ʃtɪmən] **I.** *vi* ① *(richtig sein)* ser correcto; *(wahr sein)* ser verdad; **stimmt!** ¡exacto!; **stimmt es, dass ...?** ¿es verdad que...?; **irgendetwas stimmt nicht mit ihr** algo le pasa ② *(wählen)* **für/gegen jdn/etw ~** votar por/contra alguien/algo **II.** *vt* ① **ein Instrument ~** afinar un instrumento ② **jdn versöhnlich/traurig ~** conciliar/entristecer a alguien
Stimmenauszählung *f* escrutinio *m,* balotaje *m Méx*
Stimmengewirr *nt* <-(e)s, *ohne pl*> vocerío *m,* griterío *m*
Stimmenmehrheit *f ohne pl* mayoría *f* de votos
Stimmenthaltung *f* abstención *f* de(l) voto
Stimmgabel *f* (MUS) diapasón *m*
stimmhaft *adj* (LING) sonoro
stimmig *adj* armónico
Stimmlage *f* (MUS) registro *m*
stimmlos *adj* ① *(tonlos)* afónico ② (LING) sordo
Stimmrecht *nt ohne pl* (*a.* POL) derecho *m* de voto; (**kein**) **~ haben** (no) tener derecho a voto
Stimmung *f* <-en> ① *(Gemütsverfassung)* estado *m* de ánimo; *(Laune)* humor *m;* **in guter/schlechter ~** de buen/mal humor; **nicht in der ~ sein, etw zu tun** no estar de vena para hacer algo; **in ~ kommen** *(fam)* animarse ② *(einer Gesellschaft)* ambiente *m;* **~ in etw bringen** animar algo ③ *(öffentliche Meinung)* opinión *f* pública; **für/gegen jdn/etw ~ machen** hacer campaña a favor/en contra de alguien/algo ④ (MUS) afinación *f*
Stimmungsbarometer *nt* opinión *f* general; **das ~ steigt** *(fam)* la atmósfera mejora
Stimmungskanone *f (fam)* animador(a) *m(f)*
Stimmungsumschwung *m* ① *(Person)* cambio *m* de humor ② (FIN, WIRTSCH) cambio *m* de tendencia
stimmungsvoll *adj* muy expresivo
Stimmungswandel *m* <-s, *ohne pl*> cambio *m* de humor [*o* de ánimo]
Stimmzettel *m* (*a.* POL) (papeleta *f* de) voto *m,* boleta *f Méx, Perú, PRico*
Stimulans ['ʃti:mulans, *pl:* ʃtimu'lantsiən] *nt* <-, Stimulanzien *o* Stimulantia> estimulante *m*
Stimulation [ʃtimula'tsjo:n] *f* <-en> estímulo *m,* estimulación *f*
stimulieren* [ʃtimu'li:rən] *vt* estimular
Stimulus ['ʃti:mulʊs, *pl:* 'ʃti:muli] *m* <-, Stimuli> estímulo *m*
Stinkbombe *f* bomba *f* fétida
Stinkefinger *m ohne pl (fam)* dedo *m* (asqueroso)
stinken ['ʃtɪŋkən] <stinkt, stank, gestunken> *vi* oler mal, apestar (**nach** a), bufar *Am;* **das stinkt nach Verrat** *(fam)* huele a traición; **das stinkt ja zum Himmel** *(fam)* esto clama al cielo; **mir stinkt's!** *(fam)* ¡estoy harto!
stinkfaul ['-'-] *adj (fam)* muy vago
stinklangweilig ['-'---] *adj (fam)* aburridísimo
stinksauer ['-'--] *adj (fam)* de un humor de perros; **sie ist ~ auf dich** está enfadadísima contigo

Stinktier *nt* mofeta *f,* yaguré *m Am*
Stinkwanze *f* (ZOOL) chinche *f* apestosa
Stinkwut ['-'-] *f ohne pl (fam)* rabia *f* tremenda
Stipendiat(in) [ʃtipɛn'dja:t] *m(f)* <-en, -en; -nen> becario, -a *m, f*
Stipendium [ʃti'pɛndiʊm] *nt* <-s, Stipendien> beca *f;* **ein ~ gewähren** conceder una beca
Stippvisite ['ʃtɪp-] *f (fam)* visita *f* corta
stirbt [ʃtɪrpt] *3. präs von* **sterben**
Stirn [ʃtɪrn] *f* <-en> frente *f;* **eine hohe/niedrige ~** una frente alta/estrecha; **die ~ runzeln** fruncir las cejas; **jdm die ~ bieten** hacer frente a alguien; **die ~ besitzen, etw zu tun** tener la poca vergüenza de hacer algo
Stirnband *nt* cinta *f* (para poner en la frente)
Stirnfalte *f* arruga *f* en la frente
Stirnhöhle *f* (ANAT) seno *m* frontal
Stirnhöhlenentzündung *f* (MED) sinusitis *f inv*
Stirnlampe *f* linterna *f* frontal
Stirnmuskel *m* (ANAT) músculo *m* frontal
Stirnrunzeln *nt* ceño *m* (fruncido)
St. Kitts und Nevis [seɪnt kɪts ʊnd 'ni:vɪs] *nt* San Cristóbal y Nieves
St. Lucia [seɪnt 'lu:ʃə] *nt* Santa Lucía
stöbern ['ʃtø:bɐn] *vi (fam)* revolver (**in** en); *(neugierig)* hurgar (**in** en)
stochern ['ʃtɔxɐn] *vi* hurgar (**in** en); **im Essen ~** comer sin apetito; **in den Zähnen ~** hurgarse los dientes con un palillo
Stock[1] [ʃtɔk, *pl:* 'ʃtœkə] *m* <-(e)s, Stöcke> ① *(Stab)* palo *m; (Spazier-, Skistock)* bastón *m; (Taktstock)* batuta *f; (Billardstock)* taco *m;* **am ~ gehen** *(fig fam)* estar hecho polvo ② *(Pflanze)* planta *f; (Baumstumpf)* tocón *m*
Stock[2] *m* <-(e)s, -> *(Stockwerk)* piso *m*
Stock[3] *m* <-s, *ohne pl*> *(Schweiz)* ① (GASTR) puré *m* de patatas ② *(Unterkunft) en Suiza, casa situada al lado de la granja donde viven los padres de los granjeros*
stockbesoffen ['--'--] *adj (fam)* borracho como una cuba
stockdunkel ['-'--] *adj (fam)* oscuro como la boca del lobo
Stöckelabsatz *m* tacón *m* alto [*o* (de) aguja]
Stöckelschuh *m* zapato *m* de tacón alto
stocken ['ʃtɔkən] *vi* ① *(stillstehen)* pararse; *(Atmung)* cortarse ② *(nicht vorangehen)* interrumpirse; *(Verkehr, beim Sprechen)* atascarse; *(Verhandlungen)* estar paralizado; **ins S~ geraten** no adelantar ③ *(reg: gerinnen)* cuajar
stockend *adj (Sprechweise)* entrecortado; **~er Verkehr** atasco *m*
stockfinster ['-'--] *adj (fam)* oscuro como la boca de lobo; **~e Nacht** noche cerrada
Stockfisch *m* ① *(Fisch)* bacalao *m* (salado) ② *(fam: Person)* persona *f* sosa
Stockholm ['ʃtɔkhɔlm, -'-] *nt* <-s> Estocolmo *m*
stocksauer ['-'--] *adj (fam)* de un humor de perros
stocksteif ['-'-] *adj (fam)* tieso como una tabla
stocktaub *adj (fam)* sordo como una tapia
Stockteller *m (im Skistock)* arandela *f*
Stockung *f* <-en> ① *(Verlangsamung)* paralización *f; (Unterbrechung)* interrupción *f* ② *(Verkehrsstockung)* atasco *m*
Stockwerk *nt* piso *m*
Stoff[1] [ʃtɔf] *m* <-(e)s, *ohne pl*> ① (PHILOS) materia *f* ② *(fam: Drogen)* polvo *m*
Stoff[2] *m* <-(e)s, -e> ① *(Gewebe)* tejido *m,* tela *f* ② *(Substanz)* su(b)stancia *f,* material *m;* **wiederverwertbare ~e** materiales recuperables ③ *(Unterrichtsstoff)* materia *f*
Stoffrest *m* retal *m*
Stofftier *nt* animal *m* de trapo; *(Plüschtier)* animal *m* de peluche
Stoffwechsel *m* metabolismo *m*
Stoffwechselkrankheit *f* <-, -en> (MED) enfermedad *f* metabólica
Stoffwechselprodukt *nt* <-(e)s, -e> metabolito *m*
stöhnen ['ʃtø:nən] *vi* gemir (**vor** a causa de); *(klagen)* quejarse (**über** de)
stoisch ['ʃto:ɪʃ, 'sto:ɪʃ] *adj* estoico
Stola ['ʃto:la, 'sto:la] *f* <Stolen> estola *f*
Stollen ['ʃtɔlən] *m* <-s, -> ① (BERGB) galería *f* ② (GASTR) *pastel navideño de pasas, almendras y especias*
stolpern ['ʃtɔlpɐn] *vi sein* tropezar (**über** con); **zufällig über etw ~** *(fam)* toparse por casualidad con algo
stolz [ʃtɔlts] *adj* ① *(auf einen Erfolg)* orgulloso (**auf** de) ② *(hochmütig)* orgulloso ③ *(imposant)* imponente ④ *(fam: Summe)* considerable
Stolz *m* <-es, *ohne pl*> orgullo *m; (Hochmut)* altanería *f;* **seinen ~ haben** tener su orgullo
stolzieren* [ʃtɔl'tsi:rən] *vi sein* pavonearse (**durch/über** por)
stop [ʃtɔp] *interj* alto
Stop-and-go-Verkehr *m* tráfico que comienza a circular y se detiene repetidamente
stopfen ['ʃtɔpfən] **I.** *vt* ① *(Kleidung)* zurcir ② *(Loch)* tapar ③ *(hineinstopfen)* meter (a la fuerza) (**in** en) ④ *(füllen)* llenar (**mit** de/

S

con) **II.** *vi* ❶ *(fam: schlingen)* zampar ❷ *(fam: sättigen)* llenar ❸ *(die Verdauung hemmen)* estreñir

stopp [ʃtɔp] *interj* alto

Stopp [ʃtɔp] *m* <-s, -s> ❶ *(Auto)* parada *f; (Flugzeug)* escala *f* ❷ *(Import, Export, Löhne)* congelación *f*

stopp(e)lig *adj (unrasiert)* mal afeitado

Stoppel[1] ['ʃtɔpəl] *f* <-n> ❶ *(Getreidestoppel)* rastrojo *m* ❷ *(fam: Bartstoppel)* cañón *m*

Stoppel[2] *m* <-s, -(n)> *(Österr: Pfropfen)* tapón *m*

Stoppelbart *m (fam)* barba *f* de tres días

Stoppelfeld *nt* (campo *m* de) rastrojo *m*

stoppen ['ʃtɔpən] **I.** *vi* parar(se) **II.** *vt* ❶ *(anhalten)* parar ❷ *(Zeit, Geschwindigkeit)* cronometrar

stopplig *adj (unrasiert)* mal afeitado

Stoppschild *nt* señal *f* de stop

Stopptaste *f* (ELEK) tecla *f* de stop

Stoppuhr *f* cronómetro *m*

Stöpsel ['ʃtœpsəl] *m* <-s, -> ❶ *(Pfropfen)* tapón *m* ❷ *(fam: Junge)* muchachito *m*

Stör [ʃtøːɐ] *m* <-s, -e> (ZOOL) esturión *m*

störanfällig *adj* delicado, que se estropea con facilidad

Storch [ʃtɔrç, *pl:* 'ʃtœrçə] *m* <-(e)s, Störche> (ZOOL) cigüeña *f*

Störchin ['ʃtœrçɪn] *f* <-nen> (ZOOL) cigüeña *f* (hembra)

stören ['ʃtøːrən] **I.** *vt* ❶ *(belästigen)* estorbar, molestar; **lassen Sie sich durch mich nicht ~** no se moleste por mí ❷ *(Frieden, Verkehr)* perturbar; *(Ordnung)* alterar; *(Gespräch)* interrumpir **II.** *vi* molestar; **störe ich?** ¿molesto?; **bitte nicht ~!** ¡no molestar, por favor!; **etw als ~d empfinden** sentir algo como molesto **III.** *vr:* **sich ~** *(fam)* escandalizarse (**an** por), amolarse (**an** por) *Am*

Störenfried [-friːt] *m* <-(e)s, -e> buscapleitos *mf inv*

Störfaktor *m* factor *m* perturbador

Störfall *m* incidente *m*

stornieren* [ʃtɔr'niːrən, stɔr'niːrən] *vt* ❶ *(Auftrag)* anular ❷ (FIN) rescontrar

Stornierung *f* <-, -en> ❶ (COM) anulación *f;* **~ eines Auftrags/einer Bestellung** cancelación de un encargo/pedido ❷ (FIN) rescuentro *m*

Storno ['ʃtɔrno, 'stɔrno, *pl:* 'ʃtɔrni, 'stɔrni] *m o nt* <-s, Storni> asiento *m* cancelatorio

störrisch ['ʃtœrɪʃ] *adj* terco

Störsender *m* <-s, -> emisora *f* interferente

Störung *f* <-en> ❶ *(Belästigung)* estorbo *m,* molestia *f* ❷ *(der Ordnung)* alteración *f; (eines Gesprächs)* interrupción *f; (Verkehrsstörung, a.* RADIO) perturbación *f* ❸ *(technische Störung)* avería *f* ❹ *(gesundheitliche Störung)* irregularidad *f*

störungsfrei *adj* (TEL, RADIO) sin interferencias; **~ funktionieren** (TECH) funcionar sin dificultades técnicas

Störungsstelle *f* servicio *m* de reparaciones

Story ['stɔri] *f* <-s> ❶ *(fam: Geschichte)* historia *f,* cuento *m;* **die ~ kaufe ich dir nicht ab!** ¡no me lo creo! ❷ *(Bericht, Report)* informe *m* ❸ *(Inhalt eines Films, Romans)* trama *f*

Stoß [ʃtoːs, *pl:* 'ʃtøːsə] *m* <-es, Stöße> ❶ *(Schubs)* empujón *m; (Schlag)* golpe *m; (mit dem Ellbogen)* codazo *m; (mit der Faust)* puñetazo *m,* impacto *m Am;* **sich** *dat* **einen ~ geben** hacer de tripas corazón ❷ *(Erdstoß)* temblor *m* ❸ *(Stapel)* montón *m* (de)

Stoßdämpfer *m* (AUTO) amortiguador *m*

Stößel ['ʃtøːsəl] *m* <-s, -> ❶ *(für Mörser)* majadero *m,* mano *f* de mortero ❷ (TECH) varilla *f* de levantamiento, portapunzón *m*

stoßen ['ʃtoːsən] <stößt, stieß, gestoßen> **I.** *vt* ❶ *(schubsen)* empujar, quiñar *Am; (mit dem Fuß)* dar un puntapié (a); **jdn vor den Kopf ~** *(fam fig)* ofender a alguien ❷ *(hineinstoßen)* clavar ❸ *(hinausstoßen)* arrojar ❹ *(zerkleinern)* machacar ❺ *(Schweiz: schieben)* empujar **II.** *vi* ❶ *sein (prallen)* chocar (**an/gegen** contra/con/en), darse (**gegen** con) ❷ *(schlagen)* dar un golpe (**gegen** contra) ❸ *sein (treffen)* encontrar (**auf**), dar (**auf** con); **auf Erdöl ~** dar con petróleo; **zu jdm ~** unirse a alguien ❹ *(angrenzen)* limitar (**an** con) ❺ *(Schweiz: schieben, drücken)* empujar **III.** *vr:* **sich ~** ❶ *(anprallen)* darse; **sich am Schrank ~** darse contra el armario ❷ *(Anstoß nehmen)* **sich an etw** *dat* **~** ofenderse por algo

Stoßfänger *m* (AUTO) parachoques *m*

stoßfest *adj* resistente a golpes [*o* choques]

Stoßgebet *nt* jaculatoria *f*

Stoßstange *f* (AUTO) parachoques *m inv,* bómper *m Am*

stößt [ʃtøːst] *3. präs von* **stoßen**

Stoßverkehr *m* tráfico *m* de las horas (de) punta

stoßweise *adv (ruckartig)* esporádicamente; **es kamen ~ Bewerbungen** las solicitudes llegaron a empujones

Stoßzahn *m* colmillo *m*

Stoßzeit *f* hora *f* punta

Stotterer, -in ['ʃtɔtərɐ] *m, f* <-s, -; -nen> tartamudo, -a *m, f*

stottern ['ʃtɔtɐn] **I.** *vi* ❶ *(Mensch)* tartamu-

dear ❷ *(Wagen, Motor)* traquetear **II.** *vt* balbucear
Stövchen ['ʃtøːfçən] *nt* <-s, -> calientaplatos *m inv (generalmente para teteras)*
Str. *Abk. von* **Straße** C/
Strafandrohung *f* <-, -en> amenaza *f* penal
Strafanstalt *f* penitenciaría *f*
Strafantrag *m* querella *f* (penal)
Strafanzeige *f* denuncia *f;* ~ **gegen jdn erstatten** presentar una denuncia contra alguien
Strafarbeit *f* castigo *m*
Strafbank *f* (SPORT) banquillo *m,* banco *m* de penalti
strafbar *adj* punible; **sich** ~ **machen** incurrir en un delito
Strafbarkeit *f* <-, *ohne pl*> (JUR) culpabilidad *f,* penalidad *f*
Strafbefehl *m* (JUR) orden *f* penal
Strafe ['ʃtraːfə] *f* <-n> ❶ *(allgemein)* castigo *m;* **seine gerechte** ~ **bekommen** recibir merecido castigo; **etw unter** ~ **stellen** poner algo bajo pena; **zur** ~ como castigo ❷ *(Geldstrafe)* multa *f* ❸ *(Freiheitsstrafe)* pena *f;* **eine** ~ **absitzen** cumplir una pena; **eine** ~ **zur Bewährung aussetzen** conceder remisión condicional
strafen ['ʃtraːfən] *vt* castigar (**für** por); *(mit einer Geldstrafe)* multar
Straferlass *m* condonación *f; (Amnestie)* amnistía *f*
straff [ʃtraf] *adj (gespannt)* tenso; *(Haut)* sin arrugas; *(Stil)* conciso; *(Disziplin)* riguroso; **etw** ~ **ziehen** tensar algo
straffällig ['ʃtraːffɛlɪç] *adj* criminal; ~ **werden** incurrir en un delito
straffen ['ʃtrafən] **I.** *vt* ❶ *(Seil)* tensar; *(Haut)* estirar ❷ *(Text)* condensar **II.** *vr:* **sich** ~ estirarse
straffrei *adj* impune; **der Angeklagte ging** ~ **aus** el acusado fue declarado libre
Straffreiheit *f ohne pl* impunidad *f*
Strafgefangene(r) *mf* preso, -a *m, f*
Strafgericht *nt* ❶ (JUR) tribunal *m* (de lo) penal ❷ *(Bestrafung)* castigo *m*
Strafgesetz *nt* ley *f* penal
Strafgesetzbuch *nt* código *m* penal
Straflager *nt* <-s, -> (*a.* MIL) campo *m* de castigo
sträflich ['ʃtrɛːflɪç] *adj* censurable
Sträfling ['ʃtrɛːflɪŋ] *m* <-s, -e> preso, -a *m, f*
straflos *adj* impune; ~ **ausgehen** quedar impune
Strafmaß *nt* <-es, -e> pena *f*
strafmildernd ['-'--] *adj* atenuante sobre la pena
Strafmilderung *f ohne pl* atenuación *f* de una pena
strafmündig *adj* (JUR) en edad penal
Strafpredigt *f (fam)* sermón *m;* **jdm eine** ~ **halten** echar(le) un sermón a alguien
Strafprozess *m* proceso *m* penal
Strafprozessordnung *f* <-, -en> (JUR) código *m* de procedimiento penal [*o* de enjuiciamiento criminal]
Strafpunkt *m* (SPORT) punto *m* de penalización
Strafraum *m ohne pl* (SPORT) área *f* de penalti
Strafrecht *nt ohne pl* derecho *m* penal
strafrechtlich *adj* jurídico-penal
Strafregister *nt* registro *m* de antecedentes penales
Strafstoß *m* (SPORT) penalti *m*
Straftat *f* delito *m;* **eine** ~ **begehen** cometer un delito
Straftäter(in) *m(f)* delincuente *mf*
Strafverfahren *nt* procedimiento *m* penal [*o* criminal]
Strafverfolger(in) *m(f)* (JUR) fiscal *mf*
Strafverfolgung *f* (JUR) prosecución *f* (por vía) penal
Strafverteidiger(in) *m(f)* (JUR) abogado, -a *m, f* defensor(a)
Strafvollzugsanstalt *f* (JUR) penitenciaría *f*
Strafzettel *m (fam)* multa *f*
Strahl [ʃtraːl] *m* <-(e)s, -en> ❶ *(Licht-, Sonnenstrahl, a.* PHYS) rayo *m* ❷ *(Wasserstrahl)* chorro *m*
strahlen ['ʃtraːlən] *vi* ❶ *(Licht, Sonne)* brillar; *(glänzen)* brillar; *(funkeln)* destellar; *(radioaktiv)* despedir rayos radiactivos; **auf etw** ~ iluminar algo; **~des Wetter** un sol radiante; **ein ~des Weiß** un blanco radiante ❷ *(Mensch)* estar radiante (**vor** de)
Strahlenbehandlung *f* (MED) radioterapia *f*
Strahlenbelastung *f* (MED) carga *f* de radiación
strahlengeschädigt *adj* (MED) contaminado por radiación
Strahlenkrankheit *f* (MED) síndrome *m* de radiación
Strahlenschutz *m* <-es, *ohne pl*> protección *f* contra radiaciones
Strahlentherapie *f* (MED) radioterapia *f*
strahlenverseucht *adj* contaminado por radiación
Strahler *m* <-s, -> ❶ *(Heizstrahler)* radiador *m* ❷ *(Lichtstrahler)* reflector *m*
Strahlung *f* <-en> (PHYS) (ir)radiación *f*
strahlungsarm *adj* de baja radiación
Strahlungsenergie *f ohne pl* (PHYS) energía *f* de radiación

S

Strähnchen ['ʃtrɛːnçən] *nt pl* mechas *f pl*
Strähne ['ʃtrɛːnə] *f* <-n> ❶ *(Haarsträhne)* greña *f pey; (graue Strähne)* mechón *m* ❷ *(Phase)* fase *f*
strähnig *adj* greñudo *pey*
stramm [ʃtram] *adj* ❶ *(straff)* tenso; **~ sitzen** venir justo; **~ ziehen** estirar ❷ *(kräftig)* robusto ❸ *(gerade aufgerichtet)* derecho ❹ *(streng)* rígido
stramm|stehen *irr vi* cuadrarse
Strampelanzug *m* <-(e)s, -züge> pelele *m,* mameluco *m Am*
Strampelhöschen [-'høːsçən] *nt* pelele *m*
strampeln ['ʃtrampəln] *vi* ❶ *(Baby)* patalear ❷ *sein (fam: Rad fahren)* ir en bici
Strampler *m* <-s, -> *s.* **Strampelanzug**
Strand [ʃtrant, *pl:* 'ʃtrɛndə] *m* <-(e)s, Strände> playa *f;* **an den** [*o* **zum**] **~ gehen** ir a la playa; **am ~ liegen** estar en la playa
Strandbad *nt* playa *f*
Strandbar *f* chiringuito *m* de playa
Stranddüne *f* duna *f* (en la playa)
stranden ['ʃtrandən] *vi sein* ❶ *(Schiff)* encallar ❷ *(geh: scheitern)* fracasar
Strandgut *nt* <-(e)s, *ohne pl*> objetos *m pl* arrojados por el mar
Strandhäuschen *nt* caseta *f* de playa
Strandkorb *m* sillón *m* de playa
Strandmuschel *f* paravientos *m*
Strandpromenade *f* paseo *m* marítimo
Strandresort [-re'zɔːrt] *nt* <-s, -s> complejo *m* turístico a pie de playa
Strandtuch *nt* toalla *f* de playa
Strang [ʃtraŋ, *pl:* 'ʃtrɛŋə] *m* <-(e)s, Stränge> ❶ *(Seil)* cuerda *f,* soga *f;* **am gleichen ~ ziehen** *(fig)* tirar de la misma cuerda; **über die Stränge schlagen** *(fam fig)* pasarse de rosca ❷ *(Wollstrang)* madeja *f* ❸ *(Nervenstrang)* cordón *m*
Strangulation [ʃtraŋgula'tsioːn] *f* <-, -en> estrangulación *f*

S

strangulieren* [ʃtraŋgu'liːrən] *vt* estrangular
Strapaze [ʃtra'paːtsə] *f* <-n> esfuerzo *m* (enorme), agobio *m*
strapazieren* [ʃtrapa'tsiːrən] *vt* ❶ *(Material)* gastar ❷ *(Person)* agotar; *(Augen)* cansar (mucho); *(Geduld)* poner a prueba
strapazierfähig *adj* resistente
strapaziös [ʃtrapa'tsjøːs] *adj* agotador
Straps [ʃtraps] *m* <-es, -e> liguero *m*
Straßburg ['ʃtraːsbʊrk] *nt* <-s> Estrasburgo *m*
Straße ['ʃtraːsə] *f* <-n> ❶ *(in einer Ortschaft)* calle *f; (große)* avenida *f; (Landstraße)* carretera *f;* **auf der ~** en la calle; **auf offener ~** en plena calle; **auf die ~ gehen** salir a la calle; **jdn auf die ~ setzen** *(fam)* poner a alguien de patitas en la calle ❷ *(Meeresenge)* estrecho *m*
Straßenanzug *m* traje *m* de calle
Straßenarbeiten *f pl* obras *f pl* (en la calle)
Straßenarbeiter *m* peón *m* caminero
Straßenbahn *f* tranvía *m*
Straßenbahnhaltestelle *f* parada *f* de tranvía
Straßenbahnlinie *f* línea *f* de tranvía
Straßenbau *m ohne pl* construcción *f* de carreteras
Straßenbauamt *nt* Obras *f pl* Públicas
Straßenbelag *m* firme *m*
Straßenbeleuchtung *f ohne pl* alumbrado *m* público
Straßencafé *nt* café *m* con terraza
Straßenfeger(in) *m(f)* <-s, -; -nen> barrendero, -a *m, f*
Straßenfest *nt* <-(e)s, -e> fiesta *f* en la calle
Straßenglätte *f ohne pl* hielo *m* en las carreteras
Straßengraben *m* cuneta *f*
Straßenhändler(in) *m(f)* vendedor(a) *m(f)* ambulante
Straßenkarte *f* mapa *m* de carreteras
Straßenkehrmaschine *f* barredera *f*
Straßenkreuzung *f* cruce *m*
Straßenkünstler(in) *m(f)* artista *mf* callejero
Straßenlaterne *f* farol *m*
Straßenmarkierung *f* señalización *f* en la carretera [*o* calle]
Straßenmusiker(in) *m(f)* cantante *mf* callejero
Straßennetz *nt* red *f* de carreteras
Straßenrand *m* margen *m* de la calle
Straßenreinigung *f* <-, *ohne pl*> limpieza *f* callejera
Straßenschild *nt* letrero *m; (Verkehrsschild)* señal *f* indicadora
Straßenschlucht *f (fam) calle situada entre rascacielos*
Straßenseite *f* <-, -n> lado *m* de la calle [*o* de la carretera]; **auf der anderen ~** al otro lado de la calle
Straßensperre *f* barrera *f*
Straßensperrung *f* <-, -en> cierre *m* de una calle [*o* de una carretera] a la circulación
Straßenstrich *m* <-(e)s, *ohne pl*> prostitución *f* callejera
Straßenverkauf *m ohne pl* ❶ *(Handel)* comercio *m* ambulante ❷ *(über die Straße)* venta *f* callejera
Straßenverkehr *m* tráfico *m* (rodado)
Straßenverkehrsordnung ['---'---] *f* código *m* de circulación

Stratege, -in [ʃtraˈteːgə] *m, f* <-n, -n; -nen> estratega *mf*
Strategie [ʃtrateˈgiː] *f* <-n> estrategia *f*
strategisch *adj* estratégico
Stratosphäre [ʃtratoˈsfɛːrə, strato-] *f* <-, *ohne pl*> (METEO) estratosfera *f*
sträuben [ˈʃtrɔɪbən] **I.** *vr:* **sich ~** ❶ *(Haare, Fell)* ponerse de punta ❷ *(sich wehren)* oponerse (**gegen** a) **II.** *vt* erizar; *(Gefieder)* hinchar; *(Fell)* poner de punta
Strauch [ʃtraʊx, *pl:* ˈʃtrɔɪçɐ] *m* <-(e)s, Sträucher> arbusto *m,* mata *f*
straucheln [ˈʃtraʊxəln] *vi sein* ❶ *(geh: stolpern)* tropezar (**über** con) ❷ *(scheitern)* fracasar
Strauß[1] [ʃtraʊs] *m* <-es, -e> *(Vogel)* avestruz *m*
Strauß[2] [ʃtraʊs, *pl:* ˈʃtrɔɪsə] *m* <-es, Sträuße> *(Blumenstrauß)* ramo *m* (de flores)
Streaming [ˈstriːmɪŋ] *nt* <-(s), -s> (INFOR) streaming *m;* **sich** *dat* **ein Video per ~ ansehen** ver un vídeo en streaming
Strebe [ˈʃtreːbə] *f* <-n> (ARCHIT) puntal *m*
streben [ˈʃtreːbən] *vi* ❶ *sein (sich bewegen)* dirigirse (**zu/nach** hacia) ❷ *(sich bemühen)* **nach etw ~** aspirar a algo
Streben [ˈʃtreːbən] *nt* <-s, *ohne pl*> ambición *f* (**nach** de)
Streber(in) *m(f)* <-s, -; -nen> *(abw)* arribista *mf,* olfa *mf RíoPl: fam; (in der Schule)* empollón, -ona *m, f*
strebsam *adj* aplicado; *(ehrgeizig)* ambicioso
Strebsamkeit *f* <-, *ohne pl*> aplicación *f,* diligencia *f; (Ehrgeiz)* ambición *f*
Strecke [ˈʃtrɛkə] *f* <-n> ❶ *(Wegabschnitt)* trayecto *m; (Eisenbahnstrecke)* línea *f;* (SPORT) recorrido *m;* **auf freier/halber ~** durante el recorrido; **über weite ~n** *(größtenteils)* en grandes partes; **auf der ~ bleiben** *(fam fig)* quedarse en la estacada ❷ *(Entfernung)* distancia *f* ❸ *(Weg, Route)* ruta *f* ❹ (BERGB) galería *f* ❺ (MATH) segmento *m* rectilíneo ❻ *(Wend)* **jdn zur ~ bringen** *(verhaften)* echarle el guante a alguien; *(töten)* cargarse a alguien
strecken [ˈʃtrɛkən] **I.** *vt* ❶ *(Körperteil)* estirar; **lang gestreckt** alargado; (**den Finger**) **~** *(fam)* levantar la mano; **jdn zu Boden ~** derribar a alguien de un golpe; **den Kopf aus dem Fenster ~** asomar la cabeza por la ventana ❷ *(Metall)* laminar ❸ *(Vorräte, Geld)* hacer rendir; *(verdünnen)* aguar **II.** *vr:* **sich ~** ❶ *(sich ausstrecken)* estirarse ❷ *(sich recken)* desperezarse ❸ *(sich hinziehen)* **der Weg streckt sich** *(fam)* el camino se hace largo
Streckenabschnitt *m* tramo *m*
Streckennetz *nt* red *f* de líneas
streckenweise *adv (a. fig)* en (algunas) partes
Streetworker(in) [ˈstriːtwœːkɐ] *m(f)* <-s, -; -nen> educador(a) *m(f)* de calle
Streich [ʃtraɪç] *m* <-(e)s, -e> ❶ *(geh: Schlag)* golpe *m* ❷ *(Schabernack)* jugarreta *f,* ganga *f Méx,* cargada *f Arg;* **jdm einen ~ spielen** hacer(le) una jugarreta a alguien; **da hat mir mein Gedächtnis einen ~ gespielt** mi memoria me ha gastado una mala pasada
Streicheleinheiten *f pl (fam, a.* PSYCH) caricias *f pl,* papachos *m pl Méx*
streicheln [ˈʃtraɪçəln] *vt* acariciar
streichen [ˈʃtraɪçən] <streicht, strich, gestrichen> **I.** *vt* ❶ *(anstreichen)* pintar; **frisch gestrichen!** ¡recién pintado! ❷ *(durchstreichen)* tachar, radiar *Am; (Zuschuss)* suprimir; *(Plan, Auftrag)* anular; **„Nichtzutreffendes ~“** “táchese lo que no corresponda” ❸ *(Butter)* untar; *(Brötchen)* preparar ❹ *(entfernen)* quitar ❺ *(Stoff, Haare)* **glatt ~** alisar; **etw** (**mit der Hand**) **glatt ~** pasar la mano por algo **II.** *vi* ❶ *sein (umherstreifen)* vagar (**durch** por) ❷ *(darüberstreichen)* pasar (la mano) (**durch/über** por); *(zärtlich)* acariciar (**durch/über**); **ein gestrichener Esslöffel Mehl** una cuchara rasa de harina
Streicher *pl* (MUS: *Orchesterteil*) instrumentos *m pl* de arco
Streichholz *nt* cerilla *f,* cerillo *m Méx*
Streichholzschachtel *f* caja *f* de cerillas, cerillero *m Am*
Streichinstrument *nt* instrumento *m* de cuerda
Streichkäse *m* queso *m* para untar
Streichorchester *nt* orquesta *f* de cuerda
Streichung *f* <-en> ❶ *(Abschaffung)* anulación *f; (von Stellen, im Etat)* recorte *m* ❷ *(im Text)* tachadura *f*
Streichwurst *f* embutido *m* para untar
Streife [ˈʃtraɪfə] *f* <-n> patrulla *f;* **auf ~ gehen/sein** andar/estar de patrulla
streifen [ˈʃtraɪfən] **I.** *vt* ❶ *(berühren)* rozar; *(Frage, Problem)* tocar de pasada ❷ *(abziehen)* sacar (**von** de); *(überziehen)* poner (**auf** a) **II.** *vi sein* **durch ein Gebiet ~** recorrer una región
Streifen [ˈʃtraɪfən] *m* <-s, -> ❶ *(Linie)* línea *f* ❷ *(aus Stoff, Papier)* tira *f* ❸ *(fam: Film)* peli *f*
Streifendienst *m* <-(e)s, -e> ❶ *(Dienst)* (servicio *m* de) patrulla *f* ❷ *(Personen)* patrulla *f*
Streifenpolizist(in) *m(f)* policía *mf* de patrulla
Streifenwagen *m* coche *m* patrulla

Streifschuss *m* disparo *m* que pasa rozando

Streifzug *m* ① *(Erkundungszug)* excursión *f* (**durch** por/en) ② *(kurzer Überblick)* panorama *m* (**durch** de)

Streik [ʃtraɪk] *m* <-(e)s, -s> huelga *f;* **in (den) ~ treten** declararse en huelga; **zum ~ aufrufen** convocar una huelga

Streikbrecher(in) *m(f)* <-s, -; -nen> esquirol *mf*

streiken [ˈʃtraɪkən] *vi* ① *(Arbeiter)* estar en huelga (**für** para) ② *(fam: sich weigern)* pasar; *(Motor)* no funcionar

Streikende(r) *mf* <-n, -n; -n> huelgista *mf*

Streikgeld *nt ohne pl* subsidio *m* de huelga

Streikposten *m* piquete *m* (de huelga)

Streit [ʃtraɪt] *m* <-(e)s, -e> disputa *f* (**um** por, **über** sobre), pelea *f* (**um** por); *(Rechtsstreit)* litigio *m;* **wir haben ~** estamos peleados; **wegen etw mit jdm ~ bekommen** pelearse con alguien por algo; **sich im ~ trennen** acabar peleados

streiten [ˈʃtraɪtən] <streitet, stritt, gestritten> **I.** *vi* ① *(zanken)* pelear (**um** por) ② *(mit Worten)* discutir (**über** sobre); **darüber lässt sich ~** esto es discutible **II.** *vr:* **sich ~** pelearse (**um/wegen** por)

Streiterei *f* <-en> *(abw)* querellas *fpl;* *(mit Worten)* disputas *fpl*

Streitfall *m* conflicto *m;* (JUR) litigio *m;* (POL) contencioso *m;* **im ~** en caso de litigio

Streitfrage *f* objeto *m* de disputa; (JUR) punto *m* litigioso

Streitgespräch *nt* disputa *f*

Streithammel *m* <-s, -> *(fam)* buscapleitos *mf inv,* buscarruidos *mf inv*

streitig *adj* ① (JUR) litigioso ② *(strittig)* controvertido; **jdm etw ~ machen** disputar algo a alguien

Streitkräfte *fpl* fuerzas *fpl* armadas

streitlustig *adj* disputador; *(aggressiv)* agresivo

Streitmacht *f* <-, *ohne pl*> *(geh)* fuerzas *fpl* armadas, ejército *m*

Streitpunkt *m* punto *m* de discordia

streitsüchtig *adj* pendenciero

streng [ʃtrɛŋ] *adj* ① *(allgemein)* severo; *(hart)* duro; *(genau)* estricto; **~ genommen** en rigor; **jdn ~ ansehen** mirar a alguien severamente; **das ist ~ verboten!** ¡eso está terminantemente prohibido! ② *(Stillschweigen, Diskretion)* absoluto; **~ geheim** bajo absoluta discreción; **~ vertraulich** absolutamente confidencial ③ *(Geruch)* acre ④ *(schmucklos)* austero ⑤ *(Kälte)* intenso; *(Winter)* duro ⑥ *(konsequent)* consecuente ⑦ *(Schweiz: anstrengend)* duro

Strenge [ˈʃtrɛŋə] *f ohne pl* ① *(Striktheit)* severidad *f;* *(Exaktheit)* exactitud *f* ② *(Schmucklosigkeit)* austeridad *f* ③ *(eines Geruchs, Geschmacks)* acritud *f* ④ *(des Winters)* rigor *m*

strenggläubig *adj* (muy) creyente

Stress [ʃtrɛs] *m* <-es, *ohne pl*> estrés *m;* **unter ~ stehen** estar bajo estrés

stressen [ˈʃtrɛsən] *vi, vt (fam)* estresar

stressfrei *adj* sin estrés

stressig *adj (fam)* estresante

Stresssituation *f* <-, -en> situación *f* de estrés

Stretchlimousine [ˈstrɛtʃlimuziːnə] *f* <-, -n> limusina *f* larga

Streu [ʃtrɔɪ] *f ohne pl* paja *f (como lecho)*

Streubüchse *f* <-, -n> *(für Salz)* salero *m;* *(für Zucker)* azucarero *m;* *(für Pfeffer)* pimentero *m*

Streudiagramm *nt* (INFOR) diagrama *m* de puntos

streuen [ˈʃtrɔɪən] **I.** *vt* ① *(verteilen)* esparcir (**durch/auf** por); *(Pulver)* espolvorear; **Gerüchte ~** levantar rumores ② *(Straße)* echar arenilla (a) *(contra el hielo)* **II.** *vi* ① *(Straße)* echar arenilla ② (PHYS) dispersar

Streuer *m* <-s, -> *s.* **Streubüchse**

Streufahrzeug *nt* camión *m* esparcidor de arenilla

Streugut *nt* <-s, *ohne pl*> *sal o arenilla que se esparce para evitar hielos*

streunen [ˈʃtrɔɪnən] *vi sein* vagabundear (**durch** por); **durch die Stadt ~** callejear

Streusalz *nt ohne pl* sal *f* de deshielo

Streusand *m* <-(e)s, *ohne pl*> arenilla *f*

Streusel [ˈʃtrɔɪzəl] *m o nt* <-s, -> *bolita de mantequilla, azúcar y harina para cubrir pasteles*

Streuselkuchen *m pastel cubierto con bolitas de mantequilla, azúcar y harina*

Streuung *f* <-en> (*a.* PHYS) dispersión *f*

strich [ʃtrɪç] *3. imp von* **streichen**

Strich[1] [ʃtrɪç] *m* <-(e)s, -e> *(Linie)* raya *f;* *(auf Skalen)* marca *f;* *(Pinselstrich)* pincelada *f;* **jdm einen ~ durch die Rechnung machen** *(fam fig)* desbaratar los proyectos de alguien; **einen ~ unter etw ziehen** *(fig)* poner punto final a algo; **unter dem ~** *(als Ergebnis)* a fin de cuentas

Strich[2] *m* <-(e)s, *ohne pl*> ① *(der Haare, des Fells)* sentido *m;* **das geht mir gegen den ~** *(fam)* eso me viene a contrapelo; **jdn nach ~ und Faden verprügeln** *(fam)* dar(le) una buena paliza a alguien ② *(fam: Prostitution)* prostitución *f* callejera; **auf den ~ gehen** hacer la carrera

Strichcode *m* código *m* de barras

stricheln [ˈʃtrɪçəln] *vt* ① *(zeichnen)* trazar a rayas; **eine gestrichelte Linie** una línea discontinua ② *(schraffieren)* rayar

Stricher(in) *m(f)* <-s, -; -nen> *(fam)* puto, -a *m, f* callejero , -a

Strichkode *m s.* **Strichcode**

Strichliste *f* <-, -n> lista *f* a rayas

Strichmännchen *nt* monigote *m*

Strichpunkt *m* punto *m* y coma

strichweise *adv* en algunas partes; ~ **Schneefall** nevadas locales

Strichzeichnung *f* <-, -en> (KUNST) dibujo *m* a rayas

Strick [ʃtrɪk] *m* <-(e)s, -e> ① *(Seil)* cuerda *f*, soga *f*; **wenn alle ~e reißen** *(fam)* en el peor de los casos; **jdm aus etw einen ~ drehen** *(fig)* utilizar algo en contra de alguien ② *(fam: Schlingel)* bribón, -ona *m, f*

stricken [ˈʃtrɪkən] *vi, vt* hacer punto; **einen Pullover** ~ hacer un jersey de punto

Strickgarn *nt* hilo *m* para labores de punto

Strickjacke *f* chaqueta *f* de punto

Strickleiter *f* escala *f* de cuerda

Strickmaschine *f* tricotosa *f*

Strickmuster *nt* patrón *m* de punto

Stricknadel *f* aguja *f* para hacer punto

Strickwaren *f pl* géneros *m pl* de punto

Strickweste *f* chaqueta *f* de punto

Strickzeug *nt (Handarbeit)* labor *m* de punto

striegeln *vt (Pferd)* almohazar; *(bürsten)* cepillar

Striemen [ˈʃtriːmən] *m* <-s, -> verdugón *m*

strikt [ʃtrɪkt] *adj* estricto

String [ʃtrɪŋ] *m* <-s, -s> (INFOR: *Zeichenkette*) cadena *f* de caracteres

stringent [ʃtrɪŋˈgɛnt, strɪŋˈgɛnt] *adj* convincente, contundente; *(logisch)* lógico

Strip [strɪp] *m* <-s, -s> estriptis *m inv*, estriptís *m inv*

Strippe [ˈʃtrɪpə] *f* <-n> *(fam)* cordón *m*; **jdn an der ~ haben** tener a alguien al teléfono

strippen [ˈstrɪpən] *vi (fam: sich ausziehen)* hacer un estriptis [*o* estriptís]

Strippenzieher(in) *m(f)* <-s, -; -nen> *(abw fam)* maquinador(a) *m(f)*

Stripper(in) *m(f)* <-s, -; -, -nen> artista *mf* de estriptís

Striptease [ˈʃtrɪptiːs, ˈstrɪptiːs] *m o nt* <-, *ohne pl*> estriptis *m inv*, estriptís *m inv*

stritt [ʃtrɪt] *3. imp von* **streiten**

strittig [ˈʃtrɪtɪç] *adj* disputable; *(umstritten)* discutido

Stroh [ʃtroː] *nt* <-(e)s, *ohne pl*> paja *f*

Strohballen *m* <-s, -> paca *f* de paja

strohblond [ˈ-ˈ-] *adj* rubio pajizo

strohdumm [ˈ-ˈ-] *adj (fam)* tonto

Strohfeuer *nt* fuego *m* de paja; **es war nur ein ~** *(fam)* ha sido solo la emoción del primer momento

Strohhalm *m* ① *(Halm)* tallo *m* de paja ② *(Trinkhalm)* pajita *f*, popote *m Méx*

Strohhut *m* sombrero *m* de paja

Strohmann *m* testaferro *m*, palo *m* blanco *Am*

Strohwitwe *f (fam)* ~ **sein** estar sin marido

Strohwitwer *m (fam)* ~ **sein** estar de rodríguez

Strolch [ʃtrɔlç] *m* <-(e)s, -e> ① *(abw: Gauner)* golfo, -a *m, f* ② *(fam: Kind)* golfillo, -a *m, f*

Strom [ʃtroːm] *m* <-(e)s, Ströme> ① *(Fluss, Strömung)* corriente *f*; *(a. fig)* río *m*; **der Wein floss in Strömen** el vino corría a raudales; **gegen den ~ schwimmen** *(fig)* nadar contra la corriente; **mit dem ~ schwimmen** *(fig)* dejarse llevar por la corriente ② (ELEK) corriente *f*; **unter ~ stehen** *(Kabel, Zaun)* estar conectado a la corriente (eléctrica); *(fam: Mensch)* echar humo por las orejas de tanto trabajo ③ *(Menschenstrom)* oleada *f*

Stromabnehmer *m* ① *(Person)* consumidor(a) *m(f)* ② (ELEK) toma *f* de corriente, tomacorriente *m Am*

stromabwärts [-ˈ--] *adv* río abajo

Stromanschluss *m* toma *f* de corriente, conexión *f* de corriente

stromaufwärts [-ˈ--] *adv* río arriba

Stromausfall *m* apagón *m*

strömen [ˈʃtrøːmən] *vi sein* ① *(Fluss)* fluir ② *(Blut, Wasser)* correr ③ *(Menschen)* acudir en masa (**zu/nach** a)

Stromerzeuger *m* generador *m*

Stromerzeugung *f* generación *f* de corriente

Stromkabel *nt* línea *f* eléctrica

Stromkreis *m* circuito *m* (eléctrico)

Stromleitung *f* conducción *f* de corriente (eléctrica)

Stromlieferant *m* <-en, -en> suministrador(a) *m(f)* de corriente (eléctrica), abastecedor(a) *m(f)* de corriente (eléctrica)

stromlinienförmig *adj* aerodinámico

Strommast *m* poste *m* de la electricidad

Stromnetz *nt* red *f* eléctrica

Stromquelle *f* <-, -n> fuente *f* de corriente

Stromrechnung *f* <-, -en> cuenta *f* de electricidad

Stromschnelle *f* <-n> rápido *m*, correderа *f CSur*

Stromsparfunktion *f* <-, -en> (INFOR, TECH) función *f* para ahorrar energía

Stromsperre *f* corte *m* de corriente

Stromstärke *f* intensidad *f* de la corriente

Strömung *f* <-en> corriente *f*
Stromverbrauch *m* consumo *m* de electricidad
Stromversorgung *f* suministro *m* de corriente
Stromzähler *m* <-s, -> contador *m* eléctrico
Strophe ['ʃtro:fə] *f* <-n> estrofa *f*
strotzen ['ʃtrɔtsən] *vi (vor Freude, Gesundheit)* rebosar (**von/vor** de); *(voll sein)* estar lleno (**von/vor** de)
strubb(e)lig ['ʃtrʊbəlɪç] *adj* desgreñado
strubbelig ['ʃtrʊbəlɪç] *adj* desgreñado, enmarañado
Strubbelkopf *m (fam)* ❶ *(Kopfhaar)* greña *f* ❷ *(Mensch)* greñudo, -a *m, f*
Strudel ['ʃtru:dəl] *m* <-s, -> ❶ *(im Wasser)* remolino *m* ❷ *(Speise) rollo de hojaldre relleno,* strudel *m Am*
Struktur [ʃtrʊk'tu:ɐ] *f* <-en> estructura *f*
strukturell [ʃtrʊktu'rɛl] *adj* estructural
strukturieren* [ʃtrʊktu'ri:rən] *vt* estructurar
Strukturierung *f* <-en> estructuración *f*
Strukturreform *f* <-, -en> reforma *f* estructural
strukturschwach *adj* (WIRTSCH) poco desarrollado
Strukturwandel *m* cambio *m* de estructura
Strumpf [ʃtrʊmpf, *pl:* 'ʃtrʏmpfə] *m* <-(e)s, Strümpfe> media *f*; *(kurzer)* calcetín *m*
Strumpfband *nt* liga *f*
Strumpfhalter *m* <-s, -> liguero *m*, portaligas *m inv Am*
Strumpfhaltergürtel *m* liguero *m*
Strumpfhose *f* panti *m*, pantimedia(s) *f (pl) Méx*
Strunk [ʃtrʊŋk, *pl:* 'ʃtrʏŋkə] *m* <-(e)s, Strünke> ❶ *(von Gemüse)* troncho *m* ❷ *(Baum~)* tronco *m*

S

struppig ['ʃtrʊpɪç] *adj* hirsuto
Stube ['ʃtu:bə] *f* <-n> cuarto *m*, habitación *f*; **die gute** ~ el salón
Stubenarrest *m (fam)* ~ **haben/bekommen** no poder salir *(un niño, como castigo, de casa o de su habitación)*
Stubenhocker(in) *m(f) (fam abw)* persona *f* casera
stubenrein *adj (Tier)* aseado; *(Witz)* decoroso
Stuck [ʃtʊk] *m* <-(e)s, *ohne pl*> ❶ *(Material)* estuco *m* ❷ *(Stuckarbeit)* estucado *m*
Stück [ʃtʏk] *nt* <-(e)s, -e> ❶ *(allgemein)* pieza *f*; *(Vieh)* cabeza *f*; **sechs ~ Eier** seis huevos; **drei Euro das** ~ tres euros cada uno; ~ **Land** parcela *f*; **ein ~ spazieren gehen** pasear un rato; **das ist ein starkes ~!** *(fam)* ¡qué barbaridad! ❷ *(Teil)* trozo *m*, pedazo *m*, troncho *m CSur*; ~ **für** ~ pieza por pieza; *(fig)* poco a poco; **etw in ~e schlagen** romper algo en trozos; **große ~e auf jdn halten** *(fam)* estimar mucho a alguien; **ein schweres ~ Arbeit** mucho trabajo; **aus freien ~en** voluntariamente ❸ *(Theater-, Musikstück)* pieza *f* ❹ *(fam abw: Person)* **du gemeines ~!** ¡hijo de perra!
Stuckateur(in) [ʃtʊka'tø:ɐ] *m(f)* <-s, -e; -nen> estucador(a) *m(f)*
stückeln ['ʃtʏkəln] *vt* fraccionar
Stückgut *nt* bulto *m* suelto
Stückpreis *m* precio *m* por unidad
stückweise *adv* por piezas
Stückzahl *f* (WIRTSCH) número *m* de piezas
Student(in) [ʃtu'dɛnt] *m(f)* <-en, -en; -nen> estudiante *mf*
Studentenausweis *m* carné *m* de estudiante
Studentenfutter *nt ohne pl mezcla de frutos secos y pasas con alto valor alimenticio*
Studentenheim *nt* <-(e)s, -e> (UNIV) *s.* **Studentenwohnheim**
Studentenschaft *f ohne pl* estudiantado *m*
Studentenverbindung *f* (UNIV) *asociación estudiantil jerarquizada, con uniforme y reglas propias más o menos estrictas que ofrece a sus miembros alojamiento, apoyo profesional, etc.*
Studentenwerk *nt en Alemania, institución universitaria para la asistencia social de los estudiantes*
Studentenwohnheim *nt* residencia *f* estudiantil
Studentin *f* <-nen> *s.* **Student**
studentisch *adj* estudiantil
Studie ['ʃtu:diə] *f* <-n> ❶ *(Entwurf)* esbozo *m* ❷ *(Untersuchung)* estudio *m*
Studien *pl von* **Studie, Studium**²
Studienabbrecher(in) *m(f)* <-s, -; -nen> estudiante *mf* que abandona la carrera universitaria
Studienabschluss *m (Grad)* título *m* (universitario)
Studienanfänger(in) *m(f)* <-s, -; -, -nen> estudiante *mf* de primer año
Studienberater(in) *m(f)* <-s, -; -, -nen> asesor(a) *m(f)* de estudios
Studienberatung *f* <-, -en> (UNIV) servicio *m* de asesoramiento para estudiantes
Studienfach *nt* asignatura *f*
Studienfahrt *f s.* **Studienreise**
Studiengang *m* <-(e)s, -gänge> carrera *f*
Studiengebühr *f* (derechos *mpl* de) matrícula *f*
Studienplatz *m* plaza *f* (universitaria)

Studienrat, -rätin *m, f* catedrático, -a *m, f* de instituto

Studienreferendar(in) *m(f)* (SCH) aspirante *mf* a profesor(a) de instituto

Studienreise *f* viaje *m* de estudios

studieren* [ʃtu'di:rən] *vi, vt* estudiar (**an/in** en)

Studierende(r) *mf* <-n, -n; -n, -n> estudiante *mf*

studiert [ʃtu'di:ɐt] *adj (fam)* que ha estudiado; *(gebildet)* culto

Studio ['ʃtu:dio] *nt* <-s, -s> estudio *m*

Studium[1] ['ʃtu:diʊm] *nt* <-s, *ohne pl*> *(akademische Ausbildung)* carrera *f*

Studium[2] *nt* <-s, Studien> *(Erforschung)* estudio *m*

Stufe ['ʃtu:fə] *f* <-n> ❶ *(Treppenstufe)* peldaño *m*, escalón *m*; **Vorsicht, ~!** ¡Cuidado con el escalón! ❷ *(Ebene)* nivel *m*; *(Rang)* grado *m*; **sich mit jdm auf eine ~ stellen** equipararse con alguien ❸ *(Abschnitt)* fase *f*

stufen ['ʃtu:fən] *vt (Boden, Hang)* escalonar; **eine gestufte Frisur** un corte (de pelo) escalonado

Stufenbarren *m* (SPORT) paralelas *fpl* asimétricas

stufenförmig [-fœrmɪç] *adj* escalonado

Stufenheck *nt* <-(e)s, -s *o* -e> (AUTO) parte *f* trasera escalonada

stufenlos *adj* (TECH) sin fases, sin etapas

Stufenschnitt *m* corte *m* escalonado

stufenweise *adj* gradual

stufig *adj* ❶ *(Land)* escalonado ❷ *(Haar)* en capas

Stuhl [ʃtu:l, *pl:* 'ʃty:lə] *m* <-(e)s, Stühle> ❶ *(Möbel)* silla *f*; **elektrischer ~** silla eléctrica; **jdm einen ~ anbieten** ofrecer(le) una silla a alguien; **zwischen zwei Stühlen sitzen** *(fig)* nadar entre dos aguas; **das reißt mich nicht vom ~** *(fam)* esto no me maravilla ❷ (REL) sede *f*; **der Heilige ~** la Santa Sede ❸ (MED: *Stuhlgang*) defecación *f*; *(Kot)* restos *mpl* fecales

Stuhlbein *nt* pata *f* de la silla

Stuhlgang *m* <-(e)s, *ohne pl*> defecación *f*; **~ haben** defecar

Stuhllehne *f* respaldo *m* (de una silla)

Stulle ['ʃtʊlə] *f* <-n> *(nordd)* bocadillo *m*, bocata *m fam*

stülpen ['ʃtʏlpən] *vt* **etw auf/über etw ~** tapar algo con algo; **etw nach außen ~** volver algo (al revés)

stumm [ʃtʊm] *adj* ❶ *(sprechunfähig, a.* LING) mudo; **~ werden** enmudecer ❷ *(schweigsam)* callado; **jdn ~ ansehen** mirar a alguien sin decir palabra

Stumme(r) *mf* <-n, -n; -n, -n> mudo, -a *m, f*

Stummel ['ʃtʊməl] *m* <-s, -> *(Bleistiftstummel)* pedazo *m*; *(Kerzenstummel)* cabo *m*; *(Zigarettenstummel)* colilla *f*

Stummfilm *m* película *f* muda

Stümper(in) ['ʃtʏmpɐ] *m(f)* <-s, -; -nen> *(abw)* chapucero, -a *m, f*

stümperhaft *adj (abw)* chapucero

stumpf [ʃtʊmpf] *adj* ❶ *(nicht scharf)* desafilado; *(nicht spitz)* romo ❷ *(rau)* tosco ❸ *(glanzlos)* opaco ❹ (MATH: *Winkel*) obtuso ❺ *(teilnahmslos)* apático; *(gleichgültig)* indiferente

Stumpf [ʃtʊmpf, *pl:* 'ʃtʏmpfə] *m* <-(e)s, Stümpfe> *(Baumstumpf)* tocón *m*; *(Kerzenstumpf)* cabo *m*; *(von Gliedmaßen)* muñón *m*

Stumpfsinn *m* <-(e)s, *ohne pl*> ❶ *(Teilnahmslosigkeit)* apatía *f* ❷ *(Monotonie)* monotonía *f*

stumpfsinnig *adj* ❶ *(teilnahmslos)* apático ❷ *(monoton)* monótono

stumpfwinklig *adj* (MATH) de ángulo obtuso, obtusángulo

Stunde ['ʃtʊndə] *f* <-n> hora *f*; *(Unterrichtsstunde)* clase *f*; **drei viertel ~n** tres cuartos de hora; **in einer ~** dentro de una hora; **vor einer halben ~** hace media hora; **alle halbe ~** cada media hora; **bis zur ~** hasta ahora; **zu später ~** muy tarde; **25 Euro pro ~** 25 euros la hora; **~n nehmen/geben** tomar/dar clases; **in einer schwachen ~** en un momento de debilidad; **seine letzte ~ ist gekommen** le ha llegado la hora; **sie weiß, was die ~ geschlagen hat** *(fig)* sabe cómo están las cosas

stunden ['ʃtʊndən] *vt* **jdm etw ~** conceder a alguien una prórroga para algo

Stundengeschwindigkeit *f* velocidad *f* por hora

Stundenhotel *nt* casa *f* de citas

Stundenkilometer *m (fam)* kilómetro *m* por hora

stundenlang I. *adj* de varias horas **II.** *adv* horas y horas

Stundenlohn *m* salario *m* por hora

Stundenplan *m* horario *m*

Stundentakt *m ohne pl* **im ~** cada hora

stundenweise *adv* por horas

Stundenzeiger *m* horario *m*

stündlich ['ʃtʏntlɪç] **I.** *adj* horario **II.** *adv* cada hora; **dreimal ~** tres veces por hora

Stunk [ʃtʊŋk] *m* <-s, *ohne pl*> *(fam abw)* bronca *f*, camorra *f*; **~ machen** armar camorra

Stuntman ['stantmən] *m* <-s, Stuntmen> (FILM) especialista *m*

stupend [ʃtu'pɛnt] *adj (geh)* sorprendente

S

stupid(e) *adj (abw)* ❶ *(Person)* estúpido ❷ *(Tätigkeit)* monótono
Stups [ʃtʊps] *m* <-es, -e> *(fam)* empujón *m*
stupsen ['ʃtʊpsən] *vt (fam)* empujar
Stupsnase *f* nariz *f* respingona
stur [ʃtuːɐ] *adj* testarudo; **bei etw auf ~ schalten** *(fam)* encabezonarse en algo
Sturheit *f ohne pl (fam abw)* terquedad *f*
Sturm [ʃtʊrm, *pl:* 'ʃtʏrmə] *m* <-(e)s, Stürme> ❶ *(Unwetter)* tormenta *f; (Wind)* tempestad *f;* **ein ~ der Begeisterung** una tempestad de entusiasmo; **~ klingeln** *(fam)* tocar a rebato ❷ *(Angriff)* asalto *m* (**auf** a); **gegen etw ~ laufen** protestar contra algo; **die Herzen im ~ erobern** conquistar (todos) los corazones en seguida ❸ (SPORT) delantera *f;* **er spielt im ~** juega en la delantera
Sturmangriff *m* asalto *m* (**auf** a)
Sturmbö *f* ráfaga *f,* bocanada *f* (de viento)
stürmen ['ʃtʏrmən] **I.** *vi* ❶ *sein (rennen)* precipitarse (**zu/nach** hacia) ❷ (SPORT) atacar **II.** *vt* tomar por asalto; *(Bank, Geschäfte)* asaltar **III.** *vunpers* **es stürmt** hay temporal
Stürmer(in) *m(f)* <-s, -; -nen> (SPORT) delantero *mf*
Sturmflut *f* marea *f* muy alta
stürmisch *adj* ❶ *(Wetter)* tempestuoso; *(Meer)* agitado ❷ *(ungestüm)* impetuoso; *(heftig)* violento; *(Liebhaber)* apasionado; *(Entwicklung)* rápido; *(Beifall)* frenético; **nicht so ~!** ¡no tan rápido!
Sturmschaden *m* daño *m* causado por la tempestad
Sturmtief *nt* (METEO) borrasca *f*
Sturmwarnung *f* aviso *m* de tempestad
Sturz [ʃtʊrts, *pl:* 'ʃtʏrtsə] *m* <-es, Stürze> ❶ *(Fall)* caída *f* (**von** de, **aus** por) ❷ *(Rückgang)* bajón *m* ❸ *(einer Regierung)* derrocamiento *m* ❹ *(oberer Abschlussbalken)* dintel *m* ❺ *(Achssturz)* inclinación *f*
sturzbesoffen *adj (vulg),* **sturzbetrunken** *adj (fam)* (borracho) como una cuba
stürzen ['ʃtʏrtsən] **I.** *vi sein* ❶ *(fallen)* caer(se); *(Temperatur, Währung)* bajar; **sie ist schwer gestürzt** se hizo mucho daño al caerse; **zu Boden ~** caer al suelo ❷ *(in die Tiefe)* despeñarse ❸ *(rennen)* precipitarse (**zu/an** hacia, **in** a); **ins Zimmer gestürzt kommen** entrar de golpe en la habitación **II.** *vt* ❶ *(umstürzen)* derribar; *(umkippen)* volcar; *(Regierung)* derrocar ❷ *(hinunterstürzen)* arrojar; *(von einem Felsen)* despeñar ❸ *(Kuchen-, Puddingform)* desprender **III.** *vr:* **sich ~** *(hinunterspringen)* precipitarse (**in** a, **von** desde), arrojarse (**aus** por); **sich auf jdn ~** abalanzarse sobre alguien; **sich auf/in etw ~** lanzarse sobre/a algo; **sich in die Arbeit ~** lanzarse al trabajo
Sturzflug *m* vuelo *m* en picado; **im ~** en picado
Sturzhelm *m* casco *m* (protector)
Stuss [ʃtʊs] *m* <-es, *ohne pl*> *(fam abw)* disparates *mpl*
Stute *f* <-n> yegua *f*
Stütze ['ʃtʏtsə] *f* <-n> *(a. fig)* sostén *m,* apoyo *m;* (ARCHIT) soporte *m;* **eine ~ für jdn sein** ser el sostén de alguien
stutzen ['ʃtʊtsən] **I.** *vi (innehalten)* interrumpirse; *(erstaunt)* sorprenderse **II.** *vt* cortar; *(Baum)* podar; *(Flügel, Schwanz)* recortar
Stutzen ['ʃtʊtsən] *m* <-s, -> ❶ (TECH: *Rohrstück*) tubo *m* de empalme ❷ *(Jagdgewehr)* carabina *f* ❸ *(Strumpf)* medias *fpl* de deporte
stützen ['ʃtʏtsən] **I.** *vt* apoyar; **den Kopf auf die Hände ~** apoyar la cabeza en las manos **II.** *vr:* **sich ~** ❶ *(sich aufstützen)* apoyarse (**auf** en) ❷ *(beruhen)* basarse (**auf** en)
stutzig *adj* **~ werden** sorprenderse; **~ machen** *(argwöhnisch machen)* hacer sospechar; *(verwirren)* desconcertar
Stützmauer *f* muro *m* de apoyo
Stützpfeiler *m* (ARCHIT) pilar *m* (de apoyo)
Stützpunkt *m* ❶ *(einer Last)* punto *m* de apoyo ❷ (MIL) base *f*
St. Vincent und die Grenadinen [seɪnt'vɪnsənt-] San Vicente y las Granadinas
StVO [ɛsteːfaʊ'ʔoː] *f Abk. von* **Straßenverkehrsordnung** código *m* de circulación
stylen ['staɪlən] **I.** *vt (gestalten)* diseñar; **sich** *dat* **die Haare ~** arreglarse el pelo **II.** *vr:* **sich ~** *(fam)* ponerse (guapo)
Styling ['staɪlɪŋ] *nt* <-s, *ohne pl*> diseño *m,* estilo *m*
stylisch, stylish ['staɪlɪʃ] *adj (fam: Schuhe, Handy)* estiloso, de moda
Styropor® [ʃtyro'poːɐ, styro-] *nt* <-s, *ohne pl*> poliestireno *m,* plumavit® *m Am*
s. u. *Abk. von* **siehe unten** véase abajo
Subjekt [zʊp'jɛkt] *nt* <-(e)s, -e> (*a.* LING) sujeto *m*
subjektiv [zʊpjɛk'tiːf] *adj* subjetivo
Subjektivität [zʊpjɛktivi'tɛːt] *f ohne pl* subjetividad *f*
Subkontinent *m* <-(e)s, -e> (GEO) subcontinente *m*
Subkultur ['zʊpkʊltuːɐ] *f* subcultura *f*
subsidiär *adj* subsidiario
Subsidiarität *f* <-, *ohne pl*> (POL, JUR) subsidiariedad *f*
Subskription [zʊpskrɪp'tsjoːn] *f* <-, -en>

S

(*a.* FIN) suscripción *f;* **etw durch ~ kaufen** suscribirse a algo

Substantiv ['zʊpstantiːf] *nt* <-s, -e> (LING) sustantivo *m*

Substanz [zʊp'stants] *f* <-en> sustancia *f;* **das geht an die ~** *(fam)* esto llega al alma

substanziell [zʊpstan'tsjɛl] *adj* sustancial

substituieren* [zʊpstitu'iːrən] *vt* sustituir (**durch** por)

Substrat [zʊp'straːt] *nt* <-(e)s, -e> (BIOL) sustrato *m*

subtil [zʊp'tiːl] *adj* sutil

Subtilität *f* <-, *ohne pl*> sutilidad *f*

subtrahieren* [zʊptra'hiːrən] *vt* (MATH) restar (**von** a)

Subtraktion [zʊptrak'tsjoːn] *f* <-en> (MATH) sustracción *f,* resta *f*

Subtropen ['zʊptroːpən] *pl* (GEO) regiones *f pl* subtropicales

subtropisch *adj* (GEO) subtropical

Subunternehmen *nt* <-s, -> subempresa *f*

Subunternehmer(in) ['zʊp-] *m(f)* <-s, -; -, -nen> (WIRTSCH) subcontratista *mf*

Subvention [zʊpvɛn'tsjoːn] *f* <-n> (WIRTSCH) subvención *f*

subventionieren* [zʊpvɛntsjo'niːrən] *vt* (WIRTSCH) subvencionar

subversiv [zʊpvɛr'ziːf] *adj* subversivo

Suchaktion *f* operación *f* de búsqueda

Suchanfrage *f* <-, -n> (INFOR) búsqueda *f*

Suchbegriff *m* (INFOR) concepto *m* de búsqueda

Suche ['zuːxə] *f* <-n> busca *f,* búsqueda *f;* **sich auf die ~ nach jdm/etw** *dat* **machen** salir en busca de alguien/algo

suchen ['zuːxən] *vi, vt* buscar; **nach etw** *dat* **/jdm ~** buscar algo/a alguien; **da kannst du lange ~** *(fam)* buscas en vano; **du hast hier nichts zu ~!** *(fam)* ¡a ti no te ha dado nadie vela en este entierro!

Sucher *m* <-s, -> (FOTO) visor *m*

Suchfunktion *f* (INFOR) función *f* de búsqueda

Suchkriterium *nt* (INFOR) criterio *m* de búsqueda

Suchmannschaft *f* equipo *m* de rastreo [*o* de búsqueda]

Suchmaschine *f* motor *m* de búsqueda, buscador *m*

Sucht [zʊxt] *f* <-en *o* Süchte> ❶ *(Abhängigkeit)* adicción *f* (**nach** a) ❷ *(Verlangen)* manía *f* (**nach** de)

Suchtgefahr *f* <-, *ohne pl*> peligro *m* de adicción

süchtig ['zʏçtɪç] *adj* ❶ *(alkohol-, tablettensüchtig)* adicto (**nach** a); *(drogensüchtig)* toxicómano; **~ machen** producir adicción ❷ *(begierig)* ávido (**nach** de)

Süchtige(r) *mf* <-n, -n; -n> adicto, -a *m, f; (Drogensüchtige(r))* toxicómano, -a *m, f*

Suchtkranke(r) *mf* adicto, -a *m, f; (durch Drogen)* toxicómano, -a *m, f*

Sud [zuːt] *m* <-(e)s, -e> decocción *f*

Süd [zyːt] *m* <-(e)s, *ohne pl*> (*a.* NAUT, METEO) sur *m*

Südafrika ['-'---] *nt* ❶ *(Republik)* Sudáfrica *f* ❷ *(Teil des Kontinents)* África *f* del Sur

Südafrikaner(in) ['---'--] *m(f)* sudafricano, -a *m, f*

südafrikanisch ['---'--] *adj* sudafricano

Südamerika ['--'---] *nt* América *f* del Sur, Sudamérica *f*

Südamerikaner(in) ['----'--] *m(f)* sudamericano, -a *m, f,* latino, -a *m, f fam*

südamerikanisch ['----'--] *adj* sudamericano, latino *fam*

Sudan [zu'daːn] *m* <-s> Sudán *m*

Sudanese, -in [zuda'neːzə] *m, f* <-n, -n; -nen> sudanés, -esa *m, f*

sudanesisch *adj* sudanés

süddeutsch *adj* de Alemania del Sur

Süddeutsche(r) *mf* alemán, -ana *m, f* del Sur

Süddeutschland *nt* Alemania *f* del Sur

sudeln ['zuːdəln] *vi, vt (fam abw: beim Schreiben)* garabatear; *(beim Zeichnen)* pintarrajear; *(mit Matsch schmieren)* embadurnar

Süden ['zyːdən] *m* <-s, *ohne pl*> sur *m;* **im ~** en el sur; **im ~ von ...** *(südlich von)* al sur de...; *(im südlichen Teil von)* en el sur de; **von ~** del sur; **nach/in den ~** hacia el sur

Südeuropa ['--'--] *nt (Region)* Europa *f* del Sur; *(südlicher Teil)* sur *m* de Europa

Südfrankreich *nt* sur *m* de Francia, Francia *f* meridional

Südfrucht *f* fruta *f* tropical

Südhalbkugel *f ohne pl* hemisferio *m* sur

Südhang *m* pendiente *f* sur

Südkorea *nt* Corea *f* del Sur

Südkoreaner(in) *m(f)* <-s, -; -, -nen> coreano, -a *m, f* del Sur

südkoreanisch *adj* de Corea del Sur

Südküste *f* costa *f* (del) Sur

Südländer(in) [-lɛndɐ] *m(f)* <-s, -; -nen> *habitante de un país mediterráneo*

südländisch *adj* del sur de Europa; **~es Temperament** temperamento latino

südlich ['zyːtlɪç] **I.** *adj* del sur, meridional; **in ~er Richtung** en dirección sur; **52 Grad ~e Breite** 52 grados latitud sur **II.** *präp +gen* al sur de; **~ von Granada** al sur de Granada

Sudoku [zu'doːku] *nt* <-(s), -s> *(Zahlenrätsel)* sudoku *m*

S

Südostasien *nt* sureste *m* asiático
Südosten [-'--] *m* sudeste *m*
südöstlich [-'--] **I.** *adj* del sudeste **II.** *präp +gen* al sudeste de
Südpol *m ohne pl* polo *m* sur
Südpolarmeer *nt ohne pl* océano *m* Glacial Antártico
Südsee *f* Pacífico *m* meridional
Südseite *f* lado *m* sur
Südspanien ['-'---] *nt* sur *m* de España
Südstaaten *mpl* Estados *mpl* del sur
Südstaatler(in) [-ʃta:tlɐ] *m(f)* <-s, -; -nen> habitante *mf* de los Estados del sur
Südsudan *m* Sudán del Sur *m*
Südtirol *nt* sur *m* del Tirol
südwärts ['zy:tvɛrts] *adv (nach Süden)* hacia el sur; *(im Süden)* al sur
Südwesten [-'--] *m* sudoeste *m*
südwestlich [-'--] **I.** *adj* del sudoeste **II.** *präp +gen* al sudoeste de
Südwind *m* viento *m* del sur
Sueskanal ['zu:ɛs-] *m* Canal *m* de Suez
Suff [zʊf] *m* <-(e)s, *ohne pl*> *(fam)* borrachera *f*, trinca *f Am*; **im ~** borracho
süffeln ['zʏfəln] *vt (fam)* saborear *(una bebida alcohólica)*
süffig ['zʏfɪç] *adj (fam)* suave y ligero
süffisant [zʏfi'zant] *adj (geh)* suficiente, de suficiencia
Suffix ['zʊfɪks, -'-] *nt* <-es, -e> (LING) sufijo *m*
suggerieren* [zʊge'ri:rən] *vt* ① *(einreden)* sugerir ② *(Eindruck erwecken)* aparentar
Suggestion [zʊgɛs'tjo:n] *f* <-en> sugestión *f*
suggestiv [zʊgɛs'ti:f] *adj* sugestivo
suhlen ['zu:lən] *vr:* **sich ~** revolcarse (**in** en)
Sühne ['zy:nə] *f ohne pl (geh)* expiación *f*
sühnen ['zy:nən] *vt (geh)* expiar
Suite ['svi:tə, zu'i:tə] *f* <-n> (*a.* MUS) suite *f*
Suizid [zui'tsi:t, *pl:* zui'tsi:də] *m* <-(e)s, -e> *(geh)* suicidio *m*
Sukzession *f* <-, -en> ① *(Erbfolge)* sucesión *f* ② (ÖKOL) secuencia *f*
sukzessiv [zʊktsɛ'si:f] *adj* sucesivo
Sulfat [zʊl'fa:t] *nt* <-(e)s, -e> (CHEM) sulfato *m*
Sultan(in) ['zʊlta:n] *m(f)* <-s, -e; -nen> sultán, -ana *m, f*
Sultanine [zʊlta'ni:nə] *f* <-, -n> pasa *f* sultana
Sülze ['zʏltsə] *f* <-n> *(Fleischsülze)* carne *f* en gelatina; *(Fischsülze)* pescado *m* en gelatina
sülzen ['zʏltsən] *vi, vt (fam)* parlotear
summa cum laude ['zʊma kʊm 'laʊdə] *adv* (UNIV) con un sobresaliente cum laude
summarisch [zʊ'ma:rɪʃ] *adj* sumario
summa summarum ['zʊma zʊma:rʊm] *adv* en total, sumándolo todo
Summe ['zʊmə] *f* <-n> ① (MATH) suma *f* ② *(Geldbetrag)* importe *m*, suma *f*; **eine runde ~** una suma redonda
summen ['zʊmən] **I.** *vi* ① *(Insekten, Motor)* zumbar ② *(Mensch)* tararear una melodía **II.** *vt (Melodie)* tararear
Summer *m* <-s, -> zumbador *m*
summieren* [zʊ'mi:rən] **I.** *vt* sumar **II.** *vr:* **sich ~** acumularse
Sumpf [zʊmpf, *pl:* 'zʏmpfə] *m* <-(e)s, Sümpfe> pantano *m*, moca *m Ecua*
sumpfig *adj* pantanoso
Sumpfland *nt* <-(e)s, *ohne pl*> terreno *m* pantanoso
Sumpfpflanze *f* planta *f* de pantano [*o* palustre]
Sünde ['zʏndə] *f* <-n> pecado *m*; **eine ~ begehen** cometer un pecado
Sündenbock *m (fam)* cabeza *f* de turco; **jdn zum ~ machen** convertir a alguien en cabeza de turco
Sündenfall *m ohne pl* (REL) pecado *m* original
Sünder(in) *m(f)* <-s, -; -nen> pecador(a) *m(f)*
sündhaft *adj* pecaminoso; **~ teuer** carísimo
sündig *adj* pecador; *(lasterhaft)* vicioso
sündigen ['zʏndɪgən] *vi* pecar
super ['zu:pɐ] **I.** *adj inv (fam)* fantástico, de putamadre *fam* **II.** *adv* de maravilla, de putamadre *fam*
Super *nt* <-s, *ohne pl*> (AUTO) súper *f*
Super-8-Film *m* película *f* de super-8
Superbenzin *nt* gasolina *f* súper
Super-GAU *m (fam)* máxima catástrofe *f* posible
Superlativ ['zu:pɐlati:f] *m* <-s, -e> (LING) superlativo *m*
Supermacht *f (fam)* superpotencia *f*
Supermann *m (fam)* supermán *m*
Supermarkt *m* supermercado *m*
Superstar *m* superestrella *f*
Supertanker *m* superpetrolero *m*
Suppe ['zʊpə] *f* <-n> sopa *f*; *(klare Suppe)* consomé *m*; **die ~ hast du dir selbst eingebrockt** *(fam)* en esto te has metido tú solito; **die ~ auslöffeln müssen** *(fam fig)* pagar el pato
Suppenfleisch *nt ohne pl* carne *f* para sopa
Suppengemüse *nt* surtido *m* de verduras (para hacer sopa)
Suppengrün *nt* <-s, *ohne pl*> verdura *f* de sopa
Suppenhuhn *nt* pollo *m* para hacer sopa

Suppenlöffel *m* cuchara *f* para sopa
Suppennudel *f* fideo *m*
Suppenschüssel *f* sopera *f*
Suppenteller *m* plato *m* sopero
Suppenwürfel *m* pastilla *f* de caldo
Supraleiter *m* (ELEK) superconductor *m*
Surfbrett ['sœːf-] *nt* tabla *f* de surf
surfen ['sœːfən] *vi* ① (SPORT) practicar el surf, hacer surf ② (INFOR) navegar, surfear; **im Web/Internet ~** navegar en [*o* por] la web/en internet
Surfer(in) ['sœːfɐ] *m(f)* <-s, -; -nen> ① (SPORT) surfista *mf* ② (INFOR) internauta *mf*, navegante *mf*
Surfing ['zøːɐfɪŋ, 'zœrfɪŋ] *nt* <-s, *ohne pl*> (SPORT) ① *(Windsurfen)* windsurf(ing) *m* ② *(Wellenreiten)* surf(ing) *m*
Surfstick *m* (INFOR) módem *m* USB
Suriname [syri'naːmə] *nt* <-s> Surinam *m*
Surrealismus [zʊrea'lɪsmʊs] *m* <-, *ohne pl*> (KUNST, LIT) surrealismo *m*
surrealistisch *adj* (KUNST, LIT) surrealista
surren ['zʊrən] *vi* zumbar
Surrogat [zʊro'gaːt] *nt* <-(e)s, -e> sucedáneo *m*
Sushi ['zuːʃi] *nt* <-(s), -s> (GASTR) sushi *m*
suspekt [zʊs'pɛkt] *adj* sospechoso; **das ist mir ~** esto me parece sospechoso
suspendieren* [zʊspɛn'diːrən] *vt* suspender (**von** de); **er wurde vom Dienst suspendiert** lo suspendieron de sus funciones
Suspendierung *f* <-, -en> suspensión *f*
süß [zyːs] *adj* ① *(Geschmack)* dulce; *(gesüßt)* azucarado; *(Duft)* fragante ② *(lieblich)* dulce ③ *(niedlich)* mono
Süße ['zyːsə] *f* <-, *ohne pl*> dulzor *m*
süßen ['zyːsən] *vt* endulzar; *(mit Zucker)* azucarar
Süßholz *nt ohne pl* regaliz *m*; **~ raspeln** *(fam)* echar piropos
Süßigkeit *f* <-en> dulce *m*
Süßkartoffel *f* batata *f*
süßlich *adj* dulzón
süßsauer ['-'--] *adj* agridulce
Süßspeise *f* plato *m* dulce
Süßstoff *m* edulcorante *m*
Süßstofftablette *f* pastilla *f* edulcorante
Süßwaren *f pl* dulces *mpl*
Süßwarengeschäft *nt (Laden)* bombonería *f*
Süßwasser *nt* agua *f* dulce
Süßwasserangeln *nt* pesca *f* de agua dulce
Süßwasserfisch *m* (ZOOL) pez *m* de agua dulce
SW *Abk. von* **Südwesten** SO
Swasiland ['svaːzilant] *nt* <-s> Swazilandia *f*
Sweatshirt ['swɛtʃœːt] *nt* <-s, -s> suéter *m*, sudadera *f*
SWIFT *m* <-(s), *ohne pl*> *Abk. von* **Society for Worldwide Interbank Financial Telecommunication** *(internationale Bankleitzahl)* SWIFT *m*
Swimmingpool ['swɪmɪŋpuːl, 'svɪmɪŋ-] *m* piscina *f*, pileta *f Am*
Symbiose [zymbi'oːzə] *f* <-n> (BIOL) simbiosis *f inv*
Symbol [zym'boːl] *nt* <-s, -e> símbolo *m* (**für** de)
symbolisch *adj* simbólico (**für** de)
symbolisieren* [zymboli'ziːrən] *vt* simbolizar
Symbolismus *m* <-, *ohne pl*> (HIST, KUNST) Simbolismo *m*
Symbolleiste *f* (INFOR) barra *f* de trabajo
Symmetrie [zyme'triː] *f* <-n> simetría *f*
symmetrisch [zy'meːtrɪʃ] *adj* simétrico
Sympathie [zympa'tiː] *f* <-n> simpatía *f* (**für** por); **~ für jdn empfinden** sentir simpatía por alguien
Sympathieträger(in) *m(f)* persona *f* que cae en gracia
Sympathisant(in) [zympati'zant] *m(f)* <-en, -en; -nen> simpatizante *mf*
sympathisch [zym'paːtɪʃ] *adj* simpático; **er ist mir ~** me es simpático, me cae bien *fam*
sympathisieren* [zympati'ziːrən] *vi* simpatizar
Symphonie [zymfo'niː] *f* <-n> sinfonía *f*
Symposium [zym'poːziʊm] *nt* <-s, Symposien> simposio *m*
Symptom [zymp'toːm] *nt* <-s, -e> (*a.* MED) síntoma *m* (**für** de)
symptomatisch [zympto'maːtɪʃ] *adj* (*a.* MED) sintomático (**für** de)
Synagoge [zyna'goːgə] *f* <-n> sinagoga *f*
synchron [zyn'kroːn] *adj* (*a.* LING) sincrónico
Synchronisation [zynkroniza'tsjoːn] *f* <-en> ① (TECH) sincronización *f* ② (FILM) doblaje *m*
synchronisieren* [zynkroni'ziːrən] *vt* ① (TECH) sincronizar ② (FILM) doblar
Synchronisierung *f* <-, -en> *s.* **Synchronisation**
Synchronschwimmen *nt* (SPORT) natación *f* sincronizada
Syndikat [zyndi'kaːt] *nt* <-(e)s, -e> (WIRTSCH) consorcio *m*
Syndrom [zyn'droːm] *nt* <-s, -e> (MED) síndrome *m* (**für** de)
Synergie [zynɛr'giː, zynɛr'giː] *f* <-, *ohne pl*> sinergia *f*
Synode [zy'noːdə] *f* <-n> (REL) sínodo *m*
synonym [zyno'nyːm] *adj* (LING) sinónimo (**zu** de)

S

Synonym [zyno'nyːm] *nt* <-s, -e *o* -a> (LING) sinónimo *m* (**zu** de)
syntaktisch [zʏn'taktɪʃ] *adj* (LING) sintáctico
Syntax ['zʏntaks] *f* <-en> (LING) sintaxis *f inv*
Synthese [zʏn'teːzə] *f* <-n> (*a.* PHILOS, CHEM) síntesis *f inv*
Synthesizer ['sʏntəsaɪzɐ] *m* <-s, -> sintetizador *m*
Synthetik [zʏn'teːtɪk] *nt* <-s, *ohne pl*> *(Gewebe)* tejido *m* sintético
synthetisch [zʏn'teːtɪʃ] *adj* (*a.* CHEM) sintético
Syphilis ['zyːfilɪs] *f ohne pl* sífilis *f*
Syrer(in) ['zyːrɐ] *m(f)* <-s, -; -nen> sirio, -a *m, f*
Syrien ['zyːriən] *nt* <-s> Siria *f*
Syrier(in) ['zyːriɐ] *m(f)* <-s, -; -nen> *s.* **Syrer**
syrisch ['zyːrɪʃ] *adj* sirio
System [zʏs'teːm] *nt* <-s, -e> sistema *m;* **duales ~** (ÖKOL) sistema dual
Systemabsturz *m* (INFOR) caída *f* del sistema
Systemanalyse *f* (INFOR) análisis *m inv* de sistemas
Systemanalytiker(in) *m(f)* (INFOR) analista *mf* de sistemas
Systematik [zʏste'maːtɪk] *f* <-en> ❶ *(Ordnung)* orden *m* ❷ (BIOL) sistemática *f*
systematisch [zʏste'maːtɪʃ] *adj* sistemático
systematisieren* [zʏstemati'ziːrən] *vt* sistematizar
Systemkritiker(in) *m(f)* (*a.* POL, WIRTSCH) disidente *mf*
systemkritisch **I.** *adj* (POL) crítico con el sistema **II.** *adv* de manera crítica con el sistema
Szenario [stse'naːrio] *nt* <-s, -s> *(Zukunftsvision)* visión *f* de futuro
Szene ['stseːnə] *f* <-n> ❶ (THEAT) escena *f;* **ein Stück in ~ setzen** poner una obra en escena; **sich in ~ setzen** lucirse; **jdm eine ~ machen** montar(le) a alguien una escena ❷ *(fam: Milieu)* ambiente *m;* **sich in der ~ auskennen** *(fam: im Nachtleben/kulturellen Leben)* conocer la movida
Szenerie [stsenə'riː] *f* <-n> (*a.* THEAT) escenario *m*
szenisch ['stseːnɪʃ] *adj* escénico; **die ~e Leitung** la dirección escénica

T t

T, t [teː] *nt* <-, -> T, t *f;* **~ wie Theodor** T de Tarragona
t *Abk. von* **Tonne** t
Tabak ['tabak] *m* <-s, -e> tabaco *m*
Tabakindustrie *f* <-, -n> industria *f* de tabaco [*o* tabacalera]
Tabakladen *m* estanco *m,* tabaquería *f*
Tabaksdose *f* tabaquera *f*
Tabaksteuer *f* impuesto *m* sobre el tabaco
Tabakwaren *f pl* tabacos *m pl*
tabellarisch [tabɛ'laːrɪʃ] *adj* en forma de cuadro
Tabelle [ta'bɛlə] *f* <-n> cuadro *m*
Tabellenführer *m* (SPORT) líder *m*
Tabellenplatz *m* <-es, -plätze> (SPORT) puesto *m* en la clasificación
Tabellenstand *m* <-(e)s, *ohne pl*> (SPORT) clasificación *f*
Tablet ['tæblət] *nt* <-s, -s>, **Tablet-Computer** *m* <-s, -s>, **Tablet-PC** ['tɛbləttpeːtseː] *m* <-s, -s> (INFOR) tableta *f*
Tablett [ta'blɛt] *nt* <-(e)s, -s *o* -e> bandeja *f,* azafata *f Chil*
Tablette [ta'blɛtə] *f* <-n> pastilla *f*
Tablettensucht *f* fármacodependencia *f*
tablettensüchtig *adj* fármacodependiente; **~ sein** ser adicto a las pastillas
Tabloidformat ['tæblɔɪt-] *nt* formato *m* tabloide
tabu [ta'buː] *adj inv* **~ sein** ser un tabú
Tabu [ta'buː] *nt* <-s, -s> tabú *m*
tabuisieren* [tabui'ziːrən] *vt* convertir en tabú
Tabula rasa ['taːbula 'raːza] *f* **~ machen** *(geh)* hacer tabla rasa
Tabulator [tabu'laːtoːɐ] *m* <-s, -en> tabulador *m*
Tabulatortaste *f* (INFOR) tecla *f* tabuladora
Tacheles ['taxələs] (**mit jdm**) **~ reden** *(fam)* hablar sin rodeos (con alguien)
Tacho ['taxo] *m* <-s, -s> *(fam) s.* **Tachometer**
Tachometer [taxo'meːtɐ] *m o nt* <-s, -> ❶ *(Geschwindigkeitsmesser)* velocímetro *m* ❷ *(Drehzahlmesser)* tacómetro *m*
Tacker ['takɐ] *m* <-s, -> grapadora *f*
Taco ['tako] *f* (GASTR) taco *m*
Tadel ['taːdəl] *m* <-s, -> ❶ *(Kritik)* crítica *f;*

T

(Rüge) reprimenda *f* ❷ *(geh: Mangel)* defecto *m*
tadellos *adj* impecable; *(vollkommen)* perfecto
tadeln ['ta:dəln] *vt* *(rügen)* reprender (**wegen** por); *(kritisieren)* criticar (**wegen** por)
tadelnd *adj* reprobador; **ein ~er Blick** una mirada de reproche
Tadschikistan [ta'dʒi:kista(:)n] *nt* <-s> Tayikistán *m*
Taekwondo [tɛk'vɔndo] *nt* <-, *ohne pl*> (SPORT) taekwondo *m*
Tafel ['ta:fəl] *f* <-n> ❶ *(Brett, Anzeigetafel)* tabla *f*; *(Gedenktafel)* placa *f* (conmemorativa) ❷ *(in der Schule)* pizarra *f* ❸ *(für Vertäfelung)* panel *m* ❹ *(Schokoladentafel)* tableta *f* ❺ *(Tabelle)* cuadro *m* ❻ *(Illustration)* lámina *f* ❼ *(geh: Esstisch)* mesa *f*
Tafelmesser *nt* cuchillo *m* (de mesa)
täfeln ['tɛ:fəln] *vt* revestir (de madera)
Tafelsilber *nt ohne pl* cubertería *f* de plata
Täfelung *f* <-en> revestimiento *m* (de madera)
Tafelwasser *nt* agua *f* mineral
Tafelwein *m* vino *m* de mesa
Taft [taft] *m* <-(e)s, -e> tafetán *m*
Tag [ta:k] *m* <-(e)s, -e> ❶ *(allgemein)* día *m*; *(im Verlauf)* jornada *f*; **es wird ~** amanece; **jeden ~** todos los días; **jeden dritten ~** cada tres días; **zweimal am ~** dos veces al día; **am folgenden ~** al día siguiente; **den ganzen ~ lang** durante todo el día; **vor 5 ~en** hace 5 días; **in 8 ~en** dentro de 8 días; **~ für ~** día tras día; **von einem ~ auf den anderen** de un día para otro; **guten ~!** ¡buenos días!; **eines (schönen) ~es** un (buen) día; **~ der offenen Tür** día de puertas abiertas; **der ~ X** el día X; **etw kommt an den ~** algo sale a la luz; **ein Unterschied wie ~ und Nacht** una diferencia como del día a la noche; **einen guten/schlechten ~ haben** estar de buen/de mal humor; **in den ~ hinein leben** vivir al día; **etw zu ~e fördern** sacar algo a la luz; **es ist noch nicht aller ~e Abend** todavía no está todo perdido; **man soll den ~ nicht vor dem Abend loben** *(prov)* no hay que echar las campanas al vuelo antes de tiempo; *s. a.* **Tag** ❷ (BERGB) **unter/über ~e arbeiten** trabajar en la mina/a cielo abierto ❸ *pl* *(fam: Menstruation)* regla *f*
tagaus [-'-] *adv* **~, tagein** todos los días
Tagebau *m* <-(e)s, *ohne pl*> (BERGB) explotación *f* (minera) a cielo abierto
Tagebuch *nt* diario *m*
tagein [-'-] *adv s.* **tagaus**
tagelang I. *adj* de varios días II. *adv* durante días enteros
Tagelohn *m* jornal *m*
Tagelöhner(in) *m(f)* <-s, -; -nen> jornalero, -a *m, f*
tagen ['ta:gən] I. *vi* *(konferieren)* reunirse (en sesión) II. *vunpers* *(geh: Tag werden)* amanecer; **es tagt** amanece
Tagesablauf *m* tra(n)scurso *m* del día
Tagesanbruch *m* amanecer *m*, amanezquera *f Méx, PRico;* **bei ~** al alba
Tagesausflug *m* <-(e)s, -flüge> salida *f* de un día, excursión *f* de un día
Tagescreme *f* crema *f* de día
Tagesdecke *f* cubrecama *m*
Tageseinnahmen *fpl* (COM) ingresos *mpl* del día
Tagesfahrt *f* <-, -en> viaje *m* de un día, viaje *m* de una jornada
Tagesgericht *nt* (GASTR) plato *m* del día
Tagesgeschäft *nt* tareas *fpl* habituales
Tageskarte *f* ❶ *(Speisekarte)* menú *m* del día ❷ *(Fahrkarte)* bono *m* de un día
Tageskurs *m* (FIN) valor *m* del día
Tageslicht *nt ohne pl* luz *f* del día; **bei ~** de día; **ans ~ bringen/kommen** sacar/salir a la luz
Tageslichtprojektor *m* retroproyector *m*
Tagesmutter *f* niñera *f* *(que cuida a niños en su propia casa)*
Tagesordnung *f* orden *m* del día; **auf der ~ stehen** figurar en el orden del día; **an der ~ sein** ser el pan de cada día; **zur ~ übergehen** volver a la actividad diaria
Tagesordnungspunkt *m* punto *m* del orden del día
Tagesreise *f s.* **Tagesfahrt**
Tagesschau *f* (TV) telediario *m*
Tageszeit *f* hora *f* del día; **zu jeder Tages- und Nachtzeit** día y noche
Tageszeitung *f* diario *m*
tageweise ['ta:gəvaɪzə] *adv* por días
taggen ['tægn̩] *vt* (INFOR: *einen Text mit Tags strukturieren*) etiquetar
taghell ['-'-] *adj* claro como el día; **es ist schon ~** ya es (de) día
täglich ['tɛ:klɪç] I. *adj* cotidiano, diario II. *adv* todos los días, cada día; **dreimal ~** tres veces al día
tagsüber ['---] *adv* durante el día, de día
tagtäglich ['-'--] I. *adj* diario, de todos los días II. *adv* todos los días, a diario
Tagtraum *m* soñar *m* despierto
Tagung ['ta:gʊŋ] *f* <-en> congreso *m*
Tagungsort *m* <-(e)s, -e> lugar *m* donde se celebra un congreso
Tagungsteilnehmer(in) *m(f)* congresista *mf*

Tai-Chi [tai'-tʃi:] *nt* <-(s), *ohne pl*> taichí *m*

Taifun [taɪ'fu:n] *m* <-s, -e> tifón *m*

Taiga ['taɪga] *f ohne pl* taiga *f*

Taille ['taljə] *f* <-n> cintura *f*

tailliert [ta'ji:ɐt] *adj* entallado

Taiwan ['taɪvan, taɪ'va(:)n] *nt* <-s> Taiwan *m*

Taiwaner(in) [taɪ'va:nɐ] *m(f)* <-s, -; -nen> taiwanés, -esa *m, f*

taiwanisch *adj* taiwanés

Takelage [takə'la:ʒə] *f* <-, -n> (NAUT) jarcias *f pl*

Takt[1] [takt] *m* <-(e)s, -e> (MUS) compás *m;* **im ~ der Musik** al compás de la música; **den ~ schlagen** marcar el compás; **im ~ bleiben** llevar el compás; **aus dem ~ kommen** perder el compás

Takt[2] *m* <-(e)s, *ohne pl*> *(Taktgefühl)* tacto *m,* discreción *f*

Taktangabe *f* (MUS) compás *m*

Taktgefühl *nt ohne pl* tacto *m,* discreción *f;* (**kein**) **~ haben** (no) tener tacto

taktieren* [tak'ti:rən] *vi* *(in Verhandlungen)* emplear una táctica

Taktik ['taktɪk] *f* <-en> táctica *f*

Taktiker(in) ['taktikɐ] *m(f)* <-s, -; -nen> táctico, -a *m, f*

taktisch *adj* táctico; **~ klug/falsch** tácticamente inteligente/equivocado

taktlos *adj* indiscreto

Taktlosigkeit *f* <-en> falta *f* de tacto

Taktstock *m* (MUS) batuta *f*

Taktstrich *m* (MUS) barra *f* de compás

taktvoll *adj* con (mucho) tacto

Tal [ta:l, *pl:* 'tɛ:lɐ] *nt* <-(e)s, Täler> valle *m*

talabwärts *adv* valle abajo

Talar [ta'la:ɐ] *m* <-s, -e> ❶ *(von Geistlichen)* sotana *f* ❷ *(von Richtern)* toga *f*

talaufwärts ['-'--] *adv* valle arriba

Talent [ta'lɛnt] *nt* <-(e)s, -e> talento *m* (**für/zu** para)

talentiert [talɛn'ti:ɐt] *adj* dotado

Talfahrt *f* bajada *f; (einer Währung)* caída *f*

Talg [talk] *m* <-(e)s, -e> sebo *m*

Talgdrüse *f* glándula *f* sebácea

Talisman ['ta:lɪsman] *m* <-s, -e> talismán *m*

Talk[1] [talk] *m* <-(e)s, *ohne pl*> *(Mineral)* talco *m*

Talk[2] [tɔ:k] *m* <-s, -s> *(sl: Gespräch)* charla *f*

Talkmaster(in) [tɔ:k'ma:stɐ] *m(f)* <-s, -; -nen> (TV) presentador(a) *m(f)*

Talkshow ['tɔ:kʃɔʊ] *f* (TV) talk show *m*

Talsohle *f* (GEO) fondo *m* del valle

Talsperre *f* presa *f*

Tamburin ['tamburi:n] *nt* <-s, -e> pandereta *f*

Tampon ['tampɔn] *m* <-s, -s> tampón *m; (für Wunden)* tapón *m*

Tamtam[1] [tam'tam] *nt* <-s, -s> *(Instrument)* tam-tam *m*

Tamtam[2] *nt* <-s, *ohne pl*> *(fam abw: Getöse)* jaleo *m;* **viel ~ um etw machen** dar mucho bombo a algo

Tandem ['tandɛm] *nt* <-s, -s> tándem *m*

Tang [taŋ] *m* <-(e)s, -e> algas *f pl* marinas

Tanga ['taŋga] *m* <-s, -s> tanga *m*

Tangens ['taŋgɛns] *m* <-, -> (MATH) tangente *f*

Tangente [taŋ'gɛntə] *f* <-n> (MATH) tangente *f*

tangential [taŋgɛn'tsja:l] *adj* (MATH) tangencial

tangieren* [taŋ'gi:rən] *vt* ❶ *(geh: berühren)* afectar ❷ (MATH) tocar tangencialmente

Tango ['taŋgo] *m* <-s, -s> tango *m*

Tank [taŋk] *m* <-s, -s *o* -e> depósito *m,* tanque *m*

Tankanzeige *f* (AUTO) indicador *m* (del nivel) de la gasolina

Tankdeckel *m* (AUTO) tapa *f* del depósito de carburante

tanken *vi, vt* echar gasolina; **10 Liter ~** echar 10 litros (de gasolina); **frische Luft ~** *(fam)* respirar aire fresco; **er hat ordentlich getankt** *(fam)* ha bebido de lo lindo

Tanker *m* <-s, -> buque *m* cisterna

Tankfüllung *f* (AUTO) depósito *m* (lleno)

Tanklaster *m* <-s, ->, **Tanklastzug** *m* <-(e)s, -züge> camión *m* cisterna

Tankleuchte *f* (AUTO) luz *f* de reserva (del indicador de la gasolina)

Tanksäule *f* surtidor *m* de gasolina

Tankstelle *f* gasolinera *f*

Tankwagen *m* camión *m* cisterna

Tankwart(in) ['-vart] *m(f)* <-(e)s, -e; -nen> empleado, -a *m, f* de una gasolinera

Tanne ['tanə] *f* <-n> (BOT) abeto *m*

Tannenbaum *m* ❶ *(Tanne)* abeto *m* ❷ *(fam: Weihnachtsbaum)* árbol *m* de Navidad

Tannennadel *f* aguja *f* de abeto

Tannenzapfen *m* piña *f* de abeto

Tannin [ta'ni:n] *nt* <-s, -e> tanino *m*

Tansania [tan'za:nia, tanza'ni:a] *nt* <-s> Tanzania *f*

Tante ['tantə] *f* <-n> tía *f*

Tante-Emma-Laden *m* *(fam)* tienda *f* de la esquina

Tantieme [tã'tje:mə] *f* <-n> ❶ *(Gewinnbeteiligung)* participación *f* en los beneficios ❷ *pl (von Autoren)* derechos *m pl* de autor

Tanz [tants, *pl:* 'tɛntsə] *m* <-es, Tänze> (MUS) baile *m,* dancing *m Am;* **jdn zum ~**

auffordern sacar a alguien a bailar; **darf ich Sie um den nächsten ~ bitten?** ¿me concede el próximo baile?
Tanzabend *m* (velada *f* de) baile *m*
Tanzbein *nt* **das ~ schwingen** *(fam)* mover el esqueleto
tänzeln ['tɛntsəln] *vi* ❶ *haben o sein* *(Mensch)* andar con paso ligero; *(hüpfen)* brincar ❷ *(Pferd)* dar escarceos
tanzen I. *vi* ❶ *(Mensch)* bailar; **~ gehen** ir a bailar ❷ *(Boot)* balancearse (**auf** en) ❸ *(Mücken)* volar ❹ *sein* *(tänzeln)* andar con paso ligero II. *vt* bailar; **Tango ~** bailar tango
Tänzer(in) ['tɛntsɐ] *m(f)* <-s, -; -nen> bailador(a) *m(f); (professionell)* bailarín, -ina *m, f; (Flamencotänzer)* bailaor(a) *m(f)*
Tanzfläche *f* pista *f* de baile
Tanzkapelle *f* <-, -n> orquesta *f* de baile
Tanzkurs *m* curso *m* de baile
Tanzlokal *nt* sala *f* de baile, dancing *m Am*
Tanzmusik *f* música *f* bailable [*o* para bailar]
Tanzorchester *nt* orquesta *f* de baile
Tanzpartner(in) *m(f)* pareja *f* (de baile)
Tanzschule *f* escuela *f* de baile
Tanzstunde *f* clase *f* de baile
Tapet [ta'pe:t] *nt* *(fam)* **etw aufs ~ bringen** poner algo sobre el tapete
Tapete [ta'pe:tə] *f* <-n> papel *m* pintado
Tapetenrolle *f* rollo *m* de papel pintado
Tapetenwechsel *m* *(fam fig)* cambio *m* de aires
tapezieren* [tape'tsi:rən] *vi, vt* empapelar
Tapeziertisch *m* mesa *f* de caballete
tapfer ['tapfɐ] *adj* valiente; **sich ~ schlagen** defenderse con bravura
Tapferkeit *f ohne pl* valentía *f*
tappen ['tapən] *vi sein* andar (a tientas)
tapsen ['tapsən] *vi sein* *(fam)* caminar silenciosamente
tapsig *adj* *(fam)* torpe, desmañado
Tarantel [ta'rantəl] *f* <-n> (ZOOL) tarántula *f;* **wie von der ~ gestochen** *(fam)* como si le hubiera picado un bicho
Tarif [ta'ri:f] *m* <-s, -e> tarifa *f;* **nach/über/unter ~ bezahlt werden** ser pagado según la/sobre la/por debajo de la tarifa
Tarifautonomie *f* autonomía *f* de tarifa
Tarifgruppe *f* categoría *f* de tarifas
Tarifkonflikt *m* conflicto *m* de tarifas
tariflich *adj* de la tarifa; *(Bezahlung)* según la tarifa
Tariflohn *m* salario *m* según el convenio colectivo
Tarifpartner *m* interlocutor *m* social
Tarifverhandlungen *fpl* negociaciones *fpl* de los convenios colectivos
Tarifvertrag *m* convenio *m* colectivo
tarnen ['tarnən] I. *vt* camuflar (**mit** con, **gegen** contra) II. *vr:* **sich ~** camuflarse (**als** de)
Tarnfarbe ['tarn-] *f* color *m* de camuflaje
Tarnname *m* nombre *m* falso
Tarnung *f* <-en> camuflaje *m*
Tasche ['taʃə] *f* <-n> ❶ *(an Kleidung)* bolsillo *m* ❷ *(Handtasche)* bolso *m,* busaca *f Col, Ven; (Reisetasche)* bolsa *f* (de viaje); *(Akten-, Schultasche)* cartera *f;* **in die eigene ~ wirtschaften** *(fam)* llenarse los bolsillos (de modo fraudulento); **etw aus der eigenen ~ bezahlen** *(fam)* pagar algo del propio bolsillo; **jdm auf der ~ liegen** *(fam)* vivir a costa de alguien; **tief in die ~ greifen** *(fam fig)* aflojar la mosca; **jdn in der ~ haben** *(fam fig)* tener a alguien en el bolsillo
Taschenabteilung *f* sección *f* de bolsos
Taschenausgabe *f* edición *f* de bolsillo
Taschenbuch *nt* libro *m* de bolsillo
Taschendieb(in) *m(f)* carterista *mf,* bolsista *mf AmC, Méx*
Taschendiebstahl *m* hurto *m* de la cartera [*o* del bolso], robo *m* de la cartera [*o* del bolso] *fam*
Taschengeld *nt* dinero *m* para (pequeños) gastos personales
Taschenkalender *m* agenda *f* de bolsillo
Taschenlampe *f* linterna *f*
Taschenmesser *nt* navaja *f*
Taschenrechner *m* calculadora *f* (de bolsillo)
Taschenschirm *m* <-(e)s, -e> paraguas *m inv* plegable [*o* de bolsillo]
Taschenspiegel *m* <-s, -> espejo *m* de bolsillo
Taschentuch *nt* pañuelo *m*
Taschenuhr *f* reloj *m* de bolsillo
Taskleiste ['ta:sk-] *f* (INFOR) barra *f* de tareas
Tasse ['tasə] *f* <-n> taza *f;* **eine ~ Kaffee** una taza de café; **er hat nicht alle ~n im Schrank** *(fam)* le falta un tornillo; **das ist eine trübe ~** *(fam)* ese es un muermo
Tastatur [tasta'tu:ɐ] *f* <-en> teclado *m*
Tastaturbelegung *f* (INFOR) asignación *f* al teclado
Tastatursperre *f* (INFOR) bloqueo *m* del teclado
Taste ['tastə] *f* <-n> tecla *f;* **eine ~ drücken** apretar una tecla
tasten ['tastən] I. *vi* **nach etw** *dat* **~** buscar algo a tientas II. *vt* *(ertasten)* palpar III. *vr:* **sich ~** andar a tientas (**über/durch** por)
Tastenbelegung *f* (INFOR) asignación *f* a una tecla
Tastenfeld *nt* (INFOR, TEL) teclado *m*

T

Tasteninstrument *nt* instrumento *m* de teclados
Tastentelefon *nt* <-s, -e> teléfono *m* de teclas
Tastsinn *m ohne pl* (sentido *m* del) tacto
tat [ta:t] *3. imp von* **tun**
Tat [ta:t] *f* <-en> *(das Handeln)* acción *f; (Handlung)* acto *m; (Straftat)* delito *m;* **etw in die ~ umsetzen** poner algo en práctica; **zur ~ schreiten** pasar a los hechos; **jdn auf frischer ~ ertappen** coger a alguien con las manos en la masa; **in der ~!** ¡en efecto!
Tatbestand *m* (*a.* JUR) estado *m* de cosas
Tatendrang *m* dinamismo *m*
tatenlos **I.** *adj* inactivo **II.** *adv* de brazos cruzados
Täter(in) ['tɛ:tɐ] *m(f)* <-s, -; -nen> autor(a) *m(f)* de un delito
tätig ['tɛ:tɪç] *adj* activo (**für** para, **bei** en); **~ sein** *(Person)* trabajar (**für** para, **bei** en, **als** de), dedicarse (**als** a); *(Vulkan)* estar activo; **in einer Sache ~ werden** intervenir en un asunto
tätigen ['tɛ:tɪgən] *vt* realizar
Tätigkeit[1] *f* <-en> ① *(Beschäftigung)* actividad *f* (**als** como) ② *(Arbeit)* trabajo *m*
Tätigkeit[2] *f ohne pl (Funktionieren)* funcionamiento *m;* **außer ~ sein** estar parado; **in ~ treten** entrar en funcionamiento
Tätigkeitsbereich *m* campo *m* de acción
Tatkraft *f ohne pl* energía *f,* dinamismo *m*
tatkräftig *adj* enérgico; **jdn ~ unterstützen** apoyar a alguien enérgicamente
tätlich ['tɛ:tlɪç] *adj* de hecho; **gegen jdn ~ werden** hacer uso de la violencia física contra alguien
Tatmotiv *nt* móvil *m* del crimen
Tatort *m* lugar *m* de los hechos
tätowieren* [tɛto'vi:rən] *vt* tatuar; **sich ~ lassen** hacerse un tatuaje
Tätowierung *f* <-en> tatuaje *m*
Tatsache *f* <-n> hecho *m;* **~ ist, dass ...** es un hecho que...; **~!** *(fam)* ¡de verdad!; **vor vollendeten ~n stehen** enfrentarse a hechos consumados
tatsächlich ['---, -'--] **I.** *adj* real, verdadero **II.** *adv* de hecho, realmente; **er ist es ~** efectivamente es él
tätscheln ['tɛtʃəln] *vt* dar palmaditas (a); *(streicheln)* acariciar
Tatumstände *mpl* circunstancias *fpl* del hecho
Tatverdacht *m* (JUR) sospecha *f;* **unter ~ stehen** estar bajo sospecha
tatverdächtig *adj* (JUR) sospechoso
Tatverdächtige(r) *mf* (JUR) sospechoso, -a *m, f*
Tatwaffe *f* (JUR) arma *f* del crimen
Tatze ['tatsə] *f* <-n> ① *(von Tieren)* zarpa *f* ② *(fam: Hand)* zampa *f*
Tatzeit *f* (JUR) hora *f* del crimen
Tau[1] [taʊ] *m* <-(e)s, *ohne pl*> *(Niederschlag)* rocío *m*
Tau[2] *nt* <-(e)s, -e> (NAUT) cabo *m*
taub [taʊp] *adj* ① *(gehörlos)* sordo; **sich ~ stellen** hacerse el sordo; **auf einem Ohr ~ sein** ser sordo de un oído; **bist du ~?** *(fam)* ¿estás sordo o qué? ② *(Körperteil)* entumecido ③ *(Nuss)* vacío ④ *(Gestein)* estéril
Taube ['taʊbə] *f* <-n> (ZOOL) paloma *f*
Taube(r) ['taʊbɐ] *mf* <-n, -n; -n, -n> sordo, -a *m, f*
Taubenschlag *m* palomar *m*
Taubheit *f ohne pl* ① *(Gehörlosigkeit)* sordera *f* ② *(der Glieder)* entumecimiento *m*
taubstumm ['--] *adj* sordomudo
Taubstumme(r) *mf* <-n, -n; -n> sordomudo, -a *m, f*
Taubstummensprache *f ohne pl* lenguaje *m* de los sordomudos
Tauchanzug *m* traje *m* de submarinista
tauchen ['taʊxən] **I.** *vi haben o sein (Mensch)* bucear; *(Ente, U-Boot)* sumergirse (**in** en); **nach jdm/etw** *dat* **~** buscar (buceando) a alguien/algo **II.** *vt* sumergir (**in** en); *(hineinhalten)* mojar (**in** en)
Tauchen *nt* <-s, *ohne pl*> submarinismo *m,* deporte *m* de inmersión
Taucher(in) *m(f)* <-s, -; -nen> buceador(a) *m(f); (Berufstaucher)* buzo *mf*
Taucheranzug *m* traje *m* de buzo
Taucherbrille *f* gafas *fpl* de bucear
Tauchmaske *f* gafas *fpl* para bucear
Tauchsieder ['-zi:dɐ] *m* <-s, -> calentador *m* de líquidos (por inmersión)
Tauchstation *f* **auf ~ gehen** *(fam)* esfumarse
Tauchstiefel *m* bota *f* de submarinista
tauen ['taʊən] **I.** *vi sein (Schnee, Eis)* derretirse; *(Fluss)* deshelarse **II.** *vunpers* **es taut** *(es ist Tauwetter)* se está derritiendo la nieve; *(Tau schlägt sich nieder)* está cayendo rocío
Taufbecken *nt* pila *f* bautismal
Taufe ['taʊfə] *f* <-n> bautizo *m;* **etw aus der ~ heben** *(fam)* fundar algo
taufen ['taʊfən] *vt* bautizar; **sich ~ lassen** bautizarse; **sie tauften ihn auf den Namen Paul** le bautizaron con el nombre de Paul
Täufling ['tɔɪflɪŋ] *m* <-s, -e> niño, -a *m, f* bautizado , -a
Taufpate, -in *m, f* padrino *m* de bautismo, madrina *f* de bautismo
taufrisch ['taʊ'frɪʃ] *adj* ① *(feucht)* húmedo de rocío ② *(frisch)* muy fresco

Taufstein *m* (REL) pila *f* bautismal
taugen [taʊgən] *vi* servir (**für/zu** para); **wenig/etwas** ~ *(Gegenstand)* servir poco/bastante; *(Film)* no ser muy bueno/ser bastante bueno; **der Kerl taugt nichts** el chico no sirve para nada
Taugenichts ['taʊgənɪçts] *m* <-(es), -e> *(abw)* inútil *mf*
tauglich *adj (geeignet)* apropiado (**für** para); *(brauchbar)* útil; (MIL) apto (para el servicio militar)
Tauglichkeit *f ohne pl* aptitud *f* (**für** para); (MIL) aptitud *f* para el servicio militar
Taumel ['taʊməl] *m* <-s, -> ① *(Schwindel)* vértigo *m* ② *(Rausch)* delirio *m;* **im ~ der Begeisterung** en el éxtasis de la emoción
taumeln ['taʊməln] *vi haben o sein* tambalearse
Tausch [taʊʃ] *m* <-(e)s, -e> cambio *m*, trueque *m;* **etw zum ~ anbieten** ofrecer algo para cambiar; **im ~ gegen etw** a cambio de algo
Tauschbörse *f* (INFOR) servicio *m* de intercambio por internet
tauschen ['taʊʃən] *vi, vt* cambiar (**für/gegen** por); **ich möchte nicht mit ihm ~** no quisiera estar en su lugar; **Blicke ~** cruzar las miradas
täuschen ['tɔɪʃən] **I.** *vi* engañar; **das täuscht** esto engaña **II.** *vt* engañar; **wenn mich nicht alles täuscht ...** si no me equivoco...; **sich von jdm ~ lassen** dejarse engañar por alguien **III.** *vr:* **sich ~** equivocarse; **ich habe mich in dir getäuscht** me equivoqué contigo
täuschend *adj* engañoso, que engaña; **sie sehen sich** *dat* **~ ähnlich** se parecen tanto que engaña
Tauschgeschäft *nt* (operación *f* de) trueque *m*
Tauschhandel *m ohne pl* (WIRTSCH) (comercio *m* de) trueque *m*
Täuschung *f* <-en> ① *(das Täuschen)* engaño *m; (Betrug)* fraude *m* ② *(Irrtum)* error *m;* **optische ~** ilusión óptica
Täuschungsmanöver *nt* truco *m*
Täuschungsversuch *m* intento *m* de engaño
Tauschwert *m ohne pl* valor *m* de cambio
tausend ['taʊzənt] *adj inv* mil; **~ Dank** un millón de gracias; *s. a.* **achttausend**
Tausend *nt* <-s, -e> millar *m;* **~e** [*o* **tausende**] **von ...** miles de...; **die Ausgaben gehen in die ~** [*o* **tausende**] *(fam)* los gastos se elevan a unos cuantos miles
Tausender ['taʊzəndɐ] *m* <-s, -> ① (MATH) millar *m* ② *(fam: Geldschein)* billete *m* de mil
tausenderlei ['taʊzəndɐ'laɪ] *adj inv (fam)* de mil clases diferentes; *s. a.* **achterlei**
tausendfach **I.** *adj* multiplicado por mil **II.** *adv* mil veces; *s. a.* **achtfach**
Tausendfüßler ['--fy:slɐ] *m* <-s, -> (ZOOL) ciempiés *m inv*
tausendjährig *adj* milenario
tausendmal *adv* mil veces
tausendste(r, s) ['taʊzəntstə, -tɐ, -təs] *adj* milésimo; **du bist der T~, der bei unserem Gewinnspiel anruft** eres el número mil de los que han llamado para nuestro concurso
tausendstel ['taʊzənstəl] *adj inv* milésimo
Tausendstel *nt* <-s, -> milésimo *m*, milésima parte *f*
Tautologie [taʊtolo'gi:] *f* <-, -n> (LING) tautología *f*
Tautropfen ['taʊ-] *m* gota *f* de rocío
Tauwasser *nt* agua *f* de deshielo
Tauwetter *nt* deshielo *m*
Tauziehen *nt* ① *(Spiel)* juego *m* de la cuerda ② *(Hin und Her)* lucha *f*
Taxameter [taksa'me:tɐ] *m o nt* <-s, -> taxímetro *m*
Taxe ['taksə] *f* <-n> ① *(Gebühr)* tasa *f* ② *(Taxi)* taxi *m* ③ *(Schätzung)* tasación
Taxi ['taksi] *nt* <-s, -s> taxi *m*
taxieren* [ta'ksi:rən] *vt* tasar, evaluar
Taxifahrer(in) *m(f)* taxista *mf*
Taxistand *m* parada *f* de taxis
Tb(c) [te:be:'tse:] *f* <-s> (MED) *Abk. von* **Tuberkulose** tuberculosis *f inv*
Team [ti:m] *nt* <-s, -s> equipo *m;* **im ~ arbeiten** trabajar en equipo
Teamarbeit *f ohne pl* trabajo *m* en equipo
teamfähig *adj* (PSYCH) apto para el trabajo en equipo
Teamgeist *m ohne pl* espíritu *m* de equipo
Teamleiter(in) *m(f)* jefe, -a *m, f* de equipo
Teamleitung *f* dirección *f* del equipo
Teamwork ['ti:mwœ:k] *nt* <-s, *ohne pl*> *s.* **Teamarbeit**
Technik[1] ['tɛçnɪk] *f ohne pl* ① *(Technologie)* tecnología *f; (Ausstattung)* instalaciones *fpl* técnicas; **der neueste Stand der ~** lo último en tecnología ② *(Abteilung)* (sección *f*) técnica *f*
Technik[2] *f* <-en> *(Arbeitsweise)* técnica *f; (Methode)* método *m*
Technika *pl von* **Technikum**
Techniken *pl von* **Technik**[2]
Techniker(in) ['tɛçnikɐ] *m(f)* <-s, -; -nen> técnico, -a *m, f*
Technikum ['tɛçnikʊm] *nt* <-s, Technika *o* Techniken> escuela *f* (poli)técnica
technisch *adj* técnico; **T~e Hochschule** Escuela Superior Técnica; **~er Leiter** inge-

T

niero jefe; **das ist ~ unmöglich** esto es técnicamente imposible

Techno ['tɛkno] *m o nt* <-(s), *ohne pl*> (MUS) bakalao *m,* bacalao *m*

Technologe, -in *m, f* <-n, -n; -, -nen> tecnólogo, -a *m, f*

Technologie *f* <-n> tecnología *f*

Technologiepark *m* parque *m* tecnológico

Technologietransfer *m* <-s, -s> tra(n)sferencia *f* de tecnología

Technologiezentrum *nt* <-s, -zentren> centro *m* de tecnología

technologisch *adj* tecnológico

Techtelmechtel [tɛçtəl'mɛçtəl] *nt* <-s, -> flirt *m;* **mit jdm ein ~ haben** tener una aventura con alguien

Teddy ['tɛdi] *m* <-s, -s>, **Teddybär** ['tɛdibɛːɐ] *m* osito *m* de peluche

Tee [teː] *m* <-s, -s> té *m; (Kräutertee)* infusión *f;* **schwarzer ~** té negro; **~ trinken/kochen** tomar/hacer té; **abwarten und ~ trinken!** *(fam)* ¡paciencia!

Teebeutel *m* bolsita *f* de té

Teeblatt *nt* hoja *f* de té

Tee-Ei *nt* bola *f* de té

Teekanne *f* tetera *f*

Teekessel *m* <-s, -> tetera *f*

Teeküche *f* cocina *f,* office *m*

Teelicht *nt* lamparilla *f* (mariposa)

Teelöffel *m* cucharilla *f* de té

Teenager ['tiːnɛɪdʒɐ] *m* <-s, -> adolescente *mf,* joven *mf*

Teenie, Teeny ['tiːni] *m* <-s, -s> *(fam)* quinceañero, -a *m, f*

Teer [teːɐ] *m* <-(e)s, -e> alquitrán *m*

teeren ['teːrən] *vt* alquitranar; *(Straße)* asfaltar

Teesieb *nt* colador *m* de té

Teestube *f* salón *m* de té

Teetasse *f* taza *f* para té

Teewurst *f embutido ahumado parecido a la butifarra*

Teflon® [tɛf'loːn] *nt* <-s, *ohne pl*> teflón® *m*

T

Teich [taɪç] *m* <-(e)s, -e> estanque *m,* tanque *m Am*

Teig [taɪk] *m* <-(e)s, -e> masa *f*

teigig ['taɪgɪç] *adj* ❶ *(wie Teig)* pastoso ❷ *(schwammig)* fláccido

Teigrad *nt (zum Schneiden von Teig)* cortapastas *m* de rueda *inv*

Teigschaber [-ʃaːbɐ] *m* espátula *f* de cocina

Teigwaren *f pl* pastas *f pl*

Teil[1] [taɪl] *m* <-(e)s, -e> (*a.* JUR) parte *f; (Bestandteil)* componente *m;* **weite ~e des Landes** amplias partes del país; **zum ~** en parte; **ich habe es zum größten ~ gemacht** he hecho la mayor parte

Teil[2] *nt* <-(e)s, -e> *(einzelnes Stück)* pieza *f; (Ersatzteil)* recambio *m*

Teil[3] *m o nt* <-(e)s, -e> *(Anteil, Beitrag)* parte *f;* **ich für mein(en) ~** yo, por mi parte; **sich** *dat* **sein(en) ~ denken** pensarse lo suyo; **zu gleichen ~en** a partes iguales

Teilabschnitt *m* sección *f*

teilbar ['-baːɐ] *adj* divisible (**durch** por)

Teilbetrag *m* <-(e)s, -träge> suma *f* parcial, parte *f*

Teilchen ['taɪlçən] *nt* <-s, -> ❶ (PHYS) partícula *f* ❷ *(reg: Gebäck)* dulce *m*

Teilchenbeschleuniger *m* (PHYS) acelerador *m* de partículas

teilen I. *vt* ❶ *(zerteilen)* partir (**in** en); *(in mehrere Teile)* dividir (**in** en) ❷ *(aufteilen)* repartir (**unter** entre); **sich** *dat* **etw** (**mit jdm**) **~** compartir algo (con alguien); **die Meinungen waren geteilt** las opiniones estaban divididas ❸ (MATH) dividir (**durch** por) **II.** *vr:* **sich ~** ❶ *(auseinandergehen)* dividirse (**in** en); *(Partei)* escindirse ❷ *(Straße, Fluss)* bifurcarse

Teiler *m* <-s, -> (MATH) divisor *m*

Teilerfolg ['taɪl-] *m* <-(e)s, -e> éxito *m* parcial

Teilgebiet *nt* ramo *m,* sector *m*

teil|haben *irr vi* participar (**an** en)

Teilhaber(in) *m(f)* <-s, -; -nen> (WIRTSCH) socio, -a *m, f*

Teilkaskoversicherung *f seguro contra robo, incendio y daños causados por fuerza mayor*

Teilnahme ['-naːmə] *f ohne pl* ❶ *(allgemein)* participación *f* (**an** en); *(Mitarbeit)* colaboración *f* (**an** en); *(an einem Kurs)* asistencia *f* (**an** a) ❷ *(Interesse)* interés *m* ❸ *(geh: Mitgefühl)* simpatía *f; (Beileid)* pésame *m;* **seine ~ aussprechen** dar el pésame

Teilnahmebedingung *f* <-, -en> condición *f* de participación

teilnahmslos ['taɪlnaːmsloːs] *adj* indiferente

Teilnahmslosigkeit ['--loːzɪçkaɪt] *f ohne pl* falta *f* de interés, apatía *f*

teilnahmsvoll *adj* compasivo, interesado

teil|nehmen *irr vi* participar (**an** en); *(an einem Kurs)* asistir (**an** a)

Teilnehmer(in) *m(f)* <-s, -; -nen> participante *mf; (Kursteilnehmer)* cursillista *mf;* (TEL) abonado, -a *m, f*

Teilnehmergebühr *f* (TEL) cuota *f* (telefónica) de abono

teils [taɪls] *adv* en parte; **~ ..., ~ ...** por un lado… por otro…

Teilstrecke *f* etapa *f*

Teilstück *nt* parte *f*

Teilung *f* <-en> ① *(allgemein)* división *f; (einer Partei)* escisión *f; (Verteilung)* reparto *m* ② *(eines Wegs)* bifurcación *f*
teilweise ['-vaɪzə] **I.** *adj* parcial **II.** *adv* en parte
Teilzahlung *f* pago *m* a plazos; **etw auf ~ kaufen** comprar algo a plazos; **bei ~** pagando a plazos
Teilzeit *f* jornada *f* reducida; **in Teilzeit arbeiten** trabajar a tiempo parcial
Teilzeitarbeit *f* trabajo *m* de jornada reducida
teilzeitbeschäftigt *adj* empleado a tiempo parcial
Teilzeitbeschäftigte(r) *mf* trabajador(a) *m(f)* a tiempo parcial
Teilzeitbeschäftigung *f* trabajo *m* a tiempo parcial [*o* por horas]
Teint [tɛ̃:] *m* <-s, -s> tez *f*, complexión *f Am*
Telearbeit ['te:le-] *f* teletrabajo *m*
Telebanking *nt* <-, *ohne pl*> (INFOR) telebanca *f*
Telefax ['te:lefaks] *nt* telefax *m inv*
telefaxen ['----] *vt* mandar por fax
Telefaxgerät *nt* telefax *m inv*
Telefon ['te:lefo:n, tele'fo:n] *nt* <-s, -e> teléfono *m;* **schnurloses ~** teléfono inalámbrico; **ans ~ gehen** coger el teléfono, atender al teléfono *Am*
Telefonanlage *f* instalación *f* telefónica
Telefonanruf *m* llamada *f* telefónica
Telefonanschluss *m* conexión *f* a la red telefónica
Telefonat [telefo'na:t] *nt* <-(e)s, -e> llamada *f* telefónica
Telefonauskunft *f ohne pl* información *f* (telefónica)
Telefonbuch *nt* guía *f* telefónica
Telefongebühren *fpl* tasas *fpl* por la conexión y el equipo
Telefongesellschaft *f* compañía *f* telefónica
Telefongespräch [--'---] *nt* llamada *f* telefónica; *(Ferngespräch)* conferencia *f* telefónica; **ein ~ führen** hablar por teléfono
Telefonhörer *m* auricular *m*, audífono *m Am*
telefonieren* [telefo'ni:rən] *vi* ① *(sprechen)* hablar por teléfono ② *(anrufen)* llamar por teléfono; **kann ich bei Ihnen mal ~?** ¿puedo utilizar su teléfono?; **nach München/Amerika ~** llamar a Múnich/América
telefonisch [tele'fo:nɪʃ] **I.** *adj* telefónico **II.** *adv* por teléfono
Telefonist(in) [telefo'nɪst] *m(f)* <-en, -en; -, -nen> telefonista *mf*
Telefonkarte *f* tarjeta *f* telefónica
Telefonkette *f* cadena *f* telefónica
Telefonkonferenz *f* conversación *f* telefónica múltiple
Telefonleitung *f* línea *f* telefónica
Telefonmarketing *nt* venta *f* por teléfono
Telefonnetz *nt* red *f* telefónica
Telefonnummer *f* (número *m* de) teléfono *m*
Telefonrechnung *f* factura *f* del teléfono
Telefonseelsorge *f* teléfono *m* de la esperanza
Telefonsex *m (fam)* sexo *m* telefónico
Telefonverbindung *f* conexión *f* telefónica
Telefonzelle *f* cabina *f* telefónica
Telefonzentrale *f* <-, -n> central *f* telefónica, conmutador *m MAm, Arg, Col*
Telegraf [tele'gra:f] *m* <-en, -en> telégrafo *m*
Telegrafie [telegra'fi:] *f* <-, *ohne pl*> telegrafía *f*
telegrafieren* [telegra'fi:rən] *vi, vt* telegrafiar
telegrafisch [tele'gra:fɪʃ] **I.** *adj* telegráfico **II.** *adv* por telégrafo
Telegramm [tele'gram] *nt* <-s, -e> telegrama *m;* **ein ~ aufgeben** enviar un telegrama
Telegrammstil *m* estilo *m* telegráfico
Telekolleg ['te:lekɔle:k] *nt* <-s, -s> curso *m* a distancia (emitido por televisión)
Telekommunikation *f* telecomunicación *f*
Telemarketing *nt* márquetin *m* telefónico
Teleobjektiv *nt* (FOTO) teleobjetivo *m*
Telepathie [telepa'ti:] *f ohne pl* telepatía *f*
telepathisch **I.** *adj* telepático **II.** *adv* telepáticamente
Teleprompter® *m* <-s, -> (TV) teleprompter® *m*
Teleshopping *nt* <-s, *ohne pl*> teletienda *f*, telecompra *f*
Teleskop [tele'sko:p] *nt* <-s, -e> telescopio *m*
Telespiel *nt* videojuego *m*
Teletext *m* (TV) teletexto *m*
Telex ['te:lɛks] *nt* <-, -(e)> télex *m inv*
Teller ['tɛlɐ] *m* <-s, -> plato *m;* **ein flacher/tiefer ~** un plato llano/hondo; **ein ~ Suppe** un plato de sopa
Tellerlinse *f* (GASTR) lenteja *f* pardina
Tellerrand *m (fig fam)* **über den ~ hinausschauen** tener amplitud de horizontes; **über den ~ nicht hinausschauen** ser de horizontes limitados
Tellerwäscher(in) *m(f)* <-s, -; -, -nen> friegaplatos *mf inv*
Tempel ['tɛmpəl] *m* <-s, -> templo *m*
Temperament [tɛmp(ə)ra'mɛnt] *nt*

<-(e)s, -e> temperamento *m; (Lebhaftigkeit)* vivacidad *f*

temperamentvoll *adj (lebhaft)* vivo; *(ungestüm)* temperamental

Temperatur [tɛmpəra'tuːɐ] *f* <-en> temperatura *f; (Fieber)* fiebre *f;* **die ~ steigt/fällt** la temperatura sube/baja; (**erhöhte**) **~ haben** tener fiebre

Temperaturanstieg *m* subida *f* de la(s) temperatura(s)

Temperaturregler *m* termostato *m*

Temperaturschwankung *f* oscilación *f* de la(s) temperatura(s)

Tempo[1] ['tɛmpo] *nt* <-s, -s> *(Geschwindigkeit)* velocidad *f;* **~!** *(fam)* ¡deprisa!; **mit hohem ~** a gran velocidad

Tempo[2] *nt* <-s, Tempi> (MUS) ritmo *m;* **das ~ angeben** marcar el ritmo

Tempo®[3] *nt* <-s, -s> *(fam)* pañuelo *m* de papel, clínex *m*

Tempo-30-Zone *f* <-, -n> zona *f* de velocidad limitada a 30 km/h

Tempolimit *nt* límite *m* de velocidad

temporal [tɛmpo'raːl] *adj* (LING) temporal

temporär [tempo'rɛːɐ] *adj* temporal

Temposünder(in) *m(f)* <-s, -; -, -nen> *conductor que circula a más velocidad de la permitida*

Tempotaschentuch *nt (fam)* pañuelo *m* de papel, clínex *m*

Tempus ['tɛmpʊs, *pl:* 'tɛmpora] *nt* <-, Tempora> (LING) tiempo *m*

Tendenz [tɛn'dɛnts] *f* <-en> tendencia *f* (**zu** a); **die ~ geht zu ...** se observa una tendencia a...; **steigende ~** tendencia al alza

tendenziell [tɛndɛn'tsjɛl] *adj* según la tendencia

tendenziös [tɛndɛn'tsjøːs] *adj (abw)* tendencioso

tendieren* [tɛn'diːrən] *vi* tender (**zu/nach** a)

Teneriffa [tene'rɪfa] *nt* <-s> Tenerife *m;* **aus ~** tinerfeño

Tenne ['tɛnə] *f* <-, -n> era *f*

Tennis ['tɛnɪs] *nt* <-, *ohne pl*> tenis *m*

Tennisarm *m* brazo *m* de tenis

Tennisball *m* pelota *f* de tenis

Tennisplatz *m* pista *f* de tenis

Tennisschläger *m* raqueta *f* (de tenis)

Tennisspieler(in) *m(f)* tenista *mf*

Tennisturnier *nt* torneo *m* de tenis

Tenor[1] ['teːnoːɐ] *m* <-s, *ohne pl*> *(Sinn)* tenor *m;* **in diesem ~** a este tenor

Tenor[2] [te'noːɐ, *pl:* te'nøːrə] *m* <-s, Tenöre> (MUS) tenor *m*

Tentakel [tɛn'taːkəl] *m o nt* <-s, -> (ZOOL) tentáculo *m*

Teppich ['tɛpɪç] *m* <-s, -e> alfombra *f;* **einen ~ knüpfen** hacer una alfombra de nudos; **etw unter den ~ kehren** *(fig)* disimular algo; **auf dem ~ bleiben** *(fig)* mantener los pies en tierra

Teppichboden *m* moqueta *f,* alfombrado *m Am*

Teppichklopfer *m* <-s, -> sacudidor *m* de alfombra

Teppichmesser *nt* cúter *m*

Teppichreiniger *m* limpiaalfombras *m inv*

Termin [tɛr'miːn] *m* <-(e)s, -e> ① *(Frist)* plazo *m;* **einen ~ einhalten** cumplir un plazo ② *(Zeitpunkt)* fecha *f* ③ *(beim Arzt)* cita *f;* **einen ~ vereinbaren** fijar una fecha; **einen ~ beim Zahnarzt haben** tener hora en el dentista; **er gab uns einen ~ um neun Uhr** nos dio cita para las nueve

Terminal[1] ['tœːminəl] *m o nt* <-s, -s> *(Flughafen, Bahnhof)* terminal *f*

Terminal[2] ['tœːminəl] *nt* <-s, -s> (INFOR) terminal *m*

Termindruck *m* <-(e)s, *ohne pl*> agobio *m* de tiempo

Termingeld *nt* (FIN) capital *m* a plazo fijo

termingerecht *adj* en el plazo fijado

Terminkalender *m* agenda *f*

terminlich **I.** *adj* **~e Verpflichtungen haben** tener citas concertadas **II.** *adv* **etw ~ festlegen** acordar una fecha para algo

Terminologie [tɛrminolo'giː] *f* <-n> terminología *f*

Terminplan *m* agenda *f* (de trabajo)

Terminplaner *m* <-s, -> agenda *f*

Terminplanung *f* <-, -en> fijación *f* de fechas [*o* de plazos], calendario *m*

Terminus ['tɛrminʊs, *pl:* 'tɛrmini] *m* <-, Termini> término *m;* **~ technicus** término técnico

Termite [tɛr'miːtə] *f* <-n> (ZOOL) termita *f,* comején *m Am*

Termitenhügel *m* termitero *m*

Terpentin [tɛrpɛn'tiːn, tɛrpən'tiːn] *nt* <-s, -e> trementina *f*

Terrain [tɛ'rɛ̃ː] *nt* <-s, -s> terreno *m*

Terrakotta *f* <-, *ohne pl*> *(gebrannter Ton)* terracota *f*

Terrarium [tɛ'raːriʊm] *nt* <-s, Terrarien> terrario *m*

Terrasse [tɛ'rasə] *f* <-n> terraza *f*

Terrassenheizer *m* calentador *m* de patio

Terrine [tɛ'riːnə] *f* <-n> sopera *f*

territorial [tɛritori'aːl] *adj* territorial

Territorium [tɛri'toːriʊm] *nt* <-s, Territorien> territorio *m*

Terror ['tɛroːɐ] *m* <-s, *ohne pl*> terror *m*

Terrorakt *m* acto *m* terrorista

Terrorangriff *m,* **Terroranschlag** *m* atentado *m* terrorista

terrorisieren* [tɛrori'ziːrən] *vt* aterrorizar
Terrorismus [tɛro'rɪsmʊs] *m* <-, *ohne pl*> terrorismo *m*
Terrorismusbekämpfung *f* lucha *f* contra el terrorismo
Terrorist(in) [tɛro'rɪst] *m(f)* <-en, -en; -nen> terrorista *mf*
terroristisch *adj* terrorista; **~e Vereinigung** asociación terrorista
Terrornetzwerk *nt* red *f* terrorista
Terrororganisation *f* organización *f* terrorista
Terrorwarnung *f* aviso *m* de ataque terrorista
Tertiär [tɛr'tsjɛːɐ] *nt* <-s, *ohne pl*> (GEO) terciario *m*
Terz [tɛrts] *f* <-en> (MUS) tercera *f*
Terzett [tɛr'tsɛt] *nt* <-(e)s, -e> (MUS) terceto *m*
Tesafilm® ['teːza-] *m* cinta *f* adhesiva, tesafilm® *m*
Test [tɛst] *m* <-(e)s, -s *o* -e> prueba *f*, test *m*
Testament [tɛsta'mɛnt] *nt* <-(e)s, -e> testamento *m*; **das ~ eröffnen** abrir el testamento; **Altes/Neues ~** (REL) Viejo/Nuevo Testamento
testamentarisch [tɛstamɛn'taːrɪʃ] **I.** *adj* testamentario **II.** *adv* por testamento
Testamentseröffnung *f* (JUR) apertura *f* del testamento
Testamentsvollstrecker(in) *m(f)* (JUR) albacea *mf*
Testbild *nt* (TV) carta *f* de ajuste
testen ['tɛstən] *vt* examinar; *(überprüfen)* comprobar
Testfrage *f* pregunta *f* de prueba
Testosteron [tɛstoste'roːn] *nt* <-s, *ohne pl*> (MED) testosterona *f*
Testperson *f* persona *f* objeto de pruebas
Testpilot(in) *m(f)* piloto *mf* de pruebas
Testreihe *f* serie *f* de tests
Teststrecke *f* <-, -n> tramo *m* de pruebas
Tetanus ['tɛtanʊs, 'teːtanʊs] *m* <-, *ohne pl*> (MED) tétano(s) *m inv*
Tetanusschutzimpfung *f* vacuna *f* antitetánica
teuer ['tɔɪɐ] *adj* ① *(kostspielig)* caro; *(wertvoll)* valioso; **etw ~ kaufen/verkaufen** comprar/vender algo caro; **wie ~ ist das?** ¿cuánto vale?; **teurer werden** subir de precio; **etw kommt jdn ~ zu stehen** algo le resulta caro a alguien; **den Verrat wird er ~ bezahlen müssen** pagará cara la traición; **ein ~ erkaufter Sieg** una victoria pagada a un precio muy alto ② *(geh: geschätzt)* querido; **bei allem, was mir lieb und ~ ist** por lo que más quiero
Teuerung ['tɔɪərʊŋ] *f* <-, -en> inflación *f*
Teuerungsrate *f* inflación *f*
Teufel ['tɔɪfəl] *m* <-s, -> diablo *m*, demonio *m*, mandinga *m Am*, pillán *m Chil*; **wie/was zum ~ ...?** *(fam)* ¿cómo/qué diablos...?; **weiß der ~!** *(fam)* ¡yo qué sé!; **scher dich zum ~!** *(fam)* ¡vete al demonio!; **den soll der ~ holen!** *(fam)* ¡al diablo con él!; **den ~ an die Wand malen** *(fam)* imaginarse lo peor; **du kommst in ~s Küche** *(fam)* las vas a pasar moradas; **auf ~ komm raus** *(fam)* cueste lo que cueste; **da ist der ~ los!** *(fam)* ¡menudo jaleo que hay ahí!; **den ~ werde ich tun!** *(fam)* ¡y un cuerno!; **wenn man vom ~ spricht(, kommt er)** *(fam)* hablando del ruin de Roma (por la puerta asoma)
Teufelskreis *m* círculo *m* vicioso
Teufelszeug *nt (abw fam)* cosa *f* diabólica
teuflisch *adj* ① *(bösartig)* diabólico ② *(fam: groß)* tremendo; **das schmeckt ~ gut** esto sabe a gloria
Teutone, -in [tɔɪ'toːnə] *m, f* <-n, -n; -, -nen> *(abw o iron)* teutón, -ona *m, f*
teutonisch [tɔɪ'toːnɪʃ] *adj (abw o iron)* teutón
Text [tɛkst] *m* <-(e)s, -e> ① *(allgemein)* texto *m*; **weiter im ~!** *(fam)* ¡sigue! ② *(Liedtext)* letra *f* ③ *(unter einer Abbildung)* leyenda *f*
Textaufgabe *f* (SCH) problema *m*
Textbuch *nt* libreto *m*
Textdatei *f* (INFOR) archivo *m* de texto
Textdichter(in) *m(f)* autor(a) *m(f)* de la letra (de una canción); *(von Opern)* libretista *mf*
Textdokument *nt* <-(e)s, -e> (INFOR) documento *m* de texto
Texteditor *m* <-s, -en> (INFOR) editor *m* de texto
texten ['tɛkstən] *vt* redactar
Texter(in) *m(f)* <-s, -; -nen> *(von Liedern)* autor(a) *m(f)* de la letra; *(von Werbetexten)* redactor(a) *m(f)* de textos (publicitarios)
textil [tɛks'tiːl] *adj* de tela, de tejido
Textilfabrik *f* <-, -en> fábrica *f* textil
Textilien [tɛks'tiːliən] *pl* (productos *mpl*) textiles *mpl*; *(Stoffe)* tejidos *mpl*; *(Kleidung)* ropa *f*
Textilindustrie *f* industria *f* textil
Textmarker ['-markɐ] *m* rotulador *m* fluorescente
Textstelle *f* pasaje *m* (en un texto)
Textur *f* <-, -en> textura *f*
Textverarbeitung *f* (INFOR) tratamiento *m* de textos
Textverarbeitungsprogramm *nt* (INFOR) (programa *m* de) tratamiento *m* de textos
Textverständnis *nt ohne pl* comprensión *f* del texto

T

TH [teː'haː] *f* <-s> *Abk. von* **Technische Hochschule** Escuela *f* Superior Técnica

Thai[1] [taɪ] *mf* <-(s), -(s); -(s)> tailandés, -esa *m, f*

Thai[2] *nt* <-, *ohne pl*> *(Sprache)* tailandés *m*

Thailand ['taɪlant] *nt* <-s> Tailandia *f*

Thailänder(in) ['taɪlɛndɐ] *m(f)* <-s, -; -nen> tailandés, -esa *m, f*

thailändisch *adj* tailandés

Thanksgiving [ðæŋks'gɪvɪŋ] *nt* <-, *ohne pl*> *(Erntedanktag in den USA)* Día *m* de Acción de Gracias

Theater [te'aːtɐ] *nt* <-s, -> teatro *m; (Aufführung)* representación *f;* **ins ~ gehen** ir al teatro; **zum ~ gehen** hacerse actriz de teatro; **ein furchtbares ~ wegen etw** *gen/dat* **machen** *(fam)* armar un escándalo tremendo por algo; **das ist doch nur ~** *(fam)* eso es solo teatro

Theateraufführung *f* representación *f* teatral

Theaterkarte *f* entrada *f* para el teatro

Theaterkasse *f* despacho *m* de localidades (para el teatro), taquilla *f*

Theaterstück *nt* obra *f* de teatro

Theatervorstellung *f* representación *f* teatral, función *f* de teatro

theatralisch [tea'traːlɪʃ] *adj* teatral

Theke ['teːkə] *f* <-n> ❶ *(in einer Gaststätte)* barra *f* ❷ *(Ladentisch)* mostrador *m*

Thema ['teːma, *pl:* 'teːmən] *nt* <-s, Themen> (*a.* MUS) tema *m; (Angelegenheit)* asunto *m;* **vom ~ abschweifen** desviarse del tema; **das ~ ist für mich erledigt** para mí el asunto está concluido; **das ist (doch) kein ~!** *(fam: spielt keine Rolle)* eso no es importante; *(steht nicht zur Debatte)* ese asunto no está sobre la mesa

Thematik [te'maːtɪk] *f* <-en> temática *f*

thematisch *adj* temático

thematisieren* [temati'ziːrən] *vt* tematizar

T

Themen ['teːmən] *pl von* **Thema**

Themse ['tɛmzə] *f* <-> Támesis *m*

Theologe, -in [teo'loːgə] *m, f* <-n, -n; -nen> teólogo, -a *m, f*

Theologie [teolo'giː] *f ohne pl* teología *f*

theologisch *adj* teológico

theoretisch *adj* teórico

theoretisieren* [teoreti'ziːrən] *vi* teorizar

Theorie [teo'riː] *f* <-n> teoría *f*

Therapeut(in) [tera'pɔɪt] *m(f)* <-en, -en; -nen> (MED, PSYCH) terapeuta *mf*

Therapeutik [tera'pɔɪtɪk] *f* <-, *ohne pl*> (MED) terapéutica *f*

therapeutisch *adj* terapéutico

Therapie [tera'piː] *f* <-n> (MED, PSYCH) terapia *f*

therapieren* *vt* dar un tratamiento médico

Thermalbad [tɛr'maːl-] *nt* ❶ *(Kurort)* centro *m* termal ❷ *(Bad)* baño *m* termal

Thermalquelle *f* aguas *f pl* termales

Thermen ['tɛrmən] *f pl* termas *f pl*

Thermik *f* <-, *ohne pl*> (METEO) corriente *f* térmica ascendente

thermisch *adj* térmico

Thermometer [tɛrmo'meːtɐ] *nt* termómetro *m*

thermonuklear [----'-] *adj* termonuclear

Thermosflasche ['tɛrmɔs-] *f* termo *m*

Thermoskanne® *f* termo *m*

Thermostat [tɛrmo'staːt] *m* <-(e)s *o* -en, -e(n)> termostato *m*

Thermowäsche *f* ropa *f* térmica

Thesaurus [te'zaʊrʊs] *m* <-, Thesauren *o* Thesauri> tesauro *m*

These ['teːzə] *f* <-n> tesis *f inv;* **eine ~ aufstellen** formular una tesis

Thriller ['θrɪlɐ] *m* <-s, -> *(Film)* película *f* de suspense; *(Buch)* novela *f* de suspense

Thrombose [trɔm'boːzə] *f* <-n> (MED) trombosis *f inv*

Thron [troːn] *m* <-(e)s, -e> trono *m;* **den ~ besteigen** subir al trono

Thronbesteigung *f* subida *f* al trono

thronen ['troːnən] *vi* dominar (**über**)

Thronfolge *f ohne pl* sucesión *f* al trono; **die ~ antreten** suceder en el trono

Thronfolger(in) *m(f)* <-s, -; -nen> sucesor(a) *m(f)* al trono

Thunfisch ['tuːn-] *m* (ZOOL) atún *m,* bonito *m*

Thurgau ['tuːɐgaʊ] *m* <-s> Thurgau *m*

Thüringen ['tyːrɪŋən] *nt* <-s> Turingia *f*

thüringisch *adj* turingio

THW [teːhaː'veː] *nt* <-, -s> *Abk. von* **Technisches Hilfswerk** organización *f* de asistencia técnica en situaciones de crisis

Thymian ['tyːmiaːn] *m* <-s, -e> (BOT) tomillo *m*

Tibet ['tiːbɛt] *nt* <-s> Tíbet *m*

Tick [tɪk] *m* <-(e)s, -s> ❶ (MED) tic *m* ❷ *(fam: Eigenart)* manía *f;* **einen ~ haben** estar tocado

ticken ['tɪkən] *vi (Uhr)* hacer tictac; **bei dir tickt's ja nicht richtig!** *(fam)* ¡no estás bien de la cabeza!

Ticket *nt* <-s, -s> ❶ *(Fahr-, Flugschein)* billete *m* ❷ *(Eintrittskarte)* entrada *f*

Ticketkontrolle *f* control *m* de billetes

Ticktack ['tɪk'tak] *f* <-, -s> *(Kindersprache: Uhr)* reloj *m*

Tiebreak *m o nt* <-s, -s>, **Tie-Break** *m o nt* <-s, -s> (SPORT) tie break *m*

tief [tiːf] **I.** *adj* ❶ *(nicht flach)* profundo, hondo; *(fig)* profundo; **fünf Meter ~ fallen** caer desde una altura de cinco metros;

ein zwei Meter ~es Loch un agujero de dos metros de profundidad; **wie ~ ist das?** ¿qué profundidad tiene?; **~er Schnee** nieve alta; **im ~sten Afrika** en lo más profundo de África; **aus ~stem Herzen** de todo corazón; **~ in Gedanken versunken sein** estar ensimismado; **~es Schweigen** silencio profundo; **im ~sten Winter** en pleno invierno ❷ *(niedrig)* bajo; **~e Temperaturen** temperaturas bajas ❸ *(Ton)* bajo; *(Stimme)* grave ❹ *(Farbe)* intenso **II.** *adv* ❶ *(nach unten)* profundamente; *(niedrig)* bajo; **sich ~ bücken** inclinarse profundamente; **die Sonne steht schon ~** el sol ya está bajo; **zehn Meter ~ tauchen** bajar (buceando) diez metros; **sie wohnt ~ in den Bergen** vive montañas adentro ❷ *(stark)* mucho, profundamente; **jdm ~ in die Augen sehen** mirar a alguien profundamente a los ojos; **er ist ~ gesunken** ha degenerado mucho; **~ ausgeschnitten** *(Kleidung)* muy escotado; **bis ~ in die Nacht hinein** hasta bien entrada la noche; **das lässt ja ~ blicken!** *(fam)* ¡eso da que pensar!

Tief [tiːf] *nt* <-s, -s> ❶ (METEO) depresión *f* atmosférica ❷ (PSYCH) depresión *f*

Tiefbau *m ohne pl* ingeniería *f* de caminos

Tiefdruck *m* <-(e)s, *ohne pl*> ❶ (METEO) baja presión *f* ❷ (TYPO) huecograbado *m*

Tiefdruckgebiet *nt* (METEO) zona *f* de baja presión, ciclón *m*

Tiefe¹ [ˈtiːfə] *f* <-n> profundidad *f*

Tiefe² *f ohne pl* ❶ *(einer Farbe)* intensidad *f* ❷ *(der Stimme)* gravedad *f*

Tiefebene *f* (GEO) llanura *f*

Tiefenmesser *m* batímetro *m*

Tiefenpsychologie *f* (p)sicología *f* profunda

Tiefenschärfe *f* (FOTO) profundidad *f* de campo

Tiefflug *m* vuelo *m* rasante

Tiefgang *m* <-(e)s, *ohne pl*> ❶ (NAUT) calado *m* ❷ *(geistiger Gehalt)* fondo *m*

Tiefgarage *f* aparcamiento *m* subterráneo

tiefgefroren *adj* congelado

tiefgekühlt *adj* congelado

tiefgreifend *adj s.* **greifen I. 2.**

tiefgründig [ˈtiːfgrʏndɪç] *adj* profundo

Tiefkühlfach *nt* congelador *m*

Tiefkühlkost *f* alimentos *mpl* congelados

Tiefkühlschrank *m* congelador *m*

Tiefkühltruhe *f* congelador *m*

Tieflader *m* <-s, -> (AUTO) *camión de plataforma baja para el transporte de carga pesada*

Tiefland *nt* <-(e)s, -länder *o* -e> (GEO) tierra *f* baja, bajío *m Am*

Tiefpunkt *m* punto *m* más bajo

Tiefschlaf *m* sueño *m* profundo

Tiefschlag *m* (SPORT) golpe *m* bajo

tiefschürfend *adj* hondo, exhaustivo

tiefschwarz [ˈ-ˈ-] *adj* negro profundo

Tiefsee *f ohne pl* (GEO) aguas *fpl* abisales

Tiefseetaucher(in) *m(f)* <-s, -; -, -nen> buceador(a) *m(f)* de aguas abisales

Tiefseetier *nt* pez *m* de aguas abisales

tiefsinnig *adj* profundo

Tiefstand *m ohne pl* nivel *m* más bajo

tief|stapeln *vi* infravalorar (los propios méritos)

Tiefsttemperatur *f* temperatura *f* mínima

Tiefstwert *m* ❶ (METEO) temperatura *f* mínima ❷ (FIN) cotización *f* mínima

Tiegel [ˈtiːgəl] *m* <-s, -> ❶ *(zum Kochen)* cacerola *f* ❷ *(Schmelztiegel)* crisol *m*

Tier [tiːɐ] *nt* <-(e)s, -e> animal *m; (Raubtier)* fiera *f;* **ein hohes ~** *(fam fig)* un pez gordo

Tierart *f* especie *f* animal

Tierarzt, -ärztin *m, f* veterinario, -a *m, f*

Tierfutter *nt* comida *f* para animales

Tiergarten *m* parque *m* zoológico

Tierhalter(in) *m(f)* dueño, -a *m, f* de un animal doméstico

Tierhaltung *f* <-, *ohne pl*> cría *f* de ganado

Tierhandlung *f* tienda *f* de animales domésticos, pajarería *f*

tierisch [ˈtiːrɪʃ] *adj* ❶ *(Tiere betreffend)* animal ❷ *(abw: roh)* animal; *(grausam)* brutal ❸ *(fam: sehr)* bestial; **ich habe ~en Durst** tengo una sed bestial; **das schmeckt ~ gut** esto sabe divino

Tierklinik *f* <-, -en> clínica *f* veterinaria

Tierkreis *m ohne pl* (ASTR) zodíaco *m,* zodiaco *m*

Tierkreiszeichen *nt* (ASTR) signo *m* del zodíaco

tierlieb *adj* amante de los animales; **sehr ~ sein** amar a los animales

Tiermedizin *f ohne pl* veterinaria *f*

Tiermehl *nt* (AGR) harina *f* animal

Tiernahrung *f* <-, *ohne pl*> comida *f* para animales

Tierpark *m* (parque *m*) zoológico *m*

Tierpfleger(in) *m(f)* cuidador(a) *m(f)* de animales

Tierquäler(in) *m(f)* persona *f* cruel con los animales [*o* que maltrata a los animales]

Tierquälerei [ˈ---ˈ-] *f* maltrato *m* de animales

Tierreich *nt ohne pl* reino *m* animal

Tierschutz *m* protección *f* de animales

Tierschützer(in) *m(f)* protector(a) *m(f)* de animales

Tierschutzverein *m* asociación *f* protectora de animales

Tierseuche *f* peste *f* animal
Tierversuch *m* experimento *m* en animales
Tierwelt *f ohne pl* fauna *f*
Tierzucht *f ohne pl* cría *f* de animales
Tiger ['ti:gɐ] *m* <-s, -> tigre *m*
Tigerauge *nt* ojo *m* de tigre
Tigerhai *m* (ZOOL) tiburón *m* tigre
tigern ['ti:gɐn] *vi sein (fam)* andar; **durch die Stadt** ~ recorrer la ciudad
Tilde ['tɪldə] *f* <-n> ❶ *(über Buchstaben)* tilde *f* ❷ *(in Wörterbüchern)* signo *m* de repetición
tilgen ['tɪlgən] *vt* ❶ (FIN, WIRTSCH) amortizar; *(Schulden)* liquidar ❷ *(geh: beseitigen)* eliminar (**aus** de)
Tilgung *f* <-en> (FIN, WIRTSCH) amortización *f; (der Schuld)* liquidación *f*
Tilgungsrate *f* <-, -n> (FIN, WIRTSCH) tasa *f* de amortización
Timbre ['tɛ̃:brə] *nt* <-s, -s> (MUS) timbre *m*
timen ['taɪmən] *vt* calcular el tiempo (para); *(festsetzen)* fijar la hora (de)
Timesharing ['taɪmʃɛ:rɪŋ] *nt* <-s, -s> (*a.* INFOR) time-sharing *m*
Timing ['taɪmɪŋ] *nt* <-s, -s> cálculo *m* del tiempo; *(Koordination)* coordinación *f;* **das war perfektes ~!** ¡la coordinación ha sido perfecta!
tindern ['tɪndɐn] *vi (fam* INFOR) usar Tinder®
tingeln ['tɪŋəln] *vi (fam)* ❶ *(auftreten)* trabajar como artista ambulante ❷ *sein (umherziehen)* ir actuando de bar en bar
Tinktur [tɪŋk'tu:ɐ] *f* <-en> tintura *f*
Tinte ['tɪntə] *f* <-n> tinta *f;* **in der ~ sitzen** *(fam)* verse en apuros
Tintenfass *nt* tintero *m*
Tintenfisch *m* (ZOOL) sepia *f; (kleiner)* chipirón *m*
Tintenkiller *m* <-s, -> *(fam)* borratintas *m*
Tintenklecks *m* borrón *m*
Tintenpatrone *f* cartucho *m* de tinta
Tintenstift *m* <-(e)s, -e> lápiz *m* tinta
Tintenstrahldrucker *m* impresora *f* de inyección de tinta
Tipp [tɪp] *m* <-s, -s> ❶ *(fam: Rat)* consejo *m* ❷ (SPORT) pronóstico *m*
tippen ['tɪpən] **I.** *vi* ❶ *(berühren)* tocar (ligeramente) (**auf/an**) ❷ *(fam: Maschine schreiben)* escribir a máquina ❸ *(fam: wetten)* apostar (**auf** por); **ich tippe (darauf), dass ...** apuesto que... ❹ *(Lotto spielen)* jugar a la lotería primitiva **II.** *vt* ❶ *(fam: Text)* pasar a máquina ❷ *(im Lotto)* apostar (por)
Tipp-Ex® *nt* <-, *ohne pl*> líquido *m* corrector, Tipp-Ex® *m*
Tippfehler *m* errata *f*
Tippschein *m* boleto *m* de quiniela
Tippse ['tɪpsə] *f* <-, -n> *(fam abw)* mecanógrafa *f*
tipptopp ['tɪp'tɔp] *adj (fam)* impecable, perfecto
Tippzettel *m (fam)* boleto *m* de las apuestas
Tirade [ti'ra:də] *f* <-, -n> *(geh)* perorata *f*
Tiramisu [tirami'su:] *nt* <-(s), -s> (GASTR) tiramisú *m*
Tirol [ti'ro:l] *nt* <-s> Tirol *m*
Tiroler(in) *m(f)* <-s, -; -nen> tirolés, -esa *m, f*
Tisch [tɪʃ] *m* <-(e)s, -e> mesa *f;* **den ~ decken** poner la mesa; **am ~ sitzen** estar sentados a la mesa; **am runden** [*o* **Runden**] **~** en una mesa redonda; **sich an den gedeckten ~ setzen** *(fig)* vivir a cuerpo de rey; **etw unter den ~ fallen lassen** *(fam)* pasar algo por alto; **jdn unter den ~ trinken** *(fam)* aguantar más que otro bebiendo; **etw ist vom ~** *(fam)* algo está solucionado; **reinen ~ machen** *(fam)* hacer tabla rasa; **Einwände vom ~ wischen** no dar importancia a las objeciones; **jdn über den ~ ziehen** *(fam fig)* dar a alguien gato por liebre
Tischbein *nt* pata *f* de la mesa
Tischdecke *f* mantel *m*
Tischdekoration *f* decoración *f* de la mesa
Tischfußball *m ohne pl* futbolín *m*
Tischgespräch *nt* <-(e)s, -e> conversación *f* de mesa; *(nach dem Essen)* sobremesa *f*
Tischläufer *m* camino *m* de mesa
Tischler(in) *m(f)* <-s, -; -nen> carpintero, -a *m, f*
Tischlerei *f* <-en> carpintería *f*
tischlern ['tɪʃlɐn] **I.** *vi (fam)* carpintear, hacer trabajos de carpintería [*o* de bricolaje con madera] **II.** *vt (fam)* hacer; **einen Schrank/ein Regal ~** hacer un armario/una estantería
Tischmanieren *pl* modales *mpl* en la mesa
Tischplatte *f* tablero *m* de la mesa
Tischrede *f* discurso *m* de sobremesa
Tischsitten *fpl* modales *mpl* en la mesa
Tischtennis *nt* tenis *m* de mesa, ping-pong *m,* microtenis *m Am*
Tischtennisball *m* pelota *f* de ping-pong, bola *f* de ping-pong
Tischtennisplatte *f* mesa *f* de ping-pong
Tischtennisschläger *m* pala *f* de ping-pong
Tischtennistisch *m* mesa *f* de ping-pong
Tischtuch *nt* mantel *m*
Tischwäsche *f ohne pl* mantelería *f*
Titan [ti'ta:n] *nt* <-s, *ohne pl*> (CHEM) titanio *m*

Titel ['ti:təl] *m* <-s, -> (*a.* SPORT, JUR, PUBL) título *m;* **akademischer ~** título académico; **um den ~ spielen** (SPORT) competir por el título
Titelbild *nt* portada *f*
Titelblatt *nt* portada *f*
Titelheld(in) *m(f)* <-en, -en; -, -nen> (FILM, THEAT) papel *m* principal, protagonista *mf;* (LIT) héroe *m,* heroína *f*
Titelkampf *m* <-(e)s, -kämpfe> (SPORT) lucha *f* por un título
titeln *vt* titular
Titelrolle *f* (FILM, THEAT) papel *m* principal
Titelseite *f* portada *f*
Titelträger(in) *m(f)* (SPORT) poseedor(a) *m(f)* del título
Titelverteidiger(in) *m(f)* (SPORT) defensor(a) *m(f)* del título
Titte ['tɪtə] *f* <-n> *(vulg)* teta *f*
titulieren* [titu'li:rən] *vt* llamar, calificar (**als** de)
tja [tja] *interj (fam)* bueno
TNT [te:ʔɛn'te:] *nt* <-, *ohne pl*> *Abk. von* **Trinitrotoluol** TNT *m*
Toast [to:st] *m* <-(e)s, -e *o* -s> ① *(Toastscheibe)* tostada *f;* *(Toastbrot)* pan *m* para tostar ② *(Trinkspruch)* brindis *m inv;* **einen ~ auf jdn ausbringen** brindar por alguien
Toastbrot *nt* pan *m* para tostar, pan *m* bimbo®; *(Scheibe)* tostada *f*
toasten ['to:stən] *vt (Brot)* tostar
Toaster *m* <-s, -> tostadora *f*
toben ['to:bən] *vi* ① *(vor Wut)* rabiar; *(vor Begeisterung)* estar entusiasmado ② *(Kinder)* alborotar ③ *(Sturm)* bramar; *(Meer)* embravecerse
Tobsucht *f ohne pl* furia *f*
tobsüchtig *adj* furioso
Tochter ['tɔxtɐ, *pl:* 'tœçtɐ] *f* <Töchter> ① *(Kind)* hija *f* ② *(Schweiz: Bedienung)* camarera *f;* *(Haushaltshilfe)* mujer *f* de la limpieza
Tochterfirma *f* (WIRTSCH) filial *f*
Tochtergesellschaft *f* (WIRTSCH) (sociedad *f*) filial *f*
Tod [to:t] *m* <-(e)s, -e> muerte *f,* petateada *f Méx;* **eines gewaltsamen/natürlichen ~es sterben** morir de muerte violenta/natural; **jdn zum ~e verurteilen** condenar a alguien a muerte; **etw mit dem ~ bezahlen** pagar algo con la muerte; **sich zu ~e langweilen** *(fam)* aburrirse como una ostra; **sich zu ~e schämen** *(fam)* morirse de vergüenza; **zu ~e betrübt sein** *(fam)* estar muerto de tristeza; **jdn zu ~e erschrecken** *(fam)* asustar de muerte a alguien; **du holst dir noch den ~** *(fam)* vas a pillar un resfriado; **jdn auf den ~ nicht leiden können** *(fam)* odiar a alguien a muerte
todernst ['-'-] *adj (fam)* más serio que un poste
Todesangst *f* miedo *m* de muerte
Todesanzeige *f* esquela *f* (mortuaria), obituario *m Am*
Todesfall *m* defunción *f*
Todesfolge *f ohne pl* (JUR) resultado *m* letal
Todeskampf *m ohne pl* agonía *f*
Todeskandidat(in) *m(f)* <-en, -en; -, -nen> *(durch Krankheit)* moribundo, -a *m, f;* *(durch Todesurteil)* condenado, -a *m, f* a muerte
todesmutig *adj* temerario
Todesopfer *nt* víctima *f* (mortal)
Todesschuss *m* tiro *m* mortal
Todesschütze, -in *m, f* <-n, -n; -, -nen> asesino, -a *m, f,* persona *f* que mata a alguien de un tiro
Todesstoß *m* golpe *m* mortal; **jdm/etw** *dat* **den ~ versetzen** darle la puntilla a alguien/a algo
Todesstrafe *f* pena *f* de muerte; **bei ~** bajo pena de muerte
Todesstreifen *m* franja *f* de la muerte
Todesstunde *f* hora *f* suprema; **jds ~ ist gekommen** a alguien le ha llegado su hora
Todestag *m* <-(e)s, -e> día *m* de la muerte; *(Jahrestag)* aniversario *m* de la muerte
Todesursache *f* causa *f* de la muerte
Todesurteil *nt* sentencia *f* de muerte
Todeszelle *f* celda *f* de un condenado a muerte
Todfeind(in) *m(f)* enemigo, -a *m, f* mortal
todgeweiht *adj (geh)* marcado por la muerte
todkrank ['-'-] *adj* enfermo de muerte
todlangweilig ['-'---] *adj* aburridísimo
tödlich ['tø:tlɪç] **I.** *adj* mortal; **Unfall mit ~em Ausgang** accidente con desenlace fatal; **das war absolut ~** *(fam)* eso fue absolutamente fatal **II.** *adv* a muerte, mortalmente; **~ verletzt** herido mortalmente; **~ verunglücken** morir en un accidente; **sich ~ langweilen** morirse de aburrimiento
todmüde ['-'--] *adj (fam)* muerto de sueño
todschick ['-'-] *adj (fam)* elegantísimo
todsicher ['-'--] **I.** *adj (fam)* segurísimo **II.** *adv (fam: auf jeden Fall)* sin falta; *(zweifellos)* indudablemente
Todsünde *f* (REL) pecado *m* mortal
Togo ['to:go] *nt* <-s> Togo *m*
Tohuwabohu [to:huva'bo:hu] *nt* <-(s), -s> caos *m inv,* bayoya *f PRico, RDom*
Toilette[1] [toa'lɛtə] *f ohne pl (geh: Körperpflege)* aseo *m*
Toilette[2] *f* <-n> *(WC)* servicio *m,* baño *m;*

T

öffentliche ~n servicios públicos; **auf die ~ gehen** ir al baño
Toilettenartikel *m* artículo *m* de tocador
Toilettenbrille *f* asiento *f* del váter
Toilettendeckel *m* tapa *f* del váter
Toilettenpapier *nt* papel *m* higiénico, papel *m* confort® *Am*
Toilettenspülung *f* cisterna *f* (del váter)
Tokio ['to:kio] *nt* <-s> Tokio *m*
tolerant [tole'rant] *adj* tolerante
Toleranz [tole'rants] *f* <-en> (*a.* TECH, MED) tolerancia *f*
tolerieren* [tole'ri:rən] *vt* (*a.* TECH) tolerar; *(dulden)* consentir
toll [tɔl] *adj (fam)* ❶ *(unglaublich)* increíble ❷ *(großartig)* genial, achalay *Arg, Perú,* achachay *Col, Ecua,* piocha *Méx* ❸ *(schlimm)* terrible; **es zu ~ treiben** pasarse
tollen ['tɔlən] *vi* ❶ *(toben)* alborotar ❷ *sein (laufen)* correr (**durch** por)
tollkühn *adj* audaz
Tollkühnheit *f* <-en> audacia *f*, osadía *f*
Tollpatsch ['tɔlpatʃ] *m* <-(e)s, -e> torpe *mf*
tollpatschig *adj* torpe
Tollwut *f* (MED) rabia *f*
tollwütig *adj* rabioso
Tölpel ['tœlpəl] *m* <-s, -> *(abw)* cateto, -a *m, f*, naco *m Méx*
Tomate [to'ma:tə] *f* <-n> tomate *m*; **treulose ~** *(fam)* amigo infiel; **hast du ~n auf den Augen?** *(fam)* ¿pero tú estás ciego o qué?
Tomatenketchup *m o nt* kétchup *m*
Tomatenmark *nt ohne pl* concentrado *m* de tomate
Tomatensaft *m* zumo *m* de tomate
Tomatensoße *f* salsa *f* de tomate
Tombola ['tɔmbola] *f* <-s> tómbola *f*
Tomografie [tomogra'fi:] *f* <-n> (MED) tomografía *f*
Ton[1] [to:n] *m* <-(e)s, -e> *(Erde)* arcilla *f*; *(zum Töpfern)* barro *m*, greda *f Am*
T
Ton[2] [to:n, *pl:* 'tø:nə] *m* <-(e)s, Töne> ❶ *(Klang, a.* RADIO, TV) sonido *m* ❷ *(Farbton, Sprechweise, a.* MUS) tono *m*; **der gute ~** las buenas formas; **den ~ angeben** llevar la voz cantante; **sich im ~ vergreifen** salirse de tono; **ich verbitte mir diesen ~** no tolero que me hablen en ese tono; **einen anderen ~ anschlagen** cambiar de tono; **jdn in den höchsten Tönen loben** poner a alguien por las nubes; **der ~ macht die Musik** *(fam)* lo que cuenta no es lo que dices sino cómo lo dices ❸ *(Betonung)* acento *m* ❹ *(fam: Äußerung)* palabra *f*; **große Töne spucken** *(fam abw)* darse importancia; **hast du Töne!** *(fam)* ¡habráse visto!
Tonabnehmer *m* <-s, -> (RADIO) fonocaptor *m*
tonangebend *adj (fig)* que lleva la batuta
Tonarm *m* brazo *m* de la aguja
Tonart *f* ❶ (MUS) tonalidad *f* ❷ *(Tonfall)* tono *m*
Tonaufnahme *f* grabación *f* de sonido, registro *m* de sonido
Tonband *nt* ❶ *(Tonträger)* cinta *f* magnetofónica ❷ *(fam: Gerät)* magnetófono *m*
Tonbandaufnahme *f* grabación *f* magnetofónica
Tonbandgerät *nt* magnetófono *m*, casete *m o f*
tönen ['tø:nən] **I.** *vi* ❶ *(ertönen)* sonar; *(dumpf)* retumbar ❷ *(fam abw: angeben)* fanfarronear **II.** *vt (Farbton verleihen)* matizar; *(färben)* color(e)ar
Toner ['to:nɐ, 'tɔunɐ] *m* <-s, -> toner *m*
Tonerkartusche *f* (cartucho *m*) de tóner *m*
tönern ['tø:nɐn] *adj* de barro, de greda *Am*
Tonfall *m* ❶ *(Sprachmelodie)* acento *m*, tonada *f Am* ❷ *(Art des Sprechens)* tono *m*
Tonga ['tɔŋa] *nt* <-s> Tonga *f*
tonhaltig *adj* arcilloso
Tonhöhe *f* altura *f* del tono
Tonicwater ['tɔnɪkwɔ:tɐ] *nt* <-(s), -(s)> (agua *f*) tónica *f*
Toningenieur(in) *m(f)* ingeniero, -a *m, f* de sonido
Tonkopf *m* cabeza *f* sonora
Tonlage *f* (MUS) registro *m*
Tonleiter *f* (MUS) escala *f* musical
tonlos *adj (unbetont)* átono; *(Stimme)* apagado
Tonne ['tɔnə] *f* <-n> ❶ *(Behälter)* tonel *m*; *(Regentonne)* bidón *m*; *(Mülltonne)* cubo *m* (de la basura); **grüne ~** *contenedor verde en el sistema dual de separación de basuras* ❷ *(Maßeinheit)* tonelada *f* ❸ (NAUT) boya *f* ❹ *(fam: Mensch)* tonel *m*
tonnenweise *adv* por toneladas
Tonspur *f* (FILM) pista *f* sonora
Tonstörung *f* (RADIO, FILM, TV) interferencias *f pl*
Tonstudio *nt* estudio *m* de grabación
Tontaubenschießen *nt* <-s, *ohne pl*> (SPORT) tiro *m* al plato
Tontechniker(in) *m(f)* técnico, -a *m, f* de sonido
Tonträger *m* <-s, -> soporte *m* del sonido
Tönung ['tø:nʊŋ] *f* <-en> ❶ *(das Tönen)* tinte *m* ❷ *(Farbton)* tono *m*
Tool [tu:l] *nt* <-s, -s> (INFOR) herramienta *f*
Top [tɔp] *nt* <-s, -s> top *m*
Topas [to'pa:s] *m* <-es, -e> topacio *m*

Topf [tɔpf, *pl:* 'tœpfə] *m* <-(e)s, Töpfe> ① *(Kochtopf)* olla *f,* cazuela *f;* **alles in einen ~ werfen** *(fam fig)* meter todo en el mismo saco ② *(Nachttopf)* orinal *m; (fam: Toilette)* lavabo *m* ③ *(Blumentopf)* maceta *f* ④ (FIN) fondo *m*
Topfblume *f* <-, -n> (planta *f* de) maceta *f*
Töpfchen ['tœpfçən] *nt* <-s, -> orinal *m,* bacinilla *f*
Topfen ['tɔpfən] *m* <-s, *ohne pl*> *(Österr, südd)* queso *m* fresco
Töpfer(in) ['tœpfɐ] *m(f)* <-s, -; -nen> alfarero, -a *m, f*
Töpferei [tœpfə'raɪ] *f* <-en> alfarería *f,* locería *f Am*
töpfern ['tœpfɐn] *vt, vi* hacer vasijas de barro; *(Kunst)* hacer cerámica
Töpferscheibe *f* torno *m* (de alfarero)
Topfhandschuh *m* manopla *f* de cocina
topfit ['tɔp'fɪt] *adj (fam)* a tope
Topflappen *m* agarrador *m*
Topfpflanze *f* planta *f* de maceta
Topmodel *nt* “top model” *f*
Topografie [topogra'fi:] *f* <-, -n> (GEO) topografía *f*
topografisch [topo'gra:fɪʃ] *adj* (GEO) topográfico
Tor[1] [to:ɐ] *m* <-en, -en> *(geh: Person)* necio *m*
Tor[2] [to:ɐ] *nt* <-(e)s, -e> ① *(große Tür)* portal *m* ② *(Monument)* puerta *f* ③ (SPORT: *Gehäuse*) portería *f; (Treffer)* gol *m;* **im ~ stehen** estar en la portería; **ein ~ schießen** marcar un gol
Torbogen *m* arco *m* (de un portal)
Toreinfahrt *f* puerta *f* cochera
Torero [to're:ro] *m* <-s, -s> torero *m*
Torf [tɔrf] *m* <-(e)s, -e> turba *f*
Torfrau *f s.* **Torwart**
Torheit *f* <-en> *(geh)* necedad *f,* majadería *f*
Torhüter(in) *m(f)* (SPORT) portero, -a *m, f*
töricht ['tø:rɪçt] *adj (abw)* ① *(unvernünftig)* insensato ② *(einfältig)* corto ③ *(unsinnig)* estúpido
torkeln ['tɔrkəln] *vi sein* tambalearse
Torlinie *f* (SPORT) línea *f* de portería
Tornado [tɔr'na:do] *m* <-s, -s> (METEO) tornado *m*
Tornetz *nt* (SPORT) red *f* de la portería
torpedieren* [tɔrpe'di:rən] *vt* (MIL) torpedear
Torpedo [tɔr'pe:do] *m* <-s, -s> (MIL) torpedo *m*
Torpedoboot *nt* torpedero *m*
Torpfosten *m* (SPORT) poste *m* (de la portería)
Torraum *m* (SPORT) área *f* de meta
Torraumlinie *f* (SPORT) línea *f* del área de gol
Torschlusspanik *f miedo a perderse algo importante en la vida*
Torschütze, -in *m, f* (SPORT) goleador(a) *m(f)*
Torschützenkönig *m* (SPORT) pichichi *m*
Torso ['tɔrzo] *m* <-s, -s *o* Torsi> (KUNST) torso *m*
Torte ['tɔrtə] *f* <-n> tarta *f*
Tortellini [tɔrtə'li:ni] *f* <-(s), -> (GASTR) tortelini *m*
Tortenboden *m* base *f* de masa (para las tartas)
Tortendiagramm *nt* (INFOR) diagrama *m* de pastel
Tortenguss *m* <-es, -güsse> gelatina *f* para tartas
Tortenheber *m* <-s, -> paleta *f* para tartas
Tortilla [tɔrt'ɪlja] *f* <-, -s> (GASTR) tortilla *f* (mexicana), tortita *f* (mexicana)
Tortilla-Chips *f pl* (GASTR) chips *m pl* de tortilla, totoposte *m AmC, Méx*
Tortur [tɔr'tu:ɐ] *f* <-en> tortura *f*
Torwart, -frau ['to:ɐvart] *m, f* <-(e)s, -e; -en> (SPORT) portero, -a *m, f,* arquero, -a *m, f Am*
Torwarthandschuh *m* (SPORT) guante *m* de portero
tosen ['to:zən] *vi (Meer, Sturm)* rugir; **~der Beifall** aplauso frenético
tot [to:t] *adj* muerto; *(verstorben)* fallecido; *(leblos)* inánime; **das T~e Meer** el mar Muerto; **halb ~** medio muerto; **klinisch ~** clínicamente muerto; **er war auf der Stelle ~** falleció en el acto; **jdn für ~ erklären** declarar muerto a alguien; **sich ~ stellen** hacerse el muerto; **den ~en Mann machen** hacer el muerto; **mehr ~ als lebendig** más muerto que vivo
total [to'ta:l] **I.** *adj* ① *(vollständig)* total ② *(fam: völlig)* completo; **das ist ja ~er Wahnsinn** esto es una verdadera locura **II.** *adv* por completo
Totalausfall *m* <-(e)s, -fälle> *(einer technischen Anlage)* fallo *m* total; *(des Flugverkehrs)* cancelación *f* completa
Totalausverkauf *m* liquidación *f* total
totalitär [totali'tɛ:ɐ] *adj* totalitario
Totalitarismus [totalita'rɪsmʊs] *m* <-, *ohne pl*> (POL) totalitarismo *m*
Totalschaden *m* siniestro *m* total
tot|arbeiten *vr:* **sich ~** *(fam)* matarse a trabajar
tot|ärgern *vr:* **sich ~** *(fam)* reventar de rabia
Tote(r) *mf* <-n, -n; -n> muerto, -a *m, f,* difunto, -a *m, f elev*
Totem ['to:tɛm] *nt* <-s, -s> tótem *m*

Totempfahl *m* poste *m* totémico
töten ['tøːtən] *vt* matar; *(ermorden)* asesinar, victimar *Am*
totenbleich *adj* lívido
Totenkopf *m* calavera *f*
Totenmesse *f* misa *f* de réquiem
Totensonntag *m* (REL) día *m* de (los) difuntos
totenstill ['--'-] *adj* **es war ~** *(fam)* reinaba un silencio sepulcral
Totenstille ['--'--] *f* silencio *m* sepulcral
tot|fahren *irr vt* matar por atropello
Totgeburt *f* ① *(Geburt)* nacimiento *m* de un niño muerto ② *(Kind)* mortinato, -a *m, f*
tot|kriegen *vt (fam)* acabar (con); **diese Mode ist nicht totzukriegen** no hay quien acabe con esta moda
tot|lachen *vr:* **sich ~** *(fam)* morirse de (la) risa
Toto ['toːto] *m o nt* <-s, -s> quiniela *f*
tot|sagen *vt* declarar muerto
tot|schießen *irr vt (fam)* matar de un tiro
Totschlag *m* <-(e)s, *ohne pl*> (JUR) homicidio *m*
Totschlagargument *nt (abw fam)* argumento *m* impepinable
tot|schlagen *irr vt* matar (a palos); **die Zeit ~** *(fam)* matar el tiempo
Totschläger[1] *m* <-s, -> *(Waffe)* rompecabezas *m inv*
Totschläger(in)[2] *m(f)* <-s, -; -nen> *(abw: Person)* homicida *mf*
tot|schweigen *irr vt* silenciar
Tötung *f* <-en> matanza *f; (Totschlag)* homicidio *m;* **fahrlässige ~** homicidio involuntario
Touch [tatʃ] *m* <-s, -s> aire *m*
Touchscreen ['tatʃskriːn] *m* <-s, -s> (INFOR) pantalla *f* táctil
Toupet [tu'peː] *nt* <-s, -s> ① *(Haarteil)* bisoñé *m* ② *(Schweiz: Frechheit)* insolencia *f*
toupieren* [tu'piːrən] *vt* cardar
Tour [tuːɐ] *f* <-en> ① *(Ausflug)* excursión *f* (**in** a); *(Rundfahrt)* vuelta *f* (**durch** por) ② *(Strecke)* recorrido *m* ③ *(fam: Trick)* truco *m;* **immer die gleiche ~!** ¡siempre el mismo cuento! ④ *(fam: Vorhaben)* plan *m;* **jdm die ~ vermasseln** echarle a alguien su plan por los suelos ⑤ (TECH: *Umdrehung*) revolución *f;* **auf vollen ~en arbeiten** trabajar a toda máquina; **in einer ~** *(fam)* continuamente ⑥ *(Wend)* **mach keine krummen ~en!** *(fam)* ¡no hagas tonterías!
touren ['tuːrən] *vi* estar de gira
Tourenfahrrad *nt* bicicleta *f* de carretera
Tourenzahl *f* (TECH) número *m* de revoluciones
Tourenzähler ['tuːrən-] *m* <-s, -> (TECH) cuentarrevoluciones *m inv*
Touri *m* <-s, -s> *(fam)* turista *m* (típico)
Tourismus [tu'rɪsmʊs] *m* <-, *ohne pl*> turismo *m;* **sanfter ~** turismo moderado [*o* verde]
Tourist(in) [tu'rɪst] *m(f)* <-en, -en; -nen> turista *mf*
Touristeninformation *f* información *f* turística
Touristenklasse *f ohne pl* clase *f* turista
Touristik [tu'rɪstɪk] *f ohne pl* turismo *m*
Touristin *f* <-nen> *s.* **Tourist**
touristisch *adj* turístico
Tournee [tʊr'neː] *f* <-s *o* -n> gira *f;* **auf ~ sein/gehen** estar/salir de gira
Tower ['taʊɐ] *m* <-s, -> (AERO) torre *f* de control
toxikologisch [tɔksiko'loːgɪʃ] *adj* toxicológico
Toxin *nt* <-s, -e> (BIOL, MED) toxina *f*
toxisch ['tɔksɪʃ] *adj* tóxico
Toxizität *f* <-, *ohne pl*> (MED) toxicidad *f*
Trab [traːp] *m* <-(e)s, *ohne pl*> trote *m;* **im ~** al trote; **jdn auf ~ bringen** *(fam)* meter prisa a alguien; **jdn in ~ halten** *(fam)* mantener a alguien ocupado
Trabant [tra'bant] *m* <-en, -en> (ASTR, AERO) satélite *m*
Trabantenstadt *f* ciudad *f* satélite
Trabbi ['trabi] *m* <-s, -s> *(fam) coche del tipo Trabant típicos de la ex RDA*
traben ['traːbən] *vi haben o sein* ir al trote, trotar
Trabi *m* <-s, -s> *s.* **Trabbi**
Trabrennen *nt* carrera *f* al trote
Tracht [traxt] *f* <-en> ① *(von Berufsgruppen)* uniforme *m; (bei Volksgruppen)* traje *m* regional ② *(Wend)* **eine ~ Prügel** *(fam)* una tunda, una zumba *Am*
trachten ['traxtən] *vi (geh)* **nach etw** *dat* **~** anhelar algo; **jdm nach dem Leben ~** atentar contra la vida de alguien
trächtig ['trɛçtɪç] *adj* preñado
Tradition [tradi'tsjoːn] *f* <-en> tradición *f;* **aus ~** por tradición
traditionell [traditsjo'nɛl] *adj* tradicional
traditionsbewusst *adj* tradicionalista
traditionsgemäß *adv* según es tradición
traditionsreich *adj* con mucha tradición
traf [traːf] *3. imp von* **treffen**
Trafik [tra'fɪk] *f* <-, -en> *(Österr)* estanco *m*
Trafikant(in) [trafi'kant] *m(f)* <-en, -en; -, -nen> *(Österr)* estanquero, -a *m, f*
Trafo ['trafo] *m* <-(s), -s> tra(n)sformador *m*

Tragbahre *f* camilla *f*

tragbar *adj* ① *(Geräte)* portátil ② *(Kleidung)* que se puede llevar ③ *(erträglich)* soportable; *(Entwicklung)* sostenible

Trage ['tra:gə] *f* <-, -n> *(Traggestell)* andas *fpl*; *(Tragbahre)* angarillas *fpl*

träge ['trɛ:gə] *adj* ① *(langsam)* lento; *(lustlos)* apático; *(faul)* perezoso, poncho *Am* ② (PHYS) inerte

Tragekorb *m* banasta *f*

tragen ['tra:gən] <trägt, trug, getragen> **I.** *vt* ① *(Last, Kleidung, Aufschrift, Brille)* llevar; **etw bei sich** *dat* ~ llevar algo consigo; **auf dem Arm/auf dem Rücken** ~ llevar en brazos/a cuestas; **das trägt man nicht mehr** eso ya no se lleva; **das Haar lang/kurz** ~ llevar el pelo largo/corto ② *(stützen)* sostener ③ *(ertragen)* llevar; *(Verantwortung)* asumir; *(Verlust)* responder (de); *(Kosten)* hacerse cargo (de) **II.** *vi* ① *(Eis)* resistir ② *(Baum, Acker)* dar frutos ③ *(Tier)* estar preñado ④ *(Kleidung, Mode)* llevarse ⑤ *(an Verantwortung)* tener **III.** *vr:* **sich** ~ ① *(sich finanzieren)* **sich selbst** ~ autofinanciarse ② *(in Erwägung ziehen)* **sich mit dem Gedanken ~, etw zu tun** tener la intención de hacer algo ③ *(Kleidung)* vestirse; **der Stoff trägt sich angenehm** este tejido es cómodo de llevar

Tragen *nt* **zum ~ kommen** surtir efecto

tragend *adj* ① (ARCHIT, TECH) portante; **~e Konstruktion** construcción portante ② *(zu Grunde liegend)* que está en la base; *(Gedanke, Idee)* fundamental

Träger[1] *m* <-s, -> ① (ARCHIT) viga *f* ② *(an Kleidung)* tirante *m* ③ *(Institution)* entidad *f* responsable

Träger(in)[2] ['trɛgɐ] *m(f)* <-s, -; -nen> ① *(Gepäckträger)* mozo, -a *m, f* ② *(Preisträger)* titular *mf* ③ *(einer Entwicklung)* representante *mf* ④ *(einer Krankheit)* portador(a) *m(f)*

Trägerin *f* <-, -nen> *s.* **Träger**[2]

Trägerkleid *nt* vestido *m* de [*o* con] tirantes

trägerlos *adj* sin tirantes; **ein ~es Top tragen** llevar un top sin tirantes

Trägerrakete *f* cohete *m* portador

Trägertop *nt* <-s, -s> top *m*

Tragetasche *f* ① *(Einkaufstasche)* bolsa *f* de la compra ② *(Plastiktüte)* bolsa *f* de plástico

tragfähig *adj* sólido, firme

Tragfähigkeit *f* <-, *ohne pl*> capacidad *f* de carga

Tragfläche *f* (AERO) plano *m* de sustentación

Trägheit ['trɛ:khaɪt] *f ohne pl* ① *(Faulheit)* pereza *f*; *(Langsamkeit)* lentitud *f*; *(Lustlosigkeit)* apatía *f* ② (PHYS) inercia *f*

Tragik ['tra:gɪk] *f ohne pl* tragedia *f*; (*a.* LIT, THEAT) lo trágico

Tragikomik *f* <-, *ohne pl*> *(geh)* tragicomedia *f*

tragikomisch [tra:gi'ko:mɪʃ, '----] *adj* (*a.* LIT, THEAT) tragicómico

Tragikomödie [tragiko'mø:djə, '-----] *f* (*a.* LIT, THEAT) tragicomedia *f*

tragisch ['tra:gɪʃ] *adj* (*a.* LIT, THEAT) trágico; **nimm's nicht so** ~ *(fam)* no te lo tomes tan a la tremenda

Traglast *f* carga *f*

Tragödie [tra'gø:djə] *f* <-n> (*a.* LIT, THEAT) tragedia *f*

trägt *3. präs von* **tragen**

Tragweite *f* alcance *m*

Trailer ['treɪlə] *m* <-s, -> (*a.* FILM) tráiler *m*

Trainer[1] ['trɛ:nɐ] *m* <-s, -> *(Schweiz: Trainingsanzug)* chándal *m*

Trainer(in)[2] ['trɛ:nɐ] *m(f)* <-s, -; -nen> entrenador(a) *m(f)*

trainieren* [trɛ'ni:rən, tre'ni:rən] **I.** *vi* entrenarse **II.** *vt* entrenar

Training ['trɛ:nɪŋ] *nt* <-s, -s> entrenamiento *m*; **autogenes/Autogenes** ~ entrenamiento autógeno

Trainingsanzug *m* chándal *m*

Trainingslager *nt* (SPORT) campo *m* de entrenamiento

Trakt [trakt] *m* <-(e)s, -e> (ARCHIT) ala *f*

Traktat *m o nt* <-(e)s, -e> *(geh)* tratado *m*

traktieren* [trak'ti:rən] *vt* ① *(angreifen)* molestar, torturar; **jdn mit den Fäusten** ~ dar a alguien unos puñetazos; **jdn mit Vorwürfen** ~ poner a alguien por los suelos ② *(bewirten)* agasajar

Traktor ['trakto:ɐ] *m* <-s, -en> tractor *m*

trällern ['trɛlɐn] **I.** *vi* tararear una melodía **II.** *vt* tararear

Tram [tram] *f* <-s> *(reg)* tranvía *m*

Trampel ['trampəl] *m o nt* <-s, -> *(fam abw)* patán, -ana *m, f*

trampeln ['trampəln] **I.** *vi* patear **II.** *vt* **etw platt** ~ pisotear algo

Trampelpfad *m* sendero *m* trillado

Trampeltier *nt* ① *(Kamel)* camello *m* ② *(fam: Trampel)* patán, -ana *m, f*

trampen ['trɛmpən] *vi sein* hacer autostop

Tramper(in) *m(f)* <-s, -; -nen> autoestopista *mf*

Trampolin ['trampoli:n, --'-] *nt* <-s, -e> trampolín *m*

Tramway ['tramvaɪ] *f* <-s> *(Österr)* tranvía *m*

Tran [tra:n] *m* <-(e)s, -e> *(vom Wal)* aceite *m* de ballena; *(vom Fisch)* aceite *m* de hí-

T

gado de bacalao; **wie im ~** *(fam: benommen)* confuso; *(zerstreut)* despistado
Trance ['trãːs(ə)] *f* <-n> trance *m*
tranchieren* [trã'ʃiːrən] *vt s.* **transchieren**
Träne ['trɛːnə] *f* <-n> lágrima *f*; **den ~n nahe sein** estar a punto de romper a llorar; **~n lachen** llorar de risa; **zu ~n gerührt sein** estar muy conmovido; **in ~n aufgelöst** hecho un mar de lágrimas; **mir kommen die ~n!** *(iron)* ¡huy, qué pena me das!
tränen *vi* lagrimear, llorar *fam;* **mir ~ die Augen** me lloran los ojos
Tränendrüse *f* glándula *f* lagrimal
Tränengas *nt ohne pl* gas *m* lacrimógeno
tranig ['traːnɪç] *adj* ❶ *(nach Tran schmeckend)* aceitoso ❷ *(fam: träge)* pesado
trank [traŋk] *3. imp von* **trinken**
Tränke ['trɛŋkə] *f* <-n> abrevadero *m*, pileta *f RíoPl*
tränken ['trɛŋkən] *vt* ❶ *(Tiere)* abrevar ❷ *(durchnässen)* empapar (**in** en, **mit** de)
Transaktion [transʔak'tsjoːn] *f* <-en> transacción *f*
transatlantisch *adj* tra(n)satlántico
transchieren* [tran'ʃiːrən] *vt* (GASTR) trinchar
Transfer [trans'feːɐ] *m* <-s, -s> ❶ (WIRTSCH, PSYCH) tra(n)sferencia *f* ❷ *(auf Reisen)* traslado *m* ❸ (SPORT) traspaso *m*
Transformation [transfɔrma'tsjoːn] *f* <-, -en> tra(n)sformación *f*
Transformator [transfɔr'maːtoːɐ] *m* <-s, -en> tra(n)sformador *m*
transformieren* [transfɔr'miːrən] *vt* tra(n)sformar (**in** en)
Transfusion [transfu'zjoːn] *f* <-en> (MED) tra(n)sfusión *f* (de sangre)
Transistor [tran'zɪstoːɐ] *m* <-s, -en> transistor *m*
Transistorradio *nt* transistor *m*
Transit [tran'ziːt, tran'zɪt] *m* <-s, -e> tránsito *m*
transitiv ['tranzitiːf, --'-] *adj* (LING) transitivo
Transitreisende(r) *mf* viajero, -a *m, f* en tránsito
Transitverkehr *m* tráfico *m* de tránsito
Transkription [transkrɪp'tsjoːn] *f* <-en> (LING, MUS) tra(n)scripción *f*
Transmission [transmɪ'sjoːn] *f* <-, -en> (TECH) tra(n)smisión *f*
transparent [transpa'rɛnt] *adj* tra(n)sparente
Transparent [transpa'rɛnt] *nt* <-(e)s, -e> *(Spruchband)* pancarta *f*
Transparenz [transpa'rɛnts] *f ohne pl* tra(n)sparencia *f*
Transpiration [transpira'tsjoːn] *f* <-, -en> (*a.* BOT) tra(n)spiración *f*
transpirieren* [transpi'riːrən] *vi* tra(n)spirar
Transplantat [transplan'taːt] *nt* <-(e)s, -e> (MED) órgano *m* tra(n)splantado
Transplantation [transplanta'tsjoːn] *f* <-en> (MED, BOT) tra(n)splante *m*
transplantieren* [transplan'tiːrən] *vt* (MED) tra(n)splantar
Transport [trans'pɔrt] *m* <-(e)s, -e> tra(n)sporte *m*
transportabel [transpɔr'taːbəl] *adj* tra(n)sportable; *(tragbar)* portátil
Transporter *m* <-s, -> vehículo *m* de tra(n)sporte
transportfähig *adj (Person)* en condiciones de ser trasladado
Transportflugzeug *nt* avión *m* de tra(n)sporte
transportieren* [transpɔr'tiːrən] *vt* ❶ *(Waren)* tra(n)sportar ❷ *(Personen)* trasladar ❸ *(Ideen, Werte)* trasladar
Transportkosten *pl* gastos *mpl* de tra(n)sporte
Transportmittel *nt* medio *m* de tra(n)sporte
Transportunternehmen *nt* empresa *f* de tra(n)sportes
Transportunternehmer(in) *m(f)* <-s, -; -, -nen> tra(n)sportista *mf*
transsexuell [transzɛksu'ɛl] *adj* transexual
Transsexuelle(r) *mf* <-n, -n; -n> transexual *mf*
Transvestit [transvɛs'tiːt] *m* <-en, -en> travestí *m*
transzendent [transtsɛn'dɛnt] *adj* (PHILOS) tra(n)scendente
transzendental [transtsɛndɛn'taːl] *adj* (PHILOS) tra(n)scendental
Transzendenz [transtsɛn'dɛnts] *f* <-, *ohne pl*> *(geh, a.* PHILOS) tra(n)scendencia *f*
Trapez [tra'peːts] *nt* <-es, -e> *(Turngerät, a.* MATH) trapecio *m*
Trasse ['trasə] *f* <-n> trazado *m*
trat [traːt] *3. imp von* **treten**
Tratsch [traːtʃ] *m* <-(e)s, *ohne pl*> *(fam abw)* cotilleo *m*
tratschen ['traːtʃən] *vi (fam abw)* cotillear (**über** sobre)
Traualtar ['traʊʔaltaːɐ] *m* altar *m* nupcial; **jdn zum ~ führen** llevar a alguien al altar
Traube ['traʊbə] *f* <-n> ❶ *(Weintraube)* uva *f*; **blaue/grüne ~n** uvas negras/blancas ❷ (BOT) racimo *m* ❸ *(Menschentraube)* grupo *m*
Traubenlese *f* vendimia *f*

Traubensaft *m* zumo *m* de uva, jugo *m* de uva *Am*, baya *f Chil*
Traubenzucker *m* glucosa *f*
trauen ['traʊən] **I.** *vi* confiar; **jdm/etw** *dat* ~ confiar en alguien/algo; **ich traute meinen Augen/Ohren nicht** no podía dar crédito a mis ojos/oídos **II.** *vt* casar; **sich ~ lassen** casarse **III.** *vr:* **sich ~** atreverse; **sich ~, etw zu tun** atreverse a hacer algo
Trauer ['traʊɐ] *f ohne pl* tristeza *f; (um Tote)* luto *m;* ~ **tragen** llevar luto
Traueranzeige *f* <-, -n> esquela *f* de defunción
Trauerfall *m* defunción *f*
Trauerfeier *f* funeral *m*
Trauergottesdienst *m* funeral *m*
Trauerkleidung *f* luto *m;* ~ **tragen** llevar luto
Trauerkloß *m (fam)* soso, -a *m, f*
Trauermarsch *m* (MUS) marcha *f* fúnebre
Trauermiene *f (fam)* cara *f* de circunstancias
trauern ['traʊɐn] *vi* llevar luto; **um jdn** ~ llorar la muerte de alguien
Trauerspiel *nt (a. fig)* tragedia *f*
Trauerweide *f* (BOT) sauce *m* llorón
Trauerzug *m* cortejo *m* fúnebre
Traufe ['traʊfə] *f* <-n> canalón *m*
träufeln ['trɔɪfəln] *vt* verter gota a gota (**in** en)
Traum [traʊm, *pl:* 'trɔɪmə] *m* <-(e)s, Träume> sueño *m;* **im ~ reden** hablar en sueños; **das fällt mir nicht im ~ ein** *(fam)* eso no se me ocurre ni en sueños; **das war schon immer mein ~** siempre soñé con eso; **aus der ~!** *(fam)* ¡vuelta a la realidad!
Trauma ['traʊma] *nt* <-s, Traumen *o* Traumata> (MED, PSYCH) trauma *m*
traumatisch [traʊ'maːtɪʃ] *adj* (MED, PSYCH) traumático
traumatisieren* *vt* traumatizar
Traumberuf *m* trabajo *m* ideal, oficio *m* soñado
Traumdeutung *f* interpretación *f* de los sueños
Traumen ['traʊmən] *pl von* **Trauma**
träumen ['trɔɪmən] *vi* soñar (**von** con); **von jdm/etw ~** soñar con alguien/algo; **er träumt mit offenen Augen** sueña despierto; **das hätte ich mir nicht ~ lassen** nunca hubiese soñado con ello
Träumer(in) *m(f)* <-s, -; -nen> soñador(a) *m(f)*
Träumerei *f* <-en> sueños *mpl,* fantasías *f pl*
träumerisch *adj* soñador
traumhaft *adj* ❶ *(wie im Traum)* de ensueño ❷ *(fam: wunderbar)* maravilloso
Traumpaar *nt* <-(e)s, -e> pareja *f* ideal
Traumtänzer(in) *m(f) (abw)* iluso, -a *m, f*
traurig ['traʊrɪç] *adj* ❶ *(bekümmert)* triste; **über etw ~ sein** estar triste por algo; **jdn ~ machen** entristecer a alguien; **~ werden** ponerse triste ❷ *(beklagenswert)* triste ❸ *(erbärmlich)* deplorable
Traurigkeit *f ohne pl* tristeza *f*
Trauring *m* alianza *f*
Trauschein *m* acta *f* de matrimonio
Trauung ['traʊʊŋ] *f* <-en> boda *f,* casamiento *m;* **kirchliche/standesamtliche ~** casamiento por la iglesia/por lo civil
Trauzeuge, -in *m, f* testigo *mf* de matrimonio
Travestie [travɛs'tiː, *pl:* travɛs'tiən] *f* <-, -n> (LIT) parodia *f*
Trecker ['trɛkɐ] *m* <-s, -> tractor *m*
Treff [trɛf] *m* <-s, -s> *(fam)* ❶ *(das Treffen)* encuentro *m* ❷ *(Treffpunkt)* lugar *m* de encuentro
treffen ['trɛfən] <trifft, traf, getroffen> **I.** *vi (Ziel)* acertar **II.** *vt* ❶ *(begegnen)* encontrar; *(zufällig)* encontrarse (con), dar (con) ❷ *(erreichen)* alcanzar, dar; **das Ziel ~** dar en el blanco; **mit deinem Job hast du es ja gut getroffen** acertaste con tu trabajo ❸ *(kränken)* ofender ❹ *(betreffen)* afectar; **das trifft dich** eso se refiere a ti; **mich trifft keine Schuld** yo no tengo la culpa ❺ *(ergreifen)* **Maßnahmen gegen etw ~** adoptar medidas contra algo; **eine Vereinbarung ~** llegar a un acuerdo **III.** *vr:* **sich ~** ❶ *(zusammenkommen)* encontrarse; *(sich versammeln)* reunirse ❷ *(geschehen)* ocurrir; **das trifft sich gut!** ¡eso me viene como anillo al dedo!
Treffen ['trɛfən] *nt* <-s, -> (*a.* SPORT) encuentro *m*
treffend **I.** *adj (richtig)* justo; *(angemessen)* adecuado **II.** *adv* con exactitud
Treffer *m* <-s, -> ❶ *(Schießen)* tiro *m* certero; *(Ballspiele)* gol *m; (Boxen)* golpe *m* certero; *(Einschuss)* impacto *m* ❷ *(in einer Lotterie)* premio *m* ❸ *(Erfolg)* exitazo *m*
Trefferquote *f* número *m* de aciertos [*o* dianas] [*o* goles]
Treffpunkt *m* lugar *m* de encuentro
treffsicher *adj* certero
Treffsicherheit *f ohne pl* ❶ *(beim Schießen)* precisión *f* de tiro ❷ *(Prägnanz, Präzision)* certeza *f*
Treibeis ['traɪp-] *nt* témpano *m*
treiben ['traɪbən] <treibt, trieb, getrieben> **I.** *vt* ❶ *(hinbringen)* llevar; *(schieben)* empujar; *(mit Zwang)* hacer avanzar; **sich (von der Strömung) ~ lassen** dejarse llevar (por la corriente); **die Preise in**

die Höhe ~ hacer subir los precios ② *(antreiben)* apremiar (**zu** a); (TECH) hacer funcionar; **jdn zur Eile ~** meterle prisa a alguien; **jdn zum Wahnsinn ~** volver loco a alguien ③ *(hineinschlagen)* clavar (**in** en); *(Tunnel)* cavar ④ *(betreiben, tun)* dedicarse (a); (SPORT) practicar; **Missbrauch mit etw** *dat* **~** abusar de algo; **dummes Zeug ~** *(fam)* hacer tonterías; **es zu toll ~** ir demasiado lejos; **es mit jdm ~** *(fam)* tener relaciones sexuales con alguien ⑤ *(Knospen)* echar **II.** *vi* ① *sein (fortbewegt werden)* ser llevado; *(von der Strömung)* ser arrastrado (por la corriente); *(auf Wasser)* flotar (**auf/in** en) ② *(Pflanze)* brotar ③ *(fam: Bier, Kaffee)* ser diurético

Treiben *nt* <-s, *ohne pl*> ① *(auf der Straße)* movimiento *m; (Belebtheit)* animación *f* ② *(Handeln)* actividad *f*

treibend *adj* **die ~e Kraft** la fuerza motriz

Treiber *m* <-s, -> (INFOR) controlador *m*

Treibgas *nt* gas *m* propulsor

Treibgut *nt* <-(e)s, *ohne pl*> mercancía *f* que flota en el agua

Treibhaus *nt* invernadero *m*

Treibhauseffekt *m ohne pl* efecto *m* invernadero

Treibhausgas *nt* gas *m* (de efecto) invernadero

Treibholz *nt ohne pl* madera *f* flotante

Treibjagd *f* batida *f*

Treibnetz *nt* <-es, -e> red *f* de arrastre

Treibsand *m ohne pl* arena *f* movediza

Treibstoff *m* combustible *m*

Trekking ['trɛkɪŋ] *nt* <-s, -s> (SPORT) trekking *m*

Trekkingsandale ['trɛkɪŋ-] *f* sandalia *f* de montaña

Trekkingstock ['trɛkɪŋ-] *m* palo *m* de trekking

Tremolo ['tre:molo] *nt* <-s, -s *o* Tremoli> (MUS) trémolo *m*

Trenchcoat ['trɛntʃkɔʊt] *m* <-(s), -s> gabardina *f*

T

Trend [trɛnt] *m* <-s, -s> tendencia *f* (**zu** a); **modischer ~** moda *f*; **mit etw** *dat* **voll im ~ liegen** *(fam)* ir con algo completamente a la moda

Trendsetter(in) ['trɛntsɛtɐ] *m(f)* <-s, -; -nen> iniciador(a) *m(f)* de una moda

Trendwende *f* cambio *m* de tendencia

trendy ['trɛndi] *adj (fam)* de moda, moderno

trennbar *adj* separable

trennen ['trɛnən] **I.** *vt* separar (**von** de); *(absondern)* apartar; *(Begriffe)* distinguir; *(Silben)* dividir **II.** *vr:* **sich ~** ① *(auseinandergehen)* separarse (**von** de); **hier ~ sich unsere Wege** aquí se separan nuestros caminos; **sie haben sich getrennt** se separaron ② *(weggeben)* desprenderse (**von** de)

Trennlinie *f* línea *f* divisoria

Trennung *f* <-en> separación *f; (Teilung)* división *f; (Absonderung)* aislamiento *m;* **sie stehen kurz vor der ~** están a punto de separarse

Trennungsstrich *m* (LING) guion *m*

Trennvorhang *m* cortina *f* (separadora)

Trennwand *f* pared *f* divisoria

Trennzeichen *nt* (INFOR, TYPO) carácter *m* de separación

treppab [trɛp'ʔap] *adv* escaleras abajo

treppauf [trɛp'ʔaʊf] *adv* escaleras arriba

Treppe ['trɛpə] *f* <-n> escalera *f;* **die ~ hinauf-/hinuntergehen** subir/bajar la(s) escalera(s)

Treppenabsatz *m* descansillo *m*

Treppengeländer *nt* barandilla *f*

Treppenhaus *nt* (caja *f* de la) escalera *f*

Treppenstufe *f* peldaño *m*

Tresen ['tre:zən] *m* <-s, -> *(nordd)* ① *(in einer Gaststätte)* barra *f* ② *(Ladentisch)* mostrador *m*

Tresor [tre'zo:ɐ] *m* <-s, -e> ① *(Schrank)* caja *f* fuerte ② *(Tresorraum)* cámara *f* acorazada

Tresorraum *m* cámara *f* acorazada

Tretboot *nt* patín *m* a pedales

Treteimer *m* <-s, -> cubo *m* con pedal

treten ['tre:tən] <tritt, trat, getreten> **I.** *vi* ① *sein (hinaustreten)* salir (**auf** a); *(eintreten)* entrar (**in** a/en); *(sich stellen)* ponerse (**vor** delante de, **hinter** detrás de, **neben** al lado de); **in Aktion ~** entrar en acción; **auf die Bremse ~** pisar el freno; **ans Fenster ~** asomarse a la ventana; **in jds Leben ~** entrar en la vida de alguien; **in den Ruhestand ~** jubilarse; **zur Seite ~** apartarse; **an jds Stelle ~** su(b)stituir a alguien; **über die Ufer ~** *(Fluss)* desbordarse; **~ Sie näher!** ¡acérquese! ② *sein (mit dem Fuß)* pisar; *(absichtlich)* pisotear ③ *(Tritt versetzen)* dar una patada (**gegen** contra, **nach** a) ④ *(beim Radfahren)* pedalear **II.** *vt (Person, Tier, Pedal)* pisar; *(Tritt geben)* dar una patada

Tretmine *f* (MIL) mina *f;* **~n legen** sembrar de minas, minar

Tretmühle *f (fam abw)* rutina *f* diaria

treu [trɔɪ] *adj* fiel; *(loyal)* leal; *(zuverlässig)* de confianza; **sich** *dat* **selbst ~ bleiben** ser fiel a uno mismo; **jdm ~ sein** ser fiel a alguien

treudoof ['-'-] *adj (fam)* cándido, inocente

Treue ['trɔɪə] *f ohne pl* ① *(Treusein)* fidelidad *f; (Loyalität)* lealtad *f;* **jdm die ~ halten** ser fiel a alguien ② *(Genauigkeit)* precisión *f*

Treueid *m* juramento *m* de fidelidad
Treueprämie *f* prima *f* por fidelidad
Treueschwur *m* ❶ *(von Geliebten)* promesa *f* (solemne) de fidelidad ❷ (HIST: *Eid*) juramento *m* de fidelidad [*o* de lealtad]; **einen ~ leisten/ablegen** jurar lealtad [*o* fidelidad]
Treuhand *f* <-, *ohne pl*> (JUR) fideicomiso *m*
Treuhänder(in) [-hɛndɐ] *m(f)* <-s, -; -nen> (JUR) fiduciario, -a *m, f*
treuhänderisch *adj* fiduciario
Treuhandgesellschaft *f* (JUR) sociedad *f* fiduciaria
treuherzig *adj* ingenuo
treulos *adj* infiel; *(verräterisch)* traidor
Treulosigkeit *f ohne pl* infidelidad *f*, deslealtad *f*; *(Verrat)* traición *f*
Triangel ['tri:aŋəl, -'--] *m o Österr: nt* <-s, -> triángulo *m*
Triathlon ['tri:atlɔn] *nt* <-s, -s> (SPORT) triatlón *m*
Tribunal [tribu'na:l] *nt* <-s, -e> tribunal *m*
Tribüne [tri'by:nə] *f* <-n> tribuna *f*, palco *m Am*
Tribut [tri'bu:t] *m* <-(e)s, -e> tributo *m*; **jdm/etw** *dat* **~ zollen** elogiar a alguien/algo
Trichter ['trɪçtɐ] *m* <-s, -> ❶ *(zum Einfüllen)* embudo *m* ❷ *(Schalltrichter)* bocina *f*; *(an Musikinstrumenten)* pabellón *m* ❸ *(Bombentrichter, a.* GEO) cráter *m*
trichterförmig *adj* en forma de embudo
Trick [trɪk] *m* <-s, -s> truco *m*, manganeta *f Hond*; **sie hat den ~ raus** *(fam)* ha pillado el truco; **~ siebzehn!** *(fam)* ¡magia potagia!
Trickaufnahme *f* trucaje *m*
Trickbetrug *m* <-(e)s, *ohne pl*> timo *m*
Trickbetrüger(in) *m(f)* timador(a) *m(f)*
Trickfilm *m* dibujos *mpl* animados
Trickkiste *f* <-, -n> *(fam)* trucos *mpl*; **in die ~ greifen** recurrir a trucos
trickreich *adj* que sabe muchos trucos
tricksen ['trɪksən] **I.** *vi (fam)* hacer trucos; *(betrügen)* engañar **II.** *vt (fam)* arreglar; **wir werden das schon ~** ya lo arreglaremos
trieb [tri:p] *3. imp von* **treiben**
Trieb [tri:p] *m* <-(e)s, -e> ❶ (PSYCH, BIOL) impulsión *f*; *(Instinkt)* instinto *m*; *(Neigung)* inclinación *f* (**zu** a) ❷ (BOT) brote *m*
Triebfeder *f* <-, -n> ❶ (TECH) resorte *m* ❷ *(Beweggrund)* móvil *m*
triebhaft *adj* instintivo
Triebhaftigkeit *f* <-, *ohne pl*> impulsividad *f*
Triebkraft *f* (*a.* TECH, PSYCH) fuerza *f* motriz
Triebtäter *m* delincuente *m* sexual
Triebwagen *m* automotor *m*
Triebwerk *nt* (*a.* AERO) motores *mpl*
triefen ['tri:fən] <trieft, triefte *o* troff, getrieft *o* getroffen> *vi* ❶ *sein (rinnen)* chorrear (**aus/von** por/de) ❷ *(nass sein)* estar empapado (**von/vor** de/por); **sie war ~d nass** estaba calada hasta los huesos
Trier [tri:ɐ] *nt* <-s> Tréveris *m*
trifft [trɪft] *3. präs von* **treffen**
triftig ['trɪftɪç] *adj (überzeugend)* convincente; *(begründet)* bien fundado
Trigonometrie [trigonome'tri:] *f ohne pl* (MATH) trigonometría *f*
Trikot [tri'ko:] *nt* <-s, -s> camiseta *f*
trillern ['trɪlɐn] *vi (Vogel)* trinar; *(Mensch)* tararear
Trillerpfeife *f* pito *m*, silbato *m*
Trillion [trɪ'ljo:n] *f* <-, -en> trillón *m*
Trilogie [trilo'gi:] *f* <-n> trilogía *f*
Trimester [tri'mɛstɐ] *nt* <-s, -> trimestre *m*
Trimm-dich-Pfad ['trɪmdɪçpfa:t] *m s.* **Trimmpfad**
trimmen ['trɪmən] **I.** *vt* ❶ *(durch Sport)* entrenar ❷ (NAUT, AERO) equilibrar; *(verstauen)* arrumar ❸ *(Hund, Rasen: scheren)* esquilar **II.** *vr:* **sich ~** mantenerse en forma
Trimmpfad *m* <-(e)s, -e> circuito *m* gimnástico (en el bosque)
Trinidad und Tobago ['trɪnidat ʊnt to'ba:go] *nt* <-s - -s> Trinidad y Tobago
trinkbar *adj* bebedero; *(Wasser)* potable
trinken ['trɪŋkən] <trinkt, trank, getrunken> *vi, vt* beber (**aus** de/por, **auf** a); *(Kaffee, Tee)* tomar; **aus der Flasche/aus dem Glas ~** beber de la botella/del vaso; **gibst du mir bitte etwas zu ~?** ¿me das algo de beber, por favor?; **sie hat die Flasche leer getrunken** se ha bebido toda la botella; **einen ~ gehen** *(fam)* ir a tomar una copa; **auf jds Wohl ~** beber a la salud de alguien; **darauf müssen wir einen ~** *(fam)* hay que brindar por ello
Trinker(in) *m(f)* <-s, -; -nen> bebedor(a) *m(f)*
Trinkerin *f* <-nen> *s.* **Trinker**
trinkfest *adj* que tiene aguante para la bebida
Trinkgelage *nt* <-s, -> bacanal *f*
Trinkgeld *nt* propina *f*, gato *m Méx*, feria *f CRi*
Trinkglas *nt* vaso *m* para beber
Trinkhalm *m* pajita *f*
Trinkspruch *m* brindis *m inv*; **einen ~ auf jdn ausbringen** brindar por alguien
Trinkwasser *nt* agua *f* potable; **kein ~!** ¡no potable!

Trinkwasseraufbereitung *f* depuración *f* de aguas
Trinkwasseraufbereitungsanlage *f* planta *f* potabilizadora
Trinkwasserversorgung *f ohne pl* abastecimiento *m* de agua potable
Trio ['tri:o] *nt* <-s, -s> (MUS) trío *m*
Trip [trɪp] *m* <-s, -s> *(fam)* ① *(Reise)* excursión *f* ② *(durch Drogen)* pedal *m;* **auf einem ~ sein** flipar
trippeln ['trɪpəln] *vi sein* andar a pasos cortos
Tripper ['trɪpɐ] *m* <-s, -> gonorrea *f*
trist [trɪst] *adj (geh)* triste
tritt [trɪt] *3. präs von* **treten**
Tritt [trɪt] *m* <-(e)s, -e> ① *(Schritt, Gang)* paso *m* ② *(Fußtritt)* puntapié *m;* **jdm einen ~ versetzen** dar un puntapié a alguien
Trittbrett *nt* estribo *m*
Trittbrettfahrer(in) *m(f) (abw)* aprovechado, -a *m, f*
Trittleiter *f* escalerilla *f*
Trittstufe *f* (ARCHIT) escalón *m*
Triumph [tri'ʊmf] *m* <-(e)s, -e> triunfo *m;* **einen ~ erringen** triunfar
triumphal [triʊm'fa:l] *adj* triunfal
Triumphbogen *m* arco *m* de triunfo
Triumphgeschrei *nt ohne pl* gritos *mpl* de triunfo
triumphieren* [triʊm'fi:rən] *vi* triunfar (**über** sobre)
triumphierend *adj* triunfante
Triumphzug *m* marcha *f* triunfal
trivial [tri'vja:l] *adj* trivial
Trivialität [trivjali'tɛ:t] *f* <-, -en> trivialidad *f*
Trizeps ['tri:tsɛps] *m* <-(es), -e> (ANAT) tríceps *m inv*
trocken ['trɔkən] *adj* seco; *(langweilig)* aburrido; **auf dem T~en sitzen** *(fam: keine Lösung finden)* no salir adelante; *(aus finanziellen Gründen)* estar en un aprieto económico; *(nichts zu trinken haben)* no tener para beber
Trockeneis *nt* hielo *m* seco
Trockenhaube *f* secador *m* (del pelo)
Trockenheit *f* <-en> sequedad *f,* aridez *f;* *(Dürrezeit)* sequía *f*
trocken|legen *vt* ① *(Kind)* cambiar los pañales ② *(Sumpf)* drenar
Trockenmilch *f* leche *f* en polvo
Trockenobst *nt* frutos *mpl* secos
Trockenplatz *m* tendedero *m* para ropa
trocken|reiben *irr vt* secar frotando; **sich** *dat* **die Haare ~** secarse el cabello frotando (con la toalla)
Trockenzeit *f* (temporada *f* de) sequía *f*

trocknen ['trɔknən] **I.** *vi sein* secarse **II.** *vt* secar
Trockner *m* <-s, -> secadora *f*
Trödel ['trø:dəl] *m* <-s, *ohne pl*> ① *(fam: Dinge)* cachivaches *mpl* ② *(Markt)* mercadillo *m*
Trödelei *f* <-en> *(fam abw)* pérdida *f* de tiempo
Trödelmarkt *m* mercadillo *m*
trödeln ['trø:dəln] *vi (fam a. abw)* perder el tiempo, demorarse (mucho) *Am*
Trödler(in) ['trø:dlɐ] *m(f)* <-s, -; -nen> ① *(abw: Bummler)* tortuga *f* ② *(Altwarenhändler)* prendero, -a *m, f,* cambalachero, -a *m, f Arg, Urug*
troff [trɔf] *3. imp von* **triefen**
trog [tro:k] *3. imp von* **trügen**
Trog [tro:k, *pl:* 'trø:gə] *m* <-(e)s, Tröge> artesa *f,* canoa *f Am*
Troll [trɔl] *m* <-(e)s, -e> trol(l) *m,* espíritu *m* maligno
Trolley ['trɔli] *m* <-s, -s> carro *m* portaequipajes
Trolleybus ['trɔlibʊs] *m (Schweiz)* trolebús *m*
Trommel ['trɔməl] *f* <-n> (MUS, TECH) tambor *m;* *(Revolvertrommel)* barrilete *m;* *(Kabeltrommel)* tambor *m*
Trommelfell *nt* (ANAT) tímpano *m*
trommeln I. *vi* (MUS) tocar el tambor; *(mit den Fingern)* tamborilear (**auf** sobre) **II.** *vt* tocar en el tambor
Trommelstock *m* (MUS) baqueta *f*
Trommler(in) ['trɔmlɐ] *m(f)* <-s, -; -nen> tamborilero, -a *m, f*
Trompete [trɔm'pe:tə] *f* <-n> trompeta *f*
trompeten* [trɔm'pe:tən] *vi* ① (MUS) tocar la trompeta ② *(Elefant)* barritar ③ *(lautstark äußern)* anunciar en voz alta; *(sich laut schnäuzen)* sonarse con fuerza
Trompeter(in) *m(f)* <-s, -; -nen> trompetista *mf*
Tropen ['tro:pən] *pl* trópicos *mpl,* zona *f* tropical
Tropenhelm *m* salacot *m*
Tropenholz *nt* madera *f* tropical
Tropenwald *m* selva *f* tropical
Tropf [trɔpf] *m* <-(e)s, -e> (MED) gotero *m* intravenoso; **am ~ hängen** *(fam)* tener el gotero puesto
tröpfchenweise *adv* gotita a gotita
tröpfeln ['trœpfəln] **I.** *vi sein (heruntertröpfeln)* gotear **II.** *vt* verter gota a gota (**auf/in** sobre/en) **III.** *vunpers (fam: regnen)* gotear
tropfen ['trɔpfən] *vi* gotear
Tropfen *m* <-s, -> gota *f;* **bis auf den letzten ~** hasta la última gota; **ein guter ~** un vino excelente; **das ist (nur) ein ~ auf**

T

den heißen Stein *(fam)* (solo) es una gota en medio del océano
tropfenweise *adv* gota a gota
Tropfinfusion *f* (MED) infusión *f* gota a gota
tropfnass ['-'-] *adj* sin exprimir, chorreando *fam*
Tropfsteinhöhle *f* cueva *f* de estalactitas y estalagmitas
Trophäe [tro'fɛːə] *f* <-n> trofeo *m*
tropisch ['troːpɪʃ] *adj* tropical
Troposphäre [tropo'sfɛrə] *f* <-, *ohne pl*> (METEO) troposfera *f*
Tross [trɔs] *m* <-es, -e> ❶ *(Gefolge)* seguidores *mpl*, partidarios *mpl* ❷ *(Zug)* caravana *f*; **der ~ der Flüchtlinge** la caravana de refugiados
Trost [troːst] *m* <-(e)s, *ohne pl*> consuelo *m*; **als ~** de consuelo; **das ist ein schwacher ~** eso no me consuela mucho; **zum ~ kann ich sagen, dass ...** como consuelo puedo decir que...; **du bist wohl nicht ganz bei ~!** *(fam)* ¡debes estar loco!
trösten ['trøːstən] **I.** *vt* consolar **II.** *vr:* **sich ~** consolarse
tröstlich ['trøːstlɪç] *adj* consolador; **das ist ja sehr ~!** *(iron)* ¡vaya consuelo!
trostlos *adj* ❶ *(Person)* desconsolado ❷ *(Ding, Zustand)* desesperante
Trostlosigkeit *f ohne pl* desolación *f*, desesperación *f*
Trostpflaster *nt* (pequeño) consuelo *m*
Trostpreis *m* accésit *m*
trostreich *adj* consolador
Trott [trɔt] *m* <-(e)s, -e> ❶ *(Gangart)* trote *m* ❷ *(Routine)* rutina *f*; (**wieder**) **in den alten ~ verfallen** caer (de nuevo) en la vieja rutina
Trottel ['trɔtəl] *m* <-s, -> *(fam abw)* imbécil *mf*, zorzal *m Am*
trottelig *adj (fam abw)* estúpido
trotten ['trɔtən] *vi sein* trotar
Trottoir [trɔ'to̯aːɐ] *nt* <-s, -e *o* -s> *(reg)* acera *f*, vereda *f Am*
trotz *präp +gen/dat* a pesar de; **~ alle(de)m** a pesar de todo
Trotz *m* <-es, *ohne pl*> obstinación *f*; **aus ~** por despecho; **allen Warnungen zum ~ etw tun** hacer algo a pesar de todas las advertencias
Trotzalter *nt* edad *f* del pavo
trotzdem ['--, -'-] *konj* no obstante, sin embargo
trotzen ['trɔtsən] *vi* ❶ *(Kind)* emperrarse, estar de morros *fam* ❷ *(geh: widerstehen)* hacer frente (a)
trotzig *adj* obstinado, terco
Trotzkopf *m* cabezota *mf*; **seinen ~ durchsetzen** *(fam)* imponerse con testarudez
Trotzreaktion *f* <-, -en> terquedad *f* por despecho, obstinación *f* por despecho
trüb(e) *adj* ❶ *(Flüssigkeit)* turbio; *(Glas, Licht)* opaco; *(Farbe)* apagado ❷ *(Tag)* nublado; *(Himmel)* cubierto; *(Wetter)* nuboso ❸ *(Stimmung)* melancólico; **im T~en fischen** *(fam)* pescar en río revuelto
Trubel ['truːbəl] *m* <-s, *ohne pl*> barullo *m*, bulla *f*
trüben ['tryːbən] **I.** *vt* ❶ *(Flüssigkeit)* enturbiar; *(Glas)* empañar; **kein Wässerchen ~ können** *(fam)* no haber roto nunca un plato ❷ *(Freude, Erinnerung)* nublar **II.** *vr:* **sich ~** ❶ *(Flüssigkeit)* enturbiarse; *(Glas)* empañarse ❷ *(Himmel)* oscurecerse ❸ *(Stimmung, Beziehung)* enturbiarse; *(Bewusstsein)* nublarse
Trübsal[1] ['tryːpzaːl] *f* <-e> *(geh: Leid)* aflicción *f*
Trübsal[2] *f ohne pl (geh: Schwermut)* melancolía *f*; **~ blasen** *(fam)* estar triste
trübselig *adj* melancólico; *(düster)* lóbrego
Trübsinn *m* <-(e)s, *ohne pl*> tristeza *f*, melancolía *f*
trübsinnig *adj* melancólico; *(bekümmert)* afligido
Trübung *f* <-en> ❶ *(das Trübwerden, Beeinträchtigung)* enturbiamiento *m* ❷ *(des Bewusstseins)* ofuscación *f*
trudeln ['truːdəln] *vi sein (Ball)* rodar despacio (dando tumbos); **das Flugzeug geriet ins T~** el avión entró en barrena
Trüffel ['trʏfəl] *f* <-n> trufa *f*
trug [truːk] *3. imp von* **tragen**
Trug [truːk] *m* <-(e)s, *ohne pl*> *(geh)* ❶ *(Täuschung)* engaño *m*; **Lug und ~** patrañas *fpl* ❷ *(Schein)* ilusión *f*
trügen ['tryːgən] <trügt, trog, getrogen> *vi, vt* engañar; **wenn mich nicht alles trügt** si no me equivoco
trügerisch ['tryːgərɪʃ] *adj* engañoso
Trugschluss *m* conclusión *f* errónea
Truhe ['truːə] *f* <-n> arca *f*
Trümmer ['trʏmɐ] *pl* ruinas *fpl*; *(Schutt)* escombros *mpl*; **etw liegt in ~n** algo está en ruinas
Trümmerfeld *nt* campo *m* de ruinas
Trümmerhaufen *m* escombrera *f*
Trumpf [trʊmpf, *pl:* 'trʏmpfə] *m* <-(e)s, Trümpfe> triunfo *m*; **seinen letzten ~ ausspielen** *(fig)* quemar el último cartucho; **einen ~ in der Hand haben** *(fig)* tener un as en la manga
trumpfen ['trʊmpfən] *vi* matar con un triunfo
Trumpfkarte *f* triunfo *m*
Trunk [trʊŋk] *m* <-(e)s, Trünke> *(geh)* ❶ *(Getränk)* bebida *f* ❷ *(Trunksucht)* alcoholismo *m*

trunken ['trʊŋkən] *adj (geh)* ebrio (**vor** de); ~ **machen** embriagar
Trunkenbold [-bɔlt] *m* <-(e)s, -e> *(abw)* borracho, -a *m, f*
Trunkenheit *f ohne pl* embriaguez *f*, bimba *f Am;* **bei ~ am Steuer** al conducir en estado de embriaguez
Trunksucht *f ohne pl* alcoholismo *m*
trunksüchtig *adj* alcohólico
Trupp [trʊp] *m* <-s, -s> grupo *m;* (MIL) pelotón *m*
Truppe ['trʊpə] *f* <-n> ❶ (MIL) tropa *f* ❷ *(Schauspieltruppe)* compañía *f*
Truppenabbau *m* reducción *f* de las tropas
Truppenabzug *m* <-(e)s, *ohne pl*> retirada *f* de las tropas
Truppenbewegung *f* <-, -en> movimiento *m* de tropas
Truppengattung *f* arma *f*
Truppenkontingent *nt* <-(e)s, -e> contingente *m* de tropas
Truppenstärke *f* <-, -n> efectivo *m* militar
Truppenübung *f* maniobras *f pl*
Truppenübungsplatz *m* campo *m* de maniobras
Truthahn, -henne ['tru:t-] *m, f* (ZOOL) pavo, -a *m, f*, guajalote *m Méx*, pisco *m Col, Ven*
Tschad [tʃat] *m* <-s> Chad *m*
tschau [tʃaʊ] *interj (fam)* ¡adiós!
Tscheche, -in ['tʃɛçə] *m, f* <-n, -n; -nen> checo, -a *m, f*
Tschechien ['tʃɛçiən] *nt* <-s> Chequia *f*
Tschechin *f* <-nen> *s.* **Tscheche**
tschechisch *adj* checo; **T~e Republik** República Checa
Tschechoslowake, -in [tʃɛçoslo'va:kə] *m, f* <-n, -n; -nen> checoslovaco, -a *m, f*
Tschechoslowakei [-slova'kaɪ] *f* Checoslovaquia *f*
tschechoslowakisch *adj* checoslovaco
T **tschüs** *interj*, **tschüss** [tʃʏs] *interj* hasta luego, chau *Am*
T-Shirt *nt* <-s, -s> camiseta *f*, polera *f Am*, playera *f Guat, Méx*
Tsunami ['tsu:nami, tsu'na:mi] *m* <-, -s> (METEO, GEO) tsunami *m*
TU [te:'ʔu:] *f* <-s> *Abk. von* **Technische Universität** Universidad *f* Técnica
Tuba ['tu:ba] *f* <Tuben> ❶ (MUS) tuba *f* ❷ (MED) trompa *f* de Eustaquio
Tube ['tu:bə] *f* <-n> ❶ *(Behälter)* tubo *m;* **auf die ~ drücken** *(fam)* darle al acelerador ❷ (MED) trompa *f* de Eustaquio
Tuben *pl von* **Tuba, Tube**
tuberkulös [tubɛrku'lø:s] *adj* (MED) tuberculoso
Tuberkulose [tubɛrku'lo:zə] *f* <-n> (MED) tuberculosis *f inv*
tuberkulosekrank *adj* ~ **sein** ser tuberculoso
Tuberkulosekranke(r) *mf* tuberculoso, -a *m, f*
Tubus ['tu:bʊs] *m* <-, Tuben *o* -se> (MED) tubo *m*
Tuch[1] [tu:x] *nt* <-(e)s, -e> *(Stoff)* género *m*, paño *m*
Tuch[2] [tu:x, *pl:* 'ty:çɐ] *nt* <-(e)s, Tücher> ❶ *(Hals-, Kopftuch)* pañuelo *m* ❷ *(Wischtuch)* trapo *m* ❸ *(für Stierkampf)* capote *m*
Tuchfühlung *f ohne pl (fam)* contacto *m;* **mit jdm auf ~ gehen** aproximarse (físicamente) a alguien
tüchtig ['tʏçtɪç] **I.** *adj* ❶ *(fähig)* hábil, capaz; *(erfahren)* versado; *(fleißig)* aplicado; *(gut)* bueno ❷ *(fam: groß)* grande; *(beachtlich)* considerable **II.** *adv (sehr)* mucho; *(ziemlich viel)* bastante
Tüchtigkeit *f ohne pl (Fähigkeit)* habilidad *f*, capacidad *f; (Fleiß)* aplicación *f*
Tücke[1] ['tʏkə] *f* <-n> *(Mangel)* defecto *m*
Tücke[2] *f ohne pl (Bosheit)* maldad *f*, malicia *f;* **das ist die ~ des Objekts** esto es lo malo de la cosa
tuckern ['tʊkɐn] *vi* hacer ruidos explosivos
tückisch ['tʏkɪʃ] *adj* ❶ *(boshaft)* malicioso ❷ *(unberechenbar)* imprevisible ❸ *(gefährlich)* peligroso
tüfteln ['tʏftəln] *vi* romperse la cabeza (**an** con), sutilizar
Tugend ['tu:gənt] *f* <-en> virtud *f*
tugendhaft *adj* virtuoso
Tukan ['tu:kan, tu'ka:n] *m* <-s, -e> (ZOOL) tucán *m*
Tüll [tʏl] *m* <-s, -e> tul *m*
Tulpe ['tʊlpə] *f* <-n> tulipán *m*
tummeln ['tʊməln] *vr:* **sich ~** ❶ *(herumtollen)* corretear ❷ *(reg: sich beeilen)* darse prisa, apurarse *Am*
Tummelplatz *m* ❶ *(Spielplatz)* área *f* de juegos ❷ *(Schauplatz)* campo *m* de acción
Tümmler ['tʏmlɐ] *m* <-s, -> (ZOOL) delfín *m* mular, bufeo *m Am*
Tumor [tu'mo:ɐ] *m* <-s, -en> (MED) tumor *m*
Tümpel ['tʏmpəl] *m* <-s, -> charca *f*
Tumult [tu'mʊlt] *m* <-(e)s, -e> tumulto *m*, batifondo *m CSur*, bola *f Méx*
tun [tu:n] <tut, tat, getan> **I.** *vi, vt* hacer; **etw aus Liebe/aus Neid ~** hacer algo por amor/por envidia; **Wichtigeres zu ~ haben, als ...** tener cosas más importantes que hacer que...; **ich habe mein Bestes getan** hice todo lo que pude; **ich habe noch zu ~** todavía tengo que hacer; **damit ist es nicht getan** con esto no basta; **das**

ist leichter gesagt als getan es más fácil decirlo que hacerlo; **sie hat nichts zu ~** no tiene nada que hacer; **du kannst ~ und lassen, was du willst** puedes hacer lo que quieras; **was kann ich für Sie ~?** ¿en qué puedo ayudarle?; **wir haben getan, was wir konnten** hicimos lo que pudimos; **so etwas tut man nicht!** ¡eso no se hace!; **tu, was du nicht lassen kannst!** *(fam)* ¡haz lo que creas que tengas que hacer!; **das tut nichts zur Sache** *(fam)* esto no tiene nada que ver; **meine Uhr tut (es) nicht mehr** *(fam)* mi reloj ya no funciona; **hat er dir was getan?** ¿te hizo algo?; **der Hund tut nichts** *(fam)* el perro no hace nada; **tu mir doch den Gefallen und ...** hazme el favor y...; **wir haben es hier mit einem Mörder zu ~** nos las tenemos que ver con un asesino; **er bekam es mit der Angst zu ~** le entró miedo; **nach getaner Arbeit** después del trabajo; **damit habe ich nichts zu ~** no tengo nada que ver con ello; **ich will mit ihm nichts mehr zu ~ haben** no quiero tener más trato(s) con él; **so ~, als ob ...** hacer como si... *+subj;* **tu doch nicht so!** *(fam)* ¡deja de fingir!; **tu nicht so schlau!** *(fam)* ¡no te hagas el listo!; **du tätest gut daran, zu schweigen** harías bien en callarte; **wenn das noch mal passiert, kriegt er es mit mir zu ~** *(fam)* si vuelve a ocurrir se las verá conmigo **II.** *vt (fam: setzen, stellen, legen)* poner; **tu es in den Schrank** ponlo en el armario **III.** *vr:* **sich ~: es tut sich etwas** *(fam)* la cosa avanza; **sich schwer mit/bei etw** *dat* **~** *(fam)* tener dificultades con algo

Tun *nt* <-s, *ohne pl*> ❶ *(Beschäftigung)* actividades *f pl* ❷ *(Verhalten)* conducta *f*

Tünche ['tʏnçə] *f* <-n> jalbegue *m*

tünchen *vt* encalar

Tundra ['tʊndra] *f* <Tundren> tundra *f*

tunen ['tjuːnən] *vt* (AUTO) trucar

Tuner ['tjuːnɐ] *m* <-s, -> (ELEK) sintonizador *m*

Tunesien [tu'neːziən] *nt* <-s> Túnez *m*

Tunesier(in) *m(f)* <-s, -; -nen> tunecino, -a *m, f*

tunesisch *adj* tunecino

Tunfisch *m s.* **Thunfisch**

Tunke ['tʊŋkə] *f* <-n> (GASTR) salsa *f* (fría)

tunken *vt (reg)* mojar

tunlichst ['tuːnlɪçst] *adv* ❶ *(möglichst)* a ser posible ❷ *(auf jeden Fall)* en cualquier caso

Tunnel ['tʊnəl] *m* <-s, -(s)> túnel *m*

Tunte ['tʊntə] *f* <-n> *(abw fam)* ❶ *(Frau)* bruja *f* ❷ *(Homosexueller)* marica *m*

tuntig *adj (abw fam)* amariconado

Tüpfelchen ['tʏpfəlçən] *nt* <-s, -> puntito *m;* **das ~ auf dem i** el punto sobre la i

tüpfeln ['tʏpfəln] *vt* puntear

tupfen ['tʊpfən] *vt* ❶ *(auftragen)* aplicar unas gotas (de) ❷ *(abtupfen)* quitar

Tupfen ['tʊpfən] *m* <-s, -> *(Fleck)* mancha *f;* *(Punkt)* punto *m;* *(auf Stoff)* lunar *m*

Tupfer *m* <-s, -> ❶ *(fam: Punkt)* punto *m;* *(auf Stoff)* lunar *m* ❷ *(Wattebausch)* torunda *f*

Tür [tyːɐ] *f* <-en> puerta *f;* **in der ~ stehen** estar en la puerta; **~ an ~ mit jdm wohnen** vivir puerta a puerta con alguien; **hinter verschlossenen ~en** a puerta cerrada; **Weihnachten steht kurz vor der ~** *(fig)* las Navidades están a la vuelta de la esquina; **jdn vor die ~ setzen** *(fam)* poner a alguien de patitas en la calle; **jdm die ~ vor der Nase zuschlagen** *(fam)* dar(le) a alguien con la puerta en las narices; **ihr stehen alle ~en offen** tiene todas las puertas abiertas; **bei jdm mit etw** *dat* **offene ~en einrennen** *(fam)* hacer una propuesta a alguien de algo que no (le) es nuevo; **mit der ~ ins Haus fallen** *(fam)* ir directamente al grano; **zwischen ~ und Angel** *(fam)* a toda prisa; **jdm die ~ einrennen** *(fig)* tirar(le) la puerta abajo a alguien

Türangel *f* gozne *m*

Turban ['tʊrbaːn] *m* <-s, -e> turbante *m*

Turbine [tʊr'biːnə] *f* <-n> (TECH) turbina *f*

Turbo ['tʊrbo] *m* <-s, -s> (AUTO) ❶ *(Turbolader)* "turbo" *m,* turboalimentador *m* ❷ *(Auto)* (coche *m*) "turbo" *m*

Turbomotor *m* turbomotor *m*

turbulent [tʊrbu'lɛnt] *adj* turbulento

Turbulenz [tʊrbu'lɛnts] *f* <-en> (*a.* PHYS, ASTR, METEO) turbulencia *f*

Türflügel *m* hoja *f* de la puerta

Türgriff *m* manilla *f* de la puerta

Türke, -in ['tʏrkə] *m, f* <-n, -n; -nen> turco, -a *m, f*

Türkei [-'-] *f* Turquía *f*

türken *vt (fam: Interview)* manipular; *(Angaben, Papiere)* falsificar; *(Filmszene)* trucar

Türkin *f* <-nen> *s.* **Türke**

türkis *adj inv* (de color) turquesa

Türkis [tʏr'kiːs] *m* <-es, -e> turquesa *f*

türkisch *adj* turco

türkisfarben *adj* (de color) turquesa

Türklingel *f* timbre *m* (de la puerta)

Türklinke *f* pestillo *m* de la puerta

Türklopfer *m* aldaba *f*

Turkmenistan [tʊrk'meːnɪstaːn] *nt* <-s> Turkmenistán *m*

Turm [tʊrm, *pl:* 'tʏrmə] *m* <-(e)s, Türme> ❶ *(Bauwerk, Schachfigur)* torre *f;* *(Glo-*

T

ckenturm) campanario *m* ❷ (SPORT: *Sprungturm)* palanca *f* ❸ *(eines U-Boots)* torreta *f*

Turmalin [tʊrma'liːn] *m* <-s, -e> (GEO) turmalina *f*

türmen ['tʏrmən] **I.** *vt* amontonar; *(stapeln)* apilar **II.** *vi sein (fam)* poner pies en polvorosa **III.** *vr* **sich ~** acumularse

Turmspringen *nt* <-s, *ohne pl*> (SPORT) salto *m* de palanca

Turmuhr *f* reloj *m* de torre

Turnanzug *m* traje *m* de gimnasia, chándal *m*

turnen *vi, vt* hacer (ejercicios de) gimnasia

Turnen ['tʊrnən] *nt* <-s, *ohne pl*> gimnasia *f; (Turnunterricht)* clase *f* de educación física

Turner(in) *m(f)* <-s, -; -nen> gimnasta *mf*

Turngerät *nt* aparato *m* de gimnasia

Turnhalle *f* gimnasio *m*

Turnhose *f* pantalón *m* de gimnasia

Turnier [tʊr'niːɐ] *nt* <-s, -e> torneo *m; (Wettkampf)* competición *f*

Turnierpferd *nt* <-(e)s, -e> caballo *m* de torneo

Turnlehrer(in) *m(f)* profesor(a) *m(f)* de gimnasia

Turnschuh *m* tenis *m inv; (für Gymnastik)* zapatilla *f* de deporte

Turnübung *f* ejercicio *m* de gimnasia

Turnunterricht *m* clase *f* de gimnasia

Turnus ['tʊrnʊs] *m* <-, -se> turno *m;* **im ~ von drei Jahren** cada tres años

Turnverein *m* club *m* de gimnasia

Turnzeug *nt ohne pl* ropa *f* de gimnasia

Türöffner *m* portero *m* automático

Türrahmen *m* marco *m* de la puerta

Türriegel *m* pestillo *m* de la puerta

Türschild *nt* placa *f* (en la puerta)

Türschloss *nt* cerradura *f* de la puerta, chapa *f Am*

Türschwelle *f* umbral *m*

Türspalt *m* resquicio *m*

Türsteher(in) *m(f)* <-s, -; -nen> portero, -a *m, f*

turteln ['tʊrtəln] *vi* amartelarse

Turteltaube *f* ❶ (ZOOL) tórtola *f* ❷ *pl (fam: Verliebte)* tortolito *m*

Türvorleger *m* <-s, -> felpudo *m*

Tusch [tʊʃ] *m* <-(e)s, -e> toque *m*

Tusche ['tʊʃə] *f* <-n> tinta *f* china

tuscheln ['tʊʃəln] *vi, vt (fam a. abw)* cuchichear

Tuschzeichnung *f* dibujo *m* a pluma

Tussi ['tʊsi] *f* <-s> *(fam abw)* tía *f* exagerada

tut [tuːt] *3. präs von* **tun**

Tüte ['tyːtə] *f* <-n> bolsa *f;* **Suppe aus der ~** sopa de sobre; **das kommt nicht in die ~!** *(fam)* ¡ni hablar del peluquín!

tuten ['tuːtən] *vi* tocar la bocina, pitar *Am;* **von T~ und Blasen keine Ahnung haben** *(fam)* no saber ni jota

Tütensuppe *f* <-, -n> sopa *f* de sobre

Tutor(in) ['tuːtoːɐ] *m(f)* <-s, -en; -nen> tutor(a) *m(f)*

TÜV [tʏf] *m* <-, *ohne pl*> *Abk. von* **Technischer Überwachungsverein** ≈ ITV *f*

Tuvalu [tu'vaːlu] <-s> *nt* Tuvalu *m*

TÜV-Plakette *f* <-, -n> *pegatina que da fe de la inspección técnica del vehículo*

TV [teː'faʊ] ❶ *Abk. von* **Television** televisión *f* ❷ *Abk. von* **Turnverein** club *m* de gimnasia

TV-Moderator(in) *m(f)* presentador(a) *m(f)* de televisión

Tweet ['tviːt] *m o nt* <-s, -s> (INFOR) tweet *m*

Twen [tvɛn] *m* <-(s), -s> joven *mf*

Twitter® <-[s]> ['tvɪtɐ] *nt kein pl* (INFOR) Twitter® *m*

twittern ['tvɪtɐn] *vi* (INFOR) tuitear, twit(t)ear *Am*

Typ [tyːp] *m* <-s, -en> ❶ *(Art)* tipo *m;* **er ist nicht mein ~** *(fam)* no es mi tipo ❷ *(fam: Mann)* tío *m,* gallo *m Am*

Type ['tyːpə] *f* <-n> ❶ (TYPO) letra *f* de molde ❷ *(fam: Mensch)* tipejo, -a *m, f*

Typen ['tyːpən] *pl von* **Typ, Type, Typus**

Typhus ['tyːfʊs] *m* <-, *ohne pl*> tifus *m inv* (vulgar), fiebre *f* tifoidea

typisch ['tyːpɪʃ] *adj* típico (**für** de); **~ Mann** típico de los hombres

Typografie [typogra'fiː] *f* <-n> tipografía *f*

typografisch [typo'graːfɪʃ] *adj* tipográfico

Typus ['tyːpʊs] *m* <-, Typen> tipo *m*

Tyrann(in) [ty'ran] *m(f)* <-en, -en; -nen> tirano, -a *m, f*

Tyrannei [tyra'naɪ] *f ohne pl* tiranía *f*

tyrannisch *adj* tiránico

tyrannisieren* [tyrani'ziːrən] *vt* tiranizar

U u

U, u [uː] *nt* <-, -> U, u *f;* ~ **wie Ulrich** U de Uruguay
u. *Abk. von* **und** y
u. a. ❶ *Abk. von* **und andere(s)** y más ❷ *Abk. von* **unter anderem/anderen** entre otros
U-Bahn *f* metro *m*
U-Bahnhof ['uːbaːnhoːf] *m* estación *f* de metro
U-Bahn-Station *f* estación *f* del metro
übel ['yːbəl] **I.** *adj* <übler, am übelsten> *(schlimm, schlecht)* mal(o); *(unangenehm)* desagradable; **mir ist/mir wird** ~ me siento mal/me dan náuseas; **da kann es einem ja ~ werden** esto le pone malo a cualquiera; **er ist ein übler Bursche** es un tipo de cuidado; **nicht** ~ *(fam)* bastante bien; **das ist gar nicht (so)** ~ *(fam)* esto no está nada mal **II.** *adv* mal; ~ **dran sein** estar en una situación difícil; **jdm ~ mitspielen** jugarle una mala pasada a alguien
Übel *nt* <-s, -> mal *m; (Unglück)* desgracia *f;* **ein notwendiges** ~ un mal necesario; **das kleinere** ~ el mal menor; **zu allem ~ ...** para colmo de males...
Übelkeit *f ohne pl (Gefühl)* náuseas *fpl;* ~ **erregend** nauseabundo
übellaunig *adj* malhumorado
Übeltat *f (geh)* fechoría *f; (gesetzeswidrig)* delito *m*
Übeltäter(in) *m(f)* malhechor(a) *m(f)*
üben ['yːbən] **I.** *vi (allgemein)* practicar; (SPORT) entrenarse; **auf dem Klavier** ~ practicar piano **II.** *vt* practicar; (THEAT) ensayar; *(Finger)* ejercitar; **mit geübtem Auge** con ojo experto; **sich in etw** *dat* ~ iniciarse en algo
über ['yːbɐ] **I.** *präp +dat* ❶ *(oberhalb)* sobre, (por) encima de; *(darauf)* en, sobre; *(auf der anderen Seite)* al otro lado de; *(weiter als)* más allá de; ~ **der Straße wohnen** vivir al otro lado de la calle ❷ *(während, bei)* durante; ~ **der Arbeit einschlafen** quedarse adormecido durante el trabajo ❸ *(Grenze)* por encima de, sobre; **zwei Grad ~ null** dos grados sobre cero ❹ *(Überlegenheit, Überordnung)* por encima de; ~ **jdm stehen** estar por encima de alguien ❺ *(kausal)* a causa de, debido a; ~ **all der Aufregung habe ich ganz vergessen, dass ...** debido a todo el jaleo olvidé por completo que... **II.** *präp +akk* ❶ *(Richtung: durch)* por; *(auf dem Weg über)* vía, pasando por; *(über hinweg)* por, sobre; **nach Münster ~ Dortmund** a Münster vía Dortmund; **er fuhr sich** *dat* ~ **die Stirn** se pasó la mano por la frente; ~ **die Straße gehen** cruzar la calle; ~ **die Grenze fahren** pasar la frontera; ~ **eine Mauer springen** saltar un muro; **bis ~ beide Ohren verliebt sein/in Arbeit stecken** estar enamorado hasta la médula/lleno de trabajo ❷ *(zeitlich)* ~ **Ostern/Nacht** durante la Semana Santa/la noche; **das ist schon ~ 3 Jahre her** esto pasó hace ya más de 3 años; ~ **... hinaus** más allá de ❸ *(von, betreffend)* sobre, acerca de; **was wissen Sie ~ ihn?** ¿qué sabe Ud. sobre él? ❹ *(in Höhe von)* por, de; **ein Scheck ~ 2000 Euro** un cheque por valor de 2000 euros; **ein Rennen ~ 2000 Meter** una carrera de 2000 metros ❺ *(von mehr als)* de más de; **Kinder ~ 12 Jahre** niños de más de 12 años ❻ *(mehr und mehr)* **Autos ~ Autos** coche tras coche ❼ *(mittels)* por medio de; ~ **ein Inserat** por medio de un anuncio ❽ *(Überordnung)* ~ **jdn herrschen/Macht haben** reinar/tener poder sobre alguien ❾ *(vor, wichtiger als)* **es geht nichts ~ Fußball** no hay nada mejor que el fútbol; **jdn/etw ~ alles lieben** querer a alguien/algo más que a nadie/nada **III.** *adv* ❶ *(mehr als)* (de) más de; ~ **zwei Meter lang/breit** de más de dos metros de largo/ancho; **sind Sie ~ 30?** ¿pasa Ud. de 30 años? ❷ *(völlig)* ~ **und** ~ completamente ❸ *(Zeitraum)* **die ganze Zeit** ~ durante todo el tiempo **IV.** *adj (fam)* ❶ *(übrig)* sobrante; **da ist noch Kuchen** ~ ahí queda todavía pastel ❷ *(überlegen)* superior (**in** en); **geistig ist sie mir** ~ intelectualmente me supera
überall ['yːbɐ'ʔal] *adv* por todas partes; ~ **in Deutschland** en toda Alemania
überallher ['---'-] *adv* de todas partes
überallhin ['---'-] *adv* a todas partes
überaltert [--'--] *adj* anciano, viejo; *(überholt)* anticuado
Überalterung [--'---] *f ohne pl* envejecimiento *m*
Überangebot *nt* oferta *f* excesiva
überängstlich *adj* demasiado preocupado; *(Kind)* sobreprotector; ~ **sein** preocuparse demasiado
überanstrengen* **I.** *vt* cansar excesivamente **II.** *vr:* **sich** ~ hacer un esfuerzo excesivo; **überanstreng dich nicht!** ¡no hagas excesos!
Überanstrengung [--'---] *f* esfuerzo *m* excesivo

U

überarbeiten* **I.** *vt* corregir, revisar **II.** *vr:* **sich ~** trabajar en exceso

Überarbeitung[1] [--'---] *f* <-, -en> *(Vorgang)* revisión *f; (Ergebnis)* versión *f* revisada

Überarbeitung[2] *f* <-, *ohne pl*> *(Überanstrengung)* agotamiento *m*

überaus ['---, --'-] *adv* sumamente; *(äußerst)* extremadamente

überbacken* *irr vt* gratinar

überbeanspruchen* *vt (Person)* exigir demasiado (de); *(Material)* someter a un esfuerzo [*o* uso] excesivo; (**arbeitsmäßig**) **überbeansprucht sein** estar sobrecargado de trabajo

überbelasten* ['-----] *vt* sobrecargar

überbelichten* ['-----] *vt* (FOTO) sobreexponer

überbelichtet ['-----] *adj* (FOTO) sobreexpuesto

Überbelichtung *f* <-, -en> (FOTO) sobr(e)exposición *f*

überbetonen* ['-----] *vt* dar demasiada importancia (a)

überbevölkert ['-----] *adj* superpoblado

Überbevölkerung *f ohne pl* superpoblación *f*

überbewerten* ['-----] *vt* sobrevalorar

überbezahlen* *vt* pagar demasiado [*o* en exceso]; **er wird überbezahlt** se le está pagando más de lo que le corresponde

überbieten* *irr* **I.** *vt* ❶ *(übertreffen)* sobrepujar (**an/um** en); *(Rekord)* batir; **der Film ist an Brutalität nicht mehr zu ~** el grado de brutalidad de la película es insuperable ❷ *(bei einer Auktion)* sobrepujar (**um** en) **II.** *vr:* **sich ~** superarse (**an** en)

Überbleibsel ['y:bɐblaɪpsəl] *nt* <-s, -> *(fam)* resto *m*

Überblick ['---] *m* <-(e)s, -e> ❶ *(Aussicht)* vista *f* panorámica (**über** de) ❷ *(über Zusammenhänge)* visión *f* de conjunto; **den ~ verlieren** perder la orientación; **sich** *dat* **einen ~ über etw verschaffen** hacerse una idea general de algo ❸ *(Zusammenfassung)* resumen *m*

überblicken* *vt* ❶ *(sehen)* abarcar con la vista ❷ *(Zusammenhänge)* comprender; *(Situation)* controlar

überboten *pp von* **überbieten**

überbracht *pp von* **überbringen**

überbringen* *irr vt (geh)* entregar; *(Nachricht)* tra(n)smitir

überbrücken* *vt* ❶ *(Frist, Zeitraum)* franquear ❷ *(Gegensätze)* superar ❸ (ELEK) puentear

Überbrückung *f* <-en> ❶ *(eines Zeitraums)* superación *f* ❷ *(von Gegensätzen)* conciliación *f*, acercamiento *m* ❸ (ELEK) puenteo *m*

Überbrückungskredit [--'----] *m* (FIN) crédito *m* transitorio

überdachen* *vt* construir un tejadillo (para), techar

überdacht *pp von* **überdachen, überdenken**

überdauern* *vt* perdurar

überdecken* *vt* ❶ *(bedecken)* cubrir (**mit** de) ❷ *(verdecken)* ocultar

überdenken* *irr vt* reflexionar (sobre)

überdeutlich *adj* extremadamente claro

überdies [--'-] *adv* aparte de eso, además

überdimensional *adj* enorme, gigantesco

überdosieren* *vt* sobredosificar

Überdosis *f* sobredosis *f inv* (**an** de)

überdreht *adj (fam)* sobreexcitado

Überdruck *m* <-(e)s, -drücke> (PHYS) exceso *m* de presión

Überdruckventil *nt* <-(e)s, -e> (TECH) válvula *f* de seguridad

Überdruss ['y:bɐdrʊs] *m* <-es, *ohne pl*> tedio *m* (**an** por); **bis zum ~** hasta la saciedad

überdrüssig ['y:bɐdrʏsɪç] *adj* **jds/etw** *gen* **~ werden** hartarse de alguien/algo

Überdüngung [--'--] *f* <-, -en> fertilización *f* excesiva

überdurchschnittlich *adj* superior al promedio

übereifrig *adj* demasiado solícito

übereilt *adj (Aufbruch)* precipitado; *(Entschluss)* irreflexivo

übereinander [---'--] *adv* ❶ *(räumlich)* uno encima del otro ❷ *(von sich)* uno del otro

übereinander|legen *vt* poner encima de otro

übereinander|schlagen *irr vt (Arme, Beine)* cruzar

überein|kommen [y:bɐ'ʔaɪn-] *irr vi sein (geh)* convenir (**zu** en)

Übereinkommen *nt* <-s, -> acuerdo *m;* **ein ~ erzielen** llegar a un acuerdo

Übereinkunft *f s.* **Übereinkommen**

überein|stimmen [y:bɐ'ʔaɪn-] *vi* ❶ *(einer Meinung sein)* estar de acuerdo (**in** sobre), abundar (**in** en) *Chil, PRico* ❷ *(gleich sein)* coincidir (**in** en); *(passen)* armonizar (**mit** con)

übereinstimmend *adj (einhellig)* unánime; *(gleich)* idéntico; **sie erklärten ~, dass ...** declararon unánimemente que...

Übereinstimmung *f* <-en> coincidencia *f; (Einklang)* armonía *f; (von Meinungen)* consenso *m;* **in ~ mit ...** acorde con...; **~ erzielen** lograr un consenso

überempfindlich *adj* hipersensible

Überempfindlichkeit *f* <-, *ohne pl*> hipersensibilidad *f*

überfahren* *irr vt* ❶ *(Person, Tier)* atropellar ❷ *(Ampel)* pasar, saltar(se) ❸ *(fam: überrumpeln)* coger de sorpresa

Überfahrt ['---] *f* pasaje *m*

Überfall ['---] *m* <-(e)s, -fälle> asalto *m* (**auf** a); *(Raubüberfall)* atraco *m* (**auf** a); (MIL) ataque *m* (por sorpresa)

überfallen* *irr vt* ❶ *(angreifen)* atacar; *(Bank, Person)* asaltar; *(bewaffnet)* atracar; **jdn mit Fragen ~** acosar a alguien con preguntas ❷ *(Müdigkeit, Gefühle)* acometer; *(überraschend)* coger desprevenido

überfällig *adj* ❶ *(Verkehrsmittel)* retrasado, con retraso ❷ *(Rate)* vencido; *(Entschuldigung)* tardío

Überfallkommando *nt (fam)* brigada *f* antidisturbios

überfischen* *vt* pescar en demasía

überfliegen* *irr vt* ❶ *(mit dem Flugzeug)* sobrevolar ❷ *(Text)* echar una ojeada (a)

über|fließen *irr vi sein* ❶ *(Gefäß)* rebosar ❷ *(Flüssigkeit)* derramarse ❸ *(Farben)* **ineinander ~** mezclarse

überflogen *pp von* **überfliegen**

überflügeln* *vt* sobrepasar, superar

Überfluss *m* <-es, *ohne pl*> (super)abundancia *f* (**an** de); **im ~ leben** vivir en la abundancia; **zu allem ~** para colmo

Überflussgesellschaft *f* sociedad *f* opulenta

überflüssig *adj* superfluo; *(unnötig)* innecesario; **sich** *dat* **~ vorkommen** sentirse de más

überfluten* *vt* inundar

Überflutung *f* <-en> ❶ *(über die Ufer)* desbordamiento *m* ❷ *(Überschwemmen, a. fig)* inundación *f*

überfordern* *vt* exigir demasiado (de); **ich bin mit dieser Arbeit überfordert** este trabajo me exige demasiado

Überforderung *f* <-, -en> sobreexigencia *f*; **eine ~ der Schüler kann den Lernerfolg beeinträchtigen** exigir demasiado de los alumnos puede influir negativamente en el éxito del aprendizaje

Überfremdung [--'--] *f* <-en> extranjerización *f*

überfressen* [y:bɐ'frɛsən] *irr vr:* **sich ~** hincharse de comer, darse un atracón

überführen* *vt* ❶ *(Schuld nachweisen)* declarar culpable; **jdn eines Verbrechens ~** declarar a alguien culpable de un delito ❷ *(transportieren)* trasladar (**in/zu/nach** a) ❸ *(Zustand verändern)* convertir

Überführung [--'--] *f* <-, -en> ❶ *(Transport)* traslado *m* (**in/nach/zu** a) ❷ (JUR) convicción *f* ❸ *(Übergang)* puente *m*

überfüllt [--'-] *adj* abarrotado, repleto

Überfüllung [--'--] *f* <-, -en> *(mit Menschen)* abarrotamiento *m*

Überfunktion *f* <-, -en> (MED) hiperfunción *f*

Übergabe ['----] *f* <-n> entrega *f*; *(eines Bauwerks)* inauguración *f*; *(Kapitulation)* rendición *f*

Übergang ['---] *m* <-(e)s, -gänge> ❶ *(das Überqueren)* paso *m*, cruce *m* ❷ *(über einen Fluss)* puente *m*; *(über ein Bahngleis)* paso *m* a nivel; *(über einen Berg)* paso *m* ❸ *(von Besitz)* traspaso *m* (**zu** a)

übergangen *pp von* **übergehen**[1]

Übergangsfrist *f* (ADMIN, POL) periodo *m* de transición

Übergangsgeld *nt* (ADMIN) subsidio *m* temporal

übergangslos *adv* sin transición

Übergangslösung *f* solución *f* transitoria

Übergangsphase *f* transición *f*

Übergangsregelung *f* <-, -en> regulación *f* transitoria [*o* provisional]

Übergangszeit *f* período *m* transitorio

übergeben* *irr* **I.** *vt* entregar; *(Angelegenheit)* poner en manos (de); *(Bauwerk)* inaugurar; *(Amt)* tra(n)sferir; *(Geschäft)* traspasar **II.** *vr:* **sich ~** vomitar

übergehen*[1] *irr vt* ❶ *(nicht wahrnehmen)* pasar por alto; **sich übergangen fühlen** sentirse ignorado ❷ *(überspringen)* saltar(se)

über|gehen[2] *irr vi sein* ❶ *(Besitzer wechseln)* pasar (**auf** a); **in die Hände des Staates ~** pasar a ser propiedad del estado ❷ *(bei einer Tätigkeit)* pasar (**zu** a) ❸ *(sich verwandeln)* convertirse (**in** en); **die Farben gehen ineinander über** los colores se esfuman uno en el otro

übergeordnet *adj* de mayor importancia

Übergepäck *nt* exceso *m* de equipaje

übergeschnappt ['y:bɐgəʃnapt] *adj (fam)* chiflado

Übergewicht *nt* <-(e)s, *ohne pl*> ❶ *(von Menschen, Sachen)* exceso *m* de peso ❷ *(Bedeutung)* preponderancia *f*, mayor importancia *f*

übergewichtig *adj* de peso excesivo; **~ sein** pesar demasiado

überglücklich *adj* loco de alegría

über|greifen *irr vi* extenderse (**auf** a); *(Feuer)* propagarse (**auf** a)

Übergriff *m* <-(e)s, -e> intrusión *f* (**auf** en)

übergroß *adj (Kleidungsstück)* de talla grande; *(Möbelstück)* de medidas especiales

Übergröße *f* <-n> talla *f* especial

überhand|nehmen [y:bɐ'hant-] *irr vi* aumentar excesivamente, llegar a ser excesivo

Überhang *m* <-(e)s, -hänge> ❶ (ARCHIT) saledizo *m* ❷ *(Felsen)* peña *f* saliente ❸ *(Überschuss)* exceso *m*

über|hängen[1] *irr vi* (*a.* ARCHIT) sobresalir; *(Zweige)* colgar

über|hängen[2] *vt* **sich** *dat* **etw** ~ ponerse algo por encima

überhäufen* *vt* colmar (**mit** de), llenar (**mit** de); **jdn mit Vorwürfen** ~ abrumar a alguien con reproches

überhaupt [y:bɐˈhaʊpt, ˈ---] *adv* ❶ *(im Allgemeinen)* en general ❷ *(eigentlich)* en realidad; **wer hat dir das ~ gesagt?** ¿en realidad quién te lo ha dicho? ❸ *(bei Verneinung)* ~ **nicht** en absoluto; **ich denke ~ nicht daran!** ¡ni hablar!; ~ **nichts** nada de nada; ~ **keine Möglichkeit** ninguna posibilidad ❹ *(schließlich)* después de todo; **und ~, ...** *(abgesehen davon)* aparte; *(überdies)* además; **wenn ~, dann ...** dado el caso, entonces...

überheblich [y:bɐˈhe:plɪç] *adj* presuntuoso

Überheblichkeit *f ohne pl* presunción *f*, arrogancia *f*

überhöht [--ˈ-] *adj* excesivo

überholen*[1] *vt* ❶ *(Fahrzeug)* adelantar ❷ *(durch Leistung)* superar ❸ *(überprüfen)* revisar, chequear *Am*

über|holen[2] **I.** *vt (befördern)* llevar a la otra orilla **II.** *vi* (NAUT: *sich neigen*) escorarse

Überholen *nt* <-s, *ohne pl*> adelantamiento *m*

Überholmanöver *nt* maniobra *f* de adelantamiento

Überholspur *f* carril *m* de adelantamiento

überholt [--ˈ-] *adj* anticuado

Überholverbot [--ˈ---] *nt* prohibición *f* de adelantar

überhören* *vt* no oír; *(absichtlich)* pasar por alto; **das möchte ich überhört haben** prefiero pasarlo por alto

überinterpretieren* *vt* interpretar (más de lo necesario)

U

überirdisch *adj* sobrenatural

überkleben* *vt* **etw** ~ pegar algo por encima

über|kochen *vi sein* salirse (al hervir); **die Milch ist übergekocht** se me rebasó la leche

überkommen[1] *adj* tradicional

überkommen*[2] *irr vt (Gefühl)* invadir; *(Schlaf)* vencer; **es überkam ihn plötzlich, und er zog sie an sich** una extraña sensación lo invadió y la atrajo hacia sí

überkreuzen* *vr:* **sich** ~ cruzarse

überladen[1] *adj (Stil, Fassade)* recargado

überladen*[2] *irr vt* sobrecargar (**mit** de)

überlagern* **I.** *vt* (*a.* PHYS, RADIO) superponer, traslapar *Am* **II.** *vr:* **sich** ~ *(sich überschneiden)* superponerse, traslaparse *Am*

Überlagerung *f* <-, -en> ❶ *(Überdecken)* superposición *f* ❷ *(Überschneiden)* coincidencia *f* ❸ (PHYS) superposición *f*

Überlänge *f* <-n> exceso *m* de longitud; *(Kleider)* largo *m* especial; *(Zeit)* larga duración *f*; **Film mit ~** película de duración extraordinaria

überlappen* [y:bɐˈlapən] *vr:* **sich** ~ *(Gegenstände)* solaparse; *(Aussagen)* coincidir parcialmente

überlassen* *irr vt* ❶ *(abgeben)* **jdm etw** ~ dejar algo a alguien ❷ *(anheimstellen)* **es ist dir ~, das zu entscheiden** es cosa tuya decidirlo; **überlass das bitte mir!** ¡déjamelo a mí! ❸ *(anvertrauen)* **jdm etw** ~ confiarle algo a alguien; **jdn sich** *dat* **selbst** ~ abandonar a alguien

überlasten* *vt* sobrecargar; **sie ist überlastet** está agobiada de trabajo

Überlastung *f* <-en> *(durch Gewicht, Überanspruchung)* sobrecarga *f*; *(durch Arbeit)* exceso *m* de trabajo

Überlauf [ˈ---] *m* <-(e)s, -läufe> rebosadero *m*

überlaufen[1] [--ˈ--] *adj* muy frecuentado

überlaufen*[2] *irr vt* ❶ *(Gefühl)* sentir; *(Angst)* invadir; **es überlief ihn** (**heiß und**) **kalt** le dieron escalofríos ❷ (SPORT) pasar

über|laufen*[3] *irr vi sein* ❶ *(Flüssigkeit)* desbordarse; **ineinander** ~ *(Farben)* mezclarse ❷ *(die Seiten wechseln)* pasarse (**zu** a); **zum Feind** ~ pasarse a las filas enemigas

Überläufer(in) *m(f)* <-s, -; -nen> ❶ (MIL) desertor(a) *m(f)* ❷ (POL) trá(n)sfuga *mf*

überleben* **I.** *vi* sobrevivir; *(Dinge)* perdurar **II.** *vt* sobrevivir (a); **das wirst du schon ~!** *(fam)* ¡ya lo sobrevivirás! **III.** *vr:* **sich** ~ pasar de moda

Überlebende(r) *mf* <-n, -n; -n> superviviente *mf*

Überlebenschance [--ˈ----] *f* posibilidad *f* de supervivencia

überlebensgroß [ˈ--ˈ---] *adj* de tamaño más que natural

Überlebenskampf [--ˈ---] *m* <-(e)s, -kämpfe> lucha *f* de supervivencia

Überlebenskünstler(in) *m(f) (fam) persona que sabe salir adelante en situaciones difíciles*

Überlebenstraining *nt* <-s, -s> entrenamiento *m* de supervivencia

überlegen[1] **I.** *adj* ❶ *(besser)* superior; **jdm** (**in/an etw** *dat*) ~ **sein** ser superior a alguien (en algo) ❷ *(hochmütig)* arrogante **II.** *adv* con aire de superioridad

überlegen[*2] **I.** *vi* pensar, reflexionar; **ich habe hin und her überlegt** lo he pensado una y otra vez; **wohl überlegt** *(geh)* bien pensado; **wohl überlegt handeln** obrar con mesura **II.** *vt (nachdenken)* reflexionar (sobre), pensar; *(erwägen)* considerar; **ich habe es mir anders überlegt** he cambiado de opinión; **ich werde es mir ~** me lo pensaré; **wenn man's sich** *dat* **recht überlegt, ...** pensándolo bien...

über|legen[3] **I.** *vt* echar por encima **II.** *vr:* **sich ~** inclinarse

Überlegenheit *f ohne pl* superioridad *f* (**in** en)

überlegt I. *adj* ponderado **II.** *adv* con ponderación

Überlegung [--'--] *f* <-en> reflexión *f; (Erwägung)* consideración *f;* **~en zu etw** *dat* **anstellen** reflexionar sobre algo; **nach reiflicher ~** tras madura reflexión

über|leiten *vi* pasar (**von** de, **zu** a)

überlesen[*] *irr vt* ❶ *(überfliegen)* leer por encima ❷ *(übersehen)* no ver, no darse cuenta (de)

überliefern[*] *vt* tra(n)smitir; **etw ist nur als Fragment überliefert** algo ha llegado a nuestros días solo en forma fragmentaria

Überlieferung [--'---] *f* <-en> *(Tradition)* tradición *f*

überlisten[*] *vt* engañar

überm ['y:bɐm] *(fam)* = **über dem** *s.* **über**

Übermacht *f ohne pl (Überlegenheit)* superioridad *f; (Vorherrschaft)* predominio *m;* **in der ~ sein** tener más poder

übermächtig *adj* ❶ *(Institution)* prepotente; *(Gegner)* superior ❷ *(Gefühl)* fuerte; *(Verlangen)* irresistible

übermalen[*] *vt* ❶ *(um zu verdecken)* pintar por encima (de) ❷ *(für zweiten Anstrich)* repintar, dar otra mano de pintura

Übermaß *nt* <-es, *ohne pl*> exceso *m* (**an/von** de); **etw im ~ haben** tener algo en abundancia; **im ~** excesivamente

übermäßig I. *adj* excesivo; *(maßlos)* desmesurado; *(übertrieben)* exagerado **II.** *adv* ❶ *(zu viel)* demasiado ❷ *(überaus)* excesivamente

Übermensch *m* <-en, -en> superhombre *m*

übermenschlich *adj* sobrehumano

Übermitt(e)lung *f* <-, -en> envío *m,* tra(n)smisión *f*

übermitteln[*] *vt* tra(n)smitir, comunicar

übermorgen ['----] *adv* pasado mañana

übermüdet [--'--] *adj* agotado, hecho polvo *fam*

Übermüdung [--'--] *f* <-en> cansancio *m* excesivo

Übermut *m* <-(e)s, *ohne pl*> ❶ *(Fröhlichkeit)* alegría *f* desbordante; *(Mutwille)* travesura *f* ❷ *(Selbstüberschätzung)* desatino *m* ❸ *(Überheblichkeit)* arrogancia *f*

übermütig *adj (fröhlich)* loco de alegría; *(mutwillig)* travieso

übern ['y:bɐn] *(fam)* = **über den** *s.* **über**

übernächste(r, s) *adj* subsiguiente; **in der ~n Woche** dentro de dos semanas; **~n Sonntag** el domingo de la semana que viene; **du bist als Ü~r dran** te toca después del siguiente

übernachten[*] *vi* pernoctar (**bei** en casa de, **in** en), pasar la noche (**in** en, **bei** en casa de) *fam*

übernächtigt [y:bɐ'nɛçtɪçt, y:bɐ'nɛçtɪkt] *adj* trasnochado

Übernachtung [y:bɐ'naxtʊŋ] *f* <-en> pernoctación *f;* **~ mit Frühstück** habitación con desayuno

Übernachtungsmöglichkeit *f* alojamiento *m*

Übernahme ['----] *f ohne pl* toma *f; (eines Amts)* toma *f* de posesión; *(einer Methode, Meinung, Sitte)* adopción *f; (von Verantwortung)* asunción *f;* **die ~ der Kosten zusichern** garantizar el pago de los costes

Übernahmeangebot *nt* <-(e)s, -e> (COM) oferta *f* de adquisición

übernatürlich ['-----] *adj* sobrenatural

übernehmen[*] *irr* **I.** *vt* ❶ *(allgemein)* tomar; *(Geschäft, Aufgabe)* encargarse (de); *(Amt)* tomar posesión (de); *(Kosten)* correr (con); *(Methode)* adoptar; *(Verantwortung)* asumir ❷ *(entgegennehmen)* recibir; *(annehmen)* aceptar **II.** *vr:* **sich ~** excederse; **er hat sich bei der Tour übernommen** se ha esforzado demasiado en la excursión

übernervös *adj* muy nervioso; **~ sein** estar muy nervioso

übernommen *pp von* **übernehmen**

über|ordnen *vt* **die Karriere der Familie ~** anteponer la carrera a la familia

überparteilich *adj* imparcial, suprapartidista

Überproduktion *f* (WIRTSCH) sobreproducción *f*

überprüfbar [--'--] *adj* revisable; **kaum/leicht/schwer ~** apenas/fácilmente/difícilmente revisable

überprüfen[*] *vt* ❶ *(kontrollieren)* revisar, chequear *Am; (amtlich)* controlar ❷ (INFOR) chequear

Überprüfung [--'--] *f* <-en> examen *m,* re-

U

visión *f; (amtlich)* control *m,* inspección *f;* **gerichtliche ~** inspección (judicial)

überqueren* *vt* cruzar, atravesar

Überquerung *f* <-, -en> travesía *f,* cruce *m;* **die ~ des Flusses war schwierig** fue difícil atravesar el río

überragen*1 *vt* ① *(an Größe)* descollar (por encima de); *(Person)* superar en altura (**um**); **er überragt uns alle mindestens um einen Kopf** nos lleva a todos por lo menos una cabeza ② *(übertreffen)* superar (**an** en)

über|ragen2 *vi (überstehen)* descollar, sobresalir

überragend [--'--] *adj* extraordinario

überraschen* [yːbɐˈraʃən] *vt* sorprender; **jdn dabei ~, wie ...** sorprender a alguien mientras...; **lassen wir uns ~** dejémonos sorprender

überraschend [--'--] **I.** *adj* sorprendente, sorpresivo *Am; (unerwartet)* inesperado **II.** *adv* inesperadamente; **das kam für mich völlig ~** me cogió totalmente de sorpresa

überraschenderweise *adv* de forma sorprendente [*o* inesperada]

überrascht [--'-] *adj* sorprendido

Überraschung [yːbɐˈraʃʊŋ] *f* <-en> sorpresa *f;* **zu meiner großen ~ kam er nicht** para mi gran sorpresa no vino; **das ist aber eine ~!** ¡qué sorpresa!

Überraschungsangriff *m* (MIL) ataque *m* por sorpresa

Überraschungseffekt *m* factor *m* sorpresa

Überreaktion *f* <-en> reacción *f* exagerada

überreden* *vt* persuadir; *(überzeugen)* convencer; **jdn zu etw** *dat* **~** persuadir a alguien para que haga algo; **sich ~ lassen** dejarse convencer

Überredungskunst [--'---] *f* arte *m* de persuasión

überregional *adj* suprarregional

überreichen* *vt* entregar; **überreicht von ...** cortesía de...

Überreichung *f* <-, -en> entrega *f*

Überreste *mpl* ① *(Zurückgebliebenes)* restos *mpl;* **die sterblichen ~** los restos mortales ② *(Ruinen)* ruinas *fpl* ③ (CHEM) residuos *mpl*

überrumpeln* *vt* coger de sorpresa, sorprender

überrunden* *vt* ① (SPORT) sacar una vuelta de ventaja, adelantar; **jdn überrundet haben** llevar una vuelta de ventaja a alguien ② *(übertreffen)* superar, aventajar

übers [ˈyːbɐs] *(fam)* = **über das** *s.* **über**

übersät [--'-] *adj* lleno (**von/mit** de)

Übersättigung *f* saturación *f*

Übersäuerung *f* hiperacidificación *f*

Überschallflugzeug *nt* avión *m* supersónico

Überschallgeschwindigkeit *f* velocidad *f* supersónica

überschatten* *vt* ① *(Schatten spenden)* ensombrecer ② *(trüben)* empañar

überschätzen* *vt* sobrevalorar

Überschätzung *f* <-, -en> supervaloración *f*

überschaubar *adj (Kosten, Risiko)* apreciable; *(Firma)* abarcable

Überschaubarkeit *f ohne pl (Kosten, Risiko)* apreciación *f; (Firma)* visión *f* de conjunto

überschauen* *vt s.* **überblicken**

über|schäumen *vi sein* ① *(Flüssigkeit)* rebosar, salirse; *(Gefäß)* estar a rebosar ② *(vor Wut, Freude)* rebosar (**vor** de)

überschlafen* *irr vt* consultar con la almohada *fam*

Überschlag *m* <-(e)s, -schläge> ① *(Schätzung)* cálculo *m* aproximativo ② (SPORT) voltereta *f,* volantín *m Am; (Looping)* rizo *m*

überschlagen*1 *irr* **I.** *vt* ① *(auslassen)* saltar ② *(schätzen)* calcular aproximadamente **II.** *vr:* **sich ~** ① *(Fahrzeug)* volcar, voltearse *Am;* **ihre Stimme überschlug sich** soltó un gallo ② *(fam: vor Höflichkeit)* volcarse (**vor** con/en) ③ *(Ereignisse)* precipitarse

über|schlagen2 *irr* **I.** *vi sein* ① *(Funken)* saltar ② *(übergehen)* convertirse (**in** en) **II.** *vt (Beine)* cruzar

über|schnappen *vi sein (fam)* ① *(verrückt werden)* volverse loco ② *(sich überschlagen)* **seine Stimme schnappt über** da gallos al hablar

überschneiden* *irr vr:* **sich ~** ① *(Linien)* (entre)cruzarse ② *(Termine)* coincidir; *(Themen)* coincidir en parte

Überschneidung [--'--] *f* <-, -en> ① (MATH: *von Linien, Flächen*) intersección *f* ② *(zeitlich)* coincidencia *f; (von Themen, Interessen)* coincidencia *f* parcial

überschnitten *pp von* **überschneiden**

überschreiben* *irr vt* ① *(übertragen)* tra(n)sferir (**auf** a); *(Geschäft)* traspasar (**auf** a) ② *(betiteln)* titular ③ (INFOR: *Datei*) sobreescribir

überschreiten* *irr vt* ① *(übertreten)* pasar; *(Anzahl)* pasar (de); *(Mittel, Kräfte, Fähigkeiten)* superar; *(überqueren)* atravesar ② *(Befugnisse)* abusar (de); *(Geschwindigkeit)* rebasar; **das überschreitet die Grenze des Erlaubten** esto rebasa el límite de lo permitido

Überschreitung *f* <-en> ~ **des Liefertermins** rebasamiento *m* del plazo de entrega
überschrieben *pp von* **überschreiben**
Überschrift *f* <-en> título *m*, encabezado *m Guat, Méx*
überschritten *pp von* **überschreiten**
überschuldet *adj* excesivamente endeudado
Überschuldung [y:bɐˈʃʊldʊŋ] *f* <-, -en> exceso *m* de deudas
Überschuss *m* <-es, -schüsse> excedente *m*; *(finanziell)* superávit *m inv*
überschüssig [ˈy:bɐʃʏsɪç] *adj* excedente
überschütten[*1] *vt* ① *(bedecken)* cubrir (**mit** con/de) ② *(überhäufen)* colmar (**mit** de); **jdn mit Fragen** ~ acosar a alguien a preguntas
über|schütten[2] *vt* derramar
überschwänglich [ˈy:bɐʃvɛŋlɪç] *adj* exuberante, exaltado
überschwemmen[*] *vt (a. fig)* inundar (**mit** de)
Überschwemmung [--ˈ--] *f* <-en> inundación *f*, aniegue *m Méx*
Überschwemmungsgebiet *nt* zona *f* de inundación
Übersee [ˈ---] *f* **in/nach/aus** ~ en/a/de ultramar
überseeisch *adj* tra(n)satlántico; *(Produkte)* ultramarino
übersehbar [--ˈ--] *adj* ① *(Gelände)* que se puede abarcar con la vista ② *(absehbar)* calculable
übersehen[*] *irr vt* ① *(Gegend)* abarcar con la vista ② *(Zusammenhänge sehen)* entender; *(Folgen)* calcular; **soweit ich die Angelegenheit übersehe, ...** según tengo entendido... ③ *(nicht sehen)* no ver; *(absichtlich)* pasar por alto; **etw stillschweigend** ~ hacer caso omiso de algo
übersetzbar *adj* traducible; **gut/schwer** ~ **sein** ser fácil/difícil de traducir
übersetzen[*1] *vt* traducir (**von/aus** de, **in** a)
über|setzen[2] **I.** *vi haben o sein* pasar (a la otra orilla); **über den Fluss** ~ cruzar el río **II.** *vt* llevar a la otra orilla
Übersetzer(in) [--ˈ--] *m(f)* <-s, -; -nen> traductor(a) *m(f)*
Übersetzung [--ˈ--] *f* <-en> ① *(Text)* traducción *f* ② (TECH) tra(n)smisión *f*
Übersetzungsbüro *nt* agencia *f* de traducciones
Übersicht [ˈ---] *f* <-en> ① *(Überblick)* visión *f* general (**über** de); *(über Zusammenhänge)* visión *f* de conjunto (**über** de) ② *(Resümee)* resumen *m* (**über** de); *(Darstellung)* cuadro *m* de conjunto (**über** de)
übersichtlich *adj* ① *(räumlich)* fácil de abarcar (con la vista); *(Gelände)* abierto ② *(deutlich)* claro
Übersichtlichkeit *f ohne pl* disposición *f* clara
Übersichtskarte *f* <-, -n> (GEO) mapa *m* sinóptico
über|siedeln *vi sein* ① *(umziehen)* mudarse (**nach/in** a), trasladarse (**nach/in** a) ② *(emigrieren)* emigrar; *(ins Land kommen)* inmigrar
Übersiedler(in) *m(f)* <-s, -; -nen> *(Ausreisender)* emigrante *mf*; *(Einreisender)* inmigrante *mf*
übersinnlich *adj* tra(n)scendental
überspannt [--ˈ-] *adj* ① *(übertrieben)* exagerado ② *(verschroben)* extravagante
überspielen[*] *vt* ① (RADIO, TV) grabar (**auf** en) ② *(verstecken)* disimular
überspitzen[*] *vt* exagerar, llevar al límite; **überspitzt gesagt ...** cargando las tintas...
überspitzt [--ˈ-] *adj* exagerado
überspringen[*1] *irr vt* ① *(Hindernis)* saltar; **eine Pfütze** ~ saltar un charco ② *(auslassen)* saltarse
über|springen[2] *irr vi sein (übergehen)* saltar (**auf** a); *(Feuer)* pasar (**auf** a); *(Begeisterung)* tra(n)smitirse (**auf** a); *(Infektion)* extenderse (**auf** a)
übersprungen *pp von* **überspringen**[1]
überstanden *pp von* **überstehen**[1]
überstehen[*1] *irr vt (hinter sich bringen)* pasar, superar; *(überleben)* sobrevivir; *(ertragen)* soportar; **das Schlimmste ist jetzt überstanden** lo peor ya pasó
über|stehen[2] *irr vi* sobresalir (**über** de), descollar
übersteigen[*] *irr vt* ① *(Zaun, Mauer)* pasar por encima (de) ② *(übertreffen)* exceder; **das überstieg alle unsere Erwartungen** superó todas nuestras expectativas
übersteigern[*] *vt* exagerar; *(Preise)* incrementar con exceso; **übersteigertes Selbstbewusstsein** excesiva confianza en sí mismo
überstiegen *pp von* **übersteigen**
überstimmen[*] *vt* ① *(besiegen)* vencer por mayoría de votos ② *(ablehnen)* rechazar por mayoría de votos
überstrapazieren[*] *vt* desgastar en exceso; **ich möchte ihre Geduld nicht** ~ no quiero acabar con su paciencia
Überstunde *f* <-n> hora *f* extra; **~n machen** hacer horas extraordinarias
Überstundenabbau *m ohne pl* reducción *f* de las horas extraordinarias
Überstundenzuschlag *m* (WIRTSCH) sobresueldo *m* por horas extra
überstürzen[*] **I.** *vt* precipitar; **nur nichts** ~

U

no hay que precipitarse **II.** *vr:* **sich ~** precipitarse

Überstürzung *f* <-, *ohne pl*> precipitación *f*

übertariflich *adj* (WIRTSCH) extratarifario

überteuert [--'--] *adj* ① *(übermäßig teuer)* demasiado caro, prohibitivo ② *(teurer gemacht)* encarecido

übertönen* *vt* acallar

Übertopf *m* maceta *f* exterior, cubretiesto *m*

Übertrag ['y:bɐtra:k, *pl:* 'y:bɐtrɛ:gə] *m* <-(e)s, -träge> traslado *m* a cuenta nueva

übertragbar [--'--] *adj* tra(n)sferible (**auf** a); *(Krankheit)* contagioso; **nicht ~** intra(n)sferible

übertragen[1] *adj (Österr: gebraucht)* usado

übertragen*[2] *irr* **I.** *vt* ① (RADIO, TV, TECH) tra(n)smitir ② *(anwenden)* aplicar (**auf** a); **in ~er Bedeutung** en sentido figurado ③ *(Begeisterung, Krankheit)* tra(n)smitir (**auf** a) ④ *(Besitz, Rechte)* tra(n)sferir; *(Verantwortung)* conferir; *(Aufgabe)* encargar, asignar ⑤ *(abschreiben)* copiar ⑥ *(geh: übersetzen)* trasladar (**aus** de, **in** a) ⑦ (TECH: *weiterleiten*) tra(n)smitir **II.** *vr:* **sich ~** tra(n)smitirse (**auf** a)

Übertragung [--'--] *f* <-en> ① (RADIO, TV, TECH) tra(n)smisión *f* ② *(Anwendung)* aplicación *f* ③ *(einer Krankheit)* tra(n)smisión *f* ④ *(von Rechten, Besitz)* tra(n)sferencia *f* (**auf** a); *(Amt)* asignación *f* ⑤ *(Übersetzung)* traducción *f*

Übertragungsfehler *m* error *m* de tra(n)smisión

Übertragungsgeschwindigkeit *f* <-, -en> velocidad *f* de transmisión

übertreffen* *irr* **I.** *vt* superar (**an** en); **das übertrifft alle meine Erwartungen** esto supera todas mis expectativas **II.** *vr:* **sich ~** superarse; **sich selbst mit etw** *dat* **~** superarse a sí mismo con algo

übertreiben* *irr vi, vt* exagerar

Übertreibung [--'--] *f* <-en> exageración *f*

übertreten*[1] *irr vt* ① *(Grenze)* pasar ② *(Gesetz, Verbot)* tra(n)sgredir

über|treten[2] *irr vi sein* ① *sein (Gewässer)* desbordarse ② *sein (zu einer Religion)* convertirse (**zu** a); *(zu einer Partei)* pasarse (**zu** a); **zum Islam ~** convertirse al islam ③ *sein (übergehen)* pasar (**in** a) ④ *haben o sein* (SPORT) pisar la línea

übertrieben [y:bɐ'tri:bən] **I.** *pp von* **übertreiben** **II.** *adj* exagerado; *(Preise)* exorbitante **III.** *adv* en exceso

Übertritt *m* <-(e)s, -e> *(zu einer Partei)* adhesión *f* (**zu** a); *(zu einer Religion)* conversión *f* (**zu** a)

übertroffen *pp von* **übertreffen**

übertrumpfen* *vt* ① *(beim Kartenspiel)* contrafallar ② *(übertreffen)* superar con holgura

Übervölkerung [--'---] *f* <-, *ohne pl*> superpoblación *f*

übervoll *adj* repleto (**mit/von** de)

übervorsichtig *adj* exageradamente cuidadoso

überwachen* *vt (beobachten)* vigilar; *(kontrollieren)* controlar; *(mit Monitor)* monitorizar

Überwachung [--'--] *f* <-en> vigilancia *f; (Kontrolle)* control *m; (mit Monitor)* monitorización *f*

Überwachungskamera *f* cámara *f* de seguridad

Überwachungsstaat *m* estado *m* policial

überwältigen* [y:bɐ'vɛltɪgən] *vt* ① *(bezwingen)* vencer ② *(beeindrucken)* impresionar; *(Angst)* apoderarse (de)

überwältigend [--'---] *adj* impresionante; *(großartig)* grandioso; *(Mehrheit)* abrumador

über|wechseln *vi sein* cambiar (**von** de), pasarse (**zu** a); **ins feindliche Lager/auf die andere Seite ~** pasarse al lado enemigo/al otro bando

überweisen* *irr vt (Geld)* tra(n)sferir; *(Patient)* mandar (**zu** a)

Überweisung [--'--] *f* <-en> *(von Geld)* tra(n)sferencia *f; (vom Arzt)* volante *m* médico

Überweisungsauftrag *m* (FIN) orden *f* de tra(n)sferencia

Überweisungsformular *nt* formulario *m* para tra(n)sferencias

Überweisungsschein *m* (MED) volante *m* de tra(n)sferencia

Überweite *f* <-, -n> talla *f* grande; **Kleider in ~** vestidos en tallas grandes

überwerfen*[1] *irr vr* **sich mit jdm ~** romper con alguien

überwerfen[2] *irr vt (ein Kleidungsstück)* echar por encima

überwiegen* *irr vi* predominar

überwiegend *adv* en su mayoría, principalmente

überwiesen *pp von* **überweisen**

überwinden* *irr* **I.** *vt (Misstrauen, Bedenken, Hindernis)* superar; *(Gegner)* vencer **II.** *vr* **sich ~, etw zu tun** hacer un esfuerzo para hacer algo

Überwindung [--'--] *f ohne pl* ① *(einer Schwierigkeit)* superación *f* ② *(Selbstüberwindung)* esfuerzo *m;* **es kostete ihn große ~, dorthin zu gehen** tuvo que hacer un gran esfuerzo para ir allí

überwintern* *vi* pasar el invierno (**in** en); *(Vögel)* invernar (**in** en)

überwogen *pp von* **überwiegen**
überwunden *pp von* **überwinden**
Überzahl *f ohne pl* mayoría *f;* **in der ~ sein** tener (una) mayoría
überzählig ['y:bɐtsɛ:lɪç] *adj* excedente, sobrante; **~ sein** sobrar
überzeugen* **I.** *vt* convencer (**von** de); *(überreden)* persuadir (**von** de); **ich bin (davon) überzeugt, dass ...** estoy convencido de que...; **er war sehr von sich** *dat* **überzeugt** estaba muy seguro de sí mismo; **ich lasse mich (von Ihnen) gern vom Gegenteil ~** demuéstreme lo contrario **II.** *vr:* **sich ~** convencerse (**von** de)
überzeugend *adj* convincente; *(Beweis)* contundente
überzeugt *adj* convencido
Überzeugung [--'--] *f* <-en> convencimiento *m; (fester Glaube)* convicción *f;* **politische ~** convicciones políticas; **ich bin der festen ~, dass ...** estoy plenamente convencido de que...; **zu der ~ gelangen, dass ...** llegar al convencimiento de que...; **meiner ~ nach** a mi juicio
Überzeugungskraft *f* fuerza *f* persuasiva
überziehen*[1] *irr vt* ① *(bedecken)* cubrir (**mit** de); *(mit Stoff)* revestir (**mit** de); *(mit Schokolade)* bañar (**mit** con); **das Bett frisch ~** cambiar la ropa de la cama ② *(Konto)* dejar al descubierto; **er hat sein Konto um 2.000 Euro überzogen** tiene una deuda de 2.000 euros en el banco ③ *(Zeit)* rebasar (la hora) (**um** por) ④ *(mit Forderungen, Prozessen)* exagerar; *(mit Krieg)* invadir
über|ziehen[2] *irr vt (Kleidungsstück)* ponerse; **jdm eins ~** pegar una torta a alguien
Überziehung [--'--] *f* <-en> (FIN) giro *m* en descubierto
Überziehungskredit *m* (FIN) crédito *m* en descubierto
überzogen *pp von* **überziehen**[1]
überzüchtet *adj (Pflanze)* hipertrófico; *(Tier)* debilitado por cría excesiva; *(Motor)* desarrollado en exceso
Überzug *m* <-(e)s, -züge> ① *(Schicht)* capa *f; (Glasur)* baño *m* ② *(Bezug)* funda *f; (Verkleidung)* revestimiento *m*
übler *adj kompar von* **übel**
üblich ['y:plɪç] *adj* usual, habitual; *(herkömmlich)* tradicional; **wie ~** como siempre; **das ist hier so ~** esta es la costumbre aquí; **es ist bei uns ~, dass ...** acostumbramos a... *+inf*
üblicherweise ['y:plɪçɐ'vaɪzə] *adv* **~ essen wir hier nicht** no acostumbramos [*o* no solemos] comer aquí
U-Boot *nt* <-(e)s, -e> submarino *m*
übrig ['y:brɪç] *adj* restante; **der/die/das Ü~e** el resto (**von** de); **die ~en Bücher** el resto de los libros; **~ sein** [*o* **bleiben**] sobrar; **ihm bleibt nichts anderes ~, als ...** no tiene más remedio que...; **was bleibt mir anderes ~?** ¿qué remedio me queda?; **~ lassen** dejar; **etw lässt nichts/einiges zu wünschen ~** algo no deja nada/deja que desear; **ein Ü~es tun** hacer lo que queda por hacer; **im Ü~en** por lo demás; **die Ü~en** los demás; **ich habe noch 20 Euro ~** todavía me quedan 20 euros; **alles Ü~e** todo lo demás
übrigens ['y:brɪgəns] *adv* por cierto; *(beiläufig)* dicho sea de paso; **er kommt ~ erst morgen** por cierto, no viene hasta mañana; **~, weißt du schon, ...?** por cierto, ¿sabes ya...?
übrig|haben *irr vt* **für jdn/etw nichts ~** no querer tener nada que ver con alguien/algo
Übung[1] ['y:bʊŋ] *f ohne pl (Erfahrung)* práctica *f;* **aus der ~ kommen** perder la práctica; **in ~ bleiben** no perder la práctica; **~ macht den Meister** *(prov)* la práctica hace al maestro
Übung[2] *f* <-en> ① *(allgemein, a.* SPORT, MUS) ejercicio *m* ② (MIL) ejercicios *mpl*
Übungsbuch *nt* libro *m* de ejercicios
Übungsgelände *nt* <-s, -> (MIL) campo *m* de maniobras [*o* de ejercicios]
UdSSR [u:de:ʔɛsʔɛs'ʔɛr] *f* (HIST) *Abk. von* **Union der Sozialistischen Sowjetrepubliken** URSS *f*
UEFA-Cup *m* Copa *f* de la UEFA
UEFA-Pokal *m* Copa *f* de la UEFA
Ufer ['u:fɐ] *nt* <-s, -> orilla *f;* **am ~** en la orilla; **über die ~ treten** desbordarse
uferlos *adj* desmesurado; *(grenzenlos)* ilimitado; **ins U~e gehen** no llevar a ninguna parte
Uferpromenade *f* paseo *m* marítimo
Ufo ['u:fo] *nt* <-s, -s> *Abk. von* **Unbekanntes Flugobjekt** ovni *m*
Uganda [u'ganda] *nt* <-s> Uganda *f*
Ugander(in) [u'gandɐ] *m(f)* <-s, -; -nen> ugandés, -esa *m, f*
ugandisch *adj* ugandés
U-Haft *f* detención *f* preventiva
Uhr [u:ɐ] *f* <-en> ① *(Gerät)* reloj *m;* **die ~ aufziehen** dar cuerda al reloj; **die ~ stellen** poner el reloj en hora; **auf die ~ sehen** mirar el reloj; **die ~ geht vor/nach** el reloj va adelantado/atrasado; **rund um die ~** *(fam)* las 24 horas al día ② *(bei Zeitangabe)* hora *f;* **wie viel ~ ist es?** ¿qué hora es?; **um wie viel ~?** ¿a qué hora?; **es ist genau acht ~** son las ocho en punto; **um elf ~** a las once (horas); **neun ~ drei** las nueve y tres minutos

Uhrmacher(in) *m(f)* <-s, -; -nen> relojero, -a *m, f*
Uhrwerk *nt* mecanismo *m* del reloj
Uhrzeiger *m* aguja *f* de(l) reloj
Uhrzeigersinn *m ohne pl* **im ~** en el sentido de las agujas del reloj; **gegen den ~** en sentido contrario a las agujas del reloj
Uhrzeit *f* hora *f*
Uhu ['u:hu] *m* <-s, -s> (ZOOL) búho *m*
Ukraine [ukra'i:nə, u'kraɪnə] *f* Ucrania *f*
Ukrainer(in) [ukra'i:nɐ, u'kraɪnɐ] *m(f)* <-s, -; -nen> ucranio, -a *m, f*
ukrainisch [ukra'i:nɪʃ, u'kraɪnɪʃ] *adj* ucranio
UKW [u:ka:'ve:] (RADIO, PHYS) *Abk. von* **Ultrakurzwelle** onda *f* ultracorta; **auf ~** en la onda ultracorta
ulkig *adj (fam)* ❶ *(lustig)* gracioso ❷ *(seltsam)* extraño
Ulme ['ʊlmə] *f* <-n> (BOT) olmo *m*
Ultimaten *pl von* **Ultimatum**
ultimativ [ʊltima'ti:f] *adj* amenazador; **jdn ~ auffordern, etw zu tun** exigir de alguien a modo de ultimátum que haga algo
Ultimatum [ʊltɪ'ma:tʊm] *nt* <-s, -s *o* Ultimaten> ultimátum *m;* **jdm ein ~ stellen** dar a alguien un ultimátum
Ultrabook ['ʊltrabʊk] *nt* <-s, -s> (INFOR) ultraportátil *m*
Ultrakurzwelle [ʊltra'kʊrtsvɛlə] *f* (RADIO, PHYS) onda *f* ultracorta
Ultraschall *m ohne pl* (PHYS) ultrasonido *m*
Ultraschallaufnahme *f,* **Ultraschallbild** *nt* (MED) ecografía *f*
Ultraschallgerät *nt* aparato *m* de ecografía
Ultraschalluntersuchung *f* ecografía *f*
ultraviolett ['----'-] *adj* (PHYS) ultravioleta
um [ʊm] **I.** *präp +akk* ❶ *(räumlich)* **~ ... (herum)** alrededor de; *(in der Nähe)* cerca de; **sie ging ~ den Tisch (herum)** dio una vuelta a la mesa; **er hat gern Freunde ~ sich** le gusta tener amigos a su alrededor; **~ die Ecke** a la vuelta de la esquina; **sie legte den Arm ~ ihn** le pasó el brazo por encima del hombro; **die Gegend ~ Freiburg** los alrededores de Friburgo; **sie schlug ~ sich** se puso a dar puñetazos a diestro y siniestro ❷ *(bei Uhrzeit)* a; **~ drei Uhr** a las tres ❸ *(ungefähr)* sobre, hacia; **sie kommt so ~ den Fünfzehnten** viene sobre el quince ❹ *(Wiederholung)* tras; **es verging Woche ~ Woche** pasó semana tras semana ❺ *(Differenz)* en; **sie ist ~ ein Jahr älter/~ einiges überlegen** es un año mayor/bastante superior; **die Ausgaben ~ 10 % senken** reducir los gastos en un 10% ❻ *(über, bezüglich)* de; **es geht ~s Geld** se trata del dinero ❼ *(wegen)* por; **~ keinen Preis** por nada del mundo; **sich ~ etw streiten** discutir por algo; **sich ~ jdn kümmern** cuidar de alguien **II.** *präp +gen* **~ ... willen** por...; **~ Himmels willen!** ¡cielos!; **~ Gottes willen!** ¡por amor de Dios! **III.** *konj* ❶ *(final)* **~ ... zu** para *+inf,* con el fin de *+inf* ❷ *(konsekutiv)* **~ ... zu** como para *+inf;* **er ist klug genug, ~ seinen Fehler zuzugeben** es lo suficientemente inteligente como para admitir su error **IV.** *adv (ungefähr)* alrededor (de), aproximadamente
um|ändern *vt* cambiar, modificar; *(Kleidung)* arreglar
umarmen* **I.** *vt* abrazar **II.** *vr:* **sich ~** abrazarse
Umarmung [-'--] *f* <-en> abrazo *m*
Umbau *m* <-(e)s, -ten> reformas *f pl,* reconstrucción *f;* **wegen ~ geschlossen** cerrado por reformas
umbauen*¹ *vt* rodear (de edificios)
um|bauen² *vt (Gebäude)* reformar, reconstruir; *(Bühnenbild)* cambiar; **eine Wohnung zu einem Büro ~** tra(n)sformar una vivienda en una oficina
um|benennen* *irr vt* cambiar de nombre
Umbenennung *f* <-, -en> cambio *m* de nombre
um|besetzen* *vt* ❶ (POL) reorganizar ❷ (THEAT) cambiar el reparto (de) ❸ (SPORT) cambiar la alineación (de)
um|bestellen* *vt* ❶ *(Patient)* cambiar la hora (**auf** a) ❷ *(Bestellung)* hacer cambios; **wir müssen die Lieferung ~** tenemos que hacer cambios en el pedido
um|biegen *irr vt* doblar
um|bilden *vt* tra(n)sformar; *(Kabinett)* reorganizar
Umbildung *f* <-en> remodelación *f,* reestructuración *f*
um|binden *irr vt* **sich** *dat* **etw ~** ponerse algo
um|blättern *vi* volver la hoja
um|blicken *vr:* **sich ~** ❶ *(rundherum)* mirar (a su) alrededor ❷ *(nach hinten)* mirar hacia atrás
um|bringen *irr* **I.** *vt* matar (**durch/mit** a/con), ultimar *Am* **II.** *vr:* **sich ~** ❶ *(Selbstmord begehen)* suicidarse ❷ *(übereifrig sein)* volcarse (**vor** en), matarse (**vor** por)
Umbruch¹ *m* <-(e)s, -brüche> *(Wandel)* cambio *m* (radical); **etw ist im ~** algo está cambiando
Umbruch² *m* <-(e)s, *ohne pl*> (TYPO) compaginación *f,* ajuste *m*
um|buchen *vt* ❶ (WIRTSCH) tra(n)sferir ❷ *(Reise)* cambiar la reserva (de)
Umbuchung *f* <-, -en> ❶ (WIRTSCH) cambio *m* de asiento, traslado *m* a otra cuenta ❷ *(einer Reise)* cambio *m* (de la reserva);

U

eine ~ vornehmen realizar un cambio de la reserva
um|denken *irr vi* cambiar su modo de pensar, reorientarse
um|disponieren* *vi* reorganizar
um|drehen **I.** *vt* volver, voltear *Am; (Schlüssel)* dar vuelta (a); **jdm den Hals ~** retorcerle el cuello a alguien **II.** *vi haben o sein* volver, dar la vuelta **III.** *vr:* **sich ~** volverse (**nach** hacia), volver la cabeza (**nach** hacia), voltearse *Am;* **mir dreht sich der Magen um** se me revuelve el estómago
Umdrehung [-'--] *f* <-en> vuelta *f; (um eine Achse)* rotación *f; (eines Motors)* revolución *f*
Umdrehungszahl *f* número *m* de revoluciones
umeinander [--'--] *adv* ① *(räumlich)* uno alrededor del otro ② *(gegenseitig)* uno del otro
um|erziehen* *irr vt* reeducar
umfahren*1 *irr vt* ① *(umkreisen)* dar la vuelta (a) ② *(ausweichen)* esquivar
um|fahren2 *irr vt* derribar; *(Person)* atropellar, evitar
um|fallen *irr vi sein* ① *(allgemein)* caerse ② *(ohnmächtig werden)* desplomarse; **ich bin zum U~ müde** me caigo de cansancio; **tot ~** caerse muerto ③ *(fam abw: Gesinnung wechseln)* rajarse; *(nachgeben)* darse por vencido
Umfang *m* <-(e)s, -fänge> ① *(Ausdehnung)* extensión *f; (Dicke)* volumen *m; (Größe)* tamaño *m* ② *(Kreisumfang)* circunferencia *f* ③ *(Ausmaß)* dimensiones *fpl;* **in großem ~** a gran escala
umfangreich *adj* amplio, extenso
umfassen* *vt* ① *(mit den Armen)* rodear (con los brazos); *(umarmen)* abrazar ② *(bestehen aus)* comprender, abarcar
umfassend *adj* amplio; *(vollständig)* completo
Umfeld *nt* <-(e)s, -er> entorno *m*
um|formen *vt* ① *(umändern)* modificar, tra(n)sformar ② (ELEK) convertir
umformulieren* *vt* reformular, formular de otro modo
Umfrage *f* <-n> encuesta *f;* **eine ~ machen** hacer una encuesta
um|funktionieren* *vt* tra(n)sformar (**zu/in** en)
Umgang *m* <-(e)s, *ohne pl*> ① *(Beziehungen)* relaciones *fpl; (Gesellschaft)* compañía *f;* **sie ist kein ~ für dich** *(fam)* es mala compañía para ti; **mit jdm ~ haben/pflegen** tener/mantener relaciones con alguien ② *(das Umgehen mit Personen)* trato *m; (mit Dingen)* manejo *m;* **im ~ mit Kindern** en el trato con niños
umgangen *pp von* **umgehen1**
umgänglich ['ʊmgɛŋlɪç] *adj* afable, sociable
Umgangsformen *fpl* modales *mpl*
Umgangssprache *f* (LING) lenguaje *m* familiar
umgangssprachlich *adj* coloquial
umgarnen* *vt* embaucar
umgeben* *irr vt* rodear; *(mit Zaun)* cercar
Umgebung [-'--] *f* <-en> ① *(Gebiet)* alrededores *mpl; (Nachbarschaft)* vecindad *f;* **in der näheren ~ Münchens** en los alrededores de Múnich; **ist hier in der ~ ein Campingplatz?** ¿hay un campin por aquí cerca? ② *(Milieu)* ambiente *m,* entorno *m*
umgehen*1 *irr vt* ① *(herumgehen)* pasar alrededor (de) ② *(vermeiden)* evitar ③ *(nicht beachten)* eludir
um|gehen2 *irr vi sein* ① *(Gerücht)* correr; *(Gespenst)* andar ② *(mit Personen)* tratar (**mit** a); *(mit Dingen)* manejar (**mit**); **sparsam mit etw** *dat* **~** economizar algo; **gleichgültig/vorsichtig mit etw** *dat* **~** tratar algo con indiferencia/con cuidado
umgehend ['---] **I.** *adj* inmediato **II.** *adv* de inmediato
Umgehung [-'--] *f* <-en> ① *(das Vermeiden)* evitación *f* ② *(Umgehungsstraße)* circunvalación *f*
Umgehungsstraße *f* carretera *f* de circunvalación
umgekehrt **I.** *adj* ① *(umgedreht)* invertido ② *(entgegengesetzt)* contrario; **in ~er Richtung** en sentido contrario; **die Sache ist genau ~** es justo lo contrario **II.** *adv* ① *(umgedreht)* a la inversa ② *(entgegengesetzt)* al revés, al contrario
Umgestaltung *f* <-, -en> ① remodelación *f,* modificación *f* ② *(eines Systems)* reforma *f*
um|gewöhnen* *vr:* **sich ~** acostumbrarse a algo nuevo
um|graben *irr vt* cavar
umgucken *vr:* **sich ~** *(fam) s.* **umsehen**
Umhang *m* <-(e)s, -hänge> capa *f*
um|hängen *vt* ① *(an andere Stelle)* colgar en otro sitio ② *(Tasche)* **sich** *dat* **die Tasche ~** colgarse el bolso al hombro ③ *(Decke, Mantel)* **sich** *dat* **einen Mantel ~** ponerse un abrigo por encima
Umhängetasche *f* bolso *m* de bandolera
um|hauen1 <haut um, haute *o* hieb um, umgehauen> *vt (fällen)* cortar, talar
um|hauen2 <haut um, haute um, umgehauen> *vt (fam)* ① *(niederschlagen)* derribar (de un golpe) ② *(verblüffen)* dejar boquiabierto
umher [ʊm'heːɐ] *adv (hier und da)* por aquí, por allá; *(überall)* por todas partes

umher|blicken *vi* mirar (a su) alrededor; **fragend** ~ mirar alrededor sin comprender
umher|gehen *irr vi sein* ir de un lado para otro; *(ziellos herumgehen)* deambular; *(spazieren gehen)* pasear (**in** por)
umher|irren *vi sein* vagar (**in** por), errar (**in** por)
umher|laufen *irr vi sein (ziellos herumlaufen)* andar de un lado para otro; *(spazieren gehen)* pasear (**in** por)
umhin|können *irr vi* **nicht ~, etw zu tun** no poder evitar hacer algo
um|hören *vr:* **sich ~** informarse; **ich werde mich danach ~** voy a ver si me entero de algo al respecto
umkämpft [ʊmˈkɛmpft] *adj* reñido
Umkehr *f ohne pl* vuelta *f*, regreso *m*
umkehrbar *adj* reversible; **nicht ~** irreversible
um|kehren **I.** *vi sein* volver, regresar **II.** *vt* ❶ *(umdrehen)* dar vuelta (a) ❷ *(ins Gegenteil verkehren)* invertir **III.** *vr:* **sich ~: dabei kehrt sich mir der Magen um** esto me revuelve el estómago
um|kippen **I.** *vi sein* ❶ *(umfallen)* caerse; *(Wagen)* volcar, voltear *Am; (Boot)* zozobrar ❷ *(fam: ohnmächtig werden)* desmayarse ❸ *(fam abw: Gesinnung wechseln)* cambiar de chaqueta ❹ *(fam: Gewässer)* contaminarse; *(Wein)* volverse **II.** *vt* derribar
umklammern* *vt* agarrar; *(umarmen)* abrazar (fuertemente)
Umklammerung [-ˈ---] *f* <-en> agarrón *m; (Umarmung)* abrazo *m* (fuerte)
um|klappen *vt* plegar
Umkleidekabine [ˈʊmklaɪdə-] *f* caseta *f*, desvestidora *f AmS*
Umkleideraum [ˈ----] *m* vestuario *m*, desvestidora *f Am*
um|knicken **I.** *vi sein* ❶ *(Mast, Baum)* doblarse ❷ *(Fuß)* torcerse el pie; **ich bin (mit dem Fuß) umgeknickt** me he torcido el pie **II.** *vt* doblar; *(brechen)* partir
um|kommen *irr vi sein* ❶ *(sterben)* morir (**vor** de) ❷ *(Lebensmittel)* echarse a perder
Umkreis *m* <-es, *ohne pl*> alrededores *mpl;* **im ~ von fünf Kilometern** en un radio de cinco kilómetros
umkreisen* *vt* girar alrededor de
um|krempeln [ˈʊmkrɛmpəln] *vt* ❶ *(Kleidung)* subirse; *(Ärmel)* (ar)remangarse ❷ *(durchwühlen)* poner patas arriba, revolver ❸ *(fam: vollständig ändern)* cambiar por completo
umladen *irr vt* tra(n)sbordar
Umlage *f* <-, -n> (FIN) contribución *f*
umlagern* *vt* rodear
Umland *nt* <-(e)s, *ohne pl*> alrededores *mpl*
Umlauf[1] *m* <-(e)s, *ohne pl*> ❶ *(von Geld, Blut)* circulación *f*; **im ~ sein** estar en circulación; **in ~ bringen** poner en circulación ❷ *(Umkreisen)* revolución *f*
Umlauf[2] *m* <-(e)s, -läufe> ❶ *(Rundschreiben)* circular *f* ❷ *(einzelne Kreisbewegung)* vuelta *f*
Umlaufbahn *f* (ASTR) órbita *f*
Umlaufvermögen *nt* (WIRTSCH) activo *m* circulante
Umlaut *m* <-(e)s, -e> (LING) vocal *f* modificada
um|legen *vt* ❶ *(in die waagerechte Lage bringen: Mast, Bäume)* derribar; *(Hebel, Schalter)* cambiar de posición; *(Lehne)* plegar; *(Bäume fällen)* talar ❷ *(um den Körper: Kleidungsstücke)* poner por encima; *(Halskette, Verband)* poner ❸ *(fam: erschießen)* cargarse, tronar *Méx* ❹ *(Termin)* cambiar; *(auf später)* aplazar (**auf** a); *(vorverlegen)* adelantar (**auf** a) ❺ *(örtlich)* cambiar de sitio ❻ *(Ausgaben)* repartir (**auf** entre)
um|leiten *vt* desviar
Umleitung *f* <-en> desvío *m*
umliegend *adj* vecino, de los alrededores
Umluft *f* <-, *ohne pl*> aire *m* que circula
Umluftherd *m* <-(e)s, -e> horno *m* por aire (de circulación)
Ummantelung *f* <-, -en> (TECH) revestimiento *m*
um|melden *vt* cambiar de registro
umnachtet [-ˈ--] *adj* **geistig ~** demente
um|organisieren* *vt* reorganizar
um|pflügen *vt* arar
umrahmen* *vt* **etw musikalisch ~** acompañar algo con música
umranden* *vt* bordear, rodear; **etw rot ~** encuadrar algo de rojo
Umrandung [-ˈ--] *f* <-, -en> reborde *m*
um|räumen *vt (anders anordnen)* disponer de otra manera
um|rechnen *vt (Maßeinheiten)* convertir (**in** en); *(Währungen)* calcular en otra moneda
Umrechnungskurs *m* cotización *f*, tipo *m* de cambio
umreißen*[1] *irr vt* esbozar; **ein Problem kurz ~** exponer un problema a grandes rasgos
um|reißen[2] *irr vt* ❶ *(umwerfen)* echar al suelo ❷ *(Mauer)* derribar, demoler
um|rennen *irr vt* atropellar corriendo
Umriss [ˈ--] *m* <-es, -e> contorno *m*, silueta *f*; **etw in groben Umrissen darstellen** exponer algo a grandes rasgos

umrissen [ʊmˈrɪsən] **I.** *pp von* **umreißen**[1] **II.** *adj* **scharf ~** claramente definido
um|rühren *vt* remover
umrunden* *vt* rodear, dar una vuelta (a)
ums [ʊms] = **um das** *s.* **um**
um|satteln *vi (fam: beruflich)* cambiar de profesión; *(im Studium)* cambiar de carrera; **von Kellner auf Koch ~** cambiar de camarero para cocinero
Umsatz *m* <-es, -sätze> volumen *m* de ventas
Umsatzbeteiligung *f* <-, -en> (FIN, WIRTSCH) participación *f* en los beneficios
Umsatzsteigerung *f* <-, -en> (FIN, WIRTSCH) aumento *m* de los beneficios
Umsatzsteuer *f* impuesto *m* sobre el volumen de ventas
um|schalten I. *vi* ❶ *(Einstellung ändern)* cambiar ❷ (RADIO, TV: *Programm*) cambiar de canal; *(verbinden)* conectar (**in/nach** con); **auf das zweite Programm ~** cambiar a la segunda cadena ❸ *(fam: sich umstellen)* reorientarse **II.** *vt* (ELEK) conmutar
Umschalttaste *f* ❶ (TECH: *Umschalter*) conmutador *m* ❷ (INFOR: *Computer, Schreibmaschine*) tecla *f* de mayúsculas
Umschau *f ohne pl* ❶ *(Rundblick)* vista *f* ❷ *(das Sichumsehen)* visita *f*; **nach etw** *dat* **/jdm ~ halten** buscar algo/a alguien (con la vista)
um|schauen *vr:* **sich ~** *(reg) s.* **umsehen**
umschichten *vt* ❶ *(Stapel)* apilar de nuevo ❷ *(neu einteilen)* reestructurar, reagrupar
Umschichtung *f* <-, -en> reestructuración *f*, reagrupación *f*; **soziale ~** cambio en la estratificación de la sociedad
Umschlag[1] *m* <-(e)s, -schläge> ❶ *(Buchumschlag)* cubierta *f* ❷ *(Briefumschlag)* sobre *m* ❸ (MED) compresa *f*; *(heiß)* cataplasma *m*
Umschlag[2] *m* <-(e)s, *ohne pl*> ❶ *(Veränderung)* cambio *m* (brusco) ❷ (WIRTSCH: *Umladung*) tra(n)sbordo *m*
um|schlagen *irr* **I.** *vt* ❶ *(Ärmel)* arremangar; *(Buchseite)* volver ❷ *(Güter)* tra(n)sbordar; *(Ladung)* operar **II.** *vi sein* ❶ *(Wetter, Stimmung)* cambiar repentinamente; *(Stimme)* tra(n)sformarse repentinamente; **ins Gegenteil ~** caer en el otro extremo ❷ *(Boot)* zozobrar; *(Fahrzeug)* volcar
Umschlaghafen *m* puerto *m* de tra(n)sbordo
Umschlagplatz *m* <-es, -plätze> lugar *m* de tra(n)sbordo
umschließen* *irr vt* ❶ *(umgeben)* cercar, rodear ❷ *(umzingeln)* poner cerco (a) ❸ *(einschließen)* encerrar, encercar
umschlingen* *irr vt (mit den Armen)* abrazar; **jdn eng umschlungen halten** mantener a alguien estrechamente abrazado
umschlossen *pp von* **umschließen**
umschlungen *pp von* **umschlingen**
umschmeicheln* *vt (schöntun)* adular, agasajar
umschmeißen *irr vt (fam)* ❶ *(Gegenstand)* tirar, derribar; *(Pläne)* echar por tierra ❷ *(erschüttern)* dejar atontado
um|schnallen *vt (Gürtel)* ponerse
umschreiben*[1] *irr vt* ❶ *(festlegen)* delimitar ❷ *(mit anderen Worten)* parafrasear ❸ (MATH) circunscribir
um|schreiben[2] *irr vt* ❶ *(Text)* refundir; *(ändern)* cambiar ❷ *(Hypothek)* tra(n)sferir (**auf** a) ❸ *(transkribieren)* tra(n)scribir
umschrieben *pp von* **umschreiben**[1]
Umschuldung *f* <-, -en> (FIN) (re)conversión *f* (de la deuda)
um|schulen *vt* ❶ *(Kind)* cambiar de colegio ❷ *(beruflich)* readaptar (profesionalmente); **er lässt sich zum Programmierer ~** hace un curso (del INEM) para programador
Umschulung *f* <-en> ❶ *(Kind)* cambio *m* de escuela ❷ *(beruflich)* readaptación *f* profesional; **eine ~ machen** hacer un curso de readaptación profesional
umschwärmen* *vt* ❶ *(umfliegen)* revolotear alrededor (de) ❷ *(verehren)* idolatrar
Umschweife *mpl* rodeos *mpl;* **ohne ~** sin rodeos
Umschwung *m* <-(e)s, -schwünge> ❶ *(Veränderung)* cambio *m* (brusco) ❷ *(Schweiz: umgebendes Gelände)* tierra *f* circundante
umsegeln* *vt* circunnavegar
um|sehen *irr vr:* **sich ~** ❶ *(zurückblicken)* mirar hacia atrás; **sich nach jdm ~** seguir a alguien con la mirada ❷ *(herumsehen)* mirar alrededor; **ich sehe mich nur mal um** voy a echar solamente un vistazo; **ich sehe mich etwas im Dorf um** voy a dar una vuelta por el pueblo; **du wirst dich noch ~!** *(fam)* ¡ya verás lo que es bueno! ❸ *(suchen)* buscar (**nach**)
umseitig [ˈʊmzaɪtɪç] *adj* al dorso
um|setzen I. *vt* ❶ *(anders setzen)* poner en otro sitio; *(Pflanzen)* trasplantar ❷ *(verkaufen)* vender ❸ *(umwandeln)* tra(n)sformar (**in** en); **ein Theaterstück filmisch ~** plasmar una obra de teatro cinematográficamente; **sein Geld in Schallplatten ~** invertir su dinero en discos ❹ *(anwenden)* realizar; **etw in die Tat ~** llevar algo a la práctica **II.** *vr:* **sich ~** sentarse en otro sitio
Umsicht *f ohne pl* cautela *f;* **mit viel ~ handeln** actuar con mucha cautela
umsichtig *adj* cauteloso

U

um|siedeln **I.** *vi sein* trasladarse (**nach/in** a) **II.** *vt* trasladar
Umsiedlung *f* <-, -en> traslado *m*
umso ['ʊmzo] *konj* tanto más
umsonst [ʊm'zɔnst] *adv* ① *(unentgeltlich)* gratis, de coca *Méx* ② *(vergeblich)* en vano ③ *(grundlos)* sin motivo; **das hat er nicht ~ getan** por algo lo hizo
umsorgen* *vt* **jdn ~** cuidar de alguien
um|springen *irr vi sein* ① *(Ampel)* cambiar (**von** de, **auf** a); *(Wind)* cambiar (bruscamente) de dirección ② *(abw: behandeln)* tratar (mal) (**mit** a); **so kannst du nicht mit ihr ~** no puedes tratarla así
umspülen* *vt* bañar, regar
Umstand *m* <-(e)s, -stände> ① *(Tatsache)* hecho *m;* *(Einzelheit)* detalle *m* ② (JUR) circunstancia *f;* **mildernde Umstände** circunstancias atenuantes ③ *pl (Verhältnisse)* circunstancias *f pl;* *(Lage)* situación *f;* **unter Umständen** tal vez; **unter keinen Umständen** de ningún modo; **unter diesen Umständen** dadas las circunstancias; **unter allen Umständen** cueste lo que cueste; **den Umständen entsprechend** de acuerdo a las circunstancias; **in anderen Umständen sein** estar encinta ④ *pl (Mühe, Aufwand)* molestia *f;* **das macht gar keine Umstände** no es ninguna molestia; **machen Sie sich keine Umstände!** ¡no se moleste!
umständehalber *adv* por circunstancias particulares
umständlich *adj* ① *(ausführlich)* detallado; *(weitschweifig)* prolijo ② *(verwickelt)* complicado ③ *(beschwerlich)* molesto; *(lästig)* pesado; **das ist mir zu ~** me resulta demasiado molesto ④ *(förmlich)* ceremonioso ⑤ *(übergenau)* minucioso
Umständlichkeit *f* <-, *ohne pl*> ① *(Weitschweifigkeit)* prolijidad *f* ② *(Aufwendigkeit)* laboriosidad *f*
Umstandskleid *nt* vestido *m* (de) premamá
Umstandsmode *f* moda *f* premamá
Umstandswort *nt* (LING) adverbio *m*
umstehend *adj* ① *(ringsum stehend)* presente ② *(umseitig)* al dorso
um|steigen *irr vi sein* ① *(Fahrzeug wechseln)* hacer tra(n)sbordo; **in den Intercity ~** coger el intercity ② *(fam: überwechseln)* pasar (**auf** a)
umstellen*1 *vt* rodear, cercar
um|stellen2 **I.** *vt* ① *(Dinge)* poner en otro sitio; *(Reihenfolge)* invertir ② *(Uhr)* cambiar; **die Uhr ~** cambiar la hora ③ *(Betrieb)* reorganizar; *(Ernährung)* cambiar (**auf** a); **etw auf Maschinenbetrieb/auf Computer ~** mecanizar/computerizar algo ④ *(ändern)* modificar **II.** *vr:* **sich ~** adaptarse (**auf** a)
Umstellung ['---] *f* <-en> ① *(von Dingen)* cambio *m* de lugar; *(der Reihenfolge)* inversión *f* del orden ② *(Anpassung)* adaptación *f* (**auf** a); *(eines Betriebs)* reorganización *f;* **~ auf Computer** computerización *f* ③ *(Veränderung)* cambio *m,* modificación *f*
um|stimmen *vt* ① *(Instrument)* cambiar la afinación (de) ② *(Person)* persuadir
um|stoßen *irr vt* ① *(Gegenstand)* tirar ② *(Plan)* echar por tierra
umstritten [-'--] *adj* controvertido, discutido
um|strukturieren* *vt* reestructurar
Umstrukturierung *f* reestructuración *f*
um|stülpen ['ʊmʃtʏlpən] *vt* ① *(Behälter)* volcar; *(Tasche)* volver (al revés) ② *(ändern)* cambiar a fondo
Umsturz *m* <-es, -stürze> revolución *f*
um|stürzen **I.** *vi sein (umfallen)* caerse; *(einstürzen)* derribarse; *(Wagen)* volcar **II.** *vt* ① *(umstoßen)* volcar; *(Regierung)* derrocar ② *(ändern)* cambiar; *(grundlegend)* revolucionar
Umtausch *m* <-(e)s, -e> cambio *m;* **die Waren sind vom ~ ausgeschlossen** las mercancías no se pueden cambiar
um|tauschen *vt* cambiar (**gegen** por)
um|topfen *vt* cambiar de maceta
Umtrunk *m* <-(e)s, -trünke> juerguecita *f*
Umverteilung *f* <-, -en> (WIRTSCH) redistribución *f*
umwälzen *vt* (TECH) hacer circular
Umwälzung *f* <-, -en> ① (TECH) circulación *f* ② *(gesellschaftlich)* cambio *m* profundo [*o* radical]
um|wandeln *vt* tra(n)sformar (**in** en); *(Strafe)* conmutar (**in** por); **Sie sind wie umgewandelt** Ud. parece otro
Umwandlung *f* <-en> tra(n)sformación *f* (**in** en); *(einer Strafe)* conmutación *f* (**in** por)
Umweg *m* <-(e)s, -e> rodeo *m;* **einen ~ machen** dar un rodeo; **auf ~en** por vía indirecta
Umwelt *f ohne pl* entorno *m;* (ÖKOL) medio *m* ambiente
Umweltaktivist(in) *m(f)* activista *mf* medioambiental
Umweltbedingungen *f pl* condiciones *f pl* medioambientales
umweltbelastend *adj* contaminante
Umweltbelastung *f* contaminación *f* del medio ambiente
umweltbewusst *adj* concienciado ecológicamente

U

Umweltbewusstsein *nt* conciencia *f* ecológica
Umwelteinfluss *m* influencia *f* ambiental
umweltfeindlich *adj* contaminante, nocivo para el medio ambiente
Umweltforscher(in) *m(f)* ecólogo, -a *m, f*
umweltfreundlich *adj* no contaminante
umweltgefährdend *adj* (ÖKOL) agresivo para el medio ambiente, que perjudica el medio ambiente
Umweltgift *nt* (sustancia *f*) contaminante *m*
Umweltkatastrophe *f* desastre *m* ecológico
Umweltkriminalität *f* delincuencia *f* ambiental
Umweltminister(in) *m(f)* ministro, -a *m, f* del Medio Ambiente
Umweltorganisation *f* organización *f* para la protección del medio ambiente
Umweltpolitik *f* política *f* del medio ambiente
Umweltproblem *nt* problema *m* ecológico
Umweltschäden *mpl* daños *mpl* ecológicos
umweltschädlich *adj* nocivo para el medio ambiente
Umweltschutz *m* protección *f* del medio ambiente
Umweltschützer(in) *m(f)* <-s, -; -nen> defensor(a) *m(f)* del medio ambiente, ecologista *mf*
Umweltschutzorganisation *f* <-, -en> (ÖKOL) organización *f* para la defensa del medio ambiente
Umweltschutzpapier *nt* papel *m* reciclado
Umweltskandal *m* <-s, -e> escándalo *m* ecológico
Umweltsünder(in) *m(f)* <-s, -; -, -nen> *(fam)* contaminador(a) *m(f)* del medio ambiente
Umweltverband *m* asociación *f* ecologista
Umweltvergiftung *f* contaminación *f* ambiental
Umweltverschmutzer(in) *m(f)* <-s, -; -nen> contaminador(a) *m(f)* del medio ambiente
Umweltverschmutzung *f* contaminación *f* del medio ambiente
umweltverträglich *adj* compatible con el medio ambiente
Umweltverträglichkeit *f* impacto *m* ambiental
Umweltzerstörung *f* destrucción *f* del medio ambiente
Umweltzone *f* zona *f* medioambiental, zona *f* de baja emisión
umwerben* *irr vt* cortejar, pastorear *Arg, Urug*
um|werfen *irr vt* ① *(Gegenstand)* volcar, tirar ② *(fam: Plan)* echar por tierra ③ *(fam: aus der Fassung bringen)* dejar con la boca abierta
umwerfend *adj* impresionante
umwickeln* *vt* envolver
umzäunen* [ʊmˈtsɔɪnən] *vt* cercar
Umzäunung [-ˈ--] *f* <-, -en> cerco *m*
um|ziehen *irr* **I.** *vi sein* mudarse (**nach** a) **II.** *vr:* **sich** ~ cambiarse (de ropa)
umzingeln* *vt* rodear
Umzug *m* <-(e)s, -züge> ① *(Wohnungswechsel)* mudanza *f* ② *(Festzug)* desfile *m*
Umzugskarton *m* caja *f* de embalaje
UN [uːˈʔɛn] *f Abk. von* **United Nations** NU *fpl*
unabänderlich [ˈ--ˈ---] *adj* inalterable; *(unwiderruflich)* irrevocable
unabdingbar [ˈ--ˈ--] *adj* indispensable
unabhängig *adj* independiente (**von** de); *(Staat)* autónomo; **sich von jdm/etw** *dat* **~ machen** independizarse de alguien/algo; **das ist ~ davon, ob ...** esto es independiente de que si...
Unabhängigkeit *f ohne pl* independencia *f* (**von** de); *(wirtschaftlich)* autarquía *f*
Unabhängigkeitserklärung *f* <-, -en> proclamación *f* de la independencia
unabkömmlich [ˈ--ˈ--] *adj* ① *(sehr beschäftigt)* ocupado ② *(unersetzlich)* insu(b)stituible
unablässig [ˈ--ˈ--] **I.** *adj* incesante, constante **II.** *adv* sin cesar
unabsehbar [ˈ--ˈ--] *adj* ① *(Folgen)* incalculable; **auf ~e Zeit** por tiempo indefinido ② *(räumlich)* vasto
unabsichtlich **I.** *adj* involuntario **II.** *adv* sin querer
unabwendbar [ˈ--ˈ--] *adj* inevitable
unachtsam *adj (unaufmerksam)* desatento; *(nachlässig)* descuidado
Unachtsamkeit *f ohne pl (Unaufmerksamkeit)* falta *f* de atención; *(Nachlässigkeit)* descuido *m*
unähnlich *adj* diferente; **er ist seinem Bruder nicht ~** se parece mucho a su hermano
unanfechtbar [ˈ--ˈ--] *adj* indiscutible; *(Urteil)* inapelable; *(Argument)* inatacable
unangebracht *adj* inoportuno; **ich halte es für ~ ...** me parece inoportuno...
unangefochten *adj* indiscutido
unangemeldet **I.** *adj* no anunciado **II.** *adv* sin previo aviso
unangemessen *adj* inadecuado
unangenehm *adj* desagradable; *(lästig)* molesto, odioso *Am; (unsympathisch)* antipático; **~ auffallen** causar una mala impresión; **es ist mir sehr ~, dass ...** me da

U

mucha vergüenza que… *+subj;* ~ **werden** volverse desagradable

unangepasst *adj* no asimilado; *(oppositionell)* no conformista

unangetastet *adj* intacto

unangreifbar ['--'--] *adj* intocable; *(Argument)* irrebatible

unannehmbar ['--'--] *adj* inaceptable

Unannehmlichkeit *f* <-en> *(Mühe)* molestia *f*, odiosidad *f Am; (Ärger)* disgusto *m;* **jdm ~en bereiten** causar molestias a alguien

unansehnlich *adj* de aspecto desagradable

unanständig *adj* indecente, verde *fam; (obszön)* obsceno

Unanständigkeit[1] *f* <-, *ohne pl*> *(Art)* indecencia *f*

Unanständigkeit[2] *f* <-, -en> *(Äußerung)* obscenidad *f*

unantastbar ['--'--] *adj* intangible; (JUR) inviolable; (REL) sagrado

unappetitlich *adj* ❶ *(Essen)* poco apetitoso ❷ *(abstoßend)* asqueroso

Unart ['ʊnʔaːɐt] *f* <-en> ❶ *(Angewohnheit)* mala costumbre *f* ❷ *(eines Kindes)* travesura *f*

unartig *adj* travieso, malo

unaufdringlich *adj* ❶ *(Parfüm)* discreto ❷ *(Mensch)* agradable

unauffällig *adj* ❶ *(Kleidung, Verhalten)* discreto ❷ *(unbemerkt)* disimulado; **folgen Sie mir ~!** ¡sígame con discreción!

unauffindbar ['--'--] *adj* ilocalizable

unaufgefordert *adj (freiwillig)* voluntario; *(spontan)* espontáneo

unaufhaltsam ['--'--] *adj* incontenible, imparable

unaufhörlich ['--'--] **I.** *adj* incesante, continuo **II.** *adv* sin cesar

unaufmerksam *adj* ❶ *(nicht aufmerksam)* desatento; *(zerstreut)* despistado ❷ *(nicht zuvorkommend)* descortés

Unaufmerksamkeit *f ohne pl* ❶ *(Verhalten)* falta *f* de atención; *(Zerstreutheit)* distracción *f* ❷ *(Unhöflichkeit)* descortesía *f*

unaufrichtig *adj* insincero

Unaufrichtigkeit[1] *f* <-, *ohne pl*> *(Art)* insinceridad *f*

Unaufrichtigkeit[2] *f* <-, -en> *(Tat)* falsedad *f*

unausführbar *adj* irrealizable

unausgefüllt *adj* ❶ *(Formular)* en blanco; ~ **lassen** dejar en blanco ❷ *(Person)* insatisfecho; *(Leben)* vacío

unausgeglichen *adj* ❶ *(ungleichmäßig)* desequilibrado ❷ *(wechselhaft)* inestable

Unausgeglichenheit *f* <-, *ohne pl*> ❶ *(Ungleichmäßigkeit)* falta *f* de equilibrio ❷ *(Wechselhaftigkeit)* inestabilidad *f*

unausgegoren *adj (abw)* inmaduro

unausgeschlafen *adj* medio dormido

unausgesprochen *adj* no pronunciada, no formulada; **in ihrem Blick las er einen ~en Vorwurf** en su mirada leyó un reproche silencioso

unausgewogen *adj* desequilibrado

Unausgewogenheit *f* <-, *ohne pl*> desequilibrio *m*

unaussprechbar ['--'--] *adj* indecible

unaussprechlich ['--'--] *adj (Gefühl)* inefable; *(Elend, Freude)* increíble

unausstehlich ['--'--] *adj* insoportable

unausweichlich ['--'--] *adj* inevitable

unbändig ['ʊnbɛndɪç] *adj* ❶ *(wild)* desenfrenado ❷ *(heftig)* incontenible; **sich ~ auf etw freuen** sentir una alegría incontenible por algo

unbarmherzig *adj* despiadado

unbeabsichtigt **I.** *adj* impremeditado **II.** *adv* sin querer

unbeachtet *adj* inadvertido; **das darf man nicht ~ lassen** esto no puede pasar inadvertido

unbeantwortet *adj* sin respuesta

unbearbeitet *adj* no labrado, no laboreado

unbeaufsichtigt *adj* no vigilado

unbebaut *adj (Acker)* no cultivado, yermo; *(Grundstück)* sin edificar

unbedacht *adj (Person)* irreflexivo; *(Handlung)* impensado; ~ **handeln** actuar irreflexivamente

unbedarft *adj* ingenuo

unbedeckt *adj* descubierto

unbedenklich **I.** *adj* inofensivo **II.** *adv* sin reparo

Unbedenklichkeit *f* <-, *ohne pl*> ausencia *f* de objeciones [*o* de reparos]

unbedeutend *adj* ❶ *(unwichtig)* insignificante ❷ *(geringfügig)* mínimo

unbedingt ['---, '--'-] **I.** *adj* absoluto; *(bedingungslos)* incondicional **II.** *adv* sin falta, absolutamente; **ist das ~ nötig?** ¿es realmente indispensable?; **das will ich ~ wissen** tengo que saberlo sin falta; **nicht ~** no necesariamente; **nicht länger als ~ nötig** nada más de lo absolutamente necesario

unbeeindruckt *adj* nada impresionado; ~ **bleiben** no dejarse impresionar; ~ **fortfahren** continuar sin inmutarse

unbefahrbar ['--'--] *adj* intransitable

unbefangen *adj* ❶ *(ungehemmt)* despreocupado; *(natürlich)* natural ❷ *(unvoreingenommen)* imparcial

unbefleckt *adj (geh: Mensch)* inmaculado; **~e Empfängnis** (REL) Inmaculada Concepción

unbefriedigend *adj* poco satisfactorio; *(stärker)* no satisfactorio

unbefriedigt *adj* insatisfecho
unbefristet *adj* ilimitado
unbefugt *adj* no autorizado
Unbefugte(r) *mf* <-n, -n; -n> persona *f* no autorizada; **~n ist das Betreten verboten** entrada prohibida a personas ajenas al servicio
unbegabt *adj* poco talentoso (**für** para); **musikalisch ~ sein** no tener talento para la música
unbegreiflich ['--'--] *adj (unverständlich)* inconcebible, incomprensible; *(unerklärlich)* inexplicable; **es ist mir ~, wie das passieren konnte** no me explico cómo pudo ocurrir esto
unbegrenzt *adj* ilimitado
unbegründet *adj* injustificado, sin motivo; (JUR) improcedente
unbehaart *adj (ohne Haare)* sin pelo; *(ohne Körperhaar)* sin vello, lampiño; *(ohne Bart)* barbilampiño; *(ohne Kopfhaar)* calvo
Unbehagen ['ʊnbəhaːgən] *nt* <-s, *ohne pl*> malestar *m*
unbehaglich *adj* desagradable; **sich ~ fühlen** no estar a gusto
unbehandelt *adj* no tratado
unbehelligt ['ʊnbəhɛlɪçt] *adj* sin ser molestado; **~ bleiben** no ser molestado; **~ lassen** no molestar
unbeherrscht **I.** *adj* desenfrenado; *(Person)* que no sabe dominarse **II.** *adv* desmesuradamente
unbeholfen ['ʊnbəhɔlfən] *adj* torpe, bota *Méx*
Unbeholfenheit *f ohne pl* torpeza *f*
unbeirrbar ['--'--] *adj*, **unbeirrt** *adj* imperturbable, inalterable
unbekannt *adj* desconocido; **~ verzogen** (domicilio) desconocido; **es ist mir nicht ~, dass ...** no ignoro que... *+subj*
Unbekannte(r) *mf* <-n, -n; -n> *(Person)* desconocido, -a *m, f*
unbekannterweise ['ʊnbəkantɐ'vaɪzə] *adv* sin conocerse
unbekümmert *adj* despreocupado; **seien Sie ganz ~!** ¡no se preocupe usted en absoluto!
unbelastet *adj* ❶ *(frei)* libre (**von** de); *(ohne Sorgen)* despreocupado ❷ *(ohne Hypotheken)* sin cargos hipotecarios
unbelehrbar ['--'--] *adj* incorregible; *(halsstarrig)* obstinado
unbeliebt *adj* que goza de pocas simpatías (**bei** entre); **sich ~ machen** hacerse impopular; **er ist bei allen ~** le cae mal a todos
Unbeliebtheit *f ohne pl* impopularidad *f*
unbemannt *adj* sin tripulación
unbemerkt *adj* inadvertido, desapercibido; **~ bleiben** pasar desapercibido
unbenutzt *adj* no usado; **etw ~ zurückgeben** devolver algo sin haberlo usado
unbeobachtet *adj* no observado; **in einem ~en Augenblick** en un momento de descuido
unbequem *adj* ❶ *(Sessel)* incómodo ❷ *(Frage, Person)* molesto, amargo *Ven*
Unbequemlichkeit[1] *f* <-, -en> *(Mühe, Schwierigkeit)* molestia *f*
Unbequemlichkeit[2] *f* <-, *ohne pl*> *(von Möbeln)* incomodidad *f*
unberechenbar ['--'---] *adj* incalculable; **er ist ~** es imprevisible
Unberechenbarkeit *f* <-, *ohne pl*> imprevisión *f*, veleidad *f*, volubilidad *f*
unberechtigt *adj* injusto, no autorizado
unberechtigterweise *adv* sin autorización
unberücksichtigt *adj* desatendido; **~ bleiben/lassen** quedar/dejar desatendido
unberührt *adj* intacto; *(Frau)* virgen
unbeschadet **I.** *präp +gen* ❶ *(trotz)* a pesar de ❷ *(ohne Schaden für)* sin perjuicio de **II.** *adv* **etw ~ überstehen** *(Person)* salir ileso de algo; *(Sache)* quedar sin daños en algo
unbeschädigt *adj* no dañado, indemne
unbeschäftigt *adj* sin ocupación; *(ohne Arbeit)* sin trabajo
unbescheiden *adj* inmodesto; *(arrogant)* petulante
Unbescheidenheit *f* <-, *ohne pl*> inmodestia *f*
unbeschrankt ['ʊnbəʃraŋkt] *adj* sin barrera
unbeschränkt *adj* ilimitado; *(Macht)* absoluto
unbeschreiblich ['--'--] **I.** *adj* indescriptible **II.** *adv* extremamente
unbeschrieben *adj (Blatt)* en blanco
unbeschwert *adj* libre de toda preocupación; *(Kindheit)* despreocupado; *(Gewissen)* limpio
unbesiegbar ['--'--] *adj* invencible, imbatible
unbesiegt *adj* invicto
unbesonnen *adj (unüberlegt)* irreflexivo; *(unvorsichtig)* imprudente
Unbesonnenheit[1] *f* <-, *ohne pl*> *(im Wesen)* irreflexión *f*
Unbesonnenheit[2] *f* <-, -en> *(Handlung)* imprudencia *f*
unbesorgt *adj* despreocupado, tranquilo; **sei ~** ¡no te preocupes!
unbeständig *adj* ❶ *(Person)* inconstante ❷ *(wechselhaft)* inestable; *(Wetter)* variable
Unbeständigkeit *f* <-, *ohne pl*> ❶ *(eines Menschen)* inconstancia *f* ❷ *(Wech-*

U

selhaftigkeit) inestabilidad *f; (des Wetters)* variabilidad *f*
unbestätigt *adj* no confirmado
unbestechlich *adj* incorruptible
unbestimmt *adj* ① *(unklar)* vago; *(ungenau)* impreciso ② *(nicht festgelegt)* indefinido, indeterminado; *(unsicher)* incierto; **auf ~e Zeit** por tiempo indefinido ③ (LING) indefinido
Unbestimmtheit *f* <-, *ohne pl*> ① *(Undeutlichkeit)* vaguedad *f; (Ungenauigkeit)* imprecisión *f* ② *(Ungewissheit)* indeterminación *f; (Unsicherheit)* inseguridad *f*
unbestreitbar ['--'--] *adj* innegable
unbestritten ['--(')--] **I.** *adj* indiscutido, indiscutible; **es ist ~, dass ...** es indiscutible que... +*subj* **II.** *adv* sin duda (alguna)
unbeteiligt *adj* ① *(desinteressiert)* indiferente ② *(nicht teilnehmend)* ajeno; **an etw** *dat* **~ sein** no haber participado en algo
Unbeteiligte(r) *mf* <-n, -n; -n, -n> *(desinteressiert)* desinteresado, -a *m, f; (nicht teilnehmend)* el que no participa, la que no participa
unbetont *adj* átono
unbeugsam ['---] *adj (Person)* inexorable; *(Wille)* inquebrantable
unbewacht *adj* no vigilado; *(schutzlos)* indefenso
unbewaffnet *adj* desarmado, no armado
unbewältigt *adj* no superado
unbeweglich *adj* ① *(bewegungslos)* inmóvil ② *(nicht zu bewegen)* inmovible, fijo ③ *(geistig)* inflexible; *(Blick)* fijo; *(Gesichtsausdruck)* impasible
Unbeweglichkeit *f* <-, *ohne pl*> ① *(Bewegungslosigkeit)* inmovilidad *f* ② *(von Dingen)* rigidez *f* ③ *(geistig)* inflexibilidad *f*
unbewiesen *adj* no probado; **es ist noch ~, ob .../dass ...** aún no está probado si.../que... +*subj*
unbewohnbar ['--'--] *adj* inhabitable
unbewohnt *adj (Gegend)* despoblado, desierto; *(Haus)* deshabitado
unbewusst *adj* inconsciente; *(instinktiv)* instintivo
Unbewusste(s) *nt* <-n, *ohne pl*> (PSYCH) subconsciente *m*
unbezahlbar ['--'--] *adj* ① *(teuer)* impagable ② *(wertvoll)* valioso; *(unersetzlich)* inapreciable
unbezahlt *adj* no pagado, impagado; **~er Urlaub** vacaciones no remuneradas
unbezwingbar ['--'--] *adj* ① *(Gegner)* invencible; *(Festung)* inexpugnable ② *(Drang)* incontrolable
unblutig I. *adj* incruento **II.** *adv* sin derramamiento de sangre
unbrauchbar ['---] *adj* inutilizable, inoperante *Am; (ungeeignet)* no apropiado; *(Person)* inútil
unbürokratisch *adj* poco burocrático; **~e Hilfe** ayuda espontánea
und [ʊnt] *konj* y; *(vor (h)i)* e; (MATH) más; *(Steigerung)* más y más; **~ so weiter** etcétera; **na ~?** ¿y qué?; **~ wenn schon!** ¡y aunque así sea!; **der Wagen wurde schneller ~ schneller** el coche iba cada vez más rápido; **wir redeten ~ redeten** hablamos y hablamos
Undank *m* <-(e)s, *ohne pl*> *(geh)* ingratitud *f;* **~ ernten** recibir solamente ingratitud
undankbar *adj* ① *(Mensch)* desagradecido ② *(Aufgabe)* ingrato
Undankbarkeit *f* <-, *ohne pl*> ingratitud *f*
undefinierbar ['---'--] *adj* indefinible
undenkbar ['--'--] *adj* impensable, inimaginable
Understatement [andə'steɪtmənt] *nt* <-s, -s> falsa modestia *f*
undeutlich *adj* ① *(ungenau)* vago, impreciso ② *(Umrisse)* indistinto; (FOTO) borroso; *(Schrift)* ilegible; **~ sprechen** no vocalizar al hablar
undicht *adj* permeable; *(Fenster)* que no cierra herméticamente; **~ sein** tener escape; **~e Stelle** fuga *f*
undifferenziert *adj* no diferenciado
Unding *nt* **das ist ein ~!** ¡eso es absurdo!
undiszipliniert *adj* indisciplinado
undurchdringlich ['--'--] *adj (a. fig)* impenetrable
undurchführbar ['--'--] *adj* irrealizable
undurchlässig *adj* impermeable, hermético
undurchschaubar ['--'--] *adj* impenetrable
undurchsichtig *adj* ① *(Glas, Stoff)* opaco, no tra(n)sparente ② *(Mensch)* impenetrable; *(Methoden, Geschäfte)* turbio; *(Verhalten)* ambiguo
uneben *adj (Oberfläche, Straße)* desigual; *(Gelände)* accidentado
Unebenheit[1] *f ohne pl (Unebensein)* irregularidad *f,* desigualdad *f*
Unebenheit[2] *f* <-en> *(Erhebung)* irregularidad *f*
unecht *adj* falso; *(nachgemacht)* de imitación
unehelich *adj* ilegítimo, natural
unehrenhaft *adj* deshonroso
unehrlich *adj* falso, deshonesto
Unehrlichkeit *f ohne pl* falta *f* de sinceridad, deshonestidad *f*

uneigennützig *adj* desinteresado

uneingeschränkt *adj* ilimitado, absoluto; **wir stimmen ~ zu** estamos absolutamente de acuerdo

uneinheitlich *adj* irregular

uneinig *adj* desavenido; **mit jdm über etw ~ sein** no estar de acuerdo con alguien en algo

Uneinigkeit *f* <-en> desacuerdo *m;* **es besteht ~ über …** no hay acuerdo sobre…

uneinnehmbar ['--'--] *adj* inconquistable

uneinsichtig *adj* obstinado, terco, tenaz

unempfindlich *adj* ① *(unsensibel)* insensible (**gegen** a) ② *(widerstandsfähig)* robusto; *(gegen Krankheit)* inmune

Unempfindlichkeit *f <-, ohne pl>* ① *(Unsensibilität)* insensibilidad *f* (**gegen** a) ② *(Widerstandsfähigkeit)* robustez *f; (gegen Krankheit)* inmunidad *f*

unendlich [-'--] **I.** *adj* ① *(zeitlich, räumlich, a.* MATH) infinito ② *(groß)* inmenso, infinito **II.** *adv* tremendamente; **~ viel** un sinfín de

Unendlichkeit [-'---] *f ohne pl* infinidad *f*

unentbehrlich ['--'--] *adj* imprescindible; **sich ~ machen** hacerse imprescindible

unentgeltlich ['--'--] **I.** *adj* gratuito **II.** *adv* gratis

unentschieden *adj* ① *(Angelegenheit)* pendiente; **~ sein** quedar pendiente ② *(Person)* indeciso ③ (SPORT) empatado; **sie spielten 0:0 ~** empataron a cero

Unentschieden *nt* <-s, -> (SPORT) empate *m*

unentschlossen *adj* indeciso

unentschuldbar ['--'--] *adj* inexcusable, imperdonable

unentschuldigt **I.** *adj* injustificado **II.** *adv* sin excusa; **~ fehlen** faltar sin (haber aportado una) excusa

unentwegt ['--'-] **I.** *adj* constante **II.** *adv* sin parar, constantemente

unerbittlich ['--'--] *adj* inexorable; *(gnadenlos)* sin piedad

Unerbittlichkeit *f <-, ohne pl>* inexorabilidad *f,* implacabilidad *f; (Gnadenlosigkeit)* falta *f* de piedad, crudeza *f*

unerfahren *adj* inexperto (**in** en), novato (**in** en) *fam*

Unerfahrenheit *f <-, ohne pl>* inexperiencia *f* (**in** en), falta *f* de experiencia (**in** en)

unerfindlich ['--'--] *adj (geh)* inconcebible; **aus ~en Gründen** por razones inconcebibles

unerfreulich *adj* desagradable

unerfüllbar ['--'--] *adj* irrealizable

unerfüllt *adj* no realizado

unergiebig *adj (Boden)* improductivo; *(Thema)* que no da para mucho

unergründbar ['--'--], **unergründlich** ['--'--] *adj* insondable, impenetrable; *(geheimnisvoll)* misterioso

unerheblich *adj (geringfügig)* insignificante; *(unwichtig)* irrelevante

unerhört ['--'-] **I.** *adj* ① *(gewaltig)* tremendo, enorme ② *(abw: empörend)* escandaloso; **das ist ja ~!** ¡habráse visto! ③ *(geh: Bitte)* desatendido **II.** *adv* extremamente; **~ viel** muchísimo

unerkannt *adv* sin ser reconocido

unerklärbar ['--'--], **unerklärlich** ['--'--] *adj* inexplicable; **es ist mir ~, warum …** no me explico por qué…

unerlässlich ['--'--] *adj* imprescindible

unerlaubt *adj* ① *(nicht zulässig)* prohibido ② *(gesetzwidrig)* ilícito ③ *(ohne Erlaubnis)* sin permiso

unerledigt *adj* sin hacer, por hacer; *(Post)* sin contestar; *(schwebend)* pendiente

unermesslich ['--'--] *adj* ① *(unüberschaubar)* inconmensurable; *(unendlich)* infinito; **~ wertvoll** de un valor infinito ② *(groß)* enorme, inmenso

unermüdlich ['--'--] *adj* incansable

unerreichbar ['--'--] *adj* inalcanzable

unersättlich ['--'--] *adj* insaciable

unerschöpflich ['--'--] *adj* inagotable

unerschrocken *adj* intrépido

unerschütterlich ['--'---] *adj* inquebrantable, firme; **~ für etw eintreten** intervenir firmemente en favor de algo

unerschwinglich ['--'--] *adj (Preis)* desorbitado, excesivo; *(Ware)* inasequible

unersetzlich ['--'--] *adj (Person)* irreemplazable; *(Schaden)* irreparable

unerträglich ['--'--] *adj* insoportable

unerwähnt *adj* no mencionado; **etw ~ lassen** no mencionar algo

unerwartet **I.** *adj* inesperado; *(unvorhergesehen)* imprevisto **II.** *adv* de improviso

unerwidert *adj* no correspondido

unerwünscht *adj* indeseado, no deseado

unerzogen *adj* mal educado

UNESCO [u'nɛsko] *f Akr. von* **United Nations Educational, Scientific and Cultural Organization** UNESCO *f*

unfähig *adj (nicht imstande)* incapaz (**zu** de); *(beruflich)* incompetente

Unfähigkeit *f ohne pl* incapacidad *f* (**zu** de); *(beruflich)* incompetencia *f*

unfair *adj* injusto; (SPORT) sucio

Unfall *m* <-(e)s, -fälle> accidente *m;* **einen ~ haben** tener un accidente; **einen tödlichen ~ haben** morir en un accidente

Unfallarzt, **-ärztin** *m, f* médico, -a *m, f* del servicio de emergencias

Unfallbeteiligte(r) *mf* implicado, -a *m, f* en el accidente
Unfallflucht *f ohne pl* fuga *f* en caso de accidente; ~ **begehen** darse a la fuga (después de provocar un accidente)
unfallfrei *adj* libre de accidentes
Unfallgefahr *f* peligro *m* de accidente
Unfallopfer *nt* víctima *f* de (un) accidente
Unfallort *m* lugar *m* del accidente
Unfallstation *f* puesto *m* de socorro
Unfallstatistik *f* <-, -en> estadística *f* de accidentes
Unfallursache *f* causa *f* del accidente
Unfallverhütung *f* prevención *f* de accidentes
Unfallversicherung *f* ❶ *(Versicherungspolice)* seguro *m* de accidentes ❷ *(Unternehmen)* empresa *f* de seguros de accidentes
unfassbar ['-'--] *adj* inconcebible; *(unglaublich)* increíble
unfehlbar ['-'--] **I.** *adj* infalible **II.** *adv (sicher)* seguramente
unfertig *adj* ❶ *(unvollendet)* inacabado ❷ *(unreif)* inmaduro
unförmig ['ʊnfœrmɪç] *adj* deforme
unfrankiert *adj* sin franqueo
unfreiwillig *adj* involuntario
unfreundlich *adj* ❶ *(Person)* poco amable ❷ *(Wetter)* desapacible
Unfreundlichkeit *f* <-, *ohne pl*> falta *f* de amabilidad
Unfriede *m* <-ns, *ohne pl*> discordia *f*
UN-Friedensplan *m* plan *m* de paz de la UNO
unfruchtbar *adj* ❶ *(Boden)* estéril ❷ *(Tier, Person)* estéril, infecundo
Unfruchtbarkeit *f ohne pl* ❶ *(Boden)* esterilidad *f* ❷ *(Mensch, Tier)* infecundidad *f*
Unfug ['ʊnfu:k] *m* <-(e)s, *ohne pl*> ❶ *(Handlung)* bobada *f*, tontería *f*; ~ **treiben** hacer bobadas ❷ *(Äußerung)* disparate *m*
Ungar(in) ['ʊŋga:ɐ] *m(f)* <-n, -n; -nen> húngaro, -a *m, f*
ungarisch ['ʊŋgarɪʃ] *adj* húngaro
Ungarn ['ʊŋgarn] *nt* <-s> Hungría *f*
ungastlich *adj* inhospitalario
ungeachtet ['--'--] *präp +gen (geh)* a pesar de; ~ **dessen** no obstante
ungeahnt ['--'-] *adj* inesperado
ungebeten I. *adj* no invitado **II.** *adv* sin ser invitado
ungebildet *adj* inculto
ungeboren *adj* por nacer, aún no nacido
ungebräuchlich *adj* poco corriente
ungebraucht *adj* no usado; **etw ~ zurückgeben** devolver algo sin haberlo usado
ungebührlich *adj (geh)* ❶ *(ungehörig)* improcedente ❷ *(übermäßig)* desmesurado
ungebunden *adj* ❶ *(Buch)* sin encuadernar ❷ *(frei)* libre
ungedeckt *adj* ❶ *(schutzlos)* indefenso; *(Spieler)* descubierto ❷ (FIN) al descubierto ❸ *(Tisch)* sin poner
Ungeduld *f ohne pl* impaciencia *f*
ungeduldig *adj* impaciente; ~ **warten** esperar con impaciencia; ~ **werden** perder la paciencia
ungeeignet *adj* inadecuado (**für** para); *(Person)* incompetente (**für** para); *(Moment)* inoportuno
ungefähr ['ʊngəfɛ:ɐ, '--'-] **I.** *adj* aproximado, aproximativo **II.** *adv* aproximadamente, más o menos; ~ **100 Euro** unos 100 euros; **nicht von ~** por una buena razón; **so ~ habe ich mir das vorgestellt** más o menos así me lo he imaginado
ungefährlich *adj* no peligroso; *(harmlos)* inofensivo
ungefragt *adv* sin ser preguntado
ungehalten *adj (geh)* incomodado (**über/wegen** por), disgustado (**über/wegen** por); ~ **auf etw reagieren** expresar su disgusto por algo
ungeheizt ['ʊngəhaɪtst] *adj* sin calefacción
ungehemmt *adj* desenvuelto
ungeheuer ['----, '--'--] **I.** *adj* enorme **II.** *adv* enormemente
Ungeheuer *nt* <-s, -> monstruo *m*
ungeheuerlich ['--'---] *adj (abw)* escandaloso; *(schrecklich)* atroz; *(unerhört)* inaudito
Ungeheuerlichkeit[1] *f* <-, *ohne pl*> *(des Verhaltens)* monstruosidad *f*
Ungeheuerlichkeit[2] *f* <-, -en> *(Handlung)* monstruosidad *f*
ungehindert *adj* libre
ungehobelt *adj* ❶ *(Brett)* sin cepillar ❷ *(Mensch)* tosco
ungehörig *adj* insolente; *(frech)* impertinente
ungehorsam *adj* desobediente; **jdm gegenüber ~ sein** ser desobediente con alguien
Ungehorsam *m* <-s, *ohne pl*> desobediencia *f*
ungekämmt *adj* despeinado
ungeklärt *adj* ❶ *(Frage, Verbrechen)* no aclarado ❷ *(Abwasser)* no filtrado
ungekündigt *adj (Person)* no despedido; **~er Arbeitsvertrag** contrato de trabajo vigente
ungekünstelt *adj* natural, genuino; *(Sprache)* sin afectación
ungekürzt *adj (Buch, Film)* íntegro
ungelegen I. *adj* inoportuno **II.** *adv* a des-

hora; **komme ich ~?** ¿llego en mal momento?; **das kommt mir sehr ~** me coge en muy mal momento
ungelenkig *adj* poco ágil
ungelernt *adj* que no ha cursado estudios; **~e Arbeitskräfte** mano de obra no cualificada
ungelogen ['--'--] *adv (fam)* de verdad, en serio
ungelöst *adj* sin resolver
ungemein ['--'-] **I.** *adj* extraordinario **II.** *adv* muy, sobremanera
ungemütlich *adj* ❶ *(Stuhl)* incómodo ❷ *(Mensch, Atmosphäre)* desagradable; *(Wetter)* desapacible; **er kann manchmal ~ werden** *(fam)* puede ser muy desagradable a veces
ungenannt *adj* anónimo
ungenau *adj* impreciso; **sich ~ ausdrücken** expresarse sin precisión
Ungenauigkeit *f* <-en> inexactitud *f*, imprecisión *f*
ungeniert ['ʊnʒe(')niːɐt] *adj* desenvuelto; **ganz ~ reden** hablar sin inhibiciones
Ungeniertheit *f* <-, *ohne pl*> desenvoltura *f*
ungenießbar ['--'--] *adj* ❶ *(Speise)* incomible; *(Getränk)* no bebible ❷ *(fam: Person)* insoportable
ungenügend *adj (a. Note)* insuficiente
ungenutzt *adj* desaprovechado; **eine Chance ~ verstreichen lassen** desaprovechar una ocasión
ungeordnet *adj* desordenado
ungepflegt *adj* descuidado; *(Person)* desaseado
ungeprüft *adj* no revisado
ungerade *adj* (MATH) impar
ungerecht *adj* injusto
ungerechterweise *adv* injustamente, de manera injusta
ungerechtfertigt *adj* injustificado
Ungerechtigkeit *f* <-en> injusticia *f*
ungereimt *adj* ❶ *(Vers)* sin rima ❷ *(verworren)* incongruente
Ungereimtheit *f* <-, *ohne pl*> *(Art)* inconsistencia *f*, incongruencia *f*
ungern *adv* de mala gana
ungerührt ['ʊngəryːɐt] *adj* imperturbable; **~ zusehen** mirar impasible
ungesalzen *adj* no salado, sin sal
ungesättigt *adj* (CHEM) no saturado
ungeschehen *adj* **etw ~ machen** deshacer lo hecho
Ungeschick *nt* <-(e)s, *ohne pl*> torpeza *f*
Ungeschicklichkeit *f* <-, -en> torpeza *f*
ungeschickt *adj* torpe; **stell dich nicht so ~ an!** ¡no seas tan torpe!
ungeschlechtlich *adj* (BIOL) asexual
ungeschliffen *adj* ❶ *(Diamant, Glas)* no tallado; *(Klinge)* no afilado ❷ *(Manieren)* grosero
ungeschminkt *adj* ❶ *(Person)* sin maquillar ❷ *(Wahrheit)* crudo
ungeschoren *adj (Tier)* sin esquilar; **~ davonkommen** salir sin que le hubieran tocado un pelo
ungeschützt *adj* (*a.* INFOR) no protegido
ungesehen *adj* inadvertido
ungesetzlich *adj* ilegal
ungesichert *adj* no garantizado
ungestört **I.** *adj* tranquilo; *(Unterhaltung)* ininterrumpido **II.** *adv* en paz
ungestraft **I.** *adj* impune **II.** *adv* sin castigo
ungestüm ['ʊngəʃtyːm] **I.** *adj (geh)* impetuoso **II.** *adv (geh)* con ímpetu
ungesund *adj* ❶ *(kränklich)* enfermizo ❷ *(Speise, Lebensweise)* poco sano; *(schädlich)* perjudicial (para la salud)
ungeteilt *adj* no dividido; *(ganz)* entero; **mit ~er Aufmerksamkeit** con todo cuidado
ungetrübt *adj* no turbado; **eine ~e Harmonie** una armonía perfecta
Ungetüm ['ʊngətyːm] *nt* <-(e)s, -e> monstruo *m*
ungeübt *adj* no ejercitado (**in** en); *(unerfahren)* sin experiencia (**in** en); **in etw** *dat* **~ sein** no tener práctica en algo
ungewiss *adj* ❶ *(fraglich)* incierto ❷ *(unentschieden)* indeciso; **jdn über etw im U~en lassen** dejar a alguien en la incertidumbre respecto a algo
Ungewissheit *f* <-en> incertidumbre *f*; *(Unsicherheit)* inseguridad *f*
ungewöhnlich *adj* ❶ *(außergewöhnlich)* insólito ❷ *(außerordentlich)* extraordinario
ungewohnt *adj* ❶ *(fremd)* extraño ❷ *(neu)* nuevo ❸ *(unüblich)* poco habitual
ungewollt *adj* sin querer; **~e Schwangerschaft** embarazo no deseado
Ungeziefer ['ʊngətsiːfɐ] *nt* <-s, *ohne pl*> bichos *mpl*
ungezogen *adj* maleducado, boga *Col*; *(frech)* impertinente
ungezwungen **I.** *adj* natural; *(ohne Hemmungen)* desenvuelto **II.** *adv* con naturalidad
Ungezwungenheit *f* <-, *ohne pl*> *(ohne Hemmungen)* desenvoltura *f*; *(Natürlichkeit)* naturalidad *f*
ungiftig *adj* no venenoso, atóxico
Unglaube *m* <-ns, *ohne pl*> ❶ *(Zweifel)* incredulidad *f* ❷ (REL) falta *f* de fe
unglaubhaft *adj* inverosímil
ungläubig *adj* ❶ *(zweifelnd)* incrédulo ❷ (REL) infiel, no creyente

U

Ungläubige(r) *mf* <-n, -n; -n, -n> incrédulo, -a *m, f*
unglaublich ['-'--, '-'--] *adj* ❶ *(unwahrscheinlich, empörend)* increíble ❷ *(fam: groß)* tremendo
unglaubwürdig *adj* ❶ *(Person)* de poco crédito ❷ *(Dokument, Aussage)* inverosímil
Unglaubwürdigkeit *f* <-, *ohne pl*> *(von Angaben)* inverosimilitud *f; (von Zeugen)* poca credibilidad *f*
ungleich **I.** *adj* desigual; *(verschieden)* diferente **II.** *adv (weitaus)* mucho más
Ungleichheit *f* <-en> desigualdad *f*
ungleichmäßig *adj* ❶ *(nicht gleich)* desigual ❷ *(nicht regelmäßig)* irregular
Ungleichmäßigkeit *f* <-, *ohne pl*> ❶ *(Unregelmäßigkeit)* irregularidad *f* ❷ *(Ungleichheit)* desequilibrio *m*
Unglück *nt* <-(e)s, -e> ❶ *(Unheil)* desgracia *f;* **Glück im ~ haben** tener suerte en la desgracia; **jd/etw bringt jdm ~** alguien/algo trae mala suerte a alguien; **ein ~ kommt selten allein** *(prov)* a perro flaco todo son pulgas ❷ *(Pech)* mala suerte *f; (Missgeschick)* desdicha *f;* **zu allem ~ ...** para colmo (de las desdichas)... ❸ *(Unfall)* accidente *m; (Katastrophe)* catástrofe *f* ❹ *(Elend)* miseria *f; (Verderben)* ruina *f;* **jdn ins ~ stürzen** hundir a alguien en la miseria
unglücklich *adj* ❶ *(traurig)* infeliz; **~ verliebt sein** estar enamorado y no ser correspondido; **Sie machen sich ~!** ¡se está arruinando la vida! ❷ *(unheilvoll)* desdichado, salado *Am; (widrig)* adverso; **~ ausgehen** acabar mal ❸ *(ungeschickt)* torpe; **~ stürzen** caerse con torpeza
unglücklicherweise ['----'--] *adv* desgraciadamente
unglückselig ['ʊnglʏkze:lɪç] *adj* ❶ *(vom Unglück verfolgt)* desgraciado ❷ *(verhängnisvoll)* fatal; **er wollte die ~en Ereignisse vergessen** quería olvidar el terrible suceso
Unglücksfall *m* siniestro *m,* catástrofe *f*
Unglücksrabe *m* <-n, -n> *(fam)* ave *f* de mal agüero
Unglückszahl *f* <-, -en> número *m* de la mala suerte
Ungnade *f* **bei jdm in ~ fallen** provocar la ira de alguien
ungnädig *adj* poco complaciente, de mal humor
ungültig *adj* no válido; *(Pass)* caducado; *(Stimmzettel)* nulo; **etw für ~ erklären** anular algo
Ungültigkeit *f ohne pl* invalidez *f*
Ungültigkeitserklärung *f* anulación *f*
Ungunst *f* <-en> *(geh)* disfavor *m;* **zu jds ~en** en perjuicio de alguien
ungünstig *adj* desfavorable; *(nachteilig)* desventajoso; *(Aussichten)* poco propicio; *(Moment)* inoportuno
ungut *adj* *(unbehaglich)* desagradable; *(schlecht)* mal(o); **ein ~es Gefühl haben** tener un mal presentimiento; **nichts für ~!** ¡no te enfades!
unhaltbar ['-'--, '-'--] *adj* ❶ *(Zustand, Behauptung, a.* MIL) insostenible; *(unerträglich)* inaguantable ❷ (SPORT) imparable
unhandlich *adj* poco práctico
Unheil *nt* <-s, *ohne pl*> *(geh)* desgracia *f; (Katastrophe)* desastre *m;* **~ anrichten** causar una desgracia
unheilbar ['---, '-'--] *adj* incurable; **~ krank sein** tener una enfermedad incurable
unheilvoll *adj* funesto
unheimlich **I.** *adj* ❶ *(beängstigend)* inquietante; *(düster)* lúgubre; **mir wurde ~ (zumute) bei dem Gedanken** esa idea me inquietó ❷ *(fam: groß)* enorme **II.** *adv (sehr)* muy; **~ viel** un montón (de)
unhöflich *adj* mal educado, guaso *AmS,* faíno *Cuba*
Unhöflichkeit *f* falta *f* de educación
unhörbar ['-'--] *adj* inaudible
unhygienisch *adj* antihigiénico
uni ['ʊni] *adj inv* de un solo color
Uni ['ʊni] *f* <-s> *(fam)* uni *f,* universidad *f*
UNICEF ['u:nitsɛf] *f Akr. von* **United Nations International Children's Emergency Fund** UNICEF *f*
unifarben [uni'farbən] *adj* de un solo color, monocolor
Uniform [uni'fɔrm, 'ʊnifɔrm] *f* <-en> uniforme *m*
uniformiert [unifɔr'mi:ɐt] *adj (gekleidet)* uniformado; *(eintönig)* uniforme
Uniformierte(r) *mf* <-n, -n; -n, -n> persona *f* uniformada
Unikat [uni'ka:t] *nt* <-(e)s, -e> ejemplar *m* único
unilateral *adj* (*a.* POL) unilateral
uninteressant *adj* poco interesante
uninteressiert *adj (gleichgültig)* indiferente (**an** a); *(abgeneigt)* desinteresado (**an** en)
Union [u'njo:n] *f* <-en> unión *f;* **die ~** (POL) la unión
universal [univɛr'za:l] *adj* universal
universell [univɛr'zɛl] *adj* universal
Universität [univɛrzi'tɛ:t] *f* <-en> universidad *f*
Universitätsbibliothek *f* <-, -en> (UNIV) biblioteca *f* universitaria
Universitätsklinik *f* clínica *f* universitaria
Universitätsstadt *f* ciudad *f* universitaria

U

Universitätsstudium *nt* carrera *f* universitaria
Universum [uniˈvɛrzʊm] *nt* <-s, *ohne pl*> universo *m*
Unke [ˈʊŋkə] *f* <-n> ❶ *(Tier)* sapo *m* ❷ *(Schwarzseher)* ave *f* de mal agüero
unkenntlich [ˈʊnkɛntlɪç] *adj* desfigurado; *(Inschrift)* no descifrable
Unkenntlichkeit *f ohne pl* **bis zur ~ entstellt sein** estar totalmente desfigurado
Unkenntnis *f ohne pl (in einem Wissensgebiet)* ignorancia *f; (von Tatsachen)* desconocimiento *m;* **aus ~** por ignorancia; **jdn in ~ über etw lassen** dejar a alguien a oscuras sobre algo
Unkenruf *m* <-(e)s, -e> *(pessimistische Voraussage)* mal agüero *m*
unklar *adj* ❶ *(undeutlich)* poco claro; *(verschwommen)* borroso; *(Umrisse)* indistinto ❷ *(unbestimmt)* vago ❸ *(unverständlich)* incomprensible ❹ *(ungewiss)* incierto; *(fraglich)* dudoso; **sich** *dat* **über etw im U~en sein** tener dudas sobre algo; **jdn im U~en über etw lassen/halten** dejar/tener a alguien a oscuras respecto a algo
Unklarheit *f* <-en> falta *f* de claridad; *(Unbestimmtheit)* vaguedad *f; (Verwirrung)* confusión *f;* **darüber herrscht noch ~** el asunto todavía no está claro
unklug *adj* poco inteligente; **sich ~ verhalten** tener un comportamiento poco táctico
unkompliziert *adj* sencillo
unkontrollierbar [ˈ---ˈ--] *adj* incontrolable
unkontrolliert *adj* incontrolado
unkonventionell *adj* extraordinario; *(ungewöhnlich)* inusual
unkonzentriert *adj* distraído (**bei** en)
unkoordiniert *adj* no coordinado
Unkosten *pl* gastos *mpl;* **sich in ~ stürzen** gastar un dineral; **die ~ belaufen sich auf …** los gastos ascienden a…
Unkostenbeitrag *m* <-(e)s, -träge> contribución *f* a los gastos
Unkraut *nt* <-(e)s, -kräuter> mala hierba *f,* yuyo *m CSur;* **~ vergeht nicht** *(prov)* hierba mala nunca muere
Unkrautvertilgungsmittel *nt* herbicida *m*
unkritisch *adj* falto de crítica, poco crítico
unkultiviert *adj* ❶ *(Feld)* yermo ❷ *(Person)* inculto
unkündbar [ˈ---, ˈ-ˈ--] *adj (Stellung)* perpetuo; *(Vertrag)* irrevocable; **sie ist ~** no se la puede echar
unlängst *adv* hace poco, recientemente, recién *Am*
unlauter [ˈʊnlaʊtɐ] *adj (geh)* ❶ *(unehrlich)* deshonesto ❷ *(unfair)* desleal; **~er Wettbewerb** competencia desleal
unleidlich [ˈʊnlaɪtlɪç] *adj* insoportable
unleserlich *adj* ilegible
unliebsam *adj* desagradable
unlogisch *adj* ilógico
unlösbar [ˈ---, ˈ-ˈ--] *adj* ❶ *(nicht trennbar)* inseparable; *(Knoten)* imposible de desatar ❷ *(Aufgabe)* insoluble ❸ *(Substanz)* indisoluble
Unlust *f ohne pl* desgana *f; (Abneigung)* aversión *f;* **mit ~** a disgusto
unmännlich [ˈʊnmɛnlɪç] *adj (a. abw)* poco varonil
unmaßgeblich *adj* insignificante; **nach meiner ~en Meinung** en mi humilde opinión
unmäßig *adj* desmesurado, excesivo
Unmäßigkeit *f* <-, *ohne pl*> inmoderación *f*
Unmenge *f* <-n> gran cantidad *f* (**an/von** de)
Unmensch *m* <-en, -en> *(abw)* bestia *f,* monstruo *m*
unmenschlich *adj* ❶ *(Person, Verhalten)* inhumano; *(grausam)* cruel ❷ *(menschenunwürdig)* indigno de un ser humano ❸ *(unerträglich)* atroz, monstruoso
unmerklich [ˈ---, ˈ-ˈ--] *adj* imperceptible; **es ist ~ dunkler geworden** se ha hecho imperceptiblemente de noche
unmissverständlich **I.** *adj* inequívoco, claro **II.** *adv* rotundamente
unmittelbar *adj* ❶ *(direkt)* directo ❷ *(zeitlich)* inmediato; **~ danach** inmediatamente después; **~ bevorstehen** ser inminente
unmöbliert *adj* desamueblado
unmodern *adj* pasado de moda
unmöglich [ˈ-ˈ--] **I.** *adj* imposible; *(nicht tragbar)* inadmisible; *(ausgefallen)* raro; **er benimmt sich ~** su comportamiento es inadmisible **II.** *adv (fam: auf keinen Fall)* de ninguna manera
Unmöglichkeit [ˈ----, ˈ-ˈ---] *f ohne pl* imposibilidad *f;* **ein Ding der ~** algo imposible
unmoralisch *adj* inmoral
unmotiviert *adj* ❶ *(grundlos)* sin motivo, injustificado ❷ *(nicht motiviert)* falto de motivación
unmündig *adj* ❶ *(minderjährig)* menor de edad ❷ *(unselbstständig)* inmaduro
Unmündigkeit *f* <-, *ohne pl*> ❶ *(Minderjährigkeit)* minoría *f* de edad ❷ *(Unselbstständigkeit)* falta *f* de madurez
unmusikalisch *adj* que no tiene talento musical
Unmut *m* <-(e)s, *ohne pl*> *(geh)* ❶ *(Missfallen)* descontento *m* ❷ *(Ärger)* disgusto *m*
unnachahmlich [ˈ--ˈ--] *adj* inimitable; *(einzigartig)* único

unnachgiebig *adj (Person)* intransigente; *(Material)* inflexible
Unnachgiebigkeit *f ohne pl* ① *(Kompromisslosigkeit)* intransigencia *f* ② *(Stabilität)* inflexibilidad *f*
unnachsichtig *adj* riguroso; **jdn ~ bestrafen** castigar a alguien rigurosamente
unnahbar ['-'--] *adj (Person)* inaccesible
unnatürlich *adj* ① *(nicht natürlich)* poco natural; *(künstlich)* artificial ② *(gekünstelt)* afectado
unnormal *adj* anormal
unnötig I. *adj* innecesario **II.** *adv* sin necesidad
unnötigerweise ['----'--] *adv* innecesariamente
unnütz *adj* inútil
UNO ['u:no] *f Akr. von* **United Nations Organization** ONU *f*
UNO-Friedenstruppen *f pl* tropas *f pl* de la ONU para misiones de paz [*o* para el mantenimiento de la paz]
unordentlich *adj* desordenado; *(Kleidung)* descuidado, chasco *Am*
Unordnung *f ohne pl* desorden *m; (Durcheinander)* confusión *f;* **etw in ~ bringen** poner algo en desorden, desacomodar algo *Arg*
unorthodox *adj* poco ortodoxo, informal
unparteiisch *adj* imparcial
unpassend *adj (Zeitpunkt)* inoportuno; *(Bemerkung)* inconveniente
unpersönlich *adj* (*a.* LING) impersonal
unpolitisch *adj* apolítico
unpopulär *adj* impopular
unpraktisch *adj* poco práctico
unproblematisch *adj* poco problemático
unproduktiv *adj* improductivo
unpünktlich *adj* impuntual
Unpünktlichkeit *f* <-, *ohne pl*> ① *(unpünktliche Art)* falta *f* de puntualidad, impuntualidad *f* ② *(verspätetes Eintreffen)* retraso *m*
unqualifiziert *adj* ① *(Person)* sin título, sin estudios ② *(Bemerkung)* incompetente
unrasiert *adj* sin afeitar
Unrat *m* <-(e)s, *ohne pl*> *(geh)* inmundicias *f pl*
unrealistisch *adj* no realista
unrecht *adj* ① *(geh: falsch)* equivocado; *(verwerflich)* reprochable ② *(unpassend)* inoportuno ③ *(Wend)* **jdm ~ tun** ser injusto con alguien
Unrecht *nt* <-(e)s, *ohne pl*> injusticia *f;* **zu ~** injustamente; **jdm ~ geben** descalificar la opinión de alguien; **im ~ sein** *(sich irren)* estar equivocado; *(im Rechtsstreit)* no tener razón
unrechtmäßig *adj* ilegal; *(illegitim)* ilegítimo
Unrechtsbewusstsein *nt* <-s, *ohne pl*> consciencia *f* de injusticia
unredlich *adj (geh)* deshonesto; *(Geschäft)* fraudulento
unregelmäßig *adj* irregular
Unregelmäßigkeit *f* <-, -en> irregularidad *f*
unreif *adj (Person)* inmaduro; *(Obst)* verde
unrein *adj* (*a.* REL) impuro; *(schmutzig)* sucio
unrentabel *adj* poco rentable
unrichtig *adj* incorrecto; *(falsch)* falso
Unruhe *f ohne pl* ① *(mangelnde Ruhe)* inquietud *f; (Lärm)* alboroto *m;* **~ stiften** causar alboroto ② *(ständige Bewegung)* agitación *f* ③ *(Besorgnis)* preocupación *f; (innere Unruhe)* desasosiego *m* ④ *pl (Krawalle)* disturbios *m pl*
Unruhen *f pl (Krawalle)* enfrentamientos *m pl,* disturbios *m pl*
Unruhestifter(in) *m(f) (abw)* pendenciero, -a *m, f,* buscapleitos *mf inv Am*
unruhig *adj* ① *(nicht ruhig)* inquieto; *(Meer)* agitado ② *(laut)* ruidoso ③ *(nicht gleichmäßig)* irregular; *(Zeiten)* turbulento ④ *(besorgt)* preocupado; *(innerlich)* desasosegado; **~ auf und ab gehen** caminar ansiosamente de aquí para allá
unrühmlich *adj* nada glorioso
uns [ʊns] **I.** *pron pers dat/akk von s.* **wir** nos; *(betont)* a nosotros/nosotras... (nos); *(mit Präposition)* nosotros/nosotras; **wie lange haben wir ~ nicht gesehen?** ¿cuánto hace que no nos hemos visto?; **~ ist es egal** a nosotros/nosotras nos da igual; **ist das für ~?** ¿es para nosotros?; **ein Freund von ~** un amigo nuestro; **~ gehört das nicht** esto no es nuestro; **an ~ soll es nicht liegen** por nosotros que no quede; **unter ~ gesagt ...** que quede entre nosotros... **II.** *pron refl dat/akk von s.* **wir** nos; **wir kümmern ~ schon darum** nos ocuparemos de ello
unsachgemäß *adj* inadecuado; **etw ~ behandeln** usar algo inadecuadamente
unsachlich *adj* subjetivo; **werden Sie nicht ~!** ¡aténgase a los hechos!
unsagbar ['---, '-'--] *adj* indecible; *(unbeschreiblich)* indescriptible; *(Schmerzen)* atroz
unsanft *adj* rudo
unsauber *adj* ① *(schmutzig)* sucio ② *(nachlässig)* inexacto; **~ arbeiten** hacer chapuzas ③ *(Geschäfte)* turbio
unschädlich *adj* inofensivo; *(für den Menschen)* no dañino; **etw ~ machen** hacer

algo inofensivo; **jdn ~ machen** *(fam)* eliminar a alguien del mapa

unscharf *adj* ① (FOTO) borroso ② *(ungenau)* impreciso; *(Erinnerung)* borroso

unschätzbar ['---, '-'--] *adj* incalculable

unscheinbar *adj* ① *(unwichtig)* insignificante ② *(unauffällig)* poco llamativo ③ *(bescheiden)* modesto

unschlagbar ['-'--] *adj* invencible, imbatible

unschlüssig *adj* indeciso; **sich** *dat* **über etw ~ sein** no poder tomar una decisión respecto a algo

Unschlüssigkeit *f ohne pl* indecisión *f*

unschön *adj* feo; *(unangenehm)* desagradable; **das war ~ von dir** fue feo de tu parte

Unschuld *f ohne pl* ① (*a.* JUR) inocencia *f*; **jds ~ beweisen** probar la inocencia de alguien; **die ~ vom Lande sein** ser la inocencia en persona; **in aller ~ etw sagen** decir algo con la mayor inocencia ② *(Jungfräulichkeit)* virginidad *f*

unschuldig *adj* ① (*a.* JUR) inocente (**an** de); **für ~ erklären** declarar inocente ② *(jungfräulich)* virgen

Unschuldige(r) *mf* <-n, -n; -n, -n> inocente *mf*

Unschuldsengel *m* <-s, -> *(iron)* inocente *mf*, angelito, -a *m, f*

Unschuldslamm *nt* <-(e)s, -lämmer> *(iron)* (pobre) inocente *mf*, alma *f* de Dios, alma *f* cándida; **kein ~ sein** no ser precisamente un santo

Unschuldsmiene *f* cara *f* de inocente

unschwer *adv* fácilmente, sin dificultad

unselbstständig *adj*, **unselbständig** *adj* dependiente; **~e Arbeit** trabajo asalariado; **er ist so ~** no puede hacer nada solo

unselig *adj (geh)* desdichado

unser ['ʊnzɐ] *pron pers gen von* **wir** de nosotros/nosotras

unser, unsere, unser *pron poss (adjektivisch)* nuestro *m*, nuestra *f*, nuestros *mpl*, nuestras *fpl*; **~ Leben** nuestra vida; **uns(e)re Zeit/Verwandten/Briefe** nuestro tiempo/nuestros parientes/nuestras cartas

unser(e)twegen ['ʊnzərət'veːgən, 'ʊnzɐt'veːgən] *adv* por nosotros; *(negativ)* por nuestra culpa

unsere(r, s) ['ʊnzərə, -rɐ, -rəs], **unsre(r, s)** ['ʊnzrə, -rɐ, -rəs] *pron poss (substantivisch)* (el) nuestro *m*, (la) nuestra *f*, (los) nuestros *mpl*, (las) nuestras *fpl*; **der rote Koffer ist ~r** la maleta roja es (la) nuestra; **seine Tochter heißt genauso wie ~** su hija se llama igual que la nuestra; **wir tun das Unsere** hacemos lo nuestro

unsereiner ['ʊnzɐʔaɪnɐ] *pron indef* uno, (personas como) nosotros; **~ hat es nicht leicht** uno no lo tiene fácil

unsereins ['ʊnzɐʔaɪns] *pron indef (fam) s.* **unsereiner**

unsererseits *adv* de nuestra parte

unseresgleichen *pron indef* de nuestra condición

unseretwegen *adv* por nosotros; *(negativ)* por nuestra culpa

unseretwillen *adv* **um ~** por nosotros

unseriös *adj* ① *(Geschäfte)* dudoso ② *(Person)* poco cabal ③ *(Studie)* poco serio

unsertwegen *adv s.* **unseretwegen**

unsertwillen *adv s.* **unseretwillen**

unsicher *adj* ① *(gefährlich)* inseguro, peligroso ② *(ungewiss)* incierto; *(zweifelhaft)* dudoso ③ *(nicht selbstbewusst, ungeübt)* inseguro; **du machst mich ganz ~** me pones nervioso ④ *(gefährdet)* inestable

Unsicherheit *f* <-en> inseguridad *f*; *(Ungewissheit)* incertidumbre *f*

Unsicherheitsfaktor *m* factor *m* de inseguridad

unsichtbar *adj* invisible (**für** a)

Unsichtbarkeit *f ohne pl* invisibilidad *f*

Unsinn *m* <-(e)s, *ohne pl*> ① *(fehlender Sinn)* absurdo *m* ② *(Unfug)* tonterías *fpl*, macana *f Am*; **red/mach keinen ~** no digas/hagas tonterías

unsinnig *adj* absurdo

Unsitte *f* <-n> mala costumbre *f*

unsittlich *adj* deshonesto; *(unmoralisch)* inmoral; **jdn ~ berühren** manosear a alguien

unsolide *adj* ① *(Angebot, Person)* poco serio; *(Lebensweise)* inconstante ② *(Möbel)* poco estable

unsozial *adj* antisocial

unsportlich *adj* ① *(Person)* poco deportivo ② *(unfair)* antideportivo

unsre(r, s) *pron poss s.* **unser, unsere(r, s)**

unsrerseits *adv s.* **unsererseits**

unsresgleichen *pron indef s.* **unseresgleichen**

unsrige *pron poss geh für* **unsere(r, s): der/die/das ~** el nuestro/la nuestra; **die ~n** los nuestros/las nuestras

unsterblich [(')-'--] *adj* inmortal; **~ verliebt** locamente enamorado

Unsterblichkeit [-'---] *f ohne pl* inmortalidad *f*

Unstimmigkeit *f* <-en> ① *(Ungenauigkeit)* imprecisión *f* ② *(Meinungsverschiedenheit)* divergencias *fpl*

Unsumme *f* <-n> dineral *m fam*

unsymmetrisch *adj* asimétrico

unsympathisch *adj* antipático; **er ist mir ~** me resulta antipático

unsystematisch *adj* no sistemático

untad(e)lig *adj* impecable
untadelig *adj* impecable, intachable
Untat *f* <-en> hecho *m* atroz; *(Verbrechen)* crimen *m*
untätig *adj* inactivo; **~ zusehen** mirar pasivamente
Untätigkeit *f ohne pl* inactividad *f*
untauglich *adj (Gerät)* no apto (**für** para); *(Person)* inepto (**für** para); *(für den Militärdienst)* inútil
unteilbar ['-'--, '---] *adj* indivisible
unten ['ʊntən] *adv* ① *(tief)* abajo; **dort/da ~** allí/allá abajo; **nach ~** hacia abajo; **von ~** de abajo; **von oben bis ~** de arriba a abajo; **rechts ~** abajo a la derecha ② *(Ende, Unterseite)* en la parte de abajo; **mit dem Gesicht nach ~** boca abajo ③ *(im Text)* **siehe ~** véase abajo; **weiter ~** más adelante ④ *(Hierarchie)* **sie hat ganz ~ angefangen** empezó abajo de todo ⑤ *(fam: im Süden)* en el sur ⑥ *(Wend)* **wir sind bei ihm ~ durch** *(fam)* ya no quiere saber nada más de nosotros
untenerwähnt *adj s.* **erwähnen**
unter ['ʊntɐ] **I.** *präp +dat* ① *(unterhalb)* debajo de, bajo ② *(inmitten)* entre; **er ist einer ~ vielen** es uno entre muchos; **~ anderem** entre otras cosas; **~ Freunden** entre amigos; **wir sind hier ganz ~ uns** aquí estamos completamente solos; **das bleibt ~ uns** esto queda entre nosotros; **~ uns gesagt** dicho en confianza ③ *(weniger als)* menos de; **Kinder ~ 12 Jahren** niños menores de 12 años; **~ dem Durchschnitt** por debajo del promedio ④ *(Art und Weise)* **~ Tränen** llorando; **~ der Bedingung, dass ...** a condición de que... *+subj;* **~ allen Umständen** en todo caso; **~ Vorbehalt** con reservas; **~ falschem Namen** con nombre falso ⑤ *(Zustand)* bajo; **~ Strom** bajo corriente; **das Haus steht ~ Denkmalschutz** la casa es patrimonio nacional ⑥ *(Unterordnung)* bajo; **sie hat mehrere Mitarbeiter ~ sich** *dat* tiene a varios colaboradores a su cargo; **~ seiner Leitung** bajo su dirección ⑦ *(Zuordnung)* bajo; **~ dem Motto ...** bajo el lema...; **was verstehen Sie ~ ...?** ¿qué entiende Ud. por...? **II.** *präp +akk (Richtung)* **er nahm das Paket ~ den Arm** tomó el paquete bajo el brazo; **die Temperaturen sinken ~ null** las temperaturas bajan por debajo de cero grados
Unterabteilung *f* subsección *f*
Unterarm *m* antebrazo *m*
Unterbau *m* <-(e)s, -ten> (ARCHIT) fundamento *m*
unterbelichten* ['-----] *vt* (FOTO) subexponer
Unterbeschäftigung *f* (WIRTSCH) subempleo *m*
unterbesetzt *adj* **personell ~ sein** no tener el debido personal, trabajar con menos personal del necesario
unterbewerten* ['-----] *vt* infravalorar
unterbewusst *adj* subconsciente; **etw ~ ahnen** intuir algo
Unterbewusstsein *nt* (PSYCH) subconsciente *m*
unterbezahlt *adj* insuficientemente retribuido
unterbieten* *irr vt* ① *(Konkurrenten)* ofrecer a precio más bajo; *(Preis)* rebajar más que los demás (**um** por) ② *(Rekord)* batir (**um** por); **die Aufführung ist nicht zu ~** la función no podía ser peor
unterbinden* *irr vt* impedir; *(verhindern)* prevenir
unterbleiben* *irr vi sein (nicht geschehen)* no suceder; *(aufhören)* acabar; *(sich nicht wiederholen)* no repetirse; **das wäre besser unterblieben** mejor que no hubiese sucedido
unterblieben *pp von* **unterbleiben**
unterboten *pp von* **unterbieten**
unterbrechen* *irr vt* interrumpir; *(Stromzufuhr)* cortar
Unterbrechung [--'--] *f* <-en> interrupción *f; (der Stromversorgung)* corte *m;* **ohne ~** sin interrupción
unter|bringen *irr vt* ① *(verstauen)* meter ② *(einquartieren)* alojar ③ *(fam: Stellung beschaffen)* acomodar
Unterbringung *f* <-en> alojamiento *m*
unterbrochen *pp von* **unterbrechen**
unterbunden *pp von* **unterbinden**
unterbuttern *vt (fam)* oprimir; **sich von jdm ~ lassen** dejarse dominar por alguien
Unterdeck *nt* (NAUT) cubierta *f* inferior
unterdessen [--'--] *adv* mientras tanto
Unterdruck[1] *m* <-(e)s, -drücke> (PHYS, TECH) presión *f* hipoatmosférica
Unterdruck[2] *m* <-(e)s, *ohne pl*> (MED) baja presión *f*
unterdrücken* *vt* ① *(Gefühle, Aufstand)* reprimir; *(Seufzer, Tränen)* contener ② *(Information)* ocultar ③ *(Menschen)* oprimir
Unterdrücker(in) *m(f)* tirano, -a *m, f*
Unterdrückung [--'--] *f* <-en> ① *(von Gefühlen, Aufstand)* represión *f* ② *(von Informationen)* supresión *f* ③ *(von Menschen)* opresión *f*
unterdurchschnittlich *adj* inferior al promedio; **~ verdienen** ganar menos del promedio
untere(r, s) *adj* inferior, bajo
untereinander [---'--] *adv* ① *(räumlich)* uno debajo del otro ② *(miteinander)* entre

sí; *(gegenseitig)* mutuamente; **das können wir ~ ausmachen** esto lo podemos fijar entre nosotros

unterentwickelt *adj* ① *(geistig und körperlich)* atrasado ② (POL) subdesarrollado

unterernährt *adj* desnutrido

Unterernährung *f ohne pl* desnutrición *f*

Unterfangen [--'--] *nt* <-s, -> *(geh)* empresa *f*

Unterführung [--'--] *f* <-en> paso *m* subterráneo

Unterfunktion *f* <-, -en> (MED) hipofunción *f*

Untergang *m* <-(e)s, -gänge> ① *(von Schiffen)* naufragio *m* ② *(von Gestirnen)* puesta *f* ③ *(Verderb)* ruina *f*; *(von Kulturen)* extinción *f*; *(von Reichen)* caída *f*

untergeben *adj* subordinado; **jdm ~ sein** estar bajo las órdenes de alguien

Untergebene(r) *mf* <-n, -n; -n> subalterno, -a *m, f*

unter|gehen *irr vi sein* ① *(Schiff)* naufragar ② *(Gestirn)* ponerse ③ *(zugrunde gehen)* desmoronarse; *(Kultur)* extinguirse; *(Reich)* caer ④ *(Ruf)* perderse (**in** en)

untergeordnet *adj* subordinado; *(zweitrangig)* secundario

Untergeschoss *nt* piso *m* bajo

Untergewicht *nt* falta *f* de peso

untergewichtig *adj* falto de peso

untergliedern* *vt* (sub)dividir (**in** en)

Untergrund *m* ① (AGR) subsuelo *m* ② *(Hintergrund)* fondo *m* ③ (POL) clandestinidad *f*; **in den ~ gehen** pasar a la clandestinidad

Untergrundbahn *f* metro *m*

Untergrundbewegung *f* movimiento *m* clandestino

unterhalb *präp +gen* por debajo de

Unterhalt *m* <-(e)s, *ohne pl*> ① *(Lebensunterhalt)* sustento *m*; **für jds ~ aufkommen** mantener a alguien ② *(Unterhaltszahlungen)* alimentos *mpl* ③ *(Instandhaltung)* manutención *f*

unterhalten* *irr* **I.** *vt* ① *(versorgen)* mantener ② *(Bauwerk)* conservar ③ *(Pension)* llevar ④ *(Kontakte)* mantener ⑤ *(vergnügen)* entretener **II.** *vr:* **sich ~** *(sprechen)* hablar (**über** sobre/de), versar (**über** sobre/acerca de) *AmC, Ant*

unterhaltend [--'--] *adj* entretenido

unterhaltsam [--'--] *adj* entretenido

Unterhaltsanspruch *m* (JUR) derecho *m* a alimentos

unterhaltsberechtigt *adj* con derecho a alimentos; **jdm gegenüber ~ sein** tener derecho a manutención por parte de alguien

Unterhaltsberechtigte(r) *mf* alimentista *mf*

Unterhaltskosten *pl* ① *(für Unterhaltsberechtigte)* costes *mpl* de manutención ② *(für Gebäude, Anlagen)* costes *mpl* de conservación ③ *(für Fahrzeuge)* costes *mpl* de mantenimiento

Unterhaltspflicht *f ohne pl* deber *m* de manutención

unterhaltspflichtig *adj* (JUR) deudor de manutención; **jdm gegenüber ~ sein** deber pagar la manutención de alguien

Unterhaltszahlung *f* pago *m* de alimentos

Unterhaltung[1] [--'--] *f ohne pl* *(das Instandhalten)* mantenimiento *m*

Unterhaltung[2] *f* <-en> ① *(Gespräch)* conversación *f* (**über** sobre/de); **eine ~ mit jdm führen** conversar con alguien ② *(Vergnügen)* entretenimiento *m*; **wir wünschen angenehme ~** esperamos que lo pasen bien

Unterhaltungselektronik *f ohne pl* electrónica *f* recreativa, equipo *m* de audio y vídeo hogareño

Unterhaltungsindustrie *f* industria *f* de productos recreativos

Unterhaltungsliteratur *f ohne pl* literatura *f* amena

Unterhaltungswert *m* <-(e)s, *ohne pl*> **etw hat hohen ~** algo es muy entretenido

Unterhändler(in) ['----] *m(f)* (POL) negociador(a) *m(f)*

Unterhaus *nt* (POL) cámara *f* baja

Unterhemd *nt* camiseta *f*

Unterholz *nt ohne pl* mata *f*

Unterhose *f* *(für Herren)* calzoncillos *mpl*, bombacha *f CSur*; *(für Damen)* bragas *fpl*

unterirdisch *adj* subterráneo

unter|jubeln *vt* *(fam)* **jdm etw ~** encajarle algo a alguien

Unterkiefer *m* mandíbula *f* inferior

unter|kommen *irr vi sein* ① *(Unterkunft finden)* alojarse (**bei/in** en) ② *(fam: Arbeit finden)* colocarse (**bei/in** en) ③ *(reg: begegnen)* pasar

Unterkörper *m* ① *(Taille bis Füße)* parte *f* inferior del cuerpo ② *(unterer Rumpf)* bajo vientre *m*

unter|kriegen *vt* *(fam)* doblegar; **lass dich nicht ~** no te dejes doblegar

unterkühlen* **I.** *vt* ① *(Temperatur senken)* congelar ② (TECH) sobreenfriar **II.** *vr:* **sich ~** *(fam)* congelarse

unterkühlt *adj* ① *(durchgefroren)* congelado ② *(betont kühl)* refrigerado en exceso

Unterkühlung [--'--] *f* ① (MED) enfriamiento *m* ② (TECH) sobrefusión *f*

Unterkunft ['ʊntɐkʊnft, *pl:* -kʏnftə] *f*

<-künfte> alojamiento *m;* ~ **und Verpflegung** casa y comida

Unterlage *f* ❶ *(Schreibunterlage)* carpeta *f; (Kissen)* cojín *m* ❷ *pl (Dokumente)* documentos *mpl* ❸ *(Grundlage)* base *f*

Unterlass ['ʊntɐlas] *m* **ohne ~** sin parar

unterlassen* *irr vt* ❶ *(absichtlich nicht tun)* dejar, abstenerse (de); **~e Hilfeleistung** denegación de auxilio ❷ *(versäumen)* omitir

Unterlassung *f* <-, -en> ❶ *(Seinlassen)* abstención *f* ❷ *(Aufhören, Unterbrechung)* interrupción *f* ❸ *(Versäumnis)* omisión *f*

unterlaufen[1] *adj* **mit Blut ~** inyectado de sangre

unterlaufen*[2] *irr* **I.** *vi sein* **jdm unterläuft ein Fehler/ein Irrtum** alguien comete una falta/un error **II.** *vt (Hindernis)* esquivar; *(Zensur)* burlar; *(Gesetz)* infringir

unterlegen[1] [--'--] *adj* inferior; **jdm (zahlenmäßig) ~ sein** ser inferior a alguien (en número)

unterlegen*[2] **I.** *pp von* **unterliegen II.** *vt (mit Musik)* acompañar (**mit** de)

unter|legen[3] *vt* ❶ *(unterschieben)* poner [*o* colocar] algo por debajo ❷ *(verdrehen)* atribuir; **jdm etw ~** atribuir algo a alguien

Unterlegenheit *f ohne pl* inferioridad *f* (**gegenüber** respecto a)

Unterleib *m* bajo vientre *m*

unterliegen* *irr vi* ❶ *sein (verlieren)* perder (contra); *(Versuchung, Krankheit)* sucumbir (a) ❷ *(unterworfen sein)* estar sujeto (+*dat* a)

Unterlippe *f* labio *m* inferior

unterm ['ʊntɐm] *(fam)* = **unter dem** *s.* **unter**

untermauern* *vt (Gebäude, Behauptung)* fundamentar

Untermenü *nt* (INFOR) submenú *m*

Untermiete *f ohne pl* subarriendo *m;* **bei jdm zur ~ wohnen** ser subinquilino de alguien

Untermieter(in) *m(f)* subinquilino, -a *m, f*

unter|mischen *vt* añadir, mezclar (con)

untern ['ʊntɐn] *(fam)* = **unter den** *s.* **unter**

unternehmen* *irr vt* hacer; *(Reise)* emprender; **etw zusammen ~** salir y hacer algo juntos; **gegen jdn/etw Schritte ~** hacer las gestiones convenientes contra alguien/algo

Unternehmen [--'--] *nt* <-s, -> ❶ *(Vorhaben)* proyecto *m* ❷ *(Firma)* empresa *f*

Unternehmensberater(in) *m(f)* asesor(a) *m(f)* de empresas

Unternehmensführung *f ohne pl,* **Unternehmensleitung** *f* <-, *ohne pl*> *(Tätigkeit)* dirección *f* de empresas; *(Führungsspitze)* gerencia *f*

Unternehmer(in) [--'--] *m(f)* <-s, -; -nen> empresario, -a *m, f*

unternehmerisch [--'---] **I.** *adj* empresarial; **~er Geist** espíritu emprendedor **II.** *adv* como un empresario; **~ tätig werden** emprender un negocio

Unternehmertum *nt ohne pl* empresariado *m*

Unternehmung *f* <-en> empresa *f,* proyecto *m*

Unternehmungsgeist *m ohne pl* iniciativa *f*

unternehmungslustig *adj* emprendedor, vivo

unternommen *pp von* **unternehmen**

Unteroffizier *m* (MIL) suboficial *m*

unter|ordnen I. *vt* someter **II.** *vr:* **sich ~** someterse

Unterredung [--'--] *f* <-en> entrevista *f;* **eine ~ mit jdm haben** entrevistarse con alguien

Unterricht ['ʊntɐrɪçt] *m* <-(e)s, -e> *(das Unterrichten)* enseñanza *f; (Unterrichtsstunde)* clase *f;* **jdm ~ geben** dar clases a alguien; **~ haben** tener clases

unterrichten* *vt* ❶ *(Fach)* dar clase(s) (de); *(Schüler)* dar clase(s) (a); **Deutsch ~** dar clases de alemán ❷ *(informieren)* informar (**über** sobre, **von** de)

Unterrichtsfach *nt* asignatura *f*

Unterrichtsstunde *f* clase *f; (Universität)* hora *f* lectiva

Unterrock *m* enaguas *fpl*

unters ['ʊntɐs] *(fam)* = **unter das** *s.* **unter**

untersagen* *vt* prohibir

Untersatz *m* platillo *m; (für Gläser)* posavasos *m inv;* **ein fahrbarer ~** *(fam)* *coche, bicicleta u otro vehículo*

unterschätzen* *vt* subestimar

Unterschätzung *f* infravaloración *f*

unterscheidbar *adj* distinguible; **etw ist (leicht/kaum/schwer) ~** algo se puede distinguir (fácilmente/apenas/difícilmente)

unterscheiden* *irr* **I.** *vt* distinguir (**von** de); **woran kann man sie ~?** ¿cómo se les puede diferenciar? **II.** *vi* hacer una distinción (**zwischen** entre) **III.** *vr:* **sich ~** distinguirse (**von** de)

Unterscheidung [--'--] *f* <-en> distinción *f*

Unterschenkel *m* pantorrilla *f*

Unterschicht *f* capa *f* inferior

unterschieben*[1] *irr vt* **jdm etw ~** *(unangenehme Arbeit)* endosar algo a alguien; *(unterstellen)* atribuir algo (falsamente) a alguien

unterschieben[2] *irr vt (Kissen)* poner (por) debajo

Unterschied ['ʊntɐʃiːt] *m* <-(e)s, -e> diferencia *f* (**zwischen** entre); *(Unterscheidung)* distinción *f* (**zwischen** entre); **einen ~ machen** hacer una distinción; **das macht keinen ~** esto no cambia nada; **im ~ zu etw** *dat* **/jdm** a diferencia de algo/alguien; **mit dem ~, dass ...** con la diferencia de que...; **das ist ein gewaltiger ~** hay una gran diferencia

unterschieden *pp von* **unterscheiden**

unterschiedlich *adj* distinto, diferente; **~ groß sein** ser de distinto tamaño; **~ reagieren** reaccionar de diferente manera

unterschiedslos *adj* sin diferencia

unterschlagen*[1] *irr vt* ① *(Geld)* malversar; *(Brief)* interceptar ② *(verschweigen)* ocultar

unter|schlagen[2] *irr vt (Arme, Beine)* cruzar

Unterschlagung [--'--] *f* <-en> ① *(von Geld)* malversación *f* (de fondos) ② *(von Informationen)* supresión *f*

Unterschlupf ['ʊntɐʃlʊpf] *m* <-(e)s, -e> refugio *m; (Versteck)* guarida *f*

unterschreiben* *irr vt* firmar

unterschrieben *pp von* **unterschreiben**

Unterschrift ['---] *f* firma *f;* **~en sammeln** recoger firmas

Unterschriftenliste *f* lista *f* de firmantes

Unterschriftensammlung *f* recogida *f* de firmas

unterschwellig ['ʊntɐʃvɛlɪç] *adj* subliminal

Unterseeboot *nt* (*a.* MIL) submarino *m*

unterseeisch *adj* submarino

Unterseite *f* parte *f* inferior

Untersetzer *m* <-s, -> platillo *m; (für Gläser)* posavasos *m inv*

untersetzt [--'-] *adj* robusto

Unterstand *m* <-(e)s, -stände> ① (MIL) refugio *m* subterráneo ② *(Zuflucht)* refugio *m,* abrigo *m*

unterstanden *pp von* **unterstehen**

unterste(r, s) *adj superl von* **untere(r, s)**

unterstehen* *irr* **I.** *vi (unterliegen)* estar sujeto (a); **jdm ~** estar subordinado a alguien; (MIL) estar bajo las órdenes de alguien **II.** *vr* **sich ~, etw zu tun** atreverse a hacer algo

unterstellen*[1] *vt* ① *(annehmen)* suponer; **wir wollen einmal ~, dass ...** supongamos que... ② *(unterordnen)* subordinar (a), poner bajo el mando (de) ③ *(unterschieben)* atribuir (falsamente)

unter|stellen[2] **I.** *vt (abstellen)* dejar (**in** en), poner (**in** en) **II.** *vr:* **sich ~** refugiarse (**in** en)

Unterstellung *f* <-en> ① *(Unterordnung)* subordinación *f* ② *(falsche Behauptung)* imputación *f*

unterstreichen* *irr vt* ① *(Strich ziehen)* subrayar ② *(betonen)* poner de relieve

Unterstreichung *f* <-, -en> ① *(Markierung)* subrayado *m* ② *(Hervorhebung)* acentuación *f*

Unterstrich *m* (TYPO, INFOR) guion bajo *m*

unterstrichen *pp von* **unterstreichen**

Unterstufe *f* (SCH) *cursos de 5º a 8º de EGB*

unterstützen* *vt* ① *(Beistand leisten)* apoyar (**bei/in** en); *(helfen)* ayudar (**bei** en) ② *(fördern)* fomentar (**bei** en); *(mit Geld)* subvencionar

Unterstützung [--'--] *f* <-en> apoyo *m; (Hilfe)* ayuda *f; (finanziell)* subvención *f*

untersuchen* *vt* ① *(analysieren)* analizar; *(wissenschaftlich)* investigar ② *(prüfen)* controlar; *(Gelände, Gepäck)* inspeccionar ③ *(Kranke)* examinar (**auf** de), chequear *Am;* **sich ärztlich ~ lassen** someterse a un examen médico

Untersuchung [--'--] *f* <-en> ① *(Analyse)* análisis *m inv;* (*a.* JUR) investigación *f* ② *(Überprüfung)* inspección *f* ③ (MED) examen *m* (médico); **sich einer ~ unterziehen** someterse a un examen médico

Untersuchungsausschuss *m* comisión *f* investigadora

Untersuchungshaft *f* prisión *f* preventiva; **in ~ sitzen** estar en prisión preventiva

Untersuchungshäftling *m* preso, -a *m, f* preventivo , -a

Untersuchungsliege *f* camilla *f* de examen

Untersuchungsrichter(in) *m(f)* juez(a) *m(f)* instructor(a)

Untertagebau *m* <-(e)s, *ohne pl*> (BERGB) explotación *f* (minera) subterránea

Untertan(in) ['ʊntɐtaːn] *m(f)* <-s *o* -en, -en; -nen> súbdito, -a *m, f*

Untertasse *f* platillo *m;* **fliegende ~** *(tellerförmiges Ufo)* platillo volante

unter|tauchen I. *vi sein* ① *(Schwimmer, Vogel)* sumergirse ② *(verschwinden)* desaparecer; (POL) pasar a la clandestinidad; **bei Freunden ~** esconderse en casa de amigos **II.** *vt* sumergir

Unterteil *nt* parte *f* inferior

unterteilen* *vt* subdividir (**in** en)

Unterteilung [--'--] *f* subdivisión *f* (**in** en)

Unterteller *m (Schweiz, südd)* platillo *m*

Untertitel *m* subtítulo *m*

Unterton *m* ① (MUS) semitono *m* ② *(Beiklang)* matiz *m*

untertreiben* *irr vt* quitar importancia (a)

Untertreibung [-ˈ--] *f* <-, -en> subestimación *f*
untertrieben *pp von* **untertreiben**
untervermieten* [ˈ-----] *vt* subarrendar
Unterwalden [ˈʊntɐvaldən] *nt* <-s> Unterwalden *m*
Unterwäsche *f ohne pl* ropa *f* interior
unterwegs [ʊntɐˈveːks] *adv* ❶ *(auf dem Weg)* en camino; *(auf Reisen)* de viaje; ~ **nach** ... camino de...; **ich bin** ~ **zu dir** voy hacia tu casa; **bei ihr ist ein Kind** ~ *(fam)* está embarazada ❷ *(während der Reise)* en el camino; **für** ~ para el camino
unterweisen* *irr vt (geh)* instruir (**in** en)
Unterweisung [--ˈ--] *f* <-, -en> instrucción *f* (**in** en)
Unterwelt *f ohne pl* mundo *m* del hampa
unterwerfen* *irr* **I.** *vt* ❶ *(Volk, Gebiet)* someter ❷ *(einer Kontrolle)* someter; **etw** *dat* **unterworfen sein** estar sujeto a algo **II.** *vr:* **sich** ~ someterse
unterwiesen *pp von* **unterweisen**
unterworfen *pp von* **unterwerfen**
unterwürfig [ˈʊntɐvʏrfɪç, --ˈ--] *adj (abw)* sumiso
Unterwürfigkeit *f* <-, *ohne pl*> *(abw)* servilismo *m*
unterzeichnen* *vt* firmar
Unterzeichnung *f* firma *f*
unterziehen*[1] *irr* **I.** *vt* someter a; **etw einer Qualitätskontrolle** ~ someter algo a un control de calidad; **etw einer Prüfung** ~ examinar algo **II.** *vr:* **sich** ~ someterse (+*dat* a)
unter|ziehen[2] *irr vt* ❶ *(Kleidung)* poner(se) por debajo (**unter** de) ❷ (GASTR) incorporar
Untiefe *f* ❶ *(seichte Stelle)* bajío *m* ❷ *(Tiefe)* abismo *m*
Untier *nt* bestia *f*
untragbar [ˈ-ˈ--] *adj* ❶ *(nicht finanzierbar)* incosteable ❷ *(unerträglich)* insostenible
untrennbar [ˈ-ˈ--] *adj* inseparable
untreu *adj* infiel; **jdm** ~ **werden** ser infiel a alguien; **sich** *dat* **selbst** ~ **werden** apartarse de sus principios
Untreue *f ohne pl* ❶ *(gegenüber Menschen)* infidelidad *f* ❷ (JUR) desfalco *m*
untröstlich [ˈ---, -ˈ--] *adj* desconsolado (**über** por); **ich bin** ~ estoy profundamente desconsolado
untrüglich [ˈ---, -ˈ--] *adj* infalible, seguro
Untugend *f* mala costumbre *f*
untypisch *adj* atípico
unüberbrückbar [ˈ---ˈ--] *adj* infranqueable
unüberhörbar [ˈ---ˈ--] *adj* ❶ *(laut)* fuerte, intenso ❷ *(offensichtlich)* evidente, manifiesto

U

unüberlegt *adj* imprudente; ~ **handeln** actuar sin pensar
unübersehbar [ˈ---ˈ--] *adj* ❶ *(groß)* inmenso; *(nicht zu übersehen)* que salta a la vista ❷ *(nicht abschätzbar)* incalculable
unübersetzbar [ˈ-----, ˈ---ˈ--] *adj* intraducible
unübersichtlich *adj* poco claro; *(komplex)* complejo
unübertrefflich [ˈ---ˈ--] *adj* insuperable
unübertroffen [ˈ---ˈ--] *adj* sin par
unüberwindlich [ˈ---ˈ--] *adj (Gegner)* invencible; *(Gegensätze, Probleme)* insuperable
unüblich *adj* poco común; *(stärker)* fuera de lo común
unumgänglich [ˈ--ˈ--] *adj* indispensable
Unumkehrbarkeit *f* <-, *ohne pl*> *(Irreversibilität)* irreversibilidad *f*
unumschränkt [ˈ--ˈ-] *adj* ilimitado; *(Macht)* absoluto
unumstößlich [ˈ--ˈ--] *adj* irrevocable; ~ **feststehen** ser irrevocable
unumstritten [ˈ--ˈ--] *adj* indiscutido
ununterbrochen [ˈ---ˈ--] **I.** *adj* ininterrumpido; *(durchgehend)* continuo **II.** *adv* sin parar
unveränderlich [ˈ-----, ˈ--ˈ---] *adj* invariable
unverändert [ˈ--ˈ--] **I.** *adj* inalterado; *(beständig)* estable **II.** *adv* como siempre
unverantwortlich [ˈ-----, ˈ-ˈ---] *adj* irresponsable
unverbesserlich [ˈ--ˈ---] *adj* incorregible
unverbindlich *adj* ❶ *(nicht bindend)* sin compromiso; **etw** ~ **anfordern** pedir algo sin ningún compromiso ❷ *(reserviert)* reservado
Unverbindlichkeit *f* <-, *ohne pl*> *(Distanziertheit)* carácter *m* distante
unverbleit *adj* sin plomo
unverblümt **I.** *adj* franco **II.** *adv* sin rodeos
unverbraucht *adj* ❶ *(frisch)* fresco ❷ *(voller Elan)* lleno de energía
unverdächtig *adj* nada sospechoso; **sich** ~ **verhalten** no levantar sospechas con su comportamiento
unverdaulich *adj* indigesto
unverdaut [ˈʊnfɛɐdaʊt, ʊnfɛɐˈdaʊt] **I.** *adj* no digerido **II.** *adv* sin digerir
unverdient *adj* inmerecido
unverdrossen *adj* incansable
unverdünnt *adj* no diluido, sin diluir
unvereinbar [ˈ--ˈ--] *adj* incompatible
unverfälscht *adj* auténtico
unverfänglich *adj* inofensivo
unverfroren *adj* descarado
Unverfrorenheit *f* <-, *ohne pl*> *(Art)* descaro *m*, frescura *f*
unvergänglich *adj* eterno

unvergessen *adj* inolvidado; **sie wird (uns) ~ bleiben** siempre la recordaremos

unvergesslich ['--'--] *adj* inolvidable

unvergleichbar ['--'--] *adj* incomparable

unvergleichlich ['--'--] *adj* incomparable; *(einzigartig)* único

unverhältnismäßig *adj* desproporcionado; *(maßlos)* desmesurado

unverheiratet *adj* soltero

unverhofft ['--'-] *adj* inesperado; *(zufällig)* casual

unverhüllt *adj* ① *(offensichtlich)* evidente; *(Wahrheit)* escueto ② *(offen)* abierto

unverkäuflich *adj* ① *(nicht zum Verkauf bestimmt)* fuera de venta ② *(nicht zum Verkauf geeignet)* invendible

unverkennbar ['--'--] *adj* *(eindeutig)* evidente; *(nicht zu verwechseln)* inconfundible; **es ist ~, dass ...** es obvio que... +*subj*

unverletzt *adj* ileso, sano y salvo; **bei etw** *dat* **~ bleiben** salir ileso de algo

unvermeidbar ['--'--] *adj*, **unvermeidlich** ['--'--] *adj* inevitable

unvermindert *adj* constante; **~ anhalten** seguir; **mit ~er Härte** con la misma dureza

unvermittelt **I.** *adj* súbito **II.** *adv* de repente

Unvermögen *nt ohne pl* incapacidad *f*; *(fachlich)* incompetencia *f*

unvermutet *adj* imprevisto

Unvernunft *f ohne pl* falta *f* de juicio

unvernünftig *adj* insensato

unveröffentlicht *adj* inédito

unverpackt *adj* no embalado, sin embalaje

unverschämt ['ʊnfɐʃɛːmt, '--'-] *adj* ① *(Benehmen, Mensch)* desvergonzado, pechugón *Am* ② *(fam: außerordentlich)* extraordinario; *(Preis)* exorbitante

Unverschämtheit ['----, '--'--] *f* <-en> desfachatez *f*, pechuga *f Am;* **die ~ besitzen, etw zu tun** tener la desfachatez de hacer algo

unverschuldet *adj* ① *(Unfall)* no causado por uno mismo ② (FIN) libre de deudas

unversehens *adv* de repente

unversehrt *adj* ① *(Person)* sano y salvo ② *(Ding)* intacto

unversöhnlich ['--'--] *adj* irreconciliable

unverstanden *adj* incomprendido

unverständig ['ʊnfɛɐʃtɛndɪç] *adj* que no comprende; **~ sein** no comprender

unverständlich ['----, '--'--] *adj* ① *(nicht hörbar)* inaudible ② *(nicht begreifbar)* incomprensible

Unverständnis *nt ohne pl* falta *f* de comprensión

unversteuert **I.** *adj* libre de impuestos; **~es Einkommen** renta no gravada **II.** *adv* sin pagar impuestos

unversucht *adj* **nichts ~ lassen** no omitir esfuerzos (**um** para)

unverträglich *adj* ① *(streitsüchtig)* pleitista ② *(unverdaulich)* indigesto ③ *(unvereinbar)* incompatible

Unverträglichkeit *f* intolerancia *f*

unverwechselbar ['--'---] *adj* inconfundible

unverwundbar ['--'--] *adj* invulnerable

unverwüstlich ['--'--] *adj* ① *(Dinge)* indestructible ② *(Mensch)* inquebrantable

unverzagt *adj* *(sicher)* firme, seguro; *(unerschrocken)* intrépido

unverzeihlich ['--'--] *adj* imperdonable

unverzichtbar ['--'--] *adj* irrenunciable; **ein ~es Recht** un derecho inalienable; **eine ~e Voraussetzung** una condición esencial

unverzinslich *adj* (FIN) sin interés

unverzollt **I.** *adj* libre de derechos (arancelarios) **II.** *adv* sin pagar derechos (arancelarios)

unverzüglich ['--'--] **I.** *adj* inmediato **II.** *adv* de inmediato

unvollendet *adj* inacabado

unvollkommen *adj* ① *(mit Schwächen)* imperfecto ② *(unvollständig)* incompleto

Unvollkommenheit *f* imperfección *f*

unvollständig *adj* incompleto; *(bruchstückhaft)* fragmentario

unvorbereitet *adj* no preparado (**auf** para); *(Rede)* improvisado; *(unversehens)* desprevenido

unvoreingenommen *adj* objetivo

unvorhergesehen ['--'----] *adj* imprevisto

unvorsichtig *adj* imprudente

unvorsichtigerweise ['-----'--] *adv* por falta de cuidado

Unvorsichtigkeit *f* imprudencia *f*

unvorstellbar ['--'--] *adj* inimaginable; *(unbegreiflich)* inconcebible

unvorteilhaft *adj* ① *(Kleidung)* poco favorecedor; **~ aussehen** lucir poco atractivo ② *(Geschäft)* poco ventajoso

Unwägbarkeit *f* <-en> imponderabilidad *f*

unwahr *adj* falso

unwahrscheinlich ['----, '--'--] *adj* ① *(kaum möglich)* improbable; **es ist ~, dass ...** es improbable que... +*subj* ② *(unglaubhaft)* inverosímil ③ *(fam: groß, viel)* increíble

Unwahrscheinlichkeit *f* improbabilidad *f*

unwegsam *adj* intransitable

unweigerlich *adv* sin falta

unweit *präp* +*gen* no lejos de

Unwesen *nt ohne pl* *(geh)* excesos *mpl;* **sein ~ treiben** cometer excesos

unwesentlich *adj* irrelevante; *(unbedeutend)* insignificante; **er ist nur ~ dicker**

als du es solamente un poco más gordo que tú

Unwetter *nt* temporal *m*

unwichtig *adj* sin importancia; **das ist ~** eso no tiene importancia

unwiderlegbar ['---'--] *adj* irrefutable

unwiderruflich ['---'--] *adj* irrevocable; **es steht ~ fest, dass ...** es irrevocable que... +*subj*

unwiderstehlich ['---'--] *adj* irresistible

unwiederbringlich ['---'--] *adj (geh)* irrecuperable; *(Verlust)* irreparable

Unwille(n) *m* <-(n)s, *ohne pl*> *(geh)* indignación *f; (Ärger)* enojo *m;* **jds ~n erregen** provocar la indignación de alguien

unwillig I. *adj* indignado; *(ärgerlich)* enojado **II.** *adv (widerwillig)* de mala gana

unwillkommen *adj* inoportuno; **wir sind dort ~** ahí nos reciben de mala gana

unwillkürlich *adj* involuntario; *(instinktiv)* instintivo; *(automatisch)* automático

unwirklich *adj (geh)* irreal

unwirksam *adj* inefectivo, ineficaz

unwirsch ['ʊnvɪrʃ] *adj* malhumorado; *(unfreundlich)* descortés

unwirtschaftlich *adj* no rentable

Unwissen *nt* ignorancia *f*

unwissend *adj* ignorante; *(unerfahren)* inexperto; *(Kind)* naiv

Unwissenheit *f ohne pl* ignorancia *f*

unwissentlich I. *adj* inconsciente **II.** *adv* sin querer

unwohl *adj* ❶ *(gesundheitlich)* indispuesto ❷ *(unbehaglich)* mal; **sich ~ fühlen** no estar a gusto

Unwohlsein *nt* <-s, *ohne pl*> malestar *m*

unwürdig *adj* indigno

Unzahl *f ohne pl* sinnúmero *m* (de), montón *m* (de) *fam*

unzählbar [ʊn'tsɛːlbaːɐ, 'ʊntsɛːlbaːɐ] *adj* incontable, innumerable

unzählig *adj* innumerable; **~e Mal** infinitas veces

Unze ['ʊntsə] *f* <-, -n> onza *f*

unzeitgemäß *adj* anacrónico

unzerbrechlich ['--'--] *adj* irrompible

unzerkaut I. *adj* no masticado **II.** *adv* sin masticar

unzerstörbar ['--'--] *adj* indestructible

unzertrennlich ['--'--] *adj* inseparable

unzivilisiert *adj* incivilizado, grosero

Unzucht *f ohne pl* (JUR) abusos *mpl* deshonestos; **~ mit Kindern** abuso de menores

unzüchtig *adj* impúdico; *(obszön)* obsceno; *(pornografisch)* pornográfico

unzufrieden *adj* descontento (**mit** de/con/por)

Unzufriedenheit *f ohne pl* descontento *m* (**mit** de/con/por)

unzugänglich *adj* inaccesible; **~ für etw sein** ser insensible a algo

unzulänglich *adj (geh)* insuficiente

Unzulänglichkeit *f* <-, -en> insuficiencia *f*

unzulässig *adj* inadmisible

unzumutbar *adj* inaceptable; *(übertrieben)* desmedido

unzurechnungsfähig *adj* incapacitado mental; **jdn für ~ erklären** (JUR) declarar a alguien incapacitado mental

Unzurechnungsfähigkeit *f* <-, *ohne pl*> incapacidad *f* mental; (JUR) inimputabilidad *f*

unzureichend *adj* insuficiente

unzusammenhängend *adj* incoherente

unzustellbar *adj* de destinatario ignoto

unzutreffend *adj* falso; **U~es bitte streichen!** ¡táchese lo que no corresponda!

unzuverlässig *adj (Person)* de poca confianza; *(Wetter)* inestable; **~ sein** no ser de fiar

Unzuverlässigkeit *f ohne pl* falta *f* de seriedad; *(Nachlässigkeit)* negligencia *f*

unzweckmäßig *adj* poco conveniente

unzweideutig *adj* inequívoco

unzweifelhaft I. *adj* indudable, innegable **II.** *adv* sin duda

Update ['apdɛɪt] *nt* <-s, -s> (INFOR) ❶ *(Updaten)* actualización *f* ❷ *(aktualisierte Version)* versión *f* actualizada

Updaten ['apdɛɪtən] *nt* <-s, *ohne pl*> (INFOR) actualización *f*

üppig ['ʏpɪç] *adj (Vegetation)* exuberante; *(Essen)* abundante; **eine ~e Figur haben** ser gordito

Üppigkeit *f* <-, *ohne pl*> ❶ *(Rundlichkeit)* lozanía *f; (Fülle)* exuberancia *f* ❷ *(Reichhaltigkeit)* opulencia *f; (Luxus)* suntuosidad *f*

Urabstimmung ['uːɐ-] *f* referéndum *m* (de huelga)

Urahn(e) *m(f) (Vorfahr)* antepasado *m*

Ural [u'raːl] *m* <-(s)> ❶ *(Gebirge)* (montes *mpl*) Urales *mpl* ❷ *(Fluss)* río *m* Ural

uralt ['uːɐ'alt] *adj* vetusto; *(Person)* viejísimo

Uran [u'raːn] *nt* <-s, *ohne pl*> (CHEM) uranio *m*

Uranus ['uːranʊs] *m* <-> (ASTR) Urano *m*

urauf|führen ['uːɐʔaʊffyːrən] *vt* estrenar

Uraufführung *f* estreno *m*

urban [ʊr'baːn] *adj* urbano

Urbanisierung *f* <-, -en> urbanización *f*

ureigen ['uːɐ'ʔaɪgən] *adj* propio

Ureinwohner(in) *m(f)* indígena *mf*

Urenkel(in) *m(f)* bisnieto, -a *m, f*

Urgeschichte *f ohne pl* prehistoria *f*

urgeschichtlich *adj* prehistórico

U

Urgestein *nt* <-(e)s, -e> roca *f* primitiva
Urgewalt *f* <-, -en> *(geh)* fuerza *f* bruta
Urgroßeltern *pl* bisabuelos *mpl*
Urgroßmutter *f* bisabuela *f*
Urgroßvater *m* bisabuelo *m*
Urheber(in) *m(f)* <-s, -; -nen> autor(a) *m(f)*
Urheberrecht *nt* (JUR) derechos *mpl* de autor (**an** sobre)
urheberrechtlich *adj* (JUR) concerniente a los derechos de autor; ~ **geschützt** reservados los derechos de autor
Urheberschaft *f* <-, *ohne pl*> (JUR) autoría *f*
Uri ['u:ri] *nt* <-s> (GEO) Uri *m*
urig ['u:rɪç] *adj (Mensch)* singular; *(urwüchsig)* castizo
Urin [u'ri:n] *m* <-s, -e> orina *f*
urinieren* [uri'ni:rən] *vi* orinar
Urinprobe *f* prueba *f* de orina
Urinstinkt ['u:ɐ-] *m* instinto *m* primitivo
Urknall *m* big bang *m*
urkomisch ['-'--] *adj* graciosísimo
Urkunde ['u:ɐkʊndə] *f* <-n> documento *m,* boleta *f AmS; (Bescheinigung)* certificado *m; (Akte)* acta *f*
Urkundenbeweis *m* (JUR) prueba *f* documental
Urkundenfälschung *f* falsificación *f* de documentos
urkundlich *adj* auténtico
URL *m* (INFOR) *Abk. von* **Uniform Resource Locator** URL *m*
Urlaub ['u:ɐlaʊp] *m* <-(e)s, -e> vacaciones *fpl;* (MIL) licencia *f;* **bezahlter/unbezahlter** ~ vacaciones remuneradas/no remuneradas; ~ **haben** tener vacaciones; **im** ~ **sein** estar de vacaciones; **er macht in Portugal** ~ está de vacaciones en Portugal
Urlauber(in) *m(f)* <-s, -; -nen> turista *mf; (Sommerurlauber)* veraneante *mf*
Urlaubsgeld *nt* paga *f* (extra) de vacaciones
Urlaubsort *m* lugar *m* de vacaciones
urlaubsreif *adj (fam)* ~ **sein** necesitar unas vacaciones
Urlaubstag *m* <-(e)s, -e> día *m* libre [*o* de vacaciones]
Urlaubsvertretung *f* <-, -en> sustitución *f* por vacaciones
Urlaubszeit *f* época *f* de vacaciones
Urmensch *m* <-en, -en> hombre *m* primitivo
Urne ['ʊrnə] *f* <-n> urna *f*
Urnengang *m* elección *f*
Urnengrab *nt* <-(e)s, -gräber> tumba *f* con urnas (cinerarias)
Urologe, -in [uro'lo:gə] *m, f* <-n, -n; -, -nen> (MED) urólogo, -a *m, f*
Urologie [urolo'gi:] *f ohne pl* (MED) urología *f*
Urologin *f* <-, -nen> *s.* **Urologe**
Uroma ['u:ɐ-] *f* <-s> *(fam)* bisabuela *f*
Uropa ['u:ɐ-] *m* <-s, -s> *(fam)* bisabuelo *m*
urplötzlich ['-'--] **I.** *adj* repentino **II.** *adv* de repente
Ursache *f* <-n> causa *f; (Beweggrund)* motivo *m; (Grund)* razón *f;* **keine ~!** ¡no hay de qué!
ursächlich *adj* causal
Ursprung *m* <-(e)s, -sprünge> origen *m; (Herkunft)* procedencia *f; (Anfang)* principio *m;* **seinen ~ in etw** *dat* **haben** tener su origen en algo
ursprünglich ['u:ɐʃprʏŋlɪç] **I.** *adj* ① *(anfänglich)* inicial ② *(unverfälscht)* original; *(natürlich)* natural **II.** *adv* al principio
Ursprungsland *nt* país *m* de origen
Urteil ['ʊrtaɪl] *nt* <-s, -e> ① *(Meinung)* opinión *f; (Beurteilung)* juicio *m;* **nach meinem** ~ en mi opinión; **sich** *dat* **ein** ~ **über etw erlauben** permitirse opinar sobre algo; **ein** ~ **über jdn fällen** emitir un juicio sobre alguien; **sich** *dat* **ein** ~ **über jdn/etw bilden** formarse una idea de alguien/algo ② (JUR) sentencia *f,* fallo *m;* **das** ~ **über jdn sprechen** dictar sentencia sobre alguien
urteilen ['ʊrtaɪlən] *vi* juzgar; *(meinen)* opinar; **nach seinem Aussehen zu** ~ **...** a juzgar por su aspecto exterior...
Urteilsbegründung *f* considerandos *mpl*
Urteilskraft *f* <-, *ohne pl*> juicio *m,* discernimiento *m*
Urteilsspruch *m* sentencia *f*
Urteilsverkündung *f* (JUR) pronunciación *f* de la sentencia
Urteilsvermögen *nt ohne pl* capacidad *f* para juzgar
Urteilsvollstreckung *f* ejecución *f* de la sentencia
urtümlich ['u:ety:mlɪç] *adj* primitivo
Uruguay [uru'guaɪ] *nt* <-s> Uruguay *m*
Uruguayer(in) [uru'gua:jɐ] *m(f)* <-s, -; -nen> uruguayo, -a *m, f*
uruguayisch [uru'gua:jɪʃ] *adj* uruguayo
Ururenkel(in) ['u:ɐʔu:ɐ-] *m(f)* tataranieto, -a *m, f*
Ururgroßmutter *f* tatarabuela *f*
Ururgroßvater *m* tatarabuelo *m*
Urvogel *m* <-s, -vögel> (BIOL) archaeopteryx *m*
Urwald ['u:ɐvalt, *pl:* 'u:ɐvɛldɐ] *m* selva *f*
Urwelt *f* <-, -en> (GEO) mundo *m* primitivo
urwüchsig ['u:ɐvy:ksɪç] *adj* de pura cepa, castizo; *(natürlich)* natural
Urzeit *f* tiempos *mpl* primitivos; (HIST) prehistoria *f;* **vor ~en** hace un montón de

tiempo *fam;* **seit ~en** desde que el mundo existe

urzeitlich *adj* prehistórico

Urzustand *m* estado *m* primitivo

USA [uːʔɛsˈʔaː] *pl Abk. von* **United States of America** EE.UU. *mpl*

US-amerikanisch *adj* estadounidense

USB [uːʔɛsˈbeː-] (INFOR) *Abk. von* **Universal Serial Bus** USB

Usbeke, -in [ʊsˈbeːkə] *m, f* <-n, -n; -nen> uzbeko, -a *m, f*

usbekisch *adj* uzbeko

Usbekistan [ʊsˈbeːkistaːn] *nt* <-s> Uzbekistán *m*

USB-Schnittstelle *f* (INFOR) puerto *m* USB, entrada *f* de USB

USB-Stick [uːʔɛsˈbeːstɪk] <-s, -s> *m* <-s, -s> (INFOR) pendrive *m,* memoria USB *f*

User [ˈjuːzɐ] *m* <-s, -> (INFOR) usuario *m*

Usus [ˈuːzʊs] *m* <-, *ohne pl*> *(fam)* costumbre *f*

usw. *Abk. von* **und so weiter** etc.

Utensil *nt* <-s, -ien> utensilio *m*

Uterus [ˈuːterʊs, *pl:* ˈuːteri] *m* <-s, Uteri> (MED) útero *m*

Utilitarismus [utilitaˈrɪsmʊs] *m* <-, *ohne pl*> (PHILOS) utilitarismo *m*

utilitaristisch *adj* utilitarista

Utopie [utoˈpiː] *f* <-n> utopía *f*

utopisch [uˈtoːpɪʃ] *adj* utópico

u. U. *Abk. von* **unter Umständen** dado el caso

UV *Abk. von* **Ultraviolett** rayos *mpl* ultravioletas

u. v. a. (m.) *Abk. von* **und viele(s) andere (mehr)** y mucho(s) más

UV-Strahlen *mpl* radiaciones *fpl* ultravioletas

Ü-Wagen *m* (RADIO, TV) coche *m* tra(n)smisor

V v

V, v [faʊ] *nt* <-, -> V, v *f;* **~ wie Viktor** V de Valencia

V ❶ *Abk. von* **Volt** V ❷ *Abk. von* **Volumen** vol.

Vaduz [faˈdʊts, vaˈduːts] *nt* <-> Vaduz *m*

Vagabund(in) [vagaˈbʊnt] *m(f)* <-en, -en; -nen> vagabundo, -a *m, f,* bagamán *m Col, RDom*

vage [ˈvaːgə] *adj* vago, impreciso

Vagina [vaˈgiːna] *f* <Vaginen> (ANAT) vagina *f*

vaginal [vagiˈnaːl] *adj* vaginal

Vaginen *pl von* **Vagina**

Vakanz [vaˈkants] *f* <-, -en> (puesto *m*) vacante *f*

Vakuum [ˈvaːkuʊm, *pl:* ˈvaːkuʊms, ˈvaːkua] *nt* <-s, Vakua *o* Vakuen> vacío *m*

vakuumverpackt *adj* envasado al vacío

Vakuumverpackung *f* envase *m* al vacío

Valentinstag [ˈvalɛntiːns-] *m* día *m* de San Valentín

Valenz [vaˈlɛnts] *f* <-, -en> (CHEM, LING) valencia *f*

Valuta [vaˈluːta] *f* <Valuten> (WIRTSCH, FIN) ❶ *(Währung)* moneda *f* extranjera ❷ *(Wertstellung)* (fijación *f* del) valor *m*

Vamp [vɛ(ː)mp] *m* <-s, -s> vampiresa *f*

Vampir [vamˈpiːɐ] *m* <-s, -e> vampiro *m*

Vandale, -in [vanˈdaːlə] *m, f* <-n, -n; -nen> (*a.* HIST) vándalo, -a *m, f*

Vandalismus [vandaˈlɪsmʊs] *m* <-, *ohne pl*> vandalismo *m*

Vanille [vaˈnɪl(j)ə] *f ohne pl* vainilla *f*

Vanilleeis *nt* helado *m* de vainilla

Vanillepudding *m* (GASTR) budín *m* de vainilla, pudding *m* de vainilla *(similar a las natillas)*

Vanillesauce *f* <-, -n> salsa *f* de vainilla

Vanillezucker *m* vainilla *f* azucarada

Vanuatu [vɛnuˈaːtuː] *nt* <-s> Vanuatu *m*

variabel [variˈaːbəl] *adj* variable

Variable [variˈaːblə] *f* <-n> (MATH, PHYS) variable *f*

Variante [variˈantə] *f* <-n> (*a.* LIT) variante *f*

Varianz [variˈants] *f* <-, -en> (MATH) variancia *f*

Variation [variaˈtsjoːn] *f* <-en> (*a.* MUS, MATH, BIOL) variación *f*

Varieté [varieˈteː] *nt* <-s, -s> (espectáculo *m* de) variedades *fpl*

variieren* [variˈiːrən] *vt, vi* variar

Vasall [vaˈzal] *m* <-en, -en> *(a. fig* HIST) vasallo, -a *m, f*

Vase [ˈvaːzə] *f* <-n> jarrón *m; (Blumenvase)* florero *m*

Vater [ˈfaːtɐ, *pl:* ˈfɛːtɐ] *m* <-s, Väter> padre *m;* **der Heilige ~** el Santo Padre

Vaterland *nt (geh)* patria *f*

V

väterlich ['fɛ:tɐlɪç] *adj* ❶ *(vom Vater)* paterno ❷ *(wie ein Vater)* paternal
väterlicherseits [-zaɪts] *adv* por parte del padre; **meine Großeltern ~** mis abuelos paternos
vaterlos *adj* ❶ *(ohne Vater)* sin padre ❷ *(verwaist)* huérfano de padre
Vatermord *m* parricidio *m*
Vaterschaft *f* <-en> paternidad *f*
Vaterschaftsnachweis *m* prueba *f* de paternidad
Vatertag *m* día *m* del padre
Vaterunser ['--'--, --'--] *nt* <-s, -> padrenuestro *m*
Vati ['fa:ti] *m* <-s, -s> *(fam)* papi *m*, tata *m* *Am*
Vatikan [vati'ka:n] *m* <-s> Vaticano *m*
V-Ausschnitt *m* <-(e)s, -e> escote *m* de pico
v. Chr. *Abk. von* **vor Christus** a.C., a. de C.
vegan *adj* vegano
Veganer(in) [ve'ga:nɐ] *m(f)* <-s, -; -, -nen> vegano, -a *m, f*
Vegetarier(in) [vege'ta:riɐ] *m(f)* <-s, -; -nen> vegetariano, -a *m, f*
vegetarisch *adj* vegetariano
Vegetation [vegeta'tsjo:n] *f* <-en> vegetación *f*
vegetativ [vegeta'ti:f] *adj* (MED, BIOL) vegetativo
vegetieren* [vege'ti:rən] *vi* ❶ (BOT) vegetar ❷ *(abw: Mensch)* vivir miserablemente
Veggie <-s, -s> ['vɛdʒi, 'vɛgi] *m* *(fam)* vegetariano, -a *m, f*
vehement [vehe'mɛnt] *adj* vehemente
Vehemenz [vehe'mɛnts] *f* <-, *ohne pl*> vehemencia *f*
Vehikel [ve'hi:kəl] *nt* <-s, -> ❶ *(fam: Auto)* cacharro *m* ❷ *(Hilfsmittel, a.* MED) vehículo *m*
Veilchen ['faɪlçən] *nt* <-s, -> ❶ (BOT) violeta *f* ❷ *(fam: blaues Auge)* ojo *m* morado
veilchenblau ['--'-] *adj* violáceo
Vektor ['vɛkto:ɐ] *m* <-s, -en> (MATH, PHYS) vector *m*
Vektorrechnung *f ohne pl* análisis *m inv* vectorial
Velo ['ve:lo] *nt* <-s, -s> *(Schweiz)* bicicleta *f*
Vene ['ve:nə] *f* <-n> (ANAT) vena *f*
Venedig [ve'ne:dɪç] *nt* <-s> Venecia *f*
Venezolaner(in) [venetso'la:nɐ] *m(f)* <-s, -; -nen> venezolano, -a *m, f*
venezolanisch *adj* venezolano
Venezuela [venetsu'e:la] *nt* <-s> Venezuela *f*
venös [ve'nø:s] *adj* (MED) venoso
Ventil [vɛn'ti:l] *nt* <-s, -e> ❶ (TECH) válvula *f* ❷ *(an Musikinstrument)* pistón *m*
Ventilation [vɛntila'tsjo:n] *f* <-, -en> ventilación *f*
Ventilator [vɛnti'la:to:ɐ] *m* <-s, -en> ventilador *m*
Venus ['ve:nʊs] *f* ❶ (ASTR) Venus *m* ❷ *(Göttin)* Venus *f*
Venusmuschel *f* almeja *f*
verabreden* [fɛɐ'ʔapre:dən] **I.** *vt* convenir; *(Zeit, Ort)* fijar; **wir haben verabredet, dass ...** quedamos en que...; **mit jdm verabredet sein** tener una cita con alguien **II.** *vr:* **sich ~** citarse, quedar *fam;* **sich um acht/am Bahnhof ~** quedar a las ocho/en la estación
Verabredung *f* <-en> ❶ *(Treffen)* cita *f* ❷ *(Vereinbarung)* acuerdo *m;* **mit jdm eine ~ treffen** llegar a un acuerdo con alguien
verabreichen* *vt (Medizin)* administrar
verabscheuen* *vt* detestar, aborrecer
verabschieden* [fɛɐ'ʔapʃi:dən] **I.** *vt* ❶ *(Person)* despedir ❷ *(Gesetz, Haushalt)* aprobar **II.** *vr:* **sich ~** despedirse (**von** de)
Verabschiedung *f* <-, -en> ❶ *(Person)* despedida *f* ❷ *(Gesetz, Haushalt)* aprobación *f*
verachten* *vt* despreciar
verächtlich [fɛɐ'ʔɛçtlɪç] **I.** *adj* ❶ *(mit Verachtung)* despectivo ❷ *(abw: verachtenswert)* despreciable, pinche *Méx* **II.** *adv* con desprecio
Verachtung *f ohne pl* desprecio *m*
veralbern* *vt* tomar el pelo, poner en ridículo
verallgemeinern* [---'--] *vt* generalizar
Verallgemeinerung *f* <-en> generalización *f*
veralten* [fɛɐ'ʔaltən] *vi sein (Geräte)* anticuarse; *(Ansichten)* pasar de moda; *(Wort, Methode)* caer en desuso
veraltet [fɛɐ'ʔaltət] *adj (Gerät)* anticuado; *(Ansichten)* pasado de moda
Veranda [ve'randa] *f* <Veranden> terraza *f* acristalada
Verandatür *f* cristalera *f* corredera
veränderlich [fɛɐ'ʔɛndɐlɪç] *adj* variable; *(Wesen)* versátil
Veränderlichkeit *f* <-, -en> variabilidad *f*
verändern* **I.** *vt* cambiar; *(verwandeln)* tra(n)sformar **II.** *vr:* **sich ~** cambiar; *(beruflich)* cambiar de trabajo; **sich zu seinem Nachteil ~** cambiar para peor
Veränderung *f* <-en> cambio *m; (Abänderung)* modificación *f; (Verwandlung)* tra(n)sformación *f*
verängstigen* *vt* intimidar
verängstigt *adj* atemorizado
verankern* *vt* ❶ *(Schiff)* fondear ❷ *(Säule)*

sujetar; **etw in der Verfassung ~** establecer algo en la constitución

Verankerung *f* <-, -en> ❶ (NAUT) anclaje *m* ❷ *(Befestigung)* fijación *f* ❸ *(von Rechten)* consolidación *f*

veranlagt [fɛɐˈʔanlaːkt] *adj* **für etw ~ sein** tener predisposición para algo; **künstlerisch ~ sein** tener talento artístico; **praktisch ~ sein** ser un manitas

Veranlagung *f* <-en> ❶ *(Neigung)* predisposición (**zu** para/a) ❷ (FIN) tasación *f* de los impuestos

veranlassen* *vt* ❶ *(anordnen)* disponer; **bitte ~ Sie, dass ...** por favor disponga que... +*subj* ❷ *(bewirken)* motivar; *(bewegen)* llevar; **sich zu etw** *dat* **veranlasst sehen** verse obligado a hacer algo

Veranlassung *f* <-en> ❶ *(Grund)* motivo *m;* **keine(rlei) ~ haben, etw zu tun** no tener (ningún) motivo para hacer algo ❷ *(Anordnung)* orden *f; (Anregung)* iniciativa *f*

veranschaulichen* *vt* ilustrar; (INFOR) visualizar

Veranschaulichung *f* <-, -en> ilustración *f;* (INFOR) visualización *f;* **zur ~** a modo de explicación

veranschlagen* *vt (Zeit)* calcular (**für** para); *(Kosten)* evaluar (**mit/auf** en)

veranstalten* *vt (planen)* organizar; *(durchführen)* realizar, hacer

Veranstalter(in) *m(f)* <-s, -; -nen> organizador(a) *m(f)*

Veranstaltung *f* <-en> acto *m*

Veranstaltungskalender *m* cartelera *f* de espectáculos

Veranstaltungsort *m* <-(e)s, -e> lugar *m* del acto

Veranstaltungsprogramm *nt* (FILM, THEAT) cartelera *nt*

verantworten* **I.** *vt* responder (de); **das kann ich nicht ~** no asumo la responsabilidad; **es ist nicht zu ~, dass ...** es irresponsable que... +*subj* **II.** *vr:* **sich ~** justificarse (**für/wegen** por)

verantwortlich *adj* ❶ *(Person)* responsable (**für** de); **jdn für etw ~ machen** responsabilizar a alguien de algo ❷ *(Tätigkeit)* de responsabilidad

Verantwortliche(r) *mf* <-n, -n; -n, -n> responsable *mf*

Verantwortlichkeit *f* <-, -en> responsabilidad *f*

Verantwortung *f* <-en> responsabilidad *f* (**für** de); **jdn für etw zur ~ ziehen** hacer a alguien responsable de algo; **die ~ für etw übernehmen** asumir la responsabilidad de algo; **auf eigene ~** bajo propia responsabilidad; **die ~ für jdn/etw tragen** ser responsable de alguien/algo; **sich aus der ~ stehlen** lavarse las manos

verantwortungsbewusst *adj* consciente de su responsabilidad

Verantwortungsbewusstsein *nt* <-s, *ohne pl*> sentido *m* de responsabilidad

verantwortungslos *adj* irresponsable; **sich ~ verhalten** comportarse de manera irresponsable

Verantwortungslosigkeit *f* <-, *ohne pl*> irresponsabilidad *f*

verantwortungsvoll *adj* ❶ *(Aufgabe, Tat)* de gran responsabilidad ❷ *(Person)* muy responsable

verarbeiten* *vt* ❶ *(Material)* utilizar ❷ *(bearbeiten)* trabajar, manufacturar; *(umwandeln)* tra(n)sformar (**zu** en) ❸ *(verbrauchen)* gastar ❹ *(Eindrücke)* digerir; *(psychisch bewältigen)* asimilar

verarbeitet *adj* (WIRTSCH) **gut/schlecht ~** bien/mal fabricado [*o* hecho]; **sorgfältig/nachlässig ~ sein** estar fabricado [*o* hecho] a conciencia/con dejadez

Verarbeitung *f* <-en> ❶ *(Bearbeitung)* trabajo *m; (von Daten)* tratamiento *m,* procesamiento *m; (Umwandlung)* tra(n)sformación *f* ❷ *(Verdauung)* digestión *f* ❸ *(Aussehen, Ausführung)* acabado *m*

verärgern* *vt* enfadar

verärgert *adj* enfadado *CSur,* grifo *Méx*

Verärgerung *f* <-en> enfado *m,* contrariedad *f,* disgusto *m;* **seine ~ war ihm anzumerken** se le notaba el enfado [*o* que estaba contrariado]

verarmen* *vi sein* empobrecer; **eine Bevölkerung ~ lassen** pauperizar una población

Verarmung *f ohne pl* empobrecimiento *m*

verarschen* *vt (vulg)* tomar el pelo (a), cachondearse (de) *vulg*

verarzten* *vt (fam)* tratar

verausgaben* [-ˈ---] *vr:* **sich ~** agotar sus fuerzas

veräußern* *vt* ❶ *(übereignen)* tra(n)sferir (**an** a); *(verkaufen)* vender (**an** a) ❷ (JUR: *abtreten*) ceder (**an** a)

Verb [vɛrp] *nt* <-s, -en> (LING) verbo *m*

verbal [vɛrˈbaːl] *adj* (*a.* LING) verbal

Verbalphrase *f* (LING) locución *f* verbal

Verband *m* <-(e)s, -bände> ❶ (MED) vendaje *m* ❷ *(Vereinigung)* asociación *f* ❸ (MIL) unidad *f*

Verbandschere *f* tijera(s) *f(pl)* para (cortar) vendas

Verband(s)kasten *m* botiquín *m* de emergencia

Verband(s)zeug *nt* vendajes *mpl*

verbannen* [fɛɐˈbanən] *vt* desterrar (**aus** de)

Verbannte(r) *mf* <-n, -n; -n, -n> desterrado, -a *m, f*

Verbannung *f* <-en> destierro *m*

verbarrikadieren* [fɛɐbarika'di:rən] I. *vt* levantar barricadas (en); *(Eingang)* bloquear (**mit** con) II. *vr:* **sich ~** montar una barricada

verbauen* *vt* ❶ *(versperren)* obstruir (con edificios); *(Aussicht)* quitar; **sich alle Chancen ~** cerrarse el camino ❷ *(Material)* emplear en la construcción; *(Geld)* gastar en la construcción ❸ *(abw: schlecht bauen)* construir mal

verbeißen* *irr* I. *vt (Schmerz)* aguantar; **ich konnte mir das Lachen kaum ~** apenas pude contener la risa II. *vr:* **sich ~** *(Tier)* hincar los dientes (**in** en); *(Person)* obstinarse (**in** en); **sie hat sich in das Problem verbissen** se ha obcecado en el problema

Verben *pl von* **Verb**

verbergen* *irr* I. *vt* ❶ *(verstecken)* esconder (**vor** ante) ❷ *(verheimlichen)* ocultar; **ich habe nichts zu ~** no tengo nada que ocultar II. *vr:* **sich ~** esconderse

verbessern* I. *vt* ❶ *(besser machen)* mejorar; *(Rekord)* batir ❷ *(berichtigen)* corregir II. *vr:* **sich ~** ❶ *(Lage)* mejorar; **sich finanziell ~** mejorar su situación financiera ❷ *(beim Sprechen)* corregirse

Verbesserung *f* <-en> ❶ *(Änderung)* mejora *f* ❷ *(Korrektur)* corrección *f*

verbesserungsfähig *adj* mejorable, corregible

Verbesserungsvorschlag *m* propuesta *f* de mejora

verbeugen* *vr:* **sich ~** hacer una reverencia (**vor** ante)

Verbeugung *f* <-en> reverencia *f*

verbeulen* *vt* abollar

verbiegen* *irr* I. *vt* torcer II. *vr:* **sich ~** torcerse

verbieten* *irr vt* prohibir; **jdm etw ~** prohibir algo a alguien

verbinden* *irr* I. *vt* ❶ *(zusammenfügen)* unir (**mit** con); **mit ihm verbindet mich nichts mehr** ya no me une nada a él; **das Angenehme mit dem Nützlichen ~** unir lo agradable con lo práctico ❷ *(mit sich bringen)* conllevar; **die damit verbundenen Kosten** los gastos ocasionados ❸ *(geh: zur Dankbarkeit verpflichten)* obligar; **ich wäre Ihnen sehr verbunden, wenn ...** le quedaría muy agradecido si... *+subj* ❹ *(Holz)* ensamblar; *(Kabel)* empalmar, empatar *Am; (koppeln)* enganchar ❺ (TEL) comunicar (**mit** con); **~ Sie mich bitte mit Zimmer 44** póngame con la habitación 44, por favor; **Sie sind falsch verbunden** *(am Telefon)* se ha equivocado de número ❻ *(assoziieren)* asociar (**mit** con) ❼ (MED) vendar II. *vr:* **sich ~** unirse (**mit** con); (CHEM) combinarse

verbindlich *adj* ❶ *(liebenswürdig)* amable; **~sten Dank!** ¡muchísimas gracias! ❷ *(bindend)* vinculante; *(verpflichtend)* obligatorio

Verbindlichkeit *f* <-, -en> ❶ *(Höflichkeit)* amabilidad *f* ❷ *(Pflicht)* obligación *f;* **ohne ~** sin compromiso

Verbindung *f* <-en> ❶ *(Zusammenhang, Beziehung)* relación *f* (**zwischen** entre, **mit** con); **in ~ mit** junto con; **etw/jdn mit etw** *dat* **in ~ bringen** relacionar algo/a alguien con algo ❷ *(Kontakt)* contacto *m;* **mit jdm in ~ stehen** estar en contacto con alguien; **sich mit jdm in ~ setzen** ponerse en contacto con alguien; **seine ~en spielen lassen** *(fam)* hacer valer sus influencias ❸ (TECH) conexión *f; (Kopplung)* enganche *m* ❹ *(Verkehrsweg, a.* TEL) comunicación *f* ❺ *(Vereinigung)* asociación *f;* (UNIV) corporación *f* estudiantil ❻ (CHEM) compuesto *m;* **eine ~ eingehen** formar un compuesto

Verbindungsstück *nt* <-(e)s, -e> pieza *f* de unión, ensambladura *f*

verbissen [fɛɐ'bɪsən] I. *pp von* **verbeißen** II. *adj* ❶ *(hartnäckig)* obstinado ❷ *(Gesichtsausdruck)* avinagrado III. *adv* con obstinación; **man darf das nicht so ~ sehen** *(fam)* no hay que tomarlo tan al pie de la letra

Verbissenheit *f ohne pl* obstinación *f,* encarnizamiento *m*

verbitten *irr vt* **sich** *dat* **etw ~** no tolerar algo

verbittern* *vt* amargar

Verbitterung *f* <-en> amargura *f*

verblassen* *vi sein* ❶ *(Stoff, Foto)* perder (el) color; *(Farbe)* apagarse ❷ *(geh: Eindrücke)* desvanecerse

Verbleib [fɛɐ'blaɪp] *m* <-(e)s, *ohne pl*> *(geh)* ❶ *(Ort)* paradero *m* ❷ *(Verbleiben)* permanencia *f*

verbleiben* *irr vi sein* ❶ *(übereinkommen)* quedar en; **wir sind so verblieben, dass ...** hemos quedado en que... ❷ *(geh: übrig sein)* quedar; **in Erwartung Ihrer Antwort verbleibe ich ...** quedo en espera de su respuesta...

verbleichen <verbleicht, verblich *o* verbleichte, verblichen *o* verbleicht> *vi sein (Farbe)* apagarse; *(Stoff)* perder (el) color

verbleit [fɛɐ'blaɪt] *adj* con plomo

verblenden* *vt* ❶ *(Person)* deslumbrar ❷ *(Wand, Fassade)* revestir (**mit** de)

Verblendung *f* <-, -en> ❶ *(einer Person)*

V

deslumbramiento *m* ② *(von Wand, Fassade)* revestimiento *m* (**mit** de)

verblichen [fɛɐ'blɪçən] **I.** *pp von* **verbleichen** **II.** *adj* ① *(Farbe)* apagado; *(Stoff)* descolorido ② *(Ruhm)* desvanecido

verblöden* [fɛɐ'bløːdən] **I.** *vi sein (fam)* atontarse **II.** *vt (fam)* atontar

Verblödung *f* <-, *ohne pl*> *(fam)* atontamiento *m,* entontecimiento *m*

verblüffen* [fɛɐ'blʏfən] *vt* dejar perplejo

Verblüffung *f* <-, -en> estupefacción *f;* **zu meiner ~ ...** para mi gran sorpresa...

verblühen* *vi sein* marchitarse

verbluten* *vi sein* desangrarse

verbocken* *vt (fam)* estropear, echar a perder

verbohrt [fɛɐ'boːɐt] *adj (fam abw)* terco (como una mula)

Verbohrtheit *f ohne pl* terquedad *f*

verborgen [fɛɐ'bɔrgən] **I.** *pp von* **verbergen** **II.** *adj* oculto; *(versteckt)* escondido; **etw ~ halten** tener algo oculto; **das ist mir nicht ~ geblieben** ya me he enterado; **im V~en bleiben** permanecer oculto

Verborgenheit *f ohne pl* clandestinidad *f*

Verbot [fɛɐ'boːt] *nt* <-(e)s, -e> prohibición *f*

verboten [fɛɐ'boːtən] **I.** *pp von* **verbieten** **II.** *adj* ① *(untersagt)* prohibido ② *(fam: unmöglich)* fatal

Verbotsschild *nt* señal *f* de prohibición

verbracht *pp von* **verbringen**

verbrannt *pp von* **verbrennen**

verbraten* *irr vt (fam: Geld)* gastar(se)

Verbrauch *m* <-(e)s, *ohne pl*> consumo *m* (**an** de); **der Wagen ist sparsam im ~** el coche tiene un consumo muy bajo

verbrauchen* *vt (verwenden, ausgeben)* gastar; *(konsumieren)* consumir; *(aufbrauchen)* agotar; **verbrauchte Luft** aire viciado

Verbraucher(in) *m(f)* <-s, -; -nen> consumidor(a) *m(f)*

Verbraucherberatung *f* Oficina *f* del Consumidor

verbraucherfreundlich *adj* pro consumidor

Verbraucherpreis *m* precio *m* de venta al público

Verbraucherrecht *nt* derechos *mpl* del consumidor

Verbraucherschutz *m* protección *f* al consumidor

Verbraucherverband *m,* **Verbraucherzentrale®** *f* asociación *f* de consumidores

verbraucht *adj* gastado; *(Luft)* viciado; *(Mensch)* agotado

verbrechen* *irr vt (fam)* **was habe ich denn jetzt schon wieder verbrochen?** ¿qué mal he hecho esta vez?

Verbrechen *nt* <-s, -> delito *m;* **ein ~ begehen** cometer un delito

Verbrechensbekämpfung *f* lucha *f* contra el crimen

Verbrecher(in) *m(f)* <-s, -; -nen> delincuente *mf*

Verbrecherbande *f* cuadrilla *f* de delincuentes

verbrecherisch [fɛɐ'brɛçərɪʃ] *adj* criminal

Verbrecherkartei *f* <-, -en> fichero *m* de criminales [*o* de delincuentes]

verbreiten* **I.** *vt* ① *(Neuigkeit)* difundir ② *(Licht, Wärme, Ruhe)* irradiar; *(Geruch)* despedir; *(Stimmung, Gefühl)* sembrar ③ *(Krankheit)* tra(n)smitir **II.** *vr:* **sich ~** ① *(Nachricht)* difundirse ② *(Krankheit)* tra(n)smitirse ③ *(Duft)* extenderse ④ *(sich auslassen)* explayarse (**über** acerca de)

verbreitern* **I.** *vt* ensanchar, ampliar (**um** en, **auf** a) **II.** *vr:* **sich ~** ensancharse, ampliarse

verbreitet *adj* extendido; *(Krankheit, Meinung)* común

Verbreitung *f ohne pl* ① *(von Nachrichten)* difusión *f;* **weite ~ finden** tener gran aceptación ② *(von Krankheiten)* propagación *f*

Verbreitungsgebiet *nt* <-(e)s, -e> *(einer Ware)* área *f* de distribución; *(einer Krankheit)* área *f* afectada

verbrennen* *irr* **I.** *vt (Holz, Mensch, Papier)* quemar; *(Leiche, Müll)* incinerar; **Kalorien ~** quemar calorías; **sich** *dat* **die Zunge ~** *(fam fig)* meter la pata **II.** *vi sein (Haus, Braten)* quemarse; *(Person)* morir abrasado **III.** *vr:* **sich ~** quemarse (**an** con)

Verbrennung *f* <-en> ① *(das Verbrennen)* combustión *f;* *(Leichen-, Müllverbrennung)* incineración *f* ② (MED) quemadura *f;* **~en zweiten Grades** quemaduras de segundo grado

Verbrennungsanlage *f* planta *f* de combustión

Verbrennungsmotor *m* motor *m* de combustión interna

Verbrennungsofen *m* horno *m* de combustión; *(für Müll)* incineradora *f*

verbringen* *irr vt* ① *(zubringen)* pasar (**mit** con); **den Tag mit Lesen ~** pasar(se) el día leyendo ② *(transportieren)* tra(n)sportar

verbrochen [fɛɐ'brɔxən] *pp von* **verbrechen**

verbrüdern* [fɛɐ'bryːdɐn] *vr:* **sich ~** hermanarse

verbrühen* **I.** *vt* escaldar **II.** *vr:* **sich ~** escaldarse

verbuchen* *vt* (FIN) contabilizar; **einen Erfolg für sich ~** *(fam)* apuntarse un éxito
verbuddeln* *vt (fam)* enterrar
verbummeln* *vt (fam)* ❶ *(Zeit)* perder ❷ *(vergessen)* olvidar
Verbund [fɛɐ'bʊnt] *m* <-(e)s, -e> ❶ (WIRTSCH) unión *f;* **im ~ arbeiten** cooperar ❷ (TECH) ensambladura *f*
verbunden [fɛɐ'bʊndən] **I.** *pp von* **verbinden** **II.** *adj* ❶ *(verknüpft)* unido (**mit** a); *(gekoppelt)* acoplado (**mit** a); **damit sind Probleme ~** esto supone problemas ❷ *(dankbar)* **ich bin Ihnen sehr ~** le estoy muy agradecido
verbünden* [fɛɐ'bʏndən] *vr:* **sich ~** aliarse (**mit** con)
Verbundenheit *f ohne pl (zwischen Personen)* apego *m* (**mit** a); *(zu Heimat, Sitten)* lazo *m* (**mit** con)
Verbündete(r) *mf* <-n, -n; -n> aliado, -a *m, f*
Verbundnetz *nt* (ELEK) red *f* de distribución
Verbundsystem *nt* sistema *m* de billetes combinados
verbürgen* **I.** *vt* garantizar **II.** *vr:* **sich ~** responder (**für** de)
verbüßen* *vt* purgar; (JUR) cumplir
verchromt *adj* cromado
verdacht *pp von* **verdenken**
Verdacht [fɛɐ'daxt] *m* <-(e)s, -e> sospecha *f* (**auf** de); **~ erregen** despertar sospechas; **jdn in ~ bringen** hacer recaer las sospechas sobre alguien; **in ~ geraten** estar bajo sospecha; **jdn in ~ haben** sospechar de alguien; **im ~ stehen, etw getan zu haben** ser sospechoso de haber hecho algo; **gegen jdn ~ schöpfen** concebir sospechas contra alguien; **über jeden ~ erhaben sein** estar fuera de toda sospecha
verdächtig [fɛɐ'dɛçtɪç] *adj* sospechoso; **er ist der Tat ~** es sospechoso del delito; **sich ~ machen** hacerse sospechoso; **die Sache ist mir ~** el asunto me da mala espina; **es war ~ still** había un silencio sospechoso
Verdächtige(r) *mf* <-n, -n; -n> sospechoso, -a *m, f*
verdächtigen* *vt* sospechar (de); **er wird des Diebstahls verdächtigt** es sospechoso del robo
Verdachtsfall *m* caso *m* sospechoso
verdammen* [fɛɐ'damən] *vt* condenar (**zu** a); (REL) anatematizar
Verdammnis *f* <-, *ohne pl*> condenación *f;* (REL) anatema *m o f*
verdammt **I.** *adj (fam abw)* maldito; **~ noch mal!** ¡maldita sea!, ¡concho! *Am;* **~e Scheiße!** *(vulg)* ¡me cago en la mierda! **II.** *adv (fam abw)* terriblemente; **~ gut** de putamadre *vulg*
verdampfen* *vi sein* evaporarse
Verdampfung *f* <-, -en> evaporación *f*
verdanken* *vt* ❶ *(dankbar sein)* **jdm etw ~** deber algo a alguien; **das ist ihm zu ~** eso hay que agradecérselo a él ❷ *(Schweiz: Dank aussprechen)* agradecer
verdarb [fɛɐ'darp] *3. imp von* **verderben**
verdauen* [fɛɐ'daʊən] *vt* ❶ *(Nahrung)* digerir ❷ *(fam: Nachricht)* asimilar, digerir
verdaulich *adj* **leicht/schwer ~** fácil/difícil de digerir
Verdauung *f ohne pl* digestión *f*
Verdauungsapparat *m,* **Verdauungssystem** *nt* (ANAT) aparato *m* digestivo
Verdauungsbeschwerden *fpl* indigestión *f*
Verdauungsorgan *nt* <-s, -e> (ANAT) órgano *m* digestivo
Verdauungstrakt *m* (ANAT) conducto *m* digestivo
Verdeck [fɛɐ'dɛk] *nt* <-(e)s, -e> ❶ (AUTO) capota *f;* **mit aufklappbarem ~** descapotable ❷ (NAUT) cubierta *f*
verdecken* *vt* ❶ *(bedecken)* tapar; **die Aussicht ~** tapar la vista ❷ *(verheimlichen)* ocultar
verdeckt *adj* ❶ *(nicht sichtbar)* tapado ❷ *(verborgen)* oculto; **~e Ermittlungen** pesquisas encubiertas
verdenken* *irr vt (geh)* **jdm etw ~** tomar a mal algo a alguien
verderben [fɛɐ'dɛrbən] <verdirbt, verdarb, verdorben> **I.** *vi sein (Lebensmittel)* estropearse, abombarse *Am; (Person)* echarse a perder **II.** *vt* estropear; *(moralisch)* corromper; **sich** *dat* **die Augen ~** estropearse la vista; **du hast es dir mit mir verdorben** conmigo ya te has cerrado todas las puertas; **es sich mit niemandem ~ wollen** querer estar a bien con todos
Verderben *nt* <-s, *ohne pl*> ruina *f;* **in sein ~ rennen** arruinarse; **jdn ins ~ stürzen** arruinar a alguien
verderblich [fɛɐ'dɛrplɪç] *adj* ❶ *(Lebensmittel)* perecedero ❷ *(schädlich)* nocivo, dañino
verdeutlichen* *vt* aclarar
verdichten* **I.** *vt* ❶ (PHYS, TECH) condensar ❷ *(Straßennetz)* ampliar **II.** *vr:* **sich ~** *(Nebel)* volverse más denso; *(Gerücht, Verdacht)* aumentar
verdicken* **I.** *vt* espesar **II.** *vr:* **sich ~** ❶ *(Flüssigkeiten)* espesar(se) ❷ *(feste Stoffe)* hincharse, inflarse
Verdickung *f* <-, -en> ❶ *(von Flüssigkeiten)* espesamiento *m* ❷ *(von festen Stoffen)* aumento *m* de tamaño

verdienen* *vt* ① *(Lohn)* ganar; **seine Brötchen ~** *(fam)* ganarse el pan; **leicht verdientes Geld** dinero fácil ② *(Lob, Vertrauen, Strafe)* merecer; **sie hat nichts Besseres verdient** no se merece nada mejor
Verdienst[1] *nt* <-(e)s, -e> mérito *m;* **es war einzig und allein sein ~** el mérito fue todo suyo
Verdienst[2] *m* <-(e)s, -e> *(Einkommen)* sueldo *m; (Gewinn)* ganancias *f pl*
Verdienstausfall *m* pérdida *f* de ganancias
Verdienstmöglichkeit *f* <-, -en> posibilidad *f* de ganancia
verdient *adj* ① *(Person)* de gran mérito ② *(Sieg, Lohn, Strafe)* merecido; **sich um etw ~ machen** comprometerse con algo
verdientermaßen [-'--'--] *adv,* **verdienterweise** *adv* merecidamente
verdirbt [fɛɐ'dɪrpt] *3. präs von* **verderben**
verdonnern* *vt (fam)* condenar (**zu** a)
Verdopp(e)lung *f* <-en> duplicación *f*
verdoppeln* **I.** *vt* duplicar (**auf** a) **II.** *vr:* **sich ~** duplicarse
verdorben [fɛɐ'dɔrbən] **I.** *pp von* **verderben** **II.** *adj* ① *(Fest, Lebensmittel)* estropeado ② *(moralisch)* depravado
Verdorbenheit *f* <-, *ohne pl*> depravación *f*
verdorren* [fɛɐ'dɔrən] *vi sein* secarse
verdrängen* *vt* ① *(wegdrängen)* echar (**aus** de); *(aus Amt)* suplantar (**aus** de) ② *(ersetzen)* su(b)stituir ③ (NAUT) desplazar ④ (PSYCH) reprimir
Verdrängung *f* <-en> ① *(von Person)* expulsión *f* (**aus** de); *(aus Amt)* suplantación *f* ② *(Ersetzung)* su(b)stitución *f* ③ (NAUT) desplazamiento *m* ④ (PSYCH) represión *f*
verdrecken* **I.** *vi sein (fam abw)* ensuciarse **II.** *vt (fam abw)* ensuciar
verdrehen* *vt* ① *(Glieder)* (re)torcer; **die Augen ~** torcer los ojos ② *(fam abw: falsch darstellen)* tergiversar
verdreifachen* *vt* triplicar
verdreschen* *irr vt (fam)* propinar una paliza, trillar *Am*
verdrießlich *adj* *(Miene)* avinagrado; **~ sein** estar de mal humor
verdrossen [fɛɐ'drɔsən] **I.** *adj* malhumorado; *(unzufrieden)* descontento **II.** *adv* con disgusto
Verdrossenheit *f* <-, *ohne pl*> ① *(Verdrießlichkeit)* disgusto *m,* fastidio *m* ② *(Lustlosigkeit)* desgana *f,* indiferencia *f*
verdrücken* **I.** *vt (fam: essen)* tragar **II.** *vr:* **sich ~** *(fam: verschwinden)* largarse
Verdruss [fɛɐ'drʊs] *m* <-es, -e> disgusto *m; (Ärger)* fastidio *m;* **zu meinem ~** para mi disgusto
verduften* *vi sein (fam)* pirarse, alcanforarse *Col, Ven*
verdummen* **I.** *vi sein* volverse tonto, entontecerse **II.** *vt* entontecer, atontar
Verdummung *f ohne pl* atontamiento *m,* entontecimiento *m*
Verdunk(e)lung *f ohne pl* oscurecimiento *m;* (JUR) entorpecimiento *m* de la acción judicial
Verdunk(e)lungsgefahr *f ohne pl* (JUR) peligro *m* de entorpecimiento de la acción judicial
verdunkeln* **I.** *vt* ① *(Raum)* oscurecer ② (JUR) ocultar **II.** *vr:* **sich ~** *(Himmel)* oscurecerse; **seine Miene verdunkelte sich** frunció el ceño
verdünnen* *vt* diluir, desparramar *Arg; (Sauce)* rebajar; *(Wein)* aguar
Verdünner *m* <-s, -> diluyente *m,* diluente *m*
Verdünnung *f* <-, -en> ① *(Verdünntsein)* adelgazamiento *m* ② *(Mittel zum Verdünnen)* diluyente *m*
Verdünnungsmittel *nt* diluyente *m*
verdunsten* *vi sein* evaporarse
Verdunstung *f ohne pl* evaporación *f,* volatilización *f*
verdursten* *vi sein* morir(se) de sed
verdutzt [fɛɐ'dʊtst] *adj* perplejo
Vered(e)lung *f* <-en> (AGR) injerto *m*
veredeln* *vt* perfeccionar; *(Metalle, Erdöl)* refinar; (AGR: *Pflanzen*) injertar
verehren* *vt* ① (*a.* REL) venerar; *(anbeten)* adorar; **verehrte Anwesende!** ¡señoras y señores! ② *(schenken)* regalar
Verehrer(in) *m(f)* <-s, -; -nen> admirador(a) *m(f)*
Verehrung *f ohne pl* (*a.* REL) veneración *f; (Anbetung)* adoración *f*
vereidigen* [fɛɐ'ʔaɪdɪgən] *vt* juramentar; **er wurde auf die Verfassung vereidigt** juró la constitución
vereidigt *adj* jurado
Vereidigung *f* <-en> prestación *f* de juramento; *(auf ein Amt)* jura *f* de un cargo
Verein [fɛɐ'ʔaɪn] *m* <-(e)s, -e> asociación *f; (Sport-, Fußballverein)* club *m* deportivo; **eingetragener/gemeinnütziger ~** asociación registrada/no lucrativa
vereinbar *adj* compatible (**mit** con)
vereinbaren* *vt* ① *(verabreden)* acordar; *(festlegen)* fijar; **wir haben vereinbart, dass ...** hemos acordado que... ② *(in Einklang bringen)* conciliar (**mit** con); **das kann ich nicht mit meinem Gewissen ~** no puedo conciliarlo con mi conciencia
Vereinbarung *f* <-en> acuerdo *m; (schriftlich)* convenio *m;* **laut ~** según (lo

establecido en el) acuerdo; **Sprechstunde nach ~** consulta previa cita

vereinen* I. *vt (geh)* unir; *(zusammenführen)* reunir; *(in Einklang bringen)* conciliar; **sie vereint alle notwendigen Eigenschaften** reúne todas las características necesarias; **mit vereinten Kräften** todos juntos II. *vr:* **sich ~** *(geh)* reunirse

vereinfachen* *vt* simplificar

Vereinfachung *f* <-en> simplificación *f*

vereinheitlichen* *vt* uniformar; *(normierend)* estandarizar

Vereinheitlichung *f* <-, -en> ❶ *(Uniformierung)* unificación *f* ❷ (TECH: *Normierung*) normalización *f*

vereinigen* I. *vt* unir; *(zusammenführen)* reunir; *(Firmen)* fusionar; **alle Stimmen auf sich ~** obtener todos los votos II. *vr:* **sich ~** unirse, juntarse; *(zusammenkommen)* reunirse

vereinigt *adj* unido; **V~e Arabische Emirate** Emiratos Árabes Unidos; **V~e Staaten (von Nordamerika)** Estados Unidos (de Norteamérica); **V~es Königreich** Reino Unido

Vereinigung *f* <-en> ❶ *(das Vereinigen)* (re)unión *f; (von Firmen)* fusión *f;* (POL) unificación *f* ❷ (JUR: *Organisation*) asociación *f*

vereinnahmen* [fɛɐ'ʔaɪnnaːmən] *vt* ❶ *(Geld, Zinsen)* cobrar ❷ *(Beruf, Person)* acaparar

vereinsamen* *vi sein* ir quedándose solo

vereinsamt *adj* aislado, solitario

Vereinsamung *f ohne pl* aislamiento *m*

Vereinslokal *nt* club *m,* local *m* social

vereinzelt [fɛɐ'ʔaɪntsəlt] *adj* aislado; *(Schauer)* ocasional; **es regnet ~** hay lluvias aisladas

vereisen* [fɛɐ'aɪzən] I. *vi sein (Straße)* cubrirse de hielo II. *vt* (MED) anestesiar (con frío)

vereist [fɛɐ'aɪzt] *adj* helado

vereiteln* [fɛɐ'aɪtəln] *vt* frustrar

Vereitelung *f* <-, *ohne pl*> frustración *f,* malogro *m*

vereitern* *vi sein* supurar

verenden* *vi sein* morir

verengen* I. *vt* estrechar II. *vr:* **sich ~** *(Straße)* estrecharse; *(Pupille)* contraerse

Verengung *f* <-, -en> estrechamiento *m*

vererbbar *adj* heredable

vererben* I. *vt* ❶ *(hinterlassen)* dejar (en herencia) ❷ (BIOL, MED) tra(n)smitir por herencia (**auf** a) II. *vr:* **sich ~** (BIOL, MED) tra(n)smitirse por herencia

vererblich *adj* hereditario

Vererbung *f* <-en> (BIOL, MED) tra(n)smisión *f* por herencia

Vererbungslehre *f* <-, *ohne pl*> genética *f*

verewigen* [fɛɐ'ʔeːvɪgən] *vt* perpetuar (**auf** a)

verfahren[1] *adj* sin salida

verfahren*[2] *irr* I. *vi sein* ❶ *(vorgehen)* proceder (**nach** según); **wie sollen wir weiter ~?** ¿cómo hemos de proceder? ❷ *(behandeln)* tratar (**mit** a); **streng mit jdm ~** tratar a alguien severamente II. *vt (Geld)* gastar (en dinero); *(Benzin)* gastar (en gasolina) III. *vr:* **sich ~** perderse

Verfahren *nt* <-s, -> ❶ *(Vorgehen)* procedimiento *m; (Methode)* método *m* ❷ (JUR: *Prozess*) causa *f;* **ein ~ gegen jdn einleiten** instruir una causa contra alguien

Verfall *m* <-(e)s, *ohne pl*> ❶ *(von Gebäude)* desmoronamiento *m* ❷ *(geistig, gesundheitlich)* decaimiento *m* ❸ *(Niedergang)* decadencia *f* ❹ *(Eintrittskarte)* caducidad *f*

Verfalldatum *nt s.* **Verfallsdatum**

verfallen* *irr vi sein* ❶ *(Gebäude)* desmoronarse ❷ *(körperlich, geistig, kulturell)* decaer ❸ *(ungültig werden)* caducar; *(ablaufen)* vencer ❹ *(abhängig werden)* depender (+*dat* de); **in alte Fehler ~** recaer en viejos errores ❺ *(kommen auf)* caer en la cuenta (**auf** de); **sie verfiel auf die Idee, …** se le ocurrió…

Verfallsdatum *nt* fecha *f* de caducidad

verfälschen* *vt* ❶ *(Lebensmittel, Wein)* adulterar ❷ *(Wahrheit, Daten)* falsificar

Verfälschung *f* <-en> ❶ *(von Lebensmitteln)* adulteración *f* ❷ *(von Bericht, Daten)* falsificación *f,* falseamiento *m*

verfangen* *irr* I. *vi* surtir efecto II. *vr:* **sich ~** enredarse; **sich in Widersprüchen ~** contradecirse

verfänglich [fɛɐ'fɛŋlɪç] *adj (Frage)* capcioso; *(Situation)* embarazoso

verfärben* *vr:* **sich ~** cambiar de color; *(Kleidung)* desteñirse

Verfärbung *f* <-, -en> ❶ *(Annahme anderer Farbe)* tinte *m* ❷ *(abweichende Färbung)* (de)coloración *f*

verfassen* *vt* redactar

Verfasser(in) *m(f)* <-s, -; -nen> autor(a) *m(f)*

Verfassung *f* <-en> ❶ (POL) constitución *f* ❷ *(Zustand)* condición *f; (seelisch)* estado *m* de ánimo; **in guter/schlechter ~ sein** estar en buenas/malas condiciones

Verfassungsänderung *f* modificación *f* de la constitución

Verfassungsbeschwerde *f* (JUR) recurso de amparo (constitucional) *m*

verfassungsfeindlich *adj* (JUR) anticonstitucional

Verfassungsgericht *nt* tribunal *m* constitucional

Verfassungsklage *f* (JUR) recurso *m* de inconstitucionalidad

verfassungsmäßig *adj* constitucional

Verfassungsrecht *nt ohne pl* derecho *m* constitucional

Verfassungsschutz *m* Oficina *f* Federal de Protección de la Constitución

Verfassungstreue *f ohne pl* fidelidad *f* constitucional

verfassungswidrig *adj* anticonstitucional

verfaulen* *vi sein* pudrirse

verfechten* *irr vt* defender

Verfechter(in) *m(f)* <-s, -; -, -nen> defensor(a) *m(f)*

verfehlen* *vt* ❶ *(Zug)* perder; *(Person)* no encontrar ❷ *(Ziel, Zweck)* no conseguir; *(Schütze)* fallar (el blanco); **ich halte es für verfehlt, das zu tun** me parece equivocado hacer eso; **seine Wirkung ~** no surtir efecto; **das Thema ~** no acertar el tema

verfehlt *adj (nicht angebracht)* inadecuado; *(falsch)* falso

verfeinden* [fɛɐ'faɪndən] *vr:* **sich ~** enemistarse, contrapuntearse *Am*

verfeinern* [fɛɐ'faɪnɐn] *vt (Geschmack)* refinar; *(Methode)* perfeccionar

Verfeinerung *f* <-en> ❶ *(eines Gerichts)* mejoramiento *m* ❷ *(einer Methode)* refinamiento *m*

verfilmen* *vt* llevar a la pantalla

Verfilmung *f* <-en> adaptación *f* cinematográfica

verfilzen* *vi sein (Haare)* enredarse; *(Wolle, Pullover)* apelmazarse

verfinstern* *vr:* **sich ~** oscurecerse

Verflechtung *f* <-en> ❶ *(Verbindung)* entrelazamiento *m* ❷ *(Zusammenhang)* interdependencia *f*

verfliegen* *irr* **I.** *vi sein* ❶ *(Duft, Alkohol)* evaporarse ❷ *(Ärger, Begeisterung)* desvanecerse; *(Zeit)* pasar volando **II.** *vr:* **sich ~** perderse

verfließen* *irr vi sein* ❶ *(geh: Zeit)* pasar, transcurrir ❷ *(Farben)* correrse

verflixt [fɛɐ'flɪkst] *adj (fam)* endemoniado; **~ und zugenäht!** ¡maldito sea!

verflogen *pp von* **verfliegen**

verflossen [fɛɐ'flɔsən] **I.** *pp von* **verfließen** **II.** *adj (fam)* antiguo, ex; **ihr V~er** su ex

verfluchen* *vt* maldecir

verflucht *adj (fam)* maldito; **~ noch mal!** ¡joder!

verflüchtigen* *vr:* **sich ~** ❶ *(Duft, Alkohol)* evaporarse ❷ *(Ärger, Hoffnung)* desvanecerse; *(Bedenken)* disiparse ❸ *(fam: Person)* perderse (del mapa)

verflüssigen* **I.** *vt (Luft)* licuar **II.** *vr:* **sich ~** licuarse

verfochten *pp von* **verfechten**

verfolgen* *vt* ❶ *(allgemein)* perseguir; **etw gerichtlich ~** perseguir algo judicialmente; **vom Unglück verfolgt** perseguido por la desgracia; **welche Absicht verfolgt er?** ¿qué intención persigue? ❷ *(Spur)* seguir, bandear *AmC* ❸ *(Handlung)* observar; *(Unterricht)* seguir

Verfolger(in) *m(f)* <-s, -; -nen> perseguidor(a) *m(f)*

Verfolgte(r) *mf* <-n, -n; -n> perseguido, -a *m, f;* **politisch ~** perseguidos políticos

Verfolgung *f* <-en> persecución *f*, siga *f* *Chil*

Verfolgungsjagd *f* persecución *f*

Verfolgungswahn *m* (PSYCH) manía *f* persecutoria

verformen* **I.** *vt* deformar **II.** *vr:* **sich ~** deformarse

Verformung *f* <-, -en> deformación *f;* **~en aufweisen** presentar deformaciones

verfrachten* *vt* expedir; *(mit Schiff)* fletar; **jdn in das Auto ~** *(fam)* meter a alguien en el coche

verfremden* *vt* distanciar

verfressen[1] *adj (fam abw)* tragón, glotón

verfressen*[2] *irr vt (fam)* gastar en comida

verfrüht *adj* prematuro

verfügbar *adj* disponible

verfügen* **I.** *vi (Zeit, Besitz)* disponer (**über** de); *(ausgestattet sein)* estar provisto (**über** de); **über Erfahrung ~** tener experiencia **II.** *vt* ordenar

Verfügung *f* <-en> ❶ *(Anordnung)* orden *f;* **einstweilige ~** medida provisional cautelar; **eine ~ erlassen** decretar una orden ❷ *(Disposition)* disposición *f;* **etw zu seiner/zur ~ haben** tener algo a su disposición; **jdm etw zur ~ stellen** poner algo a disposición de alguien; **sich zur ~ halten** mantenerse a disposición

verführen* *vt* ❶ *(anstiften)* inducir (**zu** a) ❷ *(sexuell)* seducir

Verführer(in) *m(f)* <-s, -; -nen> seductor(a) *m(f)*

verführerisch *adj* seductor; *(reizvoll)* tentador

Verführung *f* <-en> seducción *f;* **~ Minderjähriger** corrupción de menores

verfüttern* *vt* dar de comer

Vergabe *f* <-n> adjudicación *f*

vergammeln* **I.** *vi sein (fam: verfaulen)* pudrirse **II.** *vt (fam: Zeit)* perder

vergammelt *adj (fam)* ❶ *(Nahrung)* podrido ❷ *(abw: Aussehen)* miserable, cutre

vergangen [fɛɐ'gaŋən] *pp von* **vergehen**

Vergangenheit *f ohne pl* ❶ *(Zurückliegen-*

V

des) pasado *m;* **das gehört der ~ an** esto pertenece al pasado; **in der jüngsten ~** recientemente ② (LING) pretérito *m*

Vergangenheitsbewältigung *f ohne pl* enfrentamiento *m* crítico con el pasado

vergänglich [fɛɐ'gɛŋlɪç] *adj* pasajero; *(flüchtig)* efímero

Vergänglichkeit *f ohne pl* carácter *m* transitorio [*o* efímero]

vergasen* [fɛɐ'ga:zən] *vt* ① *(Kohle, Koks)* gasificar ② *(Menschen)* asfixiar con gas

Vergaser *m* <-s, -> (AUTO) carburador *m*

vergaß [fɛɐ'ga:s] *3. imp von* **vergessen**

Vergasung *f* <-, -en> gasificación *f;* **bis zur ~** *(fam)* hasta no poder más

vergeben* *irr vt* ① *(allgemein)* dar; *(zuweisen)* adjudicar; *(verteilen)* distribuir; *(Stipendium, Preis)* conceder; **einen Auftrag an jdn ~** adjudicar un encargo a alguien; **er/sie ist schon ~** él/ella tiene compromiso ② *(Chance, Möglichkeit)* desperdiciar, no aprovechar; **du wirst dir nichts ~, wenn ...** no vas a perder tu nombre por... *+inf* ③ *(zuteilen)* distribuir ④ *(geh: verzeihen)* perdonar; **die Sache ist ~ und vergessen** el asunto está perdonado y olvidado

vergebens [fɛɐ'ge:bəns] *adv* en vano, ñudo *Am: fam*

vergeblich I. *adj* inútil **II.** *adv* en vano

Vergebung *f* <-en> *(geh)* perdón *m; (von Sünden)* remisión *f;* **jdn für etw um ~ bitten** pedir perdón a alguien por algo

vergegenwärtigen* [---'---] *vt* **sich** *dat* **etw ~** *(vor Augen rufen)* tener algo presente; *(sich vorstellen)* imaginarse algo; *(sich erinnern)* acordarse de algo

vergehen* *irr* **I.** *vi sein* ① *(Zeit)* pasar; **wie die Zeit vergeht!** ¡cómo pasa el tiempo!; **vergangene Woche** la semana pasada ② *(aufhören)* pasar(se), quitarse; *(verschwinden)* desaparecer; *(nachlassen)* disminuir; **mir ist der Appetit vergangen** se me ha quitado el apetito ③ *(schmachten)* morirse (**vor** de) **II.** *vr:* **sich ~** infringir (**gegen**); **sich an jdm ~** abusar de alguien

Vergehen *nt* <-s, -> infracción *f* (**gegen** de)

vergeigen* *vt (fam)* malograr

vergelten* *irr vt* **jdm etw ~** devolver algo a alguien; *(rächen)* desquitarse de algo con alguien; **Gleiches mit Gleichem ~** pagar algo con la misma moneda

Vergeltung *f* <-en> ① *(Belohnung)* recompensa *f* ② *(Rache)* desquite *m;* **~ für etw üben** desquitarse de algo

Vergeltungsmaßnahme *f* represalia *f;* **~n durchführen** tomar represalias

Vergeltungsschlag *m* acto *m* de represalia

vergessen [fɛɐ'gɛsən] <vergisst, vergaß, vergessen> **I.** *vt* olvidar; **ehe ich es vergesse** antes de que se me olvide...; **nicht zu ~ ...** no olvide...; **das kannst du ~!** *(fam)* ¡olvídate de eso! **II.** *vr:* **sich ~** propasarse

Vergessenheit *f ohne pl* olvido *m;* **in ~ geraten** caer en el olvido

vergesslich *adj* olvidadizo, despistado *fam*

Vergesslichkeit *f ohne pl* falta *f* de memoria

vergeuden* [fɛɐ'gɔɪdən] *vt* desperdiciar; *(Geld)* despilfarrar

Vergeudung *f* <-, -en> desperdicio *m; (von Geld)* despilfarro *m*

vergewaltigen* [fɛɐgə'valtɪgən] *vt* violar

Vergewaltigung *f* <-en> violación *f*

vergewissern* [fɛɐgə'vɪsɐn] *vr:* **sich ~** cerciorarse (**über** de)

vergießen* *irr vt* derramar

vergiften* I. *vt* intoxicar; *(tödlich)* envenenar **II.** *vr:* **sich ~** intoxicarse; *(tödlich)* envenenarse

Vergiftung *f* <-en> envenenamiento *m;* (MED) intoxicación *f*

vergilbt *adj* amarillento

Vergissmeinnicht [fɛɐ'gɪsmaɪnɪçt] *nt* <-(e)s, -(e)> (BOT) nomeolvides *m inv*

vergisst [fɛɐ'gɪst] *3. präs von* **vergessen**

vergittern* *vt* enrejar

verglasen* [fɛɐ'gla:zən] *vt* acristalar, poner cristales (a)

Vergleich *m* <-(e)s, -e> ① *(das Vergleichen)* comparación *f;* **~e ziehen** establecer una comparación; **in keinem ~ zu etw** *dat* **stehen** no tener comparación con algo; **im ~ zu jdm/etw** *dat* en comparación con alguien/algo ② (JUR) acuerdo *m;* **einen ~ schließen** llegar a un acuerdo

vergleichbar *adj* comparable (**mit** a)

vergleichen* *irr* **I.** *vt* comparar; **das kann man nicht ~** *(fam)* esto no se puede comparar; **verglichen mit ...** comparado con... **II.** *vr:* **sich ~** (JUR) llegar a un acuerdo

vergleichsweise *adv* en comparación

verglichen *pp von* **vergleichen**

verglühen* *vi sein* irse extinguiendo, apagarse lentamente

vergnügen* [fɛɐ'gny:gən] **I.** *vr:* **sich ~** divertirse **II.** *vt* divertir

Vergnügen[1] [fɛɐ'gny:gən] *nt* <-s, *ohne pl*> *(Gefallen)* gusto *m; (Freude)* placer *m;* **es ist ein ~, ihm zuzusehen** da gusto verle; **es ist mir ein ~** encantado; **an etw** *dat* **~ finden** tener placer con algo; **das bereitet mir ~** eso me encanta; **mit**

V

wem habe ich das ~? ¿con quién tengo el gusto de hablar?; **viel ~!** ¡que lo pase(s) bien!; **mit ~** con mucho gusto

Vergnügen[2] *nt* <-s, -> *(Zeitvertreib)* diversión *f;* **ein teures ~** una diversión muy cara; **sich ins ~ stürzen** *(fam)* entregarse de lleno al placer; *(iron)* poner manos a la obra

vergnüglich *adj* entretenido

vergnügt *adj* alegre (**über** por)

Vergnügung *f* <-en> entretenimiento *m; (Spaß)* diversión *f*

Vergnügungspark *m* parque *m* de atracciones

Vergnügungsviertel *nt* barrio *m* de entretenimiento

vergolden* *vt* dorar

vergolten *pp von* **vergelten**

vergossen *pp von* **vergießen**

vergöttern* [fɛɐ'gœtɐn] *vt* adorar

Vergöttlichung *f* <-, -en> divinización *f*

vergraben* *irr* **I.** *vt* enterrar **II.** *vr:* **sich ~** *(sich zurückziehen)* encerrarse (**in** en), retirarse (**in** a)

vergrämen* *vt* espantar, ahuyentar

vergrämt [fɛɐ'grɛːmt] *adj* acongojado

vergrätzen* [fɛɐ'grɛtsən] *vt (fam)* enfadar, irritar

vergraulen* [fɛɐ'graʊlən] *vt (fam)* ahuyentar

vergreifen* *irr vr:* **sich ~** ❶ *(danebengreifen)* equivocarse ❷ *(angreifen)* **sich an jdm ~** atacar a alguien; *(sexuell)* abusar de alguien; **sich an etw** *dat* **~** usurpar algo ❸ *(sich unpassend ausdrücken)* equivocarse (**in** con)

vergreisen* [fɛɐ'graɪzən] *vi sein* ❶ *(senil werden)* volverse senil ❷ *(Bevölkerung)* envejecer

Vergreisung *f* <-, *ohne pl*> ❶ *(einer Person)* senescencia *f elev* ❷ *(der Bevölkerung)* envejecimiento *m*

vergriffen [fɛɐ'grɪfən] **I.** *pp von* **vergreifen** **II.** *adj (Ware)* agotado

vergrößern* [fɛɐ'grøːsɐn] **I.** *vt* ❶ *(räumlich)* agrandar; *(erweitern)* ampliar ❷ *(Lupe, Linse)* aumentar; (FOTO) ampliar ❸ *(vermehren)* aumentar, acrecentar; *(Wissen)* ampliar ❹ *(verschlimmern)* agravar **II.** *vr:* **sich ~** ❶ *(sich erweitern)* ampliarse; *(Pupille, Organ)* dilatarse ❷ *(zunehmen)* aumentar

Vergrößerung *f* <-en> ❶ *(räumlich)* agrandamiento *m; (Erweiterung)* ampliación *f* ❷ (FOTO) ampliación *f; (Optik)* aumento *m;* **in 500facher ~** ampliado en una escala de 500:1 ❸ *(Zunahme)* incremento *m* ❹ *(Verschlimmerung)* agravación *f*

Vergrößerungsglas *nt* cristal *m* de aumento

vergucken* *vr:* **sich ~** *(fam)* ❶ *(irren)* equivocarse ❷ *(verlieben)* enamorarse (**in** de)

vergünstigt *adj (Preis)* rebajado

Vergünstigung *f* <-en> ventaja *f; (bei Preis)* rebaja *f*

vergüten* [fɛɐ'gyːtən] *vt* ❶ *(Arbeit)* remunerar; **jdm etw ~** *(entschädigen)* indemnizar a alguien por algo; *(erstatten)* reembolsar algo a alguien ❷ *(Metall)* templar ❸ *(Linse, Objektiv)* proveer de una capa antireflectora

Vergütung *f* <-en> ❶ *(für Arbeit)* remuneración *f* ❷ *(Rückerstattung)* reembolso *m* ❸ (TECH) temple *m*

verhaften* [fɛɐ'haftən] *vt* detener; **Sie sind verhaftet!** ¡está Ud. detenido!

Verhaftete(r) *mf* <-n, -n; -n, -n> preso, -a *m, f,* recluso, -a *m, f*

Verhaftung *f* <-en> detención *f,* arresto *m*

verhallen* *vi sein* ❶ *(Ton)* extinguirse ❷ *(Bitten)* no ser escuchado

verhalten[1] *adj* reservado; **die ~e Wut** la rabia contenida

verhalten*[2] *irr vr:* **sich ~** ❶ *(sich benehmen)* comportarse; **sich jdm gegenüber unverschämt ~** comportarse desvergonzadamente con alguien ❷ *(Sache, a.* MATH) ser (**zu** a); **wie verhält es sich mit ...?** ¿qué pasa con...?; **in Wirklichkeit verhält es sich ganz anders** la realidad es muy distinta

Verhalten *nt* <-s, *ohne pl*> ❶ *(Benehmen)* comportamiento *m; (Haltung)* actitud *f* ❷ (CHEM) reacción *f*

Verhaltensforschung *f* <-, *ohne pl*> etología *f*

verhaltensgestört *adj* trastornado

Verhaltensstörung *f* (MED, PSYCH) trastorno *m* en el comportamiento

Verhaltensweise *f* comportamiento *m*

Verhältnis [fɛɐ'hɛltnɪs] *nt* <-ses, -se> ❶ *(Relation)* relación *f;* **im ~ zu** en relación a; **ein ~ von fünf zu eins** una relación de cinco por uno; **die Kosten stehen in keinem ~ zum Erfolg** los gastos no están en relación ninguna con el éxito ❷ *(persönliches Verhältnis)* relación *f;* **ein freundschaftliches ~** una relación amistosa; **ein gestörtes ~ zu jdm/etw** *dat* **haben** tener una relación difícil con alguien/algo ❸ *(fam: Liebesverhältnis)* relaciones *fpl,* lío *m fam;* **ein ~ mit jdm haben** tener un lío con alguien ❹ *pl (Umstände)* condiciones *fpl;* **sie lebt über ihre ~se** vive por encima de sus posibilidades; **in bescheidenen ~sen leben** vivir modestamente; **klare ~se schaffen** poner las cosas en claro

verhältnismäßig *adv* ❶ *(relativ)* relativamente ❷ *(proportional)* proporcionalmente

Verhältnismäßigkeit *f* <-, -en> proporcionalidad *f*

Verhältniswahl *f* (POL) representación *f* proporcional

Verhältniswahlrecht *nt ohne pl* sistema *m* electoral proporcional

Verhältniswort *nt* (LING) preposición *f*

verhandeln* **I.** *vi* negociar (**über**) **II.** *vt* (JUR) debatir

Verhandlung *f* <-en> ❶ *(das Verhandeln)* negociación *f;* **~en führen** negociar; **mit jdm in ~en treten** entrar en negociaciones con alguien ❷ (JUR) juicio *m*

Verhandlungsbasis *f* base *f* de negociación

verhandlungsfähig *adj* (JUR) capaz de litigar

Verhandlungsführer(in) *m(f)* <-s, -; -, -nen> negociador(a) *m(f)*

Verhandlungsgeschick *nt* <-(e)s, *ohne pl*> capacidad *f* negociadora

Verhandlungstisch *m* mesa *f* de negociaciones

verhangen [fɛɐ'haŋən] *adj* cubierto (**mit** de)

verhängen* *vt* ❶ *(zuhängen)* cubrir ❷ (JUR: *Strafe*) imponer (**über** a); *(Embargo)* ordenar (**über** para); *(Ausnahmezustand)* proclamar (**über** en)

Verhängnis *nt* <-ses, -se> perdición *f; (Katastrophe)* desastre *m;* **das wurde ihr zum ~** eso fue su perdición

verhängnisvoll *adj* fatal

verharmlosen* *vt* minimizar

verharren* *vi (geh)* ❶ *(beharrlich sein)* **auf etw** *dat* **~** perseverar en algo ❷ *(bleiben, innehalten)* **in einer Stellung ~** perseverar en una posición

verhärten* **I.** *vt* endurecer **II.** *vr:* **sich ~** endurecerse

Verhärtung *f* <-en> ❶ *(Verhärten)* endurecimiento *m* ❷ *(Schwiele)* callo *m*

verhaspeln* [fɛɐ'haspəln] *vr:* **sich ~** *(fam)* ❶ *(beim Sprechen)* atascarse ❷ *(in Fäden)* enredarse

verhasst [fɛɐ'hast] *adj* odiado; **sich bei jdm ~ machen** atraerse los odios de alguien; **diese Arbeit ist mir ~** odio este trabajo

verhätscheln* [fɛɐ'hɛtʃəln] *vt* malcriar, engreír *Am*

verhauen <verhaut, verhaute, verhauen> **I.** *vt (fam)* ❶ *(prügeln)* dar una paliza ❷ *(schlecht machen)* **die Klausur hab' ich ~!** *(fam)* ¡el examen me salió de pena! **II.** *vr:* **sich ~** *(fam)* meter la pata

verheddern* [fɛɐ'hɛdɐn] *vr:* **sich ~** *(fam)* ❶ *(Fäden)* enredarse (**in** en) ❷ *(sich versprechen)* atascarse

verheerend *adj* ❶ *(furchtbar)* desastroso ❷ *(fam: scheußlich)* espantoso

verhehlen* [fɛɐ'he:lən] *vt (geh)* ocultar; **jdm etw ~** ocultar algo a alguien

verheilen* *vi sein (Wunde)* cerrarse; *(vernarben)* cicatrizar

verheimlichen* *vt* ocultar; **ich habe nichts zu ~** no tengo nada que ocultar

Verheimlichung *f* <-, -en> ocultación *f;* (JUR) encubrimiento *m*

verheiraten* **I.** *vr:* **sich ~** casarse; **glücklich verheiratet** felizmente casado **II.** *vt* casar

verheiratet *adj* casado

verheißen* *irr vt (geh)* prometer

verheißungsvoll *adj* prometedor

verheizen* *vt* ❶ *(als Brennstoff verwenden)* quemar ❷ *(sl abw: sinnlos opfern)* agotar, reventar

verhelfen* *irr vi* **jdm zu etw** *dat* **~** ayudar a alguien a conseguir algo; **jdm zur Flucht ~** ayudar a alguien a fugarse

verherrlichen* *vt* glorificar

Verherrlichung *f* <-, -en> glorificación *f,* enaltecimiento *m*

verheult [fɛɐ'hɔɪlt] *adj (fam)* lloroso; **~e Augen haben** tener los ojos hinchados de haber llorado

verhexen* *vt* embrujar, embichar *Arg;* **das ist wie verhext!** *(fam)* ¡esto está embrujado!

verhindern* *vt* impedir, barajar *Chil, Méx; (vermeiden)* evitar; **das lässt sich leider nicht ~** desgraciadamente esto no se puede evitar; **ich war gestern dienstlich verhindert** ayer no pude venir por cuestión de negocios

verhindert *adj (mit verborgener Begabung)* frustrado

Verhinderung *f* <-, -en> impedimento *m*

verhöhnen* *vt* burlarse (de), mofarse (de), pifiar *Arg, And*

verhökern* [fɛɐ'hø:kɐn] *vt (fam)* vender barato

verholfen *pp von* **verhelfen**

Verhör [fɛɐ'hø:ɐ] *nt* <-(e)s, -e> interrogatorio *m;* **jdn ins ~ nehmen** *(fam)* pedir(le) cuentas a alguien

verhören* **I.** *vt* interrogar **II.** *vr:* **sich ~** entender mal

verhüllen* *vt* ❶ *(bedecken)* cubrir ❷ *(verbergen)* ocultar; *(beschönigen)* disimular; **eine verhüllte Morddrohung** una amenaza de muerte disimulada

verhungern* *vi sein* morir de hambre
verhunzen* [fɛɐ'hʊntsən] *vt (abw fam)* ① *(verunstalten)* desfigurar, fastidiar ② *(verderben)* estropear
verhüten* *vt (Schaden, Krankheit)* prevenir; *(verhindern)* impedir; **die Empfängnis ~** usar métodos anticonceptivos
Verhütung *f* <-en> prevención *f*; *(Empfängnisverhütung)* contracepción *f*
Verhütungsmethode *f* método *m* anticonceptivo
Verhütungsmittel *nt* anticonceptivo *m*
Verifikation *f* <-, -en> verificación *f*, comprobación *f*
verifizieren* [verifi'tsi:rən] *vt* verificar
verinnerlichen* *vt* interiorizar
verirren* *vr:* **sich ~** perderse
verjagen* *vt* ahuyentar, echar *fam*
verjähren* [fɛɐ'jɛ:rən] *vi sein* prescribir
Verjährung *f* <-en> prescripción *f*
verjubeln* *vt (fam)* despilfarrar, derrochar
verjüngen* [fɛɐ'jʏŋən] **I.** *vt* ① *(Aussehen)* rejuvenecer ② *(Belegschaft)* renovar **II.** *vr:* **sich ~** ① *(schmaler, enger werden)* estrecharse ② *(jüngeres Aussehen bekommen)* rejuvenecerse
Verjüngung *f* <-en> ① *(des Aussehens)* rejuvenecimiento *m* ② *(des Personals)* renovación *f*
verkabeln* *vt* tender cables
Verkabelung *f* <-en> cableado *m*
verkalken* *vi sein* ① *(Maschine)* cubrirse de cal ② (MED) calcificarse ③ *(fam: Person)* volverse chocho
verkalkulieren* *vr:* **sich ~** equivocarse en el cálculo (**bei/in** de)
Verkalkung *f* <-en> ① *(Kalkablagerung)* calcificación *f* ② *(der Arterien)* esclerosis *f inv* ③ *(fam: Vergreisung)* senilidad *f*
verkannt [fɛɐ'kant] **I.** *pp von* **verkennen** **II.** *adj* no apreciado
verkappt [fɛɐ'kapt] *adj* disfrazado
verkatert [fɛɐ'ka:tɐt] *adj (fam)* trasnochado; **ich bin ~** tengo resaca
Verkauf[1] *m* <-(e)s, -käufe> *(das Verkaufen)* venta *f*; **zum ~ stehen** estar en venta
Verkauf[2] *m* <-(e)s, *ohne pl*> *(Verkaufsabteilung)* departamento *m* de ventas
verkaufen* **I.** *vt* ① *(veräußern)* vender (**an** a, **für** por), trocar *CSur;* **zu ~** se vende; **jdn für dumm ~** tomar a alguien por tonto ② *(fam: glauben machen)* hacer creer; **jdm etw als große Leistung ~** hacer creer a alguien que algo es una cosa del otro mundo **II.** *vr:* **sich ~** venderse; **sich teuer ~** venderse caro; **sich gut/schlecht ~** venderse bien/mal
Verkäufer(in) *m(f)* <-s, -; -nen> vendedor(a) *m(f)*; *(in Geschäft)* dependiente, -a *m, f*
verkäuflich *adj* en venta; **nicht ~ sein** no estar en venta; **schwer ~ sein** venderse mal
Verkaufsangebot *nt* <-(e)s, -e> oferta *f* de venta
Verkaufserlös *m* <-es, -e> producto *m* de la venta
Verkaufsleiter(in) *m(f)* <-s, -; -, -nen> jefe, -a *m, f* (del servicio) de ventas
verkaufsoffen *adj* **~er Sonntag** *domingo en el que las tiendas están abiertas durante todo el día*
Verkaufspreis *m* precio *m* de venta
Verkaufsprognose *f* estimación *f* de ventas
Verkaufsschlager *m* <-s, -> éxito *m* de ventas, superventas *m inv*
Verkaufsstand *m* puesto *m* de venta
Verkaufszahlen *fpl* cifras *fpl* de venta
Verkehr [fɛɐ'ke:ɐ] *m* <-(e)s, *ohne pl*> ① *(Fahrzeug-, Güterverkehr)* tráfico *m*; *(Umlauf, Straßenverkehr)* circulación *f*; **etw aus dem ~ ziehen** retirar algo de la circulación; *(Fahrzeug)* retirar del servicio; **jdn aus dem ~ ziehen** *(fam)* quitar de en medio a alguien ② *(Umgang)* contacto *m*; **in regem ~ mit jdm stehen** tener mucho contacto con alguien ③ *(Geschlechtsverkehr)* relaciones *fpl* sexuales
verkehren* **I.** *vi* ① *haben o sein (auf Strecke)* cubrir el recorrido (**zwischen ... und** de... a); *(Verkehrsmittel)* circular ② *(sich aufhalten)* frecuentar; **in dem Lokal verkehre ich nicht** no frecuento este local; **mit jdm ~** tener trato con alguien; *(brieflich)* estar en correspondencia con alguien; *(Geschlechtsverkehr haben)* mantener relaciones sexuales con alguien **II.** *vt* **etw ins Gegenteil ~** tergiversar algo hasta obtener lo contrario
Verkehrsader *f* arteria *f* (de tráfico)
Verkehrsampel *f* semáforo *m*
Verkehrsamt *nt* oficina *f* de turismo
Verkehrsanbindung *f* enlace *m* a la vía pública [*o* férrea]
Verkehrsaufkommen *nt ohne pl* volumen *m* de tráfico
Verkehrsbehinderung *f* <-, -en> (JUR) obstáculo *m* para el tráfico; **eine ~ darstellen** obstaculizar el tráfico
verkehrsberuhigt *adj* **~e Zone** zona *f* de tráfico reducido
Verkehrsberuhigung *f* <-, -en> reducción *f* de tráfico
Verkehrschaos *nt* caos *m inv* en la circulación; *(außerhalb von Ortschaften)* caos *m inv* en la carretera

Verkehrsdelikt *nt* delito *m* de la circulación
Verkehrsdichte *f* densidad *f* del tráfico
Verkehrsdurchsage *f* información *f* de tráfico
Verkehrserziehung *f* educación *f* vial
Verkehrsflugzeug *nt* avión *m* de línea
Verkehrsfunk *m* servicio *m* radiofónico de información sobre el estado de las carreteras
verkehrsgünstig *adj* bien situado (en relación a la infraestructura y medios de trasporte), bien ubicado *Am*
Verkehrsinsel *f* isleta *f*
Verkehrsknotenpunkt *m* nudo *m* de comunicaciones
Verkehrskontrolle *f* control *m* de la circulación
Verkehrsleitsystem *nt* <-s, -e> (AUTO) sistema *m* de dirección del tráfico
Verkehrsminister(in) *m(f)* ministro, -a *m, f* de Transportes
Verkehrsmittel *nt* medio *m* de tra(n)sporte; **die öffentlichen** ~ los medios de tra(n)sporte públicos
Verkehrsnachrichten *fpl* informe *m* de tráfico
Verkehrsopfer *nt* <-s, -> víctima *f* de un accidente de circulación
Verkehrsordnung *f* (ADMIN) código *m* de la circulación
Verkehrspolizei *f ohne pl* policía *f* de tráfico
Verkehrspolizist(in) *m(f)* policía *mf* urbano , -a
Verkehrsregel *f* regla *f* de tráfico
Verkehrsschild *nt* señal *f* de tráfico
verkehrssicher *adj* apto para la circulación
Verkehrsteilnehmer(in) *m(f)* usuario, -a *m, f* de la vía pública
Verkehrstote(r) *mf* muerto, -a *m, f* en accidente de tráfico
Verkehrsunfall *m* accidente *m* de tráfico
Verkehrsverbund *m* asociación *f* de empresas de transporte público
verkehrswidrig *adj* contrario a las reglas de tráfico; **sich ~ verhalten** infringir las reglas de tráfico
Verkehrszeichen *nt* señal *f* de tráfico
verkehrt [fɛɐ'ke:ɐt] **I.** *adj* equivocado; *(falsch)* erróneo; **das ist total** ~ esto es completamente erróneo; **das ist gar nicht so** ~ esto no está del todo mal; (**mit etw** *dat*) **an den V~en geraten** *(fam)* dirigirse (con algo) a la persona errónea; **ich will nichts V~es sagen** no quiero decir algo equivocado **II.** *adv (umgekehrt)* al revés, a la inversa; *(falsch)* mal; ~ **herum** al revés, a la inversa; **etw ~ herum anhaben** llevar algo (puesto) del revés; **etw ~ machen** hacer algo mal
verkeilen* **I.** *vt (Fahrzeug usw.)* acuñar, asegurar con cuñas **II.** *vr:* **sich** ~ agarrotarse
verkeilt *adj* (**ineinander**) ~ incrustados
verkennen* *irr vt (falsch beurteilen)* juzgar mal; *(unterschätzen)* subestimar; **es ist nicht zu ~, dass ...** no se puede negar que...; **du verkennst den Ernst der Lage** no te das cuenta de lo grave de la situación
verketten* **I.** *vt* encadenar **II.** *vr:* **sich** ~ juntarse
Verkettung *f* <-, -en> encadenamiento *m;* **eine ~ verheerender Umstände** una serie de acontecimientos funestos
verklagen* *vt* **jdn** ~ entablar un pleito contra alguien (**auf/wegen** por)
verklappen* *vt* verter al mar
verklären* *vr:* **sich** ~ ❶ *(heiter werden)* ponerse radiante, rebosar felicidad; **ein verklärter Blick** una mirada radiante [*o* llena de felicidad] ❷ *(Vergangenheit)* embellecerse
Verklärung *f* <-, *ohne pl*> transfiguración *f*
verkleben* **I.** *vt* ❶ *(festkleben)* pegar ❷ *(zukleben)* tapar **II.** *vi sein* pegarse
verkleiden* **I.** *vt* ❶ *(Wand)* revestir (**mit** de) ❷ *(kostümieren)* disfrazar (**als** de) **II.** *vr:* **sich** ~ disfrazarse (**als** de)
Verkleidung *f* <-en> ❶ *(von Person)* disfraz *m* ❷ *(von Wand)* revestimiento *m* (**mit** de)
verkleinern* [fɛɐ'klaɪnɐn] **I.** *vt (allgemein)* reducir (en tamaño); *(vermindern)* disminuir; *(Firma)* reducir la plantilla; **etw um die Hälfte** ~ reducir algo a la mitad **II.** *vr:* **sich** ~ *(allgemein)* reducirse; *(abnehmen)* disminuir (**um** en)
Verkleinerung *f* <-en> reducción *f* (**auf** a); *(Verminderung)* disminución *f*
Verkleinerungsform *f* (LING) diminutivo *m*
verklemmen* *vr:* **sich** ~ atascarse
verklemmt *adj* ❶ *(Tür)* atascado ❷ *(Person)* cohibido, cortado *fam*
verklingen* *irr vi sein* ir terminando; *(sich verlieren)* perderse
verkloppen* [fɛɐ'klɔpən] *vt (fam)* ❶ *(verhauen)* zurrar; **jdn** ~ dar una paliza [*o* zurra] a alguien ❷ *(verkaufen)* vender
verknacksen* *vt* **sich** *dat* **etw** ~ *(fam)* torcerse algo
verknallen* **I.** *vt (fam: Knallkörper)* lanzar; *(Geld)* gastar en cohetes **II.** *vr:* **sich** ~ *(fam)* enamorarse locamente (**in** de)
verkneifen* *irr vr (fam)* **sich** *dat* **etw** ~

V

(verzichten) renunciar a algo; *(unterdrücken)* contener algo
verkniffen [fɛɐ'knɪfən] **I.** *pp von* **verkneifen** **II.** *adj (abw)* amargado; **du siehst das zu ~** *(fam)* te lo tomas demasiado a pecho
verknoten* **I.** *vt* anudar **II.** *vr:* **sich ~** anudarse
verknüpfen* *vt* ① *(verknoten)* enlazar ② *(in Beziehung setzen)* relacionar ③ *(verbinden)* combinar; **er verknüpfte den Ausflug mit einem Museumsbesuch** combinó la excursión con la visita a un museo ④ (INFOR: *Programme*) ligar
Verknüpfung *f* <-, -en> (INFOR: *von Programmen*) ligado *m,* encadenamiento *m*
verkochen* *vi sein* ① *(verdampfen)* evaporarse ② *(breiig werden)* cocer (demasiado); *(Reis)* pasarse
verkohlen* **I.** *vi sein (Holz)* carbonizarse **II.** *vt (fam: Person)* tomar el pelo
verkommen[1] *adj* ① *(Gebäude)* desmoronado; *(Sachen)* en mal estado; *(Sitten)* decaído ② *(Person)* venido a menos
verkommen*[2] *irr vi sein* ① *(verderben)* corromperse ② *(Gebäude)* desmoronarse; *(Sachen)* echarse a perder; *(Sitten)* decaer ③ *(Person: moralisch)* pervertirse, abarrajarse *Perú; (äußerlich)* descuidar (su aspecto); *(soziale Stellung)* venir a menos; **zum Säufer ~** convertirse en un borracho
Verkommenheit *f* <-, *ohne pl*> ① *(von Gebäude, Sachen)* mal estado *m* ② *(von Person)* depravación *f*
verkorksen* [fɛɐ'kɔrksən] *vt (fam)* estropear
verkorkst *adj (fam)* estropeado; **ein total ~er Abend** una tarde desastrosa
verkörpern* *vt* ① *(symbolisieren)* encarnar ② (THEAT, FILM) representar
verköstigen* [fɛɐ'kœstɪgən] *vt* dar de comer
verkrachen* *vr:* **sich ~** *(fam)* romper, enemistarse
verkracht *adj (fam: gescheitert)* fracasado; *(ruiniert)* arruinado; **eine ~e Existenz** un fracasado
verkraften* *vt (Arbeit)* poder (con); *(Schock)* resistir; *(Belastung)* soportar
verkrampfen* *vr:* **sich ~** ① *(Muskel)* contraerse ② *(Mensch)* ponerse tenso
verkrampft *adj* contraído; *(Lächeln)* forzado; *(Haltung)* tenso
Verkrampfung *f* <-, -en> agarrotamiento *m*
verkriechen* *irr vr:* **sich ~** *(verstecken)* esconderse; *(isolieren)* encerrarse
verkrümmen* *vr:* **sich ~** encorvarse; *(Holz)* alabearse
Verkrümmung *f* <-, -en> encorvadura *f*
verkrüppeln* **I.** *vt* lisiar, tullir **II.** *vi sein* echarse a perder, achaparrarse
verkrüppelt *adj (Arm, Fuß)* tullido, tronchado *And; (Baum, Strauch)* achaparrado
verkrustet *adj* ① *(Wunde)* costroso ② *(Strukturen)* sin espíritu innovador
verkühlen* *vr:* **sich ~** *(reg)* resfriarse, coger un resfriado; **sich** *dat* **die Blase ~** coger un enfriamiento de vejiga
verkümmern* *vi sein* ① *(Glied, Organ)* atrofiarse; *(Pflanze)* marchitarse ② *(Talent)* venir a menos
verkünden*, **verkündigen*** *vt (geh)* ① *(ankündigen)* anunciar; *(vorhersagen)* predecir ② *(bekannt machen)* dar a conocer; *(Urteil)* pronunciar; *(Gesetz)* promulgar ③ *(erklären)* declarar
Verkündigung *f* <-, -en> ① *(feierliches Verkünden)* proclamación *f;* **Mariä ~** la Anunciación de María ② *(Botschaft)* mensaje *m*
Verkündung *f* <-, -en> ① *(Ankündigung)* anunciación *f* ② (JUR) proclamación *f; (Gesetz)* promulgación *f*
verkuppeln* *vt* emparejar (**mit/an** con)
verkürzen* **I.** *vt* acortar; *(Zeit, Weg, Text)* abreviar; *(verringern)* reducir (**um** en, **auf** a) **II.** *vr:* **sich ~** acortarse
Verkürzung *f* <-en> acortamiento *m; (Verringerung)* reducción *f* (**um** en, **auf** a)
verladen* *irr vt* ① *(aufladen)* cargar (**auf** en); *(auf Schiffe)* embarcar; *(umladen)* tra(n)sbordar ② *(fam: hintergehen)* embaucar, dar gato por liebre; **sich von jdm ~ lassen** dejarse engañar por alguien
Verlag [fɛɐ'la:k] *m* <-(e)s, -e> editorial *f*
verlagern* **I.** *vt* cambiar; *(Waren)* almacenar en otro lugar; *(örtlich)* trasladar (**auf** a); **seine Interessen ~** cambiar de intereses **II.** *vr:* **sich ~** desplazarse; (METEO) moverse; **das Problem verlagert sich auf …** el problema recae sobre…
Verlagerung *f* <-en> ① *(von Interessen, Arbeitsgebiet)* cambio *m; (örtlich)* traslado *m* (**nach** a) ② (METEO) movimiento *m*
Verlagsbuchhandel *m ohne pl* comercio *m* editorial
Verlagshaus *nt* <-es, -häuser> casa *f* editora, editorial *f*
Verlagswesen *nt* industria *f* editorial
verlanden* *vi sein* desecarse, convertirse en tierra
verlangen* [fɛɐ'laŋən] **I.** *vt* ① *(fordern)* exigir; *(bitten, bei Bezahlung)* pedir; **ich verlange von dir, dass du …** te exijo que… +*subj;* **ist das nicht ein bisschen viel verlangt?** ¿no es pedir demasiado?; **Sie werden am Telefon verlangt** le llaman por teléfono ② *(erfordern)* requerir

V

II. *vi* **nach etw** *dat* ~ pedir algo; *(sich sehnen)* anhelar algo

Verlangen *nt* <-s, -> *(geh)* ① *(Wunsch)* deseo *m; (Bedürfnis)* ansia *f;* **ich habe kein ~ danach** eso no me apetece ② *(Forderung)* petición *f;* **auf ~** cuando se requiere

verlängern* [fɛɐ̯ˈlɛŋɐn] **I.** *vi* (SPORT) establecer una prórroga **II.** *vt* ① *(räumlich)* alargar; *(zeitlich)* prolongar (**um**); *(Vertrag, Pass)* renovar; *(Frist)* prorrogar (**um**); **ein verlängertes Wochenende** un (fin de semana con) puente ② *(Suppe)* rebajar **III.** *vr:* **sich ~** ① *(räumlich)* alargarse (**um**) ② *(zeitlich)* prolongar (**um**)

Verlängerung *f* <-en> alargamiento *m; (zeitlich)* prolongación *f;* (SPORT) prórroga *f*

Verlängerungskabel *nt,* **Verlängerungsschnur** *f* (ELEK) cable *m* alargador [*o* de empalme]

verlangsamen* **I.** *vt (Geschwindigkeit)* reducir; *(Entwicklung, Fortschritt)* retardar **II.** *vr:* **sich ~** *(Geschwindigkeit)* reducirse; *(Entwicklung)* retardarse

Verlangsamung *f* <-, -en> ① *(Geschwindigkeit)* reducción *f* (de la velocidad) ② *(Entwicklung)* retard(amient)o *m*

Verlass [fɛɐ̯ˈlas] *m* **auf jdn/etw ist (kein) ~** (no) se puede contar con alguien/algo

verlassen¹ *adj* ① *(einsam)* solitario; *(öde)* desierto ② *(zurückgelassen)* abandonado

verlassen*² *irr* **I.** *vt* abandonar; *(hinausgehen, -fahren)* salir de; **die Hoffnung hatte ihn ~** ya no tenía esperanzas; **sie hat ihren Mann ~** ha dejado a su marido **II.** *vr:* **sich ~** confiar (**auf** en); **darauf können Sie sich ~** puede estar seguro de ello

verlässlich [fɛɐ̯ˈlɛslɪç] *adj (Auskunft)* seguro; *(Person)* fiable

Verlässlichkeit *f ohne pl* fiabilidad *f*

Verlauf *m* <-(e)s, -läufe> ① *(zeitlich)* (tras)curso *m; (Entwicklung)* desarrollo *m; (von Krankheit)* curso *m;* **im ~ der letzten Monate** en el trascurso de los últimos meses; **im weiteren ~** a continuación; **einen guten/unerwarteten ~ nehmen** tomar un rumbo favorable/imprevisto ② *(von Straße, Grenze)* trazado *m; (von Fluss)* curso *m*

verlaufen* *irr* **I.** *vi sein* ① *(ablaufen)* desarrollarse; *(Zeitraum, Untersuchung)* tra(n)scurrir ② *(Grenze, Weg)* pasar (**durch** por) ③ *(sich verlieren)* perderse; **im Sand ~** *(fam)* quedar sin efecto ④ *(Butter)* derretirse; *(Farbe)* correrse **II.** *vr:* **sich ~** ① *(sich verirren)* perderse ② *(Menschenmenge)* dispersarse; *(Wasser)* decrecer

verlautbaren* [fɛɐ̯ˈlaʊtbaːrən] *vt* comunicar

verlauten* *vi sein* **etwas/nichts ~ lassen** decir algo/no decir nada

verleben* *vt* ① *(verbringen)* pasar, vivir ② *(fam: verbrauchen)* gastar

verlebt *adj* ajado

verlegen¹ *adj* avergonzado; *(verklemmt)* cortado; *(schüchtern)* apocado; **nie um eine Ausrede ~ sein** tener siempre una excusa

verlegen*² **I.** *vt* ① *(örtlich)* cambiar de lugar; *(Geschäft, Patient)* trasladar ② *(Termin)* aplazar (**von** de, **auf** para) ③ *(an falsche Stelle)* no encontrar ④ *(Kabel)* tender; *(Teppichboden)* colocar ⑤ *(herausgeben)* editar **II.** *vr:* **sich ~** dedicarse (**auf** a)

Verlegenheit¹ *f ohne pl* bochorno *m; (Befangenheit)* timidez *f;* **jdn in ~ bringen** abochornar a alguien

Verlegenheit² *f* <-en> *(unangenehme Lage)* apuro *m;* **jdm aus einer ~ helfen** sacar a alguien de un apuro

Verleger(in) *m(f)* <-s, -; -nen> editor(a) *m(f)*

Verlegung *f* <-en> ① *(zeitlich)* aplazamiento *m* (**von** de, **auf** para) ② *(örtlich)* traslado *m* (**von** de, **nach** a); *(von Truppen)* desplazamiento *m* (**von** de, **nach** a) ③ *(von Leitungen)* tendido *m; (von Rohren)* montaje *m; (von Teppichboden)* colocación *f*

verleiden* *vt* ① *(vergällen)* **jdm etw ~** quitar a alguien las ganas de algo ② *(Schweiz, südd: zuwider werden)* aguarse; **ihr ist die Freude am Tanzen verleidet** se le han pasado [*o* quitado] las ganas de bailar

Verleih [fɛɐ̯ˈlaɪ] *m* <-(e)s, -e> ① *(das Verleihen)* (servicio *m* de) préstamo *m* ② *(Firma)* empresa *f* de alquiler; *(Filmverleih)* distribuidora *f* de cine

verleihen* *irr vt* ① *(ausleihen)* prestar (**an** a); *(gegen Gebühr)* alquilar (**an** a) ② *(Preis)* conceder (**an** a); *(Titel)* conferir (**an** a); **etw** *dat* **Nachdruck ~** poner énfasis en algo; **seiner Empörung Ausdruck ~** dar rienda suelta a su enfado

Verleihung *f* <-en> ① *(von Geld, Buch)* préstamo *m; (gegen Gebühr)* alquiler *m* ② *(von Auszeichnung)* concesión *f* (**an** a); *(Übergabe)* entrega *f* (**an** a)

verleiten* *vt* inducir (**zu** a)

verlernen* *vt* perder la práctica (de); *(völlig)* olvidar

verlesen* *irr* **I.** *vt* ① *(Text)* leer ② *(Gemüse)* limpiar; *(Körner)* seleccionar **II.** *vr:* **sich ~** equivocarse al leer

verletzbar *adj* vulnerable

verletzen* [fɛɐ̯ˈlɛtsən] **I.** *vt* ① *(verwunden)*

V

herir (**an** en); **leicht/schwer verletzt** levemente/gravemente herido ② *(beleidigen)* ofender ③ *(Gesetz)* infringir, violar; *(Sitten, Recht)* atentar (contra) **II.** *vr:* **sich ~** herirse (**an** en)

verletzend *adj* ofensivo

verletzlich *adj* vulnerable

Verletzte(r) *mf* <-n, -n; -n> herido, -a *m, f*

Verletzung *f* <-en> ① *(Wunde)* herida *f;* **innere ~en** contusiones internas; **er ist seinen schweren ~en erlegen** murió a causa de las graves heridas ② *(Beleidigung)* ofensa *f* ③ *(von Gesetz)* infracción *f*

Verletzungsgefahr *f* riesgo *m* de lesión

verleugnen* *vt* negar; **er ließ sich ~** mandó decir que no estaba en casa; **es lässt sich nicht ~, dass ...** no se puede negar que…

verleumden* [fɛɐ'lɔɪmdən] *vt* difamar

Verleumder(in) *m(f)* <-s, -; -, -nen> calumniador(a) *m(f)*

verleumderisch *adj* difamatorio

Verleumdung *f* <-en> difamación *f;* (JUR) libelo *m*

Verleumdungsklage *f* <-, -n> (JUR) denuncia *f* por difamación

verlieben* *vr:* **sich ~** enamorarse (**in** de), templarse *Am*

verliebt *adj* enamorado

Verliebte(r) *mf* <-n, -n; -n, -n> enamorado, -a *m, f*

verliehen *pp von* **verleihen**

verlieren [fɛɐ'li:rən] <verliert, verlor, verloren> **I.** *vt* perder; **die Beherrschung ~** perder la serenidad; **was hast du hier verloren?** *(fam)* ¿qué se te ha perdido (por) aquí?; **so etwas hat hier nichts verloren** *(fam)* aquí no hay sitio para algo semejante; **kein Wort darüber ~** no decir nada al respecto **II.** *vr:* **sich ~** perderse (**in** en) **III.** *vi* perder (**an**)

Verlierer(in) *m(f)* <-s, -; -nen> perdedor(a) *m(f)*

Verlies [fɛɐ'li:s] *nt* <-es, -e> calabozo *m,* mazmorra *f*

verloben* *vr:* **sich ~** prometerse (**mit** con)

verlobt *adj* prometido

Verlobte(r) *mf* <-n, -n; -n> prometido, -a *m, f*

Verlobung *f* <-en> compromiso *m* matrimonial

verlocken* *vt (geh)* tentar (**zu** a); *(verführen)* seducir (**zu** a)

verlockend *adj* tentador; *(verführend)* seductor; **ein ~es Angebot** una oferta tentadora; **das klingt ~** suena tentador

Verlockung *f* <-en> tentación *f; (Verführung)* seducción *f*

verlogen [fɛɐ'lo:gən] *adj (abw: Person)* mentiroso; *(Aussage)* falaz

Verlogenheit *f* <-, *ohne pl*> *(einer Person)* carácter *m* mentiroso

verlor [fɛɐ'lo:ɐ] *3. imp von* **verlieren**

verloren [fɛɐ'lo:rən] **I.** *pp von* **verlieren** **II.** *adj* perdido; **~ gehen** perderse; **jdn/etw ~ geben** dar a alguien/algo por perdido

verlorengehen *irr vi sein s.* **verloren II.**

verloschen *pp von* **verlöschen**

verlöschen <verlischt, verlosch *o* verlöschte, verloschen *o* verlöscht> *vi sein* extinguir, apagar

verlosen* [fɛɐ'lo:zən] *vt* sortear

Verlosung *f* <-en> sorteo *m*

verlottern* [fɛɐ'lɔtɐn] *vi sein (abw)* ① *(Person: verkommen)* malearse, encanallarse; *(im Aussehen)* abandonarse, desastrarse ② *(Firma, Lokal)* venir a menos; **etw ~ lassen** dejar algo venirse abajo

verlottert *adj (abw)* ① *(moralisch)* maleado, encanallado; *(im Aussehen)* desastrado, astroso ② *(heruntergewirtschaftet)* venido a menos

Verlust [fɛɐ'lʊst] *m* <-(e)s, -e> pérdida *f; (Schaden)* daño *m;* **~ bringend** deficitario; **ohne Rücksicht auf ~e** sin miramientos

Verlustgeschäft *nt* negocio *m* con pérdidas

verlustieren* [fɛɐlʊs'ti:rən] *vr:* **sich ~** *(fam)* pasarlo bien, divertirse

vermachen* *vt* **jdm etw ~** *(vererben)* legar algo a alguien; *(schenken)* regalar algo a alguien

Vermächtnis [fɛɐ'mɛçtnɪs] *nt* <-ses, -se> legado *m*

vermählen* [fer'mɛ:lən] *vr:* **sich ~** *(geh)* desposarse

Vermählung *f* <-en> *(geh)* enlace *m* matrimonial

vermarkten* *vt* comercializar; **sich gut/schwer ~ lassen** comercializarse bien/mal

Vermarktung *f* <-en> comercialización *f*

vermasseln* [fɛɐ'masəln] *vt (fam)* estropear; **eine Prüfung ~** hacer un examen de pena; **er hat mir alles vermasselt** me ha estropeado todos los planes

vermehren* **I.** *vt* acrecentar; *(zahlenmäßig)* multiplicar (**um** por) **II.** *vr:* **sich ~** ① *(zunehmen)* incrementar (**um, auf** a) ② *(sich fortpflanzen)* reproducirse

Vermehrung *f* <-en> ① *(Zunahme)* incremento *m; (Vervielfachung)* multiplicación *f* ② *(Fortpflanzung)* reproducción *f; (von Pflanzen)* propagación *f*

vermeidbar *adj* evitable, eludible

vermeiden* *irr vt* evitar; *(umgehen)* eludir; **es lässt sich nicht ~, dass ...** es inevitable que... *+subj*

Vermeidung *f* <-, -en> prevención *f*

vermeintlich [fɛɐ'maɪntlɪç] *adj* presunto

vermelden* *vt* comunicar

Vermerk *m* <-(e)s, -e> nota *f*

vermerken* *vt* ① *(notieren)* anotar ② *(zur Kenntnis nehmen)* tomar en consideración

vermessen[1] *adj (geh: anmaßend)* presuntuoso; *(tollkühn)* osado

vermessen*[2] *irr* **I.** *vt* medir; *(Gelände)* hacer el catastro (de) **II.** *vr:* **sich ~** ① *(falsch messen)* equivocarse (al medir) ② *(geh: sich anmaßen)* tener la osadía (de)

Vermessung *f* <-en> medición *f; (Landvermessung)* agrimensura *f; (Tiefenvermessung)* sondeo *m*

vermieden *pp von* **vermeiden**

vermiesen* [fɛɐ'mi:zən] *vt (fam)* **jdm etw ~** estropear(le) algo a alguien

vermieten* *vt* alquilar (**an** a), arrendar (**an** a) *Am;* **Zimmer zu ~** se alquilan habitaciones

Vermieter(in) *m(f)* <-s, -; -nen> casero, -a *m, f; (von Haus)* dueño, -a *m, f* de la casa; *(von Wohnung)* dueño, -a *m, f* del piso

Vermietung *f* <-, -en> alquiler *m,* arriendo *m Am*

vermindern* **I.** *vt* reducir; *(Schmerzen)* aliviar **II.** *vr:* **sich ~** ① *(geringer werden)* reducirse (**um, auf** a) ② *(sich abschwächen)* decrecer; *(Schmerzen)* aliviarse

Verminderung *f* <-en> *(Rückgang)* disminución *f; (eines Wachstums)* decrecimiento *m; (von Schmerzen)* alivio *m*

vermischen* **I.** *vt* mezclar **II.** *vr:* **sich ~** mezclarse

vermissen* [fɛɐ'mɪsən] *vt* echar de menos, extrañar *Am;* **jdn als vermisst melden** dar a alguien por desaparecido; **er vermisst seine Schlüssel** no encuentra sus llaves

Vermisste(r) *mf* <-n, -n; -n> desaparecido, -a *m, f*

Vermisstenanzeige *f* parte *m* de desaparición

vermittelbar *adj* ① *(Arbeitslose)* **gut/schwer ~ sein** encontrar trabajo con facilidad/con dificultad ② *(Idee, Gefühl)* comunicable

vermitteln* **I.** *vt* ① *(beschaffen)* proporcionar ② *(Treffen, Ehe)* arreglar; *(amtlich)* gestionar; **ein Gespräch ~** (TEL) poner línea ③ *(aushandeln)* negociar ④ *(Eindruck)* ofrecer ⑤ *(Wissen)* tra(n)smitir **II.** *vi* mediar (**zwischen** entre); **~de Worte** palabras conciliadoras; **~d eingreifen** intervenir como intermediario

Vermittler(in) *m(f)* <-s, -; -nen> ① (POL) mediador(a) *m(f)* ② (WIRTSCH) intermediario, -a *m, f*

Vermittlung *f* <-en> ① *(bei Streit)* mediación *f* (**zwischen** entre) ② *(von Treffen)* arreglo *m; (amtlich)* gestión *f* ③ *(Beschaffung)* facilitación *f* ④ (TEL) centralita *f*

Vermittlungsprovision *f* derechos *mpl* de mediación

vermöbeln* [fɛɐ'mø:bəln] *vt (fam)* zurrar

vermocht *pp von* **vermögen**

vermodern* [fɛɐ'mo:dɐn] *vi sein* pudrirse

vermögen* *irr vt (geh)* ① *(imstande sein)* **~, etw zu tun** ser capaz de hacer algo ② *(ausrichten)* conseguir; **sie vermag bei ihm viel/wenig** tiene mucha/poca influencia sobre él ③ *(Schweiz: sich leisten können)* poder costearse

Vermögen[1] [fɛɐ'mø:gən] *nt* <-s, -> *(Besitz)* bienes *mpl; (Reichtum)* fortuna *f,* plata *l m Am;* **das kostet ein ~** esto cuesta una fortuna

Vermögen[2] *nt* <-s, *ohne pl> (geh: Fähigkeit)* capacidad *f*

vermögend *adj* adinerado, fondeado *Am*

Vermögen(s)steuer *f* impuesto *m* sobre el patrimonio

vermögenswirksam *adj* que fomenta la formación de capital

vermummen* [fɛɐ'mʊmən] **I.** *vt (einhüllen)* encapuchar; *(warm)* abrigar **II.** *vr:* **sich ~** *(sich verkleiden)* encapucharse

vermummt *adj* ① *(Demonstrant)* encapuchado ② *(warm angezogen)* bien abrigado

Vermummungsverbot *nt* <-(e)s, -e> prohibición *f* de ir encapuchado (en manifestaciones)

vermuten* [fɛɐ'mu:tən] *vt* suponer; *(erwarten)* esperar; **es ist zu ~, dass ...** es de suponer que... *+subj;* **das hatte ich nicht vermutet** no me lo había esperado

vermutlich **I.** *adj* presunto **II.** *adv* presumiblemente; *(wahrscheinlich)* probablemente

Vermutung *f* <-en> suposición *f; (Mutmaßung)* conjetura *f;* **~en (über etw) anstellen** hacer suposiciones (sobre algo)

vernachlässigen* [fɛɐ'na:xlɛsɪgən] *vt* descuidar; *(außer Acht lassen)* dejar de lado; **sie fühlt sich von ihm etwas vernachlässigt** se siente un poco abandonada por él

Vernachlässigung *f* <-en> descuido *m,* negligencia *f*

vernageln* *vt* cerrar con clavos

vernagelt *adj (fam abw)* corto de entendederas; **er ist wie/völlig ~** está como/completamente atontado

vernähen* *vt* ① *(nähen)* coser ② *(verbrauchen)* gastar; **viel Garn ~** gastar mucho hilo

vernarben* *vi sein* cicatrizar

vernarren* [fɛɐ'narən] *vr:* **sich in jdn ~** estar loco por alguien

vernaschen* *vt* ① *(Geld)* gastar en golosinas ② *(fam: Person)* tirarse

vernebeln* *vt* ① *(versprühen)* pulverizar ② *(verschleiern)* (en)cubrir

vernehmbar *adj (geh)* perceptible; *(hörbar)* audible

vernehmen* *irr vt* ① *(geh: hören)* oír; *(wahrnehmen)* percibir ② *(geh: erfahren)* (llegar a) saber ③ (JUR: *verhören*) interrogar (**zu** sobre)

Vernehmen *nt* **dem ~ nach** según dicen

vernehmlich *adj* perceptible; *(deutlich)* claro

Vernehmung *f* <-en> (JUR) interrogatorio *m*

verneigen* *vr:* **sich ~** inclinarse (**vor** ante)

verneinen* [fɛɐ'naɪnən] *vt* ① *(Frage)* contestar negativamente; **eine ~de Antwort** una respuesta negativa ② *(leugnen)* negar

Verneinung *f* <-en> negación *f; (einer Frage)* respuesta *f* negativa

vernetzen* *vt* ① *(verbinden)* conectar (**mit** con) ② (INFOR) integrar en la red

Vernetzung *f* <-en> conexión *f;* (INFOR) integración *f* en la red

vernichten* [fɛɐ'nɪçtən] *vt* aniquilar; *(zerstören)* destruir; *(ausrotten)* exterminar

vernichtend *adj* ① *(zerstörerisch)* destructor ② *(Kritik, Niederlage)* abrumador; *(Blick)* fulminante

Vernichtung *f* <-en> aniquilamiento *m; (Zerstörung)* destrucción *f; (Ausrottung)* exterminio *m; (Dezimierung)* estragos *mpl*

Vernichtungslager *nt* <-s, -> campo *m* de exterminio

Vernichtungswaffe *f* <-, -n> arma *f* de exterminio [*o* de destrucción]

verniedlichen* *vt* minimizar, quitar importancia (a)

Vernissage [vɛrnɪ'sa:ʒə] *f* <-n> inauguración *f*

vernommen *pp von* **vernehmen**

Vernunft [fɛɐ'nʊnft] *f ohne pl* razón *f; (gesunder Menschenverstand)* sentido *m* común; **zur ~ kommen** recobrar la razón; **jdn zur ~ bringen** hacer entrar a alguien en razón

Vernunftehe *f* matrimonio *m* de conveniencia

vernünftig [fɛɐ'nʏnftɪç] **I.** *adj* ① *(Vernunft besitzend)* razonable; *(überlegt)* sensato; **sei doch ~!** ¡sé razonable!; **mit ihm kann man kein ~es Wort reden** con él no se puede hablar sensatamente ② *(fam: ordentlich)* decente **II.** *adv (fam)* como es debido

Vernunftmensch *m* <-en, -en> persona *f* muy racional; **ein (reiner) ~ sein** ser muy racional

veröden* **I.** *vi sein* ① *(Stadt)* despoblarse, quedar despoblado ② *(Land, Boden)* devastar, asolar, arrasar **II.** *vt* (MED) obliterar

Verödung *f* <-, -en> ① *(einer Stadt)* despoblación *f* ② (MED) obliteración *f*

veröffentlichen* *vt* publicar

Veröffentlichung *f* <-en> publicación *f*

verordnen* *vt* ① *(Arzt)* prescribir; *(auf Rezept)* recetar ② *(anordnen)* decretar

Verordnung *f* <-en> ① *(von Arzt)* prescripción *f;* **nach ärztlicher ~** según prescripción médica ② *(Anordnung)* decreto *m*

verpachten* *vt* arrendar (**an** a)

Verpächter(in) *m(f)* <-s, -; -, -nen> arrendador(a) *m(f)*

verpacken* *vt* embalar; *(in Pakete)* empaquetar; *(in Dosen)* envasar

Verpackung *f* <-en> embalaje *m*

Verpackungsmüll *m* embalajes *mpl* desechados

verpassen* *vt* ① *(Zug)* perder; *(Person)* no encontrar ② *(Gelegenheit)* desaprovechar, dejar escapar ③ *(fam)* **jdm etw ~** dar(le) algo a alguien; *(aufzwingen)* plantar(le) algo a alguien

verpatzen* [fɛɐ'patsən] *vt (fam)* estropear, echar a perder

verpeilen *vt (fam: vergessen)* olvidar; *(durcheinanderbringen)* confundir; *(falsch machen)* hacer algo mal; **verpeilt sein** estar despistado

verpennen* **I.** *vi (fam)* quedarse dormido **II.** *vt (fam: verpassen)* perder; *(vergessen)* olvidar

verpesten* *vt (abw)* apestar; *(Abgase)* contaminar

verpetzen* *vt (abw)* chivarse; **jdn (beim Lehrer) ~** chivarse a alguien (al profesor)

verpfänden* *vt* empeñar

Verpfändung *f* <-, -en> empeño *m,* donación *f* en prenda

verpfeifen* *irr vt (fam abw: anzeigen)* denunciar (**bei** a); *(Person)* soplar (**bei** a); *(Plan)* revelar

verpflanzen* *vt* (BOT, MED) trasplantar

Verpflanzung *f* <-, -en> (*a.* MED) trasplante *m*

verpflegen* *vt* alimentar

Verpflegung[1] *f ohne pl (das Verpflegen)* alimentación *f*

Verpflegung[2] *f* <-en> *(Essen)* manutención *f;* **mit voller ~** en pensión completa
verpflichten* **I.** *vt* ❶ *(binden)* obligar, comprometer; **das verpflichtet zu nichts** eso no compromete a nada; **ich bin ihm sehr verpflichtet** le estoy muy obligado ❷ *(Schauspieler)* firmar un contrato; *(Sportler)* fichar (**für** por) **II.** *vr:* **sich ~** ❶ *(sich bereit erklären)* comprometerse (**zu** a); *(Sportler)* fichar ❷ (MIL) **sich für zwei Jahre ~** alistarse por dos años
Verpflichtung *f* <-en> ❶ *(Bindung)* compromiso *m; (Pflicht)* deber *m,* obligación *f;* **finanzielle ~en** deudas *fpl* ❷ *(von Künstler)* contratación *f; (von Sportler)* fichaje *m*
verpfuschen* *vt (fam)* estropear; *(Arbeit)* chapucear; *(Leben)* destrozar
verpissen* *vr:* **sich ~** *(vulg)* ❶ *(verunreinigen)* mearse ❷ *(fig: verschwinden)* irse al cuerno
verpixeln* *vt* (INFOR) desenfocar, pixelar
verplanen* *vt* ❶ *(falsch planen)* planificar mal ❷ *(Geld)* incluir en la planificación; *(Zeit)* hacer planes; **für morgen bin ich schon verplant** mañana tengo todo el día ocupado
verplappern* *vr:* **sich ~** *(fam)* irse de la lengua
verplempern* [fɛɐˈplɛmpɐn] *vt (fam)* ❶ *(Geld)* malgastar; *(Zeit)* perder ❷ *(reg: verschütten)* derramar
verpönt [fɛɐˈpøːnt] *adj* **~ sein** ser mal visto (**bei** por)
verprassen* [fɛɐˈprasən] *vt* despilfarrar, derrochar
verprügeln* *vt* zurrar, pelar *Am,* dar la biaba *Arg, Urug*
verpuffen* *vi sein* ❶ *(explodieren)* explotar, detonar ❷ *(Freude)* perderse; *(Maßnahme)* fracasar; *(Elan)* ser en vano
verpulvern* *vt (fam)* malgastar, gastar a lo loco
Verputz *m* <-es, *ohne pl*> revoque *m*
verputzen* *vt* ❶ *(Wand)* revocar ❷ *(fam: essen)* soplar(se) ❸ *(fam: vergeuden)* despilfarrar
verqualmt *adj* lleno de humo
verquatschen* **I.** *vt (fam)* pasar charlando; **wir haben die ganze Zeit verquatscht** pasamos todo el tiempo charlando **II.** *vr:* **sich ~** *(fam)* irse de la lengua
verquollen [fɛɐˈkvɔlən] *adj* hinchado
verrammeln* [fɛɐˈraməln] *vt (fam)* atrancar
verramschen* *vt (fam)* malvender
Verrat [fɛɐˈraːt] *m* <-(e)s, *ohne pl*> traición *f;* **~ an jdm begehen** traicionar a alguien; **~ üben** cometer traición
verraten* *irr* **I.** *vt* ❶ *(preisgeben)* revelar; **soll ich Ihnen was ~?** *(fam)* ¿quiere que le diga una cosa? ❷ *(Treue brechen)* traicionar; **~ und verkauft sein** estar perdido; **seine Ideale ~** ser infiel a sus ideales ❸ *(zu erkennen geben)* delatar **II.** *vr:* **sich ~** ❶ *(durch Geste, Sprache)* delatarse ❷ *(sich zeigen)* revelarse
Verräter(in) [fɛɐˈrɛːtɐ] *m(f)* <-s, -; -nen> traidor(a) *m(f),* batidor(a) *m(f) Arg*
verräterisch *adj* ❶ *(Person)* traidor ❷ *(Geste)* delator
verrechnen* **I.** *vt* compensar; *(gutschreiben)* abonar en cuenta; **die Gewinne mit den Verlusten ~** compensar las ganancias con las pérdidas **II.** *vr:* **sich ~** ❶ *(falsch rechnen)* equivocarse en el cálculo; **sich um drei Euro ~** equivocarse en tres euros ❷ *(sich täuschen)* equivocarse
Verrechnung *f* <-en> compensación *f;* **nur zur ~** (FIN) solamente para abono en cuenta
Verrechnungsscheck *m* (FIN) cheque *m* cruzado
verrecken* [fɛɐˈrɛkən] *vi sein (fam)* ❶ *(Tier, Mensch)* estirar la pata; **verreck doch!** *(abw)* ¡muérete!; **ums V~ nicht** ni a tiros ❷ *(kaputtgehen)* echarse a perder
verregnet *adj* lluvioso
verreisen* *vi sein* irse de viaje (**nach** a)
verrenken* [fɛɐˈrɛŋkən] **I.** *vt* torcer; **sich** *dat* **den Knöchel ~** torcerse el tobillo **II.** *vr:* **sich ~** retorcerse
Verrenkung *f* <-en> ❶ *(Verletzung)* torcedura *f* ❷ *(unnatürliche Stellung)* contorsión *f*
verrennen* *irr vr:* **sich ~** meterse en un callejón sin salida; **er hat sich völlig in seine Vorstellungen verrannt** se aferra totalmente a sus ideas
verrichten* *vt* efectuar; **seine Notdurft ~** hacer sus necesidades
verriegeln* *vt* cerrar con cerrojo
verringern* [fɛɐˈrɪŋɐn] **I.** *vt* reducir (**um** en); *(Preis)* rebajar; *(Abstand)* acortar **II.** *vr:* **sich ~** disminuir
Verringerung *f* <-en> reducción *f; (Abnahme)* disminución *f*
Verriss *m* <-es, -e> *(fam)* dura crítica *f*
verrohen* [fɛɐˈroːən] **I.** *vi sein* embrutecerse **II.** *vt* embrutecer
verrosten* *vi sein* oxidarse
verrotten* [fɛɐˈrɔtən] *vi sein* ❶ *(faulen)* pudrirse ❷ *(zerfallen)* desmoronarse
verrucht [fɛɐˈruːxt] *adj (Ort)* de mala fama; *(Blick)* malvado; *(Schurke)* vil
verrücken* *vt* desplazar, cambiar de sitio
verrückt *adj (geistesgestört)* loco, chalado *fam;* **du machst mich noch ~** me vas a volver loco; **ich werd' ~!** *(fam)* ¡qué locu-

ra!; **wie ~** *(fam)* de locura, como loco; **~ spielen** *(fam)* estar fuera de quicio; **auf etw/jdn ~ sein** *(fam)* estar loco por algo/alguien

Verrückte(r) *mf* <-n, -n; -n> loco, -a *m, f,* chalado, -a *m, f fam*

Verrücktheit *f* <-, -en> locura *f,* pendejada *f Am*

Verruf *m* **in ~ geraten** caer en descrédito; **etw/jdn in ~ bringen** desacreditar algo/a alguien

verrufen *adj* de mala fama; **~ sein** tener mala fama

verrühren* *vt* mezclar

verrutschen* *vi sein* correrse

Vers [fɛrs] *m* <-es, -e> ① *(Gedichtzeile)* verso *m; (Strophe)* estrofa *f* ② *(Bibelvers)* versículo *m*

versagen* **I.** *vi* ① *(Maschine, Gedächtnis, Stimme)* fallar ② *(Mensch)* fracasar; **er hat bei der Prüfung versagt** fracasó en el examen **II.** *vt* **jdm etw ~** negar algo a alguien; **sich** *dat* **etw ~** renunciar a algo; **das ist uns leider versagt geblieben** desgraciadamente no pudimos conseguirlo

Versagen *nt* <-s, *ohne pl*> *(von Maschine)* avería *f; (von Mensch)* fracaso *m; (von Organ)* deficiencia *f;* **menschliches ~** error humano

Versager(in) *m(f)* <-s, -; -nen> fracasado, -a *m, f*

versalzen* *irr vt (Essen)* salar demasiado; **jdm etw ~** *(fig fam)* fastidiar algo a alguien

Versalzung *f* <-, -en> salinización *f*

versammeln* **I.** *vt* reunir; **vor versammelter Mannschaft** delante de todo el equipo **II.** *vr:* **sich ~** reunirse

Versammlung *f* <-en> reunión *f;* **eine ~ einberufen** convocar una reunión

Versammlungsfreiheit *f ohne pl* libertad *f* de reunión

Versand [fɛɐˈzant] *m* <-(e)s, *ohne pl*> ① *(das Versenden)* envío *m* ② *(Versandabteilung)* departamento *m* de expedición

Versandabteilung *f* departamento *m* de expedición

Versandhandel *m* venta *f* por correspondencia

Versandhaus *nt* empresa *f* de venta por correspondencia [*o* catálogo]

Versandkosten *pl* (COM, WIRTSCH) gastos *mpl* de envío; **zuzüglich Porto und ~** más franqueo y gastos de envío

Versandpapiere *ntpl* documentos *mpl* de envío

versandt *pp von* **versenden**

Versandtasche *f* sobre *m; (wattiert)* sobre *m* acolchado

versauen* [fɛɐˈzaʊən] *vt (sl)* ① *(beschmutzen)* ensuciar ② *(verderben)* fastidiar

versaufen* *irr vt (fam: Geld)* gastar en bebidas

versäumen* [fɛɐˈzɔɪmən] *vt* ① *(Gelegenheit, Zug)* perder; **da haben Sie wirklich nichts versäumt** la verdad es que no se perdió Ud. nada ② *(Pflicht, Unterricht)* faltar (a); **das Versäumte nachholen** recuperar lo perdido; **es nicht ~, sich zu bedanken** no omitir dar las gracias

Versäumnis *nt* <-ses, -se> omisión *f; (Vernachlässigung)* descuido *m*

verschachern* [fɛɐˈʃaxɐn] *vt (abw)* trapichear (con), pichulear *CSur*

verschaffen* *vt* procurar, proporcionar; **sich** *dat* **etw ~** conseguir algo; **sich** *dat* **Respekt ~** hacerse respetar

verschämt [fɛɐˈʃɛːmt] *adj* avergonzado; *(schüchtern)* tímido

Verschand(e)lung *f* <-en> deformación *f,* desfiguración *f*

verschandeln* [fɛɐˈʃandəln] *vt (fam)* estropear, afear

verschanzen* [fɛɐˈʃantsən] *vr:* **sich ~** ① (MIL) atrincherarse (**hinter** detrás de) ② *(Vorwand suchen)* escudarse (**hinter** en)

verschärfen* **I.** *vt* intensificar; *(verschlimmern)* agravar; *(Spannung)* aumentar; **verschärfte Vorschriften** órdenes más severas **II.** *vr:* **sich ~** intensificarse; *(sich verschlimmern)* agravarse; *(Lage)* agudizarse; *(Spannung)* aumentar

verschätzen* *vr:* **sich ~** equivocarse (**um** en, **in** con)

verschaukeln* *vt (fam)* estafar

verscheißern* [fɛɐˈʃaɪsɐn] *vt (vulg)* tomar el pelo

verschenken* *vt* ① *(schenken)* regalar (**an** a) ② *(ungenutzt lassen)* desaprovechar

verscherbeln* [fɛɐˈʃɛrbəln] *vt (fam)* vender por un real

verscherzen* *vr* **sich** *dat* **etw ~** perder algo por una tontería; **es sich** *dat* **mit jdm ~** perder las simpatías de alguien

verscheuchen* [fɛɐˈʃɔɪçən] *vt* espantar

verschicken* *vt* mandar; *(mit der Post)* enviar; *(Sträflinge)* deportar

verschiebbar *adj* ① *(Möbel)* desplazable; *(Tür)* corredizo; *(beweglich)* móvil ② *(Treffen, Termin)* aplazable

verschieben* *irr* **I.** *vt* ① *(verrücken)* desplazar; *(verrutschen)* correr; **etw um ein paar Meter ~** correr algo un par de metros; **eine Datei ~** mover un archivo ② *(verlegen)* aplazar (**auf** para) ③ *(fam: Waren)* traficar (con) **II.** *vr:* **sich ~** ① *(ver-*

V

rutschen) correrse ❷ *(zeitlich)* aplazarse (**um**); *(sich verspäten)* retrasarse (**um**)

Verschiebung *f* <-en> ❶ *(örtlich)* desplazamiento *m* ❷ *(zeitlich)* aplazamiento *m* (**auf** para) ❸ *(fam: von Waren)* venta *f* clandestina

verschieden [fɛɐ̯'ʃiːdən] *adj* ❶ *(unterschiedlich)* distinto, diferente; *(verschiedenartig)* diverso; **auf ~e Weise** de distinta manera; **das ist von Fall zu Fall ~** esto es en cada caso distinto; **sie sind ~ groß** son de distinto tamaño ❷ *pl (mehrere, manche)* diversos; **~e Leute meldeten sich** llamaron varias personas

verschiedenartig *adj* ❶ *(verschieden)* distinto ❷ *(mannigfaltig)* diverso

Verschiedenartigkeit *f* <-, *ohne pl*> ❶ *(Unterschiedlichkeit)* diferencia *f* ❷ *(Vielfalt)* diversidad *f*

verschiedentlich *adv* varias veces; *(immer wieder)* repetidamente

verschießen* **I.** *vt* ❶ (*a.* MIL: *verwenden*) disparar ❷ *(aufbrauchen)* agotar ❸ (SPORT) fallar; **einen Elfmeter ~** fallar un penalti **II.** *vr:* **sich ~** *(fam: sich verknallen)* perder la cabeza (**in** +*akk* por)

verschiffen* *vt* embarcar

verschimmeln* *vi sein* enmohecer(se)

verschlafen¹ *adj* (medio) dormido; *(Städtchen)* aburrido

verschlafen*² *irr* **I.** *vi* quedarse dormido **II.** *vt* ❶ *(Tag)* pasar durmiendo ❷ *(fam: versäumen)* perder; *(Termin)* olvidar

Verschlag *m* <-(e)s, -schläge> cobertizo *m*

verschlagen¹ *adj (abw)* astuto, pícaro

verschlagen*² *irr vt* ❶ *(nehmen)* quitar; **das hat mir fast die Sprache ~** eso me dejó de piedra ❷ *(an einen Ort)* ir a parar (**nach** en) ❸ (SPORT) no tra(n)sformar ❹ *(verblättern)* perder la página ❺ *(reg: verprügeln)* dar una paliza

verschlampen* *vt (fam)* ❶ *(verlieren)* perder ❷ *(vergessen)* olvidar

verschlechtern* [fɛɐ̯'ʃlɛçtɐn] **I.** *vt* empeorar; *(verschlimmern)* agravar **II.** *vr:* **sich ~** *(schlechter werden)* empeorar; *(Zustand)* agravarse; *(Leistung)* bajar; **sie hat sich finanziell verschlechtert** económicamente le va peor

Verschlechterung *f* <-en> empeoramiento *m; (Verschlimmerung)* agravación *f; (beruflich)* degradación *f*

verschleiern* **I.** *vt* ❶ *(Gesicht)* cubrir con un velo ❷ *(Skandal)* encubrir **II.** *vr:* **sich ~** *(Frau)* cubrirse (con un velo); *(a. fig)* cubrirse

verschleiert *adj* ❶ *(Gesicht)* cubierto con un velo ❷ *(Himmel)* cubierto

Verschleierung *f* <-, -en> *(Verhüllung)* encubrimiento *m*

Verschleiß [fɛɐ̯'ʃlaɪs] *m* <-es, *ohne pl*> ❶ *(Abnutzung)* desgaste *m;* **einem ständigen ~ unterliegen** estar sometido a un desgaste continuo ❷ *(Österr: Verkauf)* venta *f* (al por menor)

verschleißen [fɛɐ̯'ʃlaɪsən] <verschleißt, verschliss, verschlissen> **I.** *vt* (des)gastar **II.** *vi sein* (des)gastarse

Verschleißteil *nt* <-(e)s, -e> pieza *f* de desgaste

verschleppen* *vt* ❶ *(Personen)* deportar; *(entführen)* secuestrar ❷ *(Krankheit)* curar mal, arrastrar ❸ *(weiterverbreiten)* tra(n)smitir ❹ *(hinauszögern)* retrasar

verschleudern* *vt* ❶ *(abw: Geld)* despilfarrar ❷ *(Waren)* vender a precio tirado

verschließbar *adj* con cierre; *(mit Schloss)* con cerradura

verschließen* *irr* **I.** *vt* ❶ *(Tür, Behälter)* cerrar; **hinter verschlossenen Türen** a puerta cerrada ❷ *(einschließen)* encerrar **II.** *vr* **sich** (**gegen**) **etw ~** cerrarse a algo; **sich** (**vor**) **jdm ~** no abrirse a alguien

verschlimmbessern* [fɛɐ̯'ʃlɪmbɛsɐn] *vt (fam)* empeorar *(a pesar de haber tenido la intención de mejorar algo)*

verschlimmern* [fɛɐ̯'ʃlɪmɐn] **I.** *vt* agravar **II.** *vr:* **sich ~** agravarse, acentuarse *Am*

Verschlimmerung *f* <-en> empeoramiento *m,* agravamiento *m*

verschlingen* *irr* **I.** *vt (a. fig)* devorar **II.** *vr:* **sich ~** liarse

verschliss [fɛɐ̯'ʃlɪs] *3. imp von* **verschleißen**

verschlissen [fɛɐ̯'ʃlɪsən] **I.** *pp von* **verschleißen** **II.** *adj* desgastado

verschlossen [fɛɐ̯'ʃlɔsən] **I.** *pp von* **verschließen** **II.** *adj (Person)* reservado

Verschlossenheit *f* <-, *ohne pl*> reserva *f*

verschlucken* **I.** *vt* ❶ *(Speisen)* tragar(se); *(Silben)* comerse ❷ *(Bemerkung)* callarse **II.** *vr:* **sich ~** atragantarse (**an** con)

verschlungen [fɛɐ̯'ʃlʊŋən] **I.** *pp von* **verschlingen** **II.** *adj (Weg)* sinuoso

Verschluss [fɛɐ̯'ʃlʊs] *m* <-es, -schlüsse> ❶ *(Vorrichtung)* cierre *m; (Stöpsel)* tapón *m;* **etw unter ~ halten** tener algo bajo llave; **etw unter ~ nehmen** guardar algo ❷ (MED) oclusión *f*

verschlüsseln* *vt* codificar; **verschlüsselte Daten** (INFOR) datos codificados

Verschlüsselung *f* <-, -en> (*a.* INFOR) codificación *f*

Verschlüsselungstechnik *f* (INFOR) tecnología *f* de la encriptación

verschmähen* [fɛɐ̯'ʃmɛːən] *vt (geh: ableh-*

nen) rechazar; *(verachten)* despreciar, ajotar *Cuba*

verschmelzen* *irr* **I.** *vi sein (Metall)* fundirse; *(fig)* fusionarse **II.** *vt (Metall)* fundir; *(fig)* fusionar

Verschmelzung *f* <-en> ❶ *(das Verschmelzen)* fundición *f* ❷ (WIRTSCH) fusión *f*

verschmerzen* *vt* reponerse (de); *(vergessen)* olvidar

verschmieren* *vt* ❶ *(Loch, Riss)* tapar; *(verputzen)* revocar ❷ *(beschmutzen)* embadurnar ❸ *(Farbe, Lippenstift)* correr; *(Blatt Papier)* emborronar

verschmoren* *vi sein* (ELEK) fundirse

verschmutzen* **I.** *vi sein* ensuciar(se) **II.** *vt* ensuciar; *(Umwelt)* contaminar

Verschmutzung *f* <-en> ensuciamiento *m; (der Umwelt)* contaminación *f*

verschnaufen* *vi* tomar aliento

Verschnaufpause *f* respiro *m*

verschneit [fɛɐˈʃnaɪt] *adj* cubierto de nieve

Verschnitt *m* <-(e)s, -e> ❶ *(von Alkoholika, Tabak)* mezcla *f* ❷ *(Reste)* desperdicios *mpl*

verschnörkelt *adj* con arabescos

verschnupft [fɛɐˈʃnʊpft] *adj* resfriado

verschnüren* [fɛɐˈʃnyːrən] *vt* atar (con una cuerda)

verschoben *pp von* **verschieben**

verschollen [fɛɐˈʃɔlən] *adj* desaparecido

verschonen* *vt (Sturm)* no afectar; **verschont werden (von etw** *dat*) librarse (de algo); **jdn mit etw** *dat* **~** dejar a alguien en paz con algo

verschönern* [fɛɐˈʃøːnɐn] *vt* embellecer

Verschönerung *f* <-en> embellecimiento *m*

verschossen **I.** *pp von* **verschießen** **II.** *adj* **in jdn ~ sein** estar locamente enamorado de alguien

verschränken* [fɛɐˈʃrɛŋkən] *vt (Beine, Arme)* cruzar

verschreiben* *irr* **I.** *vt* ❶ *(verordnen)* prescribir; *(Medikament)* recetar ❷ *(Papier, Stift)* gastar **II.** *vr:* **sich ~** equivocarse al escribir; **sich einer Tätigkeit ~** dedicarse plenamente a una actividad

V

verschreibungspflichtig *adj* de prescripción obligatoria

verschrie(e)n *adj* mal visto; **~ sein als ...** tener (la mala) fama de...

verschrieben *pp von* **verschreiben**

verschrotten* *vt* aprovechar como chatarra, desguazar

Verschrottung *f* <-, -en> desguace *m*

verschrumpelt *adj (fam)* arrugado

verschüchtert [fɛɐˈʃʏçtɐt] *adj* intimidado; *(schüchtern)* tímido

verschulden* **I.** *vt* causar, tener la culpa (de) **II.** *vr:* **sich ~** endeudarse **III.** *vi sein* endeudarse; **hoch verschuldet sein** estar cargado de deudas

Verschulden *nt* <-s, *ohne pl*> culpa *f;* **durch eigenes ~** por propia culpa; **es ist ohne mein ~ passiert** yo no tengo culpa de eso

Verschuldung *f* <-en> endeudamiento *m*

verschütten* *vt* ❶ *(Flüssigkeit)* derramar ❷ *(unter sich begraben)* enterrar ❸ *(zuschütten)* llenar

verschwägert [fɛɐˈʃvɛːgɐt] *adj* emparentado (por matrimonio)

verschweigen* *irr vt* callar; **jdm etw ~** callar algo a alguien

verschwenden* [fɛɐˈʃvɛndən] *vt (Geld)* derrochar; *(Zeit)* perder; *(Energie, Wasser)* despilfarrar

verschwenderisch *adj* ❶ *(großzügig)* derrochador, botador *Am;* **mit etw** *dat* **~ umgehen** derrochar algo ❷ *(üppig)* lujoso, opulento

Verschwendung *f* <-en> derroche *m,* despilfarro *m*

verschwiegen [fɛɐˈʃviːgən] **I.** *pp von* **verschweigen** **II.** *adj* ❶ *(Person)* discreto ❷ *(still, einsam)* retirado

Verschwiegenheit *f* <-, *ohne pl*> discreción *f*

verschwimmen* *irr vi sein (Umrisse)* desdibujarse; **mir verschwimmt alles vor den Augen** se me nublan los ojos

verschwinden* *irr vi sein* desaparecer, fletarse *Cuba, Méx;* **etw ~ lassen** *(wegzaubern)* hacer desaparecer algo; **verschwinde!** *(fam)* ¡lárgate!

Verschwinden *nt* <-s, *ohne pl*> desaparición *f*

verschwindend *adj* **~ klein** diminuto

verschwitzen* *vt* ❶ *(Kleidung)* empapar de sudor ❷ *(fam: vergessen)* olvidarse (de)

verschwitzt *adj* empapado en sudor

verschwommen [fɛɐˈʃvɔmən] *adj (Aussage)* impreciso; *(Licht)* difuso; *(Foto, Erinnerung)* borroso; **ohne Brille sehe ich alles ~** sin gafas lo veo todo borroso

verschwören* *irr vr:* **sich ~** conspirar (**gegen** contra); **alles hat sich gegen mich verschworen** todo se ha vuelto en mi contra

Verschwörer(in) *m(f)* <-s, -; -nen> conjurado, -a *m, f,* conspirador(a) *m(f)*

Verschwörung *f* <-en> conspiración *f*

verschwunden *pp von* **verschwinden**

versehen* *irr* **I.** *vt* ❶ *(ausstatten)* proveer (**mit** de), munir (**mit** de) *CSur;* **etw mit seiner Unterschrift/einem Stempel ~** firmar/sellar algo ❷ *(Dienst, Amt)* desempeñar **II.** *vr:* **sich ~** ① *(irren)* equivocarse ② *(sich gefasst machen)* **ehe man sich's versieht(, ist es passiert)** *(fam)* cuando uno menos lo espera (salta la liebre) ③ *(sich versorgen)* **sich mit etw** *dat* **~** proveerse de algo

Versehen *nt* <-s, -> *(Fehler)* error *m; (Nachlässigkeit)* descuido *m;* **etw aus ~ tun** hacer algo sin querer

versehentlich *adv* por descuido

verselbstständigen*, **verselbständigen*** *vr:* **sich ~** establecerse (por su cuenta)

versenden* *irr vt* enviar, remitir

Versendung *f* <-, -en> envío *m;* **während der ~** en el envío

versengen* [fɛɐ̯'zɛŋən] *vt* chamuscar

versenken* **I.** *vt* ① *(Schiff)* hundir ② *(in Flüssigkeit)* sumergir (**in** en) **II.** *vr:* **sich ~** sumergirse (**in** en)

Versenkung *f* <-en> ① *(von Schiffen)* hundimiento *m* ② *(Meditation)* ensimismamiento *m;* **in der ~ verschwinden** *(fam)* caer en el olvido; **aus der ~ auftauchen** *(fam)* aparecer como por arte de magia

versessen [fɛɐ̯'zɛsən] *adj* **auf etw ~ sein** estar obsesionado por algo

Versessenheit *f* <-, -en> obsesión *f* (**auf** por)

versetzen* **I.** *vt* ① *(umsetzen)* desplazar; *(Pflanzen)* trasplantar ② *(beruflich)* trasladar ③ (SCH) hacer pasar al curso siguiente; **sie ist in die fünfte Klasse versetzt worden** pasó al quinto curso; **er wird nicht versetzt** tiene que repetir el curso ④ *(verpfänden)* empeñar ⑤ *(vermischen)* mezclar; **etw mit Alkohol/Wasser ~** añadir alcohol a algo/aguar algo ⑥ *(Schlag)* asestar, fletar *Chil, Perú;* **jdm einen Schrecken ~** asustar a alguien ⑦ *(antworten)* replicar ⑧ *(fam: warten lassen)* dar un plantón ⑨ *(in Zustand bringen)* **jdn in Zorn/in Angst ~** enfurecer/causarle miedo a alguien; **jdn in die Lage ~, etw zu tun** permitir algo a alguien ⑩ *(zurückversetzen)* llevar de vuelta **II.** *vr* **sich in jds Lage ~** ponerse en la situación de alguien

Versetzung *f* <-en> ① *(örtlich)* desplazamiento *m* ② *(beruflich)* traslado *m* ③ (SCH) paso *m* al curso siguiente; **deine ~ ist gefährdet** está en juego el que apruebes el curso ④ *(Verpfändung)* empeño *m*

verseuchen* [fɛɐ̯'zɔɪçən] *vt* contaminar

Verseuchung *f* <-en> contaminación *f*

Versicherer [fɛɐ̯'zɪçərɐ] *m* <-s, -> asegurador *m,* compañía *f* aseguradora

versichern* **I.** *vt* ① *(bestätigen)* asegurar; **jdm etw ~** asegurar algo a alguien ② *(Versicherung abschließen)* asegurar (**gegen** contra) **II.** *vr:* **sich ~** ① *(sich vergewissern)* asegurarse (*+gen* de) ② *(Versicherung abschließen)* asegurarse (**gegen** contra)

Versicherte(r) *mf* <-n, -n; -n, -n> asegurado, -a *m, f*

Versichertenkarte *f* tarjeta *f* (de la caja) del seguro

Versicherung *f* <-en> ① *(Vertrag)* seguro *m* (**gegen** contra); **eine ~ abschließen/kündigen** hacerse/cancelar un seguro ② *(Versicherungsgesellschaft)* compañía *f* de seguros ③ *(Versprechen)* promesa *f; (Behauptung)* afirmación *f*

Versicherungsagent(in) *m(f)* <-en, -en; -, -nen> agente *mf* de seguros

Versicherungsanspruch *m* derecho *m* a indemnización por parte del seguro

Versicherungsbeitrag *m* cuota *f* de seguro

Versicherungsbetrug *m* estafa *f* de seguros

Versicherungsfall *m* contingencia *f* asegurada

Versicherungsgesellschaft *f* compañía *f* de seguros

Versicherungskauffrau *f* corredora *f* de seguros

Versicherungskaufmann *m* corredor *m* de seguros

Versicherungsnehmer(in) *m(f)* asegurado, -a *m, f*

versicherungspflichtig *adj* sujeto (obligadamente) al seguro

Versicherungspolice *f* póliza *f* del seguro

Versicherungsschutz *m* protección *f* de seguro

Versicherungssumme *f* suma *f* asegurada

Versicherungsvertreter(in) *m(f)* agente *mf* de seguros

versickern* *vi sein* ser absorbido por el suelo

versiegeln* *vt (Brief, Boden)* sellar; *(Fußboden)* vitrificar

versiert [vɛr'ziːɐt] *adj* versado; **in etw** *dat* **~ sein** ser versado en algo

versifft [fɛɐ̯'zɪft] *adj (sl)* sucio

versilbern* *vt* ① *(mit Silber überziehen)* platear (a) ② *(fam: verkaufen)* vender

versinken* *irr vi sein* ① *(in Flüssigkeit)* sumergirse (**in** en); *(in Schnee, Schlamm; Schiff)* hundirse (**in** en); **ich hätte vor Scham im Boden ~ mögen!** ¡ojalá me hubiera tragado la tierra! ② *(sich hingeben)* perderse (**in** en); **in Gedanken versunken** absorto en sus pensamientos

versinnbildlichen* [fɛɐ̯'zɪnbɪltlɪçən] *vt* simbolizar

V

Version [vɛrˈzjoːn] *f* <-en> versión *f*
versklaven* *vt* esclavizar
Versmaß *nt* <-es, -e> (LIT) metro *m*
versnobt [fɛɐˈsnɔpt] *adj (abw)* esnob
versoffen [fɛɐˈzɔfən] *adj (a. abw)* borrachín
versöhnen* [fɛɐˈzøːnən] **I.** *vt* ① *(Streitende)* reconciliar ② *(versöhnlich stimmen)* apaciguar **II.** *vr:* **sich ~** reconciliarse
versöhnlich *adj* conciliador; **jdn ~ stimmen** apaciguar a alguien
Versöhnung *f* <-en> reconciliación *f*
versorgen* **I.** *vt* ① *(verschaffen, beliefern)* proveer (**mit** de), premunir (**mit** de) *Am* ② *(unterhalten)* mantener ③ *(betreuen)* cuidar (de) **II.** *vr:* **sich ~** abastecerse (**mit** de); **sich selbst ~** autoabastecerse
Versorgung *f ohne pl* ① *(Belieferung)* aprovisionamiento *m* (**mit** de) ② *(Unterhalt)* manutención *f; (Rente)* pensión *f* ③ *(Betreuung)* cuidados *mpl;* **ärztliche ~** asistencia médica
Versorgungslücke *f* déficit *m inv* de abastecimiento
Versorgungsnetz *nt* <-es, -e> red *f* de abastecimiento
Verspannung *f* <-, -en> arriostramiento *m*
verspäten* *vr:* **sich ~** retrasarse; **sich um eine Stunde ~** llegar con una hora de retraso
verspätet I. *adj* atrasado **II.** *adv* con retraso
Verspätung *f* <-en> retraso *m;* **zehn Minuten ~ haben** tener diez minutos de retraso
verspeisen* *vt (geh)* comer
verspekulieren* **I.** *vt (Geld)* perder en especulaciones **II.** *vr:* **sich ~** ① *(bei Geschäften)* equivocarse al especular ② *(fam: sich irren)* equivocarse
versperren* *vt* ① *(blockieren)* obstruir; **die Durchfahrt/die Sicht ~** cerrar el paso/quitar la vista ② *(Österr, reg: zuschließen)* cerrar
verspielen* **I.** *vi* perder; **er hat bei ihr verspielt** *(fam)* ella no quiere saber nada más de él; **du hast verspielt** has agotado tus posibilidades **II.** *vt* ① *(Geld)* perder en el juego ② *(Chance)* perder **III.** *vr:* **sich ~** (MUS) equivocarse al tocar
verspielt *adj* ① *(Kind, Tier)* juguetón ② *(Muster)* alegre
verspotten* *vt* burlarse (de)
versprechen* *irr* **I.** *vt* prometer; **viel ~d** (muy) prometedor; **ich kann dir nichts ~** no te puedo prometer nada; **sich** *dat* **etwas ~** esperar algo (**von** de); **das Wetter verspricht heute gut zu werden** hoy el tiempo promete ser bueno **II.** *vr:* **sich ~** *(falsch aussprechen)* equivocarse al hablar
Versprechen *nt* <-s, -> promesa *f;* **jdm ein ~ geben** prometer(le) algo a alguien; **ein ~ einhalten** cumplir una promesa
Versprecher *m* <-s, -> lapsus *m inv* linguae
Versprechung *f* <-en> promesa *f;* **leere ~en machen** hacer falsas promesas
verspritzen* *vt* ① *(verteilen)* esparcir ② *(bespritzen)* salpicar ③ *(vollspritzen)* rociar
versprochen *pp von* **versprechen**
versprühen* *vt* pulverizar
verspüren* *vt* sentir
verstaatlichen* *vt* nacionalizar
Verstaatlichung *f* <-en> nacionalización *f*
Verstädterung [fɛɐˈʃtɛ(ː)tərʊŋ] *f* <-, -en> urbanización *f*
verstand [fɛɐˈʃtant] *3. imp von* **verstehen**
Verstand [fɛɐˈʃtant] *m* <-(e)s, *ohne pl*> *(Denkfähigkeit)* inteligencia *f; (Urteilskraft)* juicio *m; (Vernunft)* razón *f;* **den ~ verlieren** perder la razón; **bei klarem ~ sein** estar en pleno juicio; **du bist wohl nicht ganz bei ~!** *(fam)* ¡estás chiflado!; **das geht über meinen ~** *(fam)* eso no me entra
verstanden [fɛɐˈʃtandən] *pp von* **verstehen**
verständig [fɛɐˈʃtɛndɪç] *adj (vernünftig)* razonable; *(klug)* inteligente
verständigen* [fɛɐˈʃtɛndɪgən] **I.** *vt (benachrichtigen)* informar (**von** de/sobre) **II.** *vr:* **sich ~** ① *(kommunizieren)* entenderse ② *(sich einigen)* llegar a un acuerdo (**über** sobre)
Verständigung *f* <-en> ① *(Benachrichtigung)* información *f* ② *(Kommunikation)* comunicación *f* ③ *(Einigung)* acuerdo *m*
Verständigungsschwierigkeiten *fpl* dificultades *fpl* de entendimiento
verständlich [fɛɐˈʃtɛntlɪç] *adj* inteligible; *(begreiflich)* comprensible; *(deutlich)* claro; **leicht/schwer ~** fácil/difícil de comprender; **sich ~ machen** explicarse; **sich ~ ausdrücken** expresarse claramente
verständlicherweise [-ˈ---ˈ--] *adv* con razón
Verständlichkeit *f ohne pl* comprensibilidad *f; (Deutlichkeit)* claridad *f*
Verständnis [fɛɐˈʃtɛntnɪs] *nt* <-ses, *ohne pl*> ① *(Begreifen, Mitgefühl)* comprensión *f;* **für jdn/etw kein ~ haben** no tener comprensión con alguien/para algo; **dafür hast du mein vollstes ~** tienes todas mis simpatías con respecto a eso; **wir**

V

bitten um Ihr ~ rogamos su comprensión ② *(Sinn, Gefühl)* sensibilidad *f* (**für** para)

verständnislos *adj* incomprensivo

Verständnislosigkeit *f* <-, *ohne pl*> incomprensión *f*

verständnisvoll *adj* comprensivo

verstärken* **I.** *vt* ① *(stabiler machen)* reforzar ② *(vergrößern)* aumentar ③ *(Lautstärke, Instrumente)* amplificar **II.** *vr:* **sich ~** intensificarse, aumentar

Verstärker *m* <-s, -> (TECH, ELEK) amplificador *m*

Verstärkung *f* <-en> ① *(der Stabilität)* refuerzo *m* ② *(Vergrößerung)* aumento *m* ③ *(der Lautstärke)* amplificación *f* ④ (*a.* MIL: *Personengruppe*) refuerzos *mpl*

verstauben* [fɛɐ'ʃtaʊbən] *vi sein* llenarse de polvo

verstaubt [fɛɐ'ʃtaʊpt] *adj* ① *(schmutzig)* lleno de polvo ② *(veraltet)* anticuado, pasado de moda

verstauchen* [fɛɐ'ʃtaʊxən] *vt* **sich** *dat* **etw ~** torcerse algo

Verstauchung *f* <-en> esguince *m,* torcedura *f,* gambeta *f AmS*

verstauen* *vt* guardar (**in** en)

Versteck [fɛɐ'ʃtɛk] *nt* <-(e)s, -e> escondite *m;* **~ spielen** jugar al escondite

verstecken* **I.** *vt* esconder (**vor** de); *(verbergen)* ocultar (**vor** de) **II.** *vr:* **sich ~** esconderse (**vor** de), escorarse *Cuba, Hond*

Versteckspiel *nt* juego *m* del escondite, escondido(s) *m(pl) Am;* **lass das ~!** *(fig)* ¡déjate de jueguecitos!

versteckt *adj* ① *(verborgen)* escondido, oculto ② *(Anspielung)* indirecto; *(heimlich)* secreto

verstehen <versteht, verstand, verstanden> **I.** *vt* ① *(hören)* entender; *(begreifen)* comprender; **er gab mir zu ~, dass ...** me dio a entender que...; **verstanden?** ¿entendido?; **das hast du falsch verstanden** eso lo has entendido mal; **versteh mich recht** no me malinterpretes; **wie soll ich das ~?** ¿qué quieres decir con eso? ② *(meinen)* entender (**unter** por); **was verstehst du unter diesem Begriff?** ¿qué entiendes por este término? ③ *(können)* saber; **er versteht es, mit Kindern umzugehen** sabe cómo tratar a los niños ④ *(Verständnis haben)* comprender; **ich verstehe deinen Ärger** puedo comprender tu rabia **II.** *vr:* **sich ~** ① *(auskommen)* llevarse bien; **ich verstehe mich gut mit ihr** me llevo bien con ella ② *(sich einschätzen)* **sich ~ als** tenerse por ③ *(beherrschen)* **sich auf etw ~** ser experto en algo ④ *(zu verstehen sein)* **die Preise ~ sich zuzüglich Mehrwertsteuer** se sobreentiende que el IVA será sumado a los precios; **das versteht sich doch von selbst** eso es evidente; **versteht sich!** ¡por supuesto!, ¿cómo no? *Am*

versteifen* *vr:* **sich ~** obstinarse (**auf** en)

versteigern* *vt* subastar, rematar *Am*

Versteigerung *f* <-en> subasta *f,* remate *m Am*

Versteinerung *f* <-en> ① *(das Versteinern)* petrificación *f* ② *(Objekt)* fósil *m*

verstellbar *adj* graduable; **in der Höhe ~** de altura graduable

verstellen* **I.** *vt* ① *(örtlich)* cambiar (de sitio); *(falsch stellen)* poner mal ② *(einstellen)* ajustar; *(regulieren)* regular ③ *(versperren)* bloquear; **jdm den Weg ~** atajar el paso a alguien ④ *(Stimme, Handschrift)* disimular **II.** *vr:* **sich ~** ① *(Person)* fingir, disimular ② (TECH) desajustarse

Verstellung[1] *f* <-en> ① *(örtlich)* cambio *m* de sitio ② *(Einstellung)* ajuste *m; (Regulierung)* regulación *f; (nach Skala)* graduación *f*

Verstellung[2] *f ohne pl (Täuschung)* fingimiento *m*

versteuern* *vt* pagar impuestos (por)

verstimmen* *vt* ① *(Instrument)* desafinar ② *(verärgern)* poner de mal humor

verstimmt *adj* ① *(Instrument)* desafinado ② *(Person)* enfadado; **einen ~en Magen haben** tener una indigestión

Verstimmung *f* <-, -en> ① (MUS) desafinamiento *m* ② *(Meinungsverschiedenheit)* contrariedad *f*

verstockt [fɛɐ'ʃtɔkt] *adj (abw)* obstinado, porfiado

verstohlen [fɛɐ'ʃtoːlən] *adj* disimulado

verstopfen* **I.** *vi sein* obstruirse, tupirse *Am* **II.** *vt* ① *(Loch)* obturar ② *(Abfluss)* atascar

verstopft *adj (Abfluss)* obstruido, tupido *Am; (Nase)* tapado; *(Ohren)* taponado; *(Mensch)* estreñido; **~e Straßen** atascos de tráfico

Verstopfung *f* <-en> ① *(eines Lochs)* obstrucción *f; (von Abfluss)* atasco *m* ② (MED) estreñimiento *m* ③ *(Stau)* atasco *m,* taco *m Am*

verstorben [fɛɐ'ʃtɔrbən] *adj* fallecido, extinto *AmS, Méx*

Verstorbene(r) *mf* <-n, -n; -n> difunto, -a *m, f,* extinto, -a *m, f AmS, Méx*

verstört [fɛɐ'ʃtøːɐt] *adj* aturdido; (MED) trastornado

Verstoß *m* <-es, -stöße> infracción *f* (**gegen** contra); **einen ~ begehen** cometer una infracción

verstoßen* *irr* **I.** *vi* faltar (**gegen** a); *(gegen*

V

Gesetz) infringir **II.** *vt* expulsar; *(Frau)* repudiar
verstrahlen* *vt* contaminar con radiactividad; **verstrahlt sein** estar contaminado con radiactividad
verstrahlt *adj* contaminado por radioactividad
Verstrebung [fɛɐ'ʃtre:bʊŋ] *f* <-, -en> (ARCHIT) jabalcón *m*
verstreichen* *irr* **I.** *vi sein (geh: Zeit)* pasar; *(Frist)* vencer **II.** *vt* ① *(Farbe, Butter)* extender (**auf** en) ② *(Ritz, Spalt)* tapar
verstreut [fɛɐ'ʃtrɔɪt] *adj (Gehöfte, Ortschaften)* diseminado, disperso, desperdigado
verstrichen *pp von* **verstreichen**
verstricken* **I.** *vt* ① *(Wolle)* gastar haciendo punto ② *(verwickeln)* implicar (**in** en) **II.** *vr:* **sich ~** ① *(Personen)* liarse (**in** en) ② *(Strickarbeit)* equivocarse al hacer punto
verstümmeln* [fɛɐ'ʃtʏməln] *vt* mutilar
Verstümmelung *f* <-en> mutilación *f*
verstummen* *vi sein (geh: Person)* callar(se); *(Geräusch)* cesar
Versuch [fɛɐ'zu:x] *m* <-(e)s, -e> ① *(Handlung, a.* SPORT) intento *m;* **das käme auf einen ~ an** debería intentarse ② *(Experiment)* experimento *m; (Test)* prueba *f*
versuchen* **I.** *vt* ① *(ausprobieren)* intentar; **~ Sie keine Tricks!** ¡no intente ningún truco! ② *(kosten)* probar ③ *(geh: erproben)* tentar; **ich bin versucht, es mal auszuprobieren** estoy tentado de probarlo **II.** *vr* **sich in etw** *dat* **~** intentar algo
Versuchsanstalt *f* centro *m* de experimentación
Versuchskaninchen *nt (fam abw)* conejillo *m* de Indias
Versuchsperson *f* <-, -en> (MED, PSYCH) sujeto *m* de experimentación
Versuchsreihe *f* serie *f* de ensayos
Versuchstier *nt* animal *m* de laboratorio
versuchsweise [-vaɪzə] *adv* a modo de prueba
Versuchszweck *m* objeto *m* de la experimentación; **zu ~en** para fines de experimentación
Versuchung *f* <-en> tentación *f;* **jdn in ~ führen** tentar a alguien; **in ~ kommen** caer en la tentación
versündigen* *vr:* **sich ~** *(geh)* pecar (**an** contra); **sich an jdm ~** ofender a alguien
versunken [fɛɐ'zʊŋkən] **I.** *pp von* **versinken** **II.** *adj* ① *(Kultur)* desaparecido ② *(vertieft)* absorto (**in** en); **in Gedanken ~** absorto en sus pensamientos
versüßen* *vt* endulzar
vertagen* [fɛɐ'ta:gən] **I.** *vt* aplazar (**auf** para) **II.** *vr:* **sich ~** aplazar la reunión (**auf** para)
vertauschen* *vt* ① *(verwechseln)* confundir (**mit** con) ② *(austauschen)* cambiar (**gegen/mit** por)
Vertäuung [fɛɐ'tɔɪʊŋ] *f* <-, -en> (NAUT) amarre *m*
verteidigen* [fɛɐ'taɪdɪgən] **I.** *vt* (*a.* SPORT, JUR) defender (**gegen** de/contra) **II.** *vr:* **sich ~** defenderse (**mit** con, **gegen** de/contra); *(sich rechtfertigen)* justificarse
Verteidiger(in) *m(f)* <-s, -; -nen> ① (SPORT) defensa *mf* ② (JUR) abogado, -a *m, f* defensor(a)
Verteidigung *f* <-en> (*a.* JUR, SPORT, MIL) defensa *f* (**gegen** contra/de); **was können Sie zu Ihrer ~ vorbringen?** ¿qué puede alegar en su defensa?
Verteidigungsminister(in) *m(f)* ministro, -a *m, f* de Defensa
Verteidigungsministerium *nt* Ministerio *m* de Defensa
verteilen* **I.** *vt* ① *(austeilen)* repartir (**unter/an** entre); *(zuteilen)* asignar ② *(aufteilen)* repartir (**auf** entre); **übers ganze Land verteilt** repartido por todo el país ③ *(ausbreiten)* extender ④ *(verstreichen)* untar **II.** *vr:* **sich ~** extenderse (**auf** en/sobre)
Verteiler *m* <-s, -> (*a.* WIRTSCH) distribuidor *m*
Verteilung *f* <-en> ① *(Austeilung)* reparto *m* (**an/unter** entre); *(Zuteilung)* asignación *f* ② *(Aufteilung)* repartición *f* ③ (WIRTSCH) distribución *f*
Verteilungskampf *m* **~ auf dem Arbeitsmarkt** lucha por un empleo en el mercado laboral; **einen ~ um etw** *akk* **führen** luchar por obtener una (buena) parte de algo (que se reparte)
verteuern* **I.** *vt* encarecer (**um, auf** a) **II.** *vr:* **sich ~** subir de precio (**um, auf** a)
verteufeln* *vt (abw)* condenar
verteufelt *adj (fam)* endiablado; **es war ~ heiß** hacía un calor de mil demonios
vertiefen* **I.** *vt* profundizar **II.** *vr:* **sich ~** *(tiefer werden)* hacerse más profundo; **sich in etw ~** sumergirse en algo; **in etw vertieft sein** estar absorto en algo
Vertiefung *f* <-en> ① *(von Graben, Thema)* profundización *f; (im Gelände)* depresión *f* ② *(von Person)* ensimismamiento *m*
vertikal [vɛrti'ka:l, '---] *adj* vertical
Vertikale [vɛrti'ka:lə] *f* <-n> vertical *f;* **in der ~n** en la vertical
vertilgen* *vt* ① *(Ungeziefer, Unkraut)* exterminar ② *(fam: essen)* zampar
vertippen* *vr:* **sich ~** *(fam)* equivocarse al escribir a máquina

vertonen* [fɛɐ'to:nən] *vt* poner música (a)

vertrackt [fɛɐ'trakt] *adj (fam)* complicado, liado

Vertrag [fɛɐ'tra:k, *pl:* fɛɐ'trɛ:gə] *m* <-(e)s, -träge> contrato *m;* (POL) tratado *m;* **einen ~ schließen** firmar un contrato; **jdn unter ~ nehmen** contratar a alguien; **unter ~ stehen** estar bajo contrato

vertragen* *irr* **I.** *vt* ❶ *(Klima, Aufregung)* soportar ❷ *(Speisen, Medikamente)* tolerar; **ich vertrage keine Milch** la leche me sienta mal; **ich könnte noch ein Bier ~** *(fam)* no me importaría tomar otra cerveza ❸ *(Schweiz: austragen)* repartir **II.** *vr:* **sich ~** ❶ *(Personen)* llevarse bien; **wir haben uns wieder ~** hemos hecho las paces ❷ *(vereinbar sein)* ser compatible, pegar *fam*

vertraglich **I.** *adj* contractual **II.** *adv* por contrato; **~ gebunden sein** estar sujeto a un contrato

verträglich [fɛɐ'trɛ:klɪç] *adj* ❶ *(Speisen)* digerible; **gut/schlecht ~** de fácil digestión/no digestible ❷ *(Personen)* tratable, sociable

Verträglichkeit *f ohne pl* ❶ *(von Speisen)* digestibilidad *f,* digeribilidad *f* ❷ *(von Personen)* tolerancia *f*

Vertragsablauf *m ohne pl* extinción *f* del contrato

Vertragsabschluss *m* cierre *m* del contrato; (POL) cierre *m* del tratado

Vertragsaufhebung *f* rescisión *f* de un contrato

Vertragsbestimmungen *fpl* modalidades *fpl* de un contrato; **nach den ~** de acuerdo a lo pactado en el contrato

Vertragsbruch *m* ruptura *f* de(l) contrato

vertragsbrüchig *adj* refractario; **~ werden** romper un contrato

vertragschließend *adj* contratante; **~e Partei** parte contratante

vertragsgemäß *adj* **nicht ~** no conforme a lo estipulado en el contrato

Vertragshändler *m* <-s, -> concesionario *m* (oficial)

Vertragspartner(in) *m(f)* (parte *f*) contratante *mf*

Vertragswerkstatt *f* taller *m* de reparación autorizado por el fabricante

vertragswidrig *adj* contrario al contrato

vertrauen* *vi* **jdm/etw** *dat* **~** confiar en alguien/de algo

Vertrauen *nt* <-s, *ohne pl*> confianza *f* (**auf/in/zu** en); **im ~ (gesagt)** (dicho sea) entre nosotros; **jdn ins ~ ziehen** confiarse a alguien; **~ zu jdm haben** tener confianza en alguien; **sie besitzt mein volles ~** goza de mi plena confianza; **zu jdm ~ fassen** adquirir confianza con alguien

vertrauenerweckend *adj s.* **erwecken 2.**

Vertrauensarzt, -ärztin *m, f* inspector(a) *m(f)* médico, -a

Vertrauensbruch *m* abuso *m* de confianza

Vertrauensfrage *f* (*a.* POL) cuestión *f* de confianza; **die ~ stellen** plantear la cuestión de confianza

Vertrauensperson *f* persona *f* de confianza

Vertrauenssache[1] *f ohne pl (Frage des Vertrauens)* cuestión *f* de confianza

Vertrauenssache[2] *f (zur vertraulichen Behandlung)* asunto *m* confidencial

vertrauensselig *adj* (demasiado) confiado

vertrauensvoll **I.** *adj* confiado **II.** *adv* con toda confianza

vertrauenswürdig *adj* fiable

Vertrauenswürdigkeit *f* <-, *ohne pl*> fiabilidad *f*

vertraulich *adj* ❶ *(geheim)* confidencial; **~e Mitteilung** confidencia *f;* **streng ~** de alto secreto ❷ *(persönlich)* íntimo; **~ werden** confraternizar

Vertraulichkeit[1] *f ohne pl (Eigenschaft)* carácter *m* confidencial; **es wird absolute ~ zugesagt** se garantiza absoluta discreción

Vertraulichkeit[2] *f* <-en> *(Aufdringlichkeit)* indiscreción *f;* **plumpe ~en** excesiva confianza

verträumt [fɛɐ'trɔɪmt] *adj* ❶ *(Person)* soñador ❷ *(Ort)* romántico

vertraut [fɛɐ'traʊt] *adj* ❶ *(eng verbunden)* familiarizado; *(Freund)* íntimo; **~ miteinander sein** tenerse confianza ❷ *(bekannt)* familiar; **sich mit etw** *dat* **~ machen** familiarizarse con algo

Vertraute(r) *mf* <-n, -n; -n> confidente *mf*

Vertrautheit *f ohne pl* ❶ *(enge Verbundenheit)* intimidad *f* ❷ *(Bekanntheit)* familiaridad *f*

vertreiben* *irr vt* ❶ *(Personen)* echar (**aus** de) ❷ *(Mücken)* ahuyentar; *(Müdigkeit)* hacer desaparecer; **sich** *dat* **die Zeit ~** entretenerse; **jdm die Langeweile ~** entretener a alguien ❸ *(verkaufen)* vender

Vertreibung *f* <-en> expulsión *f* (**aus** de)

vertretbar *adj* ❶ *(Maßnahme)* justificable ❷ (JUR) fungible

vertreten* *irr vt* ❶ *(ersetzen)* su(b)stituir ❷ *(als Beauftragter)* representar; *(als Anwalt)* defender (la causa de) ❸ *(Interessen)* velar (por); *(Ansicht, These)* sostener; *(verantworten)* responsabilizarse (de); **(nicht) ~ sein** (no) figurar (**unter** entre); **stark/schwach ~ sein** tener mucha/poca representación ❹ *(verstauchen)* torcerse; **sich** *dat* **die Füße** ~ estirar las piernas

Vertreter(in) *m(f)* <-s, -; -nen> ❶ *(Stellvertreter)* su(b)stituto, -a *m, f* ❷ *(Beauftragter)* representante *mf*, personero, -a *m, f Am* ❸ *(Handlungsreisender)* agente *mf*, agenciero, -a *m, f Arg* ❹ *(Verfechter)* defensor(a) *m(f)*

Vertretung *f* <-en> ❶ *(Stellvertretung)* su(b)stitución *f; (Person)* su(b)stituto, -a *m, f;* **in ~ von jdm handeln** actuar en representación de alguien ❷ *(Delegation)* representación *f;* **die diplomatische ~** (POL) la misión diplomática ❸ *(Niederlassung)* agencia *f; (Filiale)* sucursal *f*

vertretungsweise *adv* en representación

Vertrieb [fɛɐ'tri:p] *m* <-(e)s, *ohne pl*> ❶ *(von Waren)* venta *f;* **den ~ für etw haben** ser distribuidor de algo ❷ *(Abteilung)* departamento *m* de venta(s)

Vertriebene(r) *mf* <-n, -n; -n> expulsado, -a *m, f*

Vertriebsabteilung *f* sección *f* de ventas

Vertriebsgesellschaft *f* sociedad *f* distribuidora

Vertriebskosten *pl* (WIRTSCH) costes *mpl* de distribución

Vertriebsleitung *f* dirección *f* de ventas

Vertriebsnetz *nt* red *f* de distribución

vertrimmen* *vt (fam)* apalear, poner morado [*o* romper los huesos] (de una paliza)

vertrocknen* *vi sein* secarse

vertrocknet [fɛɐ'trɔknət] *adj* seco

vertrödeln* *vt (fam abw: Zeit)* perder; *(Termin)* olvidarse (de)

vertrösten* *vt* **jdn ~** hacer esperar a alguien

vertrottelt [fɛɐ'trɔtəlt] *adj* atontado

vertun* *irr* **I.** *vt* desperdiciar, malgastar; **eine vertane Gelegenheit** una oportunidad desaprovechada **II.** *vr:* **sich ~** *(fam)* equivocarse

vertuschen* [fɛɐ'tʊʃən] *vt* ocultar

Vertuschungsversuch *m* intento *m* de ocultación

verübeln* [fɛɐ'ʔy:bəln] *vt* **jdm etw ~** tomar a mal algo a alguien

verüben* *vt* cometer; **Selbstmord ~** suicidarse

verunglimpfen* [fɛɐ'ʔʊnglɪmpfən] *vt (geh)* difamar, denigrar

verunglücken* *vi sein* ❶ *(Unfall haben)* tener un accidente; **tödlich ~** morir en un accidente ❷ *(misslingen)* salir mal

Verunglückte(r) *mf* <-n, -n; -n, -n> víctima *f* (de accidente)

verunreinigen* [fɛɐ'ʔʊnraɪnɪgən] *vt* ensuciar; *(Umwelt)* contaminar

Verunreinigung *f* <-, -en> ❶ *(Vorgang)* ensuciamiento *m; (der Umwelt)* contaminación *f* ❷ *(Stoff)* impureza *f*

verunsichern* *vt* confundir

verunsichert [fɛɐ'ʔʊnzɪçɐt] *adj (verwirrt)* confundido; *(unsicher)* inseguro

Verunsicherung *f* <-en> *(Verwirrung)* confusión *f; (Zweifel)* duda *f*

verunstalten* [fɛɐ'ʔʊnʃtaltən] *vt* desfigurar

veruntreuen* [fɛɐ'ʔʊntrɔɪən] *vt* (JUR) desfalcar

Veruntreuung *f* <-en> (JUR) desfalco *m; (öffentlicher Mittel)* malversación *f*

verursachen* [fɛɐ'ʔu:ɐzaxən] *vt* causar, comportar *CSur*

Verursacher(in) *m(f)* <-s, -; -nen> causante *mf*

verurteilen* [fɛɐ'ʔʊrtaɪlən] *vt* (*a.* JUR) condenar (**zu** a); **er wurde zum Tode verurteilt** fue condenado a muerte; **zum Scheitern verurteilt sein** estar condenado al fracaso

Verurteilte(r) *mf* <-n, -n; -n> (JUR) condenado, -a *m, f*

Verurteilung *f* <-en> (*a.* JUR) condena *f*

vervielfachen* [fɛɐ'fi:lfaxən] *vt* multiplicar

vervielfältigen* [fɛɐ'fi:lfɛltɪgən] *vt* (TYPO) reproducir; *(fotokopieren)* fotocopiar, mimeografiar *Am*

Vervielfältigung *f* <-en> ❶ (TYPO) reproducción *f* ❷ *(Kopie)* copia *f*

vervierfachen* [fɛɐ'fi:ɐfaxən] *vt* cuadruplicar

vervollkommnen* [fɛɐ'fɔlkɔmnən] **I.** *vt* perfeccionar **II.** *vr:* **sich ~** perfeccionar (**auf/in**)

vervollständigen* *vt* completar

Vervollständigung *f* <-, -en> completamiento *m*

verwählen* *vr:* **sich ~** *(fam)* marcar mal

verwahren* [fɛɐ'va:rən] **I.** *vt (aufbewahren)* guardar, custodiar **II.** *vr:* **sich ~** protestar (**gegen** contra)

verwahrlosen* [fɛɐ'va:ɐlo:zən] *vi sein* venir a menos; **jdn/etw ~ lassen** dejar que alguien/algo se arruine

verwahrlost [fɛɐ'va:ɐlo:st] *adj* ❶ *(vernachlässigt)* abandonado; *(ungepflegt)* descuidado ❷ *(moralisch)* depravado

Verwahrlosung *f* <-, *ohne pl*> ❶ *(Vernachlässigung)* abandono *m; (Ungepflegtheit)* descuido *m* ❷ *(moralisch)* depravación *f*

Verwahrung *f ohne pl* custodia *f; (zwangsweise Unterbringung)* internamiento *m;* **jdn/etw in ~ nehmen** tomar a alguien/algo bajo custodia

verwaisen* *vi sein* ❶ *(zur Waise werden)* quedarse huérfano; **ein verwaistes Mädchen** una niña huérfana; **sie sind ver-**

waist son huérfanos ❷ *(verlassen werden)* quedar desierto [*o* abandonado]; **verwaist sein** estar desierto

verwalten* *vt* administrar; *(Amt)* desempeñar; (INFOR) actualizar

Verwalter(in) *m(f)* <-s, -; -nen> administrador(a) *m(f),* hacedor(a) *m(f) Am*

Verwaltung *f* <-en> administración *f;* (INFOR) actualización *f*

Verwaltungsapparat *m* aparato *m* administrativo

Verwaltungsbeamte(r) *m,* **-beamtin** *f* funcionario, -a *m, f* administrativo , -a

Verwaltungsbezirk *m* distrito *m* administrativo

Verwaltungsgericht *nt* Tribunal *m* (Contencioso-)Administrativo

Verwaltungskosten *pl* (FIN) gastos *mpl* de gestión

verwandelbar *adj* transformable (**in** en), convertible (**in** en)

verwandeln* **I.** *vt* ❶ *(allgemein)* cambiar; *(verhexen)* convertir (**in** en); **er ist wie verwandelt** parece otro ❷ (CHEM, PHYS) tra(n)sformar (**in** en) **II.** *vr:* **sich ~** tra(n)sformarse (**in** en)

Verwandlung *f* <-en> tra(n)sformación *f* (**in** en), cambio *m*

verwandt [fɛɐ'vant] **I.** *pp von* **verwenden** **II.** *adj (ähnlich)* similar (**mit** a); **mit jdm ~ sein** ser pariente de alguien; **sie sind (miteinander) ~** son parientes

verwandte [fɛɐ'vantə] *3. imp von* **verwenden**

Verwandte(r) *mf* <-n, -n; -n> pariente *mf;* **ein naher/entfernter ~r** un pariente cercano/lejano

Verwandtschaft[1] *f* <-en> ❶ *(das Verwandtsein)* parentesco *m* ❷ *(Ähnlichkeit)* semejanza *f*

Verwandtschaft[2] *f ohne pl (Angehörige)* parientes *mpl*

verwandtschaftlich *adj* de parentesco; **~ verbunden** emparentados

Verwandtschaftsgrad *m* grado *m* de parentesco

verwanzen* [fɛɐ'vantsən] *vt* vigilar con micrófonos (secretos)

verwarnen* *vt* advertir; **jdn gebührenpflichtig ~** multar a alguien

Verwarnung *f* <-en> advertencia *f;* **gebührenpflichtige ~** multa *f*

verwaschen *adj (Stoff)* descolorido; *(Farbe)* pálido; *(Inschrift)* borroso

verweben* *irr vt* ❶ *(ineinanderweben)* entretejer ❷ *(verbrauchen)* gastar el hilo tejiendo

Verwechs(e)lung *f* <-en> confusión *f;* *(Irrtum)* error *m*

verwechseln* *vt* confundir; **sie hat ihn mit dir verwechselt** lo ha confundido contigo; **sie sehen sich** *dat* **zum V~ ähnlich** se parecen como dos gotas de agua

verwegen [fɛɐ'veːgən] *adj* osado

Verwegenheit *f* <-, *ohne pl*> audacia *f*

verwehen* **I.** *vt* ❶ *(auseinandertreiben)* diseminar, dispersar ❷ *(verwischen)* borrar **II.** *vi sein (sich verlieren)* disiparse

verwehren* *vt* **jdm etw ~** prohibir algo a alguien

Verwehung *f* <-en> *(Schneeverwehung)* nieve *f* arremolinada; *(Sandverwehung)* arena *f* arremolinada

Verweigerer, -in *m, f* <-s, -; -nen> pasota *mf;* *(des Militärdienstes)* objetor(a) *m(f)* (de conciencia)

verweigern* *vt* rehusar; **jdm etw ~** negar algo a alguien; **den Kriegsdienst ~** ser objetor de conciencia, objetar *fam*

Verweigerung *f* <-en> *(Ablehnung)* rechazo *m;* *(Absage)* negativa *f;* *(Verbot)* prohibición *f*

verweilen* *vi (geh)* permanecer; *(stehen bleiben)* detenerse

verweint [fɛɐ'vaɪnt] *adj* lloroso; *(Augen)* lacrimoso

Verweis [fɛɐ'vaɪs] *m* <-es, -e> ❶ *(Rüge)* reprimenda *f;* **jdm einen ~ erteilen** reprender a alguien ❷ *(Hinweis)* referencia *f* (**auf** a)

verweisen* *irr* **I.** *vt* ❶ *(hinweisen)* remitir (**auf/an** a) ❷ *(ausweisen)* expulsar (**aus** de) ❸ *(geh: rügen)* reprender ❹ (JUR: *überweisen*) remitir (**an** a) **II.** *vi* indicar (**auf**)

verwelken* *vi sein* marchitarse

verwendbar *adj* utilizable (**zu/für** para); **mehrfach ~** de uso múltiple

verwenden <verwendet, verwendete *o* verwandte, verwendet *o* verwandt> **I.** *vt* usar (**zu/für** para, **bei** en); *(Methode, Mittel)* emplear (**zu/für** para, **bei** en) **II.** *vr:* **sich ~** *(geh)* interceder (**für** por, **bei** ante)

Verwendung *f* <-en> empleo *m,* uso *m;* **~ finden** ser utilizado; **ich habe dafür keine ~** no sé qué hacer con eso

Verwendungsmöglichkeit *f* <-, -en> *(eines Menschen)* (posible) función *f;* *(eines Gerätes)* (posible) función *f,* (posible) uso *m*

Verwendungszweck *m* uso *m* previsto

verwerfen* *irr* **I.** *vt* ❶ *(ablehnen)* rechazar; *(aufgeben)* desechar ❷ (JUR: *zurückweisen*) reprobar **II.** *vr:* **sich ~** ❶ *(Holz, Tür)* alabearse ❷ (GEO) formarse una falla

verwerflich *adj* reprobable, reprochable

Verwerfung *f* <-, -en> ❶ *(Ablehnung)* rechazo *m;* *(Aufgabe)* no aceptación *f* ❷ (JUR: *Zurückweisung*) desestimación *f*

verwertbar *adj* utilizable, aprovechable
Verwertbarkeit *f* <-, *ohne pl*> (re)utilización *f*
verwerten* *vt* utilizar, aprovechar
Verwertung *f* <-en> utilización *f*, aprovechamiento *m*
verwesen* [fɛɐ'veːzən] *vi sein* descomponerse
Verwesung *f* <-en> descomposición *f*
verwetten* *vt* apostar; **ein Vermögen verwettet haben** haber perdido una fortuna en apuestas
verwickeln* **I.** *vt* **jdn in etw ~** envolver a alguien en algo **II.** *vr:* **sich ~** *(a. fig)* enredarse; **sich in Widersprüche ~** incurrir en contradicciones
verwickelt *adj* complicado
Verwicklung *f* <-, -en> ❶ *(in Skandal)* implicación *f* (**in** en) ❷ *(Schwierigkeit)* complicación *f*; **diplomatische ~en** complicaciones diplomáticas
verwiesen *pp von* **verweisen**
verwildern* [fɛɐ'vɪldɐn] *vi sein* ❶ *(Park, Garten)* estar abandonado ❷ *(Haustier)* volverse salvaje ❸ *(Sitten)* degenerar
verwildert *adj* ❶ *(Garten)* abandonado ❷ *(Tier)* salvaje ❸ *(Aussehen)* descuidado; *(Kind)* indisciplinado, malcriado
verwinkelt [fɛɐ'vɪŋkəlt] *adj* de muchos rincones
verwirklichen* **I.** *vt* realizar, hacer realidad **II.** *vr:* **sich ~** ❶ *(Wirklichkeit werden)* hacerse realidad ❷ *(Mensch)* realizarse
Verwirklichung *f* <-en> realización *f*
verwirren* [fɛɐ'vɪrən] **I.** *vt* ❶ *(Fäden)* enredar; *(Haare)* enmarañar ❷ *(verunsichern)* confundir, historiar *Am* **II.** *vr:* **sich ~** ❶ *(Fäden)* enredarse; *(Haare)* enmarañarse ❷ *(Sinne)* turbarse
verwirrend *adj* confuso
verwirrt *adj* ❶ *(Fäden, Angelegenheit)* enredado ❷ *(Person)* confuso, giro *Cuba*
Verwirrung *f* <-en> ❶ *(Durcheinander)* confusión *f* ❷ *(Verstörtheit)* turbación *f*
verwischen* **I.** *vt* ❶ *(Schrift)* emborronar; *(beim Malen)* difuminar ❷ *(beseitigen)* borrar **II.** *vr:* **sich ~** *(Erinnerung, Umrisse)* desdibujarse; *(Grenzen)* borrarse
verwittern* [fɛɐ'vɪtɐn] *vi sein* desmoronarse
verwittert *adj (Gebäude, Gestein)* desmoronado; *(Gesicht)* curtido
Verwitterung *f* <-, -en> desmoronamiento *m*
verwitwet [fɛɐ'vɪtvət] *adj* viudo
verwoben *pp von* **verweben**
verwöhnen* [fɛɐ'vøːnən] *vt* mimar, pastorear *AmC*
verwöhnt [fɛɐ'vøːnt] *adj* ❶ *(Kind)* mimado, engreído *Am* ❷ *(anspruchsvoll)* exigente; *(Geschmack)* refinado
verworfen [fɛɐ'vɔrfən] **I.** *pp von* **verwerfen** **II.** *adj (geh)* vil, infame
verworren [fɛɐ'vɔrən] *adj* confuso
verwundbar *adj* vulnerable
verwunden* *vt* herir, victimar *Am*
verwunderlich [fɛɐ'vʊndɐlɪç] *adj (erstaunlich)* sorprendente; *(sonderbar)* raro; **was ist daran ~?** ¿qué hay de raro en ello?
verwundern* *vt* sorprender; **es hat mich sehr verwundert, dass ...** me ha sorprendido mucho que... +*subj*
verwundert *adj* asombrado, sorprendido; **~ gucken** mirar extrañado
Verwunderung *f ohne pl* asombro *m;* **zu meiner ~** para mi sorpresa
verwundet *adj* herido
Verwundete(r) *mf* <-n, -n; -n> herido, -a *m, f*
Verwundung *f* <-en> herida *f*
verwünschen* *vt* maldecir
verwurzelt *adj* enraizado (**in/mit** en)
verwüsten* [fɛɐ'vyːstən] *vt* devastar
Verwüstung *f* <-en> devastación *f*; **~en anrichten** devastar
verzagen* [fɛɐ'tsaːgən] *vi sein o haben (geh)* desalentarse, desanimarse, achipolarse *Méx*, acholarse *Arg, Chil, Perú*
verzagt [fɛɐ'tsaːkt] *adj* desanimado
verzählen* *vr:* **sich ~** equivocarse al contar
verzaubern* *vt* encantar; **jdn in etw ~** tra(n)sformar a alguien en algo
Verzauberung *f* <-, -en> encantamiento *m*, transformación *f* (por arte de magia)
verzehnfachen* [fɛɐ'tseːnfaxən] *vt* decupl(ic)ar
Verzehr [fɛɐ'tseːɐ] *m* <-(e)s, *ohne pl*> ❶ *(das Verzehren)* consumo *m* ❷ *(das Verzehrte)* consumición *f*
verzehren* **I.** *vt* consumir **II.** *vr (geh)* **sich nach etw** *dat* **~** suspirar por algo; **sich vor Sehnsucht nach etw** *dat* **~** consumirse en deseos de algo
verzeichnen* *vt* ❶ *(vermerken)* anotar; *(aufzeichnen)* registrar; **große Erfolge ~** registrar grandes éxitos ❷ *(falsch zeichnen)* dibujar mal
Verzeichnis *nt* <-ses, -se> lista *f*; *(im Buch)* índice *m*
verzeihen [fɛɐ'tsaɪən] <verzeiht, verzieh, verziehen> *vt* perdonar; **jdm etw ~** perdonar algo a alguien; **~ Sie!** ¡perdone!
verzeihlich *adj* perdonable
Verzeihung *f ohne pl* perdón *m;* **jdn um ~ bitten** pedir(le) perdón a alguien
verzerren* **I.** *vt* ❶ *(Gesicht)* desfigurar ❷ *(Sehne, Lautsprecher)* distorsionar ❸ *(Spiegel)* desfigurar ❹ *(Ereignisse, Be-*

V

richt) tergiversar; *(Wettbewerb)* trucar; **etw verzerrt wiedergeben** contar algo trastocándolo **II.** *vr:* **sich ~** desfigurarse

verzerrt *adj* ❶ *(Gesicht, Tatsache)* desfigurado ❷ *(Sehne)* distorsionado, torcido ❸ *(Bild)* deformado; *(Ton)* distorsionado

verzetteln* [fɛɐ'tsɛtəln] **I.** *vt* escribir en fichas **II.** *vr:* **sich ~** perderse en detalles

Verzicht [fɛɐ'tsɪçt] *m* <-(e)s, -e> renuncia *f* (**auf** a)

verzichten* *vi* renunciar (**auf** a); *(auf ein Recht)* desistir (**auf** de)

verzieh [fɛɐ'tsiː] *3. imp von* **verzeihen**

verziehen[1] *pp von* **verzeihen**

verziehen*[2] *irr* **I.** *vi sein (umziehen)* mudarse (**nach** a) **II.** *vt* ❶ *(Kind)* malcriar ❷ *(Mund, Züge)* torcer **III.** *vr:* **sich ~** ❶ *(Holz, Tür)* alabearse; *(Stoff)* dar de sí ❷ *(Gesicht)* desfigurarse ❸ *(Nebel, Wolken)* disiparse; *(Gewitter)* pasar ❹ *(fam: weggehen)* largarse; *(heimlich)* esfumarse; **los, verzieh dich!** ¡lárgate!

verzieren* *vt* adornar

Verzierung *f* <-en> adorno *m*

verzinsen* [fɛɐ'tsɪnzən] **I.** *vt* pagar intereses (**mit** de); **etw mit fünf Prozent ~** pagar intereses del cinco por ciento por algo **II.** *vr:* **sich ~** producir intereses (**mit** de)

Verzinsung *f* <-, -en> *(das Verzinsen)* pago *m* de intereses; *(Zinssatz)* interés *m*

verzocken* *vt (sl: beim Karten spielen)* perder

verzogen [fɛɐ'tsoːgən] **I.** *pp von* **verziehen[2]** **II.** *adj* ❶ *(Holz, Tür)* alabeado ❷ *(Kind)* malcriado ❸ *(umgezogen)* **~ sein** haber cambiado de domicilio; **unbekannt ~** destinatario desconocido

verzögern* **I.** *vt (hinausziehen)* aplazar; *(verspäten)* retrasar (**um**) **II.** *vr:* **sich ~** retrasarse (**um**)

Verzögerung *f* <-en> retraso *m* (**von** de)

verzollen* [fɛɐ'tsɔlən] *vt* pagar aduana (por); **haben Sie etwas zu ~?** ¿tiene algo que declarar?

verzollt *adj* con los derechos de aduana pagados

Verzug [fɛɐ'tsuːk] *m* <-(e)s, *ohne pl*> *(bei Lieferung)* demora *f; (bei Zahlung)* retraso *m;* **in ~ geraten** retrasarse; **es ist Gefahr im ~** se avecina un peligro

verzweifeln* *vi sein* desesperar; **an etw** *dat* **~** desesperarse a causa de algo; **es ist zum V~** es para desesperarse

verzweifelt *adj* desesperado

Verzweiflung *f* <-en> desesperación *f;* **etw aus ~ tun** hacer algo por desesperación; **in seiner ~** en su desesperación; **jdn zur ~ treiben** llevar a alguien a la desesperación

verzweigen* [fɛɐ'tsvaɪgən] *vr:* **sich ~** ramificarse; *(in zwei Richtungen)* bifurcarse

Verzweigung *f* <-en> ❶ *(in mehrere Richtungen)* ramificación *f; (in zwei Richtungen)* bifurcación *f* ❷ *(Schweiz: Kreuzung)* cruce *m*

verzwickt [fɛɐ'tsvɪkt] *adj (fam)* lioso

Vesper[1] ['fɛspɐ] *f* <-n> (REL) vísperas *fpl*

Vesper[2] *f* <-n> *südd: nt* <-s, -> tentempié *m; (nachmittags)* merienda *f*

Vesperbrot[1] *nt ohne pl s.* **Vesper[2]**

Vesperbrot[2] *nt (Brot)* (rebanada *f* de) pan *m (que se toma como tentempié o merienda)*

vespern ['fɛspɐn] *vi (reg)* tomar un tentempié; *(nachmittags)* merendar

Veteran [vete'raːn] *m* <-en, -en> veterano *m*

Veterinär(in) [veteri'nɛːɐ] *m(f)* <-s, -e; -nen> veterinario, -a *m, f*

Veto ['veːto] *nt* <-s, -s> (POL) veto *m;* **sein ~ gegen etw einlegen** poner el veto a algo

Vetomacht *f* (POL) potencia *f* con derecho a veto

Vetorecht *nt* <-(e)s, *ohne pl*> derecho *m* de veto

Vetter ['fɛtɐ] *m* <-s, -n> primo *m*

Vetternwirtschaft *f ohne pl (abw)* nepotismo *m*

V-Frau *f (Verbindungsfrau)* enlace *m; (Agentin)* informante *f; (Vermittlerin)* intermediaria *f*

vgl. *Abk. von* **vergleiche** cf.

VHS [faʊhaː'ʔɛs] *f ohne pl Abk. von* **Volkshochschule** universidad *f* popular

via [viːa] *präp +akk* vía

Viadukt [via'dʊkt] *m o nt* <-(e)s, -e> viaducto *m*

Vibration [vibra'tsjoːn] *f* <-en> vibración *f*

Vibrator [vi'braːtoːɐ] *m* <-s, -en> vibrador *m*

vibrieren* [vi'briːrən] *vi* vibrar

Video ['viːdeo] *nt* <-s, -s> vídeo *m,* video *m Am;* **etw auf ~ haben** tener algo en vídeo

Videoaufzeichnung ['viːdeo-] *f* grabación *f* en vídeo

Videoband *nt* cinta *f* de vídeo

Videoclip *m* videoclip *m*

Videofilm *m* película *f* de vídeo

Videokamera *f* cámara *f* de vídeo

Videokassette *f* videocasete *f*

Videokonferenz *f* conferencia *f* por vídeo

Videorecorder *m,* **Videorekorder** *m* (aparato *m* de) vídeo *m*

Videospiel *nt* videojuego *m*
Videotext *m* videotexto *m*
Videothek [video'te:k] *f* <-en> videoteca *f*
Videoüberwachung *f* vigilancia *f* por (cámara de) vídeo
Videoüberwachungssystem *nt* dispositivo *m* de televisión
Viech [fi:ç] *nt* <-(e)s, -er> *(fam)* ❶ *(Tier)* bicho *m; (größer)* bestia *f* ❷ *(Mensch)* bestia *mf,* bruto, -a *m, f*
Vieh [fi:] *nt* <-(e)s, *ohne pl*> ❶ *(Rinder)* ganado *m; (einzelnes)* res *f;* **zehn Stück ~** diez reses ❷ *(fam abw: Tier, Mensch)* bestia *f*
Viehhandel *m ohne pl* comercio *m* de ganado
Viehhändler(in) *m(f)* tratante *mf* de ganado
Viehzucht *f ohne pl* ganadería *f*
Viehzüchter(in) *m(f)* <-s, -; -, -nen> ganadero, -a *m, f,* hacendado, -a *m, f Arg, Chil*
viel [fi:l] **I.** *adj o pron indef* <mehr, am meisten> ❶ *(eine Menge)* mucho; **es gibt ~ Arbeit** hay mucho trabajo; **~ Spaß!** ¡que lo pases bien!; **mit ~ Mühe** con mucho esfuerzo; **~/nicht ~ von etw** *dat* **halten** tener algo en gran/poca consideración; **er weiß ~** sabe mucho; **~e Menschen/Dinge** mucha gente/muchas cosas; **~e kamen** vino bastante gente; **sie gleichen sich in ~em** se parecen en muchas cosas; **sie ist um ~es jünger** ella es mucho más joven ❷ **so ~** tanto; **so ~ wollte ich gar nicht** no quería tanto; **nimm, so ~ du willst** coge lo que quieras; **das ist so ~ wie ein Geständnis** esto es prácticamente una confesión; **das ist so ~ wie gar nichts** eso y nada es lo mismo; **noch mal so ~** otro tanto; **halb/doppelt so ~ Arbeit** la mitad/el doble de trabajo ❸ **wie ~?** ¿cuánto?; **wie ~ kostet das?** ¿cuánto vale eso?; **wie ~ Uhr ist es?** ¿qué hora es?; **um wie ~ größer ... ?** ¿cuánto más grande...?; **wie ~ das wieder gekostet hat!** ¡qué caro!; **wie ~e Leute waren da?** ¿cuántas personas había? ❹ **zu ~** demasiado; **eine zu ~** una de más; **das wäre zu ~ verlangt** esto sería pedir demasiado; **mir ist das alles zu ~** todo esto es demasiado para mí; **ich krieg' zu ~** *(fam)* me va a dar un ataque; **was zu ~ ist, ist zu ~** para todo hay un límite; **sie hat einen zu ~ getrunken** *(fam)* ha bebido una copa de más **II.** *adv* ❶ *(häufig)* mucho, (muy) a menudo ❷ *(wesentlich)* considerablemente; **~ teurer** mucho más caro; **~ zu kurz** demasiado corto; **~ zu ~** demasiado
vielbeschäftigt *adj s.* **beschäftigt 1.**

V

vieldeutig ['fi:ldɔɪtɪç] *adj* ambiguo; (LING) polisémico
Vieleck ['fi:lʔɛk] *nt* <-(e)s, -e> polígono *m*
vieleckig *adj* poligonal
vielerlei ['fi:lɐ'laɪ] *adj inv* ❶ *(attributiv)* mucho, diverso ❷ *(allein stehend)* mucho, muchas cosas; **~ gesehen haben** haber visto mucho
vielerorts ['fi:lɐ'ʔɔrts] *adv* en muchos sitios, en muchas regiones
vielfach ['fi:lfax] **I.** *adj* ❶ *(viele Male)* múltiple; *(wiederholt)* reiterado; **auf ~en Wunsch** a petición general ❷ *(vielfältig)* diverso, vario **II.** *adv* con frecuencia, a menudo; **größer als ~ angenommen** mayor de lo que a menudo se piensa
Vielfache(s) *nt* <-n, *ohne pl*> múltiplo *m* (**von** de); **um ein ~s** mucho más
Vielfalt ['fi:lfalt] *f ohne pl* variedad *f* (**von/an** de)
vielfältig ['fi:lfɛltɪç] *adj* variado; *(Mensch)* polifacético
Vielfältigkeit *f* <-, *ohne pl*> *s.* **Vielfalt**
vielfarbig *adj* multicolor
Vielflieger(in) *m(f)* pasajero, -a *m, f* habitual
Vielfraß ['fi:lfra:s] *m* <-es, -e> (ZOOL) glotón *m; (fam: Person)* tragón, -ona *m, f*
vielleicht [fi'laɪçt] *adv* ❶ *(möglicherweise)* quizá(s), tal vez, capaz *Am;* **~ sagst du mir mal, warum ...** quizá te dignes a decirme por qué... ❷ *(etwa)* por casualidad, acaso; **hast du ~ meinen Schlüssel gesehen?** ¿has visto por casualidad mi llave?; **soll ich ~ alles alleine machen ?** ¿acaso tengo que hacerlo todo yo solo? ❸ *(ungefähr)* más o menos; **es waren ~ 500 Leute dort** habría más o menos 500 personas allí; **ich war ~ aufgeregt** no te puedes imaginar qué excitado estaba
vielmals ['-ma:ls] *adv* **ich bitte ~ um Entschuldigung** mil perdones; **danke ~!** ¡mil gracias!
vielmehr ['--] *adv* ❶ *(richtig, besser)* mejor dicho ❷ *(im Gegenteil)* más bien; **ich glaube ~, dass ...** creo más bien que...
vielsagend *adj s.* **sagen**
vielschichtig *adj* ❶ *(aus vielen Schichten)* de muchas capas ❷ *(komplex)* complejo
vielseitig *adj* ❶ *(umfassend)* amplio; *(abwechslungsreich)* variado; **~ anwendbar** de uso múltiple; **~ interessiert** con intereses variados ❷ *(Mensch)* polifacético
vielsprachig *adj* políglota
vielversprechend *adj s.* **versprechen I.**
Vielvölkerstaat *m* estado *m* multiétnico
Vielzahl *f ohne pl* multitud *f* (**an/von** de), sinnúmero *m* (**an/von** de)
vier [fi:ɐ] *adj inv* cuatro; **jdn unter ~**

Augen sprechen hablar con alguien a solas; **sich auf seine ~ Buchstaben setzen** *(fam)* sentarse sobre donde la espalda pierde su digno nombre; **auf allen ~en** *(fam)* a gatas; **alle ~e von sich** *dat* **strecken** *(fam)* desperezarse; *s. a.* **acht**[1]

Vier *f* <-en> cuatro *m; (Schulnote)* suficiente *m*

Vieraugengespräch [-'----] *nt (fam)* conversación *f* a solas

Vierbeiner *m* <-s, -> cuadrúpedo *m*

vierbeinig *adj* cuadrúpedo

vierblätt(e)rig *adj* cuadrifolio

Viereck ['fiːɐʔɛk] *nt* <-(e)s, -e> cuadrilátero *m; (Quadrat)* cuadrado *m*

viereckig *adj* cuadrangular; *(quadratisch)* cuadrado

viereinhalb ['--'-] *adj inv* cuatro y medio

Vierer ['fiːrɐ] *m* <-s, -> ① *(Boot)* bote *m* de a cuatro ② *(reg: Note)* suficiente *m*

viererlei ['fiːrɐ'laɪ] *adj* de cuatro clases diferentes, cuatro clases (diferentes) de; *s. a.* **achterlei**

vierfach ['fiːɐfax] **I.** *adj* cuádruple; **~ vorhanden sein** estar disponible cuatro veces **II.** *adv* cuatro veces; *s. a.* **achtfach**

vierhändig ['fiːɐhɛndɪç] *adj* (MUS) a cuatro manos

vierhundert ['-'--] *adj inv* cuatrocientos; *s. a.* **achthundert**

vierjährig ['-jɛːrɪç] *adj (vier Jahre alt)* de cuatro años; *(vier Jahre dauernd)* de cuatro años de duración

Vierkant ['-kant] *m o nt* <-(e)s, -e> (TECH) cuadrado *m*

Vierkantschlüssel *m* (TECH) llave *f* para tornillos de cabeza cuadrada

vierköpfig *adj* de cuatro cabezas; *(Familie)* de cuatro personas

viermal *adv* cuatro veces; *s. a.* **achtmal**

viermotorig *adj* cuatrimotor

Vierradantrieb *m* (AUTO) tracción *f* a las cuatro ruedas

vierspurig ['-ʃpuːrɪç] *adj* de cuatro carriles

vierstellig *adj* de cuatro cifras

viert zu ~ de a cuatro

Viertaktmotor *m* (AUTO) motor *m* de cuatro tiempos

viertausend ['-'--] *adj inv* cuatro mil; *s. a.* **achttausend**

vierte(r, s) *adj* cuarto; *s. a.* **achte(r, s)**

vierteilen *vt* ① *(Menschen)* descuartizar ② *(Gegenstände)* dividir en cuatro partes, partir en cuartos

viertel ['fɪrtəl] *adj inv* cuarto; **eine ~ Stunde** [*o* **Viertelstunde**] un cuarto de hora; *s. a.* **achtel**

Viertel ['fɪrtəl] *nt* <-s, -> ① *(Maß)* cuarto *m;* **ein ~ Wein** un cuartillo ② *(Teil)* cuarto *m,* cuarta parte *f;* **drei ~ der Bevölkerung** tres cuartas partes de la población; **~ nach/vor drei** las tres y/menos cuarto ③ *(Stadtviertel)* barrio *m*

Viertelfinale *nt* (SPORT) cuarto *m* de final

Vierteljahr ['--'-] *nt* trimestre *m*

vierteljährlich I. *adj* trimestral **II.** *adv* cada tres meses

Viertelliter ['--'--] *m o nt* cuarto *m* de litro

vierteln *vt* dividir en cuatro partes

Viertelnote *f* (MUS) negra *f*

Viertelstunde ['--'--] *f* cuarto *m* de hora; *s. a.* **viertel**

viertelstündlich I. *adj* de un cuarto de hora **II.** *adv* cada cuarto de hora

viertens ['fiːɐtəns] *adv* en cuarto lugar; *(bei Aufzählung)* cuarto; *s. a.* **achtens**

Viertürer [-tyːrɐ] *m* <-s, -> (AUTO) coche *m* de cuatro puertas

Viervierteltakt [-'---] *m* (MUS) compás *m* de compasillo

vierzehn ['fɪrtseːn] *adj inv* catorce; **in ~ Tagen** en quince días; *s. a.* **acht**[1]

vierzehntägig [-tɛːgɪç] *adj* de quince días

vierzehntäglich *adj* cada quince días

vierzehnte(r, s) *adj* decimocuarto; *s. a.* **achte(r, s)**

Vierzeiler *m* <-s, -> cuarteto *m*

vierzig ['fɪrtsɪç] *adj inv* cuarenta; *s. a.* **achtzig**

vierziger ['fɪrtsɪgɐ] *adj* **die ~ Jahre** los años cuarenta

Vierzigerjahre *ntpl* **die ~** la década de los cuarenta

vierzigste(r, s) *adj* cuadragésimo; *s. a.* **achtzigste(r, s)**

Vierzigstel *nt* <-s, -> cuarentava parte *f; s. a.* **Achtel**

Vierzigstundenwoche *f* semana *f* laboral de 40 horas

Vierzimmerwohnung ['-'----] *f* piso *m* de cuatro habitaciones

Vietnam [viɛt'nam] *nt* <-s> Vietnam *m*

Vietnamese, -in [viɛtna'meːzə] *m, f* <-n, -n; -nen> vietnamita *mf*

vietnamesisch *adj* vietnamita

Vikar(in) [vi'kaːɐ] *m(f)* <-s, -e; -nen> (REL) vicario, -a *m, f*

Villa ['vɪla] *f* <Villen> villa *f*

Villenviertel *nt* barrio *m* residencial de lujo

violett [vio'lɛt] *adj* violeta, morado

Violett *nt (Farbe)* violeta *m*

Violine [vio'liːnə] *f* <-n> (MUS) violín *m*

Violinist(in) [violi'nɪst] *m(f)* <-en, -en; -nen> (MUS) violinista *mf*

Violinschlüssel *m* (MUS) clave *f* de sol

VIP, V.I.P. [vɪp] *mf* <-s, -s; -s> *Abk. von* **Very Important Person** vip *mf*

Viper ['vi:pɐ] *f* <-n> (ZOOL) víbora *f*
VIP-Lounge ['vɪplaʊndʒ] *f* <-, -s> salón *m* de vips
viral *adj inv* (MED: *Infektion*) vírico
Viren ['vi:rən] *pl von* **Virus**
Virensuchprogramm *nt* (INFOR) programa *m* cazavirus
Virologie [virolo'gi:] *f* <-, *ohne pl*> (BIOL, MED) virología *f*
virtuell [vɪrtu'ɛl] *adj* (INFOR) virtual; **~er Raum** espacio virtual
virtuos [vɪrtu'o:s] *adj* virtuoso
Virtuose, -in [vɪrtu'o:zə] *m, f* <-n, -n; -, -nen> virtuoso, -a *m, f*
virulent [viru'lɛnt] *adj* (MED) virulento
Virus ['vi:rʊs] *m o nt* <-, Viren> (*a.* INFOR) virus *m inv*
Virusinfektion *f* (MED) infección *f* vírica
Visa ['vi:za] *pl von* **Visum**
Visagist(in) [viza'ʒɪst] *m(f)* <-en, -en; -nen> técnico, -a *m, f* facial
vis-a-vis *präp*, **vis-à-vis** *präp +dat* enfrente de, frente a
Visen ['vi:zən] *pl von* **Visum**
Visier [vi'zi:ɐ] *nt* <-s, -e> ❶ *(am Helm)* visera *f* ❷ *(am Gewehr)* (punto *m* de) mira *f*; **jdn/etw ins ~ nehmen** fijar su atención en alguien/algo
Vision [vi'zjo:n] *f* <-en> visión *f*
visionär [vizjo'nɛ:ɐ] *adj* visionario
Visionär(in) *m(f)* <-s, -e; -, -nen> visionario, -a *m, f*
Visite [vi'zi:tə] *f* <-n> (MED) visita *f*; **~ machen** pasar visita
Visitenkarte *f* tarjeta *f* de visita
Viskose [vɪs'ko:zə] *f ohne pl* (CHEM) viscosa *f*
visuell [vizu'ɛl] *adj* visual
Visum ['vi:zʊm] *nt* <-s, Visa *o* Visen> ❶ *(Sichtvermerk)* visado *m*, visa *f Am* ❷ *(Schweiz: Namenskürzel)* firma *f*
Vita ['vi:ta] *f* <-, Viten *o* Vitae> *(geh)* currículum *m* vitae
vital [vi'ta:l] *adj* vital
vitalisieren* [vitali'zi:rən] *vt* vitalizar
Vitalität *f ohne pl* vitalidad *f*
Vitamin [vita'mi:n] *nt* <-s, -e> vitamina *f*; **~ B haben** *(fam fig)* tener enchufe
vitaminarm *adj* pobre en vitaminas; **~ sein** ser pobre en vitaminas
Vitaminmangel *m ohne pl* carencia *f* de vitaminas
vitaminreich *adj* rico en vitaminas
Vitamintablette *f* pastilla *f* de vitaminas
Vitrine [vi'tri:nə] *f* <-n> vitrina *f*
Vizekanzler(in) *m(f)* vicecanciller *mf*
Vizekönig(in) *m(f)* virrey, virreina *m, f*
Vizepräsident(in) *m(f)* vicepresidente, -a *m, f*

V

Vlies [fli:s] *nt* <-es, -e> ❶ *(Schafwolle)* vellocino *m* ❷ *(Fasermaterial)* fieltro *m*
V-Mann *m* <-(e)s, -Männer *o* -Leute> *(Verbindungsmann)* enlace *m*; *(Agent)* informante *m*; *(Vermittler)* intermediario *m*
Vogel ['fo:gəl, *pl:* 'fø:gəl] *m* <-s, Vögel> ❶ *(Tier)* pájaro *m*; **einen ~ haben** *(fam)* estar chiflado; **jdm einen ~ zeigen** *(fam)* ≈ dar(le) a alguien un corte de mangas; **den ~ abschießen** *(fam)* llevarse la palma ❷ *(fam: Mensch)* tipo *m* raro; **ein komischer ~** un tipo extraño
Vogeldreck *m* <-(e)s, *ohne pl*> excrementos *mpl* de pájaro
vogelfrei *adj* fuera de la ley; **jdn für ~ erklären** declarar a alguien fuera de la ley
Vogelfutter *nt* comida *f* para pájaros
Vogelkäfig *m* jaula *f*
vögeln ['fø:gəln] *vi, vt (vulg)* follar, coger *Am*
Vogelnest *nt* nido *m* de pájaro
Vogelperspektive *f* vista *f* de pájaro; **aus der ~** a vista de pájaro
Vogelscheiße *f* <-, *ohne pl*> *(vulg) s.* **Vogeldreck**
Vogelscheuche *f* <-n> espantapájaros *m inv*
Vogelschwarm *m* <-(e)s, -schwärme> bandada *f*, parvada *f Am*
Vogel-Strauß-Politik *f (fam)* comportamiento *m* del avestruz
Vogesen [vo'ge:zən] *pl* (GEO) **die ~** los Vosgos *mpl*
Voicemail ['vɔysme:l] *f* <-, -s> buzón *m* de voz
Vokabel [vo'ka:bəl] *f* <-n> vocablo *m*
Vokabular [vokabu'la:ɐ] *nt* <-s, -e> vocabulario *m*
Vokal [vo'ka:l] *m* <-s, -e> (LING) vocal *f*
Vokativ ['vo:kati:f, --'-] *m* <-s, -e> (LING) vocativo *m*
Voliere [vo'lje:rə, vo'ljɛ:rə] *f* <-, -n> pajarera *f*
Volk[1] [fɔlk, *pl:* 'fœlkɐ] *nt* <-(e)s, Völker> ❶ *(allgemein)* pueblo *m*; *(Nation)* nación *f* ❷ (ZOOL) colonia *f*
Volk[2] *nt* <-(e)s, *ohne pl*> ❶ *(Bevölkerung)* población *f*; **der Mann aus dem ~** el hombre de la calle ❷ *(Leute)* gente *f*; *(Menschenmenge)* multitud *f*; **etw unters ~ bringen** divulgar algo; **sich unters ~ mischen** mezclarse con la gente
Völkerball *m* <-(e)s, *ohne pl*> (SPORT) coma *m*
Völkerbund *m ohne pl* Sociedad *f* de Naciones
Völkerkunde *f ohne pl* etnología *f*
Völkermord *m* genocidio *m*

Völkerrecht *nt ohne pl* derecho *m* internacional
völkerrechtlich *adj* de derecho internacional
Völkerverständigung *f* entendimiento *m* entre los pueblos
Völkerwanderung *f* ❶ (SOZIOL) migración *f* de los pueblos ❷ *(fam: Menschenstrom)* afluencia *f* masiva
Volksabstimmung *f* (POL) referéndum *m*
Volksbank *f* (FIN) banco *m* popular
Volksbefragung *f* (POL) consulta *f* popular
Volksbegehren *nt* <-s, -> (POL) petición *f* de referéndum
volkseigen *adj* nacionalizado
Volksentscheid *m* (POL) plebiscito *m*
Volksfest *nt* fiesta *f* popular
Volksglaube(n) *m* <-(n)s, *ohne pl*> creencia *f* pupular
Volkshochschule *f* ≈ centro *m* de formación de adultos; **Kurse an der ~ besuchen** asistir a cursos en la universidad popular
Volkskrankheit *f* enfermedad *f* muy extendida
Volkskunde *f* <-, *ohne pl*> folclore *m*
Volkslied *nt* canción *f* popular
Volksmärchen *nt* <-s, -> cuento *m* popular
Volksmund *m ohne pl* lenguaje *m* popular
Volksmusik *f* música *f* folclórica
Volkspartei *f* partido *m* popular
Volksrepublik *f* república *f* popular
Volksschule *f* escuela *f* de enseñanza primaria
Volksstamm *m* tribu *f*
Volkstanz *m* baile *m* folclórico
volkstümlich ['fɔlksty:mlɪç] *adj* popular
Volksverdummung *f (fam abw)* engaño *m* del pueblo
Volksverhetzung *f* instigación *f* del pueblo
Volksvertretung *f* parlamento *m*
Volkswirt(in) *m(f)* economista *mf*
Volkswirtschaft *f* economía *f* política
volkswirtschaftlich *adj* económico nacional
Volkswirtschaftslehre *f ohne pl* economía *f* política
Volkszählung *f* censo *m* nacional
voll [fɔl] **I.** *adj* ❶ *(gefüllt)* lleno (**von/mit** de); *(besetzt)* ocupado; **brechend ~** a tope *argot;* **halb ~** medio lleno; **mit ~em Mund** con la boca llena; **ich bin ~ (bis oben hin)** *(fam)* estoy (absolutamente) lleno; **einen Teller ~ essen** comer un plato (de algo); **aus dem V~en schöpfen** gastar a manos llenas ❷ *(erfüllt)* rebosante (de); **~(er) Freude** rebosante de alegría ❸ *(fam: betrunken)* borracho ❹ *(rundlich)* regordete ❺ *(Geschmack)* intenso; *(Stimme)* sonoro; *(Farbton)* intenso; **~es Haar haben** tener mucho pelo ❻ *(vollständig)* entero, completo; **eine ~e Stunde warten** esperar una hora entera; **in ~er Größe** de cuerpo entero; **das ~e Ausmaß der Katastrophe** el alcance total de la catástrofe; **in ~er Fahrt** en plena marcha; **die ~e Verantwortung tragen** cargar con toda la responsabilidad; **in ~em Ernst** completamente en serio; **~e Kanne** *(sl)* a toda pastilla; **in ~er Schönheit** *(a. iron)* en toda su belleza; **der ~e Kaufpreis** el importe íntegro; **jdn nicht für ~ nehmen** no tomar a alguien en serio **II.** *adv* ❶ *(vollkommen, vollständig)* completamente, plenamente; **~ bezahlen** pagar a precio regular; **~ und ganz** completamente; **~ dahinterstehen** dar la cara enteramente ❷ *(mit aller Wucht)* con toda (su) fuerza ❸ *(sl: total)* total; **~ gut** guay
vollauf ['-'-] *adv* absolutamente
vollautomatisch ['---'--] *adj* completamente automático
vollautomatisiert *adj* plenamente automatizado
Vollbad *nt* <-(e)s, -bäder> baño *m* (de cuerpo) entero
Vollbart *m* barba *f* cerrada
vollbeschäftigt *adj* con contrato de jornada completa
Vollbeschäftigung *f ohne pl* (WIRTSCH) pleno empleo *m*
Vollbesitz *m* **im ~ (seiner geistigen Kräfte)** en plena posesión (de sus facultades mentales)
Vollblut *nt*, **Vollblüter** *m* <-s, -> (ZOOL) caballo *m* de pura sangre
Vollbremsung *f* frenazo *m* en seco; **eine ~ machen** frenar en seco
vollbringen* [-'--] *irr vt (geh)* realizar, llevar a cabo
vollbusig *adj* de pechos turgentes, tetuda *fam,* tetona *fam*
Volldampf *m ohne pl* (**mit**) **~ voraus** a toda máquina; **mit ~** *(fam)* a toda pastilla
Völlegefühl ['fœlə-] *nt* <-(e)s, *ohne pl*> sensación *f* de pesadez [*o* de estar lleno]
vollelektronisch ['---'--] *adj* completamente electrónico
vollenden* *vt* ❶ *(abschließen)* concluir; *(Lebensalter)* cumplir; **jdn vor vollendete Tatsachen stellen** presentar(le) a alguien un hecho consumado ❷ *(vervollständigen)* completar
vollendet [fɔl'ʔɛndət] *adj* perfecto
vollends ['fɔlɛnts] *adv* completamente
Vollendung[1] *f* <-en> *(Beendung)* termina-

V

ción *f;* **mit** [*o* **nach**] **~ des 18. Lebensjahres** con 18 años cumplidos

Vollendung[2] *f ohne pl (Vollkommenheit)* perfección *f*

voller ['fɔlɐ] *adj inv* ① *(gefüllt, bedeckt)* lleno (de) ② *(erfüllt)* rebosante (de)

Völlerei [fœlə'raɪ] *f* <-, -en> *(abw)* gula *f,* glotonería *f*

Volley ['vɔli] *m* <-s, -s> (SPORT) volea *f*

Volleyball[1] ['vɔlibal] *m* <-(e)s, *ohne pl*> (SPORT) voleibol *m*

Volleyball[2] *m* <-(e)s, -bälle> *(Ball)* pelota *f* de voleibol

vollfressen *irr vr:* **sich ~** *(Tier)* hartarse; *(fam: Person)* atiborrarse, llenarse la panza

Vollgas *nt ohne pl* **mit ~ fahren** ir a toda velocidad; **~ geben** pisar el acelerador a fondo

voll|gießen *irr vt* llenar (hasta el borde)

Vollidiot(in) *m(f) (fam abw)* idiota *mf* completo, -a

völlig ['fœlɪç] **I.** *adj* completo; **das ist mein ~er Ernst** hablo completamente en serio **II.** *adv* completamente; **er hat ~ Recht** tiene toda la razón

volljährig ['-jɛːrɪç] *adj* (JUR) mayor de edad; **~ werden** alcanzar la mayoría de edad

Volljährigkeit *f ohne pl* mayoría *f* de edad; **die ~ erreichen** alcanzar la mayoría de edad

volljammern *vt* **jdm die Ohren ~** soltarle la llorera a alguien

vollkaskoversichert *adj* asegurado contra todo riesgo

Vollkaskoversicherung *f* seguro *m* a todo riesgo

vollklimatisiert ['----'-] *adj* plenamente climatizado

vollkommen [-'--] *adj* ① *(unübertrefflich)* perfecto; *(vollständig)* completo ② *(völlig)* absoluto, total; **ich bin ~ deiner Meinung** estoy absolutamente de acuerdo contigo

Vollkommenheit [-'---] *f* <-, *ohne pl*> perfección *f*

Vollkornbrot *nt* pan *m* integral

Vollkornmehl *nt* (GASTR) harina *f* integral

voll|machen *vt* ① *(füllen)* llenar (hasta arriba) ② *(vervollständigen)* completar ③ *(fam: beschmutzen)* ensuciar; **sich** *dat* **vor Angst die Hosen ~** cagarse de miedo

Vollmacht *f* <-en> autorización *f;* **jdm eine ~ erteilen** otorgar a alguien plenos poderes

Vollmilch *f* leche *f* entera

Vollmilchschokolade *f* chocolate *m* con leche

Vollmitglied *nt* (JUR) miembro *m* de pleno derecho

Vollmond *m* luna *f* llena; **bei ~** con luna llena

vollmundig *adj* ① *(Geschmack)* sabroso; *(Wein)* con un gran buqué ② *(Äußerung)* farolero

Vollnarkose *f* (MED) anestesia *f* total

vollpacken *vt* **etw ~** atiborrar algo, abarrotar algo

Vollpension *f ohne pl* pensión *f* completa

vollpumpen I. *vt* **etw mit Wasser/Luft ~** llenar algo de agua/aire (bombeando) **II.** *vr* **sich mit Wissen ~** *(fam)* estudiar como un loco; **sich ~** *(fam: mit Rauschgift, Alkohol)* colocarse, pillar(se) un colocón *fam*

Vollrausch *m* <-(e)s, -räusche> embriaguez *f* absoluta, ciego *m fam*

vollschlank *adj* metido en carnes

vollständig *adj* ① *(komplett)* completo ② *(gänzlich)* total, absoluto

Vollständigkeit *f ohne pl* integridad *f;* **der ~ halber** para completar

voll|stopfen *vt* atiborrar

vollstreckbar [fɔl'ʃtrɛkbaːɐ] *adj* (JUR) ejecutable

vollstrecken* *vt* ① (JUR) ejecutar; *(Urteil)* llevar a efecto; **die Todesstrafe an jdm ~** ejecutar a alguien ② (SPORT) ejecutar

Vollstreckung [-'--] *f* <-en> (JUR) ejecución *f*

voll|tanken *vi* llenar el depósito (del todo)

volltönend *adj* sonoro

Volltreffer *m* impacto *m* total; *(beim Schießen)* impacto *m* en la diana

volltrunken [fɔl'trʊŋkən] *adj* totalmente ebrio; **in ~em Zustand** totalmente embriagado [*o* borracho]

Vollversammlung *f* pleno *m*

Vollwaise *f* huérfano, -a *m, f* de padre y madre

Vollwaschmittel *nt* detergente *m*

vollwertig *adj* **~er Ersatz** su(b)stituto de igual valía

Vollwertkost *f* alimentos *mpl* integrales

vollzählig ['fɔltsɛːlɪç] *adj* completo

Vollzeit *f* jornada *f* completa; **in Vollzeit arbeiten** trabajar a tiempo completo

vollziehen* *irr* **I.** *vt* ① *(ausführen)* llevar a cabo, efectuar ② (JUR) ejecutar **II.** *vr:* **sich ~** efectuarse

Vollzug [-'-] *m* <-(e)s, *ohne pl*> ① *(das Vollziehen)* realización *f;* (JUR) ejecución *f* ② *(Strafvollzug)* ejecución *f* de la pena

Vollzugsanstalt *f* centro *m* penitenciario

Vollzugsbeamte(r) *m,* **-beamtin** *f* funcionario, -a *m, f* ejecutivo , -a

Volontär(in) [volɔn'tɛːɐ] *m(f)* <-s, -e; -nen> practicante *mf*

Volontariat [volɔntari'aːt] *nt* <-(e)s, -e> voluntariado *m*

Volontärin *f* <-nen> *s.* **Volontär**

Volt [vɔlt] *nt* <- *o* -(e)s, -> (PHYS, ELEK) voltio *m*

Volumen [vo'luːmən] *nt* <-s, -> *(Ausdehnung, Umfang)* volumen *m*

voluminös [volumi'nøːs] *adj* voluminoso

vom [fɔm] = **von dem** *s.* **von**

von [fɔn] *präp +dat* ❶ *(allgemein, räumlich)* de; ~ **Münster nach Leipzig** de Münster a Leipzig; ~ **oben nach unten** de arriba abajo; ~ **weit her** de muy lejos; ~ **hier aus** desde aquí; **die Königin ~ England** la Reina de Inglaterra; **ein Gedicht ~ Neruda** un poema de Neruda; **das Kind ist ~ ihm** el niño es suyo; **das war ein Fehler ~ dir** fue un error por tu parte; ~ **allein** por sí solo; **ein Freund ~ mir** un amigo mío; **einer ~ euch** uno de vosotros; **Tausende** [*o* **tausende**] ~ **Menschen** miles de personas; **im Alter ~ 40 Jahren** a la edad de 40 años; **ein Betrag ~ 100 Euro** un importe de 100 euros; **er ist Linguist ~ Beruf** de profesión es lingüista; ~ **Seiten** [*o* **vonseiten**] de parte de; ~ **Berufs wegen** por causa del trabajo ❷ *(zeitlich)* desde, de, a partir de; ~ **nun an** de ahora en adelante; ~ **diesem Tag an** desde ese día; ~ **vorn anfangen** empezar desde el principio; ~ **morgens bis abends** de la mañana a la noche; ~ **Zeit zu Zeit** de tiempo en tiempo ❸ *(beim Passiv)* por; **der Kurs wird ~ Johannes geleitet** el curso es dirigido por Johannes

voneinander [--'--] *adv* el uno del otro

vonseiten [fɔn'zaɪtən] por parte de; ~ [*o* **von Seiten**] **der Regierung** por parte del gobierno; *s. a.* **Seite 1.**

vor [foːɐ] **I.** *präp +dat* ❶ *(räumlich)* delante de; **sie ging ~ ihm her** iba delante de él; **zehn Kilometer ~ Münster** diez kilómetros antes de llegar a Münster ❷ *(zeitlich)* antes de; *(Zeitraum)* hace; *(bei Uhrzeit)* menos; *(zukünftig)* por delante; **sie wird ~ fünf Uhr nicht zurück sein** no estará de vuelta antes de las cinco; **es ist fünf** (**Minuten**) ~ **drei** son las tres menos cinco; ~ **Kurzem/Jahren** hace poco/años; ~ **ein paar Tagen** hace unos días; ~ **Christi Geburt** antes de Jesucristo; ~ **unserer Zeit** antes de nuestra era; **ich bin ~ Ihnen dran** me toca antes que a Ud.; **wir haben die ganze Arbeit noch ~ uns** tenemos todo el trabajo por delante ❸ *(über)* sobre; **Vorrang ~ anderen Dingen haben** tener preferencia sobre otras cosas; ~ **allem** sobre todo ❹ *(gegen, gegenüber)* a, ante; **Angst ~ jdm haben** tener(le) miedo a alguien; **Schutz ~ etw** *dat* **suchen** buscar protección contra algo ❺ *(bedingt durch)* ~ **Kälte/Freude** de frío/alegría; ~ **lauter Arbeit** de tanto trabajo **II.** *präp +akk (Richtung)* **etw ~ das Haus stellen** poner algo delante de la casa; ~ **eine Mauer prallen** estrellarse contra un muro; ~ **sich hin pfeifen** silbar para sí **III.** *adv* adelante; ~ **und zurück** adelante y atrás; **zwei Schritte ~!** ¡dos pasos al frente!; **Freiwillige ~!** ¿quién se ofrece voluntario?

vorab [foːɐ'ʔap] *adv (zuerst)* ante todo; *(im Voraus)* de antemano

Vorabend *m* víspera *f*; **am ~ der Uraufführung** en vísperas del estreno

Vorahnung *f* presentimiento *m*

voran [fo'ran] *adv* ❶ *(vorn)* adelante, delante; **mit dem Kopf ~** con la cabeza por delante ❷ *(vorwärts)* hacia delante

voran|bringen *irr vt* llevar adelante; *(fördern)* fomentar

voran|gehen *irr vi sein* ❶ *(vorne gehen)* ir delante, ir en cabeza ❷ *(zeitlich)* preceder ❸ *(Fortschritte machen)* avanzar

voran|kommen *irr vi sein* ❶ *(räumlich)* avanzar ❷ *(Fortschritte machen)* avanzar (**mit** en)

Vorankündigung *f* <-en> ❶ *(Ankündigen)* notificación *f* previa, aviso *m* previo; **nach ~** previo aviso ❷ *(Notiz, Mitteilung)* anuncio *m* previo

Voranmeldung ['foːɐʔan-] *f (Termin)* cita *f* previa; *(Mitteilung)* previo aviso *m*

voran|treiben *irr vt* propulsar, impulsar

Vorarbeit *f* trabajo *m* preparatorio; **gute ~ leisten** preparar algo muy bien

Vorarbeiter(in) *m(f)* capataz *mf*

Vorarlberg ['foːɐʔarlbɛrk] *nt* <-s> (GEO) Vorarlberg *m*

Voraufführung *f* preestreno *m*

voraus [fo'raʊs] *adv (vorne)* delante; *(an der Spitze)* a la cabeza; **er war uns schon weit ~** nos llevaba una gran ventaja; **im V~** de antemano

vorausberechnen* *vt* calcular previamente

vorausbestimmen* *vt* predeterminar, establecer de antemano; (**jdm**) **vorausbestimmt sein** estar predestinado (a alguien)

vorausblickend *adj* previsor

vorausdatieren* *vt* pos(t)datar, poner fecha posterior (a)

voraus|fahren *irr vi sein* salir antes (con el coche)

voraus|gehen *irr vi sein* ❶ *(vorne gehen)* ir delante; *(früher gehen)* salir primero; **sie ist schon vorausgegangen** ya salió; **ihm geht der Ruf voraus, dass ...** tiene fama de... *+inf* ❷ *(früher geschehen)* preceder

vorausgesetzt [fo'raʊsgəzɛtst] *adj* **~, dass ...** siempre que... *+subj*

voraus|haben *irr vt* **jdm etw ~** aventajar a alguien en algo; **sie hat mir viel an Erfahrung voraus** me aventaja mucho en experiencia

Voraussage *f* pronóstico *m;* **eine ~ machen** realizar un pronóstico

voraus|sagen *vt* pronosticar

vorausschauend [-'---] *adj* previsor

voraus|schicken *vt* ① *(Paket)* mandar con anticipación ② *(Bemerkung)* anticipar; **etwas ~** hacer una observación previa

voraussehbar *adj* previsible

voraus|sehen *irr vt* prever; **das war ja vorauszusehen** esto se veía venir

voraus|setzen *vt (annehmen)* presuponer, suponer; *(verlangen)* requerir; **ich setze voraus, dass ...** presupongo que... *+subj;* **das setze ich als bekannt voraus** esto lo doy por sabido; **vorausgesetzt, dass ...** siempre que... *+subj*

Voraussetzung *f* <-en> ① *(Annahme)* suposición *f; (Hypothese)* hipótesis *f inv* ② *(Vorbedingung)* condición *f* previa; **unter der ~, dass ...** bajo la condición de que... *+subj* ③ *(Anforderung)* requisito *m;* **die ~en erfüllen** cumplir los requisitos

Voraussicht [-'--] *f ohne pl* previsión *f;* **aller ~ nach** según todos los indicios

voraussichtlich **I.** *adj* previsto **II.** *adv* probablemente

voraus|zahlen *vt* pagar por adelantado

Vorauszahlung [-'---] *f* pago *m* anticipado [*o* por adelantado]

Vorbau *m* <-(e)s, -ten> ① (ARCHIT) voladizo *m* ② *(sl: Busen)* delantera *f*

Vorbedacht ['-bədaxt] *m* **mit/ohne ~** con/sin premeditación

Vorbedeutung *f* agüero *m*

Vorbedingung *f* condición *f* previa

Vorbehalt ['-bəhalt] *m* <-(e)s, -e> reserva *f;* **einen ~ gegen etw haben** abrigar reservas respecto a algo; **unter dem ~, dass ...** con la salvedad de que... *+subj;* **ohne/unter ~** sin/con reservas

vor|behalten* *irr vt* **sich** *dat* **etw ~** reservarse (el derecho de hacer) algo; **Änderungen ~** excepto [*o* salvo] (posibles) modificaciones; **jdm ~ sein** quedar reservado para alguien

vorbehaltlich **I.** *präp +gen* salvo, a reserva de **II.** *adj* con reserva

vorbehaltlos **I.** *adj* incondicional **II.** *adv* incondicionalmente

vorbei [foːɐ'baɪ, fɔr'baɪ] *adv* ① *(räumlich)* pasado; *(entlang)* por delante (**an** de); **sie möchte hier ~** quiere pasar por aquí ② *(zeitlich)* pasado; *(zu Ende)* acabado; **es ist drei Uhr ~** son las tres pasadas; **aus und ~** acabado y más que acabado

vorbei|bringen *irr vt (fam)* traer, acercar

vorbei|fahren *irr vi sein* ① *(entlangfahren)* pasar (en coche) (**an** por (delante de)) ② *(nicht anhalten)* pasar de largo; **im V~** al pasar (en coche) ③ *(fam: aufsuchen)* pasar (**bei** por casa de)

vorbei|führen *vi* pasar (**an** por (delante de))

vorbei|gehen *irr vi sein* ① *(entlanggehen)* pasar (**an** por (delante de)); **im V~** de pasada; **bei jdm ~** *(fam)* pasar por casa de alguien ② *(Schuss)* errar ③ *(vergehen)* pasar

vorbei|kommen *irr vi sein* ① *(entlangkommen)* pasar (**an** por) ② *(an Hindernis)* poder pasar (**an** por) ③ *(fam: besuchen)* pasar (**bei** por casa de)

vorbei|lassen *irr vt (fam)* dejar pasar

vorbei|reden *vi* **an etw** *dat* **~** irse por las ramas; **wir haben aneinander vorbeigeredet** hablamos sin entendernos

vorbeischauen *vi (fam)* **bei jdm ~** pasar por casa de alguien; **schau mal vorbei!** ¡pásate!

vorbeischießen *irr vi* ① *(nicht treffen)* errar el tiro; **am Ziel ~** no dar en el blanco ② *sein (schnell laufen)* pasar como un rayo (**an** delante de)

vorbelastet *adj* con antecedentes; **erheblich ~ sein** tener muchos antecedentes; **erblich ~ sein** llevar una tara hereditaria

Vorbemerkung *f* advertencia *f* preliminar

vor|bereiten* **I.** *vt* preparar; **darauf war ich nicht vorbereitet** no estaba preparado para eso **II.** *vr:* **sich ~** prepararse (**auf** para)

vorbereitend *adj* preparatorio

Vorbereitung *f* <-en> *(Tätigkeit)* preparación *f,* apronte *m Am; (Maßnahme)* preparativo *m;* **~en für etw treffen** hacer preparativos para algo

Vorbesitzer(in) *m(f)* <-s, -; -, -nen> propietario, -a *m, f* anterior

Vorbesprechung *f* <-, -en> consulta *f* previa, reunión *f* preliminar

vor|bestellen* *vt* reservar

Vorbestellung *f* reserva *f*

vorbestraft *adj* con antecedentes penales

Vorbestrafte(r) *mf* persona *f* con antecedentes penales

Vorbeugehaft *f* <-, *ohne pl*> prisión *f* preventiva; **in ~ nehmen** detener preventivamente

vor|beugen **I.** *vi* (*a.* MED) prevenir **II.** *vt* inclinar hacia delante **III.** *vr:* **sich ~** inclinarse hacia delante

vorbeugend *adj* preventivo

Vorbeugung *f ohne pl* prevención *f*

(**gegen** de); (MED) profilaxis *f inv;* **zur ~ gegen etw** como profilaxis contra algo

Vorbeugungsmaßnahme *f* medida *f* preventiva

Vorbild *nt (Beispiel)* ejemplo *m; (Muster)* modelo *m;* **sich** *dat* **jdn zum ~ nehmen** tomar a alguien como ejemplo; **als ~ dienen** servir de modelo

vorbildlich *adj (beispielhaft)* ejemplar; *(musterhaft)* modelo; **sich ~ benehmen** tener un comportamiento ejemplar

Vorbildung *f ohne pl* formación *f* previa

Vorbote *m* indicio *m*

vor|bringen *irr vt* ① *(Wunsch, Einwand)* manifestar; *(Gründe)* aducir; **was hast du zu deiner Entschuldigung vorzubringen?** ¿qué aduces en tu defensa? ② *(fam: nach vorn bringen)* llevar hacia delante

vorchristlich *adj* precristiano

Vordach *nt* (ARCHIT) colgadizo *m*

vor|datieren* *vt* antedatar

Vordenker(in) *m(f)* <-s, -; -, -nen> precursor(a) *m(f)*

Vorderachse ['fɔrdɐ-] *f* eje *m* delantero

Vorderbein *nt* pata *f* delantera

vordere(r, s) *adj* delantero, de delante

Vordergrund *m* primer plano *m;* **im ~ stehen** tener prioridad; **sich in den ~ drängen** estar siempre en primera fila; **in den ~ treten** ganar importancia

vordergründig ['fɔrdɐgrʏndɪç] *adj* superficial

Vordermann *m* persona *f* que precede a otra; **mein ~** el que me precede; **jdn/etw auf ~ bringen** *(fam)* dar(le) caña a alguien/poner algo a flote

Vorderpfote *f* pata *f* delantera

Vorderrad *nt* rueda *f* delantera

Vorderradantrieb *m* tracción *f* delantera

Vorderreihe *f* fila *f* delantera

Vorderschinken *m* jamón *m* de paletilla

Vorderseite *f* parte *f* delantera

Vordersitz *m* asiento *m* delantero

vorderste(r, s) *adj superl von* **vordere(r, s)** primero

Vorderteil *nt* parte *f* delantera

Vordiplom *nt* <-s, -e> (UNIV) examen *m* intermedio *(de diplomatura, que permite el acceso al segundo ciclo)*

vor|drängeln *vr:* **sich ~** *(fam)* colarse

vor|drängen *vr:* **sich ~** abrirse paso a codazos

vor|dringen *irr vi sein* ① *(sich ausbreiten)* avanzar ② *(eindringen)* penetrar (**in** en); (**bis**) **zu jdm ~** llegar hasta alguien

vordringlich *adj* urgente; **etw ~ behandeln** dar prioridad a algo

Vordruck *m* formulario *m*

vorehelich *adj* prematrimonial

voreilig *adj* precipitado; *(unüberlegt)* irreflexivo; **nicht so ~!** ¡no tan deprisa!

voreinander [foːɐʔaɪ'nandɐ] *adv* el uno delante del otro

voreingenommen *adj* lleno de prejuicios

Voreingenommenheit *f* <-, *ohne pl*> prejuicio *m*

Voreinstellung *f* (INFOR) preajuste *m*

vor|enthalten* *irr vt* retener; **jdm etw ~** *(Information)* ocultar algo a alguien; *(Rechte)* privar a alguien de algo

Vorentscheidung *f* decisión *f* previa

Vorentwurf *m* anteproyecto *m*

vorerst ['foːɐʔeːɐst, -'-] *adv* por el momento, de momento

Vorfahr(in) ['foːɐfaːɐ] *m(f)* <-en, -en; -, -nen> antepasado, -a *m, f*

vor|fahren *irr sein* **I.** *vi* ① *(ankommen)* llegar (**mit/in** en); **vor etw** *dat* **~** parar delante de algo; **mit dem Taxi ~** llegar en taxi ② *(vorne fahren)* ir delante; *(vorausfahren)* adelantarse ③ *(nach vorne fahren)* avanzar **II.** *vt (vorrücken)* avanzar

Vorfahrt *f ohne pl* prioridad *f* (de paso); **die ~ beachten** ceder el paso; **~ haben** tener preferencia; **~ gewähren!** ¡ceda el paso!

Vorfahrt(s)schild *nt* señal *f* de prioridad de paso

Vorfahrt(s)straße *f (im Ort)* calle *f* prioritaria; *(auf Landstraße)* carretera *f* prioritaria

Vorfall *m* ① *(Ereignis)* suceso *m* ② (MED) prolapso *m*

vor|fallen *irr vi sein* ① *(geschehen)* suceder ② *(nach vorne fallen)* caer hacia delante

Vorfeld *nt* preludio *m;* **im ~ von etw** como preludio de algo; **im ~ der Veranstaltung** antes de dar comienzo al acto

Vorfilm *m* trailer *m*

vor|finden *irr vt* encontrarse (con)

Vorfreude *f* alegría *f* previa

vor|fühlen *vi* tantear el terreno

vor|führen *vt* ① *(Person)* llevar; **dem Richter ~** llevar ante el juez ② *(zeigen)* enseñar; *(Mode)* presentar; *(Versuch, Gerät)* demostrar ③ (FILM) proyectar, poner *fam; (Kunststück)* presentar ④ *(fam: bloßstellen)* desenmascarar

Vorführraum *m* cabina *f* de proyección

Vorführung *f* <-en> ① *(Vorstellung)* representación *f* ② *(von Mode)* presentación *f; (von Gerät)* demostración *f* ③ *(von Film)* proyección *f; (von Kunststück)* presentación *f*

Vorführwagen *m* <-s, -> modelo *m* de demostración

Vorgabe *f* <-n> ① (SPORT) ventaja *f* ② *(Richtlinie)* norma *f*
Vorgang *m* <-(e)s, -gänge> ① *(Ereignis)* suceso *m; (Ablauf,* a. CHEM, TECH) proceso *m* ② (ADMIN: *Akten*) expediente *m*
Vorgänger(in) ['-gɛŋɐ] *m(f)* <-s, -; -nen> predecesor(a) *m(f)*
vor|gaukeln ['-gaʊkəln] *vt* **jdm etw ~** hacer creer algo a alguien
vor|geben *irr vt* ① *(behaupten)* poner como pretexto; *(vortäuschen)* fingir; **sie gab vor, müde zu sein** puso como pretexto que estaba cansada ② *(fam: nach vorn geben)* pasar hacia delante (**zu** a) ③ *(festsetzen)* fijar
Vorgebirge *nt* (GEO) cordillera *f* secundaria; *(Ausläufer)* estribaciones *fpl*
vorgefasst ['-gəfast] *adj* preconcebido; **~e Meinungen** opiniones preconcebidas
vorgefertigt ['-gəfɛrtɪçt] *adj* prefabricado
vor|gehen *irr vi sein* ① *(nach vorne gehen)* pasar adelante; *(vorrücken)* avanzar; *(vorne gehen)* ir delante ② *(vorausgehen)* adelantarse ③ *(Uhr)* adelantar ④ *(handeln)* obrar; *(verfahren)* proceder; **gegen etw ~** adoptar medidas contra algo ⑤ *(geschehen)* suceder; **was geht (nur) in dir vor?** ¿en qué piensas? ⑥ *(Vorrang haben)* tener prioridad
Vorgehen *nt* <-s, *ohne pl*> manera *f* de proceder; **gerichtliches ~** litigio *m*
Vorgehensweise *f* manera *f* de proceder
vorgelagert *adj* situado delante (+*dat* de)
Vorgeschichte[1] *f (eines Geschehens)* antecedentes *mpl*
Vorgeschichte[2] *f ohne pl (Urgeschichte)* Prehistoria *f*
vorgeschichtlich *adj* prehistórico
Vorgeschmack *m* <-(e)s, *ohne pl*> prueba *f;* **das gibt uns einen ~ von dem, was uns bevorsteht** esto nos da una idea de lo que nos espera
Vorgesetzte(r) *mf* <-n, -n; -n> superior *mf*
vorgestern *adv* anteayer; **~ Abend/Morgen/Mittag** anteayer por la tarde/por la mañana/al mediodía
vorgestrig *adj* ① *(von vorgestern)* de anteayer ② *(fam: überholt)* anticuado
vor|greifen *irr vi* actuar prematuramente; **jdm ~** anticiparse a alguien; **einer Entscheidung ~** adelantarse a una decisión
vor|haben *irr vt* ① *(beabsichtigen)* tener la intención (**zu** de) ② *(geplant haben)* pensar hacer; **hast du heute Abend schon etwas vor?** ¿tienes algún plan para esta noche?
Vorhaben *nt* <-s, -> ① *(Absicht)* intención *f* ② *(Plan)* plan *m,* proyecto *m*
Vorhalle *f* ① *(außen)* pórtico *m,* pretil *m Am* ② *(innen)* vestíbulo *m*
vor|halten *irr* **I.** *vt* ① *(davorhalten)* poner delante ② *(vorwerfen)* **jdm etw ~** reprochar algo a alguien **II.** *vi (fam)* durar
Vorhaltung *f* <-en> reproche *m;* **jdm (wegen etw** *gen/dat***) ~en machen** hacer(le) reproches a alguien (por algo)
Vorhand *f ohne pl* ① (SPORT) (golpe *m*) derecho *m* ② *(vom Pferd)* mano *f* delantera
vorhanden [foːɐ'handən] *adj (existierend)* existente; *(verfügbar)* disponible
Vorhandensein [-'---] *nt* <-s, *ohne pl*> existencia *f; (Verfügbarkeit)* disponibilidad *f*
Vorhang *m* <-(e)s, -hänge> ① *(an Fenster)* cortina *f* ② (THEAT) telón *m*
Vorhängeschloss *nt* candado *m*
Vorhaut *f* (ANAT) prepucio *m*
vorher [foːɐ'heːɐ, '--] *adv* antes; *(im Voraus)* de antemano; **kurz ~** poco antes; **am Tag ~** el día anterior
vorher|bestimmen* [foːɐ'heːɐ-] *vt* predestinar
vorhergehend *adj* anterior
vorherige(r, s) *adj* anterior, previo; **nach ~r Vereinbarung** después de haber llegado a un acuerdo previo
Vorherrschaft *f ohne pl* predominio *m; (Hegemonie)* hegemonía *f*
vor|herrschen *vi* predominar; **die ~de Meinung** la opinión predominante
Vorhersage *f* <-n> pronóstico *m; (Wettervorhersage)* previsión *f*
vorher|sagen [-'---] *vt* pronosticar; *(Wetter)* predecir
vorhersehbar *adj* previsible
vorher|sehen [-'---] *irr vt* prever
vorhin [foːɐ'hɪn, '--] *adv* antes, hace un momento
Vorhof *m* ① (ANAT) aurícula *f* ② *(Vestibulum)* vestíbulo *m*
Vorhölle *f ohne pl* (REL) limbo *m*
vorige(r, s) *adj* anterior; *(vergangen)* pasado; **~ Woche** la semana pasada; **das ~ Mal** la otra vez
Vorjahr *nt* año *m* pasado; **im ~** el año pasado
vor|jammern *vt (fam)* **jdm etwas ~** molestar a alguien con sus lamentos [*o* penas y desgracias]
Vorkasse *f* <-, *ohne pl*> (COM) pago *m* anticipado
Vorkaufsrecht *nt* (JUR) derecho *m* de preferencia
Vorkehrung ['foːɐkeːrʊŋ] *f* <-en> precaución *f;* **~en treffen** tomar precauciones
Vorkenntnis *f* <-se> conocimiento(s) *m(pl)* previo(s)

V

vor|knöpfen *vr (fam)* **sich** *dat* **jdn ~** cantarle las cuarenta a alguien

vor|kommen *irr vi sein* ❶ *(nach vorne kommen)* venir hacia delante ❷ *(sich ereignen)* pasar, ocurrir; **das kommt schon mal vor** son cosas que pasan; **das wird nicht wieder ~** esto no volverá a repetirse ❸ *(vorhanden sein)* existir; **oft ~** ser frecuente ❹ *(erscheinen)* aparecer; *(in Liste)* figurar (**in** en); **hinter etw** *dat* **~** salir detrás de algo ❺ *(scheinen)* parecer; **das kommt mir seltsam vor** esto me parece raro; **sie kommt mir bekannt vor** me parece que la conozco; **ich komme mir vor wie ein Idiot** me siento como un idiota; **du kommst dir wohl sehr schlau vor?** ¿te crees muy listo, verdad?

Vorkommen[1] *nt* <-s, *ohne pl*> *(Vorhandensein)* existencia *f*

Vorkommen[2] *nt* <-s, -> *(von Rohstoffen)* yacimiento *m*

Vorkommnis *nt* <-ses, -se> suceso *m*, acontecimiento *m*

Vorkriegszeit *f* (época *f* de la) anteguerra *f*

vor|laden *irr vt* citar

Vorladung *f* <-en> citación *f*

Vorlage[1] *f ohne pl (das Vorlegen)* presentación *f*; **gegen ~ einer Bescheinigung** previa presentación de un certificado

Vorlage[2] *f* <-n> ❶ *(Gesetzesvorlage)* proyecto *m* (de ley) ❷ *(Muster)* modelo *m*; *(für Handarbeit)* patrón *m* ❸ (TYPO) original *m* ❹ (SPORT) pase *m* ❺ *(Schweiz: Vorleger)* felpudo *m*

vor|lassen *irr vt* ❶ *(fam: nach vorne lassen)* dejar pasar ❷ *(empfangen)* ser recibido (**zu** por)

Vorlauf *m* ❶ (SPORT) carrera *f* preliminar ❷ (TECH) avance *m* ❸ *(Tonband, Videokassette)* marcha *f* hacia adelante

vorlaufen *irr vi sein (fam)* ❶ *(vorauslaufen)* adelantarse ❷ *(nach vorne laufen)* pasar hacia adelante

Vorläufer(in) *m(f)* <-s, -; -nen> precursor(a) *m(f)*

vorläufig **I.** *adj* provisional; *(kurzfristig)* temporal **II.** *adv* provisionalmente; *(kurzfristig)* temporalmente; *(fürs Erste)* por el momento

vorlaut *adj* impertinente

Vorleben *nt* <-s, *ohne pl*> pasado *m*

vor|legen *vt* ❶ *(zeigen)* enseñar; *(Ausweis, Gesetzentwurf)* presentar; *(Speise)* servir ❷ *(Kette)* poner; *(Riegel)* correr ❸ (SPORT) hacer un pase adelantado

vor|lehnen *vr:* **sich ~** inclinarse hacia delante

vor|lesen *irr vt* leer en voz alta; **jdm etw ~** leer algo a alguien

Vorleser(in) *m(f)* recitador(a) *m(f)*

Vorlesung *f* <-en> *(Universität)* clase *f*; *(Vortrag)* conferencia *f*; *(Vorlesungsreihe)* curso *m*

vorlesungsfrei *adj* (UNIV) no lectivo; **in der ~en Zeit** en el período no lectivo

Vorlesungsverzeichnis *nt* programa *m* de cursos y asignaturas de la universidad

vorletzte(r, s) *adj* penúltimo; *(zeitlich)* anterior; **~ Woche** la semana anterior

Vorliebe *f* <-n> preferencia *f* (**für** por); **eine ~ für etw/jdn haben** tener una preferencia por algo/alguien; **etw mit ~ tun** hacer algo con muchísimo gusto

vor|liegen *irr vi* ❶ *(vorhanden sein)* haber; **es liegt nichts gegen ihn vor** no se le acusa de nada; **hier muss ein Irrtum ~** debe de haber un error ❷ *(zur Begutachtung)* haber sido presentado; **im ~den Fall** en el presente caso ❸ *(fam: Kette)* estar echado

vor|lügen *irr vt (fam)* **jdm etwas ~** mentir a alguien

vor|machen *vt (fam)* ❶ *(zeigen)* mostrar ❷ *(täuschen)* engañar; **er macht sich** *dat* **selbst was vor** se engaña a sí mismo

Vormachtstellung *f* supremacía *f*; **gegenüber jdm eine ~ innehaben** gozar de la supremacía frente a alguien

vormalige(r, s) *adj* anterior, antiguo

vormals ['fo:ɐma:ls] *adv* antiguamente

Vormarsch *m* avance *m*; **auf dem ~ sein** avanzar; *(fig)* extenderse

vor|merken *vt* apuntar; *(reservieren)* reservar (**für** para); **sich** *dat* **etw ~** apuntarse algo; **sich für etw ~ lassen** apuntarse para algo

Vormieter(in) *m(f)* inquilino, -a *m, f* anterior

Vormittag *m* <-(e)s, -e> mañana *f*; **am ~** por la mañana; **gestern/heute/morgen ~** ayer/hoy/mañana por la mañana

vormittags *adv* por la mañana

Vormonat *m* <-(e)s, -e> mes *m* anterior

Vormund *m* <-(e)s, -e *o* -münder> tutor(a) *m(f)*

Vormundschaft *f* <-en> tutela *f*; **jdn unter ~ stellen** poner a alguien bajo tutela

vorn [fɔrn] *adv* ❶ *(an vorderer Stelle)* delante; *(am vorderen Ende)* en la parte delantera; *(im Vordergrund)* en el primer plano; *(auf der Vorderseite)* por delante; **wir saßen ganz ~** estábamos sentados delante del todo; **von/nach ~** de/hacia delante; **weiter ~** más adelante; **von ~ bis hinten** de delante atrás; *(fam)* completamente; **das Zimmer liegt nach ~** *(fam)* el cuarto da a la calle ❷ *(an der Spitze)* a la cabeza (de); **~ liegen** estar a

V

la cabeza ❸ *(am Anfang)* al principio; **von ~** de nuevo; **weiter ~** *(im Text)* más arriba
Vorname *m* nombre *m* de pila
vorne *adv s.* **vorn**
vornehm ['fo:ɐne:m] *adj* ❶ *(fein)* distinguido, aseñorado *Am* ❷ *(edel, adlig)* noble; **sich** *dat* **zu ~ für etw sein** ser demasiado (fino) para algo ❸ *(elegant)* elegante
vor|nehmen *irr vt* ❶ *(ausführen)* hacer ❷ **sich** *dat* **etw ~** *(vorhaben)* proponerse algo; *(planen)* planear algo; *(in Angriff nehmen)* ponerse a hacer algo ❸ *(fam: ermahnen)* **sich** *dat* **jdn ~** echar una bronca a alguien ❹ *(fam: bevorzugt abfertigen)* atender primero
vornehmlich *adv (geh)* principalmente
vornherein ['--'-] *adv* **von ~** desde el principio
vornüber ['-'--] *adv* hacia delante
Vorort *m* suburbio *m*
Vorplatz *m* explanada *f*
Vorposten *m* <-s, -> (MIL) puesto *m* avanzado, avanzadilla *f*
vorprogrammiert *adj* programado
Vorrang ['fo:ɐraŋ] *m* <-(e)s, *ohne pl*> ❶ *(Priorität)* primacía *f* (**vor** sobre), prioridad *f* (**vor** sobre); **den ~ vor etw** *dat* **haben** tener primacía sobre algo; **jdm/etw** *dat* **den ~ geben** dar trato preferente a alguien/algo ❷ *(Österr: Vorfahrt)* prioridad *f*
vorrangig *adj* prioritario; **~ sein** tener prioridad
Vorrat ['fo:ɐra:t, *pl:* 'fo:ɐrɛ:tə] *m* <-(e)s, -räte> provisión *f* (**an** de); (WIRTSCH) existencias *fpl* (**an** de); **etw auf ~ kaufen** comprar grandes cantidades de algo (para almacenarlo); **solange der ~ reicht** hasta que se agoten las existencias
vorrätig ['fo:ɐrɛ:tɪç] *adj (auf Lager)* en almacén; *(verfügbar)* disponible; **etw ~ haben** tener algo en almacén
Vorratskammer *f* despensa *f*
Vorratsraum *m* almacén *m*
Vorraum *m* antecámara *f*
vor|rechnen *vt* **jdm etw ~** hacer el cálculo de algo a alguien
Vorrecht *nt* privilegio *m*
Vorrede *f* introducción *f*
Vorredner(in) *m(f)* orador(a) *m(f)* anterior(a)
Vorreiter(in) *m(f) (fam)* precursor(a) *m(f)*
Vorrichtung *f* <-en> dispositivo *m*
vor|rücken I. *vi sein* ❶ *(aufsteigen)* subir; **zu vorgerückter Stunde** *(geh)* a altas horas de la madrugada ❷ (*a.* MIL) avanzar (**nach/gegen** a/hacia, **bis zu/nach** hasta) **II.** *vt* mover (hacia delante); *(nähern)* acercar
Vorruhestand *m* jubilación *f* anticipada
Vorrunde *f* <-n> (SPORT) (prueba *f*) eliminatoria *f*
vor|sagen *vt* ❶ *(vorsprechen)* decir; *(zum Mitschreiben)* dictar; *(Gedicht)* recitar ❷ *(in Prüfung)* soplar
Vorsaison *f* temporada *f* baja
Vorsatz *m* ❶ *(Absicht)* intención *f; (Entschluss)* decisión *f;* (JUR) dolo *m;* **den ~ haben, etw zu tun** tener la intención de hacer algo; **einen ~ fassen** tomar una decisión ❷ *(in Buchbinderei)* guardas *fpl*
vorsätzlich ['fo:ɐzɛtslɪç] **I.** *adj* premeditado; (JUR) doloso **II.** *adv* a propósito; (JUR) con premeditación
Vorschau *f* <-en> avance *m* informativo (**auf** acerca de)
Vorschein *m* **zum ~ kommen/bringen** salir/sacar a la luz
vor|schieben *irr vt* ❶ *(nach vorn schieben)* empujar hacia delante ❷ *(Riegel)* correr ❸ *(zur Entschuldigung)* poner como pretexto
vor|schießen *irr* **I.** *vi sein (fam)* correr rápidamente hacia delante **II.** *vt (fam)* anticipar
Vorschlag *m* <-(e)s, -schläge> propuesta *f; (Empfehlung)* recomendación *f;* **einen ~ machen/annehmen** hacer/aceptar una propuesta; **auf ~ von …** a propuesta de…
vor|schlagen *irr vt* proponer (**für** para, **als** como); *(empfehlen)* recomendar; **ich schlage vor, wir gehen jetzt** propongo que nos vayamos ahora
Vorschlaghammer *m* martillo *m* a dos manos
vorschnell *adj* irreflexivo, precipitado
vor|schreiben *irr vt* ❶ *(Text)* escribir en borrador ❷ *(anordnen)* prescribir; **jdm ~, was er/sie zu tun hat** ordenar a alguien lo que tiene que hacer
Vorschrift *f* <-en> prescripción *f; (Anweisung)* instrucciones *fpl; (Bestimmung)* reglamento *m;* **sich an die ~en halten** atenerse a las instrucciones; **das verstößt gegen die ~** esto va en contra del reglamento
vorschriftsmäßig I. *adj* reglamentario **II.** *adv* conforme a las ordenanzas
vorschriftswidrig *adj* antirreglamentario, contrario a las ordenanzas [*o* instrucciones]
Vorschub *m* **etw** *dat* **~ leisten** apoyar algo
Vorschulalter *nt* edad *f* preescolar
Vorschule *f* centro *m* de educación preescolar
Vorschulerziehung *f ohne pl* educación *f* preescolar

Vorschuss *m* <-es, -schüsse> anticipo *m;* **auf etw einen ~ leisten** pagar un anticipo de algo
Vorschusslorbeeren *mpl* laureles *mpl* anticipados; **für etw ~ ernten** recoger laureles anticipadamente
vor|schützen *vt* poner como pretexto; **nur keine Müdigkeit ~!** ¡no hay cansancio que valga!
vorschwärmen *vi* deshacerse en elogios; **jdm von etw** *dat* **~** hablar a alguien con gran entusiasmo de algo
vor|schweben *vi* **jdm schwebt etw vor** alguien se imagina algo
vorschwindeln *vt* mentir; **jdm etw ~** mentir a alguien con algo
vor|sehen *irr* **I.** *vt* ① *(planen)* prever (**für** para); **wie vorgesehen** según lo previsto; **es ist vorgesehen, dass ...** está previsto que... *+subj* ② *(bestimmen)* destinar (**für** a); **die Gelder sind für die Forschung vorgesehen** el dinero está destinado a la investigación **II.** *vr:* **sich ~** precaverse (**vor** de); *(aufpassen)* tener cuidado (**vor** con) **III.** *vi* mirar (**hinter** detrás de)
Vorsehung *f ohne pl* providencia *f*
vor|setzen *vt* ① *(nach vorne setzen)* poner (**vor** delante de) ② *(Speisen)* servir; *(Programm, Lügen)* presentar, echar *fam*
Vorsicht *f ohne pl* precaución *f,* cuidado *m;* **~ Glas!** ¡frágil!; **hier ist ~ geboten** aquí hay que andar con cuidado; **er ist mit ~ zu genießen** hay que tener cuidado con él; **~ ist besser als Nachsicht** *(prov)* más vale prevenir que curar
vorsichtig **I.** *adj* prudente; **sehr ~ sein** tener mucho cuidado **II.** *adv* con cuidado
vorsichtshalber [-halbɐ] *adv* por si acaso
Vorsichtsmaßnahme *f* medida *f* de precaución; **~n treffen** tomar medidas preventivas
Vorsilbe *f* (LING) prefijo *m*
vor|singen *irr* **I.** *vi (als Prüfung)* dar una audición **II.** *vt* cantar; **jdm etw ~** cantar algo a alguien
vorsintflutlich *adj (fam)* antediluviano
Vorsitz *m* presidencia *f;* **unter dem ~ von jdm** bajo la presidencia de alguien; **den ~ haben** presidir; **den ~ übernehmen/abgeben** hacerse cargo de/renunciar a la presidencia
Vorsitzende(r) *mf* <-n, -n; -n> presidente, -a *m, f*
Vorsorge *f ohne pl* previsión *f; (Maßnahme)* precaución *f;* **~ treffen** tomar precauciones
vor|sorgen *vi* tomar precauciones (**für** para)
Vorsorgeuntersuchung *f* chequeo *m* preventivo
vorsorglich **I.** *adj* preventivo **II.** *adv* por precaución
Vorspann ['foːɐʃpan] *m* <-(e)s, -e> ① *(von Text)* introducción *f* ② (FILM) avance *m*
Vorspeise *f* (GASTR) entrada *f*
vorspiegeln *vt* fingir, simular; **jdm etw ~** aparentar algo (falso) ante alguien
Vorspiegelung *f* <-en> simulación *f;* **unter ~ falscher Tatsachen** bajo falsas apariencias
Vorspiel *nt* ① (MUS) preludio *m;* (THEAT) prólogo *m* ② *(sexuell)* juegos *mpl* eróticos previos
vor|spielen *vt* ① *(Lied)* tocar; **jdm etw ~** tocar algo para alguien ② *(Sketch)* representar ③ *(vortäuschen)* fingir; **jdm etw ~** hacer creer algo a alguien
vor|sprechen *irr* **I.** *vi* **bei jdm** (**wegen etw** *gen/dat*) **~** ir a hablar con alguien (sobre algo) **II.** *vt* ① *(zum Nachsprechen)* decir para que otro lo repita ② (THEAT) recitar
vor|springen *irr vi sein* ① *(nach vorn springen)* lanzarse hacia adelante ② *(hervorragen)* resaltar
vorspringend *adj (Ecke, Kante)* saledizo; *(Nase, Kinn)* prominente
Vorsprung *m* <-(e)s, -sprünge> ① *(Mauer-, Felsvorsprung)* saliente *m* ② *(Abstand)* ventaja *f* (**vor** sobre, **von** de); **~ haben** llevar ventaja
vor|spulen *vt* bobinar
Vorstadt *f* suburbio *m,* arrabal *m*
Vorstädter(in) *m(f)* habitante *mf* de un suburbio
vorstädtisch *adj* suburbano
Vorstand *m* ① *(Gremium)* (junta *f*) directiva *f* ② *(Vorstandsmitglied)* miembro *mf* de la junta directiva
Vorstandsmitglied *nt* miembro *mf* de la junta directiva
Vorstandssitzung *f* <-, -en> reunión *f* de la junta directiva
Vorstandsvorsitzende(r) *mf* presidente, -a *m, f* de la junta directiva
vor|stehen *irr vi* ① *(hervorragen)* resaltar ② *(geh: leiten)* **etw** *dat* **~** dirigir algo; *(Vorsitz haben)* presidir algo
vorstehend *adj* citado anteriormente, susodicho; **das ~ bereits Gesagte** lo susodicho
Vorsteher(in) *m(f)* <-s, -; -nen> responsable *mf; (Chef)* jefe, -a *m, f,* director(a) *m(f)*
vorstellbar *adj* imaginable, concebible; **das ist schwer ~** esto es inimaginable
vor|stellen **I.** *vt* ① *(nach vorn, davorstel-*

len) poner delante (**vor** de) ② *(Uhr)* adelantar ③ *(vorführen, bekannt machen)* presentar; **darf ich Ihnen Frau Müller ~?** permítame presentarle a la Sra. Müller ④ *(bedeuten)* significar; **was soll das ~?** ¿qué significa esto? ⑤ *(darstellen)* representar ⑥ *(ausmalen)* **sich** *dat* **etw ~** imaginarse algo; **das kann ich mir gut ~** me lo puedo imaginar muy bien; **darunter kann ich mir nichts ~** eso no me dice nada; **stell dir mal vor!** *(fam)* ¡imagínate! ⑦ *(Konditionen, Preis)* **sich** *dat* **etw ~** tener pensado algo ⑧ *(mit etw verbinden)* **sich** *dat* **etwas/nichts unter etw** *dat* **~** tener una idea/no tener ni idea de qué puede ser algo **II.** *vr:* **sich ~** *(sich bekannt machen)* presentarse; **sich bei einem Unternehmen ~** presentarse en una empresa

Vorstellung[1] *f* <-en> ① *(Bekanntmachung, das Sichvorstellen)* presentación *f* ② *(Bild)* idea *f;* **sich** *dat* **eine falsche ~ von etw** *dat* **machen** formarse una idea equivocada de algo; **du machst dir keine ~en davon** no te lo puedes imaginar ③ (THEAT) función *f,* sección *f Arg;* (FILM) sesión *f*

Vorstellung[2] *f ohne pl (Fantasie)* imaginación *f*

Vorstellungsgespräch *nt* entrevista *f* de trabajo

Vorstellungskraft *f* <-, *ohne pl*>, **Vorstellungsvermögen** *nt ohne pl* imaginación *f,* fuerza *f* imaginativa

Vorstoß *m* <-es, -stöße> ① (MIL) avance *m* ② *(Versuch)* intento *m;* **einen ~ machen** intentar algo

vor|stoßen *irr* **I.** *vi sein* penetrar (**in** en) **II.** *vt* empujar hacia delante

Vorstrafe *f* (JUR) antecedente *m* penal

Vorstrafenregister *nt* (JUR) registro *m* de antecedentes penales

vor|strecken *vt* ① *(Arme)* (ex)tender hacia delante ② *(Geld)* anticipar; **jdm etw ~** conceder un anticipo a alguien

Vorstufe *f* fase *f* previa

Vortag *m* día *m* anterior; **am ~ des Festes** la víspera de la fiesta

vor|täuschen *vt* simular; **jdm etw ~** aparentar algo ante alguien

Vorteil ['fɔrtaɪl] *m* ventaja *f; (Nutzen)* provecho *m;* **die Vor- und Nachteile von …** los pros y los contras de…; **die Sache hat den ~, dass …** esto tiene la ventaja de que…; **auf seinen ~ bedacht sein** pensar en el propio provecho; **einen ~ aus etw** *dat* **ziehen** sacar provecho de algo; **das ist für dich von ~** a ti te conviene; **gegenüber jdm im ~ sein** llevar ventaja sobre alguien; **sich zu seinem ~ verändern** cambiar para mejor

vorteilhaft *adj* ventajoso; *(Geschäft)* provechoso; *(Kleidung)* favorecedor; **in etw** *dat* **sehr/wenig ~ aussehen** sentarle a uno muy bien/mal algo

Vortrag ['foːɐtraːk, *pl:* 'foːɐtrɛːgə] *m* <-(e)s, -träge> ① *(Rede)* conferencia *f;* **einen ~ halten** dar una conferencia (**über** acerca de/sobre) ② *(von Lied)* interpretación *f; (von Musikstück)* ejecución *f; (von Gedicht)* recitación *f*

vor|tragen *irr vt* ① *(Gedicht)* recitar; *(Lied)* cantar; *(Kunststück)* presentar ② *(darlegen)* exponer ③ *(fam: nach vorne tragen)* llevar hacia delante

Vortragsreihe *f* ciclo *m* de conferencias

vortrefflich [foːɐ'trɛflɪç] *adj* excelente

Vortrefflichkeit *f* <-, *ohne pl*> excelencia *f*

vor|treten *irr vi sein* ① *(nach vorne treten)* adelantarse; *(aus Reihe)* salir de la fila ② *(fam: hervorragen)* sobresalir

Vortritt *m* <-(e)s, *ohne pl*> ① *(Vorrang, Vorzug)* precedencia *f;* **jdm den ~ lassen** ceder(le) a alguien el paso ② *(Schweiz: Vorfahrt)* preferencia *f*

vorüber [vo'ryːbɐ] *adv* ① *(räumlich)* pasado; *(entlang)* a lo largo ② *(zeitlich)* pasado

vorüber|gehen *irr vi sein* ① *(aufhören)* cesar ② *(örtlich)* pasar (**an** por (delante de)); **im V~** de pasada

vorübergehend *adj* pasajero

Vor- und Zuname *m* nombre *m* y apellido

Voruntersuchung *f* inspección *f* previa

Vorurteil *nt* prejuicio *m* (**gegen** contra)

vorurteilsfrei *adj,* **vorurteilslos** *adj* sin prejuicios

Vorväter ['foːɐfɛːtɐ] *mpl (geh)* antepasados *mpl*

Vorverkauf *m* <-(e)s, *ohne pl*> venta *f* anticipada

Vorverkaufsstelle *f* <-, -n> despacho *m* de venta anticipada

vor|verlegen* *vt (Termin)* adelantar (**auf** a)

Vorverstärker *m* <-s, -> (ELEK) preamplificador *m*

vorvorletzte(r, s) *adj* antepenúltimo

Vorwahl *f* ① (TEL) prefijo *m* ② (POL) elecciones *fpl* preliminares

vor|wählen *vt* (TEL) marcar primero [*o* de prefijo]

Vorwahlnummer *f* (TEL) prefijo *m* (telefónico)

Vorwand *m* <-(e)s, -wände> pretexto *m;* **unter dem ~, dass …** con el pretexto de que… +*subj*

vorwärmen *vt* precalentar

vor|warnen *vt* advertir, prevenir, alertar

V

Vorwarnung *f* advertencia *f,* prevención *f;* **ohne ~** sin aviso previo
vorwärts ['fo:ɐvɛrts, 'fɔrvɛrts] *adv* hacia adelante; **~!** ¡adelante!
Vorwärtsgang *m* (TECH) marcha *f* adelante
vorwärts|kommen *irr vi sein* avanzar
Vorwäsche *f* <-n> prelavado *m*
vor|waschen *irr vt* prelavar
Vorwaschgang *m* <-(e)s, -gänge> prelavado *m*
vorweg [fo:ɐ'vɛk] *adv* ❶ *(vorher)* primero ❷ *(im Voraus)* por adelantado ❸ *(an der Spitze)* a la cabeza ❹ *(fam: von vorneherein)* de antemano ❺ *(vor allem)* sobre todo
Vorwegnahme *f* <-, -n> anticipación *f,* anticipo *m,* antelación *f*
vorweg|nehmen *irr vt* anticipar
vor|weisen *irr vt (Pass)* enseñar; *(Kenntnisse)* mostrar; **etw ~ können** tener algo
vor|werfen *irr vt* ❶ *(tadeln)* **jdm etw ~** reprochar algo a alguien ❷ *(hinwerfen)* **jdm/einem Tier etw ~** echar algo (de comer) a alguien/a un animal
vorwiegend *adv* principalmente
vorwitzig *adj* ❶ *(neugierig)* curioso ❷ *(vorlaut)* cargante
Vorwort *nt* <-(e)s, -e> prólogo *m*
Vorwurf *m* <-(e)s, -würfe> reproche *m;* **jdm etw zum ~ machen** echar en cara algo a alguien; **jdm wegen etw** *gen/dat* **Vorwürfe machen** hacer reproches a alguien por algo
vorwurfsvoll *adj* lleno de reproche
Vorzeichen *nt* ❶ *(Omen)* presagio *m* ❷ (MUS) accidente *m* ❸ (MATH) signo *m*
vorzeigbar *adj (fam)* presentable
Vorzeigefrau *f (fam)* orgullo *m; (abw)* mujer objeto *f*
vor|zeigen *vt* enseñar; *(Pass etc.)* presentar
Vorzeigeprodukt *nt* producto *m* emblemático
Vorzeit *f* <-en> tiempo(s) *m(pl)* prehistórico(s); **in/aus grauer ~** en/de tiempos remotos
vorzeitig **I.** *adj* anticipado **II.** *adv* con anticipación
vorzeitlich *adj* de tiempos remotos
vor|ziehen *irr vt* ❶ *(nach vorne ziehen)* tirar hacia adelante; *(Gardine)* correr ❷ *(fam: hervorziehen)* sacar (**vor** de) ❸ *(vorverlegen)* adelantar, anticipar; **vorgezogene Wahlen** elecciones anticipadas ❹ *(bevorzugen)* preferir; *(Person)* dar trato preferente; **ich ziehe Bier dem Wein vor** prefiero la cerveza al vino
Vorzimmer *nt* ❶ *(Sekretariat)* antecámara *f* ❷ *(Österr: Diele)* vestíbulo *m*
Vorzug[1] *m* <-(e)s, *ohne pl*> *(Vorrang)* prioridad *f; (Vorliebe)* preferencia *f;* **etw** *dat* **/jdm den ~ geben** preferir algo/a alguien
Vorzug[2] *m* <-(e)s, -züge> ❶ *(Vorrecht)* privilegio *m* ❷ *(Vorteil)* ventaja *f;* **den ~ haben, dass ...** tener la ventaja de que...
vorzüglich [fo:ɐ'tsy:klɪç] *adj* excelente; *(Speisen)* exquisito
Vorzugsaktie *f* acción *f* preferente
vorzugsweise *adv* preferentemente
votieren* [vo'ti:rən] *vi (geh)* votar (**für** a favor de, **gegen** en contra de)
Votum ['vo:tʊm] *nt* <-s, Voten *o* Vota> voto *m*
Voyeur(in) [voa'jø:ɐ] *m(f)* mirón, -ona *m, f*
voyeuristisch *adj* voyeurista
vulgär [vʊl'gɛ:ɐ] *adj* vulgar
Vulgarität [vʊlgari'tɛ:t] *f* <-, *ohne pl*> vulgaridad *f*
Vulkan [vʊl'ka:n] *m* <-s, -e> volcán *m*
Vulkanausbruch *m* erupción *f* volcánica
vulkanisch *adj* volcánico
vulkanisieren* [vʊlkani'zi:rən] *vt* (TECH) vulcanizar

Ww

W, w [veː] *nt* <-, -> W, w *f;* ~ **wie Wilhelm** W de Washington
W *Abk. von* **Westen** O
Waadt [va(ː)t] *f* (GEO) Waadt *m*
Waage ['vaːgə] *f* <-n> ❶ *(Gerät)* balanza *f;* **die Vor- und Nachteile hielten sich** *dat* **die** ~ los pros y los contras eran proporcionales ❷ (ASTR: *Zeichen*) Libra *f* ❸ (ASTR: *Person*) libra *mf inv*
Waagebalken *m* astil *m* de la balanza
waagerecht *adj* horizontal
Waagschale *f* platillo *m* de la balanza; **jedes Wort auf die ~ legen** *(fam)* tomar algo al pie de la letra
wabb(e)lig *adj (fam)* fofo, flácido
wabbeln ['vabəln] *vi (fam)* temblar
Wabe ['vaːbə] *f* <-n> panal *m*
wabenförmig *adj* en forma de panal
wabern ['vaːbɐn] *vi (Flamme)* flamear; *(Nebel)* extenderse
wach [vax] *adj* ❶ *(nicht schlafend)* despierto; **halb** ~ medio despierto; ~ **werden** despertarse ❷ *(lebhaft)* espabilado
Wach(t)turm *m* atalaya *f*
Wache ['vaxə] *f* <-n> ❶ *(Wachdienst)* guardia *f; (Krankenwache)* vela *f;* (**auf**) ~ **stehen** estar de guardia ❷ *(Person)* guardia *mf; (Gruppe)* (cuerpo *m* de) guardia *f* ❸ *(Gebäude)* (puesto *m* de) guardia *f; (Polizeiwache)* comisaría *f*
wachen ['vaxən] *vi* ❶ *(Wache halten)* velar; **bei jdm** ~ velar a alguien ❷ *(aufpassen)* velar (**über** por) ❸ *(geh: wach sein)* estar despierto
wach\|halten *irr vt (fortdauern lassen)* conservar vivo
Wachhund *m* perro *m* guardián
wach\|küssen *vt (iron)* reavivar
Wachmacher *m* <-s, -> *(fam)* estimulante *m*
Wachmann *m* <-(e)s, -männer *o* -leute> ❶ *(Wächter)* guarda *m* ❷ *(Österr: Polizist)* policía *m*
Wacholder [va'xɔldɐ] *m* <-s, -> ❶ (BOT) enebro *m* ❷ *(Wacholderschnaps)* ginebra *f*
Wachposten *m* centinela *m*
wach\|rufen *irr vt* despertar; *(Erinnerungen)* evocar
Wachs [vaks] *nt* <-es, -e> cera *f;* ~ **in jds Händen sein** *(fig)* ser la marioneta de alguien
wachsam ['-zaːm] *adj* vigilante; *(aufmerksam)* atento
Wachsamkeit *f ohne pl* vigilancia *f; (Aufmerksamkeit)* atención *f*
wachsen[1] ['vaksən] <wächst, wuchs, gewachsen> *vi sein (allgemein)* crecer; *(zunehmen)* aumentar; **in die Breite/Länge/Höhe** ~ crecer a lo ancho/a lo largo/en altura; **sich** *dat* **einen Bart ~ lassen** dejarse crecer la barba; **mit ~der Begeisterung** con creciente entusiasmo; **jdm ge~ sein** poder con alguien; **etw** *dat* **ge~ sein** ser capaz de cumplir con algo
wachsen[2] *vt (Fußboden, Ski)* encerar
Wachsenthaarung *f* depilación *f* a la cera
wächsern ['vɛksɐn] *adj* céreo, de cera
Wachsfigurenkabinett *nt* museo *m* de cera, gabinete *m* de figuras de cera
Wachskerze *f* <-, -n> vela *f* de cera
Wachsmalkreide *f* lápiz *m* de cera
Wachsmalstift *m* lápiz *m* de cera
wächst [vɛkst] *3. präs von* **wachsen**[1]
Wachstum ['vakstuːm] *nt* <-s, *ohne pl*> crecimiento *m; (Zunahme)* aumento *m; (Entwicklung)* desarrollo *m*
Wachstumsbranche *f* ramo *m* en crecimiento
Wachstumshormon *nt* hormona *f* del crecimiento
Wachstumsmarkt *m* mercado *m* en crecimiento
Wachstumsrate *f* (WIRTSCH) índice *m* de crecimiento
Wachtel ['vaxtəl] *f* <-n> (ZOOL) codorniz *f*
Wachtelei *nt* huevo *m* de codorniz
Wächter(in) ['vɛçtɐ] *m(f)* <-s, -; -nen> guarda *mf; (Nachtwächter)* guardia *mf*
Wachtmeister(in) *m(f)* guardia *mf*
Wachtposten *m* centinela *m*
Wach- und Schließgesellschaft *f* compañía *f* de seguridad
wackelig ['vak(ə)lɪç] *adj (Person)* tambaleante; *(Tisch)* cojo; *(Zahn)* flojo; **er ist noch ~ auf den Beinen** anda todavía con paso vacilante
Wackelkontakt *m* contacto *m* flojo
wackeln ['vakəln] *vi* ❶ *(durch Erschütterung)* tambalearse; *(Möbel)* cojear; *(Zahn)* moverse ❷ *(fam: Position, Disziplin)* vacilar; **an/mit etw** *dat* ~ *(fam)* menear algo
Wackelpudding *m (fam)* flan *m*
wacklig *adj s.* **wackelig**
Wade ['vaːdə] *f* <-n> pantorrilla *f,* canilla *f Col, Perú*
Wadenbein *nt* peroné *m*
Wadenkrampf *m* calambre *m* en la pantorrilla
Wadenmuskel *m* (ANAT) gemelos *mpl*
Waffe ['vafə] *f* <-n> arma *f;* **eine ~ tragen**

portar un arma; **die ~n ruhen** hay tregua; **jdn mit seinen eigenen ~n schlagen** derrotar a alguien con sus propias armas; **zu den ~n greifen** tomar las armas

Waffel ['vafəl] *f* <-n> *(Eistüte)* barquillo *m; (Gebäck)* gofre *m*

Waffeleisen *nt (für Eistüten)* barquillero *m* eléctrico; *(für Gebäck)* molde *m* para hacer gofres

Waffenbesitz *m* tenencia *f* de armas; **unerlaubter ~** tenencia ilícita de armas

Waffenembargo *nt* embargo *m* de armas

Waffengewalt *f ohne pl* fuerza *f* de las armas

Waffenhandel *m* comercio *m* de armas, tráfico *m* de armas; **~ betreiben** traficar con armas

Waffenhändler(in) *m(f)* traficante *mf* de armas

Waffenlager *nt* arsenal *m*

Waffenlieferung *f* <-, -en> suministro *m* de armas

Waffenruhe *f* tregua *f;* **die ~ einhalten/brechen** mantener/romper la tregua

Waffenschein *m* licencia *f* de armas

Waffenschmuggel *m ohne pl* contrabando *m* de armas

Waffenstillstand *m* armisticio *m*

Wagemut ['va:gəmu:t] *m* <-(e)s, *ohne pl*> osadía *f,* atrevimiento *m*

wagemutig *adj* osado, atrevido

wagen ['va:gən] **I.** *vt* ❶ *(riskieren)* arriesgar; **einen Versuch ~** intentarlo; **wer nicht wagt, der nicht gewinnt** *(prov)* quien no se arriesga, no pasa el río ❷ *(sich getrauen)* atreverse (**zu** a *+inf*) **II.** *vr:* **sich ~** atreverse (a); **sich an etw ~** (atreverse a) emprender algo

Wagen ['va:gən] *m* <-s, -> ❶ *(PKW)* coche *m,* carro *m Am; (LKW)* camión *m; (Lieferwagen)* furgoneta *f* ❷ *(Eisenbahn-, Straßenbahnwagen)* vagón *m; (Pferdewagen)* carruaje *m; (Planwagen)* carromato *m* ❸ *(Kinder-, Einkaufswagen)* carrito *m* ❹ *(an der Schreibmaschine)* carro *m* ❺ (ASTR) **der Kleine/Große ~** la Osa Menor/Mayor

Wagenheber *m* <-s, -> gato *m,* gata *f Chil*

Wagentür *f* puerta *f* del coche

Waggon [va'gɔŋ, va'gõ:] *m* <-s, -s> vagón *m*

waghalsig ['va:khalzɪç] *adj* ❶ *(Mensch)* temerario, atrevido ❷ *(Unternehmen)* arriesgado

Wagnis ['va:knɪs] *nt* <-ses, -se> ❶ *(Vorhaben)* empresa *f* arriesgada ❷ *(Risiko)* riesgo *m;* **sich auf kein ~ einlassen** no exponerse a ningún riesgo

Wagon *m* <-s, -s> *s.* **Waggon**

Wahl [va:l] *f* <-en> ❶ *(Auswahl)* elección *f; (zwischen zwei Möglichkeiten)* opción *f;* **seine ~ treffen** elegir; **die ~ fiel auf ihn** fue elegido él; **ich habe keine andere ~** no tengo otra alternativa; **in die engere ~ kommen** pasar a la fase siguiente; **erste ~** (WIRTSCH) primera calidad; **wer die ~ hat, hat die Qual** *(prov)* elegir es sufrir ❷ (POL) elección *f;* **geheime/freie ~en** elecciones secretas/libres; **direkte/indirekte ~en** elecciones directas/indirectas; **zur ~ gehen** ir a votar; **sich zur ~ stellen** presentarse como candidato

Wahlausgang *m* <-(e)s, -gänge> resultado *m* de las elecciones

wählbar ['vɛ:lba:ɐ] *adj* elegible

Wahlbenachrichtigung *f (formal)* aviso *m* sobre fecha y lugar de elecciones

wahlberechtigt *adj* con derecho a voto; **er/sie ist ~** tiene derecho a voto

Wahlberechtigte(r) *mf* <-n, -n; -n> persona *f* con derecho a voto

Wahlberechtigung *f* derecho *m* de voto

Wahlbeteiligung *f* participación *f* electoral

Wahlbetrug *m ohne pl* fraude *m* electoral

Wahlbezirk *m* distrito *m* electoral

wählen ['vɛ:lən] **I.** *vi* ❶ *(Wahlen abhalten)* celebrar elecciones; *(Stimme abgeben)* votar ❷ *(aussuchen)* elegir ❸ *(am Telefon)* marcar **II.** *vt* ❶ (POL) votar; **jdn ~** votar a alguien; *(bei einer Abstimmung)* votar por alguien; **sie wurde zur Präsidentin gewählt** fue elegida presidenta ❷ *(auswählen)* elegir ❸ *(Telefonnummer)* marcar

Wähler(in) *m(f)* <-s, -; -nen> elector(a) *m(f)*

Wahlergebnis *nt* resultado *m* electoral

Wählerin *f* <-nen> *s.* **Wähler**

wählerisch *adj* exigente

Wählerliste *f* (POL) lista *f* electoral

Wählerschaft *f* <-en> electorado *m*

Wählerstimme *f* voto *m*

Wählerverzeichnis *nt* registro *m* electoral

Wahlfach *nt* asignatura *f* optativa

Wahlfälschung *f* fraude *m* electoral

Wahlgang *m* <-(e)s, -gänge> votación *f;* **im ersten ~** en la primera vuelta electoral

Wahlheimat *f ohne pl* patria *f* adoptiva

Wahlhelfer(in) *m(f)* escrutador(a) *m(f)*

Wahlkabine *f* cabina *f* electoral

Wahlkampf *m* campaña *f* electoral; **einen ~ führen** llevar a cabo una campaña electoral

Wahlkreis *m (formal)* distrito *m* electoral

Wahllokal *nt* colegio *m* electoral

wahllos *adv* sin orden ni concierto

Wahlniederlage *f* derrota *f* electoral

Wahlpflicht *f ohne pl* voto *m* obligatorio

Wahlpflichtfach *nt* asignatura *f* optativa obligatoria

Wahlplakat *nt* cartel *m* de propaganda electoral

Wahlprogramm *nt* programa *m* electoral

Wahlpropaganda *f ohne pl* propaganda *f* electoral

Wahlrecht *nt ohne pl* ① *(des Einzelnen)* derecho *m* de voto; **aktives/passives ~** derecho de voto activo/pasivo; **allgemeines ~** sufragio universal ② *(Gesetz)* derecho *m* electoral

Wählscheibe *f* dial *m*

Wahlschlappe *f* <-, -n> *(fam)* derrota *f* electoral; **eine ~ einstecken müssen** tener que encajar una derrota electoral

Wahlsieg *m* victoria *f* electoral

Wahlsieger(in) *m(f)* <-s, -; -, -nen> ganador(a) *m(f)* de las votaciones

Wahlspruch *m* lema *m; (Devise)* divisa *f*

Wahlsystem *nt* sistema *m* electoral

Wahltag *m* día *m* de las elecciones

Wählton *m* señal *f* (para marcar)

Wahlurne *f* urna *f* electoral, ánfora *f Méx*

Wahlverhalten *nt ohne pl* (POL) comportamiento *m* electoral

Wahlversprechen *nt* <-s, -> promesa *f* electoral

wahlweise *adv* alternativamente

Wahlwiederholung *f* <-, -en> (TEL) rellamada *f*

Wahlzettel *m* papeleta *f* de votación

Wahn [vaːn] *m* <-(e)s, *ohne pl*> ① *(geh: Einbildung)* ilusión *f* ② (MED) manía *f*

Wahnsinn ['vaːnzɪn] *m* <-(e)s, *ohne pl*> ① *(Geistesgestörtheit)* demencia *f* ② *(fam: Unvernunft)* locura *f*, loquera *f Am;* **das ist doch ~** es una locura

wahnsinnig **I.** *adj* ① *(geistesgestört)* maníaco, loco *fam;* (MED) demente; **du bist ja ~** *(fam)* estás como una cabra; **das macht mich ~** *(fam)* esto me vuelve loco ② *(fam: groß)* tremendo **II.** *adv (fam: sehr)* tremendamente; **ich habe mich ~ gefreut** me he alegrado tremendamente

Wahnsinnige(r) *mf* <-n, -n; -n> maníaco, -a *m, f,* loco, -a *m, f fam;* (MED) demente *mf*

Wahnsinnigwerden *nt* **es ist zum ~** *(fam)* es para volverse loco

Wahnvorstellung *f* alucinación *f*

wahnwitzig *adj (Idee)* descabellada; **ein ~es Unterfangen** una empresa de locos

wahr [vaːɐ] *adj* ① *(der Wahrheit entsprechend)* verdadero; *(wahrheitsgetreu)* verídico; **nicht ~?** ¿verdad?, ¿no es cierto? *Am;* **da ist was W~es dran** *(fam)* algo de verdad hay en ello ② *(wirklich)* real; **etw ~ machen** realizar algo; **so ~ ich hier stehe** tan cierto como que estoy aquí; **er ist ein ~er Freund** es un amigo de verdad; **das darf doch nicht ~ sein** *(fam)* no puede ser; **im ~sten Sinne des Wortes** en toda la extensión de la palabra ③ *(geh: echt)* auténtico ④ *(fam: ausgesprochen)* verdadero

wahren ['vaːrən] *vt (geh)* ① *(bewahren)* guardar; **den Schein ~** guardar las apariencias ② *(Rechte)* defender

währen ['vɛːrən] *vi (geh)* durar; **was lange währt, wird endlich gut** *(prov)* un buen final se hace esperar

während ['vɛːrənt] **I.** *präp +gen o fam: +dat* durante **II.** *konj* ① *(zeitlich)* mientras ② *(wohingegen)* mientras que

währenddessen [vɛːrənt'dɛsən] *adv* entretanto, mientras tanto

wahrhaben ['---] *vt* **etw nicht ~ wollen** no querer admitir algo

wahrhaft ['vaːɐhaft] **I.** *adj (geh)* verdadero, auténtico **II.** *adv (geh)* realmente

wahrhaftig [-'--] **I.** *adj (geh)* verdadero; *(aufrichtig)* sincero **II.** *adv (geh: tatsächlich)* realmente; *(allerdings)* efectivamente

Wahrheit *f* <-en> *(Tatbestand)* verdad *f;* **die halbe/volle ~** la verdad a medias/toda la verdad; **die volle ~** toda la verdad; **die ~ sagen** decir la verdad; **in ~** en realidad; **bei der ~ bleiben** no alterar la verdad; **um die ~ zu sagen ...** a decir verdad...

Wahrheitsgehalt *m (einer Behauptung)* parte *f* de veracidad

wahrheitsgemäß, wahrheitsgetreu **I.** *adj* verídico **II.** *adv* conforme a la verdad

wahrheitsliebend *adj (die Wahrheit liebend)* amante de la verdad; *(ehrlich)* franco

wahrlich *adv (geh)* realmente

wahrnehmbar *adj* perceptible

wahr|nehmen *irr vt* ① *(bemerken)* notar, darse cuenta (de); *(Sinneseindrücke)* percibir ② *(Gelegenheit)* aprovechar ③ *(Interessen)* defender; **einen Termin ~** acudir a una cita

Wahrnehmung *f* <-en> ① *(Sinneswahrnehmung)* percepción *f* ② *(von Interessen)* salvaguardia *f; (eines Termins)* asistencia *f* (a); *(einer Frist)* observación *f*

wahrsagen, wahr|sagen **I.** *vi* decir la buenaventura; **sich** *dat* **~ lassen** hacerse decir la buenaventura **II.** *vt* **jdm etw ~** profetizar algo a alguien

Wahrsager(in) *m(f)* <-s, -; -nen> adivino, -a *m, f*

Wahrsagerei *f* <-, -en> ① *ohne pl (abw: das Wahrsagen)* adivinación *f* ② *(abw: Äußerung)* predicción *f*

Wahrsagerin *f s.* **Wahrsager**

wahrscheinlich [vaːɐ'ʃaɪnlɪç] **I.** *adj* probable; **es ist ~, dass ...** es probable que... +*subj* **II.** *adv* probablemente

Wahrscheinlichkeit *f* <-en> probabilidad *f;* **aller ~ nach** según toda probabilidad

Wahrung ['va:rʊŋ] *f ohne pl* ① *(Bewahrung)* salvaguardia *f* ② *(von Rechten)* defensa *f*

Währung ['vɛ:rʊŋ] *f* <-en> moneda *f*

Währungsabkommen *nt* acuerdo *m* monetario

Währungseinheit *f* unidad *f* monetaria

Währungsfonds *m* fondo *m* monetario; **Internationaler ~** Fondo Monetario Internacional

Währungsreform *f* reforma *f* monetaria

Währungssystem *nt* sistema *m* monetario

Währungsumstellung *f* <-, -en> conversión *f* de la moneda, reforma *f* monetaria

Währungsumtausch *m* cambio *m* de divisas

Währungsunion *f* unión *f* monetaria; **Europäische ~** Unión Monetaria Europea

Wahrzeichen *nt (einer Stadt)* monumento *m* característico

Waise ['vaɪzə] *f* <-n> huérfano, -a *m, f*

Waisenhaus *nt* orfanato *m*

Waisenkind *nt* huérfano, -a *m, f*

Wakeboarden ['weɪk-] *nt* wakeboarding *m*

Wal [va:l] *m* <-(e)s, -e> (ZOOL) ballena *f*

Wald [valt, *pl:* 'vɛldɐ] *m* <-(e)s, Wälder> bosque *m;* **der Bayerische ~** la selva bávara; **ein ganzer ~ von ...** *(fam)* una gran cantidad de...; **wie man in den ~ hineinruft, so schallt es heraus** *(prov)* el que siembra recoge

Waldbrand *m* incendio *m* forestal

Wäldchen ['vɛltçən] *nt* <-s, -> bosquecillo *m*

Waldhonig *m* miel *f* silvestre

Waldlauf *m* carrera *f* por el bosque

Waldmeister *m ohne pl* (BOT) galio *m* oloroso

Waldorfschule ['valdɔrf-] *f* escuela *f* Waldorf [*o* Rudolf-Steiner]

Waldrand *m* borde *m* del bosque

Waldsterben *nt ohne pl* muerte *f* de los bosques (a causa de la polución del medio ambiente), muerte *f* forestal

Waldweg *m* camino *m* forestal

Wales [wɛɪls] *nt* <-> (país *m* de) Gales *m*

Walfang *m* pesca *f* de la ballena

Walfänger *m* <-s, -> *(Schiff)* ballenero *m*

Waliser(in) [va'li:zɐ] *m(f)* <-s, -; -nen> galés, -esa *m, f*

walisisch *adj* galés

Walkie-Talkie *nt* <-(s), -s> walkie talkie *m*

Walkman® ['wɔ:kmɛ(:)n] *m* <-s, -men> walkman® *m*

Wall [val, *pl:* 'vɛlə] *m* <-(e)s, Wälle> *(Erdwall)* terraplén *m,* albardón *m CSur; (Schutzwall)* muralla *f*

Wallach ['valax] *m* <-(e)s, -e> (ZOOL) caballo *m* castrado

Wallfahrer(in) *m(f)* peregrino, -a *m, f*

Wallfahrt *f* peregrinación *f*

Wallfahrtskirche *f* (REL) iglesia *f* de peregrinación

Wallfahrtsort *m* lugar *m* de peregrinación

Wallis ['valɪs] *nt* <-> (GEO) Valais *m*

Wallone, -in [va'lo:nə] *m, f* <-n, -n; -, -nen> valón, -ona *m, f*

Wallung ['valʊŋ] *f* <-en> ebullición *f;* **in ~ geraten** acalorarse

Walnuss ['va:l-] *f* <-nüsse> ① *(Frucht)* nuez *f* ② *(Baum)* nogal *m*

Walnussbaum *m* nogal *m*

Walnussholz *nt* madera *f* de nogal

Walpurgisnacht [val'pʊrgɪs-] *f* noche *f* de los Walpurgis

Walross ['va:l-] *nt* <-es, -e> ① *(Tier)* morsa *f* ② *(fam: Mensch)* cachazudo, -a *m, f*

walten ['valtən] *vi (geh)* reinar; **seines Amtes ~** ejercer su cargo

Walze ['valtsə] *f* <-n> ① (MATH) cilindro *m* ② *(an Maschinen)* rodillo *m* ③ *(Straßenwalze)* apisonadora *f*

walzen ['valtsən] *vt* ① *(Metall)* laminar ② *(Straße)* apisonar

wälzen ['vɛltsən] **I.** *vt* ① *(rollen)* hacer rodar; **die Schuld auf jdn ~** echar la culpa a alguien ② (GASTR) **etw in etw** *dat* **~** cubrir algo de algo; *(in Paniermehl)* empanar algo ③ *(fam: Bücher)* consultar; *(Probleme)* dar vueltas (a) **II.** *vr:* **sich ~** ① *(Lawine)* rodar ② *(Tier, Person)* revolcarse (**in** en); **sie wälzte sich von einer Seite auf die andere** dio vueltas de un lado a otro

walzenförmig *adj* cilíndrico

Walzer ['valtsɐ] *m* <-s, -> vals *m;* **langsamer ~** vals lento; **Wiener ~** vals vienés

Wälzer ['vɛltsɐ] *m* <-s, -> *(fam)* mamotreto *m*

Wampe ['vampə] *f* <-n> *(fam abw)* panza *f*

wand [vant] *3. imp von* **winden**

Wand [vant, *pl:* 'vɛndə] *f* <Wände> pared *f;* **~ an ~** con una pared en medio; **spanische ~** biombo *m;* **in seinen (eigenen) vier Wänden** *(fam)* en casa; **die Wände hochgehen** *(fam)* subirse por las paredes; **jdn an die ~ spielen** superar a alguien en algo; (THEAT) eclipsar a alguien; **mit dem Kopf durch die ~ wollen** querer lo imposible

Wandel ['vandəl] *m* <-s, *ohne pl*> cambio *m;* **im ~ der Zeit** en el tra(n)scurso del tiempo; **einem ~ unterliegen** estar sujeto a un cambio

wandelbar *adj (geh: nicht beständig)* versátil; *(veränderlich)* variable

wandeln ['vandəln] **I.** *vi sein (geh)* caminar, andar **II.** *vt* cambiar **III.** *vr:* **sich ~** *(geh)* cambiar

Wanderausstellung *f* exposición *f* itinerante

Wanderer, -in *m, f* <-s, -; -nen> excursionista *mf*

Wanderkarte *f* mapa *m* para excursiones

wandern ['vandɐn] *vi sein* ① *(gehen)* caminar; *(Wanderung machen)* hacer una excursión (a pie); *(Völker)* migrar; *(Gletscher, Düne)* ser movedizo ② *(herumgehen)* caminar (**in/durch** por); *(Blick)* vagar (**in** por); **ruhelos im Zimmer auf und ab ~** caminar inquieto por la habitación ③ *(fam: hinkommen)* acabar (**in** en), ir a parar (**in** a); **ins Gefängnis/ins Feuer ~** acabar en la cárcel/en el fuego

Wandern *nt* <-s, *ohne pl*> senderismo *m*

Wanderpokal *m* copa *f* ambulante

Wanderschaft *f* <-en> **auf ~ gehen** ir a correr mundo; **auf ~ sein** correr mundo

Wanderschuh *m* bota *f* (deportiva)

Wanderstiefel *m* bota *f* de montaña

Wandertag *m* (día *m* de) excursión *f* (escolar)

Wanderung *f* <-en> ① *(Ausflug)* excursión *f* (a pie), caminata *f;* **eine ~ machen** salir de excursión ② *(von Tieren, Völkern)* migración *f*

Wandervogel *m (fam)* ① *(Wanderer)* excursionista *mf* ② *(unsteter Mensch)* ave *f* de paso

Wanderweg *m* camino *m* , sendero

Wanderzirkus *m* <-, -se> circo *m* ambulante

Wandgemälde *nt* (pintura *f*) mural *m*

Wandkalender *m* <-s, -> calendario *m* de pared

Wandkarte *f* mapa *m* mural

Wandlampe *f* aplique *m*

Wandlung ['vandlʊŋ] *f* <-en> ① *(Veränderung)* cambio *m;* *(Verwandlung)* tra(n)sformación *f* ② (REL) transubstanciación *f*

Wandmalerei *f* muralismo *m*

Wandschrank *m* armario *m* empotrado

wandte ['vantə] *3. imp von* **wenden²**

Wandteppich *m* tapiz *m*

Wanduhr *f* reloj *m* de pared

Wange ['vaŋə] *f* <-n> *(geh)* mejilla *f;* **~ an ~** muy apretados

Wankelmotor ['vaŋkəl-] *m* (TECH) motor *m* Wankel

Wankelmut ['vaŋkəlmu:t] *m ohne pl (geh abw)* versatilidad *f*

wankelmütig *adj (geh abw)* versátil

wanken ['vaŋkən] *vi* ① *(schwanken)* vacilar; *(Macht)* tambalearse; **ins W~ geraten** empezar a tambalearse ② *sein (schwankend gehen)* tambalearse

wann [van] *adv* ① *(interrogativ)* ¿cuándo?; **seit ~?** ¿desde cuándo?; **bis ~?** ¿hasta cuándo?; **von ~ bis ~?** ¿desde cuándo y hasta cuándo?; **ab ~?** ¿a partir de cuándo? ② *(Wend)* **~ (auch) immer** cuando sea; **dann und ~** de vez en cuando

Wanne ['vanə] *f* <-n> tina *f;* *(Badewanne)* bañera *f;* **in der ~ liegen** *(fam)* estar en la bañera

Wanst [vanst, *pl:* 'vɛnstə] *m* <-(e)s, Wänste> *(fam abw)* barriga *f;* **sich** *dat* **den ~ vollschlagen** llenarse la barriga

Wanze ['vantsə] *f* <-n> ① (ZOOL) chinche *f* ② *(sl: Abhörwanze)* micrófono *m* oculto

WAP-Handy *nt* móvil *m* WAP

Wappen ['vapən] *nt* <-s, -> escudo *m* (de armas)

Wappenschild *m o nt* escudo *m*

Wappentier *nt* animal *m* heráldico

wappnen ['vapnən] *vr:* **sich ~** *(geh)* **sich gegen etw ~** prepararse para algo; **sich mit etw** *dat* **~** armarse de algo

war [va:ɐ] *3. imp von* **sein**

warb [varp] *3. imp von* **werben**

Ware ['va:rə] *f* <-n> mercancía *f;* *(Artikel)* artículo *m;* **heiße ~** *(sl)* artículo ilegal

Warenangebot *nt* oferta *f* de mercancías

Warenbestand *m* <-(e)s, -stände> existencias *fpl,* stock *m*

Warenhaus *nt* grandes almacenes *mpl,* emporio *m AmC*

Warenkorb *m* cesta *f* de la compra

Warenlager *nt* almacén *m*

Warenregal *nt* estante *m*

Warensendung *f* <-, -en> envío *m* de mercancías

Warentausch *m* trueque *m*

Warentest *m* (WIRTSCH) test *m* de calidad; **Stiftung ~** *fundación alemana que realiza y publica periódicamente tests de calidad*

Warentransportband *nt (im Supermarkt)* cinta *f* (trasportadora) de la caja

Warenverkehr *m* transacción *f* de mercancías

Warenzeichen *nt* marca *f* de fábrica; **eingetragenes ~** marca registrada

warf [varf] *3. imp von* **werfen**

warm [varm] *adj* <wärmer, am wärmsten> ① *(allgemein)* caliente; *(Farbe, Ton, Klima)* cálido; *(Wetter)* caluroso; *(Klei-*

dung) que abriga, abrigador *Am;* **etw ~ machen** calentar algo; **es ist** (**sehr**) **~** hace (mucho) calor; **mir ist ~** tengo calor; **sich ~ anziehen** abrigarse; **~ duschen** tomar una ducha caliente; **sich ~ laufen** hacer el calentamiento; **das Zimmer kostet 300 Euro ~** *(fam)* la habitación cuesta, gastos (de calefacción) incluidos, 300 euros ❷ *(warmherzig)* cálido, caluroso; **jdm etw wärmstens empfehlen** recomendar algo a alguien de corazón; **mit jdm/etw** *dat* **~ werden** *(fam)* hacerse amigo de alguien/familiarizarse con algo

Warmblüter ['-bly:tɐ] *m* <-s, -> (ZOOL) animal *m* de sangre caliente

Warmduscher *m* <-s, -> *(sl)* mojigato *m*

Wärme ['vɛrmə] *f ohne pl* (*a.* PHYS) calor *m*

wärmebeständig *adj* (TECH) resistente al calor

wärmedämmend *adj* termoaislante

Wärmedämmung *f* aislamiento *m* térmico

Wärmeenergie *f* <-, -n> energía *f* térmica

Wärmehaushalt *m* <-(e)s, *ohne pl*> equilibrio *m* térmico

Wärmeisolierung *f* aislamiento *m* térmico

Wärmekraftwerk *nt* central *f* térmica

wärmen ['vɛrmən] **I.** *vi (Ofen)* calentar; *(Kleidung)* abrigar **II.** *vr:* **sich ~** calentarse

Wärmepumpe *f* (TECH) bomba *f* térmica

Wärmeschutz *m ohne pl (im Bauwesen)* protección *f* (anti)térmica

Wärmestrahlung *f ohne pl* (PHYS) radiación *f* térmica

Wärmeverlust *m* pérdida *f* de calor

Wärmflasche *f* calentador *m*

Warmfront *f* (METEO) frente *m* cálido

warmhalten *irr vt* **sich** *dat* **jdn ~** conservar las simpatías de alguien

Warmhalteplatte *f* calientaplatos *m inv*

warmherzig *adj* cariñoso

Warmluft *f ohne pl* (TECH, METEO) aire *m* caliente

Warmmiete *f (fam)* alquiler *m* con los gastos de calefacción incluidos

Warmstart *m* (INFOR) reinicio *m*

Warmwasserspeicher [-'----] *m* depósito *m* de agua caliente

Warmwasserversorgung [-'-----] *f* abastecimiento *m* de agua caliente

Warnblinkanlage *f* (AUTO) dispositivo *m* de luces de aviso intermitentes

Warnblinkleuchte *f* <-, -n> (AUTO) lámpara *f* de luz intermitente de emergencia

Warnblinkschalter *m* (AUTO) botón *m* para los intermitentes de emergencia

Warndreieck *nt* (AUTO) triángulo *m* de emergencia

warnen ['varnən] *vt* avisar (**vor** de que), advertir (**vor** de); **die Polizei warnt vor Schneeglätte** la policía avisa que hay peligro de deslizamiento; **ich warne dich!** ¡te lo advierto!; **vor ... wird gewarnt!** ¡cuidado con...!

Warnkreuz *nt* cruz *f* de advertencia

Warnleuchte *f* luz *f* de aviso

Warnschild *nt* señal *f* de aviso; *(Verkehrsschild)* señal *m* de peligro

Warnschuss *m* tiro *m* al aire

Warnsignal *nt* señal *f* de aviso

Warnstreik *m* huelga *f* de advertencia

Warnton *m* <-(e)s, -töne> (INFOR) tono *m* de advertencia

Warnung *f* <-en> aviso *m* (**vor** de), advertencia *f* (**vor** de); **ohne vorherige ~** sin previo aviso; **lass dir das eine ~ sein!** ¡que te sirva de lección!

Warnweste *f* chaleco *m* reflectante

Warnzeichen *nt* ❶ *(Warnsignal)* señal *f* de aviso ❷ *(Verkehrszeichen)* señal *f* de peligro

Warschau ['varʃaʊ] *nt* <-s> Varsovia *f*

Wartefrist *f* <-, -en> plazo *m* de espera

Wartehalle *f* sala *f* de espera

Wartehäuschen *nt* parada *f* con garita

Warteliste *f* lista *f* de espera; **sich auf die ~ setzen lassen** inscribirse en la lista de espera

warten ['vartən] **I.** *vi* esperar; **auf etw/jdn ~** esperar algo/a alguien; **warte mal!** ¡espera un momento!; **etw lässt nicht lange auf sich ~** algo no tarda mucho en llegar; **worauf wartest du?** ¿a qué esperas?; **er lässt** (**heute**) **lange auf sich ~** (hoy) se hace esperar; **auf dich habe ich gerade noch gewartet** *(iron)* tú eres lo que me faltaba; **da kannst du lange ~** *(fam)* puedes esperar sentado; **na, warte!** *(fam)* ¡espera! **II.** *vt* (TECH) inspeccionar

Wärter(in) ['vɛrtɐ] *m(f)* <-s, -; -nen> guardián, -ana *m, f*

Warteraum *m* sala *f* de espera

Wartesaal *m* sala *f* de espera

Warteschlange *f* (*a.* INFOR) cola *f* (de espera); (INFOR: *beim Drucken*) cola *f* de impresión

Warteschleife *f* <-, -n> (AERO) **~n ziehen** dar vueltas (en espera del aterrizaje); **ich bin schon seit Minuten in der ~** *(Telefon)* llevo ya un buen rato esperando

Wartezeit *f* tiempo *m* de espera

Wartezimmer *nt* sala *f* de espera

Wartung *f* <-en> inspección *f*

wartungsfrei *adj* que no necesita inspecciones

warum [va'rʊm] *adv* por qué; **~ nicht?** ¿por qué no?; **~ nicht gleich so?** *(fam)*

¿por qué no lo has hecho así desde el principio?
Warze ['vartsə] *f* <-n> ❶ *(Hautwarze)* verruga *f* ❷ *(Brustwarze)* pezón *m*
was [vas] **I.** *pron inter* qué; ~ **kostet das?** ¿qué cuesta?; ~ **heißt „Haus" auf Spanisch?** ¿cómo se dice "Haus" en castellano?; ~ **denkst du?** ¿tú qué piensas?; ~ **hast du denn bloß?** ¿pero qué demonios te pasa?; ~ **weiß ich!** *(fam)* ¡qué sé yo!; ~ **soll das?** ¿a qué viene esto?; ~ **ist schon dabei?** ¿qué tiene de extraño?; ~ **für ein Wagen ist das?** ¿qué coche es?; ~ **für eine Hitze/ein Glück!** ¡qué calor/suerte!; ~ **ist der Kerl für ein Schwein!** ¡será puerco el tío ese!; **nicht schlecht, ~?** *(fam)* no está mal, ¿eh?; **um ~ geht es?** ¿de qué se trata?; ~ **ist, hast du Lust?** *(fam)* ¿qué, tienes ganas?; **ach ~!** *(fam)* ¡qué va! **II.** *pron rel* (lo) que; **das Beste, ~ du tun kannst** lo mejor que puedes hacer; **das, ~ sie sagt ...** lo que dice...; **alles, ~ du willst** todo lo que quieras **III.** *pron indef (fam: etwas)* algo; **hast du ~?** ¿te pasa algo?; **das ist immerhin ~** ya es algo; **das ist ~ anderes** eso es otra cosa; **nein, so ~!** *(fam)* ¡no me digas!; **so ~ Blödes!** *(fam)* ¡pero qué cosa más tonta!
Waschanlage *f* ❶ *(Autowaschanlage)* lavado *m* de coches ❷ (TECH) lavadero *m*
Waschanleitung *f* instrucciones *fpl* para el lavado
waschbar *adj* lavable
Waschbär *m* (ZOOL) mapache *m*
Waschbecken *nt* lavabo *m*
Waschbeckenunterschrank *m* mueble *m* del lavabo
Wäsche[1] ['vɛʃə] *f* <-n> *(das Waschen)* lavado *m;* **etw in die ~ geben** dar algo a lavar
Wäsche[2] *f ohne pl* ❶ *(zu waschende Textilien)* ropa *f* sucia; ~ **waschen** lavar la ropa; **seine schmutzige ~ (vor anderen Leuten) waschen** *(fig)* sacar los trapos sucios a relucir (delante de otros) ❷ *(Unter-, Bettwäsche)* ropa *f;* **die ~ wechseln** cambiar la ropa; **dumm aus der ~ gucken** *(fam)* mirar atontado
waschecht *adj* ❶ *(Kleidung)* resistente al lavado; *(Farbe)* sólido ❷ *(fam: typisch)* de pura cepa
Wäschegeschäft *nt* tienda *f* de lencería
Wäscheklammer *f* pinza *f* para la ropa
Wäschekorb *m* cesta *f* para la ropa
Wäscheleine *f* cuerda *f* de la ropa
waschen ['vaʃən] <wäscht, wusch, gewaschen> **I.** *vt* ❶ *(reinigen)* lavar; **sich** *dat* **die Hände/Haare** ~ lavarse las manos/el pelo ❷ *(fam: Geld)* blanquear **II.** *vr:* **sich ~** lavarse; **sich warm/kalt ~** lavarse con agua caliente/fría; **eine Prüfung, die sich gewaschen hat** *(fam)* un examen de padre y muy señor mío
Wäscherei [vɛʃə'raɪ] *f* <-en> lavandería *f*
Wäscheschleuder *f* centrifugadora *f* (para ropa)
Wäscheständer *m* tendedero *m*
Wäschestärke *f* almidón *m* para ropa
Wäschetrockner *m* ❶ *(elektrisch)* secadora *f* para ropa ❷ *(Wäscheständer)* tendedero *m*
Waschgang *m* <-(e)s, -gänge> fase *f* de lavado
Waschküche *f* ❶ *(Raum)* lavadero *m* ❷ *(fam: Nebel)* niebla *f* densa
Waschlappen *m* ❶ *(zum Waschen)* manopla *f* para baño ❷ *(fam abw: Mensch)* cobarde *mf,* mangajo, -a *m, f Ecua, Perú*
Waschmaschine *f* lavadora *f*
waschmaschinenfest *adj* que puede lavarse en lavadora; **ist dieser Stoff ~?** ¿se puede lavar este tejido en la automática?
Waschmittel *nt* detergente *m*
Waschmittelkammer *f (in der Waschmaschine)* cajón *m* dosificador
Waschpulver *nt* detergente *m* en polvo
Waschraum *m* lavabo *m*
Waschsalon *m* lavandería *f*
Waschstraße *f* (AUTO) tren *m* de lavado
wäscht [vɛʃt] *3. präs von* **waschen**
Waschtag *m* <-(e)s, -e> día *m* de la colada; ~ **haben** hacer la colada
Waschweib *nt (fam abw)* cotilla *mf*
Wasser ['vasɐ] *nt* <-s, -> agua *f;* **kölnisch ~** (agua de) Colonia; **stilles ~** agua sin gas; **~ lassen** orinar; **sich über ~ halten** *(fam)* mantenerse a flote; **etw unter ~ setzen** inundar algo; **ins ~ fallen** *(fam)* no tener lugar; **er ist ein stilles ~** *(fam)* es una persona tranquila; **nahe am ~ gebaut haben** *(fam)* ser un(a) llorica; **er kann ihr nicht das ~ reichen** *(fig)* no le llega ni a la suela del zapato; **ihr steht das ~ bis zum Hals** *(fig fam)* está con el agua al cuello; **mit allen ~n gewaschen sein** *(fam)* tener mucha mili; **da fließt noch viel ~ den Rhein hinunter** *(fam)* aún ha de llover mucho hasta entonces; **da wird auch nur mit ~ gekocht** *(fam fig)* en todas partes cuecen habas; **bei ~ und Brot** *(a. fig)* a pan y agua; **das ist ~ auf ihrer Mühle** *(fam)* le viene de perlas; **das ~ läuft mir im Mund zusammen** *(fam)* se me hace la boca agua
Wasseranschluss *m* toma *f* de agua
wasserarm *adj* árido
Wasseraufbereitung *f* tratamiento *m* del agua

Wasseraufbereitungsanlage *f* instalación *f* de tratamiento del agua
Wasserbad *nt* (GASTR) baño *m* María; **etw im ~ erhitzen** calentar algo al baño María
Wasserball[1] *m ohne pl* (SPORT) waterpolo *m*
Wasserball[2] *m (Ball)* pelota *f* de waterpolo; *(aufblasbar)* balón *m* inflable
Wasserbecken *nt* pila *f*
Wasserbett *nt* cama *f* de agua
Wasserdampf *m* vapor *m* de agua
wasserdicht *adj* ❶ *(Uhr)* resistente al agua; *(Kleidung)* impermeable ❷ *(fam: Alibi)* perfecto
wasserdurchlässig *adj* permeable al agua
Wasserfall *m* cascada *f*; *(größer)* catarata *f*; **wie ein ~ reden** *(fam)* ser una cotorra
Wasserfarbe *f* color *m* de acuarela
wasserfest *adj* resistente al agua
Wasserflugzeug *nt* hidroavión *m*
Wasserglas *nt* ❶ *(Gefäß)* vaso *m* para agua ❷ (CHEM: *Natronwasserglas*) silicato *m* de sodio; *(Kaliwasserglas)* silicato *m* de potasio
Wassergraben *m* ❶ *(um eine Burg)* foso *m* de agua ❷ (SPORT) ría *f*
Wasserhahn *m* grifo *m*, llave *f* del agua, canilla *f CSur*
Wasserhärte *f* dureza *f* del agua
Wasserhaushalt *m* (MED, BIOL) equilibrio *m* hídrico
wässerig ['vɛsərɪç] *adj (verdünnt)* aguado; *(Wasser enthaltend)* acuoso; *(fade)* insípido
Wasserkanister *m* bidón *m* de agua
Wasserkessel *m* hervidor *m*
Wasserklosett *nt* <-s, -s *o* -e> inodoro *m*
Wasserkocher *m* hervidor *m* de agua
Wasserkopf *m* ❶ (MED) hidrocefalia *f* ❷ *(fig: überproportionales Gebilde)* monstruo *m*
Wasserkraft *f* fuerza *f* hidráulica
Wasserkraftwerk *nt* central *f* hidroeléctrica
Wasserkreislauf *m* <-(e)s, *ohne pl*> (METEO) ciclo *m* del agua
Wasserkühlung *f* (TECH) refrigeración *f* por agua
Wasserlauf *m* corriente *f* de agua
Wasserläufer *m* (ZOOL) tejedor *m*
Wasserleiche *f (fam)* cadáver *m* de un ahogado
Wasserleitung *f* cañería *f* de agua
Wasserlinie *f* (NAUT) línea *f* de flotación
wasserlöslich *adj* soluble
Wassermangel *m* escasez *f* de agua, falta *f* de agua
Wassermann *m* ❶ (ASTR: *Zeichen*) Acuario *m* ❷ (ASTR: *Person*) acuario *mf inv*
Wassermelone *f* sandía *f*
Wassermühle *f* molino *m* de agua
wassern ['vasɐn] *vi haben o sein* (AERO) amarar
wässern ['vɛsɐn] *vt* ❶ (GASTR) poner en remojo ❷ *(gießen)* regar
Wasseroberfläche *f* superficie *f* del agua
Wasserpark *m* parque *m* acuático
Wasserpfeife *f* narguile *m*
Wasserpflanze *f* planta *f* acuática
Wasserpistole *f* pistola *f* de agua
Wasserrad *nt* rodezno *m*
Wasserratte *f* ❶ (ZOOL) rata *f* de agua ❷ *(fam: Mensch) persona a la que le gusta estar en el agua*
wasserreich *adj* ❶ *(Gebiet)* abundante en agua ❷ *(Fluss)* caudaloso
Wasserrohr *nt* tubería *f* de(l) agua
Wasserschaden *m* daño *m* causado por el agua
Wasserscheide *f* (GEO) línea *f* divisoria de las aguas
wasserscheu *adj* que tiene miedo al agua
Wasserschildkröte *f* (ZOOL) tortuga *f* de agua
Wasserschutzgebiet *nt* reserva *f* ecológica
Wasserschutzpolizei *f* policía *f* fluvial
Wasserski *nt ohne pl* esquí *m* acuático
Wasserspender *m* dispensador *m* de agua
Wasserspiegel *m* ❶ *(Wasseroberfläche)* superficie *f* del agua ❷ *(Wasserstand)* nivel *m* del agua
Wassersport *m* deporte *m* acuático
Wasserspülung *f* cisterna *f*
Wasserstand *m* nivel *m* del agua
Wasserstoff *m ohne pl* (CHEM) hidrógeno *m*
Wasserstoffbombe *f* bomba *f* de hidrógeno
Wasserstrahl *m* chorro *m* de agua
Wasserstraße *f* vía *f* fluvial
Wassertank *m* tanque *m* de agua
Wassertemperatur *f* <-, -en> temperatura *f* del agua
Wassertropfen *m* gota *f* de agua
Wasserturm *m* torre *f* de agua
Wasseruhr *f* contador *m* de(l) agua
wasserundurchlässig *adj* impermeable al agua
Wasserung *f* amaraje *m*
Wasserverbrauch *m* consumo *m* de agua
Wasserverschmutzung *f* contaminación *f* del agua
Wasserversorgung *f* abastecimiento *m* de agua
Wasserverunreinigung *f* <-, -en> ❶ *(das Verunreinigen)* contaminación *f* del agua ❷ *(Fremdkörper)* impurezas *fpl* del agua
Wasservogel *m* (ZOOL) ave *f* acuática

Wasservorrat *m* reserva *f* de agua
Wasserwaage *f* (TECH) nivel *m* de agua
Wasserweg *m* vía *f* fluvial; **auf dem ~** por vía fluvial
Wasserwerfer *m* <-s, -> vehículo *m* lanzagua
Wasserwerk *nt* central *f* de abastecimiento de aguas
Wasserzeichen *nt* marca *f* de agua
wässrig ['vɛsrɪç] *adj s.* **wässerig**
waten ['va:tən] *vi sein* caminar (**durch** por)
watscheln ['vatʃəln] *vi sein* andar como un pato
Watstiefel ['va:t-] *m* botas *fpl* altas de goma
Watt[1] [vat] *nt* <-(e)s, -en> *(am Meer)* marisma *f*
Watt[2] *nt* <-s, -> (PHYS, TECH) vatio *m*
Watte ['vatə] *f* <-n> algodón *m*
Wattebausch *m* tapón *m* de algodón
Wattenmeer *nt* marismas *fpl (en las aguas bajas del mar del Norte)*
Wattepad [-pɛt] *nt* <-s, -s> disco *m* de algodón
Wattestäbchen [-ʃtɛ:pçən] *nt* bastoncillo *m* de algodón
wattieren* *vt* enguatar
wau (**wau**) [vaʊ] *interj (Kindersprache)* ¡guau!
WC *nt* <-(s), -(s)> WC *m*
WC-Reiniger *m* detergente *m* para WC
Web [wɛb] *nt* <-(s), *ohne pl*> (INFOR) web *f;* **im ~ surfen** navegar por la web
Webadresse *f* (INFOR) dirección *f* web
Webcam ['wɛbkɛm] *f* <-, -s> cámara *f* web
weben ['ve:bən] <webt, wob, gewoben> *vt, vi (a. fig)* tejer
Weber(in) *m(f)* <-s, -; -nen> tejedor(a) *m(f)*
Weberei *f* <-en> *(Betrieb)* tejeduría *f*
Webfehler *m* fallo *m* en el tejido
Webmaster ['wɛbma:stɐ] *m* (INFOR) webmáster *m (experto en la programación de páginas de internet)*
Webseite ['wɛbzaɪtə] *f* (INFOR) página *f* web
Website ['wɛbsaɪt] *f* <-s> (INFOR) espacio *m* web
Webstuhl *m* telar *m*
Wechsel ['vɛksəl] *m* <-s, -> ① *(das Wechseln, Veränderung)* cambio *m;* **im ~ mit …** alternando con… ② (FIN) letra *f* de cambio
Wechselbad *nt* <-(e)s, -bäder> baño *m* alterno caliente y frío; **jdn einem ~ der Gefühle aussetzen** tratar a alguien según la vena que le dé
Wechselbeziehung *f* correlación *f* (**zwischen** entre); **die Probleme stehen in ~ zueinander** los problemas están correlacionados
wechselduschen *vi* ducharse con agua caliente y fría
Wechselfieber *nt ohne pl* (MED) malaria *f*
Wechselgeld *nt* vuelta *f,* vuelto *m Am; (Kleingeld)* cambio *m*
wechselhaft *adj* inestable; *(Wetter)* variable; *(Person)* inconstante
Wechseljahre *ntpl* climaterio *m; (der Frau)* menopausia *f*
Wechselkurs *m* (FIN) tipo *m* de cambio
wechseln ['vɛksəln] **I.** *vi* cambiar; **zu einer anderen Firma ~** cambiar de empresa **II.** *vt* cambiar (**in** en); *(austauschen)* intercambiar; **200 Euro in Dollar ~** cambiar 200 euros en dólares
wechselnd *adj* ① *(im Wechsel)* cambiante; *(abwechselnd)* alterno; *(Stimmung, Charakter)* variable ② *(unterschiedlich)* diferente
wechselseitig *adj* recíproco, mutuo
Wechselstrom *m* (ELEK) corriente *f* alterna
Wechselstube *f* oficina *f* de cambio
Wechselwähler(in) *m(f)* votante *mf* que no vota siempre al mismo partido
wechselweise *adv* alternativamente, por turnos
Wechselwirkung *f* interacción *f;* **in ~ zueinander stehen** estar interaccionado
Weckanruf *m* servicio *m* de despertador
wecken ['vɛkən] *vt (a. fig)* despertar; **jds Interesse ~** despertar el interés de alguien
Wecken ['vɛkən] *m* <-s, -> *(Österr, südd)* panecillo *m*
Wecker *m* <-s, -> despertador *m;* **jdm auf den ~ gehen** *(fam)* dar(le) la lata a alguien
wedeln ['ve:dəln] *vi* **mit etw** *dat* **~** mover algo; **mit dem Schwanz ~** menear la cola
weder ['ve:dɐ] *konj* **~ … noch …** ni… ni…; **er ist ~ schön, noch hat er Verstand** ni es guapo ni inteligente
weg [vɛk] *adv* ① *(abwesend)* ausente; *(verloren)* perdido; *(verschwunden)* desaparecido; **ich müsste schon längst ~ sein** me tendría que haber ido hace tiempo; **weit ~ von hier** muy lejos de aquí; **meine Brille ist ~** he perdido mis gafas; **drüber ~ sein** *(fam)* haberlo superado; **hin und ~ sein** *(fam)* estar completamente entusiasmado ② *(bei Aufforderung)* fuera; **~ mit dir!** ¡fuera contigo!; **~ da!** ¡fuera de allí!; **nichts wie ~ hier** *(fam)* nada como irse de aquí; **Finger ~!** ¡fuera los dedos!
Weg [ve:k] *m* <-(e)s, -e> ① *(allgemein)* camino *m; (Pfad)* sendero *m; (Durchgang)* paso *m;* **am ~e** en el camino; **jdm den ~ ebnen** allanar(le) el camino a alguien; **jdm**

über den ~ laufen tropezar con alguien; **jdn/etw aus dem ~ räumen** *(fam)* quitar a alguien/algo de en medio; **etw/jdm aus dem ~ gehen** evitar algo/a alguien; **jdm im ~ stehen** estorbar a alguien; **sich jdm in den ~ stellen** cruzarse [*o* atravesarse] en el camino de alguien; **steh hier nicht im ~ rum!** ¡quítate de en medio!; **dem steht nichts im ~e** no hay inconvenientes; **jdm nicht über den ~ trauen** no fiarse en absoluto de alguien; **die Post liegt auf meinem ~** la oficina de Correos está de camino ② *(Strecke)* trayecto *m;* *(Reiseweg)* ruta *f;* **auf halbem ~ stehen bleiben/umkehren** quedarse/volverse en mitad del camino; **etw zu ~e bringen** conseguir algo; **etw in die ~e leiten** poner algo en marcha; **sich auf den ~ machen** ponerse en camino; **vom rechten ~ abkommen** desviarse del buen camino; **daran führt kein ~ vorbei** no hay más remedio que afrontarlo; **auf dem besten ~ sein, etw zu tun** estar a punto de hacer algo; *s. a.* **zuwege** ③ *(Mittel)* vía *f;* *(Art und Weise)* modo *m,* manera *f;* *(Methode)* método *m;* **auf legalem ~** por vía legal; **auf schriftlichem ~e** por escrito

weg|bekommen* ['vɛk-] *irr vt (fam)* ① *(entfernen können)* conseguir quitar ② *(tragen können)* conseguir llevar; *(bewegen können)* conseguir mover

Wegbereiter(in) ['veːk-] *m(f)* <-s, -; -nen> precursor(a) *m(f)*

weg|bleiben *irr vi sein (fam)* ① *(nicht kommen)* no venir (más); *(Strom)* cortarse; **lange ~** tardar en venir; **mir blieb die Spucke weg** se me cortó el aliento ② *(ausgelassen werden)* omitirse

weg|bringen *irr vt* ① *(an einen anderen Ort)* llevar ② *(fam) s.* **wegbekommen**

weg|denken *irr vt* **sich** *dat* **etw ~** imaginarse algo sin algo; **der Computer ist aus unserem Leben nicht mehr wegzudenken** ya no nos es posible imaginarnos una vida sin ordenadores

wegdiskutieren* *vt* hacer desaparecer discutiendo; **das lässt sich nicht ~** esto no se soluciona discutiéndolo

weg|drehen I. *vt* apartar; **das Gesicht ~** apartar la vista **II.** *vr:* **sich ~** apartarse

weg|dürfen *irr vi (fam: ausgehen dürfen)* poder salir

wegen ['veːgən] *präp +gen/dat* ① *(aufgrund von)* a causa de, debido a; **~ des schlechten Wetters** debido al mal tiempo ② *(bezüglich)* respecto a; **von ~!** *(fam)* ¡ni hablar! ③ *(um … willen)* por, a causa de; **~ dir** por ti

weg|fahren *irr* **I.** *vi sein* partir (**nach** para); **der Bus fuhr ihr vor der Nase weg** perdió el autobús por un pelo **II.** *vt* llevar

weg|fallen *irr vi sein (ausgelassen werden)* omitirse; *(abgeschafft werden)* suprimirse; **etw ~ lassen** omitir algo

weg|fliegen *irr vi sein (Vogel)* salir volando; *(Passagier)* irse en avión; *(Flugzeug)* salir; *(Dinge)* volar

weg|führen I. *vi* **von etw** *dat* **~** no conducir a algo **II.** *vt* llevar

Weggang ['vɛkgaŋ] *m ohne pl* partida *f;* *(aus einem Amt)* cese *m*

weg|geben *irr vt* dar; **etw zur Reparatur ~** llevar algo a reparar

Weggefährte, -in *m, f* compañero, -a *m, f* de camino

weg|gehen *irr vi sein* ① *(Person)* irse, marcharse; **geh weg!** ¡lárgate! ② *(fam: verschwinden)* desaparecer; *(Fleck)* salir ③ *(fam: sich verkaufen)* venderse ④ *(fam: ignorieren)* **über etw ~** ignorar algo

weg|gießen *irr vt* tirar, botar *Am*

weg|gucken *vi (fam) s.* **wegsehen**

weghängen *vt* colgar en otro sitio

weg|holen *vt* ir a buscar; **sich** *dat* **etw ~** *(fam)* pillar algo

weg|hören *vi* hacerse el sordo

weg|jagen *vt* ahuyentar, espantar

weg|klicken *vt* (INFOR) **ein Fenster ~** cerrar mediante [*o* con un clic] una ventana

weg|kommen *irr vi sein (fam)* ① *(abhandenkommen)* perderse ② *(sich entfernen)* irse (**von** de); **mach, dass du wegkommst!** *(fam)* ¡lárgate!; **über etw ~** superar algo ③ *(loskommen)* abandonar; **gut/schlecht bei etw** *dat* **~** salir bien/mal librado de algo

weg|kriegen *vt (fam) s.* **wegbekommen**

weg|lassen *irr vt* ① *(gehen lassen)* dejar ir(se) ② *(fam: auslassen)* omitir; *(Zutaten)* no poner

weg|laufen *irr vi sein* ① *(fortlaufen)* echar a correr; **das läuft mir nicht weg** eso no corre prisa; **vor einem Hund ~** huir de un perro ② *(fam: ausreißen)* escaparse

weg|legen *vt* poner aparte

weg|machen I. *vt (fam)* quitar **II.** *vr:* **sich ~** *(fam)* largarse

weg|müssen *irr vi (fam)* tener que irse; **die Kiste muss hier weg** hay que quitar la caja de en medio

weg|nehmen *irr vt* ① *(fortnehmen, entwenden)* quitar; **jdm etw ~** quitar algo a alguien ② *(Platz)* ocupar; *(Zeit, Licht)* quitar

wegpacken *vt* poner en otro sitio, guardar en otro sitio

Wegrand *m* margen *m o f* de un camino

weg|rationalisieren* *vt* quitar racionalizando; **Arbeitsplätze ~** eliminar puestos de trabajo

weg|räumen *vt* ❶ *(aufräumen)* recoger ❷ *(Hindernisse)* quitar

weg|rennen *irr vi sein s.* **weglaufen**

wegretuschieren* *vt* hacer desaparecer retocándolo

weg|rutschen *vi sein* ❶ *(ausrutschen)* resbalar, patinar ❷ *(wegrücken)* correr, apartar; *(Person)* correrse, apartarse

weg|schaffen *vt* quitar (de en medio), apartar

weg|schauen *vi s.* **wegsehen**

weg|schicken *vt* ❶ *(Person)* mandar fuera ❷ *(Brief)* enviar

weg|schieben *irr vt* correr

weg|schleppen I. *vt (fam)* llevar arrastrando **II.** *vr:* **sich ~** *(fam)* ir a rastras, ir a trancas y barrancas

weg|schließen *irr vt* guardar bajo llave

weg|schmeißen *irr vt (fam)* tirar, botar *Am*

weg|schnappen *vt (fam)* quitar

weg|schütten *vt* tirar, botar *Am*

weg|sehen *irr vi* ❶ *(wegblicken)* apartar la vista ❷ *(fam)* **über etw ~** hacer la vista gorda a algo

weg|setzen I. *vt* cambiar de sitio **II.** *vr:* **sich ~** ❶ *(umsetzen)* sentarse en otro lugar ❷ *(fam: ignorieren)* **sich über etw ~** no hacer caso de algo

weg|sperren *vt* encerrar

weg|stecken *vt (fam)* ❶ *(aufbewahren)* guardar; *(heimlich)* esconder ❷ *(hinnehmen)* tragar, asimilar

weg|stehlen *irr vr:* **sich ~** escabullirse

weg|stellen *vt* quitar, poner en otro lugar; *(aufräumen)* guardar

weg|stoßen *irr vt* apartar empujando; *(mit dem Fuß)* apartar con una patada

Wegstrecke ['ve:k-] *f* <-, -n> trayecto *m*

weg|tragen *irr vt* llevarse

weg|treten *irr* **I.** *vi sein* ❶ *(beiseitetreten)* apartarse ❷ (MIL) romper filas; **weggetreten sein** *(fam)* estar en las nubes **II.** *vt* dar una patada (a)

weg|tun *irr vt* ❶ *(wegräumen)* recoger; *(wegnehmen)* quitar ❷ *(wegschmeißen)* tirar, botar *Am*

wegweisend ['ve:kvaɪzənt] *adj* que abre nuevos horizontes

Wegweiser ['ve:k-] *m* <-s, -> indicador *m* de camino

weg|werfen *irr vt* tirar, botar *Am*

wegwerfend *adj* **eine ~e Handbewegung machen** hacer un gesto despreciativo con la mano

Wegwerfgesellschaft *f (abw)* sociedad *f* de consumo

Wegwerfwindel *f* pañal *m* de un solo uso

weg|wischen *vt (Staub)* quitar (con un trapo); *(an der Tafel)* borrar

weg|ziehen *irr* **I.** *vi sein* ❶ *(Wohnort wechseln)* cambiar de domicilio ❷ *(Zugvögel)* migrar **II.** *vt* apartar tirando, quitar

weh [ve:] **I.** *interj* **o ~!** ¡ay, Dios mío! **II.** *adj (fam)* **~ sein** doler

wehe ['ve:ə] *interj* cuidad(it)o; **~, wenn du das tust!** ¡cuidadito con hacerlo!

Wehe ['ve:ə] *f* <-n> ❶ *pl (bei einer Geburt)* dolores *mpl* de parto; **in den ~n liegen** tener contracciones ❷ *(Schneewehe)* nevisca *f*

wehen ['ve:ən] **I.** *vi* ❶ *(Wind)* soplar ❷ *(Fahne)* ondear; **mit ~den Fahnen** con banderas ondeantes **II.** *vt* soplar, hacer volar

wehklagen ['---] *vi (geh)* lamentarse (**über** de)

wehleidig *adj (abw: Person)* quejica; *(Stimme)* quejicoso

Wehmut *f ohne pl (geh)* melancolía *f*

wehmütig *adj* melancólico

Wehr[1] [ve:ɐ] *f ohne pl* **sich zur ~ setzen** defenderse

Wehr[2] *nt* <-(e)s, -e> *(Stauwehr)* presa *f*

Wehrbeauftragte(r) *mf comisario, -a (parlamentario, -a) de las Fuerzas Armadas (de la ex-RFA)*

Wehrdienst *m ohne pl* servicio *m* militar (en la ex-RFA)

wehrdiensttauglich *adj* apto para el servicio militar

Wehrdienstverweigerer *m* objetor *m* de conciencia

Wehrdienstverweigerung *f* objeción *f* de conciencia

wehren ['ve:rən] **I.** *vr:* **sich ~** ❶ *(sich verteidigen)* defenderse (**gegen** contra) ❷ *(sich sträuben)* oponer resistencia (**gegen** a) **II.** *vi* **etw** *dat* **~** oponerse a algo

Wehrersatzdienst *m* prestación *f* (social) su(b)stitutoria

wehrhaft *adj* ❶ *(Person, Tier)* capaz de defenderse; *(tapfer)* valiente ❷ *(befestigt)* fortificado

wehrlos *adj* indefenso; **jdm ~ ausgeliefert sein** no poder defenderse contra alguien

Wehrlosigkeit *f ohne pl* indefensión *f*

Wehrmacht *f ohne pl* (HIST) *Ejército alemán de la época de 1921 a 1945*

Wehrpflicht *f ohne pl* servicio *m* militar obligatorio

wehrpflichtig *adj* sujeto al servicio militar obligatorio

Wehrpflichtige(r) *m* <-n, -n> recluta *m*, quinto *m*

wehrtauglich *adj* apto para el servicio militar

weh|tun *vi* doler; **sich** *dat* ~ hacerse daño
Wehwehchen [ve(:)'veːçən] *nt* <-s, -> *(fam)* alifafe *m*, nana *f CSur*
Weib [vaɪp] *nt* <-(e)s, -er> mujer *f*
Weibchen ['vaɪpçən] *nt* <-s, -> (ZOOL) hembra *f*
Weiberheld *m (abw)* tenorio *m*
weibisch *adj* afeminado
weiblich *adj* (*a.* LING) femenino
Weiblichkeit *f ohne pl* feminidad *f*
Weibsbild *nt* <-(e)s, -er> *(abw)* mujerota *f*
weich [vaɪç] *adj* ❶ *(nicht hart, Drogen, Charakter)* blando; *(formbar)* flexible; *(nicht zäh)* tierno; *(Ei)* pasado por agua; **da wird er** ~ empieza a ceder ❷ *(zart, wollig, Klang, Landung)* suave ❸ *(Währung)* débil
Weiche ['vaɪçə] *f* <-n> ❶ *(an Schienen)* aguja *f;* **die ~n für etw stellen** encauzar algo ❷ *(Flanke)* agujas *f pl*, verija *f Am*
Weichei *nt* <-s, -er> *(abw: Weichling)* blandengue *mf*
weichen ['vaɪçən] <weicht, wich, gewichen> *vi sein* ❶ *(sich bewegen)* moverse; *(sich entfernen)* alejarse ❷ *(zurückweichen)* retroceder (**vor** frente a); *(Platz machen)* hacer sitio ❸ *(nachlassen)* cesar
Weichensteller(in) *m(f)* guardagujas *mf inv*
weichgekocht *adj s.* **kochen II. 1.**
weichgespült *adj (iron)* dulcificado, en versión light
weichherzig *adj* blando de corazón; *(mitfühlend)* compasivo
Weichkäse *m* queso *m* blando
weichklopfen *vt*, **weichkochen** *vt* **jdn** ~ ablandar a alguien
weichkriegen *vt* **jdn** ~ debilitar la resistencia de alguien
weichlich *adj (abw)* ❶ *(Material)* blando ❷ *(schwächlich)* flojo ❸ *(nachgiebig)* blandengue
Weichlichkeit *f* <-, *ohne pl*> ❶ *(Schwäche)* debilidad *f* ❷ *(Nachgiebigkeit)* blandura *f*
Weichling *m* <-s, -e> *(abw)* blandengue *m*
Weichmacher *m* <-s, -> (CHEM, TECH) plastificante *m*
Weichspüler *m* <-s, -> suavizante *m*
Weichteile *nt pl* partes *f pl* blandas
Weichzeichner *m* <-s, -> (FOTO) objetivo *m* flou, filtro *m* de ablandamiento
Weide ['vaɪdə] *f* <-n> ❶ *(Viehweide)* pasto *m* ❷ *(Baum)* sauce *m*
Weideland *nt ohne pl* pastos *m pl*
weiden ['vaɪdən] **I.** *vi* pastar **II.** *vt (Vieh)* apacentar, pastar **III.** *vr* **sich an etw** *dat* ~ recrearse con algo; *(schadenfroh)* regodearse con algo
Weidenkätzchen [-kɛtsçən] *nt* (BOT) flor *f* del sauce
weidmännisch ['vaɪtmɛnɪʃ] **I.** *adj* de cazador **II.** *adv* como un cazador
Weidmannsdank [vaɪtmans'daŋk] *interj* ¡gracias! *(en respuesta a "Weidmannsheil")*
Weidmannsheil *interj* ¡buena caza!
weigern ['vaɪgɐn] *vr:* **sich** ~ negarse (**zu** a)
Weigerung *f* <-en> negativa *f*
Weihbischof *m* (REL) obispo *m* sufragáneo
Weihe ['vaɪə] *f* <-n> consagración *f; (Priesterweihe)* ordenación *f*
weihen ['vaɪən] *vt* (REL) consagrar
Weiher ['vaɪɐ] *m* <-s, -> *(reg, südd)* estanque *m*
Weihnachten ['vaɪnaxtən] *nt* <-, -> Navidad(es) *f(pl);* **fröhliche** ~ feliz Navidad; **zu** [*o* **an**] ~ en Navidades
weihnachtlich *adj* navideño
Weihnachtsabend *m* Nochebuena *f*
Weihnachtsbaum *m* árbol *m* de Navidad
Weihnachtseinkäufe *m pl* compras *f pl* de Navidad
Weihnachtsfeier *f* fiesta *f* de Navidad
Weihnachtsfest *nt* (fiesta *f* de) Navidad *f*
Weihnachtsgans *f* <-, -gänse> ganso *m* de Navidad; **jdn ausnehmen wie eine** ~ *(fam)* sacarle a alguien hasta el último céntimo
Weihnachtsgeld *nt* paga *f* extra de Navidad, aguinaldo *m Arg*
Weihnachtsgeschenk *nt* regalo *m* de Navidad
Weihnachtslied *nt* villancico *m*
Weihnachtsmann *m* Papá *m* Noel, Viejo Pascuero *m Am*
Weihnachtsmarkt *m* mercado *m* navideño
Weihnachtstag *m (erster)* día *m* de Navidad; *(zweiter)* día *m* de san Esteban; **über die ~e** (durante) las fiestas de Navidad
Weihnachtszeit *f ohne pl* época *f* de Navidad; **in der** ~ por Navidades
Weihrauch *m* incienso *m*
Weihwasser *nt ohne pl* agua *f* bendita
weil [vaɪl] *konj* porque; *(aufgrund von)* debido a que
Weilchen ['vaɪlçən] *nt* <-s, *ohne pl*> momentito *m*
Weile ['vaɪlə] *f ohne pl* rato *m;* **es dauerte eine** ~ duró un rato; **vor einer** ~ hace un rato
Weiler ['vaɪlɐ] *m* <-s, -> cortijo *m*
Wein[1] [vaɪn] *m* <-(e)s, -e> *(Getränk)* vino *m;* **roter/weißer** ~ vino tinto/blanco; **lieblicher/trockener** ~ vino dulce/seco; **jdm reinen** ~ **einschenken** *(fig)* hablar en cristiano con alguien

Wein[2] *m* <-(e)s, *ohne pl*> ❶ *(Weintrauben)* uvas *fpl;* ~ **lesen** vendimiar ❷ *(Pflanze)* vid *f;* ~ **anbauen** cultivar vino; **wilder** ~ cepa virgen
Weinanbau *m* <-(e)s, *ohne pl*>, **Weinbau** *m* <-(e)s, *ohne pl*> viticultura *f*
Weinbauer *m* viticultor *m,* viñador *m*
Weinbaugebiet *nt* región *f* vinícola
Weinbeere *f* ❶ *(Traube)* uva *f* ❷ *(Österr, Schweiz, südd: Rosine)* pasa *f*
Weinberg *m* viña *f*
Weinbergschnecke *f* caracol *m* de viñedo
Weinbrand *m* brandi *m*
weinen ['vaɪnən] **I.** *vi* llorar (**vor/aus** de); **es ist zum W~** es para llorar **II.** *vt* llorar; **bittere Tränen** ~ llorar amargamente
weinerlich *adj (Person)* llorón; *(Stimme)* lloroso
Weinernte *f* vendimia *f*
Weinessig *m* vinagre *m* de vino
Weinfass *nt* tonel *m* de vino
Weinflasche *f* botella *f* de vino
Weingegend *f* región *f* vinícola
Weingeist *m ohne pl* alcohol *m* etílico
Weinglas *nt* copa *f* para vino
Weingummi *nt o m* <-s, -s> (GASTR) gominola *f*
Weingut *nt* explotación *f* vinícola
Weinhandlung *f* bodega *f*
Weinkarte *f* carta *f* de vinos
Weinkeller *m* bodega *f*
Weinkenner(in) *m(f)* conocedor(a) *m(f)* de vinos
Weinkrampf *m* llanto *m* convulsivo
Weinkühler *m* cubo *m* para refrescar el vino
Weinlese *f* vendimia *f*
Weinlokal *nt* <-(e)s, -e> (GASTR) bodega *f*
Weinprobe *f* cata *f* de vinos
Weinrebe *f* vid *f*
weinrot ['-'-] *adj* burdeos
Weinschorle *f* vino *m* con agua con gas
Weinsorte *f* clase *f* de vino
Weinstein *m ohne pl* (crémor *m*) tártaro *m*
Weinstock *m* vid *f*
Weinstube *f* taberna *f*
Weintraube *f* uva *f;* **blaue/grüne ~n** uvas negras/blancas
weise ['vaɪzə] *adj* sabio
Weise *f* <-n> ❶ *(Art)* manera *f,* modo *m; (Methode)* método *m;* **in gewisser** ~ en cierto modo; **auf diese/auf meine** ~ de esta/de mi manera; **in der ~, dass ...** de modo que... +*subj* ❷ *(Melodie)* melodía *f*
Weise(r) *mf* <-n, -n; -n> sabio, -a *m, f;* **die (drei) ~n aus dem Morgenland** los Reyes Magos de Oriente
weisen ['vaɪzən] <weist, wies, gewiesen> **I.** *vi* **auf etw** ~ señalar algo **II.** *vt* **jdm etw** ~ indicar(le) algo a alguien; **etw von sich** *dat* ~ rechazar algo; **jdn aus dem Saal** ~ expulsar a alguien de la sala
Weisheit[1] *f ohne pl* sabiduría *f; (Wissen)* saber *m;* **mit seiner ~ am Ende sein** ya no saber qué hacer; **er glaubt, er habe die ~ mit Löffeln gefressen** *(fam)* se cree más sabio que el Lepe; **der ~ letzter Schluss** la solución ideal
Weisheit[2] *f* <-en> *(Spruch)* sentencia *f; (Rat)* consejo *m*
Weisheitszahn *m* muela *f* del juicio
weis|machen *vt (fam)* **jdm etw** ~ hacer creer algo a alguien
weiß[1] [vaɪs] *3. präs von* **wissen**
weiß[2] [vaɪs] *adj* blanco; **ihr Gesicht wurde** ~ se volvió pálida
Weiß *nt* <-(es), -> (color *m*) blanco *m*
weissagen ['---] *vt (voraussagen)* predecir; *(prophezeien)* profetizar
Weissagung *f* <-en> profecía *f*
Weißbier *nt* cerveza *f* blanca
Weißblech *nt* hojalata *f*
Weißbrot *nt* pan *m* blanco, birote *m AmC*
Weißdorn *m* <-(e)s, -e> (BOT) espino *m* albar
Weiße(r) *mf* <-n, -n; -n> *(Rasse)* blanco, -a *m, f*
Weiße(r) Hai *m* (ZOOL) tiburón *m* blanco
Weißfisch *m* mújol *m*
weißglühend *adj s.* **glühend**
Weißglut *f ohne pl* (TECH) incandescencia *f;* **jdn zur ~ bringen** *(fam)* poner a alguien al rojo vivo
Weißgold *nt* oro *m* blanco
weißhaarig *adj* cano, de pelo blanco
Weißkohl *m* repollo *m*
Weißkraut *nt* repollo *m* blanco
weißlich *adj* blanquecino
Weißrussland *nt* Bielorusia *f*
Weißwein *m* vino *m* blanco
Weißwurst *f* Weißwurst *m (salchicha blanca)*
Weisung ['vaɪzʊŋ] *f* <-en> ❶ *(Befehl)* orden *f* ❷ *(geh: Anweisung)* instrucción *f*
weit [vaɪt] **I.** *adj* ❶ *(räumlich ausgedehnt)* extenso; *(breit)* amplio; *(groß)* grande; **~e Kreise der Bevölkerung** amplios sectores de la población; **das ist ein ~es Feld** este es un campo amplio; **3,50 m ~ springen** saltar 3 metros 50; **etw ~ öffnen** abrir algo de par en par; ~ **herumkommen** correr mundo; **das W~e suchen** *(geh)* esfumarse ❷ *(geräumig)* espacioso; *(Kleidung)* ancho ❸ *(entfernt)* lejano; *(Reise, Weg)* largo; **in ~er Ferne** a lo lejos; **wie ~ ist es nach ...?** ¿a qué distancia está...?; **ist es noch ~?** ¿falta mucho todavía?; **von ~em** [*o* **Neuem**] de lejos; ~ **entfernt** remoto;

W

das ist ~ weg *(fam)* eso queda muy lejos; **ich habe es nicht ~** no me queda mucho ④ *(zeitlich)* largo; **bis Ostern ist es noch ~** aún falta mucho para Pascua; **das liegt ~ zurück** de esto hace mucho tiempo; **bis ~ in den Morgen** hasta bien entrada la mañana ⑤ *(Wend)* **bei ~** [*o* **Weitem**] **besser** mejor con distancia; **bei ~** [*o* **Weitem**] **nicht alles** no todo (ni) con mucho; **es ist ~ und breit niemand zu sehen** no se ve a nadie en varias millas a la redonda; **so ~** *(im Allgemeinen)* en general; *(bis jetzt)* por ahora; **so ~, so gut** hasta el momento sin problemas; **es ist so ~** ya está; **es ist noch nicht so ~** todavía no está; **bist du so ~?** *(fam)* ¿estás listo?; **sie wird es noch ~ bringen** hará carrera; **das geht (entschieden) zu ~!** ¡esto ya pasa de la raya!; **wie ~ bist du mit der Arbeit?** ¿qué tal el trabajo?; **das ist ~ hergeholt** esto está cogido de los pelos; **so ~ kommt's noch!** *(fam)* ¡hasta ahí podíamos llegar! **II.** *adv (sehr, erheblich)* mucho; **~ besser** mucho mejor; **etw ~ übertreffen** superar algo en mucho; **er ist ~ über sechzig** tiene bastante más de sesenta años; **~ gefehlt!** ¡está Ud. completamente equivocado!; **das ist ~ verbreitet** eso está muy extendido

weitab ['vaɪt'ʔap] *adv* muy lejos (**von** de)

weitaus ['-'-] *adv* mucho

Weitblick *m* <-(e)s, *ohne pl*> visión *f* de futuro; *(Scharfsinn)* perspicacia *f*

weitblickend *adj* previsor; *(scharfsinnig)* clarividente

Weite ['vaɪtə] *f* <-n> ① *(Ausdehnung)* extensión *f* ② *(Entfernung)* distancia *f* ③ *(Durchmesser)* diámetro *m; (Größe)* tamaño *m* ④ *(bei Kleidung)* ancho *m*

weiten ['vaɪtən] **I.** *vt* ensanchar **II.** *vr:* **sich ~** ensancharse; *(Gefäß, Pupille)* dilatarse

weiter ['vaɪtɐ] *adv* ① *(im Anschluss)* a continuación; *(danach)* después ② *(außerdem)* además; *(sonst)* más; *(verneint)* nada más; **das ist nicht ~ schlimm** *(fam)* eso no tiene la menor importancia; **wenn's ~ nichts ist** *(fam)* si no hay nada más; **und so ~** etcétera; **~!** ¡adelante!

weiter|arbeiten *vi* seguir trabajando (**an** en)

weiter|bilden **I.** *vt* perfeccionar **II.** *vr:* **sich ~** ampliar sus conocimientos; *(in einem Kurs)* hacer un curso de perfeccionamiento

Weiterbildung *f ohne pl* ampliación *f* de estudios; *(als Kurs)* cursos *mpl* de perfeccionamiento

weiter|bringen *irr vt* llevar adelante; **das bringt uns auch nicht weiter** con eso no ganamos nada

weiterdenken *irr vi* pensar en las consecuencias (a la larga [*o* previsoramente])

weitere(r, s) *adj (zusätzlich)* más, otro; *(zeitlich)* posterior, ulterior; **~ Kapitel folgen** seguirán más capítulos; **~ fünf Jahre** otros cinco años; **die ~ Entwicklung** el desarrollo posterior; **alles W~** todo lo demás; **bis auf Weiteres** [*o* **~s**] hasta nuevo aviso; **ohne Weiteres** [*o* **~s**] sin más

weiter|empfehlen* *irr vt* recomendar (a otros)

weiter|entwickeln* **I.** *vt* perfeccionar **II.** *vr:* **sich ~** hacer progresos, desarrollarse

Weiterentwicklung *f* (TECH) perfeccionamiento *m*

weiter|erzählen* *vt* contar (a otros)

weiter|fahren *irr vi sein* seguir; **Sie können hier nicht ~** no puede seguir adelante

Weiterfahrt *f ohne pl* continuación *f* del viaje

weiter|führen **I.** *vi* seguir, continuar **II.** *vt* ① *(fortsetzen)* continuar ② *(weiterbringen)* llevar adelante; **die Diskussion führt uns nicht weiter** la discusión no nos lleva a ninguna parte

weiterführend *adj* (SCH) secundario; **~e Schule** escuela secundaria

Weitergabe *f ohne pl (von Informationen)* tra(n)smisión *f; (von Dingen)* entrega *f*

weiter|geben *irr vt* dar (**an** a); *(Erfahrungen)* tra(n)smitir (**an** a)

weiter|gehen *irr vi sein* ① *(seinen Weg)* seguir (andando) ② *(andauern)* seguir, continuar; **so kann es nicht ~!** ¡esto no puede continuar así!

weitergehend *adj (Österr) kompar von* **weitgehend**

weiter|helfen *irr vi* **jdm ~** ayudar a alguien (**in/bei** en/a)

weiterhin *adv* ① *(künftig)* en adelante ② *(außerdem)* además ③ *(immer noch)* todavía

weiter|kommen *irr vi sein* ① *(räumlich)* avanzar ② *(Fortschritte machen)* salir adelante, avanzar; **so kommen wir nicht weiter** así no llegamos a ninguna parte

weiter|leben *vi* seguir viviendo

weiter|leiten *vt* tra(n)smitir (**an** a); **eine E-Mail ~** reenviar un e-mail

weiter|machen *vi (fam)* continuar, seguir; **mach nur so weiter!** ¡sigue así!; **so können wir nicht ~** no podemos seguir así

weiterreichen *vt* pasar (**an** a)

Weiterreise *f* <-, -n> continuación *f* del viaje; **auf der ~ kamen wir durch Tole-**

do continuando el viaje pasamos por Toledo; **gute ~!** ¡buen viaje!

weiter|sagen *vt* decir a otros; *(verbreiten)* divulgar

weiter|verarbeiten* *vt* tratar, elaborar

weiterverfolgen* *vt* continuar persiguiendo

Weiterverkauf *m* reventa *f*

weiterverkaufen* *vt* vender a un tercero, revender

weiterverwenden* *vt* seguir utilizando

weitestgehend *adj o adv superl von* **weitgehend**

weitgehend <weiter gehend *o* weitgehender, *Schweiz:* weitergehend, am weitestgehenden *o* am weitgehendsten> **I.** *adj* amplio, extenso **II.** *adv* en gran parte

weitgereist *adj* que ha viajado mucho

weither ['-'-] *adv (geh)* de muy lejos

weithin ['--, '-'-] *adv* ① *(weitumher)* hasta muy lejos ② *(in hohem Maße)* en gran medida

weitläufig **I.** *adj* ① *(ausgedehnt)* vasto, extenso ② *(weitschweifend)* prolijo; *(ausführlich)* detallado ③ *(Verwandter)* lejano **II.** *adv* con todo detalle; **mit jdm ~ verwandt sein** ser pariente lejano de alguien

Weitläufigkeit *f* <-, *ohne pl*> amplitud *f*

weiträumig *adj* espacioso, extenso

weitreichend *adj* ① *(für große Entfernung)* de gran alcance ② *(umfassend)* amplio

weitschweifig *adj* prolijo, difuso

Weitschweifigkeit *f* <-, *ohne pl*> prolijidad *f*

Weitsicht *f ohne pl s.* **Weitblick**

weitsichtig *adj* ① (MED) hipermétrope ② *(umsichtig)* previsor

Weitsichtigkeit *f ohne pl* ① (MED) hipermetropía *f* ② *(im Handeln)* visión *f* de futuro; *(Umsicht)* previsión *f*

Weitsprung *m* <-(e)s, *ohne pl*> (SPORT) salto *m* de longitud

weitverbreitet ['--'--] *adj* muy frecuente; *(Meinung)* muy divulgado

Weitwinkelobjektiv *nt* (FOTO) objetivo *m* gran angular

Weizen ['vaɪtsən] *m* <-s, -> trigo *m*

Weizenbier *nt* cerveza *f* de trigo

Weizenbrot *nt* pan *m* de trigo

Weizenkeim *m* germen *m* de trigo

Weizenmehl *nt* harina *f* de trigo

welch *pron inter* **~ eine(r, s)** qué; **~ eine Freude!** ¡qué alegría!; *s. a.* **welche(r, s)**

welche(r, s) **I.** *pron inter (adjektivisch)* qué; *(substantivisch)* cuál; *(in Ausrufen)* qué, vaya; **~ Tasche?** ¿qué bolso?; **~r von den beiden?** ¿cuál de los dos?; **~ Freude!** ¡qué alegría!; **aus ~m Grund?** ¿por qué motivo?; **ich weiß nicht, ~n du meinst** no sé a cuál te refieres **II.** *pron rel* que; *(in weiterführenden Relativsätzen)* el/la/lo cual, los/las cuales *pl* **III.** *pron indef* algunos; **es gibt ~, die glauben, dass ...** hay algunos que piensan que…; **ich habe kein Papier dabei, hast du ~s?** no tengo papel, ¿tienes tú alguno?

welk [vɛlk] *adj (a. fig)* lacio; *(verwelkt)* marchito

welken ['vɛlkən] *vi sein (a. fig)* marchitarse

Wellblech ['vɛl-] *nt* chapa *f* ondulada

Welle ['vɛlə] *f* <-n> ① *(im Wasser, Protestwelle)* ola *f;* **hohe ~n schlagen** causar sensación ② *(Aktualität)* **die neue ~** la nueva ola ③ *(im Haar)* ondulación *f* ④ (PHYS, RADIO) onda *f* ⑤ (TECH) eje *m*

wellen ['vɛlən] **I.** *vt* ondular **II.** *vr:* **sich ~** ondularse

Wellenbad *nt* piscina *f* de olas

Wellenbewegung *f* movimiento *m* ondulatorio

Wellenbrecher *m* rompeolas *m inv*

wellenförmig [-fœrmɪç] *adj* ondulado

Wellengang *m* <-(e)s, *ohne pl*> oleaje *m*

Wellenkamm *m* <-(e)s, -kämme> (GEO) cresta *f* (de la ola)

Wellenlänge *f* (PHYS) longitud *f* de onda; **sie haben die gleiche ~** *(fam)* están en la misma onda

Wellenlinie *f* línea *f* ondulada

Wellenreiten *nt* (SPORT) surf *m*

Wellensittich *m* <-s, -e> (ZOOL) perico *m,* periquito *m*

wellig *adj* ondulado

Wellness ['vɛlnɛs] *f* <-, *ohne pl*> wellness *m (combinación de hidroterapia con ocio acuático)*

Wellnesshotel *nt* hotel *m* (con) wellness

Wellpappe *f* cartón *m* ondulado

Welpe ['vɛlpə] *m* <-n, -n> (ZOOL) cachorro *m*

Wels [vɛls] *m* <-es, -e> (ZOOL) siluro *m*

welsch [vɛlʃ] *adj (Schweiz)* de la Suiza francófona

Welschschweizer(in) *m(f)* *(Schweiz)* suizo, -a *m, f* del cantón francés

Welt [vɛlt] *f* <-en> mundo *m; (Erde)* tierra *f;* **auf der ~** en el mundo; **auf die ~ kommen** venir al mundo; **aus aller ~** de todo el mundo; **die Alte/Neue/Dritte ~** el Viejo/Nuevo/Tercer Mundo; **die heile ~** el mundo ideal; **alle ~ spricht davon** *(fam)* todo el mundo habla de esto; **vor aller ~** *(fam)* delante de todo el mundo; **uns trennen ~en** *(fam)* entre nosotros hay un mundo; **eine ~ brach für ihn zusammen** *(fam)* se le hundió el mundo; **mit sich** *dat* **und der ~ zufrie-**

W

den sein *(fam)* estar contento con uno mismo y con el mundo; **um nichts in der ~** *(fam)* por nada del mundo; **die ~ nicht mehr verstehen** *(fam)* ya no entender nada de nada; **das ist nicht aus der ~** *(fam)* no está lejos; **das kostet nicht die ~** *(fam)* eso no cuesta demasiado; **was in aller ~ hast du dir denn dabei gedacht?** *(fam)* ¿en qué diablos estabas pensando al hacer esto?; **davon geht die ~ nicht unter** *(fam)* no se acaba el mundo por eso; **ein Gerücht in die ~ setzen** *(fam)* hacer correr un rumor; **das hat die ~ noch nicht gesehen!** *(fam)* ¡es una cosa nunca vista!

Weltall *nt* universo *m*

weltanschaulich *adj* ideológico

Weltanschauung *f* ideología *f*

Weltatlas *m* <-(ses), -atlanten *o* -se> atlas *m inv* universal

Weltausstellung *f* exposición *f* universal

Weltbank *f ohne pl* Banco *m* Mundial

weltbekannt ['--'-] *adj* mundialmente conocido

weltberühmt ['--'-] *adj* famoso en el mundo entero

weltbeste(r, s) *adj* (SPORT) mejor del mundo

Weltbevölkerung *f ohne pl* población *f* mundial

weltbewegend *adj* revolucionario

Weltbild *nt* concepto *m* del mundo

Weltenbummler(in) [-bʊmlɐ] *m(f)* <-s, -; -nen> trotamundos *mf inv*

weltfremd *adj* ajeno al mundo; *(naiv)* ingenuo

Weltfrieden *m* <-s, *ohne pl*> paz *f* mundial

Weltgeschichte *f ohne pl* historia *f* universal; **in der ~ herumfahren** *(fam)* recorrer mundo

weltgeschichtlich *adj* histórico

Weltgesundheitsorganisation ['--'-------] *f ohne pl* Organización *f* Mundial de la Salud

Welthandel *m* comercio *m* internacional [*o* mundial]

Weltherrschaft *f ohne pl* hegemonía *f* mundial

Weltkarte *f* mapamundi *m*

Weltkrieg *m* guerra *f* mundial; **Erster/Zweiter ~** primera/segunda guerra mundial

weltlich *adj* ❶ *(irdisch)* mundano ❷ *(nicht kirchlich)* laico, secular

Weltliteratur *f* <-, *ohne pl*> literatura *f* mundial

Weltmacht *f* potencia *f* mundial

weltmännisch ['vɛltmɛnɪʃ] *adj* de hombre de mundo; *(überlegen)* sofisticado

Weltmarkt *m ohne pl* (WIRTSCH) mercado *m* mundial

Weltmarktpreis *m* (WIRTSCH) precio *m* en el mercado internacional

Weltmeer *nt* océano *m*

Weltmeister(in) *m(f)* campeón, -ona *m, f* del mundo

Weltmeisterschaft *f* ❶ *(Wettkampf)* campeonato *m* mundial, mundial(es) *m(pl) fam* ❷ *(Titel)* copa *f* del mundo

weltoffen *adj* abierto

Weltrang *m* <-(e)s, *ohne pl*> nivel *m* internacional

Weltraum *m ohne pl* espacio *m* sideral

Weltraumstation *f* estación *f* espacial [*o* orbital]

Weltreich *nt* imperio *m*

Weltreise *f* viaje *m* alrededor del mundo

Weltrekord *m* récord *m* mundial

Weltreligion *f* <-, -en> religión *f* mundial

Weltsicherheitsrat [-'----] *m* Consejo *m* de Seguridad de las Naciones Unidas

Weltsprache *f* idioma *m* universal

Weltstadt *f* metrópoli *f*

weltstädtisch *adj* cosmopolita

Weltstar *m* estrella *f* mundial

Weltuntergang *m* fin *m* del mundo

Weltuntergangsstimmung *f* catastrofismo *m*

Weltverbesserer, -in *m, f* <-s, -; -nen> idealista *mf*

weltweit ['-'-, '--] **I.** *adj* mundial **II.** *adv* a escala mundial

Weltwirtschaft *f ohne pl* economía *f* mundial

Weltwirtschaftskrise *f* crisis *f inv* económica mundial

Weltwunder *nt* maravilla *f* del mundo; **die sieben ~** las siete maravillas del mundo

wem [veːm] **I.** *pron inter dat von* **wer** a quién, a quiénes *pl;* **mit/von ~?** ¿con/de quién?; **bei/zu ~?** ¿en casa/a casa de quién? **II.** *pron rel dat von* **wer** a quien, al que, a quienes, a los que *pl*

Wemfall *m* (LING) dativo *m*

wen [veːn] **I.** *pron inter akk von* **wer** a quién, a quiénes *pl;* **an/für ~?** ¿a/para quién?; **~ meinst du?** ¿a quién te refieres? **II.** *pron rel akk von* **wer** a quien, al que, a quienes, a los que *pl*

Wende ['vɛndə] *f* <-n> ❶ *(Veränderung)* cambio *m;* **eine ~ zum Guten/Schlechten** un cambio para mejor/peor ❷ *(Schwimmen, Segeln)* viraje *m;* *(Turnen, Eiskunstlauf)* vuelta *f*

Wendekreis *m* ❶ (GEO) trópico *m;* **der nördliche ~** [*o* **der ~ des Krebses**] el trópico de Cáncer; **der südliche ~** [*o* **der ~**

W

des Steinbocks] el trópico de Capricornio ② (TECH) radio *m* de giro

Wendeltreppe ['vɛndəl-] *f* escalera *f* de caracol

wenden[1] ['vɛndən] **I.** *vi (Auto)* girar; (NAUT) virar **II.** *vt (Braten, Blatt, Kleidung, Fahrzeug)* dar la vuelta (a); **bitte ~!** ¡véase al dorso!; **man kann die Sache drehen und ~, wie man will** *(fam)* mírese como se mire

wenden[2] <wendet, wendete *o* wandte, gewendet *o* gewandt> **I.** *vt* ① *(Kopf)* volver ② *(Blick, Schritte)* dirigir; **den Blick nicht von etw** *dat* **~** no apartar la vista de algo ③ *(aufwenden)* invertir (**an/auf** en) **II.** *vr:* **sich ~** *(Richtung einschlagen)* dirigirse (**zu** a); *(von jdm weg)* apartarse (**von** de); **sich zum Gehen ~** disponerse a irse; **sich zum Ausgang ~** dirigirse a la salida; **es wird sich alles zum Guten ~** todo saldrá bien; **seine gute Laune wandte sich ins Gegenteil** se le agrió el humor; **sich an jdn ~** dirigirse a alguien; **sich gegen etw ~** oponerse a algo; **sich gegen jdn ~** volverse en contra de alguien

Wendeplatz *m* lugar *m* para girar (el coche)

Wendepunkt *m* ① *(Zeitpunkt)* momento *m* decisivo ② (ASTR) punto *m* solsticial; (MATH) punto *m* de inflexión

wendig *adj* ① *(Auto)* manejable ② *(Person)* ágil

Wendung *f* <-en> ① *(Drehung)* vuelta *f* ② *(Kurve)* curva *f* ③ *(Veränderung)* cambio *m*, giro *m;* **eine ~ zum Guten nehmen** tomar un giro favorable; **eine ~ zum Schlechten nehmen** tomar mal cariz; **eine unerwartete ~ nehmen** tomar un giro inesperado ④ *(Redewendung)* modismo *m*

wenig ['veːnɪç] *adj o adv o pron indef* ① *(kleine Menge)* poco; (**nur**) **~e** (solo) pocos; **ein ~** un poco; **ein klein ~** un poquito; **sehr ~** poquísimo; **ein ~ Geduld** un poco de paciencia; **mit ~en Ausnahmen** salvo pocas excepciones; **in ~en Wochen** dentro de pocas semanas; **einige ~e** unos pocos; **eine ~ bekannte Künstlerin** una artista poco conocida; **sie war nicht ~ überrascht, als …** su sorpresa no fue poca cuando…; **es fehlte** (**nur**) **~, und sie hätte gewonnen** faltó poco para ganar ② **zu ~** muy poco; **11 Euro zu ~** faltan 11 euros; **zu ~ essen/trinken** no comer/beber suficiente ③ **so ~** tan poco; **so ~ wie möglich** lo menos posible; **du sprichst so ~** estás tan callado

weniger ['veːnɪɡɐ] **I.** *adj o adv o pron indef kompar von* **wenig** menos; **~ als** menos que; *(bei Zahlen)* menos de; *(vor Verben)* menos de lo que; **es kamen ~ als gestern** vinieron menos que ayer; **immer ~** cada vez menos; **viel ~** mucho menos; **~ werden** disminuir; **nicht mehr und nicht ~ als …** ni más ni menos que…; **mehr oder ~** más o menos; **das finde ich ~ schön!** ¡esto no me gusta tanto!; **umso ~** tanto menos; **je ~, desto besser** cuanto menos mejor; **je mehr …, desto ~ …** cuanto más…, menos… **II.** *konj* menos; **zehn ~ drei ist sieben** diez menos tres son siete

Wenigkeit *f* <-, *ohne pl*> **eine ~** un poquito; **meine ~** *(iron)* mi modesta [*o* humilde] persona

wenigste ['veːnɪçstə, 'veːnɪkstə] *pron indef superl von* **wenig** ① *(kleinste Anzahl)* **die ~n** los menos, la menor parte; *(die Minderheit)* la minoría ② *(kleinste Menge)* **das ~** lo menos; **das ~ wäre, ihn einmal anzurufen** lo menos sería llamarle una vez; **er hat das ~ Geld** es el que menos dinero tiene; **das ist ja noch das ~!** *(fam)* ¡es lo mínimo!

wenigsten ['veːnɪçstən, 'veːnɪkstən] *superl von* **wenig: am ~** lo (que) menos

wenigstens ['veːnɪçstəns, 'veːnɪkstəns] *adv* ① *(zumindest)* por lo menos ② *(mindestens)* por lo menos, como mínimo; **ich habe ~ viermal angerufen** he llamado cuatro veces por lo menos

wenn [vɛn] *konj* ① *(zeitlich)* cuando; **jedes Mal, ~ …** cada vez que… ② *(konditional)* si; *(falls)* en caso de que *+subj;* **~ nicht** si no; **~ nur** con tal que *+subj;* **außer ~** excepto si; **~ er nicht gewesen wäre, hätte es nie geklappt** si no hubiese estado él, no lo hubiéramos podido hacer nunca ③ *(konzessiv)* **~ auch** si bien, aunque *+subj;* **es ging, ~ auch mit einiger Mühe** funcionó, si bien nos costó bastante trabajo; **~ er auch nett ist, mag ich ihn nicht** no termina de caerme bien aunque sea majo ④ *(Wunsch)* **~ … nur** si *+subj,* ojalá *+subj;* **~ ich nur schon in Berlin wäre** si estuviera de una vez en Berlín

wenngleich [-'-] *konj* aunque, si bien

wennschon ['--] *konj* aunque; **und ~!** *(fam)* ¡qué más da!; **~, dennschon!** *(fam)* ¡de hacerlo, hacerlo bien!

wer [veːɐ] **I.** *pron inter* quién, quiénes *pl;* **~ von euch beiden?** ¿quién de vosotros? **II.** *pron rel* quien, el que, quienes, los que *pl;* **~ auch immer** quienquiera que sea **III.** *pron indef (fam)* alguien; **ist da ~?** ¿hay alguien ahí?

Werbeagentur *f* agencia *f* de publicidad

Werbeanzeige *f* anuncio *m* publicitario
Werbebanner *nt* (INFOR) anuncio *m* en internet
Werbebeilage *f* suplemento *m* publicitario
Werbeblock *m* bloque *m* de anuncios
Werbebranche *f* sector *m* publicitario
Werbebroschüre *f* folleto *m* publicitario
Werbefachmann, -frau *m, f* experto, -a *m, f* publicitario , -a
Werbefernsehen *nt* publicidad *f* televisada
werbefrei *adj inv (Sendung, Homepage)* sin publicidad
Werbegeschenk *nt* regalo *m* de promoción
Werbekampagne *f* campaña *f* publicitaria
Werbekosten *pl* gastos *mpl* de publicidad
Werbematerial *nt* <-s, -ien> material *m* publicitario
werben ['vɛrbən] <wirbt, warb, geworben> **I.** *vi (für eine Ware)* hacer publicidad (**für** para); *(für eine Partei)* hacer propaganda (**für** para); **um etw ~** *(geh)* tratar de ganarse algo **II.** *vt (Arbeitskräfte)* contratar; *(Mitglieder)* afiliar; *(Kunden)* atraer
Werbeprospekt *m* (COM, WIRTSCH) folleto *m* publicitario
Werbeslogan *m* eslogan *m* publicitario
Werbespot ['vɛrbespɔt] *m* anuncio *m* publicitario, comercial *m Am*
Werbetext *m* texto *m* publicitario
Werbeträger *m* <-s, -> soporte *m* publicitario
Werbetrommel *f (fam)* **die ~ für etw rühren** hacer propaganda para algo
Werbeunterbrechung *f* (RADIO, TV) interrupción *f* para publicidad
werbewirksam *adj* de gran efecto publicitario
Werbung[1] *f ohne pl (Reklame)* publicidad *f*, aviso *m Am;* **~ für etw machen** hacer publicidad para algo
Werbung[2] *f* <-en> *(das Anwerben)* reclutamiento *m*
Werdegang *m* <-(e)s, -gänge> desarrollo *m;* **der berufliche ~** la carrera profesional
werden[1] ['veːɐdən] <wird, wurde, geworden> *vi sein* ① *(Zustandsveränderung)* ponerse, volverse; *(allmählich)* hacerse; **alt ~** hacerse viejo; **krank ~** ponerse enfermo; **kalt ~** enfriar(se); **mir wird schlecht** me estoy mareando; **ich werde noch verrückt** me voy a volver loco; **es wird schon dunkel** ya se hace de noche; **es wird Frühling** llega la primavera ② *(Entwicklung)* llegar a ser, devenir; **~de Mutter** futura madre; **es wird ein Junge** será un niño; **besser/schlechter ~** mejorar/empeorar; **was willst du einmal ~?** ¿qué quieres ser de mayor?; **was nicht ist, kann ja noch ~** todo es posible; **was soll nun (aus uns) ~?** ¿qué será de nosotros? ③ *(Verwandlung)* convertirse (**zu** en), volverse; **zum Verräter ~** convertirse en traidor ④ *(Resultat)* salir; **das ist nichts geworden** *(fam)* no salió; **die Fotos sind gut geworden** las fotos salieron bien; **er ist 40 geworden** cumplió 40 años; **daraus wird nichts** de ahí no va a resultar nada ⑤ *(mit Zeitangabe)* **in einer halben Stunde wird es 12 Uhr** dentro de media hora serán las doce; **sie wird bald 12** va a cumplir 12 años; **es wird Zeit, dass wir gehen** es hora de que nos vayamos ⑥ *(Wend)* **wird's bald?** *(fam)* ¡date prisa!; **ich werd' nicht mehr!** *(fam)* ¡no puede ser!
werden[2] <wird, wurde, *ohne pp*> *aux* ① *(zur Bildung des Futurs)* **ich werde es tun** lo haré; **es wird schon ~** saldrá bien; **es wird gleich regnen** va a empezar a llover ② *(zur Bildung des Konjunktivs II)* **würden Sie bitte mal kommen?** ¿podría venir un momento, por favor? ③ *(Vermutung)* **es wird schon stimmen** será correcto; **er wird wohl ausgegangen sein** habrá salido
werden[3] <wird, wurde, worden> *aux (zur Bildung des Passivs)* ser; **sie ist entführt worden** ha sido secuestrada; **das Zimmer wird gerade gestrichen** están pintando la habitación; **hier wird nicht geraucht!** ¡aquí no se fuma!; **mir wurde gesagt, dass ...** me han dicho que…
Werden *nt* <-s, *ohne pl*> ① *(Entwicklung)* desarrollo *m;* **noch im ~ sein** estar en pleno desarrollo; **der Kuchen ist schon im ~** el bizcocho está a medio hacer ② *(Bildung)* formación *f* ③ (PHILOS) devenir *m*
werfen ['vɛrfən] <wirft, warf, geworfen> **I.** *vt* ① *(allgemein)* echar, tirar; *(schleudern)* lanzar, arrojar; **nicht ~!** ¡frágil!; **jdn zu Boden ~** tirar a alguien al suelo; **die Tür ins Schloss ~** dar un portazo; **etw auf den Markt ~** lanzar algo al mercado; **eine Münze ~** echar a suertes; **jdn ins Gefängnis ~** meter a alguien en la cárcel; **er hatte ein Auge auf sie geworfen** *(fig)* le tenía echado el ojo; **jdn aus etw** *dat* **~** echar a alguien de algo ② *(bilden)* formar; **die Flüssigkeit wirft Blasen** el líquido burbujea ③ *(Tierjunge)* parir **II.** *vr:* **sich ~** ① *(sich stürzen)* lanzarse (**auf** sobre); *(fig)* volcarse (**auf** en) ② *(sich fallen lassen)* echarse (**auf** sobre); **sie warf sich aufs Bett** se echó sobre la cama ③ *(sich verzie-*

hen) alabearse **III.** *vi* ❶ (*a.* SPORT) lanzar; **wie weit wirfst du?** ¿cuánto lanzas?; **mit Geld um sich ~** tirar el dinero por la ventana ❷ *(Tier)* parir

Werfer(in) *m(f)* <-s, -; -, -nen> (SPORT: *Speerwerfer*) lanzador(a) *m(f)* de jabalina; *(Hammerwerfer)* lanzador(a) *m(f)* de martillo; *(Diskuswerfer)* lanzador(a) *m(f)* de disco

Werft [vɛrft] *f* <-en> (NAUT) astillero *m;* (AERO) hangar *m*

Werftarbeiter(in) *m(f)* (NAUT) obrero, -a *m, f* del astillero; (AERO) obrero, -a *m, f* del hangar

Werk [vɛrk] *nt* <-(e)s, -e> ❶ *(Geschaffenes, Handlung)* obra *f; (Arbeit)* trabajo *m;* **sämtliche/ausgewählte ~e** obras completas/escogidas; **das ist sein ~** es obra suya; **ein gutes ~ (an jdm) tun** hacer una buena obra (para alguien); **sich ans ~ machen** ponerse a trabajar; **da sind üble Kräfte am ~** hay algo sucio detrás de todo esto ❷ *(Fabrik)* fábrica *f; (Unternehmen)* empresa *f;* **Lieferung ab ~** entrega en fábrica ❸ *(Mechanismus)* mecanismo *m*

Werkbank *f* <-bänke> banco *m* de trabajo

werkeln ['vɛrkəln] *vi* dar retoques (**an** a)

werkgetreu *adj* fiel al original

Werkmeister(in) *m(f)* contramaestre, -a *m, f*

Werksangehörige(r) *mf* empleado, -a *m, f* de la empresa

Werkschutz *m* servicio *m* de seguridad de la empresa

Werksgelände *nt* terreno *m* de la empresa

Werksleiter(in) *m(f)* director(a) *m(f)* de la empresa

Werksschließung *f* cierre *m* de fábrica

Werk(s)spionage *f* espionaje *m* industrial

Werkstatt ['-ʃtat] *f* <-stätten> taller *m*

Werkstoff *m* material *m* de trabajo

Werkstück *nt* <-(e)s, -e> pieza *f* de trabajo

Werktag *m* día *m* laborable

werktags *adv* los días laborales

werktätig *adj* trabajador; **die ~e Bevölkerung** la población activa

Werktätige(r) *mf* <-n, -n; -n> obrero, -a *m, f;* **die ~n** la población activa

Werkunterricht *m* (clase *f* de) trabajos *mpl* manuales

Werkzeug *nt* <-(e)s, -e> herramienta *f; (Instrument)* instrumento *m*

Werkzeugkasten *m* caja *f* de herramientas

Werkzeugmacher(in) *m(f)* <-s, -; -, -nen> obrero, -a *m, f* que fabrica herramientas

Wermut ['veːɐmuːt] *m* <-(e)s, *ohne pl>* ❶ *(Pflanze)* ajenjo *m* ❷ *(Getränk)* vermú *m*

Wermut(s)tropfen *m (geh)* amargura *f*

wert [veːɐt] *adj* **etwas ~ sein** valer algo; **nichts ~ sein** no vale nada; **das ist mir viel ~** esto significa mucho para mí; **wie viel ist das ~?** ¿cuánto vale?; **einer Sache ~ sein** merecer algo

Wert [veːɐt] *m* <-(e)s, -e> ❶ *(a. fig)* valor *m; (Preis)* precio *m;* **einen ~ von 50 Euro haben** tener un valor de 50 euros; **an ~ verlieren/zunehmen** disminuir/aumentar de valor; **das sind bleibende ~e** son valores permanentes; **großen/keinen ~ auf etw legen** dar mucha/no dar importancia a algo; **das hat keinen ~** no merece la pena; **etw** *dat* **einen besonderen ~ beimessen** atribuir un valor especial a algo ❷ *(Ergebnis)* resultado *m;* (TECH) datos *mpl*

Wertangabe *f* declaración *f* de valor

Wertarbeit *f* trabajo *m* de calidad

wertbeständig *adj* de valor fijo

Wertbrief *m* carta *f* con valor declarado

werten ['veːɐtən] *vt* valorar; *(einschätzen)* calificar (**als** de/como); (SPORT) dar como válido

wertfrei *adj* imparcial

Wertgegenstand *m* objeto *m* de valor

Wertigkeit *f* <-en> (CHEM, LING) valencia *f*

wertlos *adj* sin valor, de agache *Ecua,* pinche *Méx*

Wertmaßstab *m* criterio *m;* **einen ~ anlegen** establecer un criterio

Wertminderung *f* disminución *f* de valor; *(von Aktien, Kursen)* desvalorización *f*

Wertpapier *nt* (FIN) valor *m,* efecto *m*

Wertpapierbörse *f* (FIN) bolsa *f* de (títulos-)valores

Wertsache *f* objeto *m* de valor

Wertschätzung *f ohne pl (geh)* aprecio *m*

Wertsendung *f* envío *m* con valor declarado

Wertsteigerung *f* aumento *m* de valor

Wertstoff *m* desecho *m* reciclable

Wertstoffcontainer *m* contenedor *m* para desechos reciclables

Wertung *f* <-en> valoración *f;* (SPORT) puntuación *f*

Wertverlust *m* <-(e)s, -e> pérdida *f* de valor, depreciación *f*

wertvoll *adj* valioso

Werwolf ['veːɐ-] *m* ogro *m*

Wesen[1] ['veːzən] *nt* <-s, *ohne pl>* ❶ *(Grundeigenschaft)* esencia *f;* (PHILOS) ente *m;* **das liegt im ~ der Sache** es propio del asunto mismo ❷ *(Charakter)* naturaleza *f;* **sein wahres ~ zeigen** quitarse la máscara

Wesen[2] *nt* <-s, -> *(Lebewesen)* ser *m;* *(Mensch)* persona *f;* **ein menschliches ~** un ser humano
Wesensart *f ohne pl* manera *f* de ser
Wesenszug *m* <-(e)s, -züge> rasgo *m* característico
wesentlich ['veːzəntlɪç] **I.** *adj* esencial; *(grundlegend)* fundamental; *(bedeutend)* importante; **das ist im W~en nichts Neues** en esencia no es nada nuevo; **nichts W~es** nada de importancia **II.** *adv* *(sehr, viel)* mucho; **es wäre mir ~ lieber, wenn ...** preferiría mucho más que... *+subj*
weshalb [vɛs'halp, '--] *adv* ❶ *(fragend)* por qué ❷ *(relativisch)* por lo que, por lo cual; **der Grund ~ ...** la razón por la cual...
Wespe ['vɛspə] *f* <-n> (ZOOL) avispa *f*
Wespennest *nt* (ZOOL) nido *m* de avispas
Wespentaille *f* cintura *f* de avispa
wessen ['vɛsən] **I.** *pron inter* ❶ *gen von* **wer** de quién; **~ Auto ist das?** ¿de quién es el coche? ❷ *gen von* **was** de qué; **~ wird sie beschuldigt?** ¿de qué se la acusa? **II.** *pron rel* de quien, del que, de quienes, de los que *pl;* **~ Schuld es ist, (der) soll es gestehen** aquel de quien sea la culpa, debe confesarlo
Wessi ['vɛsi] *mf* <-s, -s; -s> *(fam)* *habitante de los estados federados del oeste de Alemania*
West [vɛst] *m* <-, *ohne pl*> (NAUT, METEO) oeste *m*
westdeutsch *adj* del oeste de Alemania
Westdeutschland *nt* Oeste *m* de Alemania
Weste ['vɛstə] *f* <-n> chaleco *m;* **eine reine ~ haben** *(fam fig)* tener las manos limpias
Westen ['vɛstən] *m* <-s, *ohne pl*> oeste *m,* occidente *m;* **im ~** en el oeste; **von ~** del oeste; **in den ~** al oeste; **der Wilde ~** el Salvaje Oeste
Westentasche *f* bolsillo *m* del chaleco; **etw wie seine ~ kennen** *(fam)* conocer algo como la palma de la mano
Western ['vɛstɐn] *m* <-s, -> película *f* del Oeste
Westeuropa ['--'--] *nt* Europa *f* Occidental
westeuropäisch *adj* de la Europa Occidental
Westfale, -fälin *m, f* <-n, -n; -nen> westfaliano, -a *m, f*
Westfalen [vɛst'faːlən] *nt* <-s> Westfalia *f*
Westfälin [-'fɛːlɪn] *f* <-nen> *s.* **Westfale**
westfälisch *adj* westfaliano
Westjordanland *nt* <-(e)s, *ohne pl*> Cisjordania *f*
Westküste *f* costa *f* occidental
westlich **I.** *adj* del oeste; **~ von Berlin** al oeste de Berlín; **in ~er Richtung** en dirección oeste; **52 Grad ~er Länge** 52 grados longitud oeste **II.** *präp +gen* al oeste de
Westmächte ['vɛstmɛçtə] *fpl* (POL) potencias *fpl* occidentales
westwärts ['-vɛrts] *adv* hacia el oeste
Westwind *m* viento *m* del Oeste
weswegen [vɛs'veːgən] *adv s.* **weshalb**
Wettbewerb[1] ['vɛtbəvɛrp] *m* <-(e)s, -e> *(Veranstaltung)* concurso *m;* (SPORT) competición *f*
Wettbewerb[2] *m* <-(e)s, *ohne pl*> (WIRTSCH) competencia *f;* **mit jdm in ~ stehen** competir con alguien
Wettbewerber(in) *m(f)* <-s, -; -nen> (*a.* WIRTSCH) concursante *mf,* competidor(a) *m(f)*
wettbewerbsfähig *adj* competitivo
Wettbewerbsfähigkeit *f ohne pl* competitividad *f*
Wettbewerbsvorteil *m* (WIRTSCH) ventaja *f* de competencia
wettbewerbswidrig *adj (Verhalten, Preisabsprachen)* que atenta contra la libre competencia
Wettbüro *nt* despacho *m* de apuestas mutuas
Wette ['vɛtə] *f* <-n> apuesta *f;* **eine ~ mit jdm abschließen** hacer una apuesta con alguien; **ich gehe jede ~ ein, dass ...** apuesto el cuello a que...; **die ~ gilt!** ¡hecho!; **um die ~** *(fam)* a porfía
Wetteifer *m* espíritu *m* de competencia
wetteifern ['---] *vi* **mit jdm um etw ~** competir con alguien por algo
wetten ['vɛtən] *vi, vt* apostar (**auf** por, **um**); (**mit jdm**) **um etw ~** apostar algo (con alguien); **ich wette mit dir um zwei Euro, dass ...** te apuesto dos euros a que...; (**wollen wir**) **~?** ¿apostamos?; **~, dass ich schneller bin?** *(fam)* ¿qué te apuestas a que soy más rápido?; **worum ~ wir?** ¿qué apuestas?
Wetter ['vɛtɐ] *nt* <-s, *ohne pl*> (METEO) tiempo *m;* **es ist schönes/schlechtes ~** hace buen/mal tiempo
Wetteramt *nt* instituto *m* meteorológico
Wetteraussichten *fpl* pronóstico *m* del tiempo
Wetterbedingungen *fpl* condiciones *fpl* climáticas
Wetterbericht *m* parte *m* meteorológico
Wetterdienst *m* servicio *m* meteorológico
wetterfest *adj* resistente a la intemperie; *(wasserundurchlässig)* impermeable
wetterfühlig *adj* sensible a los cambios de tiempo
Wetterkarte *f* mapa *m* meteorológico

Wetterkunde *f ohne pl* metereología *f*
Wetterlage *f* (METEO) situación *f* meteorológica
Wetterleuchten *nt* <-s, *ohne pl*> relampagueo *m*
wettern ['vɛtɐn] *vi (fam)* echar pestes; **gegen etw ~** maldecir algo
Wetterprognose *f* previsión *f* meteorológica
Wetterseite *f* <-, -n> lado *m* del viento; (NAUT) barlovento *m*
Wetterstation *f* estación *f* meteorológica
Wetterumschwung *m* cambio *m* brusco del tiempo
Wettervoraussage *f*, **Wettervorhersage** *f* pronóstico *m* del tiempo, previsión *f* del tiempo
Wettkampf *m* (SPORT) competición *f*
Wettkämpfer(in) *m(f)* (SPORT) competidor(a) *m(f)*
Wettlauf *m* carrera *f* de velocidad; **~ mit der Zeit** maratón contrarreloj; **es war ein ~ mit der** [*o* **gegen die**] **Zeit** lo hicimos a contrarreloj
Wettläufer(in) *m(f)* corredor(a) *m(f)*
wett|machen ['vɛt-] *vt (fam)* compensar; *(Fehler)* corregir; *(Rückstand)* recuperar
Wettrennen *nt* carrera *f* de velocidad
Wettrüsten *nt* <-s, *ohne pl*> carrera *f* de armamentos
Wettstreit *m* competición *f*; **mit jdm in ~ treten** competir con alguien
wetzen ['vɛtsən] **I.** *vi sein (fam)* correr **II.** *vt* afilar
Wetzstein *m* piedra *f* de afilar
WEZ [veːʔeːˈtsɛt] *Abk. von* **westeuropäische Zeit** horario *m* de la Europa Occidental
WG [veːˈgeː] *f* <-s> *Abk. von* **Wohngemeinschaft** comuna *f*
Whatsapp® ['vɔtsʔɛp] (INFOR) **I.** *nt* <-[s]> *kein pl (Sofortnachrichtendienst für Smartphones)* WhatsApp® *m* **II.** *f* <-, -s> *(mit Whatsapp verschickte Nachricht)* wasap *m*
whatsappen [vɔtsˈʔɛpn̩] *vi* (INFOR) wasapear
Whg. *Abk. von* **Wohnung** piso *m*
Whirlpool® ['wœː(ɐ)lpuːl] *m* (baño *m*) yacusi *m*
Whisky ['wɪski] *m* <-s, -s> güisqui *m*, whisky *m*
wich [vɪç] *3. imp von* **weichen**
Wichse ['vɪksə] *f* <-n> *(fam: Schuhcreme)* betún *m*
wichsen ['vɪksən] **I.** *vt* ❶ *(fam: polieren)* pulir; *(Boden)* encerar; *(Schuhe)* lustrar ❷ *(reg: verprügeln)* dar una paliza **II.** *vi (vulg)* cascársela
Wichser *m* <-s, -> *(vulg)* pajero *m*
Wicht [vɪçt] *m* <-(e)s, -e> *s.* **Wichtelmännchen**
Wichtelmännchen ['vɪçtəlmɛnçən] *nt* <-s, -> duende *m*, gnomo *m*
wichtig ['vɪçtɪç] *adj* importante; **sich ~ nehmen** hacerse el importante; **etw ~ nehmen** dar importancia a algo
Wichtigkeit *f ohne pl* importancia *f*; **eine Sache von großer/höchster ~** un asunto de mucha/suma importancia
wichtig|machen *vr:* **sich ~** hacerse el importante, darse humos
Wichtigtuer(in) [-tuːɐ] *m(f)* <-s, -; -nen> *(fam a. abw)* farolero, -a *m, f*
Wichtigtuerei [-tuːəˈraɪ] *f* <-, *ohne pl*> *(fam)* faroleo *m*
wichtigtuerisch ['vɪçtɪçtuːərɪʃ] *adj (fam abw)* fanfarrón; **~ sein** ser un fanfarrón
wichtig|tun *irr vi (fam)* ser engreído
Wicke ['vɪkə] *f* <-, -n> (BOT) arveja *f*
Wickel ['vɪkəl] *m* <-s, -> ❶ (MED) compresa *f* ❷ *(Lockenwickel)* rulo *m* ❸ *(Spule)* bobina *f* ❹ *(Wend)* **jdn am ~ haben** *(fam)* llamar a alguien a capítulo
Wickelauflage *f* cambiador *m* (de sobremesa)
Wickelkommode *f* envolvedor *m*
wickeln ['vɪkəln] *vt* ❶ *(aufwickeln)* arrollar; *(auf eine Spule, Rolle)* bobinar; *(zu einem Knäuel)* ovillar ❷ *(einwickeln)* envolver (**in** en); *(auswickeln)* desenvolver; *(abwickeln)* desenrollar; **sich** *dat* **einen Schal um den Hals ~** ponerse un pañuelo alrededor del cuello ❸ *(Säugling)* cambiar los pañales (a); **da bist du schiefgewickelt** *(fam)* estás equivocado
Wickelraum *m* <-(e)s, -räume> *cuarto para cambiar los pañales a un niño*
Wickeltasche *f* bolsa *f* (para las cosas del bebé)
Wickeltisch *m* envolvedor *m*
Widder ['vɪdɐ] *m* <-s, -> ❶ (ZOOL) carnero *m* ❷ (ASTR: *Zeichen*) Aries *m* ❸ (ASTR: *Person*) aries *mf inv*
wider ['viːdɐ] *präp +akk (geh)* contra; **~ Erwarten** contra lo que era de esperar
widerborstig ['----] *adj* ❶ *(Person)* terco ❷ *(Haar)* rebelde
widerfahren* [--'--] *irr vi sein (geh)* ocurrir
Widerhaken ['----] *m* garfio *m*; *(an einer Angel)* púa *f*
Widerhall *m* resonancia *f*; **~ finden** tener eco; **bei jdm keinen ~ finden** no encontrar la aprobación de alguien
widerlegbar [--'--] *adj* refutable, rebatible
widerlegen* *vt* rebatir
Widerlegung *f* <-, -en> ❶ *(das Widerlegen)* rebatimiento *m* ❷ *(Text)* réplica *f* por escrito

W

widerlich ['vi:dɐlɪç] *adj (abw)* ❶ *(Ekel erregend)* asqueroso; *(abstoßend)* repugnante ❷ *(unangenehm)* desagradable
widernatürlich *adj (abw)* contranatural
widerrechtlich *adj* ilegal, ilícito; **sich** *dat* **etw ~ aneignen** apropiarse de algo ilícitamente
Widerrede *f* protesta *f*; **sie duldet keine ~** no admite protesta
Widerruf *m (einer Anordnung)* revocación *f*; *(einer Aussage)* retractación *f*; **bis auf ~** hasta nuevo aviso
widerrufen* *irr vt (Gesetz, Urteil)* revocar; *(Aussage)* retractarse (de); *(Nachricht)* desmentir; *(Auftrag)* anular
widerruflich *adj* revocable
Widersacher(in) *m(f)* <-s, -; -nen> adversario, -a *m, f*
widersetzen* *vr:* **sich ~** oponerse (a)
Widersinn *m ohne pl* absurdidad *f*
widersinnig *adj* absurdo
widerspenstig ['vi:dɐʃpɛnstɪç] *adj* rebelde; *(trotzig)* terco
Widerspenstigkeit *f* <-, -en> rebeldía *f*; *(Trotz)* obstinación *f*
wider|spiegeln I. *vt* reflejar **II.** *vr:* **sich ~** reflejarse
widersprechen* *irr vi* **jdm ~** contradecir a alguien; **etw** *dat* **~** ir en contra de algo; **sich** *dat* **~** contradecirse; **sich ~de Angaben** indicaciones contradictorias
widersprochen *pp von* **widersprechen**
Widerspruch[1] *m* <-(e)s, *ohne pl*> *(Widerrede)* réplica *f*; *(Protest)* protesta *f*; **ohne ~** sin protestar; **seine Äußerungen stießen auf ~** hubo protestas a causa de sus declaraciones; **~ einlegen** (JUR) interponer recurso
Widerspruch[2] *m* <-(e)s, -sprüche> *(Gegensätzlichkeit)* contradicción *f* (**zu** con); **in ~ zu jdm/etw** *dat* **geraten** estar en contradicción con alguien/algo; **sich in Widersprüche verwickeln** incurrir en contradicciones
widersprüchlich [-ʃprʏçlɪç] *adj* contradictorio
Widerspruchsgeist *m ohne pl* espíritu *m* de contradicción
widerspruchslos *adj* sin objeción alguna, sin protestar
Widerstand *m* <-(e)s, -stände> (*a.* PHYS, ELEK) resistencia *f* (**gegen** a); **~ leisten** oponer resistencia; **auf ~ stoßen** encontrar resistencia
widerstanden *pp von* **widerstehen**
Widerstandsbewegung *f* (movimiento *m* de) resistencia *f*
widerstandsfähig *adj* resistente (**gegen** a); *(stabil)* sólido
Widerstandsfähigkeit *f ohne pl* (capacidad *f* de) resistencia *f* (**gegen** a); *(Stabilität)* solidez *f*
Widerstandskämpfer(in) *m(f)* guerrillero, -a *m, f*
Widerstandskraft *f* (fuerza *f* de) resistencia *f*
widerstandslos *adv* ❶ *(ohne Widerstand zu leisten)* sin oponer resistencia ❷ *(ohne auf Widerstand zu stoßen)* sin encontrar resistencia
widerstehen* *irr vi* resistir (+*dat* a)
widerstreben* *vi* ❶ *(zuwider sein)* repugnar; **es widerstrebt mir, das zu tun** me repugna hacerlo ❷ *(geh: sich widersetzen)* **jdm/etw** *dat* **~** oponerse a alguien/algo
Widerstreben [--'--] *nt* <-s, *ohne pl*> ❶ *(Widerstand)* oposición *f* ❷ *(Abneigung)* repugnancia *f*
widerwärtig ['vi:dɐvɛrtɪç] *adj* ❶ *(widrig)* fastidioso ❷ *(ekelhaft)* asqueroso; *(unangenehm)* desagradable
Widerwille *m* <-ns, *ohne pl*> *(Abneigung)* aversión *f* (**gegen** a); *(Ekel)* asco *m*; **etw mit größtem ~n tun** hacer algo de muy mala gana
widerwillig I. *adj* indignado **II.** *adv* de mala gana
widmen ['vɪtmən] **I.** *vt* ❶ *(zueignen)* dedicar; **jdm etw ~** dedicar algo a alguien ❷ *(bestimmen)* consagrar; **er widmete sein Leben der Wissenschaft** consagró su vida a la ciencia **II.** *vr* **sich jdm ~** atender a alguien; **sich etw** *dat* **~** dedicarse a algo
Widmung *f* <-en> dedicatoria *f*
widrig ['vi:drɪç] *adj* desfavorable
Widrigkeit *f* <-, -en> dificultad *f*
wie [vi:] **I.** *adv* ❶ *(interrogativ: auf welche Art)* ¿cómo?; *(mit welchen Merkmalen, in welchem Grad)* ¿qué?; *(in welcher Weise)* ¿de qué manera?; **~ geht das?** ¿cómo se hace?; **~ heißt das?** ¿cómo se llama esto?; **~ bitte?** ¿cómo (dice)?; **~ das?** ¡cómo!; **~ kommt es, dass ...?** ¿cómo es que...?; **~ geht's?** ¿qué tal?; **~ oft?** ¿cuántas veces?; **~ viel?** ¿cuánto?; **~ alt bist du?** ¿cuántos años tienes?; **~ groß ist es?** ¿qué tamaño tiene?; **~ teuer ist das?** ¿cuánto vale?; **~ spät ist es?** ¿qué hora es?; **~ gefällt es dir?** ¿qué te parece?; **~ war's im Urlaub?** ¿qué tal fueron las vacaciones?; **~ wäre es, wenn ...?** ¿qué tal si...(+*subj*)?; **gewusst ~!** *(fam)* ¡hay que saber (cómo)!; **~ klug du auch immer sein magst** por más inteligente que seas; **~ auch immer** sea como sea; **~ dem auch sei** sea como fuere ❷ *(relativisch: auf welche Art)* como; *(in welchem Grad)* que; **die Art, ~ sie**

spricht la manera como habla; **in dem Maße, ~ ...** en la medida que... ❸ *(Ausruf)* ¡cómo!, ¡qué!; ~ **schade!** ¡qué lástima!; **und ~!** *(fam)* ¡y cómo! ❹ *(fam: nicht wahr)* ¿verdad?, ¿o no?; **das macht dir Spaß, ~?** esto te divierte, ¿o no? **II.** *konj* ❶ *(Vergleich)* como; **weiß ~ Schnee** blanco como la nieve; **ich bin genauso groß ~ du** soy tan alto como tú; **das weißt du genauso gut ~ ich** lo sabes tan bien como yo; **er ist so gut ~ blind** está poco menos que ciego; ~ **immer** como siempre; ~ **zum Beispiel** como por ejemplo ❷ *(südd: als)* **das ist besser ~ das andere** esto es mejor que lo otro ❸ *(sowie)* **einer ~ der andere** uno igual que el otro; **Frauen ~ Männer** (tanto) las mujeres como los hombres ❹ *(gleichzeitig)* cuando, según; ~ **er sich umdreht, sieht er den Dieb losrennen** al darse la vuelta ve al ladrón echar a correr ❺ *(mit Objektsatz)* cómo; **ich sah, ~ er das Fenster öffnete** vi cómo abría la ventana

Wiedehopf ['vi:dəhɔpf] *m* <-(e)s, -e> (ZOOL) abubilla *f* común

wieder ['vi:dɐ] *adv* ❶ *(nochmals)* otra vez, de nuevo; **immer ~** una y otra vez; **nie ~** nunca más; **schon ~** otra vez; ~ **mal** de nuevo; ~ **anfangen** recomenzar; **etw immer ~ machen** volver a hacer algo; **gib ihm das ~ zurück** devuélveselo; **da bin ich ~** aquí estoy de nuevo ❷ *(andererseits)* por otra parte; **das ist auch ~ wahr** por otra parte esto también es cierto

wieder|auf|bereiten* *vt* reciclar

Wiederaufarbeitung *f* <-, -en> *s.* **Wiederaufbereitung**

Wiederaufbau [-ˈ---] *m* reconstrucción *f*

Wiederaufbereitung [-ˈ----] *f* reprocesamiento *m*

Wiederaufbereitungsanlage [-ˈ-------] *f* planta *f* de reprocesamiento

Wiederaufforstung *f* <-, -en> repoblación *f* forestal

wiederaufladbar *adj* ~ **sein** ser recargable

Wiederaufnahme [-ˈ---] *f (einer Tätigkeit)* reanudación *f; (eines Gerichtsverfahrens)* revisión *f; (eines Theaterstücks)* reestreno *m; (in eine Gruppe)* readmisión *f*

Wiederaufrüstung [-ˈ---] *f* <-, -en> rearmamento *m*

wieder|bekommen* *irr vt* recuperar, recobrar

wieder|beleben* *vt (Person)* reanimar

Wiederbelebung *f (Person)* reanimación *f; (Wirtschaft)* reactivación *f*

Wiederbelebungsversuch *m* intento *m* de reanimación

wiederbeschreibbar *adj (CD)* regrabable

wieder|bringen *irr vt* devolver

wieder|ein|führen *vt* ❶ *(Brauch)* restablecer ❷ *(Ware)* reimportar

Wiedereinführung [-ˈ---] *f* ❶ *(von Bräuchen)* restablecimiento *m* ❷ *(von Waren)* reimportación *f*

Wiedereingliederung [-ˈ----] *f* reintegración *f* (**in** en); *(von Gefangenen)* reinserción *f* (**in** en)

Wiedereinstellung [-ˈ---] *f* readmisión *f*

wieder|entdecken* *vt* redescubrir

Wiederentdeckung *f* <-, -en> redescubrimiento *m*

wieder|erkennen* *irr vt* **jdn an etw** *dat* ~ reconocer a alguien por algo; **er war nicht wiederzuerkennen** había cambiado totalmente

Wiedereröffnung *f* reapertura *f*

wieder|erstatten* *vt* reembolsar

wieder|finden *irr* **I.** *vt (Dinge)* encontrar; *(Person)* reencontrar; *(Mut, Sprache)* recobrar **II.** *vr:* **sich ~** encontrarse; **er fand sich plötzlich im Gefängnis wieder** de repente se encontró en la cárcel

Wiedergabe *f* <-n> ❶ *(einer Rede, eines Ereignisses)* relato *m; (einer Äußerung)* repetición *f; (Schilderung)* descripción *f* ❷ *(Aufführung)* representación *f; (eines Musikstücks)* ejecución *f* ❸ *(in Bild, Ton, a.* TYPO) reproducción *f*

wieder|geben *irr vt* ❶ *(zurückgeben)* devolver ❷ *(schildern)* describir; *(erzählen)* relatar ❸ *(ausdrücken)* expresar ❹ *(wiederholen)* repetir; *(zitieren)* citar ❺ *(darstellen, a.* TYPO) reproducir

Wiedergeburt *f* (REL) renacimiento *m*

wieder|gewinnen* *irr vt* recuperar

Wiedergewinnung *f* (*a.* ÖKOL) recuperación *f*

wieder|gut|machen *vt* enmendar, subsanar; *(Verlust)* resarcir; **das ist gar nicht wiedergutzumachen** esto apenas se puede enmendar

Wiedergutmachung [-ˈ---] *f* <-en> ❶ *(eines Schadens)* reparación *f* ❷ *(Entschädigung)* resarcimiento *m*

wieder|her|stellen [-ˈ---] *vt* ❶ *(Ordnung)* restablecer ❷ *(reparieren)* restaurar

Wiederherstellung [-ˈ---] *f* ❶ *(der Ordnung, Ruhe)* restablecimiento *m* ❷ *(Reparatur)* reparación *f,* reconstrucción *f*

wiederholbar [-ˈ--] *adj* repetible; **leicht/kaum ~** fácil/difícil de repetir

wiederholen*1 **I.** *vt* repetir; *(Lernstoff)* repasar; **ich muss die Klasse ~** tengo que repetir el curso **II.** *vr:* **sich ~** repetirse

wieder|holen2 *vt (zurückholen)* ir a buscar otra vez

wiederholt [-ˈ-] **I.** *adj* repetido; **zum ~en**

W

Male por milésima vez **II.** *adv* en reiteradas ocasiones
Wiederholung [--'--] *f* <-en> repetición *f;* *(von Lernstoff)* repaso *m*
Wiederholungstäter(in) *m(f)* (JUR) reincidente *mf*
Wiederhören *nt* **auf ~!** ¡hasta luego!
wieder|käuen ['vi:dɐkɔɪən] *vt* ❶ *(Tier)* rumiar ❷ *(abw: ständig wiederholen)* repetir por milésima vez
Wiederkäuer *m* <-s, -> (ZOOL) rumiante *m*
Wiederkehr ['vi:dɐke:ɐ] *f* <-, *ohne pl*> *(geh)* ❶ *(Rückkehr)* retorno *m* ❷ *(Wiederholung)* repetición *f*
wieder|kehren *vi sein (geh)* ❶ *(zurückkommen)* regresar (**von/aus** de) ❷ *(sich wiederholen)* repetirse
wieder|kommen *irr vi sein* ❶ *(zurückkommen)* volver (**von** de) ❷ *(sich wiederholen)* repetirse
Wiederschauen *nt* **auf ~!** *(reg)* ¡adiós!, ¡hasta luego!
wieder|sehen *irr vt* **jdn ~** volver a ver a alguien
Wiedersehen *nt* <-s, -> reencuentro *m;* **auf ~!** ¡hasta luego!
wiederum ['vi:dərʊm] *adv* ❶ *(nochmals)* de nuevo ❷ *(andererseits)* por el contrario
wieder|vereinigen* *vt, vr:* **sich ~** reunificar(se)
Wiedervereinigung *f* reunificación *f*
Wiederverkauf *m* (WIRTSCH) reventa *f*
wiederverwendbar *adj* reutilizable
wieder|verwenden* *vt* recuperar
Wiederverwendung *f* reutilización *f*
wiederverwertbar *adj* recuperable
wieder|verwerten* *vt* recuperar
Wiederverwertung *f* reciclaje *m*
Wiederwahl *f* reelección *f*
Wiederzulassung *f* readmisión *f*
Wiege ['vi:gə] *f* <-n> cuna *f*
Wiegemesser *nt* tajadera *f*
wiegen[1] ['vi:gən] **I.** *vt* ❶ *(bewegen)* mover; *(Kind)* mecer ❷ *(zerkleinern)* picar **II.** *vr:* **sich ~** balancearse
wiegen[2] <wiegt, wog, gewogen> **I.** *vi (Gewicht haben)* pesar; **das Argument wiegt schwer** *(fig)* es un argumento de peso **II.** *vt* pesar
Wiegenlied *nt* nana *f*
wiehern ['vi:ɐn] *vi* ❶ *(Pferd)* relinchar ❷ *(fam: lachen)* carcajearse
Wien [vi:n] *nt* <-s> Viena *f*
Wiener(in) *m(f)* <-s, -; -nen> vienés, -esa *m, f*
wienern *vt (fam)* sacar brillo (a)
wies [vi:s] *3. imp von* **weisen**
Wiese ['vi:zə] *f* <-n> prado *m*
Wiesel ['vi:zəl] *nt* <-s, -> (ZOOL) comadreja *f;* **er ist flink wie ein ~** corre como una gacela
wieso [vi'zo:] *adv* por qué
wievielmal [vi'fi:lma:l, 'vi:fi:lma:l] *adv* cuántas veces
wievielte(r, s) *adj* **zum ~n Mal bist du schon in Spanien?** ¿cuántas veces has estado ya en España?; **den W~n haben wir heute?** ¿a qué día estamos hoy?; **die W~ bist du?** ¿en qué lugar estás?
Wikinger(in) ['vɪkɪŋɐ, 'vi:kɪŋɐ] *m(f)* <-s, -; -nen> vikingo, -a *m, f*
wild [vɪlt] *adj* ❶ *(Tier, Volk, Landschaft)* salvaje; *(Pflanze)* silvestre; **~er Wein** viña virgen; **~ wachsend** silvestre ❷ *(heftig)* impetuoso; *(wütend)* furioso; **ein ~es Durcheinander** un caos terrible; **in ~er Leidenschaft** con una pasión loca; **~ entschlossen** *(fam)* totalmente decidido; **~ werden** ponerse furioso; **~ auf etw sein** *(fam)* estar loco por algo; **wie ~** *(fam)* como loco; **das ist halb so ~** *(fam)* no es para tanto ❸ *(unkontrolliert)* incontrolado; *(illegal)* ilícito; **~ zelten** acampar ilegalmente ❹ *(lebhaft)* turbulento; *(Kinder)* travieso; **ein ~er Haufen** una pandilla de incontrolados ❺ *(übertrieben)* fantástico; **~e Vermutungen** suposiciones fantásticas
Wild *nt* <-(e)s, *ohne pl*> caza *f*
Wildbahn *f* **in freier ~** en libertad
Wilde(r) *mf* <-n, -n; -n> *(abw)* salvaje *mf*
Wildente *f* pato *m* salvaje
Wilderei *f* <-, -en> caza *f* furtiva
Wilderer, -in *m, f* <-s, -; -nen> cazador(a) *m(f)* furtivo , -a
wildern ['vɪldɐn] *vi* cazar furtivamente
wildfremd ['-'-] *adj* totalmente desconocido
Wildheit *f ohne pl* carácter *m* salvaje; *(Ungestüm)* impetuosidad *f;* *(von Tieren)* ferocidad *f*
Wildkatze *f* (ZOOL) gato *m* montés
Wildleder *nt* ante *m*
Wildnis *f ohne pl* lugar *m* salvaje; *(Urwald)* selva *f*
Wildpark *m* reserva *f* de caza
Wildreis *m* (GASTR) arroz *m* silvestre
Wildsau *f* ❶ (ZOOL) jabalina *f* ❷ *(fam abw: Schimpfwort)* imbécil *mf*
Wildschaden *m* <-s, -schäden> daños *mpl* causados por el venado
Wildschwein *nt* (ZOOL) jabalí *m,* verraco *m AmC, Ant*
will [vɪl] *3. präs von* **wollen**
Wille ['vɪlə] *m* <-ns, -n> voluntad *f;* *(Wollen)* querer *m;* *(Absicht)* intención *f;* *(Entschlossenheit)* decisión *f;* **seinen eigenen ~n haben** saber lo que se quiere; **seinen ~n durchsetzen** (**wollen**) (querer) imponer su voluntad; **wenn es nach meinem**

~n ginge si por mí fuera; **es geschah gegen meinen ~n** ocurrió contra mi voluntad; **jdm seinen ~n lassen** dejar que alguien actúe según su voluntad; **das hätte ich beim besten ~n nicht machen können** no hubiera podido hacerlo por más que hubiese querido; **es war dein freier ~, das zu tun** fue tu propia decisión de hacerlo; **es war kein böser ~** no fue con mala voluntad; **der gute ~** la buena voluntad; **der letzte** [*o* **Letzte**] **~** *(Testament)* la última voluntad; **wider ~n** de mala gana; **wo ein ~ ist, ist auch ein Weg** *(prov)* querer es poder

willen ['vɪlən] *präp +gen* **um jds/etw** *gen* **~** por alguien/algo

willenlos *adj* sin voluntad (propia); **etw ~ über sich ergehen lassen** soportar algo sin rechistar

willens ['vɪləns] *adj inv (geh)* **~ sein, etw zu tun** estar dispuesto a hacer algo

Willenskraft *f ohne pl* fuerza *f* de voluntad

willensschwach *adj* sin fuerza de voluntad, abúlico

Willensschwäche *f* <-, *ohne pl*> falta *f* de voluntad, abulia *f*

willensstark *adj* enérgico, voluntarioso

Willensstärke *f* <-, *ohne pl*> fuerza *f* de voluntad, energía *f*

willentlich ['vɪləntlɪç] **I.** *adj (geh)* intencionado **II.** *adv (geh)* a propósito, intencionadamente

willig I. *adj* servicial; *(gehorsam)* obediente **II.** *adv* de buena voluntad

willkommen [-'--] *adj (Person)* bienvenido; *(Sache)* oportuno; **herzlich ~ zu Hause** [*o* **zuhause**]**!** ¡bienvenido a casa!; **jdn ~ heißen** dar la bienvenida a alguien; **du bist** (**mir**) **immer ~** eres siempre bienvenido

Willkommen *nt* <-s, -> bienvenida *f*

Willkommenskultur *f* cultura *f* de la bienvenida

Willkür ['vɪlky:ɐ] *f ohne pl* arbitrariedad *f*; **sie sind seiner ~ ausgeliefert** están a su merced

willkürlich *adj* ① *(Maßnahme)* arbitrario ② *(zufällig)* casual ③ *(gewollt)* voluntario

wimmeln ['vɪməln] *vi* pulular (**von**), bullir; **das Buch wimmelt von Fehlern** *(fam)* el libro está lleno de errores

wimmern ['vɪmɐn] *vi* gemir

Wimpel ['vɪmpəl] *m* <-s, -> gallardete *m*

Wimper ['vɪmpɐ] *f* <-n> ① *(des Menschen)* pestaña *f*; **sich die ~n tuschen** dar rímel; **ohne mit der ~ zu zucken** *(fig)* a sangre fría ② (BIOL) cilio *m*

Wimperntusche *f* rímel® *m*

Wimpernzange *f* pinza *f* para pestañas

Wind [vɪnt] *m* <-(e)s, -e> viento *m*; **bei ~ und Wetter** por mal tiempo que haga; **~ und Wetter ausgesetzt sein** estar a la intemperie; **jdm den ~ aus den Segeln nehmen** *(fam)* tomar la delantera a alguien; **wissen, woher der ~ weht** *(fam)* saber por dónde vienen los tiros; **~ von etw** *dat* **bekommen** *(fam)* enterarse de algo; **in den ~ reden** hablar con la pared; **viel ~** (**um etw**) **machen** *(fam)* armar mucho escándalo (a propósito de algo); **hier weht ein frischer ~** *(fam)* aquí soplan nuevos vientos; **in alle** (**vier**) **~e** a los cuatro vientos

Windbeutel *m* buñuelo *m*

Windbö(e) *f* ráfaga *f* de viento

Winde ['vɪndə] *f* <-n> ① (TECH) cabrestante *m* ② (BOT) enredadera *f*

Windel ['vɪndəl] *f* <-n> pañal *m*; **noch in den ~n stecken** *(fig)* estar todavía en pañales

Windelhose *f* <-, -n> bragapañal *m*

windelweich ['--'-] *adj (fam)* **jdn ~ schlagen** moler a alguien a palos

winden[1] ['vɪndən] <windet, wand, gewunden> **I.** *vt* ① *(geh: Kranz)* hacer; **etw um etw ~** poner algo alrededor de algo ② *(wegnehmen)* quitar; **jdm etw aus der Hand ~** arrancarle a alguien algo de las manos **II.** *vr:* **sich ~** ① *(Pflanze)* enredarse (**um** por) ② *(Schlange)* deslizarse (**in** por) ③ *(sich krümmen)* retorcerse ④ *(sich schlängeln)* serpentear (**durch** entre) ⑤ *(Ausflüchte suchen)* buscar pretextos

winden[2] *vunpers* **es windet** hace viento

Windenergie *f ohne pl* energía *f* eólica

windgeschützt *adj* protegido del viento

Windgeschwindigkeit *f* velocidad *f* del viento

Windhauch *m* <-(e)s, -e> soplo *m* de viento

Windhose *f* (METEO) torbellino *m*

Windhund *m* ① (ZOOL) lebrel *m* ② *(fam abw: Mensch)* calavera *m*

windig *adj* ① *(Wetter, Tag)* ventoso; *(Ort)* expuesto al viento; **es ist ~** hace viento ② *(fam abw: Sache)* dudoso; *(Person)* pícaro

Windjacke *f* cazadora *f*

Windkanal *m* <-s, -näle> ① (TECH) túnel *m* aerodinámico ② *(an einer Orgel)* canal *m* de viento, conducto *m* de aire

Windkraft *f ohne pl* energía *f* eólica

Windkraftanlage *f* central *f* eólica

Windmühle *f* molino *m* de viento

Windpark *m* parque *m* eólico

Windpocken *f pl* (MED) varicela *f*

Windrad *nt* ❶ (TECH) rueda *f* de paletas ❷ *(Spielzeug)* molinillo *m*
Windrichtung *f* dirección *f* del viento
Windrose *f* rosa *f* de los vientos
Windsack *m (zum Anzeigen der Windstärke und -richtung)* manga *f* de aire
Windschatten *m* <-s, *ohne pl*> lado *m* protegido del viento; (NAUT) sotavento *m;* **im ~ eines Fahrzeugs fahren** ir protegido del viento por un vehículo
windschief *adj* ladeado
windschnittig *adj* aerodinámico
Windschutz *m* <-es, -e> tira *f* de lona que resguarda del viento
Windschutzscheibe *f* (AUTO) parabrisas *m inv*
Windseite *f* lado *m* expuesto al viento; (NAUT) barlovento *m*
Windstärke *f* fuerza *f* del viento
windstill *adj* **es ist ~** no hace viento
Windstille *f* calma *f*
Windstoß *m* golpe *m* de viento
windsurfen ['vɪntzøːɐfən] *vi* practicar el windsurf
Windsurfen *nt* windsurf *m*
Windsurfer(in) *m(f)* surfista *mf*
Windsurfing ['vɪntzøːɐfɪŋ] *nt* <-s, *ohne pl*> windsurf *m*
Windung *f* <-en> ❶ *(allgemein)* sinuosidad *f; (Kurve)* curva *f; (Flusswindung)* meandro *m* ❷ *(einer Spule)* espira *f; (einer Schraube)* paso *m*
Wing Chun [vɪŋ'tʃʊn] *nt* <-s, *ohne pl*> (SPORT) wing-chun *m*
Wink [vɪŋk] *m* <-(e)s, -e> ❶ *(Zeichen)* seña *f* ❷ *(Äußerung)* indicación *f; (Rat)* consejo *m; (Warnung)* advertencia *f;* **jdm einen ~ geben** hacer(le) una indicación a alguien; **ein ~ mit dem Zaunpfahl** una indirecta
Winkel ['vɪŋkəl] *m* <-s, -> ❶ (MATH) ángulo *m;* **spitzer/stumpfer/rechter ~** ángulo agudo/obtuso/recto; **toter ~** ángulo muerto ❷ *(Winkelmaß)* regla *f* de ángulos ❸ *(Ecke)* rincón *m*
Winkeladvokat(in) *m(f) (abw)* picapleitos *mf inv*
winkelig *adj (Gasse)* torcido; *(Haus, Stadt)* de muchos rincones
Winkelmaß *nt* ❶ (MATH: *Einheit*) medida *f* angular ❷ *(Gerät)* tra(n)sportador *m*
Winkelmesser *m* goniómetro *m*
winken ['vɪŋkən] <winkt, winkte, gewinkt, *reg:* gewunken> **I.** *vi* ❶ *(Zeichen geben)* hacer señas ❷ *(erwarten)* **jdm winkt etw** algo le espera a alguien **II.** *vt* **jdn zu sich** *dat* **~** llamar a alguien
winklig *adj s.* **winkelig**
winseln ['vɪnzəln] *vi* gemir
Winter ['vɪntɐ] *m* <-s, -> invierno *m*
Winteranfang *m* comienzo *m* del invierno
Wintereinbruch *m* comienzo *m* brusco del invierno
winterfest *adj* resistente al frío (invernal)
Winter-Fünfkampf *m* (SPORT) pentatlón *m* de invierno
Wintergarten *m* invernadero *m*
winterhart *adj* (BOT) de invierno
winterlich *adj* invernal, de invierno
Wintermantel *m* abrigo *m* de invierno
Winterolympiade *f* <-, -n> Juegos *mpl* Olímpicos de invierno
Winterreifen *m* neumático *m* de invierno
Winterruhe *f* <-, *ohne pl*> (ZOOL) descanso *m* invernal
Wintersaison *f* temporada *f* de invierno
Winterschlaf *m* (ZOOL) hibernación *f;* **~ halten** hibernar
Winterschlussverkauf *m* rebajas *fpl* de enero
Wintersemester *nt* semestre *m* de invierno
Winterspiele *ntpl* **die (Olympischen) ~** (SPORT) los Juegos (Olímpicos) de Invierno
Wintersport *m* deporte *m* de invierno
Winterurlaub *m* vacaciones *fpl* de invierno
Winterzeit *f ohne pl* temporada *f* de invierno
Winzer(in) ['vɪntsɐ] *m(f)* <-s, -; -nen> viticultor(a) *m(f)*, vitivinicultor(a) *m(f)*
winzig ['vɪntsɪç] *adj* minúsculo, chiquitito *fam*
Winzling ['vɪntslɪŋ] *m* <-s, -e> *(fam)* chiquillo, -a *m, f*
Wipfel ['vɪpfəl] *m* <-s, -> cima *f*, copo *m And*
Wippe ['vɪpə] *f* <-n> balancín *m*
wippen ['vɪpən] *vi* ❶ *(auf und ab)* balancearse; *(hin und her)* oscilar ❷ *(auf einer Wippe)* balancearse
wir [viːɐ] *pron pers 1. pl* nosotros *mpl*, nosotras *fpl;* **~ beiden/drei** nosotros/nosotras dos/tres
Wirbel ['vɪrbəl] *m* <-s, -> ❶ *(Wasser-, Luft-, Haarwirbel)* remolino *m* ❷ *(Trubel)* torbellino *m*, jaleo *m fam; (Aufsehen)* escándalo *m;* **~ um etw machen** armar un escándalo a propósito de algo ❸ *(Knochen)* vértebra *f* ❹ *(an Saiteninstrumenten)* clavija *f* ❺ *(Trommelwirbel)* redoble *m*
wirbellos *adj* invertebrado
wirbeln ['vɪrbəln] **I.** *vi sein* ❶ *(Staub)* arremolinarse; **durch die Luft ~** revolotear por el aire ❷ *(fam: geschäftig sein)* estar atareado **II.** *vt (in die Luft)* revolotear
Wirbelsäule *f* columna *f* vertebral
Wirbelsturm *m* ciclón *m*

Wirbeltier *nt* (ZOOL) vertebrado *m*
Wirbelwind *m (Wind, fig: Mensch)* torbellino *m*
wirbt [vɪrpt] *3. präs von* **werben**
wird [vɪrt] *3. präs von* **werden**
wirft [vɪrft] *3. präs von* **werfen**
wirken ['vɪrkən] **I.** *vi* ❶ *(Wirkung haben)* surtir efecto (**bei** con, **auf** en); **beruhigend ~** tener un efecto calmante; **gut ~** surtir buen efecto; **gegen etw ~** surtir efecto contra algo ❷ *(Eindruck machen)* parecer; **lächerlich ~** ser ridículo; **jugendlich ~** verse joven ❸ *(zur Geltung kommen)* destacar, resaltar; **ihre Brille wirkt sehr vorteilhaft** las gafas le favorecen mucho; **etw auf sich ~ lassen** degustar algo ❹ *(tätig sein)* trabajar (**als** de, **für** para) **II.** *vt* ❶ *(hervorbringen)* **Wunder ~** *(fam)* surtir efectos maravillosos ❷ *(Textilien)* tejer
wirklich ['vɪrklɪç] **I.** *adj* real; *(echt)* verdadero; **im ~en Leben** en la vida real **II.** *adv* de verdad; **das ist ~ nett von Ihnen** es realmente muy amable de su parte; **~?** ¿de verdad?; **ich war es ~ nicht** yo no lo hice, de verdad; **er hat es nicht ~ gesagt, aber ...** en realidad no lo ha dicho, pero...
Wirklichkeit *f* <-en> realidad *f;* **die raue ~** (**des Alltags**) la dura realidad (de la vida cotidiana); **in ~** en realidad
wirklichkeitsfremd *adj* ajeno a la realidad, poco realista
wirksam *adj* eficaz; **~ sein** *(formal: gültig)* ser vigente; **~ werden** *(formal: gültig)* entrar en vigor
Wirksamkeit *f ohne pl* eficacia *f; (Gültigkeit)* vigencia *f*
Wirkstoff *m* su(b)stancia *f* activa
Wirkung *f* <-en> efecto *m; (Ergebnis)* resultado *m; (Folge)* consecuencia *f; (Reaktion)* reacción *f; (Wirksamkeit)* eficacia *f; (Einfluss)* influencia *f;* **eine durchschlagende/lindernde ~ haben** tener un efecto radical/calmante; **seine ~ entfalten/verfehlen** surtir efecto/no surtir el efecto deseado; **mit ~ vom ersten April** con efecto a partir del uno de abril
Wirkungsbereich *m* ❶ *(Tätigkeitsbereich)* esfera *f* de acción; **der ~ der Kaltfront** el área afectada por el frente frío ❷ (MIL) alcance *m*
Wirkungsdauer *f* <-, *ohne pl*> duración *f* del efecto
Wirkungsgrad *m* eficiencia *f*
wirkungslos *adj* ineficaz; **~ bleiben** no surtir efecto
Wirkungslosigkeit *f* <-, *ohne pl*> ineficacia *f*
wirkungsvoll *adj* eficaz; **~ sein** surtir efecto
Wirkungsweise *f* modo *m* de acción
wirr [vɪr] *adj* ❶ *(ungeordnet)* desordenado; *(durcheinander)* revuelto ❷ *(verworren)* confuso; **~es Zeug reden** decir disparates
Wirren ['vɪrən] *pl* tiempos *mpl* revueltos; *(Unruhen)* tumultos *mpl*
Wirrkopf *m (abw)* despistado, -a *m, f*
Wirrwarr ['vɪrvar] *m* <-s, *ohne pl*> caos *m inv,* follón *m fam*
Wirsing ['vɪrzɪŋ] *m* <-s, *ohne pl*> col *f* de Milán
Wirt(in) [vɪrt] *m(f)* <-(e)s, -e; -nen> ❶ *(Gastwirt)* dueño, -a *m, f* de un restaurante; **Herr ~, noch zwei Bier!** ¡camarero, dos cervezas más! ❷ *(Hauswirt)* dueño, -a *m, f* de una casa ❸ (BIOL) huésped *m*
Wirtschaft ['vɪrtʃaft] *f* <-en> ❶ *(Volkswirtschaft)* economía *f;* **freie ~** economía liberal; **er ist in der ~ tätig** trabaja en la industria ❷ *(Gastwirtschaft)* restaurante *m*
wirtschaften **I.** *vi* administrar; *(sparsam wirtschaften)* ahorrar; **mit Gewinn ~** sacar beneficios **II.** *vt* **etw zugrunde** [*o* **zu Grunde**] **~** llevar algo a la ruina
wirtschaftlich *adj* económico; **aus ~en Gründen** por razones económicas
Wirtschaftlichkeit *f ohne pl* rentabilidad *f*
Wirtschaftsaufschwung *m* auge *m* de la economía
Wirtschaftsbeziehungen *fpl* relaciones *fpl* económicas
Wirtschaftsflüchtling *m* refugiado, -a *m, f* económico , -a
Wirtschaftsgymnasium *nt instituto de enseñanza media especializado en ciencias económicas*
Wirtschaftsjahr *nt* (WIRTSCH) año *m* económico
Wirtschaftskriminalität *f* delincuencia *f* económica
Wirtschaftskrise *f* (WIRTSCH) crisis *f inv* económica
Wirtschaftslage *f ohne pl* situación *f* económica
Wirtschaftsminister(in) *m(f)* ministro, -a *m, f* de Economía
Wirtschaftsministerium *nt* Ministerio *m* de Economía
Wirtschaftspolitik *f* política *f* económica
Wirtschaftsprüfer(in) *m(f)* revisor(a) *m(f)* de cuentas, interventor(a) *m(f)*
Wirtschaftsprüfung *f* (WIRTSCH) revisión *f* de cuentas
Wirtschafts- und Währungsunion *f* (EU) Unión *f* Económica y Monetaria
Wirtschaftswachstum *nt* crecimiento *m* económico

Wirtschaftswissenschaft *f* ciencias *fpl* económicas

Wirtschaftswissenschaftler(in) *m(f)* economista *mf*

Wirtschaftswunder *nt (fam)* milagro *m* económico

Wirtschaftszweig *m* sector *m* económico

Wirtshaus ['vɪrts-] *nt* restaurante *m* (en el campo), cantina *f Arg*

Wirtsleute *pl* dueños *mpl*

Wisch [vɪʃ] *m* <-(e)s, -e> *(fam abw)* papelucho *m*

wischen ['vɪʃən] **I.** *vi* ① **über etw ~** *(putzen)* limpiar algo; *(darüberstreichen)* pasar la mano por algo ② *(Schweiz: fegen)* barrer **II.** *vt* ① *(reinigen)* limpiar; *(Boden)* fregar (el suelo), trapear *Am* ② *(wegwischen)* quitar (**von** de); *(trocknen)* secar ③ *(Ohrfeige)* **jdm eine ~** *(fam)* dar una bofetada a alguien ④ *(Schweiz: fegen)* barrer

Wischiwaschi ['vɪʃi'vaʃi] *nt* <-s, *ohne pl*> *(fam abw)* cháchara *f*

Wischlappen *m (reg)* trapo *m*

Wischmopp *m* fregona *f*

Wisent ['viːzɛnt] *m* <-s, -e> (ZOOL) bisonte *m*

wispern ['vɪspɐn] *vi, vt* susurrar

Wissbegier(de) *f ohne pl* deseo *m* de saber; *(Neugierde)* curiosidad *f* intelectual

wissbegierig *adj* ávido de saber; *(neugierig)* curioso

wissen ['vɪsən] <weiß, wusste, gewusst> **I.** *vt* ① *(können)* saber; **nicht mehr ein noch aus ~** no saber cómo seguir; **mit jdm umzugehen ~** saber como tratar a alguien ② *(die Kenntnis besitzen)* **ich weiß nicht, wo er ist** no sé dónde está; **wusstest du, dass ...?** ¿sabías que...?; **woher soll ich das ~?** ¿cómo quiere(s) que lo sepa?; **woher weißt du das?** ¿cómo lo sabes?; **soviel ich weiß, ist er noch da** por lo que yo sé, sigue estando allí; **er weiß immer alles besser** siempre lo sabe todo mejor; **das musst du selbst ~** tú sabrás; **wenn ich das gewusst hätte ...** si lo hubiera sabido...; **sie weiß, was sie will** sabe lo que quiere; **ich wüsste nicht, was ich lieber täte** no hay nada que me gustaría más; **das ist wer weiß wie teuer** *(fam)* esto quién sabe lo que costará; **... und was weiß ich noch alles** *(fam)* ... y no sé cuántas cosas más; **weißt du was?** ¿sabes qué?; **gewusst, wie!** *(fam)* ¡a saber! ③ *(sich erinnern)* acordarse; **weißt du noch, wie schön es war?** ¿te acuerdas de lo bonito que era? ④ *(erfahren)* **lassen Sie mich ~, wenn/ob ...** hágame saber si...; **sie will nichts mehr von mir ~** no quiere saber nada más de mí ⑤ *(die Sicherheit haben)* **ich weiß sie in guten Händen** *(geh)* sé que está en buenas manos ⑥ *(kennen)* conocer, saber (de); **weißt du einen guten Arzt?** ¿sabes de un buen médico? **II.** *vi (informiert sein)* estar al corriente; **um** [*o* **von**] **etw** *dat* **~** estar al corriente de algo; **ich weiß von nichts** no sé de nada; **man kann nie ~** *(fam)* nunca se sabe; **nicht, dass ich wüsste** no que yo sepa; **wer weiß?** ¿quién sabe?; **was weiß ich** *(fam)* yo qué sé

Wissen *nt* <-s, *ohne pl*> saber *m; (Kenntnisse)* conocimientos *mpl;* **meines ~s** que yo sepa; **etw nach bestem ~ und Gewissen tun** hacer algo de buena fe; **wider besseres ~** contra su propia convicción

wissend *adj* de complicidad

Wissenschaft *f* <-en> ciencia *f*

Wissenschaftler(in) *m(f)* <-s, -; -nen> científico, -a *m, f*

wissenschaftlich *adj* científico

Wissensdrang *m,* **Wissensdurst** *m* afán *m* de saber

Wissensgebiet *nt* campo *m* del saber; *(Disziplin)* disciplina *f*

Wissenslücke *f* laguna *f* del saber

wissenswert *adj* interesante

wissentlich ['vɪsəntlɪç] **I.** *adj* premeditado; *(absichtlich)* intencionado **II.** *adv (bewusst)* a sabiendas; *(absichtlich)* intencionadamente

wittern ['vɪtɐn] **I.** *vi* ventear **II.** *vt* ① *(Wild)* ventear ② *(ahnen)* sospechar; **Verrat ~** sospechar la traición

Witterung *f* <-en> ① *(Wetter)* tiempo *m* ② *(Geruchssinn)* olfato *m; (Geruch)* viento *m;* **die ~ aufnehmen** tomar el viento

Witwe ['vɪtvə] *f* <-n> viuda *f*

Witwenrente *f* pensión *f* de viudedad

Witwer ['vɪtvɐ] *m* <-s, -> viudo *m*

Witz[1] [vɪts] *m* <-es, -e> *(mit Pointe)* chiste *m; (Scherz)* broma *f,* trisca *f AmC, Ant;* **einen ~ erzählen** contar un chiste; **~e machen** bromear; **das soll doch wohl ein ~ sein!** esto es una broma, ¿no?; **der ~ bei der Sache ist, dass ...** *(fam)* lo gracioso del asunto es que...; **das ist der ganze ~** *(fam)* eso es todo

Witz[2] *m* <-es, *ohne pl*> *(Geist)* gracia *f;* **sie hat (viel) ~** tiene (mucha) gracia

Witzbold ['vɪtsbɔlt] *m* <-(e)s, -e> *(fam)* gracioso, -a *m, f*

witzeln ['vɪtsəln] *vi* bromear, versar *Méx;* **über jdn/etw ~** burlarse de alguien/algo

Witzfigur *f* hazmerreír *m*

witzig *adj* gracioso; **sehr ~!** *(fam iron)* ¡muy gracioso!

witzlos *adj* ❶ *(ohne Witz)* soso, sin gracia ❷ *(fam: sinnlos)* sin sentido, inútil

WLAN ['ve:lan] *nt* <-(s), -s> (INFOR) wifi *m o f*

WM [ve:'ʔɛm] *f* <-s> *Abk. von* **Weltmeisterschaft** campeonato *m* mundial

wo [vo:] **I.** *adv* ❶ *(interrogativ)* dónde; **~ gibt's denn so was!** *(fam)* ¿dónde se ha visto algo parecido? ❷ *(relativisch)* donde; *(zeitlich)* cuando, que; **überall, ~ ...** en todas partes donde...; **~ auch immer** donde sea *+subj;* **sie ist wer weiß ~** *(fam)* sabe Dios donde estará; **jetzt, ~ ich Zeit habe** ahora que tengo tiempo; **ach ~!** *(fam)* ¡qué va! **II.** *konj* ❶ *(da)* ya que ❷ *(obwohl)* aún cuando, aunque

woanders [-'--] *adv* en otra parte

woandershin *adv (Ort)* a otro lugar, a otro sitio

wob [vo:p] *3. imp von* **weben**

wobei [vo'baɪ] *adv* ❶ *(interrogativ)* ¿cómo?; **~ ist das passiert?** ¿cómo ha pasado eso?; **~ bist du gerade?** ¿qué estás haciendo? ❷ *(relativisch)* a lo cual; **~ mir gerade einfällt ...** lo que me hace venir a la mente...

Woche ['vɔxə] *f* <-n> semana *f;* **zweimal in der ~** dos veces a la semana; **unter der ~** durante la semana; **in drei ~n** dentro de tres semanas

Wochenarbeitszeit *f* jornada *f* semanal

Wochenbett *nt* (MED) sobreparto *m*

Wochenblatt *nt* semanario *m*

Wochenendausgabe *f* edición *f* del fin de semana

Wochenendbeziehung *f* relación *f* de fin de semana

Wochenende *nt* fin *m* de semana; **ein langes ~ haben** tener un puente de fin de semana; **schönes ~!** ¡buen fin de semana!

Wochenendhaus *nt* casa *f* para (pasar) el fin de semana

Wochenkarte *f* billete *m* semanal, abono *m* semanal

wochenlang **I.** *adj* que dura semanas **II.** *adv* semanas enteras, durante semanas

Wochenlohn *m* salario *m* semanal

Wochenmarkt *m* mercado *m* semanal

Wochentag *m* día *m* de la semana; *(Werktag)* día *m* laborable

W

wochentags *adv* los días laborables

wöchentlich ['vœçəntlɪç] **I.** *adj* semanal **II.** *adv* cada semana; **zweimal ~** dos veces la semana

Wochenzeitschrift *f* revista *f* semanal

Wochenzeitung *f* semanario *m*

Wöchnerin ['vœçnərɪn] *f* <-nen> parturienta *f*

Wodka ['vɔtka] *m* <-s, -s> vodka *m*

wodurch [vo'dʊrç] *adv* ❶ *(interrogativ)* ¿cómo? ❷ *(relativisch)* por lo cual, por el cual

wofür [vo'fy:ɐ] *adv* ❶ *(interrogativ)* ¿para qué?; **~ ist das gut?** ¿para qué sirve esto?; **~ hältst du mich?** ¿por quién me tomas? ❷ *(relativisch)* por lo cual, para lo cual

wog [vo:k] *3. imp von* **wiegen**[2]

Woge ['vo:gə] *f* <-n> *(geh)* ola *f;* **die ~n der Begeisterung schlugen hoch** hubo olas de entusiasmo; **wenn sich die ~n geglättet haben** en cuanto los ánimos se hayan calmado

wogegen [vo'ge:gən] **I.** *adv* ❶ *(interrogativ)* ¿contra qué?; **~ hilft das?** ¿contra qué sirve? ❷ *(relativisch)* contra lo cual **II.** *konj* mientras que

wogen ['vo:gən] *vi (geh: Wasser, Ähren)* ondular; *(Kampf, Schlacht)* desencadenarse

wogend *adj (Meer, Fluten)* ondulante; *(Hüften, Leiber)* bamboleante

woher [vo'he:ɐ] *adv* ❶ *(interrogativ)* ¿de dónde?; *(auf welche Weise)* ¿cómo?; **~ sind Sie?** ¿de dónde es Ud.?; **~ kommt es eigentlich, dass ...?** ¿cómo es que...? ❷ *(relativisch)* del cual; **ach, ~ (denn)!** *(fam)* ¡seguro que no!

wohin [vo'hɪn] *adv* ❶ *(interrogativ)* ¿adónde?; **~ so eilig?** ¿adónde (vas) con tanta prisa?; **~ damit?** *(fam)* ¿dónde lo pongo? ❷ *(relativisch)* adonde; **~ man auch sieht** se mire por donde se mire

wohingegen [vohɪn'ge:gən] *konj* mientras que

wohl [vo:l] *adv* ❶ *(gesund, gut)* bien; *(angenehm)* a gusto; **sich ~ fühlen** encontrarse a gusto; *(gesundheitlich)* sentirse bien; **bei dem Gedanken ist mir nicht ganz ~** la idea me desagrada; **~ oder übel** por las buenas o por las malas; **~ bekomm's!** ¡a vuestra salud!; **leb ~!/leben Sie ~!** ¡que te vaya/le vaya bien! ❷ *(durchaus)* perfectamente; **doch, das glaube ich ~** *(fam)* sí, yo sí lo creo; **das weiß ich sehr ~** lo sé perfectamente; **~ kaum** difícilmente; **siehst du ~!** *(fam)* ¡ves!; **willst du ~ aufhören!** ¡quieres parar de una vez! ❸ *(etwa)* cerca de ❹ *(zwar)* a decir verdad; **er hat es ~ versprochen, aber ...** a decir verdad lo ha prometido, pero... ❺ *(wahrscheinlich)* probablemente; **das wird ~ das Beste sein** eso será probablemente lo mejor; **du bist ~ verrückt geworden!** ¡parece que te has vuelto loco!; **das ist doch ~ nicht dein Ernst!** ¡no lo dirás en serio!; **das mag ~ sein** puede ser; **man wird doch ~ noch fragen dürfen?** *(fam)* ¿se podrá preguntar por lo menos?

Wohl *nt* <-(e)s, *ohne pl*> bien *m; (Wohlergehen)* bienestar *m;* **auf jds ~ trinken** brindar por la salud de alguien; **auf dein ~!** ¡a tu salud!; **zum ~!** ¡salud!
wohlauf [vo:lˈʔaʊf, voˈlaʊf] *adv (geh)* **~ sein** estar bien
Wohlbefinden *nt* bienestar *m; (Gesundheit)* salud *f*
Wohlbehagen *nt* <-s, *ohne pl*> bienestar *m,* comodidad *f*
wohlbehalten [ˈ--ˈ--] *adj* ❶ *(unverletzt)* sano y salvo ❷ *(unbeschädigt)* intacto
wohlbekannt [ˈ--ˈ-] *adj s.* **bekannt II. 1.**
wohldurchdacht [ˈ--ˈ-] *adj s.* **durchdenken**
Wohlergehen *nt* <-s, *ohne pl*> bienestar *m; (Gesundheit)* salud *f*
wohlerzogen *adj (geh)* bien educado
Wohlfahrt *f ohne pl* servicio *m* de beneficencia pública
Wohlfahrtsstaat *m* estado *m* del bienestar
Wohlfahrtsverband *m* asociación *f* benéfica
Wohlgefallen *nt* <-s, *ohne pl*> *(Gefallen)* agrado *m; (Vergnügen)* placer *m; (Zufriedenheit)* complacencia *f;* **mit ~** con agrado; **~ an etw** *dat* **finden** complacerse en algo; **sich in ~ auflösen** *(fam: zufrieden stellend ausgehen)* quedar en agua de borrajas
wohlgeformt *adj* bien formado; *(Körper)* bien proporcionado
Wohlgefühl *nt ohne pl* sentimiento *m* de bienestar
wohlgemeint *adj s.* **meinen 5.**
wohlgemerkt *adv* a saber
wohlgenährt *adj* bien alimentado, gordito *fam*
wohlgeraten *adj (geh)* ❶ *(gut gelungen)* bien hecho ❷ *(gut erzogen)* bien educado
wohlgesinnt *adj* bienintencionado; **er ist mir ~** tiene buenas intenciones para conmigo
wohlhabend *adj* acomodado, fondeado *Am*
wohlig *adj* agradable
Wohlklang *m (geh)* armonía *f*
wohlklingend *adj (geh)* melodioso
wohlmeinend *adj (geh)* bienintencionado
wohlriechend *adj (geh)* aromático
wohlschmeckend *adj (geh)* sabroso
Wohlstand *m* <-(e)s, *ohne pl*> bienestar *m*
Wohlstandsgesellschaft *f (abw)* sociedad *f* del bienestar
Wohltat^{1} *f (gute Tat)* buena obra *f; (Gefallen)* favor *m;* **jdm eine ~ erweisen** hacer(le) un favor a alguien
Wohltat^{2} *f ohne pl (Genuss)* placer *m; (Erleichterung)* alivio *m*
Wohltäter(in) *m(f)* bienhechor(a) *m(f)*
wohltätig *adj* benéfico, caritativo; **für ~e Zwecke** para fines caritativos
Wohltätigkeit *f ohne pl* beneficencia *f,* caridad *f*
Wohltätigkeitsbasar *m* mercadillo *m* benéfico
Wohltätigkeitsveranstaltung *f* fiesta *f* benéfica
Wohltätigkeitsverein *m* sociedad *f* benéfica
wohltuend *adj* agradable
wohl|tun *irr vi (geh)* hacer bien
wohlüberlegt [ˈ---ˈ-] *adj s.* **überlegen^{2} I.**
wohlverdient [ˈ--ˈ-] *adj* bien merecido
wohlweislich *adv* con buen motivo, prudentemente
wohl|wollen *irr vi* **jdm ~** querer el bien de alguien
Wohlwollen *nt* <-s, *ohne pl*> benevolencia *f; (Geneigtheit)* simpatía *f;* **bei allem ~** con la mejor voluntad
wohlwollend *adj* benévolo; **jdm/etw** *dat* **~ gegenüberstehen** ver a alguien/algo con buenos ojos
Wohnanlage *f* urbanización *f*
Wohnbezirk *m* área *f* residencial
Wohnblock *m* bloque *m* de pisos
Wohncontainer *m* contenedor *m* habitable
wohnen [ˈvo:nən] *vi* vivir (**in** en, **bei** en casa de); *(vorübergehend)* estar alojado (**in** en, **bei** en casa de)
Wohnfläche *f* superficie *f* habitable
Wohngebäude *nt* <-s, -> vivienda *f*
Wohngebiet *nt* zona *f* residencial
Wohngegend *f* zona *f* residencial
Wohngeld *nt* subsidio *m* de vivienda
Wohngemeinschaft *f* comuna *f;* **in einer ~ leben** compartir un piso
wohnhaft *adj (formal)* residente (**in** en)
Wohnhaus *nt* edificio *m* de viviendas
Wohnheim *nt* residencia *f*
Wohnküche *f* cocina comedor *f*
Wohnlage *f* **eine gute/teure ~** una zona (residencial) buena/cara
wohnlich *adj* cómodo; **es sich** *dat* **~ machen** acomodarse a su gusto
Wohnmobil *nt* <-s, -e> coche *m* caravana [*o* vivienda]
Wohnort *m* domicilio *m*
Wohnraum^{1} *m* <-(e)s, -räume> *(Raum)* habitación *f*
Wohnraum^{2} *m* <-(e)s, *ohne pl*> *(Wohnungen)* viviendas *f pl*
Wohnsiedlung *f* urbanización *f*
Wohnsilo *m o nt (fam abw)* conejera *f*

Wohnsitz *m* domicilio *m;* **ohne festen ~** sin domicilio fijo

Wohnung *f* <-en> piso *m,* departamento *m Am*

Wohnungsamt *nt (fam)* departamento *m* de la vivienda

Wohnungsbau *m ohne pl* construcción *f* de viviendas; **sozialer ~** construcción de viviendas sociales

Wohnungseinrichtung *f* mobiliario *m,* moblaje *m*

Wohnungsinhaber(in) *m(f)* dueño, -a *m, f* de la vivienda

Wohnungsmangel *m* <-s, *ohne pl*> escasez *f* de viviendas

Wohnungsmarkt *m* mercado *m* de viviendas [*o* inmobiliario]; **der freie ~** el mercado libre de viviendas

Wohnungsnot *f ohne pl* escasez *f* de viviendas

Wohnungsschlüssel *m* llave *f* del apartamento

Wohnungssuche *f* búsqueda *f* de piso; **auf ~ sein** buscar piso

Wohnungstür *f* puerta *f* del piso

Wohnungswechsel *m* cambio *m* de domicilio

Wohnviertel *nt* barrio *m* residencial

Wohnwagen *m* caravana *f*

Wohnzimmer *nt* cuarto *m* de estar, living *m Am*

Wok [vɔk] *m* <-, -s> wok *m (cazuela china de base redonda)*

wölben ['vœlbən] **I.** *vt* arquear **II.** *vr:* **sich ~** arquearse

Wölbung *f* <-en> curvatura *f; (Bogen)* arco *m*

Wolf [vɔlf, *pl:* 'vœlfə] *m* <-(e)s, Wölfe> ❶ (ZOOL) lobo *m;* **mit den Wölfen heulen** *(fam)* bailar al son que le tocan; **ein ~ im Schafspelz** *(fig)* cara de beato y uñas de gato ❷ *(Fleischwolf)* picadora *f* de carne; **Fleisch durch den ~ drehen** picar carne

Wölfin ['vœlfɪn] *f* <-nen> (ZOOL) loba *f*

Wolke ['vɔlkə] *f* <-n> nube *f;* **in den ~n schweben** *(fig)* andar en las nubes; **aus allen ~n fallen** *(fam)* quedarse de una pieza

Wolkenbruch *m* chaparrón *m*

Wolkendecke *f ohne pl* capa *f* de nubes

Wolkenkratzer *m* rascacielos *m inv*

wolkenlos *adj* sin nubes, despejado

wolkig *adj* nuboso

Wolldecke *f* manta *f* de lana, frazada *f* de lana *Am*

Wolle ['vɔlə] *f* <-n> lana *f;* **sich mit jdm in die ~ kriegen** *(fam)* pelearse con alguien

wollen[1] ['vɔlən] <will, wollte, wollen> *(Modalverb)* ❶ *(mögen)* querer; **etw machen ~** querer hacer algo; **komme, was wolle** pase lo que pase ❷ *(beabsichtigen)* tener la intención de, querer; **ich wollte gerade gehen** estaba a punto de irme; **was ich dir noch sagen wollte ...** lo que aún te quería decir... ❸ *(behaupten)* decir; **er will dich gestern gesehen haben** dice haberte visto ayer; **das will ich meinen** eso digo; **und so jemand will Lehrer sein** y alguien como él pretende ser profesor ❹ *(auffordern)* **wenn Sie bitte Platz nehmen ~** siéntese, por favor; **willst du wohl still sein?** ¿te quieres callar? ❺ *(erfordern)* requerir; **das will gelernt sein** esto requiere experiencia ❻ *(Passiv: müssen)* **der Müll will runtergetragen werden** *(geh)* hay que bajar la basura ❼ *(Wend)* **na gut, ich will mal nicht so sein** bueno, no voy a oponerme; **das will etwas heißen** lo cual ya quiere decir algo; **das will ich nicht gehört haben** lo doy por no oído; **ich will ja nichts gesagt haben, aber ...** no quiero intervenir pero...; **was will man da machen?** ¿qué se le va a hacer?; **es wollte und wollte nicht gelingen** por más que lo intentamos, no lo logramos

wollen[2] ['vɔlən] <will, wollte, gewollt> **I.** *vi* ❶ *(den Willen haben)* querer; **lieber ~** preferir; **ich will jetzt nach Hause** quiero irme a casa; **zu wem ~ Sie?** ¿a quién busca?; **du musst nur ~** solamente tienes que querer; **meine Beine ~ nicht mehr** *(fam)* me fallan las piernas; **wer nicht will, der hat schon** quien no quiere por algo será ❷ *(wünschen)* desear, querer; **ich wollte, er würde endlich kommen** quisiera que viniera de una vez; **ganz wie du willst** como quieras; **ob du willst oder nicht** quieras o no (quieras) ❸ *(Wend)* **dann ~ wir mal!** *(fam)* ¡empezamos entonces! **II.** *vt* ❶ *(haben wollen)* **wir ~ keine Kinder** no queremos tener hijos ❷ *(durchsetzen wollen)* **er will (von mir), dass ich mich entschuldige** quiere que me disculpe ❸ *(beabsichtigen)* **ich weiß gar nicht, was du willst, das sieht doch gut aus** *(fam)* no sé qué quieres, tiene buena pinta; **das habe ich nicht gewollt** no era mi intención; **ohne es zu ~** sin querer ❹ *(Wend)* **da ist nichts (mehr) zu ~** *(fam)* ahí no hay nada que hacer; **du hast hier nichts zu ~** (tú) no pintas nada aquí

wollen[3] *adj* de lana

Wollknäuel *nt* ovillo *m* de lana

Wollust ['vɔlʊst] *f ohne pl (geh)* voluptuosidad *f*

wollüstig ['vɔlʏstɪç] *adj* voluptuoso
womit [vo'mɪt] *adv* ❶ *(interrogativ)* ¿con qué?, ¿en qué?; ~ **kann ich dienen?** ¿en qué puedo servirle?; ~ **habe ich das verdient?** ¿qué he hecho yo para merecer esto? ❷ *(relativisch)* con lo cual, con lo que
womöglich [vo'mø:klɪç] *adv* quizás +*subj*, posiblemente
wonach [vo'na:x] *adv* ❶ *(interrogativ)* ¿qué?, ¿a qué?; ~ **riecht das?** ¿a qué huele esto? ❷ *(relativisch)* por lo que; *(gemäß)* según lo cual; ~ **es hier riecht, weiß ich auch nicht** yo tampoco sé a qué huele aquí
Wonne ['vɔnə] *f* <-n> delicia *f*; *(Freude)* placer *m*
woran [vo'ran] *adv* ❶ *(interrogativ)* ¿en qué?, ¿a qué?; ~ **denkst du?** ¿en qué piensas?; ~ **liegt es?** ¿a qué se debe?; ~ **sind sie gestorben?** ¿de qué murieron? ❷ *(relativisch)* a que, en el cual; **wenn ich nur wüsste, ~ das liegt** si supiera a que se debe; **ich weiß nicht, ~ ich bin** no sé a que atenerme
worauf [vo'raʊf] *adv* ❶ *(interrogativ)* ¿a qué?; *(räumlich)* ¿sobre qué? ❷ *(relativisch)* sobre el cual; *(zeitlich)* después de lo cual; ~ **du dich verlassen kannst** de eso puedes estar seguro
woraufhin [voraʊf'hɪn] *adv* ❶ *(interrogativ)* ¿por qué razón? ❷ *(relativisch)* con lo cual
woraus [vo'raʊs] *adv* ❶ *(interrogativ)* ¿de qué?; ~ **schließt du das?** ¿de qué lo deduces? ❷ *(relativisch)* del cual, de lo cual
worden ['vɔrdən] *pp von* **werden**[3]
worin [vo'rɪn] *adv* ❶ *(interrogativ)* ¿en qué?, ¿dónde?; ~ **besteht der Nachteil?** ¿dónde está la desventaja? ❷ *(relativisch)* en el cual, en lo que
Workaholic [wœ:kə'hɔlɪk] *m* <-s, -s> *(sl)* esclavo *m* del trabajo
Workshop ['wɔ:kʃɔp] *m* <-s, -s> taller *m*
Workstation ['wɔ:kstɛɪʃən] *f* (INFOR) estación *f* de trabajo
World Wide Web *nt* <-, *ohne pl*> (INFOR) WorldWideWeb *f*
Wort [vɔrt, *pl:* 'vɔrtə, 'vœrtɐ] *nt* <-(e)s, -e *o* Wörter> palabra *f*; *(Ausdruck)* expresión *f*; *(Begriff)* término *m*; ~ **für** ~ palabra por palabra; **im wahrsten Sinne des ~es** literalmente; **in ~en** en letra; **mir fehlen die ~e** no tengo palabras; **davon ist kein ~ wahr** ni una palabra de esto es verdad; **ein paar ~e wechseln** intercambiar cuatro palabras; **ein offenes/ernstes ~ mit jdm reden** hablar claramente/en serio con alguien; **ohne ein ~ des Bedauerns** sin decir ni un "lo siento"; **das ~ an jdn richten** dirigir la palabra a alguien; **nicht viele ~e machen** ir al grano; **in ~ und Schrift** en forma hablada y escrita; **in ~ und Bild** con texto e ilustraciones; **jdn mit leeren ~en abspeisen** despachar a alguien con buenas palabras; **etw mit keinem ~ erwähnen** no mencionar algo para nada; **mit anderen ~en** en otras palabras; **jdn (nicht) zu ~ kommen lassen** (no) dejar hablar a alguien; **ein ~ gab das andere** se desencadenó una fuerte discusión; **hast du ~e?** *(fam)* ¿habráse visto?; **das letzte ~ haben** tener la última palabra; **dein ~ in Gottes Ohr** *(fam)* que Dios te oiga; **das ~ hat Herr García** el señor García tiene la palabra; **das ~ ergreifen** tomar la palabra; **für jdn ein gutes ~ einlegen** interceder por alguien; **du nimmst mir das ~ aus dem Munde** me quitas la palabra de la boca; **jdm das ~ im Munde herumdrehen** malinterpretar las palabras de alguien; **jdm ins ~ fallen** interrumpir a alguien; **etw in ~e fassen** formular algo con palabras; **das glaube ich dir aufs ~** te lo creo a pies juntillas; **dabei habe ich auch noch ein ~ mitzureden** en esto también tengo que opinar yo; **das geschriebene/gesprochene ~** la palabra escrita/hablada; **jdm sein ~ geben** prometer algo a alguien; **sein ~ halten** cumplir su palabra; **sein ~ brechen** faltar a su palabra; **jdn beim ~ nehmen** tomar la palabra a alguien; **über jdn/etw kein ~ verlieren** no gastar ni una palabra sobre alguien/algo
Wortart *f* (LING) parte *f* de la oración
Wortbildung *f* (LING) formación *f* de palabras
wortbrüchig *adj* ~ **werden** faltar a su palabra
Wörtchen ['vœrtçən] *nt* <-s, -> *(fam)* **ein ~ mitzureden haben** poder intervenir en un asunto
Wörterbuch *nt* diccionario *m*
Worterkennung *f* (INFOR) reconocimiento *m* de palabras
Wortfetzen *mpl* retazos *mpl* de conversación
Wortführer(in) *m(f)* <-s, -; -nen> portavoz *mf*, vocero *mf Am*
Wortgefecht *nt* <-(e)s, -e> disputa *f*, enfrentamiento *m* verbal
wortgetreu *adj* literal, textual
wortgewandt *adj* elocuente
wortkarg *adj* ❶ *(Person)* de pocas palabras, remachado *Col* ❷ *(Äußerung)* lacónico
Wortlaut *m* <-(e)s, *ohne pl*> texto *m*; **der genaue ~ einer Rede** el texto literal de un discurso; **etw im ~ veröffentlichen**

publicar algo textualmente; **... hat folgenden ~: ...** ... dice así:...
wörtlich ['vœrtlɪç] **I.** *adj* literal **II.** *adv* ❶ *(dem Text entsprechend)* literalmente; **~ zitieren** citar textualmente ❷ *(in der eigentlichen Bedeutung)* al pie de la letra; **etw ~ nehmen** tomar algo al pie de la letra
wortlos **I.** *adj* silencioso **II.** *adv* sin decir nada
Wortmeldung *f* intervención *f;* **ich bitte um ~en** tienen Uds. la palabra; **keine ~en mehr?** ¿nadie más quiere decir alguna cosa?
wortreich *adj (weitschweifig)* prolijo; *(Stil)* ampuloso; **sich ~ entschuldigen** disculparse con profusión de palabras
Wortschatz *m* vocabulario *m; (Lexik)* léxico *m*
Wortspiel *nt* juego *m* de palabras, albur *m Méx*
Wortstellung *f ohne pl* (LING) orden *m* de (las) palabras
Wortwahl *f ohne pl* selección *f* de palabras
Wortwechsel *m* disputa *f,* argumento *m Am*
wortwörtlich ['-'--] *adj o adv s.* **wörtlich**
worüber [vo'ry:bɐ] *adv* ❶ *(interrogativ)* ¿de qué?, ¿sobre qué? ❷ *(relativisch)* sobre el cual, sobre el que; **das Thema, ~ ich sprechen werde** el tema sobre el que hablaré
worum [vo'rʊm] *adv* ❶ *(interrogativ)* ¿de qué?, ¿sobre qué?; **~ handelt es sich?** ¿de qué se trata? ❷ *(relativisch)* de que, sobre el cual
worunter [vo'rʊntɐ] *adv* ❶ *(interrogativ)* ¿debajo de qué? ❷ *(relativisch)* debajo del cual; *(dazwischen)* entre los que
wovon [vo'fɔn] *adv* ❶ *(interrogativ)* ¿de qué? ❷ *(relativisch)* de lo cual
wovor [vo'fo:ɐ] *adv* ❶ *(interrogativ)* ¿de qué?; *(räumlich)* ¿delante de qué? ❷ *(relativisch)* ante el cual, delante del cual; **das einzige, ~ ich mich fürchte, ...** lo único de lo que tengo miedo...
wozu [vo'tsu:] *adv* ❶ *(interrogativ)* ¿para qué?; **~ soll das gut sein?** ¿para qué sirve esto? ❷ *(relativisch)* a lo cual, al que; *(Zweck)* para lo cual; **das, ~ ich am meisten Lust hätte, ...** aquello de lo que más ganas tengo...
Wrack [vrak] *nt* <-(e)s, -s *o* -e> *(Schiff)* barco *m* naufragado; *(Auto)* coche *m* de desguace; *(Flugzeug)* avión *m* de desguace; **ein menschliches ~** una piltrafa (humana)
wrang [vraŋ] *3. imp von* **wringen**
Wrap [ræp] *m o nt* <-s, -s> (GASTR) wrap *m*

wringen ['vrɪŋən] <wringt, wrang, gewrungen> *vt* escurrir
Wucher ['vu:xɐ] *m* <-s, *ohne pl*> *(abw)* usura *f;* **~ treiben** usurar
wucherisch *adj (abw)* usurero; *(Preise)* abusivo
wuchern ['vu:xɐn] *vi* ❶ *haben o sein (Pflanzen)* crecer excesivamente; (MED) proliferar ❷ *(Wucher treiben)* usurar
Wucherpreis *m (abw)* precio *m* abusivo
Wucherung *f* <-en> *(Gebilde)* excrecencia *f*
wuchs [vu:ks] *3. imp von* **wachsen**[1]
Wuchs [vu:ks] *m* <-es, *ohne pl*> ❶ *(Wachstum)* crecimiento *m* ❷ *(Gestalt)* estatura *f*
Wucht [vʊxt] *f ohne pl* ❶ *(Heftigkeit)* fuerza *f; (Schwung)* ímpetu *m;* **mit voller ~** con toda fuerza; **das ist eine ~** *(fam)* es fenomenal ❷ *(reg: fam: Prügel)* paliza *f*
wuchtig *adj* ❶ *(kräftig)* fuerte ❷ *(groß)* grande; *(Statur)* macizo
wühlen ['vy:lən] **I.** *vi* ❶ *(allgemein)* hurgar (**in** en); *(graben)* cavar; *(mit der Schnauze)* hozar (**nach**) ❷ *(fam: suchen)* rebuscar (**nach**) **II.** *vr* **sich durch etw ~** abrirse camino a través de algo
Wühlmaus *f* (ZOOL) campañol *m*
Wühltisch *m (fam)* mesa *f* con géneros rebajados
Wulst [vʊlst, *pl:* 'vʏlstə] *m* <-(e)s, Wülste> *f* <Wülste> ❶ *(Verdickung)* bulto *m;* (MED) protuberancia *f* ❷ (ARCHIT) bocel *m*
wulstig *adj* abultado
wummern *vi* retumbar
wund [vʊnt] *adj* escocido; **ich habe mir die Füße ~ gelaufen** se me llagaron los pies de tanto andar; **sich ~ liegen** llagarse
Wundbrand *m* <-(e)s, *ohne pl*> (MED) gangrena *f*
Wunde ['vʊndə] *f* <-n> *(a. fig)* herida *f;* **alte ~n wieder aufreißen** abrir viejas heridas
Wunder ['vʊndɐ] *nt* <-s, -> ❶ *(außergewöhnliches Ereignis)* maravilla *f; (übernatürlich)* milagro *m;* **an ~ glauben** creer en milagros; **das grenzt an ein ~** esto parece un milagro; **etw wirkt ~** *(fam)* algo obra milagros; **es ist kein ~, dass ...** *(fam)* no es ningún milagro que... +*subj;* **wie durch ein ~** como por arte de magia; **der wird noch sein blaues ~ erleben!** *(fam)* ¡aún no sabe qué sorpresa le espera! ❷ *(Wend)* **~ was denken** imaginarse algo extraordinario
wunderbar **I.** *adj* ❶ *(wie ein Wunder)* milagroso ❷ *(schön)* maravilloso **II.** *adv (sehr)* a las mil maravillas; **etw ist ~ bequem** algo es supercómodo

wunderbarerweise ['----'--] *adv* milagrosamente, como por milagro
Wunderheiler(in) *m(f)* curador(a) *m(f)* milagroso , -a
Wunderkerze *f* bengala *f*
Wunderkind *nt* niño, -a *m, f* prodigio
wunderlich *adj* raro
Wundermittel *nt* remedio *m* milagroso
wundern ['vʊndɐn] **I.** *vt* sorprender; **es wundert mich, dass ...** me sorprende que... *+subj;* **das würde mich überhaupt nicht ~** no me sorprendería nada; **wundert dich das (etwa)?** ¿(acaso) te sorprende? **II.** *vr:* **sich ~** sorprenderse (**über** de); **ich muss mich doch sehr ~!** ¡no lo hubiera esperado!
wundersam *adj* enigmático
wunderschön ['--(')-] *adj* hermosísimo
wundervoll *adj* maravilloso
Wundinfektion *f* <-, -en> (MED) infección *f* de una herida
wundliegen *irr vr:* **sich ~** *s.* **wund**
Wundsalbe *f* ungüento *m* vulnerario
Wundstarrkrampf *m ohne pl* (MED) tétano(s) *m inv*
Wunsch [vʊnʃ, *pl:* 'vʏnʃə] *m* <-(e)s, Wünsche> deseo *m* (**nach** de); *(Verlangen)* anhelo *m* (**nach** por); *(Bitte)* petición *f; (Glückwunsch)* felicidades *f pl;* **auf ~** a petición; **(ganz) nach ~** (totalmente) a su gusto; **jdm jeden ~ von den Augen ablesen** satisfacer todos los deseos de alguien; **dein ~ ist mir Befehl** tus deseos son órdenes; **jdm einen ~ erfüllen** satisfacer a alguien un deseo; **haben Sie sonst noch einen ~?** ¿desea algo más?; **auf eigenen ~** por propio deseo; **es ging alles nach ~** todo salió a pedir de boca; **mit den besten Wünschen** con los mejores deseos
Wunschbild *nt* ideal *m*
Wunschdenken *nt* sueño *m*
Wünschelrute ['vʏnʃəlruːtə] *f* varilla *f* de zahorí
wünschen [vʏnʃən] *vt* desear; *(wollen)* querer; *(bitten)* pedir; **jdm etw ~** desear algo a alguien; **(ganz) wie Sie ~** como Ud. quiera; **ich wünsche, dass das sofort gemacht wird** deseo que esto se haga en seguida; **Sie ~?** ¿en qué puedo servirle?; **wen ~ Sie zu sprechen?** ¿con quién desea hablar?; **ich wünsche Ihnen gute Besserung/eine gute Reise** le deseo que se mejore/un buen viaje; **sie wünschte, sie hätte das nie gesagt** querría no haberlo dicho nunca; **sich** *dat* **etw von jdm ~** pedir algo a alguien; **ich wünsche mir, dass ...** deseo que... *+subj;* **ich wünsche mich auf eine einsame Insel** quisiera estar en una isla desierta; **sein Benehmen lässt viel zu ~ übrig** su comportamiento deja mucho que desear
wünschenswert *adj* deseable; **es ist ~** es de desear
wunschgemäß *adj* según los deseos; *(problemlos)* a pedir de boca
Wunschkind *nt* hijo, -a *m, f* deseado , -a
Wunschkonzert *nt* (RADIO) programa *m* de discos solicitados por los radioyentes
Wunschliste *f* <-, -n> lista *f* de deseos
wunschlos *adj* **~ glücklich sein** ser totalmente feliz
Wunschtraum *m* ilusión *f*
Wunschvorstellung *f* ilusión *f*
Wunschzettel *m* carta *f* a los Reyes Magos; **auf unserem ~ steht jetzt noch ein Sofa** *(fig)* ahora nos gustaría tener un sofá
wurde ['vʊrdə] *3. imp von* **werden**
Würde[1] ['vʏrdə] *f ohne pl (Wert, Haltung)* dignidad *f;* **etw mit ~ tragen** soportar algo con dignidad; **unter aller ~** malísimo; **das ist unter meiner ~** lo considero indigno para mí
Würde[2] *f* <-n> *(Rang)* categoría *f*
würdelos *adj* sin dignidad, indigno
Würdenträger(in) *m(f)* <-s, -; -nen> dignatario, -a *m, f*
würdevoll I. *adj* digno **II.** *adv* con dignidad
würdig *adj* ❶ *(ehrbar)* respetable ❷ *(wert)* digno; **sich jds/etw** *gen* **~ erweisen** ser digno de alguien/algo
würdigen ['vʏrdɪgən] *vt* ❶ *(anerkennen)* apreciar, valorar; *(Verdienste)* reconocer ❷ *(für wert halten)* considerar digno (de)
Würdigung *f* <-en> ❶ *(einer Arbeit)* apreciación *f; (Anerkennung)* reconocimiento *m;* **in ~ ihres Einsatzes** en reconocimiento a sus esfuerzos ❷ *(einer Persönlichkeit)* homenaje *m;* **in ~ Federico García Lorcas** en homenaje a Federico García Lorca
Wurf [vʊrf, *pl:* 'vʏrfə] *m* <-(e)s, Würfe> ❶ *(das Werfen)* tiro *m;* (SPORT) lanzamiento *m; (beim Würfeln)* jugada *f* ❷ *(Erfolg)* éxito *m* ❸ (ZOOL) camada *f*
Würfel ['vʏrfəl] *m* <-s, -> ❶ (MATH) cubo *m* ❷ *(Spielwürfel)* dado *m;* **~ spielen** jugar a los dados; **die ~ sind gefallen** la suerte está echada ❸ *(Käsewürfel)* taco *m; (Eiswürfel)* cubo *m*
Würfelbecher *m* <-s, -> cubilete *m* de los dados
würfelförmig [-fœrmɪç] *adj* cúbico, en forma de cubo
würfeln I. *vi* jugar a los dados **II.** *vt* ❶ *(in Würfel schneiden)* cortar en cuadraditos ❷ *(eine Zahl)* tirar
Würfelspiel *nt* juego *m* de dados

W

Würfelzucker *m* azúcar *m* en terrones

Wurfgeschoss *nt* proyectil *m*

Wurfsendung *f* impresos *mpl* distribuidos por correo

Würgegriff *m* <-(e)s, -e> ① *(würgender Griff)* garrote *m* ② *(erdrückender Einfluss)* influencia *f* aplastante; **im ~ der Großkonzerne** bajo el total dominio de las multinacionales

würgen ['vʏrgən] **I.** *vt* estrangular **II.** *vi (Brechreiz haben)* tener náuseas; **an etw** *dat* ~ intentar tragar algo

Wurm [vʊrm, *pl:* 'vʏrmɐ] *m* <-(e)s, Würmer> gusano *m;* **Würmer haben** tener lombrices; **da steckt der ~ drin** *(fam)* ahí hay gato encerrado

Würmchen ['vʏrmçən] *nt* <-s, -> *(fam)* chiquillo, -a *m, f;* **das arme ~!** ¡el pobrecito!/¡la pobrecita!

wurmen ['vʊrmən] *vt (fam)* dar rabia, reconcomerse; **es wurmt mich, dass ...** me da rabia que... *+subj*

Wurmfortsatz *m* (MED) apéndice *m*

wurmstichig *adj* ① *(Obst)* agusanado ② *(Holz)* carcomido

Wurst [vʊrst, *pl:* 'vʏrstə] *f* <Würste> embutido *m; (Würstchen)* salchicha *f;* **das ist mir ~** *(fam)* me importa un pepino; **es geht um die ~** *(fam)* ha llegado el momento de la verdad

Wurstbrot *nt* bocadillo *m* de embutido

Würstchen ['vʏrstçən] *nt* <-s, -> ① (GASTR) salchicha *f;* **Frankfurter ~** salchicha tipo Francfort; **heiße ~** perritos calientes ② *(fam: Mensch)* pobre diablo *m*

Würstchenbude *f,* **Würstchenstand** *m* puesto *m* de salchichas asadas

Wurstsalat *m* ensalada *f* de fiambre

Wurstwaren *fpl* embutidos *mpl*

Württemberg ['vʏrtəmbɛrk] *nt* <-s> Wurtemberg *m*

Würzburg ['vʏrtsbʊrk] *nt* <-s> Wurtzburgo *m*

Würze ['vʏrtsə] *f* <-n> ① *(Substanz)* condimento *m* ② *(Aroma)* aroma *m*

Wurzel ['vʊrtsəl] *f* <-n> ① *(von Pflanze, Haar, Zahn, a.* MATH) raíz *f;* **~n schlagen** echar raíces; **die ~ ziehen** (*a.* MATH) extraer la raíz (**aus** de) ② *(Ursprung)* origen *m; (Ursache)* causa *f;* **das Übel an der ~ packen** cortar el mal de raíz ③ *(reg: Karotte)* zanahoria *f*

Wurzelbehandlung *f* tratamiento *m* de la raíz

Wurzelbürste *f* cepillo *m* (de cerdas)

Wurzelgemüse *nt* tubérculo *m*

wurzeln *vi (a. fig)* arraigar (**in** en)

Wurzelzeichen *nt* (MATH) signo *m* de extracción de raíces

würzen ['vʏrtsən] *vt* condimentar

würzig *adj* bien condimentado, sabroso

Würzstoff *m* condimento *m*

wusch [vu:ʃ] *3. imp von* **waschen**

wuschelig *adj (fam: Haar)* abundante y muy rizado; **~es Haar haben** tener una pelambrera

Wuschelkopf *m (fam)* pelambrera *f*

wuseln *vi (reg)* trajinar

wusste ['vʊstə] *3. imp von* **wissen**

Wust [vu:st] *m* <-(e)s, *ohne pl*> *(abw: Durcheinander)* lío *m; (Menge)* montón *m*

wüst [vy:st] *adj* ① *(öde)* desierto; *(unbebaut)* yermo ② *(unordentlich)* desordenado; *(wirr)* confuso; **hier sieht es ja ~ aus!** ¡qué desorden! ③ *(abw: ausschweifend)* disipado ④ *(abw: rüde)* grosero, vulgar; *(gemein)* vil ⑤ *(schlimm)* terrible, horrible ⑥ *(abstoßend)* repugnante

Wüste ['vy:stə] *f* <-n> desierto *m;* **jdn in die ~ schicken** *(fam)* poner a alguien de patitas en la calle

Wüstenbildung *f* desertización *f*

Wut [vu:t] *f ohne pl* rabia *f;* **ich habe eine ~ auf ihn!** ¡le tengo una rabia!; **seine ~ an jdm/etw** *dat* **auslassen** desahogar su rabia en alguien/algo; **jdn in ~ bringen** poner furioso a alguien; **in ~ geraten** enfurecerse; **vor ~ kochen** rabiar

Wutanfall *m* ataque *m* de rabia

Wutausbruch *m* acceso *m* de rabia

wüten ['vy:tən] *vi (Krieg, Sturm, Seuche)* hacer estragos; **gegen etw ~** rabiar contra algo

wütend *adj* furioso (**über** por, **auf** con/contra), alebrestado *Col, Ven;* **auf jdn ~ sein** tener rabia a alguien; **~ werden** enfurecerse (**auf** contra)

wutentbrannt ['vu:tʔɛnt'brant] *adj* furibundo

WWF *m* <-> *Abk. von* **World Wide Fund for Nature** WWF *m*

WWU [ve:ve:'ʔu:] *f Abk. von* **Wirtschafts- und Währungsunion** UEM *f*

WWW [ve:ve:'ve:] *nt* <-(s), *ohne pl*> (INFOR) *Abk. von* **World Wide Web** WWW *f*

WWW-Client *m* <-, -s> (INFOR) cliente *m* de WWW

WWW-Server *m* <-s, -> (INFOR) servidor *m* de WWW

Wz *Abk. von* **Warenzeichen** marca *f* registrada

Xx

X, x [ɪks] *nt* <-, -> X, x *f;* **~ wie Xanthippe** X de xilófono
x-Achse *f* (MATH) eje *m* de abscisas
X-Beine *ntpl* piernas *fpl* zambas
x-beinig *adj*, **X-beinig** *adj* zambo
x-beliebig *adj (fam)* cualquiera
x-Beliebige(r) *mf* <-n, -n; -n, -n> **jeder ~** cualquiera
X-Chromosom *nt* <-s, -en> (BIOL) cromosoma *m* X
Xenon ['kseːnɔn] *nt* <-s, *ohne pl*> (CHEM) xenón *m*
xenophil *adj (geh: Fremdem aufgeschlossen)* xenófilo
xenophob [kseno'foːp] *adj* xenófobo
Xenophobie [ksenofo'biː] *f ohne pl* xenofobia *f*
x-fach *adj (fam)* múltiple
x-förmig *adj*, **X-förmig** *adj* en forma de equis
x-mal *adv (fam)* mil veces
x-te(r, s) *adj (fam, a.* MATH) enésimo; **das ~ Mal** la enésima vez; **zum ~n Mal** por enésima vez
Xylofon [ksylo'foːn] *nt* <-s, -e> xilófono *m*

Yy

Y, y ['ʏpsilɔn] *nt* <-, -> Y, y *f;* **~ wie Ypsilon** Y de Yucatán
y-Achse *f* <-n> (MATH) eje *m* de las ordenadas
Yacht [jaxt] *f* <-en> yate *m*
Yak [jak] *m* <-s, -s> (ZOOL) yac *m*
Yang [jaŋ] *nt* <-(s), *ohne pl*> (PHILOS) Yang *m*
Yard [jaːɐt] *nt* <-s, -s> yarda *f*
Yen [jɛn] *m* <-(s), -(s)> yen *m*
Yeti ['jeːti] *m* <-s, -s> yeti *m*
Yin [jɪn] *nt* <-, *ohne pl*> (PHILOS) Yin *m;* **~ und Yang** (el) Yin y (el) Yang
Yoga ['joːga] *m o nt* <-(s), *ohne pl*> yoga *m*
Yo-Yo *nt* <-s, -s> yoyó *m*
Ypsilon ['ʏpsilɔn] *nt* <-(s), -s> ❶ *(lateinisches Alphabet)* ye *f*, i *f* griega ❷ *(griechisches Alphabet)* ípsilon *f*
Yuan ['juan] *m* <-(s), -(s)> *(Währung)* yuan *m*
Yuppie ['jʊpi] *m* <-s, -s> yuppie *mf*

Zz

Z, z [tsɛt] *nt* <-, -> Z, z *f;* ~ **wie Zeppelin** Z de Zaragoza

zack *interj (fam)* zas; **~, ~!** ¡rápido, rápido!

Zacke ['tsakə] *f* <-n> diente *m; (Bergkamm)* punta *f; (Gabel, Rechen)* púa *f*

Zacken ['tsakən] *m* <-s, -> *(reg) s.* **Zacke: sich** *dat* **keinen ~ aus der Krone brechen** *(fam)* no caérsele a alguien los anillos

zackig ['tsakɪç] *adj* ❶ *(gezackt)* dentado ❷ *(fam: Bewegung, Auftreten)* brioso; *(Person)* resoluto

zaghaft *adj* vacilante; *(furchtsam)* temeroso; *(schüchtern)* tímido

Zaghaftigkeit *f ohne pl* pusilanimidad *f; (Schüchternheit)* timidez *f*

zäh [tsɛː] *adj* ❶ *(Leder)* duro; *(Fleisch)* correoso ❷ *(zähflüssig)* viscoso ❸ *(schleppend)* lento ❹ *(beharrlich)* tenaz; *(widerstandsfähig)* resistente

zähflüssig *adj* viscoso; *(Verkehr)* denso

Zähflüssigkeit *f ohne pl* viscosidad *f; (des Verkehrs)* densidad *f*

Zähigkeit *f ohne pl* ❶ *(Widerstandsfähigkeit)* resistencia *f* ❷ *(Ausdauer)* tenacidad *f*

Zahl [tsaːl] *f* <-en> (*a.* MATH, LING) número *m; (Ziffer)* cifra *f;* **eine dreistellige ~** un número de tres cifras; **gerade/ungerade/ganze ~en** números pares/impares/enteros; **rote ~en schreiben** *(fig)* estar en números rojos; **in großer ~** en gran número; **fünf an der ~** (en número de) cinco

zahlbar *adj* pagadero; **~ bei Lieferung** pagadero a la entrega

zählbar *adj* contable

zählebig *adj* resistente; **~ sein** tener siete vidas (como el gato)

zahlen ['tsaːlən] *vi, vt* pagar; *(Schuld)* liquidar; **Herr Ober, bitte ~!** camarero, ¡la cuenta, por favor!; **bar/mit einem Scheck ~** pagar al contado/con cheque

zählen ['tsɛːlən] **I.** *vi* contar; **bis zehn ~** contar hasta diez; **das zählt nicht** eso no cuenta; **auf jdn/etw ~** contar con alguien/algo; **zu etw** *dat* **~** figurar entre algo; **ich zähle mich zu seinen Freunden** me considero uno de sus amigos **II.** *vt* contar; *(Bevölkerung)* hacer el censo; *(Stimmen bei Wahlen)* escrutar; **seine Tage sind gezählt** sus días están contados

Zahlenfolge *f* serie *f* de números

Zahlengedächtnis *nt* <-ses, -se> memoria *f* para los números

Zahlenkombination *f* combinación *f*

zahlenmäßig *adj* numérico; **~ überlegen** superior en número

Zahlenreihe *f* <-, -n> *s.* **Zahlenfolge**

Zahlenschloss *nt* cerradura *f* de combinación

Zähler[1] *m* <-s, -> ❶ *(Zählwerk)* contador *m;* **den ~ ablesen** leer el contador ❷ (MATH) numerador *m*

Zähler(in)[2] *m(f)* <-s, -; -nen> contador(a) *m(f)*

Zählerstand *m* nivel *m* del contador

Zahlkarte *f* impreso *m* para giro postal

zahllos *adj* innumerable

zahlreich **I.** *adj* numeroso; *(häufig)* frecuente **II.** *adv* en gran número

Zahlstelle *f* (FIN) ❶ *(Kasse)* pagaduría *f; (Schalter)* contaduría *f* ❷ (FIN) domicilio *m*

Zahltag *m* día *m* de pago

Zahlung *f* <-en> pago *m; (Betrag)* importe *m;* **etw in ~ nehmen/geben** tomar/ofrecer algo como pago parcial; **eine ~ leisten** efectuar un pago

Zählung *f* <-en> recuento *m; (Volkszählung)* censo *m*

Zahlungsanweisung *f* (FIN) orden *f* de pago

Zahlungsart *f* <-, -en> modalidad *f* de pago

Zahlungsaufforderung *f* requerimiento *m* de pago

Zahlungsaufschub *m* moratoria *f*

Zahlungsbedingungen *fpl* (WIRTSCH) condiciones *fpl* de pago

Zahlungsbefehl *m* (JUR) mandamiento *m* de pago

Zahlungsbeleg *m* comprobante *m* de pago

Zahlungsempfänger(in) *m(f)* <-s, -; -, -nen> beneficiario, -a *m, f* de un pago

Zahlungserinnerung *f* <-, -en> recordatorio *m* de pago

zahlungsfähig *adj* solvente

Zahlungsfähigkeit *f ohne pl* solvencia *f*

Zahlungsfrist *f* plazo *m* de pago

zahlungskräftig *adj (fam)* adinerado

Zahlungsmittel *nt* medio *m* de pago

Zahlungsmoral *f* (WIRTSCH) fiabilidad *f* en el cumplimiento de los pagos

zahlungspflichtig *adj* obligado a pagar

Zahlungsrückstand *m* <-(e)s, -stände> retraso *m* en el pago

Zahlungsschwierigkeiten *fpl* dificultades *fpl* de pago

Zahlungstermin *m* <-(e)s, -e> fecha *f* de pago; **letzter ~** último plazo de pago

zahlungsunfähig *adj* insolvente

Zahlungsunfähigkeit *f ohne pl* insolvencia *f*
Zahlungsverkehr *m* servicio *m* de pagos; **bargeldloser ~** servicio de pagos sin efectivo
Zahlungsweise *f* forma *f* de pago
Zahlwort *nt* <-(e)s, -wörter> (LING) numeral *m*
zahm [tsaːm] *adj* ① *(Tier)* manso; *(gezähmt)* domesticado ② *(fam: brav)* bueno; *(mild)* suave
zähmbar *adj* domable; **leicht/schwer ~** fácil/difícil de domesticar
zähmen ['tsɛːmən] *vt* ① *(Tier)* amansar; *(zum Haustier)* domesticar ② *(geh: Ungeduld)* refrenar
Zahmheit *f* <-, *ohne pl*> mansedumbre *f*
Zähmung *f* <-en> ① *(eines Tieres)* doma *f*; *(zum Haustier)* domesticación *f* ② *(geh: der Ungeduld)* refrenamiento *m*
Zahn [tsaːn, *pl:* 'tsɛːnə] *m* <-(e)s, Zähne> diente *m*; *(Backenzahn)* muela *f*; **die dritten Zähne** la dentadura postiza; **sich** *dat* **die Zähne putzen** cepillarse los dientes; **mit den Zähnen klappern/knirschen** castañetear/rechinar los dientes; **sie bekommt Zähne** le están saliendo los dientes; **der ~ der Zeit** *(fam)* los estragos del tiempo; **ein steiler ~** *(fam)* una buena moza; **jdm die Zähne zeigen** *(fam)* enseñar los dientes a alguien; **jdm auf den ~ fühlen** *(fam)* tomar el pulso a alguien; **sich** *dat* **die Zähne an etw** *fam* **ausbeißen** dejarse la piel en algo; **einen ~ zulegen** *(fam: schneller fahren)* conducir más rápido; *(sich beeilen)* darse prisa
Zahnarzt, -ärztin *m, f* dentista *mf*
Zahnarztbesteck *nt* instrumentos *mpl* de dentista
Zahnarztbesuch *m* visita *f* al dentista
Zahnarzthelfer(in) *m(f)* ayudante *mf* del dentista
Zahnärztin *f s.* **Zahnarzt**
zahnärztlich *adj* odontológico; **sich ~ behandeln lassen** ponerse en tratamiento odontológico
Zahnarztstuhl *m* sillón *m* odontológico
Zahnbehandlung *f* <-, -en> tratamiento *m* odontológico
Zahnbelag *m* (MED) sarro *m*, tártaro *m*
Zahnbürste *f* cepillo *m* de dientes
Zahncreme *f s.* **Zahnpasta**
zähnefletschend **I.** *adj* que regaña los dientes **II.** *adv* regañando los dientes
zähneklappernd *adv* castañeteando (con los dientes)
Zähneknirschen *nt* crujir *m* de dientes, rechinar *m* de dientes; **unter ~** *(fig)* de mala gana
zähneknirschend *adv* rechinando los dientes; *(unwillig)* a regañadientes; **sich ~ fügen** obedecer a regañadientes
zahnen ['tsaːnən] *vi* echar los dientes
Zahnersatz *m* diente *m* postizo; *(Gebiss)* dentadura *f* postiza
Zahnfäule *f* caries *f inv*
Zahnfleisch *nt* encía(s) *f(pl)*
Zahnfleischentzündung *f* (MED) inflamación *f* de las encías
Zahnfüllung *f* (MED) empaste *m*
Zahngold *nt* (MED) oro *m* dentario
Zahnheilkunde *f* <-, *ohne pl*> odontología *f*
zahnlos *adj* sin dientes, desdentado
Zahnlücke *f* mella *f* en la dentadura
Zahnmedizin *f ohne pl* odontología *f*
Zahnpasta ['tsaːnpasta] *f* pasta *f* dentífrica
Zahnpflege *f* higiene *f* dental
Zahnprothese *f* dentadura *f* postiza
Zahnrad *nt* (TECH) rueda *f* dentada
Zahnradbahn *f* (TECH) ferrocarril *m* de cremallera
Zahnschmelz *m* (MED) esmalte *m* dental
Zahnschmerz *m* dolor *m* de muelas
Zahnseide *f* seda *f* dental
Zahnspange *f* aparato *m* ortodóncico
Zahnstein *m* <-(e)s, *ohne pl*> placa *f* (bacteriana)
Zahnstocher [-ʃtɔxɐ] *m* <-s, -> palillo *m*, pajuela *f Bol, Col*
Zahntechniker(in) *m(f)* mecánico, -a *m, f* dentista
Zahnweh *nt* <-s, *ohne pl*> *(fam)* dolor *m* de muelas
Zahnwurzel *f* (ANAT) raíz *f* del diente
Zaire [za'iːɐ] *nt* <-s> Zaire *m*
Zander ['tsandɐ] *m* <-s, -> (ZOOL) lucio *m*
Zange ['tsaŋə] *f* <-n> ① *(Werkzeug)* tenaza(s) *f(pl)*; *(Geburtszange)* fórceps *m inv*; **jdn in die ~ nehmen** *(fam fig)* apretar las clavijas a alguien ② *(fam: von Tieren)* pinzas *fpl*
Zank [tsaŋk] *m* <-(e)s, *ohne pl*> disputa *f*; *(Streit)* riña *f*
zanken ['tsaŋkən] *vi, vr* pelearse; **sich mit jdm um etw ~** pelearse con alguien por algo
zänkisch ['tsɛŋkɪʃ] *adj* pendenciero, camorrista
Zäpfchen ['tsɛpfçən] *nt* <-s, -> ① (ANAT) úvula *f* ② *(Medikament)* supositorio *m*
zapfen ['tsapfən] *vt* sacar (del tonel o barril); **gezapftes Bier** cerveza de barril
Zapfen ['tsapfən] *m* <-s, -> ① (BOT) piña *f* ② *(Stöpsel)* tapón *m* ③ (TECH: *in der Holzverarbeitung*) mecha *f*; *(an einer Welle, Achse)* perno *m*

Zapfenstreich *m* (MIL) toque *m* de retreta

Zapfhahn *m* espita *f*

Zapfpistole *f* pistola *f* del surtidor

Zapfsäule *f* surtidor *m* de gasolina

Zapfschlauch *m* manguera *f* (de la gasolinera)

zapp(e)lig ['tsap(ə)lɪç] *adj (fam)* inquieto, nervioso; **vor Neugier ganz ~ sein** estar muerto de curiosidad

zappeln ['tsapəln] *vi* moverse; *(mit den Beinen)* patalear (**mit**); *(unruhig sein)* no parar quieto; **jdn ~ lassen** *(fam)* tener a alguien en vilo

Zappelphilipp ['tsapəlfɪlɪp] *m* <-s, -s *o* -e> *(fam abw)* zarandillo *m*

zappen ['tsapən, 'zɛpən] *vi (sl* TV) hacer zap(p)ing, zap(e)ar

zappenduster ['tsapən'duːstɐ] *adj (fam)* oscuro como la boca del lobo, muy oscuro; **mit etw** *dat* **ist es ~** *(hoffnungslos)* algo no tiene remedio; *(schlecht bestellt)* algo tiene mal color [*o* está muy negro]

zapplig *adj (fam) s.* **zapp(e)lig**

Zar(in) [tsaːɐ] *m(f)* <-en, -en; -nen> zar, zarina *m, f*

zart [tsaːɐt] *adj* ❶ *(Fleisch, Gemüse)* tierno; **im ~en Alter von ...** *(geh)* en la tierna edad de... ❷ *(fein)* fino; *(zerbrechlich)* frágil; *(empfindlich)* sensible; *(Haut, Gesundheit)* delicado ❸ *(Farbe, Klang, Berührung)* suave

zartbesaitet ['--'--] *adj* sensible

zartbitter ['-'--] *adj* **~e Schokolade** chocolate sin leche extrafino

Zartbitterschokolade *f* chocolate *m* amargo extrafino

zartfühlend *adj* delicado

zartglied(e)rig *adj (fein)* grácil; *(zerbrechlich)* delicado

Zartheit *f* <-, *ohne pl*> ❶ *(Mürbheit)* ternura *f* ❷ *(Feinheit)* finura *f*; *(Zerbrechlichkeit)* fragilidad *f* ❸ *(Empfindlichkeit)* delicadeza *f* ❹ *(Sanftheit)* suavidad *f*

zärtlich ['tsɛːɐtlɪç] **I.** *adj* cariñoso; *(liebevoll)* afectuoso **II.** *adv* con cariño

Zärtlichkeit[1] *f ohne pl (Zuneigung)* ternura *f*, cariño *m*

Zärtlichkeit[2] *f* <-en> *(Liebkosung)* caricia *f*; **~en austauschen** acariciarse

Zaster ['tsastɐ] *m* <-s, *ohne pl*> *(fam)* pasta *f* (gansa)

Zäsur [tsɛ'zuːɐ] *f* <-en> *(geh, a.* LIT, MUS) cesura *f*

Zauber ['tsaʊbɐ] *m* <-s, *ohne pl*> ❶ *(Zauberhandlung, -bann)* hechizo *m*; **fauler ~** *(fam abw)* embuste *m*; **schließlich flog der ganze ~ auf** *(fam)* al final se descubrió el pastel ❷ *(Zauberkraft)* magia *f* ❸ *(Faszination, Reiz)* encanto *m*

Zauberei[1] [tsaʊbə'raɪ] *f ohne pl (Magie)* magia *f*; **an ~ grenzen** parecer cosa de brujería

Zauberei[2] *f* <-en> *(Kunststück)* hechicería *f*

Zauberer, -in ['tsaʊbərɐ] *m, f* <-s, -; -nen> hechicero, -a *m, f*; *(Zauberkünstler)* mago, -a *m, f*

Zauberformel *f* conjuro *m*, fórmula *f* mágica

zauberhaft *adj* encantador

Zauberkünstler(in) *m(f)* mago, -a *m, f*; *(Illusionist)* ilusionista *mf*

Zauberkunststück *nt* juego *m* de manos

zaubern ['tsaʊbɐn] **I.** *vi* ❶ *(Magie betreiben)* practicar la magia; **ich kann doch nicht ~** *(fam)* no puedo hacer milagros ❷ *(als Zauberkünstler)* hacer juegos de prestidigitación **II.** *vt* ❶ *(herbeizaubern)* hacer aparecer por arte de magia ❷ *(kunstvoll herstellen)* hacer algo con mucho primor; **ein wundervolles Gericht ~** cocinar un plato extraordinario

Zauberspruch *m* dicho *m* mágico, payé *m* *CSur*

Zauberstab *m* varita *f* mágica

Zaubertrank *m* <-(e)s, -tränke> filtro *m* mágico, bebedizo *m*

Zaubertrick *m* obra *f* de magia

Zauberwort *nt* <-(e)s, -e> palabra *f* mágica

zaudern ['tsaʊdɐn] *vi* vacilar, trepidar *Am*

Zaum [tsaʊm, *pl:* 'tsɔɪmə] *m* <-(e)s, Zäume> brida *f*; **jdn im ~ halten** *(fig)* atar corto a alguien; **sich im ~ halten** *(fig)* contenerse

zäumen ['tsɔɪmən] *vt* embridar

Zaumzeug *nt* brida *f*

Zaun [tsaʊn, *pl:* 'tsɔɪnə] *m* <-(e)s, Zäune> cerca *f*, valla *f*; **einen Streit vom ~ brechen** buscar camorra

Zaungast *m* mirón, -ona *m, f*, mosquetero, -a *m, f Arg, Bol*; **ich war nur ~** estuve solamente de mirón

Zaunpfahl *m* estaca *f*

zausen ['tsaʊzən] **I.** *vi* tirar levemente (**an/in** de) **II.** *vt (Haare, Fell)* desgreñar

z. B. *Abk. von* **zum Beispiel** p.ej.

ZDF [tsɛtde:'ʔɛf] *nt* <-(s)> *Abk. von* **Zweites Deutsches Fernsehen** segundo canal *m* de la televisión pública alemana

Zebra ['tseːbra] *nt* <-s, -s> (ZOOL) cebra *f*

Zebrastreifen *m* paso *m* (de) cebra

Zeche ['tsɛçə] *f* <-n> ❶ *(Bergwerk)* mina *f* ❷ *(Rechnung)* cuenta *f*; **die ~ prellen** *(fam)* irse sin pagar

zechen ['tsɛçən] *vi (fam)* empinar el codo

Zechpreller(in) *m(f)* cliente *mf* que se marcha de un local sin pagar

Z

Zechtour *f* ronda *f* de bares
Zecke ['tsɛkə] *f* <-n> (ZOOL) garrapata *f*
Zeckenbiss *m* picadura *f* de garrapata
Zeh [tse:] *m* <-s, -en> dedo *m* del pie; **der große/kleine ~** el dedo gordo/pequeño
Zehe ['tse:ə] *f* <-n> ❶ *(Körperteil)* dedo *m* del pie; **die große ~** el dedo gordo del pie ❷ *(Knoblauchzehe)* diente *m;* **eine ~ Knoblauch** un diente de ajo
Zehennagel *m* uña *f* (del dedo) del pie
Zehenspitze *f* punta *f* del pie; **auf ~n gehen** ir de puntillas; **sich auf die ~n stellen** ponerse de puntillas
zehn [tse:n] *adj inv* diez; *s. a.* **acht**[1]
Zehn *f* <-en> diez *m*
Zehncentstück [-'--] *nt* moneda *f* de diez céntimos (de euro)
Zehner *m* <-s, -> ❶ *(fam: Münze)* moneda *f* de diez; *(Geldschein)* billete *m* de diez ❷ *(einer mehrstelligen Zahl)* decena *f*
Zehnerkarte *f (Bus, Bahn)* bono *m* de diez viajes; *(Schwimmbad)* abono *m* para diez visitas
zehnerlei ['--'-] *adj inv* de diez clases diferentes, diez clases (diferentes) de; *s. a.* **achterlei**
Zehneuroschein *m* billete *m* de diez euros
zehnfach I. *adj* diez veces más, por diez **II.** *adv* diez veces; *s. a.* **achtfach**
Zehnfingersystem [-'----] *nt ohne pl* (sistema *m* de) escritura *f* con todos los dedos
zehnjährig *adj (zehn Jahre alt)* de diez años; *(zehn Jahre dauernd)* de diez años de duración; *s. a.* **achtjährig**
Zehnjährige(r) *mf* <-n, -n; -n, -n> niño, -a *m, f* de diez años
Zehnkampf *m* (SPORT) decatlón *m*
zehnmal *adv* diez veces; *s. a.* **achtmal**
zehnt zu ~ (a) diez
zehntausend *adj inv* diez mil; **die oberen ~** la flor y nata de la sociedad
zehnte(r, s) *adj* décimo; *s. a.* **achte(r, s)**
zehntel ['tse:ntəl] *adj inv* décimo; *s. a.* **achtel**
Zehntel ['tse:ntəl] *nt* <-s, -> décimo, -a *m, f,* décima parte *f; s. a.* **Achtel**
zehntens ['tse:ntəns] *adv* en décimo lugar; *(bei einer Aufzählung)* décimo; *s. a.* **achtens**
zehren ['tse:rən] *vi* consumir (**an**); *(schwächen)* debilitar; **von etw** *dat* **~** alimentarse de algo
Zeichen ['tsaɪçən] *nt* <-s, -> ❶ (*a.* ASTR, LING, MUS) signo *m; (Symbol)* símbolo *m; (Abzeichen)* distintivo *m; (Aktenzeichen)* referencia *f; (Warenzeichen)* marca *f;* **die ~ der Zeit erkennen** reconocer los signos de la época; **unser/Ihr ~** nuestra/su referencia; **sie ist im ~ des Löwen geboren** nació bajo el signo de Leo ❷ *(Signal)* señal *f; (mit der Hand)* seña *f; (Beweis)* prueba *f;* **jdm ein ~ geben** hacer una seña a alguien; **ein ~ setzen** sentar un precedente; **zum ~, dass ...** en señal de...; **das ist kein gutes ~** esa no es buena señal; **zum ~ der Versöhnung** como prueba de reconciliación ❸ *(Anzeichen)* indicio *m;* (MED) síntoma *m;* **es geschehen noch ~ und Wunder!** ¡todavía se producen milagros!
Zeichenblock *m* bloc *m* de dibujo
Zeichendreieck *nt* escuadra *f* (de dibujar)
Zeichenerklärung *f* leyenda *f*
Zeichenfolge *f* (INFOR) secuencia *f* de caracteres
Zeichenkohle *f* carboncillo *m*
Zeichenpapier *nt ohne pl* papel *m* de dibujo
Zeichensetzung *f ohne pl* puntuación *f*
Zeichensprache *f* lenguaje *m* por señas
Zeichentrickfilm *m* (película *f* de) dibujos *mpl* animados, caricaturas *fpl Méx*
zeichnen ['tsaɪçnən] **I.** *vt* ❶ *(malen)* dibujar; *(skizzieren)* esbozar; **technisches Z~** dibujo técnico ❷ *(kennzeichnen)* marcar ❸ *(unterschreiben)* firmar; **Aktien ~** su(b)scribir acciones **II.** *vi* dibujar (**an**); **für etw ~** asumir la responsabilidad de algo; **gezeichnet Müller** firmado Müller
Zeichner(in) *m(f)* <-s, -; -nen> ❶ *(Maler)* dibujante *mf;* **technischer ~/technische ~in** delineante *mf* ❷ (WIRTSCH) su(b)scriptor(a) *m(f)*
zeichnerisch *adj* gráfico; **etw ~ darstellen** representar algo gráficamente
Zeichnung *f* <-en> ❶ *(Darstellung)* dibujo *m* ❷ (COM) su(b)scripción *f*
zeichnungsberechtigt *adj* (COM) autorizado para firmar
Zeigefinger *m* (dedo *m*) índice *m;* **mit dem ~ auf jdn deuten** señalar a alguien con el dedo
zeigen ['tsaɪgən] **I.** *vt* ❶ *(allgemein)* mostrar, enseñar; *(vorführen)* exhibir; *(Film)* poner, echar *fam;* **jdm etw ~** mostrar algo a alguien; *(beibringen)* enseñar algo a alguien; **dir werd' ich's ~!** *(fam)* ¡ya te enseñaré (yo)!; **dem hab ich's gezeigt!** *(fam)* ¡le he dado una buena lección! ❷ *(anzeigen)* indicar, marcar; **das Thermometer zeigt zwei Grad** el termómetro marca dos grados ❸ *(an den Tag legen)* mostrar; **sie zeigte ihm, was sie von ihm hielt** no le ocultó lo que pensaba de él ❹ *(beweisen)* demostrar; **nun zeig mal, was du kannst!** *(fam)* ¡demuestra de lo que eres capaz! **II.** *vi* señalar (**nach** hacia); **auf etw/jdn ~** señalar algo/a al-

guien; **sie zeigt nach rechts** señala hacia la derecha; **die Leute ~ schon mit dem Finger auf dich** la gente ya te señala con el dedo; **zeig mal!** ¡déjame ver! **III.** *vr:* **sich ~** ❶ *(allgemein)* mostrarse; *(sich sehen lassen)* dejarse ver; **sich besorgt ~** mostrarse preocupado; **wie kann ich mich Ihnen erkenntlich ~?** ¿cómo puedo mostrarle mi agradecimiento?; **er zeigt sich heute von seiner besten Seite** hoy muestra su lado bueno; **mit ihm kann man sich überall ~** se puede ir con él a todos los sitios ❷ *(sich herausstellen)* verse, demostrarse; *(zum Vorschein kommen)* aparecer; **das wird sich ~** eso ya se verá

Zeiger *m* <-s, -> indicador *m; (Uhrzeiger)* aguja *f;* **der große/kleine ~** la aguja de las horas/los minutos

Zeile ['tsaɪlə] *f* <-n> ❶ *(Textzeile)* línea *f,* renglón *m;* **jdm ein paar ~n schreiben** poner(le) a alguien unas letras; **neue ~** *(beim Diktat)* punto y aparte; **er hat das mit keiner ~ angedeutet** no ha dado a entender eso para nada; **zwischen den ~n lesen** leer entre líneas ❷ *(Reihe)* fila *f*

Zeilenabstand *m* interlínea *f*

Zeilenschaltung *f* (INFOR) intercalación *f* de líneas

Zeisig ['tsaɪzɪç] *m* <-s, -e> (ZOOL) chamariz *m*

zeit [tsaɪt] *präp +gen* **~ meines/seines Lebens** durante toda mi/su vida

Zeit [tsaɪt] *f* <-en> (*a.* LING, SPORT) tiempo *m; (Zeitpunkt)* momento *m; (Zeitraum)* período *m; (Zeitalter)* época *f; (Uhrzeit)* hora *f; (Jahreszeit)* estación *f;* **seit einiger/geraumer ~** desde hace algún/bastante tiempo; **zu jeder ~** a cualquier hora; **zu keiner ~** en ningún momento; **zur ~ Napoleons** en la época/los tiempos de Napoleón; **eine ~ lang** durante algún tiempo; *(eine Weile)* un rato; **seit dieser ~** desde entonces; **nach kurzer ~** después de unos minutos; (**keine**) **~ haben** (no) tener tiempo (**für** para); **wir wollen keine ~ verlieren** no queremos perder tiempo; **wir haben noch fünf Minuten ~** aún tenemos cinco minutos; **wo warst du denn die ganze ~?** ¿dónde has estado todo el tiempo?; **die ~ wurde mir zu lang** el tiempo se me hizo muy largo; **die ~ arbeitet für uns** el tiempo está de nuestra parte; **die ~ drängt** no hay tiempo que perder; **~ gewinnen** ganar tiempo; **sich** *dat* (**mit etw** *dat*) **~ lassen** tomarse el tiempo necesario (para algo); **jdm die ~ stehlen** *(fam)* robarle el tiempo a alguien; **jdm/sich** *dat* **mit etw** *dat* **die ~ vertreiben** entretener a alguien/entretenerse con algo; **das hat ~** eso no corre prisa; **auf ~** a plazo; **es wird** (**allmählich**) **~** (ya) va siendo hora; **es ist an der ~**(**, zu gehen**) ha llegado la hora (de ir); **es ist höchste ~**(**, etw zu tun**) ya va siendo hora (de hacer algo); **morgen um diese ~** mañana a esta hora; **hast du die genaue ~?** ¿tienes la hora exacta?; **um 12 Uhr mitteleuropäischer ~** a las doce horas, hora europea; **seiner ~ voraus sein** estar por delante de su época; **der größte Schwindler aller ~en** el mayor estafador de todos los tiempos; **es ist nur eine Frage der ~** es solamente cuestión de tiempo; **zur rechten ~** en el momento oportuno; **alles zu seiner ~!** ¡cada cosa a su tiempo!; **von ~ zu ~** de vez en cuando; **eine gute ~ laufen** (SPORT) conseguir un buen tiempo; **auf bestimmte ~** por cierto tiempo; **auf unbestimmte ~** por tiempo indefinido; **im Laufe der ~** en el tra(n)scurso del tiempo; **die heutige ~** los tiempos actuales; **die gute alte ~** los (buenos) viejos tiempos; **das waren noch ~en!** ¡qué tiempos aquellos!; **zur ~, als ...** en tiempos de...; **in letzter ~** últimamente; **in nächster ~** en un futuro próximo; **für alle ~en** para siempre; **auf unabsehbare ~** por un período de tiempo indefinido; **die ~en ändern sich** los tiempos cambian; **das ist vor meiner ~ geschehen** eso sucedió antes de mi época; **zu meiner ~** en mis tiempos; **hier bin ich die längste ~ gewesen** *(fam)* ya me cansé de estar aquí; **kommt ~, kommt Rat** *(prov)* con el tiempo maduran las uvas; **die ~ heilt alle Wunden** el tiempo todo lo cura; **du liebe ~!** ¡Dios mío!; **~ ist Geld** *(prov)* el tiempo es oro

Zeitabschnitt *m* espacio *m* de tiempo; *(länger)* época *f*

Zeitalter *nt* <-s, -> era *f; (Jahrhundert)* siglo *m*

Zeitangabe *f* <-, -n> ❶ *(Uhrzeit)* hora *f; (Datum)* fecha *f* ❷ (LING) complemento *m* temporal

Zeitansage *f* información *f* horaria

Zeitarbeit *f ohne pl* (WIRTSCH) trabajo *m* temporal

Zeitarbeitsfirma *f* (WIRTSCH) empresa *f* de trabajo temporal

Zeitaufwand *m* inversión *f* de tiempo; **mit möglichst geringem ~** en el menor tiempo posible

zeitaufwendig *adj,* **zeitaufwändig** *adj* que requiere mucho tiempo

Zeitbombe *f* bomba *f* con detonador de tiempo

Zeitdruck *m* <-(e)s, *ohne pl*> premura *f* de tiempo; **unter ~ stehen** estar corto de tiempo; **jdn unter ~ setzen** apremiar a alguien

Zeiteinteilung *f* distribución *f* del tiempo

Zeitersparnis *f ohne pl* ahorro *m* de tiempo

Zeitgefühl *nt* <-(e)s, *ohne pl*> sentido *m* del tiempo

Zeitgeist *m* <-(e)s, *ohne pl*> espíritu *m* de la época

zeitgemäß *adj* conforme a la época, actual

Zeitgenosse, -in *m, f* contemporáneo, -a *m, f*

zeitgenössisch *adj* contemporáneo

Zeitgeschehen *nt* actualidad *f*

Zeitgeschichte *f ohne pl* historia *f* contemporánea

zeitgleich *adj* simultáneo; **~ durchs Ziel gehen** cruzar la meta al mismo tiempo

zeitig I. *adj* temprano **II.** *adv* a tiempo; **wir müssen ~ los** tenemos que salir a tiempo

Zeitkarte *f* abono *m*

zeitkritisch *adj* crítico, con una crítica de la sociedad (del momento)

zeitlebens [tsaɪt'le:bəns] *adv* durante toda la vida

zeitlich *adj* temporal; *(vergänglich)* pasajero; **~ zusammenfallen** coincidir; **das passt ihr ~ nicht** no le viene bien esa hora; **etw ist ~ begrenzt** hay un plazo limitado para algo; **das Z~e segnen** *(Personen)* fallecer; *(fam: Sachen)* tocar a su fin

Zeitlimit *nt* <-s, -s *o* -e> límite *m* de tiempo, tiempo *m* límite

zeitlos *adj* intemporal

Zeitlupe *f ohne pl* (FILM) cámara *f* lenta; **in ~** a cámara lenta

Zeitlupentempo *nt* **im ~** a paso de tortuga

Zeitmangel *m* <-s, *ohne pl*> falta *f* de tiempo; **aus ~** por falta de tiempo

Zeitmaschine *f* <-, -n> máquina *f* del tiempo

Zeitnehmer(in) *m(f)* (SPORT) cronometrador(a) *m(f)*

Zeitnot *f ohne pl* premura *f* de tiempo; **in ~ sein** estar corto de tiempo

Zeitplan *m* horario *m;* **einen ~ einhalten/aufstellen** atenerse a/fijar un horario

Zeitpunkt *m* momento *m; (Datum)* fecha *f;* **zu diesem ~** en este momento

Zeitraffer [-rafɐ] *m* <-s, *ohne pl*> (FILM) cámara *f* rápida; **im ~** a cámara rápida

zeitraubend *adj* que exige mucho tiempo

Zeitraum *m* espacio *m* de tiempo, período *m;* **in einem ~ von mehreren Monaten** en un espacio de tiempo de varios meses

Zeitrechnung *f* cronología *f,* era *f;* **nach christlicher/jüdischer ~** según la cronología cristiana/el calendario judío; **vor unserer ~** antes de nuestra era

Zeitreise *f* viaje por el *m* tiempo

Zeitschaltuhr *f* <-, -en> interruptor *m* eléctrico automático, minutero *m*

Zeitschrift *f* revista *f*

Zeitschriftenregal *nt* expositor *m* de revistas

Zeitspanne *f* lapso *m* de tiempo, período *m*

zeitsparend *adj* que ahorra tiempo; **~ arbeiten** trabajar ahorrando tiempo

Zeitumstellung *f* cambio *m* de horario

Zeitung ['tsaɪtʊŋ] *f* <-en> periódico *m; (Tageszeitung)* diario *m*

Zeitungsabonnement *nt* su(b)scripción *f* a un periódico

Zeitungsannonce *f* anuncio *m* (en un periódico)

Zeitungsanzeige *f* anuncio *m* (en un periódico)

Zeitungsartikel *m* artículo *m* de periódico

Zeitungsausschnitt *m* recorte *m* de(l) periódico

Zeitungsausträger(in) *m(f)* <-s, -; -nen> repartidor(a) *m(f)* de periódicos

Zeitungsbeilage *f* suplemento *m* del periódico

Zeitungsbericht *m* reportaje *m* periodístico

Zeitungskiosk *m* quiosco *m* de periódicos

Zeitungsmeldung *f* <-, -en>, **Zeitungsnotiz** *f* <-, -en> noticia *f* de prensa

Zeitungspapier *nt* <-s, *ohne pl*> papel *m* de periódico

Zeitungsständer *m* <-s, -> ❶ *(im Kiosk)* expositor *m* de periódicos ❷ *(zu Hause)* revistero *m*

Zeitungsverkäufer(in) *m(f)* vendedor(a) *m(f)* de periódicos, voceador(a) *m(f)* *Am*

Zeitverlust *m* <-(e)s, *ohne pl*> pérdida *f* de tiempo

Zeitverschiebung *f* diferencia *f* horaria

Zeitverschwendung *f* pérdida *f* de tiempo; **reine ~** solamente tiempo perdido

Zeitvertrag *m (besonders im Bauwesen)* contrato *m* temporal

Zeitvertreib *m* <-(e)s, -e> pasatiempo *m;* **etw zum ~ tun** hacer algo como pasatiempo

Zeitverzögerung *f* retraso *m*

zeitweilig ['tsaɪtvaɪlɪç] **I.** *adj* momentáneo, temporal **II.** *adv* ❶ *(vorübergehend)* durante algún tiempo ❷ *(manchmal)* a veces

zeitweise ['tsaɪtvaɪzə] *adv* ❶ *(manchmal)* a veces ❷ *(vorübergehend)* por momentos

Zeitwort *nt* <-(e)s, -wörter> (LING) verbo *m*

Zeitzeuge, -in *m, f* testigo *mf* de su época; *(Zeitgenosse)* contemporáneo, -a *m, f*

Zeitzone *f* huso *m* horario

Zeitzünder *m* <-s, -> espoleta *f* retardada

zelebrieren* [tsele'bri:rən] *vt* celebrar

Zelle ['tsɛlə] *f* <-n> ① *(einer Organisation, a.* BIOL, ELEK*)* célula *f;* **die (kleinen) grauen ~n** *(fam)* la sustancia gris ② *(Telefonzelle)* cabina *f* telefónica ③ *(Gefängnis-, Klosterzelle)* celda *f*

Zellengenosse, -in *m, f* <-n, -n; -, -nen> compañero, -a *m, f* de celda

Zellgewebe *nt* (BIOL) tejido *m* celular

Zellkern *m* (BIOL) núcleo *m* celular

Zellkultur *f* (BIOL, MED) cultivo *m* celular

Zellstoff *m* celulosa *f*

Zellteilung *f* (BIOL) división *f* celular

zellulär *adj* (BIOL) celular

Zellulitis [tsɛlu'li:tɪs, *pl:* tsɛluli'ti:dən] *f* <Zellulitiden> (MED) celulitis *f inv*

Zelluloid [tsɛlu'lɔɪt] *nt* <-s, *ohne pl*> (*a.* CHEM) celuloide *m*

Zellwand *f* (BIOL) pared *f* celular

Zelt [tsɛlt] *nt* <-(e)s, -e> tienda *f* de campaña; *(Zirkuszelt)* carpa *f;* **seine ~e aufschlagen/abbrechen** *(fam)* establecerse/marcharse

Zeltboden *m* suelo *m* aislante (en una tienda de campaña)

Zelteingang *m* entrada *f* de la tienda de campaña

zelten ['tsɛltən] *vi* acampar, campear *Am*

Zeltlager *nt* campamento *m*

Zeltplane *f* toldo *m*

Zeltplatz *m* lugar *m* de acampada; *(Campingplatz)* campin(g) *m*

Zeltstange *f* palo *m* de la tienda

Zement [tse'mɛnt] *m* <-(e)s, -e> cemento *m*

zementieren* [tsemɛn'ti:rən] *vt* ① *(Wege)* cubrir de cemento ② *(festsetzen)* consolidar ③ *(Stahl)* cementar

Zenit [tse'ni:t] *m* <-(e)s, *ohne pl*> *(a. fig)* cenit *m;* **im ~ stehen** estar en el cenit; *(Mensch)* estar en el apogeo

zensieren* [tsɛn'zi:rən] *vt* ① *(der Zensur unterwerfen)* censurar ② *(benoten)* calificar

Zensor(in) ['tsɛnzo:ɐ] *m(f)* <-s, -en; -nen> censor(a) *m(f)*

Zensur[1] [tsɛn'zu:ɐ] *f ohne pl (Kontrolle)* censura *f;* **der ~ unterliegen** estar sometido a censura

Zensur[2] *f* <-en> *(Note)* nota *f*

zensurieren* [tsɛnzu'ri:rən] *vt (Schweiz, Österr)* censurar, someter a censura

Zentigramm [tsɛnti'gram, 'tsɛntigram] *nt nach Zahlen:* centigramo *m*

Zentiliter [tsɛnti'li:tɐ, 'tsɛntili:tɐ] *m o nt* centilitro *m*

Zentimeter [tsɛnti-, 'tsɛnti-] *m o nt* centímetro *m*

Zentimetermaß *nt* cinta *f* métrica

Zentner ['tsɛntnɐ] *m* <-s, -> ① *(50 kg)* quintal *m* ② *(Österr, Schweiz: 100 kg)* quintal *m* métrico

zentnerschwer *adj* pesado

zentral [tsɛn'tra:l] *adj* central; **~ gelegen** céntrico; **in ~er Lage** en zona céntrica; **ich wohne hier ziemlich ~** aquí vivo a un paso del centro

Zentralabitur *nt* <-s, -e> exámenes *mpl* centrales de enseñanza media *(similares a la Selectividad)*

Zentralafrika [-'-'---] *nt* África *f* Central

Zentralafrikanische Republik *f* República *f* Centroafricana

Zentralamerika [-'--'---] *nt* América *f* Central

Zentralbank *f* banco *m* central

Zentralbankpräsident(in) *m(f)* (FIN) presidente *mf* del Banco Central

Zentrale [tsɛn'tra:lə] *f* <-n> central *f;* *(Telefonzentrale)* centralita *f*

Zentraleinheit *f* (INFOR) unidad *f* central

Zentralgewalt *f* (POL) poder *m* central

Zentralheizung *f* calefacción *f* central

zentralisieren* [tsɛntrali'zi:rən] *vt* centralizar

Zentralisierung *f* <-, -en> centralización *f*

Zentralismus [tsɛntra'lɪsmʊs] *m* <-, *ohne pl*> centralismo *m*

zentralistisch *adj* centralista

Zentralkomitee *nt* comité *m* central

Zentralmassiv *nt* <-s> Macizo *m* Central

Zentralnervensystem *nt* (ZOOL, MED) sistema *m* nervioso central

Zentralrat *m* consejo *m* central

Zentralverriegelung *f* (AUTO) cierre *m* centralizado

Zentralverwaltung *f* administración *f* central

Zentren ['tsɛntrən] *pl von* **Zentrum**

zentrieren* [tsɛn'tri:rən] *vt* (*a.* TECH) centrar

zentrifugal [tsɛntrifu'ga:l] *adj* (PHYS, MED, BIOL) centrífugo

Zentrifugalkraft *f* (PHYS) fuerza *f* centrífuga

Zentrifuge [tsɛntri'fu:gə] *f* <-n> centrifugadora *f*

Zentrum ['tsɛntrʊm] *nt* <-s, Zentren> centro *m;* **im ~ des öffentlichen Interesses stehen** estar en el centro del interés público; **sie wohnt im ~** vive en el centro

Zeppelin ['tsɛpəli:n] *m* <-s, -e> zepelín *m*

Zepter ['tsɛptɐ] *m o nt* <-s, -> cetro *m;* **das ~ schwingen** *(fam)* llevar la voz cantante

zerbeißen* [tsɛɐ-] *irr vt* romper con los dientes [*o* a mordiscos]

zerbissen *pp von* **zerbeißen**

zerbomben* *vt* bombardear

zerbrechen* *irr* **I.** *vt (zerstören)* romper **II.** *vi sein* ① *(entzweibrechen)* romper(se) ② *(scheitern)* fracasar

zerbrechlich *adj* frágil

zerbrochen *pp von* **zerbrechen**

zerbröckeln* **I.** *vi sein (Mauer, Gestein)* desmoronarse; *(Brot)* desmigajarse **II.** *vt* desmenuzar; *(Brot)* desmigajar

zerdeppern* [tsɛɐ'dɛpɐn] *vt (fam)* hacer pedazos [*o* añicos]

zerdrücken* *vt* ① *(zerquetschen)* aplastar; *(Knoblauch)* machacar ② *(fam: zerknittern)* arrugar

Zeremonie [tseremo'ni:, tsere'mo:niə] *f* <-n> ceremonia *f*

zeremoniell [tseremo'njɛl] *adj* ceremonioso

Zeremoniell [tseremo'njɛl] *nt* <-s, -e> ceremonial *m*

Zerfall *m* <-(e)s, *ohne pl*> ruina *f; (von Gebäuden)* desmoronamiento *m;* (CHEM) descomposición *f;* (PHYS) desintegración *f*

zerfallen* *irr vi sein* ① *(Gebäude)* desmoronarse; **zu Staub ~** convertirse en polvo ② *(Reich, Kultur)* hundirse ③ (CHEM) descomponerse; (PHYS) desintegrarse ④ *(sich gliedern)* **in etw ~** dividirse en algo

zerfetzen* *vt* (des)garrar; *(Körper)* despedazar

zerfleddern* [tsɛɐ'flɛdɐn] *vt,* **zerfledern*** [tsɛɐ'fle:dɐn] *vt* estropear; *(zerreißen)* destrozar, hacer trizas

zerfleischen* *vt* despedazar

zerfließen* *irr vi sein* ① *(schmelzen)* fundirse; **vor Freundlichkeit ~** *(iron)* deshacerse en amabilidades ② *(Farbe)* correrse

zerflossen *pp von* **zerfließen**

zerfranst [tsɛɐ'franst] *adj* deshilachado

zerfressen* *irr vt* ① *(Würmer)* carcomer; *(Motten)* comerse; *(Krebs, Lepra)* consumir ② *(Rost)* corroer

zergangen *pp von* **zergehen**

zergehen* *irr vi sein* deshacerse; **auf der Zunge ~** deshacerse en la lengua

zerkauen* *vt* masticar

zerkleinern* *vt* desmenuzar; *(in Stücke)* trocear; *(zermahlen)* triturar; *(Holz)* partir

zerknirscht *adj* compungido; *(reuig)* arrepentido

zerknittern* *vt (Papier)* estrujar; *(Kleid)* arrugar

zerknüllen* *vt* estrujar

zerkochen* **I.** *vi sein* cocer demasiado **II.** *vt* cocer demasiado

zerkratzen* *vt (Dinge)* rascar; *(Haut)* arañar

zerkrümeln* **I.** *vi sein* desmigajarse **II.** *vt* desmigajar

zerlassen* *irr vt* (GASTR) derretir

zerlaufen* *irr vi sein* derretirse

zerlegen* *vt* ① *(Maschine, Möbel)* desmontar; **etw in seine Einzelteile ~** desmontar algo ② *(Wild)* descuartizar; *(Fleisch)* cortar ③ (CHEM) descomponer ④ (LING) analizar

zerlesen *adj* manoseado, releído

zerlumpt *adj* andrajoso, distraído *Chil, Méx*

zermalmen* [tsɛɐ'malmən] *vt* aplastar, triturar

zermürben* *vt (körperlich)* cansar; *(seelisch)* desmoralizar

zerquetschen* *vt* aplastar

Zerrbild ['tsɛrbɪlt] *nt* caricatura *f*

zerreden* *vt* tratar demasiado

zerreiben* *irr vt* triturar, moler; *(fein)* pulverizar

zerreißen* *irr* **I.** *vi sein* romperse **II.** *vt* romper; *(in Stücke)* hacer pedazos; **ich könnte ihn in der Luft ~** *(fam)* podría hacerle pedazos; **es hat uns fast zerrissen** *(fam)* casi nos morimos de la risa

Zerreißprobe *f* (TECH) prueba *f* de rotura; *(fig)* prueba *f* de nervios

zerren ['tsɛrən] **I.** *vi* tirar violentamente (**an** de); **das zerrt an meinen Nerven** esto me destroza los nervios **II.** *vt* ① *(schleppen)* arrastrar ② *(überdehnen)* **sich** *dat* **etw ~** distenderse algo

zerrieben *pp von* **zerreiben**

zerrinnen* *irr vi sein (geh)* ① *(Schnee)* derretirse ② *(Traum, Hoffnung)* desvanecerse; *(Zeit)* pasar volando

zerrissen [tsɛɐ'rɪsən] **I.** *pp von* **zerreißen** **II.** *adj* roto; *(Menschen)* dividido

zerronnen *pp von* **zerrinnen**

Zerrspiegel *m* <-s, -> espejo *m* deformante

Zerrung ['tsɛrʊŋ] *f* <-en> distensión *f,* tirón *m fam*

zerrütten* [tsɛɐ'rʏtən] *vt (Gesundheit)* quebrantar; *(Finanzen, Ordnung)* arruinar; *(Nerven)* destrozar

zersägen* *vt* serrar, cortar con la sierra

zerschellen* [tsɛɐ'ʃɛlən] *vi sein* estrellarse (**an** contra)

zerschlagen[1] **I.** *pp von* **zerschlagen**[2] **II.** *adj* agotado, hecho polvo *fam*

zerschlagen*[2] *irr* **I.** *vt* ① *(zerbrechen)* romper; *(zerstören)* destrozar ② *(Organi-*

Z

sation) desintegrar **II.** *vr:* **sich ~** quedar en nada

Zerschlagung *f* <-, -en> desmantelamiento *m; (einer Bande)* desarticulación *f*

zerschlissen [tsɛɐˈʃlɪsən] *adj* desgastado

zerschmettern* *vt* romper (con violencia); *(Körperteil)* desmembrar

zerschneiden* *irr vt* cortar

zerschnitten *pp von* **zerschneiden**

zersetzen* **I.** *vt* ① *(auflösen)* descomponer ② *(untergraben)* minar; *(sittlich)* desmoralizar **II.** *vr:* **sich ~** descomponerse

Zersetzung *f* <-, -en> ① *(Auflösung)* descomposición *f* ② *(moralisch)* desmoralización *f*

Zersetzungsprodukt *nt* <-(e)s, -e> producto *m* de descomposición

zerspalten* *irr vt* partir; *(Partei)* escindir

zersplittern* **I.** *vi sein (Fensterscheibe)* hacerse añicos; *(Knochen, Holz)* hacerse astillas; *(Partei)* dividirse **II.** *vt* hacer pedazos; *(Holz)* hacer astillas

zerspringen* *irr vi sein* romperse; *(in einzelne Stücke)* hacerse añicos

zersprungen *pp von* **zerspringen**

zerstampfen* *vt* ① *(zerkleinern)* machacar ② *(zertreten)* pisotear

zerstäuben* [tsɛɐˈʃtɔɪbən] *vt* pulverizar; *(Flüssigkeit)* atomizar

Zerstäuber *m* <-s, -> pulverizador *m; (von Flüssigkeit)* atomizador *m*

zerstechen* *irr vt* ① *(Insekten)* picar ② *(Reifen)* pinchar

zerstochen *pp von* **zerstechen**

zerstörbar *adj* destruible; **leicht/schwer ~** fácil/difícil de destruir

zerstören* *vt* destruir

Zerstörer *m* <-s, -> destructor *m*

zerstörerisch *adj* destructivo

Zerstörung *f* <-en> destrucción *f*

Zerstörungstrieb *m ohne pl* instinto *m* destructivo

zerstoßen* *irr vt* machacar, triturar; *(zu Pulver)* pulverizar

zerstreiten* *irr vr:* **sich ~** pelearse; **mit jdm zerstritten sein** estar peleado con alguien

zerstreuen* **I.** *vt* ① *(auseinandertreiben)* dispersar; *(Bedenken)* disipar ② *(verstreuen)* esparcir **II.** *vr:* **sich ~** ① *(Menschenmenge)* dispersarse; *(Bedenken)* disiparse ② *(sich unterhalten)* distraerse

zerstreut [tsɛɐˈʃtrɔɪt] *adj (Person)* distraído

Zerstreutheit *f ohne pl* distracción *f*

Zerstreuung[1] *f ohne pl* ① *(einer Menschenmenge)* dispersión *f; (eines Verdachts)* disipación *f* ② *(Zerstreutheit)* distracción *f*

Zerstreuung[2] *f* <-en> *(Unterhaltung)* entretenimiento *m*

zerstritten [tsɛɐˈʃtrɪtən] *pp von* **zerstreiten**

zerstückeln* [tsɛɐˈʃtʏkəln] *vt* despedazar

Zerstückelung *f* <-en> despedazamiento *m*, troceo *m*

zerteilen* *vt* dividir (**in** en); *(in Stücke)* trocear

Zertifikat [tsɛrtifiˈkaːt] *nt* <-(e)s, -e> certificado *m*

Zertifizierung *f* <-, -en> certificación *f*

zertreten* *irr vt* pisar

zertrümmern* *vt* destrozar, destruir

zerwühlen* *vt (Bett)* revolver; *(Boden)* remover

Zerwürfnis [tsɛɐˈvʏrfnɪs] *nt* <-ses, -se> *(geh)* desavenencia *f*, desacuerdo *m*

zerzausen* [tsɛɐˈtsaʊzən] *vt* desgreñar

zetern [ˈtseːtɐn] *vi (abw)* armar la marimorena

Zettel [ˈtsɛtəl] *m* <-s, -> papel *m; (Notiz)* nota *f; (Kassenzettel)* tique *m*

Zeug [tsɔɪk] *nt* <-(e)s, *ohne pl*> *(fam: Sachen)* cosas *fpl; (wertlose Dinge)* trastos *mpl;* **red kein dummes ~!** *(fam)* ¡no digas tonterías!; **das ~ zu etw** *dat* **haben** *(fam)* tener madera de algo; **was das ~ hält** *(fam)* a más no poder; **sich für jdn ins ~ legen** *(fam)* defender a alguien contra viento y marea

Zeuge, -in [ˈtsɔɪgə] *m, f* <-n, -n; -nen> testigo *mf;* **vor ~n** ante testigos

zeugen [ˈtsɔɪgən] **I.** *vi* ① *(erkennen lassen)* **von etw** *dat* **~** demostrar algo ② *(als Zeuge aussagen)* testificar (**für** a favor de, **gegen** contra/en contra de) **II.** *vt (Kind)* engendrar; *(verursachen)* producir

Zeugenaussage *f* declaración *f* del testigo; **seine ~ machen** prestar declaración testimonial

Zeugenstand *m* <-(e)s, *ohne pl*> estrado *m* de testigos; **in den ~ treten** subir al estrado

Zeugenvernehmung *f* audición *f* de los testigos

Zeugin *f* <-nen> *s.* **Zeuge**

Zeugnis [ˈtsɔɪknɪs] *nt* <-ses, -se> ① *(Schulzeugnis)* notas *fpl; (Arbeitszeugnis)* certificado *m;* **jdm ein ~ ausstellen/schreiben** extender(le)/escribir(le) a alguien un certificado ② *(Gutachten)* dictamen *m*, certificado *m;* **ein amtliches/ärztliches ~** un dictamen oficial/un certificado médico ③ *(geh: Zeichen)* testimonio *m; (Beweis)* prueba *f*

Zeugung *f* <-en> engendramiento *m*

Zeugungsakt *m* acto *m* generador

zeugungsfähig *adj* capaz de engendrar

Zeugungsfähigkeit *f* <-, *ohne pl*> facultad *f* generativa, capacidad *f* de procrear
zeugungsunfähig *adj* incapaz de engendrar
Zeugungsunfähigkeit *f ohne pl* incapacidad *f* de procrear
z. H(d). *Abk. von* **zu Händen von** a la atención de
Zichorie [tsɪ'ço:riə] *f* <-, -n> achicoria *f*
Zicke ['tsɪkə] *f* <-n> ① *(weibliche Ziege)* cabra *f* ② *(Frau)* pava *f* ③ *pl (fam: Dummheiten)* tonterías *fpl;* **~n machen** crear problemas
zickig *adj (fam abw)* caprichoso
Zicklein *nt* <-s, -> cabrito *m*
zickzack ['tsɪktsak] *adv* en zigzag; **~ fahren** ir en zigzag
Zickzack ['tsɪktsak] *m* <-(e)s, -e> zigzag *m,* eses *fpl;* (**im**) **~ laufen** hacer eses
Zickzackkurs *m* <-es, -e> zigzag *m;* **einen** [*o* **im**] **~ fahren** zigzaguear; *(fig)* ir haciendo eses
Ziege ['tsi:gə] *f* <-n> ① *(Tier)* cabra *f* ② *(fam abw: Frau)* bruja *f;* **du dumme ~!** ¡tía idiota!
Ziegel ['tsi:gəl] *m* <-s, -> ① *(Backstein)* ladrillo *m* ② *(Dachziegel)* teja *f*
Ziegeldach *nt* tejado *m* de tejas
Ziegelei [tsi:gə'laɪ] *f* <-en> fábrica *f* de tejas y ladrillos, galpón *m Col*
Ziegelstein *m* ladrillo *m*
Ziegenbart *m* ① *(Bart des Ziegenbockes)* barba *f* del macho cabrío; *(fam: Spitzbart)* barba *f* de chivo ② *(Pilz)* ramaria *f*
Ziegenbock *m* macho *m* cabrío
Ziegenkäse *m* queso *m* de (leche de) cabra
Ziegenmilch *f* leche *f* de cabra
Ziegenpeter [-pe:tɐ] *m* <-s, -> *(fam)* paperas *fpl*
ziehen ['tsi:ən] <zieht, zog, gezogen> **I.** *vt* ① *(allgemein)* tirar (**an** de); *(zerren)* arrastrar; *(Anhänger)* remolcar; *(dehnen)* estirar; **jdn am Ärmel ~** tirar a alguien de la manga; **jdn auf seine Seite ~** conquistar a alguien para sus fines; **etw nach sich** *dat* **~** *(fig)* acarrear algo; **alle Blicke/die Aufmerksamkeit auf sich ~** atraer sobre sí todas las miradas/la atención; **etw ins Komische ~** ridiculizar algo; **Saiten auf ein Instrument ~** poner cuerdas a un instrumento; **der Honig zieht Fäden** la miel hace hebras ② *(herausziehen)* sacar (**aus** de); *(Wurzeln)* arrancar (**aus** de); **Zigaretten ~** sacar cigarrillos; **Fäden ~** quitar los puntos; **aus dem Verkehr ~** *(Auto)* retirar del servicio; *(Geld)* retirar de la circulación; **einen Vorteil aus etw** *dat* **~** sacar una ventaja de algo ③ *(heranziehen)* acercar (tirando) (**an/auf** a); **das Boot ans Ufer ~** acercar el barco a la orilla; **mich zieht überhaupt nichts nach Schweden** en Suecia no hay nada que me atraiga; **es zieht mich nach Hause/in die Ferne** tengo ganas de irme a casa/lejos ④ *(Linie)* trazar; **sich** *dat* **einen Scheitel ~** hacerse una raya ⑤ *(Graben)* abrir; *(Grenze)* establecer; *(Mauer, Zaun)* levantar ⑥ *(Pflanzen)* cultivar; *(Tiere)* criar; *(Kerzen)* hacer ⑦ (MATH) extraer; **die Wurzel aus einer Zahl ~** extraer la raíz de un número ⑧ *(im Kartenspiel)* tomar una carta **II.** *vi* ① (*a.* AUTO) tirar; **an etw** *dat* **~** tirar de algo; **das Auto/der Kamin zieht gut** *(fam)* el coche/la chimenea tira bien; **er zog an seiner Pfeife** dio una chupada a la pipa; **lass mich mal ~** *(an der Zigarette)* déjame dar una calada ② *sein (umziehen)* mudarse (**nach/in/auf** a); *(zu jdm)* irse a vivir (**zu** con); **ich ziehe nach Aachen** me mudo a Aquisgrán; **sie ~ aufs Land** se van a vivir al campo ③ *sein (gehen, wandern)* caminar (**zu/nach** a); *(hineinziehen)* entrar (**in** a/en); *(durchqueren)* atravesar, pasar (**durch** por); *(Vögel)* migrar; **in den Krieg ~** ir a la guerra; **die Jahre zogen ins Land** pasaron los años; **einen ~ lassen** *(fam: furzen)* tirarse un pedo ④ *(im Spiel)* mover; **mit dem Turm ~** mover la torre ⑤ *(Tee, Kaffee)* reposar ⑥ *(Wirkung haben)* tener éxito; **das zieht bei mir nicht** eso no vale conmigo; **dieser Trick zieht immer** este truco siempre tiene éxito ⑦ *(schmerzen)* doler **III.** *vr:* **sich ~** ① *(sich erstrecken)* extenderse; *(vorhanden sein)* estar presente; **dieses Thema zieht sich durch das ganze Buch** este tema está presente en todo el libro ② *(sich verziehen)* alabearse ③ *(fam: dauern)* durar **IV.** *vunpers (Luftzug)* haber corriente; **es zieht!** ¡que hay corriente!
Ziehen *nt* <-s, *ohne pl*> ① *(eines Wagens, Anhängers)* tracción *f* ② *(eines Zahnes)* extracción *f* ③ *(von Pflanzen)* cultivo *m* ④ *(Schmerz)* dolor *m* tirante
Ziehharmonika *f* acordeón *m*
Ziehung *f* <-en> sorteo *m*
Ziel [tsi:l] *nt* <-(e)s, -e> ① *(Reiseziel)* destino *m;* **mit unbekanntem ~** con destino desconocido; **am ~ seiner Träume sein** haber conseguido todo lo que se quería ② (SPORT) meta *f;* **ins ~ kommen** cruzar la meta ③ *(beim Schießen)* blanco *m;* **ins ~ treffen** dar en el blanco; **über das ~ hinausschießen** *(fam)* pasarse ④ *(Zweck)* fin *m; (Absicht)* propósito *m;* **erklärtes ~ ist es, ...** el objetivo que se ha fijado es...; **ein klares ~ vor Augen haben** perseguir una meta fija; **sich** *dat* **ein ~ setzen** pro-

ponerse una meta; **mit dem ~, zu ...** con el fin de...
zielbewusst *adj* decidido
zielen *vi* ① *(Mensch)* apuntar (**auf** a) ② *(Bemerkung)* referirse (**auf** a); **ihre Kritik zielt auf ...** su crítica se refiere a... ③ *(zum Ziel haben)* tener como objetivo (**auf**)
Zielfernrohr *nt* mira *f* telescópica
Zielgerade *f* (SPORT) recta *f* final
zielgerichtet *adj* ① *(entschlossen)* decidido; **~ handeln** actuar teniendo siempre en mente el objetivo final ② *(methodisch)* metódico; **etw ~ planen** planear algo metódicamente
Zielgruppe *f* grupo *m* destinatario
Ziellinie *f* (SPORT) línea *f* de llegada
ziellos *adj* sin propósito fijo; *(orientierungslos)* sin rumbo fijo
Zielort *m* (punto *m* de) destino *m*, lugar *m* de destino *m*
Zielperson *f* persona *f* destinataria
Zielscheibe *f* blanco *m*
Zielsetzung *f* <-en> objetivo *m*
zielsicher *adj* firme, seguro
Zielsprache *f* (LING) lengua *f* de destino
zielstrebig **I.** *adj* perseverante; *(ausdauernd)* constante **II.** *adv* con determinación
Zielstrebigkeit *f ohne pl* perseverancia *f*
ziemlich ['tsi:mlɪç] **I.** *adj* bastante; *(beträchtlich)* considerable; **mit ~er Sicherheit** con bastante seguridad **II.** *adv* ① *(recht viel)* bastante; **~ gut/lange** bastante bien/tiempo; **~ viel** bastante (cantidad) ② *(fam: beinahe)* casi; **so ~ alles** casi todo
Zierde ['tsi:ɐdə] *f* <-n> adorno *m*; **als ~ dienen** servir de adorno
zieren ['tsi:rən] **I.** *vt (geh)* adornar **II.** *vr:* **sich ~** *(abw)* hacerse de rogar; **er zierte sich nicht lange** no se hizo de rogar demasiado
Zierfisch ['tsi:ɐ-] *m* pez *m* decorativo
Ziergarten *m* jardín *m* de plantas ornamentales
Zierleiste *f* ① *(an Möbeln)* moldura *f* decorativa ② (TYPO) viñeta *f*
zierlich *adj* grácil; *(fein)* fino
Zierlichkeit *f* <-, *ohne pl*> gracilidad *f*; *(Feinheit)* finura *f*
Zierpflanze *f* planta *f* ornamental
Ziffer ['tsɪfɐ] *f* <-n> cifra *f*; *(Zahl)* número *m*; **römische/arabische ~n** números romanos/arábigos
Zifferblatt *nt* esfera *f*
zig [tsɪç] *adj inv (fam)* un montón (de)
Zigarette [tsiga'rɛtə] *f* <-n> cigarrillo *m*, pitillo *m fam*; **sich** *dat* **eine ~ drehen** liar un cigarrillo
Zigarettenanzünder *m* <-s, -> encendedor *m* de cigarrillos
Zigarettenautomat *m* máquina *f* expendedora de cigarrillos
Zigarettenetui *nt* <-s, -s> pitillera *f*, petaca *f*
Zigarettenpapier *nt* <-s, -e> papel *m* de liar, mortaja *f Am*
Zigarettenpause *f* <-, -n> *(fam)* pausa *f* para fumar un cigarrillo
Zigarettenschachtel *f* cajetilla *f*, atado *m CSur*
Zigarettenspitze *f* boquilla *f*
Zigarettenstummel *m* <-s, -> colilla *f*
Zigarillo [tsiga'rɪlo] *m o nt* <-s, -s> purito *m*
Zigarre [tsi'garə] *f* <-n> puro *m*
Zigarrenstummel *m* colilla *f* (de puro)
Zigeuner(in) [tsi'gɔɪnɐ] *m(f)* <-s, -; -nen> *(abw)* gitano, -a *m, f pey*
Zigeunermusik *f* <-, -en> música *f* gitana
Zigeunerschnitzel *nt* (GASTR) *filete de cerdo o ternera en una salsa con tomate, cebolla y tiras de pimiento rojo*
zigmal ['tsɪçma:l] *adv (fam)* mil veces
zigste(r, s) *adj (fam)* enésimo; **zum ~n Mal** por enésima vez
Zikade [tsi'ka:də] *f* <-n> (ZOOL) cigarra *f*
Zimbabwe [zɪm'bapve] *nt* <-s> Zimbabwe *m*, Zimbabue *m*
Zimmer ['tsɪmɐ] *nt* <-s, -> habitación *f*, pieza *f Am*; **~ frei** habitación libre; **~ zu vermieten** se alquila habitación; **~ mit Frühstück** habitación con desayuno
Zimmerantenne *f* <-, -n> antena *f* interior
Zimmerdecke *f* techo *m*
Zimmereinrichtung *f* <-, -en> mobiliario *m*
Zimmerhandwerk *nt* carpintería *f*
Zimmerlautstärke *f ohne pl* **das Radio auf ~ stellen** poner la radio a un volumen medio
Zimmermädchen *nt* camarera *f*
Zimmermann *m* <-(e)s, -leute> carpintero *m* de obra
zimmern ['tsɪmɐn] **I.** *vi* **an etw** *dat* **~** construir algo **II.** *vt* hacer, construir
Zimmernummer *f* número *m* de habitación
Zimmerpflanze *f* planta *f* de interior
Zimmerservice *m* servicio *m* de habitaciones
Zimmertemperatur *f* temperatura *f* ambiente
Zimmervermittlung *f* servicio *m* de alquiler de habitaciones
zimperlich ['tsɪmpɐlɪç] *adj (abw: über-*

empfindlich) hipersensible; *(geziert)* remilgado; *(Kind)* ñoño

Zimperlichkeit *f* <-, *ohne pl*> *(abw)* ① *(Überempfindlichkeit)* hipersensibilidad *f* ② *(Geziertheit)* remilgo *m*

Zimt [tsɪmt] *m* <-(e)s, -e> canela *f*

Zimtrinde *f* canela *f* (en rama)

Zimtstange *f* palo *m* de canela, canela *f* en rama

Zink [tsɪŋk] *nt* <-(e)s, *ohne pl*> (CHEM) cinc *m*

Zinke ['tsɪŋkə] *f* <-n> púa *f*

zinken *vt (sl)* marcar

Zinksalbe *f* <-, -n> pomada *f* de óxido de cinc

Zinn [tsɪn] *nt* <-(e)s, *ohne pl*> ① (CHEM) estaño *m* ② *(Zinngeschirr)* vajilla *f* de estaño

zinne(r)n *adj* de estaño

Zinnober[1] [tsɪ'noːbɐ] *m* <-s, *ohne pl*> *(fam abw: Unsinn)* tontería *f*; *(Zeug)* chismes *mpl*

Zinnober[2] *m* <-s, -> ① *(Mineral)* cinabrio *m* ② *(Farbe)* bermellón *m*

zinnoberrot *adj* bermejo

Zinnsoldat *m* soldado *m* de plomo

Zins [tsɪns] *m* <-es, -en> ① *(Verzinsung)* interés *m*; **~en bringen** producir intereses; **jdm etw mit ~ und Zinseszins zurückzahlen** devolver algo a alguien hasta el último céntimo; *(fig)* pagar algo a alguien con la misma moneda ② *(südd, Schweiz, Österr: Miete)* alquiler *m*

Zinserhöhung *f* aumento *m* de los tipos de interés, subida *f* de los intereses

Zinsertrag *m* rédito *m*

Zinseszins ['tsɪnzəs-] *m* interés *m* compuesto

Zinsgefälle *nt* diferencial *m* en los tipos de interés

zinsgünstig *adj* (FIN) de un tipo de interés favorable

zinslos *adj* libre de interés

Zinssatz *m* tipo *m* de interés

Zinssenkung *f* reducción *f* de los tipos de interés

Zionismus [tsio'nɪsmʊs] *m* <-s, *ohne pl*> sionismo *m*

Zionist(in) [tsio'nɪst] *m(f)* <-en, -en; -, -nen> sionista *mf*

Zipfel ['tsɪpfəl] *m* <-s, -> punta *f*

Zipfelmütze *f* gorro *m* con borla

zirka ['tsɪrka] *adv* cerca de, aproximadamente; **~ ein km** cerca de un km; **in ~ zwei Wochen** en dos semanas aproximadamente

Zirkel ['tsɪrkəl] *m* <-s, -> ① *(Gerät)* compás *m* ② *(Kreis, Gruppe)* círculo *m*

Zirkeltraining *nt* (SPORT) entrenamiento *m* en circuito

Zirkulation [tsɪrkula'tsjoːn] *f* <-en> circulación *f*

zirkulieren* [tsɪrku'liːrən] *vi haben o sein* circular

Zirkumflex ['tsɪrkʊmflɛks] *m* <-es, -e> (LING) acento *m* circunflejo

Zirkus[1] ['tsɪrkʊs] *m* <-, -se> circo *m*

Zirkus[2] *m* <-, *ohne pl*> *(fam abw: Getue)* teatro *m*; *(Durcheinander)* follón *m*; **mach doch nicht solchen ~!** ¡no hagas tanto teatro!

Zirkuszelt *nt* carpa *f* de un circo

zirpen ['tsɪrpən] *vi (Grillen)* cantar

Zirrhose [tsɪ'roːzə] *f* <-, -n> (MED) cirrosis *f inv*

Zirruswolke ['tsɪrʊs-] *f* (METEO) cirro *m*

zisch [tsɪʃ] *interj* chis, pss

zischen ['tsɪʃən] *vi (Schlange, Mensch)* silbar; **heute Abend ~ wir (uns) einen** *(fam)* esta noche nos vamos de copas

Zisterne [tsɪs'tɛrnə] *f* <-n> cisterna *f*

Zitadelle [tsita'dɛlə] *f* <-n> ciudadela *f*

Zitat [tsi'taːt] *nt* <-(e)s, -e> cita *f*

Zither ['tsɪtɐ] *f* <-n> (MUS) cítara *f*

zitieren* [tsi'tiːrən] *vt* citar (**aus** de); **jdn zu sich** *dat* **~** llamar a alguien

Zitronat [tsitro'naːt] *nt* <-(e)s, -e> cáscara *f* de cidra confitada

Zitrone [tsi'troːnə] *f* <-n> limón *m*; **heiße ~** zumo de limón caliente; **jdn wie eine ~ ausquetschen** *(fam)* exprimir a alguien como un limón

Zitronenfalter *m* (ZOOL) cleopatra *f*

zitronengelb *adj* (de color) amarillo limón

Zitronenlimonade *f* limonada *f*

Zitronenmelisse *f* <-, -n> hierba *f* luisa

Zitronenpresse *f* exprimidor *m*

Zitronensaft *m* zumo *m* de limón, jugo *m* de limón *Am*

Zitronensäure *f ohne pl* ácido *m* cítrico

Zitronenschale *f* cáscara *f* de limón

Zitrusfrucht ['tsiːtrʊs-] *f* fruto *m* cítrico

zitt(e)rig ['tsɪt(ə)rɪç] *adj* tembloroso

zittern ['tsɪtɐn] *vi* temblar (**vor** de); *(vibrieren)* vibrar; **vor Kälte/Angst ~** temblar de frío/miedo

Zitterpappel *f* (BOT) álamo *m* temblón

Zitterpartie *f* <-, -n> *(fam)* **der Ausflug mit dem alten Auto war die reinste ~** en la excursión con el coche viejo nos entró varias veces un tembleque

zittrig *adj* tembloroso

Zitze ['tsɪtsə] *f* <-n> teta *f*, tetilla *f*

Zivi ['tsiːvi] *m* <-(s), -s> *(fam)* ① *Abk. von* **Zivildienstleistende(r)** objetor *m* de conciencia *(prestando su servicio social)*

❷ *Abk. von* **Zivilpolizist(in)** policía *mf* de paisano

zivil [tsi'viːl] *adj* ❶ *(nicht militärisch)* civil ❷ *(gemäßigt)* moderado; *(Preis)* módico

Zivil [tsi'viːl] *nt* <-s, *ohne pl*> **in ~** (vestido) de paisano

Zivilberuf *m* <-(e)s, -e> oficio *m* de civil; **im ~** en el oficio de paisano

Zivilbevölkerung *f* población *f* civil

Zivilcourage *f* valor *m* cívico

Zivildienst *m* <-(e)s, *ohne pl*> prestación *f* social su(b)stitutoria; **~ leisten** hacer la prestación social su(b)stitutoria

Zivildienstleistende(r) *m* <-n, -n> objetor *m* de conciencia *(prestando su servicio social)*

Zivilfahnder(in) *m(f)* <-s, -; -, -nen> investigador(a) *m(f)* (en) civil

Zivilgericht *nt* tribunal *m* civil

Zivilgesellschaft *f* sociedad *f* civil

Zivilgesetzbuch *nt* *(Schweiz)* Código *m* Civil Suizo

Zivilisation [tsiviliza'tsjoːn] *f* <-en> civilización *f*

Zivilisationskrankheit *f* enfermedad *f* de (la) civilización

zivilisieren* [tsivili'ziːrən] *vt* civilizar

zivilisiert [tsivili'ziːɐt] *adj* civilizado; **sich ~ benehmen** portarse civilizadamente

Zivilist(in) [tsivi'lɪst] *m(f)* <-en, -en; -nen> civil *mf*, paisano, -a *m, f*

Zivilklage *f* (JUR) acción *f* civil

Zivilprozess *m* (JUR) causa *f* civil

Zivilrecht *nt* <-(e)s, *ohne pl*> (JUR) derecho *m* civil

zivilrechtlich *adj* (JUR) de derecho civil

Zivilschutz *m* protección *f* civil

Zobel ['tsoːbəl] *m* <-s, -> (ZOOL) marta *f* cebellina

zocken ['tsɔkən] *vi* *(fam)* jugar (juegos de azar)

Zocker(in) ['tsɔkɐ] *m(f)* <-s, -; -, -nen> *(sl)* tahúr(a) *m(f)*

Zofe ['tsoːfə] *f* <-n> doncella *f*

Zoff [tsɔf] *m* <-s, *ohne pl*> *(fam)* pelea *f*; **~ haben** haberse peleado

zog [tsoːk] *3. imp von* **ziehen**

zögerlich ['tsøːgɐlɪç] *adj* dudoso, vacilante, titubeante

zögern ['tsøːgɐn] *vi* dudar (**zu** en), vacilar (**zu** en); **ohne zu ~** sin vacilar

Zögern *nt* <-s, *ohne pl*> vacilación *f*

Zögling ['tsøːklɪŋ] *m* <-s, -e> pupilo, -a *m, f*

Zölibat [tsøli'baːt] *m o nt* <-(e)s, *ohne pl*> celibato *m*

Zoll[1] [tsɔl, *pl:* 'tsœlə] *m* <-(e)s, Zölle> *(Abgabe)* derechos *mpl* de aduana; **für etw ~ bezahlen** pagar derechos de aduana por algo

Zoll[2] *m* <-(e)s, *ohne pl*> *(Behörde)* aduana *f*; **durch den ~ kommen** pasar la aduana

Zoll[3] *m* <-(e)s, -> *(Längenmaß)* pulgada *f*

Zollabfertigung *f* trámites *mpl* aduaneros

Zollamt *nt* (oficina *f* de) aduana *f*

Zollbeamte(r) *m*, **-beamtin** *f* funcionario, -a *m, f* de aduanas

Zollbehörde *f* <-, -n> aduana *f*

Zollbestimmung *f* disposición *f* aduanera

zollen ['tsɔlən] *vt* *(geh)* tributar; **jdm Respekt ~** tributar respeto a alguien

Zollerklärung *f* declaración *f* de aduana; **Zoll- und Devisenerklärung** declaración de aduana y de divisas

Zollfahnder(in) *m(f)* policía *mf* de aduanas

Zollfahndung *f* <-, -en> policía *f* de aduanas

zollfrei *adj* libre de derechos de aduana

Zollfreiheit *f ohne pl* franquicia *f* arancelaria

Zollgebiet *nt* zona *f* aduanera

Zollgebühren *fpl* aranceles *mpl*, derechos *mpl* arancelarios

Zollkontrolle *f* control *m* aduanero

Zöllner(in) ['tsœlnɐ] *m(f)* <-s, -; -nen> *(fam)* aduanero, -a *m, f*

zollpflichtig *adj* sujeto a derechos de aduana

Zollschranke *f* barrera *f* aduanera

Zollstock *m* metro *m* plegable

Zolltarif *m* arancel *m*

Zollunion *f* unión *f* aduanera

Zombie ['tsɔmbi] *m* <-(s), -s> zombi(e) *m*

Zone ['tsoːnə] *f* <-n> zona *f*

Zoo [tsoː] *m* <-s, -s> zoo *m*, parque *m* zoológico

Zoologe, -in [tsoo'loːgə] *m, f* <-n, -n; -, -nen> zoólogo, -a *m, f*

Zoologie [tsoolo'giː] *f ohne pl* zoología *f*

Zoologin *f* <-, -nen> *s.* **Zoologe**

zoologisch *adj* zoológico

Zoom [zuːm] *nt* <-s, -s> (FILM, FOTO) zum *m*, zoom *m*

zoomen ['zuːmən] *vt* (FILM, FOTO) enfocar con el zum

Zoomobjektiv *nt* <-s, -e> (FOTO) (objetivo *m*) zoom *m*

Zopf [tsɔpf, *pl:* 'tsœpfə] *m* <-(e)s, Zöpfe> trenza *f*; **ein alter ~** *(fam)* una costumbre anticuada

Zorn [tsɔrn] *m* <-(e)s, *ohne pl*> ira *f*, cólera *f*; **im ~** enfurecido; **in ~ geraten** ponerse furioso; **jdn in ~ bringen** enfurecer a alguien; **auf jdn einen ~ haben** estar furioso con alguien

zornig I. *adj* colérico, caribe *Ant*; **~ wer-**

Z

den encolerizarse (**auf** con); **auf jdn ~ sein** estar furioso con alguien II. *adv* con ira

Zote ['tso:tə] *f* <-n> *(abw)* chiste *m* verde

zott(e)lig ['tsɔt(ə)lɪç] *adj,* **zottig** ['tsɔtɪç] *adj* ① *(Fell)* hirsuto, chasco *Am* ② *(abw: Haare)* desgreñado

z. T. *Abk. von* **zum Teil** en parte

zu [tsu:] I. *präp +dat* ① *(Richtung, Lage, Verhältnis)* a; *(in)* en; ~ **Hause** en casa; **das Museum ~ Speyer** el Museo de Espira; **Herzog ~ X** el Duque de X; ~ **beiden Seiten** a ambos lados; ~ **seiner Rechten** a su derecha; **sie kommt ~ mir** viene a mi casa; **er geht ~m Bahnhof/~r Post** va a la estación/a Correos; **es fiel ~ Boden** cayó al suelo; ~ **jdm hinsehen** mirar a alguien; **das Zimmer liegt ~r Straße hin** la habitación da a la calle ② *(hinzu, dazu)* con; **er setzte sich ~ den anderen** se sentó con los demás; **nehmen Sie Wein ~m Essen?** ¿toma Ud. vino con la comida? ③ *(zeitlich)* ~ **jener Zeit** en aquel tiempo; **ich kündige ~m 1. Mai** rescindo mi contrato el primero de mayo; ~ **Anfang** al principio; ~ **Ostern/Weihnachten** en Semana Santa/por Navidades; **~m ersten Mal** por primera vez; ~ **Mittag/Abend essen** almorzar/cenar ④ *(Preis, Menge, Häufigkeit)* **~m Teil** en parte; **in Kisten ~ (je) hundert Stück** en cajas de a cien; **~m halben Preis** a mitad de precio; **Briefmarken ~ 62 Cent** sellos de 62 céntimos; **das Kilo ~ zwei Euro** a dos euros el kilo ⑤ *(Art und Weise)* ~ **Recht** con razón; ~ **Fuß** a pie ⑥ *(Zweck, Ziel)* para, por; **~m Glück** por suerte; ~ **allem Unglück** para colmo de desgracias; ~ **deiner Beruhigung kann ich sagen, dass ...** para tu tranquilidad puedo decir que...; **ein Stift ~m Schreiben** un lápiz para escribir; **~r Unterhaltung** por diversión; **es ist ~m Weinen** es para llorar; **etwas ~m Essen/Lesen mitnehmen** llevarse algo para comer/leer; **kommst du ~m Frühstück/Abendessen?** ¿vienes a desayunar/cenar?; **jdm ~m Geburtstag gratulieren** felicitar a alguien por el cumpleaños ⑦ *(Verhältnis)* a, contra; **die Chancen stehen eins ~ zehn** hay una posibilidad contra diez; **eins ~ null für Real Madrid** uno a cero para el Real Madrid ⑧ *(in Bezug auf)* (con) respecto a; ~ **dieser Frage möchte ich Folgendes sagen: ...** con respecto a esta pregunta quisiera decir lo siguiente:... ⑨ *(Verwandlung)* en; **das Wasser wurde ~ Eis** el agua se convirtió en hielo II. *adv* ① *(allzu)* demasiado; ~ **sehr/viel** demasiado; ~ **schnell** demasiado rápido ② *(Richtung)* hacia; **nach Süden ~** hacia el sur; **nur ~!** *(fam)* ¡adelante! ③ *(fam: geschlossen)* cerrado; ~ **sein** *(geschlossen, verschlossen)* estar cerrado; *(betrunken)* estar colocado ④ *(zeitlich)* **ab und ~** de vez en cuando; **von Zeit ~ Zeit** de tiempo en tiempo III. *konj* ① *(mit Infinitiv)* **es ist schön, neue Leute kennen ~ lernen** es bonito conocer gente nueva; **es ist leicht ~ finden** es fácil de encontrar ② *(mit Partizip Präsens)* **die ~ erledigende Post** el correo por despachar

zuallererst [-'--'-] *adv* ante todo, en primer lugar

zuallerletzt [-'--'-] *adv* por último, en último lugar

zu|bauen *vt (Lücke)* ocupar (con un edificio); *(Platz, Gelände)* llenar de edificios, construir por todos los lados

Zubehör ['tsu:bəhø:ɐ] *nt* <-(e)s, -e> accesorios *mpl,* implemento *m Am*

Zubehörteil *nt* accesorio *m*

zu|beißen *irr vi* morder

zu|bekommen* *irr vt (fam: Tür, Koffer)* lograr [*o* conseguir] cerrar; *(Kleidung)* conseguir [*o* lograr] abrochar

zu|bereiten* *vt* preparar

Zubereitung *f* <-en> preparación *f*

zu|billigen *vt* **jdm etw ~** conceder algo a alguien

zu|binden *irr vt (Schuhe)* atar; *(Augen)* vendar

zu|blinzeln *vi* **jdm ~** guiñar el ojo a alguien

zu|bringen *irr vt* ① *(verbringen)* pasar ② *(fam: schließen können)* lograr cerrar

Zubringer *m* <-s, -> (AUTO) ① *(Straße)* vía *f* de acceso ② *(Verkehrsmittel)* enlace *m*

Zucchini [tsʊ'ki:ni] *f* <-, -> (BOT, GASTR) calabacín *m*

Zucchino [tsʊ'ki:no, *pl:* tsʊ'ki:ni] *m* <-s, Zucchini> calabacín *m,* zapallo *m* italiano *Am*

Zucht [tsʊxt] *f* <-en> *(von Tieren)* cría *f; (von Pflanzen, Bakterien)* cultivo *m;* **hier herrscht ~ und Ordnung** aquí reina una disciplina severa

Zuchtbulle *m* toro *m* semental, padrote *m AmC, Méx*

züchten ['tsʏçtən] *vt (Tiere)* criar; *(Pflanzen, Bakterien)* cultivar

Züchter(in) *m(f)* <-s, -; -nen> *(von Tieren)* criador(a) *m(f); (von Pflanzen)* cultivador(a) *m(f)*

Zuchthaus[1] *nt (Gebäude)* penitenciaría *f*

Zuchthaus[2] *nt ohne pl (Zuchthausstrafe)* (pena *f* de) reclusión *f;* **er hat 3 Jahre ~ bekommen** le condenaron a 3 años de reclusión

Zuchthengst *m* caballo *m* semental, garañón *m Am*
züchtig ['tsʏçtɪç] *adj* casto
züchtigen ['tsʏçtɪgən] *vt (geh)* castigar (con golpes), potrear *Guat, Perú*
Zuchtlosigkeit *f* <-, *ohne pl*> indisciplina *f*
Zuchtperle *f* perla *f* cultivada
Zuchttier *nt (männlich)* semental *m; (weiblich)* res *f* de vientre
Züchtung *f* <-en> *(von Tieren)* cría *f; (von Pflanzen)* cultivo *m*
zuck(e)rig ['tsʊk(ə)rɪç] *adj* ❶ *(mit Zucker bestreut)* azucarado ❷ *(aus Zucker)* de azúcar
zucken ['tsʊkən] *vi* ❶ *(zusammenfahren)* trepidar; *(vor Schreck)* estremecerse; *(Muskel)* contraerse ❷ *(Blitz)* centellear
zücken ['tsʏkən] *vt* sacar
Zucker[1] ['tsʊkɐ] *m* <-s, -> *(Nahrungsmittel)* azúcar *m;* **ein Stück ~** un terrón de azúcar
Zucker[2] *m* <-s, *ohne pl*> *(fam: Zuckerkrankheit)* azúcar *m;* **~ haben** tener diabetes
Zuckerdose *f* azucarero *m*
Zuckererbse *f* tirabeque *m,* guisante *m* flamenco [*o* mollar]
zuckerfrei *adj* sin azúcar
Zuckerguss *m* glaseado *m*
zuckerkrank *adj* diabético
Zuckerkranke(r) *mf* diabético, -a *m, f*
Zuckerkrankheit *f ohne pl* diabetes *f inv*
Zuckerlecken *nt* **etw ist kein ~** *(fam)* algo no es (precisamente) agradable
Zuckermelone *f* melón *m*
zuckern ['tsʊkɐn] *vt* azucarar
Zuckerrohr *nt* <-(e)s, *ohne pl*> caña *f* de azúcar
Zuckerrübe *f* remolacha *f* azucarera
Zuckerstreuer *m* <-s, -> azucarero *m*
zuckersüß ['-'-] *adj* muy dulce; *(abw)* dulzón; *(a. fig)* empalagoso
Zuckerwatte *f ohne pl* nube(s) *f(pl)* de azúcar
zuckrig *adj s.* **zuckerig**
Zuckung *f* <-en> contracción *f* (involuntaria); **nervöse ~en** tic nervioso
zu|decken *vt* tapar; *(im Bett)* arropar
zudem [tsu'de:m] *adv (geh)* además
zu|drehen *vt* ❶ *(Wasserhahn)* cerrar; *(Schraube)* apretar ❷ *(zuwenden)* volver; **sie drehte ihm den Rücken zu** le volvió la espalda
zudringlich ['tsu:drɪŋlɪç] *adj* impertinente, fregado *Am*
Zudringlichkeit *f* <-en> impertinencia *f*
zu|dröhnen *vr:* **sich ~** *(fam)* coger un ciego
zu|drücken *vt* cerrar (empujando); **ein Auge ~** *(fig)* hacer la vista gorda; **jdm die Kehle ~** estrangular a alguien
zueinander [tsuʔaɪ'nandɐ] *adv* el uno con el otro; **sie passen gut ~** hacen buena pareja; **seid nett ~** sed amables el uno con el otro
zu|erkennen* *irr vt (Preis)* conceder; *(Recht)* otorgar; (JUR) adjudicar
zuerst [-'-] *adv* ❶ *(als Erstes)* primero; *(vorrangig)* en primer lugar ❷ *(erst, als Erster)* primero; **ich war ~ da** yo llegué primero; **wer ~ kommt, mahlt ~** *(prov)* primer venido, primer servido ❸ *(anfangs)* al principio ❹ *(erstmals)* por primera vez
zu|fächeln *vt* **jdm Luft ~** abanicar a alguien
Zufahrt *f* <-en> *(Weg, Straße)* vía *f* de acceso (**zu** a)
Zufahrtsstraße *f* carretera *f* de acceso
Zufall *m* <-(e)s, -fälle> casualidad *f,* azar *m;* **das ist aber ein ~!** ¡esto sí que es una casualidad!; **etw dem ~ verdanken** agradecer algo al azar; **etw dem ~ überlassen** dejar algo al azar; **es war reiner ~, dass ...** fue pura casualidad que… *+subj;* **durch ~** por casualidad; **der ~ wollte es, dass ...** dio la casualidad que…
zu|fallen *irr vi sein* ❶ *(Fenster, Tür)* cerrarse (de golpe); **ihm fallen vor Müdigkeit die Augen zu** se cae de sueño ❷ *(Vergünstigung, Aufgabe)* corresponder; **jdm etw ~** ser adjudicado algo a alguien
zufällig I. *adj* ocasional, casual; **das war rein ~** fue pura casualidad **II.** *adv* por casualidad; **jdn ~ treffen** encontrar a alguien por casualidad
zufälligerweise ['----'--] *adv* por casualidad
Zufälligkeit[1] *f ohne pl (das Zufälligsein)* carácter *m* fortuito
Zufälligkeit[2] *f* <-en> *(Zufall)* casualidad *f*
Zufallsbekanntschaft *f persona que se conoce por azar;* **das war eine ~** nos conocimos por azar
Zufallstreffer *m* golpe *m* de suerte; *(Ballspiele)* gol *m* de suerte
zufassen *vi* ❶ *(zugreifen)* agarrar, aferrar ❷ *(fam: helfen)* echar una mano
Zuflucht *f ohne pl* refugio *m* (**vor** de); **~ suchen/finden** buscar/encontrar refugio; **jdm ~ gewähren** ofrecer refugio a alguien; **du bist meine letzte ~!** ¡tú eres mi última esperanza!; **zu etw** *dat* **~ nehmen** recurrir a algo
Zufluchtsort *m* refugio *m*
Zufluss *m* <-es, -flüsse> afluente *m*
zu|flüstern *vt* decir al oído
zufolge [tsu'fɔlgə] *präp +gen (nachgestellt: +dat)* según, de acuerdo con; **dem Bericht ~** de acuerdo con el informe

Z

zufrieden [tsu'fri:dən] *adj* contento, satisfecho; **jdn ~ stellen** contentar a alguien; **~ stellend sein** ser satisfactorio

zufrieden|geben *irr vr* **sich** (**mit wenig**) ~ contentarse (con poco)

Zufriedenheit *f ohne pl* satisfacción *f;* **zu jds voller ~** a plena satisfacción de alguien

zufrieden|lassen *irr vt* **jdn ~** dejar a alguien en paz

zu|frieren *irr vi sein* helarse (por completo)

zu|fügen *vt* ① *(hinzutun)* añadir ② *(Schaden, Schmerz)* causar; *(Niederlage)* infligir; **jdm Leid ~** hacer sufrir a alguien

Zufuhr ['tsu:fu:ɐ] *f ohne pl (Versorgung)* suministro *m; (Zustrom)* afluencia *f; (Zuleitung)* tra(n)sporte *m*

Zug[1] [tsu:k, *pl:* 'tsy:gə] *m* <-(e)s, Züge> ① *(Eisenbahn)* tren *m;* **der ~ nach Madrid** el tren con destino a Madrid; **mit dem ~ fahren** ir en tren; **der ~ ist abgefahren** *(fam)* hemos perdido la ocasión; **im falschen ~ sitzen** *(fam)* haberse equivocado ② *(Tendenz)* tendencia *f; (Neigung)* inclinación *f;* **das ist der ~ der Zeit** esta es la tendencia de la época; **im ~e der neuen Entwicklung** como consecuencia de los últimos desarrollos ③ *(Geleitzug)* séquito *m; (Umzug)* desfile *m; (von Fahrzeugen)* convoy *m; (Festzug)* cortejo *m* ④ *(Atemzug)* respiración *f; (beim Rauchen)* calada *f; (Pfeife)* chupada *f; (Schluck)* trago *m;* **in einem ~** *(ohne Unterbrechung)* de un tirón; **das Glas in einem ~ austrinken** vaciar la copa de un trago; **etw in vollen Zügen genießen** disfrutar plenamente de algo; **in den letzten Zügen liegen** *(fam)* estar en las últimas ⑤ *(bei Brettspielen)* jugada *f;* **einen ~ machen** hacer una jugada; **du bist am ~** te toca (a ti) ⑥ *(beim Schwimmen)* brazada *f* ⑦ *(Charakter-, Schrift-, Gesichtszug)* rasgo *m;* **etw in groben Zügen umreißen** trazar algo a grandes rasgos; **das war kein schöner ~ von dir** eso no fue muy bonito de tu parte ⑧ *(Krafteinwirkung)* tracción *f*

Zug[2] *m* <-(e)s, *ohne pl*> ① *(Luftzug)* corriente *f* (de aire); **im ~ sitzen** estar en la corriente ② *(im Ofen)* tiro *m*

Zug[3] *m* <-s> (GEO) Zug *m*

Zugabe *f* <-n> ① *(Zusätzliches)* extra *m* ② *(bei einer Veranstaltung)* bis *m;* **~, ~!** ¡otra, otra!

Zugabteil *nt* compartim(i)ento *m* (de tren)

Zugang *m* <-(e)s, -gänge> ① *(Zutritt, Zugriff)* acceso *m* (**zu** a); *(Eingang)* entrada *f* (**zu** a); **~ verboten** paso prohibido ② *(von Waren)* llegada *f; (von Büchern)* adquisición *f; (von Schülern)* entrada *f; (von Patienten)* ingreso *m*

zugange [tsu'gaŋə] **mit jdm/etw** *dat* **~ sein** *(fam)* estar ocupado con alguien/algo

zugänglich ['tsu:gɛŋlɪç] *adj* ① *(erreichbar, aufgeschlossen)* accesible ② *(verfügbar)* disponible; **jdm etw ~ machen** poner algo al alcance de alguien

Zugbegleiter(in) *m(f)* revisor(a) *m(f)*

Zugbrücke *f* puente *m* levadizo

zu|geben *irr vt* ① *(hinzufügen)* añadir ② *(einräumen)* admitir; *(gestehen)* reconocer; **ich muss ~, dass ...** tengo que admitir que...

zugegebenermaßen ['-----'--] *adv* con el reconocimiento; **das war ~ ein Fehler** hay que reconocer que fue un error

zugegen [-'--] *adj (geh)* **~ sein** estar presente (**bei** en)

zu|gehen *irr* **I.** *vi sein* ① *(hingehen)* dirigirse (**auf** a); **auf jdn ~** acercarse a alguien; **es geht auf den Winter zu** llega el invierno; **er geht schon auf die siebzig zu** ronda los setenta ② *(formal: zugestellt werden)* llegar ③ *(fam: sich schließen lassen)* cerrar(se) **II.** *vunpers sein* **bei der Diskussion ging es lebhaft zu** fue una discusión muy viva

zu|gehören* *vi (geh)* pertenecer (a)

zugehörig *adj* correspondiente

Zugehörigkeit *f ohne pl* pertenencia *f* (**zu** a); *(zu einem Verein, einer Partei)* afiliación *f* (**zu** a)

zugekifft *adj (sl)* emporrado

zugeknöpft *adj (fam)* poco comunicativo

Zügel ['tsy:gəl] *m* <-s, -> rienda *f;* **die ~ anziehen** tirar de las riendas; *(fig)* apretar las tuercas; **die ~ fest in der Hand haben** *(fig)* tener la sartén por el mango; **die ~ locker lassen** *(a. fig)* aflojar las riendas

zügellos **I.** *adj* desenfrenado; *(Lebenswandel)* disoluto **II.** *adv* a rienda suelta

Zügellosigkeit *f* <-, -en> desenfreno *m; (im Lebenswandel)* disipación *f*

zügeln **I.** *vt* ① *(Pferd)* refrenar ② *(Neugierde, Zorn)* contener **II.** *vr:* **sich ~** contenerse **III.** *vi (Schweiz: umziehen)* mudarse

Zugeständnis *nt* <-ses, -se> concesión *f* (**an** a); **jdm ein ~ machen** conceder algo a alguien

zu|gestehen* *irr vt* ① *(zugeben)* admitir ② *(bewilligen)* conceder, acordar *Arg, Chil;* **jdm etw ~** conceder algo a alguien

zugetan ['tsu:gəta:n] *adj* **jdm ~ sein** sentir simpatía por alguien; **etw** *dat* **~ sein** tener apego a algo

Zugfahrt *f* (EISENB) viaje *m* en tren

Zugführer(in) *m(f)* <-s, -; -nen> jefe, -a *m, f* de tren

Z

zugig *adj* expuesto a las corrientes de aire; **hier ist es ~** aquí hay mucha corriente

zügig ['tsy:gɪç] **I.** *adj (rasch)* rápido; *(ununterbrochen)* ininterrumpido **II.** *adv* a buen paso; *(ununterbrochen)* ininterrumpidamente

Zugkraft[1] *f* <-kräfte> (PHYS) fuerza *f* de tracción

Zugkraft[2] *f ohne pl (Anziehungskraft)* atractivo *m*

zugkräftig *adj* atractivo; *(Plakat, Titel)* llamativo; *(Ware)* de gran venta; *(Film, Schauspieler)* taquillero

zugleich [-'-] *adv* al mismo tiempo

Zugluft *f ohne pl* corriente *f* de aire

Zugmaschine *f* tractor *m*

Zugnummer *f* <-, -n> ① *(eines Zuges)* número *m* de(l) tren ② *(Hauptattraktion)* atracción *f* principal

Zugpersonal *nt* personal *m* de tren

zu|greifen *irr vi* coger; *(bei Tisch)* servirse; **greifen Sie zu!** ¡sírvase!; **bei solch einer Gelegenheit muss man ~** hay que aprovechar semejante ocasión

Zugrestaurant *nt* vagón *m* restaurante

Zugriff *m* <-(e)s, -e> ① *(das Zugreifen)* toma *f*; **sich dem ~ der Polizei entziehen** escapar a la detención de la policía ② (INFOR) acceso *m*

Zugriffsberechtigung *f* (INFOR) autorización *f* de acceso

Zugriffsgeschwindigkeit *f* (INFOR) velocidad *f* de acceso

Zugriffsrecht *nt* <-(e)s, -e> (INFOR) derecho *m* de acceso

Zugriffszahl *f meist pl* (INFOR) número *m* de visitas

Zugriffszeit *f* <-, -en> (INFOR) tiempo *m* de acceso; **durchschnittliche ~** tiempo de acceso por término medio

zugrunde [tsu'grʊndə] *adv* **etw ~ legen** tomar algo por base; **~ liegen** basarse en; **~ gehen** irse a pique, fundirse *Am;* **jdn/etw ~ richten** arruinar a alguien/estropear algo; *s. a.* **Grund**[1]

Zugschaffner(in) *m(f)* revisor(a) *m(f)*

zu|gucken *vi (fam)* mirar; **mir wird schon vom Z~ schlecht** tan solo con mirarlo me dan náuseas

Zugunglück *nt* accidente *m* ferroviario

zugunsten [-'--] *präp +gen* a favor de, en beneficio de; *s. a.* **Gunst**

zugute|halten *irr vt (geh)* tener en consideración

zugute|kommen *irr vi sein (geh)* **jdm/etw** *dat* **~** favorecer a alguien/algo

Zugverbindung *f* ① *(zwischen zwei Orten)* enlace *m* ferroviario ② *(Anschluss)* comunicación *f* ferroviaria

Zugverkehr *m* tráfico *m* ferroviario

Zugvogel *m* ave *f* migratoria

Zugzwang *m* **jdn in ~ bringen** obligar a alguien a reaccionar; **in ~ geraten** verse obligado a actuar

zu|haben *irr* **I.** *vi (fam)* estar cerrado **II.** *vt (fam)* tener cerrado; **die Augen ~** tener los ojos cerrados

zu|halten *irr* **I.** *vi* **auf etw ~** dirigirse a algo **II.** *vt* ① *(geschlossen halten)* mantener cerrado ② *(Augen, Ohren)* tapar

Zuhälter ['tsu:hɛltɐ] *m* <-s, -> chulo *m fam,* padrote *m AmC, Méx*

Zuhälterei *f ohne pl* rufianería *f*

zuhauf [-'-] *adv (geh)* en masa

zuhause *adv* en casa; *s. a.* **Haus 1.**

Zuhause [tsu'haʊzə] *nt* <-s, *ohne pl*> casa *f*

Zuhilfenahme [-'----] *f ohne pl* **ohne/unter ~ von ...** sin/con ayuda de...

zu|hören *vi* escuchar; **jdm ~** escuchar a alguien

Zuhörer(in) *m(f)* <-s, -; -nen> oyente *mf; (am Radio)* radioyente *mf; (Zuhörerschaft)* público *m*

Zuhörerschaft *f ohne pl* auditorio *m*

zu|jubeln *vi* **jdm ~** aclamar a alguien

zu|kehren *vt* volver; **sie kehrte ihm das Gesicht zu** le miró de frente

zu|klappen **I.** *vi sein* cerrarse (de golpe) **II.** *vt* cerrar (de golpe)

zu|kleben *vt (Loch)* tapar; *(Umschlag)* cerrar

zu|knallen **I.** *vt (fam)* cerrar de golpe; **die Tür ~** dar un portazo **II.** *vi sein (fam)* cerrarse de golpe

zu|kneifen *irr vt* atenazar; **die Augen ~** cerrar los ojos muy fuerte

zu|knöpfen *vt* abrochar

zu|kommen *irr vi sein* ① *(sich nähern)* acercarse (**auf** a); *(Aufgabe, Problem)* avecinarse ② *(gebühren)* corresponder; **dem kommt eine große Bedeutung zu** esto tiene mucha importancia ③ *(geh: übermitteln, geben)* hacer llegar; **jdm etw ~ lassen** hacer llegar algo a alguien

zukriegen *vt (fam) s.* **zubekommen**

Zukunft ['tsu:kʊnft] *f ohne pl* porvenir *m;* (*a.* LING) futuro *m;* **in ~** en el futuro; **in ferner/naher ~** en un futuro lejano/próximo; **das hat (keine) ~** eso (no) tiene futuro

zukünftig **I.** *adj* futuro **II.** *adv* en el futuro

Zukunftsaussichten *fpl* perspectivas *fpl* para el futuro

Zukunftsbranche *f* <-, -n> sector *m* (industrial) del futuro

Zukunftsforschung *f ohne pl* futurología *f*

Zukunftsmusik *f ohne pl* utopía *f;* **das ist noch ~** eso son castillos en el aire
zukunftsorientiert *adj* **~es Denken/Handeln** reflexiones/acciones orientadas al futuro
Zukunftsperspektive *f* perspectiva *f* para el futuro
Zukunftsroman *m* <-s, -e> novela *f* futurista
zukunftsträchtig *adj* prometedor
zukunftsweisend *adj* progresista
zu|lächeln *vi* **jdm ~** sonreír a alguien
Zulage *f* <-n> plus *m,* gratificación *f*
zu|langen *vi* ❶ *(fam: beim Essen)* servirse ❷ *(fam: bei der Arbeit)* meterse a fondo ❸ *(reg: ausreichen)* bastar
zu|lassen *irr vt* ❶ *(gestatten)* permitir; *(dulden)* consentir; **wie kannst du ~, dass ...?** ¿cómo puedes permitir que (+*subj*)...? ❷ *(Zugang gewähren, ermöglichen)* admitir; *(amtlich)* autorizar; *(Auto)* matricular; **ein Auto auf jdn ~** matricular un coche a nombre de alguien; **keinen Zweifel ~** no dejar lugar a dudas ❸ *(fam: geschlossen lassen)* dejar cerrado
zulässig [ˈtsuːlɛsɪç] *adj* admisible; *(erlaubt)* autorizado; **~e Höchstgeschwindigkeit** velocidad máxima autorizada
Zulassung[1] *f ohne pl (Gewährung von Zugang)* admisión *f; (amtlich)* autorización *f; (als Anwalt)* habilitación *f; (Auto)* matrícula *f*
Zulassung[2] *f* <-en> *(fam: KFZ-Schein)* documentación *f* del coche
zulassungspflichtig *adj* (ADMIN) que necesita licencia
Zulassungsstelle *f* (ADMIN, UNIV) admisión *f;* (AUTO) matriculación *f*
Zulauf *m* <-(e)s, *ohne pl*> ❶ *(Zuspruch)* concurrencia *f;* **großen ~ haben** ser muy concurrido ❷ *(von Wasser)* afluencia *f*
zu|laufen *irr vi sein* ❶ *(hinlaufen)* correr (**auf** hacia); *(auf den Sprecher)* venir corriendo; *(Weg)* conducir (**auf** a) ❷ *(fam: sich beeilen)* darse prisa; **lauf zu!** ¡date prisa! ❸ *(kommen)* **jdm ~** *(Tiere)* venir a casa de alguien; *(Kunden)* acudir en masa a alguien ❹ *(eine bestimmte Form haben)* **spitz ~** acabar en punta
zu|legen I. *vi, vt (fam)* darse prisa, apurarse *Am;* **einen Zahn ~** meter caña **II.** *vt (fam)* ❶ *(anschaffen)* **sich** *dat* **etw ~** comprar(se) algo; **sie hat sich einen Geliebten zugelegt** se ha buscado un amante ❷ *(dicker werden)* engordar ❸ *(reg: dazutun)* añadir
zuleide [-ˈ--] *adv* **jdm etwas ~ tun** causar daño a alguien; *s. a.* **Leid**
Zuleitung[1] *f* <-, *ohne pl*> ❶ *(von Wasser)* conducción *f* ❷ *(von Nachrichten)* envío *m*
Zuleitung[2] *f* <-, -en> *(Leitung)* cable *m* de alimentación; *(Rohr)* tubería *f* de alimentación
zuletzt [-ˈ-] *adv* ❶ *(als Letztes)* por último; **ganz ~** a última hora; **wir blieben bis ~** nos quedamos hasta el final ❷ *(besonders auch)* **nicht ~ wegen ...** sobre todo (también) por... ❸ *(als Letzter)* el último ❹ *(fam: zum letzten Mal)* por última vez ❺ *(schließlich)* finalmente, después de todo
zuliebe [-ˈ--] *präp+dat* **jdm/etw** *dat* **~** por (amor a) alguien/algo
Zulieferbetrieb *m* casa *f* suministradora
Zulieferer *m* <-s, -> proveedor *m*
zu|liefern *vt* suministrar
Zulieferprodukt *nt* (WIRTSCH) producto *m* suministrado
zum [tsʊm] = **zu dem** *s.* **zu**
zu|machen I. *vi* ❶ *(fam: schließen)* cerrar ❷ *(reg: sich beeilen)* darse prisa, apurarse *Am* **II.** *vt (fam)* cerrar; *(Loch)* tapar; *(Kleidung)* abrochar
zumal [-ˈ-] **I.** *adv* especialmente, sobre todo **II.** *konj* especialmente porque, sobre todo porque
zu|mauern *vt* tapiar
zumeist [-ˈ-] *adv* la mayoría de las veces
zumindest [-ˈ--] *adv* ❶ *(auf jeden Fall)* por lo menos ❷ *(wenigstens)* como mínimo
zumüllen *vt (abw fam)* **etw ~** llenar algo de basura; **jdn ~** llenarle a alguien la cabeza
zumutbar *adj* exigible, justo (**für** para)
Zumutbarkeit *f* <-, *ohne pl*> lo exigible, razón *f*
zumute [-ˈ--] *adv* **mir ist dabei gar nicht wohl ~** no me gusta ni un pelo; **mir ist nicht zum Lachen ~** no estoy para bromas; *s. a.* **Mut**
zu|muten [ˈtsuːmuːtən] *vt* **jdm etw ~** exigir algo a alguien; **jdm zu viel ~** pedir demasiado a alguien
Zumutung *f* <-en> exigencia *f* exagerada; *(Unverschämtheit)* frescura *f;* **das ist eine ~!** ¡no hay derecho a que le pidan a uno algo así!
zunächst [-ˈ-] *adv* ❶ *(anfangs)* al principio ❷ *(vorläufig)* de momento; **~ einmal** en primer lugar
zu|nageln *vt* clavar
zu|nähen *vt* coser
Zunahme [ˈtsuːnaːmə] *f* <-n> aumento *m* (**an** de); *(Zuwachs)* incremento *m* (**an** de); *(Anstieg)* subida *f* (**an** de); **eine ~ um 10 %** un incremento del 10%
Zuname [ˈtsuːnaːmə] *m* <-ns, -n> apellido *m*

zündeln ['tsʏndəln] *vi* jugar con fuego
zünden ['tsʏndən] **I.** *vi (Bombe)* hacer explosión; **bei ihm hat es gezündet** *(fam)* ha caído en la cuenta **II.** *vt (Sprengkörper)* activar; *(Rakete)* lanzar; *(Feuerwerk)* hacer estallar
zündend *adj* brillante
Zunder ['tsʊndɐ] *m* <-s, *ohne pl*> (TECH) escamas *fpl* de óxido; **wie ~ brennen** arder como (la) paja
Zünder ['tsʏndɐ] *m* <-s, -> detonador *m*
Zündfunke *m* (AUTO) chispa *f* de encendido
Zündholz *nt* <-es, -hölzer> *(südd, Österr)* cerilla *f*, pajuela *f Bol*
Zündholzschachtel *f* caja *f* de cerillas
Zündkabel *nt* (AUTO) cable *m* de encendido
Zündkerze *f* (AUTO) bujía *f*
Zündschloss *nt* (AUTO) contacto *m*
Zündschlüssel *m* (AUTO) llave *f* de contacto
Zündschnur *f* mecha *f*
Zündspule *f* (AUTO) bobina *f* de encendido
Zündstoff *m* ❶ *(Sprengstoff)* materia *f* inflamable ❷ *(Konfliktstoff)* motivo *m* de conflicto
Zündung *f* <-en> (AUTO) encendido *m*
Zündvorrichtung *f* (TECH) dispositivo *m* de explosión [*o* explosivo]
zu|nehmen *irr* **I.** *vi* ❶ *(sich vergrößern, vermehren)* aumentar (**an** de); *(Mond)* crecer; *(Tag)* alargarse; **an Größe ~** aumentar de tamaño ❷ *(sich verstärken)* intensificarse; *(steigen)* incrementarse; *(sich verschlimmern)* agravarse ❸ *(schwerer, dicker werden)* engordar **II.** *vt* ❶ *(schwerer werden)* engordar ❷ *(bei Handarbeit)* aumentar
zunehmend **I.** *adj* creciente; **in ~em Maße** cada vez más; **mit ~em Alter** con los años **II.** *adv (sichtbar)* visiblemente; *(fortschreitend)* progresivamente
zu|neigen **I.** *vi* simpatizar (con); **jdm sehr zugeneigt sein** tener mucho cariño a alguien **II.** *vr* **sich etw** *dat* **~** inclinarse hacia algo; **sich dem Ende ~** ir terminando
Zuneigung *f* <-en> afecto *m* (**für** por), cariño *m* (**für** por)
Zunft [tsʊnft, *pl:* 'tsʏnftə] *f* <Zünfte> gremio *m*
zünftig ['tsʏnftɪç] *adj* como es debido
Zunge ['tsʊŋə] *f* <-n> ❶ *(Organ, Landzunge)* lengua *f*; **jdm die ~ herausstrecken** sacar(le) a alguien la lengua; **es liegt mir auf der ~** *(fig)* lo tengo en la punta de la lengua; **sich** *dat* **auf die ~ beißen** morderse la lengua; **böse ~n behaupten, dass ...** *(fig)* las malas lenguas afirman que...; **sich** *dat* **die ~ verbrennen** irse de la lengua; **sie hat eine lose ~** es una deslenguada; **seine ~ hüten** cuidar su lengua; **seine ~ im Zaum halten** tener cuidado con lo que se dice ❷ *(Lasche, a.* MUS) lengüeta *f* ❸ (ZOOL: *Seezunge*) lenguado *m*
züngeln ['tsʏŋəln] *vi* mover la lengua; *(Schlange)* silbar; *(Flammen)* echar llamaradas
Zungenbrecher *m (fam)* trabalenguas *m inv*
Zungenkuss *m* beso *m* de tornillo, lengüetazo *m fam*
Zungenspitze *f* punta *f* de la lengua
Zünglein ['tsʏŋlaɪn] *nt* <-s, -> **das ~ an der Waage sein** *(fig)* ser el fiel de la balanza
zunichte|machen *vt* estropear; *(Hoffnungen)* frustrar
zu|nicken *vi* **jdm ~** hacer a alguien una seña con la cabeza; *(zum Gruß)* saludar a alguien con la cabeza
zunutze [-'--] *adv* **sich** *dat* **etw ~ machen** aprovechar algo
zuoberst [tsu'ʔoːbɐst] *adv* ❶ *(auf einem Stapel)* encima de todo ❷ *(am oberen Rand)* en la parte superior
zu|ordnen *vt* clasificar, encasillar
Zuordnung *f* <-en> clasificación *f*; *(zu einer Gruppe)* filiación *f*
zu|packen *vi* ❶ *(zugreifen)* coger ❷ *(kräftig arbeiten)* meterse a fondo
zupfen ['tsʊpfən] **I.** *vi* ❶ *(ziehen)* tirar (**an** de) ❷ *(Instrument)* puntear **II.** *vt* ❶ *(ziehen)* tirar (**an** de) ❷ *(Haar, Unkraut)* arrancar; **sich** *dat* **die Augenbrauen ~** depilarse las cejas ❸ *(Instrument)* puntear
Zupfinstrument *nt* instrumento *m* punteado
zu|prosten ['tsuːproːstən] *vi* brindar
zur [tsuːɐ] = **zu der** *s.* **zu**
zurande *adv* **mit jdm/mit etw** *dat* (**nicht**) **~ kommen** *(fam)* (no) poder con alguien/algo; *s. a.* **Rand**
Zürcher(in) ['tsʏrçɐ] *m(f)* <-s, -; -nen> zuriqués, -esa *m, f*
zurechnungsfähig *adj* en plena posesión de sus facultades mentales
Zurechnungsfähigkeit *f ohne pl* plena posesión *f* de las facultades mentales; **verminderte ~** imputabilidad atenuada
zurecht|biegen [tsu'rɛçt-] *irr vt* ❶ *(Draht)* enderezar ❷ *(fam: Angelegenheit)* arreglar
zurecht|finden *irr vr:* **sich ~** *(in einer Stadt)* orientarse (**in** en); *(vertraut werden)* familiarizarse
zurecht|kommen *irr vi sein (mit einem Gerät)* apañarse *fam; (mit einer Person)* entenderse; *(finanziell)* arreglárselas; **sieh selbst zu, wie du zurechtkommst!** ¡apáñatelas como puedas!

zurecht|legen *vt* preparar; **sich** *dat* **eine Ausrede ~** tener preparada una excusa

zurecht|machen I. *vt (fam)* ❶ *(Essen)* preparar; *(Zimmer)* arreglar ❷ *(verschönen)* arreglar **II.** *vr:* **sich ~** *(fam)* arreglarse

zurecht|weisen *irr vt* reprender, retar *Am*

Zurechtweisung *f* <-, -en> reprimenda *f*

zu|reden *vi* instar; *(ermutigen)* animar; *(überreden)* persuadir; **jdm gut ~** animar a alguien

zu|reiten *irr* **I.** *vi sein* cabalgar (**auf** hacia) **II.** *vt* amaestrar, potrear *Am*

Zürich ['tsyːrɪç] *nt* <-s> Zúrich *m*

Züricher(in) ['tsyːrɪçɐ] *m(f)* <-s, -; -, -nen> zuriqués, -esa *m, f*

Zürichsee *m* Lago *m* de Zúrich

zu|richten *vt (vorbereiten)* preparar; (TECH) trabajar; **jdn übel ~** maltratar a alguien; **etw übel ~** echar a perder algo

zurück [tsu'rʏk] *adv* ❶ *(wieder an den Ausgangspunkt)* de vuelta; **hin und ~** ida y vuelta; **es gibt kein Z~ mehr** ya no se puede dar marcha atrás; **ich bin gleich wieder ~** enseguida estoy de vuelta ❷ *(nach hinten)* (hacia) atrás; **zwei Schritte ~!** ¡dos pasos atrás! ❸ *(weiter hinten)* atrás ❹ *(fam: zurückgeblieben)* atrasado

zurück|bekommen* *irr vt* recobrar; *(Wechselgeld)* recibir de vuelta; **ich habe alles ~** me lo han devuelto todo

zurückberufen* *irr vt* llamar de vuelta; *(offiziell)* dar orden de regresar; (POL: *Botschafter*) retirar

zurück|beugen I. *vt* doblar [*o* echar] hacia atrás **II.** *vr:* **sich ~** doblarse [*o* echarse] hacia atrás

zurück|bezahlen* *vt* devolver; *(erstatten)* reembolsar

zurück|bilden *vr:* **sich ~** retroceder; *(Organ)* atrofiarse

zurück|bleiben *vi sein* ❶ *(hinten bleiben)* quedarse atrás; *(Abstand halten)* mantenerse alejado (**von** de); **hinter den Erwartungen ~** no corresponder a las expectativas ❷ *(übrig bleiben)* quedar

zurück|blicken *vi* ❶ *(sich umsehen)* mirar (hacia) atrás ❷ *(auf Vergangenes)* pasar revista (**auf** a)

zurück|bringen *irr vt* ❶ *(zurückgeben)* devolver ❷ *(zurückbegleiten)* llevar (a casa)

zurück|datieren *vt* antedatar

zurück|denken *irr vi* recordar el pasado; **an etw ~** recordar algo

zurück|drängen *vt* ❶ *(Personen)* hacer retroceder ❷ *(eindämmen)* contener

zurückdrehen *vt* volver [*o* girar] hacia atrás; **einen Regler ~** bajar un regulador

zurück|erhalten* *irr vt s.* **zurückbekommen**

zurück|erobern* *vt* reconquistar

zurück|erstatten* *vt* reintegrar, reembolsar

zurück|fahren *irr* **I.** *vi sein* ❶ *(zurückkehren)* volver, regresar ❷ *(rückwärtsfahren)* dar marcha atrás ❸ *(zurückschrecken)* retroceder (asustado) **II.** *vt* ❶ *(zurückbringen: Person)* llevar a casa; *(Dinge)* devolver ❷ *(reduzieren)* reducir

zurück|fallen *irr vi sein* ❶ *(fallen)* volver a caer; *(Person)* caer hacia atrás; **sich ~ lassen** dejarse caer (**in** en) ❷ *(in eine Gewohnheit)* recaer (**in** en) ❸ (SPORT) quedar(se) atrás ❹ *(Eigentum)* volver a pertenecer (**an** a) ❺ *(sich auswirken)* recaer (**auf** sobre)

zurück|finden *irr vi* encontrar el camino de vuelta (**zu** a)

zurück|fordern *vt* reclamar; *(Recht)* reivindicar

zurück|führen I. *vi* volver (**zu** a); **es führt kein Weg zurück** no hay camino de vuelta **II.** *vt* ❶ *(geleiten)* acompañar a la vuelta ❷ *(herleiten)* reducir (**auf** a) ❸ *(die Folge sein)* deberse (**auf** a); *(zuschreiben)* atribuir (**auf** a); **sein Verhalten ist darauf zurückzuführen, dass ...** su comportamiento se debe a que...

zurück|geben *irr vt* devolver, regresar *Méx; (Wechselgeld)* dar (la vuelta)

zurückgeblieben I. *pp von* **zurückbleiben II.** *adj* retrasado; **geistig ~** retrasado mental

zurück|gehen *irr vi sein* ❶ *(zurückkehren)* volver; **etw ~ lassen** devolver algo ❷ *(nach hinten)* ir hacia atrás; **zwei Schritte ~** dar dos pasos atrás; **auf etw ~** tener su origen en algo ❸ *(nachlassen)* disminuir; *(Preise)* bajar

zurück|gewinnen* *irr vt* recuperar

zurückgezogen I. *pp von* **zurückziehen II.** *adj* retirado; **~ leben** llevar una vida retirada

Zurückgezogenheit *f* <-, *ohne pl*> retiro *m;* **sie leben in (völliger) ~** viven (totalmente) aislados

zurück|greifen *irr vi* **auf etw ~** recurrir a algo

zurück|halten *irr* **I.** *vt* ❶ *(Person, Geld)* retener; *(Information)* ocultar; **etw für jdn ~** reservar algo para alguien; **jdn von etw** *dat* **~** hacer desistir a alguien de algo ❷ *(Gefühle)* reprimir; *(Tränen)* contener **II.** *vr:* **sich ~** ❶ *(sich beherrschen)* contenerse; **er hält sich mit Lob/Kritik zurück** no hace grandes elogios/críticas ❷ *(im Hintergrund bleiben)* mantenerse en un segundo plano **III.** *vi* **mit etw** *dat* ~ abstenerse de hacer algo

zurückhaltend *adj* ❶ *(reserviert)* reservado ❷ *(unaufdringlich)* discreto; *(gemäßigt)* moderado

Zurückhaltung *f ohne pl* ❶ *(Reserviertheit)* reserva *f* ❷ *(Unaufdringlichkeit)* discreción *f; (Bescheidenheit)* moderación *f;* ~ **üben** moderarse

zurück|holen *vt* ir a buscar

zurück|kehren *vi sein (geh)* regresar (**aus/von** de, **nach/zu** a), regresarse (**aus/von** de, **nach/zu** a) *Am*

zurück|kommen *irr vi sein* volver (**aus/von** de, **nach/zu** a); **auf etw** ~ volver sobre algo; **um noch einmal darauf zurückzukommen** volviendo de nuevo sobre ello

zurück|kriegen *vt (fam) s.* **zurückbekommen**

zurück|lassen *irr vt* ❶ *(liegen lassen, hinterlassen)* dejar ❷ *(zurückkehren lassen)* dejar regresar

zurück|legen *vt* ❶ *(an seinen Platz)* volver a poner en su sitio ❷ *(Waren)* reservar; *(Geld)* ahorrar; **sich** *dat* **etwas Geld** ~ hacer unos ahorros ❸ *(Strecke)* recorrer

zurück|lehnen *vr:* **sich** ~ recostarse

zurück|liegen *irr vi* haber sucedido tiempo atrás; **der Vorfall liegt schon Jahre zurück** el incidente sucedió hace ya años; **in den ~den Jahren** en los últimos años

zurück|melden *vr:* **sich** ~ dar aviso de su regreso

Zurücknahme [-naːmə] *f* <-n> ❶ *(von Waren)* devolución *f* ❷ *(einer Bestellung)* anulación *f* del pedido; *(einer Aussage, Zustimmung)* retractación *f; (einer Klage)* desistimiento *m; (eines Gesetzes)* revocación *f*

zurück|nehmen *irr vt* ❶ *(Ware)* aceptar la devolución (de) ❷ *(Behauptung, Beleidigung)* retirar; *(Bestellung)* anular; *(Gesetz)* revocar; **nimm das sofort zurück!** ¡retira eso inmediatamente!

zurückpfeifen *irr vt (fam)* llamar al orden

zurück|prallen *vi sein* ❶ *(Ball)* rebotar ❷ *(Person)* retroceder

zurück|reichen **I.** *vi (Erinnerung)* remontarse (**bis** a) **II.** *vt* devolver

zurück|reisen *vi sein* emprender el viaje de vuelta (**in/nach** a), regresar (**in/nach** a)

zurück|rufen *irr* **I.** *vi, vt* volver a llamar **II.** *vt* ❶ *(zurückbeordern)* hacer volver ❷ *(antworten)* contestar; **sich** *dat* **etw ins Gedächtnis** ~ recordar algo

zurück|schalten *vi* (AUTO) cambiar a una marcha inferior

zurück|schauen *vi s.* **zurückblicken**

zurück|schicken *vt* mandar de vuelta

zurück|schlagen *irr* **I.** *vi* ❶ *(Armee)* contraatacar; *(Person)* devolver el golpe ❷ *(sich auswirken)* repercutir (**auf** en) **II.** *vt* ❶ *(Angriff)* rechazar ❷ *(Decke)* apartar; *(Schleier)* levantar ❸ *(Ball)* devolver

zurückschneiden *irr vt* entresacar, recortar

zurück|schrauben *vt* reducir

zurück|schrecken *irr vi sein* ❶ *(zurückweichen)* retroceder (espantado) ❷ *(zurückscheuen)* **vor etw** *dat* ~ arredrarse ante algo

zurück|schreiben *vt* (INFOR) restaurar

zurück|sehnen *vr* **sich nach etw** *dat* **/zu jdm** ~ echar algo/a alguien de menos

zurück|setzen **I.** *vi* ir (marcha) atrás **II.** *vt* ❶ *(an einen Platz)* volver a poner en su sitio ❷ *(nach hinten)* poner (hacia) atrás; *(verschieben)* correr hacia atrás ❸ *(benachteiligen)* postergar (a) ❹ *(Auto)* mover para atrás **III.** *vr:* **sich** ~ ❶ *(sich wieder setzen)* volver a sentarse ❷ *(nach hinten)* sentarse más atrás

zurück|spulen *vt* rebobinar

zurück|stecken **I.** *vi* ❶ *(mit Ansprüchen)* moderarse ❷ *(nachgeben)* transigir **II.** *vt* ❶ *(wieder einstecken)* volver a guardar ❷ *(versetzen)* colocar hacia atrás

zurück|stehen *irr vi* ❶ *(weiter hinten stehen)* quedar atrás ❷ *(schlechter sein)* quedarse atrás; **er wollte nicht hinter ihnen** ~ no quería quedarse atrás ❸ *(verzichten)* renunciar; **sie musste immer hinter den anderen** ~ siempre tuvo que desistir a favor de los demás

zurück|stellen *vt* ❶ *(an einen Platz)* volver a poner en su sitio ❷ *(nach hinten)* poner atrás; *(Uhr)* retrasar; *(Heizung)* bajar ❸ *(Waren)* reservar ❹ *(aufschieben)* aplazar ❺ *(Wünsche)* postergar; **seine Bedenken** ~ dejar atrás sus reparos

zurück|stoßen *irr vt* ❶ *(wegstoßen)* empujar hacia atrás ❷ *(ablehnen)* rechazar

zurück|stufen *vt* degradar

zurück|treten *irr* **I.** *vi sein* ❶ *(nach hinten)* retroceder; **bitte ~!** ¡retrocedan, por favor! ❷ *(weniger wichtig werden)* perder importancia; *(in den Hintergrund treten)* pasar al segundo plano ❸ *(von einem Amt)* dimitir (**von** de) ❹ *(von einem Vertrag, Vorhaben)* desistir (**von** de); *(von einem Recht)* renunciar (**von** a) **II.** *vt* **jdn** ~ devolver el pisotón a alguien

zurück|verfolgen* *vt* buscar los orígenes (de)

zurück|versetzen* *vr:* **sich** ~ recordar; **wir fühlten uns in eine andere Zeit zu-**

Z

rückversetzt nos sentimos trasladados a otra época

zurück|weichen *irr vi sein* ❶ *(Person)* retroceder; *(Hochwasser)* decrecer ❷ *(vor einer Aufgabe)* retroceder (**vor** ante)

zurück|weisen *irr vt (Person, Anschuldigung)* rechazar; *(Einladung, Geschenk)* rehusar; *(mit Argumenten)* refutar; *(Klage)* recusar

Zurückweisung *f* <-en> rechazo *m; (einer Klage)* recusación *f*

zurück|werfen *irr vt* ❶ *(nach hinten)* echar (hacia) atrás ❷ *(Ball)* devolver ❸ *(Schall, Strahlen)* reflejar ❹ *(wirtschaftlich)* hacer retroceder (de); **das wirft uns um Jahre zurück** esto nos hace retroceder a la posición de hace años ❺ *(Feind)* rechazar

zurück|wirken *vi* repercutir (**auf** en)

zurück|wollen *irr* **I.** *vi* querer volver (**nach** a) **II.** *vt (fam)* querer de vuelta; **ich will mein Geld zurück** quiero que me devuelvan mi dinero

zurück|zahlen *vt* devolver; *(Ausgaben)* reembolsar; **das werd' ich ihm ~!** *(fam)* ¡me lo pagará!

zurück|ziehen *irr* **I.** *vt* ❶ *(zum Ausgangspunkt)* volver (a poner en un lugar) ❷ *(nach hinten)* correr hacia atrás; *(Körperteil)* retirar; *(Vorhang, Riegel)* correr ❸ *(widerrufen)* retirar; *(Gesetz)* revocar; *(Ansprüche)* desistir (de); *(Bestellung)* anular ❹ *(aus dem Verkehr ziehen)* retirar ❺ *(bewirken)* ser el motivo de la vuelta (**nach** a); *(anziehen)* atraer **II.** *vr:* **sich ~** (*a.* MIL) retirarse (**von** de) **III.** *vi sein* volver a vivir (**nach** a)

Zuruf ['--] *m* <-(e)s, -e> grito *m*

zu|rufen *irr vt* **jdm etw ~** gritar algo a alguien

zurzeit [tsuːɐ'tsaɪt] *adv (Österr, Schweiz)* de momento

Zusage ['---] *f* <-n> *(positive Antwort)* contestación *f* afirmativa; *(Bestätigung)* confirmación *f; (Versprechen)* promesa *f;* **eine ~ geben** contestar afirmativamente

zu|sagen **I.** *vi* ❶ *(Einverständnis erklären)* contestar afirmativamente; *(Einladung annehmen)* aceptar una invitación; *(sich verpflichten)* comprometerse ❷ *(gefallen)* **jdm ~** gustar a alguien; *(passen)* convenir a alguien **II.** *vt* prometer

zusammen [tsu'zamən] *adv* ❶ *(miteinander)* juntos; *(gleichzeitig)* al mismo tiempo; **~ mit** (junto) con; **~ sein** *(beieinander sein)* estar juntos; *(fest befreundet sein)* salir juntos; **alle ~** todos juntos ❷ *(insgesamt)* en total; **das macht ~ 14 Euro** son 14 euros en total

Zusammenarbeit *f ohne pl* colaboración *f,* cooperación *f;* **in ~ mit** en colaboración con

zusammen|arbeiten *vi* colaborar, cooperar

zusammen|bauen *vt* montar

zusammen|beißen *irr vt* **die Zähne ~** apretar los dientes

zusammen|binden *irr vt* atar

zusammen|bleiben *irr vi sein* quedar juntos; *(weiterhin)* seguir juntos

zusammen|brechen *irr vi sein* ❶ *(einstürzen)* derrumbarse; **für ihn ist eine Welt zusammengebrochen** se le desmoronaron todas sus esperanzas ❷ *(Mensch)* sufrir un colapso; *(ohnmächtig)* desmayarse ❸ *(Wirtschaft)* quebrarse; *(Verkehr)* colapsarse

zusammen|bringen *irr vt* ❶ *(Geld, Personen)* juntar ❷ *(fam: sich erinnern)* recordar, acordarse (de)

Zusammenbruch *m* derrumbamiento *m; (Bankrott)* quiebra *f; (gesundheitlich, des Verkehrs)* colapso *m*

zusammen|drängen **I.** *vt* ❶ *(Menschen)* apiñar ❷ *(zusammenfassen)* reducir (**auf** a) **II.** *vr:* **sich ~** ❶ *(Menschen)* apiñarse ❷ *(Ereignisse)* concentrarse

zusammen|drücken *vt* apretar, comprimir; *(flach)* aplastar

zusammen|fahren *irr* **I.** *vi sein* ❶ *(Fahrzeuge)* chocar ❷ *(erschrecken)* estremecerse **II.** *vt (Person, Tier)* atropellar; *(Fahrzeug)* destrozar

zusammen|fallen *irr vi sein* ❶ *(einstürzen)* hundirse ❷ *(an Volumen verlieren)* desinflarse ❸ *(Termine)* coincidir

zusammen|falten *vt* ❶ *(Papier, Stoff)* plegar, doblar ❷ *(Hände)* juntar

zusammen|fassen *vt* ❶ *(vereinigen)* reunir (**zu** en); *(in Gruppen)* agrupar ❷ *(Bericht)* resumir; **~d lässt sich sagen, dass …** en resumen se puede decir que…

Zusammenfassung *f* <-en> ❶ *(Resümee)* resumen *m* ❷ *(Vereinigung)* unión *f; (in Gruppen)* agrupación *f*

zusammenfinden *irr vr:* **sich ~** ❶ *(sich vereinigen)* juntarse, reunirse ❷ *(treffen)* encontrarse

zusammenflicken *vt (fam)* remendar, zurzir, (re)componer; **jdn wieder ~** poner unos cuantos remiendos [*o* parches] a alguien

zusammen|fließen *irr vi sein* confluir

zusammen|fügen *vt (geh)* unir, juntar

zusammen|führen *vt* reunir; *(nach Streit)* reconciliar

zusammen|gehören* *vi (fam)* ❶ *(Personen)* ser del mismo grupo ❷ *(Gegen-*

stände) hacer juego; *(paarweise)* hacer pareja

zusammengehörig *adj* correspondiente

Zusammengehörigkeit *f ohne pl* afinidad *f,* unión *f*

Zusammengehörigkeitsgefühl *nt* <-(e)s, *ohne pl*> solidaridad *f*

zusammengesetzt *adj* compuesto; **~ sein aus …** componerse de…

zusammengewürfelt *adj (gemischt)* mezclado; *(verschiedenartig)* heterogéneo

Zusammenhalt *m* <-(e)s, *ohne pl*> ① *(von Teilen)* cohesión *f* ② *(Bindung)* solidaridad *f,* unión *f*

zusammen|halten *irr* **I.** *vi* ① *(Mannschaft)* ser solidario; *(in der Not)* ayudarse mutuamente ② *(Teile)* formar un cuerpo **II.** *vt* ① *(Gruppe)* mantener juntos; *(Geld)* ahorrar ② *(verbinden)* unir

Zusammenhang *m* <-(e)s, -hänge> *(Beziehung)* relación *f* (**zwischen/von** entre); *(innerer)* conexión *f; (im Text)* contexto *m;* **in ~ mit etw** *dat* **stehen** estar en relación con algo; **etw aus dem ~ reißen** sacar algo de contexto; **etw mit etw** *dat* **in ~ bringen** relacionar algo con algo

zusammenhang(s)los *adj* incoherente

zusammen|hängen *irr vi* ① *(Gegenstände)* estar unido ② *(in Beziehung stehen)* estar relacionado; **das hängt damit zusammen, dass …** esto está relacionado con…

zusammenhängend *adj* coherente; *(ununterbrochen)* continuo

zusammen|heften *vt* encuadernar

zusammenklappbar *adj* plegable

zusammen|klappen I. *vi sein (Person)* sufrir un colapso **II.** *vt (Stuhl, Tisch)* plegar; *(Messer)* cerrar

zusammenkleben I. *vi* estar pegado **II.** *vt* pegar, unir pegando

zusammen|knoten *vt* anudar

zusammen|kommen *irr vi sein* ① *(sich treffen)* encontrarse; *(sich versammeln)* reunirse ② *(sich ansammeln)* acumularse

zusammen|krachen *vi sein (fam)* ① *(Stuhl, Tisch)* romperse ② *(Fahrzeuge)* chocar

zusammen|kratzen *vt (fam)* reunir penosamente

Zusammenkunft [tsuˈtsamənkʊnft, *pl:* -kʏnftə] *f* <-künfte> encuentro *m; (Versammlung)* reunión *f*

zusammen|läppern [-lɛpɐn] *vr:* **sich ~** *(fam)* amontonarse, apiñarse

zusammen|laufen *irr vi sein* ① *(Menschen)* acudir (en masa) ② *(Flüsse)* confluir ③ *(Linien)* juntarse; (MATH) converger

zusammen|leben *vi* convivir; **wir leben zusammen** vivimos juntos

Zusammenleben *nt* <-s, *ohne pl*> convivencia *f*

zusammen|legen I. *vt* ① *(falten)* doblar, plegar ② *(zueinanderlegen)* poner juntos ③ *(vereinigen)* juntar; *(Firmen)* fusionar; *(Termine)* fijar a una misma hora; *(Personen)* agrupar **II.** *vi* juntar el dinero

Zusammenlegung *f* <-, -en> ① *(Vereinigung)* unión *f; (von Firmen)* fusión *f; (von Grundstücken)* concentración *f; (von Terminen)* fijación *f* de varias citas juntas ② *(von Personen)* agrupación *f*

zusammen|nehmen *irr* **I.** *vt* reunir, juntar; **alles zusammengenommen** en total; **er nahm seinen ganzen Mut zusammen** hizo acopio de todo su coraje **II.** *vr:* **sich ~** controlarse

zusammen|passen *vi (Personen)* congeniar, hacer buenas migas *fam; (Paar)* hacer (una) buena pareja; *(Gegenstände)* encajar, hacer juego; *(Farben)* ir bien

zusammen|pferchen *vt* ① *(Vieh)* acorralar ② *(Menschen)* apiñar

Zusammenprall *m* <-(e)s, -e> colisión *f,* choque *m*

zusammen|prallen *vi sein* colisionar, chocar

zusammen|pressen *vt* apretar, prensar

zusammen|raufen *vr:* **sich ~** *(fam)* ponerse de acuerdo

zusammen|rechnen *vt* sumar

zusammen|reimen I. *vt (fam)* **sich** *dat* **etw ~** imaginarse algo **II.** *vr:* **sich ~** *(fam)* explicarse

zusammen|reißen *irr vr:* **sich ~** *(fam)* controlarse

zusammen|rücken I. *vi sein* juntarse **II.** *vt* acercar

zusammen|rufen *irr vt* convocar, reunir

zusammen|sacken *vi sein (fam)* ① *(Haus)* derrumbarse ② *(Person)* sufrir un colapso

zusammen|scheißen *irr vt (vulg)* poner a parir

zusammen|schlagen *irr vt* ① *(fam: zerstören)* destrozar ② *(fam: verprügeln)* moler a palos ③ *(gegeneinanderschlagen)* **sie schlug die Hände über dem Kopf zusammen** se llevó las manos a la cabeza

zusammen|schließen *irr vr:* **sich ~** agruparse; *(Firmen)* fusionarse

Zusammenschluss *m* agrupación *f; (von Firmen)* fusión *f*

zusammen|schrauben *vt* atornillar

zusammen|schreiben *irr vt* ① *(Wörter)* escribir junto ② *(fam abw: verfassen)* borronear; **wer hat denn diesen Unsinn**

zusammengeschrieben? ¿quién ha escrito este montón de tonterías?

Zusammensein *nt* <-s, *ohne pl*> ① *(Treffen)* reunión *f* ② *(Zusammenleben)* convivencia *f*

zusammen|setzen I. *vt* componer; *(montieren)* montar **II.** *vr:* **sich ~** ① *(zusammenkommen)* reunirse; *(sich treffen)* encontrarse ② *(bestehen)* componerse (**aus** de)

Zusammensetzung *f* <-en> ① *(Struktur)* composición *f; (Mischung)* combinación *f;* **eine ~ aus ...** una combinación de... ② (LING) palabra *f* compuesta

Zusammenspiel *nt* <-(e)s, *ohne pl*> ① *(einer Mannschaft)* juego *m* del equipo ② *(von Kräften)* interacción *f*

zusammen|stauchen *vt (fam)* aplastar, (d)espachurrar

zusammen|stecken I. *vi (fam)* estar juntos **II.** *vt* juntar; *(Stoff)* fijar con alfileres; **die Köpfe ~** andar con secretitos

zusammen|stellen *vt* ① *(nebeneinanderstellen)* colocar juntos ② *(anordnen)* componer; *(in Gruppen)* agrupar; *(sortieren)* clasificar; *(kompilieren)* compilar; *(Farben, Menü)* combinar; *(Unterlagen)* reunir; *(Programm, Liste)* hacer

Zusammenstellung *f* <-en> ① *(Anordnung)* disposición *f* ② *(Zusammensetzung)* composición *f; (systematisch)* clasificación *f; (in Gruppen)* agrupación *f; (eines Buchs)* compilación *f* ③ *(Übersicht)* cuadro *m* sinóptico; *(Liste)* lista *f*

Zusammenstoß *m* <-es, -stöße> ① *(von Fahrzeugen)* choque *m,* quiñazo *m Am* ② *(fam: Streit)* disputa *f; (Auseinandersetzung)* enfrentamiento *m*

zusammen|stoßen *irr vi sein* ① *(kollidieren)* chocar ② *(sich streiten)* pelearse

zusammen|strömen *vi sein* ① *(Flüsse)* confluir ② *(Menschen)* acudir en masa

zusammen|stürzen *vi sein (Gebäude)* derrumbarse; *(Plan)* venirse abajo

zusammensuchen *vt* (buscar y) reunir; **sich** *dat* **etw ~** escoger algo

zusammen|tragen *irr vt* reunir; *(ansammeln)* acumular; *(Fakten)* compilar

zusammen|treffen *irr vi sein* ① *(Menschen)* encontrarse ② *(Ereignisse, Umstände)* coincidir

Zusammentreffen *nt* ① *(Begegnung)* encuentro *m;* **bei unserem letzten ~** en nuestro último encuentro ② *(von Ereignissen)* coincidencia *f*

zusammen|treiben *irr vt* reunir, juntar

zusammen|trommeln *vt (fam)* convocar, llamar

zusammen|tun *irr* **I.** *vt (fam)* meter junto **II.** *vr:* **sich ~** *(fam)* unirse; *(sich verbünden)* aliarse

zusammen|wachsen *irr vi sein* ① *(verheilen)* cerrarse ② *(sich verbinden)* unirse

zusammen|wirken *vi* ① *(Faktoren)* actuar (simultáneamente) ② *(geh: zusammenarbeiten)* colaborar (**bei** en)

Zusammenwirken *nt* <-s, *ohne pl*> interacción *f*

zusammen|zählen *vt* sumar

zusammen|ziehen *irr* **I.** *vt* ① *(enger machen)* estrechar; *(durch Säure)* astringir; *(Muskeln)* contraer ② *(Polizei, Truppen)* reunir, concentrar ③ *(addieren)* sumar **II.** *vr:* **sich ~** ① *(kleiner werden)* contraerse ② *(Gewitter, Unheil)* cernirse **III.** *vi sein* **mit jdm ~** ir a vivir con alguien

zusammen|zucken *vi sein* estremecerse (**vor** de)

Zusatz *m* <-es, -sätze> ① *(Substanz)* aditamento *m; (Lebensmittelzusatz)* aditivo *m;* **ohne ~ von Konservierungsstoffen** sin conservantes ni colorantes ② *(zu einem Text)* apéndice *m*

Zusatzgerät *nt* aparato *m* suplementario

zusätzlich ['tsu:zɛtslɪç] **I.** *adj* adicional, suplementario **II.** *adv* más

Zusatzstoff *m* aditivo *m*

Zusatzversicherung *f* <-, -en> seguro *m* complementario

Zusatzzahl *f* (número *m*) complementario *m*

zu|schauen *vi s.* **zusehen**

Zuschauer(in) *m(f)* <-s, -; -nen> espectador(a) *m(f); (Fernsehzuschauer)* telespectador(a) *m(f);* **die ~ waren begeistert** el público estaba entusiasmado

Zuschauerquote *f* cuota *f* de audiencia

Zuschauerraum *m* sala *f* de espectadores

Zuschauertribüne *f* tribuna *f* para el público

Zuschauerzahl *f* número *m* de espectadores

zu|schicken *vt* enviar, mandar

Zuschlag *m* <-(e)s, -schläge> ① *(auf einen Preis)* suplemento *m,* yapa *f Am;* **dieser Zug kostet (sechs Euro) ~** para este tren hay que pagar un suplemento (de seis euros) ② *(bei einer Versteigerung)* remate *m;* **den ~ erhalten** recibir el remate ③ *(für einen Auftrag)* adjudicación *f;* **jdm den ~ für etw erteilen** adjudicar algo a alguien

zu|schlagen *irr* **I.** *vi* ① *(Person)* golpear ② *sein (Tür)* cerrarse de golpe ③ *(fam: zugreifen)* aprovechar la oportunidad; **schlag zu!** ¡aprovéchalo! ④ *(fam: beim Essen)* atiborrarse **II.** *vt* ① *(Tür, Buch)* cerrar (de golpe) ② *(Ball)* lanzar ③ *(Auftrag, bei einer*

Versteigerung) **jdm etw** ~ adjudicar algo a alguien

zuschlagfrei *adj* sin recargo; (*a.* EISENB) sin suplemento; **Nahverkehrszüge sind** ~ los trenes de cercanías no tienen suplemento

zuschlagpflichtig *adj* con recargo; (*a.* EISENB) con suplemento; **der Intercity® ist** ~ el Intercity tiene suplemento

zu|schließen *irr vt* cerrar (con llave)

zu|schnappen *vi* ❶ *sein (Schloss)* cerrarse de golpe; *(Falle)* caer ❷ *(Hund)* dar un mordisco

zu|schneiden *irr vt* cortar; **die Stelle war ganz auf ihn zugeschnitten** el puesto de trabajo estaba hecho a su medida

zu|schnüren *vt* atar; **die Angst schnürte ihm die Kehle zu** el miedo le oprimía la garganta

zu|schrauben *vt* ❶ *(mit Schrauben)* atornillar ❷ *(durch Drehen)* cerrar

zu|schreiben *irr vt* atribuir; *(Eigentum)* tra(n)sferir; **das hast du dir selbst zuzuschreiben** es culpa tuya

Zuschrift *f* <-en> carta *f; (amtlich)* comunicación *f*

zuschulden [-'--] *adv* **sich** *dat* **etwas** ~ **kommen lassen** cometer un error; *s. a.* **Schuld**[1]

Zuschuss *m* <-es, -schüsse> subsidio *m; (staatlich)* subvención *f*

zu|schütten **I.** *vt* ❶ *(mit Erde)* rellenar ❷ *(fam: dazugeben)* añadir **II.** *vr:* **sich** ~ *(fam)* emborracharse

zu|sehen *irr vi* ❶ *(betrachten)* mirar ❷ *(dafür sorgen)* **~, dass ...** procurar que... *+subj;* **sieh mal zu, was du machen kannst!** ¡mira a ver qué puedes hacer!

zusehends ['tsu:ze:ənts] *adv* a ojos vista, visiblemente; **es geht ihm ~ besser** mejora ostensiblemente

zu|senden *irr vt s.* **zuschicken**

Zusendung *f* <-, -en> envío *m*

zu|setzen **I.** *vi* ❶ *(bedrängen)* atosigar; *(belästigen)* molestar, dar la lata *fam* ❷ *(verletzen)* herir ❸ *(Krankheit)* afectar **II.** *vt* ❶ *(hinzufügen)* añadir (**zu** a) ❷ *(Geld)* perder

zu|sichern *vt* asegurar; *(Versprechen)* prometer

Zusicherung *f* <-, -en> ❶ *(Gewährleistung)* garantía *f* ❷ *(Versprechen)* promesa *f*

zu|sperren *vt (Österr, südd)* cerrar con llave

Zuspiel *nt* (SPORT) pase *m*

zu|spielen *vt* (*a.* SPORT) pasar

zu|spitzen *vr:* **sich** ~ *(Situation)* agudizarse; *(stärker)* agravarse

Zuspitzung *f* <-, -en> *(Situation)* agudización *f*

zu|sprechen *irr* **I.** *vi* **jdm** (**gut**) ~ tranquilizar a alguien; **dem Alkohol** ~ tomar bebidas alcohólicas **II.** *vt* ❶ *(Preis)* otorgar; *(Erbe)* adjudicar; **das Kind wurde der Mutter zugesprochen** la custodia del niño fue otorgada a la madre ❷ *(zuschreiben)* atribuir; **jdm Trost/Mut** ~ consolar/animar a alguien

Zuspruch *m* <-(e)s, *ohne pl*> *(geh)* ❶ *(Trost)* consuelo *m* ❷ *(Besuch)* concurrencia *f;* **die Veranstaltung erfreute sich großen ~s** el acto estuvo muy concurrido

Zustand ['--] *m* <-(e)s, -stände> estado *m; (Lage)* situación *f; (Beschaffenheit)* condición *f;* **Zustände kriegen** *(fam)* volverse loco; **das ist doch kein ~!** *(fam)* ¡eso no puede quedar así!

zustande [-'--] *adv* **etw ~ bringen** lograr algo; **~ kommen** llevarse a cabo; *s. a.* **Stand**[1]

Zustandekommen *nt* <-s, *ohne pl*> *(eines Kongresses)* realización *f; (eines Vertrages)* conclusión *f*

zuständig *adj* competente (**für** para); *(verantwortlich)* responsable (**für** de)

Zuständigkeit *f* <-en> atribuciones *f pl; (Kompetenz)* competencia *f;* **das fällt nicht in meine** ~ eso no corresponde a mis atribuciones

Zuständigkeitsbereich *m* ámbito *m* de responsabilidad

zu|stecken *vt* ❶ *(schließen)* cerrar con alfileres ❷ *(geben)* **jdm etw** ~ pasar algo a alguien

zu|stehen *irr vi* corresponder

zu|steigen *irr vi sein* subir

Zustellbett *nt* cama *f* supletoria

Zustelldienst *m* servicio *m* de reparto (del correo)

zu|stellen *vt* ❶ *(versperren)* bloquear ❷ *(formal: schicken)* enviar; *(aushändigen)* entregar; *(Post)* repartir

Zusteller(in) *m(f)* <-s, -; -nen> *(formal)* repartidor(a) *m(f)*

Zustellgebühr *f* <-, -en> gastos *m pl* de entrega

Zustellung *f* <-en> *(formal)* entrega *f*

zu|stimmen *vi* estar de acuerdo (con); **etw** *dat* ~ aprobar algo

zustimmend *adj* aprobatorio, conforme; **~ nicken** inclinar la cabeza en señal de asentimiento

Zustimmung *f* <-en> *(Billigung)* aprobación *f; (Einverständnis)* asentimiento *m;* **seine** ~ (**zu etw** *dat*) **geben/verweigern**

dar/denegar su aprobación (a algo); ~ **finden** tener una buena acogida

zu|stoßen *irr* **I.** *vi* ❶ *(zustechen)* dar una puñalada; *(Stier, Schlange)* arremeter ❷ *sein (passieren)* ocurrir; **für den Fall, dass mir etwas zustößt** por si me ocurre algo **II.** *vt (Tür)* cerrar dando un golpe

Zustrom *m* <-(e)s, *ohne pl*> *(von Menschen)* afluencia *f*

zutage [-'--] *adv* **etw ~ fördern** sacar algo a la luz; **~ kommen** aparecer; *s. a.* **Tag**

Zutat *f* <-en> ❶ *(Bestandteil)* ingrediente *m* ❷ *(Beiwerk)* accesorio *m*

zu|teilen *vt* ❶ *(austeilen)* repartir ❷ *(Rolle, Aufgabe)* destinar, asignar

Zuteilung *f* <-en> ❶ *(das Austeilen)* distribución *f*, reparto *m* ❷ *(einer Aufgabe)* asignación *f*

zuteil|werden *irr vi sein (geh)* **jdm wird etw zuteil** algo se le dispensa a alguien; **jdm etw ~ lassen** conceder algo a alguien

zutiefst [-'-] *adv* profundamente; **etw ~ bereuen** sentir algo de todo corazón

zu|tragen *irr* **I.** *vt* ❶ *(bringen)* llevar ❷ *(Nachricht)* informar (sobre) **II.** *vr:* **sich ~** acontecer; **es trug sich zu, dass ...** aconteció que...

zuträglich ['tsu:trɛ:klɪç] *adj (geh)* **jdm/etw** *dat* **~ sein** ser ventajoso para alguien/algo

zu|trauen *vt* **jdm etw ~** creer a alguien capaz de algo; **jdm nicht viel ~** desconfiar de la capacidad de alguien; **ihm ist alles zuzutrauen** de él se puede esperar cualquier cosa; **traust du dir das zu?** ¿crees que eres capaz?

Zutrauen *nt* <-s, *ohne pl*> confianza *f* (**zu** en)

zutraulich **I.** *adj* confiado; *(Tier)* manso **II.** *adv* con confianza

zu|treffen *irr vi* ❶ *(richtig sein)* ser correcto; *(wahr sein)* ser verdad ❷ *(passen)* ser aplicable (**auf** a); *(gelten)* valer (**für/auf** para)

zutreffend *adj* acertado; *(richtig)* justo; **Z~es bitte ankreuzen** *(formal)* márquese lo que corresponda

Zutritt *m* <-(e)s, *ohne pl*> *(Zugang)* acceso *m* (**zu** a); *(Eingang)* entrada *f* (**zu** a); **kein ~!** ¡prohibida la entrada!; **(freien) ~ haben** tener (libre) acceso; **sich** *dat* **~ verschaffen** conseguir entrar

zu|tun *irr vt (fam)* ❶ *(hinzutun)* añadir ❷ *(zumachen)* cerrar; **ich habe die ganze Nacht kein Auge zugetan** no pegué ojo en toda la noche

Zutun *nt* <-s, *ohne pl*> **ohne mein ~** sin mi intervención

zuunterst [tsu'ʔʊntɐst] *adv* ❶ *(auf einem Stapel)* abajo ❷ *(am unteren Rand)* en la parte inferior

zuverlässig ['tsu:fɛɐlɛsɪç] *adj* ❶ *(Person)* de confianza; *(Mittel)* eficaz ❷ *(glaubwürdig)* fidedigno

Zuverlässigkeit *f ohne pl* ❶ *(einer Person)* fiabilidad *f*; *(eines Mittels)* eficacia *f* ❷ *(Glaubwürdigkeit)* seguridad *f*

Zuversicht ['tsu:fɛɐzɪçt] *f ohne pl* (absoluta) confianza *f*; **in der festen ~, dass ...** en la absoluta confianza de que...; **voller ~** lleno de optimismo

zuversichtlich **I.** *adj* confiado; *(optimistisch)* optimista; **ich bin ~, dass ...** confío en que... *+subj* **II.** *adv* con toda confianza

zuvor [-'-] *adv* antes; **kurz ~** poco antes; **am Tag ~** el día anterior

zuvor|kommen *irr vi sein* adelantarse; **da bin ich ihm zuvorgekommen** me adelanté a él; **etw** *dat* **~** anticiparse a algo

zuvorkommend *adj* cortés

Zuvorkommenheit *f ohne pl (Höflichkeit)* cortesía *f*; *(Hilfsbereitschaft)* solicitud *f*; *(Aufmerksamkeit)* atención *f*

Zuwachs ['tsu:vaks] *m* <-es, -wächse> ❶ *(Wachstum)* crecimiento *m* ❷ *(Zunahme)* incremento *m* (**um/an** de); **~ bekommen** *(fam)* estar esperando familia

zu|wachsen *irr vi sein* ❶ *(Wunde)* cerrarse ❷ *(mit Pflanzen)* cubrirse de vegetación ❸ *(geh: zuteilwerden)* **jdm ~** corresponder a alguien

Zuwachsrate *f* tasa *f* de incremento

Zuwanderer, -in *m, f* <-s, -; -nen> inmigrante *mf*

zu|wandern *vi sein* inmigrar

Zuwanderung *f* <-en> inmigración *f*

zuwege [-'--] *adv* **etw ~ bringen** conseguir algo; *s. a.* **Weg**

zuweilen [-'--] *adv (geh)* de vez en cuando, en ocasiones

zu|weisen *irr vt* asignar

Zuweisung *f* <-, -en> asignación *f*

zu|wenden *irr* **I.** *vt* ❶ *(Gesicht, Rücken)* volver; **sie wandte ihm ihr Gesicht zu** volvió el rostro hacia él; **jdm seine Aufmerksamkeit ~** prestar atención a alguien ❷ *(zukommen lassen)* donar **II.** *vr* **sich jdm/etw** *dat* **~** dedicarse a alguien/algo

Zuwendung[1] *f ohne pl (Liebe)* cariño *m*; *(Aufmerksamkeit)* atención *f*

Zuwendung[2] *f* <-en> *(Geld)* subsidio *m*; *(Schenkung)* donación *f*

zuwider [-'--] *adv* **~ sein** repugnar

zuwider|handeln *vi (dem Gesetz)* infringir; *(einem Prinzip)* contravenir

Zuwiderhandelnde(r) *mf* <-n, -n; -n, -n> *(gegen ein Gesetz)* infractor(a) *m(f)*; *(gegen ein Prinzip)* contraventor(a) *m(f)*

Zuwiderhandlung *f* <-, -en> contravención *f*
zu|winken *irr vi* **jdm** ~ saludar con la mano a alguien
zu|ziehen *irr* **I.** *vt* ❶ *(Tür)* cerrar; *(Vorhang)* correr; *(Knoten)* apretar ❷ *(um Rat fragen)* consultar ❸ *(bekommen)* **sich** *dat* **etw** ~ *(Krankheit)* contraer algo; *(Verletzung)* producirse; **sich** *dat* **jds Zorn** ~ atraerse las iras de alguien **II.** *vi sein* venirse a vivir aquí **III.** *vr:* **sich** ~ *(Himmel)* cubrirse
zuzüglich ['tsu:tsy:klɪç] *präp +gen* más, a lo que se suma
zu|zwinkern *vi* guiñar
ZVS [tsɛtfaʊ'ʔɛs] *f* <-> *Abk. von* **Zentralstelle für die Vergabe von Studienplätzen** *en Alemania, central para la adjudicación de plazas de estudio*
zwang [tsvaŋ] *3. imp von* **zwingen**
Zwang [tsvaŋ, *pl:* 'tsvɛŋə] *m* <-(e)s, Zwänge> ❶ *(Gewalt)* violencia *f; (Druck)* presión *f;* ~ **auf jdn ausüben** presionar a alguien; **unter** ~ **stehen** estar bajo presión; **tu dir keinen** ~ **an** déjate de cumplidos; **gesellschaftliche Zwänge** presiones sociales; **einem inneren** ~ **folgen** seguir el propio impulso ❷ *(Nötigung)* coacción *f* ❸ *(Notwendigkeit)* necesidad *f*
zwängen ['tsvɛŋən] **I.** *vt (hineinzwängen)* meter a presión (**in** en); *(hindurchzwängen)* hacer pasar por la fuerza (**durch** por) **II.** *vr:* **sich** ~ *(hineinzwängen)* meterse a presión (**in** en); *(hindurchzwängen)* abrirse paso por la fuerza (**durch** por)
zwanghaft *adj* ❶ *(gezwungen)* forzoso ❷ *(erzwungen)* artificial
zwanglos **I.** *adj* desenvuelto **II.** *adv* sin ceremonias, con soltura
Zwanglosigkeit *f* <-, *ohne pl*> desembarazo *m,* desenvoltura *f*
Zwangsanleihe *f* empréstito *m* forzoso
Zwangsarbeit *f ohne pl* trabajos *mpl* forzados
Zwangseinweisung *f* <-, -en> hospitalización *f* forzosa
Zwangsenteignung *f* (JUR) expropiación *f* forzosa
Zwangshandlung *f* <-, -en> (PSYCH) acto *m* compulsivo
Zwangsjacke *f* camisa *f* de fuerza
Zwangslage *f* apuro *m;* **sich in einer** ~ **befinden** encontrarse en un apuro
zwangsläufig **I.** *adj* obligatorio; *(unvermeidbar)* inevitable; *(notwendig)* necesario **II.** *adv* de por sí, automáticamente
Zwangsläufigkeit *f* <-, -en> curso *m* inevitable de las cosas
Zwangsmaßnahme *f* medida *f* coercitiva; *(Sanktion)* sanción *f*
Zwangsräumung *f* (JUR) desahucio *m*
Zwangsverkauf *m* venta *f* forzosa
Zwangsversteigerung *f* (JUR) subasta *f* forzosa
Zwangsvollstreckung *f* <-, -en> (JUR) ejecución *f* judicial
zwangsweise *adv* ❶ *(erzwungen)* a la fuerza; (JUR) por vía de apremio ❷ *(zwangsläufig)* inevitablemente
zwanzig ['tsvantsɪç] *adj inv* veinte; *s. a.* **achtzig**
zwanziger ['tsvantsɪgɐ] *adj* **die** ~ **Jahre** los años veinte
Zwanziger ['tsvantsɪgɐ] *m* <-s, -> *(fam)* ❶ *(Münze)* moneda *f* de veinte ❷ *(Geldschein)* billete *m* de veinte
Zwanzigerjahre *nt* **die** ~ los años veinte
Zwanzigeuroschein *m* billete *m* de veinte euros
zwanzigjährig *adj (20 Jahre alt)* de veinte años; *(20 Jahre dauernd)* de veinte años de duración; *s. a.* **achtzigjährig**
zwanzigste(r, s) *adj* vigésimo; *s. a.* **achtzigste(r, s)**
Zwanzigstel *nt* <-s, -> vigésimo, -a *m, f; s. a.* **Achtzigstel**
zwar [tsva:ɐ] *adv* ❶ *(einräumend)* ~ **..., aber/doch ...** es cierto que... pero...; **das ist** ~ **wahr, aber ...** esto es cierto pero... ❷ *(erklärend)* **und** ~ a saber, o sea; **ich habe noch etwas mitzuteilen, und** ~ **...** tengo algo más que decir, y es que...
Zweck ['tsvɛk] *m* <-(e)s, -e> fin *m; (Ziel)* objetivo *m; (Sinn)* sentido *m; (Absicht)* propósito *m;* **einem guten** ~ **dienen** servir a un buen fin; **das erfüllt seinen** ~ cumple su finalidad; **der** ~ **heiligt die Mittel** el fin justifica los medios; **es hat ja doch keinen** ~ **mehr** eso ya no tiene sentido; **zu welchem** ~ **geschieht das?** ¿qué propósito se persigue con esto?; **das war der** ~ **der Übung** *(fam)* esta era la intención del ejercicio
Zweckbau *m* edificio *m* funcional
zweckdienlich *adj* ❶ *(passend)* oportuno ❷ *(nützlich)* útil
Zwecke ['tsvɛkə] *f* <-n> *(reg)* tachuela *f*
zweckentfremden* ['----] *vt* utilizar para fines extraños
Zweckentfremdung *f* <-, -en> desnaturalización *f,* apartamiento *m* funcional
zwecklos *adj* inútil; **es ist** ~ no tiene sentido
Zwecklosigkeit *f ohne pl* inutilidad *f,* carencia *f* de objetivo [*o* de finalidad]
zweckmäßig *adj* adecuado, apropiado; *(nützlich)* útil

Z

Zweckmäßigkeit *f ohne pl* conveniencia *f; (Nützlichkeit)* utilidad *f*
Zweckoptimismus *m ohne pl* optimismo *m* calculado
zwecks [tsvɛks] *präp +gen (formal)* con el fin de, con el objeto de
zwei [tsvaɪ] *adj inv* dos; *(Schulnote)* notable; **wenn ~ sich streiten, freut sich der dritte** *(prov)* a río revuelto, ganancia de pescadores; *s. a.* **acht**[1]
zweibändig ['-bɛndɪç] *adj* de dos tomos
Zweibeiner *m (fam iron)* bípedo *m*
Zweibettzimmer *nt* habitación *f* doble
zweideutig ['tsvaɪdɔɪtɪç] *adj* ❶ *(unklar)* ambiguo ❷ *(anstößig)* picante
Zweideutigkeit[1] *f ohne pl (Unklarheit)* ambigüedad *f*
Zweideutigkeit[2] *f* <-en> *(Äußerung)* observación *f* ambigua; *(anstößig)* observación *f* picante
zweidimensional ['tsvaɪdimɛnzjona:l] *adj* bidimensional
Zweidrittelmehrheit [-'----] *f* (POL) mayoría *f* de dos tercios
zweieiig ['tsvaɪʔaɪɪç] *adj* heterocigótico; **~e Zwillinge** gemelos heterocigóticos, gemelos falsos, mellizos (bivitelinos)
zweieinhalb [--'-] *adj inv* dos y medio
zweierlei ['tsvaɪɐ'laɪ] *adj inv* de dos clases diferentes, dos clases (diferentes) de; *s. a.* **achterlei**
Zweieurostück *nt* moneda *f* de dos euros
zweifach **I.** *adj* doble; **in ~er Ausfertigung** por duplicado **II.** *adv* dos veces; *s. a.* **achtfach**
Zweifamilienhaus *nt* casa *f* de dos viviendas
zweifarbig *adj* bicolor
Zweifel ['tsvaɪfəl] *m* <-s, -> duda *f;* **außer ~** fuera de toda duda; **ohne ~** sin duda; **etw in ~ ziehen** poner algo en duda; **über alle ~ erhaben sein** estar por encima de cualquier duda; **~ an etw** *dat* **haben** tener dudas sobre algo; **es steht für mich außer ~, dass ...** para mí está claro que...; **daran besteht kein ~** no cabe la menor duda
zweifelhaft *adj* dudoso; *(verdächtig)* sospechoso; **es ist ~, ob ...** es dudoso si...
zweifellos *adv* sin duda; **du hast ~ Recht** sin duda tienes razón
zweifeln ['tsvaɪfəln] *vi* dudar (**an** de)
Zweifelsfall *m* caso *m* de duda; **im ~** en caso de duda
zweifelsfrei **I.** *adj* incuestionable, indiscutible **II.** *adv* indudablemente
zweifelsohne ['--'--] *adv* sin duda alguna
Zweifler(in) *m(f)* <-s, -; -, -nen> escéptico, -a *m, f*
Zweifrontenkrieg ['-'---] *m* <-(e)s, -e> guerra *f* en dos frentes; **einen ~ führen** estar en guerra en dos frentes
Zweig [tsvaɪk] *m* <-(e)s, -e> ❶ *(Ast)* rama *f;* **auf keinen grünen ~ kommen** *(fam)* no tener éxito (en la vida) ❷ *(Sparte)* sector *m* ❸ (SCH, UNIV: *Fachrichtung*) ramo *m*
zweigeteilt *adj* dividido en dos (partes); *(gespalten)* hendido (en dos); *(aus zwei Teilen bestehend)* bipartito; **Deutschland war früher ein ~es Land** antes Alemania era un país dividido
zweigleisig *adj* de doble vía; **~ fahren** *(fam)* estar a dos bandas
Zweigniederlassung *f,* **Zweigstelle** *f* sucursal *f,* filial *f*
zweihändig ['tsvaɪhɛndɪç] *adj* de dos manos; **~ spielen** tocar a dos manos
zweihundert ['-'--] *adj inv* doscientos; *s. a.* **achthundert**
zweijährig ['tsvaɪjɛ:rɪç] *adj (zwei Jahre alt)* de dos años; *(zwei Jahre dauernd)* de dos años de duración, bienal
Zweijährige(r) *mf* <-n, -n; -n, -n> niño, -a *m, f* de dos años
Zweikammersystem *nt* (POL) bicameralismo *m,* sistema *m* bicameral
Zweikampf *m* duelo *m;* **jdn zum ~ herausfordern** retar a alguien a un duelo
zweimal *adv* dos veces; **sich** *dat* **etwas nicht ~ sagen lassen** no hacerse de rogar; *s. a.* **achtmal**
zweimonatig *adj* de dos meses
zweimonatlich *adj* bimestral
Zweiparteiensystem [--'----] *nt* (POL) (sistema *m* de) bipartidismo *m*
Zweirad *nt* vehículo *m* de dos ruedas; *(Fahrrad)* bicicleta *f*
Zweireiher *m* <-s, -> traje *m* (de chaqueta) cruzado
zweireihig **I.** *adj* ❶ *(in zwei Reihen)* de dos filas ❷ *(Anzug)* cruzado **II.** *adv* en dos filas
Zweisamkeit *f* <-en> vida *f* en pareja
zweischneidig *adj* de dos filos; **ein ~es Schwert** *(fig)* un arma de dos filos
zweiseitig *adj* ❶ *(vom Umfang)* de dos páginas ❷ *(zwischen zwei Parteien)* bilateral ❸ *(Kleidung, Stoff)* reversible
zweisilbig *adj* de dos sílabas; (LING) bisílabo
Zweisitzer *m* (AUTO) (vehículo *m* de) dos plazas *m inv*
zweispaltig *adj* a doble columna
zweisprachig *adj* bilingüe; **~ aufwachsen** educarse bilingüe
Zweisprachigkeit *f ohne pl* bilingüismo *m*
zweispurig *adj (Bahn)* de dos vías; *(Straße)* de dos carriles
zweistellig *adj* de dos cifras

zweistimmig *adj* a dos voces
zweistöckig ['-ʃtœkɪç] *adj* de dos pisos
zweistündig ['-ʃtʏndɪç] *adj* de dos horas
zweit [tsvaɪt] **zu ~** (a) dos
zweitägig ['-tɛːgɪç] *adj* de dos días; *s. a.* **achttägig**
Zweitaktmotor *m* (AUTO, TECH) motor *m* de dos tiempos
zweitälteste(r, s) *adj* segundo en edad
zweitausend ['-'--] *adj inv* dos mil; *s. a.* **achttausend**
Zweitausender *m* cumbre *f* de dos mil metros
zweitbeste(r, s) *adj* segundo mejor; **sie wurde Z~** quedó segunda
zweite(r, s) *adj* segundo; **wie kein Z~r** como ningún otro; *s. a.* **achte(r, s)**
Zweiteiler *m* <-s, -> *(fam)* ❶ *(Bikini)* bikini *m,* biquini *m* ❷ *(Kleid)* (vestido *m* de) dos piezas *m inv*
zweiteilig *adj* de dos partes; *(Kleid)* de dos piezas
zweitens ['tsvaɪtəns] *adv* en segundo lugar; *(bei einer Aufzählung)* segundo; *s. a.* **achtens**
zweitgrößte(r, s) *adj* ❶ *(menschliche Größe)* segundo más alto ❷ *(Umfang)* segundo mayor, segundo más grande *fam*
zweitklassig *adj (abw)* de segunda categoría
zweitletzte(r, s) *adj* penúltimo
zweitrangig *adj* ❶ *(weniger wichtig)* secundario ❷ *(abw: zweitklassig)* de segunda categoría
Zweitschlüssel *m* segunda llave *f*
Zweitstimme *f* (POL) segundo voto *m*
Zweitürer *m* <-s, -> coche *m* de dos puertas
zweitürig *adj* de dos puertas
Zweitwagen *m* segundo coche *m*
Zweitwohnung *f* segundo domicilio *m*
Zweizimmerwohnung [-'----] *f* apartamento *m* de dos habitaciones
Zwerchfell ['tsvɛrçfɛl] *nt* (ANAT) diafragma *m*
Zwerg(in) [tsvɛrk] *m(f)* <-(e)s, -e; -nen> enano, -a *m, f,* omoto *m Ecua*
zwergenhaft *adj* enano
zwergwüchsig *adj* de baja estatura
Zwetsch(g)e *f* <-n> ciruela *f*
Zwetsch(g)enkuchen *m* tarta *f* de ciruelas
Zwetsch(g)enmus *nt* compota *f* de ciruela
Zwetsch(g)enwasser *nt* <-s, -wässer> aguardiente *m* de ciruelas
Zwickel ['tsvɪkəl] *m* <-s, -> ❶ *(an Hosen)* entrepierna *f* ❷ (ARCHIT) pechina *f*
zwicken ['tsvɪkən] **I.** *vi (Kleidung)* apretar **II.** *vt* pellizcar
Zwicker *m* <-s, -> *(reg, südd, Österr)* binóculo *m*
Zwickmühle *f (fam)* dilema *m;* **in der ~ sitzen** estar entre la espada y la pared
Zwieback ['tsviːbak] *m* <-(e)s, -bäcke *o* -e> pan *m* a la brasa
Zwiebel ['tsviːbəl] *f* <-n> ❶ *(als Gemüse, Gewürz)* cebolla *f;* **rote ~** cebolla morada ❷ *(Knolle)* bulbo *m*
Zwiebelkuchen *m* pastel *m* de cebolla
Zwiebelring *m* aro *m* de cebolla
Zwiebelschale *f* <-, -n> cáscara *f* de cebolla
Zwiebelsuppe *f* sopa *f* de cebolla
Zwiebelturm *m* torre *f* con tejado imperial
Zwiegespräch ['tsviː-] *nt (geh)* diálogo *m;* **ein ~ halten** mantener un diálogo
Zwielicht *nt* <-(e)s, *ohne pl*> luz *f* crepuscular; **im ~** entre dos luces; **ins ~ geraten** estar en una situación embarazosa
zwielichtig *adj* sospechoso
Zwiespalt *m* <-(e)s, -e *o* -spälte> dilema *m;* **in einem ~ sein** estar ante un dilema
zwiespältig ['tsviːʃpɛltɪç] *adj* contradictorio
Zwietracht *f ohne pl (geh)* discordia *f;* **~ säen** sembrar la discordia
Zwilling ['tsvɪlɪŋ] *m* <-s, -e> ❶ *(Mensch)* gemelo, -a *m, f,* cuate, -a *m, f Méx;* **eineiige ~e** gemelos homocigóticos; **zweieiige ~e** gemelos heterocigóticos ❷ *pl* (ASTR: *Zeichen*) Géminis *m inv* ❸ (ASTR: *Person*) géminis *mf inv*
Zwillingsbruder *m* hermano *m* gemelo
Zwillingspaar *nt* mellizos *mpl*
Zwillingsschwester *f* hermana *f* gemela
Zwinge ['tsvɪŋə] *f* <-n> (TECH) ❶ *(zum Einspannen)* gato *m* ❷ *(zum Zusammenhalten)* abrazadera *f;* *(am Messer)* virola *f*
zwingen ['tsvɪŋən] <zwingt, zwang, gezwungen> **I.** *vt* obligar (**zu** a); **ich sehe mich gezwungen, zu ...** me veo obligado a...; **jdn zu Boden ~** tumbar a alguien por la fuerza **II.** *vr:* **sich ~** obligarse (**zu** a)
zwingend *adj (unerlässlich)* ineludible; *(dringend)* apremiante, urgente; *(überzeugend)* concluyente; **ein ~er Schluss** una conclusión lógica
Zwinger *m* <-s, -> *(Hundezwinger)* perrera *f*
zwinkern ['tsvɪŋkɐn] *vi* guiñar; **mit den Augen ~** guiñar el ojo
zwirbeln ['tsvɪrbəln] *vt* retorcer
Zwirn [tsvɪrn] *m* <-(e)s, -e> hilo *m*
zwischen ['tsvɪʃən] **I.** *präp +dat* entre; *(in der Mitte)* en medio de; **~ dir und mir** entre tú y yo; **~ 200 und 300 Euro** entre

200 y 300 euros **II.** *präp +akk (Richtung)* entre; *(in die Mitte)* en medio de
Zwischenablage *f* (*a.* INFOR) portapapeles *m inv*
Zwischenaufenthalt *m* parada *f; (mit dem Schiff, Flugzeug)* escala *f;* **einen ~ einlegen** hacer escala
Zwischenbemerkung *f* observación *f* entre paréntesis; **eine ~ machen** hacer una interrupción
Zwischenbericht *m* <-(e)s, -e> informe *m* parcial
Zwischenbilanz *f* balance *m* provisional
Zwischending *nt (fam)* cosa *f* intermedia (**zwischen** entre)
zwischendrin ['--'-] *adv* en medio
zwischendurch ['--'-] *adv* ❶ *(immer wieder)* entremedias; *(gleichzeitig)* a la vez ❷ *(in der Zwischenzeit)* entretanto ❸ *(räumlich)* en medio
Zwischenergebnis *nt* resultado *m* provisional
Zwischenfall *m* ❶ *(Ereignis)* incidente *m* ❷ *pl (Unruhen)* tumulto *m*
Zwischenfrage *f* pregunta *f;* **jdm eine ~ stellen** interrumpir a alguien para hacer una pregunta
Zwischengröße *f* talla *f* intermedia
Zwischenhändler(in) *m(f)* (comerciante *mf*) intermediario, -a *m, f*
Zwischenlager *nt* almacén *m* provisional
zwischen|lagern *vt* almacenar provisionalmente
zwischen|landen *vi sein* hacer escala
Zwischenlandung *f* escala *f*
Zwischenmahlzeit *f* comida *f* entre horas
zwischenmenschlich *adj* interpersonal
Zwischenprüfung *f* examen *m* intermedio
Zwischenraum *m* ❶ *(zeitlich)* intervalo *m* ❷ *(räumlich)* espacio *m* intermedio; **einen ~ lassen** dejar un espacio (libre)
Zwischenruf *m* <-(e)s, -e> interrupción *f*
Zwischenrunde *f* (SPORT) vuelta *f* intermedia
zwischen|speichern *vt* (INFOR) guardar en la memoria intermedia
Zwischenstation *f* ❶ *(Zwischenaufenthalt)* parada *f; (Schiff, Flugzeug)* escala *f* ❷ *(Ort)* paradero *m*
Zwischenstopp *m* alto *m;* (AUTO) parada *f* (intermedia); (AERO) escala *f*
Zwischensumme *f* suma *f* parcial
Zwischenwand *f* tabique *m,* pared *f* divisoria
Zwischenzeit *f* ❶ *(Zeitraum)* intervalo *m;* **in der ~** entretanto ❷ (SPORT) tiempo *m* parcial
zwischenzeitlich *adj* entretanto
Zwischenzeugnis *nt* calificaciones *fpl* parciales
Zwist [tsvɪst] *m* <-(e)s, -e> *(geh)* discordia *f*
zwitschern ['tsvɪtʃɐn] **I.** *vi* gorjear **II.** *vt (fam)* **einen ~** echar un trago
Zwitter ['tsvɪtɐ] *m* <-s, -> hermafrodita *mf*
zwo [tsvoː] *adj inv (fam)* dos
zwölf [tsvœlf] *adj inv* doce; *s. a.* **acht**[1]
zwölffach **I.** *adj* doce veces tanto; **~ vorhanden sein** tener doce ejemplares **II.** *adv* doce veces; *s. a.* **achtfach**
Zwölffingerdarm [-'---] *m* (ANAT) duodeno *m*
Zwölffingerdarmgeschwür *nt* (MED) úlcera *f* gastroduodenal
Zwölfkampf *m* (SPORT) dodecatlón *m*
zwölfmal *adv* doce veces; *s. a.* **achtmal**
zwölfte(r, s) *adj* duodécimo; *s. a.* **achte(r, s)**
zwölftel ['tsvœlftəl] *adj inv* doceavo; *s. a.* **achtel**
Zwölftonmusik [-'---] *f* (MUS) música *f* dodecafónica
Zyanid [tsya'niːt] *nt* <-s, -e> (CHEM) cianuro *m*
Zyankali [tsyan'kaːli] *nt* <-s, *ohne pl*> (CHEM) cianuro *m* potásico
Zyklen *pl von* **Zyklus**
zyklisch ['tsyːklɪʃ] *adj* cíclico
Zyklon [tsy'kloːn] *m* <-s, -e> (METEO) ciclón *m*
Zyklop [tsy'kloːp] *m* <-en, -en> cíclope *m*
Zyklus ['tsyːklʊs] *m* <-, Zyklen> (*a.* MED) ciclo *m*
Zylinder [tsi'lɪndɐ, tsy'-] *m* <-s, -> ❶ (MATH, TECH) cilindro *m* ❷ *(Hut)* sombrero *m* de copa, tarro *m Am*
zylinderförmig [-fœrmɪç] *adj* cilíndrico
Zylinderkopf *m* (TECH) culata *f*
zylindrisch *adj* cilíndrico
Zyniker(in) ['tsyːnikɐ] *m(f)* <-s, -; -nen> cínico, -a *m, f*
zynisch ['tsyːnɪʃ] *adj* cínico
Zynismus [tsy'nɪsmʊs] *m* <-, *ohne pl*> cinismo *m*
Zypern ['tsyːpɐn] *nt* <-s> Chipre *m*
Zyprer(in) *m(f)* <-s, -; -nen> chipriota *mf*
Zypresse [tsy'prɛsə] *f* <-n> (BOT) ciprés *m*
Zyprier(in) *m(f)* <-s, -; -nen> chipriota *mf*
Zypriot(in) *m(f)* <-en, -en; -, -nen> chipriota *mf*
zypriotisch *adj,* **zyprisch** ['tsyːprɪʃ] *adj* chipriota
Zyste ['tsʏstə] *f* <-n> (MED) quiste *m*
Zytoplasma [tsyto'plasma] *nt* <-s, -plasmen> (BIOL) citoplasma *m*
z. Z(t). *Abk. von* **zur Zeit** en la época

Anhang
Apéndice

Die regelmäßigen und unregelmäßigen spanischen Verben

Los verbos regulares e irregulares del español

Folgende Abkürzungen werden in der Verbtabelle verwendet:

pret. ind.	pretérito indefinido
subj. fut.	subjuntivo futuro
subj. imp.	subjuntivo imperfecto
subj. pres.	subjuntivo presente

Die regelmäßigen Verben auf *-ar, -er* und *-ir*

hablar

presente	imperfecto	pret. ind.	futuro	
hablo	hablaba	hablé	hablaré	**gerundio**
hablas	hablabas	hablaste	hablarás	hablando
habla	hablaba	habló	hablará	
hablamos	hablábamos	hablamos	hablaremos	**participio**
habláis	hablabais	hablasteis	hablaréis	hablado
hablan	hablaban	hablaron	hablarán	

condicional	subj. pres.	subj. imp.	subj. fut.	imperativo
hablaría	hable	hablara/-ase	hablare	
hablarías	hables	hablaras/-ases	hablares	habla
hablaría	hable	hablara/-ase	hablare	hable
hablaríamos	hablemos	habláramos/ -ásemos	habláremos	hablemos
hablaríais	habléis	hablarais/ -aseis	hablareis	hablad
hablarían	hablen	hablaran/-asen	hablaren	hablen

comprender

presente	imperfecto	pret. ind.	futuro	
comprendo	comprendía	comprendí	comprenderé	**gerundio**
comprendes	comprendías	comprendiste	comprenderás	compren- diendo
comprende	comprendía	comprendió	comprenderá	
comprende- mos	comprendía- mos	comprendimos	comprendere- mos	**participio**
comprendéis	comprendíais	comprendisteis	comprende- réis	comprendido
comprenden	comprendían	comprendieron	comprenderán	

condicional	subj. pres.	subj. imp.	subj. fut.	imperativo
comprendería	comprenda	comprendiera/ -iese	comprendiere	
comprende- rías	comprendas	comprendieras/ -ieses	comprendie- res	comprende
comprendería	comprenda	comprendiera/ -iese	comprendiere	comprenda
comprendería- mos	comprenda- mos	comprendiéra- mos/-iésemos	comprendiére- mos	comprenda- mos
comprende- ríais	comprendáis	comprendie- rais/-ieseis	comprendie- reis	comprended
comprende- rían	comprendan	comprendiera/ -iesen	comprendie- ren	comprendan

recibir

presente	imperfecto	pret. ind.	futuro	
recibo	recibía	recibí	recibiré	**gerundio**
recibes	recibías	recibiste	recibirás	recibiendo
recibe	recibía	recibió	recibirá	
recibimos	recibíamos	recibimos	recibiremos	**participio**
recibís	recibíais	recibisteis	recibiréis	recibido
reciben	recibían	recibieron	recibirán	

condicional	subj. pres.	subj. imp.	subj. fut.	imperativo
recibiría	reciba	recibiera/-iese	recibiere	
recibirías	recibas	recibieras/ -ieses	recibieres	recibe
recibiría	reciba	recibiera/-iese	recibiere	reciba
recibiríamos	recibamos	recibiéramos/ -iésemos	recibiéremos	recibamos

condicional	subj. pres.	subj. imp.	subj. fut.	imperativo
recibiríais	recibáis	reciebierais/ -ieseis	recibiereis	recibid
recibirían	reciban	recibieran/ -iesen	recibieren	reciban

Verben mit Vokalveränderung

<e → ie> **pensar**

presente	imperfecto	pret. ind.	futuro	
pienso	pensaba	pensé	pensaré	**gerundio**
piensas	pensabas	pensaste	pensarás	pensando
piensa	pensaba	pensó	pensará	
pensamos	pensábamos	pensamos	pensaremos	**participio**
pensáis	pensabais	pensasteis	pensaréis	pensado
piensan	pensaban	pensaron	pensarán	

condicional	subj. pres.	subj. imp.	subj. fut.	imperativo
pensaría	piense	pensara/-ase	pensare	
pensarías	pienses	pensaras/ -ases	pensares	piensa
pensaría	piense	pensara/-ase	pensare	piense
pensaríamos	pensemos	pensáramos/ -ásemos	pensáremos	pensemos
pensaríais	penséis	pensarais/ -aseis	pensareis	pensad
pensarían	piensen	pensaran/ -asen	pensaren	piensen

<o → ue> **contar**

presente	imperfecto	pret. ind.	futuro	
cuento	contaba	conté	contaré	**gerundio**
cuentas	contabas	contaste	contarás	contando
cuenta	contaba	contó	contará	
contamos	contábamos	contamos	contaremos	**participio**
contáis	contabais	contasteis	contaréis	contado
cuentan	contaban	contaron	contarán	

condicional	subj. pres.	subj. imp.	subj. fut.	imperativo
contaría	cuente	contara/-ase	contare	
contarías	cuentes	contaras/ -ases	contares	cuenta
contaría	cuente	contara/-ase	contare	cuente
contaríamos	contemos	contáramos/ -ásemos	contáremos	contemos
contaríais	contéis	contarais/ -aseis	contareis	contad
contarían	cuenten	contaran	contaren	cuenten

<e → i> pedir

presente	imperfecto	pret. ind.	futuro	
pido	pedía	pedí	pediré	**gerundio**
pides	pedías	pediste	pedirás	pidiendo
pide	pedía	pidió	pedirá	
pedimos	pedíamos	pedimos	pediremos	**participio**
pedís	pedíais	pedisteis	pediréis	pedido
piden	pedían	pidieron	pedirán	

condicional	subj. pres.	subj. imp.	subj. fut.	imperativo
pediría	pida	pidiera/-iese	pidiere	
pedirías	pidas	pidieras/ -ieses	pidieres	pide
pediría	pida	pidiera/-iese	pidiere	pida
pediríamos	pidamos	pidiéramos/ -iésemos	pidiéremos	pidamos
pediríais	pidáis	pidierais/ -ieseis	pidiereis	pedid
pedirían	pidan	pidieran/ -iesen	pidieren	pidan

Verben mit orthografischen Abweichungen

<c → qu> **atacar**

presente	imperfecto	pret. ind.	futuro	
ataco	atacaba	ataqué	atacaré	**gerundio**
atacas	atacabas	atacaste	atacarás	atacando
ataca	atacaba	atacó	atacará	
atacamos	atacábamos	atacamos	atacaremos	**participio**
atacáis	atacabais	atacasteis	atacaréis	atacado
atacan	atacaban	atacaron	atacarán	

condicional	subj. pres.	subj. imp.	subj. fut.	imperativo
atacaría	ataque	atacara/-ase	atacare	
atacarías	ataques	atacaras/-ases	atacares	ataca
atacaría	ataque	atacara/-ase	atacare	ataque
atacaríamos	ataquemos	atacáramos/-ásemos	atacáremos	ataquemos
atacaríais	ataquéis	atacarais/-aseis	atacareis	atacad
atacarían	ataquen	atacaran/-asen	atacaren	ataquen

<g → gu> **pagar**

presente	imperfecto	pret. ind.	futuro	
pago	pagaba	pagué	pagaré	**gerundio**
pagas	pagabas	pagaste	pagarás	pagando
paga	pagaba	pagó	pagará	
pagamos	pagábamos	pagamos	pagaremos	**participio**
pagáis	pagabais	pagasteis	pagaréis	pagado
pagan	pagaban	pagaron	pagarán	

condicional	subj. pres.	subj. imp.	subj. fut.	imperativo
pagaría	pague	pagara/-ase	pagare	
pagarías	pagues	pagaras/-ases	pagares	paga
pagaría	pague	pagara/-ase	pagare	pague
pagaríamos	paguemos	pagáramos/-ásemos	pagáremos	paguemos
pagaríais	paguéis	pagarais/-aseis	pagareis	pagad
pagarían	paguen	pagaran/-asen	pagaren	paguen

<z → c> **cazar**

presente	imperfecto	pret. ind.	futuro	
cazo	cazaba	cacé	cazaré	**gerundio**
cazas	cazabas	cazaste	cazarás	cazando
caza	cazaba	cazó	cazará	
cazamos	cazábamos	cazamos	cazaremos	**participio**
cazáis	cazabais	cazasteis	cazaréis	cazado
cazan	cazaban	cazaron	cazarán	

condicional	subj. pres.	subj. imp.	subj. fut.	imperativo
cazaría	cace	cazara/-ase	cazare	
cazarías	caces	cazaras/-ases	cazares	caza
cazaría	cace	cazara/-ase	cazare	cace
cazaríamos	cacemos	cazáramos/ -ásemos	cazáremos	cacemos
cazaríais	cacéis	cazarais/-aseis	cazareis	cazad
cazarían	cacen	cazaran/-asen	cazaren	cacen

<gu → gü> **averiguar**

presente	imperfecto	pret. ind.	futuro	
averiguo	averiguaba	averigüé	averiguaré	**gerundio**
averiguas	averiguabas	averiguaste	averiguarás	averi- guando
averigua	averiguaba	averiguó	averiguará	
averiguamos	averiguába- mos	averiguamos	averiguare- mos	**participio**
averiguáis	averiguabais	averiguasteis	averiguaréis	averiguado
averiguan	averiguaban	averiguaron	averiguarán	

condicional	subj. pres.	subj. imp.	subj. fut.	imperativo
averiguaría	averigüe	averiguara/-ase	averiguare	
averiguarías	averigües	averiguaras/ -ases	averiguares	averigua
averiguaría	averigüe	averiguara/-ase	averiguare	averigüe
averiguaría- mos	averigüemos	averiguáramos/ -ásemos	averiguáre- mos	averigüe- mos
averiguaríais	averigüéis	averiguarais/ -aseis	averiguareis	averiguad
averiguarían	averigüen	averiguaran/ -asen	averiguaren	averigüen

<c → z> **vencer**

presente	imperfecto	pret. ind.	futuro	
venzo	vencía	vencí	venceré	**gerundio**
vences	vencías	venciste	vencerás	venciendo
vence	vencía	venció	vencerá	
vencemos	vencíamos	vencimos	venceremos	**participio**
vencéis	vencíais	vencisteis	venceréis	vencido
vencen	vencían	vencieron	vencerán	

condicional	subj. pres.	subj. imp.	subj. fut.	imperativo
vencería	venza	venciera/-iese	venciere	
vencerías	venzas	vencieras/-ieses	vencieres	vence
vencería	venza	venciera/-iese	venciere	venza
venceríamos	venzamos	venciéramos/ -iésemos	venciéremos	venzamos
venceríais	venzáis	vencierais/ -ieseis	venciereis	venced
vencerían	venzan	vencieran/-iesen	vencieren	venzan

<g → j> **coger**

presente	imperfecto	pret. ind.	futuro	
cojo	cogía	cogí	cogeré	**gerundio**
coges	cogías	cogiste	cogerás	cogiendo
coge	cogía	cogió	cogerá	
cogemos	cogíamos	cogimos	cogeremos	**participio**
cogéis	cogíais	cogisteis	cogeréis	cogido
cogen	cogían	cogieron	cogerán	

condicional	subj. pres.	subj. imp.	subj. fut.	imperativo
cogería	coja	cogiera/-iese	cogiere	
cogerías	cojas	cogieras/-ieses	cogieres	coge
cogería	coja	cogiera/-iese	cogiere	coja
cogeríamos	cojamos	cogiéramos/ -iésemos	cogiéremos	cojamos
cogeríais	cojáis	cogierais/-ieseis	cogiereis	coged
cogerían	cojan	cogieran/-iesen	cogieren	cojan

<gu → g> **distinguir**

presente	imperfecto	pret. ind.	futuro	
distingo	distinguía	distinguí	distinguiré	**gerundio**
distingues	distinguías	distinguiste	distinguirás	distin-guiendo
distingue	distinguía	distinguió	distinguirá	
distinguimos	distinguíamos	distinguimos	distinguire-mos	**participio**
distinguís	distinguíais	distinguisteis	distinguiréis	distinguido
distinguen	distinguían	distinguieron	distinguirán	

condicional	subj. pres.	subj. imp.	subj. fut.	imperativo
distinguiría	distinga	distinguiera/-iese	distinguiere	
distinguirías	distingas	distinguieras/-ieses	distinguieres	distingue
distinguiría	distinga	distinguiera/-iese	distinguiere	distinga
distinguiría-mos	distingamos	distinguiéramos/iésemos	distinguiére-mos	distinga-mos
distinguiríais	distingáis	distinguierais/-ieseis	distinguiereis	distinguid
distinguirían	distingan	distinguieran/-iesen	distinguieren	distingan

<qu → c> **delinquir**

presente	imperfecto	pret. ind.	futuro	
delinco	delinquía	delinquí	delinquiré	**gerundio**
delinques	delinquías	delinquiste	delinquirás	delinquiendo
delinque	delinquía	delinquió	delinquirá	
delinquimos	delinquíamos	delinquimos	delinquiremos	**participio**
delinquís	delinquíais	delinquisteis	delinquiréis	delinquido
delinquen	delinquían	delinquieron	delinquirán	

condicional	subj. pres.	subj. imp.	subj. fut.	imperativo
delinquiría	delinca	delinquiera/-iese	delinquiere	
delinquirías	delincas	delinquieras/-ieses	delinquieres	delinque
delinquiría	delinca	delinquiera/-iese	delinquiere	delinca
delinquiríamos	delincamos	delinquiéramos/-iésemos	delinquiére-mos	delincamos

condicional	subj. pres.	subj. imp.	subj. fut.	imperativo
delinquiríais	delincáis	delinquierais/ -ieseis	delinquiereis	delinquid
delinquirían	delincan	delinquieran/ -iesen	delinquieren	delincan

Verben mit Betonungsverschiebung

<1. pres: envío> enviar

presente	imperfecto	pret. ind.	futuro	
envío	enviaba	envié	enviaré	**gerundio**
envías	enviabas	enviaste	enviarás	enviando
envía	enviaba	envió	enviará	
enviamos	enviábamos	enviamos	enviaremos	**participio**
enviáis	enviabais	enviasteis	enviaréis	enviado
envían	enviaban	enviaron	enviarán	

condicional	subj. pres.	subj. imp.	subj. fut.	imperativo
enviaría	envíe	enviara/-iase	enviare	
enviarías	envíes	enviaras/-iases	enviares	envía
enviaría	envíe	enviara/-iase	enviare	envíe
enviaríamos	enviemos	enviáramos/ -iásemos	enviáremos	enviemos
enviaríais	enviéis	enviarais/ -iaseis	enviareis	enviad
enviarían	envíen	enviaran/-iasen	enviaren	envíen

<1. pres: continúo> continuar

presente	imperfecto	pret. ind.	futuro	
continúo	continuaba	continué	continuaré	**gerundio**
continúas	continuabas	continuaste	continuarás	continuando
continúa	continuaba	continuó	continuará	
continuamos	continuábamos	continuamos	continuaremos	**participio**
continuáis	continuabais	continuasteis	continuaréis	continuado
continúan	continuaban	continuaron	continuarán	

condicional	subj. pres.	subj. imp.	subj. fut.	imperativo
continuaría	continúe	continuara/-ase	continuare	
continuarías	continúes	continuaras/ -ases	continuares	continúa
continuaría	continúe	continuara/-ase	continuare	continúe
continuaría-mos	continuemos	continuáramos/ -ásemos	continuáre-mos	continue-mos
continuaríais	continuéis	continuarais/ -aseis	continuareis	continuad
continuarían	continúen	continuaran/ -asen	continuaren	continúen

Verben, bei denen das unbetonte *i* wegfällt

<3. pret: tañó> tañer

presente	imperfecto	pret. ind.	futuro	
taño	tañía	tañí	tañeré	**gerundio**
tañes	tañías	tañiste	tañerás	tañendo
tañe	tañía	tañó	tañerá	
tañemos	tañíamos	tañimos	tañeremos	**participio**
tañéis	tañíais	tañisteis	tañeréis	tañido
tañen	tañían	tañeron	tañerán	

condicional	subj. pres.	subj. imp.	subj. fut.	imperativo
tañería	taña	tañera/-ese	tañere	
tañerías	tañas	tañeras/-eses	tañeres	tañe
tañería	taña	tañera/-ese	tañere	taña
tañeríamos	tañamos	tañéramos/ -ésemos	tañéremos	tañamos
tañeríais	tañáis	tañerais/-eseis	tañereis	tañed
tañerían	tañan	tañeran/-esen	tañeren	tañan

<3. pret: gruñó> gruñir

presente	imperfecto	pret. ind.	futuro	
gruño	gruñía	gruñí	gruñiré	**gerundio**
gruñes	gruñías	gruñiste	gruñirás	gruñendo
gruñe	gruñía	gruñó	gruñirá	
gruñimos	gruñíamos	gruñimos	gruñiremos	**participio**
gruñís	gruñíais	gruñisteis	gruñiréis	gruñido
gruñen	gruñían	gruñeron	gruñirán	

condicional	subj. pres.	subj. imp.	subj. fut.	imperativo
gruñiría	gruña	gruñera/-ese	gruñere	
gruñirías	gruñas	gruñeras/-eses	gruñeres	gruñe
gruñiría	gruña	gruñera/-ese	gruñere	gruña
gruñiríamos	gruñamos	gruñéramos/-ésemos	gruñéremos	gruñamos
gruñiríais	gruñáis	gruñerais/-eseis	gruñereis	gruñid
gruñirían	gruñan	gruñeran/-esen	gruñeren	gruñan

Die unregelmäßigen Verben

abolir

presente	subj. pres.	imperativo	
–	–		**gerundio**
–	–	–	aboliendo
–	–	–	
abolimos	–	–	**participio**
abolís	–	abolid	abolido
–	–	–	

abrir

participio :	abierto

adquirir

presente	imperativo	
adquiero		**gerundio**
adquieres	adquiere	adquiriendo
adquiere	adquiera	
adquirimos	adquiramos	**participio**
adquirís	adquirid	adquirido
adquieren	adquieran	

airar

presente	
aíro	**gerundio**
aíras	airando
aíra	
airamos	**participio**
airáis	airado
aíran	

andar

presente	pret. ind.	
ando	anduve	**gerundio**
andas	anduviste	andando
anda	anduvo	
andamos	anduvimos	**participio**
andáis	anduvisteis	andado
andan	anduvieron	

asir

presente	imperativo	
asgo		**gerundio**
ases	ase	asiendo
ase	asga	
asimos	asgamos	**participio**
asís	asid	asido
asen	asgan	

aullar

presente	imperativo	
aúllo		**gerundio**
aúllas	aúlla	aullando
aúlla	aúlle	
aullamos	aullemos	**participio**
aulláis	aullad	aullado
aúllan	aúllen	

avergonzar

presente	pret. ind.	imperativo	
avergüenzo	avergoncé		**gerundio**
avergüenzas	avergonzaste	avergüenza	avergonzando
avergüenza	avergonzó	avergüence	
avergonzamos	avergonzamos	avergoncemos	**participio**
avergonzáis	avergonzasteis	avergonzad	avergonzado
avergüenzan	avergonzaron	avergüencen	

caber

presente	pret. ind.	futuro	condicional	
quepo	cupe	cabré	cabría	**gerundio**
cabes	cupiste	cabrás	cabrías	cabiendo
cabe	cupo	cabrá	cabría	
cabemos	cupimos	cabremos	cabríamos	**participio**
cabéis	cupisteis	cabréis	cabríais	cabido
caben	cupieron	cabrán	cabrían	

caer

presente	pret. ind.	
caigo	caí	**gerundio**
caes	caíste	cayendo
cae	cayó	
caemos	caímos	**participio**
caéis	caísteis	caído
caen	cayeron	

ceñir

presente	pret. ind.	imperativo	
ciño	ceñí		**gerundio**
ciñes	ceñiste	ciñe	ciñendo
ciñe	ciñó	ciña	
ceñimos	ceñimos	ciñamos	**participio**
ceñís	ceñisteis	ceñid	ceñido
ciñen	ciñeron	ciñan	

cernir

presente	imperativo	
cierno		**gerundio**
ciernes	cierne	cerniendo
cierne	cierna	
cernimos	cernamos	**participio**
cernís	cernid	cernido
ciernen	ciernan	

cocer

presente	imperativo	
cuezo		**gerundio**
cueces	cuece	cociendo
cuece	cueza	
cocemos	cozamos	**participio**
cocéis	coced	cocido
cuecen	cuezan	

colgar

presente	pret. ind.	imperativo	
cuelgo	colgué		**gerundio**
cuelgas	colgaste	cuelga	colgando
cuelga	colgó	cuelgue	
colgamos	colgamos	colgamos	**participio**
colgáis	colgasteis	colgad	colgado
cuelgan	colgaron	cuelguen	

crecer

presente	imperativo	
crezco		**gerundio**
creces	crece	creciendo
crece	crezca	
crecemos	crezcamos	**participio**
crecéis	creced	crecido
crecen	crezcan	

dar

presente	pret. ind.	subj. pres.	subj. imp.	subj. fut.
doy	di	dé	diera/-ese	diere
das	diste	des	dieras/-eses	dieres
da	dio	dé	diera/-ese	diere
damos	dimos	demos	diéramos/ -ésemos	diéremos
dais	disteis	deis	dierais/-eseis	diereis
dan	dieron	den	dieran/-esen	dieren

imperativo	
	gerundio
da	dando
dé	
demos	**participio**
dad	dado
den	

decir

presente	imperfecto	pret. ind.	futuro	
digo	decía	dije	diré	**gerundio**
dices	decías	dijiste	dirás	diciendo
dice	decía	dijo	dirá	
decimos	decíamos	dijimos	diremos	**participio**
decís	decíais	dijisteis	diréis	dicho
dicen	decían	dijeron	dirán	

condicional	subj. pres.	subj. imp.	subj. fut.	imperativo
diría	diga	dijera/-ese	dijere	
dirías	digas	dijeras/-eses	dijeres	di
diría	diga	dijera/-ese	dijere	diga
diríamos	digamos	dijéramos/ -ésemos	dijéremos	digamos
diríais	digáis	dijerais/-eseis	dijereis	decid
dirían	digan	dijeran/-esen	dijeren	digan

dormir

presente	pret. ind.	imperativo	
duermo	dormí		**gerundio**
duermes	dormiste	duerme	durmiendo
duerme	durmió	duerma	
dormimos	dormimos	durmamos	**participio**
dormís	dormisteis	dormid	dormido
duermen	durmieron	duerman	

elegir

presente	pret. ind.	imperativo	
elijo	elegí		**gerundio**
eliges	elegiste	elige	eligiendo
elige	eligió	elija	
elegimos	elegimos	elijamos	**participio**
elegís	elegisteis	elegid	elegido
eligen	eligieron	elijan	

empezar

presente	pret. ind.	imperativo	
empiezo	empecé		**gerundio**
empiezas	empezaste	empieza	empezando
empieza	empezó	empiece	
empezamos	empezamos	empecemos	**participio**
empezáis	empezasteis	empezad	empezado
empiezan	empezaron	empiecen	

enraizar

presente	pret. ind.	imperativo	
enraízo	enraicé		**gerundio**
enraízas	enraizaste	enraíza	enraizando
enraíza	enraizó	enraíce	
enraizamos	enraizamos	enraicemos	**participio**
enraizáis	enraizasteis	enraizad	enraizado
enraízan	enraizaron	enraícen	

erguir

presente	pret. ind.	subj. pres	subj. imp.	subj. fut.
yergo	erguí	yerga	irguiera/-ese	irguiere
yergues	erguiste	yergas	irguieras/ -eses	irguieres
yergue	irguió	yerga	irguiera/-ese	irguiere
erguimos	erguimos	yergamos	irguiéramos/ -ésemos	irguiéremos
erguís	erguisteis	yergáis	irguierais/ -eseis	irguiereis
yerguen	irguieron	yergan	irguieran/ -esen	irguieren

imperativo	
	gerundio
yergue	irguiendo
yerga	
yergamos	**participio**
erguid	erguido
yergan	

errar

presente	pret. ind.	imperativo	
yerro	erré		**gerundio**
yerras	erraste	yerra	errando
yerra	erró	yerre	
erramos	erramos	erremos	**participio**
erráis	errasteis	errad	errado
yerran	erraron	yerren	

escribir

participio :	escrito

estar

presente	imperfecto	pret. ind.	futuro	
estoy	estaba	estuve	estaré	**gerundio**
estás	estabas	estuviste	estarás	estando
está	estaba	estuvo	estará	
estamos	estábamos	estuvimos	estaremos	**participio**
estáis	estabais	estuvisteis	estaréis	estado
están	estaban	estuvieron	estarán	

condicional	subj. pres.	subj. imp.	subj. fut.	imperativo
estaría	esté	estuviera/-ese	estuviere	
estarías	estés	estuvieras/ -eses	estuvieres	está
estaría	esté	estuviera/-ese	estuviere	esté
estaríamos	estemos	estuviéramos/ -ésemos	estuviéremos	estemos
estaríais	estéis	estuvierais/ -eseis	estuviereis	estad
estarían	estén	estuvieran/ -esen	estuvieren	estén

forzar

presente	pret. ind.	imperativo	
fuerzo	forcé		**gerundio**
fuerzas	forzaste	fuerza	forzando
fuerza	forzó	fuerce	
forzamos	forzamos	forcemos	**participio**
forzáis	forzasteis	forzad	forzado
fuerzan	forzaron	fuercen	

fregar

presente	pret. ind.	imperativo	
friego	fregué		**gerundio**
friegas	fregaste	friega	fregando
friega	fregó	friegue	
fregamos	fregamos	freguemos	**participio**
fregáis	fregasteis	fregad	fregado
friegan	fregaron	frieguen	

freír

presente	pret. ind.	imperativo	
frío	freí		**gerundio**
fríes	freíste	fríe	friendo
fríe	frio	fría	
freímos	freímos	friamos	**participio**
freís	freísteis	freíd	frito/freído
fríen	frieron	frían	

haber

presente	imperfecto	pret. ind.	futuro	
he	había	hube	habré	**gerundio**
has	habías	hubiste	habrás	habiendo
ha	había	hubo	habrá	
hemos	habíamos	hubimos	habremos	**participio**
habéis	habíais	hubisteis	habréis	habido
han	habían	hubieron	habrán	

condicional	subj. pres.	subj. imp.	subj. fut.	imperativo
habría	haya	hubiera/-iese	hubiere	
habrías	hayas	hubieras/ -ieses	hubieres	he
habría	haya	hubiera/-iese	hubiere	haya
habríamos	hayamos	hubiéramos/ -iésemos	hubiéremos	hayamos
habríais	hayáis	hubierais/ -ieseis	hubiereis	habed
habrían	hayan	hubieran/ -iesen	hubieren	hayan

hacer

presente	imperfecto	pret. ind.	futuro	
hago	hacía	hice	haré	**gerundio**
haces	hacías	hiciste	harás	haciendo
hace	hacía	hizo	hará	
hacemos	hacíamos	hicimos	haremos	**participio**
hacéis	hacíais	hicisteis	haréis	hecho
hacen	hacían	hicieron	harán	

condicional	subj. pres.	subj. imp.	subj. fut.	imperativo
haría	haga	hiciera/-iese	hiciere	
harías	hagas	hicieras/ -ieses	hicieres	haz
haría	haga	hiciera/-iese	hiciere	haga
haríamos	hagamos	hiciéramos/ -iésemos	hiciéremos	hagamos
haríais	hagáis	hicierais/ -ieseis	hiciereis	haced
harían	hagan	hicieran/ -iesen	hicieren	hagan

hartar

participio :	hartado – *gesättigt* harto (*nur attributiv*): estoy harto – *ich bin satt*

huir

presente	pret. ind.	imperativo	
huyo	huí		**gerundio**
huyes	huiste	huye	huyendo
huye	huyó	huya	
huimos	huimos	huyamos	**participio**
huís	huisteis	huid	huido
huyen	huyeron	huyan	

imprimir

participio :	impreso

ir

presente	imperfecto	pret. ind.	subj. pres.	subj. imp.
voy	iba	fui	vaya	fuera/-ese
vas	ibas	fuiste	vayas	fueras/-eses
va	iba	fue	vaya	fuera/-ese
vamos	íbamos	fuimos	vayamos	fuéramos/ -ésemos
vais	ibais	fuisteis	vayáis	fuerais/-eseis
van	iban	fueron	vayan	fueran/-esen

subj. fut.	imperativo	
fuere		**gerundio**
fueres	ve	yendo
fuere	vaya	
fuéremos	vayamos	**participio**
fuereis	id	ido
fueren	vayan	

jugar

presente	pret. ind.	subj. pres.	imperativo	
juego	jugué	juegue		**gerundio**
juegas	jugaste	juegues	juega	jugando
juega	jugó	juegue	juegue	
jugamos	jugamos	juguemos	juguemos	**participio**
jugáis	jugasteis	juguéis	jugad	jugado
juegan	jugaron	jueguen	jueguen	

leer

presente	pret. ind.	
leo	leí	**gerundio**
lees	leíste	leyendo
lee	leyó	
leemos	leímos	**participio**
leéis	leísteis	leído
leen	leyeron	

lucir

presente	imperativo	
luzco		**gerundio**
luces	luce	luciendo
luce	luzca	
lucimos	luzcamos	**participio**
lucís	lucid	lucido
lucen	luzcan	

maldecir

presente	pret. ind.	imperativo		
maldigo	maldije		**gerundio**	
maldices	maldijiste	maldice	maldiciendo	
maldice	maldijo	maldiga		
maldecimos	maldijimos	maldigamos	**participio**	
maldecís	maldijisteis	maldecid	maldecido	
maldicen	maldijeron	maldigan	maldito	Substantiv, Adjektiv

morir

presente	pret. ind.	imperativo	
muero	morí		**gerundio**
mueres	moriste	muere	muriendo
muere	murió	muera	
morimos	morimos	muramos	**participio**
morís	moristeis	morid	muerto
mueren	murieron	mueran	

oír

presente	pret. ind.	imperativo	subj. imp.	subj. fut.
oigo	oí		oyera/-ese	oyere
oyes	oíste	oye	oyeras/-eses	oyeres
oye	oyó	oiga	oyera/-ese	oyere
oímos	oímos	oigamos	oyéramos/ -ésemos	oyéremos
oís	oísteis	oid	oyerais/-eseis	oyereis
oyen	oyeron	oigan	oyeran/-esen	oyeren

gerundio	participio
oyendo	oído

oler

presente	imperativo	
huelo		**gerundio**
hueles	huele	oliendo
huele	huela	
olemos	olamos	**participio**
oléis	oled	olido
huelen	huelan	

pedir

presente	pret. ind.	imperativo	
pido	pedí		**gerundio**
pides	pediste	pide	pidiendo
pide	pidió	pida	
pedimos	pedimos	pidamos	**participio**
pedís	pedisteis	pedid	pedido
piden	pidieron	pidan	

poder

presente	pret. ind.	futuro	condicional	
puedo	pude	podré	podría	**gerundio**
puedes	pudiste	podrás	podrías	pudiendo
puede	pudo	podrá	podría	
podemos	pudimos	podremos	podríamos	**participio**
podéis	pudisteis	podréis	podríais	podido
pueden	pudieron	podrán	podrían	

podrir, pudrir

presente	imperfecto	pret. ind.	futuro	condicional
pudro	pudría	pudrí	pudriré	pudriría
pudres	pudrías	pudriste	pudrirás	pudrirías
pudre	pudría	pudrió	pudrirá	pudriría
pudrimos	pudríamos	pudrimos	pudriremos	pudriríamos
pudrís	pudríais	pudristeis	pudriréis	pudriríais
pudren	pudrían	pudrieron	pudrirán	pudrirían

imperativo	
	gerundio
pudre	pudriendo
pudra	
pudramos	**participio**
pudrid	podrido
pudran	

poner

presente	pret. ind.	futuro	condicional	imperativo
pongo	puse	pondré	pondría	
pones	pusiste	pondrás	pondrías	pon
pone	puso	pondrá	pondría	ponga
ponemos	pusimos	pondremos	pondríamos	pongamos
ponéis	pusisteis	pondréis	pondríais	poned
ponen	pusieron	pondrán	pondrían	pongan

gerundio	participio
poniendo	puesto

prohibir

presente	imperativo	
prohíbo		**gerundio**
prohíbes	prohíbe	prohibiendo
prohíbe	prohíba	
prohibimos	prohibamos	**participio**
prohibís	prohibid	prohibido
prohíben	prohíban	

proveer

presente	pret. ind.	
proveo	proveí	**gerundio**
provees	proveíste	proveyendo
provee	proveyó	
proveemos	proveímos	**participio**
proveéis	proveísteis	provisto
proveen	proveyeron	

pudrir *siehe* **podrir**

querer

presente	pret. ind.	futuro	condicional	imperativo
quiero	quise	querré	querría	
quieres	quisiste	querrás	querrías	quiere
quiere	quiso	querrá	querría	quiera
queremos	quisimos	querremos	querríamos	queramos
queréis	quisisteis	querréis	querríais	quered
quieren	quisieron	querrán	querrían	quieran

gerundio	participio
queriendo	querido

raer

presente	pret. ind.	
raigo/rayo	raí	**gerundio**
raes	raíste	rayendo
rae	rayó	
raemos	raímos	**participio**
raéis	raísteis	raído
raen	rayeron	

reír

presente	pret. ind.	imperativo	
río	reí		**gerundio**
ríes	reíste	ríe	riendo
ríe	rio	ría	
reímos	reímos	riamos	**participio**
reís	reísteis	reíd	reído
ríen	rieron	rían	

reunir

presente	imperativo	
reúno		**gerundio**
reúnes	reúne	reuniendo
reúne	reúna	
reunimos	reunamos	**participio**
reunís	reunid	reunido
reúnen	reúnan	

roer

presente	pret. ind.	subj. pres.	subj. imp.	subj. fut.
roo/roigo/royo	roí	roa/roiga/roya	royera/-ese	royere
roes	roíste	roas/roigas/royas	royeras/-eses	royeres
roe	royó	roa/roiga	royera/-ese	royere
roemos	roímos	roamos/roigamos	royéramos/ -ésemos	royéremos

presente	pret. ind.	subj. pres.	subj. imp.	subj. fut.
roéis	roísteis	roáis/roigáis/ royáis	royerais/-eseis	royereis
roen	royeron	roan/roigan/ royan	royeran/-esen	royeren

imperativo	
	gerundio
roe	royendo
roa/roiga	
roamos/roigamos	**participio**
roed	roído
roan/roigan	

romper

participio :	roto

saber

presente	pret. ind.	futuro	condicional	subj. pres.
sé	supe	sabré	sabría	sepa
sabes	supiste	sabrás	sabrías	sepas
sabe	supo	sabrá	sabría	sepa
sabemos	supimos	sabremos	sabríamos	sepamos
sabéis	supisteis	sabréis	sabríais	sepáis
saben	supieron	sabrán	sabrían	sepan

imperativo	
	gerundio
sabe	sabiendo
sepa	
sepamos	**participio**
sabed	sabido
sepan	

salir

presente	futuro	condicional	imperativo	
salgo	saldré	saldría		**gerundio**
sales	saldrás	saldrías	sal	saliendo
sale	saldrá	saldría	salga	

presente	futuro	condicional	imperativo	
salimos	saldremos	saldríamos	salgamos	**participio**
salís	saldréis	saldríais	salid	salido
salen	saldrán	saldrían	salgan	

seguir

presente	pret. ind.	subj. pres.	subj. imp.	subj. fut.
sigo	seguí	siga	siguiera/-ese	siguiere
sigues	seguiste	sigas	siguieras/ -eses	siguieres
sigue	siguió	siga	siguiera/-ese	siguiere
seguimos	seguimos	sigamos	siguéramos/ -ésemos	siguiéremos
seguís	seguisteis	sigáis	siguierais/ -eseis	siguiereis
siguen	siguieron	sigan	siguieran/ -esen	siguieren

imperativo	
	gerundio
sigue	siguiendo
siga	
sigamos	**participio**
seguid	seguido
sigan	

sentir

presente	pret. ind.	subj. pres.	subj. imp.	subj. fut.
siento	sentí	sienta	sintiera/-ese	sintiere
sientes	sentiste	sientas	sintieras/ -eses	sintieres
siente	sintió	sienta	sintiera/-ese	sintiere
sentimos	sentimos	sintamos	sintiéramos/ -ésemos	sintiéremos
sentís	sentisteis	sintáis	sintierais/ -eseis	sintiereis
sienten	sintieron	sientan	sintieran/ -esen	sintieren

imperativo	
	gerundio
siente	sintiendo
sienta	
sintamos	**participio**
sentid	sentido
sientan	

ser

presente	imperfecto	pret. ind.	futuro	
soy	era	fui	seré	**gerundio**
eres	eras	fuiste	serás	siendo
es	era	fue	será	
somos	éramos	fuimos	seremos	**participio**
sois	erais	fuisteis	seréis	sido
son	eran	fueron	serán	

condicional	subj. pres.	subj. imp.	subj. fut.	imperativo
sería	sea	fuera/-ese	fuere	
serías	seas	fueras/-eses	fueres	sé
sería	sea	fuera/-ese	fuere	sea
seríamos	seamos	fuéramos/ -ésemos	fuéremos	seamos
seríais	seáis	fuerais/-eseis	fuereis	sed
serían	sean	fueran/-esen	fueren	sean

soltar

presente	imperativo	
suelto		**gerundio**
sueltas	suelta	soltando
suelta	suelte	
soltamos	soltemos	**participio**
soltáis	soltad	soltado
sueltan	suelten	

tener

presente	pret. ind.	futuro	condicional	imperativo
tengo	tuve	tendré	tendría	
tienes	tuviste	tendrás	tendrías	ten
tiene	tuvo	tendrá	tendría	tenga
tenemos	tuvimos	tendremos	tendríamos	tengamos
tenéis	tuvisteis	tendréis	tendríais	tened
tienen	tuvieron	tendrán	tendrían	tengan

gerundio	participio
teniendo	tenido

traducir

presente	pret. ind.	imperativo	
traduzco	traduje		**gerundio**
traduces	tradujiste	traduce	traduciendo
traduce	tradujo	traduzca	
traducimos	tradujimos	traduzcamos	**participio**
traducís	tradujisteis	traducid	traducido
traducen	tradujeron	traduzcan	

traer

presente	pret. ind.	imperativo	
traigo	traje		**gerundio**
traes	trajiste	trae	trayendo
trae	trajo	traiga	
traemos	trajimos	traigamos	**participio**
traéis	trajisteis	traed	traído
traen	trajeron	traigan	

valer

presente	futuro	imperativo	
valgo	valdré		**gerundio**
vales	valdrás	vale	valiendo
vale	valdrá	valga	
valemos	valdremos	valgamos	**participio**
valéis	valdréis	valed	valido
valen	valdrán	valgan	

venir

presente	pret. ind.	futuro	condicional	imperativo
vengo	vine	vendré	vendría	
vienes	viniste	vendrás	vendrías	ven
viene	vino	vendrá	vendría	venga
venimos	vinimos	vendremos	vendríamos	vengamos
venís	vinisteis	vendréis	vendríais	venid
vienen	vinieron	vendrán	vendrían	vengan

gerundio	participio
viniendo	venido

ver

presente	imperfecto	pret. ind.	subj. imp.	subj. fut.
veo	veía	vi	viera/-ese	viere
ves	veías	viste	vieras/-eses	vieres
ve	veía	vio	viera/-ese	viere
vemos	veíamos	vimos	viéramos/ -ésemos	viéremos
veis	veíais	visteis	vierais/-eseis	viereis
ven	veían	vieron	vieran/-esen	vieren

gerundio	participio
viendo	visto

volcar

presente	pret. ind.	imperativo	
vuelco	volqué		**gerundio**
vuelcas	volcaste	vuelca	volcando
vuelca	volcó	vuelque	
volcamos	volcamos	volquemos	**participio**
volcáis	volcasteis	volcad	volcado
vuelcan	volcaron	vuelquen	

volver

presente	imperativo	
vuelvo		**gerundio**
vuelves	vuelve	volviendo
vuelve	vuelva	
volvemos	volvamos	**participio**
volvéis	volved	vuelto
vuelven	vuelvan	

yacer

presente	subj. pres.	imperativo	
yazco/yazgo/ yago	yazca/yazga/yaga		**gerundio** yaciendo
yaces	yazcas/yazgas/yagas	yace/yaz	
yace	yazca/yazga	yazca/yazga	
yacemos	yazcamos/yazgamos	yazcamos/ yazgamos	**participio** yacido
yacéis	yazcáis/yazgáis/yagáis	yaced	
yacen	yazcan/yazgan/yagan	yazcan/yazgan	

Notizen